1084183

D0901653

編集主幹
川本茂雄

For Reference

Not to be taken from this room

講談社学術文庫

[redacted]

●編集主幹

早稲田大学名誉教授――――――川本茂雄

●編集顧問

慶応義塾大学名誉教授――――――西脇順三郎

東京教育大学名誉教授――――――成田成寿

●編集委員

早稲田大学教授――――――岡田秀穂

東京家政大学教授――――――北原光治

[redacted]

学術文庫版刊行にあたって

講談社は，その学術文庫に辞書を収めるという，わが国においては先例のない着想を発表し，『講談社 英和辞典』もその企画に参加することになった。本格的な辞典が内容を薄められることもなく，そっくりそのままに，しかも印刷も鮮明に小型化され，なにびとにも近づきやすい価格で，日本全国の書店の店頭で即時容易に入手できるようになるとは，近来の快事であるといっても過言ではなかろう。「学術がポケットに入る形で，万人のものになる」ことを現代の理想と考える学術文庫は，ここにその理念を新たに具体化したのである。机辺の参考書として，あるいは外出の折りの伴侶として，また2冊目，3冊目の辞書として，本書がひろく学生・読書人・実務家のお役に立ちうることを祈念する。

1979年3月

川本茂雄

初版 はしがき

講談社が辞書類の刊行と真剣に取り組む姿勢を示し，企画の一環として英和辞典の編纂を編者に委嘱されたとき，編者の脳裏にまず浮かんだのは，次の三つの理念であった。

I　清新な，完備した，ちょうほうな辞典——最新の情報を豊富に収容し，しかも検索に便であって，読者が直ちに求める知識を獲得することができ，十分な解説を発見できるような辞書。

II　実際的な要望を満たしながら，同時に学問的な辞典——きわめて実用的で，現実の用に即応することができ，しかも根底においては堅固な理論的基礎の上に立つ，近づきやすくして信頼できる辞書。

III　日本人のための英和辞典——あくまでも日本人の要求・願望にこたえうるような，主体性の明らかな，創意的なくふうの施された辞書。

これらの指導理念のもとに計画を練り，方針を立て，省察と改善を積み重ねるにしたがい，幾多の具体的な編集目標がおのずから，その姿を明らかにし，やがて執筆陣は次の諸点に努力を傾注することとなった。

1　学習上ならびに実用上必要な語句を豊富に収録する。一方において，英語の根幹をなす基本的語彙について適切な訳語を示した上で，説明・例示を懇切にし，英語のふかい理解に資し，他方において新語・時事用語・専門語・俗語を広く採用し，新聞・雑誌・新刊書の読破にも役立ちうるように配慮する。

2　アメリカ英語の現代世界における地位と，わが国にとっての特別な重要性にかんがみ，これに重点を置く。したがって，つづり字・発音もアメリカ式のものを第一に掲げ，これにイギリス式のものを添えるが，後者に対する手当にも万全を期する。

3　収録した語，90,000語のうち，中学基本語彙1,140語に†印，高校基本語彙4,580語に‡印，高校重要語彙1,600語に*印をつけ，その上に訳語中の主要なものを太字で示し，理解と記憶との便を図る。これらの項目については特に，十分な用例と周到な解説を与えるように心がける。

4　日本語の立場を踏まえ，達意で円熟な訳語の採集・選択に努め，その配列に意を用いて論理的意味内容の精確な理解に資するとともに，語句の風格をも映し出すように，例文・説明の提示に意を用いる。

特に，日本語のいわゆる「てにをは」に周密な注意を払い，日英両語の構文の類同・差異の機微を使用者がおのずから体得しうるよう，組織的なくふうを施す。

5　文法上の基本事項と，文法のかなめをなす機能語について，これを特別な囲み記事とし，紙面を立体的に活用して，精密な解説を行なう。本辞典に文法辞典の機能をも発揮せしめ，根底事項と，微妙な要注意事項とを手ぎわよく収容する。

6　〈注〉，〈付記〉の項を随所に設け，語義・文法の双方に関して有効適切な補足的説明ないしは注意を盛りこむ。

7　語句の理解をなおいっそうふかめるために類義語を掲げ，これらを群化するかぎとして日本語を用いて，日本語を母国語とする者の立場からする，独自性のある類義語解明を試みる。

8　特に，ラテン語・ギリシア語系の語について語源を示し，語義の的確な理解に資する。西洋古典語に親しみの全くない者にも，種々な語形変化のもとに同一の語源を認知しうるように独特のくふうを施す。

9　新味のあるさし絵を有効適切に使用して，理解の徹底に資する。

本書の編述に当たっては，幾多の方々から貴重な協力を賜わって，感謝の念に耐えない。同僚岡田秀穂・森常治両氏は献身的な努力を傾けられ，原稿執筆ならびに校閲について，また校正の段階において，細大にわたって主幹とともに検討を重ねて万全を期することに努められた。また，おなじく同僚森田貞雄氏は，特に初期において原稿の校閲とともに事業の全般に関し奔走の労をとられ，東京家政大学教授北原光治氏は，作成の全期間にわたって誠実懇切な援助を与えられた。

そのほか，次の諸氏をはじめ多数の方々の努力に負うところが大であった。

井内雄四郎	石原　明	大社淑子	大庭　勝	奥村つな子
落合謙次	影山栄一	加藤佐久子	木村正夫	木村宗男
栗山昭一	佐藤和夫	芝原和子	神保春雄	鈴木知行
鈴木三喜男	高田邦男	高田美一	高野　総	田部井正未
東後勝明	虎岩正純	野村末吉	林　昭夫	原田謙一
福島富之助	藤田　博	三谷貞一郎	御手洗　博	森　乾

（五十音順）

最後にもう一つ重要なことを付け加えねばならない。Harvard University ならびに Massachusetts Institute of Technology 名誉教授 Roman Jakobson 博士は，本辞典の発行を祝して序言を寄せられた。この世界的碩学によって与えられた数々の学恩に加えるに，いままたこの栄えある推挙の一文に接して，編者の感謝の念は尽くるところがない。辞典の成果が博士のおことばにこたえうることを念じてやまない。

1969年10月

川本茂雄

FOREWORD

Lexical studies are one of the most intricate and most fascinating tasks of contemporary linguistics. In view of the comparably clearer and firmer patterning of the grammatical and phonological units, syntax, morphology, and sound structure of language confront the investigator with much easier problems and procedures than the immense variety of words and lexical meanings. If a unilingual dictionary is a complex and strenuous endeavor, the comparative scrutiny of two different languages asks from the lexicographer much greater methodological skill and insight than the comparison of two grammatical or phonological systems requires.

I am deeply convinced that only a linguist of high theoretical training, technical experience, and unmistakable intuition is able to produce a really valuable and reliable dictionary. For the build-up of an exhaustive Anglo-Japanese dictionary, Shigeo Kawamoto, Professor at Waseda University, is the right man. He went through an excellent linguistic school working under the best Japanese, American, and European specialists. He is equally at home in general linguistics and in the domains of Japanese and English. His Introduction to Modern Linguistics exhibits his profound acquaintance with the newest magnificent development which the international science of language has undergone as, on the other hand, his studies on sentence structure display a remarkable mastery of empiric linguistic material. He proved his supreme art in lexicography by his noted work in the French-Japanese Dictionary. His new lexicon pays careful attention to the phonetic and grammatical properties of the innumerable English words in their American and British variants. Every word is treated with a particular reference to the variety of its meanings and phraseological uses. The amazing stylistic differentiation of the English vocabulary is rendered by corresponding Japanese stylistic variants. Formal and informal, written and oral styles, word stocks of poetry, technical terminology, colloquial language, and slang are faithfully reflected in this Dictionary. When English grammatical terms figure as entries in Kawamoto's book, he gives not only their exact Japanese translation but entire, succinct treatises on the English grammatical phenomena to which these terms are applied.

The new work will occupy a place of honor among the best interlingual dictionaries painstakingly prepared by eminent linguists of today.

Roman Jakobson

序　　言

語彙の研究は，現代言語学の最も複雑，かつ魅力ある課題の一つである。文法的・音韻的単位は，比較的に明確な，しっかりした組織を形づくっているゆえに，構文論・形態論・音声構造については，語と語彙的意味の広大な多様性に比べて，研究者の当面する問題・手順ははるかに容易である。単一の言語を扱う辞書が既に複雑な，ほねのおれる労作であるが，２種の異なった言語を比較しての吟味は，辞書編纂者に対して，二つの文法的ないしは音韻的体系の比較が必要とする以上に高度な方法論的手腕と洞察力とを要求する。

高度の理論的訓練・技術的経験および誤ることのない直観力を備えた言語学者にして初めて，真に価値があり，信頼するに足りる辞書を生み出しうると私はふかく確信するものであるが，周到な英和辞典の編纂という点では，早稲田大学教授川本茂雄氏はまさに適任の人材である。川本氏は，日本・アメリカ・ヨーロッパの最もすぐれた専門家について優秀な言語学を修め，一般言語学にも，また日本語と英語の分野にも，ひとしく精通している。氏の『言語学概説』は，世界の言語学が成し遂げた最新の輝かしい進展についてのふかい学識を明らかにするものであり，他方，文構造についての諸論文は，実証的言語資料を処理するみごとな手腕を証明している。氏は既に，仏和辞典における著名な業績によって辞典編纂に卓抜な技量を備えていることを示したが，このたびの辞書においては，おびただしい数にのぼる英単語の音声的・文法的特性に米・英の両変種にわたって入念な注意が払われている。一語一語が，それが有するさまざまな意味と語法について詳細に扱われている。英語の語彙の驚異的な文体的差異は，それに対応する日本語の文体的変異によって移し植えられている。本辞典では，正式な文体とくだけた文体，文語と口語，詩歌の用語，専門的術語，話しことばと俗語が忠実に反映されている。また氏の辞典において，英語の文法用語が見出し語としてあらわれているところでは，その正確な日本語訳のみでなく，これらの用語が適用される英語の文法的現象の全般にわたる簡潔な解説が施されている。

この新著は，現代の卓越した言語学者たちによって入念に作成された，最もすぐれた外国語辞典の中にあって，栄誉ある地位を占めるであろう。

ロマーン=ヤーコブソン

本書の使い方

I　見出し語

1.1　収容範囲　英語の通常語彙のほかに，重要な固有名詞を収録し，接頭辞，接尾辞，おもな語形成要素，略号，常用外来語をも含め，すべて ABC 順に配列した．

1.2　字体　立体ブラック活字を原則とする．外来語については斜体ブラック活字を使用した．

例：**hear**; **mán·ly**; ***Meis·ter·sing·er*** 《ドイツ語》; ***se·ñor*** 《スペイン語》

1.3　つづり字　米英でつづり方に相違がある語については，まず米式つづりを掲げ，次に㊧の記号を付けて英式つづりをあわせ示した．必要に応じて英式つづりによる見出し語を別に単独に掲げた．

例：**lá·bor,** ㊧ **-bour**

lá·bour 《英》=labor 《labour は英式のつづり，labor の項に解説ありの意》

1.4　米式・英式の差に基づくばあい以外にも，同一語に 2 種のつづり字があるときには，これらを併記して示し，もしくは別記して一つから他を参照しうるようにした．

例：**hal·ló, hal·lóa**; **phán·ta·sy**=fantasy

1.5　同一語が部分的省略により 2 種につづられるばあいは，省略可能文字を（　）に入れて示した．

例：**ín·tri·g(u)ant**; **jás·min(e)**

語の最終音節の相違によって 2 種のつづりを生じるばあいは，共通部分は **-** をもって示した．

例：**glám·our, -or** 《glamour と glamor》; **ór·gan·dy, -die** 《organdy と organdie》

1.6　つづり字の切れ目　中丸（·）によって示した．発音が 2 種以上あり，その結果つづり字の切れ目に相違を生じるばあいには，最初に示された発音表記に従った．

例：**mé·di·um** [mí:diəm, -djəm]; **dé·pot** [dí:pou/dép-]

1.7　アクセント　第一アクセントを（ˊ）の符号で，第二アクセントを（ˋ）で示し，強勢のある母音字の上にこれらの符号をおいた．

例：**ac·cés·so·ry** [æksésəri, ək-]; **èx·cla·má·tion** [èkskləméiʃ(ə)n]

ただし，米式発音に第二アクセントがあり，英式発音にこれがないばあいには，発音表記においてのみそのことを示し，見出し語には（ˋ）をつけない．

例：**ór·gan·ize** [ɔ́:*r*gənàiz]; **méd·i·ta·tive** [médịtèitiv/-tətiv]

米式発音に第二アクセントがあり，英式発音にもおなじ箇所に第二アクセントがあるか，または英式発音に第一アクセントがあるばあいには，見出しのその箇所に第二アクセントの記号をつけた．

例：**dréss·màk·er** [drésmèikə*r*]; **péa·hèn** [pí:hèn/ˊˊ]

発音変種の間にアクセントの違いのあるばあいは，見出し語では米音第 1 変種のアクセントを示した．

例：**spéc·ta·tor** [spékteitə*r*, –ˊ–/–ˊ–]

1.8　斜字体で示した外来語のつづり字における（ˊ）（ˋ）は，(˜)（ˆ）とともに，発音上のアクセントを示すものではなく，つづり字の固有の一部をなすものである．

例：***fi·an·cé***, ***fi·an·cée***

II　発音

2.1　発音記号　見出し語の直後に発音を国際音声記号を用いて [　　] の中に示した．発音記号については見返しの発音記号一覧を，その他発音の詳細については**発音表記・発音の要点**を参照．〈注〉発音の精密を期するために，本書では少数の特殊発音記号を用いた．

2.2　米式と英式　両者を共通に表記するようくふうをほどこしたが，両者をそれぞれ別個に表記することが必要なばあいには，まず米式発音を，次いで / の符号のあとに英式発音を示した．

例：**léi·sure** [lí:ʒə*r*/léʒə]; **trait** [treit/trei]; **vase** [veis, -z/vɑ:z]

pè·ri·ód·ic [pì(:)riɑ́dik/pìəriɔ́dik]

米式と英式とに共通の発音のほかに，さらに米式もしくは英式の発音が存在するばあいには，それぞれ㊥+，㊧+ の記号をつけてそれを付記した．

例：**àp·pa·rá·tus** [æpəréitəs, ㊥+-rǽt-]; **ác·tu·al** [ǽktʃu(ə)l, ㊧+-tju-]

2.3　ハイフンの利用　2 種以上の発音を併記するばあいには，第 2 の表記以降では，発音の変わらない部分をハイフンをもって代用することがある．

例：**óf·fice** [ɔ́:fis, ɑ́f-/ɔ́f-]; **to·má·to** [təméitou/-mɑ́:tou]

2.4　アクセントの位置のみを示せば足りるばあいには，各音節をダッシュ 1 個をもって代用表示した．

例：**spéc·ta·tor** [spékteitə*r*, –ˊ–/–ˊ–]

2.5 省略可能性 発音を省略することのできる音声を示す記号を（ ）に入れて示した.

例：**con·síd·er·a·ble** [kənsíd(ə)rəbl]

length [leŋ(k)θ] 《[leŋkθ] または [leŋθ] の意》

2.6 特殊発音記号 米音・英音の母音の差を次の3個の特殊記号を用いて，まとめて示した: [ị] [ụ] はそれぞれ [ə/i] [ə/u] を略記したものであり，[ọ] は [ə] と [o] の両者が可能なことをあらわす.

例：**án·i·mal** [ǽnịm(ə)l]; **ác·cu·rate** [ǽkjụrit]; **do·máin** [dọméin]

2.7 外国語音 外来語句ならびに英米以外の固有名詞については，その発音の英語化の程度がさまざまであるから，その点を考慮して発音を表記し，ときには英語化の程度の異なる二つ以上の発音を示した. 特にフランス語・ドイツ語については，必要に応じその際 F., G. の表示の次に原音を示した.

例：***chan·son*** [F. ʃɑ̃sɔ̃, ㊊⁺ ʃǽnsən, -sɑn]; ***grat·in*** [grǽtæ̃, ㊍⁺-tæŋ]

Góe·the [géiti, gə́:tə/gə́:tə]; ***Reich*** [raik|G. raiç]

Ⅲ 品詞と語形変化

3.1 品詞 各見出し語につき品詞を示した. 同一見出し語に，二つ以上の品詞があるばあいには，**——** によって品詞の変わり目を示す. ただし，品詞が変わるにつれて見出しを改めたばあいもある.

3.2 語形変化 名詞・代名詞・形容詞・副詞・動詞の語形変化の概要は枠付特別記事として，それぞれ Number, Case, Comparison, Conjugation の項に収容し，不規則な語形変化を行なう個々の語については，その語の品詞の直後に変化形のつづり字を，要すれば発音を示した.

例：**man** [mæn] *n.* (*pl.* **men** [men])

píc·nic… **——***vi.* (**píc·nicked** [-t]; **píc·nick·ing** [-iŋ])

3.3 名詞 不規則の複数形を示す. つづり字または発音の上だけの不規則形も示した.

例：**foot** [fut] *n.* (*pl.* **feet** [fi:t])

fish[1] [fiʃ] *n.* (*pl.* **∼·es** [fíʃiz], 《集合的》∼) 《**físh·es** または **fish** の意》

子音＋o で終わる名詞，その他注意すべき名詞については，複数形を示した.

例：**po·tá·to** [pətéito] *n.* (*pl.* **∼es**); **pi·án·o**[1] [piǽnou] *n.* (*pl.* **∼s** [-z])

roof [ru:f] *n.* (*pl.* **∼s**); **leaf**[1] [li:f] *n.* (*pl.* **leaves** [li:vz])

house[1] [haus] *n.* (*pl.* **hóus·es** [háuziz])

3.4 代名詞 人称代名詞については，その必要があれば変化形を示した.

例：**who** [hu:, 弱 hu] *pron.* (所有格 **whose** [hu:z]; 目的格 **whom** [hu:m], 〖話〗 **who(m)**)

3.5 形容詞・副詞 不規則な比較級と最上級とを，(；) で切って示した.

例：**good** [gud] *a.* (**bét·ter** [bétər]; **best** [best])

free [fri:] *a.* (**fré·er** [frí:ər]; **fré·est** [frí:ist])

多音節語で more, most による迂言(うげん)的変化のほかに更に屈折変化をするもの，逆に単音節語で，屈折変化のほかに迂言的変化をするものについては，それぞれ屈折的変化もしくは迂言的変化のみを原則として示し，その逆の形は省略した. ただし使用度の高いものについては双方を示した.

例：**tired** [taiərd/táiəd] *a.* (**more tired**, **tíred·er**; **most tired**, **tíred·est**)

3.6 動詞 不規則な過去形，過去分詞形，(要すれば) 現在分詞形を (；) で区切って示した. 過去形または過去分詞形に二つの異形があれば，それらを *or* または (，) で切って併記し，過去形と過去分詞形とが同一であれば，ただ一つの形を示す.

例：**lie**[1] [lai] *vi.* (**lay** [lei]; **lain** [lein]; **lý·ing** [láiiŋ])

see[1] [si:] *v.* (**saw** [sɔ:]; **seen** [si:n])

rid[1] [rid] *vt.* (**rid** *or* **ríd·ded** [rídid]; **ríd·ding**)

dive [daiv] *v.* (**∼d**, 〖米話・英方〗 **dove** [douv]; **∼d**)

3.7 語形変化において語尾の子音が重なるものについては，次の要領でこれを示した.

例：**thin** [θin] *a.* (**-nn-**) 《比較級，最上級が thinner, thinnest》

tráv·el [trǽvl] *vi.*, *vt.* (**-l-**, ㊍ **-ll-**) 《英式では travelled, travelling》

3.8 つづり字または発音のみが不規則のものは，次のごとく変化を示した.

例：**strong** [strɔ:ŋ/strɔŋ] *a.* (**stróng·er** [strɔ́:ŋgər/strɔ́ŋ-]; **stróng·est** [-gist])

read[1] [ri:d] *v.* (**read** [red])

Ⅳ 語義・用例・成句

4.1 語義 †, ⁑, * の印を付した見出し語については，根底的ないしは頻用(ひんよう)の語義をブラック体活字で示した.

4.2 訳語中にしばしばその語義に対する類義語を（ ）中に示し，また（＝～ ）の形式を用いて，見出し語の当該意義におけるいっそう充実した表現を示した．

例：**rés·tive** [réstiv] …落ち着きのない，そわそわした（restless)…

stamp…印紙，切手（＝postage ～)；収入印紙（＝revenue ～)…

4.3 動詞に関しては「てにをは」の類を訳語に添えて構文の微細を指示した．他動詞については，「を」を例外として，必要な格助詞を小活字をもって示し，自動詞においては和訳の際にあらわれる格助詞の類に相当する英語の前置詞を掲げた．

例：**ac·cóm·pa·ny** [əkʌ́mp(ə)ni] *vt.* **1** に**同伴する**，といっしょに行く；に伴う，に付随する：May I ～ you *on* your walk? 散歩のお供をしてもよろしいでしょうか．We ～*ied* the guest *to* the door. 客を戸口まで見送った．〈注〉「を同伴する，を連れてゆく」と混同せぬこと．**2** に伴わせる，に添える《を *with*》: ～ a speech *with* gestures 演説に身ぶりをまじえる．

動詞については，〈 〉の中に主語・目的語を指示して，理解の深化ないしは適確化を図った．

例：**climb** [klaim] …*vt.* **1** 〈山などに〉**登る**：～ a mountain〔ladder〕山〔はしご〕を登る… —— *vi.* **1** 〈太陽・月・煙・飛行機などが〉あがる，上昇する…

4.4 訳語中もしくは訳語の末尾に，→を用いて関連語を，↔または⇔を用いて反対語を示した．↔は当該番号の語義に関し，⇔は見出し語の語義全体に関する．

例：**trunk** [trʌnk] *n.* **1** 幹，樹幹．→branch, top[1], root. **2** 胴，胴体部分．→head, limb[1]…

lów·er[2] *a.* 《low[1] の比較級》下部の，下の方の；下級の，下等の，劣等の．↔upper.

4.5 用例 語義・構文を明らかにするために語義のあとに（：）をおいて用例を掲げた．

4.6 成句 各品詞の語義のあとに，成句を一括して斜体ブラック活字を用いて示した．

4.7 用例ならびに成句においては，見出し語は原則として ～ をもって示した．

例：**small**…***look*** **～** 小さく見える，はにかむ，しょげる．《**small** の項で *look small* の意》

用例・成句中細字の one は主語とおなじ代名詞がそこに用いられることをあらわし，a person は主語と異なる代名詞もしくは名詞が用いられるべきことをあらわす．

例：**nerve**…***get on*** a person***'s*** **～*s*＝*give*** a person ***the*** **～*s***（人）の神経にさわる，（人）に腹をたてさせる．…***lose*** one***'s*** **～** 気おくれがする．《**nerve** の項で前の例では "*He*〔*The noise*〕gets on *her* nerves." のようになり，あとの成句は *I* lost *my* nerve. のごとくになる》

V 合成語

5.1 合成語の位置 見出し語を第一要素とする合成語は，その見出し語の項に一括して指示した．第一要素は ～ をもって示した．

5.2 別項参照 合成語の記事が複雑なばあいは，そのあるべき箇所に →**別項** の符号をおき，当該合成語を通常の見出し語と同資格で別に見出し語として掲げてある．

5.3 一見合成語と判明しにくいものについても，同様に処置し，必ず合成語を発見しうるように配慮した．

5.4 合成語のつづり字の切れ目と発音・アクセントの表示 (1) ～ は見出しと同発音．(2) 第二要素以下は，特に問題のない限りアクセントだけを示す．(3) 単音節見出しでの ～́，～̀，～ はそれぞれ第一，第二，無アクセントを示す（～́ のばあいが大部分)．

例：**cóf·fee** の項で **～·house** [∸–∸]《[kɔ́:fihàus, kɑ́fi-/kɔ́fihaus] の意》．

class の項で **～́·book** [∸∸]，**～́·fèl·low**，**～́·man** [-mən/-mæn]，**～́·mate** →別項《このばあい [∸∸] なども略されているので，特にアクセントに注意が必要》．

合成語全体が 2 語以上にわかれているときは，アクセントもつづりの切れ目も示さない．そのばあい一音節見出しでの ～ は必ずしも無アクセントを意味しない．

例：**mó·tion** の項で **～ picture**；**class** の項で **～ baby**；**high** の項で **～·land fling**；**air** の項で **～-raid shelter**.

VI 語源

6.1 語源の指示 語源を知ることに効果があると考えられるばあいには，語源を〔 〕に入れて，ラテン語（ときにギリシア語）の語根を指示した．√ の印は「語根」を意味し，巻末の語根表によって啓発されるところがあろう．

例：**ex·pér·i·ment**……〔ex-＋per-＋√i- 通ってみる〕；**éx·pert**[1]……〔ex-＋per-＋√i-

通った，経験した]; **in·í·tial**……[in-¹＋√i- はいる]; **éx·it**……[ex-＋√i-]《語根表から：**i-**，過分 **it-**「行く」》

VII 派生語

7.1 派生語の処置 見出し語に -ly, -ment, -ness, -ism, -er, -fy, -ize などをつけて容易に造語される派生語や，見出し語に多少の形態上の変化を伴う -tion, -ce, -cy, -al などによる派生語は，見出し語の語義を派生語で反復する繁を避けるために，見出し語の項目下に収め，◇の印を付してその所在を目だたせた．

7.2 派生語を示すに際し，見出し語の形をそのままに含む派生語については，その部分を～をもって示し，見出し語の最終音節が変化を被るばあいには，最終音節以外の部分を - をもって示した．

例：**pléas·ur·a·ble** [plé ʒ(ə)rəbl] *a.* … ◇ **～·ness** *n.* **-bly** *ad.*

7.3 派生語であっても，必要なばあいには，これを独立した見出し語として掲げ，十分に解説した．

VIII 類義語

8.1 類義語の扱い 意味の類同する一群の語については，そのうちの一語を中心語として選び，その項の末尾に［類義語］の欄を設けて，他の類義語を集めて，比較し，その微妙な差異を浮かび上がらしめることに努めた．中心語以外の類義語については，［類］→をもって中心語を参照せしめる．

例：［類］→ **smell**「におい」《scent の項で》

8.2 本書における類義語の群化は，日本語をその手がかりのかぎとして採用した．日本語を母国語とする読者の脳中の日本語に基づく英単語の連想に有効に対処し，日英両語の差異と，英語内の類義語相互間の微妙な区別を描き出すことに努めた．

IX 種々な記号

9.1 〔 〕中に示されたものは，それに先行する要素と相互交換が可能であることを示す．

例：**host¹** …**1**《宴会などの》主人(役)：be〔act as〕～ at a party パーティーで主人役をつとめる．《be ～ at a party もしくは act as ～ at a party》

9.2 ( ) は，その中に示されたものが省略可能なことを示す．

例：**ìn·ex·pén·sive**…費用のかからない，(値段の)安い．

mouse…(*as*) ***poor as a church*** **～** ひどく貧しい《*as poor as a church* ～ または *poor as a church* ～》

9.3 ～は，見出し語を反復することを避けるために用いられる．

例：**jóy·ful** … **1** 楽しい，うれしい，喜ばしい：～ news よい知らせ．… **3** 喜ばしげな，楽しさに満ちた：a ～ look うれしそうな顔つき．

見出し語が小文字で始まり，あるばあいにそれが大文字になるとき，見出し語が大文字で始まり，あるばあいにそれが小文字になるときには，次のごとくにしてそのことを示す．

例：**cón·gress** …**2** (C～)《通例無冠詞》**議会**，国会…《「議会，国会」の意では Congress とつづられる意》

～を用いるに際し，語尾にわずかな変化を伴うときには，それを次のように示す．

例：**trans·mít** の項で ***～ting set*** 《*transmitting set* の意》

sup·póse の項で *S～*〔*S～s*›*ing*〕we are late, what will he say?《*S～s*›*ing* は *Supposing* の意．すなわち S が大文字で，見出し語の語末の e が -ing の前で脱落する》

発音表記・発音の要点

(アメリカ式発音とイギリス式発音の比較に関する事項と，その他特に注意を要する事項)

略号凡例(はんれい)

[米]＝アメリカ式発音．GA (＝General American) の意と解してよい．

[英]＝イギリス式発音．RP (＝Received Pronunciation) の意と解してよい．

IPA＝国際音声学協会 (International Phonetic Association).

I　母音

用語略解

「前・前方」「あと・後方・奥」: 舌のもり上がり部分がそれぞれ前方・後方の意．比較的のばあい「前寄り」「あと寄り」などという．

「狭い・高い」: 舌のもり上がり部分が口の天井に近づいて空気の通路が上下に狭い状態をさす．

「広い・低い」: 舌の位置が低くて空気の通路が広い状態をさす．

1.1　単純母音および動きの少ない二重母音

[ə]　アクセントのない位置にあらわれ，きわめて軽いあいまいな音．くちびるの丸めはない: mom*e*nt [móumənt], *a*bout [əbáut], p*o*tato [pətéitou].

[ʌ]　[米]では [ə] を強く発音したもの．[ə] よりわずかにアに寄るが，かなりあいまいな音．[英]では [ə] よりかなり広く，[米]より更にアに近い: c*u*t [kʌt], d*ou*ble [dʌ́bl].

[iː]　日本語のイー，イにきわめて近い (長いとしばしば弱い二重母音性を帯びる): b*ea*t [biːt].

[i] は [iː] よりずっと広くゆるんだ音．イとエの間に近い: b*i*t [bit], *I*ndia [índiə], r*e*ply [ripláɪ].

〈注$_1$〉 つづり字の上で e と書かれるアクセントのない [i] はしばしば [ə] (ときに [e]) に近づく: kind*ness* [káin(d)nis], ris*es* [ráiziz], rack*et* [rǽkit]. この傾向はおもに子音に終わる語末の音節に見られ，このようなばあいの [i] は日本語のイよりエに近づける方が安全なことが多い．

〈注$_2$〉 [米]では y, ie, ee などと書かれる語末の [i] を [iː] に発音する人がかなりある: cit*y* [síti], cit*ie*s [sítiz], monk*ey*(s) [mʌ́ŋki(z)], committ*ee*(s) [kəmíti(z)]. これらを詳しく書けば [síti, [米]+ -tiː] などとなる．この発音をする人には，たとえば studd*e*d [stʌ́did, -dəd] と stud*ie*d [stʌ́diːd] が発音の上で区別される《本書の表記方式ではともに [stʌ́did] となるが》.

〈注$_3$〉 [iː] と [i] の質的な差は IPA 式精密表記では [i] と [ɪ] で区別される．

[i̩] は [ə/i] の略記で，[米]では [ə] が，[英]では [i] が優勢: an*i*mal [ǽni̩m(ə)l], b*e*lieve [bi̩líːv], abil*i*ty [əbíli̩ti]. 〈注〉 [英]でも [ə] でもよいことが多く，[米]でも注意ぶかい発音では [i] が可能．

[ei]　動きの少ない二重母音．[米]では，第 1 要素が [i] よりほんの少し [e] に寄った程度で，しばしば二重母音性がほとんど失われるが，そのばあいも [e] よりはるかに狭い音として質的に [e] と区別される．[英]では第 1 要素が [e] に近く，二重母音性がもっと明瞭(めいりょう)．

[e]　日本語のエに近いか，少し広い程度．

[ɛ], [ɛː]　ほぼ [e] と [æ] の中間．→1.3.2. 単独には外来語のみ．

[æ]　エとアの中間: b*a*t [bæt], *a*sk《[米]のみ》[æsk/ɑːsk].

[ɑ], [ɑː]　奥から出す広いア．次の hot などのばあい (いわゆる「短い o」) の米音のほかは常に [ː] をつけて示す: h*o*t《[米]のみ》[hɑt/hɔt], c*al*m [kɑːm]. 〈注〉 [米]の [æ] に対応して[英]にあらわれるばあいがある: *a*sk [æsk/ɑːsk]《[米]にも変種 [ɑːsk] があるが，本書では省略》.

[ɔ]　前記 [ɑ] にくちびるの丸めをつけたもので，広いオのように聞こえる．主として[英]にあらわれ，[米]の [ɑ] または [ɔː] に対応する: h*o*t [hɑt/hɔt], l*o*ng [lɔːŋ/lɔŋ]. 〈注〉 [米]にも [ɔː] の変種としては [ɔ] (一般に[英]よりも [ɑ] に寄って聞こえる) のあることが多いが，本書では省略．

[ɔː]　[米]は前記[英] [ɔ] に音色が近いが，一般に唇の丸めが弱く，しばしば [ɑː] に似て聞こえる．[英]では[米]より狭く，唇の丸めが強くて，日本語の「オー」に甚だ近い．同一語で[米][英]共通のばあいと，[米]だけのばあいとある: l*aw* [lɔː], *o*ff [ɔːf/ɔf, ɔːf], l*o*ng [lɔːŋ/lɔŋ].

[ou]　動きの少ない二重母音で，[米]では速度などにより「オウ」に近いか，二重母音性が非常に弱まって「オー」に近く聞こえる．[英]では [əu] に近く発音されることが多い．

[o]　注意ぶかい発音では [ou] と同一であるが，通常の速度では第 2 要素が脱落して，[米]ではオに近くなる傾向を示す．[英]では速度により [ə] または [əu] となることが多い: c*o*here [kohíər].

なお次のようにあとに母音がくるときは，[英]では速度によらず [ou] と同一と見られる ([əu] となる) ことが多い: *o*asis [oéisis].

[ọ]　㊊で [ə] と [o] の両用に発音．㊎では，次に母音があれば [əu]，なければ [ə] または [əu] となることが多い：domain [dọméin].

[u] は [o]（オ）を少し狭くした音で，くちびるの丸めが強く，東京方言のウよりもオの気味がかなり感じられる：book [buk], cupful [kʌ́pfùl].

[u:] は [u] を更に狭くした音で，また一般に [u] より長い（長く発音されるとしばしば弱い二重母音性を帯びる）：pool [pu:l].

〈注〉[u] と [u:] の質的な差は IPA 式精密表記では [ʊ] と [u] で区別される．

[ụ] は [ə/u] の略記で，㊊では [ə] が，㊎では [u] が優勢：accurate [ǽkjụrit], sinful [sínf(ụ)l], sinfully [sínfụli]. 〈注〉㊎でも [ə] でよいことが多く，㊊でも注意ぶかい発音では [u] が可能．

〈付記〉[ị], [ụ], [ọ] の下点は，本書では母音の多価性を示すもので，IPA の一般の約束のように特に狭い母音を示すものではない．

1.2　動きの大きな二重母音

英語の二重母音は単に二つの母音のとなり合ったものではなく，両者で 1 音節をなすもので，次の特徴がある：(1)一つの母音（第 1 要素）から別の母音（第 2 要素）に向かって連続的になめらかに音質が変わってゆく．(2)第 1 要素が強く，第 2 要素に向かってしだいに弱まってゆく．

[ɔi]　第 1 要素 [ɔ:]：boy [bɔi], coil [kɔil].

[ai]
[au]｝第 1 要素は [æ] と [ɑ] の間の種々の音．実用的にはアでよい：time [taim], now [nau].

[ui]　主として㊎にあらわれ，㊊では [u:i]《2 音節》となることが多い：ruin [rú:in/ruin, rú:in].

〈注〉他の重要なものに [ər]（㊎ [ə]）に向かう二重母音がある．→1.3.2.

1.3　r 化母音

[*r*] の意味．斜体 [*r*] は常に母音記号のあとに用いられ，㊊における語末または子音の前の r の音をあらわす．次の点に注意：

(1) ㊊では直前の母音記号であらわされた母音の全体または末尾を「r化」する．

(2) ㊎では語を単独に発音したばあい，[*r*] は無視される．たとえば danger [déindʒə*r*], cord [kɔ:*r*d] は㊎ではそれぞれ [déindʒə], [kɔ:d] と解される．

(3) つなぎの r (linking-r) ㊊で語末に [*r*] があるとき，次に母音が続くと㊎でもその位置に [r] が挿入（そうにゅう）されることが多い：danger [déindʒə*r*]→the danger of it [ðə-déindʒər̠-əv-it], more [mo:*r*/mɔ:]→more about it [mó:r-əbàut-it/mɔ́:r̠-].

〈注₁〉速度などにより㊎の「つなぎの r」は発音されないこともある．

〈注₂〉合成語などのばあい，㊎では語中で「つなぎの r」を生じることがあるが，この [r] が省略可能なばあいを次のように示す：**o·ver·act** [óuvə*r*-ǽkt]（＝[óuvərǽkt/óuvə(r)ǽkt] の意）．

1.3.1　単純 r 化母音

[ə*r*]　㊊では中舌はほぼ [ə] の姿勢で，舌先を [r] の要領でそり上げて発音．㊎では [ə] となる：better [bétə*r*], cupboard [kʌ́bə*r*d].

[ə:*r*]　前記 [ə*r*] の緊張し，長くなった音で，㊊では舌先の [r] の姿勢は母音全体に及び，[ə:]＋[r] ではない．㊎では [ə:]：fur [fə:*r*], bird [bə:*r*d].

[ə:r-]　母音の前の形で，㊊の音価は [ə:*r*] に等しく，[ə:]＋[r] ではない．㊎では [ə:]＋[r]：furry [fə́:ri]. 〈注〉語によって㊊の [ə:r-] に㊎では [ʌr-] が対応する：current [kə́:rənt/kʌ́r-].

1.3.2.　[ə*r*] に向かう二重母音

[iə*r*]　例：mere [miə*r*], hear [hiə*r*], beard [biə*r*d]. 〈注〉次のようなばあいは [i:]＋[ə*r*]《2 音節》となる傾向が強い：o·ver·se·er [óuvə*r*sì:ə*r*, -siə*r*/-siə, -sì:ə].

[i(:)r-/iər-]　前記 [iə*r*] に母音が続くときの形．[ə] の要素は㊊では非常に少なく，㊎では明瞭：hearing [hí(:)riŋ/híər-], experience [ikspí(:)riəns/-píər-]. 〈注〉本書での [i(:)] は [i, i:] の意でなく，[i]（[i:] より広い）の音，またはこれをその音色のままで延ばしたもの（IPA 式精密表記 [ɪ, ɪ:]）の意と約束する．ただし [iə*r*] に終わる語の派生語（例 hearing）を除いては，しばしば [i:] の変種を伴う．この変種が特に重要なばあいには併記してある：hero [hí(:)rou, hí:rou/híər-].

[ɛə*r*]　第 1 要素 [ɛ] は [e] と [æ] の中間：dare [dɛə*r*], prayer [prɛə*r*]「祈り」《pray·er [préiə*r*]「祈る人」は 2 音節．→1.3.3. [eiə*r*]》．

[ɛ(:)r-/ɛər-]　前記 [ɛə*r*] が母音の前に立つばあいの形．㊊では [ə] の要素が少ない：fairy [fɛ́(:)ri/fɛ́ər-], daring [dɛ́(:)riŋ/dɛ́ər-].

[ɑr-]　㊊のみ．→[ɔ:r-].

[ɑ:*r*]　㊊では [ɑ:] の末尾が r 化する，すなわち [ɑ] から [ə*r*] に向かう二重母音：star [stɑ:*r*].

[ɑ:r-]　母音の前の形で，㊊では [ɑ:*r*] に等しく，㊎では [ɑ:]＋[r]：starry [stɑ́:ri].

[ɔːr] (米)では [ɔː] の末尾が r 化する，すなわち [ɔː] から [ər] に向かう二重母音：border [bɔ́ːrdər].

[ɔːr-] 母音の前の形で，(米)では [ɔːr] に等しく，(英)では [ɔː]+[r]. 三つのばあいがある. (1)(米)(英)とも [ɔːr-]：*aur*al [ɔːrəl]. この例は少ない. (2) [ɔːr-, ɑr-/ɔr-] のばあい：*sor*ry [sɔ́ːri, sɑ́ri/sɔ́ri], *or*ange [ɔ́ːrindʒ, ɑ́r-/ɔ́r-]. この例は多い. 〈注〉(米)にも通常 [ɔr-] の変種 ((英)よりも [ɑr-] に近く聞こえる) があるが，本書では省略. (3) (米) [oːr-] に伴って(米)(英)であらわれるばあい. → [oːr-/ɔːr-].

[oːr/ɔː] (米) [oːr] は [o] (=[ou]の前半) から [ər] に向かう二重母音. (英)では [ɔː]：st*ore* [stoːr/stɔː], bo*ar*der [bóːrdər/bɔ́ːd-]. 〈注₁〉(米)では常に変種 [ɔːr] を伴い，(英)は [ɔː] なので，[ɔːr] のばあいと同一視して常に [ɔːr] と発音してさしつかえない：boarder [bóːrdər, bɔ́ːrdər/bɔ́ːd-]——border [bɔ́ːrdər]. ただし本書ではこの約束のもとに [oːr] のばあいの(米)の [ɔːr] は省略する. 〈注₂〉(米)が [oːr] のとき，(英)には通常 [ɔː] のほかに二重母音 [ɔə] があるが，本書では省略する.

[oːr-/ɔːr-] 母音の前の形で，(米) [oːr-] は [oːr] に等しく，(英) [ɔːr-] は [ɔː]+[r]：st*or*y [stóːri/stɔ́ːri]. 〈注₁〉(米)では常に変種 [ɔːr-] を伴うので [ɔːr-] と同様に扱ってもよい. ただし本書ではこの了解のもとに省略してある. 〈注₂〉[oːr/ɔː] に終わる語の派生語であるばあいには通常(英)で変種 [ɔər-] を伴う：b*or*ing [bóːriŋ/bɔ́ːriŋ, bɔ́ər-]. ただし本書ではこの変種を省略する.

[uər] 例：p*oor* [puər], t*our* [tuər]. 〈注〉次のばあいを比較：p*ure* [pjuər]《単音節の二重母音》——viewer [vjúːər]《2 音節 [uː]+[ər]》.

[u(ː)r-/uər-] 母音の前での [uər] に相当する形. [ə] の要素は(米)に少なく(英)では明瞭：t*our*ist [tú(ː)rist/túər-], pl*ur*al [plú(ː)rəl/plúər-]. 〈注〉[u(ː)] は本書では [u, uː] の意でなく，[u] ([uː] より広い) またはそれを質を変えずに延ばしたもの (IPA 式精密表記 [ʊ, ʊː]) と約束する. 語によっては [uː] の変種をもつが (例 plural)，上の約束に従えばどの語に対しても満足な発音が得られる.

1.3.3 二重母音+[ər]，[(ə)r-]

[aiər] (1) (米)で単音節，(英)で 2 音節のばあい：t*ire* [taiər/táiə], l*yre* [laiər/láiə]《楽器の一種》. 〈注₁〉このばあい(米)の [-ər] は子音 [-r]，すなわち [aiər]=[air] で，[ais] と同様に単音節. (2) (米)(英)とも 2 音節のばあい，すなわち [ai]+[ər]：*ti·er* [táiər]「結ぶ人」，*li·ar* [láiər]「うそつき」. 〈注₂〉(1), (2)とも(英)では単音節の変種 [aː(ə)] があり，特に(1)で頻用(ひんよう)される ([a] は [ɑ] と異なり，前方母音で，[æ] を広くしたような音).

[ai(ə)r-/aiər-] 例：*i·r*is [áiris/áiər-], f*ir·*ing [fáiriŋ/fáiər-], f*i·er·*y [fái(ə)ri/fáiəri]. 〈注〉次のようなばあいがある：d*i·a·r*y [dáiəri].

[auər] (1) (米)で単音節，(英)で 2 音節のばあい：fl*our* [flauər/fláuə]. 〈注〉(米)[-ər] はここでは子音 [-r]，すなわち [auər]=[ɛur] で，[aut] と同様に単音節. (2) (米)(英)ともに 2 音節のばあい：fl*ow·er* [fláuər]. 〈注〉(1), (2)とも(英)には単音節の変種 [ɑː(ə)] が頻用される.

[au(ə)r-/auər-] 例：de·v*our·*ing [diváuriŋ/-váuər-], fl*ow·er·*y [fláu(ə)ri/fláuəri].

[ɔiər] (米)(英)とも 2 音節：em·pl*oy·er* [implɔ́iər].

[eiər] 2 音節：pr*ay·er* [préiər]「祈る人」. 〈注〉prayer [prɛər]「祈り」は単音節，ただし両形をもつ語も多い：m*ay·or* [méiər, mɛər/mɛə], l*ay·er* [léiər, lɛər]「層；取り木する」.

[ouər] 2 音節：m*ow·er* [móuər]「草刈り機」，s*ew·er* [sóuər]「縫う人」. 〈注〉次の単音節語と比較：m*ore* [moːr/mɔː], s*ore*, s*oar* [soːr/sɔː].

II 特に注意すべき子音

[r] (米)(英)とも舌先を上歯ぐきの根もとあたりに近づけるが，(米)では更に舌をそこから後方にそり返す気持ちで発音する. ともに舌先と歯ぐきや口の天井との接触がなく，また通常摩擦もなくて，それ自体としては母音的な響きをもつが，[j], [w] のばあいと同様に，次の母音に急速に移動して子音的な印象と機能を果たす. 〈注₁〉子音連結，特に [tr], [dr] ではしばしば摩擦を伴う. 〈注₂〉(英)の [r] は摩擦音に分類されることがある. 〈注₃〉(英)では上記の発音のほかに，舌先が 1 回だけ瞬間的に歯ぐき裏に触れる「弾音の r」(flapped-r) がある. 特に母音間の r (「つなぎの r」を含む) に多い.

[j] 歯ぐき子音に続いて強勢のある [juː] がくるとき，(米)ではしばしば [j] が脱落する：*tu*ne [t(j)uːn/tjuːn], *du*ty [d(j)úːti/djúː-], *new*s [n(j)uːz/njuːz]. ただし [t], [d], [n] の次では(英)では [j] が脱落せず，(米)でも [j] のある形もかなり用いられる. [s], [z] の次では(米)で特に脱落の傾向が強いので，本書では [j] を示さない (このばあい(英)にも [j] の脱落した形があるが，[j] のある方が優勢)：*su*it [suːt/sjuːt], re*su*me [rizúːm/-zjúːm].

[(h)w] wh- に始まる語では，通常(米)では [hw-] が，(英)では [w-] が優勢で，この了解のもとに本書では次のように表記する：*wh*ite [(h)wait] (=[hwait, wait/w-, hw-] の意).

[t], [d] 前に強勢のある母音があり，あとに強勢のない母音があるとき，(米)ではこの [t], [d] をともに

一種の弱い [d] 音で発音する人が少なくない (「弾音の r」と考える人もある). そのため聞き取りに注意を要する. この発音をする人については, たとえば次の各対はそれぞれ同音異語となる: la*tt*er [lǽtər]—la*dd*er [lǽdər], wai*t*ing [wéitiŋ]—wa*d*ing [wéidiŋ].

Ⅲ 音節主音的子音

普通は音節の中心をなすのは母音であるが, 子音でも響きの大きなものは音節の中心をなすことがあり, このようなばあいの子音を「音節主音的子音」(syllabic consonant) という. 英語で音節主音的になりうる子音はおもに [l] と [n] で, 特に [l] は [t, d, n] の次, [n] は [t, d] の次が多い ([l], [n] ともに舌先と歯ぐき裏の接触を伴い, この点が [t], [d] と共通で, これらの直後に母音をはさまずに発音するのが容易なため).

3.1 語末または子音の前

lit·t*le* [lítl] 《あとの [l]》, cra·d*le* [kréidl], fi·na*l* [fáin(ə)l], trou·b*le*d [trʌ́bld], driz·z*le* [drízl]; mut·to*n* [mʌ́tn], sud·de*n* [sʌ́dn]. 〈注$_1$〉 [l], [n] と前の子音との間に母音をはさまない. したがって [-tl], [-dl], [-tn], [-dn] では前の子音から [l], [n] の終わりまで舌先が歯ぐきから離れずに発音される. [-n(ə)l] についても同様で, 舌先は歯ぐきから離れないが, ただこのばあいは (特に日本人の) 耳には母音がはさまれたような印象が強い. すなわち舌先を歯ぐきにつけたままで, しかも (「ンル」でなく)「ヌル」「ナル」というつもりで発すると適当な音が得られるので, この感じをあらわすために便宜上 [(ə)] を入れてある. 〈注$_2$〉 次のようなばあいもある: pis·til [píst(i)l/-til]=[pístl, -til/-til], sat·in [sǽt(i)n/-tin]=[sǽtn, -tin/-tin].

3.2 母音の前

[-(i̥)l-, -(i̥)n-]: ven·ti·*l*ate [vént(i̥)lèit], an·i·*l*ine [ǽn(i̥)lì:n, -lin/-lin]; mu·ti·*n*y [mjú:t(i̥)ni].
[-(ə)l-, -(ə)n-]: It·a·*l*y [ít(ə)li], fi·nal·*l*y [fáin(ə)li]; he·do*n*·ism [hí:d(ə)nìz(ə)m].

母音直前の音節主音的子音は[米]に多く, [英]では上記 ( ) 内の母音が発音されることが多い. どちらのばあいも音節数には変わりがない. 日本人の立場からは, たとえば次のようになる. ven·ti·late は, [米]は [t] と [l] の間で舌と歯ぐきを離さずに [vén-tə-lèit] という気持ち, fi·nal·ly は [n] と [l] の間で舌と歯ぐきを離さずに [fái-nə-li] という気持ちで発音すると, [ə] となるべきところを実際は [l] が前に延びて占領し, 母音は出ない. このばあいの [fáin(ə)li] (精密には [fáinl̩i] と書く) は母音 [ə] がないにもかかわらず, 3 音節で,「ファイヌリ」「ファイナリ」に近く聞こえ, 2 音節の fine·ly [fáinli] (「ファインリ」に近く聞こえる) とは聴覚印象が全く異なる.

なお[英]では舌が歯ぐきから離れて [véntileit], [fáinəli] となることが多い. 他の語についても同様.

Ⅳ 接頭辞の米英アクセント

re-, un-, dis-, self-, counter- などの接頭辞または接頭的語形成要素において, [米]で無アクセントまたは第二アクセントが優勢であるとき, [英]では第一アクセントが優勢であるばあいが非常に多い: ***re***·write [ri:ráit/rí:-], ***dis***·o·bey [dìsəbéi/dís-]. ただし, リズムその他により, たいていのばあい[米][英]のアクセントを交換しうる.

Ⅴ 特殊音記号 (外来語・方言音・間投詞などのための)

母音

[a] ***à*** [ɑ:, æ|F. a] 《[æ] を広くした音》
[y] ***mot juste*** [F. moʒyst] 《くちびるはほぼ [u:] の, 舌はほぼ [i:] の姿勢》
[ø] ***jeu*** [F. ʒø, [英]$^+$ʒə:] 《くちびるはほぼ [o] の, 舌はほぼ [ei] の姿勢》
[œ] **Göttingen** [G. gœtiŋən] 《くちびるはほぼ [ɔ:], 舌はほぼ [ɛ] の姿勢》

子音

[ɸ] **whew** [hwju:, ɸju:, ẙ:] 《両くちびるで出す f の音, 声のないフの音》
[ç] ***Reich*** [raik|G. raiç] 《声のないヒ》
[x] **loch** [lɑk, lɑx/lɔk, lɔx] 《後舌・軟口がい間の無声摩擦音》
[ɲ] **Bretagne** [F. brətaɲ] 《[n] と [ŋ] の中間の鼻音. 日本語の「ニュ」に似る》

付加記号

[~] 鼻化《息を鼻にぬかす》: **huh** [hʌ̃, hʌ], ***embonpoint*** [F. ɑ̃bɔ̃pwɛ̃, [英]$^+$ɔ̃:mbɔ:mpwɑ́:ŋ], ***gratin*** [grǽtæ̃, [英]$^+$-tæŋ]. 〈注〉 [æ̃] は実質的に [F. ɛ̃] と同一だが, 前者は英語音としての表記に, 後者はフランス語原音の表記に用いられる.
[̥], [°] 無声化: **phew** [ẙ:, ẙu̥:, (p)fju:], **h'm** [hm, m̥m]

A

A, a [ei] *n.* (*pl.* **A's, As, a's, as** [-z]) **1** 英語アルファベットの第1字: This word is spelt with two *a*'s. この語のつづり字は a の字が二つある. **2** (A)〖楽〗イ音, イ調: *A* flat 変イ音〖記号 A♭〗. **3**〖米〗《学業成績の》「優」: straight *A*'s 全優. **4** A形のもの: an *A* tent A字形テント. ***from A to Z*** 初めから終わりまで. ***not know A from B***「いろは」の「い」の字も知らない; 全く無学である.
A battery〖電〗A電池《真空管のフィラメント加熱用》. **A-bomb** [⌐⌐] 原子爆弾(で攻撃する). **A-test** [⌐⌐] 原爆実験 (=A-bomb test). **A-wèap·on** [⌐⌐−] 原子兵器. **A1** [éi-wʌ́n] 第一等級《ロイド船級協会の船舶検査格付けの》;〖話〗最高(級)の, 最上の.

†**a** → 枠付 a, an. (p. 2)

a [ei, ɑ:] L. (=from) *prep.* 《空間的に, また時間的に》…から,《空間的に》…から離れて, …から別れて,《時間的に》…以来, …の後: *a priori* (より前＋から→) 先験的に. → a-⁵, ab-, abs-.

à [ɑ:, æ|F. a] F. *prep.* to, at, in, into, on, by, for, from, with の意: *à la carte* (=*by* the bill of fare) メニューによって, 一品料理の[で]《定食に対して》. *à la mode* (=*in* the fashion) 流行の.

a-¹ *pref.* **1** on, in, into, to, towards の意で名詞につく: *a*bed=in bed. *a*foot=on foot. *a*side=on [to] one side. *a*shore=on [to] the shore, on land. *a*sleep=in [into] sleep. **2** 動名詞に伴って「動作が進行中であること」, もしくは「目的の行為」をあらわす: The house is *a*-building. その家は建築中だ. go *a*-fishing つりに行く.〈注〉今日では "He went fishing." のように a- が無いのが普通なので, -ing 形は動名詞でなく, 現在分詞と一般にみなされる. なお, "The house is building." が is being built と受動態になっていないのは, building が本来動名詞であることによって「建築中」(in building=under construction)と理解されるからである. [<古代英語 on]

a-² *pref.*「…の」「…から」の意: *a*kin=of kin 同族の. [<古代英語 of]

a-³ *pref.* 本来 away などの意味で, 動作の開始もしくは完了を示し, ときに強意に役立つ: *a*wake (さめた状態に＋なる→) 目ざめる. *a*bide (最後まで＋とどまる→) 長くとどまる. *a*rise (さっと＋立つ→) 立ち上がる. [<古代英語の接頭辞 ā-]

a-⁴ *pref.*「欠如」を示す: *a*mnesia (無＋記憶→) 記憶喪失. *a*pathy (無＋感動→) 無感動. → an- ②. [<Gk. a-]

a-⁵ *pref.* ラテン語の接頭辞 ab- の b, m, v の前での異形.「離れて, 遠くへ」「欠如して」の意: *a*vert <ab-+√vert- (遠くへ＋めぐらす→) 遠ざける, 回避する. *a*mentia <ab-+√ment- (欠如＋精神→) 精神薄弱. → ab-.

a-⁶ *pref.* ラテン語の接頭辞 ad- の sc, st, sp の前での異形.「そばに[へ], こちらへ, 近づいて」「付加[増加]して」の意: *a*scribe <ad-+√scrib- (物を人に書き与える→) 帰属せしめる. *a*scend <ad-+√scand- (近づいて＋よじる→) よじ登る. *a*spect <ad-+√spec- (こちらを＋見る→ (物の)見える面→) 外見, ようす. → ad-.

a-⁷ *pref.*「そばに[へ], 近づいて」「付加[増加]して」の意: *a*chieve <a-+chief (頭[頂点]に達する→) 完成する. *a*mass <a-+mass (固まりへと＋集める→) 集積する. [F. a-<L. ad-]

A〖電〗ampere;〖物〗angstrom (unit);〖化〗argon. **A.** Absolute; Academician; Academy; acre; Admiral;〖映〗adult (=for adults only); Airplane; America(n); *anno* (L.=in the year); answer; *ante* (L.=before); April; Army; Artillery; Atom;〖とけい〗*avancer* (F.=accelerate). **a.** about;〖商〗accepted; acre(s); active; adjective; afternoon; aged; alto; amateur; ampere; *anno* (L.=in the year); anonymous; answer; *ante* (L.=before); approved; are²;〖野球〗assists. **Å** angstrom.

@ [æt, ət]〖商〗単価…で《*ad* (L.=at) の符号化》.

A.A.〖心〗achievement age; Actors' Association; Alcoholics Anonymous〖米〗アルコール中毒防衛会; Angling Association; Anti-aircraft; Associates in [of] Arts; Automobile Association. **A.A.A.** Agricultural Adjustment Administration; Amateur Athletic Association; American Automobile Association; Anti-Aircraft Artillery. **A.A.A.L.** American Academy of Arts and Letters. **A.A.A.S.** American Association for the Advancement of Science. **A.A.C.** Amateur Athletic Club. **A.A.F.** American Air Force. **A.A.G.** Assistant Adjutant General. **AAM** air-to-air missile. **a & h**〖保険〗accident and health. **A & P** [èi-ənd-pí:] Great Atlantic and Pacific Tea Company《アメリカの有名なスーパーマーケット会社》. **A.A.P.S.S.** American Academy of Political and Social Sciences.

áard·vark [ɑ́:rdvɑ̀:rk] *n.*〖動〗ツチブタ《アリを常食とする南アフリカ産の四足獣》.

áard·wolf [ɑ́:rdwùlf] *n.* (*pl.* **-wolves** [-wùlvz])〖動〗ツチオオカミ《ハイエナの一種の肉食動物》.

Aar·on [ɛ́(:)rən/ɛ́ər-] *n.*〖聖〗アロン《Moses の兄. ユダヤ教最初の祭司長》.
～'s beard〖植〗ビョウブヤナギ・ユキノシタの類.
～'s rod (1)〖植〗アキノキリンソウの類. (2) アロンのつえ《ヘビが巻きついた形のつえ》; その形の建築上の装飾.

A.A.S. *Academiae Americanae Socius* (L.=Fellow of the American Academy); American Academy of Sciences; Army Air Service. **A.A.U.** Amateur Athletic Union. **A.A.U.P.** American Association of University Professors.

ab [æb] L. *prep.* 《空間的・時間的に》…から,《空間的に》…から離れて, …から別れて,《時間的に》…の後, …以後.〈注〉母音, h, およびそのほかのいくつかの子音の前で用いられる: *ab initio* 初めから. → *a*.

ab- *pref.*「離れて」「遠くへ」「欠如して」の意: *ab*duct <ab-+√duc- (遠くへ＋連れて行く→) 誘拐(ゆうかい)する. *ab*dicate <ab-+√dic- (宣言して＋離れる→) 退位する, 放棄する. → a-⁵, abs-. [<L.]

Ab〖化〗alabamine. **ab** abbreviation; about; absent;〖野球〗at bat. **a.b.** able-bodied. **A.B.** able-bodied (seaman); *Artium Baccalaureus* (L.=Bachelor of Arts).

á·ba [ɑ́:bə, əbɑ́:/ǽbə] *n.* そでなしの長服《アラビア人の用いるラクダまたはヤギの毛で織ったもの》.

A.B.A. Amateur Boating [Boxing] Association; American Bible Association.

ab·a·cá [ɑ̀:bəkɑ́:, -bɑ:-/ǽbəkə] Sp. *n.*〖植〗マニラアサ; マニラ麻. [<タガログ語]

a·báck [əbǽk] *ad.* **1** 後ろへ. **2**〖海〗裏帆に《向かい風に帆が後ろの帆柱に吹きつけられる》. ***be taken ～*** (1) 不意をうたれる, びっくりする: I *was* quite *taken* ～ at their bad manners. 彼らの行儀の悪さに全く驚いた. (2)〖海〗裏帆になる.

A

a, an

1) 不定冠詞 **a** と **an** の使い分け (1) 子音で始まる語の前では a, 母音で始まる語の前では an: *a* pen [ə-pén]; *an* egg [ən-ég]; *an* only child [ən-óunli-tʃáild]. (2) one [wʌn] および [ju:-, ju-] と発音される u-, eu-, ew- で始まる語は, その語頭の発音は子音 [w], [j] であるから, つづりは母音字で始まるが, an でなく a を用いる: *a* one-act play; *a* European; *a* ewer; *a* useful tool. ただしこのばあい an を用いることもある. (3) 発音されない h＋母音で始まる語には an を用いる: *an* hour; *an* honest boy. h を発音するばあいは a を用いる: *a* hot day. 発音される h 字が語頭にきても, これに続く母音にアクセントがなければ [h] 音が弱まる結果, an を用いることがあるが, 今日は a の方が一般的: *a*(*n*) hotél; *a*(*n*) histórian. (4) アルファベット・数字・略語については, 先頭にくる文字ではなく, その発音によって定まる: *a* 7 [sév(ə)n]; *an* 8 [eit]; *a* T.C. [tí:sí:] ＝a traveler's check; *an* M.P. [émpí:] ＝a Member of Parliament.

2) はたらき　名詞《多くはいわゆる普通名詞》の前に a がつくことによって, その名詞の示すものが, 話者または聞き手もしくはその両者にまだ特定のものとはならないが, しかし具体的にはなる. たとえば "There is *a* book on the table." では, その本はまだ特定の本として限定はされていないが, 既に大きさ・厚さ・内容など具体的に現実には定まっているもので, ただ聞き手がそれを知らないだけであるのが普通である.

a [通常弱く ə, 強 ei], **an** [通常弱く ən, n, 強 æn] *indefinite art.* [one と同語源] **1**《同種のものがたくさんあるものの一例について使うもので, 日本語には訳さなくていいことが多い (one of many)》: I am *a* boy. 私は(少年の一例→) 少年だ. Call me *a* taxi. タクシーを呼んでくれ. He gave me *an* interesting book. 彼は私におもしろい本をくれた. 〈注〉初めて話題にのぼる単数普通名詞につける a, すなわち導入の a もこの部類に属する. おなじ名詞が 2 度めに用いられるときには the を冠する: I saw *a* man in my office. *The* man had come to ask a favor of me. 事務所でひとりの男の姿を見かけた. その男は頼みごとがあってやって来たのだった.

2 一つの, ひとりの (one): in *a* day or two — 両日で. in *a* word 一言でいえば. You can't do two things at *a* time. 一度に二つのことはできない. They were killed to *a* man. 最後のひとりまで殺された〔皆殺しにされた〕. *a* hundred 〔*a* thousand〕 miles 100 〔1,000〕 マイル. 〈注〉物質名詞の前に a をつけて普通名詞化することができる: Waiter, bring me *a* coffee. 給仕, コーヒーを 1 杯くれ. We had *a* fire in the living room. 居間に火が燃えていた.

3 同一の, おなじ (one and the same): Birds of *a* feather flock together. 〖諺〗羽毛をおなじくする鳥は相集まる; 類をもって集まる. They are of *an* age. 彼らは同年配である. suits of *a* size おなじサイズの洋服.

4 どんな, どれでも, …はことごとく (any) 《総称的用法はこのばあいの一つ》: *A* tiger is a fierce animal. トラは〔トラというものは〕猛獣である. *An* oak is harder than *a* pine tree. カシは松より堅い. 〈注〉not a は not any ＝not a single の意で, 強い否定: *Not a* soul was to be seen on the street. 路上にはだれひとりとして〔人影一つ〕見えなかった.

5 若干の, 少しばかりの (some): We saw a bull at *a* distance. 少し向こうに牛が見えた. We stood there for *a* time. しばらくの間そこに立っていた. I have *a* knowledge of Mr. Brown. ブラウンさんについてはいささか知っている.

6 一種の, ある種の (a kind of): It was painted *a* bright yellow. (一種の) 明るい黄色に塗ってあった. I began to take *a* liking for her. 彼女に対してある種の愛着をもちはじめた, 彼女がなんとなく好きになりはじめた. He expressed *a* doubt as to the matter. そのことについてある種の疑念を表現した〔なにか信じられないと言った〕. 〈注〉このばあい抽象名詞に a が冠せられることが多い. また唯一物に形容詞がつくときに a が用いられ, たとえば月は唯一物であって, 一般に *the* moon であるが, a が冠せられることがある: There was *a* beautiful moon in the sky. 空には美しい月が出ていた. What *a* (beautiful) moon! なんという(美しい)月なのだろう!

7《単音節 have, take, give, make などの動詞のあとに, 動詞の原形をそのまま名詞として》一回の: He gave me *a* lift. 彼は車に乗せてくれた. Give it *a* pull. それをぐいと (一引き) 引いてみなさい. She threw him *a* smile. 彼女は彼にほほえみかけた. I had *a* funny dream. 私はおかしな夢を見た. Let's have 〔take〕 *a* walk. 散歩をしよう.

8 …につき (per): once *a* day 日に 1 回. We have English four hours *a* week. 英語が週に 4 時間ある. 〈注〉このばあい a は実は on, in を意味する古い前置詞の an または on の変形で, a week は on (a) week→in a week.

9《固有名詞とともに》**a**) …と(か)いう人: *A* Mr. Boom was looking for you. ブームさんとおっしゃる方があなたを捜していらっしゃいました. **b**) …のような人〔物〕: He is *a* Napoleon. 彼はナポレオンのような人物だ. **c**) …家の出身, …家の人: My mother was *a* Hodge. 母の旧姓はホッジです. **d**) …の作品, …の製品: *A* Picasso is on the market. ピカソの絵が売りに出されている.

10《基数詞とともに》約 (about): *a* twenty miles 約20マイル. *an* estimated two hundred people 推定約200人の人々.

11《序数詞とともに》もう 1 度, もう一つ(の)(＝another): I'll do it *a* second time. 《1 度やったあとで》もう 1 度やってみよう. They tried *a* third snuff. 《2 度かいだあとで》もう 1 度においをかいでみた.

12《a＋最上級》非常に…な (very): It is *a* most discreet decision. 非常に思慮ある決定だ.

13《[ei] と発音して》すばらしい, たいした: She has *a* voice. 彼女はすてきな声をしている. It was *a* sight. たいした見ものだった.

14《a…of a ___ の形で》…のような──: *a* mountain *of a* wave 山のような波. *an* angel *of a* wife 天使のような妻.

〈付記₁〉**a**(**n**) の語順　冠詞は普通は名詞または名詞を修飾する語群の先頭にくるが, 次の諸点に注意: (1) how, however, so, as, too＋形容詞＋a＋名詞の順: How beautiful *a* day!; However beautiful *a* day it may be. …; so good *a* student; as diligent *a* man as he 彼のように勤勉な人; too difficult *a* problem むずかしすぎる問題. (2) quite, rather, half は多く a の前に出る: quite *an* old man; rather *a* hard task; half *an* hour 《米語ではしばしば *a* half hour》. (3) no less は a に先行: no less *a* person than himself ほかならぬ彼自身.

〈付記₂〉a little, a few, a great many, many a については, それぞれ枠付 little, few, many.

áb·a·cus [ǽbəkəs] *n.* (*pl.* **-cus·es, -ci** [-sài]) **1** そろばん. **2**〘建〙アバクス,《円柱頭の》冠板.

A·bád·don [əbǽd(ə)n] *n.* **1** 地獄, 奈落(ならく), 破滅の場所. **2** =Apollyon.

a·báft [əbǽft/əbɑ́:ft] *ad., prep.*〘海〙(…の) とも〔船尾〕に; (…の) 後ろへ.

àb·a·ló·ne [æ̀bəlóuni] *n.*〘貝〙アワビ.

‡a·bán·don[1] [əbǽndən] *vt.* **1** 捨てる, 置き去る: 〜 one's home 生家を去る. 〜 a sinking ship 沈む船から離れる. 〜 all hope 全く望みを失う. **2** 断念する, やめる: 〜 a research project 研究計画をやめる. **3** の支配をゆだねる《に *to*》: 〜 a city *to* a conqueror 征服者に市を譲り渡す. **4**〘法〙<妻・子などを> 遺棄する;〘保険〙委付する. **〜 *oneself to*** に身をまかす: 〜 one*self to* drinking 飲酒にふける. 〜 one*self to* grief 悲しみに沈む.
◇ **〜ed** *a.* 捨てられた; 捨てばちな, 放縦(ほうじゅう)な, 身持ちの悪い. **〜·er** *n.* **〜·ment** *n.* **1** 放棄; 遺棄. **2** 自暴自棄, 放縦.

a·bán·don[2] [əbǽndən] *n.* 自由奔放: dance with reckless 〜 思いのままに踊り狂う. [<F.]

a·bàn·don·ée [əbæ̀ndəní:] *n.*〘法〙被委付者《遺棄された財産を譲り受けた者》.

à bas [ɑ:bɑ́:] F. (=Down with…!) を倒せ!, 打倒…!

a·báse [əbéis] *vt.* **1** の地位〔品格〕を下げる, おとす. **2** おとしめる, 卑しめる. **〜 one*self*** 卑下する; 身をおとす. [<base[2]]
◇ **〜·ment** *n.*《面目の》失墜, 屈辱.

a·básh [əbǽʃ] *vt.* めんくらわす, 恥じ入らす. ***be* 〔*feel*〕 *〜ed*** きまり悪がる. ◇ **〜·ed·ly** [-idli] *ad.* 恥じ入って, 当惑して. **〜·ment** *n.* 当惑, 赤面.

a·báte [əbéit] *vt.* **1** 減らす, 下げる; <税・値段を> 引き下げる, 割引する. **2** <苦痛などを> 弱める, 和らげる. **3**〘法〙<妨害を> 排除する; <訴訟を> 停止する; <令状などを> 無効にする. **4** 省く. —— *vi.* **1** 減る, 弱まる; <暴風・流行病などが> 衰える; <熱が> ひく. **2**〘法〙無効〔失効〕になる. [ab-+√bat(t)-]
◇ **〜·ment** *n.*

áb·a·tis [ǽbətis, -tì:] *n.* (*pl.* 〜 [-tì:z], **〜·es** [-tisiz])〘軍〙鹿砦(ろくさい), 逆茂木(さかもぎ); 鉄条網.

a·bat-jour [F. abaʒu:r] *n.* 日よけ《窓に設けられ直射日光を防ぐ》.

áb·at·tis [ǽbətis, -tì:/əbǽt-] *n.* (*pl.* ㊥ 〜 [-tì:z], ㊥㊥ **〜·es** [-tisiz]) =abatis.

ab·at·toir [æ̀bətwɑ́:r/ˊ−−−] F. *n.* 畜殺場.

abb [æb] *n.* 横糸, 緯(ぬき) (woof).

Abb. Abbess; Abbey; Abbot.

Ab·ba [ǽbə] *n.*〘宗〙(父なる) 神《キリスト教の祈りで神を呼ぶ語》; (a〜) 師父《修道院長などの呼称》.

áb·ba·cy [ǽbəsi] *n.* abbot の職〔管区, 任期〕.

ab·bá·tial [əbéiʃ(ə)l] *a.* 修道院 (長) の.

ab·bé [ǽbei, ㊥+−ˊ] F. *n.*《フランスの》修道院長; 神父.

áb·bess [ǽbis, -bes] *n.* 女子修道院長.

‡áb·bey [ǽbi] *n.* **1**《abbot または abbess が管轄する》修道院, 僧院; 修道士〔女〕団. **2**《もと修道院であった》大邸宅. ***the A〜***《ロンドンの》Westminster 寺院.

áb·bot [ǽbət] *n.* 修道院長, 僧院長.
◇ **〜·ship** *n.* =abbacy.

abbr(ev). abbreviated; abbreviation(s).

***ab·bré·vi·ate** [əbrí:vièit] *vt.* **1** 短くする, 省略〔短縮〕する; <着物などを> 短くする. **2**〘数〙約分する. [√brev-]

ab·brè·vi·á·tion [əbrì:viéiʃ(ə)n] *n.* **1** 短縮, 省略 (形); 略語. **2**〘数〙約分;〘楽〙略符.

ABC [éibì:sí:, ˊˊˊ/ˊ−ˊ] *n.* (*pl.* **ABC's, ABCs**) **1** エービーシー, アルファベット. **2** 初歩: an 〜 book 入門書. the 〜 of economics 経済学の初歩. **3**〘英〙ABC 見出しの旅行案内.

ABC, A.B.C. America, Britain and Canada; American Broadcasting Company; Australian Broadcasting Commission. **ABC Republics 〔Powers〕** Argentina, Brazil, Chile 3 大共和国. **ABC (shop)**〘英〙《Aerated Bread Company 経営の》連鎖喫茶(きっさ)店. **ABCC** Atomic Bomb Casualties Commission 原爆傷害調査委員会.

áb·di·cate [ǽbdikèit] *vt.* **1** <王位・権利を> 放棄する: 〜 the crown 〔throne〕 退位する. **2**〘法〙廃嫡する. —— *vi.* 退位する; 退官する: 〜 *from* the crown 〔throne〕 退位する. ***the 〜d king*** 退位した王. [√dic-] ◇ **àb·di·cá·tion** [æ̀bdikéiʃ(ə)n] *n.*

áb·do·men [ǽbdəmən, æbdóu-/-men] *n.* 腹;《こん虫などの》腹部.

ab·dóm·i·nal [æbdɑ́min(ə)l/-dɔ́m-] *a.* 腹(部)の. **〜 breathing** 腹式呼吸. **〜 fin** 腹びれ.
◇ **〜·ly** [-i] *ad.*

ab·dóm·i·nous [-nəs] *a.* ほてい腹の.

ab·dúce [æbd(j)ú:s/-djú:s] *vt.* **1** 引き去る, 持ち去る. **2** =abduct. [√duc-]

ab·dúct [æbdʌ́kt] *vt.* **1** 誘拐(ゆうかい)する. **2**〘医〙外転させる. ↔ adduct. [√duc-] ◇ **ab·dúc·tion** [-dʌ́kʃ(ə)n] *n.* **ab·dúc·tor** [-ər] *n.* 誘拐者; 外転筋.

a·béam [əbí:m] *ad.*〘海〙真横に, 竜骨(りゅうこつ)と直角の方向に.

à·be·ce·dár·i·an [èibisidέ(:)riən/-dέər-] *n.* (アルファベット) 初学者, 初心者; 初歩の手ほどき者. —— *a.* アルファベット (順) の; 初歩の.

à·be·ce·dár·i·um [-riəm] *n.* (*pl.* **-a** [-riə]) (アルファベット用) 初歩教科書.

a·béd [əbéd] *ad.* 寝床に, ベッドに: stay 〜 late on Sundays 日曜に朝寝坊する. ***ill 〜*** 病臥(びょうが)して. ***lie 〜*** 床に伏している; 産褥(さんじょく)にある.

A·bel [éib(ə)l] *n.*〘聖〙アベル《Adam と Eve の第 2 子. 兄 Cain に殺された. 創世記 4 : 2》.

a·béle [əbí:l] *n.*〘植〙ハクヨウ《ポプラの一種》.

á·bel·mosk [éib(ə)lmɑ̀sk/-mɔsk] *n.*〘植〙ゼニアオイ科の常緑低木《北アフリカ産》.

Ab·er·déen [æ̀bərdí:n] *n.* **1** スコットランド東北部の都市の名. **2** スコッチテリア (=〜 terrier). **〜 Angus** アバーディンアンガス《スコットランド産の角のない黒牛. 食肉用》.

àb·er·de·víne [æ̀bərdəváin] *n.*〘鳥〙ヒワ《ヨーロッパ産》.

àb·er·né·thy [æ̀bərní:θi/-néθi] *n.*《消化のよい一種の》堅焼きビスケット.

ab·ér·rant [æbérənt] *a.* 常軌を逸した, 異常の;〘生〙変態の. [√err-] ◇ **-rance, -ran·cy** *n.*

àb·er·rá·tion [æ̀bəréiʃ(ə)n] *n.* **1** 正道〔常軌〕をはずれること, 逸脱, 異常; 錯誤, 心得違い. **2**〘生〙変態;〘医〙精神異常;〘物〙収差;〘天〙光行差.

a·bét [əbét] *vt.* (**-tt-**) けしかける, 扇動する. ***aid and 〜*** 教唆する. [bait と同語源]
◇ **〜·ment** *n.* **〜·tor** [-ər], **〜·ter** *n.*

ab ex·tra [æb-ékstrə] L. (=from without) 外部から.

a·béy·ance [əbéiəns] *n.* **1** 中止, 中絶. **2**〘法〙所有者〔帰属〕未定. ***fall into 〜*** 中止になる. ***in 〜*** 休止して; 未決定で: hold a problem *in* 〜 問題を保留する. ◇ **-ant** *a.* 中止〔中絶〕した.

ab·hór [əbhɔ́:r] *vt.* (**-rr-**) 忌みきらう, 憎悪(ぞうお)する. [√hor(r)-] ◇ **〜·rer** [-hɔ́:rər] *n.*

ab·hór·rence [əbhɔ́:rəns, -hɑ́r-/-hɔ́r-] *n.* **1** 嫌悪(けんお), 憎悪. **2** 大きらいなもの. ***have an 〜 of*** =***hold in 〜*** 忌みきらう.

ab·hór·rent [-rənt] *a.* **1** 嫌悪を催させる, いやでたまらない: It is 〜 *to* me. それは私は大きらいだ. **2** 嫌悪をいだいている, いやでたまらない: I am 〜 *of* it. 私はそれが大きらいだ. **3** 相いれぬ《と *to*》; 隔たること遠い《から *from*》: 〜 *to* reason 理性に反する.

A

a·bíd·ance [əbáid(ə)ns] *n.* **1** 持続; 居住《*in, at*》. **2** 固執, 遵守《*by*》.

***a·bíde** [əbáid] *v.* (**a·bóde** [əbóud] *or* **a·bíd·ed**) *vi.* **1** とどまる, 泊まる, 残る. **2**〈物が〉長続きする, 持ちこたえる. **3** (いつまでも) 変わらない; 忠実である. **4** 住む《に *at, in*》.

— *vt.* **1** 待ちかまえる: ～ one's time 好機の到来を待つ. **2**《疑問・否定で》がまんする: I cannot ～ him. あの男にはがまんならない. I couldn't ～ *to* look at it. 見るのもいやなほどだ.

～ ***by***〈約束・決意・規則など〉を守る,〈協定・決定・運命など〉に従う: の力〔助け〕になる. ～ ***with*** a person (人) のところに泊まる; (人) といっしょにいる.

a·bíd·ing [əbáidiŋ] *a.* 永続的な: an ～ faith in God 神への変わることなき信仰. Music is his ～ passion. 彼の音楽熱はいつまでもさめない.

◇ ～**·ly** *ad.*

Ab·i·dján [æbidʒáːn] *n.* アビジャン《the Ivory Coast の首都》.

áb·i·gail [æbigèil] *n.* 侍女, 腰元.

‡**a·bíl·i·ty** [əbíləti] *n.* **1** 能力, しうる力《*to* (do)》: ～ *to* write well じょうずに書く能力. 〈注〉～ of writ*ing* well は不可. **2** (通例 *pl.*) 才能, 技量. **3**〔法〕有資格; (*pl.*)〔商〕(支払い) 資金. ***a man of*** ～ 〔～***ies***〕 手腕家. ***to the best of*** one***'s*** ～ 力の及ぶ限り.

ab in·i·ti·o [æb-iníʃiòu/-ʃiou] L. (=from the beginning) 最初〔はじめ〕から《略 *ab init.*》.

ab in·tra [æb-íntrə] L. (=from within) 内部から.

àb·i·o·gén·e·sis [æbiodʒénəsis, èibaio-/èibaio-] *n.*〔生〕自然発生 (論), 偶発.

àb·i·o·ge·nét·ic [-dʒinétik] *a.* 自然発生 (論) の.

◇ **-i·cal·ly** [-(ə)li] *ad.*

àb·i·óg·en·ist [æbiádʒinist/-ɔ́dʒ-] *n.* 自然発生論者.

ab·ír·ri·tant [æbírətənt] *a., n.* 緩和剤(の).

ab·ír·ri·tate [æbírətèit] *vt.* 緩和する.

◇ **ab·ìr·ri·tá·tion** [æbirətéiʃ(ə)n] *n.*

ab·jéct [æbdʒékt, ´-/´-] *a.* **1** みじめな, 目も当てられない: ～ poverty 赤貧. **2** 卑しむべき, 卑劣な: an ～ coward 卑しむべきひきょう者.

— *n.*〔古〕下賤(げせん)の者. [√jac-¹]

ab·jéc·tion [æbdʒékʃ(ə)n] *n.* 零落; 卑劣.

ab·jéc·tive [-tiv] *a.* 卑屈にさせる, みじめにさせる.

ab·júre [əbdʒúər] *vt.* **1** 誓ってやめる〔すてる〕. **2**〈権利などを〉放棄する. **3** 避ける, 回避する. ～ ***the realm***《罪を犯して》故国を立ち去ることを宣誓する. [√jur-] ◇ **àb·ju·rá·tion** [æbdʒuréiʃ(ə)n] *n.*

abl. ablative.

àb·lac·tá·tion [æblæktéiʃ(ə)n] *n.* 離乳.

ab·láte [æbléit] *vt., vi.*《溶解・蒸発・腐食などで》除去する〔される〕. [√lat-]

ab·lá·tion [æbléiʃ(ə)n] *n.* 除去;〔地〕《氷河や積雪などの》削摩; 溶発《宇宙ロケットが大気圏内に突入するときに被覆物質が溶けて蒸発する現象》.

áb·la·tive [ǽblətiv] *n., a.*〔文〕奪格(の).

～ **absolute** 奪格独立句. ～ **case** 奪格.

áb·laut [áːblaut, ǽb-/ǽb-] *n.*〔言〕母音交替(gradation)《例: s*i*ng, s*a*ng, s*u*ng, s*o*ng》. [<G.]

a·bláze [əbléiz] *ad., a.*《形容詞としては叙述的》**1** 燃え立って. **2** 光り輝いて. **3** 興奮して; 熱望して; 怒りたけって. ***set*** ～ 燃え立たせる. [<blaze]

†**á·ble** [éibl] *a.* **1** 能力のある, 才能ある: an ～ man 手腕家. **2** 才能を示す, 強力な: an ～ speech りっぱな演説. **3** …できる, …しうる《*to* (do)》. **4** 有資格の. **5** =able-bodied.

be ～ ***to*** (do) …(することが) できる, …しうる: I *am* not ～ *to* go. =I cannot go. 〈注〉can に欠けた未来形・完了形・不定詞形などをこの言い方で補う: Will he *be* ～ *to* come tomorrow? あの人はあす来られますか? It is so good to *be* ～ *to* speak a number of foreign languages. 外国語がいくつも話せるというのはほんとうにいい. →枠付 can.

〔類義語〕有能な: **able** 一般に能力のあることを示すが, 特に並み以上の才に恵まれていることを示す: an *able* teacher すぐれた教育家. **capable** 仕事をするのに必要な人並みな能力があることを示す: a *capable* teacher 生徒を教えるだけの十分な力のある先生. **competent, qualified** 特定の仕事に対し適任の能力のあることを示すが, 後者は認定された資格と結びつけて用いられることが多い: a *qualified* teacher 教員免許状をもった先生.

-a·ble [-əbl] *suf.*《おもに (他) 動詞から形容詞をつくる》…できる, …に適する, …しがちな: eat*able* 食べられる. enjoy*able* (楽しまれる→) 楽しめる, 愉快な, おもしろい. change*able* 変わりやすい. 《名詞から派生の例》sal(e)*able* 売り物の, 売れ行きのいい.

á·ble-bód·ied [éiblbádid/-bɔ́d-] *a.* 強壮な.

～ **seaman**〔海〕A.B. 級の水夫, 熟練海員《略 A.B., a.b.》.

a·blóom [əblúːm] *ad., a.*《形容詞としては叙述的》「花が咲いて.

áb·lu·ent [ǽbluənt] *a.* 洗浄する(の).

— *n.* 洗剤. [√lau-]

a·blúsh [əblʌ́ʃ] *ad., a.*《形容詞としては叙述的》赤面して; 赤らんで.

ab·lú·tion [æblúːʃ(ə)n, əb-/əb-] *n.* 沐浴(もくよく); 斎戒; (通例 *pl.*)〔宗〕洗浄式 (に用いる水). [√lau-]

á·bly [éibli] *ad.* りっぱに, 巧みに; 有能に.

ABM antiballistic missile; Atomic Bomb Mission.

áb·ne·gate [ǽbnigèit] *vt.*〈快楽などを〉拒否する, 断つ;〈権利・所信などを〉放棄する. [√neg-]

◇ **-ga·tor** [-ər] *n.* **àb·ne·gá·tion** [ˌ--géiʃ(ə)n] *n.*

ab·nór·mal [æbnɔ́ːrm(ə)l] *a.* 異常な, 変則の; 変態の, 病的な. ↔ normal. ～ **psychology** 変態心理(学). ◇ ～**·ize** *vt.* ～にする. ～**·ly** *ad.*

〔類〕→ **irregular**「変則的な」

àb·nor·mál·i·ty [æbnɔːrmǽləti] *n.* **1** 異常, 変則; 変態. **2** 異常物〔現象〕, 奇形, かたわ.

ab·nór·mi·ty [æbnɔ́ːrməti] *n.* 異常, 変則; 奇形

‡**a·bóard** [əbɔ́ːrd/əbɔ́ːd] *ad.* **1** 船に〔へ〕; 船に乗って;〔米〕《船以外に》汽車〔バス, 飛行機〕に乗って. **2**〔野球〕塁に出て: a homer with two ～ スリーランホーマー. **3** 舷側(げんそく)に. ***All*** ～***!*** みなさんご乗船〔乗車〕ください《出発します》; 全員乗船〔乗車〕ずみ《出発用意!》. ***close*** ～ 舷側に接して; 岸に接近して. ***lay*** an enemy's ship ～ (敵船に) 船を横づけにする《乗り込むために》.

— *prep.* …に乗って; …の舷側に. ***fall*** 〔***run***〕 ～ another ship (他船の) 舷側に衝突する. ***go*** ～ に乗船〔乗車, 搭乗(とうじょう)〕する: *go* ～ (a) ship 船に乗り込む.

a·bóde** [əbóud] *n.* **1** 居住, 居所. **2**《長期の》滞在. ***make 〔***take up***〕 one***'s*** ～ 住居を定める.

— *v.* abide の過去・過去分詞.

***a·ból·ish** [əbáliʃ/-bɔ́l-] *vt.*〈慣例・制度などを〉廃止する. [√al-] ◇ ～**·a·ble** *a.* ～**·ment** *n.*

àb·o·lí·tion [æbəlíʃ(ə)n] *n.* 廃止;〔米〕どれい制度廃止. ◇ ～**·ism** *n.* (どれい制度) 廃止論.

～**·ist** *n.* (どれい制度) 廃止論者.

àb·o·má·sum [æbəméisəm], **-sus** [-səs] *n.* 皺胃(しゅうい)《反芻(はんすう)動物の第四胃》.

a·bóm·i·na·ble [əbám(ə)nəbl/əbɔ́min-] *a.* **1** 忌まわしい, 憎むべき. **2** ひどくいやな; 俗悪な. **3**〔話〕《天気などが》ひどい. **A**～ **Snowman**《ヒマラヤ山地に住むといわれる》雪男. ◇ **-bly** *ad.*

a·bóm·i·nate [əbámənèit/-bɔ́m-] *vt.* 憎悪(ぞうお)する;〔話〕ひどくきらう. [√omin-] ◇ **-na·tor** [-ər] *n.*

a·bòm·i·ná·tion [əbàmənéiʃ(ə)n/-bɔ̀m-] *n.* **1** 嫌悪(けんお), 憎悪. **2** 忌まわしいもの《行為・状態・習慣など》. ***hold in*** ～ 忌みきらう. [√omin-]

àb·o·ríg·i·nal [æbərídʒən(ə)l] *a.* 土着の, 原生の; 最初からの. — *n.* (*pl.* ～**s**) 原住民;〔稀〕土着の物. ◇ ～**·ly** *ad.* 本来, 太古から.

àb·o·ríg·i·nes [æbərídʒi̧ni:z] *n. pl.* 原住民，土着民；土着の動物〔植物〕．［＜origin］
a·bórn·ing [əbɔ́:rniŋ] *a., ad.* 生まれかかって：A new era is ～. 新時代が到来しつつある．
a·bórt [əbɔ́:rt] *vi.* **1** 流産する，早産する．**2** 実を結ばない，失敗する．**3**〘生〙発育しない．
—— *vt.* **1** 流産させる．**2** 失敗させる；未然に防ぐ．
—— *n.* 失敗《ロケットの打ち上げなど》．［√ori-］
◇ ～**·ed** [-id] *a.* 流産した；月足らずの，発育不全の；失敗に終わった．
a·bór·ti·cide [əbɔ́:rti̧sàid] *n.* 堕胎（薬）．
a·bòr·ti·fá·cient [əbɔ̀:rti̧féiʃ(ə)nt] *a.* 流産を起こす．—— *n.* 堕胎薬．
a·bór·tion [əbɔ́:rʃ(ə)n] *n.* **1** 流産，早産；死産児．**2** 不具，奇形．**3** 失敗．→ 動詞 abort.
◇ ～**·ist** *n.* 堕胎医〔施術者〕．
a·bór·tive [əbɔ́:rtiv] *a.* **1** 流産の，早産の．**2** 失敗の：All his efforts proved ～. 努力はすべて無効だった．**3**〘生〙発育不全の．—— *n.* (*pl.*) 堕胎薬．
a·bóund [əbáund] *vi.* **1** 〈場所などが〉富む；満ちている：America ～*s in* oil. アメリカは石油が豊富だ．Rome ～*s with* relics〔*in* tourists〕. ローマはいたるところに遺跡がある〔観光客がいる〕．**2** たくさんある〔いる〕：Fish ～ in the ocean. 大海には魚がたくさんいる．Discontent ～*s* in the world. 不満が世に広まっている．→形容詞 abundant.［√und-］
†**a·bóut** → 枠付 about. (p. 6)
a·bóut-face [əbáutfèis] *n.* 回れ右；180 度の転向．—— [əbàutféis] *vi.* 回れ右する；転向する．
†**a·bóve** [əbʌ́v] ［中心義は「上方に，離れて上に」．「の表面に接して上に」の意の on に対する.］*ad.* **1** 上方に〔へ〕；上に〔へ〕；頭上に〔へ〕；天に〔へ〕，空に〔へ〕：soar ～ 空へ舞い上がる．the clouds ～ 頭上〔上空〕の雲．**2** 上位に，上級に：appeal to the court ～ 上級裁判所へ上訴する．**3** 階上に：My bedroom is just ～. 私の寝室はすぐこの上です．the floor ～ 上の階．**4** 以上に：persons of sixty and ～ 60 歳以上の人々．**5**《流れの》上流に．**6** 前に，上文に：as is stated〔remarked〕～ 前述のとおり．
—— *prep.* **1** …の上〔上方〕に，…よりも高く：high ～ the ocean 洋上高く．**2** …の上に，…に重なって；…の上の階に：one ～ another 積み重なって．He lives ～ me. 彼は私の上の階に住んでいる．**3** …より遠くに；…より上流に；…より北に：There is a waterfall ～ the bridge. この橋の上手(かみて)に滝がある．**4** …以上で〔に〕：children ～ six years of age 6 歳以上の子ども．He lives ～ his means. 収入以上の暮らしをしている．**5** …よりまさって：He is ～ all others in originality. 彼は独創力ではだれよりもまさっている．His voice was heard ～ the din. 彼の声が騒音にも負けずに〔消されずに〕聞こえた．**6** …を超越して：He is ～ all meanness. 卑しいことは絶対にしない．He is ～ telling a lie. 彼はうそなど言わない〔を言うのを潔しとしない〕．**7** …の（力の）及ばない（ところに）：This book is ～ me. この本はぼくにはとても理解できない．
～ one***self***〘俗〙はしゃいで，いい気になって．～ ***all*** とりわけ，なかんずく．～ ***all things*** なにものにもまして，特に，まず第一に．***over and*** ～ … …に加えて．
—— *a.* 上記の，前述の：the ～ facts 上記の事実，前述の事柄．〈注〉the above-mentioned facts の方が正式．
—— *n.* **1** 上の方；天，天上．**2** (the ～) 上記，前述．***from*** ～ 天から．
類 → 枠付 **on**「の上に」
a·bóve·bòard [əbʌ́vbɔ̀:rd/-bɔ́:d] *ad., a.* 衆目の注視のもとに〔の〕，公明正大に〔な〕．
a·bóve-cít·ed [-sáitid, -sàitid] *a.* 前記の，上述の．
a·bóve·ground [-gràund] *ad., a.* 地上で〔の〕，地面で〔の〕．
a·bóve·mén·tioned [-ménʃ(ə)nd, -mèn-] *a.* 上述の，前記の．
a·bóve·stáirs [-stέərz]〘おもに英〙＝upstairs.
ab o·vo [æb-óuvou] L. (＝from the egg) そもそもの始まりから《古代ローマでは，dinner は卵から始まって，リンゴで終わった》．
Abp., abp. archbishop.
abr. abridged; abridg(e)ment.
àb·ra·ca·dáb·ra [æbrəkədǽbrə] *n.* **1** 呪文(じゅもん)．**2** わけのわからないことば，たわごと．
ab·rá·dant [əbréid(ə)nt] *a.* 研摩用の．
—— *n.* 研摩剤，とぎ料．
ab·ráde [əbréid] *vt.* **1** すりむく，すり減らす．**2** 研摩する．［√rad-］◇ **ab·rád·er** *n.* 研摩機．
A·bra·ham [éibrəhæm, -həm〘英：宗〙⁺ɑ́:b-] *n.*〘宗〙アブラハム《ユダヤ人の先祖》．***in*** ～***'s bosom*** 天国に眠って．***sham*** ～ 病気〔気違い〕のふりをする．～**-man** [-mæ̀n] (*pl.* **-men**)〘史〙16 世紀のにせ気違いの放浪こじき．
A·bram [éibrəm,〘英：宗〙⁺ɑ́:b-] ＝Abraham.
a·brá·ser [əbréisər, -zər] *n.* 摩滅試験機，研摩機．
ab·rá·sion [əbréiʒ(ə)n] *n.* **1** すりむくこと，すり傷；摩滅．**2** 研摩．**3**〘地〙摩剝(まはく)，浸食作用．
ab·rá·sive [əbréisiv] *a.* **1** 研摩の．**2** 皮をすりむく．—— *n.* 研摩剤，とぎ粉．［√rad-］
àb·re·áct [æbriǽkt] *vt.*〘精神分析〙〈抑圧された感情を〉消散させる，浄化する．［ab-＋re-＋√ag-］
◇ **àb·re·ác·tion** [æbriǽkʃ(ə)n] *n.*
a·bréast [əbrést] *ad.* 並んで，並行して：march three ～ 3 人並んで進む．***be*** 〔***keep***〕～ ***of*** 〔***with***〕 the times（時勢）に遅れない．［＜breast］
a·brídge [əbrídʒ] *vt.* **1** 短縮する，省略する，要約する：an ～*d* edition 簡約〔抄約〕版．**2** 減ずる；〈権利などを〉縮小する．**3** から奪う，から剝奪(はくだつ)する：～ a person *of* his liberty 人から自由を奪う．〈注〉bridge「橋」とは無関係．［√brev-］
◇ **a·brídg·ment,** 英 **a·brídge·ment** *n.* ～すること；抄録，摘要．
a·bróach [əbróutʃ] *ad.* 飲み口をあけて；《うわさなどが》広まって．***set*** ～〈たるに〉口をあける；〈うわさなどを〉広める．
‡**a·bróad** [əbrɔ́:d] *ad.* **1** 外国へ〔に〕，海外へ〔に〕：live ～ 海外に住む．a trip ～ 海外旅行．**2** 広く，四方八方へ〔に〕；《うわさなどが》広まって：There is a rumor ～ that... …といううわさが流布している．**3** 戸外に；外出して：venture ～ あえて外に出る．**4** 真実〔事実〕から離れて，まちがって．***be all*** ～ まるで見当違いである；当惑している．***from*** ～ 外国から：news *from* ～ 海外通信．***get*** ～ 戸外へ出る；〈うわさが〉知れわたる．***go*** ～ 外国へ行く；戸外へ出る．***set*** ～〈うわさなどを〉広める．
áb·ro·gate [ǽbrǫgèit] *vt.* 〈法令・慣習などを〉廃止する，破棄する．［√rog-］
◇ **áb·ro·ga·ble** [-gəbl] *a.* **àb·ro·gá·tion** [æbrǫgéiʃ(ə)n] *n.*
ab·rúpt [əbrʌ́pt] *a.* **1** 急な，突然の，不意の；だしぬけの：an ～ departure 急な出発．**2** ぶっきらぼうな，ぶしつけな．**3**《文体が》飛躍的な．**4**《がけ・坂道などが》急な，けわしい，切り立った．**5**〘地〙断裂の；〘植〙切形の，裂状の．［√ru(m)p-］
◇ ＊～**·ly** *ad.* ～**·ness** *n.*
類 → **sudden**「突然の」
ab·rúp·tion [əbrʌ́pʃ(ə)n] *n.* 急絶，突然の中断．
abs. absent; absolute(ly); abstract.
abs- *pref.* 接頭辞 ab- の c, t の前の異形：*abs*tract 抽象する＜ab-＋tract (√trah-) 引き＋離す．
A.B.S. American Bible Society.
Ab·sa·lom [ǽbsələm] *n.*〘聖〙アブサロム《ダビデの第3子で，父にそむいて殺された．サムエル記下13–19》．
áb·scess [ǽbsès, -sis] *n.*〘医〙膿瘍(のうよう)，はれもの．

◇ **áb·scessed** [-t] *a.* はれもののできた.
ab·scínd [æbsínd] *vt.* 切る, 切り裂く. [√sci(n)d-]
ab·scíse [æbsáiz] *vi.* 【植】《葉を茎から》切除する.
ab·scís·sa [æbsísə] *n.* (*pl.* **-sas**, **-sae** [-si:])【数】横座標: axis of ～*s* 横軸.
ab·scís·sion [æbsíʒ(ə)n] *n.* **1**【医】切断, 切除. **2**【修】頓断(だん)法《突然ことばを止めてあとを暗示する法》. [√sci(n)d-]
ab·scónd [æbskάnd, əb-/-skɔ́nd] *vi.* 姿をくらます, 失跡[逃亡]する: ～ *with* valuables 貴重品を持ち逃げする. [ab-＋con-＋√da-] ◇ **～·ence** *n.* 逃亡. 類 → **escape**「逃げる」

about

中心的な意味は「(…の) 周囲に」「(…の) あちこちに」で, つまり近接と周囲の含みをもち, そこから「およそ」「…に従事して」「…に関して」などの意味が引き出される. 日本語のがわでも,「…に関して」の別表現「…について」「…をめぐって」は実は物理的な「…に付〔着〕いて」《近接・付着》「…を巡って」《周囲・周回》の転義であることを想起すれば, 英語・日本語を通じて, 各語義間の連想がいっそう興味あり, 容易なものになる. なお特に米語において about の語義の相当部分 (*prep.* ①, ③; *ad.* の大部分など) に対して around《これも「周囲」をあらわす》が類義語として用いられることは注目に価する.

副詞にも前置詞にも用いられ, これらはもともと一つのものであったが, about については現今でも区別しにくい局面がある. たとえば That's *about* it. や He is *about* my age. の about は, 前置詞として「it〔my age〕の近くにある」とも考えられ, また, このばあい about を除いた it〔my age〕はそれだけで補語になりうるから, その補語に対して, 副詞として「おおよそ it〔my age〕である」とも解される.

a·bóut [əbáut] *prep.* **1** …のまわりに; …の近所に; …の周囲を; …の処々方々に: people ～ him 彼のまわりの人々. somewhere ～ here どこかこのあたりに. walk ～ the room へやをあちこち歩き回る.

2 (自分の) 身のまわりに; 身につけて; 手元に: I have no money ～ me. 私には金の持ち合わせがない. There is something noble ～ him. 彼にはどこか上品なところがある.

〈注〉なにかを持ち合わせる, ということをあらわすとき, about は身につける小さな物を持っているときで, たとえば I have no wallet *about* me. (さいふを持ち合わせていない) などのばあいである. これに反し I have no dictionary *about* me. は好ましくない. このばあいは with の方を用いるべきである.

3 およそ, ほぼ, ころに: He came ～ four o'clock. 彼は4時ごろ(に)来た.

〈注〉toward(s)「…ころ(に)」はその時間への移り変わり・接近を示し,「明け方」「暮れ方」などの「方」に当たる: *towards* night 夜近くなると. *towards* the end of April 4月末近くなると. また around は【米話】でしばしば about の意味に用いられる: *around* Christmas クリスマスころに〔前後に〕. *around* three o'clock 3時ごろ(に).

4 …について, …に関して, …をめぐって: talk ～ business 仕事の話をする. a book ～ gardening 園芸の本. What is it ～? その主題〔内容〕はなにか《本・物語などについて》. What is it all ～? いったい(何事についてだ→)何事だ. What ～ it? (それについてはどうだい→) (1) それはどうだい. (2) それがどうした. How ～ it? それについて〔それを〕どう思うか.

〈注〉say, speak, know などが about を伴うときは詳しい事情についていい, of を伴うときは単に事柄のあったこと, 生じたことについていう傾きがある: I have heard *of* it, but I don't know *about* it. 私はそのことは聞いているが, 詳しいことは知らない.

5 …に従事して: I must be ～ my father's business. 私は父の仕事をやらねばならない. What is she ～? 彼女はなにをやっているのだ. Be quick ～ it! 早くしろ. Don't be long ～ it. ぐずぐずしていずに早くしろ. This is how I go ～ it. これがぼくのやり方だ. Go ～ your business! (自分の仕事をしていろ→) よけいなおせっかいだ.

—— *ad.* **1** およそ, 約: *A*～ ten thousand people were there. 約1万人集まっていた. at ～ three o'clock 3時ごろに. → 上記 *prep.* ③. ～ as high as…ほぼ…とおなじくらいの高さの〔に〕. in ～ an hour 1時間ほどたって. just ～ enough【話】まず十分. That's ～ right. だいたい当たっている. That's ～ it. まずその辺です. The child is ～ five years old. その子は5歳ぐらいです. He is ～ my size〔height, age〕. 彼はだいたい私ぐらいの大きさ〔背の高さ, 年〕だ. 〈注〉最後の3例の about を前置詞と考える学者もある.

2 まわりに〔を〕, 周囲に〔を〕, (外側を) ぐるりと回って, 転回して: a mile ～ ぐるっと回って1マイル, 周囲1マイル. go a long way ～ 遠回りして行く. round ～ ぐるりと回って. The city was fortified all ～. 都市の周囲はすっかり防備してあった. the wrong way ～ 反対に, あべこべで.

3 近くに, そこいら〔あたり〕に: There is nobody ～. あたりにだれもいない. Is she anywhere ～? 彼女はそこいらにいますか. when he is ～ 彼が (来て) いるときに.

4 あちこちと…し回る〔回す〕: get ～ 歩き回る; 《病後に》歩けるようになる. move ～ 動き回る. wander ～ うろつき回る. drop things ～ 物をあちこち落として回る.

5 動いて, 動き回って, 行なわれて, 働いて; 《病気が》はやって; 《うわさなどが》広まって: be up and ～ 起きて働いている. The rumor was already ～. そのうわさは既に広まっていた.

6 順番に, (次々に) 巡って: turn and turn ～ 順番に. Turn ～ is fair play.【諺】順にやるのが公平だ.

～ and ～ 【米】似たり寄ったり. ***A～ face!*** 《号令》回れ右! ***be ～*** 起きている; 動いている, 仕事をしている; 始まっている; 流行している. ***be ～ to*** (do), ***be just ～*** (do)***ing*** まさに…しようとしている. 〈注〉be about to (do) は文語に be going to (do) は口語に用いられる. また be about to (do) および be just about (do)ing は間近の未来 (immediate future), be going to (do) は単に近い未来 (near future) のことについていう. I *am about to* do〔*just about* doing〕は常に現在のこと (いま…しようとしている) であるが, I *am going to* do はその人の考えしだいで現在のことにも未来のことにもなる. ***get*** [***set***] ***～*** …を始める, …をやる準備をする. ***put ～*** (1) 〈船などの〉方向を変えさせる. (2) 公表する, 広める. (3)【俗】困らせる, 混乱させる. ***send*** a person ***～ his business*** (人を)解雇する. ***take turns ～*** 交替する, 代わり合う. ***That's ～ it.*** まずそんなところだ. ***the wrong way ～*** 逆に, 反対に.

—— *vt.* 〈船などを〉回す: *A*～ ship!【海】上手(うわて)回し(用意)!

～-face → 別項.

‡**áb·sence** [ǽbs(ə)ns] *n.* **1** 不在, 留守, 欠席, 欠勤; 不在期間: after three years' ～ 3年ぶりに. during your ～ きみの留守中に. **2** ないこと, 欠如: the ～ of evidence 無証拠. **3** 放心, うわの空 (=～ of mind).
～ ***without leave*** 無届け欠勤〔外出〕. ***in*** a person***'s*** ～ (人)の居合わせないところで; 不在中に. ***in the*** ～ ***of*** …のないばあいに; …がないために.

†**áb·sent** [ǽbs(ə)nt] *a.* **1** 不在の, 留守の; 欠席の (=～ from school); 欠勤の (=～ from office): He is ～ *on* business *in* Osaka. 彼は商用で大阪へ出かけて留守だ. **2** ない, 欠けた: Diligence is ～ *from* his character. 彼の性格には勤勉さがない. **3** 放心状態の, うわの空の (=～-minded): an ～ air ぼんやりしたようす. ***Long*** ～***, soon forgotten.*** 〘諺〙去る者日々にうとし.
—— [æbsént] *vt.* ～ one***self*** 欠席する《に *from*》. → present. *～**-mind·ed** → 別項.

àb·sen·tée [æbs(ə)ntí:] *n.* **1** 不在者; 欠席者. **2** 不在地主 (=～ landlord); 不在投票者 (=～ voter). ～ **ballot** 不在投票(数). ～ **vote** 不在者郵送投票.
◇ ～**·ism** *n.* サボ戦術; 欠勤(率); 不在地主制度.

áb·sent·ly [ǽbs(ə)ntli] *ad.* ぼんやりと.

***áb·sent-mínd·ed** [ǽbs(ə)ntmáindid] *a.* 放心状態の, ぼんやりした, うわの空の: an ～ person うっかり者. ◇ ～**·ly** *ad.* ～**·ness** *n.*

áb·sinth(e) [ǽbsinθ] *n.* **1** 〘植〙ニガヨモギ (wormwood). **2** アブサン《フランス産の強い酒》.
◇ **áb·sinth·ism** [-iz(ə)m] *n.* アブサン中毒.

ab·sit o·men [æbsit-óumen] L. (=May the omen fail!) くわばらくわばら.

‡**áb·so·lute** [ǽbs(ə)lù:t] *a.* **1** 絶対の; 無比の; 完全無欠な. **2** 確実な, 疑う余地のない. **3** 純粋の, 純然たる; 全くの, 紛れもない: an ～ lie 真っ赤なうそ. **4** 制約を受けぬ, 無条件の; 専制〔独裁〕的: ～ monarchy 専制君主国〔政体〕. **5**〘文〙独立の; 遊離した. ***the*** ～〘哲〙絶対(者), 神.
[ab-+√solu-(解き+放つ→)対のない; 束縛のない]
～ **alcohol** 無水アルコール. ～ **being** 絶対的存在, 神. ～ **construction**〘文〙独立構文. ～ **infinitive** [**participle**]〘文〙独立不定詞〔分詞〕. ～ **majority** 絶対多数, 過半数. ～ **temperature** 絶対温度. ～ **term**〘論〙絶対名辞. ～ **unit** 絶対単位. ～ **value**〘数〙絶対値. ～ **zero** 絶対零度.
◇ ～**·ness** *n.* 絶対(性); 完全さ; 無制約, 専制.

‡**áb·so·lute·ly** [ǽbs(ə)lù:tli] *ad.* **1** 絶対に, 無条件に. **2**《強意として》全く, ほんとうに; 全然: ～ impossible 絶対不可能な. ～ nothing なにひとつない. **3**《同意の返答として》全く(そのとおり), そうですとも. **4**〘文〙《他動詞が》目的語なしに. 〈注〉強意的には, 特に③の意味ではしばしば, [ˌ−ˊ−, ˊ−ˌ−].

àb·so·lú·tion [æbsəlú:ʃ(ə)n] *n.* 免除, (責任)解除; 〘宗〙免罪(宣言), ざんげ式.

áb·so·lut·ism [ǽbsəlu:tiz(ə)m] *n.* 絶対主義; 専制〔独裁〕政治; 〘宗〙絶対説.

áb·so·lut·ist [ǽbsəlù:tist] *n.* 絶対論者; 専制〔独裁〕主義者.

ab·sólve [æbsálv, əb-, -zálv/əbzɔ́lv] *vt.* **1** 〈人を〉放免する, 解除する: ～ a person *from* blame 人の責めを免ずる. ～ a person *of* a sin 人の罪をゆるす. **2** 〈人の〉無罪を宣言する, 潔白を証明する. **3**〘宗〙に罪障消滅を申しわたす; 〈罪障を〉赦免する. **4** 〈人の〉無実の罪〔汚名〕を取り除く《についての *of*》. → 名詞 absolution. [√solu-]

áb·so·nant [ǽbsənənt] *a.* 不調和の, 調子がはずれている〔合わない〕《と *from, to*》. [√son-]

‡**ab·sórb** [əbsɔ́:rb, -zɔ́:rb] *vt.* **1** 吸収する, 吸い込む. **2** 〈動揺・音などを〉吸収する, 和らげる, 消す. **3** 〈小国などを〉併合する《へ *into*》. **4** 〈思想などを〉吸収同化する. **5** 〈人・心を〉夢中にさせる; 〈時間・注意などを〉奪う: Work ～*s* most of his time. 彼は仕事に時間のほとんどをとられてしまう.
be [***get***] ～***ed in*** に熱中〔没頭〕する. [√sorb-]
◇ ～**·a·ble** [-əbl] *a.* 吸収される, 容易に吸収される. **ab·sòrb·a·bíl·i·ty** [−ˌ−əbíləti] *n.* (被)吸収性.

ab·sórbed [əbsɔ́:rbd, -zɔ́:rbd] *a.* 心を奪われた, 夢中になった. ***with*** ～ ***interest*** 熱中して, 興味しんしんと. ◇ **ab·sórb·ed·ly** [-bidli] *ad.*

ab·sòr·be·fá·cient [əbsɔ̀:rbiféiʃ(ə)nt, -zɔ̀:r-] *a.* 吸収性の.

ab·sórb·ent [əbsɔ́:rbənt, -zɔ́:r-] *a.* 吸収性の. —— *n.* 吸収性の物; 吸収剤; 〘医〙吸収管.
～ **cotton** 〘米〙脱脂綿.

ab·sórb·ing [əbsɔ́:rbiŋ, -zɔ́:rb-] *a.* **1** 吸収する. **2** 夢中にさせる(ような), 興味しんしんの: an ～ tale of adventure すてきにおもしろい冒険物語.
◇ ～**·ly** *ad.* 熱中させるほどに, 熱狂的に.
〔類〕→ **interesting**「おもしろい」

ab·sórp·tion [əbsɔ́:rpʃ(ə)n, -zɔ́:rp-] *n.* **1** 吸収; 吸収による除去: ～ of moisture from the air 空気からの湿気の除去. **2** 併合. **3** 夢中, 熱中《*in*》; 専心.

ab·sórp·tive [-tiv] *a.* 吸収性の.

ab·squát·u·late [æbskwátʃulèit/-skwɔ́tju-] *vi.* 〘俗〙逐電(ちくでん)する, ずらかる.

ab·stáin [əbstéin] *vi.* **1** 差し控える, 慎む: ～ *from* comment 批評を避ける. ～ *from* smok*ing* 禁煙する. **2** 禁酒する. → 名詞 abstention, abstinence. [ab-+√ten-] ◇ ～**·er** [-ər] *n.* 節制家, 禁酒家: a total ～*er* 絶対禁酒家.

ab·sté·mi·ous [æbstí:miəs] *a.* 節度のある, 節制的な: an ～ meal ほどほどの食事. ***be*** ～ ***in*** を節する. ◇ ～**·ly** *ad.* 節制して. ～**·ness** *n.* 節制.

ab·stén·tion [æbsténʃ(ə)n, əb-] *n.* **1** 慎むこと, 節制, 自制《*from*》. **2** 棄権; 《政治上の》不介入, 不参加. → 動詞 abstain.

ab·stérge [æbstə́:rdʒ, əb-] *vt.* ぬぐい清める, きれいにする.

ab·stér·gent [-ənt] *a.* 洗浄性の. —— *n.* 洗剤; 下剤. [√terg-]

ab·stér·sion [æbstə́:rʃ(ə)n] *n.* 洗浄, 浄化.

ab·stér·sive [æbstə́:rsiv] *a.* 洗浄性の.

áb·sti·nence [ǽbstinəns], **-nen·cy** [-nənsi] *n.* 節制, 禁欲, 断つこと《*from*》; 禁酒: total ～ 絶対禁酒. [<abstain]

áb·sti·nent [ǽbstinənt] *a.* 節制〔自制〕する, 禁欲的な. ◇ ～**·ly** *ad.*

‡**áb·stract** [ǽbstrækt] *a.* **1** 抽象的な, 観念上の. **2** 理論的; 理想的; 空想的な. **3** 難解の. **4** 放心状態の, ぼんやりした. **5**〘美〙抽象主義〔派〕の.
～ **noun**〘文〙抽象名詞. ◇ ～**·ly** *ad.* 抽象的に, 理論的に. ～**·ness** *n.* 抽象性.
—— *n.* **1** 抽象. **2**〘論〙抽象概念, 抽象名辞; 〘美〙抽象主義の作品. **3** 摘要, 要約. ***in the*** ～ 抽象的に, 理論的に: beauty *in the* ～ 抽象観念としての美. ***make an*** ～ ***of*** 〈論文・本〉を要約する.
—— [æbstrǽkt] *vt.* **1** 〈概念などを〉抽象する. **2** 要約する, 摘要する. **3** 取り去る, 減ずる: ～ somewhat *from* his credit いくらか彼の信用を減ずる. **4** 〈注意などを〉そらす. **5**〘化〙抽出する. **6**〘婉〙抜き取る, 盗む. [ab-+√trah- 引き+離す]

ab·stráct·ed [æbstrǽktid] *a.* **1** 抽象した. **2** 心を奪われた, ぼんやりした. ◇ ～**·ly** *ad.* **1** 抽象的に. **2** ぼんやりとして. ～**·ness** *n.* 放心.

ab·strác·tion [æbstrǽkʃ(ə)n] *n.* **1** 抽象(作用); 抽象的概念: Whiteness is an ～. 白は抽象的概念である. **2** 分離; 〘化〙抽出. **3** 放心, うわの空. **4**〘美〙抽象主義の作品. **5**〘婉〙盗み.
◇ ～**·ism** [-iz(ə)m] *n.* 〘美〙抽象主義. ～**·ist** *n.* 〘美〙抽象派画家.

ab·strúse [æbstrú:s] *a.* 深遠な, 難解な. [√trud-]
◇ ～**·ly** *ad.* ～**·ness** *n.*

‡ab·súrd [əbsə́:rd] *a.* **1** 不合理な, ばかげた, とてつもない, こっけいな: Don't be ～. ばかなことを言うな〔するな〕. **2** 不条理な. ◇ **～·ly** *ad.* **～·ness** *n.*

***ab·súrd·i·ty** [əbsə́:rdịti] *n.* **1** 不合理, ばからしさ, こっけいさ. **2** ばかげたこと〔もの〕, 愚かな言行.

Abt [ɑ:pt, æpt] **～ *system*** アプト式鉄道《スイスの鉄道技師 Roman Abt の考案》.

a·bú·li·a [əbjú:liə] *n.* 〖心〗意志喪失.

a·bún·dance** [əbʌ́ndəns] *n.* **1** 豊富, たくさん; 富裕. **2**《不定冠詞を伴い》多数, 多量: an ～ of grain たくさんの穀物. ***a year of ～ 豊年. ***in ～*** たくさんに, 豊富に. ***live in ～*** 裕福に暮らす. → 動詞 abound.

‡a·bún·dant [əbʌ́ndənt] *a.* **1** 豊富な, たくさんの: an ～ supply of water 豊かな水資源. **2** 豊かな, たくさんある〔いる〕《が *in*》: The river is ～ *in* salmon. この川はサケがたくさんいる. [ab-＋√und-] ◇ ***～·ly** *ad.* たくさんに, 豊かに.

ab u·no dis·ce om·nes [æb-jú:nou-dísi:-ɑ́mni:z/-ɔ́mni:z] L. (＝from one learn all) 一つを見てすべてを知れ; 一を聞いて十を悟れ.

ab ur·be con·di·ta [æb-ə̀:rbi-kɑ́ndità/-kɔ́nditei] L. (＝from the founding of the city) ローマ市建設の年 (753 B.C.) から起算して, ローマ紀元《略 A.U.C.》.

‡a·búse [əbjú:z] *vt.* **1** 乱用する, 誤用する, 悪用する: ～ one's rights 権利を乱用する. **2** 虐待する, 酷使する; 〖古〗凌辱(りょうじょく)する: ～ one's eyesight 目を酷使する. **3** の悪口を言う, ののしる. **4** 〖古〗欺く. ～ one*self* 自瀆(じとく)する. ***～ the confidence of*** の信頼にそむく, を裏切る.
—— [əbjú:s] *n.* **1** 乱用, 誤用, 悪用. **2** 虐待, 酷使. **3** 悪口, 雑言. **4** (しばしば *pl.*) 弊害, 悪習: the ～*s* of the age 時代の悪弊. civil ～*s* 市政の乱脈. [ab-＋use (正用)から離れて＋用いる]

a·bú·sive [əbjú:siv] *a.* **1** 乱用の, 誤用の, 悪用の: an ～ exercise of power 権力の乱用. **2** 悪罵(あくば)する, 口ぎたない: an ～ letter 罵倒の手紙. **3** 虐待的, むごい. ◇ **～·ly** *ad.* **～·ness** *n.*

a·bút [əbʌ́t] *v.* (**-tt-**) *vi.* <国・地所などが> 接触する, 境を接する《に *on, upon*》; <建物などが> 寄りかかる《に *against*》. —— *vt.* に接触する; 立てかける. ◇ **～·ter** *n.* 〖法〗隣接地所有主. **～·ting** *a.* 隣接する; 支持する.

a·bú·ti·lon [əbjú:tịlən] *n.* イチビ属の植物.

a·bút·ment [əbʌ́tmənt] *n.* **1** 隣接. **2** 接合点; 〖建〗迫持受(せりもちうけ), 迫持台; 橋台. [<abut]

a·búzz [əbʌ́z] *ad., a.* 《形容詞としては叙述的》 **1** 大騒ぎで, 上を下への騒ぎで. **2** 〖俗〗酔っ払って.

a·bý(e) [əbái] *vt.* (**a·bóught** [əbɔ́:t]) 〖古〗償う. ***You shall dearly ～ it.*** あとのたたりが恐ろしいぞ.

a·býsm [əbíz(ə)m] 〖雅〗＝abyss.

a·býs·mal [əbízm(ə)l] *a.* 奈落(ならく)の; 底の知れないほど深い: ～ ignorance 底抜けの無知. ◇ **～·ly** *ad.*

a·býss [əbís] *n.* **1** 深淵(しんえん), 深み. **2** 奈落, 地獄. **3** (天地創造前の) 混沌(こんとん). ***the ～ of despair*** 絶望のどん底. ***the ～ of time*** 永遠. ◇ **～·al** *a.* 深淵の; 深海の(底の).

Ab·ys·sín·i·a [æbịsíniə] *n.* アビシニア《アフリカ北東部の王国. Ethiopia の旧称》.

Ab·ys·sín·i·an [æbịsíniən] *a.* アビシニア(人)の. —— *n.* アビシニア人〔語〕.

ac- *pref.* 接頭辞 ad- の c, qu の前の異形: *ac*cede <ad-＋√ced- 歩み＋寄る. *ac*quire 入手する. <ad-＋quire (√quer-) 求め＋近寄る.
〈注〉 *ac*knowledge は古代英語 *on*cnāwan の接頭辞 on- が弱まって a- となったもの.

-ac [-æ̀k, -ək] *suf.* 「…に関する」「…性の (人)」の意の形容詞・名詞をつくる: cardi*ac* <√cardi-＋-ac 心臓の. mani*ac* <mani(a)-＋-ac 狂気の, 狂人.

AC, A.C. Air Corps; Alpine Club; Ambulance Corps; *ante Christum* (＝before Christ); Army Corps; Athletic Club; Atlantic Charter. **Ac** 〖化〗 actinium. **A/c, a/c** account; account current. **A.C., a.c.** alternating current. **A.C.A.** Associate of the Institute of Chartered Accountants.

a·cá·cia [əkéiʃə] *n.* **1** 〖植〗アカシア; ハリエンジュ, ニセアカシア. **2** アラビアゴム.

Acad. Academician; Academy.

àc·a·déme [ækədí:m, ㊥+ˊ—] 〖雅〗＝academy. 「い気〔環境〕.

àc·a·dé·mi·a [ækədí:miə] *n.* 大学の(学問的)ふん

àc·a·dém·ic [ækədémik] *a.* **1** 学園の, 学院の; 《特に》大学の, 高等教育の: the ～ curriculum 大学教科課程. **2** 学問の; 学究的な. **3** 観念的な, 非現実的な. **4** 伝統主義の; 格式尊重の; 陳腐な: ～ painting 伝統的画風. **5** 〖米〗《学科・学部など》人文学的, 教養的. **6** 〖哲〗プラトン学派の. —— *n.* **1** 大学人; 学者. **2** (*pl.*) 机上の空論. **3** —— (*pl.*) 大学の式服.
～ costume 学園の礼服, ガウン. **～ freedom** 学問の自由. **～ year** 学年(度).

academic costume

àc·a·dém·i·cal [-(ə)l] *a.* ＝academic.
—— *n.* (*pl.*) 大学の式服《角帽とガウン》. ◇ **～·ly** *ad.* 学究的に; 非実際的に.

a·càd·e·mí·cian [əkæ̀dəmíʃ(ə)n] *n.* 学士院会員, 芸術院会員; イギリス美術院会員.

àc·a·dém·i·cism [ækədémịsìz(ə)m] *n.* 学究的態度; 学士院〔芸術院〕風; 形式主義, 伝統主義.

‡a·cád·e·my [əkǽdəmi] *n.* **1** 学士院; 芸術院; 協会《学術・文芸・美術・映画などの》; 学会. **2** (the A～) フランス学士院; 〖英〗王立美術院 (＝the Royal A～ of Arts). **3** 学園, 学院《通例 university より下級のもの》; 〖米〗《特に私立の》中等学校; 専門学校. **4** (the A～) アカデメイアの園《Plato が哲学を講じた Athens 近郊の遊園》; プラトン学派〔哲学〕. ***military ～*** 陸軍士官学校; 〖米〗軍隊式訓練を重んずる high school 程度の私立学校《制服を着用》. ***naval ～*** 海軍兵学校.
A～ Award 〖米: 映〗アカデミー賞. → Oscar.
～ board 〖画〗厚紙カンバス.

A·cá·di·a [əkéidiə] *n.* アカディア《旧フランス植民地. Nova Scotia 州を含むカナダの東南部》.
◇ **～n** *a., n.* ～の (住民).

ác·a·leph [ǽkəlèf] *n.* 〖動〗クラゲの一種.

a·cán·thus [əkǽnθəs] *n.* (*pl.* **-thus·es**, **-thi** [-θai]) 〖植〗アカンサス, ハアザミの類; 〖建〗《柱頭の》アカンサス葉飾り.

a·cár·pous [eikɑ́:rpəs/ək-] *a.* 〖植〗結実しない.

acc. acceptance; accepted; according; account; accountant; accusative.

ac·céde [æksí:d] *vi.* **1** 同意する, 応ずる: ～ *to* a proposal 〔terms〕 申し出〔条件〕を承諾する. **2** 継承する, 就任する: ～ *to* the throne 王位を継ぐ. **3** 加入〔加盟〕する《に *to*》. [√ced-]
◇ **ac·céd·ence** [-əns] *n.*

accel. accelerando.

ac·cèl·er·án·do [æksèlərǽndou, ㊥+ɑ:ttʃèileirɑ́:n-] *ad., a.* 〖楽〗しだいに速く〔い〕. —— *n.* 漸次速奏音〔楽節〕. [<It.]

ac·cél·er·ate [ækséləréit, ək-] *vt.* 加速する, 速める; 促進する. ↔ retard, decelerate. —— *vi.* 速度が加わる, 速くなる. [√celer-] ◇ **-ant** [-rənt] *n.* 促進剤; 〖化〗触媒. **-a·tive** [-rèitiv/-rətiv] *a.*

ac·cèl·er·á·tion [æksèləréiʃ(ə)n, ək-] *n.* 加速; 促進; 〖物〗加速度.

ac·cél·er·a·tor [æksélərèitər, ək-] *n.* 加速者〔物, 装置〕,《自動車の》アクセル;〘化・写〙促進剤.

ac·cèl·er·óm·e·ter [æksèlərɑ́mitər/-rɔ́m-] *n.* 加速度測定装置; 宇宙船用速度計.

‡ác·cent [ǽksent/-s(ə)nt, -sent] *n.* **1 アクセント,** 強勢; 強音, 揚音; アクセント符号 (=～ mark). → stress, pitch[1], tone. **2 強調**; 強意, きわだたせ; 主(要)点. **3** (*pl.*) 口調: sorrowful ～*s* 悲しげな口調. **4** 地方〔外国〕**なまり**: Irish ～ アイルランドなまり. **5** (*pl.*)〘雅〙ことば. ***acute*** ～ 揚音符《´》. ***circumflex*** ～ 曲折音符《^》. ***grave*** ～ 抑音符《`》. ***speak with an*** ～ なまりがある.
—— [ǽksent, –⌐/–⌐] *vt.* **1** にアクセントをおく, 強く発音する; にアクセント符号をつける: an ～*ed* syllable アクセントのある音節. **2** 強調する, 力説する. **3** きわだたせる, 目だたせる. [ad-+√cant-]

ac·cén·tu·al [æksénʧuəl, ək-/-tju-, -tʃu-] *a.* アクセントの(ある);〘韻〙音の強弱をリズムの基礎とする.
◇ ～·**ly** *ad.* アクセントで〔に関して〕.

ac·cén·tu·ate [æksénʧuèit, ək-/-tjueit, -tʃu-] *vt.* **1** 強調する, 力説する; きわだたせる. **2** にアクセントをつけて発音する; にアクセント符号をつける.
◇ **ac·cèn·tu·á·tion** [æksènʧuéiʃ(ə)n/-tju-,-tʃu-] *n.* ～すること; 抑揚(法), 強弱(法).

‡ac·cépt [əksépt, æk-, ㊊⁺ik-] *vt.* **1 受け入れる,** 受け取る: ～ a present 贈り物を受納する. **2** <招待・申し込み・任命などを> **受諾する,** 引き受ける. **3** <事態に> 順応する: ～ a fact 事実を受け入れる. **4 容認する,** 信ずる: ～ an explanation 説明を納得する. ～ Catholicism カトリック教を信ずる. **5** 世間が広く認める: ～*ed* meaning 世間通用の語義, 通義. **6**〘商〙<手形を> 引き受ける. ～ ***battle*** 応戦する. ～ a person***'s hand in marriage*** (人)の結婚の申し込みに応ずる. ～ ***the person*** [***face***] ***of*** をひいきにする. —— *vi.* 《次の成句でのみ》 ～ ***of***=accept *vt.* ①-④. [ad-+√cap- つかみ+寄せる] ◇ ～·**er, ac·cép·tor** [-ər] *n.*〘商〙手形引受人. (類) → **receive**「受け入れる」

ac·cépt·a·ble [-əbl] *a.* **1** 受け入れられる; (受けて) 喜ばしい: an ～ present けっこうな贈り物. **2** 条件にかなう, 条件をどうにか満たす: ～ applicants まあまあの応募者たち. ～ English usage 許容できる英語法.
◇ ～·**ness** *n.* **-bly** *ad.* 快く受け入れられる〔気に入る〕ように. **ac·cèpt·a·bíl·i·ty** [–⌐–bíləti] *n.*

ac·cépt·ance [əksépt(ə)ns] *n.* **1** 受領, 受納. **2** 受け入れ, 受理; 受諾, 承認. **3**〘商〙手形の引き受け; 引き受け済み手形. ***find*** ～ ***with*** [***in***] に受け入れられる. ***with*** ～ 気受けよく, 好評で.

ac·cépt·ant [-(ə)nt] *a.* 快く受け入れる, すなおな: an ～ mind 従順な心(の持ち主).

àc·cep·tá·tion [æksептéiʃ(ə)n] *n.* **1**《一般通用の》語意, 語義; 通念. **2** 容認.

ác·cess [ǽkses] *n.* **1** 接近, 出入り; 接近〔出入り〕の許可〔特権〕: a man of difficult ～ 近づき〔面会し〕にくい人. **2** 利用する許可〔特権〕. **3**〘宗〙キリストを通した神への接近. **4** 接近手段〔方法〕, 問題の解決法. **5** 通路, 入り口. **6** 発作, 激発《病気・怒りなどの》: ***in*** an ～ of anger 腹だち紛れに.
be easy [***difficult***] ***of*** ～ <人・場所が> 近づきやすい〔がたい〕. ***gain*** ～ ***to*** に近づく; に面会する. ***give*** ～ ***to*** に出入り〔接近〕を許す. ***have*** ～ ***to*** に接近〔出入り, 面会〕することができる; を使用〔利用, 閲覧〕できる. ***within easy*** ～ ***of*** New York (ニューヨーク) まですぐ行けるところに. [ad-+√ced-]
～ **road** (ある地域・高速道路にはいる) 進入路, とっつき (の道).

ac·cés·sa·ry =accessory.

ac·cés·si·ble [æksésəbl, ək-] *a.* **1** 近づきやすい, 達しうる; はいりやすい《に *to*》: New York is ～ by train from Washington. ニューヨークはワシントンから列車で行ける. an ～ mountain 登りやすい山. **2** 入手可能の, 手に入れやすい: ～ evidence 入手容易〔可能〕の証拠. a book ～ *to* all students 全学生が入手可能な本. **3** 影響されやすい, 動かされやすい《に *to*》: ～ *to* bribery わいろにつられやすい. ～ *to* pity 情にもろい. ～ *to* reason 道理のわかる.
◇ **-bly** *ad.* **ac·cès·si·bíl·i·ty** [–⌐–bíləti] *n.*

ac·cés·sion [ækséʃ(ə)n, ək-] *n.* **1** 近接, 接近; 到達. **2**《権利などの》取得, 継承, 相続. **3** 即位; 就任; 加入, 加盟. **4** 増加(物);《図書館の》新着本, 受け入れ図書(簿). **5**〘法〙財産価値の増加. **6** 承諾: ～ *to* a demand 要求の承諾. **7**〘国際法〙《条約の》公式承認. **8**《感情の》発作 (access).
—— *vt.*〘米: 図書館〙受け入れ原簿に記載する.

àc·ces·só·ri·al [æksəsɔ́:riəl/-sɔ́:r-] *a.* 補助の; おまけの;〘法〙従犯の. ◇ ～·**ly** *ad.*

ac·cés·so·ry [æksésəri, ək-] *a.* **1** 付属の, 補助の, 副次の, 付帯的な. **2**〘法〙従犯の. —— *n.* **1** (通例 *pl.*) 付属品, アクセサリー. **2**〘法〙従犯人. ***an*** ～ ***before*** [***after***] ***the fact*** 事前〔事後〕従犯人. ◇ **ac·cés·so·ri·ly** *ad.*

ác·ci·dence [ǽksəd(ə)ns] *n.* **1**〘文〙語形変化(論). → syntax. **2** 初歩, 手ほどき.

‡ác·ci·dent [ǽksəd(ə)nt] *n.* **1** (突発) **事故, 災難**; 災害, 傷害. **2 偶然** (性); 偶発事. **3** (本質的ではない) 偶然的性質;〘哲〙偶有性. **4**〘地〙(土地の) 起伏. ***by*** ～ 偶然に, 思いがけなく. ***without*** ～ 無事に. [ad-+√cad- 落ち+来る]
～ **insurance** 傷害〔災害〕保険. ～**-prone** [-pròun] 一般の人より事故を起こしやすい.
(類義語) できごと: **accident** 思いがけないできごと → 事故. **event** (記憶にのこる) 大事件. 予想された事件→行事, 試合の種目. **incident** ふとしたできごと, 付随して起こる小事件. **occurrence** 発生→できごと, その重要性は不定: everyday *occurrences* 日常茶飯事(さはんじ).

***àc·ci·dén·tal** [æksədéntl] *a.* **1 偶然の,** 不測の, 思いがけない: ～ death 不慮の死. **2** 付随的の, 主要でない. **3**〘論〙偶然の, 偶有の;〘楽〙臨時記号の.
—— *n.* **1** 偶発〔付随〕的な事物; 本質的でない物事. **2**〘楽〙臨時記号.
～ **color**〘光〙補色残像, 偶生色. ～ **error** 偶然誤差. ～ **fire** 失火. ～ **homicide** 過失殺人. ～ **war** 偶発戦争. ◇ *****～·**ly** [-t(ə)li] *ad.* 偶然に; ふと, 時おり; 誤って. ～·**ness** *n.*

ác·ci·die [ǽksədi] =acedia[1].

ac·cíp·i·tral [æksípətrəl] *a.* タカ類の; 猛禽(もうきん)性の.

ac·cláim [əkléim] *vt., vi.* **1** 歓呼して迎える, (に) かっさいする: ～ the winner of race 勝者にかっさいする. a new book ～*ed* by critics 批評家たちに好評を博した本. **2** かっさいして…と宣言する, 宣言する: ～ a person (as) king 歓呼して人を王に迎える. ～ the new king 新しい国王を世に宣する.
—— *n.* 歓呼の声, かっさい. [ad-+√clam-]

àc·cla·má·tion [ækləméiʃ(ə)n] *n.* (通例 *pl.*) 歓呼, かっさい; 発声投票. ***carry by*** ～ <動議を> 満場のかっさい〔発声投票〕で承認する.
◇ **ac·clám·a·to·ry** [əklǽmətɔ̀:ri/-t(ə)ri] *a.*

ac·clí·mate [əkláimit, ㊊⁺ǽkləmèit] *vt., vi.*〘米〙新風土〔環境〕に慣らす〔慣れる〕.
◇ **ac·clí·ma·ta·ble** [əkláimitəbl] *a.*

àc·cli·má·tion [ækləméiʃ(ə)n/-klai-] *n.*〘米〙風土に慣らす〔慣れる〕こと, 順化; 順応.
～ **fever** 風土熱《新移民などがかかる》.

ac·clí·ma·tize [əkláimətàiz] *vt., vi.*〘英〙=acclimate. ◇ **ac·clì·ma·ti·zá·tion** [əklàimətəzéiʃ(ə)n,-taiz-] *n.*〘英〙=acclimation.

ac·clív·i·ty [əklívəti] *n.* 上り坂, 上り勾配(こうばい). ↔ declivity. [√cli(n)-]

àc·co·láde [ækəléid, -lɑ́:d/ǽkəleid] *n.* **1** Knight 爵授与(式). **2** 栄誉, 表彰. **3**〘楽〙連結かっこ.

‡ac·cóm·mo·date [əkɑ́mədèit/əkɔ́m-] *vt.* **1** に

便宜をはかる; に供給〔支給〕する: ～ a person *with* lodging〔money〕 人に宿〔金〕を提供〔融通〕する. **2** **宿泊させる**; の収容力がある: ～ a person *for* the night 人に一夜の宿を貸す. ～ 100 beds 患者を100 人入院させる. **3** **調節する**; <矛盾したものを> 調和させる; <紛争を> 調停する. **4** **適応させる**: ～ oneself *to* circumstances 環境に順応する. ***be well ～d*** <客が> 整った設備で収容される: The guests *are well ～d*.

—— *vi.* 順応する, 同調する. [ad-＋con-＋√mod-]

ac·cóm·mo·dat·ing [-iŋ] *a.* **1** 世話好きな, 親切な, 人のいい. **2** 人の言いなりになりやすい; 《態度に》 融通性のある. ◇ **～·ly** *ad.*

‡ac·còm·mo·dá·tion [əkɑ̀mədéiʃ(ə)n/əkɔ̀m-] *n.* **1** (㊟ では *pl.*) (宿泊) **設備**, 収容力 《旅館・客船・旅客機などの》. **2** **便宜の供与**; もてなし; 親切心. **3** 用立て, 融通; 貸し金, 融通手形. **4** **適応**, 適合, 調節; 調停, 和解. **5** 〘生理〙《目の》 調節作用. ～ **bill** 融通手形, なれあい手形. ～ **ladder** タラップ, 舷梯(げんてい). ～ **line** 〘保険〙 営業政策的契約引き受け. ～ **road** 特設通路. ～ **train** 〘米〙《各駅停車の》 普通列車. ～ **unit** 〘官庁用語〙 住宅, 家屋. ◇ **～·al** [-ʃən(ə)l] *a.*

ac·cóm·mo·da·tive [əkɑ́mədèitiv/əkɔ́m-] *a.* 順応的な; 親切な.

ac·cóm·mo·da·tor [əkɑ́mədèitər/əkɔ́m-] *n.* 順応者; 調節者〔器〕; 調停者; 融通者.

‡ac·cóm·pa·ni·ment [əkʌ́mp(ə)nimənt] *n.* **1** 付きもの, 付随物. **2** 〘楽〙 伴奏 (部). ***to the ～ of*** の伴奏で, に合わせて.

ac·cóm·pa·nist [əkʌ́mp(ə)nist] *n.* **1** 〘楽〙 伴奏者. **2** 同伴者.

‡ac·cóm·pa·ny [əkʌ́mp(ə)ni] *vt.* **1** **に同伴する**, といっしょに行く; に伴う, に付随する: May I ～ you *on* your walk? 散歩のお供をしてもよろしいでしょうか. We ～*ied* the guest *to* the door. 客を戸口まで見送った. 〈注〉「を同伴する, を連れてゆく」と混同せぬこと. **2** に伴わせる, に添える《を *with*》: ～ a speech *with* gestures 演説に身ぶりをまじえる. **3** 〘楽〙 の伴奏をする.

***be ～ied by*〔*with*〕** を伴う: I *was ～ied by* my dog. 私は犬を連れていた. The text *is ～ied by* explanatory notes. 本文に解説が添えてある. The earthquake *was ～ied with* an epidemic. 地震に伴って伝染病が流行した. 〈注〉 by は「人・物を伴う」, with は「物・事を伴う」となる傾向がある. [<ad-＋company 仲間＋になる]

◇ **～·ist** [-niist] *n.* ＝accompanist.

(類義語) **伴う, 同伴する: accompany** 一方が主役, 他方がわき役ではあるが, 伴い, 伴われる者の間の地位的優劣関係を考えず, 単に随伴・共存関係を示す. 人以外にも用いられる: Fire is *accompanied* by heat. 火には熱が伴う. **attend** 地位の下の者が上の者に従うこと. また身のまわりの世話をすることが言外に含まれる. **escort** 保護をするためにつき従う. 「る.

ac·cóm·plice [əkɑ́mplis/əkɔ́m-] *n.* 共犯者, ぐ

‡ac·cóm·plish [əkɑ́mpliʃ/əkɔ́m-] *vt.* **1** **成し遂げる**, 成就する, 完成する; <目的を> 果たす. **2** <期間を> 満了する, 過ごす; <距離を> 踏破〔走破〕する. [ad-＋con-＋√ple(n)-. complete と同語源]

(類) → **perform**「成し遂げる」

ac·cóm·plished [-t] *a.* **1** 成就した, 完成した: an ～ fact 既成の事実. **2** 完ぺきな, 完全な; 全くの: an ～ villain 札つきの悪党. **3** 練達の, たんのうな《に *in*》. **4** 教養のある, 才芸の備わった, 洗練された: an ～ lady 才媛(さいえん).

ac·cóm·plish·ment [-mənt] *n.* **1** 成就, 達成, 完成. **2** 業績, 功績. **3** (*pl.*) 才芸, たしなみ, 教養. **4** 《けいべつ的》 しろうと芸. ***be quite an ～*** たいしたものだ, しろうと離れがしている.

ac·cómpt [əkáunt] 〘古〙 ＝account.

‡ac·córd [əkɔ́:rd] *vi.* **一致する**, **調和する** 《と *with*》. ↔discord. —— *vt.* **1** 一致させる, 調和させる. **2** 与える, 授与する: ～ a warm welcome 暖かく迎える.

—— *n.* **1** 一致, 調和; 融和. **2** 協定; 講和. **3** 〘楽〙 和音. **4** 意向, 発意. ***be in*** 〔***out of***〕 ***～ with*** と調和する〔しない〕. ***of*** one***'s own ～*** 自発的に, 自ら進んで. ***with one ～*** 心〔声〕を合わせて, こぞって, いっせいに. [ad-＋√cord- 心を合わす]

ac·córd·ance [əkɔ́:rd(ə)ns] *n.* 一致, 調和. ***in ～ with*** the rules (規則) に従って〔のとおりに〕. ***out of ～ with*** と一致しないで, …にはずれて.

ac·córd·ant [əkɔ́:rd(ə)nt] *a.* 一致する〔した〕, 調和した 《と, に *with, to*》. ◇ **～·ly** *ad.*

‡ac·córd·ing [əkɔ́:rdiŋ] *ad.* 《次の二つの句に限る》 ***～ as*** に従って; に応じて 《あとに clause》: You may either go or stay, ～ *as* you decide. 決心しだいで行ってもいいし, 行かなくてもいい. We see things differently, ～ *as* we are rich or poor. われわれは貧富に応じて物事を違って見る. ***～ to*** に従って; (の言うところ) によると 《あとに(代) 名詞》: ～ *to* the orders 命令に従って. ～ *to* height 背の高さによって〔の順で〕. He came ～ *to* his promise. 彼は約束どおりに来た. ～ *to* him＝ ～ *to* what he says 彼の話では. *A～ to* the papers, the man has finally confessed. 新聞によると, 男はついに自白したそうだ.

‡ac·córd·ing·ly [əkɔ́:rdiŋli] *ad.* **1** したがって, ゆえに. **2** (それに) ふさわしく, それに応じて; 適宜に. ***～ as***＝according as.

ac·cór·di·on [əkɔ́:rdiən] *n.* アコーディオン, 手風琴. ～ **pleats** 《婦人スカートなどの》 細いひだ. ◇ **～·ist** *n.* ～奏者.

ac·cóst [əkɔ́:st/əkɔ́st] *vt.* **1** に近寄って話しかける, にあいさつする: The beggar ～*ed* me *for* money. こじきが近寄ってきて金をねだった. **2** <売春婦が客を> 呼ぶ, 引く. —— *n.* あいさつ, 呼びかけ.

◇ **～·ed** [-id] *a.* 2 頭の動物が相対した 《家系をあらわす紋章で》.

ac·couche·ment [əkú:ʃmɑ̃:, ㊟⁺-mənt] F. *n.* 分娩(ぶんべん), 出産.

ac·cou·cheur [æku:ʃə́:r] F. *n.* 産科医.

ac·cou·cheuse [æku:ʃə́:z] F. *n.* 助産婦, 産婆.

‡ac·cóunt [əkáunt] *n.* **1** **計算**, 勘定; 計算〔勘定〕書; 会計; 取引口座: a grocery ～ 食料品店のつけ. **2** 評価, 価値: of little ～ とるに足らぬ. **3** **報告**(書), 始末書; 《事件などの》 記事; 物語, 話. **4** **説明**, 弁明; 理由, 根拠. **5** 考慮; 利益: Don't wait *on* my ～. 私のためにお待ちにならないでください. **6** 《①より》 客との取引; 商店の取引先, 顧客. ***by*** 〔***from***〕 ***all ～s*** どの報道によっても; だれから聞いても. ***call*** 〔***bring***〕 a person ***to ～*** (人に) 説明〔弁明〕を求める; 問責する, しかる. ***cast ～s*** 計算する. ***charge to*** a person***'s ～*** (人) の勘定につける. ***close*** 〔***open***〕 ***an ～ with*** と取引をやめる〔始める〕. ***current ～*** 〘商〙 当座勘定. ***find*** one***'s ～ in*** は割りに合う. ***for ～ of*** a person (人) の勘定で. ***give a good ～ of*** (1) …のことをよく言う. (2) を負かす; をしとめる《狩猟で》. ***give a good ～ of*** one***self*** りっぱにふるまう. ***give an ～ of*** の話をする, を記述する, を明らかにする. ***go to*** one***'s*** (***long***) ***～*** あの世へ行く. ***hand in*** one***'s ～*** 〘米〙 死ぬ, 「年貢(ねんぐ)を納める」. ***have an ～ with*** と取引がある. ***hold in great ～*** 非常に重んずる. ***hold*** a thing ***of no ～*** (物を)軽んずる. ***keep ～s*** 帳簿をつける; 会計係をつとめる. ***keep*** (***a***) ***strict*** 〔***careful***〕 ***～ of*** を細かく〔注意ぶかく〕帳面につけておく; を細大もらさず注意して見ている. ***lay*** one***'s ～ with*** を当てにする, を予期する. ***leave out of ～*** 無視する. ***make much*** 〔***little***〕 ***～ of*** を重視〔軽視〕する. ***of much***

〔*no*〕 ～ 重要な〔とるに足らぬ〕. ***on*** **～** 内金で, 内払いで. ***on*** a person***'s*** ～ (人)のために; (人)の勘定〔つけ〕で. ***on*** **～** ***of*** …のために, の理由で. ***on all*** **～*s*** =***on every*** **～** あらゆる点で; ぜひとも, なにがなんでも. ***on no*** **～**=***not on any*** **～** どうしても…しない, 決して…しない: *On no* ～ should you buy it. 絶対にそれを買うべきではない. ***on*** one***'s own*** **～** 自分の責任で, 自分の発意で, 独立して. ***on this*** 〔***that***〕 **～** これ〔それ〕ゆえ. ***On what*** **～*?*** どういう関係〔理由〕で? ***put down to*** a person***'s*** **～** (人)の勘定につける. ***put to*** **～** 利用〔活用〕する. ***render an*** **～** (1) 決算報告する. (2) 申し開きする, 答弁する. ***Short*** **～*s make long friends.*** 〘ことわざ〙貸し借りの間を短くすればつきあいの間が長くなる; 長づきあいに掛けは禁物. ***square*** **～*s with*** …との勘定を清算する; に恨みをはらす. ***stand*** (***high***) ***in*** a person***'s*** **～** (人)の尊敬を受ける, 高く評価される. ***take into*** **～** 考慮する, 斟酌(しんしゃく)する. ***take no*** **～** ***of*** を無視する. ***the great*** 〔***last***〕 **～** 〘宗〙最後の審判. ***turn to*** (***good***) **～** 利用〔活用〕する: *Turn* your misfortune *to* ～. 災いを転じて福としなさい.

—— *vt.* **1** …と思う, みなす: I ～ him (to be) a man of sense. 彼は物わかりのいい人だと思います. **2** 所有とみなす《の *to*》: the many virtues ～*ed to* him 彼がもっていると考えられる多くの長所.

—— *vi.* **1 説明をする**《の *for*》: This fact ～*s for* his ignorance. この事実で彼が無知であることがわかる. ～ *for* an expenditure 出費の使途を明らかにする. **2 責任をとる**; 功績をもつ《の *for*》; (一手に) 引き受ける《を *for*》: The region ～*s for* a large part of timber. 木材の大部分はこの地域から産する. **3** 〘狩〙しとめる《を *for*》; 〘運〙得点する《を *for*》. ***be much*** 〔***little***〕 **～*ed of*** 重んじ〔軽んじ〕られる. ***There is no*** **～*ing for tastes.*** 〘ことわざ〙好ききらいは理屈抜き, 「たで食う虫も好きずき」.

〔<ad-＋count 加え＋数える → 加算〔列挙〕する〕 **～ current** 〘商〙交互計算《略 a/c》.

〔類〕 → **story**「物語」

ac·cóunt·a·ble [əkáuntəbl] *a.* **1**《叙述的に》責任がある, 責任を負っている: Every sane man is ～ *to* his conscience *for* his behavior. 人はだれでも正気ならば自己の行為について良心に責任を負うものである. be ～ *for* a sum of money 金を返す義務がある; 金の使途を明らかにする責任がある. **2** 説明できる, もっともな. ◇ **～·ness** *n.* **ac·còunt·a·bíl·i·ty** [əkàuntəbíləti] *n.* 責任, 責務.

ac·cóunt·ant [əkáuntənt] *n.* 会計係〔官〕, 計理士. **～ general** 会計課長; 経理局長.
◇ **ac·cóunt·an·cy** [-ənsi] *n.* ～の職.

ac·cóunt·ing [əkáuntiŋ] *n.* 会計(学); 計算.

ac·cóu·ple·ment [əkʌ́plmənt] *n.* 接合, 結合; つなぎ材.

ac·cóu·ter, 〔英〕 **ac·cóu·tre** [əkú:tər] *vt.* に着装する; に装具する《を *with*》. ***be accoutered with*** 〔***in***〕 を着ている. ◇ **～·ments** *n. pl.* 服装, 身じたく; 〘軍〙《武器・軍服以外の》装具.

Ac·cra [ǽkrə, əkrá:] *n.* アクラ《Ghana の首都》.

ac·créd·it [əkrédit] *vt.* **1** 信ずる, 信頼する; 信任する. **2** に権能を与える; 〈大使などを〉信任状を与えて派遣する. **3** 〈学校などを〉有資格と認める, (基準に合格と) 認定する. **4** に帰する, のせい〔所有〕と考える《を *with*》: They ～ him *with* the secret charity. その隠れた善行を彼がしたことだと世間では信じている. 〔√cred-〕

ac·créte [əkrí:t, æk-] *vi., vt.* 付着する《に *to*》.

ac·cré·tion [əkrí:ʃ(ə)n, æk-] *n.* **1** 付着, 増大. **2** 付加物: The last part of the legend is a later ～. 伝説の最後の部分は後世付け加えられたものだ. **3** 〘法〙自然増加《沈殿による川岸の土地の増加など》. 〔√cre(sc)-〕

ac·crú·al [əkrú:əl] *n.* 利子(の発生); 増殖; 増加〔(額).

ac·crúe [əkrú:] *vi.* **1**《結果として》生じる: Many advantages ～ *to* society *from* the freedom of speech. 言論の自由から社会は多くの利益を受ける. **2** 〈利子が〉つく. 〔√cre(sc)-〕

acct. account; accountant.

ac·cùl·tu·rá·tion [əkʌ̀ltʃəréiʃ(ə)n] *n.* 〘人類〙文化変容《異文化との接触によって文化に変化が生じること》. ◇ **ac·cúl·tur·ate** [əkʌ́ltʃərèit] *vi., vt.* ～する〔させる〕.

ac·cúl·tur·ize [əkʌ́ltʃəràiz] *vt.* 〈民族などを〉異文化に適応させる.

ac·cúm·bent [əkʌ́mbənt] *a.* 《姿勢など》寄り掛かった. 〔√cu(m)b-〕

ac·cú·mu·late [əkjú:mjulèit] *vt.* 積み上げる, 蓄積する, ためる. **——** *vi.* 積もる, たまる, ふえる; 貯蓄する: Public evils ～. 社会悪が増大する.

‡**ac·cù·mu·lá·tion** [əkjù:mjuléiʃ(ə)n] *n.* **1 集積**, 累積. **2** 集積物, 堆積(たいせき)物. **3** 蓄財, 積立金; 《利殖による》元本の増大. 〔ad-＋√cumul-〕

ac·cú·mu·la·tive [əkjú:mjulèitiv, -lət-] *a.* **1** 集積する, 《証拠など》累積的な. **2** 蓄財的な, 欲のふかい. ◇ **～·ly** *ad.*

ac·cú·mu·la·tor [əkjú:mjulèitər] *n.* **1** 蓄積者, 蓄財者. **2** 〘機〙アキュムレータ, 蓄熱〔蓄力〕器; 〘英: 電〙蓄電池. **3** 緩衝器.

‡**ác·cu·ra·cy** [ǽkjurəsi] *n.* 正確, 精密. ***with*** **～** 正確に. 〔√cur-〕

‡**ác·cu·rate** [ǽkjurit] *a.* **1** 正確な; 精密な. **2** 周到な, 慎重な: an ～ typist ミスの少ないタイピスト. ◇ ‡**～·ly** *ad.* 〔類〕 → **correct**「正確な」

ac·cúrs·ed [əkə́:rsid, -st/-sid], **ac·cúrst** [əkə́:rst] *a.* **1** のろわれた, 不運の. **2** 〘話〙いまいましい, めんどうな. ◇ **ac·cúrs·ed·ly** [-sidli] *ad.* **ac·cúrs·ed·ness** [-sidnis] *n.*

accus. accusative.

àc·cu·sá·tion [ækjuzéiʃ(ə)n] *n.* **1** 〘法〙告発, 起訴(理由), 罪状. **2** 非難, 攻撃. ***bring an*** **～** ***against*** を告発〔起訴〕する. ***under an*** **～** ***of*** …のかどで起訴されて; を非難されて.

ac·cú·sa·tive [əkjú:z(ə)tiv] *a.* 〘文〙対格の, 目的格の. **——** *n.* 〘文〙対格《英文法の(直接)目的格に相当》. ◇ **ac·cù·sa·tí·val** [əkjù:zətáiv(ə)l] *a.*

ac·cù·sa·tó·ri·al [əkjù:zətó:riəl/-tɔ́:r-] *a.* **1** 〘法〙告発者の. **2** 告発的な.

ac·cú·sa·to·ry [əkjú:zətɔ̀:ri/-t(ə)ri] *a.* 告訴の; 告発的; 詰問的な, 非難をこめた.

‡**ac·cúse** [əkjú:z] *vt.* **1 告発する**, 告訴する; に罪を負わせる: ～ a person *of* theft 〔*of* being a spy〕 窃盗〔スパイ行為〕のかどで人を告発する. **2 非難する**, 難詰する, とがめる: He ～*d* us *of* wronging him. 彼は私たちが彼を不当に扱ったと言って私たちを非難した. ↔ excuse.

the **～*d*** (刑事) 被告人. 〈注〉民事の被告人は defendant. 〔ad-＋√caus- 訴訟に呼ぶ〕

ac·cús·er [-ər] *n.* (刑事) 告訴人, 告発者, 非難者. →plaintiff.

ac·cús·ing [-iŋ] *a.* 非難の〔をこめた〕, 詰問的な. ◇ **～·ly** *ad.* 非難して〔するように〕.

‡**ac·cús·tom** [əkʌ́stəm] *vt.* **慣らす**, 習慣づける: ～ one's ears to the din 騒音に耳を慣らす.
～ one***self to*** に慣れる.

‡**ac·cús·tomed** [əkʌ́stəmd] *a.* **1 習慣の**, いつもの: his ～ place 彼の例の場所. **2 慣れた**, 慣れて《に *to*》: be ～ *to* rise 〔*to* rising〕 early 早起きに慣れている. ***get*** 〔***become***〕 **～ *to*** に慣れる: *get* ～ *to* new people 新しい人に慣れてくる.

ace [eis] *n.* **1** 《トランプ・さいころの》1; トランプの1の札《最強の札》. **2** 一流(人); 練達の士; 優秀選手; 《5機以上の敵機を撃墜した》空の勇士: an ～ of ～*s* ぴか一, (空の) 殊勲の勇士. **3** 〘テニス〙サーブで得た1点; 〘ゴルフ〙＝hole in one. **4** ごく少量:

not an ～ 少しも…ない. **～ *in the hole*** ＝**～ *up the sleeve*** 〘俗〙《比喩的》最後の切り札; 決め手. ***within an ～ of*** death [being killed] 危うく(死ぬ)ところで.

—— *a.* 練達の, 一流の. —— *vt.* から サーブで1点を奪う; 〘ゴルフ〙〈穴に〉ホールインワンする.

～-hígh *a.* 〘米話〙非常にもてはやされる.

a·cé·di·a[1] [əsíːdiə] *n.* ものぐさ, 無感動, 無感覚.

à·ce·dí·a[2] [àːseidíːə, -səd-] *n.* 〘魚〙ヒラメの一種.

A·cél·da·ma [əséldəmə/əkél-, əsél-] *n.* **1** 〘聖〙アケルダマ, 血の地所[畑]《マタイ伝 27:8; 使徒行伝 1:19》. **2** 殺戮(さつりく)の地, 修羅場(しゅらば).

-á·ceous [-éiʃəs] *suf.* 「…性の」の意の形容詞をつくる: herb*aceous* 草の ＜√herb(a)- 草.

a·céph·a·lous [eiséfələs, əs-/əs-] *a.* **1** 無頭の. **2** 指導者のない.

a·cér·bi·ty [əsə́ːrbəti] *n.* **1** 酸味, 渋味. **2** 〘態度などの〙とげとげしさ, 辛らつさ. [√ac-]

àc·e·táb·u·lum [æ̀sətǽbjələm] *n.* (*pl.* **-la** [-lə]) 〘医〙 髀臼(ひきゅう); 〘動〙吸盤.

ác·e·tal [ǽsətæ̀l] *n.* アセタール《催眠剤・溶剤》.

àc·et·ál·de·hyde [æ̀sətǽldəhàid] *n.* 〘化〙アセトアルデヒド.

ác·e·tate [ǽsətèit, ㊥⁺-tit] *n.* 〘化〙酢酸塩. ***copper*** ～ 酢酸銅, 緑青.

～ rayon アセテート《人造絹糸の一種》.

◇ **ác·e·tat·ed** [-tèitid] *a.* 酢酸で処理した.

a·cé·tic [əsíːtik, əsét-] *a.* 酢の, 酢酸の; すっぱい. [√ac-] **～ acid** 酢酸.

a·cét·i·fy [əsétəfài] *vt., vi.* 酸化する; すっぱくする[なる]. ◇ **a·cèt·i·fi·cá·tion** [əsètəfikéiʃ(ə)n] *n.*

ác·e·tone [ǽsətòun] *n.* 〘化〙アセトン.

ác·e·tous [ǽsətəs, ㊥⁺əsíːt-] *a.* 酢の; すっぱい.

a·cét·y·lene [əsétəlìːn] *n.* アセチレン(ガス).

àc·e·tyl·sàl·i·cýl·ic [æ̀sətilsæ̀ləsílik, ㊥⁺əsíːtl-] **～ *acid*** アセチルサリチル酸 (aspirin).

A·cháe·a [əkíːə, ㊥⁺əkíə] *n.* アケ(イ)ア《昔のギリシアの一地方》. ◇ **～n** *a., n.* アケ(イ)アの, ギリシアの; アケ(イ)ア人, ギリシア人.

a·char·ne·ment [F. aʃarnəmɑ̃, ㊥⁺æʃɑ́ːnmɑ̃ː] F. *n.* 激烈さ, 熱情.

A·chá·tes [əkéitiːz] *n.* 忠実な友《Virgil 作 *Aeneid* 中の人物から》.

‡ache [eik] *vi.* **1** 痛む, うずく. **2** 心痛する; 同情する《に *for*》. **3** 〘米話〙切望する《を *for*》; …したくてたまらない《*to* (do)》. —— *n.* 痛み, 疼痛(とうつう).

類 → **pain** 「痛み」

a·chéne [əkíːn] *n.* 〘植〙瘦果(そうか).

Ach·er·on [ǽkərɑ̀n/-rɔn] *n.* 〘ギ神〙**1** アケロン《幽界を流れる川. 死者の魂はここを渡って幽界へ行く》; 三途(さんず)の川. **2** 冥土(めいど), 地獄.

‡a·chíeve [ətʃíːv] *vt., vi.* **1** 成し遂げる, 〈難事を〉完遂する. **2** 〈目的を〉達する, 実現する; 〈勝利・名声を〉かち得る. [a-⁷＋chief 頭[頂点]＋に達する]

◇ **a·chíev·a·ble** *a.*

類 → **perform** 「成し遂げる」

‡a·chíeve·ment [ətʃíːvmənt] *n.* **1** 成就, 達成. **2** 業績, 偉業, 功績, 手がら. **3** 学力: a test to measure ～ 学力を計るためのテスト. **4** 〘紋〙死者の紋標《墓碑・門前に掲げる》.

～ age 〘心〙学業成績年齢. **～ quotient** 〘心〙成就指数《学業成績年齢を年齢で割り, 100 を掛ける》. **～ test** 学力検査. → intelligence test.

Ach·il·lé·an [æ̀kəlíːən] *a.* **1** Achilles の. **2** アキレスのような; 勇敢な; 不死身な; 疾足の, 足早の.

A·chíl·les [əkíliːz] *n.* 〘ギ神〙アキレス《Homer 作 *Iliad* にあらわれる不死身の勇士. 唯一の弱点であったかかとを射られて倒れた》. **～(') heel** 唯一の弱点 (＝heel of ～). **～(') tendon** アキレス腱(けん).

ách·ing [éikiŋ] *a.* 痛む, うずく; 心痛する.

◇ **～·ly** *ad.* うずうずと, ちくちくと.

àch·ro·mát·ic [æ̀krəmǽtik] *a.* **1** 無色の. **2** 〘光〙色消しの, 収色性の. **3** 〘生〙非染色性の. **4** 〘楽〙全音階の. ↔ chromatic.

～ color 〘心〙無彩色《白・黒・灰色》. **～ lens** 色消しレンズ. **～ vision** 全色盲.

◇ **ach·rò·ma·tíc·i·ty** [əkròumətísəti], **ach·ró·ma·tism** [əkróumətiz(ə)m] *n.* 収色性.

a·chró·ma·tize [əkróumətàiz] *vt.* の色を消す; achromatic にする.

‡ác·id [ǽsid] *a.* **1** すっぱい, 酸味の. **2** 〘化〙酸性の, 酸の. **3** ふきげんな, とげとげしい, 意地の悪い: ～ looks 気むずかしい顔つき. —— *n.* **1** 酸; すっぱいもの. **2** 〘米俗〙＝LSD. [√ac-]

～-fast [⌐－⌐] *a.* 酸によって退色しない. **～ fixing bath** 〘写〙酸性定着浴. **～ reaction** 酸性反応. **～ test** 硝酸による試金; 厳密な検査《真偽・価値などの》. **～-tóngued** ことばが辛らつな.

◇ **～·ly** *ad.* **～·ness** *n.* ＝acidity.

a·cíd·ic [əsídik] *a.* 酸を出す[つくる].

a·cíd·i·fy [əsídəfài, æs-] *vt., vi.* すっぱくする[なる]; 酸性化する; 酸敗する.

◇ **a·cìd·i·fi·cá·tion** [əsìdəfikéiʃ(ə)n] *n.*

àc·i·dím·e·ter [æ̀sədímətər] *n.* 酸定量器.

a·cíd·i·ty [əsídəti, æs-] *n.* 酸味; 酸(性)度.

ác·id·ize [ǽsədàiz] *vt.* ＝acidify.

àc·i·dó·sis [æ̀sədóusis] *n.* 〘医〙アシドーシス, 酸性症.

a·cíd·u·late [əsídʒəlèit/-djə-] *vt.* **1** に酸味をつける, すっぱくする. **2** 気むずかしくする.

◇ **-lat·ed** [-lèitid] *a.* **1** 酸味を帯びた. **2** 気むずかしい, 意地の悪い.

a·cíd·u·lous [əsídʒələs/-djə-] *a.* **1** やや酸味のある. **2** 辛らつな, 皮肉な.

ác·i·nus [ǽsənəs] *n.* (*pl.* **-ni** [-nài]) **1** 〘植〙小核果; 小核《ブドウなどの》. **2** 〘医〙ブドウ状腺(せん).

ack. acknowledge; acknowledgment.

áck·àck [ǽkæ̀k/⌐⌐] *n.* 高射砲(火)《*a*nti-*a*ircraft の略. A.A. の信号読み》.

áck ém·ma [ǽk-émə] *n., ad.* **1** 〘俗〙午前(に)《a.m. の信号読み》. **2** 〘英: 軍俗〙飛行機修理工《*a*ir *m*echanic から》.

ackgt. acknowledgment.

‡ac·knówl·edge [əknɑ́lidʒ, æk-/-nɔ́l-] *vt.* **1** 認める, 承認する, 容認する: ～ a thing *as* true＝～ a thing *to be* true あることを真実と認める. **2** 自認する, 白状する: He ～*d* his fault. 自分の過失を認めた. **3** 〈手紙の〉到着[受領]を通知する: ～ (receipt of) a letter. **4** の謝意を表する: ～ a gift 贈り物の礼をいう. ～ a greeting by nodding あいさつにうなずいて答礼する.

◇ **～·a·ble** [-əbl] *a.* 承認できる. **～d** [-d] *a.* 認められた, 定評ある.

ac·knówl·edg(e)·ment [-mənt] *n.* **1** 承認, 容認; (公式)承認書. **2** 自認, 自白. **3** 受取, 領収書. **4** 感謝, 謝辞; 謝礼の品: This basket of fruit is a slight ～ of your kindness. このくだものはご親切に対するお礼のしるしです. ***bow*** **one's ～*s*** of applause (かっさいに)答礼する. ***in ～ of*** を感謝して; の返礼に.

ác·le [ǽkli] *n.* アクリー材《豆科植物. 家具用》.

a·clín·ic [əklínik] *a.* 〘物〙傾角のない. [√cli(n)-]

～ line 〘物〙無傾角線, 磁気赤道.

ACLS American Council of Learned Societies. **ACLU** American Civil Liberties Union.

ác·me [ǽkmi] *n.* **1** 絶頂, 頂点. **2** 極致; 全盛時; 《病気の》峠.

ác·ne [ǽkni] *n.* 〘医〙にきび.

a·cóck [əkɑ́k/əkɔ́k] ＝cocked.

ác·o·lyte [ǽkəlàit] *n.* **1** 〘宗〙《カトリックの》侍僧, 伴僧. **2** 助手, 従者. **3** 新参者.

ác·on·ite [ǽkənàit] *n.* 〘植〙トリカブト; アコニット《鎮痛剤》.

a·cón·i·tine [əkániti:n/əkɔ́n-] *n.* 〖化〗アコニチン《トリカブトから採った有毒物質》.

á·corn** [éikərn, -kɔ:rn/-kɔ:n] *n.* どんぐり. カシの実. ***come to the ～s 〖米〗難局〔逆境〕に立つ. ***sweet ～*** シイの実. **～ cup** 殻斗(かくと); 〖俗〗しゃくし. **～ shell** どんぐりの殻(から); 〖貝〗フジツボ(barnacle). **～ tube** 〖電〗エーコン管.

à·cot·y·lé·don [èikɑtəlí:d(ə)n, ækɑ̀t-/ækɔ̀t-] *n.* 〖植〗無子葉植物. ◇ **～·ous** [-d(ə)nəs] *a.*

a·cóu·asm [əkú:æz(ə)m] *n.* 幻聴.

a·cóus·tic [əkú:stik, ときに əkáus-], **-ti·cal** [-(ə)l] *a.* **1** 聴覚の; 補聴の. **2** 音響(学)の; 〖建〗音響調節用の. —— *n.* 難聴治療(術).
～ cloud 〖建〗浮き雲《音楽堂などの音響効果を高めるための反射板》. **～ education** 音感教育. **～ mine** 音響機雷《船のエンジンやスクリューの音波で爆発する》. **～ nerves** 聴神経. **～ phonetics** 音響音声学. ◇ **a·cóus·ti·cal·ly** *ad.*

àc·ous·tí·cian [æku:stíʃ(ə)n, ときに ækaus-] *n.* 音響学者.

a·cóus·ti·con [əkú:stikɑ̀n, ときに əkáus-/-kən] *n.* 補聴器《元来は商標名》.

a·cóus·tics [əkú:stiks, ときに əkáus-] *n. pl.* **1**《単数扱い》音響学. **2**《複数扱い》音響効果〔状態〕《講堂・劇場などの》.

acpt. acceptance.

‡**ac·quáint** [əkwéint] *vt.* **1** に知らせる, に告げる《を *with*》: Did he ～ you *with* the facts? 彼はきみにそのことを話したか. **2** に熟知させる, に心得させる《を *with*; について *of*》. **3** 近づきにさせる, 紹介する《主として受動態で用いられる》. **～ one*self with*** に通じる, を熟知する. ***be*** 〔***get, become***〕 ***～ed with*** を知っている〔知る〕; と知り合いである〔になる〕. ***make*** a person ***～ed with*** (1)(人に)…を知らせる. (2)(人を)…に紹介する. [ad-＋co-＋√(g)no-]

‡**ac·quáint·ance** [əkwéint(ə)ns] *n.* **1** 知識, 心得: I have some ～ *with* German. ドイツ語を少し知っている. **2** 面識, なじみ. **3** 知人, 知り合い: He is not a friend, but an ～. 友だちというほどではないが顔見知りだ. **4**《集合的》知己, 交際範囲: He has a wide ～. あの人は顔がひろい.
cut 〔***drop***〕 ***～ with*** と絶交する. ***have ～ with*** と面識がある; に通じている. ***make the ～ of*** a person ＝***make*** a person***'s ～*** (人)と知り合いになる. ◇ **～·ship** [-ʃip] *n.* 面識; 知識.
〔類〕→ **information**「知識」

àc·qui·ésce [ækwiés] *vi.* 黙従する, 黙認する; (いやいやながら)同意する: ～ *in* a plan 〔an opinion〕 計画〔意見〕に同調する. [√quie-]
◇ **àc·qui·és·cence** [-ésns] *n.*

àc·qui·és·cent [ækwiésnt] *a.* 黙従〔黙認〕する, 従順な. ◇ **～·ly** *ad.*

‡**ac·quíre** [əkwáiər] *vt.* **1** 手に入れる, 獲得する; 身につける, 習得する: ～ a bad habit 悪い癖がつく. ～ an education 教育を受ける. ～ a foreign language 外国語を習得する. **2**〈財産・権利などを〉取得する. **3**〈批判・評判などを〉受ける, 招く. →名詞 acquirement, acquisition. ～ ***currency*** 広まる. [ad-＋√quer- 近くへ＋求める]
〔類〕→ **get**「手に入れる」, → **master**「習得する」

ac·quíred [əkwáiərd] *a.* **1** 獲得した, 既得の. **2** 習得した; 習性となった; 〖生〗後天的の: an ～ character 獲得形質. ↔inborn.

ac·quíre·ment [əkwáiərmənt] *n.* **1** 獲得; 習得. **2** (*pl.*) 学識, 才芸, たしなみ.

àc·qui·sí·tion [ækwizíʃ(ə)n] *n.* **1** 獲得; 習得. **2** 獲得〔取得, 習得〕物, 掘り出しもの: a recent ～ to the library 図書館の新着書. [＜acquire]

ac·quís·i·tive [əkwízitiv] *a.* ほしがる《を *of*》; 貪欲(どんよく)な; 習得欲〔力〕のある: ～ instinct 取得本能. an ～ mind 利欲心, 向学心.
◇ **～·ly** *ad.* **～·ness** *n.*

ac·quít** [əkwít] *vt.* (**-tt-**) **1** 放免する, 無罪にする: be ～*ted of* a charge 告訴を取り下げられる, 免訴される. **2** に免除する《を *of*》: ～ a person *of* his duty 人の任務を解く. **3**〈借財などを〉支払う. **～ one*self of 〈義務など〉を果たし終える; 〈疑惑など〉から身のあかしを立てる. **～ one*self well*** 〔***ill***〕 みごとにやってのける〔へたにふるまう〕. [√quie-]

***ac·quít·tal** [əkwítl] *n.* **1** 釈放, 放免, 免訴. **2**《借財の》返済. **3**《義務・任務の》遂行, 履行.

ac·quít·tance [əkwít(ə)ns] *n.* **1** ＝acquittal. **2** 領収書, 収納証.

‡**á·cre** [éikər] *n.* **1** エーカー《約 $4046.8m^2$》. **2** (*pl.*) 土地, 田畑. **3** (*pl.*)〖話〗多量. **～s *of*** ばく大な, 多量の. ***God's A～*** 墓地.

á·cre·age [éik(ə)ridʒ] *n.* エーカー数, 面積; 土地.

ác·rid [ǽkrid] *a.* **1** からい, にがい; 《においが》刺すような. **2** 皮肉な, 辛らつな. [√ac-]
◇ **～·ness** *n.* **ac·ríd·i·ty** [ækríditi] *n.*

àc·ri·mó·ni·ous [ækrimóuniəs] *a.* 手きびしい; 辛らつな. [√ac-] ◇ **～·ly** *ad.*

ác·ri·mo·ny [ǽkrimòuni/-məni] *n.* 手きびしさ, 辛らつ.

acro-「高い, 高所の」「頭部の, 末端の」の意の語形成要素: *acro*bat ＜acro- 高い所＋√ba- 歩む→曲芸. *acro*polis 都市の高い部分→アクロポリス. [＜Gk.]

ác·ro·bat [ǽkrəbæt] *n.* **1** 綱渡り芸人, 軽わざ師. **2**《政治家・理論家などで》豹変(ひょうへん)する者.

àc·ro·bát·ic [ækrəbǽtik] *a.* 軽わざの, 曲芸の. **～ dance** 曲芸的ダンス. **～ feats** 軽わざ, 離れわざ. ◇ **-i·cal·ly** [-(ə)li] *ad.*

àc·ro·bát·ics [ækrəbǽtiks] *n. pl.* 軽わざ, 曲芸; 軽わざ飛行.

ác·ro·bat·ism [ǽkrəbætiz(ə)m] ＝acrobatics.

ác·ro·gen [ǽkrədʒ(ə)n] *n.* 〖植〗頂生植物《シダ・コケの類》. ◇ **a·cróg·en·ous** [əkrádʒinəs/-rɔ́dʒ-] *a.* 頂生の.

ác·ro·lith [ǽkrəliθ] *n.*《古代ギリシアの》石頭石肢像(せきぞう).

àc·ro·me·gál·ic [ækromigǽlik] *a.* 〖医〗先端肥大症の. —— *n.* 先端肥大症患者.

àc·ro·még·a·ly [ækromégəli] *n.* 〖医〗先端肥大症.

a·crón·i·c(h)al, a·crón·y·c(h)al [əkránik(ə)l/-rɔ́n-] *a.* 〖天〗《星などが》日没にあらわれる.

ác·ro·nym [ǽkrənim] *n.* かしら字語《数語のかしら字を組み合わせてつくった語》: WAC ＜*W*omen's *A*rmy *C*orps. loran ＜*lo*ng *r*ange *n*avigation. ◇ **àc·ro·ným·ic** [ækrənímik], **a·crón·y·mous** [əkrániməs/-rɔ́n-] *a.*

àc·ro·phó·bi·a [ækrəfóubiə] *n.* 〖心〗高所恐怖症.

a·cróp·o·lis [əkrápəlis/-krɔ́p-] *n.* 城砦(じょうさい)《古代ギリシア都市の》; (the A～) アクロポリス《アテネの Parthenon 神殿の所在地》.
◇ **àc·ro·pól·i·tan** [ækrəpálit(ə)n/-pɔ́l-] *a.*

†**a·cróss** [əkrɔ́:s/əkrɔ́s, əkrɔ́:s] *ad.* **1** 横切って; 向こう側に, 越えて: get 〔go〕 ～ 向こう側へ渡る, 越す. **2** さしわたしで, 直径で, 幅で: What is the distance ～? さしわたし〔直径, 幅〕はどのくらいあるか. **3** 十文字に交差して, 筋違いに: He was standing with his arms ～. 腕を組んで立っていた.
—— *prep.* **1** …を横切って; …の向こう側に, …を越えて: She lives ～ the river. 彼女は川の向こう側に住んでいる. walk ～ the street 道を横断する. **2** …と交差して, …と筋違いに.
～ *country* 田畑を横切って. **～ (...) *from*** ___ (…をへだてて) —— の向かいに: He sat ～ (the table) *from* me. 彼は(テーブルをはさんで)私の向こう側に席を占めた. **～ *the country*** 〔***world***〕 国〔世界〕じゅう. ***be ～ a horse's back*** 馬にまたがっている. ***be ～ from*** の真向かいである. ***be ～ to*** a person (人)の責任である. ***come ～*** (1)(を)渡って来る. (2)と偶然出会う, を見つける. (3)うまくいく, 成功する. (4)わかる, 理解される. (5)白状する. (6)〖俗〗

約束を果たす; 支払い済みになる. ***come* 〜** a person'***s mind*** (人)の胸に浮かぶ, (人)が…を思いつく. ***cut* 〜** (を)横切る; 近道する. ***get* 〜** (1) (を)渡る, (を)越える. (2) 理解させる: *get* the idea 〜 *to* a friend 友人に考えを理解させる. ***get* 〜** a person (人) と衝突する, 仲たがいする. ***go* 〜** (1) (の)向こう側へ渡る. (2) 〈物事が〉食い違う: Things *go* 〜. 物事がうまくいかない. ***run* 〜** (と)偶然出会う, (を)見つける. [a-¹+cross 十字に]

a·cróss-the-bóard [əkrɔ́:sðəbɔ́:rd/əkrɔ́s-] *a.* 〖米話〗 **1** 全般にわたる, 総花的の. **2** 〖ラジオ・テレビ〗 帯番組の 《ふつう月曜から金曜まで毎日おなじ時間に組まれている》.

a·crós·tic [əkrɔ́:stik/əkrɔ́s-] *n.*, *a.* **1** 沓冠(くつかぶり)体の (詩) 《各行の初めの文字をつづると語句になる》. **2** 縦横ともおなじ語になるように文字を正方形に並べる遊戯.

M O L E
O P E N
L E N D
E N D S

acrostic ②

ác·ryl [ǽkril] *n.* 〖化〗 アクリル.

◇ **ac·rýl·ic** [əkrílik] *a.*

ACS American Cancer Society; American Chemical Society.

‡act [ǽkt] *n.* **1** 行ない, 行為, しわざ: an 〜 of kindness 親切な行ない. **2** 行動; 現行. **3** 決議(書); 法律, 条例. **4** 《会議・学会などの》 議事録, 会報. **5** 〖劇〗 **幕**, 段: a one 〜 play 一幕物の芝居. **6** 《ラジオ・演芸場などの》 演芸, 出し物; 芸能グループ 〔コンビ〕. **7** 見せかけ, そぶり: Her tearful farewell was all an 〜. 彼女の涙ながらの別れはみなつくりごとだった. **8** 〖英〗 論文口述 《学位請求者が論文審査委員の前で行なう自説の陳述擁護》.

〜 and deed 後日の証拠, 証拠物. ***Act of Congress*** =〖英〗 ***Act of Parliament*** 法律, 法令. ***〜 of God*** 不可抗力, 天災. ***〜 of grace*** 恩典, 大赦令. ***〜 of providence*** 不可抗力. ***〜 of war*** 《宣戦なしの》 戦争行為. ***get into the* 〜** (分け前にあずかろうとして) 参加する. ***in the* (*very*) *〜 of*** の現行中に, をする現場で: He was caught *in the very* 〜 *of* stealing. 彼は窃盗の現場を捕えられた. ***the Acts* (*of the Apostles*)** 〖聖〗 使徒行伝.

—— *vt.* **1 する**, 行なう. **2 のふりをする**, のようにふるまう: 〜 reluctance 気が進まない風をする. 〜 the knave 悪人ぶる. **3** 〈役を〉 **演ずる**; 〈劇を〉 上演する: 〜 Hamlet ハムレット役をする.

—— *vi.* **1 行動する**, ふるまう; 活動する; 実行〔行動〕に移る. **2** 〈物が〉はたらく, 作用する; 〈薬などが〉きく 《に *on*》: The brake will not 〜. ブレーキがきかない. **3** 《補語を伴って》 …にふるまう: 〜 old 年よりらしいふるまいをする. 〜 one's age 年相応にふるまう. **4** 演ずる, 俳優を職業とする. **5** 〈脚本が〉上演に適する: His plays don't 〜 well. 彼の戯曲は舞台にうまくのらない. **6** 〖米〗 判決を下す 《に *on*》.

〜 against に反する; に不利なことをする. ***〜 a part*** ひと役買う; 狂言をやる 《悪い意味で》. ***〜 as*** guide (案内人)の役をつとめる. ***〜 for*** a person (1) (人)の代理をする. (2) (人)のために活動する. ***〜 on* 〔*upon*〕** (1) に作用する, に影響する. (2) 〈忠告など〉に従って行動する. ***〜 out*** 〈事件などを〉 身ぶりを入れて物語る. **〜** one'***s part*** 自己の本分を尽くす. ***〜 the fool*** ばかなまねをする. ***〜 the part of*** の役をつとめる. ***〜 up*** 〖話〗 いたずらをする, ふざける; 〈機械などが〉 調子が狂う: Every time she used the vacuum cleaner, the television would 〜 *up*. 彼女が電気そうじ機を使うごとにテレビの画面が乱れた. ***〜 up to*** 〈主義・理想・約束など〉 のとおりに行動する, 〈主義・理想など〉を実行する, 〈約束〉を守る. [√ag-]

◇ **〜·a·ble** *a.* 上演〔実行〕可能な.

ACTH, Acth [éisí:tí:éitʃ/ˊ−−−ˊ, ækθ] *n.* 関節炎・リューマチ熱治療用のホルモン剤. [<*adrenocorticotropic hormone*]

áct·ing [ǽktiŋ] *n.* **1** 実演; 演技. **2** 上演, 演出. **3** 見せかけ, お芝居. —— *a.* **1** 代理の, 臨時の: an 〜 manager 支配人代理. an 〜 principal 校長事務心得. **2** 演出(用)の: an 〜 copy 〖劇〗 台本.

ac·tín·i·a [æktíniə] *n.* 〖動〗 イソギンチャク類.

ac·tín·ic [æktínik] *a.* 化学線(作用)の.

〜 rays 化学放射線.

ác·tin·ism [ǽktiniz(ə)m] *n.* 化学線作用.

ac·tín·i·um [æktíniəm] *n.* 〖化〗 アクチニウム 《放射性元素. 記号 Ac》.

àc·ti·nóm·e·ter [æ̀ktinámitər/-nɔ́m-] *n.* 〖化〗 感光計, 化学光量計.

◇ **-try** [-tri] *n.* 〖物〗 光量測定.

‡ác·tion [ǽkʃ(ə)n] *n.* **1 活動, 行動**; 《機械の》 運転. **2** 行為, 行ない; (*pl.*) (平生の)行状. **3 作用**, はたらき, 機能: the 〜 of acid *on* iron 酸が鉄に及ぼす作用. **4** 処置, 方策. **5 動作**, 挙動, 身ぶり; 《絵画中の人物の》 動き. **6** 演技, 所作; 《小説の》 筋. **7** 〖法〗 訴訟. **8** 〖米〗 決定, 判決, 議決. **9** 〖軍〗 交戦, 戦闘. **10** 装置; アクション 《ピアノまたはオルガンのキーに連結してある装置》.

Action! 〖映〗 演技始め! ***be in* 〜** 動いている: The organization *is* now *in* 〜. その機構は活動している. ***be out of* 〜** 動いていない: The machine *is out of* 〜. この機械は運転していない. ***be put out of* 〜** 戦闘力を失う; 〈機械が〉 動かなくなる. ***break off an* 〜** 戦いのほこを収める. ***bring* 〔*take*〕 *an* 〜 *against*** を相手として訴訟を提起する. ***Clear for* 〜!** 戦闘準備! ***go into* 〜** 活動〔戦闘〕を開始する. ***line of* 〜** 活動方針; 〖物〗 作用線. ***man of* 〜** 活動家. ***put into* 〔*in*〕 〜** 実行する, 実施する. ***take* 〜** 処置をとる; 取りかかる 《に *in*》; 訴訟を起こす. [√ag-]

◇ **〜·ist** *n.* 《政治における》 直接行動主義者.

〖類〗 → **fight**「戦い」

ác·tion·a·ble [ǽkʃ(ə)nəbl] *a.* 起訴できる.

ác·ti·vate [ǽktivèit] *vt.* **1** 活動させる. **2** 〖化〗 活性化する; 〖物〗 に放射能を与える; 〈マイクロホンに〉 電流を通じる. **3** 〖米: 軍〗 〈部隊を〉 戦時編制にする. ***〜d sludge*** 活性スラッジ, 下水浄化どろ.

◇ **-va·tor** [-ər] *n.* 〖化〗 活性剤, 活性化体. **àc·ti·vá·tion** [æ̀ktivéiʃ(ə)n] *n.*

‡ác·tive [ǽktiv] *a.* **1 活動的な**, 活動する, 働く: an 〜 man 活動的な男. an 〜 life (公務などで)多忙な生活. **2** 《火山など》 **活動中の**, 活動性の; 《通信衛星などが》 作動している. **3** 活気のある, 生き生きした: an 〜 market 活発な市況. **4 積極的な**, 行動的; 能動的な: 〜 measures 積極方策. ↔ passive. **5** 役に立つ, 力強い, 実効ある; 《薬が》 即効ある: an 〜 law 実効ある法令. **6** 〖文〗 能動態の. ↔ passive. **7** 〖軍〗 現役の. **8** 〖簿記〗 大幅に黒字の. ***be on* 〜 *service*** 〖軍〗 現役中である. ***take an* 〜 *interest in*** に強い関心を寄せる, に打ちこむ. ***take an* 〜 *part in*** に活躍する.

〜 capital 活動資本. **〜 carbon** 〖化〗 活性炭. **〜 help** 実効のある援助. **〜 list** 〖軍〗 現役名簿. **〜 resistance** 攻勢防御. **〜 vocabulary** 活用語彙(ごい).

◇ ***〜·ly** *ad.* 活動的に, 積極的に. **〜·ness** *n.* 活動性, 積極性.

ác·tiv·ism [ǽktiviz(ə)m] *n.* 行動〔実践〕主義.

ác·tiv·ist [ǽktivist] *n.* 行動〔実践〕主義者; 行動隊員, 《政治運動などの》 活動家.

‡ac·tív·i·ty [æktíviti] *n.* **1 活動**, 活躍; 行動. **2** (*pl.*) (諸) 活動; 活動範囲, 事業, 運動: social 〜*ies* 社会的活動. school 〜*ies* 校内活動, クラブ活動. red 〜*ies* 共産活動. **3** 活動力, 活気; 景気: full of 〜 元気いっぱいで. ***be in* 〜** 〈火山などが〉活動中である. ***with* 〜** 活発に.

ác·tiv·ize [ǽktịvàiz] *vt.* 活動させる (activate).

‡**ác·tor** [ǽktər] *n.* 俳優, 男優; 行為者.

‡**ác·tress** [ǽktris] *n.* 女優.

‡**ác·tu·al** [ǽktʃu(ə)l, ㊧⁺-tju-] *a.* **1** 現実の, 実際の, 実の. **2** 現行の, 現在の.
～ **capacity** 実能力; 実容量. ～ **locality** 現地. ～ **money** 現金. ～ **sin** 〘宗〙自罪《original sin に対して》. 類 → **real**「ほんとうの」

àc·tu·ál·i·ty [æ̀ktʃuǽlịti, ㊧⁺-tju-] *n.* 現実(性), 現存; (*pl.*) 現状, 実情.

ác·tu·al·ize [ǽktʃuəlàiz, ㊧⁺-tju-] *vt.* **1** 実現する, 実行する. **2** 現実的〔写実的〕に描写する. **3** 〘言〙現示する.
◇ **àc·tu·al·i·zá·tion** [ˌ–əlịzéiʃ(ə)n/-əlaiz-] *n.*

‡**ác·tu·al·ly** [ǽktʃu(ə)li, ㊧⁺-tju-] *ad.* **1** 現実に, 実際に. **2** 実際(に)は, ほんとうは: He looks a bit weak, but ～ he is very strong. 彼はちょっと弱そうに見えるが, 実は非常に強い. **3** いま, 現に. **4** 《強調または驚きをあらわして》ほんとうに: He not only ran the race, but he ～ won it! 彼はレースに参加したばかりでなく勝ったんですよ, ほんとうに!

ác·tu·ar·y [ǽktʃuèri/-tjuəri, -tʃu-] *n.* 保険統計数理士.
◇ **àc·tu·ár·i·al** [æ̀ktʃuέ(:)riəl/-tjuέər-, -tʃu-] *a.*

ác·tu·ate [ǽktʃuèit/-tju-, -tʃu-] *vt.* **1** に はたらきかける; 〈人を〉動かす, そそのかす, 〈人に〉…させる《*to* (do)》: He was ～*d* by love of power. 彼は権勢欲にかられた. **2** 〈機械を〉動かす.
◇ **àc·tu·á·tion** [ˌ–éiʃ(ə)n] *n.*

a·cú·it·y [əkjú:ịti] *n.* 鋭さ; 激しさ; 辛らつさ.

a·cú·le·ate [əkjú:liit, -lièit] *a.* =acuminate.

a·cú·men [əkjú:mən, -men/-men] *n.* **1** 鋭さ, 慧眼(けいがん), 洞察(どうさつ)力: business ～ 商才. **2** 〘植〙尖頭(せんとう). [√ac-]

a·cú·mi·nate [əkjú:mịnit, -nèit] *a.* 〘植〙鋭先形の, とがった. —— [-nèit] *vt., vi.* とがらす; とがる.

ác·u·pùnc·ture [ǽkjụpʌ̀ŋktʃər] *n.* 鍼術(しんじゅつ), 針療治. —— *vt.* に 鍼術を施す.

‡**a·cúte** [əkjú:t] *a.* **1** 鋭い, とがった. **2** 敏感な; 抜け目のない; 慧眼(けいがん)の, 明敏な: an ～ observer 鋭い観察者. **3** 《痛み・悲しみなど》激しい, 身を切るような; 《欠乏・不足など》はなはだしい: There is an ～ shortage of houses. 住宅がひどく不足している. **4** 〘植〙鋭形の, 鋭頭の; 〘数〙鋭角の; 〘楽〙《音が》高い, 鋭い: an ～ triangle 鋭角三角形. **5** 〘医〙急性の; 《病院が》急性患者用の. ↔ chronic. **6** 揚音符《´》のついた; 揚音の. [√ac-]
◇ ～**·ly** *ad.* 鋭く; 激しく; 鋭敏に. ～**·ness** *n.* 鋭さ; 激しさ; 明敏さ. 類 → **sharp**「鋭い」

-a·cy [-əsi] *suf.* **1** -ate, -acious に終わる形容詞から「性質」を示す抽象名詞をつくる: accur*acy* 正確(性)<accurate. fall*acy* 誤り <fallacious. **2** -ate に終わる名詞から, 「状態」「職」などを示す抽象名詞をつくる: celib*acy* 独身 <celibate 独身者. magistr*acy* 司法官の職 <magistrate 法官.

ad**¹ [æd] *n.* 〘米話〙広告 (=advertisement). ***classified ads 《新聞の》案内広告, 三行広告. **ad column** 《新聞の》広告欄. **ad craft** 広告取扱業. **ád·man** →別項. **ad rate** 広告料. **ád·smith** [ˊ-smìθ], **ad writer** 広告文案(業)者.

ad² *n.* 〘テニス〙=advantage.

ad [æd] L. *prep.* to, toward; up to; according to の意.

ad- *pref.* 「接近, 方向」「開始」「増加, 付加」「強調」などの意: *ad*here 粘着する <ad-+√her- ねばりつく. *ad*vise 忠告する <ad-+√vid- 目を+向けさせる. 〈注〉あとにくる音と同化して ac-, af-, ag-, al-, an-, ap-, ac- 《q の前》, ar-, as-, at- となり, sc, sp, st の前では単に a- となる: *af*firm 確言する <ad-+firm さらに+堅くする. *a*spire を希求する <ad-+√spir- に向かって+息をする. [<L.]

ad. adverb; advertisement. **a.d.** after date 〘商〙日付後.

‡**A.D.** [éidí:] キリスト紀元…, 西暦…《*Anno Domini* (L.=in the year of our Lord) の略》. → B.C.

ADA, A.D.A. Atomic Development Authority; Americans for Democratic Action.

ád·age [ǽdidʒ] *n.* 金言, 格言. ◇ **a·dá·gi·al** [ədéidʒiəl] *a.* 類 → **saying**「ことわざ」

a·dá·gio [ədá:dʒou,-dʒiòu/-dʒiou] *ad., a.* 〘楽〙ゆるやかに〔な〕. —— *n.* (*pl.* ～**s**) 〘楽〙アダージョ, 緩徐曲〔調〕. [<It.]

Ad·am¹ [ǽdəm] *n.* 〘聖〙アダム《人類の祖先. 創世記 2:7》; 最初の人間. ***not know*** a person ***from*** ～ (人を)全く知らない. ***the old*** ～ 古きアダム, 人性に宿る本来の悪. ***the second*** 〔***new***〕 ～ 第二の〔新しい〕アダム《キリストのこと》.
～**'s ale** 〔**wine**〕 水. ～**'s apple** のどぼとけ.

Ad·am² *a.* 〘美〙アダム様式の《Robert and James Adam より. 直線を多く取り入れた擬ローマ様式》.

ád·a·mant [ǽdəmæ̀nt, -mənt] *n.* 堅強無比の石〔もの〕; 金剛石. —— *a.* この上なく堅固な; 《決意などの》堅い, 鉄石のごとき; 《心の》がんこな, 無情な.
be ～ ***to*** …にがんとして応じない.

àd·a·mán·tine [æ̀dəmǽntin, -tain/-tain] *a.* **1** (鉄石のように)堅い. **2** 《決意などが》断固たる. **3** ダイヤモンドのごとく輝く. **4** 〘歯科〙ほうろう質の.

Ad·am·ite [ǽdəmàit] *n.* **1** アダムの子孫, 人間. **2** 裸体主義者 (nudist).
◇ **Ad·am·ít·ic** [æ̀dəmítik] *a.*

ád·ams·ite [ǽdəmzàit] *n.* アダムサイト《くしゃみ性毒ガス》.

‡**a·dápt** [ədǽpt] *vt.* **1** 適合させる, 適応させる. **2** 改作する; 翻案する, 脚色する: ～ a novel *for* the stage 小説を舞台用に脚色する. a book ～*ed for* children 子ども向きに書き改めた〔子ども向きの〕本. a play ～*ed* from the French フランス語からの翻案戯曲.
—— *vi.* 《環境などに》順応する《に *to*》. ≒adopt.
～ one***self to circumstances*** 境遇に順応する.
～ one***self to the company*** 仲間と調子を合わせる. [ad-+√ap- に+付着させる]

a·dápt·a·ble [ədǽptəbl] *a.* **1** 適合〔適応〕性のある, 順応性のある《に *to*》, 融通のきく. **2** 改作できる《の用に *for*》. ◇ ～**·ness** *n.* **a·dàpt·a·bíl·i·ty** [ədæ̀ptəbílịti] *n.* 適合〔適応〕性, 順応性.

***àd·ap·tá·tion** [æ̀dəptéiʃ(ə)n, -dæp-] *n.* **1** 適応, 適合, 順応《への *to*》; 〘生〙適応. **2** 改作(物), 翻案(物), 脚色《のための *for*; からの *from*》.

a·dápt·er, a·dáp·tor [ədǽptər] *n.* **1** 改作者, 翻案者, 脚色者. **2** 〘機・電〙アダプタ.

a·dáp·tion [ədǽpʃ(ə)n] =adaptation.

a·dáp·tive [ədǽptiv] *a.* 適応できる; 適合しうる; 適合の: ～ coloring of a chameleon カメレオンの環境に応じた変色. ◇ ～**·ly** *ad.* ～**·ness** *n.*

A.D.C. *aide-de-camp*; Amateur Dramatic Club.

ad cap·tan·dum (***vul·gus***) [æd-kæptǽndəm (-vʌ́lgəs)] L. (=in order to capture people) 人心をとらえるために〔の〕, 人気取りに〔の〕.

‡**add** [æd] *vt.* **1** 加える, 加算する; 増加する, 追加する: Two ～*ed to* three makes five. 3+2=5. **2** 付言〔付記〕する, 言い足す. **3** 含める《に *in*》.
—— *vi.* **1** 加え算する. **2** 増す《を *to*》: This will ～ *to* our pleasure. これで楽しみがますます増します. subtract. →名詞 addition. ～ ***up*** 合計する; 計算が合う. ～ ***up to*** 総計…になる; の意味になる, を意味する. ***to*** ～ ***to*** に加えて: *To* ～ *to* my distress, ... ますます困ったことには…
—— *n.* 補足原稿. [ad-+√da- さらに+与える]
◇ ˊ～**·a·ble,** ˊ～**·i·ble** *a.*

add. addenda; addendum; additional; address.

ád·dax [ǽdæks] *n.* 〖動〗オオカモシカ《北アフリカ・アラビア産》.

ád·dend [ǽdend, ədénd] *n.* 〖数〗加数.

ad·dén·dum [ədéndəm] *n.* (*pl.* **-da** [-də]) 付録, 補遺, 追加(事項).

ád·der[1] [ǽdər] *n.* 〖動〗《ヨーロッパ・アジアの》マムシ; 《有毒・無毒の》マムシの類. **~'s-tongue** *n.* 〖植〗シダの一種; 〖米〗カタクリ属.

ádd·er[2] *n.* 加算器; 加算する人. [<add]

ad·díct [ədíkt] *vt.* ふけらせる, 没頭させる《しばしば悪い意味》: be *~ed to* vice [drinking] 悪[酒]にふける. ~ oneself *to* science 科学に専心する.
—— [ǽdikt] *n.* 《麻薬などの》常用者: a morphine ~ モルヒネ中毒患者. [√dic-] ◇ **ad·díc·tion** [ədíkʃ(ə)n] *n.* 耽溺(たんでき); 没頭, 専心; (…)中毒.

ádd·ing [ǽdiŋ] *n.* 加算.
~ machine 加算器, 計算器.

Ad·dis A·ba·ba [ǽdis-ɑ́:bəbə, -ǽbəbə] *n.* アジスアベバ《Ethiopia の首都》.

Ad·di·son [ǽdisn] *n.* **1** Joseph ~, 1672–1719, イギリスの随筆家. **2** Thomas ~, 1793–1860, イギリスの医師.
~'s disease アジソン氏病《副じんの病気》.

‡**ad·dí·tion** [ədíʃ(ə)n, ㊊⁺æd-] *n.* **1** 追加, 付加. **2** 追加事項, 付加物; 増築, 増加取得地面. **3** 〖数〗寄せ算, 加法. **4** 〖法〗肩書き. ***have an ~ to one's family*** 家族がひとりふえる, 子どもが生まれる. ***in ~*** 加うるに, その上. ***in ~ to*** に加うるに: He writes well *in ~ to* being a fine thinker. りっぱな思想家である上に筆もたつ.

‡**ad·dí·tion·al** [ədíʃən(ə)l] *a.* 付加の, 追加の; 特別の. **~ charge** 割り増し料金; 付加税.
◇ **~·ly** [-i] *ad.* その上に, 加うるに.

ád·di·tive [ǽditiv] *a.* 付加的な; 〖数〗加法的.
—— *n.* 付加物〔要素, 語〕; 〖化〗添加剤.
◇ **~·ly** *ad.*

ád·dle [ǽdl] *a.* **1** (頭脳の) 混乱した. **2** 腐敗した: ~ eggs.
—— *vt., vi.* **1** 混乱させる〔する〕. **2** 腐らす, 腐る.
~-bràined [-brèind/ ́– ́–] *a.* 頭のわるい.

†**ad·dréss**[1] [ədrés, ǽdres/ədrés] *n.* **1** [㊊ 通常 ǽdres] あて名, 所番地; 住所: What is your ~ when you are in London? ロンドンではどこにご滞在ですか. **2** 《聴衆に向かっての》あいさつ, 演説: an ~ of thanks 謝辞. **3** 話しぶり, 応対, 物腰: a man of pleasing ~ 応対のじょうずな人. **4** うまみ, 手ぎわ(のよさ). **5** (*pl.*) 言い寄り, 求愛. **6** 〖米〗大統領の教書; (the A~) 〖英: 議会〗勅語奉答文. **7** 提言, 請願, 要請.
form of ~ 呼びかけ方, 肩書き, 称号. ***of no ~*** 住所不明の. ***opening*** [***closing***] ~ 開会[閉会]の辞. ***pay one's ~es to*** に言い寄る, に求婚する. ***with ~*** 手ぎわよく. [比較 address[2]]
~ book 住所録.

†**ad·dréss**[2] [ədrés] *vt.* **1** に話しかける, に演説〔あいさつ〕する: ~ an assembly 一同に向かって演説〔あいさつ〕する. **2** <手紙などを> 送る, <手紙に> あて名を書く《へ向け *to*》: How does one ~ the governor? 知事にはどんな敬称をつけたらよいのか. **3** <文書などを> 提出する, <批評・祈願・警告などを>寄せる, さし向ける《へ *to*》. **4** 〖米〗<裁判官を> 免官〔転任〕させる《立法府の申し入れにより》. ***~ the ball*** 〖ゴルフ〗ボールに向かって姿勢をとる. **~ one*self to*** に話しかける; に本腰を入れてとりかかる; 〖話〗<料理> に手をつける, を食べはじめる. [ad-+dress 方へ+向ける〔送る〕. dress は direct と同語源]

ad·dress·ée [ədresí:, æd-/æd-] *n.* 名あて人, 受信人.

ad·dréss·er, ad·drés·sor [ədrésər] *n.* 話しかける人; 発信人.

ad·dréss·ing [ədrésiŋ] *n.* あて名 (の書き入れ).
~ machine 自動あて名印刷機.

ad·drés·so·graph [ədrésəgræf/-grɑ:f] *n.* 自動あて名印刷機.

ad·dúce [əd(j)ú:s/ədjú:s] *vt.* **1** <証拠・理由・例などを> あげる, <典拠を> 引用する. **2** <証人を> 呼び出す. [√duc-]
◇ **ad·dúce·a·ble, ad·dúc·i·ble** *a.*

ad·dúct [ədʌ́kt] *vt.* 〖医〗内転させる. ↔ abduct.
◇ **ad·dúc·tor** [-ər] *n.* 内転筋.

ad·dúc·tion [ədʌ́kʃ(ə)n] *n.* **1** 理由提示, 引用(例), 引証. **2** 〖医〗内転.

A·den [éidn, ㊊⁺ɑ́:-] *n.* アデン《もとアラビア半島南西部のイギリスの保護領で, 1967年南イエメン人民共和国として独立した; その首都で海港》.

A·de·nau·er [ɑ́:dənàuər, ㊊⁺ǽd(ə)n-] *n.* Konrad ~, 1876–1967, 1963年までドイツ連邦共和国の首相.

ád·e·nine [ǽd(ə)nì:n, -nin/-nin] *n.* アデニン《すい臓などの動物組織や茶の葉などに含まれる塩基》.

ád·e·noid [ǽd(i)nɔ̀id], **àd·e·nói·dal** [æ̀d(i)nɔ́idl] *a.* アデノイドの.

ád·e·noids [ǽd(i)nɔ̀idz] *n. pl.* 〖医〗アデノイド.

a·dépt[1] [ədépt/ǽdept, ədépt] *a.* 熟達した, 精通した, 巧みな《に *in*; *at* (do)*ing*》. [√ap-]

ád·ept[2] [ǽdept, ədépt] *n.* 達人, 名人, 熟練者.

ád·e·qua·cy [ǽdikwəsi] *n.* 適当〔十分〕であること.

‡**ád·e·quate** [ǽdikwit] *a.* ふさわしい, 適当な, 十分な; 《職務を果たす》能力ある《*to, for*》: ~ *to* one's needs 必要を満たすに十分な. ~ *to* one's post 適任の. ***only an ~*** performance まあまあの〔可でもなし不可でもなしの〕(演技). [ad-+√equ- に+等しい→ふさわしい] ◇ **~·ly** *ad.* **~·ness** *n.*
[類] → **enough**「十分な」

ad ex·tre·mum [æd-ekstrí:məm] L. (=to the extreme [last]) 極度に, 最後に. 「まで.

ad fi·nem [æd-fáinəm] L. (=to the end) 最後

ad·fréeze [ædfrí:z] *vt.* 氷結で固着させる.

ad·hére [ədhíər, æd-] *vi.* **1** (ねばり) つく, 粘着する《に *to*》. **2** 執着する, 固守する; 忠実である《に *to*》: ~ *to* a principle 主義を守る[に従う]. **3** 賛成する, 味方する《に *to*》. →名詞 adhesion, adherence. [√her-] ◇ **ad·hér·er** [-hí(:)rər/-híər-] *n.*

ad·hér·ence [ədhí(:)rəns/-híər-] *n.* **1** 粘着, 密着《への *to*》. **2** 執着, 固守; 忠誠; 愛着《への *to*》. 〈注〉一般に adherence は精神的の意に用いられる.

ad·hér·ent [ədhí(:)rənt/-híər-] *a.* **1** くっつく《に *to*》, 粘着性の. **2** 執着する, 固守する《に *to*》. **3** 味方〔支持〕する《に *to*》. **4** 〖植〗着生の. **——** *n.* 支持者, 追従者, 信者《の *of*, 〖古〗*to*》; (*pl.*) 与党.

ad·hé·sion [ədhí:ʒ(ə)n] *n.* **1** 粘着 (性・力). **2** 執着, 固守. **3** 支持, 加盟. **4** 癒着(ゆちゃく), 癒合. **5** 〖植〗着生. ***give in*** [***signify***] ***one's ~*** 加盟〔同意, 支持〕を言明〔表明〕する.

ad·hé·sive [ədhí:siv] *a.* 粘着性の. **——** *n.* 粘着剤; ばんそうこう. **~ envelope** のりつき封筒. **~ plaster** ばんそうこう. **~ tape** 粘着テープ.
◇ **~·ly** *ad.* **~·ness** *n.*

ad·híb·it [ædhíbit] *vt.* <人・物を> 入れる; <レッテルなどを> 張る; 〖古〗<医薬などを> 用いる.

ad hoc [æd-hɑ́k/-hɔ́k] L. (=to this) (特に) このために [の], そのばあいそのばあいで [の]: ~ committee 特別委員会.

ad ho·mi·nem [æd-hɑ́minèm / -hɔ́minem] L. (=to the man, personal) (特定) 個人を目当てにした [におもねって].

àd·i·a·bát·ic [æ̀diəbǽtik, ㊊⁺èidaiə-] *a.* 〖物〗断熱的の. **~ change** 断熱変化.

àd·i·án·tum [æ̀diǽntəm] *n.* 〖植〗ハコネソウ(maidenhair).

a·díeu [əd(j)ú:/ədjú: | F. adjø] *int.* さようなら! ごきげんよう! **——** *n.* (*pl.* **~**, **~x** [-z]) 別れ, 告別. ***make*** [***take***] ***one's ~*** いとまごいをする. [<F.]

ad in·fi·ni·tum [æd-infináitəm] L. (=to infinity, endlessly) 無限に〔の〕《略 *ad inf.*》.

ad in·te·rim [æd-íntərim] L. (=in the meantime) 当座の, 臨時の〔に〕《略 *ad int.*》. ***chargé d'affaires ad int.*** 代理大使〔公使〕. 「げんよう.

a·di·os [ædióus, ɑ:djóus] Sp. *int.* さようなら, ごき

àd·i·po·cére [ædipəsíər] *n.* 屍蠟(しろう).

ád·i·pose [ædipòus] *a.* 脂肪(質)の. —— *n.* 動物性脂肪. ◇ **~·ness** *n.* **àd·i·pós·i·ty** [ædipásiti/-pɔ́s-] *n.* 脂肪過多, 肥満.

Ad·i·rón·dack [ædirándæk/-rɔ́n-] *n.* **1** (*pl.* **~s**, 《集合的》 **~**) St. Lawrence 川地方の Algonquian 系種族. **2** (*pl.*) ニューヨーク州北東部の山脈 (=~ Mountains). **~ chair** 小割り板製の戸外用安楽いす. **~ skiff** 《猟・魚つり用の》小舟.

ád·it [ædit] *n.* 入り口;〘鉱〙横坑道.

Adj. Adjutant. **adj.** adjacent; adjective; adjourned; adjunct; adjustment.

ad·já·cen·cy [ədʒéis(ə)nsi] *n.* **1** 隣接; 近さ. **2** (通例 *pl.*) 隣接地. **3**〘放送〙直前〔直後〕の番組.

ad·já·cent [ədʒéis(ə)nt] *a.* 隣接した, 付近の《に, の *to*》;《本のページが》向かいの, 隣の. [√jac-²]
~ angles〘数〙隣接角. ◇ **~·ly** *ad.*

àd·jec·tí·val [ædʒiktáiv(ə)l] *a.* 〘文〙形容詞の; 形容詞的. ◇ **~·ly** *ad.*

‡ád·jec·tive [ædʒiktiv] *n.* 〘文〙形容詞.
—— *a.* **1** 形容詞の, 形容の: ~ clause〔phrase〕形容詞節〔句〕. **2**〘法〙付属の: ~ law〘法〙付属法, 手続き法. [ad-+√jac-¹]

ad·jóin [ədʒɔ́in] *vt., vi.* **1** に隣接する. **2** 接合する; 連続する. ◇ **~·ing** *a.* 隣接の, 隣の.

ad·jóurn [ədʒə́:rn] *vt.* 延期する; 〈会を〉(一時)休止する, 休会にする. —— *vi.* **1** 休会する, 散会する. **2** 議事〔議題〕を持ち越す《次の機会へ》. **3** 会場を移す;〘話〙席を移す, 移る: Let's ~ to the next room. 次のへやへ移りましょう. **~ *without day*** [***sine die***] 無期延期する. [√di-]
◇ **~·ment** [-mənt] *n.* 延期; 休会(期間); 散会.

Adjt. Adjutant.

ad·júdge [ədʒʌ́dʒ] *vt.* **1** 判決する, 宣告する: ~ a person (to be) guilty 人を有罪と判決する. **2** 〈事件を〉さばく. **3** 判断する, 考える: It was ~*d* wise to avoid war. 戦争を回避することが賢明と判定された. **4** 〈賞などを〉授与する《審査の上で》.
◇ **ad·júdg·ment,** ㊥ **ad·júdge·ment** *n.* 裁定, 判決, 宣告; 授賞.

ad·jú·di·cate [ədʒú:dikèit] *vt., vi.* 判決する, 裁決する, 宣告する《について *on, upon*》. [√judic-]
◇ **ad·jù·di·cá·tion** [ədʒù:dikéiʃ(ə)n] *n.* **ad·jú·di·ca·tive** [ədʒú:dikèitiv] *a.*

ád·junct [ædʒʌŋkt] *n.* **1** 付属〔付加〕物《の *to, of*》. **2** 補助者, 助手. **3**〘文〙修飾〔付属〕語句, 付加語. **4**〘論〙添性. —— *a.* **1** 付属した, 補助の. **2** 一時雇いの. ↔ permanent. [√ju(n)g-]
◇ **ád·junc·tive** *a.* **ád·junc·tive·ly** *ad.*

ad·júre [ədʒúər] *vt.* に厳命する; に誓願する: ~ a person *to* (do) 人に…するように懇願する. [√jur-]
◇ **àd·ju·rá·tion** [ædʒuréiʃən/-dʒuər-] *n.*

‡ad·júst [ədʒʌ́st] *vt.* **1** (ぴったり)合わせる, 調整する《標準・要求などに》; 〈衣類の〉寸法を合わせる. **2** 〈機械などを〉調節する, 整備する, 組み立てる. **3** 順応させる. **4** 〈争いなどを〉調停する. **5** 〈勘定など〉清算する;〘保険〙〈支払金額を〉決定する. **6** 〈銃などを〉照準する. —— *vi.* 順応する. ~ one*self* 《境遇などに》順応する. [<ad-+just]
◇ **~·a·ble** *a.* **‡~·ment** [-mənt] *n.* **~·er, ad·jús·tor** [-ər] *n.* 調整〔調節〕者; 調節器〔装置〕;〘海上保険〙《海損》精算人.

ád·ju·tant [ædʒut(ə)nt] *a.* 補助の.
—— *n.* **1**〘軍〙副官. **2** 助手. **3**〘鳥〙コウヅル《東インド産. ツルの一種》. **~ general** 高級副官;〘米〙軍務局長. ◇ **-tan·cy** *n.* 副官の職.

ád·ju·vant [ædʒuvənt] *a.* 補佐する, 補助の.
—— *n.* **1** 助手, 補佐. **2**《主薬の効果を増すための》補助薬.

ad Ka·len·das Grae·cas [æd-kəléndəsgrí:kəs] L. (=by the Greek calendar) いかなるときも…しない, 決して…しない《ギリシア人が暦を用いなかったことより》.

ád·less [ædlis] *a.* 広告のない《雑誌など》.

ad-líb [ædlíb] *vt., vi.* (**-bb-**)〘米俗〙即興的にしゃべる〔演ずる, 歌う〕. —— *a.* 即興的な. —— *n.* 即興的なせりふ〔演奏〕; でたらめ. —— *ad.* 自由に: A matching stole may be worn ~. 手ごろな似合いの肩掛けをしてもよい. 〈注〉次項より.

ad lib·i·tum [æd-líbitəm] L. (=at pleasure) 好みに従って, 任意に〔の〕《略 *ad lib.*》.

Adm. Admiral; Admiralty. **adm.** administration; administrator; admission.

ád·man [ædmæn, ㊍⁺-mən] *n.* (*pl.* **-men**[-mèn, ㊍⁺-mən])〘話〙広告業者; 広告専門の植字工.

ád·mass [ædmæs] *n.*〘おもに英〙マスコミ・広告に動かされやすい大衆. —— *a.* ~の: ~ culture マスコミ広告文化.

ad·méas·ure [ædméʒər] *vt.* **1** 計る. **2** 割り当てる, 配分する.
◇ **~·ment** *n.* **1** 計量; 大きさ. **2** 割り当て, 配分.

ad·mín·i·cle [ædmínikl] *n.* 補助(物);〘法〙副証. ◇ **àd·mi·níc·u·lar** [ædminíkjulər] *a.*

ad·mín·is·ter [ədmínistər] *vt.* **1** 管理する, 支配する; 統治する. **2** 〈法令・儀式を〉執行する: ~ justice 司法をつかさどる, 裁判する. **3** 与える, 施す, 供給する: ~ relief 救済の手をのべる. **4** 〈攻撃などを〉加える: ~ a blow 一撃を加える. ~ a rebuke 非難を浴びせる. —— *vi.* **1** 助ける, 援助する《を *to*》. **2** 管理する;〘法〙遺産を管理する.
~ an oath to a person (人)に宣誓させる. ***~ medicine to*** に薬を飲ませる. ***~ to*** を助ける; に貢献する. [<minister 仕える]

ad·mín·is·trate [ədmínistrèit] *vt.* 〘米〙管理する (administer).

‡ad·mìn·is·trá·tion [ədministréiʃ(ə)n] *n.* **1** 管理, 経営, 支配; 管理部, 経営当局. **2** 行政, 統治; 行政〔統治〕期間; 行政機関, 官庁, 行政府;〘米〙内閣, 政府. **3** 供与, 施すこと; 投薬. **4**〘法〙遺産管理, 管財. ***the ~ of justice*** 法の執行, 処罰, 処刑. ***the board of ~*** 理事会. ***the civil ~*** 民政. ***the military ~*** 軍政.

ad·mín·is·tra·tive [ədmínistrèitiv/-trətiv] *a.* **1** 管理〔経営〕上の. **2** 行政上の.
~ court 行政裁判所. **~ law** 行政法. **~ readjustment** 行政整理.

ad·mín·is·tra·tor [ədmínistrèitər] *n.* **1** 管理者. **2** 行政官. **3**〘法〙管財人.
◇ **~·ship** *n.* 管理者〔行政官〕の職.

ad·mìn·is·trá·trix[ədministréitriks/−⌐−−−] *n.* (*pl.* **-trix·es** [-iz], **-tric·es** [-trisì:z]) 女管理者, 女管財人.

***ád·mi·ra·ble** [ædm(ə)rəbl] *a.* **1** 感嘆すべき, 感心な, あっぱれな. **2** すぐれた, りっぱな, みごとな.
◇ **-bly** *ad.* りっぱに, みごとに.

ád·mi·ral [ædm(ə)rəl] *n.* **1** 海軍大将(=full ~); 海軍将官; (艦隊) 司令官, 提督. **2** 旗艦 (flagship). **3**〘英〙漁船隊〔商船隊〕長. **4**〘虫〙タテハチョウなどの俗称《red と white と 2 種ある》.
A~ of the Fleet =〘米〙***Fleet A~*** 海軍元帥. ***Board of A~s***〘英〙海軍将官会議. ***Lord High A~***〘英〙《昔の》艦隊司令長官. ***port ~*** 鎮守府司令長官. ***rear-~*** 海軍少将. ***vice-~*** 海軍中将. ◇ **~·ship** *n.* ~の職〔地位〕.

ád·mi·ral·ty [ædm(ə)rəlti] *n.* **1** admiral の職. **2** (the A~)〘英〙海軍本部, 海軍省. **3**〘雅〙海上権, 制海権. **4** 海事裁判所; 海事法. ***Board***

of A～〔英〕海軍本部. ***First Lord of the A***～〔英〕海軍大臣. ***Lord Commissioners of the A***～〔英〕海軍本部委員, 海軍参議官.
～ **court** 海事裁判所, 海事審判所.

‡**àd·mi·rá·tion** [ædməréiʃ(ə)n] *n.* **1 感嘆, 賞賛** 《に対する *of, for*》; 賛嘆, 飽かずながめること 《を *of*》. **2** 賞賛の的: He is the ～ of all. 彼はみなの賞賛の的だ.
in ～ of を賛美して. ***stand in ～ before*** =***be lost in ～ of*** を賛嘆おくあたわず. ***struck with ～*** 賛嘆の念に打たれて. ***the note of ～*** 感嘆符《!》. ***to ～*** みごとに. ***to the ～ of everybody*** 万人の感嘆したことには[するほどに]. ***with ～*** 感嘆して.

‡**ad·míre** [ədmáiər] *vt., vi.* **1** ⊏**感服する,** ⊏敬服する, 賞賛する, 愛慕する. **2** ⊏**感嘆する,** ⊏驚嘆する《しばしば反語的》: I ～ his audacity. あいつの厚かましさはたいしたものだ. **3**〔話〕(おせじに) ほめる, ほめちぎる. **4**〔米〕…したく思う: I'd ～ to go. ぜひ行きたいものです. **5**〔古〕驚く. [ad-+√mir-]
◇ **ad·mír·ing** [ədmáiriŋ/-máiər-] *a.* **ad·mír·ing·ly** *ad.*

‡**ad·mír·er** [ədmáirər/-máiərə] *n.* **賞賛者**; 熱中[熱愛]者, 求婚者.

ad·mís·si·ble [ədmísəbl] *a.* **1** 容認しうる, 受諾できる, 正当な: What amount of public control is ～ for traffic safety? 交通安全のためにどの程度の公共規制が許されるか. **2** はいること〔入場, 入会, 入学〕を許される, 有資格の《に *to*》. **3**〔法〕証拠として認容しうる. →動詞 admit.
◇ **ad·mìs·si·bíl·i·ty** [ədmìsəbíləti] *n.*

‡**ad·mís·sion** [ədmíʃ(ə)n] *n.* **1 はいるのを許すこと, 入場**(許可), **入学**(許可), 入会(許可), 入国(許可)《へ, への *to, into*》. **2 入場料,** 入会金. **3 容認,** 承認, 白状; 許可: His silence is an ～ of being guilty. 彼が黙っているのは罪を認めていることだ. →動詞 admit. ***gain ～ to*** へ入会[参加]を許される; と近づきになる. ***grant*** a person ～ (人に) 入会〔入場〕を許す.
A～ Day〔米〕州制記念日《各州の合衆国編入を記念する》. ～ **ticket** 入場券.

ad·mís·sive [ədmísiv] *a.* 入場許可の; 許容の.

‡**ad·mít** [ədmít, ㊤+æd-] *v.* (**-tt-**) *vt.* **1 入れる,** ⊏入場〔入会, 入学, 入国など〕を許可する: ～ a student *to* college 学生に大学の入学を許可する. **2** 〈切符などが〉…人用である: This ticket ～*s* two people. この切符でふたりはいれる. **3** いれることができる, 収容できる: The room ～*s* about 100 persons. そのへやは約 100 人収容できる. **4 容認する, 承認する,** 白状する: He will never ～ *that* he is wrong. 彼は自分がまちがっているとはどうしても認めないだろう.
—— *vi.* **1 許す,** 認める《を *of*》, 《…の》余地を与える《の *of*》: Circumstances do not ～ *of* this. 事情はこれを許さない. His conduct ～*s of* no excuse. 彼の行為には弁解の余地がない. **2** 導き入れる, 〈道が〉通じる《へ *to*》: This key ～*s to* the garden. このかぎで庭にはいれる. →名詞 admission, admittance. (***while***) ***～ting that***… …ということは一応認めるが. [ad-+√mit(t)- 近くへ+送る, 寄せる] ◇ **～·ta·ble** *a.*
〔類〕→ **receive**「受け入れる」

ad·mít·tance [ədmít(ə)ns] *n.* **1** 入れること, 入場(許可). **2**〔電〕アドミタンス. ***gain*** [***get***] ***～*** 入場を許可される. ***have ～ to*** a person (人) と近づきがある, (人)の家に出入りする. ***No ～ except on business.*** 無用の者はいるべからず《掲示》.

ad·mít·ted [ədmítid] *a.* 認められた; 明白な.
◇ **～·ly** *ad.* **1** 疑いもなく, 明らかに. **2** 自認するとおり, 自認するところによれば.

ad·míx [ædmíks, əd-] *vt.* 混入する, 添加する.
◇ **～·ture** [-tʃər] *n.* 混入(物), 添加(物).

ad·món·ish [ədmániʃ/-mɔ́n-] *vt.* **1** 〈人を〉戒める, さとす: ～ a person as a brother 人に兄弟のように訓戒する. **2** 〈人に〉注意を促す, ⊏警告する, ⊏知らせる: ～ a person *about* [*of*] his obligations 人に果たすべき義務について注意する. **3** ⊏…するように勧める《*to* (do)》: ～ a person *to* be careful 人に用心するように勧める. **4** ⊏警告する《しないように *against*》: ～ a person *against* being late 人に遅刻しないように注意を与える. **5** 〈行為などを〉促す, 勧告する: ～ silence 静かにするようにたしなめる. [√mon-] 〔類〕→ **advise**「助言する」「告.

àd·mo·ní·tion [ædməníʃ(ə)n] *n.* 訓戒, 忠告; 警告.

ad·món·i·to·ry [ədmánətɔ̀:ri/-mɔ́nətəri] *a.* 訓戒の, 忠告の; 警告の.

ad nau·se·am [æd-nɔ́:ʃiæm, -zi-, -si-/-si-] L. (= to a sickening extent) 吐き気をもよおす〔いやになる〕ほどに〔の〕.

a·dó [ədú:] *n.* 騒ぎ, 騒動; ほねおり, 苦心. ***make*** [***have***] ***much ～*** 大騒ぎする. ***much ～ about nothing*** から騒ぎ. ***without much ～*** たいした騒ぎたて〔ほねおり〕もしないで.

ado. adagio.

a·dó·be [ədóubi] *n.* アドービれんが, 日干しれんが; アドービれんが製造用の粘土. —— *a.* 日干しれんがづくりの.

àd·o·lés·cence [æd(ə)lésns], **-cen·cy** [-i] *n.* 青年期《男14—25 歳, 女12—21歳》; 年ごろ.

àd·o·lés·cent [æd(ə)lésnt] *a.* 青年〔青春〕期の, —— *n.* 青春期の男〔女〕性, わこうど.
[ad-+√al-. adult「成人」と同語源]

A·dó·nis [ədóunis] *n.* **1**〔ギ神〕アドニス《Venus に愛された美青年》. **2** 美青年, 好男子. **3**〔植〕福寿草.

ád·o·nize [æd(ə)nàiz] *vi.* 美青年ぶる; めかす. ～ one*self* めかす.

‡**a·dópt** [ədápt/ədɔ́pt] *vt.* **1 養子〔養女〕にする**: an ～*ed* son [daughter] 養子〔養女〕. They ～*ed* the boy *into* their family. 彼らはその少年を家族の一員として迎えた. **2** 〈意見・方針・処置などを〉**採用**〔採決〕**する,** 選びとる, とり上げる. **3** 〈報告を〉投票の上採択する; 〔英〕〈政党が候補者を〉指名する; **4**〔言〕(外来語として) とり入れる: words ～*ed from* French フランス語からの借用語. ≒adapt.
[ad-+√opt-] ◇ **～·a·ble** *a.*
〔類〕→ **receive**「受け入れる」

a·dóp·tion [ədápʃ(ə)n/-dɔ́p-] *n.* **1** 養子縁組み. **2** 採用, 採択. **3** 指名《政党が立候補者に対して行なう》. **4**《外来語の》借用.

a·dóp·tive [ədáptiv/-dɔ́p-] *a.* **1** 養子関係の: an ～ father [son] 養父〔養子〕. **2** 採用する.

a·dór·a·ble [ədɔ́:rəbl/-dɔ́:r-] *a.* **1** 尊敬〔崇拝, 賛嘆〕すべき. **2**〔話〕かわいらしい, ほれぼれする, すばらしい. ◇ **～·ness** *n.* **-bly** *ad.*

‡**a·dóre** [ədɔ́:r/ədɔ́:] *vt.* **1 崇拝する,** 尊敬する, 敬慕する; 〈神を〉あがめる, 賛美する. **2 愛慕する, 熱愛する. 3**〔話〕大好きである. [ad-+√or- に向かって+祈る→拝む] ◇ **a·dór·er** [ədɔ́:rər/-dɔ́:r-] *n.*
à·do·rá·tion [ædəréiʃ(ə)n/ædɔ:-] *n.* ～すること; 祈り, 礼拝.

a·dór·ing [ədɔ́:riŋ/-dɔ́:r-] *a.* 崇拝〔賛美〕する, 愛慕する. ◇ **～·ly** *ad.* 崇拝〔賛美〕して, 愛慕して.

‡**a·dórn** [ədɔ́:rn] *vt.* **飾る**; 美しくする: ～ oneself *with* jewels 宝石で身を飾る. [√orn-]
◇ **～·ment** [-mənt] *n.* ～すること; 装飾(品).

a·dówn [ədáun] *ad., prep.*〔雅〕=down[1].

ad quem [æd-kwém] L. (=at [to] which) 目標, 終点. 「証券.

ADR American Depositary Receipt 米国預託

ad ref·er·en·dum [æd-rèfəréndəm] L. (=to be referred [consulted]) 再考すべき, 再考慮されるべき: ～ contract 仮契約.

ad rem [æd-rém] L. (=to the matter) その物に即して〔を離れずに〕, 適切に〔な〕: ～ remarks.
ad·ré·nal [ədríːn(ə)l, ㊟⁺æd-] *a.* 〖医〗じん臓の; 副じんの. —— *n.* 副じん. ～ **glands** 副じん, じん上体.
ad·rén·al·in [ədrén(ə)lin, ㊟⁺æd-] *n.* 〖化〗アドレナリン《副じんホルモン》; アドレナリン剤《動物の副じんから採る心臓刺激薬》.
A·dri·át·ic [èidriǽtik, æ̀d-] *a.* アドリア海の.
～ **Sea, the** アドリア海.
a·dríft [ədríft] *ad., a.* **1** 《船が》ともづなが解けて; 漂って. **2** 定見なく, ふらついて; 途方にくれて. **3** 定職がなくて. ***cut*** (one***self***) ～ ***from*** と離れる; と交わりを絶つ. ***get*** [***go***] ～ 〈船が〉流れ出す. ***set*** ～ 〈船を〉流す. ***turn*** a person ～ (人を) 家から追い出す〔路頭にほうり出す〕. ***You are all*** ～. きみは全く見当違いしている. [＜drift]
a·dróit [ədrɔ́it] *a.* 巧妙な, 器用な; 機敏な, 抜け目のない. ◇ ～**·ly** *ad.* ～**·ness** *n.*
(類) → **clever**「利口な」
A.D.S. American Dialect Society.
àd·sci·tí·tious [æ̀dsitíʃəs] *a.* 外来の, 付加の, 補遺の.
ád·script [ǽdskript] *a.* 傍記〔添記〕の.
ad·scríp·tion [ædskrípʃ(ə)n] =ascription.
ád·smith [ǽdsmìθ] *n.* 広告文案者.
ad·sórb [ædsɔ́ːrb] *vt.* 〖化〗吸着させる. [√sorb-]
◇ **ad·sórp·tion** *n.* 吸着. **ad·sórp·tive** *a.*
ad·sum [ǽdsʌm/⸗⸗] L. (=I am present.) *int.* はい《点呼などの返事》.
ád·u·late [ǽdʒulèit/-dju-] *vt.* におせじを言う, にへつらう. ◇ **-la·tor** [-lèitər] *n.* **àd·u·lá·tion** [æ̀dʒuléiʃ(ə)n/-dju-] *n.* へつらい, おせじ.
ád·u·la·to·ry [ǽdʒulətɔ̀ːri/-djuleitəri] *a.* へつらいの, おせじの.
‡**a·dúlt** [ədʌ́lt, ǽdʌlt] *a.* **おとなの,** 成人〔成熟〕した. —— *n.* **成人,** おとな; 〖法〗成年者; 成熟した動物〔植物〕. [adolescent と同語源. √al-]
～ **education** 成人教育. ～ **tooth** 永久歯.
◇ ～**·hood** *n.*
a·dúl·ter·ant [ədʌ́ltərənt] *a.* 混ぜ物用の.
—— *n.* 混ぜ物.
a·dúl·ter·ate [ədʌ́ltərèit] *vt.* に混ぜ物をする, 混ぜ物をして…の品質を落とす: ～ milk *with* water 牛乳に水を混ぜる. —— [ədʌ́ltərit, ㊟⁺-rèit] *a.* **1** 混ぜ物をした, 品質の悪い. **2** 姦通(かんつう)の, 不義の: ～ offspring 私生児. [√alt(e)r-]
◇ **-a·tor** [-rèitər] *n.* **a·dùl·ter·á·tion** [ədʌ̀ltəréiʃ(ə)n] *n.* ～すること; 混ぜ物, 粗悪品.
a·dúl·ter·er [ədʌ́ltərər] *n.* 姦夫(かんぷ).
a·dúl·ter·ess [ədʌ́lt(ə)ris] *n.* 姦婦(かんぷ).
a·dúl·ter·ine [ədʌ́ltərin, -ràin] *a.* **1** 不義の, 姦通(かんつう)の; 不義によって生まれた. **2** 混ぜ物をした, 不純の. **3** 不正〔不法〕の, にせの.
a·dúl·ter·ous [ədʌ́lt(ə)rəs] *a.* **1** 不義の, 姦通(かんつう)の. **2** 不正〔不法〕の, にせの.
a·dúl·ter·y [ədʌ́lt(ə)ri] *n.* 姦通(かんつう), 不義.
ad·úm·brate [ædʌ́mbreit, ǽdəmbrèit/ǽdʌmbreit] *vt.* **1** の輪郭をほのめかす, の輪郭を描写する. **2** 予表する, の前兆となる; ほのめかす. **3** 影でおおう; かすませる, ぼかす. [√umbr-]
◇ **àd·um·brá·tion** [æ̀dʌmbréiʃ(ə)n] *n.*
ad·úm·bra·tive [ædʌ́mbrətiv, əd-] *a.* ほのかに示す, 予表する《を *of*》; スケッチ的な.
a·dúnc [ədʌ́ŋk] *a.* 内側へ(かぎなりに)曲がった.
ad un·guem [æd-ʌ́ŋgwem] L. (=to a hair) (髪一筋まで) 正確に.
a·dúst [ədʌ́st], **a·dúst·ed** [-id] *a.* **1** 日に焼けた; 乾燥した; 焦げた. **2** 憂うつな, 気むずかしい.
Adv. Advent; Advocate. **adv.** *ad valorem*; advance; adverb; adverbial; *adversus* (L.=against); advertisement.
ad va·lo·rem [æd-vəlóːrem/-lɔ́ːr-] L. (=in proportion to the value) 価格に従って, 従価の. ～ **duty** 従価税.
‡**ad·vánce** [ədvǽns/-váːns] *vt.* **1 進める,** 前に出す, 進出させる. **2** 〈期日などを〉繰り上げる. **3** 〈作業などを〉はかどらせる, 促進させる, 増進する: ～ growth 成長を促す. **4** 〈意見などを〉**提出する;** 〈反対・批判を〉(あえて)する: ～ reasons for いろいろ理由をあげて…の必要を説く. **5** 〈値段などを〉上げる. **6 昇級**〔**昇進**〕**させる;** 引き立てる, のあと押しする. **7** 前払いする, 前貸しする. —— *vi.* **1 進む,** 前進する; 〈夜が〉ふける. **2** 進歩する, 発展する, 向上する: ～ *in* knowledge [rank] 知識〔地位〕が向上する. **3** 昇進する. **4** 〈値が〉**上がる;** 〈株などが〉値上がりする. **5** 〖軍〗前進する, 進撃する《に向かって *against, on, upon*》. **6** (平たいものが立体的に) 浮き出る. ～ ***in the world*** 出世する. ～ ***in years*** 年をとる. ～ ***on*** [***upon***] に押し寄せる, に迫る.
—— *n.* **1 前進,** 進出, 進行. **2 進歩,** 進捗(しんちょく), 向上. **3** 値上がり: There is an ～ *on* wheat. 小麦が値上がりしている. **4** 昇級, 《地位の》昇進. **5** 前払い, 前金; 前貸し(金); 先渡し品. **6** (通例 *pl.*) 《交渉・交際の》申し入れ; 《男女間の》言い寄り, 誘い. **7** 〖軍〗前進, 進撃; 〖米〗前衛部隊. ***in*** ～ (1) 前もって, 先だって. (2) 先頭に立って. (3) 前払いで, 前金で: pay *in* ～ 前払いする. ***in*** ～ ***of*** (1) …より前に. (2) …より進んで, …よりすぐれて. ***make*** ～***s*** (1) 金を立て替える. (2) 申し出る; 取り入れる; 《男女間で》言い寄る, 誘いかける.
～ **agent** 〖米〗下交渉人《講演・興行などの》. ～ **base** 前進基地. ～ **copy** 近刊書の見本. ～ **guard** 〖軍〗前衛. ～ **party** 先発隊. ～ **sale** 《切符の》前売り. ～ **sheets** 見本刷り, 内容見本. ～ **ticket** 前売り券.
(類義語) **前進する: advance** 目標・上位に向かって進む: *advance* in the world 出世する. **proceed** いったん停止したあとで更に続けて進む: *proceed* on one's journey 旅を続ける. **move on** proceed の口語形. 向かうべき目的は考えられていない: "*Move on*, there!" 《警官が》さあ, そのまま進んで! **progress** 発展・向上という面が強調される. はかどる, 着実に進展する. **go on** …し続ける. いやなものが依然として続くばあいにも用いる: The fight was still *going on*. 格闘はまだ続いていた. *go on* talking しゃべり続ける.
***ad·vánced** [ædvǽnst/-váːnst] *a.* **1** 前に出た〔出した〕: with one foot ～ 片足を前に出して. **2** 進歩した, 進んだ; 上級の, 高等の: an ～ class in French 上級フランス語クラス. **3** 進歩的な; 先走った, 新しがりの: ～ ideas 進歩思想. **4** 《年が》老いた; 《夜が》ふけた; 《季節が》たけた: an ～ age 高齢. **5** 《値が》上がった.
～ **country** 先進国. ～ **degree** 高級学位《Bachelor 以上, すなわち Master, Doctor》. ～ **standing** 《転入学生が他大学において得た》既得単位数; 他大学既得単位所持.
(類) → **liberal**「進歩的な」
***ad·vánce·ment** [ædvǽnsmənt/-váːns-] *n.* **1** 前進, 進出. **2 進歩,** 発達; 促進, 増進. **3 昇進,** 出世: ～ in life 立身出世. **4 前払い,** 立て替え.
‡**ad·ván·tage** [ədvǽntidʒ/-váːn-] *n.* **1 有利,** 利益; 便宜, 好つごう. **2 優勢,** 優越; 優位; 〖テニス〗=vantage. ***be of great*** [***no***] ～ ***to*** に大いに有利である〔少しも有利でない〕. ***gain an*** ～ ***over*** a person (人)をしのぐ, (人)よりまさる. ***have the*** ～ ***of*** (1) の長所を有する. (2) …にまさる, …より有利である: I am afraid you *have the* ～ *of* me. 私をご存じのようでいらっしゃいますね (私はあなたを存じあげませんが, どなた様でしょうか). ***take*** ～ ***of*** を利用する; に乗じる, …につけこむ; だます, 〈女〉を誘惑する. ***take*** a person ***at*** ～ (人の)不意をうつ. ***to*** ～ 有利に; 引き立つように《見せるなど》, 引き立って《見えるなど》. ***turn to*** ～ 利用する; 有利になる. ***with***

〜 有効に, 有利に. —— *vt.* 利する, に利益をもたらす. [advance と同語源. 先に立つ→優位]

àd·van·tá·geous [ædvəntéidʒəs, -væn-/-vɑːn-, -væn-] *a.* 有利な, 好つごうな.
◇ **〜·ly** *ad.* **〜·ness** *n.*

ád·vent [ǽdvent/-vənt, -vent] *n.* **1** 到来, 到着; 出現: the 〜 of the holiday season 休暇の到来. **2** (the A〜) キリストの降臨; 降臨節《クリスマス前の四つの日曜日を含む期間》. ***Second A〜*** キリストの再臨 (Second Coming). [√ven-]
〜 Sunday 降臨節中の第1日曜日.
◇ **Ad·vent·ism** [-iz(ə)m] *n.* キリスト再臨説. **Ad·vent·ist** *n.* キリスト再臨論者.

àd·ven·tí·tious [ædventíʃəs, -vən-] *a.* **1** 外来の; 付随的; 偶有の. **2** 〘医〙偶発の; 〘動・植〙偶生の. ◇ **〜·ly** *ad.* **〜·ness** *n.*

ad·vén·tive [ædvéntiv] *a.* 〘動・植〙外来の; 土着でない, 不定の. —— *n.* 外来の動〔植〕物.

‡ad·vén·ture [ədvéntʃər] *n.* **1 冒険**; 《異常な》**事件**; 興味しんしんたる体験. **2** (*pl.*) 冒険談, 体験談; 奇跡. **3** 投機, やま.
—— *vt.* **1** 危険を冒して…する; の冒険をする. **2** 〈意見などを〉あえて言う. [ad-+√ven- 近くへ+来る] ◇ **〜·some** [-səm] *a.* 冒険的な.

ad·vén·tur·er [ədvéntʃ(ə)rər] *n.* (*fem.* **-ess** [-ris]) **1** 冒険家. **2** 投機師, やま師; 策士.

***ad·vén·tur·ous** [ədvéntʃ(ə)rəs] *a.* **1 冒険的な**; 冒険好きな. **2** 勇気を要する, 危険な.
◇ **〜·ly** *ad.* 冒険的に; 大胆に. **〜·ness** *n.*

‡ád·verb [ǽdvəːrb] *n.* 〘文〙**副詞**. ***interrogative* 〜** 疑問副詞. ***relative* 〜** 関係副詞.
〜 clause 副詞節. **〜 phrase** 副詞句.

ad·vér·bi·al [ədvə́ːrbiəl, æd-] *a.* 副詞の, 副詞的な. ◇ **〜·ly** [-i] *ad.*

ad ver·bum [æd-və́ːrbəm] L. (=exact to the word) 逐語的(に).

ad·ver·sa·ri·a [ædvərsé(ː)riə/-séər-] L. *n. pl.* 《単数にも扱われる》 **1** 注釈, 注, 対ページ書き込み. **2** 名言〔名句〕集.

ád·ver·sar·y [ǽdvərsèri/-s(ə)ri] *n.* 敵; 《競技の》相手. ***the A〜*** 悪魔王.

ad·vér·sa·tive [ədvə́ːrsətiv] *a.* 反対の, 反意の. —— *n.* 反意語. **〜 conjunction** 反意接続詞《but, however, nevertheless, only, still, whereas, while, yet など》. ◇ **〜·ly** *ad.*

ad·vérse [ədvə́ːrs, æd-, ǽdvəːrs/ǽdvəːs] *a.* **1** 反対の, 反対する, 逆の《に *to*》: 〜 winds 逆風. **2** 不利な, 有害な《に *to*》: 〜 criticism 非難. **3** 不運な, 不幸な: 〜 circumstances 逆境. **4** 赤字の: 〜 budget 赤字予算. 〜 trade balance 輸入超過. **5** 相向かいの, 相対する. **6** 〘植〙対生の. ***be* 〜 *to*** に不利である; に反対である. [√vert-]
◇ **〜·ly** *ad.* **〜·ness** *n.*

***ad·vér·si·ty** [ədvə́ːrsiṭi] *n.* (しばしば *pl.*) **逆境**; 不幸, 不運. [<adverse]

ad·vért[1] [ədvə́ːrt] *vi.* 注意を向ける《に *to*》; 言及する《に *to*》. [√vert-]

ád·vert[2] [ǽdvəːrt] 〘おもに英〙 =advertisement.

ad·vért·ent [ədvə́ːrt(ə)nt] *a.* 注意をはらう, 注意〔用心〕ぶかい. ◇ **〜·ly** *ad.* **-ence, -en·cy** *n.*

‡ád·ver·tise [ǽdvərtàiz, ㊟⁺ㄴ⁻ㄴ⁻ㄹ] *vt.* **1 広告する**, 宣伝する, ふれまわる: a house 〜*d for* sale「売り家」の広告の出ている家. **2** 公示する: 〜 a reward 報奨を公示する. **3 に知らせる**, に通告する《を *of*; *that, where, how* など》: I 〜*d* him *of* my intention. あの人にこちらの意図を伝えた. 〜 people *where* they can get tickets 人々に切符の入手場所を知らせる.
—— *vi.* 広告を出す; 広告を出して求める: 〜 *for* a typist タイピスト募集の広告を出す.
〜 one***self*** (***as***) (と)自己宣伝する, (と)ふれこむ.
[ad-+√vert-そちらへ+(注意を)向ける]

‡ad·ver·tíse·ment [ædvərtáizmənt, ədvə́ːrtiz-, -tis-/ədvə́ːtis-, -tiz-] *n.* **1 広告**, **宣伝**. **2** 通告, 公示. **〜 column** 広告欄.

***ád·ver·tis·er** [ǽdvətàizər] *n.* **広告者**; (the A〜)「…新聞」《新聞名》.

ád·ver·tis·ing [ǽdvərtàiziŋ] *a.* 広告の.
—— *n.* 広告(業). **〜 agency** 広告取次業(者). **〜 man** 広告係〔業者〕《口語では adman》.

ád·ver·tize =advertise.

àd·ver·tó·ri·al [ædvərtóːriəl / -tɔ́ːr-] *n.* 広告の形をかりた会社などの業務内容報告, PR ページ.

†ad·více [ədváis] *n.* **1 忠告**, **助言**, **勧告**; 専門家の意見〔診察, 鑑定〕. 〈注〉この意味では不定冠詞を用いない. 数える必要があるときには a piece of *advice* のごとくする: My *advice* to you is—don't do it. ぼくの忠告はそれをするなということだ. **2** (通例 *pl.*) 知らせ, 報告; 〘商〙通知, 案内. ***act at*** [***by, on, under***] **〜** 忠告に従う. ***ask a person's* 〜** (人)の助言を求める. ***as per* 〜** 通知のとおり. ***give*** [***tender***] **〜** 助言する, 勧告する. ***take* 〜** 専門家の意見〔鑑定, 診察〕を求める《から *from*》. [advise と同語源]
〜 note 案内状. **〜 slip** 通知伝票.

***ad·vís·a·ble** [ədváizəbl] *a.* **勧めてよい**, 当を得た; 賢明な. ◇ **〜·ness** *n.* **-bly** *ad.* **ad·vìs·a·bíl·i·ty** [ədvàizəbíliṭi] *n.* 〜なこと; 得策.

‡ad·víse [ədváiz] *vt.* **1 に忠告する**, に助言する; に勧める: I 〜 you *to* be cautious. 用心するようにお勧めします. **2 勧める**: 〜 secrecy 秘密にするよう勧める. **3** に知らせる. —— *vi.* **1** 忠告する, 勧める. **2** 相談する《と *with*》. **〜 one*self*** 熟考する. **〜** a person ***of*** を(人に)知らせる, を(人に)報ずる. **〜 *with*** a person ***about*** [***on***] …について(人)と相談する. **〜 *with* one's *pillow***「まくらと相談する」, 一晩寝て考える. [ad-+√vid- 見る, 考える]

〔類義語〕**助言する: advise** 知識・経験をもつ者が, とるべき方法などについて助言する. **counsel** 重大な問題について熟考した上で, しばしば専門的知識に基づいて助言する, 相談にのる. **admonish** 年長の者・ふさわしい地位にある者があやまちなどについて忠告・教訓する. **caution, warn** ありうる危険・失敗などに対して警告する. caution は注意を喚起し, warn はそれを無視したばあいの災難・罰を示唆する.

ad·vísed [ədváizd] *a.* **1** 熟慮の上の; 思慮のある. **2** 情報をもっている: be kept thoroughly 〜 事情に精通している. ***be better* 〜 *to*** (do) …するほうが賢明だ. ***well-*** [***ill-***]**〜** 分別ある〔無分別な〕.
◇ **ad·vís·ed·ly** [-zidli] *ad.* 熟慮して, 慎重に.

àd·vis·ée [ædvaizíː, əd-] *n.* (大学の指導教授について) 科目選択指導を受ける学生.

ad·víse·ment [ədváizmənt] *n.* 熟慮; 相談. ***take under* 〜** 熟慮する.

‡ad·vís·er, ad·ví·sor [ədváizər] *n.* **1 助言者**, 忠告者, 顧問. **2** 〘米〙《大学で》科目選択指導係〔教員, 教授〕. ***legal* 〜** 法律顧問.

ad·ví·so·ry [ədváiz(ə)ri] *a.* 忠告の, 助言の; 顧問の: an 〜 council 顧問会議. —— *n.* 《台風情報などの》報告.

ad vi·tam [æd-váitæm, ɑːd-wíːtɑːm] L. (=for life) 一生のあいだ, 終身の.

ad vi·tam aut cul·pam [ɑːd-wíːtɑːm-àut-kúlpɑːm] L. (=for life or until a fault) 終生もしくは過失なきかぎり.

ád·vo·ca·cy [ǽdvəkəsi] *n.* 弁護; 支持; 《主義などの》唱道.

ád·vo·cate [ǽdvəkit, -kèit] *n.* **1** 擁護者, 支持者; 唱道者, 主唱者: an 〜 *of* [*for*] peace 平和論者. **2** 代弁者. **3** 〘英〙弁護士《古くは〘米〙でも》. ***Devil's* 〜** 列聖調査検事《聖徒候補者について異議申し立てを行なう》. ***Judge A〜*** 〘軍〙法務官. ***Judge A〜 General*** 〘軍〙軍法会議長. ***Lord***

***A*～** 〘スコットランド〙検事総長.
—— [ǽdvəkèit] *vt.* 主唱する; 弁護する, 擁護する. [ad-＋√voc- (助けに) 呼び＋寄せる]

ád·vo·ca·tor [ǽdvəkèitər] *n.* 擁護者; 主唱者.

ad·vów·son [ədváuz(ə)n] *n.* 〘英: 法〙僧職授与権.

advt. advertisement.

àd·y·ná·mi·a [æ̀dinéimiə, ㊊⁺èidai-] *n.* 〘医〙衰弱. ◇ **àd·y·nám·ic** [æ̀dinǽmik, èidai-/æ̀dai-] *a.*

ád·yt [ǽdit] ＝adytum.

ád·y·tum [ǽditəm] *n.* (*pl.* **-ta** [-tə]) **1** 内陣, 奥聖所. **2** 私室, 密室. [＜L.]

adz, adze [ædz] *n.* 手おの, ちょうな. **——** *vt.* 手おので削る.

Æ, æ [iː] A と E との合字《Ae, ae とも書き, 固有名詞のほかはしばしば e とする》: Cæsar; Æsop; anæmia＝anemia.

AEA Atomic Energy Agreement. **A.E. and P.** Ambassador Extraordinary and Plenipotentiary 特命全権大使. **AEC** Atomic Energy Commission.

áe·dile [íːdail] *n.* 造営官《古代ローマで公共の建物・道路などの造営をつかさどった》.

A.E.F. American Expeditionary Force(s).

Ae·gé·an [iːdʒíːən] *a.* エーゲ海の. **～ Sea, the** 多島海, エーゲ海.

ae·ger [íːdʒər] L. *n.* 〘英: 大学〙病気診断書.

Ae·gir [íːdʒiər, éigiər] *n.* 〘北欧神話〙海の神.

áe·gis [íːdʒis] *n.* **1** 〘ギ神〙Zeus が Athena に授けた盾(たて). **2** 保護, 支持; 〘米〙後援. ***under the ～ of*** の保護下に; の後援で. [＜L.]

ae·gro·tat [iːgróutæt, ㊊⁺ㄥ—ㅗ] L. (＝he is ill) *n.* 〘英: 大学〙病気診断書《受験不能証明用の》.

Ae·né·as [iníːəs, iː-/-æs] *n.* トロイの王子《叙事詩 *Aeneid* の主人公》.

Ae·né·id [iníːid/íːniid] *n.*「アエネアス物語」《Virgil 作の叙事詩. Aeneas の流浪物語》.

Ae·ó·li·an [iːóuliən] *a.* **1** 風神 Aeolus の. **2** アイオリス(Aeolis)の; アイオリス人の.
～ harp [**lyre**] 風によって鳴る琴.

Ae·ól·ic [iːálik/-ɔ́l-] *a.* アイオリス(人)の. **——** *n.* 《ギリシア語の》アイオリス方言. 「民地》.

Ae·o·lis [íːəlis] *n.* アイオリス《小アジアのギリシア植

Ae·o·lus [íːələs] *n.* 〘ギ神〙アイオロス《風神》.

áe·on [íːən, ㊊⁺íːɑn] *n.* 永劫(えいごう), 久遠(くおん).
◇ **ae·ó·ni·an** [iːóniən/iːɔ́n-] *a.* 永遠の.

á·er·ate [éiərèit] *vt.* **1** 空気にさらす, に空気を通す. **2** に炭酸ガスを入れる〔通す〕. **3** 〈血液に〉呼吸によって酸化作用を起こさせる. **～*d bread*** 《炭酸などでふくらませた》無酵母パン. **～*d water*** 炭酸水.
◇ **à·er·á·tion** [èiəréiʃ(ə)n] *n.* 「装置.

á·er·a·tor [éiərèitər] *n.* 通風装置; 《穀類の》殺虫

‡áer·i·al¹ [έ(ː)riəl, eií(ː)r-/έər-] *a.* **1** 空気の, 大気の; 気体の. **2** 空気のような, かろやかな, 軽妙な; 希薄な, 淡い. **3** 架空の, 夢のような. **4** 空中の; 空中にそびえる〔住む, 生じる〕, 気生の. **5** 航空(機)の.
～ attack 空襲. **～ beacon** 航空燈台. **～ bomb** 投下爆弾. **～ cable** 架空線. **～ car** 《軽気球の》つりかご, つり舟. **～ chart** 航空地図. **～ course** 航空路. **～ defense** [**defence**] 防空. **A～ Derby** 飛行大会. **～ fight** 空中戦. **～ fleet** 航空戦隊. **～ flight** 空中飛行. **～ insurance** 飛行保険. **～ ladder** 《消防用の》空中はしご. **～ light house** 航空燈台. **～ liner** 定期航空機. **～ lines** 架空線. **～ mail** [**post**] 航空郵便. **～ navigation** 航空術. **～ navigator** 航空士. **～ performance** 航空曲技. **～ perspective** 濃淡遠近法. **～ photography** 航空写真 (aerophotography). **～ railroad,** ㊍ **～ railway** 架空鉄道. **～ root** 〘植〙気根. **～ ropeway** 架空索道. **～ route** 航空路. **～ scout** 空中偵察(ていさつ)(者). **～ sickness** 航空病《酔い気など》. **～ telegraphy** 無線電信術. **～ torpedo** 空中魚雷. **～ wire** 〘電〙空中線.
〈注〉air およびその合成語をも見よ: aerial plant＝air plant.
◇ **～·ly** [-i] *ad.* **àer·i·ál·i·ty** [ὲ(ː)riǽliti, eii(ː)ri-/ὲəri-] *n.* 空気のような性質; むなしさ.

***áer·i·al**² [έ(ː)riəl / έər-] *n.* **1** 〘電〙アンテナ. **2** ＝～ ladder. →aerial¹. **3** ＝forward pass.

áer·i·al·ist [έ(ː)riəlist/έər-] *n.* 空中曲芸師.

áer·ie [έ(ː)ri, í(ː)ri/έəri, íəri] *n.* **1** 《高所にあるワシなど猛禽(もうきん)の》巣; 《その巣の》ひな. **2** 《山頂などにある》住みか, 城, とりで. 「の化合; 気化.

àer·i·fi·cá·tion [ὲ(ː)rifikéiʃ(ə)n / ὲər-] *n.* 空気と

áer·i·form [έ(ː)rifɔ̀ːrm, eií(ː)r-/έər-] *a.* **1** 空気の, 気体の. **2** うつろな, 無形の; 架空の.

áer·i·fy [έ(ː)rifài, eií(ː)r-, eiέr-/έər-] *vt.* **1** 気体化する, 気化する. **2** ＝aerate.

áer·o [έ(ː)rou/έər-] *a.* 飛行(機)の, 航空の: an ～ club 航空クラブ. **——** *n.* (*pl.* **～s**) 飛行機.

aero- 「空気, 気体, 空中」「航空」の意の連結形または語形成要素《aëro- ともする》. 〈注〉アメリカでは連結形として通常 air- を用いる. 「飛行.

àer·o·bát·ics [ὲ(ː)robǽtiks/ὲər-] *n.* 高等〔曲技〕

áer·obe [έ(ː)roub/έər-] *n.* 〘生〙好気性細菌.

áer·ob·ee [έ(ː)rəbiː/έər-] *n.* 科学用記録器械積載用ロケット. 「酸素の〔による〕.

aer·ó·bic [ε(ː)róubik, èiəróu- / εər-] *a.* 好気性の;

àer·o·bi·ól·o·gy [ὲ(ː)robaiάlədʒi/ὲərobaiɔ́lə-] *a.* 空中生物学. 「艇.

áer·o·boat [έ(ː)rəbòut/έər-] *n.* 水上飛行機, 飛行

áer·o·bus [έ(ː)rəbʌ̀s/έər-] *n.* 〘話〙近距離旅客機《ひんぱんに出発する》.

áer·o·drome [έ(ː)rədròum/έər-] *n.* 〘英〙飛行場.

àer·o·dy·nám·ics [ὲ(ː)rodainǽmiks/έər-] *n. pl.* 《単数扱い》空気〔気体〕力学.
◇ **-i·cist** [-nǽmisist] *n.* 空気〔気体〕力学者.

áer·o·dyne [έ(ː)rədàin/έər-] *n.* 〘空〙重航空機《機体が空気より重いもの》. →aerostat.

àer·o·ém·bol·ism [ὲ(ː)roémbəliz(ə)m/ὲər-] *n.* 〘医〙航空塞栓(そくせん)症.

áer·o·foil [έ(ː)rəfɔ̀il/έər-] ＝airfoil.

áer·o·gram [έ(ː)rəgræ̀m/έər-] *n.* **1** 航空封緘(ふうかん)はがき. **2** 無線電報.

àer·o·hý·dro·plane [ὲ(ː)rəháidrəplèin/ὲər-] *n.* 水上飛行機, 飛行艇.

áer·o·lite [έ(ː)rəlàit/έər-], **-lith** [-liθ] *n.* 隕石(いんせき).

aer·ól·o·gy [ε(ː)rάlədʒi, èiər-/εərɔ́lə-] *n.* 気体学.
◇ **-gist** *n.* 気体学者. 「〔洋上〕飛行の.

àer·o·ma·ríne [ὲ(ː)romərίːn/ὲər-] *a.* 〘米〙海洋

àer·o·me·chán·ic [ὲ(ː)romikǽnik/ὲər-] *a.* 航空力学の. **——** *n.* 航空技手. ◇ **-i·cal** *a.*

àer·o·me·chán·ics [ὲ(ː)romikǽniks/ὲəro-] *n. pl.* 《単数扱い》航空力学.

aer·óm·e·ter [ε(ː)rάmitər, èiər-/εərɔ́m-] *n.* 量気計. ◇ **-try** [-tri] *n.* 気体測定, 量気学.

áer·o·naut [έ(ː)rənɔ̀ːt/έər-] *n.* 飛行家; 気球〔飛行船〕操縦者.

àer·o·náu·tic [ὲ(ː)rənɔ́ːtik/ὲər-], **-ti·cal** [-(ə)l] *a.* 航空術の, 飛行家の.
～ station 地上(通信)局《航空連絡用無線局》.

àer·o·náu·tics [ὲ(ː)rənɔ́ːtiks/ὲərə-] *n. pl.* 《単数扱い》航空学〔術〕.

áer·o·phone [έ(ː)rəfòun/έər-] *n.* 〘楽〙管楽器; 一種の通話装置.

àer·o·pho·tóg·ra·phy [ὲ(ː)rofətάgrəfi/ὲərofətɔ́g-] *n.* 航空写真(術).

‡áer·o·plane [έ(ː)rəplèin/έər-] *n.* 〘おもに英〙飛行機. 〈注〉アメリカでは通常 airplane.

áer·o·sol [έ(ː)rəsòul, -sɑl/έərəsɔl] *n.* 〘化〙エーロゾル, 煙霧質〔液〕. **～ bomb** 殺虫剤噴霧器.

áer·o·space [έ(ː)rəspèis/έər-] *n.* 大気圏と宇宙.

áer·o·stat [έ(:)rəstæ̀t/έər-] *n.* 〖空〗 軽航空機 〖軽気球・飛行船〗.
àer·o·stát·ic [ὲ(:)rəstǽtik/ὲər-], **-i·cal** [-(ə)l] *a.* 気体静力学の; (軽航空機) 航空術の.
àer·o·stát·ics [-s] *n. pl.* 《単数扱い》 気体静力学; 航空学.
àer·o·stá·tion [ὲ(:)rostéiʃ(ə)n/ὲəro-] *n.* 気球〔飛行船〕操縦(法).
àer·o·thèr·a·péu·tics [ὲ(:)roθèrəpjú:tiks/ὲər-o-], **àer·o·thér·a·py** [-θérəpi] *n.* 大気療法.
ae·rú·gi·nous [irú:dʒinəs/iərú:-] *a.* 緑青(ろくしょう)の, 緑青色の.
áer·y[1] [έ(:)ri/éiəri] 〖雅〗 =aerial[1].
áer·y[2] [έ(:)ri, í(:)ri/έəri, íəri] =aerie.
Aes·chy·lus [éskiləs/í:s-] *n.* アイスキュロス, 525–456 B.C., ギリシアの悲劇詩人.
Aes·cu·lá·pi·us [èskjuléipiəs/ì:s-] *n.* **1** 〖ロ神〗 医薬と医術の神. **2** 医者.
Ae·sop [í:səp,-sɑp/-sɔp] *n.* イソップ, 620?–560? B.C., ギリシアの寓話(ぐうわ)作者. **～'s Fables** イソップ物語.
◇ **Ae·só·pi·an** [i:sóupiən] *a.* イソップ(流)の.
áes·thete [ésθi:t/í:s-] *n.* **1** 唯美主義者; 審美家. **2** 美術家を気どる人.
aes·thét·ic [esθétik/i:s-], **-i·cal** [-(ə)l] *a.* **1** 美の, 美感の, 美学的な. **2** 美学の, 美学的. **3** 審美眼のある. **～ distance** 審美的距離《作者または鑑賞者が現実に対しておく心理的距離》.
◇ **aes·thét·i·cal·ly** *ad.*
aes·thét·i·cism [esθétisiz(ə)m/i:s-] *n.* 唯美主義.
aes·thét·ics [esθétiks/i:s-] *n. pl.* 《単数扱い》〖哲〗 美学; 〖心〗 美的情操の研究.
áes·ti·val [éstiv(ə)l, estái-/i:stái-] *a.* 夏の; 夏に現われる.
áes·ti·vate [éstiveit/í:s-] *vi.* 夏を過ごす; 〖動〗 夏眠する. ◇ **àes·ti·vá·tion** [èstivéiʃ(ə)n/ì:s-] *n.* 〖動〗 夏眠; 〖植〗《つぼみの中の》花芽の配置.
aet., aetat. *aetatis.*
ae·ta·tis [i:téitis] L. (=at the age of) *a.* 当年…歳(の).
áe·ther, ae·thé·re·al =ether, ethereal.
àe·ti·ól·o·gy =etiology.
Aet·na = Etna.
A.E.U. Amalgamated Engineering Union.
af- *pref.* f の前の ad- の異形: *af*firm 確信する <ad-+firm.
Af. Africa(n). **A.F.** Admiral of Fleet; Air Force; Air France; Allied Forces; Anglo-French; audio frequency. **a.f.** audio frequency. **A.F. (&) A.M.** Ancient Free and Accepted Masons.
a·fár [əfá:r] *ad.* 〖雅〗 はるかに, 遠くに (far). ***～ off*** はるかに. ***from ～*** 遠方から.
AFB Air Force Base. **AFC** automatic flight [frequency] control. **AFCE** Allied Forces, Central Europe 中欧派遣連合軍.
a·féar(e)d [əfíərd] *a.* 〖古・方〗 恐れて.
áf·fa·ble [ǽfəbl] *a.* あいそのいい, 優しい; 丁寧な; 穏やかな, 人好きのする. [√fa-] ◇ **～·ness** *n.* **-bly** *ad.* **àf·fa·bíl·i·ty** [æ̀fəbíliti] *n.*
‡**af·fáir** [əfέər] *n.* **1** 仕事, 用事, 事務; (*pl.*) 業務, 用務: business ～s 商用. **2** 関心事, 役目; 事柄: That's my [mái] ～. それは私の問題だ; きみの知ったことじゃない (=That's none of your ～.). a private ～ 私事. **3** 事件, できごと; 醜聞ざた. **4** 恋愛事件〔関係〕(=love ～). **5** 〖軍〗 事変; 小ぜりあい. **6** 〖話〗《形容詞を伴って》こと, 物; 品物: a complicated ～ 複雑なしろもの.
～ of honor 決闘. ***～s of state*** 国務. ***as ～s (now) stand*** 現状では; 現在のところ. ***civil ～s*** 民事. ***family [household] ～s*** 家事. ***international ～s*** 国際事情. ***in the ～*** その件で. ***man of ～s*** 事務家. ***Mind your own ～!*** 自分のことをやってればいいんだ!, よけいなお世話だ! ***national ～s*** 国政. ***public ～s*** 公事, 公務. ***social ～*** 〖米俗〗 パーティー, 社交上の会合. ***state of ～s*** 形勢, 事態: a pretty *state of ～s* 困った事態. ***wind up one's ～s*** 業務のしまつをつける, 店をたたむ. ***worldly ～s*** 俗事. [<F. *faire* 行なう, する]
af·faire d'a·mour [əfέərdəmúər] F. (=love affair) 恋愛事件, 情事.
af·faire de cœur [əfέərdəkə́:r] F. =*affaire d'amour.*
af·faire d'hon·neur [əfέərdənə́:r] F. (=affair of honor) 決闘.
‡**af·féct**[1] [əfékt] *vt.* **1** に影響する; に悪影響を及ぼす; 〈病気・痛みが人・人体を〉冒す: This will ～ business. これは商売のさわりになる. I was ～*ed by* the heat. 私は暑気にあたった. **2** 感動させる, に印象づける: He was ～*ed with* compassion. あわれみの情に動かされた. She was ～*ed at* the news. その知らせを聞いて心を打たれた. → 名詞 affection.
—— [ǽfekt] *n.* 〖心〗 感動, 情緒. [ad-+√fac- (ある状態) に+置く→影響する]
‡**af·féct**[2] [əfékt] *vt.* **1** のふりをする, をよそおう, の外観を示す: ～ ignorance 無知をよそおう, 知らぬふりをする. ～ *to* be weary 疲れているふりをする. ～ the free thinker 自由思想家ぶる. **2** 好んで…を用いる: ～ loud dress はでな服を好んで着る. **3** 〈動植物が〉…に好んですむ〔生じる〕: Birds ～ the woods. 鳥は好んで森にすむ. **4** 〈物がある形を〉とかくとりがちである: Drops of water ～ a round figure. 水のしずくは丸い形をとるものだ. → 名詞 affectation. [ad-+√fac- 自分を…に+置く→…を求めて行く]
〖類〗 → **assume**「…のふりをする」
àf·fec·tá·tion [æ̀fektéiʃ(ə)n, -fik-] *n.* **1** 見せかけ, よそおい: ～ *of* indifference 上べの無関心. **2** 気どり, きざ (な態度): keep clear of ～ 気どらない. → 動詞 affect[2]. ***make ～ of*** を気どる, を鼻にかける. ***without ～*** 気どらずに, 率直に.
af·féct·ed [əféktid] *a.* **1** 影響を受けた; 《病気・災害などに》冒された; 《寒暑に》あてられた: an ～ area 被災地. an ～ part 患部. **2** 感動した; …な感情をいだいた: well [ill] ～ 好意〔悪意〕をいだいて. How is she ～ *toward* you? 彼女はきみにどんな感情をもっているのかね. **3** 気どった, わざとらしい: ～ manners きざな態度. ◇ **～·ly** *ad.*
af·féct·ing [əféktiŋ] *a.* **1** 感動させる, 感激的な: an ～ address 感動的な演説. **2** 哀れをさそう: an ～ sight 痛ましいありさま. ◇ **～·ly** *ad.*
‡**af·féc·tion** [əfékʃ(ə)n] *n.* **1** 愛情, 好意《に対する *for, tòward(s)*》; (*pl.*) 愛着, 恋慕: the ～ of a parent *for* his child 男親の子への愛情. the object of one's ～s 愛情の対象, 意中の人. **2** 感情, 感動, 情意. **3** 影響. **4** 病気, さわり: an ～ of the throat のどの病気. **5** 性質, 性情. **6** 〖古〗 偏見. → 動詞 affect[1]. ***set one's ～ on*** に情愛を寄せる. ◇ **～·al** *a.* 〖類〗 → **feeling**「感情」
‡**af·féc·tion·ate** [əfékʃ(ə)nit] *a.* **1** 愛情のこもった, 愛情にあふれた: an ～ letter. **2** 優しい, 情愛のふかい: He is ～ *to* [*towards*] her. 彼は彼女に愛情をもっている. ◇ ‡**af·féc·tion·ate·ly** *ad.* 愛情をこめて: Yours ～*ly* (愛情をこめて「あなたのもの」→) 親愛なる…より 《手紙の結び文句》.
af·féc·tive [əféktiv] *a.* 感情の, 情意の.
áf·fen·pìn·scher [ǽfənpìnʃər] *n.* 愛がん用小型犬の一種《毛ぶかく尾・耳が短い》. 〈注〉 monkey pinscher, monkey dog とも呼ぶ.
áf·fer·ent [ǽfərənt] *a.* 〖医〗 中央部〔器官〕へ導く《血管など》.
～ **nerves** 求心性神経. ～ **veins** 輸入血管.
af·fèt·tu·ó·so [æfètʃuóusou/əfètjuóuzou] *ad.* 〖楽〗 感情をこめて. [<It.]
af·fí·ance [əfáiəns] *n.* **1** 婚約. **2** 信用, 信頼《に対する *in*》. —— *vt.* 婚約させる: ～ a daughter

娘の婚約をととのえる. ***be ~d to*** と婚約している. ***the ~d (couple)*** 婚約中のふたり. [√fid-]

af·fí·ant [əfáiənt] *n.* 〘米; 法〙 宣誓口供人.

àf·fi·dá·vit [æfidéivit] *n.* 〘法〙 宣誓口供書.

af·fíl·i·ate [əfílièit] *vt.* **1** 関係づける, 提携させる, 協力させる《に *to*; と *with*》. **2** 〈会員を〉加入させる: ~ members *to* [*with*] a society 会員を入会させる. **3** 養子にする; 〘法〙〈非嫡出子の〉父を確認する: ~ a child *to* [*upon*] a person だれそれを子どもの父と定める. **4** の由来〔起源〕を帰する《に *to, upon*》. **——** *vi.* 〘米〙 **1** 関係する; 提携する, 協力する《と *with*》. **2** 親しむ《と *with*》. ***~d company*** 子〔同族〕会社. ***~d societies*** 協会支部. ***~d unions*** 加盟組合. ***~ oneself with*** [***to***] に入会する, に参加する. ***be ~d with*** と関係がある, と交わる; と提携する, と協力する. **——** [əfíliit, -lièit] *n.* 加入者, 会員; 支部; 関係〔外郭〕団体. [√fili-]

af·fìl·i·á·tion [əfiliéiʃ(ə)n] *n.* **1** 加入, 入会, 加盟. **2** 提携, 協力; 連合, 同盟. **3** 養子縁組み; 〘法〙 非嫡出子の父の確認〔認知〕. **4** 起源〔由来〕の決定. **5** (*pl.*) 〘米〙 関係, 友好関係.

af·fíned [əfáind] *a.* 縁続きの; 同盟した; 義務を負わされた.

af·fín·i·ty [əfíniti] *n.* **1** 類似性, 親近性《との *with*》. **2** 相性; 好み, 愛着. **3** 気の合う人, 好ましい人. **4** 〘生〙 類縁(性); 〘化〙 親和力: the ~ of iron *for* oxygen 鉄と酸素の親和力. **5** 姻戚(いんせき)関係. ***have an ~ for*** に魅力を感じる, に心ひかれる. [√fin-]

‡**af·fírm** [əfə́:rm] *vt.* **1** 確言する, 断言する; 肯定する. **2** 確認する; 証言する. **——** *vi.* (肯定) 証言する: The witness ~*ed to* the fact. 証人は事実であることを証言した. ***It may be safely ~ed that***... …と言ってもさしつかえなかろう. [√firm-]
◇ **~·a·ble** *a.* **~·ance** *n.* **~·ant** *n.* 証言〔確言〕者.

àf·fir·má·tion [æfərméiʃ(ə)n] *n.* 確言, 断言; 肯定; 〘法〙 (無宣誓) 証言.

***af·fírm·a·tive** [əfə́:rmətiv] *a.* **1** 確言的, 断定的. **2** 肯定の, 承諾の: an ~ answer そうだ〔承諾〕という答え. ~ votes 賛成投票. **3** 〘数〙 正の. ↔ negative.
—— *n.* **1** 確言, 断定; 肯定. **2** 〘論〙 肯定文, 肯定語, 肯定命題. ***answer in the ~*** 肯定〔承諾〕する. ~ **flag** 〘海軍〙 yes を示す信号旗《青・白・赤・青の横じま》. ◇ **~·ly** *ad.*

af·fír·ma·to·ry [-tò:ri/-təri] *a.* =affirmative.

af·fíx [əfíks] *vt.* **1** 添付する, はりつける《に *to, on*》. **2** 〈署名を〉書き添える, 〈印鑑を〉押す《に *to*》. **3** 〈責任などを〉負わせる: ~ blame *to* a person 罪を人にかぶせる. **——** [ǽfiks] *n.* **1** 添付物, 付着物. **2** 〘文〙 接辞《接頭辞・接尾辞・挿入(そうにゅう)辞》.
◇ **~·ture** [əfíkstʃər] *n.* 添付(物), 付加(物).

af·flát·ed [əfléitid] *a.* 霊感を受けた, 鼓舞された.

af·flá·tus [əfléitəs] *n.* **1** 霊感. **2** 一陣の風.

af·flíct** [əflíkt] *vt.* 悩ます, 苦しめる. ***be ~ed by に悩む, に苦しむ. ***be ~ed with*** に苦しむ; を病む. [ad-+√flig-] ◇ **af·flíc·tive** *a.* つらい.
〔類〕 → **torment**「苦しめる」

***af·flíc·tion** [əflíkʃ(ə)n] *n.* **1** 苦痛, 苦悩, 難儀. **2** 病気. **3** 災害, 不幸; 逆境.

áf·flu·ence [ǽfluəns] *n.* **1** 豊富, 富裕. **2** 流入; 充血. **3** 《群衆の》殺到. ***live in ~*** 裕福に暮らす.

áf·flu·ent [ǽfluənt] *a.* **1** 豊富な, 富んでいる: a country ~ *in* minerals 鉱物に恵まれた国. **2** 富裕な: ~ circumstance 裕福な身の上. an ~ society 富める社会《経済学者 Galbraith [gǽlbreiθ] が現代アメリカ社会に与えた呼び名》. **3** 《水が》豊かに流れる〔流れ出る〕. **——** *n.* 支流. [√flu-]
◇ **~·ly** *ad.* 〔類〕 → **rich**「金持ちの」

áf·flux [ǽflʌks] *n.* **1** 流れ込み, 流入. **2** 《群衆の》殺到. **3** 〘医〙 充血: an ~ *of* blood *to* the head 脳充血, のぼせ. [√flu-]

‡**af·fórd** [əfɔ́:rd/əfɔ́:d] *vt.* **1** の余裕がある, を買う〔支払う, 所有する〕金がある, を忍ぶ余裕がある: I cannot ~ the expense. その費用がまかなえない. I cannot ~ a car. 車をもてるほどの身分じゃない. I cannot ~ the loss of a day. 1日もむだにするわけにはいかない. **2** 《can, be able to とともに用いて》…する余裕がある, …することができる: I *can*not ~ *to* be generous. 気前よくする余裕はない. We *can* ~ *to* sell cheap. われわれは安売りすることができる. I *can*not ~ not *to* do so. そうせざるをえない. **3** 与える, 供する, 産出する, 生じる: Reading ~*s* pleasure. 読書は楽しみを生む. The transaction ~*ed* him a good profit. その商売で彼はひともうけした. The records ~ no explanation. 記録からは説明ができない.

af·fór·est [əfɔ́:rist, əfɑ́r-/æfɔ́r-, əf-] *vt.* 〈土地に〉植林〔造林〕する.
◇ **af·fòr·est·á·tion** [–⌣istéiʃ(ə)n] *n.*

af·frán·chise [əfrǽntʃàiz] *vt.* 《どれい状態・義務などから》自由にする, 解放する. ◇ **~·ment** *n.*

af·fráy [əfréi] *n.* 口論, けんか, 乱闘《公の場所での》.

af·fréight [əfréit] *vt.* 〈船を〉貨物船としてチャーターする. ◇ **~·er** *n.* **~·ment** *n.*

áf·fri·cate [ǽfrikit] *n.* 〘音声〙 破擦音《[ts, dz, tʃ, dʒ] など》.

af·fríght [əfráit] *vt.* 〘古〙 恐れさせる, おどす. **——** *n.* **1** 恐怖, わななき; おどし. **2** 恐ろしい物.

af·frónt [əfrʌ́nt] *n.* 《面と向かっての》無礼, 侮辱. ***offer an ~ to*** = ***put an ~ upon*** に侮辱を加える. ***suffer an ~*** 侮辱を受ける. **——** *vt.* **1** 《公然と》侮辱する, はずかしめる. **2** 当惑させる, おろおろさせる. **3** 〈危険などに〉敢然と立ち向かう, 直面する. [<front] ◇ **af·frón·tive** *a.* 〘古〙 侮辱的な.
〔類〕 → **offend**「感情を害する」

af·fú·sion [əfjú:ʒ(ə)n] *n.* 〘宗〙《洗礼式の》灌水(かんすい); 〘医〙 灌注 (療法).

Af·ghan [ǽfgən, -gæn/-gæn] *a.* アフガニスタン(人)の. **——** *n.* **1** アフガニスタン人〔語〕. **2** (a~) アフガン《一種の毛糸編みの毛布または肩掛け》. **3** アフガン犬 (=~ hound).

Af·ghán·i·stan [æfgǽnistæn] *n.* アフガニスタン《中央アジアの立憲君主国》.

a·fi·ci·o·na·do [əfisi:ənɑ́:dou, əfi:s-] Sp. *n.* 熱「愛者, 愛好者.

a·field [əfí:ld] *ad.* **1** 《家を》遠く離れて; 《農夫・動物が》野原に〔へ〕; 《軍隊が》戦場に〔へ〕. **2** 常軌を離れて, 踏み迷って. ***far ~ (of)*** (から)はるかに遠くに〔まで〕.

a·fíre [əfáiər] *ad., a.* **1** 燃えて. **2** 熱して, 興奮して. ***set ~*** 燃やす; 《精神的に》かきたてる. ***with heart ~*** 心を燃やして.

a·fláme [əfléim] *ad., a.* **1** 燃えて, 燃え立って《比喩的にも》: The house was all ~. 家は火に包まれていた. I was ~ *with* curiosity. 私は好奇心に燃えた. **2** おこって, 赤面して. [<flame]

AFL-CIO American Federation of Labor and Congress of Industrial Organizations アメリカ労働総同盟産別会議.

a·flóat [əflóut] *ad., a.* 《形容詞としては叙述的》 **1** 浮かんで; 漂って. **2** 水上に, 海上に; 船上に: life ~ 海上生活. **3** 《甲板・畑などが》浸水して, 氾濫(はんらん)して. **4** 《うわさが》広まって; 〘商〙《手形などが》流通して. **5** 採算がとれて, 支払い能力がある: keep a venture ~ 投機に赤字を出さない. ***cargo ~*** 〘商〙 沖がかりの荷物. ***keep*** [***stay***] ***~*** 沈まないようにする; 借金しないようにする. ***service ~*** 海上〔艦隊〕勤務. ***set ~*** 〈船を〉浮かせる; 〈うわさを〉たてる, 流布させる. [<float]

a·flút·ter [əflʌ́tər] *ad., a.* **1** 《旗などが》ひらひら

して, はためいて. **2**〘心が〙どきどきして, ときめいて.

à fond [F. afɔ̃] F. (=to the bottom) 徹底的に, とことんまで.

a·fóot [əfút] *ad., a.* **1** 徒歩で. **2** 立ち上がって, 起きて. **3** 活動して; 進行中で; 計画中で: There is mischief ～. なにか悪事がたくらまれている. ***set* ～** 企てる; <事を> 起こす.

a·fóre [əfɔ́:r/əfɔ́:] *ad., prep., conj.* 〘海〙(…の) 前方に; 〘方〙(…の)前に.
～·mén·tioned [-ménʃ(ə)nd, -mèn-] 前述の, 前記の. **～·named** [-nèimd] 前述の, くだんの.
～·said [-sèd] 前述の.

a·fóre·thought [əfɔ́:rθɔ̀:t/əfɔ́:θɔ:t] *a.* 前もって考えた, 計画的の, 故意の. ***malice* ～** 〘法〙殺意.

a·fóre·time [əfɔ́:rtàim/əfɔ́:taim] *ad.* 以前に, 前もって, あらかじめ. **——** *a.* 以前の.

a for·ti·o·ri [éi-fɔ̀:rʃiɔ́:rai/éi-fɔ̀:tiɔ́:rai] L. (=for a still stronger reason) ましてや, なおさら.

a·fóul [əfául] *ad., a.* からまって, 衝突して. ***run* ～ *of*** (1) …ともつれる, と衝突する. (2) <法律など> にひっかかる〔触れる〕; と問題を起こす.

Afr. Africa; African.

†af·ráid [əfréid] *a.* 《叙述的に》 **1** おそれて, こわがって; 心配して; ためらって《を *of*; *of* (do)*ing*; *to* (do); *that, lest*》: Don't be ～. こわがるな. The little boy was ～ *of* the dog. 小さな男の子は犬がこわかった. She was ～ *of* offend*ing* him. 彼女は彼をおこらせるのがおそろしかった〔彼をおこらせてしまいはしないかと心配だった〕. She was ～ *of his dying*. =She was ～ *lest* [*that*] he should die. 彼女は彼が死ぬようなことがあるかとおそれていた. We were ～ (*that*) he might be late. 彼が遅れるのではないかと心配でした. He was ～ *to* go out into the dark. 彼はやみのなかへ出てゆくのがこわかった〔出てゆくのをたじろいだ〕. He seemed ～ *to* do even a little work. 彼はちょっとした仕事さえするのがいやらしかった. 〈注〉 *afraid of* (do)*ing* は, 「…するかもしれない」ことをおそれる《可能性, 蓋然性》, *afraid to* (do) は「…する」ことにおじけづく, ちゅうちょする《眼前の行為, 行為そのもの》. **2** 残念で, 遺憾で; (残念ながら)…と思う《多く that を省略した名詞節を伴う》: I am ～ it is not possible. 不可能で残念です, お気の毒ですができません; できないんじゃないかと思います. Is it true? — I'm ～ it is not. 本当ですか — 本当らしくありません. He isn't coming, I'm ～. あの人は来そうもありませんね. 〈注〉「…と思う」の意を, いいことについては I hope…, 悪いことについては I am *afraid*… のごとく表わすことが多い.
(類義語) **おそれて: afraid** 不安, 心配. 不明なものに対するおそれ: be *afraid* of [in] the dark 暗やみがこわい. **alarmed** 突然出現した危険, または予想される危険などを知って感じる急な不安: *alarmed* by the news that war might break out 戦争になるかもしれないというニュースに心配になって. **frightened** 身体的危機を感じておびえる. 一時的だが強烈な恐怖: The child was *frightened* by the fierce dog. 子どもは猛犬におびえた. **terrified** 気も転倒するばかりのおそれ.

áf·reet, áf·rit [æfri:t] *n.* 〘アラビア神話〙悪魔.

***a·frésh** [əfréʃ] *ad.* 新たに, あらためて: start ～ 出なおす, やりなおす.

Af·ric [æfrik] 〘雅〙 =African.

†Af·ri·ca [æfrikə] *n.* アフリカ.

‡Af·ri·can [æfrikən] *a.* アフリカ(人)の; 黒人の. **——** *n.* アフリカ人; 黒人 (Negro). ◇ **～·ist** *n.* アフリカ文化研究者. **～·ize** [-àiz] *vt.* アフリカ化する.

Af·ri·cán·der =Afrikander ②.

Af·ri·káans [æfriká:nz, -s/-s] *n.* 南アフリカのオランダ方言《公用語として使用される》.

Af·ri·kán·der [æfrikǽndər] *n.* **1** 南アフリカ生まれの白人《特にオランダ系の》. **2** 南アフリカ産食用牛《赤牛で高温に耐える》. 「der ①.

Af·ri·ká·ner [-ká:nər, ㊊⁺-kǽn-] =Afrikan-

áf·rit =afreet.

Afro- 「アフリカ」の意の連結形: *Afro*-Asian アジア=アフリカの.

Af·ro-A·mér·i·can [æfroəmérikən] *n., a.* アメリカ黒人(の) (American Negro).

aft [æft/ɑ:ft] *ad.* 〘海〙船尾に〔へ〕.

†áf·ter → 枠付 after. (p. 25)

áf·ter·à·ges [æftər-èidʒiz/ɑ́:f-] *n. pl.* 後世.

áf·ter·birth [æftərbə̀:rθ/ɑ́:f-] *n.* **1** 〘医〙あと産. **2** 父の死後または遺言後の出産.

áf·ter·brain [-brèin] *n.* 〘医〙後脳.

áf·ter·bùrn·er [-bə̀:rnər] *n.* アフターバーナー《ジェットエンジンの再燃装置》.

áf·ter·càb·in [-kæ̀bin] *n.* 後部船室.

áf·ter·care [æftərkɛ̀ər/ɑ́:f-] *n.* 療後〔産後〕手当; 刑期終了後の補導.

áf·ter·clap [-klæ̀p] *n.* 〘俗〙《事後の》ぶり返し, あおり; 契約後の文句づけ.

áf·ter·crop [-krɑ̀p/-krɔp] *n.* 二番作〔刈り〕, 裏作.

áf·ter·damp [-dæ̀mp] *n.* あとガス《爆発後坑内に発生する》.

áf·ter-dark [æftərdɑ̀:rk/ɑ́:f-] *a.* 夕暮れ後の. **～ hangout** 夜の盛り場. **～ spot** 夜の遊び場《ナイトクラブなど》.

áf·ter·days [-dèiz] *n. pl.* 後日; 後年.

áf·ter·deck [-dèk] *n.* 〘海〙後甲板.

áf·ter·dìn·ner [-dìnər/-dínə] *a.* 食後の: an ～ speech 食後のテーブルスピーチ. 「ごり, 余波.

áf·ter·ef·fèct [æftər-ifèkt/ɑ́:f-] *n.* 残存効果; な

áf·ter·fame [æftərfèim/ɑ́:f-] *n.* 死後の名声.

áf·ter·gas [æftərgæ̀s/ɑ́:f-] =afterdamp.

áf·ter·glow [-glòu] *n.* **1** 夕焼け, 夕ばえ. **2** 再熱. **3** 楽しい思い出.

áf·ter·grass [-græ̀s/-grɑ:s] *n.* 二番刈り (の草).

áf·ter·growth [-gròuθ] *n.* 二番ばえ.

áf·ter·guard [-gɑ̀:rd] *n.* 〘海俗〙 **1** ヨットの所有者〔客〕. **2** 後部甲板将校.

áf·ter·ìm·age [æftər-ìmidʒ] *n.* 残像.

áf·ter·life [æftərlàif/ɑ́:f-] *n.* **1** 来世, あの世. **2** 晩年: In ～ he became a writer. 彼は晩年作家となった. 「知恵. ↔ foresight.

áf·ter·light [æftərlàit/ɑ́:f-] *n.* あとからの光, あと

áf·ter·math [-mæ̀θ] *n.* **1** 二番刈り(の草). **2** 余波: the ～ of war 戦後の災い. 「最後部の.

áf·ter·most [-mòust] *a.* いちばんあとの; 〘海〙船の

†àf·ter·nóon [æftərnú:n/ɑ́:ftənú:n] *n.* 午後: *in* the ～ 午後に. *on* [*in*] the ～ *of* 8th 8日の午後に. this ～ きょうの午後. tomorrow [yesterday] ～ あす〔きのう〕の午後. 〈注〉名詞の前に形容詞的に用いられるときは [ˊ-ˋ-/ˊ-ˋ-] と発音. ***Good* ～.** 《午後のあいさつ》こんにちは《下降調》; さようなら《上昇調》. ***the* ～ *of life*** 晩年.
～ farmer なまけ者, ぐず. **～ lady** 〘植〙オシロイバナ. **～ sleep** 午睡. **～ tea** 午後のお茶〔茶会〕.
◇ **～·er** *n.* 〘俗〙夕刊(新聞). **～s** *ad.* (いつも) 午後に: sleep late and work ～*s* 寝坊して午後に働く.

áf·ter·pains [æftərpèinz/ɑ́:f-] *n. pl.* あと腹, 産後陣痛.

áf·ter·piece [-pì:s] *n.* 〘劇〙あと狂言, 切り狂言; 〘野球〙ダブルヘッダーの第2試合.

áf·ters [æftərz/ɑ́:f-] *n. pl.* 〘英話〙添え料理.

áf·ter·shock [æftərʃɑ̀k/ɑ́:ftəʃɔk] *n.* 余震.

áf·ter·taste [-tèist] *n.* あと味, あと口; 余韻.

áf·ter·thought [-θɔ̀:t] *n.* あと知恵, あと思案; 思いなおし; あとからの思いつき, つけたしのことば〔説明〕: add a condition *as* an ～ あとから思いついて条件を1か条つけたす.

áf·ter·time [-tàim] *n.* 今後, 将来.

áf·ter·trèat·ment [-trì:tmənt] *n.* 治療後の手

当;《織物の》染め上げ直後の化学処理.
áf·ter·war [-wɔ̀:r, ⁻⁻⁻] *a.* 戦後の.
‡**áf·ter·ward(s)** [ǽftərwərd(z)/ɑ́:f-] *ad.* 後に, あとで, その後.
áf·ter·wìs·dom [-wìzdəm] *n.* あと知恵.
áf·ter·wit [-wìt] *n.* あと知恵.
áf·ter·word [-wə̀:rd] *n.* 跋(ばつ), あと書き.
áf·ter·world [-wə̀:rld] *n.* 未来, あの世.
áf·ter·years [-jìərz/-jə:z] *n. pl.* 後年, その後, 今後; 晩年.
ag- *pref.* ad- の g の前の異形: *ag*glutinate <ad- + glutinate にかわで+つく.
Ag 〖化〗 argentum. **Ag.** August.
A.G. Adjutant General; Attorney General.
á·ga, á·gha [ɑ́:gə] *n.* **1** 尊称《トルコでおもに年長の人に対して用いられる》. **2** 将軍; 大官.

†**a·gáin** [əgén, ときに əgéin/əgén, əgéin] *ad.* **1** 再び, また, もう一度: Try it ～. もう一度やってみなさい. **2** もとの状態[所]に(もどって): get well ～ 健康を取りもどす. be home ～ 家へもどる. **3** 《数量が》2倍に, さらに同じ量だけ(追加して): as large [much] ～ as …の2倍大きい[多い]. half as large ～ as …の1倍半大きい. **4** 応じて, 答えて, 《音が》反響して: answer a person ～ 言い返す. echo ～ こだまになって返る. **5** その上に, そのほかに: Then ～, why did he go? それにまた, なぜ行ったのだろう? **6** また一方, 他方: It might happen and ～ it might not. 起こるかもしれないし, また一方起こらないかもしれない. This ～ is more expensive. こちらはまた[そのかわり, それだけ]値段も高い. ***～ and ～*** 幾度も, 繰り返して. ***be oneself ～*** もとのからだになる, 病気がなおる. ***ever and ～*** ときどき.

after

おもに前置詞・接続詞・副詞として用いられるが, 特に前置詞と接続詞としての使用度が高い. このばあい位置関係が似ているので, 特に区別に注意を要する(→ 下記 *ad.* 〈付記〉). 用法はだいたい反意語の before と並行する.

áf·ter [ǽftər/ɑ́:f-] *prep.* **1** 《順序・時間》…のあとに, …ののちに, …の次に: Monday comes ～ Sunday. 月曜日は日曜日の次にくる. ～ three months (= three months after) 3か月後に《前者の方が時間的隔たりを強くあらわす. 後者では after は *ad.*》. ten minutes ～ six 〖米〗6時10分《分の表示を伴わぬときはイギリスでも用いる: shortly ～ one o'clock [noon] 1時[正午]少し過ぎ》. Come into the room ～ me. 私についてへやにはいりなさい. Shut the door ～ you. はいったらドアを締めなさい (≒Shut the door *behind* you. 後ろのドアを締めなさい). I put Milton ～ Dante. 私はミルトンをダンテの次に[下に]おく.
2 《結果》…したから(には), …のゆえに: You must succeed ～ such efforts. あのように努力したからきみは成功するに違いない. *A*～ what you have said, I shall be careful. あなたのおことばがありましたので気をつけましょう.
3 《逆の結果: after all の形で》…したにもかかわらず: *A*～ *all* my trouble, you have learned nothing. 私がさんざんほねをおったのに, きみはなにも学び取っていない. *A*～ *all* we had done, he was still ungrateful. ずいぶん尽くしてやったのに, それでも彼にはありがたみがわからなかった. He has failed ～ *all* his labors. せっかくほねおったのに, 彼は失敗した.
4 《目的・追求》…のあとを追って, …を求めて, …をたずねて: The dog is ～ the fox. 犬はキツネを追っている. The police are ～ you. 警察がきみをつけている. What are they ～? 彼らはなにを求めて[ねらって]いるのか.
5 《模倣・順応》…に従って, …にならって, …にちなんで, …によって: name a boy ～ his grandfather 男の子に祖父の名を取ってつける. a novel ～ Dickens' style ディケンズ流の小説. You acted [behaved] ～ your (kind) nature. きみらしい(親切な)やり方をした.
～ a fashion どうやら, 曲がりなりにも. ***～ all*** 結局, やはり. ***～ dark*** 日没後に. ***～ hours*** 数時間後に; 勤務を終えてから. ***～ one's own heart*** 心にかなった. ***～ the fashion of*** …にならって, …風[流]に. ***A～ you*** **(*, please*)**. どうぞお先に. ***be ～*** → ④. ***be eager ～*** を熱望する. ***be named*** [***called***] ***～*** his father 〈子どもなどが〉(父)にちなんで名をつけられる. ***come ～*** …のあとから来る; …のあとを追う: Nobody *comes* ～ her. あの女にはかまう男がない. ***day ～ day*** 毎日毎日. ***look ～*** の世話をする. ***man ～ man*** 何人も何人も(次々に). ***one ～ another*** あいついで, 続々と. ***one ～ the other*** かわるがわる. ***run ～*** を追いかける. ***seek*** [***search***] ***～*** を求める, を捜す. ***take ～*** one's mother (母親)に似る. ***the day ～ tomorrow*** 明後日. ***the week*** [***month, year***] ***～ next*** さらい週[月, 年]. ***time ～ time*** 何度も何度も. ***year ～ year*** 毎年毎年. ***yearn ～*** を慕い求める.
—— *conj.* …したあとで: Let's begin the discussion ～ he comes [he has come]. 彼が来てから討議を始めよう. A few minutes ～ he (had) finished his work, he went to bed. 仕事を済ませて数分して, 彼は寝についた. 〈注₁〉after に導かれる副詞節では未来(完了)の代わりに現在(完了)を用いる. 〈注₂〉after により, 前後の関係がわかるので, しばしば完了形の代わりに単純時制(現在形・過去形)が用いられる.
～ all is said and done =～ all.
—— *ad.* 《順序・時》あとに, のちに: You speak first, I will speak ～. あなたが先に話してください, 私があとから話します. a year ～ 1年後に. three days ～ 3日後に(=three days later; after three days → *prep.* ①). I never speak to him ～. その後二度と彼に口をきかない.
〈注〉2時間後, 3年後のごとく「時間量」を示さず単に「あとで, のちほど」の意の副詞としては after を用いず, **afterwards, later** を用いる方がよい. 「彼はあとで来ます」の意味では He will come *after*. でなく, He will come *afterwards* [*later*]. が適当. ただし次のような表現は正しい: soon *after* その後間もなく. long *after* その後久しく(して). the day [week, month, year] *after* (その)翌日[翌週, 翌月, 翌年](に).
〈付記〉次のようなばあい, 副詞と, 接続詞による意味の違いに特に注意: 《副詞》: Three days *after* they arrived in the village. (=*After* three days...; Three days later...) 3日後に彼らは村に着いた. 《接続詞》: Three days *after* they arrived in the village, they set about the work. (=Three days *after* their arrival in the village, ...) 村に着いてから3日後に, 彼らは仕事に取りかかった.
—— *a.* あとの, 後方の: ～ days 後日. in ～ years 後年.
—— *n.* 〖米俗〗午後 (=afternoon).
〈付記〉after に始まる合成語はそれぞれ別項.

***never* ～** 二度と…しない. ***now and* ～** ときどき. ***once* ～** もう一度. ***once and* ～＝*over* ～** 更に繰り返して, またあらためて. ***time and* ～** 幾度も, 繰り返し. ***to and* ～** 行きつもどりつ.

†**a·gáinst** [əgénst, ときに əgéinst/əgénst, əgéinst] *prep.* **1** …に向かって, …にぶつかって: dash ～ the door ドアにぶつかる. **2** …に向かい合って: *over* ～ the post office 郵便局の向かいに. **3** …に対比して: twenty votes ～ ten 20票対10票. **4** …にもたれて, …に寄りかかって: lean ～ the wall 壁にもたれて. **5** …に反対して, …に敵対して, …にさからって: twenty votes ～ the plan 計画に反対20票. marry ～ one's will 心にそまぬ結婚をする. **6** …を背景として; …と対照して: ～ the setting sun 落日を背景にして. **7** …と交換で: draw ～ merchandise shipped 発送荷物の価格だけ手形を振り出す. **8** …に備えて: ～ a rainy day まさかのときに備えて. Passengers are warned ～ pickpockets. すりに注意, 懐中物にご用心. **～ *the hair* [*grain*]** 意に反して〔さからって〕. **～ *time* [*the clock*]** 時間と競争で; とけいとにらめっこで《働くなど》. ***as* ～** と比較して. ***close* ～** に接して. ***dead* ～** に断固反対して. ***run* ～** …にぶつかる; と偶然出会う. ***swim* ～ *the stream*** 流れにさからって泳ぐ; 時勢に抗する. ***There is nothing* ～** him. (彼)に不利な点はない.
—— *conj.* 〖古〗…までに(は)(by the time that…).

a·gá·ma [əgéimə, ǽgəmə/ǽgəmə] *n.* 〖動〗アガマトカゲ《アフリカ・インド産》.

Ag·a·mém·non [æ̀gəmémnən] *n.* 〖ギ神〗アガメムノン《トロイ戦争におけるギリシア軍の総大将》.

a·gám·ic [əgǽmik, ㊎⁺ei-] ＝agamous.

àg·a·mo·gén·e·sis [æ̀gəmodʒénisis, ㊎⁺èigæmə-] *n.* 〖生〗無性生殖.

ág·a·mous [ǽgəməs] *a.* 〖生〗無性(生殖)の; 〖植〗隠花の.

a·gápe[1] [əgéip, ㊎⁺əgǽp] *ad., a.* 《形容詞としては叙述的》口をあけて《驚き・期待で》; あきれて. [＜gape]

ág·a·pe[2] [ǽgəpìː] *n.* (*pl.* **-pae** [-pìː]) 《初期キリスト教徒の》友愛の会食; 《一般的》会食会.

á·gar [éigɑːr, -gər, ㊎⁺ɑ́ːgɑːr, ǽg-] ＝agar-agar.

á·gar-á·gar [éigɑːréigɑːr, ㊎⁺ɑ́ːgɑːrɑ́ːgɑː-, ǽgɑːrǽg-] *n.* 天草の類; 寒天; 《寒天製》培養基.

ág·a·ric [ǽgərik, əgǽrik/ǽgər-, əg-] *n.* 〖植〗ハラタケ.

ág·ate [ǽgit, ǽgət] *n.* **1**〖鉱〗メノウ. **2** 《子どもの》おはじき石. **3**〖米〗アゲート活字《5.5ポイント. イギリスでは ruby と称する》.
～·ware [-wèər] メノウ模様のほうろう鉄器〔陶器〕.

a·gá·ve [əgéivi] *n.* 〖植〗リュウゼツラン.

a·gáze [əgéiz] *a.* 《叙述的に》見つめて; 見とれて; (驚いて) 目を見張って.

†**age** [eidʒ] *n.* **1** 年齢: What is his ～? 彼は何歳か? He is my ～. ぼくとおなじ年だ. a girl my ～ 私とおなじ年ごろの娘. They are the same ～. 彼らはおなじ年だ. 〈注〉この3例のように, age の前に of を省略することが多い. **2** 年数, 年代. **3** 成年, 丁年《通例21歳》; 老年《通例65歳》. **4** 寿命. **5** 時代(の人々); 世代(の人々). **6**〖話〗久しい間: It is ～*s* [an ～] since I saw you last. 久しくお会いしませんでしたね.
come* [*be*] *of* ～** 成年に達する〔達している〕. ***for one's* ～*s 年の割合には. ***for an* ～ ＝*for* ～*s*** 久しく. ***from* [*with*] ～** 年のかげんで. ***in all* ～*s*** 昔もいまも. ***middle* [*old*] ～** 中〔老〕年. ***of all* ～*s*** あらゆる時代の; あらゆる年齢の. ***over* [*under*] ～** 成年以上の〔に達しない〕. ***the* ～ *of consent*** 〖法〗承諾年齢《結婚などの承諾が有効と認められる年齢》. ***the* ～ *of discretion*** 〖法〗分別年齢《刑法上の責任をもつ年齢. 英法では14歳》. ***the Bronze Age*** 青銅器時代. ***the golden* ～** 黄金時代. ***the Middle Ages*** 中世(時代). ***the strength of youth and the wisdom of* ～** 青春の力と晩年の英知《兼ね備えがたいもの》.
—— *v.* (**aged** [eidʒd]; **ág·ing, áge·ing** [éidʒiŋ]) *vi.* 年をとる, 老いる; 古びる, 時代がつく. —— *vt.* **1** ふけさせる: Grief ～*s* us. 悲嘆は人を老いこませる. **2** 古びさせる; 〈酒などを〉ねかす, 熟成させる.
∼-group, ∼-grade [∸∸] 同一社会内における同性の同年代層(の人々). **～ limit** 年齢制限; 定年. **∼-long** [∸∸] 長年の, 長続きする. **∼-old** [∸∸] 年を経た, 幾時代も経た.
〔類〕→ **period**「時代」

-age [-idʒ, -ədʒ] *suf.*「集合」「状態・動作」「料金」「…数」などの意をあらわす名詞をつくる: bagg*age* 《集合的》荷物. bond*age* どれいの状態. pass*age* 通過〖動作〗; 通過料金. post*age* 郵便料金. mile*age* マイル数. percent*age* 百分率.

‡**á·ged**[1] [éidʒid] *a.* **1** [⁺eidʒd] 老いた, 年数を経た: an ～ man 老人. the ～ 老人たち. **2** 老いを示す, 老人の, 晩年の: ～ wrinkles 老いのしわ.
◇ **～·ly** [éidʒidli] *ad.* **～·ness** [éidʒidnis] *n.*
〔類〕→ **old**「年とった」

‡**aged**[2] [eidʒd] *a.* **1** …歳の, …の年齢に達した: a boy ～ ten 10歳の男の子. **2** 成熟しきった《7歳以上の馬にいう》.
∼-in-wóod 〖俗〗老巧な; 死んで葬られた.

áge·ing ＝aging.

áge·less [éidʒlis] *a.* 年をとらない, 不老の; 永久の.

‡**á·gen·cy** [éidʒ(ə)nsi] *n.* **1** はたらき, 作用; 行為, 力, 〖哲〗作因: ～ of Providence 天の摂理, 神の力. **2** 代理(権), 媒介, 周旋, 代理行為. **3** 代理店, 取扱店: a detective ～ 秘密探偵(たんてい)社. a news ～ 新聞通信社, 新聞取扱所. a general ～ 総代理店. **4**〖米〗《政府などの》機関, 庁, 局. ***by* [*through*] *the* ～ *of*** の手を経て, の仲介で. [＜agent]

a·gén·da [ədʒéndə] *n. pl.* 議題; 議事日程; 備忘録: We have a lengthy ～ this afternoon. きょうの午後は審議事項が多い. 〈注〉しばしば単数扱い. 本来の単数形は agendum [-dəm]. [√ag-]

‡**á·gent** [éidʒ(ə)nt] *n.* **1** 代行者, 代理人, 取扱人, 周旋人, 代理店. **2** 行為者, 執行者; 役人, 係り; 手先: an FBI ～ 連邦警察局刑事. a foreign ～ 外国の手先. a secret ～ スパイ. **3** 作因, 能因, 動因, 自然力; 作用物《薬剤》: chemical ～*s* 化学薬品. **4**〖米〗外交員, 注文取り. ***commission* ～** 委託販売人, 問屋. ***estate* ～** 土地管理人〔周旋人〕. ***forwarding* ～** 運送業者; 運送店. ***Indian* ～**〖米〗インディアン監督官. ***natural* ～** 自然力. ***station* ～**〖米〗駅長. ***theatre* ～**〖英〗プレーガイド. ***ticket* ～**〖米〗出札係, 切符売り. [√ag- 動く, 働く]

a·gén·tial [eidʒénʃ(ə)l] *a.* 代理人〔店〕の; 行為者の.

a·gent pro·vo·ca·teur [F. aʒɑ̃prɔvɔkatœːr, ㊎⁺éidʒəntprouvɑ̀kətə́ːr] F. (*pl.* ***a·gents pro·vo·ca·teurs***) 扇動目的のまわし者.

à·ge·rá·tum [æ̀dʒəréitəm, ədʒérətəm] *n.* 〖植〗カッコウアザミの類《菊科の一種》.

ag·glóm·er·ate [əglɑ́mərèit/-lɔ́m-] *vi., vt.* 固まりになる〔する〕, 固まる, 固める, 一団になる〔する〕, 集まる, 集める. —— [əglɑ́mərit, -rèit/-lɔ́mərit, -reit] *a.* 固まった, 集まった; 〖植〗頭状に群生した. —— [əglɑ́mərit, -rèit/-rit] *n.* 団塊; 集塊岩. [√glo(b)-] ◇ **-a·tive** [-rèitiv/-rətiv] *a.* 凝集する.

ag·glòm·er·á·tion [əglɑ̀məréiʃ(ə)n/-lɔ̀m-] *n.* **1** 固まりになる〔する〕こと, 凝集; 固まり. **2** 集団, 集中, 群居.

ag·glú·ti·nant [əglúːt(i)nənt] *a.* 膠着(こうちゃく)させる, ねばつく. —— *n.* 膠着剤.

ag·glú·ti·nate [əglúːt(i)nèit] *vt., vi.* **1** 膠着(こうちゃく)させる〔する〕, 接合させる〔する〕. **2**〖言〗(語を) 膠着法で構成する. —— [əglúːt(i)nit, -nèit] *a.* 膠着した. [√glutin-]

ag·glù·ti·ná·tion [əglù:t(i̦)néiʃ(ə)n] *n.* **1** 膠着(こうちゃく), 接合; 癒着(ゆちゃく). **2**〖言〗膠着法.

ag·glú·ti·na·tive [əglú:t(i̦)nèitiv/-nətiv, -neit-] *a.* 膠着性の.
 ～ language 膠着(言)語《日本語・朝鮮語など》.

ag·gráde [əgréid] *vt., vi.* 増勾(ぞうこう)する〔させる〕.
 ◇ àg·gra·dá·tion [æ̀grədéiʃ(ə)n] *n.* 増勾《堆積(たいせき)物による川床の上昇》.

ág·gran·dize [ǽgrəndàiz, əgrǽn-] *vt.* **1** 拡大〔増大〕する, 強める. **2** 誇張する. **◇ ～·ment** *n.*

ág·gra·vate [ǽgrəvèit] *vt.* **1** 悪化させる, <負担・罪などを> 重くする. **2**〖話〗おこらす, いらいらさせる. [<grave] **◇ -vat·ing** *a.* **-vat·ing·ly** *ad.*
 àg·gra·vá·tion [æ̀grəvéiʃ(ə)n] *n.*

ág·gre·gate [ǽgrigèit] *vt., vi.* **1** 集める, 集まる, 集合させる〔する〕. **2**〖米〗総計…となる: The money collected will ～ $500. 集金は総計500ドルとなる.
 —— [-git, -gèit/-git] *a.* 集合した; 集計の, 総計の: the ～ amount of indebtedness 借財の総額.
 —— [-git, -gèit/-git] *n.* **1** 集合, 集積, 集団; 集合体;《コンクリートの》混合材《砂・小石など》. **2** 集計, 総計: the ～ of all past experience 過去の経験の総計. ***in the ～*** 総体で, 総計で. [√greg-]
 ◇ ～·ly [-gitli, -gèitli/-gitli] *ad.* 全体で, 総計で.
 ág·gre·ga·tive [-gèitiv] *a.*

àg·gre·gá·tion [æ̀grigéiʃ(ə)n] *n.* 集合, 集積; 集合体, 集団.

ag·gréss [əgrés, ㊥⁺æg-] *vi., vt.* 攻撃する, 攻勢に出る《*against*》.

ag·grés·sion [əgréʃ(ə)n, ㊥⁺æg-] *n.* 攻撃, 侵略, 侵犯《に対する *on*》. [√grad-]

ag·grés·sive [əgrésiv, ㊥⁺æg-] *a.* **1** 攻撃的な, 攻勢の, 侵略的な: an ～ war 侵略戦争. **2** けんか腰の, けんか好きの. **3**〖米〗意欲的な, 精力的な: make an ～ campaign *against* crimes 積極的な防犯運動を起こす. ***assume*** [***take***] ***the ～*** 攻勢をとる; けんかをふっかける.
 ◇ ～·ly *ad.* **～·ness** *n.*

ag·grés·sor [əgrésər, ㊥⁺æg-] *n.* 攻撃者, 侵略者〔国〕.

ag·gríeve [əgrí:v] *vt.* 苦しめる, しいたげる; に被害を与える. ***feel*** [***be***] ***～d at*** [***by***] を悲しむ, に不平である. [<grieve]

á·gha =aga.

a·ghást [əgǽst/əgá:st] *a.*《叙述的に》びっくりして, 肝をつぶして. ***stand ～*** ぎょっとする, ぎょうてん自失する《に *at*》.

ág·ile [ǽdʒəl, ǽdʒil/ǽdʒail] *a.* 敏捷(びんしょう)な, 機敏な, 軽快な. [√ag-] **◇ ～·ly** [-(l)i] *ad.* **～·ness** *n.* **a·gíl·i·ty** [ədʒíli̦ti] *n.*

ág·ing [éidʒiŋ] *a.* 老いてゆく; 古びてゆく.
 —— *n.* 年をとること; 老化; 時代がつくこと; 熟成.

ági·o [ǽdʒou, ǽdʒiòu, ㊥⁺éidʒou] *n.* (*pl.* **～s**)〖商〗打歩(うちぶ); 両替(料); =agiotage.

ág·io·tage [ǽdʒətidʒ, ㊥⁺ǽdʒiə-] *n.*〖商〗両替業, かわせ売買; 証券〔投機〕売買.

***ág·i·tate** [ǽdʒitèit] *vt.* **1 激しく動かす**, ゆすり動かす: ～ a fan 扇子を使う. **2** 動揺させる; <波・液体を> かき立てる. **3** <心・人を> **動揺させる**, 騒がせる, 興奮させる: She was ～*d by* [*with*] grief. 彼女は悲しみで心が乱れた. **4** <人を> 扇動する, アジる. **5** <問題を> 論ずる, 検討する.
 —— *vi.* 世論をつくり出すため運動する, 扇動する. ***～ against*** [***for***] に反対〔賛成〕して運動する. [√ag- (何度も+) 動かす]
 ◇ ág·i·ta·tive [ǽdʒitèitiv] *a.* 扇動的な.

ág·i·tat·ed·ly [-tèitidli] *ad.* 動揺して, 興奮して.

àg·i·tá·tion** [æ̀dʒitéiʃ(ə)n] *n.* **1** (人心の) **動揺**, 興奮. **2 扇動**, アジ. **3** (激しく) 動かすこと; 攪拌(かくはん). **4**〖医〗精神興奮. ***in ～ 興奮状態で, 興奮のあまり. ***with ～*** 興奮して, 激高して.

ág·i·ta·tor [ǽdʒitèitər] *n.* 扇動者; かきまぜ機.

ág·it·prop [ǽdʒitpràp/-prɔp] *a.*《共産主義の》扇動と宣伝の, アジプロの. —— *n.* アジプロ機関.

A·glái·a [əgléiə] *n.*〖ギ神〗アグライア《Graces 女神の一神》.

a·gléam [əglí:m] *ad., a.* きらめいて.

ág·let [ǽglit] *n.* ひもの端の金具; たれ飾り.

a·gléy [əglái, -lí:/-lí:] *ad.*〖スコットランド〗ゆがんで, それて, 曲がって.

a·glím·mer [əglímər] *ad., a.* ちらちら光って.

a·glínt [əglínt] *a.*《宝石などが》きらめいて.

a·glít·ter [əglítər] *ad., a.* ぴかぴか光って.

a·glów [əglóu] *ad., a.* 輝いて, 燃えて, 赤らんで. ***be ～ with*** で(真っ赤に)輝いている.

AGM air-to-ground missile.

ág·mi·nate [ǽgmi̦nit, -nèit], **-nat·ed** [-nèitid] *a.* 一団に固まった, 群がった.

ág·nail [ǽgnèil] *n.*《指の》ささくれ;〖医〗ひょうそ.

ág·nate [ǽgneit] *a.* **1** 男系の, 父方の. **2** 同族の. → cognate. —— *n.* **1** 男系〔父方〕の同族. **2** 同族の人. [√(g)na-]

ag·nát·ic [ægnǽtik] *a.* 男系の, 父方の.

ag·ná·tion [ægnéiʃ(ə)n] *n.* 男系〔父方の〕同族関係.

Ag·nes [ǽgnis] ***Saint ～'s Eve*** 1月20日の夜《少女に未来の夫が夢のうちに啓示されるという》.

ag·nó·men [ægnóumen, ㊥⁺-mən] *n.* (*pl.* **ag·nóm·i·na** [-námi̦nə/-nɔ́m-])〖古ローマ〗添え名, あだ名《功績などにちなむ. たとえばアフリカで軍功をたてた Scipio のばあいは Publius Cornelius Scipio *Africanus*》. [√nomin-]

ag·nós·tic [ægnástik/-nɔ́s-] *a.*〖哲・宗〗不可知論(者)の. —— *n.* 不可知論者. [√(g)no-]
 ◇ -ti·cism [-ti̦siz(ə)m] *n.* 不可知論.

Ag·nus De·i [ǽgnəs-dí:ai, á:gnus-déii:] L. (=lamb of God) *n.* **1** 神の小羊《キリストの名称》; 小羊の像《キリストの象徴》. **2** この句で始まる祈り〔聖歌, 音楽〕.

†a·gó [əgóu] *a., ad.* (いまより) …前に, いまを去る: a long [short] time ～ だいぶ〔少し〕前に. three years ～ 3年前に. three weeks ～ today 3週間前のきょう. ***a moment ～*** たったいま. ***a while ～*** さきほど. ***long ～*** ずっと前に, 昔. ***not long ～*** 先ごろ.

a·góg [əgág/əgɔ́g] *ad., a.*《形容詞としては叙述的》熱心に, 好奇心に燃えて, 大騒ぎして. ***all ～ for*** を待ちかまえて. ***all ～ to*** (do) …したくてうずうずして.

a·gó·ing [əgóuiŋ] *ad.* 動いて, 進行して. ***set ～*** 動かす, 始める.

a·gón·ic [əgánik/-gɔ́n-] *a.* 角をなさない.
 ～ line〖物〗無偏差線.

àg·o·nís·tic [æ̀gənístik] *a.* **1** 争うのが好きな, 論争好きな. **2** 人への効果をねらった, 無理をしている.

ág·o·nize [ǽgənàiz] *vt., vi.* 苦悶(くもん)する〔させる〕, 苦しむ, 苦しませる; 苦闘する, 必死に努力する: an ～*d* effort 苦闘. [√agon-]

ág·o·niz·ing [ǽgənàiziŋ] *a.* **1** 苦悶(くもん)させる, 苦悶の. **2** 苦悶している. **◇ ～·ly** *ad.*

‡ág·o·ny [ǽgəni] *n.* **苦悶**(くもん), **苦痛**; 死の苦しみ, 断末魔の苦しみ(=death ～, the last ～); 苦しみ〔悲しみ〕の窮み. ***in ～*** もだえて. ***in ～ies of pain*** 痛みにもだえて, 痛みのあまりに. ***in an ～ of joy*** 狂喜して. ***mental ～*** 煩悶(はんもん). [√agon-]
 ～ column《新聞広告の》尋ね人・遺失物・離婚広告欄. 類 → **pain**「痛み」, → **suffering**「苦痛」

ág·o·ra [ǽgərə] *n.* (*pl.* **-rae** [-rì:], **-ras**)〖古ギリシア〗《都市の》広場, 市場; 集会(場).

àg·o·ra·phó·bi·a [æ̀gərəfóubiə] *n.*〖心〗広場恐怖症.

a·góu·ti [əgú:ti] *n.*〖動〗テンジクネズミの一種《中央アメリカ・西インド産》.

agrafe ①

agr. agricultural; agriculture.

a·gráfe, **a·gráffe**

[əgræ̃f] *n.* **1** 飾り尾錠, 留め金; 小かすがい. **2** (ピアノ線の) 振動止め.

a·grár·i·an [əgré(:)riən/-réər-] *a.* 農地の, 土地の; 農業〔農民〕の. **——** *n.* 土地均分論者. [√agr-] **~ laws** 小作〔農地〕法. **~ outrage** 百姓一揆(いっき). **~ party** 農民党. **~ reform** 農地改革. ◇ **~·ism** [-ìz(ə)m] *n.* 土地均分論〔運動〕; 小作争議.

†**a·grée** [əgrí:] *v.* (**~d** [-d]; **~ing**) *vi.* **1 同意する**, 承諾する: I ~. 賛成〔同感〕! ~ *to* a proposal 提案に賛同する. ~ *to* do a task 仕事をすることを承知する. **2** 意見が合う, 折り合う: ~ (*in* opinion) *with* a person 人と (意見が) 一致する. ~ *with* a person *to* his opinion 人の見解に賛同する. **3** 気が合う, 仲がいい: They cannot ~. 彼らの間はうまくいかない. **4 合致する**, 一致する, 調和する, 符合する; 〈絵などが〉似る; 〈食べ物・仕事などが〉合う《と *with*》. **5**〘文〙一致〔呼応〕する《人称・性・数・格などで》.

—— *vt.* **1** 容認する: I ~ *that* he is the ablest of us. われわれのうちで彼が最も有能なことは認める. **2** 共同して〔ともに〕認める, ともに認知する: This being ~*d*, … この点承認の上で….

A~d! よし, 決めた. ***~ like cats and dogs*** 気が合わない, 犬猿(けんえん)の仲である. ***~ on*** …について意見をおなじくする. ***~ to disagree*** 見解の相違はしかたがないと認める. ***unless otherwise ~d*** 別の取り決めがなければ. [ad-+√grat-]

‡**a·grée·a·ble** [əgrí:əbl/-ríə-] *a.* **1** 快い, 愉快な: ~ manners 気持ちのよい態度. **2** 気に入る, 意にかなう: If this is ~ *to* you, … もしよろしかったら, …. **3** あいそのいい; 感じのいい. **4**〘話〙同調的な, 乗り気の《に *to*》: Are you ~ (*to* the proposal)? 同意してくださいますか. **5** 合致する, ふさわしい: ~ *to* reason 道理にかなった.

~ to (1) に快い; …にあいそがいい. (2) に従って, …のとおり: *A~ to* my promise, I have come. 約束どおり参上しました. ***do the ~*** あいそよくする. ***make oneself ~ to*** に如才なくする. ◇ **~·ness** *n.*

〔類〕→ **pleasant**「愉快な」

a·grée·a·bly [əgrí:əbli/-ríə-] *ad.* **1** 気持ちよく, 快適に; 楽しく, 愉快に. **2** 快く, 喜んで. **3**《…に》従って: ~ *to* the order of the day 日程どおりに. ***be ~ surprised*** びっくりして喜ぶ, うれしい驚きである.

‡**a·grée·ment** [əgrí:mənt] *n.* **1** 同意, 承諾. **2** 協定, 協約; 契約. **3** 合致, 符合. **4**〘文〙呼応, 一致. ***by ~*** 合意の上, 協定により. ***come to an ~*** 意見の一致に達する; 協定が成立する. ***in ~ with*** (1) と同意の上で. (2) に従って, …のとおり. ***labor*** 〔***trade***〕 ***~*** 労働協約. ***make*** 〔***enter into***〕 ***an ~ with*** と協定を結ぶ.

a·gré·ments [F. agremɑ̃, ㊥⁺əgréimɑ̃:(ŋ)] F. *n. pl.* **1**〘外交〙アグレマン《大・公使派遣に際し相手国にあらかじめ求める承認》. **2** 快適さ, 魅力. **3** 飾り; 〘楽〙装飾音.

a·grés·tic [əgréstik] *a.* いなか(風)の; どろくさい.

agric. agricultural; agriculture.

‡**àg·ri·cúl·tur·al** [ægrikʌ́ltʃ(ə)rəl] *a.* **農業の**, 農学の. **A~ Age, the** 農耕時代. **~ chemicals** 農薬. **~ chemistry** 農芸化学. **~ products** 農産物. **~ station** 農事試験場.

◇ **~·ly** *ad.* 農業上, 農業的に.

‡**ág·ri·cul·ture** [ǽgrikʌ̀ltʃər] *n.* **1 農業**《広義には林産・牧畜を含む》; 耕作. **2 農学**. ***the Department of A~*** 〘米〙農務省. [√agr-+√col-]

àg·ri·cúl·tur·ist [ægrikʌ́ltʃərist] *n.* 農業家, 耕作者; 農学者. 「ヒキ.

ág·ri·mo·ny [ǽgrimòuni/-məni] *n.* 〘植〙キンミズ

ág·ri·mo·tor [ǽgrimòutər] *n.* 農耕用トラクター.

àg·ro·bi·ól·o·gy [ægrobaiáləd͡ʒi/-ɔ́l-] *n.* 農業生物学《植物栄養生理学を主とする》. 「(どじょう)学.

a·gról·o·gy [əgráləd͡ʒi/-grɔ́l-] *n.* 農業〔応用〕土壌

àg·ro·nóm·ics [ægrənámiks/-nɔ́m-] *n. pl.* 《単数扱い》農業経済(学).

a·grón·o·my [əgránəmi/-rɔ́n-] *n.* 農学.

◇ **àg·ro·nóm·ic** [ægrənámik/-nɔ́m-], **àg·ro·nóm·i·cal** *a.*

a·gróund [əgráund] *ad.* 地上へ〔に〕; 座礁して. ***run*** 〔***go***〕 **~** 〈船が〉浅瀬に乗り上げる. ***run*** a ship ~ (船を)座礁させる.

Agt., agt. against; agent; agreement.

á·gue [éigju:] *n.* おこり, 悪寒(おかん).

á·gued [-d] *a.* おこりにかかった.

á·gu·ish [éigju:iʃ] *a.* おこりの, おこりにかかった〔かかりやすい〕; おこりのような〔に震える〕. ◇ **~·ly** *ad.*

‡**ah** [ɑ:] *int.* ああ!《喜び・驚き・悲しみ・嘆き・あわれみ・苦痛・嫌悪(けんお)などをあらわす》.

A.H. *anno Hegirae* (L.=in the year of Hegira) 回教紀元. **a.h.** ampere-hour.

a·há [ɑ:hɑ́:, əhɑ́:] *int.* ほほう! 《けいべつ・皮肉・驚きなどをあらわす》.

A·hab [éihæb] *n.* 〘聖〙アハブ《イスラエルの王》.

‡**a·héad** [əhéd] *ad.* **1 前方に**〔へ〕, 前に〔へ〕: walk ~ *of* him 彼の前を歩く. **2**《時間的に》前に〔へ〕: ~ *of* time 時間前に. push the time of departure ~ 出発を繰り上げる. **3 先んじて**, まさって《に *of*》; 《ゲームなどで》勝ち越して: five points ~ 5 点リードして. **4**〘米〙もうけて: I was ~ $10 in the deal. あの取引で10ドル得をした. ***be ~ of*** …より先に立っている; …にまさっている. ***get ~ in the world*** 出世する. ***get ~ of*** …より先に出る, …にまさる. ***go ~*** (1) 前進する, 進歩する, 進展する. (2) 続ける《を *with*》. ***Go ~!*** 〘話〙(1) どうぞお先に! (2) ああ, おやりなさい!, そら行け!《激励》. (3) それから? 《話の続きを促すとき》. (4)〘海〙前進! ***set the clock ~*** とけいを進める. ***wind ~*** 向かい風.

a·hém [əhém, mm̩m, hm] *int.* ふむ!, えへん!《注意をひこうとするとき, 疑いをあらわすとき, またはことばに詰まったときに用いる. 本来はせきばらい》.

a·hím·sa [əhímsɑ:, əhíŋsɑ:] *n.* 《ヒンズー教・仏教の》暴力否定の教え, 無殺生(せっしょう). 「に無関心な.

à·his·tór·ic [èihistɔ́:rik, -tár-/-tɔ́r-] *a.* 歴史〔伝統〕

a·hóy [əhɔ́i] *int.* 〘海〙おおい!《他船に呼びかけることば》: Ship ~! おおい, その船!

à huis clos [F. aɥiklo, ㊥⁺ɑ:wí:klóu] F. (= with closed doors) 秘密会議で.

a·húll [əhʌ́l] *ad.* 〘海〙帆をたたみ舵柄(だへい)を風下側に縛って《暴風雨に備えて》. 「産》.

á·i [ɑ́:i:] *n.* 〘動〙ミツユビナマケモノ《中央・南アメリカ

A.I.A. American Institute of Architecture.

A.I.C. American Institute of Chemists.

‡**aid** [eid] *vt.* **1 援助する**, 助ける, に手伝う: ~ a person *in* (doing) his work 人に仕事の手助けをする. **2** 助成する, 促進する. ***~ and abet*** 〘法〙幇助(ほうじょ)する, 教唆する.

—— *n.* **1 援助**, 助力, 助け. **2 補助物**〔**者**〕, 助けとなるもの: hearing ~ 補聴器. ~ to reflection 反省の資. **3**〘英史〙国王への献金《税》. **4**〘米〙= *aide-de-camp*. ***by*** 〔***with***〕 ***the ~ of*** の援助によって. ***call*** a person ***in ~*** (人に)援助を求める. ***come*** 〔***go***〕 ***to*** a person***'s ~*** (人)を助けに来る〔行く〕. ***first ~*** 応急手当. ***in ~ of*** の助けとして, を助けて.

Aid Society 〘米〙婦人慈善協会. **~ station** 〘軍〙前線応急手当所. 〔類〕→ **help**「助ける」

AID Agency for International Development 国際開発局. 「問.

aide [eid] *n.* **1** =*aide-de-camp*. **2**〘米〙側近, 顧

aid(e)-de-camp [éiddəkæ̀mp/-kɑ̃:(ŋ)] F. *n.* (*pl.* ***aid(e)s-de-camp*** [éidz-]) 〘軍〙《将官付き》副官, 幕僚.

aide-mé·moire [éidmeimwá:*r*/-mémwɑ:] F. *n.* 備忘録, 暗記用摘要; 〖外交〗覚書.
ái·glet [éiglit] =aglet.
ái·gret(te) [éigret, ─ˊ] *n.* **1** 《サギなどの鳥の》後頭部のふさ毛. **2** 飾り毛《帽子・かぶとなどの》. **3** 〖植〗冠毛. **4** =egret.
ai·guílle [eigwí:l, ─ˊ/ˊ─] *n.* 針状峰《アルプスなどの》. [<F.]
ài·guil·létte [èigwilét] *n.* 《軍服の》飾り緒(ぉ).

aiguillette

ail [eil] *vt.* に痛みを与える; 苦しめる: What ～*s* you? どうしたのですか, どこがぐあいが悪いのですか.
── *vi.* **1** 痛む. **2** (からだの) 調子が悪い, わずらう. ◇ **～·ing** *a.* ぐあいが悪い, 病気の.
〔類〕→ **ill**「病気の」
ai·lán·thus [eilǽnθəs] *n.* 〖植〗ニワウルシ属.
ái·ler·on [éilərɑ̀n/-rɔn] *n.* 〖空〗補助翼.
áil·ing [éiliŋ] *a.* 病気の, かげんの悪い; 痛む.「的な」.
áil·ment [éilmənt] *n.* 不快, 病気《軽症または慢性
‡aim [eim] *vt.* **1** 〈銃・弾丸・打撃の〉**ねらいを定める**: ～ a blow *at* a person 人を目がけて打ちかかる. **2** 〈ことば・批判などを〉当てつける《に *at*》.
── *vi.* **1 ねらう**: ～ *at* a person *with* a gun 鉄砲で人をねらう. **2 目ざす**, 志す《を *at*》; …しようと努力する《㊥ *to* (do), ㊛ *at* (do)*ing*》: We ～ to please. 喜んでいただきたいのです. **3** 〖米〗…**するつもりである**《*to* (do)》: She ～*s to* go tomorrow.
～ ***for*** を目ざして行く〔進む〕. ～ ***high*** 〔***low***〕 望みが高い〔低い〕.
── *n.* **1 ねらい**, 照準. **2** 的, 標的. **3** 目的, 意向, 計画: What is your ～ in life? きみの人生の目標はなんですか? ***take*** ～ 照準を定める. ***without*** ～ 目的なしに, でたらめに.
〔類〕→ **purpose**「目的」
***áim·less** [éimlis] *a.* **あてもない**, 目的のない; あてどもない. ◇ **～·ly** *ad.* **～·ness** *n.*
aî·né [enéi/éinei] F. *n.* 兄. → *cadet*.
ain't [eint], **an't** [ænt/ɑ:nt] 《無教育者のことば, もしくは方言で》 **1** am not の短縮形; また are not, is not の短縮形. **2** have not, has not の短縮形. 〈注〉この短縮形は正式の英語においては容認されていない. しかし疑問形 ain't I ...?, an't I ...? は教育ある人によっても実際は用いられることがある.
Ai·nu [áinu:], **Ai·no** [-nou] *n.* アイヌ人[語].
†air [εər] *n.* **1 空気**, 大気; 空中, (大)空. **2** 微風, そよ風. **3 ようす**, 外見, 風采(ふう), 態度; (*pl.*) 気どり. **4** 〖楽〗メロディー, 曲; 詠唱(aria); 最高音部. **5** 〖俗〗ほら話; くだらぬおしゃべり. **6** 〖俗〗解雇,「くび」.
～s and graces 気どり, お上品ぶり. ***beat the ～*** のれんに腕押しする, むだぼねをおる. ***by ～*** 飛行機で, 航空便で; 無電で. ***castle in the ～*** 空中楼閣, 白昼夢. ***change of ～*** 転地(療養). ***clear the ～*** 空気[気分]を一新する. ***give*** a person ***the ～*** 〖米俗〗(人を)くびにする, お払い箱にする; (恋人などを)捨てる. ***give*** one***self ～s*** 気どる, もったいぶる. ***go on the ～*** 放送する〔される〕; 放送に出演する. ***hot ～*** 熱気; 〖米〗大ぼら. ***in the ～*** (1)空中に, あたりに漂って, (世に)広まって. (2)〈計画などが〉決定しないで, 宙ぶらりんで; 現実性〔根拠〕のない. ***in the open ～*** 戸外で. ***off the ～*** 放送されないで; 放送が中断されて. ***on the ～*** 放送されて〔して〕, 放送中で. ***over the ～*** 放送によって. ***put on ～s*** 気どる, もったいぶる. ***take ～*** 広まる, 知れわたる. ***take the ～*** (1) 外気にあたる; 散歩する. (2)放送を始める. (3)〖空〗離陸する. ***tread*** 〔***walk***〕 ***on*** 〔***upon***〕 ***～*** 天にのぼる思いがする, 意気揚々としている. ***up in the ～*** 〖話〗(1) 宙に浮いて, 海のものとも山のものともわからず. (2) 興奮して, いらだって.
── *vt.* **1** 空気〔風〕に当てる, に風を通す: ～ a room へやに風を入れる. **2** (空気に当てて) かわかす; (火で) かわかす. **3** 公表する: ～ one's opinion 意見を述べる. **4** 吹聴(ふいちょう)する, 見せびらかす. **5** 〖米〗放送する. **──** *vi.* 外気に当たる, 散歩に出る(= ～ one*self*) 《*out*》; かわく.
～ **alert** 警戒飛行; その信号. ～ **attack** 空襲. **ˊ-attack** [έ(:)rətæ̀k/έər-] 空襲する. ～ **ball** [**balloon**] おもちゃの風船玉. ～ **base** 空軍基地. ～ **bladder** さかなの浮き袋. ～ **bomb** 空雷. **ˊ-borne** [έərbɔ̀:rn/-bɔ:n] *a.* (1)空輸の: ～*-borne* troops 空輸部隊. (2) 浮揚して. (3) 風媒の. ～ **brake** エアブレーキ, 空気制動機. **ˊ-brush** [ˊˊ] エアブラシ《塗料吹きつけ用; 写真修正用》. ～ **bus** 〖俗〗旅客機. ～ **cargo** 空輸荷物. ～ **castle** 空中楼閣, 白昼夢. ～ **cell** 気胞. ～ **chamber** 《ポンプ・救命具の》空気室; 〖生〗気腔(きこう); 《卵の》気室. **A～ Chief Marshal** 〖英〗空軍大将. ～ **coach** 〖米〗普通料金旅客機. ～ **cock** 空気コック. **ˊ-con·dí·tion** [-kəndíʃ(ə)n] の空気調節をする, の温度〔湿度〕調節をする, に冷暖房装置を施す. **ˊ-con·dí·tioned** [-d] 冷暖房装置を施した. ～ **conditioner** 冷暖房〔空気調節〕装置. ～ **conditioning** 空気調節《室内の温度・湿度の調節》, 冷暖房. ～ **control** 制空権. **ˊ-cool** [ˊˊ] 空気で冷却する. **ˊ-cooled** [ˊˊ] 空冷式の. **ˊ-còol·er** 空冷装置. ～ **corps** 飛行隊; 〖米〗air force の旧名. ～ **cover** 〖軍〗上空援護(戦闘機隊). ***ˊ·craft** → 別項. **ˊ·crew** [-krù:] (航空機) 乗員, 乗組員. **ˊ-cure** [ˊˊ] 空気にさらす, 空気処理する. ～ **current** 気流. ～ **curtain** エアカーテン《空気の流れによって室内・建物内部などを外気から遮断(しゃだん)する装置》. ～ **cushion** 空気ぶとん[まくら]. ～ **defense** 〔**defence**〕 防空. ～ **drill** 空気ドリル. **ˊ·drome** → 別項. **ˊ·drop** → 別項. **ˊ·dry** [ˊˊ] 空気乾燥する; 完全に乾燥した. ～ **edition** 無電ニュース新聞《航行中の船中で発行する》. ～ **express** 空輸小荷物; 小荷物空輸. ***ˊ·field** → 別項. ～ **fleet** 航空機隊; 《一国の》空軍勢力. **ˊ·flow** [-flòu] 気流《空中を移動し, または風に当たる物体の表面近くの空気の動き》. **ˊ·foil** [ˊˊ] 〖空〗翼. ～ **force** 空軍. **ˊ·frame** [ˊˊ] 《飛行機・ロケットの》機体. **ˊ·freight** [-frèit] 航空貨物. **ˊ·frèight·er** 貨物輸送(飛行) 機. ～ **gas** 空気ガス. **ˊ·graph** [ˊˊ] 〖英〗航空縮写郵便(で送る). ～ **gun** 空気銃. **ˊ·head** [ˊˊ] 〖軍〗空頭堡(ほ) 《落下さん部隊が降下する敵地内の拠点》. ～ **hole** 通気孔, 風窓; エアポケット; 〖米〗氷上の穴. ～ **hostess** 《旅客機の》スチュワーデス. ～ **jacket** 《機械の》空気ジャケット; 〖英〗救命帯.
～ **lane** 航空路(線). ～ **letter** 航空郵便; 航空書簡. **ˊ·lift** [ˊˊ] 空中補給〔空輸〕(する); 一種のポンプ装置. 〈注〉動詞のばあいを除き air lift ともつづる. **‡ˊ·line** → 別項. ***ˊ·lin·er** 定期旅客機. ～ **lock** 〖工〗エアロック; 気閘(こう). ～ **log** 《航空機の》対空気飛行距離記録装置; 《誘導弾の》飛行距離調整装置. ～ **mail** 航空便. **ˊ·mail** [ˊˊ] 航空便; 航空便で送る; 航空便の. ***ˊ·man** [έər-mən, -mæ̀n] 飛行士[家]; 空軍要員[兵]; 〖米: 軍〗航空兵. **ˊ·man·ship** [έərmənʃip] 飛行術. ～ **map** 航空写真(使用の地図). **A～ Marshal** 〖英〗空軍中将. ～ **mass** 気団. ～ **mechanic** 航空技士, 航空修理工. **ˊ-mìnd·ed** [-màindid] 航空に熱心な; 飛行機を好む〔にあこがれる〕; 航空知識のある. **A～ Minister** 〖英〗航空大臣. **A～ Ministry** 〖英〗航空省.
***ˊ·plane** → 別項. ～ **plant** 気生植物. ～ **pocket** エアポケット, (下降) 垂直気流. ～ **pollution** 大気汚染 **‡ˊ·port** → 別項. ～ **post** 〖英〗航空

郵便. ～ **pressure** 気圧. **∼·próof**[1] 空気を通さない, 耐気性の. **∼·proof**[2] [∸∸] 耐気性にする. ～ **propeller**《送風用》プロペラ. ～ **pump** 空気[排気]ポンプ. ～ **raid** 空襲. **∼-raid**[∸∸] 空襲する. **∼-raid shelter** 防空壕(ごう). **∼-raid warden** 空襲警備員. ～ **rifle** (旋条式)空気銃. ～ **sac** 空気嚢(のう); 〖生〗気嚢. **∼·scape**[∸∸] 空瞰(かん)図. ～ **scout** 飛行偵察(さつ)兵〔機〕. **∼-screw** [-skrù:] 〖英〗プロペラ. **∼-séa** 海空(協同)の. ～ **service** 航空勤務, 航空輸送, 航空業務(部), 航空事業. ～ **shaft** 通風孔. **∼·ship**[∸∸] 飛行船. **∼·sick** →別項. **∼-slake**[∸∸] 風化させる. ～ **space** (1)《室内の》空積;《壁内の》空気層. (2) 領空. **∼·speed**[∸∸]《航空機の》対空速度. **∼-speed**[∸∸] 飛行機で急送する. **∼-speed indicator** [**meter**] 飛行速度計. **∼-spray** [∸∸] 噴霧液. ～ **spring** 空気ばね. ～ **squadron** 飛行中隊, 航空隊. ～ **stop**〖英〗ヘリコプター発着所. **∼-strip** →別項. ～ **taxi** 空のタクシー《短距離旅客飛行機》. **∼-tight** [∸∸/∸−] 気密の, 密閉の; 乗ずるすきのない, 完全な. **∼-to-air** → 別項. **∼-to-gróund, ∼-to-súr·face** → 別項. ～ **travel** 飛行機旅行. ～ **twist** グラスのあしの内部のらせん状細工. ～ **valve** 空気弁. **A～ Vice Marshall**〖英〗空軍少将. ～ **warden** 空襲警備員. **∼·way** →別項. ～ **well** 通風孔. **∼·wise**[∸∸] (1) 航空知識のある. (2) 空路によって. **∼·wòm·an** (*pl.* **-wòm·en**) 女流飛行家. **∼·wòr·thi·ness** 耐空性. **∼·wòr·thy** 耐空性のある《飛行機・部品》.

***áir·craft** [éərkræ̀ft/-krɑ:ft] *n.* (*pl.* ～) 航空機. ～ **carrier** 航空母艦. **∼·man** [-mən] *n.* (*pl.* **-men** [-mən])〖英〗航空(一・二等)兵. ～ **observer** (機上における)監視・火器発射係. ～ **station**〖空〗機上無線局, 航空機局.

áir·drome [éərdròum] *n.*〖米〗飛行場.

áir·drop [éərdrɑ̀p/-drɔp] *n.* 空中投下《落下さんによる》. —— *vt.* (**-pp-**) 空中投下する.

Aire·dale [éərdèil/∸−] *n.* エアデルテリア《大型テリア犬の一種》.

áir·er [é(:)rər/éərə] *n.* 乾燥装置.

***áir·field** [éərfi:ld] *n.* 飛行場.

áir·i·ly [é(:)rịli/éər-] *ad.* **1** 軽快に. **2** 浮き浮きして, 陽気に.

áir·i·ness [é(:)rinis/éər-] *n.* **1** 風通しのよいこと. **2** 軽快; 快活; 気どり. **3** 空虚.

áir·ing [é(:)riŋ/éər-] *n.* **1** 空気にさらすこと: The room needs an ～. へやには空気を通さなければならない. **2**《空気・火による》乾燥. **3** 外出, 散歩, ドライブ. **4** 公開;《見解などの》発表. **5**〖米俗〗ラジオ放送. ***give an ～ to*** を虫干しする.

áir·less [éərlis] *a.* 風通しの悪い; 空気[風]のない, 静かな.

air line *n.*〖米〗《2 地点をつなぐ》直線.

‡**áir·line** [éərlàin] *n.* **1** (定期)航空路; (*pl.*)《単数扱い》航空会社. **2** 直線. **3** 空気パイプ[ホース].

áir-line [éərlàin] *a.* 空路による, 直線の: the ～ distance between New York and Chicago ニューヨークとシカゴの直線距離.

†**áir·plane** [éərplèin] *n.*〖米〗飛行機 (=㊕aeroplane). → aircraft. —— *vi.* 飛行機で行く.

‡**áir·port** [éərpɔ̀:rt/-pɔ:t] *n.* 空港.

áir·sick [éərsìk] *a.* 飛行機に酔った.
◇ **∼·ness** *n.* 飛行(機)酔い.

áir·strip [éərstrìp] *n.*〖空〗滑走路.

áir-to-áir [éərtuéər] *a.* 空対空: an ～ missile 空対空ミサイル《略 AAM》.

áir-to-gróund [éərtəgráund], **áir-to-súr·face** [-sə́:rfis] *a.* 空対地の.
—— *ad.* 航空機から地上へ.

áir·way [éərwèi] *n.* **1** 航空路; (*pl.*) 航空会社. **2**《鉱山の》通気坑. ～ **beacon** 航空燈台.

***áir·y** [é(:)ri/éəri] *a.* **1** 空気のような, 空虚な, 幻想的な. **2** かろやかな; 繊細な; 優美な. **3**《態度の》軽快な;《気持ちの》快活な: ～ laughter 陽気な笑い. **4** 気どった, きざな. **5** 風通しのよい. **6** 空高くそびえる. **7** 空気の; 航空の.

aisle [ail] *n.* **1**《教会堂の》側廊. **2**〖米〗通路《会堂などの座席もしくは店の売り台の間の》. ***in the ～***《観客が》笑いこけて. ～ **seat** 通路に面した席.

aisle ①

ait [eit] *n.*〖英〗小島《特に川中の》.

aitch [eitʃ] *n.* H,h の字[音].

áitch·bone [éitʃbòun] *n.* 牛の臀骨(でんこつ); 臀骨部の牛肉.

a·jár[1] [ədʒɑ́:r] *ad.* 少し開いて: The door was [stood] ～. 戸が半開きになっていた.

a·jár[2] *ad.* 衝突して, 仲たがいして, 調和しないで《と *with*》. ***set nerves ～*** 神経をいらだたせる.

a·kéne =achene.

a·kím·bo [əkímbou] *ad.* 両手を腰に当てひじを張って: *with* one's arms ～.

a·kín [əkín] *a.* 《叙述的に》 **1** 血族[同族]の《と *to*》. **2** 同種[同類]の, 類似した《と *to*》. [<kin]

Ak·kra =Accra.

Ak·ron [ækrən/-rɔn, -rən] *n.* アメリカ Ohio 州の都市.

al- *pref.* ad- の l の前の異形.

-al [-əl,-(ə)l] *suf.* **1**「…の」「…の性質の」「…のような」の意の形容詞をつくる: post*al* 郵便の <post. annu*al* 年次の < L. *annus* 年. **2** 動詞から名詞をつくる: arriv*al* 到着 < arrive. deni*al* 否認 < deny. 〈注〉[t], [d] の次ではしばしば [-l]: fat*al* [féitl].

Al〖化〗aluminum. **a.l.** autograph letter.

Al., Ala. Alabama. **A.L.A.** American Library Association.

á·la [éilə] *n.* (*pl.* **á·lae** [éili:])〖生〗翼 (wing);〖医・動〗翼[翅(し)]状部; わきの下 (armpit).

à la [ɑ́:lə, -lɑ:/-lɑ:|F ala] F. …式の, …風の: *à la française* フランス式の[に].

Al·a·bám·a [æ̀ləbǽmə] *n.* アラバマ《アメリカ東南部の州. 略 Ala.》.
◇ **∼n, -i·an** *a., n.* アラバマの; アラバマ州人.

àl·a·bám·ine [æ̀ləbǽmi:n, -min] *n.*〖化〗アラバミン《元素 astatine の古い名称》.

ál·a·bas·ter [ǽləbæ̀stər/-bɑ:s-, -bæs-] *n., a.* 雪花石膏(せっこう)(のような).

àl·a·bás·trine [æ̀ləbǽstrin/-bɑ́:s-] *a.* 雪花石膏でつくった[のような]; 白くなめらかな.

à la carte [ɑ̀:ləkɑ́:rt/ɑ:lɑ:kɑ́:t] F. メニュー[献立表]によって; 一品料理の. ↔ *table d'hôte.*

a·láck [əlǽk] *int.*〖古〗ああ!, 悲しいかな!

a·láck·a·day [əlǽkədèi] =alack.

a·lác·ri·ty [əlǽkrịti] *n.* 活発, 敏活; 気軽さ. ***with ～*** てきぱきと; 気さくに.

A·lád·din [əlǽdin, ㊕+-dn] *n.* アラジン《The Arabian Nights 中の人物》. **∼'s lamp** アラジンのランプ《あらゆる願いをかなえてくれる魔法のランプ》.

á·lae [éili:] *n.* ala の複数形.

à la king [ɑ̀:ləkíŋ/ɑ:lɑ:kíŋ] F.〖米〗ピーマンやマッシュルーム入りのソースを用いた.

àl·a·mé·da [æ̀ləméidə, -mí:də] *n.*〖米〗(ポプラ)並み木道.

ál·a·mo [ǽləmòu] *n.* (*pl.* **∼s**)〖植〗《北アメリカ産》箱柳.

ál·a·mode [ɑ́:ləmòud, ǽlə-] *n.*《スカーフなどに用いる》つやのある薄い絹織物(=～ silk).

à la mode [ɑ̀:ləmóud, ɑ:lɑ:-/ɑ:lɑ:-] F. 流行の, 流行に従って. ***beef ～*** 牛肉の野菜煮. ***pie ～*** アイスクリームを添えたパイ.

á·lar [éilər] *a.* 翼の(ある), 翼翅(よくし)状の; わきの下の.

‡a·lárm [əlá:rm] *n.* **1 驚き**, (突然の) 恐怖, 胸さわぎ. **2 警報**, 非常呼集. **3 警報装置**; 目ざましどけい(=～ clock). **4** 〖フェンシング〗一歩踏み出しての挑戦(ちょうせん). ***fire*** ～ 火災報知器. ***give a false*** ～ 虚報を伝える. ***give the*** ～ 警報を発する. ***in*** ～ 驚いて; 心配して. ***take the*** ～ 警戒する. ***thief*** ～ 盗難警報(器). see ***with*** ～ たまらなく不安な気持ちで (見る).
—— *vt.* **1** ...に警報を発する, ...に急を告げる, 警戒させる. **2** ぎょっとさせる, ...に気をもませる. ***alarm oneself*** ぎくっとする, 心配する. ***be alarmed at*** the news (知らせ) に, ただごとでないと緊張する. ***be alarmed for*** the safety of (の安否) を気づかう. [<F. *A l'arme*=To (the) arms!]
～ **bell** 警鐘, 早鐘. ～ **clock** 目ざましどけい. ～ **signal** 非常警報(器).
◇ ～**·ism** [-ìz(ə)m] *n.* 人騒がせ. ～**·ist** *n.* 人騒がせな人; 心配性の人.
〔類〕 → **afraid**「恐れて」, → **fear**「恐れ」

a·lárm·ing [əlá:rmiŋ] *a.* 驚くべき, 憂慮を感ぜしめる; 《事態などが》急迫した.
◇ ～**·ly** *ad.* 驚くほど, 憂慮すべきほど.

a·lár·um [əlǽrəm, -lɛ́(:)r-/-lɛ́ər-, -lá:r-, -lǽr-] *n.* **1** 〖古·雅〗=alarm. **2** 〖英〗警報器, 警鐘.
～ **clock** 〖英〗目ざましどけい.

á·la·ry [éiləri, ǽl-/éi-] =alar.

‡a·lás [əlǽs, ㊍⁺əlá:s] *int.* **ああ!**, 悲しいかな!, あわれ!《悲しみ·憂いなどをあらわす》. ***A～ the day!*** ああ, さてもさても.

Alas. Alaska.

A·lás·ka [əlǽskə] *n.* アラスカ《カナダの北西にあるアメリカの州》. ～ **Highway** アラスカ公路《アラスカの Fairbanks とカナダの Dawson Creek 間の軍用道路. 別称 Alcan Highway》.

A·lás·kan [əlǽskən] *a., n.* アラスカの; アラスカ人.

á·late [éileit], **á·lat·ed** [-id] *a.* 翼のある, 翼状の.

alb [ælb] *n.* 〖宗〗白衣, アルバ《ミサの式にカトリックの司祭が着用する》. [√alb-]

alb

Alb. Albania; Albert; Alberta.

ál·ba·core [ǽlbəkɔ̀:r/-kɔ:] *n.* (*pl.* ～**s**, 《集合的》～) 〖魚〗マグロの類.

Al·bá·ni·a [ælbéiniə, -njə] *n.* **1** アルバニア《バルカン半島西岸の人民共和国》. **2** 〖雅〗スコットランド. ◇ ～**n** *a., n.* アルバニアの; アルバニア人[語](の).

Al·ba·ny [ɔ́:lbəni] *n.* アメリカ New York 州の州都.

al·bá·ta [ælbéitə] *n.* 洋銀.

ál·ba·tross [ǽlbətrɔ̀:s/-trɔs] *n.* 〖鳥〗アホウドリ.

al·bé·it [ɔ:lbí:it] *conj.* 〖古〗…とはいえ, …にもかかわらず (although).

Al·bert [ǽlbərt] ～ ***chain*** アルバート型とけい鎖.

Al·bér·ta [ælbə́:rtə] *n.* カナダ西部の州.

al·bés·cent [ælbés(ə)nt] *a.* 白くなりかかった, 白みがかった. [√alb-]

ál·bi·nism [ǽlbinìz(ə)m] *n.* (皮膚の) 色素欠乏症.

al·bí·no [ælbáinou/-bí:-] *n.* (*pl.* ～**s**) 白子(しらこ); 〖動·植〗白変種. [√alb-]

Al·bi·on [ǽlbiən, -bjən] *n.* 〖雅〗アルビオン《England の古名》.

ál·bite [ǽlbait] *n.* 〖鉱〗ソーダ長石.

ALBM air-launched ballistic missile 空中発射弾道兵器.

‡ál·bum [ǽlb(ə)m] *n.* **1 アルバム**《写真帳·切手帳·サイン帳など》; 楽譜帳; 来客芳名簿. **2** 《レコードの》ジャケット; 《ジャケット入りの》レコード. [√alb-]

al·bú·men [ælbjú:mən/ǽlbjumin, -men] *n.* **1** 卵白. **2** 〖植〗胚乳(はいにゅう). **3** 〖化〗=albumin.

al·bú·men·ize [ælbjú:minàiz] *vt.* たんぱく液で処理する; 〖写〗...にたんぱくを塗る. ～***d paper*** 鶏卵紙.

al·bú·min [ælbjú:min/ǽlbjumin, ælbjú:-] *n.* 〖生化〗アルブミン《たんぱく質の一種》.

al·bú·mi·noid [ælbjú:minɔ̀id] *a.* たんぱく性の. —— *n.* 〖生化〗アルブミノイド《たんぱく質の一種》.

al·bú·mi·nous [ælbjú:minəs], **-nose** [-nòus] *a.* たんぱく質の[を含む]; 胚乳(はいにゅう)の多い.

al·bù·mi·nú·ri·a [ælbjù:min(j)ú(:)riə/-njúəriə] *n.* 〖医〗たんぱく尿症.

Al·bu·quèr·que [ǽlbəkə̀:rki] *n.* アメリカ New Mexico 州の都市.

al·búr·num [ælbə́:rnəm] *n.* 〖植〗白材, 白太(しらた).

al·cáde [ælkéid] =alcalde.

ál·ca·hest =alkahest.

Al·cá·ic [ælkéiik] *a.* ギリシアの詩人アルカイオス (Alcaeus [ælsí(:)əs]) の; アルカイオス句格の. —— *n.* (*pl.*) アルカイオス句格の詩.

al·cáide, -cáyde [ælkéid, ㊍⁺ɑ:lkáidi:] *n.* 《スペインなどの》要塞(ようさい)司令官; 典獄.

al·cál·de [ælkǽldi] *n.* 《スペイン·ポルトガルなどの司法権をもつ》市長.

Al·can [ǽlkən] ～ ***Highway*** = Alaska Highway.

al·cáz·ar [ælkǽzər/ælkəzá:] *n.* 宮殿, 要さい《スペインにある昔のムーア人 (Moors) の》.

ál·che·mize [ǽlkimàiz] *vt.* 錬金術で変質させる.

ál·che·my [ǽlkimi] *n.* 錬金術. ◇ **al·chém·ic** [ælkémik] *a.* **ál·che·mist** [ǽlkimist] *n.* 錬金術師. **àl·che·mís·tic** [ælkimístik], **-ti·cal** *a.*

‡ál·co·hol [ǽlkəhɔ̀:l,-hɑ̀l/-hɔl] *n.* **アルコール**, 酒.
◇ ～**·ism** [-ìz(ə)m] *n.* アルコール中毒. ～**·ist** *n.* アルコール中毒(患)者.

àl·co·hól·ic [ælkəhɔ́:lik, -hɑ́lik/-hɔ́l-] *a.* **1** アルコール(性)の, アルコールによる. **2** アルコール中毒の. **3** アルコール保存の. —— *n.* **1** アルコール中毒者. **2** (*pl.*) アルコール性飲料, 酒類.
A～s Anonymous 〖米〗禁酒団体の一つ《アルコール中毒者の治療に協力する. 略 AA, A.A.》.

ál·co·hol·ize [ǽlkəhɔ:làiz/-hɔl-] *vt.* アルコール化する; アルコールづけにする; アルコールで酔わす.

àl·co·hol·óm·e·ter [ælkəhɔ:lɑ́mitər/-hɔlɔ́m-] *n.* アルコール(比重)計.

Al·co·rán [ælkɔrá:n/-kɔr-] =Alkoran.

ál·cove [ǽlkouv] *n.* **1** (室内の) 壁の入り込み《寝台·書だななどを置く》. **2** 主室に続く奥の小べや. **3** 《庭などの》入り込んだ所; あずまや. **4** 《日本建築の》床の間.

alcove ①

Ald., ald. alderman.

Al·déb·a·ran [ældébərən] *n.* 〖天〗アルデバラン《雄牛座中の1等星》.

ál·de·hyde [ǽldihàid] *n.* 〖化〗アルデヒド.

ál·der [ɔ́:ldər] *n.* 〖植〗ハンノキ属の植物.

ál·der·man [ɔ́:ldərmən] *n.* (*pl.* **-men** [-mən]) 〖米〗市会議員, 〖英〗市参事会員, 市助役.
◇ ～**·ry** *n.* ～の職[選挙区]. ～**·ship** *n.* ～の職[身分]. **àl·der·mán·ic** [ɔ̀:ldərmǽnik] *a.*

Al·der·ney [ɔ́:ldərni] *n.* オールダニー種の乳牛.

Al·dine [ɔ́:ldain, -di:n] *a.* アルダス (Aldus) 版の《Venice の印刷家 Aldus Manutius, 1450?-1515, とその一家が印刷刊行した古典の極彩色版》.
—— *n.* アルダス版.

Aldm., aldm. alderman.

***ale** [eil] *n.* **1 エール酒**《lager より強く, porter より弱い一種のビール》. **2** 〖英〗いなかのエール祭《エールを飲んだことから》.
∼·còn·ner [éilkʌ̀nər, -kɑ̀n-/-kɔ́nə] 〖史〗酒類検査官. ～**·house** [ˊ ˋ] 酒場. **∼·wife** →別項.

á·le·a·to·ry [éiliətɔ̀:ri/-t(ə)ri] *a.* **1** 偶然性の; 射幸的, 賭博(とばく)的な: an ～ element 予知できない要素. **2** 〖法〗偶然による.

a·lée [əlí:] *ad.* 〖海〗風下に[へ]. ↔ aweather.

a·lém·bic [əlémbik] *n.* **1** 蒸留器, ランビキ. **2**

《比喩的》洗練，純化するもの: intellect as an ～ for refinement of sensation 感覚を純化する浄化器としての知性.

‡**a·lért** [ələ́:rt] *a.* **1** ゆだんのない, 気を張っている, 抜け目のない. **2** (動作の) 敏活な, 機敏な.
—— *n.* **1** 警戒; 警報. **2** 警戒警報発令期間. ***on the*** ～ ゆだんしないで, 警戒して, 待機中.
—— *vt.* に警戒させる, に警報を出す: ～ a person *to* a danger 人に危険を注意する. ～ a person *to* watch out 人に気をつけるように忠告する.
◇ ～**·ly** *ad.* ～**·ness** *n.*

Al·e·ut [ǽliù:t, ǽljù:t, əl(j)ú:t/ǽlju:t, əl(j)ú:t] *n.* **1** アリューシャン列島民. **2** アリュート人〔語〕.

A·léu·tian [əlú:ʃən/-ʃ(i)ən] ***the*** ～***s*** = ***the*** ～ ***Islands*** アリューシャン列島《アメリカ領》.

ále·wife [éilwàif] *n.* (*pl.* **-wives**) **1** ビヤホールの女主人. **2**〖米：魚〗ニシンの類《大西洋岸産》.

Al·ex·án·der[1] [æ̀ligzǽndər/-zá:n-] ～***the Great*** アレクサンダー大王, 356–323 B.C.

Al·ex·án·der[2] *n.* アレキサンダー《カクテルの一種. クレーム ド カカオを含む》.

Al·ex·án·dri·a [æ̀ligzǽndriə/-zá:n-, -zǽn-] *n.* アレキサンドリア《北アフリカの海港都市》.

Al·ex·án·dri·an [-driən] *a.* **1** Alexandria の. **2** アレクサンダー大王の. **3**〖韻〗= Alexandrine.

Al·ex·án·drine [æ̀ligzǽndrin/-drain] *n., a.*〖韻〗アレクサンダー詩行(の)《iambic 6 脚からなる詩形》.

àl·ex·án·drite [æ̀ligzǽndrait/-zá:n-] *n.*〖鉱〗アレクサンドル《濃緑色の宝石》.

a·léx·i·a [əléksiə] *n.*〖医〗失読症《文字が読めなくなる障害で, 失語症 (aphasia) の一種》.

a·léx·in [əléksin] *n.* アレキシン, 殺菌素.

a·lèx·i·phár·mic [əlèksifá:rmik] *a.* 解毒(げどく)の.
—— *n.* 解毒剤.

Alf. Alfred.

al·fál·fa [ælfǽlfə] *n.*〖米：植〗ムラサキウマゴヤシ (= [英] lucerne)《牧草》.

al fi·ne [æl-fí:nei] It.〖楽〗終わりまで.

Al·fred [ǽlfrid] ～ ***the Great*** アルフレッド大王, 849–899, イギリス王で Dane 人を撃破し学問を起こした.

al·frés·co [ælfréskou] *ad., a.* 戸外で〔へ, の〕: an ～ café 戸外のコーヒー店.

alg. algebra.

ál·ga [ǽlgə] *n.* (*pl.* **-gae** [-dʒi:]) (通例 *pl.*)〖植〗藻(も), 海草.

‡**ál·ge·bra** [ǽldʒibrə] *n.* 代数学.

àl·ge·brá·ic [æ̀ldʒibréiik], **-i·cal** *a.* 代数学の.
◇ **àl·ge·brá·i·cal·ly** *ad.*

àl·ge·brá·ist [æ̀ldʒibréiist], **ál·ge·brist** [ǽldʒibrist] *n.* 代数学者.

Al·gé·ri·a [ældʒí(:)riə/-dʒíər-] *n.* アルジェリア《アフリカ北部の民主人民共和国. 1962年フランスより独立》. ◇ ～**n** *a., n.* アルジェリアの; アルジェリア人(の).

ál·gid [ǽldʒid] *a.* 寒い, ぞくぞくする.
◇ **al·gíd·i·ty** [ældʒíditi] *n.* 寒さ, 悪感(おかん).

Al·gíers [ældʒíərz] *n.* **1** アルジェ《アルジェリアの首都》. **2** Algeria の旧称《Barbary States の一つ》.

ALGOL [ǽlgɑl, -gɔ:l] *n.* アルゴル電子計算機用語. [<*algo*rithmic *l*anguage]

al·gól·o·gy [ælgɑ́lədʒi/-gɔ́l-] *n.* 藻類(そうるい)学.
◇ **-gist** *n.*

Al·gón·ki·an [ælgɑ́ŋkiən/-gɔ́ŋ-] *a., n.* **1**〖地〗アルゴンキン紀〔系〕(の). **2** = Algonquian.

Al·gón·qui·an [ælgɑ́ŋk(w)iən/-gɔ́ŋ-] *n.* アルゴンキアン人《アメリカ・カナダのアメリカインディアン》; ～語.

Al·gón·quin [ælgɑ́ŋk(w)in/-gɔ́ŋ-] *n.* **1** アルゴンキン人〔語〕《Algonquian 族〔語〕の一つ》. **2** = Algonquian.

ál·gor [ǽlgɔ:r] *n.* 悪寒(おかん).

ál·go·rism [ǽlgəriz(ə)m] *n.* **1** アラビア記数法《1, 2, 3 …を用いる》; アラビア数字演算法. **2** = algorithm. ***cipher in*** ～ ゼロ; くだらぬ人物.

ál·go·rithm [-rið(ə)m] *n.* 演算(方式).
◇ **àl·go·ríth·mic** *a.*

àl·gua·zíl [æ̀lgwəzí:l/-zíl] *n.*《スペインの》警察官.

Al·hám·bra [ælhǽmbrə] *n.* アルハンブラ宮殿《スペイン Granada 市にあるムーア人の古城》.
◇ **Al·ham·brésque** [æ̀lhæmbrésk] *a.* ～ 風の.

á·li·as [éiliəs/-liæs, -liəs] *ad.* 別名では: Robert ～ Johnson ジョンソンこと本名ロバート. 〈注〉***alias dictus*** [-díktəs] (L. = otherwise called) ともいう.
—— *n.* 別名, 偽名, 通称.

Al·i Báb·a [ǽli-bǽbə, ɑ́:li-bɑ́:bə/ǽli-bɑ́:bə, ɑ́:li-] *n.* アリババ《Arabian Nights 中の人物で, きこり》.

ál·i·bi [ǽlibài] *n.* (*pl.* ～**s**) **1**〖法〗現場不在証明, アリバイ. **2**〖米話〗言いわけ, 弁解. ***prove*** [***set up***] ***an*** ～ 現場不在を証明する. —— *vi.*〖米話〗言いわけをする: ～ *for* being late 遅刻の言いわけをする. —— *vt.* 〈人の〉アリバイを証言する. [√ali-]

ál·i·ble [ǽlibl] *a.* 栄養のある.

ál·i·dade [ǽlidèid] *n.*〖測〗指方規.

ál·ien [éiljən, -liən] *a.* **1** 外国(人)の, 異国の. **2** 性質を異にする, 相いれぬ《と *to*, *from*》.
—— *n.* 外国人, 在留外人. [√ali-]

ál·ien·a·ble [éiljənəbl, éiliə-] *a.* 譲渡〔売却〕できる. ◇ **àl·ien·a·bíl·i·ty** [èiljənəbíliti] *n.*

ál·ien·age [éiljənidʒ, éiliə-] *n.* 外国人の身分.

ál·ien·ate [éiljənèit, éiliə-] *vt.* **1** 〈人の〉気持ちを遠ざける, 〈人の〉愛情〔同情〕を失う: He has ～*d* his entire family. 彼は家族みんなからきらわれてしまった. **2** 疎外する, 締め出す《から *from*》: She was ～*d from* her friends. 彼女は仲間はずれにされた. **3** 他に転ずる;〖法〗譲渡〔売却〕する: ～ funds *from* their intended purpose 資金を別途使用する. ***be*** ～***d from*** と仲たがいしている, と不和である. [√ali-] ◇ **-a·tor** *n.* 譲渡人.

àl·ien·á·tion [èiljənéiʃ(ə)n, -liə-] *n.* **1** 疎隔, 離間; 疎外. **2**〖法〗譲渡. **3** 精神病, 精神錯乱. ～ ***of affections***〖法〗第三者による夫婦疎隔.

àl·ien·ée [èiljəní:, -liə-] *n.*〖法〗譲り受け人. → alienor.

ál·ien·ism [éiljəniz(ə)m] *n.* **1** 精神病研究〔治療〕. **2** = alienage.
◇ **-ist** *n.*《特に法廷証言を専門とする》精神病医.

ál·ien·or [éiljənɔ:r] *n.*〖法〗譲渡人. → alienee.

á·li·form [éilifɔ:rm, ǽli-] *a.* 翼状の.

*****a·líght***[1] [əláit] *vi.* (**a·líght·ed**,〖雅〗**a·lít** [əlít]; **a·líght·ing**) **1**《〖馬・乗り物から〗》おりる《から *from*》. **2**〖空〗着陸〔着水〕する;《鳥が木・地面などに》とまる《に *on*》. **3** (たまたま) 巡り会う, 見つける《に, を *on*》. ～ ***on*** one***'s feet*** 飛びおりて立つ; けがを免れる.

a·líght[2] *a.*《叙述的に》あかりをともされて, 輝いて; 燃えて: The sky was ～ *with* stars. 空には星が輝いていた. ***set*** a thing ～ (物を)たきつける; (物に) 火をともす.

a·lígn [əláin] *vi., vt.* **1** 整列する〔させる〕, 一列に並ぶ〔並べる〕《と *with*》. **2** 加担する〔させる〕, 提携する〔させる〕《と *with*》. ～ one***self with*** と連合する, に味方する, と同調する. [line と同語源]

a·lígn·ment [əláinmənt] *n.* **1** 整列, 整とん, 整とん線. **2** 路線設定. **3** 提携. **4** 列石 (menhir).

‡**a·líke** [əláik] *a.*《叙述的に》よく似て, おなじで, 同様で: They are just [very much] ～ in that respect. その点では非常によく似ている〔全くおなじだ〕. —— *ad.* 同様に, ひとしく, 一様に: young and old ～ 老若ともに. ***share and share*** ～ 均等に分ける. ***treat*** ～ 平等に扱う. ◇ ～**·ness** *n.*

ál·i·ment [ǽlimənt] *n.* **1** 食物, 栄養物. **2** (心の)かて. **3** 扶養, 扶助. —— [-mènt] *vt.* に栄養物を与える; 扶養する. [√al-]

àl·i·mén·tal [æ̀limέntl] *a.* 食物の，栄養分のある；《肥料などが》養分の多い．◇ **～·ly** *ad.*

àl·i·mén·ta·ry [æ̀liméntəri] *a.* **1** 食物の，栄養の．**2** 扶養の．**～ canal** 消化管．

àl·i·men·tá·tion [æ̀limentéiʃ(ə)n] *n.* **1** 栄養(法)，栄養摂取．**2** 扶養．

ál·i·mo·ny [ǽlimòuni/-məni] *n.* 〘法〙《別居・離婚した妻への》別居手当，扶養料；生活費．[√al-]

◇ **ál·i·mo·nied** *a.*

a·líne, a·líne·ment ＝align, alignment.

ál·i·ped [ǽliped] *a.* 〘動〙翼膜のある，翼肢(よくし)の．

—— *n.* 翼肢動物《コウモリなど》．

àl·i·phát·ic [æ̀lifǽtik] *a.* 〘化〙脂肪質の．

ál·i·quant [ǽlikwənt] *a.*, *n.* 〘数〙割り切れない(数)．**～ part** 非整除数．

ál·i·quot [ǽlikwɑ̀t/-kwɔt] *a.*, *n.* 〘数〙割り切れる(数)．**～ part** 整除数．

a·lít [əlít] *v.* 〘雅〙alight[1] の過去・過去分詞．

‡**a·líve** [əláiv] *a.* 《叙述的に》 **1** 生きて，生存して(いる): be ～ 生きている．be buried ～ 生き埋めにされている．**2** 生き生きして，活発で，活動して: He looks ～. あの人は張り切っている．**3** にぎわっている，満ちている《で，に *with*》: a forest ～ *with* games 獲物のたくさんいる森．**4** 敏感で，気がついて，知覚〔意識〕して: ～ *to* one's interest 利にさとい．**5** 《形容詞の最上級＋名詞のあとに置き，強意的》在世の，この世にある: the greatest scoundrel ～ この世でいちばんの悪党．**6** 電流が通じている．

～ and kicking 大元気で，大はしゃぎで．***any man ～*** この世のなにびと(も)，人はすべて．***Heart* [*Man*] *～!*** なんだと!，おや! ***keep ～*** (1) 生かしておく；<権利などを>消滅させずにおく；<火を>燃やしつづける；<記憶・興味などを>消さずにおく．(2) 生きてゆく，生活を立てる．***Look ～!*** ぼんやりするな!，さっさとしろ! ***Sakes ～!*** 〘俗〙なんだと!

a·líz·a·rin [əlízərin] *n.* アリザリン《紅色色素》．

ál·ka·hest [ǽlkəhèst] *n.* 万物融化液《錬金術師が求めていた液》．

àl·ka·lés·cent [æ̀lkəlésnt] *a.* 弱アルカリ性の．

◇ **-cence** [-sns] *n.*

ál·ka·li [ǽlkəlài] *n.* (*pl.* **～(e)s** [-làiz]) **1** 〘化〙アルカリ．**2** かせいカリ，かせいソーダ．**～ metals** アルカリ金属．**～ soil** アルカリ性土壌(どじょう)．

ál·ka·li·fy [ǽlkəlifài, ælkǽli-] *vt.* アルカリ化する．

ál·ka·line [ǽlkəlàin, -lin] *a.* 〘化〙アルカリ(性)の．**～ earths** アルカリ土類．

◇ **àl·ka·lín·i·ty** [æ̀lkəlíniti] *n.* アルカリ性〔度〕．

ál·ka·lize [ǽlkəlàiz] *vt.* アルカリ化する．

◇ **àl·ka·li·zá·tion** [æ̀lkəlizéiʃ(ə)n/-laiz-] *n.*

ál·ka·loid [ǽlkəlɔ̀id] *n.* アルカロイド《植物塩基》．

—— *a.* アルカロイドの；アルカリ性の．

◇ **àl·ka·lóid·al** [æ̀lkəlɔ́idl] *a.* ＝alkaloid.

ál·ka·net [ǽlkənèt] *n.* 〘植〙アルカナ；その根から取る紅色染料．

Al·ko·rán [æ̀lkorɑ́:n/-kɔr-] 〘古〙＝Koran.

†**all** → 枠付 all. (pp. 34–35)

al·la bre·ve [ɑ́:lə-bré(i)vei] It. *ad.*, *a.* 〘楽〙二分の二拍子で〔の〕．

Al·lah [ǽlə] *n.* アラー《回教の神》．[＜Ar.]

al·la mar·cia [ɑ̀:lə-mɑ́:rtʃə] It. 〘楽〙行進曲風に〔の〕．

áll-A·mér·i·can [ɔ́:ləmérikən] *a.* **1** 全米の；全米代表の．**2** アメリカ人〔製品〕のみから成る．

—— *n.* 全米代表選手．

al·lán·to·is [əlǽntòuis] *n.* 〘医〙尿膜．

◇ **àl·lan·tó·ic** [æ̀ləntóuik], **al·lán·toid** [əlǽntɔid] *a.*

àl·lar·gán·do [ɑ̀:lɑ:rgɑ́:ndou/əlɑ̀:gǽndou] *ad.*, *a.* 〘楽〙しだいにおそく〔おそくなる〕．[＜It.]

áll-a·róund [ɔ́:lərάund] *a.* 〘米話〙 **1** 円満な，広く行きわたった: ～ education すべてに均衡のとれた教育．**2** 万能の，多芸の (＝[英] all-round): an ～ player 万能選手．**3** 完全な: an ～ failure 全くの失敗．◇ **～·ness** *n.*

al·láy [əléi] *vt.* <疑惑・怒りなどを>静める，なだめる；<苦痛・悲しみなどを>軽くする，和らげる．

all clear *n.* 空襲警報解除のサイレン〔信号〕．

áll-dáy [ɔ́:ldéi] *a.* 1日がかりの: an ～ tour of the city 1日がかりの市内見物．

àl·le·gá·tion [æ̀ligéiʃ(ə)n] *n.* 断言，主張；〘法〙申し立て，陳述．→ 動詞 allege.

al·lége [əlédʒ] *vt.* **1** 断言する，主張する；《法廷で》申し立てる．**2** 《釈明・理由として》申し立てる: ～ illness 病気を理由にする，病気だからと称する．**3** (証拠がないのに)主張する，言い張る．**4** 〘古〙引用する．[√leg-[2]] ◇ **～·a·ble** *a.*

al·léged [əlédʒd] *a.* **1** 申し立てられた，申し立てによる．**2** 推定〔断定〕された: an ～ criminal 推定犯人．◇ **al·lég·ed·ly** [əlédʒidli] *ad.* 申し立てによれば；世間の取りざたによれば．

Al·le·ghé·nies [æ̀ligéiniz/ǽligen-] *n. pl.* (the ～) アレゲニー山脈 (the Allegheny Mountains)《アメリカ東部の Appalachian 山脈の一部》．

al·lé·giance [əlí:dʒ(ə)ns] *n.* **1** 《封建時代の》臣下の義務；《国民の国家に対する》忠誠．**2** 《友人・主義などへの》誠実，信義．[比較 liege]

al·lé·giant [-dʒ(ə)nt] *a.* 忠実な．

àl·le·gór·ic [æ̀ligɔ́:rik,-gɑ́r-/-gɔ́r-], **-i·cal** [-(ə)l] *a.* 寓喩(ぐうゆ)の，風喩の，比喩的．

◇ **àl·le·gór·i·cal·ly** *ad.*

ál·le·go·rist [ǽligɔ̀:rist, -gər-/-gər-] *n.* 寓喩家，風喩家，寓意物語作者．

◇ **àl·le·go·rís·tic** [æ̀ligərístik] *a.*

ál·le·go·rize [ǽligəràiz] *vt.*, *vi.* **1** 寓喩〔風喩〕化する；寓意物語にする．**2** 寓喩〔寓意〕的に解釈する．

ál·le·go·ry [ǽligɔ̀:ri/-gəri] *n.* **1** 寓喩(ぐうゆ)，風喩；寓意物語，たとえ話《Bunyan 作 *The Pilgrim's Progress* はその一例》．**2** 象徴．

àl·le·grét·to [æ̀ligrétou] *ad.*, *a.* 〘楽〙やや速く〔速い〕．**——** *n.* (*pl.* **～s**) アレグレット．[＜It.]

al·lé·gro [əléigrou, -lég-] *ad.*, *a.* 〘楽〙急速に〔な〕．

—— *n.* (*pl.* **～s**) 〘楽〙アレグロ，急速調〔曲〕．[＜It.]

al·lé·lo·morph [əlí:ləmɔ̀:rf] *n.* 〘生〙相対形質．

àl·le·lú·ia [æ̀lilú:jə] ＝hallelujah.

al·le·mande [æ̀ləmǽnd/ǽlmɑ̃:(n)d] F. *n.* アルマンド《ドイツ ダンスの一種》；その曲．

Al·len·town [ǽlintaun] *n.* アメリカ Pennsylvania 州の都市．

ál·ler·gen [ǽlərdʒen] *n.* 〘医〙アレルゲン《アレルギーを起こす物質》．

àl·ler·gén·ic [æ̀lərdʒénik] *a.* 〘医〙アレルギーを起こす．

al·lér·gic [ələ́:rdʒik] *a.* **1** 〘医〙アレルギーの: an ～ reaction to wool 毛へのアレルギー反応．**2** 〘俗〙神経過敏の，大いにきらう: ～ *to* criticism 批評されるのをけぎらいする．

ál·ler·gy [ǽlərdʒi] *n.* **1** 〘医〙アレルギー《特定の物質・食物などに対する異常敏感症》．**2** 〘俗〙反感．***have an ～ to* [*for*]** が大きらいである．[√all-＋√erg- 他の＋作用]

al·lé·vi·ant [əlí:viənt] *n.* 軽減〔緩和〕するもの．

al·lé·vi·ate [əlí:vièit] *vt.* 軽減する；<心身の苦痛などを>緩和する，楽にする．[√lev-]

◇ **-a·tor** [-ər] *n.* ～する人〔物〕．**al·lè·vi·á·tion** [əlì:viéiʃ(ə)n] *n.* 軽減，緩和．

al·lé·vi·a·tive [əlí:vièitiv/-viətiv] *a.* 軽減〔緩和〕する．**——** *n.* ＝alleviant.

al·lé·vi·a·to·ry [əlí:viətɔ̀:ri/-təri] *a.* ＝alleviative.

ál·ley[1] [ǽli] *n.* 〘遊戯〙《大理石などの》はじき玉．[＜alabaster]

all

any, each などと同様の構文をとり，形容詞・(代)名詞・副詞の三つの使い方がある．(代)名詞と副詞の区別は明瞭(めいりょう)でないばあいもある．

some 〔any〕, no と同様に数にも量にも用いられ，したがって複数にも単数にもなる点が，数専用の many, few とも，量専用の much, little とも対比をなしている．

all [ɔːl] *a.* **1** すべての，あらゆる，全部の，全体の: in ～ directions 四方八方に．～ my friends 私の友人みんな． ～ the pupils of this school この学校の全生徒．～ day 〔night〕 一日〔一晩〕じゅう．～ this money この金全部．

2 ありったけ，できる限りの: make ～ haste できるだけ急ぐ．with ～ speed 全速力で，最大速度で．

3 《this, the などとともに強意的に》ばく大な，たいへんな: You have ～ *these* books! こんなにたくさん本をもっているのか！ Think of ～ *the* trouble you would give him. (そんなことしたら) 彼にどのくらい迷惑になるか考えてごらん．It makes ～ *the* difference. それはたいへんな差である〔違いになるのだ〕．

〈付記₁〉形容詞としての all は定冠詞・所有格代名詞・指示形容詞に常に先行する．

〈付記₂〉"all＋名詞"において，(1) "all the＋名詞" は一定数・一定量のものについて用い，(2) "all＋無冠詞＋名詞" は，一般に総称的の意味を強めるのに用いる: (1) *all the* students of this school この学校の生徒全部． (2) *All* students like holidays. 学生というものはだれでも休日が好きなものだ．ただし(1)の意味では，アメリカでは *all* of the students... のように，all を代名詞的に好んで用いる．

〈付記₃〉無冠詞の物質名詞・抽象名詞とともに用いて一般の意味を強める: *All* life is a series of activities. 人生はすべて活動の連続である． *All* pleasure is bought at the price of pain. すべての快楽は苦痛という代価を払って買われるもの; 苦ありて楽あり．

〈付記₄〉単数普通名詞または固有名詞とともに用いて the whole of の意となる: *all* his life 彼の一生涯(しょうがい); 生まれて以来ずっと． He is the best scholar in *all* the school. 彼は全校でいちばんよくできる(＝in the whole school). the best school in *all* Tokyo 東京一の優秀校 (＝in the whole of Tokyo).

〈付記₅〉**all** と **whole** について次の点に注意: (1) 語順 *all the* school —*the whole* school. (2) all the... よりも the whole... の方が具体的な形を心に描かせる: *All the* city was in an uproar. —*The whole* city was in an uproar. 「全市は沸くようであった」において，前者は全市民を暗示し，後者は市街の全景を思わせる．

〈付記₆〉**all** (すべて), **every** (ことごとく), **each** (めいめいの) の別: *All* men die. 人はみな死ぬものだ《個体一つ一つには特別の注意をはらわず総体を集合的に考える．形は複数》． *Every* man dies. 人はだれひとり死なぬわけにはゆかない《総体を念頭においてその各個をことごとく扱う．形は単数》． *Each* man must die alone. 人はめいめいひとりで死んでゆかねばならぬ《総体を考えて，次にその個体を一つ一つ扱う．形は単数》．

〈付記₇〉"all＋抽象名詞": He is *all* kindness. 彼は親切そのものだ(＝full of kindness).The boys are *all* eagerness to go there. 少年たちは非常にそこへ行きたがっている(＝The boys are very eager to go there.).

〈付記₈〉《否定文で 1》ことごとく〔必ずしも〕…とは限らない《部分否定》: *Not all* good men will prosper. 善人必ずしも栄えるものではない． *All* knowledge is *not* good. すべての知識がよいものとはいえない．I did *not* ask *all* of them. 彼らみんなに聞いてみたわけではない(≒I did not ask any of them. 彼らのうちだれにも聞かなかった).

〈付記₉〉《否定文で 2》全部でも…しない: *All* his fortune would *not* be enough. 彼の全財産を投じてもまだ足りまい．

—— *n., pron.* 《単数扱い》全部，いっさいのもの; 《複数扱い》すべての人々: This is ～ (that) I can do. 私のできることはこれだけだ〖that は通常省略〗. *All* (that) you have to do is (to) wait. あなたは待ちさえすればよいのだ〖同前〗． *All* that glitters is not gold. 〖諺〗光るもの必ずしも金ならず． He lost his ～. 彼は全財産を失った． *All* is over. 万事休す． *All* is still. 万物が静まりかえっている． *All* were happy. みんなが喜んでいた． *All* of you have to read it. 諸君全員がそれを読まなければならない． We ～ 〔*All* of us〕 have to go. われわれはみな行かねばならぬ． *All* who knew him admired him. 彼を知っている者はみな彼を賞賛した．〈注〉"all of＋名詞" はおもにアメリカ語法で，イギリスでは of を用いないことが多い: *all* (*of*) the time しじゅう; その間じゅう. *all* (*of*) these books この本全部．

—— *ad.* 全く，すっかり，全然; それぞれ: That's ～ wrong. それは全くまちがっている． They were ～ covered with mud. 彼らはどろだらけであった． The score was five ～. 得点はそれぞれ 5 点．

above **～** とりわけ，なかんずく． ***after*** **～** ＝***after*** 〔***when***〕 **～** ***is said and done*** 結局． **～** ***alone*** 全くひとりぼっちで，独力で． **～** ***along*** ずっと，初めから: I knew it ～ *along*. 私は初めからそれを知っていた． **～** ***anyhow*** いいかげんに，でたらめに． **～** ***around*** ＝〖英〗**～** ***round*** まんべんなく; ぐるりひと回り: He shook hands ～ *around*. 彼は皆といちいち握手した． **～** ***at once*** 直ちに，突然; すべてを一度に． **～** ***but*** (1) を除くほかはみな: The people were rescued ～ *but* one. 人々はひとり以外はみな救助された． (2) 《副詞的》ほとんど: He is ～ *but* dead. 彼は死んだも同然だ． ***All change!*** 〖英〗＝All out! **～** ***fours*** (人・動物の) 四肢(しし)，手足． **～** ***in*** 〖話〗疲れきって，へとへとで; 文無しになって． **～** ***in*** **～** (1) 全部で，総計して: 25 dollars ～ *in* ～ 締めて25ドル． (2) 概していえば，だいたい: *All in* ～ the novel was a success. 小説はまず成功だった． (3) たいせつなもの: She is ～ *in* ～ to him. 彼女は彼にとってはすべてだ〔掌中の玉だ〕． **～** ***kind(s) of*** あらゆる種類の． **～** ***of*** 〖米〗十分，たっぷり: He's ～ *of* six feet tall. 彼はたっぷり 6 フィートはある． **～** ***of a sudden*** 突然． **～** ***one*** おなじこと; しょせんおなじで: It's ～ *one* to me. それは私にとってはどうでもよい． **～** ***out*** (1) 全(速)力で． (2) 疲れきって． (3) すっかり． ***All out!*** みなさんお乗り換え (＝[英] All change!). **～** ***over*** (1) 全く終わって: The tests are ～ *over*. テストはすっかり終わった． (2) いたるところ，からだじゅう; …じゅう: ～ *over* the world ＝～ the world *over* 世界じゅういたるところ． (3) すべての点で: He is his father ～ *over*. 彼は父親にそっくりである． (4) 〖俗〗…にほれこんで． **～** ***over*** one***self*** 〖俗〗すっかり喜んで． **～** ***over the shop*** 混乱して． **～** ***over with*** …は見込みがなく，…はだめになって: It's ～ *over with* him. 彼はもうだめだ． **～** ***right*** (1) よろしい，申し分ない; さしつかえない; まちがいない; オーケー《承諾》: It's ～ *right* with me. 私はそれでかまいません〔けっこうです〕． Thank you. 〔I am sorry.〕 —That's ～ *right*. ありがとう〔申しわけありません〕. —いえいえ． (2)

元気で, 無事で: Is he ～ *right*? あの人は変わりがないですか. (3)《反語的》いまに見ろ!, よーし!: *All right!* You will be sorry for this. よーし, 覚えてろ, あとで悔やむなよ. (4)〖俗〗信用のおける. **～ *sort(s) of*** =～ kind(s) of. **～ *the*+比較級** それだけ, かえって, ますます: ～ *the better* (*for*…) (…のために)かえってよい. His delay made the situation ～ *the worse*. 彼がおくれたので事態はますます悪くなった. ～ *the further*〖米俗〗精いっぱい. **～ *the go* [*rage*]** 大流行で, 大景気で. **～ *there*** (1)〖話〗《通例否定文に用いて》正気で: He is not ～ *there*. 彼は気が変だ. (2)〖俗〗抜け目がない, (精神が)しっかりして. **～ *the same*** (1) 結局おなじで; どれでもかまわない: It's ～ *the same* to me. 私はどちらでもかまわない. (2) やはり: He gives us a lot of troubles, but I like him ～ *the same*. いろいろめんどうをかけるが, それでも私は彼が好きだ. **～ *the time*** 《副詞的》その間ずっと, いつも. **～ *the way*** 道中ずっと, はるばると;〖米〗《*from* … *to* ＿ を伴って副詞的に》…から──に至るまでずっと〔いろいろに〕. **～ *the while*** =～ the time. **～ *the year* (*round*)** 《副詞的》一年じゅう. **～ *this*** 以上すべてのこと. **～ *together*** 皆いっしょに, 全部で: We are five ～ *together*. 私たちは総勢5人《in ～ より口語的》. **～ *told*** 全部で, 総計で: There were fifteen of them, ～ *told*. 彼らは全部で15名だった. **～ *too*** あまりにも, 全く: ～ *too* soon あまりにも〔ひどく〕早く. **～ *up*** 〖話〗(1) 万事終わって, だめになって: It's ～ *up* with them. あの連中はもうおしまいだ. (2) 付属品いっさいを含んだ. **～ *very well* [*fine*]** 《反語的》まことにけっこう(だが): That's ～ *very well*, but… それはまことにけっこうだが, しかし…. ***and* ～** その他すべて, …ごと〔ぐるみ〕: He ate the fish, bone *and* ～. 彼は魚を骨ごと食べた. ***and* ～ *that*** その他いろいろなもの, …など(=and so forth). ***at* ～** 《疑問・条件・否定に用いて》いったい; いやしくも; 少し(で)も: Did you speak *at* ～? いったいきみは口をきいたのか. If you give *at* ～, give quickly. (いやしくも出すなら早く出せ→) 出す以上は早く出せ. There are very few if any *at* ～. あったとしてもごく少数しかない. Then you are not going to give *at* ～. では少しも出さないのですね. They are not interested *at* ～. =They are not *at* ～ interested. 彼らは全然興味をもっていない. Thank you. [I am sorry.] —Not *at* ～. ありがとう〔申しわけありません〕. —どういたしまして. Would you mind waiting? —Not *at* ～. 待っていただけましょうか. — いいですとも《I don't mind at ～. の短縮》. Are you interested? —Not *at* ～. 気があるのか. — 全然ない. 〈注〉疑問・条件・否定以外の at all は否定の at all の意を裏に含む: I am surprised at his giving *at all*. 《少しも出すまいと思っていたのに》ともかく出したのが不思議だ. ***at* ～ *events*** とにかくにも. ***be* ～ *eyes* [*ears*]** よく見ようと目をさらのようにしている〔よく聞こうと耳をすましている〕. ***beyond* ～ *doubt* [*question*, *dispute*]** いささかの疑い〔問題, 議論〕もなく. ***first of* ～** まず第一に. ***for* [*with*] ～**… …があっても, …があるにもかかわらず: *With* [*For*] ～ his faults, he is loved by all. あんなに欠点があっても彼は皆に愛されている. ***for* ～ *I care*** 《どうなろうと》知ったことではない, どうでもよい: He may die *for* ～ *I care*. 彼が死んでも私はかまわない. ***for* ～ *I know*** …かもしれない: He may be dead *for* ～ *I know*. 彼は死んでいるかもしれない. ***for good* (*and*) ～** これを最後として, 永久に. ***in* ～** 総計で, みんなで. ***little* ～** なけなしのもの. ***not at* ～** 少しも…でない. → at ～. ***on* ～ *fours*** 四つんばいで. ***on* ～ *hands*** あらゆる方面に〔から〕. ***once for* ～** 一度だけ; 今度だけ: I shall read it *once for* ～. 今度限りそれを読んであげよう, 今度は読んであげますが二度とはいやですよ. ***one and* ～** みなことごとく. ***That's all.*** それだけです, それで〔これで〕終わり. ***to* [*by*] ～ *appearance(s)*** どう見ても. ***today of* ～ *days*** (ほかに日もあろうに) よりによってきょう. ***when* ～ *comes* [*goes*] *to* ～** 結局, とどのつまり. ***with* ～ *one's heart*** 全心を打ち込んで, 心の底から.

〈注〉all に始まる合成語はそれぞれ別項.

ál·ley² [ǽli] *n.* **1** 小道《庭・林間などの》;〖米〗(狭い)裏通り;〖英〗横町, (狭い)路地. **2**《ボーリングなどで球をころがす》競技台; 球戯場. ***blind* ～** 袋小路. **(*right*)*up one's* ～** (まさに)性分に合って. **～ cat** 野らネコ. **～ fight**〖俗〗《やくざなどの》けんか. **～-smart** [´-´]〖俗〗ずる賢い. **～·way** [´-´]〖米〗路地;《建物間の》小通路. 類 → road「道」

áll-fìred [ɔ́:lfàiərd] *a., ad.*〖米俗〗ひどい, ひどく; おっそろしい, おっそろしく; 極端な〔に〕.

all fours *n. pl.* (人・動物の) 四肢(しし), 手足: land on ～ 四つ足で着地する. The dog went back on ～. 犬はちんちんをやめて四つ足にもどった. ***be on* ～ *with*** …とぴったり合って, 照合して.

All·hál·lows [ɔ:lhǽlouz/´-´-] *n.* 万聖節 (All Saints' Day)《11月1日》.

àl·li·á·ceous [æliéiʃəs] *a.* ネギ属の; ネギ〔ニラ, ニンニク〕くさい.

al·lí·ance [əláiəns] *n.* **1** 同盟, 盟約; 《集合的》同盟国〔者〕. **2** 結婚, 縁組み; 姻戚(いんせき)関係. **3** 協力, 協調: an ～ between church and state 教会と国家の協調. **4** 関連性, 類似. **5**〖植〗同類. ***enter into* ～ *with*** と同盟する, と提携する. ***in* ～ *with*** と連合〔協力〕して. ***offensive and defensive* ～** 攻守同盟. ***the Holy A*～**〖史〗神聖同盟. [<ally]

al·líed [əláid] *a.* **1** 同盟した; (A～)《第1・第2次大戦の》連合国の. **2** 縁組みした. **3** 関連のある; 同類の. 〈注〉付加語のとき通常 [ǽlaid]. **A～ Forces, the** 連合軍《第1・第2次大戦の》.

ál·li·ga·tor [ǽligèitər] *n.* **1**〖動〗アメリカワニ. → crocodile. **2** ワニ皮. **3**〖機〗ワニ口《ワニの口のようにかみあう機械》. **4**〖米〗水陸両用戦車. **5** スイング音楽狂. **～ pear**〖植〗ワニナシ (avocado).

áll-im·pór·tant [ɔ́:limpɔ́:rt(ə)nt] *a.* きわめて重要な; 欠くことのできない.

áll-ín [ɔ́:lín] *a.* **1**〖英〗全部込みの. **2**〖レスリング〗フリースタイルの. **3**〖ジャズ〗総出演の, アンサンブルの. **——** *n.* 乱闘.

áll-in·clú·sive [ɔ́:linklú:siv] *a.*〖おもに英〗全部込みの, 包括的な.

al·lít·er·ate [əlítərèit] *vi., vt.*〖韻〗頭韻を踏む〔踏ませる〕.

al·lìt·er·á·tion [əlìtəréiʃ(ə)n] *n.* 頭韻《例: What a *t*ale of *t*error now their *t*urbulency *t*ells!》.

al·lít·er·a·tive [əlítərèitiv/-rətiv] *a.* 頭韻(体)の. ◇ **～·ly** *ad.*

ál·li·um [ǽliəm] *n.*〖植〗ネギ・ニンニクの類.

áll-knów·ing [ɔ́:lnóuiŋ] *a.* 全知の.

***áll-níght** [ɔ́:lnáit] *a.*〖米話〗終夜の: ～ service 終夜営業〔運転〕.

ál·lo·cate [ǽlọkèit] *vt.* **1** 割り当てる, 配分する《に *to*》. **2** 配置する《に *to*》; の位置を決める. [√loc-] ◇ **àl·lo·cá·tion** [ælọkéiʃ(ə)n] *n.* ～すること; 配当額.

àl·lo·cú·tion [ælọkjú:ʃ(ə)n] *n.* 訓示, 告論《ローマ教皇の》.

al·ló·di·al, al·ló·di·um =alodial, alodium.

al·lóg·a·my [əlágəmi/əlɔ́g-] *n.*〖植〗他家受精.

al·lóm·er·ism [əlámərìz(ə)m/əlɔ́m-] *n.*〖化〗アロ異性;〖鉱〗異質同形.

ál·lo·morph [ǽləmɔ:rf] *n.*〖言〗異形, 異形態.

àl·lo·mór·phism [æləmɔ́:rfiz(ə)m] = allotropy.

ál·lo·nym [ǽlənìm] *n.*《著者の》偽名; 他人の名で出版された作品. → pseudonym.

ál·lo·path [ǽləpæ̀θ], **al·lóp·a·thist** [əlápəθist/əlɔ́p-] *n.* 逆症療法家.

al·lóp·a·thy [əlápəθi/əlɔ́p-] *n.* 〘医〙 逆症療法. ↔ homeopathy. ◇ **àl·lo·páth·ic** [æ̀ləpǽθik] *a.*

ál·lo·phane [ǽləfèin] *n.* 〘鉱〙 アロフェン 《無定形含水アルミニウム珪酸(けいさん)塩》.

ál·lo·phone [ǽləfòun] *n.* 〘言〙 《音素の》 異音.

***al·lót** [əlát/əlɔ́t] *v.* (**-tt-**) *vt.* **1 割り当てる**, 分配する, 与える 《に *to*》: our ～*ted* portion in life 人間に定められた寿命. **2** 〘用途に〙 あてる, 充当する; 指定する: ～ money *for* a new park 新しい公園に金をまわす. —— *vi.* 〘米話〙 …するつもりである 《*upon* (do)*ing*》. [＜lot]

al·lót·ment [əlátmənt/-lɔ́t-] *n.* **1** 分配, 割り当て, 配分. **2** 分け前; 運命. **3** 〘英〙 分割貸与農地. **4** 〘米: 軍〙 (俸給) 控除分 《家族・保険会社への直接支払い分》.

ál·lo·trope [ǽlətròup] *n.* 〘化〙 同素体.
◇ **àl·lo·tróp·ic** [æ̀lətrápik, -trɔ́p-] *a.*

al·lót·ro·py [əlátrəpi/əlɔ́t-], **al·lót·ro·pism** [-pìz(ə)m] *n.* 〘化・鉱〙 同素, 同質異形.

al·lòt·(t)ée [əlàtí:/æ̀lətí:] *n.* 割り当てを受ける人.

áll-óut [ɔ́:láut] *a.* 〘米話〙 全力をあげての, 徹底的の: an ～ effort 全面的努力. an ～ war 総力戦. an ～ socialist 徹底的な社会主義者. ◇ **～·er** *n.* 《黒か白か, 有か無かの》 極端論者 (extremist).

áll·ó·ver [ɔ́:lóuvər] *a.* 〘米話〙 《模様などが》 全面にわたる. —— [ɔ́:lòuvər] *n.* 〘米〙 全面模様 《さらさ模様など》.

àll·ó·ver·ish [ɔ̀:lóuvəriʃ/ɔ́:l-] *a.* 〘話〙 どことなくからだのぐあいが悪い; なんとなく気がかりだ.

‡**al·lów** [əláu] *vt.* **1 許す**, 許可する: Smoking is not ～*ed*. 禁煙です. No passengers are ～*ed* on the bridge. 船客のブリッジ立入禁止《掲示》. **2** に許す, に許可する: ～ a student *to* be absent 学生に欠席を認めてやる. **3** 〘承知の上で〙 …させる, …させておく; 〘不注意で〙 …させる, …させておく: I will not ～ you *to* be ill-treated. きみが虐待されているのをほうってはおかない. ～ a door *to* stand open うっかり戸口をあけ放しておく. **4** 与える, 支給する: ～ a person $100 for expenses 経費として 100 ドル与える. **5 認める**, 承認する: ～ a claim 要求を受け入れる. **6** 斟酌(しんしゃく)する, 考慮に入れる: ～ an hour for changing trains 乗り換えに 1 時間の余裕をみておく. **7** 〘勘定で〙 差し引く, 割り引く: ～5% 5 パーセント割引する. **8** 〘米方〙 言う, 思う.
—— *vi.* **1 余地を残す** 《の *of*》, 許す《を *of*》: ～ *of* no delay 一刻の遅延も許さない. ～ *of* a billiard-room included 玉突きべやをこしらえる余裕がある. **2 考慮する**, 斟酌する, 差し引く 《を *for*》: ～ *for* breakage 破損を見積もっておく. You must ～ *for* his being ill. 彼が病気だということを考慮に入れてやる必要がある. ～ *for* carriage 運賃を考慮する; 運賃を差し引く. ***A～ me to*** (do) 失礼ですが…いたします. ***～ing for*** …を斟酌(しんしゃく)して考えれば 《挿入句などに》: a distance, ～*ing for* detours, of about 10 miles 迂回(うかい)路などを考慮すれば約10マイルの距離. ～ ***oneself in*** …にふける. ～ ***oneself to*** (do) あえて…する, 思い切って…する. [ad-+√loc- 近くへ+場所を与える→入れる]
〘類〙 → **let** 「…させておく」

al·lów·a·ble [əláuəbl] *a.* 許される, さしつかえない; 正当の, 合法の. ◇ **-bly** [-bli] *ad.*

‡**al·lów·ance** [əláuəns] *n.* **1** 《定期的に支給する》 **手当**, 給与, …費; 《家族に与えられる》 小づかい. **2** 斟酌(しんしゃく), 手心; 余裕. **3** 《許可される》 **限度**, 定量: free ～ (荷物の) 無料持ち込み量. time ～ 時間制限. **4** 〘稀〙 許容, 承認. ***make ～(s) for*** を考慮に入れる, を斟酌する, を差し引く: *make* ～ *for* youth 若さを考慮してやる.
—— *vt.* **1** に手当[小づかい]を支給する. **2** <食物・金などを> 一定量 [一定額] に制限する [定める].

al·lów·ed·ly [əláuidli] *ad.* 公然と, 明白に.

ál·loy [ǽlɔi, əlɔ́i] *n.* **1** 合金. **2** 《金・銀の》 品位. **3** 《金・銀などに混ぜる》 卑金属; 混ぜ物 《比喩的にも》: pleasure without ～ 混じりけなしの喜び.
—— [əlɔ́i] *vt., vi.* **1** 合金にする[なる]. **2** に混ぜ物をする; <金・銀の> 品位を落とす. **3** <喜び・幸福などに> 陰を投ずる, 水をさす. [√lig-]

áll-pos·séssed [ɔ́:lpəzést] *a.* 〘米俗〙 悪魔にとりつかれた; 無我夢中の.

áll-pów·er·ful [ɔ́:lpáuərf(u)l] *a.* 全能の.

áll-pùr·pose [ɔ́:lpə̀:rpəs] *a.* すべての目的にかなう; 万能の: an ～ car 万能車 《ジープのような》.

All Red, all red *a.* 〘英〙 イギリス領土だけを通る 《地図で英領は赤く塗られていることから》: an ～ line [route] 全英領連絡航路.

áll-right [ɔ́:lràit] *a.* 〘俗〙 りっぱな: an ～ guy たいした [信用できる] やつ.

áll-róund [ɔ́:lráund] *a.* 〘英話〙 万能の (＝㊊ all-around).

All Saints' Day *n.* 万聖節 《11月 1 日. 諸聖人の霊を祭る》.

áll·seed [ɔ́:lsì:d] *n.* 多種子植物 《アカザなど》.

All Souls' Day *n.* 万霊節 《11月 2 日. カトリック教で信者の霊を祭る》.

áll·spice [ɔ́:lspàis] *n.* **1** オールスパイス 《西インド産の香料. 種々の香料の味を兼ね備えているといわれる》. **2** 〘英〙 ＝pimento.

áll-stàr [ɔ́:lstà:r/⌐⌐] *a.* 花形俳優 [選手] 総出演 [出場] の: an ～ cast スター総出演. —— *n.* 選抜チーム選手.

all thumbs *a.* 〘俗〙 ひどくぶきっちょな: an ～ fisherman へたくそな漁夫.

áll-time [ɔ́:ltàim] *a.* 〘米〙 空前の, 前例のない, 前代未聞(みもん)の: an ～ high 最高記録.

al·lúde [əlú:d] *vi.* **1** (それとなく) 言及する, ほのめかす 《に, を *to*》: ～ *to* a rumor あるうわさをそれとなく持ち出す. **2** それとなくさす, 暗に意味する 《を *to*》: I am not ～*ding to* any person in particular. 別に特定の人をさして言っているのではない. [√lud-]

al·lúre [əlúər/əljúə] *vt.* 《えさで》 誘う; 誘惑する, 引き[つり] 込む. ～ a person ***from*** (人を) …から誘い出す [おびき出す]. ～ a person ***into*** [***to***] (人を) …に誘い入れる […へ誘う]. —— *n.* 魅力, あいきょう. [＜lure] ◇ **～·ment** *n.* 魅力; 誘惑(物).

al·lúr·ing [əlú(:)riŋ/əljúər-] *a.* 誘惑的な; 魅力のある, うっとりさせる. ◇ **～·ly** *ad.* **～·ness** *n.*

al·lú·sion [əlú:ʒ(ə)n] *n.* ほのめかし, あてつけ; 〘修〙 引喩(いんゆ). →動詞 allude. ***in ～ to*** を暗にさして.

al·lú·sive [əlú:siv] *a.* 暗示的な, あてこすりの.
◇ **～·ly** *ad.* あてつけて, それとなく.

al·lú·vi·al [əlú:viəl] *a.* 〘地〙 沖積(ちゅうせき) (期)の.
～ epoch, the 沖積期[世]. **～ gold** 砂金. **～ soil** 沖積土.

al·lú·vi·on [əlú:viən] *n.* **1** 沖積地, 寄り州; 〘法〙 添付 《水辺の新生地》. **2** 氾濫(はんらん), 洪水. **3** 波の打ち寄せ.

al·lú·vi·um [əlú:viəm] *n.* (*pl.* **-ums**, **-a** [-viə]) 〘地〙 沖積土[層].

áll-wave [ɔ́:lwèiv] *a.* 〘通信〙 オールウエーブの: an ～ receiver オールウエーブ受信機.

áll-wèath·er [ɔ́:lwèðər] *a.* **1** 晴雨にかかわりなく使用できる: an ～ fighter 全天候用戦闘機. **2** 耐水性の: an ～ paint 耐水ペンキ. **3** あらゆる気象条件の.

al·lý [əlái] *vt., vi.* **1** 同盟する; 連合する; 縁組みする 《と *to, with*》. **2** 類属させる[する]. ～ ***oneself with*** [***to***] と同盟する, と縁組みする. ***be ～ied to*** と関連がある, と縁が近い, と同類である. ***be ～ied with*** と同盟 [縁組み] している.
—— [ǽlai, əlái] *n.* **1** 同盟国, 同盟者. **2** 協力

者, 味方, 仲間. **3** 親戚(しんせき); 同類: A cucumber is an ～ of a watermelon. キュウリはスイカの親戚だ. ***the Allies*** 《第1次・第2次大戦の》連合国. [√lig-]

áll-year [ɔ́:ljìər/-jə:] *a.* **1** 年間通じての: an ～ activity. **2** 年じゅう無休〔開店〕の. **3** 年中取れる.

ál·ma(h) [ǽlmə] *n.* 《エジプトの》踊り子.

al·ma ma·ter, Al·ma Ma·ter [ǽlmə-méitər, ɑ́:lmə-mɑ́:tər/ǽlmə-mɑ́:tə, -méitə] L. (= fostering mother) 母校.

ál·ma·nac [ɔ́:lmənæ̀k] *n.* **1** 暦《多くは農民向け. 天文・栽培法などの記事が載っている》. **2** 年鑑.

ál·man·dine [ǽlməndì:n, -dìn, -dàin], **ál·man·dite** [-dàit] *n.* 〘鉱〙鉄礬(ばん)ザクロ石.

‡**al·míght·y** [ɔ:lmáiti] *a.* **全能の**: the *A*～ (God) 全能の神. ～ dollar 〘米話〙万能のドル〔金の力〕. —— *ad.* 〘米話〙非常に: ～ glad とてもうれしい. ◇ **-i·ness** *n.* 全能.

ál·mond [ɑ́:mənd] *n.* **1** ヘントウの実, ハタンキョウ. **2** 薄かっ色. **～·eyed** [´-´] ヘントウ状の目をした《日本人・中国人などのように》.

ál·mon·er [ǽlmənər, ɑ́:m-] *n.* 施物(せもつ)分配吏《中世の僧院・王家などの》; 〘英〙施物係《病院の》.

ál·mon·ry [ǽlmənri, ɑ́:m-] *n.* 施物分配所.

†**al·móst** [ɔ:lmóust, ´-´/´-] *ad.* **1 ほとんど, おおかた,** だいたい, ほぼ: He comes here ～ every day. 彼はほとんど毎日ここへ来る. Recovery was ～ impossible. 回復はほとんど不可能だった. He is ～ a professional. 彼はくろうとに近い. He ～ fell. 彼はもう少しで倒れるところだった. We have ～ finished our work. 仕事をほとんど終えた. 〈注〉nearly より意味が強い. **2** 《限定用法の形容詞のように用いて》ほぼ…と称しうる: his ～ impudence あつかましいとさえ言える彼の態度.

～ ***all*** ほとんど全部(の). ～ ***always*** ほとんどいつも. ***A～ anyone*** [***anybody***] can do it. ほとんどだれでも(できる). ***A～ everyone*** [***everybody***] laughed. ほとんどひとり残らず(笑った). ～ ***never*** [***no*** ..., ***nothing, nobody, nowhere***] 〘米〙ほとんど絶対に…ない, ほとんど全くない: It ～ *never* rains here. ここではほとんど雨の降ることがない. There is ～ *no* water in this bottle. このびんにはほとんど水がない. 〈注₁〉英米共通には hardly [scarcely] ever, hardly [scarcely] any, etc.: He knows *hardly anything* about it. それについてほとんど何も知らない. 〈注₂〉「ほとんど…しない」には almost を not とともに用いず, hardly, scarcely を用いる: He was *hardly* [*scarcely*] ready. 用意がほとんどできていなかった.

〈付記〉日本語ではよく「ほとんど全部(の), 大部分(の)」,「たいてい」,「ほとんどいつも」などの意味で単に「ほとんど(の)」ということがある. そのために解釈や作文上誤りが起こりやすい. 次の文を比較: 《誤り》*Almost* students like sports. →《正》*Most* students [*Almost all* students] like sports. たいていの〔ほとんど全部の〕学生はスポーツが好きだ. His books are *mostly* useless. 彼の本は大部分役に立たない. (≒ His books are *almost* useless. 彼の本は無益にもひとしい). He *usually* [*almost always*] succeeded. 彼はたいていは〔ほとんどいつも〕成功した. (≒ He *almost* succeeded. 彼はもう少しで成功するところだった).

alms [ɑ:mz] *n.* 《単・複数扱い》施し物; 義援金. **～·deed** [-dì:d] 慈善(行為). **～·gìv·er** 施し主, 慈善家. **～·gìv·ing** →別項. **～·house** [´-´] 救貧院, 養老院.

álms·gìv·ing [ɑ́:mzgìviŋ] *n.* 施し, 慈善. —— *a.* 施しをする, 慈善心のある.

ál·ni·co [ǽlnikòu] *n.* アルニコ《鉄・ニッケル・コバルト・アルミニウムを含む合金磁石鋼》.

a·ló·di·al [əlóudiəl] *a.* 自由私有地の.

a·ló·di·um [-əm] *n.* 〘法〙自由私有地《封建時代の》.

ál·oe [ǽlou] *n.* (*pl.* **～s** [-z]) **1** 〘植〙ロカイ《ユリ科の植物》. **2** (*pl.*) 《単数扱い》ロカイじる《下剤》. **3** リュウゼツラン (=American ～, the century plant).

～s·wood [-zwùd] 〘植〙キャラボク, ジンコウ.

a·lóft [əlɔ́:ft/əlɔ́ft, əlɔ́:ft] *ad.* **1** 高く, 上に. **2** 〘海〙檣頭(しょうとう)に. **3** 〘俗〙天国に. ***go*** ～ 昇天する, 死ぬ.

a·ló·ha [əlóuə, ɑ:lóuhɑ:] *n., int.* (送迎の)あいさつ; ようこそ!, さようなら! [<Hawaiian]

†**a·lóne** [əlóun] *a.* 《述語的に用い, また名詞・代名詞のあとに用いる》, **ひとり〔一つ〕きり(で),** …だけ(で); 単独で, 孤立して《副詞的な訳語を用いるとしばしば便利》: He is ～. 彼はひとりっきりでいる. They were ～. 彼らだけだった. He is not ～ in this opinion. こういう意見をもっている者は彼ばかりではない. He ～ can do it. 彼だけがそれをなしうる. This ～ is [is not] enough to convince us. これだけでもわれわれを納得させるのに十分だ〔これだけでは…十分でない〕.

all ～ 全くひとりぼっち(で); だれの手も借りずに. ***leave*** [***let***] ... ～ …をひとりにしておく; …をほうっておく, …をかまわずにおく: *Leave* me ～. ひとりにしておいてくれ; よそから口〔手〕を出すな. *Let* me ～ for that. = *Let* me ～ to do that. そのことなら私にまかせておけ. ***Leave*** [***Let***] ***well*** ～. 良きが上にさらに良きを求めるな. ***let*** ～ …はいうまでもなく, …は別として: There is no need to buy the ground, *let* ～ that I haven't got the ready money. 現金の持ち合わせがないのはいうまでもないが, 土地を買う必要はない. He was too tired to walk, *let* ～ run. 走るはおろか, 歩けないほど疲れていた. They were six in the car, *let* ～ the dogs. 犬は別として自動車の中は6人だった. ***stand*** ～ (1) ひとりでいる, 孤立している. (2) ほかに比べるものがない, 無比である. (3) 独立独歩する.

—— *ad.* **1 ひとりで,** 単独に; 他の力を借りずに: You cannot do it ～. 自分の力だけではできないよ. **2 単に,** もっぱら. ***not*** ～ ... ***but*** 〘古〙…のみならずまた. [<all+one]

(類義語) **ひとりで: alone** 単独であるという事実を示す色彩のない語. ただし all *alone*「ひとりぼっちで」となれば感情的色彩がつく. **solitary** alone とおなじだが仲間がいないことが強調される: a *solitary* pine tree in the meadow 牧場の一本松. **lonely** 孤独の寂しさが含まれる: feel *lonely* 寂しがる. **lonesome** 仲間を求める心, 特に特定個人へのあこがれがはいる: The child is *lonesome* for its mother. 子どもは母親に会いたがっている.

†**a·lóng** [əlɔ́:ŋ/əlɔ́ŋ] *prep.* …**に沿って,** …づたいに: ～ the street 街路に沿って. —— *ad.* **1** 沿って, (沿って)ずっと; ずっと先まで. **2 前方へ,** 前へ. **3** 《仕事などが》はかどって: be far ～ ずっとはかどって. **4** 〘米〙いっしょに連れて〔携えて〕. **5** 〘米話〙(時間的に)近く, かなり進んで: ～ toward [about] noon そろそろ昼近く. 〈注〉この副詞は by, with など「並列・共存」を示す前置詞, come, go, move, walk, take, bring その他「進行の動作」を伴う動詞の強調として, もしくは口調を整えるために用いられる: cottages *along* by the lake 湖に沿って並んでいる別荘. Come *along*. さあ来たまえ.

all ～ ずっと(その間), しじゅう, 始めから. (***all***) ～ ***of*** 〘俗〙…によって, …のために: It's *all* ～ *of* you! きみのせいだぞ. ～ ***by*** …のそばに. ～ ***with*** …とともに; …に加えて. ***be*** ～ 〘米話〙(1) やってくる; 近づく: He *was* ～ toward fifty. 50歳にもうじきだった. (2) 進む: The afternoon *was* well ～. 午後もずっとまわっていた. (3) 居合わす. ***bring*** ～ 持ってくる. ***get*** ～ (1) 暮らす, やっていく. (2) 仲よく暮らす, 折り合っていく《*together*; と *with*》. (3) 進む, はかどる; 成功する《に *with*》. ***Get ～ with you !*** 〘話〙行ってしまえ; ばかなこと言うな, とんでもない. ***go***

〜 進んでいく. ***take*** 〜 持って〔連れて〕いく.
〜·**shore** [-ʃɔ̀:r/-ʃɔ:] 岸に沿って, いそづたいに.

a·lóng·síde** [əlɔ́:ŋsáid/əlɔ́ŋ-] *ad., prep.* (…と)並んで, (…の)そばに; (…に)横づけに. 〜 ***of と並んで.

a·lóof [əlú:f] *ad.* **1** 離れて, 遠ざかって《から *from*》. **2**〘海〙風上へ. ***keep*** [***hold, stand***] 〜 遠ざかっている; お高くとまっている. —— *a.* 冷淡な, 無関心な: an 〜 attitude よそよそしい態度.
◇ 〜·**ly** *ad.* 〜·**ness** *n.*

àl·o·pé·ci·a [æ̀ləpí:ʃ(i)ə] *n.*〘医〙脱毛症, 禿頭(とくとう).

‡**a·lóud** [əláud] *ad.* **1 声を出して**: read 〜 音読する. think 〜 考えながら独語する. **2 大声で**, 聞こえるように. **3** 明瞭(めいりょう)に: reek 〜 ぷんぷんにおう.

a·lów [əlóu] *ad.*〘海〙下方に〔へ〕; デッキ近くに; 船底に〔へ〕. 〜 ***and aloft*** どこにでも.

alp [ælp] *n.* 高山; (アルプス山腹の) 牧草地. 〜***s on*** 〜***s*** 連なる高峰; 重なる難関. ***the Alps*** アルプス山脈. ∠·**horn** [∠∠] =alpenhorn.

al·pác·a [ælpǽkə] *n.* **1**〘動〙アルパカ《南アメリカ産のラマに似た動物》. **2** アルパカの毛〔織物, 服〕.

ál·pen·glow [ǽlpinglòu] *n.* (高山の頂上に見られる) 朝焼け, 夕焼け.

ál·pen·horn [ǽlpinhɔ̀:rn] *n.* 山笛《スイスの牛飼いなどが用いる長い木製の笛》.

ál·pen·stock [ǽlpinstɑ̀k/-stɔk] *n.* 登山づえ.

ál·pha [ǽlfə] *n.* **1** ギリシア語アルファベットの第1字《A, α》. **2** 第1位のもの, 第1, はじめ. **3** 星座中の光が最強の星. 〜 ***and omega*** 始めと終わり, 全体. 〜 ***plus*** とびきり上等な, 最高級の. 〜 **particle**〘物〙アルファ粒子. 〜 **rays**〘物〙アルファ線.

‡**ál·pha·bet** [ǽlfəbèt, -bit] *n.* **1 アルファベット**《原則として単音を標記する文字》; 字母. **2** (the 〜) 初歩《の *of*》. 〜 **soup** アルファベットの文字形をしたうどん類のはいったスープ.

àl·pha·bét·ic [æ̀lfəbétik], **-i·cal** [-(ə)l] *a.* アルファベットの; ABC 順の. ***in*** 〜 ***order*** アルファベット順に. ◇ **àl·pha·bét·i·cal·ly** *ad.*

ál·pha·bet·ize [ǽlfəbitàiz] *vt.* アルファベット順にする; アルファベットであらわす.

àl·pha·nu·mér·ic [æ̀lfən(j)u:mérik/-nju:-], **àl·pha·mér·ic** [æ̀lfəmérik] *a.*〘電算機〙文字と数字とを含む.

Al·phé·us [ælfí:əs] *n.*〘ギ神〙川の神.

álp·horn [ǽlphɔ̀:rn] =alpenhorn.

ál·pine [ǽlpain, (米)+-pin] *a.* 高山(性)の; (A〜) アルプス山脈の. 〜 **garden**《ヨーロッパなどの》つき山ふうの庭 (rock garden). 〜 **plants** [**flora**] 高山植物.

ál·pin·ist [ǽlpinist, (米)+-pain-] *n.* 登山家; (A〜) アルプス登山家.

‡**Alps** [ælps] *n. pl.* (the 〜) アルプス山脈.

†**al·réad·y** [ɔ:lrédi] *ad.* **既に**, もう, もはや: He has 〜 gone home. 彼はもう帰宅しました. 〈注〉完了形とともに用いられることが多い. また, この語は主として肯定文に用い, 否定文には主として yet を用いる.

al·right [ɔ:lráit/∠∠, ーー∠] *ad.* =all right. → all. 〈注〉くだけた調子の文にしばしば用いられる.

Al·sace-Lor·ráine [æ̀lseisloréin/æ̀lsæslɔréin] *n.* アルザス ロレーヌ《その所有権をめぐってドイツとフランスがしばしば争ったフランス北東部の地方》.

Al·sá·ti·a [ælséiʃ(i)ə] *n.* **1** フランス北東部 Alsace の旧称. **2** ロンドンの一地区《もと Whitefriars と呼ばれ, 犯罪者・債務者の逃げ場所になっていた》.

Al·sá·ti·an [ælséiʃ(i)ən] *a.* Alsace (人)の; Alsatia の. —— *n.* アルザス人; ドイツ種セパード犬.

†**ál·so** [ɔ́:lsou, (米)+ɔ́lsou] *ad.* **もまた**, やはり, 同様に: I 〜 went. 私も行った. He saw it 〜. 彼もそれを見た; 彼はそれも見た. 〈注〉同義語 too に比べ also はやや堅苦しい語. —— *conj.*〘話〙その上(に).
[<all+so 全く+そのように→同様に]

ál·so-ran [ɔ́:lsouræ̀n] *n.*〘話〙等外馬《競馬で》; 失格選手; 落選(候補)者; 出世しそこねた人.

alt [ælt] *n.*〘楽〙アルト, 中高音. ***in*** 〜 アルトで; 得意になって. ∠·**horn** →別項.

alt. alternate; altitude; alto.

Al·tái [æltái, æltéiai] ***the*** 〜 ***Mountains*** アルタイ山脈.

Al·tá·ic [æltéiik] *n.* アルタイ語族の言語. —— *a.* アルタイ語の; アルタイ山脈の.

ál·tar** [ɔ́:ltər] *n.* **1 祭壇**, 供物壇; 聖餐(せいさん)台. **2** 階段《乾ドックの》. ***lead a woman ***to the*** 〜 (女と)結婚する. [√al- 高いところ]
〜 **boy** 教会の侍者《ミサなどの》. 〜 **cloth** 祭壇掛け. 〜·**piece** [-pi:s] 祭壇の背後と上部の飾り《絵・彫刻・ついたてなど》. ◇ 〜·**age** [-təridʒ] *n.* 供え物;《祭壇上で行なうミサの》謝礼金.

alt·áz·i·muth [æltǽziməθ] *n.*〘天〙経緯儀.

‡**ál·ter** [ɔ́:ltər] *vt.* **1** 〈形・性質などを〉**変える**, 改める; 〈家などを〉改造する; 〈着物を〉仕立て直す; 〈既製服の〉寸法を直す. **2**〘米話〙去勢する.
—— *vi.* **変わる**, 改まる. 〜 ***for the better*** [***worse***] 改善〔改悪〕する, よい〔悪い〕方に向かう. [√alt(e)r-]
◇ 〜·**a·ble** [-tərəbl] *a.* 変える〔改める〕ことができる. **àl·ter·a·bíl·i·ty** [ɔ̀:ltərəbíliti] *n.*
〔類〕→ **change**「変える」

ál·ter·ant [ɔ́:ltərənt] *a., n.* 改変させる(もの・要素).

‡**àl·ter·á·tion** [ɔ̀:ltəréiʃ(ə)n] *n.* **1 変更**, 改変; 改造, 模様替え;《既製服の》寸法直し: There has been an 〜 in our plans. われわれの計画に変更があった. **2** 変化; 変質.

ál·ter·a·tive [ɔ́:ltərèitiv/-rət-] *a.*《体質などを》変える. —— *n.*〘医〙変質剤〔療法〕《からだの機能を徐々に回復させる》.

ál·ter·cate [ɔ́:ltərkèit, (米)+ǽl-] *vi.* 口論〔争論〕する《と *with*》. ◇ **àl·ter·cá·tion** [∠ーkéiʃ(ə)n] *n.*

al·ter e·go [ǽltər-í:gou, -égou] L. (= second self) 第二の我, 分身; 親友.

al·ter i·dem [ǽltər-áidem, (米)+ɔ́:l-] L. (=another self) うり二つのもの, そっくりのもの.

al·tér·nant [ɔ:ltə́:rnənt, (米)+æl-, ∠ーー] *a.* =alternating, alternate[1]. —— *n.*〘言〙交替音〔形〕.

‡**ál·ter·nate**[1] [ɔ́:ltərnit, ǽl-/ɔ:ltə́:nit] *a.* **1 かわるがわるの**, 交互の, 交替の. **2** 互い違いの, 一つおきの: on 〜 days 1日おきに. **3**〘植〙互生の;〘電〙交流の. **4**〘米俗〙副の, 代理の. —— *n.*〘米〙(あらかじめ定めてある) 代理人, 交替者, 代理. [√alt(e)r- 他 (と変わる)]
〜 **angles**〘数〙錯角. 〜 **generation**〘生〙世代交替. 〜 **leaves**〘植〙互生葉.

‡**ál·ter·nate**[2] [ɔ́:ltərnèit, (米)+ǽl-] *vi., vt.* **1 交替する**〔**させる**〕, 交互にあらわれる〔並ぶ〕: Day 〜*s with* night. 夜と昼が交互に来る. Joy and grief 〜 in my breast. 私の胸中は悲喜こもごもだ. **2** 交替〔交互〕に行なう〔用いる〕;《2点・両極などの間を》行きつもどりつする: 〜 *between* laughter and tears あるいは笑いあるいは泣く. **3**〘電〙交流する.

ál·ter·nate·ly [ɔ́:ltərnitli, ǽl-/ɔ:ltə́:nit-] *ad.* 交互に, 交替に, 一つおきに: 〜 work and sleep 働いては眠る. Dark stripes are spaced 〜 *with* light ones. 濃い縞(しま)と薄縞が交互に置かれている.

ál·ter·nat·ing [ɔ́:ltərnèitiŋ, (米)+ǽl-] *a.* 交互の;〘電〙交流の. 〜 **current**〘電〙交流.

àl·ter·ná·tion [ɔ̀:ltərnéiʃ(ə)n, (米)+æ̀l-] *n.* **1** 交互, 交替. **2**〘数〙錯列. **3**〘電〙交番, 交流. 〜 ***of generations*** 世代交替.

***al·tér·na·tive** [ɔ:ltə́:rnətiv, (米)+æl-] *n.* **1 選択の余地**《二つのうちから, ときには三つ以上から》: You have the 〜 *of* fruit or cake. 果物でも菓子でもよい《両方はだめ》. **2 代案**, 代わるべき手段: The 〜 *to* riding is walking. 車がいやなら歩くしかない. We have no 〜 but to work. 働くより仕方がない. **3** (*pl.*) 選択すべき2者: The 〜*s* are death and submission. 死か降伏かのいずれかである.
—— *a.* 二者〔三者〕択一の; 他にとるべき, 代わりの:

The ～ possibilities are neutrality or war. 可能な道は中立か戦争か二つに一つ.
～ **conjunction** 〘文〙選択接続詞《or, either... or... など》. ～ **courses** (右か左かの) 二筋道. ～ **question** 選択疑問(文)《例: Is this a pen or a pencil?》.
◇ ～**·ly** *ad.* 二者択一的に; かわりとして.

ál·ter·na·tor [ɔ́:ltərnèitər, ㊍+ǽl-] *n.* 〘電〙同期発電機.

al·thó [ɔ:lðóu] 〘米〙 =although.

ált·horn [ǽlthɔ:rn] *n.* 〘楽〙アルトホルン《軍楽隊用高音らっぱ. alto horn ともいう》.

‡**al·thóugh** [ɔ:lðóu] *conj.* たとえ…でも, …だけれども, …とはいえ: *A*～ he is rich, he is not happy. 彼は金持ちだけれども幸福でない. He is active ～ he is very old. 彼は非常に年をとっているが, 元気だ. 〈注₁〉 although は though と同義であるが, as though, even though, what though...? などの成句中の though のかわりには用いられない. 〈注₂〉口語的に「でも」を文末におくときには, although は使えない: It's very good. —It's expensive, *though*. とてもいいよ. —でも高いよ. 〈注₃〉その他の点では though と同義であって, やや形式ばった文体や, 主節に先んずる節に多く用いられる傾向がある. 実際にどちらを選ぶかは特に文のリズムによることが多い.

al·tím·e·ter [æltímịtər, ǽltịmì:tər/ǽltịmi:tə] *n.* 高度計; 高角儀.
◇ **al·tím·e·try** [æltímịtri] *n.* 測高法, 高角測法.

ál·ti·tude** [ǽltịt(j)ù:d/-tju:d] *n.* **1** 高さ, 高度; 海抜. **2** (通例 *pl.*) 高所: mountain ～*s* 高い山上. **3** 高い地位. ***at an [***the***] ***～ of*** =***at ～s of*** の高度で. [√al- 育っ(た)→高い]
～ **flight** 高度飛行. ～ **record** 高度記録.
◇ **àl·ti·tú·di·nal** [ˌ--ˊd(ị)n(ə)l] *a.*

ál·to [ǽltou] *n.* (*pl.* ～**s**) 〘楽〙アルト, 中高音《男声最高音部; 女声最低音部》; アルト歌手〔楽器〕.
—— *a.* ～の. ～ **horn** =althorn.

alto- 「高い, 高さ」の意の連結形, 語形成要素.

àl·to·cú·mu·lus [æltokjú:mjụləs] *n.* (*pl.* **-li** [-lài]) 〘気〙高積雲《略 Ac.》.

‡**àl·to·géth·er** [ɔ̀:ltəgéðər] *ad.* **1** 全く, まるで: ～ bad 全くひどい. The troop was ～ destroyed. 部隊は全滅した. **2** 全体で, 合計して: How much ～? みんなでいくら? **3** 全体として, 概して: That is *not* ～ false. 全くうそというわけではない, まんざらうそでもない. **4** ひっくるめて, 要するに: *A*～, I see nothing to regret. 結局のところなにも遺憾な点はない. ***taken*** ～ 全体から見て, 概して, 要するに.
—— *n.* 全体, 全体的効果; (the ～) 〘話〙裸体; (*pl.*) タイツ (tights). ***in the*** ～ すっぱだかで.

al·tóm·e·ter [æltámịtər/-tɔ́m-] =altimeter.

al·to-re·lie·vo [æltourilí:vou] It. *n.* (*pl.* ～*s*) 高肉彫り, 高浮き彫り. → *basso-relievo*.

àl·to·strá·tus [æltostréitəs] *n.* (*pl.* **-ti** [-tai]) 〘気〙高層雲《略 As.》.

al·trí·cial [æltríʃ(ə)l] *a.* 〘鳥〙《ひなが》早産した. ↔ precocial.

ál·tru·ism [ǽltruìz(ə)m] *n.* 愛他〔利他〕主義. ↔ egoism. [√alt(e)r-]

ál·tru·ist [-ist] *n.* 愛他〔利他〕主義者.

àl·tru·ís·tic [æltruístik] *a.* 愛他的, 利他主義の. [√alt(e)r-] ◇ **-ti·cal·ly** *ad.*

ál·u·la [ǽljụlə] *n.* (*pl.* **-lae** [-lì:]) 〘動〙小翼.

ál·um [ǽləm] *n.* 〘化〙ミョウバン.

alum. =aluminum.

a·lú·mi·na [əlú:minə/əljú:m-] *n.* 〘化〙アルミナ, 礬土(ばんど).

àl·u·mín·i·um [æljụmíniəm] 〘英〙 =aluminum.

a·lú·mi·nize [əlú:minàiz/əljú:-] *vt.* アルミニウムで処理する.

a·lú·mi·nous [əlú:minəs/əljú:-] *a.* ミョウバンの〔を含む〕; 礬土(ばんど)質の; アルミニウムの〔を含む〕.

a·lú·mi·num [əlú:minəm/əljú:-] *n.* 〘米〙アルミニウム《記号 Al》. ～ **bronze** 〔**gold**〕アルミ金《アルミニウムと銅の合金》. ～ **oxide** =alumina.

a·lúm·na [əlʌ́mnə] *n.* (*pl.* **-nae** [-ni:]) 女子卒業生. [<L.]

a·lúm·nus [əlʌ́mnəs] *n.* (*pl.* **-ni** [-nai]) 男子卒業生, 校友. 〈注₁〉 alm*a* mater「育ての母 → 母校」に対し alum*nus* は「育てられた (男の) 子」. 〈注₂〉 男女混成の卒業生に対しては男子の複数形 alumni を用いる. [√al-]
alumni association 同窓会.

ál·um·root [ǽləmrù:t] *n.* 〘植〙ユキノシタ属.

ál·u·nite [ǽl(j)unait] *n.* 〘鉱〙ミョウバン石.

al·vé·o·lar [ælví:ələr/-víə-] *a.* **1** 〘医〙歯槽(しそう)の; 肺胞の. **2** 〘音声〙歯ぐき(音)の.
～ **arch** 歯ぐき. ～ **consonant** 〘音声〙歯ぐき音《[t, d, s, n, l] など》. ～ **ridge** 歯槽突起.

al·vé·o·late [ælví:əlèit, -lit] *a.* ハチの巣状の; 気胞のある.

al·vé·o·lus [ælví:ələs/-víə-] *n.* (*pl.* **-li** [-lài]) **1** 《ミツバチの巣のような》穴; 〘医〙小窩(しょうか); 歯槽; 肺胞. **2** (*pl.*) 〘音声〙歯ぐき《上前歯の歯ぐきの裏側》.

ál·vine [ǽlvin, -vain] *a.* 腸の, 下腹の.

ál·way [ɔ́:lwei] 〘古・雅〙 =always.

†**ál·ways** [ɔ́:lwiz, -weiz, -wəz] *ad.* **1** 常に, しじゅう, いつでも, いつも; かねてから(ずっと); いつまでも, 永久に: She ～ works hard. 彼女はいつもよく働く. He is ～ busy. 彼はいつも忙しい. *A*～ tell the truth. いつでもほんとうのことを言いなさい. Once he sets about anything, he ～ carries it through. 彼はなんでもいったんやりだしたら, 必ずやりとおす. He will be remembered ～. 彼は末ながく記憶に残るだろう. She is ～ smiling. 彼女はいつでもにこにこしている. Women are ～ buying hats. It's a bad habit. 女って帽子を買ってばかりいる. 悪い癖だ.
〈注〉 always は「平生の習慣」をあらわすので一般に進行形を伴わない. 進行形は上記最後の 2 例のように continually (しょっちゅう…する) と同義のばあいに限る.
2 〘話〙いつだって, とにかく: There is ～ the hospital. いざとなれば病院があるさ〔病院にはいればいいさ〕. 〈注₁〉 次の違いに注意: always「**常に, いつでも, いつも**」《例外を予想せず》, usually「**普通は, たいていは, いつもは**」《例外を予想》: He *always* comes in time. 彼は**いつ**(で)**も**時間にまにあうようにやってくる. ≒ He *usually* comes in time (, but today he had a trouble on his way). 彼は**いつもは**時間にまにあうようにやってくるのだ (が, きょうは途中で事故にあったのだ). 〈注₂〉 always ≒ all ways: *All ways* have been tried. あらゆる方法が試みられた.
almost [***nearly***] ～ ほとんどいつも, たいてい: His answer is *almost* [*nearly*] ～ correct. 彼の答えはたいていのばあい正しい. 〈注〉 usually に近い.
not ～ ... 常に〔必ずしも〕…とは限らない《部分否定》: The rich are *not* ～ happy. 金持ちが必ず幸福というわけではない. 〈注〉 not necessarily と入れ替えうるばあいが多いが, 本来次の差がある: not necessarily... 必ずしも〔無条件に, いやでも応でも〕…とは限らない: I do*n't* say your idea is *necessarily* wrong. あなたの考えが必ずしもまちがっているとは言わない《「条件しだいでは妥当なのかもしれないが」など》. ≒ not always... 常に…とは限らない: I do*n't* say your idea is *always* wrong. あなたの考えることが, いつもまちがっているとは言わない.

†**am** [æm, 弱 əm] *vi.* (**was**; **been**) be 動詞の直説法現在第一人称単数形.

Am 〘化〙americium. **Am.** America(n).

‡**a.m.** [éiém] 午前《L. *ante meridiem* = before noon の略》: at 5 *a.m.* 午前 5 時に. 〈注〉 必ず数字を伴い, 数字のあとにおかれる. ときに A.M. と大文字も用いられる.

A.M. *Artium Magister* (L. =Master of Arts); =a.m.; amplitude modulation. **AM** amplitude modulation. **A.M.A.** American Medical Association.

àm·a·da·vát [æmədəvæt] *n.* 〘鳥〙インド産鳴禽(きん)の一種《愛がん用》.

á·mah [ɑ́:mə, ㊎⁺ǽmə] *n.* アマ《インドその他の東洋諸国でヨーロッパ人の家庭に雇われたうば・子もり・女中など》.

a·máin [əméin] *ad.* 〘古・雅〙力いっぱいに; 全速力で, まっしぐらに. [<main]

a·mál·gam [əmǽlgəm] *n.* **1** アマルガム《水銀とほかの金属との合金》. **2** 混合〔混成〕物.

a·mál·gam·ate [əmǽlgəmèit] *vt., vi.* **1** アマルガムをつくる. **2** 合同〔合併〕する, 混合〔混交, 融合〕する. ◇ **-a·tive** [-iv] *a.* 合同的な, 融合しやすい. **-a·tor** [-ər] *n.* 合併者; 混交機. **a·màl·gam·á·tion** [–⁻⁻–méiʃ(ə)n] *n.*

a·màn·u·én·sis [əmæ̀njuénsis] *n.* (*pl.* **-ses** [-si:z]) 筆記〔筆耕〕者; 書記. [<L.]

ám·a·ranth [ǽmərænθ] *n.* (*pl.* **～s** [-θs]) **1** 〘雅〙しぼまない花《伝説上の》. **2** 〘植〙アマランス《ヒユ科の観賞植物》. **3** 赤紫色.
◇ **àm·a·rán·thine** [æ̀mərǽnθin, -θain/-θain] *a.* アマランスの(ような); しぼまない; 果てしない; 赤紫色の.

àm·a·rýl·lis [æ̀mərílis] *n.* (*pl.* **～·es** [-lisiz]) **1** 〘植〙アマリリス. **2** (A～) 《牧歌に出てくる》いなか娘, 羊飼いの女.

a·máss [əmǽs] *vt.* 積む; <宝・財産を> 蓄積する. —— *vi.* 積もる; 集まる. [<mass]
◇ **～·ment** *n.* 蓄積, 蓄財.

***ám·a·teur** [ǽmətʃùər, -t(j)ùər/-tə:, -tjuə] *n.* **アマチュア**, しろうと, 愛好家: an ～ of the cinema 映画ファン. ↔ professional. [√am-]
～ **painter** しろうと絵かき. ～ **theatricals** しろうと芝居. ◇ **～·ism** [-tʃù(:)riz(ə)m, -t(j)ù(:)r-/-tə:r-, -tjuər-] *n.* しろうと芸〔道楽〕; アマチュア資格.

àm·a·téur·ish [æ̀mətə́:riʃ, -t(j)ú(:)r-/-tə́:r-, -tjúər-] *a.* しろうとらしい〔くさい〕; へたな.

ám·a·tive [ǽmətiv] *a.* 恋愛の; 好色の.

ám·a·tol [ǽmətɔ̀l, -tòul/-tɔl] *n.* 一種の強力爆薬.

ám·a·to·ry [ǽmətɔ̀:ri/-təri], **àm·a·tó·ri·al** [æ̀mətɔ́:riəl/-tɔ́:r-] *a.* 恋愛の; 好色的な: an ～ look 色っぽい目つき.

àm·au·ró·sis [æ̀mɔ:róusis] *n.* 〘医〙そこひ《黒内障》. ◇ **àm·au·rót·ic** [æ̀mɔ:rɑ́tik/-rɔ́t-] *a.*

‡a·máze [əméiz] *vt.* **驚かせる**, びっくりさせる; あきれさせる. ***be ～d at* [*by*]** …にびっくりする, …にあっけにとられる. ***before* a person's *～d eyes*** (人)があれよあれよと驚く目の前で. —— *n.* 〘雅〙驚き.
◇ **a·máz·ed·ly** [əméizidli, ㊎⁺-zdli] *ad.* 驚いて; あきれて. **a·máz·ed·ness** [-zidnis] *n.*
類 → **surprise**「驚かす」

‡a·máze·ment [əméizmənt] *n.* **驚き**; 〘古〙混乱, 自失. ***in* ～** 驚いて, 驚きあきれて. ***to* one's ～** 驚いたことに.

‡a·máz·ing [əméiziŋ] *a.* **驚くべき**; びっくりするような. ◇ **～·ly** *ad.* 驚くほど; すてきに.

Am·a·zon [ǽməzɑ̀n, -zn/-z(ə)n] *n.* **1** (the ～) アマゾン川《南アメリカにある世界一の大河》. **2** 〘ギ神〙アマゾン《昔, 黒海付近に住んでいたという勇猛な女兵》. **3** 女丈夫; 悍婦(かんぷ).
◇ **Am·a·zó·ni·an** [æ̀məzóuniən] *a.* **1** アマゾン川の. **2** アマゾンのような, 男まさりの.

Amb. ambassador.

‡am·bás·sa·dor [æmbǽsədər] *n.* **大使**; 使節. →embassy, minister. ～ ***extraordinary and plenipotentiary*** 特命全権大使. ***ordinary* [*resident*] ～** 大使, 駐割(ちゅうさつ)大使. ***roving* ～** 移動大使 (=～-at-large).
～-at-lárge 〘米〙移動大使, 特使.
◇ **～·ship** [-ʃip] *n.* ～の職〔資格, 身分, 任期〕.

am·bàs·sa·dó·ri·al [æmbæ̀sədɔ́:riəl/-dɔ́:r-] *a.* 大使の; 使節の.

am·bás·sa·dress [æmbǽsədris] *n.* **1** 婦人大使〔使節〕. **2** 大使夫人.

ám·ber [ǽmbər] *n.* コハク; コハク色.
—— *a.* コハク製の, コハク色の.

ám·ber·gris [ǽmbərgri:s, -gris] *n.* 竜涎(りゅうぜん)香《香水の原料》.

ambi- *pref.*「両側に, まわりに」などの意.

àm·bi·déx·ter [æ̀mbidékstər] *a., n.* **1** 両手ききの(人). **2** 二心のある(人). ◇ **-trous** [-trəs] *a.* **àm·bi·dex·tér·i·ty** [-dekstériti] *n.*

ám·bi·ence, ám·bi·ance [ǽmbiəns] *n.* 環境; 《場所の》ふんい気. [ambi-+√i-]

ám·bi·ent [ǽmbiənt] *a.* **1** 囲む, まわりの. **2** 《空気などが》循環する.

àm·bi·gú·i·ty [æ̀mbigjú:iti] *n.* **1** あいまい(さ), 不明瞭(ふめいりょう). **2** 両義; 多義《一つの語句が同時に多くの意味にとれること》. **3** あいまいな表現〔語句〕.

am·bíg·u·ous [æmbígjuəs] *a.* あいまいな, 不確かな, 不明瞭な; 多義にとれる. [ambi-+√ag- 両方へ+はたらく→両義にとれる] ◇ **～·ly** *ad.* **～·ness** *n.*

ám·bit [ǽmbit] *n.* 周囲; 境界; 範囲, 区域.

‡am·bí·tion [æmbíʃ(ə)n] *n.* **1 野心, 熱望**《に対する *for*》; 功名心, 権力欲. **2 大志**, 向上心, 《仕事などの》意欲. **3** 野心〔熱望〕の的: The crown was his ～. 王位が彼の野望の的だった. —— *vt.* 〘米〙熱望する. [ambi-+√i-(好意・票を求めて)周囲を+巡る] ◇ **～·less** *a.*

‡am·bí·tious [æmbíʃəs] *a.* **1 野心〔大望〕ある** 《*for*》. **2** 《仕事など》野心的な, 大がかりの; 《文体など》はでな. **3** 熱望する《を *of*; *to* (do)》.
◇ **～·ly** *ad.* **～·ness** *n.*

am·bív·a·lence [æmbívələns, ㊎⁺æ̀mbivéil-] *n.* 〘心〙反対感情両立《同一の対象に対して愛憎など相反する感情を同時にいだくこと》. [ambi-+√val-]
◇ **am·bív·a·lent** [-lənt] *a.*

ám·bi·vert [ǽmbivə̀:rt] *n.* 〘心〙両向性性格者《内向性と外向性の中間の人》.

ám·ble [ǽmbl] *n.* アンブル, 側対歩《馬が前後の足を片側ずつ同時に上げて歩くこと》. —— *vi.* <馬が>側対歩で歩く; <人が> ゆっくり歩く《***along, about***》.

ám·bler [ǽmblər] *n.* 側対歩で歩く馬; ゆっくり歩く人.

àm·bly·ó·pi·a [æ̀mblióupiə] *n.* 〘医〙弱視.
◇ **àm·bly·óp·ic** [-ɑ́pik/-ɔ́p-] *a.*

ám·bo [ǽmbou] *n.* (*pl.* **～s**) 典書台《初期キリスト教会で福音書などを読み上げるに用いた》.

am·bró·si·a [æmbróuʒ(i)ə/-zjə] *n.* **1** 〘ギ・ロ神〙神々の食物, 神饌(しんせん)《不老不死を与える》. **2** 美味(のもの), 佳香(のもの), 味〔かおり〕のよいもの. **3** 《詩・音楽などの》佳編, 絶品. **4** ミツバチの食料 (bee-bread). ◇ **～l, ～n** *a.* **1** 神饌の; きわめて美味な, 芳香馥郁(ふくいく)たる. **2** 〘雅〙こうごうしい.

ám·bro·type [ǽmbrətàip] *n.* こまどり写真《裏に黒い物を置くと陽画のように見える陰画》.

ám·bry [ǽmbri] *n.* **1** 〘古〙戸だな, 食器だな. **2** 《教会堂の》聖物戸だな.

ámbs·ace [éimzèis, ǽmz-] *n.* **1** ぴんぞろ《二つのさいころで両方とも aceが出ることで, いちばん悪い目》; 貧乏くじ, 不運. **2** わずかな時間〔距離〕.

***ám·bu·lance** [ǽmbjuləns] *n.* **1 野戦病院; 傷病者運搬車. 2 救急車.** [√ambul-]
～ **chaser** 〘米俗〙交通事故を商売のたねにする弁護士. ～ **corps** 野戦衛生隊.

ám·bu·lant [ǽmbjulənt] *a.* 移動する, 歩行できる; 〘医〙転移性の. [√ambul-]

ám·bu·late [ǽmbjulèit] *vi.* 移動する; 歩行する.
◇ **àm·bu·lá·tion** [æ̀mbjuléiʃ(ə)n] *n.*

ám·bu·la·to·ry [ǽmbjulətɔ̀:ri/-təri] *a.* **1** 歩行(用)の; 移動性の; 〘医〙《ベッドから離れて》歩行でき

る. **2**〘法〙変更可能の. **——** *n.* 歩廊, 回廊.
ám·bur·y [ǽmbəri] =anbury.
àm·bus·cáde [æ̀mbəskéid] =ambush.
ám·bush [ǽmbuʃ] *n.* 待ち伏せ; 待ち伏せの場所; 伏兵. ***fall into an* ～** 待ち伏せにあう. ***lay*〔*make*〕 *an* ～** 待ち伏せする《を *for*》. ***lie*〔*hide*〕 *in* ～** 待ち伏せする. **——** *vi.* 待ち伏せする. **——** *vt.* **1** 待ち伏せして襲う: be ～*ed* 待ち伏せをくらう. **2** 待ち伏せさせる: ～*ed* troops 伏兵. [＜bush 茂み]
A.M.D.G. *ad majorem Dei gloriam* (L.=to the greater glory of God).
a·mé·ba =amoeba.
âme damnée [ɑːmdɑːnéi, ㊮⁺－－´－] F. 盲従者, 手先, 子分.
a·méer [əmíər] =amir.
a·mél·io·ra·ble [əmíːljərəbl] *a.* 改良〔改善〕できる.
a·mél·io·rate [əmíːljərèit] *vt.* 改良〔改善〕する. **——** *vi.* よくなる. [√melior-] ↔ deteriorate.
◇ **a·mél·io·ra·tive** [-rèitiv/-rət-] *a.*
a·mèl·io·rá·tion [əmìːljəréiʃ(ə)n] *n.* 改良, 改善; 改正, 修正.
á·mén [éimén, ɑ́ːmén] *int.* アーメン (=So be it. かくあらせたまえ)《キリスト教徒が祈禱(きとう)の終わりに唱える語》. ***say* ～ *to*** に同意〔賛成〕する.
～ corner〘米〙説教壇に近い席《熱心な信者がすわる》.
A·men [ɑ́ːmən] *n.* 古代エジプトの太陽神.
a·mé·na·ble [əmíːnəbl, ㊮⁺əmén-] *a.* **1**《忠告などに》従順な, すなおな, たやすく受け入れる: ～ *to* persuasion 説得に快く従う. ～ *to* flattery おせじをすぐ真に受ける. **2** 法的に義務のある: ～ *for* one's debt 債務がある. **3**《非難などを受ける》余地のある: You are ～ *to* their criticism. きみにも非難されるふしがある. [√min-³]
◇ **-bly** *ad.* 従順に《に *to*》. **a·mè·na·bíl·i·ty** [əmìːnəbíliti, ㊮⁺əmèn-] *n.*
‡a·ménd [əménd] *vt.* **1** 〈議案などを〉**改正する**, 修正する. **2** 〈行ない・あやまちなどを〉**改める**, 直す: ～ one's way of living 更生する. **——** *vi.* 改まる, 改心する. [mend と同語源]
◇ **～·a·ble** *a.* **～·a·to·ry** [-ətɔ̀ːri/-ətəri] *a.*〘米〙改正〔修正〕的. 〖類〗→ **reform**「改良する」
a·mende ho·no·ra·ble [əméndɑ́nərəbl/æmɑ̃ːdɔnɔːrɑ́ːbl] F. 公式の陳謝〔賠償〕.
a·ménd·ment [əméndmənt] *n.* **1** 改正, 修正: There have been many ～*s to* the Constitution. 憲法には多くの修正が加えられてきた. **2** 改正〔修正〕条項. ***the A～s***《アメリカ憲法の》補則.
a·ménds [əméndz] *n. pl.*《単数・複数扱い》償い, 損害賠償. ***make* ～ *for*** を償う, を埋め合わせる.
a·mén·i·ty [əméniti, əmíːn-] *n.* **1**《場所・気候などの》ここちよさ;《人の》感じのよさ. **2** (*pl.*) 生活を快適にする事柄, 楽しみ, 快楽;《交際上の》礼儀.
a·mèn·or·rhé·a, a·mèn·or·rhóe·a [əmènəríːə, eimènə-] *n.*〘医〙月経不順〔閉止〕.
a men·sa et tho·ro [ei-ménsə-et-θóːrou/-θɔ́ːr-], ***a men·sa et to·ro*** [-tóːrou/-tɔ́ːr-] L. (=away from board and bed) 夫婦別居して.
ám·ent[1] [ǽmənt, éim-/əmént] *n.*〘植〙尾状花序.
á·ment[2] [éimənt] *n.* 精神薄弱児.
a·mén·ti·a [eiménʃiə/əm-] *n.* 白痴, 精神薄弱.
Amer. America; American.
a·mérce [əmə́ːrs] *vt.* に罰金を科する, 罰する《法規に定めなく, 裁量により》: ～ a person *of* a day's wages 1 日分の罰俸(ばっぽう)を科する.
◇ **～·ment** *n.* 罰金(刑). **a·mérce·a·ble** [əmə́ːrsəbl], ㊮ **a·mér·ci·a·ble** [-siəbl] *a.* 罰(金)を科されるべき.
†A·mér·i·ca [əmérikə] *n.* **1 アメリカ**(合衆国) (United States). **2** アメリカ大陸《南北アメリカ》; 北アメリカ, 南アメリカ. ***the* ～*s*** 南北(中央)アメリカ. [イタリアの航海探検家 *Americus* Vespucius より]
～ First Party, the アメリカ第一党《1942 年結成. 孤立主義・人種差別主義を掲げる》.
†A·mér·i·can [əmérik(ə)n] *a.* **アメリカの**, アメリカ人の, アメリカ原住民の.
—— *n.* **1** アメリカ人《アメリカ合衆国人またはアメリカ大陸の住民》; アメリカ原住民. **2** アメリカ(英)語, 米語.
～ aloe〘植〙リュウゼツラン. **～ Beauty**〘植〙赤いバラの一種《アメリカ産》. **～ eagle**〘鳥〙ハゲワシ《アメリカの国章》. **～ ivy**〘植〙アメリカツタ. **～ Legion, the** アメリカ在郷軍人会. **～ plan** アメリカ式《ホテル代にへや代と食費を含める方式》. **～ Revolution, the** = Revolution War. **～ shoulder** 角ばっていかつく仕立てた服の肩.
A·mèr·i·cá·na [əmèrikéinə, -kǽnə, -kɑ́ːnə/-kɑ́ːnə] *n. pl.* アメリカに関する文献; アメリカ風物(誌), アメリカ事情.
A·mér·i·can·ism [əmérikəniz(ə)m] *n.* **1** アメリカ伝統〔制度〕の尊重; アメリカびいき. **2** アメリカかたぎ, アメリカ風. **3** 英語中アメリカ特有の語〔語法〕, アメリカなまり, 米語.
A·mér·i·can·ist [-kənist] *n.* **1** アメリカ学者. **2** アメリカインディアン学者. **3** アメリカびいき, 親米主義者.
A·mér·i·can·ize [əmérikənàiz] *vt., vi.* **1** アメリカに帰化させる〔する〕; アメリカ風にする〔なる〕, アメリカ化する. **2** 米語を使う. ◇ **A·mèr·i·can·i·zá·tion** [əmèrikənizéiʃ(ə)n, -naiz-] *n.*
àm·er·í·ci·um [æ̀məríʃiəm, -siəm] *n.*〘化〙アメリシウム《放射性元素. 記号 Am》.
Am·er·ind [ǽmərìnd] *n.* アメリカ原住民.
◇ **Am·er·ín·di·an** [æ̀mərίndiən] *n., a.* アメリカ原住民(の).
ámes·ace [éimzèis, ǽmz-] =ambsace.
ám·e·thyst [ǽmiθist] *n.*〘鉱〙紫水晶; 紫色.
◇ **àm·e·thýs·tine** [æ̀miθístain, ㊮⁺-tin] *a.*
Am·hár·ic [æmhǽrik] *n.* アムハラ (Amhara) 語《エチオピアの公用語》.
à·mi·a·bíl·i·ty [èimiəbíliti] *n.* あいきょう; 親愛感; やさしさ, 親切; 温和.
á·mi·a·ble [éimiəbl] *a.* 人好きのする; やさしい, 親切な. ***make oneself* ～ *to*** a person (人)にあいそよくする. [√am-]
◇ **～·ness** *n.* **-bly** *ad.* あいそよく; やさしく.
àm·i·án·thus [æ̀miǽnθəs], **-tus** [-təs] *n.*〘鉱〙石綿の一種.
àm·i·ca·bíl·i·ty [æ̀mikəbíliti] *n.* 友好; 親善, 親睦(しんぼく); 親善的行為.
ám·i·ca·ble [ǽmikəbl] *a.* 友好的な, 平和な: an ～ settlement 円満解決, 和解. [√am-]
◇ **～·ness** *n.* **-bly** *ad.*
ám·ice[1] [ǽmis] *n.* カトリックの司祭がミサのとき肩にかける長方形の白布《昔は頭にかけた》.
ám·ice[2] *n.*《昔僧が用いた》前に長いたれのある毛皮裏付きのずきん.
a·mi·cus cu·ri·ae [əmái-kəs-kjú(ː)riìː, əmíːkəs-kjú(ː)-riài/əmáikəs-kjúəriiː] L. (=friend of the court) 法廷顧問〔参考人〕.

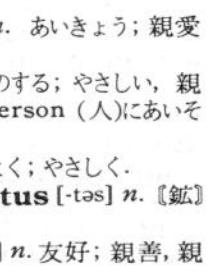

amice¹

‡a·míd [əmíd] *prep.* **1** …**のまん中に**, …に囲まれて. **2** …の間に, …に混ざって. **3** …のまっ最中に.
ám·ide [ǽmaid, ㊮⁺ǽmid] *n.*〘化〙アミド.
a·míd·ship(s) [əmídʃip(s)] *ad.* 船の中央に.
a·mídst [əmídst] =amid.
a·mie [F. ami] *n.* (*pl.* **～s** [ami]) 女友だち,《女性の》恋人. [＜F.]
a·mi·go [ɑːmíːgou] Sp. *n.* (*pl.* **～*s***)〘米〙友, 仲間.

a·míne [əmíːn, ǽmin/ǽmain] *n.* 〘化〙アミン.

a·mí·no [əmíːnou, ㊎⁺ǽmịnòu] amine の意で合成語の第一要素. **～ acid** 〘化〙アミノ酸.

a·mír [əmíər] *n.* 回教国の王〔貴族〕(=ameer).

Am·ish [ǽmiʃ, ɑ́ːmiʃ] *n.* (*pl.* **～**) 〘米〙メノ(Menno)派の教徒. →Mennonite.

a·míss [əmís] *ad., a.* **1** まちがって, まずく, ぐあい悪く: speak ～ 言いそこなう. **2**《叙述的に》不都合〔不適当〕で, 悪くて: It would not be ～ to do so. そうするのも悪くなかろう. What's ～ *with* it? それのどこが悪いのか. ***come*** **～** 思わしくない, 故障を起こす: Nothing *comes* ～ *to* him. あの男はどんなことでもうまく処理してしまう. ***do*** **～** やりそこなう. ***go*** **～** 〈事が〉うまくゆかない. ***not*** **～** 悪くない, ちょっといける: She is *not* ～. なかなかの器量よしだ. ***Nothing comes ～ to a hungry man.*** 〘諺〙すき腹にまずい物なし. ***take*** a thing **～** (ことを)悪くとる, (あることに)気を悪くする: Don't *take* it ～. 悪くとらないでください. [<miss²]

Am·i·tá·bha [æ̀mịtɑ́ːbə] *n.* 阿彌陀(あみだ).

àm·i·tó·sis [æ̀mịtóusis, ㊎⁺èimài-] *n.* 〘生〙(細胞の)無糸分裂.

ám·i·ty [ǽmịti] *n.* 友好, 親善(関係). ***in ～ with*** と友好的に, と仲よく. [√am-]

A.M.M. anti-missile missile.

Am·man [ɑ́ːmmɑːn, æmmǽn/æmɑ́ːn] *n.* アンマン《中東の王国 Jordan の首都》.

ám·me·ter [ǽ(m)mìːtər/ǽmitə] *n.* 電流計, アンペア計. [<*ampere*+*meter*]

ám·mo [ǽmou] *n.* 〘俗〙=ammunition.

Am·mon [ǽmən] *n.* アモン《古代エジプトの太陽神》.

ám·mo·nal [ǽmənæ̀l/-nəl] *n.* アンモナル《強力な爆薬の一種》.

am·mó·nia [əmóunjə, -niə] *n.* 〘化〙アンモニア; アンモニア溶液 (=～ water, liquid ～).

am·mó·ni·ac [əmóuniæ̀k] *a.* アンモニア(性)の, アンモニアを含んだ. **——** *n.* アンモニアゴム (=gum ～). ***sal*** **～** 塩化アンモニア.

àm·mo·ní·a·cal [æ̀mənáiək(ə)l] *a.* =ammoniac.

am·mó·ni·ate [əmóunièit] *vt.* アンモニアと化合させる, アンモニアで処理する.

ám·mo·nite¹ [ǽmənàit] *n.* 〘古生〙アンモン貝, 菊石.

ám·mo·nite² *n.* アンモニア肥料.

am·mó·ni·um [əmóuniəm] *n.* 〘化〙アンモニウム. **～ chloride** 塩化アンモニウム. **～ hydroxide** 水酸化アンモニウム. **～ nitrate** 硝酸アンモニウム, 硝安. **～ sulfate** 硫酸アンモニウム, 硫安.

àm·mu·ní·tion [æ̀mjụníʃ(ə)n] *n.* **1** 弾薬. **2** 戦闘用具. **3** 軍需品. **4** 〘話〙説得力などを増すための知識・情報・助言など: Give me some ～ for a speech. スピーチのための材料をくれないか. **——** *vt.* に弾薬〔軍需品〕を供給する. [比較 munition] **～ belt** 弾薬帯. **～ boots** 軍用くつ. **～ box** 〔**chest**〕弾薬箱. **～ bread** 軍用パン. **～ industry** 軍需産業.

am·né·si·a [æmníːʒ(i)ə/-zjə] *n.* 〘医〙記憶(力)喪失, 健忘症.

ám·nes·ty [ǽmnèsti, -nịs-] *n.* 恩赦, 大赦, 特赦. **——** *vt.* 恩赦〔大赦, 特赦〕する.

ám·ni·on [ǽmniən] *n.* (*pl.* **-ons, -a** [-niə]) 〘医〙羊膜《胎児を包む膜》.

a·móe·ba [əmíːbə] *n.* (*pl.* **-bae** [-biː], **-bas**) 〘動〙アメーバ; 〘俗〙ろくでなし, 最低のやつ. ◇ **～·like** *a.*

àm·oe·báe·an, àm·oe·bé·an [æ̀mibíːən] *a.* 応答体の, 対話体の.

a·móe·bic [əmíːbik] *a.* アメーバ(性)の. **～ dysentery** アメーバ赤痢.

a·móe·boid [əmíːbɔid] *a.* アメーバのような.

a·mók [əmʌ́k, əmɑ́k/əmɔ́k] =amuck.

a·mó·le [əmóulei, ɑː-] *n.* アモーリ《アメリカ南西部産植物の根でせっけんの代用にする》. [<Sp.]

A·mon [ɑ́ːmən] =Ammon.

†a·móng [əmʌ́ŋ] *prep.* **1** …**の間に**〔**で**〕, …に囲まれて《三つまたはそれ以上のものについて》: ～ the trees 〔children〕木〔子ども〕に囲まれて. fall ～ thieves 賊の手中に陥る. **2** …**のなかに**〔**で**〕; …の数〔仲間〕のうちに: That is ～ the things we shouldn't do. やってはならないことの一つだ. He is numbered ～ her friends. 彼は彼女の友人のひとりだ. **3** …のあいだで互いに; …の協力によって, …がそろって(も): You will spoil him ～ you. あなたがたはみんなしてあの人を甘やかしてしまう. Do it ～ you. きみたちで協力してやってみたまえ. They don't have fifty dollars ～ them. 皆で出し合っても 50 ドルと持っていない. **4** …のあいだで各自に: Divide these ～ you seven. きみたち 7 人でこれを分けなさい. **5** …のあいだ全体にわたって: popular ～ the girls 娘たちに人気がある. →between.

～ others 〔***other things***〕(1) 数あるなかで, とりわけ, なかんずく. (2)なかに加わって, 仲間になって. ***～ the missing*** 〘米〙ゆくえ不明者のうちに. ***～ themselves*** 〔***ourselves, yourselves***〕(1) 内輪どうしで: settle it 〔quarrel〕～ *themselves* 仲間どうしで解決〔けんか〕する. (2) 内密に. ***～ the rest*** (1) なかでも, なかんずく. (2) そのなかのひとり〔一つ〕で: Five were rescued, myself ～ *the rest*. 私を含めて5人救出された. ***from ～*** …のなかから: *from* ～ the crowd 群衆のなかから. ***one ～ a thousand*** 千人にひとり.

a·móngst [əmʌ́ŋst, -ŋkst] =among.

a·mór·al [eimɔ́ːrəl, æ-, -mɑ́r-/-mɔ́rəl] *a.* 没〔超〕道徳の, 道徳に無関係の. ≒ immoral. ◇ **～·ly** *ad.* **à·mo·rál·i·ty** [èimərǽlịti, æm-] *n.*

ám·o·rist [ǽmərist] *n.* 恋にふける人, 好色家; 恋愛文学作者.

ám·o·rous [ǽmərəs] *a.* **1** 恋にもろい, 多情な; 好色な. **2** 恋している, 恋愛中の《を, と *of*》. **3** 恋慕をこめた〔示す〕, なまめかしい: ～ glances 色目, 流し目. **4** 恋愛の: an ～ song 恋歌. [√am-] ◇ **～·ly** *ad.* 好色的に; なまめかしく. **～·ness** *n.*

a·mor pa·tri·ae [éimɔːr-péitriiː/-triː] L. (=love of fatherland) 祖国愛, 愛国心.

a·mór·phism [əmɔ́ːrfiz(ə)m] *n.* **1** 無定形; 非結晶; 無組織. **2** 虚無主義.

a·mór·phous [əmɔ́ːrfəs] *a.* 無定形の; 無組織の; 特性のない; 〘鉱〙非結晶の.

ám·or·tize, -tise [ǽmərtàiz, əmɔ́ːrt-/əmɔ́ːt-] *vt.* 〘経〙〈負債を〉(定期)返還〔償還〕する; 〘英: 法〙〈不動産を〉法人に譲渡する. ◇ **～·ment** [ǽmərtàizmənt, əmɔ́ːrtiz-/əmɔ́ːtiz-] *n.* **àm·or·ti·zá·tion, àm·or·ti·sá·tion** [æ̀mərtịzéiʃ(ə)n, əmɔ́ːrtị-, ㊎⁺-taiz-] *n.*

A·mos [éiməs/-mɔs] *n.* 〘宗〙アモス《ヘブライの預言者》; アモス書《旧約聖書中の》.

‡a·móunt [əmáunt] *vi.* **1** 〈総計・金額が〉《…に》**なる, 総計**《…に》**達する**《に *to*》: ～ *to* fifty dollars 50ドルになる. **2** 等しくなる, 結局《…と》なる; 《…と》同然である《に, と *to*》: These conditions ～ *to* refusal. この条件では拒絶に等しい. It ～*s to* this 〔the same thing〕. それはつまりこういうこと〔おなじこと〕になる. **3** 《ある状態に》達する, なる: With his intelligence he should ～ *to* something when he grows up. 彼の聡明(そうめい)さをもってすれば成人のあかつきには当然ひとかどの人物になるだろう. ***～ to much*** 〔***little***〕たいしたものだ〔つまらないものだ〕.

—— *n.* **1** 総計, 総額. **2** 量, 額. **3** 《貸し金の》元利合計. **4** 要旨, 帰するところ. ***a large ～*** 〔***an ～***〕***of*** work 大量の(仕事). ***any ～ of*** いくらたくさんの…(でも); とてもたくさんの. ***in ～*** 総計, 締めて; 要するに. ***to the ～ of*** ten thousand yen (1万円)まで; 計(1万円)の.

[<ad-+mount 山へ登る →…に達する]

a·mour [əmúər, æ-] F. *n.* 恋愛; 密通.

a·mour-pro·pre [ǽmùərprɔ́:pr/ǽmuəprɔ́pr] F. *n.* 自尊〔自負〕心; うぬぼれ.

amp [æmp] *n.* 〘話〙 増幅器, アンプ(=amplifier).

amp. amperage; ampere.

àm·pe·lóp·sis [æ̀mpilápsis/-lɔ́p-] *n.* 〘植〙 ノブドウ属の植物; ツタ・ヤブガラシの類.

am·pér·age [æmpí(:)ridʒ, -pé(:)r-/-pέər-] *n.* 〘電〙 アンペア数.

ám·pere, *am·père* [ǽmpiər, ─ˊ/ǽmpεə] *n.* 〘電〙 アンペア《電流の単位》. **～-hóur** アンペア時. **～ turn** アンペアターン, アンペア回数.

ám·per·sand [ǽmpərsæ̀nd, ㊊ˊ─ˊ] *n.* & という文字の呼び名《アルファベットの最後に "and per se and"「そして独立して and の記号」と称して & を掲げたことから》.

am·phét·a·mine [æmfétəmì:n] *n.* 〘薬〙 アンフェタミン《吸入薬などに用いる》.

amphi- *pref.* 「両側に, 周囲に」「両様の」の意.

Am·phíb·i·a [æmfíbiə] *n. pl.* 〘動〙 両棲(りょうせい)類.

am·phíb·i·an [æmfíbiən] *a.* 水陸両棲〔両用〕の. ── *n.* 両棲動〔植〕物; 水陸両用飛行機〔戦車〕.

am·phíb·i·ous [æmfíbiəs] *a.* 水陸両棲〔両用〕の; 《比喩的》 二重人格の; 〘軍〙 陸海共同の. [√bi-]

◇ **～·ly** *ad.* **～·ness** *n.*

ám·phi·bole [ǽmfibòul] *n.* 〘鉱〙 角セン石.

àm·phi·ból·o·gy [æ̀mfibálədʒi/-bɔ́l-] *n.* あいまい《特に文法構造にもとづく》; あいまいな語法〔語句〕.

am·phíb·o·lous [æmfíbələs] *a.* あいまいな, 両義の.

ám·phi·brach [ǽmfibræ̀k] *n.* 〘韻〙 弱強弱格《×ˊ×》; 短長短格《⏑—⏑》.

ám·phi·go·ry [ǽmfigò:ri/-gəri], **àm·phi·góu·ri** [æ̀mfigú(:)ri/-gúəri] *n.* 無意味な文〔詩〕.

àm·phi·míx·is [æ̀mfimíksis] *n.* 〘生〙 両性混合; 交配.

àm·phi·óx·us [æ̀mfiáksəs/-ɔ́k-] *n.* 〘動〙 ナメクジウオ.

àm·phi·pró·style [æ̀mfipróustail, ㊊+æmfíprə-] *n.* 〘建〙 両向拝式, 妻柱造り.

àm·phis·báe·na [æ̀mfisbí:nə] *n.* **1** 〘ギ・ロ神〙 からだの両端に頭のあるヘビ《伝説上の》. **2** 〘動〙 無足トカゲ《南アメリカ・西インド産》.

ám·phi·thè·a·ter, ㊊-tre [ǽmfiθì:ətər/-θìətə] *n.* **1** 段丘に囲まれた円形〔長円形〕の平地; 《古代ローマの》 円形演技場, 闘技場. **2** 《劇場の》 ひな壇式観覧席; 〘米〙 階段教室.

◇ **àm·phi·the·át·ric** [æ̀mfiθiǽtrik], **àm·phi·the·át·ri·cal** *a.*

àm·phi·thé·a·tral [æ̀mfiθí:ətrəl/-θíətrəl] = amphitheatrical.

Am·phít·ry·on [æmfítriən] *n.* (もてなしのよい)主人, 接待役《Molière 作の喜劇の登場人物から》.

ám·pho·ra [ǽmfərə] *n.* (*pl.* **-rae** [-ri:]) 両手つきのつぼ《古代ギリシア・ローマの》.

am·phór·ic [æmfɔ́:rik/-fɔ́r-] *a.* 〘医〙 空洞(くうどう)音の.

‡**ám·ple** [ǽmpl] *a.* **1 広大な**, 広い, 手広い. **2 十分な**, ありあまるほどの, 豊富な, 多量の: an ～ supply of water 豊富に使える水. There was ～ room for them in the boat. 小舟には十分彼らの乗れる余地があった. ↔ scanty. ***do ～ justice to a meal*** ごちそうを残さず平らげる.

◇ **～·ness** *n.*

àm·pli·fi·cá·tion [æ̀mplifikéiʃ(ə)n] *n.* 拡大; 敷衍(ふえん), 詳説; 〘論〙 拡充; 〘電〙 増幅; 〘光〙 倍率.

ám·pli·fi·er [ǽmplifàiər] *n.* 〘電〙 増幅器, アンプ; 拡声器; 媒レンズ, 拡大鏡.

‡**ám·pli·fy** [ǽmplifài] *vt.* **拡大する**; 〘電〙 増幅する. ── *vi.* **1** 拡大する. **2** 敷衍(ふえん)する, 詳説する《を *on*》.

ám·pli·tude [ǽmplit(j)ù:d/-tju:d] *n.* **1** 広さ, 幅; 大きさ; 豊かさ. **2** 〘物〙 振幅; 〘軍〙 《火器の》 射程, 弾着距離; 〘数〙 《図形の》 幅, 角幅; 〘天〙 《天体の》 出没点と真東〔真西〕との角距離, 角径. **～ modulation** 〘電〙 振幅変調《略 A.M.》.

ám·ply [ǽmpli] *ad.* 広く; 豊かに, たっぷり, 十分に; 詳細に.

ám·poule [ǽmpu:l], **ám·pule** [ǽmpju:l] *n.* アンプル《注射薬のはいった小びん》.

am·púl·la [æmpʌ́lə/-púlə] *n.* (*pl.* **-lae** [-li:]) 〘古ローマ〙 両手つき細首円形のつぼ; 〘宗〙 聖油〔聖酒〕入れ; 〘医〙 びん状部, 内耳びん.

àm·pul·lá·ceous [æ̀mpəléiʃəs] *a.* つぼ状にふくれた.

ám·pu·tate [ǽmpjutèit] *vt.* **1** 〈手足などを〉 切断する; の手足を切断する. **2** 削除する, 切り取る.

◇ **-ta·tor** [-ər] *n.* 切断手術者, 切断器. **àm·pu·tá·tion** [æ̀mpjutéiʃ(ə)n] *n.* 切断(手術).

àm·pu·tée [æ̀mpjutí:] *n.* 《手足の》 切断手術を受けた人.

Am·ster·dàm [ǽmstərdæ̀m/-dǽm] *n.* アムステルダム《オランダの首都》.

amt. amount.

ám·trac, ám·track [ǽmtræ̀k] *n.* 〘軍俗〙 水陸両用牽引(けんいん)車.

a·múck [əmʌ́k] *ad.* あばれ狂って. ***run ～*** 狂気のように走りまわる, 乱暴狼藉(ろうぜき)の限りを尽くす.

ám·u·let [ǽmjulit] *n.* お守り, 魔よけ.

A·múr [ɑ:múər] *n.* (the ～) アムール川《黒竜江》.

‡**a·múse** [əmjú:z] *vt.* **1 楽しませる**, おもしろがらせる; の気を晴らす, の笑いを誘う. **2** 〈暇な時を〉 楽しくすごさせる. **3** 〘古〙 だます, たばかる. **～ one*self* *by* 〔*with*〕 (do)*ing*** …をして楽しむ. ***be ～d at* 〔*by, with*〕** を見て〔聞いて, して〕おもしろがる. ***You ～ me.*** ばからしいぞ, 笑わせるね.

◇ **a·mús·a·ble** *a.* **a·mús·er** *n.*

a·músed [əmjú:zd] *a.* **1** 楽しんでいる: an ～ audience おもしろそうに聞き入っている人たち. **2** 楽しそうな: an ～ expression 興味ぶかそうな顔つき. **3** 陽気な. ◇ **a·mús·ed·ly** [-zidli] *ad.*

‡**a·múse·ment** [əmjú:zmənt] *n.* **1 楽しみ**, 気晴らし. **2 娯楽(物)**, 遊戯. **3** (*pl.*) 催し物, 余興. **～ park** 〘米〙 遊園地. **～ tax** 遊興税.

類 → **game**「遊戯」

‡**a·mús·ing** [əmjú:ziŋ] *a.* **楽しませる**, **おもしろい**; 気晴らしになる, 愉快な: an ～ speaker 話しじょうず.

◇ **～·ly** *ad.* 楽しそうに.

類 → **interesting**「おもしろい」

a·mú·sive [əmjú:ziv] *a.* 〘稀〙 楽しい, おもしろい.

a·mýg·da·la [əmígdələ] *n.* (*pl.* **-lae** [-lì:]) **1** 〘植〙 ハタンキョウ. **2** 〘医〙 へんとうせん.

◇ **-late** [-lit, -lèit], **àm·yg·dál·ic** [æ̀migdǽlik] *a.* ハタンキョウの(ような).

ám·yl [ǽmil] *n.* 〘化〙 アミル. **～ alcohol** アミルアルコール.

àm·y·lá·ceous [æ̀miléiʃəs] *a.* でんぷん(質)の.

ám·y·lase [ǽmilèis] *n.* 〘生化〙 アミラーゼ《でんぷん糖化酵素》.

ám·y·loid [ǽmilɔ̀id] *n.* 〘化〙 アミロイド, でんぷん体.

àm·y·lól·y·sis [æ̀milálisis/-lɔ́l-] *n.* 〘生化〙 でんぷんの糖化.

àm·y·lóp·sin [æ̀milápsin/-lɔ́p-] *n.* 〘生化〙 アミロプシン《膵液(すいえき)中の糖化素》.

†**an**[1] → 枠付 a, an. (p. 2)

an[2] [æn, 弱 ən] *conj.* **1** 〘方〙 =and. **2** 〘古〙 =if.

an- *pref.* **1** ad- の n の前の異形: *an*nounce <ad- + nounce に向かって+言う. **2** a-[4] の母音の前の異形: *an*archy <an- + archy 無+政府状態.

-an [-ən] *suf.* **1** 人名・地名などにつけて「…の, …に属する, …に関係する」の意の形容詞をつくる《しばしば名詞としても用いられる》: Americ*an*, Elizabeth*an*, republic*an*. **2** 人名・地名以外の名詞につけても用いられる: histori*an*, theologi*an*.

an. *anno* (L. =in the year); anonymous.

A.N., A.-N. Anglo-Norman.

á·na [éinə, á:nə/á:nə] *n.* 《特定の人・物・場所についての》雑録, 逸話集; 名言集, 語録.
ana- *pref.*「上, 後, 再」「分離, ばらばらに」などの意《母音の前では an-》: *ana*lysis 解剖<ana-+√ly-+-sis ばらばらに+ほどく+こと.
-á·na [-éinə, -ǽnə, -á:nə/-á:nə] *suf.* 人名・地名などにつけて「…文献(集)」「…事情, …風物」の意: Shakespeari*ana* シェイクスピア文献. Americ*ana* アメリカ事情.
àn·a·báp·tism [æ̀nəbǽptiz(ə)m] *n.* 再洗礼〔浸礼〕; (A〜) 再洗礼〔浸礼〕論〔教〕《1521年ドイツに起こり, 幼児洗礼を無意義とし, 成年後の再洗礼を主張》.
àn·a·báp·tist [æ̀nəbǽptist] *n.* 再洗礼〔浸礼〕論者; (A〜) 再洗礼〔浸礼〕教徒.
án·a·bas [ǽnəbəs, ㊍+-bæ̀s] *n.*〘魚〙キノボリウオ.
a·náb·a·sis [ənǽbəsis] *n.* (*pl.* **-ses** [-sì:z]) **1** 内陸進攻; 進軍, 遠征. **2** 病勢増進. ***the A〜*** ペルシア王 Cyrus the Younger の遠征記《Xenophon 著》. 「↔ katabatic.
àn·a·bát·ic [æ̀nəbǽtik] *a.*〘気〙上昇(気流)の.
àn·a·bi·ó·sis [æ̀nəbaióusis] *n.* 無意識状態からの蘇生(そせい). ◇ **àn·a·bi·ót·ic** [-baiátik/-ɔ́t-] *a.*
a·náb·o·lism [ənǽb(ə)lìz(ə)m] *n.*〘生〙同化(作用). ◇ **àn·a·ból·ic** [æ̀nəbálik/-bɔ́l-] *a.*
án·a·branch [ǽnəbræ̀ntʃ/-brɑ:ntʃ] *n.* 本流に再び合する支流; 砂地へ消えてしまう支流.
a·nách·ro·nism [ənǽkrənìz(ə)m] *n.* **1** 人物・事件などの年代を誤って記す〔覚える〕こと. **2** 時代錯誤; 時代遅れの物〔人〕. ◇ **a·nàch·ro·nís·tic** [ənæ̀krənístik], **a·nàch·ro·nís·ti·cal** *a.*
a·nách·ro·nous [ənǽkrənəs] =anachronistic.
àn·a·clás·tic [æ̀nəklǽstik/-klá:s-, -klǽs-] *a.*〘光〙屈折(性)の.
àn·a·clí·nal [æ̀nəkláin(ə)l] *a.*〘地〙地層傾斜と逆方向の. ↔ cataclinal.
àn·a·co·lú·thon [æ̀nəkəlú:θɑn/-θɔn] *n.* (*pl.* **-tha** [-θə])〘文〙破格構文《文法的一貫性のない文. たとえば "*He* that may discern the loveliness of things, we call *him* poet." において, 文が主格の he で始められておりながら, 中途で構文が変わり, 再び him で繰り返されているようなばあい. 参考:「この電車の止まる駅は, 荻窪, 阿佐ケ谷, 中野, 神田, 東京のほかは止まりません」》.
àn·a·cón·da [æ̀nəkándə/-kɔ́n-] *n.* アナコンダ《南アメリカ産の無毒の大蛇》;《一般的》大蛇(だいじゃ).
A·nác·re·on [ənǽkriən] *n.* アナクレオン, 563?–478 B.C., ギリシアの叙情詩人.
◇ **A·nàc·re·ón·tic** [ənæ̀kriántik/-ɔ́n-] *a., n.* アナクレオン風の(詩); 酒と恋の(詩).
àn·a·crú·sis [æ̀nəkrú:sis] *n.* (*pl.* **-ses** [-si:z])〘韻〙行首余剰音《詩行の頭首に破格の弱い音節が一つもしくは二つ加えられていること》.
án·a·dem [ǽnədèm/-dim] *n.*〘雅〙花輪, 花かずら.
a·nád·ro·mous [ənǽdrəməs] *a.* 川をさかのぼる《産卵期のサケなど》. ↔ catadromous.
a·náe·mi·a, a·náe·mic =anemia, anemic.
an·á·er·obe [ænéiəròub, æné(:)roub/ænéəroub] *n.*〘生〙嫌気(けんき)性〔無気性〕生物《酸素なしで生きられる微生物》. ◇ **an·à·e·ró·bic** [ænèiəróubik, ænɛ(:)r-/ænɛər-] *a.*
àn·aes·thé·si·a =anesthesia.
án·a·gram [ǽnəgræ̀m] *n.* 文字転位, つづり組み替え《たとえば angelus「天使」から Galenus の人名を, plum から lump をつくるごとき》; (*pl.*)《単数扱い》つづり替え遊び.
◇ **àn·a·gram·mát·ic** [æ̀nəgrəmǽtik] *a.* **àn·a·gram·mát·i·cal·ly** *ad.* **àn·a·grám·ma·tize** [æ̀nəgrǽmətàiz] *vt.* 文字転位する.
á·nal [éin(ə)l] *a.* 肛門(こうもん)(付近)の, 直腸の. **〜 fin**〘魚〙しりびれ. **〜 fistula** 痔瘻(じろう).
anal. analogy; analysis; analytic.
àn·a·léc·ta [æ̀nəléktə] *n. pl.* =analects.
án·a·lects [ǽnəlèkts] *n. pl.* 語録, 選集. ***the A〜*** (***of Confucius***)「論語」.
àn·a·lép·tic [æ̀nəléptik] *a.*〘医〙体力〔気力〕回復の, 強壮にする. —— *n.* 強壮剤.
àn·al·gé·si·a [æ̀nældʒí:ziə, -siə] *n.*〘医〙無痛覚(症), 無痛.
àn·al·gé·sic [æ̀nældʒí:zik/-dʒésik] *a.* 痛みを感じない〔なくする〕. —— *n.* 鎮痛剤.
án·a·log =analogue.
àn·a·lóg·ic [æ̀nəládʒik/-lɔ́dʒ-], **-i·cal** [-(ə)l] *a.* 類似〔相似〕の; 類推〔類比〕の.
◇ **àn·a·lóg·i·cal·ly** *ad.* 類推〔類比〕的に.
a·nál·o·gist [ənǽlədʒist] *n.* 類推〔類比〕論者.
a·nál·o·gize [ənǽlədʒàiz] *vt., vi.* **1** 類推によって説明する, 類推する. **2** 類似する《と *with*》.
a·nál·o·gous [ənǽləgəs] *a.* 類似〔相似〕の《に *to*》. ◇ **〜·ly** *ad.* **〜·ness** *n.*
án·a·logue, án·a·log [ǽnəlɔ̀:g, -làg/-lɔg] *n.* 類似〔相似〕物《の *of*》;〘生〙相似体〔器官〕;〘言〙類(同)語. **〜 computer** アナログ電子計算機,「アナコン」. → digital computer.
a·nál·o·gy** [ənǽlədʒi] *n.* **1** 類似, 似寄り《との *to, with*; の間の *between*》: the 〜 *between* the heart and a pump 心臓とポンプの類似. **2**〘論〙**類推**, 比論;〘言〙類推;〘数〙類比, 等比;〘生〙相似: false 〜 まちがった類推. forced 〜 むりな類推, こじつけ. ***have 〔***bear***〕 ***〜 to*** 〔***with***〕 に類似する. ***on the 〜 of*** =***by 〜 with*** から類推して.
àn·al·pha·bét·ic [æ̀nælfəbétik] *a.* **1** ABC 順でない, 順序不同の. **2** 文盲の: 〜 people.
án·a·lyse =analyze.
‡**a·nál·y·sis** [ənǽləsis] *n.* (*pl.* **-ses** [-sì:z]) **分析**, 分解;〘文〙解剖;〘数〙解析;〘心〙(精神)分析. ↔ synthesis. ***in the last 〜*** つまるところ, 要するに. ***qualitative*** 〔***quantitative***〕 **〜** 定性〔定量〕分析. 〔ana-+√ly- 分+解〕
án·a·lyst [ǽnəlist] *n.* 分析〔分解〕者; 政治〔経済〕情勢分析解説者, アナリスト; 精神分析家. ≒ annalist.
àn·a·lýt·ic [æ̀nəlítik], **-i·cal** [-(ə)l] *a.* 分析的な, 分解の, 分析の; 解析的. → synthetic. **〜 chemistry** 分析化学. **〜 geometry** 解析幾何学. ◇ **àn·a·lýt·i·cal·ly** *ad.*
àn·a·lýt·ics [æ̀nəlítiks] *n. pl.*《単数扱い》〘数〙解析学.
‡**án·a·lyze, án·a·lyse** [ǽnəlàiz] *vt.* **分析する**, 分解する;〘化〙分析する;〘数〙解析する. →名詞 analysis.
àn·am·né·sis [æ̀næmní:sis, ænəm-] *n.* **1** 記憶, 回想:《プラトン哲学の》生前の追憶. **2**〘医〙既往症, 病歴. ◇ **àn·am·nés·tic** *a.*
àn·a·mór·pho·sis [æ̀nəmɔ́:rfəsis, ㊍+-mɔ:rfóu-] *n.* (*pl.* **-ses** [-sì:z]) **1**〘光〙歪像(わいぞう);〘画〙歪像画法. **2**〘植〙奇形, 変体;〘生〙漸変進化.
a·ná·nas [əná:nəs, ㊍+ǽnənæ̀s, ənǽnəs] *n.*〘植〙パイナップル.
an·án·drous [ænǽndrəs] *a.*〘植〙おしべのない, 隠花の.
An·a·ní·as [æ̀nənáiəs] *n.* **1**〘聖〙アナニヤ《神の前でうそをついて打ち殺された男. 使徒行伝 5:1–6》. **2**〘話〙うそつき.
an·án·thous [ænǽnθəs] *a.*〘植〙無花の.
án·a·p(a)est [ǽnəpèst/-pi:st] *n.*〘韻〙弱弱強格《××´》; 短短長格《⏑⏑—》.
◇ **àn·a·p(a)ést·ic** [æ̀nəpí:stik/-pést-] *a.*
a·náph·o·ra [ənǽfərə] *n.* **1**《ギリシア正教会の》聖餐(せいさん)式. **2**〘修〙首語〔首句〕反復. **3**〘文〙代用語《名詞の反復を避けて用いられる代名詞など》. **4**〘楽〙楽節反復.
àn·a·plás·tic [æ̀nəplǽstik] *a.*〘医〙移植整形(手術)の.

án·arch [ǽnɑːrk] *n.* 無政府主義者;〘雅〙反徒の首領.

an·ár·chic [ænɑ́ːrkik], **-chi·cal** [-(ə)l] *a.* 無政府(主義)の.

án·arch·ism [ǽnərkiz(ə)m] *n.* 無政府主義〔状態〕.

án·arch·ist [ǽnərkist] *n.* 無政府主義者.

àn·ar·chís·tic [æ̀nərkístik] *a.* 無政府主義の.

án·arch·y [ǽnərki] *n.* **1** 無政府状態, 乱世. **2** 無秩序, 混乱. [a-⁴+√arch-]

an·ár·throus [ænɑ́ːrθrəs] *a.* **1**〘ギリシア文法〙無冠詞の. **2**〘生〙関節のない, 無節足の.

an·ás·tig·mat [ænǽstigmæt, ⊛⁺ænəstíg-] *n.*〘写〙収差矯正(きょうせい)レンズ. ◇ **àn·a·stig·mát·ic** [æ̀nəstigmǽtik, ænæ̀s-/ænæ̀s-] *a.*

a·nás·to·mose [ənǽstəmòuz] *vi.* 〈脈管が〉吻合(ふんごう)する;〈水流が〉交流する; 接合する.

àn·as·to·mó·sis [ænæ̀stəmóusis] *n.* (*pl.* **-ses** [-siːz])《脈管の》吻合(ふんごう);《水流の》交流; 接合.

anat. anatomical; anatomy.

a·náth·e·ma [ənǽθimə] *n.* **1**〘宗〙破門. **2** 呪詛(じゅそ). **3** のろわれた人〔物〕; けぎらいされる人〔物〕. ◇ **～·tize** [-tàiz] *vt.* 破門する; のろう.

a·nàth·e·mát·ic [ənæ̀θimǽtik] *a.* のろうべき, 嫌悪(けんお)すべき; 憎悪に満ちた.

An·a·tó·li·a [æ̀nətóuliə] *n.* アナトリア《黒海と地中海の間の高原地帯で, 昔は小アジア, 近代ではアジアトルコと同義》.

àn·a·tóm·ic [æ̀nətɑ́mik/-tɔ́m-], **-i·cal** [-(ə)l] *a.* 解剖(学)の. ◇ **àn·a·tóm·i·cal·ly** [-k(ə)li] *ad.*

a·nát·o·mist [ənǽtəmist] *n.* 解剖学者.

a·nát·o·mize [-màiz] *vt., vi.* 解剖する; 分析する.

***a·nát·o·my** [ənǽtəmi] *n.* **1 解剖, 解剖術〔学〕**;《一般的》分解〔分析〕的研究. **2** 解剖的構造〔組織〕. **3** 解剖標準, 骸骨(がいこつ);〘俗〙やせこけた人. [ana-+√tem- 分け+切る]

án·bur·y [ǽnbəri] *n.* **1**《牛・馬の》軟腫(なんしゅ). **2**《植物の》根茎肥大症.

anc. ancient; anciently.

-ance [-əns, -(ə)ns], **-an·cy** [-ənsi, -(ə)nsi] *suf.* **1**「性質」「状態」「性質・状態を示す物」をあらわす名詞語尾で, -ant に終わる形容詞から派生される: brilli*ance* <brilliant. dist*ance* <distant. **2** 動詞から直接に派生されて「行為」をあらわす: assist*ance* <assist. defi*ance* <defy.

‡án·ces·tor [ǽnsestər/-sis-, -ses-] *n.* (*fem.* **-tress**) **1 先祖, 祖先**;〘法〙被相続人. **2** 原型: the ～ of the modern bicycle 現代の自転車の原型. ↔ descendant. one's *spiritual* ～ 思想的に最も影響を受けた人, 師. ～ **worship** 祖先崇拝.

an·cés·tral [ænséstrəl] *a.* 祖先の; 祖先伝来の. ◇ **～·ly** *ad.*

án·ces·try [ǽnsestri/-sis-, -ses-] *n.* **1**《集合的》先祖(の人々), 祖先. **2** 家系, 家柄: famous by title and ～ 代々権門を誇る名家で. **3**〘生〙系統.

‡án·chor [ǽŋkər] *n.* **1 錨**(いかり). **2** ささえ;(心の)よりどころ: one's only ～ 唯一のたのみ. **3**〘軍〙防衛の要所. **4** 綱引きの最後尾の引き手;《リレーの》最後の走者〔泳者〕;《一般的》最後に行動する人, しんがり. *be* [*lie, ride*] *at* ～ 停泊している. *bower* ～ 艦首〔船首〕錨, 主錨(しゅびょう). *cast* [*drop*] ～ 投錨する. *come to* (*an*) ～ 停泊する, 定着する, 安住する. *drag* ～ 漂流する. *let go the* ～ 錨を入れる;《命令》錨入れ! *weigh* ～ 錨をあげる, 出港する; 立ち去る.
—— *vt.* **1** 〈船を〉**錨でとどめる**. **2** 定着〔固定〕させる: ～ a tent to the ground テントを地上に固定する. **3**〘運〙のアンカーをつとめる. —— *vi.* **1 投錨する**, 停泊する. **2** 定着する《に *on, to*》: Her eyes ～*ed on* him. 彼女は彼をじっと見つめた. ～ one's *hope in* [*on*] に望みをかける.
～ **ground** 投錨地《投錨に適した海底》. ～ **hold** 錨のかかり, 錨きき;《比喩的》よりどころ, 安定. ～ **rope** 錨綱, 係留索.

án·chor·age [ǽŋkəridʒ] *n.* **1** 投錨(地); 停泊(地); 停泊税〔料〕. **2** 頼みの綱.

An·chor·age [ǽŋkəridʒ] *n.* アンカレッジ《アラスカ南部の海港・空港》.

án·cho·ress [ǽŋkəris] *n.* 女隠者.

án·cho·ret [ǽŋkərit, -ret], **án·cho·rite** [ǽŋkəràit] *n.* 隠者, 世捨て人. ◇ **àn·cho·rét·ic** [æ̀ŋkərétik] *a.* 隠者の, 隠遁(いんとん)的な.

án·cho·vy [⊛ ǽntʃòuvi, ⊛⊛ ǽntʃəvi, æntʃóuvi] *n.*〘魚〙カタクチイワシ・ヒシコの類. ～ **sauce** ヒシコからつくったソース.

án·chy·lose =ankylose.

an·cienne no·blesse [ɑ̃ːsjénnoublés] F. 旧貴族(階級)《フランス革命以前の》.

an·cien ré·gime [ɑ̃ːsjǽːreiʒíːm] F. 旧制度, 旧体制《特に 1789 年の革命以前のフランスの政治・社会制度》.

‡án·cient[1] [éinʃ(ə)nt] *a.* **1 昔の, 古代の**《中世・近代に対し》: ～ civilization 古代文明. **2** 昔からの, 古来の: an ～ custom 古来の習慣. **3**〘古〙高齢の, 年老いた: an ～ man 老人. **4**〘法〙30年〔ときには20年〕以上経過した. —— *n.* **1** (the ～s) 古代人《特に古代のギリシア人・ローマ人・ヘブライ人》. **2**(通例 *pl.*) 古典作家. **3** 老人, 古老; 先祖. ***the A～ of Days*** 神, 上帝. ～ **history** (1) 古代史《西暦476年西ローマ帝国滅亡まで》. (2) 古い話.
◇ **～·ly** *ad.* 昔は, 古代に(は). **～·ry** *n.*〘古〙古風; 古代; 旧家. 〔類〕→ **old**「年とった」

án·cient[2] *n.*〘古〙旗; 旗手.

án·cil·lar·y [ǽnsəlèri/ænsíləri] *a.* 補助の, 副の《の *to*》.

án·cle =ankle.

án·con [ǽŋkɑn/-kɔn] *n.* (*pl.* **an·có·nes** [æŋkóuniːz]) **1**〘医〙ひじ. **2**〘建〙肘木(ひじき), うず形持ち送り.

án·cone [ǽŋkòun] *n.* (*pl.* **～s** [-z]) =ancon.

án·cress [ǽŋkris] =anchoress.

-an·cy [-ənsi, -(ə)nsi] = -ance.

†and →枠付 and. (p. 46)

and. andante.

An·da·lú·sia [æ̀ndəlúːʒə, -ʃə/-zjə] *n.* アンダルシア《スペイン南部の地方》. ◇ **～n** *a.*

an·dán·te [ændǽnti, ⊛⁺-dɑ́ːnti] *ad.* 〘楽〙ゆるやかに. —— *n.*〘楽〙アンダンテ(曲). [<It.]

àn·dan·tí·no [æ̀ndæntíːnou] *ad.*〘楽〙ややゆるやかに《andante と allegretto の間》. —— *n.*〘楽〙アンダンティーノ(曲). [<It.]

An·dé·an [ændíːən, ǽndiən] *a.* アンデス山脈の. —— *n.* アンデス山地人.

An·der·sen [ǽndərsn] *n.* Hans Christian ～, 1805–75, デンマークの童話作家《デンマーク式発音は[ánəsən]》.

An·des [ǽndiːz] *n. pl.* (the ～) アンデス山脈《南アメリカ西部の》.

án·de·site [ǽndizàit] *n.*〘地〙安山岩.

ánd·i·ron [ǽndàiərn] *n.*《炉の》鉄製まきのせ台.

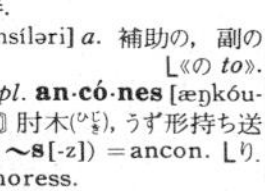
andirons

and/or [ǽnd-ɔ́ːr] =and *or* or: A *and/or* B「A と B」ないしは「A もしくは B」; A と B の双方または一方.

An·dór·ra [ændɔ́ːrə, -dɑ́rə/-dɔ́rə] *n.* アンドラ《フランス・スペイン国境の山中にある共和国. 首都 Andorra la Vella [-lɑːvéljɑː]》.

An·drew [ǽndruː] *n.* 〘聖〙アンデレ《キリストの十二使徒中のひとり》.

An·dro·clus [ǽndrəkləs/ændrɔ́k-] *n.* アンドロクレス《ローマ伝説中の人物で, ライオンの足からとげを抜いてやり, 以後ライオンが彼の忠実な友となった》.

and

or とともに最も使用範囲の広い等位接続詞の一つで，これによって結ばれる前後の要素はもちろん文法上同性質のものでなければならないが，(代) 名詞・動詞・形容詞・副詞・前置詞・句・節など各様であり，日本語で言い替えたときに種々の表現をとる．なお both...and—— として重要な相関接続詞 (correlative conjunction → 枠付 Correlative Conjunction)を形成する．

and [ænd, 弱 ənd, nd, ən, n] *conj.* **1**《並列的に語・句・節をつなぐ》…と——，…および——，…や——；そして，…また，…かつ: John ～ Mary are great friends. ジョンとメアリは大の仲よしだ. Two ～ two make(s) four. 2 足す 2 は 4. I got up ～ put on my clothes. 私は起きて着物を着た. We walked ～ talked. 私たちは歩きかつ話した〔歩きながら話した〕. He is a novelist ～ poet. 彼は小説家でかつ詩人である. There are many old Buddhist temples in ～ about [around] Kyoto. 京都とその付近には古い寺がたくさんある. Third Street ～ Fifth Avenue 〖米〗3 番通り 5 番街《2 街路の交差地点》.

〈注₁〉同等の語句が三つ以上あると，通常は各語句の間をコンマで切り，最後の語句の前にのみ and をおく《and の直前にはコンマを置くばあいと置かないばあいがある》: He speaks, reads, *and* writes English equally well. 彼は英語を話すことも読むことも書くこともみなじょうずだ.

〈注₂〉二つの語句を対等に結ぶには A *and* B「A と B」のように and だけを用いるが，両方とも強くいうときは *both* A *and* B「A かつまた B」となり，A を重く見るときは A *as well as* B「B と同様 A も」となり，A をいっそう強くいうときは *not only* B, *but also* A「B のみならず A もまた」となる.

2 [通常弱 ən, n]《二者一体となったもの》…と——と(組み合わせ): bread ～ butter[bréd-n-bʌ́tər] バターつきパン. a carriage ～ four 4 頭立ての馬車. a watch ～ chain 鎖付きのとけい. a rod ～ line 糸のついたつりざお. man ～ wife 夫婦. 〈注₁〉冠詞をつけるばあいは最初の語にのみつける. 〈注₂〉これらの語句が主部となるときは，動詞との呼応に注意: *Bread and butter is* good for most sick people. バターつきのパンはたいていの病人によい.

3《反復・重複》…の上にまた——，…も——も，ますます，いよいよ；ずつ(組みになって，組みにして): again ～ again 何度も何度も，再三再四. days ～ days 何日も何日も. for ever ～ ever 永遠に. more ～ more ますます. He had worked ～ worked ～ worked. 彼は働いて働いて働きぬいた. warmer ～ warmer しだいに〔ますます〕暖かく. They walked two ～ two. 彼らはふたりずつ並んで歩いた.

4《対照》(また) 一方: I was almost a small boy, ～ he was a middle-aged man. 私はまだ小さな子どもみたいなものだったのに，彼は中年の男だった.

5《強調》しかも: He ～ he alone can do the work. 彼，しかも彼だけが，その仕事をなしうる.

6《意外・非難》しかも，…なのに: How could you talk like that, ～ your father present? おとうさんがいるのに，どうしてあんな口がきけたのか (=...when your father was present?). A doctor ～ indifferent to public welfare! 医者のくせに公共福祉に無関心だなんて!

7《理由・結果》それで，すると: He is very kind, ～ I like him very much. 彼はたいへん親切(なの)で，私は彼が大好きだ. He spoke, ～ all were silent. 彼が話すと皆が黙った.

8《条件》そうすれば: Turn to the left, ～ you will see the post office. 左へ曲がりなさい，そうすれば郵便局が見えます (=If you turn to the left, you will...). One more day, ～ the vacation will be over. もう 1 日で休みも終わりだ. One step more, ～ you shall die. もう 1 歩動いたら生かしておかぬぞ.

9《不定詞につく to の代わり》…するために: Come ～ see me. 会いに来なさい. Be quiet, my little one, try ～ sleep (=try to sleep). 静かにするのだよ，坊や，眠るようにするのだよ. Wait ～ see. まあ見てなさい. 〈注〉この用法は口語的で，主として come, go, run, try などの動詞とともに用いられ，また主として命令・未来に用いられる.

10《cannot のあとに》…した上で，しかも (…とはいかない): You *can't* eat a cake ～ have it. お菓子を食べておいて，しかもそれを保持するわけにはいかない；お菓子は食べればなくなる；八方好つごうを望んでも無理だ.

11《nice, fine, good などの形容詞を他の形容詞と結んで副詞的にする．しばしば単なる強調》: It is nice ～ cool. 気持ちよく〔気持ちいいほどに〕涼しい. I was fine ～ startled when I saw you. あなたに会ったときにはとても驚いた. He was good ～ tired. 彼はとても疲れていた.

12《導入的》そして，それにまた；それから；じゃあ，(それ) で: This applies to all men, I suppose. —*And* to women, too. このことはすべての男に当てはまるようだね. —うん，そして女にもね. How are you? — Fine, thank you. *And*(how are) you? ごきげんいかが. —ありがとう，元気です. であなたは? *And* you actually did it? で，きみはほんとうにそれをやったのか.

13《and をはさんでおなじ名詞を繰り返し》いろんな: There are books ～ books. 本にもいろいろある. There are men ～ men. 人にもぴんからきりまである.

14《数詞の接続》: two hundred ～ thirty 230. one thousand ～ two 1,002. four ～ a half $4\frac{1}{2}$. one ～ twenty 21《=twenty-one: 1 の位を先に 10の位をあとにするこの形は古い語法. おもに文語に属し，主として 20 台の数に使われる》. six ～ five 6 シリング 5 ペンス(=six shillings ～ five pence). 〈注₁〉100 の位の次に and [ənd, ən] を入れる. しかしアメリカではしばしば省略する. 〈注₂〉100 の位が 0 のときは 1,000 の位の次に and を入れる.

～ *all* その他みんな，すっかり；等々. **～ *all this*** そしてこれもみんな. **& (=and) *Co.*** [kou, kʌ́mpəni] …商会，…会社: Brown *& Co.* ブラウン商会《Brown という名の人物とその協力者とが組織する会社の意》. **～ *how*** [æn(d)-háu]〖米話〗とても；そうですとも. **～ *no mistake*** 確かに，全く. **～ *no wonder*** それもそのはず. **～ *now*** ところで，さて. A **～/*or*** B「A および B またはその一方」: Contributions in money ～/*or* garments are welcome. 金銭および衣類ないしその一方の寄付を歓迎する《金銭＋衣類の寄付，金銭だけの寄付，衣料だけの寄付》. **～ *so*** それだから. **～ *so forth* [*on*]** …など《etc., または &c. と略す. このばあい *and* etc., *and* &c. とするのは重複で誤り》. **～ *that*** しかも: He gave us a sudden visit, ～ *that* at dead of night. 彼は突然やって来たのだ. それも真夜中に. **～ *the like*** その他，…など. **～ *the rise*** 〖米〗…以上. **～ *then*** それから. **～ *welcome*** 遠慮なく，どうぞ. **～ *what not*** その他いろいろ. **～ *with reason*** それも無理はない. **～ *yet*** それだのに，しかしながら.

an·dróe·ci·um [ændríːʃiəm] *n.* (*pl.* **-a** [-ʃiə]) 〘植〙《集合的》おしべ.

án·dro·gen[ændrədʒ(ə)n] *n.* 〘生化〙アンドロゲン, 男性ホルモン.

an·dróg·y·nous [ændrádʒinəs/-drɔ́dʒ-] *a.* 両性の; 〘植〙(同一花序に)雌雄両花のある.

An·dróm·e·da [ændrámidə/-drɔ́m-] *n.* 〘ギ神〙アンドロメダ《Cassiopeia の娘で Perseus の妻》; 〘天〙アンドロメダ星座.

an·drós·ter·one [ændrástəròun/-drɔ́s-] *n.* 〘生化〙アンドロステロン《男性の尿中の性ホルモンの一種》.

-áne [-éin] *suf.* 接尾辞 -an の異形であるがしばしば異なった意味をあらわす: hum*ane*, hum*an*; urb*ane*, urb*an*.

án·ec·dot·age [ǽnikdòutidʒ] *n.* 〘話・笑〙《昔話をしたがる》老いの齢(よわい): be in one's ～ 昔話をしたがる年齢に達している. [<*anec*dote＋*dotage*]

àn·ec·dó·tal [ænikdóutl, ænek-, ㊥⁺ㄥ-ㄴ-] *a.* 逸話の; 逸話の多い: an ～ history 物語的歴史.

***án·ec·dote** [ǽnikdòut] *n.* **逸話**, 小話: ～*s* about Abe Lincoln リンカーンの逸話.

àn·ec·dót·ic [ænikdátik/-nekdɔ́t-], **-i·cal** [-(ə)l] *a.* 逸話の, 逸話的; 逸話を話したがる.
◇ **àn·ec·dót·i·cal·ly** *ad.*

àn·ec·dó·tist [ænikdóutist] *n.* 逸話を物語る人; 逸話収集家〔作者〕.

àn·e·chó·ic [ænikóuik] *a.* 〘音響〙無響の《反響のない》.

a·néle [əníːl] *vt.* 〘古〙に臨終の油を塗る.

a·né·mi·a [əníːmiə] *n.* 〘医〙貧血(症).
◇ **a·né·mic** [əníːmik] *a.* 貧血(症)の.

a·ném·o·graph [ənéməgræf/-grɑːf] *n.* 自記風力〔風速〕計.

àn·e·móm·e·ter [ænimámitər/-mɔ́m-] *n.* 風力〔風速〕計.

àn·e·móm·e·try [ænimámitri/-mɔ́m-] *n.* 風力測定(法).
◇ **àn·e·mo·mét·ric** [ænimométrik] *a.*

a·ném·o·ne [ənéməni:/-ni] *n.* **1** 〘植〙アネモネ. **2** 〘動〙イソギンチャク (＝sea ～).

àn·e·móph·i·lous [ænimáfiləs/-mɔ́f-] *a.* 〘植〙風媒の. ～ **flower** 風媒花.

a·nént [ənént] *prep.* 〘古〙…に関して, …について.

án·er·oid [ǽnərɔ̀id] *a.* 液体を用いない.
—— *n.* アネロイド晴雨計.

àn·es·thé·si·a [ænisθíːʒ(i)ə/-ziə] *n.* 〘医〙麻酔; 無感覚(症). *local* 〔*general*〕～ 局所〔全身〕麻酔(法).

àn·es·thét·ic [ænisθétik] *a.* 麻酔の, 無感覚の.
—— *n.* 麻酔剤.

an·és·the·tist [ænésθitist/əníːs-] *n.* 麻酔係《手術の際などの》.

an·és·the·tize [ənésθitàiz/æníːs-] *vt.* に麻酔をかける, まひさせる. ◇ **an·ès·the·ti·zá·tion** [ənèsθitizéiʃ(ə)n, -taiz-/æniːs-] *n.*

án·eu·rysm, -rism [ǽnjuriz(ə)m] *n.* 〘医〙動脈瘤(りゅう).

àn·eu·rýs·mal, àn·eu·rís·mal [ænjuríz-m(ə)l] *a.* 動脈瘤(りゅう)の.

***a·néw** [ən(j)úː/ənjúː] *ad.* **再び**, 新たに (afresh).

àn·frac·tu·ós·i·ty [ænfræktʃuásiti/-tjuɔ́s-] *n.* 曲折(状態); (通例 *pl.*) 曲折した道.

an·frác·tu·ous [ænfræktʃuəs/-tju-], **an·frác·tu·ose** [-òus] *a.* 曲折した, 曲がりくねった.

án·ga·ry [ǽŋgəri] *n.* 〘国際法〙戦時徴用権《交戦国が中立国の財産を徴用する権利》.

‡án·gel [éindʒ(ə)l] *n.* **1** 天使, 守護神. **2** 天使のような人; 無邪気な〔愛らしい〕人. **3** 〘米話〙パトロン《演劇・俳優などの》. **4** 昔のイギリス金貨の名前. **5** 〘俗〙レーダーの画面に出た異物像《鳥など》. *an* ～ *of a* girl 天使のような(少女). ～ *of death* 死の使い. *Be an* ～ *and* hand me the book. いい子〔お願い〕だから(その本をこちらへおくれ). one*'s evil* ～ 悪魔. *fallen* ～ 堕落天使, 悪魔. *Fools rush in where* ～*s fear to tread.* 〘諺〙盲へびにおじず. *good* 〔*guardian*〕～ 守護天使. *Talk of* ～*s and you will hear the flutter of their wings.* 〘諺〙うわさをすれば影.
—— *vt., vi.* 〘米話〙(に)援助する《財政面で》.
～ **bed** 四柱のない天蓋(てんがい)付き寝台. ～ **cake** 〘米〙カステラの一種; 〘俗〙ひどく柔らかいもの. ～**·fish** →別項. ～**(s') visit** 珍客, めったにない事物.
◇ ～**·hood** *n.* 天使の性格〔地位〕; 天使のような存在.

án·gel·fish [éindʒ(ə)lfiʃ] *n.* **1** 〘魚〙カスザメ. **2** 〘魚〙エンゼルフィッシュ《熱帯魚. 観賞用》.

an·gél·ic [ændʒélik], **-i·cal** [-(ə)l] *a.* 天使のような. ◇ **an·gél·i·cal·ly** *ad.*

an·gél·i·ca [ændʒélikə] *n.* **1** 〘植〙アンゼリカ《ヨロイグサ属. 薬用・料理用》; その茎の砂糖づけ. **2** 〘米〙白ブドウ酒の一種《カリフォルニア産》.

An·gél·i·co [ændʒélikòu] *n.* Fra[frɑ́ː-]～, 1387–1455, イタリアの画家.

án·ge·lus [ǽndʒiləs] *n.* 〘宗〙 **1** お告げの祈り《キリストの受胎を記念する》. **2** お告げの鐘 (＝～ bell).

‡án·ger [ǽŋgər] *n.* 怒り, 立腹. *in* ～ おこって.
—— *vt., vi.* おこらす; おこる. *be* ～*ed* 腹を立てる.

An·ge·vin [ǽndʒivin] *a.* Anjou の; Anjou 王家の. —— *n.* Anjou の住民; Anjou 王家の人.

an·gí·na [ændʒáinə] *n.* 〘医〙アンギーナ, 喉頭(こうとう)炎《アメリカの医学者間では [ǽndʒinə] とも発音する》 ～ **pectoris** [-péktəris] 狭心症.
◇ ～**l** [-n(ə)l] *a.*

án·gi·o·sperm [ǽndʒiospə̀ːrm] *n.* 〘植〙被子植物.

‡án·gle[1] [ǽŋgl] *n.* **1** 〘数〙角, 角度: an ～ of 45 degrees 45°の角. **2** かど; すみ. **3** 見地, 観点: a new ～ on the problem 問題に対する新しい見方. *acute* 〔*obtuse*〕～ 鋭〔鈍〕角. ～ *of incidence* 〔*reflection*〕入射〔反射〕角. *right* ～ 直角. *take the* ～ 角度を測る.
—— *vi., vt.* **1** 角をなす, 曲がる, 曲げる, 傾ける: ～ a spotlight スポットライトの向きを調節する. **2** に特殊な傾向を与える, 歪曲(わいきょく)する.
～**·dòz·er** [-dòuzər] 大型地ならし機. ～ **iron** アングル鉄, 山型鉄. 類 → **phase**「局面」

án·gle[2] *vi.* **1** (魚)つりをする: ～ *for* trout マスつりをする. **2** 《比喩的》つり出す, 誘い出す: ～ *for* compliments おせじを言わせようとする. —— *n.* 〘古〙つり針, つり道具. *brother of the* ～ つり仲間. ～**·worm** [-wə̀ːrm] 《つりえさにする》ミミズ.

án·gler [ǽŋglər] *n.* **1** つり師. **2** 〘魚〙アンコウ. *The Compleat A*～「釣魚(ちょうぎょ)大全」《Sir Izaac Walton の作品》.

An·gles [ǽŋglz] *n. pl.* アングル族《5 世紀ごろ北ドイツからイギリスに移住した低地ゲルマン民族》.

án·gle·site [ǽŋgl(i)sàit] *n.* 〘鉱〙硫酸鉛鉱.

An·gli·a [ǽŋgliə] *n.* England の Latin 名.

An·gli·can [ǽŋglikən] *a.* **1** イギリス国教(会)の. **2** 〘米〙イギリスの. —— *n.* イギリス国教徒.
～ **church** イギリス国教会.
◇ ～**·ism** *n.* イギリス国教会主義.

An·gli·ce [ǽŋglisi] (＝in English) *ad.* 英語で.

An·gli·cise ＝Anglicize.

An·gli·cism [ǽŋglisiz(ə)m] *n.* **1** イギリス風〔主義〕. **2** イギリス式語法.

An·gli·cist [-sist] *n.* 英語〔英文〕学者, イギリス通.

An·gli·cize, An·gli·cise [ǽŋglisàiz] *vt., vi.* イギリス風にする〔なる〕; 英語化する.

án·gling [ǽŋgliŋ] *n.* 魚つり(術).

An·glís·tics [æŋglístiks] *n.* 英語〔英文〕学.

Anglo(-) English, England の意の連結形・語形成要素.

An·glo-A·mér·i·can [ǽŋgloəmérikən] *a., n.* 英米の; イギリス系アメリカ人(の).

An·glo-Ar·ab [ǽŋgloǽrəb] *n.* アラブ系とサラブレッド系との混血馬.

An·glo-Ca·thól·i·cism [ǽŋglokəθάlịsiz(ə)m/-θɔ́l-] *n.* イギリス国教カトリック派(の教義).

An·glo-Frénch [ǽŋglofréntʃ] *a.* 英仏の. —— *n.* ノルマン時代イギリスで話されたフランス方言.

An·glo-In·di·an [ǽŋgloíndiən, -djən] *a.* 英印の. —— *n.* インド在住のイギリス人; 英印混血児.

An·glo·má·ni·a [æ̀ŋgloméiniə, -njə] *n.* イギリスかぶれ(すること), 親英狂, 親英熱.
◇ **~c** [-æk] *n.* 親英狂(の人), イギリス心酔者.

An·glo-Nór·man [ǽŋglonɔ́:rmən] *a.* ノルマン人のイギリス占領時代 (1066–1154) の; イギリスに定住したノルマン人の, その子孫の. —— *n.* アングロノルマン方言《フランス語の》.

An·glo·phile [ǽŋglofàil], **-phil** [-fil] *a., n.* 親英派の(人).
◇ **Ân·glo·phíl·i·a** [⌐–fíliə] *n.* イギリスびいき.

An·glo·phobe [ǽŋglofòub] *n.* イギリスぎらいの人.
◇ **Ân·glo·phó·bi·a** [æ̀ŋglofóubiə] *n.* イギリスぎらい.

***An·glo-Sáx·on** [ǽŋglosǽks(ə)n] *n.* **1** アングロサクソン人《5世紀ごろ大陸からイギリスへ移住した》; ノルマン侵入以前のイギリス人; イギリス人. **2** 《国籍・地域別を問わず》 イギリス系の人; 〖米〗イギリス系のアメリカ人. **3** アングロサクソン語 (Old English)《だいたい8世紀から11世紀中ごろまで》; (純粋の) 英語《外来語をまじえない, もしくは外来語でない》.
—— *a.* アングロサクソン人[語]の, アングロサクソン的.

An·gó·la [æŋgóulə, ㊩+æn-] *n.* アンゴラ《西南アフリカのポルトガル植民地》.

An·gó·ra [æŋgɔ́:rə, æn-, ǽŋgərə/æŋgɔ́:rə] *n.* **1** アンゴラネコ (= ~ cat); アンゴラヤギ (= ~ goat); アンゴラウサギ (= ~ rabbit). **2** アンゴラ毛織物 (= ~ wool). **3** [㊩ ǽŋgərə] = Ankara.

àn·gos·tú·ra [æ̀ŋgəst(j)ú(:)rə/-gɔstjúərə] *n.* アンゴスツラ樹皮《解熱・強壮剤》.

‡**án·gri·ly** [ǽŋgrịli] *ad.* おこって, 立腹して.

†**án·gry** [ǽŋgri] *a.* **1** おこった, 腹を立てた: an ~ look おこった顔つき. be ~ *with* [*at*] a person 人に腹を立てる. be ~ *at* [*about*] a thing あることについて腹を立てる. **2** 《波・風などが》 激しい: an ~ sky 荒れもようの空. **3** 炎症を起こしている. **4** 《色が》 きつい, 燃えるような. ***become*** [***get, grow***] ~ おこる. ***feel*** ~ 腹立たしく思う. ***have*** ~ ***words*** (***with***) (と) 口論をする. ~ **young man** [**men**] 怒れる若者 [若者たち] 《1950年代後半に既存の社会制度に反抗する作品を書いた青年作家 (たち) をいう》.

Ang.-Sax. Anglo-Saxon.

áng·strom [ǽŋstrəm] *n.* (または A~) オングストローム (= ~ unit) 《光の波長の単位で 1 cm の1億分の1. 記号 Å, A》.

án·guine [ǽŋgwin] *a.* へびの(ような).

án·guish [ǽŋgwiʃ] *n.* 《心身の》 苦痛; 苦悶(くもん). ***in*** ~ 苦悶して, 苦しさのあまり. —— *vt., vi.* 激しく苦しめる[苦しむ], 煩悶(はんもん)する.
◇ **~ed** [ǽŋgwiʃt] *a.* 苦しんでいる, 苦痛の; 苦しげな.
(類) → **pain**「痛み」

án·gu·lar [ǽŋgjulər] *a.* **1** かどのある, かどばった. **2** 角の; 角で測った. **3** 骨ばった, ごつごつした. **4** 《精神的に》 かどがある, 堅苦しい, ぎごちない, 片意地な. →名詞 angle[1].
◇ **~·ly** *ad.* **àn·gu·lár·i·ty** [æ̀ŋgjulǽrịti] *n.* ~なこと; (*pl.*) 鋭いかど, かどばった輪郭.

án·gu·late [ǽŋgjulit, -lèit] *a.* 《葉など》 かどのある.
◇ **~·ly** *ad.*

an·hý·dride [ænháidraid], **an·hý·drid** [-drid] *n.* 〖化・鉱〗無水物.

an·hý·drite [ænháidrait] *n.* 〖化・鉱〗 硬セッコウ, 無水セッコウ.

an·hý·drous [ænháidrəs] *a.* 〖化・鉱〗 無水の.

a·nígh [ənái] *ad., prep.* 〖古〗 (…の)近くに (near).

án·il [ǽnil] *n.* 〖植〗コマツナギ属の植物《これから藍(あい)を採る》; 〖染〗 藍.

án·ile [ǽnail, éin-] *a.* 老婆の, 老婆のような.

án·i·line [ǽnili:n, -lin], **án·i·lin** [-lin] *n.* 〖化〗 アニリン. ~ **dye** アニリン染料.

a·níl·i·ty [əníḷiti/æn-, ən-] *n.* もうろく; 老婆の世まい言.

án·i·ma [ǽnịmə] *n.* **1** 生命, 心, 魂. **2** 〖心〗 (無意識化された) 内的個性. ↔ persona. **3** (男性中の) 女性的要素. ↔ animus. [<L.]

àn·i·mad·vér·sion [æ̀nịmædvə́:rʃ(ə)n, ㊩+-və́:rʒ-] *n.* 批評, 非難, 酷評《についての *on*》.

àn·i·mad·vért [æ̀nịmædvə́:rt] *vi.* 批評する, 非難する《を *on*》. [√anim-+√vert-]

†**án·i·mal** [ǽnịm(ə)l] *n.* **1** 動物《人間を含めて》. **2** けもの, 《人間以外の》 動物, 四つ足獣. **3** けだもののような人間, 人でなし. **4** 人間中の動物的要素: the ~ in everyman 万人のなかの獣性. ***wild*** [***domestic***] ~ 野獣 [家畜].
—— *a.* **1** 動物の, 動物性 [質] の. **2** 獣的, 肉欲的: ~ needs 肉体的欲求. [√anim-]
~ **appetite** [**desire**] 獣欲. ~ **body** 動物体. ~ **courage** 蛮勇. ~ **food** 動物性食物, 獣肉. ~ **kingdom, the** 動物界. ~ **life** 動物の生態; 《集合的》 動物. ~ **magnetism** (1) = mesmerism. (2) 性的魅力. ~ **matter** 動物質. ~ **painter** 動物画家. ~ **protein** 動物性たんぱく質. ~ **spirits** 元気.

àn·i·mál·cule [æ̀nịmǽlkju:l] *n.* 極微動物.

án·i·mal·ism [ǽnịm(ə)liz(ə)m] *n.* **1** 動物的生活; 獣性; 獣欲主義. **2** 人間動物説.

án·i·mal·ist [ǽnịm(ə)list] *n.* **1** 獣欲主義者. **2** 動物画 [彫刻] 家.

àn·i·mál·i·ty [æ̀nimǽlịti] *n.* **1** 動物性, 獣性. **2** 動物界.

án·i·mal·ize [ǽnịm(ə)làiz] *vt.* **1** 動物化する; 獣的にする. **2** 〈食物を〉 動物質に変える. ◇ **àn·i·mal·i·zá·tion** [æ̀nim(ə)lịzéiʃ(ə)n, -laiz-] *n.*

án·i·mate [ǽnịmit, ㊩+-meit] *a.* **1** 生きている, 生きた. **2** 活気 [元気] のある. ***things*** ~ ***and inanimate*** 生物および無生物.
~ **nature, the** 生物界, 動植物界.
—— [ǽnịmèit] *vt.* **1** に生命を与える, 生かす. **2** 活気づける, 元気づける: ~*d* by religious zeal 宗教的熱情に燃えて. The spirits ~*d* the song. 飲んで歌がはずんだ. **3** 励ます, 鼓舞する: ~ weary troops 疲れた兵士を激励する. **4** 動かす, 活動させる. ~ ***a conversation*** 話をはずませる. [√anim-]

án·i·mat·ed [ǽnịmèitid] *a.* **1** 活気[元気]に満ちた, 生き生きした: an ~ debate 活発な討論. **2** 《場所が》 にぎやかな. ~ **cartoon** 漫画映画.
◇ **~·ly** *ad.*

án·i·mat·ing [ǽnịmèitiŋ] *a.* 生気を与える; 鼓舞的な. ◇ **~·ly** *ad.*

àn·i·má·tion [æ̀nịméiʃ(ə)n] *n.* **1** 生気, 活気, 生き生きしていること. **2** 活気づけ, 鼓舞. **3** 漫画映画, 動画; その作画. ***with*** ~ 活発に, 元気に.

án·i·ma·tism [ǽnịmətiz(ə)m] *n.* 自然物の有意識説《animism のように霊魂は主張しない》.

à·ni·má·to [à:nimά:tou, -tɔ:] *a., ad.* 〖楽〗 元気のある, 元気に速く. [<It.]

án·i·ma·tor [ǽnịmèitər] *n.* **1** 生気を与えるもの, 鼓舞者. **2** 〖映〗漫画映画画家.

an·i·mé[1] [ǽnịmèi, əní:mi:/ǽnịmei] F. *n.* アニメ《芳香性樹脂. ワニス材料》.

an·i·mé[2] [ǽnịmèi, ⌐–⌐/⌐––, ⌐–⌐] F. *a.* 〖楽〗 = animato.

án·i·mism [ǽnịmiz(ə)m] *n.* 〖哲・心〗 物活論《あらゆる自然物に霊魂があると考える説》; 精神主原論; 精霊信仰《霊魂・天使などの存在を信ずる説》.

án·i·mist [ǽnịmist] *n.* 物活論者; 精神主原論者; 精霊崇拝家.

àn·i·mís·tic [ænimístik] *a.* animism の.
àn·i·mós·i·ty [ænimásiti/-mɔ́s-] *n.* 敵意, 悪意, 憎悪(ぞうお)《に対する *against*, *toward(s)*; の間の *between*》. [√anim-]
án·i·mus [ǽniməs] *n.* **1** 敵意, 悪意《に対する *against*》. **2**〖法〗意思, 意図. **3**〖心〗(女性中の)男性的要素. ↔ anima.
án·i·on [ǽnaiən] *n.*〖化〗陰イオン. ↔ cation.
án·ise [ǽnis] *n.*〖植〗アニス.
án·i·seed [ǽnisi:d] *n.* アニスの実《薬用・料理用》.
àn·i·sétte [ænizét, ㊊+-sét] *n.* アニス酒; アニス強心剤.
An·jou [ǽndʒu:/ɔŋʒú: | F. ɑ̃ʒu] *n.* アンジュー《フランス西部の昔の州》.
An·ka·ra [ǽŋkərə, ㊊+ɑ́:ŋ-] *n.* アンカラ《トルコ共和国の首都》.
án·ker [ǽŋkər] *n.* アンカー《オランダ・ドイツの液量の単位. 所により量が変わり, 8–10.33 ガロン》; 1アンカー入りのたる.
‡án·kle [ǽŋkl] *n.* くるぶし, 足首. **～·bone** 距骨.
án·klet [ǽŋklit] *n.*《婦人・子ども用》短いソックス; 足首飾り(のあるくつ); 足かせ.
án·ky·lose [ǽŋkilòus/-louz] *vt., vi.* <骨など> 膠着(こうちゃく)させる〔する〕; <関節など> 強直させる〔する〕.
àn·ky·ló·sis [æŋkilóusis, ㊊+-kail-] *n.*〖医〗《骨の》膠着; 関節強直.
ann. annals; annual; annuities; annuity.
án·na [ǽnə] *n.* **1** アナ《パキスタンの旧貨幣単位. 1 ルピーの16分の1》. **2** 16分の1: have eight ～*s* of dark blood 原住民の血が半分混じっている.
án·nal·ist [ǽnəlist] *n.* 年代記編者. ≒analyst.
àn·nal·ís·tic [ænəlístik] *a.* 年代記の.
án·nals [ǽn(ə)lz] *n. pl.* **1** 年代記, 年表; 歴史. **2**《学会などの》年報. [√ann-]
An·nám [ənǽm/ænǽm, ＿́＿] *n.* アンナン(安南)《現在はベトナム (Vietnam) の一部》.
An·na·mése [ænəmí:z] *a.* アンナンの; アンナン人〔語〕の. **——** *n.* (*pl.* ～) アンナン人〔語〕. 〈注〉現在は Vietnamese.
An·na·mite [ǽnəmàit] = Annamese.
An·náp·o·lis [ənǽp(ə)lis] *n.* アメリカ Maryland 州の州都《海軍兵学校の所在地》.
án·nates [ǽnits, ǽneits] *n. pl.*〖宗〗(僧官の)聖職就任後の初年度の収入《もと法王に納めた》.
an·néal [əní:l] *vt.* **1** <はがねなどを>焼きなます〔もどす〕: an ～*ing* furnace 焼鈍炉. **2** <精神を> 鍛える.
án·ne·lid [ǽn(ə)lid] *n.*〖動〗環形動物《ミミズ・ヒルなど》. ◇ **～·an** *a.* 環形動物の.
An·nél·i·da [ənélidə] *n. pl.*〖動〗環形動物.
an·néx [ənéks] *vt.* 付加する; <領土などを> 併合する《に *to*》. **——** [ǽneks] *n.* (*pl.* **～·es** [-iz]) **1** 付加物; 付属書類《条約など》. **2** 別館, 離れ. [√nec-]
àn·nex·á·tion [ænekséiʃ(ə)n] *n.* **1** 付加, 併合. **2** 付加物, 合併領土. ◇ **～·ist** *n.* 領土合併論者.
án·nexe [ǽneks] *n.*〖英〗= annex.
An·nie Oak·lee [ǽni-óukli] *n.* = Oakley.
an·ní·hi·late [ənáiəlèit] *vt.* **1** 全滅させる, 絶滅させる; (徹底的に) 破壊する. **2** 無効にする; <法規などを> 廃する. [<nihil] ◇ **-la·tor** [-ər] *n.*
an·nì·hi·lá·tion [ənàiəléiʃ(ə)n] *n.*
‡àn·ni·vér·sa·ry [ænivə́:rs(ə)ri] *n.* (年ごとの) 記念日, 記念祭, …年祭; 年忌《しばしば anniv. と略す》. a person'*s* ～ (人)の記念日, 《特に》誕生日. **——** *a.* 記念日の, 記念祭の; 毎年の. [√ann- + √vert- 年+めぐる]
◇ **àn·ni·ver·sár·i·an** [ænivə:rsέ(:)riən/-sέər-] *n.*〖米〗記念祭出演者.
an·no ae·ta·tis su·ae [ǽnou-i:téitis-sú:i:/-sjú:i:] L. (=in the ... year of his age) 年齢…歳のときに, 行年….
án·no Dóm·i·ni [ǽnou-dámìnài/-dɔ́m-] L. (= in the year of our Lord) 西暦…年, キリスト紀元後…年《略 A.D.》. **——** *n.*〖俗〗老齢.
án·no·tate [ǽnotèit] *vt., vi.* (に)注釈をつける, (に)注釈する: an ～*d* book 注釈 (のついている) 本. [比較 note] ◇ **-ta·tor** [-tèitər] *n.* 注釈者.
àn·no·tá·tion [ænotéiʃ(ə)n] *n.* 注釈.
‡an·nóunce [ənáuns] *vt.* **1** 知らせる, 告知する, 伝える, 発表する: ～ a wedding 結婚を発表する. **2** (声をあげて)伝える: ～ dinner「お食事ができました」と告げる. ～ Mr. and Mrs. Jones「ジョーンズ夫妻のおいで」と取り次ぐ〔案内する〕. **3** の知らせとなる, であることを示す. **4**〖テレビ・ラジオ〗<番組を>アナウンスする. **——** *vi.* **1** アナウンサーをつとめる《の *for*》. **2**《公職に》出馬を声明する: ～ *for* governor 知事選に立候補する. [ad-+√nunti-に+使者する]
‡an·nóunce·ment [-mənt] *n.* **1** 告知, 告示; 発表, 公表. **2**《ラジオ・テレビの》短いコマーシャル. **3**《トランプの》持ち札表示.
‡an·nóunc·er [ənáunsər] *n.* **1**《ラジオ・テレビなどの》アナウンサー, 放送員. **2** 告知者.
‡an·nóy [ənɔ́i] *vt.* **1** 困らす, 迷惑させる, 悩ます; いらいらさせる: That ～*s* me. あれは困ったものです. **2**〖軍〗<敵を> 妨害する. **be** [**get**] **～ed** 迷惑する, 困ってしまう; 腹が立つ《に *with* a person; *at* [*about*] a thing》: I *am* ～*ed with* him *about* that [*for* do*ing* that]. あのことでは〔あんなことをしてくれて〕私はあの男には困っている. **——** *n.*〖雅〗= annoyance. [in-+√odi-. ennui と同語源]
an·nóy·ance [ənɔ́iəns] *n.* **1** 迷惑, 困惑. **2** やっかいごと, やっかいなもの〔人〕; 系累. **3** いらだち.
an·nóy·ing [ənɔ́iiŋ] *a.* 迷惑な, わずらわしい, うるさい, 気になる〔さわる〕ような. ◇ **～·ly** *ad.* うるさく.
‡án·nu·al [ǽnju(ə)l] *a.* **1** 1年の, 1年にわたる. **2** 1年ごとの, 例年の; 年1回の: the ～ enrollment in high schools 高校の毎年の入学 (者たち). **3**《植物の》一年生の.
—— *n.* **1** 年刊書; 年鑑. **2** 一年生植物. ***hardy*** ～ 霜にたえられる一年生植物《ダイコン・ホウレンソウなど》. [√ann- 年]
～ **message**〖米〗年頭教書. ～ **pension** 年金. ～ **report** 年報. ～ **ring**《木の》年輪.
***án·nu·al·ly** [-i] *ad.* 毎年, 1年ごとに.
an·nú·i·tant [ən(j)ú:it(ə)nt/-njú:-] *n.* 年金受領者.
an·nú·i·ty [ən(j)ú:iti/-njú:-] *n.* 年金. ***life*** ～ 終身年金. ～ **certain** (*pl.* **-ties certain**) 保証年金《いかなるばあいにも一定年数の間支払われる》.
an·núl [ənʌ́l] *vt.* (**-ll-**) **1** <決議・契約などを> 取り消す, 無効にする. **2** <記憶などを>消し去る. [√null-]
án·nu·lar [ǽnjulər] *a.* 環状の, 輪状の.
～ **eclipse**〖天〗金環食.
◇ **～·ly** *ad.* 環状に(なって).
án·nu·late [ǽnjulit, -lèit], **án·nu·lat·ed** [ǽnjulèitid] *a.* 環状の, 環の(ある), 環からなる.
án·nu·let [ǽnjulit] *n.* 小環;〖建〗輪状平縁.
an·núl·ment [ənʌ́lmənt] *n.* 取り消し, 廃止.
án·nu·lose [ǽnjulòus] *a.* 環のある; 環から成り立っている.
án·nu·lus [ǽnjuləs] *n.* (*pl.* **-li** [-lài], **-lus·es** [-ləsiz]) 輪, 環状部分;〖数〗環形;〖天〗金環;〖植〗環帯;〖動〗体環.
an·num [ǽnəm] L. (= year) *n.* 年. ***per*** ～ 1年につき.
an·nún·ci·ate [ənʌ́nʃièit, -sièit] *vt.* 告示する, 告知する.
an·nùn·ci·á·tion [ənʌ̀nsiéiʃ(ə)n, ㊊+-ʃiéi-] *n.* **1** (the A～)〖聖〗受胎告知《天使 Gabriel が聖母マリアにキリストの受胎を告げたこと. ルカ伝 1:26–38》. **2** (the A～) お告げの祭り《3月25日》. **3** 告知, 布告. [√nunti-]
an·nún·ci·a·tor [ənʌ́nʃièitər, -si-] *n.* 通告者;〖米〗《ベルの鳴った室の番号を示す》呼び出し表示器.

án·ode [ǽnoud] *n.* 〘電〙 陽極. ↔ cathode. ◇ **a·nód·ic** [ənádik/-nɔ́d-] *a.*

án·o·dize [ǽnodàiz] *vt.* 〈金属に〉 電解を施す《アルミ板などの表面に薄い膜をつけること》.

án·o·dyne [ǽnodàin] *a.* 痛み止めの. —— *n.* 1 鎮痛剤. 2 慰めとなるもの: Music was an ～ *of* his grief. 音楽が彼の悲しみを慰めた.

a·nói·a [ənɔ́iə] *n.* 完全精神薄弱, 白痴.

a·nóint [ənɔ́int] *vt.* 1 〈傷口などに〉 油を塗る. 2 〘宗〙 聖別する《油を頭に注いで》. ***the* (*Lord's*) *A～-ed*** (1) 救世主, キリスト. (2) 古代ユダヤの王; 神権による王. ◇ **～·ment** *n.* 油を塗ること; 〘宗〙 灌油(かんゆ)式.

a·nóm·a·lism [ənám(ə)lìz(ə)m/-nɔ́m-] *n.* 変則(性), 異常(性), 異例, 例外.

a·nòm·a·lís·tic [ənàm(ə)lístik/-nɔ̀m-] *a.* 1 変則の, 異例の. 2 〘天〙 近(地)点の.

a·nóm·a·lous [ənáməlәs/-nɔ́m-] *a.* 変則的, 例外的, 異常な. ～ **verb** 〘文〙 変則動詞《be, have, do, can, may など》. ◇ **～·ly** *ad.*

a·nóm·a·ly [ənáməli/-nɔ́m-] *n.* 1 変則, 異常, 異例, 不規則. 2 〘天〙 近点離角.

a·nón [ənán/ənɔ́n] *ad.* 1 じきに, まもなく. 2 すぐに, 直ちに. 3 別の〔またの〕ときに. ***ever and ～*** おりおり, ときどき.

anon. anonymous.

án·o·nym [ǽnənim] *n.* 1 匿名, 変名, 仮名. 2 匿名者, 匿名刊行物. ◇ **àn·o·ným·i·ty** [æ̀nənímiti] *n.* 匿名(使用); 無名, 氏名不明.

***a·nón·y·mous** [ənánimәs/-nɔ́n-] *a.* 1 **匿名の**, 変名〔仮名〕の. ↔ onymous. 2 **姓名不明の**, 作者不明の. 3 無名の, 世に知られない. 4 なんの特徴もない. [a-⁴+√onym-] ◇ **～·ly** *ad.* **～·ness** *n.*

a·nóph·e·les [ənáfili:z/-nɔ́f-] *n.* (*pl.* ～) 〘虫〙 ハマダラカ《マラリアを媒介する》.

án·o·rak [ǽnəræ̀k, ㊥⁺á:nərà:k] *n.* アノラック《頭巾(ずきん)のついた防寒服》.

àn·o·réc·tic [æ̀noréktik], **-tous** [-təs], **àn·o·rét·ic** [-rétik] *a.* 1 食欲のない. 2 食欲減退を生じさせる.

àn·o·réx·i·a [æ̀noréksiə] *n.* 〘医〙 食欲減退.

an·ós·mi·a [ænázmiə, -nás-/-nɔ́s-, ænás-] *n.* 〘医〙 無臭覚症, 臭覚喪失.

†an·óth·er → 枠付 another.

an·óx·i·a [ænáksiə/-nɔ́k-] *n.* 〘医〙 酸素欠乏症.

another

形容詞的な用法と, (代)名詞的な用法とあり, 意味は大別して場面により「別の」(a different) と「もう一つの」(an additional) の両面をもつ. 元来が an (=one)+other の結合したもので単数が原則だが, 形容詞的のばあい, 追加の意味では例外もある. the other(s) も和訳すると似たものになるが, 両者の区別は重要である.

an·óth·er [ənʌ́ðər] *a.* 1 もう一つの, 更に一つの, いま一つの, 第二の: Will you have ～ cup of coffee? コーヒーをもう1杯いかがですか《必ずしも2杯めのばあいだけではない. 3杯め, 4杯めのばあいでも使える》. That boy will be ～ Edison some day. あの少年はいつか第二のエジソンになるであろう.

2 ほかの, 別の, 違った: That is ～ question. それは別問題だ. One man's meat is ～ man's poison. 〘ことわざ〙 甲の薬は乙の毒.

3《数詞とともに》 更に … 個の: in ～ two months もう2か月(という期間が)たてば. I earned ～ hundred [three hundred] dollars. 更にまた100〔300〕ドル(という金額)をもうけた. 〈注〉 複数個のものを一まとめにして考える. 数詞のある点に注意. ***～ day*** 日を改めて, 後日. ***～ place*** 他の所, よそ; 〘英〙 他院《下院では「上院」を, 上院では「下院」をさす》. There isn't ***～ such*** man. あのような(人物はまたとない). ***～ time*** ときを改めて, また今度. ***in ～ moment*** 次の瞬間に(は), たちまち.

—— *pron.* 1 もう一つの物, もうひとりの人: Try ～. もう一つ召し上がれ; もうひとり(に)当たってごらん.

2 別の物, 別の人: This is not good enough. Show me ～. これじゃまだよくない. 別のを見せてください. To own good books is one thing, and it is ～ (thing) to be a good reader. 良い蔵書をもつことと読書じょうずとは別ものだ. 〈注〉「別の人」の意味のばあい, another's という所有格がある: These documents are not mine. They are *another's* (=somebody else's). これらの書類は私のではない. 別の人のだ.

3 そのような物, そのような人: If I am a mad man, you are ～. ぼくが狂人なら, きみも狂人だ.

one after ～ 次々と, 続々《幾つもの連続》: *One after* ～ all his plans have failed. 彼の計画は次次とみな失敗に帰した. Visitors arrived *one after* ～. 客が続々と到着した. 〈注〉 one after the other では「(二つのものが) 次々に」. ***one and ～*** いろいろな人(たち). ***one ～*** お互いに: They help *one* ～. 彼らはお互いに助け合う. They whispered to *one* ～ [*one* to ～]. 彼らは互いにささやき合った《to one ～ の形が普通》. 〈注〉 each other, each to the other は「二つ〔ふたり〕が互いに」ただし one another と each other の区別は厳密ではない. ***one way and ～*** あれやこれやで. ***one way or ～*** なんとか(こうとか)して. ***such ～*** そういうような人〔物〕, 同類で〔この手で〕別の物. ***taking* [*taken*] *one with ～*** あれこれ考え合わせると, かれこれ平均すれば, だいたいにおいて. ***taking one year with ～*** 一年ならしに, 平均して.

〈付記₁〉 another と other: 元来 another は an+other からできたもので, the, this, that, my, your などを前にとらない. これらをつけるには other を用いる: the *other* door もう一つのドア. my *other* son 私のもうひとりのむすこ《「残りのひとり」の意》. 比較: *another* son of mine 私の別のひとりのむすこ《まだ話題にのぼっていない》.

〈付記₂〉 another は元来単数で, 形容詞の複数には other を, 名詞の複数には others を使うのが原則: I took Tom and three *other* children [three *others*]. 「私はトムと, ほかに3人の子ども〔3人〕を連れて行った」 ただし, 多数のものをひとまとめとして扱い, 特に「追加」を強調するばあいは別. → *a.* ③.

〈付記₃〉 another と the other(s): another は暗に「ほかに幾つもある」と予想したときの「もう一つ」で, the other(s) は「ほかにこれだけしかない」と予想したときの「残りの一つ(または幾つか)」をさす. たとえば二つ以上のものの中で一つを取り, その次に「もう一つ別のもの」という意味で another を用いる. 三つのものについて one, another といって二つ取ってしまうと残りは the other であり, 四つ以上のばあいに one, another といって二つ取れば,残りを一括して the others 《複数》, one, another, a third と三つ取れば, 残りは the other 《単数》という. また最初から二つだけのばあいには当然 one, the other と対照させる: There were three men. *One* was a doctor, *another* was a teacher, and *the third* [*the other*] was a lawyer. 3人いて, ひとりは医者, ひとりは教師, 残るひとりは法律家であった.

ans. answer; answered.
ANS American Nuclear Society アメリカ核学会.
An·schluss [á:nʃlus|G. án-] *n.* 併合《特に1938年のドイツによるオーストリアの》. [<G.]
án·ser·ine [ǽnsəràin, ㊍⁺-rin] *a.* **1** ガチョウの(ような). **2** ばかな, のろまな.
†**án·swer** [ǽnsər/á:n-] *n.* **1 答え**, 返事; 解答: give [make] an ～ *to* a person *about* a thing あることについて人に返事をする. **2**《問題の》解答;《困難な事態に対する》解決(策). **3** 呼応, 応酬, 仕返し. **4** 弁解, 申し開き: I have a complete ～ to the charge. その非難に対しては十分釈明できる. ***in ～ to*** に答えて, に応じて.
—— *vt.* **1**〈人・質問に〉**答える**: ～ a person [a question]. **2** に応じて出る: ～ the bell[the door]（来客の）取り次ぎに出る. **3**〈要求などに〉**応ずる**;〈義務・債務などを〉果たす;〈目的などを〉満たす, かなえる: ～ the purpose 目的にかなう, 用が足りる. **4**〈損失などを〉償う. **5** に照応する: ～ a description 人相書きに一致する.
—— *vi.* **1** 答える, 返事する《に *to*》. **2** 応ずる: ～ with a nod うなずき返す. **3** 責任をとる, 償う《に対し *for*》. **4** 一致[符合]する, かなう: a woman ～*ing to* the description 人相書きに合致する女. **5** 効果がある, 役に立つ《として *as*》: It ～*s* to be honest. 正直は得になる. **～ *back***〘話〙口答えする. **～ *for*** (1) の代わりに答える. (2) の責任を負う, を償う. **～ *for it that…*** …であることを保証する. **～ *to*** (1) に回答する. (2) に符合する. **～ *to the name of*** と呼ばれる, …という名である. ◇ **～·er** [-sərər] *n.* **～·ing** *a.* **1** 返事の, 応答の. **2** 一致する《に *to*》.
〔類義語〕**答える: answer** 呼びかけまたは質問に応ずる. また礼儀として答える: *answer* a letter 返信を書く. *answer* the phone 電話に出る. **reply** 質問内容にふさわしい回答をする. answer よりも正式な返事. **rejoin** 批判などに回答する. **respond** 即応的に応答する. しばしばすでに用意されている回答を反射的に行なう. **retort** 感情的に直ちに応酬する. 主として反対の意見の開陳.
án·swer·a·ble [ǽns(ə)rəbl/á:n-] *a.* **1** 責任ある: I am ～ *to* my father *for* my conduct. 私は自分の行為につき父に対し責任がある. **2**〘稀〙答えられる. **3**〘古〙一致した, 相応した《に *to*》.
‡**ant** [ænt] *n.*〘虫〙アリ. ***have ～s in*** one***'s pants*** やりたくて[言いたくて]むずむずしている. **～ bear**〘動〙大アリクイ《南アメリカ産》. **ˊ～·èat·er**〘動〙アリクイ. **ˊ～·hill** [-hìl] アリづか, アリの塔. **～ lion**〘虫〙アリジゴク《ウスバカゲロウの幼虫》.
an't [ænt, eint/ɑ:nt] **1**〘話〙are not の短縮形. **2**〘おもに英話〙am not の短縮形. **3**〘俗〙is not, has not, have not の短縮形.
ant. antiquary; antonym.
ant- *pref.* anti- の母音もしくは h の前での異形: *ant*acid 制酸性の <anti-+acid.
-ant [-ənt, -(ə)nt] *suf.*《元来フランス語動詞の現在分詞語尾》**1** 動詞の語尾につけて形容詞をつくる: pleas*ant* 喜ばせる, 楽しい <pleas(e)+-ant. **2** 動詞につけて「行為者・作用物」を示す名詞をつくる: serv*ant* 召使 <serv(e)+-ant. 〈注〉ラテン語の動詞語幹で -a に終わるものについても, これにラテン語現在分詞語尾 -nt を加えて, -ant を語尾とする形容詞・名詞をつくることができる: stimul*are* 刺激する, 興奮させる →stimul*ant* 刺激性の, 興奮剤.
ant·ác·id [æntǽsid/ˊˊˊ] *a.* 酸を中和する, 制酸[耐酸]性の. **——** *n.* 酸中和剤, 制酸剤.
an·tág·o·nism [æntǽgəniz(ə)m] *n.* 対立, 反対, 敵対; 敵意, 反抗心. ***be in ～ to*** と反目[対立]している. ***come into ～ with*** と反目[対立]するに至る. [anti-+√agon-]
an·tág·o·nist [æntǽgənist] *n.* **1** 対立者, 反対者, 敵対者. **2**〘医〙拮抗(きっこう)筋.
an·tàg·o·nís·tic [æntægənístik], **-ti·cal** [-(ə)l] *a.* 反対の, 対立の. ◇ **an·tàg·o·nís·ti·cal·ly** *ad.* 反目して, 敵対して.
an·tág·o·nize [æntǽgənàiz] *vt.* **1** 対抗させる, 対立させる; 敵にする: ～ one *to* another 互いに反目させる. His speech ～*d* half the voters. 彼の演説で投票者の半分が反対側にまわってしまった. **2** に敵対する, に対抗する;〘米〙〈議案に〉反対する. **3** 中和する. [anti-+√agon-]
ant·ál·ka·li [æntǽlkəlài/ǽnt-] *n.* (*pl.* **～(e)s**) アルカリ中和剤.
‡**ant·árc·tic** [æntá:rktik] *a.* **南極の**, 南極地帯の. ↔ arctic. **——** *n.* (the A～) 南極地方, 南極圏. **A～ Circle, the** 南極圏. **A～ Continent, the** 南極大陸. **A～ Ocean, the** 南極海. **A～ Treaty, the** 南極条約《南緯 60° 以南の大陸と公海の非軍事化, 科学的調査研究の自由を協定》.
***Ant·árc·ti·ca** [æntá:rktikə] *n.* **南極大陸** (the Antarctic Continent).
án·te [ǽnti] *n.* **1**《ポーカーで》新しい札が配られる前に出すかけ金. **2** 割り前金; 前金《事業などに加えてもらうための》. **——** *vt., vi.* (**～d** *or* **～ed**; **～·ing**) **1**《ポーカーで》(かけ金を) 出す; かける. **2**〘米〙(割り前金・前金を) 払う《*up*》.
ante- *pref.*「…の前の, …より前の」の意: *ante*date 日付を(実際より)早める. *ante*cedent 前例 <ante-+√ced-+-ent 前に+行く+もの. 〈注〉別形 anti-
an·te·bel·lum [ǽntibéləm] L. (= pre-war) *a.* 戦前の;〘米〙南北戦争前の.
àn·te·céde [æntisí:d] *vt.* に先行する; にまさる.
àn·te·céd·ence [æntisí:d(ə)ns], **-en·cy** [-(ə)nsi] *n.* **1** 先行, 先在. **2**〘天〙《惑星の》逆行.
***àn·te·céd·ent** [-sí:d(ə)nt] *a.* **1 先だつ**, 先行の, 以前の《に, より *to*》. **2**〘論〙前提の, 仮定の.
—— *n.* **1 先例**. **2** 先だつ[以前の]事柄[状況]; (*pl.*) 経歴, 素性: a man of shady ～*s* 前身のいかがわしい男. **3** (*pl.*) 祖先. **4**〘文〙《関係詞の》**先行詞**. **5**〘論〙前件. ↔ consequent. **6**〘数〙前項. [ante-+√ced- 先に+歩む]
◇ **～·ly** *ad.* 以前に; 先だって.
án·te·chàm·ber [ǽntitʃèimbər] *n.* 控えの間, 次の間.
án·te·chàp·el [-tʃæp(ə)l] *n.* 礼拝堂の前室.
án·te·dàte [ǽntidèit, ˌˊˊ/ˊˊˊ, ˊˊˊ] *vt.* **1** に先行する《日付・時期・時代において》: The Peruvian Empire ～*s* that of Mexico. ペルー帝国はメキシコ帝国より古い. **2**〈手紙・小切手などを〉(実際より) 前の日付にする. **3** の推定時期を早める, の時期をいっそう早い時期と推定する《歴史上の事件などについて》. **4**〈事を〉早く発生させる; の実行[発生]を促す: The cold weather ～*d* their departure. 寒いので出発が早くなった. **5** 待ち設ける: Children ～*d* Christmas by talking about it continually. 子どもたちはクリスマスのことを話し続けてその日の来るのを待ちどおしがった.
—— [ǽntidèit] *n.*《実際より早い》前日付; いっそう古い日付.
àn·te·di·lú·vi·an [æntidilú:viən/æn-] *a.* **1** Noah の大洪水(こうずい)以前の. **2** 大昔の, はなはだ古めかしい. **——** *n.* **1** Noah の大洪水以前の人[動植物]. **2** 極端に時代遅れの人; 高齢の人.
án·te·fix [ǽntifiks] *n.*〘建〙《軒先の》装飾がわら.
án·te·lope [ǽnt(i)lòup] *n.* (*pl.* **～(s)**)〘動〙**1** カモシカ(の皮). **2**〘米〙= pronghorn.
án·te·mask = antimask.
án·te·me·ríd·i·an [æntimərídiən] *a.* 午前の.
an·te me·rid·i·em [ǽnti-mərídièm, -əm/-əm] L. (= before noon) 午前(に)《略 A.M. または a.m.》. ↔ *post meridiem*.
án·te-mór·tem [æntimɔ́:rtəm] (= before death) *a.* 死の(直)前の: ～ confession 臨終の告白. [<L.]

àn·te·mún·dane [æntimʌ́ndein/ǽn-] *a.* 天地創造以前の.
àn·te·ná·tal [æntinéitl/ǽn-] *a.* 出生前の.
～ **training** 胎教.
***an·tén·na** [ænténə] *n.* (*pl.* **-nae** [-niː], **-nas**) **1** (*pl.* 通例 -nas)〖電〗アンテナ, 空中線. **2**〖動〗触角.
◇ **～l, ～·ry** *a.* アンテナの; 触角(状)の.
an·tén·nate [ænténit] *a.*〖動〗触角のある.
an·tén·nule [ænténjuːl] *n.*〖動〗《エビなどの》小触角.
àn·te·núp·tial [æntinʌ́pʃ(ə)l/ǽn-] *a.* 結婚前の.
àn·te·pás·chal [æntipǽsk(ə)l/æntipáːs-, -pǽs-] *a.* 復活祭前の.
àn·te·pén·di·um [æntipéndiəm] *n.* 祭壇の前飾り.
àn·te·pé·nult [æntipíːnʌlt, -pinʌ́lt/æntipinʌ́lt] *n.* 語尾から3番めの音節. —— *a.*《音節が》語尾から3番めの.
àn·te·pe·núl·ti·mate [æntipinʌ́ltịmit/ǽn-] 「=antepenult.
àn·te·prán·di·al [æntiprǽndiəl/ǽn-] *a.* 食前の.
an·té·ri·or [æntí(ː)riər/-tíər-] *a.*《空間について》前方の, 前面の《より *to*》;《時間について》前の, 先の《より *to*》. ↔ posterior. ◇ **～·ly** *ad.* 前に, 先に.
an·tè·ri·ór·i·ty [æntì(ː)riɔ́ːrịti, -ár-/-tìəriɔ́r-] *n.* 先在(性), 先行(性).
án·te·room [ǽntirùːm, -rùm] *n.* 控えの間, 次の間; 待合室.
ant·hé·li·on [ænthíːliən, ænθíːl-/ænθíːl-] *n.* (*pl.* **-a** [-liə])〖気〗擬日輪《太陽と正反対の位置の雲・霧などにあらわれる光点》.
àn·thel·mín·tic [ænθelmíntik] *a.* 虫下しの.
—— *n.* 虫下し, 駆虫剤.
***án·them** [ǽnθəm] *n.* **1** 聖歌, 賛美歌. **2** 忠誠〔敬愛〕の歌. ***national* ～** 国歌. ***school* ～** 校歌.
—— *vt.* 聖歌を歌って祝う.
án·ther [ǽnθər] *n.*〖植〗葯(やく). ～ **dust** 花粉.
án·ther·al [ǽnθərəl] *a.* 葯(やく)の.
àn·ther·íd·i·um [ænθərídiəm] *n.*〖植〗雄器, 造精器《シダ・コケなどの》.
an·thól·o·gy [ænθálədʒi/-θɔ́l-] *n.*《名詩・名歌・名文などの》詞華集, 名詩〔名歌, 名文〕選.
◇ **-gist** [-dʒist] *n.* 詞華集編者. **-gize** [-dʒaiz] *vt., vi.* 詞華集を編する〔に収める〕.
An·tho·ny [ǽnθəni, -t(ə)ni] *n.* St. ～ 聖アントニオ, 251?–356? A.D., エジプトの隠者で修道僧の始祖. ***St. ～'s fire***〖医〗丹毒.
～ **pig** 一腹の子のうちの最小の子豚.
án·tho·phore [ǽnθəfɔ̀ːr/-fɔː] *n.*〖植〗花被間柱.
án·tho·tax·y [ǽnθətæ̀ksi] *n.*〖植〗花序.
An·tho·zó·a [ænθəzóuə] *n. pl.*〖動〗花虫類《サンゴ・イソギンチャクなど》. ◇ **～n** *a., n.* 花虫類(の).
án·thra·cene [ǽnθrəsiːn] *n.*〖化〗アントラセン《アリザリン色素の原料》.
án·thra·cite [ǽnθrəsàit] *n.* 無煙炭.
◇ **-cit·ous** [-sàitəs] *a.* 無煙炭を含む. **àn·thra·cít·ic** [ænθrəsítik] *a.* 無煙炭の(ような).
án·thrax [ǽnθræks] *n.* (*pl.* **-thra·ces** [-θrəsiːz])〖医〗脾脱疽(ひだっそ), 炭疽熱.
anthrop. anthropological; anthropology.
anthropo-「人, 人類」の意の語形成要素.
àn·thro·po·cén·tric [ænθrəposéntrik] *a.* 人間中心の. 「類発生論.
àn·thro·po·gén·e·sis [ænθrəpodʒénịsis] *n.* 人
àn·thro·póg·e·ny [ænθrəpádʒịni/-pɔ́dʒ-] = anthropogenesis.
àn·thro·póg·ra·phy [ænθrəpágrəfi/-pɔ́g-] *n.* 人類誌.
án·thro·poid [ǽnθrəpɔ̀id] *a.* 人間に似た.
—— *n.* 類人猿(えん) (=～ ape).
àn·thro·pól·o·gy [ænθrəpálədʒi/-pɔ́l-] *n.* 人類学. ◇ **-gist** *n.* 人類学者. **àn·thro·po·lóg·ic** [-pəládʒik/-lɔ́dʒ-], **àn·thro·po·lóg·i·cal** *a.* 人類学(上)の. **àn·thro·po·lóg·i·cal·ly** *ad.*
àn·thro·póm·e·try [ænθrəpámịtri/-pɔ́m-] *n.* 人体測定学. ◇ **àn·thro·po·mét·ric** [ænθrəpométrik], **àn·thro·po·mét·ri·cal** *a.*
àn·thro·po·mór·phism [ænθrəpəmɔ́ːrfiz(ə)m] *n.* 神人同形〔同性〕論;〖哲〗擬人観.
◇ **-phic** [-fik] *a.* **-phist** *n.* 神人同形〔同性〕論者.
-phize [-fàiz] *vt., vi.* (に) 人間の姿〔性質〕を付与する《特に神に》. **-phous** [-fəs] *a.* 人間の姿をした.
àn·thro·póph·a·gi [ænθrəpáfədʒài/-pɔ́fəgai, -dʒai] *n. pl.* (*sing.* **-gus** [-gəs]) 人食い人種.
◇ **-gous** [-gəs] *a.* 食人(種)の, 人食いの. **-gy** [-dʒi] *n.* 人食いの風習. 「解剖(学).
àn·thro·pót·o·my [ænθrəpátəmi/-pɔ́t-] *n.* 人体
án·ti [ǽntai, -ti/-ti] *n.*〖話〗反対(論)者.
—— *a.* 反対(意見)の.
anti-「反対」「敵対」などの意の接頭辞・語形成要素. 〈注〉発音は接頭辞としては [ǽnt(a)i-, æn-/ǽnti-] であるが, 語形成要素としては [ǽnti-] [æntí-] などとなる: án·ti·dote [ǽntidòut], an·típ·a·thy [æntípəθi]《dote, pathy という独立語はない》.
àn·ti·áir·craft [ænt(a)iέ(ː)rkræft/æntiέəkrɑːft] *a.* 防空(用)の, 対航空機の. ～ **gun** 高射砲.
àn·ti·ál·ien [ænt(a)iéiljən/ǽnti-] *a.* 排他的な.
àn·ti-A·mér·i·can [-əmérikən] *a.* 反米的.
àn·ti·bal·lís·tic [-bəlístik] *a.* 対弾道弾の. ～ **missile** 弾道弾迎撃ミサイル.
àn·ti·bíl·ious [-bíljəs] *a.* 胆汁(たんじゅう)病にきく.
àn·ti·bi·ó·sis [-baióusis] *n.*〖生〗抗生.
àn·ti·bi·ót·ic [-baiátik/-baiɔ́t-] *a.*〖生〗抗生の.
—— *n.* 抗生物質.
◇ **～s** [-s] *n. pl.*《単数扱い》抗生物質学. 「素.
án·ti·bòd·y [ǽntibàdi/-bɔ̀d-] *n.*〖生〗抗体, 抗毒
àn·ti-Ból·she·vik [ænt(a)ibálʃəvik/æntibɔ́l-] *n., a.* 反過激派(の). 「抗する, 防弾の.
án·ti·bòmb [ǽnt(a)ibàm/æntibɔ́m] *a.* 爆弾に対
án·tic [ǽntik] *a.* 風変わりな, 異様な, おかしい. —— *vi.* (**-ck-**) おどけた身ぶりをする. —— *n.* **1** (通例 *pl.*) おどけた身ぶり, ふざけた行為. **2**〖古〗道化役者; 道化者. ◇ **～·ly** *ad.*
àn·ti·cáth·ode [ænt(a)ikǽθoud/ǽnti-] *n.*〖電〗《真空管の》対陰極.
án·ti·christ [ǽnt(a)ikràist/ǽnti-] *n.* キリストの敵, キリスト反対者; (A～) 反キリスト.
àn·ti·chrís·tian [ænt(a)ikrístʃən/æntikristjən] *a.* キリスト教反対の, 反キリスト教的.
—— *n.* キリスト教反対者.
an·tíc·i·pant [æntísịpənt] *a.* 先を見越しての, 前もっての; 期待して, 待ち設けて《を *of*》: be eagerly ～ *of* support 支持を熱心に期待して.
—— *n.* =anticipator.
‡**an·tíc·i·pate** [æntísịpèit] *vt.* **1** 予期する, 予感する, 見越す; 楽しみに〔心配〕して待つ, 期待する. **2** 前もって考慮する, にあらかじめ手配する, に先んずる; 〈事件に〉先手を打つ, 防ぐ. **3** の時期を早める. **4** 〈収入を〉見越してさきに使う; 期限前に支払う: She ～*d* her legacy. 彼女は遺産を見越して使い込んだ. ～ a person***'s desires*** [***wishes***] (人)の欲する〔望む〕ところをいち早く察してかなえてやる; (人)をかゆいところに手がとどくように世話する. ～ ***the worst*** 最悪を覚悟する. ***I ～d as much.*** そんなことに〔そう〕なると思っていた. [ante-+√cap- 前もって+とらえる]
◇ **-pa·tor** *n.*
an·tìc·i·pá·tion** [æntìsịpéiʃ(ə)n, ⌐−−−⌐−] *n.* **1** 予期, 予感, 予想, 見越し. **2** 先手; 予防. **3** 収入を見越して使うこと. **4**〖法〗事前行為;〖医〗前発;〖楽〗先行音. ***in ～ 前もって. ***in ～ of*** を予期して.
an·tíc·i·pa·tive [æntísịpèitiv] *a.* 予想の, 先を見越した, 予期した.
an·tíc·i·pa·to·ry [æntísịpətɔ̀ːri/-peitəri, -pətəri] *a.* **1** =anticipative. **2**〖文〗先行の: an ～ subject 先行主語《It is bad for him to smoke.

の it など〕. ◇ **-ri·ly** *ad.*

àn·ti·clér·i·cal [æ̀nt(a)iklérikl/æ̀nti-] *a.* 《政治問題などについての》反教権的な, 反僧侶(そうりょ)的.
◇ **～·ism** [-kəlìz(ə)m] *n.*

àn·ti·clí·max [-kláimæks] *n.* 〘修〙 漸降法; 竜頭蛇尾(りゅうとうだび).
◇ **àn·ti·cli·mác·tic** [-klaimǽktik] *a.*

án·ti·cline [ǽnt(a)iklàin/ǽnti-] *n.* 〘地〙 背斜層.
◇ **àn·ti·clí·nal** [æ̀nt(a)ikláin(ə)l/æ̀nti-] *a.* 背斜の. ↔ synclinal.

àn·ti·clóck·wise [æ̀nt(a)iklákwàiz/æ̀ntiklɔ́k-] *a., ad.* =counterclockwise.

àn·ti·cóm·mu·nist [-kámjunist/-kɔ́m-] *a.* 反共(産主義)の.

àn·ti·cý·clone [-sáikloun] *n.* 反対旋風, 逆旋風.
◇ **àn·ti·cy·clón·ic** [-saiklánik/-klɔ́n-] *a.*

àn·ti·dìph·the·rít·ic [-dìfθərítik] *a.* ジフテリア予防の. —— *n.* ジフテリア(予防)注射(剤).

án·ti·dote [ǽntidòut] *n.* **1** 解毒剤. **2** 矯正(きょうせい)方法 《*for, against, to*》. ◇ **-dot·al** [-dòutl] *a.*

àn·ti·fé·brile [æ̀nt(a)ifí:brəl, -féb-/æ̀ntifí:brail, -féb-] *a.* 解熱の, 解熱にきく. —— *n.* 解熱剤.

àn·ti·féd·er·al [æ̀nt(a)iféd(ə)rəl/æ̀nti-] *a.* 反連邦主義の. ◇ **～·ism** [-ìz(ə)m] *n.* **～·ist** *n.*

án·ti·freeze [ǽntifrì:z, ㊎⁺-tai-, æ̀ntifrí:z] *n.* 不凍剤, 抗凍結剤.

àn·ti·fríc·tion [æ̀nt(a)ifríkʃ(ə)n/æ̀nti-] *n.* 摩擦を「防ぐもの, 潤滑材.

àn·ti·gás [æ̀nt(a)igǽs/æ̀nti-] *a.* 毒ガス防止用の: an ～ mask 防毒マスク.

án·ti·gen [ǽntidʒən] *n.* 〘医〙 抗原.
◇ **àn·ti·gén·ic** [æ̀ntidʒénik] *a.*

An·tíg·o·ne [æntígənì:/-ni] *n.* 〘ギ神〙 アンチゴネ《Oedipus とその母 Jocasta の娘. Creon 王の禁を破って兄を弔い幽閉の刑を受け自殺する》.

àn·ti·hé·lix [æ̀nt(a)ihí:liks/æ̀nti-] *n.* (*pl.* **-le·ces** [-hí:lisì:z]) 〘医〙 対耳輪.

án·ti·hè·ro [ǽnt(a)ihì(:)rou/ǽntihìər-] *n.* 主人公としてふさわしくない小説の主要人物.
◇ **àn·ti·he·ró·ic** [⌐—hiróuik] *a.*

àn·ti·hís·ta·mine [æ̀nt(a)ihístəmì:n/æ̀nti-] *n.* 抗ヒスタミン剤.
◇ **àn·ti·hìs·ta·mín·ic** [-hìstəmínik] *a.*

án·ti·ìc·er [ǽnt(a)iàisər, ǽnti⌐—/ǽnti⌐—] *n.* 〘空〙 氷結防止装置.

àn·ti·im·pé·ri·al·ism [æ̀nt(a)iimpí(:)riəlìz(ə)m/æ̀ntiimpíər-] *n.* 反帝国主義. ◇ **-ist** *n.*

àn·ti·knóck [æ̀nt(a)inák, ⌐—⌐/æ̀ntinɔ́k] *n.* 制爆剤《内燃機関のノッキングを防止する》.

An·tíl·les [æntíli:z] *n. pl.* アンチル列島《西インド諸島の列島. Greater ～ と Lesser ～ から成る》.

àn·ti·lóg·a·rithm [æ̀nt(a)ilɔ́:gərið(ə)m/æ̀ntilɔg-, -θ(ə)m] *n.* 〘数〙 真数, 逆対数.

an·tíl·o·gy [æntílədʒi] *n.* 前後矛盾, 自己矛盾.

àn·ti·ma·cás·sar [æ̀ntiməkǽsər/æ̀n-] *n.* いすのおおい.

àn·ti·mag·nét·ic [æ̀nt(a)imægnétik/æ̀nti-] *a.* 《とけいの平衡輪などが》磁化防止の.

án·ti·mask, án·ti·masque [ǽntimæ̀sk/-mɑ:sk] *n.* 《仮面劇の幕あいに行なわれる》道化狂言.

àn·ti·míl·i·ta·rism [æ̀nt(a)imílitəriz(ə)m/æ̀nti-] *n.* 反軍国主義.

àn·ti·mís·sile [æ̀nt(a)imísl/æ̀ntimísail] *a.* ミサイルに対抗する, ミサイル迎撃の.
～ **missile** ミサイル迎撃用ミサイル.

àn·ti·mo·nár·chi·cal [æ̀nt(a)imənɑ́:rkik(ə)l/æ̀ntimɔn-] *a.* 反君主政治の, 反王政の.
◇ **àn·ti·món·arch·ist** [-mɑ́nərkist/-mɔ́n-] *n.*

àn·ti·mó·ni·al [æ̀ntimóuniəl] *a.* アンチモン質の, アンチモンの(ような).

àn·ti·mon·sóon [æ̀ntimɑnsú:n/æ̀ntimɔn-] *n.* 〘気〙 反対季節風.

án·ti·mo·ny [ǽntimòuni/-məni] *n.* 〘化〙 アンチモン《金属元素. 記号 Sb》.

àn·ti·ná·tion·al [æ̀nt(a)inǽʃən(ə)l/æ̀nti-] *a.* 反国家的の; 反国家主義の.

àn·ti·neur·ál·gic [æ̀nt(a)in(j)urǽldʒik/æ̀nti-njuər-] *a.* 〘医〙 神経痛にきく. —— *n.* 神経痛薬.

àn·ti·nó·mi·an [æ̀ntinóumiən] *a.* 道徳律廃棄論の《福音書の恩寵(おんちょう)の説に基づきキリスト教徒は道徳律に縛られないとする説》. —— *n.* 道徳律廃棄論者. ◇ **～·ism** [-ìz(ə)m] *n.*

an·tín·o·my [æntínəmi] *n.* 〘哲〙 二律背反; 矛盾.

án·ti-nòv·el [ǽnt(a)inɑ̀v(ə)l/ǽntinɔ̀v-] *n.* アンチノベル《伝統的手法を全く離れた小説》.

An·ti·och [ǽntiɑ̀k/-ɔk] *n.* アンチオケ《古代シリアの都. 現在のトルコの南部にあった》.

àn·ti·óx·i·dant [æ̀nt(a)iɑ́ksidənt/æ̀ntiɔ́ks-] *n.* 酸化防止剤; ゴム防腐剤.

an·ti·pas·to [æ̀ntipǽstou, ɑ̀:nti:pɑ́:stou] It. *n.* 前菜, オードブル.

an·tìp·a·thét·ic [æntìpəθétik, æ̀nti-] *a.* 反感をもつ, 生来好かない: He is ～ *to* any change. 変化というものはおよそ彼の性に合わない.

àn·ti·páth·ic [æ̀ntipǽθik] *a.* **1** 相反する, 反する《に *to*》. **2** =antipathetic.

an·típ·a·thy [æntípəθi] *n.* **1** 反感, 嫌悪(けんお), けぎらい《*to, towards, against*》. **2** 生来きらいなもの, 虫の好かないもの. ↔ sympathy. [√path-]

àn·ti·pèr·son·nél [æ̀nt(a)ipə:rsənél/æ̀nti-] *a.* 〘軍〙 兵員目当ての, 人馬殺傷を目的とする.

àn·ti·phlo·gís·tic [-flodʒístik] *a.* 〘医〙 炎症をなおす. —— *n.* 消炎剤.

àn·ti·phlo·gís·tine [æ̀nt(a)iflodʒísti:n/æ̀nti-] *n.* 〘医〙 消炎膏(こう).

án·ti·phon [ǽntifɑ̀n, -fən/-fən] *n.* 交互に歌い合う歌詞; 〘宗〙 交唱(聖歌).

an·típh·o·nal [æntífən(ə)l] *a.* 交互に歌う.
—— *n.* 交唱聖歌集.

an·típh·o·na·ry [-nèri/-nəri] *n.* 交唱聖歌集.

an·típh·o·ny [æntífəni] *n.* 交唱(聖歌).
◇ **àn·ti·phón·ic** [æ̀ntifɑ́nik/-fɔ́n-] *a.*

an·típh·ra·sis [æntífrəsis] *n.* 〘修〙 反用《ユーモア・皮肉などで, 語・句を本来の意味と反対に用いること: a *giant* of three feet 3フィートの巨人. *magnificent* disorder すばらしい乱雑》.

an·típ·o·dal [æntípədl] *a.* 対蹠(たいせき)地の; 対蹠的な, 正反対の《に *to*》.

án·ti·pode [ǽntipòud] *n.* 正反対(の物).

an·típ·o·des [æntípədì:z] *n. pl.* **1** 対蹠(たいせき)地《地球上の正反対の地点》. **2** 対蹠地の住民.
[√pod-] ◇ **an·tìp·o·dé·an** [æntìpədí:ən] *a.*

án·ti·pole [ǽntipòul] *n.* 反対の極; 正反対《の *of, to*》.

án·ti·pope [ǽnt(a)ipòup/ǽnti-] *n.* 〘史〙 対立教皇《正当に選出された教皇に対立する》.

àn·ti·py·rét·ic [æ̀nt(a)ipairétik/æ̀nti-] *a.* 解熱の.
—— *n.* 解熱剤.

àn·ti·pý·rin(e) [æ̀nt(a)ipáirin/æ̀ntipáiər-] *n.* 〘医〙 アンチピリン《解熱剤》.

antiq. antiquarian; antiquities.

àn·ti·quár·i·an [æ̀ntikwé(:)riən/-kwέər-] *a.* 古物研究の; 好古家的な, 骨董(こっとう)品集めの; 骨董趣味の. —— *n.* 好古家, 古物収集家.
◇ **～·ism** [-ìz(ə)m] *n.* **～·ize** [-àiz] *vi.* 〘話〙 骨董趣味にふける.

án·ti·qua·ry [ǽntikwèri/-kwəri] *n.* 好古家, 古物研究〔収集〕家; 骨董(こっとう)商.

án·ti·quate [ǽntikwèit] *vt.* 古色蒼然(そうぜん)とさせる, 古くさくする, すたれさせる.
◇ **án·ti·quat·ed** [-id] *a.* 古くさくなった; 時代遅れの, すたれた; 旧弊の; 老朽の, 老齢の.

an·tíque [æntí:k] *a.* **1** 古代の. **2** 古めかしい, 旧

式な. **3** 昔風の, 昔趣味の. **4**〖製本〗浮き彫りの. **——** *n.* **1** 古器物, 古美術. **2**〖印〗アンチック体活字. ◇ **~·ly** *ad.* **~·ness** *n.*

(類) → **old**「年とった」

an·tíq·ui·ty [æntíkwịti] *n.* **1** 古さ; 古めかしさ, 古風. **2** 古い時代; 《中世・近代に対し》古代. **3** 《集合的》古代人. **4** (*pl.*) 古代の遺物, 古器; (古代の) 遺風. ***of great ~*** きわめて古い.

àn·ti·ráb·ic [ænt(a)iræbik/ænti-] *a.* 狂犬病予防〔治療〕の.

àn·ti·ra·chít·ic [ænt(a)irəkítik/ænti-] *a.* くる病治療〔予防〕の.

àn·tir·rhí·num [æntiráinəm] *n.*〖植〗金魚草.

àn·ti·rúst [ænt(a)irʌ́st, ∠–∸/æntirʌ́st] *n.*, *a.* さびどめ (の).

àn·ti·sàb·ba·tár·i·an [ænt(a)isæbətɛ́(:)riən/æntisæbətɛ́ər-] *a.* 安息日反対の. **——** *n.* 安息日反対(論)者.

àn·ti·sa·lóon [ænt(a)isəlú:n/ænti-] *a.*〖米〗酒場反対の; 酒類販売〔飲用〕反対の.

àn·ti·scor·bú·tic [-skɔ:rbjú:tik] *a.* 壊血病治療の. **——** *n.* 壊血病治療薬.

àn·ti-Sém·ite [-sémait, -sí:m-] *n.* 反ユダヤ〔ユダヤ人排斥〕主義者. ◇ **àn·ti-Sém·i·tism** [-sémịtiz-(ə)m] *n.* 反ユダヤ主義〔思想, 運動〕.

àn·ti-Se·mít·ic [-sịmítik] *a.* 反ユダヤの, ユダヤ人排斥の. ◇ **-i·cal·ly** *ad.*

àn·ti·sép·sis [æntịsépsis] *n.* 防腐(法); 防腐剤.

àn·ti·sép·tic [æntịséptik] *a.* 防腐の. **——** *n.* 防腐剤. ◇ **-ti·cal·ly** *ad.*

àn·ti·sé·rum [ænt(a)isí(:)rəm/æntisíərəm] *n.* (*pl.* **-rums, -ra** [-rə])〖医〗《予防注射用の》抗血清.

àn·ti·sláv·er·y [ænt(a)isléiv(ə)ri/ænti-] *n.*, *a.* どれい制度反対 (の).

àn·ti·só·cial [-sóuʃ(ə)l] *a.* **1** 反社会的な, 反社会主義的. **2** 社交ぎらいな.

◇ **~·ist** *n.* 反社会主義者; 非社交家. **~·ly** *ad.*

àn·ti·sò·cial·ís·tic [-sòuʃəlístik] *a.*

àn·ti·spas·mód·ic [ænt(a)ispæzmɑ́dik/ænti-spæzmɔ́d-] *a.*〖医〗けいれん止めの. **——** *n.* 鎮痙(ちん)剤.

an·tís·tro·phe [æntístrəfi] *n.* もどり舞いの歌《古代ギリシア劇の中でコーラスが右へもどる際に歌う》;〖韻〗対照詩節;〖修〗逆反復《the master of the servant and the servant of the master のごとき》; 逆(さか)ねじ〔逆用〕論法;〖楽〗対照〔応答〕楽節. ◇ **àn·ti·stróph·ic** [æntistrɑ́fik/-strɔ́f-] *a.*

àn·ti-súb·ma·rine [ænt(a)isʌ́bməri:n/ænti-] *a.* 対潜水艦の.

àn·ti·sún·burn [ænt(a)isʌ́nbə:rn/ænti-] *a.* 日焼け止めの.

àn·ti·tánk [ænt(a)itæŋk, ∠–∸/æntitæŋk, ∠––] *a.*〖軍〗対戦車用の. **~ gun** 対戦車砲.

àn·ti·thé·ism [-θí:iz(ə)m] *n.* 反有神論. ◇ **-ist** *n.*

an·títh·e·sis [æntíθịsis] *n.* (*pl.* **-ses** [-sì:z]) 対立(物), 対照(物);〖修〗対照法, 対句;〖論〗反, 反対命題. [√the-²]

àn·ti·thét·ic [æntiθétik], **-i·cal** [-(ə)l] *a.* 対照的な; 正反対の. ◇ **àn·ti·thét·i·cal·ly** *ad.*

àn·ti·tóx·ic [ænt(a)itɑ́ksik/æntitɔ́ks-] *a.*〖医〗抗毒(素)性の. **——** *n.* 抗毒素剤.

àn·ti·tóx·in [æntitɑ́ksin/æntitɔ́ks-] *n.* 抗毒素.

án·ti·tràde [æntitrèid/∠–∠] *a.* 反対貿易風の, 逆恒風の. **——** *n.* (*pl.*) 反対貿易風, 逆恒風.

àn·ti·trúst [ænt(a)itrʌ́st/ænti-] *a.*〖経〗反トラスト的, 独占禁止の. **~ law** 独占禁止法.

án·ti·type [æntịtàip, ㊇⁺æntai-] *n.* 予表象徴《特に新約聖書中の事柄で旧約聖書中に予表された》.

àn·ti·ún·ion [ænt(a)ijú:njən/ænti-] *a.*〖米〗反労働組合 (主義) の.

àn·ti·více [ænt(a)iváis/ænti-] *a.* 売春反対の.

àn·ti·vìv·i·séc·tion·ist [ænt(a)ivivịsékʃ(ə)n-ist/ænti-] *n.* 動物の生体実験〔解剖〕反対者.

ánt·ler [æntlər] *n.* 《シカの》枝角.

◇ **~ed** *a.* 枝角をそなえた.

àn·to·no·má·sia [æntənoméiʒə/-ziə] *n.*〖修〗換称《個人の名称をもって同類の人をさすこと: a Solomon 賢者. また, 個人の名を用いず, 称号など他の語をもって特定人をさすこと: his lordship 閣下》.

An·to·ny [æntəni] *n.* Mark ~, 83?–30 B.C., ローマの将軍・政治家.

***án·to·nym** [æntənim] *n.* 反意語, 反義語. ↔ synonym. [√onym-]

án·trum [æntrəm] *n.* (*pl.* **-tra** [-trə])〖医〗空洞「(どう), 腔(こう).

ANTU, án·tu [æntu:] *n.* アンツー〔殺鼠(そ)剤〕.

A·nú·bis [ən(j)ú:bis/ənjú:-] *n.*〖エジプト神話〗墓の守護神《jackal の首を持つ》.

An·ú·ra [ən(j)ú(:)rə/ənjúərə] *n.* (*pl.*)〖動〗無尾類「《カエルなど》.

á·nus [éinəs] *n.*〖医〗肛門(こう).

án·vil [ænvil] *n.* **1** 金床(かなとこ), 金敷き. **2**〖医〗きぬた骨. ***be on*** [***upon***] ***the ~*** <計画などが>審議〔準備〕中である.

‡anx·í·e·ty [æŋ(g)záiəti] *n.* **1** 心配, 不安, 懸念: He felt ~ *about* his loss of income. 彼は収入を失うことを恐れていた. **2** 念願, 切望《*for, about; to* (do)》. ***be in ~*** 心配している, 気にしている. ***with ~*** 心配して, 案じて.

‡ánx·ious [æŋ(k)ʃəs] *a.* **1** 心配な〔で〕, 不安な〔で〕, 気がかりな〔で〕: I am ~ *about* his health. 私は彼の健康のことが気がかりです. She was dreadfully ~ *lest* he should be late. 彼女は彼が遅れはしまいかとひどく心配だった. **2** 切望して, 熱心で〔な〕: I am not very ~ *to* meet her. 彼女と知り合いになりたいとたいして思わない. He is ~ *for* fame. 彼は名声にあこがれている. He was very ~ *for* her *to* return. 彼は彼女が帰ってくるのを待ちに待っていた. I am ~ *that* he should come. あの人にぜひ来てもらいたい. **3** 気をもませる, はらはらさせる: an ~ business 気苦労の多い商売. We had an ~ time of it. ずいぶん心配しましたよ. ***on the ~ seat*** 大いに心配して. **~ seat** [**bench**]〖米〗《伝道説教会などで》特に信仰を強めようとする人々のすわる説教壇に近い席.

◇ **‡ánx·ious·ly** *ad.* **1** 心配して, 気をもみながら. **2** 切望して, 待ち遠しい気持ちで. **~·ness** *n.*

(類) → **care**「心配する」, → **eager**「しきりに…したがる」

†án·y → 枠付 any. (p. 55)

†án·y·bòd·y [énibɑ̀di, -bədi/-bɔ̀di, -bədi] *pron.* **1** 《疑問文・条件節で》だれか, だれでも: Is there ~ here? だれかいらっしゃいますか. If ~ calls me at all, tell him that I've gone out. だれか電話をかけてきたら外出したと言ってくれ. **2** 《否定文で》だれも: Do*n't* disturb ~. どなたにも迷惑をかけないでください. **3** 《肯定文で》だれでも, だれも: *A*~ can do that. だれだってそんなことはできる. →anyone. 〈注〉anybody は anyone とほとんど同義であるが, 前者はおもに口語.

~ else だれかほかの人; ほかのだれ(で)も.

—— *n.* **1** ひとかどの人物: Is he ~? ちょっとは知れた人物かね. **2** (*pl.*) 名もない人々, つまらぬ人: unknown ~*ies* 名もない〔つまらぬ〕連中.

‡án·y·how [énihàu] *ad.* **1** なんとしてでも, どうしても. **2** ともかくも, いずれにせよ: I have to go ~. ともかく行かなければならない. **3** いいかげんに, ぞんざいに: He works ~. 彼はいいかげんに仕事をする. ***feel ~***〖話〗なんだか気分が悪い.

†án·y·one [éniwʌ̀n, -wən] *pron.* **1** 《否定文で》だれも. **2** 《疑問文・条件節で》だれか. **3** 《肯定文で》だれでも. →anybody. 〈注〉anyone は any one ともつづる. 後者のばあいは one の意味も発音も強調される: I would like *any one* [éni-wʌ́n] of them. どの人でもよいからひとりほしい.

any

some, many, few, much, little とともに不定の数量をあらわす重要な形容詞兼代名詞で，数と量の両方をあらわす点，また数えられる名詞についても単複両用に用いられる点など，some, all, no との共通点が多い．特に意味の点でも some と密接な対をなしており，肯定平叙文において some が用いられるところを，疑問文・否定平叙文・条件文において通常 some に代わって用いられる．なお any は冠詞 a, an と同語源である．

any についていえることは anybody, anyone, anything, anywhere についても当てはまる面が多い．また，代名詞のばあい，any of children のような構文が許されぬことについては，枠付 many の〈付記₂〉に詳説した．

án·y [éni；ときおり(弱) əni] *a.* **1**《疑問文・条件節で》なにかの，いずれかの，いくらかの：Do you want ～ book? なにか本がほしいか．Do you have [Have you] ～ money [French books]? お金〔フランス語の本〕をいくらか〔何冊か〕持っているか《比較：I have *some* money [French books]．私はお金〔フランス語の本〕をいくらか持っている》．Is there ～ good method of learning English? 英語を学ぶのになにかよい方法があるか．Can ～ man think that? だれか，それを考えることができるか．If ～ one comes, let me know. もしだれか来たら，知らせてくれ．〈注₁〉any には２様の用法，すなわち (1) 数量（いくらか，若干）の意《通常は強勢なし [eni, əni]》と，(2) 指示（なにか，だれか）の意《通常は強勢あり [éni]》とに用いられる．複数語尾をとる名詞のばあい，通常複数ならば(1)，単数ならば(2)となる：*any* books 幾冊かの本．*any* book なにかの本．〈注₂〉次のばあいは形は疑問文だが実質的には命令文なので some を用いる：Will you give me *some* paper? 紙をください．

2《否定の平叙文で》どの…も，どんな…も，少しも《…ない》：I do*n't* have [have*n't*] ～ brother(s). ひとりも兄弟がない．We do*n't* want ～ book(s). なんの本も〔本はなにも〕いらない．

〈付記₁〉このばあい not ... any を no に代えて I have *no* brother(s). のようにすることができる．ただし have 以外の動詞や There is [are, etc.]... 以外の構文に no を用いた I *want no* book(s). のような表現は一般に堅苦しく，not...any の方がより口語的である．

〈付記₂〉前記のばあいと異なり，主語となる名詞には no をつけるのが普通である：*No* animal can live without water. どんな動物も水なしでは生きられない．

〈付記₃〉**not...any** [not...anything, etc.] **の二つの意味** 次のようなばあい，前後の事情によって次の二つの解釈が成り立つ：(1) I do*n't* want to see *any* visitor. (a) どんなお客にも会いたくない．(b) どんなお客にも相手かまわず会おうという気持ちはない．(2) I did*n't* promise to give you *anything*. (a) なにもあげるとは約束しなかった．(b) なんでもあげるとは約束しなかった．(3) You ca*n't* get it *anywhere*. (a) どこへ行っても手にはいらない．(b) どこでも手にはいるというものではない．──なお，(b)の意味では，しばしば any の前に just が挿入(そうにゅう)される（例文 (1) および (3)）．

3《肯定の平叙文で》どんな…でも《強勢あり》：*Any* child can do that. どんな子どもでもそれくらいなことはできる．*Any* profession is honorable. 職業はなんでもりっぱなものである．You may bring along ～ person you like. お好きなかたどなたでもお連れください．You may go to ～ place you like. どこでもかってな所へ行ってよろしい．〈注〉同種類のものを比較するときに any other を比較級の語とともに用いて最上級の意をあらわす：He is taller than *any other* boy in his class. 彼はクラスの他のどの少年よりも背が高い．

── *pron.*《用法の区別は形容詞のばあいとおなじで，単複両様の意で，しばしば any of の構文で，または既出の名詞の省略のばあいに用いられる》．**1**《疑問文・条件節で》どれか，だれか，なにか，いくらか：Do you want ～ *of* these things? これらのもののうちどれかほしい(ものがある)か．Did you ask ～ *of* the children? 子どもたちのうち，だれかに聞いてみたか《the を落とさぬように注意》．If ～ *of* you know, tell me. きみらのうちでだれか知っているものがいたら，話してくれ．I have no money with me. If you have ～, please lend me some. 私はお金の持ち合わせがない．もしいくらかお持ちなら，貸してください《if you have ～ =if you have any money》．

2《否定平叙文で》なにも，だれも，少しも《…ない》：I can*not* find ～ *of* them. 彼らのうちだれも見当たらない．〈注〉not any を none として，I can find *none of* them. とすることもできるが，これも一般に堅い表現（→ *a*. ② の〈付記₁〉）．

3《肯定》どれでも，なんでも，だれでも，いくらでも：Take ～ you like. 好きなものをどれでも取りなさい．*Any of* you can do it. きみたちのうち，だれでもそれができる．

4《単独に用いて》だれでも：It is unknown to ～. それはだれにもわからない．〈注〉「人」の意に用いた代名詞の any は複数扱い：Will *any* forget who *have* these happy times? 幸福な時代を経験した人ならだれが忘れようか．

── *ad*. **1**《比較級または too の前に用いて》《疑問》いくらか，少しは；《条件》少しでも；《否定》少しも《…ない》：Are you ～ *better*? (からだの)かげんはいくらかいいですか．If you are ～ *better*, you had better take a walk. 少しでもかげんがよいなら，散歩でもした方がよい．He did not get ～ *better*. 彼は少しも，かげんがよくならなかった．This problem cannot be ～ *too* difficult for him. この問題は，彼には少しもむずかしすぎるはずがない．

2〘米〙《単独に用いて》少しは〔も〕：Could you sleep ～ last night? 昨晩少しは眠れたか．That didn't help us ～. それは少しも助けにならなかった．

～ and every ことごとくの，あらゆる．***～ but***... …以外のいずれも：*Any but* he would have refused. あの男以外ならだれでも断わったことだろう．***～ one*** だれか，だれ(で)も；どれか，どれ(で)も．***at ～ cost*** いかなる代価を払っても；どうあっても，ぜひとも．***at ～ moment*** いつでも，いつなんどき．***at ～ price*** いくら高くても；どんな犠牲を払っても．***at ～ rate*** とにかく．***(at) ～ time*** いつでも；いまにも．***if ～*** もしあるなら；あるにしても：Correct the errors, *if* ～. 誤りあらば正せ．There are few pencils [There is little water], *if* ～. 鉛筆〔水〕は，あるにしても少ししかない．〈注〉*if* there is [are] *any* などの省略形である．次のような用法と比較：He knows English *if any* man does. あの人は英語の知識ではだれにも負けない．***in ～ case*** ともかく，どんなばあいでも．***not ... ～ longer*** もう…しない(no longer)．***not ... ～ more*** これ以上…しない(no more)．***not ... ～ more than*** …でないと同様 … でない (no more than)：The whale is *not* a fish ～ *more than* a horse is. 馬が魚でないと同様鯨も魚でない．***scarcely*** [***hardly***] ～ ほとんど…ない．

án·y·place [éniplèis] *ad.* 〖話〗どこに〔へ〕でも，どこでも． →anywhere.

†**án·y·thing** [éniθìŋ] *pron.* **1**《疑問文・条件節で》**なにか**: Can you hear ～? なにか聞こえますか． **2**《否定文で》**なにも**: I could *not* see ～. なにも見ることができなかった． **3**《肯定文で》**なんでも**, どれでも: Give me something to eat. *A*～ will do. なにか食べるものをくれ．なんでもかまわない．He can do ～. 彼はどんなことでもできる．〈注〉形容詞はあとにつく: Is there *anything interesting* in the newspaper? 新聞になにかおもしろいことが出ていますか．

～ but (1)(…以外のなんでもあるが…ではない→)…どころではない: It is ～ *but* big. 大きいどころではない． (2)…のほかならなんでも: He will do ～ *but* that. 彼はそのほかのことならなんでもする; それぱかりはやらない． ***～ else*** →else. ***～ like*** (1) 少しは: Is she ～ *like* pretty? 器量はいいほうですか． (2)《否定文で》少しも《(…でない)》: You can*not* expect ～ *like* perfection. 完ぺきなどということはとても期待できない． ***～ of*** (1) 少しは: Do you see ～ *of* Smith? 少しは〔たまには〕スミスに会いますか． Is he ～ *of* a gentleman? いくらか紳士らしいところがあるか． (2)《否定文で》少しも． ***as ... as ～*** たとえようもなく: She is *as* proud *as* ～. 彼女はとても得意がっている． ***for ～*** 《否定文で》なにをもらっても，なんととりかえっこでも; 絶対に: I would*n't* do that *for* ～. どんなことがあってもそんなことはしたくない． ***for ～ I care*** 私はどうでもかまわないが…． ***for ～ I know*** はっきり知らないが; ともかく． ***if ～*** どちらかといえば: She is, *if* ～, taller than her mother. 母親よりどちらかといえば背が高い． ***like ～*** ひどく，ものすごく: It rains *like* ～. どしゃ降りだ． ***without doing ～*** なにもせずに．

—— *ad.* 少しでも;《否定文で》少しも．

án·y·time [énitàim, ⁄–⁄–] *ad.* いつでも; どんなときにでも（変わらずに）．

‡**án·y·way** [éniwèi] *ad.* **1** とにかく，いずれにしても． **2** いいかげんに: Don't do it just ～. ぞんざいにやっちゃいけないよ． →anyhow.

án·y·ways [éniwèiz] *ad.* 〖話〗とにかく．→anyway.

‡**án·y·where** [éni(h)wὲər] *ad.* **1**《否定文で》**どこに〔へ〕も**: Do*n't* go ～. どこへも行ってはいけない． **2**《疑問文・条件節で》**どこかに〔へ〕**． **3**《肯定文で》**どこに〔へ〕も**．

～ from ... to ___ 〖話〗まず…から ── までの範囲で: ～ *from* 10 *to* 20 dollars 10ドルから20ドルの間で． ***not get ～*** (どこにも行きつかない→) なんの結論も出ない; どうにもらちがあかない: If we keep arguing like this, we wo*n't get* ～. こんな風に議論をつづけてもどうにもならない． ***not go ～*** どこへも行かない; 隠居する．

án·y·wise [éniwàiz] *ad.* どうしても，どのようにしても，決して．

An·zac [ǽnzæk] *n.*《第1次大戦の》オーストラリアとニュージーランド連合部隊の隊員; オーストラリアもしくはニュージーランド出身の兵士． [＜*A*ustralian and *N*ew *Z*ealand *A*rmy *C*orps]

An·zus [ǽnzəs] *n.* オーストラリア・ニュージーランド・アメリカによる太平洋安全保障条約機構．[＜*A*ustralia, *N*ew *Z*ealand and the *U.S.*]

A/O, a/o account of. **A.O.D.** Army Ordnance Department. **A.O.F.** Ancient Order of Foresters. **A.O.H.** Ancient Order of Hibernians.

A-O.K. [éioukéi] *a.* 完全な，申し分のない: an ～ rocket launching 申し分のないロケット打ち上げ．

AOL absent over leave 休暇欠勤．

A·ó·ni·an [eióuniən] *a.* 《古代ギリシアの》Aonia 地方の． **～ maids** ミューズの九女神(the Muses).

á·or·ist [éiərist/éər-, éiər-] *n.* 〖文〗不定過去，アオリスト《ギリシア語などにおける》．

a·ór·ta [eiɔ́ːrtə] *n.* (*pl.* **-tas, -tae** [-tiː]) 〖医〗大動脈． ◇ **a·ór·tic** [-tik] *a.* 「羊．

á·ou·dad [ɑ́ːudæd, áu-] *n.* 《北アフリカの》野生の

à ou·trance [ɑːuːtrɑ̃ːs] F. 極端に，極度に;あくまで，最後まで．

AP, A.P. Associated Press. **Ap.** Apostle; April. **APA** American Press Association.

ap- *pref.* ad- の p の前の異形．

a·páce [əpéis] *ad.* 〖雅〗速く，たちまち． ***Ill news runs ～.*** 〖諺〗悪事千里を走る．

A·pách·e [əpǽtʃi] *n.* (*pl.* **～s**, **～**) アパッチ族《北アメリカ原住民の一種族》; アパッチ語．

a·pache [əpɑ́ːʃ, əpǽʃ] F. *n.* 《おもにパリの》無頼漢，よた者． **～ dance** アパッシュ踊り《一種の乱暴な踊り》．

áp·a·nage ＝appanage.

a·pa·re·jo [ɑ̀ːpɑːréihou, ㊟⁺æpəréiou] Sp. *n.* (*pl.* **～s**) メキシコ風の皮製の荷鞍(ぐら)．

‡**a·párt** [əpɑ́ːrt] *ad.* **離れて**, 離して，わかれて; 別々に，ばらばらに: fall ～ from decay 腐ってはがれ落ちる． New York and Tokyo are thousands of miles ～. ニューヨークと東京は何千マイルも離れている．

～ from …は別として(＝㊟ aside from). ***jesting*** 〔***joking***〕 ***～*** 冗談はさておき． ***keep ～ from*** に近づかない． ***know ～*** 識別する． ***put*** 〔***set***〕 ***～*** 取りのけて〔別にして〕おく《に備えて，のために *for*》． ***take ～*** (1) 分離する，分解する: *take* a clock ～ とけいをばらす． (2) 非難する: *take* a person ～ for his conservatism 人を保守的だと非難する． (3) 追求して調べあげる． ***tell ～*** 区別する，識別する．

—— *a.* 《名詞のあとに》独自の(性格をもつ): a class ～ 独特な種類．

a·párt·heid [əpɑ́ːrt(h)èit, -(h)àit/-heit, -heid] *n.* 《南アフリカの》人種差別〔民族隔離〕(政策)．

‡**a·párt·ment** [əpɑ́ːrtmənt] *n.* **1** 〖米〗**アパート**《共同住宅 (apartment house) の内の1家族分の区画》; (*pl.*) ＝～ house. **2** へや． **3** (*pl.*) 〖英〗貸間，貸し室． **～ hotel** アパート式ホテル《1週間以上滞在の自炊可能のホテルで一般のホテルサービスも同時に行なう》． **～ house** 〔**building**〕 アパート〔共同住宅〕の一棟． ◇ **a·part·mén·tal** [– – méntl] *a.*

àp·a·thét·ic [æ̀pəθétik], **-i·cal** [-(ə)l] *a.* 無感動〔感情〕の，冷淡な． ◇ **àp·a·thét·i·cal·ly** *ad.*

áp·a·thy [ǽpəθi] *n.* 無感覚，無関心，冷淡． ***have an ～ to*** に冷淡である． [a-⁴＋√path-]

áp·a·tite [ǽpətàit] *n.* 〖鉱〗リン灰石．

*__ape__ [eip] *n.* **1 サル**《おもに無尾猿(えん)・短尾猿》． **2** 人まねをする人． ***go ～ over*** 〔***for***〕 〖俗〗に熱心〔首ったけ〕である． ***lead ～s in hell*** 〈女が〉一生を独身で過ごす． ***play the ～*** 人まねをする．

—— *vt.* **の(さる)まねをする**． **～-man** [-mæ̀n] 猿人《類人猿と人間とをつなぐと推定される》．

a·péak [əpíːk] *ad.* 〖海〗《オール・いかりなどが》垂直になって，垂直に(立てて)．

Ap·en·nines [ǽpənàinz] *n. pl.* (the ～) アペニン山脈《イタリア半島を縦に走る》． 「良．

a·pép·sy [eipépsi/əp-], **-sia** [-siə] *n.* 〖医〗消化不

a·per·çu [æ̀pəːrsúː/-s(j)úː] F. *n.* (*pl.* **～s** [-z]) **1**《書物・論文などの》梗概(こう)，大要; 一覧． **2** 一見，一瞥(べつ)． **3** 即座の理解〔判断〕．

a·pé·ri·ent [əpí(ː)riənt/-píər-] *a.* 便通をよくする．

—— *n.* 緩下剤; 便通を促す食品．

à·pe·ri·ód·ic [èipi(ː)riɑ́dik/-piəriɔ́d-] *a.* 不定期の，不規則な; 〖物〗非周期的の．

a·pé·ri·tif [ɑːpèritíːf/əpéritif] F. *n.* アペリチフ，食前の酒《食欲をさそうための》．

áp·er·ture [ǽpərtʃər/-tjuə, -tʃ(u)ə] *n.* **1** 開き口，すきま，割れ目，あな． **2**《レンズの》口径(＝～ stop).

áp·er·y [éipəri] *n.* **1** 模倣，人まね; くだらないいたずら． **2** サル小屋． [＜ape]

a·pét·a·lous [eipét(ə)ləs/ə-] *a.* 〖植〗花弁のない．

á·pex [éipeks] *n.* (*pl.* **～·es**, **á·pi·ces** [ǽpisìːz, éip-]) **1** 頂点，先端: the ～ of one's career 人

生の絶頂. 2〘天〙向点: the solar ～ 太陽向点.
a·phaer·e·sis [əférisis/-fíər-] *n.* 〘言〙頭音省略《例: *u*pon → 'pon. *a*mid → 'mid. *ad*vantage → 'vantage》. → prosthesis.
a·phá·sia [əféiʒə/-zjə, -ʒə] *n.* 〘医〙失語症.
◇ **a·phá·si·ac** [əféiziæk] *a.* 失語症患者.
a·phá·sic [-zik] *a., n.* 失語症の(患者).
a·phé·li·on [æfí:liən] *n.* (*pl.* **-a** [-liə]) 〘天〙遠日点. → perihelion.
a·phè·li·o·tróp·ic [əfì:liətrápik/-trɔ́p-] *a.* 〘植〙背日性の. ↔ heliotropic.
a·phér·e·sis =aphaeresis.
áph·e·sis [æfisis] *n.* 〘言〙頭音消失《aphaeresis の一種で, 言語史的現象のばあいに用いられる用語. 例: *e*squire → squire》.
á·phid [éifid, æf-] *n.* 〘虫〙アブラムシ, アリマキ.
◇ **a·phíd·i·an** [əfídiən/eif-, æf-], **a·phí·di·ous** [-diəs] *a.*
á·phis [éifis, æf-] *n.* (*pl.* **á·phi·des** [-idi:z]) = aphid.
a·phó·ni·a [eifóuniə/æ-] *n.* 〘医〙失声[無声]症.
áph·o·rism [æfərìz(ə)m] *n.* 警句, 金言, 格言. 〔類〕→ **saying**「ことわざ」
áph·o·rist [æfərist] *n.* 警句を使う[好む]人; 金言作者.
àph·o·rís·tic [æfərístik], **-ti·cal** [-(ə)l] *a.* 警句的な, 警句に富んだ; 金言の.
àph·ro·dís·i·ac [æfrədíziæk] *a.* 情欲を起こさせる, 催淫(さいいん)の. —— *n.* 媚薬(びやく), 催淫剤.
Aph·ro·dí·te [æfrədáiti] *n.* 〘ギ神〙アフロディテ《愛と美の女神. ローマ神話の Venus に当たる》.
áph·tha [æfθə] *n.* (*pl.* **-thae** [-θi:]) 〘医〙鵞口瘡(がこうそう).
áph·thous [æfθəs, ㊎+æp-] *a.* aphtha の.
～ **fever** =aphtha.
A·pí·a [ɑ:pí:ɑ:, ⌐－－] *n.* アピア《Western Samoa の首都》.
á·pi·an [éipiən] *a.* ミツバチの.
á·pi·ar·y [éipièri/-piəri] *n.* 養蜂(ようほう)場.
◇ **-ist** [éipiərist] *n.* 養蜂家. **à·pi·ár·i·an** [èipiɛ́(:)riən/-ɛ́ər-] *a.* ミツバチの, 養蜂の.
áp·i·cal [æpik(ə)l, éip-] *a.* 1 頂点の, 頂上の. 2〘音声〙舌先の. —— *n.* 〘音声〙舌先(ぜっせん)音.
áp·i·ces [æpisi:z, éip-] *n.* apex の複数形.
á·pi·cul·ture [éipikʌ̀ltʃər] *n.* 養蜂(ようほう). ◇ **à·pi·cúl·tur·ist** [èipikʌ́ltʃərist] *n.*
***a·píece** [əpí:s] *ad.* 一つ[ひとり]につき, それぞれに: The oranges cost five cents ～. オレンジは一つ 5 セントです. He gave the boys a dollar ～. 子どもたちにひとり 1 ドルずつやった.
áp·ish [éipiʃ] *a.* 1 サルのような. 2 人まねをする; おろかな. [<ape] ◇ ～**·ly** *ad.* ～**·ness** *n.*
a·plén·ty [əplénti] *ad.* 〘話〙どっさり(in plenty): have troubles ～ 悩みがたくさんある.
áp·lite [æplait] *n.* 半花コウ岩. ◇ **ap·lít·ic** [æplítik] *a.*
a·plómb [əplám, əplɔ́:m/əplɔ́m] *n.* 1 落ち着き, 自信. 2 垂直(位置). [<F.]
ap·né·a, ap·nóe·a [æpní:ə] *n.* 〘医〙呼吸停止, 無呼吸.
apo- *pref.*「離れて, 別れて, 向こうに」などの意: *apos*tasy 背教, 脱党 <apo-+√sta- 離れて+立つ.
APO, A.P.O. Army Post Office. **apo., apog.** apogee. **Apoc.** Apocalypse; Apocrypha.
a·póc·a·lypse [əpákəlìps/-pɔ́k-] *n.* 黙示, 啓示; (the A～)〘聖〙黙示録.
◇ **a·pòc·a·lýp·tic** [əpàkəlíptik/-pɔ̀k-], **a·pòc·a·lýp·ti·cal** [-k(ə)l] *a.* 黙示(録)の, 天啓の.
àp·o·cár·pous [æpəká:rpəs] *a.* 〘植〙離生心皮の.
áp·o·chro·mat [æpəkromæ̀t] *n.* 〘光〙アポクロマート《色収差および球面収差を除いたレンズ》.
◇ **àp·o·chro·mát·ic** [æpəkromætik] *a.*
a·póc·o·pe [əpákəpi/-pɔ́k-] *n.* 〘言〙尾音省略《例: the→th'》.
A·póc·ry·pha [əpákrifə/əpɔ́k-] *n.* (*pl.* ～(**s**)) 1〘宗〙経外書《新教の聖書からは一般に正典でないとして除かれている旧約聖書中の14書》. 2 (a～) 偽文書, 出所の疑わしい文書. ◇ **-phal** [-fəl] *a.* 〘聖〙経外書の; (a～) 正典でない, 根拠の疑わしい; 偽りの.
áp·od [æpɑd/æpɔd] *n.* 〘動〙無足動物; 腹ひれのない魚. —— *a.* 無足の; 《魚が》腹ひれのない.
◇ ～**·al** [æpədl] *a.* =apod.
àp·o·déic·tic [æpədáiktik], **àp·o·díc·tic** [-díktik] *a.* 〘論〙必然的な, (論ずる必要がないほど)明白な.
a·pód·o·sis [əpádəsis/-pɔ́d-] *n.* 〘文〙《条件文の》帰結節. ↔ protasis.
a·póg·a·my [əpágəmi/-pɔ́g-] *n.* 〘植〙アポガミー, 無配生殖. [√gam-]
◇ **-mous** [-məs], **àp·o·gám·ic** [æpəgæmik] *a.*
áp·o·gee [æpədʒi:] *n.* 1〘天〙《月・人工衛星などの》遠地点. → perigee. 2 頂点, 最高点. ◇ **àp·o·gé·al** [æpədʒí:əl], **àp·o·gé·an** [-ən] *a.* 遠地点の.
àp·o·láus·tic [æpolɔ́:stik] *a.* 放縦(ほうじゅう)な.
A·pòl·li·nár·is [əpɑ̀linɛ́(:)ris/əpɔ̀linɛ́ər-] *n.* 《ドイツ産》鉱泉飲料の一種.
A·pól·lo [əpálou/əpɔ́l-] *n.* 1〘ギ・ロ神〙アポロン, アポロ《太陽神. 光・音楽・詩・予言・男性美などをつかさどる》; 〘雅〙太陽. 2 (*pl.* ～**s**) 美青年, 美男子. 3〘米〙宇宙船 (spacecraft).
～ **Belvedere** ローマ市にある有名なアポロの大理石像《ギリシア彫刻の模写と思われる》.
Ap·ol·ló·ni·an [æpəlóuniən] *a.* 1 アポロ(崇拝)の. 2 (a～) 晴朗な, 静穏な, 荘重な, 古典的美しさの. →Dionysian.
A·pól·lyon [əpáljən/əpɔ́l-] *n.* 〘聖〙アポルオン《ヘブライ語 Abaddon のギリシア語訳.「底知れぬところの使い」, 悪魔. 黙示録 9:11》.
a·pòl·o·gét·ic [əpɑ̀lədʒétik/əpɔ̀l-], **-i·cal** [-(ə)l] *a.* 謝罪の, 弁明の. ◇ **a·pòl·o·gét·i·cal·ly** *ad.* 謝罪して, 弁明的に, 弁解がましく.
a·pòl·o·gét·ics [-dʒétiks] *n. pl.* 《単数扱い》〘宗〙キリスト教護教論, 弁証論.
àp·o·ló·gi·a [æpəlóudʒiə] *n.* 弁明(書), 謝罪(文).
a·pól·o·gist [əpálədʒist/-pɔ́l-] *n.* 弁解者, 弁護者; 《キリスト教の》護教論者, 弁証者.
‡a·pól·o·gize [əpálədʒàiz/-pɔ́l-] *vi.* 1 **謝罪する**, わびる: ～ *to* a person *for* a fault 人に失策をあやまる. 2 弁明[弁護]する. ～ ***for*** one***self*** 自分の行ないの申し開きをする. ◇ **-gi·zer** *n.*
áp·o·logue [æpəlɔ̀:g, -lɑ̀g/-lɔg] *n.* 教訓物語, 寓話(ぐうわ); 風諭(ふうゆ).
‡a·pól·o·gy [əpálədʒi/-pɔ́l-] *n.* 1 **謝罪**, わび《*for*》. 2 弁明, 釈明, 弁護《*for*》. 3〘話〙まにあわせのもの: a mere [sad] ～ *for* an actress 女優とは名ばかりのもの. ***in ～ for*** …のおわびに; の弁解に. ***make an ～ for*** をわびる, …のわびをいれる. [apo-+√log-]
áp·o·phthegm =apothegm.
a·póph·y·sis [əpáfisis/-pɔ́f-] *n.* (*pl.* **-ses** [-sì:z]) 〘植〙隆起; 〘医〙《つい骨などの》突起.
àp·o·pléc·tic [æpəpléktik] *a.* 卒中(性)の.
—— *n.* 卒中患者.
áp·o·plex·y [æpəplèksi] *n.* 〘医〙卒中. ***cerebral*** ～ 脳出血.
a·pórt [əpɔ́:rt/-pɔ́:t] *ad.* 〘海〙左舷(さげん)に[へ]. ***Hard ～!*** 取りかじいっぱい!
àp·o·sì·o·pé·sis [æpəsàiəpí:sis/-sai-] *n.* 〘修〙頓絶(とんぜつ)法《文を途中で急にとめること》.
◇ **àp·o·sì·o·pét·ic** [-pétik] *a.*
a·pós·ta·sy [əpástəsi/-pɔ́s-] *n.* 背信, 脱党, 変節.
a·pós·tate [əpásteit, -tit/-pɔ́s-] *a.* 背信[背教]の, 脱党した, 変節の. —— *n.* 背信[背教]者, 脱党者, 変節者. [√sta-] ◇ **àp·o·stát·ic** [æpəstætik], **àp·o·stát·i·cal** [-tik(ə)l] *a.* =apostate.
a·pós·ta·tize [əpástətàiz/-pɔ́s-] *vi.* 信仰を捨てる,

脱党する, 変節する《から *from*; に *to*》.

a pos·te·ri·o·ri [éi-pɑsti(:)rió:rai/éi-pɔstèriɔ́:-rai] L. 後天的な[に]; 帰納的な[に]. ↔ *a priori*.

a·pós·til(le) [əpɑ́stil/-pɔ́s-] *n.* 傍注.

a·pós·tle** [əpɑ́sl/əpɔ́sl] *n.* **1** (A~) 使徒《キリストの十二弟子のひとり》. **2**《ある地方における》最初のキリスト教伝道者, 開祖. **3**《主義・政策などの》主唱者, 唱道者. **4**《モルモン教会の》12人の総務委員のひとり. ***the A~ of England=St. Augustine. ***the A~ of Ireland***=St. Patrick. [apo-+√stel- 遠くへ+送る]

A~s' Creed, the 使徒信経. **~ pitcher** 使徒の彫刻のあるかめ. **~ spoon** 柄に使徒の彫刻のあるスプーン. ◇ **~·ship** *n.* ~の身分[地位].

a·pós·to·late [əpɑ́stəlit, -lèit/əpɔ́s-] *n.* **1** 使徒の職務[地位]. **2** ローマ教皇の職[位]. **3** 主唱者の地位.

àp·os·tól·ic [æ̀pəstɑ́lik/-tɔ́l-], **-i·cal** [-(ə)l] *a.* **1** 使徒の, 使徒の系譜の, 使徒時代の. **2** ローマ教皇の. **3** 使徒的な. **~ age** 最後の使徒の死に至るまでの初期のキリスト教時代. **A~ Fathers** 使徒時代の教父たち. **A~ See** ローマ教会《使徒ペテロによって設立されたといわれる》. **~·see**《一般的》使徒設立の教会. ◇ **àp·os·tól·i·cal·ly** *ad.*

a·pós·tro·phe [əpɑ́strəfi/-pɔ́s-] *n.* **1**〘文〙アポストロフィ《省略符号・所有格符号などの(')). 例: can't, boy's》. **2**〘修〙頓呼(とんこ)法, 呼びかけ《詩・文・演説などで途中で急に人[物]に呼びかけること》.

◇ **-phize** [-fàiz] *vt., vi.* **àp·os·tróph·ic** [æ̀pəstrɑ́fik/-trɔ́f-] *a.*

a·póth·e·ca·ry [əpɑ́θikèri/əpɔ́θikəri] *n.*〘古〙薬種商, 薬剤師[店]. **~ jar** ふたつき薬用小つぼ《現在では薬味・砂糖菓子などを入れるため, また花びんの代用として用いられる》.

áp·o·thegm [æ̀pəθèm] *n.* 警句, 格言.

◇ **àp·o·theg·mát·ic** [æ̀pəθegmǽtik], **àp·o·theg·mát·i·cal** [-tik(ə)l] *a.* 警句的.

áp·o·them [æ̀pəθèm] *n.*〘数〙辺心距離.

a·pòth·e·ó·sis [əpɑ̀θióusis, æ̀pəθí:əsis/əpɔ̀θióusis] *n.* (*pl.* **-ses** [əpɑ̀θióusi:z, æ̀pəθí:əsi:z/əpɔ̀θióusi:z]) **1** 神として祭ること, 神(格)化. **2**《人に対する》極度の崇拝[賛美]. **3** 神聖視される人[物]. **4** 極致: His brave act was the ~ of daring. 彼の勇敢な行動は大胆不敵の極致だった. ◇ **a·póth·e·o·size** [əpɑ́θiəsàiz, æ̀pəθí:əsàiz/əpɔ́θiəsaiz] *vt.* 神として祭る, 神(格)化する; 極度に崇拝[賛美]する.

app. apparatus; apparent; appendix; applied; appointed; apprentice; approved.

Ap·pa·lách·i·an [æ̀pəlǽtʃiən, -léitʃ(i)-/-léitʃiən] *a.* アパラチア山脈の. —— *n.* (the ~s) アパラチア山脈 (=the ~ Mountains)《アメリカの東海岸》.

~ trail アパラチア山脈の尾根を走る細道《北は Maine 州まで至るハイキングコース》.

ap·páll, ㊎ **ap·pál** [əpɔ́:l] *vt.* (**-ll-**) ぞっとさせる, に身の毛をよだたせる, の肝をつぶす. ***be ~ed at*** …にぎょっとする; …にあきれかえる.

ap·páll·ing [əpɔ́:liŋ] *a.* ぞっとするような, すさまじい;〘話〙とんでもない. ◇ **~·ly** *ad.*

áp·pa·nage [æ̀pənidʒ] *n.* **1**《王子の》領地, 禄(ろく). **2** 役得. **3** 付き物, 付属物, 属性.

‡àp·pa·rá·tus [æ̀pəréitəs, ㊎+-rǽt-] *n.* (*pl.* ~, ~·**es**) **1**《一式の》**装置**, 機械, 器具: chemical ~ 化学機械. electric ~ 電気装置. **2**《からだの》器官;《政治組織の》機構, 機関: respiratory ~ 呼吸器官. espionage ~ スパイ組織. [√par-²]

ap·pár·el [əpǽrəl] *n.*〘古〙衣装, 装い; 僧服の飾り縫い; 艤装(ぎそう)《帆・いかりなど》.

—— *vt.* (**-l-**, ㊎ **-ll-**)〘古・雅〙に着衣する, に着飾らせる; 艤装する.

‡ap·pár·ent [əpǽrənt, əpé(:)rənt/əpǽr-, əpέər-] *a.* **1**《目に》**明らかな**, 見える: ~ *to* the naked eye 肉眼に見える. **2** 明白な, すぐわかる: The solution to the problem was ~ *to* all. 問題の解決法はだれの目にも明白であった. **3 外見だけの**, 外見(上)の, 見(せ)かけの. ***heir*** ~ 法定推定相続人. [ad-+√par-³. 比較 appear]

~ horizon〘天〙視地平線. **~ time**(太陽測定による) 現場時.

類 → **evident**「明白な」

‡ap·pár·ent·ly [-li] *ad.* **1 明らかに**, 一見して. **2 外見上は**, 一見したところでは. 〈注〉次のようなばあいは ①, ②のどちらでもありうる: *Apparently* he likes it. 彼はそれが好きらしい.

àp·pa·rí·tion [æ̀pəríʃ(ə)n] *n.* **1** 幻影, まぼろし; 幽霊; (不思議な) 現象. **2**《幽霊・現象などの》出現. [√par-¹] ◇ **~·al** *a.* まぼろしのような.

ap·pár·i·tor [əpǽritər/-tɔ:, -tə] *n.* 執行吏, 廷吏《古代ローマの裁判所の》.

‡ap·péal [əpí:l] *vi.* **1**《法律・良識・武力などに》**訴える**; 懇請する《に *to*》: ~ *to* a person *for* a thing 人に物を求める. I ~ *to* you *to* let me alone. お願いだからほっといてくれ. **2 興味を引く**, 気に入る《の *to*》: That doesn't ~ *to* me. どうも私の気に入らない, 乗り気になれない. **3**〘法〙**上告する**, 控訴する. —— *vt.* 〈事件を〉上告する, 控訴する.

~ against に反対を叫ぶ; に反対して上告する. ***~ to the country***〘英〙《議会を解散して》世論に訴える.

—— *n.* **1**《世論などへの》**訴え**, 呼びかけ. **2** 懇請, 懇願: an ~ *for* help 援助懇請. **3** 魅力, 人の心を動かす力: sex ~ 性的魅力. The fashion will lose its ~. 流行はすたれるだろう. **4** 控訴, 上告: court of ~ 控訴院, 上告裁判所. ***be of*** [***have***] ***little ~ to*** a person (人)に訴える力が弱い; (人)をひきつける力が弱い. ***make an ~ to*** に訴える; を魅惑する. [ad-+√pel(l)- そばへ+進む→話しかける]

ap·péal·ing [əpí:liŋ] *a.* 心を動かす, 訴えるような; 哀願的な; 興をそそる. ◇ **~·ly** *ad.*

‡ap·péar [əpíər] *vi.* **1 あらわれる**, 見えてくる, 出現する: ~ *in* public 人前に出る. **2** …**と見える**, …と思われる, …らしい: He ~*s* rich. =He ~*s to* be rich. 彼は金持ちらしい. **3** 出頭する, 出演する: ~ *in* court 裁判所に出頭する. ~ *on* television テレビに出る. **4** 〈作品などが〉世に出る;《新聞などに》載る. **5** 明らかである, 明白になる: as (it) ~*s* from the record 記録によって明らかなように. for reasons that do not ~ はっきりしない理由で.

It ~s as if [***though***] … …かのように思われる. ***It ~s that*** … …らしく思われる;《ときに》…は確か[明らか]である: *It* ~*s* to me *that* you are right. ぼくにはきみが正しいように思われる. ***make it ~ that*** … …であるように見せかける; …であることを明らかにする. ***strange as it may ~*** 奇妙に思われるかもしれないが. [ad-+√par-³ こちらへ+見えてくる]

類 → **seem**「…と思われる」

‡ap·péar·ance [əpí(:)r(ə)ns/-píər-] *n.* **1 出現**; 出頭; 出演, 出場; 発表. **2 ようす**, 兆候: There is no ~ of snow. 雪が降りそうなようすはない. **3 外観**, 見かけ; 容姿, 風采(ふうさい) (=personal ~): *A~s* are deceptive. 外観はあてにならない. be only an ~ 見かけだけにすぎない. **4** (*pl.*) 形勢, 情勢. **5** まぼろし, 幽霊. **6**〘哲〙現象.

~s to the contrary 外見は反対に見えても[どうあれ]. ***for ~' sake*** 体面上. ***in ~*** 見たところは. ***keep up*** [***save***] ***~s*** 人前をつくろう. ***make a good*** [***fine***] ***~*** 体裁[押し出し]がよい. ***make an ~*** あらわれる, 到着する. ***put in an ~*** (ごく短時間) 顔を出す《パーティーなどに》. ***put on*** [***give***] ***the ~ of*** innocence (潔白) らしく見せかける. ***to*** [***by***] ***all ~s*** [㊎ ~] どこから[どう]見ても.

ap·péase [əpí:z] *vt.* **1** 静める, なだめる, 和らげる. **2** 〈食欲・好奇心などを〉満たす, 〈のどのかわきを〉いやす. **3**〖米〗<相手国などに> 譲歩する. [ad-+pease (=peace)] ◇ ～**·ment** *n.* 鎮静, 緩和, 慰撫(いぶ); 《欲求の》充足; 〖米〗譲歩, 宥和(ゆうわ): an ～*ment* policy 宥和政策. **ap·péas·a·ble** *a.*

ap·pél·lant [əpélənt] *a.* 上告の, 控訴の. —— *n.* 上告者, 控訴人, 上訴人.

ap·pél·late [əpélit] *a.* 上告〔控訴〕の; 控訴受理の. ～ **court** 控訴裁判所.

àp·pel·lá·tion [æpəléiʃ(ə)n] *n.* 名称, 通称.

ap·pél·la·tive [əpélətiv] *n.* **1** 名称, 通称. **2**〖文〗普通〔総称〕名詞《固有名詞に対し》. —— *a.* **1** 名称の. **2**〖文〗普通名詞の. ◇ ～**·ly** *ad.* 名称として; 総称的に.

àp·pel·lée [æpəlí:/æpel-] *n.* 被上告〔被控訴〕人.

ap·pénd [əpénd] *vt.* **1** <荷札などを> 添える, 付ける; (付録として) 添える《に *to*》: ～ a note *to* a letter. **2**《添えものとして》つるす. [√pend-] ◇ ～**·age** [-idʒ] *n.* 付加〔付属〕物; 子分, 居そうろう; 〖生〗付属器官.

ap·pénd·ant [əpéndənt] *a.* 付加〔付随, 付属〕の《*to, on*》: the salary ～ *to* an executive position 重役給. —— *n.* 付属〔付随〕物; 付属する権利.

àp·pen·déc·to·my [æpəndéktəmi] *n.* 〖医〗虫垂切除(術).

ap·pèn·di·cí·tis [əpèndisáitis] *n.* 〖医〗虫垂炎, 〖俗〗盲腸炎.

‡**ap·pén·dix** [əpéndiks] *n.* (*pl.* **-dix·es, -di·ces** [-disi:z]) **1 付属物**;付録, 追加, 付加. **2**〖医〗虫垂突起 (=vermiform ～). [ad-+√pend-]

àp·per·céive [æpərsí:v] *vt.* 〖心〗統覚〔知覚〕する; 〖教育〗類化する《既得の知識で新しい経験を解釈すること》. ◇ **àp·per·cép·tion** [-sépʃ(ə)n] *n.* **àp·per·cép·tive** *a.*

àp·per·táin [æpərtéin] *vi.* 属する《に *to*》; 関連する《に *to*》.

áp·pe·tence [ǽpit(ə)ns], **-ten·cy** [-i] *n.* **1** (本能的) 欲求, 渇望; 性向《に対する *for, after, of*》. **2**〖化〗親和力.

áp·pe·tent [ǽpit(ə)nt] *a.* 欲求的, 欲求する《を *of, after*》; 〖哲〗意欲の.

‡**áp·pe·tite** [ǽpitàit] *n.* **1 食欲**. **2**《一般的》欲求, 《肉体的・物的な》欲望, 《精神的な》希求, 渇望《*for*》. **3** 好み, 愛好, 嗜好(しこう). ***have a good*** [***poor***] ～ 食欲が進む〔進まない〕. ***have an*** ～ ***for*** music (音楽) を愛好する. ***The*** ～ ***grows with what it feeds on.*** 〖諺〗隴(ろう)を得て蜀(しょく)を望む. ***with a good*** ～ 食欲旺盛(おうせい)に, おいしそうに. [ad-+√pet- 近くへ+行く] ◇ **áp·pe·tì·tive** [ǽpitàitiv/əpétitiv] *a.* 食欲の.

áp·pe·tiz·er [ǽpitàizər] *n.* **1** 食欲を促進するもの; 前菜, 食前の飲み物. **2** 今後の楽しみを期待させるもの: The first game was an ～ *to* a great football season. 第1試合はすばらしいフットボールシーズンを期待させるものだった.

***áp·pe·tiz·ing** [ǽpitàiziŋ] *a.* **1 食欲をそそう**, うまそうな. **2** 欲望をそそう. ◇ ～**·ly** *ad.* うまそうに.

Ap·pi·an [ǽpiən] ***the*** ～ ***Way*** アッピア街道(かいどう)《Appius が建設したローマから南西に向かって Brindisi に通じる古代ローマの大道路》.

‡**ap·pláud** [əplɔ́:d] *vt., vi.* **1** (に)**拍手かっさいする**. **2** 賞賛する, ほめそやす: ～ a person *for* ... 人の…をほめる. ～ ***to the echo*** 口をきわめてほめる. [ad-+√plaud- に+(手を)打つ] ◇ ～**·a·ble** *a.*

‡**ap·pláuse** [əplɔ́:z] *n.* **拍手かっさい**; 賞賛. ***general*** ～ 満場の拍手; 世の賞賛. ◇ **ap·pláu·sive** [əplɔ́:siv] *a.*

†**áp·ple** [ǽpl] *n.* **1 リンゴ**; リンゴの木. **2** リンゴに似た果実. ***Adam's*** ～ のどぼとけ. ～ ***of discord*** 争いのたね《ギリシア神話で女神たちが争ったという黄金のリンゴ》. ～ ***of*** one***'s eye*** ひとみ; 掌中の玉, 秘蔵物. ～ ***of love*** = ***love*** ～〖俗〗トマト. ～ ***of Sodom*** = ***Dead Sea*** ～ ソドムのリンゴ《手にすればたちまち灰になるという》; 有名無実. ***Carthaginian*** ～ ザクロ. ***Jew's*** ～ ナス. ***polish*** ～***s*** [***the*** ～]〖米俗〗おべっかをつかう. → apple-polish.
～ **aphid** リンゴの木につくアブラムシ. ～ **brandy** =applejack. ～ **butter** 濃いアップルソース. ～**·cart** →別項. ～**·jack** [-dʒæk] リンゴブランデー. ～ **pie** アップルパイ. ～**-pie** →別項. ～**-pòl·ish** →別項. ～**·sàuce** [⊥-⊥/⊥-⊥] (1) リンゴソース. (2)〖米俗〗たわごと, でたらめ; からせじ, 見せかけ.

áp·ple·cart [ǽplkɑ̀:rt] *n.* リンゴ車. ***upset the*** [a person***'s***] ～ (人の)計画をめちゃめちゃにする.

áp·ple-pie [-pài]〖米俗〗*n.* 幸運. —— *a.* 第一級の, すばらしい. ***in*** ～ ***order*** 整然と. ～ **bed**《寮生などがいたずらにする》足を十分伸ばせないように敷布をたたんだ寝床.

áp·ple-pòl·ish [-pɑ̀liʃ/-pɔ̀l-] *vi., vt.* 〖米俗〗(の)ごきげんをとる, (に)おべっかをつかう. <注> 主として *vt.* ◇ ～**·er** *n.* ～**·ing** *n., a.*

ap·plí·ance [əpláiəns] *n.* **1** 器具, 装置, 機械設備. **2** 適用, 応用.

àp·pli·ca·bíl·i·ty [æplikəbíliti] *n.* 適用性, 応用(可能)性, 適否.

áp·pli·ca·ble [ǽplikəbl, əplík-] *a.* 適用〔応用〕できる, 適当〔適切〕な, 該当する《に *to*》. ◇ ～**·ness** *n.* 適切, 適合. **-bly** *ad.* 適切に.

***áp·pli·cant** [ǽplikənt] *n.* **応募者**, 志願者, 出願者, 申込者: ～ *for* a position 求職者. ～ *for* admission *to* a school 入学志願者.

‡**àp·pli·cá·tion** [æplikéiʃ(ə)n] *n.* **1 適用**, 応用, 使用: a rule of general ～ 一般に適用される規則. **2 申し込み**, 申込書, 志願(書), 申請(書): ～ *for* admission *to* a school 入学志願. **3**《薬の》塗布, 使用; 外用薬. **4** 熱心, 傾注: a man of close ～ 勉強家, 熱心な人. ～ *to* one's study 研究への没頭. →動詞 apply.
have ～ ***to*** に適用される, に関係がある: It *has* no ～ *to* this case. それはこのばあいには適用されない〔無関係だ〕. ***make an*** ～ ***for*** を申し込む. ***on*** ～ 申し込みしだい, 申し込みにより〔のおり〕. ***send in a written*** ～ 願書を提出する. [ad-+√plec-]
～ **blank** [**form**] 申し込み用紙.

áp·pli·ca·tive [ǽplikèitiv] *a.* 実用的な, 応用的な. ◇ ～**·ly** *ad.*

áp·pli·ca·tor [ǽplikèitər] *n.* 塗布棒, へら.

ap·plíed [əpláid] *a.* 適用〔応用〕された: ～ chemistry 応用化学. ～ linguistics 応用言語学《特に言語学的知識の言語教育への応用》.

ap·pli·qué [æplikéi/æplí:kei] F. *n.* アップリケ《模様を縫いつける〔はりつける〕手芸》. —— *a.* ～を施した, ～にした. —— *vt.* に～を施す.

‡**ap·plý** [əplái] *vt.* **1 適用する**, 応用する: ～ a theory *to* a problem 問題に理論を適用する. **2** 使う, 用いる: ～ the brakes and skid to a stop ブレーキを踏んで止める. **3** <力などを>加える: ～ pressure to open the door. **4** <表面に> **当てる**, 付ける; <薬などを> 塗る; 近づける: ～ paint *to* the wall 壁にペンキを塗る. ～ a match *to* powder 火薬にマッチを近づける. **5**《目的に》充てる: ～ a portion of one's salary *to* savings 給料の一部を貯金にさく. **6** <意を> 向ける: ～ one's mind 意を注ぐ《に *to*》.
—— *vi.* **1 当てはまる**《に *to*》: The argument does not ～ *to* the case. その議論はこのばあいには当てはまらない. **2 申し出る**, 志願する: ～ *for* a job 仕事に応募する. ～ *for* a raise 昇給を願い出る. **3** 問い合わせる: ～ *to* a person *for* particulars 人に詳細を問い合わせる. **4** <塗料などが> 付く, 乗る: This paint doesn't ～ easily. このペンキはよく乗らない. **5** 熱心に行なう, 精を出す. [ad-+√plec-]

ap·pòg·gia·tú·ra [əpɑ̀dʒətú(:)rə/əpɔ̀dʒətúərə] *n.* 〖楽〗長前打音, 倚音(いおん)《装飾音》. [<It.]

‡ap·póint [əpɔ́int] *vt.* **1 指名する, 任命する,** 命ずる: ～ a new secretary 新しい秘書を任命する. ～ him governor [*to* governor, *to be* governor] 彼を知事に任命する. ～ a person *to* a post 人をある地位につける. **2** <日時・場所などを> **指定する:** ～ a date [place] *for*... …の時[所]を指定[約束]する. **3** <神・運命などが> 定める. **4** <家・へやを> 設備する. [比較 point 指さす].
◇ **～·er** [-ər] *n.* 任命者. **ap·póin·tor** [-ər, əpɔ̀intɔ́:r/əpɔ̀intɔ́:] *n.* 〖法〗指定人.

ap·póint·ed [əpɔ́intid] *a.* **1** 指定の, 約束の; 指示された; 《運命などによって》定められた: at the ～ time 指定の時刻に. his ～ task 決められた仕事. our ～ lot 定められた運命, 宿命. **2** 設備された: a well ～ room 設備の整ったへや.

ap·point·ée [əpɔintí:, æp-, ㊥+əpɔ́inti:] *n.* 任命を受けた人; 〖法〗被指定人.

ap·póin·tive [əpɔ́intiv] *a.* 〖米〗任命による《elective に対し》; 任命する: ～ power 任命権.

‡ap·póint·ment [əpɔ́intmənt] *n.* **1 任命,** 任用; 地位, 官職. **2 指定,** 選定. **3** 《会合・訪問の》**約束**: an ～ *for* an interview. **4** 天命, 運命. **5** (*pl.*) 《建物などの》**設備, 備品**. **6** 〖法〗財産処分. ***by ～*** 《時日・場所などを》指定して, 約束して, 取り決めにより[の上]. ***by special ～ to*** His Majesty 「(皇室)御用」. ***keep*** [***break***] ***one's ～*** 約束を守る[破る]《との *with*》. ***make*** [***fix***] ***an ～*** 約束の時日[場所]の取り決めをする《と *with*》. ***take up an ～*** 就任する.

ap·pórt [əpɔ́:rt/əpɔ́:t] *n.* 〖心霊〗幻姿《霊媒を通じてあらわれる現象》.

ap·pór·tion [əpɔ́:rʃ(ə)n/-pɔ́:-] *vt.* 分配する, 割り当てる, 割りふる《に *to, among*》.
◇ **～·ment** *n.* 割り当て, 分配, 配当.

ap·póse [əpóuz, æ-/æ-] *vt.* 添える, 並置する《に *to*》.

áp·po·site [ǽpəzit] *a.* **1** 適切な, かなった《に *to*》. **2** 〖植〗並生の.
◇ **～·ly** *ad.* 適切に. **～·ness** *n.*

àp·po·sí·tion** [æ̀pəzíʃ(ə)n] *n.* **1** 並置. **2** 〖文〗同格. ***in ～ to [***with***] と同格で. [ad-+√pon-]
◇ **～·al** *a.* **～·al·ly** *ad.*

ap·pós·i·tive [əpázitiv/-pɔ́z-] *a.* 〖文〗同格の. —— *n.* 同格語(句, 節). ◇ **～·ly** *ad.*

ap·práise [əpréiz] *vt.* 評価する; 鑑定する, 値踏みする; 見積もる. [√preti-]
◇ **～·ment** *n.* 評価額; 見積もり. **ap·práis·a·ble** *a.* 評価[見積もり]できる. **ap·práis·al** [-(ə)l] *n.* 評価, 見積もり, 鑑定. **ap·práis·er** *n.* 評価人, 鑑定者; 〖米〗《税関の》評価官.

ap·pré·ci·a·ble [əprí:ʃ(i)əbl] *a.* **1** 評価できる. **2** 感知できる; いくらかの, 多少の.
◇ **-bly** *ad.* いくらか, 多少; 評価[感知]できるほどに.

‡ap·pré·ci·ate [əprí:ʃièit] *vt.* **1 評価する,** 鑑定[判断]する. **2** の**真価を認める;** の良さ[良否]を察知する. **3** <文学・芸術などを> **鑑賞する,** 味わう. **4** 感知[察知]する; 識別する; 〖米〗《…ということを》心得ている, 知っている《*that*》: ～ the dangers of a situation 事態の危険に気づく. ～ small differences わずかの相違も見分ける. **5** <人の好意を> **ありがたく思う,** しみじみと感じる: I ～ your kindness. ご親切を感謝します. **6** の価格[相場]を上げる.
—— *vi.* 価格[相場]が上がる: Real estate has rapidly ～*d*. 不動産は急速に騰貴した. ↔ depreciate. [ad-+√preti- 値を+つける]
(類) → **understand**「理解する」

‡ap·prè·ci·á·tion [əprì:ʃiéiʃ(ə)n] *n.* **1** (正しい)**評価**[判断, 理解]; 真価の認知. **2 鑑賞,** 玩味(がんみ); 批評. **3** 感知, 認識; 識別. **4 感謝,** 尊重. **5** 《価格の》騰貴; 《数量の》増加. ↔ depreciation. ***in ～ of*** を認めて, の功績により; に感謝して.

ap·pré·ci·a·tive [əprí:ʃièitiv/-ʃiə-, -ʃiei-] *a.* **1** 評価的な; 鑑賞的な. **2** 鑑賞眼のある, 目が高い《について *of*》. **3** 感謝している《を *of*》.
◇ **～·ly** *ad.* **～·ness** *n.*

ap·pré·ci·a·tor [əprí:ʃièitər] *n.* 真価を解する人; 鑑賞者.

ap·pré·ci·a·to·ry [əpríʃiətɔ̀:ri/-təri] =appreciative.

àp·pre·hénd [æ̀prihénd] *vt.* **1** 捕える, 逮捕する. **2** の意味を把握(はあく)する, 理解する, 会得する; 感知する. **3** 気にかける, 懸念する, 気づかう: It is ～*ed* that... …と憂慮される. —— *vi.* **1** 理解する. **2** 憂慮する. [√prehend-]

àp·pre·hén·si·ble [æ̀prihénsəbl] *a.* 理解できる, 感知できる. ◇ **àp·pre·hèn·si·bíl·i·ty** [æ̀prihènsibíliti/æp-] *n.*

àp·pre·hén·sion [æ̀prihénʃ(ə)n] *n.* **1** (ときに *pl.*) 懸念, 心配, おそれ《*about*》. **2** 理解(力). **3** 意見, 見解: in my ～ 私の見るところでは. **4** 逮捕. ***be dull*** [***quick***] ***of ～*** 物わかりがにぶい[早い]. ***under the ～ that***... …と気づかって, …を心配して.

àp·pre·hén·sive [æ̀prihénsiv] *a.* **1** 《…が》気がかりな, 気づかって, 懸念して: be ～ *of* danger 危険を案ずる. be ～ *about* one's future 自分の将来が気がかりである. be ～ *for* one's life 生命の安全を気づかう. be ～ *that* one might lose father's confidence 父親の信頼を失うのではないかと心配である. **2** 《…に》気づいて: be ～ *of* one's follies 自分の愚行に気づいている. **3** 理解の早い, 物わかりのよい: a kind and ～ friend.

ap·prén·tice [əpréntis] *n.* **1** 徒弟, 年季奉公人. **2** 初心者, 見習生[工]: an ～ *to* a plumber 見習鉛管工. **3** 〖米:海軍〗特別訓練兵.
—— *vt.* 徒弟[年季奉公]に出す. ～ a person ***to*** に年季奉公にやる. ***be ～d to*** の弟子になる.
～s' school 徒弟学校.
◇ **～·ship** [-ʃip] *n.* 徒弟の身分, 年季奉公; 見習い[習練]期間: serve one's ～*ship* 年季奉公をする.

ap·prise [əpráiz] *vt.* に通告する, に知らせる: ～ a person *of* a thing 人に…を知らせる. [√pris-]

ap·príze[1] =apprise.

ap·príze[2] [əpráiz] =appraise.

appro. approbation; approval.

‡ap·próach [əpróutʃ] *vt.* **1** に近づく, に接近する: ～ completion 完成に近づく. **2** 近づける: ～ a chair *to* the fire いすを火のそばへ寄せる. **3** <人に> 話をもちかける, <人と> 交渉を始める; <人に> 取り入る; <女性に> 言い寄る. **4** <問題などに> 取り組む, 取り上げる; <仕事に> かかる: ～ a problem. **5** に近い, に等しい, に似ている.
—— *vi.* **1** 近づく, 接近する: A storm is ～*ing*. あらしが接近している. **2** ほぼ等しい: This answer ～*es to* denial. この返答は拒否も同然だ. ～ a person ***on*** a subject (問題)について(人に)交渉する. ～ a person ***with*** a suggestion (人に案)を提出する. ***easy*** [***difficult***] ***to ～*** 近づきやすい[にくい].
—— *n.* **1 接近**《への *to*》, 近づくこと. **2** 《近づく》道, 入り口《*to*》; 《学問・研究・技能などへの》手がかり, 手引き, 研究法; 《問題などの》取り上げ方, 接近法, 解決法: a new ～ *to* English 英語の新学習法. **3** (しばしば *pl.*) 《人への》近づき; 《女性への》言い寄り; 《交際の》申し出: a man easy of ～ 近づきやすい人. **4** (*pl.*) 〖軍〗接近作業; 〖空〗滑走路への進入・降下(コース). **5** 〖ゴルフ〗アプローチ《tee shot のあとでグリーンに入れるための打球》; 〖スキー〗ジャンピングのすべりだし; 〖ボーリング〗投球のためのステップ数; 投球ラインの内部. **6** 似たもの, 近いもの; 近似: her nearest ～ *to* a smile 彼女としては精いっぱいの微笑. ***make one's ～es*** 取り入ろうとする. ***some*** [***a fair***] ***～ to truth*** (かなり)真実らしきもの; 手がかり. [ad-+√prop-]

～ **light** 進入燈《空港の夜間着陸誘導燈》.
ap·próach·a·ble [-əbl] *a.* 近づきやすい, 親しみやすい. ◇ ～**·ness** *n.*
áp·pro·bate [ǽprəbèit] *vt.* 認可する, 是認する.
àp·pro·bá·tion [æ̀prəbéiʃ(ə)n] *n.* 認可; 是認; 賛成, 推奨. ***on*** ～ 認可[賛成]を得て[得るならば].
áp·pro·ba·tive [ǽprəbèitiv] *a.* 賛成の, 是認の.
ap·pró·ba·to·ry [əpróubətɔ̀:ri, ǽprəbə-/æ̀prəbeitəri] *a.* 認可の; 是認の; 賛成の, 推奨の.
ap·pró·pri·a·ble [əpróupriəbl] *a.* appropriate されうる [してもかまわない].
‡**ap·pró·pri·ate** [əpróuprièit] *vt.* **1 私有する**; 専有する; 盗む: ～ *to* oneself 私有する, 着服する. **2** 〈ある目的に〉 **充てる**, 充当する: ～ money *for* [*to*] education 金を教育に充てる. **3** 〖米〗〈政府がある金額を〉予算に計上する;〈議会が〉…の支出を承認する. ── [-priit] *a.* **1 適当な**, 適切な《に*to, for*》: an ～ dress その場に似つかわしい着物. **2 特有の**, 固有の《に *to*》. [比較 proper]
◇ ～**·ly** [-li] *ad.* 適当に, 相応に. ～**·ness** *n.*
(類) → **fit**「適当な」, → **proper**「適切な」
ap·prò·pri·á·tion [əpròupriéiʃ(ə)n] *n.* **1** 専有; 私用, 着服. **2**《特定用途への》充当; 充当金[物]. **3**〖米〗《議会が承認した》支出金, 予算(金額), …費《*for*》.
‡**ap·próv·al** [əprú:v(ə)l] *n.* **1 承認**, 賛成: with your kind ～ ご賛成を得て. **2** 許可, 認可. ***meet with*** a person***'s*** ～ (人)の賛成を得る. ***on*** ～ 〖商〗実物点検の上購入の条件で. [＜approve]
‡**ap·próve** [əprú:v] *vt.* **1 承認する**, 賛成する. **2** 許可する, 認可する. **3**《…であることを》示す, 証明する: ～ oneself a good student りっぱな学生であることを立証する. ── *vi.* 承認する, 賛成する: ～ *of* a proposal 提案に賛成する[に満足する]. ～ ***itself*** よいことがわかる (prove good). [ad-＋√prob-]
◇ **ap·próv·a·ble** *a.* **ap·próv·er** *n.* 賛成者.
ap·próved [-d] *a.* **1** 許可[承認]された. **2** 定評のある, りっぱな. **3** 公認の. ～ **school**〖英〗非行少年少女を収容する国立学校.
ap·próv·ing [-iŋ] *a.* 賛成[是認]する, 賛成の意をあらわす. ◇ ～**·ly** *ad.*
approx. approximate(ly).
ap·próx·i·mate [əprɑ́ksịmit/-prɔ́ks-] *a.* 近似の, およその: an ～ estimate 概算. ～ numbers 概数. ── *v.* [-mèit] *vt.* **1** に近づく, に近い: ～ a solution 解決に近づく. **2** 近づける: ～ a case *to* another あるばあいをもう一つのばあいと比べてみる. **3** 概算する, 推定する. ── *vi.* 近似する, ほぼ等しい《に *to*》: ～ *to* the truth ほぼ真実に近い. 〈注〉 The total income *approximates* (*to*) 20,000 dollars. 総収入は約2万ドル. [√prop-]
◇ *～**·ly** [-mitli] *ad.* およそ, 約, ほぼ. **-ma·tive** [-mèitiv/-mət-] *a.* 近似の, 概算の.
ap·pròx·i·má·tion [əprɑ̀ksịméiʃ(ə)n/-prɔ̀ks-] *n.* 近似(値), 概算(額); 接近.
ap·púlse [əpʌ́ls, æp-] *n.*《天体などの》近接;《船などの》衝突.
ap·púr·te·nance [əpə́:rt(ị)nəns] *n.* 付随物, 従属物; 〖法〗従物; (*pl.*) 装備, 装置.
ap·púr·te·nant [əpə́:rt(ị)nənt] *a.* 付属の, 従属する《に *to*》. ── *n.* 付属物.
Apr. April.
a·práx·i·a [eiprǽksiə, ə-] *n.* 〖医〗運動神経障害.
á·pri·cot [éiprikɑ̀t, ǽp-/éiprikɔt] *n.* 〖植〗アンズ(の木); アンズ色. ── *a.* アンズ色の.
†**A·pril** [éiprəl, -ril] *n.* **4月**. ～ **fool** 4月ばか《4月1日にかつがれる人》; そのいたずら. ～ **Fools' Day** 万愚節 (All Fools' Day)《4月1日》.
a pri·o·ri [éi-praió:rai/-ɔ́:r-] L. 先験的な[に], 先天的(に), 演繹(えんえき)的な[に]. ↔*a posteriori*.
à·pri·ór·i·ty [èipraiɔ́:riti, -ɑ́r-/-ɔ́r-] *n.* 先験性, 先天性, 演繹(えんえき)性.
‡**á·pron** [éiprən, ㊍⁺-pərn] *n.* **1 エプロン**, 前掛け; 馬車の皮製のひざ掛け;《イギリス国教会で用いる》法衣の一. **2**〖機〗エプロン, 旋盤の前だれ部分;〖空〗駐機場《格納庫・建物前の舗装広場》;〖劇〗張り出し舞台 (＝～ stage);〖土木〗護岸, 法覆(のりおおい), 水たたき. ***be tied to*** one***'s mother's*** ～ ***strings*** 母親のいいなりになる. ── *vt.* にエプロンを掛ける.
～ **piece**〖建〗雨押え. ◇ ～**·ful** [-fùl] *n.* 前掛けいっぱい (の量).
àp·ro·pós [æ̀prəpóu/⏑⏑⏑] *ad.* **1** おりよく, 適切に. **2**《…に》ついて, 関して《に *of*》. **3** ときに, ところで (by the way). ～ ***of nothing*** だしぬけに. ── *a.* 適切な, おりよい: ～ remarks.
APS Ascent Propulsion System.
apse [æps] *n.* **1**〖建〗アプス, 後陣《教会堂の内陣の後ろに張り出した半円形もしくは多角形の部分》. **2**〖天〗＝apsis.
áp·si·dal [ǽpsịdl] *a.* apse の.
áp·sis [ǽpsis] *n.* (*pl.* **-sid·es** [-sidì:z/æpsáidi:z, ǽpsi-]) **1**〖天〗遠[近]日点. **2**〖建〗＝apse.
‡**apt** [æpt] *a.* **1** …**しやすい**, …しがちである: He is ～ *to* forget. あの人はよく物忘れする. buttons ～ *to* come off とれやすいボタン. **2** むしろ…したい気持ちである: I am ～ *to* think that.... …と考えたい気がする. **3**〖米話〗…しそうで: He is not ～ *to* do it again. もう二度としないだろう. **4 適切な**, 適当な: an ～ quotation 適切な引用. **5 適性[才能]がある**, 利発な: He is very ～ *to* learn. 彼は非常に覚えが速い. ***be*** ～ ***at*** …がじょうずである, の才がある. ***be*** ～ ***for*** に適している. ***be*** ～ ***to*** (do) …しがちである, …しやすい. [√ap-]
◇ ～**·ly** *ad.* 適切に, 適確に. ～**·ness** *n.* 適合性, 素質, 傾向, 才能.
apt. apartment.
áp·ter·a [ǽptərə] *n. pl.* (A～)〖虫〗無翅(むし)類. ◇ ～**l** *a.* 羽のない, 無翼の;〖建〗側柱のない. **-ous** [-tərəs] *a.* 羽のない, 無翼の.
áp·ter·yx [ǽptəriks] *n.* 〖鳥〗キウイ《ニュージーランド産の翼も尾もない走鳥》.
*****áp·ti·tude** [ǽptịt(j)ù:d/-tju:d] *n.* **1 適切さ**. **2** 適性, 素質, 才能. ***have an*** ～ ***for*** の素質がある. ***have an*** ～ ***to*** の傾向がある: *have an* ～ *to* vice 悪習に染まりやすい. ***have an*** ～ ***to*** (do) …しがちである. [＜apt] ～ **test** 適性検査.
◇ **àp·ti·tú·di·nal** [⏑⏑⏑d(ị)nəl] *a.* 適性の.
(類) → **talent**「才能」
apt(s). apartment(s).
A.Q. achievement quotient. **aq.** *aqua.*
aq·ua [ǽkwə, éik-/ǽk-] L. *n.* 水, 液体. ～ ***fortis*** [-fɔ́:rtis] 強水《硝酸》. ～ ***regia*** [-rí:dʒiə]〖化〗王水《濃硝酸と濃塩酸の混合液》. ～ ***vitae*** [-váiti:, -ti] 火酒《ウイスキーなどのアルコール度の高い酒》.
áq·ua·cade [ǽkwəkèid] *n.* 〖米〗水中[水上]ショー. [aqua＋(caval) cade]
áq·ua·lung [ǽkwəlʌ̀ŋ] *n.* アクアラング《潜水用の水中呼吸器》.
àq·ua·ma·ní·le [æ̀kwəmənáili, -ní:lei] *n.* (*pl.* ～**s**, **àq·ua·ma·níl·i·a** [-níliə]) 動物の形をした水差し《中世時代の》.
àq·ua·ma·ríne [æ̀kwəmərí:n] *n.* **1**〖鉱〗藍玉(らんぎょく)《緑柱石の一種》. **2** 藍緑色.
áq·ua·naut [ǽkwənɔ̀:t] *n.* アクアラング潜水者 (skindiver).
áq·ua·plane [ǽkwəplèin] *n.*《水上スキー用の》波乗り板. ── *vi.* 水上スキーをする.
àq·ua·rélle [æ̀kwərél] *n.* 水彩画(法).
◇ **-rél·list** *n.* 水彩画家.
a·quár·ist [əkwɛ́(:)rist/ǽkwər-] *n.* 水族館員.
a·quár·i·um [əkwɛ́(:)riəm/-kwɛ́ər-] *n.* (*pl.* **-a**

[-riə], **-ums**) 養魚用水槽(すいそう), 養魚〔水草〕ばち; 水族館; 養魚池. [√aqu-] ◇ **-an** [-riən], **-al** *a.*

A·quár·i·us [əkwɛ́(:)riəs/-kwɛ́ər-] *n.* 〔天〕 水がめ座.

a·quát·ic [əkwǽtik, -kwɑ́t-/-kwǽt-, -kwɔ́t-] *a.* 水の, 水中〔水上〕の; 水生の. **——** *n.* **1** 水生動物〔植物〕. **2** (*pl.*) 水上競技. [√aqu-]

áq·ua·tint [ǽkwətìnt] *n.* アクアチント《蝕刻凹版(しょうこくおうはん)の一種》; その版画.

áq·ue·duct [ǽkwidʌ̀kt] *n.* **1** 水道, 水道橋. **2** 〔医〕脈管. [√aqu-+√duc- 水+導く]

á·que·ous [éikwiəs, ǽk-] *a.* **1** 水の(ような), 水を含む. **2** 水成の: ～ rocks 水成岩. [√aqu-]
～ humor 〔医〕《眼球の》水様液. ◇ **～·ly** *ad.*

Aq·ui·la [ǽkwilə, əkwílə] *n.* 〔天〕 ワシ座.

áq·ui·line [ǽkwilàin] *a.* **1** ワシの; ワシのような. **2** ワシのくちばしのような, かぎ形に曲がった: an ～ nose わし〔かぎ〕鼻.

a·quív·er [əkwívər] *a.* 《叙述的に》, *ad.* (わなわなと) ふるえて.

ar- *pref.* ad- の r の前の異形: *ar*range <ad-+range そばに+並べる.

-ar[1] [-ər] *suf.*「…の性質の」の意をもつ形容詞をつくる: familiar <family+-ar. regular <regul(a) (L. =rule)+-ar. 〈注〉元来 -al の語尾とおなじものであるが, 語幹に l が含まれていると -al → -ar の変化が生じる.

-ar[2] *suf.* **1**「…に関係する人〔物〕」の意の名詞をつくる: schol*ar* <schol(a) (G. =study, school)+-ar. coll*ar* <coll(um) (L. =neck)+-ar. **2**「…する人」の意の名詞をつくる: begg*ar* <beg+-ar. li*ar* <lie+-ar. 〈注〉①はラテン系, ②はゲルマン系.

ar. arrival; arrive(s). **Ar** 〔化〕 argon. **Ar.** Arabic; Aramaic; *argentum* (L. =silver).

A.R.A. Associate of the Royal Academy.

Ar·ab [ǽrəb] *n.* **1** アラブ人《広く中東・アラビア・アフリカ北岸に住む》. **2** アラビア馬. **3** 浮浪者 (=street ～).
—— *a.* アラビア (人) の; アラブ (人) の. ***the* ～ *League*** アラブ連盟《1945 年にエジプト・イラク・レバノン・サウジアラビア・トランスヨルダン・イエメン・アラブパレスチナによって形成》. ***the United* ～ *Republic*** アラブ連合共和国《1958–1961 Egypt と Syria の連合国; 1961–1971 Egypt の正式名称》.

Arab. Arabia; Arabian; Arabic.

àr·a·bésque [æ̀rəbésk] *a.* アラビア風の, (アラビア風) からくさ模様の. **——** *n.* **1** (アラビア風) からくさ模様. **2** 〔バレー〕アラベスク; 〔楽〕アラベスク《ピアノのための小曲》.

‡A·rá·bi·a [əréibiə, -bjə] *n.* **アラビア.**

***A·rá·bi·an** [əréibiən, -bjən] *a.* **アラビア (人) の.**
—— *n.* **1** アラビア人《アラビアの住民》; アラブ人. **2** アラビア馬. **～ bird** 不死鳥 (phoenix). **～ Nights' Entertainments, the** アラビア夜話, 千一夜物語 (*the Thousand and One Nights*). **～ Sea, the** アラビア海.

***Ar·a·bic** [ǽrəbik] *a.* **アラビアの**; アラビア人の; アラビア式の; アラビア語〔文字〕の. **——** *n.* アラビア語.
～ figures 〔**numerals**〕 アラビア数字《1, 2, 3, など》.

Ar·ab·ist [ǽrəbist] *n.* アラビア(語)学者.

ár·a·ble [ǽrəbl] *a.* 耕作〔耕地〕に適した.
—— *n.* 耕地 (= ～ land).

Ar·a·by [ǽrəbi] *a., n.* 〔古・雅〕 =Arabian, Arabia.

a·rách·nid [əræ̀knid] *n.* 〔虫〕 クモ類《クモ・サソリなど》. ◇ **-ni·dan** [-nidən] *a.* クモ類の.

a·rách·noid [əræ̀knɔid] *a.* クモの巣状の; クモ類の. **——** *n.* 〔医〕 蜘網(ちもう)膜.

A·ra·fú·ra [ɑ̀:rɑ:fú:rɑ:] ***the* ～ *Sea*** アラフラ海.

Ar·a·gon [ǽrəgɑn, -gən/-gən] *n.* アラゴン《スペイン東北部の地方》.

Ar·al [ɛ́(:)rəl/ɑ́:r-, ɛ́ər-] ***the* ～ *Sea*** アラル海《ソ連南西部カスピ海の東方にある》.

Aram. Aramaic.

Ar·a·má·ic [æ̀rəméiik] *n.* アラム語《シリア・パレスチナなどで紀元前3世紀から紀元後7世紀まで広く用いられた》.

àr·au·cár·i·a [æ̀rɔ:kɛ́(:)riə/-kɛ́ər-] *n.* 〔植〕 南洋スギ.

ár·ba·lest, -list [ɑ́:rbəlist] *n.* 《中世の》大弓.

ár·bi·ter [ɑ́:rbitər] *n.* (*fem.* **-tress** [-tris]) **1** 仲裁者, 調停者; 審判(者). **2** 《比喩的》一般の動静を左右するもの〔人〕, 決定的な要因: The market is the final ～. 市場が最終的な決め手である.

ár·bi·tra·ble [ɑ́:rbitrəbl] *a.* 仲裁〔調停〕されうる, 仲裁されるべき.

ár·bi·trage [ɑ́:rbitridʒ] *n.* **1** 〔古〕 仲裁. **2** [+ɑ:rbitrɑ́:ʒ] 〔商〕《株式の》さや取り.

ár·bi·tral [ɑ́:rbitrəl] *a.* 仲裁の: an ～ tribunal 仲裁裁判所.

ar·bít·ra·ment [ɑ:rbítrəmənt] *n.* 仲裁; 裁定(権).

ár·bi·trar·y [ɑ́:rbitrèri/-trəri] *a.* **1** 恣意(しい)的な, 確たる根拠〔動機〕のない: an ～ choice 〔demand〕気まぐれな選択〔要求〕. **2** 独断的な, 専横な, 専制的な: an ～ rule 専制政治.
～ constant 〔数〕 任意定数.
◇ **-i·ly** *ad.* **-i·ness** *n.*

ár·bi·trate [ɑ́:rbitrèit] *vt., vi.* **1** (を)仲裁をする, 調停する; 仲裁裁判に付する〔で決める〕: ～ between two parties 両当事者間にはいって仲裁する. **2** 〈かわせを〉裁定する.
◇ **àr·bi·trá·tion** [⌒-tréiʃ(ə)n] *n.* 仲裁; 調停.

ár·bi·tra·tor [ɑ́:rbitrèitər] *n.* 仲裁者, 調停者.

ár·bi·tress →arbiter.

ár·bor[1] [ɑ́:rbər/-bɔ:, -bə] *n.* (*pl.* **～·es** [-bəri:z]) 樹木. **A～ Day** 〔米〕植樹祭《4月下旬から5月にかけて各州で日を定める》. **～ vitae** [-váiti, -ti:] 〔植〕 ニオイヒバ; 〔医〕 小脳活樹.

ár·bor[2] [ɑ́:rbər] *n.* 〔機〕 アーバ, 軸, 心棒.

ár·bor[3], 英 **-bour** [ɑ́:rbər] *n.* **1** あずま屋, 亭(ちん). **2** 〔古〕芝ふ, 庭園. ◇ **～ed** *a.* 亭のある; 並み木の.

arbor[3] ①

àr·bo·rá·ceous [ɑ̀:rbəréiʃəs] *a.* 樹木のような; 樹木のおい茂った.

ar·bó·re·al [ɑ:rbó:riəl/-bɔ́:r-] *a.* 樹木の; 木にすむ(のに適した), 木に生じる.

ar·bó·re·ous [-riəs] *a.* 樹木状の; 樹木の多い.

àr·bo·rés·cent [ɑ̀:rbərésnt] *a.* 樹木のような, 樹木性の, 樹木状の. ◇ **-cence** *n.*

àr·bo·ré·tum [ɑ̀:rbərí:təm] *n.* (*pl.* **-tums, -ta** [-rí:tə]) 樹木〔植物〕園.

ár·bo·ri·cul·ture [ɑ́:rbərikʌ̀ltʃər] *n.* 樹木栽培(法). ◇ **àr·bo·ri·cúl·tur·al** [⌒--kʌ́ltʃ(ə)rəl] *a.* **àr·bo·ri·cúl·tur·ist** [-tʃərist] *n.* 樹木栽培家, 育樹研究家.

àr·bo·ri·zá·tion [ɑ̀:rbərizéiʃ(ə)n/-raiz-] *n.* 〔化・鉱・医〕 樹木状(分枝).

ár·bo·rous [ɑ́:rbərəs] *a.* 樹木の.

ár·bour 〔英〕 =arbor[3].

ar·bú·tus [ɑ:rbjú:təs] *n.* 〔植〕 イワナシ類.

arc [ɑ:rk] *n.* **1** 弧, 円弧, 弓形. **2** 〔電〕アーク, 電弧. ≒ ark. **——** *vi.* (**arc(k)ed** [-t]; **árc(k)·ing**) 〔電〕電弧をなす〔つくる〕; 〈列島などが〉弧を描く.
～ lamp アーク燈. **～ light** アーク燈 (の光).

A.R.C., ARC American Red Cross.

ar·cáde [ɑ:rkéid] *n.* **1** アーケード《屋根つき街路で, 両側または片側に商店のあるもの》. **2** 〔建〕列拱(れっきょう), 拱廊. ◇ **ar·cád·ed** [-id] *a.* アーケードになっている; 列拱〔拱廊〕のついた.

Ar·ca·des am·bo [ɑ́ːr-kədez-ǽmbou, -diːz-] L.(= both are Arcadians) 両者ともども田夫野人〔おろか者, 卑賤(ひせん)の者〕《たわむれに用いることば》.

arcade ②

Ar·cá·di·a [ɑːrkéidiə] *n.* アルカディア《古代ギリシアの奥地の理想郷》;(理想的)田園.

Ar·cá·di·an [ɑːrkéidiən] *a.* **1** アルカディアの(ような). **2** 牧歌〔田園〕的な, 素朴(そぼく)な.
—— *n.* **1** アルカディア人. **2** 田園趣味の人.
◇ **∼·ism** *n.* 田園趣味, 牧歌的情調.

Ar·ca·dy [ɑ́ːrkədi]〖雅〗=Arcadia.

ar·cá·num [ɑːrkéinəm] *n.* (*pl.* **-na** [-nə]) (通例 *pl.*) **1** 秘密, 奥義, 秘法. **2** 秘薬.

ár·ca·ture [ɑ́ːrkətʃər, ㊍⁺-tʃùər] *n.* 飾り列柱《壁面に浮き彫りされ構造体ではない》.

‡**arch**¹ [ɑːrtʃ] *n.* **1**〖建〗**アーチ**, 迫持(せりもち); アーチ門; アーチ路. **2** 弓形, 弧; 弓形のもの. **3**《足の》土踏まず. ***railway* ∼** ガード. ***the* (*blue*) ∼ *of the heavens*** 蒼穹(そうきゅう), 青天井. ***triumphal* ∼** 凱旋(がいせん)門.
—— *vt., vi.* **1** 弓形にする〔なる〕; 弓形にそらす〔そる〕. **2** にアーチをつける. **∼·way** →別項.
◇ **∼·wise** [-wàiz] *ad.* アーチ形〔弓状〕に.

arch² *a.* **1** 主要な, おもな. **2** ずるそうな, 悪賢い; 茶目な: an ∼ smile いたずらっぽい微笑.
◇ **∼·ness** *n.*

arch- *pref.* 「主たる, 首位の」の意: *arch*angel 大天使.

-arch [-ərk, -ɑ̀ːrk]「支配者」「君主」の意の語形成要素: mon*arch* [mɑ́nərk/mɔ́n-] <mon- (Gk.= one)+-arch 君主. olig*arch* [ɑ́ligɑ̀ːrk/ɔ́l-] <olig- (Gk.=few)+-arch 寡頭政治権力者.

arch. archaic; archery; archipelago; architect; architecture.

Ar·cháe·an =Archean.

archaeo- 「原始」「太古」の意の語形成要素: *archaeo*logy (太古の学→) 考古学.

àr·chae·o·líth·ic [ɑ̀ːrkiəlíθik] *a.* 旧石器時代の.

àr·chae·o·lóg·i·cal [ɑ̀ːrkiəlɑ́dʒik(ə)l/-lɔ́dʒ-] *a.* 考古学(上)の. ◇ **∼·ly** *ad.*

àr·chae·ól·o·gy [ɑ̀ːrkiɑ́lədʒi/-ɔ́l-] *n.* 考古学.
◇ **-gist** *n.* 考古学者.

ar·chá·ic [ɑːrkéiik] *a.* **1** 古風な, 古体の, 古雅な. **2** すたれた: an ∼ word 古語, 廃語.

ár·cha·ism [ɑ́ːrkiiz(ə)m, -keiiz(ə)m/-kei-] *n.* 古語, 古体; 古語使用, 擬古体; 古語〔古体〕趣味.

ár·cha·ist [ɑ́ːrkiist, -keiist/-kei-] *n.* 古風尊重者, 古語使用者, 擬古主義者.
◇ **àr·cha·íst·ic** [ɑ̀ːrk(e)iístik] *a.* 古風〔古体〕の, 古語使用の, 擬古的の.

ár·cha·ize [ɑ́ːrkiàiz, -kei-/-kei-] *vt., vi.* **1** 古風にする, 古風をまねる. **2** 古語を用いる.

árch·án·gel [ɑ́ːrkéindʒ(ə)l, ˊ⌣ˊ–/ˊ⌣–] *n.* 大天使, 天使長.
◇ **àrch·an·gél·ic** [ɑ̀ːrkændʒélik] *a.*

árch·bísh·op [ɑ́ːrtʃbíʃəp] *n.*《カトリックの》大司教;《新教の》大監督;《ギリシア正教の》大主教;《仏教の》大僧正. ◇ **∼·ric** [-rik] *n.* ∼の職務〔管区〕.

archd. archdeacon; archduke.

árch·déa·con [ɑ́ːrtʃdíːk(ə)n] *n.*《カトリックの》副司教;《新教の》副監督;《仏教の》権大僧正.
◇ **∼·ate** [-it], **∼·ship** [-ʃip] *n.* ∼の職務. **∼·ry** *n.* ∼の職務〔管区, 屋形〕.

árch·dí·o·cese [-dáiəsìːs, -sis] *n.* archbishop の管区.

àrch·dú·cal [ɑ̀ːrtʃd(j)úːkəl/ˊdjúː-] *a.* 大公(領)の.

árch·dúch·ess [ɑ́ːrtʃdʌ́tʃis] *n.* 大公妃;《旧オーストリアの》皇女.

árch·dúch·y [-dʌ́tʃi] *n.* 大公の位; 大公領〔国〕.

árch·dúke [-d(j)úːk/-djúːk] *n.* 大公;《旧オーストリアの》皇子. ◇ **∼·dom** *n.* =archduchy.

Ar·ché·an [ɑːrkíːən] *a.*〖地〗始原代の, 太古の.

arched [ɑːrtʃt] *a.* **1** アーチのついている. **2** アーチ形の, 弓なりの: an ∼ bridge そり橋.

àr·che·gó·ni·um [ɑ̀ːrkigóuniəm] *n.* (*pl.* **-a** [-niə])〖植〗《コケ・シダなどの》造卵器.

árch·én·e·my [ɑ́ːrtʃénimi] *n.* **1** 敵の頭目. **2** 大敵, 不倶戴天(ふぐたいてん)の敵. **3** 魔王 (Satan).

archeo- =archaeo-.

àr·che·ól·o·gy =archaeology.

Ar·che·o·zó·ic [ɑ̀ːrkiəzóuik] *a.* 始生代の.
—— *n.* 始生代(の岩).

árch·er [ɑ́ːrtʃər] *n.* (*fem.* **∼·ess** [-tʃəris]) **1** 弓術家, 射手. **2** (A∼)〖天〗射手座(いて), 人馬宮 (Sagittarius).
∼·fish [-fiʃ]〖魚〗テッポウウオ《インド・南洋産》.

árch·er·y [ɑ́ːrtʃəri] *n.* **1** 弓術; 弓術具. **2**《集合的》弓術家, 射手.

ár·che·type [ɑ́ːrkitàip] *n.* **1** 原型. **2**〖心〗民族の成員が先祖から受け継いで共通してもっている無意識心理の型. ◇ **àr·che·týp·al** [-táip(ə)l], **àr·che·týp·i·cal** [-típik(ə)l] *a.* 原型の.

árch·fíend [ɑ́ːrtʃfíːnd] *n.* **1** 魔王 (Satan). **2** 大敵.

archi- *pref.* **1** arch- の異形. **2**〖生〗「原…」の意: *archi*plasm 原+形質.

Ar·chi·bald [ɑ́ːrtʃibɔ̀ːld/-b(ə)ld, -bɔːld] *n.*〖英: 軍〗高射砲.

àr·chi·di·ác·o·nal [ɑ̀ːrkidaiǽkən(ə)l] *a.* archdeacon の.

Ar·chie [ɑ́ːrtʃi] *n.*〖英: 軍俗〗高射砲(Archibald).

àr·chi·e·pís·co·pal [ɑ̀ːrkiipískəp(ə)l] *a.* archbishop の.

àr·chi·mán·drite [-mǽndrait] *n.*〖ギリシア正教〗修道院〔僧院〕長, (いくつかの修道院を統轄する)管長《独身の高僧に対する敬称》.

Ar·chi·mé·de·an [ɑ̀ːrkimíːdiən, -midíːən/-míːdjən] *a.* アルキメデスの.
∼ **principle** アルキメデスの原理.

Ar·chi·mé·des [-míːdiːz] *n.* アルキメデス, 287 ?–212 B.C., 古代ギリシアの数学者・物理学者.

àr·chi·pél·a·go [-péligòu] *n.* (*pl.* **∼(e)s**) 群島, 多島海. ***the A∼*** エーゲ海《ギリシア近海》.

ár·chi·plasm [ɑ́ːrkiplæz(ə)m] *n.*〖生〗原形質.

archit. architecture.

‡**ár·chi·tect** [ɑ́ːrkitèkt] *n.* **建築家**, **建築技師**, **設計者**;《比喩的》建設〔設計〕者: a naval ∼ 造船技師. ***the A∼*** 創造主. ***the* ∼ *of* one's *own fortunes*** (独力)運命開拓者.

àr·chi·tec·tón·ic [ɑ̀ːrkitektɑ́nik/-tɔ́n-] *a.* **1** 建築術の; 構造上の, 構成的な. **2**〖哲〗知識体系の.

àr·chi·tec·tón·ic(s) [-tektɑ́nik(s)/-tɔ́n-] *n.* **1** 建築学; 構成様式. **2**〖哲〗知識体系論.

àr·chi·téc·tur·al [ɑ̀ːrkitéktʃ(ə)rəl] *a.* 建築学〔術〕の, 構築上の. ◇ **∼·ly** *ad.*

‡**ár·chi·tec·ture** [ɑ́ːrkitèktʃər] *n.* **1 建築術〔学〕**. **2** 建築様式: Romanesque ∼ ロマネスク建築様式. **3** 建造物. **4** 構造, 構成: the ∼ of a novel 小説の構成. ***naval* ∼** 造船術.

ár·chi·trave [ɑ́ːrkitrèiv] *n.* **1**〖建〗アーキトレーブ, 台輪(だいわ)《なげしの最下部. 柱の上に直接にのる》. **2** 額縁《とびら・窓などのへりの化粧飾り》.

ar·chí·val [ɑːrkáiv(ə)l] *a.* **1** 記録保管所の. **2** 古記録の, 公文書の.

ár·chives [ɑ́ːrkaivz] *n. pl.* **1** 記録保管所, 文庫. **2** 公文書, 古記録.

ár·chi·vist [ɑ́ːrkivist] *n.* 記録管理者.

ár·chi·volt [-vòult/-vɔlt] *n.*〖建〗アーチ形戸口

〔窓〕の縁飾り. 「らっぽく.
árch·ly [á:rtʃli] *ad.* ずるがしこく, ずるそうに; いたず
ár·chon [á:rkan/-kən] *n.* **1** アルコン, 執政官《古代ギリシアのアテネの》. **2**《一般的》統治者.
árch·príest [á:rtʃprí:st] *n.* 主席司祭, 主席僧.
◇ **~·hood** *n.* ~の地位.
árch·trái·tor [á:rtʃtréitər] *n.* 大反逆者.
árch·way [á:rtʃwèi] *n.* 拱路(きょうろ), アーチ(形)通
Ar·chy [á:rtʃi] =Archibald. └路.
-arch·y [-à:rki, -ərki]「支配, 政治」の意の語形成要素: olig*archy* [áligà:rki/ɔ́l-] <olig- (Gk. =few)+-archy 小数者(による)+政治〔政体〕. mon*archy* [mánərki/mɔ́n-] <mon- (Gk. =one) + -archy 君主政治〔政体〕.
àr·ci·fín·i·ous [à:rsifíniəs] *a.* 天然の要害をなす境界のある. 「チ形の.
ár·ci·form [á:rsifɔ̀:rm] *a.* 弓形の, 弓なりの; アー
A.R.C.S. Associate of the Royal College of Science.
‡**árc·tic** [á:rktik] *a.* **1 北極の**, 北極地方の. ↔ antarctic. **2** 極寒の: an ~ temperature 極寒. **3** クマ座の下の. —— *n.* **1** (the A~) 北極地方; 北極圏. **2** [㊖⁺ á:rtik] (*pl.*)〖米〗防寒防水の雪ぐつ. [<Gk. arkt- クマ]
A~ Archipelago, the 北極海群島. **A~ Circle, the** 北極圏. **~ expedition** 北極探検(隊). **A~ Ocean, the** 北極海. **A~ Zone, the** 北極帯.
Arc·tú·rus [a:rkt(j)ú(:)rəs/-tjúər-] *n.*〖天〗アークツルス, 大角星《牛飼い座の中の最大の星》.
ár·cu·ate [á:rkjuit, -èit], **-at·ed** [á:rkjuèitid] *a.* アーチ形〔弓なり〕になった.
àr·cu·á·tion [à:rkjuéiʃ(ə)n] *n.* **1** 弓なり, アーチ形. **2**〖建〗アーチ使用; アーチ群〔構成〕.
-ard [-ərd] *suf.*「大いに…する者」を意味し, けいべつの感じを含む: drunk*ard* 酔っぱらい. 〈注〉原義が忘れられ, けいべつ的意味のみのばあいがある: cow*ard* おくびょう者 <co(w) しっぽ+-ard しっぽをたれた者.
Ar·den [á:dn] *n.* アーデンの森《イングランド中部にあり, Shakespeare の *As You Like It* の舞台》.
ár·den·cy [á:rd(ə)nsi] *n.* 熱烈, 熱中.
ár·dent [á:rd(ə)nt] *a.* **1** 熱烈な, 熱心な: an ~ patriot 熱烈な愛国者. **2** 燃えている, 灼熱(しゃくねつ)の; 《欲望などが》強烈な. **~ spirit(s)** 強い蒸留酒《ウイスキー・ブランデーなど》. ◇ **~·ly** *ad.* **~·ness** *n.*
ár·dor, ㊖ **ár·dour** [á:rdər] *n.* **1** 熱情, 熱意, 熱誠. **2** 灼熱. ***with*** ~ 熱心に.
[類] → **passion**「情熱」
ár·du·ous [á:rdʒuəs/-dju-] *a.* **1** ほねのおれる, 困難な: an ~ task むずかしい仕事. **2** つらい, 耐えがたい: an ~ winter きびしい冬. **3** 刻苦精励の, 根気強い: an ~ student 勤勉な学生. **4**《道が》けわしい: an ~ path. ◇ **~·ly** *ad.* ほねおって, がんばって. **~·ness** *n.* むずかしさ, 困難.
†**are**¹ [a:r, 弱 ər] *vi., aux. v.* **1** be の直説法現在第二人称単数形. **2** be の直説法現在複数形.
are² [ɛ(:)r, a:r/a:] *n.* アール《面積の単位. 100m²》.
‡**ár·e·a** [ɛ́(:)riə/ɛ́ər-] *n.* **1 地域**, 地方, 地帯: residential ~*s* 住宅区域. the Tokyo-Yokohama ~ 京浜地区. **2** 区域, 範囲, 分野: the whole ~ of science 科学の全分野. **3 面積**. **4** 地面, 地所. **5** あき地, 中庭. **6**〖英〗地下勝手口.
~ bell〖英〗勝手口のベル. **~ bombing** 地域爆撃《特定の施設でなく地域全体を目標とする》. **~ code** 市外局番《アメリカでは 3 けたの数字》. **~ study** 地域研究《特定の地域の住民・資源・制度・歴史・言語など種々な面の総合的研究》. **~·way** [-wèi] ドライエリヤ 道路と建物との間の掘り下げられた空地. 採光・通風・地下室への物品の搬入用》;〖米〗《建物の間の》通路.

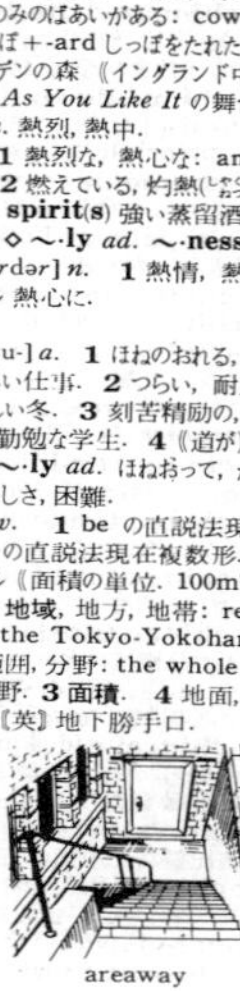

areaway

ár·e·ca [ǽrikə] *n.*〖植〗ビンロウジュ; その実.
a·ré·na [ərí:nə] *n.* **1**《古代ローマの円形劇場中央の》闘技場. **2**《一般的》試合場. **3** 闘争の場, 活動の舞台: the ~ of politics 政界.
~ theater 円形劇場.
àr·e·ná·ceous [æ̀rinéiʃəs] *a.* **1** 砂質の, 砂地の. **2** 無味乾燥な. 「む〕.
àr·e·níc·o·lous [-níkələs] *a.* 砂上に生育する〔す
†**aren't** [a:rnt]〖話〗are not の短縮形.
a·ré·o·la [ərí:ələ/-ríə-] *n.* (*pl.* **-lae** [li:], **-las**)〖植・動〗網目隙(げき)《葉脈・翅脈(しみゃく)の間》; 小区域.
àr·e·óm·e·ter [æ̀riámitər/-ɔ́m-] *n.* 液体比重計.
Ar·e·óp·a·gite [æ̀riápədʒàit, -gàit/-ɔ́pəgait, -dʒ-] *n.* Areopagus の裁判官.
Ar·e·òp·a·gít·i·ca [æ̀riàpədʒítikə/-ɔ̀p-] *n.* Milton が言論の自由を擁護した論文.
Ar·e·óp·a·gus [æ̀riápəgəs/-ɔ́p-] *n.* アテネの丘の一;《その上にあった》最高裁判所.
Ar·es [ɛ́(:)ri:z/ɛ́ər-] *n.*〖ギ神〗軍神(Mars).
a·rête [əréit/ær-, ər-] F. *n.* 尾根.
Arg. Argentina; Argentine. **arg.** *argentum* (L. =silver).
ár·gal [á:rg(ə)l] *n.* **1** =argol. **2** =argali.
ár·ga·la [á:rgələ] *n.*〖鳥〗コウヅル《インド産》.
ár·ga·li [árgəli] *n.* (*pl.* ~, **~s**)〖動〗大角羊《中央アジアおよびシベリア産》.
ár·gand [á:rgænd] *n.* アルガン燈 (=~ lamp)《丸しんのランプ》.
ár·gent [á:rdʒ(ə)nt] *n.*〖古・雅〗銀; 銀色; 銀貨. —— *a.* 銀の(ような), 銀色の.
ar·gén·tal [a:rdʒéntl], **-te·ous** [-tiəs] *a.* 銀の, 銀のような〔を含む〕. 「銀を生じる.
àr·gen·tíf·er·ous [à:rdʒ(ə)ntífərəs] *a.* 銀を含む;
Ar·gen·tí·na [à:rdʒ(ə)ntí:nə] *n.* アルゼンチン《南アメリカの共和国》.
ár·gen·tine [á:rdʒ(ə)ntin, -tàin/-tain] *a.* 銀の(ような), 銀色の. —— *n.* 銀色素;〖鉱〗銀灰石.
Ar·gen·tine [á:rdʒənti:n, -tàin] *a.* アルゼンチン(共和国)の. —— *n.* アルゼンチン人.
ar·gén·tous [a:rdʒéntəs] *a.*〖化〗銀を含む; 銀の.
ár·gil [á:rdʒil] *n.* 陶土, 白粘土.
◇ **àr·gil·lá·ceous** [à:rdʒiléiʃəs] *a.* 粘土(質)の.
ár·gil·lite [á:rdʒilàit] *n.* ケイ質粘土岩.
Ar·give [á:rdʒaiv/á:gaiv] *a.* Argos の; 古代ギリシアの. —— *n.* アルゴス〔古代ギリシア〕人.
ár·gle-bár·gle [á:rglbá:rgl] *n.* 難解専門語による議論. —— *vi.* 言い争う, 論じたてる.
Ar·go [á:rgou] *n.* **1**〖ギ神〗アルゴ号. →Argonaut. **2**〖天〗アルゴ座.
ár·gol [á:rgl/-gəl] *n.* 粗酒石《ブドウ酒製造の副産物で色留めに用いる》.
ár·gon [á:rgan/-gən] *n.*〖化〗アルゴン《気体元素. 記号 A または Ar》.
Ar·go·naut [á:rgənɔ̀:t] *n.* **1**〖ギ神〗Argo 号の乗組員《Jason とともに45人がアルゴ号に乗って黄金の羊毛を捜しに出かけた》. **2** (*pl.*)〖米〗1849 年ごろの gold rush にカリフォルニアに集まった冒険家たち. **3** (a~)〖動〗タコブネ.
◇ **Ar·go·náut·ic** *a.* アルゴ号遠征〔乗組員〕の.
Ar·gos [á:rgas/-ɔs] *n.* アルゴス《古代ギリシアの都市. Sparta の強敵》.
ár·go·sy [á:rgəsi] *n.*〖雅〗大商船; その船団.
ár·got [á:rgou, -gət/-gou] *n.*《盗賊などの》隠語;《特定社会の》符丁.
ár·gu·a·ble [á:rgjuəbl] *a.* **1** 議論の余地のある. **2** 論証できる; 弁護できる.
‡**ár·gue** [á:rgju:] *vi.* **論ずる**, 議論する《について *about, on, upon*; と, を相手に *with*》. —— *vt.* **1 論ずる**.

2 主張する《と that》. 3 説き伏せる, 説得する. 4 証拠だてる, 立証する: His action ～s him (to be) a coward. =His action ～s cowardice in him. 行動を見れば彼がおくびょう者であることがわかる.
～ ***against*** に反対の議論をする; の反証となる. ～ a person ***down*** (人を) 論じ負かす. ～ ***for*** [***in favor of***] に賛成の議論をする; の証拠となる. ～ ***in a circle*** 循環論法をする. ～ a person ***into*** [***out of***] (人を)説いて…をさせる[思いとどまらせる]. ～ ***it away*** [***off***] 論破する, 言いくるめる. ～ ***on*** [***upon***] に論及する. ～ ***out*** 議論し尽くす.
[類] → **discuss**「論ずる」

ár·gu·fy [á:rgjufài] *vi., vt.* 〖話・方〗(ささいな事柄を)(しつこく) 議論する.

‡**ár·gu·ment** [á:rgjumənt] *n.* 1 **議論**, 論証; 論拠; 論法《に反対の *against*; に賛成の *for, in favor of*; との *with*; についての *on, over*》. 2 要旨,《書物などの》梗概(ｺｳｶﾞｲ);《物語・脚本などの》筋. 3〖数〗《独立変数の》引き数;《複素数の》偏角. ***without*** ～ 異議なく.

àr·gu·men·tá·tion [à:rgjumentéiʃ(ə)n] *n.* 1 論証; 立論, 論法. 2 論争, 討論. ◇ **-tious** *a.*

àr·gu·mén·ta·tive [à:rgjuméntətiv] *a.* 論争的な; 議論好きの, 理屈っぽい.
◇ **～·ly** *ad.* **～·ness** *n.*

ar·gu·men·tum ad ho·mi·nem [à:rgjuméntəm-æd-háminem/-hóm-] L. 対人論証《相手のことば・行為を証拠として用いる論法》.

Ar·gus [á:rgəs] *n.* 1〖ギ神〗アルゴス《百眼の巨人》. 2 厳重な見張り番.
～-eyed [-àid] 鋭い目をした, ゆだんない.

ar·gýr·i·a [ɑ:rdʒíriə] *n.* 〖医〗銀中毒.

ár·gy·rol [á:rdʒirɔ̀:l] *n.* 〖薬〗アージロール《防腐用の銀含有液》.

á·ri·a [á:riə, ɛ́(:)r-/á:r-] *n.* 〖楽〗アリア, 詠唱.

-á·ri·a [-ɛ́(:)riə/-ɛ́ər-] *suf.* 生物科学などで「属」「群」を示す: fil*aria* フィラリア, 糸状虫 <L. ***filum*** 糸.

Ar·i·ád·ne [æriǽdni] *n.* 〖ギ神〗アリアドネ《Theseus に迷宮脱出の手引きの糸を与えたおとめ》.

Ar·i·an[1] [ɛ́(:)riən/ɛ́ər-] *a.* Arius (派) の. —— *n.* アリウス派(の人). ◇ **～·ism** *n.* アリウスの教義.

Ar·i·an[2] =Aryan.

-ár·i·an [-ɛ́(:)riən/-ɛ́ər-] *suf.*「…主義の(人)」「年齢…の(人)」の意の名詞・形容詞語尾: totalit*arian* 全体主義者(の). octogen*arian* 80 歳の(人) < octogen- (L. =eighty)+-arian.

ár·id [ǽrid] *a.* 1 乾燥した, ひからびた. 2《文章・演説など》無味乾燥な.
◇ **～·ly** *ad.* **～·ness** *n.* **a·ríd·i·ty** [arídiṭi] *n.*

ár·i·el [ɛ́(:)riəl/ɛ́əri-] *n.* 〖動〗カモシカの一種《アラビア産》.

Ar·i·el [ɛ́(:)riəl/ɛ́ər-] *n.* 1 空気の精《Shakespeare の *Tempest* に登場》. 2〖天〗アリエル《天王星の内衛星》.

Ar·ies [ɛ́(:)ri:z, -riì:z/ɛ́əri:z] *n.* 〖天〗牡羊(ｵﾋﾂｼﾞ)座, 白羊宮 (the Ram).

àr·i·ét·ta [æriétə] *n.* 〖楽〗アリエッタ, 小詠唱.

a·ríght [əráit] *ad.* 正確に, 正しく.

ár·il [ǽril] *n.* 〖植〗仮種皮.
◇ **ár·il·late** [ǽrilèit] *a.* 仮種皮を有する.

à·ri·ó·so [à:ríóusou, æ̀r-/-zou] *a., ad.* 〖楽〗詠叙唱風の[に]. —— *n.* 詠叙唱. [<It.]

‡**a·ríse** [əráiz] *vi.* (**a·róse** [əróuz]; **a·rís·en** [arízn]) 1 (立ち)**あらわれる**, **出現する**; <問題・事件・困難・機会などが> 発生する, 起こる, 生じる《から *from, out of*》; <ささやき・評判などが> 生じる, 立つ; <風が> 立つ, 出る. 2 <煙が> 立ちのぼる; <建物・山などが> 立っている, そびえる. 3〖雅〗立ち上がる,《寝床などから》起きる;〖古・雅〗<日が> のぼる. 4〖雅〗よみがえる. 〈注〉「(朝) 起きる」の意では get up は口語; rise はそれより少し堅く, arise はさらに文語的で, 詩的表現に適している. 比喩的意味では arise が好まれ, question, difficulty, doubt, occasion のような抽象名詞が主語として用いられる.

‡**a·rís·en** [arízn] *v.* arise の過去分詞.

a·rís·ta [arístə] *n.* (*pl.* **-tae** [-ti:]) 〖植〗のぎ;〖虫〗触角の毛. ◇ **a·rís·tate** [arísteit] *a.*

ár·is·tarch·y [ǽristà:rki] *n.* 賢人政治.

àr·is·tóc·ra·cy [æ̀ristákrəsi/-tɔ́k-] *n.* 1 貴族政治(国). 2《集合的》貴族; 貴族社会; 富裕[上流]階級. 3《集合的》第一流の人々. [√crat-]

a·rís·to·crat [arístəkræt, ǽris-/ǽris-, arís-] *n.* 貴族; 貴族的な人; 貴族政治支持者.

a·rìs·to·crát·ic [arìstəkrǽtik, æ̀ris-/æ̀ris-] *a.* 1 貴族の; 貴族政治の. 2 貴族的な, 貴族趣味の; 品のいい, 堂々たる; お高くとまった.
◇ **-i·cal·ly** *ad.* **àr·is·tóc·ra·tism** [æristákrətiz(ə)m/-tɔ́k-] *n.* 貴族風[かたぎ].

Ar·is·tóph·a·nes [æ̀ristáfəni:z/-tɔ́f-] *n.* アリストファネス, 448–385 B.C., アテネの詩人・喜劇作家.
◇ **Ar·is·to·phán·ic** [æ̀ristəfǽnik] *a.* ～(風)の.

Ar·is·to·té·li·an, Ar·is·to·té·le·an [æ̀ristətí:liən/-tɔt-] *a.* アリストテレス(派)の. —— *n.* アリストテレス派の人.
◇ **～·ism** *n.* アリストテレスの哲学.

Ar·is·tot·le [ǽristàtl/-tɔtl] *n.* アリストテレス, 384–322 B.C., 古代ギリシアの哲学者.

arith. arithmetic; arithmetical.

‡**a·ríth·me·tic**[1] [ariθmetik] *n.* 1 **算数**, 算術. 2 計算, 勘定. 3 算数(教科)書. ***decimal*** ～ 十進算. ***mental*** ～ 暗算.

‡**àr·ith·mét·ic**[2] [æriθmétik], **-i·cal** [-(ə)l] *a.* **算数の**, 算数上の. ～ **mean** 相加[算術]平均. ～ **progression** 等差数列.
◇ **àr·ith·mét·i·cal·ly** *ad.*

a·rìth·me·tí·cian [ariθmətíʃ(ə)n, æ̀riθ-] *n.* 算術家; 算数の巧みな人.

àr·ith·móm·e·ter [æriθmámiṭər/-mɔ́m-] *n.* 計数器.

-ár·i·um [-ɛ́(:)riəm/-ɛ́ər-] *suf.*「…に関する所」「…を置く所」の意の名詞をつくる: herb*arium* 植物標本(帳・室) <***herba*** (L. =grass). aqu*arium* 水槽(ｽｲｿｳ) <***aqua*** (L. =water).

A·ri·us [ɛ́(:)riəs, əráiəs/ɛ́əri-, ərái-] *n.* アリウス, 280?–336, キリストの神性を否定したアレキサンドリアのギリシア人神学者.

Ariz. Arizona.

Ar·i·zó·na [æ̀rizóunə] *n.* アリゾナ《アメリカ南西部の州. 略 Ariz.》.

Ar·i·zó·nan [-zóunən], **-ni·an** [-niən] *a., n.* アリゾナ州の(人).

ark [ɑ:rk] *n.* 1〖聖〗箱舟《Noah が乗って大洪水(ｺｳｽｲ)をのがれたという》. 2 避難所. 3〖米〗平底舟. 4〖聖〗約櫃(ﾔｸﾋﾞﾂ) (=A～ of the Covenant [Testimony])《モーセの十誡(ｼﾞｯｶｲ)を刻んだ 2 個の平たい石を納めた箱》;〖古・方〗箱, 櫃. ***Noah's*** ～〖聖〗ノアの箱舟; おもちゃの箱舟《おもちゃの動物がはいっている》.

Ark. Arkansas. ≒ arc.

Ar·kán·san [ɑ:rkǽnzən], **-si·an** [-ziən] *a., n.* アーカンソー州の(住民).

Ar·kan·sas [á:rkənsɔ̀:] *n.* 1 アーカンソー《アメリカ中部の州. 略 Ark.》. 2 [⁺ɑ:rkǽnzəs] (the ～) アーカンソー川. ～ **toothpick** 猟刀の一種.

arles [ɑ:rlz] *n.* (*pl.* ～) 〖スコットランド〗手付け金.

Ar·ling·ton [á:rliŋtən] *n.* アメリカ Virginia 州北東部の郡・市の名. ～ **National Cemetery** アーリントン国立墓地《無名戦士の墓 (the Tomb of the Unknown Soldier) があり, 故 Kennedy 大統領の遺骸(ｲｶﾞｲ)も眠っている》.

†**arm**[1] [ɑ:rm] *n.* 1 **腕**, 上肢(ｼﾞｮｳｼ);《ほ乳動物の》前肢. 2 腕の形をしたもの, 腕状の部分; 腕木, 腕金; めがねのつる;《衣服の》そで;《いすの》ひじかけ;《木の》大枝; 入り江 (= ～ of the sea); 支流; (山の) 支脈, 尾根. 3 力,《政府・法律などの》権力. 4《活動を遂行するための》有力な一翼, 重要な部分.

~ in = **~ ~-in-~** 腕を組み合って《と with》. ***better ~*** 右腕. ***give*** [***offer***] ***one's ~*** (1) 腕を貸す《同行の婦人などに》. (2) 提携を申し出る《に to》. ***infant in ~s*** まだ歩けない[腕に抱かれている]幼児. ***in the ~s of Morpheus*** 眠って. ***keep*** [***hold***] a person ***at ~'s length*** (人を)寄せつけない, 敬遠する. ***one's right ~*** 右腕; 有力な部下. ***shot in the ~*** 腕の注射; 力づけ; 〖俗〗酒一杯. ***the secular ~*** 〖史〗俗権《教権に対する裁判所の権力》. ***under one's ~*** 腕にかかえて. ***upper ~*** 二の腕. ***with folded ~s*** 腕組みをして; 傍観して. ***within ~'s reach*** 手の届く範囲に. ***with open ~s*** 両手をひろげて; 心から歓迎して.
~-around-the-shoulder technique 親しげな応対術. **∠·band** [∠∠] 腕章; 喪章. **∠·chair** [∠∠] →別項. **∠·hole** [∠∠] (1)〖服飾〗そでぐり[つけ]. (2) =armpit. **∠·pit** →別項. **∠·rest** [∠∠]《いすの》ひじかけ.

‡**arm²** *n.* **1** (*pl.*) **武器**, 兵器. **2** (*pl.*) **軍事**, **戦争**, 戦闘; 武力 (=the force of ~s). **3** 兵種, 兵科. **4** (*pl.*) 紋章 (=coat of ~s), しるし.
appeal to ~s 武力に訴える. ***bear ~s*** 武装する, 兵役に服する; 紋章をつける. ***bear ~s against*** と戦う. ***be bred to ~s*** 軍事教育を受ける. ***be up in ~s*** 武器を取って立つ; 反旗を翻す. ***by ~s*** 武力に訴えて. ***call to ~s*** 動員する. ***carry ~s*** 武器を携える; 兵役に服する. ***change ~s*** 銃をになかえる. ***deed of ~s*** 武功. ***get under ~s*** 武装する. ***give up one's ~s*** 降伏して武器を渡す. ***go to ~s*** 武力に訴える. ***in ~s*** 武装して. ***lay down one's ~s*** 武器を捨てる; 降伏する. ***lie upon one's ~s*** 武装したまま寝る. ***man of*** [***at***] ***~s*** 兵士; 戦士. ***Order ~s!*** 立て銃(つつ)! ***passage at ~s*** 論争. ***Pile ~s!*** 組め銃! ***Present ~s!*** ささげ銃! ***rise in ~s*** 武器を取って立つ, 兵をあげる. ***Shoulder ~s!*** になえ銃. ***small ~s*** 携帯武器《小銃・ピストルなど》. ***suspension of ~s*** 休戦. ***take up ~s*** 武装して立つ; 戦端を開く. ***To ~s!*** 武器を取れ!, 戦闘準備! ***turn one's ~s against*** を攻撃する. ***under ~s*** 武装を整えて, 戦闘準備なって.
—— *vt.* **1** **武装させる**, に武器を与える; <船を> 装甲する. **2**《防護具などで》堅固にする, 固める, 防備する. **3** <道具などに> 付属品を取り付ける; 使用可能な状態にする. **4** <導火線に> 火をつける. —— *vi.* 武器を取る, 武装する.
~ oneself 武装する; ゆだんなく構える. ***be ~ed at all points*** 十分に武装している; ゆだんなく構える. ***be ~ed to the teeth*** すきまなく[完全に]武装している. ***be ~ed with*** で武装している; を備えて[用意して]いる. → armed.
~s control 軍備制限. **~s race** [**drive**] 軍備(拡張)競争.

ar·má·da [ɑːrmáːdə, [米]+-méi-] *n.* 艦隊; 飛行機隊. ***the A~ = the Invincible*** [***Spanish***] ***A~*** 〖史〗無敵艦隊《1588年にイギリス征服を企てイギリス海軍に破られたスペインの艦隊》. [<Sp.]

àr·ma·díl·lo [àːrmədílou] *n.* (*pl.* **~s**) 〖動〗アルマジロ, ヨロイネズミ《おもに南アメリカ産》.

Ar·ma·géd·don [àːrməgédn] *n.* **1** 〖聖〗アルマゲドン《世界終末の際の善と悪の決戦場. 黙示録16:16》. **2** 大決戦.

ár·ma·ment [ɑ́ːrməmənt] *n.* **1**《軍隊・軍艦・飛行機などを含む》装備, 武装, 兵器. **2** (*pl.*)(一国の)軍事力, 軍備: ~*s* race 軍拡競争. ↔ disarmament. ***atomic ~*** 核武装.

ár·ma·ture [ɑ́ːrmətʃər/-tjuə] *n.* **1** よろいかぶと, 武具. **2** 〖動・植〗防護器官. **3** 〖建〗補強材. **4** 〖電〗《電動機・発電機などの》電機子, 回転子;《磁石の》接極子. **5**《ケーブルの》外装.

‡**árm·chàir** [ɑ́ːrmtʃèər/∠∠, ∠–] *n.* ひじかけいす.
—— *a.* 机上空論(家)の, しろうとの: an ~ pilot 飛ばない飛行家《飛行理論家・飛行機ファン》.
~ career 頭脳的職業.

arme blanche [ɑ́ːrmblɑ́ːʃ] F. **1** 刀[銃]剣, 白兵. **2** 騎兵刀[槍(そう)]; 騎兵 (cavalry).

armed [ɑːrmd] *a.* **1** 武装した, 装備した. **2** 〖生〗防護器官のある.
~ eyes めがねで視力を補強した目. ↔naked eye. **~ forces** 軍隊. **~ neutrality** 武装中立. **~ service edition** 〖米〗陣中文庫(版).

Ar·mé·ni·a [ɑːrmíːniə] *n.* アルメニア《カフカス南方のソ連に属する共和国》.
◇ **~n** *a.*, *n.* アルメニア(人)の; アルメニア人[語].

ár·met [ɑ́ːrmet] *n.* かぶとの一種《15世紀ごろの》.

***árm·ful** [ɑ́ːrmfùl] *n.* **腕いっぱい**(の量): an ~ of wood ひとかかえのまき.

ár·mi·ger [ɑ́ːrmidʒər] *n.* 大郷士《knight の次位で紋章をつけることを許された》.
◇ **ar·míg·er·ous** [ɑːrmídʒərəs] *a.* 紋章をつける資格をもった.

ár·mil·lar·y [ɑ́ːrmilèri, ɑːrmíləri/∠–ləri, –∠––] *a.* 環の, 環状の. **~ sphere** アーミラリ天球(儀)《古代の天文観察器具》.

árm·ing [ɑ́ːrmiŋ] *n.* **1** 武装, 装備. **2** 紋章. **3**《電磁石の》接極子.

Ar·mín·i·an [ɑːrmíniən] *a.* Arminius (派)の. —— *n.* アルミニウス派の人.
◇ **~·ism** *n.* アルミニウスの教義.

Ar·mín·i·us [ɑːrmíniəs] *n.* Jacobus ~, 1560–1609, 人間の自由意志を主張したオランダの神学者.

ar·míp·o·tent [ɑːrmípət(ə)nt] *a.* 武力の充実した, 戦いに強い.

ár·mi·stice [ɑ́ːrmistis] *n.* 休戦, 停戦. ***separate ~*** 単独講和. **A~ Day** (第1次世界大戦の)休戦記念日《11月11日. 現在は第2次大戦・朝鮮戦争休戦も含めてアメリカ・カナダでは国民祝祭日. アメリカでは Veterans Day, イギリスでは Remembrance Day という》.

árm·less [ɑ́ːrmlis] *a.* **1** 腕のない;《いすなどの》ひじかけのない. **2** 無防備の, 武器のない.

árm·let [ɑ́ːrmlit] *n.* **1** 腕輪, 腕飾り. **2** 小さな入り江.

‡**ár·mor,** [英] **ár·mour** [ɑ́ːrmər] *n.* **1** よろいかぶと, 甲冑(かっちゅう). **2**《比喩的》防備, (身)固め. **3**《軍艦などの》装甲; 防護服《潜水服など》: a submarine ~ 潜水服. **4**《電線の》被覆; 防護器官《魚のうろこなど》. **5** 紋章 (=coat ~). **6** 〖軍〗機甲部隊. —— *vt.* によろいかぶとをつける; 装甲する.
~·bèar·er よろい持ち《騎士の従者》. **~-clad** [∠–∠] よろいを着た, 武装した; 装甲した. **~ plate** 装甲(板).

ár·mored, [英] **ár·moured** [ɑ́ːrmərd] *a.* **1** 武装した. **2** 装甲の. **3** 被覆[外装]を施した;《コンクリートに》鉄筋がはいっている.
~ battery 装甲砲台. **~ cable** 外装ケーブル. **~ car** 装甲自動車; 装甲車. **~ concrete** 鉄筋コンクリート. **~ cruiser** 装甲巡洋艦. **~ force** 機甲部隊. →panzer. **~ train** 装甲列車.

ár·mor·er, [英] **ár·mour·er** [ɑ́ːrmərər] *n.* **1** 武具師, 兵器製造者;《軍隊の》兵器係. **2** 〖米〗兵器製造所, 兵器庫.

ar·mó·ri·al [ɑːrmɔ́ːriəl/-mɔ́ːr-] *a.* 紋章の: ~ bearings 紋章, 紋. —— *n.* 紋章書.

ár·mor·y, [英] **ár·mour·y** [ɑ́ːrməri] *n.* **1** 兵器庫. **2** 〖米〗造兵廠(しょう). **3** 〖米〗州兵部隊本部[訓練所]. **4** 〖古〗武器, 兵器類. **5** 紋章(学).

ár·mour 〖英〗=armor.

árm·pit [ɑ́ːrmpìt] *n.* わきの下. ***up to the ~s*** 〖米俗〗すっかり, 完全に.

Arm·strong [ɑ́ːrmstrɔːŋ/-strɔ́ŋ] **~ *gun*** アームストロング砲.

‡**ár·my** [ɑ́ːrmi] *n.* **1** **軍隊**;《海・空軍に対し》**陸軍**: enter [join, go into] the ~ 陸軍に入隊する, 軍

人になる. serve in the ～ 兵役に服する. **2** 団体, 組織体: the Salvation *A*～ 救世軍. **3** 大群: an ～ of ants アリの大群. ***Blue Ribbon A***～〘英〙青リボン団〘禁酒団の名〙. ***Grand*** ～〘米〙南北戦争の北軍従軍者の組織した退役軍人会. ***standing*** [***reserve***] ～ 常備〔予備〕軍.
～ **act** 陸軍刑法. ～ **commander** 軍司令官. ～ **contractor** [**broker**] 陸軍御用商. ～ **corps** 軍団. ～ **installation** 軍事施設. **A～ Service Corps**〘英〙陸軍輜重(しちょう)隊. ～ **surgeon** 軍医.

army worm, ár·my·worm [ɑ́ːrmiwəːrm] *n.* 夜盗虫〘群をなして作物を荒らす〙.

ár·ni·ca [ɑ́ːrnikə] *n.*〘植〙アルニカ〘菊科〙;〘薬〙アルニカチンキ〘外用鎮痛剤〙.

Ar·no [ɑ́ːrnou] *n.* (the ～) アルノ川〘イタリア西部 Pisa のあたりを流れる〙.

Ar·nold [ɑ́ːrn(ə)ld] *n.* Matthew ～, 1822–88, イギリスの詩人・批評家.

a·ró·ma [əróumə] *n.* **1** 芳香, 香気. **2**〘芸術品の〙「気品, 風格.

àr·o·mát·ic [ærəmǽtik] *a.* かおり高い, かぐわしい: an ～ compound〘化〙芳香属化合物.
—— *n.* 香料; 芳香植物. ◇ **-i·cal·ly** *ad.*

a·ró·ma·tize [əróumətàiz] *vt.* にかおりをつける.

‡**a·róse** [əróuz] *v.* arise の過去形.

†**a·róund** [əráund] *ad.* **1** まわりに[を], 四方に; ぐるりと〘取り囲むなど〙: look ～ あたりを見まわす. the scenery ～ 周囲のけしき. **2**〘米〙まわって, ぐるりと: She turned ～. 彼女はくるりと振り返った. **3**〘米〙あちらこちらに: travel ～ from place to place 方方旅行する. **4**〘米〙あたりに, 近所に[で], いまいるところに: Wait ～ awhile. そのあたりでちょっと待っていてください. stay ～ 遠くへ行かないでいる.
〈注〉アメリカでは around を広く用いる傾向があるが, イギリスでは around の使用範囲は今日では非常に縮小され, いくつかの慣用句を除けば *ad.* も *prep.* もそれぞれ ① の意味にしか用いられない〘つまり主語の動作は around では一点に静止して行なわれるが, round では空間移動を含む〙. →枠付 about.
—— *prep.* **1** …のまわりに, …を囲んで. **2** …をまわって, …をぐるりと. **3**〘米〙…をあちらこちらと: travel ～ the world 世界を旅行してまわる. **4** …に従事して: He's been ～ the school for thirty years. 学校に勤めて30年になる. **5**〘米話〙…のあたりに, …の近くを: ～ here このあたりに. stay ～ the house 家のまわりを離れない. **6**〘米話〙およそ(about): ～ 5 o'clock 5時ごろ. ～ ten dollars 約10ドル.
〈注〉以下の成句に見当たらないばあいは round もしくは該当動詞を参照のこと.
all ～ いたるところに; 一同に〘握手するなど〙. ～ ***the corner***〘米〙かどを曲がったところに, すぐ近くに(=㊕ round the corner). ***be*** ～ (1)〘米〙居合わせる, 来ている, やってくる. (2) 起床している[する]. ***be*** a mile ～ 1周 (1マイル) である. ***come*** ～〘特定な場所に〙あらわれる, (人に会いに) やってくる. ***crowd*** ～ 〈やじうまなどが〉まわりに集まる, たかる. ***fool*** ～〘俗〙ぶらぶらする, 無為に日を過ごす. ***get*** ～ (1) (を) 歩きまわる. (2) 〈うわさが〉広がる. (3) 〈事実〉を回避する. (4) (に) 打ち勝つ; 欺く. (5) 〈困難など〉を切り抜ける: They *got* ～ the lack of chairs by sitting on the floor. 床にすわっていすの不足を切り抜けた. ***have been*** ～ いろいろな経験を積んでいる, 世の中のことを心得ている.
～-the-clóck 24時間連続(制)の: an ～*-the-clock* air raid 一昼夜ぶっとおしの空襲.

a·róus·al [əráuz(ə)l] *n.* 覚醒(かくせい); 喚起; 激励.

‡**a·róuse** [əráuz] *vt.* **1** 〈眠っている人を〉目ざめさせる《*from* sleep》. **2** 〈人を〉刺激する, 奮起させる: ～ a person *into* action 人を促して活動させる. **3** 〈興味・議論などを〉呼びさます, 引き起こす: ～ suspicion 疑いを招く. —— *vi.* 目をさます.

ARP, A.R.P. Air-Raid Precautions 警防団.

ARPA Advanced Research Projects Agency 高等(宇宙)研究計画局.

ar·pég·gi·o [ɑːrpédʒiòu, ㊕⁺-dʒou] *n.* (*pl.* ～**s**)〘楽〙アルペジオ〘和音をなす音を連続して急速に奏すること〙. [<It.]

ár·que·bus [ɑ́ːrkwibəs] =harquebus.

arr. arranged; arrival; arrive(d).

ár·rack [ǽrək] *n.* アラク酒〘ヤシの実・糖みつなどからつくる強い酒〙.

ar·ráign [əréin] *vt.* **1**〘法〙法廷に召喚して公訴事実の認否を問う. **2**《一般的》告発する, とがめる.
◇ ～**·ment** *n.* 罪状認否, 審問; 糾弾, 非難.

‡**ar·ránge** [əréindʒ] *vt.* **1** 配列する, 整理する: ～ books on a shelf 本だなに本を整理する. **2** 整える; 〈髪を〉結う; 〈花を〉いける. **3** の手はずを整える, 準備する: ～ a marriage 縁談をまとめる. **4** 調停する, 調整する. **5** 改作する;〘楽〙編曲する: ～ a novel *for* the stage 小説を劇に脚色する.
—— *vi.* 取り決める, 打ち合わせる, 手配する: I will ～ somehow. なんとかくふう[手はず]しましょう. ～ *with* the grocer *for* regular deliveries 食料品店に日常配達をしてもらうことに決める. Let's ～ *to* meet here again tomorrow. あすまたここで集まるように手配しよう. We have ～*d for* the bus *to* pick us up here. バスがここで止まってわれわれを乗せてくれるように手配した.
～ things ***in order*** (物を) 整とんする. ～ ***with*** a person (人) と協定する《について *for, about*》.
[<ad-+range そばに+並べる → 整とんする]
◇ **ar·ráng·er** *n.* ～する人; 編曲者.

‡**ar·ránge·ment** [əréindʒmənt] *n.* **1** 配列, 配置. **2** 整理, 整とん, 配合, 飾り付け: flower ～ いけ花. **3** (*pl.*) 手はず, 準備, 計画. **4** 調停, 調節; 協定, 申し合わせ. **5** 仕掛け, 装置. **6** 制度. **7** 脚色, 改作; 編曲.
arrive at [***come to***] ***an*** ～ 相談がまとまる; 示談になる. ***make*** ～***s for*** a party (パーティー) の準備をする. ***make*** ～***s with*** a person (人) と打ち合わせをする.

ár·rant [ǽrənt] *a.* **1** 名うての, 極悪の: an ～ knave 札付きのならず者. **2** 全くの: an ～ fool 大ばか者.

ár·ras [ǽrəs] *n.* アラス織り〘つづれ織りの一種〙; アラス織りもうせん〔壁掛け布〕.

ar·ráy [əréi] *vt.* **1** 装う,《特に》盛装させる. **2** 配列する, 〈軍隊などを〉整列させる;〘法〙〈陪審員全員を〉召集する, 列席させる. **3** 〈証拠などを〉列挙する. ～ one***self against*** に反対する. ～ one***self*** [***be*** ～***ed***] ***in*** を着て身を飾る. ～ one***self with*** と協力してやる.
—— *n.* **1** 整列, 陳列. **2** 勢ぞろい; 壮観な列; 軍勢. **3**〘陪審員の〙召集;〘召集された〙陪審員全員. **4**〘雅〙衣装, 装い. ***in battle*** ～ 戦闘隊形をなして. ***in fine*** ～ 盛装して. ***in proud*** ～ 堂々と. ***set in*** ～ 配列する.
◇ ～**·al** [əréiəl] *n.* 整列, 配列 (されたもの).

ar·réar [əríər] *n.* **1** 遅れ, 遅滞; (通例 *pl.*)〘支払いなどの〙滞り. **2** 滞貨, 保留品. ***fall into*** ～***s*** 支払いが滞る. ***in*** ～ ***of*** に遅れて. ***in*** ～(***s***) 未払いで, 滞って. ***in*** ～(***s***) ***with*** work (仕事)が遅れて. ***work off*** ～***s*** 働いて遅れを取り返す. [比較 rear]
◇ ～**·age** [əríəridʒ] *n.* **1** =arrears. **2** (しばしば *pl.*) 未払い金, 負債; 未処理事項.

‡**ar·rést** [ərést] *vt.* **1** 捕える, 逮捕する, 拘引する, 抑留する. **2** はばむ, 阻止する: ～ progress 進歩をはばむ. **3** 〈人目・注意などを〉とらえる: ～ her attention 彼女の注意を引く.
—— *n.* **1** 逮捕; 拘留; 抑留: The police *made* several ～*s*. 警察が数人逮捕した. **2** 停止, 阻止. ***under*** ～ 逮捕[拘留]されて: put [place] a person

under ～ 人を逮捕する. [＜ad-＋rest とめる]
◇ **～·er** [-ər] *n.* **1** ～する人. **2** 避雷器 (＝lightning ～er). **～·ing** *a.* 人目を引く. **～·ment** *n.*

ar·rêt [æréi] F. *n.* 法令, 命令《閣令・省令など》.

ar·rhýth·mi·a [əríθmiə] *n.* 〘医〙不整脈.

ar·ri·ère-ban [æriɛərbǽn, ㊍⁺-bɑ́:n] F. *n.* 〘史〙 **1** 《特にフランス王の》臣下召集令. **2** 《集合的》《召集された国王の》陪臣.

ar·ri·ère-pen·sée [æriɛərpɑ̃:séi] F. *n.* **1** 底意, 腹中. **2** 心残り, 不本意.

ár·ris [ǽris] *n.* 〘建〙稜(りょう), 外角, すみ.
～ gutter 〘建〙薬研樋(やげんどい)《V 字形の樋》.
◇ **～·ways, ～·wise** [ˊ-ˋ] *ad.* 斜めに.

‡**ar·rív·al** [əráiv(ə)l] *n.* **1** 到着; 到達: his ～ *in* Tokyo 彼の東京への到着. ～ *at* a conclusion 結論への到達. *on* my ～ *at* the airport 私が空港に着くと〔着きしだい〕. **2** 出現, 登場. **3** 到着者〔物〕, (新)入荷: new ～*s* 新着品〔書〕, 新着者. **4** 〘話〙出生, 新生児: The new ～ was a son. 今度生まれたのは男の子でした. ***on*** ～ 到着の上は, 到着しだい. **～ list** 到着船客〔乗客〕名簿.

†**ar·ríve** [əráiv] *vi.* **1** 到着する, 着く: They have just ～*d.* たったいま着いた. ～ *at* the station 〔*in* London〕 駅に〔ロンドンに〕着く. ～ from Japan 日本から到着する. **2** 《年齢・結論などに》到達する: ～ *at* manhood 〔a conclusion〕 成年〔結論〕に達する. **3** 〈時期が〉到来する: The opportunity 〔The time for action, The time to act〕 has ～*d.* 機会〔行動すべきとき〕がやってきた. **4** 〈事件などが〉起こる《人に *to* a person》. **5** 《フランス語法》成功する, 名声を得る. ～ ***at a bargain*** 商談を成功させる. ～ ***home*** 家に着く. ～ ***upon the scene*** 現場にあらわれる.

ar·ri·ve·der·ci [ɑ:rivedéərtʃi:] It. (＝until we see each other again) *int.* さよなら.

ar·ri·viste [æriví:st] F. *n.* 手段を選ばず地位〔財産〕を獲得した人; 出世第一主義者, 野心家.

ár·ro·gance [ǽrəgəns], **-gan·cy** [-i] *n.* 尊大, 傲慢(ごうまん), おうへい.

ár·ro·gant [ǽrəgənt] *a.* 尊大な, 傲慢な, おうへいな. [√rog-] ◇ **～·ly** *ad.*

ár·ro·gate [ǽrọgèit] *vt.* **1** 〈他人のものであるべき権利・称号などを〉わがものと主張する, 横取りする. **2** 不当に…に帰する《に *to*》.

àr·ro·gá·tion [æ̀rọgéiʃ(ə)n] *n.* **1** 僭取(せんしゅ), 横取り; 詐称. **2** 越権行為.

ar·ron·disse·ment [ərɑ́ndismənt / æ̀rɔndí:smɑ̃:] F. *n.* 《フランスの》郡; 《パリ市の》区.

‡**ár·row** [ǽrou] *n.* **1** 矢. **2** 矢状のもの, 矢印(→など). **3** (A～) 〘天〙矢座 (Sagitta). —— *vt.* の挿入(そうにゅう)箇所を矢印で示す.
～·head → 別項. **～·root** [ǽrọrù:t, ㊍⁺-rùt] 〘植〙クズの一種, クズ粉. **～·wood** [-wùd] 〘植〙ガマズミ属の一種《アメリカ原住民がこれで矢をつくった》.
◇ **～·y** *a.* 矢のような; 速い, まっすぐな.

ár·row·head [ǽrọhèd] *n.* **1** 矢じり. **2** 〘植〙クワイ属. ***broad*** ～ 〘英〙太矢印《兵器廠(しょう)の記章》. ◇ **～·ed** [-id] *a.* 矢じりのついた, 矢じり印の; くさび形の《文字》.

ar·róy·o [ərɔ́iou] *n.* (*pl.* **～s**) 《アメリカ南西部の》平常は水のない狭い水路〔川〕.

ars [ɑ:rz, ㊍⁺ɑ:rs] L. (＝art) *n.* 芸術; 技術.
Ars longa, vita brevis [ˊlɔ́:ŋgə-váitə-brí:vis/-lɔ́ŋgə-] (＝Art is long, life is short) 芸術は長く人生は短し《本来の意味は「一芸に達するは長く, 人の一生は短し」の意であった》.

arse [ɑ:rs] *n.* 〘卑〙しり, けつ.

ár·se·nal [ɑ́:rs(i)nəl/-sịn(ə)l] *n.* 兵器庫; 造兵廠(しょう), 兵器〔軍需〕工場. ***naval*** ～ 海軍工廠.

ár·se·nate [ɑ́:rs(i)nèit, -nit/-nit] *n.* 〘化〙ヒ酸塩.

ár·se·nic¹ [ɑ́:rsnik] *n.* 〘化〙ヒ素《両性金属元素. 記号 As》.

ar·sén·ic² [ɑ:rsénik], **-i·cal** [-(ə)l] *a.* ヒ素の, ヒ素を含んだ. —— *n.* 含ヒ剤《殺虫剤》.
arsenic acid 〘化〙ヒ酸.

ar·sé·ni·ous [ɑ:rsí:niəs] *a.* ヒ素の, 亜ヒの.
～ acid 〘化〙亜ヒ酸.

ár·se·nism [ɑ́:rsịniz(ə)m] *n.* 慢性ヒ素中毒.

ár·se·nite [ɑ́:rsịnàit] *n.* 〘化〙亜ヒ酸塩.

àr·se·no·pý·rite [ɑ̀:rsịnopáirait/-páiər-] *n.* 〘鉱〙硫ヒ鉄鉱.

ár·sis [ɑ́:rsis] *n.* (*pl.* **-ses** [-si:z]) **1** 〘韻〙弱音節. ↔ thesis. **2** 〘楽〙上拍.

A.R.S.L. Associate of the Royal Society of Literature.

ár·son [ɑ́:rsn] *n.* 〘法〙放火; 放火罪.
◇ **～·ist** *n.* 放火犯人.

àrs·phen·a·míne [ɑ̀:rsfenəmí:n] *n.* 〘薬〙サルバルサン (Salvarsan).

†**art**¹ [ɑ:rt] *n.* **1** 芸術; 美術. **2** 技術, 技芸, 術: Aeronautics is the science or ～ of flight. 「Aeronautics」とは航空学または航空術である. **3** 方法; 熟練; 技巧, 人工, わざとらしさ. **4** (通例 *pl.*) 術策; 奸策(かんさく). **5** 《雑誌・新聞の》さし絵. **6** (通例 *pl.*) 《学問の》科目; 《大学の》教養科目.
～ ***and part*** 計画と実行, 教唆と幇助(ほうじょ): be ～ *and part* in に加担する. ～ ***for*** ～***'s sake*** 芸術のための芸術, 芸術至上主義. ～ ***for life's sake*** 人生のための芸術. **～*s and crafts*** 工芸美術. ***Bachelor of A～s*** 文学士《略 B.A.》. ***black*** ～ 魔術, 妖術(ようじゅつ). ***by*** ～ 人工で; 熟練で; 術策で. ***decorative*** ～ 装飾美術. ***fine*** 〔***esthetic***〕 **～*s*** 美術《絵画・彫刻などを総合したもの》. ***healing*** ～ 医術. ***industrial*** ～ 工芸. ***Master of A～s*** 文学修士《略 M.A.》. ***military*** ～ 武術. ***the liberal*** **～*s*** 《中世の教養学科》学芸; 《大学の》教養学科. ***the plastic*** **～*s*** 造形美術. ***useful*** 〔***applied***〕 **～*s*** 工芸. ***work of*** ～ 美術〔芸術〕品. —— *vt.* 芸術的にする, 〈小説・映画などに〉芸術的技巧を加える《*up*》.
～ critic 美術評論家. **～ director** 〘映〙美術監督. **～ gallery** 美術館, 画廊. **～ house** 劇場 (theater). **～ needlework** 美術ししゅう. **～ paper** アート紙. **～ school** 美術学校. **～ title** 〘映〙意匠字幕.

art² *v.* 〘古・雅〙be の直説法現在第二人称単数形《主格が thou のばあい》: thou ～ ＝you are.

art. article; artillery; artist.

ár·te·fact ＝artifact.

ar·tél [ɑ:rtél] *n.* 《ソ連の》協同組合.

Ar·te·mis [ɑ́:rtịmis] *n.* 〘ギ神〙アルテミス《月・狩猟・森の女神, ローマ神話の Diana に当たる》.

àr·te·mís·i·a [ɑ̀:rtịmíziə] *n.* 〘植〙ニガヨモギ属.

ar·té·ri·al [ɑ:rtí(:)riəl/-tíər-] *a.* **1** 動脈の; 動脈状の: ～ blood 動脈血. **2** 《多くの枝分かれをもつ》幹線の: an ～ road.

ar·té·ri·al·i·ze [ɑ:rtí(:)riəlàiz/-tíər-] *vt.* 〈肺が静脈血を〉動脈血に変化する.
◇ **ar·tè·ri·al·i·zá·tion** [ɑ:tì(:)riəlịzéiʃ(ə)n, -laiz-/-tiər-] *n.*

ar·té·ri·o·scle·ró·sis [ɑ:rtí(:)riòuskliróusis/-tíəriouskliər-] *n.* 〘医〙動脈硬化(症).

ár·ter·y [ɑ́:rtəri] *n.* **1** 〘医〙動脈. **2** 幹線(道路); 中枢. ***main*** ～ 大動脈. → vein.

ar·té·sian [ɑ:rtí:ʒən/-zjən, -ʒən] **～ *well*** 掘り抜き井戸, 吹き井戸; 〘米〙深掘り井戸.

***árt·ful** [ɑ́:rtf(u̧)l] *a.* **1** 巧妙な, 技巧を弄(ろう)した. **2** 技巧を弄する, こうかつな.
◇ **～·ly** [-fu̧li] *ad.* **～·ness** *n.*

ar·thrí·tis [ɑ:rθráitis] *n.* 〘医〙関節炎, 痛風.
◇ **ar·thrít·ic** [ɑ:rθrítik] *a.*

ár·thro·pod [ɑ́:rθrəpɑ̀d/-pɔd] *a.* 〘動〙節足動物の. —— *n.* 〘動〙節足動物《エビ・カニ・ムカデなど》.

Ar·thur [ɑ́:rθər] ***King* ～** アーサー王《6世紀ごろの伝説的イギリス王》. ***Port* ～** 旅順(港).

Ar·thú·ri·an [ɑ:rθ(j)ú(:)riən/-θjúər-] *a.* アーサー王の〔に関する〕.

ár·ti·choke [ɑ́:rtitʃòuk] *n.* 〖植〗チョウセンアザミ《食料にする》. ***Jerusalem* ～** 〖植〗キクイモ.

‡**ár·ti·cle** [ɑ́:rtikl] *n.* **1** 《同種のものの》**一品**, 一個: an ～ of food 食料一品. **2** 品物, 物品: ～*s* of trade 商品: ～*s* of supply 供給物品〔物資〕. What is that ～? あの物は何だい. **3** 《新聞・雑誌の》**記事**, 論説. **4** 《規則・契約などの》**条項**, 箇条; (*pl.*) 契約: ～*s* of apprenticeship 年季(徒弟)契約. **5** 〖文〗**冠詞**. **6** 〖古〗まぎわ, 瞬間.
～s of association 《会社の》定款. ***A～s of Confederation*** 〖米史〗1781年初め13州の制定した憲法. ***～s of faith*** 信仰箇条. ***～s of war*** 軍律. ***be under ～s to*** に年季奉公している. ***City ～*** → city. ***definite ～*** 〖文〗定冠詞. ***editorial ～*** =〖英〗***leading ～*** 《新聞の》社説. ***indefinite ～*** 〖文〗不定冠詞. ***the Thirty-nine A～s*** 39箇条《イギリス国教の信仰箇条》.
—— *vt.* **1** 箇条書きにする. **2** の罪を並べ立てる, 告発する. **3** 年季契約の箇条を決めて雇う.
[(節→)品目, 項目. 比較 articulate]

ar·tíc·u·lar [ɑ:rtíkjulər] *a.* **1** 関節の(ある). **2** 冠詞の(ある).

ar·tíc·u·late [ɑ:rtíkjulit] *a.* **1** はっきり発音された, 《発音が》明瞭(めいりょう)な. **2** 《思想などが》明晰(めいせき)な, はっきり表現された. **3** ものを言うことができる. **4** 節のある; 〖言〗分節的な. **5** 接合された.
—— *n.* 関節動物.
—— [ɑ:rtíkjulèit] *vt., vi.* **1** 一音一音〔一語一語〕はっきり発音する; 明瞭に言う. **2** 〖言〗分節する; 〖音声〗<音を> 形成〔調音〕する. **3** 関節でつなぐ; に節をつける. [関節→節々切れ目の明瞭な]

ar·tìc·u·lá·tion [ɑ:rtikjuléiʃ(ə)n] *n.* **1** 明確な発音. **2** 発音, 話しぶり. **3** 〖通信〗明瞭度. **4** 〖言〗分節; 〖音声〗調音; 有節音, 言語音《特に子音》. **5** 接合; 関節. **6** 〖植〗節.
◇ **ar·tíc·u·la·to·ry** [ɑ:rtíkjulətò:ri/-təri] *a.*

ar·tíc·u·la·tor [ɑ:rtíkjulèitər] *n.* **1** 発音の明瞭な人. **2** 可動調音器官《舌など》. **3** 歯科用歯型.

ár·ti·fact [ɑ́:rtifækt] *n.* 人工物, 工芸品; 加工品; 〖考古〗(有史前の) 古器物.
◇ **àr·ti·fac·tí·tious** [ˊ–fæktíʃ(ə)s] *a.*

ár·ti·fice [ɑ́:rtifis] *n.* **1** くふう, 考案. **2** 技巧, 術策, たくらみ. ***by ～*** 手くだをもって.

ar·tíf·i·cer [ɑ:rtífisər] *n.* **1** 技術工, 職人; 〖軍〗技術兵. **2** 考案者, 発明家.

‡**àr·ti·fí·cial** [ɑ̀:rtifíʃ(ə)l] *a.* **1** **人工の**, 人為的な: ～ rain 人工雨. **2** 人造の, 模造の: ～ ice 人造氷. **3** **不自然な**; わざとらしい, きざな. [art+√fac-]
～ eye 義眼. **～ flower** 造花. **～ fly** 蚊ばり. **～ horizon** 〖空〗人工水平儀. **～ insemination** 人工授精. **～ person** 法人. **～ respiration** 人工呼吸. **～ satellite** 人工衛星. **～ selection** 人為選択. **～ silk** 人絹. **～ tear** そら涙. **～ tooth** 義歯. ◇ **～·ly** [-i] *ad.* **～·ness** *n.*

àr·ti·fì·ci·ál·i·ty [ɑ̀:rtifiʃiǽliti/-fiʃi-] *n.* **1** (しばしば *pl.*) わざとらしさ, 不自然. **2** 人工物.

àr·ti·fí·cial·ize [ɑ̀:rtifíʃəlàiz] *vt.* 人為的にする, 人工的にする.

ar·tíl·ler·y [ɑ:rtíləri] *n.* **1** 《集合的》砲, 大砲: ～ fire 砲火. **2** 砲兵(隊): the Royal ～ イギリス砲兵隊. **3** 砲術.
～ man 砲手, 砲兵. **～ train** 砲兵縦列.
◇ **-ist** *n.* 砲手, 砲兵, 砲術家.

Ar·ti·o·dác·ty·la [ɑ̀:rtiodǽktilə] *n. pl.* 〖動〗偶蹄(ぐうてい)類《牛・羊・ヤギ・シカなど》.

ár·ti·san [ɑ́:rtizn/ɑ̀:tizǽn, ˊ––] *n.* 職人, 技術工.

‡**árt·ist** [ɑ́:rtist] *n.* **1** 《一般的》**芸術家**, 美術家; 《特に》画家, 彫刻家. **2** 俳優, 歌手, 芸(能)人. **3** 芸術〔美術, 芸能〕の才のある人. **4** 策略家.

ar·tiste [ɑ:rtí:st F. artist] F. *n.* 役者, 芸(能)人.

‡**ar·tís·tic** [ɑ:rtístik], **-ti·cal** [-(ə)l] *a.* **1** **芸術の**, 美術の, 芸術〔美術〕家の. **2** **芸術的な**, 趣のある.
◇ **ar·tís·ti·cal·ly** *ad.*

árt·ist·ry [ɑ́:rtistri] *n.* 芸術的技巧〔手腕〕; 芸術的効果; 芸道.

árt·less [ɑ́:rtlis] *a.* **1** 技巧を用いない, 飾りけのない, 素朴(そぼく)な, 自然のままの. **2** 無細工な, へたな.
◇ **～·ly** *ad.* **～·ness** *n.*

ár·to·type [ɑ́:rtətàip] *n.* アートタイプ《一種のゼラチン写真版》.

árt·y [ɑ́:rti] *a.* 〖話〗美術品まがいの; 芸術家気どりの.
～-(and-)cráft·y 《家具などが》凝りすぎて実用向きでない, 見かけ倒しの. ◇ **-i·ness** *n.*

ár·um [έ(:)rəm/έər-] *n.* 〖植〗アルム属.
～ lily 〖植〗オランダカイウ.

A·run·del [ǽrəndl] *n.* イギリス Sussex 州の町《有名な古城がある》.

a·rùn·di·ná·ceous [ərʌ̀ndinéiʃəs] *a.* アシの(ような).

A.R.V. American Revised Version (of the Bible). **A.R.W.S.** Associate of the Royal Water-colour Society.

-ar·y [-èri/-əri] *suf.* **1** 名詞またはラテン語などの語幹要素につき,「…に関する」「…の」の意の形容詞をつくる: honor*ary* 名誉な <honor+-ary. volun*tary* 自発的 <volunt-(L.=will)+-ary. **2** ラテン語などの名詞・形容詞の語幹要素について,「…貯蔵所」「…する人」の意をあらわす名詞をつくる: gran*ary* 穀倉 <gran-(L.=grain)+-ary. function*ary* 役人, 職員 <function+-ary. **3** ラテン語などの名詞語幹要素から形容詞をつくる: milit*ary* 軍人の <√milit- (L.=soldier)+-ary. 〈注〉強音節の直後では **-a·ry** [-əri]: bi·n*a·ry* 2個から成る <bin- (L.= two by two) +-ary.

Ar·y·an [έ(:)riən/έər-] *a.* アリアン語族の; アリアン人種に属する. **——** *n.* アリアン語〔人〕. 〈注〉「アリアン語族」は, 古くはインドからヨーロッパの大部分の地域で用いている語族の総称として用いた. 現在はふつうその意味では Indo-European という語を用い, Aryan は Indo-Iranian 語族のみをさす.

àr·y·bál·los, -lus [æ̀ribǽləs] *n.* ギリシア・ローマの古びん《胴が丸く, 口が平たい》.

†**as**[1] → 枠付 as. (pp. 70–72)

as[2] [æs] *n.* (*pl.* **ás·ses** [ǽsiz]) **1** 《古代ローマの》青銅貨. **2** 〖古ローマ〗重さの単位《約327 g》.

as- *pref.* ad- の s の前の異形: *as*sist 援助する < ad-+√sist- そばに+立つ.

As arsenic; Asia; Asiatic. **A.S., A/S** 〖商〗account sales 委託販売の売上勘定. **A.S., A.-S.** Anglo-Saxon. **ASA** American Standards Association. **A.S.A.** Amateur Swimming Association; American Statistical Association. **A.S.A.A.** Associate of the Society of Accountants and Auditors.

às·a·fét·i·da, às·a·fóet·i·da [æ̀səfétidə] *n.* 〖植〗アギ; その樹液《けいれん治療剤》.

as·bés·tine [æsbéstin, æz-] *a.* 石綿の (ような), 石綿質の, 不燃焼の.

as·bés·tos, -tus [æsbéstəs, æz-] *n.* 〖鉱〗アスベスト, 石綿. **～ cloth** 石綿布.

às·bes·tó·sis [æ̀sbestóusis, æ̀z-] *n.* 〖医〗石綿沈着症《肺臓や皮膚に石綿が沈着する一種の職業病》.

A.S.C. Air Service Command; Army Service Corps. **ASCAP, A.S.C.A.P.** American Society of Composers, Authors and Publishers.

ás·ca·rid [ǽskərid] *n.* 〖動〗回虫.

A.S.C.E. American Society of Civil Engineers.

as

副詞「同様に」; 接続詞「…とおなじく」「…するとき」「…なので」「…だが」; 関係代名詞「(…する) ような, (…する) ところの」; 前置詞「…として」, のように用途が実に広範な, 機能語中の機能語である. 前置詞・接続詞はいずれもつなぎの語であるが, 副詞の as も実は陰に陽に接続詞の as と共存しているから, この意味では全部が「つなぎの語」といえる. 他の語, 特に機能語との連語も豊富である.

なお as は also と語源的につながりがあり, 現代語の形でいえばともに all＋so に由来する. 語義に関連があるのも当然といえよう.

as [通常 əz, 強 æz] *ad.* おなじように, おなじほど: Tom is *as* tall as I (am). (私が背が高いのとおなじほどにトムは背が高い→) トムは私とおなじ背たけがある. This country is twice [half] *as* large as that. この国はその国の倍〔半分〕の大きさだ. I worked *as* hard as I could. 私は力の及ぶ限り懸命に働いた. *as* much for your sake as for mine 私のためでもあるがあなたのためにも.

〈付記$_1$〉as…as ——の前の as が副詞で, あとの as は接続詞. 副詞では他のばあいより強形 [æz] の頻度(ひんど)が高い.

〈付記$_2$〉as…as のあとの節では動詞がしばしば省かれる: He is *as* tall as I.《I am の省略》. このばあい口語では I が me になることが多い. ただし, 次の点を注意: I love him *as* much as she (＝*as* much as she *loves him*). ≒ I love him *as* much as her (＝*as* much as I *love her*).

〈付記$_3$〉as…as は肯定文に, so…as は否定文に用いるのが原則: He is not *so* tall as you. 彼はきみほど背が高くない. He is not *as* tall as you. 彼はきみとおなじ高さではない《きみより低いにしろ, 高いにしろ》. ただし実際には両者とも「——ほど…でない」の意味に用いることが多い: It's not *as* good as I thought. それは私が思っていたほど良くない.

〈付記$_4$〉as…as の形は, いろいろに省略される: It is (*as*) white as snow. それは雪のように白い. He can run *as* fast (as you). 彼も(あなたと)おなじくらい速く走れる. She is *as* wise as (she is) fair. (彼女は美しいとおなじ程度に賢明だ→) 彼女は才色兼備だ《同一人の二つの性質の比較》.

〈付記$_5$〉as…as は反語的に用いられることがある: They are *as* like as chalk and cheese.《慣用句》「(それらはチョークとチーズほど似ている→…ほどしか似ていない→) 月とスッポンだ」 He was nervous about stories which contained *as* much politics as a toothbrush advertisement. 「彼は歯ブラシの広告と(同程度に政治性を含んだ→同程度にしか政治性のない→) 同様に全く政治色のない記事にも神経質に反応した」 結果として like = different, much = little となっている.

—— *conj.* **1**《様態》(——が…する)ように: I'll do *as* you wish. きみが望むとおりにやろう. Paint me *as* I am. (私があるようにそのまま私を描きなさい→) ありのままの私を描いてください. *As* food nourishes our body, so books nourish our mind. 食物がからだの栄養になるように, 本は心の栄養になる. 〈注$_1$〉as…, so—— は, as のみを単独に用いるばあいより文語的である. このばあい so 以下がしばしば倒置を起こして …, so *do books nourish*《be 動詞なら単なる倒置》のようになる. 〈注$_2$〉「ように」の意味の as の次には節がくるが, 名詞(句) がくるときは like になる: He speaks Arabic *like* a native. 彼は土地の人のようにアラビア語を話す. 〈注$_3$〉口語ではしばしば as の代わりに like が用いられる: He was *like* (＝as) he always was. 彼は常と変わるところがなかった.

2《比較》… とおなじくらいに, …ほど: She can walk as quickly *as* I can. 彼女は私とおなじくらいの速さで歩ける. I am not so young *as* you. 私はきみほど若くない. 〈注〉as の前後におなじ語を繰り返して「きわめて」「とても」の意を示すことがある: He was as *deaf as deaf*. 彼はとても耳が遠かった. She lay as *still as still*. 彼女はぴくとも身動きせず横たわっていた.

3《時・推移》…しているとき, …しながら, …するにつれて: He came up *as* she was speaking. 彼女が話しているところへ彼がやって来た. She sings *as* she goes along. 彼女は歩きながら歌う. You will grow wiser *as* you grow older. 年をとるにつれて賢くなる. 〈注〉as と when と while の比較: as は二つの事柄が密接に関係するばあいに用い, when は一時の動作または状態を示し, while は期間を示すばあいに用いる. ただし *as* a boy = *when* a boy = *when* I was a boy「子どものとき」における as と when はほとんど同意である.

4《段階・過程・局面》…する段階では, …するときの; …するところでは, …する限りでは〔での〕: A butterfly, *as* it comes out of the egg, is called a caterpillar. チョウは, 卵から出て来るときの状態では, 毛虫と呼ばれる. This is freedom *as* we generally understand it. これがわれわれが通常解している意味での自由なるものだ. This is Tokyo *as* (it is) seen from the air. これが空中から見た東京だ《it is は通常略される》. *As* the bullet flies, the enemy post was 800 yards from our own, but it was a mile and a half by the only practicable route. 銃弾の飛ぶ距離では敵陣はわが軍から 800 ヤードであったが, 実際に通れる唯一の道筋としては 1 マイル半もあった.
〈注〉as yet (＝yet), as compared with (＝compared with) におけるように, 熟語的表現での as はここに説明した意味に属するが, この as は無くても意味がほとんど変わらない.

5《原因・理由》…(な)ので, …だから: *As* I am ill, I will not go. 私は病気だから行かない. We didn't go, *as* it rained hard. ひどく雨が降ったのでわれわれは行かなかった. → because.

6《譲歩》…だけれども, …とはいえ: Rich *as* she is, she is not happy. 彼女は金持ちだけれども幸福ではない (＝*Though* she is rich, …). 〈注$_1$〉このばあい通常 as は名詞・形容詞・副詞などのあとにくる. また名詞には冠詞を省略する: Hero *as* he was, he turned pale. 「さすが英雄も青くなった」 ただし as が動詞のあとにくることもある: Laugh *as* they would, he maintained the story was true. (彼らが好むだけ笑うにせよ→) 彼らは笑ったけれども, 彼は話はほんとうだと言い張った. 〈注$_2$〉これとおなじ形で as が譲歩でなく理由を示すこともある: Field bird *as* it is, the skylark has its nest in the field. ヒバリは野の鳥だから野に巣をつくる.

—— *rel. pron.* (…する) ような, (…する) ところの《which, who などが as, such, the same と相関関係に立つと as に変わる》: **1**《as と相関して》: *As* many children *as* came were given some cake. 来た (だけの) 子どももはみな菓子をもらった.

2《such と相関して》: You should read only *such* books *as* you can understand easily. 容易にわかるような本ばかり読むべきだ. Do not keep company with *such* men *as* cannot benefit you. 交わって益にならぬような人と交わるな. *such* a great man *as* George Washington ジョージ=ワシントンのような偉人. men of profession *such as* writers and artists 著作家や芸術家のような知的職業の人たち.

3 《the same と相関して》: This is *the same* watch *as* I lost. これはぼくがなくしたのとおなじ(種類の)とけいだ. 〈注₁〉このばあい同一物をあらわすときは as の代わりに that を用いるのが普通(しかし, この区別はしばしば無視される): This is *the same* watch *that* I lost. これはぼくのなくした(その)とけいだ. 〈注₂〉ただし抽象観念については as, that いずれを用いてもよい: He has *the same* position *as* [*that*] you have. 彼はきみとおなじ地位をもっている. 〈注₃〉また that 以下の節で動詞が省略されればこの that は as に変わる: I attend *the same* school *that* he does. =I attend *the same* school *as* he. ぼくは彼とおなじ学校へ通っている.

4 《主節全体を先行詞とし, これをあと, 中, または前から受けて》それが[それを]…だが: He was a foreigner, *as* I knew from his accent. 彼は外国人だった. (それが)彼のなまりでわかったのですが 《as = a fact which》. He is, *as* it seems to me, a man of ability. 彼は(私に見えるところでは→)私が見たところ, 有能の士だ. *As* may be expected, it is very expensive. たぶん察しられるように, それは非常に高価なものだ. *As* is often the case with children, my son trusts his teacher more than me. 学童にはよくあることだが, 私のむすこは私よりも先生の方を信用している.

—— *prep.* **1** …として, …のように[な]: He treated me *as* a child. 彼はぼくを子ども扱いにした. She appeared on the stage *as* Ophelia. 彼女はオフェリアの役で登場した. I attended the meeting in my capacity *as* adviser. 私は顧問(として)の資格で会に列席した 《as の次にくる官職・役目などを示す名詞はしばしば無冠詞》. beasts of prey, *as* the lion or tiger ライオンやトラのような猛獣.

2 …と: consider [regard] his remark *as* an insult [*as* insulting] 彼のことばを侮辱と[侮辱的と]考える. translate "perhaps" *as* "kamoshirenai" "perhaps" を「かもしれない」と訳す. A group of mountains in central Japan are often referred to *as* Japan's Alps. 中部日本のある山岳群はしばしば日本アルプスと呼ばれる. 〈注〉最初の例のように形容詞が目的語になることがある.

as above 上のように. ***as against*** に対して, に比べて: The business done this year amounts to $2,000,000 *as against* $1,500,000 last year. ことしの商売の成績は昨年の150万ドルに対して200万ドルに達している. ***as a general thing*** =***as a*** (***general***) ***rule*** 概して, 原則として. ***as a man*** 一個の人間として. ***as…as any*** だれにも負けず, どれにも劣らず: He can run *as* fast *as any* other boy. 彼はどの少年にも劣らず速く走れる. ***as…as ever*** 相変わらず: He is *as* poor *as ever*. 彼は相変わらず貧乏だ. ***as…as*** one ***will*** いくら…しても: Work *as* hard *as* he *will*,…いくら一生けんめい勉強しても…. ***as…as*** one ***can*** できる限り: He worked *as* hard *as* he *could*. 彼はできる限り一生けんめい勉強した. ***as…as possible*** できるだけ: Get up *as* early *as possible*. できるだけ早く起きなさい. ***as before*** [***below***] 前の[下の]ように. ***as compared with*** と比べて: *As compared with* the last season, there is an improvement in the catch of whales. 前期に比べると鯨の捕獲高は上がっている. ***as far as*** (1) 《限界》…の限りは: *As far as* I know [am concerned], … 私の知る[関する]限りでは…. It's a good job *as far as* the pay goes. 給料に関する限りよい仕事だ. (2) 《距離》…まで: I must go *as far as* Osaka. 大阪まで行かねばなりません. *as far as* the eye can reach [see] 目のとどく限り. 〈注₁〉*As far as* I know のばあい, *So far as* I know ともいいうるが *as far as* Osaka のようなばあいは so far as は用いない; すなわち実際の距離や範囲には as far as を用いる. 〈注₂〉*as far as* Osaka は単に距離を示し, *to* Osaka は到着地を示す. ***as follows*** 次のとおり: The reason is [The details are] *as follows*. 理由は[詳細は]次のとおりである. 〈注〉意味の上から follow の主語が複数と見えるばあいでも as follow とはならない. ***as for***=***as to*** …はどうかといえば, …に関して(は): *As for* me, I would rather not go. 私はどうかといえば, むしろ行きたくない. There was a heated argument *as to* who should be appointed. だれが任命されるべきかについて熱論がかわされた. *As for* [*As to*] the journey, we will decide about that later. その旅行についてはあとで決定しよう. 〈注₁〉as for は文頭に用いるが, as to は文中のどこにも置かれる. 〈注₂〉as for は話題を引き出す含みがあって, 他のことを述べたあとで, つけたり的に他のことに言及する気持ちがある: *As for* handkerchiefs, I have any amount. 「ハンカチ(のこと)なら, いくらでももってるよ」したがってときにはけいべつ的な言及を導くのに用いられる: *As for* John, he is good for nothing. 「ジョンときたらなんの役にも立たない」 as to には, このような含みはない. したがって初めに掲げた第1の訳「…はどうかといえば」は主として as for について当てはまる. ***as from*** …日より: *as from* April 1 4月1日より. ***as good as*** …も同様: He is *as good as* dead. 彼は死んだも同様だ. ***as good as*** one***'s word*** 約束にたがわぬ: She was *as good as her word*. 彼女は約束を果たした. ***as I am an honest man*** =***as I live*** 正真正銘に, ほんとうに: *As I live*, I saw him strike the blow. 確かにあの男がなぐるところをこの目で見た. ***as if*** = ***as though*** あたかも…かのように: He talks *as if* [*as though*] he knew everything. 彼はなんでも知っているかのような話し方をする. It looks *as if* we shall have to go. どうも行かねばならないようだ. ***as is often the case*** よくあるように. ***as it is*** (1) 《通常仮定的表現のあとに伴い, 文頭に用いて》実のところ, 実際では: Everything would be all right if we could pay him. *As it is*, we must ask you for help. 私たちが彼に返金することができれば万事ふつごうはないわけです. ところが実のところ返金できないので, あなたのご助力を仰がねばなりません. (2) 現在の状態で: You have too many friends *as it is*. (現在の状態で)既に友だちが多すぎる. 〈注〉次の例では it は先行の名詞 fact を受ける: State the fact *as it is*. 事実をありのままに述べよ. ***as it was*** 《過去に関して as it is と同様に用いられる》: But for your help, I should have been drowned. *As it was*, I was safe. あなたに助けられなかったら, 私は溺死(できし)したでしょう. だが実際は(助けを受けたから)無事でした. ***as it were*** 《文中・文尾に用いて》いわば, いってみれば: She is a grown-up baby, *as it were*. 彼女は, いわば成人した赤ん坊だ. ***as large as life*** 実物大の. ***as likely as not*** おそらくは, あるいは…かもしれぬ: He'll forget all about it *as likely as not*. 彼はおそらくそのことはみな忘れるだろう. ***as*** [***so***] ***long as*** …する間は, する限りは. ***as much*** 同量の, おなじくらい; 同様に. ***as much as to say*** …と言わんばかりに. ***as of*** …現在で(の): *as of* May 1, 1963 1963年5月1日現在. ***as often as*** …するたびごとに. ***as often as not*** しばしば. ***as one man*** 異口同音に, そろって. ***as opposed to*** に対比して. ***as regards*** …について, に関して. ***as…, so*** ___ → *conj.* ①. ***as soon as*** …するやいなや. ***as such*** それとして, その資格で: He was a foreigner and was treated *as such*. 彼は外国人だった, そして外国人として扱われた. ***as things are*** 現状では. ***as usual*** いつものように. ***as***

we* [*you, they*] *call it* = *as it is called いわゆる. ***as well*** …もまた, も同様に: A pencil will do *as well.* 鉛筆でもよろしい. ***as well as*** …同様, …のみならず, ならびに: It is instructive *as well as* interesting. それはおもしろくもあるが, ためにもなる. The girl, *as well as* the boys, has learned to ride. 男の子たちはもちろん女の子まで馬に乗ることを習った. 〈注₁〉as well as は語・句の連結をなし, 節・文の連結はしない. したがって前置詞とみられるばあいもある. 〈注₂〉as well as で連結された主部と動詞の関係は as well as の前の語に一致させる. ***as who should say*** …と言わんばかりに: He got angry *as who should say*, 'Get out!' 「出て行け」と言わんばかりに彼は怒った. ***as yet*** いまのところ, まだ: She has not returned *as yet.* 彼女はまだ帰って来ていない. ***As you were!*** 《号令》もとえ! ***Be that as it may,*** … (それが) どうあろうとも; いずれにせよ. ***quick as thought*** またたく間に, たちまち. ***so as to*** (1) …するように: He spoke *so as to* be heard by everyone. 彼はだれにも聞こえるように話した (=so that he might be heard…). (2) …するほどに: He was *so* cruel *as to* leave us. 彼は非情にも私たちを見捨てた (=so cruel that he left us). ***so much as*** 《通常否定的表現または if を伴って》…さえも: *without* saying *so much as* a goodbye さようなら一つさえ言うでもなく. *if* you *so much as* speak to him 彼に話しかけでもしようものなら.
[類] → **because**「…なので」

‡as·cénd [əsénd] *vi.* **1 のぼる,** よじ登る; 《空中などへ》上がる. **2** 〈道などが〉のぼりになる; 〈地位・物価などが〉上昇する; 〈叫び声が〉あがる. **—— *vt.* 1** 〈坂・はしごなどを〉**のぼる,** 上がる: ～ a lookout tower 展望台にのぼる. **2** 〈川・時代などを〉さかのぼる. **3** 〈高位に〉つく. ↔ descend. [√scand-]
◇ **～·a·ble, ～·i·ble** *a.*

as·cénd·ance, -ence [əséndəns], **-an·cy, -en·cy** [-ənsi] *n.* 優勢, 優越, 主導権. ***have an ～ over*** …より優勢である.

as·cénd·ant, -ent [əséndənt] *a.* **1** 上昇する, はいあがる: an ～ stem 傾上の茎. **2** 優勢な. **3** 〘天〙中天に向かっていく; 〘占星〙東の地平線上の.
—— *n.* 1 優勢; 優位. **2** 先祖. **3** 〘占星〙《誕生の時の》運勢. ***in the ～*** 優勢で; 日の出の勢いで. ***the lord of the ～*** 〘占星〙首座星; 優越の地位にある人.

as·cénd·er [əséndər] *n.* **1** ascend する〔させる〕人〔物〕. **2** =ascending letter.

as·cénd·ing [əséndiŋ] *a.* のぼっていく, 上昇的. ～ **inflorescence** 〘植〙傾上花序. ～ **powers** 〘数〙昇冪(しょうべき). ～ **scale** 〘楽〙上昇音階.

as·cén·sion [əsénʃ(ə)n] *n.* **1** 上昇. **2** 即位. **3** (the A～) 昇天 《キリストの》. ***right ～*** 〘天〙赤経. **A～ Day** キリスト昇天祭 《復活祭 (Easter) 後40日めの木曜日》. **A～·tide** [-tàid] 昇天祭から聖霊降臨祭までの10日間. ◇ **～·al** *a.*

as·cén·sive [əsénsiv] *a.* 上昇する, 進歩的な.

‡as·cént [əsént] *n.* **1 上昇;** 登攀(とうはん): the ～ of smoke 煙の立ちのぼり. ↔ descent. **2** 向上; 昇進: the ～ to governorship 州知事への出世. **3** のぼり坂: a rapid ～ 急勾配(こうばい). ***make an ～ of*** 〈山など〉に登る. ～ **propulsion system** 宇宙ステーション帰還用ロケットエンジン. ～ **stage** 月着陸船の頭部.

***às·cer·táin** [æsərtéin] *vt.* **確かめる,** 突き止める: ～ whether 〔that〕 the report is true その報告がほんとうかどうかを〔ほんとうだということを〕確かめる. ～ the report (to be true) その報告 (がほんとうだということ) を確かめる. ◇ **～·a·ble** [-əbl] *a.* 確かめられる, 調べることのできる. **～·ment** [-mənt] *n.* 確認.
[類] → **find**「見つける」

as·cét·ic [əsétik] *n.* 禁欲主義者; (苦)行者, 修道者. **—— *a.*** 禁欲主義の, 禁欲的な; 難行〔苦行〕の. ◇ **-i·cal** [-tik(ə)l] *a.* =ascetic. **-i·cal·ly** *ad.*

as·cét·i·cism [əsétisìz(ə)m] *n.* 禁欲主義; 難行苦行; 〘カトリック〙修徳主義.

as·cíd·i·an [əsídiən] *n., a.* 〘動〙ホヤ属 (の).

as·cíd·i·um [əsídiəm] *n.* (*pl.* **-a** [-diə]) 〘植〙瓶子(へいし)状器官, 嚢(のう)状器官.

as·cí·tes [əsáiti:z] *n.* 〘医〙腹水.

As·clé·pi·us [æsklí:piəs] *n.* 〘ギ神〙アスクレピオス 《医術の神》.

às·co·my·céte [æskomaisí:t] *n.* 〘植〙子嚢(しのう)菌「類.

a·scór·bic [əskɔ́:rbik] ～ ***acid*** アスコルビン酸 《ビタミン C の別名》.

As·cot [ǽskət] *n.* **1** アスコット競馬(場) 《イギリスの Berkshire にある》. **2** (a～) アスコットタイ 《広幅のネクタイ》.

ascot ②

as·críb·a·ble [əskráibəbl] *a.* 《…の》せいとされる, 《…に》帰せられる, 《…に》起因する 《の, に *to*》.

as·críbe [əskráib] *vt.* 《…に》帰属せしめる, 《…の》所有 〔しわざ, 発明, 発見, 功績〕と認める; 《…の》せいにする, 《…に》基づくものとする 《に, の *to*》: ～ one's failure *to* fate 失敗したのは運が悪かったからだと言う. This invention is ～*d to* Mr. T. これは T 氏の発明とされている. [ad-＋√scrib- に＋書きしるす]

as·críp·tion [əskrípʃ(ə)n] *n.* **1** 帰すること 《に *to*》. **2** 神への賛美 (adscription).

ás·cus [ǽskəs] *n.* (*pl.* **ás·ci** [ǽsai]) 〘植〙《子嚢菌類の》子嚢(しのう).

ás·dic [ǽzdik] *n.* 〘英〙潜水艦探知器 (=㊟sonar). [*A*nti-*S*ubmarine *D*etection *I*nvestigation *C*ommittee]

-ase [-eis, -eiz] *suf.* 「…酵素」の意: oxid*ase* 酸素「酵素.

à·seis·mát·ic [èisaizmǽtik/æs-] *a.* 耐震の.

a·sé·i·ty [əsí:iti, ㊟⁺ei-] *n.* 〘哲〙自存性 《神のように他原因を必要としないこと》.

a·sé·mi·a [əsí:miə] *n.* 伝達障害 《言語・身ぶりなどを理解できず使えない》. ◇ **a·sém·ic** [-mik] *a.*

a·sép·sis [əsépsis, ei-, æ-] *n.* 〘医〙無菌(状態), 無菌処置.

a·sép·tic [əséptik, ei-, æ-] *a.* 無菌の, 無菌処置の, 防腐性の. **—— *n.*** 防腐剤.

a·séx·u·al [eisékʃuəl/æséksju-, ei-] *a.* 〘生〙無性(生殖)の. ～ **reproduction** 無性生殖.
◇ **～·ly** *ad.* **a·sèx·u·ál·i·ty** [-ˌ-ˈ-ǽləti] *n.*

ASF Army Service Forces 陸軍補助部隊.

As·gard [ǽsgɑ:rd] *n.* 〘北欧神話〙神々の宮殿.

‡ash¹ [æʃ] *n.* **1** (通例 *pl.*) 灰, 火山灰; 《火災による》廃虚. **2** (*pl.*) 遺骨; 〘雅〙なきがら; 悲しみのしるし. **3** 灰色, 蒼白(そうはく).
～ in the mouth 好ましくない〔忍びがたい〕こと. ***be reduced* [*burnt*] *to ～es*** 焼失する, 灰になる. ***bring back the ～es*** 〘クリケット〙雪辱する. ***lay in ～es*** 灰にする, 焼き払う. ***Peace to his* [*her*] *～es!*** 彼〔彼女〕の霊よ永遠に安らかなれ! ***turn to dust and ～es*** 〈希望などが〉消えうせる.
～·can [ˈ-ˌ-] 〘米〙(金属性の) 灰入れ, ごみ入れ; 〘米俗〙爆雷. **～ cart** ごみ運搬車. **～·man** [-mæ̀n] 〘米〙ごみ取り人夫. **～·tray** [ˈ-ˌ-] 灰ざら. **A～ Wednesday** 聖灰水曜日 《四旬節 (Lent) の第1日, 昔この日に懺悔(ざんげ)者の頭に灰をまいた習慣から》.

ash² *n.* 〘植〙トネリコ(材). ***quaking ～*** ハコヤナギ.

‡a·shámed [əʃéimd] *a.* 《叙述的に》**1 恥じて,** 赤面して: be 〔feel〕 ～ of one's ignorance 〔being ignorant〕 無知〔無学〕を恥ずかしく思う. I am ～ of you. きみにはあきれるね; きみを友人〔兄弟など〕としてもつことが恥ずかしい. I am ～ *that* I didn't know that. それは知りませんで恥ずかしいしだいです. **2** (…する)のが恥ずかしい; 恥ずかしくて…する気になれない《*to* (do); *of* (do)*ing*》. ***be* ～ *of* one*self for* …** で〔…して〕恥ずかしい.

ásh·en[1] [ǽʃ(ə)n] *a.* 灰(色)の, 蒼白(そうはく)の.

ásh·en[2] *a.* トネリコ(材)の.

ásh·lar, -ler [ǽʃlər] *n.* 切り石;《集合的》切り石; 切り石積み. ◇ **～·ing** [-ləriŋ] *n.* 〖表装用〗切り石張り;〖屋根裏の〗仕切り柱.

ashlar

‡a·shóre [əʃɔ́ːr/əʃɔ́ː] *ad.* 岸に〔へ〕, 浜に〔へ〕; 陸地で(の): life ～ 陸上生活. ***come*** 〔***go***〕 ～ 上陸する. ***run*** ～ 岸に乗り上げる, 座礁する.

ásh·y [ǽʃi] *a.* **1** 灰の, 灰だらけの. **2** 灰のような; 灰色の, 蒼白(そうはく)の.

†A·sia [éiʒə/éiʃə] *n.* アジア. ～ **Development Bank** アジア開発銀行. ～ **Games** アジア競技大会. ～ **Minor** 小アジア〖黒海と地中海の間に突出した半島で, 現在のトルコの大部分〗.

***A·sian** [éiʒən/éiʃ(ə)n, -ʃiən], **A·si·át·ic** [èiʒiǽtik/èiʃi-] *a.* アジアの, アジア人の, アジア風の. —— *n.* アジア人. **Asian flu** アジアかぜ. **Asiatic cholera** アジアコレラ, 真性コレラ.

‡a·síde [əsáid] *ad.* **1** わきに; 離れて. **2**《名詞のあとにおき》…は別にして, …はさておき: joking ～ 冗談はさておき. unusual circumstances ～ 特別の状況はさておき. **3**〖劇〗わきぜりふで.

～ ***from***〖米〗…はさておき; …を除いて: *A*～ *from* his books, he collects data from his own experiences. 本は別として, 彼は自分の経験からデータを集めている. ***lay*** ～ (1) わきへ置く; たくわえておく. (2) 取りのける, 放棄する. ***put*** ～ (1) 取りのけておく, しまっておく. (2) やめる: *put* one's cares ～ 悩みを忘れる, くよくよ考えない. ***set*** ～ (1) ＝put ～. (2)〈判決を〉破棄する. ***speak*** ～ わきを向いて言う, ないしょに話す;〖劇〗わきぜりふを言う. ***take*** 〔***draw***〕 a person ～ (人を)わきへ連れていく. ***turn*** ～ わきへそれる.

—— *n.*〖劇〗わきぜりふ. [＜side]

ás·i·nine [ǽsinàin/ǽsin-] *a.* **1** ロバの(ような). **2** 愚かな, がんこな. ◇ **às·i·nín·i·ty** [æ̀sinínəti] *n.*

†ask [æsk/ɑːsk] *vt.* **1**〈疑問を〉**問う,** 発する; …と尋ねる: ～ a question *of* a person 人に質問する. No question was ～*ed of* me. 私はなにひとつ質問を受けなかった. ～ where to go どこへ行ったらよいか尋ねる. *A*～ who did it. だれがしたのか聞いてごらん.

2〈道・時間などを〉**尋ねる,** 聞く: ～ the way *of* a policeman 巡査に道を尋ねる. The price was not ～*ed*. 値段は問われなかった.

3 に**質問する,** に尋ねる: ～ the policeman 巡査に尋ねる. I ～*ed* him *about* his family. 彼に家族のことを聞いてみた. 〈注〉この③の構文を①もしくは②と合併することができる: ～ him a question 彼に質問する. *Ask* your mother where to go. おかあさんにどこへ行ったらいいか尋ねてごらん. I *asked* her if she knew him. その男を知っているかどうか彼女に聞いてみた. *ask* the policeman the way 巡査に道を尋ねる.

4 求める, 要求する; 必要とする: ～ six dollars 6ドルくれと言う. ～ a favor *of* a person 人に頼みごとをする. He ～*s* (that) he may be allowed to go. 彼は退席することを許していただきたいと言っている. I ～*ed to* be admitted. 私は(自分が入れてもらえることを→)入会〔入学〕の許可を求めた. I ～*ed* him *to* come. 私は彼に来てくれるように頼んだ. This trial ～*s* courage. この試みには勇気がいる.

5 に**願う,** に求める, に頼む《を *for*》: ～ the audience *for* attention 聴衆に謹聴を求める. ～ him *for* help 彼に助力を求める〔頼む〕. ～ him *for* some money 彼に金をくれと言う. *A*～ him. 彼に頼みなさい. 〈注〉*Ask* him. のようなばあい, 含みは文脈しだいで *for* … でも④の *to* (do) でもありうる. また③の用法で「彼に聞きなさい」のこともある.

6 招待する: ～ a person *to* dinner 人を食事に招く. ～ a person *in* 人を中へ招じ入れる. ～ a person *over* 人を自宅に招く〖食事などに〗. ～ a person *up* 人に2階へ上がっていただく; 町へ招く.

—— *vi.* **1** 尋ねる, 質問する《について *about*》.

2 求める, 要求する 《を *for*》: ～ *for* attention 注意を求める. ～ *for* a person 人に面会を求める. How much is he ～*ing for*? いくら出せ〔値段はいくらだ〕と言っているのですか. ～ one***self*** 招かれないのに押しかける. ～ ***a favor of*** → *vt.* ④. ～ ***after*** a person('s health) (人)の安否〔からだのぐあい〕を尋ねる, (人)を見舞う. ～ ***again*** 〔***back***〕 (1) 問い返す. (2) (お礼に) 招待し返す. ～ a person ***down*** (人を)いなかに招待する. ～ ***for*** … → *vi.* ②. ～ a person ***for*** … → *vt.* ⑤. ～ ***for it*** 自ら求めてめんどうを招く: You have ～*ed for it*! 自業自得だ. ～ a person ***in*** 〔***over, up***〕 → *vt.* ⑥. ～ ***too much*** ぜいたくを言う: Am I ～*ing too much*? こうおねがいするのは無理でしょうか. ***be*** ～***ed in church*** 教会で結婚を予告される. →banns. ***be*** ～***ed out*** (***to dinner***) 食事に外へ呼ばれる. ***for the*** ～***ing*** →asking. ***if I may*** ～ きいては失礼かも知れませんが: How old are you, *if I may* ～? 失礼ですがお年は? ***If you*** ～ ***me,*** … 私の見る〔考える〕ところでは…. ***It may be*** ～***ed whether*** … …かどうかは疑問だ. ◇ **～·er** *n.*

〔類義語〕 **尋ねる: ask** 最も一般的な語. **inquire** ask より正式. 情報・案内を求めるときにもよく用いる: *inquire* about trains to London ロンドンへ行く列車について尋ねる. **demand** 高飛車に性急にきく. **query** 真偽を疑いながらきく. **question, interrogate** いくつかの質問を続けて行なう. interrogate は, より組織的に尋問する.

a·skánce [əskǽns], **a·skánt** [-nt] *ad.* **1** 斜めに, 横目で. **2** 疑って, 非難を込めて. ***look*** ～ ***at*** を横目で見る; を白眼視する.

a·skéw [əskjúː] *ad.* 斜めに, 曲がって, はすに, ゆがめて. ***look*** ～ ***at*** を流し目で見る.

ásk·ing [ǽskiŋ/ɑ́ːs-] *n.* **1** 求めること, 依頼, 請求. **2** 尋ねること. ***for the*** ～ 求めさえすれば, 請求しだい, 無料で. ～ **price** 言い値.

a·slánt [əslǽnt/əslɑ́ːnt] *ad.* 傾いて, 斜めになって. —— *a.* 斜めの, かしいだ. —— *prep.* …を斜めに(横切って), …と筋かいに.

‡a·sléep [əslíːp] *ad., a.* 《形容詞としては叙述的》 **1 眠って:** He is ～. 彼は眠っている. **2** 永眠して, 死んで. **3**〖心が〗不活発で, ぼんやりして;〖手足が〗しびれて,〖からだが〗じっとして. **4**〖こまが〗(勢いよく回転して) 静止して見える. ***be*** 〔***lie***〕 ***fast*** 〔***sound***〕 ～ ぐっすり寝入っている. ***fall*** ～ 寝入る. [a-[1]+sleep]

a·slópe [əslóup] *ad., a.* 傾斜して, 坂になって.

asp[1] [æsp] *n.* 〖北アフリカ産〗小毒ヘビ,〖エジプト産〗コブラ.

asp[2] *n.* ＝aspen.

as·pár·a·gus [əspǽrəgəs] *n.* 〖植〗アスパラガス.

A.S.P.C.A. American Society for the Prevention of Cruelty to Animals.

‡ás·pect [ǽspekt] *n.* **1 様相,** 様子; 外観,〖人の〗顔つき: wear an ～ of gloom 憂うつそうな顔つきをしている. **2 局面,** 情勢: the ～ of affairs 局面. **3** 面, 方面: consider a problem in all its ～*s* 問題をあらゆる角度から考える. **4** 方向, 向き: have a north ～ 北向きである. **5**〖占星〗視座. **6**〖言〗〖動詞の〗相, アスペクト〖動詞が示す動作の様態をあらわし, 完了・起動・継続・反復などの相がある〗. [ad-+√spec-] ～ **ratio**〖空・テレビ〗縦横比.

〔類〕→ **phase**「局面」

as·péc·tu·al [æspékt∫uəl/-tju-] *a.* 〔文〕 相の.
ás·pen [æspən, -pin] *n.* 〔植〕 ポプラ, ハコヤナギ.
—— *a.* ポプラの(ような); 震える. ***tremble like an ～ leaf*** ぶるぶる〔がたがた〕震える.
As·pér·ges [əspə́:rdʒi:z, æs-] *n.* 〔カトリック〕 灌水(かん)式; その聖歌.
as·pèr·gil·ló·sis [æspə̀:rdʒilóusis] *n.* アスペルギルス病 《払子状菌が外聴道などに寄生する》.
às·per·gíl·lum [æspərdʒíləm] *n.* (*pl.* **-la** [-lə]) 〔カトリック〕 《灌水(かん)式に用いる》 灌水刷毛(はけ).
as·pér·i·ty [æspérịti] *n.* **1** 手ざわりの悪さ, でこぼこ, ざらざら. **2** 《態度・ことばなどの》 とげとげしさ, 辛らつなこと, 激しさ, 《境遇の》 つらさ; 《気候の》 きびしさ.
as·pérse [əspə́:rs] *vt.* **1** 中傷する, 誹謗(ぼう)する, そしる. **2** 〔宗〕 に水を振り掛ける 《洗礼のため》.
as·pér·sion [əspə́:rʒən, -∫ən/-∫(ə)n] *n.* **1** 中傷, 誹謗. **2** 〔宗〕 《洗礼の》 灌水(かん). ***cast ～s on*** を中傷する. [ad-+√spars-]
ás·phalt [æsfɔ:lt, -fælt/-fælt] *n.* アスファルト: ～ pavement アスファルト舗道.
—— [(英)⁺−´] *vt.* アスファルトで舗装する.
◇ **as·phál·tic** [−´tik] *a.* アスファルト(質)の.
as·phál·tum [æsfæltəm] *n.* =asphalt.
ás·pho·del [æsfədèl] *n.* **1** 〔植〕 ユリ科の植物. **2** 〔雅〕 スイセン; 〔ギ神〕 《楽園に咲くという》 不死の花, 極楽ユリ.
as·phýx·i·a [æsfíksiə] *n.* 仮死, 窒息.
as·phýx·i·ate [æsfíksièit] *vt.* 窒息させる. **～*t*ing *gas*** 窒息ガス. ◇ **-a·tor** [-ər] *n.* **1** 窒息装置, 動物用窒息器. **2** 炭酸ガス消火器. **as·phỳx·i·á·tion** [æsfiksiéi∫(ə)n] *n.* 窒息, 仮死(状態), 気絶.
as·phýx·y [æsfíksi] =asphyxia.
ás·pic¹ [æspik] 〔雅〕 =asp¹.
ás·pic² *n.* 《料理用》 肉〔魚〕ゼリー. ***tomato ～*** トマトゼリー 《冷やしてサラダに用いる》.
ás·pic³ *n.* 〔植〕 大輪ラベンダー.
às·pi·dís·tra [æspidístrə] *n.* 〔植〕 葉ラン.
as·pír·ant [əspáirənt, æspịr-/əspáiər-] *n.* 《地位・名誉などの》 熱望者, 野心家 《への *after, for, to*》.
—— *a.* 大望をいだく, 野心的な.
ás·pi·rate [æspərèit] *vt.* **1** 〔音声〕 帯気音に発音する 《破裂音のあとに軽く [h] 音を加える. pipe [paip] の第1の [p] は厳密には帯気音 [pʰ]. 第2の [p] は無気音》; 気(息)音に発音する. **2** 〔音声〕 <語・音節を> 帯気音で始める. **3** 〔医〕 <ガスなどを> 吸い出し器で吸い出す. **——** [æsp(ə)rit] *n.* 〔音声〕 **1** 気(息)音, h 音; 気音字, h 字. **2** 帯気音, 有気音 《[pʰ, tʰ, kʰ] など》. [ad-+√spir-]
***às·pi·rá·tion** [æspəréi∫(ə)n] *n.* **1** 熱望; 抱負, 大志 《*for, after*》: intellectual ～*s* 知的〔学問上の〕野心. **2** あこがれ(の的): The presidency is the ～ of American boys. 大統領になることがアメリカ少年の夢だ. **3** 吸気. **4** 〔医〕 《吸い出し器を用いる》 吸い出し. **5** 〔音声〕 気(息)音; 帯気音. [①② <aspire. ③-⑤ <aspirate]
ás·pi·ra·tor [æspərèitər] *n.* 吸い込み器; 〔化〕 アスピレーター; 〔医〕 吸い出し器.
as·pír·a·to·ry [əspáirətɔ̀:ri/əspáiərət(ə)ri] *a.* 呼吸の.
***as·píre** [əspáiər] *vi.* **1** **熱望する**, 大望〔野心〕をいだく: ～ *after* [*to*] fame 名声にあこがれる. ～ *to* be a leader of men 人々の指導者たらんと志す. **2** 〔雅・古〕 のぼる, 高くそびえる. [ad-+√spir- に向かって+息をする→あこがれる]
◇ **as·pír·ing** [əspáiriŋ/-páiər-] *a.*
***ás·pi·rin** [æsp(ə)rin] *n.* 〔薬〕 **アスピリン** 《解熱鎮痛剤》.
a·squínt [əskwínt] *ad., a.* 《形容詞としては叙述的》 横目で, やぶにらみに, 斜めに.
‡**ass** [æs] *n.* **1** **ロバ**, ウサギ馬 (donkey). **2** [æs, ɑ:s] **ばか者**; 強情者. **3** 〔俗〕 しり. ***an ～ in a lion's skin*** (ライオンの皮をかぶったロバ→) トラの威をかるキツネ. ***make an ～ of*** …をばかにする. ***make an ～ of oneself*** ばかなふるまいをする, 笑いものになる.
～es' bridge ばか者の渡れない橋 《Euclid 幾何学第1巻第5命題「二等辺三角形の両底角は相等しい」の別名》.
ass. assistant; association.
às·sa·fét·i·da, às·sa·fóet·i·da =asafetida.
ás·sa·gai [æsəgài] *n.* 《南アフリカ原住民の用いる》 細身のやり.
as·sá·i [əsɑ́:i] *ad.* 〔楽〕 きわめて: allegro ～ きわめて速く. [<It.]
***as·sáil** [əséil] *vt.* **1** **襲う**, 攻撃する. **2** 責めたてる, 追及する 《非難・質問・要望などで》: ～ a person *with* questions 質問ぜめにする. **3** <仕事・難関などに> ぶつかってゆく, 取り組む. [ad-+√sal(i)-]
◇ **～·a·ble** *a.* 攻撃できる, 難攻不落ではない; 弱点〔おちど〕のある.
as·sáil·ant [əséilənt] *n.* 攻撃者, 敵.
—— *a.* 攻撃する, 攻め寄せる.
As·sám [æsæm, æsæm] *n.* アッサム 《インドの北東部の州》. ◇ **As·sam·ése** [æ̀səmí:z] *n.* ～の住民.
as·sárt [əsɑ́:rt/æ-] *n.* 開墾(地). **——** *vt., vi.* 開墾する.
as·sás·sin [əsæsin] *n.* 暗殺者, 刺客. ***the A～s*** 〔史〕 《十字軍指導者暗殺のために送られた》 回教の狂信者たち. **～ bug** 《温血動物の》 吸血寄生虫.
as·sás·si·nate [əsæsịnèit] *vt.* 暗殺する.
◇ **-na·tor** [-nèitər] *n.* 暗殺者. **as·sàs·si·ná·tion** [əsæ̀sịnéi∫(ə)n] *n.* 暗殺.
as·sáult [əsɔ́:lt] *n.* **1** 強襲, 襲撃; 猛烈な非難, 攻撃. **2** 〔法〕 暴行, 暴力 (行為); 《婦女に対する》 暴行, 強姦(ごう). **3** 〔軍〕 白兵戦, 突撃. ***～ and battery*** 暴行殴打. ***make an ～ upon*** を強襲する; に暴行する. ***take*** a town ***by ～*** (都市を)強襲攻略する. **——** *vt.* **1** 攻撃する; 強襲する. **2** 襲う, に暴行する. [assail と同語源]
～ boat 軽便舟艇.
◇ **～·a·ble** *a.* 攻撃できる; 襲撃できる. **～·er** *n.*
as·sáy [əséi, æsei/əséi, æ-] *n.* **1** 試金 《金・銀などの品質の, もしくは合金・鉱石の金属含有量の》; 《薬品の》 分析. **2** 試金物, 分析物. **3** 試金結果, 分析表. **4** 〔古〕 試み. ***do*** one'***s ～*** できるだけやる.
—— *vt.* **1** 試金する, 分析する. **2** <自分の力などを> ためす. **3** 〔古〕 試みる.
—— *vi.* 〔米〕 金属の特定純分度を含有する: This ore ～*s* high in silver. この鉱石は銀含有率が高い. **～ bar** 《分析所製の》 純金〔銀〕棒. **～ cup** ブドウ酒試飲用小コップ. **～ master** 分析試験官.
◇ **～·a·ble** *a.* **～·er** *n.*
ás·se·gai [æsịgài] =assagai.
as·sém·blage [əsémblidʒ] *n.* **1** 《人の》 集合, 集会; 《集合的》 会衆, 集団. **2** 《物の》 集積, 集合. **3** 《機械・さしもの細工などの》 組み立て: an ～ plant (機械)組み立て工場.
‡**as·sém·ble** [əsémbl] *vt.* **1** **集める**; 招集する. **2** <機械を> 組み立てる. **——** *vi.* **集まる**, 会合する. [√simịl-] 〔類〕 → **gather**「集める」
‡**as·sém·bly** [əsémbli] *n.* **1** **集会**, 会合; 《集合的》 集会〔会合〕者. **2** 会議; (A～) 〔米〕 州議会の下院. **3** 《自動車などの部品の》 組み立て; 組み立て部品. **4** 集合の合い図 《らっぱ・太鼓など》; 集結. ***city*** [***municipal***] ～ 市会. ***General A～*** 国連総会; 長老教会の最高宗教会議; 〔米〕 州議会. ***legislative ～*** 立法議会; 《イギリス植民地議会の》 下院. ***National A～*** 〔フランス史〕 国民議会. **～ hall** 会場, 議場; 会館. **～ line** 流れ作業(の列). **～·man** [-mən] 議員; (Assemblyman) 〔米〕 州議会下院議員. **～ plant** 組み立て工場. **～ room** 集会〔会議〕室; (機械) 組み立て室.
as·sént** [əsént] *vi.* **同意する**, 賛成する 《に *to*》; 《要求などに》 従う 《*to*》. **——** *n.* 同意, 賛成 《*to*》. ***～ and consent 《議会の》 協賛. ***give*** one'***s ～ to*** に同意する. ***Imperial*** [***Royal***] ～ 裁可, 批准. ***with one ～*** 満場一致で. [ad-+√sent-]

◇ **as·sén·tor, as·sént·er** [-ər] *n.*

às·sen·tá·tion [æ̀sentéiʃ(ə)n] *n.* 迎合(同意), 付和雷同.

‡**as·sért** [əsə́:rt] *vt.* **1** **断言する,** 明言する; 主張〔力説〕する: ～ one's rights 権利を主張する. He ～*ed that* his son was 〔～*ed* his son *to* be〕 innocent. 彼はむすこは無罪だと断言した. **2** 示威する: ～ one's manhood もう子どもではないことを人に示す. **～ one*self*** 自説〔自分の権利〕を主張する; でしゃばる; <天分などが> あらわれる. [ad-＋√ser-]

◇ **as·sér·tion** [əsə́:rʃ(ə)n] *n.* 断言; 主張, 力説.

as·sér·tive [əsə́:rtiv] *a.* 断言的な; 断定的な, 独断的な. **～ sentence** 〘文〙 断定文.

◇ **～·ly** *ad.* 断固として, 断じて. **～·ness** *n.*

as·séss [əsés] *vt.* **1** <財産・収入などを> 査定する; 《一般的》評価する: ～ a person's efforts. **2** <税金・罰金・料金などを>(査定)徴収する, 課する: ～ a tax *upon* a person 人に課税する. **3** に課税する, から徴収する: ～ a person *at* 〔*in*〕 ten dollars 人に10ドル課する.

as·séss·ment [əsésmənt] *n.* **1** 査定; 査定額; 評価. **2** 課税(査定); 課税額. **3** 〘商〙 払い込み金; 〘米〙 会費. ***standard of ～*** 課税標準.

as·sés·sor [əsésər] *n.* **1** 課税査定者; 財産評価人. **2** 〘法〙 陪席判事. **3** 補佐役, 顧問.

◇ **às·ses·só·ri·al** [æ̀sisó:riəl/-sɔ́:r-] *a.*

ás·set [æset] *n.* **1** 資産(の一項目): an invisible ～ 無形の財産. **2** (*pl.*) 資産, 財産. ↔liabilities. **3** (*pl.*) 〘会計〙 (貸借対照表上の) 資産項目; 破産者の資産 《債務の支払いに充てられる》. **4** (*pl.*) 〘法〙 《負債償還に充てるべき》 遺産. **5** 価値ある物, たいせつな物; 利点, 美点, 誇り(のたね): Good health is a great ～. 健康は身の宝. He is an ～ *to* our office. 彼は当事務所の貴重な人材です. ***～s and liabilities*** 資産と負債. ***personal*** 〔***real***〕 ***～s*** 動〔不動〕産.

as·sév·er·ate [əsévərèit] *vt.* 誓言する; 断言〔確言〕する. ◇ **as·sèv·er·á·tion** [əsèvəréiʃ(ə)n] *n.*

áss·head [æshèd] *n.* ばか者.

as·síb·i·late [əsíbilèit] *vt.* 擦音化する, スー〔シュー〕音化する. ◇ **as·sìb·i·lá·tion** *n.*

às·si·dú·i·ty [æ̀sidjú:iti] *n.* **1** 熱心, 精根; 精励, 勤勉. **2** (*pl.*) 心づくし, 尽力. ***with ～*** 精出して, せっせと. [ad-＋sed- すわり＋つく]

as·síd·u·ous [əsídʒuəs/-dju-, -dʒu-] *a.* **1** 熱心な, 勤勉な. **2** 心づくしの, 熱意〔真心〕のこもった.

◇ **～·ly** *ad.* 精根を尽くして; せっせと. **～·ness** *n.*

‡**as·sígn** [əsáin] *vt.* **1** **割り当てる,** あてがう: ～ rooms へやの割りふりを決める. **2** <任務・仕事などを> 付与する, 与える: ～ a duty *to* a person 人に任務を指定する. **3** <財産・権利などを> 与える, 〘法〙 譲渡する: ～ a property *to* a person 財産を人に譲渡する. **4** <人を> **指名する,** 任命する; <物を> 充当する, 使用する: ～ a person *to* a post 人を任命する. ～ an object *to* a use 物をある用途にあてる. **5** <時・所などを> **指定する,** 定める, 設ける: ～ a day 日を定める. ～ a limit 限界を設ける. **6** の帰属を定める, の位置を定める: ～ an event *to* a period できごとをある時代のことと断定する. ～ a place *to* a work within a person's literary productions ある作品の位置を作者の作品中において定める. **7** 《…に》 **帰する,** 《…の》 せいにする: ～ an event *to* a cause 事件をある原因のせいにする. **8** <理由・原因などを> あげる, 指摘する: ～ a reason *for* a thing 事の理由を指摘する. ～ a cause *to* an event 事件の原因をあげる. **9** 《理由・原因などとして》 あげる, 掲げる: ～ jealousy *as* the motive 嫉妬(しっと)を動機としてあげる.

—— *n.* 〘法〙 譲り受け人. [ad-＋sign 印をつけて＋与える] ◇ **～·a·ble** *a.* **～·er** *n.* 指定人, 割り当て人. **～·or** *n.* 譲渡人.

ás·sig·nàt [æsignæ̀t/æsinjá:, æsignæt] *n.* 〘史〙 アシニア紙幣 《フランス革命時代に政府が発行した》.

às·sig·ná·tion [æ̀signéiʃ(ə)n] *n.* **1** 《時間・場所などの》 指定, 指示. **2** 《会合・会見などの》 約束; 《特に》 不倫のあいびき. **3** 〘法〙 譲渡. **4** 原因帰属, 原因づけ.

as·sign·ée [əsainí:, æsiní:/æsiní:, -sain-] *n.* 譲り受け人; 《破産の》 管財人.

‡**as·sígn·ment** [əsáinmənt] *n.* **1** **割り当て,** 割り当て分. **2** **指定,** 指示; 指摘 《理由・原因などの》. **3** 指令, 任命. **4** 担当, 任務. **5** 〘米〙 (自習)**問題,** 研究課題; 宿題. **6** 譲渡(証書). ***～ of wages*** 〘米〙 給料からの分割支払い, 給料を抵当にした借金.

as·sím·i·la·ble [əsímiləbl] *a.* 同化されうる.

◇ **as·sìm·i·la·bíl·i·ty** [əsìmiləbíliti] *n.*

as·sím·i·late [əsímilèit] *vt.* **1** 同化する 《に *to, with*》; 吸収〔消化〕する; 理解する. **2** 比較する, なぞらえる, 同類〔同一〕視する 《に *to, with*》. **3** 一様にする, 等しくする 《と *to, with*》. **4** 〘音声〙 同化する. ↔ dissimilate. **——** *vi.* 同化する; 消化される; 一様になる 《と *with*》. **——** *n.* 〘米〙 同化されるもの. [√simil-] ◇ **-la·tive** [-lèitiv/-lətiv, -lei-], **-la·to·ry** [-lətò:ri/-lət(ə)ri] *a.* 同化(作用)の, 同化性の, 同化力ある. **-la·tor** [-lèitər] *n.* **as·sìm·i·lá·tion** [əsìmiléiʃ(ə)n] *n.* 同化.

As·sí·si [əsí:zi] *n.* アッシジ 《イタリア中部の町》.

‡**as·síst** [əsíst] *vt.* **援助する,** に**助力する,** の助手をつとめる; 《副詞(句)を伴って》 《人が…するのを》 手伝う: ～ a person *in* doing the work 人の仕事を手伝う. ～ a person *to* the door 人を助けて戸口まで連れていく. ～ a person *on* 〔*off*〕 with his overcoat 人が外套(がいとう)を着る〔脱ぐ〕のを手伝う.

—— *vi.* **1** 出席する: ～ *at* a ceremony 式に列席する. **2** 手助けする 《を *in*》. **——** *n.* 援助, 助力; 〘野球〙 補殺. [ad-＋√sist- そばに＋立つ →助ける] ◇ **～·er, as·sís·tor** [-ər] *n.*

(類) → **help**「助ける」

‡**as·síst·ance** [əsíst(ə)ns] *n.* **1** **援助,** 助力, 手伝い: economic ～ *to* underdeveloped countries 低開発国への経済援助. **2** 《集合的》 列席者. ***come to*** a person***'s ～*** 人を助けに行く. ***give*** 〔***render***〕 ***～ to*** に助力する.

‡**as·síst·ant** [əsíst(ə)nt] *n.* **1** **助手,** 補佐役, 補助者. **2** 〘米〙 (学生) 助手 《大学院学生が任命される. 有給》. **3** 店員 (＝shop ～). **——** *a.* 補助の, 副…, 助…, …補.

～ manager 副支配人. **～ professor** 助教授 《professor, associate professor の下》. **～ secretary** 書記(官)補; 〘米〙 次官補.

◇ **～·ship** *n.* ～の職〔地位〕.

as·síze [əsáiz] *n.* **1** 裁判; (通例 the ～s) 〘英〙 巡回裁判; 巡回裁判開廷期〔地〕. **2** 度量衡および商品売価の規定; 《パン・ビールの》 法定価格. ***the great*** 〔***last***〕 ***～*** 〘宗〙 最後の審判.

assn., Assn. association, Association.

assoc. associate; associated; association.

as·só·ci·a·ble [əsóuʃ(i)əbl] *a.* **1** 連想される〔しうる〕, 関連づけられうる 《と *with*》. **2** 〘医〙 交感性ある.

◇ **as·sò·ci·a·bíl·i·ty** [əsòuʃ(i)əbíliti] *n.*

‡**as·só·ci·ate** [əsóuʃièit] *vt.* **1** **連合させる;** 参加させる, 仲間に加える. **2** **連想する,** 関連づける 《と *with*》: It was impossible to ～ failure *with* you. きみが失敗するなんて思いもよらなかった. **3** 結びつける, 結合する 《と *with*》. **4** 準会員として選ぶ 《の *to*》. **——** *vi.* **1** **交際する,** 行き来する 《と *with*》. **2** **提携する:** ～ *with* a person *in* something ある事について人と協力する.

～ one*self with* に賛同する; と共同する. ***be ～d with*** と仲間である; と提携している; と関係〔関連〕がある; と連想される.

—— [əsóuʃiit, -èit] *n.* **1** **仲間,** 同僚; 共同経営

者; 組合員; 準会員; (悪党)仲間, ぐる; 短期コース卒業生, 準校友. **2** 連想されるもの; 付属物.
—— [əsóuʃiit, -èit] *a.* **1** 連合した; 同僚の, 仲間の: an ～ partner. **2** 連想される, 関連のある. **3** 準…. **4** 〖医〗交感の. [ad-＋√soci-]
～ **editor** 〖米〗準主筆. ～ **judge** 陪席判事. ～ **member** 準会員. ～ **professor** 準〔副〕教授《professor の次位》.
(類) → **companion**「仲間」

as·só·ci·at·ed [əsóuʃièitid] *a.* 関連した, 連合〔連結〕した; 合同した, 組合の.
～ **bank** 組合銀行. **A～ Press** 連合通信社《アメリカの通信社. 略 AP》.

‡as·sò·ci·á·tion [əsòusiéiʃ(ə)n, -ʃiéi-] *n.* **1 連合**, 関連, 結合, 合同, 提携. **2 交際**, 親密(な関係). **3 協会**, 組合, …会. **4** (しばしば *pl.*) **連想**. **5** 〖運〗ア式フットボール(＝～ football). **～ *of ideas*** 観念連合. ***in ～ with*** と共同〔関連〕して.
◇ **～·al** *a.* **～·al·ism** *n.* 〖哲〗連想説. **～·ism** *n.* 〖心〗観念連合論, 連想心理学. **～·ist** *n.* 観念連合論者; 会員, 団員.

as·só·ci·a·tive [əsóuʃièitiv/-ʃiət-, -ʃieit-] *a.* **1** 連合の; 組合の. **2** 連想する, 観念連合の.

as·só·ci·a·tor [əsóuʃièitər] *n.* 組合員, 会員, 仲間.

as·sóil [əsɔ́il] *vt.* 〖古〗**1** 免ずる, 釈放する. **2** 償う.

ás·so·nance [ǽsənəns] *n.* **1** 音の類似, 類似音. **2** 〖韻〗類韻, 母音押韻《強勢ある母音が同音で, これに続く子音などが等しくない. 例: penitent, reticent》. ◇ **-nant** *a.*

as·sórt [əsɔ́:rt] *vt.* **1** 分類する, 類別整理する. **2** 〈いろいろの品種を〉組み合わせる, 取り合わせる. **3** 同類に入れる《と *with*》. **——** *vi.* **1** そろう, 調和する《と *with*》. **2** つきあう, 交わる《と *with*》. [＜sort]
◇ **～·ed** [-id] *a.* 類別した; 取り〔組み〕合わせた, 詰め合わせた; 調和した, そろいの, 似合いの. **～·ment** *n.* 類別, 分類; 取り〔組み〕合わせもの; 詰め合わせ.

ASSR, A.S.S.R. Autonomous Soviet Socialist Republic. **Asst., asst.** assistant.

as·suáge [əswéidʒ] *vt.* **1** 〈悲しみ・怒りなどを〉和らげる; 〈欲望などを〉しずめる, 満たす; 緩和する. **2** 〈人を〉なだめる; 安心させる.
◇ **～·ment** [-mənt] *n.* 緩和(物), 軽減.

As·suán, As·souán [ɑ:swɑ́:n/æ̀suǽn] ＝Aswan.

as·suá·sive [əswéisiv] *a.* 和らげる, しずめる, 緩和する.

as·súm·a·ble [əsú:məbl/-sjú:m-] *a.* 仮定〔想像〕できる. ◇ **-bly** *ad.* 想像するに, おそらく: He is *assumably* mad. どうも気違いらしい.

‡as·súme [əsú:m/əsjú:m] *vt.* **1** 〈態度・任務・責任などを〉**とる, 引き受ける**, 請け負う: ～ office 就任する. ～ the chair 議長席につく. **2** 〈習慣などを〉身につける; 〈様子・外観を〉帯びる, 呈する: ～ an air of innocence 潔白らしいふりをする. His illness ～*d* a very grave character. 彼の病は病状の悪化を呈した. **3** 装う, のふりをする: ～ a false humility けんそんしているようにうわべをつくる. ～ interest 興味をもっているふりをする. **4** わがものとする; 横領する; 〈人の名を〉かたる. **5** 〈変名・偽名を〉名のる, 称する. **6 推定する**, 推測する, 仮定する: I ～ *that* you know. もちろんご存じと思います. He is ～*d to* be wealthy. あの人は金持ちだと思われている. **～*ming that*…** …と仮定して, …とすれば. **～ *to* one*self*** かってにわがものとする: ～ a title *to* one*self* かってに称号を名のる.
—— *vi.* でしゃばる. [ad-＋√sum- 取り＋寄せる]
(類義語) …**のふりをする: assume** 悪意のない動機から…のふりを装う. **pretend** 自分のつごうから事実を偽って…のふりをする. 非難の意がある. **feign** pretend より文語的.「模倣」の意がこめられている. **affect** 気どりから…を装う, …に見えるようにつとめる.「努力」の意がこめられている.
(類) → **presume**「ひとりぎめする」

as·súmed [əsú:md/əsjú:-] *a.* **1** 装った, 見せかけの, つくった: ～ ignorance 知らぬふり. **2** 仮の, 仮定した: an ～ name 変名, 偽名. **3** 引き受けた. ～ **bond** 引き受け債券. ～ **voice** つくり声.
◇ **as·súm·ed·ly** [-midli] *ad.* おそらく, たぶん.

as·súm·ing [əsú:miŋ/əsju:-] *a.* 傲慢(ごうまん)な, しょっている, でしゃばった. [＜assume] ◇ **～·ly** *ad.*

as·súmp·sit [əsʌ́mpsit] *n.* 〖法〗引き受け訴訟《契約履行要求の訴訟》; ～ の対象となる約束〔契約〕.

as·súmp·tion [əsʌ́mpʃ(ə)n] *n.* **1** 《義務・職責などの》引き受け, 受諾; 《地位への》就任. **2** 仮定, 推測; 憶説. **3** 僭越(せんえつ); でしゃばり. **4** 横領; 奪取, 掌握: the Nazi ～ of power in 1934 1934 年のナチの権力掌握. **5** 偽装. →動詞 assume. ***on the ～ that*…** …という仮定のもとに. ***the A～*** 〖カトリック〗マリアの被昇天(祭)《8月15日》. ◇ **-tive** *a.* 仮定の, 推測(上)の; 見せかけの, 偽りの; 僭越な.
(類) → **theory**「理論」

‡as·súr·ance [əʃú(:)rəns/əʃúər-] *n.* **1 保証**, 請け合い, (*pl.*) 保証の言明〔ことば〕: give an ～ 保証する, 引き受ける. receive ～*s* of support 援助の確約を得る. **2 確信**, 自信; 落ち着き. **3** くそ落ち着き, あつかましさ: have the ～ *to* (do) ずうずうしくも…する. **4** 〖英〗(生命)保険 (＝life ～).
act ***in the ～ of*** を確信して(行動する). ***make ～ doubly* 〔*double*〕 *sure*** 念には念を入れる. ***with ～*** 確信をもって. (類) → **promise**「約束」

‡as·súre [əʃúər] *vt.* **1** に**保証する**, に請け合う《と *that*; を *of*》: She ～*s* me *that* she has enough to live on. あの女は食べることには困らないと(はっきり)言っています. I (can) ～ you *of* her honesty. あの女の正直なことはお引き受けします. **2** 安心させる, 元気〔勇気〕づける. **3 確実にする**, 確保する, 保証する: This ～*d* the success of our work. これのおかげでわれわれの仕事の成功が確保された〔可能になった〕. **4** に保険をつける (insure). **～ one*self* *of* 〔*that*〕** を確かめる. ***I* (*can*) *～ you.*** 請け合いますよ, 確かですよ.
◇ **as·súr·er** [əʃú(:)rər/əʃúərə] *n.* 保証人; 保険(業)者.

as·súred [əʃúərd] *a.* **1** 保証された; 確実な. **2** 自信をもった, 落ち着き払った. **3** 自信たっぷりの; あつかましい. **4** 保険のついた. ***be* 〔*feel*〕 *～ of* 〔*that*〕** を〔と〕確信する. ***the ～*** 被保険者. ***You may be* 〔*rest*〕 *～ that*…** …ということは安心していてよい.
◇ **～·ness** *n.* (類) → **confident**「確信して」

***as·súr·ed·ly** [əʃú(:)ridli/əʃúər-] *ad.* **1 確かに**, 確実に. **2** 自信をもって, 落ち着き払って. **3** 大胆に.

as·súr·gent [əsə́:rdʒ(ə)nt] *a.* のぼる, 上昇的; 〖植〗斜上性の.

as·súr·ing [əʃú(:)riŋ/əʃúər-] *a.* **1** 保証する. **2** 確信〔自信, 勇気〕を与える. ◇ **～·ly** *ad.*

Assyr. Assyrian.

As·sýr·i·a [əsíriə] *n.* アッシリア《アジア西部の古代帝国》. ◇ **～n** *a., n.* ～の; ～人〔語〕(の).

As·sỳr·i·ól·o·gy [əsìriɑ́lədʒi/-ɔ́l-] *n.* アッシリア学〔研究〕. ◇ **-gist** *n.* アッシリア学者〔研究家〕.

a·stát·ic [eistǽtik, əs-/əs-] *a.* 不安定な; 〖物〗無定位の.
～ **galvanometer** 無定位検流計. ～ **governor** 無定位調速機. ～ **needle** 無定位針.
◇ **-i·cism** [-tisìz(ə)m] *n.* 〖物〗無定位.

ás·ta·tine [ǽstətì:n, -tin] *n.* 〖化〗アスタチン《放射性元素. 記号 At》.

as·tat·ki [æstǽtki] Russ. *n.* 重油.

ás·ter [ǽstər] *n.* **1** 〖植〗ヨメナ・シオン属の植物. **2** 〖生〗《核分裂時の細胞中の》星状体. ***China ～*** 〖植〗エゾギク.

-as·ter [-æ̀stər] *suf.*「へぼ…, 小…」などけいべつの意の名詞語尾: poet*aster* へぼ詩人.

ás·ter·isk [ǽst(ə)rìsk] *n.* 星印《*》, 星形のもの. —— *vt.* に星印をつける.
ás·ter·ism [ǽstərìz(ə)m] *n.* **1**〖天〗星群; 星座. **2** 三つ星印《⁂ または ⁎⁎⁎》.
a·stérn [əstə́ːrn] *ad., a.* 《形容詞としては叙述的》〖海〗**1** 船尾に〔の〕, 船尾の方へ〔の〕. **2** 後ろに〔の〕, 後ろへ(の). ***back*** ～ 〈船を〉後進させる. ***drop*** 〔***fall***〕 ～ 他船に遅れる〔追い越される〕. ***Go*** ～! 《号令》後進! [＜stern²]
ás·ter·oid [ǽstərɔ̀id] *a.* 星状の. —— *n.* **1**〖天〗《火星と木星の軌道の間に散在する》小惑星. **2**〖動〗ヒトデ. ◇ **às·ter·ói·dal** [æ̀stərɔ́idl] *a.*
as·thé·ni·a [æsθíːniə, ㊥⁺æ̀sθịnáiə] *n.* 〖医〗虚弱, 衰弱. ◇ **as·thén·ic** [æsθénik] *a.*
ásth·ma [ǽzmə, ǽs-/ǽs-] *n.* 〖医〗ぜんそく.
asth·mát·ic [æzmǽtik, æs-/æs-] *a.* ぜんそくの; ぜんそくを病んでいる. —— *n.* ぜんそく患者. ◇ **-i·cal·ly** *ad.*
as·tíg·ma·tism [əstígmətìz(ə)m] *n.* 乱視(眼); 〖光〗《レンズの》非点収差. ◇ **às·tig·mát·ic** [æ̀stigmǽtik], **às·tig·mát·i·cal** [-ik(ə)l] *a.* ～の, 乱視用の.
a·stír [əstə́ːr] *ad., a.* 《形容詞としては叙述的》 **1** 動いて; ざわめいて, 騒がしく; 夢中になって, 興奮して《で *with*》: the field ～ *with* insects and birds 虫や鳥でにぎわう野. be ～ *with* the news ニュースにびっくりしている. **2** 起きて, 床を出て: be early ～ 早起きする. [＜stir]
a·stóm·a·tous [eistámətəs, -tóum-/əstɔ́m-] *a.* 〖動〗口のない; 〖植〗気孔のない.
as·tón·ied [əstánid/-tɔ́n-] *a.* 〖古〗驚いた, ぎょうてんした.
‡as·tón·ish [əstániʃ/-tɔ́n-] *vt.* **びっくりさせる,** ぎょうてんさせる: His sudden appearance ～*ed* us. 彼が突然あらわれて私たちのどぎもをぬいた. I am ～*ed at* his rudeness. 彼のぶしつけにはあきれる. We were ～*ed to* see him fall down. 彼が倒れるのを見てびっくりした. He was ～*ed that* she knew everything about it. 彼女がそのことを細大もらさず知っていたので彼は驚いてしまった. [√ton-]
〔類〕→ **surprise**「驚かす」
as·tón·ish·ing [əstániʃiŋ/-tɔ́n-] *a.* 驚くべき, 驚嘆すべき. ◇ ～**·ly** *ad.* 驚くほど; はなはだ, ひどく.
‡as·tón·ish·ment [əstániʃmənt/-tɔ́n-] *n.* **1** 驚き, びっくり. **2** 驚くべきこと〔物〕, 驚きのたね. ***in*** 〔***with***〕 ～ びっくりして, 驚いて. ***to*** one'***s*** ～ 驚いたことには.
as·tóund [əstáund] *vt.* ぎょうてんさせる, のどぎもをぬく. 〔類〕→ **surprise**「驚かす」
as·tóund·ing [əstáundiŋ] *a.* ぎょうてんさせる(ほどの), どえらい. ◇ ～**·ly** *ad.*
astr. astronomer; astronomical; astronomy.
ás·tra·chan [ǽstrəkən/æ̀strəkǽn] *n.* **1** (A～) ロシア原産のリンゴの一種《赤または黄色で酸味が強い》. **2** ＝astrakhan.
a·strád·dle [əstrǽdl] *ad., a.* 《形容詞としては叙述的》またがって, またがった, 馬乗りになって.
ás·tra·gal [ǽstrəg(ə)l] *n.* **1**〖建〗定規縁, 玉縁. **2** 砲口凸縁(えん); 〖機〗《管の》厚肉部. **3**〖医〗距骨.
as·trág·a·lus [əstrǽgələs] *n.* (*pl.* **-li** [-lài]) **1**〖医〗距骨. **2** (A～)〖植〗ゲンゲ属.
ás·tra·khan [ǽstrəkən/æ̀strəkǽn] *n.* アストラカン《ロシアの Astrakhan [æ̀strəkǽn] 地方産の子羊の毛皮》; アストラカン織り.
ás·tral [ǽstrəl] *a.* 星(形)の, 星のような; 星の世界の. ～ **body** 霊体《肉体とは別の存在》; 星, 天体. ～ **hatch** 天測窓《飛行機の天体観測用》. ～ **lamp** 無影石油ランプ《机上に陰影ができない》.
a·stráy [əstréi] *ad.* **1** 迷って. **2** 邪道に陥って. ***go*** ～ (道に) 迷う; 邪道に陥る. ***lead*** a person ～ (人を) 迷わす; 邪道に導く.
as·tríct [əstríkt] *vt.* 束縛する; 《法的・道徳的に》拘束する, 制限する; 〖医〗便秘させる; 収斂(しゅうれん)させる. ◇ **as·tríc·tion** *n.* **as·tríc·tive** *a.*
a·stríde [əstráid] *ad., prep.* (に) またがって: The town lies ～ the river. 川をはさんで町はある. ～ one'***s high horse*** 超然〔昂然(こうぜん)〕として. ***sit*** ～ (***of***) (に) またがる.
as·tringe [əstríndʒ] *vt.* 収縮させる, 収斂(しゅうれん)させる; 〖稀〗便秘させる.
as·trín·gen·cy [əstríndʒ(ə)nsi] *n.* **1** 収斂性. **2** きびしさ; 簡素.
as·trín·gent [əstríndʒ(ə)nt] *a.* **1** 収斂性ある, 収斂性の. **2** きびしい; 簡素な. —— *n.* 〖医〗収斂剤; アストリンゼン. ◇ ～**·ly** *ad.*
astro- 「星」の意の語形成要素.
ás·tro·dome [ǽstrədòum] *n.* 〖空〗《飛行機の》天体観測室.
ás·tro·gate [ǽstrəgèit] *vi., vt.* 宇宙飛行する〔させる〕.
◇ **às·tro·gá·tion** [∸–géiʃ(ə)n] *n.* 宇宙飛行.
às·tro·ge·ól·o·gy [æ̀strədʒiálədʒi/-dʒiɔ́l-] *n.* 天体地質学.
ás·tro·graph [ǽstrəgræ̀f/-grɑːf] *n.* 天体航法図. ◇ **às·tro·gráph·ic** [æ̀strəgrǽfik] *a.*
astrol. astrological; astrology.
ás·tro·labe [ǽstrəlèib] *n.* 《昔の》天文観測儀.
as·tról·o·ger [əstrálədʒər/-trɔ́l-] *n.* 占星家, 星占い師.
às·tro·lóg·ic [æ̀strəládʒik/-lɔ́dʒik], **-i·cal** [-(ə)l] *a.* 占星術〔学〕の.
◇ **às·tro·lóg·i·cal·ly** *ad.* 占星術によって(みれば).
as·tról·o·gy [əstrálədʒi/-rɔ́l-] *n.* 占星術〔学〕《天体によって運勢を占う術》. →astronomy.
as·tróm·e·try [əstrámịtri/-rɔ́m-] *n.* 天体測定.
astron. astronomer; astronomical; astronomy.
ás·tro·naut [ǽstrənɔ̀ːt] *n.* 宇宙飛行士.
às·tro·náu·tic [æ̀strənɔ́ːtik], **-ti·cal** [-(ə)l] *a.* 宇宙飛行〔航行〕の, 宇宙飛行士の.
◇ **às·tro·náu·ti·cal·ly** *ad.*
às·tro·náu·tics [æ̀strənɔ́ːtiks] *n. pl.* 《単数扱い》宇宙飛行術〔航行学〕.
às·tro·nàv·i·gá·tion [æ̀stronæ̀vịgéiʃ(ə)n] *n.* 〖空〗宇宙飛行.
‡as·trón·o·mer [əstránəmər/-rɔ́n-] *n.* **天文学者**; 〖英〗天文台長.
às·tro·nóm·ic [æ̀strənámik/-nɔ́m-] ＝astronomical.
às·tro·nóm·i·cal [æ̀strənámik(ə)l/-nɔ́m-] *a.* **1** 天文の, 天文学(上)の. **2** 《数字などが》天文学的, 膨大な. ～ **day** 天文日《正午から正午まで》. ～ **observation** 天体観測. ～ **observatory** 天文台. ～ **photography** 〔**telescope**〕 天体写真(術)〔天体望遠鏡〕. ～ **unit** 天文単位《太陽と地球の平均距離》. ～ **year** 太陽年 (solar year). ◇ ～**·ly** *ad.* 天文学上.
‡as·trón·o·my [əstránəmi/-rɔ́n-] *n.* **天文学.** ***gravitational*** ～ 天体力学. ***nautical*** ～ 航海天文学. ***spherical*** ～ 球面天文学. [√astro-＋√nom- 星の＋法則]
às·tro·pho·tóg·ra·phy [æ̀strọfọtágrəfi/-tɔ́g-] *n.* 天体写真(術). ◇ **ás·tro·phò·to·gráph·ic** [æ̀strọfòutəgrǽfik] *a.* 天体写真の.
às·tro·pho·tóm·e·ter [æ̀strọfọtámịtər/-tɔ́m-] *n.* 天体光度計.
às·tro·phýs·ics [æ̀strofíziks] *n.* 天体物理学. ◇ **-i·cal** [æ̀strofízik(ə)l] *a.* **-i·cist** [-fízisist] *n.* 天体物理学者.
as·tú·cious [əst(j)úːʃ(ə)s, æs-/-tjúː-] ＝astute.
as·túte [əst(j)úːt/-tjúːt] *a.* 抜け目のない, はしこい; こうかつな, ずる賢い. ◇ ～**·ly** *ad.* ～**·ness** *n.*
a·stý·lar [eistáilər/əs-] *a.* 〖建〗無柱式の.
A·sun·ción [əsuːnsjóun/əsùnsióun] *n.* アスンシオン《Paraguay の首都》.
a·sún·der [əsʌ́ndər] *ad.* **1** 離れ離れに, ばらばらに, ちりぢりに, まっ二つに. **2** (はるかに) 離れて, へだたって. ***break*** ～ (まっ二つに) 割る〔割れる〕. ***come*** ～ ちりぢり〔ばらばら〕になる. ***put*** ～ 引き離す, ばらばらにする.

As·wan [æswáːn, -wǽn] *n.* エジプト東南部の都市; その近辺のダム.

‡**a·sý·lum** [əsáiləm] *n.* **1** (保護) 収容所《盲人・老人・孤児・精神病者のための》. **2**〘史〙逃げ込み場《罪人・債務者のための官憲の手の及ばない寺院など》. **3**《一般的》隠れ場, 避難所. **4**〘国際法〙(外国の)政治犯に与えられる一時的保護: grant political ～ 政治亡命を認める. ***foundling*** ～ 養育院. ***lunatic*** ～ 精神病院. ***orphan*** ～ 孤児院.

a·sým·me·try [eisímitri, æs-/æs-] *n.* 不均整, ふつりあい;〘数・化〙非対称.
◇ **à·sym·mét·ric** [èisimétrik, æs-], **à·sym·mét·ri·cal** [-k(ə)l] *a.* **à·sym·mét·ri·cal·ly** *ad.*

a·sỳmp·to·mát·ic [eisim(p)təmǽtik] *a.* (病気の) 兆候を示さない.

ás·ymp·tote [ǽsim(p)tòut] *n.*〘数〙漸近線.
◇ **às·ymp·tót·ic** [æsim(p)tátik/-tɔ́t-] *a.*

a·sýn·chro·nism [eisíŋkrəniz(ə)m, æ-/æ-] *n.*〘電〙非同期性; 異時〔異期〕性. ↔ synchronism.
◇ **-nous** [-nəs] *a.*

a·sýn·de·ton [əsíndiṭən/æ-] *n.*〘修〙接続詞省略《例: He has provided the poor *with jobs, with opportunity, with self-respect.* において with で導かれる副詞句が and で結ばれていない》.
◇ **às·yn·dét·ic** [æs(i)ndétik, èis-/æsin-] *a.* **às·yn·dét·i·cal·ly** *ad.*

à·syn·tác·tic [èisintǽktik, æs-/æs-] *a.*〘文〙統語法にかなっていない; 非文法的.

†**at** →枠付 at. (pp. 79–80)

at- *pref.* 接頭辞 ad- の t の前の異形: *at*tract <ad-+tract <√trah- 近くへ+引く→引き寄せる.

At〘化〙astatine. **at.** atmosphere; atomic; attorney. **A.T., AT** Air Transportation; antitank;〘電〙ampere turn.

át·a·brine [ǽtəbrin] *n.* アテブリン《マラリア予防薬》.

At·a·lán·ta [æt(ə)lǽntə/ət-, æt-] *n.*〘ギ神〙アタランタ《足の速い美女. 競走して勝った男性と結婚すると言った》.

át·a·man [ǽtəmən, ⸗−mǽn] *n.* (*pl.* **-mans**) コサック騎兵の隊長.

àt·a·ráx·i·a [ætərǽksiə], **át·a·rax·y** [ǽtərǽksi] *n.* 無感動, 不動の心. ◇ **àt·a·rác·tic** [ætərǽktik], **àt·a·ráx·ic** [-ksik] *a.*

át·a·vism [ǽtəviz(ə)m] *n.* 隔世遺伝, 先祖返り.
◇ **àt·a·vís·tic** [ætəvístik] *a.* **àt·a·vís·ti·cal·ly** *ad.*

a·táx·i·a [ətǽksiə], **a·táx·y** [ətǽksi] *n.*〘医〙運動失調(症)《特に手足の》; 歩行失調(症).
◇ **a·táx·ic** *a.*

ATC Air Traffic Control; Air Transport Command; Automatic Train Control.

A·te [éiti, -tiː/áːti, éi-] *n.*〘ギ神〙アーテー《迷妄(めいもう)・過誤・罪過の女神, 後に復讐(ふくしゅう)の女神となる》.

†**ate** [eit/et, eit] *v.* eat の過去形.

-ate *suf.* **1** 職務・地位・資格を示す名詞をつくる: cur*ate* 牧師補職 <curé. doctor*ate* 博士号 <doctor 博士. **2** 行為もしくは行為の結果を示す名詞をつくる: mand*ate* 委任, 命令 <L. √mand- 付託する. **3** 受動的意味の形容詞をつくる: separ*ate* 別々の <L. se-+√par- 分離する. **4** 動詞をつくる: accumul*ate* 集積する <ad-+√cumul- 山積み. agit*ate* 扇動する <L. agit- ゆり動かす <√ag-.〈注₁〉発音は通常名詞・形容詞では [-it], 動詞では [-èit/-eit].〈注₂〉この語尾に終わる動詞は大部分語尾の 2 音節前に主強勢がある.

át·e·brin =atabrine.

at·e·li·er [æt(ə)ljèi/-liei] F. *n.*《画家・彫刻家などの》アトリエ, スタジオ, 画室, 仕事場.

a tem·po [ɑː-témpou] It.〘楽〙もとの速度で.

àth·a·ná·si·a [æθənéiʒiə/-ʃiə] =athanasy.

Ath·a·ná·sian [æθənéiʒən/-ʃ(ə)n] *a.* Athanasius の, アタナシウス派の.

Ath·a·ná·sius [æθənéiʃ(i)əs] *n.* アタナシウス, 296?–373, Alexandria の司教, Arius 教派の反対者.

a·thán·a·sy [əθǽnəsi] *n.* 不死, 不滅 (immortality).

á·the·ism [éiθiiz(ə)m] *n.* **1** 無神論. **2** 無信仰, 不信心. [a⁴-+√the(o)-]

á·the·ist [éiθiist] *n.* 無神論者; 無信仰者.
◇ **à·the·íst·ic** [èiθiístik], **à·the·íst·i·cal** *a.* 無神論(者)の.

áth·el·ing [ǽθiliŋ, [米]+ǽð-] *n.*〘史〙《イギリスの》王子, 王族.

Ath·el·stan [ǽθ(ə)lstæn] *n.* イギリス国王, 895–940.

A·thé·na [əθíːnə] *n.*〘ギ神〙アテナ《知恵・芸術・学問・戦略の女神. ローマ神話の Minerva に当たる》.

àth·e·náe·um, àth·e·né·um [æθiníːəm] *n.* **1** (A～) アテナ神殿《古代ギリシアのアテネにあって学者・詩人などが集まり詩文を論評した》. **2** 文芸〔学術〕協会; 図書館〔室〕.

A·thé·ne [əθíːniː] =Athena.

A·thé·ni·an [əθíːniən, -njən] *a.* Athens の, アテネ人の. —— *n.* アテネ人.

Ath·ens [ǽθinz] *n.* アテネ《ギリシアの首都. 古代ギリシア文明の中心地》.

a·thér·man·cy [eiθə́ːrmənsi/əθ-] *n.*〘物〙不透熱(性). ◇ **a·thér·ma·nous** [-mənəs] *a.*

àth·er·o·scle·ró·sis [æθərosklíróusis] *n.*〘医〙(アテローム性) 動脈硬化症.

a·thírst [əθə́ːrst] *a.*《叙述的に》 **1** 渇望して, 激しく求めて《を *for*》. **2**〘古・雅〙(のどが)かわいて.

‡**áth·lete** [ǽθliːt] *n.* **1**《一般的》運動家, 競技者;〘英〙陸上競技者. **2** 強健な人.
～'s foot〘医〙水虫. **～'s heart** スポーツ心臓《継続的肉体激労のため起きる心臓肥大》.

‡**ath·lét·ic** [æθlétik] *a.* **1** 運動の, 体育の, 体育的, 競技の: an ～ meeting 運動会, 競技会. **2** 運動家の(ような); 運動の得意な; 運動家用の. **3** 強健な, 腕力ある. **～ sports** 体育競技.
◇ **-i·cal·ly** [-tik(ə)li] *ad.* 運動〔体育〕の上から, 競技的に; 運動家のように. **-i·cism** [æθlétisiz(ə)m] *n.* 運動競技; 運動(競技)熱.

ath·lét·ics [æθlétiks] *n. pl.* **1** 運動, 競技;〘英〙陸上競技. **2**《単数扱い》体育実習; 体育原理.

áth·o·dyd [ǽθədid] *n.* ラムジェット(ramjet)《ジェットエンジンの一種》.

at-hóme [əthóum] *n.* 招待会, 家庭接待《招待者の方であらかじめ定期的に日を定め, 自由に訪れる来客を気軽にもてなす》. **～ day** 面会日, 接待日.

at-hóme·ness [-nis] *n.* くつろいだ気分.

a·thríll [əθríl] *a.*《叙述的に》興奮して《で *with*》.

a·thwárt [əθwɔ́ːrt] *ad., prep.* **1** (…を) 斜めに, (…を) 横切って. **2** (…に)さからって, (…の) 意に反して, (…に) 都合悪く. **3**〘海〙《船体と》直角に, (…の) 進路を横切って. ***go*** ～ ***one's purpose*** 思うようにならない. **～·ships** *ad.* 船の前を横切って.

a·tílt [ətílt] *ad.* **1** 斜めに, 傾斜して. **2** やりを構えて, 突こうとして. ***run*** 〔***ride***〕 ～ やりを構えて突進する《に向かって *against, at*》.

a·tín·gle [ətíŋgl] *a.* =tingling.

-á·tion [-éiʃ(ə)n] *suf.* 動詞から動作・状態・結果を示す名詞をつくる: accus*ation* 告発 <accuse. civili*zation* 文明化, 文明 <civilize.

-á·tion·al [-éiʃən(ə)l, -ʃnəl] *suf.* 前記の -ation に終わる名詞から形容詞をつくる: occup*ational* 職業の.〈注〉発音の第 2 変種 [-ʃnəl] は, 本書では省略してあるばあいが多い.

a·típ·toe [ətíptòu] *ad., a.*《形容詞としては叙述的》 **1** つま先(立ち)で. **2** 今か今かと待ちうけて: waiting ～ *for* the mail. **3** 注意して; ひそかに.

at

場所・時・着眼点・仕方など，いろいろな意味合いで日本語の「…に(おいて)，…で」と並行する使用度の高い前置詞であるが，やや色彩の違った面として look *at*「(…に向かって目をはたらかせる→)…を見る」のように方向・目標をあらわす用法もある．これら2用法とも他の語と結びついて成句をつくりやすく，特に後者は自動詞と結びついて多数の重要な他動詞相当句をつくり，それらは be looked *at* のように受動態も可能である．本項にも成句欄があるが，実際には語義解説欄を含めて本項記事の大半が成句といえる．

なお前置詞句は慣例に従って主として副詞的に訳してあるが，大部分はもちろん形容詞的にも用いられる．たとえば「*at* that time 当時は」という訳は当然「当時の」という訳をも暗示する．

at [通常弱く ət, 強 æt] *prep.* **1**《位置・地点》…に，…で: *at* the center 中心に〔で〕，まん中に〔で〕. *at* the top 頂上に，いちばん上で. *at* my side 私のわきに. *at* the foot of the hill 丘〔山〕のふもとに. *at* the end of the street 通りの突き当たりに. *at* a [the] distance of 10 miles 10マイル隔たって. *at* the seaside 海岸で. *at* the office 事務所で. put up *at* an inn 旅館に泊まる. sit *at* the window 窓に〔のそばに〕すわる. stand *at* the door 戸口に〔のそばに〕立つ. come in *at* the front door [*at* the window] 表口から〔窓から〕はいる《このばあい through の意味》. go in *at* one ear and out *at* the other 右の耳からはいって左の耳に抜ける《同前》.

〈注〉at は国の名には用いない．都市の名については，at または in を用いることができ，大きい都市には in を用いて *in* London のごとくし，比較的小さい都市には at を用い *at* Oxford のごとくすることが多い．しかし，大小にかかわらず，都市を地理的の点として考えるばあいは at を用い，その区域の「中に」として考えるばあいには in を用いうる: This plane will stop one hour *at* Chicago. この飛行機はシカゴで1時間とまります. My parents live *in* Chicago. 両親はシカゴ(の市内)に住んでいます.

2《時点・時期》…に，…のときに: *at* five (o'clock) 5時に. *at* daybreak [sunset] 夜明け〔日没〕に. *at* midnight [noon] 夜半〔正午〕に. *at* present いまは. (*at*) about 9 o'clock 9時ごろに. *at* a time when… …というときに. *at* all times 常に. *at* odd moments 余暇に. *at* one time 一時は，ひところは(≒ *at* a time「一度に」). *at* parting 別れるときに. *at* (the age of) nine 9歳のときに. *at* the beginning [middle, end] of the month 月始め〔月なか，月末〕に. *at* the same time 同時に. *at* that time 当時は. *at* this moment 現在; ちょうどそのとき. *at* this time of (the) year [day, night] この季節〔いまごろの時刻，夜の今時分〕に. (*at*) what time…? 何時に《at はしばしば省略》. *at* first 初め(のうち)は. *at* last 最後に，ついに. *at* the latest どんなにおそくとも. *at* times ときおり.

〈注〉at は時の「一点」，on は「日」，in は「期間」を示す: *at* half past eight, *at* this time of (the) year, *at* Christmas; *on* Monday, *on* the 10th of May; *in* the 19th century, *in* the morning, *in* the evening《ただし *at* night. また morning, evening, night のばあいでも日付などの限定語が添えられるときには on を用いる: *on* the evening of April 5th 4月5日の夕方に. *on* Christmas morning クリスマスの日の朝に》.

3《仕方・様態》…で，…に: *at* a blow 一撃で. *at* a stretch [stroke] 一気に，一息に. *at* a bound 一足飛びに. (drink) *at* a draft 一息に(飲む). *at* a mouthful 一口に. *at* a time 一度に(≒ at one time ひところは). *at* will 自由に，思うままに. *at* one's convenience つごうのよいよう〔とき〕に. *at* one's disposal 意のままに. *at* the discretion of の裁量しだいで〔自由に〕. *at* the mercy of …のなすがままになって. *at* an end 終わって. *at* anchor 停泊して. *at* (one's) ease 気楽に，くつろいで. *at* fault 当惑して. *at* large《犯人などが》捕えられずに. *at* odds (with) (と)不和で. *at* rest 安心して. *at* stake 危険にさらされて. *at* war (with) (と)戦争中で. ill *at* ease 不安で，堅くなって.

4《行動》…に従事して，…している: The children are *at* play. 子どもたちは遊んでいる. be *at* work 仕事〔勉強〕中である; 作用している. be *at* prayer お祈り中である. What is he *at* now? 彼はいまなにをしているのか. They are hard *at* it. 彼らは一生けんめいやっている. She's *at* it again. またやってる.

5《技能》…の点で: good [poor] *at* swimming [mathematics] 水泳〔数学〕が得意〔不得手〕で.

6《無冠詞の慣用成句》: *at* home くつろいで; 精通して《に *in, with*》《「自宅で」「国内で」の意のほかに》. *at* church (教会で)礼拝中. *at* school (学校で)勉強中. *at* sea 航海中で. *at* table 食事中で.

7《動詞に伴って，方向・目的・目標》…に(向かって)，…へ，…を目がけて: aim *at* a mark 的をねらう. arrive *at* a conclusion 結論に到達する. catch *at* a straw わらをつかもうと手をのばす. fire *at* をねらって発砲する. frown *at* に顔をしかめる. gaze *at* をじっと見つめる. glance *at* をちらりと見る. guess *at* を言い当てようとする. laugh *at* a person 人を嘲笑(ちょう)する. look *at* をながめる，(の顔)を見る. He looked across the table *at* his mother. 彼はテーブル越しに母の方を見た. look down [up] *at* を見おろす〔見上げる〕. point *at* を指さす. rush *at* へ突進する. sneer *at* を冷笑する. stare *at* を凝視する. throw a stone *at* a cat ネコに石を投げつける《比較: throw a piece of meat *to* a cat ネコに肉を投げてやる》.

〈注₁〉look at, arrive at などは成句をなしているが，目的語が示されないときには at はあらわれない: *Look!* ごらんなさい. Don't *stare.* じろじろ見るな. When he *arrived,* it was already dark. 彼が到着したときには，あたりはもう暗くなっていた. ただし beautiful things to *look at*「見て美しいもの」では，beautiful things が目的語となっている.

〈注₂〉他動詞と等価になり He was laughed *at.*「彼は笑われた」のように受動態が可能なことが多い.

8《感情の原因・事物の本源》…に，…で，…から，…を見て〔聞いて，知って，思って〕: blush *at* a mistake あやまちをして赤面する. do something *at* a person's suggestion 人の提案によってあることをする. feel uneasy *at* the thought of …のことを考えて不安になる. laugh *at* を見て〔聞いて〕笑う; を嘲笑する. laugh *at* the idea of …のことを考えて笑う. rejoice [mourn] *at* を喜ぶ〔悲しむ〕. be angry *at* に腹を立てる. be surprised [astonished] *at* the result 結果に驚く. be glad [pleased, delighted] *at* the news of の知らせを聞いて喜ぶ. be terrified *at* the sight of を見て恐れをなす. be annoyed *at* a person's stupidity 人のばかさかげんにいらいらする.

9《割合・程度・速度・価値など》…(の割合)で: run *at* twenty miles per hour 1時間20マイルの速度で走る. *at* the [a] rate of 30 miles an hour 1時間30マイルの割合で. *at* full speed 全速力

で. *at* ten cents an inch 1インチ10セントの割りで. *at* a low price 安値で. *at* a high salary 高給で. *at* great cost 大金をかけて, 大きな犠牲を払って. *at* a heavy cost 非常な損(失)をして. *at* any cost, *at* all costs いかなる代価を払っても, ぜひとも. *at* one's own expense 自費で. estimate the crowd *at* 200 群衆を200人と見積もる. reckon one's expenses *at* so much a week 出費を1週幾らと計算する. set *at* nought 無視する, ばかにする. ***all at once*** たちまち, 突然. ***at all*** → all. ***at any rate*** ともかく. ***at first*** 最初(のうち)は(≒first 第一に, 最初に, まず). ***at hand*** 手元[手近]に. ***at last*** ついに. ***at length*** (1) ついに, とうとう. (2) 詳しく, くどくどと. ***at once*** (1) 直ちに: Come *at once*. すぐ来い. (2) 一度に, 同時に: a problem which is *at once* easy and difficult やさしくもあり, むずかしくもある問題. ***at that*** (1) しかも, おまけに: They came here suddenly, and late at night *at that*. 彼らは突然, それも夜おそく, やって来たのだ. (2) そのままに: I will take it *at that*. 話をそのままに受け取っておこう. ***at (the) best*** [***least, most***] せいぜい[少なくとも, 多くとも]. ***at (the) latest*** おそくとも. ***be at*** a person (1) (人)にくってかかる: *At* him! あいつにかかれ. (2) (人)を悩ます. ***Where are we at?*** 〘米話〙(われわれはどこにいるのだ→) ここはどこか 〘正式には Where are we?〙.

-a·tive *suf.* 動詞から関係・性質・傾向・はたらきなどを示す形容詞をつくる: compar*ative* 比較的な < compare. talk*ative* おしゃべりの < talk. 〈注〉発音は概して強音節の直後では[-ətiv], その他は[-èitiv/-ətiv].

At·lán·ta [ətlǽntə, æt-] *n.* アメリカ Georgia 州の「州都.

At·lan·té·an [ætlæntíːən] *a.* **1** Atlas のような; 大力の. **2** Atlantis 島の.

at·lán·tes [ətlǽntiːz] *n. pl.* 〘建〙男像柱.

+**At·lán·tic** [ətlǽntik] *a.* **1** 大西洋の; 〘米〙アメリカ大西洋岸の: the ~ states 大西洋岸諸州. **2** 《アフリカ北西部の》アトラス山脈(the Atlas Mountains)の. **3** 巨人アトラス(Atlas)の.
—— *n.* (the ~) 大西洋.
~ Charter, the 大西洋憲章《1941年8月14日, 北大西洋上で Roosevelt と Churchill とが声明した共同宣言》. **~ City** アメリカ New Jersey 州南東部の海水浴地. **~ Ocean, the** 大西洋. **~ Pact, the** 大西洋同盟《アメリカ・カナダ・西欧諸国の間に共同防衛のために1948年締結》.

At·lán·tis [ətlǽntis] *n.* アトランティス島《大西洋上にあったが, 海中に没したといわれる伝説的な島》.

***át·las** [ǽtləs] *n.* **1** 地図書; 図解書, 図鑑. **2**〘医〙載域(ㄙ)《第1頸椎(ㄙ)》, 環椎. **3** (A~)〘ギ神〙アトラス《天を双肩におわされたという神》; 重荷[重責]をになう人, 大黒柱. **4** (A~)〘米〙水爆弾頭をつけた大陸間弾道ミサイル.
~ folio 〘製本〙大形二つ折り判《約41×64cm》. **~ grid** 航空写真の罫線(ㄙ). **A~ Mountains, the** アフリカ北西部の山脈.

atm. atmosphere; atmospheric.

át·man [áːtmən] *n.* **1** 息; 生命の根源; 霊魂. **2** (A~) 大我, 宇宙我. [< Sans.]

at·mól·o·gy [ætmálədʒi/-mɔ́l-] *n.* 水蒸気学.

at·mól·y·sis [ætmálisis/-mɔ́l-] *n.* 〘化〙透壁分気法.

at·móm·e·ter [ætmámitər/-mɔ́m-] *n.* 蒸発計.

‡**át·mos·phere** [ǽtməsfiər] *n.* **1** 大気; 天体を包むガス体. **2** 気圧《圧力の単位. 1気圧は1013ミリバール》. **3** ふんい気, 気分, 四囲の状況: a tense ~ 緊迫した空気. **4** 《芸術作品の》風格, 風韻; 《場所・風景などの》情調, 情趣.

‡**àt·mos·phér·ic** [ætməsférik], **-i·cal** [-(ə)l] *a.* **1** 大気(中)の; 気圧の. **2** ふんい気の, 情調の.
~ depression 低気圧. **~ discharge** 〘電〙空中放電. **~ disturbance** 〘電〙《空電のための》空中障害. **~ pressure** 気圧.
◇ **àt·mos·phér·i·cal·ly** *ad.* **àt·mos·phér·ics** *n. pl.* 〘電〙空電, 空中障害(による雑音).

ATO Air Transportation Office 空輸事務所.

át·oll [ǽtɑl, ətál/ǽtɔl, ətɔ́l] *n.* 環礁, 環状サンゴ島.

‡**át·om** [ǽtəm] *n.* **1** 原子. **2** 微分子, みじん; 微量. ***break to ~s*** 粉みじんに砕く. ***not an ~ of*** …が少しもない [a-⁴+√tom- 分割できない]
~ bomb 原子爆弾. **~-bomb** [-bàm/-bɔm] 原子爆弾で攻撃する. **~-frée** 原爆禁止区域の. **~ gun** 原子砲. **~s-for-péace** 原子力平和利用の: an ~*s-for-peace* conference. **~ smasher** =cyclotron.

‡**a·tóm·ic** [ətámik/-tɔ́m-], **-i·cal** [-(ə)l] *a.* **1** 原子の; 原子力による. **2** 極小の, 極微の.
A~ Age, the 原子力時代. **~ bomb** 原子爆弾. **~ clock** 原子どけい. **~ cocktail** 〘俗〙がん治療用の放射性内服薬. **~ disease** 原子病. **~ energy** 原子エネルギー. **A~ Energy Commission** 〘米〙原子力委員会. **~ explosion** 核爆発. **~ fission** 原子核分裂. **~ fusion** 原子核融合. **~ nucleus** 原子核. **~ number** 原子番号. **~ pile** 原子炉. **~ (power) generation** 原子力発電. **~ ship** 原子力船. **~ submarine** 原子力潜水艦. **~ theory** [**hypothesis**] 原子論. **~ valence** 原子価. **~ warfare** 原爆戦. **~ warhead** 原子弾頭. **~ weapon** 原子兵器. **~ weight** 原子量. ◇ **a·tóm·i·cal·ly** *ad.*

àt·o·míc·i·ty [ætəmísiti] *n.* 〘化〙原子数[価].

a·tóm·ics [ətámiks/ətɔ́m-] *n. pl.* 《単数扱い》原子(科)学.

át·om·ism [ǽtəmiz(ə)m] *n.* 原子論[説]; 〘哲〙原子論. ◇ **-ist** *n.* **àt·om·ís·tic** [ætəmístik] *a.*

át·om·ize [ǽtəmàiz] *vt.* **1** 原子化する. **2** 〘俗〙原爆で破壊する. **3** みじんにする; 〈液体を〉霧に吹く, 噴霧する. ◇ **-iz·er** [-ər] *n.* 噴霧器《香水などの》. **àt·om·i·zá·tion** [ætəmizéiʃ(ə)n/-maiz-] *n.*

át·o·my[1] [ǽtəmi] *n.* **1** 原子, 微小物. **2** 一寸法師, 小人.

át·o·my[2] *n.* 〘古〙骸骨(ㄙ), やせっこけ. [< an*atomy*]

a·tón·a·ble [ətóunəbl] *a.* 償いうる, あがなうことのできる.

a·tón·al [eitóun(ə)l, æt-/æt-, ət-] *a.* 〘楽〙無調の. ◇ **~·ism** *n.* **~·ly** *ad.* **a·tòn·al·ís·tic** *a.*

à·to·nál·i·ty [èitonǽliti/æto-] *n.* 〘楽〙無調性; 無調形式.

a·tóne [ətóun] *vi.* 償う, あがなう, 罪滅ぼしをする《を, の *for*》. —— *vt.* **1** 償う. **2** 〘古〙和解させる.

a·tóne·ment [ətóunmənt] *n.* 償い, 罪滅ぼし; (the A~)〘宗〙《キリストの》贖罪(ㄙ). ***make ~ for*** を償う, をあがなう.

a·tón·ic [ətánik/ætɔ́n-, ə-] *a.* **1** 《語・音声の》アクセントのない, 無強勢の; 無抑揚の. **2** 〘医〙アトニーの, 無活力の, 弛緩(ㄙ)した; 無気力の. —— *n.* アクセントのない語[音節].

át·o·ny [ǽtəni] *n.* 〘医〙アトニー, 無活力, 弛緩.

a·tóp [ətáp/ətɔ́p] *ad., prep.* (…の)頂上[てっぺん]に.

-a·tor [-èitər] *suf.* 「…する人・物」の意: radi*ator* 放熱[暖房]器 < radiate 放射[放熱]する. avi*ator* 飛行士 < aviate 飛行する. → -or¹. 〈注〉発音は cre*ator* [kriéitər], conspir*ator* [kənspírətər] など, 直前の音節の強弱により, 多少の例外がある.

-a·to·ry [-ətɔ̀ːri/-ətəri] *suf.* **1**「…の傾向ある, …的」の意の形容詞をつくる: damn*atory* のろいの < damn のろう. **2**「…する場所」の意の名詞をつくる: labor*atory* 実験室 < labor 働く. lav*atory* 洗面所 < lava- < √lau- 洗う.

àt·ra·bíl·ious [ætrəbíljəs] *a.* 憂うつ(そう)な, むっ

つりとした, 気むずかしい. ◇ ～·**ness** *n.*

a·trém·ble [ətrémbl] *ad.* ぶるぶる震えて.

A·treus [éitru:s, -triəs/-tr(i)u:s] *n.* 〘ギ神〙アトレウス《Agamemnon と Menelaus の父》.

a·tríp [ətríp] *ad.* 《いかりが》まさに海底を離れようとして; 《帆が》まさに風をはらもうとして.

á·tri·um [éitriəm/á:-, éi-] *n.* (*pl.* **-a** [-triə]) **1** 〘建〙《古代ローマ建築の》中庭; 《初期・中世キリスト教会堂の》中坪. **2** 〘医〙心房, 心耳. **3** 〘動〙腔(こう).

a·tró·cious [ətróuʃəs] *a.* **1** 極悪(非道)な, 残虐な. **2** 〘話〙ひどく悪い, 《趣味が》俗悪な, ひどい.
◇ ～·**ly** *ad.* 残虐に; 〘話〙ひどく. ～·**ness** *n.* 極悪, 残虐.

a·tróc·i·ty [ətrásiti/-trós-] *n.* **1** 極悪, 凶暴, 残虐(行為). **2** 〘話〙めちゃくちゃなこと, 大しくじり.

át·ro·phied [ǽtrəfid] *a.* 《機能が》萎(な)えた, 衰退した; 《才能などが》衰えた.

át·ro·phy [ǽtrəfi] *n.* **1** 〘医〙萎縮(いしゅく), やせ衰え. ↔hypertrophy. **2** 〘生〙成長停止, 発育不能; 《機能の》減退, 衰退. —— *vt., vi.* 萎縮する〔させる〕.
◇ **a·tróph·ic** [ətráfik/-tró-] *a.*

át·ro·pine [ǽtrəpi:n], **-pin** [-pin] *n.* 〘化〙アトロピン《ベラドンナからとる有毒物質》.

át·ro·pism [ǽtrəpiz(ə)m] *n.* アトロピン中毒.

At·ro·pos [ǽtrəpàs/-pɔs] *n.* 〘ギ神〙アトロポス《運命の三女神のうちの一神. 生命の糸を断ち切る》.

ATS Automatic Train Stop; Auxiliary Territorial Service 〘英〙女子国防軍《1941年編制され, のち WRAC の一部となる》. **A.T.S.** American Temperance Society; American Tract Society; American Transport Service. **att., atty** attorney.

át·ta·bòy [ǽtəbɔ̀i, ⌐−⌐] *int.* 〘米〙でかした!, いかすぞ!, すごいぞ!, そら行け! 《That's the boy! のなまったもの》. →attagal.

‡**at·tách** [ətǽtʃ] *vt.* **1** 付ける, 取り付ける; 張り付ける. **2** 所属させる, (一時的に) 配属する; 添付する. **3** 付与する, 与える: ～ significance *to* a gesture 身ぶりに意味づけをする. **4 愛着させる**, なつかせる: try to ～ a boy *to* oneself by giving him sweets 菓子をやって子どもを手なずける. **5** 〘法〙拘引する; 〘法〙差し押える. —— *vi.* 付着する, つきまとう《に *to*》; 所属する《に *to*》. ↔ detach.
～ importance to に重きをおく. ***～ oneself to*** に加入する; に愛着する, を慕う. ***be ～ed to*** に愛着〔愛情〕をもつ, をかわいがる; に付属する: The child *is* deeply *～ed to* its foster parents. 子どもは育ての親に非常になついている. a hospital *～ed to* a university 大学付属の病院. ◇ ～·**a·ble** *a.*

at·ta·ché [æ̀təʃéi, ətǽʃei/ətǽʃei] F. *n.* 《大使・公使の》随行員; 大使〔公使〕館員. ***commercial ～*** 商務官. ***military*** 〔***naval***〕 ～ 大使〔公使〕館付き陸〔海〕軍武官.
～ **case** 小型書類入れ手さげかばん.

at·tách·ment [ətǽtʃmənt] *n.* **1** 付着, 取り付け. **2** 取り付け用具, 留め具. **3** 付属品, 付属備品, アタッチメント. **4** 愛着, 執着《への *for, to*》. **5** 〘法〙拘引(状), 差し押え(状).

‡**at·táck** [ətǽk] *vt.* **1** <敵・人の身体・主義・言動などを> **攻撃する**, 襲う. **2** <病気などが人を> 襲う, 冒す; <風雨などが物を> 侵す, 腐食する. **3** <仕事などに> **着手する**: ～ house-cleaning 家のそうじに勢いよく取りかかる. ***be ～ed with*** a disease (病気)にかかる. —— *n.* **1 攻撃**, 非難《に対する *against, on*》. **2 発病**. **3** 着手. **4** 発声法. ***have an ～ of*** に襲われる, <病気>にかかる. ***make an ～ on*** を攻撃する. ～ **carrier** 攻撃用空母. ◇ ～·**a·ble** *a.*

át·ta·gàl [ǽtəgæ̀l, ⌐−⌐], **át·ta·gìrl** [ǽtəgə̀:rl, ⌐−⌐] *int.* 〘米俗〙すごいぞ!, すてきだ! 《That's the girl! のなまり》. →attaboy.

‡**at·táin** [ətéin] *vt.* **1** <場所・位置などに> **達する**, 到達する. **2** <目的・目標を> **達成する**, に達する; <名声・富などを> 獲得する, 手に入れる. —— *vi.* 達する《に *to, unto*》. [ad-+√ta(n)g- に+触れる]
◇ ～·**a·ble** *a.* ～·**a·ble·ness** *n.* **at·tàin·a·bíl·i·ty** [ətèinəbíliti] *n.*

at·táin·der [ətéindər] *n.* 〘法〙私権喪失, 権利剝奪(はくだつ); 不名誉.

at·táin·ment [ətéinmənt] *n.* **1** 達成, 到達. **2** 達しえたもの, 才芸; (しばしば *pl.*) 学識, 才能, 造詣(ぞうけい): a man of varied ～*s* 多芸多才の人.

at·táint [ətéint] *vt.* **1** 〘法〙の私権を剝奪(はくだつ)する. **2** <名誉を> 汚す. —— *n.* 汚名, 汚辱.

át·tar [ǽtər] *n.* バラ油 (= ～ of roses); 《一般的》花から採った香水〔油〕.

at·tém·per [ətémpər] *vt.* **1** 和らげる, 緩和する《混ぜ物などによって》; <感情などを> なだめる, 静める. **2** 調節する, 合わせる《に *to*》. **3** の温度をかげんする. **4** <鉄などを> 鍛える.

‡**at·témpt** [ətémpt] *vt.* **1 試みる**, 企てる《*to* (do); (do)*ing*》. **2** <人命・要塞(ようさい)などを> ねらう, 襲う. —— *n.* **1** 試み, 企図《*to* (do), *at* a thing》. **2** 攻撃. **3** 〘法〙未遂: ～ *at* murder 殺人未遂. ***make an ～ on*** a person's life (人命)を奪おうと企てる. [ad-+√tempt- に+触れる]
◇ ～·**er** *n.* 〔類〕→ **try**「試みる」

‡**at·ténd** [əténd] *vt.* **1 に出席する**: ～ a lecture 聴講する. ～ school 授業に出る. ～ a wedding 結婚式に列席する. **2 に伴う**: a cold *～ed with* fever 熱を伴うかぜ. **3** <君主などに> 随行する, に仕える. **4 の世話をする**, <病人を> 看護する; <顧客に> 応対する: The nurse will ～ the patient. 看護婦が患者の世話をする. **5** に注意する, 大切にする: ～ one's health 健康に気をつける.
—— *vi.* **1 出席する**《に *at*》: He does not ～ regularly *at* the court. 彼は毎回は法廷に出席しない. **2** かしずく, 仕える《に *on, upon*》. **3 注意する**, 世話をする《に, の *to*》: ～ *to* a sick person. **4** 耳を傾ける《に *to*》: ～ *to* a speaker. **5 精を出す**《に *to*》: ～ *to* one's work.
be ～ed by を供に従える, を伴う; に仕えられる, の世話を受ける. ***be ～ed with*** を伴う《付帯条件・結果などとして》. ***be well*** 〔***badly***〕 ***～ed*** 出席〔参会〕者が多い〔少ない〕. [ad-+√tend- に+向かっていく]
〔類〕→ **accompany**「伴う」

‡**at·ténd·ance** [əténdəns] *n.* **1 出席** (状況), 出勤 (状況), 参会, 参列, 列席《への *at*》. **2** 《集合的》**出席者**, 列席者, 会衆: a large 〔small〕 ～ 多くの〔少ない〕参会〔出席〕者. **3 付き添い**, 看護; 世話. **4** サービス(料): ～ included 《ホテルなどで》サービス料込み. →動詞 attend.
be in ～ on に付き添う, に仕える. ***dance ～ on*** …のきげんをとる. ***give good ～*** よいサービスをする. ***medical ～*** 医療. ～ **book** 出勤簿.

‡**at·ténd·ant** [əténdənt] *a.* **1 付き添いの**, お供の: an ～ nurse 付き添いの看護婦. **2** 出席の, 列席の. **3 付随の**, 付帯の《に *on, upon*》: ～ circumstances 付帯状況.
—— *n.* **1** 付添人, 看護人; 随行員, 従者. **2** 列席者, 出席者. **3** 随伴物.

‡**at·tén·tion** [əténʃ(ə)n] *n.* **1 注意**, 留意; 注意力. **2** 手当; 《顧客への》応対. **3** 配慮, 心づくし, 親切, 世話: Children always want some ～. 子どもはいつもなにかかまってもらいたがるものだ. **4** (通例 *pl.*) 《特に相手の婦人に対する》いんぎん, 心づかい, 求愛. **5** 〘軍〙気をつけの姿勢. →動詞 attend.
arrest 〔***attract, draw***〕 ～ 注意を引く《に *to*》. ***A～!*** [ətènʃʌ́n] 〘軍〙《号令》気をつけ! 《略 'Shun [ʃʌn]!》. ***A～, please!*** みなさまに申しあげます. ***call*** a person***'s ～*** (人)の注意を促す《に *to*》. ***call away the ～*** 注意をそらす. ***come to*** 〔***stand at***〕 ～ 〘軍〙気をつけの姿勢をとる. ***devote*** one***'s ～ to***

に専心する. ***give*** [***pay***] **～ *to*** に注意する. ***May I have your* ～?** ちょっとおじゃましますが《用務中の相手などに対して》. ***pay* one's ～*s to*** に対していんぎんを尽くす. ***receive immediate* ～** すぐ手当〔処置〕を受ける. ***with* ～** 注意して, 丁寧に.
◇ **～-gèt·ting** *a.* 人の注意を引く.

‡at·tén·tive [əténtiv] *a.* **1** 注意ぶかい, 細心の《に *to*》: be ～ *to* one's interests 利にさとい. **2** 傾聴する《に *to*》. **3** 気をつかう, 思いやりのある, 丁重な《に *to*》. ◇ ***～·ly** *ad.* **～·ness** *n.*

at·tén·u·ant [əténjuənt] *a.* 薄める, 希薄にする. **——** *n.* 希釈剤.

at·tén·u·ate [əténjuèit] *vt.* 希薄にする, 薄くする; 弱める, 細くする, 減らす. **——** *vi.* 希薄になる; 弱まる, 細くなる, 減ずる. **——** [əténjuit] *a.* **1** 希薄な; 薄い, 弱い, 細い. **2**〘植〙漸先形の, 先細の.
◇ **-a·tor** [-èitər] *n.*〘電〙減衰器. **at·tèn·u·á·tion** [ətènjuéiʃ(ə)n] *n.* 希薄化; 衰弱, 減少; 《水流・電圧などの》減衰; 低下.

at·tést [ətést] *vt.* **1** (…の真実であることを) 立証する, 証言する: ～ (the truth of) a statement. **2** の証拠となる, 明示する: His works ～ his industry. 仕事を見れば彼の勤勉さがわかる. **3** 〈人に〉誓わせる. **——** *vi.* 証言する《を *to*》; 証人になる《の *to*》. [√test-]
◇ **～·er, at·tés·tor** [-ər] *n.* 証人.

àt·tes·tá·tion [ætestéiʃ(ə)n] *n.* 証明, 立証, 証言; 証明書, 証拠, 宣誓; 認証《天皇による官吏の任免などの》.

Att. Gen. Attorney General.

‡át·tic [ætik] *n.* **1** 屋根裏. **2** (㊎ しばしば *pl.*) 屋根裏べや.

attic ②

At·tic [ætik] *a.* **1** 《古代ギリシアの》Attica (風)の; アテネ(風)の. **2** 古典的な, 典雅な. **——** *n.* アチカ人, アチカ語.
～ faith 堅い信義. **～ order**〘建〙《角柱を用いた》アチカ式. **～ salt** [**wit**] 上品なしゃれ, 機知.

At·ti·ca [ætikə] *n.* アチカ《古代ギリシア南東部の一地方. 首都 Athens》.

At·ti·cism [ætisìz(ə)m] *n.* **1** アチカ風. **2** アチカ式語法; 典雅なことばづかい. **3** アチカ〔アテネ〕びいき.

At·ti·cize [ætisàiz] *vt., vi.* アチカ風にする〔なる〕.

At·ti·la [æt(i)lə] *n.* アッチラ大王《Huns の王. 5 世紀前半にアジアからヨーロッパへ侵入した》.

at·tíre [ətáiər] *n.* **1** 服装, 衣装, 装い; 《特に》盛装, 美服. **2** シカの角. **——** *vt.* **1** に着せる, に盛装させる, 着飾る. **2** 装う, 整える: with her hair neatly ～*d* 髪をさっぱりと結って. **～ *oneself in*** を着る. ***be* ～*d in*** を身にまとっている, を着ている.

‡át·ti·tude [ætit(j)ù:d/-tju:d] *n.* **1** 《人・物などに対する》態度, 心構え. **2** 姿勢, 身構え, 挙動. **3**〘空〙飛行姿勢. **4**〘バレー〙アティチュード《片足で立ち他の足をうしろにあげるポーズ》. →arabesque.
strike an* ～** 気どったポーズをとる. ***take [***assume***] ***an* ～ *of*** の態度をとる.
◇ **àt·ti·tù·di·nár·i·an** [ˌ––ˌd(j)né(:)riən/-néər-] *n.* 気どり屋, ポーズをとる人.

àt·ti·tú·di·nize [ætit(j)ú:d(i)nàiz/-tjú:-] *vi.* もったいぶる, 気どる, ぶる. ◇ **-niz·er** *n.*

at·tórn [ətə́:rn] *vi.*〘法〙新地主を承認する. **——** *vt.* (新地主に)引き継ぐ〔渡す〕. ◇ **～·ment** *n.*

at·tór·ney [ətə́:rni] *n.* **1**〘法〙代理人 (=～ in fact);〘米〙検事 (=public ～), 弁護士 (=～ at law). **2** 《けいべつ的》法律屋, 三文代言. ***by* ～** 《委任状による》代理人をもって. ***district*** [***circuit***] **～**〘米〙地方検事. ***letter*** [***warrant***] ***of* ～** 委任状. ***power of* ～** 委任権; 委任状.
A～ General (*pl.* **A～s General, A～ Generals**) 検事総長,〘米〙法務長官.
◇ **～·dom** *n.* 《けいべつ的》代言人社会. **～·ship** *n.* ～の職, 代理権.

‡at·tráct [ətrækt] *vt.* **1** 引きつける, 引き寄せる. ↔ distract. **2** 誘引する: ～ a person's attention 人の注意を引く. **3** の気を引く; 魅惑する. ***be* ～*ed by*** に関心をもつ, に心を奪われる.
[ad-+√trah- 近くへ+引っ張る]
◇ **～·ant** *n.* 吸引物(質); 誘惑するもの. **at·trác·tor** *n.*

‡at·trác·tion [ətrækʃ(ə)n] *n.* **1** (人を)ひきつける力, 魅力, 誘惑. **2** 人をひきつける物, 呼び物. **3** 引きつけること, 吸引; 牽引(ㇰﾞﾝ);〘文〙牽引《文中のある語がほかの語の影響で数・格などが変化すること》. **4**〘物〙引力: ～ of gravity 重力. ***chemical* ～** 親和力. ***magnetic* ～** 磁力.

‡at·trác·tive [ətræktiv] *a.* **1** 人をひきつける; 魅力的な, あいきょうのある: an ～ personality 魅力ある人柄. **2** 《申し出・条件などが》関心をそそる, おもしろい: an ～ price 買いたくなるような安値. **3** 引力のある. ◇ **～·ly** *ad.* **～·ness** *n.* 魅力, よさ.

attrib. attribute; attributive(ly).

at·tríb·ut·a·ble [ətríbjutəbl] *a.* 《…に》帰する, 原因する《に *to*》; 《…の》せいである《の *to*》.

‡at·tríb·ute [ətríbjut, -bju:t] *vt.* **1** 《…に》帰する, 《…の》せいにする, 《…の》行為〔所業, 業績〕とする《の *to*》: ～ one's success *to* hard work 成功を努力の結果と考える. ～ a disaster *to* a person's imprudence 惨事の原因を人の不注意と断ずる. ～ a crime *to* a person 犯罪を人のしわざとする. **2** 属するものとする, 所有と判定する《に, の *to*》: You ～ *to* him qualities that he does not possess. あなたは彼がもってもいない性質が彼にあると思っている. **3** の出所〔起源など〕を《…の》ものと推定〔鑑定〕する《の *to*》: ～ a painting *to* an artist [a particular period] 絵をある画家の作〔ある時代のもの〕と推定する. ***be* ～*d to*** …によるものとされる; …のせいとされる; の所有とされる.
—— [ætribju:t] *n.* **1** 属性, 特質. **2** 付属物, 付きもの, 象徴. **3**〘文〙限定詞;〘論〙属性. [√tribu-]

àt·tri·bú·tion [ætribjú:ʃ(ə)n] *n.* **1** 帰すること, 帰属《への *to*》. **2** 属性. **3** 職権, 権能《の *to*》.

at·tríb·u·tive [ətríbjutiv] *a.* **1** 属性の, 属性を示す. **2**〘文〙限定詞の: an ～ adjective 限定形容詞《例: a *black* cat の black》. **——** *n.*〘文〙限定詞. ◇ **～·ly** *ad.* 属性的に; 限定詞として.

at·tríte [ətráit], **at·trít·ed** [-id] *a.* 摩滅した.

at·trí·tion [ətríʃ(ə)n, æ-] *n.* **1** 摩滅, 摩損; 消耗. **2**〘宗〙不完全な悔悟. ***war of* ～** 消耗戦, 持久戦. [√tri-]

***at·túne** [ət(j)ú:n/ətjú:n] *vt.* **1**〘楽〙〈楽器の〉調子を合わせる, 調律する. **2** 〈心・話などを〉合わせる, の調子を合わせる. **3**〘電〙同調させる. [＜tune]

atty. attorney. **atty. gen.** attorney general.

at. vol. atomic volume.

a·twít·ter [ətwítər] *a.* 《叙述的に》興奮して, 気もそぞろで.

at. wt. atomic weight.

a·týp·ic [eitípik], **-i·cal** [-(ə)l] *a.* **1** 不定形の. **2** 定形逸脱の, 型破りの: a flower ～ *of* the species この種のものとしては異常な花.

Au *aurum* (L.=gold).

A.U. angstrom unit.

au·bade [oubá:d, ㊎+-bæd] F. *n.* 朝の曲; 朝の鳥のさえずり.

au·berge [oubéərʒ] F. *n.* 宿屋, 旅宿.

áu·burn [ɔ́:bərn] *a.* 《毛髪について》赤かっ色の, とび色の. **——** *n.* 赤かっ色.

A.U.C. *ab urbe condita* (L.=from the founding of the City) ローマ市建設の年以後〔以来〕.

Auck·land [ɔ:klənd] *n.* ニュージーランドの North Island 州北部の海港.

áuc·tion [ɔ́:kʃ(ə)n] *n.* 競売, せり売り. ***Dutch*** ～ せり下げ売り. ***public*** ～ 公売. ***put up at*** [[英] ***to***] ～ 競売に出す. ***sell*** a thing ***by*** [[英] ***at***] ～ 競売する. —— *vt.* 競売にかける, せり売りする. ～ ***off*** 競売にかけて売り払う. [√aug-]
～ **bridge** オークション ブリッジ《切り札をせり落とすトランプ遊び》.

àuc·tion·éer [ɔ̀:kʃəníər] *n.* 競売人. —— *vt.* 競売する. ～ **hammer** 競売人の小づち.
◇ ～**·ing** *n.* 競売(業).

auc·tó·ri·al [ɔ:któ:riəl/-tɔ́:r-] *a.* 著者(として)の.

aud. auditor.

au·dá·cious [ɔ:déiʃəs] *a.* 大胆な, 無鉄砲な; あつかましい. ◇ ～**·ly** *ad.* ～**·ness** *n.*

au·dác·i·ty [ɔ:dǽsiti] *n.* **1** 大胆, 豪勇. **2** あつかましさ, 厚顔. **3** (通例 *pl.*) 大胆な言動. ***have the*** ～ ***to*** (do) あつかましくも[無鉄砲にも]…する.

áu·di·ble [ɔ́:dəbl] *a.* 聞きとれる, 聞こえる, 可聴の. ～ **film** 〖米〗 発声映画. ～ **frequency** 〖電〗 可聴周波数. ◇ ～**·ness** *n.* **-bly** *ad.* **àu·di·bíl·i·ty** [ɔ̀:dibíliti] *n.* 聞きとれること, 可聴度.

‡**áu·di·ence** [ɔ́:diəns] *n.* **1** 《集合的》 **聴衆**; 観客, 《ラジオ・テレビの》 聴取[視]者; 《雑誌などの》 読者(層): a large ～ 多数の聴衆. one of the ～ 聴衆のひとり. The ～ was excited. 聴衆は興奮した. He has addressed to more than a hundred ～*s*. 彼はいままでに 100 回以上も講演した. **2** 《訴え・意見などを》聞くこと, 聴取; 聴取の[される]機会. **3** 《国王などの》 公式会見, 謁見. ***be received in*** ～ 拝謁を許される. ***give*** ～ ***to*** を聴取する; を引見する. ***have*** ～ ***of*** = ***have an*** ～ ***with*** に拝謁する. [√audi-]
～ **chamber** [**room**] 謁見室.

áu·dile [ɔ́:dil/-dail] *n.* 〖心〗 聴覚型の人.

áu·di·o [ɔ́:diòu] *a.* 〖通信〗 可聴周波の; 〖テレビ〗 音の《video に対して》; 〖教〗 聴覚の.
～ **fan** ハイファイ ファン. ～ **frequency** 可聴周波数, 低周波《略 A.F., a.f., af》.

audio- 「聴」の意の語形成要素.

àu·di·ól·o·gy [ɔ̀:diálədʒi/-ɔ́lə-] *n.* 〖医・ろう教育〗 聴能学, オーディオロジー. ◇ **-gist** *n.*

àu·di·óm·e·ter [ɔ̀:diámitər/-diɔ́m-] *n.* 聴力計, オーディオメーター; 音響測定器, 音波計.
◇ **-try** [-mitri] *n.* 聴力[音波]測定.

áu·di·o·phile [ɔ́:diofàil] *n.* ハイファイ愛好者.

áu·di·o·vís·u·al [ɔ́:diouvíʒuəl/-vízjuəl,-ʒuəl] *a.* 視聴覚の: ～ aids 視聴覚教育用具《映画・ラジオ・テレビ・レコード・写真・スライド・模型など》.

áu·di·phone [ɔ́:difòun] *n.* 補聴器, 聴音器.

áu·dit [ɔ́:dit] *n.* **1** 会計検査. **2** 決算(書), 清算(書). —— *vt., vi.* **1** (の)会計検査する. **2** 〖米〗 ‹大学の講義を› 聴講する. ～ **ale** 〖英: 大学〗(強い)ビール.

au·dí·tion [ɔ:díʃ(ə)n] *n.* **1** 聴力, 聴覚; 聴取. **2** 《声楽家・芸能人の》 試聴, 音声テスト, オーディション. —— *vt.* の音声テストを行なう. —— *vi.* 音声テストを受ける. [√audi-]

áu·di·tive [ɔ́:ditiv] *a.* 〖稀〗 聴覚の, 耳の.

áu·di·tor [ɔ́:ditər] *n.* (*fem.* **áu·di·tress** [ɔ́:ditris]) **1** 会計検査官, 監査役. **2** 聞き手, 傍聴者; 〖米〗 聴講生. ◇ ～**·ship** *n.* ～の職[地位]. **àu·di·tó·ri·al** [ɔ̀:ditó:riəl/-tɔ́:r-] *a.* 会計検査(官)の.

***àu·di·tó·ri·um** [ɔ̀:ditó:riəm/-tɔ́:r-] *n.* (*pl.* **-ums, -a** [riə]) **1 観客**[**聴衆**]**席**, 傍聴席. **2** 〖米〗 **講堂**, 大教室; (公)会堂. [√audi-]

áu·di·to·ry [ɔ́:ditò:ri/-t(ə)ri] *a.* 耳の, 聴覚の. —— *n.* 聴衆(席), 会衆(席).
～ **canal** 〖医〗 耳道. ～ **nerve** 聴覚神経.

Au·du·bon [ɔ́:dəbàn/-bɔn] *n.* John James ～, 1785?–1851, アメリカの博物学者《北アメリカの鳥についてその生態を描き, 書を著わした》.

au fait [ouféi] F. 精通して. ***be*** ～ ***in*** [***at***] に精通している. ***put*** a person ～ ***of*** (人を)…に精通させる.

Auf·klä·rung [áufklɛ(:)ruŋ/-klɛər-] G. *n.* 啓蒙(けいもう), 啓蒙思潮[運動]《特に18世紀の》.

au fond [oufɔ̃:] F. (=at the bottom) 根底は, 実際は.

auf Wie·der·seh·en [auf-ví:dərzèiən] G. さようなら, ではまた.

Aug. August.

Au·gé·an [ɔ:dʒí:ən] *a.* 〖ギ神〗 (Elis の王) Augeas の; 不潔な. ～ **stables** オージーアス王の牛舎《3,000頭の牛を飼いながら30年間そうじしなかったのを, Hercules が川の水を引いてきて1日で清掃したという》.

áu·gend [ɔ́:dʒend] *n.* 〖数〗 被加算数[量].

áu·ger [ɔ́:gər] *n.* らせん形きり, 掘削きり.

auger

aught[1] [ɔ:t] *n.* 〖古〗 何か, 何でも (anything). ***for*** ～ ***I care*** 私に関するかぎりでは; いずれにせよ. ***for*** ～ ***I know*** 私の知っているかぎりでは; おそらく. ***if*** ～ ***there be*** たとえ(いくらか)あっても.
—— *ad.* 〖古〗 少しも; どのみち, とにかく.

aught[2] *n.* 〖俗〗 零, ゼロ.

áu·gite [ɔ́:dʒait] *n.* 〖鉱〗 輝石.

aug·mént [ɔ:gmént] *vt.* **1** 増す, 増大する. **2** 〖文〗に接頭母音をつける《ギリシア語・サンスクリット語などで動詞の過去形をつくるために》; 〖楽〗 増音する.
—— *vi.* 増す, 増大する. ～***ed interval***(***s***) 〖楽〗 増音程.
—— [ɔ́:gment/-mənt] *n.* **1** 増大. **2** 〖文〗《動詞の過去形の》 接頭母音. [√aug-]
[類] → **increase** 「増す」

àug·men·tá·tion [ɔ̀:gmentéiʃ(ə)n] *n.* **1** 増加, 増大; 増加率. **2** 増加物, 付加物. **3** 〖楽〗 増音.

aug·mén·ta·tive [ɔ:gméntətive] *a.* **1** 増加する, ふえる, 増大性の. **2** 〖言〗 拡大的. —— *n.* 〖言〗 拡大辞《意義を拡大・強調する接辞》.

au grand sérieux [F. ogrɑ̃serjø] F. (=in all seriousness) 大まじめに.

au gratin [ougrá:tn, -grǽtn/-grætǽ(ŋ), -tæŋ] F. グラタン式に [の]《チーズやパン粉をまぶしてキツネ色に焼きつけた》.

Augs·burg [ɔ́:gzbə:rg] *n.* 西ドイツ南部バベリア (Bavaria) 地方の都市.

áu·gur [ɔ́:gər] *n.* 《古代ローマの》 卜占(ぼくせん)官; 《一般的》 占い者, 予言者. —— *vt., vi.* **1** 占う, 予言する. **2** 前兆を示す, 前触れとなる《の *for*》. ～ ***well*** [***ill***] 吉兆[凶兆]を示す, 縁起がよい[悪い]: It ～*s* ***well*** for the enterprise. その事業の前途は明るい. He ～*s* ***ill*** for my plan. 彼は私の計画はうまくゆかないと言う.
◇ **áu·gu·ral** [ɔ́:gjurəl] *a.* 占いの, 予言の; 前兆の.
áu·gu·ry [ɔ́:gjuri] *n.* 占い, 予言, 占い儀式; 前兆.

au·gúst [ɔ:gʌ́st] *a.* **1** 威厳ある, 威風堂々たる. **2** おそれおおい; 尊敬すべき. ◇ ～**·ly** *ad.* ～**·ness** *n.*

†**Au·gust** [ɔ́:gəst] *n.* 8 月.

Au·gús·tan [ɔ:gʌ́st(ə)n] *a.* **1** ローマ皇帝 Augustus の, Augustus 時代(式)の. **2** 文芸全盛期の, 古典主義の. —— *n.* 文芸全盛期の文学者.
～ **Age, the** アウグスツス時代; 文芸全盛期《ラテン文学では紀元前27年から紀元14年まで, 英文学では18世紀の前半の Anne 女王時代をいう》.
～ **Confession, the** アウグスブルクの信仰告白文《1530年にドイツの Augsburg で Luther と Melanchthon が発表した》.

Au·gus·tìne [ɔ́:gəstì:n, əgʌ́stin/ɔ:gʌ́stin] *n.* **1**

(St. ～) 聖アウグスティヌス, 354-430, 初期キリスト教会の指導者・哲学者・神学者. **2** (St. ～)? -604, イギリスに布教したローマの宣教師；最初の Canterbury 大主教.

Au·gus·tín·i·an [ɔ̀ːgəstíniən] *n.* St. Augustine の教義信奉者, アウグスティヌス教派の僧. —— *a.* アウグスティヌス(教派)の.

Au·gús·tus [ɔːgʌ́stəs, əg-] *n.* アウグスツス, 63 B.C. - A.D. 14, ローマ帝国の初代皇帝.

au jus [ou(d)ʒúːs] F. 〘肉に〙その焼きじるをかけて.

auk [ɔːk] *n.* 〘鳥〙ウミガラス類.

áuk·let [ɔ́ːklit] *n.* 〘鳥〙ウミスズメ.

au lait [ouléi] F. 牛乳[ミルク]入りの.

áuld lang sýne [ɔ́ːld-læŋ-sáin] Sc. (=old long since, the good old days) 過ぎ去った日, なつかしい昔. ***Auld Lang Syne*** スコットランドの詩人 Robert Burns の詩の題名《日本の「ほたるの光」の原歌》.

áu·lic [ɔ́ːlik] *a.* 宮廷の.
A～ Council 〘史〙神聖ローマ帝国枢密院.

àu·mil·dár [ɔ̀ːmildáːr, ⸗ー⸗] *n.* 原住民の徴税吏〔支配人〕. [<Hind.]

au na·tu·rel [F. onatyrɛl, (英)⁺ounætjurél] F. 自然のままの；なまのままで；裸の；あっさり料理した.

†**aunt** [ænt/ɑːnt] *n.* **1** おば《伯母または叔母》. **2** 《年長の婦人を呼んで》おばさん. ↔ uncle.
A～ Sally 〘英〙パイプ落とし《市(いち)の日などの人出の場所で木製の女の口にパイプをくわえさせたのを棒を投げて落とす遊戯》.

áunt·ie, áunt·y [ǽnti/ɑ́ːnti] *n.* おばちゃん《aunt の小児語》.

au pied de la lettre [oupjéidəlɑːlét(ə)r] F. (=to the letter) 文字〔字義〕どおりに.

áu·ra [ɔ́ːrə] *n.* (*pl.* **～s, áu·rae** [-riː]) **1** 発散気；《植物などの》香気；《心霊術・催眠術の》霊気. **2** (独特な) 気風, 風趣；ふんい気. **3** 〘電〙《先端放電により生じる》気流. **4** 〘医〙《ヒステリー・てんかんなどの》前兆. **5** (A～) 〘ギ神〙微風の女神.

áu·ral¹ [ɔ́ːrəl] *a.* 耳の, 聴覚の. ≒ oral.
～ surgeon 耳科医.

áu·ral² *a.* 発散気の；霊気の.

áu·re·ate [ɔ́ːriit, -èit] *a.* 金色の, 金色に輝く；金めっきの.

au·ré·li·a [ɔːríːliə] *n.* 〘古〙《おもにチョウの》さなぎ；「〘動〙ミズクラゲ.

au·ré·li·an [ɔːríːliən] *a.* aurelia の；Aurelius の. —— *n.* 〘英〙こん虫研究者〔採集家〕(lepidopterist) 《特にチョウ・ガの》.

Au·ré·li·us [ɔːríːliəs] *n.* Marcus [máːrkəs-] ～, 121-180, ローマ皇帝・哲学者.

au·ré·o·la [ɔːríːələ/-ríəl-] =aureole.

áu·re·ole [ɔ́ːriòul] *n.* **1** 天上の宝冠《殉教者が天上において神より受ける》；後光, 光輪《絵画中の聖者の頭部の光の輪》. **2** 〘天〙《太陽・月にかかる》かさ, 光輪.

àu·re·o·mý·cin [ɔ̀ːriomáisn/-sin] *n.* 〘生・薬〙オーレオマイシン《抗生物質の一種》.

au revoir [òurəvwáːr, (米)⁺-vwɔ́ːr] F. (=till we meet again) ではまた, さようなら.

áu·ric [ɔ́ːrik] *a.* 金の, 金を含む；〘化〙第二金の.

áu·ri·cle [ɔ́ːrikl] *n.* **1** 〘医〙外耳, 耳翼. **2** 〘医〙《心臓の》心耳. **3** 〘植・動〙耳状部. ◇ **～d** *a.* ～を有する.

au·ríc·u·la [ɔːríkjulə] *n.* (*pl.* **-las, -lae** [-liː]) **1** 〘植〙桜草の一種. **2** =auricle.

au·ríc·u·lar [ɔːríkjulər] *a.* **1** 耳の, 聴覚の. **2** 耳で聞いた〔聞く〕；耳打ちの, 耳語の. **3** 耳形の, 耳状の. **4** 〘医〙心耳の. —— *n.* (通例 *pl.*) 耳羽《鳥の耳をおおう羽毛》.
◇ **～·ly** *ad.* 耳で, 聴覚により；耳打ちに.

au·ríc·u·late [ɔːríkjulit], **-lat·ed** [-lèitid] *a.* 耳のある；耳形の.

au·ríf·er·ous [ɔːrífərəs] *a.* 金を生じる, 金を含む.

áu·ri·form [ɔ́ːrifɔ̀ːrm] *a.* 耳形の, 耳状の.

áu·ri·fy [ɔ́ːrifài] *vt.* 金に変える；金色に染める.

Au·rí·ga [ɔːráigə] *n.* 〘天〙御者座.

áu·ri·scope [ɔ́ːriskòup] *n.* 検耳鏡.

áu·rist [ɔ́ːrist] *n.* 耳科医.

áu·rochs [ɔ́ːrɑks/-rɔks] *n.* (*pl.* ～) 〘古代の〙ヨーロッパ野牛.

au·ró·ra [ɔːrɔ́ːrə/-rɔ́ːrə] *n.* **1** (A～) 〘ロ神〙あけぼのの女神. **2** 暁の輝き, 曙光(しょこう)；極光.
～ australis [-ɔːstréilis] 南極光. **～ borealis** [-bɔ̀ːriǽlis, -riéil-/-bɔ̀ːriéil-] 北極光.
◇ **～l** *a.* 曙光の(ような), バラ色の；極光の(ような).

áu·rous [ɔ́ːrəs] *a.* 金の, 金を含む；〘化〙第一金の.

áu·rum [ɔ́ːrəm] *n.* 〘化〙金《金属元素. 記号 Au》. [<L.] **～ foliatum** [-fòuliéitəm] 金ぱく. **～ potabile** [-potǽbiliː] 飲用金《中世に強壮剤として用いられた》.

AUS, A.U.S. Army of the United States.

Aus. Austria; Austrian.

Ausch·witz [áuʃvits] *n.* アウシュビッツ《ポーランド南西部の町でナチのユダヤ人収容所のあった所》.

áus·cul·tate [ɔ́ːsk(ə)ltèit] *vt., vi.* 〘医〙聴診する.
◇ **àus·cul·tá·tion** [ɔ̀ːsk(ə)ltéiʃ(ə)n] *n.* **aus·cúl·ta·to·ry** [ɔːskʌ́ltətɔ̀ːri/-t(ə)ri] *a.* 聴診の.

Aus·gleich [G. áusglaiç] G. *n.* 〘史〙《1867 年に結ばれた》オーストリア・ハンガリー間の条約.

áus·pi·cate [ɔ́ːspikèit] *vt.* 〘古〙吉日を占って始める, 吉兆を確かめて始める. —— *vi.* 占う.

áus·pice [ɔ́ːspis] *n.* **1** (通例 *pl.*) 後援, 賛助, 保護. **2** 鳥占い；《鳥占いによる》前兆, 吉兆. ***under favorable ～s*** さい先よく. ***under the ～s of*** の後援で. [√au-+√spec- 鳥を+見る]

aus·pí·cious [ɔːspíʃəs] *a.* 吉兆の, 縁起のよい, さい先のよい, めでたい. ◇ **～·ly** *ad.* さい先よく, めでたく. **～·ness** *n.* 吉兆, 吉祥.

Aus·sie [ɔ́ːsi/ɔ́ːzi] *n.* 〘英俗〙オーストラリア人.

Aust. Austria; Austrian.

Aus·ten [ɔ́ːstin/ɔ́s-, ɔ́ːs-] *n.* Jane ～, 1775-1817, イギリスの女流小説家.

Aus·ter [ɔ́ːstər] *n.* 〘雅〙南風；〘古〙南国.

aus·tére [ɔːstíər/ɔs-, ɔːs-] *a.* (**-tér·er** [-tí(ː)rər/-tíər-]; **-tér·est**) **1** きびしい, 峻烈(しゅんれつ)な；近づきがたい. **2** 厳格な, 厳粛な；慎みぶかい. **3** 重々しい, 落ち着いた；まじめな. **4** 簡素な, 飾りのない：～ writing 簡勁(かんけい)な文体. **5** 質素な；耐乏の. **6** 《味覚が》しぶい, すっぱい.
◇ **～·ly** *ad.* きびしく, 質素に. **～·ness** *n.*
〔類〕→ **severe**「きびしい」

aus·tér·i·ty [ɔːstériti/ɔs-, ɔːs-] *n.* **1** きびしさ；近づきがたさ. **2** 厳格, 厳粛. **3** 重々しさ, 荘重. **4** 質素, 簡素；(通例 *pl.*) 耐乏(生活).

Aus·ter·litz [ɔ́ːstərlits] *n.* アウステルリッツ《チェコスロバキア中部の都市. 1805 年にナポレオンがオーストリア・ロシア連合軍を打ち破った所》.

Aus·tin [ɔ́ːstin/ɔ́s-, ɔ́ːs-] *n.* **1** アメリカ Texas 州の州都. **2** Alfred ～, 1835-1931, イギリスの詩人. **3** オースチン《イギリス製小型自動車の商標名》.

áus·tral [ɔ́ːstrəl] *a.* **1** 南の, 南方の, 南よりの. **2** (A～) オーストラリアの.

Austral. Australasia; Australia(n).

Aus·tral·á·sia [ɔ̀ːstrəléiʒə/-ʒ(j)ə, ɔ̀s-] *n.* 南洋州《Oceania 中オーストラリア・ニュージーランドとその付近の諸島の総称》. ◇ **～n** *a., n.* 南洋州の；南洋州人(の).

‡**Aus·trál·ia** [ɔːstréiljə/ɔs-, ɔːs-] *n.* **オーストラリア**《Oceania のイギリス連邦自治国. 正式の名は Commonwealth of ～ (オーストラリア連邦)》.

‡**Aus·trál·ian** [-n] *a., n.* **オーストラリアの**, 豪州の；オーストラリア人(の).

Aus·tri·a [ɔ́ːstriə/ɔ́s-, ɔ́ːs-] *n.* オーストリア《中央ヨーロッパの共和国》.

Aus·tri·a-Hún·ga·ry [-hʌ́ŋgəri] *n.* オーストリア・ハンガリー(Austro-Hungary)《旧連合王国》.
Aus·tri·an [ɔ́:striən/ɔ́s-, ɔ́:s-] *a.* オーストリア(人)の. —— *n.* オーストリア人.
Austro- Austria, Austrian の意の語形成要素.
Aus·tro-Gér·man [ɔ́:strodʒə́:rmən/ɔ́s-, ɔ́:s-] *a.* オーストリア・ドイツの.
Aus·tro-Hun·gár·i·an [ɔ́:strohʌŋgέ(:)riən/ɔ́strouhʌŋgέər-, ɔ́:s-] *a.* オーストリア・ハンガリーの.
Aus·tro·né·sia [ɔ̀:stroní:ʒə/ɔ̀s-, ɔ̀:s-] *n.* オーストロネシア《太平洋中南部諸島の総称》.
Aus·tro·né·sian [-ʒən] *a.* オーストロネシアの. —— *n.* オーストロネシア語族.
aut- auto- の母音の前の異形.
áu·ta·coid [ɔ́:təkɔ̀id] *n.* 〖生理〗ホルモン.
áu·tarch [ɔ́:tɑ:rk] *n.* 独裁者.
au·tár·chic [ɔ:tɑ́:rkik], **-chi·cal** [-(ə)l] *a.* 独裁の, 専制(政治)の.
áu·tarch·y [ɔ́:tɑ:rki] *n.* **1** 専制政治, 独裁権. **2** 自治. **3** =autarky.
áu·tar·ky [ɔ́:tɑ:rki] *n.* 《国内経済の》自給自足,経済自立政策. ◇ **au·tár·kic** [ɔ:tɑ́:rkik], **au·tár·ki·cal** [-(ə)l] *a.*
auth. authentic; author; authorized.
au·thén·tic [ɔ:θéntik], **-ti·cal** [-(ə)l] *a.* **1** 信ずべき, 確かな, 根拠ある. **2** 正真正銘の, ほんものの: an ～ work of Picasso ピカソの真筆. **3**〖法〗認証された;〖楽〗正格の. ◇ **au·thén·ti·cal·ly** *ad.* 確かに.
au·thén·ti·cate [ɔ:θéntikèit] *vt.* **1** 確証をたてる, (ほんものであることを)保証する. **2**〖法〗認証する. ◇ **-ca·tor** [-kèitər] *n.* 立証〔保証〕者; 認証者. **au·thèn·ti·cá·tion** [—ˌ—kéiʃ(ə)n] *n.*
àu·then·tíc·i·ty [ɔ̀:θəntísiti, -θen-] *n.* 確実性, 信憑(しんぴょう)性; 出所の確実さ, ほんものであること.
‡**áu·thor** [ɔ́:θər] *n.* (*fem.* **áu·thor·ess** [ɔ́:θəris]) **1** 著者, 作家, 著述家. **2** ある作家の著作: find a passage in an ～ ある文句をある作家の作品中に発見する. **3** 創造者, 創始者; 張本人: the ～ of mischief いたずらの張本人. ***the A～ of all being*** 造物主, 神. ***the ～ of evil*** 魔王.
—— *vt.* **1** 著作する, 著述する. **2** 発案する.
～ **catalog** 《図書館の》著者目録. **～'s alteration** 校正時原稿訂正《活字組み替え料金をとられる》. →printer's error. **～'s edition** 自費出版(本).
au·thó·ri·al [ɔ:θɔ́:riəl/-θɔ́:r-] *a.* 著者の, 作者の.
au·thòr·i·tár·i·an [əθɔ̀:ritέ(:)riən/ɔ:θɔ̀ritέər-] *a.* 権威〔権力〕主義の; 官憲主義の, 独裁主義の. —— *n.* 権威〔権力〕主義者; 官憲〔独裁〕主義者. ◇ **～·ism** *n.* 官憲〔独裁〕主義.
au·thór·i·ta·tive [əθɔ́:ritèitiv/ɔ:θɔ́ritət-] *a.* **1** 権威ある, 権威の重みのある; 信頼すべき. **2** 権威をかざす, 命令的な, 絶対的な, 厳然たる. **3** 官憲の, その筋の, 当局の. ◇ **～·ly** *ad.* 厳然と, 命令的に, 絶対的に. **～·ness** *n.*
‡**au·thór·i·ty** [əθɔ́:riti, əθɑ́r-/ɔ:θɔ́r-] *n.* **1** 権威, 権力, 威信: the ～ of a parent 親の権威. **2** 権限: have the ～ to grant permission 許可を与える権限をもつ. **3** (通例 *pl.*) 当局, 官憲, その筋. **4** 典拠, よりどころ. **5** 権威者, 大家《の *on*》; 典拠となる文書《の *of*》. **6**〖法〗判決例, 先例. ***～ies concerned*** 関係当局, その筋. ***by the ～ of*** の権威で; の許しを得て. ***exceed* one's *～*** 権限を越えた処置をする. ***have no ～ over*** 〔***with***〕に対して権威がない. ***on good ～*** 確かな筋から(の). ***on* one's *own ～*** 独断で, 自分の一存で. ***on the ～ of*** をよりどころとして. ***the proper ～ies*** 関係官庁, 当局. ***under the ～ of*** の支配〔権力〕下に. ***with ～*** 権威をもって, 厳然と.
〔類〕→ **power**「権力」
áu·thor·ize [ɔ́:θəràiz] *vt.* **1** に権限を与える, に委任する. **2** 公認する, 認定〔免許〕する. **3** 是認する. ◇ **-iz·a·ble** [-əbl] *a.* **àu·thor·i·zá·tion** [ɔ̀:θ(ə)rizéiʃ(ə)n, -raiz-] *n.*
áu·thor·ized [ɔ́:θəràizd] *a.* **1** 公認の;《教科書が》検定済みの. **2** 権限〔許可〕を授けられた: an ～ agent. **A～ Version, the** 欽定(きんてい)訳聖書《1611年イギリス国王 James I の裁可によって編集・発行された英訳聖書. 略 A.V.》.
áu·thor·ship [ɔ́:θərʃip] *n.* **1** 著者〔作者〕であること; 著述業. **2** 《うわさなどの》出所, 根源, 起源. ***of unknown ～*** 作者不明の.
áu·tism [ɔ́:tiz(ə)m] *n.* 〖心〗自閉症《夢想・幻想の起こる心的状態》. ◇ **au·tís·tic** [ɔ:tístik] *a.*
áu·to [ɔ́:tou] *n.* (*pl.* **～s**)〖米話〗自動車.
～ **court** (自動車旅行者用)モーテル. ～ **graveyard** 古自動車捨て場. ～ **lift** オートリフト《自動車を持ち上げる油圧装置》. **～·màk·er** 自動車製造業者. **～·truck** [-trʌ̀k]〖米〗貨物自動車.
auto- 「自己…, 自身の, 自らの」「自動車」の意の語形成要素.
Au·to·bahn [áutobɑ̀:n, ɔ́:t-/-bɑ:n] G. *n.* (*pl.* ***-bahns***, ***-bahn·en*** [-bɑ̀:nən/-bɑ:n-]) 《ドイツの》自動車専用高速道路.
áu·to·bì·o·gráph·ic [ɔ́:tọbàiəgrǽfik], **-i·cal** [-(ə)l] *a.* 自伝的. ◇ **áu·to·bì·o·gráph·i·cal·ly** *ad.* 自叙伝風に.
àu·to·bi·óg·ra·phy [ɔ̀:tọbaiɑ́grəfi/-baiɔ́g-] *n.* 自(叙)伝. ◇ **-pher** *n.* 自叙伝筆者, 自伝作家.
áu·to·bus [ɔ́:tobʌ̀s] *n.* (*pl.* **～·es**, **～·ses** [-siz])〖米〗バス.
áu·to·cade [ɔ́:tokèid] *n.*〖米〗自動車の行進〔行列〕.
áu·to·car [ɔ́:tokɑ̀:r] *n.*〖英〗自動車.
àu·to·ca·thár·sis [ɔ̀:tokəθɑ́:rsis] *n.* 〖心〗自己浄化(法)《患者が自己の経験・印象などを書きしるすことによって無意識の心的動揺を治療する法》.
àu·to·céph·a·lous [ɔ̀:toséfələs] *a.* 《教会など》自主的な, 自主独立した.
◇ **àu·to·céph·a·ly** *n.* 自由独立.
áu·to·chrome [ɔ́:təkròum] *n.* オートクローム板《旧式のカラー写真用乾板》.
au·tóch·thon [ɔ:tɑ́kθ(ə)n/-tɔ́k-] *n.* (*pl.* **-thons**, **-tho·nes** [-θənì:z]) 土着民, 原住民; 土地原産の動植物. ◇ **～·al** *a.* =autochthonous. **～·ism** [-nìz(ə)m] *n.* 土着(性), 原産(性).
au·tóch·tho·nous [ɔ:tɑ́kθənəs/-tɔ́kθ(ə)n-], **àu·toch·thón·ic** [ɔ̀:tɑkθɑ́nik/-tɔkθɔ́n-] *a.* 土着の, 土地固有の; 原産の.
áu·to·clave [ɔ́:təklèiv] *n.* 《消毒・料理用》圧力がま. —— *vt.* 圧力がまで料理〔消毒〕する.
au·tóc·ra·cy [ɔ:tɑ́krəsi/-tɔ́k-] *n.* 独裁〔専制〕政治, 独裁権; 独裁国.
áu·to·crat [ɔ́:təkræ̀t] *n.* 独裁者, 専制君主〔者〕.
àu·to·crát·ic [ɔ̀:təkrǽtik], **-i·cal** [-(ə)l] *a.* 独裁(者)の, 独裁的な, 専制(的)の.
◇ **àu·to·crát·i·cal·ly** *ad.*
au·to-da-fé [ɔ̀:todəféi/ˌ—dɑ:ˊ] Port. *n.* (*pl.* ***au·tos-da-fé*** [-toz-])《宗教裁判の》判決宣告, その処刑; 邪教徒の火刑.
áu·to·dyne [ɔ́:tədàin] *n.*, *a.* 〖電〗オートダイン(の).
àu·to·ér·o·tism [ɔ̀:toérətiz(ə)m] *n.* 〖心〗自己発情. ◇ **àu·to·e·rót·ic** [-irɑ́tik/-rɔ́t-] *a.*
au·tóg·a·my [ɔ:tɑ́gəmi/-tɔ́g-] *n.* 〖植〗自家受精, 〖動〗自家生殖. ◇ **-mous** [-məs] *a.*
àu·to·ge·nét·ic [ɔ̀:todʒinétik] *a.* 自己発生の, 自生の.
au·tóg·e·ny [ɔ:tɑ́dʒini/-tɔ́dʒ-] *n.*〖生〗自生, 自己発生. ◇ **-nous** [-nəs] *a.*
àu·to·gí·ro [ɔ̀:todʒáirou/ˌ—dʒáiərou] *n.* (*pl.*

~s) 〖空〗オートジャイロ.

áu·to·graph [ɔ́:təgræ̀f/-grɑ:f, -græf] *n.* **1** 署名, 自署. **2** 自筆, 肉筆. **3** 自筆〔肉筆〕原稿. **4** 肉筆石版刷り. —— *a.* **1** 自筆の. **2** 署名(入り)の. —— *vt.* **1** 自筆で書く. **2** に署名する. **3** 原紙石版で複写する. ~ **album** (名士の) サイン帳.

àu·to·gráph·ic [ɔ̀:təgrǽfik], **-i·cal** [-(ə)l] *a.* 自署の, 自筆の, 肉筆の.
◇ **àu·to·gráph·i·cal·ly** *ad.* 自筆で.

au·tóg·ra·phy [ɔ:tágrəfi/-tɔ́g-] *n.* **1** 自筆書; 筆跡. **2** 原紙石版刷り.

àu·to·gra·vúre [ɔ̀:togrəvjúər] *n.* オートグラビア《写真版彫刻法の一種》.

àu·to·gý·ro =autogiro.

àu·to·hyp·nó·sis [ɔ̀:tohipnóusis] *n.* 自己催眠.
◇ **àu·to·hyp·nót·ic** [-hipnátik/-nɔ́t-] *a.*

àu·to·hýp·no·tism [ɔ̀:tohípnətiz(ə)m] =autohypnosis.

àu·to·in·féc·tion [ɔ̀:touinfékʃ(ə)n] *n.* 〖医〗自家感染.

àu·to·in·òc·u·lá·tion [-inɑ̀kjuléiʃ(ə)n/-nɔ̀k-] *n.* 〖医〗自家接種.

àu·to·in·tòx·i·cá·tion [ɔ̀:touintɑ̀ksikéiʃ(ə)n/-tɔ̀k-] *n.* 自家中毒.

áu·to·ist [ɔ́:touist] *n.* 〖米話〗自動車常用者 (automobilist).

àu·to·ki·né·sis [ɔ̀:tok(a)iní:sis] *n.* 自動運動, 自発行動. ◇ **àu·to·ki·nét·ic** [-k(a)inétik] *a.*

àu·to·li·thóg·ra·phy [ɔ̀:toliθágrəfi/-θɔ́g-] *n.* 直接石に絵をかく石版(印刷).

áu·to·mat [ɔ́:təmæ̀t] *n.* 〖米〗 **1** 自動販売飲食店. **2** 自動販売器.

au·tóm·a·ta [ɔ:támətə/-tɔ́m-] *n.* automaton の複数形.

áu·to·mate [ɔ́:təmèit] *vt. vi.* (に)オートメーションを採り入れる, 自動化する. ◇ **-mat·ed** [-id] *a.*

‡**àu·to·mát·ic** [ɔ̀:təmǽtik] *a.* **1** 自動(的)の. **2** 機械的な; 無意識的な, 習慣的な. —— *n.* 自動機械, 自動装置; 自動ピストル (=~ pistol).
~ **calling** 〖電話〗自動呼び出し. ~ **drive** [**transmission**] 《ギアチェンジ不要の》自動調整装置. ~ **operation** 自動操作. ~ **telephone** 自動電話. **A~ Train Control** 列車自動制御(装置). **A~ Train Stop** 列車自動停止装置.

***àu·to·mát·i·cal·ly** [ɔ̀:təmǽtik(ə)li] *ad.* **1** 自動的に. **2** 機械〔無意識〕的に.

àu·to·ma·tíc·i·ty [ɔ̀:təmətísiti, ㊋⁺ɔ:tɑ̀mə-] *n.* 自動性.

***àu·to·má·tion** [ɔ̀:təméiʃ(ə)n] *n.* 自動操作〔制御〕, オートメーション《機械による生産の自動化など》.

au·tóm·a·tism [ɔ:támətiz(ə)m/-tɔ́m-] *n.* 自動(作用), 自動〔機械〕的活動; 〖哲・心〗自動現象, 機械的行動; 〖生理〗自動運動《心臓の鼓動など》.

àu·to·mát·o·graph [ɔ̀:təmǽtəgræ̀f/-grɑ:f] *n.* 自動記録装置.

au·tóm·a·ton [ɔ:támətɑ̀n, -tən/-tɔ́mət(ə)n] *n.* (*pl.* **-tons, -ta** [-tə]) **1** 自動装置, 自動機械. **2** 機械的に行動する人〔動物〕, 自動人形.

au·tóm·a·tous [ɔ:támətəs/-tɔ́m-] *a.* = automatic.

áu·tome [ɔ́:toum] *n.* 〖米〗移動住宅. [<auto+home]

àu·to·méch·an·ism [ɔ̀:tomékəniz(ə)m] *n.* 自動装置.

au·tóm·e·ter [ɔ:támitər/-tɔ́m-] *n.* 自動車の速度計.

‡**áu·to·mo·bile** [ɔ́:təməbi:l, ˋ‒‒ˊ, ˋ‒móubi:l] *n.* 〖米〗自動車. —— *a.* 自動の, 自動車の: ~ (liability) insurance 自動車損害保険.
—— *vi.* 自動車に乗る〔で行く〕. [√mo(u)-]
~**-proof** [-prù:f] 自動車の通行に耐える.

àu·to·mo·bíl·ism [ɔ̀:təməbí:liz(ə)m, -móubiliz(ə)m] *n.* 〖米〗自動車運転〔使用, 旅行〕.

àu·to·mo·bíl·ist [ɔ̀:təməbí:list, -móubil-] *n.* 〖米〗自動車常用〔乗用〕者.

àu·to·mó·tive [ɔ̀:təmóutiv] *a.* 自動の, 自動推進の; 自動車の.

àu·to·nóm·ic [ɔ̀:tənámik/-nɔ́m-] *a.* **1** 自治の. **2** 〖生理〗自律の, 自律性の. **3** 〖植〗自発的な.
~ **nervous system** 自律神経系.

au·tón·o·mist [ɔ:tánəmist/-tɔ́n-] *n.* 自治論者.

au·tón·o·mous [ɔ:tánəməs/-tɔ́n-] *a.* **1** 自治の, 自主的な, 独立した; 自律の. **2** 自発的な, 自律的な.

au·tón·o·my [ɔ:tánəmi/-tɔ́n-] *n.* **1** 自治, 自治権; 自治団体. **2** 〖哲〗自律; 〖植〗自発性, 自律性: the ~ of the individual 個人の自律性. ↔ heteronomy. [√nom-]

áu·to·nym [ɔ́:tənim] *n.* **1** 本名, 実名. **2** 本名で著わした著書. [√onym-]

áu·to·phone [ɔ́:təfòun] *n.* 自動電話.

áu·to·pì·lot [ɔ́:topàilət] *n.* 〖空〗自動操縦装置.

áu·to·plas·ty [ɔ́:təplæ̀sti] *n.* 〖医〗自家組織形成術《損傷した皮膚などに本人の健康な部分を移植する法》.

àu·to·po·tám·ic [ɔ̀:topətǽmik] *a.* 《動植物が》流動淡水にのみ生息する.

áu·top·sy [ɔ́:tɑpsi, -təp-/-təp-] *n.* **1** 死体解剖. **2** 実地検証. ◇ **au·tóp·tic** [ɔ:táptik/-tɔ́p-], **au·tóp·ti·cal** [-(ə)l] *a.*

áu·to·rá·di·o·graph [ɔ́:toréidiəgræ̀f/-grɑ:f] *n.* 放射線写真《放射能物質の上に直接フイルムを置く》.

áu·to·some [ɔ́:tosòum] *n.* 《性染色体以外の》常染色体.

àu·to·sug·gés·tion [ɔ̀:tosə(g)dʒéstʃ(ə)n/-sədʒ-] *n.* 〖心〗自己暗示, 自己感応.

àu·to·tél·ic [ɔ̀:totélik] *a.* 自己目的的.

àu·to·tóx·in [ɔ̀:totáksin/-tɔ́k-] *n.* 〖医〗自家毒素.
◇ **àu·to·tóx·ic** *a.* 自家中毒の.

àu·to·trans·fórm·er [ɔ̀:totrænsfɔ́:rmər] *n.* 〖電〗単巻(たんまき)変圧器, オートトランス.

áu·to·type [ɔ́:tətàip] *n.* **1** 〖印〗オートタイプ, 単色写真版. **2** 複写, 模写.
—— *vt.* **1** オートタイプ版にする. **2** 複写する.

au·tòx·i·dá·tion [ɔ:tɑ̀ksidéiʃ(ə)n/-tɔ̀k-] *n.* 〖化〗自動〔自然〕酸化.

†**áu·tumn** [ɔ́:təm] *n.* **1** 秋, 秋季《イギリスでは8・9・10月, アメリカでは9・10・11月》. 〈注〉アメリカでは主として fall を用いる. **2** 成熟期; 凋落(ちょうらく)期, 初老期. **3** 秋の収穫.

au·túm·nal [ɔ:tʌ́mn(ə)l] *a.* **1** 秋の; 〖植〗秋咲きの, 秋に実る. **2** 初老(期)の, 人生の半ばを過ぎた, 中年過ぎの.
~ **equinox** 秋分(点). ~ **tints** 秋色, 紅葉.

áu·tun·ite [ɔ́:tənàit] *n.* 〖鉱〗リンカイウラン鉱.

aux., auxil. auxiliary.

àux·a·nóm·e·ter [ɔ̀:ksənámitər/-nɔ́m-] *n.* (植物) 生長測定器.

***aux·íl·ia·ry** [ɔ:gzíljəri, ㊋⁺-ləri, -lièri] *a.* 補助の; 予備の. —— *n.* **1** 助力者; 補助物. **2** (*pl.*)《外国よりの》援軍, 外人補助部隊. **3** 補助艦; 特務艦. **4** 〖文〗助動詞 (=~ verb). [√aug-]
~ **coins** 補助貨幣. ~ **language** 《国際的》補助言語. ~ **troops** 《外国からの》援軍.

áux·in [ɔ́:ksin] *n.* 〖生化〗オーキシン《植物生長ホルモン》.

av. average; avoirdupois. **Av.** Avenue. **A.V.** Authorized Version.

‡**a·váil** [əvéil] *vt.,vi.* (に)役に立つ; (に)利する, (に)益する: It will ~ him little or nothing. 彼に益するところはまずなかろう. Nothing ~*ed* against the storm. あらしを防ぐにはなにも力がなかった.

~ one*self* *of* =〚米話〛~ *of* を利用する, に乗じる: This is an occasion to be ~*ed of.* これは利用すべき〔つかむべき〕好機だ.

—— *n.* 利益, 効用《現在では *of, to* などとともにだけ用いる》. ***be of*** ~ 役に立つ. ***be of no*** 〔***little***〕 ~ 全く〔ほとんど〕役に立たない. ***to little*** ~ = ***without*** ~ 無益に. 〔√val-〕

‡a·vái·la·ble [əvéiləbl] *a.* **1 利用できる**, 役に立つ, 有効な《に *for, to*》: a train ~ *for* second-class passengers 二等客用列車. tickets ~ on the day of issue 発行当日限り有効の切符. 〈注〉 available ① は useful と同意ではない. 物が useful であっても, 手近になく実際に利用できなければ available とはいえない. **2 手にはいる**, 入手〔利用〕可能な: ~ facilities 利用可能な施設. employ all ~ means 百方手を尽くす. **3**《人が仕事などに》乗り出すことができる; 手があいている, 暇がある; 面会〔面談〕の暇がある; 《婦人が》結婚相手が決まっていない: He is not ~ for the job. あの人には (ほかに仕事があって) この仕事にかかってもらえない. Are you ~? お暇でしょうか, お目にかかれましょうか. **4**〚米〛《原稿など》採用価値のある. **5**〚米〛当選の見込みのある, 人気がある;〚英〛立候補の可能な.

◇ **~·ness** *n.* **a·vài·la·bíl·i·ty** [əvèiləbíliṭi] *n.*

áv·a·lanche [ǽvəlæntʃ/-lɑ:nʃ] *n.* **1** なだれ; 《弾丸・石などの》 雨あられ; 《手紙・質問などの》 殺到. **2**〚米〛負傷者運搬車. —— *vi.* 〈申し込みなどが〉殺到する; なだれ込む〔落ちる〕.

av·ant-cour·i·er [ɑ́:vɑ:ntkúriər/ǽvɑ̃:(ŋ)-] F. *n.* 先駆(者); (*pl.*) 前衛, 先鋒(ぽう).

av·ant-garde [ɑ́:vɑ:n(t)gɑ́:rd/ǽvɑ̃:(ŋ)-] F. *n.* 《芸術の》前衛, アバンギャルド. —— *a.* ~の.

áv·a·rice [ǽvəris] *n.* 強欲, 貪欲(どん), 欲ふか.

àv·a·rí·cious [ævəríʃəs] *a.* 強欲な, 貪欲な, 欲ふかな. ◇ **~·ly** *ad.* **~·ness** *n.*

a·vást [əvǽst/əvɑ́:st] *int.*〚海〛待て!, やめ!

àv·a·tár [ævətɑ́:r] *n.* **1**〚インド神話〛権化, 化身. **2** 具体化, 顕現.

a·váunt [əvɔ́:nt, ㊎⁺əvɑ́:nt] *int.*〚古〛去れ!, 行け!, 行ってしまえ!

AVC, A.V.C. American Veterans' Committee; Army Veterinary Corps.

avdp. avoirdupois.

á·ve [éivi, ɑ́:vei/ɑ́:vi] *int.* **1** ようこそ!, ごきげんよう! **2** さようなら!

—— *n.* **1** 告別, 歓送迎のことば. **2** (Ave) アベ マリア (Ave Maria) の祈り; (ave) お告げの祈りの時刻. ~ **bell** お告げの鐘 (Angelus bell).

Ave. Avenue.

A·ve Ma·rí·a [ɑ́:vi-mərí:ə/-ríə, -rí:ə] *n.* アベ マリアの祈り《聖母マリアにささげられる》.

a·vénge [əvéndʒ] *vt., vi.* (の)かたきを討つ, (の)復讐(ふくしゅう)をする: ~ one's father 〔father's wrongs〕 父のあだを討つ. ~ her *on* 〔*upon*〕 him 彼女のために彼に復讐する. → 名詞は通常 vengeance. 〈注〉 一般に avenge は「他人のあだ」を討つのに対し, revenge は自分に加えられた害に対して行なわれる. ~ one*self* ***on*** = ***be*** ~***d on*** に恨みを晴らす, に復讐する. 〔√vindic-〕

a·véng·er [əvéndʒər] *n.* 復讐者, 報復者. ***the*** ~ ***of blood*** 復讐権をもつ被害者の最近親者.

a·véng·ing [əvéndʒiŋ] *a.* 復讐の, あだ討ちの, 仕返しの.

áv·ens [ǽvinz] *n.*〚植〛ダイコンソウ属植物の俗称.

a·vén·tu·rin(e) [əvéntʃərin/-tjur-] *n.* 金なし地のガラス; 砂金石.

‡áv·e·nue [ǽvin(j)ù:/-nju:] *n.* **1 並み木道**. **2**《両側に木を植えた》玄関への道. **3**〚米〛**大通り**, 大街路. 〈注〉 アメリカの大都会では主として南北に走る通りをさし, これに対して東西の通りを street ということが多い. **4** (近づく) 道; 手段, 方法: an ~ *to* 〔*of*〕 success 成功への道. 〔ad-+√ven- 近づく〕

(類) → **road**「道」

a·vér [əvə́:r] *vt.* (**-rr-**) **1** 確言する, 断言する, 主張する. **2**〚法〛証言する. 〔ad-+√ver-〕

áv·er·age** [ǽv(ə)ridʒ] *n.* **1 平均**; 並み. **2**〚保険〛海損. ***above 〔***below***〕 ***the*** ~ 並み以上〔以下〕. ***on an*** 〔***the***〕 ~ 平均して. ***take*** 〔***strike***〕 ***an*** ~ 平均をとる. ***up to the*** ~ 平均に達して.

—— *a.* 平均の; 並みの, 普通の: the ~ Japanese 普通の〔標準的な〕日本人. —— *vt., vi.* **1** 平均する, 均分する. **2** 平均…する, 平均…になる: They ~ eight hours' work a day. 彼らは1日平均8時間働く. He ~*s* two stories a month. 彼は月に平均2作ずつ書く. The children ~*d* five feet in height. 子どもたちの平均身長は5フィートだった. ~ ***down*** 〔***out***〕《商品・株券の売買によって》利益を確保する. ~ ***out to*** 平均…に達する.

~ **clause**〚保険〛比例条項. ◇ **~·ly** *ad.*

áv·er·ag·er [ǽv(ə)ridʒər] *n.*〚商〛海損清算人.

a·vér·ment [əvə́:rmənt] *n.* **1** 断言, 言明, 主張. **2**〚法〛《事実の》申し立て, 抗弁の証言.

A·vér·nus [əvə́:rnəs] *n.* **1** アバナス〔アベルノ〕湖《イタリアのナポリ付近. 昔地獄の入り口と伝えられた》. **2**〚ロ神〛地獄.

◇ **-nal** [-n(ə)l] *a.* アバナス湖の; 地獄の.

a·vérse [əvə́:rs] *a.* 《叙述的に》 気が向かないで, 反対で《に *to, from*》, 《…するのが》いやで《*to* (do); *to* (do)*ing*》. 〔<avert〕 ◇ **~·ness** *n.*

a·vér·sion [əvə́:rʒən, -ʃən/-ʃ(ə)n] *n.* **1** 嫌悪(けんお), 反感, けぎらい《の, への *to, from, for*》. **2** きらいな物〔人〕. ***one's pet*** 〔***chief***〕 ~ 大きらいなもの.

a·vért [əvə́:rt] *vt.* **1**〈目・顔を〉そらす, そむける《から *from*》. **2**〈危険などを〉回避する, 避ける, (未然に) 防ぐ. 〔ab-+√vert-〕

◇ **~·i·ble, ~·a·ble** *a.* 避けられる, 防げる.

A·ves [éivi:z] *n. pl.*〚動〛鳥類. 〔<L.〕

A·vés·ta [əvéstə] = Zend-Avesta.

avi-「鳥」の意の語形成要素: *avi*ary 鳥小屋.

á·vi·an [éiviən] *a.* 鳥類の.

á·vi·a·rist [éiviərist, ㊎⁺-vièrist] *n.* 愛鳥家; 鳥屋.

á·vi·a·ry [éivièri/-viəri] *n.* 鳥小屋, 禽舎(きんしゃ), 鳥飼い場.

á·vi·ate [éivièit] *vi.* 飛行する.

à·vi·á·tion [èiviéiʃ(ə)n] *n.* 飛行, 航空(術). ***civil*** ~ 民間飛行. 〔√au-〕

~ **badge** 航空記章. ~ **cap** 飛行帽. ~ **corps** 航空隊. ~ **ground** 飛行場.

á·vi·a·tor [éivièitər] *n.* 飛行士〔家〕, 航空士.

~**'s ear** 高空飛行性中耳炎《気圧の変化による》.

á·vi·a·tress, -trice [éivièitris], **à·vi·á·trix** [èiviéitriks/ˊ−−−−] *n.* 女流飛行家.

á·vi·cul·ture [éivikʌ̀ltʃər] *n.* 鳥類飼養, 養禽(ようきん).

áv·id [ǽvid] *a.* 渇望する, むさぼる《を *for, of*》.

◇ **~·ly** *ad.* むさぼるように, がつがつと, 貪欲(どん)に.

a·víd·i·ty [əvíditi] *n.* 渇望, 貪欲; 《猛烈な》欲望. ***with*** ~ むさぼるように, がつがつと.

à·vi·fáu·na [èivifɔ́:nə, ˊ−ˋ−] *n.*〚動〛《一地方の》鳥類. ◇ **~l** *a.*

A·ví·gnon [aví:njɔ̃:, əvínjən] *n.* アビニヨン《南フランスの都市》.

à·vi·ón·ics [èiviɑ́niks/-viɔ́n-] *n. pl.* 《単数扱い》航空電子工学.

a·ví·so [əváizou] *n.* (*pl.* ~**s**) **1** 通報, 急送公文書. **2** 通報艦.

a·vír·u·lent [eivírjulənt] *a.* 毒性のない, 非病原性の.

a·vi·ta·min·ó·sis [eivàitəminóusis, èiviṭæmin-] *n.*〚医〛ビタミン欠乏症.

àv·o·cá·do [ævəkɑ́:dou, ɑ̀:v-] *n.* (*pl.* ~**s**)〚植〛アボカドの木; その果実《熱帯アメリカ産. 食用》.

àv·o·cá·tion [ævokéiʃ(ə)n] *n.* **1** 副業, 内職. **2**〚話〛職業, 本業. **3** 道楽 (仕事). 〈注〉 ② の意味では現在は多く vocation を用いる. 〔ab-+√voc-〕

áv·o·cet [ǽvəsèt] *n.*〚鳥〛ソリハシセイタカシギ.

‡a·vóid [əvɔ́id] *vt.* **1 避ける**, よける: *A*～ their company. あの人たちとはつきあわないようにしなさい. I cannot ～ see*ing* him. 彼に会わないわけにはいかない. I could not ～ *his* hear*ing* it. それが彼の耳にはいらないようにはどうしてもできなかった. **2**〘法〙無効にする, 取り消す. ◇ **～·a·ble** [-əbl] *a.*

a·vóid·ance [əvɔ́id(ə)ns] *n.* **1** 回避, 忌避, 逃避. **2**〘法〙取り消し. **3**《僧職などの》空位, 空席.

avoir. avoirdupois.

àv·oir·du·póis [æ̀vərdəpɔ́iz] *n.* **1** 常衡 (＝～ weight)《宝石・貴金属・薬品以外のものに用いる重量》. **2**〘米話〙ずっしり重い体重: She has put a lot of ～. 彼女はずいぶん太った.

A·von [éiv(ə)n, ǽv-] *n.* (the ～) イギリス中部を流れる川《Shakespeare の生地 Stratford はその岸にあり, Stratford-on-Avon と称される》.

áv·o·set ＝avocet.

a·vóuch [əváutʃ] *vt.* **1** 公言する, 主張する. **2** 保証する. **3** 白状する. —— *vi.* 保証する《を *for*》. [√voc-] ◇ **～·ment** *n.*

a·vów [əváu] *vt.* **1** 言明する, 公言する. **2** 認める, 白状する,〘法〙承認する. ～ one*self to be* …であると公言する〔認める〕. [√voc-] ◇ **～·a·ble** *a.*

a·vów·al [əváuəl] *n.* 公言, 言明, 白状;〘法〙承認.

a·vówed [əváud] *a.* 自認した, 公言した; 公然の: an ～ enemy 公然の敵.

◇ **a·vów·ed·ly** [əváuidli] *ad.* 公然と; 明らかに.

a·vúl·sion [əvʌ́lʃ(ə)n] *n.* **1** 引き裂き, 切り離し. **2** 分離部分. **3**〘法〙分裂《出水などにより土地が他人の所有地へ付着すること》; 分裂地.

a·vún·cu·lar [əvʌ́ŋkjulər] *a.* **1** おじの(ような). **2**〘俗〙質屋の.

‡a·wáit [əwéit] *vt.* 待つ, 待ち受ける; 〈物事が〉待っている: A hearty welcome ～*s* you. 心からの歓迎が待っています. —— *vi.* (期待して)待つ.

‡a·wáke [əwéik] *v.* (**a·wóke** [əwóuk]; **a·wóke, a·wáked**) *vt.* **1 起こす, 目ざめさせる. 2** 覚醒(かくせい)させる; 意識させる, 自覚させる. **3**〈記憶・疑念・好奇心などを〉呼び起こす, 誘う.

—— *vi.* **1** 目ざめる, 起きる. **2** 覚醒する; 自覚する, 悟る《を *to*》; 奮起する: His flagging interest *awoke*. 彼の薄れかかっていた興味がまた頭をもたげた. **3** 気づく《に *to*》: ～ *to* the danger 危険に気づく.

—— *a.*《叙述的に》**1 目ざめて; 眠らずに**: I was wide ～ all night. 一晩じゅうまんじりともしなかった. **2** ゆだんのない, 用心して: He is wide ～. 彼は非常に機敏だ. ***～ or asleep*** 寝てもさめても. ***be ～ to*** に気づいている; に対してぬかりない. ***keep ～*** 眠らずにいる. ***lie ～*** 横になって眠らずにいる.

‡a·wák·en [əwéik(ə)n] *vt.* **1 の目をさまさせる**, 起こす: be ～*ed from* sleep 眠りをさまされる. **2** 自覚させる, 気づかせる. **3 〈記憶・疑念・好奇心などを〉呼び起こす.**

—— *vi.* **1 目ざめる**, 起きる. **2** 気づく, 悟る.

a·wák·en·ing [əwéik(ə)niŋ] *n.* **1** 目ざめ, 覚醒(かくせい). **2**《疑いなどの》目ざめ, 台頭. ***a rude ～ (to)*** (…への) 急な目ざめ; はげしい幻滅. —— *a.* **1** 目ざめさせる, 覚醒の. **2** 警醒的な, 太平の夢を破る.

‡a·wárd [əwɔ́:rd] *vt.* **1**《審査・判定の上で》**授与する**, 授賞する; 支給する, 〈契約などを〉与える: ～ a prize *to* a person〔～ him a prize〕人〔彼〕に賞を与える. He was ～*ed* a Nobel prize. 彼はノーベル賞を授与された. **2**《仲裁裁判などで》裁定付与する. —— *n.* **1 授賞**; 賞品, 賞与; 受賞者. **2** 審査, 判定, 裁定; 判定書, 裁定書; 裁定額《損害・賠償などの》.

‡a·wáre [əwɛ́ər] *a.*《叙述的に》**気づいて**, 意識して, 知って: be ～ *of* a danger 危険に気づいている. I was ～ *that* something was wrong. どこかぐあいが悪いのを承知していた. ***become ～ of*** に気がつく, を知る. ◇ **～·ness** *n.* **1** 意識, 自覚; 承知, 通暁. **2** 用心, 警戒.

a·wásh [əwɑ́ʃ/əwɔ́ʃ] *ad., a.*《形容詞としては叙述的》**1**〔岩・沈没船などが〕水面とすれすれに; 波に洗われて. **2** 波のまにまに漂って. **3**〔話〕《比喩的》首までつかっている《に *with*》: a person ～ *with* diamonds ダイヤをうなるほど持っている人.

†a·wáy [əwéi] *ad.* **1 離れて**, 遠くへ〔に〕, あちらへ〔に〕, わきへ〔に〕《から *from*》: miles ～ 何マイルも離れて. go ～ 立ち去る, どこかへ行ってしまう. go ～ from … を去る; から遠ざかる. run ～ 逃亡する. stand ～ わきの方に立っている. keep ～ (from) (に) 近づかない. **2 不在で**, 留守で: He has been ～ for three days. 3 日間欠席している〔欠勤している, 不在だ〕. be ～ from home〔town〕家〔町〕にいない. **3 消えて**, なくなって: fade ～ 消えうせる, 色あせる. be shot ～ 弾丸に当たって消えうせる. **4 引き続いて**, 絶え間なく: work ～ せっせと働く〔勉強する〕. puff ～ たばこをすぱすぱ吸う. **5**〘米〙《強意的》ずっと, はるかに (way): ～ below the average はるかに平均以下. ～ behind ずっと後ろに. **6**〘野球〙アウト: with one man ～ ワンダウンで.

A～! あっちへ行け (＝Go ～!). ***～ back***〘米話〙ずっと昔〔以前〕; ずっと向こう〔遠く〕に. ***A～ with him!*** 彼を追い払え! ***A～ with it!*** 取りのけろ!, やめろ! ***A～ with you!*** そこのけ!, 出て行け! ***be ～*** 離れている; 不在である;〘俗〙《刑務所に》「はいっている」. ***be well ～*** したたか酔っている. ***cannot ～ with*** …にがまんできない. ***do*** 〔***make***〕 ***～ with*** をなくす; 〈財産など〉を使い果たす; 〈金銭など〉を盗み去る;「…をかたづける」, を殺す. ***far*** 〔***out***〕 ***and ～ the best*** とびきり〔段違いに〕最上の. ***must ～*** 出かけねばならない. ***order*** a person ***～*** (人に)立ち去れと言う. ***put ～*** かたづける. ***right*** 〔***straight***〕 ***～*** 直ちに, すぐさま. ***Where ～?***《船上などから》どっちの方向に? 〈注〉その他の動詞との結合はそれぞれの動詞の項を参照.

～ match《相手方の競技場でやる》遠征試合.

‡awe [ɔ:] *n.* 畏敬(いけい), 畏怖《おそれと尊敬との混じった感じ》. ***be*** 〔***stand***〕 ***in ～ of*** を畏敬する, をおそれかしこむ. ***be struck with ～*** 畏敬の念に打たれる. ***keep*** a person ***in ～*** (人を)おそれさせる. ***with ～*** 畏敬して, おそれかしこんで.

—— *vt.* に畏敬〔畏怖〕の念を起こさせる. ～ a person ***into*** (人を) 威圧して…させる: He ～*d* them *into* obedience. 彼の威光におそれかしこんで彼らは服従した. They were ～*d into* silence. 畏怖の念にことばも出なかった.

～-in·spìr·ing [-inspàiriŋ/-pàiər-] 畏怖せしめるような, 荘厳な, おそれおおい. **～-strìck·en** [-strik(ə)n], **～-struck** [-strʌ̀k] 畏敬〔畏怖〕の念に打たれた.

a·wéath·er [əwéðər] *ad.*〘海〙風上へ〔に〕.

a·wéigh [əwéi] *ad.*〘海〙起きいかりで,《いかりが》海底を離れて. ***with anchor ～*** いかりを巻いて.

áwe·less [ɔ́:lis] *a.* **1** 畏敬(いけい)の念を起こさせない. **2** おそれを知らぬ, 不敵な.

áwe·some [ɔ́:səm] *a.* 畏怖(いふ)せしめるような, 荘厳な, おそれおおい.

‡áw·ful [ɔ́:ful] *a.* **1 恐ろしい**, すさまじい. **2** 畏怖(いふ)を感じさせる, 荘厳な. **3** おそれかしこんだ. **4** [ɔ́:fl]〘話〙**ひどい**, 不愉快な, みにくい, 非常な, とんでもない: an ～ fool たいへんなばか者.

—— *ad.*〘俗〙**ひどく, とても**: I'm ～ glad. すごくうれしいんだ. ◇ **～·ness** *n.*

‡áw·ful·ly [ɔ́:fuli] *ad.* **1** 恐ろしく. **2** [ɔ́:fli]〘話〙**とても**, すごく: It's ～ hard. それはとてもむずかしい. I'm ～ sorry. ほんとうにごめんなさい. It's ～ nice of you. なんとご親切さま. **3** 荘厳に. **4**〘古〙おそれて, 畏怖(いふ)して.

a·whéel [ə(h)wí:l] *ad., a.*《形容詞としては叙述的》自転車で〔に乗って〕.

***a·whíle** [ə(h)wáil] *ad.* しばらく, ひととき, 暫時: stay

〜しばし滞在する.

a·whírl [ə(h)wə́:rl] *a.* 《叙述的に》くるくる回って.

‡**áwk·ward** [ɔ́:kwərd] *a.* **1** 無器用な, へたな; ぎごちない, 武骨な; 気がきかない, ぶざまな, おどおど〔そわそわ〕した: 〜 *with* one's hands 手のぶきっちょな. 〜 *in* one's movements 動作がぎごちない. **2** きまりが悪い, ばつが悪い: feel 〜 ばつの悪い思いをする. **3** 《情勢・立場などが》ぐあいが悪い, 困った, むずかしい: It would be 〜 for me to meet him. 私があの人に会ってはまずかろう. an 〜 silence 気まずい沈黙. **4** 《事件・人物などが》扱いにくい, やっかいな; 《物が》使いにくい, 不便な. ***at an* 〜 *moment*** ぐあいの悪いおりに, まずいときに.
　〜 **age** 思春期, 初期青年期《少年期を過ぎて, まだ一人前に達しない年齢》. 〜 **customer** 〔話〕手ごわい〔御しにくい〕相手.
　◇ 〜**·ly** *ad.* 〜**·ness** *n.*

awl [ɔ:l] *n.* 《くつ屋などが用いる》突きぎり.

A.W.L., a.w.l. absent 〔absence〕 with leave.

áw·less =aweless.

awn [ɔ:n] *n.* のぎ《麦などの》. ◇ 〜**ed** *a.* のぎのある.

áwn·ing [ɔ́:niŋ] *n.* 日よけ, おおい《窓, 戸口, ホテル・商店などの入り口, 船上デッキなどに用いる》.
　〜 **window** 回転窓《ひさし状に外側にだけ開く》.

awning window

‡**a·wóke** [əwóuk] *v.* awake の過去・過去分詞.

A. W. O. L., a.w.o.l. absent 〔absence〕 without leave.

a·wrý [ərái] *ad., a.* 《形容詞としては叙述的》 **1** 曲がって, ねじれて, ゆがんで. **2** 真実〔事実〕とちがって, ゆがめられて. **3** 《言動などが》誤って, まちがって; 《目的から》それて, 不首尾に. ***go*** 〔***run, tread***〕 〜 しくじる, 不首尾に終わる. ***look*** 〔***glance***〕 〜 横目で見る.

AWVS American Women's Volunteer Service.

‡**ax, axe** [æks] *n.* (*pl.* **áx·es** [ǽksiz]) おの, まさかり. ≒ axis. ***get the* 〜** 馘首(かくしゅ)される; 放校される; 《恋人などに》振られる; 《予算など》削減される. ***hang up* one's 〜** 無用の企てを中止する. ***have an* 〜 *to grind*** 〔米〕胸に一物をいだく, ひそかなたくらみがある. ***put the* 〜 *in the helve*** 難問を解決する, なぞを解く. **——** *vt.* **1** おので切る. **2** 〈人員・予算などを〉削減する.
　〜**·man** [-mən] おのをふるう人, きこり. **áx·stone** [ㄥㄴ] 〔鉱〕オノ石《南アメリカでおのをつくる材料》.

áx·es [ǽksi:z] *n.* **1** axis の複数形. **2** [ǽksiz] ax の複数形.

áx·i·al [ǽksiəl] *a.* 軸の, 軸をなす, 軸のまわりの.
　〜 **symmetry** 〔数〕軸対称.
　◇ 〜**·ly** *ad.* 軸の方向に.

áx·il [ǽksil] *n.* 〔植〕葉腋(ようえき).

áx·ile [ǽksil, -sail/-sail] *a.* 軸をなす, 軸の.

ax·íl·la [æksílə] *n.* (*pl.* **-lae** [-li:]) **1** 〔医〕腋窩(えきか); わきの下. **2** 鳥の腋窩; 〔植〕葉腋.

áx·il·lar·y [ǽksəlèri/æksíləri] *a.* 〔医〕腋窩の; 〔植〕腋生の. **——** *n.* 《鳥の》腋窩の羽.

áx·i·nite [ǽksinàit] *n.* 〔鉱〕オノ石 (axstone).

àx·i·ól·o·gy [æksiálədʒi/-ɔ́l-] *n.* 〔哲〕価値論.

áx·i·om [ǽksiəm] *n.* **1** 原理, 原則; 〔数〕公理. **2** 公認の真理; 金言.

àx·i·o·mát·ic [æksiəmǽtik], **-i·cal** [-(ə)l] *a.* **1** 原理の, 通則の; 公理の. **2** 自明の; 金言的な.

àx·i·o·mát·i·cal·ly [æksiəmǽtik(ə)li] *ad.* 公理的に; 明らかに; 金言として.

***áx·is** [ǽksis] *n.* (*pl.* **áx·es** [ǽksi:z]) **1** 軸, 軸線〔棒〕. **2** 〔植〕茎軸, 葉軸; 〔医〕第 2 頸椎(けいつい), 第 2 脊椎(せきつい)骨. **3** 〔政〕枢軸《国家間の関係》.
　the A*〜** 枢軸国《第 2 次大戦中の日本・ドイツ・イタリア》. ***the* 〜 *of the earth 地軸. ***the major*** 〔***minor***〕 〜 《長円の》長軸〔短軸〕.

áx·le [ǽksl] *n.* 心棒, 車軸.
　〜 **box** 軸箱. 〜**·tree** [ㄥㅡㄴ] 心棒, 車軸.

áx·man [ǽksmən] *n.* → ax.

Ax·min·ster [ǽksmìnstər] *n.* ビロードに似たじゅうたんの一種 (=〜 carpet)《イギリスの原産地名から》.

áx·o·lòtl [ǽksəlàtl/ǽksəlɔ̀tl] *n.* 〔動〕アホロートル《メキシコ産サンショウウオの幼生. 食用》.

áx·on [ǽksan/-sɔn], **áx·one** [ǽksoun] *n.* 〔医〕《神経細胞の》軸索; 《脊椎動物の》体軸.

áx·stone [ǽksstòun] *n.* → ax.

ay[1] [ei] *int.* ああ!, まあ! 《驚き・悲しみ・後悔などの表示》. ***Ay me!*** まあお気の毒に, まあなんてことでしょう.

ay[2], **aye**[1] [ei] *ad.* 〔古〕永久に, 常に, いつも. ***for* 〜** =***for ever and* 〜** 永久に, いつまでも.

‡**ay**[3], **aye**[2] [ai] *int.* **1** 賛成! 《表決の際の返事》. **2** はい!: *A*〜, 〜, sir! 〔海〕はい《上官への返事》. **——** *n.* (*pl.* **ayes**) 賛成, 肯定; 賛成者, 賛成投票者. ***The ayes have it.*** 賛成者多数《議会で》.

á·yah [ɑ́:jə/áiə, ɑ́:jə] *n.* 《インド人の》女中, うば. [<Hind.]

áye-aye [áiài] *n.* 〔動〕リスザル, アイアイ.

Ayr·shire [ɛ́ərʃ(i)ər] *n.* スコットランド西南部の州; 同州原産の乳牛.

az. azure.

a·zál·ea [əzéiljə] *n.* 〔植〕アゼリア《ツツジ, サツキの「名としても用いられる」》.

a·zán [ɑ:zɑ́:n] *n.* 《回教国で 1 日に 5 度鳴らす》祈りの鐘.

Az·er·bai·ján, -dzhán [ɑ̀:zərbaidʒɑ́:n] *n.* **1** ソ連邦の共和国. **2** イラン北西部の州.

A·zíl·ian [əzíljən, -liən] *a.* 《旧石器時代と新石器時代の間の》アジール期の.

áz·i·muth [ǽziməθ] *n.* 〔天〕方位, 方位角. ***magnetic* 〜** 磁気方位.

áz·i·mùth·al [æzimʌ̀θəl/æzimjú:θəl] *a.* 方位角の. ◇ 〜**·ly** *ad.* 方位角によって, 方位角で.

áz·o [ǽzou, éiz-/ǽz-] *a.* 〔化〕窒素族の. 〜 **compound** 〔化〕アゾ化合物. 〜 **dye** アゾ染料.

azo- 「窒素を含む」の意の語形成要素.

àz·o·bén·zene [æzobénzi:n, -benzí:n, ㊕+éizo-], **-zol** [-bénzoul/-zɔl] *n.* 〔化〕アゾベンゼン.

a·zó·ic [əzóuik] *a.* 生物のいない; (または A〜) 〔地〕無生物時代の.

a·zón·ic [eizánik/əzɔ́nik] *a.* 一地方に限らない, 非地域的.

A·zóres [əzɔ́:rz, éizo:rz/əzɔ́:z] *n. pl.* (the 〜) アゾレス諸島《大西洋中部に散在する. ポルトガル領》.

áz·ote [ǽzout, əzóut] *n.* 〔古〕窒素.

áz·oth [ǽzɑθ/-zɔθ] *n.* 水銀《錬金術ですべての金属の元素と考えられた》; 万能薬.

a·zót·ic [əzátik/əzɔ́t-] *a.* 窒素の, 窒素を含む.

áz·o·tize [ǽzotàiz] *vt.* 窒素と化合させる.

A·zov [ɑ́:zaf/ɑ́:zɔv] *n.* (the 〜) アゾフ海 (= the Sea of 〜).

Az·ra·el [ǽzriəl/-re(i)əl] *n.* 《ユダヤ教・回教神話で》死の瞬間に魂を肉体から引き離す天使.

Az·tec [ǽztek] *n.* アズテク人《メキシコ原住民》; アズテク語. **——** *a.* アズテク人〔語〕の.

áz·ure [ǽʒər, éi-] *a.* 空色の, 青色の; 青空の (ような). **——** *n.* **1** 空色, 淡青色, コバルトブルー. **2** 〔雅〕青空, 蒼穹(そうきゅう).
　〜 **stone** ルリ玉, 青金石.

áz·u·rite [ǽʒuràit] *n.* 〔鉱〕ラン銅鉱.

à·zý·go·spore [èizáigəspɔ̀:r, əz-/-spɔ:] *n.* 〔動・植〕《菌類などが》単性生殖の.

áz·y·gous [ǽzigəs] *a.* 〔医〕単一の; 〔植・動〕対でない, 対をなさない.

áz·yme [ǽzaim, -zim] *n.* 無酵母のパン《ユダヤ教徒が Passover の際につくる》.

B

B, b [bi:] *n.* (*pl.* **B's, *Bs,* b's, *bs*** [-z]) 1 英語アルファベットの第2字. 2〘楽〙ロ音; ロ調. 3〘数〙第二既知数. 4 第二仮定者. 5〘学業成績 A, B, C の〙B,「良」. 6〘血液型〙B 型. 7〘パジャマなどのサイズ〙並み型. 8 B 字形のもの.
B battery〘電〙B 電池〘真空管のプレート回路用高圧電池〙. **B-girl** [ˊ‐ˋ]〘米俗〙バーの女給. **B picture**〘米俗〙〘費用を安く仕上げた〙速成映画. **B (power) supply** B 電源〘真空管のプレート回路用電源〙.

B〘チェス〙Bishop;〘鉛筆〙black;〘化〙boron. **B.**〘楽〙Bass; Bay; Bible; British; Brotherhood. **b.** bachelor; base; baseman; bass; basso; bay; blended, blend of; book; born; bowled; breadth; brother. **B-** bomber〘アメリカ軍爆撃機. B-29 など〙. **B/-**〘商〙bag; bale. **Ba**〘化〙barium. **B.A.** Bachelor of Arts; British Academy.

ba [bɑ:] *n.*〘エジプト神話〙人頭をもつ鳥〘人間の魂の一面をあらわす〙.

baa [bæ:, bɑ:/bɑ:] *n.* メー〘羊の鳴き声〙. —— *vi.* (**baaed** [-d]; **báa·ing** [-iŋ]) 〈羊が〉鳴く. **∼-lamb** [-læm]〘幼児語〙メーメー〘sheep, lamb のこと〙.

Bá·al [béi(ə)l] *n.* (*pl.* **Bá·al·im** [béi(ə)lim]) 1 バール神〘古代 Phoenicia 人の神〙. 2 邪神; 偶像.
◇ **∼·ism** *n.* バール神〔偶像〕崇拝.

B.A.A.S. British Association for the Advancement of Science.

báb·bitt [bǽbit] *n.* バビット合金 (＝B∼ metal)〘スズ・アンチモン・銅の合金. アメリカ人 Isaac Babbitt の発明〙. —— *vt.* にバビット合金を張る.

Báb·bitt [bǽbit] *n.* 俗物的実業家〘Sinclair Lewis の同名の小説の主人公の名から〙.
◇ **∼·ry** *n.*〘米〙(または b∼) 低俗な商人かたぎ.

báb·ble [bǽbl] *vi.* 1 〈幼児などが〉片言をいう. 2 ぺちゃくちゃしゃべる, むだ口をきく《について *about*》. 3 〈流れが〉ざわめく, サラサラ鳴る. —— *vt.* 〈たわごとなどを〉ぺちゃくちゃしゃべる; 〈秘密などを〉もらす.
—— *n.* 1 片言; たわごと; おしゃべり. 2〘流れの〙せせらぎ. ◇ **∼r** *n.* ∼する幼児〔小鳥, 小川〕.

Báb·cock [bǽbkɑk/-kɔk] **∼ *test*** バブコック測定法〘牛乳・クリーム中のバター性脂肪の含有量の測定法. アメリカの化学者 S. M. Babcock の発明〙.

babe** [beib] *n.* 1〘雅〙赤ん坊, 赤子. 2 赤ん坊のような人, 子どもっぽい人, 世間知らず (の人). 3〘米俗〙若い娘. **∼ *in the wood*(*s*)** だまされやすい人,「かも」. **∼*s and sucklings〘聖〙幼児や乳飲み子;《けいべつ的》青二才連. [＜baby]

Bá·bel [béib(ə)l, ㊊⁺bǽbl] *n.* 1 古都 Babylon. 2〘聖〙バベルの塔〘昔 Babylon で天まで達する塔を築こうとして神の怒りに触れ失敗した. その結果世界に多数の言語が生じ, 民族の間にことばが通じなくなったという. 創世記 11:4–9〙. 3 (通例 b∼) 喧騒(けんそう), 騒音; 騒々しい場所. 4 (通例 b∼) 高層建築物; 空想的計画.
◇ **∼·ize** *vt.* 〈習慣・言語・人の頭などを〉混乱させる. **Ba·bél·ic** [beibélik, ㊊⁺bæ-] *a.*

ba·bíche [bəbí:ʃ, bɑ:-] *n.* 雪ぐつ用皮ひも〘カナダで用いる〙.

bá·bies'-breath, bá·by's-breath [béibizbrèθ] *n.*〘植〙コゴメナデシコ〘ヨーロッパ産の観賞用球根植物〙.

bàb·i·rú·sa, bàb·i·róus·sa [bæbirú:sə] *n.*〘動〙シカイノシシ〘東インド・マライ産〙.

bá·boo, bá·bu [bɑ́:bu:] *n.* (*pl.* **∼s**) 1 Mr., Sir., Esq. に当たる称号. 2 インド人紳士; 英語がいくらか通じる〔書ける〕インド人. [＜Hind.]

ba·bóon [bæbú:n, bə-/bə-] *n.*〘動〙ヒヒ〘アフリカ・アラビア産〙.
◇ **∼·er·y** [-əri] *n.* ヒヒのような動作; 野卑な行為. **∼·ish** *a.* ヒヒのような; 野卑な, 武骨な.

ba·bóuche [bəbú:ʃ, ㊊⁺bɑ:-] *n.* かかとのない上ぐつ〘トルコなどで用いる〙.

ba·búl [bɑ:bú:l, ˊ‐ˋ/bəbú:l] *n.* ゴムの木〘インド・アラビア産〙.

ba·búsh·ka [bəbú:ʃkə, bɑ:-] *n.* (婦人用)スカーフ〘三角形で, ロシア婦人などのかぶるもの〙. [＜Russ.]

†bá·by [béibi] *n.* 1 赤ん坊, 乳児. 2 子どもっぽい人, たよりにならない人. 3 最年少者, 末っ子. 4〘米俗〙自慢のもの; 寵児(ちょうじ); 発明品. 5〘米俗〙若い娘, きれいな娘. ***hold* [*carry*] *the* ∼** やっかいもの〔負担〕をしょい込む. ***throw out the* ∼ *with the bath* (*water*)** たらいの湯といっしょに赤ちゃんも捨てる; 悪を除こうとして善をも失う.
—— *a.* 1 赤ん坊の (ための): a ∼ carriage [buggy] うば車. 2 子どものような, 非常に若い: a ∼ wife 子どものような妻. 3 小型の: a ∼ camera 小型カメラ. 4 幼稚な.
—— *vt.* (**bá·bied**; **bá·by·ing**) 1 幼児扱いする; 甘やかす. 2 〈道具などを〉注意して使う, だましだまし使う.
∼ **act**〘法〙未成年法. **bá·bies'-breath** →別項. ∼ **bottle** 哺乳(ほにゅう)びん. ∼ **face** 子どもじみた顔 (をした人). ∼ **farm**《けいべつ的》託児所. ∼ **farmer** 乳幼児預かり人, 託児所経営者, 里親. ∼ **grand (piano)** 平型小ピアノ. ∼ **rattle** がらがら〘赤ん坊のおもちゃ〙. ∼ **shower** 赤ちゃん誕生のお祝いを贈るパーティー. ***∼-sit** →別項. ∼ **spot** 手近から狭い範囲を照らす照明. **B∼ State, the** Arizona 州の別称. ∼ **talk** 幼児語, 片言.
◇ **∼·hood** [-hùd] *n.* 幼年期; 幼稚. **∼·like** [-làik] *a.* 赤ん坊のような.

bá·by·ish [béibiiʃ] *a.* 1 赤ん坊のような, 子どもっぽい. 2 幼稚な, 愚かな. ◇ **∼·ly** *ad.*

Báb·y·lon [bǽbilən] *n.* 1 バビロン〘古代 Babylonia の首都〙. 2 華美で悪徳に満ちた都会, 魔都.

Bàb·y·ló·ni·a [bæbilóuniə, -njə] *n.* バビロニア〘アジア西南部の古代王国. 2300 B.C. ごろ栄えた〙.

Bàb·y·ló·ni·an [-n] *a.* 1 バビロニアの. 2 邪悪な. —— *n.* 1 バビロニア人〔語〕. 2 占星師.
∼ **captivity, the** バビロンの幽閉〘567–538 B.C. のユダヤ人の国外放浪期間; 1309–77 の教皇の Avignon への幽閉期間〙.

bá·by's-breath ＝babies'-breath.

***bá·by-sit** [béibisìt] *vi.* (**-sat**; **-sìt·ting**) 子もりをする〘特に両親の留守中に〙.
◇ **-sit·ter** *n.* 留守番子もり役.

bàc·ca·láu·re·ate [bækəlɔ́:riit] *n.* 1 bachelor の学位. 2 卒業礼拝式;〘米〙〘卒業式の〙送別説教 (＝∼ sermon).

bàc·ca·rá(t) [bækərɑ́:, ˊ‐ˋ] *n.* バカラ〘トランプによる賭博の一種〙. [＜F.]

bác·cate [bǽkeit] *a.*〘植〙漿果(しょうか)を生じる, 漿果状の.

Bác·chae [bǽki:] *n. pl.* 1 Bacchus を祭る女祭司たち. 2 酒神祭に加わる女たち.

bác·cha·nal [bǽkən(ə)l] *a.* 1 酒神バッカス (Bacchus) の; 酒神祭の. 2 飲み騒ぐ, らんちき騒ぎの.
—— *n.* 1 (*pl.*) バッカス祭. 2 酒宴狂乱, どんちゃん騒ぎ. 3 バッカス崇拝者; 飲み騒ぐ人.

Bàc·cha·ná·li·a [bækənéiliə, -ljə] *n. pl.* 1 バッカ

ス祭, 酒神祭. **2** (b〜) らんちき騒ぎ. ◇ **〜n** *a.*
bác·chant [bǽkənt] *n.* (*pl.* **〜s**, **bac·chánt·es** [bəkǽnti:z]) **1** Bacchus の祭司〔女祭司〕. **2** バッカス礼賛(らいさん)者; 飲み騒ぐ人. **——** *a.* **1** バッカス崇拝の. **2** 酒を好む.
◇ **bac·chán·te** [bəkǽnt(i)] *n.* バッカスの女祭司〔みこ〕; 女の酒飲み. **bac·chán·tic** [bəkǽntik] *a.*
Bac·chus [bǽkəs] *n.* 〖ギ神・ロ神〗 バッカス. → Dionysus ***a son of 〜*** 飲酒家.
◇ **Bác·chic** [bǽkik] *a.* バッカス(崇拝)の.
bac·cíf·er·ous [bæksífərəs] *a.* 漿果(しょうか)を生じる.
bác·ci·form [bǽksifɔ:rm] *a.* 漿果状の.
bac·cív·o·rous [bæksívərəs] *a.* 漿果(しょうか)を常食とする.
bác·co [bǽkou], **bác·cy** [bǽki] *n.* 〖話〗 たばこ.
bach [bætʃ] *n.* 〖米俗〗 独身者: keep 〜 独身生活を続ける. **——** *vi.* **〜 *it*** 独身生活をする《妻の不在中》. [<*bach*elor]
Bach [ba:k, ba:x] *n.* Johann Sebastian [jóuha:n-sibǽstʃən-/-tjən-] 〜, 1685–1750, ドイツの作曲家《その子どもたちも音楽家で, これに対し「大バッハ」と称されることがある》.
***bách·e·lor** [bǽtʃ(ə)lər] *n.* **1** 独身の男性. → spinster. **2** 学士《大学学部卒業生》. →master. **3** 〖史〗 = 〜-at-arms. **4** 繁殖期に相手の雌を得られない若いオットセイ.
B〜 of Arts 文学士《B.A. または A.B. と略す》.
〜-at-árms [bǽtʃ(ə)lər-ətá:rmz] (*pl.* **〜s-at-árms**) 騎士に従う若い騎士. **〜 girl** 〖米話〗 独身の職業婦人. **〜's-bút·ton** (1) 〖植〗 矢車菊の類《ボタン形の花の咲く》. (2) 〖英〗 縫い付け不要のボタン. (3) 〖英〗 ビスケットの一種. **〜's hall** 独身者の住居: keep 〜*'s hall* 独身生活をする.
◇ **〜·hood** [-hùd], **〜·ism** [-ləriz(ə)m] *n.* 独身生活. **〜·ship** [-ʃìp] *n.* **1** 独身. **2** 学士の資格.
bác·il·lar·y [bǽsilèri/bəsíləri], **ba·cíl·lar** [bəsílər] *a.* バチルス〔かん菌〕の, バチルスによる.
ba·cíl·li·form [bəsílifɔ:rm] *a.* かん状の.
ba·cíl·lus [bəsíləs] *n.* (*pl.* **-li** [-lai]) バチルス, かん菌; 《一般的》細菌.
†**back**¹ [bæk] *n.* **1** 背, 背中; 《衣服をつけるものとしての》からだ: have no clothes to one's 〜 着るものがなにもない. **2** 背骨, 荷をかつぐ力: break the 〜 背骨を折る. have a strong 〜 重い物がかつげる. **3** 背部; 《いすの》寄りかかり; 《書物の》背; 《手の》甲; 《波の》面; 《手すりなどの》上端; 《刀の》みね; 《船の》竜骨(りゅうこつ); 尾根: the 〜 of a hill 山の尾根. **4 裏**, 裏面, 《目に見えない》向こう側; 《比喩的》裏, 真相: the 〜 of the door [mountain] ドア〔山〕の向こう側. **5 奥**, 奥の方; 《比喩的》奥, 《頭・心の》片すみ: the 〜 of a cupboard 戸だなの奥. Keep the advice in the 〜 of your mind. 忠告を忘れずに胸のどこかにしまっておきなさい. **6 裏**庭 (=backyard). **7** 《舞台の》背景; 《舌の》根もと. **8** 〖運〗 後衛.
〈付記〉back は「後ろ側」「裏側」などのほか, しばしば湾曲している物体のとつ面のがわをさすことがある; 手すりの上側, 輪の外側など.

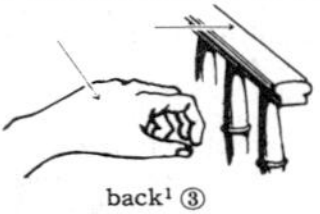
back¹ ③

at the 〜 of の後ろに; の裏に; の奥に: There is something *at the 〜 of* it. その背後になにか潜んでいる. ***〜 and belly*** 背と腹; 衣食. ***〜 to 〜*** (***with***) (と) 背中合わせに〔で〕. ***be at the 〜 of*** の後ろに控える, を支持する. ***behind** a person's **back*** (人) が背を向けているときに; (人) に秘密で, ひそかに; (人) のいないところで. ***be*** [***lie***] ***on** one's **〜*** あおむけに倒れる〔寝る〕; (病気で) 床についている. ***break** a person's **〜*** (人)を失敗〔破産〕させる. ***break the 〜 of*** (1) に重い荷を背負わす; 殺す. (2) …のいちばんむずかしい部分を済ます, (仕事など) の峠を越す. ***Excuse my 〜.*** 背中〔おしり〕を向けてご免なさい. ***fall on** one's **〜*** あおむけに倒れる. ***get*** [***put, set***] a ***person's 〜 up*** (人) をおこらせる. ***get off** a **person's 〜*** (人) になんくせをつけるのをやめる. ***give*** [***lend, make***] ***a 〜*** 《高い所に届くように》踏み台になってやる; 《馬とび遊びなどで》馬になる. ***give the 〜*** (***to***) (に) そむく. ***have** one's **〜 to the wall*** 進退きわまる. ***have*** [***carry***] ***on** one's **〜*** 背負う, おぶう. ***in 〜 of*** 〖話〗 の背後に《behind にほぼおなじ》. ***on*** [***upon***] ***the 〜 of*** (1) の後ろに, の背後から, に引き続いて. (2) の上に, に加えるに: *On the 〜 of* that her husband died. かてて加えて夫に死なれた. (3) の双肩に《任務・責任などが》. ***put** one's **〜 into*** に身をいれる. ***see the 〜 of*** の後ろ姿を見る; を追い払う: I am glad to *see the 〜 of* Tom. 私はトムがいなくなってせいせいした. ***the 〜 of beyond*** へんぴな場所, 僻地(へきち). ***turn** one's **〜 on*** に背を向ける; を見捨てる; …から逃げ去る: *turn one's 〜 on* the world 世にそむく, 隠遁(いんとん)する. ***with** one's **〜 to the wall*** 窮地に追い込まれて.
—— *a.* **1 後ろの**, 背後の, 奥の, 裏の: a 〜 seat 後ろの席. a 〜 wheel 後車輪. at the 〜 door 裏口に. **2** 遠い, 離れた. **3** 逆方向の, あともどりの: a 〜 current 逆流. **4** 時期〔時代〕に遅れた; (支払いの) 遅れた, 滞った: 〜 issues 雑誌のバックナンバー; 時代遅れの人間. 〜 files (とじ込んだ) 昔の資料. a 〜 pay 延滞賃銀.
—— *ad.* **1 後ろへ**, 背後に〔へ〕: look 〜 後ろを見る. step 〜 引き下がる. **2** 奥の方に〔へ〕, 引き下がって: a house standing 〜 from the road 道から引っ込んでいる家. **3 さかのぼって**, 昔: two years 〜 2年前に. (away) 〜 in 1890 1890年の昔に. **4 元の位置**〔状態〕へ, もどって, 帰って: come 〜 帰ってくる. call 〜 呼びもどす (→ ⑦). **5** お返しに, 報いて: hit 〜 打ち返す. **6** (後ろに) 控えて, 隠して: keep 〜 the truth 真実を明かさない. **7** 〖おもに米〗 再び: call 〜 また電話をかける (→ ④).
and 〜 往復: What is the fare to Osaka *and 〜*? 大阪まで往復幾らですか. ***answer 〜*** 口答えする, 言い返す. ***〜 and forth*** 行ったり来たり, 前後に; 〖米俗〗 あちらこちらに〔へ〕. ***〜 of*** の後ろに, の背後に; を後援して. ***be 〜*** 帰っている; 帰る: He *is* just 〜 from a voyage. 船旅から帰ってきたところだ. I'll *be* 〜 at six. 6時に帰ります. ***be 〜 on*** the job (仕事) に復帰している. ***drive 〜*** 追い返す, はね返す. ***go 〜 on*** 〈友だちなど〉を裏切る; 〈約束など〉を守らない. ***go 〜 to*** 〈本題・元の場所・状態〉に立ち返る. ***hold 〜*** 〈涙などを〉こらえる; 渡さない. ***lie 〜*** 横になる. ***look 〜 on*** を回顧〔反省〕する. ***make** one's **way 〜*** 帰る, もどる. ***some time 〜*** しばらく前に. ***take 〜*** 取りもどす; 〈約束・言明などを〉取り消す. 〈注〉他の動詞との結合は各動詞の項参照.
—— *vt.* **1 あとへもどす**, 後退させる: 〜 a car into the garage バックで車を車庫へ入れる. **2** の後ろに位置する〔立つ〕; の背景となる; に裏打ちする, 〈本・壁などを〉補強する《*up, off*》: a beach 〜*ed* by hills 後ろが丘になっている海岸. **3 後援する**, 支持する, ひいきにする《*up*》: 〜 a candidate 候補者の後援をする. **4** 〈主張などを〉強化〔裏付け〕する《*up*》: 〜 *up* a theory with facts 理論を事実で裏書きする. **5** 背負う. **6** の背に乗る. **7** 〈馬に〉賭(か)ける. **8** 〖米〗 の裏に名を書く, 裏書きする. **9** に伴奏〔コーラス〕をつける.
—— *vi.* **1 後退する**; 〈風が〉逆になる. **2** 背を向ける; 背中合わせになる. ***〜 and fill*** 〖海〗 風を帆に入れたり流したりして進む, 《狭い水路で》流れに乗りながら帆を調節して障害を避ける; 〖米〗 態度をいろいろと変える, 考えがぐらつく. ***〜 a sail*** 〖海〗 《船を止め

B

るために》裏帆にする. ～ ***away*** だんだん後退する《から *from*》. ～ ***down***〖話〗権利を放棄する; 主張を撤回する,「引っ込む」; 退却する. ～ ***out*** (***of***)〖話〗(から) 手を引く; (を) 取り消す, <約束などを> 破る. ～ ***the field***〖競馬〗大穴をねらって賭ける. ～ ***up*** 後援する;〖米〗撤回する;〖運〗後方に備える. ～ ***water*** 舟を逆にこぐ; 退却する;〖米〗主張を引っ込める.

～·ache [-èik] 背中の痛み. **～·ách·ing**《仕事が》つらい. **～·ál·ley** 明朗でない, こそこそした, きたない. **～-and-fórth**(激しく)往復する. **～·band** [⊥⊥]《馬のくらと荷車を結ぶ》背帯. **～·bénch·er**〖英〗《下院の後方席にすわる》陣がさ議員. **～·bite** [⊥⊥] *vt., vi.* (の)陰口を言う. **～·bìt·er** 陰口を言う人. **～·board** [⊥⊥]《荷車の》後ろ板;《額の》背板;〖バスケットボール〗バックボード;〖医〗《小児の》脊椎矯正(きょうせい)板. ***～·bóne** → 別項. **～·brèak·ing** 非常にほねのおれる《仕事など》. **～·chat** [⊥⊥]〖英話〗悪口 (の言い合い); 口答え. ～ **cloth**〖劇〗背景幕. ～ **country**〖米〗奥地; 未開墾地. ～ **door** 裏戸, 裏口; 内密の手段. **～·door** [⊥⊥] 裏口の; 内密の. **～·down** [⊥⊥] 後退, 退却; 要求〔前言〕取り消し. **～·drop**[⊥⊥]〖劇〗背景 (幕). **～·fall** [⊥⊥]〖レスリング〗バックフォール《相手を倒してマットに背をつけさせる決め手》. ～ **fence**《庭の》裏側のかきね. **～-fence talk** 井戸ばた会議. **～·field** [⊥⊥]〖フットボール〗後衛;〖野球〗外野. → outfield. **～·fìre** →別項. ～ **formation** 逆成 (語)《本来派生語でない語の後部をあたかも派生語尾であるかのように切り離して別の語を新しくつくること. 例: enthusiasm → enthuse》. **‡～·ground** → 別項. **～·hánd** →別項. **～·house** [⊥⊥]《おもやの後ろの》裏の離れ. **～·lane** [⊥⊥] 裏通り, 裏道. **～·lash** [⊥⊥] (1)《機械の》逆回転; (突然の)反動, 反対運動. (2)《つり糸の》もつれ. ～ **lining**〖建〗裏羽目;〖製本〗裏打ち. **～·log** →別項. ～ **matter** あと付け《後記・索引など》. ↔ front matter. ～ **number** 古い号の雑誌; 時代遅れの物〔人〕. ～ **parlor** 裏座敷; 裏町, 貧民窟(くつ). **～·páge** (1) 裏ページ《開いた本の左側》. (2) 新聞のあとのページの; ニュース価値の低い. **～·pèd·al**《自転車の》ペダルを逆回転させる. ～**·room boy** 陰の下働き. **～·scàt·ter** 反射電波. ～ **seat** 後ろの席, 目だたない席. ～**·seat driver** →別項. **～·set** [⊥⊥] 逆行, 逆流; 挫折(ざせつ). ～ **side** 裏面, 後部. **～·síde** (1)〖英方〗裏庭. (2) (しばしば *pl.*) 臀部(でんぶ). (3) =～ side. **～·sight** [⊥⊥] (1)〖測〗後視. (2)《銃の》照尺. **～·slap** → 別項. **～·slìde** [-slàid/-sláid] *vi.* (**-slìd** [-slid/-slíd]; **-slìd, -slìd·den** [-slidn/-slídn]) 誤り〔罪〕へ逆もどりする, 再び堕落する. **～·spin** [⊥⊥]《ボールなどの》逆回転. **～·stáge** →別項. **～·stàir**(**s**) [bǽkstɛ̀ər(z)/⊥⊥] 裏階段の; 隠密裏(おんみつり)の, 秘密の. **～·stay** [⊥⊥]〖海〗後支索《帆柱のささえのために帆柱から後方両舷側(げんそく)に張る綱》;《一般的》支持, ささえ. **～·stitch** [⊥⊥] 返し縫い, 返し針 (する). **～·stop** [⊥⊥] (1)〖野球〗バックネット; 捕手. (2) 捕手をつとめる; 補佐する. **～·stretch** [⊥⊥] バックストレッチ《陸上競技・競馬でゴールのあるコース (homestretch) と反対側のコース》. **～·stroke** [⊥⊥] 打ち返し; 手の甲打ち;〖テニス〗バックストローク;〖水泳〗背泳. **～·swìm·mer**〖虫〗マツモムシ. **～·sword** [-sɔ̀:rd/-sɔ:d] 片刃の刀剣;《フェンシング用の》木剣. ～ **talk** 口答え; 生意気な返答. **～·track** [-træk]〖米〗(1) おなじ道を引き返す. (2) 手を引く, 引き下がる. (3) 逆の政策をとる. (4) 取り消す《を *on*》. ～ **vowels** 後部〔後舌〕母音. **～·wash** [⊥⊥] → 別項. **～·wà·ter** → 別項. **～·wind** → 別項. **～·wóods** → 別項. **～·yard** [⊥⊥] (1) 裏庭: a ～*yard* mechanic しろうと機械屋. (2)《比喩的》近所, (自分の) なわばり.

(類義語) **後ろの: back** 裏の, 裏面の, 背部の《front に対する》: a *back* door 裏口. the *back* seat of a car 後部座席. **hind** 後ろの方の. 後方の意で《fore に対する》, しばしば対になっているものについて用いられる: *hind* legs 後脚. **rear** 建物・乗り物などに使われ, 軍隊用語にも用いられる: the *rear* end of a car 車の後尾.

back² [bæk] *n.*《醸造・染色用の》底の浅い大おけ.

báck·bóne** [bǽkbóun, ⊥⊥/⊥⊥] *n.* **1** 背骨, 脊椎(せきつい). **2**《山脈の》分水嶺(れい). **3** 中軸, 中枢: the ～ of a nation. **4** 気骨, 勇気. ***to the ～ 骨の髄まで (の), 全く (の): a New Yorker *to the* ～ きっすいのニューヨーク子.

◇ **～d** [-d] *a.* 背骨のある; 気骨のある.

báck·er [bǽkər] *n.* **1** 後援者; 裏書き人;《競馬などに》賭(か)ける人. **2** 支持物;《タイプライターの》台紙.

báck·fìre [bǽkfàiər/-fáiə] *n.* **1** 向かい火《延焼防止のために放つ》. **2**《内燃機関・銃砲の》さか火, 逆発, 早発. —— *vi.* **1** 向かい火を放つ. **2** さか火を起こす, 逆発する. **3** <計画などが> 不首尾になる, 逆効果になる.

báck·gàm·mon [bǽkgæ̀mən, ⊥⊥⊥/⊥⊥⊥] *n.* 西洋すごろく. ～ **board** 西洋すごろく盤.

‡báck·ground [bǽkgràund] *n.* **1** 背景, 遠景: *in* the ～ 遠景に. ↔ foreground. **2**〖劇〗書き割り. **3**《織物などの》地 (色). **4** 目だたないところ, 裏面. **5**《事件などの》背景, 遠因. **6**《人の》**経歴, 経験**, 素養, 素性. **7**《劇・映画・テレビなどの》背景音楽; 音楽効果 (=～ music).

keep (one***self***) [***stay, be***] ***in the*** ～ ひそかに控える, 黒幕になっている. ***push*** a person ***into the*** ～ (人の)影を薄くする.

báck·hánd [bǽkhænd/⊥⊥, ⊥⊥] *n., a.* **1**〖テニス〗逆打ち(の), バックハンド(の). ↔ forehand. **2** 左傾斜体(の).

◇ **～·ed** [-id] *a.* **1** =backhand. **2** 無器用な, ぎごちない. **3**《意味など》回りくどい, あてこすりの: a ～*ed* warning 遠回しな警告. **～·er** *n.* 逆手打ち; 間接攻撃; おまけの一杯.

báck·ing [bǽkiŋ] *n.* **1** 後援, 支持. **2**《集合的》後援〔支持〕者. **3** 裏書き, 保証. **4** 裏打ち;製本;〖建〗裏込め, 裏板, 裏壁. **5** 後退, 逆行. —— *a.* 逆行の. ～ **solution**〖写〗バッキング液《ハレーションを防ぐため乾板やフイルムの裏に塗る》.

báck·less [bǽklis] *a.* back¹ のない.

báck·log [bǽklɔ̀:g/-lɔg] *n.* **1**《火の燃えをよくするために炉の奥に入れる》大たきぎ. →forestick. **2** 予備, 控え. **3**〖話〗注文残高. **4** 滞貨; 残務. **5**〖俗〗貯蓄. —— *vt.* (**-gg-**) **1** 予備〔控え〕にとっておく. **2** <注文を> 後日処理分として受注する.

báck·most [bǽkmòust] *a.* 最後部の, 最後方の.

báck·seat drív·er [bǽksì:t-dráivər/⊥⊥⊥⊥] *n.* 自動車の客席から運転者にあれこれとさしずする人; でしゃばり屋,「船頭」; うるさい義母.

báck·sheesh [bǽkʃi:ʃ], **-shish** [-ʃiʃ] = baksheesh.

báck·slap [bǽkslæ̀p] *n.*〖米話〗なれなれしく背中をたたくこと; ひどくなれなれしい態度. —— *vi.* ～する.

◇ **báck·slàp·per** *n.* なれなれしくする人.

báck·stáge [bǽkstéidʒ] *ad.*〖劇〗**1** 幕裏で; 舞台わきで, 楽屋(裏)で. **2** 舞台の奥の方で〔へ〕.

—— [⊥⊥] *a.* 舞台裏の〔にある〕, 舞台の奥の方にある.

‡báck·ward [bǽkwərd] *ad.* **1 後方に**〔へ〕; 後ろ向きに. ↔ forward(s). **2** 逆行的に, 退歩して. **3**《終わりから始めへ》**逆に, おしまいから**, 後ろから: The word "madam" reads the same forward(s) and ～(s). madam という語は前から読んでも後ろから読んでもおなじだ. You have it just ～(s). それは正反対だ《考えが逆, 本末転倒など》. **4**《以前に》さかのぼって; 昔. ～(***s***) ***and forward***(***s***) 前後に;

そちこちに.

—— *a.* **1** 後方への; 後ろ向きの. **2** 逆の, 退歩的. **3** 進歩の遅れた[おそい]: a ～ country 後進国. a ～ child 遅進児. **4** 内気な, 引っ込み思案の. ***be* ～ *in*** が遅れている: *be* ～ *in* payment 支払いが滞っている. *be* ～ *in* duty 義務をおろそかにしている. ◇ **～·ness** *n.*

bàck·ward·á·tion [bækwərdéiʃ(ə)n] *n.* 〘英: 株式〙 受け渡し猶予, 引き渡し猶予日歩.

‡báck·wards [bǽkwərdz] *ad.* ＝backward.

báck·wash [bǽkwɔ̀ʃ, -wɔ̀:ʃ/-wɔʃ] *n.* **1** 《船のスクリュー・オールなどによる》 逆流, あと波; 《ジェットエンジンの》 逆風. **2** 余波, 影響, あおり. **——** *vt.* に逆流を浴びせる, にあおりを食わせる.

báck·wà·ter [bǽkwɔ̀:tər] *n.* **1** 《ダムなどによる》 もどり水, たまり水. **2** 沈滞(の状態): cultural ～ 文化の沈滞. **3** 沈滞した場所, 僻地(へきち). **——** *a.* 沈滞した. **——** *vt.* 〘米〙 から後退する, から手を引く; 〘海〙 <船を> 後退させる.

báck·wind [bǽkwind] *n.* 逆風. **——** *vt.* **1** <帆に> 逆風を送る 《他の帆を調節して》. **2** <相手の> 風上に出て風をさえぎる《ヨットレースで》.

báck·wóods [bǽkwúdz/⌐–] *n.* 〘米〙 (辺境の) 未開拓地, 新開地. **——** *a.* 辺境の; いなかっぽい, 素朴(そぼく)な; 粗野な. **～·man** [-mən] (*pl.* **-men** [-mən]) 未開拓地の住人; 珍妙な男.

‡bá·con [béik(ə)n] *n.* **1** ベーコン 《豚肉の塩づけ薫製》. **2** 〘俗〙 豚; 肉. **3** 〘俗〙 金, 収入. **4** 〘俗〙 勝利, 栄冠. ***bring home the* ～** 〘話〙 成功する. ***save* one's ～** 〘話〙 重大な損害〔死〕を免れる.

～ dish 柄とふたのある二重底のさら《湯を入れる》.

Bá·con [béikən] *n.* Francis ～, 1561–1626, イギリスの随筆家・哲学者・政治家.

Ba·có·ni·an [beikóuniən, -njən] *a.* Bacon の, ベーコン学説の; 帰納的な. **——** *n.* ベーコン哲学の信奉者; Baconian theory の主張者.

～ method 帰納法. **～ theory** ベーコン説 《Shakespeareの戯曲はベーコンの作であるという説》.

bá·con·y [béikəni] *a.* ベーコンのような, 脂肪分の多い. **～ liver** 〘医〙 肥大性肝臓硬化.

bact. bacteriology.

***bac·té·ri·a** [bæktí(:)riə/-tíər-] *n. pl.* (*sing.* **-um** [-riəm]) バクテリア, 細菌. ◇ **～l** *a.*

bac·té·ri·cide [bæktí(:)risàid/-tíər-] *n.* 殺菌剤. ◇ **bac·tè·ri·cíd·al** [-tì(:)risáidl/-tìər-] *a.* 殺菌の.

bác·te·rin [bǽktərin] *n.* 〘医〙 細菌ワクチン.

bac·tè·ri·o·lóg·i·cal [bæktì(:)riəlɑ́dʒik(ə)l/-tìəriəlɔ́dʒ-] *a.* 細菌学の, 細菌学的.

～ warfare 細菌戦争.

bac·tè·ri·ól·o·gy [bæktì(:)riɑ́lədʒi/-tìəriɔ́l-] *n.* 細菌学. ◇ **-gist** [-dʒist] *n.* 細菌学者.

bac·tè·ri·ól·y·sis [bæktì(:)riɑ́lisis/-tìəriɔ́l-] *n.* 細菌分解(処理), 溶菌現象.

◇ **bac·tè·ri·o·lýt·ic** [-riəlítik] *a.* 溶菌力ある.

bac·té·ri·o·phage [bæktí(:)riəfèidʒ/-tíər-] *n.* 〘医〙 殺菌素, バクテリオファージ.

bac·tè·ri·ós·co·py [bæktì(:)riɑ́skəpi/bæktiəriɔ́s-] *n.* 《顕微鏡による》 細菌検査.

bac·tér·i·um [bæktí(:)riəm/-tíər-] *n.* →bacteria.

bác·ter·ize [bǽktəràiz] *vt.* 細菌の作用によって変化〔分解〕させる.

bác·ter·oid [bǽktərɔ̀id] *n.* 〘植〙 《豆科植物の根粒中の》 バクテロイド, 仮細菌.

—— *a.* 細菌に似た, 細菌状の.

bàc·te·rói·dal [bæ̀ktərɔ́idl] *a.* ＝bacteroid.

Bác·tri·an [bǽktriən] *a.* バクトリアの 《Bactria は西アジアの旧国》. **～ camel** 〘動〙 フタコブラクダ.

bác·u·line [bǽkjulin, -làin/-lain] *a.* 《懲罰など》 むちを使う.

†bad¹ [bæd] *a.* (**worse** [wə:rs]; **worst** [wə:rst]) **1** 悪い, 悪質の: a ～ man. ～ habits 悪癖. **2** 《病気などが》 悪性の, 治療しにくい: a ～ cold ひどいかぜ. a ～ fire 消しにくい火事. **3** 《健康などに》 有害な 《に *for*》; 《食物が》 腐った. **4** できの悪い, 不良の, 不十分の: a ～ crop 不作. ～ lighting, a ～ light 不良照明. **5** へたな, うまくない: He is ～ *at* English. あの人は英語はだめだ. **6** 誤った, 不当な: ～ spelling まちがったつづり. a ～ guess 見当ちがい. a ～ shot ねらいのはずれた弾(たま). **7** 好ましくない, つごうの悪い; 不愉快な ～ luck 不運. ～ news 悪い知らせ. I had a ～ day at the office. 会社ではいやな一日だった. **8** 気分が悪い; 《精神的に》 気持ちがすまない, 気の毒である: feel ～ about it あのことはすまないと思っている. **9** 〘俗〙 すてきな, すばらしい: a ～ man on drums 太鼓の名手.

feel* ～** 悪いと思っている, 気の毒と思う 《について *about* a thing [(do)*ing*]; を *that*》. ***go from* ～ *to worse (ますます) 悪化する: His business is *going from* ～ *to worse.* 彼の商売はますます左前だ. ***have a* ～ *time* (*of it*)** ひどい目に会う. ***in a* ～ *way*** 《健康・生活などが》 思わしくない(状態で). ***not* (*so, half, too*) ～** そう悪くない, かなりよい; さほどむずかしくない. ***That's too* ～.** それはお気の毒さま; これは困ったなあ.

—— *n.* **1** 悪い状態; 悪性; 不運. **2** (the ～) 悪人たち. ***go to the* ～** 破滅する, だめになる. ***in* ～** (1) 困って, もんちゃくを起こして. (2) きらわれて. **£ 100 *to the* ～** (100ポンド) 借りになって, 不足で.

—— *ad.* 〘米話〙 ＝badly. **～ *off*** →badly off.

～ blood 悪感情, 憎しみ. **～ conscience** やましい心, 良心のとがめ. **⌐～·lands** [⌐–] *pl.* 〘米〙 荒れ地, 不毛地. **Bad Lands, the** 〘米〙 South Dakota 州南西部と Nebraska 州北西部の荒れた地帯. **⌐～-tém·pered** ふきげんな; 気むずかしい, 意地の悪い. ◇ **⌐～·ness** *n.*

(類義語) 悪い: **bad** 最も一般的な語: *bad* manners 無作法. a *bad* smell いやなにおい. **evil** 社会的・道徳的に抵触する, 有害な: an *evil* conduct 悪行. **wicked** 性根の悪い, 邪悪な: a *wicked* man 悪党. **malicious** 悪意〔敵意〕をいだく: a *malicious* gossip (人を傷つけるための) たちの悪いうわさ話.

bad² [bæd] *v.* 〘古〙 bid の過去形.

bád·dish [bǽdiʃ] *a.* やや悪い.

***bade** [bæd, ⊛+beid] *v.* bid の過去形.

Bá·den [bɑ́:dn] *n.* バーデン《西ドイツ西南部の州》.

Bá·den-Pów·ell [béidnpóuəl/-el] *n.* Sir Robert Stephenson Smyth, 1st Baron ～, 1857–1941, イギリスの将軍で Boy Scouts の創始者.

badge [bædʒ] *n.* バッジ, 記章, 《軍人の》 階級章. ***good conduct* ～** 善行章. **——** *vt.* に記章をつける.

BADGE basic air defense ground environment.

bádg·er¹ [bǽdʒər] *n.* (*pl.* **～s**, 《集合的》 ～) 〘動〙 アナグマ; アナグマの皮. **——** *vt.* いじめる, 悩ます 《badger baiting から》.

～ baiting アナグマいじめ 《アナグマをおけに入れて犬をけしかける遊び》. **～ game** 美人局(つつもたせ).

B～ State, the アメリカ Wisconsin 州の別称.

bádg·er² *n.* 〘方〙 《おもに食料品の》 行商人.

ba·di·nage [bǽd(i)nidʒ, bæ̀d(i)nɑ́:ʒ/bǽdinɑ:ʒ] F. *n.* 戯れ, からかい. **——** *vt.* 軽くからかう.

‡bád·ly [bǽdli] *ad.* (**worse** [wə:rs]; **worst** [wə:rst]) **1** 悪く, こっぴどく: We were ～ beaten in the game. 試合には完敗した. **2** へたに, まずく. **3** 〘話〙 ひどく, とても: We need your help ～. きみの助けがぜひ必要だ. I missed you ～. きみがいなくてとてもさびしかった〔残念だった〕.

be* ～ *off 暮らし向きがよくない. ↔ well off. ***speak* ～ *of*** の悪口を言う. ***take* ～** <知らせなどを> 悲しんで受け取る, 聞いて悲観する.

***bád·min·ton** [bǽdmintən] *n.* **1** 〘運〙 バドミントン

ン. **2** ブドウ酒にソーダ水などを加えた清涼飲料.
Báe·de·ker [béidikər] *n.* ベデカー旅行案内(書)《ドイツの出版業者 Karl Baedeker が出版した》; 《一般的》旅行案内(書).
baff [bæf] *vi.* 〘ゴルフ〙クラブで地面を打つ.
—— *n.* 〜してボールを高く飛ばすこと.
báf·fle [bæfl] *vt.* **1** 困らせる, 当惑させる. **2** のじゃまをする, 挫折(ざっ)させる: It 〜*s* description. それは名状しがたい. —— *vi.* あがく, いたずらにほねをおる. ***be*** 〜***d in*** an attempt (試み)に失敗する.
—— *n.* **1** じゃま(物); 頓挫(とん), 当惑. **2** 《水流・気体などの》遮蔽(しゃへい)装置, 防止装置. **3** バッフル《スピーカーボックスの低音用隔壁》.
〜 **wall** 防壁, 防音壁. ◇ 〜**·ment** *n.*
báf·fling [bæfliŋ] *a.* **1** 当惑させる; 不可解な. **2** 阻害する, 妨げる. **3** (風の) 方向が一定しない.
◇ 〜**·ly** *ad.*
báff·y [bæfi] *n.* 《ゴルフ用の》木製クラブ《ゴルフ用語では spoon, No. 3 wood》.
†**bag**[1] [bæg] *n.* **1** 袋; 1袋分. **2** かばん, 手さげ. **3** さいふ; (*pl.*) 富. **4** 《狩猟用の》獲物袋; 獲物 (の量). **5** 袋状の物〔部分〕; 雌牛の乳ぶさ; 目の下のたるみ. **6** (*pl.*) 〘俗〙ズボン. **7** 〘野球〙ベース, 塁. **8** 〘俗〙女; みにくい女; ふしだら女; 売春婦; 口うるさいばあさん. **9** 〘俗〙胃. **10** 〘話〙ジャズのスタイル.
〜 ***and baggage*** (1) 所持品の全部. (2) 家財をまとめて《引っ越しなどのとき》. 〜 ***of bones*** やせこけた人〔動物〕. 〜 ***of wind*** 大ぼら吹き; 太っちょ. ***bear the*** 〜 さいふを握る, 金が自由になる. ***empty the*** 〜 残らず話す. ***get in the*** 〜 を確保する, 手に入れる; を完了する. ***get the*** 〜 お払い箱になる. ***give*** a person ***the*** 〜 (人を) 解雇する. ***green*** 〔***blue***〕〜 弁護士のかばん. ***hold the*** 〜 〘米話〙自分だけ責任を負わされる. ***in the bottom of the*** 〜 最後の手段として. ***let the cat out of the*** 〜 うっかり秘密をもらす. ***make*** 〔***secure***〕 ***a good*** 〜 大猟をする. ***money*** 〜 金持ち. ***set*** one's 〜 ***for*** 〘米〙に野心を示す. ***the whole*** 〜 ***of tricks*** あらゆる手段.
—— *v.* (**-gg-**) *vt.* **1** ふくらます. **2** 袋に入れる. **3** 〈獲物を〉捕える; しとめる, 殺す. **4** 〘俗〙盗む; つかまえる. —— *vi.* 《袋のように》ふくれる. ***Bag(s)*** (***it***)*!* 〘英俗〙まずおれが先だ, いただき!
〜 **fox** 袋ギツネ《袋に入れてきて猟場で放ち犬に追わせる》. 〜**·man** [-mən] (*pl.* **-men** [-mən]) 〘英〙出張販売人, 注文とり, 外交員. 〜**·pipe** [́ ̀](しばしば *pl.*) バッグパイプ《スコットランド高地人の用いる皮製の空気袋のある吹奏楽器》. 〜**·pìp·er** bagpipe を吹く人. 〜**·wig** [́ ̀] 袋かつら《18世紀に流行した後ろ髪を包む袋のついたもの》. 〜**·worm** [́ ̀] 〘虫〙みのむし. ◇ 〜**·ful** [-fùl] *n.* 袋1杯分.
bag[2] *vt.* (**-gg-**) 小麦などをかまで刈る.
ba·gásse [bəgǽs] *n.* サトウキビのしぼりがら, きびがら《燃料・断熱材用》.
bàg·a·télle [bægətél] *n.* **1** ささいなこと, つまらないこと〔もの〕. **2** 《ピアノの》小曲. **3** 一種の玉突きゲーム.
Bág·dad [bǽgdæd/ ́ ́, ́ ̀] *n.* バグダッド《Iraq の首都》.
bá·gel [béigl] *n.* ドーナツ型堅焼きパン.
‡**bág·gage** [bǽgidʒ] *n.* **1** 〘米〙《集合的》手荷物, (旅行用の) 手回り品. → luggage. 〈注〉旅行の装具いっさいで, トランク・かばんなどがその中に含まれる. 個数を数えるには a piece of *baggage* などとする. **2** 〘話〙おてんば娘, おもしろい女. **3** 売春婦; やくざ女. **4** ばあさん.
〜 **allowance** 〘米〙手荷物重量制限. 〜 **car** 〘米〙手荷物車. 〜 **check** 〘米〙手荷物チッキ. 〜**·man** [-mæ̀n] 〘米〙手荷物係員; 赤帽. 〜**·màs·ter** [-mæ̀stər/-mɑ̀:s-] 〘米〙手荷物係長. 〜 **office** 〘米〙手荷物取扱所. 〜 **rack** 〘米〙《列車内の》網だな. 〜**·smàsh·er** [-smæ̀ʃər] 〘米俗〙手荷物係; 人足; 乱暴者; へたな踊り子.
bág·ger [bǽgər] *n.* 〘野球〙…塁手; …塁打: a two 〜 二塁打.
bág·ging [bǽgiŋ] *n.* 袋に入れること; 袋地.
bág·gy [bǽgi] *a.* (袋のように) だぶだぶした, ふくらんだ: 〜 trousers ひざが出たズボン. ◇ **-gi·ness** *n.*
Bágh·dad ＝Bagdad.
bágn·io [bǽnjou/bɑ́:n-] *n.* (*pl.* 〜**s**) **1** 《東洋風の》浴場, トルコぶろ. **2** 《トルコの》牢獄(ろうごく). **3** 売春宿.
B. Ag(r). Bachelor of Agriculture.
ba·guét(te) [bægét/bə-] *n.* 長方形に切った宝石.
bah [bɑ:, ㊎⁺bæ:] *int.* ふふん!, へん! 《けいべつ・嫌悪(けんお)などの表示》.
ba·há·dur [bəhɔ́:duər, -hɑ́:-/bəhɑ́:də] *n.* **1** (しばしば B〜) 閣下, …殿《固有名詞のあとにつける》. **2** 〘俗〙お役人さま. [＜Hind.]
Ba·há·ism [bəhɑ́:iz(ə)m] *n.* バハイ教《1863年ペルシアに起こった宗教. 世界平和と人類の精神的融和を唱える》.
Ba·há·ma [bəhéimə/-hɑ́:-] *n.* (*pl.*) バハマ諸島 (＝〜 Islands)《アメリカ Florida 半島の東南に散在する西インド諸島中のイギリス領》.
baht, bat [bɑ:t] *n.* (*pl.* 〜(**s**)) バーツ《タイ国の貨幣単位》.
bai·gnoire [beinwɑ́:r/ ́ ̀] F. *n.* 《劇場の》1階さじき席.
Bai·kál [baikɑ́:l] ***Lake*** 〜 バイカル湖《シベリアの》.
bail[1] [beil] *n.* 〘法〙保釈; 保釈金; 保釈保証人.
accept 〔***allow***〕 〜 保釈を許す. ***admit to*** 〜 保釈を許す. ***be out on*** 〜 〈被告が〉保釈中である. ***go*** 〔***stand***〕 〜 ***for*** の保釈保証人となる; を請け合う; の保釈金を出す. ***jump*** (one's) 〜 保釈中失踪(しっそう)する. ***save*** 〔***forfeit***〕 one's 〜 出廷命令に応ずる〔応じないで保釈金を没収される〕. ***take*** 〔***give***〕 ***leg*** 〜 〘笑〙脱走する.
—— *vt.* **1** 〘法〙〈法廷が〉保釈する; 〈保証人が〉保釈金を供託して請け出す《*out*》. **2** 〈物品を〉委託する.
〜 **bond** 〘法〙保釈保証書. 〜**s·man** [-zmən] (*pl.* **-men** [-mən]) 保釈保証人.
◇ 〜**·a·ble** *a.* 保釈できる, 罪が軽い. 〜**·ment** *n.* 委託; 保釈.
bail[2] *n.* 《船の水をかい出す》あか取り, 排水用おけ〔バケツ〕. —— *vt., vi.* (船底の水などを) かい出す.
〜 ***out*** 《飛行機から落下傘で》飛び降りる; 〈人を〉救い出す. 〜 (***out***) ***the boat*** ボートからあか水をかい出す. 〜**·out** →別項.
bail[3] *n.* **1** 〘クリケット〙三柱門上の横木. **2** 〘史〙城壁, 城郭, 城の外庭. **3** 《馬屋の》仕切り横木.
bail[4] *n.* **1** 《なべ・やかんなどの》つる, 取っ手. **2** 《ほろ馬車のおおいなどの半円形の》支柱. **3** 《タイプライターなどの》紙押え棒.
bai·lée [beilí:, ́ ́] *n.* 受託者.
báil·er[1] [béilər] *n.* 船のあか水くみ(人); あか取り器具.
báil·er[2] *n.* 《クリケットの》三柱門横木にぶつかったボール.
bái·ley [béili] *n.* 城壁, 城内庭. ***the Old B***〜 ロンドン中央刑事裁判所 (Central Criminal Court) の俗称.
Bái·ley [béili] 〜 ***bridge*** 〘軍〙ベイリー式鉄板組み立て橋.
báil·ie [béili] *n.* 〘スコットランド〙市参事会員.
báil·iff [béilif] *n.* **1** 執行吏《sheriff の下役》, 監守人. **2** 土地管理人. **3** 〘英史〙代官, 町役人.
báil·i·wick [béiliwik] *n.* **1** bailiff の職〔管轄区〕. **2** 《知識・権限・仕事の》範囲, 領域.
bail·ór [beilɔ́:r, béilər/béilə] *n.* 寄託者.
báil·out [béilàut] *n.* パラシュートによる脱出.
—— *a.* 脱出の (ための): 〜 measures 脱出方法.
bairn [bɛərn] *n.* 〘スコットランド〙子ども, 児童.
***bait** [beit] *n.* **1** 《捕獲のための》餌(え), えさ; おとり, さ

そい, 誘惑. 2《旅行中の》小憩. ***jump at the*** ～ たやすくだまされる. ―― *vt.* 1 に餌をつける. 2 えさでさそう; 誘惑する. 3 <馬に> 途中休んでまぐさを与える. 4 <クマなどに> 犬をけしかける. 5 悩ます, いじめる. ―― *vi.* 〖英〗途中で休憩する《旅行中食事・休憩のために》. [bite と同語源]

baize [beiz] *n.* 《玉突き台などに用いる緑の》ラシャ布. ―― *vt.* に ～ を掛ける.

‡**bake** [beik] *vt.* <パンなどを> 焼く; <れんがなどを> 焼き固める; <太陽が皮膚などを> 焦がす, 焼く; <太陽が果実を> 熟させる. ―― *vi.* <パンなどが> 焼ける. ―― *n.* 1 焼くこと. 2〖米〗会食《その場で焼いて出す》.
～·house [ˊ-] 製パン所, パン工場. **～-off** [ˊ-] しろうとの料理競技会. **～·shop** [ˊ-]〖米〗製パン所. **～·ware** [ˊ-] 耐熱陶器〔ガラス〕なべ.

Bá·ke·lite [béikəlàit, ㊟+-klait] *n.* (または b～) ベークライト《合成樹脂. 商標名》.

‡**bák·er** [béikər] *n.* 1 パン屋, パン焼き人, パン製造業者. 2〖米〗携帯用パン焼き天火. 3《魚つり用》蚊ばりの一種. **～'s dozen** 13個. **～'s salt**《製パン用》炭酸アンモニア.
◇ **～·y** [béikəri] *n.* 製パン所; パン屋; 〖米〗洋菓子店.

bák·ing [béikiŋ] *n.* パン焼き, 一焼き〔一かまど〕分. ―― *a., ad.* 焼けつくような〔に〕: ～ hot 焼けつくように暑い. **～ powder** ベーキングパウダー, ふくらし粉. **～ soda** 重曹(じゅうそう).

bák·sheesh, -shish [bǽkʃi:ʃ] *n.* 《トルコ・エジプトなどで》心づけ, 祝儀, チップ. ―― *vt.* にチップをやる. ―― *vi.* 心づけする《に *to*》.

Ba·kú [bɑ:kú:] *n.* ソ連邦 Azerbaijan 共和国の首都《カスピ海沿岸. 採油の中心地》.

bal. balance; balancing.

Bá·laam [béiləm/-læm, -ləm] *n.* 1〖聖〗バラム《ヘブライの預言者. 民数記 22:23》; 当てにならない予言者〔味方〕. 2 (b～)〖英俗〗《新聞・雑誌の》埋めくさ: a ～ box 埋めくさ投書箱.

Bàl·a·clá·va [bæləklɑ́:və] *n.* バラクラバ《黒海に面した港市. クリミア戦争の古戦場》.
～ helmet バラクラバ戦闘帽《羊毛製で肩までかかる. 登山家・スキーヤーなども用いる》.

bàl·a·lái·ka [bæləláikə] *n.* バラライカ《三角形のロシアの弦楽器》.

‡**bál·ance** [bǽləns] *n.* 1 てんびん, はかり. 2 平均, 均衡, つりあい; 対照. 3 調和; 落ち着き. 4《左右いずれに傾くか》未決状態. 5〖商〗収支, 国際収支; 差額, 差引残高; つり銭; 〖話〗残り, 余り. 6 (B～)〖天〗てんびん座. 7《とけいの》平衡輪.
～ ***brought forward***《前からの》繰越残高. ～ ***carried forward***《次への》繰越残高. ～ ***due*** 不足額. ～***in hand*** 手元残高. ～ ***of clearing*** 手形交換じり. ～ ***of power***《強国間の》勢力均衡. ～ ***of trade*** 〔***exchange***〕貿易〔かわせ〕じり. ***be*** 〔***hang***〕 ***in the*** ～ 未決定である. ***be out of*** ～ 不均衡である. ***cast the*** ～ 均衡を失わせる. ***hold in*** ～ 未決定にしておく. ***hold the*** ～ 決定権を握る. ***keep*** 〔***lose***〕 ***one's*** ～ からだの平均を保つ〔失う〕; 平静を保つ〔失う〕. ***on*** (***the***) ～ 差し引きして; 結局のところ. ***strike a*** ～ 収支決算する. ***throw*** a person ***off his*** ～ (人に) からだの平均を失わす, (人を) 倒す; (人に)平静を失わす. ***You may keep the*** ～. おつりはとっておきたまえ.
―― *vt.* 1 の均衡をとる, つりあわせる; 平均をとって持つ: ～ a book on one's head 本を頭に載せる. 2 比較する, の利害得失を対照する. 3 <他を>帳消しにする, <ほかと> 相殺(そうさい)する; <残高を> なくす《支払って》. 4 <貸借・収支などを> 差し引きする: ～ accounts 決算する. 5〖ダンス〗<相手に> 近づいたり離れたりする. 6 はかりで量る.
～ ***oneself***《倒れないように》からだのつりあいをとる: ～ one*self* on a tight rope 綱を渡る. ～ ***the book***(*s*) 帳簿を締め切る, 決算する.
―― *vi.* 1 つりあう, 平均する; <計算・帳じりが> 合う. 2 ためらう《の間で *between*》. 3〖ダンス〗近づいたり離れたりする.
～ account〖商〗残高勘定. **～ beam** はかりざお. **～ sheet**〖商〗貸借対照表. **～ wheel**《とけいの》平衡輪.
◇ **～d** [-t] *a.* 平均のとれた: a ～*d* diet 完全栄養食.

bál·anc·er [-ər] *n.* 1 量る人; 清算人. 2 平衡器. 3 軽わざ師.

bál·as [bǽləs] *n.* 〖鉱〗紅玉.

bál·a·ta [bǽlətə] *n.* 〖植〗バラタ《西インド産熱帯樹》; バラタゴム《電線の被覆材・ゴルフボール用》.

Bal·bó·a [bælbóuə, bɑ:lvɔ́:ɑ:] *n.* 1 Vasco Núñez de [bɑ́:skɔ:-nú:njeθ-de-] ～, 1475?–1517, スペインの探検家, 太平洋の発見者. 2 (b～) パナマの銀貨; パナマの貨幣単位.

bal·bríg·gan [bælbrígən] *n.* 1 バルブリガンメリヤス《綿メリヤスの一種. くつ下・下着類用》. 2 (*pl.*) 綿製のくつ下〔パジャマ〕.

‡**bál·co·ny** [bǽlkəni] *n.* バルコニー, 露台; 《劇場の》2 階さじき; 艦尾展望台. ◇ **-nied** *a.* バルコニーつきの: a *balconied* facade.

***bald** [bɔ:ld] *a.* 1《頭の》はげた, 毛のない. 2《毛・羽・葉・草などが》はげた, まばらの. 3 むきだしの, あからさまの: a ～ lie しらじらしいうそ. 4 飾りのない, 単調な: a ～ prose style 味のない文体.
～ eagle 白頭ワシ《北アメリカ産. 1782年以来アメリカ国章》. **～-faced** [ˊ-] (1)《馬などの》顔面に白いまだらのある. (2) = bald ③. **～·head** [-hèd] (1) はげ頭の人. (2) ハトの一種. **～-héad·ed** (1) [-hédid] はげ頭の. (2) [ˊ--] *ad.* 無鉄砲に: go ～*-headed*〖俗〗危険も顧みずにぶつかっていく, がむしゃらに突き進む《に向かって *at, for, into*》. **～·pate** [ˊ-] (1) はげ頭の人. (2)〖鳥〗ヒドリガモ. **～·pát·ed** はげ頭の. **～ wheat** 裸麦.
◇ **～·ish** *a.* はげかかった. **～·ly** *a.* あからさまに, むきだしに. **～·ness** *n.*

bál·da·chin, -quin [bǽldəkin, bɔ́:l-/bɔ́:l-] *n.* 1 天蓋(てんがい). 2 金襴(きんらん), にしき織り.

bál·der·dash [bɔ́:ldərdæʃ] *n.* たわごと.

bál·dric [bɔ́:ldrik] *n.* 飾帯《剣などをつるすために肩から腰へ斜めにかける》.

Báld·win [bɔ́:ldwin] *n.* Stanley ～, 1867–1947, イギリスの政治家, 3 度首相になった.

bale[1] [beil] *n.* 1《運搬用の》梱包(こんぽう), こり, 包み. 2 (*pl.*) 貨物. ―― *vt.* 梱包する, 荷づくりする.
baling wire method 応急手当《梱包用の針金で一時縛っておくことから》. ◇ **bál·er** [béilər] *n.*

bale[2] *n.* 〖雅・古〗不幸, 災い, 苦痛, 嘆き.

bale[3] *vt.* = bail[2].

bale[4] = bail[4].

Bàl·e·ár·ic [bæliǽrik] ～ ***Islands*** バレアル諸島《地中海西部のスペイン領》.

ba·léen [bəlí:n] *n.* 鯨のひげ.

bále·fire [béilfàiər] *n.* 大たき火, かがり火, のろし; 〖古〗火葬の火.

bále·ful [béilf(u)l] *a.* 1 有害な, 災いをなす, 害意ある. 2〖古〗悲しみに満ちた, 哀れな.
◇ **～·ly** [-fuli] *ad.* 害意をもって. **～·ness** *n.*

Bál·four [bǽlfuər/-fə, -fuə] *n.* Arthur James ～, 1848–1930, イギリスの政治家・首相.

Bá·li [bɑ́:li] *n.* バリ島《インドネシア共和国の島》.
◇ **Bà·li·nése** [bɑ̀:liní:z] *a., n.* (*pl.* ～) バリ島〔民族〕の; バリ人(の); バリ語(の).

balk [bɔ:k] *n.* 1 障害, じゃま物. 2 挫折(ざせつ), 失意; 失敗. 3〖運〗ボーク《跳躍者が助走のあと balk line を踏み切ってから中止すること》; 〖野球〗ボーク《走者があるとき投手が犯す投球上の反則行為》. 4〖建〗角材; はり材. 5《畑の間の区画線を示す》すき残し; 《畑の》うね.

— *vt.* **1** じゃまする: be ～*ed* in one's hopes 望みをじゃまされる. ～ a person's hopes 人の希望をくじく. **2** しくじる, 逸する. **3** 〈話題・義務を〉避ける, 回避する. — *vi.* **1** 急に止まる, 〈馬が〉しりごみする《に *at*》. **2** 〖野球〗ボークをする. ***be ～ed of one's purpose*** 目的をはばまれる.
～ line 〖運〗ボークライン, 踏み切り線; 〖玉突き〗三つ玉における玉台面にしるした井字形の線; イギリス式玉台面上の脚部第2星間を結ぶ線. ◇ **～·y** [-i] *a.* 《馬などが》止まる癖のある, 言うことをきかない.

Bál·kan [bɔ́:lkən] *a.* バルカン半島〔諸国, 人〕の. ***the ～s*** バルカン諸国 (=the ～ States).
◇ **～·ize** [-àiz] *vt.* 小国に分裂させる.

⁺**ball**[1] [bɔ:l] *n.* **1** 球, たま, まり. **2** 球状の物; 弾丸, 砲丸. →shell. **3** 天体, 《特に》地球. **4** 球技, 《特に》野球. **5** 〖クリケット・野球〗(1回の) 投球; 〖野球〗ボール. → strike. **6** 〖俗〗プレーする番: The ～ is with you. きみの番だ. have a ～ 番〔機会〕がまわってくる. **7** (*pl.*) 〖俗〗たわごと. **8** (*pl.*) 〖卑〗睾丸(こうがん).
～ and chain 〖米〗重い金属球のついた鎖《囚人の足かせ》; 〖米俗〗妻, 〖稀〗夫. ***～ in the air*** 宙ぶらりん, 未決定. ***～ of the eye*** 眼球. ***～ of the thumb*** [***big toe***] 手〔足〕の親指のつけ根のふくらみ. ***be on the ～*** 〖米俗〗抜け目がない; 有能である. ***carry the ～*** 責任を引き受ける. ***catch*** [***take***] ***the ～ before the bound*** 機先を制する. ***have something*** [***a lot***] ***on the ～*** 〖俗〗有能である. ***have the ～ at*** one's ***feet*** [***before*** one] 成功の機会を目前に見る. ***keep the ～ rolling*** = ***keep up the ～*** 談話〔活動〕をとぎれさせない. ***make a ～ of*** をめちゃくちゃにする. ***on the ～*** 〖俗〗警戒して; 活発で; 有能で. ***play ～*** 球技をする; 〖野球〗プレーボール!, 試合開始!; 活動を始める; 〖米話〗協力する. ***start the ～ rolling*** 事を開始する〔軌道に乗せる〕. ***take up the ～*** 《談話などで》人の話を自分が引き取って続ける. ***the earthly*** [***terrestrial***] ***～*** 地球. ***the three*** (***golden***) ***～s*** 三つの金色球《質屋の看板》.
— *vt., vi.* 球にする〔なる〕. **～ *up*** 〖米話〗いっしょくたにする〔なる〕; 混乱させる〔する〕.
～-and-socket joint [bɔ́:lənsákit-/-sɔ́k-] = ～ joint; 《ひざ・肩の》球状関節. **～ bearing** 〖機〗ボールベアリング, 玉軸受け. **～ cartridge** 実弾薬筒. **～ club** (野球の) 球団. **～ cock** 浮き玉コック《水の流出を調節する. 水洗便所などに使用》. **～-flòw·er** 〖建〗玉花飾り, 花球. **～ game** 球技. **～ joint** 〖機〗玉継ぎ手. **～ park** 〖米〗野球場; 範囲, 近似値: in the ～ *park* of $100 約100ドルの. **～ pen** = ～-point pen. **～-plày·er** 野球選手; 球技をする人. **～-point pen** ボールペン. **～-proof** [ˊˊ, ㊥⁺ˊˊ] 防弾の. **～-proof jacket** 防弾チョッキ. **～ turret** 〖空〗《爆撃機の》装甲半球形砲塔. **～-up** [ˊˊ] ごたまぜ, 混乱. **～ valve** 浮き玉水流調節弁.
(類義語) 球: **ball** 丸いものに使われる一般的な語: a rubber *ball* ゴムまり. **globe, sphere** やや正式の語. ほぼ完全球に近いものについて用いられる: in the form of a *globe* 球状で. the diameter of a *sphere* 球の直径. **orb** 眼球や天体に用いられる: the *orb* of the full moon 満月の球体.

ball**[2] *n.* 舞踏会. ***fancy [***masked***] ***～*** 仮装舞踏会. ***have a ～*** すてきな思いをする; 機会を得る. ***open the ～*** 舞踏の皮切りを踊る; 先鞭(せんべん)をつける.
～·room [ˊˊ] 舞踏場〔室〕, ダンスホール.
～·room dancing 社交ダンス.

***bál·lad** [bǽləd] *n.* **1** 《物語風》民謡. **2** 俗曲, 小唄(こうた). **～·mòn·ger** 街頭詩人, 演歌師; へぼ詩人. ◇ **～·ry** *n.* 《総称的》民謡.

bal·láde [bəlá:d, bæl-/bæl-] *n.* 〖韻〗バラード (形式)《各詩節と envoy との最終行が同一形の詩体》.

bál·last [bǽləst] *n.* **1** 《船の》底荷, バラスト. **2** 《気球などの浮力調節用》砂袋. **3** 《鉄道・道路などの》砕石, バラス. **4** 《人格の》重み, 重厚さ. ***in ～*** 〖海〗《船が》底荷だけで, から荷で.
— *vt.* 〈船に〉底荷を積む; 〈気球に〉砂袋を入れる; 〈鉄道・道路に〉砕石〔バラス〕を敷く.

bal·le·ri·na [bælərí:nə] It. *n.* (*pl.* **-nas, -ne** [-ne(i)]) バレリーナ.

***bál·let** [bǽlei, -li, ㊥⁺bæléi] *n.* バレー(団).
～ dancer バレー ダンサー《男性》. **～ slipper** バレーぐつ. **～ suite** バレー組曲.

bal·lét·ic [bælétik] *a.* バレーの(ような), バレー的な.
◇ **-i·cal·ly** *ad.*

bal·lét·o·mane [bælétəmèin, bælitə-], **bal·lèt·o·má·ni·a** [bælètəméiniə] *n.* バレー狂.

bal·lís·tic [bəlístik, ㊥⁺bæl-] *a.* 弾道(学)の, 発射(学)の. ***intercontinental*** [***intermediate range***] ***～ missile*** 大陸間〔中距離〕弾道兵器《略 I.C.B.M., I.R.B.M.》. ◇ **～s** *n. pl.* 《単数扱い》弾道学. **bàl·lis·tí·cian** [bælistíʃ(ə)n] *n.* 弾道学者.

bal·lon d'es·sai [balɔ̃:deiséi/bǽlɔ̃:deséi] F. **1** 試揚気球. **2** さぐり《世間の反応をみるための声明など》.

bàl·lo·nét [bælənét, ˊ-ˊ] *n.* 《気球・飛行船の》浮力調節用小気嚢(のう).

‡**bal·lóon** [bəlú:n] *n.* **1** 気球; 風船; 《形勢を見るための》試験気球. **2** 〖建〗柱頭玉飾り. **3** 吹き出し《漫画の囲みぜりふ》. **4** 大形フラスコ. **5** 〖俗〗浮浪人のがっさい袋. ***captive*** [***free***] ***～*** 係留〔自由〕気球. ***rigid*** [***nonrigid***] ***dirigible ～*** 硬式〔軟式〕飛行船.
— *vi.* **1** ふくれる; 増大する. **2** 気球で上昇〔旅行〕する. **3** 〖俗〗無感覚になる; せりふを忘れる.
— *vt.* **1** ふくらます. **2** 〖俗〗〈値を〉上げる.
～ barrage [-bərá:ʒ/-bǽrɑ:ʒ] 気球阻塞(そさい). **～-fish** [-fiʃ] 〖魚〗フグ. **～ gum** 風船ガム. **～ jumping** 気球の助けをかりて行なう跳躍. **～ satellite** 気球衛星. **～ sleeves** 《婦人服の》ふくらんだそで. **～ tire** 《自動車などの》低圧タイヤ.
◇ **～·er, ～·ist** *n.* 気球のパイロット〔乗り手〕. **～·ing** *n.* 気球操縦; 〖米〗株価のつり上げ.

bál·lot [bǽlət] *n.* **1** 投票用紙; 投票総数. **2** 秘密〔無記名〕投票. **3** 公認候補者名簿. ***cast*** [***take***] ***a ～*** 投票を行なう〔で決める〕.
— *vi.* **1** 投票する; 投票で決める. **2** 抽選する, 抽選で決める. **～ *against*** に反対投票する. **～ *for*** に賛成投票する; を抽選で決める.
～ box 投票箱. **～ paper** 投票用紙.
◇ **～·age** [-idʒ, ㊥⁺-à:ʒ] *n.* 決選投票. 「測定法.

bal·lótte·ment [bəlátmənt/-lɔ́t-] *n.* 指圧妊娠

bal·lot·tine [bǽlətì:n, ˊ-ˊ] *n.* 肉, 鶏肉, 魚でつくった galantine の一種《暖めて供する》. [<F.]

báll·up [bɔ́:lʌ̀p] *n.* 〖俗〗混乱, ろうばい.

bál·ly [bǽli] *a., ad.* 〖英俗〗いまいましい, べらぼうな, すごく: too ～ tired べらぼうに疲れた. Whose ～ fault is that? いったいだれが悪いんだ. [<bloody]

bál·ly·hòo [bǽlihù:/ˊ-ˊ] *n.* (*pl.* **～s**) **1** 〖米俗〗騒々しい大宣伝, 吹聴(ふいちょう); から騒ぎ. **2** 〖米俗〗ふしだら女. — *vt., vi.* から宣伝する, 吹聴する; 大ぼらを吹く.

balm [bɑ:m] *n.* **1** 《木から採った》香油; 鎮痛剤; 慰め(となるもの). **2** 芳香, かおり. **3** 〖植〗西洋ヤマハッカ《地中海地方産》. ***～ of Gilead*** カンランの常緑樹《アジア・アフリカ産》; それから採る香膏(こう).

Bal·mór·al [bælmɔ́:rəl, -már-/-mɔ́r-] *n.* **1** 《模様またはしま入り》ラシャ製ペチコート. **2** (b～) 一種の編み上げぐつ. **3** (b～) つばなしの平たい帽子《スコットランドで用いる》.

bálm·y [bá:mi] *a.* **1** 香油のような, かおりのよい. **2** 快い; 慰めとなる. **3** 〖英俗〗とんまな, まぬけな.
◇ **-i·ly** *ad.*

bál·ne·al [bǽlniəl] *a.* 温浴の; 水浴の. 「[療法].
bàl·ne·ól·o·gy [bæ̀lniɑ́lədʒi/-ɔ́l-] *n.* 〖医〗温泉学
ba·ló·n(e)y [bəlóuni] *n.* **1** 〖米俗〗たわごと. **2** 〖米話〗ボロニアソーセージ.
bál·sa [bɔ́:lsə, ㊊⁺bɑ́:l-] *n.* バルサ《熱帯アメリカ産アオギリ科の軽くてじょうぶな木》; バルサ材(いかだ).
bál·sam [bɔ́:lsəm] *n.* **1** バルサム〔薬用・工業用〕; 芳香性液状樹脂, 香油. **2** 慰安〔鎮痛〕物. **3** 〖植〗ホウセンカの類; 芳香のある草木〔花〕.
～ **fir** 〖植〗バルサムモミ《北アメリカ産モミの一種. その樹脂から接着剤をつくる》; バルサムモミ材. ～ **poplar** アメリカポプラ.
◇ **bal·sám·ic** [bɔ:lsǽmik, bæl-] *a.* 芳香性の; 鎮痛の; 慰めになる. **bàl·sam·íf·er·ous** [bɔ̀:lsəmífərəs] *a.* 芳香性樹脂を生じる.
bál·sam·ine [bɔ́:lsəmin] *n.* 〖植〗ホウセンカ.
Bál·tic [bɔ́:ltik] *a.* バルト海の, バルト諸国の, バルト海沿岸の. ～ **Sea, the** バルト海. ～ **States, the** バルト諸国《以前は Estonia, Latvia, Lithuania の3共和国; 現在は the Soviet Union, Poland, Norway, Denmark, Germany, Finland, Sweden の諸国を総称していう》.
Bál·ti·more [bɔ́:ltimɔ̀:r/-mɔ:] *n.* **1** アメリカ Maryland 州の都市. **2** (b～)〖鳥〗ムクドリの類《北アメリカ産》. ～ **oriole** 〖鳥〗アメリカコウライウグイス.
bál·us·ter [bǽləstər] *n.* 〖建〗手すり子《手すりの小支柱》; (*pl.*) 欄干.
bàl·us·tráde [bæ̀ləstréid] *n.* 手すり, 欄干. ◇ **-trád·ed** [-id] *a.* 欄干〔手すり〕つきの.
Bál·zac [bǽlzæk|F. balzak] *n.* Honoré de [F. ɔnɔre d(ə)-] ～, 1799–1850, フランスの小説家.
bam [bæm] *vt.* (**-mm-**) 〖英俗・古〗かつぐ, に一杯くわせる.
—— *n.* かつぐこと.

balusters

Bá·ma·ko [bǽməkòu] *n.* バマコ《Mali の首都》.
bam·bi·no [bæmbí:nou] It. *n.* (*pl.* ***-ni*** [-ni:]) **1** 子ども, 小僧. **2** 幼いキリストの像〔絵〕.
‡**bam·bóo** [bæmbú:] *n.* (*pl.* **～s**) 竹, 竹材.
～ **curtain** 竹のカーテン《中国地区と他国間の障壁》. ～ **shoots** 〔**sprouts**〕 竹の子. ～ **ware** 竹細工品; 竹に似せた焼き物.
bam·bóo·zle [bæmbú:zl] *vt., vi.* 〖話〗だます, けむに巻く. ～ a person ***into*** (do)***ing*** (人を) だまして…させる. ～ a person ***out of*** (人を) だまして…を巻き上げる.
◇ ～**·ment** *n.* だますこと. ～**r** *n.* だます人.
ban¹ [bæn] *n.* **1** 禁止, 禁止令. **2** (世論の) 反対. **3** 〖法〗公権剝奪(はく)の宣言. **4** 〖宗〗破門. ***lift*** 〔***remove***〕 ***the*** ～ (***on***) (を) 解禁する. ***nuclear test*** ～ (***treaty***) 核実験禁止(条約). ***place*** 〔***put***〕 ***under a*** ～ 禁止する. ***under*** (***the***) ～ 禁止されて; 破門されて, 追放されて. —— *vt.* (**-nn-**) 禁止する; 破門する; 〖古〗のろう.
ban² *n.* 制令, 布告; 家臣への召集令.
bá·nal [béin(ə)l, bənɑ́:l] *a.* 平凡な, 陳腐な.
◇ ～**·ly** [-i] *ad.* **ba·nál·i·ty** [bənǽləti] *n.*
‡**ba·nán·a** [bənǽnə/-nɑ́:nə] *n.* 〖植〗バナナ(の木).
～ **oil** 〖化〗バナナ油; 虚言.
ba·náus·ic [bənɔ́:sik, -zik] *a.* 実用的な.
Bán·bur·y [bǽnbèri/-bəri] *n.* イギリス Oxfordshire にある都市.
～ **cake** 〔**bun**〕 干しブドウ, 砂糖づけ樹皮などのはいった小卵形の菓子. ～ **tart** レモンのかおりをつけた干しブドウなどの練り物入りの一種のパイ.
banc [bæŋk], **bán·co** [bǽŋkou] *n.* 判事席. ***in*** ～ 判事列席で, 開廷中で.
‡**band** [bænd] *n.* **1** 一隊, グループ, 一群の人々. **2** 楽隊, 楽団, バンド. **3** 動物〔家畜〕の群れ. **4** ひも, バンド, 帯; 帯金, 帯輪, 帯飾り, とじひも: a rubber ～ 輪ゴム. **5** (通例 *pl.*) 〖礼服の〗広幅白ネクタイ. **6** しま, 筋. **7** 〖電〗帯域. **8** 〖古〗きずな.
B～-Aid [ˊ-ˋ/ˊ-] バンドエイド《ばんそうこうとガーゼが組み合わさったもの. 商標名》. ˊ～**·box** →別項. ˊ～**·màs·ter** [bǽn(d)mæ̀stər/-mɑ̀:s-] (バンド) 指揮者, バンドマスター. ～ **saw** 帯状のこぎり. ～ **shell** (半円形の) 音楽堂. ˊ～**s·man** →別項. ˊ～**·stand** [ˊ-ˋ] 〖屋根付き〗屋外音楽堂. ˊ～**·wàg·on** →別項.
◇ ˊ～**·ed** [-id] *a.* 団結した; 〖地〗しま状の.
‡**bánd·age** [bǽndidʒ] *n.* **1** 包帯; 目隠し布. **2** はがね帯. ***apply a*** ～ 包帯する. ***have*** one***'s hand in*** ～***s*** 手に包帯をしている. —— *vt., vi.* (に)包帯する.
ban·dán·(n)a [bændǽnə] *n.* 大型絹ハンカチ《白または黄色の絞り染めしたもの》.
bánd·box [bǽn(d)bɑ̀ks/-bɔks] *n.* **1** 《帽子などを入れる》薄板〔ボール〕箱. **2** 《普通より》小型のもの; 狭い場所〔建物〕. ***look as if*** one ***had just stepped*** 〔***come***〕 ***out of a*** ～ 新調ずくめで小ぎれいな身なりをしている.
ban·déau [bændóu, ˊ-/ˊ-] *n.* (*pl.* ～**x** [-z]) 《頭髪用の》細リボン, はち巻きリボン; ひも型ブラジャー.
bán·de·role, -rol [bǽndəròul] *n.* **1** 《やり・マストなどにつける》小旗, 吹き流し; 葬旗, 墓旗. **2** 銘〔文字〕をしるしたリボン; 銘題板.
bán·di·coot [bǽndikù:t] *n.* 〖動〗オニネズミ《インド・セイロン産》, フクロネズミ《オーストラリア産》.
bán·dit [bǽndit] *n.* (*pl.* ～**s**, **ban·dít·ti** [bændíti]) 山賊, 追いはぎ; 無頼漢. ***mounted*** ～***s*** 馬賊. ***one-armed*** ～ 自動賭博(とばく)器《人間の形をしている》.
◇ ～**·ry** *n.* 山賊行為, 強盗; 《集合的》山賊団.
Bán·doeng =Bandung.
bán·dog [bǽndɔ̀:g/-dɔg] *n.* (鎖につないだ) 猛犬.
bàn·do·léer, -líer [bæ̀ndəlíər] *n.* 《肩からかける》弾薬帯. 「ポマード」.
bán·do·line [bǽndəlì:n] *n.* バンドリン《髪・ひげ用
ban·dóre [bændɔ́:r, ˊ-/bændɔ́:, ˊ-] *n.* 《リュート・ギターに似た》昔の弦楽器.
B. & S. 〖俗〗brandy and soda.
bánds·man [bǽn(d)zmən] *n.* (*pl.* **-men** [-mən]) 楽隊〔楽団〕員, バンドマン.
Bán·dung [bɑ́:nduŋ] *n.* インドネシアの都市.
bánd·wàg·on [bǽndwæ̀gən] *n.* 〖米〗楽隊車《パレードの先頭に立つ》. ***climb*** 〔***get, jump***〕 ***on the*** ～ 〖米話〗《政治運動などで》人気のある方につく, 時流に乗る. 〈注〉band wagon とも書く.
bán·dy [bǽndi] *vt.* **1** 〈ボールなどを〉投げ〔打ち〕合う. **2** 〈議論・おせじなどを〉やりとりする, かわす. **3** 〈うわさなどを〉触れ歩く《***about***》. ～ ***words with*** と言い合いをする. —— *n.* ホッケー; その打棒.
—— *a.* ひざが外側へ曲がった, がにまたの.
～**·ball** [-bɔ:l] (昔の) ホッケー, ホッケー用のボール.
～**·lég·ged** [-lég(i)d, -lèg(i)d/-legd] がにまたの, ワニ足の.
bane [bein] *n.* **1** 毒, 害毒. **2** 災害; 破滅(のもと).
ˊ～**·bèr·ry** [-bèri/-b(ə)ri] 毒イチゴの一種; その実.
◇ ˊ～**·ful** [-f(u)l] *a.* 有毒な, 有害な. ˊ～**·ful·ly** [-fuli] *ad.* ˊ～**·ful·ness** *n.*
‡**bang**¹ [bæŋ] *n.* **1** 強打の音《ドン, ドーン, ドスン, ドタン, バタン》. **2** 強打, 打撃. **3** 元気, 気力. **4** 〖話〗胸の高鳴り, 興奮; 楽しみ. **5** 〖俗〗大うそ. ***in a*** ～ 突如として, だしぬけに. ***with a*** ～ ドスン〔ドタン, バタン〕と; いきなり, 急に.
—— *ad.* **1** ドン〔ドーン, ドスン, ドタン, バタン〕と: *B～!* went the gun. ズドンと銃が鳴った. **2** もろに, まともに, ちょうど: stand ～ in the center まんまん中に立つ. ～ ***off*** 〖英〗たちまち, 即座に. ***fall*** ～ ***in the middle*** まん中にドスンと落ちる. ***go*** ～ 破裂

B

する. ***go ~ at*** …にまっしぐらに突っかかってゆく. ***go ~ into*** に真正面からぶつかる, …とはち合わせする. ***the whole ~ lot*** 〖俗〗くだらん物〔者〕ども.

—— *vi.* **1** 〈とびらなどが〉大きな音をたてる: The door ~*ed* shut. 戸がバタンと締まった. **2** ドシン〔ドン, バタン〕と音をたてる: ~ *at* 〔*on*〕 the door とびらをドンドンとたたく. ~ *on* the table 卓をたたく.

—— *vt.* **1** 大きな音をたててぶつける, たたきつける: ~ oneself *against* a tree 木にどんとぶつかる. **2** がんがん(音をたてて)たたく: ~ the keys of the piano がんがんピアノをひく. **3** 〈銃などを〉バーンと発射する. **4** 〈知識を〉たたき込む《に *into*》: ~ grammar *into* a boy's head 子どもに文法を無理やりに教え込む. ***~ about*** 騒音をたてる. ~ a person ***about*** (人を)どなりつける. ***~ away*** とどろき続ける: ~ *away* at the enemy 敵を砲撃し続ける. ***~ away at*** をどんどん〔元気よく〕続ける. ***~ down*** ドスン〔バタン〕と下に置く; 〈ふたなどを〉バタンとおろす. ***~ out*** 響かせる: ~ *out* a tune 音楽をじゃんじゃんやる. ***~ the drum*** 鉦・太鼓をたたいて宣伝する. ~ a door ***to*** = ~ a door ***shut*** バタンと(戸を)締める. ***~ up*** の見た目〔かっこう〕をだいなしにする. ***~ up against*** …にぶつかる.

ˊ-up [ˊ ˋ] すばらしい, 極上の.

bang[2] [bæŋ] *n.* 前髪《前髪の切りさげ》; (*pl.*) おかっぱ髪. —— *vt.* の前髪を切りさげにする: wear one's hair ~*ed* おかっぱにする.

◇ **~ed** [-d] *a.* おかっぱ髪の; 酔った.

bán·ga·lòre [bǽŋgəlɔ̀ːr/ˋ−lɔ́ː] ***~ torpedo*** 爆薬筒《強力爆薬 TNT を詰めた鉄管. 鉄条網・地雷の爆破用》.

Báng·kok [bǽŋkɑk, −ˊ/bæŋkɔ́k, ˊ−] *n.* バンコク《Thailand の首都》.

bán·gle [bǽŋgl] *n.* 腕輪, 《足首の》飾り輪.

Ban·gúi [bɑ̃ːgíː] *n.* バンギ《中部アフリカ共和国 (Central African Republic) の首都》.

bán·ia [bǽnjə], **bán·ian** = banyan.

‡**bán·ish** [bǽniʃ] *vt.* **1** 追放する, 流刑にする: ~ a person *from* the country 人を国外に追放する. 〈注〉おなじ意味で「人」を間接目的語とする構文もある: *banish* a person the country. **2** 〈人を〉遠ざける; 〈心配ごとなどを〉心から払いのける.

◇ **~·ment** *n.* 追放, 放逐, 流刑: go into ~*ment* 流刑になる.
「手すり.

bán·is·ter [bǽnistər] *n.* 《階段の》手すり子; (*pl.*)

bán·jo [bǽndʒou] *n.* (*pl.* ~(**e**)**s**) 〖楽〗バンジョー《5弦の弦楽器》. ◇ **~·ist** [-ist] *n.* バンジョー奏者.

‡**bank**[1] [bæŋk] *n.* **1** 堆積(たいせき), 積み重なり; 雲の層《上面が平たい》. **2** 堤, 土手, 川岸: the ~*s* of a river. **3** 浅瀬, 州; 大陸だな(漁場). **4** 《人工的につけた》勾配(こうばい), 傾斜. **5** バンク《飛行機が旋回のために左右に傾斜すること》. **6** 玉突き台のゴム縁.

—— *vt.* **1** 堤で囲む. **2** 〈流れを〉せき止める《*up*》. **3** 火をいける《長時間絶やさないためたきぎを積み重ねて》. **4** 堤状に築く. **5** 〈道路・線路のカーブに〉傾斜をつける; 〈飛行機を〉バンクさせる.

—— *vi.* **1** 堤(状)になる. **2** 〖空〗バンクする, 傾く.

~ fish 〖米: 魚〗タラ.

†**bank**[2] *n.* **1** 銀行《業務・建物の両方をいう》; 眼球〔血液〕銀行. **2** (the ~) 賭博(とばく)の場銭; 《ばくち・トランプの》親元 (= banker). ***in (the) ~*** 銀行に預けて, 準備して.

—— *vi.* **1** 銀行と取引する. **2** 銀行業を営む; 《ばくちの》親元になる.

—— *vt.* **1** 銀行に預ける. **2** 〖俗〗財政援助する.

~ on 〔***upon***〕〖話〗を当てにする, …にたよる.

~ account 銀行当座勘定. **~ bill** 〖英〗銀行手形; 〖米〗紙幣. **ˊ·book** [-bùk] 銀行通帳 (passbook). **~ clearing** 手形交換. **~ clerk** 銀行出納係. **~ credit** 銀行信用状. **~ discount** 《銀行の》手形割引. **~ draft** 銀行手形《略 B/D》. **~ holiday** 〖米〗《日曜日以外の》銀行休日; 〖英〗一般公休日《年6回の法定休日》. **~ letter** 銀行業務内容報告書《毎月発行》. **~ night** 〖米話〗《映画館の催す》懸賞金つき夜間興行. **~ note** 〖米〗銀行手形; 〖英〗紙幣. **~ paper** 《集合的》銀行手形. **~ rate** 銀行の割引歩合《特に中央銀行の》, 銀行日歩. **~ reserve** 銀行支払準備金. **ˊ·roll** [ˊ ˋ] (1) 資金(源), 財政. (2) 〖俗〗〈事業などに〉資金を提供する. **ˊ·rupt** →別項.

◇ **ˊ·a·ble** *a.* 銀行で引き受ける; 割引のできる.

bank[3] *n.* **1** 《どれい船・ボートの》こぎ手座; 《昔の大型船などで上下に重なる》オールの列の層. **2** 列, 層: a ~ of seats. **3** 《ピアノの》鍵座(けんざ). —— *vt.* 列に並べる: ~ the seats いすを横に並べる.

‡**bánk·er**[1] [bǽŋkər] *n.* **1** 銀行家, 銀行業者. **2** 《賭博の》親元. **3** かけトランプゲームの一種. **~'s check** 銀行振出小切手.

bánk·er[2] *n.* **1** 《Newfoundland の大陸だな漁場へ出漁する》タラ漁船. **2** どぶ掘り人夫. **3** 土手を乗り越えることのできる狩猟馬.

bánk·er[3] *n.* 《石工などの》細工台, 仕事台.

bánk·ing [bǽŋkiŋ] *n.* 銀行業(務).

~ account = bank account. **~ capital** 銀行営業資金. **~ center** 金融中心地. **~ house** (私営)銀行. **~ power** 《銀行の》貸出能力.

bánk·rupt [bǽŋkrʌpt, -rəpt] *n.* **1** 破産者; 支払い不能者《略 bkpt.》. **2** 性格的破産〔不具〕者.

—— *a.* **1** 破産した, 支払能力のない; 〖話〗借金だらけの. **2** 《…を》失った, 《…を》欠いている《を *of*, *in*》: ~ *of* honor 名誉を失った. ~ *in* reputation 評判を落とした. ~ *in* thanks 〔good manners〕 恩〔行儀〕を知らない. ***go ~*** 破産する.

—— *vt.* 破産させる, 支払い不能にする. [√ru(m)p-]

~ law 〖法〗破産法.

bánk·rupt·cy [bǽŋkrʌp(t)si, -rəp-] *n.* **1** 破産, 倒産. **2** 《信望の》失墜; 《事態の》破綻(はたん). ***trustee in ~*** 〖法〗破産管財人. **~ law** = bankrupt law.

Bánk·side [bǽŋksàid] *n.* ロンドンの Thames 川南岸に沿った昔の劇場地区《Shakespeare の「地球座」(The Globe) があった》.

***bán·ner** [bǽnər] *n.* **1** 旗, 国旗, 軍旗. **2** 旗じるし; 主張, スローガン: fight under the ~ of freedom 自由の旗じるしのもとに戦う. **3** 〖米〗《新聞の》全段抜きの大見出し (= ~ head, ~ headline).

—— *a.* 一流の, 最上級の: a ~ crop 豊作.

—— *vt.* に旗〔大見出し〕をつける.

~ bearer 旗手; 《主義の》主唱者. **~·line** [ˊ− ˋ] 《新聞の》全段抜き大見出し(で扱う). **~·man** [-mən] 旗手. **~ screen** 《炉前の旗形》防火スクリーン.

bàn·ner·ét(te) [bænərét] *n.* 小旗.

bán·ner·ol [bǽnəròul] = banderol.

bán·nis·ter = banister.
「一種.

bán·nock [bǽnək] *n.* 〖スコットランド〗菓子パンの

banns [bænz] *n. pl.* 結婚予告《教会で, 挙式前引き続き3回日曜日に行なって, その結婚に異議があるか否かを問う》. ***ask*** 〔***call, publish, put up***〕 ***the ~*** 結婚を予告する. ***forbid the ~*** 結婚に異議を申し立てる.

‡**bán·quet** [bǽŋkwit] *n.* 宴会, 供宴. —— *vt., vi.* 宴会を開いてもてなす; ごちそうを食べる. ***~ing-hall*** = ~-hall. ***give*** 〔***hold***〕 ***a ~*** 宴会を催す.

~-hall [-hɔ̀ːl] 大宴会場.

ban·quétte [bæŋkét] *n.* **1** 〖建〗窓わき腰かけ; 《駅馬車の》屋根上の乗客用腰かけ. **2** 《塹壕(ざんごう)の中などの》射撃用足場. **3** 〖米〗《車道より高い》歩道.

bán·shee, -shie [bǽnʃiː, −ˊ] *n.* 妖霊(ようれい)《アイルランドやスコットランドで家族の者の死を泣いて予告するという》.

bán·tam [bǽntəm] *n.* 〖鳥〗(または B~) チャボ; 小柄でけんか好きの男. —— *a.* **1** 小柄な; 気の強い.

2〖ボクシング〗バンタム級の. 3《真空管などが》小型の. ～·weight [-wèit] バンタム級選手.
*bán·ter [bǽntər] n. (軽い) からかい, 冷やかし.
—— vt., vi. (軽く) からかう, 冷やかす, ふざける.
bán·ter·ing·ly [bǽnt(ə)riŋli] ad. からかい半分に, 冷やかして.
Bán·ting [bǽntiŋ] n. Sir Frederick Grant ～, 1891–1941, カナダの医学者《糖尿病のインシュリン (insulin) 療法を発見. 1923年 Nobel 医学賞》.
Bán·ting·ism [bǽntiŋìz(ə)m] n. 〖医〗バンティング療法《一種の食餌(しょくじ)療法》.
bánt·ling [bǽntliŋ] n. 《けいべつ的》小僧, 青二才.
Bán·tú [bǽntú:, bá:n-] n. (pl. ～, ～s) バンツー人《中部および南部アフリカの黒人の種族》; バンツー語.
—— a. バンツー人〔語〕の.
bán·yan, bán·ian [bǽnjən, -niən] n. 1 バンヤンジュ, ベンガルボダイジュ (=～ tree). 2《インドの》たっぷりしたシャツ, 上着. 3《菜食主義の》インド商人. ～ day〖海〗水夫の精進日《その日は肉食しない》. ～ hospital 家畜病院.
ban·zai [bá:nzá:i, -zai] Jap. int. 万歳.
—— a. 無謀な, 自殺的な: a ～ attack.
bá·o·bab [béiəbæ̀b, ㊊+bá:ə-] n. 〖植〗バオバブ《アフリカ産の巨木》.
Bap., Bapt. Baptist. bapt. baptized.
báp·tism [bǽptiz(ə)m] n. 洗礼, 浸礼, 命名(式). ～ *of fire* 砲火の洗礼; 苦しい試練.
bap·tís·mal [bæptízm(ə)l] a. 洗礼の: the ～ name 洗礼名 (Christian name). ◇ ～·ly ad.
Báp·tist [bǽptist] n. 1 バプテスト〔浸礼〕派教徒《成人にだけ洗礼をする》; (the ～s) バプテスト派. 2 (the ～) 洗礼者ヨハネ; (b～) 洗礼施行者.
～ Church バプテスト教会. ～ Day ヨハネ節《6月24日》.
◇ Bap·tís·tic [bæptístik] a. 洗礼の; バプテスト教会〔派〕の.
báp·tis·ter·y [bǽptist(ə)ri], báp·tist·ry [-tri] n. 洗礼堂; 洗礼用の水槽(すいそう).
*bap·tíze [bæptáiz, ㊊+ ́ー] vt., vi. 1 (に)洗礼を施す; (に)命名する. 2 (に)あだ名をつける.
‡bar [ba:r] n. 1 棒. 2 棒状の固まり: a ～ of soap せっけん1個. a chocolate ～ 板チョコ. a ～ of gold 金の延べ棒. 3 かんぬき, 横木;《障子・戸の》桟(さん). 4 障害, 障壁: a ～ *to* success 成功をはばむ障害. 5《港口・河口の》砂州. 6 すじ, しま: a ～ of light 一条の光線. 7《酒場などの》カウンター; 酒場, バー: a snack ～ スナックバー. 8《法廷内の》さく; 被告席. 9 法廷, 審判. 10《集合的》弁護士仲間; 弁護士業. →bench. 11〖楽〗縦線; 節線; 小節. 12 文字の上などにつける横棒《例: ā》; 一般記号の縦線. 13 活字の横棒《A, H, t などの横棒》. 14〖紋〗《盾(たて)の》横すじ;〖勲章〗《功をたてるごとに1本増す》線章. 15〖物〗バール《圧力の単位》.
at ～ 法廷で (裁判を受けて). ***be admitted*** [㊊ ***called***] ***to the ～*** 弁護士の免許を得る. ***be called within the ～***〖英〗王室弁護士に任命される. ***cross the ～*** 死ぬ. ***go to the ～*** 弁護士になる. ***in ～ of***〖法〗を妨げるために. ***practice at the ～*** 弁護士を開業する. ***prison ～s*** 獄窓; 牢獄(ろうごく). ***study for the ～*** 弁護士になるために勉強する. ***trial at ～***〖法〗全判事列席審理.
—— vt. (-rr-) 1 にかんぬきをさす; 〈窓などに〉横木〔桟〕をつける. 2 妨げる; 禁ずる; 反対する, きらう. 3 にすじ〔しま〕をつける. 4 追い出す《から *from*》. ～ ***in*** 閉じ込める. ～ ***out*** 締め出す.
—— *prep.* …を除いて (=barring). ～ ***none*** 例外なく, 全部.
～-and-grill 食堂付きバー. ～·bell → 別項. ～·fly [́ ̀] 酒場の常連; 大酒飲み; バーを渡り歩いて酒にありつこうとするアルコール中毒者. ～·hop → 別項. ～·keep [́ ̀], ～·kèep·er バーテン. ～·maid [́ ̀] 酒場女, バーの女給. ～·man [-mən] (pl. -men [-mən]) バーテン; バーの主人. ～·room [́ ̀]〖米〗酒場, バー《ホテルなどの》. ～ sinister 盾の紋地に斜めに引いた帯線《庶子のしるし》. ～·spoon [́ ̀] (カクテルなどを混ぜる) 長柄スプーン. ～·stool [́ ̀] (酒場の) 高いす. ～·tend [́ ̀] → 別項. ～·tènd·er〖米〗《バーの》バーテン.
bar. barometer; barometric; barrel; barrister.
BAR Browning Automatic Rifle. B.Ar. Bachelor of Architecture.
Bar·áb·bas [bərǽbəs] n. 〖聖〗バラバ《キリストが十字架にかけられる際, 代わりに放免された盗賊. マルコ伝 15:6–11》.
barb[1] [ba:rb] n. 1《矢じり・つり針などの》かかり, さかとげ, あご. 2《魚の》口ひげ. 3《鳥の》羽枝. 4《尼僧の》白布の胸おおい; 婦人用スカーフ. 5 (しばしば pl.) 攻撃のほこ先; 批判. —— vt. に～をつける. ～·wire = barbed wire.
◇ ～ed [-d] a. ～のある: ～*ed* wire 有刺鉄線;〖電〗ひげ線.
barb[2] n. バルバリ馬《北アフリカ Barbary 産》.
Bar·bá·do(e)s [ba:rbéidouz] n. イギリス領西インド諸島中の一島.
bar·bár·i·an [ba:rbɛ́(:)riən/-bɛ́ər-] n. 1 野蛮人, 未開人. 2 文化・芸術に無関心な人; 野卑な人. 3〖史〗《ギリシア・ローマ人から見て》異教徒;《キリスト教徒から見て》異教徒. —— a. 1 野蛮人の, 未開人の; 野蛮な. 2 異民族の; 異教徒の.
◇ ～·ism [-ìz(ə)m] n. 未開〔野蛮〕状態.
bar·bár·ic [ba:rbǽrik] a. 1 野蛮な, 未開の. 2 粗野な; けばけばしい: ～ decorations けばけばしい装飾. ◇ -i·cal·ly ad. 野蛮人のように, 粗野に.
bár·ba·rism [bá:rbəriz(ə)m] n. 1 野蛮, 未開な状態. 2 野蛮な習慣〔行為〕. 3 野卑な言語〔文章〕; 破格な用語〔構文〕.
bar·bár·i·ty [ba:rbǽriti] n. 野蛮, 野卑; 野蛮な習慣〔行為, ことば, 趣味〕.
bár·ba·rize [bá:rbəràiz] vt., vi. 野蛮化する; 粗雑〔粗野〕にする〔なる〕.
◇ bàr·ba·ri·zá·tion [bà:rbərizéiʃ(ə)n/-raiz-] n.
bár·ba·rous [bá:rb(ə)rəs] a. 1 野蛮な, 未開の, 粗野な. 2 残忍な, 暴虐な. 3《ギリシア・ラテン語以外の》異国語の;《古典的・標準的言語習慣に従わない》破格の, 卑俗な.
Bár·ba·ry [bá:rbəri] n. 北アフリカの回教諸国 (= ～ States)《Algiers, Morocco, Tunis, Tripoli》. ～ ape 北アフリカ産のオナシザル《サーカスなどの芸当用に使われる》.
bár·bate [bá:rbeit] a. ひげのある;〖植〗のぎのある.
bár·be·cue [bá:rbikjù:] n. 1 バーベキュー《肉の大きな切り身をソースにつけておいて網か, くしを用いて炭火などでじかに焼いたもの》;《豚・牛・羊などの》丸焼き. 2〖米〗《丸焼きの出る》野外パーティー, 園遊会. 3 バーベキュー専門食堂. 4 バーベキュー用台;〖米〗コーヒー豆の乾燥台. —— vt. (～d; -cu·ing) 1 バーベキューにする. 2 丸焼きにする. 3 バーベキューソースで味をつける. ～ sauce バーベキューソース《バーベキュー用の味の強いソース》.
bár·bel [bá:rb(ə)l] n. 1〖魚〗ニゴイの類《口にひげがついている》. 2《魚類の》口ひげ.
bár·bell [bá:rbèl] n. 〖運〗バーベル《重量あげ用》.
bár·be·que = barbecue.
‡bár·ber [bá:rbər] n. 床屋(職人), 理髪師.
—— vt. 散髪する, 整髪する, のひげをそる.
～ college 理髪師養成所. ～·shop [́ー ̀], ㊊ ～'s shop 理髪店, 床屋. ～'s itch〖医〗毛瘡(もうそう)《皮膚病の一種》. ～('s) pole 理髪店の看板柱《赤白のしま塗りの》. ～-súr·geon 外科医と歯医者を兼ねた昔の床屋; やぶの外科医.
bár·ber·ry [bá:rbèri/-bəri] n. 〖植〗ヘビノボラズ

B

属; その実.
bár·bet [báːrbit] *n.* 〘鳥〙バーベット《熱帯産の小鳥》.
bar·bétte [bɑːrbét] *n.* 《陣地の》砲座; 《軍艦の》砲塔. [<F.]
bár·bi·can [báːrbikən] *n.* 〘築城〙物見やぐら, 楼門.
bár·bi·tal [báːrbitɔ̀ːl, -tæ̀l, -tl/-təl] *n.* バルビタール《鎮静・睡眠剤. 商標名ベロナール》.
Bár·bi·zon [báːrbizàn/-zɔn] ～ ***School*** バルビゾン派《19世紀中葉のフランス絵画の一派. 農村生活と自然光線を画題とした》.
bar·bó·la [bɑːrbóulə] *n.* 張り絵, さし絵.
～ **work** 張り絵(細工).
bár·bo·tine [báːrbətiːn] *n.* 浮き彫り用粘土.
bár·bule [báːrbjuːl] *n.* 《鳥の》小羽枝.
bár·but [báːrbət] *n.* 《目と鼻を残して顔の全面をおおう》中世のかぶと.
bár·ca·rol(l)e [báːrkəròul] *n.* 《ベニスのゴンドラの》船歌; 船歌風の曲.
Bàr·ce·ló·na [bɑ̀ːrsilóunə] *n.* バルセロナ《スペイン北東部の地中海に臨む港市》.
B.Arch. Bachelor of Architecture.
bard[1] [bɑːrd] *n.* **1** (古代ケルト族の) 吟遊詩人. **2** (叙情) 詩人. ***the B～ of Avon*** Shakespeare のこと. ◇ **～·ic** *a.*
bard[2], **barde** [bɑːrd] *n.* 〘古〙《中世の》馬よろい.
—— *vt.* に馬よろいをつける.
bard[3] *n.* 〘米俗〙鎮静剤, 覚醒(かくせい)剤.
bard·ól·a·ter [bɑːrdálətər/-dɔ́l-] *n.* シェイクスピア礼賛者《彼が the Bard of Avon と呼ばれることから》.
‡**bare**[1] [bɛər] *a.* **1 裸の,** むきだしの: have one's head ～ 無帽である. **2** あからさまの, 公然の. **3 がらんとした,** 家具のない; 飾りのない, 殺風景な. **4** すり切れた, 使い古した. **5 乏しい,** かつかつの: ～ livelihood やっと食べるだけの暮らし. ～ necessities 必要最小限度 (のもの). **6 ほんの…だけの,** かろうじての: a ～ hundred pounds 100ポンドぎりぎり. ***at the ～ thought*** 考えただけで. ～ ***of*** …がない: a room ～ *of* furniture 家具のないがらんとしたへや. ***lay ～*** むきだしにする.
—— *vt.* **1** 裸にする; あらわにする: ～ one's arms 腕まくりする. ～ a tree *of* its leaves 木から葉を落とす. **2** <隠れているものを> あからさまにする: ～ terrible new facts 恐ろしい新事実をあばく.
～·back(ed) [-bæ̀k(t)] 裸馬に [の]: ride ～*back* 裸馬に乗る. **～·bone** [-bòun] やせた人, (やせて) 骨の目だつ人. **～ contract** 〘法〙無条件契約. **～·faced** [-fèist] (1) 顔をむきだしにした. (2) 厚かましい, ずうずうしい, 厚顔の: a ～*faced* lie しらじらしいうそ. **～·fác·ed·ly** [-féisidli, -féistli/-feist-] しゃあしゃあと. **～·físt·ed** 《なぐり合いなどで》素手の[で]. **～·foot** [-fùt] はだしで [の], 素足で [の]: walk ～-*foot* はだしで歩く. **～·fòot·ed** [-fùtid/-fútid] はだしの. **～·hánd·ed** 素手の[で], から手の, なにも持たずに: fight ～*handed* 素手で戦う. **～·héad·ed** 無帽の[で], なにもかぶらずに. **～ infinitive** 〘文〙はだか不定詞《to のつかない不定詞》. **～·knúck·le(d)** [-nʌ́kl(d)] (1) 《ボクシングで》グラブなしの. (2) 無遠慮な, めちゃくちゃな. **～·lèg·ged** [-lèg(i)d/-légd] 足 [すね] をむきだしにした; くつ下なしの. **～·nècked** [-nèkt/-nékt] 首を露出した; ネックレスをつけていない.
◇ **～·ness** *n.* 裸; むきだし, 露骨; からっぽ.
bare[2] *v.* 〘古〙bear の過去形.
‡**báre·ly** [bɛ́ərli] *ad.* **1 やっと,** かろうじて, わずかに, ほとんど…ない: She is ～ sixteen. 16 歳になったばかりだ. He ～ escaped death. かろうじて死を免れた. We had ～ enough time *for* the train. 列車にまにあう時間がほとんどなかった. → scarcely, hardly. **2 むきだしに,** あらわに; 隠さずに, 飾りなく.
‡**bár·gain** [báːrgin] *n.* **1 売買,** 取引. **2** (売買) 契約, 取引条件. **3** (得な) **買い物,** 掘り出し物; 見切り品: a chance ～ 出物. a bad [good] ～ 割高 [割安] の買い物. ***A ～'s a ～.*** 約束は約束《守らなければならない》. ***beat a ～*** 値切る. ***buy at a (good) ～*** 安く買う. ***conclude [settle] a ～*** 契約を結ぶ. ***drive a ～*** 《苦労して》商談を進める. ***drive a hard ～*** ひどく値切る《を相手に *with*》. ***Dutch [wet] ～*** 酒席で決める売買契約. ***get a thing a ～*** (物を) 安く入手する. ***into [in] the ～*** おまけに, その上に. ***make the best of a bad ～*** 逆境に善処する. ***pick up ～s*** 格安品を掘り出す. ***strike [make] a ～*** 売買の約束をする, 手を打つ. ***That's a ～!*** これで決まった.
—— *vi.* **商談をする;** 売買の駆け引きをする.
—— *vt.* **1** の売買を取り決める; 交渉する: ～ a wage increase 賃上げ交渉する. **2** 期待する, 請け合う《を, と *that*》. **～ *away*** 安値で手放す. **～ *for*** 受け入れる用意がある; を当てにする, を期待する. **～ *on*** を当てにする.
～ **basement** 地階特売場. ～ **counter** 特売場. ～ **day** 安売り日. ～ **money** 手付け金. ～ **sale** 大安売り.
◇ **～·er, ～·or** [-ər] *n.* 売り方[人]. **bàr·gain·ée** [bɑ̀ːrginíː] *n.* 買い方 [人].
bár·gain·ing [báːrginiŋ] *n.* 取引, 交渉; 契約. ***collective ～*** 《労使の》団体交渉.
～ **tariff** 互恵協定関税. ～ **unit** (団体交渉の) 労組代表.
barge [bɑːrdʒ] *n.* **1** 平底荷船, はしけ, てんま船. **2** 遊覧船. **3** 大型艦載ボート《司令官用》. **4** 艇庫. ***landing ～*** 上陸用舟艇. **——** *vt.* はしけ [てんま船] で運ぶ. **——** *vi.* **1** のそのそ動く. **2** 〘話〙《乱暴に》押し進む, 乱入する《*in*; へ *into*》. **3** 〘話〙ぶつかる, 衝突する. ～ ***about*** 〘俗〙乱暴にはね回る. ～ one***'s way through a crowd*** 無理に群衆を押し分けて進む.
～·board [-bɔ̀ːrd/-bɔːd] 〘建〙(装飾) 破風(はふ)板. **～·man** [-mən] (*pl.* **-men** [-mən]) (1) ～の船頭. (2) 〘俗〙やつ, 男: a lucky ～*man* 運のいいやつ.
bár·ghest, -guest [báːrgest] *n.* 妖霊(ようれい)《犬の姿であらわれ凶事を予告するという》.
bár·hop [báːrhɑ̀p/-hɔp] *vi.* (バーを) はしごする.
bár·ic[1] [bǽrik/bɛ́ər-] *a.* 〘化〙バリウムの, バリウムを含んだ.
bár·ic[2] [bǽrik] *a.* 気圧(計)の.
ba·ríl·la [bəríla] *n.* **1** 〘植〙オカヒジキ. **2** ソーダ灰.
barit. baritone.
bár·ite [bɛ́(ː)rait/bɛ́ər-] *n.* 〘鉱〙重晶石.
bár·i·tone [bǽritòun] *n.* **1** 〘楽〙バリトン《男性中音で, tenor と bass の中間音域》; バリトン歌手. **2** バリトン《吹奏楽器の一種》.
—— *a.* バリトンの, 男性中音の.
bár·i·um [bɛ́(ː)riəm/bɛ́ər-] *n.* 〘化〙バリウム《金属元素. 記号 Ba》.
‡**bark**[1] [bɑːrk] *vi.* **1** <犬などが> **ほえる.** **2** 〘話〙どなる. **3** 〘話〙せきをする. **4** <銃・砲が> ドンと鳴る. **5** 〘俗〙《見せ物などで》大声で客を呼ぶ. **——** *vt.* どなって言う [宣伝する]. ～ ***at*** …にほえつく. ～ ***at the moon*** いたずらに騒ぎたてる, むだぼねをおる. ～ ***up the wrong tree*** 〘米〙お門違いをする.
—— *n.* **1** ほえ声. **2** せきの音. ***His ～ is worse than his bite.*** 彼のやり方は口ほど悪くない.
◇ **～·er** *n.* **1** ほえる動物, どなる人; 客引き. **2** ピストル, 大砲.
‡**bark**[2] *n.* 樹皮, 木の皮, キナ皮; 〘俗〙皮膚. ***a man with the ～ on*** 〘米〙粗野な人.
—— *vt.* **1** の樹皮をはぐ; の樹皮を丸く切り取る. **2** 樹皮でおおう. **3** 〘話〙の皮膚をすりむく.
～ **beetle** 〘虫〙ニレノキクイムシ. ～ **tree** キナの木.
◇ **～·er** *n.* 樹皮をはぐ人; 皮はぎ器.
bark[3] [bɑːrk] *n.* バーク《3 本マストの帆船》; 〘雅〙船.
bárk·en·tine [báːrkəntiːn] *n.* 三檣(さんしょう)船.
bárk·er [báːrkər] *n.* →bark[1], bark[2].

bárk·er·y [báːrkəri] *n.* なめし皮工場, 皮なめし所.

‡**bár·ley** [báːrli] *n.* 大麦. → wheat, oats.
~**·brake,** ~ **break** [-brèik] 〖英〗鬼ごっこに似た遊び. ~ **broth** 〖スコットランド〗強ビール. ~**·corn** → 別項. ~ **meal** 大麦のあら (びき) 粉. ~ **sugar** 大麦糖《一種のあめ》. ~ **water** 麦茶.

bár·ley·corn [báːrlikɔ̀ːrn] *n.* **1** 大麦の粒. **2** 昔の尺度の単位《約 3 分の 1 インチ, およそ麦粒一つの長さ》. ***John B~*** 麦太郎《ビール・ウイスキーの擬人化》.

barm [baːrm] *n.* 《ビールなどの》酵母, あわ.

Bár·me·cide [báːrmisàid] *n.* 内容はからで見せかけだけの恩恵を施す人《*the Arabian Nights* のなかで, 珍味と言いながら, からのさらでこじきをもてなした人物の名から》. ~ **feast** 見かけ倒しのもてなし.

bárm·y [báːrmi] *a.* **1** 酵母(質)の, 発酵している, あわだった. **2** 〖英俗〗頭のおかしい: go ~ 気がふれる.

‡**barn** [baːrn] *n.* 《農家の》納屋; 〖米〗家畜小屋; 〖米〗電車車庫 (=car ~); がらんとした建物.
—— *vt.* 〈穀物を〉納屋に貯蔵する.
~ **dance** 農家のダンスパーティー; 《ポルカに似た》いなか踊り. ~ **door** →別項. ~**-door** → 別項. ~ **owl** 《納屋にすむ》フクロウの一種. ~**·storm** → 別項. ~ **swallow** 〖米〗ツバメ. ~**·yard** [-jàːrd] 納屋のまわりの庭: ~*yard* witticism いなかくさいしゃれ.

bár·na·cle[1] [báːrnəkl] *n.* **1** 〖貝〗エボシガイ, フジツボ《船底や岩などに着住する》. **2** しがみついて離れぬ人〔物〕, 執着者. **3** 〖鳥〗ガン《北ヨーロッパ産の》.

bár·na·cle[2] *n.* (*pl.*) 鼻ばさみ《あばれ馬を押えるためのもの》; 〖英俗〗めがね.

barn door *n.* **1** 納屋の戸《荷馬車がそのまま通れる幅の広い戸. つり下げ式で下部はローラー付き》. **2** 〖写〗映画・テレビなどの照明用光源に付属した遮光(しゃこう)板. ***(as) big as a*** ~ とてつもなく大きい. ***cannot hit a*** ~ 射撃がめっぽうへたくそだ.

bárn-door [báːrndɔ̀ːr/-dɔː] *a.* 納屋の戸の: ~ fowl 鶏. ~ **hanger** 納屋のつり戸のレール. ~ **skate** 〖魚〗ガンギエイの一種《北アメリカ産で大形》.

bárn·storm [báːrnstɔ̀ːrm] *vi.* 〈役者が〉地方巡業する, どさ回りをする; 〖米話〗〈政治家が〉地方を遊説する. ◇ **bárn·stòrm·er** *n.* 旅役者, へぼ役者; 地方遊説者.

baro- 「重量」「気圧」の意の語形成要素: *barometer* 気圧計.

bár·o·gram [bǽrəgræ̀m] *n.* 気圧記録.

bár·o·graph [-græ̀f/-grɑːf] *n.* 自記気圧計.

ba·ról·o·gy [bərɑ́lədʒi/-rɔ́l-] *n.* 〖物〗重力学.

ba·róm·e·ter [bərɑ́mitər/-rɔ́m-] *n.* **1** バロメーター, 気圧計, 高度計, 晴雨計. **2** 指標, 兆候: the ~ of public opinion 世論のバロメーター.

bàr·o·mét·ric [bæ̀rəmétrik] *a.* 気圧(上)の: ~ depression 低気圧. ~ pressure 気圧.
◇ **-ri·cal** *a.* =barometric. **-ri·cal·ly** *ad.* 気圧上; 気圧計で.

bár·on** [bǽrən] *n.* **1** 男爵《最下位の貴族》. 〈注〉姓に冠するときはイギリスで Lord…, イギリス以外の国では Baron… **2** 〖英史〗王の直臣 (貴族). **3** 〖米話〗大実業家: a coal ~ 石炭王. **4** 《背骨のところでつながっている》両側腰肉: ~ of beef 牛の両腰肉. ~ ***and feme 〖法〗夫婦. ***paper*** ~ 一代華族.
◇ ~**·age** [-idʒ] *n.* 男爵の地位; 《集合的》全男爵; 男爵名鑑. ~**·ess** [-is] *n.* 男爵夫人, 女男爵. 〈注〉姓に冠するときはイギリスでは Lady…, イギリス以外の国では Baroness…

bár·on·et [bǽrənit, -nèt] *n.* 准男爵《Baron の下で Knight の上の階級. 貴族にははいらない. 称号としては Sir を冠する》.
—— *vt.* に准男爵位を与える.
◇ ~**·age** [-idʒ] *n.* 准男爵の位; 《集合的》全准男爵; 准男爵名鑑. ~**·cy** *n.* 准男爵の位.

bár·o·ny [bǽrəni] *n.* **1** 男爵の身分〔称号〕; 男爵領. **2** 〖米〗…財閥, …王国. **3** 〖スコットランド〗大荘園(しょうえん); 郡《county の中の区分》.
◇ **ba·ró·ni·al** [bəróuniəl] *a.* 男爵の; 男爵の風格ある; 風采(ふうさい)堂々たる.

ba·róque [bəróuk, 英⁺-rɔ́k] *a.* **1** (または B~) バロック式の《16世紀中ごろから 18 世紀の末にかけてヨーロッパで盛んだった建築・美術・音楽などの様式》. **2** 装飾過多の; 趣味の低俗な, 奇異な. —— *n.* **1** (または B~) バロック式. **2** 奇異な趣味〔作品〕.

bár·o·scope [bǽrəskòup] *n.* 気圧計.

ba·róuche [bərúːʃ] *n.* (2 頭引きの) ほろ付き 4 輪馬車.

barque [baːrk] = bark[3].

bár·quen·tine = barkentine.

bar·quétte [baːrkét] *n.* 船形詰め物オードブル〔デザート〕.

bár·rack[1] [bǽrək] *n.* **1** (通例 *pl.*) 兵舎, 兵営. 〈注〉語尾に s があっても, しばしば単数扱い. **2** 大きいそまつな集合住宅, バラック. —— *vt., vi.* 兵営に収容する〔はいる〕.
~**s bag** 《兵士が身のまわり品などを入れる》布袋.

bár·rack[2] *vt., vi.* 〖オーストラリア・英〗〈見物人が〉(競技者を) やじる. ◇ ~**·er** *n.*

bàr·ra·cóon [bæ̀rəkúːn] *n.* どれい〔囚人〕収容所.

bàr·ra·cú·da [bæ̀rəkúːdə] *n.* (*pl.* ~, ~**s**) 〖魚〗カマスの類.

bar·rágе [bərɑ́ːʒ/bǽrɑːʒ] *n.* **1** 〖軍〗阻塞(そさい); 弾幕; 《比喩的》矢つぎばやの攻撃: a ~ of questions 質問ぜめ. **2** 〖野球〗連続安打. **3** [báridʒ] 〖土木〗ダム. ***balloon*** ~ 阻塞気球網. ***creeping*** ~ 誘導弾幕《味方部隊の前進に伴って前へ移動する》. [<bar 棒・かんぬきで阻止する]
~ **balloon** 阻塞気球.

bar·rán·ca [bərǽŋkə] *n.* 峡谷. [<Sp.]

bár·ra·tor, -ter [bǽrətər] *n.* **1** 〖法〗訴訟教唆者. **2** 船主〔荷主〕に対して不正をはたらく船長〔船員〕. **3** 聖職〔官職〕売買者.

bár·ra·try [bǽrətri] *n.* **1** 〖法〗訴訟教唆. **2** 船長〔船員〕の船主〔荷主〕に対する不法行為. **3** 聖職〔官職〕売買. ◇ **-trous** [-trəs] *a.*

barred [baːrd] *a.* 横木〔かんぬき, しま〕のある.

‡**bár·rel** [bǽrəl] *n.* **1** 《胴のふくれた》たる; 1 たるの分量, 1 バレル《アメリカでは 31.5 ガロン, イギリスでは品物により 9, 18, 36 ガロン》. **2** 銃身, 砲身; 《機械の》円筒; 《とけいの》ぜんまい箱; 《太鼓などの》胴; 《牛馬の》胴体; 《羽の》翮(かく); 《耳の》鼓室, 中耳 (= ~ of the ear). **3** 〖米俗〗選挙費用.
a ~ ***of*** 〖米話〗たくさんの. ***have*** a person ***over a*** ~ 〖米俗〗《銃を突きつけて》(人を)思いのままにする, (人を) 窮地に追いやる.
—— *v.* (**-l-**, 英**-ll-**) *vt.* **1** たるに詰める. **2** 〈路面を〉ふくらませる. —— *vi.* ころがる: ~ down ころがり落ちる; 逃げる.
~ **bulk** 5 立方フィートの容積. ~ **chair** たる形の安楽いす. ~ **drain** 筒形下水. ~ **goods** 〖米〗酒類. ~**·house** [⌐—⌐] 〖米俗〗下等なバー: ~*house* jazz 安っぽいジャズ. ~ **organ** 手回しオルガン. ~ **roll** 〖空〗連続横転. ~ **vault** 筒形丸天井.

bár·rel(l)ed [bǽrəld] *a.* **1** たる詰めの; たる形の; ふくらんだ: a well-~ cow 胴まわりのよく肥えた牛. **2** 銃身が…の: a double-[single-]~ gun 2 連〔単身〕銃.

‡**bár·ren** [bǽrən] *a.* **1** 《土地が》不毛の, やせた; 《植物が》実らない. **2** 子のできない, 不妊の. **3** 結果を生まない, むだな, 無益な. **4** 《作家など》寡作な, 無能な; 《作品など》内容の貧弱な. **5** 欠けた, 乏しい: be ~ *of* ideas 思想に乏しい, 着想のつまらない. —— *n.* (しばしば *pl.*) やせ地, 荒れ地.
B~ Grounds 〔**Lands**〕 カナダ北部のツンドラ地方. ◇ ~**·ness** *n.*

B

bár·ret [bǽrit] *n.* 《平たい, つばのない》小形帽.
bar·rétte [bərét] *n.* 《婦人用の》髪留めピン.
bàr·ri·cáde [bæ̀rikéid, ㊎⁺ーーー] *n.* バリケード, 《急場の》防さく; 障害物. —— *vt.* にバリケードを築く, バリケードで囲う〔防ぐ〕; ふさぐ.
‡**bár·ri·er** [bǽriər] *n.* **1** さく, 防壁; とりで; 関門. **2** 障壁, 障害(物), 妨げ《への *to*》: language ～ ことばの障壁《言語を異にする人々の間の》. **3** (*pl.*)《試合場などの》矢来, 囲み. **4** 沖州(おきす).
～ **beach**《砂と石からなる》堤州. ～ **reef** 堡礁(ほしょう)《海岸線に並行するサンゴ礁》.
bár·ring [bá:riŋ] *prep.* …がなければ, …を除いては: *B*～ accidents, I'll be there. 事故が起こらなければ参ります.
bár·ris·ter [bǽristər] *n.* **1**〔英〕法廷弁護士(= ～-at-law). → solicitor. **2**〔米話〕《一般的》弁護士.
bár·room [bá:rrù:m, -rùm] *n.* 酒場.
bár·row¹ [bǽrou] *n.* 手押し車, 手押し運搬台;〔英〕《行商人の》2 輪手押し車.
bár·row² *n.* **1** 塚(つか), 古墳;〔英〕丘. **2**《ウサギなどの》穴. ***never leave*** one's ～ 自分の穴からいっこうに出ようとしない.
bár·row³ *n.* 去勢した雄豚.
bár·ry [bǽri] *n.*〔紋〕(交互に色分けした) 横じま.
Bart. Baronet の略《例: Sir Robert Darwen, Bart.》.〈注〉Sir は knight の称号にも用いられるので, これに Bart. をつけて区別する.
bár·tend [bá:rtènd] *vi.* バーテンをつとめる.
bár·tènd·er [-ər] *n.*〔米〕《バーの》バーテン.
bár·ter [bá:rtər] *vi., vt.* 交換する, 物々交換する; 交易する: ～ A *for* 〔*against*〕 B AをBと交換する, A をやって B をもらう. ～ ***away*** 安く手放す;〈地位・名誉などを〉売る《利益に目がくらみ》. ***The B～ed Bride***「売られた花嫁」《1866年 B. Smetana 作の喜歌劇》. —— *n.* 物々交換(品): by ～ 物々交換で. ***exchange and*** ～ 物々交換.
～ **system**〔経〕バーター制.
(類) → **exchange**「交換する」
Bar·thól·o·mew [ba:rθáləmjù:/-θɔ́l-] *n.*〔聖〕《キリスト十二使徒のひとり》聖バルトロメオ. ***St.*** ～***'s Day*** 聖バルトロメオ祭《8 月24日》. ***the Massacre of St.*** ～ 1572年 8 月24日のフランスにおける新教徒虐殺事件. ～ **Fair**《ロンドンで毎年 8 月 24 日から開かれた》バルトロメオ市(いち).
bár·ti·zan [bá:rtizn/ーーzǽn] *n.*〔建〕《城などの》張り出し (やぐら).
Bárt·lett [bá:rtlit] *n.* 西洋ナシの一種(= ～ pear).
Bár·ton [bá:rtn] *n.* Clara ～, 1821–1912, アメリカ赤十字社を創設したアメリカの婦人.
Bart's [ba:rts] *n.* ロンドンの St. Bartholomew's Hospital の略称.
ba·rý·ta [bəráitə] *n.*〔化〕バリタ, 重土《酸化バリウム》. ◇ **ba·rýt·ic** [bərítik] *a.* 重土(質)の.
ba·rý·tes [bəráiti:z] *n.*〔鉱〕重晶石.
bár·y·tone¹ [bǽritòun] = baritone.
bár·y·tone² *a., n.*〔ギリシア文法〕最終音節に重音符のつく (語).
bár·y·tron [bǽritrɑ̀n/-trɔn] = mesotron.
bás·al [béisl] *a.* 基礎の, 根本の: ～ characteristics 基本的特徴. ◇ ～**·ly** *ad.*
ba·sált [bəsɔ́:lt, bǽsɔ:lt] *n.* 玄武岩, 黒色の磁器.
◇ **bas·ál·tic** [bəsɔ́:ltik] *a.* 玄武岩の(ような).
bas bleu [bɑ:blə́:] F. 才女, インテリ女性 (bluestocking).
bás·cule [bǽskju:l] *n.*〔工〕跳(はね)構え.
～ **bridge** はね橋.
‡**base**¹ [beis] *n.* **1** 基礎, 基部, 底部; 土台, 台座; ふもと. **2** 根拠; 根本原理. **3**〔数〕基数; 基線; 底辺, 底面;〔化〕塩基;〔医〕基剤;〔染〕色どめ薬;〔植・動〕基部;〔運〕出発点;《ホッケーなどの》ゴール;〔野球〕塁;〔軍〕基地;〔文〕語幹. ***at the*** ～ ***of*** の根底に; …のふもとに. ～ ***on balls***〔野球〕四球(出塁). ***go*** 〔***get***〕 ***to first*** ～〔野球〕一塁に出る;〔俗〕手始めに成功する. ***off*** ～ 塁から離れて;〔話〕とんでもないまちがいをして. ***on*** ～ 出塁して. ***prisoner's*** ～ 鬼ごっこの一種.
—— *vt.* **1** の基礎〔根拠〕を置く: ～ one's argument *on* 〔*upon*〕 facts 議論を事実に基づかせる. ～ taxation *on* 〔*upon*〕 income 収入を基礎に課税する. **2** の基地を置く, 駐とんさせる. —— *vi.* **1** 基づく《に *on*》. **2** 基地を置く《に *at, on*》.
～ one***self on*** を論拠とする; …にたよる. ***be*** ～***d on*** 〔***upon***〕 に基づいている.
～ **bag**〔野球〕塁. ～**·ball** →別項. ～**·board** [-bɔ̀:rd / -bɔ:d]〔建〕《壁下の》幅木, すそ板. ～**·bùrn·er**《上から燃料を自動的に補給する》底だきストーブ. ～ **coat**《壁などの》下塗り, 下地. ～**·court** [-kɔ̀:rt/-kɔ:t]《城や大邸宅の》外庭; 農家の裏庭. ～ **hit**〔野球〕安打. ～ **level**〔地〕基準面. ～ **line** 基線;〔野球〕塁線,〔テニス〕コートの両端の線;〔美〕透視〔遠近〕線. ～**·man** [-mən] (*pl.* **-men** [-mən])〔野球〕塁手, 内野手. ～ **pay** 〔**salary**〕基本給. ～ **price** 基礎値段《諸料金加算前の》. ～ **runner**〔野球〕走者. ～ **running**〔野球〕走塁.
◇ ～**·less** *a.* 基礎〔根拠〕のない, 理由のない.
(類義語) 土台, 基礎: **base** 物をささえる土台: the *base* of a statue 彫像の土台. **basis** 比喩的に用いられることが多い: the *basis* of a report 報告の根拠. **foundation** しっかりした確実な基礎, 地下の土台: the *foundation* of a skyscraper 高層ビルの基礎. the moral *foundation* of society 社会の道徳的基盤.
***base**² *a.* **1** 卑しい, 卑劣な;《言語が》俗な. **2**《金属が》劣位の, 下等の;《硬貨が》粗悪な, にせの. **3**〔楽〕低音の (bass¹). **4**〔古〕地位の低い; 生まれの卑しい; 庶出の. —— *n.*〔楽〕低音.
～**·bórn** [ーー/ーー] 生まれの卑しい; 庶出の; (生まれつき) 下品な, 卑しい. ～ **Latin** 卑俗ラテン語. ～ **metals**《貴金属に対して》卑金属.
◇ ～**·ly** *ad.* ～**·ness** *n.*
†**báse·ball** [béisbɔ̀:l, ㊎⁺ーー] *n.* **1** 野球. **2** 野球用のボール.
◇ ～**·ism** *n.* **bàse·báll·er** [bèisbɔ́:lər], **bàse·báll·ist** [-ist] *n.* 野球をする人, 野球選手.
Bá·se·dow [bá:zədou] ～***'s disease*** バセドー病.
Bá·sel [bá:z(ə)l], **Basle** [ba:l] *n.* バーゼル《スイス西北部の都市》.
‡**báse·ment** [béismənt] *n.* **1**〔建〕《建物の》地階, 地下室. 〈注〉アメリカのデパートでは主として安売り品が置いてある. **2** 最下部, 基礎.
bás·es¹ [béisiz] *n.* base² の複数形.
bá·ses² [béisi:z] *n.* basis の複数形.
bash [bæʃ]〔方・俗〕*vt.* ひどくなぐる. ～ a person ***about*** (人を)こづき回す; 虐待する. —— *n.* 強打, 激しい一撃.
ba·sháw [bəʃɔ́:] *n.* トルコの高官の称号 (pasha); 大物; 尊大な人物, おうへいな役人.
***básh·ful** [bǽʃf(u)l] *a.* はにかみやの, 内気な.
◇ ～**·ly** [-fuli] *ad.* ～**·ness** [-nis] *n.*
bàsh·i-ba·zóuk [bæ̀ʃibazú:k] *n.* 19 世紀のトルコの不正規兵《残忍さで有名》.
◇ ～**·er·y** [-əri] *n.*《集合的》不正規兵; 残忍行為.
‡**bás·ic** [béisik] *a.* **1** 基礎的な, 基本的な, 根本の. **2**〔化〕塩基〔アルカリ〕性の;〔鉱〕(塩) 基性の.
～ **colors** 塩基性色素. ～ **process** 塩基 (製鋼) 法. ～ **raw materials** 基本原料《綿花・羊毛など》. ～ **slag** 塩基性スラグ, リン酸石灰《肥料用》. ◇ **bás·i·cal·ly** [-(ə)li] *ad.* 基本的に; 根本的にいって, 元来.
Bás·ic [béisik] ～ ***English*** ベーシック英語《語数 850 の簡易英語. C.K.Ogden などが国際補助語と

して考案》.
ba·síc·i·ty [bəsísịti] *n.* 〖化〗塩基度, 塩基性度.
ba·sìd·i·o·my·céte [bəsìdiomaisí:t] *n.* 〖植〗担子菌類.
bá·si·fy [béisịfài] *n.* 〖化〗塩基化する.
◇ **bà·si·fi·cá·tion** [bèisịfikéiʃ(ə)n] *n.*
bás·il [bǽz(i)l] *n.* 〖植〗メボウキ《ハッカに似た植物. 香味料の一種》.
bás·i·lar [bǽsịlər] *a.* 基底の; 頭蓋(ずがい)底の.
ba·síl·ic [bəsílik], **-i·can** [-ən] *a.* **1** basilicaの. **2** 〖医〗《ひじからわきの下に至る》尺側皮の. **3** 〖稀〗王(者)の, 王らしい. ～ **vein** 尺側皮静脈.
ba·síl·i·ca [bəsílikə,-zíl-] *n.* 《古代ローマで裁判・集会に用いられた長方形の》公会堂; (バジリカ様式建築の) 教会堂; (B～) ローマのカトリック7大教会堂の一つ; 《前記の教会堂とおなじ特権を有する》教会堂.
ba·síl·i·con [bəsílikən, -zíl-] *n.* 《松やにでつくる》軟膏(なんこう).
bás·i·lisk [bǽsịlisk, bǽzịl-/bǽz-] *n.* 《ひとにらみで人を殺すという》伝説上の怪竜(かいりゅう)〔ヘビ, トカゲ〕; 〖動〗《熱帯アメリカ産の》セビレトカゲ; ヘビ形飾り砲《昔の大砲》.
‡**bá·sin** [béisn] *n.* **1** 水ばち, 水盤; たらい; 洗面器〔台〕. **2** 水ばち〔たらい〕1杯分: a ～ of water 一はちの水. **3** 水たまり, ため池; プール; 入り海, 内湾; ドック, 船だまり. **4** 盆地; 流域. **5** 〖地〗盤層; 海盆. **6** 〖医〗骨盤(腔). ***yacht*** ～ ヨットハーバー.
◇ ～**ed** *a.* ～**·ful** [-fùl] *n.* ～①に1杯分. ～**·like** *a.* ～①のような.
bás·i·net [bǽsịnit] *n.* 《中世の》丸形かぶと.
‡**bá·sis** [béisis] *n.* (*pl.* **bá·ses** [béisi:z]) **1** 基礎, 根底, 土台. **2** 基本原理, 論拠. **3** 基準, 条件, 体制: on a part-time ～ 非常勤〔パートタイム〕で. **4** 〖医〗(調剤の) 主成分. ***on a national*** ～ 全国的に(見ると); 全国的規模で. ***on an equal*** ～ 対等で. ***on the*** ～ ***of*** を基礎として.
〔類〕→ **base**「土台」
bask [bæsk/bɑ:sk] *vi.* 暖まる; 《愛情などに》ひたる, 《恩恵などに》浴する《に *in*》: ～ *in* the sun 日なたぼっこをする.
†**bás·ket** [bǽskit/bɑ́:s-] *n.* **1** かご, ざる. **2** 一かごの分量; かごに詰めた物. **3** かご状の物, 《気球などの》つりかご; 〖バスケットボール〗ゴールの網; 得点. ～ ***of clips*** 愉快なこと. ***be left in the*** ～ 売れ残る, 望み手〔招き手〕がない. ***tea*** ～ キャンプ用手かご. ***the pick of the*** ～ えりぬきの品.
‡～**·ball** [-bɔ̀:l] バスケットボール《競技もしくはボール》. ～ **carriage** 柳枝細工車体の馬車. ～ **case** 両手両足を切断した患者. ～ **chair** 編みいす. ～ **hilt** 《剣の》かごつか. ～ **lunch** 《ハイキング用の》弁当. ～ **weave** ななこ織り, バスケット織り. ～**·wood** [-wùd] バスケットの木《茎をかご細工に用いる》. ～**·work** [-wə̀:rk] かご細工(品). ～**·worm** [-wə̀:rm] ミノムシ.
◇ ～**·ful** [-fùl] *n.* かご1杯(分). ～**·less** *a.* ～**·like** [-làik] *a.* バスケット形の. ～**·ry** *n.* 《集合的》かご細工品; かご細工技術.
Basle [bɑ:l] ＝Basel.
bá·son [béisn] *n.* **1** 製帽用の型. **2** ＝basin. —— *vt.* 〈フェルトを〉製帽用の型で固める.
Basque [bæsk] *n.* **1** バスク人《スペインの北部ピレネー (Pyrenees) 山地に住む》; バスク語. **2** (b～) 腰までおおう婦人用胴着. —— *a.* バスク人〔語〕の.
bas-re·lief [bɑ̀:rilí:f, bæs-, ⌐–⌐/⌐–⌐] F. *n.* (*pl.* ～***s***) 浅浮き彫り.
bass[1] [beis] *n.* 〖楽〗**1** バス, 低音, 低音の声; 低音部. **2** 低音歌手; 低音楽器. —— *a.* 低音の, 低音部の. ～ **clef** 〖楽〗低音部記号. → clef. ～ **drum** 《オーケストラ用》大太鼓. ～ **horn** ＝tuba. ～ **viol** ＝contrabass.
bass[2] [bæs] *n.* (*pl.* ⌐**·es**, 《集合的》～) 〖魚〗バス《スズキの類》.
bass[3] [bæs] ＝basswood; bast.
Bass [bæs] *n.* バスビール《Bass はビール会社の名》.
bás·set[1] [bǽsit] *n.* バセット犬 (＝～ hound)《胴部が長く足の短い犬》. ～ **horn** 〖楽〗バセットホルン《音のやわらかいアルトホルン》.
bás·set[2] *n.* 〖地〗露頭. —— *vi.* 〈鉱脈が〉露出する.
bàs·si·nét [bæ̀sịnét] *n.* **1** ほろ付き揺りかご, うば車. **2** 〖俗〗《中世の》鉄帽 (basinet).
bás·so [bǽsou] *n.* (*pl.* **-sos, -si** [-si:]) 〖楽〗低音(部); 低音歌手. [<It.]
～ **buffo** [-bú:fou/-búf-] 喜歌劇バス歌手. ～ **profundo** [-profʌ́ndou] 最低音; 最低音歌手.
bas·sóon [bəsú:n, bæs-/bəs-, bəz-] *n.* 〖楽〗バスーン《低音木管楽器》; 《オルガンの》低音栓(せん).
◇ ～**·ist** *n.* バスーン奏者.
bas·so-re·lie·vo, bas·so-ri·lie·vo [bǽsourilí:vou] It. *n.* (*pl.* ～***s***, ***bas·si-ri·lie·vi*** [bɑ́:si:ri:rjéivi:]) ＝*bas-relief*. → *alto-relievo*.
báss·wood [bǽswùd] *n.* 〖植〗シナノキ; シナノキ材.
bast [bæst] *n.* **1** 靭皮(じんぴ); 靭皮繊維. **2** シナノキの内皮.
bás·tard [bǽstərd] *n.* **1** 庶子, 私生子. **2** 《動植物の》雑種; にせ物, 粗悪品. **3** 〖俗〗やつ, 野郎: You darn ～! こん畜生! ***black*** ～ 《けいべつ的》黒んぼ. —— *a.* **1** 庶出の, 私生の. **2** 雑種の; まがいの, にせの. **3** 異常な, 異形の.
～ **acacia** 〖植〗ニセ〔イヌ〕アカシア. ～ **slip** 〖植〗吸枝. ～ **stucco** 毛入りしっくい.
◇ ～**·ly** *a.* ＝bastard. **bás·tar·dy** [-i] *n.* 庶出, 庶子であること; 庶出の子をもうけること.
bás·tard·ize [bǽstərdàiz] *vt.* **1** 庶子〔私生子〕と認定する. **2** 粗悪にする. —— *vi.* 粗悪になる.
◇ **bàs·tard·i·zá·tion** [⌐–dịzéiʃ(ə)n/-daiz-] *n.*
baste[1] [beist] *vt.* 仮縫いする, に しつけ縫いをする.
◇ **bást·ing** *n.* 仮縫い, しつけ; (*pl.*) 仮縫い糸, しつけ糸.
baste[2] *vt.* 〈肉に〉バター・たれなどを塗る《あぶりながら》.
baste[3] *vt.* **1** 《棒などで》なぐる. **2** どやしつける, どなりつける.
bas·tílle [bæstí:l] *n.* **1** (the B～) バスチーユ《フランス革命の際民衆が破壊し囚人を解放したパリの監獄》. **2** 牢獄(ろうごく). **3** 塔; 小防塞(ぼうさい).
B～ Day フランス革命記念日《7月14日 ＝ *le quatorze juillet*. 日本で俗に「パリ祭」という》.
bàs·ti·ná·do [bæ̀stinéidou] *n.* (*pl.* ～**es**) むち打ち《昔トルコや中国で行なわれた足の裏〔しり〕をむちで打つ刑罰》. —— *vt.* むち打つ, の足の裏をむちで打つ刑に処する.
bás·tion [bǽstʃən, -tiən/-tiən] *n.* 〖築城〗稜堡(りょうほ)《とりでの突出した部分》; 要塞(ようさい).
◇ ～**ed** *a.* 稜堡を備えた.
†**bat**[1] [bæt] *n.* **1** 《野球・クリケットなどの》バット, 打棒; 《ピンポン・バドミントンなどの》バット; 棒, こん棒; (騎手の) 細いむち. **2** 打球; 打つ番. **3** 〖俗〗強打. **4** 《固まった粘土・れんがなどの》固まり, かけら, 板. **5** (通例 *pl.*) 《夜具の中に入れる》打ち延べ綿, 心綿(しんわた). **6** 〖米俗〗酒宴; どんちゃん騒ぎ. **7** 〖英俗〗速力.
at ～ 〖野球〗打席について. ***be a good*** ～ いい打者である. ***carry*** **one's** ～ 〖クリケット〗1回の終わりまでアウトにならず残る; がんばりとおす. ***come to*** ～ 《仕事・試練などに》直面する; 打者となる. ***cross*** ～***s with*** と試合する. ***go full*** ～ 全速力で進む. ***go on a*** ～ 〖米俗〗どんちゃん騒ぎをする. ***go to*** ～ 打順が回る. ***go to*** ～ ***for*** 〖俗〗を支持〔応援〕する. ***like a*** ～ ***out of hell*** まっしぐらに. ***off*** **one's** ***own*** ～ 自分の打球で; 自力で. (***right***) ***off the*** ～ 〖米俗〗直ちに.
—— *vi., vt.* (**-tt-**) バットで打つ; 打席をつとめる; の打率をもつ. ～ ***around*** 〔***back and forth***〕論じたてる, 詳細に検討する. ～ ***a runner home*** 打って走者を生還させる. ～ ***out*** 〈文などを〉せわしくたたき出す, 打つ《タイプライターで》.

∼·man → 別項. **∼s·man** [bǽtsmən] (*pl.* **-men**)《bat を使うスポーツの》打者; 〔空〕着艦誘導員《棒を用いて航空母艦への着艦を指導する》.

‡bat² *n.* 〔動〕コウモリ; 〔俗〕街娼(がいしょう). **(as) blind as a ∼** 全く盲目で. ***have ∼s in*** **one's** [**the**] ***belfry*** 〔俗〕頭がおかしい. **∼-eyed** [-àid] めくら同然の. **∼-flỳ·ing**《コウモリの飛ぶ》たそがれ時の. **∼·fowl** [-fàul] *vi.* 燈火で目をくらませて鳥を網で捕える.

bat³ *vt.* (**-tt-**) 〔米〕〈目を〉まばたきする: ∼ one's eyes まばたきする. ***never ∼ an eyelid*** 一睡もしない; いささかもたじろがない. ***not ∼ an eye*** 〔話〕びくともしない, ひるまない.

bat⁴ *n.* 〔英俗〕外国の口語. ***sling the ∼*** (外地で) 土地のことばを使う.

Ba·tá·vi·a [bətéiviə] *n.* バタビア《Jakarta の旧称》.

batch [bætʃ] *n.*《パン・陶器などの》一焼き, 一かま; 《手紙・本などの》一束; 《人・物の》一組み, 一団. ***a ∼ of women*** 女性の一群,《けいべつ的》女ども.

bate¹ [beit] *vt.* **1** 〈息などを〉おさえる, 控える: with ∼*d* breath 息を殺して. **2** 減らす; 弱める, 和らげる; 〈値を〉引き下げる: ∼ down hope 希望を減ずる. —— *vi.* 減る; 弱まる; 和らぐ. [<abate]

bate² *n.* 〔英俗〕立腹: be in a ∼ 腹を立てて.

bate³ *n.* あく抜き液《製革用のアルカリ性の液》. —— *vt.* あく抜き液につける.

ba·teau [bætóu] F. *n.* (*pl.* **∼x** [-tóuz])《カナダ・アメリカで用いられる両端の細い》平底の川舟; 舟型. **∼ neck-line** 〔洋裁〕ボートネック.

‡bath [bæθ/bɑ:θ] *n.* (*pl.* **∼s** [bæðz/bɑ:ðz]) **1** 入浴, 水浴び. 〈注〉温水・冷水, 淡水・海水を問わない. **2** びしょぬれ: in a ∼ of sweat 汗をぐっしょりかいて. **3** 浴槽(よくそう); 浴室 (=bathroom); (しばしば *pl.*) ふろ屋; (*pl.*) 浴場; 湯治場. **4**《物を浸す》溶液(槽); 電解槽. **∼ *of blood*** 血まみれ; 大殺戮(さつりく). ***have*** [***take***] ***a ∼*** 入浴する. ***private ∼*** 専用浴室. ***public ∼*** 公衆浴場. ***sun ∼*** 日光浴. ***take the ∼s*** 湯治する. ***Turkish ∼*** トルコぶろ. —— *vt., vi.* 〈幼児・病人を〉入浴させる; 入浴する. **∼·house** [∸∸] 浴場, ふろ屋; 《海水浴場などの》更衣場. **∼ mat**《浴室の足ふき用》マット. **∼·robe** [∸∸] 湯あがり着, へや着. **‡∼·room** → 別項. **∼ sponge** 浴用海綿. **∼ towel** バスタオル. **∼·tub** [∸∸] 浴槽. **∼·tub gin** 密造酒.

Bath [bæθ/bɑ:θ] *n.* **1** イギリス Somersetshire の温泉地. **2** 〔英〕バス勲位 [勲章] (=the Order of the ∼). ***Go to ∼!*** 出て行け. **∼ brick** バスといし. **∼ chair** 〔英〕病人用いす車. **∼ Oliver** ビスケットの一種. **∼ stone** バス石《建築用材》.

‡bathe [beið] *vt.* **1**《水・湯などに》浸す, つける; ぬらす, しめらす. **2** (の岸を) 洗う: the seas that ∼ England イギリスの岸を洗う海. **3**《光・暖気などに》ひたす: town ∼*d* in light 光のみなぎっている町. —— *vi.* **1** 入浴 [水浴] する; 水泳する. **2**《水などで》おおわれる, 囲まれる. **∼ (one*self*) *in water*** [***the sun***] 水 [日光] を浴びる. ***be ∼d in tears*** 泣きぬれる. —— *n.* 〔英〕(海)水浴. ***go for a ∼*** (海)水浴に行く. ***take*** [***have***] ***a ∼*** (海)水浴をする. [<bath]

◇ **báth(e)·a·ble** [-əbl] *a.* 水浴び [湯あみ] できる. **báth·er** [béiðər] *n.* 水浴者; 入浴者; 湯治客.

ba·thét·ic [bəθétik] *a.* **1** 〔修〕頓降(とんこう)的な. → bathos. **2** 陳腐な, 平凡な.

báth·ing [béiðiŋ] *n.* 水浴, 海水浴; 入浴. **∼ beach** 海水浴場. **∼ beauty** 水着の美人. **∼ cap** 水泳帽. **∼ costume** [**suit**] 水着. **∼ machine**《特に婦人が中で着替えできる海水浴場の》移動脱衣車. **∼ place** 海水浴場, 水泳場.

ba·thóm·e·ter [bəθámitər/-θɔ́m-] *n.* 測深器.

bá·thos [béiθɑs/-θɔs] *n.* **1** 〔修〕頓降(とんこう)法《荘厳な調子から急に平らな調子に落とす》. **2**《文体の》陳腐さ, 平板; 安っぽい [偽りの] 感傷.

‡báth·room [bǽθrù:m, -rùm/bɑ́:θ-] *n.* 浴室; 〔米〕お手洗い, 便所《浴室と便所がいっしょのばあいが多い》. 「都」.

Báth·urst [bǽθərst] *n.* バサースト《Gambia の首

báth·y·scaphe [bǽθiskèif, -kæf] *n.* バチスカーフ艇《深海生物研究などに用いる潜水艇》.

báth·y·sphere [bǽθisfiər] *n.* 球形潜水器《深海生物調査用》.

ba·tík [bətí:k, bǽtik, bɑ́:t-/bǽtik] *n.* ろうけつ染め (法); ろうけつ染めの布.

bát·ing [béitiŋ] *prep.* 〔古〕…を除いて.

ba·tíste [bætí:st, bə-] *n.* 上質薄手の麻布 [綿布].

bat·man [bǽtmən] *n.* (*pl.* **-men** [-mən]) 〔英: 軍〕(将校つき) 従卒《bat は元来「荷物」の意で, batman はもとは駄獣係の兵卒》.

ba·tón [bætán/bǽt(ə)n] *n.* **1**《官位を示す》つえ, 司令杖(じょう). **2**《警官の》警棒. **3** 〔楽〕指揮棒. **4** 〔運〕《リレー用の》バトン. ***Field-Marshal's ∼*** 元帥杖. **∼ charge** 警察の手入れ. **∼ sinister** =bar sinister. **∼ twirler** バトンガール (drum majorette).

Bát·on Róuge [bǽt(ə)n-rú:ʒ] *n.* バトンルージュ《アメリカ Louisiana 州の州都》.

ba·trá·chi·an [bətréikiən] *a.* 〔動〕両棲(りょうせい)類の; カエル類の. —— *n.* 両棲類; カエル類.

báts·man *n.* → bat¹.

batt [bæt] *n.* (おもに *pl.*)《寝具用の》打ち延べ綿.

batt. battalion; battery.

bat·tál·ion [bətǽljən] *n.* **1** 〔軍〕歩兵大隊. **2** (しばしば *pl.*) 大軍勢;《一般的》集団, 大ぜい.

bát·tels [bǽtlz] *n. pl.* 〔英〕《Oxford 大学の》食費, 飲食宿泊諸経費.

bát·ten¹ [bǽtn] *n.* 〔建〕《壁・床板用の》押し縁, 目板, 小割り板; 小角材; 〔海〕当て木. —— *vt.* に小割り板を張る; 〔海〕当て木でふさぐ《*down*》.

bát·ten² *n.*《絹織機の》おさ.

bát·ten³ *vi.* **1** むさぼり食う《を *on, upon*》. **2** 太る. **3** 富み栄える, ぜいたくな生活をする《特に他人の金で》. —— *vt.* 太らせる.

bát·ter¹** [bǽtər] *n.*《野球・クリケットなどの》打者, バッター. ***B∼ up! プレーボール!

bát·ter² *n.*《牛乳・卵・小麦粉などの》練り粉.

bát·ter³ *n.* 〔建〕《壁面などの》ゆるい傾斜. —— *vi.* (後方へ) ゆるく傾斜する.

‡bát·ter⁴ *vt.* **1** 連打 [乱打] する; たたきこわす《*down*》; 〈帽子・ドアなどを〉打ちへこます《*in*》. **2** 乱暴に扱っていためる; 〔印〕〈活字を〉使いつぶす. **3** 〈城壁などを〉激しく砲撃する. **4** 虐待する; 酷評する. —— *vi.* 激しくたたく: ∼ ***at*** the door ドアを激しくノックする. ∼ ***about*** a person (人) をたたきのめす, (人) に乱暴をする. —— *n.*《活字の》摩損, つぶれ. [√bat(t)-]

◇ **∼ed** *a.* 傷だらけの; 使い古された, ぼろぼろの; 生活に疲れた.

bát·ter·ing [bǽtəriŋ] *n.* 破砕, 破壊: a ∼ ram 破城つち《むかし城壁破壊に用いられた》.

bát·ter·y** [bǽt(ə)ri] *n.* **1** 〔軍〕放列; 砲兵中隊; 砲台; 《艦の》備砲. **2** 〔法〕殴打, 暴行. 〈注〉通例 assault and *battery* として用いる. **3** 一組みの器具 [装置]; 〔電〕電池《cell を幾つかつなぎ合わせた方式の》; 〔野球〕バッテリー《投手と捕手》; 一連の鶏舎. ***storage [***secondary***] **∼** 蓄電池. ***the B∼*** New York 市 Manhattan 島にある公園《もと砲台があった》. ***turn*** a person***'s ∼ against himself*** (相手) の論法を利用して逆襲する, 逆手をとる.

bát·tik [bǽtik] =batik.

***bát·ting¹** [bǽtiŋ] *n.* 打撃; 〔野球〕バッティング. **∼ average** 打率. **∼ order** 打順.

bát·ting² *n.*《寝具の》打ち延べ綿.

‡bát·tle [bǽtl] *n.* **1** 戦闘, 会戦; 戦争. **2** 闘争; 競争: the ∼ of life 生存競争. **3** 勝利, 成功:

The ～ is not always *to* the strong. 勝利は必ずしも強者のものとは限らない. ***accept*** [***join***] ～ 応戦〔交戦〕する. ***do*** ～ ＝ ***fight a*** ～ 戦う. ***fall in*** ～ 戦死する. ***fight*** one'***s*** ～***s over again*** 昔のてがら話をして聞かせる. ***gain*** [***win***] ***a*** ～ 戦いに勝つ. ***general's*** [***soldier's***] ～ 戦略〔武力〕戦. ***give*** [***offer***] ～ 挑戦(ちょうせん)する. ***give*** [***lose***] ***the*** ～ 負ける. ***half the*** ～ 勝利〔成功〕の大半: Youth is *half the* ～. 若さは成功の半ば; 若さがなにより. ***have*** [***gain, win***] ***the*** ～ 勝つ. ***line of*** ～ = ***the*** ～ ***line*** 戦線. ***pitched*** ～ 正々堂々の戦い. ***sham*** ～〔米〕演習. ***the order of*** ～ 戦闘序列. ***trial by*** ～〔史〕決闘による裁断.

—— *vi.* **1** 戦う《と, を相手に *against, with*》: ～ *against* the invaders *for* independence 独立のため侵入者と戦う. **2** 苦闘する, 努力する《を目ざして, を得るために *for*》. —— *vt.*〔米〕と戦う: ～ the invaders 侵入者と戦う. ～ one'***s way*** 戦い進む, 努力して進む《*to, through*》. [√bat(t)-]

～ **array** [-ərèi] 戦闘隊形; 軍装. ～**-ax(e)** [ˊ-ˋ] 《中世の》戦斧(せんぷ); 〔俗〕意地悪女〔ばあさん〕. ～ **cruiser** 巡洋戦艦. ～ **cry** ときの声; 《主張・闘争などの》標語, スローガン. ～**-dore** →別項. ～ **dress**〔英〕戦闘服. ～ **fatigue** 戦争疲労症. ～**-field** [ˊ-ˋ] 戦場. ～**-front** [ˊ-ˋ] 戦線; 第一線. ～**-ground** [ˊ-ˋ] 戦場; 論争のたね. ～ **piece** 戦争画〔記事〕. ～**-plane** [ˊ-ˋ]〔軍〕戦闘機. ～ **royal** 大乱戦; 大論争; 《闘鶏の》大け合い. ～**-scarred** [ˊ-ˋ] 戦傷を負った, 歴戦を物語る. ～**-ship** [ˊ-ˋ] 戦艦. ～ **star** 従軍青銅星章. ～**-wàg·on**〔俗〕戦艦.

[類] → **fight**「戦い」

bát·tled [bǽtld] *a.* 胸壁のついた.

bát·tle·dore [bǽtldɔ̀ːr/-dɔː] *n.* 羽子板; 洗たく用の木べら. ***play*** ～ ***and shuttlecock*** 羽根つきをする. —— *vi., vt.* 投げ合う, やったりとったりする.

bát·tle·ment [bǽtlmənt] *n.* (通例 *pl.*) 銃眼つき胸壁, 狭間(はざま)胸壁. ◇ ～**-ed** [-mèntid/-məntid] *a.* 胸壁のある.

bát·tle·some [bǽtlsəm] *a.* けんか〔論争〕好きの.

bat·tue [bætúː, -tjúː] F. *n.* **1**〔狩〕かり出し; かり出し隊. **2** 皆殺し.

bát·ty [bǽti] *a.*〔俗〕頭の変な (crazy).

báu·ble [bɔ́ːbl] *n.* **1** 安ぴかもの, つまらぬもの. **2**〔古〕道化師 (jester) の持つつえ.

Báu·cis [bɔ́ːsis] ～ ***and Philemon*** [-filíːmən/-mɔn] 変装した Zeus と Hermes をもてなし, 報いを得た貧しい老夫婦.

Bau·de·láire [boud(ə)léər | F. bod(ə)lɛːr] *n.* Pierre Charles [F. pjɛːr ʃarl] ～, 1821–67, フランスの詩人.

Báu·haus [báuhàus] *n.* Walter Gropius (1883–　　) が1919年にドイツの Weimar に創立した学校《美術・工芸・科学を総合, 機能的建築を生み出そうという試みで建てられたもの》. [<G.]

baulk [bɔːk] ＝balk.

Bau·mé [bouméi] ～ ***scale***〔物〕ボーメ比重計.

báux·ite [bɔ́ːksait, ㊇+bóuzait] *n.*〔鉱〕ボーキサイト《アルミニウムの原鉱》.

Ba·vár·i·a [bəvέ(ː)riə/-véər-] *n.* ババリア, バイエルン《西ドイツ南部の州》. → Bayern.

Ba·vár·i·an [-n] *a.* ババリア(人)の, ババリア産〔方言〕の. —— *n.* ババリア人〔方言〕.

báw·bee [bɔ́ːbiː, ‐ˊ/‐ˊ] Sc. *n.* ＝halfpenny.

bawd [bɔːd] *n.* 売春宿のおかみ; 売春婦.
◇ ～**-ry** [-ri] *n.*〔古〕売春; 猥談(わいだん), わいせつ行為.

báwd·y [bɔ́ːdi] *a.* **1** みだらな: a ～ talk 猥談. **2** 売春の: a ～ house 売春宿.
◇ **-i·ly** *ad.* **-i·ness** *n.*

bawl [bɔːl] *vt.* **1** 大声で言う, わめく: ～ one's dissatisfaction 大声で不平を鳴らす. She ～*ed out* a curse. 彼女はのろいの言葉をわめきちらした. **2** 呼び売りする. **3**〔米〕しかりとばす《*out*》.
—— *vi.* どなる: ～ *at* a person 人をどなりつける. ～ *for* help 大声で助けを求める.
—— *n.* 一叫び, 一泣き: A good ～ made her feel better. 思い切り泣いたので彼女はさっぱりした.

‡**bay**[1] [bei] *n.* **1** 湾, 入り江《gulf と cove の中間で, 入り口の比較的広いもの》. **2**《山に三方を囲まれた》山ふところ. **3**〔米〕森林に三方を囲まれた草原. ～ **line**〔鉄道〕引込線, 退避線. ～ **salt** 天日塩. **Bay State, the** Massachusetts 州の別称.

bay**[2] *n.* **1** 窮地. **2**《けだものが猟犬に》追い詰められた状態. **3**《獲物を追う猟犬が声を合わせての》ほえ声; 太く長いほえ声. ***be [***stand***] ***at*** ～ 窮地にある. ***bring*** [***drive***] ***to*** ～ 追い詰める. ***hold*** [***have***] ***at*** ～ 追い詰めて逃がさない. ***keep at*** ～ 寄せつけない; くい止める. ***turn*** [***come***] ***to*** ～ 追い詰められて刃向かう.
—— *vi.* ほえる, ほえつく《に *at*》. —— *vt.* **1** にほえる. **2** 大声で…を示す〔あらわす〕: ～ a defiance 大声で反抗する. ～ (***at***) ***the moon*** 月にほえる; 無益なことを企てる.

bay[3] *n.*〔植〕ゲッケイジュ; (*pl.*) 月桂冠(げっけいかん), 栄光. ～**-ber·ry** →別項. ～ **laurel** [**tree**] ゲッケイジュ. ～ **rum** ベーラム《整髪用香油》.

bay[4] *n.* **1**〔建〕ベイ《支柱と支柱との間の一区画の壁》, 格間(ごうま); 橋脚の間. **2** 張り出し窓. **3**《納屋の一区画》干し草〔穀物〕置き場. **4**《軍艦の》中甲板前部の一部《病室に用いる》;〔米〕《飛行機の》仕切り隔室: an engine ～ 機関室. a bomb ～ 爆弾倉. ***horse*** ～ 馬小屋. ***sick*** ～《軍艦上の》病室. ～ **window** 張り出し窓, 出窓;〔俗〕太鼓腹.

bay window

bay[5] *a.* くり毛の. —— *n.* くり毛の馬; くり毛色.

Báy·ard[1] [béiərd/béiɑːd] *n.* バイヤール《騎士のかがみとうたわれたフランス人》; 英雄的な紳士.

Báy·ard[2] [béiərd] *n.* 中世騎士物語中の不思議な馬;〔俗〕馬; (b～)〔古〕くり毛の馬.

báy·ber·ry [béibèri, -bəri/-bəri] *n.* **1**〔植〕ゲッケイジュの実. **2** 山桃の一種《北アメリカ産》. **3** ベイベリジュ《西インド諸島産で bay rum の原料》.

Báy·ern [báiərn] *n.* Bavaria のドイツ名.

báy·o·net [béiənit] *n.* 銃剣; (the ～) 武力; (*pl.*) 歩兵. ***at the point of the*** ～ 銃剣を突きつけて; 武力で. ***Fix*** [***Unfix***] ～***s!***《号令》着け〔取れ〕剣!
—— *vt.* 銃剣で刺す〔殺す〕; 武力で強制する: ～ *into* submission 武力で屈服させる.
～ **charge** 銃剣突撃. ～ **fencing** 銃剣術.

báy·ou [báiuː] *n.* (*pl.* ～**s**)《アメリカ南部の川・湖などの》沼のような入り江〔支流〕.

Bay·réuth [bairɔ́it, ‐ˊ/ˊ‐] *n.* バイロイト《ドイツバイエルン地方の都市》.

báy·smelt [béismèlt] *n.* (*pl.* ～**s**, ～) (牛の) 最上のもも肉 (topsmelt).

ba·zá(a)r [bəzɑ́ːr] *n.* **1**《おもに中近東の》市場; 雑貨市. **2** 特売場: a Christmas ～ クリスマス特売場. **3** バザー: a charity ～ 慈善市.

ba·zóo·ka [bəzúːkə] *n.*〔米: 軍〕バズーカ砲《携帯用対戦車ロケット砲》.

BB double-black〔鉛筆〕2B. **B.B.A.** Bachelor of Business Administration. **BBB** treble-black〔鉛筆〕3B. **B.B.C.** British Broadcasting Corporation. **bbl.** (*pl.* **bbls.**) barrel. ‡**B.C.** Bachelor of Chemistry [Commerce]; before Christ: 55 B.C. 西暦紀元前 55 年《紀元(後)は A.D.》; British Columbia. **B.C.E.** Bachelor of Civil Engineering. **B.C.G.** Bacillus Calmette-Guérin (vaccine). **B.Ch.E.** Bachelor of Chemical Engineering. **B.C.L.** Bachelor of Civil Law. **B.Com.** Bachelor of Commerce. **bd.** (*pl.* **bds.**) band; board; bond; bound; bundle. **B/D** bank draft. **B.D.** Bachelor of Divinity.

bdél·li·um [déliəm] *n.* **1** デリアム《balsam から採る芳香樹脂》. **2**〔聖〕ブドラク《芳香樹脂・コハク・水晶・真珠など. 創世記 2:12》.

bd. ft. board foot [feet]. **bdg.** binding 製本. **bdl.** bundle.

†**be** → 枠付 be. (pp. 107–108)

be- *pref.* **1**「周囲に, ぐるっと巡って」の意: *be*set まわりに置く→取り囲む. *be*siege 包囲する. **2**「一面に; 全体に」の意, および強調を示す: *be*smear 塗りたくる, よごす. *be*praise ほめちぎる. **3** 自動詞から他動詞をつくる: *be*moan …を嘆く. *be*straddle …にまたがる. **4** 名詞から動詞をつくる: *be*friend …の友となる, …と親しむ. *be*witch …に魔法をかける, 魅する. *be*guile だます. **5** 形容詞から動詞をつくる: *be*little 軽んずる. *be*numb しびれさせる. **6** -ed に終わる形容詞を名詞・形容詞からつくる: *be*lated (時刻に) 遅れた. *be*nighted 夜にはいった, 行き暮れた. *be*wigged かつらをかぶった.

Be〔化〕beryllium. **B/E, b.e.** bill of exchange. **B.E.** Bachelor of Education; Bachelor of Engineering; Bank of England; Board of Education. **BEA(C), B.E.A.(C.)** British European Airways (Corporation).

‡**beach** [biːtʃ] *n.* **1** 岸べ, なぎさ, 浜べ, 海岸: We're vacationing at the ～. 海岸で休暇を楽しんでいる. 〈注〉湖や大きな川の水べにも用いる. **2**《集合的》《岸べの》砂, じゃり. ***on the* ～** 浜べで; 陸に上がって;〔俗〕〈水夫などが〉失業して; 落ちぶれて.
—— *vi.* 〈船が〉浜に乗り上げる. —— *vt.* 〈船を〉浜に乗り〔引き〕上げる.
～ **ball** ビーチボール《浜・プール用の軽い大形ボール》. ～**·còmb·er** [-kòumər] (1)〔米〕《海べに打ち寄せる》大波. (2) 海岸で漂流物を拾って暮らす人間;〔俗〕波止場ごろ《特に太平洋諸島の白人の》; ろくでなし, ちんぴら. ～ **flea**〔虫〕ハマトビムシ. ～**·head** [ˊ-ˋ]〔軍〕海岸上陸拠点, 橋頭堡(きょうとうほ); 《比喩的》足がかり. ～**·màs·ter** 上陸〔揚陸〕指揮官. ～ **umbrella** ビーチパラソル. ～ **wagon** = station wagon. ～**·wear** [ˊ-ˋ] 海浜着, ビーチウエア.
◇ ～**·less** *a.* ～**·y** *a.* 砂浜のような, 小石の多い.
(類義語) 海岸: **beach** 波が打ち寄せるところ, 浜. 比較的狭いところに使われる: a private *beach* for the hotel ホテル専用浜. **seashore, seaside** 海べ・波打ちぎわ以外, 海岸一帯も含める: pass holidays at the *seaside* 海で休暇を過ごす. **coast** 大洋の沿岸一帯. 広い地域をいう: fly along the Pacific *coast* 太平洋岸に沿って飛行する.

Bèach-la-Már [biːtʃləmáːr/ˊ-ˊ-ˊ] *n.* 西南太平洋諸島で使われているなまった英語.

béa·con** [bíːk(ə)n] *n.* **1** かがり火, のろし; のろし台〔塔〕; 燈台; 信号所. **2** 水路〔航空, 交通〕標識; 無線標識(= radio ～). **3** 警告, 指針. **4**〔英〕…高峰. ***Belisha [bəlíːʃə-] ～《歩行者用》交通標識. —— *vt.* (標識で) 導く; に標識をつける〔立てる〕. —— *vi.* (標識として) 輝く, 役に立つ.
～ **fire** 合い図ののろし. ～ **light** 標識燈.

bead [biːd] *n.* **1** なんきん玉, ビーズ; (*pl.*) じゅず, ロザリオ; (*pl.*) ネックレス. **2** しずく; あわ: ～*s* of sweat 玉の汗. **3**〔建〕玉縁;《銃の》照星. **4** ゴムタイヤのリム《金輪》の中へはいる部分. ***Baily's* ～*s***〔天〕ベーリービーズ《皆既日食のとき月のふちにあらわれるじゅず状の光》. ***draw* [*get*] *a* ～ *on*** …にねらいを定める. ***say* [*tell, count, bid*] *one's* ～*s*** 《じゅずをつまぐって》祈りを唱える. —— *vt.* **1** じゅず状につなぐ. **2** 玉で飾る. —— *vi.* **1** じゅず状になる. **2** 〈汗などが〉玉になる; あわだつ.
～ **chain** 玉鎖《電気スタンドのソケットスイッチ用など》. ～ **curtain** 玉すだれ. ～**·house** [-hàus] 養老院. ～**·roll** [ˊ-ˋ]〔宗〕過去帳;《一般的》名簿, 目録. ～**s·man** → 別項. ～**·work** [ˊ-ˋ] ビーズ細工.
◇ ～**·ed** [-id] *a.* **1** ～のついている, ～状になった: a ～*ed* handbag ビーズのハンドバッグ. **2** あわだった. **3** 汗になった. ～**·like** [-làik] *a.* ～のような.

béad·ing [bíːdiŋ] *n.* **1** ビーズ細工〔飾り〕; レース状縁飾り, 透かし縁飾り. **2**〔建〕玉縁飾り. **3**《ビールなどの》あわ.

béa·dle [bíːdl] *n.*〔英〕**1** 教区〔法廷〕の小役人. **2** 大学の属官. ◇ ～**·dom** *n.* 小役人根性.

béads·man, bédes·man [bíːdzmən] *n.* (*pl.* **-men** [-mən]; *fem.* **-wòm·an** [-wùmən]) **1** (金をもらって) 人の冥福(めいふく)を祈る人. **2** 養育院の収容者. **3**〔スコットランド〕こじき.

béad·y [bíːdi] *a.* **1** ビーズのような: ～ eyes 小さく光る丸い目. **2** あわだった《ビールなど》.

béa·gle [bíːgl] *n.* ビーグル犬《ウサギ狩り用の耳がたれ足の短い小猟犬》.

***beak** [biːk] *n.* **1**《肉食鳥の》くちばし. → bill². **2** くちばし状の物;《水差しの》飲み口;《かめなどの》口先;《人の》かぎ鼻;〔建〕水はけ口;〔史〕《昔の軍艦の》衝角. **3**〔米俗〕裁判官;〔英俗〕治安判事; 教師, 校長.
◇ ～**ed** [-t, ㊥+bíːkid] *a.* ～の付いた, くちばし状の. ～**·less** *a.* ～**·like** [ˊ-ˋ] *a.*

béak·er [bíːkər] *n.* **1** 広口カップ; その1杯分. **2**《化学実験用》ビーカー.

bé-all and énd-all [bíɔːl-ənd-éndɔːl] ***the* ～** 重要な部分, 肝心かなめの点, 中心.

‡**beam** [biːm] *n.* **1** 梁(はり), 横げた, 梁材. **2**〔海〕《甲板をささえる》横梁; (最大) 船幅; 船腹. **3** はかりのさお, はかり;《織機の》糸〔布〕巻き;《機関の》レバー;《すきの》柄;《シカの角の》幹. **4** 光線, 光束;《表情の》輝き, 晴れやかさ, ほほえみ. **5**〔電〕方向表示〔指向性〕電波, ビーム (= radio ～);《拡声器・マイクロホンの》有効可聴範囲; 放送.
abaft* [*before*] *the* ～**〔海〕(船の) 真横後ろ〔前〕に. ～ ***of hope 希望の光. ***broad in the* ～** かっぷくのよい. ***fly the* ～** 方向表示電波によって飛行する. ***get* [*go*] *on the* ～** 放送する. ***kick the* ～**《軽すぎて》はかりのさおをはね返す; 圧倒される, 歯が立たない. ***off the* ～**〔空〕方向表示電波の進路からそれて;〔俗〕まちがって; 気が違って. ***on the* ～** (1)〔空〕方向表示電波の上を;〔俗〕正しく, 好調に; 抜け目なく. (2)〔海〕真横に. ***on the* [*one's*] ～(*'s*)*-ends*** 船梁が垂直になるほど傾いて; 危険に瀕(ひん)して, 破産寸前で. ***on the port* [*larboard*] ～**〔海〕左舷(げん)真横前に. ***on the starboard* ～**〔海〕右舷真横前に. ***the* ～ *in one's* (*own*) *eye***〔聖〕わが目の中のうつばり, 自分で気づかぬ大欠点《マタイ伝 7:3》.
—— *vi.* 輝く; 光を発する; 晴れやかに微笑する.
—— *vt.*〔電〕〈電波を〉向ける; 〈ニュースなどを〉放送する;《方向表示電波で》発信する; レーダー探知する. ～ ***upon*** a person (人) にほほえみかける. ～ ***with joy* [*health*]** 喜び〔健康〕に輝く.
～ **antenna** ビームアンテナ. ～ **compass**《大きな円を描くための》さおコンパス. ～ **sea** 横波. ～ **system**〔電〕ビーム方式. ～ **wind**〔海〕横風.
◇ ～**ed** [-d] *a.* 光り輝く; 梁のある;〔ラジオ〕放送された: a ～*ed* program 放送番組. ～**·less** *a.* 光を放たない; 梁のない. ～**·y** [-i] *a.*〔稀〕光り輝く; 梁のような, 太い;《船が》幅広の;《シカが》角をもった.

béam·ing [bíːmiŋ] *a.* 光り輝く; 晴れやかな, 喜びに満ちあふれた. ◇ ～**·ly** *ad.*

be

(1) 変則動詞(anomalous verb)の一つで, 語形変化に特徴がある. (2) 疑問文をつくるのに主語と倒置を行ない, 助動詞 do を用いない: He is busy. →*Is he* busy? (3) 否定形をつくるにも do を用いない: That is nice. →That *is not* [*isn't*] nice. ただし, 命令形ではふつう do を用い, do を用いないのは古形: *Don't be* a fool. ばかなことをするな. *Be* not afraid. 〘古〙恐るるなかれ. (4) 強調するときに do を用いず, be 動詞を強く発音する: She *is* [-íz-] kind, indeed. あの人はほんとうに親切です《このばあいの *is* は実際の印刷でも通常斜体とし, 筆記では下線をほどこす. ただし, 肯定命令形を強調するときには do を用いる: *Do* be gentle to them. あの人たちに優しくしてくださいよ》. (5) 以下語義 ①-⑥ では *vi.*, ⑦-⑪ では *aux. v.* である.

直説法

時制	人称	単数形	複数形	
現在	一	I **am**	we	**are**
	二	you **are** (〘古〙thou **art**)	you	
	三	he / she / it } **is**	they	
過去	一	I **was**	we	**were**
	二	you **were** (〘古〙thou **wast** [**wert**])	you	
	三	he / she / it } **was**	they	

仮定法

《現在》 **be**《人称・数にかかわらず: I *be*, he *be*, they *be*, etc.》

《過去》 **were**《人称・数にかかわらず: I *were*, it *were*, etc.; ただし〘古〙thou **wert**》

不定詞 (to) **be** 命令形 **be**

am [æm, 弱 əm], **is** [iz], **are** [ɑːr, 弱 ər]; **was** [wɑz, 弱 wəz / wɔz, 弱 wəz], **were** [wəːr, 弱 wər]; 〘古〙**art** [ɑːrt, 弱 ərt]; **wast** [wɑst, 弱 wəst/wɔst, 弱 wəst], **wert** [wəːrt, 弱 wərt]; not との短縮形 **ís·n't** [íznt], **aren't** [ɑːrnt]; **wás·n't** [wɑ́znt/wɔ́z-], **weren't** [wəːrnt]; 代名詞との短縮形 **it's** [its], **I'm** [aim], **we're** [wiːər, wiər/wiə], etc.

be [biː, 弱 bi] *vi., aux. v.* (*pp.* **been** [bin, おもに弱 ben / biːn, bin]) **1** …である: Jones *is* my friend. ジョーンズは私の友人だ. Iron *is* hard. 鉄は堅い. Twice two *is* four. 2の2倍は4である; 2×2=4. How *are* you? — I *am* fine [very well], thank you. ごきげんいかがですか. — おかげさまで元気です. Honor *was* nothing to me. 私には名誉などどうでもよかった. Books *were* scarce in old times. 昔は本が珍しかった. It will *be* fine tomorrow. あすは上天気だろう. Seeing *is* believing. 見ることは信ずることだ; 百聞は一見にしかず《-ing 形は動名詞》. Paper *is* of great use. 紙は非常に有用だ. This book *is* for you. この本はあなたのため(のもの)だ. Everyone *was* against me. みんなが私に反対だった[反対した]. I *am* in good health. 私は健康だ. *Be* quiet. 静かにしなさい. We owe *what* we *are* to that kind man. 私たちが今日あるは, あの親切な人のおかげだ. He *is* no longer the idle man *that* [または *which*] he *was*. 彼は, 以前はなまけ者だったが, もはやそうではない (←以前彼がそうであったところの, なまけ者ではない). We *were* all together. 私たちはみんないっしょだった.

2《場所》《(…に)》ある, 《(…に)》いる; 《(…に)》行って[来て]いる, 《(…に)》あらわれる; 《副詞などと結合して》もどる, 済む; 《いついつに》あたる: The vase *is* on the table. 花びんはテーブルの上にある. Where *is* Rome? — It *is* in Italy. ローマはどこにあるか. — イタリアにある. The key *was* in the lock. かぎは錠にさしてあった. How long *have* you *been* here? ここに来てからどのくらいになるか. I *was* with the Browns then. 私は当時ブラウン家のところにいた. I'll *be* there [*back*] at 6. 6時に参り[帰り]ます《到着予定の宣言. I'll go とはいわない》. Will you wait here? I'll *only be a minute.* 待っててください. すぐもどり[済み]ます. When's your birthday? — It's on the 17th of April. 誕生日はいつか. —4月17日だ.

3《there is [are] の形で》ある, 存在する: *There are* three apples on the table. テーブルの上にリンゴが三つある. *Is there* a book on the desk? — Yes, *there is.* 机の上に本がありますか. — はいあります. *There is* nothing new under the sun. 世間に[世界じゅう]別に変わったことはない.

4 存在する, ある, 生存する; 残存する, 持続する, 起こる: God *is.* 神はまします. Troy *is* no more. もはやトロイはない. Whatever *is,* is right. 存在するものはみな正しい. How can such things *be*? こんなことがあり[起こり]えようか. Woe *be* to you! なんじに災いあれかし. To *be* or not to *be*: that is the question. 生きてゆくか死ぬか, それが問題だ. 〈注〉「存在する」の意味でのこの用法は, これら特殊例に限られ, 通常は there is の形.

5《be+to (do) の形で予定・運命・義務・命令・可能などの意をあらわし》…することになっている, …するはずだ: We *are* [*were*] *to* meet at 6. われわれは6時に会うことになっている[いた]. He *was* never *to* see his home again. 彼は再び郷里に帰らぬ運命だった. Not a soul *was to* be seen on the street. 路上には人ひとり見えなかった. It *is to* be hoped that... どうか…でありたいものです. I *am to* inform you that... …をご通知申し上げます. It *was* not *to* be. (それは)そうなるべき定め[運命]ではなかった. If I *am to* blame, ... もし私が悪いのであれば, ….

6《if＿were to (do)》 …するとしたなら: *If* I *were to* die, ... 仮に私が死ぬとしたら, ….

7《be+現在分詞で進行形をつくり》 …している, …しつつある《動作の進行中を示す》; …することになっている《近い未来》: He *is waiting* for you. あの人があなたを待っています. I *was* just *reading* a book. そのとき本を読んでいる最中だった. I have *been waiting* for an hour. 1時間前から待っている. She *is leaving* for Denver tomorrow. 彼女はあすデンバーに立つ(ことになっている).

8《be+(他動詞の) 過去分詞の形で, 受動態をつくり》 …される, …されている, …してある: We *were praised.* 私たちはほめられた. He *is trusted* by everyone. 彼はだれからも信頼され(てい)る. The doors *are repainted* every year. ドアは毎年塗り直される《動作》. The doors *are painted* green. ドアは緑色に塗ってある《状態》. The letter has been posted. 手紙は(もう)投函(とうかん)された. Make sure if the door is shut. 戸が締めてあるか確かめなさい. I was born in 1948. 私は1948年に生まれた. I was surprised. 私は驚いた. 〈注〉最後の2例で英語では受動態であることに特に注意.

9 《be＋being＋過去分詞》 …されつつある《受動態進行形》: Houses *are being built*. 家が建てられつつある.

10 《be＋(自動詞の)過去分詞の形で, 完了形をつくり》 …した, …している: Winter *is gone*. 冬は去った. The sun *is set*. 太陽は没した. How he *is grown*! まあ彼の大きくなったこと. He *is come*. 彼は来ている. 〈注〉運動または状態をあらわす自動詞 (arrive, come, fall, go, grow, set) などに用いられる. 「have＋過去分詞」に比べて, 動作の結果の状態を強調する. しばしば古語的語法.

11 《be ＋being＋補語の形で》〖話〗いまのところ…である: I *am being* happy. 私は目下幸福です. He *is being* a poet. あのひと詩人的な気持ちにひたっているよ. 〈注〉動詞 be は一般に進行形には用いられないが, このように一時的状態を示すばあいは別.

as it were いわば. ***be about to*** (do) まさに…しようとしている《近い未来》: He *is about to* leave. あの人はいま出かけるところです. ***be against*** に反対〔敵対〕する. ***be at*** をねらう: What *are* you *at*? なにをしようとしているのか. ***be for*** (1) に賛成である: I *am for* your proposal. 私はあなたの提案に賛成だ. (2) に向かって行く: *Are* you *for* New York? ニューヨークへいらっしゃるのですか. ***be from*** …から来た; …の出身だ. ***be going to*** (do) …しようとしている, …しようと思う, …することになっている: What *are* you *going to* be when you grow up? — I'll be a scholar. 大きくなったらなにになるつもりか. 一学者になる. 〈注〉be going to go〔come〕には, 特に〖英〗では, be going 〔coming〕 を代用することが多い. ***Be gone!*** 行ってしまえ!, 行ったり行ったり!, うせろ! ***be it ever so***… たとえどんなに…でも. ***Be it so!*** ＝ ***So be it!*** それならそれでよい; そうあれかし (Amen!). ***be it that***… …としても. ***Be off with you.*** さっさと行ってしまえ. ***Be seated.*** おすわりなさい. ***be that as it may*** ＝***be the matter what it may*** それはどうあろうとも, それはともかくも, ともかく. ***Be your age!*** 年がいもないことをするな. ***Be yourself.*** (自分らしく) 自然にふるまえ; 自分〔年〕をわきまえなさい. ***Don't be long.*** 手間をかけるな; あまり待たせるなよ. ***far be it from me to***… 私は…など決してしない. ***have been*** やって来た, 来訪した: *Has* any guest *been* yet? お客はどなたかもう見えましたか. ***have been and***＋過去分詞《抗議・驚きをあらわす語法》…しおった: He *has been and taken* it away. あきれたね, あの人あれを持っていってしまったよ. ***have been to*** (1) …に行ったことがある: *Have* you ever *been to* New York? ニューヨークへ行ったことがあるか《比較: *Have* you ever *been in* New York? 「ニューヨークにいたことがあるか」 後者は滞在を暗示. ただし, 後者はしばしば前者に代用される》. (2) …へ行ってきたところだ: I *have* just *been to* the library. いま図書館へ行ってきたところだ. I *have been to* see him. 彼に会ってきたところだ. ***if need be*** 必要があれば. ***if so be*** 果たしてそうなら. ***Let it be.*** そのままにしておきなさい. ***Let me be.*** ほっといてください; 手出ししないでください. ***that is*** 〔***that was, that is to be***〕 現在の〔もとの, 将来の〕: Mrs. Brown, Miss Gray *that was* ブラウン夫人, すなわちもとのグレイ嬢. the world *that is to be* 未来の世界. ***the powers that be*** 当局者《be は are の古形》.

‡**bean** [biːn] *n.* **1** 豆《隠元・ソラマメの類》. 〈注〉エンドウの類は pea. **2** 《豆に似た》実: coffee ～ コーヒー豆. **3** 豆のさや. **4** 〖米俗〗食べ物. **5** つまらない物; ささいな金額: I haven't a ～. 一文もない. **6** 〖俗〗頭. **7** 〖英俗〗銭(ぜに).

broad ～s ソラマメ. ***Every ～ has its black.*** 人はみな欠点がある. ***French ～s*** サヤインゲン. ***full of ～s*** ＝***～ fed*** 元気にあふれて. ***get ～s*** 〖俗〗しかられる; 打たれる. ***give*** a person ***～s*** 〖俗〗しかる; 罰する. ***haricot*** 〔***kidney***〕 ***～*** 隠元豆. ***have too much ～s*** 元気がありあまっている. ***horse*** 〔***jack***〕 ***～*** タチナタマメ. ***know how many ～s make five*** ものがわかっている; 抜け目がない. ***not care a ～*** 〖俗〗少しも気にかけぬ. ***not know ～s*** 〖俗〗なにも知らぬ, 大ばかだ. ***not worth a ～*** 一銭の値うちもない. ***old ～*** 〖英俗〗《親しい呼びかけ》やあきみ! ***red*** 〔***Indian***〕 ***～*** アズキ. ***spill the ～s*** 〖俗〗へまをやる; 秘密をもらす. ***string ～*** サヤインゲン.

—— *vt.* 〖俗〗の頭を打つ《野球のボールなどで》.

～·bag [⊿⊿] お手玉. **～ ball** 〖野球〗ビーンボール《故意に打者の頭をねらったボール》. **～ cake** 大豆かす. **～ curd** 豆腐. **～·feast** [-fìːst] 〖英〗《雇い主が年に1回使用人にふるまう》もてなし; (村の)宴会, 飲み食い騒ぎ. **～ pod** 豆のさや. **～ pole** 豆のささえ柱; 〖俗〗のっぽ, 半鐘どろぼう. **～ pot** 煮物用厚なべ. **～·shòot·er** 豆鉄砲. **～ sprouts** もやし. **～·stalk** [⊿⊿] 豆の茎. **B～ Town** Boston 市の別称《Boston baked beans より》.

béan·er·y [bíːnəri] *n.* 〖米俗〗安料理店《豆の料理がよく出るような》.

béan·o [bíːnou] 〖英俗〗＝beanfeast; bingo.

†**bear**¹ [bɛər] *v.* (**bore** [boːr/bɔː], 〖古〗 **bare** [bɛər]; **borne** [boːrn/bɔːn], ⑭では **born** [bɔːrn] の形もある) *vt.* **1** 運ぶ, 持って〔連れて〕行く: ～ a heavy burden 重荷を運ぶ〔背負う〕.

2 〈身体・身体の部分を〉持する: ～ one's head high 頭を高くしている; 意気揚々としている.

3 《～ oneself の形で》 身を処する, 行動する: He *～s himself* like a gentleman. 紳士らしくふるまう.

4 〈表情・ようす・形跡などを〉身につけている, もっている: ～ an evil look 人相が悪い. His hands ～ the marks of toil. 彼の手には苦労したあとが残っている.

5 〈武器・紋章などを〉身につけている, 帯びている.

6 〈悪意・愛情などを〉(心に)いだく, もつ: ～ a grudge *against* に恨みをいだく.

7 〈名前・肩書きを〉もつ.

8 〈うわさ・知らせを〉招来する, 伝える; 〈証言を〉与える, 提供する.

9 〈重さを〉ささえ持つ, ささえる.

10 〈義務・責任を〉負う; 〈費用を〉負担する; 〈損失などに〉耐える, 〈損失を〉受ける.

11 に耐える: The charge will not ～ examination. その非難は検討してみれば無根であることがわかるだろう. The expression does not ～ translation. この表現は翻訳のしようがない.

12 …してよい, …するに適する〔価する〕: The story does not ～ repeating. その話は繰り返せるほど値うちのあるものではない. The cloth will ～ washing. この布は洗たくがきく.

13 忍ぶ, がまんする: I can ～ the secret no longer. もう秘密を守っていられない. I cannot ～ him. あの男にはがまんができない. This is more than I could possibly ～. これは私には耐えられない. I cannot ～ *to* see 〔*seeing*〕 it. 私はそれを見るに耐えない. I cannot ～ *him to* see 〔*his seeing, him seeing*〕 it. 私はあの人にそれを見られるのをがまんできない. 〈注〉最後の2例の差に注意.

14 〈子を〉生む: She has *borne* him three children. 彼女は彼の子を3人生んだ. 〈注〉「生まれる」の意の be born では過去分詞は born となるが, 次に by がくるときには be borne を用いる: He

was *born* in America. 彼はアメリカで生まれた. He was *borne by* an American woman. アメリカの婦人を母として生まれた.
15 <実を>結ぶ; <花を>つける: This tree ～*s* fine apples. この木にはいいリンゴがなる.
16 《比喩的》 生む, 生じる: ～4% interest 4分の利を生む.
17 <関係・比率・相似などを> もつ, 有する: ～ no relation *to* …になんらの関係もない. ～ a resemblance *to* …に似ている.
18 <権力などを> 握っている, ふるう: ～ rule 統治する.
19 支持する, 証明〔立証〕する 《*out*》: The facts ～ me *out*. 事実が私の言うところを裏書きする.
20 押す, 突く: The police *bore* the crowd back. 警官隊は群衆を押しもどした.
— *vi.* **1 もちこたえる**, ささえる: The ice will ～. この氷は人が乗ってもだいじょうぶだろう.
2 こらえる, がまんする 《を *with*》: I can't ～ *with* her. 彼女には腹が立つ〔いらいらする〕.
3 のしかかる, もたれる, よりかかる, 圧力をかける 《に *on, upon, against*》: The whole building ～*s on* three columns. 建物の全体が3本の柱にささえられている. ～ *on* a lever てこを押す.
4 圧する, 圧迫する 《を *on, upon*》: a law that ～*s* heavily *upon* the poor 貧民には重圧になる法.
5 影響する, 働きかける, 関係する, 目ざす 《に, を *on, upon*》: a question that ～*s on* the welfare of the country 国家の福祉にかかわる問題. bring one's mind to ～ *on* a question 問題に注意を向ける.
6 方向を取る, 向かう 《へ *to*》: ～ *to* the right 右に進む.
7 《ある方向に》 位置する: The island ～*s* northward. 島の位置は北方にある.
8 子を生む; 実を結ぶ.
～ a hand 手伝う. ***～ a part*** 協力する 《に *in*》. ***～ arms*** 武器をとる; そむく 《に *against*》; 紋章を着用する. ***～ away*** 持ち去る, <賞などを>かち取る; 〔海〕 進路を(風下へ)転ずる; 出港する. ***～ back*** 退く; 押し返す, 制する. ～ a person ***company*** (人に) 同行する, (人の) 相手をする. ***～ down*** <敵などを> 圧倒する, <反対などを> くじく. ***～ down on*** 〔***upon***〕 に襲いかかる, に押し寄せる; を押えつける; の勢いをくじく; 〔海〕 <他船・陸地> へ接近する. ***～ hard*** 〔***heavy, heavily***〕 ***on*** 〔***upon***〕 に重荷である; を圧迫する. ***～ in mind*** 心に銘記する. ***～ off*** 耐える; 持ち去る; 〔海〕 《陸地・他船から》 遠ざかる. ***～ on*** 〔***upon***〕 を圧迫する, …にもたれかかる; の方を向く; に関係がある. ***～ up*** 支持する; がんばる, こらえる 《に抗して *against, under*》. ***～ up for*** 〔***to***〕 〔海〕 に向けて進む. ***～ with*** をこらえる, をがまんする. ***～ witness*** 〔***testimony***〕 ***to*** 〔***against***〕 の証言〔反対証言〕をする. ***be borne away by*** anger (怒り) にかられる. ***bring to ～*** (1) <力などを> 及ぼす, 発揮する 《に *on, upon*》: *bring* all one's strength *to* ～ *on* a lever てこを全力で押す. He *brought* courage *to* ～ *upon* a difficult situation. 難局に勇気をもって処した. (2) 向ける: *bring* a gun *to* ～ *upon* the mark 銃を標的へ向ける. ***It is borne in upon*** me ***that***… (私は)…と心得て〔確信して〕いる.
(類義語) **がまんする: bear** 苦痛をになう, ささえる→耐える. **suffer** 苦痛を受容し, あえて抵抗しない →じっと忍ぶ. **endure** 長期にわたってもちこたえる. **stand** 抵抗力をもつ, 参らない →耐える, がまんする 《口語的》. **tolerate** 大目に見る, 黙認する.

‡**bear**[2] [bɛər] *n.* **1 クマ**: a black ～ クロクマ. a brown ～ ヒグマ. a polar ～ シロクマ. **2** (the B～) 〔天〕 大クマ〔小グマ〕座 (Ursa Major〔Minor〕). **3** 乱暴者, ぶちょうほう者; 陰気な男; 強い人, 熱心な人 《に *for*》. **4** 〔株式〕 売り方, 弱気筋. → bull[1]. **5** 穴あけ機. **6** (the B～) ロシア. ***be a ～ for*** <仕事など> にがんばりがきく, に耐久力がある. ***cross as a ～*** ひどくきげんが悪い. ***sell the skin before*** one ***has killed the ～*** とらぬたぬきの皮算用をする. ***the Great*** 〔***Little***〕 ***B～*** 〔天〕 大クマ〔小グマ〕座.
— *a.* 〔株式〕 〔相場が〕 下がり気味の. — *vt., vi.* 〔株式〕 売りたたく: ～ the market 売りくずす.
～·bàit·ing クマいじめ 《つないであるクマに犬をけしかけるイギリスの昔の遊び》. **～·ber·ry** [-bèri/-b(ə)ri] 〔植〕 クマコケモモ 《赤い実のなる常緑のつる植物》. **～·cat** 〔動〕 クマネコ 《アジア南東部産》; 騒々しい人. **～ garden** クマ飼育所; 騒々しい場所. **～ hug** 強い抱き締め. **～ leader** 貴族〔富豪〕の子弟の家庭教師. **～ market** 売り〔弱気〕相場. → bull market. **～·skin** [ˊ-ˋ] クマの皮〔毛皮〕; クマの毛皮製品; 黒の毛皮帽 《特にイギリス近衛(このえ)兵の》; 《オーバー用の》 あらい羊毛生地. **B～ State, the** アメリカ Arkansas 州の別称.
◇ **～·ish** [bɛ́(ː)riʃ/bɛ́ər-] *a.* クマのような, 粗暴の; 〔株式〕 弱気の. →bullish.

béar·a·ble [bɛ́(ː)rəbl/bɛ́ər-] *a.* 耐えられる, しのげる. ◇ **-bly** *ad.*

‡**beard** [biərd] *n.* **1** (あご) ひげ. → mustache, whisker. **2** 《ヤギなどの》 ひげ; カキのえら; 二枚貝の足糸; 鳥のひげ状の羽毛. **3** 《つり針・矢などの》 あご; 《麦などの》 のぎ. **4** 活字の肩と面の間.
in spite of a person***'s ～*** (人)の意に反して. ***speak in*** one***'s ～*** つぶやく, ぶつぶつ言う. ***take by the ～*** 〔聖〕 大胆に攻撃する 《サムエル記上 17:35》. ***to*** a person***'s ～*** 人前をはばからず, 面と向かって.
— *vt.* **1** のひげを引っ張る〔抜く〕. **2** に公然と反抗する. **3** にひげをつける. **4** <鋳物の継ぎ目・板のかどなどを> 削り落とす. ***～ the lion*** 〔***a man***〕 ***in his den*** 恐ろしい相手に大胆に立ち向かう, 虎穴(こけつ)に踏み込む. **～ rake** 〔俗〕 安全かみそり (safety razor).
◇ **～·ed** [-id] *a.* ～のある; あごひげをはやした. **～·less** *a.* ～のない; 青二才の.

béar·er [bɛ́(ː)rər/bɛ́ər-] *n.* **1** 運搬人, かつぎ人夫; ひつぎかつぎ, 《ひつぎの》 付添人; 《インドの》 かごかき, 召使. **2** 《手形・小切手・手紙の》 持参人; 《知らせなどの》 持参者, 使者: payable to ～ 持参人払い. **3** 実のなる〔花のつく〕 植物: a good ～ なり木. **4** 《地位・官職の》 在任者. **～ company** 〔**battalion**〕 〔軍〕 担架中〔大〕隊. **～ securities** 〔**check**〕 持参人払い有価証券〔小切手〕.

***béar·ing** [bɛ́(ː)riŋ/bɛ́ər-] *n.* **1 態度**, 身ごなし, 物腰, ふるまい. **2 関係**, 連関 《との *on, upon*》. **3** (しばしば *pl.*) **方角**, 北; (相対的) 位置. **4 趣旨**, 意向, 意味. **5** 忍耐(力). **6** 〔工〕 軸受け; 〔建〕 支承. **7** (通例 *pl.*) 《盾の》 紋章. **8** 出産; 結実(期).
beyond 〔***past***〕 ***all ～*** 全くがまんできない. ***bring*** a person ***to his ～s*** (人に) その分を知らせる, 反省させる. ***consider*** 〔***take***〕 a thing ***in all*** (***its***) ***～s*** あらゆる方面から考察する. ***lose*** 〔***be out of***〕 one***'s ～s*** 方角を見失う; 途方にくれる. ***take*** one***'s*** 〔***the***〕 ***～s*** 位置を確かめる; 周囲の形勢を察知する.
～ rein 止め手綱 (checkrein).

bé·ar·naise [F. bearnɛːz, ㊥⁺bɛərnéiz] (または *B～*) F. ***～ sauce*** ベアルネーズソース 《卵黄・ワケギ・白ブドウ酒・バター・酢などでつくる》.

‡**beast** [biːst] *n.* **1** 《人間に対して》 **獣**, 畜生; (the B～) キリストの敵. **2** 動物, 《特に》 四足獣. 〈注〉 この意味では animal の方が普通; ただし the king of *beasts* 百獣の王. **3** (*pl.* **～s**, **～**) 牛馬, 家畜; 〔英〕 《集合的》 食用牛: a herd of forty ～(*s*) 40頭の家畜群. **4** 獣のようなやつ, 人でなし; 〔俗〕 がんこ者; やかまし屋.
a (***perfect***) ***～ of a day*** 天気の(全く)ひどい日. **～**

of burden 駄獣(だじゅう) 《荷物運搬用の牛・馬・ラクダなど》. ~ ***of prey*** 猛獣, 肉食獣. ~ ***of the chase*** 猟獣. ***make a ~ of*** oneself 野獣のようになる. ***the ~*** (***in man***) (人間のなかにひそむ) 獣性. ***wild ~*** 野獣.

béast·ly [bíːstli] *a.* **1** 獣のような, 獣性の; 残忍な; 汚らわしい, 不潔な. **2** 〚話〛 いやな, ひどい: ~ weather いやな天気. —— *ad.* 〚俗〛 ひどく, とても: ~ drunk 酔いつぶれた. ~ wet ずぶぬれの.
◇ **-li·ness** *n.*

‡**beat** [biːt] *v.* (~; ~**-en** [bíːtn], 〚古〛 ~) *vt.* **1** (続けざまに) 打つ, たたく: ~ a drum 太鼓をたたく. **2** (罰として)打つ, むち打つ. **3** <金属を> 打ちのばす; <道を> 踏みならす, 踏んでつくる. **4** 打ち当たる, 打ちつける: rain ~*ing* the trees 木立ちに打ちつける雨. **5** 打ち砕く; 打ってつくる. **6** <習慣・記録などを>打ち破る. **7** 打ち負かす; に まさる. **8** 〚話〛 閉口 [困惑] させる: That ~*s* me. それには参った. **9** 〚米俗〛 ごまかす, だます (cheat). **10** <翼を> 羽ばたく. **11** <卵などを> かきまぜる. **12** <茂みなどを> 打って獲物をかり立てる. **13** <拍子を>とる. **14** <音を> 打って出す: ~ a charge 突撃の太鼓を打つ. **15** <期間・費用などを> 短縮する, 切り詰める.
—— *vi.* **1** 続けざまに打つ 《を *at*》. **2** <雨・風・波などが> 打ちつける; <太陽が> 照りつける 《に *against, on*》. **3** <心臓が> 鼓動する; <脈が> 打つ. **4** <太鼓が> ドンドン鳴る. **5** <羽が> ばたばたする. **6** 〚楽〛 拍子をとる. **7** 〚海〛 間切る 《風・潮に逆らってジグザグに進む》. **8** 〚物〛 うなりを生じる. **9** 勝つ.
~ ***about*** 捜し回る 《を *for*》; 〚海〛 間切る. ~ ***about*** [***around***] ***the bush*** やぶのまわりをたたいて獲物をかり立てる; 遠回しに探る[言う]; 要点に触れない. ~ (***all***) ***hollow*** 決定的に打ち負かす. ~ ***a path*** [***track***] 踏み固めて道をつくる. ~ ***a retreat*** 退却の太鼓を打つ; 退却する; 逃げる. ~ ***away*** 打ち続ける; 打ち払う; 〚採鉱〛 掘り起こす 《特に堅い土地を》. ~ ***back*** 撃退する. ~ a person ***black and blue*** (人を) 打ってあざだらけにする. ~ one's ***brains*** (***out***) 頭をしぼる[しぼらせる]; 一生けんめい働く. ~ one's ***breast*** [***chest***] 胸をたたく 《弁明・保証のため》. ~ ***down*** 打ち倒す; がっかりさせる; <太陽が> 照りつける 《に *on*》; 〚話〛 値切る. ~ ***goose*** [***the booby***] (暖めるために) 両手をわきの下に入れる. ~ one's ***gums*** とめどなくしゃべる, むだ口をたたく. ~ ***in*** 打ちつぶす, 打ち込む; <戸を> たたきあける. ~ a thing ***into*** a person's ***head*** (人) の頭の中に(ものを) たたき込む. ~ ***it*** 〚俗〛 逃げる, ずらかる. ~ ***off*** 撃退する; <競争相手を> 引き離す; 〚海〛 風下に間切る. ~ ***out*** <金属を> 打ちのばす; <道を> ひらく; <意味・真相を> 明らかにする; <拍子を> とる; <人を> へとへとにさせる. ~ a person ***out of*** (人に) …を断念させる; (人から) …をだまし取る. ~ ***the breast*** 〚雅〛 胸を打って悲しむ. ~ ***the*** [***a***] ***drum*** 盛んに宣伝する; まくしたてる. ~ ***the rap*** 〚米俗〛 譴責(けんせき)を免れる. ~ ***the wind*** [***air***] 空を打つ, 無益なことをする. ~ a person's ***time*** (人) の理解を絶する; けむに巻く. ~ ***time to*** に合わせて拍子をとる. ~ a person ***to death*** (人を)打ち殺す. ~ a person ***to it*** 〚米〛 (人を) 出し抜く. ~ ***to the draw*** 〚米俗〛 先に一発ぶっ放す; 機先を制する. ~ ***to the punch*** 〚米俗〛 先に一撃くらわす. ~ ***up*** (1) 奇襲する; 驚かす. (2) 太鼓を打って招集する. (3) <卵などを> かき混ぜてあわだてる. (4) <警官などが受け持ち区域を> 巡回する. (5) 〚俗〛 さんざんなぐる, いじめる, しかる. (6) 〚海〛 風上に間切る. ~ ***up and down*** あちこち走り回る. ~ ***up for*** の募集に奔走する, を捜し求める. ~ one's ***way*** 〚米俗〛 不正乗車する; なんとかして進む, 努力する.
—— *n.* **1** 続けざまに打つこと; 《太鼓などの》 打つ音; 《とけいの》 刻む音; 《心臓の》 鼓動. **2** 《警官などの》 パトロール, 巡回 (区域); 〚米俗〛 行政区画 《郡など》; 《猟師・新聞記者の》 なわばり. **3** 《手・バトンなどでとる》 拍子; 〚楽〛 拍; 《指揮棒の》 一振り; 〚劇〛 (待ちの) 一呼吸. **4** 〚物〛 《振動の》 うなり, ビート. **5** 《詩脚の》 強音. **6** 〚米〛 《新聞が特だねで他新聞を》 出し抜くこと, 特だね; まさるもの: Did you ever hear the ~ of that? それ以上のことを聞いたことがあるか. **7** 〚米俗〛 こじき, 浮浪者; たかり屋. **8** = beatnik. ***be in*** [***out of, off***] one's ~ 専門 [専門外] である. ***be on the*** ~ パトロール中である; 仕事中[取材中]である; 拍子が合って. ***news*** ~ 新聞記者の担当区域; 特だね. ***off*** (***the***) ~ 拍子がはずれて; ぐあい悪く.
—— *a.* 〚米話〛 **1** 疲れきって. **2** ビート族の.
~ **frequency** 〚電〛 うなり周波数. ~ **generation** ビート族 [世代]. →beatnik. ~**-up** →別項.

(類義語) 打つ: **beat** 繰り返し強く打つ: A strong wind *beat* the window. 強い風が窓をがたがたと打った. **strike** に打撃を加える, …にぶつかる. 打つ行為だけが考えられる: The light *struck* the window. 光が窓にあたった (それによって窓は変化しない). **hit** ねらったものを打つ, 打ち当てる. **knock** ごつんとたたく. 打った相手に与えた効果 (音が出る, 倒れるなど)を考える: Don't *knock* the vase off the table. テーブルの花びんを (ひじなどで) 落とさないように.

‡**béat·en** [bíːtn] *v.* beat の過去分詞. —— *a.* **1** 打たれた. **2** 負けた. **3** 打ちのばした, 打ちのばして細工した: ~ gold 金ぱく. **4** 踏みならされた: a ~ path [track] 踏みならされた道; 世の常道, 慣例. **5** 疲れ果てた, 参った. ***off the ~ path*** [***track***] 慣例を破って.

béat·er [bíːtər] *n.* **1** 打つ人. **2** 《獲物をかり出す》 勢子(せこ). **3** かきまぜ機.

bè·a·tíf·ic [biːətífik] *a.* **1** 祝福を与える: a ~ peace. **2** 幸福に満ちた, 喜ばしげな: a ~ smile.
◇ **-i·cal·ly** *ad.*

be·át·i·fy [biǽtifài] *vt.* 祝福する; に列福式を行なう 《死者が福者 (the Blessed) に列したことを宣する》. ◇ **be·àt·i·fi·cá·tion** [biæ̀tifikéiʃ(ə)n] *n.* 祝福; 〚宗〛 列福(式).

béat·ing [bíːtiŋ] *n.* **1** 打つこと; 《心臓の》 鼓動, 羽ばたき. **2** 敗北. **3** 〚海〛 間切ること. ***get*** [***give***] ***a good*** ~ したたか打たれる [打つ].

be·át·i·tude [biǽtit(j)ùːd/-tjuːd] *n.* 至上の幸福. ***the B~s*** 〚聖〛 キリストが山上で説いた福音 《マタイ伝 5:3–11》.

béat·nik [bíːtnik] *n.* ビート族 《第 2 次世界大戦後に成長した世代で,「冷戦」 に失望した結果と思われるが, 社会的関心に冷淡となり, 異様な服装・行動をする》. [beat + nik <*Russ.* Sput*nik*. アメリカ新造語]

Bé·a·trice [bíːətris/bíə-] *n.* ベアトリーチェ 《詩人 Dante が愛し理想化した女性》.

béat-up [bíːtʌ̀p, ´´] *a.* 使い古した; 疲れきった.

beau [bou] *n.* (*pl.* ~**s**, ~**x** [-z]) **1** だて男, 色男. **2** 愛人, 「いい男」. **3** 婦人の介添え役の男.
—— *vt.* <女性の> 介添え役をする. [<F.]

beau [bou] F. *a.* よい, 美しい. ~ ***geste*** [bouʒést] 雅量, 美しい行ない; おもて向きだけの親切. ~ ***monde*** [´mάnd/-mɔ̃ː(n)d] 上流社会.
—— *n.* 美. ~ ***ideal*** [´aidíːəl/-díəl] 理想美.

Béau·fort [bóufərt] ~ ***scale*** ボーフォート風力級 《風力を 0–12 の13級に分けた表》.

Béau·mont [bóumαnt/-mənt] *n.* ボーモント 《アメリカ Texas 州の都市》.

Beaune [boun] *n.* 赤ブドウ酒の一種 《フランス産》.

béau·te·ous [bjúːtiəs] *a.* 〚雅〛 =beautiful.
◇ ~**·ly** *ad.* ~**·ness** *n.*

beau·tí·cian [bjuːtíʃ(ə)n] *n.* 〚米〛 美容師.

†**béau·ti·ful** [bjúːtəf(u)l] *a.* **1** 美しい, きれいな. **2** あざやかな, りっぱな, みごとな, すばらしい: a ~ roast

of beef すてきな焼き肉. ***the*** ～ 美, 美しさ; 《集合的》美しいもの, 美女たち.
◇‡～**·ly** [-i] *ad.* ～**·ness** *n.*
(類義語) 美しい: **beautiful** 最も一般的な語で人以外のものにも用いられ, 形・姿・色などの美をあらわしている. みごとな, 精神的, 理想的な美をも意味しうる: *beautiful* scenery すばらしいけしき. a *beautiful* poem 美しい詩. 〈注〉男性の形容詞としては用いられない. **lovely** 愛の対象となる, 愛らしい. **handsome** 堂々とした, 押し出しのりっぱな (男性についてしばしば用いられるが, 男性のみとは限らない): a *handsome* lady 風采(ふうさい)のりっぱな婦人. **pretty** 子ども・若い女性など小さなものがかわいらしい. **good-looking** 見目かたちの整った, 容貌(ようぼう)のすぐれた (男性についても女性についても): a *good-looking* young man 美貌の青年. **fair** (女性が) 容姿のすぐれた, 色白で金髪の.

***béau·ti·fy** [bjúːṭifài] *vt., vi.* 美しくする〔なる〕.
◇ **-fi·er** [-fàiər] *n.* 美しくする人〔物〕. **bèau·ti·fi·cá·tion** [bjùːṭifikéiʃ(ə)n] *n.* 美化.

‡**béau·ty** [bjúːti] *n.* **1** 美しさ, 美; 美貌(びぼう). **2** 美しいもの, りっぱなもの; 美人; 《反語的》たいへんなもの, どえらいしろもの: She's a regular ～, isn't she? たいへんな美人じゃないか《反語的にも》. The yacht was a ～. ヨットはたいした上等品だった. My hangover next day was a ～. 翌日はたいへんなふつか酔いだった. **3** 《集合的》佳人たち: All the ～ of the town was there. 町じゅうの美人が集まっていた. **4** (しばしば *pl.*) 美点; 妙所, 佳境: That's the ～ of it. そこがとりえ〔おもしろいところ〕だ.
B～ is but skin-deep. 〔諺〕美貌は皮一重. ***Well, you are a*** ～. 《反語的》きみはたいした男〔おかしな人間〕だよ.
～ **art** 美容〔美粧〕術. ～ **contest** 美人コンテスト. ～ **parlor** 〔**salon**, **shop**〕 〔米〕美容院. ～ **sleep** 夜半前の眠り. ～ **spot** つけぼくろ; 《自然の》ほくろ, あざ; 名所, 景勝地.

beaux [bouz] F. *n.* *beau* の複数形.

beaux arts [bouzáːr] F. 美術 (fine arts).

beaux-es·prits [bouzespríː/bóu-] F. *n.* *bel-esprit* の複数形.

beaux yeux [bouzjə́ː] F. 明眸(めいぼう); 《しばしば皮肉に》美貌(びぼう). ***for the*** ～ ***of*** の美しさにひかれて; に満足を与えたいために.

béa·ver[1] [bíːvər] *n.* **1** 〔動〕ビーバー, ウミダヌキ. **2** ビーバーの毛皮 (でつくった帽子); シルクハット. **3** 〔織物〕厚地のラシャ. **4** 〔俗〕ひげじいさん. ***eager*** ～ 〔米〕《仕事・勉強の》がんばり屋. ***work like a*** ～ こつこつとまめに働く.
B～ State, the アメリカ Oregon 州の別称.

béa·ver[2] *n.* 《かぶとの》あご当て, 半面甲; 《ヘルメット帽などの》ひさし.

Béa·ver·board [bíːvərbɔ̀ːrd/-bɔːd] *n.* (または b～) 天井・仕切り用の建築材料《木材繊維でつくった軽い材質. 商標名》.

bé·bop [bíːbɑ̀p/-bɔp] *n.* 〔俗〕ビーボップ《ジャズの一種》. ◇ **bé·bòp·per** [-ər] *n.* ビーボップ奏者.

be·cálm [bikáːm] *vt.* **1** 静める. **2** 〔海〕〈帆船を〉風がないで止める: The ship lay ～*ed* a week. 船はなぎのため1週間止まっていた.

†**be·cáme** [bikéim] *v.* become の過去形.

†**be·cáuse** → 枠付 because. (p. 112)

bèc·ca·fí·co [bèkəfíːkou] *n.* (*pl.* ～**s**) 〔鳥〕小さな渡り鳥の一種《イタリアでは食用》.

bé·cha·mel [bèiʃəmél/béʃəmel] F. ～ (***sauce***) ベシャメルソース《濃いホワイトソース》.

be·chánce [bitʃǽns/-tʃáːns] *vi., vt.* 〔古〕(に)偶然起こる, (に)生じる (befall).

be·chárm [bitʃáːrm] *vt.* 魅了する.

bêche-de-mer [bè(i)ʃdəméər/béi-] F. *n.* (*pl.* ***bêches-de-mer***) **1** 〔動〕ナマコ (trepang). **2** = Beach-la-Mar.

Bèch·u·á·na·land [bètʃuáːnəlæ̀nd] *n.* アフリカ南部のイギリス保護領《Botswana の旧称. 1966年独立》.

beck[1] [bek] *n.* うなずき, 手招き. ***be at*** a person***'s*** ～ ***and call*** (人) の言いなりになる〔さしずに従う〕. ***have at*** one***'s*** ～ 意のままに使う. —— *vt., vi.* 〔雅〕= beckon.

beck[2] *n.* 〔英方〕小川, 谷川.

béck·et [békit] *n.* 〔海〕取手索(とって).

béck·on [bék(ə)n] *vi., vt.* 手招きする, (に)合い図する《手や頭で》: He ～*ed* (*to*) me *to* come in. 私に中にはいるよう手招き〔合い図〕した.

be·clásp [biklǽsp/-kláːsp] *vt.* (まわりから) しっかり締め付ける.

be·clóud [bikláud] *vt.* **1** 《雲や湯けで》おおう, 曇らす, 暗くする. **2** 〈意味などを〉不明瞭(ふめいりょう)にする, ぼかす; 〈議論などを〉混乱させる.

†**be·cóme** [bikʌ́m] *v.* (**be·cáme** [bikéim]; **be·cóme**) *vi.* 《名詞・形容詞・過去分詞を補語として》…になる: He has ～ a scientist. 彼は科学者になった. She then *became* puzzled. すると彼女はわからなくなった. No one will ～ tired of living here. ここに住んで飽きる人はいないでしょう. I have ～ accustomed to the way they talk. 彼らの話し方になれた. 〈注1〉補語が句であると, become は避けられ, 代わりに come が用いられる: *come* of age 成年に達する. *come* out of order 不調になる. 〈注2〉「なる」の意で beもしばしば用いられる: I want to *be* an engineer. 技師になりたいと思う.
—— *vt.* **1** に似合う: The new shirt ～*s* you. 新しいシャツはきみに似合う. **2** …にふさわしい: a conduct that ～*s* a gentleman 紳士にふさわしいふるまい. It ill ～*s* him to be envious. ねたむのは彼らしくない.
～ ***of*** 《疑問詞 what を主語として》…が (どう) なる: *What* has ～ *of* the child? その子はどうなったか. I'm not sure *what* will ～ *of* him. さて, 彼はどうなることやら.
(類義語) …になる: **become, get** この意で get の次に名詞がくることのないほかは, ほとんど区別なく使われるが get がより口語的. また get には「…してもらう」「…になってしまう」の意, 主語の意志がはいることがある: *get* wet ぬれてしまう. *get* ready 用意する. *get* promoted 昇進する, 昇進させてもらう. **turn** 変化が強調される: *turn* sour (分解して) すっぱくなる. **grow** 成長・増大して…になる. 状態が変化するためにやや時間がかかる →しだいに〔やがて〕…になる.

be·cóm·ing [bikʌ́miŋ] *a.* **1** 《行為などが》ふさわしい, よろしきを得た: a modesty ～ *to* his age 年齢にふさわしい謙虚さ. **2** 《服装などが》似合う: a ～ hairdo 似合う髪型. —— *n.* **1** 適当, 適宜. **2** 〔哲〕生成, 転化. ◇ ～**·ly** *ad.* ふさわしく, 適当に; 優美に. ～**·ness** *n.*

Béc·que·rel [békrəl/bekrél] ～ ***rays*** ベクレル線《ラジウム・ウラニウムなどからの放射線》.

†**bed** [bed] *n.* **1** 寝台, 寝床; 《家畜の》寝わら. **2** 就寝, 宿泊; 同衾(どうきん), 結婚; 休息 (の場所). **3** 苗床, 花壇; 《カキなどの》養殖〔繁殖〕所. **4** 病院の患者収容数. **5** 土台; 砲床, 銃床; 《鉄道の》路盤, 道床; 地層, 層. **6** 河床, 湖底. **7** 〔雅〕墓.
be brought to ～ (***of a child***) 子どもを生む. ***be confined to*** one***'s*** ～ 病気で寝ている. ～ ***and board*** 宿泊と食事; 結婚生活. ～ ***of down*** 〔***roses, flowers***〕 安楽な境遇. ～ ***of dust*** = ***narrow*** ～ 墓. ～ ***of thorns*** つらい境遇. ***before*** ～ 就寝前に. ***be in*** ～ 寝ている. ***child of the second*** ～ 再婚による子ども. ***die in*** one***'s*** ～ 寿命〔病気〕で死ぬ《変死に対し》. ***early to*** ～ ***and early to rise*** 早寝早起き. ***get a*** ～ ***at*** an inn

(宿)にあきべやを見つけて泊まる. ***get out of*** ～ 起床する. ***get up on the right*** [*wrong*] ***side of the*** ～ きげんがよい[悪い]. ***go to*** ～ 床にはいる, 寝る. ***Go to*** ～***!*** 〖俗〗だまれ! ***keep*** one'***s*** ～ 病気で寝ている. ***make the*** [*a*] ～ 《起床後》床を整える; 《寝る前に》床をとる. ***One must lie in*** [*on*] ***the*** ～ ***one has made.*** 〖諺〗自業自得(じごうじとく). ***put*** a child ***to*** ～ (子どもを) 寝かしつける. ***separation from*** ～ ***and board*** 〖法〗夫婦別居《まだ離婚していないばあい》. ***sit up in*** ～ 寝床で起きなおる. ***take to*** one'***s*** ～ 病床につく.

— *v.* (**-dd-**) *vt.* **1** 寝かす. **2** 〈牛馬に〉寝わらを敷いてやる 《*down*》. **3** 花壇[苗床]に植える 《*out*》. **4** 〈石・れんがなどを〉すえる, 平らに置く;積み重ねる. — *vi.* **1** 寝る; 同衾する, 同棲(どうせい)する 《と *with*》. **2** のる, すわる 《に *on*》. **3** 埋まる, はまり込む 《に *in*》.

∼·bug [´ `] ナンキンムシ. **∼·chàm·ber** [-tʃèimbər] 〖古〗寝室. **∼·clothes** [-klòuðz] *pl.* 寝具《寝室用の毛布・敷布など》. **∼·còv·er** ベッドカバー. **∼-fast** [-fæ̀st/-fɑ:st] 《病気で》寝たきりの. **∼·fèl·low** → 別項. **∼·gown** [´ `] 《婦人用》寝巻き. ～ **linen** シーツとまくらカバー. **∼·màk·er** (1) 《オックスフォードおよびケンブリッジ大学の》寝室係の小使. (2) 寝台製造者. **∼·màk·ing** 寝床を整えること; 寝台製造. **∼·mate** おなじ寝台で寝る人; 妻, 夫. **∼·pad** [´ `] ベッドパッド《マットレスとシーツとの間に入れる》. **∼·pan** [´ `] 《病人用の》差し込み便器; 《寝床用》あんか. **∼·plate** [-plèit], ～ **piece** 《機械をすえ付けるための》床板. **∼·post** → 別項. **∼·rail** [´ `] 寝台の横板. **∼·rid, ∼·rìd·den** → 別項. **∼·róck** → 別項. **∼·roll** [´ `] 寝袋. ‡**∼·room** → 別項. **∼·side** → 別項. **∼-sìt·ter** 〖英話〗 =bed-sitting-room. **∼-sít·ting-room** [´ ´ ‐ `] 〖英〗寝室兼居間. **∼·sore** [-sò:*r*/-sɔ:] 床ずれ. **∼·spread** [-sprèd] ベッドのおおい. **∼·spring** [´ `] (寝台用) スプリング; 〖米俗〗ミサイルのレーダーアンテナ. **∼·stead** [´ `] 《寝台の》台わく; 寝台. **∼·straw** [´ `] (1) 〖植〗ヤエムグラ属の草. (2) 床わら. **∼·time** [´ `] 就寝時刻: ～*time* stories おとぎばなし. **∼·ward(s)** [-wərd(z)] 寝床の方に; 就寝時間近く. **∼-wèt·ting** 寝小便.

be·dáb·ble [bidǽbl] *vt.* はねかけてよごす 《で *with*》: His clothes were ～*d with* paint. 衣服がペンキによごれていた.

because

if, though, as などとともに重要な従位接続詞の一つであるが, これらと異なり, because の率いる副詞節は主節に先だつばあいよりも主節よりあとにくることが非常に多い. そのため, 従位接続詞であるにかかわらず, 位置の点では等位接続詞 for と同一になり, 一見おなじ構文をとることが多い.

原則として because は理由・原因「…だから, …ゆえに」を, for は判断の根拠「…のところを見ると, …ということを考えると, …と考えたものだから」をあらわすものとして峻別(しゅんべつ)されるが, 口語的な文体ではしばしば for の代わりに because が用いられる.

また, because と for が意味の上でほぼおなじになるばあいにも, I like him because he is honest. は It is *because he is honest* that I like him. という構文に変えられるが, I like him, for he is honest. では, そのような構文の変化は不可能.

be·cáuse [bikɔ́:z, bə-, -kʌ́z, -kəz/-kɔ́z, -kəz] *conj.* 《原因または直接の理由をあらわす副詞節を導く従位接続詞》 **1** (なぜならば) …だから, …という理由で, …ゆえに: He was absent ～ he was sick. 病気であったので彼は欠席した. Why do you go to school? —*B*～ I like to study. なぜあなたは学校へ行きますか. —(なぜならば)私は勉強することが好きだからです. *B*～ I trust him, I have appointed him. 彼を信用しているので任命したのだ. 〈注〉このばあい because 節は主節に先だっている. 前の例と比較.

2 《否定語に伴って》 …だからといって 《——ではない》: Do*n't* despise a man (only) ～ he is poorly dressed. 身なりが悪いからといって (それだけで) 人をけいべつしてはいけない. Just ～ a man is rich, you ca*n't* say (that) he is happy. 人は金持ちだからといって, それだけで幸福だとはいえない.

〈付記₁〉 because を伴う否定文は, 前後関係により, いろいろの意味をもちうる: I did*n't* leave him *because* he was poor. (1) 私は彼が貧乏だからといって, 彼のもとを去りはしなかった《貧乏だったが, 去らなかった》. (2) 私は彼が貧乏だから, 彼のもとを去ったのではない《彼のもとを去ったのは, 彼が貧乏だったためではない. ≒If [When] I left him, it was not *because* he was poor.》. (3) 彼が貧乏だったので, 私は彼のもとを去らなかった《彼は助力を必要としたから, など》. 最後の意味のばあい, 通常 because の前に comma をつける.

〈付記₂〉 reason との併用: the reason is because… 「理由は…だからである」は口語では許されるが, 書いた文では the reason is that… が正しいとされる: The *reason* (why I do not like this class) is *that* the teacher is too pedantic. (私がこの授業を好まない) 理由は先生があまり学問を鼻にかけるからだ.

all the more ～ …する[である]ためいっそう. ～ ***of*** …の理由から, …のために: We could not go there ～ *of* the [a] snowstorm. ふぶきのために私たちはそこへ行けなかった. 〈注〉because of の次にくるのは必ず名詞(相当句)で, 節はこない. ***just*** ～ =only ～. ***none the less*** ～ …にもかかわらず (やはり). ***only*** ～ ただ[もっぱら] …だから; 《否定語を伴って》…だからといって, それだけで《…ない》. ***simply*** ～ …というだけの理由で.

(類義語) …なので: **because** 理由を論理的に述べる. why の質問に対しての答えとなる: Why were you sleeping ?— *Because* I was tired. なぜ寝ていたのですか. —疲労していたからです. **for** 追加的な説明や判断の根拠を示す: I was sleeping, *for* I was tired. 私は寝ていました. 疲れていたのです. It is morning, *for* the birds are singing. 小鳥が鳴いているから朝だ《判断の根拠》. 〈注〉あとの文では口語 (的文体) を除いて because は使えない. The birds' song *causes* morning. とはいえないからである (Tiredness *causes* sleep. とはいえる). つまり因果関係が逆であるばあいには for を用いる. **as, since** 理由を正面から説明するというより, 付随的になにげなく述べる. 口調上, 談話的ふんい気をだすのに添えるだけのばあいすらある: *As* [*Since*] I was tired, I was sleeping. 疲れていたので休んでいました. **inasmuch as** 譲歩的, 言い訳的気分がある: *Inasmuch as* I was tired, it seemed best to sleep. (ほんとうは働くべきところでしたが) 疲れていた以上眠るのがいちばんだと思いました.

be·dásh [bidǽʃ] *vt.* 1 に一面にふりかける《を *with*》: ～ a salad *with* pepper サラダにこしょうを一面にふりかける. 2 打ちたたく: windows ～*ed with* rain 雨に激しく打たれる窓. 3 打ち砕く.
be·dáub [bidɔ́:b] *vt.* 塗り立てる; けばけばしく飾り立てる.
be·dáze [bidéiz] *vt.* 眩惑(げんわく)させる.
be·dáz·zle [bidǽzl] *vt.* 眩惑させる, とまどわせる.
béd·ding [bédiŋ] *n.* 1 寝具《毛布・敷布など》. 2《家畜の》敷きわら. 3 (花木の) 密植. 4〖建〗基床. 5〖地〗成層. ～ **plane** 成層谷《グランドキャニオンなど》.
be·déck [bidék] *vt.* 飾り立てる.
bé·del(l) [bí:dl, bədél/bədél] = beadle.
bédes·man = beadsman.
be·dév·il [bidévl] *vt.* (**-l-**, [英]**-ll-**) 1 に悪魔を取りつかせる, 狂乱させる. 2 につきまとう: an issue ～*ed by* prejudice 偏見がつきまとって離れない問題. 3 苦しめる, まどわす. 4 魅了する. ◇ **～·ment** *n.* 悪魔に取りつかれること, 狂乱; 苦悶(くもん).
be·déw [bid(j)ú:/-djú:] *vt.* 露〔涙〕でぬらす.
béd·fèl·low [bédfèlou] *n.* 1 寝床をともにする人; 妻. 2 (親しい) 仲間. ***Politics makes strange ～s.***〖諺〗政治は奇妙な仲間づきあいを生む.
Béd·ford [bédfərd] ～ ***cord*** うね織りの厚い布地《コールテンの一種》.
Béd·ford·shire [-ʃiər, -ʃər] *n.* イングランド中部の州. ***go to ～***《小児語》ねんねする.
be·díght [bidáit] *vt.* (～; ～, ～**·ed**)〖古〗飾る, 装う.
be·dím [bidím] *vt.* (**-mm-**) <目・心を> 曇らす, かすませる.
be·díz·en [bidáizn, [米]⁺-dízn] *vt.* けばけばしく飾り立てる.
béd·lam [bédləm] *n.* 1 騒々しい場所. 2 気違いざた, 大混乱. 3 精神病院; (B～) ロンドンの St. Mary of Bethlehem 精神病院.
◇ **～·ite** [-àit] *n.* 狂人.
Béd·loe [bédlou] ～(**'s**) ***Island*** ベドロー島《1965年 Liberty Island と改名. → liberty》.
Béd·ou·in [béduin] *n.* (*pl.* ～) ベドウィン人《砂ばく地を遊牧するアラブ族》. —— *a.* ベドウィン人の; 遊牧の, 流浪の.
béd·post [bédpòust] *n.*《四すみの》寝台柱, 寝台のあし. ***between you and me and the ～*** ごくないしょで.
be·drág·gle [bidrǽgl] *vt.*《どろ水などで》ぐしょぐしょにする, よれよれにする.
be·drénch [bidréntʃ] *vt.* ずぶぬれにする.
béd·rid [bédrìd], **béd·rìd·den** [-ridn] *a.*《病人が》床につきっきりの.
béd·róck [bédrɑ́k, -rɑ̀k/-rɔ́k] *n.* 1〖地〗床岩, 基盤(岩). 2 根底, 基礎, 最下部; 最低値. ***be at ～***《量などが》底をついている. ***get down to the ～*** 真相をきわめる, 率直に話す.
～ **price**〖米〗底値.
‡**béd·room** [bédrù:m, -rum/-rum] *n.* 寝室.
～ **suburb**「ベッドタウン」(dormitory suburb).
◇ **béd·ròom·y** *a.* セクシーな.
béd·side** [bédsàid] *n.* 寝台のそば〔わき〕, まくらもと《しばしば病人の》. —— *a.* まくらもとの, 寝台のそばの, 臨床の. ***be at 〔***by***〕 a person'***s ～*** (人)のまくらもとにかしずく. ***have a good ～ manner*** <医者が> 患者の扱いがうまい. ～ **table** ナイトテーブル.
‡**bee** [bi:] *n.* 1 ミツバチ; 働き者. 2 詩人, 美文家. 3《仕事・競争のための》会合, 集まり: a spelling ～ つづり字競技会. (***as***) ***busy as a ～*** とても忙しい. ***have a ～ in*** one'***s bonnet*** 〔***head***〕 あることを思い詰めている; (思い詰めて) 気がおかしくなっている. ***queen*** 〔***working***〕 ～ 女王〔働き〕バチ.
～**·bread** [⌐⌐] ミツバチが幼虫に与える食料《花粉とみつでつくったもの》. ～**·èat·er**〖虫〗ハチクイチョウ. ～**·hive** [⌐⌐]《ミツバチの》巣(箱); 人込みの場所. **Bee·hive State, the** Utah 州の別称. ～**·kèep·er** 養蜂(ようほう)家. ～**·líne** →別項. ～ **martin**〖鳥〗タイランチョウ (kingbird). ～**·màs·ter** = beekeeper. ～**s·wax** →別項. ～**s·wing** →別項.
***beech** [bi:tʃ] *n.*〖植〗ブナ; ブナ材.
～**·nut** [⌐⌐] ブナの実. ～**·wood** [⌐⌐] ブナ材.
◇ ～**·en** [-ən] *a.*
‡**beef** [bi:f] *n.* 1 牛肉; 肉: horse ～ 馬肉. 2 (*pl.* **beeves** [bi:vz]) 食用牛. 3〖話〗筋肉; 体力; 体重: He has got plenty of ～. たくましい男だ. 4 (*pl.* ～**s**)〖米俗〗不平; むだ話.
—— *vi.* 1〖米俗〗不平を言う; あら捜しをする. 2〖米俗〗失敗する. 3〖米俗〗重く〔強く〕なる《*up*》.
～ ***up*** 強化〔補強〕する. ～**·cake** [⌐⌐]〖米俗〗たくましい男 (のからだ)《写真などについて》. ～ **cattle** 食用牛. ～**·èat·er** (1) 牛肉を食う人; 栄養〔血色〕のよい人. (2) イギリス国王の衛兵, ロンドン塔の守衛. (3)〖俗〗イギリス人. ～ **extract** (牛)肉エキス.
‡～**·stèak** → 別項. ～ **tea** 濃い肉〔牛肉〕スープ.
～**-wít·ted** [-wítid]〖俗〗うすのろの, 鈍い.
‡**béef·stèak** [bí:fstèik/⌐⌐] *n.* ビフテキ, (ビーフ) ステーキ.
béef·y [bí:fi] *n.* たくましい, がっしりした; 太った, からだの重い. ◇ **-i·ness** *n.*
bée·líne [bí:láin/⌐—, ⌐⌐] *n.*〖米〗直線, 最短距離. ***in a ～*** 一直線に. ***take*** 〔***make***〕 ***a ～*** まっすぐに行く.
Be·él·ze·bub [biélzibʌ̀b] *n.*〖聖〗悪魔, 魔王.
†**been** [bin, ben (おもに弱)/bi:n, bin] *v.*, *aux. v.* be の過去分詞.
beep [bi:p] *n.* 警笛;《人工衛星の》発信音. —— *vi.*, *vt.* ～ を発する〔で発信する〕: ～ *out* a warning 警笛で注意する.
‡**beer** [biər] *n.* 1 ビール: black 〔draught〕 ～ 黒〔生〕ビール. →ale, porter², stout. 2《アルコールを含まない》飲み物: root 〔ginger〕 ～ ルート〔ジンジャー〕ビーア《清涼飲料水》. ***in ～*** ビールに酔って. ***Life is not all ～ and skittles.***〖諺〗人生はおもしろおかしいことばかりではない. ***small ～*** 弱いビール; つまらぬ物. ***think small ～ of*** を軽視する.
～ **engine** ビール吸い上げポンプ. ～**·house** [⌐⌐] ビヤホール. ～ **money**〖英〗《雇い人に与える》酒代.
～ **pump** = ～ engine. ◇ ～**·y** [bí(:)ri/bíəri] *a.* ビールの(ような); ビールで酔った.
Beer·shé·ba [biərʃí:bə] *n.* イスラエル (Israel) の都市.
béest·ings [bí:stiŋz] *n. pl.*《産後の雌牛の》初乳. 〈注〉biestings ともつづる.
bées·wax [bí:zwæ̀ks] *n.* 蜜(みつ)ろう. —— *vt.* に蜜ろうを塗る, 蜜ろうでみがく.
bées·wing [bí:zwiŋ] *n.* 古ブドウ酒 (の上の薄皮).
beet¹ [bi:t] *n.*〖植〗ビート《サトウダイコン, テンサイ》;〖米〗= beetroot. ***red ～*** = beetradish. ***white*** 〔***sugar***〕 ～ サトウダイコン.
～**·rád·ish**《サラダ用の》アカカブ. ～**·root** [⌐⌐]〖英〗ビートの根《サラダ用》. ～ **sugar** テンサイ糖.
beet² *vt.*〖英方〗1 <罪・過失を>改める, 悔いる, 償う. 2 <飢え・かわきを> いやす; <必要を> 満たす. 3 <火を>つける, かきたてる.
Bée·tho·ven [béit(h)ouv(ə)n] *n.* Ludwig van [lʌ́dwig-væn-|G. lú:tviç-fan-] ～, 1770–1827, ドイツの作曲家.
bée·tle**¹ [bí:tl] *n.* 1 カブトムシ(類). 2 近視の人. (as***) ***blind as a ～*** ひどい近眼の. ***black ～*** 油虫.
～**-crùsh·er**〖英〗大長ぐつ; 大足(の人);〖俗〗警官. ～**·head** [⌐—⌐] まぬけ(者). ～**·héad·ed** [-hédid] まぬけの.
bée·tle² *n.* 大づち, 掛け矢,《地面ならし・敷石用の》撞槌(つき); すりこぎ. —— *vt.* (大づち・きねで) 打つ.
bée·tle³ *vi.* 突き出る. —— *a.* 1 突き出た. 2 しかめっつらの, 気むずかしい.
～**·browed** [-bràud] まゆの突き出した, 太いまゆ毛の;《顔が》むっつりした.
◇ **bée·tling** *a.* 《がけ・まゆなど》突き出た.
beeves [bi:vz] *n.* beef の複数形.
B.E.F. British Expeditionary Force. **bef.** 「before.
‡**be·fáll** [bifɔ́:l] *v.* (**be·féll** [bifél]; **be·fáll·en** [bifɔ́:l(ə)n]) *vt.* **1** に起こる, に生じる; の身にふりかかる: A misfortune *befell* her. 彼女の身に災難がふりかかった. **2** 《古》の所有に帰する.
—— *vi.* 起こる, …の巡り合わせになる: It so *befell* that… …ということになった.
be·fít [bifít] *vt.* (**-tt-**) に適する, に似合う, にふさわしい. ***as ~ted*** his family background (彼の家柄に)ふさわしく. ***It does not ~*** a person ***to*** (do) …するのは(人に)ふさわしくない.
be·fít·ting [bifítiŋ] *a.* ふさわしい, 相応な《に *to*》: act in a ~ manner その場にかなった行動をする.
◇ **~·ly** *ad.*
be·fóg [bifág, -fɔ́:g/-fɔ́g] *vt.* (**-gg-**) **1** 霧でおおう〔包む〕. **2** 〈人を〉惑わす, けむに巻く. **3** 〈問題・真相を〉ごまかす.
be·fóol [bifú:l] *vt.* ばかにする, だます.
†**be·fóre** → 枠付 before.

before

副詞・前置詞・接続詞の3様に用いられる重要機能語の一つ: We had never met *before* [*before* that day, *before* we were about to graduate]. 以前には〔その日まで, 卒業する直前まで〕われわれは会ったことがなかった.

be·fóre [bifɔ́:r, bə-/-fɔ́:] *ad.* **1** 《場所・方向》前に, 前方に; 先に立って: There were trees ~ and behind. 前にも後ろにも木が立っていた. look ~ and after 前後を見る. go ~ 先に立って行く.

2 《時》(いまより, そのときより) 以前に, そのときまでに; もっと早く, 先に: I met [have met] him ~. あの人には以前会ったことがある. I did not know it ~. 私はいままでそれを知らなかった. I had not met him ~. そのときまで彼に会ったことがなかった; そのときが初対面だった. I had met him five years ~. 私は彼にその5年前に会ったことがある. You should have told me so ~. もっと早くそう言ってくれればよかったのに.

〈注₁〉 before が時間の副詞を伴わず, 単独に用いられるばあいは,「いまより以前に (before now)」「そのときより前に (before then)」の意味となり, 前者では present perfect もしくは past, 後者では past perfect を伴う.

〈注₂〉 時を示す語句を伴ったとき, before は「そのときより…前」の意味で, 通常過去完了に伴う: I called at his house, but he had left a couple of hours *before*. 私は彼の家に寄ってみたが, 彼は(その) 2時間ほど前に出てしまっていた. He said his brother had left home two years *before* [since]. 彼は兄〔弟〕が2年前に家出をしたと言った. —— このばあい, before が「そのときから…前」であるのに対し ago は「いまより…前」の意味である. since は ago, before 両方の意味があるが, あまり遠い過去には用いられない: His brother left home two years *ago* [since]. 彼の兄〔弟〕は2年前に家出をした.

3 (きめられたときより) 早く, 前に: Begin at five, not ~. 5時きっかりに始めろ. ***as ~*** 従前どおり, いつものように. ***long ~*** ずっと以前に. ***(the) day [night] ~*** 前日〔夜〕.

—— *prep.* **1** 《位置》…の前に, …の面前に; …の先に, …の前途に: A tree stands ~ the house. 家の前には木が1本立っている. A dish was placed ~ the host. さらが主人の前に置かれた. He sat ~ us in church. 彼は礼拝中私たちの前にすわっていた. He stood trembling ~ his master. 彼は主人の面前で震えながら立っていた. Your letter is ~ us. あなたの手紙は私たちの前にある. He appeared ~ the court. 彼は出廷した. The hardest task was ~ them. 彼らの前途には困難な仕事があった. 〈注〉 before は in front of より文語的. あとに物を示す名詞がくるときには, in front of が使われやすい: *in front of* the house. また熟語的な表現では before が用いられる: *before* my eyes 私の面前で. *before* court 法廷で.

2 《時》…よりも前に: He arrived there ~ you. 彼はきみより前にそこに着いた. Please come ~ five o'clock. 5時前(まで)に来てください. four minutes ~ three 3時4分前. the day ~ my birthday 私の誕生日の前日.

3 《順序》…より先に, …に先んじて: be ~ others in class クラスで首席. put freedom ~ fame 名声よりも自由を重んずる. I love you ~ myself. 私はあなたを私自身よりも愛している. The duke is ~ the earl. 公爵は伯爵より上位である. He would die ~ yielding. 彼は屈するくらいなら死を選ぶ.
~ Christ キリスト降誕前, 西暦紀元前《略 B.C.》. ***~ dark*** 暗くならないうちに. ***~ everything*** まずなによりも. ***~ God!*** 神に誓って!, 必ず! ***~ long*** 遠からず. ***~ now*** いままでに; もっと早くに. ***~ one's (very) eyes*** 眼前に. ***~ one's face*** 面と向かって; 公然と. ***~ one's time*** (1) 生まれる〔死ぬ〕べきときが来ないうちに. (2) 時代に先んじて. ***~ the mast*** 平水夫として. ***~ time*** *ad.* 《古》以前, 昔. ***carry all [everything, the world] ~ one*** 破竹の勢いで進む. ***(the) day ~ yesterday*** 一昨日. ***lay [put] the matter ~*** a person (人) のところへ事件を持ち出す. ***(the) night ~ last*** 一昨夜. ***put the cart ~ the horse*** 順序の逆なことをする; 本末を転倒する. ***sail ~ the wind*** 順風に帆を上げて走る.

—— *conj.* **1** …する前に, (まだ)…せぬうちに: ~ he comes 彼の来ないうちに. They had rented the house a week ~ we arrived. 彼らは私たちが着く1週間前に家を借りておいてくれた. It was long ~ he came. 久しくたってようやく彼は来た. It was midnight ~ he returned. 真夜中になって彼はようやく帰ってきた. The night ~ I left for home, a friend came to see me. 帰郷のため出発する前の晩に, 友人がやって来た. I had not gone a mile ~ I felt tired. 1マイルも行かぬうちに私は疲れてきた. You must study hard ~ you can solve this problem. うんと勉強しなければ, この問題は解けない. 〈注〉 before に導かれる節の動詞は, 意味上の時は未来でも, 形は現在を用いるのが普通《「時」の副詞節》: We must finish this work *before* he comes. 彼が来ないうちにこの仕事を終えねばならぬ.

2 《雅》…するよりはむしろ: I would die ~ I steal. 私は盗みをするくらいなら死ぬ. I will do anything ~ you shall want. きみに不自由させるくらいなら私はどんなことでもする.
~ I forget, … 忘れないうちに申しますが …: *B~ I forget,* they expect you this evening. 忘れないうちに言っておくが, あちらでは今晩きみが来ると思ってますよ. ***~ one knows*** 知らぬ間に, いつの間にか. ***~ you can say Jack Robinson = ~ you know where you are*** あっという間に.

‡**be·fóre·hand** [bifó:rhæ̀nd/bifɔ́:-] *ad.* **あらかじめ,** 前もって, かねてから: Let me know ～. 前もって知らせてください. have nothing ～ (金などを)あらかじめ用意してきていない. ***be ～ with*** a person (人)を出し抜く. ***be ～ with*** the rent (家賃)を先払いしてある.

be·fóul [bifául] *vt.* よごす; 〈名・名誉などを〉汚す; けなす.

be·fríend [bifrénd] *vt.* の友となる, と交わる; に味方する, 助ける, の世話をする.

be·fúd·dle [bifʌ́dl] *vt.* 正体なく酔わせる; 惑わせる, たぶらかす.

be·fúrred [bifə́:rd] *a.* 毛皮の飾りをつけた.

‡**beg** [beg] *v.* (**-gg-**) *vt.* **1** 〈衣・食・金銭・許可・恩恵などを〉**請う,** 求める: ～ forgiveness 許しを請う. **2** に頼む, に懇願する: I ～ you *for* pardon. お許しを願います. I ～ you *to* sit down. おすわりください. **3** 〈問題・要点を〉回避する, に答えない.
—— *vi.* **1** 請う, 求める《を *for*》. **2** こじきする. **3** 〈犬が〉ちんちんする. 〈注〉I *begged* (*of*) Mary to stay on for another week. メアリにもう1週間泊まってくれと頼んだ. I *begged for* Mary to stay on for another week. メアリがもう1週間泊まることを許してくれと(ほかのだれかに)頼んだ.
B～! 《犬に向かって》ちんちん! ***～*** (***for***) **one's** ***bread*** こじきをする. ***～ leave to*** (do) = ***～ to*** (do) …する許しを請う, 失礼ながら…する: I ～ (*leave*) *to* disagree. 失礼ながら賛成いたしかねます. I ～ *to* inform you that… 《商業文》…をお知らせ申し上げます《古い表現》. ***～ of*** a person ***to*** (do) (人)に…してくれと頼む: I ～ *of* you not *to* punish him. 彼を罰しないでください. ～ a thing ***of*** a person (物を)くれと(人)に頼む: I ～ a favor *of* you. お願いがあります. ～ a person ***off*** 懇願して(人を)許してもらう. ***～ off*** 〈義務・約束などを〉言い訳して断わる; 休暇を求める. ～ a person***'s pardon*** (人)の許しを請う, あやまる. ***～ the question*** [***point***] 論点を無証明のまま真と仮定して論ずる; 論点を巧みに回避する. ～ one***'s way to*** London (ロンドン)までこじきして旅する. ***Beg*** [***I ～***] ***your pardon.*** なんとおっしゃいましたか《相手のことばを尋ねかえすときのことば》. ***go*** (***a-***)***begging*** 買い手[引受人]がない: These jobs don't *go begging.* こういう仕事は引受人が多い.
(類義語) **頼む: beg** ものを頼むときのけんそんした, 丁寧な言い方. 「請う」: I *beg* your pardon. 失礼いたします. **entreat** 訴えるように説得しながら頼む. **implore** 嘆願するようにひたすら頼む. **request** 丁寧な命令に用いることが多い: You are *requested* to report. 出頭のこと. **solicit** ものを頼むときの丁重な堅苦しい表現: We *solicit* your aid. ご援助を仰ぎたく候(そうろう).

be·gád [bigǽd] *int.* 神に誓って!, とんでもない!, しまった!

†**be·gán** [bigǽn] *v.* begin の過去形.

be·gát [bigǽt] *v.* 〘古〙 beget の過去形.

be·gáts [bigǽts] *n.* 〘米俗〙家系図; 子, 子孫.

be·gét [bigét] *vt.* (**be·gót** [bigát/-gɔ́t], 〘古〙 **be·gát** [bigǽt]; **be·gót·ten** [bigátn/-gɔ́tn], **be·gót; be·gét·ting**) **1** 《通例父親を主語として》〈子を〉もうける. →bear. **2** 生じさせる, 《結果として》招く: Money ～*s* money. 金は金を生む. ◇ **～·ter** *n.* 生ませる人, 父親.

‡**bég·gar** [bégər] *n.* **1** こじき; 貧乏人; 《慈善事業などの》寄付募集者. **2** 〘話〙やつ: Poor ～! かわいそうなやつ. ***B～s must not be choosers.*** 〘ことわざ〙物をもらうのに好ききらいは言えぬ. ***die a ～*** 野たれ死にする. ***good ～*** もらいじょうず. ***You little ～!*** こいつめ! **——** *vt.* **1** こじき[貧乏]にする. **2** 無力[貧弱]にする: It ～*s* (all) description. 筆舌に尽くせない. ***I'll be ～ed if…*** 〘俗〙 …だったらこじきにされてもいい; 誓って…しない.
～('s)-lice [-(z)làis] *pl.* 衣服に付着する植物の実; (*sing.* **～('s)-lice**) その植物《イノコヅチ・ゴボウなど》.
～-my-néigh·bor [-minéibər] トランプ遊びの一種《相手の持ち札を取り切るまでする》.
～('s)-ticks *pl.* (*sing.* **～('s)-ticks**) = beggar('s)-lice. ◇ **～·dom** [-dəm] *n.* こじき生活 [仲間]. **～·hood** [-hùd] *n.* **～·y** [bégəri] *n.* こじきの身分, 赤貧; 《集合的》こじき.

bég·gar·ly [bégərli] *a.* こじきのごとき, 貧しい, 貧弱な, 卑しい. ◇ **-li·ness** *n.*

†**be·gín** [bigín] *v.* (**be·gán** [bigǽn]; **be·gún** [bigʌ́n]; **be·gín·ning**) *vi.* **1** **始まる,** 出現する, 発生する: The custom *began* during the Civil War. この風習は南北戦争当時にできた. **2** 始める: We're ready, so let's ～. 用意ができたのでさあ始めよう. Where shall I ～? どこから始めましょうか?
—— *vt.* **始める,** に着手する; 創始[創案]する: I *began to* read. = I *began* read*ing.* 読み始めた. I am *beginning to* see the point. 要点がわかり始めた[だんだんわかってきた]. ～ one's career as a teacher 人生の第一歩を教師として印する.
～ again やり直す. ***～ at*** page ten (10ページ)から始める. ***～ by*** (do)***ing…*** まず…することから始める, まず初めに…する. ***～ on*** [***upon***] に手をつける. ***～ with*** から始める[始まる]. ***not ～ to*** (do) 〘米〙…するどころではない, てんで…しない: It does *not* ～ *to* meet the specifications. 明細書にまるで合わぬ. ***to ～ with*** 《独立句》まず第一に, そもそも. ***Well begun is half done.*** 〘ことわざ〙初めよければ半ば成れるに等し.
◇ **～·ner** [bigínər] *n.* 初心者, 初学者; 創始者.
(類義語) **始める: begin** 一般的な語. **commence** 儀式・訴訟などによく用いるやや堅苦しい語. 「開始する」. **start** いよいよ[やっと]…を始める, 急に始める: She *started* crying [to cry]. 彼女は突然泣きだした. **initiate** に糸口をつける, に着手する: *initiate* a reform 改革に着手する.

†**be·gín·ning** [bigíniŋ] *n.* **初め,** 最初; 始まり, 発端; 起源, 起こり; (通例 *pl.*) 初期, 幼少のころ.
at the (***very***) ***～*** 最初に. ***begin at the ～*** 第一歩から始める. ***from ～ to end*** 初めから終わりまで. ***from the ～*** 最初から. ***in the ～*** (手)始めに, 最初は. ***make a ～*** 端緒を開く《の *for*》; 着手する. ***rise from humble*** [***modest***] ***～s*** 卑賤(ひせん)から身を起こす. ***since the ～s of things*** 世の初め以来. ***the ～ of the end*** 最後の結果を予示する最初のきざし, 「桐(きり)一葉」.
(類) → **origin** 「起源」.

be·gírd [bigə́:rd] *vt.* (**be·gírd·ed** [-id] *or* **be·gírt** [-gə́:rt]) 帯で巻く; 囲む, 巡らす《で *with*》.

be·gírt [bigə́:rt] *a.* 取り巻かれた, 囲まれた: a mansion ～ *with* a stone fence 石べいを巡らした大邸宅.

be·góne [bigɔ́:n/-gɔ́n] *vi.* 立ち去る: He was ordered *to* ～. 立ち去れと命令された. *B～!* 出て行け!

be·gó·nia [bigóunjə, -niə] *n.* 〘植〙ベゴニア《シュウカイドウ属》.

be·gót [bigát/-gɔ́t] *v.* beget の過去・過去分詞.

be·gót·ten [bigátn/-gɔ́tn] *v.* beget の過去分詞.

be·gríme [bigráim] *vt.* 《煙・あか・すすで》よごす.

be·grúdge [bigrʌ́dʒ] *vt.* **1** 出し惜しみする: He ～*d* us the money. その金を出し惜しみした. **2** ねたむ: They ～*d* him the money he earned. 彼らは彼のかせぎをうらやましがった.

be·grúdg·ing·ly [-iŋli] *ad.* 惜しみ惜しみ, しぶしぶ.

be·guíle [bigáil] *vt.* **1** だます, 欺く; 惑わす, 迷わす. **2** 〈暇・飢えなどを〉まぎらす, 慰める: ～ the time [the tedium] 時間をつぶす[たいくつをしのぐ]. ～ a person ***into*** (do)***ing*** (人を)だまして…させる. ～ a person ***out of*** a thing (人を)だまして(物)を取る. ◇ **～·ment** [-mənt] *n.* 欺瞞(ぎまん); うさ晴らし. **be·guíl·er** [-ər] *n.* だます人[物]; まぎらす人[物]. **be·guíl·ing** [-iŋ] *a.* だます; 気をまぎらす.

be·guíne [bigí:n, bei-] *n.* 西インド諸島 Martinique 島原住民のボレロ風のダンス(曲); 《同上のリズムによる》社交ダンス(曲).

Bég·uine [bégi:n, beigí:n] *n.* ベグイン修道女.

bé·gum [bí:gəm/béi-] *n.* 《回教徒の》貴婦人.

†**be·gún** [bigʌ́n] *v.* begin の過去分詞.

‡**be·hálf** [bihǽf/-há:f] *n.* 《次の成句においてのみ》側(がわ), 味方; 利益. ***in*** ~ ***of*** = ***in*** a person**'*s*** ~ の(利益の)ために: plead *in* ~ *of* a cause ある主義を擁護して弁ずる. ***on*** a person**'*s*** ~ (1) の代わりに, を代表して. (2) に関して, の(利益の)ために: Don't be uneasy *on my* ~. 私のことを心配しないでください. ***on*** ~ ***of*** (1) に代わって, を代表して: I write *on* ~ *of* Mr. X. X氏の代人として書きます. I thank you *on* ~ *of* my colleagues and myself. 同僚を代表し, また私自身として, お礼申し上げます. (2) に関して, の(利益の)ために: He did much *on* ~ *of* the prisoners. 囚人のために大いに尽くした.

‡**be·háve** [bihéiv] *vi.* **1** ふるまう; 《特に》行儀よくふるまう: How did he ~ *to* [*towards*] you? きみに対してどんな態度でしたか. She ~*d* well *towards* me. 私によくしてくれました〔よく仕えてくれました〕. children who won't ~ 行儀の悪い子どもたち. **2** 《機械などが調子よく, または悪く》動く. —— *vt.* 《~ oneself の形で》ふるまう: ~ *oneself* like a gentleman 紳士らしくふるまう. ***B~ yourself!*** お行儀よくなさい. [＜be-＋have 身を持する]

-be·háved [-bihéivd] *a.* 《副詞を接頭して用いる》 *well-* [*ill-*]*behaved* 行儀〔品行〕がいい〔悪い〕. grow *better-behaved* 行儀〔品行〕がよくなる.

‡**be·háv·ior,** ㊕ **-iour** [bihéivjər] *n.* **1** ふるまい, 行儀; 行動, 動作, 態度; 品行. **2** 《機械・乗り物などの》動きぐあい, 運転; 《薬などの》作用. **3** 〖心〗《心理学の研究対象としての》行動. ***be on*** one**'*s good*** [***best***] ~ 謹慎している, 行儀よくしている《監視中に》. ***during good*** ~ ふつごうな行為のないかぎりは. ***put*** a person ***on his best*** ~ (人に)行動を慎ませる. ◇ **~·ism** [-iz(ə)m] *n.* 〖心〗行動主義. **~·ist** [-vjərist] *n.* 〖心〗行動主義者. **be·hàv·io(u)r·ís·tic** [bihèivjərístik] *a.* 行動主義的.

be·héad [bihéd] *vt.* の首を切る; の頭〔上部〕を切る.

be·héld [bihéld] *v.* behold の過去・過去分詞.

be·hé·moth [bihí:məθ, bí:əməθ/bihí:mɔθ] *n.* 〖聖〗巨獣,「カバ」《牛のように草を食い, 鉄棒のごときあばら骨をもつという巨獣》; 〖米〗巨人.

be·hést [bihést] *n.* 〖雅〗命令; 切なる頼み.

†**be·hínd** [biháind] *ad.* **1** 後ろに, あとに; 裏に, 陰に. **2** 遅れて: This train [watch] is one hour ~. この列車〔とけい〕は1時間遅れている. **3** あとに控えて, 残って. ***be*** ~ ***in*** [***with***] payments [work] (支払い〔仕事〕)が遅れている. ***fall*** [***drop***] ~ 人に遅れる, 人後に落ちる. ***leave*** a thing [person] ~ 置き忘れる, あとに残す. ***look*** ~ 後ろを見る; 回顧する. ***remain*** [***stay***] ~ あとに残る, 出発しない.
—— *prep.* **1** …の後ろに, …のあとに; …にすぐ続いて. **2** …の向こう側に, …の裏〔陰〕に: ~ the door ドアの向こう側に〔陰に〕. **3** …に遅れて. **4** …に遅れをとって, …に劣って: He is ~ other boys of his age. 彼はほかの同年配の子どもより遅れている. **5** …の後ろだてになって, …に味方して; …を支持して: I will stand ~ you. あなたを後援しますよ.
be ~ a person (1) (人)を支持する, 援助する. (2) (人)に立ち遅れている. (3) (人)の過去にある: His years of temper *were* ~ him. 血気にはやった時代はもう過ぎてしまっていた. ~ a person**'*s back*** (人)のいない所で, 陰で. ~ ***schedule*** [***the times***] 予定〔時勢〕に遅れて. ~ ***the scenes*** [***play***] 舞台裏で; 黒幕として. ~ ***time*** 遅刻して. ***fall*** ~ に遅れる. ***from*** ~ (…) (…の)後ろから: Someone called me *from* ~. だれかが後ろから呼んだ. *from* ~ the trees 木立ちの陰から. ***go*** ~ a person**'*s words*** ことばの裏〔真意〕を探る. ***put*** a thing ~ one (物事を)退ける, 受け付けない: I *put* the thought ~ *me*. 私はその考えを捨てた.
—— *n.* 後ろ, 《上着などの》背中; 〖俗〗しり: fall *on* one's ~ しりもちをつく.
~-the-scénes 公開されない, 秘密裏の; 黒幕の.

be·hínd·hand [biháindhæ̀nd] *ad., a.* **1** 《時刻・時勢に》遅れて, おそくなって: He is always ~ *in* time. 彼はいつも遅刻する. **2** 人に遅れて: He is not ~ *in* generosity. 気前のよさではひけをとらない. **3** 《時期・進歩・学業などについて》遅れて: They are ~ *with* their rent. 家賃が滞っている. They are ~ *in* grammar. 文法が苦手だ.

‡**be·hóld** [bihóuld] *vt.* (**be·héld** [bihéld]) 見る. ***B~!*** 見よ! ***Lo and*** ~***!*** こはそもいかに!
[類] → **see**「見る」

be·hóld·en [bihóuld(ə)n] *a.* 恩義を受けて; ありがたく思って: I am much ~ *to* you *for* your courtesy. ご好意まことにありがとうございます.

be·hóof [bihú:f] *n.* 《次の成句においてのみ》利益, 用. ***in*** [***for, to, on***] a person**'*s*** ~ = ***for*** [***to, on***] ***the*** ~ ***of*** a person (人)のために.

be·hóove [bihú:v], ㊕ **be·hóve** [-hóuv] *vt.* 《it を主語として》…にとって義務である: It ~*s* you *to* do so. あなたは当然そうすべきだ.

beige [beiʒ] *n.* **1** ベージュ, 漂白・染色してない羊毛織物. **2** ベージュ色, 薄茶かっ色.

‡**bé·ing** [bí:iŋ] *v.* be の現在分詞. —— *a.* 現にある, いまの. ***for the time*** ~ 当分(の間), さしあたり.
—— *n.* **1** 存在; 生存; 生命. **2** 存在者; 生き物; 人間: human ~*s* 人間, 人類. **3** (the B~) 神. **4** 本質, 本性; 性質. ***call*** [***bring***] ***into*** ~ 生ぜしめる, 生み出す. ***come into*** ~ 生じる, 生まれる. ***in*** ~ 存在して; 生きて.

Béi·rut, Béy·routh [béiru:t, —ˊ/—ˊ] *n.* ベイルート《Lebanon 共和国の首都》.

be·jéw·el [bidʒú:əl] *vt.* (**-l-,** ㊕**-ll-**) 宝石で飾る; 《宝石のごときもので》飾る: the sky ~*ed with* stars 星をちりばめた空.

be·lá·bor, ㊕ **be·lá·bour** [biléibər] *vt.* **1** 強打する, なぐる. **2** ののしる, あざける. **3** 〖雅〗にほねをおる, に苦心する.

***be·lát·ed** [biléitid] *a.* **1** 遅れた, おそまきの: ~ efforts 手遅れの努力. a ~ birthday present おそまきの誕生日の贈り物. **2** 《人が》遅参の, 遅刻の. **3** 時代遅れの: a ~ view of world politics 世界政治についての旧式な見方. **4** 《旅人などが》行き暮れた: a ~ traveler. ◇ **~·ly** *ad.*

be·láud [bilɔ́:d] *vt.* 激賞する, 絶賛する.

be·láy [biléi] *vt.* **1** 〈綱を〉綱止め栓(せん)〔登山者〕に巻き付ける. **2** 〈登山者を〉ロープで留める. **3** 〖話〗やめる《おもに命令に用いて》: *B~* (there)! やめろ.
~ing pin 綱止め栓.

belch [beltʃ] *vi.* **1** おくびを出す, げっぷする. **2** 〈火山・銃などが〉火〔煙〕をふく. **3** 間をおいてふき出す.
—— *vt.* 〈火・煙などを〉ふき出す; 〈暴言などを〉吐く《*out, forth*》.
—— *n.* **1** おくび, げっぷ. **2** 噴出, 奔出.

bél·cher [béltʃər] *n.* 白水玉模様青地のえり巻き.

bél·dam(e) [béldəm] *n.* 老婆, 鬼ばば.

be·léa·guer [bilí:gər] *vt.* **1** 包囲(攻撃)する. **2** 取り巻く, つきまとう. ◇ **~·er** [-gərər] *n.*

bél·em·nite [béləmnàit] *n.* 〖古生〗矢石《イカなどの化石》.

bel·es·prit [bèlesprí:] F. *n.* (*pl.* ***beaux-es·prits*** [bòuzesprí:]) 才人.

Bél·fast [bélfæst, —ˊ/belfá:st, ˊˊ] *n.* 北アイルランドの首都・港市.

bél·fry [bélfri] *n.* 鐘楼, 鐘つき堂. ◇ **-fried** [-d] *a.* 鐘楼のある.

Belg. Belgian; Belgic; Belgium.

bél·ga [bélgə] *n.* ベルギーの外国かわせ用貨幣単位《5 ベルギーフラン》.

***Bél·gi·an** [béldʒiən, -dʒən/-dʒ(ə)n] *a.* ベルギーの, ベルギー人の. **——** *n.* ベルギー人. **～ hare** 大きな赤かっ色のウサギ.

Bél·gic [béldʒik] *a.* ベルギーの; 古ベルギー族の.

‡**Bél·gium** [béldʒ(i)əm/-dʒ(ə)m] *n.* ベルギー(＝kingdom of ～)《ヨーロッパ北西部の立憲君主国》.

Bel·gráde [belgréid, ㊥⁺⌐⌐] *n.* ベオグラード《Yugoslavia の首都》.

Bel·grá·vi·a [belgréiviə] *n.* **1** ロンドン West End の上流住宅区域. **2** 上流社会. ◇ **～n** *a.*

Bé·li·al [bí:liəl] *n.* **1**〚聖〛悪魔;《Milton の *Paradise Lost* の》堕落天使のひとり. **2** 邪悪, 堕落. ***man*** [***son***] ***of*** **～** 堕落者, 極道者.

be·líe [bilái] *vt.* (**～d**; **be·lý·ing**) **1** 偽り伝える, 正しく示さない〔表現しない〕: His appearance ～*s* him. 彼の外観はその人物を正しく示していない; 彼は外観で損をしている. The reports ～ him. 彼はうわさとは違う人物だ. **2** 〈約束・期待・評判・名を〉裏切る, にそむく: His acts ～*d* his words. 彼の行ないはことばにもとるものだった. Spring ～*s* its name. 春とは名ばかり. **3** 〈人の言を〉偽りであると否定する: His trembling ～*d* his words. 震えているので口に言っていることがうそだとわかった. **4**〚米〛《人を目的語として》の言をうそであると否定する.

‡**be·líef** [bilí:f] *n.* **1** 確信, 信念, 所信: My ～ is that it is possible. 私はそれは可能だと信じている. **2** 信頼, 信用: I have no great ～ *in* doctors. 私は医者をあまり信用しない. **3** 信仰, 信心: the Christian ～ キリスト教の信仰.
beyond **～** 信じられぬほどに. ***have*** **～** ***in*** を信用〔信頼〕する; の存在を信ずる. ***in the*** **～** ***that***... …と信じて, …と思って. ***light of*** **～** 軽々しく信じがちの, 軽信の. ***past all*** **～** とうてい信じがたい. ***the B***～ 使徒信経 (the Apostles' Creed). ***to the best of my*** **～** 私の信ずるかぎりでは.
[類義語] **信ずること: belief** 疑いをもたず受けいれること: *belief* in ghosts 幽霊がいると信ずること. **faith** 客観的根拠はないが, いちずな信頼: have *faith* in God 神を信仰する. **trust** 相手の能力・誠実などに対する直観的な信用. **confidence** 自己の経験・根拠に基づく信念: No man has ever placed *confidence* in him since that event. あの事件以来だれも彼を信用しなくなった.
[類] → **opinion**「意見」

†**be·líeve** [bilí:v] *vt.* **1** 信ずる, 〈ことば・話などを〉信用する, ほんとうだと思う: I ～ the story〔what he says〕. 私はその話〔彼の言うこと〕は真実だと思う. **2** のことばを信ずる: I ～ him. 私はあの人の言うことを信ずる. **3** 〈目・耳を〉信ずる: I could hardly ～ my eyes. 自分の目が信じられないくらいだった. **4** と信ずる, と思う, と考える: I ～ (*that*) he is honest. ＝I ～ him *to* be honest. 彼は正直だと思う. She has, I ～, no children. 彼女にはたしか子どもがない.
—— *vi.* **1** 存在を信ずる《の *in*》: ～ *in* God 神の存在を信ずる, 神を信ずる. **2** 人格〔能力〕を信ずる《の *in*》: I ～ *in* him. 彼はりっぱ〔有能〕な人だと思う. **3** 良さ〔効果〕を信ずる, 価値を認める《の *in*》: ～ *in* early rising 早起きはいいと思う. ～ *in* his method 彼のやり方はいいと思う. I don't ～ *in* aspirin. アスピリンはきかないようだ. **4** 信用する, 当てにする《を *in*》: I don't ～ *in* his promises. あの人の約束は当てにならない. 〈注〉*believe* him は「彼の言うことをほんとう」と信ずること, *believe in* him「彼の人柄〔能力〕がすぐれている」と信ずること.
～ *me* ほんとうですよ. ***I*** **～** ***not.*** そうじゃないと思います. ***I*** **～** ***so.*** そうだと思います. ***make*** **～** 見せかける, ふりをする: Let's *make* ～ *that* we are Indians. インディアンごっこしようよ.
◇ **be·líev·a·ble** [bilí:vəbl] *a.* 信じうる, 信用できる.
be·líev·er *n.* 信ずる人, 信者《を, の *in*》.

be·líev·ing [bilí:viŋ] *a.* 信仰をもつ, 信仰心のある. **——** *n.* 信ずること. ***Seeing is*** **～.**〚ことわざ〛百聞は一見にしかず. ◇ **～·ly** *ad.*

be·líke [biláik] *ad.*〚古〛おそらく.

be·lít·tle [bilítl] *vt.* **1** 小さくする. **2**〚米〛軽んずる, 見くびる. **～ one*self*** 卑下する, 自己の品位を落とす, 人望を失う.

†**bell**[1] [bel] *n.* **1** 鐘, つり鐘; 鈴, 呼び鈴, ベル, ゴング; (通例 *pl.*)〚海〛時鐘《船内で30分ごとに打つ》. **2** 鐘状のもの; 鐘状花冠;《クラゲの》かさ;《トランペット・拡声器・煙突・パイプなどの》(広がった) 口.
(***as***) ***sound*** [***clear***] ***as a*** **～** 全く健全な〔澄んだ〕. ***bear*** [***carry away***] ***the*** **～** 賞品〔勝利〕を得る. ***curse by*** **～*, book, and candle*** 〚カトリック〛鐘・書・燭(しょく)によって破門する. ***There is the*** **～.** ベルが鳴っている《お客さまだ》;〚ボクシング〛ゴングが鳴った.
—— *vt.* **1** に鈴をつける. **2** 鐘状に広げる. **——** *vi.* 鐘状になる〔広がる〕. **～ *the cat*** 進んで難事に当たる《イソップの寓話から》.
～-bot·toms *pl.*〚米〛《水夫の》らっぱズボン. ***～·boy** [⌐⌐]〚米〛《ホテルやクラブの》給仕. **～ buoy** [bél-bɔ̀i, -bù:i/-bɔi] 打鐘浮標. **～ button** [**push**] 呼び鈴のボタン. **～·flòw·er**〚植〛ツリガネソウの類: autumn ～*flower* リンドウ. Chinese [Japanese] ～*flower* キキョウ. **～ founder** [**foundry**] つり鐘鋳造師〔所〕. **～ gable** 破風(はふ)鐘楼. **～ glass** [**jar**] つり鐘形ガラス器. **～·hàng·er** 鐘つり師. **～·hop** [⌐⌐]〚米俗〛＝bellboy. **～ jar**《鐘状の》フラスコ. **～·man** [-mən] (*pl.* **-men**) 鐘を鳴らす人, 触れ回り役, 夜警人. **～ metal** 鐘青銅《銅とスズの合金》. **～-mouthed** [-màuðd, ㊥⁺-θt] 朝顔形の口をした. **～·pull** [⌐⌐] ベルの引き綱. **～ ringer** 鐘をつく人, 鐘つき男; 戸別訪問のセールスマン; 地方政治家; 成功者; 機関車の火夫. **～ ringing** (1) 鐘を鳴らすこと;〚俗〛成功すること. (2)〚俗〛大成功の;《保証などが》全面的の. **～-shaped** [-ʃèipt] 鐘形の. **～ tent** つり鐘形テント. **～ tower** 鐘楼. **～·wèth·er** 鈴つき羊《首に鐘をつけ仲間の羊を先導する》; 先導者, 張本人. **～·wort** → 別項.
◇ **～·like** *a.* 鐘状の.

bell gable

bell[2] *n.*《交尾期の》雄ジカの鳴き声. **——** *vi.* 〈シカが〉鳴く.

Bell [bel] *n.* Alexander Graham [-gréiəm-] ～, 1847～1922, 電話機を発明したアメリカ人.

bèl·la·dón·na [bèlədánə/-dɔ́nə] *n.*〚植〛ベラドンナ; ベラドンナ製剤《毒薬の一種》.
～ lily＝amaryllis の花.

belle [bel] F. *n.* 美人: the ～ of society 社交界の花.

Bel·lér·o·phon [bəlérəf(ə)n, ㊥⁺-fàn] *n.*〚ギ神〛ベレロフォン《Pegasus を使って怪物を退治した英雄》.

belles-let·tres [bellétrə, -tər/béllétr, -tə] F. *n.* 美文学, 純文学.

bel·lét·rist [bellétrist] *n.* 純文学者.
◇ **bèl·let·rís·tic** [bèlletrístik] *a.* 純文学の.

bél·li·cose [bélikòus] *a.* 好戦的な; けんか早い. [√bel(l)-] ◇ **～·ly** *ad.* **bèl·li·cós·i·ty** [bèlikásiti/-kɔ́s-] *n.* 好戦性; けんか好き.

bel·líg·er·ence [bilídʒərəns] *n.*〚米〛 **1** 好戦性, 闘争性. **2** 交戦 (状態).
◇ **-en·cy** [-rənsi] *n.* 交戦状態.

bel·líg·er·ent [bilídʒərənt] *a.* **1** 交戦中の, 交戦国の. **2**〚米〛好戦的な. **——** *n.* 交戦国〔者〕.

[√bel(l)- + √ger-] ◇ **~·ly** *ad.* 好戦的に.

Bél·loc [bélɑk/-lɔk] *n.* Hilaire [hiléər-] ~, 1870–1953, イギリスの文人.

Bel·ló·na [bəlóunə, bel-/bel-] *n.* 〖ロ神〗ベロナ〘戦争の女神〙; 背の高い堂々とした美人.

***bél·low** [bélou] *vi., vt.* **1** <牛が> ほえる. **2** どなる《*out, forth*》. **3** <大砲が> とどろく; <風が> うなる. **——** *n.* 〘牛の〙ほえ声; どなり声; とどろき.

bél·lows [bélouz] *n.* (*pl.* ~) **1** ふいご: a pair of ~ 取っ手2個付きのふいご. **2** ふいご状のもの; 〘オルガンの〙送風器, 〘写真機の〙じゃばら; 〖俗〗肺. ***have ~ to mend*** 息切れしてあえぐ.

béll·wort [bélwə̀ːrt] *n.* 〖植〗風鈴草属; 〖米〗黄色の鐘形の花をつける北アメリカ産のユリ科植物.

bél·ly** [béli] *n.* **1** 腹, 腹部: a pot ~ 太鼓腹. **2** 胃: an empty ~ 空腹. **3** 食欲; 強欲. **4** 子宮. **5** 〘びんなどの〙ふくらみ, 胴: the ~ of a ship 船腹. ***have fire in** one's* **~** 霊感を受けている. ***lie on the* ~** 腹ばいに寝る. ***The ~ has no ears. 〖諺〗衣食足って礼節を知る, 腹がへっては道理も聞こえぬ. **——** *vt., vi.* ふくらす, ふくらむ.

~·ache [-èik] (1) 腹痛. (2) 〖米俗〗苦情を言う. **~·bùt·ton** 〖俗〗へそ. **~ dance** = Oriental dance. **~ flop** 腹を水面に打つ飛び込み. **~-land** [-lænd] 〖空〗胴体着陸する〔させる〕. **~ landing** 〖空〗胴体着陸. **~ laugh** 〖俗〗大笑い. **~-pinched** [-pìntʃt] 腹ぺこの. **~ timber** 食べ物. **~-to-báck** 〖俗〗ぎゅうぎゅう詰めの. **~-wash** [ˊ-ˋ] 〖米俗〗飲み物. **~ worship** 食いしん坊; 大食.

◇ **~·ful** [-fùl] *a.* 〖俗〗がまんできる分量《*of*》.

‡be·lóng [bilɔ́ːŋ/-lɔ́ŋ] *vi.* **1** 〘…に〙**属する**, 〘…の〙**ものである**, 〘…の〙所有物である《に, の *to*》: This book ~*s to* me. この本は私のです. **2** 〘一員として〙所属する: He ~*s to* our club. 彼はわれわれのクラブの会員です. He ~*s to* [〖米俗〗*in*] Ohio. オハイオの住人です. **3** 〘分類上〙属する《に *among, to, in, under, with*》, …の中にあってしかるべきである: They ~ *under* this category [*among* such writers]. 彼らはこの部類〔このような作家たち〕にはいる. a man who ~*s among* the great 大人物の中にあってこそふさわしい人物. **4** (本来)…にあるべき〔属すべき〕である: It ~*s to* me to decide. 決定はぼくがすべきだ. The cups ~ *on* the shelf. 茶わんはたなの上に置くべきものです. Now, go back to where you ~. さあ, おうちへお帰り〘迷い込んだネコなどに〙. You don't ~ *here.* ここはきみの来る(べき)ところじゃない. He doesn't ~ *in* this job. 彼はこの仕事向きじゃない.

***be·lóng·ings** [bilɔ́ːŋiŋz/-lɔ́ŋ-] *n. pl.* **1** 所有物, 財産: household ~ 家財. **2** 所持品, 付属物: personal ~ 手まわりの所持品. **3** 性質, 才能. **4** 家族.

‡be·lóv·ed [bilʌ́v(i)d] *a.* **愛する**, 最愛の, かわいい; 愛用の, たいせつな: my ~ son いとしいむすこ.

—— *n.* 最愛の人. ***my* ~** あなた, おまえ〘夫・妻・愛人などへの呼びかけ〙.

—— [bilʌ́vd] *v.* 《古語 belove の過去分詞. いまは受動態にだけ用いる》愛されて: He *is* ~ *by* [*of*] all. 皆に愛されている.

‡be·lów [bilóu] *prep.* **1** …**の下に**〔で, へ〕: on and ~ the table テーブルの上と下に. ~ one's eyes 眼下に. **2** …の下流に〔で, へ〕: ~ the bridge 橋から下手に. **3** …**に達せず**, …より低く: ~ the knees ひざに達せず, ひざから下に. ~ the average 平均以下で. five degrees ~ the freezing point 氷点下5度. **4** …より下位に〔で〕, …より劣って: be ~ a person in intelligence 知能が人より劣る. **5** …**に価しない**: ~ contempt けいべつにも価しない. ~ one's notice 注意するに価しない; 無視できる. It is ~ him *to* do it. 彼は誇りが高くてそんなことはできない; そんなことをするとは彼らしくもない. → beneath.

—— *ad.* **1** 下に〔へ, で〕; 〘空中に対し〙地上に, 下界に〔へ, で〕; 〘地上に対し〙地下に, 墓の中に, 地獄に〔へ, で〕; 〘階上に対し〙階下に〔へ, で〕; 〘船の上甲板に対し〙下の船室に〔へ, で〕. **2** 下位に〔の〕, 下級の: the court ~ 下級裁判所. **3** 下流に; 〘ページの〙下部に, 〘本・論文などの〙後段に.

B~ there! おーい下の者! 〘物を落とすときなどの注意〙. ***down* ~** ずっと下の方に; 地下〔墓, 地獄〕に; 水底に; どん底に. ***go* ~** 〖海〗甲板から降りる; 当直を終えて自室に降りる. ***here* ~** 〘天国に対して〙この世で. ***the place* ~** 地獄.

(類義語) の下に: **below** …より低い〔以下の〕ところに: *below* the horizon 地平線下に沈んで. *below* twenty 20以下で. **under** …の真下に: The cat is playing *under* the chair. ネコはいすの下でじゃれている. **beneath** under にほぼ等しいが上からおおいかぶせられている語感をもつ: the pool *beneath* the falls 滝のすぐ下にある滝つぼ.

‡belt [belt] *n.* **1** 帯, ベルト, 皮帯; 〘伯爵・騎士の〙礼帯. **2** 地帯, 地方: a green ~ 緑地帯. the corn [cotton] ~ トウモロコシ〔綿花〕地帯. **3** すじ; しま. **4** 〖機〗ベルト, 調帯; 〖空〗安全ベルト; 〖天〗雲状帯; 〖軍〗〘軍艦の喫水線下の〙装甲帯; 積み石〔へい〕の横線. **5** 海峡, 水道. ***get under the* ~** 〖俗〗手に入れる; ひそかに入手する. ***hit*** [***strike***] ***below the* ~** 〖ボクシング〗腰帯以下〔ローブロー〕を打つ〘反則〙; ひきょうなことをする. ***in** one's* **~** (1) 腹の中に. (2) 所有して. ***sword* ~** 剣帯. ***the marine*** [***three-mile***] **~** (海上3マイルまでの) 領海. ***tighten** one's* **~** 空腹をこらえる; 耐乏生活をする.

—— *vt.* **1** に帯を締める; 〖機〗にベルトをかける. **2** 帯で結び付ける, 腰につける. **3** にすじをつける. **4** (皮帯で)打つ; 〖俗〗なぐる. **5** 〖米俗〗飲み込む; がつがつ飲む. **——** *vi.* 疾走する. **~ *out*** 〖米俗〗打ちのめす; 力を入れて歌う.

~ conveyor ベルトコンベア. **~ course** 柱・壁上部の帯状飾り(彫刻). **~ line** 〖米〗〘電車・バスの〙環状線. **~-tight·en·ing** [-táitniŋ] 緊縮(政策), 耐乏(生活).

◇ **~·ed** [béltid] *a.* 帯〔ベルト〕をつけた; 〘伯爵・騎士などの〙礼帯をつけた; 〘軍艦が〙装甲の; すじ〔しま〕のある. **~·less** *a.* ベルトの(ついて)ない.

bélt·ing [béltiŋ] *n.* **1** ベルトの材料; 《集合的》ベルト類; 〖機〗ベルト(装置). **2** 〖話〗(皮むちで)なぐること, むち打ち: give a boy a good ~ 少年をしたたかむちで打つ.

be·lú·ga [bəlúːgə/be-] *n.* 〖魚〗シロチョウザメ; 〖動〗シロイルカ.

bèl·ve·dére [bèlvidíər/ˊ-ˋ-] *n.* 見晴らし台; 高台に建てたあずま屋. [<It.]

be·lý·ing [biláiiŋ] *v.* belie の現在分詞.

bé·ma [bíːmə] *n.* (*pl.* **~·ta** [-tə]) 〘教会堂の〙内陣; 〘古代ギリシアの〙演壇.

be·mául [bimɔ́ːl] *vt.* ひどい目に会わせる.

bém·berg [bémbəːrg] *n.* ベンベルグ〘人絹〙.

be·méan [bimíːn] *vt.* 下劣にする, の品格を下げる.

be·míre [bimáiər] *vt.* どろまみれにする, どろの中に沈める.

be·móan [bimóun] *vt., vi.* 悲しみ嘆く; に同情する.

be·móck [bimɑ́k/-mɔ́k] *vt.* あざける.

be·múse [bimjúːz] *vt.* ぼんやりさせる.

Be·nár·es [bənɑ́ːriz] *n.* インドの都市〘ガンジス川に面しヒンズー教の聖都〙.

†bench [bentʃ] *n.* **1** ベンチ, 長腰掛け, 長いす. **2** 〘イギリス議会の〙議席; 判事席; 〘列席の〙判事一同; 《集合的》裁判官; 〖野球〗ベンチ, 選手席; 〖ボート〗こぎ手座. **3** 〘職人の〙仕事〔細工〕台; 動物の品評会, (その)陳列台. **4** 〖鉱山〗〘露天掘りなどの〙階段; 段丘; 〘温室の〙床箱. ***be*** [***sit***] ***on the* ~** 裁判官席についている; 補欠選手となっている. ***be raised*** [***elevated***] ***to the* ~** 判事に昇進する;

〖英〗主教に昇進する. *front* ～〖英: 議会〗政党領袖(とうしゅ)席. *ministerial* ～*es* 政府委員席. *the King's* [*Queen's*] *B*～〖英〗高等法院.
—— *vt.* **1** にベンチを備える. **2** ベンチにすわらせる. **3** <選手を> ベンチに残す〔引っ込める〕, 出場メンバーからはずす. **4** <犬などを>陳列台にのせる. **5**<炭層・堤を> 階段状に掘る. **6** <植物を> 温室内の床箱に植える.
～ **lathe** 旋盤. ～**-máde** 〖加工品が〗特別あつらえの. ～ **mark** 《測量の》水準基標, 水準点. ～ **warmer** 〖野球〗控え選手. ～ **warrant** 裁判所〔判事〕の令状.

bénch·er [béntʃər] *n.* **1** ベンチに腰掛ける人; ボートのこぎ手; 酒場に入り浸る人. **2**〖英〗法学院 (Inns of Court) の評議員.

‡**bend** [bend] *v.* (**bent** [bent], 〖古〗**bénd·ed**) *vt.* **1** 曲げる; <頭を> さげる; <ひざを> 折る; <弓を> 引く; <バネを> 巻く. **2** 屈服させる. **3** 〖ある方向へ〗向ける; <心・努力を> 傾ける; <目・歩みを> 向け直す, 転ずる《へ *to, toward(s), on, upon*》. **4**〖海〗<いかり・綱などを> 縛り付ける. —— *vi.* **1** 曲がる, たわむ. **2** かがむ. **3** 屈服する《に *to, before*》. **4** 力を注ぐ, 傾倒する《に *to*》. **5** 向かう《へ *to*》. ***be bent with age*** 年で腰が曲がっている. ～ ***back*** そり身になる. ～ one***'s brows*** まゆをひそめる. ～ one***'s elbow*** 一杯やる〔飲む〕. ～ ***forward*** 前かがみになる; 身を乗り出す. ～ one***'s knees*** ひざをかがめる; 《ひざを曲げて》礼をする; 《ひざまずいて》礼拝〔屈服〕する. ～ ***low before*** a person (人)の前に平伏する. ～ one***'s mind to*** [***on, upon***] に専念する. ～ ***over*** の上にかがむ, …にのしかかる. ～ one***'s steps*** homeward 歩みを(家路へ)向ける. ～ one***self to*** に精を出す, に熱中する. ～ ***to the oars*** 力漕(りきそう)する. ～ ***to*** a person***'s wishes*** (人)の願いをしぶしぶ聞き入れる.
—— *n.* **1** 曲がり(目), 屈曲〔湾曲〕(部). **2** からだをかがめること, おじぎ. **3**《心の》傾向. **4**〖海〗綱の結び目; (*pl.*)船の帯板, 〖紋〗平行斜線. ***above*** a person***'s*** ～ 〖米〗力が及ばない. ***Get a*** ～ ***on you!*** 〖俗〗ぐずぐずするな. ***get*** a thing ***on the*** ～ 不正手段で(物を) 入手する. ***go on the*** ～ 飲んで騒ぐ. ***round the*** ～ 気が変になって: send a person *round the* ～ 人の気をおかしくさせる. ***the*** ～***s*** 〖米話〗潜水病 (caisson disease).
～ **sinister** = bar sinister.
◇ ～**·a·ble** *a.* 曲げられる. ～**·ed** [-id] *a.* 曲がった: with ～*ed* bow 弓を引き絞って. on ～*ed* knees ひざを屈して, 哀願的に. ～**·er** *n.* **1** 曲げる人〔物〕, ペンチ; 曲がった物. **2**〖英俗〗6ペンス銀貨. **3**〖米俗〗宴会 (騒ぎ). **4**〖野球〗カーブ.

bene- 「善」「良」の意の語形成要素: *bene*diction 祝福 <bene- よく + √dic- 言う.

‡**be·néath** [biníːθ, ㊥⁺-níːð] *ad.* 下に, 下の方に: the heaven above and the earth ～ 上なる天と下なる地.
—— *prep.* **1** …の下に〔で〕: bend ～ a burden 重荷を負って屈する. **2** …の下の方に; …のふもとに. **3**《身分・地位・価値などについて》…より低く, …より以下で: marry ～ one 自分より低い身分の者と結婚する. be ～ the average 平均より劣っている. **4** …に価しない, …の品位にふさわしくない: ～ contempt けいべつにも価しない. It is ～ him *to* complain. 愚痴をこぼすのは彼らしくない.
[類] → **below** 「の下に」

Bèn·e·díc·i·te [bènidísiti/-dái-] *n.* **1** *Benedicite* (L. = Bless!) で始まる賛美歌; その曲. **2** (b～) 祝禱(しゅくとう); 《食前食後の》祈禱.
—— *int.* なんじに幸いあれ!

Bén·e·dick [bénidik] *n.* **1** Shakespeare の *Much Ado About Nothing* の中の人物《長年の独身生活をすて結婚に踏み切る》. **2** (b～) = benedict.

bén·e·dict [bénidikt] *n.* 新婚の男《特に長い独身生活をすてた》.

Bèn·e·díc·tine [bènidíktin/-t(a)in] *a.* **1** イタリアの僧 St. Benedict の. **2** ベネディクト会〔教団〕の.
—— *n.* **1** ベネディクト会の修道士《黒衣をまとっているため Black Monk ともよぶ》. **2** (b～) [-tiːn] フランス産のリキュールの一種. ～ **rule** ベネディクト教団の規則《沈黙と勤労を重んずる》.

bèn·e·díc·tion [bènidíkʃ(ə)n] *n.* **1** 祈禱(きとう), 《食前食後の》感謝の祈り. **2** 祝福. ↔ malediction. **3** (B～)《カトリックの》聖体降福式. [bene- + √dic-] ◇ ～**·al** [-ʃən(ə)l] *a.* 祝福を受けた. **-to·ry** [-díktəri] *a.* 祝福の; (B～) 聖体降福式の.

Bèn·e·díc·tus [bènidíktəs] *n.* *Benedictus qui venit* (L. = Blessed is he who comes...)に始まる賛美歌.

bèn·e·fác·tion [bènifǽkʃ(ə)n] *n.* 恩恵を施すこと; 恩恵, 善行; 喜捨.

bén·e·fac·tor [bénifæ̀ktər, ⌐−⌐−] *n.* (*fem.* **-tress** [-tris]) **1** 恩恵を施す人, 恩人; 後援者. ↔ malefactor. **2** 寄付〔寄贈〕者. [bene- + √fac-]

bén·e·fice [bénifis] *n.* 寺禄(じろく); 寺禄のある聖職; 〖カトリック〗聖職禄. —— *vt.* に寺禄〔聖職禄〕を授ける. ◇ ～**d** [-t] *a.*

be·néf·i·cent [binéfis(ə)nt] *a.* 慈善の; 奇特な, 情けぶかい. ↔ maleficent. [bene- + √fac-] ◇ ～**·ly** *ad.* **-cence** [-s(ə)ns] *n.* 恩恵, 施し; 慈善; 徳行.

bèn·e·fí·cial [bènifíʃ(ə)l] *a.* **1** 有益な, 有利な, 助長的な《に *to*》. **2** 慈善の. **3**〖法〗《信託財産などの》利益を受けるべき, 受益の. [bene- + √fac-[2]] ◇ ～**·ly** [-i] *ad.* ～**·ness** *n.*

bèn·e·fí·cia·ry [bènifíʃəri, ㊥⁺-fíʃièri] *n.* 利益〔恩恵〕を受ける人; 〖法〗(信託) 受益者; 《年金・保険金などの》受取人; 〖米〗給費生; 〖史〗《封建時代の》封臣; 〖カトリック〗聖職禄受領者.
—— *a.* 俸禄(ほうろく)を受ける, 封臣となっている.

‡**bén·e·fit** [bénifit] *n.* **1** 利益. **2** 恩恵; 恩典. **3** 慈善興行. **4**《保険・社会保障制度の》給付金, 年金, 施療. **5**〖俗〗もうけ仕事.
be in [***out of***] ～ 失業保険がもらえる〔もらえない〕. ～ ***of clergy*** 〖英史〗聖職裁判権《僧侶が教会で裁判を受ける権利》; 教会の儀式〔承認〕. ***for the*** ～ ***of*** …のために, …のためを思って; 《反語》の懲らしめに, …のあてつけに. ***give*** a person ***the*** ～ ***of the doubt*** 疑わしい点を(被告に)有利に解釈してやる; 証拠不十分で釈放する. ***of*** ～ (***to***) (に)有益な.
—— *vt.* のためになる; に利益する. —— *vi.* 利益を受ける: You will ～ *by* a holiday. 1日休暇をとればためになるでしょう. [bene- + √fac-]
～ **association** [**society, club**] 共済組合.

Bén·e·lux [bén(i)lʌ̀ks] *n.* ベネルックス《経済相互協定をもつ *Be*lgium, the *Ne*therlands, *Lux*emburg 3国の総称》.

be·név·o·lence [binévələns] *n.* **1** 善意, 慈悲心. **2** 慈善, 徳行. **3**〖英史〗徳税《国王が献金の名をかりて国民から取り立てた税》.

be·név·o·lent [-lənt] *a.* 善意に満ちた, 好意的な, 優しい, 親切な, 情けぶかい; 慈善の. [bene- + √vol-[2]] ～ **society** 共済組合. ◇ ～**·ly** *ad.*

Ben·gál [beŋgɔ́ːl, beŋ-] *n.* **1** ベンガル《旧インド北東部の州名. 現在はパキスタン領 East Bengal とインド領 West Bengal とに分かれている》. **2** ベンガル絹〔絹〕. ～ **light** [**fire**] 青色花火信号. ～ **silk** 薄い絹毛織り. ～ **stripes** 棒じま綿布.

Bèn·ga·lése [bèŋgəlíːz, bèŋ-] *a.* ベンガル (人・語) の. —— *n.* (*pl.* ～) ベンガル人.

Ben·gál·i, Ben·gál·ee [beŋgɔ́ːli, beŋ-] *n.* ベンガル人〔語〕. —— *a.* ベンガルの; ベンガル人〔語〕の.

bén·ga·line [béŋgəliːn, ⌐−⌐] *n.* 絹布の一種《もめんまたは羊毛との交織でポプリンに似た生地》.

Ben·ghá·zi, Ben·gá·si [bengá:zi] *n.* ベンガジ《Libya の海港》.

be·níght·ed [bináitid] *a.* 1 行き暮れた: a ～ traveler 行き暮れた旅人. 2 (文化・時代に) 遅れた, 未開の: a ～ policy 時代遅れの政策.

be·nígn [bináin] *a.* 1 優しい, 親切な; 優しさをたたえた. 2《気候などが》温和な. 3〖医〗良性の. ↔ malign. ◇ **～·ly** *ad.*
(類) → **kind**「親切な」

be·níg·nant [binígnənt] *a.* 1 慈悲ぶかい, 親切な, 優しい: a ～ ruler 仁慈の君主. ↔ malignant. 2《気候が》温和な. 3〖医〗良性の. ◇ **-nan·cy** *n.*
(類) → **kind**「親切な」

be·níg·ni·ty [binígnịti] *n.* 1 仁慈, 恵みぶかさ, 親切, 優しさ. 2《気候の》温和. 3《病気の》悪性でないこと, 軽さ.

bén·i·son [bénịzn, -sn] *n.*〖古〗祝禱(しゅくとう).

Bén·ja·min [béndʒəmịn] *n.* 1〖聖〗Jacob の末子; イスラエル12支族の一つ. 2 末っ子; 愛児. 3 (b～) = benzoin. **～'s mess** 大きな分け前.

bén·net [bénit] *n.*〖植〗1〖米〗ダイコンソウ. 2〖英〗ヒナギク.

Bén·nett [bénit] *n.* Arnold ～, 1867～1931, イギリスの小説家.

‡**bent**[1] [bent] *v.* bend の過去・過去分詞. —— *a.* 1 曲がった, 弓形になった, ねじれた, ひねくれた: a man ～ *with* age 老年で腰の曲がった人. 2 心を傾けた, 決心した, 熱中した《に *on*》: ～ *on* mischief いたずらばかりして. be ～ *on* learning French フランス語の勉強に熱中している. ***be ～ homeward*** 家路をたどる.
—— *n.* 1 傾向, 性癖. 2 好み, 素質: have a natural ～ *for* music 生まれつき音楽の素質がある. a young man with a literary ～ 文学青年. 3 緊張, 耐久力. 4 屈曲 [湾曲] (部). ***follow* one's ～** 気の向くままにする, 性向に従う. ***to the top of* one's ～** 力の限り, 思い切り; とっくり満足するまで.
～·wood → 別項.

bent[2] *n.* 1〖植〗ミヤマヌカボおよび類似の雑草 (= ～ grass). 2〖スコットランド〗《囲いなしの》牧草地.

Bén·tham [bénθəm, -təm] *n.* Jeremy [dʒérịmi-] ～, 1748–1832, イギリスの哲学者・法律家.
◇ **～·ism** *n.* ベンサムの唱えた功利主義《最大多数の最大幸福論》. **～·ite** [-àit] *n.* 功利主義者.

bén·thos [bénθɑs/-θɔs] *n.*〖生〗《集合的》水底にすむ生物類. ◇ **bén·thic** [-θik], **bén·thal** [-θəl], **ben·thón·ic** [benθɑ́nik/-θɔ́n-] *a.*〖生〗水底にすむ.

ben tro·va·to [ben-trová:to] It. うまく考え(つい)た;《話など》よくできた, もっともらしい.

bént·wood [béntwùd] *n.* 曲げ木《家具用に蒸気で曲げた木》. —— *a.* 曲げ木の: a ～ chair.

be·númb [binʌ́m] *vt.* 1 無感覚にする, しびれさせる: ～*ed with* [*by*] cold 寒さにかじかんだ. 2 失神させる; の活動を停止させる.

Bén·ze·drine [bénzịdrì:n] *n.*〖薬〗覚醒(かくせい)剤《商標名》.

bén·zene [bénzi:n, ―́] *n.*〖化〗ベンゼン《コールタールから採る無色の液体で溶剤または染料製造用》.

bén·zine [bénzi:n, ―́] *n.*〖化〗ベンジン《石油から採る無色の液体》. 〈注〉benzene と区別するため benzoline ともいう.

bén·zo·ate [bénzouèit, ㊥+―́―, -it] *n.*〖化〗安息香酸塩.

ben·zó·ic [benzóuik] *a.* 安息香の. **～ acid** 安息香酸.

bén·zo·in [bénzouin, ㊥+―́―] *n.* 安息香, ベンゾイン樹脂《ジャワ・スマトラ産》.

bén·zol [bénzoul, -zɑl/-zɔl] *n.* ベンゾール.

bén·zo·line [bénzəlì:n]〖英〗= benzine.

bén·zyl [bénzil, ㊥+-zi:l] *n.*〖化〗ベンジル.

Bé·o·wulf [béiəwùlf] *n.* ベオウルフ《8 世紀初めの古代英語の叙事詩; その主人公》.

be·páint [bipéint] *vt.* にペンキを塗る; に色彩をほどこす.

be·pláne [bipléin] *vi.*〖米〗飛行機で飛ぶ.

be·plás·ter [biplǽstər/-plɑ́:s-] *vt.* にしっくいを塗る.

be·pów·der [bipáudər] *vt.* に粉 [おしろい] を塗りたくる.

be·práise [bipréiz] *vt.* ほめそやす.

Be Prepared「常に備える」《アメリカのボーイ [ガール] スカウトの合いことば》.

be·quéath [bikwí:ð, -kwí:θ] *vt.*〖法〗1 〈動産を〉遺贈する. 2 〈名・作品などを〉残す, 伝える《後世に》. ◇ **～·al** [-(ə)l], **～·ment** *n.* 遺贈.

be·quést [bikwést] *n.* 1 遺贈. 2 遺産, 形見.

be·ráte [biréit] *vt.*〖米〗しかる, ののしる.

Bér·ber [bə́:rbər] *n.* バーバリ人《北アフリカ山地の一種族》; バーバリ語. —— *a.* バーバリ人 [語] の.

ber·ceuse [bεərsə́:z] F. *n.* 子もり歌.

bere [biər] *n.*〖英〗大麦の一種.

be·réave [birí:v] *vt.* (**～d** *or* **be·réft** [biréft]) 1 《過去・過去分詞は通例 bereft》から奪う《を *of*》: Indignation had *bereft* him *of* speech. 憤慨して彼は口がきけなくなっていた. be *bereft of* all hope あらゆる望みを失う. 2《過去・過去分詞は通例 ～d》〈死などが人から〉奪う《を *of*》: An accident ～*d* her *of* her parents. 事故で彼女は両親を失った. be ～*d of* one's husband 夫に先だたれる.
***the ～d* (*family*)** 遺族.
◇ **～·ment** [-mənt] *n.* 死別.

be·réft [biréft] *v.* bereave の過去・過去分詞.

be·rét [bəréi, bérit/bérei, bérit] *n.* ベレー帽.

berg [bə:rg] *n.* 氷山 (= iceberg).

bér·ga·mot [bə́:rgəmɑ̀t/-mɔt] *n.* 1〖植〗ベルガモット《ミカンの一種》; ベルガモット香油. 2 香油の採れるハッカの種類. 3 ナシの一種.

Bérg·son [bə́:rgsn, bέərg-|F. bεrgsɔ̃] *n.* Henri [F. ɑ̃ri] ～, 1859–1941, フランスの哲学者. ◇ **～·ism** [-iz(ə)m] *n.* ベルグソン哲学. **Berg·són·i·an** [bə:rg-sóuniən, bεərg-] *a., n.* ベルグソン哲学の(信奉者).

be·rhýme, be·ríme [biráim] *vt.* 詩でたたえる, 歌につくる.

be·ríb·boned [biríbənd] *a.* リボンで飾った; 勲章をつけた.

bér·i·bér·i [béribéri] *n.*〖医〗かっけ.

Bér·ing [bí(:)riŋ, bέ(:)r-/bér-] ***the ～ Sea*** ベーリング海. ***the ～ Strait*** ベーリング海峡.

Bérke·ley [bə́:rkli/bɑ́:k-] *n.* 1 England 西部の町. 2 George ～, 1685–1753, アイルランドの僧正・哲学者. 3〖米〗California 州の都市《カリフォルニア大学本部の所在地》.

bérke·li·um [bə́:rkliəm] *n.*〖化〗バークリウム《カリフォルニア大学でサイクロトロンによってできた放射性元素. 記号 Bk》.

Bérk·shire [bə́:rkʃ(i)ər/bɑ́:k-] *n.* 1 England 南部の州《略 Berks.》. 2 白・黒のぶちのある豚.

Ber·lín [bə:rlín] *n.* 1 ベルリン《もとドイツの首都. 現在 East ～ (東ドイツの首都) と West ～ に分かれている》. 2 (b～) 2 人乗り 4 輪馬車の一種. 3 編み物用細毛糸 (= ～ wool). **～ black** [**varnish**]《ストーブなどに塗る》耐熱黒エナメル. **～ gloves** 毛糸の手袋. **～ shop** [**warehouse**] 毛糸店.
◇ **～·er** [bə:rlí:nər] *n.* ベルリン市民 [生まれの人].

berm, berme [bə:rm] *n.* 1《運河・道路などの》縁(へり), 路肩;〖建〗犬走り. 2 堡塁(ほるい)のがけ道; 段丘, 小段《山や海岸などの》.

Ber·mú·da [bərmjú:də] *n.* (または *pl.*) 大西洋西部にあるイギリス領の群島.
～ onion 大型の辛味の少ないタマネギ. **～ shorts** バミューダショーツ《ひざの上までくる半ズボン》.

Bern, Berne [bə:rn] *n.* ベルン《スイスの首都》.

Bér·nard [bə́:rnərd] ***St. ～*** (1) 僧ベルナール《フランスの聖者. 同名の者が 3 人あるが, St. ～ of Clairvaux [-əv-klε(:)rvóu/-klεəv-], 1090?–1153, が特に高名》. (2) サンベルナール峠《スイスのアルプス山中に

ある》. (3) セントバーナード犬《白茶ぶち大型の洋犬》.

Bér·nard·ine [bə́ːrnərdin] *a.* **1** St. Bernard of Clairvaux の. → Bernard. **2** Cistercian 派の, シートー教団の. —— *n.* シートー教団の僧.

‡**bér·ry** [béri] *n.* **1**〖植〗《イチゴ・ブドウなどの》漿果(しょうか); 《一般的》イチゴ類. **2** かわかした種子; 穀粒. **3**《魚・エビの》卵の粒: a lobster *in* ～ 卵をもっているエビ. —— *vi.* 漿果を生じる; 漿果をとる. ***go*** ***～ing*** イチゴをとりに行く.

◇ **-ried** [-d] *a.* 漿果を結ぶ〔のなった〕; 卵をもった.

ber·sa·glie·re [bèərsɑːljér(e)i/-liέ(ə)ri] It. *n.* (*pl.* ***-ri*** [-ri]) 狙撃(そげき)兵.

bér·serk [bə́ːrsəːrk] *n.* ＝berserker. —— *a.*, *ad.* 狂暴な〔に〕. ◇ **～·er** [-ər] *n.*〖北欧伝説〗狂暴戦士; 狂暴漢.

berth [bəːrθ] *n.* **1**〖海〗錨地(びょうち), 停泊位置; 岸〔他船〕との距離, 停泊〔操船〕余地. **2** 寝台《船・列車・旅客機などの》. **3** 宿, 宿所. **4** 職, 口, 地位. ***give a wide ～ to*** ＝ ***keep a wide ～ of*** …から十分離れて停泊する; を敬遠する. ***take up a ～*** 停泊する.

—— *vt.* **1** 停泊させる. **2** に寝場所を与える. **3** 就職させる. —— *vi.* 停泊する.

◇ **～·age** [-idʒ] *n.* 宿泊地〔税〕.

bér·tha [bə́ːrθə] *n.* 婦人服の飾りえり《肩までたれかかるレースの広えり》.

bertha

Bér·til·lon [bə́ːrt(i)lɑ̀n|F. bɛrtijɔ̃] ～ ***system*** ベルティヨン式人体測定法《犯人識別法》.

Bér·wick(·shire) [bérik(-ʃiər, -ʃər)] *n.* スコットランド南東部の州《略 Berw.》.

bér·yl [béril] *n.*〖鉱〗緑柱石《エメラルドなど》.

◇ **～·ine** [-in, -àin] *a.* 緑柱石の; 薄青い.

be·rýl·li·um [bəríliəm] *n.*〖化〗ベリリウム (glucinum)《アルミニウムの 3 分の 1 の軽さの金属元素. 記号 Be》.

be·scréen [biskríːn] *vt.* おおい隠す.

be·séech [bisíːtʃ] *vt.*, *vi.* (**be·sóught** [bisɔ́ːt]) **1** (に)懇願する, (に)嘆願する: I ～ you *for* pardon. ＝I ～ you *to* pardon me. ぜひお許しをお願いします. Earnestly did I ～, but to no avail. 熱心に懇願したがむだだった. **2** 懇望する: ～ leave *to*(do) …する許可を求める. 〔seek と同語源〕

be·séech·ing·ly [-iŋli] *ad.* 嘆願して〔するように〕.

be·séem [bisíːm] *vt.* 《おもに it を主語として》 にふさわしい, に似つかわしい: It ill ～*s* you to complain. 泣きごとを言うとはきみらしくない.

◇ **～·ing** [-iŋ] *a.* **～·ing·ly** *ad.*

be·sét [bisét] *vt.* (～; **～·ting**) **1** 包囲する, 取り巻く; (四面から) 攻める. **2** 〈危険・誘惑などが〉…につきまとう, 悩ます. **3** 飾る: be ～ *with* jewels 宝石をちりばめてある.

◇ **～·ment** *n.* **1** 包囲; つきまとうこと〔もの〕. **2** 弱点, 弱み. **～·ting** [-iŋ] *a.* 取り巻く, 絶えずつきまとう: a ～*ting* sin 陥りやすい罪.

be·shréw [biʃrúː] *vt.*〖古〗のろう. ***B～ me !*** なんといまいましい!

†**be·síde** [bisáid] *prep.* **1** …のそばに: Sit down ～ me. 私のそばにすわりなさい. **2** …と比べて: *B*～ him other people are mere amateurs. 彼に比べるとほかの者はしろうとにすぎない. **3** …をはずれて: ～ the point 要点からはずれて. ～ the mark 的をはずれて. **4** …のほかに (＝besides). **～ one*self*** われを忘れて, 逆上して: ～ one*self* with joy 〔anger〕 狂喜〔逆上〕して. **～ *the question*** 問題外で.

—— *ad.* **1** そばに〔を〕. **2**〖稀〗その上 (＝besides).

‡**be·sídes** [bisáidz] *ad.* **1** そのほかに, 別に: I bought him books and many pictures ～. 彼に本と, そのほかたくさんの絵を買ってやった. **2** その上に, 加うるに: It is too late; ～, you are tired. もうおそいし, それにあなたは疲れている.

—— *prep.* **1** …の上に, …に加えて: *B*～ his mother he has a sister to support. 母親のほかに妹を養わなければならない. **2**《否定・疑問文で》…のほかに(は), …を除いて(は) (except).

be·síege [bisíːdʒ] *vt.* **1** 包囲(攻撃)する. **2** に押しかける, に殺到する: vacationers ～*ing* the travel offices 旅行案内所に押しかけた休暇旅行者たち. **3**《要求・質問などで》せめたてる《で *with*》.

◇ **～·ment** *n.* 包囲(攻撃). **be·síeg·er** *n.*

be·sláv·er [bislǽvər] *vt.*〖英〗だらだらよだれでぬらす. ***be ～ed with compliments*** おせじをたらたら言われる.

be·slób·ber [bislɑ́bər/-slɔ́b-] *vt.* **1** ＝beslaver. **2** にやたらにキスする.

be·slúb·ber [bislʌ́bər] *vt.* 塗りたくる.

be·sméar [bismíər] *vt.* 塗りたくる, よごす: ～*ed with* mud どろをかぶって.

be·smírch [bismə́ːrtʃ] *vt.* よごす; 〈名誉・人格を〉けがす.

bé·som [bíːzəm] *n.* **1**〖植〗エニシダ. **2** 庭ぼうき. **3**〖英俗〗あばずれ女. —— *vt.* 庭ぼうきで掃く.

be·sót [bisɑ́t/-sɔ́t] *vt.* (**-tt-**)《酒で》酔わせる; の頭を狂わせる. ◇ **～·ted** [-id] *a.* 酔った, たわいなくなった《で *with*》.

be·sóught [bisɔ́ːt] *v.* beseech の過去・過去分詞.

be·spáke [bispéik] *v.*〖古〗bespeak の過去形.

be·spán·gle [bispǽŋgl] *vt.* にまき散らす《光る物を》: be ～*d with* stars 星が一面に輝いている.

be·spát·ter [bispǽtər] *vt.* **1** にはねかける《水・どろなどを》: ～*ed with* mud どろまみれの. **2** に浴びせる《悪口などを》.

be·spéak [bispíːk] *vt.* (**be·spóke** [bispóuk],〖古〗**be·spáke** [bispéik]; **be·spó·ken** [bispóuk(ə)n], **be·spóke**) **1** 前もって求める: ～ a calm hearing 聴衆に静粛を求める. **2**〖英〗予約する; 注文する. **3** 示す: This ～*s* a kindly heart. これは親切な心のあらわれである. **4**〖古〗の前兆となる. **5**〖雅〗に話しかける.

be·spéc·ta·cled [bispéktəkld] *a.* めがねをかけた.

be·spóke [bispóuk] *v.* bespeak の過去・過去分詞. —— *a.*〖英〗**1** あつらえの(＝[米]custom-made): ～ garment あつらえの衣服. → ready-made. **2** あつらえ品を扱う: a ～ bootmaker 注文専門のくつ屋《本来は ～ boot maker「注文ぐつ＋製造者」であるべきもの》.

be·spó·ken [-(ə)n] *v.* bespeak の過去分詞.

be·spót [bispɑ́t/-spɔ́t] *vt.* (**-tt-**) に汚点をつける; よごす《で *with*》.

be·spréad [bispréd] *vt.* おおう《で *with*》.

be·sprént [bisprént] *a.*〖雅〗まき散らされた: ～ *with* flowers 花をまき散らした.

be·sprín·kle [bispríŋkl] *vt.* に振りまく, に注ぐ《を *with*》.

Bès·sa·rá·bi·a [bèsəréibiə] *n.* ルーマニアの北東地方《1940年にソ連に割譲した》.

Bés·se·mer [bésimər] *n.* Henry ～, 1813–98, イギリスの技師・発明家. **～ converter** ベッセマー転炉. **～ process** ベッセマー(製鋼)法. **～ steel** ベッセマー鋼.

†**best** [best] *a.* 《good の最上級》 **1** 最もよい, 最善の, 最上の, 至上の: the ～ man *for* the job その仕事の最適任者. the ～ way to make coffee コーヒーのいちばんじょうずないれ方. What is the ～ thing to do? なにをやったらいちばんよいのか. 〈注〉3 者以上の比較のばあいが原則であるが口語ではよく 2 者についても用いる. ↔ worst. **2** 最大の: the ～ part of a day 一日の大部分, ほとんど一日じゅう. **3** きわめてひどい, 徹底的な: the ～ liar 大うそつき.

one's ～ *days* 全盛時代, 最盛期. one's ～ *fellow* [*girl*] 〖俗〗恋人. *put* one's ～ *foot* [*leg*] *foremost* [*forward*] 〖米〗自分の長所を示す, いいところを見せる; 〖英〗精いっぱい急ぐ.

—— *n.* **1** 最善, 最上, 全力: do one's ～ 最善を尽くす. **2** 最善の状態; 最善の部分: be in the ～ of one's health この上なく健康である. the ～ of the joke その冗談のいちばんおもしろいところ. **3** 最善のもの: get the ～ 最善のものを手に入れる. We are the ～ of friends. われわれはこの上なくよい友人だ. **4** 晴れ着: in one's (Sunday) ～ 晴れ着を着て. ***All*** (*is*) ***for the*** ～. 〖諺〗天道人を捨てず; 何事も神のおぼしめし. *at* one's [*its*] ～ 最善の状態で, 《花など》まっ盛りで. *at* (*the*) ～ (1) 最もよく: sell *at* (*the*) ～ 最高の条件で売る. (2) いちばんよくても, 最もよくいっても, たかだか: *At* ～ we cannot arrive before noon. うまくいっても正午前には到着できない. *At* ～ it is a poor piece of work. いくらほめてもたかが知れた作品だ. (3) 全盛の際に: He was undemonstrative *at the* ～. 得意時代にも彼は見せつけがましいところはなかった. *do* one's *level* ～ 〖話〗できるだけの力を尽くす. *for the* ～ いちばんよいと思って, できるだけそのためを思って: I did it *for the* ～. よかれと思ったからこそやったのだ. It is all *for the* ～. すべてよかれかしと思うからこそだ. *get the* ～ *of* a person 〖米〗(人)を負かす. *get* [*have*] *the* ～ *of it* [*the bargain*] 《議論などで》勝つ; 取引をうまくやる. *get the* ～ *out of* a person (人)に最善〔全力〕を発揮させる. *give* a person [a thing] ～ 〖英話〗(相手の) 勝ちを認める; (物事を) あきらめる. *look* one's ～ いちばん見ばえがする, いちばん美しく見える. *make the* ～ *of* をできるだけ利用する; に順応する; …でまにあわせる, …でがまんする. *make the* ～ *of a bad job* [*bargain*] がまんする, へこたれない. *make the* ～ *of* one's *way* (できるだけ) 道を急ぐ. ***One must make the*** ～ ***of things.*** 〖諺〗人はおよそ足るを知るべし. *to the* ～ *of* の限界まで, の及ぶかぎり: *to the* ～ *of* one's power [knowledge] 力の及ぶ〔知っている〕かぎり. *to the* ～ *of* one's belief 信ずるかぎり, 信ずるところでは. *with the* ～ 《一流の人々と交わって》だれにも劣らずに.

—— *ad.* 《well の最上級》 **1** 最もよく; 最も: I like football ～ *of* all sports. スポーツのうちではフットボールがいちばん好きだ. **2** 〖話〗この上なく, ひどく: the ～ abused book いちばん評判の悪い本. *as* ～ (*as*) one *can* [*may*] できるだけ, 及ぶかぎり: I comforted her *as* ～ *as* I *could*. 私は一生けんめい彼女を慰めた. ～ *of all* なによりも, 第一に. *come off* ～ 《議論などで》勝つ; 《取引など》うまくやる. *had* ～ (do) …したらいちばんいい, ぜひ…すべきだ.

—— *vt.* に勝つ, 負かす, 出し抜く.

∼-báll →別項. ‡**∼-known** [-nóun] いちばん有名な. ～ **man** 《結婚式で》花婿付き添いの男. ～ **seller** ベストセラー 《一定期間に最大部数売れた本》; その著者. **∼-séll·er·dom** 《集合的》ベストセラー.

be·stár [bistáːr] *vt.* (**-rr-**) 星で飾る〔おおう〕.

bést-báll [béstbɔ́ːl] ～ ***foursome*** 〖ゴルフ〗ベストボール フォーサム 《4人がふたりずつ組みになり, ふたりのよい方の点をそれぞれの組みの点とする》. ～ ***match*** 〖ゴルフ〗ベストボール マッチ 《ひとりがふたり以上の最上点と争う》.

be·stéad[1] [bistéd] *vt.* (**∼·ed** [-id]; **∼·ed**, **∼**) に役立つ.

be·stéad[2], **be·stéd** [bistéd] *a.* 〖古〗…の境遇にある: ill ～ 苦境にある.

bés·tial [béstʃəl/-tjəl] *a.* 獣の (ような), 獣的な; 残忍な. —— *n.* 〖スコットランド〗《集合的》家畜, 牛. [beast と同語源]

◇ **∼·ize** [-àiz] *vt.* 獣化する. **∼·ly** *ad.* 獣のように; 狂暴にも. **bès·ti·ál·i·ty** [bèstʃiǽləti/bèsti-] *n.* 獣性, 獣欲; 残忍性. 「(ぐう)集.

bés·ti·ar·y [béstièri/-tiəri] *n.* 〖中世の〗動物寓話

be·stír [bistə́ːr] *vt.* (**-rr-**) 立ち上がらせる, 奮起させる. ～ one***self*** 奮起する.

‡**be·stów** [bistóu] *vt.* **1** 授ける, 与える: ～ a title *on* a person 人に肩書きを与える. **2** 充てる, 用いる: ～ all one's energy *on* a task 仕事に全精力を傾注する. ～ one's money wisely 所持金を賢明に用いる. **3** 〖話〗宿らせる, に宿所をあてがう. **4** 〖古〗たくわえておく. [stow「置く」と同語源]

◇ **∼·al** [-əl] *n.* 授与; 処置; 貯蔵.

be·strád·dle [bistrǽdl] *vt.* 〈馬などに〉またがる.

be·stréw [bistrúː] *vt.* (**∼ed**; **∼ed**, **∼n**) にまき散らす 《を *with*》: ～ the streets *with* flowers 街路に花をまき散らす.

be·stríde [bistráid] *vt.* (**-stróde** [-stróud], **-stríd** [stríd]; **-stríd·den** [-strídn], **-stríd**) 〈馬などに〉またがる; に馬乗りになる; またいで越す.

be·stúd [bistʌ́d] *vt.* (**-dd-**) に一面にびょうを打つ; に散在させる: ～*ded with* stars 星の散らばった.

‡**bet** [bet] *n.* **1** 賭(か): an even ～ 五分五分の賭. **2** 賭けた金〔物〕. **3** 賭けるに価する人〔物〕: a good ～ 有望なもの〔人〕. It's a ～, then? では賭にしようか 《ふたりのどちらが正しいかを》. **4** 他に採りうる方法 (alternative): Your best ～ is to apologize. (これがだめなら) あやまるのがいちばんよい. ***accept a*** ～ 賭に応ずる. ***make*** [***lay***] ***a*** ～ 賭をする 《に *on*; と, を相手に *with*》. ***win*** [***lose***] ***a*** ～ 賭に勝つ〔負ける〕.

—— *v.* (～ *or* **∼·ted** [bétid]; **∼·ting**) *vt.* **1** 〈金などを〉賭ける: ～ money *on* a horse 〖競馬〗馬に賭ける. **2** と賭をする 《について *on*》: ～ a person *on* a thing あることについて人と賭をする. **3** 請け合う, 断言する 《と *that*》: I'll ～ (you) *that* he will come. あの人が来ることは請け合います.

—— *vi.* **1** 賭事をする, 賭をする. **2** 請け合う. ～ ***against*** に反対の賭をする, …しないと賭ける: I'll ～ *against* his coming. 彼が来たらぼくは罰金を払う; あの男は来るものか! ～ one***'s bottom dollar*** 最後の1ドルを賭ける; どこまでも確信する. ***You*** ～***!*** (1) そのとおりだ, 全くだ. (2) 確かに, まちがいなく: *You* ～ we had a good time! おもしろかったよ, ほんとうに! ***You*** ～***?*** 〖俗〗きっとか.

bet. between.

bé·ta [béitə, bíː-/bíː-] *n.* **1** ギリシア語アルファベットの第2字 (Β, β). **2** 第2位のもの.

～ **particle** 〖物〗ベータ粒子 《光の速度で飛び出す電子》. ～ **plus** 二流よりやや上. ～ **rays** 〖物〗ベータ線 《ベータ粒子の出る放射線》.

be·táke [bitéik] *vt.* (**be·tóok** [bitúk]; **be·ták·en** [bitéik(ə)n]) 《～ oneself の形で》 **1** 行く, おもむく 《へ *to*》: She *betook herself to* the market. 市場へ出かけた. **2** 近づく, 身をささげる, 親しむ: He *betook himself to* hard study. 勉強に身を打ち込んだ. **3** 《ある手段に》たよる, 訴える: They *betook themselves to* flight [*to* their heels]. 彼らは逐電(ちく)した, しりに帆を上げた.

bé·ta·tron [béitətràn, bíː-/bíːtətrɔn] *n.* 〖物〗ベータトロン 《電子の加速装置》.

bete [biːt] = beet[2].

bé·tel [bíːtl] *n.* 〖植〗キンマ (の葉). ～ **nut** ビンロウジュの実 《南方原住民が石灰とまぜ, キンマの葉で巻いて, 日常の嚙(か)みものとする》. ～ **palm** 〖植〗ビンロウジュ.

Bé·tel·gèuse [bíːtldʒùːz/bìːtldʒə́ːz] *n.* 〖天〗ベテルギュース 《オリオン座の一等星》.

bête noire [béitnwáːr] F. 大きらいな物; いやなやつ, 毛虫のような人間.

béth·el [béθ(ə)l] *n.* **1** 聖地. **2** 〖英〗非国教徒の礼拝堂. **3** 〖米〗水夫のための礼拝堂 《しばしば港の

水面に浮いている》.

be·thínk [biθíŋk] *vt.* (**be·thóught** [biθɔ́:t]) 《～ oneself の形で》 **1** よく考える; 思い出す; 思いつく, 気がつく《を *of, how, that*》: *B～ yourself how* they would grieve. あの人たちがどれほど悲しむか考えてごらんなさい. **2** 心を決める, 決意する《について *of*》. 〈注〉 oneself の代わりに one を用いるのは古語.

Béth·le·hem [béθliəm, -lihèm/-hem] *n.* ベツレヘム《Palestine 中部の町. キリスト降誕の地》.

be·tíde [bitáid] *vt.* に生じる, の身の上に起こる: Woe ～ him! 彼に災いあれ. **——** *vi.* 起こる; 身にふりかかる: whate'er ～ 何事が起ころうとも.

be·tímes [bitáimz] *ad.* **1** いち早く, 折りよく; 早く: be up ～ 朝早く起きる. **2** まもなく, じきに.

bê·tise [beití:z] F. *n.* 愚鈍; 愚行, 愚言.

be·tó·ken [bitóuk(ə)n] *vt.* のあらわれである; の前兆となる.

bét·o·ny [bétəni] *n.* 〚植〛 カッコウグサ.

be·tóok [bitúk] *v.* betake の過去形.

‡**be·tráy** [bitréi] *vt.* **1 裏切る**; 〈祖国・味方などを〉売る; 〈夫・妻・女などを〉だます. **2** 〈信頼・期待・希望などに〉そむく. **3** 〈秘密を〉**もらす**, 密告する. **4** 〈感情・無知・弱点などを〉 **うっかり暴露する**, もらす: ～ one's ignorance 無知をさらす. ～ one***self*** うっかり自分の本性〔本心, 秘密〕を暴露する.

◇ **～·al** [-əl] *n.* 裏切り; むほん; 背信; 密告. **～·er** *n.* 裏切り者; 密告者. [類] → **reveal**「暴露する」

be·tróth [bitrɔ́:θ, -óuð/-óuð] *vt.* 〈男女を〉婚約させる. ***be*** 〔***become***〕 ***～ed to*** と婚約している〔する〕. one***'s ～ed*** 婚約者. ～ one***self to*** と婚約する.

◇ **～·al** [-(ə)l] *n.* 婚約.

†**bét·ter**[1] [bétər] *a.* **1** 《good の比較級》…**よりよい**, …よりすぐれた《2 者のうちで》. **2** 《well の比較級》**快方に向かって**, 気分がよりよい: get ～ 快方に向かう. **3** 《part を伴って》より大きな: the ～ *part* of the week 一週間の大部分.

be ～ than one***'s word*** 約束以上に尽くす. ***be the ～ for*** …の故にますますよい. one***'s ～ feelings*** 良心, 本心. one***'s ～ self*** 分別, 良心. ***feel ～*** 前より気分がよい; からだの調子がいい; 気が休まる, 安心する. ***Feel ～ soon!*** 早く元気におなりなさい《病人へのことば》. ***no ～ than*** (1) も同然, …にすぎない: *no ～ than* a beggar こじきも同然. (2) …と同様よくない: He is *no ～ than* his brother. 兄弟そろってたいしたもんじゃない. She is *no ～ than* she should 〔ought to〕 be. 〚話〛 どうせたいした者じゃない; ろくな女じゃない. ***not ～ than*** …よりもよくない, たかが…にすぎない. ***so much the ～*** (それなら) なおけっこう.

—— *ad.* 《well の比較級》 **1 よりよく**; よりうまく: write ～ よりじょうずに書く. **2** いっそう, より多く: I like this ～. この方が好きだ. **3** より以上: ～ than a mile to town 町まで1マイル余.

be ～ off 前より暮らし向きがよい, いっそう安楽である. ***～ and ～*** だんだん〔ますます〕よく. ***go*** (a person) ***one ～*** (1) いちだんいいことをする: Can't you *go one ～*? もう少しうまくやれないかね. (2) …にまさる, 負かす: I'll *go* you *one ～*. きみより上手(うわて)を行ってやるぞ. ***had ～*** (do) …した方がよい: You *had ～* go 〔not go〕. 行った〔行かない〕方がよい. *Hadn't* I ～ go? 行く方がよくはないか. You *had ～* have gone. 行った方がよかった (のに). 〈注〉口語ではこの had または You had を略すことがある: (You) *better* mind your own business. 自分のことを心配していた方がいいよ, 他人のことに口出しするな. ***know ～*** (***than to*** (do)) もっと分別がある, …することのよくないことを知っている: I *know ～*. そんなばかはしない. I *know ～ than to* quarrel. けんかするほどばかじゃない. ***think*** (***all the***) ***～ of*** を考え直す, を見直す: I *think all the ～ of* you for it. そのことできみを見直した.

—— *n.* よりよい物〔人〕: one's ～ 自分よりすぐれた人, 上手(うわて). one's ～*s* 目上の人々, 先輩. ***for ～*** (***or***) ***for worse*** よかれあしかれ, どんな結果になるにしろ; 《結婚式での誓いの文句の中で》いかなる運命になろうとも. ***for the ～*** よい方に: change *for the ～* 好転 (する). ***get*** 〔***have***〕 ***the ～ of*** に勝つ, …にまさる; をだます, 丸める.

—— *vt.* 改良〔改善〕する; にまさる. **——** *vi.* よくなる; 向上〔進歩〕する. ～ one***self*** りっぱになる; 昇進〔昇給〕する, 出世する.

～ days 《主として動詞 see とともに》 いまより景気のよかった時代, 幸福なころ. **～ half** 〚話〛 妻.

[類] → **reform**「改良する」

bét·ter[2] ＝bettor.

bét·ter·ment [bétərmənt] *n.* **1** 改善, 改良, 向上. **2** (*pl.*) 〚法〛 不動産の改修; 《改修による不動産の》値上がり. 「の.

bét·ter·most [bétərmòust] *a.* 〚俗〛 最上の; 大半

bét·ting [bétiŋ] *n.* 賭事(かけごと): a ～ book 賭金帳.

bét·tor [bétər] *n.* 賭をする人.

bét·ty [béti] *n.* くだものとカステラ状部分とが層になったデザート用菓子.

betw. between.

†**be·twéen** [bitwí:n] *prep.* **1** 《空間・時間・数量・位置》…**の間に** 〔で, を, の〕: ～ London and Paris ロンドン パリ間. ～ the two extremes 両極端の中間に. ～ one and two in the morning 午前1時と2時の間. (a distance of) ～ two and three miles from here ここから2ないし3マイル (の距離). **2** 《性質・種類》…の中間で, …のうちどっちつかずの: something ～ a chair and a sofa いすともソファーともつかぬもの. **3** 《関係・共有・分配》…の間に〔で, の〕: a bond ～ friends 友情のきずな. We had only one pair of shoes ～ us. ふたりでくつが1足しかなかった. divide earnings ～ the two かせぎをふたりで山分けする. **4** 《共同・協力》…の間で力を合わせて, …がともに作用して〔原因となって〕: We completed the job ～ the two of us. われわれふたりがかりで仕事を仕上げた. ～ ill health and worries 病気やら心配やらで. **5** 《差別・分離》…の間に〔で, の〕: the difference ～ the two 2者の (間の) 差異. choose ～ A and B AかBかのいずれかを選ぶ.

〈付記〉 ふつう2者間に用いるが, 3者以上に用いるばあいもあり, 2者ずつ分離してその間の関係を示す: a treaty *between* three powers 3国間の条約. → among.

～ ourselves ＝***～ you and me*** (***and the gate-post*** 〔***bedpost***〕) ここだけの話だが, これは秘密だが. ***～ the lines*** 言外に; 言外の意味をくんで. ***come ～*** の間にはいる; の仲を裂く. ***There is no love lost ～*** (***them***). (彼ら) は初めからきらいあっていたのだ.

—— *ad.* (両者の) 間に; 間をおいて: be 〔stand〕 ～ 中に立つ, 仲裁する; 分け隔てる, じゃまする. (***few and***) ***far ～*** きわめてまれに. ***in ～*** (の) 中間に; (に) 囲まれて.

～ decks 〚船〛 甲板と甲板の間の空間, 中艙(ちゅうそう). **～·maid** [-mèid] 〚英〛 仲働き (女中). **～·times** [-tàimz], **～·whiles** [-(h)wàilz] (1) その間に, 合い間に. (2) おりおり, ときどき.

be·twíxt [bitwíkst] 〚古・方・雅〛 ＝between.

bév·a·tron [bévətràn/-trɔn] *n.* 〚物〛 ベバトロン《高性能の cyclotron》.

bév·el [bévl] *n.* 斜角, 傾斜 (面); 斜角定規. **——** *a.* 斜めの. **——** *vt., vi.* (**-l-,** [英] **-ll-**) に斜角をつける, 斜角になる; 斜めに切る.

～ gear 〔**wheel**〕 〚機〛 かさ歯車, ベベルギア. **～ joint** 〚建〛 そぎ継ぎ. **～ square** 斜角定規.

bév·er·age [bév(ə)ridʒ] *n.* 飲み物, 飲料: The price of the meal includes a ～. お食事料金はお飲み物代込み. ***alcoholic ～*** アルコール飲料.

cooling ～ 清涼飲料. [√bib-]

Bév·er·ly [bévərli] ～ ***Hills*** California 州西南部の都市《Los Angeles に近い高級住宅地》.

bév·y [bévi] *n.* 《鳥・シカもしくは若い娘・女たちの》群れ.

be·wáil [biwéil] *vt., vi.* 嘆き悲しむ. ◇ ～**·ment** *n.*

‡**be·wáre** [biwéər] *vi., vt.* 《命令形・不定詞のみ》用心する, 警戒する: *B～ of* the dog. 犬に用心. Tell him to ～ *of* imitations. まがい物に気をつけるよう言いなさい. *B～* such inconsistency. そういう矛盾は心して避けなさい.〈注〉lest, how, that ...not を伴う: *B～ that* you *do not* anger him. あの人をおこらせないよう注意しなさい.

*__be·wíl·der__ [biwíldər] *vt.* **当惑させる**, うろたえさせる. ◇ ～**·ment** *n.* 当惑, ろうばい.

[類] → **perplex**「当惑させる」

*__be·wíl·der·ing__ [biwíldəriŋ] *a.* **当惑させる**, うろたえさせる. ◇ ～**·ly** *ad.* うろたえさせるほど.

be·wítch [biwítʃ] *vt.* 魔法にかける; 魅惑する, 悩殺する. ◇ ～**·ing** *a.* うっとりさせるような. ～**·ment** *n.* 魔力, 魅惑.

be·wráy [biréi] *vt.* 〘古〙〈秘密を〉もらす, 暴露する.

bey [bei] *n.* (*pl.* ～**s**)《トルコの》知事〔要人〕に対する敬称.

béy·lic [béilik] *n.* 《トルコの》知事管区.

‡**be·yónd** [bijánd/bijɔ́nd] *prep.* **1**《場所》**…の向こう側に, …を越えて**: ～ the river 川向こうに. **2**《時刻・時期など》**…を過ぎて**: ～ the usual hour いつもより遅れて, 普通よりおそくまで. stay ～ a person's welcome 長じりをして人にきらわれる. **3** …を越えて, …の届かぬところに《程度・範囲・能力》: It's ～ me. それは私の力〔理解〕には及ばない. a skill ～ Picasso's ピカソにまさる技量. 〈注〉抽象名詞とともに「…の及ばぬ」の意で多数の熟語的表現をつくる: *beyond* endurance 忍耐できぬ, がまんならぬ. *beyond* comprehension 理解の及ばぬ, 理解できぬ. **4** …より以上に: live ～ one's income 収入以上の生活をする. **5** …のほかに, 更に: *B～* this I know nothing about it. それについてはこれ以上なにも知らない.

～ ***all hope*** 全く絶望的. ～ ***all praise*** いくらほめてもほめきれぬ. ～ ***all things*** なによりも先に. ～ ***dispute*** 議論の余地がない. ～ ***doubt*** もちろん. ～ ***expression*** 〔***words***〕ことばで言いあらわせない, 言語に絶する. ～ ***measure*** 計り知れぬほど(に); 非常に. ～ ***the grave*** 〔***tomb***〕あの世で. ***go*** ～ **one*self*** 度をはずす, われを忘れる; 平常以上の力を出す.

—— *ad.* **1** (はるか) 向こうに, かなたに. **2** ほかに.

—— *n.* (the ～) かなた(のもの); あの世, 来世(＝the great ～). ***the back of*** ～ 世界の果て.

Béy·routh [béiru:t, ─ˊ/─ˊ] ＝Beirut.

béz·ant [béznt, ㊊+bezǽnt] *n.* ベザント金貨《中世に広く流通した Byzantium の金貨》.

béz·el [bézl] *n.* **1**《刃物の》刃の斜面; 宝石の斜面. **2** 指輪の宝石〔とけいのガラス〕をはめ込むみぞ.

be·zíque [bizí:k] *n.* トランプ遊びの一種《64枚の札を用い, ふたりまたは 4 人でする》.

bé·zoar [bí:zo:r/-zɔ:] *n.* 牛黄(ごおう)《羊などの胃腸内の結石. むかし解毒剤に用いた》.

bf., b.f. bold-faced. **B/F** brought forward.

bhang, bang [bæŋ] *n.* 〘植〙インド大麻; その葉を乾燥した麻酔剤.

B.H.C. ビーエッチシー《強力な殺虫剤. *b*enzene *h*exachloride の略》.

bhées·ty, bhís·ti [bí:sti] *n.* 〘インド〙水くみ人足.

b.h.p. brake horsepower.

Bhu·tán [bu:tá:n] *n.* ブータン《インド北東のヒマラヤ山脈中の王国》.

bi- *pref.*「二, 両, 複, 双, 重」の意: *bi*plane 複葉飛行機.

Bi 〘化〙bismuth.

bi·án·gu·lar [baiǽŋgjulər] *a.* 2 角の.

bi·án·nu·al [baiǽnjuəl] *a.* 年 2 回の, 半年ごとの. →biennial. ◇ ～**·ly** *ad.*

bí·as [báiəs] *n.* **1** ゆがみ, 傾き; 先入主, 偏見《に好意的な *for, towards*; に反対の *against*》. **2** 傾向, 性癖《への *towards, to*》. **3**《織物の裁ち目・縫い目の》斜線, 筋違い, バイアス. **4**《ボーリングなどの》ボールのゆがみ;《ボールの》片おもり;《ボールの》ゆがんだ進路. **5**〘電〙バイアス, 偏倚(へんい). ***on the*** ～ 斜めに, 筋かいに. ***without*** ～ ***and without favor*** えこひいきせず, 公平に.

—— *a.* 斜めの. —— *ad.* 斜めに, はすに, 筋かいに.

—— *vt.* (**-s-**, ㊊ **-ss-**) **1** 一方に片寄らせる: a ～*ed* report 片寄った報告. **2** に偏見をもたせる: be ～*ed against* に悪意をもつ.

[類] → **unjust**「公正でない」

bì·au·ríc·u·lar [bàiɔ:ríkjulər] *a.* 両耳の.

bì·au·ríc·u·late [-lit] *a.* 二つの耳 (に似たもの) がある.

bi·áx·i·al [baiǽksiəl] *a.* 〘光〙二〔複〕軸の. ◇ ～**·ly** *ad.*

bib[1] [bib] *n.* よだれ掛け;《前掛けなどの》胸当て. one***'s best*** ～ ***and tucker*** 晴れ着, いっちょうら. ～**·cock** → 別項.

bib[2] *vt., vi.* (**-bb-**)〘古〙(酒を) 飲みふける.

Bib. Bible; Biblical.

bi·bás·ic [baibéisik] *a.* 〘化〙二塩基性の.

bíb·ber [bíbər] *n.* のんだくれ.

bíb·cock [bíbkɑ̀k/-kɔk] *n.* 下向きじゃ口.

bi·be·lot [bíblou/bí:b-] F. *n.* 《室内》装飾品, 骨董(こっとう)品.

bì·bi·vá·lent [bàibaivéilənt, baibívə-] *a.* 〘化〙双二価の《二価の陽・陰イオンに解離する》.

Bibl., bibl. biblical; bibliography.

‡**Bí·ble** [báibl] *n.* **1** (the ～) **聖書**《the Old Testament「旧約聖書」と the New Testament「新約聖書」》. →scripture. **2** (the b～) 権威ある書籍. **3**《一般的》経典. ***King James'*** ～ 欽定(きんてい)訳聖書. → Authorized Version.

～ **Belt, the** アメリカ南部の信仰のあつい地域《fundamentalism を中心とする》. ～ **Christians** メソジスト教会から分離した一派. ～ **class**〔**school**〕聖書研究会. ～ **clerk**《Oxford 大学の礼拝堂で》聖書朗読係の学生. ～ **oath** 聖書にかけての誓い. ～ **paper** 聖書・辞書用の薄紙. ～ **reader** 雇われて家ごとに聖書を読んで巡回する人. ～ **Society, the** 聖書普及協会.

*__Bíb·li·cal__ [bíblik(ə)l] *a.* **聖書の**; 聖書に関する; 聖書から引用した. ～ **Latin** 聖書用ラテン語. ◇ ～**·ly** *ad.*

Bíb·li·cist [bíblisist] *n.* **1** 聖書学者. **2**〘米〙正統派キリスト教徒 (fundamentalist)《聖書のことばを字義どおりに信ずる》.

biblio-「書籍」「聖書」の意の語形成要素: *biblio*mania 書物狂.

bíb·li·o·film [bíbliəfilm] *n.* 図書複写フイルム《貴重本保存用のマイクロフイルム》.

bibliog. bibliographer; bibliography.

bìb·li·óg·ra·phy [bìbliɑ́grəfi/-ɔ́grə-] *n.* **1** 書誌学. **2** 著書目録; 参考書目. ◇ **-pher** [-fər] *n.* 書籍解題者, 書誌学者.

bìb·li·o·gráph·ic [bìbliəgrǽfik], **-i·cal** [-(ə)l] *a.* 書誌の, 図書目録の.

bìb·li·ól·a·try [bìbliɑ́lətri/-ɔ́lə-] *n.* 書籍崇拝; 聖書狂信. ◇ **-ter** [-tər] *n.* 書籍崇拝家; 聖書狂信者. **-trous** [-trəs] *a.* 書籍崇拝の; 聖書狂信の.

bìb·li·ól·o·gy [bìbliɑ́lədʒi/-ɔ́l-] *n.* **1** 書籍学. **2** 聖書(文)学.

bíb·li·o·man·cy [bíbliəmæ̀nsi] *n.* 聖書占い《開いたページの文句で占う》.

bìb·li·o·má·ni·a [bìbliəméiniə] *n.* 蔵書狂《状態》. ◇ ～**c** [-méiniæk] *a., n.* 蔵書狂の(人). **bìb·li·o·ma·ní·a·cal** [-mənáiək(ə)l] *a.*

bíb·li·o·phile [bíbliəfàil], **-phil** [-fil] *n.* 愛書家, 書籍収集家.

bìb·li·óph·i·lism [bìbliáfịliz(ə)m/-liɔ́f-] *n.* 書籍愛好.
bìb·li·óph·i·list [-list] *n.* = bibliophile.
◇ **bìb·li·òph·i·lís·tic** [bìbliàfịlístik/-ɔ̀f-] *a.*
bíb·li·o·pole [bíbliọpòul] *n.* 書籍商,《特に》珍書商.
bìb·li·óp·o·ly [bìbliápəli/-ɔ́p-] *n.* 珍書販売.
◇ **-list** [-pəlist] *n.*
Bíb·list [bíblist, báib-] *n.* **1** 聖書信仰者《聖書を信仰の唯一の典拠と主張する人》. **2** = Biblicist.
bíb·u·lous [bíbjụləs] *a.* **1** 酒好きの. **2** 吸収性のある.
bi·cám·er·al [baikǽm(ə)rəl] *a.* 上・下両院(制)の, 二院制の. ◇ **~·ist** [-ist] *n.* 二院制論者.
bi·cár·bon·ate [baikɑ́:rbənit] *n.* 〘化〙 重炭酸塩. **~ *of soda*** 重炭酸ソーダ《重曹》.
bice [bais] *n.* 藍青(らんせい)色(の絵の具).
bi·cén·te·nàr·y [baiséntənèri/bàisentí:nəri], **bì·cen·tén·ni·al** [bàisenténiəl] *a.* 200 年めの, 200年祭の. —— *n.* 200年祭〔忌〕, 200年め.
bi·céph·a·lous [baiséfələs] *a.* 両頭の.
bí·ceps [báiseps] *n.* 〘医〙 二頭筋.
bi·chló·ride [baikló:raid/-klɔ́:r-], **-rid** [-rid] *n.* 〘化〙 二塩化物.
bi·chró·mate [baikróumit/bái-] *n.* 〘化〙 重クロム酸塩.
bi·cíp·i·tal [baisípịtl] *a.* 二頭の; 〘医〙 二頭筋の.
bíck·er [bíkər] *vi.* **1** 言い争う. **2** ‹小川などが› さらさら流れる; ‹雨が› ぱらぱら降る. **3** ‹光・炎などが› ちらちら揺らぐ. —— *n.* **1** 口論. **2** せせらぎ, ぱらぱら, ちらちら; 《光などの》きらめき.
bí·còl·or(ed), ㊎ **bí·còl·our(ed)** [báikʌ̀lər(d)] *a.* 2 色の.
bi·cón·cave [baikánkeiv/-kɔ́n-] *a.* 両凹(りょうおう)の.
bi·cón·vex [baikánveks/-kɔ́n-] *a.* 両凸(りょうとつ)の.
bi·cór·po·ral [baikɔ́:rp(ə)rəl] *a.* 両体の, 二つの体をもった.
bí·cron [báikrɑn, bík-/-krɔn] *n.* ビクロン《1 m の10億分の1》.
bi·cús·pid [baikʌ́spid] *n.* 〘医〙 二頭歯. —— *a.* 二つの先端のある.
◇ **-pi·date** [-èit] *a.* = bicuspid.
†**bí·cy·cle** [báisikl] *n.* 自転車: go *by* ~ 自転車で行く. ***ride* (*on*) *a* ~** 自転車に乗る. —— *vi.* 自転車に乗る. **~ race** 〔**racing**〕 自転車競走.
◇ **-cler** [-ər], **-clist** [-ist] *n.* 自転車乗り. **bi·cý·clic** [baisáiklik, -sík-], **bi·cý·cli·cal** [-(ə)l] *a.* **1** 2 輪をもつ. **2** 自転車の.
‡**bid** [bid] *v.* (**bade** [bæd, ㊎+beid], **bid**, 〘古〙 **bad**; **bíd·den** [bídn], **bid**; **bíd·ding**) *vt.* **1** 〘古・雅〙 に命ずる: *Bid* him depart. 彼に去れと命ぜよ. 〈注〉ときに *to* (do) を伴う. **2** ‹あいさつなどを› 言う, 述べる: ~ a person good-night 〔farewell〕 人におやすみなさい〔さよなら〕を言う. **3** ‹値を› つける; …と値をつける: ~ a fair price ころあいの値をつける. ~ ten pounds 10ポンドと値をつける. 〈注〉この意味のときは過去・過去分詞は bid. **4** 〘古〙 発表する, 公告する: be *bidden* 結婚予告を発表してもらう. **5** 〘古〙 招待する: a *bidden* guest 招かれた客. **6** 《トランプで》せりで宣言する: ~ hearts ハートでいくと宣言する.
—— *vi.* 値をつける, 入札する《に *for*, *on*》: ~ *on* the school 学校建築の入札をする. **~ *defiance*** 挑戦(ちょうせん)する. **~ *fair*** 見込みがある, 有望である: The weather ~*s fair* to improve. 天気はしだいによくなりそうなけはいだ. **~ *in*** 《競売で》せり落とす, 手に入れる. **~ *off*** (1) 《競売で》せり落とす. (2) 競売で処分する. **~ *up*** ‹値を› せり上げる.
—— *n.* **1** 入札, つけ値; 〘法〙 競売価格申告. **2** 〘米話〙 招待. **3** 《人気・同情などを得ようとする》努力, 試み《*for*》. **4** 〘トランプ〙 せり高. ***call for* ~*s* *on*** の入札を募る〔行なう〕. ***make a*** 〔one's〕 **~ *for*** に入札する; を得ようと努力する.
bíd·da·ble [bídəbl] *a.* **1** 命ぜられるままになる, 従順な. **2** 《トランプで》せりのきく, せりをしてもよさそうな.
bíd·den [bídn] *v.* bid の過去分詞.
bíd·der [bídər] *n.* **1** 入札者, 競売人; 立候補者. **2** 命令者; 招待者.
bíd·ding [bídiŋ] *n.* **1** 入札; 立候補. **2** 命令; 招待. ***at* a person's ~** (人)の言いつけに従って. ***do* a person's ~** (人)の言いつけどおりにする.
bíd·dy [bídi] *n.* ひな; 〘米〙 下女.
bide [baid] *v.* (**bode** [boud], **bíd·ed** [báidid]; **bíd·ed**) *vi.* 〘古〙 住む; とどまる; 待つ. —— *vt.* **1** 〘古〙 に出会う《過去形は bided》. **2** 〘古〙 に耐える, 忍ぶ《過去形は bode》. **~ *at home*** 家にいる. **~ *one's time*** 時機を待つ.
bi·dén·tate [baidénteit] *a.* 《植物など》2 歯をもつ.
bi·én·ni·al [baiéniəl] *a.* **1** 2 年に 1 度の, 2 年ごとの. →biannual. **2** 〘植〙 二年生の. —— *n.* **1** 二年生植物. **2** 2 年ごとの試験, 2 年ごとに起こる事柄. ◇ **~·ly** [-i] *ad.* 2 年ごとに.
bien·ve·nu(e) [F. bjɛ̃vny] F. *a.* = welcome.
bier [biər] *n.* 棺台; 霊柩(れいきゅう)車.
bíest·ings = beestings.
bi·fá·cial [baiféiʃ(ə)l] *a.* 2 面ある; 〘植〙 両面のある.
bi·fár·i·ous [baifɛ́(:)riəs/-féər-] *a.* 2 重の; 〘植〙 二縦列の. ◇ **~·ly** *ad.*
biff [bif] *n.* 〘俗〙 ピシャリ; 強打. —— *vt.* ピシャリと打つ.
bíf·fin [bífin] *n.* 料理用のリンゴ《イギリス産で暗赤色のもの》.
bí·fid [báifid] *a.* 二またの; 〘植〙 二裂の.
bi·fí·lar [baifáilər] *a.* 2 本糸の; 2 重よりの.
bi·fló·rate [baifló:reit/-flɔ́:r-] *a.* 二花を有する.
bi·fó·cal [baifóuk(ə)l] *a.* 二重焦点の《遠・近距離両用のめがねなど》. —— *n.* 二重焦点レンズ.
bi·fó·li·ate [baifóuliit] *a.* 〘植〙 二葉の.
bí·form [báifɔ:rm] *a.* 二つの形を備えた《人魚が人と魚の両形を合わせ備えているごとき》.
Bíf·rost [bí:frɑst, bívr-/-rɔst] *n.* 〘北欧神話〙《天地間にかけた》にじの橋.
bí·fur·cate [báifərkèit, ㊎+baifə́:r-] *vt.*, *vi.* 二またに分ける〔分かれる〕. —— [-kèit/-kit] *a.* 二またに分かれた. ◇ **bì·fur·cá·tion** [bàifərkéiʃ(ə)n] *n.*
†**big** [big] *a.* (**-gg-**) **1** 大きな; 大きくなった, 成長した; 《音が》大きな, ガンガン響く; 《数量が》大きい: a ~ voice 大声. He earns ~ money. お金をたっぷりかせぐ. **2** 妊娠して, はらんだ: She is ~ *with* child. あの女はおなかに子どもがいる. the day ~ *with* the fate of Rome ローマの運命をはらむ日. **3** いっぱいになっている; 《比喩的》満ちた: eyes ~ *with* tears 涙をいっぱいためた目. a year ~ *with* events 多事な 1 年. **4** 《事件・問題が》重大な. **5** 《人間が》偉い, りっぱな; 〘話〙《態度が》偉ぶった, 尊大な. **6** 《心が》広い, 寛大な. ***get*** 〔***grow***〕 ***too ~ for one's boots*** 〔***breeches***〕 大きくなってくつ〔ズボン〕がはけなくなる; 〘俗〙 うぬぼれる, いばる.
—— *ad.* 〘話〙 いばって, 偉そうに. ***talk ~*** 偉そうな口をきく, ほらを吹く.
B~ Ben イギリス国会議事堂塔上の大時鐘. **~ boss** 〘俗〙 会頭, 最高責任者. **~ boy** 〘話〙 有望な男, がんばり屋《皮肉な呼びかけとして》. **~ brother** 兄; 孤児・不良少年などを善導するため兄代わりになる年長の男; 独裁国家における独裁者. **~ bug** 〔**cheese**, **gun**, **name**, **noise**, **number**, **shot**, **wheel**〕 〘俗〙 お偉方, 大立て者 (= bigwig). **~ business** 〘話〙 財閥; 大企業. **B~ Dipper, the** 〘天〙 北斗七星. **~ dog** 番犬; 用心棒; 〘米俗〙 大物, 有力者. **~-físt·ed** こぶしの大きい; 強力な. **B~ Five, the** 五大国《第1次大戦後のアメリカ・イギリス・フランス・イタリア・日本または第 2 次大戦後のアメリカ・イギリス・ソ連・中国・フランス》. **B~ Four, the** 四大国《第 2 次大戦後のアメリカ・イギリス・ソ連・フランス》. ～ **game** 大試合; 大猟獣《象・ライオンなど》; 目ざす大物, 大目的. ⁓·**head** [⁻́⁻] 《米》 大頭; うぬぼれ. ⁓-**héart·ed** [-hɑ́:rtid] 寛大な, 心の大きい. ⁓·**horn** [⁻́⁻] 《動》 ロッキー山脈にすむ野生の羊. **B～ Horn Mountains, the** ロッキー山脈中北 Wyoming にある山系. ～ **idea** 《俗》 愚にもつかぬ考え〔計画〕; 目的, 意図. ～ **if** 《俗》 大問題. ～ **man** 大男; 大人物, 大物, 名士. ～ **name** 名士. ⁓-**name** [⁻́⁻] 著名な. ～ **stick** 《米俗》《政治または経済的な》 圧力, 武力・威勢の誇示. ～ **talk** 大言壮語, ほら. ～ **talker** ほら吹き. ～ **time** 《話》 愉快な時; 《米俗》 大規模興行; メージャーリーグの試合; 最高級. ⁓-**time** [⁻́⁻] 《米俗》 一流の, 最高の. ～ **toe** 《足の》 親指. ～ **top** 《米》《サーカスの》 大テントの屋根; サーカス. ～ **tree** 世界樹 (sequoia)《カリフォルニア産の巨木》. ⁓·**wig** [⁻́⁻] 《話》 お偉方.

◇ ⁓·**ly** *ad.* 偉そうに, 傲慢(ごう)にも. ⁓·**ness** *n.* 大きさ, 重大さ, 大げさ.

(類義語) **大きな: big, large, great** 区別なく使われることが多い: a *large* 〔*big, great*〕 building 大きな建物. しかし正確には次のような区別が認められる. **big** かさ・ずうたい・重さ・程度: a *big* cat 大ネコ. a *big* fire 大火事. **large** 広さ・分量: a *large* room 広いへや. a *large* amount 大量. **great** 堂々としたさま, りっぱなさま: a *great* oak カシの巨木. 〈注〉 big はくだけた口語調で, large, great のやや正式なのに対することがある: a *big* mistake とんでもないまちがい; a *great* mistake 大失策. a *big* city 大きな町; a *great* city 大都市.

bíg·a·my [bígəmi] *n.* 二重結婚 (罪). [bi-+√gam-] ◇ **-mist** [-mist] *n.* (二)重婚者. **-mous** [-məs] *a.* 重婚の, 重婚した.

big(g) [big] *n.* 《スコットランド》 大麦の一種.

bíg·gie, bíg·gy [bígi] *n.* 《米俗》 大物; 太っちょ.

bight [bait] *n.* 1 海岸や川の湾曲部, 入り江. 2 結んだ索の輪. 3 綱の中間部. —— *vt.* 綱の中間で結ぶ〔固定する〕.

big·nó·ni·a [bignóuniə] *n.* 《植》 ビグノーニア属の植物《ノウゼンカズラの類》.

bíg·ot [bígət] *n.* がんこな人, 偏屈者.
◇ ～·**ry** *n.* がんこ, 偏狭.

bíg·ot·ed [-id] *a.* がんこな, 偏屈な. ◇ ～·**ly** *ad.*

bi·hóur·ly [baiáuərli] *a., ad.* 2 時間ごとの〔に〕.

bi·jou [bí:ʒu:] F. *n.* (*pl.* ***-joux*** [-z]) 宝石; 小形の美しい飾り. —— *a.* 小さく優美な.

bi·jou·te·rie [bi:ʒú:təri] F. *n.* 宝石類; 小形の装飾品.

bí·ju·gate [báidʒugèit], **bí·ju·gous** [-gəs] *a.* 《植》 葉の 2 対ある.

bike [baik] 《米話》 *n.* 自転車. —— *vi.* 自転車で行く〔を乗り回す〕. [< *bicycle*]
◇ **bík·ing** [báikiŋ] *n.* =cycling.

Bi·kí·ni [bikí:ni] *n.* 1 太平洋 Marshall 諸島中の環礁. 2 (または b～) 《米俗》 ビキニ《水着》.

bi·lá·bi·al [bailéibiəl] *a.* 《音声》 両唇(りょうしん)の. —— *n.* 両唇音《[p], [b], [m] など》.

bi·lá·bi·ate [bailéibièit, -biit] *a.* 《植》 両唇形の.

bi·lát·er·al [bailǽt(ə)rəl] *a.* 1 両側の; 左右同形の. 2 《法》 双務的な: a ～ contract 双務契約. → unilateral. ◇ ～·**ly** *ad.* ～·**ness** *n.*

bíl·ber·ry [bílbèri, -bəri/-b(ə)ri] *n.* 《植》 コケモモ属; その実.

bíl·bo[1] [bílbou] *n.* (*pl.* ～(**e**)**s**) 剣.

bíl·bo[2] *n.* (*pl.* ～**es**) (通例 *pl.*) 鉄製足かせ.

bile [bail] *n.* 1 胆汁(たんじゅう). 2 かんしゃく, ふきげん. ***black*** ～ 憂うつ. ***stir*** 〔***rouse***〕 a person***'s*** ～ (人を) おこらせる. ⁓·**stone** [-stòun] 胆石.

bilge [bildʒ] *n.* 1 おけ・たるの中腹. 2 《海》 船底の湾曲部; 船底のあか (だめ). 3 ばかげた話〔考え〕. —— *vt., vi.* 1 ふくらます, ふくれる. 2 の船底に穴をあける, 船底に穴があく.
～ **water** 《海》 船底のあか.
◇ **bílg·y** [-i] *a.* あかくさい.

bíl·i·ar·y [bílièri/bíljəri] *a.* 胆汁(たんじゅう)の.

bi·lín·e·ar [bailíniər] *a.* 《数》 双一次の.

bi·lín·gual [bailíŋgwəl] *a.* 2 か国語を話す, 2 か国語併用の: a ～ dictionary 双解辞典. —— *n.* = bilinguist. ◇ ～·**ism** *n.* 2 か国語併用.

bi·lín·guist [-gwist] *n.* 2 か国語を使える人.

bíl·ious [bíljəs] *a.* 1 胆汁(たんじゅう)(質)の; 胆汁障害の (ある). 2 かんしゃくもちの, 気むずかしい. [<bile]

-bíl·i·ty [-bíliti] *suf.* -able, -ible, -uble で終わる形容詞に対応する名詞の語尾: dúr*able* → dùr*ability*; vís*ible* → vìs*ibility*; sól*uble* → sòl*ubility*. 〈注〉 形容詞の第 1 アクセントが第 2 アクセントに変わることが多い.

bilk [bilk] *vt.* 1 〈支払い・借金を〉 ごまかす, 踏み倒す; に支払わずに逃げる: ～ a taxi driver タクシーを乗り逃げする. 2 〈人の努力・希望などを〉 挫折(ざせつ)させる. 3 〈人を〉 だます, ごまかす. ～ a person ***out of*** his money (人を) だまして (金)を取る, (人から) (金) をだまし取る. —— *n.* 1 踏み倒し; ごまかし. 2 ぺてん師. ◇ ⁓·**er** *n.* 詐欺師.

‡**bill**[1] [bil] *n.* 1 **勘定書**, 請求書, つけ; 明細書. 2 **ビラ**, はり札, 広告, ちらし; 《芝居などの》 番付, 番組. 3 **手形**, かわせ手形. 4 《商》 証書, 証券. 5 《米》 **紙幣**. 6 《議会の》 **法案**, 議案. 7 《法》 起訴状, 調書. 8 《税関の》 申告書.

a set of ～***s*** 組み手形. ～ ***at sight*** 一覧〔要求〕払い(かわせ)手形. ～ ***for acceptance*** 引受請求手形. ～ ***for collection*** 代金取立手形. ～ ***of clearance*** 《税関に出す》 出港届. ～ ***of credit*** 信用状; 支払証券. ～ ***of date*** 確定日付手形. ～ ***of debt*** 約束手形. ～ ***of dishonor*** 不渡手形. ～ ***of entry*** 入港届; 通関申告書. ～ ***of exchange*** かわせ手形. ～ ***of fare*** 献立表, メニュー. ～ ***of goods*** 注文〔出荷〕品; 《話》 商品. ～ ***of health*** 《海》《船員・船客の》 健康証明書. ～ ***of lading*** 船荷証券; 《米》《鉄道などの》 貨物引替証. ～ ***of parcels*** 《小売りの》 送り状. ～ ***of rights*** 基本的人権の宣言. ～ ***of sale*** 売り渡し証. ～ ***of sight*** 《税関》 仮陸揚げ申告書. ～ ***on demand*** 参着払い手形. ～ ***payable*** 〔***receivable***〕 支払〔受取〕手形. ～ ***payable to bearer*** 〔***order***〕 持参人〔指図人〕払い手形. ***clean*** ～ (***of health***) 完全健康証明. ***clean*** 〔***conditional***〕 ～ ***of lading*** 無故障〔故障付き〕 船荷証券. ***draw a*** ～ ***on*** a person (人) に手形を振り出す, かわせを組む. ***fill the*** ～ 《話》 要求にかなう. ***find a true*** ～ 《法》 起訴状を受理する. ***foot a*** 〔***the***〕 ～ 《話》 勘定をもつ, 支払いを引き受ける. ***head*** 〔***top***〕 ***the*** ～ 〈役者が〉 番組に名を大書される. ***ignore the*** ～ 《法》 起訴状を否認する. ***lay a*** ～ ***before Congress*** 〔***Parliament, the Diet***〕 法案を議会に提出する. ***long-dated*** 〔***short-dated***〕 ～ 長期〔短期〕手形. ***sell*** a person ***a*** ～ ***of goods*** 《米俗》 (人を) 出し抜く. ***take up a*** ～ 手形を引き取る〔支払う〕. ***the B***～ ***of Rights*** 《米》 権利条項《アメリカ憲法に加えられた最初の10か条の修正》; 《英史》 民権条令《1689年制定》.

—— *vt.* 1 勘定書に記入する; 表〔目録〕にする. 2 に勘定書〔請求書〕を送る〔出す〕. 3 にビラを張る. 4 ビラで広告する. 5 番組に書き込む〔組む〕.

⁓·**board** [bílbɔ̀:rd/-bɔ:d] 《米》 広告〔掲示〕板; 《放送》 配役・スタッフ・スポンサーの告示. ～ **book** 手形帳; 《米》 =billfold. ～ **broker** 証券仲買人. ～ **collector** 集金人. ～ **discounter** (かわせ) 手形割引業者. ⁓·**fold** [⁻́⁻] 《米》 札入れ. ⁓·**head** [⁻́⁻] 勘定〔請求〕書の頭書. ⁓·**pòst·er**, ⁓·**stick·er** ビラ張り人.

bill**[2] *n.* **1** (鳥の) くちばし《特に細く偏平なもの》. → beak. **2** くちばし状のもの; 狭いみさき. —— *vi.* **1** くちばしを触れ合う《と *with*》. **2** 愛撫(あいぶ)し合う. ～ ***and coo <男女が> むつごとをかわす.
◇ (-)～**ed** [-d] *a.* (…の)くちばしのある: a long-～*ed* bird.

bill[3] *n.* 矛(ほこ), 鉈(なた)《中世の武器》. ～**·hook** 鉈鎌(なたがま).

bil·la·bong [bíləbɔ̀:ŋ/-bɔŋ] *n.* 〘オーストラリア〙 川の澱(よど).

bíl·let[1] [bílit] *n.* **1** 〘軍〙《民家への》軍人宿舎割り当て命令書;《軍指定の》軍人宿舎. **2** 勤め口, 仕事. **3** 〘古〙 短い手紙. ***Every bullet has its*** ～. 〘ことわざ〙 弾(たま)にはすべて宿割りが決まっている, 弾丸に当たる当たらぬは時の運. —— *vt.* (～**·ed**; ～**·ing**) 〘軍〙 宿割りする, 宿泊させる.

bíl·let[2] *n.* 太いたきぎ; 〘冶〙 ビレット, 鋼片.

bil·let-doux [bíl(e)idú:/-lei-] F. *n.* (*pl.* ***bil·lets-doux*** [-dú:z]) 恋文.

bíl·liard [bíljərd] *a.* 玉突きの. ～ **green** 濃い黄緑色. ～ **table** 玉突き台.

bíl·liards [bíljərdz] *n. pl.* (*sing.* ～) 玉突き, 撞球(どうきゅう): play (at) ～ 玉突きをする.

Bíl·li·ken [bílikin] *n.* ビリケン《福の神の偶像》.

bíll·ing [bíliŋ] *n.* **1** 請求書作成〔発送, 提出〕. **2** 掲示, 広告. **3** 《俳優の》番組上の序列.

Bíl·lings·gate [bíliŋzgèit, -git/-git] *n.* **1** ロンドンの魚市場. **2** (b～) 乱暴なことば; 悪態.

‡**bíl·lion** [bíljən] *n.* **1** 〘米・フランス〙 **10億**《a million ×1,000》; 〘英・ドイツ〙 1 兆《a million × 1,000,000》. **2** 無数: ～*s* of stars 無数の星.

bìl·lion·áire [bìljənέər] *n.* 億万長者.

bíl·lon [bílən] *n.* 《貨幣用の》銀または金の合金.

bíl·low [bílou] *n.* 大波; (the ～) 〘雅〙 海. —— *vi.* 大波が立つ, 大波のようにうねる〔押し寄せる〕. —— *vt.* 大波のようにうねらす. ◇ ～**·y** [-i] *a.* 大波の立つ, 大波のような.

bíl·ly[1] [bíli] *n.* **1** 〘米話〙《巡査の》警棒 (＝～ club). **2** 〘スコットランド〙 相棒.

bíl·ly[2] *n.* 〘オーストラリア〙 (野外用) 湯わかし.

bíl·ly·boy [bílibɔ̀i] *n.* 〘英〙 外洋用平底船.

bíl·ly·cock [bílikɑ̀k/-kɔk] *n.* 〘英俗〙 山高帽.

billy goat *n.* 〘話〙 雄ヤギ.

bíl·ly-(h)o [bíli(h)òu] *n.* 《次の熟語にのみ》 ***like*** ～ 〘英話〙 猛烈に: It's raining *like* ～. どしゃ降りだ.

bi·ló·bate [bailóubeit] *a.* 〘植〙 二裂 (片) の.

bíl·tong [bíltɑŋ, -tɔ:ŋ/-tɔŋ] *n.* 《カモシカ・カバなどの》切り干し肉.

Bím·a·na [bímənə, ㊥⁺baiméinə] *n. pl.* 〘動〙 二手類《人間のような》.

bím·a·nal [bímən(ə)l, ㊥⁺baiméi-], **-nous** [-nəs] *a.* 両手のある.

bi·mán·u·al [baimǽnjuəl] *a.* 両手を使う.

bím·bo [bímbou] *n.* (*pl.* ～(**e**)**s**) 〘俗〙 やつ, やっこさん; ふしだらな女, ずべ公.

bi·més·tri·al [baiméstriəl] *a.* 2か月 (に 1 度) の.

bì·me·tál·lic [bàimitǽlik] *a.* 二金属の; (金銀)複本位制の.

bi·mét·al·lism [baimét(ə)lìz(ə)m] *n.* (金銀)複本位制. ◇ **-list** *n.* 複本位制論者.

bi·mónth·ly [baimʌ́nθli/bái-] *ad., a.* **1** 2か月に 1 回 (の). **2** 〘稀〙 1か月に 2 回(の). —— *n.* 隔月の〔月 2 回の〕定期刊行物.

bin [bin] *n.* **1** 櫃(ひつ); 貯蔵箱《穀物・石炭・ごみ用の》; ごみ箱 (＝dust ～). **2** 〘英〙《ホップを入れる》ズック袋. **3** 地下室のブドウ酒貯蔵所. —— *vt.* (**-nn-**) 箱に入れて貯蔵する.

bin- *pref.* 母音の前の bi- の異形: *binaural* 両耳の.

bí·nal [báin(ə)l] *a.* **1** 2 倍〔重〕の. **2** 〘音声〙《音声が》二つの最高部をもつ.

bí·na·ry [báinəri] *a.* **1** 二〔双, 複〕の; 二元の; 二肢の, 二項式の. **2** 〘化〙 二成分〔元素〕の; 〘数〙 二元の, 二進法の. —— *n.* 〘天〙 二連星 (＝～ star). ～ **digit** → bit[3]. ～ **measure** 〘楽〙 二拍子.

bí·nate [báineit] *a.* 〘植〙 双生の.

bi·náu·ral [binɔ́:rəl, bai-] *a.* 両耳 (用) の; 立体音響の.

‡**bind** [baind] *v.* (**bound** [baund]; **bound**, 〘古〙 **bóund·en** [báundən]) *vt.* **1** **縛る**, 縛りつける: ～ with a rope 綱で縛る. ～ in irons 鎖につなぐ. ～ to the stake 柱に縛りつける.
2 《比喩的》 **縛りつける**, 拘束する 《約束・義務などで》: *bound* by a spell 魔力に身動きできなくなって. *bound* by gratitude 恩義に縛られて. ～ a person *to* secrecy 秘密を守ることを誓わせる. ～ a person *to* pay a debt 借金を払う義務を負わせる.
3 《ひとまとめに》 **結び合わす**, 束ねる, くくる: ～ (up) one's hair 髪を束ねる.
4 《比喩的》 結びつける, 団結させる: They are *bound* together by a close friendship. 彼らはふかい友情で結ばれている.
5 巻く, 巻き包む; 包帯する: ～ up a wound 傷口に包帯する. ～ a person's head *with* a wreath ＝～ a wreath *about* a person's head 人の頭に冠をかぶせる.
6 <同盟・契約・商談を> 取り結ぶ, 締結する.
7 《セメントなどで》 固める; <氷・雪などが> 動けなくする, 閉ざす; <薬・食物が腸を> 便秘させる.
8 <紙を> とじ合わす; <本を> 製本する: *bound* in cloth 布装の. ～ up two volumes in one 2 冊を 1 冊に合本する.
9 <布・帽子などの> 縁をとる, へりをつける.
10 《契約して》 年季奉公に出す: be *bound* (as an) apprentice 人のところへ徒弟にはいる.
—— *vi.* **1** <土砂・雪などが> 固まる; <車輪・機械などが> 動かなくなる. **2** <本が> 製本中である: Your book is ～*ing*. ご本は製本中です. **3** <約束などが> 拘束力がある. **4** <衣服が> 窮屈である.
～ a person ***hand and foot*** (人の)手足を縛る.
～ a person ***over*** (人に)誓約させる: ～ a person *over to* good behavior 〔*to* keep the peace〕 行動を慎む〔公安を維持する〕ことを人に誓約させる. ～ one***self to*** (do) …することを誓う.
—— *n.* **1** 縛る物《ひも・綱など》, 縛りぐあい; 《植物の》つる. **2** 〘楽〙 結合線. **3** 〘地〙 《炭層間の》硬化粘土. ***in a*** ～ 束縛されて; 困って (in trouble): have a person *in a* ～ 人の動きをとれなくする.
～**·weed** →別項. 類 → **tie**「結ぶ」

bínd·er[1] [báindər] *n.* **1** 束ねる人〔物〕; 製本屋. **2** とじ込み表紙; 包帯. **3** 刈り取り結束機; 〘木工〙 接合材. **4** 契約条件, 拘束物.
◇ ～**·y** [-dəri] *n.* 製本所.

bínd·er[2] *n.* 〘オーストラリア〙 大量: a ～ of food 大量の食糧.

bínd·ing [báindiŋ] *a.* **1** 結束する; 接合する, つなぎの. **2** 拘束〔束縛〕する; 拘束力のある, 義務的な. **3** 〘俗〙 便秘させる. —— *n.* **1** 縛ること, 緊縛; 拘束. **2** 製本, 装丁. **3** 縛る物; 縁とり材料《リボンなど》; 《スキーの》 ビンディング, 締め具. ～ **energy** 〘物〙 結合エネルギー《核分裂に必要な》. ◇ ～**·ly** *ad.*

bínd·weed [báindwì:d] *n.* 〘植〙 ヒルガオ属の植物.

bine [bain] *n.* **1** (ホップの) つる. **2** 〘植〙 カズラ.

Bi·nét-Sí·mon [binéisáimən/-si:mɔ̃:(ŋ)] ～ ***test*** ビネー・シモン式知能検査《心理学者 Alfred Binet [F. alfrɛd binɛ] と Theodore Simon [F. teɔdɔ:r simɔ̃] の考案》.

binge [bindʒ] *n.* 〘話〙 **1** どんちゃん騒ぎ, 飲み放題食べ放題. **2** 混乱, ごたごた.

bín·gle[1] [bíŋgl] *n., vi.* 〘野球〙 ヒット (を放つ).

bín·gle[2] *n., vt.* bob (断髪) と shingle (刈り上げ) の中間の髪型 (にする).

bín·go [bíŋgou] *n.* ビンゴ《数を記したカードを使ってする富くじ式遊戯》.

bín·na·cle [bínəkl] *n.* 〘海〙 羅針(らしん)箱.

bín·o·cle [bínəkl/-nɔkl] *n.* 双眼鏡.

bi·nóc·u·lar [bịnákjụlər, bai-/-nɔ́k-] *a.* 両眼(用)の. —— *n.* (通例 *pl.*) 双眼鏡, 双眼顕微鏡.
◇ **~·ly** *ad.*
bi·nó·mi·al [bainóumiəl] *a.* **1** 〖生〗二名式の. **2** 〖数〗二項(式)の. —— *n.* 〖生〗二名法による名. **~ equation** 二項方程式. **~ theorem** 二項定理.
bi·nóm·i·nal [bainámịn(ə)l/-nɔ́m-] *a.* 〖生〗二名式の (binomial).
bio- 「生命」の意の語形成要素: *bio*logy 生物学. *bio*graphy 伝記. [√bi-]
bì·o·às·tro·náu·tics [bàioæstrənɔ́:tiks] *n. pl.* 《単数扱い》宇宙生理学.
bì·o·chém·ic [bàiọkémik/bái-], **-i·cal** [-kémik(ə)l] *a.* 生化学の. ◇ **bì·o·chém·i·cal·ly** *ad.*
bì·o·chém·ist [-kémist] *n.* 生化学者.
bì·o·chém·is·try [-kémistri] *n.* 生化学.
bì·o·dy·nám·ic [bàiodainǽmik] *a.* 生活機能学の. ◇ **~s** *n. pl.* 《単数扱い》 生活機能学. **-i·cal** *a.* = biodynamic.
biog. biographer; biographical; biography.
bì·o·gén·e·sis [bàiodʒénịsis/báio-] *n.* **1** 〖生〗生物続生説《生物は生物からのみ発生するという説》. → abiogenesis. **2** 〖哲〗生原説.
◇ **bì·o·ge·nét·ic** [-dʒịnétik] *a.* 生物続生説の. **bì·o·ge·nét·i·cal·ly** [-tik(ə)li] *ad.*
bì·o·gén·ic [bàiodʒénik/báio-] *a.* **1** 代謝(たい)〔生理〕活動に起因する. **2** 生命維持に必要な《食物・空気など》.
bí·o·graph [báiọgræf/-grɑ:f] *n.* **1** 略伝. **2** 初期の映画装置《商標名》. —— *vt.* **1** の伝記〔略伝〕を書く. **2** 〜 ②で撮影〔映写〕する. 「公.
bi·òg·ra·phée [baiɑ̀grəfí:/-ɔ̀g-] *n.* 伝記の主人
bi·óg·ra·pher [baiágrəfər/-ɔ́g-] *n.* 伝記作者.
‡**bi·óg·ra·phy** [baiágrəfi/-ɔ́g-] *n.* 伝記, 一代記; 伝記文学. [√bi-¹+√graph-]
◇ **bì·o·gráph·ic** [bàiọgrǽfik], **-i·cal** [-(ə)l] *a.* 伝記の, 伝記的: a *biographical* sketch 略伝. a *biographical* dictionary 人名辞典.
biol. biological; biologist; biology.
bì·o·lóg·ic [bàiəládʒik/-lɔ́dʒ-] = biological.
***bì·o·lóg·i·cal** [bàiəládʒik(ə)l/-lɔ́dʒi-] *a.* 生物学(上)の. **~ chemistry** 生物化学. **~ warfare** 細菌戦争.
‡**bi·ól·o·gy** [baiálədʒi/-ɔ́l-] *n.* 生物学. [√bi-¹+√log-] ◇ ‡**-gist** [-dʒist] *n.* 生物学者.
bì·o·mét·rics [bàiọmétriks] *n. pl.* 《単数扱い》生物測定学; 寿命測定.
bi·óm·e·try [baiámịtri/-ɔ́m-] = biometrics.
bi·ón·ics [baiániks/-ɔ́n-] *n. pl.* 《単数扱い》バイオニックス《人間・動物の行動様式を研究し電算機設計に応用する学問》.
bì·o·nóm·ics [bàiọnámiks/-nɔ́m-] *n. pl.* 《単数扱い》動物生態学.
bi·ón·o·my [baiánəmi/-ɔ́n-] = bionomics.
bì·o·phýs·ics [bàiofíziks] *n. pl.* 《単数扱い》生物物理学.
bí·o·plasm [báioplæ̀z(ə)m] *n.* 〖生〗原生質.
◇ **bí·o·plast** [-plæst] *n.* 〖生〗原生体, 原生質細胞.
bí·o·scope [báiəskòup] *n.* 《旧型の》映写機.
bi·ós·co·py [baiáskəpi/-ɔ́s-] *n.* 〖医〗生活反応検査. 「物静力学.
bì·o·stát·ics [bàiostǽtiks] *n. pl.* 《単数扱い》生
bi·ót·ic [baiátik/-ɔ́tik], **-i·cal** [-tik(ə)l] *a.* 生物の, 生物に関する.
bí·o·tin [báiətin] *n.* ビオチン《ビタミン複合体の一つ. ビタミン H と同一. 結晶体の酸》.
bí·o·tite [báiətàit] *n.* 〖鉱〗黒雲母.
bi·ó·vu·lar [baióuvjụlər] *a.* 〖生〗二卵生の.
bíp·a·rous [bípərəs] *a.* 〖動〗ふたごを生む; 〖植〗二軸の, 二生の.
bi·pár·ti·san, -zan [baipɑ́:rtịz(ə)n] *a.* 両党の, 連立の; 〖米〗(民主・共和) 二党連合の: a ~ foreign policy 超党派外交政策. ◇ **~·ship** [-ʃip] *n.*
bi·pár·tite [baipɑ́:rtait] *a.* **1** 〖文書などが〗2 通の. **2** 〖植〗《葉など》二裂の. **3** 二者が分けもつ, 協同の: a ~ pact 相互協定. ◇ **~·ly** *ad.*
bí·par·ty [báipɑ̀:rti] *a.* 2 党から成る.
bí·ped [báiped] *a.* 二足の. —— *n.* 二足動物.
bí·pèd·al [báipèdl] *a.* = biped.
bi·pét·al·ous [baipétələs] *a.* 〖植〗二つの花弁がある.
bi·pín·nate [baipíneit] *a.* 〖植〗二回羽状の.
bí·plane [báiplèin] *n.* 複葉飛行機.
bí·pod [báipɑ̀d/-pɔd] *n.* 2 本足の台.
bi·pó·lar [baipóulər] *a.* 〖電〗二極ある.
◇ **bì·po·lár·i·ty** [bàipolǽrịti] *n.* 二極性.
bì·quad·rát·ic [bàikwɑdrǽtik/-kwɔd-] *a.* 〖数〗四次の. —— *n.* 〖数〗四次方程式.
birch** [bə:rtʃ] *n.* **1** 〖植〗カバ, カバ材. **2** カバのむち (= ~ rod) 《生徒を罰するための》. ***white [***silver***] ~ 〖植〗シラカバ. —— *vt.* (カバの枝の) むちで打つ.
◇ **~·en** [-(ə)n)] *a.* カバの木の, カバの枝のむちの.
†**bird** [bə:rd] *n.* **1** 鳥. **2** 猟鳥; 《射撃の》クレー. **3** 〖話〗人, やつ: an old ~ 老練家; 老いぼれ. a queer ~ 変わり種, 変人. a jail ~ 囚人. **4** 〖米話〗女; 魅力のある女; しりの軽い女. **5** 〖米話〗すばらしい人〔物〕. **6** 〖米話〗飛行家; 鳥人. **7** (the ~) 〖話〗《劇場などでの》やじ; あざけり.
a ~ in the hand 手中の鳥, しっかり握った利得. ***A ~ in the hand is worth two in the bush.*** 〖諺〗手中の一羽はやぶの中の二羽に価する. ***a ~ of one's own brain*** 自分自身の考え. ***A little ~ has told me.*** = ***I heard a little ~ sing so.*** ある人から聞いた. ***be for the ~s*** 三文の値うちもない, 傾聴に価しない. ***big ~*** 〖話〗ロケット, ミサイル. ***~ of freedom*** 自由の鳥《アメリカ紋章のハゲワシ》. ***~ of ill omen*** 不吉(きっ)の鳥; 不運な人; いつも不吉なことを口にする人物. ***~ of Jove*** 〖鳥〗ワシ. ***~ of Juno*** 〖鳥〗クジャク. ***~ of Minerva*** [***night***] 〖鳥〗フクロウ. ***~ of paradise*** 〖鳥〗極楽鳥; 〖植〗極楽鳥花. ***~ of passage*** 渡り鳥; 渡り者. ***~ of peace*** 〖鳥〗ハト. ***~ of prey*** 猛禽(きん) 《ワシ・タカなど》. ***~ of Washington*** 〖鳥〗アメリカワシ. ***~ of wonder*** 不死鳥 (phoenix). ***~s of a feather*** 同類の人. ***B~s of a feather flock together.*** 〖諺〗類は友を呼ぶ; 同気相求む. ***early ~*** 早起きの人. ***eat like a ~*** 小食である. ***get the ~*** 〖俗〗やじられる; くびになる. ***give*** a person ***the ~*** (人を) やじる. ***kill two ~s with one stone*** 一石で二鳥をしとめる. ***like a ~*** 陽気に, 元気よく. ***my ~*** かわいい子. ***The ~ has*** [***is***] ***flown.*** 相手〔かも・囚人〕に逃げられてしまった. ***the ~ in one's bosom*** 良心, 内心. ***The early ~ catches the worm.*** 〖諺〗早起きは三文の得.
—— *vi.* 鳥を捕える〔撃つ〕; 野鳥を観察する.
~·bànd·ing 鳥類標識法の一種《移動状況調査のため脚にバンドをつけて放す》. **~·brain** [⌐⌐] 〖米〗ばか. **~·bráined** ばかな. **~·cage** [⌐⌐] 鳥かご. **~·call** [⌐⌐] 鳥の鳴き声; 鳥笛, 鳥のまね声. **~ catcher** 捕鳥者〔器〕. **~ dog** 狩猟犬; 〖俗〗スカウト; 株屋の手先; 〖俗〗戦闘機. **~-dog** [⌐⌐] スカウトする; <女性を> 護衛する. **~-eyed** [⌐⌐] 鳥の目のような; 驚きやすい. **~ fancier** 愛鳥家; 小鳥屋. **~·house** [⌐⌐] 小鳥小屋; 小鳥の (すむ) 家. **~-lime** [⌐⌐] 鳥もち (で捕える). **~·man** [-mæn, -mən/-mən] (*pl.* **-men**) (1) 鳥類研究家, 鳥を捕える人. (2) 〖話〗飛行家. **~·seed** [⌐⌐] 鳥のえさ《つぶえ》. **~'s-eye** → 別項. **~'s-foot** [⌐⌐] 〖植〗牧草《豆科》; 〖動〗トリノアシ《ウミユリの一種》. **~ shot** 鳥猟用散弾. **~'s-nest** → 別項. **~-watch** [⌐⌐] 〖俗〗ミサイル〔ロケット〕の監視. **~-watch** [⌐⌐] 野鳥観察

をする. ～ **watcher** 野鳥観察家. **～·wòm·an** (*pl.* **-wòm·en**)〘話〙女流飛行家.
◇ **～·er** *n.* 野鳥飼育〔観察〕者. **～·ing** *n.* 鳥とり, 鳥撃ち. **～·like** [-làik] *a.* 鳥のような《姿・声などが》.

bírd·ie [bə́:rdi] *n.* **1** 小鳥の愛称. **2**〘ゴルフ〙バーディー《基準より一打ち少なくしてホールインすること》.

bírd's-eye [bə́:rdzài] *a.* **1** 鳥瞰(ちょうかん)的, 上から見おろした; 概観的. **2** 鳥目模様の, 鳥の目のような斑点(はんてん)のある. —— *n.* **1** 鳥目模様の綿布. **2**〘植〙美しい小花をつける植物《ユキワリソウ・イヌノフグリなど》. **3**〘英〙きざみたばこの一種. ～ **maple**〘植〙カエデの一種. ～ **view** 鳥瞰図, 全景; 概観.

bírd's-nest [bə́:rdznèst] *n.* **1** 鳥の巣;《料理用の》ツバメの巣. **2**〘植〙野生ニンジン. **3** 捕鯨船の檣頭(しょうとう)見張り所 (crow's-nest).
◇ **～·ing** *n.* 鳥の巣捜し.

bí·reme [báiri:m] *n.* 櫂(かい)が両側上下 2 段についた古代の戦艦.

bi·rét·ta [birétə] *n.* 《カトリックの僧のかぶる》四角な法帽.

Bír·ming·ham [bə́:rmiŋhæ̀m, -ŋəm] *n.* **1** [-ŋəm] イギリス中部 Warwickshire の工業都市. **2** アメリカ Alabama 州中部の都市.

‡**birth** [bə:rθ] *n.* **1 誕生**, 出生; 出産: the date of one's ～ 生年月日. new ～ 新生; 更生. **2** 生まれたもの. **3 生まれ**, 血統, 家柄: a man of ～ [no ～] 家柄のよい〔並みの〕人. a man of noble [humble, mean] ～ 名門の〔生まれの卑しい〕人. **4**《事物の》起源.
A woman of no ～ may marry into the purple.〘ことわざ〙女は氏なくして玉の輿(こし). ***B～ is much, but breeding is more.***〘ことわざ〙氏より育ち. ***by ～*** 生まれは; 生まれながらの: a pianist *by* ～ 天性のピアニスト. ***give ～ to*** を生む; を生じる. [＜bear＋-th] ～ **certificate** 出生証明書〔記録〕. ～ **control** 産児制限. **～·day** → 別項. **～·mark** [⌐⌐]《生まれつきの》あざ, ほくろ. **～·night** [⌐⌐] 誕生の夜(の祝い)《特に君主のための》. ‡**～·place** [⌐⌐] 出生地, 発生地, 故郷. ～ **rate** 出産率. **～·right** [⌐⌐] 生得権; 長子相続権. **～·stone** [⌐⌐] 誕生石《生まれ月にちなんだ宝石》.

†**bírth·day** [bə́:rθdèi] *n.* **誕生日**. **one's ～ *suit***〘笑〙素はだ. ～ **cake** 誕生日用のケーキ. ～ **honours**〘英〙国王の誕生日に授けられる栄爵・叙位・叙勲.

bis [bis] L. *ad.* 2 度〔回〕;〘楽〙繰り返し.

bis- *pref.*「二度, 再び」の意. → bi-.

Bís·cay [bíski, -kei] *n.* ビスケー湾 (＝the Bay of ～)《スペインの北岸とフランス西岸に面する》.

‡**bís·cuit** [bískit] *n.* **1**〘英〙**ビスケット**(＝[米]cracker). **2**〘米〙(柔らかい)小型パン. **3** 薄茶色. **4** 素焼きの陶器 (bisque ②).

bise [bi:z] *n.* 《南ヨーロッパに吹く》北風, 寒風.

bi·séct [baisékt] *vt.* 2 分する;〘数〙二等分する.
◇ **bi·séc·tion** [baisékʃ(ə)n] *n.* **bi·séc·tion·al** *a.* **bi·séc·tion·al·ly** *ad.* **bi·séc·tor** [-séktər] *n.* 2 分するもの;〘数〙二等分線.

bi·séx·ual [baisékʃəl/-ksjəl] *a.* 両性の. —— *n.* 両性体.

‡**bísh·op** [bíʃəp] *n.* **1**《カトリック教》**司教**, **僧正**;《新教》**監督**;《ギリシア正教》**主教**. **2**〘チェス〙ビショップ, 角行《僧正帽子形のこま》. **3** 飲み物の一種《ブドウ酒・レモン・砂糖を混ぜた暖かいもの》.
◇ **～·ric** [-rik] *n.*〘宗〙～の職〔管区〕.

bisk [bisk] ＝bisque ③.

Bís·marck [bízma:rk] *n.* Otto von ～ [ɑ́tou-vɑn-/ɔ́tou-fɔn-], 1815–98, ドイツの政治家.

bís·muth [bízməθ] *n.*〘化〙ビスマス《金属元素. 記号 Bi》.

***bí·son** [báisn, -zn] *n.* (*pl.* ～) 野牛《アメリカ種のものには American bison または American buffalo, ヨーロッパ種のものには wisent の異称がある》.

bisque [bisk] *n.* **1** テニス・ゴルフなどで弱い方に与えられる 1 点のハンデ. **2** 素焼きの陶器. **3** 濃厚な鳥・貝・野菜スープ (＝bisk).

bis·séx·tile [bisékst(i)l/-tail] *n.*〘天〙閏年(うるうどし) (leap year). —— *a.* 閏年の.

bis·séx·tus [-təs] *n.* 2 月29日《閏年に加えられる 1 日》.

bìs·so·ná·ta [bìsənɑ́:tə, -néitə] *n.* 僧服用手織り黒生地.

bís·ter, [英]-tre [bístər] *n.* 《すすでつくった》こげ茶色の絵の具.

bís·tort [bístɔ:rt] *n.*〘植〙イブキトラノオ.

bís·tou·ry [bísturi] *n.* 外科用メス.

bís·tro [bístrou] *n.* (*pl.* **～s**) 飲み屋, 酒場; その主人. [＜F.] ～ **crawler** はしご飲みする男.

bi·súl·cate [baisʌ́lkeit] *a.* 二重みぞの;《ひづめが》ふたまたの.

bi·súl·fate, -phate [baisʌ́lfeit] *n.*〘化〙重硫酸塩.

bi·súl·fide, -phide [baisʌ́lfaid, -fid] *n.*〘化〙二硫化物.

‡**bit**[1] [bit] *n.* **1 かけら**, 小片, 小部分: break into ～*s* こなごなに砕ける. **2 少量**, わずか;〘話〙しばらく(の時間): Wait a ～. ちょっと待って. **3**《食物の》一口: a dainty ～ うまい物一口. **4** 小銭, 小額貨幣;〘米話〙12 セント半. **5** 端役(はやく). **6** 小景;《風景画の》小品. **7**〘米俗〙懲役. **8**〘米俗〙予期されたこと, 予定のできごと.
a ～ and a sup 少量の飲食物. ***a ～ of*** 一片の; 少量の: *a* ～ *of* land [humor, patience] 少しばかりの土地〔ユーモア, 忍耐〕. ***a ～ of a*** (1) どちらかというと, いくぶん (rather a): *a* ～ *of a* coward 少しおくびょう者. (2) 小さな: *a* ～ *of a* girl 小娘. ***a ～ of blood*** 純血種(の馬), サラブレッド. ***a good ～*** かなり長い間; ずっと (年上など). ***a nice ～ of money*** かなりたくさんの(金). ***～ by ～*** ＝***by ～s*** 少しずつ; しだいに. ***～s and pieces*** はんぱ, 残り物 (odds and ends). ***do one's ～*** 本分を尽くす; 応分の奉仕〔寄付〕をする. ***every ～*** どの点からも; 全く: *every* ～ like his father 全く父親そっくり. ***give a person a ～ of one's mind*** (人に) 率直に意見を述べる; (人を) しかる. ***not a ～*** 少しも…ない (not at all): He is *not a* ～ better. (病気が)少しもよくならない. Oh no, *not a* ～ (of it)! いや, どういたしまして. ***quite a ～ (of)***〘話〙かなり(の). ***take a ～ of (do)ing*** なかなかほねがおれる.

bit[2] *n.* **1**《馬のくつわの》はみ; 拘束(物). **2**《ドリル・くりっこ (brace) などの》きり, 刃;《かんな・おのの》刃;《かぎの》舌. ***champ the ～*** はみをかむ; <人が> いらいらする. ***draw ～*** 手綱を引いて馬を止める; 控えめにする, 速力をゆるめる. ***take the ～ between [in] its [one's] teeth*** <馬が> あばれる; <人が> むきになる, かっとなる.

bit[3] *n.* ビット《情報量の単位》. → digit. [＜*bi*nary dig*it*]

†**bit**[4] *v.* bite の過去・過去分詞.

bitch [bitʃ] *n.* **1** 雌《犬・オオカミ・キツネなどの》. **2**〘俗〙あばずれ女, みだらな女; 売春婦. —— *vi.*〘米俗〙不平をいう. —— *vt.*〘米俗〙しくじる, だめにする. ～ **goddess** 俗世間での成功《女神に擬人化して》.

†**bite** [bait] *v.* (**bit** [bit]; **bít·ten** [bít(ə)n], **bit**; **bít·ing**) *vt.* **1 かむ**, かみつく; かみ切る《*off, away, out*》. **2** <蚊・ノミなどが> 刺す, 食う; <カニが> はさむ. **3** <寒さが> しみる; <こしょうなどが> 刺激する. **4** <霜などが> いためる; <酸などが> 腐食する. **5** <歯車・いかり・やすりなどが> かみ合う, かかる; <締め金などが> はさみつけて締める; <刀が> 切り込む. **6**〘話〙だます《通例受動態で》: Were you *bitten*? だまされたか. **7**〘話〙悩ます, おこらす: What's *biting* you? なにを悩んでるんだい.
—— *vi.* **1 かみつく**, かむ《に, を *at*》. **2 刺激する**. **3** 腐食する. **4** かみ合う, かかる: The wood is so hard that the bit doesn't ～. この木は堅すぎてかんなの歯が立たない. **5** <魚が> えにつく, <人が> 誘惑

にのる: The fish were *biting* well. 魚の食いがよかった. **6** (なぞなぞ・質問などに)負けを認める: I'll ～, who is it? わからないや, いったいだれか教えてくれ. ***be*** **(*much*)** ***bitten with*** に夢中になる, …にかぶれる. **～ *at*** …にかみつく; に食ってかかる. **～ *back*** 《くちびるをかんで》ことばを控える. **～ *a person's head off*** (人に) 逆にくってかかる. **～ *in*** [***into***] に食い込む; を腐食する. **～ *one's lips*** くちびるをかんで怒り〔おかしさ〕をこらえる. **～ *one's nails*** つめをかんでくやしがる; いらいらする. **～ *off more than one can chew*** 力に余る仕事をしようとする. **～ *off one's*** **(*own*)** ***head*** 《他人に害を加えようとして》自分が害を受ける. **～ *on granite*** ほねおり損をする. **～ *the dust*** [***ground***] 地上に倒(さ)れる; 倒れて死ぬ; 屈辱を忍ぶ. **～ *one's thumb at*** (親指のつめで歯をはじいて) …をばかにする; …にけんかをふっかける. **～ *the hand that feeds*** one 恩をあだで返す.

—— *n.* **1** かむこと. **2** 一かじり, 一口; 〘話〙食べ物: Let's have a ～. めしにしよう. **3** かみ傷, 刺傷; 凍傷; 腐食. **4** 《傷などの》激痛; 《寒風の》しみこむ冷たさ; 《食物の》辛味; 《風刺などの》辛らつ味, パンチ: put ～ into speech 演説にパンチをきかす. **5** 《機械の》かみ合い, かかり. **6** 《魚つりで魚の》食い, 当たり. **～ *and sup*** 軽い食事. ***put the*** **～ *on*** に金をせびる; から金を借りようとする. ***take*** [***make***] ***two*** **～*s of*** [***at***] ***a cherry*** わざとぐずぐずする; つまらぬことにこだわる.

bít·er [báitər] *n.* **1** かみつく人〔物〕; かみつく獣; すぐえさにつく魚. **2** 詐欺師. ***Great barkers are no*** **～*s.*** 〘諺〙ほえる犬はかまない. ***The*** **～ (*is*)** ***bit*** [***bitten***]. だまそうとして逆にだまされる.

bít·ing [báitiŋ] *a.* **1** 鋭い; 刺すような, 身にしみる; 痛烈な: ～ cold 身を切るように寒い. have a ～ tongue 毒舌家である. **2** 刺激性の, 腐食性の.
◇ **～·ly** *ad.* 痛烈に, 鋭く.

bitt [bit] *n.* 〘海〙《いかり綱などをつなぐ》係柱.
—— *vt.* 〈綱を〉係柱につなぐ.

‡bít·ten [bítn] *v.* bite の過去分詞.

‡bít·ter [bítər] *a.* **1** 苦い. ↔ sweet. **2** きびしい, 激しい: a ～ winter きびしい寒さの冬. **3** 手きびしい, 仮借のない, 辛らつな: ～ criticism 酷評. **4** 耐えがたい, 苦しい, つらい: a ～ sorrow 身にしみる悲しみ. a ～ experience 苦い経験. a ～ enemy 恨み重なる敵. **5** 恨みを含んだ, 悲しみのふかい: ～ words 恨みのことば. ～ tears 熱い涙. ***be*** **～ *against*** …にきわめて批判的である, に強く反対している. ***to the*** **～ *end*** あくまで; 死ぬまで.
—— *ad.* 苦く; ひどく, 激しく (=bitterly).
—— *n.* **1** 苦しみ; 苦い物: taste the sweets and ～*s* of life 人生の苦楽を経験する. **2** 〘英〙苦みビール; (*pl.*) 《カクテルなどに入れる》ビタース, 苦み酒.
—— *vt.* 苦くする.
～ cup 苦杯 《quassia の木でつくった杯; 飲み物に苦みをつける》; 苦い経験. **～ end** (1) [ˊ-ˊ] どたん場, 破局. (2) [ˊ-ˋ] 《船内の側の》いかり綱の末端. **～·énd·er** あくまで屈しない人, がんばり屋. **～·root** [ˊ-ˋ] 〘植〙スベリヒユ科の植物. **～·sweet** [-swi:t] (1) ほろ苦い, 苦もあり楽もある. (2) ほろ苦さ; 〘植〙ツルウメモドキ, ウメガソウの類.
◇ **～·ish** [bítəriʃ] *a.* 苦みを帯びた.
‡bít·ter·ly *ad.* 苦く; ひどく, 痛烈に, 仮借なく.
***bít·ter·ness** *n.* 苦み, 苦さ; 辛らつ, 皮肉; 悲しみ.

bít·tern [bítərn] *n.* **1** にがり. **2** 〘鳥〙サンカノゴイ.

bit·u·líth·ic [bitʃulíθik/-tju-] *a., n.* 砕石をアスファルトで固めた (道路). 「ファルト.

bi·tú·men [bit(j)ú:min/-tjú:-] *n.* 〘鉱〙瀝青, アス

bi·tú·mi·nous [-minəs] *a.* 瀝青質の. **～ coal** 瀝青炭, 軟炭.

bi·vá·lent [baivéilənt/ˊˋ-] *a.* 〘化〙二価の.
◇ **-lence** *n.* 〘化〙二価.

bí·valve [báivælv] *n., a.* 二枚貝(の). ◇ **～d** *a.*

***bív·ou·ac** [bívuæk] *n.* 露営 (地). **——** *vi.* **(-ck-)** 露営する. **～ sheets** (露営用) テント.

bi·wéek·ly [baiwí:kli/bái-] *a., ad.* **1** 2 週に 1 回(の). **2** 週に 2 回 (の). **——** *n.* 2 週に 1 回〔週に 2 回〕発行の出版物.

bi·yéar·ly [baijíərli/báijə:li] *a., ad.* **1** 1 年に 2 回 (の). **2** 2年に 1 回(の).

biz [biz] *n.* 〘話〙=business.

bi·zárre [bizá:r] *a.* 奇怪な, 異様な. [<F.]
◇ **～·ly** *ad.* **～·ness** *n.*

Bi·zet [bizéi|F. bizɛ] *n.* Georges [F. ʒɔrʒ] ～, 1838–75, フランスの作曲家.

Bi·zó·ni·a [baizóuniə] *n.* アメリカ・イギリス共同占領地区《第 2 次大戦後1947年までの西ドイツの》.

Bk 〘化〙berkelium. **bk.** bank; bark; block; book. **bkg.** banking. **bkpt.** bankrupt. **bkt.** basket. **bl.** bale; barrel; black. **B/L, b.l.** bill of lading. **B.L.** Bachelor of Laws.

blab [blæb] *vt., vi.* **(-bb-)** べらべらよくしゃべる; (べらべらしゃべって) 秘密をもらす《*off*》. **——** *n.* おしゃべり (な人). ◇ **ˊ～·ber** [-ər] *n.* おしゃべりな人.

bláb·ber·mouth [blæbərmàuθ] =blabber.

†black [blæk] *a.* **1** 黒い; 暗黒の, 黒ずんだ《空・水など》; よごれた《手・布など》. **2** 皮膚の黒い; 黒人の: the ～ races 黒色人種. the ～ blood 黒人の血統. **3** 黒衣の. **4** 邪悪な, 腹黒い: a ～ heart 陰険(な人). **5** 暗い, 暗澹(あんたん)とした, 陰うつな, 不吉(ふきつ)な: ～ mood 絶望感. **6** ふきげんな; おこった; 険悪な: ～ in the face 顔を紫色にして, 血相を変えて. ～ looks 険悪な顔つき. Things look ～. 事態は険悪だ. **7** 〘米話〙徹底的な, 全くの: a ～ Republican きっすいの共和党員. **8** やみ (取引) の, 不正な. ***go*** **～** 〘空〙意識を失う.

—— *n.* **1** 黒, 黒色; 黒インク〔絵の具〕, 黒色染料. **2** 黒衣; 喪服: wear ～ in the funeral 葬式で喪服を着る. **3** 黒人. **4** 黒いしみ, すす; 汚点. **5** 〘植〙黒菌《麦・カブラなどの》. **6** 黒こま《チェッカーなどの》; 《標的などの》黒点. **～ *and white*** (1) ペン画, 墨絵. (2) (白紙に黒インクの) 印刷, 書きもの: put down in ～ *and white* 印刷〔書きもの〕にしておく. (3) 《天然色に対し写真・映画・テレビの》白黒: a picture in ～ *and white*. → in color. **～ *or white*** 白か黒か, 中間は許されない. ***in the*** **～** 《財政が》黒字で. ***talk*** **～ *into white*** = ***prove that*** **～ *is white*** 黒を白と言いくるめる, 詭弁(きべん)をろうする.

—— *vt.* **1** 黒くする; よごす. **2** 〈くつ墨でくつを〉みがく; 〈ストーブなどに〉黒みがきをかける. **——** *vi.* 黒く〔暗く〕なる. **～ *down*** 〈船具に〉タールを塗って黒くする. **～ *out*** (1) 黒インクで塗りつぶす, 抹殺(まっさつ)する. (2) 〈舞台を〉暗黒にする; 燈火管制をする. (3) 〈ラジオ放送を〉妨害する; 報道管制をする. (4) 〘空〙《急降下などで》一時視覚〔意識〕を失う.

～ amber 黒コハク. **ˊ～·a·moor** [-əmùər] 黒人《特にアフリカの》; 色の黒い人. **ˊ～-and-blúe** 《打たれて皮膚が》青黒くなった. **ˊ～-and-tán** 《店などが》黒人白人両者がはいる; 《犬が》黒とかっ色のぶちの. **ˊ～-and-white** 黒と白のぶちの; 《天然色に対し, 写真・映画・テレビが》白黒の. **～ art** 魔術. **ˊ～·ball** [ˊˋ] 反対投票; *v.* 反対投票する; (社会から) 排斥する. **～ bass** 〘魚〙スズキに似た淡水魚《アメリカ産》. **～ beetle** ゴキブリ. **～ belt** 〘米〙黒人が大半を占める南部諸州; 沃土(よくど)地帯. **ˊ～·ber·ry** [-bèri/-b(ə)ri] 黒イチゴ, キイチゴ. **‡ˊ～·bird** → 別項. **ˊ～·bìrd·ing** 黒人どれいの誘拐(ゆうかい)〔売買〕. **†ˊ～·board** → 別項. **～ book** ブラックリスト, 注意人物表: to be in a person's ～ *book* 人ににらまれている. **～ bread** 《ライムギ製》黒パン. **ˊ～·cap** [ˊˋ] (1) 頭部の黒い鳥. (2) 〘米〙クロミキイチゴ. (3) 〘英〙黒ビロードの帽子《死刑宣告の際判事がかぶる》. **～ cattle** 黒牛《食用》. **ˊ～·coat** [ˊˋ] 牧師; 〘英〙教員, 公務員, 会社勤

めの人（= ㊎ white-collar worker). **~·coat worker** = blackcoat. **⌐·cock** [⌐⌐]〘鳥〙黒雷鳥の雄. **~ coffee** クリーム・牛乳（・砂糖）を入れないコーヒー. **B~ Country**《イギリス中部の》大工業地帯. **~ crop** 豆類の作物. **⌐·damp** [⌐⌐]《炭坑内の》窒息ガス. **~ death** [**plague**] ペスト, 黒死病; (B~ Death) 14 世紀ヨーロッパを襲った黒死病. **~ diamond** 黒ダイヤ; (*pl.*) 石炭. **~ dog**〘話〙憂うつ病. **~ draft** [**draught**] 緩下剤. **~ eye** 黒い目;《打たれてできた》目のまわりの黒いあざ; 敗北; 不名誉, 恥; 中傷. **⌐-eyed** [-àid] 黒い目をした;《打たれてできた》目のまわりに黒あざのある. **~-eyed Susan**〘植〙オオハンゴンソウ《ヒナギクの一種》. **⌐-face** [⌐⌐] (1) 黒人に扮(ふん)した俳優のメーキャップ. (2)〘印〙肉太〔ブラック〕活字. (3)《顔の黒い》羊の一種. **⌐·fèl·low** オーストラリアの原住民. **⌐-fìg·ure** 黒塗りつぼ《紀元前 6–7 世紀ころギリシアで製作されたもの》. **⌐·fish** [⌐⌐] ゴンドウクジラ; 黒い色の魚. **~ flag** 海賊旗; 黒旗《死刑終了の合い図》. **~ fly**〘虫〙クロバエ. **B⌐·foot** [-fùt] (*pl.* **-feet** [fì:t], 《集合的》**-foot**) 北アメリカ原住民の一種族. **B~ Forest** シュワルツワルト《ドイツ西南部の森林地帯》. **B~ Friar** ドミニコ会の修道士. **B~ Friday** 不吉の金曜日《キリスト処刑の曜日》. **~ game** [**grouse**]〘鳥〙黒雷鳥. **~ gold**〘米〙石油. **⌐·guard** → 別項. **B~ Hand** 黒手組《スペインの無政府主義の徒党, 1883年に崩壊; 19世紀末のアメリカの犯罪者の団体》; (b~ hand) 悪徒の集団; 恐喝(きょうかつ), 陰謀. **⌐·head** [⌐⌐] (1)〘鳥〙頭の黒い鳥《カモなど》. (2) 黒にきび. (3) 七面鳥・鶏などの伝染病. **⌐·heart** [⌐⌐]〘植〙黒さくらんぼ;〘植〙内部繊維の黒くなる病気. **⌐·héart·ed** 腹黒い. **~ hole** 営倉, 軍刑務所. **~ ink** 黒インク;〘米〙黒字, 貸方. **~ ivory** (1)《集合的》アフリカで売られたどれいたち. (2) 象げを焼いたすみ《顔料》. **~ knot**〘植〙黒こぶ病. **⌐·jack** → 別項. **~ lead** 黒鉛. **⌐·leg** [⌐⌐] → 別項. **~ letter** 太字活字, ブラック体活字. **⌐·lèt·ter** 太字活字の, ブラック体の: ~-*letter* day 不吉な日, 凶日. **~ lie** 悪意のあるうそ. **~ light** 不可視光線《紫外線・赤外線》. **⌐·list** [⌐⌐] ブラックリスト, 注意人物一覧表; ブラックリストに載せる. **~ magic** 黒魔術《悪意ある目的をもつ》. **⌐·mail** → 別項. **~ man** 黒人; (しばしば B~ Man) 魔王. **B~ Maria** (1)〘話〙囚人護送車. (2)〘軍俗〙黒煙を発する大きな砲弾. **~ mark** 罰点, 黒星. **~ market** やみ市. **⌐-már·ket** *vt., vi.* やみ取引をする. **~ marketeer** [-mà:rkitíər] やみ商人. **~ Monday**〘学俗〙休暇後の最初の月曜. **B~ Monk** ベネディクト派の僧. **B~ Mountains** アメリカ Appalachian 山系の一部. **~ oak**〘植〙アメリカオーク, 大カシ. **⌐·out** → 別項. **~ point** 穀類の黒穂病. **~ pudding** 黒プディング《豚の血や脂肪でつくった腸詰め》. **B~ Rod**〘英〙黒杖(こくじょう)官《内大臣・上院に属する宮内官》. **~ sand**〘鉱〙黒砂《砂金または砂白金を含む砂》. **B~ Sea, the** 黒海. **~ sheep** 黒羊; 変わり種; 悪党, 持て余し者, やっかい者. **B~ Shirt, B⌐·shirt** [⌐⌐] 黒シャツ党員《イタリアのファシスト》; 右翼団体員. **‡⌐·smith** [⌐⌐] かじ屋; 蹄鉄(ていてつ)工. **⌐·snake**〘動〙黒ヘビ;〘米〙牛皮の長いむち. **~ spruce**〘植〙エゾマツの一種《北アメリカ産》. **B~ Stream, the** 黒潮, 日本海流. **~ tea** 紅茶. **⌐·thorn** [⌐⌐]〘植〙リンボクの一種, サンザシの一種; リンボク製のつえ. **~ tie** 黒ネクタイ; 紳士, 名士. **⌐-tie** [⌐⌐] 正装しての, 正式の: a ~-*tie* dinner 正餐(せいさん). **⌐·top** [⌐⌐] アスファルト舗装(の). **~ vomit** 黒色の血の混じった嘔吐(おうと)《黄熱病による》. **~ walnut** 黒クルミ《北アメリカ産》. **B~ Watch**〘英〙スコットランド高地第 42 連隊. **~·water fever** [⌐wɔ̀:tər-] 黒水熱《マラリアの一種. 尿が黒くなる》. **~ whale**〘動〙黒鯨《イルカの一種》. **~ widow**〘虫〙コケグモ《アメリカ産の毒グモ》. ◇ **~·ing** *n.* 黒色塗料, くつ墨. **⌐·ish** *a.* 黒みがかった. **⌐·ly** *ad.* 黒く, 暗く; 邪悪に. ***⌐·ness** *n.*

‡bláck·bird [blǽkbə̀:rd] *n.* **1**〘米〙ムクドリ(の類);〘英〙ツグミ(の類). **2** 黒人.

†bláck·board [blǽkbɔ̀:rd/-bɔ:d] *n.* 黒板.

***bláck·en** [blǽk(ə)n] *vt.* **1** 黒くする, 暗くする: a ~*ed* stage 舞台暗転. **2** に汚名を着せる.
◇ **~·ing** [-iŋ] *n.* 黒くすること; くつ墨.

bláck·guard [blǽgərd/-gɑ:d] *n., a.* 不良(の), ごろつき(の). **——** *vt.* に悪態をつく, 罵倒(ばとう)する. **——** *vi.* ごろつきのふるまいをする.
◇ **~·ism** *n.* **~·ly** *a., ad.*

bláck·jack [blǽkdʒæ̀k] *n.* **1** ジョッキ《昔は黒皮製, いまは金属製》. **2** 海賊旗 (black flag). **3**〘米〙皮製のこん棒. **4**〘鉱〙黒色セン亜鉛鉱. **5**〘植〙《アメリカ産》黒い皮のカシの木. **6** トランプ遊びの一種. **——** *vt.* こん棒でなぐる; 強制する, おどして…させる《*into* (do)*ing*》.

bláck·leg [blǽklèg] *n.* **1**〘話〙《賭博(とばく)の》いかさま師, 詐欺師. **2**〘英話〙スト破り. **3**〘獣医〙気腫疽(きしゅそ)《牛・羊の伝染病》. **——** *vt.* **1** 〈ストライキ中の労働者の〉肩代わりをする. **2** 〈組合・ストライキなどを〉支持しない; 〈人・主義を〉裏切る.
—— *vi.* スト破りをする.

bláck·mail [blǽkmèil] *n.* **1** ゆすり, 恐喝(きょうかつ). **2**〘古〙略奪を免れるために山賊に差し出したみつぎ. **——** *vt.* 恐喝する, ゆする. ◇ **~·er** *n.*

bláck·out [blǽkàut] *n.* **1**《舞台の》暗転. **2** 燈火管制《戦時中の》; 停電. **3** 一時的意識〔視覚〕喪失《飛行中の》. **4** 記憶喪失. **5** 報道途絶《マスコミ機関のストによる》.

‡bláck·smith [blǽksmìθ] *n.* かじ屋; 蹄鉄(ていてつ)工.

bláck·y [blǽki] *n.*〘英〙黒人, ニグロ.

blád·der [blǽdər] *n.* **1**〘医〙膀胱(ぼうこう);〘動〙《魚の》浮き袋;〘植〙《海草などの》浮のう, 気胞. **2** 水疱(すいほう). **3** ほら (吹き).
~·wort [-wə̀:rt]〘植〙タヌキモ属の植物.
◇ **~·y** [blǽdəri] *a.* 膀胱状の, 気胞のある.

‡blade [bleid] *n.* **1**《草の》葉,《葉柄に対して》葉身, 葉片: a ~ of grass 1 本の草. **2**《刃物の》刃, 刀身; (the ~)〘雅〙刀, 刀使い. **3**《かいの》水かき;《スクリューの》羽根; (舌・骨の) 偏平部; 肩胛(けんこう)骨. **4** 威勢のよい〔気のきいた〕男. **5**〘音声〙舌端. ***in the ~*** (穂が出ない) 葉のうちに. **⌐·bone** [⌐⌐]〘医〙肩胛骨. **⌐·smith** [⌐⌐] 刀かじ.
◇ **blád·ed** [-id] *a.* 葉片のある; 刃のある: a two-*bladed* knife 両刃のナイフ.

blague [blɑ:g] F. *n.* ほら, でたらめ, ごまかし.

blah [blɑ:] *n.*〘米俗〙ばかばかしいこと, くだらないこと (nonsense). **——** *a.* ばかげた.

blain [blein] *n.*〘医〙膿疱(のうほう), まめ;〘獣医〙舌疽(ぜっそ).

Blake [bleik] *n.* William ~, 1757–1827, イギリスの詩人・画家.

blám·a·ble [bléiməbl] *a.* 非難さるべき;《過失などについて》罪〔責任〕を負うべき. ◇ **-bly** *ad.*

‡blame [bleim] *vt.* **1** 〈人を〉とがめる, 非難する: I don't ~ you *for* doing that. そうしたからといってあなたが悪いと言っているのではない. She ~*d* herself *for* having been a dull company. 彼女はおもしろくお相手しなかったのを後悔した. **2** の責任者〔原因〕だとする: They ~*d* me *for* the accident. 彼らは私がその事故の責任者であるとした. **3** の罪〔過失〕を負わせる: They ~*d* the accident *on* me. 彼らは事故の責任を私に負わせた. They ~*d* the murder *upon* him. 彼らは殺人の罪を彼に負わせた. **4**〘米俗〙のろう, 地獄に落とす.
be to ~ 責めを負うべきである: I *am to* ~ *for* it. それは私が悪いのです. No one *is to* ~. だれにも罪はない. ***B~ it!*** 畜生!, いまいましい! ***B~ me, if*** … = ***I'm ~d, if***… もし…したら地獄に落ちてもい

い: *B～ me, if* I do that. そんなこと絶対するもんか. *B～ me, if* I don't... …しないでおくものか. ***have only oneself to ～ = have nobody to ～ but oneself*** 自分だけが悪いのだ; 自分以外に文句の持ってゆきどころがない. ***I don't ～ you.*** あなたのなさった〔おっしゃった〕ことはもっともです.

—— *n.* **1** 非難, とがめ. **2** 責任, 罪. ***bear the ～*** 責めを負う. ***incur (great) ～ for*** …のために(大きな) 非難を招く. ***lay the ～ on [upon]*** a person ***for*** の責任〔罪〕を(人)に負わせる. ***share the ～ for*** に対し共同責任をとる.

(類義語) **非難する: blame** 誤りなどを…のせいにする: Who is to *blame* for the disaster? 災難の責任者としてだれを(われわれは)とがむべきか. **censure** 相手を直接に叱責(しっせき)する. または強く非難する. **condemn** 熟考・審議した後に非難する, 不利な決定をくだす.

blame(d) [bleim(d)] *a.* 〘米俗〙ばち当たりの; いまいましい《damned の代用》. —— *ad.* べらぼうに.

bláme·ful [bléimf(u)l] *a.* 非難されるべき, とがめられるべき. ◇ **～·ly** *ad.*

bláme·less [-lis] *a.* 非難されるべきところのない, 潔白な. ◇ **～·ly** *ad.*

bláme·wor·thy [-wə̀ːrði] *a.* 非難されるべき, とがめられるべき. ◇ **-thi·ness** *n.*

blanch [blæntʃ/blɑːntʃ] *vt.* **1** 白くする, 漂白する. **2** の顔色を蒼白(そうはく)にする. **3** 〈植物を〉日陰に置いて白くする. **4** (熱湯で)ゆがく《あく抜き・皮むきのために》. —— *vi.* 白くなる, 蒼白になる. ***～ over*** 〈失策などを〉とりつくろう, うまくごまかす.

blanc·mánge [bləmɑ́nʒ/-mɔ́nʒ] *n.* ブラマンジュ《牛乳をゼラチンで固めたゼリーの一種》.

bland [blænd] *a.* **1** (態度の)温厚な, 物柔らかな. **2** 《気候が》温和な; 《薬・たばこなど》口あたりのよい. **3** なにげない, 悠然(ゆうぜん)たる: make a ～ confession しゃあしゃあと罪を白状する. **4** 気の抜けた, 間の抜けた. ◇ **∠·ly** *ad.* **∠·ness** *n.*

blán·dish [blǽndiʃ] *vt.* に追従(ついしょう)する, にへつらう. ～ a person ***into*** (do)***ing*** (人に) おせじをつかって…させる. ◇ **～·er** *n.* **～·ment** *n.* (通例 *pl.*) 甘言, おせじ, 追従.

‡**blank** [blæŋk] *a.* **1** 空白の, 白紙の, 記入してない: a ～ sheet of paper 白紙. **2** 〘商〙白地式の, 無記名の. **3** なにもない, からの; 空虚な; 無味単調な, 変化のない. **4** 《壁など窓も入り口も装飾もなく》のっぺりした; 《貨幣・かぎなど》未加工の. **5** ぼんやりした, 心が空白の, 生気〔表情〕のない: a ～ stare ぽかんとした目つき. **6** 全くの, 純然たる: a ～ impossibility 全く不可能なこと. **7** 〘トランプ〙(よい)札のない: be ～ in spades スペードが一枚もない. a ～ hand から札ばかりの手.

—— *n.* **1** 空白, 余白: a ～ in one's memory 記憶が失われている部分. **2** 白紙; 空地; 〘米〙《空欄に記入する》記入用紙 (=英 form); 〘英〙議案中斜体で書かれた未決の部分. **3** 空虚; 単調さ. **4** からくじ; 〘軍〙空包; 未加工の貨幣〔かぎ〕など. **5** 《標的の中心の》白点; 目標, 目的. **6** 省略を示すダッシュ: Mr. —— 某氏《Mr. Blank と読む》. ***draw a ～*** からくじを引く; 失敗する. ***fill in [out] a ～*** 空所に書き入れる; 記入用紙に書き入れをする. ***in ～*** 《小切手などを》白地式で; 空白のままで.

—— *vt.* **1** からにする, 空白にする; 無効にする. **2** 削除する, おおい隠す《*out*》. **3** 〘米〙零敗させる.

∠·book [blǽŋkbùk] 〘米〙白紙帳, 未記入帳簿. **～ cartridge [firing]** 空包〔空包射撃〕. **～ check** 《金額未記入署名入りの》白地式小切手: give a person a ～ *check* 金〔権力〕を無制限に与える; 自由行動を許す. **～ form** 記入用紙. **～ verse** 《ふつう五脚弱強格の》無韻詩. **～ wall** 行き止まり, 障害: run into a ～ *wall* 行き詰まる. ◇ **∠·ly** *ad.* 茫然(ぼうぜん)と, ぽかんとして; きっぱりと, 断然. **∠·ness** *n.* 空白, 単調.

(類) → **vacant**「からの」

‡**blán·ket** [blǽŋkit] *n.* **1** 毛布. **2** (毛布のように)一面におおう物: a ～ of snow 一面の雪. ***be born on the wrong side of the ～*** 私生児として生まれる. ***throw a cold ～ over [on]*** の興〔熱〕をさます, に水をさす. ***toss*** a person ***in a ～*** 《罰として》毛布で胴上げする. ***wet ～*** 消火のためのぬれ毛布; 興をさます人; 希望や熱意をくじくもの.

—— *a.* 〘米〙 **1** 総括〔包括〕的な: a ～ bill [clause] 総括的議案〔条項〕. **2** 電波妨害の.

—— *vt.* **1** 毛布でくるむ〔おおう〕; 《毛布でおおうように》一面におおう. **2** 毛布で胴上げする《おもに罰として》. **3** おおい隠す; 〘話〙〈醜聞などを〉もみ消す. **4** 〘米〙〈電波を〉妨害する, 消す《*out*》. **5** 〈法律などが〉…の全般に適用する; 〈鉄道運賃などが〉…の全区に適用する. **6** 〘海〙〈他の船の〉風をさえぎる.

[<blank 毛布は元は白地であった]

～ area 《放送局に近接する》つんぼ地域. **～ bombing** 〘米〙じゅうたん爆撃. **～ insurance** 〘米〙全種保険. **～ roll** 〘軍〙背負い袋. **～ sheet** 《19世紀半ばの》大型新聞紙. **～ visa** 一括査証《税関が船客全部に一括して与えるビザ》.

◇ **～·ing** [-iŋ] *n.* **1** 毛布地. **2** 電波妨害.

blán·ket·y-blánk [blǽŋkitiblǽŋk] *a.* くそいまいましい《damned, bloody などの代用語. 印刷できない語で, そこに blank を残すところから》.

blare [blɛər] *vi., vt.* **1** 〈らっぱなどが〉鳴り響く; 吹き鳴らす. **2** 大声でどなる; 〈牛が〉鳴く. —— *n.* **1** (らっぱなどの)響き; 叫び. **2** まばゆい光彩; あでやかさ.

blár·ney [blɑ́ːrni] *n.* おせじ, 甘言. —— *vt., vi.* (に)おせじを言う, 甘言でくどく. **B～ stone** 口じょうずのまじない《アイルランドの Blarney 城の城壁の石. これにキスすると口じょうずになるという》.

blasé [blɑːzéi] F. *a.* 享楽に飽きた, すさんだ, 無感覚になった, ずぶとい.

blas·phéme [blæsfíːm] *vt.* 〈神・神聖なものを〉冒瀆(ぼうとく)する. —— *vi.* 冒瀆〔不敬〕の言を発する《に *against*》. ◇ **-phém·er** [-ər] *n.* 冒瀆者, ばち当たりの口をきく人.

blás·phe·mous [blǽsfiməs] *a.* 冒瀆的な, 不敬な; 口の悪い. ◇ **～·ly** *ad.* **～·ness** *n.*

blás·phe·my [blǽsfimi] *n.* 冒瀆, 不敬; ばち当たりなことば.

‡**blast** [blæst/blɑːst] *n.* **1** (風の)一吹き, 突風: a ～ of wind 一陣の風. **2** 《炉・ふいご・オルガンなどへの》送風. **3** 《らっぱ・笛の》音, 響き, 吹奏. **4** 爆発, 爆破; 爆風; (1回分の)爆薬. **5** 毒気, 害毒. **6** らんちきパーティー. ***at a [one] ～*** 一吹きに. ***at [in] full ～*** 《衝風炉が》盛んに送風中で; 全力をあげて. ***in [out of] ～*** 送風中で〔送風が止まって〕.

—— *vt.* **1** 爆破する, に発破(はっぱ)をかける; 〈トンネルなどを〉爆破してつくる. **2** 《比喩的》一挙に打ち砕く, だめにする; 害する. **3** しおれさす; 〈霜などが植物を〉枯らす. **4** 〈らっぱなどを〉鳴らす.

—— *vi.* しおれる; 枯れる; だめになる. ***B～ him!*** くたばれ! ***B～ it!*** 畜生!

～ furnace 溶鉱炉. **∠-off** [∠∠] 《ロケット・ミサイルの》発射 (launching). **～ pipe** 〘機〙送風管, 排気管.

◇ **∠·ed** [-id] *a.* **1** 枯れしおれた. **2** いまいましい: This ～*ed* pen did never work properly. このペン畜生うまく書けたことがない. **3** 〘話〙一文なしの. **∠·ing** *n.* 爆破; 《霜などが草木を》枯らすこと.

(類) → **wind**「風」

blas·té·ma [blæstíːmə] *n.* (*pl.* **～s, ～·ta** [-tə]) 〘生〙芽株(がしゅ).

blás·to·derm [blǽstədə̀ːrm] *n.* 〘生〙《卵の》胚盤葉(はいばんよう).

blás·to·mere [blǽstəmìər] *n.* 〘生〙分細胞, 割球.

blás·to·pore [blǽstəpɔ̀ːr] *n.* 〘生〙胚孔, 原口.

blás·tu·la [blǽstʃulə/-tju-] *n.* (*pl.* **-lae** [-liː]) 〘生〙

胞胚(ほうはい). ◇ **-lar** [-lər] *a.*

blat [blæt] *vt., vi.* (**-tt-**) **1** <子牛・子羊が> 鳴く. **2** べらべらしゃべる.

blá·tant [bléit(ə)nt] *a.* **1** はなはだ目だつ, まぎれもない: a ~ error ひどい誤り. a ~ lie 見えすいたうそ. **2** 騒々しい, 耳ざわりな. **3** 《服装など》けばけばしい. ◇ **~·ly** *ad.* **blá·tan·cy** [bléit(ə)nsi] *n.*

bláth·er [blǽðər] *vt., vi.* べちゃくちゃしゃべる. ── *n.* むだ口, ばか話.
~·skite [-skàit] おしゃべり屋, 大ほら吹き.

‡**blaze**[1] [bleiz] *n.* **1** 《ぱっと燃え上がる》炎, 火災. **2** きらめき, 光輝: a ~ of jewels 宝石の輝き. **3** かっと燃え立つこと; 《感情などの》激発; 《名声の》発揚. **4** (*pl.*) 〔俗〕地獄: Go to ~*s*! 地獄へ落ちろ! **5** (*pl.*) 《疑問の強調》いったいぜんたい: What the ~*s* do you mean? いったいなんの意味だい.
in a **~** 燃え上がって; ぱっと 《「燃え上がる」など》. ***in a ~ of anger*** [***passion, temper***] かっとなって. ***like ~s*** 〔俗〕激しく, 猛烈に. ***Old B~s*** 悪魔.
── *vi.* **1** 燃え立つ, 炎を上げる. **2** 輝く, きらめく. **3** 激怒〔激高〕する. ── *vt.* <感情を> あからさまに出す. **~ *away*** [***off***] (1) ボンボン発砲する《をねらって *at*》. (2) せっせと働く, いそしむ《に *at*》. (3) 猛烈に〔興奮して〕しゃべりまくる. **~ *out*** [***up***] ぱっと燃え上がる; かっと怒る.

blaze[2] *n.* **1** 《牛馬の顔の》白ぶち, 流れ星. **2** 木の幹の皮はぎ目印《道標・境界標として, また伐採を示すための》. ── *vt.* に目印をつける《木の皮をはいで》: ~ the trail 道しるべを残す. **~ *the way*** 道をひらく; 先駆者として活躍する.

blaze[3] *vt.* 布告する. **~ *about*** [***abroad***] 言いふらす, ふれ広める.

bláz·er [bléizər] *n.* **1** 強烈に光り輝くもの, 燃え上がるもの. **2** ブレザーコート《運動選手が着る色のはでやかなコート》. **3** 《下に火がはいる》保温 (なべ). **4** 〔米〕しくじり; うそ.

bláz·ing [bléiziŋ] *a.* **1** 燃える (ような), 強烈に輝く: the ~ sun 炎天. **2** 明白な, はなはだしい: ~ indiscretion とてつもない不謹慎. **3** 〔狩〕《獲物の》においの強い. **~ star** 〔植〕キリンギク属の植物; 衆目を集める人物, 興味の的.

blá·zon [bléizn] *n.* **1** 紋章; 紋章解説〔描画法〕. **2** 誇示. ── *vt.* **1** <紋章を>描く; <紋章を>解説する. **2** 誇示する, 見せびらかす. **3** 公表する, 言いふらす《*abroad*》. ◇ **~·ment** [-mənt] *n.* **~·ry** [-ri] *n.* 紋章(画法・解説); 誇示.

bldg. building.

bleach [bliːtʃ] *vt., vi.* 漂白する; 《漂白によって》白くなる. ── *n.* 漂白(剤).
◇ **~ed** [-t] *a.* 漂白した: ~*ed* cotton さらしもめん. **~·ing** *n.* 漂白: ~*ing* powder さらし粉.

bléach·er [blíːtʃər] *n.* **1** 漂白者, 漂布業; 漂白器〔剤〕. **2** (通例 *pl.*) 〔米〕外野席《屋根なしの観覧席》. ◇ **~·ite** [-tʃəràit] *n.* 外野スタンドの見物人. **~·y** [-tʃ(ə)ri] *n.* 漂白工場.

bleak[1] [bliːk] *a.* **1** 吹きさらしの, 荒涼とした. **2** 寒くて膚を刺す: a ~ wind 寒風. **3** 《けしき・将来の見通しなどが》寂しい, 陰うつな; 《顔つきなどが》沈んだ, 元気のない. ◇ **~·ly** *ad.* **~·ness** *n.*

bleak[2] *n.* コイ科の魚.

blear [bliər] *a.* 《目が》かすんだ, ぼうっとした.
── *vt.* かすませる, うるませる. **~-eyed** [blí(ː)ràid/blíər-] かすみ目の; 目先のきかない: a ~*-eyed* attitude about life 行き当たりばったりの生活態度.

bléar·y [blí(ː)ri/blíəri] *a.* **1** 目のかすんだ, 疲れ果てた. **2** 《風景などが》ぼんやりした.

bleat [bliːt] *vi.* **1** <羊・ヤギが> メエと鳴く. **2** こぼす, 泣き言をいう《について *about*》. ── *n.* 《羊・ヤギなどの》鳴き声; 泣き言.

bleb [bleb] *n.* 〔医〕水疱(すいほう); 泡(あわ). ◇ **~·by** *a.*

‡**bleed** [bliːd] *v.* (**bled** [bled]) *vi.* **1** 出血する: His nose is ~*ing*. 鼻血が出ている. He is ~*ing* at the nose. 鼻血を出している. **2** 《国・主義のために》血を流す, 傷つく, 死ぬ《のために *for*》. **3** 血の出る思いをする, 心痛する. **4** 〔話〕大金を払う,「絞られる」. **5** <血が> 流れる. **6** <植物が> 液を出す. **7** <ガス・水が>漏れる; <継ぎ目が> ゆるむ; <染めが> 落ちる.
── *vt.* **1** <人を> 絞る: ~ a person *for* money 人から金を絞り取る. **2** に血の出る思いをさせる. **3** <血・液を> 流す, 漏らす. **4** 〔製本〕断ち切りすぎる. **~ *to death*** 出血して死ぬ. **~** a person ***white*** [***dry***] (人から) 絞れるだけ絞る; 骨の髄までしゃぶる.
── *n.* 〔製本〕(印刷した部分まで) 断ち切りすぎたページ. [<blood]

bléed·er [blíːdər] *n.* **1** 出血性の人. **2** 他人の膏血(こうけつ)を絞り取る人,「寄生虫」.

bléed·ing [-iŋ] *n., a.* 出血 (する). **~ heart** 〔植〕ケマンソウ.

blém·ish [blémiʃ] *n.* 傷, 汚点, 欠点: a ~ *on* his record 彼の履歴上の傷. ***without*** **~** 完全な.
── *vt.* に傷〔汚点〕をつける; <名誉などを> 汚す.

blench[1] [blentʃ] *vi.* たじろぐ, (一歩) あとじさりする.

blench[2] *vi., vt.* 白くなる〔する〕, 真っ青になる〔する〕.

‡**blend** [blend] *v.* (**blénd·ed**, 〔雅〕**blent** [blent]) *vt.* 混ぜる, 混ぜ合わせる; <異種の酒・たばこ・コーヒーなどを> 混合する. ── *vi.* **1** 混じる, 混和する; <色などが> 溶け合う. **2** 調和する, うまくいく. **~*ed fabric*** 混紡織物.
── *n.* 混合; 混合物; 混色; 〔言〕混成語.
◇ **~·ing** [-iŋ] *n.* 混合(物); 〔言〕混合語《例: *smog*<smoke+fog》. 【類】 → **mix**「混ぜる」

blende [blend] *n.* 〔鉱〕セン亜鉛鉱.

Blén·heim [blénim] *n.* **1** spaniel 犬の一種 (= ~ spaniel). **2** ドイツの村名《1704 年イギリスの Duke of Marlborough がフランス軍に大勝した所》. **~ orange** 黄金色のリンゴ.

blén·ny [bléni] *n.* 〔魚〕ギンポ.

blent [blent] *v.* 〔雅〕blend の過去・過去分詞.

‡**bless** [bles] *vt.* (**blessed** [-t] *or* **blest** [blest]) **1** に恵みを与える; に授ける《を *with*》: God ~*ed* them *with* children. 神は彼らに子を授けたもうた. I am greatly ~*ed in* my friends. 友人には全く恵まれている. **2** に加護を与える: *B~* me *from* all evils! もろもろの悪より守りたまえ! **3** のために神の恵み〔加護〕を祈る, 祝福する. **4** <神などを> 賛美する; <神などに> 幸福を感謝する: I ~*ed* my stars that... …ということを運命に感謝した. **5** (宗教的儀式によって) 神聖化する, 清める. **6** 《反語的》のために災いを祈る, のろう. ***be ~ed with*** を恵まれている, を与えられる; 《反語的》…で困っている. **~ one*self*** 《十字を切って》身を清める; 自分を祝福する, まあよかったと思う. ***B~ me!*** = ***God ~ me!*** = ***Well, I'm blest!*** おやおや!, しまった!, とんでもない!《驚き・立腹》. ***Blest*** [***I'm blest***] ***if*** I know. (ぼくが知る) ものか, 絶対 (知ら) ない. ***God ~ you!*** 神の恵みあらんことを!; どうもありがとう!; まあ驚いた!; まあかわいそうに. ***have not a penny to ~ oneself with*** びた一文持たない.

bléss·ed** [blésid] *a.* **1** 恵まれた, 幸福〔幸運〕な. **2** 楽しい, 喜ばしい. **3** 神聖な, 清らかな. **4** 《反語的》いまわしい, ばち当たりの. **5** 《強意的》とことんの, 最後の: the whole ~ day まる 1 日. every ~ cent 一文残らず. ***B~ are the poor in spirit. 〔聖〕心の貧しい者は幸いである《マタイ伝 5:3》. ***the*** **~** 天上の諸聖徒. ***the land of the*** **~** 天国.
B~ Trinity, the 〔宗〕三位一体. **B~ Virgin, the** 聖母マリア.
◇ **~·ly** *ad.* 幸いにも; 幸福に; 楽しく. **~·ness** *n.* 幸運, 幸福: single ~*ness* 〔笑〕気楽な独身.

‡**bléss·ing** [blésiŋ] *n.* **1** 祝福 (のことば); 食前〔食後〕の祈り. **2** 神の恵み〔加護〕; 幸福. **3** ありがた

いもの, うれしいこと. 4《反語的》のろうこと; のろい. **ask** [**say**] **a ～** 食前[食後]の祈りをする. **～ in disguise** 結局は身のためになる不幸.

blest [blest] *v.* bless の過去・過去分詞. —— *a.* 〖雅〗=blessed.

bléth·er [bléðər] =blather.

†**blew** [blu:] *v.* blow[1, 3] の過去形.

blg. building.

blight [blait] *n.* 1 胴枯れ病《樹木の一部または全体を枯死させる》; 虫害. 2《樹木に有害な》もやのこもった大気; 害虫. 3 障害, 破滅[挫折(ざせつ)]の原因. —— *vt., vi.* 枯らす, 枯れる; 〈希望などを〉くじく, くじける: ～*ed* hopes くじけた希望.

blíght·er [bláitər] *n.* 〖英俗〗うるさい[いやな, 能なし]やつ; やつ (fellow).

blíght·y [bláiti] *n.* 〖軍俗〗イギリス本国; 本国送還: a ～ (one) 帰休負傷《本国送還を要する》.

blí·m(e)y [bláimi] *int.* おや!, 畜生!, しまった! [<God blind me!]

blimp [blimp] *n.* 〖話〗1《沿岸偵察(ていさつ)用》小型飛行船. 2 太っちょ.

‡**blind** [blaind] *a.* 1 **めくらの**, 盲目の: a ～ man 盲人. the ～ 盲人たち. 2 盲人の, 盲人用の: a ～ asylum 盲人ホーム. 3 文盲の, 無学の. 4 **盲目的な**, 無分別な: ～ obedience 盲従. ～ reasoning 訳のわからない理屈, へ理屈. ～ forces 盲目的にはたらく力. 5 先の見えない,《美醜・利害などを》見る目のない; 無理解の: ～ *to* all arguments 議論を全然受けつけない. 6 無感覚の, 無意識の: ～ stupor 茫然(ぼうぜん)自失. 7 **視界なしの**, 当てずっぽうの: ～ flying 盲目飛行, 無視界[計器]飛行. a ～ guess 当て推量. 8 見通しのきかない, よく見えない, 隠れた: a ～ corner 先の見えない曲がり角; 車からよく見えない危険な場所. a ～ nail 隠しくぎ. 9 行き止まりの, 向こうへ抜けられない, 出口[窓口]のない: a ～ window めくら窓《壁に窓の形だけあって実際には外に開かないもの》. 10 不完全な, 効果[効力]のない: a ～ shell 不発弾. a ～ letter 配達不能[あて名不明]郵便物. 11〖植〗《芽・球根などが》花を咲かせない, 実を結ばない.

～ drunk = ***～ to the world*** 〖俗〗正体なく酔って. ***～ of an eye*** [***in one eye***] 片目の. ***go ～*** めくらになる. ***the ～ leading the ～*** 〖聖〗盲人を導く盲人, 危険千万《マタイ伝 15:14》. ***turn a*** [***one's***] ***～ eye to*** を見て見ぬふりをする.

—— *vt.* 1 **めくらにする**; 〈強い光などが〉の目をくらます. 2 に目隠しする. 3 〈光などを〉おおい隠す, の光を奪う: ～ the room with heavy curtains 厚いカーテンでへやを暗くする. 4 盲目的にする, から分別を奪う; あざむく. 5 〈新舗装道路の〉すきまをじゃりでつぶす; 〈すきまなどを〉ふさぐ.

—— *vi.* 〖俗〗めくらめっぽうに自動車をとばす.

—— *ad.* がむしゃらに, めくらめっぽうに. ***go it ～*** めくらめっぽうにやる.

—— *n.* 1 **おおい隠すもの**; **日よけ**, よろい戸; すだれ; 〖米〗《馬の》目隠し. 2〖米〗《猟師の》潜伏所; 隠れ場所. 3 人の目をくらますもの; ごまかし, 策略, 口実; 〖俗〗おとり.

～ alley 袋小路, 行き止まり; 見込みのないこと. **～ coal** 無煙炭. **～ date** 〖米俗〗《紹介による》未知の男女のデート. **～ ditch** 暗渠(あんきょ). **～ door** 風通しつきドア. **∼́·fold** → 別項. **～ man** (1) 盲人. (2) =blindman. **∼́·man** [-mən]《郵便局の》あて名判読係. **～·man's buff** 目隠し遊び, 鬼ごっこ. **～ pig** [**tiger**] もぐりのバー. **～ side** 弱点, すき. **～ spot** (目の) 盲点; 自分の自覚しない[理解の及ばない]点. **～ stitch** 隠し縫い. **∼́·stitch** [⌐⌐] *vt., vi.* 隠し縫いにする. **∼́·stò·ry** 〖建〗盲階《外壁に窓のない教会堂の廊下》.

∼́·worm [-wə:rm] 〖動〗ヘビトカゲ.

◇ **∼́·age** [-idʒ] *n.* 〖軍〗塹壕(ざんごう)内の防弾壁. **∼́·ly** *ad.* 盲目的に, むやみに; 袋小路となって: end ～*ly* 行き止まりになる. ***∼́·ness** *n.* 盲目; 無分別; 文盲, 無知.

blínd·er [bláindər] *n.* 1 目をくらます人[物]. 2 (*pl.*) 馬の目隠し皮 (blinkers). 3 視野の狭い人.

blínd·fold [bláin(d)fòuld] *vt.* 1 に目隠しする. 2 の目をくらます; あざむく. —— *n.* 目隠し(の布).
—— *a., ad.* 目隠しをした[して], めくらめっぽうな[に].

blínd·ing [bláindiŋ] *a.* 目をくらませる(ような); 分別をなくさせる(ような). —— *n.* 1 目つぶし《新設道路のすきまを埋めるための》. 2 めくらになること[にする行為].

blink [bliŋk] *vi.* 1 まばたきする, 目をしばたたく; 〈星・燈火などが〉明滅する. 2 ちらと見る, まぶしそうに見る. 3 見て見ぬふりをする, 見のがす, 無視する《を *at*》. —— *vt.* 1 にまたたきさせる, まぶしがらせる. 2 またたきして見る, ちらと見る. 3 見て見ぬふりをする. 4 〈涙・ごみなどを〉またたきしてとる. —— *n.* 1 またたき; 一瞬時: in a ～ たちまち. 2 ちらと見ること, 瞥見(べっけん). 3 きらめき, 閃光(せんこう). ***on the ～***《機械などが》こわれかけて, いたんで.

◇ **∼́·ard** [blíŋkərd] *n.* しじゅうまたたきする人; 鈍物. **∼́·er** *n.* まばたきする人; 色目を使う女;《踏切・自動車などの》点滅(警報)燈; (*pl.*) サングラス; (*pl.*) 馬の目隠し. **∼́·ing** *a.* きらめく, まばたく; 〖英俗〗ひどい (bloody).

blip [blip] *n.* レーダーのスクリーンに映るシグナル.

‡**bliss** [blis] *n.* (至上の)**幸福**, 天国の喜び; 満悦: domestic ～ 家庭の幸福. ◇ **∼́·ful** [-f(u)l] *a.* 喜びに満ちた, しあわせな. **∼́·ful·ly** *ad.*

blís·ter [blístər] *n.* 1《皮膚の》水[火]ぶくれ, 水疱(すいほう);《植物・金属・ペンキなどの表面の》気泡(きほう). 2〖医〗発疱膏(はっぽうこう). —— *vt.* 1 に水疱[火ぶくれ]を生じさせる. 2〖俗〗悩ます, うんざりさせる《皮肉・毒舌などで》. —— *vi.* 水[火]ぶくれになる.

～ gas 毒ガスの一種《火ぶくれを生じさせる》. **～ rust** 〖植〗松のさび病.

B. Lit(t). Bachelor of Letters; Bachelor of Literature.

blithe [blaið] *a.* 楽しげな, 快活な, 浮き浮きした.
◇ **∼́·ly** [-li] *ad.* **∼́·some** [-səm] *a.* =blithe.

blíth·er [blíðər] *vi.* たわいもないことをしゃべる.
◇ **～·ing** [-ðəriŋ] *a.*

blitz [blits] *n., a.* 電撃(的の). —— *vt.* に電撃戦を加える; 電撃的に襲う. [<G. Blitzkrieg]

blítz·krieg [blítskri:g] *n.* 電撃[奇襲]戦法. —— *vt.* 急襲する. [<G.]

***blíz·zard** [blízərd] *n.* **大ふぶき**, 暴風雪.

blk. black; block; bulk. **B. LL.** Bachelor of Laws.

bloat [blout] *vi.* 1 ふくれる《*out*》. 2 慢心する, いい気になる《*out*》. —— *vt.* 1 ふくらませる. 2 慢心させる. 3 〈魚を〉薫製にする. ◇ **∼́·ed** [-id] *a.* ふくれた; 慢心した; 薫製にした: ～*ed* salmon 薫製のサケ. **∼́·er** *n.* 薫製ニシン.

blob [blɑb/blɔb] *n.* 1《インク・ペンキなどの》一滴, しみ; ちっぽけなもの. 2〖クリケット〗零点. 3《魚の》水をはねる音. 4〖米俗〗へま, しくじり. —— *vt., vi.* (**-bb-**) 1 にしみをつける, よごす《インクなどで》. 2〖米俗〗へまをする.

blób·ber-lipped [blábərlìpt/blɔ́b-] *a.* くちびるの厚く突き出た.

bloc [blɑk/blɔk] *n.* 1 ブロック, 圏《政治・経済上の》: the Communist ～ 共産圏. the dollar ～ ドル ブロック. 2〖米〗《特定目的のための与・野党の》連合議員団: the farm ～ 農業問題推進議員団.
～ economy ブロック経済.

‡**block** [blɑk/blɔk] *n.* 1《木・石・金属などの》**大きな固まり**, 大きな断片; 建築用石材; 〖建〗ブロック材 (=building ～);《おもちゃの》積み木 (=building ～). 2 台, 台木; まな板; 肉切り[まき割り, せり売

り, 乗馬, 首切り, 造船〕台. **3**〘印〙版木; 〘製本〙金版, 凸版(とつばん)面. **4** 帽子型; 型, 式. **5** 滑車, せみ. **6**《切符・切手・株券などの》一組み, 一続き, 一そろい; 《便箋(びんせん)のように一方をのりづけした》用紙の一とじ, はぎ取り帳. **7**〘英〙(一むねの) 大建築 《アパート・商店を含む》; 〘米〙《市街の道路に囲まれた》 一区画, 丁目: He lives two ~*s* away 〔on my ~〕. 通り二つ向こう〔おなじ区画〕に住んでいる. **8 障害**(物), じゃま; 《交通などの》途絶, 閉塞(へいそく); 〘英〙《議案に対する》 反対声明; 〘運〙 妨害: His stubbornness is a ~ to all my efforts. 彼の強情が私のやることなすことをじゃまする. **9**〘俗〙《人の》頭; ばか, まぬけ (=blockhead). **10** =bloc.

block ⑤

~ ***and tackle*** 絞轆(こうろく)《重量物を引き上げる一組みの滑車》. ***cut ~s with a razor*** 荒仕事に利器を用いる, 英才をくだらぬことに使う. ***go*** 〔***be sent***〕 ***to the ~*** 斬罪(ざんざい)になる; 競売に付される. ***on the ~*** 競売に出されて; 断頭台上で.

—— *vt.* **1** <通路・管などを> ふさぐ, <交通などを> 妨げる; 〘経〙<通貨などを> 封鎖する; 〘英〙<議案通過を> 妨害する. **2** 台にのせる; <帽子の> 型取りをする; <表紙を> 打ち出す. **3**〘運〙<相手を> 妨害する; 〘クリケット〙<バットでボールを> 止める; 〘フットボール〙 <ボールを持つ走者を> 妨害する. **4**〘医〙<神経を> まひさせる. ~ ***in*** 閉じ込める; 略図をかく, 設計する. ~ ***out*** 輪郭をかく, およその計画を立てる. ~ ***up*** <道を> ふさぐ; じゃまする; 台木にのせる.

~ **book** 木版刷りの本. **~·bùst·er** [-bʌ̀stər] 大型爆弾《一区画を破壊してしまうような》. ~**capital**《印刷字体の》筆記体大文字. ~ **cutter** 木版師. **~·head** [⌐⌐] ばか者, まぬけ. **~·house** [⌐⌐] (1)《銃眼を備えた》 堡塁(ほうるい), トーチカ. (2) 木造小要塞(ようさい). (3) 角材. ~ **letter** 〘印〙木版字; ブロック字体 《全体おなじ太さの書体》, 印刷体の筆記文字. ~ **plane**《横削り用》小型かんな. ~ **print** 木版画. ~ **printing** 木版印刷. ~ **section** 〔**system**〕〘鉄道〙閉塞区間〔式〕《1区間に一時に1列車だけ通す》. ~ **signal**〘鉄道〙閉塞信号.

◇ **~·age** [blákidʒ/blɔ́k-] *n.* 封鎖, 妨害.

~·ish [-iʃ] *a.* 木塊のような, 愚鈍な, のろまな. **~·y** [-i] *a.* ずんぐりした, 濃淡にむらのある.

block·áde [blakéid/blɔk-] *n.* **1**《港・沿岸などの》封鎖(線), 閉塞(へいそく). **2**《交通などの》妨害. ***lift*** 〔***raise***〕 ***a ~*** 封鎖を解く. ***run the ~*** 封鎖線を突破する. —— *vt.* ~する.

~-rùn·ner 封鎖突破船〔者〕; 密航者.

◇ **block·ád·er** [-ər] *n.* 封鎖者; 閉塞船.

bloke [blouk] *n.* 〘英俗〙やつ (fellow).

***blond** [bland/blɔnd] *a.* **1 金髪の**, 《毛髪が》薄いトビ色の. **2**《人が》金髪・色白・碧眼(へきがん)〔灰眼〕の. —— *n.* **1** ブロンドの人. **2** 絹レース.

blonde [bland/blɔnd] *n.* 金髪の女性, ブロンドの婦人. —— *a.*《女性が》金髪の.

‡blood [blʌd] *n.* **1** 血, 血液; 《下等動物の》体液; 樹液, 果汁(かじゅう). **2** 生き血; 生命: give one's ~ for one's country 祖国のために一命をささげる. **3** 流血; 殺人: a man of ~ 殺人犯. **4** 血筋; 血統, 生まれ, 家柄, 名門: Madness runs in his ~. 彼は気違いの血筋を引いている. of noble ~ 高貴な生まれの. a prince of the ~ 親王. **5** 血縁, 身内. **6**《馬の》純血種. **7** 気質; 血気, 活力; 情熱, 激情: My ~ is up. ひどく腹が立つ. **8**〘おもに英〙血気盛んな人; だて男. **9** 肉欲, 獣欲.

bad 〔***ill***〕 ~ 不和; 敵意, 遺恨. ~ ***and iron***《Bismarck の》 鉄血〔武力〕政策. ~ ***and thunder*** 流血と暴力, ちゃんばら. ~ ***in*** one's ***eyes*** 殺気だって. ***B~ is thicker than water.*** 〘諺〙血は水よりも濃し; 他人よりは身内. ~ ***out of a stone*** 鬼の目にも涙. ***blue ~*** 高貴の生まれ. ***flesh and ~*** 肉体. ***for the ~ of me*** どうしても. ***fresh*** 〔***new***〕 ~ 新家族; 新進気鋭の人々. ***get*** 〔***have***〕 a person'***s*** ~ ***up*** (人) をおこらせる: Injustice of any sort *gets my ~ up*. どんな不正でも見ると腹が立つ. ***half*** 〔***whole***〕 ~ 片〔両〕親による血縁. ***have*** a person'***s*** ~ ***on*** one'***s head***(人)の死〔不幸〕に責任がある. ***in cold ~*** 冷然と; 故意に. ***in hot*** 〔***warm***〕 ~ かっとして. ***let*** ~ 放血する. ***make bad*** ~ 不和を生ぜしめる. ***make*** a person'***s*** ~ ***boil*** 激高させる. ***make*** a person'***s*** ~ ***run cold*** ぞっとさせる. ***taste*** ~ <猟犬・野獣などが> 血の味を知る; 初めて経験する.

to the last drop of one'***s*** ~ 命のあらんかぎり.

—— *vt.* **1** <猟犬に> 血を味わわせる. **2**〘医〙放血する.

~ **bank** 血液銀行. **~·bath** [⌐⌐] 大殺戮(さつりく). ~ **brother** 実の兄弟; 《お互いの血を混ぜてすすりあった》 義兄弟. ~ **corpuscle** 血球. ~ **count** 血球数. **~·cùr·dling** ぞっとさせるような; 血も凍るような. ~ **feud** 血讐(けっしゅう)《2 族間の復讐》. ~ **group** 血液型. **~·gùilt·y** 人殺しの(罪を負った). ~ **heat** 血温《平均37°C》. ~ **horse** 純血種の馬, サラブレッド. **~·hound** [⌐⌐] 臭覚鋭敏の警察犬《イギリス産》; 〘俗〙探偵(たんてい). **~·lèt·ting** 〘医〙放血; 瀉血(しゃけつ). **~·mo·bìle** [-məbì:l] 採血車《血液銀行の》. ~ **money** 死罪犯の決定に証言した人に与える報賞金; 殺し屋の受け取る謝礼金; 被害者の近親が受け取る慰謝料.

~ **plasma** 血漿(けっしょう). ~ **poisoning** 敗血症. ~ **pressure** 血圧. ~ **purge** 血の粛正. **~-réd** 血染めの, 血のように赤い. ~ **relation** 〔**relative**〕 血族, 肉親. ~ **revenge** 血族による復讐(ふくしゅう). **~·root** [⌐⌐] 〘植〙《根が赤い》ケシ科の植物. ~ **royal** 王族. **~·shed** [⌐⌐], **~·shèd·ding** 流血, 殺害. **~·shot** [⌐⌐] (目が) 充血した, 血走った. ~ **sport** 流血・殺生を伴う遊び《狩猟・闘牛など》. **~·stain** [⌐⌐] 血痕(けっこん). **~·stained** [⌐⌐] 血痕のついた, 血まみれの; 人殺しをした. **~·stock** [⌐⌐]《集合的》純血種の馬. **~·stone** [⌐⌐]〘鉱〙血石; 血玉髄《3月の誕生石》. ~ **stream**《人体の》血流. **~·sùck·er** 吸血動物《ヒルなど》; 吸血鬼, 強欲な人. **~·thìrst·y** 血に飢えた, 残忍な, 凶悪な. ~ **transfusion** 輸血(法). ~ **type** 血液型. ~ **vessel** 血管. **~·worm** [⌐⌐]《魚つり用》赤ミミズ.

◇ **~·ed** [-id] *a.* **1**《合成語で》…血の: warm-~*ed* animals 温血動物. **2**〘米〙純血な, 血統のよい.

blóod·less [blʌ́dlis] *a.* **1** 血を流さぬ, 無血の. **2** 生気のない, 貧血の. **3** 冷淡な.

◇ **~·ly** *ad.* **~·ness** *n.*

‡blóod·y [blʌ́di] *a.* **1 血の流れる**, 流血の, 血まみれの: a ~ nose 血がたれている鼻. a ~ battle 血なまぐさい戦い. **2** 殺伐な, 残虐な. **3**〘英俗〙《強意的》とてつもない: a ~ fool 大ばか. 〈注〉③の意ではしばしば b—y, b—dy と伏せ字につづる. —— *ad.* 〘英俗〙とてつもなく: All is ~ fine. みんなえらく元気だ. —— *vt.* (**-ied**) 血でよごす, 血まみれにする.

◇ **-i·ly** *ad.* 血だるま〔血まみれ〕になって. **-i·ness** *n.*

†bloom¹ [blu:m] *n.* **1** 花《特に観賞植物の》. 〈注〉集合的にもいう. **2** 開花, 花盛り; 開花期; まっ盛り: in full ~ 満開で. out of ~ 散ったあとで. the ~ of manhood 男盛り. **3**《ほおの》バラ色, 健康色; 新鮮味. **4**〘植〙《果実・葉などの》蠟粉(ろうふん). **5**〘鉱〙華(か).

—— *vi.*, *vt.* 開花する〔させる〕; 栄える; はなやかになる〔する〕. ~ ***into*** 開花したように…になる: ~ *into* a movie star はなばなしく映画スターになる. ◇ **~·less** *a.* 花のない. **~·y** [-i] *a.* 花の咲いた(=blooming).

bloom² *n.* 塊鉄, 鋼片. —— *vt.* 塊鉄に鍛える.

blóom·a·ry = bloomery.

blóom·er[1] [blúːmər] *n.* **1** (*pl.*) 婦人用の太い半ズボン《運動用》. **2** (*pl.*) ブルマー《婦人・子ども用の半ズボン式下着》. **3**《19世紀中葉に流行した》短いスカートの下に半ズボンの服装.

blóom·er[2] *n.*〔英俗〕しくじり, 大失策.

blóom·er·y [blúːməri] *n.*〔冶〕分塊炉〔工場〕.

Blóom·field [blúːmfiːld] *n.* **1** Leonard [lénərd-] ～, 1887–1949, アメリカの言語学者. **2** アメリカ New Jersey 州北東部の都市.

blóom·ing [blúːmiŋ] *a.* **1** 花盛りの, 咲き誇る. **2** 青春の, 若々しい. **3** 繁栄する《町など》. **4**〔英俗〕すごい;《反語的》途方もない: a ～ idiot 手のつけられないばか. ◇ **～·ly** *ad.*

Blóoms·bur·y [blúːmzbèri/-b(ə)ri] *n.* 大英博物館があるロンドンの一地区. —— *a.*《今世紀前半ロンドンで栄えた》知識人・芸術家の.

bloop [bluːp] *n.*〔米〕ヒューヒューいう雑音; 雑音防止用マスク《フイルムの継ぎ目にあてる》. —— *vi., vt.* ヒューヒューいう; のヒューヒューいう音を消す.

blóop·er [blúːpər] *n.*〔俗〕 **1** 大失敗. **2** 近所のラジオに雑音を起こさせるラジオ. **3**〔野球〕高い山なりの投球; 高い内野飛球 (= ～ ball).

‡**blós·som** [blɑ́səm/blɔ́s-] *n.* **1** 花《特に果樹の》. →bloom[1], flower. 〈注〉集合的に一本の木の全部の花をも意味する. **2** 開花; 開花期;《発育・発達の》初期. ***come into ～*** 花が咲き出す. ***in ～*** 花が咲いて. ***in full ～*** 満開で.

—— *vi.* **1** 〈木が〉花を開く; 咲く, 開く. **2** 栄える, 盛んになる; (やがて)…となる: She ～*ed into* a handsome woman. やがて美しい気品のある女になった.

◇ **～·y** [-i] *a.* 花盛りの.

‡**blot**[1] [blɑt/blɔt] *n.* **1**《インクなどの》しみ, よごれ. **2**《人格・名声などの》傷, 汚点; 汚名.

—— *v.* (**-tt-**) *vt.* **1** よごす, にしみをつける; 〈名声などに〉汚点をつける. **2** 書きちらす; 書きなぐる. **3**《吸取紙などで》吸い取る. **4** 〈文字などを〉なすり消す; 見えなくする, おおい隠す. —— *vi.* **1** 〈インク・紙などが〉にじむ; 〈布が〉よごれやすい. **2** 〈吸取紙が〉よく吸い取る. **3** 〈ペンが〉インクを流す. ～ one's ***copybook***〔話〕軽はずみなことをする. ～ ***out*** 〈文字・記憶などを〉消す; 〈けしきなどを〉おおい隠す, 見えなくする; 絶滅する;〔俗〕「消す」, 殺す.

◇ **blót·ter** [-ər] *n.* **1** 吸取紙. **2** 控え帳《取引・売り上げなど》;《警察の》事故記録帳.

blot[2] *n.*〔チェス〕 **1** 取られやすい駒(こま). **2** 弱点.

blotch [blɑtʃ/blɔtʃ] *n.* 大きなしみ, 斑点(はんてん); できもの. —— *vt.* にしみをつける, よごす.

◇ **～·y** [-i] *a.* しみ〔できもの〕だらけの.

blót·ting [blɑ́tiŋ/blɔ́t-] *a.* **1** しみをつける. **2**《書いたインクを》吸い取る.

～ **pad** 吸取紙 (つづり). ～ **paper** 吸取紙.

blót·to [blɑ́tou/blɔ́t-] *a.*〔俗〕泥酔(でいすい)した.

***blouse** [blaus, -z/-z] *n.* **1** ブラウス《婦人・子ども用のゆったりした上着》. **2** 仕事着, 上っ張り. **3**〔米〕軍装の上着《coat の代わりに着るもの》.

†**blow**[1] [blou] *v.* (**blew** [bluː]; **blown** [bloun]) *vi.* **1** 〈風が〉吹く;《it を主語にして》風が吹く: It is ～*ing* hard. 風が強く吹いている. **2** 風で飛ぶ, 吹きまくられる: The dust was ～*ing*. ほこりが吹き上がっていた. The door *blew* open. ドアが風に吹かれてバタンと開いた. **3** 息を吹く, 息を吹きかける《に *on*》. **4** ハーハー息をする, あえぐ. **5** 〈人が〉口笛を吹く. **6**〔話〕自慢する,「吹く」. **7** 〈笛・らっぱなどが〉鳴る, 鳴り響く. **8** 爆発する; 〈ヒューズが〉飛ぶ, 〈タイヤが〉パンクする, 〈真空管が〉切れる. **9** 〈鯨が〉水〔潮〕を吹く. **10**〔俗〕行ってしまう, 去る; 逃げる.

—— *vt.* **1** 吹きつける, 吹き寄せる, 吹きおくる: The wind *blew* a ship ashore. 風が船を岸に吹き寄せた. ～ the dust off ほこりを吹き払う. **2**《同族目的をとって》吹く: It is ～*ing* a gale. あらしが吹きまくっている. **3** に息〔風〕を吹き込む; 〈ふいごに〉送風する. **4** 〈シャボン玉・ガラス器などを〉吹いてつくる; 〈タイヤなどを〉ふくらませる; 〈写真を〉引き伸ばす《*up*》. **5** 〈らっぱなどを〉吹き鳴らす. **6** の中身を吹き出す: ～ one's nose 鼻をかむ. ～ an egg 卵の中身を吹いて出す. **7** 〈馬などに〉息を切らさせる: The horse is badly *blown*. 馬がひどく息切れしている. **8** 爆破する《*up*》. **9** に弾丸などを撃ち込む; 〈穴を〉射抜く: ～ a man from (the mouth of) a gun 人を射殺する. ～ a hole in the wall 壁に穴をあける. **10** 〈金を〉乱費する, に金を乱費する. **11** におごる: I'll ～ you *to* a steak. きみにビフテキをおごろう. **12** 〈ハエなどが〉…に卵を産みつける. **13** 言いふらす, 評判にする. **14** ほめちぎる, 慢心させる. **15**〔俗〕のろう (damn)《過去分詞は blowed》: I'm ～*ed* if I know. 知るもんか.

～ ***about*** 吹き散らす〔乱す〕. ～ a person ***a kiss*** (人に) 投げキスを送る. ～ ***away*** 吹き払う; 吹き飛ぶ. ～ ***down*** 吹き倒す〔落とす〕; 〈ボイラーの蒸気を〉排出する. ～ ***great guns*** (***and small guns***) 風が吹きすさむ. ～ ***high,*** ～ ***low*** 風が吹いても吹かなくても; どんなことが起ころうとも. ～ ***hot and cold*** (ほめたりけなしたり) 態度を常に変える, 気まぐれである. ～ ***in*** (1) 〈風が〉吹き込む: ～ *in at* the window 窓から吹き込む. (2)〔話〕〈人が〉ひょっこりやってくる. (3) 〈風が戸・窓ガラスを〉吹き飛ばす. (4) 〈金を〉使い果たす; 〈食料を〉食べ尽くす. (5) 〈炉に〉点火する. ***B～ it!*** いまいましい! ～ ***itself out*** 〈風が〉吹きやむ. ～ ***off*** (1) 吹き飛ばす: He had his hat *blown off*. 帽子を吹き飛ばされた. (2) 〈蒸気・水など〉吹き出る〔吹き出す〕. (3)〔話〕怒りを爆発させる. (4)〔話〕ほらを吹く. ～ ***out*** (1) 吹きやむ. (2) 息を切らせる. (3) ふくらむ, ふくらませる. (4) 〈火などを〉吹き消す, 〈燈火が〉消える. (5) 〈ヒューズ・電球・タイヤが〉吹き飛ぶ, 切れる, パンクする. (6) 失敗する. (7)〔米俗〕殺す. ～ ***out*** one's ***brains*** (ピストルで頭を撃って) 自殺する. ～ ***over*** 〈暴風などが〉吹きやむ; 〈危機・不幸・風説が〉無事に過ぎ去る, 忘れられる. ～ one's ***own trumpet*** 自慢する. ～ ***the bellows*** [***coals, fire***]〔古〕扇動する. ～ ***the whistle*** 合い図する, 知らせる; 秘密をあばく; 歌う. ～ one's ***top***〔俗〕かんかんにおこる; 気が狂う; 自殺する. ～ ***up*** (1) 〈風が〉起こる, 風が立つ, 〈暴風が〉ひどくなる: It is ～*ing up* for a rain. 雨をよぶ風が吹き始めた. (2) 〈火などを〉吹いてあおる;〔俗〕〈話を〉大げさにする;〔俗〕ほめあげる. (3) 爆破する; 破裂する. (4)〔俗〕失敗する; 破産する; だめにする〔なる〕. (5)〔俗〕かんかんにおこる; しかる, 悪口を言う. (6) ふくらませる; 〈写真を〉引き伸ばす. (7)〔劇〕せりふを忘れる. ～ ***upon*** (1) を古くさく〔つまらなく〕する. (2) の信用を失わす. (3)〔話〕の陰口をきく, の告げ口をする.

—— *n.* **1** 一吹き, 吹くこと; 一陣の風; 強風. **2** 吹奏;《溶鉱炉への》衝風. **3** 鼻をかむこと,〔米俗〕ハンカチ;《鯨の》潮吹き. **4** 産卵; ハエの卵. **5**〔話〕自慢, ほら; ほら吹き. **6**〔話〕休息, 外気に当たること. **7**〔米俗〕火器; 銃器. **8**〔米俗〕出発, 逐電(ちくでん).

～·ball [⌐⌐]《タンポポなどの》わた. **～-by-～**《ボクシングの実況放送より》描写が詳しい, こと細かな. **～·fish** [⌐⌐]《フグなど》体をふくらませる魚. **～·fly** [⌐⌐]〔虫〕アオバエ (meat-fly). **～·gun** [⌐⌐] 吹き矢(の筒). **～-hard** →別項. **～·hole** [⌐⌐]《鯨の》噴水孔;《地下室・トンネルなどの》通風孔;《鋳物の》気泡(きほう). **～·òff** → 別項. **～·òut** →別項. **～·pipe** [⌐⌐] 吹管; 火吹き竹; 吹き矢の筒. **～·torch** [⌐⌐] ブローランプ《鉛管工用で熱風や炎を吹き出す》. **～·tube** [⌐⌐] = blowpipe. **～·ùp** → 別項.

blowtorch

◇ **～·er** *n.* **1** 吹く人〔物〕: a glass ～*er* ガラス吹き工. **2** 送

風機. **3**〖動〗鯨; フグの類. **4**〖俗〗ほら吹き. **〜·y** *a.* 風の強い; すぐ風で破れる.

blow²** *n.* **1** 打撃, 強打. **2** (精神的) 打撃, 不幸; 災難. ***at a [***one***] **〜** 一撃のもとに, 一挙に. ***at 〜s*** 格闘して, なぐり合って. ***〜 below the belt*** 卑劣なしわざ. ***〜 upon 〜*** 連打(して). ***come*** [***fall***] ***to 〜s*** なぐり合いになる, けんかを始める. ***deal a 〜*** 一撃をくらわす. ***strike a 〜 against*** [***for***] に反抗[加勢]する. ***win without striking a 〜*** 努力しないで勝つ.

blow³ *vi.* (**blew** [blu:]; **blown** [bloun]) <花が> 咲く, 開く. **——** *n.* 開花. ***in full 〜*** 満開で.

blów-hard [blóuhà:rd] *n.* 〖米俗〗ほら吹き.

‡**blown¹** [bloun] *v.* blow¹ の過去分詞. **——** *a.* **1** ふくれた; ふくらませてつくった: 〜 glass. **2** 息を切らした, 疲れきった. **3** ハエの卵だらけの. **4** パンクした, 切れた; だめになった.

blown² *a.* 《花が》満開になった, 咲いた. [<blow³]

blówn-úp [blóunʌ́p] *a.* **1** 爆破された. **2** 《写真が》引き伸ばされた. **3** 大げさな.

blów·òff [blóuɔ̀:f/ㄥㄥ, ㄥ−] *n.* **1** 《水・蒸気などの》噴出(装置). **2**〖俗〗ほら吹き. **3**〖米俗〗終わり, 呼びもの.

blów·òut [blóuàut/ㄥㄥ] *n.* **1** 爆発, 破裂. **2**〖電〗ヒューズが飛ぶこと. **3** 《タイヤの》パンク. **4**〖話〗大宴会. **5** (風でできた)くぼみ.

blóws·y [bláuzi] *a.* **1** =blowzy. **2**〖米俗〗《女が》胸のふっくらした; ふしだらな.

blów·ùp [blóuʌ̀p/ㄥㄥ] *n.* **1** 爆発, 破裂. **2**〖俗〗かっとなること. **3**〖写〗引き伸ばし;〖映〗大写し.

blowzed [blauzd], **blówz·y** [bláuzi] *a.* **1** あから顔の. **2** 《髪が》ぼうぼうの.

BLS Bureau of Labor Statistics (U.S.A.). **bls.** bales; barrels. **B.L.S.** Bachelor of Library Science.

blub¹ [blʌb] *n.* 塗りたてのしっくいのふくらみ.

blub² *vi.* (**-bb-**)〖学生俗〗べそをかく.

blúb·ber¹ [blʌ́bər] *n.* 鯨の脂肪.
◇ **〜·y** [blʌ́bəri] *a.* 脂肪の多い, でっぷりした.

blúb·ber² *n.* 泣きじゃくり. **——** *vt., vi.* おいおい泣く; 泣きながら話す《*out*》; <顔・目を> 泣きはらす. **——** *a.* 《くちびるなどの》厚く突き出た; ふくれた, 泣きはれた.

blú·cher [blú:tʃər, ㊥⁺-kər] *n.* (*pl.*) 編み上げ半「長ぐつ.

blúdg·eon [blʌ́dʒ(ə)n] *n.* こん棒. **——** *vt.* **1** こん棒でなぐる. **2** おどす, いじめる. 〜 a person ***into*** (do)***ing*** (人を) おどして…させる.

†**blue** [blu:] *a.* **1** 青い, 空色の, 紺色の. **2** 《寒さ・恐怖などで》青ざめた. **3**《人・気持ちが》憂うつな; 《形勢などが》悲観的な: Things look 〜. 形勢が悪い. **4** 青服を着た. **5**《女が》青鞜(せいとう)派の, インテリの. **6**〖英〗保守党の; (B〜)〖米〗《南北戦争の》北軍の. **7** (道徳的に) 堅苦しい. **8** わいせつな: 〜 stories. **9** 《曲が》ブルース調の.
feel 〜 憂うつだ. ***like 〜 murder***〖話〗全速力で. ***make the air 〜***〖俗〗緊張を引き起こす. ***once in a 〜 moon*** ごくまれに. ***till all is 〜*** 徹底的に, とことんまで: drink *till all is* 〜 酔いつぶれる. ***till*** one ***is 〜 in the face*** 顔が蒼白(そうはく)になるまで; どこまでも, とことんまで: I've told you so *till I am 〜 in the face.* くどいまでにそう言っといたじゃないか.
—— *n.* **1** 青(色), 紺. **2** 青い[あい色の]絵の具[染料]; 青い物[布, 服など];〖米〗《南北戦争の》北軍軍服[兵士]; Yale 大学の色標. **3** (the 〜)〖雅〗青海, 青空. **4**〖英〗保守党員;〖英〗大学対抗試合出場選手(の記章); (the B〜s) イギリス近衛(このえ)騎兵隊. **5** 女学者. **6** (*pl.*)〖話〗憂うつ(病) (= 〜 devils). **7** (*pl.*)〖楽〗ブルース.
be in [***have***] ***the 〜s*** ふさいでいる. ***out of the 〜*** だしぬけに, 青天の霹靂(へきれき)のように. →bolt¹. ***the men in 〜*** 巡査; 水兵; アメリカ連邦軍.
—— *v.* (**blued**; **blú(e)·ing**) *vt.* **1** 青色にする[染める]. **2**〖俗〗<金を> 乱費する. **——** *vi.* 青くなる.
〜 alert 警戒第二警報《yellow alert の次の段階》. **〜 baby** 青色症の赤子. **B〜·beard** → 別項. **〜·bell** [ㄥㄥ] 青いつり鐘形の花の咲く草《ツリガネズイセンなど》. **〜·bell of Scotland** =harebell. **〜·bèr·ry** [-bèri/-b(ə)ri]〖植〗コケモモの類; その実. **〜·bird** [ㄥㄥ] ブルーバード《アメリカ産の青い鳴鳥》. **〜·bláck** 濃いあい色(の). **〜 blood** 貴族, 名門. **〜-blóod·ed** 貴族の, 名門の. **〜·bòn·net** (1)〖植〗矢車菊. (2) 青色の帽子. (3) スコットランド人[兵]. **〜 book** (1)〖英〗青書《イギリス議会または政府発行の報告書》. (2)〖米話〗紳士録;〖米〗《大学で使う青表紙ノート形の》試験答案用紙. (3) (B〜 Book)〖米〗自動車道路案内書. **〜·book** [ㄥㄥ] = 〜 book ②. **〜·bòt·tle**〖植〗矢車菊. **〜·bottle fly**〖虫〗アオバエ. **〜 cheese** ブルーチーズ. **〜 chip** 優良株; 優秀な, 一流の. **〜·coat** [ㄥㄥ] 青色の制服の人《アメリカでは巡査・兵士・水夫など; イギリスでは陸・海軍人》. **〜·coat boy**〖英〗慈善学校の生徒《特にロンドンの Christ's Hospital の》. **〜-collar worker** 工員. ↔white-collar worker. **B〜 Cross**〖米〗健康保険組合《おもに雇い人とその家族の》. **〜 devils** (1) 憂うつ; 憂うつ症. (2)〖医〗=delirium tremens. **〜·fish** [ㄥㄥ]〖魚〗アジの類. **〜 flag**〖植〗《北アメリカ産》アヤメ. **〜 flower** 青い花《ドイツロマン主義のあこがれの象徴》. **〜·grass** [ㄥㄥ]〖植〗スズメノカタビラ属《牧草用》. **〜 gum** ユーカリ樹. **〜·jàck·et** 水兵. **〜 jay**〖鳥〗《北アメリカ産》カケスの一種. **〜 jeans** 青色のデニムのズボン. **〜 jowl** 濃いひげ. **〜 laws**〖米〗厳法《日曜の遊興娯楽を禁じた 18 世紀に行なわれた清教徒的法》. **B〜 Law State, the** Connecticut 州の別称. **B〜 Monday** 四旬節(Lent) 前の月曜日;〖米俗〗憂うつな月曜日.
〜·nose [ㄥㄥ] (1) 道徳的に厳格な人. (2) (Bluenose)〖米〗Nova Scotia の住民[船]; 同地産のイモ. **〜-pén·cil** 《編集者が》青鉛筆で修正[削除]する, 原稿に手を入れる. **B〜 Peter**〖海〗出帆旗. **〜 pill** 水銀剤の丸薬《下剤》. **〜 plate** 各種料理を同時に出すための区分けざら; 肉と野菜よりなるおもなひとさら. **〜·plate** [ㄥㄥ] 高級料理の. **〜·point** [ㄥㄥ] 生食用の小さい牡蠣(かき). **〜·prìnt** [ㄥㄥ/ㄥㄥ] (1) 青写真(をとる). (2) 設計図(を作製する); 綿密な計画(を立てる). **〜 racer** 《アメリカ中部産の》深青色の無毒のヘビ. **〜 ribbon** (ガーター勲章の着用者の記章の) 青リボン; 最優秀[最高名誉]賞; 《禁酒会員の》青リボン記章; ブルーリボン賞《大西洋を最高速度で横断した船に贈られる》. **〜-ríb·bon** 最上の; より抜きの: a 〜-*ribbon* commission 学識経験者委員会. **〜-ribbon jury** [**panel**]〖米〗《重大刑事事件の》特別陪審員. **〜 rock**〖鳥〗カワラバト. **〜 ruin**〖俗〗完全な破滅; 下等なジン. **〜 sky** いんちき証券; 不良投資. **〜-skŷ** ほとんど無価値の; 空想的な, 理想にはしりすぎた. **〜-sky law**〖米話〗不正証券取引禁止法. **〜·stòck·ing** 女流文学者; 文学かぶれの女, 才学を誇る女. **〜·stone** [ㄥㄥ] (1) 硫酸銅. (2) 《建築用》青みがかった砂岩. **〜 streak**〖話〗電光(のように速いもの); 早口の人: run like a 〜 *streak* 電光のように行く; 早口にしゃべる. **〜 water** 青海; 外洋. **〜-water school**〖英〗大海軍主義派.
◇ **〜·ing** *n.* =bluing. ***〜·ish** *a.* 青みをおびた.

Blúe·beard [blú:biərd] *n.* **1** 青ひげの男《6人の妻を次々と殺した残酷無情な男》. **2** 残忍な男[夫].

blú·et [blú:it] *n.* 青い花の咲く植物《矢車菊など》.

bluff¹ [blʌf] *a.* **1** 切り立った, 絶壁の. **2** ぶっきらぼうな, あいそのない, 率直な. **——** *n.* 断崖(だんがい), 絶壁. ***the B〜*** 山の手《横浜・神戸などの》.
◇ **〜·y** *a.* 絶壁の.

bluff² *vt., vi.* **1**〖トランプ〗<相手に> 手のうちを強い

ように見せかけて持ち札を捨てさせる. **2** (に)こけおどしをする, (に)虚勢を張る. **3** にはったりを使って…させる: He ～*ed* me *into* believing that he was a doctor. 偉そうにするので私はあの人が医者だと思ってしまった. ～ one's *way into* the job 強引に(仕事)につく. ── *n*. 虚勢, はったり, こけおどし: make a ～ おどしつける. ◇ **～·ness** *n*. **～·y** *a*.

blú·ing [blú:iŋ] *n*. 《洗たく用の》青色染剤.

blú·ish [blú:iʃ] *a*. 青みをおびた (blueish).

blún·der [blʌ́ndər] *n*. 大しくじり, ばかげたまちがい: commit a ～ 大まちがいをする. ── *vi*. **1** へま〔大失敗〕をする. **2** まごまごする; まごまごして歩く《*about, along, on*》; まごついてつまずく《に *against, into*》.

── *vt*. **1** 〈仕事などを〉やりそこなう, だめにする. **2** 〈秘密などを〉うっかりしゃべる《*out*》; へたに言う: ～ *out* an apology しどろもどろに弁解する. **～ *away*** 〈好機などを〉うかうかと逃がす. **～ *into*** まごまごして〔誤って〕…へはいり込む〔引き入れられる〕. **～ *on*** 〔***upon***〕まぐれ当たりで…を見つける. **～ *through*** をまごまごしながらも通り抜ける; なんとかしおおせる: ～ *through* an examination なんとか及第する.

◇ **blún·der·er** [blʌ́ndərər] *n*.

(類) → **error**「誤り」

blún·der·buss [blʌ́ndərbʌ̀s] *n*. **1** らっぱ銃《17-18 世紀ごろの筒先の太い短銃》. **2** とんま, まぬけ.

blún·der·ing [blʌ́ndəriŋ] *a*. へまな, ぎごちない. ◇ **～·ly** *ad*.

blunge [blʌndʒ] *vt*. 〈粘土を〉水と混ぜる.

◇ **blúng·er** *n*. 《粘土と水の》混合鉢(ばち).

‡**blunt** [blʌnt] *a*. **1** 鈍い, 切れ味の悪い, 刃先の丸い. ↔ sharp. **2** 鈍感な. **3** ぶっきらぼうの, 無作法な; 率直な. ── *n*. 短いもの《短い葉巻き・太針など》; 《俗》現なま. ── *vt*. **1** 鈍くする, の切れ味を悪くする. **2** 鈍感にする. ◇ **～·ly** *a*. **～·ness** *n*.

***blur** [blə:r] *n*. **1** よごれ, しみ. **2** 《声望・評判の》よごれ, 汚名. **3** 《視力・印刷などの》かすみ, 不鮮明. ── *v*. (-rr-) *vi*. **1** 〈目・視力・視界・けしきが〉かすむ, ぼーっとなる. **2** よごれる; かすむ, 不鮮明になる.

── *vt*. **1** 〈目・視力・視界などを〉かすませる: ～*red* eyes かすみ目. **2** 曇らせる; 不明瞭(ふめいりょう)にする. **3** にしみをつける, よごす. **～ *out*** 抹消(まっしょう)する; おぼろにする.

◇ **blúr·ry** [blə́:ri] *a*. よごれた; ぼやけた (＝blurred).

blurb [blə:rb] *n*. 《話》《本のカバーなどの》宣伝文句, 推薦文. ── *vt*. (～で) 宣伝する.

blurt [blə:rt] *vt*. だしぬけに言う, うっかり口ばしる《*out*》. ── *n*. だしぬけなことば, 口ばしり.

‡**blush** [blʌʃ] *vi*., *vt*. 赤面する〔させる〕, 恥ずかしくなる: ～ *for* shame 恥ずかしくて赤くなる. I ～ *for* you. おまえには赤面するよ. I ～*ed at* her. 彼女を見て真っ赤になった. **～ *up to the temples*** 〔***ears***〕(恥ずかしくて) 耳まで真っ赤になる.

── *n*. **1** 赤らみ, 赤面. **2** 一見. ***at*** 〔***on***〕(***the***) ***first*** **～** 一見して. ***put*** a person ***to the*** **～** (人を) 赤面させる.

◇ **～·ful** [-f(u)l] *a*. **～·less** *a*. 恥知らずの, 鉄面皮の. 「に.

blúsh·ing·ly [blʌ́ʃiŋli] *ad*. 赤面して, 恥ずかしそう

blús·ter [blʌ́stər] *vi*. **1** 〈風が〉吹きすさむ, 〈波が〉荒れ狂う. **2** 〈人が〉わめきちらす. ── *vt*. どなりつける《*out, forth*》. ── *n*. **1** 吹き荒れ. **2** 怒号; 喧噪(けんそう); からいばり.

◇ **～·er** [-tərər] *n*. どなり〔いばり〕ちらす人. **～·ous** [-tərəs], **～·y** [-təri] *a*. 吹きすさむ; どなりちらす.

blús·ter·ing [blʌ́stəriŋ] *a*. 吹きすさむ; 騒々しい, どなりちらす. ◇ **～·ly** *ad*.

blvd. boulevard. **B.M.** Bachelor of Medicine; ballistic missile; British Museum. **B.Mus.** Bachelor of Music. **Bn.** baron. **bn.** battalion; been. **b.n.** bank note.

bo[1], **boh** [bou] ＝boo.

cannot say ～ to a goose ガチョウに「ばあ!」とも言えない (ほど気が弱い). 「者 (＝hobo).

bo[2] *n*. 《米俗》 **1** 相棒《呼びかけのことば》. **2** 浮浪

bo[3] [bou] **～ *tree*** 《植》ボダイジュ.

B.O. Board of Ordnance; body odor. **b.o.** back order; bad order; box office; branch office; broker's order; buyer's option. **b/o** 《簿記》brought over.

bó·a [bóuə] *n*. **1** ウワバミ, 大ヘビ(＝～ constrictor). **2** 長い婦人用えり巻き《毛皮または羽毛製》.

B.O.A.C. British Overseas Airways Corporation.

Bò·a·nér·ges [bòuənə́:rdʒi:z] *n*. **1** 《聖》雷の子《キリストが, でしの James と John に与えた名. マルコ伝 3:17》. **2** 熱弁説教師.

boar [bo:r/bɔ:] *n*. **1** 《去勢しない》雄豚. → hog. **2** イノシシ (＝wild ～). **～·hound** → 別項.

‡**board** [bo:rd/bɔ:d] *n*. **1** 板《厳密には厚さ2.5インチ以下, 幅4.5インチ以上》. **2** たな板; 《アイロンなどの》台; 掲示板; 《米》黒板; 《チェスなどの》盤. **3** 板紙, ボール紙, 台紙; 本の厚表紙. **4** (*pl*.) 舞台. **5** 食卓. **6** 食事; まかない: give good ～ まかないがいい. **7** 会議のテーブル; 会議. **8** 委員会, 評議会. **9** 《政府の》省, 庁, 院, 局, 部; 《米》株式取引所. **10** 《海》舷側(げんそく); 船内; 《列車などの》車内. **11** 《話》＝switchboard.

above **～** 公明正大に. **～ *and*** 〔***on***〕**～** ＝ **～ *by*** **～** 《海》《両船が》並んで. **～ *and lodging*** まかない付き下宿. **～ *of directors*** 重役〔取締役, 役員, 理事〕会. **～ *of education*** 教育委員会. **～ *of elections*** 《米》選挙管理委員会. **～ *of estimate*** 予算委員会《ニューヨーク市などの》. **～ *of health*** 保健局. **～ *of trade*** 《米》商業会議所; (B～ of Trade) 《英》商務省. ***fall*** 〔***run***〕***on*** **～ *of*** と衝突する; を攻撃する. ***full*** **～** 三食付き下宿. ***go by the*** **～** 船外〔海中〕に落ちる; 見捨てられる, 失敗する. ***go on*** 〔***tread***〕***the*** **～*s*** 舞台を踏む. ***on*** **～** 船上〔船中〕に; 車内に: go〔get〕*on* ～ 乗船〔乗車〕する. have *on* ～ 積んでいる. take *on* ～ 積み込む, 乗せる. ***on even*** **～ *with*** と舷を並べて; と同等の条件で. ***on the*** **～*s*** (1) 取り上げられて; 討議〔設計〕されて. (2) 俳優となって. ***room and*** **～** ＝ ～ and lodging. ***sweep the*** **～** 賭金(かけきん)を全部さらう, 全勝する.

── *vt*. **1** に板を張る, 板で囲う: ～ a yard. **2** にまかないする, 下宿させる; 〈馬を〉預かって飼う. **3** 〈乗り物に〉乗り込む. **4** 《攻撃または乗船のため》の舷側に寄る. ── *vi*. **1** 下宿する, 寄宿する; 《…で》食事をする: ～ *at* a hotel ホテルで食事している. **2** 《海》間切る. **～ *out*** 外食する; 〈子どもを〉他家〔寄宿舎〕に預ける. **～ *up*** 〔***over***〕(に)板を張る, 板でふさぐ. **～ *with*** の家に下宿する.

～ foot 《米》ボードフット《木材計量単位. 1フィート平方の厚さ1インチの板の体積》. **～ measure** ボードフット単位の木材容積法. **～ meeting** 《米》重役〔理事, 評議員〕会. **～·room** [⌐⌐] (1) 重役 (会議)室. (2) 《米》証券取引所の立ち会いの場. **～-school** [⌐⌐], **～ school** イギリスの公立小学校の旧称《現在の council school に当たる》. **～·walk** [⌐⌐] 《米》《海岸べりの》板敷きの歩道.

bóard·er [bó:rdər/bɔ́:d-] *n*. **1** 寄宿〔下宿〕人. **2** 寄宿生. ↔ day boy. **3** 敵船切り込み隊員.

‡**bóard·ing** [bó:rdiŋ/bɔ́:d-] *n*. **1** 板張り, 板敷き, 板囲い; 《集合的》板. **2** まかない, 下宿 (生活・業). **～·house** [⌐⌐⌐] 下宿屋; 寄宿舎. **～-out** [-àut, -áut] 《英》外食 (すること); 貧しい子どもを他家へ預けること. **～-out system** 里子制度. **～ school** 寮制学校. **～ stable** 《米》貸し馬屋.

bóar·hound [bó:rhàund/bɔ́:-] *n*. イノシシ狩り用の大型の犬.

bóar·ish [bɔ́:riʃ/bɔ́:r-] *a.* **1** 豚のような. **2** 残忍な; 肉欲的な. [＜boar]

‡**boast**[1] [boust] *vi.* **自慢する**, 吹聴(ふいちょう)する《を *of, about*》. —— *vt.* **1 誇る**, 自慢する; 吹聴する《と, *that*》. **2** (自慢のものとして) 所有する: The town ~s a fine castle. 町にはみごとな城がある. —— *n.* 誇り, 自慢; 自慢のたね. ***make a ~ of*** を吹聴する.
◇ **~·er** *n.* 自慢する人, ほら吹き.

boast[2] *vt.* 〖彫刻〗〈石などを〉荒削りする.

***bóast·ful** [bóustf(u)l] *a.* **1 自慢する**, ほらを吹く《*of*》. **2**《ことばなどが》大げさな.
◇ **~·ly** [-fuli] *ad.* **~·ness** *n.*

bóast·ing[1] [bóustiŋ] *n.* 高慢. ◇ **~·ly** *ad.* 自慢そうに.

bóast·ing[2] *n.* 〖彫刻〗荒彫り.

†**boat** [bout] *n.* **1 ボート**, 小舟, 漁船. **2**《特定の用途の》小汽船; 郵船. **3**〖話〗船: by ~ 船で, 海路で. **4**《肉汁などの》舟型容器. ***burn*** one's ***~s*** (***behind***) 背水の陣をしく. ***by a ~'s length*** 1 艇身の差で. ***get out a ~*** 舟を出す. ***have an oar in every man's ~*** だれのことでもおせっかいをする. ***miss the ~***〖話〗好機を逸する. ***rock the ~*** 舟をゆるがす; 問題を起こす,「波風を立てる」. ***row*** [***sail, be***] ***in one*** [***the same***] ***~*** おなじ道を行く, 行動〔運命〕を共にする. ***take*** (***a***) ***~*** (***for***) (…に向け)乗船する.
—— *vi.* 舟をこぐ, 舟で行く; 舟に乗って遊ぶ.
—— *vt.* 船で運ぶ, 船の中に置く. **~ *it*** 舟で行く; 帆走する; こぐ. ***B~ the oars!***《号令》オール収め! ***go ~ing*** ボートこぎ〔舟遊び〕に行く.
~·bill [⌐⌐] 〖鳥〗ハシビロサギの類. **~ hook**《貸しボート屋で使う》かぎざお. **~·house** [⌐⌐] 艇庫, 舟小屋. **~·load** [⌐⌐] 船の積載量, 一船分の船荷. **~·man** → 別項. **~ race** ボートレース; (the B~ race)〖英〗Oxford 対 Cambridge 大学対抗のボートレース. **~·ròck·er** [-ràkər/-rɔ̀kə] 問題を起こす人物. **~·swain** [bóusn, bóutswèin] (1) 甲板長, 水夫長《bo's'n, bosun ともつづる》. (2)〖鳥〗カモの一種. **~ train** (汽船と連絡する) 臨港列車.
◇ **~·a·ble** [bóutəbl] *a.*〖米〗《川が》航行できる. **~·age** [-idʒ] *n.* はしけの船賃; 小舟の積載量. **~·er** *n.* **1** ボートに乗る人. **2**〖英〗かんかん帽. **~·ful** [-fùl] *n.* 船 1 杯分の量: a ~*ful* of cargo. **~·y** *a.* ボート好きの.

bóat·man [bóutmən] *n.* (*pl.* **-men** [-mən]) 船頭, ボートのこぎ手; 貸しボート屋(の主人).
◇ **~·ship** *n.* 漕艇(そうてい)術; ボートマンかたぎ.

bob[1] [bab/bɔb] *v.* (**-bb-**) *vi.* **1**《上下・左右に》ひょいと動く, はねる. **2**《頭をぴょんと下げて》おじぎする《に向かって *at*》. —— *vt.* ひょいと動かす, ぐいと引く. ***~ a greeting*** 頭をぴょんと下げてあいさつする. ***~ up*** ひょっこり浮かび上がる, あらわれる; 突然立ち上がる. ***~ up again*** (***like a cork***) 元気よく立ち直る. —— *n.* ひょいと動かすこと. **~·stay** →別項.

bob[2] *n.* **1**《女・子どもの》断髪;《馬・犬などの》切り尾. **2** 詩節の終わりの繰り返し. **3** つり糸の浮き (float); 束ねたゴカイ《魚つり用》. **4** 振り子の玉. **5** 2 連そり (=bobsled). —— *vt.* 短く切る.
~·cat [⌐⌐] →別項. **~·sled, ~·sleigh** →別項. **~·tail** → 別項. **~·wig** [⌐⌐] 短い弁髪のかつら.
◇ **bobbed** [-d] *a.* 断髪にした: *bobbed* hair 断髪.

bob[3] *n.* 軽打. —— *vt.* (**-bb-**) 軽くたたく.

bob[4] *n.* (*pl.* ~)〖英俗〗シリング (shilling).

bób·ber·y [bábəri/bɔ́b-] *n.*〖話〗大騒ぎ.

bób·bin [bábin/bɔ́b-] *n.* **1** ボビン《筒形の糸巻き》; 木管;〖電〗巻きわく, ボビン. **2** 取っ手.

bòb·bi·nét [bàbinét/bɔ́binet] *n.* 機械編みの網レース.

bób·bish [bábiʃ/bɔ́b-] *a.*〖俗〗浮き浮きした, 上きげんの, 快活な.

bób·ble [bábl/bɔ́b-] *vi.* **1**〖米俗〗へまをやる. **2**〖英〗ひょいと動く. —— *vt.* 〈ボールを〉つかみそこねる. —— *n.*〖米俗〗へま, しくじり.

bób·by [bábi/bɔ́bi] *n.*〖英俗〗おまわりさん《ロンドンの警察制度を改正した Sir *Robert* Peel の名から》. **~ pin** ヘアピン, 毛止め.

bób·by·socks, -sox [-sàks/-sɔks] *n. pl.*〖米話〗《特に10代の》若い女の子がはくくつ下 (anklets).

bób·by-sòx·er [bábisàksər/bɔ́bisɔ̀ks-], **-sòck·er** [-sàkər/-sɔ̀k-] *n.* 若い娘《流行に夢中になる》.

bób·cat [bábkæ̀t/bɔ́b-] *n.*〖動〗ヤマネコ《北アメリカ産》.

bób·o·link [bábəliŋk/bɔ́b-] *n.*〖鳥〗米食鳥《北アメリカ産》.

bób·sled [bábslèd/bɔ́b-], **bób·sleigh** [-slèi] *n., vi.* 2 台の連結そり (に乗る).

bób·stay [bábstèi/bɔ́b-] *n.*〖海〗第一斜檣(しゃしょう)控え《船首材と第一斜檣を結ぶ綱》.

bób·tail [bábtèil/bɔ́b-] *n.* **1**《馬・犬などの》切り尾. **2**〖軍俗〗免職. ***ragtag and ~***《集合的》社会のくず, 下層民. —— *a.* 切り尾の, 端を短く切った; 不完全な. —— *vt.* の尾を短く切る.
◇ **~ed** [-d] *a.* 切り尾の.

bób·white [báb(h)wáit/bɔ́b-] *n.*〖鳥〗ウズラ《北アメリカ産》.

Boc·các·ci·ò [boká:tʃiòu/bɔk-] *n.* Giovanni [dʒová:ni-/dʒio-] ~, 1313–75, イタリアの作家《*The Decameron* の作者》.

Boche [baʃ, bɔ:ʃ, bouʃ/bɔʃ] *n.* (または b~)〖俗〗《けいべつ的》ドイツ兵〔人〕.

bock [bak/bɔk] *n.*《ドイツ製》強い黒ビール (= ~ beer).

bode[1] [boud] *vt., vi.* (の)前兆をなす〔となる〕. **~ *ill*** [***well***] 縁起がわるい〔よい〕, 凶兆〔吉兆〕である.
◇**~·ful** [-f(u)l] *a.* きざしとなる, 不吉(ふきつ)な.
~·ment *n.* **bód·ing** [-iŋ] *n., a.* 前兆(となる), 凶兆(の); 虫の知らせ (がする).

bode[2] *v.* bide の過去形.

bo·de·ga [bodí:gə] Sp. *n.* ブドウ酒店, 酒倉.

bo·dhi·satt·va [bòudisǽtvə] Sans. *n.* 菩薩(ぼさつ).

bód·ice [bádis/bɔ́d-] *n.* 婦人用胴着.

bód·ied [bádid/bɔ́d-] *a.* **1** 具体化した. **2**《合成語で》…なからだの: a stout-~ man がんじょうなからだの人.

bód·i·less [bád(i)lis/bɔ́di-] *a.* **1** 無形の. **2** 胴体のない.

‡**bód·i·ly** [bád(i)li/bɔ́di-] *a.* **1 身体の**, 肉体の. **2** 有形の, 具体の. ***in ~ fear*** 身の安全を気づかって. —— *ad.* **1** 肉体上, 有形的に. **2 からだ全体**: She was carried ~. さっと抱き上げられて連れてゆかれた. **3 一体となって**, 全部そろって; (全部) ごっそり: The audience rose ~. 聴衆はいっせいに立ち上がった. 〔類〕→ **physical**「肉体の」

bód·kin [bádkin/bɔ́d-] *n.* 大針, 束髪用のピン; 編み針, 千枚通し;〖印〗《活字をはさむ》ピンセット. ***sit ~*** ふたりの間に割り込んですわる.

Bod·léi·an [badlí:ən, bádliən/bɔdlí:-, bɔ́dli-] *a.*《Oxford 大学図書館再建者》Sir Thomas Bodley の. ***the ~*** (***Library***) Oxford 大学のボドレー図書館.

†**bód·y** [bádi/bɔ́di] *n.* **1 からだ**, 身体, 肉体; 死体;《犯人などの》身柄. ↔ soul, spirit. **2**〖話〗人: a good sort of ~ 好人物. **3**〖動〗胴体; 木の幹. **4** 主要部, 本体, 本隊;《手紙・演説・法文などの》本文, 主文. **5**《自動車の》ボディー; 船体;《飛行機の》胴体; 《着物の》胴部, 胴衣. **6** 組織体: the student ~ 学友会. **7 集団**, 一団, 群れ, かたまり: a diplomatic ~ 外交団. a large ~ of water 広々とした水域《海・湖など》. **8**〖数〗立体;〖物〗物体;《液体・固体などというときの》体: a solid ~ 固体. a heavenly ~ 天体. **9** 実質; 密度,《酒などの》こく: wine with a ~ こくのある酒. **10**《陶器の》素地, 生地. ***~ and breeches***〖米話〗全く, すっかり. ***~ and soul*** 身心を打ち込んで, 全く. ***~ of Christ*** 聖餐(せいさん)用のパン. ***heir of*** one's ***~*** 直系相続人. ***in a ~*** 一団となって. ***in ~*** 自ら, 親しく. ***in ~ and mind*** 身心ともに. ***keep ~ and soul together*** やっと生きている.

— *vt.* 1 に形態を与える. 2 具体化する, 体現する; かたどる, 表象する《*forth*》.
~-bùild·ing ボディービル. **~ check** 体当たり. **~-check** [ˊ–ˋ] に体当たりをくわす. **~ color** 濃厚色素〔絵の具〕. **~ corporate** 法人.
~-guard [ˊ–ˋ] 護衛(隊); 用心棒. **~ odor** 体臭〘略 B.O.〙. **~ politic** 国家, 政治(統一)体. **~ servant** 従者; 護衛. **~ shop** 車体工場. **~ snatcher** 死体どろぼう〘墓場からとり出し解剖者に売る〙;〘軍俗〙担架手. **~ track** 操車用線路. **~-work** [ˊ–ˋ] 車体構造; 車体製造.
B.O.E. Board of Education.
Boe·ó·ti·a [bióuʃ(i)ə] *n.* ボイオティア〘アテネの北方に当たる古ギリシアの一地方〙.
Boe·ó·ti·an [-n] *a.* 1 古代ギリシア Boeotia の. 2 粗野な, 愚鈍な. — *n.* 1 Boeotia 人. 2 愚鈍な人.
Boer [bo:r/bóuə] *n., a.* ボーア人(の)〘南アフリカのオランダ系白人〙. **~ War** ボーア戦争〘イギリスとボーア人との戦争, 1899–1902〙.
B. of E. Bank of England.
boff [bɑf/bɔf] *n.*〘米俗〙 1 げんこつの一撃. 2 大笑い(をわかせるギャグ). 3《芝居などの》大当たり.
— *vt.* げんこつで打つ.
bóf·fin [báfin/bɔ́f-] *n.*〘英俗〙研究者, 科学者.
B. of H. Band of Hope; Board of Health.
bog [bɑg, bɔ:g/bɔg] *n.* 1 沼地, 湿地, どろ沼. 2 (*pl.*)〘英俗〙屋外便所. — *vt., vi.* (**-gg-**) 泥地(でい)に沈める〔沈む〕; どろ沼(のようなところ)に落ち込む. *be* [*get*] *~ged* 沼に落ちる; 窮地に陥る. *~ down* 沼にはまり込む; 動きがとれなくなる, 行き詰まる.
~ butter〘鉱〙ボッグバター《アイルランドの泥炭地に産する脂状炭化水素》. **~ iron (ore)** 沼鉄(鉱). **~-tròt·ter** →別項. **~-wood** [ˊˋ] 埋もれ木. ◇ **~-gish** [-iʃ] *a.* =boggy.
bó·gey [bóugi] *n.* 1 =bogy. 2〘ゴルフ〙ボギー《パーより 1 打数多い》. — *vt.* 〈ホールを〉ボギーで上げる: Arnold Palmer *~ed* the 18th hole. アーノルド=パーマーは18番ホールをボギーで上げた.
bóg·gle[1] [bágl/bɔ́gl] *vi.* 1 驚いてとび上がる. 2 たじろぐ, まごつく《に *at, about*》. 3 ごまかす. 4 へまをやる. — *vt.* まごつかせる. — *n.* 1 驚いてとびのくこと; たじろぎ, ちゅうちょ. 2 へま, 失敗.
bóg·gle[2] =bogle.
bóg·gy [bági, bɔ́:gi/bɔ́gi] *a.* 沼地の; 沼沢の多い.
bó·gie [bóugi] *n.* 1 =bogy. 2〘英: 鉄道〙ボギー車(=~ car)《車軸が自由に転向する車両》.
bó·gle [bóugl, ㊊+bágl] *n.* 幽霊, おばけ; かかし.
Bò·go·tá [bòugətá:] *n.* ボゴタ《南アメリカ Colombia 共和国の首都》.
bóg·tròt·ter [bágtràtər/bɔ́gtrɔ̀tə] *n.* 1 沼沢地の住民. 2《けいべつ的》アイルランド農民〔人〕.
bó·gus [bóugəs] *a.*〘米〙にせの, いんちきの.
bó·gy [bóugi] *n.* 1 おばけ, 小鬼. 2 恐ろしいもの(=bogey, bogie). 3〘軍俗〙国籍不明の飛行機.
boh [bou] =boo.
Boh. Bohemia; Bohemian. 「の質の悪い紅茶」.
bo·héa [bohí:] *n.* (ときに B~) ウーイー茶《中国産
Bo·hé·mi·a [bohí:miə, -mjə] *n.* 1 ボヘミア《チェコスロバキアの西部地方》. 2 自由奔放な社交場.
Bo·hé·mi·an [-n] *a.* 1 ボヘミア(人)の; チェコ語の. 2 放浪の; 自由奔放な, 因襲にとらわれない.
— *n.* 1 ボヘミア人; チェコ語. 2 自由奔放な暮らしをする人, 放浪の人. 3 ジプシー(Gypsy).
◇ **~ism** [-iz(ə)m] *n.* 放縦(ほうじゅう)主義〔生活〕《特に芸術家の》.
Bohr [bo:r/bɔ:] *n.* Niels ~ [ní:lsˊ], 1885–1962, デンマークの物理学者《1922年ノーベル賞受賞》.
bó·hùnk [bóuhʌ̀ŋk/–ˊ] *n.*〘米俗〙おもに外国生まれの下級労働者. [<*Bo*hemian+*Hun*garian]
‡boil[1] [bɔil] *vi.* 1 沸く, 沸騰する. 2 〈血が〉煮え返る; 〈人が〉いきりたつ: ~ *with* rage 激高する. 3 〈海などが〉波立つ: The sea *~ed* in the storm. 海はあらしで荒れていた. 4 〈食物が〉煮える, ゆだる.
— *vt.* 1 沸かす, 沸騰させる. 2 煮る, ゆでる: ~ eggs. 3 〈砂糖・塩などを〉煮詰めてとる. *~ away* 〈水が〉沸騰して蒸発する. *~ down* 煮詰める, 煮詰まる; 要約する. *~ down to* つまるところ…になる, 要するに…となる. *~ed collar* のりのきいたカラー. *~ed dinner*〘米〙肉と野菜のごった煮. *~ed egg* ゆで卵. *~ed oil* ボイル油《煮沸して乾性を増した油》. *~ed shirt*〘米俗〙(胸の堅い)礼装用ワイシャツ. *~ed sweet*〘英〙堅いキャンデー. *~ forth* 口からあわを飛ばしてまくしたてる. *~ off* 煮て除く. *~ over* 煮こぼれる; (感情を押えきれずに)かんかんにおこる. *~ up* 煮え立つ; 煮沸消毒する.
— *n.* 煮ること, 煮沸; 沸騰. *be on* [*at*] *the ~* 沸騰している. *bring* [*come*] *to the ~* 沸騰させる〔する〕. *give a ~* 煮る. [√bulli-]
boil[2] *n.*〘医〙おでき, はれもの.
***bóil·er** [bɔ́ilər] *n.* ボイラー, 汽罐(きかん); 《料理用》煮沸器. **~ plate** ボイラー板;《特に週刊新聞に用いる》ステロ版にされた通信だね. **~ room** (1) ボイラー室. (2)〘俗〙(電話による)いかさま証券ブローカー.
bóil·ing [bɔ́iliŋ] *a.* 1 沸騰する. 2《副詞的に》沸騰するほど: be ~ hot 非常に暑い. be ~ mad かんかんにおこっている. 3 激する. — *n.* 沸騰, 煮沸. *the whole ~*〘俗〙全部, 全体.
~ off〘染〙絹練り. **~ point** 沸点《100°C; 212°F》. ↔ freezing point. **~-shop** [ˊ–ˋ]〘米俗〙もぐり証券ブローカー.
Bói·se [bɔ́isi, -zi] *n.* アメリカ Idaho 州の州都.
bóis·ter·ous [bɔ́istərəs] *a.* 1《雨・風・波など》荒れ狂う. 2 騒々しい, 乱暴な.
◇ **~-ly** *ad.* **~-ness** *n.*
bó·ko [bóukou] *n.*〘英俗〙鼻.
Bol. Bolivia.
bó·la(s) [bóulə(s)] *n.* 鉄の玉のついた投げなわ《獣の足にからませて捕獲するのに使う》.
‡bold [bould] *a.* 1 大胆な, 胆力のある. 2 ずうずうしい, 厚かましい. 3 勇気を要する: a ~ adventure. 4《想像力・描写などが》力強い, 奔放な. 5《輪郭の》きわだった; 肉太の: in ~ relief くっきりと浮き上がって. in ~ strokes 筆太に. 6《がけなどの》険しい. 7〘印〙=~-faced. *be ~ to* (do)=*make ~ to* (do) =*make so ~ as to* (do) あえて〔思い切って〕…する.
~-face [ˊˋ]〘印〙肉太活字. **~-faced** [-fèist] (1) ずうずうしい, 厚かましい. (2)〘印〙肉太の.
◇ **‡~-ly** *ad.* 1 大胆にも; 無遠慮に. 2 肉太に; はっきりと. **~-ness** *n.*
bole[1] [boul] *n.* 木の幹.
bole[2] *n.* 膠灰(こうかい)粘土.
bo·léc·tion [bolékʃ(ə)n] *n.*〘建〙浮き出しくり形.
bo·lé·ro [bolé(:)rou/bəléər-] *n.* (*pl.* **~s**) 1 ボレロ《スペイン舞踊の一種》; その曲. 2 [㊌ bɔ́lərou] ボレロ《婦人用の短い上着》.
bó·lide [bóulaid, ㊊+-lid] *n.*〘天〙火球,《特に爆発する》大流星. 「貨幣単位」.
ból·i·var [bálivər/bɔ́l-] *n.* ボリバール《ベネズエラの
Bo·lív·i·a [bəlíviə] *n.* 1 ボリビア《南アメリカ中部の共和国》. 2 (b~) 柔らかい毛織り布.
◇ **~n** *a., n.* ボリビアの(人).
bo·lìv·i·á·no [bolìviá:nou] *n.* ボリビアーノ《ボリビアの貨幣単位》.
boll [boul] *n.*《綿・亜麻などの》丸莢(まるさや).
~ weevil〘虫〙ワタノハナゾウムシ. **~-worm** [ˊˋ]〘虫〙ワタノミムシ《綿の実・トウモロコシを食う虫》.
ból·lard [bálərd/bɔ́l-] *n.*〘海〙係船柱.
bó·lo [bóulou] *n.* (*pl.* **~s**) 片刃の大型ナイフ《フィリピン諸島で, またはアメリカ陸軍が用いる》.
Bo·ló·gna [bəlóunjə] *n.* 1 ボローニャ《イタリア北

部の都市》. **2** ソーセージの一種 (＝～ sausage).

bó·lo·graph [bóuləgræf/-grɑ:f] *n.* 〘物〙 ボロメーターによる記録.

bo·lóm·e·ter [bolámịtər/-lɔ́m-] *n.* 〘物〙 抵抗放射熱計, ボロメーター.

bo·ló·ney [bəlóuni] ＝baloney.

Ból·she·vik [bálʃịvìk,bóul-/bɔ́l-] *n.* (*pl.* **～s**, **Bòl·she·ví·ki** [bàlʃəví:ki/bɔ̀l-]) (または b～) ボルシェビキ《ロシア社会民主労働党の多数派》の一員; (ソビエト連邦外の)共産党員; 《一般的》極端な過激論者. →Menshevik. **——** *a.* ボルシェビキの.

Ból·she·vism [bálʃịviz(ə)m, bóul-/bɔ́l-] *n.* (または b～) ボルシェビキの思想[政策]; 過激思想[政策].

Ból·she·vist [-vist] *n.* (または b～) ボルシェビキ党員. **——** *a.* ボルシェビキの.

Ból·she·vize [-vàiz] *vt.* (または b～) ボルシェビキ化する, 赤化する.

ból·ster [bóulstər] *n.* **1** 《頭部を高くするためまくらの下に置く》 長まくら. **2** 《まくらのような》 当て物, 詰め物; 《車両の》 受け台, 横ばり, ひじ木.

bolster ①

—— *vt.* **1** にまくらを当てる, まくらでささえる; に詰め物をする. **2** にてこ入れする, ささえる, 支持する《*up*》. **3** 支援する, 補強する, 強化する: ～ the morale by singing 歌をうたって士気を高める.

‡**bolt**[1] [boult] *n.* **1** かんぬき, さしがね, 桟(さん), 《錠前の》 舌; 《銃の》 遊底. **2** ボルト, 締め [ねじ] くぎ. → nut. **3** 《石弓の》 太矢. **4** 電光, いなずま; 《水などの》 噴出; 駆け出し, 逃走, 高飛び. **5** 《壁紙・綿布などの》 一巻き, 一反. **6** 〘米〙 脱退, 脱党. ***A fool's ～ is soon shot.*** 〘諺〙 愚者はすぐ奥の手を出して行き詰まる. **(*like*) *a ～ from the blue* [*sky*]** 青天の霹靂(へきれき) (のように). ***shoot*** **one's ～** できるだけ努力する.

—— *vi.* **1** 急に飛び出す, 駆け出す; <馬が> 逸走する: ～ into… …に駆け込む. **2** 逃亡する, 出奔する. **3** 〘米〙 脱退する; 自党との関係を絶つ. **4** 大急ぎで食べる. **5** <植物が>のびすぎてしおれる.

—— *vt.* **1** ボルト [かんぬき] で締める. **2** 射出する. **3** 〘米俗〙 べらべらしゃべる 《*out*》. **4** 〘米〙 <政党を> 脱退する; <自党への支持・参加を>やめる. **5** <食物を>かっ込む, うのみにする. **～ *in* [*out*]** 締め込む[出す]. **～*ing cloth*** 絹・ナイロンの網地布 《かつらの裏布などに使う》. **～ *up*** 締め切る.

—— *ad.* **1** だしぬけに, すばやく. **2** まっすぐに. **～ *upright*** (棒をのんだように) まっすぐに.

～ boat 外洋ボート. **∠·head** [∠∸] ボルトの頭.

◇ **∠·er** *n.* 逃亡者; 逸走しやすい馬; 〘米〙 脱党者.

bolt[2] *vt.* ふるいにかける; 精密に調べる, 吟味する. **～ *to the bran*** 精査する. ◇ **∠·er** *n.* ふるい.

bó·lus [bóuləs] *n.* 《動物用》 大きい丸薬.

‡**bomb** [bɑm/bɔm] *n.* **1** 爆弾; 手榴弾(りゅうだん): an atomic [a hydrogen] ～ 原子[水素]爆弾. a time ～ 時限爆弾. **2** 〘地〙 火山弾. **3** 〘俗〙 大しくじり, 大失敗. **4** 放射性物質を運ぶ鉛容器.

—— *vt.* 爆撃する, に爆弾を投げる. **——** *vi.* **1** 爆発する. **2** 失敗する 《*out*》. **～ *out*** 空襲して焼け出さす. **～ *up*** <飛行機に> 爆弾を積み込む.

～ bay 《飛行機内の》 爆弾格納所. **∠-de·stróy** *vt.* 爆弾で破砕する. **～ disposal** 不発弾処理. **∠·load** [∠∸] 爆弾積載量. **∠·proof** →別項. **～ rack** 《飛行機の》 爆弾架. **∠·shell** [∠∸] 爆弾; 人を驚かすようなこと[人], 突発事件: His death came like a ～*shell.* 突然彼は死んだ. **∠-sight** [∠∸] 爆撃照準器. **～ thrower** 擲弾(てきだん)兵; 爆撃手; 爆弾投下 [発射]装置.

◇ **∠·er** [bámər/bɔ́m-] *n.* 爆撃機 [手].

bom·bárd [bɑmbá:rd/bɔm-] *vt.* **1** 砲 [爆] 撃する. **2** 《比喩的》 攻撃する, に迫る: ～ a person *with* questions 質問攻めにする. **3** 〘物〙 衝撃を与える《原子物理学で粒子などで》.

—— [∠∠] *n.* (昔の)射石砲.

◇ **bom·bárd·ment** *n.* 砲撃, 爆撃; 〘物〙 衝撃.

bòm·bard·íer [bàmbərdíər/bɔ̀m-] *n.* 《爆撃機の》 爆撃手; 〘英〙 砲兵下士官.

bom·bár·don [bɑmbá:rd(ə)n, bámbər-/bɔmbá:-] *n.* 《tuba に似た》 低音金管楽器の一種; 〘楽〙 《オルガンの》低音ストップ栓(せん).

bòm·ba·síne [bàmbəzí:n, ∠−∸ /bɔ́mbəsi:n, -zi:n] ＝bombazine.

bóm·bast [bámbæst/bɔ́m-] *n.* 豪語, 大言壮語.

—— *a.* 大げさな, 誇張した.

bom·bás·tic [bɑmbǽstik/bɔm-] *a.* 誇大な, 大げさな. ◇ **-ti·cal·ly** *ad.*

Bom·báy [bɑmbéi/ bɔm-] *n.* ボンベイ《インドの西部の旧州; その州都で海港》.

bòm·ba·zíne [bàmbəzí:n, ∠−∸/bɔ́m-] *n.* 絹とウーステッドのあや織り《おもに婦人喪服地》.

bombe [F. bɔ̃:b, ㊍⁺bɑm(b)] F. *n.* アイスクリームを詰めたメロン形の氷菓子.

bombé [F. bɔ̃be, ㊍⁺ bɑmbéi] F. *a.* 《家具など中央部が》 ふくらんでいる.

bombed [bɑmd/bɔmd] *a.* 空襲を受けた: a ～ area 被爆地域. **∠·out** [∠∸] 焼け出された: ～*out* people 焼け出された被災民.

bómb·ing [bámiŋ/bɔ́m-] *n.* 爆撃: a ～ plane 爆撃機.

bómb·proof [bámprù:f/bɔ́m-] *a.* 防弾の.

—— [∠∠/∠−] *n.* 《地下などの》 防弾建築(物).

—— *vt.* 防弾にする.

bo·na fi·de [bóunə-fáidi] L. (＝in good faith) 真(実)に, 誠意をもって; 誠意の, 善意の, 真実の.

◇ ***bona fides*** [-fáidi:z] 真実, 誠意.

bon a·mi [bɔ̃:namí:] F. (＝good friend) よい友; 恋人《男性》.

bo·nán·za [bonǽnzə] *n.* **1** 〘米〙 富鉱帯. **2** 〘米話〙 大富源, 大当たり, 思いがけない幸運. ***in ～*** 大当たりで. ***strike a ～*** 大当たりをとる.

～ farm 最新式の器具を使い巨利をあげる大農場. **～·gram** [-græm] ボナンザグラム《語合わせクイズの一種》.

Bó·na·parte [bóunəpà:rt] *n.* Napoleon ～, 1769–1821, フランス皇帝. ◇ **-part·ism** *n.* ナポレオン(一世)の政策. **-part·ist** *n.* ナポレオンの支持者.

bon·bon [bánbàn/bɔ́nbɔn] F. *n.* ボンボン《ドロップ式の砂糖菓子》.

bon·bon·nière [bànbəníər/bɔ̀nbəniέə] F. *n.* ボンボン入れ.

‡**bond** [bɑnd/bɔnd] *n.* **1** 縛るもの; ひも, なわ. **2** きずな, 縁; 結束, 結合力: the ～ of affection 愛情のきずな. the ～ between nations 国家間のきずな. **3** (通例 *pl.*) かせ; 束縛, 義理. **4** 〘法〙 契約, 約定, 盟約. **5** (債務) 証書, 証文, 契約書; 公債証書, 社債券. **6** 証券用紙. **7** 保証人. **8** 保税倉庫留置. **9** 〘保険〙 支払保証契約; 保証金. **10** 〘化〙 結合, 《一原子の》 価標. **11** 〘建〙 《れんがなどの》 組み積み, たたみ式; つなぎ, 接合材, 付着. ***enter into a ～ (with)*** (と)契約を結ぶ. ***give ～ to*** (do) 〘米俗〙 …するという保証を与える. ***go*** a person***'s ～*** (人) の保証人に立つ. ***in ～*** 保税倉庫に入れてある. ***in ～s*** 束縛 [監禁] されて. ***take out of ～*** 保税倉庫から出す. His ***word is as good as*** his **～.** (彼の) 約束は証文も同様確かだ.

—— *vt.* **1** 担保 [抵当] に入れる; <借入金を> 債券に振り替える. **2** 〘米話〙 の保証金を積む [積ませる]. **3** <輸入品を> 保税倉庫に預ける. **4** <れんがなどを> 組み積みする, つなぐ.

—— *vi.* つながる, 接着する. [bind と同語源]

~·hòld·er 公〔社〕債券所有者. ~·maid [⏊⏊] 女どれい. ~·man [-mən] (*pl.* **-men**) どれい, 農奴. ~ **paper** 証券用紙; 上質用紙. ~ **servant** どれい. ~ **service** どれいの労役〔身分〕. ~**s·man** [-zmən] (*pl.* **-men** [-mən]) (1) どれい, 農奴. (2)〘法〙保証人. ~·**stone** [⏊⏊]〘建〙控え石, つなぎ石. ~·**wòm·an** (*pl.* **-wòm·en**) 女どれい.

◇ ~·**ed** [-id] *a.* **1** 公債によって保証された. **2** 保税倉庫留めの: ~*ed* warehouse 保税倉庫.

Bond [band/bɔnd] ~ ***Street*** ボンドストリート《ロンドンの高級商店街》.

bónd·age [bándidʒ/bɔ́nd-] *n.* **1** どれい(の身分). **2** 監禁, 束縛, 屈従. *in* ~ とらわれて, どれいとなって.

‡**bone** [boun] *n.* **1** 骨; 骨質. **2** 骨状の物《象げ・鯨のひげなど》; 骨製品. **3** (*pl.*) 骨格; 身体. **4** (*pl.*) 死骸(しがい), 骸骨. **5** (*pl.*) さいころ; (*pl.*)〘楽〙(カスタネットに似た) 拍子木; (*pl.*) かさの骨, 婦人コルセット〔ペチコート〕の張り骨. **6** 肉のついた骨. **7**〘米俗〙勉強家の学生.

a ~ of contention 争いのたね. ***bred in the ~***《性質など》生来の; 根強い. ***cast* (*in*) *a ~ between*** の間に不和を起こさせる. ***cut to the ~*** <費用などを> ぎりぎりに切りつめる. ***feel in*** one's ***~s*** 確信する;〘米〙直覚〔直感〕する. ***Hard words break no ~s.***〘ことわざ〙きつくてもことばだけならけがはしない. ***have a ~ in*** one's ***leg* [*throat*]** 足に〔のどに〕骨をたてている《行け〔言え〕ないときの言い訳》. ***have a ~ to pick with*** a person (人) に文句がある. ***keep*** one's ***~s green*** 若さを保つ. ***make no ~s of* [*about, to*]** (do), (do)*ing*] …にこだわらない, を何とも思わない, を平気でやる. ***make old ~s*** 長生きする. ***my old ~s*** この老骨の私. ***No ~s broken!*** たいしたことはないよ! ***pick a ~ with*** と議論する. ***skin and ~s*** 骨と皮 (ばかりの人). ***spare ~s*** ほね惜しみをする. ***ten ~s***〘古〙十指. ***to the ~*** 骨までも; あくまでも. ***work*** one's ***fingers to the ~*** 身を粉にして働く.

── *vt.* **1** <魚や肉の> 骨を除く. **2** <かさ・コルセットなどに> 骨〔鯨のひげ〕を入れる. **3** に骨粉をまく《肥料として》. **4**〘俗〙盗む.

── *vi.*〘米俗〙がり勉をする, つめ込む《*up*》.

~·**ache** [-èik] 骨痛. ~ **ash** 骨灰. ~·**black** [⏊⏊] 骨炭《漂白剤・顔料》. ~ **chiller** 骨にしみる寒さ. ~·**deep** [⏊⏊] *a.* 深く感動させる. ~·**drý** (1) ひからびた, のどがかわききった. (2) ニュアンスのない. (3)〘米〙絶対禁酒の. ~·**head** → 別項. ~ **meal** [**dust**]《肥料・飼料用》骨粉. ~·**set** → 別項. ~·**sèt·ter**《特にもぐりの》骨つぎ医. ~·**sèt·ting** 接骨(術). ~·**shàk·er** 旧式 がたがた自転車《前輪が非常に大きくゴムタイヤなしの》. ~·**tired** [⏊⏊], ~·**wèa·ry** 疲れきった.

◇ ~**d** [-d] *a.* **1** 骨を抜きとった; 骨が…の: a strong-~*d* umbrella 骨のじょうぶなかさ. **2** こわばらせた《コルセットなど鯨のひげなどを入れて》.

~·**less** *a.* 骨のない; いくじない.

bóne·head [bóunhèd] *n.* **1** ばか者, まぬけ. **2** = boner. ◇ ~·**ed** [-id] *a.* まぬけの.

bón·er [bóunər] *n.*〘米俗〙大失策, ばかげたまちがい.

bóne·set [bóunsèt] *n.*〘植〙フジバカマの一種.

bón·fìre [bánfàiər/bɔ́n-] *n.* 祝火, 大かがり火,《野天の》たき火. ***make a ~ of*** を焼き払う; を除く.

bón·go [báŋgou/bɔ́ŋ-] *n.* (*pl.* ~**s**)〘動〙《アフリカ産》カモシカの一種.

bon·ho(m)·mie [bànəmí:, ⏊⏊/bɔ́nɔ-] F. *n.* 温厚, 快活.

Bón·i·face [bánifèis/bɔ́n-] *n.* 宿屋の主人.

Bó·nin [bóunin] ~ ***Islands*** 小笠原(おがさわら)諸島.

bón·ing [bóuniŋ] *n.* **1** 骨を除くこと. **2** 骨粉肥料を施すこと.

bo·ní·to [bəní:tou] *n.* (*pl.* ~(**e**)**s**)〘魚〙カツオ.

bon jour [F. bɔ̃ʒu:r] F. (= good day)「こんにちは」《「おはよう」をも含み,「さよなら」にも用いる》.

bón·kers [bɔ́:ŋkərz/bɔ́ŋ-] *a.*〘英俗〙頭の変な, いかれた.

bon mot [bánmóu/bɔ̃:-] F. (*pl.* ***bons mots*** [bánmóuz/bɔ̃:mou]) 機知に富んだことば.

Bonn [ban/bɔn] *n.* ボン《西ドイツの首都》.

bonne [bɔn] F. *n.* 女中; 子もり.

bonne a·mie [F. bɔnami] F. (=good girl friend) よい女友だち; 恋人《女性》.

bonne bouche [bɔ:nbú:ʃ, bən-/bɔ́n-] F. 一口の珍味 (tidbit).

bonne nuit [F. bɔ̃nɥi, ㊊⁺bɔ:nnwí:] F. (=good night)「おやすみなさい」.

bonnes for·tunes [F. bɔnfɔrtyn, ㊊⁺ bɔ́nfɔ:-tjú:n] F. 婦人からの好意の贈り物《誇りのたね》.

‡**bón·net** [bánit/bɔ́n-] *n.* **1** ボンネット《あごの下でひもを結ぶふちなしの婦人〔小児〕帽》. **2**《男子用ふちなしの》スコットランド帽. **3**《アメリカインディアンの》羽毛の頭飾り. **4** ボンネット形のおおい;《煙突の》かさ,《機械の》カバー,《自動車の》エンジンカバー. **5**〘俗〙《ばくち・競売などの》さくら, おとり.

── *vt.* **1** に帽子〔おおい〕をかぶせる. **2** の帽子を目の上まで押しつぶす. **3** <火などを> おおい消す.

bon·net rouge [F. bɔnɛru:ʒ] F.《フランス革命のとき過激派のかぶった》赤い帽子; 革命家.

bón·ny, bón·nie [báni/bɔ́ni] *a.* (**-ni·er**; **-ni·est**)《若い娘などが》きれいな, かわいい; 快活な, 健康そうな. ◇ **bón·ni·ly** *ad.*

bon soir [F. bɔ̃swa:r] F. (=good evening)「こんばんは」《「さよなら」にも用いる》.

bon ton [F. bɔ̃tɔ̃, ㊊⁺bantán] F. (=good tone) 上品, よい趣味; 上流社会.

bó·nus [bóunəs] *n.* **1** ボーナス, 賞与. **2** (割り増し) 配当金. **3**《買い物の》おまけ, 景品. [√bon-]

bon vi·vant [F. bɔ̃vivɑ̃, ㊊⁺bànvi:vá:nt] F. **1** 美食家, ぜいたく者. **2** つきあいのおもしろい人.

bon vo·yage [F. bɔ̃vwaja:ʒ, ㊊⁺bànvwaiá:ʒ] F. (=good journey) ごきげんよう!, いってらっしゃい.

bón·y [bóuni] *a.* (**-i·er**; **-i·est**) 骨 (だらけ) の, やせてごつごつした. ◇ **-i·ness** *n.*

bonze [banz/bɔnz] *n.* 僧侶(そうりょ), 坊主《特に日本・中国の》.

bón·zer [bánzər/bɔ́n-] *a.*〘オーストラリア〙りっぱな, 優秀な.

boo [bu:] *int.*, *n.* (*pl.* ~**s**) ブウーッ《けいべつ・嫌悪(けんお)をあらわすときの声》, ばあ!《不意に人を驚かすときの》. ── *vi.*, *vt.* (~**ed** [-d]; ~·**ing**) (に) ブウーッと言う; <演説などを> やじる.

boob [bu:b] *n.*〘米俗〙ばか者, まぬけ; (だまされやすい) かも. ◇ ~·**er·y** [-əri] *n.* おろかさ; ばかげたこと.

bóo-boo [bú:bu:] *n.*〘米俗〙へま, 大しくじり; 軽いけが. ***pull a ~*** へまをやらかす. ***What's the ~?*** どこがいけないの.

bóo·by [bú:bi] *n.* **1** ばか, まぬけ;《競技などの》びり. **2**〘鳥〙カツオドリ. ~ **hatch**〘海〙えぼし形艙口蓋(そうこうがい);〘米俗〙精神病院;〘米俗〙刑務所. ~ **prize**《最低得点者に与える》びり賞. ~ **trap** まぬけ落とし《ドアをあけると水のはいったバケツが落ちてくるなどのいたずら》;〘軍〙地雷. ~-**trap** [-træp] *vt.* (**-pp-**) booby trap にひっかける.

bóo·dle [bú:dl] *n.*〘米俗〙**1**《けいべつ的》組み, 群, 連中. **2** たくさんのもの. **3**《選挙などの》買収金, わいろ; にせ金. ***the whole kit and ~*** だれもかれも, ネコもしゃくしも. ── *vi.* (~**d**; **bóo·dling**) わいろをもらう, 収賄する.

◇ ~**r** [-ər] *n.*〘米俗〙収賄者.

bóo·gie-wóo·gie [bú:giwú:gi/⏊⏊⏊] *n.*〘楽〙ブギウギ《ブルースの一種》.

bòo·hóo [bù:hú:/-⏊] *n.* (*pl.* ~**s**) ワアワア泣き.
── *vi.* ワアワア泣き騒ぐ.

†**book** [buk] *n.* **1** 本, 書物; 著述, 著作. **2** (the B～) 聖書(the Bible). **3** 巻, 編. **4** 《劇の》台本; 《オペラの》歌詞 (libretto). → score. **5** 帳簿; 《電話帳のような》帳面; 《切符・小切手などの》とじ込み帳; はぎ取りマッチ; (*pl.*) 会計簿; (*pl.*) 名簿: a guest ～ 宿帳. a class ～ クラス名簿. **6** 《競馬などの》かけ帳. **7** 〖トランプ〗6 枚ぞろい.
according to my* ～** 私の考えでは. ***at* one's ～*s 勉強中で. **～ *of account*** 〖商〗会計簿. **～ *of fate*** 「運命の書(ふみ)」《人の未来が記されているという》. **～ *of hours*** 祈祷(きとう)書. **～ *of life*** 「生命の書」《神に救われて天国にはいる人々の名簿》. **～ *of matches*** はぎ取りマッチ. **～ *of reference*** 参考書《辞書・年鑑など》. **～ *of the hour*** きわもの本. **～ *of tickets*** 回数券. ***bring* a person *to* ～** 弁明を求める; 責める. ***close the* ～*s*** 会計帳簿を締め切る. ***God's* ～ = *the B*～ (*of B*～*s*) = *the Good B*～** 聖書. ***in* a person's *bad* [*black*] ～*s*** (人) に気に入られないで. ***in* a person's *good* ～*s*** (人) に気に入られて. ***keep* ～*s*** 帳簿をつける. ***know like a* ～** 熟知している. ***make* ～** かける《を *on*》; 胴元になる. ***one for the* ～** 特記すべき事件〔物〕. ***on the* ～*s*** 名簿にのって, 会員になって. ***open the* ～*s for*** の申し込みを受けつける. ***speak by the* ～** 出典をあげて正確に話す. ***speak* [*talk*] *like a* ～** (1) 非常に正確に話す; 物知り顔に話す. (2) とても物のわかったことを言う. ***suit* one's ～** 目的にかなう. ***swear on the B*～** 聖書にかけて誓う. ***take a leaf out of* a person's ～** 人の行動を手本にする. ***the* ～** (1) 基準, 規則: according to *the* ～ 規則に従えば. (2) 電話帳: His name is not in *the* ～. 彼の名は電話帳にでていない. ***throw the* ～ *at*** 〖米俗〗を終身刑に処する. ***without* ～** 出典なしで; 暗記で.
—— *vt.* **1** (書物・名簿に) 記入する, 書き入れる. **2** の名を記入する《座席・会合の予約などのために》. **3** 〈申し込み者に〉切符を発行する〔出札する〕. **4** 〈へや・座席などを〉予約する; 〈切符を〉買う《…行きの *for*》. **5** 〈人・会社を〉契約で雇う, 出演契約する. **6** 〈嫌疑者を〉告発名簿に記入する. **7** の胴元になる.
—— *vi.* **1** 名前を登録する. **2** 座席などを予約する. **3** 切符を買う.
be* ～*ed for …行きの切符を買ってある. ***be* ～*ed* (*for it*)** 〖話〗つかまって逃げられない. ***be* ～*ed to*** (do) …することになっている. ***be* ～*ed up*** 前売りが売り切れである; 〖話〗少しの暇もない. **～ *through to*** London (ロンドン) までの通し切符を買う.
—— *a.* **1** ～の〔に関する〕. **2** 本より得た, 机上の: a ～ knowledge of fishing 本から得たつりの知識. **3** 帳簿上の.
～ agent 書籍販売外交員. **～·bìnd·er** 製本屋. **～·bìnd·er·y** 製本所〔屋〕. **～·bìnd·ing** 製本術〔業〕. **～·bùrn·er** 焚書(ふんしょ)主義者; 反対説抑圧者. **～ burning** 焚書. ‡**～·case** [-kèis] 本だな, 本箱. **～ club** 読書クラブ. **～·end** [´ ˊ] (通例 *pl.*) ブックエンド, 本押え. **～·hòld·er** (書)見台. **～ jacket** 本のカバー《通常宣伝文が印刷してある》. ***～·kèep·er** 簿記係. ***～·kèep·ing** 簿記. **～·land** [-lænd] 〖英史〗特許自由保有地《地代だけ納めればよい》. **～-lèarn·ed** [-lə̀:rnid] 机上学問の, 実地にうとい. **～ learning** 机上の学問. **～·lore** [-lɔ̀:r/-lɔ:] = ～ learning. **～·lòv·er** 愛書家; 読書好き. **～·màk·er** (1) 《利益本位の》著作者〔編集屋〕. (2) 《特に競馬の》賭(かけ)元. **～·màk·ing** (1) 《利益本位の》著作, 編集. (2) 《競馬の》賭業. **～·man** [-mən] (*pl.* **-men**) 文人, 学者; 愛書家; 〖話〗本屋, 出版屋. **～·màrk(·er)** しおり, 蔵書票. **～·mò·bile** 移動〔巡回〕図書館. **～ notice** 新刊紹介〔案内〕. **～·plate** [´ ˊ] 蔵書票. **～·rack** [´ ˊ] 書架, 本立て. **～·rest** [´ ˊ] 書見台. **～ review** 書評. **～ reviewer** 《新刊書の》書評家. ***～·sèll·er** 書籍商(人). **～·sèll·er's** 〖英〗本屋, 書店. **～·sèll·ing** 書籍販売. **～·shelf** [´ ˊ] (*pl.* **-shelves** [-vz]) 本だな. ***～·shop** [´ ˊ] 〖英〗= bookstore. **～·slide** [´ ˊ] 自在書架. **～ society** 読書会. **～·stack** [´ ˊ] 《図書館の》書架. ***～·stall** [´ ˊ] 屋台〔露天〕の古本屋; 〖英〗《駅などの》新聞雑誌の売店. **～·stand** [´ ˊ] 本箱; (書)見台; 新聞雑誌の売店. ***～·store** [´ ˊ] 〖米〗書店, 本屋. **～ token** 書籍購入券. **～ value** 帳簿価格. → market value. **～ word** 読書で学んだ語《発音などよくわからないもの》. **～·work** [´ ˊ] 書物による研究. **～·worm** [´ ˊ] 本につく虫《シミ》; 読書狂; 「本の虫」.

bóok·ie [búki] *n.* 〖話〗= bookmaker ②.

bóok·ing [búkiŋ] *n.* 帳簿記入; 予約, 出札. **～ clerk** 出札係; 《ホテルの》へや予約係. **～ office** 〖英〗出札所, 切符売り場 (=㊍ ticket office).

bóok·ish [búkiʃ] *a.* **1** 《学問・知識が》書物の上の, 机上の. **2** 本〔学問〕好きの. **3** 学者ぶった; 《ことばなどが》堅苦しい.

bóok·let [búklit] *n.* 小冊子, パンフレット.

***boom**[1] [bu:m] *n.* **1** 《大砲・太鼓・雷・波・つり鐘などの》とどろき; ドーン, ゴーンという音. **2** 《ハチなどの》ブーンというううなり; 《サギ類の》鳴き声. **3** ブーム, にわか景気, 《都市などの》急発展, 《価格の》急騰: a war ～ 戦争景気. ↔ slump. **4** 盛んな宣伝.
—— *a.* 〖米〗ブームによる; ブームに乗った: ～ price 急高値. a ～ town 新興都市.
—— *vi.* **1** 〈大砲・雷などが〉とどろく; 〈波が〉ドドーッという. **2** 〈ハチなどが〉ブーンという; 〈サギ類が〉鳴く. **3** 急に景気づく〔発展する〕; 暴騰する. —— *vt.* **1** とどろくような音〔声〕で報ずる: The clock ～*ed out* four. とけいはボーンボーンと 4 時を報じた. **2** 景気づける, はでに宣伝する, の人気をあおる.
～-and-búst [bú:mənbʌ́st] 〖話〗にわか景気.
◇ **～·er** *n.* 〖米俗〗新興地に押しかける人. **～·ing** *a.* ドーンと響きわたる; 景気のいい. **～·let** [-lit] *n.* 〖米〗小景気. **～·ster** *n.* 〖米〗景気をあおる人.

boom[2] *n.* **1** 港口の木材の流出を防ぐための防材; 帆桁(ほげた). **2** 〖空〗空中給油用パイプ. **3** マイクロホン〔テレビカメラ〕用つりざお. —— *vt.* **1** に防材を置く; の下桁に帆を張る. **2** 起重機を使ってつり上げる〔運ぶ〕. ***lower the* ～** きびしく取り締まる, 締める《を *on*》.

bóom·er[1] [bú:mər] *n.* 雄の大カンガルー.

bóom·er[2] *n.* 〖米俗〗新興土地などに移住する人; 渡り労働者; 浮浪者. → boom[1]. **B～ State, the** Oklahoma 州の別称.

bóom·er·ang [bú:məræŋ] *n.* ブーメラン《オーストラリア原住民の飛び道具. 投げたあと曲線を描いて手もとにもどってくる》. —— *vi.* 投げた人にもどる; 《比喩的》はね返ってくる, 身から出たさびになる.

bóom·kin [bú:mkin] = bumpkin[2].

boon[1] [bu:n] *n.* **1** たまもの, 恩恵. **2** 〖古〗頼みごと, 願いごと. ***ask a* ～ *of*** a person (人) に頼む. ***be* [*prove*] *a great* ～ *to*** に大福音となる.

boon[2] *a.* **1** 愉快な, 陽気な: a ～ companion 気の合った友だち. **2** 〖雅〗温和な, 恵みふかい. [√bon-]

bóon·docks [bú:ndɑ̀ks/-dɔks] *n. pl.* (通例 the ～) 〖米俗〗開けないところ, 草深いいなか.

bóon·dòg·gle [bú:ndɑ̀gl/-dɔ̀gl] *n.* 〖米俗〗 **1** 皮製の編みひも《ボーイスカウトが首に巻きつける》. **2** むだな仕事, つまらない仕事; くだらぬ細工物.
—— *vi.* 〖米俗〗くだらない仕事をする.

boor [buər] *n.* **1** いなか者, 小百姓; 無作法な男. **2** 《特にオランダ・ドイツの》百姓. **3** (B～) = Boer.

bóor·ish [bú(:)riʃ/búər-] *a.* やぼな, いなか風の, 粗野な. ◇ **～·ly** *ad.*

boost [bu:st] *vt.* 〖米俗〗 **1** 押し上げる; 〈値段・賃銀を〉つり上げる; 〈電圧を〉上げる. **2** 後援する, あと押しする. —— *n.* **1**《値段・賃銀の》つり上げ, 増大; 増額. **2** あと押し, 後援.

bóost·er [búːstər] *n.* 〔米〕 **1** 後援者. **2** あおり買いする人. **3**〔電〕昇圧器;〔ラジオ・テレビ〕無線周波増幅器; ブースター《ロケットにつける補助推進装置》. **4** 補助機関《ポンプ・機関車など》.
～ **shot** [**doze**]〔医〕2回めの予防注射〔投薬〕《効力持続のためにする》.

‡**boot**[1] [buːt] *n.* **1** (*pl.*)〔米〕長ぐつ, 半長ぐつ;〔英〕《編み上げなどの》深ぐつ, 長〔半長〕ぐつ: combat ～*s* 兵隊ぐつ. 〈注〉アメリカでは編み上げは shoes. **2**〔英〕《馬車・自動車の》荷物入れ. **3**〔史〕くつ形の拷問具. **4**《運転席などの》保護用のおおい;〔空〕《機首につける》結氷防止ゴムチューブ. **5** 一けり. **6**〔俗〕解雇. **7**〔米〕《海軍・海兵隊の》新兵. **8**〔話・野球〕(内野) ゴロのファンブル.
bet your ～s〔米話〕きっと(だいじょうぶだ). ***big for*** one'***s*** ～***s*** いばって. ～(***s***) ***and saddle***(***s***)〔軍〕乗馬用意のらっぱ. ***creep into*** a person'***s*** ～ (人)の役を演ずる. ***die with*** one'***s*** ～***s on***＝***die in*** one'***s*** ～***s*** 変死〔急死〕する. ***get*** [***give***] ***the*** ～〔俗〕くびになる〔する〕. ***get*** [***put***] ***the*** ～ ***on the wrong leg***《意味などを》はき違える. ***get too big for*** one'***s*** ～***s*** うぬぼれる. ***give*** a person ***a*** ～ (人を)楽しませる〔喜ばせる〕. ***have*** one'***s heart*** [***voice***] ***in*** one'***s*** ～***s*** びくびくしている. ***high*** ～***s***〔英〕長ぐつ. ***laced*** ～***s*** 編み上げぐつ. ***lick the*** ～***s of*** …にへつらう. ***like old*** ～***s***〔俗〕猛烈に. ***Over shoes, over*** ～***s.***〔諺〕毒をくらわば皿(さら)までも. ***stand*** … ***feet in*** one'***s*** ～***s*** くつのままで測って身長…フィートある. ***The*** ～ ***is on the other leg.*** おかど違いだ, 責任はほか〔向こう〕にある. ***wipe*** one'***s*** ～***s on*** を踏みつけにする, を侮辱する.
—— *vt.* **1** にくつをはかす. **2**〔俗〕(くつで) ける. **3**〔俗〕追い出す, 解雇する《*out*》. ～***ed and spurred***《馬が》乗るばかりに用意ができて.
～**·black** [⌐⌐]〔米〕くつみがき (shoeblack). ～ **camp**〔俗〕《アメリカ海軍の》新兵訓練場.
～**-jack** [⌐⌐]《長ぐつ用》くつぬぎ具. ～**·lace** [⌐⌐] くつひも. ～**·leg** →別項. ～**·lick** →別項.
～**-màk·er** くつ屋〔工〕. ～ **polish**〔英〕くつみがき(すること). ～**·strap** [⌐⌐]〔米〕編み上げぐつのつまみ皮: pull oneself up by one's own ～*straps* 自力で事に処する. ～ **tree** くつ用木型《形をくずさぬようくつの中に入れておく》.
◇ ～**·ed** [-id] *a.* くつをはいた.

boot[2] *n.*〔古〕利益, 利得. ***to*** ～ おまけに, その上.
—— *vt., vi.* (の)役に立つ, (の)得になる: It ～*s* (me) not [nothing]. 私にはなんの役にも立たない. ***What*** ～***s it to*** weep! (めそめそして) なにになる!

boot·ée [buːtíː/⌐⌐, ⌐⌐] *n.*〔米〕軽い婦人ぐつ; 毛糸編みの小児ぐつ下.

Bo·ö·tes [bóutiːz] *n.*〔天〕牛飼い座.

‡**booth** [buːθ/buːð] *n.* (*pl.* ～ [buːðz]) **1** 屋台店, 売店. **2** 仕切り席〔室〕;《語学練習室の》ブース; (仮設) 投票所 (＝ polling ～). **3** 電話ボックス; 映写室. **4** 仮小屋.

bóot·leg [búːtlèg] *v.* (**-gg-**) *vt.*〔米俗〕〈酒などを〉密売〔密輸, 密造〕する. —— *vi.* 密売〔密輸, 密造〕をする. —— *a.* 密売〔密輸, 密造〕された; 秘密の; 不法の. —— *n.* 密売〔密輸, 密造〕酒.
◇ ～**·ger** [-ər] *n.* 酒類密輸〔密売, 密造〕者.

bóot·less [búːtlis] *a.* 無益な. ◇ ～**·ly** *ad.*

bóot·lick [búːtlik] *vt., vi.*〔米俗〕(に)おべっかを言う, (に)へつらう. ◇ ～**·er** *n.*

boots [buːts] *n. pl.*〔英〕《単数扱い》旅館のくつみがき《雑用もする》.

bóo·ty [búːti] *n.* 戦利品, 略奪品;《事業などの》もうけ. ***play*** ～ 仲間と共謀して人をだます.

booze [buːz] *vi.*〔話〕大酒を飲む. —— *n.* 酒, ビール; 暴飲. ***on the*** ～ 酔っ払って. ◇ **bóoz·er** *n.*

bóoz·y [búːzi] *a.*〔話〕酔っ払った; 酒飲み〔酒びたり〕の. ◇ **-i·ly** [-zili] *ad.*

bop[1] [bɑp/bɔp] *n.*〔米俗〕初期のモダンジャズの一種.

bop[2] *vt.* (**-pp-**) 打つ, なぐる. —— *n.* 打撃.

bo·péep [boupíːp] *n.* **1**「いないいないばあ!」遊び (peekaboo). **2**〔英俗〕おねんね, 眠り. ***play*** ～「いないいないばあ!」をする; 〈政治家などが〉正体をつかませない.

BOQ Bachelor Officers' Quarters; Battalion Officers' Quarters.

bor.〔化〕boron; borough.

bó·ra [bóːrə/bɔ́ːrə] *n.* アドリア海沿岸を吹く北東の寒風.

bo·rác·ic [bəræ̀sik, ㊥⁺bo-] ＝boric.

bó·ra·cite [bóːrəsàit/bɔ́ːrə-] *n.* 方硼(ほう)石.

bór·age [bə́ːridʒ, bɔ́ːr-, bɑ́r-/bɔ́r-] *n.*〔植〕ルリヂシャ.

bó·rate [bóːreit/bɔ́ːr-] *n.*〔化〕ホウ酸塩.

bó·rax [bóːræks, -ræks/bɔ́ːræks] *n.*〔化〕ホウ砂.

Bor·déaux [bɔːrdóu] *n.* **1** ボルドー《南フランスの港. ブドウ酒産地の中心》. **2**《同地産の》ブドウ酒.
～ **mixture** ボルドー液《殺虫剤》.

bor·dél·lo [bɔːrdélou] ＝brothel.

‡**bór·der** [bɔ́ːrdər] *n.* **1** へり, ふち;《黒わくなどの》わく. **2** 境界, 国境; 国境地方;〔米〕辺境. **3**《婦人服・家具・じゅうたんなどの》ふち飾り, へりとり;《庭をふちどる》花壇,《花壇の》ふち. ***on the*** ～ ***of*** …のきわ〔境〕に; まさに…しようとして. ***out of*** [***within***] ～***s*** 領域外〔内〕に. ***the B***～ イングランドとスコットランドの境界地方; アメリカとカナダ・メキシコとの国境.
—— *vi.* **1** 境する, 接する《に *on, upon*》. **2** ほとんど…と言える, 近似する《に *on, upon*》. —— *vt.* **1** に境する, に接する. **2** にふちを付ける.
～**·land** [-lænd] 国境〔境界〕地; 分かれ目, どっちつかずの境界地. ～ **line** 国境; 境界線. ～**·line** →別項. **B**～ **States**〔米史〕(1) 南北戦争前の自由州に接したどれい制度採用の諸州《Delaware, Kentucky, Maryland, Missouri, Virginia》. (2) Canada に接している州.
◇ ～**·er** [-dərər] *n.* 国境〔辺境〕の住民.

bór·der·line [bɔ́ːrdərlàin] *a.* **1** 境界線上の: a ～ case どっちつかずで決め手のないケース. **2** きわどい, 品の悪い: ～ remarks きわどいことば.

***bore**[1] [bɔːr/bɔː] *vt.* **1** に穴をあける, えぐり抜く. **2** 〈穴を〉あける, えぐる. **3** 〈相手を〉押しのけて進む《競馬などで》. —— *vi.* **1** 穴をあける. **2** 穴があく. —— *n.* **1** きりなどであけた穴; 試掘孔. **2** 銃孔;《チューブ・パイプなどの》穴. **3** (穴の) 内径.
◇ **bór·er** [bóːrər/bɔ́ːrə] *n.* 穴をあける人〔物〕, きり; 心(しん)食い虫.

bore**[2] *vt.* たいくつさせる, あきあきさせる, 困らせる《で *with*》. ***be ～***d to death*** うんざりする, たいくつする.
—— *n.* たいくつな人, うんざりさせる人〔物〕: What a ～! なんてたいくつなやつ〔こと〕だ!
◇ ～**d** *a.* あきあきした, うんざりした. ～**·dom** [bɔ́ːrdəm/bɔ́ː-] *n.* たいくつ. ～**·some** [-səm] *a.* うんざりする, たいくつな. **bór·ing** [bóːriŋ/bɔ́ːr-] *a.* たいくつな.

bore[3] *n.* 高潮, 津波《河口に押し寄せる》.

‡**bore**[4] *v.* bear[1] の過去形.

bó·re·al [bóːriəl/bɔ́ːr-] *a.* 北の, 北風の.

Bó·re·as [bóːriəs/bɔ́riæs] *n.*〔ギ神〕北風の神;〔雅〕北風, 朔風(さくふう).

bó·ric [bóːrik/bɔ́ːr-] *a.* ホウ素の〔を含んだ〕.
～**acid** ホウ酸.

bó·ride [bóːraid/bɔ́ːr-] *n.*〔化〕ホウ化物.

bór·ing[1] [bóːriŋ/bɔ́ːr-] *n.* 穴をあけること; 穿孔(せんこう)作業, ボーリング; (*pl.*) きりくず. ～ **bit** ドリルの刃.
～ **machine** [**tool**] ボーリング機, 中ぐり盤.

bór·ing[2] *a.* たいくつな; 人をたいくつさせる.

†**born** [bɔːrn] *v.* bear[1]「生む」の過去分詞. ***be*** ～ 生まれる: He *was* ～ a scholar. 学者に生まれついた. ***be*** ～ ***again*** 生まれ変わる, 更生する. ***be*** ～ ***of*** rich parents (金持ちの親) から生まれる. ***be*** ～ ***to***

sorrows 悲運に生まれつく. ***be ～ to*** 〔***into***〕 ***wealth*** 金持ちに生まれる.

—— *a.* **1** 生まれながらの, 先天的な: a ～ poet 天性の詩人. **2** …に〔で〕生まれた, …生まれの: a nobly-～ man 高い身分に生まれた人. a Chicago-～ artist シカゴ生まれの芸術家.

a Parisian ～ ***and bred*** きっすいの (パリっ子). ～ ***of woman*** ＝***of woman*** ～ 女から生まれた, 人と生まれた, 人の. ～ ***yesterday*** 無経験な, なにも知らない. ***in all*** one's ～ ***days*** 生まれてこのかた.

‡**borne**[1] [bɔːrn/bɔːn] *v.* bear[1] の過去分詞.

borne[2] *n.* 円形ソファー.

bor·né [bɔːrnéi] F. *a.* 《心・視野の》狭い, 偏狭な.

borne[2]

Bór·ne·o [bɔ́ːrniòu] *n.* ボルネオ (島). ◇ **Bór·ne·an** [-niən] *a., n.* ボルネオの; ボルネオ人〔語〕.

bór·ne·ol [bɔ́ːrniòul, bɔ́ːrniɑ̀l/bɔ́ːniɔl] *n.* 〘化〙ボルネオール.

bórn·ite [bɔ́ːrnait] *n.* 〘鉱〙ハン銅鉱.

bó·ron [bɔ́ːrɑn/bɔ́ːrɔn] *n.* 〘化〙ホウ素《記号 B》.

bór·ough [bə́ːrou, -rə/bʌ́rə] *n.* **1** 〘米〙《ある州において》自治町村; 《大ニューヨーク市の》区. **2** 〘英〙《Royal Charter (勅許状) を与えられた》自治都市; 国会選挙区としての小都市. **3** 〘史〙城市, 都市. ***buy*** 〔***own***〕 ***a*** ～ 選挙区を買収〔所有〕する. ***close*** 〔***pocket***〕 ～ 〘英史〙代議士選出権がひとりまたは一家の手中にあった都市《1832年廃止》. ***rotten*** ～ 〘英史〙弱体選挙区《人口が激減して事実上選挙区の資格を失った選挙区. 1832 年廃止》. ***the B～*** ＝Southwark.

B～ Council 《ロンドン市の》区議会. **～-Eng·lish** [ㄥーㄥー] 〘英法史〙末子相続制.

‡**bór·row** [bɔ́ːrou, bɑ́r-/bɔ́r-] *vt., vi.* **1** 借りる, 借用する; 借金する. ↔ lend. **2** 〈詩文・思想などを〉(無断で) 借りる, 盗用する《から *from*》. **3** 〘数〙《引き算で》上の位から借りてくる. **4** 〘ゴルフ〙風〔坂〕を考えて打つ.

～ money ***from*** 〔***of***〕 …から (金を) 借りる. ～ ***money on*** を抵当に借金する. ～ ***trouble*** 取り越し苦労する. ***in ～ed plumes*** 借り着で; 受け売りの知識で; トラの威を借りて.

◇ **～ed** [-d] *a.* 借りた; 流用した, ほかから採った: a word ～*ed* from French フランス語からの借用語. **～·er** *n.* **～·ing** *n.* 借りること, 借りたもの; 〘言〙借用 (語).

borsch(t) [bɔːrʃ(t)/bɔːʃ(t)] *n.* ボルシチ《赤カブのはいったロシア式スープ》. **borscht circuit** 〔**belt**〕ユダヤ系アメリカ人の歓楽地《New York 州東部の Catskill 山脈にある》.

bort(z) [bɔːrt(s)] *n.* 下等ダイヤモンド, ダイヤくず《玉みがき用》.

bór·zoi [bɔ́ːrzɔi] *n.* ボルゾイ《毛が長く大型の, ロシア産猟犬の一種》.

bos [bɑs, bɔːs/bɔs] *n.* 〘英俗〙へま, 見当違い (＝ ～ shot). —— *vi., vt.* (**-ss-**) へまをやる.

bós·cage [bɑ́skidʒ/bɔ́s-] *n.* 〘雅〙やぶ, 茂み.

bosh [bɑʃ/bɔʃ] *n.* 〘俗〙たわごと. —— *int.* ばかな! —— *vt.* 〘英: 学生俗〙ばかにする, 冷やかす.

bosk [bɑsk/bɔsk], **bós·ket** [bɑ́skit/bɔ́s-] *n.* 〘雅〙茂み, 叢林(そうりん); 植え込み.

◇ **bósk·y** *a.* 茂みのある; 陰の多い.

bós·kage ＝boscage.

bó's'n [bóusn] *n.* 〘海〙＝boatswain.

Bós·ni·a [bɑ́zniə/bɔ́z-] *n.* ボスニア《バルカン半島西部の旧王国》. ◇ **～n** [-n] *a., n.* ボスニアの; ボスニア人.

‡**bós·om** [búzəm, [米]+búː-] *n.* **1** 胸, 胸部. **2** 《衣服の》胸部, ふところ; 〘米〙ワイシャツの胸. **3** 女性の乳ぶさ. **4** 胸中 (の思い), 内心; 親愛の情, 愛情. **5** 奥, 内部, 中央; 山ふところ; 《海・湖などの》まん中: on the ～ of the ocean 大海のただ中に. **6** 〘古〙抱擁. → breast, chest. ***a friend of*** one's ～ 親友. ***in the ～ of*** one's ***family*** 一家だんらんで; 一家の愛を集めて. ***keep in*** one's ～ 胸に秘めておく. ***take to*** one's ～ 胸に抱く; 妻にめとる; 腹心の友にする; たいせつにする. ***wife of*** one's ～ 愛妻.

—— *vt.* 胸に抱く; 胸に隠す.

—— *a.* **1** 胸(部)の. **2** 親しい, 愛する, たいせつな: a ～ friend 親友.

◇ **～ed** [-d] *a.* 胸に秘めた, たいせつな; …の胸をもった: the green-～*ed* earth 緑のふところをもった大地. **～·y** [-i] *a.* 《女が》胸の豊かな〔盛り上がった〕.

Bós·po·rus [bɑ́sp(ə)rəs/bɔ́s-], **Bós·pho·rus** [-f(ə)-] *n.* (the ～) ボスポラス海峡《黒海と Marmara 海の間》.

bós·quet [bɑ́skit/bɔ́s-] ＝bosket.

‡**boss**[1] [bɔːs/bɔs] *n.* **1** 親方, 長, 上役, 主任, 職工長, 監督者. **2** 主人, 雇用者, 経営者. **3** 〘米〙《政党の》領袖(りょうしゅう), 大立て者. **4** 〘話〙ボス; いばり屋.

—— *vt.* **1** 支配する, 監督する; 牛耳る. **2** の親方になる, のボスになる. ～ ***it*** 〘話〙切り回す, 采配(さいはい)を振る. ◇ **～·ism** *n.* 〘米〙ボス制度; 〘米俗〙領袖の政党支配.

boss[2] *n.* 突起物; 《装飾上平らな所につけた》突起; 〘建〙浮き出し. **～·eyed** → 別項.

◇ **～ed** [-t] *a.* 浮き出しにした.

boss[3] [bɑs, bɔːs/bɔs] ＝ bos.

boss[4] *n.* 〘米〙《呼び名としての》牛.

bóss·eyed [bɔ́ːsàid, bɑ́s-/bɔ́s-] *a.* 〘英俗〙やぶにらみの, 片目の.

bóss·y[1] [bɔ́ːsi/bɔ́si] *a.* ボスづらをする, いばる. [＜boss[1]]

bós·sy[2] [bɑ́si, bɔ́ːsi/bɔ́si] *n.* 〘話〙子牛, 雌牛.

Bós·ton [bɔ́ːst(ə)n/bɔ́s-] *n.* アメリカ Massachusetts 州の州都; (b～) ワルツの一種. ～ **bag** 手さげかばんの一種. ～ **bull** 〔**terrier**〕濃かっ色に白ぶちの小犬. ◇ **Bos·tó·ni·an** [bɔːstóuniən/bɔs-] *a., n.* ボストンの (市民).

bó·sun [bóusn] ＝boatswain.

Bós·well [bɑ́zwel, -wəl/bɔ́z-] *n.* **1** James ～, 1740–95, イギリスの伝記作家《*Life of Samuel Johnson* の著者》. **2** 忠実な伝記作家.

◇ **Bos·wéll·i·an** [bɑzwéliən/bɔz-] *a., n.* ボズウェル流の (人).

bot [bɑt/bɔt] *n.* **1** ウマバエの幼虫 (＝bott). **2** (*pl.*) 馬の皮膚病の一種《ウマバエの幼虫の寄生が原因》. **～·fly** [flài] 〘虫〙ウマバエ.

bot. botanical; botanist; botany; bottle; bottom; bought. **B.O.T.** Board of Trade.

bo·tán·ic [bətǽnik, [米]+bo-], **-i·cal** [-(ə)l] *a.* 植物 (学) の. ～ **garden(s)** 植物園.

◇ **bo·tán·i·cal·ly** *ad.* 植物学的に, 植物学上.

bót·a·ny** [bɑ́t(ə)ni/bɔ́t-] *n.* **1** 植物学; 植物学書. **2** ＝Botany. ***geographical ～ 植物分布学.

◇ **-nist** *n.* 植物学者. **-nize** [-nàiz] *vi., vt.* 植物の採集〔研究〕をする; の植物を研究する.

Bót·a·ny [bɑ́t(ə)ni/bɔ́t-] *n.* オーストラリア産極上羊毛 (＝～ wool).

botch [bɑtʃ/bɔtʃ] *vt.* **1** やりそこなう, つくりそこなう. **2** へたに繕う〔つぎはぎする〕. —— *n.* **1** 仕損じ; へたな仕事. **2** 無細工な繕い, へたなつぎはぎ.

◇ **～·er** *n.* へたな職人. **～·er·y** [-(ə)ri] *n.* 無細工, へま. **～·y** *a.* へたな; やりそこなった.

†**both** → 枠付 both. (p. 146)

‡**bóth·er** [bɑ́ðər/bɔ́ðə] *vt.* **1** に迷惑をかける; にうるさい思いをさせる. **2** 悩ます, 困らせる. —— *vi.* **1** くよくよする, 心配する, 悩む《について *about*》. **2** わざわざ…する《*to* (do)》. ～ ***one's head*** 〔***one's brains, oneself***〕 ***about*** …について心配〔くよくよ〕する. ***B～ you!*** うるさいっ! ***Don't ～!*** どうぞおか

まいなく; どうぞそのままでいらっしゃって. ***Oh, ～(it)!*** ちえっ, うるさい!, いまいましい.

—— *n.* **1** めんどう〔やっかい〕なこと: Washing is a ～ to me. 洗たくはどうもやっかいだ. **2** 騒ぎ, いざこざ: a ～ with a man about money 金銭上の人とのいざこざ. **3** 努力, 世話, 手数: take more ～ than it's worth 必要以上に手をかける. **4** 心配, くよくよすること: get into a ～ about small matters ささいなことに悩む. **5** やっかい者.

—— *int.* うるさい!

◇ **～·some** [-səm] *a.* めんどうな, わずらわしい. **bòth·er·á·tion** [bɑ̀ðəréiʃ(ə)n/bɔ̀ð-] *n.* 〖話〗わずらわしさ, やっかいなこと.

bóth-hánd·ed [bóuθhǽndid] *a.* 両手を用いる; 両手ききの. 「く.

bóth-síd·ed [bóuθsáidid] *a.* 両面のある, 両方にき

bóth·y, bóth·ie [bɑ́θi/bɔ́θi] Sc. *n.* 小屋《特に作男・労務者用の》.

bót·ry·oid [bɑ́triɔ̀id/bɔ́t-], **bòt·ry·ói·dal** [bɑ̀triɔ́id(ə)l/bɔ̀t-] *a.* ブドウのふさ状の.

Bot·swá·na [bɑtswɑ́:nə/bɔtswɑ́:nə] *n.* ボツワナ《アフリカ南部の共和国》. →Bechuanaland.

bott ＝bot.

Bòt·ti·cél·li [bɑ̀titʃéli/bɔ̀t-] *n.* Sandro [sɑ́:ndrou-] ～, 1444?–1510, イタリアの画家.

†**bót·tle**[1] [bɑ́tl/bɔ́tl] *n.* **1** びん, とくり. **2** 一びん(の量); (びん・とくり) 1本. **3** ほ乳びん; (ほ乳びんの) 牛乳. **4** (the ～) 酒. ***bring up*** 〔***raise***〕 a child ***on the ～*** (子どもを) 人工栄養で育てる. ***crack a ～*** びんをあける, 酒を飲む. ***hit the ～*** 〖俗〗大酒を飲む. ***over a ～*** 酒を飲みながら. ***take to the ～*** 酒をたしなむ〔におぼれる〕.

—— *vt.* **1** <酒類を> びんに詰める; <果実などを> びん詰めにしてたくわえる. **2** 〖英俗〗<犯人などを> つかまえる. ***B～ it!*** 〖米俗〗だまれ!, やめろ! **～ *off*** (たるから) びんに詰めかえる. **～ *up*** <怒りなどを> 押えつける; 閉塞(へいそく)する; <法案などを>たな上げにする.

～ baby 人工栄養児. **～·brush** [⌐——⌐] (1)びん洗いのはけ. (2)〖植〗スギナ. **～ cap** (コルクが裏についた)びんのふた. **～ club** 自分用の酒をあらかじめ買ってある会員制クラブ. **～-fed** [⌐——⌐] 牛乳で育った, 人工栄養の. →breast-fed. **～ glass** びんガラス《濃緑色の粗製品》. **～ gourd** ヒョウタン. **～ green** 濃緑色. **～-green** [⌐——⌐, ㊥+⌐——⌐] 濃緑色の. **～-hòld·er** ボクシング選手の付添人. **～ imp** びん中に閉じ込められているという伝説中の小鬼; 〖物〗もぐり人形. **～·neck** [⌐——⌐] (1) びんの首. (2) 隘路(あいろ)《交通・仕事の進行上などの》. (3) *vt., vi.* 窮屈にする; 狭くなる. **～·nose** [⌐——⌐] (1) とっくり鼻. (2) 〖動〗イルカ. **～ opener** せん抜き. **～ party** 酒持ち込みの宴会. **～ washer** びん洗い人〔器〕.

◇ **～d** [-d] *a.* **1** びん詰めの. **2** 〖俗〗酔っ払った.

bót·tle[2] *n.* 〖英方〗《干し草・わらなどの》束.

look for a needle in a ～ of hay 見込みのない捜し物をする; むだぼねをおる.

†**bót·tom** [bɑ́təm/bɔ́t-] *n.* **1** 底; 《井戸などの》底; 水〔海〕底; 谷底. **2** 根底, 基礎, 土台; 真相; 原因. **3** 底部, 下部; 《木の》根もと; 《丘の》ふもと; ページの下部; 《食卓などの》末席; 《クラスの》びり. **4** 《庭・入り江などの》奥; 《街路の》行き止まり. **5** 《こて・アイロンなどの》底面. **6** (通例 *pl.*) 〖地〗川沿いの低地. **7** 〖海〗船〔艦〕底, 船腹; 船舶, 《特に》貨物船. **8** 〖話〗しり; 《ズボンなどの》しりの部分; 《いすの》座部. **9** 底力, 耐久力, 根気. **10** (通例 *pl.*) かす, おり. **11** 〖野球〗裏: the ～ of the 9th inning 9回の裏.

at (***the***) ～ 心底は, ほんとうは. ***be at the ～ of*** の底〔奥〕にひそんでいる, の真因である. ***B～s up!*** 乾杯!, ぐっと飲み干せ! **～ *up*** 〔***upward***〕 さかさまに (upside down). ***false ～*** 上げ底. ***from the ～ of*** one***'s*** 〔***the***〕 ***heart*** 心の底から. ***get to the ～ of*** の真相をきわめる. ***go*** 〔***send***〕 ***to the ～*** 沈む〔沈める〕; 探究する. ***knock the ～ out of*** <議論・計画など> の根底をくつがえす. ***reach the ～*** 〖商〗底を入れる. ***stand on*** one***'s own ～*** 独立〔自営〕する. ***to the ～*** 底まで; 徹底的に. ***touch ～*** 座礁する; <値段・運命などが>底をつく; 根底に触れる.

—— *vt.* **1** に底をつける; <いすに> 座部をつける. **2** の底に届く, の底をつく. **3** の真相をきわめる. **4** 基づかせる: ～*ed on* に基づく. **5** <潜水艦を>海底につける. **——** *vi.* **1** 基づく《に *on*》. **2** 底に突き当たる; 底に届く. **——** *a.* **1** 底の. **2** 最下段の, 下の: the

both

「両方の(もの)」という形容詞・代名詞として, および相関接続詞 both...and—— の第一要素としての「両方とも」という副詞として重要であるが, この三つのばあいともこの語が「複数的」であること, すなわち「二つの要素を両立させる」含みのあることが注目される. この特徴がいろいろの形であらわれる. たとえば:

(1) 似た意味でも on *each* 〔*either*〕 *side* 「どちら側にも」《単数》に対して on *both sides* 「両側に」《複数》. (2) not...*either* 「どちらも…ない」が個々を打ち消す全面否定なのに対して not ...*both* 「両方ともは…ない」は複数(両立)を打ち消して部分否定となる.

なお相関接続詞については → 枠付 Correlative Conjunction.

both [bouθ] *a.* **1** 《肯定文中で》両方の, 双方の, 二つともの: on ～ sides 両側に. ～ (the) men その男たちふたりとも. ～ these books この本2冊とも. *B～* my hands are soiled. 私の手は両方ともよごれている. 〈注₁〉 both は定冠詞・所有形容詞・指示形容詞に先だつ. 〈注₂〉 both のあとの the はしばしば省略される.

2 《not とともに部分否定をあらわして》両方(とも)は…(ない); 両方ともに…(ではない): I do*n't* want ～ tickets. 切符2枚(とも)はいらない《1枚だけで足りる》(≒I do*n't* want *either* ticket.; I want *neither* ticket. どちらの切符もいらない).

have it ～ ways 《議論などで》両てんびんをかける.

—— *pron.* **1** 《肯定文中で》両方, 双方, 二つとも: I like ～ of the pictures. その絵は両方とも好きだ. Her parents are ～ present. 彼女の両親はふたりとも出席している《both は parents と同格》. I saw them ～. 彼らのどちらにも会った《both は them と同格》.

2 《not とともに部分否定をあらわして》両方ともは…(ない); 両方ともに…(ではない): *B～* of them are not coming. ふたりとも来るわけではない《ひとりだけ来る》(≒*Neither* of them is coming. ふたりとも来ない).

—— *ad.* 《and とともに相関接続詞 (correlative conjunction) をつくって》…も——も: *B～* Jane and Mary play the piano. ジェーンもメアリもピアノをひきます. I can ～ cook and sew. 料理も縫い物もできる. This bag is ～ good and cheap. このかばんは品が良いばかりか安い. This article sells well ～ at home and abroad. この品物は国内でも国外でもよく売れる. 〈注〉 both A and B において, A と B は文法上おなじ機能の語句. both A and B の反対は neither A nor B.

～ floor 最下層《1 階・地階など》. **3** 基本的な; 最後の: the ～ cause 根本原因. **4** 最低の: ～ prices 最低値段.
～ dollar〘話〙ありったけの金. **～ drawer**〘英〙たんすのいちばん下の引き出し. **～ land**〘米〙(川沿いの)低地. **～ rung** はしごの最下段;《社会の》最下層. ◇ **～·ing** *n.* 〘染〙下染め. **～·less** [-lis] *a.* **1** 底なしの: the ～*less* pit 地獄. **2** いすの座部(seat)のない. **3** 測られない: ～*less* ignorance 底抜けの無知. **～·most** [∸-∸] *a.* どん底の, 最低の. **～·ry** [-ri] *n.* 〘海法〙船舶抵当契約《船を抵当に航海費を借りる》.

bót·u·lin(e) [bátʃulin/bɔ́tj-] *n.* 〘医〙ボツリーン毒素《食中毒を起こす》. ◇ **-lism** [-lìz(ə)m] *n.* 〘医〙ボツリーン菌中毒《ソーセージ中毒など》. **bòt·u·lí·nus** [bàtʃuláinəs/bɔ̀tj-] *n.* ボツリーン菌.

bou·clé [bu:kléi] F. *a., n.* 節目とわなを織り出した(布); それを織る糸.

bou·déuse [bu:dʌ́:z] *n.* シートだけが分かれているソファー.

bóu·doir [bú:dwɑ:r, ㊥⁺∸-∸] *n.* 婦人の私室.

bouf·fánt [bu:fá:nt] *a.* 《スカート・髪型などが》ふくれた.

bouffe [bu:f] F. *n.* 喜歌劇 (=opera ～).

bòu·gain·víl·lae·a [bù:gənvíliə] *n.* 〘植〙ブーゲンビリア《オシロイバナ科の熱帯植物》.

‡**bough** [bau] *n.* 大枝. →branch, twig.
～·pot [∸∸] 大形花びん;〘英〙花束.

†**bought** [bɔ:t] *v.* buy の過去・過去分詞.

bóught·en [bɔ́:tn] *a.* 〘米方〙店で買った. →home-made.

bóu·gie [bú:ʒi:, ㊥⁺∸∸] *n.* **1** 〘医〙ブージー《食道の狭窄(きょうさく)を広げる器具》; 座薬. **2** ろうそく.

bouil·la·baisse [bù:ljəbéis] F. *n.* ブイヤベース《魚シチュー》.

bouil·li [bu:jí:] F. *n.* 蒸し肉, ゆで肉. —— *a.* ゆでた.

bouil·lon [bú:ljɑn/bú:jɔ̃:(ŋ)] F. *n.* **1** ブイヨン《澄まし肉スープ》. **2** 《衣服の》ふくれひだ. **～ cube** 固形スープ.

bóul·der [bóuldər] *n.* 《大きい》丸石, 玉石;〘地〙漂石: ～ clay 漂石粘土. **B～ Canyon** アメリカ Nevada 州の峡谷《付近に Hoover Dam がある》. **B～ Dam** = Hoover Dam.
◇ **～·ing** [-dəriŋ] *n.* 玉石舗装(道).

boule [bu:l] *n.* (円筒形の)人工宝石用素材.

Bóu·le [bú:li:/báu-] *n.* 《ギリシアの》議会, 下院; (b～)《古代ギリシアの》立法会議.

bóule·vard [bú:l(ə)vɑ̀:rd/-vɑ:] *n.* 広い並み木街路;〘米〙大通り.

Bou·lógne [bulóun, -lɔ́in | F. bulɔɲ] *n.* ブーローニュ《フランス北部の港市》.

bóul·ter [bóultər] *n.* はえなわ《1 本の糸にたくさんのつり針をつけ, 海中に投げ入れるつり道具》.

***bounce** [bauns] *vi.* **1** ‹ボールなどが› **はねる**, はずむ《に当たって *off*》; ‹人が› 飛び上がる《*up*》, 飛び込む《*in*》, 飛び出る《*out*》, はねまわる《*about*》. **2** 〘俗〙‹手形などが› 不渡りになる. **3** 〘俗〙大ぼらを吹く.
—— *vt.* **1** ‹ボールなどを› **はね返らせる**, バウンドさせる. **2** 〘米俗〙にへつらう, おだてる;〘英話〙どなりつける. **3** おどして〔おだてて〕…させる: ～ a person *into* (do)*ing* 人をおだてて〔おどして〕…させる. ～ a person *out of* something 人から物をおどし取る. **4** 〘俗〙追い出す, 解雇する. ～ ***back*** (敗北・打撃などから) 立ち上がる. ～ ***down*** the stairs (階段)をころげ落ちる.
—— *n.* **1** **はね返り**, はずみ, バウンド; はね上がり, 飛び上がり. **2** 弾力: This ball has no more ～. このボールははずまなくなった. **3** 元気, 活力; ほら, からいばり. **4** 〘俗〙解雇: get the ～ 首になる. **5** 強打. —— *ad.* いきなり, ぽんと; 急に飛んで.
◇ **bóunc·er** *n.* はね上がるもの〔人〕; ほら吹き; 大ぼら; ずばぬけて大きなもの;〘米俗〙《バー・ナイトクラブなどの》用心棒. **bóunc·ing** *a.* よくはずむ; 元気のよい; いやに大きな, べらぼうな. **bóunc·y** [-i] *a.* 快活な, 弾力のある.

bound**[1] [baund] *n.* **1** (通例 *pl.*) **境界**(線)《内側から見た》. **2** (*pl.*) 境界付近の領土, 境域. **3** (*pl.*) 領域内, 管内, 領内. **4** (通例 *pl.*) **範囲**; 限界. ***beyond 〔***outside***〕 ***the ～s of*** の範囲を越えて, の及ばぬ. ***keep within*** 〔***in***〕 ***～s*** 制限内にとどまる; 度を越さない. ***know no ～s*** 限度がない. ***out of ～s*** 《規則などの》制限を越えて. ***put*** 〔***set***〕 ***～s to*** を制限する.
—— *vt.* **1** の境界となる〔をつける〕, 境する. **2** 制限する, 限る. —— *vi.* となり合う, 境を接する《に *on*》.

bound**[2] *vi., vt.* **はね返る**〔**返らせる**〕, 飛び上がる〔上がらせる〕. ～ ***against the wall (壁)にはね返る. ～ ***upon*** に飛びかかる. —— *n.* はね返り, はずみ, 跳躍. ***at a ～*** ひと飛びで. ***by leaps and ～s*** ずんずんと, とんとん拍子に. ***with a ～*** ひと飛びで, 一躍して.

‡**bound**[3] *v.* bind の過去・過去分詞. —— *a.* **1** **縛られた**; 結ばれた. **2** 束縛〔拘束〕された: ～ *by* one's word 約束に縛られている. **3** …**せざるをえない**, …する義務〔責任〕がある; きっと〔必然的に〕…するはず: a plan ～ *to* succeed 必ず成功する計画. **4** 必ず…する決心で: He is ～ *to* go. 絶対に行くつもりでいる. **5** 年季奉公している. **6** **製本した**: a book ～ in cloth 布装丁の本. **7** 便秘した. ***be ～ up in*** 〔***with***〕 と密接に結ばれている, と離れられない; に熱中している. ***I'll be ～.*** きっとだ, 請け合うよ.

bound[4] *a.* **1** …行きの: The plane is ～ *for* Honolulu. その飛行機はホノルル行きだ. **2** 《合成語で》: outward-～ 外国行きの.

‡**bóund·a·ry** [báund(ə)ri] *n.* **境界**(線); 領域, 範囲. **～ line** 境界線.

bóund·en [báundən] *v.* 〘古〙bind の過去分詞.
—— *a.* 義務がある, 回避できない;〘古〙恩を受けて. **～ duty** 本分.

bóund·er [báundər] *n.* **1** 〘英話〙無作法者, 成り上がり者. **2** 〘野球〙ゴロ.

bóund·less [báundlis] *a.* 無限の, 果てしない《広さ・量の両方に用いる》. ◇ **～·ly** *ad.* 果てしなく, 無限に. **～·ness** *n.*

bóun·te·ous [báuntiəs, ㊥⁺-tjəs] *a.* **1** 豊富な, 満ちあふれる. **2** 物惜しみしない, 大まかな, 寛大な. ◇ **～·ly** *ad.* **～·ness** *n.*

bóun·ti·ful [báuntif(u)l] *a.* **1** 恵みの豊かな, いつくしみぶかい; 物惜しみしない, 気前のよい. **2** 豊富な, 満ちあふれる. ◇ **～·ly** [-f(u)li] *ad.* **～·ness** *n.*

bóun·ty [báunti] *n.* **1** 恵み, 寛大さ; 気前のよさ. **2** 恵まれた物, たまもの; 祝儀; 賞与金. **3** 奨励金, 助成金. ***King's*** 〔***Queen's***〕 **～** 〘英〙三つ子を生んだ母への御下賜金. **～ hunter** 賞金目当てに犯人を追う人. **～ jumper** 〘米〙南北戦争のとき入隊奨励金をもらって脱走した兵士.

bou·quét [boukéi, bu:-, ㊥⁺bú:kei] *n.* **1** 花束. **2** 《酒の》かおり. [<F.]

Bóur·bon [búərbən] *n.* **1** 《フランスの》ブルボン王家の人. **2** 〘米〙極端な保守主義者. **3** (b～) [⁺bɔ́:r-] バーボンウイスキー. ◇ **～·ism** *n.* ブルボン王家擁護; 極端な保守主義. **～·ist** *n.*

bóur·don [búərdn, bɔ́:r-] *n.* 〘楽〙**1** 《bagpipe の》低音管. **2** 《パイプオルガンの》低音部音栓(おんせん). **3** 低音. **4** 《組み鐘の》最低音の鐘. [<F.]

bourg [buərg] *n.* (城下)町. [<F.]

bour·geóis [bə:rdʒɔ́is] *n.* 〘印〙ブルジョイス活字《9ポイント》.

bour·geois [buərʒwá:, ∸-/∸-] F. *n.* (*pl.* ～) 中産〔有産〕階級の人《おもに商工業者》.
—— *a.* 中産〔有産〕階級の; 商人根性の; 平凡な, 教養のない.

bour·geoi·sie [bùərʒwɑ:zí:] F. *n.* **1** 中産(市民)階級, 商工階級. **2** 《共産主義理論で》ブルジョ

ア有産階級. ↔ proletariat.

bóur·geon [bə́:rdʒ(ə)n] ＝burgeon.

bourn(e)[1] [bo:rn, buərn/buən] *n.* 小川.

bourn(e)[2] *n.* 限界; 到達点, 目的(地); 領域.

Bóurne·mouth [bó:rnməθ/bɔ́:n-] *n.* ボーンマス《イングランド南部の港》.

bourse [buərs] F. *n.* 株式取引所; (*B*～)《特に》パリの株式取引所.

bouse[1] [bu:z, bauz] *n.* 酒; 飲酒; 宴会.
—— *vt., vi.* したたか飲む.

bouse[2] [baus, -z/bauz] *vt.*〘海〙滑車で引っ張る.

bòu·stro·phé·don [bù:strəfí:d(ə)n/bàu-] *n.* 1行を左から, 次行を右から書き始める書法.
—— *a., ad.* ～書法の〔で〕.

bóus·y [bú:zi, báuzi] *a.* 酔った.

bout [baut] *n.* **1** 力くらべ, 勝負. **2** 一働き, 一交替. **3**《病気などの》一期間: a long ～ of illness 長わずらい. ***a grand drinking*** ～ 大酒宴. ***have a*** ～ ***with*** と一勝負する. ***in this*** 〔***that***〕 ～ この〔あの〕とき.

bou·tíque [bu:tí:k] *n.* 小店; 婦人の服飾品店.

bou·ton·nière [bù:t(ə)njέər/bu:tɔ́njεə] F. *n.* ブートニエール《男子服折りえりのボタン穴にさした花》.

bó·va·rism [bóuvəriz(ə)m] *n.* うぬぼれ, 自己の過大評価.

bó·vine [bóuvain] *a.* **1** 牛科の, 牛の(ような). **2** のろまの. **——** *n.* 牛科の動物, のろま.

bóv·ril [bávril/bɔ́v-] *n.* 牛肉エキス.

‡**bow**[1] [bou] *n.* **1** 弓. **2**《楽器の》弓. **3** 弓形の物〔線〕; にじ; チョウ結び(ネクタイ); 《鞍の》前輪; (弓形の) 出窓 (＝～ window); スプリング コンパス (＝～ compass);〘米〙《めがねの》つる, ふち. ***draw*** 〔***lend***〕 ***the*** 〔***a***〕 ***long*** ～ ほらを吹く, 誇張する. ***have two strings to*** one***'s*** ～ 万一の備えがある.
—— *vt., vi.* **1** 弓状に曲げる〔曲がる〕. **2** 〈楽器を〉弓でひく.
～-arm [´-`] 弓手(ゆんで)《左腕》; 楽器の弓を持つ手《右腕》. **Bow bells** →別項. **～ compass** スプリング コンパス《脚がばねになっていてねじがついている》. **～ drill** 弓錐(ゆきり). **～·fin** [bóufìn] 硬鱗(こうりん)魚《北アメリカ産の淡水魚》. **～ hand** (1) 弓手, 左手. ↔ sword hand. (2)〘楽〙楽器の弓を持つ方の手, 右手. **～·head** [´-`] セミクジラ《北極海産》. **～·knot** [-nàt/-nɔt]《ネクタイなどの》チョウ結び. **～·leg** [´-`]〘医〙内反膝(しっ); がにまた. **～·leg·ged** [-lègid, -legd] がにまたの. **～·man** →別項. **～ pen**《カラス口の付いた》コンパス. **～ saw** 弓のこぎり. **～·shot** [´-`] 矢の届く距離, 矢ごろ. **～·string** [´-`] 弓のつる; 《弦楽器などの》弦; 弓のつるで締め殺す; 《橋のけた構え truss が》弓状の. **～ tie** チョウネクタイ. **～ window**《弓形の》張り出し窓;〘俗〙太鼓腹. **～-wín·dowed** 張り出し窓のある; 太鼓腹の.

bow compass

◇ **～ed** [boud] *a.* 弓なりの; 弓のついた. **～·ing** *n.*〘楽〙《バイオリンなどの》弓の使い方, 弓さばき.

†**bow**[2] [bau] *n.* おじぎ, 敬礼, 会釈; 身をかがめること. ***make a*** ～ ***to*** …におじぎをする. ***make*** one***'s*** ～ 〈役者などが〉お目見えする; 一礼して引きさがる. ***return a*** ～ 答礼する. ***take a*** ～ 会釈する《かっさい・紹介などに対して》.
—— *vi.* **1**《あいさつ・礼拝などのために》頭を下げる, 腰をかがめる, おじぎ〔会釈〕する. **2** 屈服する《に (*down*) *before, to*》.
—— *vt.* **1** 〈頭を〉下げる, 〈腰・ひざを〉かがめる. **2** 〈謝意などを〉おじぎをして示す. **3** 会釈して案内する. **4** 〈からだ・意志を〉曲げる, 屈従させる.
be ～***ed with*** age 〔care〕 (年で) 腰が曲がっている; (苦労で) 気がくじけている. ～ ***and scrape*** おじぎをしながら右足を後ろへ引く; ぺこぺこする. ～ a person ***in*** 〔***out***〕 会釈して迎え入れる〔送り出す〕. ～ ***out*** (おじぎをして) 引き下がる; 辞退する, 辞職する. ～ ***the*** 〔one***'s***〕 ***knees*** 〔***head, neck***〕 ***to*** に敬意を表する, を崇拝〔礼拝〕する; に屈服する. ***have a*** ～***ing acquaintance with*** …と会釈し合う程度の(軽い)知り合いである.
◇ **～ed** [-d] *a.* 頭を下げた; うなだれた.

bow**[3] [bau] *n.* **1** (しばしば *pl.*) へさき, 船〔艦〕首. → stern[2]. **2** 舳手(じくて), 前オール (のこぎ手). (be***) ～***s under*** へさきに波をかぶって. ～(***s***) ***on***《目的物へ》まっしぐらに. ***on the*** ～ 船首にあたって《正面から左右 45° 以内》. ***on the port*** 〔***starboard***〕 ～ 左〔右〕舷(げん)斜め前方に.
～·line →別項. **～·man** →別項. **～ oar**《ボートの》前オール (のこぎ手). **～·sprit** [báusprit, bóu-/bóu-]〘海〙《船首から前方に突き出ている》やりだし, 第1斜檣(しゃしょう).

Bow [bou] ～ ***Street*** ボウ通り《ロンドンの中央警察裁判所のある所》.

Bów béllsl [bóu-bélz] *n. pl.* **1** ロンドンの St. Mary-le-Bow 寺院の鐘. **2** その鐘の音の聞こえる範囲. **3** きっすいのロンドン子. ***born within the sound of*** ～ ボウベルの鐘の音を聞いて生まれた; きっすいのロンドン子の.

bówd·ler·ize [báudləràiz] *vt.* 〈著作物の〉不穏〔わいせつ〕な部分を削る, かってに削除訂正する.
◇ **-ism** [-ləriz(ə)m] *n.*《著作物の》かってな削除訂正. **bòwd·ler·i·zá·tion** [bàudlərizéiʃ(ə)n/-raiz-] *n.* ＝bowdlerism.

‡**bów·el** [báuəl] *n.* **1** (通例 *pl.*) 腸; 内臓. **2** 腸の一部. **3** (*pl.*) 便通. **4** (*pl.*)《地球などの》内部. **5** (*pl.*)〘古〙人情: the ～*s* of mercy 慈悲心. ***bind*** 〔***loosen, move***〕 ***the*** ～***s*** 下痢を止める〔通じをつける〕. one***'s*** ～***s move*** 通じがある. ***have*** one***'s*** ～***s open*** 〔***free***〕 便通がある. ***have loose*** ～***s*** 下痢する.
—— *vt.* の腸を抜く.

bów·er[1] [báuər] *n.* **1** 木陰の休息場所; あずま屋, 亭(ちん). **2**〘古〙寝室, 婦人の私室 (boudoir). **3**〘雅〙隠れが, 住みか, いおり. **——** *vt.* に木陰をつくる; 木陰で囲む. **～·bird** →別項.
◇ **～ed** [-d] *a.* 木陰の(ある); あずま屋のある.

bów·er[2] *n.* 船首のいかり(の鎖), 主錨(しゅびょう).

bów·er[3] *n.*《トランプの euchre 遊びのジョーカーを除く》最強の札, 切り札. ***best*** ～ ジョーカー. ***left*** ～ 切り札と同色のほかのジャック. ***right*** ～ 切り札のジャック.

bów·er[4] *n.* 頭を下げる人, 腰をかがめる人; 屈服者.

bów·er[5] [bóuər] *n.*《弦楽器の》演奏者.

bów·er·bird [báuərbə̀:rd] *n.*〘鳥〙コヤツクリ《貝がらですみかを飾る習性がある. オーストラリア産》.

bów·er·y [báuəri] *a.* あずま屋のある; 木陰の多い, 木の葉の茂っている.

Bów·er·y [báuəri] *n.* バワリー通り《ニューヨーク市の安宿・安飲食店のある所》.

bów·ie [bóui, ㊎⁺bú:i] *n.* ボーイー刀 (＝ ～ knife)《アメリカで猟師が使うさや付き短刀》.
B～ State, the アメリカ Arkansas 州の別称.

‡**bowl**[1] [boul] *n.* **1** ボール, わん, はち, 茶わん, どんぶり: a sugar ～ 砂糖つぼ. **2**《茶わん・はちなどの》1杯: a ～ of rice 御飯1杯. **3**《パイプの》火ざら; 《はかりの》さら; 《さじの》くぼみ. **4** (the ～) 酒宴. **5**〘米〙《中央がはち状にくぼんだ》フットボール競技場; スタジアム (stadium). **6**〘印〙字の丸み部分《a, d, b などの》. ***over the*** ～ 酒を飲みながら, 宴席で.
—— *vt.* 〈劇場などの床に〉はち状の傾斜をつける.
◇ **～·ful** [-fùl] *n.* ボール1杯(分).

bowl[2] *n.* **1**《ボーリングなどの》たま, 木球. **2**《ボーリングなどの》投球. **3** (*pl.*)《単数扱い》芝ふ玉ころがし; ボーリング, 九〔十〕柱戯. **4**〘機〙ボーリング, 回転子. **——** *vi.* **1** ボーリングをして遊ぶ; たまをころがす. **2** ころがる〔すべる〕ように進む《*along, by* など》. **3**〘クリケット〙ボールを打者へ投ずる. —— *vt.* **1** ころがす. **2**《荷車などで》運ぶ. **3**〘ボーリング〙〈点などを〉獲得する. **4** 打ち倒す《*over, down*》. **5**〘クリケット〙アウトにする《*out*》. ～ ***over***〘俗〙びっくりさせる, ろうばいさせる.
◇ **～·er** *n.* 〘ボーリング〙たまをころがす人, ボーリング選手;〘クリケット〙投手.

bówl·der =boulder.
bówl·er[1] [bóulər] *n.* 〘英〙山高帽 (=㊕ derby hat).
***bówl·er**[2] →bowl[2].
bów·line [bóulin, ㊕+-làin] *n.* **1**〘海〙はらみ綱. **2** もやい結び (=～ knot). ***on a*** ～ (帆を) 詰め開きにして. ～ **knot**〘海〙もやい結び《綱の結び方》.
bówl·ing [bóuliŋ] *n.* ボーリング; たまころがし;《クリケットの》投球. ～ **alley** [**lane**] ボーリングのレーン《細長い木の床》; (*pl.*) ボーリング場. ～ **green**《芝ふの》木球競技場.
bów·man[1] [bóumən] *n.* (*pl.* **-men** [mən]) 弓矢を使う人, 弓の射手, 弓術家.
bów·man[2] [báumən] *n.* (*pl.* **-men** [-mən])《ボートの》前オールのこぎ手.
bów·wów [báuwáu] *n.* **1**《犬のほえ声の》ワンワン. **2** [⌐⌐/⌐—] ワンワン《犬の意の幼児語》. ***go to the ～s***〘俗〙落ちぶれる. ***the*** (***big***) ***～ style*** 独断的な調子. —— *vi.* ほえる.
bów·yer [bóujər] *n.* 弓屋, 弓師;〘稀〙弓術家.
†**box**[1] [baks/bɔks] *n.* **1** 箱; (the ～) 銭箱. **2** 箱1杯(分). **3** 贈り物: a Christmas ～ クリスマスプレゼント. **4**《劇場などの》仕切り席, ます;《法廷の》陪審席, 証人席; 運転〔御者〕台;《貨車・馬の》一仕切り;〘野球〙打者〔投手, 捕手, コーチ〕席. **5** 詰め所, 番小屋; 信号所; 交番; 狩猟小屋; 電話ボックス. **6** 戸袋;《機械などの》箱型部分, 収納箱: a gear ～ ギアボックス. a fire alarm ～ 火災警報装置. **7** わく《新聞・雑誌などで線や飾り活字などで囲んだ部分》. **8**〘ジャズ〙ギター・ピアノなど箱型楽器. **9**〘俗〙蓄音機. **10** 私書箱 (=post-office ～). ***～ and needle*** 羅針(ﾗﾝ)盤. ***in a*** (***tight***) ***～*** 途方にくれて. ***in the same ～*** おなじ状態〔立場〕にあって. ***in the wrong ～*** ところをまちがえて; 困ったことになって.
—— *vt.* **1** 箱に入れる; 閉じ込める《*in, up*》. **2** に箱をつける; 箱型にする. **3**〈あらしの〉周囲を飛ぶ《観測のため》. **4**〈木に〉傷をつける《樹液を採るため》. ～ ***about*** しばしば方向を転じて航行する. ～ ***in*** 箱に入れる;〈競走相手の走者・馬の〉進路をふさぐ. ～ ***off*** 仕切る; 船首を転ずる. ～ ***the compass*** 羅針盤の32方位を順に読み上げる;〈議論などが〉一巡して元にもどる. ～ ***up*** 箱詰めにする; 狭い所に押し込める.
～ **bed** 箱型寝台;《箱型になる》折りたたみ式寝台. ～ **calf** ボックス皮《子牛皮をなめしたもの》. ～ **camera** 旧式の箱型カメラ《じゃばらのないもの》. **～·car** [⌐⌐]〘米〙有蓋(ﾕｳｶﾞｲ)貨車. ～ **cloth** 薄茶色の厚地ラシャ《box coat の生地》. ～ **coat**《御者が着る》厚地ラシャ外套(ｶﾞｲﾄｳ), 重いオーバーコート;《婦人用の》ボックスコート. **～·haul** →別項. **～·hòld·er**《劇場などの》ますを占有している人; 私書箱を所有する人. ～ **iron** 箱型アイロン. **～·kèep·er**《劇場の》ボックス係, さじき係. ～ **kite** 箱型たこ《おもに気象の観測用》. ～ **office** → 別項. ～ **plait** [**pleat**]《スカートなどの》箱ひだ, 二重ひだ. ～ **room**《トランクなどを入れる》小べや, 納戸(ﾅﾝﾄﾞ). ～ **score** (詳細な) スコア. ～ **seat**《劇場・競技場のさじきの》ボックス席. ～ **waggon**〘英〙=boxcar. ～ **wrench** 箱スパナ.
◇ **～·ful** [-fùl] *n.* 箱1杯(分).
box[2] *n.* びんた, 平手打ち, こぶし打ち: give a person a ～ *on* the ear(s) 横っつらをピシャリと打つ. —— *vt., vi.* げんこでなぐる, 平手で打つ; ボクシングをする. ～ ***it out*** 勝負がつくまで打ち合う.
box[3] *n.*〘植〙ツゲ, ツゲ材. ～ **elder** カエデの一種. ～ **tree** ツゲの木. **～·wood** [-wùd] ツゲの木; ツゲ材.
Box [baks/bɔks] ～ ***and Cox*** 一つの役を交替につとめるふたり《J. M. Morton の喜劇中の人物から》.
bóx·er [báksər/bɔ́ksə] *n.* **1** ボクサー, 拳闘(ｹﾝﾄｳ)家. **2** ボクサー犬. **B～ Rebellion, the**《1900年義和団による》北清(ﾎｸｼﾝ)事変.
bóx·haul [bákshɔ̀:l/bɔ́ks-] *vt.*〘海〙**1** 下手小回しにする. **2**《風向きの変化に従って》帆げたをたぐる.
***bóx·ing**[1] [báksiŋ/bɔ́ks-] *n.* ボクシング, 拳闘(ｹﾝﾄｳ). ～ **bout** ボクシング試合. ～ **gloves** ボクシング用グローブ. ～ **match** =～ bout. ～ **ring** (ボクシング)リング. ～ **weights** 拳闘選手の体重による等級《fly, bantam, feather, light, welter, middle, heavy の順》. [<box[2]]
bóx·ing[2] *n.* **1** 箱詰め (作業); 箱をつくる材料. **2** 窓わく, 戸袋. [<box[1]]
B～ Day〘英〙クリスマスの贈り物日《クリスマスの翌日, 日曜日に当たればその翌日, 郵便屋さんや使用人に贈り物 (Christmas box) を与える》.
box office *n.* **1**《劇場の》切符売り場. **2**《劇場などの》切符総売り上げ, あがり;〘劇〙人気出しもの〔番組〕, ドル箱;《劇場などの》入り, 人気: This show will be good ～. この興行は大当たりになろう. 〈注₁〉しばしば BO と略す: a *BO* film [star] 大当たりの映画〔人気俳優〕. 〈注₂〉形容詞的には box-office: a *box-office* success [hit] 大当たり, 大受け.
†**boy** [bɔi] *n.* **1** 少年, 男の子: a ～ child 男の子. the head ～ of the class クラスの首席児童. **2** 男, 男性: a ～ friend 男友だち; 恋人. the ～*s* 一家じゅうの男たち. **3** (男性の) 学生, 生徒: a college ～ 大学生. an old ～ 卒業生. **4**《親しんで》(男の) 同志, 仲間;《呼びかけ》諸君! **5** むすこ: my ～ うちのむすこ. **6** 給仕, 小僧: a messenger ～ 使い小僧. 〈注〉ホテルやレストランのおとなの「ボーイ」は和製英語《英語では waiter, the boots, baggage man, hall porter, page [bell] boy, などと役目に従って呼ばれる. ただしインドやアフリカでは白人の主人が召使を boy と呼んでいる》.
(***Oh***) ***Boy!*** へえーっ!, ほんとう!; そうだとも!, むろん! ***old ～*** 同窓の男生徒;《呼びかけ》きみ! ～ **scout** 少年団員《the Boy Scouts の一員》. **～s' play** 児戯 (に等しい容易なこと). ～ **wonder** 天才児.
bóy·cott [bɔ́ikɑt/-kət] *vt.* **1** ボイコットする, に対して不買同盟を結ぶ: ～ the newspaper 新聞を共同して買わない. **2** 同盟して拒絶〔排斥, 絶交〕する. —— *n.* ボイコット, 不買同盟, ボイコット行為. ***institute a ～ of*** = ***launch a ～ against*** のボイコットを始める.
‡**bóy·hood** [bɔ́ihùd] *n.* 少年期;《集合的》少年たち.
***bóy·ish** [bɔ́iiʃ] *a.* **1** 子どもじみた; 若々しい. **2** 少年らしい;《女子が》男の子みたいな.
bóy·sen·ber·ry [bɔ́isnbèri, -zn-/-snb(ə)ri] *n.*〘植〙キイチゴの一種.
Bp. Bishop. **bp.** birthplace; bishop. **B.P.** Bachelor of Pharmacy [Philosophy]; British Pharmacopoeia. **b.p., B/P** bill of parcels; bills payable. **b.p.** below proof; boiling point. **B.P.D.P.A.** Brotherhood of Painters, Decorators, and Paperhangers of America. **B.P.E.** Bachelor of Physical Education. **B.Ph.** Bachelor of Philosophy. **B.P.O.E.** Benevolent and Protective Order of Elks. **Br**〘化〙bromine. **Br.** Breton; Britain; British. **br.** branch; brig; bronze; brother. **b.r., B/R** bills receivable.
bra [brɑ:] *n.*〘米話〙ブラジャー (*brassière*).
Bra·ban·çonne [bræbɑ̃:sɔ́:n/-sɔ́n] F. *n.* ベルギー国歌.
brace [breis] *n.* **1** 支柱, つっかい棒. **2** 締め金, か

すがい. **3**《ドリルの》曲がり柄, くりっこ. **4** 大かっこ《{ }》. **5**〖医〗副木;〖歯〗歯列矯正(きょうせい)器. **6** (*pl.*)〖英〗ズボンつり (=㊊ suspenders). **7**《単・複同形》〖話〗つがい, 一対: five ～ of partridge 5 つがいのヤマウズラ. —— *vt., vi.* **1** に突っ張りをする, ささえる. **2** 締める, 留める. **3** 緊張〔奮起〕させる〔する〕. ～ (one*self*) *up* 元気を出す.

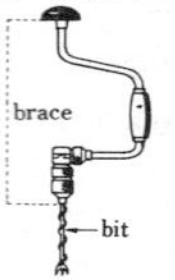

brace ③

***bráce·let** [bréislit] *n.* **1** 腕輪. **2** (*pl.*)〖笑〗手錠. **3** 家具のあし飾り. ◇ ～**·ed** [-id] *a.* 腕輪をはめた.

brác·er [bréisər] *n.* **1** ささえるもの〔人〕. **2** 締めるもの〔人〕, 締めひも, 帯, 張り綱. **3** 弓籠手(こて), 《よろいの》手甲; 《剣道の》小手(こて). **4**〖米俗〗興奮剤, 刺激性飲料《酒など》.

brá·chi·al [bréikiəl, ㊊⁺brǽk-] *a.* 腕の(ような).

brá·chi·ate [-kièit, -kiit] *a.*〖植〗交互対枝の;〖動〗腕〔足〕をもつ. —— *vi.* 交互に腕〔足〕を動かして進む.

brách·i·o·pod [brǽkiəpàd, bréi-/brǽkiəpɔd] *n.*〖動〗腕足類《シャミセンガイ・ホウズキガイなど》.

brá·chi·um [bréikiəm, ㊊⁺brǽ-] *n.* (*pl.* **-a** [-kiə])〖医〗上腕.

bràch·y·ce·phál·ic [brækisəfǽlik/-se-, -si-] *a.*〖医〗短頭の. →dolichocephalic.

bra·chýl·o·gy [brəkílədʒi] *n.*〖文〗語句省略; 簡略な話し方.

brác·ing [bréisiŋ] *a.* すがすがしい, 気を引き締める, 元気づける: a ～ air さわやかな空気. —— *n.* **1** 筋かい, 支柱. **2** 刺激, 元気づけ. ～ **cable** 〔**wire**〕 張り綱〔線〕.

bráck·en [brǽk(ə)n] *n.*〖植〗シダ, ワラビ; ワラビのやぶ.

***bráck·et** [brǽkit] *n.* **1** 腕木, 腕金, 持ち送り. **2** 張り出しだな; 張り出し電燈〔ガス燈〕, ブラケット照明器具. **3** (*pl.*) 角がっこ《[ ]》. →parenthesis. **4**《同類として区分された》グループ, 同類; 一まとめにしたもの. **5**《収入によって区分される》納税者層: the high income ～*s* 高額所得者層. —— *vt.* **1** に持ち送り〔腕木, 腕金〕をつける. **2** かっこで囲む; 一括する: ～ into groups グループ分けする.
～ **foot** ブラケット式あし《家具の》.
◇ ～**·ed** [-id] *a.* かっこに入れた; 一まとめにした.

bráck·ish [brǽkiʃ] *a.* **1** 少し塩気のある, ちょっと塩辛い. **2** まずい, いやな.

bract [brækt] *n.*〖植〗包葉. ◇ **brác·te·al** [brǽktiəl] *a.* 包葉の(ような). **bráć·te·ate** [brǽktiit, -tièit], **brác·te·ose** [-tiòus] *a.* 包葉のある.

brad [bræd] *n.* 播(ひ)折れくぎ; 角くぎ. —— *vt.* ～でとめる. ～**·awl** [-ɔ:l] 突き錐(きり); 千枚通し.

Brád·bur·y [brǽdbèri/-b(ə)ri] *n.*〖英話〗ブラッドベリー紙幣《1ポンド紙幣または10シリング紙幣》.

Brád·ford [brǽdfərd] *n.* イングランド北部の都市.

bràd·y·cár·di·a [brædikɑ́:rdiə] *n.*〖医〗心動遅徐.

bràd·y·pép·si·a [brædipépsiə, ㊊⁺-ʃə], **bràd·y·pép·sy** [brædipépsi/brǽdipepsi] *n.* 消化不良.

brae [brei] Sc. *n.* 丘〔土手〕の斜面, 山腹.

***brag** [bræg] *vi.* (**-gg-**) 自慢する, ほらを吹く, 誇る《について *about, of*; と *that*》. —— *n.* **1** 自慢, ほら, 自慢話. **2** ほら吹き, 自慢屋. *make* ～ *of* を自慢する. —— *a.* すばらしい, 一流の.
◇ ～**·ger** [-ər] *n.* =braggart.

bràg·ga·dó·ci·o [brægədóuʃiòu/-tʃiou] *n.* (*pl.* ～**s**) から自慢, 大ぼら吹き; 自慢屋.

brág·gart [brǽgərt] *n.* 自慢屋, ほら吹き屋. —— *a.* 自慢する, ほらを吹く.

brá(h)·ma [brɑ́:mə, ㊊⁺bréimə] *n.* (または B～) ブラマ鶏《インド産. 大形で足に羽毛がある》.

Brá(h)·ma [brɑ́:mə] *n.* 梵天(ぼんてん)《インドの宗教で万物創造の神》. [<Sans.]

Bráh·man [brɑ́:mən] *n.* (*pl.* ～**s**) バラモン《インド四階級で最高位の僧侶階級》. ◇ ～**·ism** [-iz(ə)m] *n.* バラモン教. ～**·ist** *n.* バラモン教徒.

Brah·mán·ic [brɑ:mǽnik], **-i·cal** [-(ə)l] *a.* バラモン(教)の.

bràh·ma·póo·tra [brɑ̀:məpú:trə] =bra(h)ma.

Bráh·min [brɑ́:min] *n.* (*pl.* ～) **1** =Brahman. **2**〖米〗教養人, 知性人《特に名門の出で, 高ぶっている者》.

Brahms [brɑ:mz] *n.* Johannes ～ [jouhɑ́:nəs ⸗], 1833–97, ドイツの作曲家.

braid [breid] *n.* **1** 編みひも, 組みひも, 打ちひも, さなだひも: a gold ～ 金モール. a straw ～ 麦わらさなだ. **2** 組み物; 編んだ髪: a girl wearing her hair in ～*s* 髪をお下げにしている女の子.
—— *vt.* **1** 編む; 〈髪を〉結ぶ, ゆう. **2** 編んでつくる: ～ a rope なわをなう. **3** 〈着物に〉組みひものへり飾りをつける.
◇ ～**·er** *n.* 編む人; 組みひも機.

bráid·ed [-id] *a.* 編んだ; 《髪が》結んだ, お下げにした. ～ **wire**〖電〗編組線.

brail [breil] *n.* (通例 *pl.*)〖海〗しぼり綱, しぼり帆. —— *vt.* 〈帆を〉しぼり綱でしぼる. ～ *up* 縦帆をしぼる.

Braille [breil] *n.* (または b～) ブレイル式点字法《フランス人 Louis Braille [F. brɑ:j], 1809–52, の考案》. —— *vt.* ～で書く〔印刷する〕.

‡brain [brein] *n.* **1** 脳, 脳髄; (*pl.*) 脳みそ. **2** (通例 *pl.*) 頭脳, 知力: have (good) ～*s* 〔a fine ～〕 頭がよい. It takes quite a ～ to (do) … …するのにはとても頭がいる. **3**〖俗〗学者, 思想家; 知識人; 秀才; 知的指導者, 相談役. **4**〖俗〗電子頭脳. **5**〖俗〗探偵(たんてい). ***beat*** 〔***cudgel, puzzle, rack***〕 ***one's*** ～***s*** (***out***) 脳みそをしぼる. ***blow*** one's ～***s out*** 頭を射抜く. ***have*** a thing ***on the*** ～ に熱中している. ***pick*** 〔***suck***〕 a person's ～***s*** (人)の知恵をかりる. ***read*** a person's ～ 人の考えを読みとる. ***turn*** one's ～ 慢心させる; 頭を変にさせる.
—— *vt.* の脳みそをたたきつぶす.
～ **cell** 脳神経細胞. ～ **child**〖話〗考え, 計画; 創作〔発明〕品. ～**·fag** [⸗⸗] 脳神経衰弱. ～ **fever** 脳(せき髄膜)炎. ～**·man** [-mæ̀n] 有能人. ～**·pan** [⸗⸗] 頭蓋(ずがい);〖米〗頭. ～**·pòw·er** 知力; 《集合的》頭脳の優秀な人々, 知識人たち. ～**·sick** [⸗⸗] 気が違って, 精神に異常のある. ～ **storm** 突然起こる精神錯乱;〖米話〗すばらしい思いつき, インスピレーション. ～**·stòrm·ing** ブレーンストーミング《会議で皆が次から次へと自由にアイディアを持ち出してそのなかから最善策を決定する方法》. **B**～**s Trust**〖英: ラジオ〗《聴取者応募の質問の》専門解答者団. ～**·tèas·er**, ～ **twister** 難問; パズル. ～ **trust**〖米〗《政府の》専門顧問団. ～**-trust** [⸗⸗] の専門顧問をつとめる. ～**·wash** [⸗⸗] に強制的に思想転向をさせる, 洗脳する; 洗脳. ～ **washing** 洗脳, (強制的な) 思想転向. ～ **wave**〖話〗霊感; (*pl.*) 脳波. ～**·work** [⸗⸗] 頭のいる仕事, 頭脳労働. ～**·wòrk·er** 頭脳労働者.
◇ ～**·less** *a.* 愚かな. ～**·y** *a.*〖話〗頭のいい.

braise [breiz] *vt.* 〈肉や野菜などを〉油で軽く揚げ柔らかくとろとろ煮る.

‡brake[1] [breik] *n.* **1** ブレーキ, 歯〔輪〕止め, 制動機. **2** 麻打ち器. **3**〖英〗大型 4 輪遊覧馬車. **4** 粉練り器. **5** 拷問台. ***disk*** ～ ディスクブレーキ《もとは飛行機用, 現在自動車にも採用されている制動装置》. ***put on*** 〔***apply***〕 ***the*** ～***s*** ブレーキをかける. ***take off the*** ～ ブレーキを放す.
—— *vt., vi.* **1** (に)ブレーキをかける: ～ a car. **2** ブレーキがかかって止まる: ～ to a stop. **3** にブレーキを取り付ける. **4** 〈麻・亜麻から〉繊維を採る.
～ **drum** ブレーキドラム. ～ **lining** ブレーキライニ

ング. ～ **shoe** ブレーキシュー. ～**(s)·man** [-(s)mən] (*pl.* **-men** [-mən]) ブレーキ係, 制動手.
◇ ～**·age** [-idʒ] *n.* 制動装置〔作用〕.
brake² *n.* 草むら, やぶ, シダの茂み. ◇ **brák·y** *a.* 茂みの多い, やぶの; シダの茂った.
brake³ *n.* 〖植〗ワラビ (bracken).
brake⁴ *v.* 〖古〗break の過去形.
brák·ie [bréiki] *n.* 〖米俗〗＝brakeman.
Brá·ma ＝Brahma, bra(h)ma.
brám·ble [brǽmbl] *n.* 〖植〗イバラ, バラ; キイチゴ; 〖英〗クロイチゴ. ◇ **-bly** *a.* イバラの多い, 茂みの.
brám·bling [brǽmbliŋ] *n.* 〖鳥〗アトリ《アジア・ヨーロッパ産》.
bran [bræn] *n.* ぬか, もみがら, ふすま. ***rice*** ～ 米ぬか.
‡**branch** [bræntʃ/brɑːntʃ] *n.* **1** 枝; 枝状部分《シカの角など》. →bough, limb¹, twig¹, spray. **2** 分派; 支流; 支脈; 支線; 分家; 支店, 支局. **3** 部門, 分科. ***root and*** ～ 徹底〔根本〕的に.
—— *vi.* 枝を出す〔張る〕《*forth, out*》; 分岐する《*away, off*》. —— *vt.* **1** 枝分かれさせる. **2** 縫い取りで飾る. ～ ***out*** 枝を出す; 《商売などの》手を広げる; 〈話が〉枝葉にわたる.
～ **line** 支線. ～ **water** 《川からの》引き水; 〖米〗天然水《炭酸水などに対し》.
◇ ～**·ing** *n., a.* 枝 (を出した); 枝分かれ (した), 分岐 (した). ～**·y** *a.* 枝の多い, 枝の茂った.
brán·chi·a [brǽŋkiə] *n.* (*pl.* **-ae** [-kiiː]) えら《魚の》.
brán·chi·al [brǽŋkiəl], **-ate** [-kiit, -kièit] *a.* えらの (ような), えらのある.
‡**brand** [brænd] *n.* **1** 商標, 銘柄; 品質. **2**《昔罪人に押した》焼き印; 汚名. **3** 燃えさし, 燃え木. **4** 〖雅〗たいまつ; 剣. ～ ***from the burning*** 危急から助けられた人; 改宗者. ***the*** ～ ***of Cain*** カインの焼き印《殺人罪》.
—— *vt.* **1** に烙印(らくいん)を押す; に汚名をきせる《*as*》. **2** やきつける, 強く印象づける《記憶になど》. [burn と同語源「(焼き) 印」]
～ **iron** (炉の) まき載せ台. ～**-néw** →別項.
bránd·er¹ [brǽndər] *vt.* の表面に毛皮をつける.
bránd·er² *n.* 焼き押し器〔人〕. [<brand]
brán·died [brǽndid] *a.* ブランデーに浸した, ブランデーでかおりをつけた.
bránd·ing [brǽndiŋ] *n.* 焼き印を押すこと; 汚名をきせること. ～ **iron** 焼きごて.
brán·dish [brǽndiʃ] *vt.* 〈刀剣・こん棒・むちなどを〉振り回す. ◇ ～**·er** *n.* 振り回す人.
bránd·ling [brǽndliŋ] *n.* 《魚つりに使う》シマミミズ; サケの子.
bránd-néw [brǽn(d)n(j)úː/-njúː] *a.* 真新しい, 新品の, できたての.
brán·dy [brǽndi] *n.* ブランデー. ～ ***and soda*** ソーダ水入りブランデー. ～ ***and water*** 水でわったブランデー. —— *vt.* に～で味をつける; ～に漬(つ)ける, ～で保存する. ～**·ball** [-bɔːl] 〖英〗ブランデーボンボン, ブランデー入り糖菓. ～ **snap** ブランデーの香味のついたショウガ入り菓子.
brán-néw [brǽnn(j)úː/-njúː] 〖米〗 ＝brand-new.
brán·nig·an [brǽnigən] *n.* 〖米俗〗騒ぎ.
brán·ny [brǽni] *a.* ふすま〔ぬか〕の (ような); ぬか〔ふすま〕のはいった.
brant [brænt] *n.* (*pl.* ～**s**, 《集合的》～) 〖鳥〗コクガン (＝～ goose) 《北アメリカ・北ヨーロッパ産》.
Braque [brɑːk, bræk] *n.* Georges ～ [dʒɔ́ːrdʒ́], 1882–1963, フランスの画家.
brash¹ [bræʃ] *a.* **1** 〖米〗向こう見ずの, そそっかしい, せっかちな. **2** 厚かましい, 生意気な. **3** 〖米方〗こわれやすい, 折れやすい, もろい. —— *n.* にわか雨; 吹き出物; 胸やけ. ～ **bash** 〖俗〗厚かましい若者.
brash² *n.* **1** 《岩石の》くだけた破片, 砕片. **2** 《海岸に打ち寄せられた》流氷の断片. **3** 《手を入れた植木の》枝くず.
brá·sier [bréiʒər/-ziə] ＝brazier¹·².
Bra·síl·ia [brɑːzíːljə] *n.* ブラジリア《Brazil の首都》. 〈注〉i の上の ′ は, 普通のつづりにも必要.
brá·slip [bráːslìp] *n.* ブラジャーつきスリップ.
‡**brass** [bræs/brɑːs] *n.* **1** しんちゅう, 黄銅; (通例 *pl.*) しんちゅう製品; (the ～) 〖楽〗金管楽器. **2** 〖英俗〗金銭. **3** 〖俗〗ずうずうしさ. **4** 〖米俗〗高級将校〔巡査〕(＝～ hat); 政府高官. ***(as) bold as*** ～ 全く鉄面皮な. ***not ... a*** ～ ***farthing*** 〖話〗少しも〔ちっとも〕…でない: do*n't* care *a* ～ *farthing* 少しもかまわない.
～ **band** 吹奏楽団. ～**·bóund** 《トランク・たんすなど》しんちゅうで補強した; 厳格な, 融通のきかない; 鉄面皮の. ～ **foundry** しんちゅう細工製作所. ～ **hat** 〖軍俗〗《金ぴか帽から》陸軍参謀将校. ～**-nérved** [㊥ ́—] 心臓の強い. ～ **plate** (しんちゅう製) 標札. ～ **tacks** 〖米話〗《物事の》核心, 真実: come down to ～ *tacks* 問題の核心に触れる. ～**·ware** [́ ́] しんちゅう製品. ～**-wind** [-wìnd] 金管楽器の. ～ **winds** ブラスバンド, 金管楽器部; 金管楽器類.
bráss·age [brǽsidʒ] *n.* 貨幣鋳造料.
brás·sard [brǽsɑːrd], **-sart** [-sərt/-sɑːt] *n.* 腕章; 小手(こて).
brás·sie, -s(e)y [brǽsi/bráːsi] *n.* 〖ゴルフ〗しんちゅう底のクラブ.
bras·sière, **bras·síere** [brəzíər, bræsiéər/brǽsiə] F. *n.* ブラジャー, 乳バンド《略 bra》.
bráss·y [brǽsi/bráːsi] *a.* **1** しんちゅうの (ような). **2** 安くて見せかけの, 見かけ倒しの. **3** 厚かましい; おうへいな. —— *n.* ＝brassie.
◇ **-i·ly** *ad.* **-i·ness** *n.*
brat [bræt] *n.* 《けいべつ的》子ども, 小僧, がき.
◇ ～**·tish** [-iʃ] *a.* 子どもっぽい.
brát·tice [brǽtis] *n.* 《坑道に設ける》通風仕切り.
—— *vt.* に張り出し〔仕切り〕をつくる.
brát·tle [brǽtl] *vi., n.* バタバタ〔ガタガタ〕走る(音).
bra·vá·do [brəváːdou, ㊥⁺-véi-] *n.* (*pl.* ～**(e)s** [-z]) 強がり, からいばり, 虚勢: show mere ～ からいばりをする. display ～*es* 強がりの行動をする.
—— *vi.* 強がりを示す, 虚勢を張る.
‡**brave** [breiv] *a.* 勇敢な, 勇ましい; 〖古・雅〗りっぱな, 華美な. ～ ***new world*** すばらしい新世界《Shakespeare の *The Tempest* 中のことば》. —— *n.* 勇士; 《特に》北アメリカ原住民の戦士.
—— *vt.* 〈危険などを〉冒す, ものともしない, に勇敢に立ち向かう: ～ misfortunes. ～ ***it out*** 勇敢にやりとおす.
‡**bráve·ly** [bréivli] *ad.* 勇敢に, 勇ましく; りっぱに.
‡**bráv·er·y** [bréiv(ə)ri] *n.* **1** 勇気, 勇敢さ; 勇敢な行ない. **2** りっぱさ, 美々しさ: She is decked out *in* all her ～. 美々しく着飾っている.
brá·vo¹ [bráːvou/́ ́, —́] *n., int.* (*pl.* ～**(e)s** [-z]) いよう!, いいぞ!, でかした!: shout ～*s* for the singer 歌手にうまいぞと叫ぶ. —— *vt.* にかっさいする, にうまいぞと叫ぶ, いいぞと応援する.
brá·vo² [bráːvou, bréi-/bráːvóu] *n.* (*pl.* ～**(e)s** [-z]) 刺客, 暴漢, 命しらず.
bra·vur·a [brəvjú(ː)rə/-vjúərə] It. *n.* 勇壮華美; 〖楽〗勇壮な演奏, 演奏の技巧を要する曲.
braw [brɔː, brɑː] *a.* 〖スコットランド〗りっぱな, すばらしい; きれいな, 盛装した.
brawl [brɔːl] *vi.* **1** 口論する, がなりたてる, けんかする; ざわめきたてる. **2** 〈川の水が〉ざわめき流れる.
—— *n.* 口論, けんか; 〖俗〗どんちゃん騒ぎ. ◇ ～**·er** *n.* 口論〔けんか〕する人; やかまし屋, あばれ者.
brawn [brɔːn] *n.* **1** 筋肉, たくましい筋肉. **2** 筋力, 腕力. **3** 《煮て塩づけにした》豚肉. **4** 〖米〗豚の頭と足のこまぎれを煮て調味したチーズのような固まり. ～ ***as well as brain*** 頭も腕力〔体力〕も.

bráwn·y [brɔ́:ni] *a.* 筋骨たくましい, 屈強な.
◇ **-i·ness** *n.*

bray[1] [brei] *n.* ロバの(ような)鳴き声; らっぱの音.
—— *vi., vt.* <ロバが>鳴く; <らっぱが>鳴り響く, <らっぱを> 鳴り響かす; やかましくわめく.

bray[2] *vt.* ついて粉にする, すりつぶす.

Braz. Brazil; Brazilian.

braze [breiz] *vt.* **1** しんちゅうでつくる〔飾る〕; にしんちゅうをかぶせる. **2** しんちゅう色にする. **3** しんちゅうで鑞(ろう)づけする, はんだづけにする.

brá·zen [bréizn] *a.* **1** しんちゅう製の; しんちゅう色の, 黄色の. **2**《しんちゅうのように》耳ざわりの音をたてる, 騒々しい. **3**《しんちゅうのように》堅い. **4** 厚顔の, 厚かましい. —— *vt.* にずうずうしくする.
～ (***it***) ***out*** 〔***through***〕 厚かましく押しとおす.
～ **age, the**〘ギ神〙黄銅時代. **～·faced** [-fèist] 鉄面皮な. ◇ **～·ly** *ad.* 厚かましく.

brá·zier[1] [bréiʒər/-zjə, -ʒə] *n.* 火ばち.

brá·zier[2] [(米)+bréiziər] *n.* しんちゅう細工人.

‡**Bra·zíl** [brəzíl] *n.* **1** ブラジル《南アメリカの共和国. 正式名 the United States of ～》. **2** (b～)〘植〙ブラジルスオウ(＝～wood); 赤色染料. **～ nut**《三角形で食用の》ブラジルナット. **～·wood** [-wùd] ブラジルスオウ材《赤色染料を採る木》.
◇ **～·ian** [-jən] *a., n.* ブラジルの; ブラジル人.

breach [bri:tʃ] *n.* **1**《約束・法律・道徳などを》破ること, 不履行, 侵害: ～ of the law 違法(行為). **2**《友情の》断絶, 絶交, 仲たがい. **3** 砕け波: a clear ～ 甲板を飛び越える波. **4** 鯨が水上におどり上がること. **5**《城壁などの》突破口, 崩壊口. **6** 入り江.
～ ***of contract*** 違約. ～ ***of duty*** 職務怠慢. ～ ***of faith*** 背信. ～ ***of promise*** 破約;〘法〙婚約不履行. ～ ***of the peace*** 治安妨害. ～ ***of trust*** 背任;〘法〙信託義務違反. ***heal the*** ～ 仲直りさせる. ***stand in*** 〔***throw oneself into***〕 ***the*** ～ 矢面(おもて)に立つ, 難局に当たる.
—— *vt., vi.* **1** 破る, 破って進む. **2** <鯨が> 水上におどり上がる. [break と同語源]

†**bread** [bred] *n.* **1** パン. **2** 生計, かて: daily ～ 日々のかて. earn one's ～ 生計をたてる. ～ ***and butter*** バターつきのパン. → ～-and-butter. ～ ***and cheese*** そまつな食事; 生計. ～ ***and milk*** 牛乳にパンを浸したもの. ～ ***and scrape*** バターが一塗りついただけのパン. ～ ***and wine*** 聖餐(せいさん). ～ ***buttered on both sides*** 気楽な境遇. ***break*** ～ ***with*** と食事をともにする; … のごちそうにあずかる. ***cast*** one'***s*** ～ ***upon the waters*** 陰徳を施す. ***eat the*** ～ ***of affliction*** 苦しい暮らしをする. ***eat the*** ～ ***of idleness*** 徒食する. ***in good*** ～ 幸福に暮らして. ***know*** (***on***) ***which side*** one'***s*** ～ ***is buttered*** 自分の利害関係に抜け目がない. ***take the*** ～ ***out of*** a person'***s mouth*** (人)の生計の道を奪う.
—— *vt.* パン粉でまぶす.
́～-and-bút·ter →別項. **́～·bàs·ket** (1) パンかご;〘俗〙穀倉地帯. (2)〘俗〙胃袋; 焼夷(しょうい)弾. **́～·board** [́ ̀] パンこね台; パン切り台. **～ crumb** (1) パンの柔らかい部分. →crust. (2) パン粉, パンくず. **́～·fruit** [́ ̀] パンノキ(の実)《南洋産》. **～ line** [**queue**]〘米〙パンの配給を待っている失業者や困窮者の行列. **́～·stuff** [́ ̀] (通例 *pl.*)〘米〙パンの原料; パン(類). **～ ticket** パン(引替)券. **～ tree**〘植〙パンノキ. **́～·wìn·ner** 一家のかせぎ手, 財源: women ～***winners*** 女のかせぎ手.

bréad-and-bút·ter [brédnbʌ́tər] *a.* **1** 生計の道を得るための, 収入のための. **2** 現実的な, 平凡な. **3** まだ食い気いっぽうの, 育ち盛りの: a ～ miss まだ食い気盛りの娘さん. **～ letter** 礼状《訪問した家でのもてなしに対する》.

‡**breadth** [bredθ, bretθ] *n.* **1** 広さ, 幅: eight feet in ～ 幅8フィート. **2**《布などの》一定の幅, 本幅. **3** 広がり, 広さ. **4**《心・見解の》広さ, 大きさ, ゆとり. **5**《絵の》全体効果, 雄大さ;〘楽〙音の豊かさ. ***miss by a hair's*** ～ きわどいところではずれる. ***to a hair's*** ～ 寸分たがわず. [<broad]
◇ **́～·ways** [́ ̀], **́～·wise** [́ ̀] *ad.* 横(ざま)に.

†**break** [breik] *v.* (**broke** [brouk],〘古〙**brake** [breik]; **bró·ken** [bróuk(ə)n],〘古〙**broke**) *vt.*
1 こわす, 割る, 砕く; <枝などを> 折る; <なわなどを> 断ち切る.
2 の骨を折る; <皮膚を> すりむく, の皮をすりむく: ～ the neck 首(の骨)を折る. ～ the knee ひざ(の皮)をすりむく.
3 ばらばらにする, 分解する.
4 細かくする; <高額紙幣などを> 小銭にする, くずす.
5 <門・ドアなどを> 破る, こわす; に押し入る, 破って出る: ～ a dwelling 家に侵入する. ～ jail 脱獄する.
6 <機械などを> こわす, 故障させる.
7 <法規・約束などを> **破る, 犯す**; <遺言を> 訴えにより無効にする.
8 <単調さ・沈黙などを> 破る, 乱す, くずす.
9 <旅行などを>中断する, とぎらす; <電気の回路を> 断つ, <電流を> 切る.
10 くじく, 圧倒する, 弱らす: ～ one's heart 失意〔失恋〕させる.
11 <打撃などの> 勢いをくじく; の効果を減ずる.
12 <馬を> ならす; <硬水を> 軟化させる.
13 の癖〔習慣〕をやめさせる: ～ a person *of* a habit 人の習慣を直す.
14 <アリバイなどを> くずす, くだく.
15 <土地を> 耕す, 開拓する.
16 <悪い知らせなどを> 打ち明ける, もらす.
17 破産させる《過去分詞は broke》; 格下げする.
18 <スポーツなどの記録を> 破る, 更新する.
19 <投球を> カーブさせる.
20 <宣伝活動などの> 口火を切る, 始める.
21 <記事を> 離れたページに続ける.
—— *vi.* **1 こわれる**, 割れる, 砕ける; 折れる; 切れる; 故障でだめになる.
2 中断〔急断〕する: His voice *broke* with emotion. 感動で声が詰まってしまった.
3 急変する; <気候が> 変わる, <声が> 声変わりする.
4 交わりを断つ, 別れる,「切れる」《と *with*》; 離れ去る《*away, off*》; ちりぢりになる, 解散する《*up*》.
5 わけ進む《*in, through*》; 侵入する《*in*》; 脱出する《*out*》; <声・ため息などが> もれる.
6 (急に) **突発する**, あらわれる; 始まる: The storm *broke.* あらしが襲った.
7 夜が明ける: The day ～*s.* 朝になる.
8 芽を出す, 新芽をふく.
9 <魚が> 水面に浮かんでくる.
10《圧力・重みのもとに》**くじける**, 砕ける; <健康が> 弱まる, 衰える; <気力が> くじける: One's heart ～*s.* 意気消沈する; 悲嘆に暮れる.
11 <株が> 急落する.
12 破産する.
～ ***away*** (1) 取りこわす. (2) 逃げる, 離れ去る《から *from*》; <雲などが> 散る. ～ ***cover*** やぶから飛び出す. ～ ***down*** (1) 取りこわす; 分解する; 分類する: The expenditure is *broken down* as follows: 支出の内訳は次のとおり. (2) に打ち勝つ. (3) くずれる, つぶれる; ことばに詰まる; 泣きくずれる. (4) 故障する; 病気になる; 失敗する. ～ ***even***〘米俗〙勝ち負け〔損得〕なしになる. ～ ***for*** に向かって突進する. ～ ***forth*** どっと出てくる; しゃべり出す; <あらしなどが>急に起こる. ～ ***in*** (1) 押し入る《に *on, upon*》: Don't ～ *in on* the conversation. 会話に割ってはいるな. (2) <馬などを>調教する. ～ ***into*** (1) に侵入する. (2) 急に…し出す: ～ *into* tears 急に泣き出す. ～ one'***s journey*** 途中下車する, 旅行を中断する. ～ ***loose*** 脱出する, 逃げ出す. ～ ***off*** (1) 折り取る. (2) やめる,中止する; 破談にする. (3) 折れる. (4) 中止する, 休憩する; 終業する. (5) 分かれる. **~ *open*** 力ずくであける. **~ *out*** 突発する; 〈戦争などが〉 起こる; 〘医〙 発疹(はっしん)する: ~ *out into* pimples 吹き出物になる. **~ *out into*** 急に…し出す: ~ *out into* abuses 悪口雑言し始める. **~ *short*** ポキリと折れる. **~ *through*** ***the bank*** 〘米俗〙 《賭博で》 大当たりする. **~ *through*** を押しのけて通る, を突破する; 〈日光が〉 すきまから漏れる; 〈穴などを〉 こじあける. **~ *up*** (1) 散会する; 解体する; 衰弱させる[する]. (2) 〈天気・状態が〉 変わる, 悪くなる; 〈学生が〉 休暇になる. **~ *upon*** に急にあらわれる; に明らかになる: A new landscape *broke upon* us. 新しいけしきが急に開けた. The truth *broke upon* me. 私には真実が急にはっきりした. **~ *with*** と関係を断つ.

—— *n.* **1** 破れ目, 裂け目; 破壊. **2** 夜明け (= ~ of day). **3** 中断; とぎれ; 休憩: coffee ~ コーヒー休み. **4** 段落, くぎり; (*pl.*) 省略の点線 (「…」). **5** 分岐点: a ~ in one's life 人生の変わり目. **6** 声変わり 《年ごろの》; 〘楽〙 換声点. **7** 〘電〙 しゃ断(器). **8** 〘米話〙 失敗, へま. **9** 〘話〙 好機, 幸運. **10** 大型4輪馬車. **11** 〘ボクシング〙 ブレーク; 〘ボーリング〙 スペアの取り損じ; 〘競馬〙 スタート. **12** 《価格の》 急落. ***make a ~*** へまをやる. ***make a ~ with*** と決別する, …とつながりを断つ.

〈注〉 break の合成語はそれぞれ別項.

(**類義語**) **砕く: break** 「こわす, 割る, ちぎる, 折る」のように棄損すること. **crush** (重いもので) 押しつぶす: *crush* a beetle カブトムシを押しつぶす. **shatter, smash** 粉砕する. shatter は勢いよい打撃と断片の飛散を, smash は音を強調する.

bréak·a·ble [bréikəbl] *a.* break できる; もろい, こわれやすい.

—— *n.* (*pl.*) こわれやすい物, こわれ物.

bréak·age [bréikidʒ] *n.* **1** こわすこと, 破損. **2** 破損箇所: find a ~ in the water mains 水道の本管の破損箇所を見つける. **3** (通例 *pl.*) 破損物; 破損 〔損害〕 高. ***allow for ~*** 破損を見越して差し引く.

bréak·a·way [bréikəwèi] *n.* **1** 分離; 切断; 断絶, 逸脱; 決別: make a ~ from one's former life 昔の生活と決別する. **2** 〘運〙 スタート合い図前の駆け出し; ボールを持ってゴールへの突進; 《ボクシングで》 接近戦からぱっと離れること.

***bréak·down** [bréikdàun] *n.* **1** 《機械の》 故障, 破損. **2** 《健康上の》 衰弱: a nervous ~ 神経衰弱. **3** 没落, 崩壊, 瓦解(がかい). **4** 〘米〙 騒がしい一種のフォークダンス. **5** 分析; 分類, (項目別) 詳細, 内訳. **~ van** 応急作業車.

bréak·er[1] [bréikər] *n.* **1** 砕ける大波, 波浪. **2** こわす人 〔物〕; 〘機〙 切断機; 破砕機; 〘電〙 しゃ断器. **3** 調教師, 調馬師.

bréak·er[2] *n.* 〘海〙 《飲料水用の》 水だる.

bréak-é·ven [bréikí:v(ə)n] *a.* 家計がとんとんの, 支出と収入がおなじの.

†**bréak·fast** [brékfəst] *n.* **朝食**: have (one's) ~ 朝食をとる. —— *vi.* 朝食を食べる. —— *vt.* に朝食を出す. **~ *on*** bacon and eggs (ベーコンと卵) で朝食をすます. [<break+fast 断食を破る]

~ cup 朝食用の大型コーヒー茶わん. **~ food** 朝食用の穀物食 《コーンフレーク・オートミールなど》. **~-in-bed folks** 〘米〙 無精者. **~ set** 朝食用食器一そろい.

bréak·front [bréikfrʌ̀nt] *a., n.* 中央部の突き出た (戸だな・本だな).

bréak·ing [bréikiŋ] *n.* **1** 破壊. **2** 〘電〙 断線, 切断. **3** 〘言〙 音の分裂 (fracture). **4** 《馬などの》 調教.

~ in 〘工〙 使いならし. **~ point** 極限(状況), 極端. **~ test** 《器具の》 破壊試験.

bréak·neck [bréiknèk] *a.* **1** 《首の骨を折るほどの》 危険きわまる: at a ~ speed 猛スピードで. **2** 非常に急な: ~ stairs ひどく険しい階段.

bréak-of-búlk [bréikə(v)bʌ́lk] *n.* 荷分け, 配荷作業.

bréak-pròm·ise [bréikprɑ̀mis/-prɔ̀m-] *n.* 違約の常習犯.

bréak·thròugh [bréikθrù:/⸗⸗, ⸗–] *n.* **1** 〘軍〙 敵陣突破 (作戦). **2** 《困難の》 突破, 《科学・技術などの》 決定的躍進 〔進展〕.

bréak·ùp [bréikʌ̀p/⸗⸗] *n.* **1** 解体, 分散. **2** 破壊, 崩壊. **3** 散会, 解散; 《学期末の》 終業.

bréak·wà·ter [bréikwɔ̀:tər, ㊐⁺-wɑ̀:-] *n.* 防波堤.

bream[1] [bri:m] *n.* (*pl.* **~s**, 《集合的》 ~) 〘魚〙 コイの一種; タイの一種.

bream[2] *vt.* 〈船底を〉 焼いてそうじする.

‡**breast** [brest] *n.* **1 胸**; 《衣服の》 胸部. **2** 胸中, 心情. **3** 乳ぶさ. **4** 《山・丘などの》 中腹; 《器物などの》 側面; 壁のふくらみ部分 《煙突の一部など》. ***a child at the ~*** 乳飲み子. ***give the ~ to*** a child (子ども) に乳を飲ませる. ***make a clean ~ of*** を残らず打ち明ける. ***take the ~*** 〈赤子が〉 乳を飲む.

—— *vt.* **1** に向かって進む; に雄々しく当たる. **2** 〘運〙 〈決勝点のテープを〉 胸で切る. **3** 〈山などに〉 よじ登る. **4** に平行に並ぶ.

~ beating (1) 自慢; 吹聴(ふいちょう). (2) 悲嘆, 後悔. **~·bone** [⸗⸗, ㊐⁺⸗⸗] 胸骨. **~-déep** 胸までの深さの (に). **~-fed** [⸗⸗] 母乳で育てられた. → bottle-fed. **~-hígh** [㊐⁺⸗⸗] 胸の高さの (に). **~·pin** [brés(t)pin] 〘米〙 胸の飾りピン, ブローチ (=㊐ brooch). **~·plate** [brés(t)plèit] 《よろいの》 胸当て; 《馬具の》 むながい; 《カメの》 胸板. **~ stroke** 〘水泳〙 平泳ぎ. **~ wall** 胸壁. **~·work** [⸗⸗] 〘軍〙 胸墻(きょうしょう), 胸壁 《敵の射撃を防ぐために胸の高さまで築き上げた壁》.

◇ **~·ing** *n.* くつのかかとの土踏まずに続く側面をおおう皮.

‡**breath** [breθ] *n.* **1 息, 呼吸**; 一息, 一吹き. **2** そよ風; ほのかなかおり: not a ~ of air そよと吹く風もない. **3** 〘音声〙 呼気, 無声音. →動詞 breathe. ***above*** **one's** ***~*** 声を出して. ***at a ~*** 一気に, 一息に. ***be short of ~*** 息切れがする. ***~ of life*** 〔**one's** ***nostrils***〕 必要欠くべからざるもの. ***catch*** **one's** **~** はっとして息を止める. ***draw*** (**one's**) **~** 呼吸する, 生きている. ***give up*** **one's ~** 死ぬ. ***in a*** 〔***one***〕 **~** 口をそろえて, 一気に. ***in the same*** 〔***one***〕 **~** 同時に. ***not a ~ of*** suspicion (疑い) が全くない. ***out of ~*** 息を切らして. ***regain*** 〔***recover***〕 **one's ~** 乱れた呼吸を正常に回復する. 〈注〉 「息を吹き返す」 のではない. ***save*** **one's ~** 黙っている. ***take ~*** ほっと一息つく. ***take*** **a person's** ***~ away*** (人を) はっとさせる. ***to the last ~*** 死ぬまで. ***under*** **one's ~** 声をひそめて. ***waste*** **one's ~** 話してもむだである. ***with the last ~*** 臨終の際に.

~ group 〘音声〙 息継ぎの段落, 気息群 《一息に発音する音群》. ***~-tàk·ing** かたずをのませるような, はらはらさせる, あっと言わせるような.

◇ **~ed** [breθt] *a.* **1** 無声音の 《[bri:ðd] とも発音する》. → voiced. **2** 息が…の: sweet-~ 香気を放つ 《花など》. (**類**) → **wind** 「風」

‡**breathe** [bri:ð] *vi.* **1 呼吸する**, 息をする; 生きている. **2** 休息する. **3** そよそよ吹く; 〈かおりが〉 漂う.

—— *vt.* **1** 呼吸する; 吸い込む; 吐き出す. **2** 〈生命などを〉 吹き込む. **3** 〈かおりを〉 発散する. **4** ほのかに示す, 漂わせる. **5** ささやく, 低い声で言う. **6** 休ませる. **7** 息切れさせる. →名詞 breath.

~ again 〔***freely***〕 ほっと安心する. ***~ down the neck*** 〔***back***〕 〘米俗〙 きびしく監視する; 跡をつける. **~ one's *last*** 息を引き取る, 死ぬ. ***not ~ a word***

一言もしゃべらない《秘密などを守ること》.
◇ **bréath·er** *n.* 1 (息切れする) 激しい運動. 2 一息, 一休み: have [take] a *breather* 一息つく. 3 ～する者.

bréath·ing [bríːðiŋ] *n.* 1 呼吸, 息づかい: deep ～ 深呼吸. 2 一呼吸 (の時間), 瞬時. 3 微風. 4 願望, 熱望. 5 (そっと出す)発言. 6〖音声〗気音《[h]音》. 7《ギリシア語の》気音符. ***get a minute's* ～** 一休みする, 一息入れる. ***give* ～ *to*** を口に出す.
—— *a.* 1 息をする, 呼吸の. 2 生きている(ような).
～ **capacity** 肺活量. ～ **hole**《動物の》息の穴;《たるなどの》息抜き穴. ～ **place** 息継ぎ場所;《詩などの》休止点; 息抜きの静養地. ～ **space** 休息の場所 [時間].

***bréath·less** [bréθlis] *a.* 1 **息切れした**, あえいだ. 2 息を引き取った, 事切れた. 3 そよとの風もない: a ～ summer day. 4 **息もつかせないほどの**, 息をのませる: at a ～ speed 息もつかせない速度で. with ～ anxiety はらはら心配して. with ～ interest かたずをのんで. ◇ **～·ly** *ad.* 息を切らして, かたずをのんで. **～·ness** *n.*

bréc·ci·a [brétʃiə, ㊊ˈbréʃiə] *n.* 角レキ岩, 角蛮岩.

***bred** [bred] *v.* breed の過去・過去分詞.
—— *a.*《副詞と結び付いて》…育ちの: well-～ 育ちのよい, しつけのよい.

breech [briːtʃ] *n.* (*pl.* **～·es** [bríːtʃiz]) 1 しり, 尾部. 2 銃尾, 砲尾. 3 (*pl.*) [brítʃiz] 半ズボン,〖話〗ズボン: a pair of ～*es* 半ズボン1着. —— *vt.* 1 に銃尾 [砲尾] をつける. 2 [britʃ] 〈子どもに〉半ズボンをはかせる. ***wear the* ～*es*** 〈妻が〉夫をしりにしく. **～·block** [ㄥㅗ]《砲の》尾栓(ㅅ),《銃の》遊底. **～·cloth** [ㄥㅗ], **～·clout** [ㄥㅗ] おしめ, ふんどし. **～es buoy** [bríːtʃiz-/brítʃ-]《ズボン形ズック製の》救命ブイ《一つの船から他の船または岸へロープで走る》. **～·lòad·er** 元込め銃, 後装銃 [砲]. → muzzle-loader.

breeches buoy

～·lòad·ing 元込め式の, 後装式の.
◇ **～ed** *a.* 1 [briːtʃt] 銃 [砲] のついた. 2 [britʃt] 半ズボンをはいた. **～·ing** [brítʃiŋ, ㊊ˈbriːtʃ-] *n.* 1《馬の》しり帯. 2 砲索《発砲の際大砲の後退を防ぐ》.

‡breed [briːd] *v.* (**bred** [bred]) *vt.* 1 〈動物が子を〉**生む**. 2 〈不和などを〉生じる, かもし出す. 3 **育てる**; しつける; 仕込む: be *bred to* the law 法律を仕込まれる. 4 〈品種を〉改良する, つくり出す; 繁殖させる, 〈動物を〉飼う. 5 〈場所が〉生み出す, の産地となる.
—— *vi.* 1 子を生む [はらむ]; 繁殖する, 育つ. 2 育てる, 仕込む. 3 種をとる《から *from*》.
bred out 退化した. ～ ***in and in*** 同種繁殖する [させる]. ～ ***out and out*** 異種繁殖する [させる]. ***what is bred in the bone*** 生まれつきの性分.
—— *n.* 1 種類; 品種; 血統; 種族: dogs of mixed ～ 雑種犬. 2《形容詞と結合して》…種: a half-～ 混血児. ***this happy* ～ *of men*** この幸福な種族《イギリス人のこと. Shakespeare のことば》.
◇ **～·er** *n.* 1 繁殖者, 飼育者: a cattle ～*er* 家畜飼育者. 2 張本人, 原因. 3 繁殖する動物; 種畜. 類 → **grow**「育てる」

bréed·ing [bríːdiŋ] *n.* 1《種の》繁殖, 生殖. 2 飼育, 養殖: a ～ pond 養魚池. 3 養育, 育ち, しつけ, 教養,《特に》りっぱなしつけ [教養]: have ～ 育ちがよい. Tolerance is a sign of ～. 寛容はよいしつけのあらわれです. 4〖原子物理〗増殖 (作用).
～ ***in the line*** 同種異系の繁殖.

‡breeze[1] [briːz] *n.* 1 **そよ風**;《一般的》風: a land [sea] ～ 陸[海]軟風. a strong ～ 強風. 2〖気〗軟風. 3〖俗〗騒ぎ; けんか. 4 やさしいこと: be a ～「朝飯前だ」. ***kick up a* ～** 騒ぎを起こす. (***win***) ***in a* ～** やすやすと(勝つ).
—— *vi.* 1 そよそよ風が吹く. 2〖米〗勢いよく進む《*along*》;〖俗〗楽勝する. 3〖米俗〗ぴたりと止まる; 恐ろしさに立ちすくむ. ～ ***in*** (1) 楽々と手に入れる, 勝ち取る. (2) 勢いよくはいってくる. ～ ***through*** さっと通り抜ける; ざっと目をとおす; 難なくやってのける. ～ ***up*** 風が強くなる. **～·way** 渡り廊下《風が抜ける》. 類 → **wind**「風」

breeze[2] *n.* 燃えがら; 粉炭, 炭くず.

breeze[3] *n.*〖虫〗アブ.

bréez·y [bríːzi] *a.* 1 そよ風の吹く,《場所・服装について》風通しのよい, 涼しい, 涼しそうな. 2 元気のよい; 快活な;〖米〗のんびりした: have a ～ manner のんきそうだ. ◇ **-i·ly** *ad.* そよそよと風が吹いて; 快活に, 元気よく. **-i·ness** *n.*

Bré·men [bréimən] *n.* 西ドイツ北部の都市《ドイツ第2の貿易港》.

Bren [bren] ～ ***gun***〖英〗ブレン銃《軽機関銃の一種》.

brent [brent] = brant.

brer, br'er [brəːr] *n.*〖米方〗兄弟 (brother)《アメリカ南部の黒人の方言》.

Brest [brest] *n.* フランス西北部の海港.

Bre·tagne [F. brətaɲ] *n.* ブルターニュ《フランス北西部地方》.

‡bréth·ren [bréðrin, -rən] *n. pl.* 1 **同信者**, 信者仲間. 2 同業者; 同胞. 〈注〉brother の古い複数形. 現在では主として宗教団体の信者仲間に使われる.

Brét·on [brét(ə)n] *a.* ブルターニュ (Bretagne) の; ブルトン語の. —— *n.* ブルターニュ人; ブルトン語.

breve [briːv] *n.* 1〖印〗短音記号《短母音につける符号《˘》》. → macron. 2〖楽〗二全音符. 3 令状.

bre·vét [brəvét/brévit]〖軍〗*n., a.* 名誉進級 (の)《俸給は上がらない》. —— *vt.* (-t(t)-) 名誉進級させる.

bré·vi·ar·y [bríːvièri, brév-/bríːviəri] *n.*〖カトリック〗聖務祈禱(きとう)日課書.

bre·víer [brəvíər] *n.*〖印〗ブレビア活字《8ポイントぐらい》.

brév·i·ty [brévəti] *n.* 1《時間の》短さ. 2 **簡潔**, 簡約: *B*～ is the soul of wit. 言は簡をよしとす. [<brief]

brew [bruː] *vt.* 1 〈ビールなどを〉**醸造する**. 2 〈混合飲料を〉つくる, 調合する; 〈茶を〉入れる. 3 〈悪事などを〉たくらむ, 〈波乱などを〉起こす. —— *vi.* 1 醸造する. 2 〈悪事などが〉たくらまれる; 〈騒動・あらしなどが〉起ころうとしている: Another typhoon is ～*ing*. 新しい台風が発生中. ***You must drink as you have* ～*ed*.** 自業自得だ.
—— *n.* 1 醸造(物);《1回の》醸造高. 2《酒類の》品質, つくり. ***the first* ～ *of tea*** お茶の出花. ***the poor* ～ *of tea*** お茶の出がよくないこと.
～·house [ㄥㅗ] 醸造所.
◇ **～·age** [-idʒ] *n.* 1 醸造 (物). 2 たくらみ. **～·er** *n.* 醸造者; 陰謀家. **～·er·y** [-(ə)ri] *n.*《酒・ビールなどの》醸造所. **～·ing** *n.* 1 醸造(高). 2 前触れ. **～·ster** [-stər] *n.* = brewer.

brí·ar = brier[1, 2].

Bri·á·re·us [braiéː(ː)riəs/-éər-] *n.*〖ギ神〗ブリアレオース《手が100本頭が50あった巨人》.

bríb·a·ble [bráibəbl] *a.* 買収できる, わいろのきく.
◇ **brìb·a·bíl·i·ty** [bràibəbíləti] *n.*

‡bribe [braib] *n.* わいろ. ***give*** [***offer***] ***a* ～** わいろを贈る, 贈賄する. ***take*** [***accept***] ***a* ～** わいろを取る, 収賄する. —— *vt., vi.* **買収する**, (に)わいろをつかう. ～ a person ***into silence*** わいろで(人に)口止めする.
◇ **bríb·er** [-ər] *n.* わいろを贈った人, 贈賄者.

brib·ée [braibíː] *n.* わいろを取った人, 収賄者.

***bríb·er·y** [bráib(ə)ri] *n.* わいろ (を贈る[取る] 行為), 贈賄, 収賄.

bríc-a-brac [bríkəbræk] *n.* 《集合的》古物, 骨董(こっとう)品; 装飾的な小物. 〈注〉bric-à-brac とも書く.

‡**brick** [brik] *n.* **1** れんが; 《集合的》れんが. **2** れんが状の物: an ice-cream ～ アイスクリームの固まり. **3** 《おもちゃの》積み木. **4** たよりになる男, 快男子, 愉快なやつ; すばらしい物. ***drop a ～*** 〘俗〙へまをする, あやまちをする; 失言する. ***have a ～ in*** one's ***hat*** 〘米〙酔っている. ***like a ～*** 活発に; 猛然と. ***like a thousand of ～s*** ものすごい勢いで. ***make ～s without straw*** むだぼねをおる; 基礎をもたないで仕事をする. ***throw ～s at*** に手向かう.
—— *vt.* れんがでおおう, れんが建築にする.
～·**bat** [ニュ] れんがのかけら, れんがつぶて; 〘話〙非難, 攻撃, 侮辱: throw a ～*bat* at を非難する. ～ **clay** れんが粘土. ～ **dust** れんがくず; 赤れんがの粉末. ～·**field** [ニュ] れんが製造場. ～·**kiln** [ニュ] れんが焼きがま. ～·**lày·er** れんが職人. ～·**lày·ing** れんが積み(仕事). ～·**réd** [㊎ˊニュ] 赤れんが色の. ～·**work** [ニュ] れんがづくりの物〔建物〕; れんが積み工事. ～·**yard** [ニュ] れんが製造〔販売〕工場.
◇ ～·**y** [-i] *a.* れんがづくりの; れんが色の.

bri·cóle [brikóul/brík(ə)l] *n.* 投石器; 〘玉突き〙からコシン〔クッション〕《的玉に当たりクッションしてからほかの玉に当たること》; 間接打ち, 不意打ち.

bríd·al [bráidl] *a.* 花嫁の; 婚礼の, 新婚の: a ～ party 結婚ひろう宴. —— *n.* 結婚式, 婚礼.

‡**bride** [braid] *n.* 花嫁; 新婦. →bridegroom.
～·**cake** [ニュ] = wedding cake. ‡～·**groom** [ニュ] 花婿, 新郎. ～**s·maid** [-zmèid] 花嫁に付き添いの未婚の若い女性. ～**s·man** [-zmən, -zmæn] (*pl.* **-men**) 花婿に付き添いの未婚の若い男性.

bríde·well [bráidwel,-wəl] *n.* 〘英〙留置場, 刑務所, 感化院《St. Bride's Well 宮殿の付近にあったところから》.

†**bridge**[1] [bridʒ] *n.* **1** 橋; 陸橋; 鉄道信号橋. **2** 〘海〙船〔艦〕橋, ブリッジ. **3** 《比喩的》つなぎ, 連絡, 橋渡し. **4** 橋状のもの; 鼻柱; 〘歯〙ブリッジ, 架工義歯; 〘楽〙《弦楽器の弦をささえる》こま; めがねの橋梁(きょうりょう)部; 《玉突きの》キュー台, レスト (rest). ～ ***of boats*** 船橋. ～ ***of gold*** = ***golden*** ～ 容易な逃げ道, 退却路. ***burn*** one's ～ 背水の陣をしく.
—— *vt.* **1** に橋を渡す; 〈道が川を〉またぐ. **2** 《比喩的》の橋渡しをする, 〈間隙(かんげき)などを〉ふさぐ. ～ ***over difficulties*** 困難を乗り切る.
～·**board** [ニュ] 〘建〙ささら桁(けた). ～·**head** [ニュ] 橋の端; 〘軍〙橋頭堡(ほ): secure a ～*head* 橋頭堡を確保する. ～·**work** [ニュ] 橋梁工事; 〘歯〙ブリッジ技工.
◇ ～·**a·ble** [-əbl] *a.* **brídg·ing** *n.* 架橋; 〘建〙突っ張り; 振り止め.

bridge[2] *n.* ブリッジ《トランプ遊びの一種》: play ～ ブリッジをする. ～ **table** トランプ用テーブル《四角で脚がたためる》.

Brídge·port [brídʒpɔ̀ːrt/-pɔːt] *n.* アメリカ Connecticut 州の海港.

Brídg·es [brídʒiz] *n.* Robert ～, 1844-1930, イギリスの桂冠(けいかん)詩人.

brí·dle [bráidl] *n.* **1** 馬勒(ばろく)《おもがい・手綱の総称》. **2** 束縛; 拘束; 抑制するもの. **3** 〘海〙係留索; 〘医〙繫帯(けいたい). ***give*** a horse ***the ～*** = ***lay the ～ on*** a horse's ***neck***(馬)の手綱をゆるめてやる; (馬)を自由に活動させる. ***well up to the ～***《馬などが》従順に. —— *vt.* **1** に馬勒をつける. **2** 拘束する, 制御する. —— *vi.* そり返っていばる; そり身になる.
～ **bridge** 馬橋《馬は通れるが車の通れない橋》. ～ **hand** 手綱を取る手, 左手. ～ **path** 馬道《馬は通れるが車の通れない狭い道》. ～ **rein** 手綱.
◇ ～·**wise** [-wàiz] *a.* 手綱によく従う.

bri·dóon [bridúːn] *n.* 《軍馬の》小勒(しょうろく).

Brie [briː] ～ ***cheese*** (1) ブリーチーズ《白くて柔らかいフランスのブリー地方原産のチーズ》. (2)《ブリーチーズに似ている》アメリカチーズ.

‡**brief** [briːf] *a.* **1** 短い, 短時間の; はかない: a ～ stay in the country いなかでの短い滞在. **2** 《演説・書簡などが》簡潔な, 簡単な; 《人が》口数の少ない: a ～ report on weather conditions 簡単な気象報告. ***to be ～*** 簡単に言えば.
—— *n.* **1** 摘要, 大意; 〘法〙訴訟事件摘要書; 〘米〙《被告の》申し立て書. **2** 要領報告書; 《出撃前に飛行士に与えられる》指令(要約). **3** 〘宗〙《ローマ法王の》訓令. **4** (*pl.*) ブリーフ《また下の短い下ばき》. ***hold a ～ for*** の弁護依頼を受けている, を弁護する. ***in ～*** 要するに.
—— *vt.* **1** 〈訴訟の〉摘要書をつくる, の大意をしるす. **2** 〘英〙に弁護を依頼する. **3** 〘軍〙〈戦闘機搭乗(とうじょう)員などに〉任務内容を(手短に)指令する. **4** 〘米話〙に話す《について *on*》.
～ **bag** 〘おもに英〙書類入れかばん, 折りかばん. ～·**case** [ニュ] 〘おもに米〙書類入れかばん《ふつう皮製》.
◇ ～·**ing** *n.* 《飛行直前に飛行士に与える》命令; 簡単な指令〔報告〕. ～·**less** *a.* 訴訟依頼者のない. ～·**ly** *ad.* 簡単に, 手短に. ～·**ness** *n.*

brí·er[1] [bráiər] *n.* 〘植〙ノバラ, イバラ. ～***s and brambles*** 茂ったイバラのやぶ. ～ **rose** バライチゴ.
◇ ～·**y** [bráiəri] *a.* ノバラ〔イバラ〕の茂った.

brí·er[2] *n.* **1** ブライヤ材《たばこのパイプをつくるのに使われる》. **2** ブライヤのパイプ (=～ pipe): Will you have a ～ or a weed? パイプにしますか葉巻きにしますか. ～·**root** [ニーニュ]《たばこのパイプをつくる》ブライヤの根, ブライヤ材. ～·**wood** [ニーニュ]《たばこのパイプをつくる》ブライヤの根; ブライヤパイプ.

brig [brig] *n.* **1** 《2本マストの》帆船. **2** 〘米:軍〙営倉《特に艦内の》.

Brig. Brigade; Brigadier.

bri·gáde [brigéid] *n.* **1** 〘軍〙旅団《ふつう2個連隊から成る》: a mixed ～ 混成旅団. **2** 《特別の目的のため軍隊式に編成した》隊, 組: a fire ～ 消防隊. —— *vt.* 旅団に編制する; 組に編成する.
～ **major** 旅団副官《通例大尉》.

brìg·a·díer [brìgədíər] *n.* **1** 〘軍〙旅団長. **2** 〘米:陸軍〙准将, 代将《少将と大佐の間の階級. 正式には ～ general》. **3** 〘英:陸軍〙准将, 代将《旅団長》.

bríg·and [brígənd] *n.* 山賊, 追いはぎ, 匪賊(ひぞく).
◇ ～·**age** [-idʒ], ～·**ism** *n.* 略奪《山賊・追いはぎの行為》; 《集合的》山賊ども. ～·**ish** *a.* 山賊〔追いはぎ〕のような.

bríg·an·dine [brígəndiːn, -dàin] *n.* 《中世の》鎖かたびら.

bríg·an·tine [brígəntiːn, -tàin] *n.* 《2本マストの》帆船.

Brig. Gen. Brigadier General.

†**bright** [brait] *a.* **1** (きらきら)輝く, 光輝ある; 晴れやかな: a ～ day よく晴れた日. **2** 光に満ちた, 明るい. **3** 《色が》あざやかな; 《液体が》透明な: a ～ red. **4** 輝かしい; すてきな, すばらしい: ～ prospects 明るい見込み. a ～ idea 名案. **5** 頭のいい, 利発な; すばしこい, 機知のある. **6** 元気な, 陽気な. ～ ***and early*** 早朝(に). ***look on the ～ side of things*** 物事を楽観する. —— *ad.* 明るく.
—— *n.* **1** (*pl.*) ヘッドライト, 前照燈(の上向き位置). **2** 画家用はけの一種《毛先が短く四角い》.
～·**èyed** [㊎ ニュ] 目(元)の涼しい, 目のぱっちりした. ～·**fàced** [㊎ ニュ] 利口そうな顔をした.
◇ ‡～·**ly** *ad.* 輝かしく; 明るく. *～·**ness** *n.* ～なこと; 輝度, 光度. ～·**some** *a.* きらきら輝く.
〔類〕→ **clever**「利口な」

Bright [brait] ～***'s disease*** 〘医〙ブライト氏病《一種のじん臓病》.

‡bríght·en [bráitn] *vt.* **1 輝かせる**, 光らせる. **2** 明るくする. **3** 快活にする, 愉快にする; 元気にする, 幸福にする. **—— *vi.*** **1 輝く, 明るくなる, 光る**, 晴れる: a garden ~*ing with* flowers 花で明るい庭. **2** 晴れる. **3** 快活になる, 愉快になる, 陽気な気分になる《*up*》: Her face ~*ed*. 彼女の顔は晴れ晴れとした. **4** 幸福になる.

Bríght·on [bráitn] *n.* ブライトン《イングランド南東部の海辺避暑地》.

brill [bril] *n.* (*pl.* ~(**s**))〖魚〗平目, カレイの類.

bríl·liance [bríljəns], **-lian·cy** [-i] *n.* **1** 光輝, 輝き. **2** 華麗さ, はでさ;〖色・調子の〗強烈さ, あざやかさ. **3**〖才能・機知の〗はなばなしさ; すばらしい才気. ***shine out with great ~*** 燦然(さん)と輝く.

‡bríl·liant [bríljənt] *a.* **1 光り輝く**, きらきらと輝く: ~ jewels きらきら光る宝石. **2** すばらしい, りっぱな: a ~ achievement すばらしい業績. **3 頭の鋭い**, 才気のある.
—— *n.* **1** ブリリアントカットの宝石〔ダイヤモンド〕. **2** ブリリアント活字《3.5ポイント》.
~ cut ブリリアントカット《宝石のむだがいちばん少なく, いちばん輝く切り方. 58面が普通》.
◇ ***~·ly** [-li] *ad.*

bríl·lian·tine [bríljəntiːn, ＿－⊥] *n.* ブリリアンティン《頭髪つや出し用の香油》; ブリリアンティン生地《モヘアともめんで織った布》.

‡brim [brim] *n.* **1**《うつわの》**ふち**, **へり**: a glass filled to the ~ ふちまでいっぱいについだコップ. **2**《川・池などの》水ぎわ. **3**《帽子の》つば. ***full to the ~*** あふれるほどに.
—— *vt., vi.* (**-mm-**) ふちまでいっぱいにする〔なる〕, あふれるほどにする〔なる〕: ~ a glass *with* wine コップにブドウ酒をなみなみとつぐ. ***~ over with*** …であふれるばかりになる: ~ *over with* health and spirits 元気ではち切れそうだ.
◇ **∠·less** *a.* ふちのない, つばのない.

brím·fúl(l) [brímfúl] *a.* ふちまでいっぱいの, あふれるほどの: a cup ~ *of* wine ブドウ酒をなみなみとついだグラス. ◇ **-fúl·ly** *ad.* **-fúl(l)·ness** *n.*

brím·mer [brímər] *n.* なみなみとついだコップ〔さかずき, わん〕; 満杯.

***brím·ming** [brímiŋ] *a.* **あふれるばかりの**, なみなみとついだ: a ~ stream 満々と水をたたえた川.

brím·stone [brímstòun/-stən] *n.* **1** イオウ《sulfur の古名》. **2** 悪女, がみがみ屋. ***~ and treacle*** イオウ糖水《昔使った子どもの解毒剤》.
◇ **~·y** [-i] *a.* ~の(ような);《イオウの燃えている地獄から》地獄〔悪魔〕のような.

Brín·di·si [bríndəzi] *n.* イタリア南東部の海港.

brín·dle [bríndl] *n.* **1** まだら(色); ぶち. **2** まだら色〔ぶち〕の動物. ◇ **~d** *a.* まだら色の, ぶちの.

brine [brain] *n.* **1** 塩水; (the ~)〖雅〗海. **2**〖雅〗涙. ***the foaming ~*** 波だつ海. **—— *vt.*** 塩水につける〔浸す〕. **~ pan** 塩がま, 製塩坑. **~ pit** 塩水井戸, 塩坑.

†bring [briŋ] *vt.* (**brought** [brɔːt]) **1 持ってくる**, 連れてくる: *B~* me the book. その本を持ってきてください. *B~* your children with you. 子どもさんたちを連れてきなさい. **2** 来させる: What (wind) has *brought* you here? きみはどういう風の吹き回しでここへ来たのか. **3**〈状態・現象などを〉**もたらす**, 惹起(じゃっき)する: The south wind always ~*s* rain. 南風が吹くといつも雨が降る. The book *brought* him fame. その本で彼は有名になった. **4** 思い出させる: The letter *brought* him memories of his youth. 手紙を見ると若かりし日の記憶がよみがえった. **5** 至らしめる, 導く: ~ a meeting *to* a close 会を終わらせる. ~ a person *to* reason 人に道理をわからせる. **6** …する気にならせる《*to* (do)》: I cannot ~ myself *to* do it. それをする気にはなかなかなれない. **7**〈議論・証拠などを〉持ち出す;〖法〗〈訴訟を〉提起する. **8**〈利益・収入などを〉もたらす, 上げる: ~ a good price 高値で売れる.
〈付記〉take と bring: take は持ってゆく, 連れ去る. bring には「こちらへ」という意味がある. 例: I'll *bring* the hamburgers, and you *bring* the ice cream. (ぼくはハンバーガーを持ってくるから, きみはアイスクリームを持っておいで). ここで take が使えないのは, ピクニックの昼食場「に持ってきて」, ふたりで食べるからである. それぞれの家庭に持ちかえるなら take.
~ about 生じさせる; 成し遂げる. ***~ back*** (呼び)もどす; 思い出させる. ***~ down*** (1)〈荷物を〉おろす;〈物価を〉下げる. (2) 破滅させる, くじく. (3)〈鳥を〉射落とす. (4)〈罪を〉もたらす《に *on*》. ***~ down the house*** 満場のかっさいを博する. ***~ forth*** (1) 生む; 生じる;〈実を〉結ぶ. (2)〈証拠などを〉引き合いに出す, 発表する. ***~ forward*** 公にする; 提出する. ~ a thing ***home to*** (あることを) …の肝に銘じさせる. ***~ in*** (1) 持ち込む, 連れてくる;〈風習などを〉輸入する. (2)〈陪審員が判決を〉答申する;〈法案を〉提出する. (3)〈利益を〉生じる: Her extra job doesn't ~ *in* much, but she enjoys it. 彼女のアルバイトはたいした収入にはならないが, 楽しんでやっている. ***~ into being*** 生ずる, つくり出す. ***~ into the world***〈子を〉生む. ***~ off*** (1) 運び去る. (2) 成し遂げる: ~ *off* a speech with ease 楽々と演説をやり遂げる. (3) 思いとどまらせる. (4)〈ひなを〉かえす. ***~ on*** 起こす: Too much activity by the patient ~*s on* fever. 患者が動きすぎると熱が出る. ***~ out*** 持ち出す; 表現する; 世に出す; 出版する;〈娘を〉社交界に出す; 上演する; 回航する. ***~ over*** 改宗させる; 連れてくる; 引き渡す. ***~ round*** 〔***around***〕 (1)〈人を〉同調させる; 説き伏せる: ~ him *around* to agreeing with the plan 彼を説いて計画に賛成させる. (2) 正気づかせる. (3) 連れてくる. ***~ through***〈病人を〉助ける; 切り抜けさせる. ***~ to*** 正気に返らせる;〖海〗停船する〔させる〕. ***~ to an end*** 〔***a stop***〕 終わらせる〔止まらせる〕. ***~ together*** 集める, 招集する;〈人を〉引き合わせる. ***~ to pass*** 起こす, 生じ〔成立〕させる. ***~ under*** 鎮圧する, 屈服させる. ***~ up*** (1) 育てる, しつける. (2)〈論拠・話題などを〉持ち出す. (3)〈車を〉ぴたりと止める,〈車が〉止まる;〖海〗投錨(とうびょう)させる〔する〕. (4) 吐く, もどす.

bríng·ing-úp [bríŋiŋʌ́p] *n.* 養育, しつけ, 仕込み.

brink** [briŋk] *n.* **1**《がけの》**ふち**, **端**. **2** 水ぎわ. **3** せとぎわ, まぎわ. ***on the ~ of《死・破滅など》に瀕(ひん)して, いままさに…しようとして.

brínk·man·ship [bríŋkmənʃip] *n.* せとぎわ政策《破局一歩前まで交渉を押し詰める方式》.

brín·y [bráini] *a.* **1** 塩辛い, 塩水の; 海水の. **2** 涙の. ***the ~***〖笑〗海. [<brine]

brí·o [bríːou] *n.* 活気, 元気;〖楽〗活発. [<It.]

bri·oche [bríːouʃ, -ɑʃ/-ɔʃ, -ouʃ] F. *n.* ブリオーシュ《卵・バター入りの柔らかいパン》.

brì·o·létte [briːəlét] *n.* 西洋ナシ形の宝石《三角形のカットが全面に施されている》.

bri·quét(te) [brikét] *n., vt.* 練炭; たどん(につくる).

bri·sance [brizɑ̃ːs] F. *n.* 爆発力, 破壊力.

Brís·bane [brízbein, -bən] *n.* オーストラリア東部の海港.

bri·sé [briːzéi] F. *n.*〖バレー〗ブリゼ《片足で飛び上がり, 両足を合わせる動作》.

bríse-bise [bríːzbiːz] *n.*《窓の下半分をおおう》半カーテン, 半窓掛け.

‡brisk [brisk] *a.* **1 きびきびした, 活発な**, 元気がよい. **2**《商売など》活気のある. **3**《天気などが》ここちよい, さわやかな. **4**《飲み物が》盛んにあわだつ.
—— *vt., vi.* 活発になる〔する〕, 活気づく〔づける〕《*up*》. ***~ about*** 活発に動き回る.
◇ ***∠·ly** *ad.* **∠·ness** *n.*

brís·ket [brískit] *n.*《けものの》胸部 (の肉);〖話〗

《人の》みずおち. 「産》; トゲウオ.
brís·ling [bríslіŋ] *n.* 〖魚〗 小イワシ 《北ヨーロッパ
***brís·tle** [brisl] *n.* こわ毛, 剛毛, 針毛. ***set up** one's* [*another's*] ～ おこる〔おこらせる〕.
—— *vi.* 1 <動物が> 毛をさかだてる《*up*》. 2 <物が> さか毛のように立つ. 3 憤然とする, 怒る. 4 **満ちている**, さか毛立っている《に *with*》: Our path ～*d with* difficulties. われわれの道は多難であった.
—— *vt.* 1 さかだてる. 2 にこわ毛を植える〔植え付ける〕. **～·tail** [´-ˌ-] 〖虫〗 シミ. **◇ brís·tly** [brísli] *a.* 1 こわい毛の(多い). 2 毛のさかだった.
brís·tling[1] [brísliŋ] *a.* 1 剛毛のはえた. 2 …に満ちた: ～ *with* difficulties 多難の. 3 毛をさかだてた; 怒りに満ちた: a ～ message 憤激したたより.
brís·tling[2] = brisling.
Brís·tol [brístl] *n.* イギリス西南部の海港.
～ board 《名刺・カード・図画用の》上質板紙. **～ Channel** ブリストル海峡.
brit [brit] *n.* (鯨のえさになる) ミジンコ〔幼魚〕の群れ.
Brit. Britain; Britannia; British.
‡Brít·ain [brít(ə)n] *n.* **大ブリテン島** (＝Great ～) 《England, Wales, Scotland を含む》. ***Greater* ～** イギリス連邦《自治領・植民地をも含む》.
Bri·tán·ni·a [britǽniə, -njə] *n.* 1 ブリテン《Britain のラテン名》. 2 = Great Britain. 3 = the British Empire. 4 〖雅〗 Britain または British Empire を象徴する女性〔擬人名〕. **～ metal** ブリタニア《スズ・アンチモン・銅の合金》.
Bri·tán·nic [britǽnik] *a.* (大)ブリテンの(British). ***His* [*Her*] ～ *Majesty*** イギリス国王〔女王〕陛下《略 H.B.M.》.
Brít·i·cism [brítisiz(ə)m] *n.* イギリス特有の語句〔語法〕《gasoline を petrol, elevator を lift と称するなど》. →Americanism.
‡Brít·ish [brítiʃ] *a.* 1 **イギリスの**, イギリス国民の. 2 イギリス連邦の. 3 古代ブリトン人の.
—— *n.* 1 《集合的》イギリス人. 2 (イギリス) 英語. 3 古代ブリトン語; 古代ブリトン語から発達した諸言語《ウェールズ語・コーンウォール語・ブリトン語》.
～ Academy, the 大英学士院. **～ America** アメリカ大陸または付近のイギリス領; カナダ. **～ Association, the** 大英協会. **～ Columbia** カナダの西南部の州. **～ Commonwealth (of Nations), the** イギリス連邦《the United Kingdom of Great Britain and Northern Ireland, Canada, Australia, New Zealand, Cyprus, India, Pakistan, Malaysia, Ghana, Nigeria その他を含む》. **～ Council, the** 英国文化振興会. **～ East Africa** イギリス領東アフリカ《Kenya, Tanganyika Territory, Uganda, Zanzibar を含む》. **～ Empire, the** 大英帝国《イギリス連邦(British Commonwealth of Nations)の旧称》. **～ English** イギリス英語. **～ Isles, the** イギリス諸島《Great Britain, Ireland, the Isle of Man その他の小島を含む》. **～ Museum, the** 大英博物館. **～ thermal unit** イギリス熱量単位《1ポンドの水を華氏1度上げるのに要する熱量》. **～ West Indies** イギリス領西インド諸島《Bahama Islands, Barbados, Jamaica などを含む》.
◇ ～·er *n.* 〖米〗イギリス人. **～·ism** *n.* = Briticism.
Brít·on [brít(ə)n] *n.* 1 ブリテン島の住民. 2 ブリトン人《古代南部イングランドにいたケルト系種族》.
bríts·ka [brítskə] *n.* 4 輪ほろ馬車. 〔＜Polish〕
Brít·ta·ny [brít(ə)ni] = Bretagne.
Brít·ten [brít(ə)n] *n.* Benjamin ～, 1913– イギリスの作曲家・ピアニスト・指揮者.
brít·tle [brítl] *a.* 1 砕けやすい, 欠けやすい, もろい: Glass and ice are ～. ガラスや氷は砕けやすい. 2 はかない. 3 おこりっぽい: a ～ temper おこりっぽい気質. —— *n.* (ナッツ入り) カルメ焼き, 豆板.
◇ ～·ness *n.*

brítz(s)·ka = britska.
Br·no [bə́ːrnou] *n.* ブルノ《Czechoslovakia 中部の都市》.
bro. brother.
broach [broutʃ] *n.* 1 焼きぐし. 2 きり《たるに口をあけるための》. 3 穴ぐり器. 4 錠前の中のかぎ受け棒. 5 尖塔(せんとう). —— *vt.* 1 くしに刺す. 2 <たるに> 口をあける. 3 《たるから》出す: ～ beer from a keg. 4 話し出す, 切り出す. 5 <石材を> 仕上げる. —— *vi.* 1 <船が> 舷側(げんそく)を(風に)向ける《へ *to*》. 2 <魚・潜水艦などが> 浮上する.
‡broad [brɔːd] *a.* 1 **幅の広い; 広大な**: a ～ street 広い街路. a ～ expanse of water 広々とした水面. 2 《経験・識見などが》広い, 広範囲にわたる; 《心が》寛大な. 3 **大ざっぱな**, だいたいの; 主要な: in a ～ sense 広義で. ～ outlines 概要. ↔narrow. 4 さえぎる物もない, 満ち満ちた. 5 あからさまな, 明瞭(めいりょう)な: a ～ hint すぐそれとわかる暗示. 6 慎みのない, 手放しの, 《ことばが》露骨な, むき出しの; 地方なまり丸出しの: ～ mirth 底抜けの陽気. a ～ smile 破顔大笑. a ～ joke 下品な冗談. ～ Scotch 丸出しのスコットランドなまり. 7 〖音声〗開口音の: ～ a 《half, laugh などの [ɑ] 音》.
as ～ as it is long 長さと幅がおなじ; 結局おなじことで. ***in a ～ way*** 大まかに言えば. ***in ～ daylight*** 真っ昼間に, 白昼に.
—— *ad.* 1 広く, 十分に: ～ awake すっかり目をさまして. 2 ひどいなまりで: speak ～ いなか弁丸出しで話す.
—— *n.* 1 幅. 2 広い部分; 手のひら; 《イギリスの Norfolk 地方で川からできた》沼, 湖. 3 〖俗〗女.
～ arrow 太い矢じりの印《イギリス政府の所有品に押す》. **～·ax(e)** [´ˌ-] まさかり; 大おの《昔の武器》. **～·band** [´ˌ-] 〖電〗広帯域の. **～ bean** 〖植〗ソラマメ. **～-blówn** 《花が》満開の. **～·brim** [´ˌ-] つばの広い帽子; 〖話〗クエーカー教徒. **～-brímmed** 《帽子の》つばの広い. **‡～·cast** →別項. **B～ Church** 《イギリス国教の》広教会派. **～·cloth** [´ˌ-] (1) 《シャツ地などに使われる》ブロード (＝cotton 〔silk, rayon〕 ～cloth). (2) 上等でなめらかなウール地 (＝woolen ～cloth). **～-fáced** 顔の幅広い, 丸顔の. **～ gauge** [**gage**] 《鉄道の》広軌. **～ glass** 窓ガラス. **～ jump** 〖米〗幅とび. **～·loom** [´ˌ-] 《じゅうたんなどの》幅広に織った. ***～-mínd·ed** 心の広い, 寛大な, 偏見のない. **～ rule** 一般的基準. **～·sheet** [´ˌ-] 片面印刷の大判紙《広告・ポスターなど》. **～·side** →別項. **～·sword** [-sɔ̀ːrd/-sɔːd] 刃の広い刀, だんびら. **～ transcription** 〖音声〗略式表記法. →narrow transcription. **～·wife** [´ˌ-] 《夫が別の主人に所有されている》女どれい.
◇ ‡～·en [brɔ́ːdn] *vi.*, *vt.* 広がる, 広げる; 広くなる〔する〕, 拡張する. **～·ish** [-iʃ] *a.* いくぶん広過ぎの, 広気味の. **～·ness** *n.* あからさま, 丸出し. 〈注〉「幅の広さ」の意味には breadth を使う. **～·wise** [´ˌ-], **～·ways** [´ˌ-] *ad.* 横ざまに.
(類義語) **広い: broad, wide** ほとんど区別なく使われるが wide には「隔たった」という観念がある. また wide は長い物の「幅」が広いばあいに用いられる: a *wide* tape 幅広テープ. at *wide* intervals 広い間隔をおいて. **large** (空間的に) 大きい: a *large* room 広いへや. **vast** 広大な. 広さ以外にも用いる: *vast* plains 広大な平野. *vast* sums of money 膨大な金額. **open** さえぎるもののない: an *open* field 広々とした野.
‡bróad·cast [brɔ́ːdkæ̀st/-kɑːst] *vt.*, *vi.* (**-cast**) 1 (ラジオで) **放送する**. 〈注〉このばあい過去・過去分詞には **-cast·ed** [-id] もある. 2 <種などを> ばらまく; <うわさなどを>広める. 3 〖俗〗<次の行動などを> うっかりもらす《敵などに》. —— *n.* 1 放送; 放送番組. 2 散布. —— *a.* 1 一般に広まった. 2 散布の. —— *ad.* ばらまきにして; 広い範囲に.

◇ ～·**er** [-ər] *n.* 1 放送者; 放送関係の施設. 2 《種子》散布器. ～·**ing** *n.*, *a.* ラジオ放送(の): a ～*ing* station 放送局.

bróad·ly [brɔ́:dli] *ad.* 1 広く; 広範囲にわたって. 2 だいたい; 大ざっぱに. 3 大っぴらに, あからさまに; 露骨に, 下品に. 4 方言丸出しで. ～ ***speaking*** 大ざっぱに言えば.

bróad·side [brɔ́:dsàid] *n.* 1 大きな物体の広い面. 2 舷側(げんそく); 片方の舷の大砲の全部; いっせい射撃. 3《特に新聞での》激しい攻撃; 〖話〗激しい悪口. 4 =broadsheet. ～ ***on*** [***to***] に舷側を向けて. —— *ad.* 舷側を向けて; 横になって.

Bróad·way [brɔ́:dwèi] *n.* ブロードウェー《ニューヨーク市を南北にはしる繁華街, 興行事業中心地区》. ***go to*** ～《地方回りから》ひのき舞台に上がる.

brob [brɑb/brɔb] *n.* 材木どうしの衝突を防ぐくさび.

Brób·ding·nag [brɑ́bdiŋnæ̀g/brɔ́b-] *n.* 巨人国《Swift 作 *Gulliver's Travels* 中の》. 〈注〉Brobdignag とも誤っていわれる.

Bròb·ding·nág·i·an [brɑ̀bdiŋnǽgiən/brɔ̀b-] *a.* 巨人国の; 巨人国の巨人のような; 巨大な. —— *n.* 巨人.

bro·cáde [brokéid] *n.* 浮き織り, にしき織り; 金襴(きんらん), どんす. —— *vt.* にしき織りにする; 金襴[どんす]で飾る. ◇ **bro·cád·ed** [-id] *a.* にしき織りの.

bróc·co·li [brɑ́kəli/brɔ́k-] *n.* 〖植〗ブロッコリ《cauliflower に似ている. 食用》.

bro·ché [brouʃéi/ ́ー] F. *a.* 浮き織りの, にしき織りの. —— *n.* にしき織り.

bro·chúre [broʃúər/bróuʃjuə] *n.* 小冊子, パンフレット; 仮とじ本. [<F.]

brock [brɑk/brɔk] *n.* 〖動〗アナグマ; むさ苦しい人.

bróck·et [brɑ́kit/brɔ́k-] *n.* 2歳の雄ジカ; 小ジカ《南アメリカ産》.

bró·die [bróudi] *n.* 〖俗〗 1 大失敗, へま. 2 (橋からの) 投身自殺.

bró·gan [bróugən] *n.* そまつな皮ぐつ.

brogue[1] [broug] *n.* がんじょうな皮ぐつ; 細かな飾り穴のある短ぐつ; 魚つり用の防水ぐつ; ゴルフ用のくつ.

brogue[2] *n.* アイルランドなまり; 地方なまり. ◇ **bró·guish** [bróugiʃ] *a.*

brói·der [brɔ́idər], **-der·y** [-d(ə)ri] 〖雅・古〗 = embroider, embroidery.

broil[1] [brɔil] *vt.* 1 〈肉を〉焼く, あぶる. 2 熱する, こがす. —— *vi.* 1 焼ける. 2 (炎熱で) 焼け付く, ひどく暑い: ～ in the hot sun 暑い日ざしに焼け付く思いである. 3 かんかんにおこる. —— *n.* 1 焼く[あぶる]こと. 2 焼いた食品. 3 炎熱. ◇ ～·**er** [-ər] *n.* 1 あぶる人[器具]. 2《大量飼育による》焼き肉用鶏. ～·**ing** *a.* 焼け付く(ような); 酷暑の.

broil[2] *n.* 大げんか, 口論, 騒動. —— *vi.* 大げんかする, 口論する, 騒動を起こす. ◇ ～·**er** *n.*

bró·kage [bróukidʒ] =brokerage.

†**broke** [brouk] *v.* break の過去形・〖古〗過去分詞. —— *a.* 〖俗〗一文なしの, 破産した. ***dead*** ～ まるっきり無一文の. ***go*** ～ 無一文になる. ***go for*** ～ 死ぬ気でがんばる. —— *n.* 粗悪品《紙・毛などの》.

†**bró·ken** [bróuk(ə)n] *v.* break の過去分詞. —— *a.* 1 砕けた, こわれた, 破れた, 折れた. 2 切れ切れの, 断続的な; でこぼこな: a ～ sleep とぎれがちの眠り. in ～ words ことばもとぎれがちに. a ～ country 道の悪い[へんぴな]いなか. 3 落胆した; 悲嘆に沈んだ; 衰弱した: ～ spirit 失意. 4 破産した. 5 《馬などが》調教された. 6《誓い・約束などが》破られた. 7 でたらめな, 変則な: ～ English でたらめ英語. 8 はしたの, 半ぱの: ～ money 小銭. ～ **color** 《絵の具の点々で画面をつくる》点描派の画法. ～-**dówn** 《機械・家具・馬などが》役にたたなくなった, こわれた; 《人が》健康をそこねた; 崩壊した, 破壊した. ～ **heart** 失意, 失恋. ～-**héart·ed** 心を打ちひしがれた, 傷心の; 失恋した. ～ **line** 破線; 折れ線; 高速道路における車線変更禁止マーク. ～ **lot** 〖商〗端株(はかぶ). ～ **meat** 残り肉; 食事の残り. ～-**nécked** 首の骨を折った; すっかりこわれた[だめになった]. ～ **number** 端数, 分数. ～ **reed** 折れた葦(あし); たよりにならない人. ～ **tea** 粉茶. ～ **time** 余暇. ～ **water** 《浅瀬などに》さわぐ波. ～ **weather** 不順の天候. ～-**wínd·ed** [-wíndid] 息切れのする, 呼吸のせわしい; 〖医〗《馬などが》内羅(ないら)にかかった《馬のぜんそく》. ◇ ～·**ly** *ad.* とぎれがちに; 変則的に. ～·**ness** *n.*

bró·ker [bróukər] *n.* 1 ブローカー, 仲買人, 周旋屋. 2 株式仲買人. 3〖英〗古物商, 質屋. 4《差し押え物件の》売却人, 鑑定人. ***bill*** [***exchange***] ～ 手形仲買人. ◇ ～·**age** [-kəridʒ] *n.* 仲買(業); 仲買手数料.

bró·king [bróukiŋ] *n.*, *a.* 仲買(業); ブローカーの.

bról·ly [brɑ́li/brɔ́-] *n.* 〖英俗〗こうもりがさ《umbrella のなまり》.

bró·mal [bróumæl] *n.* 〖化〗ブローマル《鎮痛・催眠剤》.

bró·mate [bróumeit] *n.* 〖化〗臭素塩酸. —— *vt.* 臭素と化合させる.

bró·mic [bróumik] *a.* 〖化〗臭素を含む. ～ **acid** 臭素酸.

bró·mide [bróumaid] *n.* 1 〖化〗臭化物, 臭化カリ; 《臭化物の》鎮静剤. 2 言い古された文句; 平凡な人. ～ ***of potassium*** =***potassium*** ～ 臭素カリウム. ～ **paper** 〖写〗ブロマイド(紙)《臭化銀を用いた印画紙》.

bro·míd·ic [bromídik] *a.* bromide の; 〖米話〗月並みな, 平凡な.

bró·mine [bróumi:n, -min], **bró·min** [bróumin] *n.* 〖化〗臭素《元素の一つ. 記号 Br》.

bró·mism [bróumiz(ə)m] *n.* 〖医〗臭素中毒.

bró·my·rite [bróumiràit] *n.* 〖鉱〗臭銀鉱.

brón·chi·a [brɑ́ŋkiə/brɔ́ŋ-] *n. pl.* 〖医〗気管支.

brón·chi·al [-kiəl] *a.* 〖医〗気管支の. ～ **catarrh** 気管支カタル. ～ **tube** 気管支. ◇ ～·**ly** *ad.*

bron·chí·tis [brɑnkáitis, brɑŋ-/brɔŋ-, brɔn-] *n.* 〖医〗気管支炎. ◇ **bron·chít·ic** [-kítik] *a.*

brón·cho =bronco.

bròn·cho·pneu·mó·nia [brɑ̀ŋkon(j)u:móunjə, -niə/brɔ́ŋkonju:-] *n.* 〖医〗気管支肺炎.

brón·chus [brɑ́ŋkəs/brɔ́ŋ-] *n.* (*pl.* **-chi** [-kai]) 〖医〗気管支.

brón·co [brɑ́ŋkou/brɔ́ŋ-] *n.* (*pl.* ～**s**) 1 《アメリカ西部の》野生馬. 2〖カナダ俗〗イギリス人; イギリスからの新しい移民. ～·**bùst·er** [-bʌ̀stər] 《アメリカ西部の》野生馬を慣らすカウボーイ.

Brón·të [brɑ́nti/brɔ́n-] *n.* Charlotte ～, 1816–55; Emily ～, 1818–48; Anne ～, 1820–49, 3人姉妹のイギリスの小説家.

bròn·to·sáu·rus [brɑ̀ntəsɔ́:rəs/brɔ̀n-] *n.* 〖古生〗雷竜(らいりゅう)《dinosaur の一種》.

Bronx [brɑŋks/brɔŋks] *n.* 1 (the ～) ニューヨーク市北部の一区. 2 カクテルの一種. ～ **cheer** 〖米俗〗くちびるを鳴らすやじ.

‡**bronze** [brɑnz/brɔnz] *n.* 1 **青銅**; 青銅製品. 2 青銅色. —— *a.* 1 青銅製の: a ～ statue 銅像. 2 青銅色の. —— *vt.*, *vi.* 1 青銅色にする[なる]. 2《日焼けして》かっ色にする[なる]. 3 鉄面皮にする. ～ **age, the** 〖神話〗青銅時代《silver age に続く戦争の時代》; (B～ Age) 青銅器時代. ～·**smith** [́ ̀] 青銅職人. **B**～ **Star Medal** 〖米〗青銅星章《飛行以外の勇敢な行為に対して与えられる》. ◇ **brónz·ing** *n.* 青銅仕上げ[飾り]. **brónz·y** *a.*

brooch [broutʃ, ㊍+bru:tʃ] *n.* ブローチ, えりどめ.

‡**brood** [bru:d] *n.* 1 **一かえりのひな**; 《動物の》一腹の子; 《通例けいべつ的》一家族, 子どもたち. 2《人・動物・物などの》群れ, 種族, 種類. —— *a.* 1《子を生ませるための》種になる: a ～ mare 種雌馬. 2 卵

をかかえる: a ～ hen 抱きどり.
—— *vi.* **1** 卵を抱く, 巣につく. **2** 考え込む, 気に病む《について *over, on*》. **3** 〈雲・霧・憂いなどが〉立ち込める, 静かにおおう《の上に *over, on*》. —— *vt.* **1** 〈卵を〉抱く. **2** じっと考える. [breed と同語源]
◇ **∼·er** *n.* ～する人; 保育器. **∼·ing·ly** *ad.* 考え込んで, 思いに沈んで.

bróod·y [brú:di] *a.* **1**《鶏が》巣につきたがる; 繁殖に適した. **2** くよくよする, 考え込む. ◇ **-i·ness** *n.*

‡**brook**[1] [bruk] *n.* 小川. **∼·lime**〘植〙カワヂシャ. **∼ trout**〘魚〙カワマス《北アメリカ東部産》.
◇ **∼·let** [-lit] *n.* 細流, 小川.

brook[2] *vt.*《おもに否定形で》がまんする, 忍ぶ, 耐える: I can*not* ～ his insults. 彼の侮辱にがまんができない.

Bróok·lyn [brúklin] *n.* ロングアイランドにあるニューヨーク市の一区.

‡**broom** [bru:m, brum] *n.* **1** ほうき; デッキブラシ《柄と毛の長い》. **2**〘植〙エニシダ. ***a man with the ～*** 改革者. ***A new ～ sweeps clean.***〘ことわざ〙新任者は悪弊の一掃に熱心である.
—— *vt.* **1** ほうきでそうじする, 掃き出す. **2** 〈くい・くぎ〉の頭をたたいてつぶす.
∼·corn [∠∸]〘植〙ホウキモロコシ. **∼·rape** [∠∸]〘植〙ハマウツボ属の寄生植物. **∼·stick** →別項.
◇ **∼·y** *a.* エニシダの多い〔に似た〕.

bróom·stick [brú:mstik, brúm-] *n.* ほうきの柄. ***marry* [*jump*] *over the ～*** 内縁関係を結ぶ.

Bros., bros. brothers. 〈注〉兄弟で経営する商社などに使う: Smith *Bros.* スミス兄弟商会.

brose [brouz] *n.*〘スコットランド〙オートミールに熱湯・牛乳などをかけた食品. ◇ **brós·y** *a.*

broth** [brɔ:θ/brɔθ, brɔ:θ] *n.* (*pl.* **∼s** [-θs])《肉や魚の》薄いスープ; 吸いもの. **∼ *of a boy〘アイルランド〙快男児. ◇ **∼·y** *a.*

bróth·el [brɔ́:θ(ə)l/brɔ́θ-] *n.* 売春宿.

†**bróth·er** [brʌ́ðər] *n.* (*pl.* **∼s**; ④ では **bréth·ren** [bréðrin]) **1** 兄弟, 兄, 弟: a whole [full] ～ 両親をおなじくする兄弟 (= ～-german). a half ～ 異父〔母〕兄弟. **2** 仲間, 同僚. **3** 同胞. **4** 同信者, 同一教会員, 同業者, 同クラブ会員. **5**《君主・裁判官間の呼びかけ》卿(けい). **∼ *in arms*** 戦友. **∼ *of the angle*** つり師. **∼ *of the brush*** ペンキ屋, 画家.
—— *vt.* 兄弟と呼ぶ; と兄弟づきあいをする.
∼-gér·man [-dʒə́:rmən] 同父母の兄弟.
∼-in-law [brʌ́ðərinlɔ:] (*pl.* **∼s-in-law**) 義理の兄弟. **B∼ Jonathan** →Jonathan.
◇***∼·hood** [-hùd] *n.* **1** 兄弟の間柄; 兄弟愛: international ～*hood* 国際親善. **2** 友の会, 協会, 組合; 同業者.

bróth·er·ly [-li] *a.* 兄弟の, 兄弟らしい; 親密な, 親身になっての. ◇ **-li·ness** *n.* 兄弟愛; 友愛, 親密.

bróugh·am [brú:əm, bru:m, ㊎+bróuəm] *n.*《運転手席が車体の外側にある》ブルーム型馬車〔自動車〕.

†**brought** [brɔ:t] *v.* bring の過去・過去分詞.

brou·há·ha [bru:há:ha:] *n.* 世間の興奮, 騒ぎ; (つまらないことをめぐっての) 激論.

‡**brow**[1] [brau] *n.* **1** 額(ひたい). **2** (通例 *pl.*)まゆ毛(= eyebrows). **3** がけのふち; 山の端. ***draw the ～s together*** しかめっつらをする. ***knit* [*bend, wrinkle*] *the ～s*** まゆをひそめる, 額にしわをよせる.
∼ ague 偏頭痛. **∼ antler** シカの角の最初の分かれ枝. **∼·beat** [-bì:t] (**∼·beat**; **∼·beat·en** [-bì:tn])《顔・ことばなどで》威嚇する: ～*beat* a person *into* agreeing おどして承知させる.

brow[2] *n.*〘海〙《桟橋(さんばし)から船に渡す》板道.

†**brown** [braun] *a.* 茶かっ色の, キツネ色の;《膚が》日焼けした. ***do ～***〘俗〙うまく欺く. ***do up ～*** すっかりやり上げる. —— *n.* **1** 茶かっ色; かっ色の絵の具〔染料〕. **2**〘俗〙銅貨. **3** (the ～) かっ色の飛ぶ鳥の群れ. ***fire into the ～*** 飛ぶ鳥の群れを撃つ; 群衆に向かってでたらめに撃つ. —— *vt., vi.* かっ色にする〔なる〕. **∼ *off***〘俗〙たいくつする; しょげさせる. **∼ *out***〘米〙燈火管制をする;《節電のため》電燈を暗くする.
∼ bear ヒグマ. **B∼ Bess** 旧式火打ち石銃. **∼ betty** パイの一種. **∼ bread** 黒パンの類. **∼ coal** かっ炭. **B∼ George** → George. **∼·out** [∠∸] (1) 警戒〔準備〕燈火管制《電力節約・空襲に備えて》. →blackout. (2)〘米〙電圧低下. **∼ paper** 茶色の包装紙, ハトロン紙. **B∼ Race** マラヤ人種. **∼ rice** 玄米. **B∼ Shirt** ナチス党員. → Black Shirt. **∼·stone** [∠∸] (1)〘米〙赤かっ色の砂岩《高級建築用》; それを使った建築. (2)《砂岩の建物に住む》裕福な階級の. **∼ study** 夢想にふけること. **∼ sugar** 赤砂糖. **B∼ Swiss** スイス原産の乳牛. **∼ thrasher**《北アメリカ東部産の》鳴き鳥の一種. **∼ trout** = brook trout. **∼ ware**《普通の》陶器.
◇***∼·ish** *a.* かっ色がかった. **∼·ness** *n.* かっ色. **∼·y** *a.* =brownish.

brówn·ie [bráuni] *n.* **1** ブローニー型写真機. **2**〘米〙クルミ入りチョコレートケーキ. **3** (B∼) 少女団 (㊎ Girl Scouts, ㊋ Girl Guides) の幼少団員《8 歳–11歳》. **4**〘スコットランド伝説〙夜農家に来て仕事をするという善良な小妖精(ようせい).

Brówn·ing [bráuniŋ] *n.* **1** Robert ～, 1812–89, イギリスの詩人. **2** Elizabeth Barrett [bǽrit-] ～, 1806–61, Robert ～ の夫人, 詩人. **3** ブローニング式自動拳銃(けんじゅう).

browse [brauz] *vi.* **1** 〈家畜などが〉かじり食う: ～ *on* leaves 葉を食べる. **2** 本を拾い読みする, 漫然と本を読む. —— *vt.* **1** 〈若葉などを〉食う. **2** 放牧して…に食べさせる. **3** 拾い読みする. **4** 〈書だな・書店を〉あさる. —— *n.* **1** 新芽, 若葉, 小枝. **2** 若葉などを食べること: enjoy a ～ 若葉を食べる. ***be at ～*** 新芽〔若葉〕を食べている.
◇ **bróws·er** [-ər] *n.* **1** 放牧牛; 若芽を食べるシカ. **2** 拾い読みする人.

brù·cel·ló·sis [brù:səlóusis] *n.*〘医〙ブルセラ病《熱病の一種》.

brúc·ine [brú:si:n, -sin/-si:n], **brúc·in** [-sin] *n.*〘化〙ブルシン《有毒なアルカロイド》.

brú·in [brú:in] *n.* クマ《中世のキツネ物語でしばしば固有名詞として》.

‡**bruise** [bru:z] *n.* **1** 打ち身, 打ち傷. **2**《野菜・くだものなどの》いたみ, きず. —— *vt.* **1** に打ち傷をつける, にあざをつける. **2** 〈感情を〉傷つける, そこねる. **3** 〈薬・食物などを〉つぶす, 押しつぶす, 打ち砕く. **4**〘狩俗〙むちゃに乗り回す《*along*》. —— *vi.* **1** あざができる. **2** 〈感情が〉傷つけられる: His feelings ～ easily.
◇ **brúis·er** [-ər] *n.* 乱暴者;《パンチのきく》拳闘(けんとう)家; 乱暴な騎手.

bruit [bru:t] *n.* **1**〘古〙風説; 騒ぎ. **2**〘医〙(聴診器で聞き取れる) 異状音. —— *vt.* 言いふらす, うわさする.

brume [bru:m] *n.* 霧, もや, 水蒸気.
◇ **brú·mal** [brú:m(ə)l], **brú·mous** [-məs] *a.* 霧の深い; 冬の(ような); 荒涼たる.

brúm·ma·gem [brʌ́mədʒəm] *a.*〘話〙安物の; まがい物の. —— *n.* 安物; まがい物 (の宝石).

brunch [brʌntʃ] *n.*〘話〙朝食兼昼食,《昼食を兼ねる》おそい朝飯. —— *vi.* 朝食兼昼食をする. [< *br*eakfast + l*unch*] **∼ coat** ひざまでのへや着.

bru·nét [bru:nét] *a.* ブルネットの, 黒みがかった髪の毛と目をもった. —— *n.* ブルネットの男.

bru·nétte [bru:nét] *a.* ブルネットの. —— *n.* ブルネットの女.

Brúns·wick [brʌ́nzwik] *n.* ブラウンシュバイク《ドイツ中部の州, その州都》. **∼ black** 一種の黒色ワニス. ～ **line, the** イギリスの Hanover 家の家系.

brunt** [brʌnt] *n.* 攻撃のほこ先 〔主力〕. ***bear the～ of の矢面に立つ.

‡**brush**[1] [brʌʃ] *n.* **1** ブラシ, はけ. **2** ブラシをかけること: give a ～ 一はけブラシをかける. **3** 筆, 画筆; 画法, 画流. **4**〖電〗ブラシ. **5** 小ぜりあい, 衝突. **6** ブラシ状の物; キツネの尾; 帽子の羽根飾り. ***at a ～*** 一挙に. ***at the first ～*** 最初の小ぜりあいで; 最初に〔から〕.

—— *vt.* **1** にブラシをかける; みがく. **2** 払い落とす《*off, away*》: ～ *away* one's tears 涙をふきとる. **3** そそくさとかたづける, 無視する《*aside, away*》. **4** かすって通る: My shoulder ～*ed* the wall. —— *vi.* すれ合って通る; 疾走して過ぎてゆく《*by, past, off, over*》. ～ ***against*** に突き当たる. ～ ***off*** (1) 払い落とす; 払いのける; 拒絶する, …にひじ鉄をくらわす. (2) 立ち去る. ～ ***over*** 上を軽く塗る. ～ ***through*** すれ合って通る. ～ ***up*** (***on***) (1) (に) ブラシをかける. (2) (…に) みがきをかける; 〈古くなったものを〉 生き返らせる: ～ *up* (*on*) one's French (忘れかけた) フランス語を学び直す.

～-burn [´‿] かすり傷. ～ **cut** (頭髪の) 短い刈り方. ～ **discharge** 〖電〗 ブラシ放電. **～-off** [´‿]〖米俗〗拒絶, 解雇. **～-pen** [´‿] 繊維質の先端を持ったペン. ～ **pencil** 絵筆. **～·up** [´‿] (1) ～ up すること: He gave his Spanish a ～*up* before his trip to Mexico. メキシコ旅行の前にスペイン語を復習した. (2) みがき; 〖運動のあとなどの〗身繕い. ～ **wheel** そうじ用ブラシ車. **～·work** [´‿] ブラシ仕事《ペンキ塗りなど》; 画風, 画法.

◇ **～·y** *a.*

brush[2] *n.* **1** 低木の茂み, やぶ. **2**〖米〗そだ, しば. **3**〖米〗未開拓地. ～ **fire** やぶ火事, 林などの小規模の火事《forest fire に対する》. **～-fire** [´‿]《戦闘について》小規模の. ～ **hook** やぶ刈りがま. **～·wood** [´‿] 折った小枝, そだ, しば; やぶ, 低木の茂み. ◇ **～·y** *a.*

brusk [brʌsk] ＝brusque.

brusque [brʌsk/brusk] *a.* ぶっきらぼうな, そっけない, ぶあいそな. ◇ **～·ly** *ad.* **～·ness** *n.*

Brús·sels [brʌ́slz] *n.* ブリュッセル《ベルギーの首都》. ～ **carpet** ブリュッセルじゅうたん. ～ **lace** ブリュッセルレース. ～ **sprouts** 芽キャベツ.

brú·tal [brú:tl] *a.* **1** けだもののような; 獣的な, 畜生のような;肉欲的な. **2** 残忍な; 暴力的な; 野蛮な. **3**《ことばなどが》荒々しい, 激しい. [＜brute]

◇ **～·ism** [-ìz(ə)m] *n.* 獣性, 残忍性. **～·ly** *ad.*

bru·tál·i·ty [bru:tǽləti] *n.* **1** 獣性, 野蛮性. **2** 残忍な行為, 野蛮行為.

brú·tal·ize [brú:t(ə)làiz] *vt., vi.* **1** 獣的にする〔なる〕; 野蛮にする〔なる〕, 残忍にする〔なる〕. **2** に残忍なしうちをする, に暴行を加える.

‡**brute** [bru:t] *n.* **1** けもの, 畜生; (the ～s) 獣類. **2** 人非人;〖話〗いやなやつ. **3** (the ～)《人間のなかの》獣欲, 獣性. →beast.

—— *a.* **1** 畜生のような, 残忍な. **2** 理性のない, 盲目的な: ～ courage 蛮勇. ～ force 暴力. **3** 獣欲的, 肉欲の. **4** 無情の, 無感覚の: ～ matter 無生物.

◇ **brút·i·fy** [-ifài] *vt., vi.* ＝brutalize ①. **brút·ish** *a.* 残忍な.

Brú·tus [brú:təs] *n.* Marcus [má:rkəs-] ～, 85–42 B.C., ローマの政治家. ジュリアス=シーザーの暗殺者. ***Et, tu, Brute!*** [et-t(j)ú:-brú:ti/-tjú:-] おまえもか, ブルータス!《シーザーが最後に叫んだことば. Brute は Brutus の呼びかけのときの形》.

Bryce [bráis] *n.* James ～, 1838–1922, イギリスの政治家・著作家.

bry·ól·o·gy [braiɑ́lədʒi/-ɔ́l-] *n.* 蘚苔(せんたい)学.

brý·o·ny [bráiəni] *n.*〖植〗ブリオニア《ヨーロッパ産ウリ科のつる草. その根は下剤》.

brý·o·phyte [bráiəfàit] *n.*〖植〗コケ.

brỳ·o·zó·an [bràiəzóuən] *n., a.*〖動〗コケムシ類(の).

B.S. Bachelor of Science; Bachelor of Surgery. **b.s.** balance sheet; bill of sale. **B.S.A.** Boy Scouts of America; British South Africa. **B.Sc.** Bachelor of Science. **bskt.** basket. **Bs/L** bills of lading. **Bt.** Baronet. **bt.** bolt; bought. **B.Th.** Bachelor of Theology. **Btry.** Battery. **B.T.U., B.Th.U., Btu, B.t.u.** British thermal unit(s). **bu.** bureau; bushel(s).

bub [bʌb] *n.* 〖米話〗兄弟; 子ども, 少年, 坊や《呼びかけに使う》.

bú·bal(e) [bjú:bəl], **bú·ba·lis** [-lis] *n.*〖動〗カモシカの一種《アフリカ産》.

‡**búb·ble** [bʌ́bl] *n.* **1** あわ, 気泡(きほう). **2** あわのような計画〔野心〕; 詐欺. **3** 煮えたぎり; あわだち (の音). **4** 小さな球形ドーム.

〈付記〉 foam や froth が, あわの集まりであるのに対し, bubble は一つ一つのあわをいう.

blow (***soap***) **～*s*** シャボン玉を吹く. ～ ***and squeak*** 野菜と肉のいためたもの; とりとめのないほら. ***prick a ～*** シャボン玉を突き破る; 化けの皮をはぐ.

—— *vi., vt.* **1** あわだつ〔だてる〕; 沸騰する〔させる〕. **2** 〈小川・泉が〉 あわをたてて流れる. **3**〖古〗だます. ～ ***over*** 沸き立つ; 満ちあふれる; に夢中になる, に熱狂する. ～ ***up*** 沸き立つ; 栄える. ～ ***with***《興奮・考え・にぎわいなどで》沸き立つ: ～ *with* laugh 笑いさざめく. ～ *with* new ideas《頭が》新しいアイディアでいっぱいである.

～ **bath** 浴槽(よくそう)に投入するあわたてせっけん《粉末・液体》; それを入れた浴槽〔入浴〕. ～ **company** 泡沫(ほうまつ)〔いんちき〕会社. ～ **gum**〖米〗風船ガム. **～-top** [´‿‿]《自動車につける》防弾用プラスチック天蓋(てんがい).

◇ **～r** *n.* 噴水式飲み口. **-bling** *a.* あわだつ; 元気にあふれている.

búb·bly [bʌ́bli] *a.* **1** あわだつ, あわだらけの. **2**〖俗〗元気のいい. —— *n.*〖英俗〗シャンパン.

búb·bly-jock [-dʒɑ̀k/-dʒɔk] *n.*〖英〗七面鳥の雄.

búb·by [bʌ́bi] *n.*〖米俗〗おっぱい.

bú·bo [bjú:bou] *n.* (*pl.* **～es**)〖医〗よこね.

◇ **bu·bón·ic** [bju:bɑ́nik/-bɔ́n-] *a.* よこねの: ***bubonic*** plague 腺(せん)ペスト.

búc·cal [bʌ́k(ə)l] *a.*〖医〗ほおの; 口の, 口内の: the ～ cavity 口腔(こうこう).

bùc·ca·néer [bʌ̀kəníər] *n.* 海賊《17–18 世紀にアメリカのスペイン領沿岸を荒らした》. —— *vi.* 海賊をはたらく. ◇ **～·ish** [-ní(:)riʃ/-níər-] *a.* 海賊の.

búc·ci·na·tor [bʌ́ksənèitər] *n.*〖医〗ほおの筋肉.

bu·cén·taur [bjuséntɔ:r] *n.* **1**〖ギ神〗ビューセントー《半牛半人の怪物》. **2**《doge の》御座船.

Bu·céph·a·lus [bju:séfələs] *n.* アレキサンダー大王の軍馬;〖笑〗乗用馬.

Bù·cha·rést [b(j)ù:kərést/´‿‿, ‿‿´] *n.* ブカレスト《Rumania の首都》.

Búch·man·ism [búkməniz(ə)m, bʌ́k-] *n.*〖宗〗ブックマン主義《アメリカの宗教家 Frank N. D. Buchman, 1878–1961, の提唱による初期キリスト教への復帰を強調した運動. イギリスでは Oxford Group Movement となり, アメリカでは Moral Rearmament Movement となった》.

buck[1] [bʌk] *n.* **1** 雄ジカ;《羊・ウサギ・ヤギ・トナカイ・カモシカなどの》雄: a ～ goat 雄ヤギ. →doe. **2** しゃれ男, だて男. **3**〖米話〗黒人やインディアンの男《しばしばけいべつ的》. **4**〖米俗〗ドル. ***Old ～!*** おいきみ. —— *a.*〖米俗〗いちばん下の階級の.

～ **basket** 洗たくもの入れかご. ～ **bean**〖植〗ミツガシワ. **～·eye** [´‿] (1)〖植〗《アメリカ産》トチノキ. (2) (Buckeye) アメリカ Ohio 州人. **B～·eye State, the** アメリカ Ohio 州の別称. ～ **fever**〖米話〗初めて獲物を見て狩猟の初心者が感じる興奮.

~ **grass**〘植〙トカゲノカズラ. ∼**·horn** [⌐⌐] シカの角. ∼**·hound** [⌐⌐] シカ狩り用小猟犬. ~ **nigger** 黒人の男. ~ **party** 男性だけの会合. ~ **private**〘米：軍俗〙二等兵. ∼**·shot** → 別項. ∼**·skin** →別項. ∼**·tooth** →別項.

buck² *vi.* **1** <馬が> (背を曲げて) はね上がる, 《乗り手を振り落とそうとして》 急に首を下げる. **2**〘米話〙(がんこに) 反抗する 《に *at, against*》: ~ *at* a new policy 新政策に反抗する. **3**〘米話〙<車が> がたつく. **4**〘話〙元気になる, 愉快になる《*up*》. **5**〘英〙自慢する.
—— *vt.* **1** <馬が乗り手を> 振り落とそうとする. **2** に突きかかる; をものともせず突き進む. **3**〘米話〙<政策などに>猛反対する. **4** に元気を出させる《*up*》. **5**〘フットボール〙<敵陣に> ボールをもって突進する. ~ ***for***〘俗〙<昇進などを> 求める. ~ ***up***〘話〙(1) 元気をだす; 元気づける;《命令》しっかりしろ. (2) めかす.
—— *n.* **1**《馬が乗り手を振り落とそうと》はね上がること. **2**〘英〙自慢話.
∼**·jump** [⌐⌐] <馬が>はね上がる; はね馬のようにとび上がる. ∼**·jùmp·er** はね馬. ∼**·stick** [⌐⌐]〘英俗〙ほら吹き. ◇ ∼**·er** [-ər] *n.* はね馬, 癖の悪い馬.

buck³ *n.* **1**〘米〙のこぎり台. **2**《体操用の》跳馬. **3** うなぎおとし, やな. ∼**·saw** [⌐⌐] こびきのこぎり.

buck⁴ *n.*《馬車の》車体. ∼**·board** [⌐⌐]《車体が板の》4輪馬車. ~ **cart** 2輪馬車.

buck⁵ *n.*〘米〙《ポーカーで》トランプ札の配り番のしるし. ***pass the ~ to***〘話〙に責任を押しつける.
~ **passer** 責任のがれをするやつ. ∼**·pàss·ing**〘米話〙責任転嫁.

buck⁶ *ad.*〘方〙全く: ~ naked すっ裸で.

búck·a·ròo [bʌ́kərùː, ⌐⌐⌐] *n.* (*pl.* ~**s**)《アメリカ西部の》カウボーイ.

‡búck·et [bʌ́kit] *n.* **1** バケツ, 手おけ, つるべ. **2**《浚渫(しゅんせつ)機の》バケツ;《ポンプの》くみつぼ;《水車の》水受け. **3**《むち・騎兵銃などの》柄受け. **4** バケツ1杯 (=bucketful). ***a drop in the ~*** 大海の一滴. ***fire ~*** 消火用バケツ. ***give the ~***〘俗〙解雇する. ***kick the ~***〘俗〙死ぬ, のびてしまう.
—— *vt.* **1**〘米〙バケツでくむ〔運ぶ, 注ぐ〕. **2** <馬を> 乱暴に駆けさせる; <船を> 急ピッチでこぐ. **3** <取引・発注を> 不正に行なう. —— *vi.* 駆ける; 馬を走らせる.
~ **seat** バケットシート《自動車・飛行機などの折りたたみいす》. ~ **shop** (1) いんちき株屋. (2) ばくち場. ◇ ~**·ful** [-fùl] *n.* バケツ1杯分: a ~*ful* of water バケツ1杯の水.

Búck·ing·ham [bʌ́kiŋəm, ㊥⁺-ŋhæm] *n.* = Buckinghamshire. ~ **Palace** バッキンガム宮殿《London にあるイギリス王家の》.

Búck·ing·ham·shire [bʌ́kiŋəmʃiər, -ʃər] *n.* イングランド南部の州.

búck·ish [bʌ́kiʃ] *a.* おしゃれの, めかし屋の. ◇ ~**·ly** *ad.*

búck·le [bʌ́kl] *n.* **1** 締め金具, 尾錠, バックル. **2** ねじれ, ゆがみ. —— *vt., vi.* **1** 尾錠で止める, 締め金具で締める《*up*》. **2** 曲げる, 湾曲する; ねじれる. **3** 屈服する《*up*》. **4** 争う, つかみ合う. ~ **(*down*) *to*** work (仕事) に精を出す. ~ ***on*** <武具などを> 身につける: ~ *on* a sword 剣をつるす. ~ **one*self to*** に全力を注ぐ. ~ ***under*** に屈服する, に譲歩する; <圧力> で曲がる. ◇ ~**d** *a.* バックルつきの.

búck·ler [bʌ́klər] *n.* **1**《小型の》丸盾(たて); 防護物; 防護. **2**《船の》錨鎖(びょうさ)孔のふた.
—— *vt.* の盾となる, 防護〔防御〕する.

búck·o [bʌ́kou] *n.* (*pl.* ~**·es**) 弱い者いじめをする人, あばれ者.

búck·ram [bʌ́krəm] *n.* **1** バックラム《にかわ・のりなどで固めたあらい亜麻布. 製本などに使う》. **2** 堅苦しさ; 形式主義. ***men in ~*** 架空の人物《Shakespeare 作 *Henry IV* 中の句》. —— *a.* **1** バックラムの. **2** 堅苦しい; 四角張った. —— *vt.* **1** バックラムで固める. **2** 強そうに〔偉そうに〕見せかける.

Bucks [bʌks] =Buckinghamshire.

búck·saw [bʌ́ksɔ̀ː] *n.* こびきのこぎり.

búck·shee [bʌ́kʃiː, ㊥ ⁺-⌐] *n.*〘英：軍俗〙特別配給〔手当〕; 思いがけない幸い. —— *a., ad.* 無料の〔で〕.

búck·shot [bʌ́kʃɑ̀t/-ʃɔt] *n.* 大形の鉛散弾《キジ・カモ用》.

búck·skin [bʌ́kskìn] *n.* **1** シカ皮《羊の黄色のなめし皮にもいう》. **2** (*pl.*) シカ皮ズボン; シカ皮服着用者; (B~)《独立戦争時の》アメリカ兵. **3** 黄色がかった茶色の馬.

búck·thorn [bʌ́kθɔ̀ːrn] *n.*〘植〙クロウメモドキ.

búck·tooth [bʌ́ktùːθ] *n.* (*pl.* **-teeth** [-tìːθ]) そっ歯. ◇ ~**ed** [-θt] *a.* そっ歯の.

búck·wheat [bʌ́k(h)wìːt] *n.*〘植〙ソバ;〘米〙ソバ粉. ~ **cake** ソバ粉ケーキ. ~ **flour** ソバ粉.

bu·cól·ic [bjuːkɑ́lik/-kɔ́l-], **-i·cal** [-(ə)l] *a.* **1** 羊飼いの; 牧羊生活の. **2** 牧歌的な; いなか風の, ひなびた. —— *n.* **1** (通例 *pl.*) 牧歌, 田園詩. **2**〘笑〙いなか者, 農夫. ***the B~s*** Virgil 作の「牧歌」. ◇ **bu·cól·i·cal·ly** *ad.* 牧歌的〔風〕に.

‡bud¹ [bʌd] *n.* **1** 芽; つぼみ; 発芽 (期). **2**〘動・医〙芽体, 芽状突起. **3** 未発達の物; 小娘, 子ども;〘米〙社交界に出たての娘. ***in ~*** 芽を出して, つぼみをもって. ***in the ~*** 芽〔つぼみ〕のうちに; 初期に. ***nip in the ~*** つぼみのうちに摘み取る; <もくろみなどを> 未然に防ぐ. ***put forth*** 〔***send out, shoot out***〕 ***the ~*** 芽を出す.
—— *vi., vt.* (**-dd-**) **1** つぼみをもつ〔もたせる〕; 発芽する〔させる〕. **2** 発育し〔伸び〕出す. **3**〘園芸〙芽つぎをする. ~ ***off*** 発芽して分離する, 分離して新組織をつくる. ◇ ∼**·let** [-lit] *n.* つぼみ, 幼芽.

bud² *n.*〘米俗〙兄弟, 若者; きみ《親しみをあらわす呼びかけ. brother のなまり》.

Bù·da·pést [b(j)ùːdəpést/⌐⌐⌐] *n.* ブダペスト《Hungary の首都》.

***Búd·dha** [búdə] *n.* 仏陀(ぶっだ), 釈迦牟尼(しゃかむに), 仏.

Búd·dhism [búdiz(ə)m] *n.* 仏教, 仏道.

***Búd·dhist** [búdist] *n.* 仏教徒. —— *a.* 仏教(徒)の: a ~ temple 〔monastery〕 寺, 仏閣.

Bud·dhís·tic [budístik], **-ti·cal** [-(ə)l] *a.* 仏陀の, 仏教(徒)の. ◇ **Bud·dhís·ti·cal·ly** *ad.*

búd·ding [bʌ́diŋ] *a.* **1** 芽を出しかけた, つぼみをもった, 発育期の: a ~ beauty うら若い少女. a girl of ~ sixteen 花もつぼみの十六娘. **2** 世に認められだした, 売り出し中の: a ~ poet 認められてきた詩人. —— *n.* 発芽; 芽ばえ; 芽つぎ.

búd·dle [bʌ́dl] *n., vt.*〘採鉱〙洗鉱槽(そう)(で洗う).

búd·dy [bʌ́di] *n.*〘米話〙兄弟, 相棒; あにき, きみ《呼びかけに》. ~**-búd·dy** 親しい, 仲がいい; (いやに) なれなれしい. ~ **system** 事故を防ぐためのふたり一組み方式《水泳などで》.

budge¹ [bʌdʒ] *vi.* ちょっと動く, 身動きする. —— *vt.* **1** ちょっと動かす, 押しのける, 追い払う. **2** の決心をゆるがす. 〈注〉通例否定文に用いられる: He would*n't budge* an inch. 一歩も譲らなかった. I ca*n't budge* him. びくとも動かすことができない; 考え直させることが全くできない.

budge² *n.* 小羊の毛皮; 皮袋.

búdg·et [bʌ́dʒit] *n.* **1** 予算(案); 運営費; 家計《…用の *for*》. **2**《手紙・書類などの》束, まとめ; 少量のたくわえ: a ~ of news ニュース一まとめ. 〈注〉この意から新聞名に用いられることがある: the Literary *Budget*. **3**〘古〙小袋, さいふ. ***open the ~*** 議会に予算案を提出する. —— *vt.* **1** <資金・時間を> 配分する, の予算〔予定〕をたてる《に *for*》. **2** 予算に計上する. —— *vi.* 予算をたてる, 予算に組む, 計上する《を *for*》. ~ **plan** 月賦払い.
◇ **búdg·et·ar·y** [-tèri/-təri] *a.* 予算(案)の.

Bué·nos Ai·res [bwéinəs-áiriz, bóunəs-é(ː)riːz/bwénəs-áiəriz] *n.* ブエノスアイレス《アルゼンチンの首都》.

buff[1] [bʌf] *n.* **1**《水牛・牛の》薄黄色のもみ皮;《水牛の皮でつくった》軍服. **2** 淡黄色. **3**〖話〗《人の》素はだ. **4** バフ《レンズをふく布》. **5** お偉方. **6**〖俗〗…ファン, …狂: a Hi-Fi ～ ハイファイ狂. ***(all) in* ～** 裸で. ***strip to the* ～** 丸裸にする.
—— *vt.* **1** もみ皮でみがく. **2** <皮を> なめらかにする. **3** 淡黄色に染める.

buff[2] *vt.* に緩衝器 (buffer[1]) の役をする, の力を弱める. **——** *n.*〖方〗殴打, 平手打ち.

buf·fa [búːfə, -fɑː/búf-] It. *n.* (*pl.* ***-fe*** [-fei]) オペラの喜劇役《女の》.

búf·fa·lo [bʌ́f(ə)lòu] *n.* (*pl.* **～es, ～s**;《集合的》～) 水牛 (=water ～);〖米〗野牛 (bison). **——** *vt.*〖米俗〗おどす, こけおどしをする; けむに巻く.
～ grass アメリカ中・西部の一種の草. **～ robe** 野牛の毛皮のひざかけ.

Búf·fa·lo [bʌ́f(ə)lòu] *n.* アメリカ New York 州西部の港市《Lake Erie に面する》. **～ Bill**《アメリカの軍人・興行師》William F. Cody の別称.

búff·er[1] [bʌ́fər] *n.* **1** 緩衝器〔装置〕. **2**《影響・ショック・危険などを和らげるための》緩衝物, クッション; (いざというときの) 準備金; (他人のために) たてとなる人. **——** *vt.* <衝撃・関係などを> 和らげる;《衝撃などから》まもる. **～ zone [state]** 緩衝地帯〔国〕.

búff·er[2] *n.* **1** みがき職人. **2** 皮砥(かわと), みがき道具.

búff·er[3] *n.*〖英俗〗旧式で無能力な人間; 男, やつ.

***búf·fet**[1] [bʌ́fit] *n.* **1**《平手・こぶしでの》**打撃**, 打ちのめし. **2**《風波などの》激突;《運命などの》翻弄(ほんろう). **3** 速度超過による飛行機の震動.
—— *vt., vi.* **1**《手で》**打つ**, 打ちのめす. **2** <風波・運命が>たたく, もむ. **3**《運命などと》戦う《と *with*》; もがき進む《*along*》.

buf·fét[2] [bʌféi, bə-, bu-/bʌ́fit] *n.* **1** 食器だな, 食器戸だな. **2**《食堂・喫茶店の》カウンター. **3** [buféi, ´ー/´ー]《カウンター付きの》簡易食堂,《駅内・列車内・劇場内の》食堂, ビュッフェ. **4** カクテルパーティー〔立食〕式料理: Come for cocktails and ～ next Sunday evening. 次の日曜のカクテルパーティー式夕食にお越しください.
～ car (簡易) 食堂車. **～ lunch**〖米〗昼食. **～ style**〖米〗ビュッフェ〔立食〕式.

búf·fle·head [bʌ́flhèd] *n.*〖鳥〗カモの一種《北アメリカ産》.

buf·fo [búːfou/búf-] It. *n.* (*pl.* ***-fi*** [-fiː], ***-fos***)《イタリア歌劇の》道化役者. **——** *a.* 道化の, こっけいな.

buf·fóon [bʌfúːn, 英+bə-] *n.* 道化 (役者); おどけ者. ***play the* ～** おどける. **——** *vi.* おどける.
◇ **～·er·y** [-əri] *n.* 道化, おどけ; 下品な冗談.
～·ish *a.* おどけた, おかしな.

bug [bʌg] *n.* **1**〖米〗こん虫, カブトムシ; 虫《アリ・ハエ・蚊など》. **2**〖英〗ナンキンムシ(=bedbug). **3**〖話〗ばい菌, 病原菌. **4**〖米話〗欠点, 欠陥; 故障. **5**〖米俗〗興味, 熱中; 熱狂者: a movie ～ 映画狂. **6**〖米俗〗知名人: a big ～ 名士, お偉方. **7**〖米俗〗隠しマイクロホン. **8**〖古〗幽霊. ***fire* ～**〖虫〗ホタル.
—— *vt.* (**-gg-**) **1** の虫をとる〔除く〕. **2** にうるさくつきまとう; いらだたせる. **3** に隠しマイクロホンを設置する; 盗聴する.
´～·bear →別項. **´～-eyed** [´ー´ー]《おどろいて》目を丸くした. **´～·house** →別項. **´～·hùnt·er** こん虫採集家;〖俗〗こん虫学者. **´～·hùnt·ing** こん虫採集. **´～-juice** [´ー´ー]〖米俗〗安酒.

búg·(g)a·boo [bʌ́gəbùː] *n.* (*pl.* **～s**) =bugbear.

búg·bear [bʌ́gbèər] *n.* (なにか) こわいもの; おばけ.

búg·ger [bʌ́gər] *n.* 男色者;〖米俗〗野郎, やつ. **——** *vi.* 男色を行なう. **～ *off***〖英俗〗去る.
◇ **～·y** [-əri] *n.* 男色.

búg·gy[1] [bʌ́gi] *a.* **1** 虫〔ナンキンムシ〕だらけの. **2**〖米俗〗気が狂った, 夢中になっている《に *about*》.

búg·gy[2] *n.* 1頭だてのひとり乗り馬車《イギリスは2輪, アメリカは4輪》; 運搬車;〖米俗〗自動車; うば車.

búg·house [bʌ́ghàus] *n.*〖米俗〗気違い病院. **——** *a.* 気違いの; あほらしい: a ～ fable ばかげた話. **B～ Square**〖米〗大都市の政治狂・宗教家などが通行人に演説をする公園《たとえばニューヨークの Union Square など》.

bú·gle[1] [bjúːgl] *n.* **1**《軍隊用》らっぱ. **2**〖古〗角笛. **3** 活栓(かっせん)《ピストン》. **——** *vi., vt.* らっぱを吹く〔吹いて集める〕. **～ call** 集合〔呼集〕(の音).
◇ **～r** [-glər] *n.* らっぱ手.

bú·gle[2] *n.* ガラスの管玉《婦人服などの装飾用》.

bú·gle[3] *n.*〖植〗ジュウニヒトエ属の一種.

bú·gloss [bjúːglɑs, -glɔːs/-glɔs] *n.*〖植〗一種の薬草《紫科》.

búg·out [bʌ́gàut] *n.*〖軍俗〗(命令にそむいた) 前線放棄;〖俗〗(仕事を) ずるける人.

buhl [buːl] *n.* ブール象眼細工《しんちゅう・べっこう・金銀などを用いる》.

búhr·stone =burrstone.

†build [bild] *v.* (**built** [bilt],〖雅・古〗**´～·ed**) *vt.* **1** 建てる, 建築〔建造, 建設〕する, <道路・鉄道などを> 敷設する; <機械などを> 組み立てる, <巣を> つくる. **2** 樹立する; <事業・財産・名声などを> 築き上げる; <議論・主張を> 打ち立てる; <期待などを>かける《に *on*》: Don't ～ your future on dreams. 夢に将来の計画を託してはならない. **3** <性格を> 陶冶(とうや)する; 訓練する, 仕込む: ～ boys *into* men 子どもたちをりっぱなおとなに仕込む.
—— *vi.* **1** 建築する; 建築〔建設〕事業に携わる. **2**《be ～ingの形で》建築中である (=be being built): The house *is* ～*ing*. 家は目下建築中. **3** 当てにする, たよりにする《を *on, upon*》: ～ *upon* a promise [a person] 約束〔人〕を当てにする.
～ *a drink* 飲み物を調合する. **～ *a fire*** 火をおこす. **～ *a fire under*** を激励〔刺激〕する. **～ *an empire*** 帝国を建設する. **～ *in*** 備え付ける, 内蔵させる; 建て囲む. **～ *up*** (1) <富・名声・人格・自信・希望などを> 築き上げる; <軍備を> 増強する. (2) 立て込ませる; 都市地域に開発する. (3)〖俗〗おだてる.
—— *n.* **1** つくり, 構造; 建築様式. **2** 体格, 骨組み: a man of slender [stout] ～ ほっそり〔がっしり〕した体格の人. **´～-up** →別項.

‡build·er [bíldər] *n.* **建築者**, 建設者; 建築業者: a master ～ 棟梁(とうりょう).

†build·ing [bíldiŋ] *n.* **1 建築**(術), 建造〔設〕. **2 建築物**, ビルディング, 家屋. **3** (*pl.*) 付属建築物.
～ (and loan) association〖米〗=～ society. **～ area** 建坪. **～ block**《おもちゃの》積み木. **～ land** 建築用地. **～ lease** 建築敷地契約. **～ limit** 建艦制限. **～ line** 建築制限線《その外に建物をたてると違法になる》. **～ site** 敷地. **～ slip** 船台. **～ society** 住宅(金融) 組合. **～ trade** 建築業.

búild-up [bíldʌ̀p] *n.* **1** 兵力増強〔集中〕: military ～. **2** 積み重ね; 増大, 増加; 形成, 生長, 蓄積《沈殿層などの》. **3** (用意周到な) 準備. **4**《新聞などでの》宣伝; つくり上げられた名声; 買いかぶられた人. **5**〖米俗〗《劇の》盛り上げ, 筋. **6** 励まし: I needed a ～.

†built [bilt] *v.* buildの過去・過去分詞. **——** *a.* 組み合わせづくりの.

***búilt-ìn** [bíltìn/-ín] *a.* **1 はめ込みの**, 内蔵の: a ～ bookcase つくりつけ本箱. a ～ stabiliser 自動安定装置. **2**《偏見などが》根深い, 心に焼き付けられた.

búilt-ùp [bíltʌ̀p/-ʌ́p] *a.* **1** 組み立てた; 積み上げた; 積もり上がった. **2** 家の立て込んだ: ～ areas 家の立

て込んでいる地区. **3** つくり上げられた: a ～ city 計画的に建設された都市.

Bù·jum·bú·ra [bù:ʒumbúrɑ:] *n.* ブジュンブラ《Burundi の首都》.

‡**bulb** [bʌlb] *n.* **1** 球根, 球茎. **2**《寒暖計などの》球; 電球(＝electric ～); 真空管. **3** (*pl.*) へんとうせん;〖医〗眼球. **4** 船底先端の球形ふくらみ. **5**《写真機の》バルブ露出. ～ ***of a hair*** 毛根. ***the*** ～ ***of the spinal cord*** 延髄.

—— *vi.* 球根ができる, 球根状にふくれる. ～ ***up*** 〈白菜・キャベツなどが〉結球する.

◇ ∠·**ar** [-ər] *a.* ～**ed** [-d] *a.* ＝bulbous.

bulb·íf·er·ous [bʌlbífərəs] *a.* 球根を生じる.

búlb·i·form [bʌ́lbifɔ̀:rm] *a.* 球 (根) 状の.

búlb·ous [bʌ́lbəs] *a.* 球根の, 球茎の; 球根状の. ～ **nose** だんご鼻.

búl·bul [búlbul] *n.* **1**〖鳥〗nightingale の一種《ペルシアの詩に出てくる美しい鳴き鳥》. **2**《美しい声の》歌手;《美しい詩を書く》詩人.

Bulg. Bulgaria(n).

Búl·gar [bʌ́lgɑ:r, ㊍⁺-gər] ＝Bulgarian.

Bul·gár·i·a [bʌlgɛ́(:)riə/-gέər-] *n.* ブルガリア《ヨーロッパ東南部の人民共和国》.

◇ ～**n** [-ən] *n., a.* ブルガリア人〔語〕(の).

bulge [bʌldʒ] *n.* **1** ふくらみ, ふくれ. **2**《おけ・たるなどの》胴. **3**〖海〗船腹. **4**《値段などの》小幅せり上がり, 膨張; 増加. **5**〖俗〗優勢, 有利. ***get*** 〔***have***〕 ***the*** ～ ***on***〖俗〗…にまさる, …より優勢である. ***the Battle of the B***～ バルジの戦闘《第2次大戦におけるドイツ軍最後の大反撃. ベルギーにおいて1944年12月から翌年1月に及ぶ》.

—— *vt., vi.* **1** ふくらませる, ふくれる: His pocket ～*d* with candies. ポケットがお菓子でいっぱいになっていた. **2**〈目が〉(驚いて) 飛び出る; 出目である. **3** 不意にあらわれる; 急にぶつかる《に *in, into*》.

◇ **búlg·y** [bʌ́ldʒi] *a.* ふくらんだ, 張り出した.

búlg·er [bʌ́ldʒər] *n.* 〖ゴルフ〗凸面(とつめん)打球クラブ.

bu·lím·i·a [bju:límiə] *n.* 〖医〗《精神病者などの》異常飢餓感〔症〕. ◇ **bu·lím·ic** [-límik] *a.* 大食症状の, がつがつした.

‡**bulk** [bʌlk] *n.* **1** 大きさ, かさ, 容積. **2** (the ～) 大部分, おもな部分《の *of*》: *The* ～ *of* the debt was paid. 借金はほぼ完済した. **3**《包装しない》ばら荷〔商品〕. **4** 積み荷 (cargo). **5**《ボール紙などの》厚さ. **6**〖稀〗《生き物の》からだ. ***break*** ～ 積み荷をおろし始める; 商品の分売をする. ***by*** ～ 積み荷のままで. ***in*** ～ (1) 大量に. (2)(包装しない) ばらのままで.

—— *vt., vi.* **1** 大きくなる〔する〕, かさばる, かさばらす. **2** …の大きさに見える: ～ large 大きく〔重大に〕見える. **3**〈紙などが〉…の厚さである. **4**〈船荷の〉容積を確かめる. **5**〈魚などを〉積み上げる. ～ ***up***〈数量・金額などが〉かさばる.

～ **buying** 多量買い入れ. ～ **cargo** ばら荷. ∠·**head** [∠∠]〖海〗仕切り, 隔壁《船の沈むのを防ぐための》;〖鉱山〗分壁;〖米〗穴倉の戸口. ～ **mail** 局払い割引郵便《大量の印刷物などに適用される》. ～ **production**〖米〗大量生産.

***búlk·y** [bʌ́lki] *a.* **1** かさばった, ばかに大きい. **2** 扱いにくい. ◇ **búlk·i·ly** *ad.* **búlk·i·ness** *n.*

‡**bull**[1] [bul] *n.* **1** (去勢してない) 雄牛. →ox. **2**《象・鯨のような巨獣の》雄. **3**〖株式〗買い方, 強気筋. →bear². **4**〖米俗〗警官. **5**〖米俗〗ほら話; ばかげたこと, ナンセンス; まちがい; おどかし. **6**《射的の》金的(＝～'s-eye). **7** ＝bulldog. ～ ***in a china shop*** 手のつけられぬ乱暴者. ***B～ shit!*** くそ!, 野郎! ***go a*** ～ 買い方に出る. ***John B***～ 典型的なイギリス人; イギリス国民. ***take the*** ～ ***by the horns*** 断固として難局に当たる. ***the B***～〖天〗雄牛座.

—— *a.* **1** 雄の; 雄牛のような; でっかい. **2**〖株式〗買い方の, 強気の.

—— *vt., vi.* **1**〖株式〗買いあおる. **2**〖米俗〗ほらを吹く. **3**〈計画・法案などを〉無理やりに押し通す; 力ずくで進む: ～ one's way 押し分けて進む.

∠·**bàit·ing** 牛攻め《昔のイギリスの遊びで犬をけしかけ雄牛をかみ殺させた》. ∠·**bat** [∠∠]〖鳥〗ヨタカ. ∠·**dog**→別項. ∠·**doze** [-dòuz] *vt.* (1)〖米俗〗おどしつける; 無理やりにやらせる〔引き止める〕. (2)〖米俗〗悩ます, うるさくつきまとう. (3)〖話〗〈土地を〉ブルドーザーでならす. ∠·**dòz·er** (1) ブルドーザー《大型地ならし機》. (2)〖米俗〗脅迫者; 大型拳銃(けんじゅう). (3)〖米俗〗強引なくわだて. ∠·**fight** [∠∠] 闘牛. ∠·**fìght·er** 闘牛士. ∠·**fìght·ing** 闘牛. ∠·**finch** → 別項. ∠·**frog** [∠∠]〖動〗食用ガエル. ∠·**head** [∠∠]〖魚〗頭の大きな魚《カジカ・ナマズの類》; がんこ者, 強情な人. ∠·**héad·ed** 頭の大きな; がんこな, 強情な. ∠·**necked** [∠∠] 首の太い, 猪首(いくび)の. ～ **pen**〖米〗(1) 牛の囲い場; 留置場; 仮宿泊所. (2)〖野球〗ブルペン《控え投手の投球練習場》. ∠·**pup** [∠∠] ブルドッグの子. ～ **ring** 闘牛場. ∠·**ròar·er**《オーストラリア土人の》儀式用楽器, うなり板. ～ **session**〖米俗〗自由討論(会). ∠**'s-eye** → 別項. ∠·**shit** (1)〖卑〗ほら, うそ. (2) *vt., vi.* 大きく言う, ほらを吹く. ～ **terrier** ブルテリア《ブルドッグとテリアの交配雑種犬》. ～ **tongue**〖米〗《綿栽培用の》大鋤(すき). ∠·**tongue** [-tʌ̀ŋ] 大鋤で耕す. ～ **trout**〖魚〗ニジマスの類. ∠·**whack** [∠∠]〖米〗牛追いむち(で打つ). ∠·**whàck·er**〖米〗牛追い人. ∠·**whip** [∠∠] 生皮製むち.

bull[2] *n.*《ローマ法王の》教書;《昔のローマ, またはドイツ皇帝の》勅書.

bull[3] *n.*《ことばの上の》とんちんかんな誤り (＝Irish ～)《例: I'm too busy to do nothing.》.

búl·la [búlə, bʌ́lə] *n.* (*pl.* **-lae** [-li]) **1**〖医〗水泡(すいほう). **2** ローマ教皇印.

búl·lace [búlis] *n.* 〖植〗西洋スモモの一種.

búll·dog [búldɔ̀:g/-dɔg] *n.* **1** ブルドッグ《イギリス原産の犬の一種》. **2** がんこ一点張りの人, 強引な男. **3**〖話〗ずんぐりしたピストル〔パイプ〕. **4**《Oxford, Cambridge 大学の》学生監の従者. —— *a.* ブルドッグのような, 勇敢でねばり強い: ～ tenacity ブルドッグのようなねばり強さ. —— *vt.* **1** ブルドッグのように〔猛然と〕襲う. **2**〖米方〗〈牛の〉角をとらえてひねり倒す. **3** 誇張宣伝する,「売り込む」.

～ **edition**《新聞の地方発送用の》早朝版.

‡**búl·let** [búlit] *n.* 弾丸, 拳銃(けんじゅう)弾, 小銃〔機銃〕弾. ***Every*** ～ ***has its billet.***〖諺〗弾丸に当たるも当たらないもすべて運命.

～·**head** [-hèd] 丸い頭(の人);〖俗〗がんこ者, 愚か者. ～·**proof** [∠-∠, ㊍⁺∠-∠] 防弾の.

búl·le·tin [búlit(i)n/-tin] *n.* **1** 掲示, 告示. **2** 公報;《知名人の》容体発表. **3**《学会などの》報告(書), 会報; 小新聞, 小雑誌. —— *vt.* 掲示〔告示〕する. ～ **board** 掲示板.

búll·finch[1] [búlfintʃ] *n.* 〖鳥〗ウソ.

búll·finch[2] *n.* 高い生けがき.

búl·lion [búljən] *n.* **1** 金塊, 銀塊. **2** 純金, 純銀. **3** 金〔銀〕モール. ◇ ～·**ism** *n.* 金銀通貨主義. ～·**ist** *n.* 金銀通貨主義者.

búll·ish [búliʃ] *a.* **1** 雄牛のような; がんこな. **2** 上がり相場の,《相場など》強気の: a ～ market 上向き市場. ◇ ～·**ly** *ad.* ～·**ness** *n.*

búll·ock [búlək] *n.* 雄牛, 去勢牛《食用》.

búll's-eye [búlzài] *n.* **1**《的の》黒点, 金的; 金的を射た矢〔弾丸〕. **2** 丸窓《舷側・デッキの明かり取りの》. **3** 手さげランプ《レンズ形のガラス付きの》. **4**〖英〗(ペパーミント入り) あめ玉. **5** 的を射た発言. **6** 台風の目; 台風の前兆の飛雲.

búl·ly**[1] [búli] *n.* **1** 弱いものいじめ, いばり屋; がき大将. **2**〖古〗雇い壮士. **3**《フットボールの》スクラム. ***play the ～ いばりちらす. —— *a.*〖米俗〗すてきな; だてな, 陽気な. —— *int.*〖話〗でかした!, うまいっ!

—— *vt., vi.* (弱い者を) いじめる, (に)いばりちらす.

～ a person **into** 〔**out of**〕 (do)**ing** (人を)おどして…させる〔…させないようにする〕. ～ **off** 〘ホッケー〙試合を開始する. ～ a thing **out of** a person おどして(人)から(物を)奪う.

～**·rag** [-ræɡ] *vt.* (**-gg-**) 〘米話〙おどす, いじめる.

búl·ly² *n.* かん詰め〔貯蔵〕牛肉 (＝～ beef).

búl·rush [búlrʌʃ] *n.* 〘植〙太いガマの類; 《聖書で》紙草 (papyrus).

búl·wark [búlwərk] *n.* **1** とりで, 土塁 《に対する *against*》. **2** 《比喩的》防壁; 防御する物〔人〕: Law is the ～ of society. 法は社会の擁護者である. **3** (*pl.*) 〘海〙ブルワーク, 舷墻(げんしょう). —— *vt.* とりでで守る, 防御する.

bum¹ [bʌm] *n.* 〘米話〙 **1** のらくら者; 浮浪者; なまけ者. **2** 飲んだくれ; 放蕩(ほうとう)者. **3** 飲み騒ぎ. **4** くだらないもの, 安物. ***on the*** ～ 浮浪して, 世間のやっかい者になって. —— *a.* 粗悪な, 値うちのない.

—— *v.* (**-mm-**) *vi.* **1** のらくら暮らす; 浮浪生活をする. **2** 世間のやっかいになる. **3** 飲んだくれる. —— *vt.* ただでもらう〔せしめる〕; 返す当てもなしに借金する. ～**'s rush** 追放.

bum² *n.* **1** 〘英卑〙しり, けつ. **2** ＝bumbailiff. ∠**·boat** →別項.

bùm·báil·iff [bʌ̀mbéilif/bʌ́m-] *n.* 〘英〙《けいべつ的》執達〔執行〕吏.

búm·ble [bʌ́mbl] *vi.* 〘米俗〙でたらめに動き回る; ＝mumble. —— *vt.* こねくり回す, だいなしにする.

búm·ble·bee [bʌ́mblbi:] *n.* 〘虫〙マルハナバチ.

búm·ble·dom [bʌ́mbldəm] *n.* (またはB～) 小役人根性 《Dickens の *Oliver Twist* に出る Bumble から》.

búm·ble·pùp·py [bʌ́mblpʌ̀pi] *n.* 〘トランプ〙ホイスト (whist) の遊びの一種, ゴム球遊戯.

búm·bling [bʌ́mbliŋ] *a.* へまばかりやる; 無能な. —— *n.* 失策.

búm·bo [bʌ́mbou] *n.* ラム酒入りパンチ.

búm·boat [bʌ́mbòut] *n.* 〘海〙物売り舟 《停泊船に食料品などを売り歩く》.

bumf [bʌmf] *n.* 〘英俗〙落とし紙, トイレットペーパー; 《集合的》お定まりの〔たいくつな〕書類.

búm·kin ＝bumpkin².

búm·mer [bʌ́mər] *n.* のらくら者, やくざ者.

‡**bump** [bʌmp] *vi.* **1** 衝突する, ぶつかる; 出会う 《に *against*, *into*》. **2** 〈車が〉ガタガタ揺れて通る 《*along*》.

—— *vt.* **1** 〈頭などを〉ぶつける 《に *against*, *on*》. **2** にぶつかる, に衝突する: The cat ～*ed* the vase off the shelf. ネコは花びんにぶつかって棚から突き落とした. **3** 〘俗〙追い出す; (投票で)否決する. **4** 〈値段などを〉上げる. ～***ing race*** 追突レース 《先のボートにタッチすると勝ち》. ～ ***into*** 〈人〉に出くわす. ～ ***off*** 〘米俗〙殺す, 「消す」.

—— *n.* **1** 衝突; 《ぶつかるときの》ドスン〔バタン〕という音: with a ～ ドスンと. **2** 《ボートレースの》追突. **3** 打ちこぶ. **4** 隆起; 〘骨相〙頭蓋(ずがい)の隆起: a ～ on a road 路上のこぶ. **5** 才能, 勘: the ～ of wit 機知. have no ～ of invention 発明の才がない. **6** 《車の》動揺. **7** 〘空〙エアポケット (による動揺). **8** 格上げ〔下げ〕; 昇給: get a ～ to …に格上げ〔下げ〕される. ask for a 10-dollar ～ 10ドルの昇給を願い出る. ***feel*** a person***'s*** ～***s*** (人)のこぶを手でさわる; (人)の才能を打診する.

—— *ad.* ドスンと.

búmp·er [bʌ́mpər] *n.* **1** 〘米〙《自動車の前後部の》緩衝器, バンパー (＝[英] buffer); 《汽車の》車止め. **2** 満杯; 〘俗〙とてつもなく大きい物, 豊作, 大漁, 大入り満員. —— *a.* 異常に大きい, 豊作の: a ～ book 《見かけ倒しの》大きな本. a ～ crop 大豊作. a ～ year 豊年.

～**-to-**～ 自動車が縦にぎっしりと並んで〔詰まって〕: a ～*-to-*～ traffic ぎっしり詰まった車の列.

búmp·kin¹ [bʌ́m(p)kin] *n.* いなか者, 武骨者.

búmp·kin² [bʌ́m(p)kin], **bóom·kin** [bú:mkin] *n.* 〘海〙帆すそ〔索具用〕張り出し棒.

búmp·tious [bʌ́m(p)ʃəs] *a.* おうへいな, 傲慢(ごうまん)な.

búmp·y [bʌ́mpi] *a.* 〘車が〙ガタガタはねる; 〘道が〙でこぼこな; 乱気流の: ～ air.

bun [bʌn] *n.* **1** 柔らかい菓子〔ロール〕パン 《ふつううすく甘味がついていて, しばしば香料やくだものがはいっている》. **2** 《ロールパンのような》束髪: in a ～ 束髪に結って. **3** 〘米俗〙酒だる, 酔い. ***have*** ～ ***on*** 酔っている. ***take the*** ～ 〘俗〙1 等になる.

～ **foot** 家具の半球形の脚.

bú·na [bú:nə, bjú:-] *n.* 〘化〙ブナ 《合成ゴムの一種》.

‡**bunch** [bʌntʃ] *n.* **1** 束, ふさ: a ～ of grapes 一ふさのブドウ. a ～ of flowers 一束の花. **2** 〘おもに米〙一団, 群れ: a ～ of cattle 〔boys〕 牛〔子ども〕の群れ. **3** こぶ, 隆起: a ～ on the face 顔のこぶ. ～ ***of fives*** 〘俗〙こぶし, 手. ***the best of the*** ～ 群中随一.

—— *vt., vi.* **1** 束にする〔なる〕; 集める, 集まる. **2** ひだをよせる〔になる〕. **3** こぶになる. ***be*** ～***ed together*** 群がる.

∠**·ber·ry** [-bèri, -bəri/-b(ə)ri] 〘植〙ゴゼンタチバナ.

～ **grass** (群生する) 稲科の草 《アメリカ産》.

◇ ∠**·y** *a.* ふさのある, ふさのような; 束になった.

bún·co [bʌ́ŋkou] *n.* (*pl.* ～**s**) 〘米俗〙いかさま, ぺてん. —— *vt.* ぺてんにかける.

～ **steerer** いかさま師.

bún·combe [bʌ́ŋkəm] *n.* 〘話〙《選挙民に対する》人気とりの演説; 場当たりの話, くだらない話.

bund [bʌnd] *n.* 《東洋の港の》築堤; バンド, 海岸通り. [<Hind.]

Bund [bund, bunt] G. *n.* (*pl.* ***Bün·de*** [búndə| G. býndə]) 同盟, 盟約.

‡**bún·dle** [bʌ́ndl] *n.* **1** 束, くくったもの: a ～ of letters 手紙の一束. **2** 包み(にしたもの). **3** 群れ, 一団. **4** 〘植〙維管束. **5** 〘俗〙大金.

—— *vt.* **1** 束ねる, 包みにする 《*up*》. **2** 暖かそうに着物に包む 《*up*》. **3** ごちゃごちゃに投げ込む 《の中へ *into*》. **4** 追い払う〔立てる〕, どんどん運び出す 《*off*, *out*, *away*》.

—— *vi.* **1** さっさと立ち去る 《*off*, *out*, *away*》. **2** 〈婚約期間中の男女が〉着衣のまま一つベッドに寝る 《昔 New England 地方などに見られた》. ～ ***into*** a person (人)にぶつかる.

bung [bʌŋ] *n.* **1** 《たるの》口, せん. **2** 〘俗〙うそ. —— *vt.* **1** にせんをする, ふさぐ 《*up*》. **2** 〘俗〙〈石などを〉投げる. **3** 強打する, 打ちのめす 《*up*》. —— *vi.* 〈排水口・パイプなどが〉詰まる 《*up*》; 〈目が〉ふさがる 《*up*》.

∠**·hole** [∠∸] たるのせん口.

bún·ga·low [bʌ́ŋɡəlòu] *n.* バンガロー 《縁側をめぐらした簡易な木造平屋建て》; バンガロー風別荘〔住宅〕. ◇ **-loid** [-lɔ̀id] *a.* バンガロー風の.

bún·gle [bʌ́ŋɡl] *n.* **1** 不手ぎわ, 無細工, 仕損じ, しくじり: make a bad 〔stupid〕 ～ ひどいへまをやる. **2** 不手ぎわな人, ぶちょうほう者. —— *vt., vi.* 不手ぎわにつくる, しくじる, 仕損じる.

◇ ～**r** *n.* へまな職人, 無器用者.

bún·ion [bʌ́njən] *n.* 〘医〙《足の親指内側の》腫炎(しゅえん)症, 底まめ.

bunk¹ [bʌŋk] *n.* 《船室・汽車などの》寝だな, つくりつけ寝台; 〘話〙《普通の》寝台. —— *vi.* **1** 寝だなに寝る. **2** 〘話〙ごろ寝する: ～ on the floor 床にごろ寝する. ～ **bed** 2 段ベッド 《子どもべやなどの》.

∠**·house** [∠∸] 〘米〙《木こり・鉱夫などの》宿舎, 飯場.

bunk² *n.* 〘米俗〙 **1** だぼら, たわごと; うそ. **2** にせ物; 「合成酒.

bunk³ *n.* 〘英俗〙逃亡: do a ～ 逃亡する. —— *vi.* 逃げ出す 《*off*》. —— *vt.* 〈授業を〉さぼる. ～ ***across*** 〈海〉を渡って逃げる. ～ ***it*** 逃げ出す.

búnk·er [bʌ́ŋkər] *n.* **1** 《船の》燃料庫. **2** 〘ゴル

フ】バンカー，砂穴. **3**〖軍〗掩蔽壕(えんぺいごう).
—— *vt.* **1** の燃料庫に積み込む. **2**〖ゴルフ〗〈ボールを〉バンカーに打ち込む;《比喩的》窮地におとしいれる.

Bún·ker Híll [bʌ́ŋkər-híl] *n.* バンカー丘《ボストンにある丘. アメリカ独立戦争の古戦場》.

bún·ko =bunco.

bún·kum =buncombe.

bunn =bun.

bún·ny [bʌ́ni] *n.*〖話〗《愛称》ウサちゃん;〖米〗リスちゃん; ウサギ嬢〖アメリカの Playboy Club の給仕女. ウサギをまねた服装から〗.
～ hug 20世紀初頭に流行した社交ダンスの一種.

Bún·sen [bʌ́nsn | G. búnzən] **～ *burner*** ブンゼン燈《ドイツの化学者 Bunsen の発案》.

bunt[1] [bʌnt] *n.* **1**《頭・角などでの》突き，押し. **2**〖野球〗バント. **——** *vt., vi.* **1** 突く，押す. **2**〖野球〗バントする.

bunt[2] *n.*《小麦の》黒穂病(菌).

bunt[3] *n.*《魚網の》きんちゃく部;《帆の》中央のふくらみ;《帆げたの》中央部. **～·line** [bʌ́ntlin, -làin/-lain]〖海〗横帆のすそをつり上げる綱.

bún·ting[1] [bʌ́ntiŋ] *n.*〖鳥〗ホオジロ・ノジコの類.

bún·ting[2] *n.* **1**《集合的》旗;(国旗の色を用いた)まん幕飾り付け. **2** まん幕用布地.

búnt·ing[3] *n.*《赤ん坊用の》おくるみ.

Bún·yan [bʌ́njən] *n.* John ～, 1628–88, イギリスの作家《*Pilgrim's Progress*「天路歴程」の著者》.

buoy [bɔi, bú:i/bɔi] *n.* ブイ，浮標，浮き; 救命浮き袋(=life ～). **——** *vt.* **1**〈水路や岩などを〉ブイで示す《*off, out*》. **2** 浮かす《*up*》; 元気づける《*up*》: be ～*ed up with* new hope 新しい希望で勇気をもち直す. **——** *vi.* 浮かぶ，浮き上がる.
◇ **～·age** [bɔ́iidʒ, bú:iidʒ/bɔ́i-] *n.* 浮標標識〔設置〕,《集合的》浮標; 係船浮標使用料.

búoy·an·cy [bɔ́iənsi, [米]+bú:jən-] *n.* **1** 浮力; 浮揚性. **2** 起き〔立ち〕上がる気力; 快活さ,《心の》明るさ. **3**〖商〗《相場・価格の》上がり傾向.

búoy·ant [bɔ́iənt, [米]+bú:jənt] *a.* **1** よく浮く，浮揚性〔浮力〕のある. **2** 楽天的な，快活な,《心の》明るい. **3**《相場・価格の》上がり傾向の.

B.U.P. British United Press.

bur [bə:r] *n.* **1**《クリ・ゴボウなどの》いが; いがのある実をもつ植物. **2** くっついて離れない物〔人〕，やっかい者. **——** *vt.* のいがを取り除く.
～ oak〖植〗オークの一種《北アメリカ産》.

Búr·ber·ry [bə́:rbèri, -bəri/-bəri] *n.*《バーバリ会社製》防水着〔布〕，バーバリ(レーンコート).

búr·ble [bə́:rbl] *vi.* **1** ぶくぶくあわだつ. **2** ブツブツ音をたてる; ぶつぶつつぶやく; ぺちゃぺちゃしゃべる.
—— *n.* ブクブク〔ブツブツ〕いう音〔声，流れ〕.

búr·bot [bə́:rbət] *n.* (*pl.* **～s**,《集合的》～)〖魚〗カワメンタイ《タラ科の淡水魚》.

‡**búr·den**[1] [bə́:rdn] *n.* **1** 重荷，荷. **2**《精神的な》重荷，負担: a ～ of responsibility 責任の重荷. **3**《船の》積載量，積み荷量. **4**〖会計〗間接費. ***be a ～ to* [*on*]** の重荷〔負担〕になる. ***beast of ～*** 荷物を運ぶ動物. **～ *of proof***〖法〗挙証〔立証〕責任. ***ship of ～*** 貨物船.
—— *vt.* **1** に荷を負わす. **2** に負わす，に負担させる《を *with*》: ～ one's memory *with* useless facts くだらぬ事実をやたらに暗記する. ～*ed with* debts 借財を負って. [bear「運ぶ」と同語源]
◇ **～·some** [-səm] *a.* 重荷となる; 煩わしい，つらい，やっかいな.

búr·den[2] *n.* **1**《歌や詩の》折り返し;《踊りの》はやし歌. **2**《繰り返し説かれる》要旨，主旨. ***like the ～ of a song*** くどくど繰り返して.

búr·dock [bə́:rdɑ̀k/-dɔk] *n.*〖植〗ゴボウ.

‡**bú·reau** [bjú(:)rou/bju(ə)róu] *n.* (*pl.* **～s**, **～x** [-z]) **1** 事務所: a ～ of information〖米〗案内所. **2**《官庁の》局，部，課. **3**〖米〗衣類だんす《ふつう鏡付き》. **4**〖英〗引き出し付き事務〔書き物〕机. ***the Travel B～*** 旅行案内所. ***the Weather B～*** 気象台.

bureau ④

bu·reáuc·ra·cy [bjurɑ́krəsi/bju(ə)rɔ́k-] *n.* **1** 官僚政治〔制度，主義〕; 繁雑な手続き. **2**《集合的》官僚，官吏.

bú·reau·crat [bjú(:)rəkræ̀t/bjúər-] *n.* 官僚; 官僚的な人; 官僚〔独善〕主義者.
◇ **bu·réauc·rat·ism** [bjurɑ́krətiz(ə)m, bjú(:)rəkræt-/bjuərɔ́kræt-] *n.* 官僚主義. **bu·réauc·rat·ist** [-tist] *n.* 官僚主義者.

bù·reau·crát·ic [bjù(:)rəkrǽtik/bjùər-] *a.* 官僚主義〔政治〕の; 官僚式の; 手続きの繁雑な.
◇ **-i·cal·ly** [-(ə)li] *ad.*

bu·rétte, bu·rét [bju(:)rét/bju(ə)r-] *n.*〖化〗ビュレット，精密目盛りつきガラス管.

burg [bə:rg] *n.*〖米話〗都市，町;〖英〗=borough;〖古〗城市.

búr·gee [bə́:rdʒi:] *n.*《船の》三角旗，えんび旗.

búr·geon [bə́:rdʒ(ə)n] *n.* 芽，若枝. **——** *vi.* 芽を出す，もえ出る《*forth, out*》. **～ *into*** 急に…に発展する.

búrg·er [bə́:rgər] *n.*〖話〗ハンバーガー;《合成語をつくる》…入りハンバーガー: clam*burger* ハマグリ入りハンバーガー.

búr·gess [bə́:rdʒis] *n.* **1**《特にイギリス自治都市の》市民. **2**〖英〗自治都市または大学選出代議士. **3**〖米史〗アメリカ独立戦争前の Virginia 州や Maryland 州下院議員.

burgh [bə:rg/bʌ́rə] *n.*〖スコットランド〗自治都市(borough). ◇ **～·er** [bə́:rgər] *n.*《おもにドイツ・オランダ自治都市の》公民，市民.

***búr·glar** [bə́:rglər] *n.* (押し込み)強盗〔どろぼう〕，あき巣ねらい，夜盗.
～ alarm 盗難警報器. **～·próof** [-prú:f/-pru:f] 盗難よけの.
◇ **～·ize** [-glərɑ̀iz] *vt.*〖話〗に強盗をはたらく.
búr·gla·ry [bə́:rgləri] *n.*

bur·glár·i·ous [bərglɛ́(:)riəs/-glɛ́ər-] *a.* 押し込み強盗の，押し込みどろぼうの，夜盗の: a ～ entry 押し込み. ◇ **～·ly** *ad.*

búr·gle [bə́:rgl] *vt., vi.*〖話〗(に)強盗〔盗み〕をはたらく;〈金庫を〉破る.

búr·go·màs·ter [bə́:rgəmæ̀stər/-mɑ̀:s-] *n.* **1** 市長《オランダ・ドイツ・オーストリアなどの》. **2**〖鳥〗カモメの一種.

búr·go·net [bə́:rgənèt] *n.*《16世紀ごろの》軽装かぶと.

búr·goo [bə́:rgu:, ―⊥/―⊥] *n.*〖海俗〗かゆ.

búr·grave [bə́:rgreiv] *n.*《中世ドイツの》城主.

Búr·gun·dy [bə́:rg(ə)ndi] *n.* ブルゴーニュ《フランス南東部の地方. もと王国》; (b～) 同地方産ブドウ酒.
◇ **Bur·gún·di·an** [bə:rgʌ́ndiən] *n., a.* ブルゴーニュ(人)の; ブルゴーニュ人〔方言〕.

‡**búr·i·al** [bériəl] *n.* 埋葬，埋葬式. [<bury]
～ case〖米〗棺. **～ ground** 埋葬地，墓地. **～ mound** 塚(つか). **～ service** 埋葬式.

búr·i·er [bériər] *n.* 埋葬者.

bú·rin [bjú(:)rin/bjúərin] *n.* **1**《銅板に彫刻する》彫刻刀,《大理石彫刻用の》たがね. **2** 彫り方，彫刻風.

burke [bə:rk] *vt.* **1** 絞め殺す. **2**〈議案・調査などを〉握りつぶす,〈うわさなどを〉もみ消す; 黙殺する.

burl [bə:rl] *n.*《糸・布などの》ふし;《樹木の》ふし，こぶ. **——** *vt.* ふしを除いて仕上げる.
◇ **～ed** *a.* ふしのある，こぶのある.

búr·lap [bə́:rlæp] *n.*《包装用》麻布，黄麻布.

bur·lésque [bə:rlésk] *a.*《本格的作品をちゃかした》戯作(げさく)的(な); こっけいな，道化の. **——** *n.* **1**

戯作, 狂詩〔文〕, 戯画. **2**〖米〗低俗なバラエティーショー, ストリップショー(= ～ show). —— *vt., vi.* ものまねする, ちゃかす; こっけいな所作をする.

búr·ley[1] [bə́:rli] *n.* (または B～)〖米〗Kentucky 州・Ohio 州南部に産するタバコ.

búr·ley[2] *n.* 〖話〗= burlesque ②

búr·ly [bə́:rli] *a.* 太くたくましい, がんじょうな; 武骨な. ◇ **-li·ly** *ad.* **-li·ness** *n.*

***Búr·ma** [bə́:rmə] *n.* ビルマ《東南アジアの共和国》. **～ Road, the** ビルマルート《ビルマから中国のチョンチン(重慶)に至る自動車道路》.
◇ **Búr·man** [-n] *a., n.* (*pl.* **～s**) = Burmese.

Bur·mése [bə:rmí:z] *n.* (*pl.* ～) ビルマ人; ビルマ語. —— *a.* ビルマの; ビルマ人〔語〕の.

†**burn**[1] [bə:rn] *v.* (**burned** [-d] *or* **burnt** [-t]) *vi.* **1** <火や燃料が> **燃える**; <物が> **焼ける, 焦げる**; <焼け石などが> 熱を発する; <光が> 輝く. **2** <炉などが> 燃える, 燃え立つ. **3** 燃えるように感じる; <舌や皮膚が> ひりひりする: ～ *with* fever 熱でカッカする. ～ *with* shame 恥ずかしくて顔がほてる. **4 興奮する**; 熱中する; 熱望する: ～ *with* anger いきり立つ. be ～*ing to* go 行きたくて仕方がない. **5** <問題などが> 熱する, 熱を帯びる. **6** <人(の皮膚)や家具・染め布などが> 日に焼ける. **7**〖遊戯〗当てものの答えや隠した物〔人〕に近づく. **8**〖米俗〗すばやく行く. **9** 罰せられる;〖俗〗電気いすに乗る.

—— *vt.* **1** <燃料・光源を> **燃やす**, たく, 点火する, ともす. **2**《一般的》<物を> **焼く**, 燃やす; 焦がす. **3** 焼いてつくる; <炭・かわらなどを> 焼く; <穴を> 焼き抜く. **4** <焼き印を> 押す《に *into*》. **5** 日焼けさせる; <色を> あせさせる. **6** にやけどさせる; 火あぶりにする;〖米〗電気いすで殺す. **7** ひりひりさせる. **8** 焼灼(しょうしゃく)する《酸・焼きごてなどで》. **9** <精力などを> 使い果たす. **10**〖話〗に手ひどい打撃を与える.

～ *oneself* やけどをする. ～ ***away*** (1) 燃え尽くす〔尽きる〕. (2) 焼き払う. (3) 焼灼する. ～ ***one's boats*** [***bridges***] ***behind*** 背水の陣をしく. ～ ***daylight*** 昼間ろうそく〔電気〕をつける; むだなことをする. ～ ***down*** 焼き尽くす, 焼き払う; <火力が> 弱まる; 撃ち倒す《銃で》. ～ ***one's fingers*** 指をやけどする; ひどい目にあう《について *over*》. ～ ***in*** [***into***] <酸などが> …を腐食する; <事件などが> …に焼き付く: ～ *into* a person's memory. ～ ***one's lip*** 熱を入れてしゃべる. ～ ***low*** <火力が> 衰える, 弱い. ～***off*** 焼き払う; <汚点などを> 熱して抜き取る. ～ ***out*** 燃えきる, 焼き尽くす; <人を> 焼け出す; 精力を使い果たす: ～ oneself *out* へとへとになる. ～ ***the candle at both ends*** 金〔精力〕をひどく浪費する. ～ ***the earth*** [***the wind***]〖米俗〗急いで行く, すっとんで行く. ～ ***up*** 焼き〔燃やし〕尽くす; <火が> ぱっと燃え立つ;〖話〗おこる, おこらせる, かっとなる〔させる〕; ひどくしかる; 人騒がせをする; <物を> さっさと〔きちんと〕かたづける. ～ ***up the telephone*** きびしい電話をかける. ～ ***up the track*** <自動車が> 疾走する. ***have money to*** ～ 金があり余る. ***Money*** ～***s*** his ***fingers*** [***a hole in*** his ***pocket***]. (彼は)金づかいがあらい, 金が身につかない.

—— *n.* **1** 焼け焦げ; やけど; 強度の日焼け: get [have] a ～ やけどをする〔している〕. **2**《かわら・陶器などの》焼き. **3**《森林の》焼け跡; 草を焼いた畑地. **～·out** [⌐ ⌐] 物を焼き尽くす火; 焼尽;《ロケットの》燃料焼尽.
◇ **～·a·ble** *a.* 可燃性の.

burn[2] *n.* 〖スコットランド〗小川, 流れ.

búrned-óut [bə́:rndáut] *a.* 燃えた;《電球などが》焼け切れた;《比喩的》《熱意などが》燃え尽きた; 焼け出された.

búrn·er [bə́:rnər] *n.* **1**《ものを》焼く人〔物〕: a brick ～ れんが工. a charcoal ～ 炭焼き. **2** 燃焼器. **3**《石油ストーブ・ランプ・ガス燈の》バーナー, 火口: a gas ～ ガスの火口. an oil ～ 石油ストーブ.

búr·net [bə́:rnit] *n.* 〖植〗《葉を食用にする》ワレモコウの類.

búrn·ing [bə́:rniŋ] *a.* **1** 燃える, 焼ける. **2** 燃えるような, 強烈な: ～ thirst 激しいのどのかわき. ～ disgrace ひどい汚名. ～ scent〖狩〗獣の強い遺臭. **3** 目下(論争中)の, 緊急の《問題など》.
—— *n.* **1** 燃焼, 焼けること. **2**《陶器の》焼き上げ. **～ glass** 太陽熱取り(天日)レンズ. **～ oil** 燃料用油. **～ point** 発火点. ◇ **～·ly** *ad.*

búr·nish [bə́:rniʃ] *vt., vi.* みがく, とぐ; 光らす, 光る; のつやを出す, つやが出る. —— *n.* つや.
◇ **～·er** *n.* 研摩器; みがき人, 研摩工.

bur·nóose, -nóus [bərnú:s, ㊥⁺ bə́:rnu:s], **-nóuse** [-z/-s] *n.* 《アラビア人などが着る》ずきん付きマント.

Burns [bə:rnz] *n.* Robert ～, 1759–96, スコットランドの詩人.

búrn·sides [bə́:rnsàidz] *n. pl.* (あごだけきれいにそって残した) 口ひげとほおひげ《南北戦争当時の将軍 A. E. Burnside の名から》.

‡**burnt** [bə:rnt] *v.* burn の過去・過去分詞. —— *a.* **1** 焼けた; 焦げた. **2** やけどした. 〈注〉アメリカでは通例 burnt は形容詞: a partially *burnt* house 半焼家屋. ***A ～ child dreads the fire.***〖諺〗やけどした子は火をこわがる; 経験は知のもと.
～ ocher ベンガラ. **～ offering** [**sacrifice**] 燔祭(はんさい)《焼いたいけにえ・動物など》. **～-óut** = burned-out. **～ plaster** 焼きせっこう. **～ sienna** 代赭(たいしゃ)色. **～ smell** [**taste**] 焦げ臭いにおい〔味〕. **～ umber** 焦げ茶色焼きアンバー.

burp [bə:rp] *n.* 〖米〗げっぷ, おくび. —— *vi.* げっぷする, おくびする. **～ gun** (銃身の短い) 自動銃.

burr[1] [bə:r] *n.* **1** 荒い削り目〔彫り目〕, ぎざぎざ. **2** バー (=～ drill)《歯科医用のぎざぎざのついた削り器》. **3** = bur. 「月のかさ.

burr[2] *n.* **1** 丸いくり抜き金属板. **2** びょうの頭. **3**

burr[3] *n.* あら目砥石(といし) (= burrstone).

burr[4] *n.* **1**《機械音の》ブルンブルン, ギシギシ. **2**〖音声〗のどびこ振動音《uvular r, 記号は [R]》; 荒いなまり音: a Scotch ～ スコットランド人のなまり.
—— *vt., vi.* **1** なまった発音をする《特に, のどびこを震わせて》. **2** ブルンブルン〔ギシギシ〕いう. 「バ.

búr·ro [bə́:rou, búr-/búr-] *n.* (*pl.* **～s**)〖米:動〗ロ

búr·row [bə́:rou/bʌ́r-] *n.* 穴《ウサギ・キツネ・モグラなどの》; 隠れ場. —— *vt., vi.* **1** (に)穴を掘る. **2** 隠れる, 隠す《に *in, under, behind*》. **3** 突っ込んで調べる《を *in, into*》.

búr(r)·stone, búhr·stone [bə́:rstòun] *n.* あら目の砥石(といし).

búr·ry [bə́:ri] *a.* いがのある〔多い〕; ちくちくする.

búr·sa [bə́:rsə] *n.* (*pl.* **-sae** [-si:], **-sas**)〖医〗嚢(のう), 粘液嚢.

búr·sar [bə́:rsər] *n.* 《大学の》会計係, 出納係;〖スコットランド〗《大学の》給費生.
◇ **-sa·ry** [-s(ə)ri] *n.* 《大学の》会計課;〖スコットランド〗《大学の》奨学金. **bur·sár·i·al** [bə:rsɛ́(:)riəl/-sɛ́ər-] *a.* 会計の; 給費の.

bur·sí·tis [bə:rsáitis] *n.* 〖医〗粘液嚢(のう)炎.

‡**burst** [bə:rst] *v.* (**burst**) *vi.* **1 破裂する**, 爆発する. **2** はちきれる; <水などが> 吹き出る; <芽が> 開く; <あわ・できものが> つぶれる; <ボタンが> 飛ぶ; <雲が> 切れる. **3** 心がはちきれそうになる《怒り・そねみ・笑いなどで》; …したくてたまらない: be ～*ing to* tell the story その話がしたくてたまらない. **4** 突然あらわれる, 突然出る〔はいる〕: ～ *through* the doorway 戸口から飛び出す. The sun ～ *through* the clouds. 太陽が雲間からぱっとさした. **5 突然…の状態になる**: ～ *into* tears [laughter] 突然わっと泣き〔笑い〕出す. —— *vt.* **1 破裂させる**, 破砕する. **2** <網などを> 引きちぎる.
～ ***away*** 破裂する; 急に立ち去る. ～ ***forth*** 突然あらわれる; 飛び出す; 突発する; <涙・血が> ど

っと流れ出る；〈花などが〉ぱっと開く；くどくど …する：～ *forth* [*out*] *into* explanations くどくどと説明する. **～ *in*** 飛び込んでくる；話をさえぎる，口を出す《に *upon*》；〈とびらを〉たたきあける. ***～ing chamber*** 炸薬(さく)室. ***～ing charge*** 炸薬. ***～ open*** 〈戸などが〉ぱっと開く；〈花が〉ぱっと咲く. ***～ out*** = ～ forth；突然…しだす：～ *out* laughing [crying] 急に笑い[泣き]出す. ***～ through*** (…から)ぱっと姿をあらわす. ***～ up*** 破裂する；〘俗〙〈事業が〉破産する. ***～ upon*** に急にあらわれる；を襲う；〈音が〉…の耳にガーンと響く；に突然わかってくる：The truth ～ (in) *upon* me. 私は真実を急に悟った. ***～ with*** …ではちきれる；はちきれるほどいっぱいである：～ *with* envy [joy, health] そねみ[喜び，健康]ではちきれそうだ. The room is ～*ing with* people. へやは超満員だ.

—— *n.* **1** 破裂，爆発；破裂[爆発]口，裂け目. **2** 突発；《感情の》激発：a ～ of applause どっと起こったかっさい. a ～ of feeling 突然の激情. **3** 一奮発；《馬の》一駆け：with a ～ of speed さっとスピードを上げて. **4**〘軍〙《自動火器の》連射. ***be on the ～*** 〘俗〙飲み過ぎる. **～-up** [bə́ːrstʌ̀p]〘話〙失敗，おじゃん；破損. ◇ **～·er** [-ər] *n.* 砕石人夫；炸薬.

búr·stone = burrstone.

búr·then [bə́ːrð(ə)n]〘古〙= burden[1].

búr·ton [bə́ːrtn] *n.*〘海〙軽滑車；絞轆(こう).

Bu·rún·di [bərʌ́ndi, burúːn-] *n.* ブルンジ《中央アフリカの王国》.

‡**búr·y** [béri] *vt.* (**-ied**; **-y·ing**)《つづりと発音の差に注意》 **1** 埋める；《土などで》おおう. **2** 葬る，埋葬する：She has *buried* her husband. 夫に死別した. **3** おおう；隠す，しまう；(深く)入れる：～ one's hands *in* one's pockets ポケットに手を突っ込む. **4**《受動態で，もしくは ～ oneself の形で》思いに沈む；沈潜する：*be buried* in grief 悲しみにくれている. **5**《比喩的》葬ってしまう；(あえて)忘れる：～ an injury 受けた侮辱を水に流す. **6**《受動態で》目だたない，隠れる.

be buried alive 生き埋めになる；世に忘れられる. **～ *one's differences*** 仲たがいを水に流す. **～ *one's head in the sand*** 現実を回避する. **～ *oneself in*** reading (読書)にふける. ***～ the hatchet*** 仲直りする.

◇ **búr·i·er** [bériər] *n.* 埋葬者.

búr·y·ing [bériiŋ] *n.* 埋葬，うずめること.

～ ground [**place**] 埋葬地，墓地.

†**bus**[1] [bʌs] *n.* (*pl.* **bús·(s)es** [bʌ́siz]) **1** バス，乗合自動車；《バス型の》大型自動車. **2** 短距離往復の旅客機. **3**〘俗〙乗り物《馬車・自動車・船・飛行機など》. ***miss the ～*** バスに乗り遅れる；〘俗〙機会を失う.

—— *vi., vt.* (**bus(s)ed** [-t]; **bús·(s)ing**) バスで行く；バスで運ぶ[通学させる].

～ line バス路線；バス会社. **～·man** [-mən] (*pl.* **-men** [-mən]) バス運転手：～*man's* holiday 日常の勤務に似た仕事をして休暇を過ごすこと. **～ stop** バス停留所. **～·top** [⌐⌐] バスの2階席.

bus[2] *vi.* (**bus(s)ed**; **bús·(s)ing**)〘米俗〙雑用をする. **～ boy** [**girl**] 雑用手伝い《食堂でさら洗い，あとかたづけなどをする》.

bús·boy [bʌ́sbɔ̀i] *n.* = bus boy. → bus[2].

bús·by [bʌ́zbi] *n.* 《イギリス騎兵・砲兵・工兵のかぶる》毛皮の高帽子.

‡**bush**[1] [buʃ] *n.* **1 低木**，かん木. **2 茂み**，やぶ. **3** (通例 the ～)《オーストラリア・アフリカの》未開墾地，叢林(そう)地. **4** ツタの枝《昔の酒屋の看板》；酒屋. **5**〘話〙もじゃもじゃ[ぼうぼう]頭；キツネのしっぽ.

A bird in the hand is worth two in the ～. 〘ことわざ〙捕えた一羽はやぶの二羽(の価値がある). ***beat about*** [***around***] ***the ～*** 遠回しに探る《茂みを打って鳥を追い出す意から》. ***go ～*** 森林地へのがれる；野生(的)になる. ***Good wine needs no ～.*** 〘ことわざ〙良い酒に看板は不要. ***take to the ～*** 〈囚人などが〉逃走して山賊になる；森林地へのがれる.

—— *vt.* やぶで囲む[おおう]. —— *vi.* 群がりはえる，低木のように茂る.

～ bean〘米〙隠元豆. **～·fìght·ing** 叢林を利用しての戦い，ゲリラ戦. **～ fruit** 低木の実. **～ hook**〘米〙なたがま. **～ league**〘野球〙地方職業野球連盟 (minor league). **～·man** → 別項. **～·màs·ter**《中央・南アメリカの》毒ヘビ. **～ pig**《アフリカ東南部の》野生豚. **～ pilot**〘米〙辺境を飛ぶ飛行士. **～ plane** ローカル線飛行機. **～·ràng·er** 森林[叢林]住民；《オーストラリアの》山賊《もと囚人》. **～ telegraph** (太鼓などで行なう)ジャングルの通信法；早い口頭伝達. **～ warbler** ウグイスの類. **～·whack** → 別項.

bush[2]〘おもに英〙= bushing.

bushed [buʃt] *a.* **1** やぶにおおわれた. **2**〘話〙へとへとに疲れた，使い古した.

búsh·el[1] [búʃ(ə)l] *n.* ブッシェル《約36*l*, 8ガロン》；ブッシェルます. ***hide*** one's ***light*** [***candle***] ***under a ～***〘聖〙自分の才能[長所，善行]を隠す. ***measure other people's corn by*** one's ***own ～*** 自分を標準にして他人をはかる.

búsh·el[2] *vt., vi.* (**-l-**, ㊥ **-ll-**)〈衣類を〉修繕する，仕立て直す，繕う. ◇ **～·(l)er** *n.* 仕立て直し屋，衣服修繕人.

búsh·ing [búʃiŋ] *n.*〘機〙ブシュ，套管(とう)，嵌輪(はめ)，軸受け筒.

búsh·man [búʃmən] *n.* (*pl.* **-men** [-mən]) **1** 森林[叢林(そう)]地の住民. **2** オーストラリア奥地の住民. **3** (B～)《アフリカの》ブッシュ人[語].

búsh·wa(h) [búʃwɑː, -wɔː] *n.*〘俗〙くだらぬこと，ナンセンス.

búsh·whack [búʃ(h)wæk] *vi.*〘米〙**1** やぶを切り開く，やぶこぎをして進む. **2** ゲリラとして戦う.

◇ **～·er** *n.* やぶを切り開く人；なたがま；ゲリラ兵. **～·ing** *n.*

búsh·y [búʃi] *a.* **1** 低木の多い[茂った]，やぶの多い. **2**《毛の》ふさふさした，ぼうぼうとした，毛むくじゃらの：～ eyebrows げじげじまゆ. **～-tailed** [⌐⌐⌐] 元気旺盛(おう)な. ◇ **-i·ness** *n.* 茂み；毛深いこと.

‡**bús·i·ly** [bíz(i)li/-zili] *ad.* **1** 忙しく，暇がなく，めまぐるしく. **2** 精を出して，せっせと. [＜busy]

‡**búsi·ness** [bíznis] *n.* **1 実業**；商業，商売，取引. **2 職業**；職務. **3 事務**，執務，営業：a place of ～ 営業所. **4** 事業，店舗，商社：establish a new ～ 新しい事業[店]を始める. **5 用件**，仕事，用事，関心事：It's none of your ～. きみの知ったことじゃない. **6** 事柄，事件：She was exasperated by the whole ～. 彼女はくわだて全体に対しておこっていた. **7** 議事(日程). **8**〘劇〙しぐさ，所作. ***B～ is ～.*** 仕事は仕事だ；勘定は勘定だ. ***come*** [***get down***] ***to ～*** 仕事に取りかかる；(話の)本題にかかる. ***do ～ with*** と取引する. ***do good ～*** 商売繁盛する. ***Everybody's ～ is nobody's ～.*** 〘ことわざ〙共同責任は無責任. ***Go about your ～!*** (他人のことに口出しせず)あっちへ行ってしまえ. ***go into ～*** 実業界にはいる. ***Good ～!*** うまくやった！ ***have ～ with*** a person (人)に用がある，に話し[言い]たいことがある. ***have no ～ to*** (do) … するいわれ[資格]がない. ***make a great ～ of it*** もてあます. ***make it*** one's ***～ to*** (do) …することを引き受ける；みずから進んで…する. ***man of ～*** 実業家；実務[事務]家. ***mean ～*** 本気である：I hope you *mean* ～. 冗談ごとじゃないだろうね. ***mind*** one's ***own ～*** 他人のおせっかいをしない. ***on ～*** 仕事で，用事で. ***out of ～*** 破産して；廃業して，引退して. ***send*** a person ***about his ～*** (人を)追いやる，追い払う. ***That's not ～.*** そりゃあ本筋じゃない. ***The best of the ～ is...*** このことについていいところは…だ. ***What is your ～***

here? なんのご用ですか? [<busy+-ness. しかし,「忙しさ」の意の busyness [bízinis] とはつづり字も発音も異なる]

～ agent 〖英〗代理店;〖米〗労働組合の執行委員. **～ card** (業務用)名刺. **～ center** =～quarters. **～ college** [**school**]〖米〗《速記・タイプ・簿記などを教える》実務学校. **～ cycle** 景気循環. **～ education** 実務教育. **～ end**〖俗〗《柄に対して》用を足す方の端;《刃物の》刃;《きり・ねじ回しの》先端,《ピストルの》筒先,《ほうきの》下端. **～ English** 商業英語. **～ hours** 営業[執務]時間. **～ machine** 事務器械.

‡**～·man** [-mæn] (*pl.* **-men** [-mèn]) 実業家; 事務家, 実務家. **～ management** [**manager**] 業務管理[管理者]. **～ quarters** 目抜きの場所, 繁華街. **～ reply card** [**envelope**] あて名刷り込み, 受取人支払いの返信用はがき[封筒]. **～ suit** 背広服. **～·wòm·an** [-wùmən] (*pl.* **-wòm·en** [-wìmin]) 婦人実業家, 女事務家.

◇ **～·like** [ˊ-ˋ] *a.* 事務的な, 能率的な, てきぱきした.

(類) → **work**「仕事」

busk[1] [bʌsk] *n.* 《コルセットの》胸部の張り骨《鯨骨・はがね製》.

busk[2] *vi.* **1** (路上・酒場で)見世物[芸]をする. **2** 〈役者が〉どさ回りをする; 地方で詐欺をして歩く.

◇ **～·er** *n.* 大道芸人; 旅役者.

bús·kin [bʌ́skin] *n.* **1** (*pl.*) 半長ぐつ. **2** (*pl.*) 厚底半長ぐつ《昔ギリシア・ローマ悲劇役者が用いた》. **3** (the ～) 悲劇. ***put on the ～s*** 悲劇を書く[演ずる]. ◇ **～ed** [-d] *a.* 半長ぐつをはいた; 悲劇の.

buss [bʌs] *n., vt., vi.* 〖古〗《音をたてた》キス(をする).

‡**bust**[1] [bʌst] *n.* **1** 胸像, 半身像. **2** 上半身;《特に婦人の》胸部, バスト.

bust[2] *vt., vi.* **1**〖俗〗破る, 裂く; 破裂[爆発]させる[する]; 〈タイヤなどを〉パンクさせる[する]. **2**〖俗〗破産[破滅]させる[する]; 仲たがいする《しばしば *up*》. **3** トラストを解体してたくさんの小さな会社にする. **4**〈動物を〉ならす. **5**〖話〗なぐる, 打つ. —— *n.*〖俗〗**1** 破裂;《タイヤの》パンク. **2** 失敗, 破産. **3** びんた. **4** 飲み騒ぎ. ***go ～*** 〈会社などが〉破産する. ***on the ～*** 飲み騒いで. —— *a.* =busted.
[<burst のなまり]

～-out man いかさま賭博(とばく)師. **～-up** [ˊˋ]〖俗〗らんちきパーティー;《結婚・友情の》解消.

◇ **～·ed** [-id] *a.* 〖俗〗破産[破滅]した: *～ed* peers 斜陽貴族.

bús·tard [bʌ́stərd] *n.* 〖鳥〗ガンの一種《アフリカ・ヨーロッパ・アジア産》.

búst·er [bʌ́stər] *n.* **1** 破壊する物[人]. **2**〖米俗〗変わったもの, 巨大なもの. **3**〖俗〗《酒の上の》ばか騒ぎ. **4**〖俗〗調教師. **5** (B～)〖米俗〗《呼びかけ》坊や《相手に腹を立てて言う》.

***bús·tle**[1] [bʌ́sl] *vi.* **1** 大騒ぎする; 騒ぎ回る; せわしく活動する《*about*》: ～ *about* cooking breakfast 朝食をつくるために立ち働く. **2** 〈事務所などが〉立て込んでいる《で *with*》.

—— *vt.* 騒がせる, せき立てる. —— *n.* 大騒ぎ, 雑踏. ***be in a ～*** 雑踏している, 大騒ぎしている.

◇ **～r** [-ər] *n.*

bús·tle[2] *n.* 《婦人服のかっこうを整える》スカート張り.

bús·tling [bʌ́sliŋ] *a.* **1** 忙しそうな. **2** 雑踏した, にぎやかな: a ～ street. —— *n.* 忙しさ, あわただしさ.

◇ **～·ly** *ad.*

búst·y [bʌ́sti] *a.* 〖俗〗《女性が》胸の大きい.

†**bús·y** [bízi] *a.* (**bús·i·er** [bíziər]; **bús·i·est** [bíziist]) **1**《人や生活が》忙しい, 暇が少ない《で *at, over, with*》. **2**《人や頭脳が》せっせとはたらく, 活動的な. **3** おせっかいな. **4** 人通り[交通]の激しい, 繁華な, にぎやかな. **5**〖米〗《電話線が》通話中: Line is ～. お話し中です. **6**《図柄などが》ごちゃごちゃした, 落ち着きのない. ***be ～ at*** [***over, with***] で忙しい. ***be ～*** (do)***ing*** …するのに忙しい. ***get ～***〖米〗仕事に取りかかる. ***keep oneself ～*** 忙しく立ち回る.

—— *vt.* (**bús·ied**; **～·ing**) 忙しくする, 忙しく働かす. **～ one*self*** (do)***ing*** …するのに忙しい. **～ one*self with*** [***about, at***] one's work (仕事)で忙しい.

—— *n.* 〖米俗〗刑事, デカ.

～ bee 働き者. **～·bòd·y** おせっかいな人, 世話好き, でしゃばり. **～ signal**〖電話〗「お話し中」の信号. **～·work** [ˊ-ˋ] 活動的だが無益な仕事.

bús·y·ness [bízinis] *n.* **1** 多忙, 忙しさ. **2**《人の》おせっかい. **3**《うわさなどの》煩わしさ. ≒business.

†**but**[1] → 枠付 but. (pp. 170–171)

but[2] [bʌt] *n., ad.* 〖スコットランド〗**1** 表の間(に). **2** 台所《2間だけの家・小屋の》. ***～ and ben*** [bʌ́tən(d)-bén] (1) 表の間と奥の間; 家. (2) 表の間と奥の間に; 行ったり来たり; 両端に: be ～ *and ben* with と親密に暮らす.

but[3] =butt[5].

bù·ta·dí·ene [bjù:tədáii:n, ㊟⁺ˋ---ˊ] *n.* 〖化〗ブタジエン《無色の炭化水素ガス》. **～ rubber** ブタジエンゴム《一種の合成ゴム》.

bú·tane [bjú:tein, ㊟⁺-ˊ] *n.* 〖化〗ブタン《無色の炭化水素ガス》.

butch[1] [butʃ] **～ *haircut***〖米〗(頭髪の)短い刈り方《crew cut に近い》; 女性の短い髪型.

butch[2] *vt.* =butcher.

‡**bútch·er** [bútʃər] *n.* **1** 肉屋. 〈注〉店はささない. **2** 畜殺業者; 惨殺(ざんさつ)者; 〖俗〗外科医. **3**〖米〗《列車・観覧席内の》売り子. **4** ボクシング選手. ***the ～, the baker, the candlestick-maker*** さまざまな商売の人々.

—— *vt.* **1** 畜殺する. **2** 惨殺する; 〈兵士を〉死地へ送る. **3** 〈仕事などを〉だいなしにする. **4** 酷評する.

～·bird [-bə̀:rd]〖鳥〗モズ(の類). **～'s bill** 肉屋の勘定書き; 戦死者名簿. **～'s-broom** [bútʃərz-brù:m, -brùm]〖植〗ナギイカダ《ユリ科》. **～ shop** 肉販売店. **～'s meat** 食(用)肉.

◇ **～·ly** *a.* 畜殺者のような; 残忍な. **～·y** [-əri] *n.* 畜殺場; 肉屋; 畜殺(業); 虐殺.

bút·ler [bʌ́tlər] *n.* 執事, 使用人がしら《酒・台所・食事などをつかさどる》;《宮廷の》酒倉係.

～'s pantry 食器室《台所と食堂の間にある》. **～'s sideboard** 食器戸だな付き食器台.

butt[1] [bʌt] *n.* **1**《武器・道具などの》太い方の端, 手元;《銃の》床尾, 台じり;《やりの》こじり. **2**《樹木の》切り株, 根元; 残片;〖米〗《たばこの》吸いさし (=cigar [cigarette] ～). **3**〖米俗〗= cigarette. **4**〖俗〗しり. **5**《くつ底などの》厚皮. **～ end** 太い端;《材木の》木口, 元口. —— *vt.* **1** 〈はしごなどを〉すえる. **2** 〈たばこを〉もみ消す.

butt[2] *n.* **1**《嘲笑(ちょうしょう)・批評などの》的,《努力の》目的, 目標. **2** (通例 *pl.*)《射的場の》あずち, 射垜(しゃだ); (*pl.*) 射的場. **3** ちょうつがい. —— *vi.* 接する, 隣接する《に *on, to*》. —— *vt.* **1** の両端をつなぐ; の端を合わせて重ねる. **2** の一端に接する.

butt[3] *vt., vi.* **1** 突く《頭・角で》. **2** ぶつかる, 突き当てる[当たる]《に *against*; *into*》; じゃまする《を *into*; *in*》. **3** 突き出す[出る]《*out*》. ***～ in***〖俗〗でしゃばる, 干渉[じゃま]する. ***～ into*** に横からはいり込む; に干渉する. ***～ out*** でしゃばるのをやめる. —— *n.* 頭突き.

butt[4] *n.* 大酒だる; 1たる《容積の単位, イギリスは 108, アメリカは 126 ガロン》. →hogshead.

butt[5], **but**[3] *n.* 〖魚〗halibut の類.

butte [bju:t] *n.* 〖米〗《平原中の》孤峰, 独立山.

†**bút·ter**[1] [bʌ́tər] *n.* **1** バター; バターに似たもの: peanut ～ ピーナツバター. **2** バター状のもの: ～ of zinc 塩化亜鉛. **3**〖話〗おべっか. ***～ and egg***

man 金に糸目をつけずに遊ぶいなか大尽〔男〕;《ボクシング選手権試合の》プロモーター; 給仕(人). ***lay on the ～*** おべっかをつかう. ***look as if ～ would not melt in*** one's ***mouth*** 虫も殺さない顔つきをしている. ***melted ～*** 溶かしたバター; 白ソースの一種.

—— *vt.* **1** にバターをつける; にバターで味をつける. **2**〔話〕におべっかをつかう《*up*》. **3** の上に一面に塗る《を *with*》. ***Fine words ～ no parsnips.***〔諺〕口先よりも心がたいせつ. ***know which side*** one's ***bread is ～ed on*** どっちが有利かを察知する.

～-and-éggs [bʌ́tərnégz, bʌ́tərən(d)égz]《単・複同形》〔植〕ウンランの類. **～·ball** [-bɔ̀:l] = bufflehead;〔話〕まるまると肥えた人. **～ bean**〔植〕アオイマメ, 五色豆. **～ boat, ～·boat** [-bòut] 小型の舟形ソース入れ. **～·bur** [-bə̀:r]〔植〕フキ. **～·cream** [⌐—⌐] バタークリーム. ***～·cup** [-kʌ̀p]〔植〕キンポウゲ; ウマノアシガタ. **～·fat** [-fæ̀t] 牛乳の脂肪《バターの原料》. **～·fìn·gered** よく物を取り落とす, 無器用な, へまな. **～·fìn·gers**《単・複同形》よく物を落とす人, 無器用な人. **～-fish** [-fiʃ]〔魚〕ぬらぬらした魚《ギンポなど》. ‡**～·fly** →別項. **～ knife** バターナイフ. **～·milk** [-mìlk] バターミルク《バターを採ったあとの牛乳》. **～·nut** [-nʌ̀t]〔植〕クルミの一種; クルミの木《北アメリカ産》. **～ paper** バターを包むろう紙. **～·scótch** [-skɑ́tʃ/-skɔtʃ] バター入りキャンデー, バターボール. **～ spreader** バター塗り用へら. **～·wort** [-wə̀:rt]〔植〕ムシトリスミレ.

bút·ter² *n.*《頭・角で》突く獣; 突く人.

bút·ter³ *n.* 一種の製材用機械のこぎり.

‡**bút·ter·fly** [bʌ́tərflài] *n.* **1**〔虫〕**チョウ**, チョウチョウ. **2** だて者; しゃれ者; 気まぐれ者,《特に》うわ気な女; ばか者. **3**〔米俗〕いらだち, いらいら. **4** ごてごて着た人. ***break a ～ upon a wheel*** チョウを車裂きにする,「赤子の手をねじる」. ***～ in the stomach***〔米俗〕胸のむかむか.

～ fish 熱帯魚の一種. **～ net** 捕蝶(ほちょう)〔捕虫〕網. **～ nut** 〔**screw**〕チョウねじ. **～ stroke**〔水泳〕バタフライ泳法. **～ table** 折りたたみそで付きテーブル. **～ weed**〔植〕トウワタ属. **～ window**《自動車の》三角窓.

butterfly table

bút·ter·ine [bʌ́tərì:n, ㊥+ -rin] *n.* 人造バター.

bút·ter·y¹ [bʌ́təri] *a.* **1** バターのような, バターを塗った. **2**〔話〕おせじたらたらの.

bút·ter·y² [bʌ́t(ə)ri] *n.* 酒貯蔵室; 食料室. **～ hatch**《食品の》渡し口, サービス口.

bút·tock [bʌ́tək] *n.* **1** 片方のしり. **2**（通例 *pl.*）しり;〔海〕船尾. **3**〔レスリング〕腰投げ.

‡**bút·ton** [bʌ́tn] *n.* **1 ボタン**;〔米〕カフスボタン. **2** ボタンの形をした物;《ベルなどの》押しボタン;《会員・社員などの》記章;〔フェンシング〕《剣の》尖留(せんりゅう);《とけいの》竜頭(りゅうず). **3** (*pl.*)《単数扱い》〔英話〕《ホテル・船などの》給仕. **4** つぼみ, 芽; かさの開かないキノコ. **5**〔米〕当て物遊び. ***boy in ～s*** 給仕. ***have a ～ short*** 少し(知恵が)足りない. ***hold*** 〔***take***〕 a person ***by the ～***（人を)引き止めて放さない. ***not care a ～*** 少しもかまわない. ***not have all*** one's ***～s***〔俗〕気違いじみている. ***on the ～*** 時間どおり, かっきりと. ***touch the ～***《ベルなどの》ボタンを押す; ボタンを押して複雑な機械装置を始動する; 簡単な手段で次々と複雑な事件を起こす.

—— *vt.* **1** のボタンをかける, ボタンで止める. **2** にボタンを付ける. **3** 〈剣に〉尖留を付ける; 尖留で突く. **——** *vi.* ボタンで止まる. **—— *in*** ボタンをかけてしまい込む. **～ one's *lip*** 口をつぐむ《うっかりしゃべらないように》. **～ *up*** きちんとボタンで止める, ボタンをかける; 口をつぐむ; 〈秘密を〉もらさない; 〈取引などを〉決める; 〈仕事・義務などを〉し遂げる; 〈都市などを〉警固する; 〈命令・協定などを〉実施する.

～·ball [-bɔ̀:l] = buttonwood. **～·boot** [-bù:t]〔英〕ボタン止めの深ぐつ. **～-dówn**〔俗〕限られた; 認められた. **～·hole** → 別項. **～·hook** [-hùk] ボタンがけ《くつなどの止め金》. **～·ón** ボタン付きの, ボタン止めの. **～ stitch**（ボタンの）穴かがり. **～·wood** [-wùd]〔米:植〕スズカケノキ(plane tree), ボタンノキ.

◇ **～·y** [bʌ́tni] *a.* ボタンのような; ボタンのたくさん付いた.

bút·ton·hole [bʌ́tnhòul] *n.* **1** ボタン穴. **2** ボタン穴にさす飾り花. **——** *vt.* **1** にボタン穴かがりをする; にボタン穴をつける. **2** 〈人を〉引き止めて長話する.

bút·tress [bʌ́tris] *n.* **1**〔建〕控壁. **2** 支持する人〔物〕: the ～ of popular opinion 世論の支持. **——** *vt.* 控壁でささえる; 補強する, 支持する.

1 buttress
2 flying buttress

bút·ty [bʌ́ti] *n.* **1**《労働者の》親方, 監督. **2**《炭坑の》採炭請負人. **3**〔英方〕(仕事)仲間.

bú·tyl [bjú:til] *n.*〔化〕ブチル基; (B～) ブチル合成ゴム. **～ acetate** ブチルアセテート. **～ alcohol** ブチルアルコール. **～ rubber** ブチル合成ゴム.

bu·týr·ic [bju:tírik] *a.* バターの〔から採った〕;〔化〕酪酸の. **～ acid** 酪酸.

búx·om [bʌ́ksəm] *a.*《女性が》丸ぽちゃで美しい, 胸部の豊かな, ぴちぴちして健康そうな.

†**buy** [bai] *v.* (**bought** [bɔ:t]) *vt.* **1 買う**, 購入する. ↔ sell. **2**《代償・犠牲を払って》入手する. **3** 〈人・投票などを〉買収する. **4**〔話〕〈人の意見などを〉採用する, に賛成する: That's a good idea. I'll ～ it. それはいい考えだ, いただきましょう. **5**〔宗〕〈罪を〉あがなう. **——** *vi.* 買い物をする; 買い方になる.

～ back 買いもどす. ***～ in*** 〈株を〉買う; 〈競売に出した物を〉買いもどす. ***～ into*** の株主になる《株を買って》. ***～ it***〔俗〕(なぞなどが解けないで) 投げ出す, 手を引く; 殺される. ***～ off*** 〈ゆすりなどを〉金をやって追い払う; 金を払って免れる〔免れさす〕. ***～ out*** 〈他人の株・権利などを〉買い取る. ***～ over*** 買収する. ***～ up*** できるだけ買い取る, 買い占める.

—— *n.* **1** 買うこと;〔株式〕買い方. **2**〔米話〕格安品, 買い徳(品): a good ～ 掘り出し物.

◇ **～·a·ble** [-əbl] *a.* 買うことのできる.

***búy·er** [báiər] *n.* **買い手**, 買い方;《商社の》買い付け〔仕入れ〕係, バイヤー.

～s' association 購買組合. **～s' market** 買い手市場《供給が需要を上回り買い手に有利》. ↔ sellers' market. **～'s strike** 消費者不買同盟.

‡**buzz** [bʌz] *vi.* **1** 〈ハチ・機械などが〉**ブンブンいう**. **2** がやがや言う, ざわつく. **3 忙しく動き回る**《*about, around*》. **4**〔英俗〕行く; 去る《*off, along*》. **～ *in*** 〈虫が〉羽をブンブンいわせながらはいってくる; 〈情報が〉電信ではいってくる. **～ *off***〔米話〕電話を切る;〔英話〕立ち去る.

—— *vt.* **1** がやがや言いふらす. **2** 〈羽やブザーを〉鳴らす. **3** にブザーで合い図する;〔米話〕に電話をかける. **4** の上を低く飛ぶ: ～ a field 野の上を低空飛行する. **5**〔英〕〈酒びんを〉からにする.

—— *n.* **1**（ブンブンいう）うなり; ざわめき声;（機械の）雑音《レコード針の針音など》. **2** うわさ; むだ話. **3**〔米話〕電話の呼び出しの音: Give me a ～. 電話をくれ. ***Everything with a ～.*** 万事すらすらと運んだ.

～ bomb〔軍〕爆鳴弾. **～ saw**〔米〕丸のこ.

◇ **～·er** [bʌ́zər] *n.* ブンブンいう虫;〔電〕ブザー, 汽笛, サイレン; (*pl.*)〔軍俗〕信号手.

but[1]

and に対して, or とはまた別の意味で対をなす重要な等位接続詞であって「…が」「しかし」「〖…でなく〗て」を意味し, そのほか従位接続詞および前置詞としても種々の用法のある重要機能語である. このことに関連し, but が日本語で必ずしも「しかし」や「…が」とならず, 逆に日本語の「…が」が but にならぬことを想起する必要がある. なお「…が」をあらわす他の幾つかの語のうち, 特に構文上注意すべきは though で, 後者の通常の用法では従位接続詞のためにかかり方が逆になる. すなわち A, B が節のとき A but B は「A するが B する」, A though B は「B するが A する」となる.

but [bʌt, 弱 bət] *conj.* **A)** 《等位接続詞として前の語・句・節・文と反対またはその傾向をもつ対等関係の語・句・節・文を導く》 **1** しかし, だが, けれども: These houses are small ～ beautiful. これらの家は小さいが美しい. a kind ～ strict teacher 親切だが厳格な先生. He is an able man, ～ the problem is too hard for him. 彼は有能な男だが, その問題は彼にはむずかしすぎる. It is true (that) my father is old, ～ he is still strong. なるほど私の父は年をとっているが, まだじょうぶだ. 〈注〉次の例文では but は「条件」をあらわす: You may go, *but* with your mother's consent. 行ってもいいが, (ただし) おかあさんの許しを得てだよ.

2 《前に否定語があるばあい 1》 …ではないが (しかし): He is *not* young, ～ he is very strong. 彼は若くはないが, 頑健(がんけん)だ. This is *not* much, ～ I hope you will like it. たいしたものではありませんが, お気に召せば幸いです.

〈付記〉英語の but がたいてい反対・意外の含みをもつのに対して日本語の「が」「けれども」はきわめて軽く用いられることがある. 次のようなばあいに but を使わぬように注意:「うちの近所に図書館がありますが, 便利なものですね」There is a library in my neighborhood. I find it very useful. 〖または … in my neighborhood, *and* I find it …〗.

3 《前に否定の語があるばあい 2》 …ではなくて〖このばあいは訳文に「しかし」を入れてはいけない〗: He is *not* a young man ～ an elderly man. 彼は青年ではなくて, かなり年配の人だ. I am *not* to blame, ～ you are. 《I と you に強勢》ぼくでなくて, きみが悪いのだ. He lives *not* in Tokyo, ～ in Osaka. 彼は東京でなく大阪に住んでいるのだ〖しばしば He does *not* live in Tokyo, ～ …〗. He is well-known *not* only in Japan, ～ all over the world [～ (also) in many other countries]. 彼は日本国内ばかりでなく世界的に [他の多数の国でも] 有名だ.

4 《感嘆詞 (interjection) などのあとに続いて「反対・抗議」などの意をあらわし, またはほとんど無意味に用いられる》: Oh, ～ it's awful! まあ, (でも) 恐ろしいこと. Good heavens, ～ she is beautiful. ああ, (だが) あの人は美しいなあ. Excuse me, ～ your coat is dusty. 失礼ですが, あなたの上着にほこりがついていますよ.

B) 《副詞的従属節を導いて》 **1** …ということを別にすれば, …ということのほかは: Nobody came ～ I (came). 私が来たという以外 [私以外] にだれも来なかった. 〈注〉このばあいおなじ意味でも Nobody came *but me.* とすると, but は前置詞と考えられる.

2 《しばしば but that となって》 …ということがなければ(――するだろう), …ことのほかに: He could have done it ～ *that* he lacked the courage. 勇気が出なかったという事実がなかったら彼はやったことだろう (＝勇気があったらやったことだろうが, 実は勇気を欠いていた). I wouldn't believe it ～ *that* I saw it myself. 自分で見たのでなければ信じないところです. What can I say ～ (*that*) I hope you may succeed? あなたが成功するように望むというほかになにを申せましょう.

3 《主節が否定文》 …しないでは (――しない) (unless): It *never* rains ～ it pours. (どしゃ降りにならないでは雨が降ることがない →) 雨が降れば必ず大降りだ; 〖諺〗災難は必ず一度にまとまってくる. I *never* pass there ～ I think of you. (きみのことを思わずにあそこを通ることはない →) あそこを通るときっときみのことを思い出す (＝without thinking of you). Justice was *never* done ～ someone complained. 公平に裁(さば)いても必ずだれかが不平を言う.

4 《主節が否定で, しかも程度・性質を示す so, such のような語句が伴って》 …しないほど: *No* man is *so* old ～ he may learn. (どんな人もものを学べないほどそれほど年とってはいない →) いくら年をとっていてもだれでもものを学べるものだ (＝so old *that* he *may* not learn). He is *not such* a fool ～ he knows it. それを知らないほどばかではない (＝that he *does not* know it). 〈注〉このばあい but that, またときに but what ともなる.

5 《主節に doubt, deny, hinder, impossible, unlikely など否定的意味の語があり, それらが打ち消されているばあい, but は名詞節を導く. but that ときに but what の形も用いられる. 意味は単なる that におなじ》 …ということ: I do *not deny* ～ (that) he is diligent. 彼が勤勉であることは否定しない. I do *not doubt* ～ (that) he will consent. 彼が同意してくれることを疑わない. *Nothing* will hinder ～ (that) I will accomplish my purpose. 何物も私が目的を遂げるのを妨げられない.

6 《主節が who, how などの疑問詞で始まる修辞的疑問の文において, but は名詞節を導く. but that も用いられる. 意味は that … not に等しい》 …しないと (いうことを): *Who* knows ～ (that) he may come? 彼が来ないということがだれにわかりますか; 彼が来ないってだれにもはっきりわかりはしない (＝Who knows *that* he may *not* come?). How can I tell ～ (that) you will do the same thing. あなたがおなじことをしでかさないと私にどうしてわかりますか; あなたはそんなことをしやしないと私には判断しきれない (＝How can I tell *that* you will *not* do the same thing?).

―― *ad.* **1** ただ, ほんの…ばかり (にすぎない): He is ～ a child. 彼はほんの子どもにすぎない. She left ～ an hour since. 彼女はほんの 1 時間前に出かけました. I spoke ～ in jest. 私はただ冗談に言っただけです. We can ～ die. 死ぬだけのことだ.

2 せめて, 少なくとも: If I had ～ known! せめて知っていたら. If I could ～ see him! せめてあの人に会えたら.

―― *prep.* …を除いて, …のほか (except): All ～ one man were drowned. ひとりを除いて全部おぼれた. Nobody came ～ me. 私のほかにだれも来なかった. They killed everyone ～ him. 彼らは彼を除いて全部殺した. None ～ the brave deserves the fair. 〖諺〗勇者にあらずんば美姫(びき)を得る資格なし. He is nothing ～ a student. 彼は学生にすぎない〖nothing but = only〗. Nothing remains ～ to die. 死ぬよりほかに道はない. 〈注〉次の文で me を使ったばあいは but は前置詞, I を使ったばあいは but は接続詞: All *but* me [I] fled before the enemy. 私を除いた全員が敵を前にして

逃げた.
── *rel. pron.* 《否定の意味の先行詞に続いて that [who] … not の意味をあらわす》…しないところの: There is no rule ～ has its exceptions. 例外のない規則はない(= *that* does *not* have). There are few men ～ would risk all for such a prize. そのような目的のためならばすべてを賭(か)けない者はいない(= *who* would *not* risk). There is no one ～ knows it. それを知らない者はひとりもいない. ***all*** ～ (1) …を除いては全部. (2) ほとんど (almost, very nearly): He is *all* ～ dead. 死んだも同然だ. ***anything*** ～ 《強い否定》決して[全く]…ない: He will do *anything* ～ work. (彼は仕事以外のことならなんでもやる→)彼は仕事は絶対にやらない. He is *anything* ～ a scholar. 彼は学者ではさらさらない. ～ ***for*** 《仮定法とともに》…がなかったら, …がいなかったら: *B*～ *for* your help, I should have failed. きみの助力がなかったら私は失敗したことでしょう. 〈注〉 but for の本来の意味は「…による以外に, …のおかげによるほかに」の意. ～ ***then*** しかしそのばあい; その反面, それでも. ***cannot*** ～ (do) …しないではいられない: I *could not* ～ laugh. 笑わずにはいられなかった. ***cannot choose*** ～ (do) …せざるをえない: I *cannot choose* ～ go. 行くよりほかに仕方がない. ***last*** ～ ***one*** [***two***] (一つ[二つ]除いて最後→)最後から 2 [3] 番め(の). ***never*** … ～ ***once*** たった1度だけ. ***next*** ～ ***one*** [***two***] 一つ[二つ]おいて隣の. ***not*** ～ ***that***… …でないというわけではない(が): *Not* ～ *that* I should have gone if I had had time. 時間さえあったら行かなかったわけではないが(=行かないわけではなかった). (***It is***) ***not that*** …, ～ ***that*** ── …というのではなく──なのだ; …からというのでなく──だからだ: *Not that* I like this house, ～ *that* I have no other place to live in. この家が気に入っているというわけではなくて, ほかに住む場所がないのだ. ***nothing*** ～ …にすぎない: He is *nothing* ～ a student. 彼は学生にすぎない. ***ten to one*** ～ … きっと, 確かに: *Ten to one* ～ it was you. 確かにそれはきみだった.
── *v., n.* 《次の成句にのみ》: *B*～ me no ～*s*. 「しかし, しかし」ばかり言うなよ. No ～*s* about it. 黙ってやってくれ.

búz·zard [bʌ́zərd] *n.* **1** 〖鳥〗ノスリの類; ハゲタカの類, コンドル. **2** のろま, まぬけ. **3** 〖米方〗ブンブンいう虫.

búzz·ing [bʌ́ziŋ] *a., n.* ブンブン[がやがや](いう): the ～ in the ears 耳鳴り. ◇ **～·ly** *ad.*

B.V.M. *Beata Virgo Maria* (L.=Blessed Virgin Mary). **bvt.** brevet; brevetted. **B.W.I.** British West Indies. **bx(s).** box(es).

†**by**[1] → 枠付 by. (pp. 172–173)

by[2] =bye.

by- *pref.* **1**「そばに, 近くに」の意: *by*stander 傍観者. **2**「わきに離れた, 本道をそれた」の意: *by*street 裏通り. **3**「付随的, 副次的」の意: *by*-product 副産物.

bý-and-bý [báiən(d)bái] *n.* (the ～) 将来, 未来.

bý-bìd·der [báibìdər] *n.* 《値をつりあげるための》さくらのせり人.

bý-blow [báiblòu] *n.* **1** 横打ち, そばづえ. **2** 庶子, 私生児. 〈注〉 bye-blow ともつづる.

bye, by[2] [bai] *a.* **1** 従属的な, 副次的. **2** 間接的な. **3** わきの, 本道をはずれた: a ～ road わき道.
── *n.* **1** 従属的[副次的]なもの. **2** (ゴルフで) 試合後に残ったホール; 《トーナメントで相手がない》不戦勝者[組]; 《クリケットで》打球によらない得点. ***by the*** ～ ついでながら, ときに. ***draw a*** ～ 《テニスなどで》不戦勝になる.

býe-bye[1] [báibài] *n.* 〖幼児語〗ねんね; 寝床. ***go to*** ～ ねんねする.

býe-býe[2] [báibái] *int.* さよなら; 〖小児語〗バイバイ.

bý-ef·fèct [báiifèkt] *n.* 副次効果, 思わぬ効果.

bý-e·lèc·tion [báiilèkʃ(ə)n] *n.* 補欠選挙.

Byè·lo·rús·sia [bjèlourʌ́ʃə] *n.* =White Russia.

bý-end [báiènd] *n.* 第二[副次]目的; 私心.

bý·gone [báigɔ̀:n/-gɔn, -gɔ:n] *a.* 過去の, 過ぎ去った: ～ days 過ぎし昔. ── *n.* 過去(のこと). ***Let*** ～***s be*** ～***s.*** 〖諺〗過去のことは水に流せ.

bý-lane [báilèin] *n.* わき道, 横町, 抜け道.

bý·law [báilɔ̀:] *n.* 《地方団体・会社などの》規則, 条例; 内規, 準則, 細則.

bý-line [báilàin] *n.* **1** 〖米〗《新聞・雑誌の論説表題下の》筆者名記入の行. **2** 副業, 内職. **3** 《鉄道の》並行線. ── *vt.* 〈記事に〉署名する.
◇ **bý·lìn·er** [-ər] *n.* 署名入り記事を書く記者[文筆家].

bý-name [báinèim] *n.* **1** 《first name に対し》姓, 名字. **2** あだ名.

bý-pass [báipæ̀s/-pɑ:s] *n.* **1** 《自動車専用の》迂回(ｳｶｲ)路, バイパス. **2** 《ガス・水道の》側管, 副管, 補助管; 〖電〗側路, バイパス. ── *vt.* **1** に ～ をつける. **2** 迂回する. **3** 出し抜く; 回避する; 無視する.

bý·past [báipæ̀st/-pɑ:st] *a.* 過去の, 以前の.

bý·path [báipæ̀θ/-pɑ:θ] *n.* (*pl.* ～**s** [-ðz]) 間道, わき道, 側道, 私道. ***the*** ～***s of history*** 側面史.

bý·play [báiplèi] *n.* **1** わき所作, 《劇・映画の》わき演技. **2** 副次的できごと.

bý-plot [báiplɑ̀t/-plɔt] *n.* 《小説・劇の》わき筋.

bý-pròduct [báiprɑ̀dəkt/-prɔ̀d-] *n.* 副産物.

Byrd [bə:rd] *n.* Richard Evelyn ～, 1888–1957, アメリカの海軍少将. 南極探検家.

byre [baiər/báiə] *n.* 〖英〗牛小屋.

bý-road [báiròud] *n.* わき道, 側道.

Bý·ron [báirən/báiər-] *n.* Lord [George Gordon] ～, 1788–1824, イギリスのローマン派詩人.
◇ **By·rón·ic** [bairɑ́nik/-rɔ́n-] *a.* バイロン(風)の; 悲壮でローマン的な.

bỳs·si·nó·sis [bìsinóusis] *n.* 〖医〗ビシノーシス《綿繊維吸入による胸部疾患》.

býs·sus [bísəs] *n.* 《古代の》亜麻布; 〖動〗足糸《貝などが出す分泌物》.

***bý·stànd·er** [báistæ̀ndər] *n.* **1** 傍観者, 局外者. **2** 見物人.

bý·street [báistrì:t] *n.* 横町, 裏通り.

bý-talk [báitɔ̀:k] *n.* 余談.

bý-the-wáy [báiðəwéi] *a.* なにげない: in a ～ fashion さりげなく.

bý·way [báiwèi] *n.* 側道, 抜け道, 間道; 《学問・研究などの》わき道, 世に知られていない方面.

bý·word [báiwə̀:rd] *n.* **1** ことわざ, 通りことば. **2** 笑いぐさ, 嘲笑(ﾁｮｳｼｮｳ)の的: His cowardice made him a ～ to all his friends. 彼のおくびょうは友だち全員の笑いぐさとなった. **3** 《個人の》ことば癖, 独特なことばづかい.

bý-work [báiwə̀:rk] *n.* 副業, 内職.

By·zán·tine [bizǽntin, bíz(ə)ntàin/bizǽntain, bai-] *a.* ビザンチン (Byzantium) の; ビザンチン風の.
── *n.* ビザンチン人; ビザンチン派の画家[建築家].
～ **architecture** ビザンチン式建築《5–6 世紀ごろ Byzantium に興った建築様式》. ～ **Church, the** 東方正教会. ～ **Empire, the** 東ローマ帝国. ～ **school, the** 〖美〗ビザンチン派.
◇ **-tin·ism** [bizǽntiniz(ə)m] *n.* ビザンチン風.
By·zàn·tin·ésque [bizæ̀ntinésk] *a.* ビザンチン風の.

By·zán·ti·um [bizǽnʃiəm, -tiəm] *n.* ビザンチウム《古代ギリシアの都市. Constantinople, 現在の Istanbul》.

Bz benzene.

by[1]

「そばに」の意味では，他の多くの前置詞と同様に，前置詞と副詞を兼ねた，いわゆる前置詞的副詞（prepositional adverb）をなしているが，前置詞としては，その他のかずかずの語義のうち，受動態の行為者を示す用法を含む「…によって」がある．この点で次の文中の三つの by 前置詞句を比較してみることは興味があろう：He was killed *by* mistake *by* the roadside *by* a policeman.「彼は道ばたで誤って巡査に殺された」 中央の by は「…のそばに」であり，最後のは直接の行為者を，最初のは原因を示しているが，これら二つは「…によって」の訳に暗示されるように多分に関係がある．

by [bai] *ad.* **1** そばに，かたわらに：Many were standing *by* at the time. そのとき多くの人がそばに立っていた．He lives close *by*. すぐそばに住んでいる．He happened to be *by*. 彼は偶然そばにいた．

2 そばを（通り過ぎて），過ぎ去って：The car sped *by*. 車が（かたわらを）疾走していった．A boy saw him pass *by*. 少年は彼が通り過ぎるのを見た．Time goes *by*. 時がたつ．in days gone *by* 昔は．when the ceremony was *by* 式が済んだときに．Let me *by*! ご免なさい《人をよけて通るばあい》．

3 わきへ，かたわらへ：We have put money *by*. 私たちは金を別にしておいた〔しまい込んだ〕．

be by with を終える，をしまいにする．***by and by*** ほどなく．***by and large*** (1) 全体として見れば，概して．(2)〘海〙《帆船が》風を受けたり受けなかったりで．***call*** 〔***come, go, stop***〕 ***by*** 〘米話〙（通りがけに）立ち寄る．***close***〔***hard, near***〕***by*** すぐそばに．***keep*** a thing ***by*** （物を）別にしておく，とっておく．***put***〔***set, lay***〕a thing ***by*** (1)（物を）別にしておく，とっておく，しまっておく．(2)（物を）わきへ捨てる，捨て去る．***stand by*** (1) わき〔そば〕に立つ．(2) 待機する，用意している．(3) 後援する．

―― *prep.* **1**《場所・位置》…のそばに〔を〕，…のかたわらに〔を〕，…の近くに〔を〕：stand *by* the door 戸のそばに立つ．sit *by* the fire 暖炉のそばに腰をおろす．north *by* east 北微東《東寄りの北》．〈注〉at は by とおなじく「わきに」の意をあらわすが，at の方が by よりも更に近い接近をあらわす．また by, beside は接近をあらわすにしても偶然であり，at は目的のある接近をあらわす：There is a cherry tree *by* the gate. 門のわきに桜の木がある．The maid-servant is *at* the well. 女中が井戸のところにいる．The ship sailed *by* an iceberg. その船は氷山のそばを通った．

2《時》…のうちに，…の間，…に照らされて：*by* day〔night〕昼〔夜〕の間．*by* daylight〔moonshine〕日中明るいころに；昼の光〔月明かり〕で．

3（ある時）までに (not later than)：Finish this work *by* the end of the week. 週の終わりまでにこの仕事を終えなさい．I'll let you know *by* Monday. 月曜日までにお知らせしましょう．We had all arrived *by* the time he came. 彼が来ないうちに私たちはみな到着していた．〈注〉by「までに」は，ある時以前の一時点であることが完了していることを示し，till, until「まで」はある時までの継続を示す．

4《行為・手段・方法・原因・経路など》…によって，…で：a machine driven *by* electricity 電力で動く機械．This college was founded *by* Mr. A. この大学は A 氏によって創設された．a novel (written) *by* Hemingway ヘミングウェイの（書いた）小説．Who is it *by*?（それはだれによるか→）著者はだれか．He solved the problem *by* consult*ing* his brother. 彼は兄に相談することによってその問題を解決した．*by* the help of God 神助によって．hang *by* a thread 糸ひとすじでさがっている，非常に危険な状態にある．take a person *by* the hand 人の手をとる．*by* chance〔accident〕偶然．*by* any chance 万一，ひょっとしたら．*by* good luck 運よく．*by* mistake 誤って．enter *by* the front door 表玄関からはいる．He returned *by* (way of) France. 彼はフランスを通って帰った．tell〔ask〕*by* letter 手紙で知らせる〔問い合わせる〕．(travel) *by* water〔sea, land, air, rail〕水路〔海路，陸路，空路，鉄道〕により（旅行する）．(go) *by* ship〔(air-)plane, train, car, streetcar, bus, bicycle〕船〔飛行機，列車，（自動）車，路面電車，バス，自転車〕で（行く）．leave *by* will 遺言で残す．learn〔get〕*by* heart 暗記する．What do you mean *by* that? どういうつもりでそんなことをする〔言う〕のですか；それはなんのことですか．He has a child *by* his first wife. 彼は先妻の子がひとりいる．

〈付記₁〉動作主をあらわすのが，今日では by のおもな用法となったが，それは必ずしも人に限らず人の性質・属性・自然物などでもそれが動作主とみなされるばあいは by を使う：He was killed *by* a thunderbolt. 彼は落雷で死んだ．The town was destroyed *by* fire. その町は火事で焼失した．

〈付記₂〉by は行為の主体をあらわすのに対して with は補助的手段や道具・材料・提携・協力などをあらわすのが普通である：He was killed *by* his enemy *with* a sword. 彼は敵に剣で殺された．He destroyed the town *with* fire. 彼はその町を火を放って滅ぼした．

〈付記₃〉しかし by と with は用法が類似しているためこの二つをはっきり区別することはむずかしく，どちらを用いてもいいばあいがある：I was entertained *by*〔*with*〕the story. 私はその話を楽しく聞いた．Japan is surrounded *by*〔*with*〕the sea. 日本は海に囲まれている．

〈付記₄〉「…に知られている」の意味では，known のあとに to を用いることが多く，be known by は通常判断の根拠をあらわすのに用いられる：He is known *to* everybody in this town. 彼はこの町ではだれにも知られている．→⑥．

5《売買・賃借の標準単位》…によって，…を基準にして，…に従って：hire horses *by* the hour 時間幾らで馬を賃借りする．Apples are sold *by* the bushel. リンゴはブッシェル (36 *l*) 単位で売られる．be sold *by* the dozen ダース単位で売られる．work *by* the day 1 日幾らで働く．

6《判断の根拠》…によって，…に基づいて：A man is known *by* the company he keeps. 人柄は交友でわかる．Do not judge anyone *by*〔from〕his appearance. 人を外見で判断するな．I can tell who it is *by* the footsteps. 足音でだれだかわかる．*By* what he said, I believed... 彼のことばを聞いて私は思ったのだが….3: 30 *by* my watch 私のとけいでは 3 時30分．

7《連続》（一つ）ずつ，（少し）ずつ：one *by* one ひとりずつ．page *by* page 1 ページずつ．step *by* step 一歩一歩．drop *by* drop 1 滴ずつ．piece *by* piece 1 個ずつ．little *by* little わずかずつ．

8《差・程度》…だけ，…の程度まで：This is longer than that *by* five feet. これは，それより5フィート長い (=This is five feet longer than that). He is my senior〔junior〕*by* four years. 彼は私より四つ年上〔下〕です．reduce *by* half 半分減らす．exceed the estimate *by* $2,000 予算を超過すること 2,000 ドル．too many *by* one 一つだけ多すぎる (one too many). study *by* the hour (together) 何時間と続けて勉強する．multiply〔divide] 15 *by* 3 15を3倍する[3で割る]. a room 10 ft. *by* 18 ft. 幅10フィート奥行き18フィートのへや.

9《職業・関係など》…に関しては, …の点では: I am a lawyer *by* profession [a cobbler *by* trade]. 私は職業は弁護士[商売はくつ直し]です. Tom *by* name 名はトム. He is kind *by* nature. 性質は[生まれつき]親切だ. *by* birth an Englishman 生まれはイギリス人.

10《対人関係》…に対して:Do your duty *by* a friend. 友人に本分を尽くせ. He did well *by* his children. 彼は子どもによくしてやった. Do as you would be done *by*. 自分がしてもらいたいように人にしてやれ.

11《誓言・祈願》…に誓って, …にかけて: I swear *by* (almighty) God that... …ということを神に誓います. *by* God [Heaven] 神かけて, 必ず.

...***by***... [***little by little, one by one,*** etc.] →⑥. ***by a hair's breadth*** きわどい[間一髪の]ところで. ***by a long way*** はるかに, ずっと. ***by all means*** (1) ぜひとも, なんとかして. (2)《許可を求められたのに対して》どうぞどうぞ. ***by degrees*** 徐々に. ***by far*** はるかに《比較級・最上級を強める》. ***by fits*** (***and starts***) 発作的に, 不規則に, (ときたま)思い出したように. (***By***) ***God*** [***Heaven, heavens***]***!*** これは驚いた. →⑪. ***by night and day*** 昼夜兼行で. ***by no means*** 決して…でない. ***by*** one***self*** (1) 別に離れて, ひとりで (≒beside oneself われを忘れて). (2) 独立して, 他人の助力なしに. ***by the by***(***e***) ついでながら, ところで. ***by the side of*** …のかたわらに; と並んで《比喩的にも》; と比べてみると. ***by the skin of*** one***'s teeth*** かろうじて, 命からがら. ***by the way*** ところで, ついでながら. ***by way of*** (1) …として: He said that *by way of* a joke. 彼はそれを冗談のつもりで言ったのだ. (2) を通って. ***go by the name of*** の名で通る[知られている], 通称…. ***have*** something ***by*** one 手元に(あるものを)持っている. ***not ...by any means*** 決して…でない. ***side by side*** (***with***) (と)並んで. ***take time by the forelock*** 機会を逃がさず捕える. ***What do you mean by ...?*** …という[…をする]のはどういう意味[つもり]ですか. ***What by..., what by*** —— …したり, ——したりして; …や——やで.

—— *n.* =bye.

—— *a.* 付帯的, 二次的の《bye ともつづる》: a *by*(*e*) consideration 付帯的考慮. a *by*(*e*) effect 付帯効力, 間接影響, あおり.

—— *pref.* **1** そばの, わきを通る: a *by*-dweller 近所に住む人. a *by*-passer 通りがかりの人.

2 わきの, わきへの: a *by*-door 横口. a *by*-glance 横目. a *by*-step わきへの一歩.

3 片方へ寄った, 離れた: a *by*-walk 離れた道.

4 付帯的の, 二次的の: a *by*-product 副産物. *by*-work 副業, 内職. a *by*-incident 付帯事件.

〈注〉その他 by-and-by などの合成語は別項.

C

C, c [si:] *n.* (*pl.* **C's, Cs, c's, cs** [-z]) **1** 英語アルファベットの第3字. **2**〘楽〙ハ音; ハ調. **3**〘数〙第3既知数;《議論などで》第3の仮定者,「丙」. **4**《等級などで》3番め;《学業成績 A, B, C の》C. **5** ローマ数字の「100」(centum). **6** C字形のもの. **C spring** 車台のC形バネ (=cee spring).

C calorie; 〘化〙carbon; *circa*; 〘数〙constant; 〘電〙coulomb. **C.** Cape; Catholic; Celsius (=Centigrade); Celtic; Centigrade; Chancellor; College; Congress; Conservative; Corps; Court. **c.** candle; capacity; carat; carbon; carton; case; catcher; cent(s); center; centigrade; *centime*; centimeter; century; chairman; chapter; chief; child; church; *circa*; city; cloudy; cognate (with); copper; copy; copyright; corps; cost; cubic; current.

C. A. Central America; Chartered Accountant; Coast Artillery; Confederate Army; Court of Appeal. **C. A., c. a.** chartered accountant; chief accountant; commercial agent; consular agent; controller of accounts.

Ca 〘化〙calcium. **ca.** cathode; centiare(s); *circa*. **C/A** capital account; credit account; current account. **CAA** Civil Aeronautics Administration.

Cáa·ba =Kaaba.

‡**cab**[1] [kæb] *n.* **1** タクシー(=taxi ～); つじ[貸し]馬車. **2**《機関車の》機関手室;《トラックなどの》運転台. ***take a ～*** タクシー[つじ馬車]で行く.

—— *vi.* (**-bb-**) タクシーで行く. **～ *it*** タクシーで行く. **～·drìv·er, ～·man** [-mən] (*pl.* **-men** [-mən, -mèn]) タクシー運転手; つじ[貸し]馬車の御者. **～·stand** [-stænd] タクシー駐車場; つじ馬車客待ち場.

cab[2] 〘英俗〙*n.* 《教科書の》とらの巻, ひとり案内.

—— *vi.* (**-bb-**) とらの巻を使う.

CAB Civil Aeronautics Board. 民間航空委員会.

ca·bál [kəbǽl] *n.* **1** 陰謀, たくらみ. **2** 陰謀団, 秘密結社;《作家などの》徒党. **3** (C～)〘英史〙外務委員会《Charles II の設けた》. —— *vt.* (**-ll-**) 陰謀を企てる, 徒党を組む《に対して *against*》.

cáb·a·la [kǽbələ, kəbɑ́:lə/kəbɑ́:lə] *n.* 《ユダヤ教会・中世キリスト教の》神秘哲学;《一般的》秘義, 秘法. ◇ **-lism** [kǽbəliz(ə)m] *n.* **-list** *n.* **càb·a·lís·tic** [kæbəlístik], **càb·a·lís·ti·cal** *a.*

ca·bal·le·ro [kæbəljé(:)rou/-ljéərou] Sp. *n.* **1** 《スペインの》紳士, 騎士. **2**〘米〙乗馬者;《婦人に対する》同伴者, 崇拝者.

ca·bá·na, *ca·ba·ña* [kəbǽn(j)ə, -bɑ́:-] *n.* 小屋;《海水浴場・プールなどの》脱衣小屋. [<Sp.]

càb·a·rét [kæbəréi/ˊ−−−] *n.* **1** キャバレー;〘英〙《キャバレーの》フロアーショー. **2** [㊎ kǽbərèt] 道具一式つきの喫茶テーブル[スタンド, 盆]. —— *vi.* キャバレーに出入りする. **～ tax** 遊興飲食税.

‡**cáb·bage**[1] [kǽbidʒ] *n.* **1** キャベツ, 玉菜. **2**〘俗〙紙幣, 札(さつ). —— *vi.* (キャベツ状の)頭ができる. **～ butterfly** モンシロチョウ(の類). **～ net** キャベツゆで網. **～ palm** [**tree**]〘植〙キャベツヤシ《新芽は食用》. **～ rose**〘植〙ヤエザキアカバラ. **～ worm** キャベツにつく青虫, モンシロチョウ(類)の幼虫.

cáb·bage[2] *n.* (仕立屋の)くすねた服地. —— *vi.* 〈仕立屋が〉余り切れをちょろまかす. —— *vt.* 余り切れとして盗む.

cáb·ba·la, cáb·ba·lism, etc. =cabala, cabalism, etc.

cáb·by [kǽbi] *n.* 〘話〙=cabman.

cá·ber [kéibər] Sc. *n.* 松丸太《tossing the ～ という, 力くらべの遊戯に用いる》.

‡**cáb·in** [kǽbin] *n.* **1** 小屋;〘英〙《鉄道の》信号所. **2** 船室《商船の客室; 軍艦の艦長室・士官室》. **3**〘空〙飛行機の客室[乗務員室, 積み荷室]. ***travel ～*** (船の)特別二等で旅行する. —— *vi.* 小屋に住む. —— *vt.* (狭いところに)閉じ込める.

～boy キャビンボーイ《高級船員および船客付きの給

仕》. ～ **class** 特別二等《商船で first class と tourist class との間》. ～ **court** 宿泊用の小屋を設備したモーテル (motel). ～ **cruiser** = cruiser. ～ **passenger** first, cabin, tourist classes の船客.
◇ ～**ed** *a.* 狭苦しい, 狭い場所に閉じ込められた.

‡**cáb·i·net** [kǽbinit] *n.* **1** (通例 C～) 内閣. **2** 会議室. **3** 私用の小べや; 小陳列室. **4** 箱, 容器, 貴重品入れ. **5** 用だんす;《さらなどの食器を飾る》ガラス戸だな; 陳列用ガラス戸だな: a medicine ～ 薬戸だな. **6** 電蓄〔テレビ〕ケース, キャビネット; 鉱物標本〔収集品〕. **7**《孵化用》保温器. **8**〘写〙キャビネ型. ***kitchen*** ～ 食器だな;《大統領などの》私設顧問団. ***shadow*** ～〘英〙陰の内閣《次期政権にそなえて野党がつくっているもの》. —— *a.* **1** (ときに C～) 内閣の. **2** 私室用の; 小型の;〘写〙キャビネ型の. **3** 秘密の, 黒幕の.
～ **council** 閣議. ～ **edition** キャビネ版《四六版》. ～·**màk·er** [-mèikər] さしもの師;〘英笑〙新首相《組閣中の》. ～·**màk·ing** [-mèikiŋ] 家具製作, さしもの業;〘英〙組閣. **C～ Minister**〘英〙閣僚. ～ **piano** たて型ピアノ. ～ **pudding** カステラ・卵・牛乳などでつくったプディング. ～ **wine** ドイツ産良質のブドウ酒. ～·**work** [-wə̀ːrk] さしもの細工; 家具.

‡**cá·ble** [kéibl] *n.* **1**《針金・麻などの》ケーブル, 太綱, 鋼索;〘海〙錨索(びょうさく), いかり綱. **2**〘海〙鏈(れん) (=～ length). **3** 海底電線. **4**《海底電線による》外国電報. **5** (*pl.*) 電信略号. **6**〘建〙ケーブル, 綱型装飾. ***by*** ～ 海底電信で.
—— *vt.* **1**〈通信を〉海底電信で打つ; ≈に海底電信を送る. **2** 錨鎖でつなぐ. **3** ≈にケーブルをつける. —— *vi.* **1** 海底電信で通信する. **2** =～-stitch.
～ **address** (海外電報用) あて名略号. ～ **car** ケーブルカー. ～·**gram** [-grǽm] 海外電報〔電信〕. ～-**laid** [⌐–⌐] 九つよりの: a ～-*laid* rope. ～ **layer** 海底電線敷設船. ～ **message** 海外電報. ～ **railway** ケーブル鉄道. ～('**s**) **length**〘海〙鏈《距離を示す単位, 約101 m, ただしアメリカ海軍 219.6 m, イギリス海軍 185.4m》. ～-**stitch** [⌐–⌐] (1) 綱模様(編み). (2) 綱模様編みをする.

cá·blet [kéiblit] *n.* 九つより綱《周囲 10 インチ以下のもの》.

cáb·o·chon [kǽbəʃɑ̀n/-ʃɔn] *n.* (*pl.* ～**s** [-(z)]) カボシャン《頂部を丸くみがいた宝石》. ***en*** ～ カボシャン風に. [<F.]

ca·bóo·dle [kəbúːdl] *n.*〘米俗〙群れ, 仲間, グループ. ***the whole*** ～ 全部, なに〔だれ〕もかも.

ca·bóose [kəbúːs] *n.* **1**〘米〙乗務員(専用)車《ふつう貨物列車後部につく》; 機関車の運転室. **2**〘英〙《船の甲板上の》料理室.

Cáb·ot [kǽbət] *n.* John ～, 1450? –98?, 1497 年北アメリカ大陸を発見したイタリアの海洋探検家.

cab·o·tage [kǽbətidʒ/-tɑːʒ, -tidʒ] F. *n.* 沿岸航行〔貿易〕;《商業航空機の》国内(線)営業.

ca·brét·ta [kəbrétə] *n.*《手袋・くつ用》羊皮.

cáb·ri·ole [kǽbriòul] *n.* 曲がり足《特に Chippendale 式家具の》;〘バレー〙片足で他の足を打つ跳躍.

cab·ri·o·let [kæ̀briəléi] F. *n.*《折りたたみ式ほろ付きの》1 頭立て 2 輪馬車;《クーペ型の》ほろ付き自動車.

cáb·stand [kǽbstæ̀nd] *n.* タクシー〔つじ馬車〕待合所.

ca'cán·ny [kɑːkǽni, kɔː-] *n.*〘英俗〙《賃上げ要求・不満表示のための労働組合の》怠業, 減産(作戦).

ca·cá·o [kəkéiou, -kɑ́ː-] *n.* (*pl.* ～**s**) カカオ (=～ bean)《ココア・チョコレートの原料》; カカオの木.
～ **butter** カカオ脂《せっけん・化粧品の原料》.

cách·a·lot [kǽʃəlɑ̀t, -lòu/-lɔt] *n.*〘動〙マッコウクジラ (sperm whale).

cache [kæʃ] *n.* **1** 隠し場《探検家が食糧・弾薬などを隠す》. **2** 貯蔵所《動物が冬のために食物をためる》. **3** 貯蔵物; 隠匿物. ***make*** (***a***) ～ ***of*** を隠匿する. —— *vt.* (隠し場に) たくわえる.

ca·chet [kæʃéi, ⌐–/⌐–] F. *n.* **1**《公文書などの》封印. **2**《鑑定の資料となる》特徴. **3**《郵便の》標語〔意匠〕消印. **4**〘薬〙服用カプセル.

ca·chéx·i·a [kəkéksiə], **ca·chéx·y** [kəkéksi] *n.*〘医〙健康不良状態《癌(がん)など慢性病による衰弱を伴う》.

cách·in·nate [kǽkinèit] *vi.* げらげら笑う, ばか笑いする. ◇ **càch·in·ná·tion** [⌐–néiʃ(ə)n] *n.*

ca·chou [kəʃúː, kæ-] F. *n.* **1** 口中薬〔香錠〕. **2** =catechu.

ca·chu·cha [kətʃúːtʃə] Sp. *n.* スペインのダンス(曲).

ca·cique [kəsíːk/kæ-, kə-] Sp. *n.* **1** 酋長(しゅうちょう)《西インド諸島・メキシコの》. **2** 政治ボス. **3** 大地主《フィリピンの》. **4**〘鳥〙コウライウグイス《熱帯アメリカ産》.

cáck·le [kǽkl] *n.* **1** コッコッ, ガーガー《めん鳥・ガチョウの鳴き声》. **2**《切れ切れの》カッカッ笑い; おしゃべり. —— *vi.* **1**〈産卵後のめん鳥などが〉コッコッと鳴く. **2** カッカッと笑う; ぺちゃくちゃむだ話をする. —— *vt.* 笑いながら言う《*out*》.

caco-「悪, 醜」の意の語形成要素.

càc·o·dé·mon, càc·o·dáe·mon [kæ̀kədíːmən] *n.* 悪霊(あくりょう), 悪魔.

các·o·dyl [kǽkodil/-dail] *n.*〘化〙カコジル. —— *a.* カコジル基を含む.

càc·o·é·thes [kæ̀kouíːθiːz] *n.* 悪癖, 悪習; …癖.

ca·cóg·ra·phy [kækɑ́grəfi/-kɔ́g-] *n.* **1** 悪筆. ↔ calligraphy. **2** つづり誤り. ↔ orthography.
◇ **ca·cóg·ra·pher** [-fər] *n.*

ca·cól·o·gy [kækɑ́lədʒi/-kɔ́l-, kə-] *n.* ことばの誤用; 不正発音.

ca·cóph·o·ny [kækɑ́fəni, kə-/-kɔ́f-] *n.* **1**〘楽〙不協和音. ↔ harmony. **2** 不快音. ↔ euphony.
◇ **-nous** [-nəs] *a.* **càc·o·phón·ic** [kæ̀kəfɑ́nik/-fɔ́n-] *a.*

cac·tá·ceous [kæktéiʃəs] *a.* サボテン(科)の.

***các·tus** [kǽktəs] *n.* (*pl.* **-tus·es, -ti** [-tai])〘植〙サボテン.

ca·cú·mi·nal [kəkjúːmin(ə)l/kæ-, kə-] *a.*〘音声〙そり舌の. —— *n.* そり舌音.

cad [kæd] *n.*〘話〙下品な男, 礼儀知らず;〘英俗〙《大学人以外の》一般人.

ca·dás·tral [kədǽstrəl] *a.* 土地台帳の.
～ **survey** 〔**map**〕課税地測量〔地図〕.

ca·dás·tre, -ter [kədǽstər] *n.* 土地台帳.

ca·dáv·er [kədǽvər, -déi-/-déi-] *n.* 死体.

ca·dáv·er·ous [kədǽv(ə)rəs] *a.* 死体の(ような); 青ざめた, やせこけた. ◇ ～·**ly** *ad.* ～·**ness** *n.*

cád·dice [kǽdis] =caddis[1,2].

cád·die [kǽdi] *n.*《ゴルフの》キャデー; 使い走りをする人. —— *vi.* (～**d**; **cád·dy·ing**) キャデーをする.
～ **cart** キャデーカート《ゴルフのクラブなどを入れて運ぶ2輪車》.

cád·dis[1] [kǽdis] *n.* 一種の毛糸〔毛織物〕.

cád·dis[2] *n.*《つりえさ用》トビケラの幼虫, イサゴムシ (=caddisworm). ～·**fly** [-flài]〘虫〙トビケラ.

cád·dish [kǽdiʃ] *a.*〘英〙下品な, 粗野な.
◇ ～·**ly** *ad.*

cád·dis·worm [kǽdiswə̀ːrm] =caddis[2].

cád·dy[1] [kǽdi] *n.*〘英〙茶筒; 小形の容器.

cád·dy[2] =caddie.

Cád·dy [kǽdi]〘米〙=Cadillac.

cá·dence [kéid(ə)ns], **cá·den·cy** [kéid(ə)nsi] *n.* **1** 律動, (律動的な) 拍子. **2** 声の下降調; 抑揚. **3**〘軍〙歩調. **4**〘楽〙楽章の終止法. [√cad-]
◇ **ca·dén·tial** [keidénʃ(ə)l/kəd-] *a.*

ca·dén·za [kədénzə] *n.*〘楽〙カデンツァ, 終止飾奏(部). [<It.]

ca·dét [kədét] *n.* **1**〘軍〙士官学校生徒; 士官候

補生. **2** 長男以外のむすこ,《特に》末むすこ; 弟,《特に》末弟. **3**〘米俗〙ぽん引き. **4** 見習生. ～ **corps**[-kɔ̀:*r*/-kɔ:]〘英〙学生軍事教練団. ～ **family** 分家. ～ **teacher** 教(育実習)生;(公立学校の)専任教師. ◇ ～**·cy,** ～**·ship** *n.* ～ の身分〔地位〕. 「吏〕.

ca·détte [kədét] *n.*〘オーストラリア〙女性の役人〔官

cadge [kædʒ] *vi.* **1** ねだる; こじきする; 寄食する. **2**〘英〙行商する. ── *vt.* たかる; ねだって手に入れる;(返すつもりがなく)借りる. ◇ **cádg·er** *n.*

cá·di [ká:di, kéidi] *n.* (*pl.* ～**s**)《回教国の》裁判官.

Cád·il·lac [kǽd(i)læ̀k] *n.* キャデラック《アメリカ製高級自動車の商標名》.

Cad·mé·an [kædmí:ən] *a.*〘ギ神〙Cadmus の. ～ **victory** 敗者側とおなじくらい大きい犠牲を払って得た勝利.

cád·mi·um [kǽdmiəm] *n.*〘化〙カドミウム《記号 Cd》. ～ **orange**〔**yellow**〕カドミウムオレンジ〔黄〕.

Cád·mus [kǽdməs] *n.*〘ギ神〙カドモス《竜を退治し Thebes 市を建設しアルファベットをギリシアに伝えたフェニキアの王子. その退治した竜の歯を地にまくと, 歯が武士になり敵味方に分かれて互いに殺し合い, 最後にわずか 5 人が残った》.

ca·dre [ká:dər,〘軍〙⁺kǽdri] F. *n.* **1** わく, へり; 骨組み; 概要: the ～ of a project. **2**〘軍〙(部隊の)幹部. ***top*** ～ (政党の)幹部.

ca·dú·ce·us [kəd(j)ú:siəs/-djú:-] *n.* (*pl.* **-i** [-siài])〘ギ神〙Hermes のつえ《オリーブの木に2匹のヘビが巻きつき頂部に翼が二つあるつえ. 平和と医術の象徴. またアメリカ陸軍衛生隊の記章》.

ca·dú·ci·ty [kəd(j)ú:siti/-djú:-] *n.* **1**〘植〙早落性; 散りやすさ. **2** はかなさ; 老衰. [√cad-]

ca·dú·cous [kəd(j)ú:kəs/-djú:-] *a.* **1**〘植〙早落性の; 散りやすい. **2** はかない, 短命の.

cae·cí·tis [si:sáitis] *n.* 盲腸炎.

cáe·cum ＝cecum.

Cáe·sar [sí:zər] *n.* **1** Julius ～, 100–44 B.C., ローマの将軍·政治家·歴史家《「シーザー」は英語式; ラテン語式には「カエサル」》. **2** ローマ皇帝《神聖ローマ帝国皇帝の称号》. **3** 皇帝, 帝王; 独裁君主. ◇ ～**·ism** [-zəriz(ə)m] *n.* 帝政〔帝国, 独裁〕主義. ～**·ist** *n.* 同主義者.

Cae·sár·e·an, Cae·sár·i·an [sizé(:)riən, si:-/-zéər-] *a.* **1** Caesar の. **2** (ローマ)皇帝の. **3** 独裁君主(的)の. ── *n.* **1** シーザー党の人. **2** 独裁政治論者. ～ **operation**〔**section**〕〘医〙帝王切開術.

cáe·si·um [sí:ziəm] ＝cesium.

cae·sú·ra [siʒú(:)rə, -zjú(:)r-/-zjúər-] *n.*〘韻〙《行の内部に起こる》中間休止 (pause). ◇ ～**l** *a.*

‡***ca·fé*** [kæféi, kə-/kǽfei] F. *n.* **1** コーヒー店, 喫茶(きっ)店;〘米〙レストラン, バー. **2** コーヒー. ～ ***au lait*** [-ouléi] F. ミルク入りコーヒー. ～ ***chantant*** [F. kafeʃɑ̃tɑ̃, ㊥⁺kæfeiʃá:ntɑ:ŋ] F. 音楽喫茶店. ～ ***crème***[-kréim]F. クリーム入りコーヒー. ～ ***filtre*** [F. kafefiltr] F. フィルターコーヒー. ～ ***noir***[kæfeinwá:r] F. ブラックコーヒー. ***sidewalk*** ～《パリなどの》路上喫茶店. ～ **car** 食堂喫煙室車. ～ **curtain** 金属輪でつった小さなカーテン《窓の上〔下〕部のみに用いる》. ～ **reporter** 社交界担当記者. ～ **society** 社交場に出入りする名士たち.

CAFEA Commission on Asian and Far East Affairs.

***càf·e·té·ri·a** [kæ̀fití(:)riə/-tíər-] *n.*〘米〙カフェテリア《セルフサービスの食堂》. 「ン, 茶精.

cáf·fe·in(e) [kǽfi:in, -fi:i:n/-fi:n] *n.*〘化〙カフェイ

cáf·tan [kǽftən, kæftá:n] *n.*《トルコなど東地中海諸国の》帯付き長そでの着物 (＝kaftan).

‡**cage** [keidʒ] *n.* **1** 鳥かご (＝birdcage); おり. **2** 獄舎. **3**《エレベーターの, または水中撮影用などの》箱, かご;〘鉱山〙《たて坑の》巻き揚げ台. **4**《建物の》鉄骨構造〔わく〕. **5**〘野球〙捕手マスク,《打撃練習用》移動バックネット;〘バスケットボール〙バスケット;〘ホッケー〙ゴール. **6** 砲架. ***bathing*** ～《船上の》キャンバス製水泳プール.
── *vt.* **1** かご〔おり〕に入れる: a ～*d* bird かごの鳥. **2** 〈ボールを〉ほうる《バスケットボールなどで得点をねらって》. ～ ***up*** 投獄する.
～ **hand**《サーカスなどの》獣を扱う人.

cáge·ling [kéidʒliŋ] *n.* かごの鳥.

cág·er [kéidʒər] *n.*〘米話〙バスケットボール選手.

cáge·y, cág·y [kéidʒi] *a.* (**cág·i·er**; **cág·i·est**)〘話〙用心ぶかい, 抜け目のない. ◇ **cág·i·ly** *ad.*

ca·hier [kæjéi, kɑ:-] F. *n.* **1**〘製本〙数ページが印刷されてある折り. **2**《委員会の》報告(書). **3** 仮とじの本; 帳面.

ca·hóot(s) [kəhú:t(s)] *n.*〘米俗〙共同; 共謀. ***go*** ～〘俗〙徒党を組む; 山分けする. ***in*** ～ (***with***)〘俗〙(と)共謀して.

cái·man *n.* (*pl.* ～**s**) ＝cayman.

Cain [kein] *n.* **1**〘聖〙カイン《Adam と Eve の長男. 弟 Abel を殺した》. **2** 兄弟殺し, 殺人者. ***raise*** ～〘俗〙大騒動を起こす.

Cài·no·zó·ic [kàinozóuik, kèi-] ＝Cenozoic.

ca·íque [kɑ:í:k, kaií:k] *n.*《Bosporus 海の》軽舟;(地中海の)帆船.

caird [kɛərd] Sc. *n.* 渡りいかけ師; 浮浪人.

cairn [kɛərn] Sc. *n.* 石塚(いしづか), ケルン.
～ **terrier** ケアン テリア《犬の一種》.

cáirn·gorm [kéərngɔ̀:rm/⁴⁴] *n.* 煙水晶.

Cái·ro [káirou/káiər-] *n.* カイロ《アラブ連合共和国の首都》. 〈注〉アメリカ Illinois 州の同名の都市名は [ké(:)rou/kéər-].

cáis·son [kéis(ə)n, -sɑn/kəsú:n, kéis(ə)n] *n.* **1**〘軍〙弾薬箱; 弾薬車. **2**〘工〙《水中工事用の》潜函(せんかん), ケーソン;《ドック用》浮きとびら. **3**〘建〙《天井の》鏡板. ～ **disease**〘医〙ケーソン病.

cái·tiff [kéitif] *n., a.*〘雅〙おくびょう者(の), ひきょう者(の).

ca·jóle [kədʒóul] *vt.* おだてる, 甘言でだます. ～ a person ***into***〔***out of***〕(do)***ing*** (人を) だまして…させる〔…するのをやめさせる〕. ～ a thing ***out of*** a person だまして(人)から(物を)取る〔巻き上げる〕.
◇ ～**·ment, ca·jól·er·y** [-əri] *n.* 丸め込むこと, おだて.

†**cake** [keik] *n.* **1** ケーキ, 洋菓子. **2** 薄く平らな焼きパン: a pan*cake* ホットケーキ. **3** (堅い) 固まり;《固形物の》1 個: a ～ of soap せっけん 1 個. ***a piece of*** ～ 容易にできること. ～***s and ale*** 人生の快楽. sell ***like hot*** ～***s*** 飛ぶように(売れる). ***My*** ～ ***is dough.***〘話〙ぼくの希望はぺちゃんこさ. ***take the*** ～〘話〙賞〔勝利〕を獲得する; 他を圧倒する: His arrogance *takes the* ～. 彼の厚かましさには顔負けだ. ***the land of*** ～***s*** スコットランドの別称. ***You cannot have your*** ～ ***and eat it*** 〔***eat your*** ～ ***and have it***〕 ***too.***〘諺〙菓子は食べればなくなる, 両手に花とはいかぬ. ── *vt., vi.* 固まりにする〔なる〕.
～ **eater**〘俗〙柔弱な男, 快楽好み. ～ **flour** ケーキ用の上質粉. ～ **ink** (棒) 墨.

cáke·walk [kéikwɔ̀:k] *n.* **1** (男女が対になっての)歩きぶり競技《賞に菓子を与えるアメリカ黒人の競技》. **2** ケークウォーク舞踏(曲).
── *vi.* ケークウォークをやる.

cák·y [kéiki] *a.* ケーキのような; 固形の. 「calorie.

Cal. California《公式略字は Calif.》;〘物〙large

cal. calendar; caliber;〘物〙small calorie.

cál·a·bash [kǽləbæ̀ʃ] *n.*〘植〙ヒョウタン; ヒョウタン製品;(インディアンの)ヒョウタン製打楽器.

cál·a·boose [kǽləbù:s, ㊥ ⁺⁴⁻⁴] *n.*〘米話〙刑務所,「豚箱」. 「葉植物の一種》.

ca·lá·di·um [kəléidiəm] *n.*〘植〙カラジューム《観

Cál·ais [kǽlei, ㊥⁺⁻⁴] *n.* カレー《Dover 海峡に

C

臨むフランスの港市》.

càl·a·mán·co [kæləmæŋkou] *n.* (*pl.* **～s**) つやのあるこうしじま毛織物(製の服).

cál·a·mar·y [kæləmèri/-məri] *n.* 〘動〙ヤリイカ.

cál·a·mine [kæləmàin] *n.* 〘鉱〙異極鉱, カラミン; 〘英〙菱(りょう)亜鉛鉱.

cál·a·mite [kæləmàit] *n.* 〘古生〙蘆木(ろぼく).

ca·lám·i·tous [kəlæmitəs] *a.* **1** 災難の(多い); 悲惨な. **2** 災害を生じる. ◇ **～·ly** *ad.* **～·ness** *n.*

‡**ca·lám·i·ty** [kəlæmiti] *n.* 災難; 惨禍, 災害; 不幸, 悲運.
～ howler [**prophet**] 〘米〙悲観論者; 苦労性の人. **～ issue** (選挙で)自党に不利な問題. **C～ Jane** カラミティ ジェーン《アメリカの辺境地方で勇名をはせた女傑. 本名は Martha J. C. Burke》.

cál·a·mus [kæləməs] *n.* (*pl.* **-mi** [-mài]) **1** 〘植〙トウ属の植物; ショウブ(の根). **2** 〘鳥〙《羽の》翮(かく); 鵞(が)ペン.

ca·lásh [kəlæʃ] *n.* **1** 2 輪の軽馬車; 《軽馬車の》ほろ. **2** ほろ形ずきん《18 世紀ごろの婦人用》.

cal·cár·e·ous, cal·cár·i·ous [kælkέ(:)riəs/-kέər-] *a.* 石灰石[質]の; カルシウム(質)の.

càl·ce·o·lár·i·a [kælsiəlέ(:)riə/-lέər-] *n.* 〘植〙カルセオラリア, キンチャクソウ.

cál·ces [kælsi:z] *n.* calx の複数形.

cál·cic [kælsik] *a.* カルシウム性[含有]の.

cal·cíf·er·ol [kælsífəròul] *n.* 〘生化〙カルシフェロール《ビタミン D_2》.

cal·cíf·er·ous [kælsíf(ə)rəs] *a.* 〘化〙炭酸石灰を生じる[含む].

cál·ci·fy [kælsifài] *vt., vi.* 石灰化する; 石灰質にする[なる]. ◇ **càl·ci·fi·cá·tion** [⌐⌐−−kéiʃ(ə)n] *n.*

cál·ci·mine [kælsimàin, (米) +-min] *n.* カルシミン《壁・天井などに用いる水性塗料》. —— *vt.* にカルシミンを塗る.

càl·ci·ná·tion [kælsinéiʃ(ə)n] *n.* 〘化〙煆焼(かしょう); (石灰)焼成; 〘冶〙焼鉱法.

cál·cine [kælsain, (米)+-sin] *vt., vi.* 熱で石灰にする[なる], 煆焼(かしょう)する. ***～d alum*** 焼きミョウバン. ***～d lime*** 生石灰.

cál·cite [kælsait] *n.* 〘鉱〙方解石.

cál·ci·um [kælsiəm] *n.* 〘化〙カルシウム《記号 Ca》. **～ arsenate** ヒ酸カルシウム. **～ carbide** [**carbonate**] 炭化[炭酸]カルシウム. **～ chloride** 塩化カルシウム. **～ hydroxide** 水酸化カルシウム, 消石灰. **～ light** カルシウム[石灰]光. **～ phosphate** リン酸カルシウム.

cálc-tu·fa [kælktù:fə/-tju:fə], **cálc-tuff** [-tʌf] =tufa①.

cál·cu·la·ble [kælkjuləbl] *a.* 計算[予測]できる; 頼みになる. ◇ **-bly** [-i] *ad.* **càl·cu·la·bíl·i·ty** [kælkjuləbíliti] *n.*

‡**cál·cu·late** [kælkjulèit] *vt.* **1** 計算する, 算定する. **2** 予想する; 〘米〙…と思う. **3** ある目的に合わせる, 適応させる, ふさわしくする: His remarks were *～d to* inspire confidence. 彼の発言は信頼心の喚起をねらったものであった. **4** 〘米〙計画する, …するつもりである《*to* (do)》. —— *vi.* **1** 計算する. **2** 〘米話〙当てにする, 見込む《を *on*》.
◇ **-la·tive** [-lèitiv/-lətiv] *a.* 計算(上)の; 打算的な.

cál·cu·lat·ed [kælkjulèitid] *a.* **1** 推定の: ～ latitude 推算緯度. **2** 計画的な, 故意の: a ～ crime 計画的犯罪. **3** 適した, …しそうな: ～ *for* modern conditions 現状に適する. **～ risk** 算定危険率.

cál·cu·lat·ing [kælkjulèitiŋ] *a.* **1** 計算(用)の. **2** 打算的な, 抜け目のない. **～ machine** (自動)計算器. **～ rod** 計算尺. **～ table** 計算表.

‡**càl·cu·lá·tion** [kælkjuléiʃ(ə)n] *n.* **1** 計算, 算定, 勘定. **2** 推定; 予測. **3** 打算; 熟慮; 慎重な計画.

cál·cu·la·tor [kælkjulèitər] *n.* **1** 計算者; 計算器. **2** 計算表.

cál·cu·lous [kælkjuləs] *a.* 〘医〙結石(病)の.

cál·cu·lus [kælkjuləs] *n.* (*pl.* **-lus·es, -li** [-lài]) **1** (通例 the ～) 〘数〙計算法; 微積分学. **2** 〘医〙結石.

Cal·cút·ta [kælkʌtə] *n.* カルカッタ《インド東北部の港市》.

cal·da·ri·um [kældέ(:)riəm/-dέər-] L. *n.* (*pl.* ***-a*** [-riə]) 《古代ローマ浴場の》高温浴室.

Cál·de·cott [kɔ́:ldəkət] **～ *award*** コルダコット賞《アメリカで毎年最優秀少年少女向きの絵入り本に与えられる》.

cal·dé·ra [kɑ:ldé(:)rɑ:, kældé(:)rə/kɑ:ldέərə] *n.* 〘地〙カルデラ《火口状地形》.

cál·dron [kɔ́:ldrən] =cauldron.

Cáld·well [kɔ́:ldwel, -wəl] *n.* Erskine ～, 1903 – , アメリカの小説家.

Càl·e·dó·ni·a [kæliḍóuniə, -njə] *n.* 〘雅〙スコットランド. ◇ **～n** *a., n.* スコットランドの; スコットランド人(の).

càl·e·fá·cient [kælifέiʃ(ə)nt] *n.* 発温物質《からしなどのようにほてる感じを与えるもの》. —— *a.* 暖める, ほてらせる. [√cal¹-+√fac-]

càl·e·fác·tion [-fækʃ(ə)n] *n.* 暖める[熱する]こと; 加熱[加温]状態. ◇ **càl·e·fác·tive** *a.*

càl·e·fác·to·ry [-fækt(ə)ri] *a.* 暖房[加熱]用の. —— *n.* 暖房されたへや《修道院の》.

‡**cál·en·dar** [kælindər] *n.* **1** カレンダー, こよみ, 暦法. **2** 一覧表; 〘法〙訴訟日程表; 〘米〙《議会の》議事日程. ≒calender. ***Gregorian ～*** グレゴリオ暦《西洋新暦》. ***Julian ～*** ユリウス暦《西洋旧暦》. ***school ～*** 学校暦. ***solar*** [***lunar***] ***～*** 太陽[太陰]暦. —— *vt.* カレンダーに書き込む; 日程表にのせる.
～ art 安っぽい絵《カレンダーなどに描かれている》. **～ day** 暦日《真夜中から真夜中までの 24 時間》. **～ month** 暦に示されている月. **～ watch** [**clock**] 月・曜日入りとけい. **～ year** 暦年.

cál·en·der¹ [kælindər] *n.* カレンダー《紙・布などのローラー式つや出し機》. —— *vt.* カレンダーにかける; (カレンダーで)つや出しする.

cál·en·der² *n.* 《イラン・トルコなどの》托鉢(たくはつ)僧.

cál·ends [kælindz] *n. pl.* 《古代ローマ暦の》ついたち (=kalends). ***on*** [***at***] ***the Greek ～*** 絶対に…しない《古代ギリシア暦には calends がないため》.

ca·lén·du·la [kəlénd͡ʒulə/-djulə] *n.* 〘植〙キンセンカ《菊科植物》.

cál·en·ture [kæləntʃùər, -tʃər/-tjuə] *n.* 《熱帯地方の》熱射病.

ca·lés·cent [kəlés(ə)nt] *a.* 徐々に暖かく[熱く]なる.

‡**calf**¹ [kæf/kɑ:f] *n.* (*pl.* **calves** [kævz/kɑ:vz]) **1** 子牛. **2** 子牛の皮. **3** 《シカ・象・鯨などの》子. **4** 〘話〙ばか者. **5** (氷山から落ちた)氷塊. ***kill the fatted ～ for*** 〘聖〙を歓待する, の用意をする《ルカ伝: 15》. ***the golden ～*** 〘聖〙黄金子牛; 黄金崇拝《出エジプト記: 32》. **⌐·bound** [-bàund] 子牛皮装丁の. **～ knee** 内ワニ足. **～ love** (少年少女の)あわいおさな恋. **～'s foot** 子牛の足料理. **⌐·skin** [⌐⌐] 子牛皮.

calf² *n.* (*pl.* **calves**) ふくらはぎ, こむら.

Cál·i·ban [kælibæn] *n.* キャリバン《Shakespeare 作 *The Tempest* 中の半獣半人》.

cál·i·ber, (英) **cál·i·bre** [kælibər] *n.* **1** 《銃・砲の》口径; 《弾丸の》直径. **2** 《人物の》器量, 才幹; 長所; 特質. ***a man of great*** [***high***] ***～*** 大人物, 大器.

cál·i·brate [kælibrèit] *vt.* に度盛り[目盛り]をつける, の度盛り[目盛り]を調整する.
◇ **-bra·tor** [-tər] *n.* 度盛り[目盛り]検査器. **càl·i·brá·tion** [kælibréiʃ(ə)n] *n.*

cál·i·ces [kælisi:z, kéi-] *n.* calix の複数形.

ca·lí·che [kəlí:tʃi:, kɑ:lí:tʃe] *n.* ナトリウム・カルシウム(など)を含む表土.

cál·i·cle [kǽlikl] *n.* 〖生〗《サンゴなどの》小杯状部〔器官〕.

cál·i·co [kǽlịkòu] *n.* (*pl.* ~(**e**)**s**) **1**〖米〗さらさ, プリントもめん. **2**〖英〗白キャラコ, かなきん.
—— *a.* キャラコ製の;〖米〗さらさ模様の, まだら〔玉〕模様の. **~·back** →別項. **~ ball**〖米古〗綿服着用舞踏会《あとで着用の服を貧民に与える慈善の催し》. **~ printing** さらさ捺染(なっせん)法.

cál·i·co·back [kǽlịkoubæ̀k] *n.*〖虫〗キャベツの害虫《半翅(はんし)目のこん虫》.

cál·if =caliph.

Calif. California.

cál·if·ate =caliphate.

Càl·i·fór·nia [kæ̀lifɔ́:rnjə] *n.* カリフォルニア《アメリカ太平洋岸の州. 州都 Sacramento. 略 Cal., Calif.》. ***Gulf of*** ~ カリフォルニア湾. **~ Current** カリフォルニア寒流《北アメリカ大陸太平洋岸に沿って南東に流れる》. **~ poppy**〖植〗ハナビシソウ《カリフォルニア州の州花》.
◇ **~n** *a., n.* カリフォルニアの, カリフォルニア人(の).

càl·i·fór·ni·um [kæ̀lịfɔ́:rniəm] *n.*〖化〗カリフォルニウム《合成放射性元素. 記号 Cf》.

cál·i·pash, cál·li·pash [kǽlịpæʃ, ㊟ ˈ⌣ーˊ] *n.*《スープ用の》ウミガメの背肉.

cál·i·pee [kǽlịpì:, ⌣ーˊ] *n.* ウミガメの腹肉.

cál·i·per [kǽlịpər] *n.* **1** (*pl.*) カリパス, 測径器. **2** 厚み《紙・幹などの》. —— *vt.* カリパスで測る.

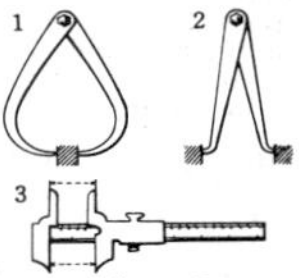

calipers ①
1 outside calipers
2 inside calipers
3 slide calipers

cá·liph [kéilif, kǽl-] *n.* ハリハ《回教国王の称号. 現在は廃止》.
◇ **cál·iph·ate** [kǽlịfèit] *n.* ハリハの地位〔領土〕.

cà·lis·thén·ic [kæ̀lịsθénik] *a.* 美容〔柔軟〕体操の. ◇ **~s** *n. pl.*《単数扱い》美容〔柔軟〕体操.

cá·lix [kéiliks] *n.* (*pl.* **cál·i·ces** [kǽlịsi:z, kéi-]) **1**〖宗〗聖餐(せいさん)杯; そのブドウ酒 (chalice). **2**〖雅〗杯. **3** 杯形の花. **4**〖医〗杯状窩(か)〔器官〕.

calk[1] [kɔ:k] =caulk.

calk[2] *n.*《くつ・蹄鉄などの》すべり止め金.
—— *vt.* に~ をつける.

calk[3] *vt.* 〈絵などを〉敷き〔なぞり〕写す.

†**call** [kɔ:l] *vt.* **1 呼ぶ, に呼びかける,** 呼び起こす; に電話をかける; 呼び出す《無線通信で》: He ~*ed* her, but she did not hear him. 彼は彼女を呼んだが彼女は聞こえなかった. The station is ~*ing* the airplane. 局はその飛行機を呼び出している. *C*~ me at six. 6時に電話してください. ~ a person *by* name ある人の名を呼ぶ《直接本人に向かって》.
2 〈名を〉呼ぶ: ~ a person's name 人の名を呼ぶ〔呼んでみる〕《捜すときなど》. ≒~ a person by name.
3 呼び寄せる, に来てもらう, 招待する; アンコールする: He ~*ed* my family *to* dinner. 彼は私の家族を食事に呼んだ. He is ~*ing* you *to* his office. 彼はきみに事務所へ来るように言っている. *C*~ me a taxi. =*C*~ a taxi for me. 私にタクシーを呼んでください. They ~*ed* the actress time and again. 女優はアンコールで幾度も舞台へ呼びもどされた.
4 呼び集める, 招集する: ~ a meeting 会議を招集する.
5 〈人の注意などを〉喚起する: ~ a person's attention to the fact.
6 〈人に〉注意する, 非難する《について *on*》: She ~*ed* him *on* his vulgar language. 彼女は彼の野卑なことばをとがめた.
7 …と名づける, …と呼ぶ: We ~ him Tom. 私たちは彼をトムと呼ぶ〔言う〕. a man ~*ed* Morris モリスという人. He ~*ed* me a fool. 彼は私をばか者呼ばわりした. The people of Switzerland are ~*ed* the Swiss. スイスの国民はスイス人と呼ばれる〔言われる〕. What do you ~ this stone?—We ~ it granite. この石の名はなんと言いますか. —花コウ岩といいます《*How* do you *call*…? とは言わない》.
8 …と称する, …(である)と言う, …と考える: Can we ~ it a success〔beautiful〕? これが成功〔美しい〕と言えるか. He has nothing to ~ his own. 彼は自分のものと言えるものはなに一つもっていない. I ~ that a shame. それは恥ずべきことだと思う. This is what we ~ a necessary evil. これはいわゆる「必要悪」だ. That's what he ~*s* justice. あれが彼のいわゆる「正義」なるものだ.
9 (声をあげて) 読みあげる: ~ a list 表を読みあげる. ~ a roll 出席をとる, 点呼する.
10 命ずる; 〈債券などの〉返済を要求する; の中止を命ずる; の開始を宣言する;〖トランプ〗〈相手札の〉提示を命ずる: ~ a halt 停止を命ずる. The union leader ~*ed* a strike. 組合の指導者はストライキを命じた. a ~*ed* game〖野球〗コールド ゲーム.
11 審議〔裁判〕にかける: ~ a case (to court) 事件を裁判にかける.
—— *vi.* **1 呼びかける,** 叫ぶ《へ *to*》: He ~*ed to* me for help. 彼は私に助けを呼び求めた.
2 電話をかける, 通信を送る: Has anyone ~*ed*? だれか電話をかけてきたか →③.
3 立ち寄る, 訪問する; 停車する, 寄港する《に *at, on*》: Has anyone ~*ed*? だれか尋ねて来たか.
4〖トランプ〗相手札の提示を要求する;《ストップなどを》宣言する.
5 〈鳥が〉元気よく鳴く.
~ ***after*** 〈人の〉後ろから呼ぶ; …にちなんで名づける: He was ~*ed* John *after* his father. 彼は父の名をとってジョンと名づけられた. ~ ***aside*** しかる, たしなめる. ~ ***at*** に立ち寄る, 〈ある場所・家〉を訪問する. →~ on. ~ ***away*** 呼び出す; 注意をそらす, 紛らす: I am ~*ed away* on business. 用事で出かけなければならない. ~ ***back*** (1) 振り向いて叫ぶ. (2) 呼び返す; 〈記憶を〉呼びもどす. (3) 取り消す. (4) に電話で返事をする;〖おもに米〗(のちほど)また電話する: I'll ~ you *back*. ~ a person (***bad***) ***names*** (人に) 悪口を言う《「ばか」「気違い」などと》, (人を)ののしる(≒ ~ a person by name → *vt.* ①). ~ a person ***by a…name*** (人を) …な名で呼ぶ. He is ~*ed by* a curious *name* 〔*by* various *names*〕. 彼には奇妙な〔いろいろな〕名がついている. ~ ***down*** (1) 〈人を〉呼びおろす. (2) 〈天恵・天罰などを〉呼び寄せる, 降りくだす. (3)〖米〗どなりつける: The boss ~*ed* him *down* for coming late to work. 上役は仕事に遅刻したと彼をどなりつけた. ~ ***for*** (1) を呼び寄せる; を呼び求める, を持ってこさせる. (2) を要求する, を必要とする: Your plan will ~ *for* a lot of money. きみの計画の実現にはたくさんの金が必要だろう. (3) を誘いに立ち寄る; を立ち寄って受け取る: I'll ~ *for* you at six o'clock and we'll go to the theater together. 6時に誘いに寄りますから, それからいっしょに芝居に行きましょう. To be left till ~*ed for*. 郵便局留め置き. ~ ***forth*** 〈勇気などを〉呼び起こす. ~ ***in*** (1) 呼び込む; 〈医者などを〉招く: He was ~*ed in* to tea. 彼はお茶を飲むように招き入れられた. We ought to ~ *in* a specialist 〔~ him *in*〕 at this point. ここから先は専門家にはいってもらう〔彼にはいってもらう〕べきだ. (2) 〈代金・貸した物などを〉回収する. ~ ***in question*** 問題にする, 異議を唱える. ~ ***into being*** 〔***existence***〕 成立させる. ~ ***into play*** 活動させる. ~ ***it a day*** (きょうはこれで) やめておく, 仕事をやめる. ~ ***it quits*** 終わりにする. ~ ***it square***《争いなどで》手を打つ. ~ ***off***

(1) を取り消す; の中止を命ずる: ～ *off* a strike ストライキを中止する. The performance was ～*ed off* because of (the) rain. 演奏〔演技〕は雨で中止になった. (2) を読みあげる. (3) の注意を他に転ずる: Please ～ *off* your dog. どうか犬を向こうにやってください. **～ *on* [*upon*]** (1) を訪問する: ～ *on* a friend at his house. (2) に求める, に頼む《を *for*; *to* (do)》: ～ *on* [*upon*] a person *for* a song [*to* sing a song] 人に歌を所望する. Now the nation is ～*ed upon to* unite. いまや国民は団結することを要請〔要求〕されている. (3) に発言を許す〔求める〕. **～ *out*** (1) 大声で呼ぶ. (2) 呼び出す, かり出す, 動員する, 誘い出す, 挑戦(ちょうせん)する: The ambulance car was ～*ed out* twice last night. 救急車は昨夜2度出動した. She likes being ～*ed out* to dinner. 彼女はごちそうに誘い出されるのが好きだ. **～ *over*** (1) 〈名簿などを〉読みあげる. (2) 招く, 呼び寄せる. **～ a person *to account*** (人に) 弁明を求める, (人に) 責任を問いただす. **～ *to arms*** 戦闘準備を命ずる. **～ *to mind* [*memory*]** 思い起こす. **～ *to order*** 〈議長が〉…に静粛を命ずる; 〖米〗の開会を宣する: The chairman ～*ed* the meeting *to order*. 議長が会議の開会を宣した. **～ a person *to witness*** 証人になってもらう: He ～*ed* heaven *to witness*. 彼は神明に誓った. **～ *up*** (1) 呼びあげる. (2) 電話へ呼び出す: *C*～ me *up* anytime you like. いつでも電話をくれたまえ. 〈注〉今日では up のない形の方が多い. (3) 思い起こさせる: The tomb ～*ed up* my sorrows afresh. 墓を見て悲しみを新たにした. (4) 招集〔召集〕する. (5) 奮い起こす, 奮い立たす. ***what is* ～*ed* = *what we* [*you*] ～** いわゆる: He is *what is* ～*ed* a walking dictionary. 彼はいわゆる生き字引きだ.

—— *n.* **1 呼び声**; さえずり; 呼び笛: I heard a ～ for help. 助けを求める呼び声を聞いた.
2 《電話で》 **通話**, 電話をかけること, かかってきた電話; 《無線の》呼び出し: I have three ～*s* to make. 電話を3本かけなければならぬ. I received [had] a long distance ～ to start at once. すぐ出発せよとの長距離電話を受けた. She gave me a ～. 彼女は私に電話をかけてきた.
3 訪問, 来訪, 立ち寄り; 《船の》寄港: pay a formal ～ *on* a person 人を正式訪問する.
4 招き, 招待; アンコール; 招集 (命令); 点呼, 出席調べ; 神のお召し: He answered the ～ of his country. 彼は故国の招集に応じた.
5 天職, 神のお召し, 使命: I have a ～ to the ministry. 私は牧師になるのが天職だ.
6 魅力, ひきつけるもの; 訴え: The ～ of the sea made him a sailor. 海の魅力にひかれて彼は船乗りになった.
7 要求; 必要, 機会; 《株式などの》払い込み要求, 《トランプの》持ち札請求: I have many ～*s on* my income. 必要経費がかさむ. I have too many ～*s on* my time. 時間を取られる用事が多い. 30 days after ～ 請求後30日払い.
at* [*on*] ～** 呼べば(すぐ); 請求しだい. ***at* one's ～** 呼び声に応じて; 待機して. **～ *of nature 便意, 排便の催し. **～ *to quarters*** 帰営らっぱ. **～ *to the bar*** 弁護士資格免許. ***close* ～** 〖米話〗危機一髪, 九死に一生. ***get a* ～ *through*** 《かけた》電話がつながる. ***give* a person *a* ～** (人に) 電話をかける. ***have no* ～ *to*** (do) … する必要〔義務〕はない, …する筋合いではない. ***have the* ～** 指導的地位にある; 非常に需要がある. ***house of* ～** 得意先《注文取りの》, 配達先; 旅人宿. ***make* [*pay*] *a* ～ *on*** を訪問する. ***money on* ～** = ～ money. ***place* [*port*] *of* ～** 寄港地, 停泊地. ***put a* ～ *through*** 電話をつなぐ. ***take a* ～** 演技のあとで観客の拍手に応じておじぎをする. ***within* ～** 呼べば聞こえるところに; 命令を待って: Please stay *within* ～. 待機していてください.
～ bell 呼び鈴. **～-board** [ˊ-ˋ] 告知板〖劇場でリハーサル・配役変更を示すものなど〗. **～ box** 〖米〗警察〔消防〕署連絡用電話; 〖英〗公衆電話 (= ㊟ telephone booth). **～·boy** [ˊ-ˋ] (1) 呼び出し係〖劇場で役者に出番を告げる〗. (2) (へやつき) ボーイ〖ホテルの〗. **～-fire** [ˊ-ˋ] 〖軍〗(上陸軍を援護するための) 艦砲射撃. **～ girl** コールガール〖電話で呼び出せる売春婦〗. **～ house** コールガールのたまり宿. **～ letters** = ～ sign. **～ loan** コールローン, 当座貸付金. **～ love** おさな恋. **～ market** 〖商〗コール市場. **～ money** コールマネー, 当座借入金. **～ out** 挿画(さしえ)〔図型〕を説明するためにつけられた番号(など). **～ rate** コール貸借利率. **～ sign** 〖電〗コールサイン《通信〔放送〕局を呼び出す符号》. **～ slip** 《図書館の》閲覧申し込み票. **～-up** [ˊ-ˋ] 招集(人員). 〖類〗 → **visit**「訪問する」

cál·la [kǽlə] *n.* 〖植〗オランダカイウ, カラー(= ～ lily).
cál·lan(t) [kɑ́ːlən(t)] *n.* 〖スコットランド〗若者.
***cáll·er**[1] [kɔ́ːlər] *n.* **1 来訪者**. **2** 呼び出し人, 招き手, 招集者. **3** 〖米〗電話をかける人.
〖類〗 → **visitor**「客」
cál·ler[2] [kǽlər] Sc. *a.* **1** 《食料品などが》新鮮な. **2** さわやかな, すがすがしい.
calli-「美しい」の意の語形成要素.
cal·líg·ra·pher [kəlígrəfər], **cal·líg·ra·phist** [-fist] *n.* 能書家, 書家.
càl·li·gráph·ic [kæ̀ligrǽfik], **-i·cal** [-(ə)l] *a.* 書道の; 能筆の. ◇ **càl·li·gráph·i·cal·ly** *ad.*
cal·líg·ra·phy [kəlígrəfi] *n.* **1** 能筆, 能書. ↔ cacography. **2** 書道.
cáll·ing [kɔ́ːliŋ] *n.* **1** 呼ぶこと; 点呼. **2** 招集; 招待. **3** 訪問; 〖米〗電話をかけること: Thank you for your ～. お電話〔ご訪問〕ありがとう. **4** 寄港. **5** 職業, 商売, 生業. **6** 神のお召し; 天職. ***betray* one's ～** お里が知れる. ***by* ～** 職業は. ***pursue* one's ～** 職業に従事する.
～ card 〖米〗名刺. **～ list** 〖米〗訪問名簿.
Cal·lí·o·pe [kəláiəpiː, -pi/-pi] *n.* **1** 〖ギ神〗カリオペ《Nine Muses の一神で, 雄弁・叙事詩の女神》. **2** (c～) [㊟ *kǽliòup] 《蒸気を用いる》パイプオルガンの一種.
càl·li·óp·sis [kæ̀liɑ́psis/-ɔ́p-] = coreopsis.
cál·li·pash = calipash.
cál·li·per = caliper.
càl·lis·thén·ic = calisthenic.
cál·li·thump [kǽliθʌ̀mp] *n.* 〖米話〗= shivaree; 騒々しい街頭行列.
◇ **càl·li·thúmp·i·an** [ˌ--θʌ́mpiən] *a.*
cál·lose [kǽlous] *a.* 《葉などが》厚く〔堅く〕なった.
cal·lós·i·ty [kəlɑ́səti/kælɔ́s-] *n.* **1** 《皮膚の》硬結, 硬化, たこ, まめ. **2** 無感覚; 冷淡.
cál·lous [kǽləs] *a.* **1** (皮膚の) 硬結〔硬化〕した, 皮膚の堅い. **2** 無感覚な, 冷淡な, 無情な《に *to*》.
—— *vt., vi.* ～ にする〔なる〕.
◇ **～·ly** *ad.* 無情に. **～·ness** *n.* 無情.
cál·low [kǽlou] *a.* 羽毛のまだはえない; 経験の乏しい, 青二才の.
cál·lus [kǽləs] *n.* 〖医〗皮膚硬結〔硬化〕, たこ; 〖植〗癒合(ゆごう)組織, 仮皮. **——** *vi.* ～ (状) になる.
—— *vt.* に ～ をつくる.
‡calm [kɑːm] *a.* **1 静かな**, 穏やかな; 風〔波〕のない: a ～ sea. **2** 平静な, 落ち着いた: a ～ face.
—— *n.* **1 静けさ**; なぎ. **2** 平穏, 無事. **3** 冷静.
—— *vt., vi.* **静める, 静まる**; 〈風が〉なぐ; 落ち着かす, 落ち着く.
～ oneself 気を落ち着ける, 平静になる. **～ *down*** 冷静にもどる; 〈興奮などを〉静める; 〈海などが〉静まる.
◇ **‡～·ly** *ad.* **～·ness** *n.*
cál·ma·tive [kǽlmətiv, kɑ́ːm-] *a.* 〖医〗鎮静する.
—— *n.* 鎮静剤.

cál·o·mel [kǽləml, -mèl/-mel] *n.* 〘化〙カロメル, 甘コウ.

ca·lór·ic [kəlɔ́:rik, -lár-/-lɔ́r-] *a.* 熱の〔に関する〕; カロリーの, 熱量の. —— *n.* 熱; 〘古・化〙熱素.

cál·o·rie** [kǽləri] *n.* 〘物・化〙**カロリー**《熱量の単位》; カロリー (=food ～)《食品の栄養価の単位》. ***large 〔***great, kilogram, food***〕 ～ 大カロリー, キロ(グラム)カロリー《小カロリーの1,000倍》. ***small*** 〔***gram***〕 ～ 小カロリー, グラムカロリー《1g の水の温度を 1° C だけ上げるに必要な熱量》. [√cal-¹]

càl·o·ríf·ic [kæ̀lərífik] *a.* 熱を生じる; 熱の.

càl·o·rím·e·ter [kæ̀lərímịtər] *n.* 熱量計. ◇ **càl·o·rím·e·try** [-mịtri] *n.* 熱量測定(法).

cál·o·ry =calorie.

ca·lótte [kəlát/-lɔ́t] *n.* (頭にぴったり合ったふちなし)ずきん帽《カトリック僧などがかぶる》.

calque =calk³.

cál·trop, cál·trap [kǽltrəp], **cál·throp** [kǽlθrəp] *n.* 〘植〙ハマビシ; 〘軍〙蒺鉄(ﾃﾂﾋﾞｼ)《昔敵騎を阻止するため地上にまいた4本とげの鉄玉》.

cál·u·met [kǽljumèt] *n.* 平和のパイプ《和親の印に北アメリカ原住民が用いる》. ***smoke the ～ together*** 和睦(ﾜﾎﾞｸ)する.

ca·lúm·ni·ate [kəlʌ́mnièit] *vt.* 〈人を〉悪く言う, 中傷する, 誹謗(ﾋﾎﾞｳ)する. ◇ **-a·tor** [-ər] *n.* **ca·lúm·ni·a·to·ry** [-niətɔ̀:ri/-niətəri] *a.* 中傷的.

cál·um·ny [kǽləmni] *n.* 中傷, 誹謗(ﾋﾎﾞｳ); 〘法〙誣告(ﾌﾞｺｸ). ◇ **ca·lúm·ni·ous** [kəlʌ́mniəs] *a.* 中傷的, 誹謗の.

cál·u·tron [kǽljụtràn/-trɔn] *n.* 〘物〙カルトロン《同位元素を分離する電磁装置》.

càl·va·dós [kæ̀lvədɔ́:s,-dóus] *n.* カルバドス《リンゴ酒からつくるブランデー. ノルマンディー地方産》.

Cál·va·ry [kǽlvəri] *n.* **1** キリストはりつけの地《Jerusalem 近郊 Golgotha の丘》; (c～) キリストはりつけの像〔図〕. **2** (c～) 受難, 苦しみ.

calve [kæv/kɑ:v] *vt., vi.* **1** 〈牛・シカ・鯨などが子を〉生む. **2** 〈氷河が氷塊を〉分離する; 〈氷塊が〉割れる.

calves [kævz/kɑ:vz] *n.* calf の複数形.

Cál·vin [kǽlvin] *n.* John ～, 1509–64, スイスで活躍したフランス生まれの宗教改革者. ◇ **～·ism** *n.* カルビン主義〔教〕. **～·ist** *n.* カルビン教徒.

Càl·vin·ís·tic [kæ̀lvịnístik], **-ti·cal** [-tik(ə)l] *a.* カルビンの; カルビン主義〔派〕の.

calx [kælks] *n.* (*pl.* **cálx·es, cál·ces** [kǽlsi:z]) 〘化〙金属灰, 鉱灰, 〘古〙生石灰.

Ca·lýp·so [kəlípsou] *n.* (*pl.* **～s**) **1** 〘ギ神〙カリプソ《Odysseus を誘惑した海の精》. **2** 〘植〙ホテイラン. **3** (c～) カリプソ《西インド諸島起源のジャズ曲》.

cá·lyx [kéiliks, kǽl-] *n.* (*pl.* **～·es, cá·ly·ces** [-lịsi:z]) 〘植〙萼(ｶﾞｸ).

cam [kæm] *n.* 〘機〙カム《回転運動を往復運動に変える装置》. **～·shaft** [-ʃæft/-ʃɑ:ft] カム軸. **～ wheel** カム歯車.

Cam. Cambridge.

ca·ma·ra·de·rie [kɑ̀:mərɑ́:dəri/kæ̀m-] F. *n.* 同志愛, 友情.

ca·ma·ril·la [kæ̀məríla] Sp. *n.*《元スペイン王の》側近顧問団; 秘密結社.

cám·as(s) [kǽməs] *n.* 〘植〙ユリ科の植物《北アメリカ産》.

Camb. Cambridge.

cám·ber [kǽmbər] *n.* 上そり《路面・甲板などの》; 〘空〙キャンバ《翼の湾曲》. —— *vt., vi.* 上そりにつくる〔なる〕.

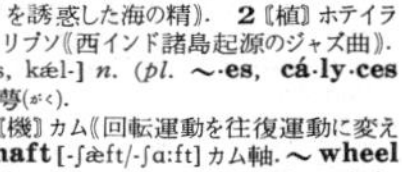

camber

cám·bist [kǽmbist] *n.* **1** かわせ商人; 両替商, 両替練達者. **2** 各国通貨・度量衡比較表.

cám·bi·um [kǽmbiəm] *n.* 〘植〙形成層《樹皮と木質部との間の》.

Cam·bó·di·a [kæmbóudiə, -djə] *n.* カンボジア《東南アジアの王国》. ◇ **～n** *a., n.* カンボジアの; カンボジア人(の).

cám·brel [kǽmbrəl] *n.* 〘英〙《肉屋の》肉つり棒.

Cám·bri·a [kǽmbriə] *n.* Wales の古名.

Cám·bri·an [kǽmbriən] *a.* **1** 〘雅〙ウェールズの. **2** 〘地〙カンブリア紀〔系〕の. —— *n.* **1** 〘雅〙ウェールズ人. **2** 〘地〙カンブリア紀層 (=～ system).

cám·bric [kéimbrik] *n.* 上質(白)麻布; 白麻ハンカチ. —— *a.* 白麻布製の. **～ tea** 牛乳・湯・砂糖を混ぜた飲み物《ときに少量の紅茶を加える》.

Cám·bridge [kéimbridʒ] *n.* **1** イギリス ～ 州の大学町; ～大学. **2** アメリカ Massachusetts 州の Harvard, M.I.T. 両大学所在地. **～ blue** 淡青色.

†**came**¹ [keim] *v.* come の過去形.

came² *n.* ステンドグラスなどをささえる鉛のわく《ribbon ともいう》.

‡**cám·el** [kǽm(ə)l] *n.* **1** 〘動〙**ラクダ**. **2** 〘海〙浮き箱《浅瀬で船を浮かして喫水を少なくするのに用いる》; 浮き防舷(ﾎﾞｳｹﾞﾝ)《桟橋と船との間に置く》. ***Arabian*** 〔***Bactrian***〕 ～ ヒトコブ〔フタコブ〕ラクダ, 単峰〔双峰〕ラクダ. ***～ sticking his nose under the tent*** よけいなところにでしゃばるやつ.
～ back いすの波形の背. **～ driver** ラクダ引き. **～ hair, ～'s hair** ラクダの毛(の織物). **～'s-hair pencil** リスの毛の画筆.

càm·el·éer [kæ̀mịlíər] *n.* ラクダ引き; ラクダ(騎)兵.

ca·mél·li·a [kəméliə, -mí:l-, -ljə] *n.* 〘植〙ツバキ.

ca·mél·o·pard [kəmélәpɑ̀:rd/kǽmil-, kəmél-] *n.* 〘稀・動〙キリン; (C～) 〘天〙キリン座.

Cám·e·lot [kǽmịlɑ̀t/-lɔt] *n.* イギリスの伝説の King Arthur の王宮所在地.

cám·el·ry [kǽm(ə)lri] *n.* ラクダ(騎兵)隊.

Cám·em·bert [kǽməmbɛ̀ər] *n.* カマンベールチーズ (=～ cheese).

cám·e·o [kǽmiòu] *n.* (*pl.* **～s**) **1** カメオ《浮き彫りを施したメノウなどの装身具》; カメオ細工《宝石に施した浮き彫り》. **2** 《劇などの》印象的な場面, 山場. **～ role** (主役を引き立たせるための) わき役.

†**cám·er·a** [kǽm(ə)rə] *n.* (*pl.* **-as, -ae** [-(ə)rì:]) **1** **カメラ**, 写真機; 〘写〙暗室; 《旧型写真機の》暗箱; 《テレビの》カメラ. **2** 判事の個室. ***in ～*** 判事の個室で, 非公開で; 《一般的》ひそかに. ***on ～*** 〘テレビ〙 (1) 放送中. (2) オンカメラ《活動中の数台のカメラのうち, 実際に放送されているカメラ》.
～ eye 〘米俗〙微細な報道〔観察力〕. **～ gun** 〘空〙写真銃. **～ lucida** [-lú:sidə] 《鏡・プリズムなどを利用した》写生〔転写〕器. ***～·man** [-mæ̀n] (*pl.* **-men** [-mèn]) カメラマン, 《新聞などの》写真班員; 〘映〙撮影技師. **～ obscura** [-ɑbskjú(:)rə/-ɔbskjúərə] 暗箱. **～ stand** 三脚 (tripod (leg) ともいう). **～ tube** 〘テレビ〙撮像管. **～ work** 撮影技巧.

càm·er·lín·go [kæ̀mərlíŋgou], **-lén·go** [-léŋ-] *n.* ローマ教皇の侍従兼財務官.

Càm·e·róon, Càm·e·róun [kæ̀mərú:n/⌐——, ⌐—⌐] *n.* カメルーン《西アフリカ Nigeria 東側の連邦共和国》.

cám·i·knìck·ers [kǽmịnìkərz, ㊥⁺⌐——⌐] *n. pl.* 〘英〙《婦人用》シュミーズに似たはだ着の一種.

cam·ion [kǽmjən] F. *n.* 運送〔軍用〕トラック.

cám·i·sole [kǽmịsòul] *n.* **1** キャミソール《そでなしのししゅう入りブラウスでえり首の大きく開いたもの》. **2** 婦人用化粧着, 模様スリップ. **3** (狂人) 拘束服.

cám·let [kǽmlit] *n.* **1** じょうぶな防水布《外套用》. **2** 〘史〙ラクダ〔ヤギ〕の毛の織物《中世アジアで用いた》. —— *vt.* 〈織物・本の小口などを〉大理石模様で飾る.

cám·o·mile [kǽməmàil] *n.* 〘植〙カミツレ《花は鎮痛剤》. **～ tea** カミツレの花のせんじじる.

Ca·mor·ra [kəmɔ́:rə, -mɑ́rə/-mɔ́rə] It. *n.* カモラ党《1820年ごろ起こったイタリアの政治的・犯罪的秘

密結社》; (c～) 秘密結社.

cám·ou·flage [kǽməflɑ̀ːʒ] *n.* **1** 〖軍〗カムフラージュ, 擬装, 迷彩. **2** 《一般的》ごまかし.
—— *vt., vi.* カムフラージュ〔擬装〕する; ごまかす.

cà·mou·flét [kæ̀məfléi, ⌐—⌐] *n.* 地下〔坑内〕爆発; ～ でできた穴; ～ に使用した爆薬.

cam·ou·fleur [kǽməflə̀ːr] F. *n.* 〖軍〗擬装技師.

†**camp** [kæmp] *n.* **1** 《軍隊の》野営地, 駐留地, 兵舎; (捕虜) 収容所. **2** キャンプ場《山・海岸などの》; 《集合的》テント; 仮小屋. **3** 《無冠詞》キャンプ (生活); 野営; 軍隊生活. **4** 野営隊. **5** 〖政〗「陣営」, 《集合的》同志, 仲間: be divided into two ～*s* 二つの陣営〔2 派〕に分けられる. **6** 〖米〗山荘. ***break* ～** テントをたたむ, 野営を撤収する. ***change* ～*s*** 主張〔立場〕を変える. ***in the same* 〔*enemy's*〕～** 味方〔敵〕側に.
—— *vi.* **1** テントを張る; 野営〔キャンプ〕する. **2** 《人のへやなどに》仮寝をする; 身を気持ちよく落ち着ける. **3** 《ある場所に》がんばる. —— *vt.* 野営させる. ～ ***out*** 野営〔キャンプ〕する.
～ **bed** (キャンプ用) 折りたたみ寝台. ～ **chair** (折りたたみ) 軽便いす. ～**·craft** [⌐kræ̀ft/-krɑːft] キャンプ (生活) 技術. ～**·fìre** →別項. ～ **follower** (1) 軍隊などについてゆく非戦闘員《売春婦・商人など》. (2) (やじ馬的) 同調者. ～**·ground** [⌐⌐] キャンプ場, 野営地. ～ **meeting** 《テントまたは野外での》宗教集会. ～**-out** [⌐⌐] 野営《グループによる》. ～**·stool** [⌐⌐] (折りたたみ) 軽便いす.

Cam·pá·gna [kɑːmpɑ́ːnjə/kæm-] *n.* カンパーニャ《ローマ周辺の平原》; (c～) 平原.

‡**cam·páign** [kæmpéin] *n.* **1** (一連の) 軍事行動; 会戦. **2** 出征, 従軍. **3** 選挙運動, 遊説 (=election ～). **4** (組織的な) 運動, 《特に》社会運動; 賛成運動《*for*》, 反対運動《*against*》: a sales ～ 販売促進運動. a fund-raising ～ 募金運動. a ～ *for* world peace 世界平和運動. a ～ *against* air pollution 大気汚染反対運動. a ～ *to* combat crime 犯罪防止運動. ***on* ～** 従軍して.
—— *vi.* 従軍する; (選挙などの) 運動を起こす〔に参加する〕. ***go* ～*ing*** 従軍する; 運動する.
～ **chest** (1) =～ fund. (2) 引き出し箱. ～ **club** 〖米〗選挙後援会. ～ **fund** 選挙運動資金. ～ **ribbon** 従軍記章. 〔類〕→ **fight**「戦い」

cam·páign·er [kæmpéinər] *n.* **1** 《政治・選挙もしくは社会的》運動家. **2** 従軍者. ***old* ～** 古つわもの, 老練家.

càm·pa·ní·le [kæ̀mpəníːli] *n.* (*pl.* **-les, -li** [-liː]) 鐘楼.

càm·pa·nól·o·gy [kæ̀mpənɑ́lədʒi/-nɔ́l-] *n.* 鳴鐘術; 鋳鐘術.

cam·pán·u·la [kæmpǽnjulə/kən-] *n.* 〖植〗ツリガネソウ, 風鈴草.

‡**cámp·er** [kǽmpər] *n.* **1** キャンパー, テント生活者, 野営者. **2** トレーラーなどに乗せて運ぶ小べや《キャンプ用》.

cámp·fìre [kǽmpfàiər] *n.* 野営のかがり火, キャンプファイア; 〖米〗かがり火を囲む親睦(しんぼく)会. ～ **girl** アメリカ少女団 (the Camp Fire Girls of America) の団員.

cám·phene [kǽmfiːn, —⌐] *n.* 〖化〗カンフェン.

cám·phol [kǽmfoul, -fɑl/-fɔl] *n.* 〖化〗リュウノウ.

cám·phor [kǽmfər] *n.* 〖化〗ショウノウ. ～ **ball** 玉ショウノウ《虫よけ用》. ～ **oil** ショウノウ油. ～ **tree** 〖植〗クスノキ. ◇ ～**·ate** [-fərèit] *vt.* にショウノウを入れる: ～*ated* oil ショウノウ油《炎症止め》.
cam·phór·ic [kæmfɔ́ːrik, -fɑ́r-/-fɔ́r-] *a.*

cámp·ing [kǽmpiŋ] *n.* キャンプ〔テント〕生活, 野営. ***go* ～** キャンプに行く.

cám·pi·on [kǽmpiən] *n.* 〖植〗センノウ属の植物《ムシトリナデシコなど》.

cám·po [kǽmpou, kɑ́ːm-] *n.* 《南アメリカの》草原(地帯).

càm·po·rée [kæ̀mpəríː] *n.* 〖米〗《ボーイスカウトの》地方大会. → jamboree.

cam·po san·to [kǽmpou-sǽntou, kɑ́ːmpou-sɑ́ːn-] It. (共同) 墓地.

‡**cám·pus** [kǽmpəs] *n.* 〖米〗 **1** (おもに大学の) 校庭, 構内. **2** 大学, 学園; 大学生活. ***on the* ～** 校庭〔大学構内〕で. —— *a.* 大学 (構内) の, 学生団体の. ～ **activities** 学生活動. ～ **life** 〖米〗大学生活.

cám·wood [kǽmwùd] *n.* 豆科の堅い木《西アフリカ産. 赤色染料を採る》.

†**can**[1] → 枠付 can. (p. 181)

‡**can**[2] [kæn] *n.* **1** 〖米〗ブリキかん (=㊧ tin)《かん詰め用》. **2** 〖英〗金属製液体容器《取っ手・ふた・口つき》; 水飲みコップ. **3** 入れ物: a garbage ～ ごみ入れ. **4** 〖英俗〗水中爆雷. **5** 〖米俗〗刑務所; 金庫; 自動車; 飛行機; 頭; しり; 便所. ***get a* ～ *on*** 〖米俗〗酔っ払う. ***in the* ～** (1) 〖映〗用意ができて, 封切りするばかりになって. (2) 入獄して. ***take* 〔*carry*〕 *the* ～** 〖俗〗責任を負う.
—— *vt.* (**-nn-**) **1** 〖米〗かん詰めにする. **2** 〖米俗〗録音する. **3** 〖米俗〗首にする; 捨てる; やめる.
～ **opener** 〖米〗かん切り; 〖米俗〗かん詰めを食べて暮らす人; 料理人; 金庫破り; 保釈金; 銃剣.

can. canon; canto. **Can.** Canada; Canadian.

Cá·naan [kéinən] *n.* 〖聖〗カナンの地《いまの西Palestine》; 《神が約束した》楽園, 理想郷. ◇ ～**·ite** [-àit] *n.* カナン人; カナン語《ヘブライ語・フェニキア語などを含むセム語の一群》.

‡**Cán·a·da** [kǽnədə] *n.* カナダ《北アメリカのイギリス連邦自治国. 首都 Ottawa》. ～ **balsam** カナダバルサム《カナダ産モミから採る樹脂. レンズ接着剤用など》. ～ **goose** 〖鳥〗シジュウカラガン《北アメリカ産》.

ca·ña·da [kənjɑ́ːdə, ㊧ +-njǽdə] Sp. *n.* 〖米方〗水のない川床; 峡谷.

***Ca·ná·di·an** [kənéidiən] *a.* カナダ(人)の. —— *n.* カナダ人.

ca·naille [kənéil, -nái] F. *n.* 最下層民; 《集合的》ごろつき.

‡**ca·nál** [kənǽl] *n.* **1** 運河, 水路, 掘り割り. **2** 〖医・植〗導管; 〖建〗みぞ. **3** 火星表面上の線条.
—— *vt.* (**-l(l)-**, ㊧ **-ll-**) に運河をつくる.
～**·boat** [-bòut] (運河用) 貨物船. **C～ Zone, the** パナマ運河地帯.

ca·nál·age [-idʒ] *n.* 運河開設; 《集合的》運河輸送; 運河通航料.

càn·a·líc·u·lus [kæ̀nəlíkjuləs] *n.* (*pl.* **-li** [-lài]) 〖医・植〗細管, 小管.

ca·nál·ize [kənǽlaiz, kǽn(ə)làiz/kǽnəl-] *vt.* **1** に運河〔水路〕を開設する. **2** 運河にする. **3** 〈感情などに〉はけ口を与える; ある方向に導く.
◇ **ca·nàl·i·zá·tion** [kənæ̀lizéiʃ(ə)n, kæ̀n(ə)li-, -lai-/kæ̀nəli-] *n.*

ca·na·pé [kǽnəpi, -pèi] F. *n.* カナッペ, オープンサンド《クラッカー・薄いトーストパンなどにチーズ・キャビア・小イワシなどをのせたもの》.

ca·nard [kənɑ́ːrd/kæ-, kə-] F. *n.* **1** (いいかげんな) うわさ, 虚報. **2** 食用カモ.

‡**ca·nár·y** [kənέ(ː)ri/-néəri] *n.* **1** 〖鳥〗カナリア (=～ bird). **2** カナリア色 (=～ yellow). **3** カナリア諸島産ブドウ酒 (=C～ wine). ***the Canaries*** カナリア諸島《アフリカ西北部》. —— *a.* カナリア色の.
～ **creeper** 〖植〗カナリアツルクサ《キンレンカの一種》. ～ **grass** 〖植〗カナリアソウ《ヨシの類》. **C～ Islands, the** =the Canaries. ～ **seed** カナリアソウの実.

ca·nás·ta [kənǽstə] *n.* 2組みのカードでするトランプ遊び.

ca·nás·ter [kənǽstər] *n.* 《南アメリカ産の粗悪な》刻みたばこ.

Ca·náv·er·al [kənǽv(ə)rəl] ***Cape* ～** → Cape Kennedy.

Cán·ber·ra [kǽnb(e)rə] *n.* キャンベラ《オーストラリアの首都》.

can¹

can は「…することができる; …することがありうる, …することがないとはいえない; …してもよい」などの意味をもつ助動詞で, may, must などとともに次の特徴をもつ: (1) 動詞の原型 (＝to のつかない不定詞) が次にくる. (2) 人称変化がない: I [He, My sister] *can* swim. 私[彼, 私の妹]は泳ぐことができる. (3) 疑問文は主語との倒置によってつくる. (4) can で始まる問いに対しては can または cannot [can't] で止める答えが普通: Can you read French? —Yes, I *can*.; No, I *cannot* [*can't*].

次の二つの特徴は特に注意を要する: (5) 他の助動詞の否定形 (will not, must not 等) と違って, 現在否定形 cannot は通常 1 語に書かれる. ただしアメリカではこのほかに 2 語の can not も用いられ, また次のようなばあいには米英とも 2 語に書き分けられる: He *can not* only read but write French. 彼はフランス語を読むばかりでなく書くこともできる. (6) can は直接未来形・完了形・動名詞などをつくりえないから, これらは be able to で補充される (→下記〈付記$_1$〉). また過去形 could も, とかく仮定法にとられやすいので, 明瞭(めいりょう)を期するためしばしば同様の代用を受ける (→下記〈付記$_2$〉). 「…してもよい」については → 枠付 may.

変化形には下記の現代の形のほか, 次の古形がある: 第二人称単数〘古〙現在形 (thou) **canst** [kænst, 弱 kənst]; 過去形 **couldst** [kudst, 弱 kədst], **cóuld·est** [kúdist].

can [kæn, 弱 k(ə)n] *aux. v.* (現在否定形 **cán·not** → 別項cannot, 現在否定短縮形 **can't** [kænt/kɑːnt]; 過去 **could** [kud, 弱 kəd], 過去否定形 **could not**, 過去否定短縮形 **cóuld·n't** [kúdnt]) 《過去形 **could** は別項枠付で詳述》

1 《能力》…することができる: This old man ～ read without glasses. この老人はめがねなしで字が読める. He *cannot* see now because he has a trouble with his eyes. 彼はいま眼病をわずらって目が見えない. *Can* you dance? —No, I *can't*. ダンスできますか. —いいえ, できません.

〈注〉知覚動詞 see, hear, smell, taste, feel などにはしばしば can が「能力」の意を弱めて添えられる: *Can* you smell something burning? 物の焦げるにおいがしないか.

2 《可能》…できる: I ～ attend the conference tomorrow. あした会議に出席できる. It ～ be had for nothing. ただで得られる[もらえる].

〈注〉日本語で「できた」というばあい, 英語では必ずしも canを使わない. たとえば, At last we *could find* his address. ではなく, At last we *found* his address.「ついに彼の住所がわかった」とする方が多い.

3 《許可》…してよい: *Can* I have one of these cakes? 菓子を一つ食べてもよいか. You ～ take any book you like. どれでも好きな本を持って行ってかまいませんよ.

〈注$_1$〉「許す」の can と may: ③の 2 例の can はいずれも may と交換可能. 許可を願う疑問文では一般に may の方が丁寧で, can の方がくだけた表現とされる: *May* I come in? ＝*Can* I come in?「はいってもいいですか」. ただし許可を与えるばあいには, may は権威をもって「そうさせてやる」という響きをもちやすく, can は「事情が許す」という色合いがあって和らげられるので, かえって一般に can が好まれる傾向がある (ただし, can を「許す」の意で用いることに強く反対する人もある): Yes, you *may*.「はい, よろしい」—Yes, you *can*.「ええ, いいですよ」. No, you *may* not.「いえ, いけません」—No, you *can't*.「いいえ, だめです」.

〈注$_2$〉次のような成句では通常 may しか用いられない: How old are you, *if I may ask?*「失礼ですが, お幾つですか」《文字どおりには「もしお聞きしてよいなら, …」》.

4 《可能性・蓋然(がいぜん)性》…することがありうる; 《否定》(…することはありえない→) …するはずがない; 《疑問》…するはずがあろうか, いったい…するだろうか: The slightest carelessness ～ cause a disaster. ほんのちょっとの不注意から, 惨事が起こらないとも限らない. He ～ be rude enough to do so. あの人ならそんなことをするほど無作法にふるまいかねない. The man *can't* be dangerous. 危険人物などということはありえない. *Can* it be true? いったいほんとうかしら. *Can* he have done so? はたしてそんなことをしただろうか.

〈付記$_1$〉be able to による補充: (1) can の欠けた諸形を次のように補う: 《未来形》 *will* [*shall*] be able to; 《不定詞》 (*to*) be able to; 《動名詞・現在分詞》 be*ing* able to; 《完了形》 *have* [*has, had*] *been* able to. (2) この方法で他の助動詞との結合もできる: He *may* [*should, must*] be able to swim. 彼は泳ぐことができるかもしれない [できてよいはずだ; できなければならない, できるに違いない]. (3) 同様に不定詞の使われるべき場所にあらわれうる: He seems *to* be able to swim. 彼は泳げるらしい. ただし, be able to の形は, 人間[動物]以外の主語には一般に不自然. また be able to be done のような受動態も一般に不自然.

〈付記$_2$〉過去形 could と was [were] able to: can には本来の過去形 could があるが, could は仮定法として用いられることが多い. そのためたとえば "I *could* buy it." は「買うことができた」か「買えるのだが」か不明となりやすく, 前者の意味を明瞭にするために, しばしば I *was able to* buy it. が好まれる.

all** one* ～ 〘話〙できる限り《副詞的》: He will help you *all he* ～. あの人が全力を尽くして助けてくれますよ. ***as…as ～ be この上なく…, 全く…: I am *as* happy *as* ～ *be*. 私は全く幸福だ. It moaned *as* near *as* near ～ *be*. それはすぐ近くでうなっていた. ***～ but…*** ただ…するだけである, …するよりほかにしようがない: I ～ *but* ask your favor. ただただお願いをするだけだ. You ～ *but* try. とにかくやってみたらいい. ***cannot away with*** …にがまんならない. ***cannot but*** (do)＝***cannot help*** (do)***ing*** …せざるをえない, …せずにはいられない: I *cannot but* admire his talent. 彼の才能には感嘆せずにはいられない. I *could not help* smil*ing* at the child. その子にはほえみかけないではいられなかった. 〈注〉アメリカでは口語で cannot but (*do*) と cannot help (*do*)ing との混合した cannot help but (do) という形も, しばしば用いられるが正式ではない. ***cannot…too*** —— (1) …しすぎることはない, いくら…しても不足である: Children *cannot* be taught *too* early. 子どもにはいくら早くから教えてもよい. I *cannot* appreciate your kindness *too* much. あなたの親切にいくら感謝してもし足りない. (2) あまり──ではありえない, あまり──には…できない《おもに口語》: They *can't* swim *too* well. 泳ぎはあまりじょうずでない. ***How ～ you!*** どうしてそんなことができる!; なんとひどいやつだ! ***what** one* ～ できる限りのこと: I will do *what* I ～. 力の及ぶ限りのことをいたします.

can·can [kǽnkæ̀n] F. *n.* カンカン踊り《スカートの前を持ち上げ, 足を高くけり上げる陽気な踊り》.

cán·cel [kǽns(ə)l] *v.* (-l(l)-, ㊎ -ll-) *vt.* **1** <予約などを> 取り消す: ～a reservation. **2** <郵便切手・入場券などに>消印を押す, パンチを入れる. **3** 償う; 相殺する: His apology ～*ed* his rude manners. あやまったので行儀の悪さが許された. **4** <語・文字などを> 消す, 省く. **5**〘数〙消去〔約分〕する. **6** <借金などを> 帳消しにする《*out*》. —— *vi.* **1** 相殺し合う《*out*》: The pros and cons ～ *out.* 賛否両論が同数である. **2**〘数〙約分できる; 等しい. —— *n.* 抹殺(まっさつ); 取り消し; 改札ばさみ; 消印器. ◇ **càn·cel·lá·tion** [kæ̀ns(ə)léiʃ(ə)n] *n.*

‡**cán·cer** [kǽnsər] *n.* **1**〘医〙がん; 《比喩的》《社会の》積弊, 社会的がん. **2** (C～)〘天〙カニ座; 巨蟹(きょかい)宮. ◇ **～ed** *a.* がんにかかった. **～·ous** [-sərəs] *a.* がん(性)の.

cán·croid [kǽŋkrɔid] *a.* がん状の;〘動〙カニ状の, カニに似た. —— *n.* 皮膚がんの一種.

càn·de·lá·brum [kæ̀nd(i)léibrəm/-lá:b-] *n.* (*pl.* **-bra** [-brə], **-brums**) 枝つき燭台(しょくだい)《ろうそくが数本立てられる》.

cán·dent [kǽndənt] =candescent.

can·dés·cent [kændésnt] *a.* 白熱の. [√cand-] ◇ **can·dés·cence** *n.* 白熱.

C. & F. cost and freight.

cán·did [kǽndid] *a.* **1** 正直な, 率直な, 遠慮のない. **2** 公平〔公正〕な. **3** 白い; よごれのない. **4**〘写〙ありのままの. ***to be*** **～** (***with you***) 率直に言えば. —— *n.* (ポーズをとらない) 自然のままの写真. [√cand-] **～ camera**〘米〙小型 (隠し取り) 写真機; (C～ Camera)隠し取りフイルムによるテレビ番組. **～ friend** 率直な友人; ずけずけものを言うやつ. ◇ **～·ly** *ad.* **～·ness** *n.*

cán·di·da·cy [kǽndidəsi] *n.*〘米〙立候補《*for*》.

‡**cán·di·date** [kǽndidèit, -dit] *n.* **1** 候補者; 志願者: ～*for* the governorship 知事候補. ～*for* the M. A. degree 修士取得希望者. **2**《ある結果に》なりそうな人《*for*》. ***put up a*** **～** 候補者を立てる. ***run*** **～** ***at*** に立候補する. [√cand-] ◇ **cán·di·da·ture** [kǽndiditʃər, ㊎ +-didèitʃər] *n.*〘英〙=candidacy.

cán·died [kǽndid] *a.* **1** 砂糖をまぶした; 砂糖づけの. **2** 結晶した. **3** 甘ったるい; 甘言の, おせじの.

†**cán·dle** [kǽndl] *n.* **1** ろうそく, ろうそくに似たもの. **2** 燭光(しょっこう) (=candlepower). **3**〘米俗〙時代遅れの価値のないもの. ***burn the*** **～** ***at both ends*** 精力〔金銭〕を急速に使い果たす. ***international*** **～** 国際燭光《光度を計る単位》. ***not hold a*** **～** ***to*** と比較にならない, の足元にも及ばない. ***not worth the*** **～** 割りが合わない. ***sell by the*** **～** 〔***by inch of*** **～**〕《競売で》小ろうそくが燃え尽きる直前の最後の呼び値に売り渡す. —— *vt.* <卵を> 明かりに透かして鮮度を調べる. [√cand- 白熱する]
～ ends ろうそくの燃え残り; (ちびちびためた) つまらぬもの. **～·hòld·er** = candlestick. ***～·light** [kǽndllàit] ろうそくの明かり, 薄暗い人工照明; 火ともしごろ. **C～·mas** → 別項. **～·pin**[-pìn] 十柱戯 (tenpins) に用いる細長い棒. **～·pòw·er** 燭光: five ～*power* 5燭光. **～·stand** [∠–∸] 大型燭台. **～·stick** [-stìk] ろうそく立て, 燭台. **～·wick** [-wìk] ろうそくの心(しん).

Cán·dle·mas [-məs] *n.*〘宗〙聖燭節《2月2日の聖母マリアの清めの祝日. ろうそく行列を行なう》.

cán·dor, ㊎ **-dour** [kǽndər] *n.* 率直, 正直; 公平無私. ***with*** **～** 率直に, 虚心坦懐(たんかい)に. → 形容詞 candid. [√cand-]

‡**cán·dy** [kǽndi] *n.* **1** キャンデー《キャラメル・チョコレートの類》: a piece of ～ キャンデー1個. mixed ～*ies* 取り合わせキャンデー. **2**〘英〙氷砂糖 (=sugar ～, ㊎ rock ～). **3**〘米俗〙コカイン(cocain(e)). —— *vt., vi.* **1** に砂糖をまぶす; 砂糖づけにする; 砂糖で煮る. **2** 結晶させる〔する〕. **3** 甘く〔楽しく〕する. **～ floss** 綿菓子. **～ store**〘米〙菓子屋.

cán·dy·tuft [kǽnditʌ̀ft] *n.*〘植〙マガリバナ.

‡**cane** [kein] *n.* **1** (トウ製の) つえ〔ステッキ〕;〘英〙軽い細身のステッキ. **2**〘米〙むち, 棒. **3** (節のある) 茎《トウ・竹・シュロ・サトウキビなど》; トウ類《用材》. —— *vt.* つえ〔むち〕で打つ; トウでつくる〔編む〕.
∼·bòt·tomed《いすの》座部がトウ編みの. **∼·brake** [-brèik] トウ〔竹〕やぶ. **～ chair** とういす. **～ land** サトウキビ栽培地. **～ sugar** 甘蔗(かんしょ)糖. **∼·work** [-wə̀:rk] トウ細工.

ca·néph·o·ra [kənéfərə/kəní:f-, kei-], **-ros, -rus** [-rəs] *n.* (*pl.* **-rae** [-rì:], **-ri** [-rài])《古代ギリシアの》かごを頭にのせた少女(の像).

cán·e·phore [kǽnifɔ̀:r/-fɔ:] =canephora.

cán·ful [kǽnfùl] *n.* かんに1杯 (の量).

cang(ue) [kæŋ] *n.* 首かせ《昔の中国の》.

cá·nine [kéinain, kənáin/kéinain, kǽnain] *a.* **1** 犬の (ような); 犬属の. **2** 犬歯の. —— *n.* **1** 犬; 犬属の動物. **2**〘医〙犬歯.
～ madness 狂犬病. **～ tooth** 犬歯.

cán·ing [kéiniŋ] *n.* **1** むち打ち. **2** トウ編みの座〔背〕部. [<cane]

Cá·nis [kéinis] *n.*〘動〙犬属. **～ Major** 〔**Minor**〕〘天〙大犬〔小犬〕座.

cán·is·ter [kǽnistər] *n.* **1** かん, 箱《茶・たばこ・コーヒーなどを入れる》. **2**《大砲の》散弾筒. **3**《ガスマスクの》濾過(ろか)装置箱. **～ shot** 散弾(case shot).

cán·ker [kǽŋkər] *n.* **1**〘医〙口内潰瘍(かいよう); 口癌(こうがん);〘獣医〙《馬の》蹄癌(ていがん);〘植〙《果樹の》癌腫(がんしゅ)病. **2** 害毒, 弊害. **3**〘虫〙枝尺取 (=～ worm). —— *vt., vi.* **1** 口癌などにかからせる〔かかる〕. **2** 害虫がつく. **3** 腐敗させる〔する〕. ◇ **～ed** *a.* ～にかかった; 悪性の, 根性の腐った; 害虫のついた. **～·ous** [-kərəs] *a.* ～の〔にかかった〕; 害毒を及ぼす.

cán·na [kǽnə] *n.*〘植〙カンナ.

canned [kænd] *a.* **1**〘米〙かん詰めにした: ～food かん詰め食品. **2**〘米俗〙録音した;〘米俗〙あらかじめ用意した. **3**〘俗〙酔った. [<can[2]]
～ heat 携帯燃料;〘俗〙爆弾; 強い〔下等な〕酒; 酔っ払い. **～ music**〘俗〙レコード音楽. **～ program** (テレビ・ラジオの) 録画〔録音〕番組.

cán·nel [kǽn(ə)l] *n.* ろうそく炭(=～ coal)《油・ガスを多量に含みよく燃える》.

cán·ner [kǽnər] *n.*〘米〙**1** かん詰め製造業者. **2** かん詰め用下等肉家畜. ◇ **～·y** [kǽnəri] *n.* かん詰め工場.

Cannes [kæn(z)] *n.* カンヌ《地中海に面したフランスの保養地》.

cán·ni·bal [kǽnib(ə)l] *n.* 人食い人 (種); 共食い動物. —— *a.* 人食いの; 共食いの.
◇ **～·ism** [-ìz(ə)m] *n.* 人食い (風習); 共食い; 残忍行為. **càn·i·bal·ís·tic** [∸––lístik] *a.*

cán·ni·bal·ize [kǽnibəlàiz] *vt.* **1** の人肉を食べる. **2**〘米:軍〙<廃車・古機械の> 部品を取りはずす《他に利用するために》; の人員を引き抜く《他部隊を増強するために》. —— *vi.* **1** 人肉を食べる. **2** 古部品を集めて修理する〔組み立てる〕; 人員を引き抜いて他部隊を補充する.

cán·ni·kin [kǽnikin] *n.* 小かん, コップ; 手おけ.

cán·ning [kǽniŋ] *n.* かん詰め製造〔作業〕.

‡**cán·non**[1] [kǽnən] *n.* (*pl.* ～**s**, 《集合的》～) **1** 大砲; 《飛行機の》機関砲. **2** =～ bone. **3**〘機〙二重軸. **4** 鐘のつり輪《金属製》. **5** =～ bit. ≠ canon. —— *vt., vi.* 砲撃する; 発砲する.
～·ball [∠–∸] 砲弾;〘俗〙弾丸列車. **～ bit** 丸ぐつわ《馬の口にはめる》. **～ bone**〘動〙馬脛骨(けいこつ). **～ cracker** 大型花火. **～ fodder** 大砲のえじき《兵士のこと》. **～·proof** [-prù:f] 防弾の. **～ shot** 砲弾; 射程距離.

cán·non² *n.* 〖英：玉突き〗キャノン（＝㊍car(r)om）《手玉が二つの的玉に続いて当たること》.
—— *vi.* 〖英：玉突き〗キャノンを突く；はね返って突き当たる，衝突する《に *against, into, with*》.
càn·non·áde [kænənéid] *n., vt., vi.* **1** 砲撃（する），連続砲撃（する）；砲声．**2**〖米俗〗たたきのめす；速く行く．
càn·non·éer [kænəníər] *n.* 砲手，砲兵．
cán·non·ry [kǽnənri] *n.*《集合的》大砲；連続砲撃．
†**cán·not** [kǽnɑt, kænɑ́t, kənɑ́t, kǽnət/kǽnɔt, kǽnət]（短縮形 **can't** [kænt/kɑːnt]）《can not の連結形》意味については → 枠付 can¹(p. 181): Can you swim? —No, I *can't.* きみは泳ぐことができますか．—いいえ，できません．〈注₁〉口語では通常短縮形 can't となるが，特に否定を強めるときは別である：I *cannot* [kænɑ́t, kǽnnɑ́t/-nɔ́t] help you. どうしてもお手伝いはできません．〈注₂〉次のようなばあいには can と not が離れる：He *can not* only ski but also skate. 彼はスキーばかりでなくスケートもできる．〈注₃〉そのほかのばあい can not の方が cannot よりやや文語的・強意的．ただしアメリカではイギリスより can not が通常のばあいに用いられる傾向が多少強い．
cán·nu·la [kǽnjulə] *n.* (*pl.* **-las, -lae** [-liː])〖医〗カニューール《患部に差し込んで液の抽出や薬の注入に使う》.
cán·ny [kǽni] *a.* **1** 利口な，抜け目のない；用心ぶかい．**2** 倹約な；つましい．**3** おとなしい；かわいい，きれいな；気持ち〔居ごこち〕がいい．**4** 腕のいい，じょうずな．◇ **cán·ni·ly** *ad.* **cán·ni·ness** *n.*
‡**ca·nóe** [kənúː] *n.* カヌー，丸木舟：paddle a ～ カヌーをこぐ．***paddle* one's *own* ～** ひとり立ちする．
—— *vt., vi.* (**-nóed; -nóe·ing**)（カヌーを）こぐ〔こいで行く〕；カヌーで運ぶ．◇ **～·ist** *n.*
cán·on¹ [kǽnən] *n.* **1**〖宗〗教会法；《一般的》法規，法令．**2** 規範，規準．**3** 外典に対し正典；偽作に対し真作品．**4** 聖者名簿．**5**〖楽〗カノン，追復曲．**6**〖印〗キャノン活字《48ポイント》．≒ cannon.
～ law 教会法，宗規．
cán·on² *n.*〖英〗僧会議員；〖カトリック〗修道会の会員．◇ **～·ess** [-is] *n.* 修道女．
ca·ñon [kǽnjən] Sp. ＝canyon.
ca·nón·i·cal [kənɑ́nik(ə)l/-nɔ́n-] *a.* **1** 教会法による，正典で認められた．**2** 正規の，標準的；基本的な．**——** *n.* (*pl.*) 僧の式服，法衣．**～ hours**（宗規による）1日7回の礼拝の時間；〖英〗午前8時から午後3時までの結婚式挙行の時間．
◇ **～·ly** [-əli] *ad.*
càn·on·íc·i·ty [kænənísiti] *n.* 教会法に合うこと；正典であること．
cán·on·ist [kǽnənist] *n.* 教会法学者，宗規精通者．
càn·on·ís·tic [kænənístik], **-ti·cal** [-(ə)l] *a.* 教会法学者の，宗規通の．
cán·on·ize [kǽnənàiz] *vt.* 聖者に列する；聖典と認める．◇ **càn·on·i·zá·tion** [kænənizéiʃ(ə)n, kænənaiz-] *n.*
cán·on·ry [kǽnənri] *n.* 僧会議員職；《集合的》僧会議員．
ca·nóo·dle [kənúːdl] *vt., vi.*〖米俗〗抱き締める，愛撫(あいぶ)する．
cán·o·py [kǽnəpi] *n.* **1** 天蓋(てんがい)；天蓋式のおおい．**2** 空，青天井．**3**〖建〗天蓋式の張り出し〔ひさし〕．***the* ～ *of heaven*** 大空．***under the* ～**〖米〗いったいぜんたい《疑問強意》．**——** *vt.* 天蓋でおおう．◇ **cán·o·pied** *a.* 天蓋のある．
ca·nó·rous [kənɔ́ːrəs/-nɔ́ːr-] *a.* 音色のよい；鳴り響く．◇ **～·ly** *ad.*
canst [kænst, 弱 kənst] *aux. v.*〖古〗＝can¹《主語が thou のとき》.
cant¹ [kænt] *n.* **1** から念仏，まことしやかな話し方〔ことば〕．**2**《特殊社会の》隠語，合いことば．**3** 流行語〔文句〕（＝～ phrase）．**4**《こじきなどの》哀れっぽいことばづかい．**——** *vi.* **1** 合いことば〔隠語〕をつかう．**2** もったいぶった〔信心家ぶった〕話し方をする．**3**〈こじきなどが〉哀れっぽく請う．
cant² *n.* **1** 傾斜（面）《堤防・結晶体などの》．**2**《傾斜・転覆させるほどの》急な突き〔押し〕．
—— *vt., vi.* **1** 斜めに切り取る《*off*》．**2** 傾ける，傾く；転覆させる〔する〕《*over*》．**3** ひょいと投げる．
～ hook かぎてこ《木材を動かすのに用いる》．
†**can't** [kænt/kɑːnt] cannot の短縮形．〈注〉口語ではよく mayn't に代わって用いられる：*Can't* I go now? もう出かけてもいいじゃないですか．→ cannot.
cant. canton; cantonment. **Cant.** Canterbury; Canticles. **Cantab.** Cantabrigian.
can·tá·bi·le [kɑːntɑ́ːbilèi/kæntɑ́ːbili] *a., ad.*〖楽〗カンタービレ，歌うような調子の〔で〕．[＜It.]
Càn·ta·bríg·i·an [kæntəbrídʒiən] *a.* イギリス Cambridge（大学）の．**——** *n.* Cambridge 生まれ〔在住〕の人；Cambridge 大学生〔卒業生，関係者〕．
cán·ta·le·ver [kǽnt(ə)lèvər, -lìːv-/-liːv-] ＝cantilever.
cán·ta·loup(e) [kǽnt(ə)lòup/-luːp] *n.*〖植〗メロン（の一種）．
can·tán·ker·ous [kæntǽŋk(ə)rəs/kən-, kæn-] *a.* 意地悪な，つむじ曲がりの；けんか好きな．◇ **～·ly** *ad.*
can·tá·ta [kəntɑ́ːtə] *n.*〖楽〗カンタータ《独唱・重唱・合唱・器楽などで構成された声楽曲》．[＜It.]
can·ta·tri·ce¹ [kɑ̀ːntɑːtríːtʃei/kæntə-] It. *n.* (*pl.* ***-ci*** [-tʃiː]) 女性歌手《特に，オペラの》．
can·ta·trice² [kɑ̀ːntətríːs/kǽntətriːs] F. *n.* (*pl.* ***-trices*** [-tríːs/-triːsiz]) 前項の見出し語に対するフランス語に由来する発音．
can·téen [kæntíːn] *n.* **1**〖英：軍〗（軍隊内の）酒保，売店（＝㊍ post exchange）；〖軍〗慰安場〔設備〕；移動〔簡易〕食堂；模擬店．**2**〖米〗水筒．**3**（野営用）食器箱，携帯食器．***dry*** 〔***wet***〕**～** 食料品〔酒類〕酒保．
cán·ter [kǽntər] *n.*〖馬術〗だく足《gallop と trot の間》．***a preliminary* ～**（馬の）足ならし；《一般的》小手調べ．***win at*** 〔***in***〕 ***a* ～**〈競走馬が〉楽勝する．**——** *vi., vt.* だく足で進む〔進ませる〕．
Cán·ter·bur·y [kǽntərbèri/-b(ə)ri, -beri] *n.* **1** カンタベリ《イギリス Kent 州の都市．イギリス国教総本山所在地》．**2** (c～) 楽譜台，見台(けんだい)．
the* ～ *Tales カンタベリ物語《Chaucer 作》．
～ bell〖植〗風鈴草．**～ tale** 長物語，つくり話：It grew into a ～ *tale.* 長い話になってしまった．
can·thár·i·des [kænθǽridìːz] *n. pl.*《単数は同形，もしくは **can·thár·is** [kænθǽris/kǽnθəris]》〖虫〗ハンミョウ(Spanish fly)；〖薬〗カンタリス《皮膚刺激・利尿・催淫(さいいん)剤》．
cán·ti·cle [kǽntikl] *n.* **1** 賛歌；詠唱《聖書の句そのままに節をつけて歌う》．**2** (C～s)〖聖〗雅歌，ソロモンの歌 (the Song of Solomon)．**3** 小曲．
cán·ti·lev·er [kǽnt(i)lèvər, -lìːv-/-liːvə] *n.*〖建〗片持ち梁(ばり)．**～ bridge** 片持ち梁橋．
cán·til·late [kǽnt(i)lèit] *vi.* 詠唱する，節をつけて唱和する．
can·tí·na [kæntíːnə] *n.*〖米〗《南西部の》酒場．
cánt·ing [kǽntiŋ] *a.* もったいぶったことを言う，偽善的な：a ～ moralist. → cant¹.
cán·tle [kǽntl] *n.* **1** 鞍尾(あんび)《くらの後部のそり上がった部分》．**2** 部分，切れ端．
cánt·let [kǽntlit] *n.* 一片，切れ端．
cán·to [kǽntou] *n.* (*pl.* **～s**)《長詩の》編，第…歌《散文の chapter に相当》．
cán·ton [kǽntən, -tɑn, kæntɑ́n/kǽntɔn, ─́] *n.* **1**《スイス連邦の》州．**2** 小郡《フランスの郡の下位区分》．**3**《一般的》区画；部分．**4** [kǽntən]〖紋〗向かって左上の小区画．**——** [kǽntɑn, ─́/kæntɔ́n] *vt.* **1** 分割する，部分に分ける．**2**〈州・郡などに〉行政区画する．**3** [kæntɑ́n, -tóun/kəntúːn]〖軍〗宿営させる．◇ **～·al** [kǽntən(ə)l] *a.*

Can·tón [kæntán/-tɔ́n] *n.* **1** カントン(広東)《中国南部の都市》. **2** [kǽnt(ə)n] アメリカ Ohio 州の都市.
~ **crepe**〔**flannel**〕カントンちりめん〔フランネル〕.

cán·toned [kǽntənd, -ˊˊ/kǽntɔnd] *a.* 柱・壁などのすみを分岐した円柱やすみ石で飾った.

cantoned

Càn·ton·ése [kæ̀ntəní:z] *a.* カントン(語)の. —— *n.* (*pl.* ~) カントン人〔語〕.

can·tón·ment [kæntánmənt, -tú:n-/kəntú:n-, -tòun-] *n.*〘軍〙宿営(地), とん営(地); 兵営.

cán·tor [kǽntɔ:r, ㊐⁺ -tər] *n.*《聖歌隊の》指揮者, 先唱者;《ユダヤ教会の》独唱者. ◇ **can·tó·ri·al** [kæntó:riəl/-tɔ́:r-] *a.* ~の;《教会内陣の》聖歌隊席側の, 北側の.

cán·trip [kǽntrip] *n.*〘スコットランド〙まじない, いたずら.

cán·tus [kǽntəs] *n.* (*pl.* ~) 歌, 旋律;〘楽〙聖歌調. ~ **firmus** [-fə́:rməs] 定〔主〕旋律; 定聖歌.

cánt·y [kǽnti] *a.*〘スコットランド〙陽気な, 活発な.

Ca·núck [kənʌ́k] *n.*〘俗〙カナダ人《特にフランス系》.

cán·u·la =cannula.

Ca·núte [kən(j)ú:t/-njú:t] *n.* クヌート王, 994? – 1035《イングランド王(1017–35), デンマーク王(1018–35), ノルウェー王(1028–35)を兼ねる》.

‡**cán·vas** [kǽnvəs] *n.* **1** ズック《織りのあらい麻布》, 帆布; テント, おおい. **2** 画布, カンバス. **3** 油絵, 絵画;《比喩的》《歴史などの》背景, 状況. **4**《テント張りの》サーカス. **5** ボクシング〔レスリング〕の床.〈注〉≒ canvass. ***on the*** ~《ボクシングで》打ちのめされて; 敗北しかかって. ***under*** ~〈船が〉帆を張って;〈軍隊が〉野営して. —— *a.* ズックでつくられた.
~**·back** [-bæ̀k]〘鳥〙オオホシハジロ《北アメリカ産カモの一種》. ~ **shoes** ズックぐつ. ~ **stretcher** 画布張りわく.

cán·vass [kǽnvəs] *vt.* **1** 詳しく調べる, 点検する. **2** 討論する. **3** 訪問して回る《投票依頼・世論調査・注文とりなどに》, の投票〔購読〕を依頼〔勧誘〕する: ~ a district 選挙区を遊説する. **4** の意見を徴する〔きく〕《について *on*》. **5**〘英〙〈提案・計画を〉提出する. —— *vi.* **1** 選挙運動をする; 投票を勧誘する《のために *for*》. **2** 投票(数)を点検する. **3** 議論〔討論〕する. —— *n.* **1** 調査. **2** (投票)依頼, 勧誘; 選挙運動. ◇ ~**·er** *n.*

cán·y [kéini] *a.* トウの, トウの多い. [< cane]

‡**cán·yon** [kǽnjən] *n.*〘米〙(深い)峡谷 (*cañon*). ***Grand C~*** 北アメリカ Colorado 川の峡谷《国立公園》. —— *vt.* に浸食して峡谷をつくる. —— *vi.* 〈川が〉峡谷に流れ込む;〈谷が〉せばまる.

càn·zo·nét [kæ̀nzənét] *n.* (叙情的な)小歌曲, カンツォネッタ.

cáou·tchouc [kú:tʃuk, kautʃú:k/káutʃuk] *n.* 弾性ゴム(India rubber); 純性ゴム.

†**cap** [kæp] *n.* **1** (へりのない)帽子; 制帽;《大学の正装の》礼帽(mortarboard). **2** ふた, かぶせもの;《万年筆の》キャップ;《びんの》口金;《キノコの》かさ. **3** 最高部, 頂上. **4**〘建〙柱頭;〘船〙檣帽(しょうぼう); 雷管;《おもちゃのピストル用》煙硝. **5**〘話〙《空気タイヤの古い踏み面の上につける》かぶせ踏み面. **6** 大文字 (capital letter).
~ ***and bells***《昔宮廷の道化師のかぶった》鈴付き帽子. ~ ***and gown*** 大学の式服. ~ ***in hand*** 脱帽して; かしこまって. ~ ***of liberty***《古ローマ時代解放されたどれいのかぶった》自由帽;《共和政体の象徴の》円すい帽. ~ ***of maintenance***〘英〙奉持の式帽《地位・官位の表章. 戴冠(たいかん)式で王の前に奉持する帽子》. ***get*** one***'s*** ~ 選手になる. ***put on*** one***'s thinking***〔***considering***〕~ 思案する. ***send the*** ~ ***round*** 帽子を回す《お金を集めるために》. ***set*** one***'s*** ~ ***for***〔***at***〕〘話〙〈女が男〉をとりこにしようとする. ***The*** ~ ***fits.***《批評が》うまく当たる: If *the* ~ *fits,* wear it. その批評に思い当たるところがあれば, すなおに受け入れなさい. ***Where is your*** ~***?*** (坊や,) おじぎはどうしたの?
—— *v.* (**-pp-**) *vt.* **1** に帽子をかぶせる. **2**〈器具・びんに〉ふたをかぶせる. **3** の上部〔表面〕をおおう: ~ cherries *with* cream さくらんぼにクリームをかける. **4** にまさる, しのぐ. **5** 比べ合う: ~ one joke *with* another 次々に冗談を出し合って張り合う. **6** 仕上げる; の有終の美を飾る《で *with*; …して *with* (do)*ing*》. **7** に学位を授ける. **8** に雷管を付ける. —— *vi.* 脱帽する《敬意を表して》.
~ ***the climax*** 意表にでる; 上の上を行く. ***to*** ~ ***all*** あげくの果てに.
~ **cloud** かさ雲《山頂をおおう》. ~ **screw** 押えねじ《四角・六角の頭のあるねじくぎ》. ~**-stone** [ˊˊ] かさ石《石柱・へいなどの》.

cap. capacity; capital; capitalize; captain; *caput* (L. =chapter).

cà·pa·bíl·i·ty [kèipəbíləti] *n.* **1** 力量, 能力, 才能《*of* (do)*ing*; *to* (do)》. **2**《処理・処置を受ける》可能性. **3** (*pl.*) (伸びる)素質, 将来性.

‡**cá·pa·ble** [kéipəbl] *a.* **1** 有能な, 力量のある《について *for*》. **2** (…する)能力がある《*of*; *of* (do)*ing*》a man ~ *of* judg*ing* arts 芸術を判定する力のある人.〈注〉He is *capable* to judge arts. としては誤り. **3**《悪事などを》しかねない: ~ *of* murder 人を殺しかねない. **4** …されうる, (…が)可能な: a verse ~ *of* many interpretations いろいろに解釈できる詩の一節. [√cap- (つかみ)うる]
◇ ~**·ness** *n.* **-bly** *ad.* じょうずに, 巧みに.
〔類〕→ **able**「有能な」

ca·pá·cious [kəpéiʃəs] *a.* 収容〔包容〕力の大きい, 広々とした. [√cap-] ◇ ~**·ly** *ad.* ~**·ness** *n.*

ca·pác·i·tance [kəpǽsət(ə)ns] *n.*〘電〙《電導体の》容量, キャパシタンス.

ca·pác·i·tate [kəpǽsətèit] *vt.* **1** に可能にする, に能力を与える: be ~*d to* act 行動する能力がある. **2** に資格を与える《の *for*》. ◇ **ca·pàc·i·tá·tion** [kəpæ̀sətéiʃ(ə)n] *n.*

ca·pác·i·tor [kəpǽsətər] *n.*〘電〙蓄電器, コンデンサ.

‡**ca·pác·i·ty** [kəpǽsəti] *n.* **1** 収容量; (最大)収容能力. **2** 容積, 容量;〘電〙容量. **3** 能力, 才能. **4** 資格;〘法〙能力, 法定資格.〈注〉一般に capacity は「受け入れる」能力, ability は「行為する」能力. 比較: He has great *capacity for* learning./He shows unusual *ability* in science.
at ~ 能力いっぱい: a steel mill operating *at* ~ フル操業中の製鉄所. ***be filled to*** ~ (ぎりぎり)いっぱいである. ***be in*** ~ 法律上の能力をもっている. ~ ***to action***〘法〙訴訟能力. ***in a civil*** ~ 一市民の資格で〔として〕. ***in*** one***'s*** ~ ***as*** a critic (批評家)としての資格で〔立場から〕. ***in the*** ~ ***of*** の資格で. ***with a*** ~ ***of*** (収)容量…の: a tank *with a* ~ *of* 20 gallons. [√cap- とらえる, 容(い)れる]
~ **audience** 場内いっぱいの聴衆. ~ **house** 満員の劇場; あふれるばかりの観客〔聴衆〕.

càp-a-píe [kæ̀pəpí:] (=from head to foot) *ad.* 頭のてっぺんからつま先まで; すっかり. [< F.]

ca·pár·i·son [kəpǽrəsn] *n.* 飾り馬衣;《武士の》盛装. —— *vt.* に飾り馬衣を着せる; に盛装させる.

‡**cape**[1] [keip] *n.* みさき (headland). ***the C~*** 喜望峰 (=the C~ of Good Hope); 南アフリカ共和国の一州《もとイギリスの植民地 Cape Colony》.
C~ boy 黒白混血の南アフリカ人. **C~ Breton** カナダ Nova Scotia 州東部の島. **C~ buffalo**《南アフリカの》野牛. **C~ Cod** Massachusetts

州にある半島. **C～ Horn** → Horn. **C～ Kennedy** アメリカ Florida 州にあるロケット発射基地《旧称 Cape Canaveral》. **C～ Town, C～·tówn** → 別項.

cape[2] *n.* 《婦人服の》ケープ; 肩マント.

cáp·e·lin [kǽp(ə)lin] *n.* 〘魚〙ワカサギ科の小魚《食用・つりえさ用》.

cá·per[1] [kéipər] *vi.* とび[はね]回る, ふざけ回る. —— *n.* はね[ふざけ]回り; おどけ, 悪ふざけ; 浮かれ遊び. ***cut ～s*** [***a ～***] とび[はね]回る; おどける.

cá·per[2] *n.* **1** 〘植〙フウチョウボク《地中海沿岸産》. **2** (*pl.*) そのつぼみの酢づけ《食用》.

càp·er·cáil·lie, -cáil·ye [kæ̀pərkéiljі], **-cáil·zie** [⁺-kéilzi] *n.* 〘鳥〙大雷鳥 (cock of the woods)《ヨーロッパ北部産. 雷鳥 (grouse) 類中で最大》.

Ca·pé·tian [kəpí:ʃ(ə)n] *a.* 〘フランスの〙カペー (Capet) 王朝の.

Cape Town, Cápe·tówn [kéiptáun, ⌐⌐/⌐–, ⌐⌐] *n.* ケープタウン〘南アフリカ共和国の立法首都〙.

cáp·ful [kǽpfùl] *n.* 帽子1杯(の量). ***a ～ of wind*** 一吹きの風.

ca·pi·as [kéipiəs, -æs] L. (=Take thou) *n.* 〘法〙拘引状, 逮捕状.

cáp·il·lar·y [kǽp(i̦)lèri/kəpíləri] *a.* 毛(状)の; 毛管(作用)の. —— *n.* 毛(細)管 (=～ tube, ～ vessel). **～ action** 毛管作用[現象]. ◇ **càp·il·lár·i·ty** [kæ̀p(i̦)lǽri̦ti] *n.* 〘物〙毛管現象.

cap·i·ta [kǽpi̦tə] L. *n.* *caput* の複数形. ***per ～*** ひとり当たり(の).

†**cáp·i·tal** [kǽpi̦tl] *n.* **1 首都**. **2 大文字**, かしら文字. **3 資本**(金), 元手; 資財; (しばしば C～) 資本家階級. **4** 〘建〙柱頭. 〈注〉≒ capitol. ***C～ and Labor*** 労資. ***circulating ～*** 流動資本. ***fixed ～*** 固定資本. ***make ～ (out) of*** を利用する, に乗じる.

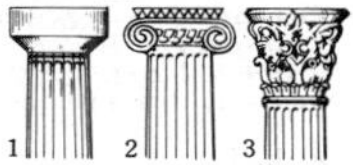

capitals ④
1 Doric, 2 Ionic, 3 Corinthian

—— *a.* **1 主要**な, 首位の (chief). **2 優秀な**; すばらしい: ～ dinners すばらしいごちそう. *C～!* しめた!, すばらしい! **3** 元(金)の, 資本の. **4** 死に価する《罪など》; 重大な: a ～ error 致命的な誤り. [√capit- 頭, 首; 元]

～ assets 資産《土地・建物・特許などの動産・不動産》. **～ city** [**town**] 首都. **～ funds** 基金, 資本金. **～ letter** 大文字, かしら文字. →small letter. **～ levy** 資本課税. **～ punishment** 死刑. **～ ship** 主力艦. **～ stock** 株式資本.
[類] → **chief**「主要な」

cáp·i·tal·ism [kǽpi̦t(ə)lìz(ə)m, [英]⁺kəpít-] *n.* 資本主義.

cáp·i·tal·ist [-ist] *n.* 資本家; 資本主義者. —— *a.* =capitalistic.

càp·i·tal·ís·tic [kæ̀pi̦t(ə)lístik] *a.* 資本家的; 資本主義的. ◇ **-ti·cal·ly** *ad.*

càp·i·tal·i·zá·tion [kæ̀pi̦t(ə)lizéiʃ(ə)n/kəpìt(ə)laiz-] *n.* **1** 資本化; 〘米〙投資. **2** 資本見積もり; 株式資本《株の総数》; 現価計上. **3** 大文字使用.

cáp·i·tal·ize [kǽpi̦t(ə)làiz/kəpít-, kǽpi̦t-] *vt.* **1** 〘米〙大文字で書く[印刷する]. **2** 〘米〙に投資[出資]する; 資本化する. **3** 〈収入・財産・見込み収入などを〉現価計上する. **4** 〘米〙利用する. —— *vi.* 利用する, 乗じる: ～ *on* one's opportunities 好機を利する. ～ *on* another's weakness 他人の弱点につけこむ.

cáp·i·tal·ly [kǽpi̦t(ə)li] *ad.* みごとに, すばらしく.

cáp·i·tate [kǽpi̦tèit], **-tat·ed** [-tèitid] *a.* 〘植〙頭状(花序)の.

càp·i·tá·tion [kæ̀pi̦téiʃ(ə)n] *n.* 頭割り; 人頭税 (=～ tax); 人頭計算. **～ grant** 人頭補助金.

***Cáp·i·tol** [kǽpi̦tl] *n.* **1 カピトル**《古代ローマの Jupiter 神殿》; Capitoline 丘. **2** 〘米〙(the ～) **国会議事堂**; (通例 c～)〘米〙州会議事堂. **～ Hill** Capitoline 丘; 〘米〙国会 (議事堂の所在地).

Cáp·i·to·line [kǽpi̦t(ə)làin/kəpít-] *n.* 古代ローマ七丘の一つ Capitoline 丘 (=the ～ Hill). —— *a.* Capitoline 丘の; Jupiter 神殿の.

ca·pít·u·lar [kəpítʃu̦lər/-tju̦l-] *a., n.* 〘宗〙教会参事会の(会員・法規).

ca·pít·u·lar·y [kəpítʃu̦lèri/-tju̦ləri] *a.* 〘宗〙教会参事会の. —— *n.* 教会参事会会員; (*pl.*) 教会法令集.

ca·pít·u·late [kəpítʃu̦lèit/-tju̦-] *vi.* 〘軍〙(条件つきで) 降伏する〘無条件のばあいもある〙.

ca·pìt·u·lá·tion [kəpìtʃu̦léiʃ(ə)n/-tju̦-] *n.* **1** (条件つきの) 降伏〘ただし, 無条件のこともある〙; 降伏条件覚書, 降伏文書; (*pl.*) 降伏条件. **2** 要目列挙, 要約. [√capit- 頭書き[項目]列挙]
◇ **ca·pít·u·la·to·ry** [–⌐–lətò:ri/-təri] *a.*

cáp·lin =capelin.

cá·pon [kéipɑn,-pən/-pən] *n.* 《去勢した》食用おんどり. ◇ **～·ize** *vt.* 〈おんどりを〉去勢する.

cap·o·ral [kæ̀pərǽl/-rá:l] F. *n.* 刻みたばこの一種.

ca·póte [kəpóut] *n.* **1** ずきん付き長外套(がいとう)《婦人・子ども用》; ひも付きボンネットの一種. **2** 《乗り物の》屋根, ほろ.

cáp·per [kǽpər] *n.* **1** 器具のキャップの製作人[機械]. **2** 〘米俗〙《ばくちの》通報者; 《競売の》さくら.

Cá·pri [ká:pri:/kǽp-, ká:p-] *n.* カプリ島《イタリアのナポリ湾の景勝地》.

ca·príc·ci·o [kəprí:tʃiòu/-rítʃ-] *n.* (*pl.* **～s**) 気まぐれ; いたずら; 〘楽〙カプリチオ, 綺想(きょう)曲.
◇ **ca·prìc·ci·ó·so** [kəprì:tʃióusou/-ritʃ-, -zou] *a.*

ca·príce [kəprí:s] *n.* **1** 気まぐれ, 移り気. **2** 気まぐれな作品; 〘楽〙綺想(きょう)曲.

ca·prí·cious [kəpríʃəs, [英]⁺-prí:ʃ-] *a.* 気まぐれな; 変わりやすい. ◇ **～·ly** *ad.* **～·ness** *n.*
[類] → **willful**「わがままな」

Cáp·ri·corn [kǽprikɔ̀:rn] *n.* 〘天〙ヤギ座; 磨羯(まかつ)宮. ***the Tropic of ～*** 南回帰線.

Càp·ri·cór·nus [kæ̀prikɔ́:rnəs] = Capricorn. [<L.]

cáp·rine [kǽprain] *a.* ヤギの(ような).

cáp·ri·ole [kǽprioul] *vi., n.* はね回る(こと); (馬が) 四つ足をそろえてその場ではね上がる(こと).

caps. capital letters.

cáp·si·cum [kǽpsikəm] *n.* 〘植〙トウガラシ(の実).

cap·síze [kæpsáiz, [英]⁺⌐–] *vt., vi.* 転覆させる[する]. —— *n.* 転覆.

cáp·stan [kǽpstən] *n.* 車地(しゃち)《いかりなどを揚げる》, 巻きろくろ; キャプスタン《テープレコーダーの》. **～ bar** 車地棒.

capstan

cáp·su·lar [kǽpsələr, -sju̦l-/-sju̦l-], **cáp·su·lar·y** [-lèri/-ləri] *a.* さや(状)の.

cáp·su·late [kǽpsəlèit, -sju̦l-/-sju̦lit], **-lat·ed** [-lèitid] *a.* さや状の[にはいった].

***cáp·sule** [kǽps(ju)l/-sju:l] *n.* **1** 《薬用・宇宙ロケット用の》**カプセル**. **2** 〘植〙**さや**, **さく果**; 〘生理〙被囊(ひのう); 〘化〙《蒸発用》小ざら; 《びんのコルク・口金の》おおい箔(はく). —— *vt.* ～で包む; 小さくまとめる. —— *a.* 小さくまとまった: a ～ report 簡潔な報告.
◇ **cáp·sul·ize** [-àiz] *vt.* 小型化する.

Capt. Captain.

†**cáp·tain** [kǽptin, [英]⁺ -t(ə)n] *n.* **1 長**, 首領. **2**

指揮官; 名将. **3** 船長; 艦長, 艇長. **4** 陸軍大尉, 海軍大佐, 空軍大佐. **5** 監督, 取り締まり; 団長, 組長. **6** 〘チームの〙主将; 統率者; 〘実業界などの〙大物. —— *vt.* の指揮官〔主将〕になる, 統率する.
C～ General 司令長官. **～'s biscuit** 〘海〙上等ビスケット. **～'s chair** 鞍(くら)状の背もたれがついたひじかけいす.
◇ **～·cy** [-si] *n.* ～の地位〔職〕. **～·ship** [-ʃìp] *n.* ～の資格; 統率力.

C

cáp·tion [kǽpʃ(ə)n] *n.* **1** 〘米〙〘章・節・ページ・新聞記事などの〙見出し, 表題; 〘写真・さし絵の〙説明文; 〘映〙字幕; 法律文書の前文〔頭書〕. **2** 〘英: 法〙逮捕. —— *vt.* に表題〔説明文〕をつける; 〘映〙に字幕をつける. [√cap-]

cáp·tious [kǽpʃəs] *a.* あら捜し好きの, 揚げ足とりの; 意地の悪い. [√cap-] ◇ **～·ly** *ad.*

cáp·ti·vate [kǽptịvèit] *vt.* の心をとらえる, 魅惑する, 悩殺する. [√cap-] ◇ **-va·tor** [-ər] *n.* **càp·ti·vá·tion** [⌐–véiʃ(ə)n] *n.*

cáp·ti·vat·ing [kǽptịvèitiŋ] *a.* 魅惑的な, 魅力たっぷりな: a ～ smile. ◇ **～·ly** *ad.*

‡**cáp·tive** [kǽptiv] *n.* 捕虜; 〘恋などの〙とりこ: a ～ of selfish interests 自分の損得のみを考える者. —— *a.* **1** 捕虜の: ～ state とらわれの身. **2** とらわれた; 〘動物が〙おりに入れられた. **3** 魅惑された. **4** 固定された, 定位置の: a ～ balloon 係留気球. **5** 自社供給用の, 専用の: a ～ railroad [shop]. ***take*** [***hold, lead***] a person ～ 捕虜にする. [√cap-]
～ audience 〘バスの乗客などで〙拡声器からの放送をいやおうなしに聞かされる人々. **～ test** ロケット本体を固定したままのエンジン試験.

‡**cap·tív·i·ty** [kæptívịti] *n.* とらわれ(の身・期間), 監禁. ***in*** ～ 捕えられて. ***the C～*** 〘聖〙ユダヤ人のバビロン幽囚 (=the Babylonian ～).

cáp·tor [kǽptər] *n.* (*fem.* **-tress** [-tris]) 逮捕者, 捕獲者.

‡**cáp·ture** [kǽptʃər] *n.* **1** 捕獲, ぶんどり, 生けどり. **2** 捕獲物, ぶんどり品. —— *vt.* **1** 捕える, 生けどる. **2** 占領〔攻略〕する; 獲得する. [√cap-]

Cáp·u·chin [kǽpjutʃin, -ʃin] *n.* **1** 〘カトリック〙カプチン会の修道者. **2** (c～) ずきん付き婦人外套(がいとう). **3** (c～) 〘動〙オマキザルの一種〘南アメリカ産〙.

Cáp·u·let [kǽpjụlèt, -lit] *n.* 〘Shakespeare 作 *Romeo and Juliet* 中の〙Juliet の家名.

ca·put [kéipət, kǽp-] L. (=head) *n.* (*pl.* ***cap·i·ta*** [kǽpitə]) 〘医〙頭, 骨頭.

†**car** [kɑːr] *n.* **1** 《一般的》車; 《特に》自動車. 〈注〉car は automobile, motorcar の意で通例 truck や bus は含まない. **2** 〘米〙〘電車・汽車の〙車両; (*pl.*) 列車; 客車, 貨車; …車: an observation ～ 展望車, a dining ～ 食堂車. **3** 〘気球の〙ゴンドラ; 〘エレベーターの〙箱. **4** トロッコ. **5** 〘雅〙戦車. **6** 〘魚を生かしておく〙いけす.
by ～ 自動車で; 電車で. ***take a*** ～ 〘米〙電車に乗る. [√car(r)-]
⌐·barn [⌐⌐] 〘米〙電車車庫. **～ card** 車内広告板. **～ dumper** 鉱石などを積んだ貨車をそのままひっくり返す装置. **⌐·fare** [⌐⌐] 乗車賃〘バス・電車などの〙. **⌐·hop** [-hɑ̀p/-hɔp] ドライブインの女給仕. **⌐·load** → 別項. **⌐·man** [-mən] (*pl.* **-men** [-mən, -mèn]) (1) 市街電車の乗務員. (2) 車の運転手. **～ park** 駐車場. **～ pool** 毎日交替で自分の車に乗せてゆく通勤者(の習慣). **⌐·port** → 別項. **⌐·sick** [⌐⌐] 乗り物〔自動車〕に酔った.

CAR Civil Air Regulations.

car. carat(s); carpentry.

cà·ra·bá·o [kɑ̀ːrəbɑ́ːou/kæ̀r-] *n.* (*pl.* **～s**, 《集合的》～) 水牛〘フィリピン産〙.

cár·a·bin [kǽrəbin], **-bine** [-bàin] =carbine.

cà·ra·bi·néer, -níer [kæ̀rəbịníər] *n.* 騎銃兵.

cár·a·cal [kǽrəkæ̀l] *n.* 〘動〙オオヤマネコ〘西南アジア産〙; その毛皮.

Ca·rá·cas [kərɑ́ːkəs, -rǽk-] *n.* カラカス〘Venezuela の首都〙.

cár·ack =carrack.

cár·a·cole [kǽrəkòul], **-col** [-kɑ̀l/-kɔl] *n., vi.* 〘馬術〙半回転(する); 旋回(する); 〘建〙らせん階段.

cár·a·cul [kǽrək(ə)l] *n.* 〘動〙カラクルヒツジ〘中央アジア産〙; その毛皮.

ca·ráfe [kərǽf, ㊥⁺-rɑ́ːf] *n.* 〘食卓・寝室・演壇用のガラス製〙水差し.

cár·a·mel [kǽrəml/-mel] *n.* **1** 〘化〙カラメル. **2** キャラメル; 〘味つけ・着色用の〙焼き砂糖.
◇ **～·ize** [-àiz] *vt., vi.* カラメルにする〔なる〕.

cár·a·pace [kǽrəpèis] *n.* 〘動〙〘カメ・カニ類の〙甲殻(こうかく), 甲ら, から.

cár·at [kǽrət] *n.* **1** カラット〘宝石の重さの単位. 200 mg〙. **2** 金位〘金含有度単位. 純金を 24 カラットとする〙: gold 14 ～*s* fine 14金.

‡**cár·a·van** [kǽrəvæn, ㊥⁺⌐–⌐, ⌐–⌐] *n.* **1** 《集合的》隊商〘砂ばくの〙. **2** 〘米〙移住民の車馬隊; ほろ馬車; 大型トラック. **3** 〘英〙移動住宅, トレーラー. **4** 〘乗り物の〙列: a ～ of buses. —— *vi., vt.* ～で旅をする〔で運ぶ〕.

cà·ra·ván·sa·ry [kæ̀rəvǽnsəri], **-se·rai** [-sərài, -rèi] *n.* 隊商宿〘広い中庭のある〙; 大旅館.

cár·a·vel, -velle [kǽrəvèl] *n.* 〘史〙軽帆船〘15–17 世紀スペイン人などが用いた〙.

cár·a·way [kǽrəwèi] *n.* 〘植〙キャラウエー, ヒメウイキョウ〘セリ科植物〙; (*pl.*) その実 (=～ seeds)〘香味料・薬用〙.

cár·bide [kɑ́ːrbaid, ㊥⁺ -bid] *n.* 〘化〙カーバイド, 炭化物. ***calcium*** ～ 炭化カルシウム.

cár·bine [kɑ́ːrbain, ㊥⁺-biːn] *n.* カービン銃, 騎兵銃.

càr·bi·néer [kɑ̀ːrbịníər] =carabineer.

carbo- 「炭素」の意の語形成要素.

càr·bo·hý·drate [kɑ̀ːrbọháidreit/kɑ́ː-] *n.* 〘化〙含水炭素, 炭水化物.

cár·bo·lat·ed [kɑ́ːrbəlèitid] *a.* 石炭酸を含む.

car·ból·ic [kɑːrbɑ́lik/-bɔ́l-] **～ *acid*** 〘化〙石炭酸.

cár·bo·lize [kɑ́ːrbəlàiz] *vt.* 石炭酸で処理する; に石炭酸を加える.

***cár·bon** [kɑ́ːrbən, -bən/-bən] *n.* **1** 〘化〙炭素〘記号 C〙. **2** 〘電〙炭素棒〔板〕. **3** カーボンペーパー, 複写紙; カーボンコピー, 複写(物).
～ copy (複写紙による) 写し; 〘話〙うり二つ. **～ dioxide** 二酸化炭素, 炭酸ガス. **～ dioxide snow** ドライアイス (=frozen ～ dioxide). **～ filament** 〘電球用の〙炭素繊条. **～ 14** 放射能をもつ炭素の同位元素〘記号 C 14〙. **～ monoxide** 一酸化炭素. **～ paper** カーボンペーパー. **～ printing** [**process**] 〘写〙カーボン印画法.

càr·bo·ná·ceous [kɑ̀ːrbənéiʃəs] *a.* 炭素(質)の; 石炭〔木炭〕の(ような).

càr·bo·ná·do [kɑ̀ːrbənéidou] *n.* (*pl.* **～(e)s**) **1** 〘刻み目をつけた〙焼き肉〔鳥, 魚〕. **2** 〘穴あけ用の〙黒ダイヤ. —— *vt.* **1** 焼く, あぶる. **2** 切り刻む, めった切りにする.

Car·bo·na·ri [kɑ̀ːrbọnɑ́ːri] It. *n. pl.* (*sing.* ***-ro*** [-rou]) カルボナリ〔炭焼き〕党(員)〘19 世紀初期のイタリアの山中にこもった革命派の秘密結社〙.

cár·bon·ate [kɑ́ːrbənèit] *vt.* 〘化〙炭酸塩化する; 炭酸(ガス)で飽和させる; 炭化する.
—— [kɑ́ːrbənit, ㊥⁺ -nèit] *n.* 〘化〙炭酸塩.
～ *of soda* [***lime***] 炭酸ソーダ〔石灰〕.
◇ **càr·bo·ná·tion** [⌐–néiʃ(ə)n] *n.*

car·bón·ic [kɑːrbɑ́nik/-bɔ́n-] *a.* 炭素の.
～ acid (**gas**) 炭酸(ガス).

càr·bon·íf·er·ous [kɑ̀ːrbəníf(ə)rəs] *a.* 石炭を含む〔生じる〕; (C～) 〘地〙石炭紀の. —— *n.* (C～)

石炭紀. **C～ Period [strata, system], the** 石炭紀[層, 系].

car·bon·ize [ká:rbənàiz] *vt.* 〚化〛炭化する; に炭素を含ませる. ◇ **càr·bon·i·zá·tion** [kὰrbənizéiʃ(ə)n/-naiz-] *n.* 炭化(法); 石炭乾留.

càr·bo·rún·dum [kὰ:rbərʌ́ndəm] *n.* カーボランダム, 炭化ケイ素, 金剛砂《研摩用》; (C～) その商標名.

cár·boy [ká:rbɔi] *n.* かご〔箱〕入り大型ガラスびん《腐食性の酸類を入れる》.

carboy

cár·bun·cle [ká:rbʌŋkl] *n.* **1** 〚医〛《悪性の》吹き出物, 疔(ちょう), 癰(よう). **2** (ルビー・ザクロ石などの中高で切り子面のない) 紅玉; 赤かっ色《London brown ともいう》. ◇ **～d** *a.* **car·bún·cu·lar** [kɑ:rbʌ́ŋkjulər] *a.*

cár·bu·rate [ká:rbərèit, -bjur-] = carburet.

cár·bu·ret [ká:rbərèt, -bjur-] *vt.* (**-t-,** 英 **-tt-**) 炭素〔炭化水素〕と化合〔混合〕させる. ◇ **～·or, ～·er,** 英 **～·tor, ～·ter** [-ər] *n.* 炭化装置; 《内燃機関の》気化器. **càr·bu·ré·tion** [⌐–réʃ(ə)n] *n.* 炭化, 気化.

cár·ca·net [ká:rkənèt] *n.* 冠状の髪飾り; 〚古〛首飾り.

cár·cass, 英 **cár·case** [ká:rkəs] *n.* **1** 《獣の》死体; 《畜殺して内臓などを除去した食肉用動物の》胴体; «けいべつ的»《人間の》からだ, 死体. **2** «比喩的» 形骸(けいがい), 残骸. **3** 《建物・船などの》骨組み, 骨格. ***save* one's *～*** 身を全うする, 身の安全をはかる. **——** *vt.* の骨組みをつくる.

car·cín·o·gen [kɑ:rsínədʒ(ə)n] *n.* 〚医〛発癌(はつがん)物質.

càr·ci·nó·ma [kὰ:rsinóumə] *n.* (*pl.* **～·ta** [-tə], **～s** [-z]) 〚医〛癌腫(がんしゅ); 悪性腫瘍(しゅよう).

†**card**[1] [kɑ:rd] *n.* **1** カード; 厚紙, ボール紙. **2** …状; …券; …証; はがき; 名刺: an invitation ～ 招待状. an admission ～ 入場券. a student ～ 学生証. an identity ～ 身分証明書. a business ～ (商用の) 名刺. **3** かるた, トランプ(札); (*pl.*) トランプ遊び: a pack of ～*s* トランプ一組み. **4** 目録; 方向指示盤; メニュー, 献立表; 番組表. **5** 番組, 催し物; 試合: a drawing ～ 呼び物, 好カード. **6** 《トランプで》うまい手; «一般的» 手段, 方策: a safe ～ 確かなやり口. **7** 〚話〛…な人物; おもしろい人間; たいしたやつ; 一風変わった男: a knowing ～ 抜け目のない人. **8** (the ～) 適切〔適当〕なこと〔もの〕.

be at ～s トランプをしている. ***Christmas ～*** クリスマスカード. ***have a ～ up* one's *sleeve*** 奥の手がある. ***house* [*castle*] *of ～s*** (子どもがカードで組み立てた家 →) あぶなっかしい〔机上の〕計画. ***in* [*on*] *the ～s*** (トランプ占いに出ている →) 予想される, ありうる, …が来そうだ〔起こりそうだ〕. ***lay* [*place, put*] one's *～s on the table*** 持ち札〔たね〕をあかす. ***leave* one's *～* (*on*)** (…のところに) 名刺を置いて帰る《正式訪問の代わりに》. ***make a ～*** うまい手を打つ. ***play* one's *best ～*** 奥の手を出す. ***play* one's *～s well* [*right*]** うまく処置する. ***play* one's *last ～*** 最後の手段をとる. ***post ～*** 〚英〛はがき; 〚米〛«一般的» 私製はがき《絵はがきなど》; 官製はがき. ***postal ～*** 〚米〛«一般的» 官製はがき; 私製はがき. ***put* one's *～s on the table*** 公明正大にやる. ***speak by the ～*** 確信をもって明確に話す. ***That's the ～ for it.*** それがいちばん(いい手)だ, それに限る. ***throw up* one's *～s*** 計画を断念する. ***visiting ～*** 名刺. ***wedding ～*** 結婚(ひろう) 案内状.

—— *vt.* **1** にカードを配る. **2** にカードをつける. **3** カードに記入する; カードに〔で〕固定する. **4** の時間〔日程〕を決める: ～ a train 列車の時刻を定める. **5** 〚運〛得点する《カードに記入することから》.

～·board [-bɔ̀:rd/-bɔ:d] ボール紙, 厚紙. **～·case** [⌐⌐] 名刺入れ; カード箱. **～ catalogue [index] (drawer)** カード式目録 (引き出し)《図書館の》. **～·sharp** [⌐⌐], **～·shàrp·er** トランプいかさま師. **～ table** トランプ用テーブル. **～ tray** 名刺受けざら〔盆〕. **～ voting** 〚英〛代表投票《投票者が組合員の数を代表する》.

card[2] *n.* すきぐし〔ばけ〕《家畜の毛をすく》; ワイヤブラシ; 《織物の》けば立て機. **——** *vt.* すく; のけばを立てる. ◇ **～·er** *n.*

Card. Cardinal.

cár·da·mom, -mum [ká:rdəməm], **-mon** [-mən] *n.* 〚植〛ショウズク(の実)《薬用・香料》.

cár·di·ac [ká:rdiæ̀k] *a.* 〚医〛心臓(病)の; 《食道の下端胃に続く》噴門の. **——** *n.* 強心剤. **～ neurosis** 心臓神経症.

Cár·diff [ká:rdif] *n.* イギリスのウェールズの海港《石炭積み出し港として有名》.

cár·di·gan [ká:rdigən] *n.* カーディガン《前ボタン式のセーター》.

cár·di·nal [ká:rd(i)nəl/-din(ə)l] *a.* **1** 主たる, 主要な; 重要な; 基礎的な. **2** 深紅色の, 緋(ひ)色の. **——** *n.* **1** 〚宗〛枢機卿(きょう)《ローマ教皇の最高顧問で緋色の衣帽をつけ, 総計 70 人. その中から教皇を互選する》. **2** 《婦人の》ずきん付き短外套(がいとう). **3** 深紅色. **4** 基数. **5** 〚米〛=～ bird.

～ bird [grosbeak] 《雄が鮮紅色の》紅冠鳥《北アメリカ産》. **～ flower** 〚植〛ベニバナサワギキョウ. **～ number** (1) 基数《one, two, three など》. → 枠付 Numeral I. (2) 〚数〛カージナル数. **～ points** 基本方位, 四方. 〈注〉North, South, East, West の順で呼ぶ. **～ virtues** 基本道徳, 徳目《justice, prudence, temperance, fortitude, faith, hope, charity の 7 項目》. → deadly sins. **～ vowels** 〚音声〛基本母音.

◇ **～·ship** [-ʃip] *n.* =cardinalate.

cár·di·nal·ate [ká:rd(i)nəlèit, -lit/-din(ə)l-] *n.* 枢機卿(きょう)職.

cardio- 「心臓」の意の語形成要素.

cár·di·o·gram [ká:rdiogræ̀m] *n.* 心電図. → electrocardiogram.

cár·di·o·graph [ká:rdiogræ̀f/-grὰ:f] *n.* 心電計. → electrocardiograph.

càr·di·ól·o·gy [kὰ:rdiάlədʒi/-diɔ́l-] *n.* 心臓学.

cár·di·o·scope [ká:rdioskòup] *n.* 〚医〛カーディオスコープ《心臓内を直接見る器械》.

càr·di·ót·o·my [kὰ:rdiάtəmi/-ɔ́t-] *n.* 〚医〛心臓手術.

car·dí·tis [kɑ:rdáitis] *n.* 〚医〛心臓炎.

car·dóon [kɑ:rdú:n] *n.* 〚植〛カルドン《朝鮮アザミの一種. 地中海地方産. 食用》.

†**care** [kɛər] *n.* **1** 心配, 気苦労. **2** (しばしば *pl.*) 心配ごと. **3** 注意, 用心, 配慮; 責任. **4** 世話, 保護; 看護: under a doctor's ～ 医者にかかって. **5** 関心, 好み «*of, for*»; 関心事: The flower garden is her special ～. 花壇が彼女の関心事だ.

be free from ～*(*s*)** 心配がない. ***C～ killed the cat. 〚ことわざ〛心配は身の毒. **～ *of,*** 〚米〛***in ～ of*** … 方〔気付〕《略 c/o》: c/o Mrs. … …様方. ***have a ～*** 注意する. ***leave to the ～ of*** に託する. ***take ～ not to*** (do) …しないように注意する. ***take ～ of*** の世話をする, を大事にする; 〚米〛を処理する. ***take ～ of* oneself** からだをたいせつにする. ***take ～ of itself*** 自然に処理される: That matter will *take ～ of itself*. あの問題はほうっておいてもかたがつく. ***take* (*good*) *～ to*** (do) (よく)注意して…する. ***under* [*in*] *the ～ of*** の世話になって, の保護のもとに. ***with ～*** 注意して, 慎重に.

—— *vi.* **1** 心配する, 気にかける. **2** 世話する; 看

病する《を *for*》;〘機械などの〙維持をする《の *for*》. **3** 好む, 欲する: Would you ～ *to* read this? これを読みたいですか. Do you ～ *for* a cup of coffee? コーヒー一杯いかがですか. ***As if I ～d,*** ぼくはどっちでも〔どうでも〕かまわないが, …. **～ about** を気にかける, を注意する, に関心をもつ. **～ for** を好む; を欲する, に関心をもつ; の世話をする. **～ to** (do) …したい気がする: Do you ～ *to* come with me? いっしょにいらっしゃいませんか. ***for all I～*** 私はかまわない: It may go to the devil *for all I～*. どうなろうとかまわない. ***I don't ～ a bit*** 〔***a button, a damn, a straw***〕. ちっともかまわない. ***I don't ～ if*** I go. 〘話〙(行って) もいい. ***If you ～ to,*** お望みならば. ***Who ～s?*** (だれが) かまうものか.

～ committee 〘英〙民政委員会. **～·free** [´–] 苦労のない, のんきな. **～·làd·en** 苦労を背負った, 気苦労の多い. **～·tàk·er** →別項. **～·worn** [´–] 心配にやつれた.

類義語 心配する, 気にかける: **care, mind** ともに否定・疑問の形で用いることが多い. **care**「…に関心をもつ」→「気にかける」. **mind**「…をいやだと思う」→「気にかける」. 次の2文の意味および構文上の相違を比較せよ: I don't *care* for him to talk that way. 彼にあんな風にしゃべってもらいたくないものだ. I don't *mind* his talking that way. 彼があんな風にしゃべっても私はかまわない. **be anxious**「気がかりな」という意味から *anxious about* となれば「…を心配して」, *anxious for* となれば「…をしきりに望んで」となる. **worry** くよくよする, 気にやむ. **concerned** 関心が強いためにどうなることやら心配な. 心配がなくただ関心を示すのは take interest in.

CARE [kɛər] Co-operative for American Remittances to Everywhere, Inc. アメリカ援助物資発送協会. **～ goods** ケア物資.

ca·réen [kəríːn] *vt., vi.* 〘海〙<船を> 傾ける《修理・そうじなどのため》; <船が> 傾く. **—— *n.*** 傾船 (修理). ***on the ～*** 〘海〙〘修理・荒天のため〙傾いて.

◇ **～·age** [-idʒ] *n.* 傾船 (修理), 傾船修理所〔費〕.

‡**ca·réer** [kəríər] *n.* **1** 〘職業上から見た〙**経歴, 生涯**(しょうがい): start one's ～ as a newsboy 新聞売り子として人生をスタートする. **2** 〘一生の〙**職業**. **3** 出世, 成功; 〘党・主義などの〙進展, 発展. **4** 疾走. ***in full ～*** 全速力で; 〘米〙十分に発達して. ***in mid ～*** 途中で. ***make a ～*** 出世する.

—— *a.* 〘米〙職業的, 専門の: a ～ diplomat 職業外交官, はえ抜きの外交官. **—— *vi.*** 疾走する. [「走る路」. car と同語源. carrier も同語源だが, 別語]

～ woman 〔**girl**〕 職業婦人.

◇ **～·ism** [-iz(ə)m] *n.* 出世第一主義. **～·ist** *n.* 出世第一主義者, 野心家.

†**cáre·ful** [kɛ́ərf(u)l] *a.* **1 注意ぶかい, 用心ぶかい**; 慎みぶかい; 〘金銭について〙つましい: He is ～ *in* speech. 彼はことばづかいに注意している. Be ～ *to* get there early. 気をつけて早めに向こうへ着くようにしなさい. Be ～ *not to* break it. それをこわさないように用心しなさい. Be ～ *that* nobody knows anything about it. そのことをだれにも少しも知られないように気をくばりなさい. **2** 慎重な; 〘作品・でき上がりの〙念入りな: ～ *with* one's work 仕事の丁寧な. a ～ copy 正確な写し. **3** 〘古〙心配な.

Be ～ (about) what you promise. うかつに (約束) するな. ***be ～ for*** を気づかう, に意を用いる. ***be ～ of*** 〔***about***〕を大事にする, 《そこなわないように》…に注意する. ◇ **～·ness** *n.*

類義語 **気をつける, 用心ぶかい: careful** まちがいをしないように気をつける. **cautious** 予想される危険に対して警戒して, 慎重である. **discreet** 行動・ことば・態度などに気をつけて, 分別がある. **prudent** 慎重に考え, 計画を立ててから行動にうつる《特に金銭上将来に備えて浪費しない》.

†**cáre·ful·ly** [kɛ́ərf(u)li] *ad.* **1** 注意ぶかく, 用心して, 慎重に. **2** 〘金銭について〙つましく. ***live ～*** つましく暮らす.

‡**cáre·less** [kɛ́ərlis] *a.* **1** 不注意な《に *of, about, in*》: ～ *of* danger 危険を顧みない. **2** 不注意による, そそっかしい, 軽率な: a ～ mistake うかつな誤り. **3** 〘仕事が〙ぞんざいな, いいかげんな. **4 むとんじゃくな**, のんきな, 心配のない.

◇ ‡**～·ly** *ad.* 不注意に; なげやりに; のんきに. ***～·ness** *n.* 不注意; なげやり; のんき.

ca·réss [kərés] *n.* 愛撫(あいぶ)《キス・抱擁など》. **—— *vt.*** 愛撫する; あやす, なだめる.

ca·réss·ing [karésiŋ] *a.* 愛撫(あいぶ)する, かわいがる; なだめるような. **—— *n.*** 愛撫.

◇ **～·ly** *ad.* 愛撫して〔するように〕.

ca·rés·sive [karésiv] *a.* 愛撫(あいぶ)するような, 気持ちのよい; 〘子どもなどが〙甘ったれな.

cár·et [kǽrət] *n.* 脱字記号《∧》.

cáre·tàk·er [kɛ́ərtèikər] *n.* 世話人, 管理人, 留守番. **～ government** 《次期内閣成立までの》暫定〔選挙管理〕内閣.

‡**cár·go** [káːrgou] *n.* (*pl.* ～(**e**)**s**)《船舶・航空機などの》**積み荷, 船荷**. [√car(r)- (車の)荷]

～ boat 貨物船. **～ cluster** 〔**reflector**〕 夜間積み荷作業用照明. **～ cult** 先祖がよみがえって船に近代文明の利器を積んで帰ってくるという南太平洋諸島の白人復讐(ふくしゅう)の信仰. **～ liner** 定期貨物船, 貨物輸送機.

Cár·ib [kǽrib] *n.* **1** カリブ人《南アメリカのギアナ・ベネズエラ・西インド諸島原住民》. **2** カリブ語.

Càr·ib·bé·an [kæ̀ribíːən, kəríbiən] *a.* カリブ海〔人〕の. ***the ～*** (***Sea***) カリブ海《中央・南アメリカと西インド諸島間の海域》.

cár·i·bou [kǽribùː] *n.* (*pl.* **～s**, 《集合的》～) 〘動〙トナカイ《北アメリカ産》.

cár·i·ca·ture [kǽrikətʃər, -tʃùər/-tjuə] *n.* **1** 風刺画〔文〕, 漫画; 風刺〔漫画〕芸術: a harsh ～ 辛らつな漫画. **2** へたなまね. ***make a ～ of*** を漫画風に描く. **—— *vt.*** 漫画にする〔描く〕. [charge と同語源. 誇張する＜荷を詰めこむ]

◇ **-tur·ist** [-tʃərist, -tʃù(ː)r-/-tjuər-] *n.* 風刺画〔漫画〕家.

cár·ies [kɛ́(ː)riːz, -riìːz/kɛ́əriiːz] *n.* 〘医〙カリエス. ***～ of the teeth*** 虫歯. [＜L.]

cár·il·lon [kǽrilàn, -lən, kəríljən/kəríljən] *n.* **1** (音階的に配列してある一組みの) 鐘, チャイム. **2** 鐘楽曲. **3** 《オルガンの》鐘音栓(せん).

càr·il·lon·néur [kæ̀rilənə́ːr] *n.* 鐘楽器演奏者; 鐘つき人.

cár·i·nate [kǽrinèit], **-nat·ed** [-nèitid] *a.* 〘動・植〙竜骨(りゅうこつ) (弁)のある; 竜骨形の.

càr·i·ó·ca [kæ̀rióukə] *n.* 《南アメリカの》ダンスの一種; その曲.

cár·i·ole [kǽriòul] *n.* 1頭立て軽馬車; 屋根付き軽荷車.

cár·i·ous [kɛ́(ː)riəs/kɛ́ər-] *a.* カリエスにかかった; 腐食した.

cark [kaːrk] *vt.* 悩ます. **—— *vi.*** 気をもむ, 悩む《*about*》; あくせくする. **—— *n.*** 思い煩い.

cárk·ing [káːrkiŋ] *a.* **1** 気をもませる, 煩わしい: ～ care(s) 気苦労. **2** けちん坊な.

carl(**e**) [kaːrl] *n.* **1** 〘スコットランド〙無作法者, 野人; けち. **2** 〘古〙農夫. ◇ **cárl·ish** *a.*

cár·lin(**e**) [káːrlin] *n.* 〘スコットランド〙老婆; 魔女.

cár·ling [káːrliŋ] *n.* 〘海〙縦梁(じゅうりょう).

cár·load [káːrlòud] *n.* 〘おもに米〙貨車1台分の貨物: a ～ of furniture 貨車1台分の家具. **～ lot** 〘米〙貨車貸し切り扱い標準量. **～ rate** 貨車貸し切り運賃 (率).

Càr·lo·vín·gi·an [kàːrləvíndʒiən] ＝Carolingian.

Cár·lo·witz [ká:rləwits, -vits] *n.* オーストリア産赤ブドウ酒.
Cárl·ton [ká:rlt(ə)n] ～ ***club*** イギリス保守党本部.
Car·lýle [ka:rláil] *n.* Thomas ～, 1795–1881, イギリスの歴史家・哲学者・評論家.
Car·ma·gnole [kà:rmənjóul] F. *n.* フランス革命に参加した人たちの服装; 当時流行した円舞[革命歌].
Cár·mel·ite [ká:rmilàit] *n., a.* カルメル会修道僧[尼僧](の).
car·mín·a·tive [ka:rmínətiv/ká:min-] *a., n.* 〖医〗胃腸内のガスを出す, 駆風剤.
cár·mine [ká:rmin, -main/-main] *n., a.* **1** 洋紅(ようこう)《絵の具用, 染料》. **2** 深紅の, 洋紅色の.
cár·nage [ká:rnidʒ] *n.* **1** (大量) 殺戮(さつりく), 虐殺. **2** 〖古〗《集合的》《戦場などの》死体. [√carn- 肉]
cár·nal [ká:rn(ə)l] *a.* **1** 肉体の, 肉感的な, 肉欲の. **2** 現世的な, 俗世的な. [√carn-]
～ **appetite** [**desire**] 肉欲. ～ **knowledge** 性交. ～**-mínd·ed** 肉欲に心を奪われた; 心の下劣な, 世俗的な.
◇ ～**·ism** *n.* 肉欲主義. ～**·ize** *vt., vi.* 肉欲的にする[なる]. ～**·ly** *ad.* **car·nál·i·ty** [ka:rnǽliti] *n.* 肉欲(行為); 世俗性.
cár·nall·ite [ká:rn(ə)làit] *n.* 〖鉱〗カーナライト, 光ロ石.
car·ná·tion [ka:rnéiʃ(ə)n] *n.* **1** 〖植〗カーネーション. **2** 肉色, 淡紅色. **3** (*pl.*)《絵の》肉色部分. [√carn- 肉]
Car·né·gie [ka:rnéigi/-négi] *n.* Andrew ～, 1835–1919, アメリカの鋼鉄王, 大富豪で慈善家. ～ **Foundation** カーネギー財団. ～ **Hall** カーネギーホール《ニューヨーク市の演奏会場》. ～ **Institution** カーネギー人文研究所.
car·nél·ian [ka:rní:ljən] *n.* 〖鉱〗紅玉髄 (cornelian).
car·nét [ka:rnéi] *n.* (*pl.* ～**s** [-z]) カルネ《自動車が国を通過する際の無関税特別許可》. [<F.]
cár·ni·fy [ká:rnifài] *vt., vi.* 〖医〗肉質にする[なる].
cár·ni·val [ká:rniv(ə)l] *n.* **1** カーニバル, 謝肉祭《四旬節(Lent)前1週間の祝祭. 四旬節には肉食を断ったので, その前に宴を催した習慣から》. **2** お祭り騒ぎ, ばか騒ぎ. **3** 《回転木馬・余興などのある》娯楽場, 巡業見せ物興行. **4** 〖米〗《行事的な》…祭, …大会. [√carn- 肉]
Car·nív·o·ra [ka:rnívərə] *n. pl.* 〖動〗食肉類.
cár·ni·vore [ká:rnivò:r/-vɔ:] *n.* **1** 〖動〗食肉動物. **2** 〖植〗食虫植物. [√carn-+√vor-]
◇ **car·nív·o·ral** [ka:rnívərəl] *a.*
car·nív·o·rous [ka:rnív(ə)rəs] *a.* 肉食(性)の: ～ animals 肉食動物.
cár·no·tite [ká:rnətàit] *n.* 〖鉱〗カルノ石《ウラン原鉱》.
cár·ob [kǽrəb] *n.* 〖植〗イナゴマメ.
‡**cár·ol** [kǽrəl] *vt., vi.* (**-l-**, ㊕ **-ll-**) (祝い歌を) 喜び歌う, 歌う. —— *n.* **1** 喜びの歌, 祝い歌, キャロル. **2** 《鳥の》さえずり. ***Christmas*** ～ クリスマス祝い歌. ◇ ～**·er** *n.*
Càr·o·lí·na [kæ̀rəláinə] *n.* カロライナ《アメリカ東南部の州; North ～, South ～ の2州がある》.
Cár·o·line [kǽrəlàin] *a.* **1** 〖英史〗チャールズ一世および二世(時代)の. **2** Charlemagne の.
～ **Islands, the** カロリン諸島.
Càr·o·lín·gi·an [kæ̀rəlíndʒiən] *a., n.* カロリンガ王朝の(王).
Càr·o·lín·i·an [kæ̀rəlíniən] *a., n.* カロライナ州の(住民・出身者).
cár·om [kǽrəm] *n.* 〖米: 玉突き〗=cannon². —— *vi., vt.* ぶつかってはね返る[らせる].
cár·oms [kǽrəmz] *n. pl.* 《単数扱い》玉はじき遊びの一種.
cár·o·tene [kǽrəti:n], **-tin** [-tin] *n.* 〖化〗カロチン《一種の炭水化物》.
ca·rót·e·noid, ca·rót·i·noid [kərátinɔ̀id/-rɔ́t-] *n., a.* 〖化〗《色素の一種》カロチノイド(の).
ca·rót·id [kərátid/-rɔ́t-] *n., a.* 〖医〗頸(けい)動脈(の).
ca·róus·al [kəráuz(ə)l] *n.* 宴会; 浮かれ騒ぎ. ≒carousel.
ca·róuse [kəráuz] *n.* 宴会, にぎやかな酒盛り, どんちゃん騒ぎ. —— *vi.* 飲み騒ぐ; じゃんじゃん飲む. ～ ***it*** 大酒を飲む. ◇ **ca·róus·er** *n.*
càr·ou·sél =carrousel.
***carp**¹ [ka:rp] *n.* (*pl.* ～**s**, 《多くは集合的》～)〖魚〗コイ(科の魚).
carp² *vi.* あら捜しをする, 難癖をつける: ～ ***at*** minor errors 小さなあやまちをとがめる.
carp. carpenter; carpentry.
cár·pal [ká:rp(ə)l] *a.* 〖医〗手根関節の, 手首の. —— *n.* 手根骨.
car·pá·le [ka:rpéili] *n.* 〖医〗手根骨.
Car·pá·thi·ans [ka:rpéiθiənz] *n. pl.* 《中部ヨーロッパの》カルパチア山脈.
cár·pel [ká:rpl/-pel] *n.* 〖植〗雌ずい葉, 心皮.
◇ ～**·late** [ká:rpəlèit, -lit/-pel-] *a.* ～のある.
‡**cár·pen·ter** [ká:rpintər] *n.* **1** 大工, 船大工. **2** 〖劇〗大道具方. —— *vi.* 大工仕事をする.
—— *vt.* **1** 大工仕事でつくる. **2** 《比喩的》でっちあげる, やっつけ仕事で仕上げる.
～ **bee** 〖虫〗ダイクバチ《クマバチ科》. ～**'s shop** 大工の仕事場. ～**'s son, the** 大工のむすこ《キリストのこと》. ～**'s square** さしがね. ～**'s tool** 大工道具.
cár·pen·try [ká:rpintri] *n.* 大工職; 大工仕事: Sunday ～ 日曜大工.
cárp·er [ká:rpər] *n.* あら捜しをする人, やかまし屋.
‡**cár·pet** [ká:rpit] *n.* **1** じゅうたん, もうせん. **2** 《草・花などの》広がり: a ～ of flowers 花のもうせん, 一面の花. ***be on the*** ～ <問題などが> 討議[考慮]中である; 〖話〗(おしかりのため) 呼びつけられる. ***call on the*** ～ 呼びつけてしかる.
—— *vt.* **1** にじゅうたんを敷く; 一面におおう《花などで》. **2** 〖話〗<召使などを> 呼びつけてしかる.
～**·bag** [-bæ̀g] (じゅうたん地でつくった) 古風な旅行かばん. ～**·bàg·ger** 〖米〗《南北戦争後, 北部から南部へ行った》渡り政治屋; 山師. ～ **bed** もうせん風の花壇. ～ **bedding** もうせん風の花壇植え込み. ～ **beetle** [**bug**] 〖虫〗ヒメマルカツオブシムシの類《その幼虫がじゅうたんなどを害する》. ～ **bombing** じゅうたん爆撃. ～ **dance** (気軽な) 略式舞踏. ～ **knight** 戦場の経験のない騎士[軍人]; 室内騎士, やさ男. ～ **rod** 階段のじゅうたん止め. ～ **snake** ニシキヘビ《オーストラリア産》. ～ **sweeper** じゅうたん用 (電気) そうじ機. ～**·weed** [-wi:d] 〖植〗ザクロソウの類.
cár·pet·ing [ká:rpitiŋ] *n.* じゅうたんの生地; 《集合的》敷き物類.
cárp·ing [ká:rpiŋ] *a.* 口やかましい, あら捜しの: a ～ tongue 毒舌.
car·pól·o·gy [ka:rpálədʒi/-pɔ́l-] *n.* 果実学.
cár·port [ká:rpɔ̀:rt/-pɔ:t] *n.* 《壁がなく屋根だけの》ガレージ, 自動車置き場.
cár·pus [ká:rpəs] *n.* (*pl.* **-pi** [-pai]) 手首(の骨).
cár·rack [kǽrək] *n.* 《昔のスペインの》大帆船.
cár·ra·g(h)een [kǽrəgi:n] *n.* 〖植〗コトジツノマタ (Irish moss)《海そうの一種. 食用・薬用》.
cár·re·four [kǽrəfùər, ⌣⌣⌣] *n.* 四つつじ; 広場.
cár·rel(l) [kǽrəl] *n.* 《図書館内の》個人読書席, キャレル.
‡**cár·riage** [kǽridʒ] *n.* **1** 《一般的》車, 乗り物; 《特に》馬車《自家用4輪》; 〖英〗《鉄道の》客車. **2** 《機械の》往復台; 《大砲の》砲架. **3** 運搬, 輸送. **4** [㊕ +kǽriidʒ] 運賃. **5** 身のこなし, 態度: have a graceful ～ 身のこなしが優美だ. **6** 処理, 処置; 運営, 経営. **7** 《議案の》通過. ～ ***and pair*** [***four***] 2頭立て[4頭立て]の馬車. ***free of*** ～ 運

賃無料で (=～-free). [＜carry]
～ clock 位置の変化に影響されない柱どけい. **～ dog** 白黒ぶちのダルマチア種犬. **～ drive** 馬車道《邸内・公園内の》. **～ forward** [英] 運賃先払いで. **～-frée** 運賃無料(で). **～ paid** [英] 運賃払い済みで. **～ porch** 車寄せ. **～ trade** 上得意さま; 金持ち相手の商売《顧客が自家用馬車で店に乗りつけたことから》.

cár·ried [kǽrid] *a.* 運ばれた; 夢中になった.

‡**cár·ri·er** [kǽriər] *n.* **1** 運ぶ人〔物〕; 郵便配達人, 運送業者. **2** [機] 運搬設備; (自転車の) 荷台. **3** 保菌者; 伝染病媒介体 (=germ ～)《蚊・ハエなど》. **4** 伝書バト (=～ pigeon). **5** [電] 搬送波 (=～ wave). **6** 航空母艦 (= aircraft ～). ≒ career. ***baby* ～** 小型空母. ***common* ～** 運送業者《鉄道・汽船・航空会社などを含めて》.
～-borne [ˊ-- -ˋ] 航空母艦搭載(とうさい)の, 艦載の. **～ nation** 海運国. **～ note** [商] 貨物引替証. **～ wave** [電] 搬送波.

cár·ri·ole =cariole.

cár·ri·on [kǽriən] *n.* 《死体の》腐肉, 死肉; 腐敗物, 汚物. **—** *a.* 腐肉の(ような); 腐肉を食う.
～ crow [鳥] ハシボソガラス; 黒ハゲタカ《アメリカ南部産》.

Cár·roll [kǽrəl] *n.* Lewis ～, 1832–98, イギリスの作家《*Alice in Wonderland* の著者》.

càr·ron·áde [kærənéid] *n.* [史] 艦砲《昔用いられた, 短砲身の大砲》.

***cár·rot** [kǽrət] *n.* ニンジン; (*pl.*) [俗] 赤毛 (の人).
～-and-stick policy 硬軟両用政策. **～-top** [俗] 赤毛の人.

cár·rot·y [kǽrəti] *a.* ニンジン色の: ～ hair 赤毛.

càr·rou·sél, càr·ou·sél [kæruzél, [米]⁺ -sél] *n.* **1** メリーゴーラウンド, 回転木馬. **2** 集団馬上演技.

†**cár·ry** [kǽri] *v.* (**cár·ried**; **cár·ry·ing**) *vt.* **1** 運ぶ, 輸送する, 送り届ける, 持ってゆく, 〈音・風説などを〉伝える: Nowadays trucks ～ most of the goods to the market. 今日ではトラックが商品の大部分を市場へ運送する. He ～*ied* the news to everyone. 彼はニュースを皆に触れ回った. 〈注〉「人を連れてゆく」の意で He *carried* me to his lodgings.「彼は私を彼の宿所へ連れていった」の用法は古く, もしくは方言的で, 正しくは take を多く用いる.
2 《比喩的》《…まで》導く; 《…にまで》至らせる推し進める; (安全に) 送り届ける: His interests ～*ied* him into the study of history. 興味が彼を歴史の研究へと導いた. Young people often ～ logic to extremes. 若い人たちはしばしば論理を極端にまで推し進める. Such a discussion will ～ us nowhere. そんな議論をしてもうるところがないだろう. The gas was not enough to ～ us through the land. その土地を通過するだけのガソリンがなかった. This money will ～ us for another week. この金でもう1週間なんとかやってゆけよう.
3 〈作業・施設などを〉続ける, 延長する: ～ the war into enemy territory 戦火を敵国の領土へ広げる. ～ a fence right around a field 畑のまわりにぐるっとかきを巡らす. They ～*ied* pipes under the street. 鉛管を街路の下に敷設した.
4 (手に) 持っている, 抱いている, かついでいる: She is ～*ing* a child in her arms. 彼女は子どもを抱いている. He is ～*ing* a suitcase on his shoulder. 旅行かばんを肩にかついでいる.
5 携える, 身につけている; 〈装備などを〉備えている; 〈子どもを〉腹に宿している: I never ～ much money *with* me. 私は大金を持ち歩かない. The man ～*ies* a scar on his face. その男は顔に傷跡がある. The tiger ～*ies* a wound. トラは手負いだ. She ～*ies* a baby. 彼女は身重だ.
6 〈身体部分を〉…の姿勢に維持する; 《～ oneself の形で》身をこなす: *C*～ your head upright. 胸を張って歩け. He ～*ies himself* like a soldier. 彼は軍人のような動作をする.
7 伴う; 〈義務・権力などを〉伴う, 〈意義を〉もつ, 含む, 〈利子などを〉生じる: Freedom ～*ies* with it responsibility. 自由は責任を伴う. One decision ～*ies* another. 一つの決定をするとまた一つ決定するようになる〔また次の決定ができるようになる〕. He used the word so that it ～*ied* a profound meaning. 彼はその語にふかい意味をもたせて使った. The loan ～*ies* 3 per cent interest. この貸付金には3分の利子が付く.
8 運び去る, 奪う; 手中に収める, かちとる: The soldiers rushed forward and ～*ied* the fort. 兵士たちは押し寄せてとりでを奪取した. He ～*ied* the audience with him. 彼は聴衆を魅了した. The young candidate ～*ied* the election. 若い候補者が選挙に勝った.
9 の位置を動かす, 《比喩的》運ぶ, 移す: ～ a footnote to a new page 脚注を新しいページへ移す. She ～*ied* her eyes along the edge of the hill. 彼女は丘の稜線(りょうせん)にそって目をはしらせた.
10 〈主張・意見などを〉通す; 〈動議・議案などを〉通過させる: The bill has been ～*ied*. 法案は通過した.
11 〈重い物を〉載せている, ささえる, に耐える: These columns ～ the weight of the roof. これらの円柱が屋根の重みをささえている. The boiler ～*ies* 200 pounds per square inch. ボイラーは1平方インチ当たり200ポンドの圧力に耐える.
12 記載する, 載せる《新聞・表・記録などに》: ～ a person on a payroll 給料支払簿に人名を載せる.
13 記憶にとめておく: Can you ～ all these figures in your head? この数字をそらで覚えていられるのか.
14 〈品物を〉店に置く, 在庫としてもつ.
15 〈家畜などを〉養う; 〈土地が作物の〉栽培に向く: The ranch will ～ 1,000 head of cattle. この牧場は家畜1,000頭を飼える.
16 〈酒を〉飲んでも乱れずにいる: He ～*ies* his liquor like a gentleman. 彼は酒に飲まれない. He has had a drop more than he can ～. 彼はへべれけになってしまった.
17 の責任を引き受ける: The actor ～*ied* the whole play. その俳優ひとりで舞台がもった.
18 〈作物を〉取り入れる.
19 〈帆を〉上げる.
20 〈数を〉一けた上げる.
21 [ゴルフ] 〈距離・障害などを〉一打ちで越す.
22 〈犬が物のにおいを〉追う.
— *vi.* **1** 持ち運ぶ. **2** 〈音・弾丸などが〉届く: The report of the firing ～*ied* many miles. 発砲の音は何マイルも届いた. His voice ～*ies* well. 彼の声はよくとおる.
～ one*self* ふるまう; …の姿勢をとる: He ～*ies himself* well. 彼はふるまいが正しい; 彼は姿勢がよい. **～ *about* (*with* one)** 持ち歩く: He ～*ies* cosmetics *about* for sale. 彼は化粧品を売り歩いている. I ～ *about with* me some book or other. 私はなにかしら本を持って歩く. **～ *all before* one** 破竹の勢いで進む. **～ *along* (*with* one)** 運んでゆく, 持ってゆく: Let's ～ our radio *along* (*with* us). ラジオを持ってゆこう. His hat was ～*ied along* by the wind. 彼は風で帽子を飛ばされた. ***C*～ *arms!*** 《号令》になえ銃(つつ). **～ *away*** 《受動態のばあいが多い》 (1) …に自制心を失わせる, 無我夢中にする: He *was* ～*ied away* by his enthusiasm. 彼は熱中するあまりわれを忘れた. (2) 陥らせる: He *was* ～*ied away into* idleness. 彼は怠惰に陥った. (3) 持ち去る, さらってゆく: The bridge *was* ～*ied away* by the flood. 橋が洪水(こうずい)で流された. (4) の

命を奪う: He *was* ~*ied away* by a disease. 彼は病気で死去した.
~ back (1) 運び返す. (2) <人に> 昔を思い起こさせる: The picture ~*ied* me *back* to my childhood (days). その写真は私に幼かった日々を思い起こさせた. (3) <事件を> 古くさかのぼらせる, もっと古いと推定する. **~ down** (1) 持って降りる; 取り降ろす. (2) 繰り越す. (3)〖話〗<主張などを> 納得させる. **~ forward** (1) 進行させる, 先へ進める. (2) <金額・数字を> (次期・次年度に) 繰り越す; 次のページに送る. **~ further** さらに行なう, 続ける: It is needless to ~ the illustration *further*. 説明をこれ以上する必要はない. **~ into effect** = **~ into execution** 実施する, 実行する. **~ it** = ~ the day. **~ it off** (**well**) 平気な顔で押し通す, なにくわぬ顔をする. **~ off** (1) 奪い去る; <病気などが人の> 命を奪う. (2) <賞などを> 獲得する: Tom ~*ied off* all the school prizes. トムは学校の賞状をひとり占めにした. (3) やってのける, 果たす. (4) 他人に受け入れさせる: Her wit ~*ied off* her unconventionality. 彼女は機知をもってとっぴなところを押し通した. **~ on** (1) 続ける, 続行する: They decided to ~ *on*. 彼らは続けることに決めた. It's difficult to ~ *on* a conversation in a crowded room. 込んだへやの中で会話を続けることは困難だ. (2) <商売などを> 営む: He ~*ied on* business for many years. 彼は多年営業をしていた. (3) 盛んに行なう; がんばる. (4) <語などを> 次の行へ続ける. (5)〖米話〗おろかな〔向こう見ずな, ふしだらな〕行動をする: I don't like the way she ~*ies on*. 私はあの女のふしだらが気にくわない. (6)〖話〗おこる,「荒れる」. **~ on with** …といちゃつく. **~ out** (1) 成し遂げる, 実行する, <義務などを> 果たす: He won't ~ *out* his threat. 彼はおどしを実行に移さないだろう. These orders must be ~*ied out* at once. この命令は直ちに実行されなければならない. (2) 持ち出す, 運び出す: They are ~*ing* their things *out*. 彼らは持ち物を運び出している. **~ over** (1) (向こう側へ) 渡す. (2) 繰り越す, 持ち越す. (3) 及ぶ, 及ぼす《に *into*》. **~ one's point** 自己の主張を押し通す, 他人を納得させる; 目的を達する. **~ the day** 勝利をおさめる. **~ the game to** に対して有利に戦う. **~ the war into the enemy's country** 〔**camp**〕 逆襲する, 反撃する. **~ through** (1) <仕事・計画を> 完成する, 実行する: The money is not enough to ~ *through* the undertaking. この事業を完成するには金が足りない. (2) <人に> 切り抜けさせる: His strong constitution ~*ied* him *through* his illness. 彼は体質がじょうぶなので病をこらえ抜いた. (3) を貫く: a theme that ~*ies through* the book 本に一貫して流れる主題. **~ a thing too far** 〔**to extremes**〕 (ことを) 度を越してやり過ぎる. ~ a thing **with** one (物を) 携える; 記憶している.
—— *n.* **1** 射程; 《ゴルフのボールなどの》 飛んだ距離. **2** 運搬; (2水路をつなぐ) 陸路運搬, その陸路. **3**〖軍〗「になえ銃」〔「肩へ刀(とう)」〕の姿勢.
[√car(r)-]
~·all →別項. **~-ò·ver** →別項.

cár·ry·all [kǽriɔ̀ːl] *n.* **1**〖米〗1頭立て軽馬車. **2** 《向かい合う座席が左右両側にある》 バス. **3** 《旅行用》 大かばん, がっさい袋.

cár·ry·ing [kǽriiŋ] *n., a.* 運送(の); 積載(の). **~ capacity** 積載量. **~ trade** 運送業.

cár·ry·ings-ón [kǽriiŋzán/-ɔ́n] *n. pl.*〖米話〗いちゃつき; ばかげたふるまい, (目にあまる) 行状.

cár·ry-ò·ver [kǽriòuvər] *n.*〖商〗(次ページへの)繰り越し(額);〖経〗繰越取引; 残余.

cár·sick [káːrsìk] *a.* 乗り物〔自動車〕に酔った. ◇ **~·ness** *n.*

⁑**cart** [kaːrt] *n.* **1** 2輪荷馬車〔牛車〕. **2** 軽2輪馬車. **3** 手押し車. ***baggage*** **~**〖米〗手荷物車. ***in the*** **~**〖俗〗困って. ***put*** 〔***set***〕 ***the*** **~** ***before the horse*** 本末を転倒する. ***water*** **~** 散水車.
—— *vt., vi.* **1** 車で運ぶ, 荷馬車を使う. **2**〖俗〗《競技で》完全に打ちのめす. **~ *about*** 持ち回る; 引き回す, 案内して歩く. **~ *away*** 〔***off***〕 (荷馬車で) 運び去る: Now ~ yourself *off*! とっとと行ってしまえ.
~ horse 荷馬車の馬. **~́·load** [ˊˋ] (1) 荷馬車1台の荷. (2)〖話〗大量《*of*》. **~ road** 荷馬車道. ***~́·wheel** → 別項. **~́·wright** [ˊˋ] 車大工. ◇ **~́·ful** [-fùl] *n.* 荷馬車1台分.

cárt·age [káːrtidʒ] *n.* 荷馬車〔トラック〕運送(料).

carte [kaːrt] *n.*〖フェンシング〗受け第4の構え (quarte) 《剣先を敵の右胸に向ける構え》.

carte [kaːrt] F. *n.* **1** 献立表, メニュー. **2** 名刺. **3** トランプ(札); (*pl.*)トランプ遊び. **4**〖古〗図, 地図. ***à la*** **~** [àːləˊ] 一品料理で《「定食」に対して》.

carte blanche [káːrtbláːnʃ] F. (*pl.* ***cartes blanches*** [káːrtsbláːnʃ]) 白紙委任(状).

carte de visite [kàːrtdəviːzíːt/ˊ———ˊ] F. (*pl.* ***cartes*** [kàːrts-] ***de visite***) 写真名刺《小形の写真を名刺に用いたもの》.

cár·tel [káːrtl, kaːrtél/káːtél] *n.* **1** [kaːrtél]〖経〗カルテル, 企業連合. **2** 交戦国間協定書, 《特に》捕虜交換条約書. **3** 果たし状. **~ ship** 捕虜交換船. ◇ **~·ize** [káːrt(ə)làiz, kaːrtélaiz] *vt., vi.* カルテル化する.

cárt·er [káːrtər] *n.* 荷馬車屋, 運送屋.

Car·té·sian [kaːrtíːʒən/-zjən, -ʒ(ə)n] *a.* Descartes の, デカルト学派〔式〕の. —— *n.* デカルト哲学の信奉者. **~ devil** 〔**diver**〕〖物〗もぐり人形《圧力の加え方で水中で浮沈するガラス人形》.
◇ **~·ism** *n.* デカルトの哲学.

Cár·thage [káːrθidʒ] *n.* カルタゴ《アフリカ北岸の古代のフェニキア人の都市国家. 146 B.C. に滅亡》.
◇ **Càr·tha·gín·i·an** [kàːrθədʒíniən] *a., n.*〖史〗カルタゴの, カルタゴ人(の).

Car·thû·sian [kaːrθ(j)úːʒən/-zjən] *a., n.* カルトジオ〔シャルトルーズ〕教団の(修道者)《St. Bruno が1086年に開いた戒律厳格な教団》.

cár·ti·lage [káːrt(i)lidʒ] *n.*〖医〗軟骨.

càr·ti·lág·i·nous [kàːrt(i)lǽdʒinəs] *a.* 軟骨(質)の.

cár·to·gram [káːrtəgræ̀m] *n.* (比較) 統計地図.

car·tóg·ra·phy [kaːrtágrəfi/-tɔ́g-] *n.* 地図製作(法), 製図(法). ◇ **car·tóg·ra·pher** [-fər] *n.* 地図製作者, 製図家〔工〕. **càr·to·gráph·ic** [kàːrtəgrǽfik], **càr·to·gráph·i·cal** *a.*

cár·to·man·cy [káːrtəmæ̀nsi] *n.* トランプ占い.

cár·ton [káːrtn, -tan/-t(ə)n] *n.* **1** ボール箱; ボール紙. **2** 標的中央の白星; 命中弾.
—— *vt., vi.* ~ に入れる.

car·tóon [kaːrtúːn] *n.* **1** 時事〔風刺〕漫画; 連続漫画; 漫画映画. **2** (実物大の) 下絵. —— *vt., vi.* **1** 漫画をかく〔にかく〕. **2** (の) 下絵をかく.
◇ **~·ist** *n.* 漫画家; 下絵かき.

car·tóuche [kaːrtúːʃ] *n.* **1**〖建〗うずまき形装飾. **2**〖考古〗《記念碑にエジプト王の名などを囲む》長円形輪郭. **3** 弾薬筒; 花火の薬筒.

cár·tridge [káːrtridʒ] *n.* **1** 薬包, 弾薬筒. **2** カートリッジ《万年筆のインク・録音器のテープなどの交換・操作を容易にするはめ込み式容器》,〖写〗パトローネ《巻きフイルムの容器》; カートリッジにはいったもの《インク・テープ・フイルム》. **3**〖電蓄〗カートリッジ《ピックアップの針をつける部分》. ***ball*** 〔***blank***〕 **~** 実〔空〕包. **~ belt** 弾薬帯. **~ box** 弾薬筒入れ. **~ case** 薬莢(やっきょう). **~ chamber** 薬室. **~ clip** 挿弾子(そうだんし). **~ paper** 薬包紙, ハトロン紙.

cár·tu·lar·y [káːrtʃulèri/-tjuləri] = chartulary.

cárt·wheel** [káːrt(h)wìːl] *n.* **1** (荷(馬)車の)車輪. **2** 横とんぼ返り. **3**〖俗〗ドル銀貨, 大型硬貨. ***throw 〔***turn***〕 **~s** 横とんぼ返りをする.

文法要説…(1)

Case (格)

名詞・代名詞が文中の他の語に対してもつ関係を示す語形を格 (case) という. I know him. (私は彼を知っている) において, I は「私」の意味のほかに主語であり (目的語なら me になる), him は「彼」の意味のほかに目的語であることを示す (主語ならば he となる). また my book で my は「私」の意味のほかに, この語が他の名詞を修飾していることを示す. I, he の類は**主格** (nominative, nominative case)にある, me, him の類を**目的格** (objective, objective case) にある, my, his の類を**所有格** (possessive, possessive case) または**属格** (genitive, genitive case) にあるという. 名詞は the boy's book のごとく所有格には特別な形態があるが, The boy loves the dog. (少年は犬を愛する); The dog loves the boy. (犬は少年を愛する) の例に見られるように, 主格と目的格との別を示す特別な形態が存在しないから, この二つに代わって**通格** (common case) を設け, これと所有格との 2 種を認めることができる.

目的格は直接目的として用いられるとき, 特に**対格** (accusative, accusative case) と呼び, 間接目的として用いられるときの**与格** (dative, dative case) と対立させることもあるが, これはラテン文法の影響に基づくのであって, 英語には対格と与格とを区別する形態は存在しない.

所有格については → 枠付 Possessive Case.

1) 形態

名詞の所有格は 's をつけてつくり, 複数形は既に複数の s が語尾についているから, -s's とせず, 単に ' だけをつける (複数形で語尾に s がないものについては所有格の 's がつく. 例: men's, children's).

	単 数	複 数
通 格	boy	boys
所有格	boy's	boys'

代名詞については, 人称代名詞は主格・所有格・目的格と三つの形態をもつ.

	単 数	複 数
主 格	I	we
所有格	my	our
目的格	me	us

	単 数	複 数
主 格	you*	you
所有格	your*	your
目的格	you*	you

* 古形の thou (主格), thy (所有格), thee (目的格) がある.

	単 数	複 数
主 格	he she it	they
所有格	his her its	their
目的格	him her it	them

〈注〉ここに掲げた以外の所有格の形態変化, ならびに用法については → 枠付 Possessive Case. また, 下記以外の主格・目的格に関する記述はそれぞれ → 枠付 Subject, Object.

2) 格の用法 (所有格を除く)

a) 主格 (通格を含む)

(1) **主語**: *Henry* and *I* went there together. ヘンリーと私はそこへいっしょに行った. *She* speaks Russian just as fluently as *he* (does). 彼女は彼に少しも負けず流暢(りゅうちょう)にロシア語を話します.

(2) **主語と同格**: We will sit here, *you* and *I*. われわれはここへすわろう, きみとぼくは.

(3) **呼びかけ**: *You*, sit down here. あんた, ここへおすわりなさい.

(4) **主語の補語**: *Who* is it? だれですか. It's *I*. 私です. 〈注〉ただし, It's *me*. というのは文法上誤りとされるが, 実際にはひんぱんに用いられる.

(5) **独立分詞構文の意味上の主語**: *He* being absent, I had to take his place. 彼が欠席したので私は彼の代理をしなければならなかった.

(6) **不完全な文の主語**: *She* a beauty! あの女が美人だって(驚いたね). *I* a liar? 私がうそつきだって(とんでもない). 〈注〉She *is* a beauty!, I *am* a liar? の be 動詞が, 激しい感情の影響で落ちたもの.

(7) **who のばあい**: who が文中で目的語として whom となるべきばあいに, 疑問詞として文の冒頭に出ているときに, しばしば(特に話しことばで)who になる: *Who* do you want to see? だれにお会いになりたいのですか. *Who* did you talk to? だれに話したのですか.

b) 目的格 (通格を含む)

(1) **動詞の直接目的語**: I haven't seen *him* for some time. あの人にしばらく会っていない. He took *me* by the hand. 彼は私の手を取った. 〈注〉次のような文ではふつう自動詞として用いられる動詞が, 他動詞として用いられ, 直接目的語をとる: He stared *me* in the face. 彼は私の顔をじっと見つめた.

(2) **動詞の間接目的語**: They gave *us* nice souvenirs. 彼らは, 私たちにいい記念品をくれました. 〈注〉My father built *me* a nice house. (父が私にいい家を建ててくれた) の me は間接目的の一種であるが, for me (私のために) の意なので, **利害の与格** (dative of interest) と呼ばれる. 利害の与格の目的語は受動態の主語にならない. したがって, I was built a house by my father. とは言えない.

(3) **目的語の補語**: We elected him *President*. われわれは彼を会長に選んだ. He suspects the criminal to be *me*. あの男は犯人が私だと疑っている.

(4) **前置詞の目的語**: This is *for you*, not for your husband. これはあなたに上げるので, ご主人に差し上げるのじゃないのです. This has been a splendid occasion *for* my wife and *me* [*myself*]. 家内と私にとってすばらしい機会でした.

(5) (**前置詞扱い**) **形容詞の目的語**: like, near, next, opposite, worth などのあと: It isn't *worth a*

penny. それは一文の価値もない. Let her sit *near me.* 彼女を私のそばにすわらせてやりなさい.

(6) **副詞用法**: 時期・時間・距離・方向・方法・程度などを示す名詞には前置詞を伴わずに副詞的に用いられるものがある: He arrived *this morning.* 彼はけさ着いた. We stayed there *two weeks* (=for two weeks).そこに2週間滞在した. We walked *ten miles* at a stretch. 一気に10マイル歩いた. Don't act *the way* those light-headed youngsters do. 思慮のない若者たちのやるようにふるまってはいけません. Is this *a bit* too tight? これ少し窮屈じゃない?

(7) **形容詞的に用いられた名詞**: 形状・色彩・年齢などを示す名詞は, その前にあるべき前置詞が落ちて形容詞のように機能する: They are *the same shape* [*age*] (=of the same shape [age]). おなじ形 [年齢] だ. It's *no use* trying to persuade him (=of no use). 彼を説得しようとしてもむだだ. 〈注〉次のような文では of を補えないが, やはりおなじ種類の用法: We painted the gate *a bright blue.* 門を明るい青色に塗った.

〈付記〉目的格は, 上記の他に, 不定詞・動名詞の意味上の主語となる. → 枠付 Infinitive, Gerund.

cár·un·cle [kǽrəŋkl, kərʌ́ŋkl] *n.* **1** とさか; 肉阜(にく). **2** 〘植〙 種阜.

Ca·rú·so [kərúːsou, -zou] *n.* Enrico [enríːkou-] ～, 1873–1921, イタリアの名歌手.

⁑carve [kɑːrv] *vt.* **1 刻む**, 彫る, に彫刻する: ～ wood *into* [*for*] a statue 木を刻んで像をつくる. **2** 彫りつける, 刻んでつくる: ～ a name *in* [*on*] marble 名を大理石に刻む. ～ a statue *out of* wood 木で像を刻む. **3** 〈道・運命などを〉切り開く《*out*》: ～ *out* a career for oneself 独力で進路を切り開く [世に出る]. **4** 〈肉などを〉切る, 切り分ける.

— *vi.* 《食卓で [食卓用に]》 肉を切り分ける.

～ for oneself かってにふるまう. ***～ (out) one's* [*a*] *way*** 進路を切り開く: ～ (*out*) one's *way* to fame 名をあげる. ***～ up*** 〈肉などを〉切り分ける; 〈土地・遺産などを〉分割する.

cár·vel [kɑ́ːrv(ə)l] =caravel. **～-built** [-bìlt] 〘海〙《船の外板が》平張りの. → clinker-built.

cárv·en [kɑ́ːrv(ə)n] *a.* 〘古・雅〙彫刻した (carved).

cárv·er [kɑ́ːrvər] *n.* **1** 彫刻者. **2** 肉を切る人. **3** 肉切り包丁; (*pl.*) 肉切り包丁と大型フォーク. ***a pair of ～s*** 肉切りナイフとフォーク.

cárv·ing [kɑ́ːrviŋ] *n.* 彫刻(術); 彫り物. **～ fork** 肉切り大型フォーク. **～ knife** 肉切り大型ナイフ.

càr·y·át·id [kæ̀riǽtid] *n.* (*pl.* **～s**, **～·es** [-iːz]) 〘建〙カリアチド, 女像柱《柱頭をささえる女人像の柱》. ◇ **-i·dal** [-l] *a.*

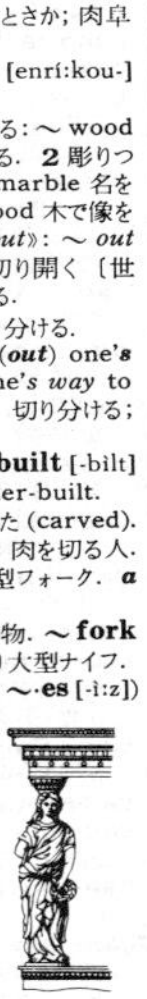
caryatid

ca·sá·ba [kəsɑ́ːbə] *n.* 〘植〙マスクメロンの一種 (=～ melon).

Càs·a·blán·ca [㊍ kɑ̀ːsəblɑ́ːŋkə, ㊍㊎ kæ̀səblǽŋkə] *n.* カサブランカ《Morocco 北西部の港市》.

Càs·a·nó·va [kæ̀zənóuvə, -sə-] *n.* (または c～) 漁色家, 女たらし.

Cás·bah =Kasbah.

cas·cáde [kæskéid] *n.* **1** 滝; 《段階になって続く》小滝, 段々滝; 《庭園の》人工滝. **2** 波状レース [掛け布] 飾り. **3** 〘園芸〙《菊などの》懸崖(けんがい)づくり. **4** 〘電〙縦つなぎ, 《電池の》直列 (=～ connection). **—** *vi.* 滝になって落ちる.

cas·cár·a [kæské(ː)rə/-kɑ́ːrə] *n.* 〘植〙クロウメモドキの一種《樹皮から緩下剤を製する》. **～ sagrada** [-səgréidə/-grɑ́ː-] クロウメモドキの皮《緩下剤》.

càs·ca·ríl·la [kæ̀skərílə] *n.* **1** カスカリラ樹皮. **2** カスカリラ木《燈台草科の低木》.

～ bark カスカリラ樹皮《強壮剤》.

⁑case¹ [keis] *n.* **1 ばあい**, 事例: *in* this ～ このばあいには. a ～ *where...* …するばあい. **2** 事情, 立場, 状況: The ～ is different *with* you. 事情はあなたのばあい別だ. **3 実情**, 真相, 事実: That is not the ～. それは実際と違う. It is also the ～ *with* children. それは子どもについても当てはまる. **4 事件**, 問題: the ～ before us われわれが当面している問題 [事件]. **5** やっかいな問題をかかえている人: This family is a hardship ～. この家庭は貧困家庭だ. **6** 病例, 病症; 患者: a ～ of smallpox 天然痘患者. **7** 〘法〙判例; 訴訟 (事件); 《訴訟の》申し立て. **8** 《事実・理由の》申し立て, 開陳, 主張; 正当な論拠. **9** 〘文〙格. → 枠付 Case (pp. 192–193). **10** 〘米俗〙変わり者.

a ～ against a person (人)を相手としての訴訟: get up *the ～ against* を相手に告訴を提起する. ***a ～ in point*** 〘法〙(特殊)事件; 〘話〙類例, 適例. ***a ～ of conscience*** 良心 [道義上] の問題. ***a ～ of love at first sight*** 一目ぼれ. ***a ～ of now or never*** 千載一遇の好機. ***a hard ～*** 難物, 扱いにくい問題 [人間]; したたか者, ならず者. ***as is often the ～*** よくあるとおり, しばしばあることだが《について, のばあい *with*》. ***as the ～ may be*** (そのときの)事情しだいで: Ask your wife or husband *as the ～ may be.* (あなたが男性か女性かによって) 奥さんになり, ご主人になり, 聞いてごらんなさい. ***as the ～ stands*** 現状では. ***be in good* [*evil*] *～*** 暮らし向きがよい [悪い]. ***If that* [*such*] *is the ～,*** そういうわけ [こと] なら. ***in any ～*** どんなばあいでも, いずれにせよ, とにかく. ***in ～*** 万一に備えて: I will wait another ten minutes *in ～.* ひょっとしてということもあるからもう10分待とう. ***in ～ of*** …のばあいには: *in ～ of* need 必要の際は. ***in ～ (that)*** …するばあいは; もし…ならば, …するときの用心に: *In ～* he should not be there, 万一彼が来ていないならば…. *In ～* I am late, don't wait to start dinner. 私がおそくなったときはお先に食事を始めてください. Take an umbrella *in ～* it should rain. 降られてもいいように, かさを持って行きなさい. ***in nine ～s out of ten*** 十中八九. ***in no ～*** 決して…ない. ***in that* [*such a*] *～*** そういうばあいは. ***in the ～ of*** …のばあいには, に関しては: *in* my ～ 私のばあいは. *in the ～ of* children under fifteen 15 歳以下の子どものばあいは. ***lay the ～*** 陳述する. ***make out* one's *～*** 自分の立場を弁明する; 訴因を証明する. ***meet the ～*** 役に立つ. ***put the ～ clearly*** 事態を明確にする. ***put (the) ～ that*** ... …と仮定する. ***state a ～*** 言い分を申し立てる; 立場を説明する. ***state the ～*** 事実を述べる. ***Such being the ～,*** こういう事情で, そういうわけだから. ***That alters the ～.*** それでは話が変わってくる; それなら話は別だ. [√cad-]

～·book [⌐⌐] 判 [症] 例集. **～ ending** 〘文〙格 (変化)語尾. **～ history** [**record**] 個人歴, 身上調査(書); 病歴, 既往症. **～ law** 判例法. **～ study** 事例研究, ケース スタディー. **～ system** 〘法〙判例主義教育法. **～·work** [⌐⌐] 判例研究; 社会福祉事業. **～·wòrk·er** 社会福祉事業員.

[類] → **instance**「例」

⁑case² *n.* **1 箱**, 荷箱 (=packing ～); 1 箱の量: a ～ of wine ブドウ酒 1 箱. **2 入れ物**, ケース, …入れ; 《ナイフ・短剣などの》さや, 筒; 書類入れ, かばん (=briefcase); 《機械の》おおい, ふた; 《とけいの》がわ; 《陳列物の》ガラス箱 [戸だな]: a record ～ レコード入れ. **3** 窓わく (=window ～). **4** 〘印〙活字ケース: upper ～ 上段活字ケース, 大文字活字《略 u.c.》. lower ～ 下段活字ケース, 小文字活字《略 l.c.》.

— *vt.* (**cased**; **cás·ing**) **1** 箱 [袋, さやなど] に入れる; 包む, 囲む, おおう, にがわをつける《*over, up*》. **2** 〘米俗〙《犯行の前に》下見する.

~ **bay** 天井梁(はり)相互の空間. ~ **bottle** (箱詰め用) 角びん. ~**·bound** [∸∸] 厚紙表紙で製本された. ~**·hàrd·en** → 別項. ~ **knife** さや入りナイフ; 食卓用ナイフ. ~ **shot** 散弾. ~**·worm** → 別項.

cá·se·ase [kéisiè̀is] *n.* 〘生化〙カゼアーゼ《カゼインを「分解する酵素」》.

cá·se·ate [kéisiè̀it] *vi.* チーズ質になる.

◇ **cà·se·á·tion** [∸–éiʃ(ə)n] *n.*

cá·se·fy [kéisifài] *vi., vt.* チーズ質になる〔する〕.

cáse·hàrd·en [kéishà:rdn] *vt.* **1** 〘冶〙〈鉄に〉焼きを入れる, 〈鉄の〉表面を硬化させる. **2** 〈人を〉鉄面皮〔無神経〕にする. ◇ ~**ed** *a.* 焼きを入れた; 鉄面皮の. ~**·ing** *n.* 膚焼き.

cá·se·in(e) [kéisiin, ㊌+ -si:in] *n.* 〘化〙カゼイン, 乾「酪素」.

cáse·mate [kéismèit] *n.* 〘軍〙《艦上の》砲郭, 装甲障壁; 《とりでの》トーチカ状の砲台.

◇ **-mat·ed** [-id] *a.* 砲郭を備えた.

cáse·ment [kéismənt] *n.* **1** 観音開き窓 (=~ window). **2** 〘雅〙《一般的》窓. **3** おおい, 包み.

~ **cloth** カーテン〔衣服〕地用綿布.

cá·se·ous [kéisiəs] *a.* チーズ質の, チーズのような.

ca·sérn(e) [kəzə́:rn] *n.* 〘軍〙兵舎; 〘古〙《守備隊駐屯地の》営舎.

cáse·worm [kéiswə̀:rm] *n.* 〘虫〙《ミノムシのように》からだの周囲に巣をつくる幼虫.

‡**cash**[1] [kæʃ] *n.* **1** 現金; 正金(しょうきん); 〘株式〙現物. **2** 即時払い《現金・小切手による》. ***be in*** 〔***out of***〕 ~ 現金を持っている〔いない〕. ***be short of*** ~ 現金が足りない. ~ ***and carry*** 〘商〙無配達現金店頭渡し; 〘商〙現金自国船輸送主義. ~ ***down*** 即金で. ~ ***on*** 〔㊌ ***in***〕 ***hand*** 現金手持ち高. ~ ***on delivery*** 代金引き替え払い, 貨物引き替え払い《略 C.O.D. または c.o.d.》. ~ ***on order*** 注文と同時払い込み. ~ ***on the nail*** 〔***barrelhead***〕 即金. ***pay*** (***in***) ~ 現金払いする.

—— *vt.* **1** 現金〔正金〕にする; 〈手形・小切手などを〉現金と替える. **2** 〘トランプ〙〈強い札を〉親として出して勝つ; 〈勝負に〉強い札を出して勝つ. ~ ***in*** 現金を預金する; 〈小切手などを〉現金に替える; 《比喩的》清算する, けりをつける, 手をひく; 〘米俗〙死ぬ. ~ ***in*** one's ***checks*** 〔***chips***〕《ポーカーで》点取り札を現金に替える; 死ぬ. ~ ***in on*** 〘米〙…からもうける; を利用する; に金をかける〔投ずる〕.

~ **account** 〘簿記〙現金勘定. ~**-and-cár·ry** [kæʃ(ə)nkǽri] 現金店頭渡しの. ~ **assets** 現金資産. ~**·book** [∸∸] 出納簿. ~**·box** [∸∸] 銭箱; 金庫. ~**·boy** [∸∸] 現金取り次ぎ係. ~ **carrier** 金銭輸送器. ~ **credit** 当座貸し《略 C.C., c.c.》. ~ **crop** すぐ現金になる農作物《家畜の飼料などに対する》. ~ **desk** 勘定場. ~ **discount** 現金割引. ~**·drawer** [-drɔ̀:r] 硬貨・紙幣などを種別に入れる引き出し《cash register などの》. ~ **price** 現金正価. ~ **register** 金銭登録器. ~ **sale** 現金売り. ~**-store** [∸∸] 現金売りの店.

cash[2] *n.* 《単・複同形》. **1** 《中国・インドなどの》小額貨幣. **2** 《中国の》穴あき銅貨.

ca·shéw [kəʃú:, kǽʃu:] *n.* 〘植〙カシュー《熱帯アメリカ産ウルシ科植物》; その食用果実 (=~ nut).

cash·íer[1] [kæʃíər] *n.* **1** 会計係; 〘英〙《銀行の》出納係. **2** 〘米〙《銀行の》支配人. ~**'s check** 〘米〙銀行小切手《銀行がその支配人の署名で自行あてに振り出す小切手》.

cash·íer[2] [㊌+kəʃíə] *vt.* **1** 免官する 免職する. **2** 捨て去る; はねつける.

cásh·mere [kǽʃmiər / –∸] *n.* **1** カシミア《インドの Kashmir 地方産ヤギの毛》; カシミア織り. **2** カシミア製ショール.

cás·i·mire, cás·i·mere =cassimere.

cás·ing [kéisiŋ] *n.* **1** 包装《箱・包み・袋・さやなど》. **2** おおい; 《電線などの》被覆; (ソーセージの)皮. **3** 《ドア・窓などの》額縁, わく. **4** 《油井などの》鉄パイプ. **5** 〘米〙自動車タイヤの外被.

~ **knife** 壁紙用ナイフ.

ca·si·no [kəsí:nou] It. *n.* (*pl.* ***-nos***, ***-ni*** [-ni:]) **1** カジノ《遊技・演芸・ダンスなどを行なう賭博(とばく)場を兼ねた娯楽場》; 賭博場. **2** 《イタリアの》いなかの小住宅, 小別荘. **3** トランプ遊びの一種.

cask [kæsk/kɑ:sk] *n.* **1** たる, 大だる, おけ. **2** 1たる(の量): a ~ *of* beer ビール1たる. —— *vt.* たる〔おけ〕に詰める.

cás·ket [kǽskit / kɑ́:s-] *n.* **1** 《貴重品・宝石などを入れる》小箱, 手箱. **2** 〘米〙棺, ひつぎ.

—— *vt.* 小箱に入れる.

Cás·pi·an [kǽspiən] ~ ***Sea*** カスピ海, 裏海.

casque [kæsk] *n.* 〘古・雅〙かぶと.

cas·sá·ba =casaba.

Cas·sán·dra [kəsǽndrə] *n.* **1** 〘ギ神〙カサンドラ《Troy の女予言者の名》. **2** (世に入れられない) 凶事の予言者.

cas·sá·tion [kæséiʃ(ə)n] *n.* **1** 〘法〙破棄, 取り消し. **2** 〘楽〙戸外用組曲《18世紀に流行したセレナーデの一種》. ***the Court of C~*** 破棄院《フランスの最高裁判所》.

cas·sá·va [kəsɑ́:və] *n.* 〘植〙カサバ《熱帯産》; そのでんぷん《tapioca の原料》.

cas·se·role [kǽsəròul] F. *n.* **1** なべ《陶器またはガラス製の》, 土なべ; 〘英〙シチューなべ; 〘料理〙なべもの. **2** 《化学実験用》柄付きなべ. ***en*** ~ [F. ɑ̃kasrɔl] なべものの, なべ料理の.

cas·sétte [kəsét, kɑ:-] *n.* **1** 《宝石類を入れる》小箱. **2** 《写真機・録音機の》カートリッジ, カセット.

cás·sia [kǽʃə/kǽsiə] *n.* 〘植〙桂皮(けいひ)(=~ bark); ニッケイの木; ハブソウ・センナの類.

cás·si·mere [kǽsimìər] *n.* カシミア織り, 《男子用》ウール服地の一種. → cashmere.

cas·sí·no [kəsí:nou] *n.* トランプ遊びの一種.

Cas·sí·no [kəsí:nou] *n.* カシーノ《中部イタリアの都市. 有名なベネディクト派僧院 Monte Cassino の所在地. 第2次世界大戦中の激戦地の一つ》.

Càs·si·o·péi·a [kæ̀siəpí:ə] *n.* 〘天〙カシオペア座.

~**'s Chair** カシオペア座のうち最も目だつ星群.

cas·sít·er·ite [kəsítəràit] *n.* 〘鉱〙スズ石.

cás·sock [kǽsək] *n.* 法衣《聖職者が着るふつう黒色の長上衣》.

cás·so·war·y [kǽsəwɛ̀(:)ri/-wɛəri] *n.* 〘鳥〙火食鳥《オーストラリア・ニューギニア産》.

‡**cast** [kæst / kɑ:st] *v.* (**cast**) *vt.* **1 投げる**, 投ずる: ~ the dice さいころを投げる. ~ a ballot 投票する. ~ a person in prison 人を投獄する. **2** 〈網を〉打つ; 〈つり糸を〉たれる; 〈いかり・測鉛を〉降ろす. **3** 〈光・影を〉落とす, 投射する; 〈目・視線・心・思いを〉注ぐ, 向ける; 〈非難・侮辱を〉浴びせる, 加える, 〈祝福を〉与える. **4 投げ捨てる**, 退ける: ~ a problem from one's mind 問題を忘れる. **5** 〈着物を〉脱ぐ; 〈ヘビが皮を〉脱皮する; 〈鳥が羽毛を, シカが角を〉落とす《はえ変わりのため》; 〈馬が〉蹄鉄(ていてつ)を落とす; 〈ミツバチが他の群を〉分封する. **6** 〈獣が子を〉早産する; 〈木が果実を〉熟さないうちに落とす. **7** 捨て去る《*away*》; 〘軍〙〈馬匹を〉廃棄する. **8** 〘俗〙不合格にする; に暇を出す, 首にする. **9** (鋳型に) **流し込む**, 鋳造する: ~ a statue in bronze 青銅で像を型にとる. **10** 〘印〙ステロ版にする. **11** 《一般的》の形をつくる〔整える〕; 《…の》形にする: a novel ~ in the form of a diary 日記体の小説. **12** の配役を決める; 〈役割を〉あてがう, 振り当てる; 〈役者を〉役につける: ~ a play 劇の配役をする. ~ a person *for* a part 人を役につける. **13** 〈数字を〉**計算する**, 加算する《*up*》. **14** 〈星運・運勢を〉判ずる, 占う; 〈筮竹(ぜいちく)を〉引く; 予言する. **15** 〈馬などを〉地上に倒す; 〈相手を〉投げ倒す. **16** 〘法〙敗訴させる. **17** 吐く, もどす. **18** に糸をたれる: ~ a stream 川でつる.

—— *vi.* **1** つり糸をたれる. **2** 鋳造される, 鋳造しやすい. **3** 吐く, もどす《*up*》. **4** 〈船が〉傾く. **5** 〈縦列になった舞踏手が〉旋回する. **6** 〈木材が〉ひずむ, 曲がる. **7** 合計する, 計算する. **8** 考える; 予測する. **9** 配役をする.
be ~ away 漂流する. **~ *about*** (1) 視線をあたりに配る, ながめ回す: ~ *about for* a thing 物を捜す. ~ *about for* something to do なにかすることはないかと捜す. (2) 思案する, くふうする: ~ *about how to* do どうしてやるか考える. **~ *ashore*** 岸に打ち上げる. **~ *aside*** 捨て去る; 退ける; 〈恨みなどを〉忘れ去る. **~ *away*** 捨てる; 排斥する; 〈心配などを〉払いのける, 忘れる; 〈努力・金などを〉無にする; 難破させる. **~ *back*** (1) 投げ返す; 〈思いを〉引きもどす, (過去へ) さかのぼらせる; 〈非難などを〉しっぺい返しにする. (2) もどる, (過去に) 立ち返る: He is always ~*ing back to* it. 彼はいつもあの話をもち出す. (3) さかのぼる, 回顧する《*to*》; 遠い先祖に似る. **~ *down*** (1) 〈武器を〉捨てる; 〈目を〉落とす, 伏せる. (2) がっかりさせる: Don't get ~ *down.* 気を落とすな. **~ *forth*** 追い出す. **~ *in* one's *lot with*** と運命をともにする. **~** a thing ***in*** a person's ***teeth*** (人をあることで) 非難する. **~ *loose*** 〈舟を〉解き放す; ともづなをほどく. **~ *off*** (1) 捨てる; 脱ぎ捨てる. (2) 勘当する, と縁を切る. (3) 〖海〗〈もやい綱などを〉解き放す. (4) 〈船が〉出港する. (5) 〈編み目を〉とめる. (6) 〈原稿を〉組みページ数に見積もる. **~ *on*** すばやく着る; 編み始めの目をつくる. **~** one***self on*** (1) …にたよる: ~ one*self on* a person's mercy 人の慈悲にすがる. (2) 〈ソファーなどに〉身を投げ出す. **~ *out*** 投げ出す, ほうり出す; 追い払う; 吐く. **~ *up*** (1) 投げ上げる; 〈目を〉上に向ける; 吐く. (2) 合計する. (3) 〈船などが〉岸に打ち上げる. (4) (突然) あらわれる. ***The dice is ~.*** さいは投げられた; ことは既に始まった.
—— *n.* **1** 《さいころ・石・網などを》投げること. **2** 投げた距離, 射程. **3** (さいの) 一振り, 運だめし. **4** 投げられた〔投げられる〕もの; 《つり糸の》先糸. **5** 《つり糸・網を投げるによい》漁場. **6** (虫などの) 抜けがら; 《ミミズの》ふん; 《生まれた》小羊; 《ミツバチの》分封. **7** 鋳造(物); 鋳型; 〖医〗ギプス: put a person in a ~ 人にギプスをはめる. **8** 型, 傾向; 性格 (=~ of mind); 顔つき(=~ of figures). **9** 色合い, …の気味; 調子. **10** 種類. **11** 勘定, 計算; 足し算. **12** 〖劇〗配役. **13** 《木材などの》ゆがみ, そり. **14** 斜視: have a ~ in the right eye 右の目がやぶにらみだ. **15** 〖海〗測鉛投下. **16** 途中で車に乗せてやる〔乗せてもらう〕こと. **17** 推測. ***stake*** one's ***all on a single ~*** すべてをさいころの一振りにかける; 一かばちかかける. ***within a stone's ~*** 石を投げて届くほどの近い距離に.
—— *a.* 《馬などが》立ち上がれないかっこうで.
~́·a·way → 別項. **~ iron** 鋳鉄. **~́-í·ron** → 別項. **~́·òff, ~́-òff** → 別項. **~ steel** 鋳鋼.
〔類〕 → **throw**「投げる」

Cas·tá·li·a [kæstéiliə] *n.* 〖ギ神〗Parnassus 山にある神泉; 《一般的》霊感の源泉.
◇ **~n** [-liən] *a.* 神泉の; 霊感の, 詩歌の.

Cás·ta·ly, -lie [kǽstəli] =Castalia.

càs·ta·nét [kæ̀stənét] *n.* (通例 *pl.*) 〖楽〗カスタネット《打楽器の一種》.

cást·a·way [kǽstəwèi/ká:st-] *n.* **1** 漂流者, 難船者. **2** 《社会の》くず, のけ者; 無頼漢. **——** *a.* **1** 捨てられた; 漂流した, 難破した. **2** (世の) のけ者の, 無頼漢の.

caste [kæst / kɑ:st] *n.* **1** 《インドの世襲的階級》カースト《Brahman, Kshatriya, Vaisya, Sudra》, 四姓制度, 四姓の一. **2** 《一般的》閉鎖的〔排他的〕階級(制度); 特権階級(の身分). ***lose ~*** 社会的地位を失う. **~ mark** (1) インド人が額につけるカーストのしるし. (2) 人がある階級に属することを示す特徴《態度・ことばづかいなど》.

cás·tel·lan [kǽstələn] *n.* 城主.

cás·tel·lat·ed [kǽstəlèitid] *a.* 〖建〗城郭風の, 城構えの; 《地域が》城の多い.

cást·er [kǽstər / ká:s-] *n.* **1** 投げ手; 配役係; 計算者; 鋳造者. **2** 《テーブルに置く》薬味びん, 薬味立て. **3** 《家具のあしなどの》小車, 脚輪. 〈注〉②, ③の意では castor ともつづる.
~ [castor] sugar グラニュー糖.

casters ③

cás·ti·gate [kǽstigèit] *vt.* **1** 懲らしめる, 懲罰する. **2** 酷評する. **3** 〈詩文を〉練る, 推敲(すいこう)する.
◇ **-ga·tor** [-ər] *n.* **-ga·to·ry** [kǽstigətɔ̀:ri/-geitəri] *a.* **càs·ti·gá·tion** [kæ̀stigéiʃ(ə)n] *n.*

Cas·tíle [kæstí:l] *n.* カスチリア, カスチール《スペイン中部の古代の王国》. **~ soap** カスチリアせっけん《オリーブ油とソーダを原料とする》.
◇ **Cas·tíl·ian** [kæstíljən, -liən] *n., a.* カスチリア人〔語〕; カスチリア (人・語) の.

cást·ing [kǽstiŋ/ká:st-] *n.* **1** 投げること, 放棄. **2** つり糸を投げる技術. **3** 配役, (役の) 振り当て. **4** 鋳造(物), 鋳物. **5** 脱皮, 脱毛, 抜けがら. **6** (*pl.*) ミミズのふん. **7** 《板などの》ゆがみ, ひずみ.
~ iron 鋳鉄. **~ net** 投網(とあみ). **~ vote** 決定票《賛否同数の際議長が投ずる》: have [hold] a ~ *vote* キャスチングボートを握る.

cást-í·ron [kǽstáiərn/ká:st-] *a.* **1** 鋳鉄製の. **2** 堅い, 融通のきかない, 伸縮のできない, 厳格な. **3** じょうぶな, がんじょうな.

‡**cás·tle** [kǽsl/ká:sl] *n.* **1** 城, 城郭. **2** 大邸宅, 館(やかた). **3** 〖チェス〗城将. **4** (the C~) 〖英〗ダブリン城《元アイルランド政庁》. ***An Englishman's house is his ~.*** 〖ことわざ〗イギリス人の家は城である《外部者にはみだりに侵入を許さない》. ***build a ~ in the air*** [***in Spain***] 空中楼閣を築く, 空想にふける.
—— *vt., vi.* **1** (に)城を築く, (に)城郭を巡らす. **2** 〖チェス〗城将で守る《王将の位置を移して》.
~-búild·er 築城家; 空想家.

cást·òff, cást·òff [kǽstɔ̀:f/ká:stɔ́f, ´–] *a.* (振り) 捨てられた; 《衣服など》脱ぎ捨てた. **——** *n.* **1** 捨てられた人〔物〕. **2** 〖印〗組みページ数見積もり.

cás·tor[1] [kǽstər/ká:s-] *n.* 〖動〗ウミダヌキ, ビーバー; 海狸(かいり)香《薬品・香水原料用》; 〖俗〗海狸帽.
~ bean トウゴマの実. **~ oil** ひまし油. **~-oil plant** 〖植〗トウゴマ.

cás·tor[2] =caster ②, ③.

Cás·tor [kǽstər / ká:stə] *n.* 〖天〗カストール《ふたご座 (Gemini) のアルファ星》. **~ *and Pollux*** 〖ギ神〗Zeus と Leda の子で相愛のふたごの兄弟, 水夫の守護神. → Dioscuri.

cás·trate [kǽstreit / –´, ´–] *vt.* **1** 去勢する; の卵巣を除去する; 〖植〗去葯(きょやく)する. **2** 〈本から〉不穏当な箇所を削る; 骨抜きにする.
◇ **cas·trá·tion** [kæstréiʃ(ə)n] *n.* 去勢; 削除.

‡**cás·u·al** [kǽʒu(ə)l, ㊥+ -ʒjuəl] *a.* **1** 偶然の, 不意の: a ~ meeting 思いがけぬ出会い. a ~ fire 失火. **2** たまたまの, ときおりの, 一時的の, 臨時の: a ~ observer 一時的な観察者. **3** なにげない, はずみの, 不用意の: a ~ remark ふともらした〔思いつきの〕ことば. **4** むとんじゃくな; 気まぐれの: a ~ air さりげない態度. **5** ふだん着の, 略装の; 着て楽な: ~ wear. **6** 負傷した. **7** 〖英〗救済を受けている浮浪者の.
—— *n.* 臨時〔自由〕労働者; 〖英〗浮浪者; (*pl.*) 《社会施設の》臨時収容〔生活保護〕者; 臨時収入; 〖米〗分遣兵. [√cad-. case と同語源]
~ house =~ ward. **~ labor** 《臨時の》自由労働. **~ laborer** 自由労働者. **~ ward** 〖米〗傷害者病棟(びょうとう); 〖英〗浮浪者収容室. **~ water**

〖ゴルフ〗コースの障害としてではなく雨などでたまった水.
◇ ***~·ly** *ad.* 偶然に; 不用意に, ふと, なにげなく; ときおり. **~·ness** *n.*

[類] → **random**「行き当たりばったりの」

cás·u·al·ty [kǽʒu(ə)lti, ㊕⁺ -ʒju(ə)l-] *n.* **1** 不慮のできごと, 事故, 災難, 不幸. **2** (通例 *pl.*)《戦争・事故・病気などの》死傷者, 犠牲者; 死傷者数: heavy ~*ties* 多数の死傷者. There were no ~*ties* in the traffic accident. その交通事故では死傷者はなかった.

cás·u·ist [kǽʒuist, ㊕⁺ kǽzju-] *n.* **1** 決疑論者. **2** 詭弁(きべん)家.

càs·u·ís·tic [kæ̀ʒuístik, ㊕⁺kæ̀zju-], **-ti·cal** [-(ə)l] *a.* **1** 決疑論的な. **2** 詭弁(きべん)の.
◇ **càs·u·ís·ti·cal·ly** *ad.*

cás·u·ist·ry [kǽʒuistri, ㊕⁺kǽʒju-] *n.* **1** 決疑論《道徳的原理の個々の行為への適用. ときに不当な適用》. **2** 詭弁(きべん), こじつけ.

ca·sus bel·li [kéisəs-bélai, ká:sus-béli:] L. (= a case of war) 開戦原因 (となる事件・事態).

ca·sus foe·de·ris [kéisəs-fédəris, -fí:d-, ká:-sus-fɔ́id-] L. (=a case of treaty) 条約に定められた行動を開始すべき事態 [事件].

†cat [kæt] *n.* **1** ネコ; ネコ科の動物《ライオン・トラ・ヒョウなど》; 〖サーカス俗〗ライオン. **2** がみがみ女, 意地悪女. **3** 9本のひも付きむち(=~-o'-nine-tails). **4** 六脚器《どのように置いても脚で立つ. 炉ばた用》. **5** =catboat, cathead. **6** =catfish. **7**〖英〗棒飛ばし (遊び) (=tipcat); その両端のとがった飛ばし棒. **8**〖米俗〗ジャズ奏者, ジャズ狂; 男, やつ.

A ~ has nine lives. 〖ことわざ〗ネコには九生あり《たやすくは死なぬ》. ***A ~ may look at a king.*** 〖ことわざ〗ネコでも王様を見ることはできる; かれも人われも人. ***be like a ~ on hot bricks*** おき(火)の上のネコみたい; そわそわしている. ***bell the ~*** 進んで難局に当たる《イソップ物語から》. ***Care killed the ~.*** 〖ことわざ〗苦労はネコの命も奪う; 心配は身の毒. ***Curiosity killed the ~.*** 〖ことわざ〗好奇心は身を誤る. ***fight like Kilkenny*** [kilkéni] ***~s*** 双方倒れるまで戦う. ***It rains ~s and dogs.*** 雨が激しく降る. ***It would make a ~ laugh.*** 抱腹絶倒ものだ. ***let the ~ out of the bag*** 秘密をもらす. ***play ~ and mouse with*** (1) をもてあそぶ. (2) の不意を突く, を出し抜く. ***put the ~ among the pigeons*** ネコにかつおぶしの番をさせる; 大しくじりをする. ***see which way the ~ will jump*** =***wait for the ~ to jump*** 形勢を見る, ひより見する. ***There's not room to swing a cat in*** his study. (彼の書斎) は実に狭苦しい. ***turn the ~ in the pan*** 変節する, 裏切る. ***When the ~'s away, the mice will play.*** 〖ことわざ〗鬼のいぬ間に洗たく.

—— *vt.* (**-tt-**) **1**〖海〗〈いかりを〉引き上げる. **2** むちで打つ.

—— *vi.*〖英話〗もどす, 吐く.

~-and-dóg [kǽt(ə)ndɔ́:g/-dɔ́g] (1) 激しい, 相いれない, 犬猿(けんえん)の仲の: lead a ~*-and-dog* life 〈夫婦などが〉絶えずけんかしながら暮らす. a ~*-and-dog* competition 激しい張り合い. (2)〖俗〗《証券などが》投機的な, あぶない. **~ and mouse** (**rat**) →別項. **~-and-mouse Act** 〖英俗〗ハンスト囚人仮出獄法. **~·bird** [ˊ-ˋ]〖米:鳥〗ネコナキドリ《ツグミの一種》: **~·bird seat** 有利 [好都合] な地位. **~ block**〖海〗ねこせみ《滑車》. **~·boat** [ˊ-ˋ] 1本マスト1枚帆の小舟. **~ burglar** (階上の窓からはいり込む) 盗賊. **~·call** [ˊ-ˋ] (1)《集会・劇場などでのネコの声をまねた》やじ, 口笛. (2) 〈役者・弁士などを〉やじる. **~ davit** [ˊ dǽvit]〖海〗いかりつり柱. **~-eyed** [ˊ-ˋ] (ネコのように) 暗やみで見える. **~·fall** [ˊ-ˋ]〖海〗吊錨(ちょうびょう)索. **~·fight** [ˊ-ˋ] いがみ合い. **~·fish** [ˊ-ˋ]〖米〗ナマズの一種. **~·foot** [ˊ-ˋ] こっそり歩く. **~·gut** →別項. **~·head** [ˊ-ˋ]〖海〗揚錨架. **~ ice** あわ氷《水のひいたあとにできる薄氷》. **~·kin**〖植〗尾状花序《カワヤナギ・ブナなどの》. **~·lap** [ˊ-ˋ]〖英俗〗《茶・かゆなどの》薄い飲み物 [食べ物]. **~·mint** [ˊ-ˋ]〖英:植〗イヌハッカ《ネコが好む》. **~·nap** [ˊ-ˋ] いねむり [うたたね] (する). **~·nip**〖米〗= catmint. **~ rig** catboat の帆装. **~s and dogs** あぶない証券; 雑貨品, がらくた商品. **~'s cradle** あや取り (遊び). **~'s-ear** [ˊ-ˋ]〖植〗オウゴンソウ. **~'s-eye** [ˊ-ˋ] ネコ目石; 夜間反射ボタン《道路面・自転車後部などの》. **~'s-foot** [ˊ-ˋ]〖植〗カキドオシ. **~ shark**〖魚〗トラザメ. **~ skinner**〖米〗トラクター運転手. **~'s meat**〖英〗《ネコのえさとして売り歩く》馬肉; 下等肉. **~'s-paw** [ˊ-ˋ]〖海〗そよ風;〖話〗「手先」, かいらい. **~('s)-tail** [ˊ-ˋ]〖植〗ガマ, トクサ, スギナ. **~('s) whisker**《鉱石検波器などの》ねこひげ線; (~'s whiskers) 自慢の [すばらしい] もの. **~·walk** [ˊ-ˋ] 狭い通路《建築足場・飛行機内・橋上などの》.

cat. catalog(ue); catechism. **CAT, C.A.T.** Cathay Air Transport; Civil Air Transport.

cat(a)- *pref.* 「(上から) 下へ」「…に従って」「誤って」などの意: *cata*logue 目録 <cata- (上から下へ→) 全部にわたって+√log- 集める, 数え上げる. *Cat*holic カトリックの, 全教会の <cat- …にわたる +√hol- すべて.

ca·táb·o·lism [kətǽb(ə)lìz(ə)m] *n.* 〖生〗分解 [異化] 作用. ◇ **càt·a·ból·ic** [kæ̀təbálik/-bɔ́l-] *a.*

càt·a·chré·sis [kæ̀təkrí:sis] *n.* (*pl.* **-ses** [-si:z]) **1**〖修〗乱喩(らんゆ)《比喩の乱用》. **2**《語の》誤用; 誤用形《語源の誤解に基づく. たとえば causeway の cause はフランス語の chaussée「敷石道」と同語源で cauce であったが, 誤って cause になった》.
◇ **càt·a·chrés·tic** [-kréstik] *a.* **càt·a·chrés·ti·cal·ly** *ad.*

càt·a·clí·nal [kæ̀təkláin(ə)l] *a.* 〖地〗地層傾斜と同方向に下降する. ↔ anaclinal.

cát·a·clysm [kǽtəklìz(ə)m] *n.* **1** 大洪水(こうずい). **2**〖地〗地殻(ちかく)変動. **3**《政治的・社会的》大変動.
◇ **càt·a·clýs·mal** [ˋ-klízm(ə)l], **càt·a·clýs·mic** [-mik] *a.*

cát·a·comb [kǽtəkòum] *n.* (通例 *pl.*)《古代ローマの》地下墓地. ***the C~s*** カタコンブ《ローマの初期キリスト教徒の迫害避難所》.

ca·tád·ro·mous [kətǽdrəməs] *a.* 《魚が》産卵のため川をくだる. ↔ anadromous.

cát·a·falque [kǽtəfæ̀lk] *n.* 霊柩(れいきゅう)台 [車].

Cát·a·lan [kǽt(ə)lən] *a.* カタロニアの, カタロニア人 [語] の. —— *n.* カタロニア人 [語]. 「完全の.

càt·a·léc·tic [kæ̀t(ə)léktik] *a.* 〖詩〗最終韻脚不

cát·a·lep·sy [kǽt(ə)lèpsi], **càt·a·lép·sis** [kæ̀t(ə)lépsis] *n.* 〖医〗強直症. ◇ **càt·a·lép·tic** [ˋ-ˊtik] *a., n.* 強直症の (患者).

cát·a·lin [kǽt(ə)lin] *n.* (合成樹脂製) 宝石.

Càt·a·lí·na [kæ̀t(ə)lí:nə] *n.* アメリカ California 州南西岸沖の小島《遊覧保養地》.

cát·a·lo *n.* (*pl.* ~(**e**)**s**) =cottalo.

‡cát·a·log, cát·a·logue [kǽt(ə)lɔ̀:g, -làg/-lɔg] *n.* **1** 目録, カタログ; 図書館の索引目録 [カード]. **2**〖米〗大学要覧. 〈注〉アメリカでは特に ② の意味に catalogue のつづりを使う. ***card ~*** 図書館の索引目録 [カード]. ***repertory*** [***union***] ~《図書館の》総合図書目録. —— *vt., vi.* (**-log(u)ed; -log(u)-ing**) カタログをつくる [に載せる].
◇ **cát·a·log(u)·er** [-ər] *n.* 目録編集者.

ca·ta·logue rai·son·né [-rèiz(ə)néi / -reizɔnéi] F. 《書物・絵画などの》解題つき分類目録.

Càt·a·ló·ni·a [kæ̀t(ə)lóuniə] *n.* カタルーニア, カタロニア《スペイン北東部の地方》.

ca·tál·pa [kətǽlpə] *n.* 〖植〗キササゲ.

ca·tál·y·sis [kətǽlisis] *n.* (*pl.* **-ses** [-si:z])〖化〗

触媒現象〔作用〕, 接触反応.
◇ **càt·a·lýt·ic** [kæ̀t(ə)lítik] *a.*

cát·a·lyst [kǽt(ə)list] *n.* 〘化〙 触媒 (catalyzer).

cát·a·lyze [kǽt(ə)làiz] *vt.* 〘化〙 に触媒作用を及ぼす. ◇ **-lyz·er** [-ər] *n.* 触媒.

càt·a·ma·rán [kæ̀təmərǽn] *n.* **1** いかだ (舟); 二連小舟; 〘カナダ〙 そり. **2** 〘話〙 意地悪女, がみがみ女.

càt·a·mé·ni·a [kæ̀təmí:niə] *n. pl.* 月経 (menses).
◇ **∼l** *a.*

cát·a·mite [kǽtəmait] *n.* 稚児(ちご) 《男色の相手役の少年》.

cát·a·mount [kǽtəmàunt] *n.* **1** 〘動〙 ネコ科の野生動物 《ヨーロッパ産》. **2** 〘米: 動〙 アメリカライオン (cougar); オオヤマネコ (lynx). **3** =catamountain.

càt·a·móun·tain [kæ̀təmáunt(i)n/-tin] *n.* 〘動〙 ヤマネコ 《ヨーロッパ産》; ヒョウ. 〈注〉 cat-o'-mountain ともつづる.

cat and mouse 子どもの遊戯 《輪をつくりつないだ手を上下させて鬼の出入りを妨げ, 逃げ役の出入りを助ける》. 〈注〉 cat and rat ともいう.

cát·a·plasm [kǽtəplæ̀z(ə)m] *n.* 〘医〙 パップ, あんぽう, 湿布 (poultice).

cát·a·pult [kǽtəpʌ̀lt] *n.* **1** 《石・矢を射る》 弩砲(どほう). **2** 〘英〙 《おもちゃの》 パチンコ (slingshot). **3** 艦載機射出機, カタパルト. **——** *vt., vi.* **1** カタパルトで発射する. **2** パチンコではじき飛ばす.
◇ **càt·a·púl·tic** [∸–pʌ́ltik] *a.*

cát·a·ract [kǽtərӕkt] *n.* **1** 大滝, 瀑布(ばくふ). **2** 大雨; 奔流. **3** 〘医〙 白そこひ, 白内障. **4** 〘機〙 《鉱山ポンプの》 水力節動機.

ca·tárrh [kətá:r] *n.* 〘医〙 カタル 《胃・のどなどの粘膜の炎症》; 〘米話〙 鼻かぜ; 〘英〙 かぜひき.
◇ **∼·al** [-tá:rəl] *a.*

cát·ar·rhine [kǽtəràin] *n., a.* 〘動〙 狭鼻サル(の).

ca·tás·tro·phe [kətǽstrəfi] *n.* **1** 大災害, 破滅. **2** 《悲劇の》 破局; 《戯曲の》 大詰め. **3** 〘地〙 《地殻の》 大変動〔異変〕 (cataclysm).
∼ risk 〘保険〙 同一事故による大量致死〔損失〕 危険. ◇ **càt·a·stróph·ic** [kæ̀təstrɑ́fik/-strɔ́f-], **càt·a·stróph·i·cal** [-(ə)l] *a.* **càt·a·stróph·i·cal·ly** *ad.*

càt·a·tó·ni·a [kæ̀tətóuniə] *n.* 〘医〙 緊張病.
◇ **càt·a·tón·ic** [-tɑ́nik/-tɔ́n-] *a.*

Ca·táw·ba [kətɔ́:bə] *n.* **1** 〘植〙 カトーバブドウ 《北アメリカ産》; それで製した白ブドウ酒. **2** 《南〔北〕 Carolina 州の》 スー (Sioux) 語族.

cát·call [kǽtkɔ̀:l] *n., vt.* → cat.

†**catch** [kætʃ] *v.* (**caught** [kɔ:t]) *vt.* **1** **つかまえる,** つかむ: ∼ a person *by* the arm 人の腕をつかむ.
2 〈逃げる者を〉 捕える, 〈犯人などを〉 取り押える; 〈鳥獣・魚など獲物を〉 つかまえる.
3 〈人に〉 追いつく; 〈列車・バスなどを〉 のがさない, に まにあう, に 乗る.
4 〈機会などを〉 とらえる.
5 (急に) つかみかかる, つかみ取る, つかみ寄せる; (…しているところを) つかまえる, 見つける: He *caught* her in her fall. 彼は彼女が倒れかかるところをさっと抱きとめた. I *caught* him do*ing* 〔*at*〕 it. 彼がそれをやっているところを見届けた; 私は現行犯で彼を捕えた. Sometimes I ∼ myself smiling. ときどき気がついてみるとにこにこしていることがある. Don't let him ∼ you. 彼に見つけられるなよ.
6 **不意に襲う**; わな〔落とし穴〕 にかける, だます: I *caught* him unawares. 彼がゆだんしているところをつかまえてやった. You don't ∼ me! その手にはのるものか.
7 〈事故・あらしなどが〉 襲ってくる, 巻き込む: We were *caught in* a fog. 霧に包まれてしまった.
8 〈投げられたもの・近づくものを〉 受けとめる: ∼ a fast ball 速球をつかむ.
9 〈水を〉 くみ取る; 〈帆が風を〉 はらむ.
10 〈光を〉 浴びる; 〈視線を〉 とらえる, ひきつける: Beauty ∼*es* the eyes. 美人は人目をひく.
11 〈投げられたもの・近づくものが〉 に 達する, に 当たる: A stone *caught* me *on* the head. 石が頭にぶつかった.
12 〈音・においなどが耳・鼻などに〉 達する, 注意をひく: A distant sound *caught* my ear. 遠くの音が耳にはいった.
13 〈光が〉 照らす; 〈視線が〉 …に及ぶ, とらえる: His eyes *caught* mine. 彼の目が私の目にぱったり合った.
14 **把握**(はあく)**する, 理解する,** つかむ; 〈ことば・音を〉 聞き取る: I didn't quite ∼ that. いまおっしゃったことよくわかりませんでした. ∼ the spirit of a part 役柄を体得する. He added something which I did not ∼. なにかほかのことを言ったが, 私には聞き取れなかった.
15 定着する, 描写する: ∼ a person's likeness 人の容貌(ようぼう)を彷彿(ほうふつ)と描き出す.
16 〈人目・注意を〉 とらえる, 魅了する, の 気に入る: She *caught* his fancy. 彼女は彼の気に入った. She was *caught* by his smile and good nature. 彼女は彼の微笑と人のよさに魅せられた.
17 〈物を〉 **ひっかける,** に からみつく: A nail *caught* her dress. くぎに着物がひっかかった. The car *caught* two passers-by. 自動車は通行人ふたりを引き倒した.
18 《受動態で》 ひっかかる, からまる: *be caught in* a machine 機械にからまる. *be caught between* two trains 電車 2 台の間にはさまる. *be caught in* a bog どろにはまり込む.
19 〈人が物を〉 ひっかける, からませる: He *caught* his foot *on* a root and fell. 足を根っこにとられて倒れた.
20 〈病気に〉 **かかる**: ∼ (a) cold かぜをひく.
21 〈建物などが火を〉 ひく, 燃えつく: ∼ fire 引火する.
22 〈癖を〉 身につける, 〈ことばのなまりを〉 帯びる.
23 〈病気が〉 …に伝染する, に うつる; 〈火が〉 …に燃えつく, 焦がす.
24 〈打撃・非難を〉 受ける 《しばしば it を目的語としてとる》: He *caught it* right *in* the chest. 〘話〙 胸のまん中をごつんとやられた. You'll ∼ *it*! しかられるぞっ.
25 〈打撃を〉 与える, 打つ: ∼ a person a blow 一発くらわしてやる. I *caught* him one *on* the nose. あいつの鼻を一つぶんなぐってやった.
—— *vi.* **1** **つかもうとする,** いそいでとらえる 《を *at*》: ∼ *at* an opportunity 機会をつかむ. ∼ *at* an idea 思いつきに飛びつく. **2** すがりつく 《に *at*》: ∼ *at* a hope 希望にすがる. **3** ひっかかる, からまる: The kite *caught in* the trees. たこが木の枝にひっかかった. **4** 〈錠が〉 かかる; 〈歯車が〉 かみ合う; 〈料理の材料が〉 くっつく, 焦げつく 《なべに》. **5** 広まる; 〈火が〉 つく, 燃え広がる; 〈物が〉 発火する, 燃えつく; 〈病気が〉 伝染する: This match will not ∼. このマッチはなかなかつかない. **6** 〈女が〉 妊娠する. **7** 〘野球〙 捕手をつとめる.
A drowning man will ∼ at a straw. 〘諺〙 おぼれる者はわらをもつかむ. ***be caught in*** a shower (にわか雨) に会う. ***∼ as ∼ can*** しゃにむに組みつく; 無計画に: live ∼ *as* ∼ *can* その日暮らしの生活をする. ***∼ hold of*** をつかまえる. ***∼ it*** しかられる, 罰を受ける. ***C∼ me (doing it)!*** (それをするところをつかまえてごらん→) そんなことは絶対やるものか! ***∼ off*** 寝つく. ***∼ on*** (1) 〘話〙 人気を得る, 「受ける」. (2) 理解する, 悟る. (3) 〈機会を〉 とらえる, はずみに乗る. ***∼ out*** (1) 〘野球〙 捕殺する. (2) 〈人の〉 誤りを見ぬく: ∼ *out* a person in a lie 人のうそを見破る. ***∼ sight of*** を見つける, を見かける. ***∼ up*** (1) (急に) 取り上げる〔持

ち上げる]; むずとつかむ, (話の) じゃまをする: ～ *up* a person (in a speech) 人のことばを急にさえぎる. We were *caught up* in this wave of enthusiasm. われわれはこの熱狂の波にさらわれてしまった. (2) 追いつく《に *with, to*》: He *caught* us *up*. =He *caught up with* us. 彼はわれわれに追いついた. (3) (すぐ) 採用する, に飛びつく: He *caught up* the habit of smoking. すぐたばこを吸う習慣をつけた.

—— *n.* **1** 捕えること, 捕獲, 漁獲. **2**〘野球〙捕球; キャッチボール遊び: play ～. **3** 捕えたもの; 捕獲物〔高〕, 漁獲物〔高〕. **4** 掘り出し物; 呼び物; 《否定で》たいしたもの: *no* ～= *not* much of a ～ たいしたしろものでない. **5** 捕える価値のある人〔物〕, 《特に》いい結婚相手. **6**《息・声の》詰まり, とぎれ; 切れ目, 断片: some ～*es* of the conversation 会話のところどころ. by ～*es* とぎれとぎれに, ときたま. **7**《戸の》掛け金; 《掛け金の》はじき; 《打ち込みナイフの》はじき; 《機械の》歯(車)止め, つめ. **8** 落とし穴, わな; 策略; (問題の) やま: There's a ～ in it. だまされるな. a ～ question《試験の》難問. **9**〘楽〙輪唱. **～·all** [⊥⊥]〘米〙がっさい袋, 雑物入れ; ごみ箱; 収容所, 託児所. **～·all section** 庶務課. **～-as-～-can** (1) フリースタイルレスリング. (2) その日暮らしの, 行き当たりばったりの, 思いつきの: lead a ～*-as-*～*-can* life. **～ basin**《流し台の》ごみどめ; 《下水溝の》どろ受け. **～ crop** 短期作物. **～ drain**《山腹の》排水溝(こう). **～-'em-a-live-o** [kǽtʃem-əláivou]〘英〙ハエ取り紙. **～·fly** [⊥⊥]〘植〙ムシトリナデシコ. **～·light** [⊥⊥] なめらかな面〔水面〕からの明るい反射光. **～·line** [⊥⊥] (人の注意をひく) 標題; 宣伝文句. **～·pèn·ny** 金もうけ主義(の), きわもの(的の). **～ phrase** キャッチフレーズ, 標語. **～ pit** 集水溝. **～·pole, ～·poll** [-pòul]〘古〙執達吏. **～ stitch** 杉綾(すぎあや)縫い. **～ title** 書名略号. **～-up** → 別項. **～·weight** [⊥⊥]《競馬・ボクシングなどで》無制限重量〔体重〕. **～·word** → 別項.

(類義語) **つかむ: catch** 最も普通の語で, 手を伸ばして人や動物を捕える, または物をつかむ意. 「到達」が強調されそれからいろいろな比喩的意味が生じる: *catch* the train 列車にまにあう. *catch* fire 火がつく. **clutch** しっかりとつかんで放さない: The child *clutched* his mother's hand. 子どもは母親の手をしっかりとつかんで放さなかった. **grasp** 熱意を込めて握る. また, 論旨・意味などを「とらえる, 把握(はあく)する」: *grasp* an idea ある考えを理解する. **seize** 突然, 不意につかむ: *seize* a criminal 犯人をつかまえる. *seize* an opportunity 機会をとらえる.

‡**cátch·er** [kǽtʃər] *n.* **1** 捕える人〔物〕. **2**〘野球〙捕手. **3**《捕鯨の》キャッチャーボート.

cátch·ing [kǽtʃiŋ] *a.* **1** 伝染性の: Colds are ～. かぜはうつるものだ. **2** 魅力的な.

cátch·ment [kǽtʃmənt] *n.* 集水; 流域; 貯水池. **～ basin** 〔**area**〕流域.

cátch·up [kǽtʃəp, kétʃəp] =ketchup.

cátch-up [kǽtʃʌ̀p] *n.* 追いつこうとする努力, 追い上げ; 格差解消: After the slowdown there was a ～ in production. 減産の後生産が立ち直った.

cátch·word [kǽtʃwə̀:rd] *n.* **1**《政治・政党の》スローガン, 標語. **2**《辞書・百科事典などの》上欄見出し語. **3**〘劇〙せりふの送りことば. **4**〘印〙(昔の本のページ右下に印刷した) 次ページの最初の語.

cátch·y [kǽtʃi] *a.* **1** 人目をひく. **2** 覚えやすい: a ～ tune 覚えやすい曲. **3** かまをかける, (人を) ひっかける: a ～ question ひっかかりやすい質問. **4**《風などの》気まぐれな, 吹いたりやんだりの.

cate [keit] *n.* (通例 *pl.*)〘古〙美味, 珍味.

càt·e·chét·ic [kæ̀tikétik], **-i·cal** [-(ə)l] *a.*〘宗〙問答式教授の; 教義問答の.

cát·e·chism [kǽtikiz(ə)m] *n.* **1**〘宗〙カテキズム, 教義問答(書); 《一般的》問答式教科書. **2**《立候補者などに対する》一連の政見質問. ***put*** a person ***through a*** [***his***] ～ (人を) 質問攻めにする.

cát·e·chist [kǽtikist] *n.* 教義問答教師; 洗礼志願者〔入信者〕教導師. ◇ **càt·e·chís·tic** [⊥–kístik], **càt·e·chís·ti·cal** *a.*

cát·e·chize [kǽtikàiz] *vt.* **1** 問答式に教える《特にキリスト教の教義について》; に信仰を問いただす. **2**《一般的》(こまごまと) 尋問する.
◇ **-chiz·er** *n.* **càt·e·chi·zá·tion** *n.*

cát·e·chu [kǽtitʃù:] *n.* 阿仙(あせん)薬《止瀉(ししゃ)剤》.

càt·e·chú·men [kæ̀tikjú:mən/-men] *n.* **1**〘宗〙新入信者, 洗礼志願者. **2** 初心者, 入門者.

càt·e·gó·ri·al [kæ̀tigó:riəl/-gɔ́:r-] *a.* 範疇(はんちゅう)の.

càt·e·gór·i·cal [kæ̀tigɔ́:rik(ə)l, -gár-/-gɔ́r-] *a.* **1** 無条件の, 絶対的の; 明白な, 率直な. **2**〘論〙範疇(はんちゅう)に属する. **3**〘論〙直言的, 断言的. ↔ hypothetical. **～ contact**〘社〙個人としてでなく自分の所属するグループの代表として行なう接触. ↔ sympathetic contact. **～ imperative**〘倫〙至上命令. **～ proposition**〘論〙定言命題.
◇ **～·ly** [-i] *ad.* 絶対に, 断固として. **～·ness** *n.*

cát·e·go·rize [kǽtigəràiz] *vt.* 分類する, 類別する.
◇ **càt·e·go·ri·zá·tion** *n.*

cát·e·go·ry [kǽtigò:ri / -gəri] *n.* **1** 種類, 部類. **2**〘論〙範疇(はんちゅう).

ca·té·na [kətí:nə] *n.* (*pl.* **～e** [-ni:]) 連鎖, 連続《特に教父の著述の抄録の》. [<L.]

càt·e·nár·i·an [kæ̀tiné(:)riən/-néər-] *a.* =catenary.

cát·e·nar·y [kǽtinèri/kətí:nəri] *n., a.* 鎖状(の); 〘幾何〙懸垂線(の).

cát·e·nate [kǽt(i)nèit] *vt.* **1** 連鎖する; 鎖でつなぐ〔縛る〕. **2** 記憶に定着する. ◇ **càt·e·ná·tion** *n.*

cá·ter[1] [kéitər] *vi.* **1** 食料を調達〔調進〕する, まかなう《に *for*》. **2** 満足を与える, 迎合する, こびる《に *to, for*》.

cát·er[2] [(米)⁺kǽtər] *n.*《トランプの》4の札; 《さいころの》四つ目. **～-cór·nered** → 別項. **～-còus·in** → 別項.

cát·er·an [kǽtərən] Sc. *n.* 山賊.

cát·er-cór·nered [kǽtərkɔ́:rnərd/kéit-] *a., ad.* 対角線上の〔に〕.

cá·ter-còus·in [kéitərkʌ̀zn] *n.* 親友; いとこ.

cá·ter·er [kéitərər] *n.* (*fem.* **cá·ter·ess** [kéitəris]) 料理調達者, まかない人, 仕出し屋; 《クラブ・家庭などでの》宴会世話係.

cát·er·pil·lar [kǽtərpìlər] *n.* **1**《ガ・チョウなどの》幼虫, 芋虫, 毛虫. **2**〘機〙無限軌道(車), キャタピラ. **3** 強欲者, 搾取者.
～ tractor 無限軌道式トラクター.

cát·er·waul [kǽtərwɔ̀:l] *vi.* **1** 〈ネコが〉さかりがついてギャーギャー鳴く; 《一般的》わめく. **2**《ネコのように》いがみ合う. —— *n.*《さかりのついたネコの》うなり声; 《一般的》わめき声.

cát·gut [kǽtgʌ̀t, -gət] *n.* **1** ガット, 腸線《ラケット・弦楽器・外科手術用縫い糸などに用いる》. **2** バイオリン; 《集合的》弦楽器.

Cath. Cathedral; Catherine; Catholic.

ca·thár·sis [kəθá:rsis] *n.* (*pl.* **-ses** [-si:z]) **1**〘哲〙カタルシス《悲劇による情緒の浄化. アリストテレスの詩学による》. **2**〘精神分析〙浄化(法)《精神療法の一種. 心中にわだかまるコンプレックス・恐怖などを放出して軽減する》. **3**〘医〙排便.

ca·thár·tic [kəθá:rtik] *n.* 下剤. —— *a.* 通じの; 浄化の.

Ca·tháy [kəθéi, kæ-] *n.*〘古・雅〙中国.

ca·thé·dra [kəθí:drə] *n.* (*pl.* **-drae** [-dri:], **-dras**) 司教 (bishop) の座; 《教授の》講座, 講壇; 《一般的》権威者の座.

‡**ca·thé·dral** [kəθí:dr(ə)l] *n.* **1** 大聖堂《聖公会などで bishop の座があり, 教区の中心をなす》. **2** 大

教会，大寺院．—— *a.* **1** bishop の座のある．**2** 大聖堂のある．**3** 権威の座から発する；権威のある．

Cáth·er·ine [kǽθ(ə)rin] ～ ***the Great*** エカテリーナ二世《ロシアの女帝．在位 1762–96》．
～ **wheel** 〖建〗車輪形窓；輪転花火．

cáth·e·ter [kǽθitər] *n.* 〖医〗カテーテル，導尿管．

ca·théx·is [kəθéksis] *n.* 〖心〗精神の集中《ある特定の人・物・観念に注がれる》．

cáth·ode [kǽθoud] *n.* 〖電〗陰極．↔ anode．～**rays** 陰極線．～**-ray tube** ブラウン管，陰極線管．
◇**ca·thod·ic** [kəθádik/-θɔ́d-] *a.*

‡**Cáth·o·lic** [kǽθ(ə)lik] *a.* **1** 《特に》(ローマ) **カトリック教の**，旧教の，天主教の；イギリス国教会高教派の．**2** (東西教会分裂前の) 全キリスト教会の《Roman Catholic Church, Anglican Church, Eastern Orthodox Church, Church of Sweden, Old Catholic Church を含む》．**3** 西方教会の《Eastern Orthodox に対して》．**4** (c～) 関心〔興味，趣味〕の広範な〔多方面な〕，全般的な；《心が》包容的な，大きい：*c*～ in one's taste 趣味の広い．
—— *n.* **1** 《特に》(ローマ) カトリック教徒，旧教徒．**2** 全キリスト教徒．
～ **Church** カトリック教会《カトリック教会の自称．ほかの教会はこれを Roman ～ Church と呼ぶ》．
～ **Emancipation Act** 〖英史〗旧教徒解放令．
～ **King** 昔スペイン王の称号．
◇ **ca·thól·i·cal·ly** [kəθálik(ə)li/-θɔ́l-] *ad.* カトリック教的に；全般的に，広く．

Ca·thól·i·cism [kəθálisìz(ə)m/-θɔ́l-] *n.* **1** カトリック教(の教義・信仰・制度)，天主(公)教．**2** (c～) =catholicity ①．

càth·o·líc·i·ty [kæ̀θəlísiti] *n.* **1** 普遍性；関心〔興味〕の多方面性；心の大きさ，寛大さ．**2** (C～) カトリック教；カトリック教の教義〔信仰〕．

ca·thól·i·cize [kəθálisàiz/-θɔ́l-] *vt., vi.* **1** 一般化〔普遍化〕する，一般的〔普遍的〕になる；寛大にする〔なる〕．**2** (C～) カトリック教(徒)にする〔なる〕．

ca·thól·i·con [kəθálikən/-θɔ́l-] *n.* 万能薬．

Cát·i·line [kǽt(i)làin] *n.* 卑劣な陰謀家《ローマの政治家・反逆者 Catilina から》．

cát·i·on [kǽtàiən] *n.* 〖化〗陽イオン．↔ anion．

cát·like [kǽtlàik] *a.* ネコのような；すばしこい，しのびやかな．

cát·ling [kǽtliŋ] *n.* **1** 小ネコ．**2** 《外科用の》両刃小刀；〖楽〗腸線，ガット；〖古〗(*pl.*) 弦楽器．

Cá·to [kéitou] *n.* Marcus Porcius [máːrkəs-pɔ́ːrʃiəs-/-pɔ́ː-] ～ (1) 234–149 B.C., 古代ローマの将軍・政治家 (=～ the Elder)．(2) 95–46 B.C., 前者の曾孫(ひまご)で哲学者・政治家 (=～ the Younger)．

càt-o'-móun·tain [kæ̀təmáunt(i)n/-tin] ＝cat-amount.

càt-o'-níne-tails [kæ̀tənáintèilz, ㊍+ kǽt-] *n.* (*pl.* ～) 9 本のひも付きむち《体罰のむち打ち用》；〖米：植〗ガマ．

ca·tóp·trics [kətáptriks/-tɔ́p-] *n., pl.* 《単数扱い》反射光学．◇ **-tric, -tri·cal** *a.* 反射の．

Cáts·kill [kǽtskil] ***the*** ～***s*** キャッツキル山脈 (= the ～ Mountains) 《アメリカのニューヨーク州東部の低い山脈》．

cát·sup [kǽtsəp, kétʃəp] ＝ketchup.

cát·ta·lo [kǽt(ə)lou] *n.* (*pl.* ～**(e)s**) 〖米：動〗アメリカ野牛と畜牛との雑種．

cát·tish [kǽtiʃ] *a.* ネコのような；意地悪の．
◇ ～**·ly** *ad.* ～**·ness** *n.*

‡**cát·tle** [kǽtl] *n.* 《集合的》**1** 〖米〗牛，畜牛．**2** 家畜《特に牛；イギリスでは牛・馬などの家畜》；〖俗〗馬．**3** 《けいべつ的》人間ども，畜生ども，下層民，虫けら．
～ **boat** 家畜輸送船．～ **breeding** 牧畜(業)．
～ **leader** 《牛を引く》鼻輪．～ **lifter** 牛盗人．
～ **lifting** 牛盗み．～**·man** [-mən, -mæ̀n] (*pl.* **-men** [-mən, -mèn]) 牛飼い〔追い〕；〖米〗牧場主．
～ **pen** 牛小屋．～ **piece** 〖英〗牛の絵．～ **plague** 牛疫．～ **ranch** 〔**range**〕〖米〗牛の放牧場．～ **run** 牧場．～ **show** 畜牛品評会．

cát·tley·a [kǽtliə] *n.* 〖植〗カトレア《ランの一種》．

cát·ty [kǽti] *a.* **1** ネコのような．**2** ねこかぶりの；ずる賢い；意地悪い：a ～ gossip たちの悪いうわさ．
◇ **cát·ti·ly** *ad.* **cát·ti·ness** *n.*

Cau·cá·sia [kɔːkéiʒə / -zjə, -ʒə] *n.* コーカサス《黒海とカスピ海の間にあるソ連邦南部の一地方》．

Cau·cá·sian [kɔːkéiʒən/-zjən, -ʒ(ə)n] *a.* コーカサス(地方)の；コーカサス人の；白人(種)の．
—— *n.* コーカサス人；白人．

Cáu·ca·sus [kɔ́ːkəsəs] *n.* コーカサス〔カフカス〕山脈〔地方〕．

cáu·cus [kɔ́ːkəs] *n.* 〖米〗《政党支部などの》候補者指名〔代表者選出〕集会；〖英〗《政党の》地方幹部会．—— *vi.* 集会〔幹部会〕を開く．

cáu·dad [kɔ́ːdæd] *ad.* 尾部で，尾の近くで．

cáu·dal [kɔ́ːdl] *a.* 〖動〗尾(部)の；尾状の．～ **fin** 尾びれ．

cáu·date [kɔ́ːdeit], **-dat·ed** [-deitid] *a.* 〖動〗尾のある．

cau·díl·lo [kauðíː(l)jou, kaudíː-, kɔːdíːljou] *n.* (*pl.* ～**s** [-z]) 首領，頭首．[<Sp.]

cáu·dle [kɔ́ːdl] *n.* かゆ酒《卵・香料などを入れた病人用の暖かい滋養飲料》．

†**caught** [kɔːt] *v.* catch の過去・過去分詞．

caul [kɔːl] *n.* 〖医〗大網膜《赤ん坊が生まれるときしばしば頭にかぶっている羊膜．迷信によって水難よけのお守りにされる》．

cául·dron [kɔ́ːldrən] *n.* 大釜(おおがま) (=caldron).

cau·lés·cent [kɔːlés(ə)nt] *a.* 〖植〗茎のある．

cau·líc·o·lous [kɔːlíkələs] *a.* 〖植〗幹〔茎〕に育つ《キノコなど》．

càu·li·fló·rous [kɔ̀ːliflɔ́ːrəs/-flɔ́ːr-] *a.* 〖植〗幹〔枝〕に直接花をつける．

cáu·li·flow·er [kɔ́ːliflàuər/kɔ́l-] *n.* **1** ハナキャベツ，カリフラワー．**2** 〖スコットランド〗ビールのあわ．
～ **ear** ハナキャベツ耳《ボクサーなどの打ちつぶされた耳》．

cáu·line [kɔ́ːlàin] *a.* 〖植〗茎の．

caulk [kɔːk] *vt.* 《船板の継ぎ目に》槇皮(まいはだ)を詰める；かしめを施す《端をたたいて鋼板間のすきまをなくすこと》；すきまを詰める；水密〔気密〕にする．
◇ ∠**·er** *n.* 槇皮職人；かしめ工具．

caus. causative.

cáus·a·ble [kɔ́ːzəbl] *a.* 引き起こされる．

cáus·al [kɔ́ːz(ə)l] *a.* 原因の，原因となる；因果の；〖文〗原因を示す：a ～ factor 〔force〕 因子．～ relation 因果関係．～ **conjunction** 原因を示す接続詞《because, for, since など》．
◇ ～**·ly** *ad.* 原因として；因果的に．

cau·sál·gi·a [kɔːzǽldʒiə] *n.* 〖医〗灼熱(しゃくねつ)痛《焼けるような痛みを感じる神経痛の一種》．

cau·sál·i·ty [kɔːzǽliti] *n.* **1** 因果関係；因果律 (=the law of ～)．**2** 作因．

cau·sa si·ne qua non [kɔ́ːzə-sáiniː-kweinán/-nɔ́n] L. (=an indispensable condition) *n.* 必須(ひっす)条件〔前提〕．

cau·sá·tion [kɔːzéiʃ(ə)n] *n.* **1** 原因．**2** 原因結果の関係．**3** 引き起こす〔引き起こされる〕こと，結果を生じること．***the law of*** ～ 因果律．

cáus·a·tive [kɔ́ːzətiv] *a.* **1** 原因となる，引き起こす《の，を *of*》: Intemperance is ～ *of* various diseases. 不節制はさまざまの病気の原因となる．**2** 〖文〗使役の．—— *n.* 〖文〗使役動詞 (=～ verb) 《cause, make, let, have, get など》．
◇ ～**·ly** *ad.* 原因として；〖文〗使役的(意味)に．

‡**cause** [kɔːz] *n.* **1** 原因；理由，根拠，動機：A neglected cigarette butt was the ～ *of* the fire. たばこの火の不始末が火事の原因だった．**2 主義**，主張；大義，大目的：fight for a great ～ 〔for the ～ of world peace〕 大義〔世界平和〕のために戦う．**3** …(のための) 運動：the temperance

～禁酒運動. **4**《あるグループの》福祉: support for the ～ of the American Negro アメリカの黒人の地位向上のための援助. **5**〖法〗訴訟(事件); 申し立て, 言い分. **～ and effect** 原因結果. ***have ～ for*** の理由がある; …するのが当然である: You shall *have* no ～ *for* complaint. ご不満になるようなことはいたしません. ***in the ～ of*** truth (真理)のために. ***make* [*join*] *common ～ with*** と提携〔協力〕する. ***plead* one's ～** 訴訟の理由を申し立てる. ***the First C～*** 造物主, 神. ***with* [*without*] ～** 理由があって〔なくて〕.

—— *vt.* **1** の原因となる, 引き起こす. **2**《～＋目的語＋to (do) の形で》…をして—させる: This ～*d* her *to* change her mind. これが彼女の考えを変えさせた; こういうわけで彼女は気が変わった.

～ list 公判日程表. ◇ **～·less** *a.* 偶発の.

[類] → **origin**「起源」

(')cause [kɔːz, kʌz, kəz] *conj., ad.*〖俗〗＝because.

cause cé·lè·bre [kóuzse(i)lébr(ə)] F. (＝a celebrated case) 有名な訴訟〔裁判〕事件.

cáus·er [kɔ́ːzər] *n.* 原因者〔物〕.

cau·se·rie [kòuzəríː / ⁻⁻⁻] F. *n.* 雑談, 閑談; 《新聞・雑誌などの》随筆, 漫筆.

cáuse·way [kɔ́ːzwèi] *n.*《湿地に土を盛った》土手道; 《車道より高い》人道; 舗装路.

—— *vt.* 〈湿地に〉土手道をつくる, 〈道に〉じゃり〔玉石, 小石〕を敷く.

cáu·sey [kɔ́ːzi/-z(e)i] *n.*〖英方〗＝causeway.

cáus·tic [kɔ́ːstik] *a.* **1** 腐食性の, 苛性(かせい)の: ～ soda 苛性ソーダ. **2** 辛らつな, 皮肉な: a ～ remark. **3**〖物〗火面〔火線〕の. —— *n.* **1** 腐食剤. **2**〖物〗火面, 火線. ***common* [*lunar*] ～** 硝酸銀. **～ potash** 苛性カリ. ◇ **-ti·cal·ly** [-(ə)li] *ad.* **caus·tíc·i·ty** [kɔːstísiti] *n.* 腐食性; 辛らつ味, 皮肉.

cáu·ter·ize [kɔ́ːtəràiz] *vt.* 腐食する, 焼灼(しょうしゃく)する; まひさせる.

◇ **càu·ter·i·zá·tion** [kɔ̀ːtərizéiʃ(ə)n, -raiz-] *n.*

cáu·ter·y [kɔ́ːtəri] *n.* **1**〖医〗焼灼(しょうしゃく)(法), 灸点(きゅうてん)法. **2** 焼きがね, 焼灼物. ***moxa*** ～ 灸.

‡**cáu·tion** [kɔ́ːʃ(ə)n] *n.* **1** 用心, 慎重: use ～ 用心する. **2** 警告, 注意. **3** 担保, 保証. **4**〖話〗風変わりなやつ〔物〕; 警戒を要する事物〔人物〕. ***for ～'s sake* ＝ *by way of* ～** 念のため. ***with a* ～** 訓戒をして〔されて〕. ***with* ～** 用心して.

—— *vt.* に用心させる; に警告する: I ～*ed* him *against* [*to* avoid] dangers. 彼に危険を避けるようにと注意した. [√cau-]

～ money〖英〗保証金.

◇ **～·ar·y** [-èri/-əri] *a.* 警戒の, 注意の, 注意を促す; 担保の. **～·er** *n.*

[類] → **advise**「助言する」, → **warn**「警告する」

‡**cáu·tious** [kɔ́ːʃəs] *a.* 注意ぶかい, 慎重な: ～ judgment 慎重な判断. a ～ driver 慎重に運転する人. be ～ *of* one's tongue ことばを慎む. ***be ～ in* (do)*ing*** …するに慎重である; 用心ぶかく…する. ***be ～ not to*** (do)…しないよう用心する: *Be* ～ *not to* exceed it. それを越えないよう気をつけなさい. ***be ～ of* (do)*ing*** …しないよう用心する: I will *be* ～ *of* giving offense. 人をおこらせないように心がけます. ◇ ‡**～·ly** *ad.* **～·ness** *n.*

[類] → **careful**「気をつける」

cav. cavalier; cavalry.

càv·al·cáde [kæ̀v(ə)lkéid] *n.* 騎馬隊, 馬車隊; 騎馬〔馬車〕行列〔行進〕; 《一般的》行列.

càv·a·líer [kæ̀vəlíər] *n.* **1** 馬上の人, 騎乗者; 騎馬兵; 《特に》騎士. **2**《婦人の》護衛人, 付き添い(人); 踊り相手. **3**《騎士道精神をもった》礼儀正しい紳士; だて男. **4** (C～)〖英史〗《Charles I 時代の》王党員. —— *vi.* **1** 婦人を護衛する. **2** いばる, いたけだかにふるまう. —— *a.* **1** 騎士気どりの. **2** こだわらない, 磊落(らいらく)な, 大まかな. **3** 無遠慮な, 傲慢(ごうまん)な. ◇ **～·ly** *a., ad.*

cáv·al·ry [kæ̀v(ə)lri] *n.* **1**《集合的》騎兵; 騎兵隊《いまでは騎馬に代わり装甲車を用いる機甲部隊のばあいが多い》;《機甲部隊の》偵察(ていさつ)隊. **2**《集合的》騎馬の人々; 乗馬. ***heavy* [*light*] ～** 重〔軽〕騎兵. **～·man** [-mən] (*pl.* **-men** [-mən]) 騎兵.

cá·vate [kéiveit], **cá·vat·ed** [-id] *a.* ぽっかり穴になった《石をどけたあとのように》; ほら穴に似た.

càv·a·tí·na [kæ̀vətíːnə] *n.* (*pl.* **-ne** [-ne])〖楽〗カバティーナ《短い叙情的な歌曲または器楽曲》.

‡**cave** [keiv] *n.* **1** ほら穴, 横穴, 洞窟(どうくつ); 酒倉. **2**〖英〗《政党員の》脱党(組), 離脱(派).

—— *vt.* **1** にほら穴を掘る. **2** へこます, 陥没させる《*in*》. —— *vi.* **1** へこむ, 陥没する, 落ち込む《*in*》. **2** 譲歩する, 屈服する, 降参する《*in*》. **3**〖英〗脱党する. **4**〖俗〗掘る. [√cav-]

～ art《石器時代の》洞窟芸術. **～ dweller**《石器時代の》穴居人. **～ dwelling** 穴居(生活). **～-in** [kéivin]〖話〗(1) 落盤《鉱山の》; 《土地の》陥没(箇所). (2) 堕落; 失敗. (3) 衰弱. **～ man** 穴居人;〖話〗野人, 《女性に対する》武骨者. **～ period** 穴居時代.

◇ **cáv·er** *n.* 洞窟研究〔探検〕家.

ca·ve [kéivi] L. *int.*〖英: 学生俗〗《先生が来たから》用心しろ!, 気をつけろ! —— *n.* 用心. ***keep* ～** 監視する.

cá·ve·at [kéiviæ̀t] *n.* **1**〖法〗訴訟手続き停止通告. **2** 警告. ***enter* [*file, put in*] *a* ～** 訴訟停止を申請する.

～ *emptor* [-émptɔːr] L.〖商〗買い手の危険負担.

cáv·en·dish [kæ̀v(ə)ndiʃ] *n.* 板たばこ《香料を加えて圧縮したかみたばこ》.

cáv·ern [kæ̀vərn] *n.* (大きな) ほら穴, 洞窟(どうくつ), 岩屋. —— *vt.* **1** にほら穴を掘る. **2** にはまり込む. ◇ **～ed** *a.* 洞窟のある〔ような〕.

cáv·ern·ous [kæ̀vərnəs] *a.* **1** ほら穴の多い; 洞窟(どうくつ)の(ような). **2**《目などが》くぼんだ. **3** 空洞音の; 《声が》うつろな.

cáv·i·ar(e) [kæ̀viàːr, ⁻⁻⁻] *n.* キャビア《チョウザメのはららごの塩づけ》; 《一般的》珍味. **～ *to the general*** 高尚すぎて俗受けしない逸品, 豚に真珠.

cáv·il [kæ̀v(i)l/-vil] *v.* (**-l-**, ㊥ **-ll-**) *vi.* あらを捜す, けちをつける, 揚げ足をとる《の, について *at, about*》: I found nothing to ～ *about*. 文句のつけどころがなかった. —— *vt.* にけちをつける. —— *n.* あら捜し, 揚げ足とり. ◇ **～·(l)er** [-ər] *n.*

càv·i·tá·tion [kæ̀vitéiʃ(ə)n] *n.*〖機〗キャビテーション《推進機の後方などに生じる真空部》.

cáv·i·ty [kæ̀viti] *n.* **1** くぼみ, へこみ, うろ. **2**《からだの》腔(こう): the nasal ～ 鼻腔. **3**《歯の》うろ; 虫歯. [＜cave]

ca·vórt [kəvɔ́ːrt] *vi.*〖米話〗〈馬・騎手が〉はねる, おどり上がる.

CAVU, c.a.v.u. ceiling and visibility unlimited〖空〗視界良好.

cá·vy [kéivi] *n.*〖動〗テンジクネズミ, モルモット《南アメリカ産》.

caw [kɔː] *vi.* 〈カラスが〉鳴く, カーカーと鳴く《*out*》. —— *n.* カーカー《カラスの鳴き声》.

Cáx·ton [kæ̀kst(ə)n] *n.* **1** William ～, 1422?-91, イギリスの最初の活版印刷家・学者・翻訳家. **2** キャクストン版《Caxton が印刷した本》; キャクストン活字〔体〕《キャクストン版の字体にならったもの》.

cay [kei, kiː] *n.* 小島, 岩礁, 砂州.

cay·énne [kaién, kei-/kei-] *n.* 粉とうがらし (＝～ [⁻⁻/⁻⁻] pepper).

cáy·man [kéimən] *n.* (*pl.* **～s**)〖動〗大ワニ《中央・南アメリカ産の小馬の一種》.

cay·úse [kaijúːs] *n.* インディアン小馬《アメリカ西部産の小馬の一種》.

Cb〖化〗columbium.

C.B. Cape Breton; *Chirurgiæ Baccalaureus* (L. ＝Bachelor of Surgery); Companion of the Bath; confinement to barracks.

C/B cashbook. **CBC** Canadian Broadcasting Corporation. **C.B.E.** Commander of the Order of the British Empire. **C.B.S., CBS** Columbia Broadcasting System. **cc, CC** carbon copy. **cc.** chapters. **cc., c.c.** cubic centimeter(s). **C.C.** Circuit Court; City Councilor; Civil Court; County Clerk; County Commission; County Council; County Court; Cricket Club. **C.C.** *compte courant* (F. =current account)〘商〙当座勘定. **C.C.A.** Circuit Court of Appeals 巡回上訴裁判所. **CCC** Civilian Conservation Corps; Commodity Credit Corporation. **C.C.C.** Corpus Christi College. **C.C.C.P.** [éséséséər] Russ. ソビエト社会主義共和国連邦. **CCD** Civil Censorship Department. **CCI** Civil Communications Intelligence. **C.C.P.** Court of Common Pleas. **CCUS** Chamber of Commerce of the United States. **Cd**〘化〙cadmium. **cd.** cord(s). **C.D.** Civil Defense. **CDC** Civil Defense Commission. **CDR, Cdr** Commander. **CDU, C.D.U.** Christian Democrat(ic) Union. **c.d.v.** *carte de visite.* **Ce**〘化〙cerium. **C.E.** Christian Endeavor; Church of England; Civil [Chief, Chemical] Engineer. **CEA** Council of Economic Advisers.

‡**cease** [siːs] *vt.* やめる: ～ *to* write, ～ writ*ing* 書くのをやめる, 書かなくなる. —— *vi.* **1** やむ: The music has ～*d.* 音楽がやんだ. **2** やめる《を *from*》: ～ *from* fight*ing* 戦いをやめる. **3**〘古〙死去する. ***C～ fire!***〘軍〙撃ち方やめ. ～ ***to exist*** [***be***] 滅びる, 死ぬ. ～ ***with the death*** 死とともにやむ.
—— *n.*〘稀〙停止. ***without*** ～ 果てしなく, 絶え間なく. 〈注〉現在はこの句以外は ceasing を用いる. [√ced- (歩み去る→) やめる]
～-fíre [-fáiər/-fàiə] 停戦(命令): ～*-fire* order 停戦命令. 〔類〕→ **stop**「停止する」

***céase·less** [síːslis] *a.* 絶え間ない, 休みない; 無際限の. ◇ **～·ly** *ad.* 絶え間なく.

céas·ing [síːsiŋ] *n.* 中止, 中絶. ***without*** ～ 絶え間なく.

Ce·cró·pi·a [sikróupiə] ～ ***moth*** 蚕蛾(が)《北アメリカ産》.

cé·cum [síːkəm] *n.* (*pl.* **-ca** [-kə])〘医〙盲腸.
◇ **cé·cal** *a.*

CED Committee for Economic Development 経済開発委員会.

cé·dar [síːdər] *n.* **1**〘植〙(西洋)スギ, ヒマラヤスギ; スギに似た各種の木. **2** スギ材, 木材. **～·bird** [-bəːrd]〘鳥〙キレンジャク(=～ waxwing)《北アメリカ産》. ◇ **～n** *a.*〘雅〙スギの; スギ製の.

cede [siːd] *vt.* **1** 譲渡する, 割譲する, 引き渡す: ～ territory. **2** (一歩譲って) 認める: ～ a claim [right] 要求〔権利〕を容認する.

ce·díl·la [sidílə] *n.* フランス語で a, o, u 字の前の c 字の下に添えて, c 字の音価が [s] であることを示す符号: façade [fəsáːd].

cee [siː] *n.* C, c の字. ～ **spring** C 字形スプリング《馬車の車体をささえる》.

ceil [siːl] *vt.* に天井を張る; 〈船底の〉内張りをする.

‡**céil·ing** [síːliŋ] *n.* **1** 天井(板); 《船底の》内張り板. **2** 上限, 限界; 最高限度《価格・賃銀などの》; 〘空〙上昇限度; 〘空〙シーリング《地上から雲の最下部までの高さ》. ***hit the*** ～〘米俗〙頭にくる, かっとなる. ***set a*** ～ ***on*** の最高限度を決める.
～ **price** 最高〔限定〕価格.

cél·a·don [sélədɑ̀n, -dn/-dɔn] *n.* 灰緑色; 青磁《中国産の磁器》.

cél·an·dine [séləndàin] *n.*〘植〙クサノオウ, キンポウゲの一種.

cél·a·nèse [sélənìːz/ ´-ˋ] *n.* セラニーズ《アセテート人絹の糸・布》; (C～) 同商標名.

Cél·e·bès [séləbìːz/selíːbiz] *n.* セレベス《インドネシア共和国の一島》. → Sulawesi.

cél·e·brant [séləbrənt] *n.* **1** 祭司《ミサ・聖餐式の》. **2** 祭儀〔祝典, らんちきパーティー〕参加者. **3** 賛美者《の *of*》.

‡**cél·e·brate** [séləbrèit] *vi.* 祭典〔儀式〕を行なう. —— *vt.* **1** (祭典を行なって) 祝う; 〈儀式・祭典を〉行なう. **2** ほめたたえる; 世に知らせる.
◇ **cél·e·brat·ed** [-id] *a.* 高名の, 有名な. **cél·e·bra·tor** [-ər], **-brat·er** *n.* 祝賀者.
〔類〕→ **famous**「名高い」

‡**cèl·e·brá·tion** [sèləbréiʃ(ə)n] *n.* **1** 祝賀, 祝典; 祭式, 聖餐(せいさん)式(の挙行). **2** 称賛, 賞揚. ***in*** ～ ***of*** を祝って.

ce·léb·ri·ty [səlébrəti] *n.* **1** 名声. **2** 有名人, 名士.

ce·lér·i·ty [səlérəti] *n.* 迅速, 敏捷(びんしょう).

cél·er·y [séləri] *n.*〘植〙セロリー, オランダミツバ.

ce·lés·ta [səléstə] *n.* チェレスタ《ピアノに似た小型の有鍵(ゆうけん)楽器》.

ce·lés·tial [səléstʃəl/-tjəl] *a.* **1** 天空の; 天体の. **2** 天国の; こうごうしい. —— *n.* 天人; (C～) 中国人.
～ **being** 天人. ～ **bodies**《太陽・月などの》天体. **C～ City, the** 天国. **C～ Empire, the** 中華, 中国. ～ **globe** 天球儀. ～ **latitude** 黄緯. ～ **longitude** 黄経. ～ **map** 天体図. ～ **navigation** 天文航法. ～ **sphere** 天球.
◇ **～·ly** [-i] *ad.*

cé·li·ac [síːliæ̀k] *a.*〘医〙腸腔(ちょうこう)の.
～ **disease** 幼児の慢性腸病.

cél·i·bate [séləbit, ㊍⁺ -bèit] *n.* 独身(主義)者. —— *a.* 独身(主義)の.
◇ **cél·i·ba·cy** [séləbəsi] *n.* 独身(生活).

‡**cell** [sel] *n.* **1** 小べや; 《刑務所の》独房; 《修道院の》個室, 小僧院, 小尼院; 〘軍〙営倉. **2**〘生〙細胞; 《比喩的》細胞《共産党などの》. **3**《ハチの巣の》穴. **4**《生物または鉱物組織内の》空洞(くうどう)部. **5**〘電〙《単一構成の》電池: a dry ～ 乾電池. → battery. **6**〘雅〙いなか家; 墓. ***brain*** ～ 脳細胞. ***condemned*** ～ 死刑囚独房. [√cel-]
～ **division** 細胞分裂. ～ **wall**〘生〙細胞壁.

cél·la [sélə] *n.* (*pl.* **-lae** [-liː])〘建〙内陣《古代ギリシア・ローマの神殿の》.

‡**cél·lar** [sélər] *n.* **1** 地下室, 穴倉. **2** ブドウ酒の貯蔵所; 貯蔵ブドウ酒. **3**〘英〙《都市住宅の》石炭貯蔵所. **4** (the ～)〘運〙最下位: be in *the* ～ 最下位である. ***keep a good*** ～ 良いブドウ酒を豊富にもっている. —— *vt.* 地下室にたくわえる.
◇ **～·age** [sélәridʒ] *n.* **1**《集合的》穴倉. **2** 地下室の設備; 地下室保管料〔使用料〕. **～·er** [sélərər] *n.* (地下) 倉庫番; ブドウ酒倉管理人; 《僧院などの》衣食住係. **cèl·lar·ét(te)** [sèlərét] *n.*《食堂の》酒びんだな.

cél·list, 'cél·list [tʃélist] *n.* チェロ演奏家.

cél·lo, 'cél·lo [tʃélou] *n.* (*pl.* **～s**)〘楽〙チェロ (=violoncello). [<It.]

cél·lo·phane [séləfèin] *n.* セロハン. ***wrapped in*** ～〘俗〙近づきにくい. ◇ **～d** *a.* セロハン製の〔で包んだ〕.

cél·lu·lar [séljələr] *a.* **1** 細胞から成る, 細胞質〔状〕の. **2** 小室の, 区画式の. **3**《ハチの巣など》穴から成る; 《シャツ地など》透き目のある.
◇ **cèl·lu·lár·i·ty** [sèljəlǽrəti] *n.*

cél·lu·lase [séljəlèis] *n.*〘化〙セルラーゼ《繊維分解酵素》.

cél·lu·lat·ed [séljəlèitid] *a.* 細胞から成る, 細胞状の.

cél·lule [séljuːl] *n.*〘生〙小細胞.

cél·lu·loid [séljəlɔ̀id] *n.* セルロイド; 〘米俗〙映画.

cél·lu·lose [séljəlòus] *n.*〘化〙セルロース, 繊維素.
～ **acetate** アセチルセルロース, 酢酸繊維素. ～ **nitrate** ニトロセルロース, 硝酸繊維素.

cél·lu·lous [séljụləs] *a.* 細胞から成る，細胞の多い.
Cels. Celsius.
Cél·si·us [sélsiəs] *n.* **1** Anders ～, 1701-44, セ氏〔摂氏〕寒暖計を定めたスウェーデンの天文学者. **2** 摂氏. → centigrade.
celt [selt] *n.* 〖史〗石〔青銅〕製のおの《有史以前の人類が用いた，穴やみぞのないもの》.
***Celt** [selt/kelt, selt] *n.* **ケルト人**，セルト人《現在ではアイルランド・ウェールズ・スコットランド高地などに住む》.
***Célt·ic** [séltik/kélt-, sélt-] *a.* **ケルトの**，ケルト人〔族〕の，ケルト語の. —— *n.* ケルト人〔語〕. 〈注〉ケルト＝セルト.
～ **cross** ケルト十字架《アイルランドの墓地に多い》.
～ **fringe, the** 〖笑〗ケルト外辺《イギリス連合王国の外辺をなす Scots, Irish, Welsh, Cornish》.

Celtic cross

Célt·i·cism [séltịsiz(ə)m/kél-,sél-] *n.* ケルト風，ケルト人かたぎ；ケルト語法〔語風〕；ケルト趣味.
Celto-「ケルト人〔語〕」の意の連結形.
Cèl·to·má·ni·a [sèltoméiniə/kèl-, sèl-] *n.* ケルト（文学・芸術）心酔者.
cél·tuce [séltəs] *n.* セルタス《*cel*ery と let*tuce* を交配した野菜》.
‡ce·mént [sịmént] *n.* **1** **セメント**；《歯科用の》セメント. **2** 接合剤〔物〕. **3**《友情などの》きずな. **4**〖医〗《歯の》セメント質. **5**〖冶〗《鋼鉄製造の浸炭用の》木炭粉. —— *vt.* **1** セメントで接合する；にセメントを塗る. **2** 結合する；〈友情などを〉固める〔結ぶ〕.
—— *vi.* **1** 接合する. **2** 浸炭法を施す.
◇ **cè·men·tá·tion** [si:mentéiʃ(ə)n] *n.* セメント接合；接合，固着；〖冶〗浸炭法.
ce·mén·tum [siméntəm] *n.* セメント質《歯根の》.
‡cém·e·ter·y [sémịtèri/-tri] *n.* **墓地**，霊園《主として教会付属でない共同墓地をいう》. → churchyard.
cen. central; century.
cén·o·bite [sénəbàit, sí:n-/sí:n-] *n.*（共同生活をしている）修道者. → anchorite.
◇ **cèn·o·bít·ic** [sènọbítik, sì:n-/sì:n-], **-i·cal** *a.*
cén·o·bit·ism *n.* ～生活〔制度，の身分〕.
cè·no·gén·e·sis [sì:nədʒénịsis] *n.* 〖生〗変形発生. → palingenesis.
cén·o·taph [sénətæf/-tɑ:f] *n.*（記念）碑《遺骸のない所に建てたもの》. ***the C～*** 無名戦士の墓《ロンドン Whitehall にある第 1 次，第 2 次世界大戦の戦死者記念碑》.
Cè·no·zó·ic [sì:nəzóuik, sèn-] *a.* 〖地〗新生代の.
—— *n.* 新生代〔層〕.
cense [sens] *vt.* **1** に香をたく，に焼香する. **2** に香をたき込む. [＜incense¹]
cén·ser [sénsər] *n.*（つり）香炉《特に鎖で下げて振るもの》.
cén·sor [sénsər] *n.* **1** 検閲官《出版物・興行物などの》. **2**〖古ローマ〗監察官《人口調査・風紀取り締まりをつかさどった》. **3** 風紀係；《他人の行為などの》批評者；《一般的》あら捜し屋，うるさがた. **4**《イギリスの大学の》学生監. —— *vt.* 検閲する；〈検閲官が語・文などを〉削除する.
◇ ～**·a·ble** [-sərəbl] *a.* 検閲にひっかかる（ような）.
cen·só·ri·al [sensó:riəl/-sɔ́:r-], **cen·só·ri·an** [-riən] *a.* 検閲（官）の.
cen·só·ri·ous [sensó:riəs/-sɔ́:r-] *a.* 批判的な；批評好きな；あら捜しの(好きな). ◇ ～**·ly** *ad.* ～**·ness** *n.*
cén·sor·ship [sénsərʃip] *n.* **1** 検閲；検閲官の職〔職権，任期〕. **2**〖精神分析〗潜在意識抑圧力.
cén·sur·a·ble [sénʃ(ə)rəbl] *a.* 非難に価する，とがめられるべき. ◇ **-bly** *ad.*
cén·sure [sénʃər] *n.* 非難，そしり；叱責(しっせき). ***vote of ～*** 不信任決議. —— *vt.* 非難する，とがめる，なじる；叱責する：～ a person *for* a fault 人の落ち度をとがめる.
◇ **cén·sur·er** [sénʃərər] *n.* 非難する人.
〖類〗→ **blame**「非難する」
cén·sus [sénsəs] *n.* 人口〔国勢〕調査；（統計）調査. ***take a ～ of*** の調査をする. —— *vt.* の国勢〔統計〕調査を行なう.
～ **paper** 国勢調査票. ～ **taker** 国勢調査員.
～ **tract** 〖米〗人口調査標準地域.
†cent [sent] *n.* **1** **セント**《米貨 1 ドルの 100 分の 1》；1 セント銅貨. **2** 100《単位としての》. ***I don't care a (red) ～.*** ちっともかまわない. ***per ～*** パーセント《%》.
cent. centigrade; central; *centum*; century.
cén·tal [séntl] 〖英稀〗＝ hundredweight.
cén·tare [séntèər, -tà:r/-tɑ:] *n.* 〖米〗1 平方メートル.
cén·taur [séntɔ:r] *n.* 〖ギ神〗ケンタウロス《半人半馬の怪物》；名騎手；(C～)〖天〗人馬座.

centaur

Cen·táu·rus [sentɔ́:rəs] *n.* 〖天〗人馬座.
cén·tau·ry [séntɔ:ri] *n.* 〖植〗矢車草.
cen·tá·vo [sentá:vou] *n.* (*pl.* **～s**) センターボ《メキシコ・フィリピンなどの貨幣. 1 ペソの 100 分の 1》.
cèn·te·nár·i·an [sèntịné(:)riən/-néər-] *a., n.* 100 歳に達した（人），100 歳以上の（人）.
cén·te·nar·y [séntịnèri, senténəri/sentí:nəri, -tén-] *a.* 100 の；100 年(ごと)の. —— *n.* 100 年間；100 年祭；100 周年記念日.
cen·tén·ni·al [senténiəl, -njəl] *a.* 100 年（ごと）の；100 年祭の；100 歳生きた〔続いた〕. —— *n.* 100 年祭. **C～ State, the** アメリカ Colorado 州の別称《独立後 1 世紀に併合されたので》.
◇ ～**·ly** *ad.* 100 年ごとに.
†cén·ter, ㊧ **cén·tre** [séntər] *n.* **1** **中心**；中核，核心；(中)軸；中枢；〖数〗中点. **2** 中心地(区)；中央施設，センター：a shopping ～ ショッピングセンター. **3**《野球・フットボールなどの》センター；中堅(手). **4** (C～)〖政〗《政党の左・右派に対して》中道派，穏健派. **5**〖軍〗《部隊の両翼に対して》中央部隊，本隊. **6** 注目の人〔物〕. **7** 軸棒.
～ ***of attraction*** 引力の中心；呼びもの. ～ ***of government*** [***commerce***] 政治〔商業〕の中心地.
～ ***of gravity*** 重心. ***with ... in the ～*** …を中心として.
—— *vt.* **1** 中心に置く；中心に集める：～ a vase *on* the table 花びんをテーブルの中央に置く. ～ one's report *on* education in Japan 報告の中心を日本の教育事情に置く. **2** の中心を決める〔しるす〕. **3**〖機〗中心に置く，中軸に合わせる. **4**〖フットボール〗〈ボールを〉中堅へける〔寄せる〕.
—— *vi.* 中心にある〔なる〕. ～ ***about*** [***around, on***] 〖話〗《問題などが》…を中心とする：a discussion ～*ing around* student life 学生生活を中心とする討論.
—— *a.* 中心の. 〈注〉最上級は centermost.
～ **bit**《両側に尖刃のある》回転きり. ～**·board** [ムー〜]〖海〗垂下竜骨(りゅうこつ). ～ **field(er)**〖野球〗中堅(手). ～ **forward**《ホッケーなどの》前衛中堅.
～**·piece** [-pì:s]《テーブル・天井などの》中心装飾物. ～ **punch** 中心刻印器. ～ **spread**《新聞・雑誌の》中央見開きページ（の記事・広告）.
cen·tés·i·mal [sentésịm(ə)l] *a.* 100 分の1の；〖数〗百分法の，百進法の. → decimal.
cen·tés·i·mo [sentésịmòu] *n.* (*pl.* **-mos, -mi** [-mì:]) チェンテジモ《イタリアの貨幣単位. 1 リラの 100 分の 1》；センテシモ《ウルグアイ・パナマの貨幣単位. 1 ペソの 100 分の 1》；～ 銅貨.

centi-「100, 100 分の 1」の意の語形成要素.
cén·ti·are [séntiὰ:r]〘英〙=centare.
‡**cén·ti·grade** [séntịgrèid] *a.* **100 分度の**, 摂氏の: twenty degrees 〜 摂氏 20 度 (=20° C). → Fahrenheit. 〜 **thermometer** 摂氏温度計.
cén·ti·gram(me) [-græm] *n.* センチグラム《100 分の 1 g》.
cén·ti·lì·ter, 英 **-tre** [sént(ị)lì:tər] *n.* センチリットル《100 分の 1 *l*》.
cen·time [sά:nti:m, ㊇⁺ ーム] F. *n.* サンチーム《フランスの貨幣単位. 1 フランの 100 分の 1》.
***cén·ti·mè·ter** [séntịmì:tər] *n.* **センチメートル**《1 m の 100 分の 1》. **〜-grám(me)-séc·ond**〘物〙C.G.S. 単位系の《cm・g・秒を長さ・質量・時間の単位とする》.
cén·ti·mo [séntịmòu] *n.* (*pl.* **〜s**) センチモ《スペインの 1 ペセタ, ベネズエラの 1 ボリバー, コスタリカ・エルサルバドルの 1 コロンの 100 分の 1》.
cén·ti·pede [séntịpì:d] *n.*〘動〙ムカデ.
cént·ner [séntnər] *n.* ツェントネル《ドイツなどヨーロッパのいくつかの国の重量単位. 50 kg, まれに 100kg》.
cén·to [séntou] *n.* (*pl.* **〜s**) 寄せ集め詩文《名詩句のつづり合わせ》; 名曲の吹き寄せ.
†**cén·tral** [séntrəl] *a.* **1 中心の**, 中央の; 中心〔中央〕部の;〘医〙中枢の. **2 中心的な**; 基本的な; 最も重要な, 主要な: the 〜 idea 中心思想. the 〜 character in a novel 小説の中心人物.
—— *n.*〘米〙(電話) 交換局 (telephone exchange); 電話交換手. ***get*** 〜 交換局を呼び出す.
C〜 African Republic 中央アフリカ共和国《フランス共同体に属する》. **C〜 America** 中央アメリカ. **C〜 American** 中央アメリカの〔人〕. **C〜 Asia** 中央アジア. **C〜 Empires** 〔**Powers**〕, **the**《第 1 次大戦中のドイツ・オーストリア側の》同盟国. 〜 **figure**《絵画・演劇などの》中心人物. 〜 **heating**《熱湯または蒸気による》中央暖房 (法). 〜 **nervous system** 中枢神経系統. **C〜 Park**《ニューヨーク市の》中央公園. **C〜 Reserve Banks**〘米〙連邦準備銀行. **C〜 State, the**〘米〙Kansas 州の別称. **C〜 time**〘米〙中部標準時.
◇ **〜·ism** [-ìz(ə)m] *n.* 集中化; 中央集権主義〔制度〕;〘物〙求心性. **〜·ist** *n.* 中央集権主義者. **〜·ly** *ad.* 中心 (的) に; 中央に. **cen·trál·i·ty** [sentrǽlịti] *n.* 中心であること; 求心性.
cén·tral·ize [séntrəlàiz] *vt., vi.* 中心に集める〔集まる〕; 集中する; 中央集権にする〔なる〕.
◇ **cèn·tral·i·zá·tion** [sèntrəlịzéiʃ(ə)n, -laiz-] *n.*
cén·tre〘英〙=center.
cén·tric [séntrik], **-tri·cal** [-(ə)l] *a.* **1** 中心〔中枢〕の. **2** 神経中枢の.
◇ **cen·tríc·i·ty** [sentrísịti] *n.*
cen·tríf·u·gal [sentrífjụg(ə)l] *a.* 遠心 (性) の; 遠心力を応用した;〘植〙遠心花序の. ↔ centripetal. 〜 **force** 遠心力. 〜 **inflorescence**〘植〙遠心花序, 上花先開. 〜 **machine** 遠心分離機. 〜 **sugar** 分みつ糖. ◇ **〜·ly** *ad.*
cén·tri·fuge [séntrịfjù:dʒ] *n.* 遠心 (分離) 機.
cen·tríp·e·tal [sentrípịtl] *a.* 求心 (性) の; 求心力を応用した;〘植〙求心花序の. ↔ centrifugal. 〜 **force** 求心力. 〜 **inflorescence**〘植〙求心花序, 外花先開. ◇ **〜·ly** *ad.*
cén·trist [séntrist] *n.* 中道派議員, 穏健派議員《ヨーロッパ, ことにフランスの》.
cén·tro·some [séntrọsòum] *n.*〘生〙《細胞の》中心体.
cén·tro·sphere [séntrəsfiər] *n.*〘地〙地球の中心質〔圏〕;〘生〙《細胞の》中心質.
cén·trum [séntrəm] *n.* (*pl.* **-trums, -tra** [-trə]) **1** 中心. **2**〘医〙椎体(ついたい), 中枢. **3** 震源地.
cen·tum [séntəm] L. *n.* 100. ***per*** 〜 パーセント (per cent).
cén·tu·ple [sént(j)upl/-tju-] *a.* 100 倍の. —— *n.* 100 倍. —— *vt.* 100 倍する.
cen·tú·pli·cate [sent(j)ú:plịkit/-tjú:p-] *n., a.* 100 倍 (の). —— [-kèit] *vt.* 100 倍する.
cen·tú·ri·al [sent(j)ú(:)riəl, -tjúər-] *a.* **1** 世紀の, 100 年の.
cen·tú·ri·on [sent(j)ú(:)riən/-tjúər-] *n.*《古代ローマの》百人隊 (の隊) 長. → century.
†**cén·tu·ry** [séntʃụri] *n.* **1 1 世紀**, **100 年**. 〈注〉the nineteenth century は 1801 年の初めから 1900 年の終わりまで. **2**〘史〙百人隊《古代ローマの軍隊の単位. 60 centuries で 1 legion をなす》; 百人組《古代ローマの選挙区分の単位. 1 組ごとに 1 票》. **3** 100, 100 個;《クリケットの》100 点. **4**〘米俗〙100 ドル紙幣.
〜 **plant**〘植〙リュウゼツラン《北アメリカ大陸の南部に産し, 100 年に 1 度花が咲くと想像された》.
ce·phál·ic [səfǽlik, sef-/kef-, sef-] *a.* 頭の, 頭部の. 〜 **index**〘人類〙頭指数《頭の縦横比》.
céph·a·lo·pod [séfələpὰd/-pɔd] *n.*〘動〙《イカ・タコなど》頭足類 (動物).
céph·a·lous [séfələs] *a.*〘動〙頭のある.
Céph·e·id [séfiid/sí:f-] *n.*〘天〙ケフェウス変光星 (=〜 variable).
Cé·pheus [sí:fju:s, -fiəs] *n.*〘天〙ケフェウス座;〘ギ神〙ケフェウス《Cassiopeia の夫で Andromeda の父》.
ce·rám·al [sịrǽməl] =cermet.
ce·rám·ic [sịrǽmik] *a.* 陶器の; 製陶 (術) の: 〜 industry 製陶業, 窯業(ようぎょう).
ce·rám·ics [sịrǽmiks] *n. pl.* **1**《単数扱い》製陶術, 窯業(ようぎょう). **2**《複数扱い》陶磁器類.
cér·a·mist [sérəmist] *n.* 陶器師〔業者〕; 陶芸家.
ce·rás·tes [sịrǽsti:z] *n.*〘動〙ツノヘビ《アフリカ産毒ヘビ》.
cé·rate [sí(:)reit/síərit] *n.*〘薬〙蠟膏(ろうこう).
◇ **cé·rat·ed** [sí(:)reitid/síərei-] *a.* 蠟を引いた.
Cér·ber·us [sə́:rb(ə)rəs] *n.*〘ギ神〙ケルベロス《頭が三つ尾がヘビの地獄の番犬》; 恐ろしい番人. ***a sop to*** 〜《役人・番人などへの》わいろ, そでの下.
cere [siər] *n.*〘動〙《猛禽(もうきん)類・オウムなどのくちばしの》蠟膜(ろうまく). —— *vt.* 〈死体を〉蠟引き布で包む.
〜·cloth → 別項.
‡**cé·re·al** [sí(:)riəl/síər-] *n.* (通例 *pl.*) **穀物**;〘米〙穀物食品《朝食に通じをよくするために用いる cornflakes, shredded wheat, oatmeal の類》.
—— *a.* 穀類の, 穀物の.
cèr·e·bél·lum [sèrịbéləm] *n.* (*pl.* **-lums, -la** [-lə])〘医〙小脳.
cér·e·bral [sérịbrəl] *a.* **1**〘医〙大脳の; 脳の. **2** 頭脳的, 理知的な. **3**〘音声〙そり舌 (音) の.
〜 **anemia** 脳貧血. 〜 **hemorrhage** 脳出血. 〜 **hyperemia** 脳充血. 〜 **palsy** 脳性小児まひ.
cér·e·brate [sérịbrèit] *vi.* 脳を使う, 考える. ◇ **cèr·e·brá·tion** [sèrịbréiʃ(ə)n] *n.* 脳作用; 思考.
cèr·e·bro·spí·nal [sèrịbrospáin(ə)l] *a.*〘医〙脳せき髄の. 〜 **meningitis** 〔**fever**〕脳せき髄膜炎.
cér·e·brum [sérịbrəm] *n.* (*pl.* **-brums** [-z], **-bra** [-brə])〘医〙大脳; 脳.
cére·cloth [síərklɔ̀:θ/-kləθ, -klɔ:θ] *n.* 蠟(ろう)引き布《死体などを包むのに用いる》.
cére·ment [-mənt] *n.* =cerecloth; (通例 *pl.*) 経かたびら.
cèr·e·mó·ni·al [sèrịmóuniəl, -njəl] *a.* **1** 儀式の; 儀礼上の. **2** 公式の, 正式の. **3** ぎょうぎょうしい. —— *n.* **1** 儀式, 典礼; 儀礼. **2**〘カトリック〙儀式次第 (書). **3** 礼式案内書; 礼式尊重.
〜 **dress** 礼服. 〜 **usage** 儀礼上の慣習.
◇ **〜·ism** [-ìz(ə)m] *n.* 儀式ばること; 形式主義. **〜·ist** *n.* 形式ばる〔儀礼を重んずる〕人. **〜·ly** *ad.*
cèr·e·mó·ni·ous [sèrịmóuniəs, -njəs] *a.* **1** 儀式的; 礼儀正しい. **2** 儀式ばった, 堅苦しい.
◇ **〜·ly** *ad.* **〜·ness** *n.*

‡**cér·e·mo·ny** [sérimòuni/-məni] *n.* **1** 儀式: a marriage ～ 結婚式. **2** 儀礼, 礼法, (社交上の)形式. **3** 虚礼, 四角ばること: His low bow was mere ～. 彼の丁寧なおじぎも儀礼に過ぎなかった. **4** 遠慮. ***master of ～ies*** 司会者; 《イギリス王室の》式部長官. ***stand on*** [***upon***] ～ 堅苦しくする; 儀式ばる; 遠慮する. ***wedding*** [***nuptial***] ～ 結婚式. ***without*** ～ 遠慮なく, 打ち解けて.

Cé·res [sí(:)ri:z/síər-] *n.* 『ロ神』ケレース《農業の女神. ギリシアの Demeter に当たる》.

cé·re·us [sí(:)riəs/síər-] *n.* 『植』サボテンの一種.

cér·iph [sérif] 『稀』 =serif.

ce·ríse [səri:z, -rí:s] *n.* **1** さくらんぼ色, 淡紅色. **2** 一種の塩基染料. —— *a.* さくらんぼ色の.

cé·ri·um [sí(:)riəm/síər-] *n.* 『化』セリウム《金属元素. 記号 Ce》.

cér·met [sə́:rmet] *n.* セルメット, 陶性合金《金属と製陶原料の合成材》.

cè·ro·plás·tic [si(:)roplǽstik/siər-] *a.* ろうで型をとった. ◇ **～s** *n.* 《単数扱い》ろう模型術; 《複数扱い》ろう細工(品).

cert [sə:rt] *n.* 『英俗』確実なこと; 必勝馬. ***a dead*** [***an absolute***] ～ 絶対確実なこと. [＜*cert*ainty]

cert. certainty; certificate; certified.

‡**cér·tain** [sə́:rtn, -tin, -tən] *a.* **1** 《人が》確信して, 確かで《述語的に用いて》: I am ～ *of* success [succeed*ing*]. 成功(すること)に自信がある. I am ～ *that* the plan will succeed. 計画が成功することを信じている. I am not ～ *whether* it will succeed. それが成功するかどうか確信がない. **2** 《ことが》**確実な**, 信頼できる, 必定の, 必ず起こる: It is ～ [a ～ fact] that… …ことは確実[疑う余地のない事実]だ. a ～ cure 必ずなおる療法. War is ～. 戦争は避けられない. **3 必ず…する**, …するにきまっている《*to* (do)》: The plan [He] is ～ *to* succeed. 計画[あの男]は成功するにきまっている. **4** (ある) **一定の**, ある定まった: at a ～ place 一定の場所に. on a ～ day あるきまった日に. receive a ～ percentage of the profit 利益の一定率を受けとる. **5** 《ばく然と》ある: a ～ gentleman ある紳士. a ～ naval base 某海軍基地. 〈注〉わかっているが, わざと名などを明らかにしないばあいに用いる. ↔ some. **6** いくぶんかの, 多少の: a ～ reluctance 多少の気乗り薄. ***a ～ Mr.X*** X さんとかいう人, X という名の方. ***for*** ～ 確かに; 確信をもって: I know *for* ～ that… 確かに…であるはずだ. ***in a ～ condition*** 妊娠して. ***make ～ of*** を確かめる; 確実に…する. ***of a ～ age*** (相当)年配の. ***to a ～ extent*** ある程度まで. [√cer(n)-]

[類] → **confident**「確信して」

†**cér·tain·ly** [sə́:rtnli, -tin-, -tən-] *ad.* **1** 確かに, きっと; 疑いなく; 《強意的》ほんとに. **2** 《返事に用いて》もちろん, そのとおり; 《許可を求められて返事に》よろしいですとも, どうぞどうぞ; 『おもに英』承知しました. ***C～ not!*** いけません; とんでもない. 〈注〉次のばあいに注意: Would you mind waiting? —*Certainly not*. 待っていただけないでしょうか. —いいですとも《I *certainly* should *not* mind. の意》.

*****cér·tain·ty** [sə́:rtnti, -tin-, -tən-] *n.* **1** 確実性. **2** 確実な事実, 必然的な事物. **3** 確信. ***bet on a*** ～ 結果を見越してかける. ***for*** [***to***, 『古』***of***] ***(a)*** ～ まちがいなく, 確かに. ***moral*** ～ まずまずまちがいないこと. ***with*** ～ 確信をもって; 確かに, きっと.

cér·tes [sə́:rti:z/-tiz] *ad.* 『古』確かに, まことに.

certif. certificate(d).

cér·ti·fi·a·ble [sə́:rtifàiəbl, ⌐–⌐––] *a.* **1** 証明[保証]できる. **2** 『英』精神病院に収容されるべき; 狂気の: a ～ desire 気違いじみた欲望.

*****cer·tíf·i·cate** [sərtífikit] *n.* **1 証明書**; 検定書; 《課程・科目などの》修了証明書, 免状. **2** 証券. ～ ***of birth*** 出生証明書. ～ ***of incorporation*** 法人設立届け書. ～ ***of origin*** 原産地証明書. ***gold*** [***silver***] ～ 『米』《政府が金の地がねを預かって発行する》金[銀]証券. ***health*** ～ 健康証明書. ***marriage*** ～ 婚姻証明書. ***medical*** ～ 診断書. —— [-kèit] *vt.* に証書を与える, に免許する: a ～*d* teacher 有資格教員.

◇ **cèr·ti·fi·cá·tion** *n.* **1** [sə:rtifikéiʃ(ə)n] 証明; 保証. **2** [sərtifi-, [英]⁺ sə:rtifi-] 証明書下付.

cér·ti·fied [sə́:rtifàid] *a.* 証明された; 保証された; 検定[免許, 公認]を与えられた.

～ **check** 『米』支払保証小切手. ～ **mail** 配達証明郵便の一種《配達証明だけして損害賠償はしない》. ～ **milk** 保証牛乳《さらに殺菌を要しない》. ～ **public accountant** 『米』公認会計士.

cér·ti·fy [sə́:rtifài] *vt.* **1** 保証する, 証明する: ～ this a true copy 右謄本は誤りなきことを証する. I hereby ～ that… ここに…と証明する. This is to ～ that… 本状[本証]により…と証明する. **2** 証言する, 明言する. **3** 検定(許可)する, 公認する. **4** 『米』〈銀行が小切手の〉支払いを保証する. —— *vi.* 証明する《を *to*》; 保証する《を *for*》.

◇ **cér·ti·fi·er** [-ər] *n.* 証明者.

cer·ti·o·ra·ri [sə:rʃiəré(:)ri/sə:tiɔ:réərai] L. *n.* 《上級裁判所から下級裁判所へ発する》裁判記録移送命令(書).

‡**cér·ti·tude** [sə́:rtit(j)ù:d/-tju:d] *n.* **1** 確信. **2** 確実(性).

ce·rú·le·an [sirú:liən, -ljən] *a.* 空色の, 紺碧(こんぺき)の.

ce·rú·men [sirú:mən] *n.* 『医』耳あか.

cé·ruse [sí(:)ru:s/síər-] *n.* 白鉛; おしろい.

◇ **cé·ru(s)·site** [sí(:)rəsàit/síər-] *n.* 『鉱』白鉛鉱.

Cer·ván·tes [sərvǽnti:z/-tiz, -ti:z] *n.* Miguel de [migél-dei-] ～, 1547–1616, スペインの小説家《*Don Quixote* の作者》.

cer·ván·tite [sə:rvǽntàit] *n.* 『鉱』セルバント鉱.

cér·ve·lat [sə́:rvəlæt] *n.* 薫製ソーセージの一種.

cér·vi·cal [sə́:rvik(ə)l, [英]⁺ sərvái-] *a.* 『医』首の, 頸部(けいぶ)の.

cér·vine [sə́:rvàin] *a.* シカの(ような).

cér·vix [sə́:rviks] *n.* (*pl.* **cer·ví·ces** [sərváisi:z], **cér·vix·es** [sə́:rviksiz]) 『医』首, 頸部(けいぶ).

Ce·sár·e·an, Ce·sár·i·an *a.* =Caesarean.

cé·si·um [sí:ziəm] *n.* 『化』セシウム《金属元素. 記号 Cs》.

cess [ses] *n.* 税, 課徴金. —— *vt.* に税を課する.

ces·sá·tion [seséiʃ(ə)n] *n.* 中止, 休止, 停止. ～ ***of arms*** [***hostilities***] 休戦.

cés·sion [séʃ(ə)n] *n.* **1** 《土地・権利などの》譲与, 割譲; 『法』財産引き渡し. **2** 譲与物件, 割譲地.

◇ **～·ar·y** [séʃənèri/-nəri] *n.* 譲り受け人.

céss·pipe [séspàip] *n.* 排水パイプ《浄化槽・流しなどの》.

céss·pool [séspù:l] *n.* 汚水[糞尿]だめ. ***a ～ of iniquity*** 悪のたまり場.

cés·tode [séstoud] *n.* 『動』条虫, サナダムシ.

cés·toid [séstɔ̀id] *a.* サナダムシのような; 《虫が》ひも状の.

cés·tus [séstəs] *n.* (*pl.* ～) **1** 《古代ローマ人がボクシングに用いた皮ひも製の》こて. **2** 帯; 《特に》Venus の帯.

ce·sú·ra =caesura.

Ce·tá·cea [sitéiʃə/-ʃ(j)ə] *n. pl.* 『動』鯨類《whale, dolphin, porpoise など》.

ce·tá·cean [-n] *a.* 鯨類の. —— *n.* 鯨類の動物.

ce·tá·ceous [-ʃəs/-ʃ(j)əs] *a.* =cetacean.

cé·tane [sí:tein] *n.* 『化』セタン. ～ **number** 『化』セタン価《ディーゼル機関用燃料の点火性を示す指数》.

ce·te·ris pa·ri·bus [sétəris-pǽribəs, kéit-/sí:t-] L. (= other things being equal) 他の事情がおなじならば《略 cet. par.》.

Cé·tus [sí:təs] *n.* 『天』鯨座.

Cey·lón [silɑ́n/-lɔ́n] *n.* スリランカ《インド洋のイギリス連邦所属自治国. 正式名 Dominion of ～》.
Cèy·lo·nése [sìləníːz/sìlən-] *a.* セイロン(人)の. —— *n.* (*pl.* ～) セイロン人.
Ce·zánne [sizǽn/s(e)i-] *n.* Paul ～, 1839–1906, フランスの画家.
Cf 〖化〗 californium.
‡**cf.** *confer* (L. =compare) 参照せよ, …を見よ. 〈注〉音読するときには [kəmpέər, kənfə́ːr, síːéf].
cf., c.f. center field(er). **c.f.i., C.F.I.** cost, freight and insurance 運賃保険料込み値段. → c.i.f. **cg.** centigram(s). **C.G.** Coast Guard 〖米〗海岸救難隊, 〖英〗沿岸警備隊; Commanding General. **C.G.H.** Cape of Good Hope 喜望峰. **C.G.S., c.g.s., cgs** centimeter-gram-second. **Ch.** Charles; China; Chinese. **ch.** chapter; check; chief; church. **C.H., c.h.** clearing house; courthouse; customhouse.
Chá·blis [ʃǽbliː, ㊟⁺ ʃɑːblíː] *n.* 白ブドウ酒の一種《フランスの原産地名から》.
chá·b(o)uk [tʃɑ́ːbuk] *n.* 長いむちの一種《中近東で体刑に用いる》.
chá-cha (-chá) [tʃɑ́ːtʃɑː(tʃɑ́ː)] *n.* 〖楽〗チャチャチャ《ラテンアメリカの速いリズムのダンス曲》. —— *vi.* チャチャチャを踊る.
cha·cónne [ʃɑːkɔ́ːn/ʃəkɔ́n] *n.* 〖楽〗シャコンヌ《古いダンス曲》.
Chad [tʃæd] *n.* **1** チャド湖《アフリカ中北部》. **2** チャド(= ～ Republic)《アフリカ中北部の共和国. 旧フランス領》. 〈注〉Tchad ともつづる.
Chád·band [tʃǽdbænd] *n.* 口の巧みな偽善者《Dickens 作 *Bleak House* 中の人物》.
chafe [tʃeif] *vt.* **1** 〈手などを〉こすって暖める; 〖古〗暖める. **2** すりむく, すり切る. **3** おこらせる, いらだたせる. —— *vi.* **1** すりむける, すり切れる, すれて痛む《で *from*》: My neck began to ～ *from* the rough, starched collar. カラーがのりで堅くて首が痛みはじめた. **2** おこる, いらだつ, じれる《に *under, at, over*》. **3** 〈獣が〉からだをこすりつける《おりなどに》《に *against*》. **4** 〈流れが〉激しくぶつかる《がけなどに》《に *against*》.
～ *at the bit* 《進行などが》おそいのでいらいらする. *chafing dish* 《食事を保温もしくは料理する》卓上こんろ. *chafing gear* すれ止め《綱などの摩擦を防ぐ》.
—— *n.* **1** すり傷. **2** いらだち. *in a* ～ じれて, いらいらして.
cháf·er [tʃéifər] *n.* 〖おもに英：虫〗コガネムシの類《特に cockchafer》.
*__chaff__[1] [tʃæf/tʃɑːf] *n.* **1** もみがら; 刻みわら《飼料》. **2** 廃物, がらくた. **3** 《草花の》苞(ほう). *be caught with* ～ たやすくだまされる. ～ *and dust* 廃物. ～**·cùt·ter** まぐさ切り器.
◇ ～**·y** [-i] *a.* もみがらのような[の多い]; つまらない.
chaff[2] *n.* 冷やかし, 《悪意のない》からかい. —— *vt.* 冷やかす, からかう.
cháff·er[1] [tʃǽfər/tʃɑ́ːf-] *n.* chaff[2] する人.
cháf·fer[2] [tʃǽfər] *n.* 値段を値切る[掛け合う]こと; 駆け引き; 言い合い, 渡り合い. —— *vt., vi.* **1** 〈値段を〉値切る, 掛け合う: ～ *over* a price. **2** 駆け引きをする; 《ことばで》渡り合う《について *about*》. **3** 〈ことばを〉かわす. ～ *away* 見切って売り払う (bargain away). ◇ ～**·er** [-fərər] *n.*
cháf·finch [tʃǽfintʃ] *n.* 〖鳥〗アトリ・ヒワの類.
cha·grín [ʃəgrín/ʃǽgrin] *n.* くやしさ, 無念. *to one's* ～ 残念[心外]なことには. —— *vt.* (～**ed** [-d]; ～**·ing** [-iŋ]) くやしがらせる, 残念がらせる. *be* [*feel*] ～*ed* くやしがる《を *at, by*》.
‡**chain** [tʃein] *n.* **1** くさり. **2** 一続き, 一連, 連続, 一続きのもの: a ～ of mountains 山脈. a ～ of events 次々に起こる事件. a ～ of thoughts 次々に浮かぶ考え. **3** 山脈; 首飾り; 〖米〗連鎖店, チェーン《同一経営によるいくつかの銀行・ホテル・劇場・食堂など》. **4** (通例 *pl.*) きずな, 束縛; 足かせ. **5** 〖測〗測鎖《66 フィート》; 〖工〗測定鎖《100フィート》. **6** 〖電〗回路; 〖化〗《原子の》連鎖; 〖物〗《反応の》連鎖. **7** 〖海〗《舷側の》静索止め金. ～ *of command* 命令系統. *in* ～*s* 鎖[牢(ろう)]につながれて. *on the* ～ 鎖で縛られて, 行動を束縛されて.
—— *vt.* **1** 鎖につなぐ; 牢に入れる. **2** 束縛する: I am ～*ed to* this work. 私はこの仕事から離れられない. ～*ed book* 鎖で取り付けた書物《持ち去られないため》.
～ **armor** 鎖かたびら. ～ **brake** 鎖ブレーキ. ～**·break** [ーー] 〖放送〗キーステーションが流す番組の間のスポット. → station break. ～ **bridge** (鎖)つり橋. ～ **coupling** 鎖継ぎ手. ～ **fern** 〖植〗コモチシダ. ～ **gang** 鎖につながれた囚人. ～ **letter** 幸運の手紙《受取人が次々に数名の人に出す同文の手紙》. ～ **lightning** 断続いな光り. ～ **link fence** 針金をダイヤモンド形に編んださく. ～ **lock** 《自転車の》どろぼうよけ鎖. ～ **locker** 〖海〗錨鎖(びょうさ)庫. ～ **mail** =～ armor. ～**·man** [-mən] 《測量の》鎖の持ち手. ～ **measure** 測量[測定]鎖. ～ **plate** 〖海〗静索止め金. ～**-re·àct** 連鎖反応を受ける. ～**-re·áct·ing** → 別項. ～ **reaction** 〖物〗連鎖反応; (連鎖反応的な)事件続発. ～ **shot** 連鎖弾《昔軍艦を破壊するのに用いた二つの弾丸を鎖でつないだもの》. ～ **smoke** 立て続けに喫煙する. ～ **stitch** 鎖編み. ～ **store** 〖米〗連鎖店. ～**·wale** [-wèil, tʃǽn(ə)l] =channel[2]. ～ **wheel** 《自転車の》鎖輪. ～**·work** [-wə̀ːrk] 鎖細工, 鎖模様.
cháin·less [tʃéinlis] *a.* 鎖のない; 束縛のない.
cháin·let [tʃéinlit] *n.* 小鎖.
cháin-re·áct·ing [-riǽktiŋ] *a., n.* 〖物〗連鎖反応をする(こと). ～ **pile** 連鎖反応炉, 原子炉.
†**chair** [tʃεər] *n.* **1** 《ひとり用の》いす: sit on [in] a ～ いすに腰かける. **2** 権威ある地位; 議長の席[役目]; 議長; 《大学の》講座; 大学教授の職; 〖米〗大統領[知事]の職; 〖英〗市長の職. **3** 《死刑用の》電気いす. **4** 〖鉄道〗座鉄. **5** 〖史〗かご(=sedan ～). *appeal to the* ～ 議長の採決を求める. *C～! C～!* 《議場混乱に対する抗議》議長! 議長! *in the* ～ 議長席について; 議長の職をつとめて. *leave the* ～ 議長の席を去る; 閉会する. *send to the* ～ 死刑に処する. *take a* ～ 着席する. *take the* ～ 議長の席につく; 開会する.
—— *vt.* **1** 着席させる; 職につける. **2** の議長をつとめる. **3** 〈試合の勝者などを〉いすに乗せてかつぐ.
～**·bed** [ーー] 長いす兼用の寝台. ～**·borne** [-bɔ̀ːrn/-bɔːn] **pilot** 〖空〗地上整備員; 非戦闘操縦士. ～ **car** 〖米〗(いすが1人がけの)特別車 (parlor car). ～ **lift** リフト《登山・スキーなどのため山上に人を運ぶ》. ～**·man** → 別項. ～ **rail** 〖建〗腰なげし. ～**·wàrm·er** 〖米俗〗ホテルなどのラウンジで長居する人, ねばる人; なまけ者; 「古株」; けちな若者. ～**·wòm·an** (*pl.* **-men**) 女の議長[会長, 司会者].
‡**cháir·man** [tʃέərmən] *n.* (*pl.* **-men** [-mən]) **1** 座長, 司会者, 議長, 委員長, 会長. 〈注〉男には Mr. *Chairman*, 女には Madame *Chairman* と呼びかける. **2** (病人用)いす車を押す人. **3** 〖古〗かごかき. ◇ ～**·ship** [-ʃip] *n.* ～の職[地位].
chaise [ʃeiz] *n.* **1** 《旅行・行楽用の》軽装2人乗り2輪馬車. **2** =post chaise.
chaise longue [ʃéizlɔ́ːŋg] F. 寝いす.
cha·lá·za [kəléizə] *n.* (*pl.* **-zas, -zae** [-ziː]) 〖動〗カラザ《卵黄の位置を安定させる卵の中のひも》.
chal·céd·o·ny [kælséd(ə)ni, ㊟⁺ kælsidòuni] *n.* 〖鉱〗玉髄.
chál·cid [kǽlsid] *n.* 〖虫〗コバチ(=～ fly).
chál·co·cite [kǽlkəsàit] *n.* 〖鉱〗輝銅鉱.

chál·co·graph [kǽlkəgræ̀f/-grɑ:f, -græf] *n.* 彫刻銅版. ◇ **chal·cóg·ra·pher** *n.* 銅版彫刻師. **chàl·co·gráph·ic** [kæ̀lkəgrǽfik], **chàl·co·gráph·i·cal** *a.* 銅版術の. **chal·cóg·ra·phy** [kælkɑ́grəfi/-kɔ́g-] *n.* 銅版彫刻術.

chàl·co·pý·rite [kæ̀lkopáirait/-páiər-] *n.* 〖鉱〗黄銅鉱.

Chal·dá·ic [kældéiik] =Chaldean.

Chal·dé·a [kældí:ə, [米]+ -díə] *n.* カルデア《ペルシア湾沿岸にあった古代の王国》.

Chal·dé·an [-n] *a.* カルデアの; 占星術の.
—— *n.* カルデア人〔語〕; 占星家, 魔法使い.

Chal·dée [kældí:, [米]+ ⁻́ —] =Chaldean.

chál·dron [tʃɔ́:ldrən] *n.* 〖英〗石炭などをはかる量目《32もしくは36ブッシェルあるいはそれ以上で, 現在はあまり用いられない》.

cha·lét [ʃæléi, ʃæli/ʃæl(e)i] *n.* **1** 《スイスの》羊飼いの山小屋; 軒の突き出たスイス特有の家. **2** 《スイス風の》山荘, 別荘. **3** 共同便所.

chál·ice [tʃǽlis] *n.* **1** 聖餐(せいさん)杯; 〖雅〗杯. **2** 杯形の花. ◇ **~d** [-t] *a.* ～にはいった〔をつけた〕.

†**chalk** [tʃɔ:k] *n.* **1** 白亜. **2** チョーク, 白墨: a piece of ～ チョーク1本. write *in* yellow ～ 黄色のチョークで書く. mark *with* ～ チョークで印をつける. **3** 白墨でつけた印; 《チョークでつけた》勝負の得点, 取引のメモなど. **4** 《クレヨン画用》白チョーク. ***as like as ～ and cheese*** 外見は似ていても本質は異なる; 似て非なる. ***by a long ～ =by long ～s*** はるかに, 断然 (by far). ***come up to ～*** 標準に達する, 上等である; 再び始める. ***do not know ～ from cheese*** 良否の見わけがつかない. ***French ～*** チャコ《裁縫用の》.
—— *vt.* **1** チョークでしるす. **2** に白墨を塗る. ～ ***out*** だいたいの形を描く; 計画を決める. ～ ***up*** (1)〈得点などを〉白墨でしるす, 公表する; 〖米〗点数をあげていく, 勘定に記入する. (2) 帰する《に *to*》.
～·board [⁻́ ⁻] 黒板. ～ **mixture** 幼児の下痢止め薬. ～ **pit** 〔**quarry**〕 白亜を採掘する坑. **～·stone** [⁻́ ⁻] 白亜塊; 〖医〗痛風石《手足の関節にできる》. **～-talk** [⁻́ ⁻] 黒板を用いた講演.
◇ **～·y** [tʃɔ́:ki] *a.* 白亜(質)の; 白亜のように白い, チョークのついた.

‡**chál·lenge** [tʃǽlindʒ] *n.* **1** 挑戦(ちょうせん), 試合申し込み; 挑戦状: a ～ *to* civilization 文明への挑戦. **2** 決闘の申し込み, 果たし状(=a ～ *to* a duel). **3** 《課題など》取り組む意欲をそそるもの, 手ごたえのあるもの. **4** 説明〔回答〕要求; 誰何(すいか)《番兵が Who goes there? 「だれか」と呼び止めて問うこと》. **5** 異議申し立て; 《陪審員・陳述に対する》忌避; 〖米〗投票(資格)の無効申し立て. ***accept*** 〔***take up***〕 ***a ～*** 挑戦に応ずる. ***give*** 〔***issue, send***〕 ***a ～*** 戦いをいどむ.
—— *vt.* **1** に挑戦する; 〈人に〉…してみろといどむ: Who will ～ the champion? だれが選手権保持者に挑戦するだろうか. ～ a person *to* a game 人に試合をいどむ〔申し込む〕. ～ a person *to* (do) 人に…せよといどむ. **2** に謝罪を要求する: ～ a person *for* insult*ing* 侮辱されたことに対して人に謝罪を求める. **3** 誰何する. **4** 〈正しさ・価値などを〉疑う; 論議する: ～ the wisdom of a procedure ある処置が賢明であったかを疑う. **5** 〖法〗〈陪審員・陳述に〉異議を申し立てる, 忌避する; 〈証拠などの〉信憑(しんぴょう)性を疑問にする, 拒否する. **6** 〖米〗〈投票・投票資格に〉異議を申し立てる. **7** あえて求める; に耐えうる, に対抗しうる: ～ criticism 批評できるならしてみろという; 批判に耐える. forgery that ～*s* discovery 見破られないほど巧妙な偽造. **8** 〈感嘆・批判を〉引き起こす, 招く: a matter that ～*s* attention 注目に価する事柄.
～ **cup** 〔**trophy**〕 優勝杯. ～ **flag** 優勝旗.
◇ **chál·leng·er** [-ər] *n.* 挑戦者; 〖法〗忌避者.

chál·leng·ing *a.* 挑戦的な; 挑発的な; 意欲をそそる, やりがい〔取り組みがい〕のある.

chál·lis [ʃǽli/ʃǽli(s)] *n.* シャリ布地《軽い婦人服地の一種》. 〈注〉challie [ʃǽli] ともいう.

cha·lýb·e·ate [kəlíbiit] *a.* 《鉱泉が》鉄分を含む.
—— *n.* 鉄泉; 鉄剤.

cham [kæm] *n.* 〖古〗=khan[1]. ***the Great C～*** 文壇の大御所《この称号が Dr. Johnson にささげられたことから》.

cha·made [ʃəmɑ́:d] F. *n.* 会見請求の合い図《談判または降伏の希望を敵に知らせる太鼓・らっぱ》.

‡**chám·ber** [tʃéimbər] *n.* **1** へや, 個室; 《特に》寝室; (*pl.*) 〖英〗貸し室, 貸しアパート. **2** (*pl.*) 〖英〗弁護士の事務所; 〖米〗判事室. **3** 会館; 会議所; 議場. **4** 議院《上下両院の一方》. **5** 国庫. **6** 《銃の》薬室. **7** 《動植物の体内の》小室; 穴, くぼみ: The heart has four ～*s*. 心臓には四つの室がある. ***C～ of Agriculture*** 農業会議所. ***C～ of Commerce*** 商業会議所. ***～ of horrors*** 恐怖のへや《拷問刑具などの陳列所》. ***Lower C～*** 下院. ***Upper C～*** 上院.
—— *vt.* **1** へや〔小室〕に閉じ込める; に寝室を提供する. **2** 〈銃に〉薬室をつける.
～ **concert** 室内楽演奏会. ～ **council** 秘密会議. ～ **counsel** 事務所弁護士(の助言). **～·maid** [-mèid] 《ホテルの》へや係の女中; 《昔の》侍女. ～ **music** 室内楽. ～ **orchestra** 室内楽団. ～ **pot** 《室内用》尿器, しびん.

chám·ber·lain [tʃéimbərlin] *n.* **1** 式部官, 侍従. **2** 《王・貴族などの》家令. **3** 《市などの》収入役. ***Lord C～*** 〖英〗侍従長. ***Lord Great C～*** 〖英〗式部長官《閣僚の地位》.

Chám·ber·lain [tʃéimbərlin] *n.* Arthur Neville [-névil-] ～, 1869–1940, イギリスの政治家・首相.

chám·bray [ʃǽmbrei] *n.* シャンブレー織り《婦人服用薄地ギンガム》.

cha·mé·le·on [kəmí:liən, -ljən] *n.* **1** 〖動〗カメレオン. **2** 移り気な人. **3** (C～) 〖天〗カメレオン座.
◇ **cha·mè·le·ón·ic** [kəmì:liɑ́nik/-liɔ́n-] *a.* カメレオンのような; 移り気な.

chám·fer [tʃǽmfər] *n.* 〖建〗《角材・板の》かどをそいだ斜面. —— *vt.* のかどをそぐ, の面をとる.

chám·ois [ʃǽmi/-mwɑ:] *n.* **1** 〖動〗シャミ《南ヨーロッパ・西南アジア産のカモシカの類》. **2** セーム皮《カモシカ・羊・ヤギ・シカからとる柔らかい皮》. 〈注〉②の意ではイギリスでもしばしば [ʃǽmi] と発音する.
—— *vt.* セーム皮になめす; セーム皮でふく〔みがく〕.

chám·o·mile [kǽməmàil] =camomile.

Chá·mo·nix [ʃǽməni] *n.* シャモニー《フランス東部 Mont Blanc の北方の山谷》. 〈注〉Chamouni, Chamony ともつづる.

champ[1] [tʃæmp] *vi.* **1** 〈馬が〉かみつく《に *at*》. **2** 《興奮して》歯ぎしりする. —— *vt.* 〈馬がまぐさなどを〉音をたててかむ. ～ ***at the bit*** いらだつ. —— *n.* ムシャムシャかむこと; その音.

champ[2] *n.* 〖米俗〗=champion.

chám·pac, -pak [tʃǽmpæk, [米]+ tʃʌ́mpʌk] *n.* 〖植〗モクレン科の木《東インド産》.

*__cham·págne__ [ʃæmpéin] *n.* シャンパン酒《高級白ブドウ酒. フランスの原産地の名から》; シャンパン色.
—— *a.* **1** ～色の. **2** ぜいたくな, 高価な.

cham·páign [ʃæmpéin, tʃǽmpein/tʃǽmpein] *n.* 平野, 平原. —— *a.* 広々と開けた.

chám·per·ty [tʃǽmpərti] *n.* 〖法〗利益分配の契約つき訴訟援助(罪).

cham·pí·gnon [ʃæmpínjən, tʃæm-/tʃæm-] *n.* 〖植〗シャンピニョン《食用キノコ》.

‡**chám·pi·on** [tʃǽmpiən/-pjən] *n.* (*fem.* **～·ess** [-is]) **1** 《競技の》選手権保持者. **2** 優勝者; 《品評会などで》第1席となった出品物. **3** 戦士, 闘士;

擁護者: a ～ *for* justice 正義のために戦う人.
— *a.* 1 優勝した; 選手権を取った: a ～ boxer ボクシングのチャンピオン. a ～ team 優勝チーム. the ～ terrier 最高賞を得たテリア. 2 〖話〗一流の, この上ない: a ～ idiot 大ばか. — *vt.* に代わって戦う; 擁護する. ◇ ‡ **～·ship** [-ʃip] *n.* 選手権 (保持); 擁護. 「彫り七宝 (の).
cham·ple·vé [ʃæmləvéi/ˊ−−−] F. *n., a.* 生地
Champs E·ly·sées [F. ʃɑ̃zelize] *n.* シャンゼリゼ街《パリの大通り. その延長の公園を含む》.
Chanc. Chancellor; Chancery.
‡**chance** [tʃæns/tʃɑ:ns] *n.* 1 偶然; 偶然のできごと, 運. 2 **機会**; 好機: Now is your ～. さあ好機を逃がすな. I had a ～ *to* (do). …する機会があった. 3 (しばしば *pl.*) **見込み**, 勝ちめ, 可能性: *C*～*s* are that… たぶん…ということになろう. There is (just) a ～ that he may pass the examination. 彼は (ひょっとしたら) 試験に受かる見込みがある. have a good ～ of success [succeeding] 成功の見込みがたっぷりある. nine ～*s* out of ten 十中八九. 4 〖米話〗危険, 冒険: take a ～ [～*s*] 乗るかそるかやってみる. 5 〖米俗〗ある数量《*of*》.
by any* ～** 万が一, ひょっとして. ***by* ～** 偶然, たまたま. ***by some* ～** なにかのはずみで. ***by the merest* ～** ほんのちょっとしたはずみで. ***even* ～** 五分五分の見込み. ***game of* ～** 運任せの勝負. ***give a person ***a* ～** (人に) (力を発揮する) 機会を与える; 〖話〗(人の) 言い分を聞いてやる. ***have an eye to the main* ～** 利得を図る. ***If* ～*s will*** have me king, もしなにかの巡り合わせで (私が王になった) なら. ***leave to* ～** 成り行きに任せる: *leave* nothing *to* ～ 万全を期する. ***let the* ～ *go*** 機会を逸する. ***on the* ～ *of*** [***that***…] を期待して, を当てにして. ***stand a good* ～ (*of*)** (の) 見込みが十分ある. ***take a* (*long*) ～** 一かばちかやってみる. ***take*** **one's** [***the***] **～** 思い切ってやってみる; 機会をつかむ. ***take no* ～*s*** あぶない橋は渡らない. ***the* ～ *of lifetime*** 一生に一度の好機. ***The* ～*s are against it.*** 見込みは悪い; 形勢は不利である.
— *a.* 偶然の: a ～ meeting 偶然の巡り会い. a ～ companion ふとしたことからの道連れ.
— *vi.* 1 たまたま…する; 偶然起こる: He ～*d to* be out then. =It ～*d that* he was out then. たまたま彼はそのとき外出していた. 2 偶然出くわす, たまたま巡り会う [見出す]《に, を *on, upon*》. — *vt.* 運任せにやってみる: I will ～ it. 危険を冒してやってみよう. **～ one's *arm*** 〖話〗成功の機会をつかむ; 《見込みのないことでも》思い切ってやってみる. **～ one's *luck*** 運だめしをやってみる. [√cad- 落下物]
～-mèd·ley [-mèdli/-méd-] 〖法〗過失殺傷, 防衛殺人. **～-met** [-mèt] 偶然に出会った.
◇ **～·ful** [-f(u)l] *a.* 好機に恵まれた.
[類] → **opportunity**「機会」
chán·cel [tʃæns(ə)l/tʃɑ́:n-] *n.* 内陣, 聖壇所《教会堂の東端に仕切られている聖職者と聖歌隊の席》.
chán·cel·ler·y [tʃæns(ə)ləri/tʃɑ́:n-] *n.* 1 chancellor の職・官庁. 2 大使 [領事] 館事務局.
chán·cel·lor [tʃæns(ə)lər/tʃɑ́:n-] *n.* 1《大使の》一等書記官; 《国王・貴族の》書記. 2 〖英〗大蔵大臣 [司法官] の称号. 3《西ドイツの》首相. 4 〖米〗《大学の》総長, 学長; 〖英〗《大学の》名誉総長. 5 〖米〗衡平法裁判所主席判事. ***the C～ of the Exchequer*** 〖英〗大蔵大臣. ***the Lord*** [***High***] ***C～ = the C～ of England*** 大法官《閣僚・上院議長》. ◇ **～·ship** [-ʃip] *n.* ～の職.
chán·cer·y [tʃæns(ə)ri/tʃɑ́:n-] *n.* 1 〖英〗大法官庁; 大法官法廷; 大法官記録所. 2 〖米〗衡平法裁判所; 衡平法. ***in* ～** (1) 衡平法裁判で訴訟中の. (2) 〖ボクシング〗頭を相手のわきの下にはさまれて; 《一般的》動きがとれなく [絶体絶命に] なって.
chán·cre [ʃæŋkər] *n.* 〖医〗下疳(げかん), 硬性下疳.
chán·croid [ʃæŋkrɔid] *n.* 〖医〗軟性下疳(げかん).
chánc·y [tʃænsi/tʃɑ́:n-] *a.* 偶然の; 不確実な, 当てにならない; 危険な.
chàn·de·líer [ʃænd(i)líər] *n.* シャンデリア〖豪華な樹枝形のつりさげ式装飾電燈〗. 「換」(をする).
chan·délle [ʃændél] *n., vi.* 〖空〗急上昇 [方向転
chán·dler [tʃændlər/tʃɑ́:n-] *n.* 1 ろうそく商人 [製造人]; 雑貨商人《ろうそく・油・せっけん・食料品などの》. 2 …商人: a ship ～ 船具商人. ◇ **～·y** [-dləri] *n.* ろうそく店; ろうそく置き場; 雑貨店; (*pl.*)《集合的》雑貨 (類).
†**change** [tʃeindʒ] *vt.* 1 **変える**, 変更する, 改める: ～ one's habits [one's opinion] 習慣 [自説] を改める. Let's ～ the subject. 話題を変えよう. ～ one's name (*from*…) *to*___ 名前を (…から)—に変える. 2 変えて…にする; 〈財産などを〉《別の形に》する: The magician ～*d* him *into* an ass. 魔術師は彼をロバの姿にしてしまった. ～ jewels into land 宝石を処分して土地に替える. 3 **交換する**, 取り替える: ～ trains 汽車を乗り換える. ～ places [seats] *with* a person 人と席を交換する. ～ a dirty shirt *for* a clean one よごれたシャツをきれいなのに着替える. 4 の場所を移す; 〈人を〉更迭する: ～ one's weight *from* one foot *to* the other 体重を一方の足から他方の足へ移す. 5 〈通貨を〉両替する, 小銭にする; 〈小切手・かわせを〉現金にする: ～ dollars *into* francs ドルをフランに両替する. Can you ～ this dollar bill for me? 1ドル紙幣をくずしてくれませんか. 6 〖米〗のおおいを取り替える, に着替えさせる: ～ a bed [baby].
— *vi.* 1 **変わる**, 変化する, 変わって…になる: ～ *in* appearance ようすが変わる. The rain has ～*d to* snow. 雨が雪になった. Water ～*s into* vapor. 水は蒸気に変わる. 2 変更を行なう; 役割・席・出番などを交換する《と *with*》: If you cannot see from your seat, I'll ～ *with* you. あなたの席から見えないようでしたら, 替わりましょう. 3 (列車・バスなどを) **乗り換える**: ～ here [at Kyoto] ここで [京都で] 乗り換える. ～ *for* Boston [*to* express] ボストン行き [急行] に乗り換える. 4 (着物を) **着替える**: I won't be long *changing*. 着替えに手間はかかりません. I have nothing to ～ *into*. 着替えがなにもない.
All* ～!** どなたもお乗り換えです! **～ *about 方向転換する; 〈境遇などが〉くるくる変わる. **～ *arms*** 銃をかつぎ替える. **～ *down*** [***up***]《自動車の》ギアを低速 [高速] に入れ替える. **～ one's *feet*** 〖話〗はき物を替える. **～ *for the better*** [***worse***] 〈病気・天候などが〉よい方 [悪い方] に向かう. **～ *front*** 〖軍〗攻撃方面を変える; 論鋒(ろんぽう)を変える. **～ *hands*** 所有主が変わる. **～ one's *mind*** 考えを変える, 思い直す. **～ one's *note*** [***tune***] 調子 [態度] を変える. **～ *over*** 移り変わる, 移行する; 〈見張りなどが〉交替する; 〖電〗切り替える; 乗り換える. **～ *sides*** 味方を変える, 変節する. **～ *trains*** [***buses***] ***for*** London (ロンドン) 行きに汽車 [バス] を乗り換える.
— *n.* 1 **変化**; 変更, 変遷; 変わったこと, 新しいこと: a ～ in the daily routine 日課に生じた一つの変化. 2 交換; 乗り換え; 着替え: a ～ of clothes 着替え (の衣服). 3 **つり銭**: Here's your ～. おつりでございます. 4 **小銭**: I have no (small) ～ about [on] me. 私は小銭の持ち合わせがない. 5 (C～) 取引所《Exchange の略と誤解して 'Change とも書く》. 6 (通例 *pl.*) 〖楽〗種々変わったチャイムの鳴らし方; 鐘楽, 転調. 7 〖数〗順列.
Anything for a* ～.** 〖諺〗珍しいことはすべてよし. **～ *for the better 好転, 改良, 進歩. **～ *of air*** 転地 (療養). **～ *of life*** 婦人の更年期. **～ *of pace*** いつものやり方を変えること; 気分転換; 〖野球〗《投手が》球速を変えること. **～ *of voice*** 青春期の声変わり. ***for a* ～** (1) 変化のために; 気分を変えるために: Let's try a new restaurant (just) *for a*

～.(ちょっと) 目先を変えて別のレストランに行ってみよう. (2)(衣服など) 着替えに. ***get*** ～ 小銭を手に入れる; くずしてもらう. ***get*** ～ ***out of*** a person (人) から物をせしめる, 利得を得る. ***get no*** ～ ***out of*** a person 《議論などで》 かなわない, やっつけそこなう; (人)からなにも聞き出せない. ***ring the*** **～*s*** いろいろの調子にチャイムを鳴らす; 手を変え品を変えて言う. ***take*** one'***s*** [***the***] ～ ***out of*** a person (人)に仕返しをする. ***Take your*** ～ ***out of that!*** それだけでがまんしろ; これが返答だ 《報復などに言う》. ***undergo*** **～*s*** 変遷する.

～·màk·er 自動(硬貨)両替機. **～·ò·ver** 《政策方針の》 変更, 転換; 《内閣などの》 更迭; 《形勢の》 逆転《から *from*; へ *to*》. **～-up** [ˊ ˋ] = ～ of pace.

◇ **～·ful** [-f(u)l] *a.* 変化に富む; 変わりやすい, 不安定な. **～·ful·ly** *ad.*

(類義語) **変える, 変わる: change** 最も一般的な語だが, 以下の語との差異は全く別のものに取り替える意があることである. **alter** 一部を〔が〕変更するばあいに用いる: *alter* a suit 服がからだに合うようになおす. **transform** 形・性質・機能などを変化させる: A caterpillar is *transformed* into a butterfly. 毛虫がチョウになる. **convert** ある目的にかなうように変換する: *convert* one's bank notes into gold 銀行券を金に換える. **transmute** 良いもの・高級なものに手品を使ったように変える: *transmute* sorrow into joy 悲しみを喜びに変える. **vary** 変化の不規則性と多様性に焦点がある: His mood *varies* from hour to hour. 彼の気分は時々刻々変化する.

Change, 'Change [tʃeindʒ] *n.* 取引所 (exchange). ***on*** ～ 取引所で.

‡**cháng·e·a·ble** [tʃéindʒəbl] *a.* **1 変わりやすい**; 移り気の; 《天候などが》 定まらない. **2** 可変性の. **3** 《絹など光線のぐあいで》 色が変わって見える.

◇ **～·ness** *n.* **-bly** *ad.* **chàng·e·a·bíl·i·ty** [tʃèindʒəbíləti] *n.*

chánge·less [tʃéindʒlis] *a.* 変化のない; 一定不変の, 定まった; 単調な. ◇ **～·ly** *ad.* **～·ness** *n.*

chánge·ling [tʃéindʒliŋ] *n.* **1** 取り替えっ子; 醜い子 (elfchild) 《妖精(ようせい)が美しい子の代わりに置いていったという》. **2** 〘古〙 誠実でない人; 低能者.

‡**chán·nel**[1] [tʃǽn(ə)l] *n.* **1 海峡** 《strait より大きい》; **水路** 《河川・港湾などの深水部》; 川底: the (English) *C*～ イギリス海峡. **2** 液体を通じる導管; 《柱・敷居の》 みぞ. **3 経路**, 道筋 《知識・報道などの》; 媒介: through illegal ～*s* 不正ルートから, やみで. **4** 《話題・行動・思想の》 方向: direct the conversation to a new ～ 話題を新しい方向へもってゆく. **5** 〘放送〙 チャンネル.

—— *v.* (**-l-**, ㊌ **-ll-**) *vt.* **1** に水路を開く; にみぞを掘る. **2** 水路〔経路〕によって運ぶ; 一定方向へ向ける〔導く〕. **3** つぎ込む, 送る, 〈情報などを〉伝える.

—— *vi.* 〈土などに〉みぞができる. [canal と同語源]

C～ Islands チャネル諸島 《イギリス海峡にある》.

◇ **～(l)ed** [-d] *a.* みぞのある.

chán·nel[2] *n.* 〘海〙 張り出し板 《横静索の傾斜度を拡大する帆船の舷側(げんそく)から突き出た板》.

chan·son [F. ʃɑ̃sɔ̃, ㊍+ ʃǽnsən, -sɑn] F. *n.* シャンソン, 歌.

chant** [tʃænt/tʃɑːnt] *n.* **1 歌**, メロディー. **2** 聖歌; 詠唱 《詩編などの文句を単調に誦(しょう)すること》. **3** 詠唱口調; 単調な話しぶり. **——** *vt., vi.* **1** 〈歌・聖歌を〉うたう, 詠唱する: ～ hymns [psalms] 賛美歌をうたう. **2** 《詩歌で》 たたえうたう; ほめそやす: ～ horses 馬をだまし売りする. **3** 単調な話しぶりで話す. ～ ***the praises of をほめたたえる. [√cant-]

chan·tage [F. ʃɑ̃taʒ, ㊍+ tʃǽntidʒ] F. *n.* ゆすり (blackmail).

chánt·er [tʃǽntər/tʃɑ́ːn-] *n.* **1** 《chant を》 歌う人; 詠唱者. **2** 聖歌隊員〔長〕. **3** 《風笛の》 指管. **4** 〘英俗〙 ぺてんばくろう.

chàn·te·rélle [ʃæntərél, tʃæn-/tʃæn-] *n.* 〘植〙 アンズタケ 《食用キノコの一種》.

chan·teuse [ʃɑːtə́ːz, ʃæntúːz] F. *n.* 女性歌手 《特にナイトクラブ・キャバレーなどで歌う》.

chánt·ey [ʃǽnti, tʃǽn-/tʃɑ́ːn-] *n.* (*pl.* **～s**) はやし歌 《水夫が作業に調子をつけるために歌う》.

chán·ti·clèer [tʃǽntiklìər/ˊ－ˋ, ˋ－－ˊ] *n.* おんどり (rooster).

chan·tóose [ʃæntúːz] 〘俗〙 = *chanteuse.*

chánt·ress [tʃǽntris/tʃɑ́ːnt-] *n.* 女性歌手; 〘雅〙 歌姫.

chán·try [tʃǽntri/tʃɑ́ːn-] *n.* **1** 寄進 《死者の冥福(めいふく)を祈るためのミサまたは祈禱(きとう)料としての》; 《それで建てた》 供養礼拝堂〔祭壇〕. **2** 《教会の》 付属礼拝堂.

chánt·y *n.* (*pl.* **-ies**) = chantey.

***chá·os** [kéiɑs/-ɔs] *n.* **1** 《天地創造以前の》 **混沌(こんとん)**. **2** 無秩序, 大混乱. ↔ cosmos.

cha·ót·ic [keiɑ́tik/-ɔ́t-] *a.* **1** 混沌とした. **2** 無秩序の, 混乱した. ◇ **-i·cal·ly** [-k(ə)li] *ad.*

‡**chap**[1] [tʃæp] *n.* 〘話〙 **やつ** (fellow); 男, 男の子. ***Old*** ～***!*** やあきみ 《親しい呼びかけ》.

chap[2] *n.* (通例 *pl.*) **1** ひび, あかぎれ; 皮膚の荒れ. **2** 《木材・地面の》 ひび割れ, 亀裂(きれつ). **——** *vt.* に～をつくる. **——** *vi.* ～ ができる.

chap[3] [tʃɑp, tʃæp/tʃæp] *n.* **1** (通例 *pl.*) 《動物の》 あご, ほお (chop[3]). **2** 下あご, 片ほお 《特に豚肉にいう》. ***lick*** one'***s*** **～*s*** 舌つづみを打つ; (ごちそうを) 舌なめずりして待つ. **～·fàll·en** →別項.

chap. chapel; chaplain; chapter.

chà·pa·rá·jos [tʃɑːpəráːhous], **-ré·jos** [-réihous] *n. pl.* 〘米〙 皮ズボン 《カウボーイがズボンの上にはくもの. ふつうしりがない》.

chàp·ar·rál [tʃæpərǽl] *n.* 〘米〙 《カシの幼樹の》 茂み. ～ **cock** [**hen**] 〘米:鳥〙 カッコウの一種 (roadrunner) の雄〔雌〕.

cháp·book [tʃǽpbùk] *n.* 《昔呼び売り商人(chapman)が売り歩いた》 物語・俗謡などの小冊子.

chape [tʃeip] *n.* こじり 《刀剣のさやの》; つり金具 《皮帯にひっかける》.

「子.

cha·peau [ʃæpóu] F. *n.* (*pl.* **～*x***, **～*s*** [-(z)]) 帽

cha·peau-bras [ʃɑːpóubrɑ́ː] F. *n.* 《18 世紀の》 折りたたみ式三角帽.

‡**cháp·el** [tʃǽp(ə)l] *n.* **1 チャペル**, 礼拝堂 《大教会・学校・病院・私邸内の》. **2** 〘英〙 《イギリス非国教徒の》 教会堂. **3** 《無冠詞》 《大学などの》 礼拝式 (への出席). **4** 印刷所; 印刷工組合; 《集合的》 組合所属の印刷工. ～ ***of ease*** 《イギリス国教の》 分会堂. ***keep a*** ～ 《大学での》 礼拝式に出席する. ***Lady C***～ 〘英〙 聖マリア会堂.

cháp·er·on(e) [ʃǽpəròun] *n.* 《社交界に出る若い婦人の》 付添婦人. **——** *vt.* 〈若い婦人に〉 保護者として付き添う (escort).

◇ **cháp·er·on·age** [-idʒ] *n.* 付き添い (の役).

cháp·fàll·en [tʃɑ́pfɔ̀ːln, tʃǽp-/tʃǽp-] *a.* がっかりした, 元気のない.

cháp·i·ter [tʃǽpitər] *n.* 〘建〙 柱頭 (capital).

cháp·lain [tʃǽplin] *n.* 《宮廷・学校などの》 礼拝堂つき牧師; 《刑務所の》 教誡師; 軍隊つき牧師, 従軍牧師. ◇ **～·cy**, **～·ship** [-ʃip] *n.* ～ の職.

cháp·let [tʃǽplit] *n.* **1** 花の冠 《髪飾り》. **2** 〘カトリック〙 小じゅず 《玉数 55. rosary の 3 分の 1 の長さ》; 小じゅずを用いての祈り. **3** 〘建〙 じゅずくりがた; 玉ぶち (astragal).

◇ **～·ed** [-id] *a.* 花の冠をつけた.

Cháp·lin [tʃǽplin] *n.* Charles Spencer ～ [Charlie ～], 1889–1977, イギリス生まれの映画俳優・監督.

chaplet ①

cháp·man [tʃǽpmən] *n.* (*pl.* **-men** [-mən]) **1** 〖英〗行商人 (peddler). **2** 〖古〗商人.
cháp·pie, cháp·py[1] [tʃǽpi] *n.* **1** 〖英話〗= chap[1]. **2** しゃれ者, 粋人.
cháp·py[2] *a.* ひびだらけの (chapped).
chaps [tʃæps] *n. pl.* 〖米俗〗= chaparajos.
‡**cháp·ter** [tʃǽptər] *n.* **1** 《書物・論文などの》章《略chap., ch., c.》. **2** 《史上・人生などの》一時期; 一時期を画するようなできごと, 挿話(ぞう). **3** 参事会《cathedral または大学付属寺院の僧 canons が組織する》; 僧会《地方教団の》; 《一般的》総会. **4** 《組合・協会などの》支部.
a ~ of accidents 事故〔不幸〕の連続. ***~ and verse*** (1)〖聖〗章と節; 正確な出典. (2) 詳細に. ***read*** a person ***a ~*** (人に) お説教をする. ***to*** 〔***till***〕 ***the end of the ~*** 最後まで; 永久に.
―― *vt.* 章に分ける; 章に分けて整理する. [√capit-]
~ house (1) 聖堂参事会集会所. (2)〖米〗支部会館《特に fraternity や sorority の》.
char[1] [tʃɑːr]〖英〗*n.* **1** 雑用 (=㊥ chore). **2** = charwoman. ―― *v.* (**-rr-**) *vi.* 雑用をする; 日雇いで家事をする. ―― *vt.* **1** 〈家事などを〉する. **2** 修理する.
char[2] *vt., vi.* (**-rr-**) **1** 焼いて木炭にする, 炭になる. **2** 焦がす, 焦げる, 黒焦げにする〔なる〕. ―― *n.* 炭, 木炭. **~·coal** →別項.
char[3], **charr** *n.* (*pl.* **~s**, 《集合的》 **~**) 〖魚〗カワマス・イワナの類.
char[4] *n.* 〖俗〗茶 (tea).
chár·a·banc, ***char-à-banc*** [ʃǽrəbæŋ(k)/-bæŋ] F. *n.* 大型遊覧バス.
‡**chár·ac·ter** [kǽriktər, -rək-] *n.* **1** 特性, 特質, 性質. **2** 人格, 性格, 品性. **3** 高雅な品格, ほねっぷし: a man of ~ 人格者, 気骨のある人. **4** 声望, 名声; 評判: get a good 〔bad〕 ~ よい〔悪い〕評判をとる. **5** 人物, 人, 人間: a public ~ 公人. a good 〔bad〕 ~ 善〔悪〕人. **6** 偉人, 傑物; 〖話〗奇人, 変わり種. **7** 《劇・小説の》(登場) 人物, 役柄. **8** 身分, 資格. **9** 人物証明書, 推薦状《前の雇い主が使用人に与える》. **10** 《物の性質を示す》符号, 記号. **11** 文字, 字体, 書体: a Chinese ~ 漢字. ***give*** a person ***good*** 〔***bad***〕 **~** (人を) 推奨する〔しない〕. ***in ~*** 柄に合って, 役にはまって; ふさわしく《に *with*》. ***in the ~ of*** の資格で. ***It takes ~ to*** (do) …するには勇気がいる. ***out of ~*** 柄になく, 役に不向きな《の *with*》; 《着物など》似合わない.
―― *vt.* 〖雅・古〗 **1** 描き出す, 記述する; の特性をあらわす. **2** 彫りつける.
~ actor 〔**actress**〕 性格俳優. **~ assassination** 人身攻撃. **~ sketch** 性格描写 (を目的とした短いエッセイ・作文).
◇ **~·ful** [-f(u)l] *a.* 特色をあらわす; 特徴的な. **~·less** *a.* 特徴のない, 平凡な; (人物) 証明書がない.

〖類義語〗 性格: **character** 主として道徳的な性格, 意志の強さなどをあらわす. 人格. **individuality** 他人と異なる性格. 個性: a man of strong *individuality* 個性の強い人. **personality** 内面的な性格と外面的なようすが合わさったもので人に与える印象としての性格. 人柄: a man of pleasing *personality* 気持ちのいい人柄の人.
〖類〗 → **quality**「性質」

‡**chàr·ac·ter·ís·tic** [kæriktərístik, -rək-] *a.* **特色をなす**, 特質的な, 独自の: the ~ taste *of* honey みつ特有の味. The violent temper was ~ *of* him.、激しい気性は彼の特徴であった. It is ~ *of* him to go to work before breakfast. 朝食前に仕事にかかるとはいかにも彼らしい.
―― *n.* **1** 特質, 特色, 特徴; 特性. **2** 〖数〗《対数の》指標.
◇ **-ti·cal·ly** *ad.* 特質〔特徴〕として; 典型的に; 特性を示すように, いかにも…らしく: *Characteristically,* he refused. いかにも彼らしく, 断わってしまった.
〖類〗 → **quality**「性質」
chár·ac·ter·ize** [kǽriktəràiz, -rək-] *vt.* **1** の特色をなす, 特徴づける; の性格をあらわす. **2** の特性を記述〔描写〕する: ~ her in a few words 数語で彼女の性格をうまくとらえる. **3** の性格を規定する《と *as*》: ~ a person *as* a coward 人をおくびょう者と見る. ―― *vi.* 性格描写を行なう. ***be ~d by の特徴がある. ◇ **chàr·ac·ter·i·zá·tion** [kæriktərizéiʃ(ə)n, -rək-, -raiz-] *n.* 特性づけ; 性格描写.
chár·ac·ter·y [kǽrikt(ə)ri, -rək-] *n.* **1** 《集合的》文字, 記号. **2** 文字〔記号〕の使用.
cha·ráde [ʃəréid/ʃəráːd] *n.* ことば当て, ジェスチャーゲーム《動作で語句を音節ごとに示して当てさせるゲーム》; 《そのゲームの》動作で示す語句.
cha·rán·go [ʃərǽŋgou] *n.* (*pl.* **~s**) 南アメリカの小型ギター.
***chár·coal** [tʃɑ́ːrkòul] *n.* **1** 木炭, 炭. **2** 〖画〗《下絵を描くに用いる》炭筆; 木炭画.
~ burner (1) 炭焼き人〔かまど〕. (2) 木炭こんろ, 火ばち. **~ drawing** 木炭画. **~ paper** 木炭紙.
chard [tʃɑːrd] *n.* 〖植〗不断草, トウヂシャ.
chare [tʃɛər] *n.* 〖英〗= char[1].
‡**charge** [tʃɑːrdʒ] *vt.* **1** 〈車・船などに〉 **荷を積む**. **2** 〈電池に〉充電する; 〈銃に〉装てんする: ~ a gun *with* a shot 銃にたまを込める. **3** 《一般的》に**詰める**, 満たす: ~ one's memory *with* trifles 頭につまらないことをいっぱい詰める. **4** に**負わす**, に**課する**, に委託する: ~ a person *with* a task 人に任務を課する. **5** に命令〔指示〕する: I am ~*d to* give you this letter. あなたにこの手紙をお渡しするように言いつけられています. **6** に帰する, に負わす《罪などを》; 告発する, 告訴する: ~ a person *with* a crime 人に罪を着せる; 犯罪のかどによって人を告発する. ~ a person *with* carelessness 人の不注意を責める. **7** 〈罪などを〉負わせる, 告発〔告訴〕する: ~ a crime *on* a person 罪を人に着せる. **8** 〖米〗非難する《と *that*》. **9** 〈税金・料金など, もしくは一定額を〉 **負担させる**, **請求する**, 払わせる: They ~*d* me five dollars *for* the book. 私はこの本に5ドル払わせられた. How much do you ~ *for* this? この料金〔値段〕は幾らですか. ~ $2 a yard 1ヤード2ドルの値をつける〔で売る〕. ~ a tax *on* an estate 財産に税金をかける. **10** の料金を課する〔取り立てる〕; の代価を徴収する: ~ the postage *to* the customer 送料を買い主もちにする. ~ steel at $150 a ton 1トン150ドルで鋼鉄を売る. **11** 勘定につけておく: *C~* it. 《店で》代金は勘定につけておいてください. **12** 〈銃剣を〉突き出す; 〈敵に向かって〉突撃する, 〈敵を〉攻撃する.
―― *vi.* **1** 料金をとる, 支払いを求める《の *for*》. **2** 突撃する, 突進する《に向かって *on, at*》; 〖話〗ぶつかってゆく《に *into*》. **3** 〈犬が〉命令を受けて伏せる.
be ~d with (1) で満たされている. (2) を任されている, の責任を負わされている. (3) の罪を負わされている. ***~ off*** (1) 損失として差し引く. (2) 《…の》一部とみなす: A bad mistake must be ~*d off* to experience. ひどいあやまちも経験の一つ. (3) 《原因を》…に帰する《に *to*》. ***~ ... to*** a ***person's account*** …を (人) の勘定につけておく. **~ a person *with*** (1) (人に)…を託する; (人に)…の責任を負わせる. (2)(人を)…のかどで非難する. **~ *oneself with*** 自ら…の任に当たる; の責任を引き受ける.
―― *n.* **1** 荷, 荷物. **2** 充電; 《銃の》装てん, 《弾丸の》装薬; 《原鉱の》投入; 充電〔装薬, 投入〕量. **3** **責任**, 義務; 責務, 職務: assume a responsible ~ 責任ある職責を引き受ける. **4** 委託, 管理, 世話, 保護: a child *in ~ of* a nurse うばに預けられている子. a nurse *in ~ of* a child 子どもを預かっているうば. **5** 預かっている物〔人〕; 受け持ちの生徒〔信徒〕. **6** 命令, 指示: receive one's ~ さしずを

受ける. **7 非難**; 告発, 告訴; 罪科: He is wanted *on* a ~ of burglary. 彼は強盗のかどでお尋ね者である. **8 負担, 料金**, 《支払うべき》勘定: a ~ *on* the state 国家の負担. No ~ is made for the service. サービス料はいただきません. put down a sum *to* a person's ~ 金額を人の勘定につける. **9** 請求金額; 賦課金, 金; (しばしば *pl.*) 諸掛かり, 費用. **10** 〖軍〗**突撃**, 進撃; 〖フットボール〗チャージ《相手のボールを奪取すること》. **11** 〖紋〗紋章, 意匠. ***at a small*** ~ わずかな料金で. ***at*** one***'s own*** ~ 自費で. ***be a*** ~ ***on*** a person (人)に負担をかける; (人)の世話になる. ***bring a*** ~ ***of*** theft ***against*** を(窃盗罪)で告発する. ~***s forward*** [***paid***] 諸掛かり先払い〔支払い済み〕. ***free of*** ~ 無料で. ***give*** a person ~ ***over*** を(人に)託する. ***give*** a person ***in*** ~ (人を)警察に引き渡す. ***give*** a thing ***in*** ~ ***to*** a person (物を人)に預ける. ***have*** ~ ***of*** =take ~ of. ***in*** ~ (1) 担当の, 受け持ちの: the physician *in* ~ 主治医. (2) 〖英〗逮捕されて. ***in*** ~ ***of*** → *n.* ④. ***in full*** ~ まっしぐらに. ***lay a*** ~ ***on*** に責務を課する. ***lay*** a thing ***to*** a person***'s*** ~ (ことを人)の責任〔罪〕とする. ***make a*** ~ ***against*** を非難する; を攻撃する. ***make a*** ~ ***for*** の料金を(別に)徴収する. ***No*** ~ ***for admission.*** 入場無料. ***on*** (***the*** [***a***]) ~ ***of*** = ***on*** ~***s of*** の罪で, の嫌疑(ぎ)で. ***put*** a thing ***under*** a person***'s*** ~ (物を人)に預ける. ***return to the*** ~ 突撃〔議論〕をやりなおす. ***sound the*** ~ 突撃らっぱを吹く. ***take*** ~ ***of*** を引き受ける, を世話する. ***take*** a person ***in*** ~ (人を) 警察で引き取る; (人を) 逮捕する. ***without*** ~ 無料で, 手数料不要(で). [√car(r)-. 車に(荷を)積む]

◇ **~d** *a.* **1** ~された. **2** 《ふんい気・話題などが》緊張した, 一触即発の, 議論の起こりやすい.

〔類〕 → **price**「値段」, → **rush**「突進する」

chárge·a·ble [tʃáːrdʒəbl] *a.* **1** とがめられるべき, 非難されるべき, 告発されるべき: ~ *with* all the guilt あらゆる罪を負わされるべき. **2** 負わされるべき, 負担になる; 責任になる; 公共の世話になる: repairs ~ *on* the owner 所有者支弁の修繕. The support of children is ~ *upon* parents. 子どもの扶養は両親のつとめだ. an old woman ~ *to* the parish 教区で扶養すべき老婆. **3** 《害悪・損害などが》帰せられるべき《に *to*》: ills ~ *to* modern technology 近代技術に起因する悪. **4** 《土地などが》課税されるべき; 《税が》課せられるべき: a duty ~ *on* wine ブドウ酒税.

char·gé d'af·faire [ʃaːrʒéidæféər/ˊ---ˊ] F. (*pl.* ***char·gés d'af·faires*** [ʃaːrʒéiz-/ˊ---ˊ]) 代理大使〔公使〕.

chárg·er[1] [tʃáːrdʒər] *n.* **1** 突撃者; 攻撃者. **2** 〖軍〗(乗用)軍馬. **3** 装薬器; 充電器. **4** 〖廃〗告発者.

chárg·er[2] *n.* 〖古〗大ざら.

chár·i·ly, chár·i·ness → chary.

Chár·ing [tʃǽriŋ] ~ ***Cross*** ロンドン市の中央にある繁華な広場.

***chár·i·ot** [tʃǽriət] *n.* **1** (古代の) **戦車**《戦争・狩猟・競走に用いた2輪馬車》. **2** 《18世紀の》4輪軽装馬車. **3** 〖雅〗壮麗な車. —— *vt.* 戦車〔馬車〕で運ぶ. —— *vi.* 戦車をかる, 戦車に乗る.

chàr·i·ot·éer [tʃæ̀riətíər] *n.* **1** 戦車の御者. **2** (C~) 〖天〗御者座 (Auriga).

chár·ism [kǽriz(ə)m] = charisma.

cha·rís·ma [kərízmə] *n.* (*pl.* **~·ta** [-mətə]) 〖宗〗カリスマ《神授の力. 特に大衆を服せしめる力〔権威〕》. ◇ **chàr·is·mát·ic** [kæ̀rizmǽtik] *a.*

chár·i·ta·ble [tʃǽritəbl] *a.* **1** 慈悲ぶかい; 寛大な, 寛容な. **2** 慈善の: a ~ institution 養護施設. ◇ **~·ness** *n.* **-bly** *ad.*

‡**chár·i·ty** [tʃǽriti] *n.* **1** 《神の人間に対する, または人間の同胞に対するキリスト教的》**慈愛**, いつくしみ, 博愛, 愛; 思いやり, 寛容. **2** (しばしば *pl.*) **慈善**(行為); ほどこし, 慈善のための寄付, 救援金, 慈善基金. **3** (*pl.*) 慈善事業. **4** 慈善団体; 養育院, 施療院. ***a Brother*** [***Sister***] ***of C~*** 慈善団の一員. ***as cold as*** ~ きわめて冷淡で; 出ししぶって. ***C~ begins at home.*** 〖諺〗愛はまず肉親より. ***in*** [***out of***] ~ 愛の精神から. ***Sisters of C~*** 慈善婦人団.

~ **ball** [**bazaar, concert**] 慈善舞踏会〔バザー, 音楽会〕. ~ **hospital** 慈善病院.

cha·rì·va·rí [ʃərìvəríː, ʃìv-, ʃàːriváːri/ʃáːriváːri, ˌ-ˌ-ˊ-] *n.* **1** どんちゃんセレナーデ《往々新婚夫婦を祝うためなべ・やかんなどをたたいて行なう》. **2** どんちゃん騒ぎ.

chár·là·dy [tʃáːrlèidi] 〖英〗= charwoman.

chár·la·tan [ʃáːrlət(ə)n] *n.* 知ったかぶりの人, ほら吹き; 山師; いんちき医者. —— *a.* いかさまの. ◇ **~·ism** [-ìz(ə)m], **~·ry** *n.* 知ったかぶり, ほら, 山師的行為, いかさま.

Chár·le·màgne [ʃáːrləmèin/-méin, -máin] *n.* チャールズ大帝, シャルルマーニュ, 742–814, フランク族の王《西ローマを再興し, その皇帝となった, 800–814》.

Chárles's [tʃáːrlziz] ~ ***Wain*** 〖天〗北斗七星.

Chárles·ton [tʃáːrlztən, -ls-] *n.* **1** 〖米〗チャールストン《軽快な fox trot の一種》. **2** アメリカ West Virginia 州の州都. —— *vi.* ~を踊る.

chár·ley [tʃáːrli] ~ ***horse*** 〖米話〗《運動選手などの手足の》筋肉硬直.

chár·lock [tʃáːrlək/-lɔk] *n.* 〖植〗野生カラシナ.

chár·lotte [ʃáːrlət] *n.* シャーロット《くだもの・クリームなどをパン・カステラに包んだプディング》.

~ **russe** [-rúːs, ㊥+-rúːʃ] カスタード〔クリーム〕入りケーキ.

Chár·lotte [ʃáːrlət] *n.* アメリカ North Carolina 州の都市.

‡**charm** [tʃaːrm] *n.* **1 魅力**; (通例 *pl.*) 美点; 美観; 《女の》器量, なまめかしさ. **2 魔力**, まじない; 呪文(じゅ), まじないの文句. **3** お守り, 魔よけ, 護符. **4** 小さい飾り物《とけいの鎖など》. ***act like a*** ~ 〈薬などが〉不思議なほどきく. ***be under the*** ~ 魔力にかけられている.

—— *vt., vi.* **1 魅する**, うっとりさせる, 魅力がある. **2** 喜ばせる: I shall be ~*ed* to see you. お目にかかれればほんとうにうれしい. **3 魔法にかける**: ~ a person to sleep うっとりとさせて眠らせる. **4** 〈ヘビを〉慣らす, 使う. **5** 〖古〗に呪文をかける; 魔力で守る. ***bear a*** ~***ed life*** 不死身である. ***be*** ~***ed with*** に魅せられる, …がすっかり気に入る. ~ ***away*** cares [***grief, troubles***] 心配〔悲しみ, 苦労〕を忘れさせる. ~ a secret ***out of*** たぶらかして…から(秘密を)探り出す. ~ one***'s way out of*** 人柄の魅力で…から抜け出す.

◇ **~·er** *n.* **1** 魔法使い; ヘビ使い. **2** 〖古・笑〗美女. ‡ **~·ing** [-iŋ] *a.* 魅力的な, 美しい; 好ましい, 楽しい.

char·meuse [ʃaːrmə́ːz] F. *n.* シャルムーズ《しゅすの一種》.

chár·nel [tʃáːrn(ə)l] *a.* 納骨堂の(ような); 気味の悪い, 陰気な. —— *n.* 納骨堂 (= ~ house).

Chár·on [kéː(ː)rən/kéər-] *n.* **1** 〖ギ神〗カロン《三途(さず)の川 (Styx) の渡しもり》. **2** 〖笑〗渡しもり. **~'s boat** [**ferry**] 臨終.

chár·qui [tʃáːrki] *n.* 切り干し牛肉 (jerk).

charr = char[3].

‡**chart** [tʃaːrt] *n.* **1 海図**, 水路図. **2 図表**, 図: a weather ~ 気象図. —— *vt.* **1** 海図・表などにつくる〔で示す〕. **2** 立案〔計画〕する.

◇ **~·less** *a.* 海図のない; 海図に(載ってい)ない: a ~*less* island.

‡**chár·ter** [tʃáːrtər] *n.* **1 憲章**, 宣言書《目的・綱領などの》. **2** 《会社などの》設立綱領(書), 設立. **3** 特許状, 免許状《主権者・政府が自治都市

などの創設の際に与える》;《協会・組合・大学などの》支部設立許可(状). **4** 特権. **5**《バス・飛行機などの》**チャーター契約**(書), 貸し切り;《船の》用船契約. ***the Atlantic C～*** 大西洋憲章. ***the C～ of the United Nations*** 国連憲章. ***the Great C～*** 〘英史〙大憲章 (Magna Charta). ***the People's C～*** 〘英史〙国民憲章.

— *vt.* **1** に特許〔免許〕を与える. **2** 〈会社などを〉設立する. **3** 〈飛行機・バス・船などを〉**チャーターする**, 貸し切りにする〔借り切る〕.

～ member 〘米〙《クラブ・協会・会社の》創立委員. **～ party** 用船契約(書)《略 C/P》

◇ **chár·ter·er** [tʃɑ́:rtərər] *n.* 用船者〔主〕.

chár·tered [tʃɑ́:rtərd] *a.* **1** 特許を受けた, 免許の; 公認の: a ～ accountant 〘英〙公認会計士. **2** 貸し切りの; 用船契約をした: a ～ bus.

～ libertine 天下御免の道楽者.

Chár·ter·house [tʃɑ́:rtərhàus] *n.* **1** カルトジオ会修道院 (Carthusian monastery). **2** ロンドンのカルトジオ会修道院の跡に建てられた養育院. **3** 同上に設けられたのち Godalming に移転した有名な public school.

Chárt·ism [tʃɑ́:rtiz(ə)m] *n.* 〘英史〙人民憲章運動《1838–48 年間に人民憲章の通過を議会に迫った運動》; その主義. ◇ **-ist** *n.* 人民憲章運動主義者.

char·tóg·ra·phy [kɑ:rtɑ́grəfi/-tɔ́g-], etc. = cartography, etc.

char·tréuse [ʃɑ:rtrə́:z] *n.* **1** (C～) カルトジオ会修道院. → Carthusian. **2**《初め同上修道院僧がつくった》リキュールの一種. **3** 黄色がかった薄緑.

chár·tu·lar·y [kɑ́:rtʃulèri/-tjuləri] *n.* 特許状台帳, 登記簿.

chár·wòm·an [tʃɑ́:rwùmən] *n.* (*pl.* **-wòm·en** [-wìmin])《日雇いの》雑役婦, 派出婦.

chár·y [tʃé(:)ri/tʃéəri] *a.* **1** 用心ぶかい, 慎重な《に *of*》. **2** 容易に行動しない《*in* (do)*ing*》. **3** 恥ずかしがる. **4** 物をたいせつにする; 物惜しみする, けちな: ～ *of* praise 容易にほめない. **5** より好みする, やかましい《を, に *about*》.

◇ **chár·i·ly** *ad.* **chár·i·ness** *n.*

Cha·rýb·dis [kəríbdis] *n.* Sicily 島沖の大うずまき《舟を飲むと伝えられる》. → Scylla. ***between Scylla and ～*** 進退きわまって.

‡**chase**[1] [tʃeis] *vt.* **1** 追う, 追跡する; 追撃する. **2** 追い払う《から *from, out of*》; 追い込む《へ *into, to*》: ～ fear *from* one's mind 恐怖心を追い払う. ～ the dog *out of* the garden 庭から犬を追い出す. **3** のあとを追う, につきまとう. **4** 狩る. **—** *vi.* **1** 追う, 追い求める; 〘話〙急ぐ《のあとを *after*》. **2** 走る. **～ one*self*** 〘米話〙逃げる, 立ち去る.

— *n.* **1** 追跡, 追撃, 追求. **2** 狩猟;《集合的》狩猟家; 〘英〙私有の猟場; 〘英〙狩猟権. **3** 追われるもの; 獲物. ***give ～ to*** を追跡する, を追撃する. ***in ～ of*** を追って.

chase[2] *n.* 〘印〙チェース《組み版の締めわく》.

chase[3] *n.*《金属の》彫り模様. **—** *vt.* に彫り模様を施す.

chase[4] *n.* **1** 前身《砲身の砲耳から砲口まで》. **2**《管などを挿入する》ほそ穴. **—** *vt.* にみぞを彫る.

chás·er[1] [tʃéisər] *n.* **1** 追い手, 追っ手. **2** 狩猟家. **3** 〘海〙追撃艦; 追撃砲 (chase gun). **4** 〘空〙追撃機. **5** 〘米話〙強い酒のあとの飲み物《水・炭酸水》; コーヒーなどのあとに飲む少量の強い酒.

chás·er[2] *n.* **1** 彫り師. **2** 彫刻道具.

chasm [kǽz(ə)m] *n.* **1**《地面・岩などの》深い割れ目; 山峡. **2**《壁などの》ひび, すきま. **3**《感情・意見などの》隔たり《*between*》; 離別. **4** 脱落, 落ち, 空白. ◇ **～ed** [-d] *a.* 割れ目のある. **～·y, chás·mal** [kǽzm(ə)l] *a.* 割れ目の多い.

chasse [ʃæs] F. *n.*《コーヒー・たばこなどをのんだあとの》口直しのリキュール酒.

chas·sé [ʃæséi/⌐–] F. *n.* シャッセ《ダンスの急速なステップ》. **—** *vi.* (**～*d***; **～·*ing***) シャッセで踊る. **～ *croisé*** [-krwɑ:zéi, -⌐–] 二重すべり足; むだな策略.

chas·seur [ʃæsə́:r] F. *n.* **1** 追撃兵《機動訓練されたフランスの歩兵または騎兵》. **2** 猟師. **3**《そろいの服を着た》従僕;《フランスのホテルの》ボーイ.

chás·sis [ʃǽsi, ㊟+ -sis] *n.* (*pl.* **chás·sis** [ʃǽsiz]) **1** わく組み, 箱. **2**《自動車・馬車などの》車台, シャーシー. **3**《大砲などの》架台. **4**《飛行機の》脚部. **5** 〘ラジオ〙シャーシー《セットを組み立てる台》. **6** 〘俗〙からだ, 姿.

chaste [tʃeist] *a.* **1** 純潔な, 清らかな; 貞節な. **2** 高雅な, 上品な. **3**《文体・意匠などが》純正な, 簡素な. → 名詞 chastity.

◇ **～·ly** *ad.* **～·ness** *n.*

chás·ten [tʃéisn] *vt.* **1** 〈神・苦労が人を〉懲らしめる, 鍛える. **2** 〈熱情などを〉おさえる, 和らげる; 清める, 純化する. **3** 〈思想・文体などを〉洗練する.

◇ **～ed** *a.* 懲らしめられた; かどがとれた, 静かになった.

chas·tíse [tʃæstáiz] *vt.* **1** に体罰を与える, 打ち懲らす. **2** 〘古〙洗練する. ◇ **～·ment** *n.* **chas·tís·a·ble** *a.* **chas·tís·er** *n.*

chás·ti·ty [tʃǽstiti] *n.* **1** 純潔; 貞節. **2** 上品さ, 高雅. **3**《文体などの》純正, 簡素さ.

chás·u·ble [tʃǽzjubl] *n.* カズラ《司祭が聖餐・ミサに用いるそでのない式服》.

chasuble

‡**chat**[1] [tʃæt] *vi.* (**-tt-**) (くつろいで) **雑談する**, 談話する, おしゃべりする: Let's ～ over a cup of tea. お茶でも飲みながら話しましょう. 〈注〉ときに目的語をとる: *chat* politics 政治を談ずる. **～ *away* one's *time*** おしゃべりして時を過ごす. **—** *n.* **雑談**, 閑談, 世間話. ***have a ～*** (***with***) (と) 雑談する.

◇ **～·ty** [tʃǽti] *a.* おしゃべりの, 話し好きの; 打ち解けた, 雑談(風)の.

chat[2] *n.* 〘鳥〙ツグミ科の小鳥《ノビタキなど》.

châ·teau [ʃætóu/ʃɑ́:tou] F. *n.* (*pl.* ***-teaux*** [-(z)]) 城; 屋形, 大邸宅.

cha·teau·bri·and [F. ʃatobriɑ̃, ㊟+ ʃætóubriənd] *n.* 〘料理〙シャトーブリアン《揚げたジャガイモを添えたビフテキ》. [<F.]

chát·e·laine [ʃǽt(ə)lèin] *n.* **1** 城主の奥方; 女城主;《豪家の》女主人. **2** 婦人の腰鎖《とけい・かぎなどをつるす》.

cha·tóy·ant [ʃətɔ́iənt] *a.* 玉虫色の; 光沢〔色彩〕の変化する.

Chàt·ta·nóo·ga [tʃæt(ə)nú:gə] *n.* チャタヌーガ《アメリカ Tennessee 州西南部の都市》.

chát·tel [tʃǽtl] *n.* **1** (通例 *pl.*) 家財. **2** 〘法〙動産. **3** どれい. ***goods and ～s*** 家財道具.

～ mortgage 動産抵当. **～s personal** 動産. **～s real** 準不動産《借地権など》.

‡**chát·ter** [tʃǽtər] *vi.* **1** (意味もなく) ぺちゃぺちゃしゃべる. **2** 〈鳥が〉さえずる; 〈サルが〉キャッキャッと鳴く. **3** 〈小川が〉さらさら流れる. **4** 〈歯・機械などが〉ガタガタ鳴る. **—** *vt.* **1** 早口に言う. **2** 〈歯を〉がたがたさせる. **—** *n.* **1** おしゃべり. **2** さえずり; キーキー鳴く声. **3**《小川の》せせらぎ;《歯などの》ガタガタいう音. **～·box** よくしゃべる人, おしゃべり(屋).

◇ **～·er** [-tərər] *n.* おしゃべりする人; 美鳥《中央・南アメリカ産のレンジャクなどの類》.

Cháu·cer [tʃɔ́:sər] *n.* Geoffrey [dʒéfri-] ～, 1340?–1400, イギリスの詩人《*The Canterbury Tales* の作者》.

Chau·cé·ri·an [tʃɔ:sí(:)riən/-síər-] *a.* Chaucer (風)の. **—** *n.* Chaucer 研究者.

chaud-froid [ʃóufrwɑ́:] F. *n.* ゼリーまたはマヨネーズソースをかけた冷肉料理.

cháuf·fer [tʃɔ́:fər] *n.* 小こんろ《持ち運びできる》.

chauf·feur [ʃóufər, ʃofə́:r] F. *n.* (*fem.* ***chauf·feuse*** [ʃoufə́:z]) 運転手《自家用車の》.
—— *vt.* の運転手をつとめる; 乗せて行く.

chaul·móo·gra [tʃɔ:lmú:grə] *n.* 〖植〗 タイフウシ《インド産の木. その油は皮膚病・らい病の特効薬》.

Chau·táu·qua [ʃətɔ́:kwə/tʃɔ:tɔ́:-] *n.* **1** New York 州南西部の湖; その湖畔の村. **2** (c～)《教育と娯楽とを兼ねた》夏期野外講習会; 文化講座.

cháu·vin·ism [ʃóuvinìz(ə)m] *n.* 盲目〔好戦〕的愛国心; 排外主義; 対外強硬論. → jingoism.
◇ **-ist** *n.* 盲目的愛国者, 好戦的排外主義者. **chàu·vin·ís·tic** [ʃòuvinístik] *a.* **chàu·vin·ís·ti·cal·ly** *ad.*

chaw [tʃɔ:] *vt., vi.* 〖卑〗 かむ, むしゃむしゃかむ. ～ ***up*** 〖米〗《試合などで》さんざんにやっつける; に大けがをさせる, ぶちこわす. **——** *n.* 〖俗〗 一かみ《の量》, 一ほおばり; 《一かみの》かみたばこ.

Ch. E., Che. E. Chemical Engineer.

‡**cheap** [tʃi:p] *a.* **1** 安い, 安値の. **2** 安売りする, 安物を売る: a very ～ store とても安い店. **3** 安く手にはいる〔はいった〕; 労せずしての: a ～ victory 楽勝. **4** 安っぽい, つまらない, 俗悪な: ～ quality 低級. ～ emotion うすっぺらな感動. **5** 購買力〔交換価値〕の低下した; 低利の: ～ money 金利の低い金. **6** 〖俗〗 しょげて, 恥ずかしい: feel ～ *about* one's mistake 自分のまちがいにしゅんとする, 肩身のせまい思いをする. **7** 〖英〗 割引の: a ～ car 〔ticket〕 割引電車〔切符〕. a ～ trip 〔tripper〕《汽車などの》割引旅行(者). **(*as*) ～ *as dirt*＝*dirt* ～** 非常に安い, 捨て値の. **～ *and nasty*** 安かろう悪かろうの. ***get off*** ～ 罪が軽くてすむ. ***have a ～ opinion of*** を高く買わない, を軽んずる. ***hold*** a person 〔a thing〕 ～ 見くびる. ***make*** one***self too*** ～ 自分を安っぽくする《あまり軽々しく人に接するなど》. ***on the*** ～ 〖英話〗 安く《旅行をするなど》.
—— *ad.* 安く. ***buy*** 〔***get, make***〕 a thing ～ (物を)安く買う〔手に入れる, つくる〕.
～-Jack, ～-John [⊥⊥] 行商人; 安物屋. **～·skate** [⊥⊥] けちん坊.
◇ ***～·ly** *ad.* 安く; 安っぽく. **～·ness** *n.* 安さ, 安価; 安っぽさ.
[類義語] 安い: **cheap**「徳用」で値うちのあるばあいもあるし, 安かろう悪かろうで「安っぽい」ばあいもある. **inexpensive** cheap の「安っぽい」という方の意味を避けるための社交的考慮から cheap よりひんぱんに用いる. **low-priced** 事務的・客観的に価格が低いことを意味する.

chéap·en [tʃí:p(ə)n] *vt.* **1** 安くする, の値をまける. **2** 安っぽくする; 粗悪にする. **3** 見くびる, 安く見る.
—— *vi.* 安くなる.

Chéap·sìde [tʃí:psàid/⊥⊥] *n.* ロンドンの中央部を東西に横切る大通り《中世に市がたったところ》.

‡**cheat** [tʃi:t] *vt.* **1** 欺く, だます. **2** 詐取する, だまし取る. **3** うまくのがれる: ～ the gallows 絞首刑をのがれる. **4** 〈たいくつ・悲しみなどを〉 まぎらす: ～ fatigue まぎらして疲れを忘れる. **——** *vi.* **1** 不正をする, いんちきをする. **2** 不貞をはたらく《に *on*》. ～ ***at*** cards (トランプ) でずるをする. ～ ***in the examination*** 試験で不正行為をする. 〈注〉日本の学生が用いる「カンニング」の意味は英語の cunning にはない. ～ a person ***into*** … (人を) だまして…させる. ～ a person ***of*** 〔***out of***〕 a thing ＝ ～ a thing ***out of*** a person (人)をだまして(物を)奪い取る.
—— *n.* **1** ごまかし, 詐欺; 《試験の》カンニング (cheating). **2** 詐欺師; 《一般的》信用できない人間: He is a ～ and a liar. **3** 大麦の類の草(chess).
◇ **～·er** *n.* 詐欺師, ぺてん師, カンニングをやる生徒. **～·ing·ly** *ad.*

‡**check** [tʃek] *n.* **1** 阻止, 抑制, 停止; 《突然の》妨害; 反撃; 頓挫(とんざ): The enemy met with a ～. 敵は食い止められた. **2** 食い止めるもの, 止め具《止め綱・制動機・せんなど》: a ～ for a wheel 車の輪止め. **3** 照合, 点検, 検査, 試験. **4** 照合; 照合の印 (＝～ mark)《記号✓》. **5** 合い札, 割り符. **6** チッキ. **7** 〖米〗 小切手, チェック (＝[英] cheque); 〖米〗《商店・食堂などの》伝票: a ～ for $150 150 ドルの小切手. **8** こうしじま, チェック柄〔の織物〕. **9** 〖米〗 数とり(札). **10** 《木材の》切り込み, 裂け目. **11** 〖チェス〗 王手(攻め).
a ～ to bearer 持参人払い小切手. ***a ～ to order*** さしず式小切手. ***baggage ～*** 荷物の合い札. **～*s and balances*** 〖米〗 抑制と均衡. ***draw a ～*** 小切手を振り出す. ***hand*** 〔***pass***〕 ***in*** one's **～*s*** トランプの数とり札を親に返す; 〖俗〗 死ぬ. ***hold*** 〔***keep***〕 ***in*** ～ 防ぐ, 食い止める, 押える. ***keep a ～ on*** を追求する, を注視する; を抑制する.
—— *vt.* **1** 阻止する, 妨害する; 反撃する. **2** 抑制する, 押しとどめる: ～ one's laugh 笑いを押える. **3** 照合する, 検査する, 点検する: ～ a copy *with* the original 写しを原本と照合してみる. *C*～ your accounts. 勘定を調べてみてください. ～ a translation *for* accuracy 翻訳が正確か否か調べる. **4** に照合の印をつける《*off*》. **5** に合い札をつける; 〈物を〉チッキで送る, 一時預け〔預かり〕する: Have you ～*ed* your baggage? 荷物をチッキにしましたか. **6** 〈預金を〉小切手で出す《*out*》. **7** にこうしじま模様をつける. **8** 〖チェス〗〈王に〉王手をかける. **9** 〖英: 軍〗 叱責(しっせき)する.
—— *vi.* **1** (正確に) 一致する《と *with*》. **2** 調査する《(*up*) *on*》: I will ～ *up on* the matter. その問題は調べてみましょう. **3** (急に) 止まる; 〖狩〗〈犬が〉臭跡を失って立ち止まる. **4** 〖チェス〗 王手をかける. **5** ひびがはいる, 割れ目ができる.
～ *and balance* 〖米〗 行き過ぎを押えて均衡をとる. **～ *in*** 〖米〗《ホテルに記帳して》宿泊する; 手荷物を預け預かり証をもらう; 《大会に記帳して》出席する; 〖米話〗 出勤する, 到着する《「タイムレコーダーで記録する」から》; 〖米俗〗 死ぬ. **～ *off*** チェックする, 引き合わせ済みの印をする; 〖米〗 控除する. **～ *out*** 〖米〗 (1) 小切手にして支払う; 〈銀行預金を〉小切手で引き出す. (2) 〈客が〉勘定を払って宿を出る. (3) 札を渡して預けた品を受け出す. (4) 《スーパーマーケットで》品物の値を合計する. (5) 〖米俗〗 退庁〔退社〕する《「タイムレコーダーで記録する」から》, 立ち去る; 退職する; 死ぬ. (6) 《図書館で》本を借り出す. **～ *over*** 徹底的に調べる. **～ *up*** (1) 照合する; 数えあげる. (2) 〖米〗 詳しく調査する; 〈量・能率・正確度などを〉検査する. **～ (*up*) *with*** と符合する. **～ *with*** と相談〔打ち合わせ〕する.
—— *int.* **1** 〖チェス〗 王手! **2** 《I ～ that and find it correct. の省略形》〖米話〗 よろしい, 承知した.
～ beam 〖空〗 視野のきかないとき操縦者が着陸前に位置を確かめるための電波. ***～·book** [⊥⊥] 〖米〗 小切手帳. **～·hook** [⊥⊥] 止め手綱の止め金. **～-in** [⊥⊥] check in すること. **～ line** 止め手綱《馬の頭を下げさせないための》. **～·list** [⊥⊥] 照合簿; 人名簿, 選挙人名簿. **～·màte** →別項. **～ nut** 止めねじ. **～·off** [⊥⊥]《給料からの》天引き. **～-out** →別項. **～-ò·ver** 点検, 調査. **～·point** [⊥⊥] 検問所《通行人・車両などの》. **～·rein** [⊥⊥] ＝～ line. **～·room** [⊥⊥]《外套・帽子・かばんなどの》一時預かり所. **～·row** [⊥⊥] (1) 〖米: 農〗 正条うね. (2) 〈作物を〉正条うね〔碁盤の目〕に植える. **～ sheet** 点検用紙. **～·tàk·er** 《劇場などの》切符係. **～·up** [⊥⊥] 照合, 点検, 調査; (定期) 健康診断. **～·up committee** 《会計》監査委員(会). **～ valve** 〖機〗 逆止め弁. **～·wrìt·er** 小切手金額記入器.
◇ **～ed** [tʃekt] *a.* 碁盤じまの, 市松模様の.

chéck·er, [英] **chéq·uer** [tʃékər] *n.* **1** こうしじ

ま，碁盤じま，市松模様． **2** チェッカーのこま；(*pl.*)《単数扱い》〖米〗西洋将棋（＝㊍ draughts）． **3** ＝checkerwork.
—— *vt.* **1** こうしじま〔だんだら模様〕にする． **2** にいろいろ変化を与える：a ～*ed* life 波乱に富んだ一生．
～·bèr·ry [-bèri]〖植〗シラタマノキ属の一種； その実． **～·board** [-bò:*r*d/-bɔ:d] 将棋盤． **～·work** [-wə̀:*r*k] 市松形の細工；〖建〗こうし積み．

chéck·ing [tʃékiŋ] ～ ***account*** 〖米〗 当座預金《小切手で引き出す》．

chéck·màte [tʃékmèit/ㄥㄥ, ーㄥ] *int.* 〖チェス〗王手！，—— *n.* **1**〖チェス〗詰め，王手詰め (mate). **2** 行き詰まり，挫折(ざっ)；撃破． ***give ～ (to)*** (の)王を詰める；(を)行き詰まらせる． ***play ～ with*** を窮地におとしいれる． —— *vt.* **1**〖チェス〗詰める． **2** 行き詰まらせる，挫折〔失敗〕させる；撃破する．

chéck-out [tʃékàut] *n.* **1** ホテルからの退出手続き〔時間〕． **2** (性能) 試験． **3**《スーパーマーケットなどでの》買い物の合計計算：a ～ counter 合算所，支払カウンター．

Chéd·dar [tʃédə*r*] *n.* チーズの一種（＝～ cheese)《イギリス Somerset 州の地名から》．

chéd·dite [tʃédait, ʃéd-] *n.*〖化〗強力爆薬の一種．

chée-chee [tʃí:tʃi:] *n.*〖インド〗欧亜混血人の使用する不正確な英語．

‡**cheek** [tʃi:k] *n.* **1** ほお，(*pl.*) 両ほお． **2** (*pl.*) 器具の側面． **3**〖話〗厚顔，生意気なことば〔行ない，態度〕． ～ ***by jowl*** 《ほおがすれ合うくらいに》ぴったり密接して；むつまじく《と *with*》． ***give*** a person ～ (人に) 生意気なことを言う． ***have plenty of ～*** つらの皮が厚い． ***have the*** 〔***a lot of***〕 ～ ***to*** (do) 厚かましくも…する． ***I like your ～.*** あきれたずうずうしさだね． ***None of your ～!*** 生意気なことを言うな！ ***tongue in ～*** 不誠実に，皮肉を含めて，冷やかし半分に． ***to*** one's ***own ～*** 〖話〗ひとり占めにして，自分の専用に． ***turn the other ～*** 不当な処置〔侮辱〕をおとなしく受ける．
—— *vt.*〖話〗に生意気に話しかける，におうへいにふるまう． ～ ***it*** 生意気に押し通す．
ㄥ·bone [ㄥㄥ] ほお骨． ～ **pouch**《リス・サルなどの》ほお袋． ～ **tooth** 臼歯(きゅう)．

chéek·y [tʃí:ki] *a.* 〖話〗 生意気な， 厚かましい．
◇ **chéek·i·ly** *ad.* **chéek·i·ness** *n.*

cheep [tʃi:p] *vi.* 〈ひな鳥が〉ピヨピヨ鳴く．
—— *n.* ピヨピヨと鳴く声．
◇ **ㄥ·er** *n.*《シャコなどの》ひな；赤ん坊．

‡**cheer** [tʃiə*r*] *n.* **1** 歓呼，かっさい，万歳． **2** 励まし：speak words of ～ 励ましのことばをかける． **3**《スポーツの》応援，声援． **4** 活気，元気（＝good ～)；きげん． **5** ごちそう，食べ物． ***be of good ～*** 元気でいる：*Be of good ～!* 元気を出せ！，しっかりしろ！ ***give*** 〔***raise***〕 ***a ～*** かっさいする． ***give three ～s for*** …のために万歳を三唱する《'Hip, hip, hurrah!' を3度繰り返す》． ***make ～*** 浮かれ騒ぐ． ***make*** 〔***enjoy***〕 ***good ～*** ごちそうを食べる． ***The fewer the better ～.*** 〖諺〗ごちそうは小人数ほどよい． ***What ～?*** 〖古〗ごきげんいかが． ***with good ～*** 快く，喜んで．
—— *vt.* **1** にかっさいする，声援する． **2** 励ます，元気づける． —— *vi.* **1** かっさいする． **2** 元気づく《*up*》． ～ a person ***up*** (人を) 励ます． ***C～ up!*** 元気をだせ！
ㄥ·lèad·er 応援団長． **ㄥ·lèad·ing** 応援の指揮．

‡**chéer·ful** [tʃíə*r*f(u)l] *a.* **1** きげんのいい，元気のいい． **2** 心を明るくする，楽しい，気持ちのいい：～ surroundings 快適な環境． **3** 喜んで…する，心からの：a ～ giver 喜んで物を与える人． **4**《反語的》いやな，ひどい：That's a ～ remark. そいつはあきれたことばだね． ◇ ‡ **～·ly** [-i] *ad.* * **～·ness** *n.*

chéer·ing [tʃí(:)riŋ/tʃíər-] *n.* かっさい． —— *a.* 元気づける，励ます：a ～ party 応援団．

chéer·i·ò [tʃí(:)riòu/tʃìərióu] *int.*, *n.* (*pl.* ～s)〖英俗〗 **1**《乾杯のときの》おめでとう！，万歳！ **2** さようなら！

chéer·less [tʃíə*r*lis] *a.* 陰気な，暗い，さびしい；おもしろくない：a ～ prospect 暗い見とおし．

chéer·ly [tʃíə*r*li] *ad.* 元気に．

‡**chéer·y** [tʃí(:)ri/tʃíəri] *a.* **1** きげんのいい，元気のいい． **2** 心を楽しませる，陽気な． ◇ **chéer·i·ly** *ad.* **chéer·i·ness** *n.*

‡**cheese**[1] [tʃi:z] *n.* **1** チーズ． **2**《婦人がひざを曲げてする》丁重なあいさつ． **3** 九柱戯のボール． ***bread and ～*** チーズをつけたパン；粗食；生計(の道)． ***green ～*** 《できたての》未熟なチーズ． ***make ～s*** ぐるっと回って急にしゃがんでスカートをふくらます《女学生の遊戯》；《婦人が》ひざを深く曲げてあいさつする． ***Say "cheese"!*** 「チーズ」と言いなさい！《写真を写すときに写す人が写される人に言う．こう発音すると笑顔に写るから》． —— *vi.* 〈幼児が〉半分消化したミルクをもどす．
ㄥ·bùrg·er チーズバーガー《チーズをのせたハンバーガー》． **ㄥ·cake** [ㄥㄥ] チーズケーキ《チーズ入りの菓子》；〖米俗〗脚線美を強調した美人写真〔ショー〕． **ㄥ·cloth** [ㄥㄥ] 一種のあらい綿布． ～ **head**〖米俗〗とんま． ～ **mite** チーズにわく虫． **ㄥ·mòn·ger** チーズ・バターを売る商人． **ㄥ·pàr·ing** →別項． ～ **plate** チーズざら《直径5-6インチの》；上着の大ボタン． ～ **scoop**《試食用》チーズすくい取り器． ～ **straws** *pl.* チーズを細長くおろした香味料理《デザートの前に出る》．

cheese[2] *n.*〖俗〗もってこい〔うってつけ〕のもの；すばらしいもの〔人〕． ***Quite the ～.*** あつらえ向きだ．

cheese[3] *vt.*〖俗〗やめる，よす． ***C～ it!*** やめろ！，気をつけろ！，逃げろ！

chéese·pàr·ing [tʃí:zpè(:)riŋ/-pèər-] *n.* **1** チーズの上皮の削りくず；つまらぬもの． **2** (*pl.*) へそくり金． **3** 吝嗇(りんしょく)． —— *a.* けちけちした．

chées·y [tʃí:zi] *a.* **1** チーズ質の；チーズの風味ある． **2**〖米俗〗下等な，低級な；こわれた；よごれた；やせこけた；青白い．

chée·tah [tʃí:tə] *n.*〖動〗チータ《南アジア・アフリカ産のヒョウに似た動物，ならして狩りに使う》．

chef [ʃef] F. *n.* コック長；《一般的》コック．

chef-d'œu·vre [ʃeidə́:vr(ə)] F. *n.* (*pl.* ***chefs-d'œu·vre*** [ʃeidə́:vr(ə)]) 傑作，名作．

chéi·lo·plas·ty [káiləplæ̀sti] *n.* くちびる整形手術．

cheiro- ＝chiro-.

Ché·khov [tʃékɔ:f] *n.* Anton ～ チェーホフ, 1860-1904, ロシアの小説家・劇作家．

ché·la[1] [kí:lə] *n.* (*pl.* **-lae** [-li:])〖動〗《エビ・カニ・サソリの》はさみ．

ché·la[2] [tʃéila:/-lə] *n.*〖インド〗 **1**《仏門の》でし，入門者． **2**《捕虜・囚人で組織した》特殊大隊．

Chél·le·an [ʃéliən] *a.*〖考古〗《旧石器時代初期》シュレアン期の．

ché·loid [kí:lɔid] *n.* ＝keloid.

che·ló·ni·an [kilóuniən]〖動〗*a.* カメ類の．
—— *n.* カメ類．

Chél·sea [tʃélsi] *n.* **1** ロンドン南西部の一区《芸術家・作家が好んで住んだ》． **2** ボストン郊外の都市． ***the ～ Royal Hospital*** チェルシー廃兵病院． ***the Sage of ～*** チェルシーの聖人《Thomas Carlyle の別称》． ～ **bun** 干しブドウ入りの巻きパン．

chem. chemical; chemist; chemistry.

chem- ＝chemo-.

chém·ic [kémik] *a.*〖古〗 **1** 錬金術の． **2** ＝chemical.

‡**chém·i·cal** [kémik(ə)l] *a.* 化学の，化学的，化学用の；化学薬品による． —— *n.* (しばしば *pl.*) 化学製品〔薬品〕． ***fine ～s***《少量で取り扱う》精製薬品． ***heavy ～s***《大量で取り扱う》農工業用薬品．
～ **agent** 化学薬剤． ～ **analysis** 化学分析． ～ **combination** 化合． ～ **engineering** 化学工

学. ~ **formula** 化学式. ~ **textile** 化学繊維. ~ **warfare** 化学戦. ~ **weapons** 化学兵器. ◇ ~·**ly** *ad.* 化学的に; 化学で.

chèm·i·co·bi·ól·o·gy [kèmikobaiálədʒi/ˌ——baiɔ́l-] *n.* 生化学.

chèm·i·co·phýs·ics [-fíziks] *n. pl.* 《単数扱い》物理化学. 「付きはだ着.

chèm·i·lóon [ʃèmilú:n] *n.* 〖米〗《婦人の》ズロース

che·míse [ʃəmí:z] *n.* シュミーズ, 婦人用はだ着.

chèm·i·sétte [ʃèmizét] *n.* シュミゼット, 胸着.

‡**chém·ist** [kémist] *n.* **1** 化学者. **2** 〖英〗薬剤師; 薬屋 (= ㊍ druggist).

‡**chém·is·try** [kémistri] *n.* **1** 化学. **2** 化学的性質, 化学作用. **3** 《化学変化に準ずる》分析過程. ***applied*** ~ 応用化学. ***organic*** [***inorganic***] ~ 有機〔無機〕化学.

chém·i·type [kémitàip] *n.* 化学製版.

chemo-, chem- 「化学」の意の語形成要素: *chemo*synthesis [kèmosínθisis] 化学合成. *chemo*therapy [-θérəpi] 化学療法.

chém·ur·gy [kémə:rdʒi] *n.* 農産化学.

che·nílle [ʃəní:l] *n.* シュニル糸, 毛虫糸《装飾用のビロード状に毛を立てた組み糸》; その織物.

***cheque** [tʃek] *n.* 〖英〗小切手 (= ㊍ check). ~**-book** [ˊˏ] 〖英〗小切手帳.

chéq·uer 〖英〗=checker.

‡**chér·ish** [tʃériʃ] *vt.* **1** たいせつにする, 大事にする. **2** かわいがる, 大事に育てる. **3** 〈願望などを〉心にいだく: ~ a grudge 恨みをいだく. ~***ed desire*** 日ごろの望み, 宿望. ~ ***the memory of*** の思い出を絶えずなつかしむ.

Chér·o·kee [tʃérəki:, ˏ—ˊ] *n.* (*pl.* ~(**s**)) 《北アメリカ原住民の》チェロキー族〔語〕. ~ **rose** 〖植〗ナニワイバラ《つるバラの一種. Georgia 州の州花》.

che·róot [ʃərú:t] *n.* 両切り葉巻き.

‡**chér·ry** [tʃéri] *n.* **1** さくらんぼ. **2** 桜の木 (=~ tree). **3** 桜材. **4** 〖ボーリング〗わざと前方のピンだけを倒すこと. **5** 〖俗〗処女膜〔性〕. ***make two bites at a*** ~ 1度でできることを2度にする; ぐずぐずする; くだらないことにやきもきする. —— *a.* **1** さくらんぼ(色)の; さくらんぼのはいった: ~ pie さくらんぼ入りパイ. **2** 桜材製の. **3** 処女の〔で〕.
~ **blossom** 桜の花. ~ **brandy** さくらんぼを入れてつくったブランデー. ~ **stone** さくらんぼの種; 〖貝〗ハマグリ.

chert [tʃə:rt] *n.* 〖鉱〗チャート, 燧岩(すいがん), 角岩.

chér·ub [tʃérəb] *n.* (*pl.* ~**s**, ①② ではまた **chér·u·bim** [-im]) **1** ケルブ, ケルビム《九天使中第2位. 知識をつかさどる》. **2** 〖美〗天童《翼をもった美しい子どもの絵》. **3** 《天使のような》美しい〔無邪気な〕子ども, まるまる太った愛らしい幼児; 丸ぽちゃのあどけない顔の人. → seraph.

che·rú·bic [tʃərú:bik/tʃe-] *a.* 天使の(ような); 無邪気な, かわいい. 「ダ用》.

chér·vil [tʃə́:rvil] *n.* 〖植〗パセリの類《香味料・サラ

Chésh·ire [tʃéʃ(i)ər/-ʃə] *n.* イギリス西部の州. ***grin like a*** ~ ***cat*** むやみににやにや笑う《*Alice's Adventures in Wonderland* より》.
~ **cat** 絶えずにやにや笑う人. ~ **cheese** Cheshire 産のチーズ.

chés·key [tʃéski] *n.* 〖俗〗チェコ系の人; チェコ語.

‡**chess**[1] [tʃes] *n.* チェス, 西洋将棋. ~**·board** [ˊˏ] チェス盤. ~**·man** [-mæ̀n] (*pl.* **-men** [-mèn]) 《チェスの》こま.

chess[2] *n.* 浮き橋にかけ渡す板.

chess[3] *n.* 〖米: 植〗スズメノチャヒキ属の草.

‡**chest** [tʃest] *n.* **1** 箱, ひつ; 《特に》金庫. **2** 資金: military ~ 軍資金. the community ~ 〖米〗共同募金, 社会救済基金. **3** 胸: ~ trouble 肺病. ~ ***of drawers*** たんす. ***get...off*** one's ~ 〖話〗…を打ち明けて話す, …を話して心の重みをとる.
~ **note** [**register, tone, voice**] 〖楽〗胸声. ~**·nut** → 別項. ~ **protector** 《防寒用》胸当て. ~ **thumping** (胸をたたいての) 大見え, 大言壮語.

Chés·ter [tʃéstər] ~ ***White*** 〖米〗大きな白豚の一種.

Chés·ter·field [tʃéstərfì:ld] *n.* **1** Philip Dormer Stanhope [-stænəp-, ㊍+ -stænhoup-], 4th Earl of ~, 1694–1773, イギリスの政治家・文人. **2** (c~) 長いすの一種. **3** (c~) 外套(がいとう)〖シングル, ビロードえり, 隠しボタンの〗.

Chés·ter·ton [tʃéstərt(ə)n] *n.* Gilbert K. ~, 1874–1936, イギリスの評論家・小説家・詩人.

‡**chést·nut** [tʃésnət, -nʌt] *n.* **1** 〖植〗西洋グリ《実, 木, 材木》; トチノキ (の実) (=horse ~). **2** クリ色, 茶色; くり毛の馬. **3** 〖米話〗古くさいしゃれ. ***pull*** another***'s*** ~***s out of the fire*** (他人のために) 火中のクリを拾う, (他人の) お先棒に使われる. ***sweet*** ~ クリ. —— *a.* クリ色の, くり毛の. ◇ ~**·ting** [-iŋ] *n.* クリ拾い.

chést·y [tʃésti] *a.* 胸の大きい; 〖米俗〗いばった, 尊大な.

ché·tah =cheetah.

che·vál [ʃəvǽl] ~ ***glass*** (傾けることのできる) 姿見.

che·val-de-frise [ʃəvældəfrí:z] F. *n.* (*pl.* ***chevaux-de-frise*** [ʃəvóu-]) 〖軍〗さかも木《騎兵の侵入を防ぐためのもの》; 忍び返し.

che·va·let [ʃəvǽlei|F. ʃəvalɛ] F. *n.* **1** 《弦楽器の》こま. **2** 《つり橋の》構脚.

chèv·a·líer [ʃèvəlíər] *n.* **1** 《中世の》騎士. **2** 《フランスなどの》勲爵士; 《昔のフランス貴族の》見習武士. **3** 騎士的な男.

Chév·i·ot [tʃéviət, tʃí:v-] *n.* **1** 《Cheviot Hills 原産の》チェビオット羊. **2** (c~) [ʃéviət, tʃ-/tʃ-] その毛で織った地の厚い織物. ***the*** ~ ***Hills*** イングランド・スコットランド境界の山脈名.

Chév·ro·let [ʃèvrəléi/ˊ———, ˏ—ˊ] *n.* シボレー《アメリカ製自動車の名》.

chév·ron [ʃévrən] *n.* **1** 《下士官・巡査服の》山形袖章(しゅう) 《∧》. **2** 紋 《∧》. **3** 〖建〗がんぎ飾り.

chév·ro·tàin [ʃévrətèin, -tin] *n.* 〖動〗ネズミジカ《シカに似た角なしの動物. 熱帯アジア・西アフリカ産》.

chév·y [tʃévi] *n.* **1** 狩りの喚声. **2** 追跡; 狩り. **3** 〖遊戯〗人取り. —— *vt., vi.* **1** かり立てる, 追い回す; 駆け回る. **2** 悩ます; がみがみ言う.

Chév·y [ʃévi] *n.* 自動車シボレーの愛称.

‡**chew** [tʃu:] *vt.* **1** かむ, かみ砕く, そしゃくする. **2** 沈思する, 熟考する. —— *vi.* **1** かむ, かみしめる. **2** かみたばこをかむ. **3** 考え巡らす, 考え込む《について *over, upon*》. ***bite off more than*** one ***can*** ~ 実力以上の約束〔仕事〕をする. ~ ***out*** どなりつける, しかりとばす. ~ ***the cud*** 〈牛などが〉反芻(はんすう)する; 熟考する, 玩味(がんみ)する《を *of*》. ~ ***the fat*** [***rag***] 〖俗〗しゃべり続ける, だべる. ~ ***up*** かみつぶす; 損傷する, だいなしにする.
—— *n.* そしゃく; 一かみ, 一口. ~ ***and spit*** 〖俗〗やじうま, 大衆. ***have a*** ~ ***at*** を一口ぱくっとやる.

chéw·ing [tʃú:iŋ] ~ ***gum*** チューインガム.

che·wínk [tʃiwíŋk/tʃi:wíŋk] *n.* 〖鳥〗アトリ科の一種《北アメリカ産》.

Chey·énne [ʃaién/-ǽn] *n.* (*pl.* ~(**s**)) シャイアン族《北アメリカ原住民》.

chg. charge. **chgd.** charged. 「《X, χ》.

chi [kai] *n.* ギリシア語アルファベットの22番めの文字

Chi·án·ti [kiǽnti] *n.* キアンティ《イタリア産の赤ブドウ酒. わらで包まれたびんにはいっている》. [<It.]

chi·à·ro·scú·ro [kiɑ̀:rəskjú(:)rou/-sk(j)úər-] *n.* 〖美〗濃淡〔明暗〕の配合 (をねらった絵・木版画); 〖文芸〗明暗対照法. [<It.]

chi·ás·mus [kaiǽzməs] *n.* 〖修〗交差対句(ついく)法《重句の語句の配列転換. 例: We do not live to eat, but eat to live.》. ◇ **chi·ás·tic** [kaiǽstik] *a.*

chi·bóuk, -bóuque [tʃibúːk] *n.* 《トルコ人の用いる》長ぎせる.
chic [ʃiːk, ʃik] F. *n.* 〖話〗《服装などの》あかぬけ, スマートさ. —— *a.* あかぬけした, スマートな, シックな.
Chi·cá·go [ʃikáːgou, -kɔ́ːg-] *n.* シカゴ《アメリカ Illinois 州の大都市》. ◇ ～**-an** [-ən] *n.* シカゴ市民.
chi·cáne [ʃikéin] *n.* **1** ＝chicanery. **2**《トランプで》切り札のない手; それによる得点. —— *vi.* 言い抜ける, ごまかす. —— *vt.* **1** <人を> だます. **2** のあらを捜す, にがみがみ言う. ～ a person ***into*** (人を)だまして…させる. ～ a person ***out of*** a thing (人から物)をだまし取る.
chi·cán·er·y [ʃikéinəri] *n.* 言い抜け, 詭弁(きべん), ごまかし; 策略. ***use*** ～ ごまかす.
chí·chi [tʃíːtʃiː/ʃíːʃiː] *a., n.* 〖俗〗めかしたてた(もの); けばけばしい(もの).
chick** [tʃik] *n.* **1**《鶏の》ひよこ,《一般に鳥の》ひな. **2** 子ども《愛称》. **3** 若い女, 娘っ子. ***count one's ***～s before they hatch*** 〖米〗とらぬたぬきの皮算用をする. ***the ～s*** 《一家中の》子どもたち.
～**-pea** [ˊˋ]〖植〗エジプトマメ, ヒヨコマメ. ～**·weed** [ˊˋ]〖植〗ハコベ.
chíck·a·bìd·dy [tʃíkəbìdi] *n.* **1**〖話〗ひよこ. **2** よい子, かわいい子《愛称》.
chíck·a·dee [tʃíkədìː] *n.* 〖鳥〗シジュウカラの類.
Chìck·a·máu·ga [tʃìkəmɔ́ːgə] *n.* アメリカ Georgia 州の北西端にある水路《南北戦争で南軍が勝った激戦地》.
chíck·a·ree [tʃíkərìː] *n.* 〖動〗赤毛のリス《北アメリカ産》.
Chíck·a·saw [tʃíkəsɔ̀ː] *n.* (*pl.* ～(**s**)) チカソー人《アメリカ原住民の一種族》.
†**chíck·en** [tʃíkin, ㊟⁺ -kən] *n.* (*pl.* ～**s**, ～) **1** ひなどり;《特に》鶏のひな, ひよこ: hatch ～*s* ひよこをかえす. **2**〖米〗鶏; 鶏肉: This ～ is tender. この鶏肉は柔らかい. **3**〖米話〗子ども, 青二才; 若い娘; 〖俗〗魅力のある女: She is no longer a ～. もう子どもじゃない. **4**〖米俗〗おくびょう者; 新兵;《どろぼう・詐欺の》「かも」. **5**〖米俗〗たわごと; たいくつでくだらない仕事. ***count*** one's ***～s before they are hatched*** とらぬたぬきの皮算用をする.
—— *a.* **1** 鶏肉の. **2** 子どもの, 小さい: a ～ lobster 小エビ. **3**〖俗〗おくびょうな. ***be*** ～ びくびくしている. —— *vi.* 〖米俗〗しりごむ, 手を引く《*out*》; 失敗する, 落第する.
～ **breast** はと胸. ～**-brèast·ed** はと胸の. ～ **cholera** 家禽(かきん)コレラ. ～ **coop** 鶏舎. ～ **feed** 〖米〗鶏のえさ; 〖米俗〗小銭; 安給料; (敵方スパイをだますために) 政府が流すにせ情報. ～ **hazard** 一種のさいころ遊び. ～ **heart** [**liver**] おくびょう(者). ～**-hèart·ed** おくびょうな. ～ **pox** 〖医〗水疱瘡(ぼうそう).
chíck·ling [tʃíkliŋ] *n.* **1** 小びな; ひよこ. **2**〖植〗ソラマメ.
chíck·y [tʃíki] *n.* chick の愛称.
chíc·le [tʃíkl] *n.* チクル(ガム) (＝～ gum)《チューインガムの原料》.
chíc·o·ry [tʃíkəri] *n.* 〖植〗チコリ, キクニガナ.
chide [tʃaid] *vt., vi.* (**chíd·ed, chid** [tʃid]; **chíd·ed, chid, chíd·den** [tʃídn]) **1** しかる, (に)小言をいう. **2** しかって追い出す《*away*》. **3** 不平を鳴らす: ～ ***against*** fortune 不運をかこつ. **4** <風・猟犬などが> たけり狂う; <波が> 荒れ狂う.
‡**chief** [tʃiːf] *n.* (*pl.* ～**s**) **1** 長, かしら, 支配者. **2**《種族の》酋長(しゅうちょう), 族長. **3** 長官, 局長, 課長, 所長. **4**〖俗〗ボス, 親分. **5**〖古〗主要部. **6**《盾の》上部. ～ ***of staff*** 参謀長. ～ ***of state*** 国家元首. ***C～ of the Imperial General Staff*** 〖英〗参謀総長. ***in*** ～ (1) 最高位の, 主たる: the editor *in* ～ 編集長. (2) 主として. ***the President of the Joint C～s of Staff*** 〖米〗統合参謀本部長会議議長.
—— *a.* **1** 最高の, 長の, 第一位の. **2** 主要な, おもな. ～***est of all*** なかんずく.
～ **constable** 〖英〗警察部長. **C～ Executive** 〖米〗行政長官《大統領・州知事など》. ～ **judge** [**justice**] 裁判長. **C～ Justice** (**of the United States**) (アメリカ) 最高裁判所長官. ～ **officer** 〖海〗一等航海士.
◇ ～**·dom** [-dəm] *n.* 長の地位; 支配権.
(類義語) 主要な: **chief** 地位・重要性において第一の. 順位が強調される: the *chief* justice 裁判長. **principal** 実力・影響力・役割において中心的な→主要な: the *principal* dancer バレーの主役踊り子. a *principal* offender 正犯. **leading** 指導的な→主要な. principal の近似語: a *leading* motive おもな動機. **capital** かしらの位置を占める→主要な: a *capital* city 首都. **main** 根幹・主流を占める→主要な: the *main* event 主要な試合種目. a *main* pipe《ガス・水道などの》主管.
‡**chíef·ly** [tʃíːfli] *ad.* **1** おもに, 主として. **2** 多くは, だいたい. —— *a.* chief の[による]: ～ rule ボス支配.
chíef·tain [tʃíːftin, -tən] *n.* 首領, 酋長(しゅうちょう); 親分; 〖雅〗指揮官.
◇ ～**·cy** [-si], ～**·ship** [-ʃip] *n.* ～の地位.
chíff·chaff [tʃíftʃæf] *n.* 〖鳥〗ムシクイ《ウグイスの類の鳴鳥》.
chif·fón [ʃifán, ʃífən/ʃífɔn] *n.* **1** シフォン, 絹モスリン. **2** (*pl.*) 婦人服の飾り《リボン・レースなど》. —— *a.* **1**《着物が》モスリンの[に似た]. **2**〖料理〗(卵白またはゼラチンで) あわだてた.
chìf·fo·náde [ʃìfənéid] *n.* 各種野菜を刻んだもの《スープ・サラダ用》.
chìf·fo(n)·níer [ʃìfəníər] *n.* (たけの高い) 西洋だんす[戸だな]《多くは鏡付き》.
chíg·ger [tʃígər] *n.* **1** 毛ダニの類. **2** ＝chigoe.
chí·gnon [ʃíːnjɑn, -njɔːn/-njɔːn] *n.* 《束髪の》まげ. [<F.]
chíg·oe [tʃígou] *n.* 〖虫〗スナノミ《指の間などに食い入る寄生虫》.
chi·huá·hua [tʃiwáːwɑː, -wə] *n.* チワワ《小犬の一種》.
chíl·blain [tʃílblèin] *n.* (通例 *pl.*) 霜焼け, 凍傷.
◇ ～**ed** *a.* 霜焼けにかかった.
†**child** [tʃaild] *n.* (*pl.* **chíl·dren** [tʃíldrən, ㊟⁺-drin, -dərn]) **1** 子ども; 男[女]の子, 児童; 幼児: ～ welfare 児童福祉. *children's* diseases 小児病. **2** 子, むすこ, 娘《年齢に関係なく》; 子孫: He has three *children*. 彼には3人の子がある. **3** 子どもじみた人, 幼稚な無経験な人: a mere ～ in knowledge 知識の点ではほんの子ども. **4** 所産, 産物: a fancy's ～ 空想の産物. **5**《比喩的》生みの子, でし: a ～ of God 神の子, 善人, 信者. a ～ of the Devil 悪魔の子, 悪人.
as a ～ 子どものころ. ～ ***of fortune*** [***the age***] 運命[時代]の寵児(ちょうじ). ～ ***of nature*** 自然児《自然的な影響のもとに育った人》, 無邪気な人. ～ ***of the forest*** 〖米〗インディアン. ～ ***of the Revolution*** 革命児. ～ ***wife*** 非常に若い妻. ***from a*** ～ 子どものころから. ***go with*** ～ <女が> 妊娠している. ***natural*** ～ 私生児. ***The*** ～ ***is*** (***the***) ***father to*** [***of***] ***the man.*** 〖諺〗三つ子の魂百まで. ***this*** ～ 〖俗〗おれ (I, me). ***with*** ～ 妊娠して.
～**·bèar·ing** 出産;《年齢が》妊娠可能な. ～**·bed** [ˊˋ] 産褥(さんじょく). ～**·birth** [ˊˋ] 分娩(ぶんべん), 出産. ～ **labor** 少年労働. ～**·mìnd·er** 〖英〗子もり (baby-sitter). ～ **psychology** 児童心理学. ～**'s play** 児戯; きわめて容易なこと.
◇ ～**·ing** *a.* 妊娠している.
childe [tʃaild] *n.* 〖古〗公達(きんだち), 若殿, 公子.
Chíl·der·mas [tʃíldərməs/-mæs] *n.* 幼児の日《12月28日. ヘロデ王に殺された幼児の追悼日》.
‡**chíld·hood** [tʃáildhùd] *n.* **1** 幼少期, 幼年時代.

2 初期の時代: the ～ of science. ***in*** **one's** ～ 子どものときに. ***in*** **one's second** ～ 老いぼれて.

‡**chíld·ish** [tʃáildiʃ] *a.* 1 子どもじみた, 幼稚な; おとなげない, ばかげた. 〈注〉childish は通例「子どもっぽい」「幼稚な」の意で, childlike は「子どもらしい」「無邪気な」「かわいい」の意. 2 子どもの, 幼少の. ◇ ～**·ly** *ad.* ～**·ness** *n.*

chíld·less [tʃáildlis] *a.* 子どものない. ◇ ～**·ness** *n.*

*__chíld·like__ [tʃáildlàik] *a.* 子どもらしい, がんぜない, 無邪気な. → childish.

chíld·ly [tʃáildli] *a.* 〘雅〙 子どもらしい. —— *ad.* 子どもらしく; 幼稚に.

†**chíl·dren** [tʃíldrən, ㊎⁺ -drin, -dərn] *n.* child の複数形. ～ ***of Israel*** ユダヤ教徒, ユダヤ人. **C～'s Day** 子どもの日《6 月第 2 日曜日》.

chíl·e [tʃíli] *n.* (*pl.* ～**s**) = chil(l)i.

Chíl·e [tʃíli] *n.* チリ 《南アメリカ西南部の共和国》. ～ **saltpeter** チリ硝石, 硝酸ナトリウム.
◇ **Chíl·e·an, Chíl·i·an** [-ən] *a., n.* チリ国の; チリ人 (の).

chi·le con car·ne [tʃíli-kɑn-kɑ́:rni/-kən-] Sp. 肉のとうがらし煮《メキシコ料理》.

chíl·i·ad [kíliæd] *n.* 1,000; 1,000 年.

chíl·i·asm [kíliæz(ə)m] *n.* 一千年平和説《この世の最後の 1,000 年間キリストが再臨して世界を治めるという説》. → millennium. ◇ **-ast** [-æst] *n.* 一千年平和説信奉者. **chìl·i·ás·tic** *a.*

‡**chill** [tʃil] *n.* 1 冷え, 寒気, 冷気: the ～ of early dawn 夜明けの冷え. 2 寒け, 悪寒(おかん): I feel a ～ creep over me. からだがぞくぞくする. The sight sent a ～ to my heart. それを見てぞっとした. 3 冷淡さ. 4 意気阻喪, 失意; 興ざめ, いや気.
cast a ～ ***upon*** [***over***] に水をさす, を興ざめさせる. ～ ***and fever*** 〘米〙 おこり, 間欠熱. ***have*** [***catch, take***] ***a*** ～ 冷え込む, 寒けがする. ***take the*** ～ ***off*** (水・酒などを) 少し暖める.
—— *a.* 1 冷たい: The night is ～. 冷え冷えとした夜だ. 2 冷淡な: a ～ reception 冷淡なもてなし.
—— *vt.* 1 冷やす, 冷却する, 〈食物・ブドウ酒を〉冷やしておいしくする: ～*ed* beef 冷肉. 2 寒がらせる, ぞっとさせる: be ～*ed* to the bone すっかり冷え込む; ぞっとする. 3 〈情熱などを〉冷やす; の興をさまさせる, がっかりさせる: ～ a person's hopes 人から夢を奪う. 4 〘冶〙〈溶鉄を〉冷剛する. 5 〘英俗〙 ほどよく暖める: *C*～ a drop of beer for me. ビールを少し暖めてくれ.
—— *vi.* 冷える, 寒けがする: My very blood ～*s* at the thought of it. それを思うとぞっとする.
～ **car** 〘米: 鉄道〙 冷蔵車.
◇ ∠**·er** *n.* スリラー. ∠**·ness** *n.* = chilliness.

chíl·(l)i [tʃíli] *n.* (*pl.* ～**es** [-z]) 1 〘植〙 トウガラシの一種《アメリカ南部産》. 2 = *chile con carne.*
～ **sauce** チリソース《とうがらし入りトマトソース》.

chíll·ing [tʃíliŋ] *a.* 1 冷え冷えする. 2 冷淡な, よそよそしい. ◇ ～**·ly** *ad.*

Chil·lón [ʃəlɑ́n, ʃílən/ʃí:lɔ:ŋ|F. ʃijɔ̃] *n.* シオン《スイス Geneva 湖東端の古城》.

‡**chíll·y** [tʃíli] *a.* 1 冷え冷えする, うすら寒い. 2 寒がりの, 冷え性の. 3 冷淡な, よそよそしい. ***feel*** [***be***] ～ 寒けがする. —— [tʃíl(l)i] *ad.* 〘稀〙 冷淡に.
◇ **chíll·i·ly** *ad.* **chíll·i·ness** *n.* 冷気, 寒け; 冷淡.

chí·lo·plas·ty = cheiloplasty.

Chíl·tern [tʃíltərn] ～ ***Hundreds*** 〘英〙 国王の直轄地《下院議員が合法的辞職の方便にこの土地の知事となる》. ***accept*** [***apply for***] ***the*** ～ ***Hundreds*** 下院議員を辞する [の辞職を願い出る].

chi·máe·ra [kimí(:)rə, kai-/-míərə] *n.* 1 = chimera. 2 〘魚〙 ギンザメ.

chimb = chime².

‡**chime**¹ [tʃaim] *n.* 1 チャイム《教会・置きどけいなどの調律した一組みの鐘》; (*pl.*) その鐘音. 2 〘楽〙 チャイム. 3 諧調(かいちょう), 旋律. 4 調和, 一致. ***in*** ～ 調和して. ***keep*** ～ ***with*** と調子を合わせる.
—— *vt.* 1 〈チャイム・鐘を〉鳴らす. 2 〈旋律・音楽を〉チャイムでかなでる. 3 〈時を〉チャイムで知らせる; 〈人を〉チャイムで呼び集める: The clock ～*d* one. とけいが 1 時を打った. The bells ～*d* me home. 鐘が私に帰宅を促した. 4 (歌うように) 単調に繰り返す. —— *vi.* 1 〈チャイムが〉鳴る. 2 (チャイムのように) 調和して鳴り響く. 3 調和する, 一致する《と *with*》. ～ ***in*** 〘楽〙 調子を合わせて音楽に加わる; 〘話〙《相づちを打つため》談話 [論争] の途中に割り込む. ～ ***in with*** (1) と調子を合わせる, に同意する. (2) と調和する.
◇ **chím·er** [tʃáimər] *n.* 鐘を鳴らす人.

chime² *n.* 1 《ビールだるなどの上下の》出縁, 面取り縁. 2 〘海〙《甲板上の》みぞ.

chi·mé·ra [kimí(:)rə, kai-/-míərə] *n.* 1 (C～) 〘ギ神〙 キメラ《ライオンの頭・ヤギのからだ・ヘビの尾をした火を吐く怪物》. 2 怪物, 妖怪(ようかい). 3 妄想(もうそう); 途方もない計画.

chi·mére [tʃimíər, ʃi-] *n.* 僧正服の一種.

chi·mér·ic [kimérik/kai-], **-i·cal** [-rik(ə)l] *a.* 空想の, 妄想的な; ばかげた, 途方もない. [<chimera]
◇ **chi·mér·i·cal·ly** *ad.*

‡**chím·ney** [tʃímni] *n.* 1 煙突《家屋・機関車・汽船・工場などの》. 2 《ランプの》ほや. 3 煙突状のもの; 《火山の》噴煙口; 〘登山〙《からだを入れてよじ登れる程度の》岩壁の縦の裂け目.
～ **cap** 煙突のかさ. ～ **corner** 炉ばた, 炉辺《昔風の大きい暖炉の前の暖かい座席》. ～ **jack** 回転式煙突がさ. ～ **piece** = mantelpiece. ～ **pot** 煙突の上端につけた煙の出口. ～ **pot (hat)** 〘英話〙 シルクハット. ～ **shaft** = ～ stalk. ～ **stack** 組み合わせ煙突《数本の煙突が 1 本にまとめられたもの》; 《工場などの》高煙突. ～ **stalk** 《工場の》高煙突; 煙突の屋上の部分. ～ **swallow** (1) 〘英〙《煙突に巣をつくる》ツバメ. (2) 〘米〙 = ～ swift. ～ **sweep(er)** 煙突そうじ人; 煙突そうじ具. ～ **swift** 〘鳥〙 アマツバメ《北アメリカ産》. ～ **top** 煙突の頂部.

chimney stack

chimp [tʃimp] 〘話〙 = chimpanzee.

chìm·pan·zée [tʃìmpænzí:, —∠zi/tʃimpənzí:, -pæn-] *n.* 〘動〙 チンパンジー《アフリカ産黒ショウジョウ》.

‡**chin** [tʃin] *n.* あご; あご先. → jaw. ***be*** ～ ***deep*** あごまで水につかっている. ～ ***in air*** あごを突き出して. ～ ***in hand*** ほおづえをついて. ～ ***up girl*** 〘俗〙 愛されたがる女. ～ ***up speech*** 〘俗〙 激励演説. ***keep*** **one's** ～ ***up*** へこたれない. ***take it on the*** ～ 〘米話〙 こらえる, 耐える. ***up to the*** ～ あごまで; 深くはまり込んで. ***wag*** **one's** ～ 〘俗〙 よくしゃべる.
—— *vt., vi.* (**-nn-**) 1 〈バイオリンなどを〉あごにもってくる. 2 《～ oneself の形で, または自動詞的に》《鉄棒で》懸垂する. 3 〘米俗〙 に話しかける; しゃべる.
～ **music** 〘俗〙 おしゃべり; 小言. ～ **rest** 《バイオリンなどの》あごおき.
◇ ∠**·less** *a.* 〘俗〙 がんばりのない.

Chin. China; Chinese.

‡**chí·na**¹ [tʃáinə] *n.* 陶磁器, 磁器: a ～ shop せともの屋. —— *a.* (磁器のように) 白い: a ～ face.
～ **clay** 陶土, 高陵土 (kaolin(e)).
～**·ware** [-wɛ̀ər] 陶磁器, せともの.

chí·na² [káinə, kí:nə] ～ ***bark*** キナ皮 (cinchona).

‡**Chí·na** [tʃáinə] *n.* 中国《旧名「シナ」》. ***from*** ～ ***to Peru*** 世界いたるところ. ***Red*** [***Communist***] ～ 中共《中華人民共和国の通称》. ***the People's Re-***

public of ～ 中華人民共和国. ***the Republic of*** ～ 中華民国〘台湾にある共和国〙. **——** *a.* 中国(産)の. ～ **aster**〘植〙エゾギク. **c～·ber·ry** [-bèri/-b(ə)ri]〘植〙(1) センダン. (2) ムクロジ. ～ **crepe** [**crape**] デシン, シナちりめん. ～**·man** [-mən] (*pl.* **-men** [-mən]) 中国人〘Chinese よりややけいべつ的〙. ～**rose**〘植〙コウシンバラ; フヨウ属の一種. ～ **Sea, the** シナ海〘East と South とに分かれる〙. ～ **tea** シナ茶. ～**·town** [-tàun] 中国人町, ナンキン町. ～ **tree**〘植〙センダン.

chì·na·má·ni·a [tʃàinəméiniə] *n.* 陶磁器収集狂〔熱〕. ◇ **-ac** [-æk] *n.* ～の人.

chín·ca·pin =chinquapin.

chinch [tʃintʃ] *n.*〘米〙 **1** ナンキンムシ. **2** ナガカメムシの類〘麦の大害虫〙.

chin·chíl·la [tʃintʃílə] *n.* **1**〘動〙チンチラ〘南アメリカ産のリスの類〙. **2** チンチラの毛皮; けばだった厚地の毛織物.

chín-chìn [tʃíntʃìn/ˊˋ] *int.*〘俗〙 **1** やあ!, ごきげんよう!, さようなら! **2** 乾杯! **——** *n., vi.* **1** 丁重な格式ばった話し方(をする). **2** おしゃべり(する). [<中国語の「請々」(ching ching)]

chín·cough [tʃínkɔ̀:f/-kɔf, -kɔ:f] *n.* 百日ぜき.

chine[1] [tʃain] *n.* **1** 背骨; 背骨肉. **2** 山の背, 尾根, 峰. **——** *vt.* の背に沿って裂く.

chine[2] *n.*〘英方〙狭く深い渓谷.

Chi·née [tʃainí:] *n.*〘俗〙中国人. ***the heathen*** ～〘笑〙典型的中国人.

‡**Chi·nése** [tʃainí:z/ˊˊ] *a.* **中国の**; 中国風の; 中国人の; 中国語の. 〈注〉リズムにより [ˊˊ/ˊ—, —ˊ]. **——** *n.* (*pl.* ～) **中国人**; **中国語**.

～ **bellflower**〘植〙キキョウ. ～ **ink** 墨. ～ **lantern** 紙ちょうちん. ～ **puzzle** 中国人の間に行なわれる複雑な判じ物; 難解なもの. ～ **Wall, the** 万里の長城. ～ **white** 亜鉛白〘絵の具〙.

chink[1] [tʃiŋk] *n.* **1** 割れ目, ひび; すきま; (法・計画の)盲点. **2** 細い詰め木. **——** *vi.* 割れる, ひびがはいる. **——** *vt.*〘米〙の割れ目を詰める《*up*》.

chink[2] *n.* **1** チリン, チンチン〘ガラス器や貨幣の音〙. **2**〘俗〙硬貨, 現金. **——** *vi., vt.* チンチン鳴る〔鳴らす〕; チリンと鳴る〔鳴らす〕.

Chink [tʃiŋk] *n.*《けいべつ的》中国人.

chín·ka·pin =chinquapin.

chínk·y [tʃíŋki] *a.* 割れ目のある, すきまの多い.

Chino-「中国」の意の連結形: *Chino*-Japanese [tʃáinoudʒæpəní:z] 日中の.

Chi·nóok [tʃinú:k, -núk/-núk] *n.* チヌーク人〘アメリカ北西部コロンビア川流域に住むアメリカ原住民〙; チヌーク語; (c～) チヌーク風 (=wet c～)〘アメリカ北西部で冬から春にかけて吹く暖かい南西風〙.

chín·qua·pin [tʃíŋkəpin] *n.*〘植〙〘北アメリカ産〙クリの一種.

chinse [tʃin(t)s/-ns] *vt.* 〈船の板の合わせ目を〉槇肌(まいはだ)で詰める〘漏水を防ぐために〙.

chintz [tʃints] *n.* さらさもめん〘カーテン・いすカバーなどに用いる〙.

chintze [tʃin(t)s]〘おもに米〙=chinse.

chíntz·y [tʃíntsi] *a.*〘話〙 **1** 安手の; けばけばしい. **2** chintz で飾った.

***chip**[1] [tʃip] *n.* **1**〘木の〙**切れ端**, こっぱ,〘金属の〙削りかす;〘帽子・箱などをつくる〙経木. **2**〘陶磁器などの〙かけら; かけあと, きず. **3** (通例 *pl.*)〘食物の〙薄切れ: potato ～*s* ポテトチップ〘薄切りのジャガイモのから揚げ〙. **4**〘燃料用〙家畜の干しくそ; 干からびたもの; つまらないもの. **5**〘ポーカーなどの〙数とり札. **6**〘話〙小粒のダイヤモンド. **7** (*pl.*)〘英俗〙金銭. **8**〘ゴルフ〙=～ shot.

a ～ ***of*** [***off***] ***the old block***〘気性・外見などが〙父親そっくりの子. **(*as*)** ***dry as a*** ～ かわききった; 無味乾燥の, つまらない. ***buy*** ～***s*** 投資する. ～ ***in porridge*** [***pottage, broth***] 毒にも薬にもならない付加物, あってもなくてもおなじもの. ～ ***on*** ***one's shoulder***〘俗〙けんか腰; ふきげんな態度. ***do not care a*** ～ ***for*** を全然気にとめない. ***in the*** ～***s***〘米俗〙金のある. ***when the*** ～***s are down*** いざというとき.

—— *v.* (**-pp-**) *vt.* **1** 刻む, 削る, そぐ: ～ ice かき氷をつくる. ～*ped* beef 薄切りにした薫製牛肉. **2** 刻んでつくる: ～ a figure out of wood. **3** 〈ひなが卵のからを〉割る. **4** 〈ジャガイモを〉から揚げにする. **5**〘米〙寄付する, 金を出し合う《*in*》;〘ポーカーなどで〙chips を出してかける.

—— *vi.* 〈石・陶器などが〉欠ける《*off*》.

～ ***at*** に打ってかかる, に毒づく. ～ ***away*** (***at***) (を)少しずつ侵す, (を)なしくずしにだめにする. ～ ***in***〘話〙〘議論・けんかなどに〙口を出す, 差し出口をする; 寄付する, 援助する. ～ ***off*** 欠ける; そぎ落とす.

～ **basket** 経木で編んだかご. ～**·board** [ˊˊ] 質の悪いボール紙. ～ **bonnet** [**hat**] 経木さなだ帽, (目のあらい) 麦わら帽子. ～ **shot**〘ゴルフ〙チップショット〘グリーンに向かって短く高くボールを打ち上げること〙.

chip[2] *vi.* (**-pp-**)〘米〙チュッチュッと鳴く. **——** *n.* チュッチュッと鳴く音〔声〕.

chip[3] *n.*〘レスリング〙小またすくい.

chíp·muck [tʃípmʌk], **chíp·munk, -monk** [-mʌŋk] *n.*〘動〙シマリス〘北アメリカ産〙.

Chíp·pen·dale [tʃíp(ə)ndèil] *n.* **1** Thomas ～, 1718?–79, イギリスの家具師. **2** チペンデール風(の家具). **——** *a.* チペンデール風の〘曲線が多く装飾的〙.

Chippendale chair

chíp·per[1] [tʃípər] *a.*〘米話〙 **1** 快活な, 元気のよい. **2** 酔った. **——** *vt.* 元気づける《*up*》.

chíp·per[2] *vi.* 〈小鳥が〉チッチッと鳴く; ぺちゃぺちゃしゃべる.

chíp·per[3] *n.* chip[1] する人〔道具〕.

Chíp·pe·wa [tʃípiwà:, -wə, [米]+ -wèi] *n.* チペワ人〘Superior 湖地方に住むアメリカ原住民〙.

chíp·ping [tʃípiŋ] *n.* (通例 *pl.*) こっぱ, 切れ端. ～ **sparrow**〘北アメリカ産〙小スズメ.

chíp·py[1] [tʃípi] *a.* **1** 切れ端の(多い). **2**〘俗〙無味乾燥の. **3**〘俗〙胸やけがする〘酒の飲み過ぎで〙; 気分がわるい; おこりっぽい.

chíp·py[2] *n.* **1**〘米〙chipping sparrow の愛称. **2**〘米〙chipmuck の愛称. **3**〘米俗〙おてんば娘; あばずれ女; 売春婦. **——** *a.* **1** 小さな. **2** しろうと臭い. **3** ふしだらな.

chirk [tʃə:rk] *a.*〘米話〙快活な, 上きげんな. **——** *vi., vt.*〘米話〙元気づく〔づける〕《*up*》.

chirm [tʃə:rm] *vi.* 〈小鳥・虫などが〉やかましくさえずる〔鳴く〕. **——** *n.* さえずり, 虫の音.

chiro-, cheiro-「手」の意の語形成要素.

chi·róg·ra·phy [kairágrəfi/kàiərɔ́g-] *n.* 筆法; 筆跡. ***be skilled in*** ～ 能書家である. ◇ **-pher** *n.* 書家. **chì·ro·gráph·ic** [kàirəgræfik/kàiərə-] *a.* 「の研究.

chi·ról·o·gy [kairálədʒi/kàiərɔ́l-] *n.* 手話法; 手

chí·ro·man·cy [káirəmænsi/káiərə-] *n.* 手相術. ◇ ～**·cer** [-sər] *n.* 手相見.

chi·róp·o·dy [kairápədi/kirɔ́p-] *n.* 足治療〘まめ・たこなどを治療する〙. ◇ **-dist** *n.* 足治療医. **chì·ro·pó·di·al** [kàirəpóudiəl/kàiərə-] *a.*

chì·ro·prác·tic [kàirəpræktik/kàiərə-] *n.* 指圧療法. ◇ **chí·ro·prac·tor** [ˊ—ˋtər] *n.* 指圧治療者.

chi·róp·ter [kairáptər/kaiərɔ́p-] *n.*〘動〙コウモリ. ◇ ～**·an** [-tərən] *a., n.*

Chi·róp·ter·a [kairáptərə/kai(ə)rɔ́p-, kə-] *n. pl.*

〖動〗翼手類《コウモリ類》.

‡**chirp** [tʃə:rp] *n.* チーチー, チューチュー《鳥・虫などの鳴き声》. —— *vi., vt.* **1** 〈鳥・虫などが〉鳴く, チューチュー[チーチー]鳴く. **2** かん高い声で話す[言う].
◇ **∼·y** *a.* **1** チーチー鳴く. **2**〖話〗快活な, 陽気な.

chirr [tʃə:r] *vi.* 〈コオロギなどが〉チーチー鳴く.
—— *n.* チーチー鳴く声.

chír·rup [tʃírəp, ㊟⁺ tʃə́:rəp] *n.* **1**《鳥の》さえずり. **2** チュッチュッ《舌打ちする音》. —— *vi.* **1** さえずる. **2** チュッチュッと舌打ちして赤ん坊をあやす. **3**《「さくら」が劇場などで》景気づけにかっさいする.
◇ **∼·y** *a.* チーチーさえずる.

chi·rúr·geon, etc. [kairə́:rdʒ(ə)n/kai(ə)r-]〖古〗=surgeon, etc.

chís·el [tʃízl] *n.* **1** のみ, 彫刻刀, たがね; (the ∼) 彫刻術. **2**〖俗〗細工, 詐取. —— *vt., vi.* (**-l-**, ㊕ **-ll-**) **1** のみで彫る[刻む, 削る]; 精妙に細工する[つくる]: finely ∼*ed* features よく整った目鼻だち. **2**〖俗〗〈人を〉だます, ごまかす; 〈物を〉だまし取る. **3**〖俗〗ほかに婚約のある人にもちかける. **4**〖俗〗有名になる. ∼ ***in*** [***on***]〖俗〗おせっかいをする, 干渉する. ∼ a person ***out of*** a thing (人を)だまして(物)を奪う. ***cold*** ∼ 冷鉄たがね.
∼ **dressing**《石工の》のみ仕上げ.
◇ **chís·el·(l)er** *n.* のみで細工する人;〖俗〗詐取人, かたり.

chit¹ [tʃit] *n.* 芽. —— *vi.* (**-tt-**) 芽を出す.

chit² *n.* **1** 子ども. **2**《生意気な》小娘: a ∼ of a girl こましゃくれた小娘. **3** 獣の子.

chit³ *n.* **1**《飲食代の》伝票, 付け. **2**〖英〗短信, 書き付け; 身分証明書《使用人の》.
∼ **system** 伝票払い制《現金払いに対して》.

chít·chat [tʃíttʃæt] *n.* おしゃべり, 雑談; 世間話.

chí·tin [káitin] *n.*〖生化〗キチン質, 角素《甲殻類・こん虫の表面をおおっている堅い皮膜》.
◇ **∼·ous** [-əs] *a.* キチン質の.

chí·ton [káitn, -tɑn/-t(ə)n] *n.* **1** キトン《古代ギリシア人がはだに直接着た衣服》. **2**〖貝〗クサズリガイ.

chít·ter·lings [tʃítərliŋz] *n. pl.*《豚などの》食用の小腸.

chív·al·ric [ʃív(ə)lrik, ㊟⁺ ʃivǽlrik] *a.*〖雅〗騎士道の; 騎士的, 冒険的; 騎士時代の.

chív·al·rous [ʃív(ə)lrəs] *a.* **1** 騎士道時代[制度]の. **2** 騎士(道)の; 勇武の, 義侠(ぎきょう)的な. **3**《婦人に》丁重な.

chív·al·ry [ʃív(ə)lri] *n.* **1** (中世) 騎士道制度. **2** 騎士道, 騎士かたぎ《勇武・忠君・礼節・義侠(ぎきょう)を重んじ婦人を敬い弱者を助けることなどを主義とする》. **3**《集合的》騎士.

chive [tʃaiv] *n.*〖植〗アサツキの類, エゾネギ (=∼ garlic).

chív·(v)y [tʃívi] =chevy.

Ch. J. Chief Justice.

chlá·mys [kléimis, klǽm-] *n.* (*pl.* **∼·es** [-misiz], **chlám·y·des** [klǽmidì:z, ㊟⁺ kléim-])《古代ギリシア人が着た》マントの一種.

chló·ral [kló:rəl/klɔ́:r-] *n.*〖化〗**1** クロラール《無色の油状液体》. **2** 抱水クロラール (=∼ hydrate)《麻酔剤》. ◇ **∼·ism** *n.* クロラール中毒.

chló·rate [klɔ́:rit, -reit/klɔ́:r-] *n.*〖化〗塩素酸塩.

chlo·rél·la [klərélə] *n.*〖植〗クロレラ《緑藻(りょくそう)の一種》.

chló·ric [kló:rik/klɔ́:r-] *a.*〖化〗塩素の, 塩素を含む. ∼ **acid** 塩素酸.

chló·rid [kló:rid/klɔ́:r-] =chloride.

chló·ride [kló:raid/klɔ́:r-] *n.*〖化〗塩化物;〖話〗さらし粉, 消毒剤, 漂白剤. ∼ ***of lime*** さらし粉.
∼ **paper**〖写〗クロライド[ガスライト]紙.

chló·rid·ize [kló:ridàiz/klɔ́:r-] *vt.* 塩化する; 塩化物で処理する; に塩化銀をひく.

chló·rin [kló:rin/klɔ́:r-] =chlorine.

chló·rin·ate [kló:rinèit/klɔ́:r-] *vt.* に塩素を作用させる, 塩素で処理[消毒]する.
◇ **chlò·ri·ná·tion** [klɔ̀:rinéiʃ(ə)n/klɔ̀:r-] *n.*

chló·rine [kló:ri:n/klɔ́:r-] *n.*〖化〗塩素, クロール, クロリン《非金属元素. 記号 Cl》.
∼ **water** 塩素水.

chló·rite¹ [kló:rait/klɔ́:r-] *n.*〖化〗亜塩素酸塩.

chló·rite² *n.*〖鉱〗緑泥(りょくでい)石.

chloro-「緑」または「塩素」の意の語形成要素.

chlò·ro·bróm·ide [klɔ̀:rəbróumaid/klɔ̀:rə-]
∼ ***paper***〖写〗クロロブロマイド紙《印画紙の一種》.

chló·ro·dyne [kló:rədàin/klɔ́rə-] *n.*〖医〗クロロダイン《あへん・クロロホルムを含む麻酔鎮痛薬》.

chló·ro·form [kló:rəfɔ̀:rm/klɔ́rə-] *n.* クロロホルム《麻酔薬》. —— *vt.* **1** クロロホルムで麻酔させる[殺す]. **2**〈布地に〉クロロホルムをしみ込ませる.
◇ **∼·ize** [-aiz] *vt.* =chloroform.

chlò·ro·my·cé·tin [klɔ̀:rəmaisí:tin/klɔ́:r-] *n.*〖薬〗クロロマイセチン《抗生物質》.

chló·ro·phyl(l) [kló:rəfil/klɔ́r-] *n.*〖植〗クロロフィル, 葉緑素. ◇ **-phyl·lous** *a.*

chlò·ro·píc·rin [klɔ̀:rəpíkrin/klɔ̀:rə-], **chlor·píc·rin** [klo:r-/klɔ:-] *n.*〖化〗クロロピクリン《刺激・嘔吐(おうと)性の無色液体. 殺虫剤・毒ガスに用いる》.

chló·ro·plast [kló:rəplæ̀st/klɔ́rə-] *n.*〖植〗葉緑体.

chló·ro·prene [kló:rəprì:n/klɔ́r-] *n.* クロロプレン《合成ゴムの原料》.

chló·ro·quine [kló:rəkwì:n, -kwàin/klɔ́rə-kwi:n] *n.* クロロキニーネ《マラリアの特効薬の一種》.

chlo·ró·sis [klərόusis/klɔ:r-] *n.* **1**〖医〗萎黄(いおう)病《貧血病の一種》. **2**〖植〗《緑色部分の》白化.

chló·rous [kló:rəs/klɔ́:r-] *a.*〖化〗亜塩素酸の.
∼ **acid** 亜塩素酸.

chm., chmn. chairman.

chock [tʃɑk/tʃɔk] *n.* **1** 止め木, くさび《たる・車輪などの動き止めに用いる》. **2**〖海〗綱かけ;《甲板上のボートを止めておく》止め木. —— *vt.* **1** くさびで止める. **2**〈ボートを〉止め木に載せる. ∼ ***up*** 止めくさびでしっかり止める; 〈へやなどを〉ぎっしりいっぱいにする《家具などで》. —— *ad.* ぎっしりと; ぴったりと: ∼ against the edge 端ぎりぎりに.
∼-fúll ぎっしり詰まった.

chóck·a·blóck [tʃɑ́kəblɑ́k/tʃɔ́kəblɔ́k] *a.* **1**〖海〗上下のせみ[滑車]がぴったりつくほどに. **2** ぎっしり詰まった; ぴったりくっついた.
—— *ad.* ぎっしり詰まって.

‡**chóc·o·late** [tʃɔ́:k(ə)lit, tʃɑ́k-/tʃɔ́k-] *n.* **1** チョコレート; チョコレートキャンデー, チョコレート飲料. **2** チョコレート色. —— *a.* チョコレート(色)の.
∼ **bar** 板チョコ. **∼-box** [ˊ−−−ˋ]《チョコレートの箱の絵のように》見た目にきれいな; 口先だけの. ∼ **candy** チョコレートキャンデー. ∼ **cream** クリーム入りチョコレート. ∼ **soldier** 実戦に参加しない軍人.

Chóc·taw [tʃɑ́ktɔ:/tʃɔ́k-] *n.* **1** (*pl.* ∼(**s**)) チョクトー人《現在は Oklahoma に住むアメリカ原住民の一種族》. **2** (c∼)〖スケート〗フィギュア スケーティングの一種《右足で前進し, 腰をひねって左足で後進する換え足の一種》. **3**〖米方〗ちんぷんかんぷん.

‡**choice** [tʃɔis] *n.* **1** 選択(すること), 選定: the ∼ of one's company 交友の選択. **2** 選択権, 選択の自由: Let him have the first ∼. 彼にさきに取らせなさい. **3**《集合的》(よりどりのできる) **種類**, 範囲: a wide[great] ∼ of candidates いろいろな候補者. **4** 選ばれた物[人]; 特選品: Which is your ∼? どちらにしますか. **5** ほかに採るべき道[策].
at one***'s own*** ∼ 好きかってに, 選択自由で. ***by*** ∼ 好きで, 好んで: I live here *by* ∼. 私は好きでここに住んでいる. ***for*** ∼ どちらを選ぶかといえば, どちらかといえば. ***have one's*** ∼ 自由に選ぶことができる. ***have no*** ∼ ***but to*** (do)…するより仕方がない. ***have no*** (***particular, special***) ∼ どれが特に好きということはない, なんでもかまわない. ***Hobson's*** ∼ 出

されたものを取るか取らぬかの選択, 押しつけ《Hobson という貸し馬業者が客に馬の選択を許さなかったことから》. ***make*** 〔***take***〕 ***one's*** ～ よりどりする, どれかに決める. ***make*** ～ ***of*** を選ぶ. ***of*** ～ えりぬきの, 特別上等の. ***offer a*** ～ かってに選ばせる. ***of one's*** (***own***) ～ (1) 自分の好きかってで: I did it of necessity, not *of my own* ～. やむなくしたので, 好きこのんでやったのではない. (2) 自分の好きな: He married the girl *of his own* ～. 好きな女と結婚した. ***the flower and*** ～ ***of the country*** 国の精華. ***There is no*** ～ between the two. (2 者の間に)優劣がない. ***without*** ～ 無選択に, 無差別に.

—— *a.* (**chóic·er**; **chóic·est**) **1** えりぬきの, 精選した: the *choicest* Turkish tobacco 特選トルコたばこ. my *choicest* hours of life わが生涯(しょうがい)最良の時. in ～ words 適切なことばで. **2** えり好みする, 好ききらいのある: He is ～ of his food. 彼は食物に好ききらいがある. 〔choose と同語源〕

◇ **～·ly** *ad.* 精選して, 慎重に. **～·ness** *n.* 精巧〔優良〕さ. **chóic·y** *a.* 〖米話〗 =choos(e)y.

‡**choir** [kwaiər/kwáiə] *n.* **1** 合唱団, 《特に》 聖歌隊. **2** 《舞踊者・歌手などの》 隊, 団; 〖雅〗 うたっている鳥〔天使〕などの群れ. **3** 《教会の》 聖歌隊席.

—— *vt., vi.* 〖雅〗 <鳥・天使などが> 合唱する.

～·boy [́ ̀] 《聖歌隊の》 少年歌手. **～·màs·ter** 聖歌隊指揮者. **～ organ** 《合唱伴奏用の》 最低音オルガン. **～ screen** 聖歌隊席と内陣との間の仕切り.

‡**choke** [tʃouk] *vt.* **1** 窒息させる, の息を(押し) 止める: be ～*d* with smoke 煙で息が詰まる. **2** ふさぎ止める, 詰まらせる 《*up*》: The drainpipe was ～*d up* with rubbish. 下水管にごみが詰まった. **3** <成長・行動などを> 押え止める, 抑止する 《*off*》; <感情・涙を> 押える, 押しとどめる. **4** <植物を> 枯らす; <火を> 消す. **5** <エンジンの> チョークを引く. → *n.* ④.

—— *vi.* **1** 息が詰まる, むせぶ; 口がきけなくなる: I feel like *choking*. 息が詰まりそうだ. **2** <管などが> 詰まる. **3** <なわが> もつれる. ～ ***back*** <感情などを> 押えつける, 控える. ～ ***down*** <食物を> やっと飲みくだす; <感情・涙などを> じっと押える. ～ ***in*** 〔***up***〕 〖米俗〗 言うことを差し控える, 黙っている. ～ ***off*** 絞め殺す; やめさせる, <計画などを> 放棄させる. ～ ***up*** (1) ふさぐ, 詰まらす; 枯らす. (2) 〖話〗 感情が高ぶってものが言えない〔言えないようにする〕; あがって実力が発揮できない.

—— *n.* **1** 窒息. **2** 《管などの》 閉塞(へいそく)部. **3** 〖電〗 チョーク (コイル), 塞流線輪 (=～ coil). **4** 〖機〗 チョーク 《エンジンの空気吸い込みを調節する装置》.

～·bore [́ ̀] 狭口銃 《散弾の飛散を防ぐ》. **～·chèr·ry** 〖米〗 《北アメリカ産》 山桜の一種; その実 《渋味あり》. **～·damp** [́ ̀] 有毒ガス (black-damp) 《炭坑などにたまる二酸化炭素》. **～·fúll** =chock-full.

◇ **chók·(e)y** [tʃóuki] *a.* =choky¹.

chók·er [tʃóukər] *n.* **1** 息を詰まらせる物〔人〕. **2** 〖話〗 堅く締める首飾り; 窮屈なネクタイ; 立ちカラー.

chók·ing [tʃóukiŋ] *a.* **1** 息をふさぐ; 息の詰まるような. **2** 息が詰まったような: in a ～ voice むせぶような声で. **3** 〖電〗 塞流(そくりゅう)の.

～ **coil** 〖電〗 =choke *n.* ③. ◇ **～·ly** *ad.*

chók·y¹ [tʃóuki] *a.* 息詰まる (ような).

chó·ky² *n.* 〖英俗〗 留置場.

chól·er [kálər/kɔ́lə] *n.* **1** 〖雅・古〗 かんしゃく, 短気. **2** 胆汁(たんじゅう) 《中世医学でかんしゃくの原因と考えられていた体液》.

chól·er·a** [kálərə/kɔ́l-] *n.* 〖医〗 コレラ. ***Asiatic 〔***malignant***〕 ～ 真性コレラ. ***European*** 〔***summer***〕 ～ =～ morbus.

～ **infantum** [-inféntəm] 小児コレラ. ～ **morbus** [-mɔ́:rbəs] 急性中毒症状.

◇ **chòl·er·á·ic** [kàləréiik/kɔ̀l-] *a.* コレラ (性) の.

chól·er·ic [kálərik/kɔ́l-] *a.* **1** おこりっぽい, 短気な. **2** 〖古〗 胆汁(たんじゅう)質の.

cho·lés·ter·ol [kəléstəròul/kəléstərɔl] *n.* 〖生化〗 コレステロール 《脂肪質の結晶アルコール》.

chó·line [kóuli:n] *n.* 〖生化〗 コリン 《ビタミン B 複合体の一つ》.

chól·la [tʃóu(l)jɑ:] *n.* 《樹状》 サボテンの一種.

chomp [tʃɑmp/tʃɔmp] *vt., vi.* 〖米俗〗 かみつく; (むしゃむしゃ) かむ.

chóo·choo [tʃú:tʃù:] *n., vi.* 〖幼児語〗 汽車ポッポ (で行く); シューと走る.

chóo·ra [tʃú(:)rə/tʃúərə] *n.* アメリカ原住民の短刀.

†**choose** [tʃu:z] *v.* (**chose** [tʃouz]; **chós·en** [tʃóuzn]) *vt.* **1** 《たくさんのものの中から》 選ぶ, 選択する: ～ three *out of* the ten 10 のうちから三つ選ぶ. She *chose* him *for* her husband. 彼女は彼を夫に選んだ. ～ Sunday *for* one's departure 出発を日曜日にする. ～ whatever one likes 好きなものを自由に選ぶ. **2** 《目的補語を伴って》 …を…として選ぶ: ～ a person President 人を大統領に選ぶ. **3** 《to 不定詞を伴って》 …する方を望む; …しようと決心する: You *chose* to do it. 自分が好きでやったことじゃないか. He *chose* to run for the election. 彼は出馬を決心した. **4** 〖話〗 ほしいと思う, 望む: Do you ～ any drink? なにかお飲みになりますか.

—— *vi.* **1** 選ぶ: He *chose* carefully. 彼は注意ぶかく選んだ. **2** 望む: You may stay here if you ～. お望みならここにとどまってもけっこうです.

as you ～ お好きなように, 望みどおりに. ***cannot*** ～ ***but*** (do) …せざるをえない (= connot help (do)-ing). ～ A ***before*** B (B) より (A を) 選ぶ. ～ ***between*** A ***and*** B (A) か (B) かを選ぶ. ***pick and*** ～ 念を入れて選ぶ. ***There is nothing*** 〔***little, not much***〕 ***to*** ～ ***between*** them. (それらの間に) 優劣は全然〔ほとんど, たいして〕ない.

◇ **chóos·er** *n.* 選択者; 選挙人. **chóos·(e)y** [tʃú:zi] *a.* 〖米話〗 えり好みする; 気むずかしい.

‡**chop¹** [tʃɑp/tʃɔp] *v.* (**-pp-**) *vt.* **1** ぶち切る, 切り刻む, 切ってつくる 《おの・なた・包丁などで》; <肉・野菜などを> 細かく刻む: ～ firewood with an ax おのでたきぎを切る. ～ a path through the forest 森に小道を切り開く. **2** 《比喩的》 削減する, 切り詰める. **3** 〖テニス・クリケット〗 ボールを切る.

—— *vt.* **1** 切る, さっと切る. **2** さっと動く, 急いで動く〔来る, 行く〕. **3** <海が> さか波が立つ. ～ ***about*** めった切りにする. ～ ***at*** に打ってかかる, に切ってかかる. ～ ***down*** 切り落とす, 切り倒す. ～ ***in*** 突然さえぎる, 差し出口をする. ～ ***off*** 〔***away***〕 切り離す, 切り取る: ～ *off* a length of rope ロープをある長さに切り取る. ～ ***out*** 〔***up***〕 <地層が> 露出する. ～ ***up*** こま切りにする. ～ ***upon*** 〖俗〗 に偶然出くわす; に襲いかかる. ～ **stroke** 〖運〗 (ラケットで) たまを切ること, チョップ 《ボールに逆回転を与える》.

—— *n.* **1** 切断. **2** 切り取った一片; 肉の切り身 《多く骨つき》. **3** さか波. **～·house** → 別項.

chop² *v.* (**-pp-**) *vi.* **1** <風などが> 急に変わる, 風向きが急に変わる 《*round*》. **2** 〖英方〗 気迷う; 考えがぐらつく; 気が変わる. **3** 〖古〗 激しいことばをかわす.

—— *vt.* **1** 変える. **2** 〖古〗 取りかわす. ～ ***about*** <風が> 急に変わる; 迷う, 変心する. ～ ***and change*** (***about***) 変える; ぐらぐら変わる, 不定である. ～ ***back*** 不意に引き返す. ～ ***logic*** 〔***words***〕 論じ合う; 理屈をこねる. —— *n.* 急に変わること. **～*s and changes*** 変転, 優柔不断, 朝令暮改.

～·lòg·ic 詭弁(きべん) (の). → *vt.* ～ logic.

chop³ *n.* **1** (通例 *pl.*) あご; (*pl.*) 口腔(こうこう). **2** (*pl.*) 入り口 《港湾・海峡・峡谷などの》.

～·fàll·en = chapfallen.

chop⁴ *n.* **1** 〖インド・中国〗 官印; 出港〔陸揚げ, 旅行〕 許可証. **2** 〖インド話〗 商標; 品種, 銘柄. ***first*** 〔***second***〕 ～ 第一〔第二〕 級 (品).

～ **box** 《アフリカで》食糧輸送箱. **～·house** → 別項.

chop chop *ad., int.* 〘俗〙早く, 急いで.

chóp·house [tʃáphàus/tʃɔ́p-] *n.* **1** 《焼き肉料理を主とする》簡易料理店《<chop¹》. **2** 〘古〙《中国の》税関《<chop⁴》.

Chó·pin [ʃóupæŋ, ─´/ʃɔ́pæŋ | F. ʃɔpɛ̃] *n.* Frédéric François [frédərik-frænswáː-] ～, 1810–1849, ポーランド生まれのフランスのピアニスト・作曲家.

chóp·per [tʃápər/tʃɔ́p-] *n.* **1** 切る〔刻む〕人〔物〕; おの; 肉切り大包丁 (cleaver). **2** (*pl.*)〘米俗〙歯; こぶし. **3** 〘米俗〙切符受取人, 車掌. **4** 〘米俗〙ヘリコプター; 自動小銃.

chóp·ping¹ [tʃápiŋ/tʃɔ́p-] *a.* **1** ぶち切る, ぶっ切り用の. **2** 《海が》波の立つ. ～ **block** 〔**board**〕まないた. ～ **knife** こま切り包丁.

chóp·ping² *a.* 《風向きなどが》くるくる変わる, 不定の.

chóp·ping³ *a.* 〘英俗〙《子どもが》大きくて強い, 体格のいい; 元気いっぱいの, 向こう見ずな.

chóp·py [tʃápi/tʃɔ́pi] *a.* **1** 《海・湖などが》波立っている. **2** 裂け目の多い. **3** 《風が》変わりやすい; 変動の多い, 不安定な; 《文体などが》むらのある.

‡chóp·stick [tʃápstik/tʃɔ́p-] *n.* (通例 *pl.*) 箸(はし).

chóp sú·ey, chóp sóo·y [tʃáp-súːi/tʃɔ́p-] *n.* (*pl.* **～s**) チャプスイ《肉と野菜のごった煮. アメリカ式中華料理》.

chó·ral [kɔ́ːrəl/kɔ́ːr-, kɔ́r-] *a.* 合唱隊の; 合唱の. ── *n.* =chorale. ◇ **～·ly** [-i] *ad.* 合唱で.

***cho·ràle** [koːráːl/kɔr-] *n.* **1** 合唱曲. **2** 聖歌. **3** 合唱隊〔団〕.

chord¹** [kɔːrd] *n.* **1** 《楽器の》弦. **2** 《心の》琴線, 感情: touch the right ～ 巧みに感情に訴える. **3** 〘数〙弦; 〘工〙《橋などのけた構えなどの》弦材; 〘医〙帯, 腱(けん). ***spinal* ～** 〘医〙せき髄. ***vocal* ～*s 〘医〙声帯. ── *vt.* に弦をつける. ◇ **～·al** [kɔ́ːrdl] *a.*

chord² *n.* 〘楽〙和音. ── *vi.* 調子が合う. ── *vt.* の調子を合わす.

chór·date [kɔ́ːrdèit] *a.* 〘動〙せき索を有する, せき索動物の. ── *n.* せき索動物.

chore [tʃoːr/tʃɔː] *n.* 〘米〙 **1** 《家庭の》こまごました仕事, 雑用. **2** (通例 *pl.*)《家庭・農場の》日常の仕事. **3** ほねのおれる〔いやな〕仕事: make the job less of a ～ たいくつな仕事をややましなものにする. ***be quite a* ～** (…するのは) 全くたいへんだ.

── *vi.* ～をする. ～ **one's *way through*** college アルバイトして (大学) を出る.

～ **boy** 雑用係; 炊事当番《牧場などの》; 世話役《いやなこまごました事務を引き受ける》. **～·man** [-mən, -mæn] 雑用係, 労務者.

cho·ré·a [koːríːə/kɔríə] *n.* 〘医〙舞踏病.

◇ **cho·ré·ic** [-ríːik] *a.*

cho·rég·ra·phy [kərégrəfi] =choreography.

chó·re·o·graph [kɔ́ːriəgræf/kɔ́riəgrɑːf] *vt.* 〈音楽・詩などに〉振り付けをする.

── *vi.* 振り付け師をする.

chò·re·óg·ra·phy [kɔ̀ːriágrəfi/kɔ̀riɔ́g-] *n.* **1** 舞踊振り付け (法). **2** 舞踊術. **3** (バレー) 舞踊.

◇ **-pher** *n.* (舞踊) 振り付け師; 舞踊家〔教師〕.

chó·ri·amb [kɔ́ːriæm(b)/kɔ́ri-] *n.* 〘韻〙長短短長格, 強弱弱強格.

chò·ri·ám·bus [kɔ̀ːriǽmbəs/kɔ̀r-] =choriamb.

chó·ric [kɔ́ːrik, kár-/kɔ́r-] *a.* 合唱 (曲) の; 《ギリシア劇の》合唱歌舞式の.

chó·rine [kɔ́ːriːn/kɔ́ːr-] *n.* 〘米俗〙コーラスガール.

chó·ri·on [kɔ́ːriàn/kɔ́ːriən] *n.* (*pl.* **-a** [-riə]) 〘医〙《子宮内面にできる》絨毛(じゅうもう)膜; 〘動〙卵かく, しょう膜.

chór·ist [kɔ́ːrist/kɔ́r-] *n.* 合唱隊員.

◇ **chór·is·ter** [kɔ́ːristər, kár-/kɔ́r-] *n.* 聖歌隊員《特に少年の》; 〘米〙聖歌隊指揮者.

cho·róg·ra·phy [koːrágrəfi/kɔrɔ́g-] *n.* 地方地誌〔地勢図〕; そのつくり方.

chó·roid [kɔ́ːrɔid/kɔ́ːr-] *n., a.* 〘医〙《眼球の》脈絡膜 (の・のような); 絨毛(じゅうもう)膜(状の).

cho·ról·o·gy [koːrálədʒi/kɔːrɔ́l-] *n.* 〘生〙分布学.

chór·tle [tʃɔ́ːrtl] *vi.* 得意そうに笑う〔言う〕.

── *n.* 得意そうな笑い. [<*chuck*le+s*nort*]

‡chó·rus [kɔ́ːrəs/kɔ́ːr-] *n.* **1** 〘楽〙合唱; 合唱曲; 《歌の》合唱部分, 折り返し. **2** 合唱隊; 《ギリシア劇の》合唱歌舞団; 《ミュージカルの》合唱団, 群舞団. **3** 斉唱(せいしょう); 声をそろえて言う〔笑う, 叫ぶ〕こと: a ～ of protest いっせいの反対. ***in* ～** 口をそろえて, いっせいに: sing *in* ～ 合唱する. ***mixed* ～** 混声合唱. ── *vi.* **1** 合唱する. **2** 口をそろえて〔いっせいに〕言う.

～ **boy** 〔**girl**〕《歌劇などの》コーラスボーイ〔ガール〕.

chose¹ [tʃouz] *v.* choose の過去形.

chose² [ʃouz] *n.* 〘法〙物, 財産, 動産. ～ ***in action*** 無体財産. ～ ***in possession*** 有体財産.

chose ju·gée [ʃouzʒuːʒéi/-ʒúːʒei] F. 既決事項.

‡chó·sen [tʃóuzn] *v.* choose の過去分詞. ── *a.* **1** 選ばれた; 精選の; 特に好まれた: my ～ profession 自分の好みで選んだ職業. **2** 神に選ばれた《特に教いのため》: the ～ people 選民《=ユダヤ人》.

Chou En-lai [tʃóu-énlái, dʒóu-] *n.* 周恩来, 1898–1976, 中華人民共和国の共産党指導者・首相.

chough [tʃʌf] *n.* 〘鳥〙ベニハシガラス《あしとくちばしが赤い. ヨーロッパ産》.

chouse [tʃaus] *vt.* 〘古〙だます, ぺてんにかける. ── *n.* ぺてん (師).

chow [tʃau] *n.* **1** 〘米俗〙食物; 食事 (どき); 〘軍俗〙糧食. **2** (C～) 〘オーストラリア俗〙中国人. **3** = chow chow. ～ **line** 〘軍俗〙給食を待つ列.

chów chów [tʃáu-tʃáu] 《中国産の》犬の一種.

chów-chòw [tʃáutʃàu/─´] *n.* **1** 中国式つけ物《しょうが・からしなどで風味をつけた野菜・くだもののこま切れ》; 《インドの》からしづけ. **2** 《一般的》混ぜ合わせ料理. **3** 〘米俗〙食べ物; 食事. ── *a.* ごちゃまぜの.

chów·der [tʃáudər] *n.* チャウダー《魚・貝類を主とした煮込み料理》.

chów·hound [tʃáuhàund] *n.* 〘米俗〙食いしん坊.

chow mein [tʃáu-méin] 〘料理〙堅焼きそば.

Chr. Christ; Christian; Christopher.

chrè·ma·tís·tics [krìːmətístiks] *n. pl.* 《単数扱い》理財学, 貨殖論.

chres·tóm·a·thy [krestáməθi/-tɔ́m-] *n.* 詩文〔名文〕選《古典語・外国語などの学習用》.

chrism [kríz(ə)m] *n.* 〘カトリック〙聖油; 聖油式.

◇ **chrís·mal** [krízm(ə)l] *a.* **chrís·ma·to·ry** [krízmətɔ̀ːri/-təri] *n.* 聖油入れ.

chrís·om [krízəm] *n.* **1** = chrism. **2** 洗礼を受ける幼児に着せる白衣〔白布〕.

‡Christ [kraist] *n.* **1** キリスト《旧約聖書で預言された救世主の出現としてキリスト教信者によって信じられたナザレのイエス (Jesus) の称号, のちに Jesus Christ として固有名詞化された》. **2** (the ～) 《ユダヤ人が待望した》救世主. ***before* ～** 西紀前《B.C. と略し, 20 B.C. のごとくに用いる》.

── *int.* 〘俗〙おや!, まあ!, なにをっ!《驚き・怒りなどをあらわす. Jesus Christ! ともいう》.

～-child [─´─], **the** 幼児としてのキリスト.

～'s-thorn → 別項.

◇ **～·hood** [-hùd] *n.* キリスト〔救世主〕であること; キリストの性格〔神性〕. **～·less** *a.* キリストの精神にそむく, キリスト教を信じない; キリスト不在の. **～·like** [─´─] *a.* キリストのような; キリスト的な. **～·ly** *a.* キリストの; キリストらしい.

chríst·cross [krískrɔ̀ːs/-krɔs, -krɔːs] *n.* =crisscross. **～-ròw** [-ròu/-róu] 〘英方〙アルファベット.

chrís·ten [krísn] *vt., vi.* **1** (に) 洗礼を施す, 《洗礼を施して》キリスト教徒にする. **2** 洗礼を施して命名する. **3** 〈船・動物・鐘などに〉名をつける, に命名する. **4**〖話〗<道具などを> 初めて使う.
◇ **chrís·ten·ing** [krísniŋ] *n.* 洗礼(式); 命名式.
Chrís·ten·dom [krísndəm] *n.* **1** キリスト教界; キリスト教(諸)国. **2**《集合的》(全)キリスト教徒.
‡**Chrís·tian** [krístʃən/-tjən, -tʃ(ə)n] *n.* **1** キリスト教徒; キリストの教えを守る人. **2**〖話〗文明人, 人間. ↔brute. **3**〖話〗りっぱな人, 上品な人. ***Let's talk like ~s.*** おとなしく話をしよう.
―― *a.* **1** キリストの(教えの); キリスト教の; キリスト教的; キリスト教徒らしい. **2** 文明人らしい;〖話〗人間的な, おとなしい;〖話〗りっぱな. ***Young Men's ~ Association*** キリスト教青年会《略 Y.M.C.A.》. ***Young Women's ~ Association*** キリスト教女子青年会《略 Y.W.C.A.》.
~ burial 教会葬. **~ era** 西暦紀元. **~ name** 洗礼名《洗礼のときにつけられる》. → surname, family name. **~ Science** クリスチャン サイエンス《医薬を用いず信仰療法を特色とするキリスト教の一派. その信者は ~ Scientist》. **~ socialism** キリスト教社会主義《その主義者は ~ socialist》.
◇ **~·like** [-làik] *a.* キリスト教徒らしい. **~·ly** *a., ad.* キリスト教徒らしい〔らしく〕.
Chrìs·ti·án·i·a [krìstiá:niə, ㊊⁺ -tjá:niə] *n.* **1** ノルウェーの首都 Oslo の旧名. **2** [㊊⁺ -tʃiǽn-, -tiǽn-]〖スキー〗クリスチャニア(=~ turn).
Chrís·tian·ism [krístʃənìz(ə)m/-stjən-] *n.*〖古〗キリスト教の教義〔体系〕.
***Chrìs·ti·án·i·ty** [krìstʃiǽnəti/-sti-] *n.* **キリスト教**信仰, キリスト教的精神〔主義, 思想〕; キリスト教.
Chrís·tian·ize [krístʃənàiz/-stjə-, -stʃə-] *vt., vi.* キリスト教徒にする〔なる〕; キリスト教化する.
◇ **Chrìs·tian·i·zá·tion** [krìstʃənəzéiʃ(ə)n, -naiz-/-stjə-, -stʃə-] *n.*
†**Chríst·mas** [krísməs] *n.* **クリスマス**, キリスト降誕祭(=~ Day)《12月25日. 略 Xmas》: "A merry ~ to you." "The same to you." 「クリスマスおめでとう」「ご同様, おめでとう」.
~ book クリスマスの読み物. **~ box**〖英〗《召使·郵便配達夫などに与える》クリスマスの祝儀〔贈り物〕. **~ card** クリスマスの賀状. **~ carol** クリスマス祝歌. **~ Day** キリスト降誕祭《12 月 25 日》. **~ Eve** クリスマス前夜〔前日〕. **~ holidays** クリスマス休み《Christmastide の休暇・学校の冬休み》. **~ number**《雑誌などの》クリスマス号. **~ pantomime** =pantomime ①. **~ present**〔**gift**〕クリスマスの贈り物. **~ pudding** クリスマスのプディング《plum pudding を用いる》. **~ rose**〖植〗クリスマス ローズ《ヨーロッパ産ウマノアシガタ科の草本》. **~ seal** クリスマス シール《クリスマスの期間身体障害者施設などの募金のために売り出される封筒用シール》. **~ stocking** クリスマス ストッキング《サンタクロースの贈り物を入れるために子どもたちがつるす》. **~·tide** [-tàid] クリスマス季節《12 月 24 日–1 月6日》. **~ tree** クリスマスツリー《飾り物·ろうそく·豆電燈などをつるして飾るモミなどのときわ木》.
Chris·tól·o·gy [kristáləd3i/-tɔ́l-] *n.* キリスト論.
Chris·tóph·a·ny [kristáfəni/-tɔ́f-] *n.* キリストの再現.
Chríst's-thorn [kráiststθɔ̀:rn] *n.*〖植〗ハマナツメの一種《キリストのいばらの冠がこの枝でつくられたという》.
chró·ma [króumə] *n.* 色の純度; 彩度.
chró·mate [króumeit/-m(e)it] *n.*〖化〗クロム酸塩.
chro·mát·ic [kromǽtik] *a.* **1** 色の; 色彩の(ある). ↔ achromatic. **2**〖生〗染色性の. **3**〖楽〗半音階の. **~ aberration**〖光〗色収差. **~ color** 有彩色. **~ scale** 半音階.
◇ **-i·cal·ly** *ad.* **-i·cism** [-isìz(ə)m] *n.*
chro·mát·ics [-s] *n. pl.*《単数扱い》色彩論, 色学.
chró·ma·tin [króumətin] *n.*〖生〗クロマチン, 染色質.
chró·ma·tism [-tìz(ə)m] *n.* **1**〖植〗《緑色部分の》変色. **2**〖光〗色収差.
chró·ma·to·graph [króumətəgræ̀f/-grɑ:f] *n.* 着色版. ―― *vt.* 色刷りにする.
chrò·ma·tól·o·gy [kròumətáləd3i/-tɔ́l-] = chromatics.
chró·ma·to·phore [króumətəfɔ̀:r/-fɔ:] *n.* **1**〖植〗有色体. **2**〖動〗色素細胞.
chró·ma·to·scope [-skòup] *n.*〖光〗クロマトスコープ《異なった数色の光線を混合色にする装置》.
chró·ma·trope [króumətròup] *n.*《幻燈の》回転彩色〔彩光〕板.
chrome [kroum] *n.* **1**〖化〗クロム (chromium). **2** クロムイエロー, 黄鉛 (=~ yellow); 黄色絵の具. **~ green**〔**red**〕クロム緑〔赤〕. **~ steel** クロム鋼.
chró·mic [króumik] *a.*〖化〗(三価の) クロムを含む, クロムの. **~ acid** クロム酸.
chró·mite [króumàit] *n.* **1**〖鉱〗クロム鉄鉱. **2**〖化〗クロマイト, 亜クロム酸塩.
chró·mi·um [króumiəm] *n.*〖化〗クロム, クロミウム《金属元素. 記号 Cr》.
~ steel クロム鋼 (chrome steel).
chró·mo [króumou] *n.* (*pl.* **~s**) 着色石版刷り(の絵) (chromolithograph).
chró·mo·gen [króuməd3ən] *n.*〖化·染〗**1** 色原体《顔料となる基質》. **2** 酸性染材の一種.
chró·mo·graph [króuməgræ̀f/-grɑ:f] *n.*〖印〗ゼラチン謄写版, こんにゃく版. ―― *vt.* ゼラチン謄写版〔こんにゃく版〕で複写する.
chrò·mo·líth·o·graph [kròumolíθəgræ̀f/ ⌐ – ⌐ –grɑ:f] *n.*〖印〗着色石版刷り(の絵).
◇ **chrò·mo·lìth·o·gráph·ic** [-liθəgrǽfik] *a.*
chrò·mo·li·thóg·ra·phy [-liθágrəfi/-θɔ́g-] *n.*〖印〗着色石版術. ◇ **-pher** *n.* 着色石版工.
chrò·mo·phó·to·graph [kròumofóutəgræ̀f/ ⌐ – ⌐ –grɑ:f] *n.* 着色写真, 天然色写真.
chró·mo·some [króuməsòum] *n.*〖生〗染色体.
chró·mo·sphere [króuməsfìər] *n.*〖天〗彩層《太陽の外側部をおおう紅色ガス層》.
◇ **chrò·mo·sphér·ic** [kròuməsférik] *a.*
chró·mo·type [króumotàip] *n.* 着色石版刷り; 天然色写真.
chró·mous [króuməs] *a.*〖化〗二価のクロムを含む, 亜クロム酸の.
Chron. Chronicles.
chron., chronol. chronological; chronology.
chrón·ic [kránik/krɔ́n-] *a.* **1**《内乱など》長期にわたる, 慢性的な. **2** 常習的な, 病みつきの: a ~ smoker 喫煙常習者. a ~ grumbler いつも不平を言っている人間. **3**《癖などが》根ぶかい, なおらない. **4**〖医〗慢性の, 固疾の: a ~ disease 慢性病. ↔ acute. **5**〖英俗〗ひどい, いやな. ―― *n.* 慢性病;〖英俗〗試験にいつも失敗する学生. [√chron-]
◇ **chrón·i·cal** [-ik(ə)l] *a.* = chronic. **chrón·i·cal·ly** *ad.* 慢性的に; 長引いて; 常習的に.
chrón·i·cle [kránikl/krɔ́n-] *n.* **1** 年代記; 記録; 歴史. **2** (C~) …新聞. **3** (the C~s)〖聖〗歴代志(略)《旧約聖書中の上下 2 巻》. ―― *vt.* 年代記に載せる; 記録にとどめる. [√chron-]
~ play〔**history**〕年代記史劇.
◇ **~r** [-ər] *n.* 年代記編者; 記録者.
chrono-「時」の意の語形成要素《母音の前では chron-》.
chrón·o·gram [kránəgræ̀m/krɔ́n-] *n.* **1** 年代表示銘〔記録〕《文中大型のローマ字を数字として用い年代を示している銘または記録. 例 : LorD haVe MerCIe Vpon Vs (=Lord have mercy upon us) =50+500+5+1000+100+1+5+5=1666 1666年イギリスとオランダとの間に海戦があった》. **2** クロノグラフ記録.
◇ **chròn·o·gram·mát·ic** [⌐ –grəmǽtik] *a.*
chrón·o·graph [kránəgræ̀f/krɔ́nəgrɑ:f,- græf] *n.* クロノグラフ《時間を図形的に記録する装置》; 記

秒とけい《ストップウオッチなど》.

chròn·o·lóg·ic [krɑ̀nəlɑ́dʒik/krɔ̀nəlɔ́dʒik], **-i·cal** *a.* 年代順の; 年代(学)の: a ～ table 年代表. ◇ **chròn·o·lóg·i·cal·ly** *ad.* 年代順に; 年代学的に.

chro·nól·o·gy [krənɑ́lədʒi/-nɔ́l-] *n.* **1** 年代学. **2** 年代記; 年表. **3** 年代の前後関係.
◇ **-gist** [-dʒist], **-ger** [-dʒər] *n.* 年代〔年表〕学者. **-gize** *vt.* 年代順に配列する, 年表にする.

chro·nóm·e·ter [krənɑ́mit̬ər/-nɔ́m-] *n.* クロノメーター《経度測定用などの精密なとけい》.
◇ **-try** [-tri] *n.* 時間測定(法).

chròn·o·mét·ric [krɑ̀nəmétrik/-krɔ̀n-], **-ri·cal** [-(ə)l] *a.* **1** chronometer の〔で測った〕. **2** chronometry の.
◇ **chròn·o·mét·ri·cal·ly** *ad.*

chrón·o·pher [krɑ́nəfər/krɔ́n-] *n.* 時刻報知器.

chrón·o·scope [krɑ́nəskòup/krɔ́n-] *n.* クロノスコープ《光の速度などを測る極微時間測定器》.

chrýs·a·lid [krísəlid] *a.* さなぎ(状・時代)の.
—— *n.* ＝chrysalis.

chrýs·a·lis [krísəlis] *n.* (*pl.* ～**·es** [-iz], **chry·sál·i·des** [krisǽlidi:z]) **1**〖動〗さなぎ《特にチョウの》. **2** 未熟期, 準備時代.

chrys·án·the·mum [krisǽnθ(ə)məm] *n.*〖植〗菊(の花).

chrỳs·el·e·phán·tine [kriselifǽnti:n, -t(a)in/-tain] *a.* 金と象げをきせた《古代ギリシアの器物など》.

chrýs·o·ber·yl [krísobèril] *n.*〖鉱〗金緑玉《アレキサンドル石・ネコ目石など. 宝石》.

chrýs·o·lite [krís(ə)làit] *n.*〖鉱〗貴カンラン石.

chrýs·o·prase [krísəprèiz] *n.*〖鉱〗緑玉髄.

chthó·ni·an [θóuniən] *a.* (または C～)〖ギ神〗地下の, 下界の, あの世の; 冥界(めいかい)(の神々)の.

chub [tʃʌb] *n.* (*pl.* ～**s**; 《集合的》 ～)〖魚〗ウグイ属の魚.

chúb·by [tʃʌ́bi] *a.* まるまる太った, 丸ぽちゃの.
◇ **-bi·ness** *n.*

chuck[1] [tʃʌk] *vt.* **1** (ぽいと)投げる, ほうる; 投げ捨てる. **2**〖英俗〗《場所から》<人を>つまみ出す; 首にする《*out*》: *C*～ that man *out of* the pub! その男を酒場からつまみ出せ. **3** <仕事・職・計画などを>捨てる, 断念する. **4** <あごの下を>軽くつつく《戯れに》. ～ ***away*** <金・時間を> 空費する; <機会を> 逃がす. ～ ***down*** 投げ倒す. ～ ***it*** よす; 《命令》よせ!, 黙れ! ～ ***out***〖話〗(1)＝*vt.*②. (2)<議案・動議を>否決する. ～ ***up***〖話〗やめる, 《いやになって》投げ出す. —— *n.* ほうること; 放棄; 解雇; 軽くつつくこと. ***get the*** ～ 首になる. ***give*** a person ***the*** ～ 突然首にする; 急に関係を断つ.
～**-a-luck** [-lʌ̀k] 賭博(とばく)の一種《さいころを投げてかける》. ～**-fàr·thing** 銭投げ(遊び).

chuck[2] *n.* **1**〖機〗旋盤のチャック《工具・加工物などをつかむのに用いる》. **2** 牛の首のまわりの肉;〖俗〗食べ物. —— *vt.* チャックにかける〔で固定させる〕.
～ **wagon**〖米〗《農牧場用》炊事車.

chuck[3] *vi.* <めん鳥が>コッコッと鳴く; 《馬を励ますために》舌を鳴らす. —— *n.* コッコッという声; 舌打ち(の音).

chuck[4] *n.* かわいい人, いい子《愛児・愛妻などに対して "My ～!" と呼びかけるときなどに用いる. chick の変形》.

chúck·er-óut [tʃʌ́kəráut] *n.* (*pl.* **chúck·ers-óut**)〖英俗〗《劇場などの》用心棒 (bouncer).

chúck-fúll [tʃʌ́kfúl] ＝chock-full.

chúck·hole [tʃʌ́khòul] *n.* 路上の穴.

‡**chúck·le** [tʃʌ́kl] *n.* **1** くすくす笑い, しのび笑い. **2** 《めん鳥がひなを呼ぶ》コッコッという鳴き声. —— *vi.* **1** くすくす笑う; 悦に入る: ～ while reading 本を読みながらくすくす笑う. **2** コッコッと鳴く. ～ ***out*** くすくす笑いながら言う. ～ ***over*** 〔***at***〕をひそかに喜び笑う, …にほくそえむ. ～ ***to*** one***self*** ひとりでほくそえむ〔ほくほく喜ぶ〕.
～**·head** [-hèd]〖俗〗ばか, のろま, 低能. ～**·hèad·ed** [-hèdid] ばかな, のろまな.

chúd·dar, -der [tʃʌ́dər], **-dah** [-də] *n.*〖インド〗チャダー《北部インド婦人のショール》.

chuff[1] [tʃʌf] *n.* いなか者; 無作法者; けちんぼ.

chuff[2] *a.*〖英俗〗 **1** 太った; 丸ぽちゃの. **2** うぬぼれした.

chuff[3] ＝chug.

chúff·y [tʃʌ́fi] *a.* 野卑な; ぶあいそうな.

chug [tʃʌg] *n.* 《エンジンの排気などの》シュッシュッという(破裂)音. —— *vi.* (**-gg-**) <機関車・モーターボートなどが> シュッシュッと音をたてる; シュッシュッと進む《*along*》. ～ ***up*** 急いで進む.

chúk·ker, chúk·kar [tʃʌ́kər] *n.*〖polo 球技での〗 1 試合中の 1 回.

‡**chum**[1] [tʃʌm] *n.* **1** 仲よし, 仲間: a boyhood ～ 幼友だち. **2** 《大学などの》同室仲間, 親友; 同僚; 相棒. —— *vi.* (**-mm-**) **1** 仲よくする《*together*; と *with*》. **2** 同室する. ～ ***up with*** と仲よくする.

chum[2] *n.* まきえ《魚を寄せ集めるための》.
—— *vi.* まきえで漁をする.

chúm·mage [tʃʌ́midʒ] *n.* **1** 同室; 同宿制度. **2** 《新入りの同室者が出す》へや代.

chúm·my [tʃʌ́mi]〖話〗*a.* 仲のいい, ごく親しい; 人づきあいのいい. —— *n.* **1** 仲よし. **2** 小型自動車(の車体). ◇ **-mi·ly** *ad.*

chump[1] [tʃʌmp] *n.* **1** 大きな木切れ; 肉の大きな切り身. **2** 物の太い方の端. **3**〖俗〗頭. **4**〖話〗のろま, ばか. ***off*** one'***s*** ～〖英俗〗頭が変で; 熱狂して.

chump[2] ＝chomp.

Chúng·king [tʃúŋkiŋ] *n.* チョンチン(重慶)《中国の都市》.

chunk [tʃʌŋk] *n.* **1** 《肉・パン・チーズ・木材などの》厚切れ, 大きな固まり. **2**〖米話〗ずんぐりした人〔馬〕. **3**〖米話〗かなりの〔たっぷりな〕量; 部分, 分け前.
◇ ～**·y** [-i] *a.*〖米話〗ずんぐりした, たくましい.

†**church** [tʃə:rtʃ] *n.* **1** 《通例キリスト教の》教会(堂), 聖堂. 〈注〉イギリスでは国教の教会堂だけに言うばあいもある. → chapel. **2** 礼拝: *C*～ is over at noon. 礼拝は正午に終わる. **3** 《集合的》キリスト教徒; 会衆; 特定教会の信徒たち: She is a member of this ～. 彼女はこの教会の会員だ. **4** (the C～) 《組織体としての》教会: *the C*～ and the State 教会と国家; 教権と国権. **5** (the C～) 聖職, 僧職: be brought up for *the C*～ 牧師になるように教育される. **6** 教派: the Methodist *C*～ メソジスト派.

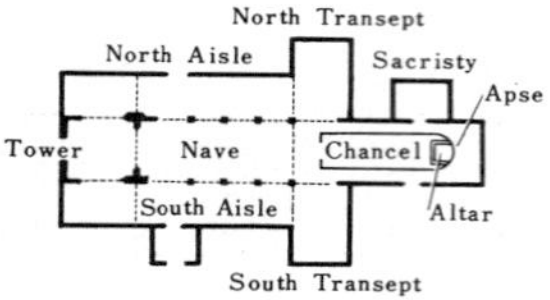

church ①

(***as***) ***poor as a*** ～ ***mouse*** ひどく貧乏で. ***at*** 〔***in***〕 ～ 礼拝中で. ***between*** ～***es*** 礼拝と礼拝の合い間に. ***Catholic*** ～ カトリック教会. ***C***～ ***of England***＝***Anglican*** 〔***English***〕 ***C***～ イギリス国教会, 聖公会. ***C***～ ***of Scotland*** スコットランド国教会《長老派》. ***Eastern C***～ 東方教会, ギリシア正教会. ***established*** 〔***state***〕 ～ 国教. ***go into*** 〔***enter***〕 ***the C***～ 聖職につく, 牧師になる. ***go to*** 〔***attend***〕 ～ 教会に礼拝に行く, 礼拝に出る: He *attends* ～ regularly. 彼は日曜の礼拝を欠かさない. 〈注〉単に教会というところへ行くの意味では次のようになる: go to *the church* to sweep the chim-

ney 煙突そうじに教会へ行く. ***High*** [***Low***] ***C***〜 高〔低〕教会《教義・儀式に重きをおく〔おかない〕イギリス国教の一派》. ***Presbyterian C***〜 長老（主義）教会. ***Primitive C***〜 原始キリスト教会. ***Protestant*** 〜 新教教会. ***talk*** 〜 宗教を論ずる. ***visible*** [***invisible***] 〜 → 〜 visible [invisible]. ***Western C***〜 西方教会, ローマカトリック教会.
── *vt.* **1** 教会に連れてゆく; 教会員にする. **2** 教会の規律に従わせる. **3** 〈婦人のために〉産後の感謝祈禱(きとう)を行なう.
C〜 Army イギリス国教の救世軍. **〜·gò·er** 教会に行く人; 規則正しい礼拝出席者;〔英〕イギリス国教教徒. **〜·gò·ing** 教会に通う(こと), 礼拝に出る(こと): the 〜*going* bell 礼拝時間を知らせる鐘. 〜 **invisible** 真正教会, 在天教会《昇天した信者, 在世中の信者の両者を含める》. **〜·man** [-mən] (*pl.* **-men**) 聖職者, 牧師; イギリス国教会信徒. 〜 **militant** 戦闘教会《現世にあって悪と戦っている地上のキリスト教会・教徒》. 〜 **service** 礼拝式;〔英〕祈禱(きとう)書. 〜 **text**〔印〕古英語字型. → black letter. 〜 **time** 礼拝時間. 〜 **triumphant** 歓喜の教会《現世の悪との戦いに勝って昇天したキリスト教徒たち》. 〜 **visible** 地上教会《在世中の信者の総体》. **〜·wárd·en** [-wɔ́:rdn] (1) 教区委員《教区を代表し牧師を助けて会計事務などを行なう》. (2)〔英話〕陶製の長いたばこパイプ. **〜·wòm·an** (*pl.* **-wòm·en**) 熱心な婦人教会員;《特にイギリスの国教会・聖公会》婦人信徒. **〜·yard** → 別項.
◇ **〜·ing** *n.* 《産後の婦人の》安産感謝祈禱式. **〜·ism** *n.* **1** 教会儀式の固守. **2** イギリス国教主義. **〜·less** *a.* 教会のない; 教会に行かない, 無宗教の. **〜·ly** *a.* 教会の; 教会にふさわしい. **〜·ward** [-wərd] *ad., a.* 教会の方へ, 教会へ(の). **〜·wards** *ad.* = churchward. **〜·y** *a.* **1** 教会の形式を堅苦しく守る: 〜*y* people. **2** 教会じみた.

Chúrch·ill [tʃə́:rtʃil] *n.* Winston Leonard Spencer 〜, 1874–1965, イギリスの政治家・首相《1953 年 Nobel 文学賞受賞》.

‡**chúrch·yàrd** [tʃə́:rtʃjà:rd/ˊˊ] *n.* 《教会所属の》墓地; (教会の) 境内. ***A green Christmas*** [***Yule***] ***makes a fat*** 〜. 〔ことわざ〕クリスマスに暖かで雪が降らないと病気がはやり死人が多くなる. 〜 **cough** 気味の悪い力のないせき《肺結核などの》.

churl [tʃə:rl] *n.* **1** いなか者. **2** 無作法者; がんこ者; けちんぼ. **3**〔英史〕最下層の自由民. ***put a*** 〜 ***upon a gentleman*** 美酒のあとに粗酒を飲む.
◇ **〜·ish** *a.* **1** 無作法な; つむじ曲がりの; けちな. **2**《土地など》手に負えない, 耕作しにくい.

churn [tʃə:rn] *n.* **1**《バター製造用の》攪乳器. **2** 攪拌(かくはん); 動揺. **3**〔英〕大きな牛乳かん. ── *vt.* **1** 〈ミルク・クリームを〉攪拌してバターをつくる. **2** 〈水・心などを〉激しくかき回す; 〈エンジンを〉激しく回転させる. ── *vi.* **1** 攪拌器を回す. **2** くるくる回る, 揺れ動く; 〈海が〉波立つ.
〜-dàsh·er 攪乳装置. **〜-staff** [ˊˊ] 攪乳棒.
◇ **〜·ing** *n.* **1** 攪乳. **2** 1回製造分のバター.

churr [tʃə:r] = chirr.

chut [ʇ, tʃt, ʃ:t, tʃʌt] *int.* チェッ《じれったさ・けいべつなどの表現》. 〈注〉[ʇ] は [t] の構えで口内で空気を吸いつけ, 舌先で破裂させる音. → tut.

chute [ʃu:t] *n.* **1** 水落とし; 滑降斜面路; シュート, 自動滑送装置《穀物・石炭・鉱石・荷物などを高所から下へ落とす管・といなど》. **2** 落水, 急流; 滝. **3**〔俗〕落下傘(さん) (=parachute). ***mail*** 〜 メールシュート, 郵便落とし《ビルで階下へ郵便物を落とす装置》. ── *vt., vi.* 〜 で落とす〔降りる〕.
〜-the-〜 (1) = roller coaster; = water chute. (2) ぞくぞくさせるもの〔経験〕. **〜·tròop·er**〔話〕落下傘(部隊)兵.

chút·ist [ʃú:tist] *n.* 落下傘(さん)降下兵 (=parachutist).

chút·ney, -nee [tʃʌ́tni] *n.* チャットネ《インドの香辛調味料》.

chyle [kail] *n.*〔生理〕乳糜(にゅうび).

chyme [kaim] *n.*〔生理〕乳糜(にゅうび)がゆ, 糜汁(びじゅう)《胃内で消化された食物の半流動体》.

CIA, C.I.A. Central Intelligence Agency〔米〕中央情報局.

ci·bó·ri·um [sibó:riəm/-bɔ́:r-] *n.* (*pl.* **-a** [-riə]) **1**〔建〕祭壇天蓋(てんがい). **2**〔カトリック〕聖体入れ《ミサ用の聖別されたパンの入れもの》.

C.I.C., CIC Commander-in-Chief; Counter-intelligence Corps 防諜(ぼうちょう)部隊.

ci·cá·da [sikéidə, -ká:də] *n.* (*pl.* **-das, -dae** [-di:])〔虫〕セミ.

ci·cá·la [siká:lə] = cicada.

cíc·a·trice [síkətris], **-trix** [-triks, ㊎ ⁺sikéitriks] *n.* (*pl.* **cìc·a·trí·ces** [sìkətráisi:z, ㊎ ⁺sikéitrisì:z]) **1**〔医〕瘢痕(はんこん), 傷あと. **2**〔植〕脱離痕《葉・種子が離れたあと》.

cíc·a·tri·cle [síkətrikl/sikǽtrikl] *n.* **1**〔生〕《卵黄の》胚点(はいてん). **2**〔植〕脱離痕(こん).

cíc·a·trize [síkətràiz] *vi., vt.* (傷あとを残して) いえる〔いやす〕.
◇ **cìc·a·tri·zá·tion** [sìkətrizéiʃ(ə)n, -traiz-] *n.*

Cíc·er·o [sísəròu] *n.* Marcus Tullius [má:rkəs-tjúliəs-] 〜 キケロ, 106–43 B.C., ローマの雄弁家・政治家・哲学者.

ci·ce·ro·ne [sìsəróuni, tʃìtʃə-] It. *n.* (*pl.* ***-ni*** [-ni:], ***-nes***)《名所旧跡などの》案内人〔書〕.

Cìc·e·ró·ni·an [sìsəróuniən] *a.* キケロ風の; 雄弁な;《言語・文体の》典雅な. ── *n.* キケロ研究家〔崇拝者〕.

ci·cis·be·o [tʃì:tʃizbéiou, ㊎ ⁺sisísbiòu] It. *n.* (*pl.* ***ci·cis·be·i*** [tʃì:tʃizbéii:, ㊎ ⁺sisísbii:]) 夫のある婦人の公然の愛人.

Cid [sid] Sp. *n.* (the 〜) キリスト教擁護のためムーア人と戦ったスペインの勇士 Ruy Diaz de Bivar (1040?–99) の称号《「首領」の意》.

C.I.D. Criminal Investigation Department (of Scotland Yard).

-cide [-sàid]「…殺し」《行為または犯人・手段》の意の語形成要素: homi*cide* <homi-(=man)+-cide 殺人(犯). sui*cide* <sui-(=self)+-cide 自殺. [√caed-]

cí·der [sáidər] *n.* リンゴ酒《リンゴじるを発酵させたアルコール性飲料. わが国のサイダーとは別物》. ***all talk and no*** 〜 しゃべってばかりいてなんら結論がでないこと. ***sweet*** [***hard***] 〜 発酵させない〔させた〕リンゴ酒. 〜 **cup** リンゴ酒・リキュール酒・ソーダ水を混ぜた清涼飲料. 〜 **press** リンゴ絞り器《リンゴ酒製造用》.

ci-de·vant [si:d(ə)vɑ̃:] F. *a.* 前の, 以前の (ex-): a 〜 general 元将軍. ── *ad.* 以前に.

***cié·na·ga,* cié·ne·ga** [sjéinəgə, θjéinɑ:gɑ:] *n.*〔米方〕泉近くの沼地《アメリカ南西部の》.

C.I.F., c.i.f. cost, insurance, and freight 保険料運賃込み値段.

ci·gá·la [sigá:lə] = cicada.

‡**ci·gár** [sigá:r] *n.* 葉巻き(たばこ), シガー.
〜 **case** 葉巻き入れ. 〜 **end** 葉巻きの吸いがら. 〜 **holder** 葉巻きパイプ. **〜-shaped** [-ʃèipt] 葉巻き形の. 〜 **store**〔米〕たばこ屋 (=㊎ tobacconist's). **〜-store Indian**〔米〕昔たばこ屋の看板に出ていた北アメリカ原住民の木彫り人形.

‡**cìg·a·rét(te)** [sìgərét] *n.* 巻きたばこ: a pack of 〜*s* たばこ1箱. 〜 **butt** たばこの吸いがら. 〜 **case** 巻きたばこ入れ. 〜 **holder** 巻きたばこ用パイプ. 〜 **paper** 巻きたばこの巻き紙.

cíl·i·a [síliə] *n. pl.* (*sing.* **-um** [-əm]) **1** まつげ. **2**〔生〕繊毛;《葉・羽などの》細毛.
◇ **cíl·i·ar·y** [sílièri/-əri] *a.* 〜のような.

cíl·i·ate [síliit, -lièit] *a.* まつげのある; 繊毛のある (ciliated). —— *n.* 繊毛虫.
cíl·ice [sílis] *n.* 馬巣(ばす)織り (haircloth); 馬巣織りの衣服〔シャツ〕.
cí·mex [sáimeks] *n.* (*pl.* **cím·i·ces** [símisì:z])〖虫〗トコジラミ, ナンキンムシ.
Cim·mé·ri·an [simí(:)riən/-míər-] *n.* キンメル族(の人)《Homer の詩の中でとこやみの国に住むと歌われた》. —— *a.* **1** キンメル族の. **2** 暗黒の: ～ darkness 真のやみ.
C.-in-C. Commander-in-Chief.
cinch [sintʃ] *n.*〖米〗**1**《馬の》腹帯. **2**〖話〗しっかり握ること. **3**〖俗〗楽な仕事: That's a ～. それはわけないことだ. **4**〖俗〗確かなこと;「本命」, 有力候補: He is a ～ to be boss of this firm some day. 彼は将来この会社の社長になる男だ. —— *vt.*〖米〗**1**〈馬に〉腹帯を締める; (腹帯で) しっかり締める. **2**〖俗〗しっかりとつかむ〔握る〕; (確実に) 手に入れる; 保証する.
cin·chó·na [siŋkóunə/sin-] *n.*〖植〗キナの木; キナの皮《キニーネを採る》.
cín·cho·nine [síŋkənì:n/-nain] *n.* シンコニン《キナの皮から採るアルカロイドの一種》.
cín·cho·nism [síŋkəniz(ə)m] *n.* キナ中毒症.
cín·cho·nize [síŋkənàiz] *vt.* キナで処理する; キナ中毒を起こさせる.
Cìn·cin·nát·i [sìnsinǽti] *n.* シンシナチ《アメリカ Ohio 州の都市》.
Cìn·cin·ná·tus [sìnsinéitəs] *n.* **1** Lucius Quinctius [lú:ʃəs-kwíŋktiəs-] ～ キンキナトゥス, 519?–439? B.C., 古代ローマの政治家・将軍《危急のさい農耕生活から召し出されて執政官となり敵を破り, のちに農耕に帰った》. **2** 隠れた偉人.
cínc·ture [síŋktʃər] *n.* **1**〖雅〗帯. **2** 囲い;〖建〗《円柱の》縁輪(へりわ). —— *vt.* …に帯を巻く; 囲む.
cín·der [síndər] *n.* **1**《石炭などの》燃えがら; おき, 消し炭; (*pl.*) 灰. **2**〖冶〗《溶鉱などから出る》かなくそ. **3** = cinder path. ***be burnt to a*** **～** 黒焦げになる, 灰になる. **～ path** 〔**track**〕細かい石炭がらで固めた競走路. ◇ **～·y** [sínd(ə)ri] *a.* 燃えがらの (ような), 燃えがらの多い.
Cìn·der·él·la [sìndərélə] *n.* **1** シンデレラ姫《継母と姉妹に酷使されたがのちに王妃となったおとぎ話のなかの美少女》. **2** 才知や美を認められない少女. **3** 夜 12 時限りの舞踏会 (= ～ dance). [<cinder 燃えがら +-ella 小さな女 →「灰かぶり娘」]
cín·e·càm·er·a [sínikæ̀m(ə)rə] *n.* 映画撮影機.
cín·e·cól·o(u)r [síniкʌ̀lər] *n.* 天然色映画.
cín·e·film [sínifilm] *n.* 映画フイルム.
‡**cín·e·ma** [sínimə] *n.* **1** 映画館 (= ～ theater). **2**《1 本の》映画 (=㊥ motion picture); (the ～)《集合的》映画. **～·gò·er** 映画ファン. **～·gò·ing** 映画によく行くこと.
◇ **～·tize** [-tàiz] *vt., vi.* 映画化する.
Cín·e·ma·Scope [síniməskòup] *n.* シネマスコープ《商標名. ワイドスクリーン方式による映画の一種》.
cìn·e·mát·ic [sìnimǽtik] *a.* 映画の, 映画に関する. ◇ **～s** *n. pl.*《単数扱い》映画芸術. **-i·cal·ly** *ad.*
cìn·e·mát·o·graph [sìnimǽtəgræ̀f/-grɑ:f] *n.* **1**〖米〗映写機;〖英〗映画撮影機. **2** 映画. —— *vt., vi.* 映画にする. ◇ **cìn·e·màt·o·gráph·ic** [sìnimæ̀təgrǽfik] *a.* 映画 (撮影術) の. **cìn·e·màt·o·gráph·i·cal·ly** *ad.*
cìn·e·ma·tóg·ra·phy [sìnimətɑ́grəfi/-tɔ́g-] *n.* 映画撮影術. ◇ **-pher** *n.* (映画) 撮影技師.
Cìn·e·rám·a [sìnərǽmə/-rɑ́:mə] *n.*〖映〗シネラマ《商標名. 大型凹面スクリーンに 3 台の映写機で同時に映写して立体感をだす》.
cìn·e·rá·ri·a [sìnəré(:)riə/-ré(ə)r-] *n.*〖植〗シネラリア《菊科の一種》.
cìn·e·rá·ri·um [sìnəré(:)riəm/-réər-] *n.* (*pl.* **-a**)《古代ローマの》納骨所.
cín·er·ar·y [sínərèri/-rəri] *a.* 灰 (入れ) の: a ～ urn 骨つぼ.
cín·er·a·tor [sínərèitər] *n.* 焼却炉; 火葬炉.
ci·né·re·ous [siní(:)riəs/-níər-] *a.* 灰の (状態の); 灰のような; 灰色の.
Cìn·ga·lése [siŋgəlí:z] *a.* セイロン島の; セイロン島人の. —— *n.* (*pl.* ～) セイロン島人; セイロン語.
cín·gu·lum [síŋgjuləm] *n.* (*pl.* **-la** [-lə])〖医・動〗帯状部.
cín·na·bar [sínəbɑ̀:r] *n.*〖鉱〗辰砂(しんしゃ); 赤色硫化水銀; 朱. —— *a.* 朱 (色) の.
cin·nám·ic [sinǽmik, ㊥⁺sínə-] = cinnamonic.
cín·na·mon [sínəmən] *n.* 肉桂(にっけい)色〔樹, 皮〕. —— *a.* 肉桂 (色) の.
～ bear 肉桂色の黒クマの一種《北アメリカ産》. **～ fern**〖植〗ヤマドリゼンマイ. **～ stone**〖鉱〗肉桂石.
◇ **cìn·na·món·ic** [sìnəmɑ́nik/-mɔ́n-] *a.* 肉桂の〔から採った〕.
cinque, cinq [siŋk] *n.* 5;《トランプ・さいころなどの》5 の目, 5 の目が出た投げ.
C～ Ports, the 五港《中世, 沿岸警備に貢献したため特権を与えられていたイギリス東南岸の 5 港: Dover, Sandwich, Hastings, Romney, Hythe. のちに Winchelsea, Rye なども加わった》.
cìn·que·cén·to [tʃìŋkwitʃéntou] *n.* 1500 年代, 16 世紀《特にイタリアの美術・文学の歴史について用いる呼称》.
◇ **-tist** *n.*《イタリアの》16 世紀の芸術家〔文学者〕.
cínque·foil [síŋkfɔ̀il] *n.* **1**〖植〗キジムシロの類. **2**〖建〗五弁飾り, 梅ばち形.

cinquefoil ②

CIO, C.I.O. Congress of Industrial Organizations〖米〗産業別労働組合会議, 産別《1955 年 2 月 AFL と合併, AFL-CIO とよぶ》.
cí·on [sáiən] = scion.
Ci·pán·go [sipǽŋgou] *n.*〖雅〗= Japan《Marco Polo の用語から》.
cí·pher, cý·pher [sáifər] *n.* **1**《記号の》零, 0. **2** とるに足らない人〔物〕. **3**《ゼロを含めて》アラビア数字: a number of five ～*s* 5 けたの数. **4** アラビア記数法. **5** 暗号, 暗号文; 暗号解読書: ～ code 〔telegram〕暗号電信簿〔電報〕. **6** 組み合わせ文字. **7**〖楽〗自鳴《オルガンの弁の故障のため自然に出る》. ***in*** **～** 暗号で. —— *vt., vi.* **1** 計算する, 算定する《*out*》;〖米話〗考え出す《*out*》. **2** 暗号文で書く. ↔ decipher. **3**〈オルガンが〉自鳴する.
cíp·o·lin [sípəlin] *n.*《白と緑のしまのある》イタリア産の大理石の一種.
cir., circ. *circa*; *circiter*; circular; circulation.
cir·ca [sə́:rkə], ***cir·ci·ter*** [sə́:rsitər] L. (= about, nearly) *ad., prep.* およそ, …のころ《略 C., ca., cir., circ.》.
Cír·ce [sə́:rsi] *n.* **1**〖ギ神〗キルケ《Homer 作の *Odyssey* 中の Odysseus の仲間を豚に変えた妖婦(ようふ)》. **2** 妖婦型の美人. ◇ **Cir·cé·an** [sə:rsí:ən] *a.* ～ の (ような); 妖婦型の.
cír·ci·nate [sə́:rsinèit/-nit] *a.*〖植〗うずまき状の《シダの葉など》.
‡**cír·cle** [sə́:rkl] *n.* **1** 円, 円周: make a ～ 円を描く. **2** 円形の物; 環, 輪; 円陣. **3**《時間などの》一巡り, 循環; 緯度 (圏); (天体の) 軌道, 運行周期. **4**《劇場の》円形さじき: the dress ～ 2 階正面席. **5**《サーカスの》曲馬場. **6**《交際・活動・勢力などの》範囲: a large ～ of friends 広範な交友. **7** 集団, 社会, …界, 仲間: literary ～*s* 文士仲間, 文学界. the family ～ 親しい家族たち, 親族. **8** 全系統, 全域, 全体: the ～ of the sciences 学問の全系統. He gave up a ～ of pleas-

ures. 彼はいっさいの快楽を断ち切った. **9**〘論〙循環論法 (=vicious ～). ***business ～s*** 実業界. ***come full ～*** 一周してもとにもどる. ***in a ～*** 円形をなして; 循環論法で. ***run round in ～s***〘話〙つまらないことにやきもきする. ***square the ～*** 円と同面積の正方形を求める; 不可能なことを企てる. ***upper ～***〘劇場〙上さじき. ***upper ～s*** 上流社会. ***vicious ～*** 循環論法; 悪循環《物価と賃銀などの》. ***well-informed ～s*** 消息通.

—— *vt., vi.* **1** 旋回する, 回る; のまわりを回る. **2** とり囲む; 丸で囲む: *C*～ the correct answer. 正しい答えを丸で囲め.

◇ **～r** [-ər] *n.* 円を描く物〔人〕. 「輪 (ring).

cír·clet [sə́:rklit] *n.* **1** 小円, 小環. **2** 飾り輪; 指

circs [sə:rks] *n. pl.* 《おもに英話》 境遇, 事情. [<*circ*umstances]

‡**cír·cuit** [sə́:rkit] *n.* **1** 巡回, 回転; 巡回旅行, 周遊. **2** 迂回(うかい)(道路): make a long ～ 大まわりをする. **3** 周囲, 範囲. **4** 巡回裁判(区); 《集合的》 巡回裁判弁護士; 《牧師の》 巡回教区; 巡回路, 巡回区域. **5**〘電〙回路, 回線. **6**《劇場・映画館などの》興行系統, チェーン. **7** リーグ, 連盟《フットボール・野球などの》. ***closed ～***〘電〙閉路. ***go on ～*** 巡回裁判する. ***go the ～ of*** を一周する. ***make a ～*** 一周する; 迂回する. ***open ～***〘電〙開路. ***ride the ～***《判事・牧師が》馬で巡回する. ***short ～***〘電〙短絡, ショート. —— *vt., vi.* ぐるりと回る, 巡回する. [√circ-＋√i-まるく＋行く]

～ breaker〘電〙しゃ断器, ブレーカー. **～ court** 巡回裁判所. **～ court of appeals**〘米〙巡回控訴院. **～ judge** 巡回裁判判事. **～ rider**〘米〙《メソジスト教会の》巡回牧師.

cir·cú·i·tous [sərkjú:itəs] *a.* **1** まわり道の; 迂回(うかい)(路)の. **2** 迂遠な, まわりくどい. **3**《ことばなどが》遠まわしの.

◇ **～·ly** *ad.* **～·ness** *n.* **cir·cú·i·ty** *n.*

‡**cír·cu·lar** [sə́:rkjulər] *a.* **1** 円形の, 丸い. **2** 循環(性)の: a ～ argument 循環論法. **3** 巡回する; 回覧の. **4** 遠まわりの, 遠まわしの.

—— *n.* 回状; 案内状; 広告ビラ.

～ letter 回状. **～ measure**〘数〙弧度 (単位). **～ note** 巡回手形《旅行先の外国銀行あての》. **～ number** 循環数. **～ saw** 丸のこ. **～ stair** まわり階段. **～ ticket [tour]** 回遊切符〔旅行〕.

◇ **～·ly** *ad.* 輪をなして, 丸く; 循環的に. **cìr·cu·lár·i·ty** [sə̀:rkjulǽriti] *n.* 円形, 円状, 環状; 循環性, 堂々めぐり.

cír·cu·lar·ize [sə́:rkjuləràiz] *vt.* **1** 回状にする; <回状・案内状を> 送る. **2** に回状〔案内状, 広告〕を送る. **3** 円形にする.

◇ **-iz·er** *n.* **cìr·cu·lar·i·zá·tion** *n.*

cír·cu·late [sə́:rkjulèit] *vi., vt.* **1** 回る, 回す; <血液など> 循環する〔させる〕. **2** <風評など> 流布する〔させる〕, <新聞・冊子など>配布〔頒布〕される〔する〕, 発行される〔する〕. **3** <通貨など> 流通する〔させる〕. **4**〘数〙小数が循環する: *～t)ing* decimal 循環小数. ***～t)ing capital*** 流動資本. → fixed capital. ***～t)ing library*** 貸し本屋; 移動図書館. ***～t)ing medium*** 通貨.

◇ **-la·tive** [-lèitiv/-lətiv] *a.* 循環性の, 循環を促す; 流通する. **-la·tor** [-tər] *n.* 流布者, 伝達者《風説・報道・病毒などの》; 循環器;〘数〙循環小数. **-la·to·ry** [-lətɔ̀:ri/-t(ə)ri, ⊥–léit-] *a.* 《血液・水・空気などの》 循環の, 循環をつかさどる: the *circulatory* system 循環系統.

‡**cìr·cu·lá·tion** [sə̀:rkjuléiʃ(ə)n] *n.* **1** 循環: the ～ of the blood 血液の循環. **2**《貨幣などの》流通; 《風説などの》 流布. **3**《書籍・雑誌などの》発行部数, 普及(度): The paper has a large [small, limited] ～. その新聞は発行部数が多い〔少ない〕. **4**《集合的》 通貨; 流通手形. ***be back in ～*** <人が> 再び活動を開始する, 現役にもどる. ***be in ～*** 流布している, 流通している. ***put in [into] ～*** 流布させる, 流通させる.

cír·cu·lus [sə́:rkjuləs] *n.* (*pl.* **-li** [-lài]) 魚鱗(ぎょりん)の年輪.

circum- *pref.* 「まわりに, 四周に, 周辺に」 の意: *circum*stances 環境 <circum- まわりに＋stances <√sta- 立っているもの.

cìr·cum·ám·bi·ent [sə̀:rkəmǽmbiənt] *a.* 取り巻く, 囲む, 周囲の.

◇ **-ence, -en·cy** *n.* 周囲の状況〔存在〕.

cìr·cum·ám·bu·late [-ǽmbjulèit] *vt., vi.* **1** 歩き回る. **2** 遠まわしに言う〔探る〕.

cìr·cum·bénd·i·bus [-béndibəs] *n.*〘笑〙まわり道, 遠まわり; 遠まわしの言い方.

cír·cum·cise [sə́:rkəmsàiz] *vt.* **1** に割礼を行なう《ユダヤ教で》. **2**〘聖〙の心を清める. **3**〘医〙の包皮を切除する. [√caed-]

cìr·cum·cí·sion [sə̀:rkəmsíʒ(ə)n] *n.* **1** 割礼《ユダヤ教の儀式》. **2**〘聖〙《心身の》浄化. **3** (the ～) 《集合的》 ユダヤ人; 清い人々. **4**〘医〙包皮切除. ***the C～*** 割礼祭 《キリストの割礼記念祭. 1月1日》.

cir·cúm·fer·ence [sərkʌ́mf(ə)rəns] *n.* **1** 円周; 周線; 境界線. **2** 周辺 (地域); 領内, 領域. [√fer-] ◇ **cir·cùm·fer·én·tial** [sərkʌ̀mfərénʃ(ə)l] *a.* 円周の; 周辺の; 婉曲(えんきょく)な.

cír·cum·flex [sə́:rkəmflèks] *n.* **1** 曲折アクセント符《母音字の上につけて抑揚・長音などを示す符号 ~, ^, ⌒》. **2** 湾曲. —— *a.* **1** 曲折的な: a ～ accent 曲折アクセント符号. **2** 湾曲した. —— *vt.* **1** に曲折アクセント符をつける. **2** 曲げる. [√flec-]

cir·cúm·flu·ent [sərkʌ́mfluənt] *a.* 巡り流れる, 環流する. [√flu-] ◇ **-ence** *n.*

cir·cúm·flu·ous [sərkʌ́mfluəs] *a.* **1** 環流する. **2** 水に囲まれた.

cìr·cum·fúse [sə̀:rkəmfjú:z] *vt.* **1** <光・液体などを> 周囲に注ぎかける, 放散させる《*about, round*》. **2** 取り巻く: *～d with* [*in*] light 光を浴びて. [√fu(n)d-] ◇ **-fú·sion** [-fjú:ʒ(ə)n] *n.*

cìr·cum·gý·rate [-dʒáireit/-dʒái(ə)r-] *vi.* 回転〔旋回〕する; 回遊する. —— *vt.* 回転させる.

◇ **cìr·cum·gy·rá·tion** [-dʒairéiʃ(ə)n/-dʒai(ə)r-] *n.* 「[√jac-²]

cìr·cum·já·cent [-dʒéisnt] *a.* 周囲の, 周辺の.

cìr·cum·lo·cú·tion [sə̀:rkəmlokjú:ʃ(ə)n] *n.* 遠まわし(な表現), 婉曲(えんきょく)法; 婉曲な逃げ口上; まわりくどさ. **C～ Office** 繁文縟礼(じょくれい)局《規則・文書など煩わしさの多い官庁のこと. Dickens の小説 *Little Dorrit* から》. [√loqu-]

◇ **cìr·cum·lóc·u·to·ry** [sə̀:rkəmlɑ́kjutɔ̀:ri/-lɔ́kjut(ə)ri] *a.* 「月の周囲を回る.

cìr·cum·lú·nar [sə̀:rkəmlú:nər] *a.* 月を囲む,

cìr·cum·náv·i·gate [-nǽvigèit] *vt.* 周航する, 船で一周する.

◇ **-ga·tor** [-ər] *n.* 周航者. **cìr·cum·nàv·i·gá·tion** [sə̀:rkəmnæ̀vigéiʃ(ə)n, sə́:r-] *n.*

cìr·cum·nú·tate [sə̀:rkəmn(j)ú:tèit/-njú:-] *vi.* 〘植〙<茎・巻きひげなどが> 回旋する.

cìr·cum·pó·lar [sə̀:rkəmpóulər, sə́:r-] *a.*〘天〙極に近い〔を巡る〕;〘地〙極地(地方)の.

—— *n.*〘天〙周極星 (=～ star).

cìr·cum·scríbe [sə̀:rkəmskráib, ⊥–⊥/⊥––, ⊥–⊥] *vt.* **1** のまわりに線を引く, の周囲を(線で)囲む: ～ a city on a map 地図上の都会を丸で囲む. **2** の境界を定める, 限定する. **3**〘数〙外接させる: a *～d* circle 外接円. [√scrib-]

cìr·cum·scríp·tion [sə̀:rkəmskrípʃ(ə)n] *n.* **1** 限定; 制限; 限界線. **2**《限定された》範囲, 領域, 区域;〘古〙《意味の》限定 (範囲), 定義. **3**《貨幣・メダルなどの》周囲に刻んだ文字. **4**〘数〙外接.

cìr·cum·só·lar [sə:rkəmsóulər] *a.* 〖天〗太陽を巡る, 太陽周辺の.
cír·cum·spect [sə́:rkəmspèkt] *a.* 慎重な, 用心ぶかい, 用意周到な. [√spec-] ◇ **～·ly** *ad.* **～·ness** *n.* **cìr·cum·spéc·tion** [sə:rkəmspékʃ(ə)n] *n.* **cìr·cum·spéc·tive** [-spéktiv] *a.*
‡**cír·cum·stance** [sə́:rkəmstæns/-stəns] *n.* **1** (通例 *pl.*) 状況, 環境; 周囲の事情. **2** (*pl.*) 境遇, 暮らし向き. **3** できごと, 事実: His arrival was a fortunate ～. 彼が来てくれて幸いだった. **4** 付帯状況; ことのしだい: the whole ～*s* 一部始終, 詳細. **5** 〖古〗儀式ばること, ものものしさ.
be master of* one's ～*s 自らの境遇に打ち勝つ. ***if ～s admit*** 事情が許せば. ***in bad* [*needy, reduced, straitened*] *～s*** 暮らしに困って. ***in comfortable* [*easy, good*] *～s*** なに不自由ない暮らしで. ***depend upon ～s*** 事情[ばあい]による. ***not a ～ to*** 〖米話〗…とは比べものにならない. ***other ～s being equal*** …ほかの事情はおなじとして…. ***pomp and ～*** 堂々たる威儀: The procession advanced *with pomp and ～*. 行列は威儀堂々と進んだ. ***so far as ～s permit*** 事情の許すかぎり. ***under* [*in*] *any ～s*** どんな事情でも; 是非《…ねばならぬ》. ***under* [*in*] *no ～s*** どんなことがあっても…ない. ***under* [*in*] *such* [*the, these*] *～s*** そんな[こんな]事情で(は), 現状では. ***with much* [*great*] *～*** 詳細に. ***without ～*** 儀式ばらずに, 手軽に.
—— *vt.* …の事情[境遇]におく《受動態で》: *be* differently *～d* 事情が違う. *be* awkwardly [favorably] *～d* やっかいな[有利な]立場にある. ***～d as we are*** 現在の事情では. [√sta-]
cìr·cum·stán·tial [sə:rkəmstǽnʃ(ə)l] *a.* **1** 状況の, 状況からの[より推定した]: ～ evidence 〖法〗状況証拠. **2** 付随的な, 重要でない. **3** 《叙述などが》詳細な, くわしい. ◇ **～·ly** *ad.*
cìr·cum·stàn·ti·ál·i·ty [sə:rkəmstænʃiǽləti, sə́:r-] *n.* **1** 詳細, 精密. **2** 事情, 状況. **3** 偶然性.
cìr·cum·stán·ti·ate [sə:rkəmstǽnʃièit] *vt.* **1** (詳細にわたって) 実証する. **2** 詳述する.
◇ **cìr·cum·stàn·ti·á·tion** *n.*
cìr·cum·vál·late [-vǽleit] *vt.* に城壁[塹壕(ざんごう)など]を巡らす. **——** *a.* …で取り囲まれた. ◇ **cìr·cum·val·lá·tion** [-væléiʃ(ə)n/-vəl-, -væl-] *n.*
cìr·cum·vént [-vént] *vt.* **1** 計略で包囲する; おとしいれる, 出し抜く, の裏をかく. **2** 妨げる; 回避する. **3** 迂回(うかい)する (bypass): ～ the lake. [√ven-]
◇ **-vén·tion** *n.*
cìr·cum·vo·lú·tion [-vəlú:ʃ(ə)n/-ljú:-] *n.* **1** 旋回, 回転. **2** 巻きこむこと; 巻き, 屈曲. **3** まわり道.
cìr·cum·vólve [sə:rkəmvɑ́lv/-vɔ́lv] *vt., vi.* 回転する[させる]. [√volu-]
‡**cír·cus** [sə́:rkəs] *n.* **1** サーカス, 曲馬団, 曲馬, 曲芸. **2** 《円形の》曲馬場, 興行場; 《古代ローマの》競技場. **3** 〖英〗《放射状に街路が集まる》円形広場: Piccadilly *C*～ ピカデリー広場《ロンドンの》. → square. **4** 〖米話〗騒々しい人[こと]; 見せ物. ***flying ～*** 《飛行機の》空中サーカス. [√circ-]
～ catch 飛び上がってのフライ捕球. **C～ Maximus** 《古代ローマの》大円形競技場.
cirque [sə:rk] *n.* **1** 天然の円形劇場; 〖地〗圏谷, カール《雪原の底がすりばち状に削られた地形》. **2** 〖雅〗円, 輪.
cír·rate [síreit] ＝cirrose.
cir·rhó·sis [siróusis] *n.* 〖医〗《肝臓などの》硬変症. ◇ **cir·rhót·ic** [-rɑ́tik/-rɔ́t-] *a.*
cír·ri·ped [sírìpèd] *a., n.* 蔓脚(まんきゃく)類の(動物).
cìr·ro·cú·mu·lus [sìrokjú:mjuləs/sír-] *n.* (*pl.* **-li** [-lài]) 〖気〗巻積(けんせき)雲.
cír·rose [sírous/siróus], **cír·rous** [sírəs] *a.* **1** 〖気〗巻雲状の. **2** 〖動・植〗巻きひげのある, 巻きひげ状の.
cìr·ro·strá·tus [sìrostréitəs/sírostrɑ́:təs, -stréi-] *n.* (*pl.* **-ti** [-tai], **-tus**) 〖気〗巻層雲.
cír·rus [sírəs] *n.* (*pl.* **-ri** [-rai]) **1** 〖植〗巻きひげ, つる. **2** 〖動〗触毛, 毛状突起. **3** (*pl.* **-ri**, **-rus**) 〖気〗巻雲.
cis- *pref.* 「…のこちら(側)の」「…のあと[次]の」の意. ↔ trans-, ultra-.
cis·ál·pine [sisǽlpain, ㊥⁺ -pin] *a.* 《ローマから見て》アルプス山脈のこちら側の, アルプス以南の.
cìs·at·lán·tic [sìsətlǽntik] *a.* 大西洋のこちら側の《話し手・筆者を基準として》.
cís·co [sískou] *n.* (*pl.* **～(e)s**) 〖米〗《五大湖に産する》ニシンに似た淡水魚.
cis·lú·nar [sislú:nər] *a.* 月の軌道の内側の, 月と地球の間の.
cis·món·tane [sismɑ́ntein/-mɔ́n-] *a.* 山脈のこちら側の.
cist¹ [sist, kist/sist] *n.* 〖考古〗石棺, 石墳.
cist² *n.* 《古典古代の》箱, 《特に》聖器箱.
Cis·tér·cian [sistə́:rʃən/-ʃ(j)ən] *n.* シトー修道会の僧. **——** *a.* シトー修道会の. **～ Order, the** シトー修道会《1098 年フランスの Citeaux に創立》.
cís·tern [sístərn] *n.* **1** 水槽(すいそう), タンク《アメリカでは雨水をためるために地下に, イギリスでは送水用に屋上などに設ける》. **2** 〖医〗《分泌液などをたくわえる》貯蔵器, 槽.
cít·a·del [sítədl, ㊥⁺ -dèl] *n.* **1** 《都市を守る》城, とりで. **2** 《軍艦の》砲塔. **3** 最後の拠点.
ci·tá·tion [saitéiʃ(ə)n] *n.* **1** 引用, 引用文. **2** 《事実・例などの》引証, 列記. **3** 〖法〗召喚(状). **4** 〖米〗感状, 表彰《軍人・部隊などに与えられる》. → 動詞 cite. ◇ **cí·ta·to·ry** [sáitətɔ̀:ri/-t(ə)ri] *a.*
cite [sait] *vt.* **1** 引用する; 引証する: ～ an example 例を引く. **2** に言及する, 思い出させる: He ～*d* my indebtedness to him. 彼は私が恩義を負っていることをもち出した. **3** 〖法〗(法廷に) 召喚する; 召集する. **4** 〖米〗〈名を〉表彰状に掲げる; 表彰する. [√ci-]
◇ **cít(e)·a·ble** *a.*
cíth·a·ra [síθərə] *n.* 《古代ギリシアの》小形のたて琴.
cíth·er [síθər] ＝cithara; cithern.
cíth·ern [síθərn] *n.* ギターに似た弦楽器《16–17 世紀ごろ流行した》.
cít·ied [sítid] *a.* **1** 都市の(ある), 都市らしい. **2** 都市化した; 市政をしいた; 市有の.
cít·i·fy [sítifài] *vt.* 〖米話〗都会化[都会風に]する.
‡**cít·i·zen** [sítizn] *n.* (*fem.* **～·ess** [-is]) **1** 《都市の》市民. **2** 《一国の》公民, 国民. 〈注〉アメリカなど共和国のばあい citizen「市民」は「国民」の意のばあいがある. **3** 住民. **4** 〖米〗一般人, 民間人《軍人などと区別して》. **～ *of the world*** 世界人 (cosmopolitan).
◇ **～·ize** [-àiz] *vt.* 〖米〗に公民権を与える. **～·ry** [-ri] *n.* 《集合的》市民; 一般大衆. **～·ship** [-ʃìp] *n.* 市民の身分[資格]; 市民[公民]権; 国籍.
cít·rate [sítreit, -rit] *n.* 〖化〗クエン酸塩. ***sodium ～*** クエン酸ナトリウム.
cít·ric [sítrik] *a.* レモン[ミカン類]の; レモン類から採った; クエン酸[性]の. **～ acid** クエン酸.
cít·rin [sítrin] *n.* 〖生化〗シトリン《ビタミン P・レモンじるなどに含まれる》.
cít·rine [sítrin] *a.* レモン(色)の. **——** *n.* **1** レモン色. **2** 〖鉱〗黄水晶.
cít·ron [sítrən] *n.* **1** 〖植〗シトロン《皮の厚いレモンに似たくだもの》; シトロンの木. **2** 砂糖煮にしたシトロンの皮《プディングなどに入れる》. **3** レモン色. **4** 一種のスイカ (＝～ melon). **——** *a.* レモン色の.
cìt·ron·él·la [sìtrənélə] *n.* **1** 〖植〗シトロネラ《セイロン島産. カヤの一種》. **2** シトロネラ油《蚊よけ用》.
cít·rous [sítrəs] *a.* ＝citrus.
cít·rus [sítrəs] *n.* 〖植〗柑橘(かんきつ)類《ミカン・ダイダイ・レモンなど》. **——** *a.* 柑橘類の.
cít·tern [sítərn] ＝cithern.

†**cít·y** [síti] *n.* 1 都市，都会. 2 市《イギリスでは cathedral のある都市または王の特許状によって city とされた town. アメリカでは州から自治権を認可された市長・市参事会員の治める自治団体》. 3《集合的》市民. 4 (the C～) シティー《ロンドンの商業・金融の中心地区》. ***Holy C～*** 聖都エルサレム;〔聖〕天国. ***the C～ of God*** 天国. ***the C～ of Refuge*** 〔聖〕のがれの町《罪人の保護地と認められた古代ユダヤの6都市の一つ. 旧約ヨシュア記 20》. ***the ～ of the dead*** 墓地. ***the C～ of (the) Seven Hills*** 七丘の都《Rome, Constantinople の別称》. ***the Eternal C～*** 永遠の都《Rome の別称》. [√civ-]
C～ article《新聞の》商業経済記事. **～ assembly** 市会. **～-born** [⌐–⌐] 都会生まれの. **～-bred** 都会育ちの. **～ buster** 1発で全市を破壊する大爆弾《原爆・水爆など》. **C～ Company** ロンドン商業組合《昔の種々の商業組合を代表する団体》. **～ council** 市会. **～ council(l)or** 市民議員〔参事〕. **～ desk**〔米〕社会部，地方記事編集部. **～ editor**〔米〕《新聞社の》社会部長; 地方記事編集長; (C～)〔英〕《新聞社の》経済部長. **～ father** 市の長老，市会議員. **～ greeter** 市接待員. **～ hall** 市役所，市会議事堂. **～ man** 実業家，資本家. **～ manager**〔米〕市政事務代行人. **～ marshal**〔米〕(市の) 警察署長〔官〕. **～ office** 市役所. **～ planning** 都市計画. **～ room** 地方社会記事編集室. **～-scape** [⌐–⌐] 都市の景観《特に中心街の》. **～ slicker**〔米俗〕(悪ずれした) 都会人. **～-státe**《古代ギリシアの》都市国家. **～ water** 水道.
◇ **～·ward(s)** [-wərd(z)] *ad.* 都市 (の方) へ.

civ. civic; civil; civilian.

cív·et [sívit] *n.* 1〔動〕ジャコウネコ (=～ cat). 2 その皮; それから採る香料.

cív·ic [sívik] *a.* 1 市の，都市の. 2 市民〔公民〕の. [√civ-]
～ center 市の官庁地区〔街〕. **～ crown**〔史〕カシワの葉の冠《古代ローマで戦友の命を救った兵に与えた》. **～ duties** 市民〔公民〕の義務. **～ life** 市民〔都市〕生活. **～-mínd·ed** 公徳心のある. **～ rights** 市民権. **～ virtues** 公民道徳.

cív·i·cism [sívisiz(ə)m] *n.* 1 市政. 2 市民主義; 市政尊重. 3 市民精神〔かたぎ〕.

cív·ics [síviks] *n. pl.*《単数扱い》1 市政学，市政研究. 2 公民学，公民科.

cív·ies [síviz] *n. pl.*〔軍俗〕《軍服に対して》平服，背広.

‡**cív·il** [sívl, ㊥⁺ -vil] *a.* 1 **市民の，公民の**，公民としての. 2 **文明 (社会) の**. ↔ savage. 3 **丁重な**，礼儀正しい，親切な. 4《武官に対し》**文官の**;《軍に対し》**民間の**，一般人の. 5〔法〕民事の. → criminal. 6 普通暦の. → astronomical, solar. ***do the ～*** 丁重にする. [√civ-]
～ administration 民政. **～ affairs** 民政《占領地などにおける》. **～ airport** 民間飛行場. **～ aviation** 民間航空. **～ code** 民法典. **C～ Court** 民事裁判所. **～ day** 暦日. **～ death** 市民権喪失. **～ defense** 民間防空. **～ disobedience** 市民的抵抗《インドのガンジー派が行なったような納税そのほかの義務拒否による市民の共同反抗》. **～ duties** 市民〔公民〕の義務. **～ engineer** 土木技師. **～ engineering** 土木工学. **～ law** 民法《criminal law に対して》. **C～ Law** ローマ法. **～ liberty**《法律の範囲内における》市民の自由. **～ life** 市民生活;《軍人の生活に対して》一般人の生活. **～ list**〔米〕文官俸給(ほうきゅう)表. **C～ List**〔英〕王室費. **C～ Lord**〔英〕《Board of Admiralty の》文官委員. **～ marriage**《宗教の儀式によらない》届け出結婚. **～ parish** = parish ④. **～ rights** 人権，公民権;公民権運動. **～ servant** 文官《武官に対し》; 官吏，役人. **～ service**《集合的》文官; 文官勤務. **～ society** 市民〔文明〕社会. **～-spó·ken** ことばの丁寧な. **～ war** 内乱. **C～ War, the**〔米〕南北戦争《1861–65》;〔英〕Charles I と議会との紛争《1642–46, 1648–52》. **～ year** 暦年.
◇ **～·ly** [sív(i)li] *ad.* 1 市民的に. 2 礼儀正しく. 3 民法上. 類 → **polite**「礼儀正しい」

ci·víl·ian [sivíljən] *n.* 1《現役軍人・聖職者に対し》一般 (社会) 人，民間人，文民; 非戦闘員，軍属. 2《武官に対し》文官，役人. 3 ローマ法学者; 民法学者. —— *a.* 1 一般人の，民間の: a ～ airman 民間飛行家. ～ clothes《制服でない》平服，背広. 2 文官の.

ci·víl·i·ty [sivíliti] *n.* 1 丁重，親切; 礼儀. 2 丁重〔親切〕な言動. ***exchange ～ies*** あいさつをかわす.

‡**cìv·i·li·zá·tion** [sìv(i)lizéiʃ(ə)n, -laiz-] *n.* 1 文明，文化. 2 文明化，教化. 3《集合的》文明諸国 (民)，文明社会.

‡**cív·i·lize** [sív(i)làiz] *vt.* **文明化する**; 〈野蛮人を〉教化する; 洗練させる. [√civ-]
◇ ‡ **～d** *a.* 1 文明化された，開けた: a ～*d* nation 文明国民. 2 礼儀正しい，教養の高い. **-liz·a·ble** *a.* 教化できる，文明化できる.

cív·ism [síviz(ə)m] *n.* 公共心，公民精神; 公民の資格.

cív·vies =civies.

cív·vy [sívi] *n.* 1〔軍俗〕一般人，民間人. 2 (*pl.*)〔俗〕平服，背広 (civilian clothes). **C～ Street**〔英俗〕民間人生活.

C. J. Chief Justice. **Cl**〔化〕chlorine. **cl.** carload; centiliter; claim; class; clause; clerk.

cláb·ber [klǽbər] *n.* 酸敗して凝固した牛乳. —— *vi., vt.* 凝固する〔させる〕; すっぱくなる.

clack [klæk] *vi.* 1 カチッ〔パチリ〕と音をたてる. 2 ぺちゃぺちゃしゃべる; 〈めん鳥などが〉コッコッと鳴く. —— *vt.* 1 ぺちゃぺちゃと言う. 2 カチッとぶつける〔置く〕. —— *n.* 1 カチッ〔パチリ〕という音. 2 おしゃべり. 3〔機〕逆止め弁. 4〔俗〕舌.

***clad** [klæd] *v.*〔古・雅〕clothe の過去・過去分詞. —— *a.* 装った; 装備した: iron*clad* vessels 装甲艦.

‡**claim** [kleim] *n.* 1《当然の権利としての》**要求**，請求;《賠償・保険金などの》支払要求;《寄託物の》引き渡し要求: a ～ *for* damages 損害賠償 (要求). 2 (要求する) 権利，資格: I have no ～ *on* you. ぼくはきみに要求する権利はない. He has no ～ *to* scholarship. 彼は学者だなどと呼ばれる資格がない. 3 請求物;《特に鉱区などの》払い下げ請求地. 4《所有権・事実などの》**主張**. 5 必要事: I have many ～*s on* my time. いろいろのことに時間をとられる. ***jump*** **a person's ～** (他人)の払い下げ請求地を横領する; (人)の権利〔職など〕を横取りする. ***lay*** **〔*make*〕 ～ *to*** を自分のものと主張する; を自称する: I have never *laid* ～ *to* being an expert in this field. 自分がこの分野での専門家であるとは言った覚えがない. ***put in*** **〔*send in, file*〕 *a ～ for*** に対して要求を提出する. ***set up a ～ to*** に対する権利を提起する.
—— *vt.* 1《当然の権利として》**要求する**，請求する: ～ payment *from* a person 人に支払いを要求する. 2〈遺失物を〉自分の所有物と主張する，取りもどす，〈寄託物を〉受け取る: Does anyone ～ this umbrella? だれかこのかさの持ち主はいませんか. 3〈権利・所有権・事実の〉承認を求める，主張する. 4 公言する; 自称する: ～ *to* have won the victory 勝ったと主張する. I ～ *to* be 〔*that* I am〕 the rightful heir. 私は正当な相続人であることを主張する. He ～*s* relationship with you. 彼はきみと親類だと言う. 5〈人の注意を〉ひく，求める;〈注意・尊敬などに〉価する: The problem ～*s* our attention. その問題はわれわれの注意に価する.

— *vi.* 〚法〛訴える; 損害賠償を要求する《*against* a person》. **～*ing race*** 〚競馬〛売却競馬《出場馬がレース前のさし値で売却される》. → selling race. **～** a person'***s pound of flesh*** 負債の返却をきびしく迫る. [√clam-] **～ jumper** 〚米〛他人名義の鉱区横領者. **～s·man** → 別項. ◇ **～·a·ble** [-əbl] *a.* 要求〔請求, 主張〕できる. **～·ant** [-ənt], **～·er** [-ər] *n.* 要求者, 請求者, 申請者; 〚法〛原告. 〖類〗 → **demand**「要求する」

cláims·man [kléimzmən] *n.* 〚保険〛支払額算定係《特に傷害保険の》.

clair·áu·di·ent [klɛ(:)rɔ́:diənt/klɛərɔ́:-] *a.* 超人的聴力〔透聴力〕のある. **—** *n.* 透聴者. ◇ **-ence** *n.* 透聴(力).

clair·vóy·ant [klɛərvɔ́iənt] *a.* 透視の; 透視力のある, 千里眼の; 洞察(どうさつ)力のある. **—** *n.* (*fem.* **～e** [-ənt]) 千里眼の男, 透視者; 洞察者. ◇ **-ance** *n.* 透視(力); 洞察(力).

clam[1] [klæm] *n.* **1** 〚貝〛ハマグリ. **2** 〚米俗〛無口の人. **—** *vi.* (**-mm-**) **1** ハマグリを採る. **2** 黙り込む《*up*》. **～·bake** [∠∠] 〚米〛(1) 焼きハマグリ会《海浜ピクニックなどの》; 《一般的》にぎやかな会合. (2) 〚俗〛失敗のリハーサル. **～·shell** [∠∠] ハマグリの貝がら; 〚米俗〛口, あご.

clam[2] *n.* **1** かすがい, 締め金. **2** (*pl.*) やっとこ.

clam[3] *n., vi.* (**-mm-**) 調子はずれの音(を出す)《ジャズ演奏で》.

clá·mant [kléimənt] *a.* 騒々しい; やかましく主張〔要求〕する; 緊急の. [√clam-]

clám·ber [klæmbər] *vi.* (四つ足で) よじ登る, やっとはい登る《*up*》. **—** *n.* よじ登り, はい登り.

clám·my [klæmi] *a.* ねばつく, じっとりした, 冷たくてねっとりした.

‡**clám·or,** 〚英〛**-our** [klæmər] *n.* **1** (大きな) 叫び声, 叫喚; 《要求・不満などの》叫び; 強硬な表示. **2** 喧噪(けんそう). **—** *vi., vt.* 叫び騒ぐ, 要求する. **～ *against*** に対して激しく反対する. **～ *down*** 〈弁士などを〉やじり倒す. **～ *for*** を要求して騒ぐ. **～** a person ***into*** (do)***ing*** 騒いで無理やりに…させる. [√clam-]

***clám·or·ous** [klæm(ə)rəs] *a.* **1** やかましい, 騒々しい. **2** 不満〔要求〕が強い. ◇ **～·ly** *ad.* **～·ness** *n.*

clamp[1] [klæmp] *n.* **1** かすがい, 留め金, 締め金. **2** 〚建〛目かすがい, はた金; 〚船〛梁(はり)受け板. **3** (*pl.*) やっとこ; 《外科用》箝搾子(かんさし).

— *vt.* 締める《かすがいで》. **—** *vi.* 締めつける《*down*》. **～ *down*** 〚話〛取り締まる, 弾圧する: **～** *down on* gamblers.

clamp[2] *n.* 〚英方〛積み重ね, やま《れんが, ジャガイモなどの》. **—** *vt.* 〈れんがなどを〉積む.

clamp[3] *n.* 重い足音. **—** *vt.* ズシンズシンと歩く.

clan [klæn] *n.* **1** 氏族, 一族《特にスコットランド高地人の》. **2** 一味, 徒党, 派閥. **～s·man** → 別項. ◇ **～,ship** *n.* 氏族制度.

clan·dés·tine [klændéstin] *a.* 内密の, 秘密の. ◇ **～·ly** *ad.*

clang [klæŋ] *vi., vt.* **1** カーン〔ガーン, ガラン, ガチャガチャ〕と鳴る〔鳴らす〕《武器・鐘など重い金属が打ち当たって発する音について》. **2** ガランガラン〔ガチャン〕と音をたてて動く〔走る〕. **—** *n.* **1** ～する音. **2** 〚楽〛楽音, 複合音.

clán·gor, 〚英〛**-gour** [klæŋ(g)ər] *n.* ガランガラン, カンカン《金属性連続音》. **—** *vi.* 鳴り響く.
◇ **clán·gor·ous** [klæŋ(g)ərəs] *a.* ガランガラン鳴る.

clank [klæŋk] *vt., vi.* 《重い鎖など》ガチャンと鳴らす〔鳴る〕; ガチャンガチャン音をたてながら動く. **—** *n.* ～する音.

clán·nish [klæniʃ] *a.* 氏族の; 党派的な; 排他的な. [<clan] ◇ **～·ly** *ad.* **～·ness** *n.*

cláns·man [klænzmən] *n.* (*pl.* **-men** [-mən]) おなじ氏族の人, 同族者.

‡**clap**[1] [klæp] *vt., vi.* (**-pp-**) **1** パタン〔ピシャリ〕と打ちつける〔打ち当たる〕. **2** 〈手を〉たたく; 拍手かっさいする. **3** ピシャリと打つ, 軽くたたく. **4** パタパタ〔ピシャリ, パタン〕と音をたてる; 〈鳥が羽を〉羽ばたきする. **5** パタンと置く〔動かす〕, 急に動かす《*to, on*》: He **～***ped* the door *to.* 戸をピシャリと締めた. **6** パタパタ音をたてながら動く. **7** 〚話〛大急ぎでつくる〔準備する〕《*up, together*》. **～ *eyes on*** 〚話〛を見かける, を見つける《通例 never などの否定語を伴う》. **～ *hold of*** をとっつかまえる. **～** a person ***in*** [***into***] ***prison*** [***jail***] (人を) 牢屋(ろうや)にぶち込む. **～ *on*** 〈帆を〉さっと張る; 〈税を〉課す. **～ *spurs to a horse*** 馬に急に拍車をかける. **～ *up*** 急ごしらえする; 〈契約・取引・仲直りなどを〉さっと取り決める. **—** *n.* ピシャリ, パタン, パンパン《雷鳴・ドアの音・拍手の音など》: a **～** of thunder 雷鳴.
～·net [∠∠] 《捕鳥用》わな網. **～·stick** [∠∠] カチンコ《映画の撮影開始〔終了〕のときカメラの前で打つ拍子木》. **～·trap** → 別項.

clap[2] *n.* 〚俗〛淋病(りんびょう) (gonorrhea).

cláp·board [klæbərd, -bo:rd, klæpbò:rd/klæpbɔ:d] *n.* **1** 〚米〛下見板, 羽目板; 〚英〛たる〔おけ〕用カシ板. **2** ＝clapstick. →clap. **—** *vt.* に下見板〔羽目板〕を張る.

cláp·per [klæpə(r)] *n.* **1** 拍手する人. **2** 鈴〔鐘〕の舌; 拍子木; 鳴子. **3** 〚俗〛舌.

cláp·trap [klæptræp] *n.* 場当たり〔人気取り〕(の言動); はったり. **—** *a.* 場当たり〔人気取り〕の.

claque [klæk] F. *n.* 《集合的》さくら《劇場に雇われて拍手などする》.

clàr·a·bél·la [klærəbélə] *n.* 〚楽〛オルガンの音栓(せん)の名《フルートの音色を出す》.

clár·ence [klærəns] *n.* 《箱形の》4 輪馬車.

Clár·en·cieux [klærəns(j)u:] *n.* イギリス紋章院第 2 部長. → King of Arms.

Clár·en·don [klærəndən] *n.* **1** Earl of ～, 1609–1674, イギリスの政治家・歴史家. **2** (c～) 〚印〛クラレンドン活字《やや縦長で肉太の字体》.

clár·et [klærət] *n.* **1** ボルドー赤ブドウ酒《フランス産》; クラレット色 (＝～ red) 《赤紫色》. **2** 〚俗〛血. ***tap*** a person'***s*** **～** 〚俗〛(人) をなぐって鼻血を出させる. **—** *a.* 赤紫色の.
～ cup 一種の清涼飲料《クラレットにリキュール酒・炭酸水・レモン・砂糖・香料を混ぜ氷で冷やしたもの》.

clár·i·fy [klærịfài] *vt.* **1** 〈空気・液体などを〉清くする, 澄ます, 浄化する. **2** 〈意味・見解などを〉明らかにする. **—** *vi.* 澄む; 明らかになる. [√clar-]
◇ **-fi·er** [-fàiər] *n.* 清浄化するもの; 浄化剤; 砂糖精製器. **clàr·i·fi·cá·tion** [klærịfikéiʃ(ə)n] *n.* **1** 浄化; 清澄法. **2** 明瞭(めいりょう)化, 明示, 解明, 説明.

clàr·i·nét [klærịnét] *n.* 〚楽〛クラリネット《木管楽器の一種》; パイプオルガンの音栓(せん)名.
◇ **～·(t)ist** *n.* クラリネット奏者.

clár·i·on [klæriən] *n.* **1** クラリオン《昔戦争に用いた明快な音色をもつらっぱ》; 〚雅〛その響き. **2** 〚楽〛《オルガンの》クラリオン音栓(せん).
— *a.* 明るく響きわたる.

clàr·i·o·nét [klæriənét] ＝clarinet.

clár·i·ty [klærịti] *n.* **1** 《思想・言語の》明晰(めいせき), 明瞭(めいりょう)(性). **2** 《液体などの》透明(度), 清澄(度). [√clar-]

clá·ro [klɑ́:rou] *a., n.* (*pl.* **～(e)s** [-z]) 薄色で味のやわらかい(葉巻きたばこ). [<Sp.] 「用」.

clár·y [klɛ́(:)ri/klɛ́əri] *n.* 〚植〛オニサルビア《観賞

‡**clash** [klæʃ] *n.* **1** 衝突, 激突; その音. **2** 《意見・利害などの》衝突, 不一致; 《時間の》かち合い.
— *vi.* **1** (音をたてて) 衝突する《に, と *into, against, upon*》. **2** 〈意見・話の内容・利害・時間などが〉衝突する, かち合う; 《規則などに》抵触する《と *with*》. **3** 激しい音をたてる. **4** 〚話〛〈色が〉調和しない. **—** *vt.* **1** (音をたてて) 打つ. **2** (音をたて

て) 打ち付ける 《に *against*》. **3** 〈音を〉 たてる. **～ *into*** a person (人) とぶつかる.

‡**clasp** [klæsp/klɑːsp] *n.* **1 留め金, 締め金**, 尾錠金, こはぜ. **2** 握手, 抱擁. **3**〔軍〕従軍記念章《勲章のリボンに付ける金属板》. —— *vt., vi.* **1** 留め金で止める; に留め金をつける. **2** 握り締める, 握手する; 抱き締める. **3** 〈つる草などが〉…に巻きつく. **～ *hands*** 堅く握手する; 提携する. **～ one's *hands* (*together*)** 両手の指を組み合わせる《絶望・祈願などの強い感動を示す》.
～ hook 抱き合いかぎ. **～ knife** 大型の折りたたみナイフ.
◇ **∽·er** *n.* 締めるもの; 留め金;〔植〕巻きひげ;《こん虫の》尾脚.

†**class** [klæs/klɑːs] *n.* **1 種類**, 部類. **2 等級**: a first ～ restaurant 一流のレストラン. travel second ～ 二等で旅行する. **3** (通例 *pl.*) (社会) **階級**: the upper [middle, lower] ～*es* 上流 [中流, 下層] 階級. **4** (the ～es) 上流社会. → the masses. **5 学級**, クラス, 学年 (=㊊ grade; ㊕ form, standard). **6** (教室) **授業**: We have no ～ today. きょうは授業がない. in ～ 授業中に. discuss in ～ 教室で討議する. **7** 《集合的》 同期生;〔軍〕《集合的》 同年兵, 同年適齢者: the ～ of 1965 《集合的》 1965年卒業 (予定) 学生. **8**〔話〕高級, 上等; 第一流 (の技術・上品さ): She's a good performer, but she lacks ～. 彼女はうまくひきこなすが名演奏者とはいえない. **9**〔英〕優等学級《特別専攻を許される優等生候補学生の学級》; 優等 (等級). **10**〔生〕綱《phylum と order との中間》. ***be no ～*** とうてい仲間にはいらない; ひどく劣っている. ***in a ～ by itself*** [one*self*] ほかに類がない, 断然優秀で. ***take* [*get, obtain*] *a ～*** 優等をとる. —— *vt.* **1** 分類する; 組み分けする. **2** の等級を定める; おなじ等級と判定する《と *with*》. —— *vi.* 《ある class に》 分類される, 属する: those who ～ *as* believers 信仰者に数えられる人々.
～ baby〔米俗〕級中の最年少者; 卒業後級友にできた初めての子ども. **∽·book** [⊿⊥] (1)〔米〕学級簿《出欠・成績記入用》; 卒業記念アルバム. (2) 教科書. **～ champion** 優秀選手. **∽-cón·scious** 階級意識のある. **～ consciousness** 階級意識. **～ day**〔米〕卒業祝賀会. **～ dinner** 同級生晩餐(ばんさん)会. **∽·fèl·low** =classmate. **～ list** 学級名簿;〔英:大学〕優等合格者 (席次) 名簿. **∽·man** [-mən/-mæn] (*pl.* **-men** [-mən])〔英:大学〕優等合格者. → passman. †**∽·mate** →別項. **～ meaning**〔文〕語類意味. **～ number** [**letter**]《図書館用》分類数字 [文字]. †**∽·room** →別項. **～ strife** [**struggle, war**] 階級闘争. **∽·work** [⊿⊥] (教室での) 勉強, 授業.

class. classic(al); classification; classified.

cláss·a·ble [klǽsəbl/klɑ́ːs-] *a.* 分類 [組み分け] できる.

‡**clás·sic** [klǽsik] *a.* **1** 古典的《均衡・調和・簡素などを重んずる》; 古風な. **2** 典型となる; 模範的な. **3** 一流の, 最優秀の. **4** 高尚(こうしょう)な; 由緒(ゆいしょ)ある. **5** 《文芸・芸術において》 古代ギリシア・ローマ (風) の; 古典派の.
—— *n.* **1 古典** (作品) 《特に古代ギリシア・ローマの》; 《一般的》 名作, 傑作: "Hamlet" is a ～. 「ハムレット」は古典である. **2** 古典作家《特に, 古代ギリシア・ローマの》; 古典学者; 古典主義者. **3** (古典的) 大文学者 [大芸術家]. **4** 古典語. ***the Chinese ～s*** 漢文 (学). ***the Japanese ～s*** 国文(学).
～ myth ギリシア・ローマの神話. **～ races, the**〔英〕5 大競馬《Derby, Oaks, St. Leger, Two Thousand Guineas, One Thousand Guineas をいう》.
◇ **clás·si·cist** [klǽsisist] *n.* 古典主義者; 古典学者. **clás·si·cize** [klǽsisàiz] *vt., vi.* 古典風にする; 古典を模倣する.

‡**clás·si·cal** [klǽsik(ə)l] *a.* **1** 《文学・芸術上で》 **古典的**, 正統派の. **2** 《文学・美術上で》 古典主義 [風] の, 擬古的の. → romantic. **3** 古代ギリシア・ラテン文化 [文学, 芸術] の; 古典語の. **4 模範的な**, 標準的, 第一級の. **5** 《方法などが》 伝統的な, 従来の; 古い: ～ arms 《原子兵器に対し》 通常兵器.
～ education 古典語教育. **～ languages, the** 古典語《古代ギリシア語・ラテン語》. **～ music** 古典音楽. → popular music. **～ school, the**〔経〕古典学派, 正統学派《Adam Smith の系統の学者たち. Mill, Malthus など》.
◇ **～·ism** *n.* =classicism. **～·ly** *ad.* 古典的に, 擬古的に.

clàs·si·cál·i·ty [klæsikǽliti] *n.* **1** 古典的なこと, 典雅;《作品の》卓越. **2** 古典的学識 [教養].

clás·si·cism [klǽsisiz(ə)m] *n.* **1** 古典主義; 擬古主義. **2** 古典教育主義. **3** 古典の学識, 古典学. **4** 古典的語法.

clàs·si·fi·cá·tion [klæsifikéiʃ(ə)n] *n.* 分類 [類別] (法); 等級分け, 格づけ.

‡**clás·si·fy** [klǽsifài] *vt.* **1 分類する**, 類別する; 等級に分ける. **2**〔米:軍〕機密扱いにする.
◇ **-fi·a·ble** [-əbl] *a.* 分類できる. **-fied** *a.* **1** 分類された: ～*ied* ad 《新聞などの》 項目別広告, 三行広告. **2**〔軍〕《文書などが》 機密の;〔俗〕極秘の. **-fi·er** *n.* 分類者;〔言〕助数詞.

clás·sis [klǽsis] *n.* (*pl.* **clás·ses** [-siːz])〔宗〕長老監督会 [区].

†**cláss·mate** [klǽsmèit/klɑ́ːsmeit] *n.* **同級生**.

†**cláss·room** [klǽsrùːm, -rùm/klɑ́ːs-] *n.* **教室**.

cláss·y [klǽsi/klɑ́ːsi] *a.* 〔米俗〕高級な, 上等な; いきな, しゃれた: a ～ coed 上品にきどった女子学生.

clás·tic [klǽstik] *a.* 砕屑(さいせつ)性の: ～ rocks 砕屑岩.

‡**clát·ter** [klǽtər] *n.* **1** 《ナイフ・フォーク・さら・機械・馬蹄(ばてい)などの》 **カタカタ** [**ガタガタ, ガチャガチャ**] **いう音**. **2** 騒々しい話し声 [笑い声]; むだ話.
—— *vi., vt.* **1** カタカタ [ガタガタ, ガチャガチャ] 鳴る [鳴らす]. **2** 騒々しい音をたてて動く. **3** ぺちゃくちゃしゃべる. **～ *along*** カタカタ音をたてて進む; ひづめの音をたてて馬を走らす. **～ *down*** ガチャンと落ちる; 〈車などが〉 音をたてて行く.
◇ **～·er** [-tərər] *n.* カタカタ音をたてるもの; おしゃべり.

cláu·di·cant [klɔ́ːdikənt] *a.* びっこの.

clàu·di·cá·tion [klɔ̀ːdikéiʃ(ə)n] *n.* 跛行(はこう), びっこ.

Cláu·di·us [klɔ́ːdiəs] *n.* **1** ～ I, 10 B.C.–A.D. 54, ローマ皇帝. **2** ～ II, 214–270, ローマ皇帝.

‡**clause** [klɔːz] *n.* **1** 《条約・法律などの》 **箇条, 条項**. **2**〔文〕節: a noun ～ 名詞節. → 枠付 Clause (pp. 230–231). **～ *by* ～** 逐条的に. ***penal ～*** 罰則. ***saving ～*** 留保条項, ただし書き.
◇ **cláus·al** [-(ə)l] *a.*

cláus·tral [klɔ́ːstrəl] =cloistral.

clàus·tro·phó·bi·a [klɔ̀ːstrəfóubiə] *n.*〔医〕閉所恐怖症.

clá·vate [kléiveit], **clá·vat·ed** [-id] *a.*〔植〕こん棒状の, 頭部の太い.

clave [kleiv] *v.*〔古〕cleave の過去形.

clá·ver [kléivər] *n., vi.* 〔スコットランド〕 雑談 (する), むだ話 (する).

clàv·i·cém·ba·lo [klævitʃémbəlòu, klɑ̀ːvi-] *n.*〔楽〕ハープシコードの一種.

cláv·i·chord [klǽvikɔ̀ːrd] *n.*〔楽〕クラビコード《ピアノの前身である鍵盤(けんばん)楽器》.

cláv·i·cle [klǽvikl] *n.*〔医〕鎖骨. ◇ **cla·víc·u·lar** [kləvíkjulər] *a.* 鎖骨の.

cláv·i·er[1] [klǽviər, ㊊+ kləvíər, kléiviər] *n.*〔楽〕鍵盤(けんばん); 練習用無音鍵盤.

cla·víer[2] [kləvíər] *n.* 《ピアノなどの》 鍵盤楽器.

文法要説…(2)

Clause（節）

文 (sentence) とは，「語の集まったもので，主語を中心とする主部と動詞を中心とする述部とを備えているもの」と形式の上から定義することができるが，そのような語群が二つ以上で更に群をなして「文」をなすことがある．このばあい，大きな単位としての「文」に術語としての**文** (sentence) の名を残し，そのうちに含まれる小さな方の「文」を**節** (clause) と称する．

She often goes to concerts, *because* she is fond of music.
clause　　clause
sentence

She is fond of music, *and* (she) often goes to concerts.
clause　　clause
sentence

文に含まれる二つ以上の節は，なんらかの方法で結びつけられるわけであるが，そのためには主として**接続詞** (conjunction) と**関係詞** (relatives) が連結要素として用いられる．上例中の because, and は接続詞の例である．

二つ以上の節を含む文は，**複文** (complex sentence) と**重文** (compound sentence) とに分類される．"主部＋述部" の関係を 1 回しか含まない文は，**単文** (simple sentence) である．

複　文

ある節がそれを含む文(または節)の中で 1 個の名詞・形容詞・副詞とおなじ役割を果たすとき，そういう節を**従属節**(subordinate clause)と名づける．したがって従属節は**名詞節**(noun clause)，**形容詞節**(adjective clause)，**副詞節**(adverb clause)に分類される．

従属節中には連結要素も含めるのが普通である．複文のうちから従属節を差し引いた残りを**主節**(principal clause, main clause)と呼ぶ．次の例文でイタリック体の部分が従属節，その他の部分が主節である：

I know *that he is honest.* 私はあの人が正直であることを知っている (比較：I know *his honesty*.). That girl *who has blond hair and blue eyes* is Elizabeth. 金髪で青い目をしているあの娘さんがエリザベスです (比較：That *blond, blue-eyed* girl is Elizabeth.). He is willing to help me *whenever I have a difficult problem.* 私がむずかしい問題にぶつかるといつでもあの人は進んで助けてくれる(比較：He is *always* willing to help me.).

名詞節・副詞節は接続詞，もっと正確には**従属接続詞** (subordinate conjunction) によって導かれ，形容詞節は関係詞によって導かれる．

1）名詞節

連結要素に従って，2 種類に分けられる．

a）that-節　連結要素として接続詞 that が用いられ，that はこれに続く節を「…すること，…であること」と名詞化する．

that-節が主語となるばあいを除き，that は省略可能である：

I think (*that*) *you are right.* あなたのおっしゃることが正しいと思います．*That he is mistaken* is evident. 彼がまちがっていることは明白である．I know the fact (*that*) *the outlook is not very bright.* 見通しはあまり明るくないという事実は知っています《that-節は，fact という名詞と「同格」の関係》．

that-節は，しばしばあらかじめ it で置き換えられ，that-節そのものはあとから示される《that-節が主語のときに，これが特にひんぱんに行なわれる》：

It is likely *that the offer will be accepted.* 提案が受諾されることはありそうなことだ；提案は受諾されそうだ．I find *it* unpleasant *that such misdeeds go unpunished.* ああいう非行が罰も受けないでいることを私は不愉快に感じる．

〈注₁〉 発音を一時中断するとすれば，that の前で行なうのが普通である：I know | (that) you are tired.

〈注₂〉 that-節の前に前置詞がくるべきときには，多くは前置詞が省略されるが，ときには "前置詞＋it" として，that-節をこの it の「同格」として扱うことがある：I am sure (*that*) you will succeed. きっと成功なさいますよ (比較：I am sure *of* your success.). My wife will see (*to it*) *that you will be comfortable.* ご不自由がないように家内が配慮してさしあげます (比較：My wife will see *to that*. そのことは家内が配慮いたします).

b）疑問詞による節　なんらかの疑問詞または if が節の先頭に立つ：

I could not discover *how he had managed to get that job.* 彼がどうやってあの仕事にうまくありついたのか私には突き止めることができなかった．I don't know *if she will be willing* [*whether she will be willing or not*]. 彼女が喜んで承知するかどうか私にはわからない．*Who will go* hasn't been decided yet. だれが行くかはまだ決定していない．

〈注₁〉 このばあいにも，that-節のときとおなじく，従属節の前にくるべき前置詞は多くは省略されるが，省略されないばあいもある：I am not sure *if* she will be willing. (比較：I am not sure *of* her willingness.). The question boiled down *to* who would take the first step. 問題はだれがまず第一歩を踏み出すかに煮詰まった．

〈注₂〉 You cannot imagine *with* what care she brought up her children. (彼女がどんな心づかいをして子どもたちを育てたかはご想像も及ばないところです) では，with は従属節の内部に属するもので，主節に属するものではない(比較：You cannot imagine *how* carefully she... / She brought up her children *with* great care.).

c）関係詞に導かれる節　たとえば Hand over to me *what you have there.* (きみがそこに持っているものをこちらへ渡しなさい) のような文でイタリック体の部分も，一般に名詞節として扱われる．この部分が節であり，hand over という動詞の目的語でもあるから，これを名詞節とみなすには一応理由がある．しかし，正確にいえば，what＝that which であって，that が主節の動詞 hand over の目的語であり，which 以下は that を修飾する形容詞節である．

次の例文でも同様：*Who sleeps* dines. よく眠る者はよく食う(比較：*He who* sleeps well, dines well.).

2）形容詞節

主節中の名詞〔代名詞〕を受ける関係詞が従属節を導き，連結要素となる：

This is the house *that Jack built.* これはジャックが建てた家です (that＝the house). That is the river *where my father used to fish.* あれが父が昔よくつりをした川です (where＝(in) the river). There are times *when true friends are necessary.* 真の友人が必要なときがある (when＝(at) times). →枠付 Relative.

〈注〉The day *after I came* was very beautiful. (私が到着した次の日はとてもすばらしかった) において, after I came は本来副詞節であるが, 転用によって形容詞節となったものである(比較: The house stands *over there.* 《副詞句》→ The house *over there* is quite old. 《形容詞句》).

3) 副詞節

時・所・理由・譲歩・条件・除外・程度・比較・様態などを示す従属接続詞によって導かれる:

It was already dark *when they came.* 《時》彼らが来たときには既に暗かった. I can't go, *because I am busy right now.* 《理由》いま忙しいから行けない. I'll go *unless it rains.* 《条件》雨が降らなければ行きます. He was *so* angry *that he could not speak.* 《程度》ものが言えないほどおこっていた. Do in Rome *as Romans do.* 《様態》郷に入っては郷に従え.

〈注₁〉You may live *where you wish.* (望みのところに住んでいい) の where you wish は本来は … there where you wish であって, there という副詞を先行詞とする形容詞節とも解釈できるが, 一般に where は「所」の副詞節を導く従属接続詞として扱われ, where you wish 全体が副詞節であるとされる.

〈注₂〉*Every time* I read them, I feel his novels are delightful. (読むたびに彼の小説はおもしろいと思う) において, 本来 I read them は every time にかかる形容詞節であり, every time は I feel … に副詞的にかかっているのであるが, every time 自体を一種の従属接続詞 (句) とみなすことができる.

〈付記₁〉**連結要素を欠く副詞節** 特別の連結要素がなくとも, 語順によって, あるいは慣用的に, 副詞節がそれと示されることがある: *Were I rich,* I would go abroad. お金があれば外国へ行きたいのだが… (＝*If* I were rich, …). *Be it ever so humble,* there's no place like home. 《be の仮定法形に注意》いかに卑しくともわが家に比ぶべきところなし (＝*Though* it may be ever so humble, …).

The sooner you go, *the better* it will be. (早く行けば, それだけますますいい) では, 第一の the は従属接続詞と解され, 第二の the はこれに応ずる「程度」を示す副詞とされる《このばあい形容詞・副詞の比較級が the に伴う》.

〈付記₂〉**従属節動詞の省略** 副詞節中の be 動詞は, しばしば主語とともに省略される(進行形をつくる be についても同様):

We'd like you to pay this bill *as soon as convenient* (＝as soon as *it is* convenient). つごうのつきしだいこの勘定の支払いをお願いします. *Wherever possible* (＝Wherever *it was* possible), we planted columbines. 可能な場所にはどこでもオダマキを植えた. He behaved *as if crazed* (＝as if *he were* crazed). まるで気が狂ったようにふるまった. *While in the hospital* (＝While *he was* in the hospital), Robert read a lot of books on that matter. 入院中ロバートはその問題に関するたくさんの本を読んだ. He was drowned *while bathing in the sea* (＝while *he was* bathing in the sea). 彼は海水浴していておぼれた.

重　文

文に含まれている二つ以上の節が, 互いに他の節中の名詞・形容詞・副詞になることなく, 等資格で並ぶ.

重文の連結要素は**等位接続詞**(coordinate conjunction) と称される:

She opened the closet door, *and* a skeleton fell out. 彼女が納戸(なんど)のドアをあけると骸骨(がいこつ)が倒れてきた. The pig got up, *but* it was unable to walk away. 子豚は立ち上がったが, 歩きだせなかった.

〈注₁〉三つ以上の節からなる重文の途中には「,」が使われる. また等位接続詞の代わりに「;」が用いられることもある: Tom threw down the hay, Dick milked the cows, *and* Harry cleaned out the barn. トムは干し草をおろし, ディックは牛の乳を絞り, ハリーは納屋をそうじした. I turned on the cold water; it was most refreshing. 冷水を出すと, それは非常にさわやかだった.

〈注₂〉for は等位接続詞で, 従属接続詞の because とは異なる. because で導かれる従属節は主節に先行することができる (*Because I like it,* I'll buy it.); for のばあいにはそれが不可能である. because は主節の一部として緊密に結ばれているので, 次のようなばあいがありうるが, for のばあいは一応先行の節から切れて, これと対等に並ぶ: I don't love her *because* she is pretty, but (I love her) *because* she is such a charming personality. 私は彼女が美しいから愛するのではなく, とてもいい人柄だから(愛している の) です《前半の not は I love her だけを否定しているのではなく, I love her because she is pretty の全部を否定する》.

---

‡**claw** [klɔː] *n.* **1** 《ネコ・タカなどの》つめ (talon); 《カニ・エビなどの》はさみ. **2** つめ形の物《くぎ抜きの先端など》. **3** 《けいべつ的》人の手; 《悪人などの》魔手. **4** 《かぎなどの》ひっかける道具. ***cut* [*clip, pare*] *the ~s of*** …のつめを切り取る, を無力にする.
—— *vt., vi.* **1** つめでひっかく; 〈穴を〉ひっかいて掘る; ひっかき寄せる [集める]; つかもうとして手で探る: *~ for* a light switch in the dark 暗やみでスイッチをまさぐる. **2** つめでつかむ; 〈金などを〉かき集める. **3** 〈かゆみを〉かく. ***~ hold of*** をひっつかむ, をわしづかみにする. ***C~ me and I'll ~ thee.*** 〚諺〛魚心あれば水心《こちらの好意は相手の好意によって定まる》. ***~ off*** 〚海〛船首を風上に向ける. ***~ one's way*** はうようにして進む.
~ hammer (1) くぎ抜き金づち. (2)〚米話〛えんび服 (＝~ hammer coat).

‡**clay** [klei] *n.* **1** 粘土; 土: potter's ~ 陶土. **2** 〚聖〛肉体; 人間. **3** 陶製たばこパイプ (＝~ pipe). ***have feet of ~*** 足がもろい. ***moisten* [*wet*] *one's ~*** 〚笑〛酒を飲む. ***yard of ~*** 陶製長きせる.
—— *vt.* に粘土を塗る; に粘土を混ぜる.
~-bank [ˊˋ] 黄かっ色, 朽ち葉 (の馬). **~-còld** [ˊˋ/ˊˊ] 《死人など》土のように冷たい. **~ court** 芝を植えていないテニスコート. → grass court. **~ pigeon** → pigeon. **~ stone** 〚地〛粘土岩.
◇ **cláy·ey** [kléii], **cláy·ish** *a.* 粘土質 [状] の; 粘土を塗った.

cláy·more [kléimoːr/-mɔː] *n.* 両刃の大刀《昔スコットランド高地人が用いた》.

cld. cleared; colo(u)red.

-cle [-kl] *suf.* 「小さい」の意 (＝-cule).

†**clean** [kliːn] *a.* **1 清潔な, きれいな,** よごれのない; よく洗った. ↔ dirty. **2** 《放射能などに》汚染されていない; 《肉・魚などが》食べられる: ~ fish 《放卵期でない》食べられる魚. **3** まぜ物のない. **4** 新しい; なにも書き入れてない, 白紙の. **5** 欠点のない, 無きずの: a ~ record 非の打ちどころのない履歴. a ~ diamond 無きずのダイヤ. **6** 《原稿・校正刷りなど》(ほとんど) 訂正書き入れのない, 読みやすい: a ~ copy 清書. a ~ proof 直しのない校正刷り. **7** 障害物のない: a ~ harbor 安全な錨地(びょうち). **8 純潔な,** 清浄無垢(むく)な; 不正のない, 正直な: a

～ life 清潔な暮らし. a ～ fighter 堂々と試合をするスポーツマン. **9** きれい好きな, 身だしなみのよい: be ～ in one's person 身だしなみがこざっぱりしている. **10** すっきりした, 姿のよい, 均整のとれた: ～ limbs すらりとした肢体(ﾀｲ). **11** 《ユダヤ人のあいだで》汚れていない; 《肉・魚が》食べることを許されている. **12** あざやかな, 巧みな, みごとな: ～ fielding [hit] みごとな守備〔安打〕. **13** 完全な, 残すところのない. **14** 〖海〗船底に藻(ﾓ)や貝がついていない; 船腹がからの. **15** 〖俗〗ピストルを身につけていない; 犯罪に関係していない; 一文なしの. ***～ bill of health*** 〖海〗完全健康証明書. ***come ～*** 〖俗〗白状する. ***have ～ hands = keep the hands ～*** 不正なことに関係しない, 潔白である. ***keep oneself ～*** 身ぎれいにする. ***make a ～ breast of*** をすっかり白状してしまう. ***make a ～ sweep of*** を一掃する. ***show a ～ pair of heels*** とっとと逃げる.

—— *ad.* **1** 全く, すっかり: I ～ forgot about it. それをすっかり忘れていた. **2** きれいに, さっと; ずばりと, あざやかに: jump ～ きれいに飛び越す. be hit ～ in the eye 目をぴしゃりと打たれる.

—— *vt., vi.* **1** **きれいにする**〔になる〕, そうじする; 洗たくする; 〈歯・くつを〉みがく: ～ for dinner 食事のために手などを洗う. This kind of fabric ～*s* easily. この種の布はよごれが落ちやすい. **2** 〈へやなどを〉かたづける; からにする, あける. ***～ down*** 〈壁などを〉きれいに洗う; 〈馬などを〉洗ってやる. ***～ out*** (1) すっかりそうじする; 〈へやを〉かたづける, あける 《人・物を追い出して》. (2) 〈人を〉追い出す; 〈金を〉使い果たす. (3) 〖俗〗〈人を〉一文なしにする; 〈有り金を〉巻き上げる. ***～ one's plate*** さらの中身を平らげる, きれいに食べる. ***～ the slate*** 義務をきれいにかたづける. ***～ up*** そうじする, きちんとかたづける; 身ぎれいにする; 〖話〗仕上げる, 終える; 〖俗〗大金をもうける.

～ **bomb** 《放射能の少ない》きれいな爆弾. **∠-bréd** [klíːnbréd] 純血種の. **∠-cút** (1) 輪郭のはっきりした〔くっきりした〕. (2) 形のよい: ～*-cut* features 整った目鼻だち. (3) 明確な. **∠-fín·gered** [-fíŋgərd] 清廉な. **∠-hánd·ed** 潔白な. **∠-límbed** [-límd] 手足のつりあいのとれた, すらりとした. **∠-lív·ing** *a.* 他人に後ろ指をさされない(生活をする). **∠·out** [∠∠] 排水口. **∠-sháv·en** ひげをきれいにそった. ～ **slate** → slate. **∠·ùp** → 別項.

◇ **∠·ness** [klíːnnis] *n.* 清潔; 潔白.

〔類〕 → **wash**「洗う」

‡cléan·er [klíːnər] *n.* **1** きれいにする人; クリーニング職人. **2** **そうじ機**: a vacuum ～ 真空そうじ機. **3** 洗たく剤.

cléan·ing [klíːniŋ] *n.* そうじ; 洗たく. ***dry ～*** ドライクリーニング. ***general ～*** 大そうじ.

～ **rod** 洗い矢《銃口そうじ用》.

‡cléan·ly[1] [klénli] *a.* **1** **きれい好きな, 清潔な,** きれいな. **2** 〖古〗純潔な. ◇ **-li·ly** [klénlili] *ad.* * **-li·ness** [klénlinis] *n.* きれいさ, 清潔(さ); きれい好き.

cléan·ly[2] [klíːnli] *ad.* **1** 清潔に, きれいに, 清らかに. **2** 〖古〗全く.

cleanse [klenz] *vt.* **1** 清潔にする; 清める. **2** 〖聖〗〈らい病患者などを〉いやす. **——** *vi.* きれいになる.

◇ **cléans·er** *n.* **1** 清掃係. **2** 清浄剤, クレンザー.

〔類〕 → **wash**「洗う」

cléans·ing [klénziŋ] *n.* **1** 清浄にすること, 浄化. **2** (*pl.*) 掃き捨てたごみ. **3** 後産(ｻﾞﾝ). **——** *a.* 清潔にする.

cléan·ùp [klíːnʌ̀p/∠∠] *n.* **1** そうじ; 一掃; 《都市などの》浄化(運動); 《軍隊が去ったあとの》遺留品集め. **2** 〖俗〗大もうけ. **3** 〖野球〗走者一掃.

—— *a.* 〖野球〗走者一掃の: a ～ trio 中心打線《3番・4番・5番打者》.

†clear [kliər] *a.* **1** **澄んだ, 透明な, 曇りない,** きれいな: ～ water 透きとおった水. a ～ sky [day] 晴れわたった空〔日〕.

2 《色・音などが》さえた, 明るい: a ～ yellow ぱっとした黄色. a ～ tone 澄み切った響き.

3 《形・輪郭などが》**はっきりした,** くっきりした: a ～ image はっきりした映像. write in ～ hand 文字をはっきりと書く.

4 **明白な,** 判然とした, 疑う余地のない: a ～ case of bribery 明々白々たる贈賄事件. expressed in ～ terms 明確なことばで述べられた.

5 **明晰**(ｾｷ)**な,** 明快な: ～ thinking 明瞭(ﾘｮｳ)な思考. a ～ mind 明哲な精神.

6 (明瞭に) **理解される:** Is this ～ *to* you? この点はっきりおわかりですか. The causes are ～. 原因は明白だ.

7 (目を) **さえぎるもののない,** 見通しのきく: a ～ vision of the future 未来についての透徹した見通し.

8 じゃまもののない, 自由に動ける; 《財産が》抵当にはいってない, 《木の幹が》枝がない: a ～ space あき地, 空白. The road is ～. 道路は自由に通行できる.

9 《…に》**じゃまされない,** 《…から》**離れている** 《に, から *of*》: The horizon was ～ *of* haze. 水平線にはもやがかかっていなかった. We were ～ *of* the danger [station]. われわれは危険を脱した〔駅を出た〕. The country was ～ *of* the enemy. 国じゅうから敵の姿が消えた.

10 **きずのない,** 汚点のない, 潔白な: a ～ conscience やましいところのない良心. ～ accounts 正しい経理.

11 《…を》負わされていない, 《…に》煩わされぬ 《を, に *of, from*》: ～ *of* debt [worry] 借金〔心配〕を背負っていない. ～ *of* all reproach 一点の非の打ちどころもない. ～ *from* suspicion 嫌疑(ｹﾝｷﾞ)の余地がない.

12 **確信をもっている,** はっきり知っている: I am ～ *on* this point. この点については私は疑いをもっていません. I am ～ that ... 私は…と信じています. They are ～ that there are variant arrangements of human life. 人間の生活の仕方にはいろいろあることを彼らははっきり知っている. If I could be ～ what she means,... あの人の言うことがはっきりわかれば….

13 差し引きなしの, 正味の: a ～ $100 まる100ドル. three ～ months まるまる3か月.

14 《数の上で》圧倒的な: ～ majority 絶対多数. ***all ～*** 敵影なし, 「警報解除」. ***as ～ as day*** きわめて明瞭な, 火を見るよりも明らかな. ***get ～ of*** を離れる, を避ける; …からのがれる. ***It's all ～ sailing.*** 順調な進行ぶりだ. ***keep ～ of*** (1) に近づかない, を避けている. (2) に近づけない: *keep* one's dress ～ *of* the mud 着物にどろをつけない. ***make oneself ～*** 自分の考えを人にわからせる: Do I *make myself* ～? 私の言うことがおわかりですか. ***see one's way ～*** 前途に困難〔障害〕がない. ***stand [steer] ～ of*** に近づかない. ***The coast is ～.*** → coast. ***write a ～ hand*** 読みやすい字を書く.

—— *ad.* **1** **明らかに,** 明瞭に, 曇りなく, くっきりと: speak loud and ～ 大きな声ではっきり話す. **2** すっかり, 全く: go ～ round the globe 地球をぐるっと一回りする. ～ *to* the top てっぺんまでずっと. **3** 離れて, 接触しないで: jump three inches ～ *of* the bar 3インチ離してバーを飛び越す.

—— *vt.* **1** 〈水・空気などを〉**澄ます,** きれいにする, 〈空を〉晴らす.

2 **きれいにする,** の障害を取り除く; 〈土地などを〉開墾する, 切り開く: ～ the way 道のじゃまものを取り払う, 道を開く. ～ the table 食卓の上のものをさげる. ～ the pavement *of* snow 舗道から雪をのける.

3 **解除する,** 解放する《から *of, from*》: ～ one's mind *of* doubt 心から疑いを払い消す. ～ oneself *of* [*from*] a charge 身のあかしをたてる. ～ one's property *of* debt 負債を払って財産を抵当から請け出す.

4 **明らかにする,** 解明する; 〈疑いなどを〉払う, 晴らす; 〈疑問・問題を〉解消〔解決〕する.

5 のかたをつける; <借財を> 弁済する; <糸などのもつれを> ほどく, 解く: ～ an examination paper 問題全部を解いてしまう.
6 <出港手続きを> 済ます;〖商〗<関税を> 払う, の通関手続きを済ます;〖米〗<裁判事件を> 処置する.
7〖商〗<手形を> 交換清算する; <勘定を> 清算する, <借金を> 支払う; <在庫品を> 蔵払いする.
8 <純益を> あげる, (純益として) あげる: ～ $ 1,000 1,000 ドルもうける.
9 利益で支弁する: ～ expenses 利益で出費をまかなう.
10 離れる, と衝突を避ける, きれいに飛び越す: ～ the harbor 出港する. ～ a ditch みぞを飛び越す.
—— *vi.* **1** **澄む**; <空が> 澄みわたる, <天候が> 晴れる, <雲・霧が> 晴れあがる; <顔つきなどが> 晴れやかになる: The sky is ～*ing*. 空がだんだん晴れてくる. **2**《入国・出国の》通関手続きを済ます; 出港する. **3**〖俗〗立ち去る. **4**〖商〗蔵払いする: great reduction in order to ～ 蔵払い大割引.
～ ***away*** (1) <雲・霧が> 晴れる. (2) 取り除く, 取りかたづける; 一掃する. ～ ***off*** (1) 取りのける, かたづける; <借金などを> 支払う. (2) <雲・霧などが> 晴れる;〖俗〗<侵入者が> 逃げうせる. ～ ***out*** (1) そうじする; からにする; 一文なしにする. (2)<船が> 出港する;〖俗〗突然立ち去る. ～ ***the air*** 空気を晴ればれさせる; 暗雲〔疑惑など〕を一掃する. ～ ***the decks***《甲板の上をかたづけて》戦闘準備をする; 甲板の荷をおろす. ～ ***up*** (1) <天気が> 晴れあがる. (2) きれいにかたづける; <負債を> 決済する; <難問・疑いなどを> 解く, 晴らす.
—— *n.* **1** 空所, 空間. **2** 晴れ. **3** 内のり. **4**《暗号文に対して》明文. ***in the*** ～ (1) 内のりで. (2) 自由で; 潔白で: Evidence put him *in the* ～. 彼の潔白が証拠によって証明された.
～-cút 輪郭のはっきりした, 明快な. **～-éyed** 目の澄んだ; 明敏な. **～·héad·ed** 明敏な, 頭脳明晰(めいせき)な, 抜かりのない. **～-síght·ed** 視力の鋭い; 慧眼(けいがん)の, 明敏の, 目のきく. **～·starch** [⌐⌐] <着物などに> のりづけする. **～·stò·ry** =clerestory.
◇ **～·ness** *n.* 明澄; 明瞭, 明確; 無障害; 潔白.

cléar·ance [klí(:)rəns/klíər-] *n.* **1** 取りかたづけ, 除去; 整理; 蔵払い(=～ sale): at a ～ 蔵払いで. **2** 通関手続き; 出港 (許可). **3**《官吏の》退職許可. **4** 手形交換 (高). **5** 純益. **6** ゆとり, 余裕;〖機〗すきま《機械が動く空間の》. **7** 森林開墾 (地): The house stood in a ～ among the trees. 家は樹木に囲まれたあき地に立っていた.
～ **certificate** 〔**permit, papers**〕出港許可書. ～ **fee** 出港手数料. ～ **sale** 蔵払い, 見切り売り.

***cléar·ing** [klí(:)riŋ/klíəriŋ] *n.* **1** そうじ;《障害物の》除去;〖軍〗掃海. **2**《森林を伐採してつくった》開墾地, 開拓地. **3** 清算;〖商〗手形交換; (*pl.*) 手形交換高.
～ **balance** 交換じり. ～ **hospital** 野戦病院. **～·house** [-hàus] 手形交換所. ～ **items** 交換物件.

‡**cléar·ly** [klíərli] *ad.* **1** **はっきりと**, 明らかに. **2** **疑いもなく**, 確かに: He is ～ wrong. もちろん彼がまちがっているのだ. **3**《返答》もちろん, そうですとも.

cleat [kli:t] *n.* 栓(せん), 桟(さん), ころび止め;〖海〗止索栓, 耳形綱止め;〖電〗電線押え, クリート; くつの底がね《摩耗を防ぐ》;〖鉱山〗石炭の縦の割れ目.
—— *vt.* に桟をつける; 綱止めに結びつける.

cleave[1] [kli:v] *v.* (**cleft** [kleft], **cleaved, clove** [klouv],〖古〗**clave** [kleiv]; **cleft, cleaved, cló·ven** [klóuv(ə)n]) *vt.* **1** 割る, 裂く; に割れ目をつくる, 引き離す. **2** <水・空中を> 切って進む: ～ the water 水を押し分けて進む. **3** <道を> 切り開く: ～ a path *through* the wilderness 荒野に道を開く. **——** *vi.* **1** 割れる, 裂ける. **2** 押し分けて進む. ～ ***down*** 切り倒す. ～ ***in two*** まっ二つに裂く. ～ one***'s way through*** を押し分けて進む.
◇ **cléav·a·ble** [klí:vəbl] *a.* 切り開きのできる. **cléav·age** [-idʒ] *n.* 分裂; 裂け目;〖鉱〗劈開(へきかい). **cléav·er** *n.* 割る〔裂く〕人〔物〕; 肉切り大包丁.

cleave[2] *vi.* (**cleaved**,〖古〗**clave** [kleiv], **clove** [klouv]; **cleaved**) 執着〔固守〕する《に *to*》; 団結する《*together*》;〖古〗付着する.

cléav·ers [klí:vərz] *n.* (*pl.* ～)〖植〗ヤエムグラ《その毛で着物に付着する》.

cleek [kli:k] *n.* 鉄かぎ;〖ゴルフ〗細長い鉄頭のクラブ.
—— *vt.*〖英俗〗ぐいっとつかむ.

clef [klef] *n.*〖楽〗音部記号. ***C*** ～ ハ音記号《中音部 (tenor or alto) 記号》. ***F*** ～ ヘ音記号《低音部 (bass) 記号》. ***G*** ～ ト音記号《高音部(treble) 記号》.

cleft [kleft] *v.* cleave[1] の過去・過去分詞. **——** *n.* 裂け目, 割れ目; 破片. **——** *a.* 裂けた, 割れた. ***in a*** ～ ***stick*** 進退きわまって.
～ **lip** =harelip. ～ **palate** → palate.

cleg(g) [kleg] *n.*〖虫〗アブ, ウマバエ.

cleis·tóg·a·mous [klaistágəməs/-tóg-] *a.*〖植〗閉花受精の. ◇ **-my** *n.* 閉花受精.

clém·a·tis [klémətis] *n.*〖植〗センニンソウ属のつる植物《鉄線・ボタンヅルなど》.

Clè·men·céau [klèmənsóu|F. klemɑ̃so] *n.* Georges [dʒɔ́:rʒ-] ～, 1841–1929, フランスの政治家.

clém·ent [klémənt] *a.* **1** 温厚な; 寛大な, 慈悲ぶかい. **2**《気候などが》温和な, 温暖な.
◇ **-en·cy** [-mənsi] *n.* ～なこと〔行為〕.

clench** [klentʃ] *vt.* **1** <歯を> **食いしばる**; <手・指・こぶしを> **固める**. **2** <物を> しっかりつかむ, 握る. **3** <打ち込んだくぎ・ボルト・びょうなどの> 先端を打ち曲げる〔つぶす〕;〖海〗大づなの末端をくくりつける (clinch). **4** <議論・契約などの> 決着をつける. **——** *vi.* ～された状態になる. ～ one's teeth*** 〔***jaws***〕歯を食いしばる; 堅く決心する. **——** *n.* ～する〔された状態になる〕こと.

clénch·er [kléntʃər] =clincher.

Clè·o·pá·tra [klì:əpéitrə, -pá:t-, -pǽt-/kliəpǽt-, -pá:t-] *n.* クレオパトラ, 69? –30 B.C., エジプトの女王.

clép·sy·dra [klépsidrə] *n.* (*pl.* **-dras, -drae** [-drì:])《古代の》水どけい.

clèp·to·má·ni·a =kleptomania.

clére·sto·ry [klíərstò:ri/-stəri] *n.*〖建〗《寺院などの》高窓層, 明かり層.

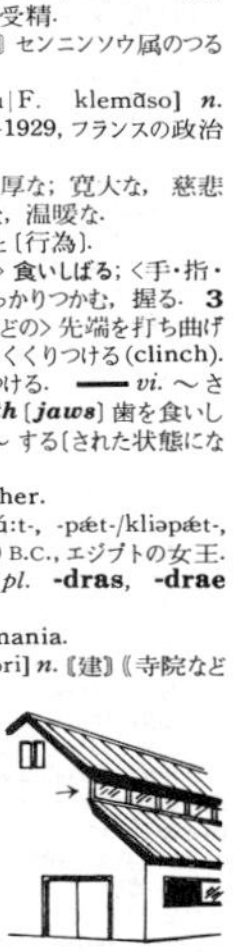
clerestory

clér·gy [klə́:rdʒi] *n.* 《集合的》聖職者, 牧師, 僧侶(そうりょ). ‡**～·man** →別項. **～·wòm·an** [-wùmən] (*pl.* **-wòm·en** [-wìmin]) 女牧師;〖英〗《教区内で幅をきかせている》牧師の妻〔娘〕.

‡**clér·gy·man** [klə́:rdʒimən] *n.* (*pl.* **-men** [-mən]) **聖職者, 僧, 牧師.**
～'s sore throat 慢性喉頭(こうとう)炎. **～'s week** 〔**fortnight**〕日曜日を 2 回〔3 回〕含む休暇.

clér·ic [klérik] *n.* 僧侶(そうりょ), 牧師.
—— *a.*〖古〗=clerical ①.

clér·i·cal [klérik(ə)l] *a.* **1** 聖職者の, 僧侶の, 牧師の. **2** 書記の, 事務員の; 事務上の. **3**《政治上》教権支持の. **——** *n.* **1** 聖職者, 僧侶, 牧師. **2**《政治上の》教権支持者. **3** (*pl.*) 僧服.
～ **error** 書き誤り, 事務的な誤り. ～ **staff** 事務職員, 属僚. ～ **work** 事務員の〔事務的な〕仕事.
◇ **～·ism** [-iz(ə)m] *n.* **1**《政治上の》教権主義. **2** 僧侶の不当な政治的勢力. **～·ist** *n.* 聖職権尊重主義者. **～·ize** [-àiz] *vt.* 聖職につかせる. **～·ly** *ad.* 牧師〔書記〕らしく, 牧師〔書記〕として.

‡clerk [klə:rk/klɑ:k] *n.* **1** 《官庁·会社などの》**事務員**〔官〕; 《裁判所·議会·各種委員会などの》書記: a bank ～ 銀行員. a correspondence ～ 文書係. a town ～ 市役所の吏員. **2** 〖米〗**店員**, 売り子 (= salesclerk) 《男女とも》. **3** 〖宗〗教区の執事, 教会の書記. **4** 〖古〗聖職者. **5** 〖古〗学者. ***～ in holy orders*** 〖英〗聖職者. ***～ of the works*** 《請負工事の》工事監督. ***the C～ of the Weather*** 《天候の支配力を擬人化して》天気の神様; 〖米俗〗気象台長.

◇ **∼·ly** *a.* 書記〔事務員, 店員〕の (ような); 能筆の; 聖職者の〔らしい〕; 〖古〗学者の〔らしい〕. **∼·ship** *n.* 書記〔事務員, 店員〕の職〔身分〕; 聖職; 聖職者の身分; 〖古〗学識.

Cléve·land [klí:vlənd] *n.* アメリカ Ohio 州の都市.

‡clév·er [klévər] *a.* **1** 利口な, 頭のよくきく. **2** 頭のよさを示す, 賢明な: ～ advice 賢明な忠告. **3** **器用な**, じょうずな 《が *at*, *in*》; 手ぎわのあざやかな: a ～ carpenter 器用な大工. ～ fingers 器用な指先. ～ *at* French フランス語が得意な. ～ *in* writing reports 報告を書くのがうまい. ～ *with* one's pen 筆が立つ. **4** 巧妙な; うまくできている, 便利な: a ～ device うまい思いつき. **5** 〖米話〗人のよい. **6** 〖方〗たっしゃな; 〖方〗姿のよい. **7** 〖話·方〗適当な, 満足な. **～ horse** 障害物飛び越しのじょうずな馬.

◇ **～·ish** [klévəriʃ] *a.* 小利口な; 小器用な.

***～·ly** *ad.* 利口に; 器用に, じょうずに.

***～·ness** *n.* 利口, 器用, 巧妙; 敏捷(びんしょう).

〔類義語〕 **利口な, 抜け目のない: clever** 手先や頭がよくはたらき, なんにでも気がつく. 利口な. しかし wise があらわす「経験による英知, すぐれた良識による判断」は示唆されない. **bright** 理解がはやく, 頭がよく切れる. clever に比べ理知的な理解力に重点がある. **adroit** 仕事・職務などを行なうにあたって巧みな, 手ぎわのよい, ぬかりない: an *adroit* politician 抜け目のない政治家. **cunning** ものを処するにあたってこにくらしいほどじょうずな. または巧みに人をごまかすのでゆだんのならない: The birds were very *cunning* and eluded our shots. 鳥たちはとても利口で, われわれのたまを巧みによけた. **ingenious** くふう・発明の才のある. 独創的な. **perspicacious** 表面にあらわれていないものを見通す力のある. 慧眼(けいがん)の. **shrewd** 人からだまされることのない, 自分の利益はちゃんと確保する, ころんでもただでは起きない. 次の smart に比べどろくささ・陰険な性格などが暗示される: *shrewd* merchants 抜け目のない商人たち. **smart** 非常に頭がよいために実務でも抜け目のない. 目から鼻へ抜ける: a *smart* businessman 抜け目のない実業家.

cléy·is [klévis] *n.* U リンク, U 字形かぎ.

clew [klu:] *n.* **1** 糸玉; 〖伝説〗迷宮の道しるべの糸. **2** 《問題解決の》糸口, 手がかり (=clue). **3** 〖海〗帆耳 《帆の下べりのすみ》, 帆耳の輪. **4** ハンモックのつるしなわ. ***from ～ to earing*** すみからすみまで. —— *vt.* **1** 〈糸を〉玉にする《*up*》. **2** 〖海〗の帆耳を引く. ***～ down*** 〖海〗《帆を広げるとき》帆耳を引き下げる. ***～ up*** (1) 〖海〗《帆をおさめるとき》帆耳を帆げたへ引き上げる. (2) 〈仕事を〉おしまいにする.

cli·ché [kli:ʃéi/∸—] F. *n.* **1** きまり文句, 常套(じょうとう)句; 陳腐な思想〔行動〕. **2** 〖印〗ステロ版, 電気版.

click** [klik] *vi.* **1** カチッ〔カチリ〕と音がする. **2** カチッと音をたてて動く: The door ～*ed* shut. ドアがカチッと締まった. **3** ちえっと言う, 舌を鳴らす. **4** 〖俗〗成功する, 「当たる」. **5** 〖俗〗意気投合する, うまが合う. **6** 見当がつく, はっとさとる. **7** 〈馬が〉前後両足の蹄鉄(ていてつ)をかち合わせる. —— *vt.* **1** にカチッと音をさせる. **2** カチッと音をたてて動かす: ～ the door to カチッと戸を締める. ***～ one's heels (together) くびすをカチッと合わせる 《軍人が敬礼するときなど》.

—— *n.* **1** カチッ(とする音): with a ～ カチッと鳴って. **2** カチッと音をたてて締まる物; 〖機〗掣子(とめ), つめ. **3** 〖音声〗舌打ち音. **～ beetle** コメツキムシ.

clí·ent [kláiənt] *n.* **1** 顧客, お得意. **2** 訴訟〔弁護〕依頼人. **3** 〖古ローマ〗《貴族に従属する》被保護民 《平民》; 従者, 家来. ◇ **～·age** *n.* = clientele. **cli·én·tal** [klaiéntl, ㊟⁺kláiən-] *a.*

〔類〕 → visitor「客」

clì·en·téle [klàiəntél/klì:ɑ:ntéil] *n.* 《集合的》顧客; 《芝居などの》常連; 《病院の》患者; 訴訟依頼人; 家来, 子分.

‡cliff [klif] *n.* 断崖(だんがい), がけ, 絶壁.

～ dweller 岩窟(がんくつ)居住者; (通例 C～ Dweller) アメリカ南西部の原住民; 〖俗〗大きなアパートの住人. **～ dwelling** 岩窟. **∼·hàng·er** 映画〔テレビ〕の(連続) 冒険物. **∼-hàng·ing** 《映画·テレビが》観客に手に汗にぎらせる冒険的な: ～*-hanging* series =cliffhanger. **∼s·man** [klífsmən] (*pl.* **-men**) 岩登りの名人. **～ swallow** イワツバメ.

◇ **∼·y** *a.* がけの (ある); けわしい.

cli·mác·ter·ic [klaimǽktərik, -mæktérik] *n.* 更年期 《婦人の月経閉止期など》; 厄年(やくどし) 《7 年めごとの》; 危機. ***grand ～*** 大厄年 《63 歳》.

—— *a.* 更年期の; 厄年の; 転換期にある.

cli·mác·tic [klaimǽktik] *a.* 〖修〗漸層法の; 頂点の.

‡clí·mate [kláimit] *n.* **1** **気候**; 風土; 《比喩的》環境, ふんい気. **2** 《気候上からみた》地方, 地帯: a dry 〔humid, mild〕 ～ 乾燥した〔湿気の多い, 温和な〕土地.

cli·mát·ic [klaimǽtik] *a.* 気候 (上) の; 風土的.

◇ **-i·cal·ly** *ad.*

clì·ma·tól·o·gy [klàimətɑ́lədʒi/-tɔ́l-] *n.* 気候〔風土〕学.

***clí·max** [kláimæks] *n.* **1** **最高潮**; 頂点, 極点. **2** 〖修〗漸層法 《しだいに文勢を高めていく》.

—— *vi., vt.* 頂点に達する〔達せしめる〕.

†climb [klaim] *v.* (**climbed**, 〖古〗**clomb** [kloum]) *vt.* **1** 〈山などに〉**登る**: ～ a mountain 〔ladder〕 山〔はしご〕を登る. **2** (手足をつかって) よじる; よじ登る 《*up*》, はいおりる 《*down*》. —— *vi.* **1** 〈太陽・月・煙・飛行機などが〉あがる, 上昇する. **2** 《努力して高い地位に》のぼる, 出世する: ～ *to* power 権勢にたどりつく. ～ *to* the head of the class クラスの首席にあがる. **3** 〈植物が〉巻きついて〔つるになって〕のぼる. **4** よじる, 四つ足ではう〔はい回る〕. ***～ down*** (1) (を) おりる, (を)はいおりる. (2) 〖話〗《地位から》おりる《から *from*》; 引き下がる, 譲歩する; 主張〔要求〕をすてる. ***～ up*** (を) はねおってのぼる.

—— *n.* **1** のぼること, よじ登り. **2** (よじ登る) 高いところ, 高所.

∼-down [∸∸] (1) はいおりること. (2) 〖話〗《議論の》譲歩; 《主張・要求などの》撤回. **～ indicator** 〖空〗昇降計.

◇ **∼·a·ble** [kláiməbl] *a.* (よじ) 登れる.

‡clímb·er [kláimər] *n.* **1** よじ登る人; 登山者. **2** 〖話〗出世主義者, 野心家. **3** 登山用スパイク. **4** はい上がる植物 《ツタなど》; はい上がる鳥類 《キツツキなど》.

clímb·ing [kláimiŋ] *a.* よじ登る; 上昇する.

—— *n.* よじ登ること; 登山 (=mountain ～).

～ accident 山の事故. **～ fern** 〖植〗カニクサ属のシダ植物. **～ fish** 〖魚〗キノボリウオ. **～ irons** スパイク付き木登り用具; 《登山用》アイゼン.

clime [klaim] *n.* 〖雅〗国, 地方; 風土.

clinch [klintʃ] *vt.* **1** しっかり締める 《先を折り曲げて》. **2** くぎで打ち付ける; 固定させる. **3** 〈議論・契約などを〉決着させる, 確定する. **4** 〖海〗折り返し止めでくくりつける. —— *vi.* 〖ボクシング〗クリンチになる; 〖俗〗しっかり抱き合ってキスする.

—— *n.* **1** くぎの先の打ち曲げ〔つぶし〕; 打ち曲げた端. **2** 締める道具. **3** 〖ボクシング〗クリンチ. **4** 〖海〗折り返し止め 《つなの末端を折り返してくくる止め方》.

◇ **∼·er** [klíntʃər] *n.* 《くぎ先の》打ち曲げ器具; 締

め具，かすがい;〘話〙決定的な議論.

cline [klain] *n*. 連続変差(軸).

‡**cling** [kliŋ] *vi*. (**clung** [klʌŋ]) 1 くっつく，粘着する，固着〔密着〕する. 2 しがみつく，すがりつく《に *to*》: The children *clung to* each other in the dark. 子どもたちは暗やみで互いにしがみついていた. 3 執着〔愛着〕する，固守する: ～ *to* the last hope 最後まで希望をすてない. **∠·stone** [-stòun] *a*., *n*. 果肉が種に密着している(果実)《桃など》. ◇ **∠·ing** *a*. 粘着する; ねばり強い: ～*ing* vine〘話〙足手まといの女. **∠·y** [klíŋi] *a*. くっつく，ねばりつく.

clín·ic [klínik] *n*. 1《外来患者の》診療所;《大学付属などの》病院;《医療そのほかの》相談所; 指導教室《矯正(きょうせい)のための》. 2 臨床講義; 臨床教室;《集合的》臨床講義受講学生. ***speech*** ～ 言語障害〔発音〕矯正所, 失聴者の読話指導所.

clín·i·cal [klínik(ə)l] *a*. 1 臨床の; 臨床講義の;《比喩的》実際的な，現実的な. 2 病床の: a ～ diary 病床日誌. 3 病室用の. 4〘宗〙臨終の際の. ～ **pathology** 臨床病理学. ～ **psychology** 臨床心理学. ～ **thermometer** 体温計, 検温器. ◇ ～**·ly** *ad*. 臨床的に.

cli·ní·cian [kliníʃ(ə)n] *n*. 臨床家.

clink[1] [kliŋk] *vi*., *vt*. 1 チン〔チリン，カチン〕と鳴る〔鳴らす〕《薄い金属・ガラス・硬貨など》. 2 ことばのごろをそろえる，(の)韻を合わせる. ～ ***glasses***《乾杯で》コップを相手のとカチンと触れ合わせる. ～ one'***s money in*** one'***s pocket*** ポケットの金をチャラチャラ鳴らす. ～ ***off*** 急に立ち去る. ── *n*. 1 ～する音. 2 ごろのいい響き，韻. 3〘英〙《ノビタキなど》鳥の鋭い鳴き声. **∠·stone** [-stòun]〘鉱〙響き石.

clink[2] *n*.〘話〙留置場，刑務所.

clínk·er[1] [klíŋkər] *n*. 1 カチン〔チリン〕と鳴る物. 2 (しばしば regular ～)〘英俗〙とびきり上等品, 逸品《人または物》. 3〘俗〙失策，へま; 失敗作.

clínk·er[2] *n*. 1 オランダ焼き硬質れんが; 透化れんが;《溶け合って固まりになった》焼き過ぎれんが. 2《溶鉱炉の中にできる》クリンカー，不溶解物の固まり, 金くそ; 焼塊.

clínk·er-built [klíŋkərbilt] *a*. 《船側の外板が》重ね張りづくりの，よろい張りの.

clínk·ing [klíŋkiŋ] *a*. チリンと鳴る;〘英俗〙とびきりの，すばらしい. ── *ad*.〘英俗〙すてきに.

cli·nóm·e·ter [klainámitər/-nɔ́m-] *n*. 傾斜計.

clín·quant [klíŋkənt] *a*.《金属片などで》ぴかぴか光る;《けいべつ的》金ぴかの. ── *n*. 金ぴか; 安物の金属片. 「Muses のうちの一神》.

Clí·o [kláiou] *n*.〘ギ神〙歴史をつかさどる女神《Nine

‡**clip**[1] [klip] *v*. (**-pp-**) *vt*. 1 切る，刈る《はさみ・剪断(せんだん)器で》;〈羊・馬などの毛を〉摘む. 2 切り取る，切り詰める;〈硬貨の端を〉削り取る《金銀を得るため》; 短縮する; 削除する. 3〈語の末尾を〉切り落とす，省略する. 4〘話〙ぶんなぐる; だます; 奪う. ── *vi*. 1 切り取る. 2《雑誌・新聞などの》切り抜きをする. 3〘話〙疾走する;〘古〙速く飛ぶ. ～***ped word*** 省略語《例: examination → exam, omnibus → bus》. ～ a person'***s wings***（人）の活動力を奪う，(人)を無力にする. ～ one'***s words*** 語尾の音を落として不明瞭(ふめいりょう)に言う.

── *n*. 1《頭髪・羊毛などの》刈り込み. 2 刈られたもの;《特に》(一季に刈り込んだ) 羊毛量. 3 (*pl*.) 大ばさみ. 4〘話〙強打. 5〘話〙すばやい動作; 歩調, 速度: at a rapid ～ 足早に. 6〘米話〙1回: at one ～ 1度で. 7〘話〙だまし，詐欺. **∠-clop** [∠∠] パカパカ(というひづめの音). ～ **joint**〘米俗〙《不当な金を要求する》下等なキャバレー〔ナイトクラブ〕.

‡**clip**[2] *n*. クリップ，紙ばさみ;《宝石などの付いた》飾りピン;《万年筆の》止め金具;《機関銃の》挿弾(そうだん)子. ── *vt*. (**-pp-**) 1 つかむ，はさむ. 2 囲む. 3〘古〙抱き締める;〘フットボール〙クリップする《後部から不法に相手の足にからだをぶつける》. **∠·board** [∠∠] 紙ばさみ(板)《筆記用》; 回覧板. **∠-on** [∠∠]《ブローチなど》ピン付きの.

clíp·per [klípər] *n*. 1 刈る人. 2 (通例 *pl*.) 木ばさみ，大ばさみ; バリカン (＝hair ～): No ～*s* on this side, please. こっちの方は刈らないでください. 3〘海〙快走船; 快速自動車〔飛行艇，飛行機〕; 足の速い馬. 4〘俗〙すばらしい人〔物〕, 逸品. ～**-built** [∠-∠]〘海〙快走帆船式につくられた.

clíp·pie [klípi] *n*.〘英俗〙《バスなどの》女車掌.

clíp·ping [klípiŋ] *n*. 1 はさみ切り，刈り込み; 刈り取った毛〔草など〕. 2〘米〙《新聞・雑誌の》切り抜き; 雑報(欄). ── *a*. 1 はさみ切る. 2〘話〙快速の. 3〘俗〙すばらしい，すてきな. ～ **bureau**〘米〙切り抜き通信社.

clique [kli:k] *n*. 徒党，派閥. ── *vi*. 〘話〙徒党を組む. ◇ **clí·quish** [klí:kiʃ], **clí·quy** [-ki] *a*. 徒党心の強い，排他〔徒党〕的な. **clí·quism** [-kiz(ə)m] *n*. 徒党心，排他心，閥.

clí·to·ris [kláitəris, klít-] *n*.〘医〙陰核.

clív·ers [klívərz] ＝cleavers.

clo·á·ca [kloéikə] *n*. (*pl*. **-cae** [-si:/-ki:]) 1〘動〙総排出腔(こう). 2 下水，地下排水路; 便所. 3 悪の巣窟(そうくつ). ◇ ～**l** *a*.

‡**cloak** [klouk] *n*. 1 (そでなし) 外套(がいとう)，マント. 2 おおいもの，仮面. 3 口実，おおい隠す手段. ～ ***and dagger*** 陰謀劇〔活動〕. ***under the*** ～ ***of*** の口実のもとに，…にかこつけて; に身を隠して: *under the* ～ *of* night 夜陰に乗じて. ── *vt*. 1 に外套を着せる. 2 おおい隠す，包む. ── *vi*. 外套を着る.

∠-and-dág·ger [klóukəndǽgər] 《特に演劇・小説など》陰謀とスリルに富んだ; スパイ活動の.

∠-and-súit·er〘米俗〙ユダヤ人. **∠·room** [∠∠]《劇場・ホテルなどの》携帯品預かり所 (＝㊟ checkroom);〘英〙《駅の》手荷物一時預かり所 (＝㊟ checkroom);〘米〙議院内控え室 (＝㊟ lobby);〘英〙便所.

clób·ber[1] [klábər/klɔ́bə] *vt*.〘俗〙めった打ちにする，打ちのめす; こてんこてんに負かす. 「を着る.

clób·ber[2]〘英俗〙*n*. 着物. ── *vi*. 晴れ着〔着物〕

clób·ber[3] *vt*. に上塗りをする《陶器など》.

cloche [klouʃ] *n*. 《園芸・料理用》つり鐘形ガラスおおい; つり鐘形婦人帽.

†**clock**[1] [klak/klɔk] *n*. とけい《掛けどけい・置きどけいのたぐい. 携帯しない点で watch と区別される》: an eight-day ～ 8日巻きのとけい. read [set, wind (up)] a ～ とけいを見る〔合わせる，巻く〕. ***around*** [***round***] ***the*** ～ 24時間ぶっとおしで; 休みなく. ***like a*** ～ きわめて正確に, 規則正しく. ***put back the*** ～ とけいを遅らせる; 進歩を妨げる，旧習を固守する，昔に逆もどりさせる. ***The*** ～ ***gains*** [***loses***]. とけいが進む〔遅れる〕. ***What of the*** ～? 〘古〙何時ですか. → o'clock. ***when*** one'***s*** ～ ***strikes*** 臨終のときに. ── *vt*., *vi*. (の)時間をはかる《とけいで》;《特に》(の)タイムをとる《ストップウオッチで》; (…分…秒の) 記録をだす. ～ ***in*** [***on***]《タイムレコーダーで》出勤時刻を記録する; 出勤する. ～ ***out*** [***off***]《タイムレコーダーで》退出時刻を記録する; 退出する.

∠-hour [∠∠] 60分授業. **∠·màk·er** とけい工. **∠·work** [∠∠] とけい〔ぜんまい〕仕掛け: like ～*work* 正確に, 着実に; 自動的に.

◇ **∠·er** *n*. 記録係《スポーツのタイム・入場者数などの》. **∠·wise** [-wàiz] *a*., *ad*. 右回りの〔に〕. ↔ counterclockwise, anti-clockwise.

clock[2] *n*. (*pl*. ～**s**,〘商〙**clox** [klaks/klɔks]) くつ下のししゅう飾り. ── *vt*. ししゅうで飾る.

clod [klad/klɔd] *n*. 1 土くれ; 土. 2 (土くれのごとく) とるに足らぬもの;《霊魂に対して》人体: this corporeal ～ この肉体という卑しきもの. 3 いなか者; のろま. 4 牛の肩肉の一部. ***the*** ～ 土, 土壌(どじょう). **∠·hòp·per** (1) 土百姓, 無作法者. (2) (*pl*.) どたぐつ. **∠·hòp·ping** 武骨な, 無作法な.

∼·pate, ∼·pole, ∼·poll [∠∸] ばか者, まぬけ.
◇ ∼·dy *a.* 土くれのような, 土くれの多い; 卑しい.
clód·dish [kládiʃ/klɔ́d-] *a.* **1** 土くれのような; 卑しい. **2** 武骨な, 愚かな.
***clog** [klag/klɔg] *n.* **1** じゃま物, 障害物; 《人・獣の足に付ける》 おもり木. **2** (*pl.*) 木ぐつ《底が木製で厚い》, げた. **3** 木ぐつ踊り (= ∼ dance) 《木ぐつで拍子をとって踊る》. —— *v.* (**-gg-**) *vt.* じゃまする, 妨害する; ふさぐ, 詰める «*up*». —— *vi.* **1** ふさがる, 詰まる; ねばつく. **2** 木ぐつ踊りを踊る.
◇ ∼·**gy** [-gi] *a.* じゃまになる; 詰まりやすい; ねばつく.
cloi·son·né [klɔ̀izənéi/klwɑ:zɔ́nei] F. *n., a.* 七宝(しっぽう)焼き (の) 《各色が金属の帯で区分されている》.
clóis·ter [klɔ́istər] *n.* **1** 修道院, 僧院; 隠栖(いんせい)所. **2** 《修道院・大学などの中庭を囲む》 回廊, 歩廊. ***the*** ∼ 隠遁(いんとん)生活. —— *vt.* 修道院に閉じ込める; ひきこもらせる. ◇ ∼**ed** *a.* 修道院にこもった; 世をすてた: a ∼*ed* life 隠遁生活. 「独の.
clóis·tral [klɔ́istrəl] *a.* 修道院の; 俗世を離れた; 孤
cloke 《古》 = cloak.
clomb [kloum] *v.* 《古》 climb の過去・過去分詞.
clon(e) [kloun] *n.* 《植》 栄養系, クローン 《一個体から無性生殖的に発生した植物群》.
clón·ic [klánik/klɔ́nik] *a.* 《医》 間代けいれん性の.
◇ **clo·níc·i·ty** [klonísiti] *n.* 《医》 間代けいれん性.
cló·nus [klóunəs] *n.* 《医》 《筋肉の》 間代けいれん.
cloop [klu:p] *n.* ポン 《せんの抜ける音》. —— *vi.* ポンと音をたてる.
clo·qué [kloukéi] F. *n., a.* 浮き出し織りの 《刺し縫い (quilt) の効果を出した》.
†**close**[1] [klouz] *vt.* **1** <目・戸・店・本・かさなどを>**閉じる**, 締める; <通路・入り口・穴などを> ふさぐ; 遮断(しゃだん)する; <商店・事務所を> 閉鎖する: ∼ the woods *to* picnickers 行楽客に森の立ち入りを禁止する. **2 終結する,** 終える; <会合を> 閉会にする; <計算・帳簿を> 締め切る, <勘定を> 清算する. **3** <交渉を> 終了する, 妥結する; <契約を> まとめる, 締結する. **4** <行列の> しんがりをつとめる. **5** <隊列の>間隔を詰める. **6** <電流・回路を>つなぐ. **7** 《海》 に近寄る. —— *vi.* **1** <戸などが> **閉じる,** 締まる; <花が> しぼむ; <傷口が> ふさがる; <商店・事務所などが> 閉鎖する, 廃業する; <劇場が> 休場する: The school ∼*d* for the summer. 学校は夏期休暇にはいった. **2 完結する,** 終わる, 済む; <話者・筆者が> 演説 [あいさつ, 文章] を結ぶ. **3** 近寄る; 結束する; 合意 [妥結] する. **4** 詰め寄る, 肉迫する; つかみ合いする «と *with*». **5** <取引値が> 引け値…になる.
∼ ***about*** [***around, round***] 取り巻く, 囲む. ∼ ***a discussion*** [***debate***] <議長が> 討議打ち切りを宣する. ∼ ***an account with*** と取引をやめる. ∼ one's ***career*** [***life, days***] 一生を終わる, 死ぬ. ∼ ***down*** 《米》 閉鎖する, 中止する; 放送を終了する; <反乱などを> 抑圧する. ∼ ***in*** (1) 包囲する. (2) 《号令》 集まれ! (3) <敵・夜・やみなどが> 迫ってくる «に *on, upon*». ∼ one's ***mind to*** に心を閉ざす, に耳を傾けない, に偏見をもつ. ∼ ***out*** 《米》 <在庫品を> 売り払う, 見切り売りする. ∼ one's ***purse to*** に金を出ししぶる. ∼ ***the ranks*** [***lines***] 列の間を詰める; <政党などが> 同志の結束を固める. ∼ ***up*** (1) すっかり閉ざす, ふさぐ. (2) <人々が> 寄る, 密集する. (3) <傷が> 癒着(ゆちゃく)する; <穴が> ふさがる. ∼ ***with*** (1) に肉迫する; と格闘する, と交戦する. (2) と協定する, と取引を決める; に応ずる.
—— *n.* **1** 終わり, 終結, 結末; 結び: the complimentary ∼ (手紙の) 結句. **2** 結合, 接合. **3** 近接, 肉迫; 格闘. **4** 《楽》 終止, 結尾複縦線 (‖). **5** [klous] 囲い地, 構内, 境内. **6** 《スコットランド》 通路, 路地. ***at the*** ∼ ***of day*** 日暮れどきに. ***bring*** the matter ***to a*** ∼ (ことを) 終わらせる. ***come*** [***draw***] ***to a*** ∼ 終わる [終わりに近づく]. [√claud-]
∼·**down** →別項. ∼·**out** →別項.
[類] → **end**「終わる」
†**close**[2] [klous] *a.* **1** 《距離的, 時間的に》 近い, 接近した: ∼ to the house 家のすぐそばに. a ∼ cut 近道. **2** 《関係の》 近い, 親密の: ∼ relatives 近親. a ∼ friend 親友. **3** 《性質・数量が》 近い, 小差の, ほぼ互角の, 類似した «に *to*»: a ∼ resemblance 酷似. a ∼ game [contest] 接戦. You are very ∼. 非常に近いが, 違います 《なぞの答えなど》. a red ∼ *to* pink ピンクに近い赤. **4 閉じた,** 密閉した; 《戸が》 開かない; 《へやなど》 風通しの悪い, 息苦しい. **5** 《天候が》 蒸し暑い, うっとうしい. **6 (ぎっしり) 詰まった;** 密集した; 《雨が》 激しい: ∼ texture 目の細かい織物. ∼ order 《軍》 密集隊形. **7** 《髪・芝ふなどが》 (短く) 刈り込まれた. **8** 狭い, 窮屈な; 《衣服が》 ぴったり合った. **9 精密な,** 綿密な, 周到な: a ∼ copy 精密な写し. ∼ attention 細心の注意. ∼ investigation 精査. **10** 隠れた, 内密の; 非公開の, 一般に入手できない: a ∼ design [plot] 陰謀. **11** 《性質が》 内にこもった, 引っ込み思案の; 無口な; 口が堅い. **12** 物惜しみする, けちくさい. **13** 禁猟の: a ∼ season 《英》 禁猟期 (= ㊊ closed season). **14** 《金融が》 逼迫(ひっぱく)している. **15** 《音声》 閉口の: ∼ vowels 閉母音 ([i:, u:] など). ↔ open.
—— *ad.* **1 密接して, そばに,** ごく近くに. **2 ぴったりと,** きゅっと, しっかり; ぴたりと. **3** 密に, ぎっしり詰まって. **4 精密に,** 周到に; 親密に. **5** 短く, つめて: cut one's hair ∼ 髪を短く刈る. shave ∼ きれい [つるつる] にそる. **6** 秘密に. **7** つましく. ***be*** ∼ ***about*** a thing = keep a thing ∼. ∼ ***at hand*** 手近に, 切迫して. ∼ ***by*** すぐ近くに. ∼ ***on*** [***upon***] ほとんど, おおよそ, に近い: It is ∼ *on* ten o'clock. ほとんど10時だ. ∼ ***to*** (1) に近い. (2) ほとんど: a profit of ∼ *to* ten thousand dollars 1万ドルに近い利益. (3) …せんばかり: ∼ *to* tears 泣かんばかりになって. ***have a*** ∼ ***call*** [***shave***] あぶないところを助かる. ***keep*** [***lie***] ∼ 隠れている. ***keep*** a thing ∼ (物を) 隠しておく, 秘密にする. ***keep*** ∼ ***to*** a person (人) のそばを離れない; (人) になつく [なじむ]. ***live*** ∼ つましく暮らす. ***press*** a person ∼ (人を) きびしく追及 [圧迫] する. ***run*** a person ∼ 近くに迫る, 追い詰める. ***sail*** ∼ ***to the wind*** 《海》 《風をほとんど正面に受けて》 詰め開きで帆走する; 《やっと法規を犯さない程度に》 きわどいことをする. ***sit*** [***stand***] ∼ 寄り添ってすわる [立つ]. [√claud-]
∼-**at-hánd** 近接した; 真近に迫った. ∼-**bý** すぐ近くの. ∼-**físt·ed** 握り屋の, けちな. ∼-**fít·ting** 《衣服が》 きっちり [ぴったり] 合う. ∼-**gráined** きめの細かい, 目のつんだ. ∼-**háuled** 《海》 詰め開きの, いっぱい開きの. ∼-**in** [∠∸] (1) 中心に近い 《特に都市の》. (2) 《援護など》 近距離からの, ぴったりと寄り添った. ∼-**lípped** 口の堅い; 口数の少ない. ∼-**móuthed** 無口な; 打ち解けない. ∼ **quarters** (1) 窮屈な場所. (2) 白兵戦, つかみ合い: meet at [come to] ∼ *quarters* 白兵戦 [つかみ合い] になる. ∼-**sét** (互いに) 寄り合った, よく詰まった: ∼-*set* eyes 寄り目. ∼ **shave** 《米話》 九死の一生, 危機一髪 (narrow escape). ∼-**sháved** (ひげを) きれいにそった. ∼-**stool** [klóuzstù:l, klóus-] 《英》 室内便器. ∼-**up** [∠∸] 《映・写》 大写し; 近接撮影. ∼-**wó·ven** 織り目のつんだ.
[類] → **near**「近い」
closed [klouzd] *a.* **1** 閉じた, 閉鎖した, 密閉した. **2** 《音声》 子音で終わる, 閉音節の: a ∼ syllable 閉音節. ***C***∼ ***today*** 本日休業.
∼ **circuit** 《電》 閉路. ∼-**circuit television** 有線テレビ 《特定の受像機だけに送信される》. ∼ **corporation** 同族的会社 《株式を公開しない》
∼-**dóor** [-dɔ́:r/-dɔ:] 非公開 [秘密] の: a ∼-*door* session 秘密会 (議). ∼-**énd** 《経》 《投資信託が》 閉鎖式の, 資本固定の. ↔ open-end.
∼ **sea** 領海. ∼ **season** 《米》 禁猟期 (= ㊊

close season). ～ **shop** クローズドショップ《労働組合員のみを雇う事業場》. ↔ open shop.

clóse·down [klóuzdàun] *n.* 〘米〙 工場閉鎖.

‡clóse·ly [klóusli] *ad.* **1** 密接して, ぴったりと, 接近して. **2** 親密に. **3** きっちりと; 詰まって. **4** 秘密に. **5** 綿密に, 周到に; 厳密に. **6** 一心に, もっぱら.

clóse·ness [klóusnis] *n.* **1** 近接; 近似. **2** 親密. **3** 密閉; 息苦しさ, うっとうしさ; 蒸し暑さ. **4** 緻密(ちっ)さ, 周到さ. **5** けち, 吝嗇(りんしょく).

clóse·out [klóuzàut] *n.* 閉店のための蔵払い.

***clós·et** [klázit/klɔ́z-] *n.* **1** 押し入れ, 物置き, 戸だな. **2** 私室, 《応接・勉強・祈禱(きとう)などのための》小室. **3** 便所 (＝water ～). ***of the* ～** 理論上の, 空論で実際に適さない.
—— *a.* **1** 私室の; 秘密の, 内密の. **2** 空論の, 実際的でない. —— *vt.* 私室に閉じ込める《通例受動態で》. ***be* ～*ed* (*together*) *with*** と密談する.
～ **play** [**drama**] レーゼドラマ《上演のためよりは読むための劇》. ～ **strategist** [**thinker**] 机上戦術家 [空論家].

clós·ing [klóuziŋ] *n.* **1** 閉鎖, 密閉. **2** 終結, 終わり; 締め切り; 決算. **3** 妥結, 締結. —— *a.* 終わりの; 閉会の: a ～ address 閉会の辞.
～ **price** 〘商〙 終わり値, 引け値. ～ **quotations** 〘商〙 大引け値段.

cló·sure [klóuʒər] *n.* **1** 閉鎖, 閉止; 締め切り; 閉店. **2** 終結; 〘英〙《議会の》討論終結 (＝ [米] cloture). —— *vt.* 〘英〙 <動議・弁者に> 討論を終結させる.

clot [klɑt/klɔt] *n.* **1** 《血などの》固まり: a ～ of hair 抜け毛の固まり. **2** 少数の人の群れ. —— *vi., vt.* (**-tt-**) 凝固する [させる]. ***～ted cream*** 固形クリーム. ***～ted nonsense*** 大たわごと.

†cloth [klɔ:θ/klɔθ, klɔ:θ] *n.* (*pl.* **～s**「布ぎれ」の意では [klɔ:ðz/klɔθs, klɔ:ðz],「布の種類」の意では [klɔ:θs/klɔθs, klɔ:θs, klɔ:ðz] と区別する傾向がある) **1** 布, きれ, 織物, 服地; ラシャ. **2** 食卓掛け; ふきん, ぞうきん. **3** 《書物の》表紙布, クロース. **4** 特殊用途の布《祭壇掛け (altar ～) など》. **5** 《舞台の》背景. **6** 〘海〙 帆布; 《集合的》帆. **7** (黒の) 僧服, (the ～) 聖職, 《集合的》聖職者.
American* ～** 〘英〙 エナメル引き光沢油布《テーブル掛け用》. ～ ***of gold [***silver***] 金 [銀] 糸織り. ～ ***of state*** [***estate***] 玉座おおい. ***cut*** one***'s coat according to*** one***'s* ～** 身分相応に暮らす. ***invented out of whole* ～** すみからすみまでつくり話の. ***lay the* ～** 食卓の用意をする. ***remove*** [***draw***] ***the* ～** 食卓 (のあと) をかたづける. ***respect*** a person***'s* ～＝*pay the respect due to*** a person***'s* ～** 聖職者の身分に敬意を払う.
～ **binding** クロースとじ, 布表紙製本. **～-bound** [⌐⌐] クロースとじ [布表紙] の. ～ **measure** 布尺(ぬのじゃく). ～ **yard** 布ヤール《3 フィート》.
◇ **～·y** *a.* 布のような.

‡clothe [klouð] *vt.* (**～d** [klouðd], 〘古・雅〙 **clad** [klæd]) **1** に衣服を支給する: ～ one's family 家族に衣服を着せる. **2** 《比喩的》包む: The trees are ～*d in* fresh leaves. 木は新緑の葉でおおわれている.～ ideas [thoughts] *in* words 考え [思想] をことばにあらわす. ～ face *in* smiles 満面にえみをたたえる. **3** に着物を着せる: ～ oneself 衣服をつける. 〈注〉この意味では口語ではふつう dress を用いる. ***be* ～*d*** [***clad***] ***in*** を着ている: *be clad in* white 白い着物を着ている.

†clothes [klouz, klouðz/klouðz] *n. pl.* **1** 着物, 衣服. **2** 寝具 (＝bedclothes). **3** 洗たく物. ***Fine* ～ *make the man.*** 〘諺〙 まごにも衣装.
～·bag [⌐⌐] 洗たく物入れ. **～·bàs·ket** 洗たく物入れかご. **～·brush** [⌐⌐] 衣服用ブラシ. **～·horse** → 別項. **～·line** [⌐⌐] 物干し綱. **～·man** [-mæ̀n] (*pl.* **-men** [-mèn]) 古着屋. ～ **moth** イガ《その幼虫は衣類を害する》. ～ **peg** 〘英〙 ＝clothespin. **～·pin** [⌐⌐] 〘米〙 洗たくばさみ. ～ **pole** 物干し柱. **～·press** [⌐⌐] 衣装戸だな, 洋服だんす. **～-prop** [⌐⌐] 〘英〙 ＝～ pole. ～ **tree** 〘米〙 (柱形) 帽子・外套(がいとう)掛け. ～ **wringer** 洗たく物絞り器.

clóthes·horse [klóuðzhɔ̀:rs] *n.* **1** 衣類掛け《乾燥・通風用》. **2** 〘米俗〙 服装狂の人; デザイナー; ファッションモデル.

clothes-horse ①

clóth·ier [klóuðjər, -ðiər] *n.* 服地商; 衣服商, 服屋.

‡clóth·ing [klóuðiŋ] *n.* **1** 《集合的》衣服, 衣類. **2** おおい. **3** 〘海〙 帆装.

Cló·tho [klóuθou] *n.* 〘ギ神〙 運命の三女神のうちの一神《生命の糸を紡ぐ役》. → the Fates.

clót·ty [klάti/klɔ́ti] *a.* 固まりの多い; 固まりやすい.

cló·ture [klóutʃər] *n.* 〘米〙 (議会) 討論終結《即決投票に移るため》. —— *vt., vi.* (討論を) 即決投票のため打ち切る.

†cloud [klaud] *n.* **1** 雲; (*pl.*) 空. **2** 雲状のもの; 煙霧: a ～ of dust もうもうと立ちこめるほこり. **3** 雲なす量, 《虫・鳥などの》大群: a ～ of flies ハエの大群. **4** 《鏡・宝石などの》曇り, きず. **5** 《比喩的》暗影, 暗雲: dark ～*s* of war 戦争の暗雲. **6** 汚点; 憂うつ. **7** 隠蔽(いんぺい) (物): a ～ of words 雲をつかむようなことば. **8** 柔らかい婦人用スカーフ [肩掛け].
blow a* ～** 〘話〙 たばこをふかす. ***Every* ～ *has a silver lining. 〘諺〙 どんな雲にも銀白の裏づけがある, 苦あれば楽あり. ***in the* ～*s*** (1) 空高く. (2) 非現実的な. (3) 空想して. ***on a* ～** 得意 [幸福] の絶頂で. ***under a* ～** 疑いをかけられて; 不興をかって. ***under* ～ *of night*** 夜陰に乗じて.
—— *vt., vi.* **1** 曇らせる, 曇る. **2** 《比喩的》暗くする, 暗くなる; <問題点などを> あいまいにする. ～ ***over*** [***up***] <空が> (一面) かき曇る.
～·bèr·ry 野生のキイチゴ. **～-built** [⌐⌐] 雲のような, 夢想的な. **～·burst** [⌐⌐] どしゃ降り, 豪雨. **～-capped** [-kæpt] 雲をいただいた. ～ **castle** 白日夢, 空想. ～ **chamber** 〘物〙 霧箱. **～-com·pèl·ler** 〘ギ・ロ神〙 雲の神《Zeus＝Jupiter のこと》; 〘笑〙 喫煙 [愛煙] 家. ～ **cover** 〘気〙 雲量. ～ **drift** 浮き雲, 飛雲. **～-kìss·ing** 雲まで届く, 天を摩する: a ～-*kissing* mountain 雲にそびえる山. **～·land** [-lænd] 仙郷(せんきょう), 理想郷, 夢の国. ～ **rack** ちぎれ雲の群れ. **～·scape** [⌐⌐] 雲のけしき; 雲の絵. ～ **seeding** 人工雨を降らすため化学薬品を雲中に散布すること. **～-world** [⌐⌐] ＝cloudland.
◇ **～·ed** [kláudid] *a.* **1** 曇った, 雲におおわれた. **2** 暗い影のある; (気が) ふさいだ. **3** 雲模様のある. ***～·less** *a.* 雲のない, 晴れわたった; 暗影のない. **～·let** *n.* 小雲, 片雲.

clóud·ing [kláudiŋ] *n.* 《光沢面の》曇り; 雲模様のあや.

†clóud·y [kláudi] *a.* **1** 曇った. **2** 雲の (ような). **3** 雲模様の; 《ダイヤなど》曇りのある; 濁った. **4** もうろう [ぼんやり] とした. **5** 《心が》浮かない, ふきげんな.
◇ **-i·ly** *ad.* どんより曇って; ぼんやりと. **-i·ness** *n.*

clough [klʌf, [米]$^+$klau] *n.* 狭い谷, 山あい.

clout [klaut] *n.* **1** 《手による》強打, 打撃; 〘弓術〙 命中; 〘野球〙 強打, 長打. **2** 〘古・方〙 継ぎきれ, ぼろきれ. —— *vt.* **1** 強打する. **2** 繕う, に継ぎきれを当てる.

clove[1] [klouv] *n.* 〘植〙《ユリ・ニンニクなどの親根にできる》小鱗茎(りんけい).

clove[2] *n.* 〘植〙 チョウジ《木または香料》.

clove[3] *v.* cleave[1,2] の過去形.

clove hitch *n.* 〘海〙 巻き結び《結索法の一種》.

cló·ven [klóuv(ə)n] *v.* cleave¹ の過去分詞. —— *a.* 割れた, 裂けた. ***show the ～ hoof*** (悪魔の) 本性をあらわす. **～ foot** [**hoof**] 分趾蹄(ぶんしてい), 割れたひづめ《牛・羊または悪魔の》. **～-fóot·ed, ～-hóofed** 分趾蹄の; 悪魔のような.

cló·ver** [klóuvər] *n.* 〖植〗 クローバー, シロツメクサ. ***live in ～ ぜいたく〔安楽〕に暮らす. **～·leaf** [-li:f] (1) (*pl.* **-leaves**) 四つ葉クローバー形立体交差点. (2) 四つ葉クローバー形の.

‡**clown** [klaun] *n.* **1**《サーカスの》道化役者. **2** 武骨者, いなか者. —— *vi.* 道化役をする, おどける. ◇ **～·er·y** [-nəri] *n.* 道化, おどけ. **～·ish** *a.* おどけた; 武骨な, やぼな.

clox [klɑks/klɔks] *n.* 〖商〗 clock² の複数形.

cloy [klɔi] *vt.* に飽きるほど食わせる;《快楽・ぜいたくなどで》飽満させる: be *～ed with* pleasure 快楽に飽きる.

†**club** [klʌb] *n.* **1** こん棒; 打球棒《ゴルフ・ホッケーなどの》. **2**《社交・スポーツなどの》クラブ, 同好会; クラブ室〔会館〕. **3** 頒布会, 特別会員販売組織: a record ～. **4** ナイトクラブ, キャバレー. **5**《トランプの》クラブ《♣》; (*pl.*) クラブの組み. **6**〖植〗こん棒状の構造〔器官〕. ***Alpine ～*** 登山クラブ, 山岳会. ***country ～*** カントリークラブ《郊外でテニス・ゴルフなどを楽しむクラブ》.
—— *v.* (**-bb-**) *vt.* **1** こん棒(など)で打つ, なぐる. **2** 〈銃などを〉こん棒の代わりに使う. **3** 集めてクラブをつくる; 合同させる. **4** と仲よくつきあう. **5** 〈金・着想などを〉持ち寄る《*up, together*》: We *～bed* our money *together* to buy the present. 皆で金を出し合ってプレゼントを買った. **6** 分担して払う: ～ the expense 費用を出し合う.
—— *vi.* **1** クラブを組織する. **2**《共同の目的に》協力する《*together*; と *with*》.
～ bag 皮帯つき旅行かばん《底広の》. **～ car** 特別客車《安楽いす・カルタテーブル・飲み物などの設備のある車》. **～·fóot** エビ足, 内反足《奇形足》. **～-fóot·ed** エビ足の. **～·haul** →別項. **～·hòuse** [⌐⌐/⌐⌐]《社交の》クラブ会館. **～·land** [-lænd] クラブ街《ロンドン西部の St. James's Street. 諸種のクラブがある》. **～ law** 暴力; 暴力主義. **～·man** [-mən, -mæ̀n] (*pl.* **-men** [-mən, -mèn]) クラブ員; 〖米〗上流社交家. **～ moss** 〖植〗ヒカゲノカズラ. **～·room** [⌐⌐] クラブ会員用へや. **～·root** [⌐⌐] 根部肥大病, こぶ病《キャベツ・カブなどの》. **～ sandwich** クラブサンドイッチ《トースト 3 枚の間に肉・野菜・マヨネーズなどをはさむ》. **～·wòm·an** (*pl.* **-wòm·en**) 婦人クラブ員; 上流婦人.
◇ **～·(b)a·ble** *a.* 〖話〗クラブ員として適格の; 人づきあいのいい. **～·by** [-i] *a.* **1** クラブのような; 排他的な. **2** 親密な《と *with*》.

clúb·haul [klʌ́bhɔ:l] *vt.* 〖海〗捨ていかり上手(うわて)回しする《危急のばあい》.

cluck [klʌk] *vi., vt.* 〈めん鳥が〉コッコッと鳴く〔呼ぶ〕. —— *n.* その声.

***clue** [klu:] *n.* **1**《なぞを解く》手がかり;《調査・研究などの》糸口, 端緒. **2** 思索の糸, 話の筋道.

clúm·ber [klʌ́mbər] *n.* あしの短いスパニエル種の猟犬 (＝～ spaniel).

clump [klʌmp] *n.* **1** 木立ち, やぶ, 茂み. **2** (ずしりと重い) 固まり; 細菌塊. **3** (ズシリズシリという) 重い足音. **4**《くつの二重底の》別底 (＝～ sole). —— *vt., vi.* **1** 寄せ植えする; 群生する. **2** ドシンドシン歩く. **3** (くつに) 別底をつける.

clúmp·y [klʌ́mpi] *a.* **1** こんもり茂った. **2** 固まった; 固まりの (多い), 塊状の. **3** ぶかっこうな.

‡**clúm·sy** [klʌ́mzi] *a.* **1** 無器用な, ぎごちない. **2** ぶかっこうな. **3** 気のきかない.
◇ **-si·ly** *ad.* **-si·ness** *n.*

‡**clung** [klʌŋ] *v.* cling の過去・過去分詞.

‡**clús·ter** [klʌ́stər] *n.* **1**《果実・花などの》ふさ, 一かたまり: a ～ of grapes ブドウの一ふさ. **2**《同種類の物・人の》群れ, 集団;〖天〗星団. **3**〖米・軍〗勲章の略章《リボンに添えたメダルで, おなじ勲章を重ねて授与されたことを示す》. ***in a ～*** ふさになって; 一団になって. —— *vi., vt.* 鈴なりになる; 群がる, 群がらせる《に *round*》.
～ed column 〖建〗束ね柱, 簇柱(ぞくちゅう).

‡**clutch**¹ [klʌtʃ] *vt.* ぐっとつかむ, しっかり握る.
—— *vi.* つかみかかる: ～ *at* the opportunity 好機に飛びつく. ***～ at a straw*** わらをもつかむ; (困ったとき) はかない助けにすがる. ***～ up*** 〖話〗おびえる; あがる.
—— *n.* **1** つかむこと, 把握(はあく); (通例 *pl.*) 手中, 魔手, 支配. **2** クラッチ《動力伝動装置》; 接手 (かぎ). **3**〖俗〗危機;〖野球〗ピンチ. ***fall*** [***get***] ***into the ～es of*** の手中に陥る. ***get out of the ～es of*** の手から脱する.
〖類〗 → **catch**「つかむ」, → **take**「持つ」

clutch² *n.* 〖卵の〗一かえし; 一かえりのひな.
—— *vt.* 〈ひなを〉かえす.

clút·ter [klʌ́tər] *n.* ごったがえし, 混乱, 騒ぎ, 喧噪(けんそう): You cannot find anything in all this ～. こんなにちらかっていたらなにも捜せやしない.
—— *vi.* **1** どたばた騒ぐ; ばたばた走る《*along*》. **2** ぺらぺらしゃべる. —— *vt.* **1** とりちらかす: ～ (*up*) a room へやをとりちらかす. **2**《じゃまものなどで》ふさぐ, 混乱させる《で *with*》: a room *～ed up with* furniture 家具がごたごたしているへや. ～ one's explanation with digressions 説明を余談でかえってわからなくする.

Clýdes·dale [kláidzdèil] *n.* クライズデール《スコットランド原産の強い荷馬》.

Cm 〖化〗 curium. **cm, cm.** centimeter(s). **Cmdr.** Commander. **C.M.G.** Companion of (the Order of) St. Michael and St. George. **cml.** commercial.

co- *pref.*「ともに; 共同, 共通」「相互」「同等」, ときに「完結」の意. 原則として母音, h, gn の前で用いられる: *co*exist 共存する ＜co-＋exist. *co*habit 同棲(どうせい)する ＜co-＋habit. *co*gnate 同族の ＜co-＋√(g)nat- ともに＋生まれた. 〈注〉ときにほかの子音の前でも用いられる: *co*-mingle ともに交わる. → col-, com-, con-.

Co 〖化〗 cobalt. **c/o, c.o.** (in) care of; carried over. **Co.**¹, **co.**¹ County. **Co.**², **co.**² [kou, kʌ́mp(ə)ni] Company. **C.O.** Commanding Officer; conscientious objector. **C/O** Cash Order.

‡**coach** [koutʃ] *n.* **1** 大型の乗り物; 4 輪大型馬車; 公式用馬車;〖鉄道〗客車 (＝day ～); 箱型の自動車;《大型の》バス. **2**〖米〗《汽車・飛行機の》並み等, 二等. **3**〖運〗コーチ, 指導員; 演技〔声楽〕指導者; 家庭教師《受験準備のためなどの》. **4**〖海〗艦尾室. ***slow ～*** 行動〔理解〕ののろい人.
—— *vt.* **1** 馬車で運ぶ. **2** 〈競技指導員が〉コーチする; 〈家庭教師が〉…に受験指導する. —— *vi.* **1** 馬車で旅行する. **2** コーチをつとめる; 受験指導をする. **3** (競技の) コーチを受ける; (家庭教師について) 受験準備する.
～-and-fóur [-ən(d)fɔ́:r/-fɔ́:] 4 頭立ての馬車. **～ box** 御者台. **～ dog** ダルマチア犬 (Dalmatian). **～·fèl·low** (おなじ馬車をひく) 馬どうし; 仲間. **～ horn** (駅馬車の) らっぱ. **～ horse** 駅馬車の馬. **～ house** 馬車置き場. ***～·man** [-mən] (*pl.* **-men** [-mən]) (1) 御者. (2)《マスつり用の》蚊ばり. **～·work** [⌐⌐] 自動車ボディーのデザイン (工程).
◇ **～·er** *n.* ＝coach ③. **～·ful** [-fùl] *n.* 馬車いっぱい(の量).

co·áct [kouǽkt] *vt., vi.* (と) 協力する.
◇ **co·ác·tor** [-ər] *n.*

co·ác·tion [kouǽkʃ(ə)n] *n.* **1** 強制. **2** 共同作業.

co·ác·tive [koǽktiv] *a.* 1 強制する, 強制的. 2 共同作業の. ◇ ~·ly *ad.* 「接した.
cò·ad·já·cent [kòuədʒéisnt] *a.* となり合った, 近
cò·ad·júst [kòuədʒʌ́st] *vi.* 互いに調節し合う.
◇ **~·ment** *n.* 相互調節.
co·ád·ju·tant [koǽdʒʊtənt] *a.* 互いに助ける; 協力する. —— *n.* 協力者.
co·ád·ju·tor [koǽdʒʊtər] *n.* 助手, 補佐; 〘宗〙司教補, 監督補. ◇ **-tress, -trix** [-triks] *n.* (*pl.* **-tres·ses, co·àd·ju·trí·ces** [–⌐–tráisi:z]) ~の女性形.
co·ád·u·nate [koǽdʒʊnit/-ǽdjʊ-] *a.* 結合した; 〘動〙着性の, 〘植〙着生の.
cò·ad·vén·ture [kòuədvéntʃər] *vi.* 冒険に加わる〔協力する〕. —— *n.* ふたり以上で行なわれる冒険.
◇ **-tur·er** [-tʃərər] *n.*
co·á·gent [koéidʒənt] *n.* 協力者, 仲間.
◇ **-gen·cy** [-si] *n.* 協力.
co·ág·u·lant [koǽgjʊlənt] *n.* 凝固剤.
co·ág·u·late [koǽgjʊlèit] *vt., vi.* 凝固させる〔する〕. [co-+√ag- 寄せ+集める]
◇ **-la·tive** *a.* 凝固性の. **co·àg·u·lá·tion** [koæ̀gjʊléiʃ(ə)n] *n.* 凝固(作用); 凝固物.
‡**coal** [koul] *n.* 1 石炭: brown ~ カッ炭. hard ~ 無煙炭. small ~ 粉炭. soft ~ 瀝青炭. 2 (*pl.*) 〘おもに英〙石炭の小塊《燃料用の》. 3 木炭. 4《まきなどの》燃えさし, おき. ***a cold ~ to blow at*** 見込みのない仕事. ***as black as a ~*** 真っ黒な. ***blow the ~s*** 怒りをあおる. ***call*** [***haul, take, rake***] a person ***over the ~s for*** a thing (あること)について(人を)しかりつける. ***carry ~s to Newcastle*** むだほねをおる《ニューカッスルは石炭の積出港》. ***heap ~s of fire on*** a person's ***head*** 〘聖〙恨みに対して徳をもってして(人)を恥じ入らせる《ロマ書 12:20》.
—— *vt., vi.* 1 (に)石炭を供給する〔積み込む〕. 2 焼いて炭にする.
~́-bèar·ing 石炭を産する. **~ bed** 炭層. **~́-bin** [⌐⌐] 石炭入れ〔置き場〕. **~́-bláck** 真っ黒な, 漆黒の. **~́·box** [⌐⌐] 石炭入れ; 〘軍俗〙《第1次大戦の》ドイツ軍の黒煙弾. **~ breaker** 砕炭所. **~ bunker** 《船の》貯炭庫. **~ car** 〘米〙《鉄道の》石炭車; 《鉱山の》石炭運搬車, トロッコ. **~ cellar** 《住宅の》地下石炭庫. **~ dust** 粉炭. **~ face** 〘鉱山〙採炭切羽(きりは). **~ factor** 〘英〙石炭問屋. **~ field** 炭田. **~́·fish** →別項. **~ flap** (石炭庫の) 投入揚げぶた. **~ gas** 石炭ガス. **~ hatch** (船の) 石炭積み込み口. **~ heaver** 石炭積み込み〔運搬〕人夫. **~ hod** 〘米方〙= ~ scuttle. **~́·hole** [⌐⌐] 〘英〙地下石炭置き場; 《歩道から地下石炭庫に通じる》石炭投げ入れ口. **~ master** 炭鉱主. **~ measures** 〘地〙炭層. **~ mine** 炭坑; 炭山. **~ miner** 炭鉱主; 採炭夫. **~ mining** 炭鉱業. **~ oil** 〘米〙燈油 (kerosene); 石油 (petroleum). **~ owner** 炭鉱主. **~́·pit** [⌐⌐] 炭坑; 〘米〙炭焼きがま. **~́·sack** [⌐⌐] ズック製石炭袋; 〘天〙銀河の黒点. **~ scuttle** 石炭入れ. **~ seam** 炭層. **~ ship** 石炭船. **~ tar** コールタール. **~ tit** 〘鳥〙ヒガラ. **~́-whìp·per** 〘英〙《船の》石炭陸揚げ機〔人夫〕.
cóal·er [kóulər] *n.* 1 石炭船〔車〕; 石炭輸送専用鉄道. 2 石炭商; 石炭積み込み人夫.
cò·a·lésce [kòuəlés] *vi.* 1 合体する; 癒着(ゆちゃく)する: The two lakes ~*d into* one. 二つの湖は合体して一つになった. 2 〈政党などが〉合同〔連合〕する. —— *vt.* ~させる. [√al-]
◇ **-lés·cence** [-lésns] *n.* **-lés·cent** [-lésnt] *a.*
cóal·fish [kóulfìʃ] *n.* 〘魚〙黒色のタラの一種《北大西洋産食用魚》.
cóal·ing [kóuliŋ] *n.* 石炭積み込み. **~ station** 給炭地〔港〕.
cóal·ite [kóulàit] *n.* コーライト《低温乾留コークス》.
cò·a·lí·tion [kòuəlíʃ(ə)n] *n.* 連合, 合同; 《政治上の》連立, 提携. [√al-]
~ cabinet [**ministry**] 連立内閣.
◇ **~·al** *a.* **~·ist** *n.* 合同〔連立〕論者.
cóal·y [kóuli] *a.* 石炭の(ような); 石炭を含む.
cóam·ing [kóumiŋ] *n.* 〘海〙防水縁材《甲板の昇降口などの》. 「せ.
cò·ap·tá·tion [kòuæptéiʃ(ə)n] *n.* 接合, 継ぎ合わ
‡**coarse** [ko:rs/kɔ:s] *a.* 1 そまつな, 粗悪な, 劣等な: ~ fare 粗食. 2 《織り地・きめ・粒など》あらい, 粗大な. 3 粗野な, 粗暴な, 野卑な; 《ことばなど》みだらな: a ~ joke げびただじゃれ. **~́-gráined** [⌐⌐/⌐–] きめのあらい; 粗野な, 下品な.
◇ **~́·ly** *ad.* **~́·ness** *n.* **cóars·en** [-n] *vt., vi.* あらくする〔なる〕; 粗雑〔粗野, 下品〕にする〔なる〕.
‡**coast** [koust] *n.* 1 沿岸, 海岸: the Pacific ~ 太平洋岸. 2 (the C~) 〘米話〙太平洋沿岸地方. 3 〘米・カナダ〙惰走; 滑降《そり・自転車などで坂をおりるときの》. ***from ~ to ~*** 〘米〙全国にわたって, 津々浦々. ***off the ~*** of Africa (アフリカの) 沖に. ***The ~ is clear.*** (上陸に) だれもじゃまする者はいない; 《一般的》時機はよし.
—— *vt.* 1 の沿岸を航行する《貿易などのために》; の沿岸を飛行する. 2 〈ロケットを〉航行させる. —— *vi.* 1 沿岸航行〔飛行〕をする. 2 《そりで》滑降する; 《自転車・自動車で》惰走する; 〈飛行機が〉滑空する. 3 《他人のお陰で》出世する; 真剣な努力もしないでぶらぶらする: ~ through college ろくに勉強もせずに大学を出る.
~ defense ship 海防艦. **~ guard** 沿岸警備員; 水上警察; (C~ Guard) 〘米〙国家沿岸警備隊. **~́·land** [-lænd] 沿岸地域. **~́·line** [⌐⌐] 海岸線. **~ liner** 沿岸航路船. **C~ Ranges** 〘米〙海岸山系〔山脈〕《北アメリカ大陸の太平洋岸》. **~́-to-~́** 〘米〙全国的の; 全アメリカ的の.
◇ **~́·ward** [-wərd] *ad., a.* 海岸に向かって〔向かう〕. **~́·wards** *ad.* = coastward. **~́·ways** [⌐⌐] *ad.* = coastwise. **~́·wise** [⌐⌐] *a., ad.* 沿岸の〔に沿って〕. 類 → **beach**「海岸」
cóast·al [kóust(ə)l] *a.* 沿岸の, 海岸の, 近海の.
cóast·er [kóustər] *n.* 1 沿岸貿易船; 沿岸貿易者. 2 滑降そり; 滑降者. 3 《遊園地の》コースター, 滑走軌道. 4 《卓上で酒びんをのせてすべらせる》車付き盆; 《杯の》敷きざら. **~ brake** コースターブレーキ《ペダルの逆踏みで自転車を制動する》.
cóast·ing [kóustiŋ] *n.* 1 沿岸航行〔貿易〕. 2 海岸線(の地形), 海岸線図. 3 〘米〙滑走遊び.
~ trade 沿岸貿易.
†**coat** [kout] *n.* 1 《洋服の》上着; 外套(がいとう). → overcoat, greatcoat, topcoat. 2 外被; 表皮; 毛皮: a thick ~ of dust 厚く積もったほこり. 3 おおい, 層, 《ペンキなどの》上塗り, 《金属の》メッキ. 4 〘医〙膜.
~ and shirt 婦人外出着. ***~ of arms*** = **~-of-arms** 《盾(たて)形の》紋章; 一種の陣羽織. ***~ of mail*** くさりかたびら. ***cut*** one's ***~ according to*** one's ***cloth*** 身分相応に暮らす. ***dust*** a person's ***~ for him*** (人) をなぐる. ***red ~*** 昔のイギリス陸軍の軍服. ***take off*** one's ***~*** 上着を脱いで身構える《けんかの用意》; 本気に取りかかる. ***turn*** [***change***] one's ***~*** 変節する. ***wear the king's*** [***queen's***] ***~*** 〘英〙軍服を着る, 兵士になる.
—— *vt.* 1 おおう, にかぶせる: Frost ~s the window. 霜が窓をおおう. ~ the wall *with* paint 壁にペンキを塗る. ~*ed* with dust ほこりでおおわれた. 2 〈ペンキなどを〉塗る, 〈スズなどを〉かける《に *on*》.
~ armor 紋章. **~ card** 《トランプの》絵札 (= court card). **~ hanger** 洋服掛け, ハンガー. **~́·rack** [⌐⌐] 《クロークなどの》オーバー・帽子だな. **~́·room** [⌐⌐] = cloakroom. **~́·tail** →別項.

cóat·ed [kóutid] *a.* 上塗りした；《布地が》防水加工した；《紙が》つや出しの，光沢のある．
còat·ée [kòutí:/ㄥ−] *n.* 短い上着《婦人・子どもの》．
co·á·ti [koá:ti] *n.* 〖動〗ハナグマ《中央アメリカ産》．
cóat·ing [kóutiŋ] *n.* **1** 上塗り，きせ；塗料；被覆物；《食物の》ころも．**2** 上着用生地．
cóat·tail [kóuttèil] *n.* 上着の後ろすそ《特にモーニング・夜会服などの》．***on the ～s of*** の跡を追って；のお陰〔助力〕で．***trail*** one's ～ けんかを売る《すそを引きずって歩いて，人に踏ませて》．
co·áu·thor [kouɔ́:θər] *n.* 共著者，共同執筆者．**——** *vt.* 共著〔共同執筆〕する．
coax [kouks] *vt., vi.* **1** やさしく説得する，なだめすかす，おだてる．**2** 〈物を〉うまく(言って)取り出す《から *from, out of*》: She ～*ed* a secret *from* him. 彼女はことば巧みに彼から秘密を聞き出した．**3** 《ある位置へ》うまく扱って動かす；巧みに扱って…させる《*to* (do)》: ～ a key *into* lock うまくかぎをはめ込む．～ a chair *through* the door いすをなんとか戸口から通す．～ a fire *to* burn どうやらこうやら点火に成功する．**～ *away*** 〔***out***〕〈人を〉誘惑する，そそのかす．～ a person ***to*** (do) 〔***into*** (do)***ing***〕(人を) うまく説き伏せて〔言いくるめて〕…させる．
◇ **～·er** *n.* 口先のうまい人，ごきげんとり．
co·áx·al [koǽks(ə)l], **co·áx·i·al** [-siəl/kóu-] *a.* 〖数〗同軸の，共軸の．**～ cable** 〖電〗同軸ケーブル．
cob[1] [kɑb/kɔb] *n.* **1** 〖米〗トウモロコシの穂軸(＝corncob). **2** あしが短くがんじょうな乗馬．**3** 雄の白鳥．→ pen[1]. **4** 《石炭・石などの》丸い固まり；丸く積んだ山；丸形パン．**5** 〖英〗(粘土とわらを混ぜた)荒壁土．**6** ハシバミの実 (＝cobnut). **7** 〖英方〗重要人物，指導者．**8** 〖英話〗＝spider.
～·nut →別項．
cob[2] *vt.* **1** 〈鉱石などを〉砕く；打つ．**2** やっつける，こらしめる．
có·balt [kóubɔ:lt/kəbɔ́:lt, kóubɔ:lt] *n.* **1** 〖化〗コバルト《金属元素．記号 Co》．**2** コバルト絵の具〔顔料〕；コバルト色．**～ blue** コバルト青《絵の具・顔料》；濃青色．**～ bomb** コバルト爆弾．**～ 60** 放射性コバルト同位元素《がん治療・ガンマ線源に用いる．記号 ^{60}Co》．
◇ **co·bál·tic** [kobɔ́:ltik] *a.* コバルト (色・性) の；コバルトを含む．
co·bál·tite [kobɔ́:ltait] *n.* 〖鉱〗輝コバルト鉱．
cób·ber [kɑ́bər/kɔ́bə] *n.* 〖オーストラリア俗〗親友；仲間，相棒．
cób·ble[1] [kɑ́bl/kɔ́bl] *n.* **1** ＝cobblestone. **2** (*pl.*) 丸石大の石炭．**——** *vt.* 〈道に〉丸石を敷く．
～·stone [ㄥ−ㅡ] 《鉄道・道路用の》丸石，玉石，クリ石．
cób·ble[2] *vt.* **1** 〈くつを〉修繕する．**2** 無細工に継ぎはぎする《*up*》．
cób·bler [kɑ́blər/kɔ́b-] *n.* **1** くつ直し，くつ屋；無器用な職人．**2** 清涼飲料の一種 (＝sherry ～)；〖米〗フルーツパイ (の一種)．***The ～'s wife goes the worst shod.*** 〖諺〗くつ直しの女房はぼろぐつをはく，「紺屋(こうや)の白ばかま」．**～'s wax** くつ縫い糸用の蠟(ろう)．
Cób·den [kɑ́bdən/kɔ́b-] *n.* Richard ～，1804–1865，イギリスの政治家・経済学者．◇ **～·ism** [-ìzəm] *n.* コブデン主義《自由貿易・平和主義・不干渉主義など》．
cò·bel·líg·er·ent [kòubəlídʒər(ə)nt] *n.* 共同参戦国．
có·ble [kóubl] Sc. *n.* 平底 (漁) 船．
cób·nut [kɑ́bnʌt/kɔ́b-] *n.* 〖植〗ハシバミ属の木 (の実)；その実を糸につるして打ち合う子どもの遊び．
COBOL [kóuboul, -bɔ:l] *n.* 電算機用プログラミング言語の一つ．［＜*common business oriented language*］
có·bra [kóubrə] *n.* 〖動〗コブラ《インド・アフリカ産の毒ヘビ》．
cób·web [kɑ́bwèb/kɔ́b-] *n.* **1** クモの巣〔糸〕．**2** 薄い織細な布地《薄地のショール・レースなど》．**3** 《比喩的》わな；はかないもの；薄弱な推論．**4** (*pl.*) もつれ；頭の混乱．**5** 古くさいもの: ～*s* of the law 古くさい法律．***blow*** 〔***clear***〕 ***away the ～s from*** one's ***brain*** 外気にあたって気分を一新する．***have a ～ in the throat*** のどがかわく．***take the ～s out of*** one's ***eyes*** 目から目やにをとる，眠い目をこする．**——** *vt.* (**-bb-**) **1** クモの巣でおおう．**2** 混乱させる．
◇ **～·by** [-i] *a.* クモの巣の (ような)；クモの巣だらけの；軽くて薄い．
có·ca [kóukə] *n.* 〖植〗コカ《南アメリカ産薬用植物》；その乾燥した葉《コカインを採る》．
Cò·ca-Có·la [kòukəkóulə] *n.* コカ=コーラ《商標名．清涼飲料水》．
co·cáin(e) [koukéin, ㄥ−/kəkéin] *n.* 〖化〗コカイン《コカの葉から採る麻酔剤》．◇ **co·cáin·ism** *n.* 〖医〗コカイン中毒．
co·cáin·ize [kokéinaiz] *vt.* コカインでまひさせる．
◇ **co·càin·i·zá·tion** [kokèinizéiʃ(ə)n/-naiz-] *n.*
cóc·cus [kɑ́kəs/kɔ́k-] *n.* (*pl.* **-ci** [kɑ́ksai/kɔ́k-]) 〖植〗分裂果の一つ；〖生〗球菌；〖虫〗エンジムシの類．
coc·cýg·e·al [kɑksídʒiəl/kɔk-] *a.* 尾骶(てい)骨の．
cóc·cyx [kɑ́ksiks/kɔ́k-] *n.* (*pl.* **coc·cý·ges** [kɑksáidʒi:z/kɔk-]) 〖医〗尾骶骨．
Có·chin [kóutʃin, ㊎[+] kɑ́tʃ-] *n.* (または c～) コーチン種 (の鶏)《地名から》．
Có·chin Chí·na [kóutʃin-tʃáinə, kɑ́tʃ-/kɔ́tʃ-] *n.* コーチシナ《ベトナム最南部の地方》．
còch·i·néal [kɑ̀tʃiní:l/kɔ́tʃini:l] *n.* コチニール染料《エンジムシの雌を乾燥して採る》；〖虫〗エンジムシ《サボテンに寄生する一種のカイガラムシ》．
cóch·le·a [kɑ́kliə/kɔ́k-] *n.* (*pl.* **cóch·le·ae** [-lii:]) 〖医〗《内耳の》蝸牛殻(かぎゅうかく)．
◇ **-ar** [-liər] *a.* 蝸牛殻の．
‡**cock**[1] [kɑk/kɔk] *n.* **1** 〖英〗雄鶏(おんどり)．→ hen. 〈注〉アメリカではこの語を避け，rooster を用いる傾向がある．**2** 《鳥の》雄: ～ robin コマドリの雄．pea*cock* クジャクの雄．**3** 〖鳥〗ヤマシギ (＝woodcock). **4** 親分，お山の大将．**5** 《たる・水道・ガスの》せん，コック，じゃ口 (＝㊎ faucet). **6** 銃の打ち金，撃鉄．**7** 《おんどり形の》風見 (＝weathercock). **8** 《はかりの》指針．**9** 《鼻の》上向き；上目づかい；《帽子のふちの》上ぞり．**10** 〖運〗《curling の》標的．**11** 〖卑〗陰茎．
As the old ～ crows, the young ～ learns. 〖諺〗見よう見まね．***at*** 〔***on***〕 ***full*** 〔***half***〕 ～ 十分に〔半分〕打ち金を起こして；十分に〔半分〕用意して．**～ *of the north*** 〖鳥〗アトリ．**～ *of the walk*** 〔***dunghill***〕 お山の大将．**～ *of the wood*** 〖鳥〗大雷鳥．***Every ～ crows in its own dunghill.*** 〖諺〗陰弁慶はだれにでもできる．***go off at half ～*** 早まる．***live like a fighting ～*** (闘鶏のように) 美食してぜいたくに暮らす．***Old ～!*** 《呼びかけ》おいきみ!，大将! ***That ～ won't fight.*** 〖話〗その計画はうまくゆくまい；そうは問屋がおろさない．***the ～ of the school*** 首席生徒；学校一のがき大将．
—— *vt.* **1** 〈銃の〉打ち金を起こす．**2** 〈帽子のへりを〉上にそらせる；〈帽子を〉斜めにかぶる．**3** 〈耳を〉ぴんと立てる，そばだてる《*up*》．**4** 〈鼻を〉上に向ける《けいべつを示す》．**——** *vi.* **1** ぴんと立つ，目だつ．**2** いばって歩く．**3** 銃の打ち金を起こす．～ one's ***eye at*** に目くばせ〔まばたき〕をする；をちらりと〔流し目で〕見る．～ one's ***little finger*** (1) 小指をぴんと立てる．(2) 一杯やる，酔っ払う．**～ *up*** (1) ぴんと立てる；〈頭を〉ふんぞりかえらす．(2) 〖英：学生〗級長が体罰を加える．
～-a-doo·dle-dóo [kɑ́kədù:dldú:/kɔ́k-] コケコッコウ《おんどりの鳴き声》；〖小児語〗コッコ，トット《にわとり》．**～-a-hóop** [-əhú:p] 意気揚々とした〔て〕．
～-and-búll [-ən(d)búl] ばかげた，でたらめな．

∼·boat [⌐⌐] 小艇. ∼·chàf·er〘虫〙コフキコガネ. ∼·crow [-kròu], ∼·crow·ing [-kròuiŋ] 暁, 夜明け《おんどりがときをつくることから》. ∼-eyed [-àid] (1) 斜視の, やぶにらみの. (2)〘俗〙傾いた, ゆがんだ; ばかげた; 酔っ払った. ∼·fight·ing 闘鶏(の). ∼·horse [⌐⌐] (1)(揺り)木馬; 子どもが馬乗りするもの《おとなのひざなど》. (2) お馬に乗って, 意気揚揚と. ∼·loft [-lɔ̀:ft/-lɔft] (小さい) 屋根裏べや. ∼·pit →別項. ∼s·comb [⌐⌐]〘鳥〙とさか;〘植〙鶏頭;《道化者の》とんがり帽子. ∼·shot [⌐⌐], ∼·shy [⌐⌐] 標的落とし; 標的;《棒などの》一投げ. ∼ sparrow 雄スズメ; 勇みはだの小男. ∼·spur [⌐⌐]〘動〙けづめ;〘植〙サンザシ;〘虫〙トビケラの幼虫《魚つりのえさ》. ∼·súre →別項. ∼·swain〘古〙=coxswain. ∼·tail → 別項. ∼·up → 別項.

cock[2] *n.*《円すい形の》干し草の山. —— *vt.* <干し草を> 円すい形に積む.

cock·áde [kakéid/kɔk-] *n.* 花形帽章《特に, イギリス王室の従僕がつける黒皮の》.

Cock·áigne, Cock·áyne [kakéin/kɔk-] *n.* 逸楽郷;〘笑〙ロンドン《cockney にかけたしゃれ》.

còck·a·léek·ie [kàkəlí:ki/kɔ́k-] *n.*〘スコットランド〙ニラ入り鶏肉スープ.

còck·a·ló·rum [kàkəló:rəm/kɔ̀kəlɔ́:r-] *n.* 雄のひな鳥; チャボ;〘話〙生意気な小男.

còck·a·tóo [kàkətú:/kɔ̀k-] *n.* (*pl.* ∼**s**)〘鳥〙オウムの一種《東インド・オーストラリア産》.

cóck·a·trice [kákətris/kɔ́kətrais] *n.*《伝説の》怪蛇(かいじゃ);〘聖〙毒ヘビ; 妖婦(ようふ).

cocked [kakt/kɔkt] *a., ad.*《帽子の》ふちを立てた〔立てて〕. ∼ **hat** 正装用三角帽; ふちぞり帽: knock...into a ∼ *hat* …を完全に打ちのめす〔こわす〕; …にはるかにまさる; <人を> あっけにとらせる.

cocked hat

cóck·er[1] [kákər/kɔ́k-] *vt.* 甘やかす, <小児・病人などを> 大事にする《*up*》.

cóck·er[2] *n.* **1** コッカースパニエル(犬)(=∼ spaniel). **2** 闘鶏好き.

Cóck·er [kákər/kɔ́k-] *n.* Edward ∼, 1631–75, イギリスの有名な算術教師. ***according to*** ∼ 正確に(言えば); 規則正しく.

cóck·er·el [kák(ə)rəl/kɔ́k-] *n.*《1歳未満の》雄のひな鳥; けんか好きの若者.

cóck·ish [kákiʃ/kɔ́k-]〘俗〙=cocky.

cóck·le[1] [kákl/kɔ́kl] *n.* **1**〘貝〙鳥貝(のから). **2** 小舟. **3**〘米〙文字入り砂糖菓子. ***delight*** 〔***warm***〕 ***the*** ∼***s of*** **one's** ***heart*** 心から喜びを感じさせる.
∼·**boat** [⌐⌐⌐] 軽舟, 小舟. ∼·**shell** [⌐⌐⌐] (1) 鳥貝のから. (2) = cockleboat.

cóck·le[2] *n.*《紙などの》しわ, ふくらみ. —— *vt., vi.* **1** しわをよせる〔になる〕; ふくらませる, ふくらむ: This paper ∼*s* easily. この紙はすぐしわになる. **2** さざなみを立てる〔が立つ〕.

cóck·le[3] *n.*〘植〙ムギナデシコ《雑草の一種》.
∼·**bur** [⌐⌐⌐]〘植〙オナモミ《雑草》.

cóck·le[4] *n.* 一種のストーブ, 暖炉.

cóck·ney [kákni/kɔ́k-] *n.* (しばしば C∼) **1** ロンドン子《伝統的には East End, 特に Bow Bells の鐘の音の聞こえる範囲に生まれ, そこで一生を暮らす人》. **2** ロンドンなまり. **3**《けいべつ的》気どり屋; 甘ったれっ子. —— *a.*《通例けいべつ的》ロンドン子(風)の; ロンドンなまりの.
∼ **accent** ロンドンなまり. **C∼ School** 19世紀のロンドン下町作家たち.
◇ ∼·**dom** [-dəm] *n.* **1** ロンドン子の住む地域; その社会; ロンドンかたぎ. **2**《集合的》ロンドン子. ∼·**fy** [-fài] *vt.* ロンドン子風にする. ∼·**ish** *a.* ロンドン子風の. ∼·**ism** *n.* ロンドンなまり《'plate' を [plait], 'house' を [æus] のように発音するなど》. ∼·**ize** [-àiz] *vt., vi.* ロンドン子風にする〔なる〕; ロンドンなまりを使う. **còck·ney·ése** [⌐−í:z] *n.* = cockneyism.

cóck·pit [kákpìt/kɔ́k-] *n.* **1**《囲いをした》闘鶏場. **2** 戦場, 戦乱のちまた. **3**《飛行機・ヨット・スポーツカーなどの》操縦〔操舵(そうだ)〕室, (乗客) 座席室. **4**《軍艦の》最下甲板後部《平時は士官室, 戦時は負傷者用》.

cóck·roach [kákròutʃ/kɔ́k-] *n.*〘虫〙ゴキブリ. [<Port. *caroucha* または Sp. *cucaracha*. cock とは関係がない]

cóck·súre [kákʃúər/kɔ́k-] *a.* 信じ込んで, 確信して; 自信過剰の, うぬぼれて《について *of, about*; と *that*》.

cóck·swain =coxswain.

cóck·tail[1] [káktèil/kɔ́k-] *n.* **1** カクテル. **2** フルーツカクテル《食欲を促すため食前に出すガラスのカップに盛った前菜》; エビ〔カキ〕カクテル《エビ・カキなどにソースをかけた前菜》. **3** (*pl.*) =∼ party. —— *vt.* のためにカクテルパーティーを催す. —— *vi.* カクテルを飲む.
∼ **circuit** 社交界. ∼ **dress** カクテルドレス《イブニングほど正式ではない女性の盛装》. ∼ **glass** カクテルグラス《あし付き》. ∼ **hour** カクテルアワー《夕食前 5–8 時が普通》. ∼ **lounge** カクテルラウンジ《ホテルや空港などでカクテルなどを供するへや》. ∼ **party** カクテルパーティー. ∼ **sauce** エビ〔カキ〕カクテル用ソース.

cóck·tail[2] *n.* **1** 切り尾の馬; 純粋種でない競馬馬. **2** 成り上がり者.
◇ ∼**ed** [-d] *a.* 尾を短く切った; 尾〔しり〕を上げた.

cóck·up [kákʌ̀p/kɔ́k-] *a.* **1**〘印〙肩付きの, 肩字の. **2**《章の初めの大文字など》ほかの文字よりもたけの高い. —— *n.*〘印〙肩付き, 肩(数)字《A[1], M[r] などの》; 前縁を折り返した帽子.

cóck·y [káki/kɔ́ki] *a.*〘話〙気どった; 生意気な; うぬぼれの強い. ◇ -**i·ly** *ad.*

còck·y·léek·y, -ie [kàkilí:ki/kɔ́k-]〘スコットランド〙=cockaleekie.

còck·y·ól·(l)y [kàkiáli/kɔ̀kiɔ́li] ∼ (***bird***)〘小児語〙トット, コッコちゃん, 鳥.

có·co [kóukou] *n.* (*pl.* ∼**s**) **1**〘植〙ココヤシの木(=∼ palm); その実. **2**〘俗〙あたま.
∼·**mat** [-mæ̀t] ココナットの殻(から)の繊維で織った敷き物. *∼·**nut** →別項.

‡**có·coa**[1] [kóukou] *n.* **1** ココア《cacao の種子の粉末》. **2** ココア(飲料). **3** ココア色, 焦げ茶色.
∼ **bean** カカオの種子. ∼ **nibs** カカオの種子の子葉. ∼ **powder** かっ色火薬.

có·coa[2] =coco.

*có·co(a)·nut** [kóukənʌ̀t, ㊎+ -nət] *n.* ココヤシの実. ***That accounts for the milk in the*** ∼. 〘笑〙それでいっさいわかった. ∼ **milk** 〔**water**〕ヤシの果汁(かじゅう). ∼ **oil** ヤシ油. ∼ **palm** 〔**tree**〕ヤシの木.

COCOM Coordinating Committee for Export to Communist Areas ココム《対共産圏輸出統制委員会》.

co·cóon [kəkú:n] *n.* **1** 繭. **2**《クモなどの》卵嚢(らんのう). **3**〘軍〙《ポリエチレン製などの》防水被覆. —— *vi., vt.* **1** 繭をつくる; 繭に包む; くるむ: ∼ the baby in a blanket 赤ん坊を毛布でくるむ. **2**〘軍〙<機械・銃などに> 防水被覆を掛ける.
◇ ∼·**er·y** [-əri] *n.* 養蚕所.

co·cotte [kokát/-kɔ́t] F. *n.*《パリの》売春婦.

cod[1] [kad/kɔd] *n.* (*pl.* ∼**s**, 《集合的》∼)〘魚〙タラ.
∼·**fish** →別項. ∼-**liver oil** 肝油.

cod[2] *vt., vi.* (-**dd**-)〘俗〙だます, からかう.

C.O.D[1]. Concise Oxford Dictionary.

C.O.D[2]., **c.o.d.** cash 〔㊎+collect〕 on delivery. ***send*** a thing ***C.O.D.*** 代金引き替えで送る.

có·da [kóudə] *n.* **1**〘楽〙コーダ, 終結部. **2**《バ

レー]《特にバドドゥの》フィナーレ. [<It.]
cód·dle [kádl/kɔ́dl] *vt.* **1** 甘やかして育てる[弱くする]; 甘やかす. **2**〖米〗とろ火で煮る. —— *vi.* 甘える. —— *n.* 甘やかされて育った人; 弱虫.
‡**code** [koud] *n.* **1** 法典. **2**《ある階級・社会・同業者などの》規約, おきて: moral ～ 道徳律. **3** 信号法; 暗号, 略号. ***civil*** [***criminal***] ～ 民[刑]法. ～ ***of Hammurabi*** ハムラビ法典. ～ ***of honor*** 紳士道; 決闘の作法. ***International C～*** 万国船舶信号; 万国共通電信符号. ***penal*** ～ 刑法典. ***telegraphic*** ～ 電信略号. ***the Morse*** ～ モールス式電信符号.
—— *vt.* **1** 法典に作成する. **2** <電文を> 略号にする. **3** <プログラムを> 計算機用語になおす.
～ **book** 電信略号帳, 暗号帳. ∠-**cràck·ing** 暗号解読. **C～ Napoleon** ナポレオン法典. ～ **telegram** 暗号電報.
có·de·ine [kóudiì:n, -di:n], **-in** [-diin] *n.* 〖化〗コデイン《アヘンから採る鎮痛催眠剤》.
có·dex [kóudeks] *n.* (*pl.* **có·di·ces** [kóudisì:z, kád- / kóudisi:z, kɔ́d-]) 《聖書・古典の》古写本; 〖古〗= code *n.* ①, ②.
cód·fish [kádfìʃ/kɔ́d-] *n.* (*pl.* ～**es**, 《集合的》～) 〖魚〗タラ. ～ **aristocracy**〖米〗《タラ漁業でもうけた》成金階級; 新興階級. ～ **cake**〖米〗タラとジャガイモをまるめて油で揚げたもの.
códg·er [kádʒər/kɔ́dʒ-] *n.* **1**〖話〗《おもに老人の》偏屈者, 変わり者. **2**〖英方〗けちんぼ.
cód·i·cil [kádisl, -sil/kɔ́disil] *n.*〖法〗遺言補足書; 《一般的》追加条項. ◇ **còd·i·cíl·la·ry** [kàdisíləri/kɔ̀d-] *a.* 遺言補足書の; 追加(条項)の.
cód·i·fy [kádifài, kóud-/kɔ́d-, kóud-] *vt.* **1** 法典に編集する; 成文化する. **2**(箇条書きなどに)要約する. ◇ **còd·i·fi·cá·tion** [∸–fikéiʃ(ə)n] *n.*
cód·ling[1] [kádliŋ/kɔ́d-], **cód·lin** [kádlin/kɔ́d-] *n.* **1** 細長の料理用のリンゴ. **2** 未熟なリンゴ.
cód·ling[2] *n.* 〖魚〗小ダラ.
có·éd, có·éd [kóuéd, ㊍⁺ ∸∸] *n.*〖米話〗女子学生《特に男女共学の大学の》. [<*co-ed*ucational (student)]
co·éd·i·tor [kouéditər] *n.* 共同編集者.
◇ ～·**ship** *n.* 共同編集.
cò·ed·u·cá·tion [kòuedʒukéiʃ(ə)n/kóuèdju-] *n.* (男女)共学. ◇ *～·**al** [-ʃən(ə)l] *a.* 共学(制)の.
cò·ef·fí·cient [kòuifíʃ(ə)nt] *a.* 共同作用の. —— *n.* 共同作因;〖数〗係数;〖物〗係数, 率. ～ ***of expansion*** 膨張係数. ***differential*** ～ 微分係数.
cóe·la·canth [sí:ləkæ̀nθ] *n.* 〖魚〗シーラカンス《中生代に絶滅した化石魚. 1938 年にこれに近縁の現世種が発見された》; 腔棘(こうきょく)魚類.
coe·lén·ter·ate [siléntərit] *n., a.* 〖動〗腔腸動物(の)《ヒドラ・クラゲなど》.
cóe·li·ac [sí:liæ̀k] = celiac.
cóe·no·bite [sí:nəbàit, ㊍⁺ sén-] = cenobite.
co·é·qual [kouí:kwəl] *a., n.* 《実力・資格が》同等の(人), 同格の《と *with*》. ◇ ～·**ly** [-i] *ad.* **cò·e·quál·i·ty** [kòui:kwáliti/-kwɔ́l-] *n.* 同等, 同格.
co·érce [kouə́:rs] *vt.* **1** <人を> 強制する; 威圧する. **2** 強要する: ～ obedience 従順をしいる. ～ a person ***into*** (do)***ing*** [***to*** (do)] (人を)強制して…させる. ◇ **co·ér·ci·ble** [-ibl] *a.* 強制[威圧]できる.
co·ér·cion [kouə́:rʃ(ə)n] *n.* 強制; 威圧; 圧制政治. ◇ ～·**ar·y** [-nèri/-ʃən(ə)ri] *a.* ～·**ist** *n.* 強圧政治論者; 強行主義者.
co·ér·cive [kouə́:rsiv] *a.* 強制的な; 威圧的な: take ～ measures 強圧的手段に訴える. ◇ ～·**ly** *ad.*
cò·es·sén·tial [kòuisénʃ(ə)l] *a.* 同質[同体]の《と *with*》;〖宗〗《神性が》一体の. 「間の.
cò·e·tá·ne·ous [kòuitéiniəs] *a.* 同時代の; 同期
cò·e·tér·nal [kòuitə́:rn(ə)l] *a.* 永遠に共存する.
◇ ～·**ly** [-i] *ad.*
co·é·val [kouí:v(ə)l] *a.* 同時代の; 同年代の; 同期間の《と *with*》. —— *n.* 同時代[同年代]の人[物].
cò·ex·éc·u·tor [kòuigzékjutər/kóu-] *n.* (*fem.* **-trix** [-triks])〖法〗《遺言などの》共同執行者.
cò·ex·íst [kòuigzíst/kóu-] *vi.* 同時[同所]に存在する; (平和)共存する《と *with*》.
◇ ～·**ence** *n.* 共存. ～·**ent** *a.* 共存の[する].
cò·ex·ténd [kòuiksténd/kóu-] *vi., vt.* おなじ広さ[長さ]に広がる[広がらせる]《と *with*》.
◇ **-tén·sion** [-ténʃ(ə)n] *n.* 《空間的・時間的の》おなじ広がり. **-tén·sive** *a.* おなじ広がりの;〖論〗同延の.
†**cóf·fee** [kɔ́:fi, káfi/kɔ́fi] *n.* **1** コーヒー《木・実・飲料》; コーヒー色. 〈注〉「コーヒー何人前」の意では複数形が用いられる: order four coff*ees* コーヒーを4人分注文する. **2** 茶話(さわ)会《コーヒーが出る社交の会》: We had a ～ for the new mayor. 新市長のために茶話会を開いた. ***black*** ～ 牛乳やクリームを入れないコーヒー.
～-**ánd** [-ǽnd]〖米話〗コーヒー1杯にドーナツ[ロールパン]の軽食. ～ **bean** コーヒー豆. ～ **break**〖米〗《午前・午後の》お茶の時間, 休憩(時間), ひと休み. ～-**cake** [∠–∸] コーヒーケーキ《シナモン・干しブドウ・ナッツなどのはいったケーキ. しばしばコーヒーに添えて出す》. ～-**còl·ored** コーヒー色の. ～ **cup** コーヒー茶わん. ～ **grinder** コーヒーひき(器);〖俗〗ガタガタ自動車. ～ **grounds** コーヒーの出しがら. ～-**house** [∠–∸] (1) コーヒー店, 喫茶店《イギリスでは 17–18 世紀には文人・政客の社交場であった》. (2) むだ話をする. ～ **klatsch** 茶話(さわ)会. ～-**klatsch** [∠–∸] *vi.* 茶話会をする[に出る]. ～ **maker** コーヒーをひいて入れる人; コーヒー販売業者; コーヒー沸かし. ～ **mill** コーヒーひき《器具》. ～-**pot** [∠–∸] コーヒー沸かし[注ぎ器]. ～-**room** [∠–∸], ～ **shop** 喫茶室《ホテルなどの. 簡単な食事もできる》. ～ **spoon** demitasse cup 用小形スプーン. ～ **table** (低い)茶菓用小卓《ソファーの前に置く》. ～ **tavern** 喫茶店, 簡易料理店《酒類抜きの》. ～ **tree** コーヒーの木.
cóf·fer [kɔ́:fər/kɔ́f-] *n.* **1** 貴重品箱, 金箱. **2** (*pl.*) 金庫; 資金, 財源. **3**〖建〗《天井などの》格間(ごうま). **4** = cofferdam. —— *vt.* **1** 箱に入れる; 金庫に納める. **2** 格間で飾る. **3** せき止める.
～-**dam** [-dæm] 囲いぜき; 潜函(せんかん).
‡**cóf·fin** [kɔ́:fin/kɔ́f-] *n.* **1** 棺, ひつぎ. **2** 蹄槽(ていそう)《馬の蹄骨(ていこつ)のある部分》. **3**〖海〗ぼろ船 (= ～ ship). ***drive a nail into*** **one's** ～ 《不摂生・悩みなどで》寿命を縮める. ***in*** **one's** ～ 死んで, 葬られて. —— *vt.* **1** 棺に入れる, 納棺する. **2** かたく閉じ込める, 死蔵する. ～ **bone**《馬の》蹄骨. ～ **nail**〖俗〗巻きタバコ. 「いだ》.
cóf·fle [káfl/kɔ́fl] *n.* 一連のどれい[獣]《鎖などでつな
cog[1] [kag, kɔ:g/kɔg] *n.* **1**《歯車の》歯;〖木工〗ほぞ. **2** 大きな組織の中で仕事をする人,「歯車」. ***slip a*** ～ しくじる, 失策する. —— *vt.* ほぞで継ぐ. ∠-**rail** [∠∸]《Abt 式鉄道の》歯形レール. ∠-**wheel** [∠∸]〖機〗はめば: ～*wheel* railway アプト式鉄道.
◇ **cogged** [-d] *a.* 歯車のついた.
cog[2] *n.* ぺてん, ごまかし. —— *vt., vi.* 《さいころ投げで》いかさまをする; ぺてんにかける.
◇ **cogged** [-d] *a.* いかさまの.
cog. cognate.
có·gent [kóudʒ(ə)nt] *a.* 人を承服させる, 説得力のある. [co-+√ag- 強力に+動かす]
◇ ～·**ly** *ad.* **có·gen·cy** *n.* 説得力.
cóg·i·ta·ble [kádʒitəbl/kɔ́dʒ-] *a.* 考えられる.
cóg·i·tate [kádʒitèit/kɔ́dʒ-] *vi., vt.* **1** 思考する, 熟考[思案]する. **2** 考案[くふう]する. [co-+√ag-]
◇ **-ta·tive** [-tèitiv/-tətiv] *a.* **-ta·tor** [-tèitər] *n.* 熟考[思索]する人. **còg·i·tá·tion** [kàdʒitéiʃ(ə)n/kɔ̀dʒ-] *n.*

có·gnac [kóunjæk] *n.* コニャック《フランス原産ブランデー》.

cóg·nate [kágneit/kɔ́g-] *a.* **1** 同族の;〖法〗女系親の. → agnate. **2** 同起源の;〖言〗同語族の; 同語根の: ～ words 同族語. **3** 同性質の, 同親の. —— *n.* **1** 血族者, 親族. **2** 同起源のもの, 同種のもの. **3**〖言〗同族言語; 同語根語, 同族語. [√(g)na-]

～ object〖文〗同族目的語《例: *live* a happy *life*, *die* a sudden *death* における life, death》.

◇ **cog·ná·tion** [kagnéiʃ(ə)n/kɔg-] *n.* 同族関係.

cog·ní·tion [kagníʃ(ə)n/kɔg-] *n.*〖心・哲〗認識(作用・力); 知覚 (されたもの); 知識. [√(g)no-]

◇ **～·al** *a.*

cóg·ni·tive [kágnitiv/kɔ́g-] *a.* 認識の; 認知の, 知力の; 認識力のある.

cóg·ni·za·ble [kágnizəbl, kán-/kɔ́gn-, kɔ́n-] *a.* **1** 認識できる. **2**《犯罪などが》裁判権内の, 審理されるべき.

cóg·ni·zance [kágniz(ə)ns, kán-/kɔ́gn-, kɔ́n-] *n.* **1** 知覚, 認識;《事実の》認知. **2** 認識範囲. **3**〖法〗審理; 裁判権. **4** 紋章, 記章. ***be* [*fall, lie*] *beyond* [*out of*] *one's* ～** 認識〔審理〕の範囲外である. ***be* [*fall, lie*] *within* one's ～** 認識〔審理〕の範囲内である. ***come to* a person's ～** (人) に知られる. ***have* ～ *of*** を知っている. ***take* ～ *of*** を認める.

cóg·ni·zant [kágniz(ə)nt, kán-/kɔ́gn-, kɔ́n-] *a.* **1** 認識した, 知っている《を *of*》. **2**〖法〗受理した.

cóg·nize [kágnaiz/kɔgnáiz] *vt.*〖哲〗認知〔認識〕する.

cog·nó·men [kagnóumən/kɔgnóumen] *n.* (*pl.* **～s, cog·nóm·i·na** [-náminə/-nɔ́m-]) **1**〖古ローマ〗第三名, 家名《例: Gaius Julius *Caesar* の Caesar》. → nomen, praenomen. **2** 姓 (surname). **3** 名称, 名前; あだ名. [con-+√nomin-]

◇ **cog·nóm·i·nal** [-námin(ə)l/-nóum-] *a.*

co·gno·scen·te [kòunjoʃéntei/kɔ̀njoʃénti] It. *n.* (*pl.* ***-ti*** [-ti]) (美術品) 鑑定家, 目きき.

cog·nós·ci·ble [kagnásibl/kɔgnɔ́s-] *a.*〖哲〗認識できる.

cog·nós·ci·tive [-tiv] *a.* 認識の, 認識力のある: ～ powers of man.

cog·no·vit [kagnóuvit/kɔg-] L. *n.*〖法〗承認書《被告が原告の申し立ての正当性を認めるもの》.

co·háb·it [kohǽbit] *vt.* 〈男女が〉同棲(どうせい)する《と *with*》;〖古〗同居する. ◇ **～·ant** *n.* 同棲者.

cò·hab·i·tá·tion [kòuhæbitéiʃ(ə)n] *n.*

co·héir [kouέər/⌐⌐] *n.* (*fem.* **～·ess** [-έ(:)ris/-έəris]) 共同 (法定) 相続人.

co·hére [kohíər] *vi.* **1** 密着する; 凝集〔結合〕する. **2** 〈議論・文体などが〉首尾一貫する, 筋がたつ. **3** 一致する, 矛盾しない《と *with*》.

co·hér·ent [kohí(:)rənt/-híər-] *a.* **1** 密着〔付着〕する; 凝集〔結合〕する《と *with*; に *to*》. **2** 一貫した, 筋のとおった, 整合的な. [√her-]

◇ **-ence, -en·cy** *n.* 首尾一貫性.

co·hér·er [kohí(:)rər/-híər-] *n.*〖電〗コヒーラ《無線電信用検波器》.

co·hé·sion [kohí:ʒ(ə)n] *n.* 密着, 合着; 凝集, 結合 (力); 団結 (力);〖物〗《分子の》凝集 (力). [<cohere]

co·hé·sive [kohí:siv] *a.* 粘着力のある; 凝集性の, 結合力のある.

có·hort [kóuhɔ:rt] *n.* **1**〖古ローマ〗歩兵隊《300–600 人. legion の 10 分の 1》. **2** (しばしば *pl.*) 軍勢, 軍隊. **3** 群れ: She has a ～ of admirers. 彼女には賛美者が大ぜいいる. **4** 仲間, 友だち.

coif [kɔif] *n.* **1**〖古〗ずきん《尼僧などの》;〖英〗《高等弁護士の》白い職帽. **2**〖話〗=*coiffure*. —— *vt.* にずきんをかぶせる.

coif·feur [kwɑ:fə́:r] F. *n.* 理髪師.

coif·fure [kwɑ:fjúər] F. *n.* 調髪型; 結髪, 髪の結い方;《婦人用》頭飾り.

coign, coigne [kɔin] *n.*《壁などの》突角; 隅石(すみいし), 角石(かどいし). **～ *of vantage*** 《行動・展望などに》有利な地点.

*****coil**[1] [kɔil] *n.* **1** とぐろ巻き, うずまき. **2**《綱・針金などの》巻いたもの; その一巻き; 巻き毛; 螺管(らかん). **3**〖電〗コイル. —— *vi.* **1** とぐろを巻く《*up*》. **2** うねうねと動く〔進む〕. —— *vt.* **1** ぐるぐる巻く; 巻いて輪にする. **2** ぐるぐる巻きつける《に *around, round*》.

coil[2] *n.*〖古〗混乱, 騒ぎ. ***this mortal* ～** 浮き世の煩わしさ.

*****coin** [kɔin] *n.* **1**《個々の》硬貨;《集合的》硬貨. **2**〖話〗金銭: small ～ 小銭. **3**〖建〗《建物・壁の》角(かど); 角石. ***false* ～** にせ金; にせ物. ***gold* [*silver*] ～** 金〔銀〕貨. ***Much ～, much care.*** 〖ことわざ〗金が多いと苦労も多い. ***pay*** a person (***back***) ***in his own* ～** (人に) しっぺい返しをする.

—— *vt.* **1** 〈貨幣を〉鋳造する; 〈地金を〉貨幣に鋳造する. **2** 金銭に替える. **3** 〈新語・新表現を〉つくり出す.

—— *vi.* **1**〖英〗にせ金をつくる. **2** 浮き彫りで飾る《貨幣などの表面を》. **～ *one's brains*** 頭脳で金をもうける. **～ *money*** どんどん金をもうける.

cóin·age [kɔ́inidʒ] *n.* **1** 貨幣鋳造 (権); 貨幣制度. **2**《集合的》硬貨, 貨幣. **3** 発明, 新造《特に語句の》; 新(造)語. **～ *of fancy* [*one's brain*]** 空想〔頭脳〕の産物.

cò·in·cíde [kòuinsáid] *vi.* **1** 同時に起こる. **2**《時間・場所・関係・性質などについて》一致する, 符合〔暗合〕する《と *with*》. **3** 〈意見・趣味などが〉合う, 一致する: His opinion ～*s with* mine. **4**《意見・趣味などにおいて》一致する: ～ *with* a person *in* opinion.

*__co·ín·ci·dence__ [kouínsid(ə)ns] *n.* **1** (偶然の) 一致, 符合. **2** 同時発生, 同所共在; 同発事件.

co·ín·ci·dent [kouínsid(ə)nt] *a.* **1** (偶然に) 一致〔符合〕する; 暗合する. **2** 同時に起こる.

co·ìn·ci·dén·tal [kouìnsidéntl] *a.* 一致〔符合〕の; 暗合する. ◇ **～·ly** *ad.* 一致〔符合〕して.

cóin·er [kɔ́inər] *n.* 貨幣鋳造者; にせ金つくり; 案出者《特に新語などの》.

cò·in·hér·it·ance [kòuinhérit(ə)ns] *n.* 共同相続.

cò·in·stan·tá·ne·ous [kòuinstəntéiniəs] *a.* 同時の, 同時に起こる.

cò·in·súr·ance [kòuinʃú(:)r(ə)ns/-ʃúər-] *n.* 共同保険. ◇ **cò·in·súre** [-ʃúər] *vt.* に～を掛ける, ～で保証する.

coir [kɔiər/kɔ́iə] *n.* ココヤシの果皮の繊維《なわ・むしろなどをつくる》.

co·í·tion [kouíʃ(ə)n], **có·i·tus** [kóuitəs] *n.* 交接, 性交.

coke[1] [kouk] *n.* コークス. —— *vt., vi.* コークスにする〔なる〕.

coke[2] *n.*〖米話〗コカ=コーラ (Coca-Cola);〖俗〗コカイン (cocain).

có·ker·nut [kóukərnʌt] =coco(a)nut.

col [kɑl/kɔl] *n.*《山と山の間の》鞍部(あんぶ), 峠, 山あい;〖気〗気圧の谷.

col- *pref.* l の前の com- の異形《例: *col*laborate 協同する <com-+√labor- ともに+働く》.

Col. Colombia; Colonel; Colorado; Colossians.

col. college; colony; color(ed); column.

có·la [kóulə] *n.*〖植〗コーラ (=kola)《西アフリカ産アオギリ科の一属》.

cól·an·der [kʌ́ləndər, ㊎+ kál-] *n.* 水こし, 濾過(ろか)器.

co·lát·i·tude [koulǽtit(j)ù:d/⌐⌐—tju:d] *n.*〖天〗余緯度《ある緯度と 90° との差》.

cól·chi·cine [káltʃisì:n, -sin, -ki-/kɔ́l-] *n.*〖薬〗コルヒチン《サフランを原料とするアルカロイド, リューマチ特効薬》.

cól·chi·cum [káltʃikəm/kɔ́l-] *n.*〖植〗イヌサフラン;

その種子; その球茎からつくった麻薬《リューマチ用》.

†**cold** [kould] *a.* **1** 寒い, 冷たい, 冷やした: It's getting [growing] ~. 寒くなってきた. The skaters were ~. スケートしている人たちは寒かった. ↔ hot. **2** 冷静な, 冷淡な, 《心などが》冷たい: a ~ manner よそよそしい態度. ↔ warm. **3** 《心が》燃えない, 気乗りがしない: She was ~ *to* the advance. 彼女は(結婚の)申し出に対して冷淡だった. **4** 死んだ; 〚米〛《打ち倒されて》意識を失った. **5** 《官能的に》不感症の. **6** 《心を》燃え立たせない, 心をめいらせる; 興ざめな, つまらない, 《ふんい気が》さむざむとした; 《刺激・味が》弱い. **7** 〚美〛寒色の; 〚猟〛《遺臭が》かすかな. **8** 《土が》熱を吸収しにくい. **9** 《捜し物・当てもの遊びで》見当はずれの. ***blow hot and ~*** 気〔考え〕が絶えず変わる. ***~ in death*** 死んで冷たくなって. ***get*** a person ***~*** (人を) 思いのままにする. ***in ~ blood*** 冷酷に, 平然と. ***That leaves me ~.*** そんなの私は興味ないね. ***throw*** [***pour***] ***~ water on*** <計画など> に水をさす〔けちをつける〕.

—— *n.* **1** 寒さ, 寒冷. ↔heat. **2** 氷点以下の寒気: twenty degrees of ~ 氷点下 20°. **3** 冷たい外気, 寒いところ. **4** (ときに *pl.*) かぜ, 感冒: He is ill in bed with a ~. 彼はかぜで寝ている. *C~s* prevail in winter. かぜは冬にはやる. ***be left*** (***out***) ***in the ~*** 仲間はずれにうっちゃっておかれる. ***catch*** [***take***] (***a***) ***~*** かぜをひく. ***~ in the head*** [***nose***] 鼻かぜ. ***~ on the chest*** [***lungs***] せきかぜ. ***~ without*** 〚俗〛(甘味抜きの) 冷水で割ったブランデーまたはウイスキー. ***come out of the ~*** 寒いところから内にはいる; やめる,「足を洗う」. ***common ~*** (普通の) かぜ. ***have a ~*** かぜをひいている.

~ **bath** 冷水浴. **~-blóod·ed** (1)《魚など》冷血の; 冷え性の. (2)《比喩的》冷血な, 冷淡〔冷酷〕な. ↔warm-blooded. (3)《馬など》雑種の. **~-blóod·ed·ly** 冷淡に; 冷静に. **~-blóod·ed·ness** 冷淡; 冷静. ~ **cash** 現金, げんなま. ~ **chisel** 《金属用》たがね. ~ **coil** 冷却用コイル. ~ **comfort** [**counsel**] うれしくもない慰め〔助言〕. ~ **cream** コールドクリーム《荒れ止め用》. **~-dráwn** 加熱せずに抽出した; 常温引き伸ばしの. ~ **feet** 〚話〛おじけ, 逃げ腰. ~ **fish** 冷たい人; よそよそしい人. ~ **front** 〚気〛寒冷前線. ↔ warm front. **~-héart·ed** 冷淡な, 無情な. ~ **light** 無熱光《リンやホタルの光など》. **~-lív·ered** [-lívərd] 冷淡な. ~ **meat** 冷肉; 〚俗〛死骸(しがい). ~ **news** がっかりするニュース. ~ **pack** 冷湿布; 《かん詰めの》低温処理. **~-pack** [⁻⁻] (に) 冷湿布を施す; 低温かん詰めにする. ~ **patch** タイヤの応急修理片《接着剤を用いる》. ~ **pig** 〚俗〛眠けざましにかけてやる冷水. ~ **room** 冷蔵室. ~ **rubber** 低温でつくった強い合成ゴム. ~ **scent** 〚猟〛かすかな遺臭. **~-shórt** [⁻⁻, ⁻⁻/⁻⁻] 《金属など》冷気にもろい. ~ **shoulder** 〚話〛冷遇: give [show, turn] the ~ *shoulder* to a person 人によそよそしくする. **~-shóul·der** 〚話〛冷遇する. ~ **snap** 寒波. ~ **storage** (食品などの) 冷蔵. ~ **sweat** 冷や汗. ~ **war** 冷たい戦争, 冷戦. ↔ hot war. **~-water flat** 給湯設備のない安アパート. ~ **wave** (1)〚気〛寒波. ↔ heat wave. (2) コールドパーマ.

cóld·ish [kóuldiʃ] *a.* うすら寒い.

***cóld·ly** [kóuldli] *ad.* **1** 冷たく, 寒く. **2** 冷ややかに, 冷静に, 冷淡に.

***cóld·ness** [kóuldnis] *n.* **1** 寒さ, 冷たさ. **2** 冷ややかさ, 冷静, 冷淡.

cole [koul] *n.* 野菜《キャベツ・油菜など》. **~·seed** →別項. **~·slaw** →別項. **~·wort** [-wəːrt] = cole.

Cò·le·óp·ter·a [kòuliáptərə, káli-/kɔ̀liɔ́p-] *n. pl.* 〚動〛甲虫類, 鞘翅(しょうし)類.

◇ **còl·e·óp·ter·ous** [-tərəs] *a.*

Cóle·ridge [kóulridʒ] *n.* Samuel Taylor ~, 1772–1834, イギリスの詩人・批評家・哲学者.

cóle·seed [kóulsiːd] *n.* 菜種, 油菜.

cóle·slaw [kóulslɔː] *n.* 〚米〛キャベツサラダ.

có·le·us [kóuliəs] *n.* 〚植〛コリウス, サヤバナ《観葉植物》.

cól·ic [kálik/kɔ́l-] *n.* 腹痛, 疝痛(せんつう), 差し込み.

◇ **cól·ick·y** *a.*

cól·i·form [kálifɔːrm/kóul-] *n., a.* 大腸菌, 大腸菌の〔に似た〕.

còl·i·sé·um [kàlisíːəm/kɔ̀lisíəm] *n.* **1** (大) 競技場, (大) 演技場. **2** (C~) = Colosseum.

co·lí·tis [koláitis, ㊄⁺ kɔl-] *n.* 〚医〛大腸炎.

coll. colleague; collector; college; colloquial.

col·láb·o·rate [kəlǽbərèit] *vi.* **1** 協力する, 提携する; 共同研究〔制作〕する, 合作する《に, について *on*; と *with*》. **2** 協力する《占領軍・敵国などに》. [√labor-] ◇ **-ra·tor** *n.*

col·làb·o·rá·tion [kəlæ̀bəréiʃ(ə)n] *n.* **1** 協力, 共同, 提携; 共同研究, 合作. **2** 《占領軍・敵国への》協力. ***in ~ with*** と協力して.

◇ **~·ist** *n.* 協力者《占領軍などへの》.

col·lage [kəláːʒ] F. *n.* 〚美〛コラージュ《新聞・広告の断片などを組み合わせ, 線や色をあしらった抽象的構成法》; その絵.

‡**col·lápse** [kəlǽps] *vi.* **1** <建物・屋根などが> くずれる, くずれ落ちる, 崩壊する; <風船・タイヤなどが> しぼむ, はじける. **2** <制度・計画などが> つぶれる, くずれる, 失敗する; <価格が> 暴落する; <健康が> 衰える. **3** <人が> 倒れくずれる; くずれるようにすわる; 《肉体的に》衰える; 意気消沈する. **4** <いす・テーブルなどの器具が> 折りたためる. —— *vt.* **1** ~ させる; <器具を> 折りたたむ. **2** 合体〔合併〕する《に *into*》. —— *n.* **1** 崩壊, 瓦解(がかい). **2** 《制度の》倒壊; 《計画の》挫折(ざせつ); 《価格の》暴落. **3** 《健康の》衰弱; 意気消沈, 虚脱. [con- + √lab-くずれる]

◇ **col·láps·i·ble** *a.* 折りたたみ式の《家具などが》.

‡**cól·lar** [kálər/kɔ́lə] *n.* **1** カラー, えり, えりの折り返し. **2** 《勲章の》頸飾(けいしょく)章. **3** 《犬などの》首輪. **4** 首当て, はも《馬具の一種》. **5** 《動物の首のまわりの》変色部; 〚植〛頸領《根と茎との境界部》. **6** 〚機〛継ぎ輪, 接管; 〚建〛柱環. **7** 〚料理〛巻き肉; 《豚肉などの》ロール巻き. **8** 〚ラグビー〛抱き止め. ***against the ~*** いやいや (ながら), 疲労を押して, 無理をして. ***Eton ~*** 幅の広いカラー《えりの上につける》. ***hot under the ~*** 〚米俗〛腹が立って, おこって. ***in*** [***out of***] ***~*** 〚話〛就職〔失職〕して. ***keep*** a person ***up to the ~*** 〚話〛(人を) 酷使する. ***seize*** [***take***] a person ***by the ~*** (人の) えり首をつかむ. ***slip the ~*** 〚話〛困難〔労力〕を免れる. ***the ~ of SS*** [***esses***] S 字を連ねた首章《イギリス宮内官・ロンドン市長・高等法院長などがつける》. ***wear*** [***take***] a person's ***~*** (人) に仕える〔服する〕.

—— *vt.* **1** にえり〔首輪〕をつける. **2** のえり首をつかむ. **3** つかまえる, 捕える; 〚ラグビー〛<ボールを持って走る相手を> 抱き止める. **4** 〚話〛引き止めて立ち話をする. **5** 〚俗〛盗む, しっけいする. **6** 〚料理〛<肉などを> 巻く, ロール巻きにする.

~ **beam** 〚建〛締め梁(ばり). **~·bone** [-bòun] 〚医〛鎖骨. ~ **button** 〚米〛カラーボタン (= ㊄ ~ stud). ~ **harness** 首馬具. ~ **work** ひどくほねのおれる仕事.

còl·lar·ét(te) [kàlərét/kɔ̀l-] *n.* 《レース・毛皮などの》婦人用カラー.

collat. collateral(ly).

col·láte [kaléit/kɔl-] *vt.* **1** つき合わせて調べる, 対照〔校合(きょうごう)〕する; 〚製本〛丁付け〔ページ順〕をそろえる: ~*d* telegram 照合電報. **2** いっしょにする. **3** 〚宗〛に僧職〔僧禄(そうろく)〕を授ける. [√lat-]

◇ **-lá·tor** [-ər] *n.* 校合者; 〚製本〛丁付け調べ人.

col·lát·er·al [kəlǽtərəl/kɔl-, kəl-] *a.* **1** 相並んだ, 平行した: ~ ridges of mountains 平行にはしる山脈. **2** わきに位置する: a ~ wing of a

house 家の別むね. **3** 付帯的な, 第二次の; 補助的な. **4**〘法〙傍系の. → lineal. **5**〘商〙見返りの, 証券類を担保とした. **—— *n.*** **1** 傍系親族. **2** 付帯事実〔事情〕. **3** 見返り物資. [√lat(er)-]
～ circumstance 付帯事情. **～ loan** 担保つき貸し付け. **～ relative** 傍系親族. **～ security** 見返り担保, 見返り品.
◇ **～·ly** *ad.* **1** 並んで. **2** 副次的に, 付帯的に.

col·lá·tion [kɑléiʃ(ə)n, kəl-/kɔl-, kəl-] *n.* **1** 対照, 照合;《書物の》ページ合わせ;〘法〙《権利の》照査. **2**《僧院での》夕べの聖書・聖者伝の会読. **3** 軽食, 間食;《断食日の》軽い夕食. **4** 僧職禄(ろく)授与.

cól·league [kɑ́li:g/kɔ́l-] *n.*《おなじ官職・専門職業の》同僚. 〔類〕→ **companion**「仲間」

†**col·léct**[1] [kəlékt] *vt.* **1 集める**, ためる: ～ stamps 切手を収集する. ～ materials *into* a volume 材料をまとめて1冊の書物にする. **2** <税金・寄付金・料金などを> 集金する, の代金を取り立てる: ～ a bill 代金〔料金〕を取り立てる. **3** <考えを> まとめる, <心を> 落ち着ける; <気力などを> 取りもどす. **4**〘話〙<手荷物などを>受け取る, 取りに行く〔来る〕. **～ one*self*** 心を落ち着ける, 気を取り直す. ***～ a horse*** 馬を取り押える.
—— *vi.* **1 集まる**, たまる: Dust ～*s* on the shelf. たなにほこりがつもる. **2** 収集〔コレクション〕をする. **3** 寄付をつのる《の *for*》. **4**《賠償金などの》支払いを受ける《の *on*》.
—— *a., ad.*〘米〙受取人払いの〔で〕;〘電話〙料金先方負担の〔で〕;《配達小包など》代金先払いの〔で〕: send a telegram ～ 受取人払いで電報を打つ. [con-＋√leg-[1] 拾い＋集める]
◇ **～·a·ble, ～·i·ble** [kəléktəbl] *a.* 集めうる; 取り立てられる. 〔類〕→ **gather**「集める」

cól·lect[2] [kɑ́lekt/kɔ́l-] *n.* 特禱(とう), 集禱《キリスト教の祈禱書中にある》.

còl·lec·tá·ne·a [kɑ̀lektéiniə/kɔ̀lektɑ́:niə] *n. pl.* 抜粋, 選集; 雑録.

col·léct·ed [kəléktid] *a.* **1** 集めた, 集まった. **2** 落ち着いた, 冷静な. **～ edition** 全集《一作家の》. **～ papers** 論〔文〕集.
◇ **～·ly** *ad.* 平然と. **～·ness** *n.* 落ち着き.

‡**col·léc·tion** [kəlékʃ(ə)n] *n.* **1 収集**, 採集: a fine ～ of paintings 絵画のりっぱなコレクション. **2** 収集〔採集〕物,《標本・美術品などの》所蔵品. **3** 郵便物の取り集め; 集金, 徴税, 募金. **4** 寄付金, 献金. **5** たまり, 堆積(たいせき): a ～ of soot in a chimney 煙突にたまったすす. **6** (*pl.*)〘英〙大学の期末試験. ***make a ～ for*** the fund (資金) のために寄付金を募集する. ***make a ～ of*** books (本) を集める. ***take up a ～*** in church (教会で) 募金する《のために *for*》.
～ agency 集金会社《他の会社のために未収金の集金をし, その一部を収入とする》. ◇ **～·al** *a.*

*__col·léc·tive__ [kəléktiv] *a.* **1 集合的**;〘文〙集合の. **2 集団的**; 共同的. **—— *n.*** **1** 集団, 共同体. **2**〘文〙集合名詞 (＝～ noun).
～ bargaining [**agreement**]《労資の》団体交渉〔協約〕. **～ farm**《ソ連の》集団農場, コルホーズ. **～ fruit**〘植〙集合果《パイナップルなど》. **～ note**《数国が署名した》共同覚書. **～ noun**〘文〙集合名詞《crowd, people, troop, family など》. **～ security**《国連の》集団保障. **～ system** 集団安全制度. **～ unconscious**〘心〙《個人の心にひそむ》集団〔民族〕無意識.
◇ ***～·ly** *ad.* 集合的に, ひとまとめにして; 共同して;〘文〙集合名詞的に〔として〕.

col·léc·tiv·ism [kəléktiviz(ə)m] *n.* 集産主義《土地・生産手段などを国家が管理する》.
◇ **-ist** *n.* 集産主義者. **col·lèc·tiv·ís·tic** [kəlèktivístik] *a.* 集産主義の.

còl·lec·tív·i·ty [kɑ̀lektíviti/kɔ̀l-] *n.* **1** 集合〔集団〕性. **2** 集合体, 集団; 全体, (全) 人民.

col·léc·tiv·ize [kəléktivàiz] *vt.* 集産主義的にする; 集団農場化する, 共営化する. ◇ **col·lèc·ti·vi·zá·tion** [–ˌ–tivizéiʃ(ə)n, -vaiz-] *n.*

‡**col·léc·tor** [kəléktər] *n.* **1** 収集者〔家〕; 採集者. **2 集金人**; 収税吏;《インドの》収税官兼地方長官;〘米〙税関吏;《駅の》集札係. **3** 収集機;〘電〙コレクタ, 集電子. ◇ **～·ship** *n.* 集金係〔収税官〕の職〔管区〕; 収税権. **-to·rate** [-tərit] *n.*《特にインドの》収税官の職〔管区〕.

cól·leen [kɑ́li:n, kəlí:n/kɔ́li:n] Ir. *n.* 少女; 娘.

‡**cól·lege** [kɑ́lidʒ/kɔ́l-] *n.* **1**〘米〙カレッジ《大学院をおかず, 教養学科のみを設置する大学; 総合大学の教養学部》; 専門部《薬学・農学・音楽などを教える総合大学の一部. 独立のばあいは →④》. **2**〘英〙学寮《大学の構成単位を成し, 多くの学寮が集まって university を構成する》. **3**〘英〙《一部の》公共学校 (public school) の名: Eton *C*～. Winchester *C*～. **4** 高等専門学校: a ～ of music 音楽学校. the Royal Naval *C*～〘英〙海軍兵学校. **5**《上記各種学校の》校舎, 寮舎. **6** 教授団と学生たち. **7** 団体, 協会: the *C*～ of Surgeons 外科医師会. ***C～ of Arms*** ＝ ***Heralds' C～***〘英〙系譜紋章院. ***C～ of Cardinals*** ＝ ***Sacred C～***〘カトリック〙枢機院《ローマ教皇の最高諮問機関で, 法王を選挙する》. ***C～ of Justice*** スコットランド高等法院. ***electoral ～***〘米〙(大統領・副大統領) 選挙人会《州選出の選挙人から成る》. [√leg-[1]]
～-bred [-brèd] 大学出〔出身〕の. **～ cap** 大学制帽, 角帽. **～ ice**〘米〙＝sundae. **～ living**〘英〙大学が与える聖職禄(ろく). **～-pre·pár·a·to·ry** 大学入学準備の. **～ pudding** ひとり分ずつつくられる小さな plum pudding. **～ try**《チーム・母校のための》けんめいな努力; 学生時代を思わせるような努力: give it the old ～ *try* 学生時代にもどった気持ちで大いにがんばってやる. **～ widow**〘米話〙学生から騒がれる大学街に住んでいる未婚の女.

cól·leg·er [kɑ́lidʒər/kɔ́l-] *n.* college の一員; Eton 校の給費生.

col·lé·gi·al [kəlí:dʒiəl] ＝collegiate.

col·lé·gi·an [kəlí:dʒ(i)ən] *n.* college の一員〔学生, 卒業生〕.

col·lé·gi·ate [kəlí:dʒiit, ㊥[+] -dʒit] *a.* **1** college (の学生) の; college 組織の: ～ life 大学生活. a ～ dictionary 大学生用辞典. **2** 団体組織の. **～ church**〘米〙共同教会《いくつかの教会の連合》;〘英〙聖堂参事会.

col·lé·gi·um [-dʒiəm] *n.* (*pl.* **-a** [-dʒiə])《基金で建てた学校・病院などの施設で勤務する》聖職者たちの一団.

cól·let [kɑ́lit/kɔ́l-] *n.*《宝石をはめ込む》玉受け座;〘機〙コレット《丸棒材をつかむ中空の円筒》.
—— *vt.* 玉受け座にはめる.

col·líde [kəláid] *vi.* **1** 衝突する《に *against*; と *with*》. **2** <意見・利害などが> 一致しない, 矛盾する《と *with*》. [√laed-]

cól·lie [kɑ́li/kɔ́li] *n.* コリー犬《スコットランド原産, もともと羊の番犬》.

cól·lier [kɑ́ljər/kɔ́liə] *n.*〘おもに英〙**1** 炭坑夫. **2** 石炭船; 石炭船の船員.

cól·lier·y [kɑ́ljəri/kɔ́l-] *n.* 炭坑, 採炭所.

cól·li·gate [kɑ́ligèit/kɔ́l-] *vt.* 結ぶ, 結合させる;〘論〙<離ればなれの事実を> 総括する, 総合する. [√lig-] ◇ **còl·li·gá·tion** [ˌ–géiʃ(ə)n] *n.*

cól·li·mate [kɑ́limèit/kɔ́l-] *vt.*〘光〙照準〔視準〕する; <レンズ・光線を> 平行にする.
◇ **-ma·tor** [-ər] *n.* 視準儀. **còl·li·má·tion** [ˌ–méiʃ(ə)n] *n.* 視準.

col·lín·e·ar [kəlíniər/kɔl-] *a.*〘数〙同一線上にある, 共線的な. ◇ **～·ly** *ad.*

cól·lins [kálinz / kɔ́l-] *n.* (しばしば C〜) カクテルの一種《長いグラスに入れる》.

‡col·lí·sion [kəlíʒən] *n.* 衝突;〘意見・利害などの〙不一致, 抵触. → 動詞 collide. ***come into*** 〜 (***with***) (と) 衝突する. 〜 **mat** 防水マット《船が衝突したとき生じる破損孔をふさぐ》.

cól·lo·cate [káləkèit/kɔ́l-] *vt.* **1** いっしょに置く, 並置する. **2** (適切に) 配置する〔並べる〕. [√loc-]

còl·lo·cá·tion [kàləkéiʃ(ə)n/kɔ̀l-] *n.* **1** 並置; 配列. **2**〘文〙《特に文の中の》語の配列; 連語.

col·lóc·u·tor [kəlákjutər, káləkjù:tər/kɔ́ləkju:-] *n.* 対話者, 対談者.

col·ló·di·on [kəlóudiən], **-um** [-diəm] *n.*〘化〙コロジオン《フイルム製造・傷口塗布などに用いる溶液》.

col·lógue [kəlóug] *vi.*〘方〙密談する; 陰謀を企てる; 共謀する.

cól·loid [kálɔid/kɔ́l-] *n.*〘化〙コロイド, 膠状(こうじょう)体, にかわ質. ↔ crystalloid. —— *a.* コロイド(状)の. ◇ **col·lói·dal** [kəlɔ́idl] *a.*

cól·lop [káləp/kɔ́l-] *n.* **1**〘英方〙《特にベーコンなどの》薄い肉片; 薄片. **2**〘古〙《肥えた人または動物の》皮膚のひだ.

colloq. colloquialism; colloquial(ly).

col·ló·qui·al [kəlóukwiəl] *a.* 会話体の, 話しことばの, 口語体の: a 〜 expression 口語〔会話〕的表現. → literary. [√loqu-]
◇ 〜**·ism** [-ìz(ə)m] *n.* 口語(体); 口語的表現〔語句〕. 〜**·ly** [-i] *ad.* 口語で, 話しことばで(は).

col·ló·qui·um [kəlóukwiəm] *n.* 合同討議, グループ討論;《比較的小さな》会議.

cól·lo·quy [káləkwi/kɔ́l-] *n.* **1** 対談, 会話; 討議. **2**《長老教会派の》教務会.
◇ **-quist** *n.* 対談の相手.

cól·lo·type [kálətàip/kɔ́l-] *n.*〘印〙コロタイプ(版); コロタイプ印刷物. —— *vt.* 〜で印刷する.

col·lúde [kəlú:d] *vi.* 共謀する, (ひそかに)結託する《と *with*》. [√lud-]

col·lú·sion [kəlú:ʒ(ə)n] *n.* 共謀, なれあい. ***act in*** 〜 ***to*** (do) 共謀して…しようとする. ***in*** 〜 ***with*** …とぐるになって.

col·lú·sive [kəlú:siv] *a.* 共謀の, なれあいの: a 〜 agreement on prices 価格協定. ◇ 〜**·ly** *ad.*

cól·ly [káli/kɔ́li] *vt.*〘英方〙(石炭粉で) 真っ黒によごす. —— *n.* すす.

col·lýr·i·um [kəlíriəm] *n.* (*pl.* **-a** [-riə], **-ums**) 目薬, 洗眼剤.

cól·ly·wòb·bles [káliwàblz/kɔ́liwɔ̀b-] *n. pl.*〘話〙腹痛, 腹鳴り.

Cól·ney [kóuni] 〜 ***Hatch*** 精神病院《ロンドンの同名の病院から》.

Colo. Colorado.

cól·o·cynth [káləsinθ/kɔ́l-] *n.* コロシント《一種のウリ科の植物》; その果肉でつくる下剤.

Co·lógne [kəlóun] *n.* **1** ケルン《ドイツのライン川に臨む都市. Köln》. **2** (または c〜) オーデコロン (＝eau de 〜), コロン化粧水 (＝〜 water).

Co·lóm·bi·a [kəlʌ́mbiə/-lɔ́m-, -lʌ́m-] *n.* コロンビア《南アメリカ北西部の共和国》. ≒Columbia.

Co·lóm·bo [kəlʌ́mbou] *n.* コロンボ《Srilankaの首都》.

***có·lon**[1] [kóulən] *n.* **1** (*pl.* 〜**s**) コロン《: の記号. 説明句・引用句の前などに用いて, 文・節の休止符と区別する》. **2** (*pl.* **-la**) 詩句《2—6 脚で主要アクセントの一つ》.

có·lon[2] *n.* (*pl.* 〜**s**, **có·la** [kóulə])〘医〙結腸.

co·lón[3] [kolóun] *n.* (*pl.* **-lóns**, **-ló·nes** [-lóuneis]) コスタリカの銀貨; エルサルバドルの銀貨.

***cólo·nel** [kə́:rn(ə)l] *n.* **1** 陸軍大佐; 連隊長. **2**《尊称として人名の前につけて》…閣下. 〈注〉最初の1の字と発音の関係に注意. 〜 **commandant**〘英〙旅団長. ◇ 〜**·cy**, 〜**·ship** *n.* 陸軍大佐の位〔職〕.

***co·ló·ni·al** [kəlóuniəl] *a.* **1** 植民(地)の; 植民地風の. **2** (しばしば C〜)〘米〙植民地時代の; 古くさい: the old 〜 days アメリカのイギリス領植民地時代. **3**〘建築・家具が〙コロニアル スタイルの, 植民地時代様式の〔をまねた〕. **4**〘生〙群落の, 群体の. —— *n.* 植民地の住民.
C〜 Office, the〘英〙植民省.
◇ 〜**·ism** *n.* **1** 植民地主義, 植民政策. **2** 植民地風〔かたぎ〕;〘米〙旧弊 (主義). 〜**·ist** *n.*

‡cól·o·nist [kálənist/kɔ́l-] *n.* **植民地人**, (海外) **移住民**, 入植者, 植民地開拓者.

cól·o·nize [kálənàiz/kɔ́l-] *vt.* **1** 植民地化する, に入植する: England 〜*d* Australia. イギリスはオーストラリアに植民地を開拓した. **2** 入植〔移住〕させる: 〜 laborers in a mining region 労働者を炭鉱地区へ移住させる. **3** 〈植物などを〉移植する. **4**〘米〙〈有権者を〉一時移住させる《選挙投票のために》. —— *vi.* **1** 植民地をつくる. **2** 植民地に定住〔移住〕する.
◇ **-niz·er** *n.* 入植者; 移民;〘米〙移入有権者.
còl·o·ni·zá·tion [kàlənizéiʃ(ə)n, -naiz-/kɔ̀l-] *n.*

còl·on·náde [kàlənéid/kɔ̀l-] *n.* **1**〘建〙コロネード, 列柱, 柱廊. **2** 並み木.
◇ **-nád·ed** [-id] *a.* 柱廊を備えた.

‡cól·o·ny [káləni/kɔ́l-] *n.* **1** 植民地; 植民〔移民〕団. **2**《集合的》在留外(国)人, 居留民; 居留地(区), 租界; …人街: the Italian 〜 in New York ニューヨークのイタリア人街. **3**《おなじ人種・同業者などの》集団, 部落: a 〜 of artists 美術家部落. **4**〘動〙群棲(ぐんせい);〘植〙群落. **5**〘ローマ史〙征服植民地;〘ギリシア史〙自治植民都市. ***summer*** 〜 避暑地. ***the C〜ies***〘米史〙独立以前の北アメリカ東部13州のイギリス植民地. [√col-]

cól·o·phon [káləfàn, -fən/kɔ́ləfən, -fɔn] *n.* (昔の) 本の奥付け, 巻尾飾り. ***from title page to*** 〜 とびらから奥付けまで, 全巻すっかり.

cól·o·pho·ny [káləfòuni, kəláfəni/kəlɔ́fəni] *n.* 樹脂, 松やに.

†cól·or, ㊎ **cól·our** [kʌ́lər] *n.* **1 色**, 色彩; 着色, 色調;《絵の》明暗. **2 顔料**, 染料; (*pl.*) 絵の具. **3 顔色**, 血色, (顔の) 赤み; 赤面 (blush), 紅潮. **4**《皮膚の》有色,《特に》黒色: a person of 〜 有色人, 黒人. **5**《土地の》**特色**;《個人の》個性;《音の》音色;《文学作品などの》特色, あや: a local 〜 地方色. **6 外観**, …の味; よそおい, 見せかけ, 口実: a 〜 of truth 真実らしさ. **7** (*pl.*) 記章, バッジ, リボン; 色服《黒・白以外の色の服》. **8** (*pl.*) 国旗; 軍旗, 艦旗, 船旗;〘米:海軍〙艦旗掲揚〔降下〕式.
change 〜 顔色を変える; 赤く〔青く〕なる. ***come off with flying*** 〜***s*** 大成功を収める, みごとにやってのける. ***complementary*** 〜***s*** 余色《これを混ぜると白色か灰色になる色》. ***fading*** 〔***fast***〕 〜 さめやすい色〔不変色〕. ***fundamental*** 〔***primary***〕 〜***s*** 原色. ***gain*** 〜 血色がよくなる. ***get*** one***'s*** 〜***s***〘運〙選手になる. ***give a false*** 〜 ***to*** 〈陳述・行為などを〉まことしやかに見せる, 〈事実を〉まげて伝える. ***give*** 〔***lend***〕 〜 ***to*** 〈話など〉をもっともらしく見せる. ***in*** 〜(***s***) 彩色つきの〔で〕: an illustration *in* 〜(*s*) カラーさし絵. → in black and white. ***in*** one***'s true*** 〜***s*** 本性をあらわして. ***join the*** 〜***s*** 入隊する. ***lay on the*** 〜***s*** (***too thickly***) (こてこてに) 粉飾する; 書き〔ほめ〕立てる, 大げさに話す. ***lose*** 〜 色を失う, 青ざめる. ***nail*** one***'s*** 〜***s to the mast*** 主義をまげぬ. ***off*** 〜 元気なく; 悪趣味で. ***paint*** a thing ***in bright*** 〔***dark***〕 〜***s*** はでに〔じみに〕描く; ほめて〔くさして〕言う. ***put false*** 〜***s upon*** をわざわざ曲解する. ***sail under false*** 〜***s*** 国籍を偽って航行する; 世の中を偽って生きていく. ***salute the*** 〜***s*** 軍旗に対して敬礼する. ***secondary*** 〜***s*** 等和色, 混合色《2原色を混ぜた色》. ***see the*** 〜***s of*** a person***'s money*** (人)から支払いを受ける. ***see***

things in their true ~*s* 物事の真相を見きわめる. *serve with the* ~*s* 兵役に服する. *show* one's ~*s* 本性をあらわす; 態度を明らかにする. *stick to* one's ~(*s*) 自己の主義を堅く守る. *strike* one's ~*s* 降参する. *under* ~ *of* を口実にして. *with the* ~*s* 軍隊にはいって, 現役に服して.
—— *vt.* **1** に着色〔彩色〕する; 染める. **2** 〈顔を〉赤らめる《*up*》. **3** に色彩〔光彩〕を添える; 粉飾する, 〈話などに〉色をつける: ~*ed* by prejudice 偏見にゆがめられる. **4** 特色づける. —— *vi.* **1** 色づく, (色に)染まる. **2** 〈顔が〉赤らむ, 赤面する《*up*》.
~ **bar** 《黒・白人間の》人種的障害, 人種差別. ~**-bèar·er** 旗手. ~**-blind** [-blàind] 色盲の. ~ **box** 絵の具箱. ~**·cast** [⌐–⌐]〔米〕カラーテレビ放送; カラーで(テレビ)放送する. ~**·fast** →別項. ~ **film** カラーフイルム;〔映〕色彩映画. ~ **guard** 〔軍〕軍旗衛兵. ~ **line** [**distinction**]〔米〕《政治的・社会的の》黒人と白人の差別. ~**·man** [-mən] (*pl.* **-men** [-mən]) 絵の具屋; 塗料商. ~ **matching** 《色彩・照明の》色の配合. ~ **meter**〔写〕カラーメーター, 色度計. ~ **mixture** 混色. ~ **photo** [**photography**] カラー写真〔写真術〕. ~ **print** カラー印画; 色刷り版画. ~ **scheme** 色彩配合設計《室内装飾・庭園などの》. ~ **television** カラーテレビ(= ~ TV). ~ **wash** どろ絵の具.
◇ ~**·a·ble** [kʌ́lərəbl] *a.* **1** 着色できる. **2** もっともらしい; 見せかけの, 虚偽の. ~**·a·bly** [kʌ́lərəbli] *ad.*

Còl·o·rád·o [kɑ̀lərǽdou, -rɑ́ː-/kɔ̀lərɑ́ːdou] *n.* コロラド《アメリカ西部の州》. ~ **beetle** 〔虫〕トスジハムシ, コロラドカブトムシ《ジャガイモの害虫》. ~ **Springs** コロラドスプリングス《Colorado 州の中央部の避暑地》.

còl·or·á·tion, ㊥ **còl·our·á·tion** [kʌ̀ləréiʃ(ə)n] *n.* 着色法; 配色; 色彩. *protective* ~ 保護色.

còl·o·ra·tú·ra [kʌ̀lərət(j)úː(ː)rə/kɔ̀lərətúərə] *n., a.* 〔楽〕コロラチュラ《声楽の装飾的技巧を要する部分》(の); コロラチュラ歌手(の). [<It.]

***cól·ored,** ㊥ **cól·oured** [kʌ́lərd] *a.* **1** 着色した, 彩色の. **2** …色の: cream-~ クリーム色の. **3** 有色(人)の,〔米〕《特に》黒人の: ~ people. **4** 文飾を施した, 誇張した. **5** 偽りの, うさんくさい. **6** 偏見の, 色めがねで見た: overcome one's ~ beliefs 自分の偏見を克服する. ~ **stone** ダイヤ以外の宝石. ~ **water** アルコール分のない色つき飲み物《バーなどでホステスが売り上げを多くするために飲む》.

cól·or·fast [-fæ̀st/-fɑːst] *a.* 耐色性の.

‡**cól·or·ful,** ㊥ **cól·our·ful** [kʌ́lərf(u)l] *a.* **1** 色彩豊かな, 極彩色の. **2** 絵のような; はでな. **3** 生彩のある.

còl·or·íf·ic [kʌ̀lərífik/kɔ̀l-] *a.* 色彩を生じる〔与える〕; 色の.

còl·or·ím·e·ter [kʌ̀lərímitər] *n.* 比色計, 色度計.

cól·or·ing, ㊥ **cól·our·ing** [kʌ́ləriŋ] *n.* **1** 着色(法), 彩色(法). **2** 絵の具, 色素: food ~ 食紅(など). **3** 〔顔の〕血色. **4** 潤色; 見せかけ, 外観: a story with a ~ of truth もっともらしい話. ~ **book** 塗り絵本《輪郭だけが印刷されている》. ~ **matter** 絵の具, 染料; 色素.

cól·or·ist, ㊥ **cól·our·ist** [kʌ́lərist] *n.* 色彩派の画家; 文体華麗な作家.

***cól·or·less,** ㊥ **cól·our·less** [kʌ́lərlis] *a.* **1** 色あせた, くすんでいる; 無色の. **2** 血の気がない. **3** 精彩を欠く, 特色のない. **4** 潤色のない; 公平な, 中立の. ◇ ~**·ly** *ad.* ~**·ness** *n.*

cól·or·y, ㊥ **cól·our·y** [kʌ́ləri] *a.* 〔商〕色のよい; 《コーヒーなどが》色のよい, 品質のよい.

***co·lós·sal** [kəlɑ́sl/-lɔ́s-] *a.* **1** 巨大な; Colossus のような. **2**〔話〕途方もない, すばらしい.

Còl·os·sé·um [kɑ̀ləsíːəm/kɔ̀ləsíəm] *n.* コロシウム《ローマの大円形演技場》.

Co·lós·sian [kəlɑ́ʃ(ə)n/-lɔ́ʃ-] *n.* Phrygia の古都〕コロサイ(Colossae)の住人; (*pl.*)〔聖〕コロサイ書. —— *a.* ~の.

co·lós·sus [kəlɑ́səs/-lɔ́s-] *n.* (*pl.* **-si** [-sai], **-sus·es**) 巨像; 巨人; 巨大な物; (C~) Rhodes 島にある Apollo 神の像.

co·lós·trum [kəlɑ́strəm/-lɔ́s-] *n.* 初乳〔出産後最初に出る母乳〕.

co·lót·o·my [kəlɑ́təmi/-lɔ́t-] *n.* 〔医〕結腸切開(術).

cól·our, etc. 〔英〕= color, etc.

cól·por·teur [kɑ́lpɔ̀ːrtər/kɔ́lpɔːtə] *n.* 《書物などの》行商人, 聖書行商頒布人.

colt [koult] *n.* **1** 子馬《4歳くらいまでの雄》. **2** 若造, 未熟な者;〔英〕《職業クリケット団の》新前. **3** 〔海〕《刑罰に用いる》なわむち. —— *vt.* なわむちで打つ. ~**s·foot** →別項. ~ **tail** ちぎれ雲.
◇ ~**·ish** *a.* 子馬のような; じゃれる; 気ままな.

Colt [koult] *n.* コルト拳銃(けんじゅう)(= ~ revolver)《発明者 Samuel Colt の名から》.

cól·ter [kóultər] *n.* 《すきの柄につけた》草切り刃.

cólts·foot [kóultsfùt] *n.* (*pl.* ~**s**) 〔植〕フキタンポポ.

cól·u·brine [kɑ́ljubràin, -brin/kɔ́ljubrain] *a.* ヘビの(ような).

còl·um·bá·ri·um [kɑ̀ləmbέ(ː)riəm / kɔ̀ləmbέər-] *n.* (*pl.* **-a** [-riə]) **1** 《古代ローマの catacomb の中にある》遺骨安置所, 納骨堂. **2** ハト小屋.

Co·lúm·bi·a [kəlʌ́mbiə] *n.* **1** 〔雅〕アメリカ. **2** South Carolina 州の州都. **3** コロンビア大学《New York 市にある》. ≒Colombia. ***British*** ~ カナダの西南部の一州の名. ***District of*** ~ コロンビア特別地区《アメリカの首都ワシントンの所在地. 略D.C.》.

Co·lúm·bi·an [kəlʌ́mbiən] *a.* アメリカ(合衆国)の; Columbus の. —— *n.* (c~)〔印〕16ポイント活字.

cól·um·bine [kɑ́ləmbàin/kɔ́l-] *a.* ハトの(ような). —— *n.* 〔植〕オダマキ; (C~)〔劇〕女道化役者《Harlequin の相手役》.

co·lúm·bi·um [kəlʌ́mbiəm] *n.* 〔化〕コロンビウム (niobium)《金属元素. 記号 Cb》.

Co·lúm·bus [kəlʌ́mbəs] *n.* **1** Christopher ~, 1446?–1506, イタリアの航海者で, 西インド諸島の発見者. **2** アメリカ Ohio 州の州都. **3** アメリカ Georgia 州の都市. ~ **Day** 〔米〕コロンブス(アメリカ大陸発見)記念日《10月12日で発見は1492年》.

còl·u·mél·la [kɑ̀ljuméla/kɔ̀l-] *n.* (*pl.* **-lae** [-liː]) 小柱; 〔動〕軸柱《巻き貝の》; 〔植〕子柱, 果軸.

‡**cól·umn** [kɑ́ləm/kɔ́l-] *n.* **1** 〔建〕柱, 円柱, 支柱; 柱状の物: a ~ of smoke 一筋の煙. **2** 〔印〕段, 縦行; 〔新聞〕欄, 特別寄稿欄: ad ~*s* 広告欄. **3** 〔数〕《行列式の》列. **4** 〔軍〕縦隊; 《艦船の》縦列. **5** 〔米〕《党派・候補者の》後援会. **6** 〔植〕《おしべの》ずい柱. ~ ***of figures*** 縦に並べた数字. ~ ***of fours*** 4列側面縦隊. ~ ***of the nose*** 鼻柱. ~ ***of water*** [***mercury***] 水〔水銀〕柱. ***fifth*** ~ 第五列. ***in*** ~ ***of sections*** [***platoons, companies***] 〔軍〕分隊〔小隊, 中隊〕縦隊で. ***in our*** [***these***] ~***s*** 〔新聞〕本欄で, 本紙上で.
◇ ~**ed** [-d] *a.* 円柱のある, 柱でささえた; 柱状の.

co·lúm·nar [kəlʌ́mnər] *a.* 円柱(状)の, 円柱でできた; 〔印〕縦欄配置の.

co·lùm·ni·á·tion [kəlʌ̀mniéiʃ(ə)n] *n.* **1** 〔建〕円柱構え; 《集合的》柱. **2** 《印刷ページの》段分け.

cól·um·nist [kɑ́ləm(n)ist/kɔ́l-] *n.* 〔米〕《新聞の》特約寄稿家, (署名入り)コラム担当者.

co·lúre [kəljúər, ㊥⁺kóuljuər] *n.* 〔天〕分至経線. ***the equinoctial*** ~ 二分経線. ***the solstitial*** ~ 二至経線.

cól·za [kɑ́lzə/kɔ́l-] *n.* 〔植〕油菜の一種.
~ **oil** (菜)種油.

com- *pref.*「ともに(=同伴・共同)」「全く(=完結)」の意. 〈注〉b, p, m の前ではこのままの形; l の前では col-; r の前では cor-; 母音および h, gn の前では co-; そのほかのばあいは con- に変わる.

Com. Commander; Commission(er); Committee; Commodore. **com.** comedy; comic; comma; commentary; commerce; commercial; common(ly); communication; community.

có·ma[1] [kóumə] *n.* 〘医〙昏睡(こんすい).

có·ma[2] *n.* (*pl.* **-mae** [-miː]) **1**〘天〙コマ《彗星(すいせい)の核のまわりの星雲状のもの》. **2**〘光〙コマ《レンズの収差の一》. **3**〘植〙種綿《種子にはえている綿毛》.

Co·mán·che [kəmǽntʃiː] *n.* コマンチ族《昔は Wyoming 州から Texas 州一帯の大平原に, いまは Oklahoma 州に住んでいる原住民》; コマンチ語.

co·máte[1] [kouméit, ⌐—] *n.* 仲間, 相棒.

có·mate[2] [kóumeit] *a.* 毛状の; 種綿を備えた.

cóm·a·tose [kámətòus, kóumə-/kóumə-] *a.* 〘医〙昏睡(こんすい)状態の; ぼんやりした.

‡**comb**[1] [koum] *n.* **1** くし; すき機; くし状の物. **2**《鶏の》とさか; とさか状の物《波がしら・山頂など》. **3** ハチの巣(=honeycomb). **4** ねじ切り具. ***cut the ~ of*** の高慢な鼻をへし折る.

—— *vt.* **1**〈頭髪・動物の毛などを〉**くしけずる**, すく. **2** くしのように用いる: ~ one's finger through one's hair 指で髪をすく. **3**〈ごみなどを〉すいて除去する《比喩的にも》: The cowards were ~*ed* from the group. 弱虫がグループから除かれた. **4**〈風が〉…の上をさっと吹く, にさざなみを立てる. **5**(捜して)かき回す, 徹底的に捜す: She ~*ed* the files for the missing letter. なくなった手紙を捜して書類とじをくまなく調べた.

—— *vi.* 〈波が〉波がしらを立ててさかまく〔砕ける〕: ~*ing* waves 波がしらの白い波. **~ *off*** 〈毛髪のごみなどを〉すき取る. **~ *out*** 〈髪を〉とく, すいて整える; 〈不純物などを〉えり出す〔除く〕, 〈不要の人員を〉整理する; 〈新兵を〉かき集める; 〈警察が犯人の隠れがを〉手入れする. **~-out** →別項.

comb[2] [kuːm] =coomb.

‡**cóm·bat** [kámbæt, kʌ́m-/kɔ́mbət, kʌ́m-] *n.* **1** 戦闘. **2** 格闘, 決闘, 果たし合い. **3** 論争. ***single ~*** 一騎打ち.

—— [㊍ +kəmbǽt] *v.* (**-t-**, ㊐ **-tt-**) *vt.* と戦う, を相手に抗争する. —— *vi.* 戦う, 格闘する《と *with, against*》; 奮闘する《のために *for*》. [√bat(t)-]

~ boots [**shoes**] 戦闘ぐつ. **~ car**〘米〙戦車. **~ fatigue** 戦争神経症. **~ ration**《戦闘用の》携帯口糧. **~ unit** 戦闘部隊.

〔類〕→ **fight**「戦い」

cóm·bat·ant [kámbət(ə)nt, kʌ́m-, kəmbǽt(ə)nt/kɔ́mbət(ə)nt, kʌ́m-] *a.* **1** 戦いの, 戦争に臨む; 格闘する. **2** 戦闘的, 好戦的. —— *n.* **1** 戦闘員. ↔ non-combatant. **2** 格闘する人. **~ officer** 兵科将校《軍医・経理部員などに対して》.

cóm·ba·tive [kámbətiv, kʌ́m-, kəmbǽtiv/kɔ́mbətiv, kʌ́m-] *a.* 戦闘的, けんか早い.
◇ **~·ly** *ad.* **~·ness** *n.*

combe *n.* =coomb.

cómb·er [kóumər] *n.* **1**《羊毛・綿などを》すく人; すく機械〔道具〕. **2** 寄せ波, 長い白波.

‡**còm·bi·ná·tion** [kàmbinéiʃ(ə)n/kɔ̀m-] *n.* **1** 結合, 組み合わせ; 連合, 共同(動作);《色などの》配合. **2** (*pl.*)〘英〙コンビネーション《上下一続きの下着》. **3**〘化〙化合; (*pl.*)〘数〙組み合わせ, 結合. **4**《錠などをあける》組み合わせ番号; 文字合わせ錠. **5** サイドカー付きオートバイ. ***in ~ with*** と共同〔協力〕して. ***make a strong ~*** よい組み合わせとなる.

~ car〘米〙混合列車《一, 二等または客車と貨車の》. **~ door** 網戸などが取りはずしできる屋外戸. **~ lock** 数字合わせ錠. **~ room**〘ケンブリッジ大学〙特待校友の食後休憩室.

cóm·bi·na·tive [kámbinèitiv, kəmbáinət-/kɔ́mbinət-, -neit-] *a.* 結合した; 結合による.

‡**com·bíne** [kəmbáin] *vt.* **1 組み合わす**, 結合する; 取り合わせる, 〈色などを〉配合する: ~ business *with* pleasure 仕事と楽しみを兼ねる. **2** 兼ね備える, 併有する: ~ the gifts of scholar and poet 学者と詩人との才を兼備する. **3** 一つにする, 合同する: ~ efforts 協力する. a ~*d* parlor and sitting room 客間兼居間. **4**〘化〙化合させる.

—— *vi.* **1** 結合する; 連合〔協力〕する; 合同する: Everything ~*d* to give me this impression. あらゆることがいっしょになってこういう印象を与えた. Everything is ~*ning* against me. なにもかもうまくいかない. Clay ~*s with* water. 粘土は水と結合する. **2**〘化〙化合する. ***be ~d in*** 化合〔結合〕して…になる.

—— [kámbain, kəmbáin/kɔ́mbain, kəmbáin] *n.* **1** 企業合同, カルテル; 《政治上の》合同. **2** [kám-/kɔ́m-]〘農〙コンバイン《刈り取りと脱穀が同時にできる機械》. [con-+√bi-[2]]

cómb·ing [kóumiŋ] *n.* 〘織〙梳毛(そもう); (*pl.*) すき取った毛. **~ machine** 梳毛機.

cóm·bo [kámbou/kɔ́m-] *n.* 〘米〙コンボ《小編成のジャズバンド》.

cómb-out [kóumàut] *n.* 《シラミなどの》いっせい退治;《新兵の》徹底徴募;《容疑者の》いっせい検索.

com·bús·ti·ble [kəmbʌ́stəbl] *a.* 燃えやすい, 可燃性の; 激しやすい. —— *n.* (通例 *pl.*) 可燃性のもの. ◇ **com·bùs·ti·bíl·i·ty** [-bʌ̀stəbíliti] *n.*

com·bús·tion [kəmbʌ́stʃ(ə)n] *n.* **1** 燃焼;《有機体の》酸化. **2** 興奮; 騒ぎ. ***spontaneous ~*** 自然発火. **~ chamber**《エンジンの》燃焼室.

comdg. commanding. **Comdr.** Commander. **comdt.** Commandant.

†**come** [kʌm] *v.* (**came** [keim]; **come** [kʌm]) *vi.* **1 来る**, やってくる, 近づいてくる;《話し相手のところへ, もしくは話し相手の行く方へ》行く. 〈注〉come, go はそれぞれ「来る」,「行く」の訳語に必ずしも一致しない: I'm *coming* in a minute. いますぐ参ります《あなたのところへ》. I'm *coming* with you. いっしょに行きます《あなたの行く方へ》. May I *come* to your house? お宅へ伺ってもよろしいですか. He's *coming*. 彼が来た《彼が来るのを見て》. He's soon *coming* home. 彼はじきに帰ります《あなたと私がいるここへ》. 比較: I'm *going* home. 家へ帰ります《いま私のいるここから》.

2〈時機・季節などが〉到来する;《to ~ を形容詞的に用いて》来たるべき, 将来の: Winter has ~. 冬が来た. the years *to* ~ 来たるべき年月. the world *to* ~ 未来の世界, 来世.

3 達する, 届く: The dress ~*s* to her knees. 着物がひざまで届く.

4 手にはいる, 売っている: Tooth paste ~*s* in a tube. 練り歯みがきはチューブ入りで売っている.

5〈事が〉**生じる, 起こる**;〈事・物が〉巡り来る, 訪れる: Whatever ~*s* to me, … なにが私の身の上に起ころうとも…. After pain ~*s* joy. 苦しみのあとには喜びが訪れる. Everything ~*s to* him who waits. 〘諺〙待てば海路のひよりあり.

6〈考えなどが〉浮かぶ: A good plan *came to* me. いい計画が浮かんだ.

7〈物が〉世にあらわれる, 生じる, 発生する, できあがる, 〈赤ちゃんが〉生まれる: Then *came* electricity. 次に電気が発明された. The wheat began to ~. 小麦が芽を出し始めた. The butter will not ~. バターがなかなか固まらない.

8 生じる《から *of*》, 起因する《に *of*》: Your illness ~*s of* drinking too much. ご病気は飲み過ぎが原因です.

9《…の》生まれである, 出身である《の *of, from*》: She ~*s of* an old family. あの婦人は旧家の出で

す. Where do you ～ *from*? お国はどちらですか.
10《to＋不定詞を伴って》…**するに至る**, …するようになる: How did you ～ *to know* that? どうしてそれがわかったのですか. 〈注〉become to (do) とはならない.
11《補語・状態を示す句を伴って》…の状態になる, …になる: Things will ～ all right. 万事よくなるよ. The work will ～ easy with a little practice. 少しやってみれば仕事はなんでもなくなる. It ～*s* cheap. その方が(結局)安くつく. ～ untied [undone] ほどける. ～ ten years old 10歳になる. ～ of age 成年になる.
12《副詞句を伴って》…の状態になる: ～ *into* sight 見えてくる. ～ *into* use 使用されるようになる. ～ *into* play 活動し始める.
13 合算して…になる; 要するに…になる, …に等しい: Your bill ～*s to* twenty dollars. お勘定は20ドルになります. What he says ～*s to* this. 彼の言い分はつまりこうだ.
14《定冠詞＋名詞を補語として》…のふるまいをする, …ぶる: ～ the moralist 君子ぶる. ～ the swell 偉そうにする.
15《命令; 促し・制止・注意など》**さあ! これ!**, まあまあ!; おい!: *C*～, tell me all about it. さあ, すっかり話してくれ. *C*～ now, don't be foolish. よせよ, ばかなことするな. *C*～, that will do. もう, それでけっこう.
16《仮定法現在を接続詞的に用いて》…が来ると: He will be ten ～ January. 1月が来ると10歳になる《if January come(s), ... の意から》. a week ago ～ Tuesday 次の火曜でちょうど1週間前. 〈注〉and を挿入(そうにゅう)することもある: *Come* summer *and* we shall meet again. 夏が来たらまた会おう.
—— *vt.* 『英』する, 行なう, 成し遂げる: He cannot ～ that. 彼にはそれができない.
～ *about* 〈事件が〉起こる; 〈風向きが〉変わる. **～ *across*** 〈海などを〉横切って来る, 渡って来る; 〈人・掘り出し物などに〉ふと出会う, 偶然見つける; 『米』(他人の)意見に賛成する; 支払い・義務を果たす; 白状する. **～ *across* one's *mind*** ふと心に浮かぶ. **～ *after*** を捜しに来る; を継ぐ; に続く. **～ *along*** やってくる; 〈道を〉通る; うまくやって行く, 同意する《と *with*》; 上達する, 成功する; 提出する《を *with*》; 《命令》いっしょにいらっしゃい; さあ早く. ***C～ and get it!*** 取りにいらっしゃい; 『話』(さあ来てお食べ →)御飯の用意ができました! **～ *and go*** (1) 行き来する: Money will ～ *and go.* 金は天下の回りもの. (2) 移り変わる, 入れ替わる. **～ *apart*** [***asunder***] 離れる, はがれる, ばらばらになる. **～ *around***＝～ round. **～ *at*** に達する; に手を伸ばす, を得る; (人に)近づく; を襲う: ～ *at* the truth 真実を発見する. **～ *away*** (1) 離れる, 取れる, はずれる; 《離れたところから》こちらへ来る: *C*～ *away!* こっちへいらっしゃい!; さあ行こう! (2) …という結果になる. ***C～ away with it!*** (それを)話してしまえよ. **～ *back*** (1) 帰ってくる, もどってくる; また流行する; 〈もとの状態に〉返り咲く, カムバックする, 回復する; 思い出される: His suggestions *came back* to me. 彼の提案を思い出した. (2) 『米』意識がもどる, 気がつく. (3) 『俗』口答えをする. **～ *before*** の前に[先に]来る; の前に提出される, の議題となる; …にまさる. **～ *between*** の中にはいる; の仲を裂く. **～ *by*** (1) …のそばを通る. (2) を手に入れる: ～ *by* money 金が手にはいる. (3) 『米』(通りがかりに)立ち寄る. **～ *clean*** 正直に言う, 自白する. **～ *close to*** (do)***ing*** ほとんど…するようになる; 危うく…する. **～ *down*** (1) おりる: ～ *down* the hill 丘をくだる. ～ *down from* the tree 木からおりる. (2) 《階上から》おりてくる. (3) 落ちてくる; 〈雨などが〉降る; 〈髪が〉たれる; 〈値が〉下がる; 〈人が〉落ちぶれる; くじける. (4) 〈建物・人が〉倒れる; 病気になる《で *with*》. (5) 伝来する, 伝わる. (6) 総計して[せんじつめて]…になる, 帰着する《に *to*》. (7) 『俗』支払う《を *with*》. **～ *down on*** [***upon***] を急襲する; 『話』を激しくしかる. **～ *forth*** 出てくる; 公表[出版]される. **～ *forward*** 進み[名のり]出る; (候補者として)立つ, 志願する. **～ *home*** 帰宅する, 帰国する; 『海』いかりが抜けて出る. **～ *home to*** one [***one's heart***] (人)の胸にこたえる, (人)にしみじみ感じられる, (人)にとっくりわかる. **～ *in*** (1) 家[へや]にはいる; 〈船が〉港にはいる, 〈汽車が〉ホームにはいる; 決勝にはいる《競技で》; 〈水・空気が〉浸入してくる; 〈あやまちなどが〉生じる: *C*～ *in!* おはいり. ～ *in* second 2着になる. That's where the mistake ～*s in.* そこにまちがいがあるのだ. (2) 〈金・収入が〉はいる; 資金が集まる. (3) 〈季節が〉始まる; 〈食品などが〉しゅんにはいる; 〈流行が〉始まる, はやりだす. (4) 《比喩的》登場する; 役に立つ, 力を発揮する: Where do I ～ *in*? 私の役目はなんだい, 私の立場はどうなる. Odds and ends will ～ *in* some day. がらくたもいつか役に立つ. Where does the joke ～ *in*? そのしゃれはどこがおもしろいのか? (5) 就任する; 当選する; 〈政党が〉政権につく. (6) 『米俗』〈動物が〉子を生む. (7) 共同する《と *with*》. **～ *in for*** 〈分け前・財産など〉をもらう, を受けとる: ～ *in for* praise おほめにあずかる. ～ *in for* a scolding 小言をちょうだいする. **～ *in handy*** 役立つ(ようになる). **～ *into*** (1) …にはいって来る, …にはいる: ～ *into* the world 生まれてくる. (2) 〈財産など〉を受け継ぐ: ～ *into* a fortune. (3) 〈計画〉に加わる; を支持する. **～ *into* one's *head*** 思い浮かぶ. **～ *it strong*** 『俗』思い切ってやる; 誇張する. **～ *near*** (に)匹敵する. **～ *near* (*to*)** (do)***ing*** もう少しで…するところ, 危うく…しようとする: ～ *near* being run over もう少しでひかれそうになる. **～ *off*** (1) 去る, 離れる; 〈船などから〉おりる; 〈馬から〉落ちる; 逃げる. (2) とれる, はがれる, 抜ける, 〈結び目が〉解ける. (3) やってくる, 行なわれる; 実現する, 成就する: The game will ～ *off* next week. 試合は来週行なわれる. ～ *off* well [badly] 成功[失敗]する. (4) 〈人が〉抜け出る; やりおおす: ～ *off* with a few scratches かすり傷少しで免れる. (5) 《補語を伴って》…となる: ～ *off* a victor [victorious] 勝利者となる. ～ *off* cheap たいした損をしないですむ; ひどい目に会わずにすむ. **～ *off it*** 『俗』見え[ばかな話など]をやめる. **～ *on*** (1) 近づく; 〈夜・冬などが〉やってくる; 〈発作・病気・苦痛が〉襲ってくる; 始まる; 〈雨などが〉降り出す: It *came on* to rain. 雨が降り始めた. (2) あとからついてくる: Go first. I'll ～ *on.* 先に出かけろ, あとから行くよ. (3) 襲いかかる, 突進する. (4) 前進する, 進歩する, はかどる; 発展する; 〈子どもなどが〉育つ: My picture is *coming on.* 絵ははかどっている. The team is *coming on.* チームは調子がでてきた. The harvest is *coming on.* 作物がよく育っている. (5) 〈劇が〉舞台にのる, 上演される; 〈役者が〉登場する. (6) 〈問題が〉持ち出される, 〈議案が〉上程される: ～ *on* for trial 公判に付される. (7) 《命令》こっちへいらっしゃい!, おいで!; さあこい!; かかってこい!; 《促し》さあ: *C*～ *on*, let's play. さあ遊びましょう. (8) 《間投的》なに言ってんだい!, まさか!, とんでもない! **～ *out*** (1) (外に)出る; 社交界に初めて出る, 初舞台を踏む; 〈芽が〉出る, 〈花が〉咲く; 〈日・月が〉あらわれる; 〈本が〉出版される, 《一般的》発売する《を *with*》; 〈秘密・本性などが〉あらわれる, ばれる; 〈数学の答えが〉でる, わかる. (2) 〈写真が〉…に写る; 写真に…に写る: The picture *came out* well. 写真がよくとれた. You ～ *out* well in that picture. あの写真のあなたはよくとれていますね. (3) 《結果》…になる: ～ *out* first 1等[首席]になる. (4) ストライキをする (＝～ *out on* strike). (5) 〈しみなどが〉とれる, 抜ける. (6) 支持する《を *for*》; 反対する《に *against*》. **～ *out with*** を口に出す, をもらす; を公表する. **～ *over*** (1) を渡ってくる; 渡来する, はるばるやってくる. (2)〖敵方から〗こちらへつく, 味方になる《へ *to*》. (3) の上をおおう；の身の上に起こる〔生じる〕；を襲う: This notion *came over* me last night. 昨夜この考えが突然浮かんだ. **～ *round*** (1) (を) 回ってくる, (を) 一周する. (2) 回り道して来る；(遠くから)やってくる, 達する；移る〖ほかの意見・立場へ〗, 同調〔同意〕する: *C～ round* to my place 〔and see me〕. 遊びにやってきたまえ. The story *came round to* him. うわさは彼の耳にまではいった. I have ～ *round to* your way of thinking. きみの考え方に賛成する気になった. (3) 元へもどる: The conversation ～*s round* to the same subject again and again. 話は何度もおなじ話題に逆もどりだ. (4) 意識を回復する；きげんをなおす. (5) <風が> 向きを変える. (6) <人を> だます, 抱き込む: You can't ～ *round* me with such yarns. そんな話にのせられるものか. **～ *through*** (1) (を)通って来る, (を)通り抜ける；(を)経験する, …をする: ～ *through* trials 〔an illness〕 苦労〔病気〕をする. (2) (を)抜け出る, (を)終わる；(を)成し遂げる, 成功する, <試験に> パスする；支払い終わる: ～ *through* without a scratch かすり傷も負わないで終わる. (3) <雨・水が> しみ通る. **～ *to*** (1) に達する, に至る: ～ *to* an end 終わる. ～ *to* the point 要点に触れる. (2) 結局〔合計〕…になる: The total ～*s to* sixty dollars. 合計で60ドルになる. What he knows does not ～ *to* much. あの男の知識はたいしたものじゃない. (3) 意識を取りもどす, 正気づく. (4) … (の状態) になる: ～ *to* blows なぐり合いになる. ～ *to* grief 不幸に会う, 失敗する. ～ *to* life 生き返る. ～ *to* light 明白になる. ～ *to* nothing むだに終わる, なにもなくなる. ～ *to* term 臨月になる. ～ *to* terms 仲直りする, 話がまとまる. ～ *to* a point 先がとがる. **～ *to oneself*** 〔***one's senses***〕 生き返る；意識を取りもどす；本心に立ち返る. ***～ to pass*** <事件が> 起こる, 発生する. ***～ to stay*** 永久化する, 長続きする；<外来の習慣などが> 土着してしまう. ***～ true*** 事実となる；<予言・予感などが> 実現する, 当たる: Your dream will ～ *true.* きみの夢は実現するだろう.

～ under (1) の下(もと)に来る〔はいる〕；の部門〔項目〕にはいる；<事務処理などが> …の担当である. (2) の影響を受ける〔こうむる〕: ～*under* a person's notice 人に気づかれる. ***～ up*** (1) (を)上がる, (を)のぼる: ～ *up* the hill 丘を登ってくる. (2) 上がる: *C～ up to* my room. (2階の) 私のへやに上がっていらっしゃい. (3) 上京する；《水面などに》浮かび上がる. (4) 《比喩的》浮き立つ, 引き立つ. (5) 昇進する, 出世する；〖英〗大学へ進む. (6) 近づく, やってくる；姿をあらわす；出頭する: Did you ～ *up* here to pick a fight? けんかを売りにここにやってきたのか. (7) 頭を出す, 芽を出す. (8) 起こる, 生じる. (9) 流行し始める. (10) 話にのぼる〔出る〕. ***～ up against*** に衝突する, …にぶつかる；に出くわす；<困難など>に立ち向かう. ***～ upon*** (1) に出会う. (2) をふと思いつく. (3) を襲う. (4) に頼みにくる, に要求する: ～ *upon* a person *for* something. (5) <仕事が> …の責任になる；<人が> …のやっかいになる. ***～ up to*** の方にやってくる；に達する, に届く；に匹敵する: ～ *up to* expectations 期待に応ずる. ***～ up with*** に追いつく；を提案する. ***～ what may*** なにが起ころうとも. ***～ within*** の内にはいる〔含まれる〕；の権限内である. ***First ～, first*** 〔***best***〕 ***served.*** 〖諺〗 早い者勝ち. ***How ～ …? = How ～s it that…?*** 〖話〗 どうして…ということになったか: Hey, *how* ～ you stayed overnight? やあ, どうしてきみは泊まったんだい. ***Light ～, light go.*** 〖諺〗得やすいものは失いやすい, 「悪銭身につかず」. ***when it ～s to*** …(の話・問題) となると.

<注> come に始まる合成語は, それぞれ別項.

come-át-a·ble [kʌmǽtəbl] *a.* 〖話〗 近づきやすい, 交際しやすい.

cóme·back [kʌ́mbæ̀k] *n.* **1**〖話〗カムバック, 《役者などの》返り咲き, 《人気などの》盛り返し: make a ～ 返り咲く. **2**〖米話〗口答え. **3**〖米俗〗不平のたね〔原因〕. ***have a ～ like a cork*** 元気にカムバックする.

COMECON Council for Mutual Economic Assistance 東欧経済相互援助会議.

***co·mé·di·an** [kəmíːdiən] *n.* 喜劇役者〔作者〕; おどけ者.

co·mè·di·énne [kəmìːdién / -mè(i)d-, -mìːd-] *n.* 喜劇女優；《一般的》女優. [<F.]

co·mè·di·ét·ta [kəmìːdiétə/-mèd-] *n.* 小喜劇《通例一幕物》. [<It.]

cóm·e·do [kámidòu/kɔ́m-] *n.* (*pl.* **～s**, **còm·e·dó·nes** [kàmidóuniːz/kɔ̀m-]) 〖医〗にきび.

cóme·down [kʌ́mdàun] *n.* 落ちぶれ, 零落；《名誉などの》失墜.

‡**cóm·e·dy** [kámidi/kɔ́m-] *n.* 喜劇；喜劇的な場面〔事件〕. ***light ～*** 軽喜劇. ***musical ～*** 喜歌劇. ◇ **co·mé·di·al** [kəmíːdiəl] *a.* **cóm·e·dist** [kámidist/kɔ́m-] *n.* 喜劇作家.

còme-híth·er [kʌ̀mhíðər, kəmíð-] *n.*, *a.* 誘惑(的な), おびき寄せ(るような).

cóme·ly [kʌ́mli] *a.* **1** 顔だちの整った, 美しい. **2** こぎれいな. **3** ふさわしい. ◇ **-li·ness** *n.*

cóme-on [kʌ́màn/-ɔn] *n.* 〖米俗〗誘い, わな；呼び物.

come-óut·er [kʌmáutər] *n.* 〖米俗〗《社会からの》離脱者；過激な改革主義者.

cóm·er [kʌ́mər] *n.* 来る人, 新来者；〖米話〗将来有望な人. ***all ～s*** 来る人全部, 申込者全部: Open to *all* ～*s*. 飛び入り歓迎. ***the first ～*** 先着者.

co·més·ti·ble [kəméstib(ə)l] *a.* 食べられる.
— *n.* (通例 *pl.*) 食料品.

‡**cóm·et** [kámit/kɔ́m-] *n.* 〖天〗彗星(すい), ほうき星. **～ seeker** 〔**finder**〕 彗星発見用望遠鏡《倍率は小さいが視野が広い》. **～ wine** その年のブドウ酒. **～ year** 著しく彗星のあらわれた年. ◇ **～·ar·y** [-èri/-əri], **co·mét·ic** [kəmétik] *a.* 彗星の(ような).

come·úp·pance [kʌmʌ́p(ə)ns] *n.* 〖米話〗当然の報い: get one's ～ for の当然の報いを受ける.

cóm·fit [kʌ́mfit] *n.* 砂糖菓子, ボンボン.

‡**cóm·fort** [kʌ́mfərt] *n.* **1** 慰め, 慰安. **2** 慰めとなるもの〔人〕; (*pl.*) 生活を楽にするもの, 楽しみ. **3** 安楽, 気楽；気楽な境涯(きょうがい): live in ～ 安楽に暮らす. **4**〖米〗掛けぶとん. **5**〖古・法〗助力. ***be a ～ to*** の慰めとなる. ***cold ～*** うれしくない慰め: It's a *cold* ～ to be told so. そう言い聞かされても慰めにはならない. ***creature*** 〔***bodily***〕 ***～*** 肉体的に楽しみを与えるもの《食物・衣服など》. ***give ～ to*** を慰める. (***public***) ***～ station*** 〔***room***〕〖米〗公衆便所. ***take ～ in*** に慰められる.
— *vt.* **1** 慰める；安楽にする. **2**〖古〗に助力する. [con- + √fort- 強める→元気づける]
～ stop〖米〗(バス旅行の) 休憩停車. **～ station** 《公園などの》休憩所, 便所.

‡**cóm·fort·a·ble** [kʌ́mf(ər)təbl] *a.* 気持ちのよい, 気楽〔安楽〕な, 苦痛〔困難〕のない; 〖話〗《収入が》十分な: a ～ chair 〔car〕 楽ないす〔乗りごこちのよい車〕. I am ～ in a new shirt. 新しいシャツを着て気持ちがよい. a ～ person to be with (つきあって) 気のおけない人.
— *n.* えり巻き;〖米〗掛けぶとん (comforter).

‡**cóm·fort·a·bly** [-i] *ad.* 気持ちよく；気楽〔安楽〕に, 苦痛〔困難, 不自由〕なく: be ～ off 暮らしが楽である. You cannot read ～ in this dim light. こう暗くては楽に字が読めない.

cóm·fort·er [kʌ́mfərtər] *n.* **1** 慰める人〔もの〕; (the C～) 聖霊. **2** 長い毛織りのえり巻き;〖米〗掛けぶとん. **3** ゴム製の乳首. ***Job's ～***〖聖〗慰めると見せて苦しめる人《ヨブ記 16:2》.

cóm·fort·less [kʌ́mfərtlis] *a.* 慰安のない, 味気ない, 寂しい. ◇ **～·ly** *ad.*
cóm·frey [kʌ́mfri] *n.* 〖植〗ヒレハリソウ《根茎と葉を薬用にする》.
cóm·fy [kʌ́mfi] *a.* 〖俗〗=comfortable.
*__cóm·ic__ [kámik/kɔ́m-] *a.* **1** 喜劇の, 喜劇風の. **2** こっけいな, おかしな. ―― *n.* **1** 喜劇性; おかしみ, おかしいところ. **2** 喜劇役者; (しばしば *pl.*)〖米〗連続漫画 (=～ strips); 漫画新聞〔雑誌, 映画〕.
～ opera 喜歌劇. **～ paper** こっけい新聞. **～ strip** (しばしば *pl.*) 連続漫画《数こまからなる漫画. 多く新聞などの連載漫画》.
◇ **cóm·i·cal** [-ik(ə)l] *a.* こっけいな, おかしな, 変な. **cóm·i·cal·ly** *ad.*
〔類〕→ **interesting**「おもしろい」
còm·i·cál·i·ty [kàmikǽləti/kɔ̀m-] *n.* こっけい; こっけいな物〔人〕.
Com.-in-Chf. Commander-in-Chief.
Cóm·in·form [káminfɔ̀:rm/kɔ́m-] *n.* コミンフォルム《共産党情報局. Communist Information Bureau (1947–56) の略》.
‡**cóm·ing** [kʌ́miŋ] *a.* **1** 近づく, きたる, 次の. **2**〖話〗新進の, (いま) 売り出しの. ―― *n.* 到来; (C～) キリストの再臨.
～ in 到着, 始まり; (通例 *pl.*) 収入.
Cóm·in·tern [kámintə̀:rn, ⊥ー⊥/kɔ́mintə:n] *n.* 国際共産党《世界革命のための組織. 1919年に組織, 1943年に解散》. [<(Third) *Com*munist *In*-*tern*ational]
COMISCO [kəmískou] *n.* 国際社会主義者会議委員会. [<*Com*mittee of the *I*nternational *S*ocialist *Co*nference]
cò·mi·tá(d)·ji =komita(d)ji.
co·mí·ti·a [kəmíʃiə] *n. pl.*《古代ローマの》市民会(議).
cóm·i·ty [káməti/kɔ́m-] *n.* 礼儀, 礼譲. **～ *of nations*** 国際儀礼《互いに他国の法律・慣習・決定などを重んずること》.
comm., Comm. commander; commerce; commission; committee; commonwealth.
*__cóm·ma__ [kámə/kɔ́mə] *n.* **1** コンマ, 句点《,》. **2**〖楽〗差音程. ***inverted ～s*** =quotation marks.
～ bacillus《コレラなどの》コンマ状細菌.
‡**com·mánd** [kəmǽnd/-má:nd] *vt.* **1** に命令する, に号令をくだす: ～ the people *to* be silent 人々に静かにしろと命ずる. **2** 指揮する, の指揮権をもつ; 司令する, 統御する. **3** <自己・感情を> 支配する, 押える. **4** 命ずる, 要求する: ～ silence 沈黙〔静粛〕を求める. ～ the people *to* be brought in (人人が連れてこられることを→) 人々を連れてくることを命ずる. **5** 獲得する, に価する; <他人の尊敬・同意などを> 得ないではおかない: ～ respect 尊敬に価する, 尊敬を得る〔集める〕. ～ a good price いい値で売れる. **6** 自由に使える, ほしいままにする, 所有する: ～ a skill 技能を身につけている. ～ a ready sale 飛ぶようにさばける. **7** 見おろす, 見晴らす: The tower ～*s* a fine view. 塔はすばらしい見晴らしがきく. a hill ～*ing* the sea 海を見おろす丘. ―― *vi.* **1** 命令する; 指揮する, 指揮権をもつ. **2** 見晴らしがきく. ***born to ～*** 生まれながらに人のかしらに立つべき. **～ one*self*** 自制する. **'～ *attention*** (人の)注意をひかずにはおかない. ***yours to ～*** 敬具《手紙の結語. 「ご命令を受くべき貴下の召使 (なる私)」の意から》.
―― *n.* **1** 命令, 号令; 指令, 言いつけ: I have his ～ *to* do so. そうしろと彼の命を受けている. **2** 指揮, 支配, 統御. **3** 支配力, 統御力; 駆使力;《ことば・外国語の》使いこなし, 流暢(りゅうちょう)さ;《資本などの》運用(高), 持ち合わせ: ～ *over* oneself 自制心. **4** 見晴らし;〖軍〗《要塞などを》見おろす位置. **5**〖軍〗管区; 旗下部隊. **6**《限定形容詞的に》司令の, 司令官による; 命令〔要求〕による.
at [***by***] ***a person's ～*** (人)の命により. ***be in ～ of*** を指揮する; を見おろす. ***chain of ～*** 指揮系統;《組織内の》「縦の関係」. ***get a ～*** 指揮官に任ぜられる. ***get the ～ of the air*** [***sea***] 制空〔制海〕権を得る. ***have a ～ of*** = ***have at*** one's ***～*** を自由に使える. ***have a good ～ of*** を自由に使いこなす. ***in ～ of*** を指揮して. ***second in ～*** 副司令官(の). ***take ～ of*** を指揮する. ***under*** (***the***) ***～ of*** の指揮下で. ***word of ～*** 号令. [√mand-]
～ car〖米〗司令官専用車. **～ module**《宇宙船》司令船. **～ performance** 天覧劇, 御前演奏. **～ post** 砲撃指揮所;〖米〗野戦司令所.
〔類〕→ **direct**「命ずる」
còm·man·dánt [kàməndǽnt, ⊥ー⊥/kɔ̀mən-dǽnt] *n.* 指揮官, 司令官.
còm·man·déer [kàməndíər/kɔ̀m-] *vt.* **1** <壮丁などを> 徴集〔徴用〕する; <物資を> 徴発する. **2**〖話〗無理やりに取る; <他人のものを> かってに使う.
‡**com·mánd·er** [kəmǽndər/-má:ndə] *n.* **1** 指揮官, 司令官. **2** 海軍中佐,《軍艦の》副長. **3** 上級騎士. ***lieutenant ～*** 海軍少佐. ***the C～ of the Faithful*** 大教主《回教国主 caliph の称号》. ***wing ～***〖英〗空軍中佐.
～ in chief (*pl.* **～s in chief**) 総司令官, 司令長官; 最高司令官.
◇ **～·ship** *n.* ～の位〔地位, 職権〕.
com·mánd·ing [kəmǽndiŋ/-má:nd-] *a.* **1** 指揮する. **2** いかめしい, 威圧的な, 威風堂々とした, 力強い. **3** 眺望(ちょうぼう)のきく.
～ officer 司令官, 部隊長. **～ ship** 旗艦.
com·mánd·ment [kəmǽn(d)mənt/-má:n(d)-] *n.* おきて, 戒律, 聖訓. ***the Ten C～s***〖聖〗モーセの十誡(じっかい)《シナイ (Sinai) 山上でモーセに神が与えた》.
com·mán·do [kəmǽndou/-má:n-] *n.* (*pl.* ～(**e**)**s**) **1** (しばしば C～)〖英〗特別攻撃隊(員)《第2次世界大戦の》. **2** 民兵軍《特に南アフリカ連邦の》.
com·méas·ure [kəméʒər] *vt.* と同一の広がり〔大きさ〕をもつ. ◇ **com·méas·ur·a·ble** [-ʒərəbl] *a.* 同一の広がり〔大きさ〕の.
comme il faut [kɔ̀:mi:lfóu/kɔ̀m-] F. (=as it should be) しかるべき, 上品な.
com·mém·o·ra·ble [kəmém(ə)rəbl] *a.* 記憶〔記念〕すべき.
*__com·mém·o·rate__ [kəmémərèit] *vt.* **1** 記念する; 祝う. **2** の賛辞を述べる; 敬う, 祭る. **3** の記念である〔となる〕.
com·mèm·o·rá·tion [kəmèməréiʃ(ə)n] *n.* **1** 記念, 祝賀. **2** 記念祭, 祝典. ***in ～ of*** を記念して, の記念に[の].
com·mém·o·ra·tive [kəmémərèitiv/-rət-] *a.* 記念の: a ～ stamp 記念切手. ―― *n.* 記念品.
◇ **～·ly** *ad.*
com·mém·o·ra·to·ry [kəmém(ə)rətɔ̀:ri/-təri] *a.* =commemorative.
‡**com·ménce** [kəméns] *vt.* 始める.
―― *vi.* **1** 始まる. **2**〖英〗学士号を受ける.
〔類〕→ **begin**「始める」
com·ménce·ment [kəménsmənt] *n.* **1** 始め, 開始. **2**〖おもに米〗学位授与式〔日〕, (大学)卒業式〔日〕. **～ day**〖米〗(大学) 卒業日.
*__com·ménd__ [kəménd] *vt.* **1** 勧める, ほめる, 推賞する; 推薦する. **2** ゆだねる, 託する. ***C～ me to…*** (1)〖古〗私から…にどうぞよろしく. (2)〖話〗私には…がいちばんよい;《しばしば反語的》(全く)…の方がりっぱだよ《…は困りものだ》. **～ one*self to*** に好印象を与える, の心をひきつける. [√mand-]
com·ménd·a·ble [kəméndəbl] *a.* ほめるべき, 推賞に価する, りっぱな.
◇ **～·ness** *n.* **-bly** *ad.* りっぱに.

còm·men·dá·tion [kàmәndéiʃ(ә)n/kɔ̀men-] *n.* **1** 推薦; 賞賛. **2** 委任, 委託.

com·ménd·a·to·ry [kәméndәtɔ̀:ri/-t(ә)ri] *a.* 推奨の; 賞賛の.

com·mén·sal [kәméns(ә)l] *a.* いっしょに食事をする;〘生〙共生的. —— *n.* 食事仲間;〘生〙共生動物〔植物〕. ◇ **~·ism** *n.* 共食生活;〘生〙共生.

com·mén·su·ra·ble [kәménʃ(ә)rәbl] *a.* **1**〘数〙通約できる《と *with*》. **2** 相応する, つりあった《に *to*》. **~ number** 〔**quantity**〕〘数〙尽数〔尽量〕.
◇ **com·mèn·su·ra·bíl·i·ty** [-mènʃ(ә)rәbíliti] *n.*

com·mén·su·rate [kәménʃ(ә)rit] *a.* **1** 同量〔同積〕の, 同大の, 同延の, 同時間の. **2** 比例した《と *to*》, ふさわしい《に *with*》.
~ commodities 見返り物資.
◇ **com·mèn·su·rá·tion** [kәmènʃәréiʃ(ә)n] *n.*

‡cóm·ment [kάment/kɔ́m-] *n.* **1** 注釈, 説明. **2** (短い)論評, 見解, 意見. ***no ~*** (なにも)言うことはない. —— *vi.* **1** 注釈する. **2** 批評〔論評〕する, 意見を述べる《について *on, upon*》. [√ment-]
◇ **~·er** *n.* 批評家.
(類) → **remark**「所見」

cóm·men·tar·y [kάmәntèri/kɔ́mәnt(ә)ri] *n.* **1** 注釈(書), 説明. **2** 批評.

cóm·men·ta·tor [kάmәntèitәr/kɔ́men-] *n.* **1** 注釈者. **2**《放送の》ニュース解説者; 実況放送者.

‡cóm·merce [kάmәrs, -mә:rs/kɔ́m-] *n.* **1** 商業; 通商, 貿易. **2** 交渉, 交際; 知的交渉; 社交; 性交. ***chamber of ~*** 商業会議所. [√merc-]
~ destroyer 通商破壊艦.

‡com·mér·cial [kәmә́:rʃ(ә)l] *a.* **1** 商業の, 商業に関する; 営利本位の. **2** 通商の, 貿易の. **3**〘米〙広告放送の;《放送局が》民営の. —— *n.*《テレビ・ラジオの》広告放送(番組).
~ agency 商業興信所. **~ agent** 代理商. **~ art** 商業美術《ポスター・陳列窓・商標の図案など》. **~ attaché** 《大・公使館付き》商務官. **~ bank** 商業銀行. **~ college** 商科〔商業〕大学, 商業専門学校. **~ law** 商法. **~ museum** 商品陳列館. **~ paper** 商業手形. **~ pursuits** 商業, 商事. **~ room** 〔**hotel**〕外交販売員の宿泊するへや〔宿〕. **~ transaction** 商取引. **~ traveller**〘英〙巡回〔外交〕販売人. **~ treaty** 通商条約.
◇ **~·ism** *n.* 商業主義〔精神〕, 営利本位. **~·ist** *n.* 商業本位の人. **~·ly** *ad.* 商業上, 商業的に; 通商上.

com·mèr·cial·ése [kәmә̀:rʃәlí:z] *n., a.* 商業「文用語(の).

com·mér·cial·ize [kәmә́:rʃәlàiz] *vt.* 商業化する; 商品化する, 市場に出す.
◇ **com·mèr·cial·i·zá·tion** [kәmә̀:rʃәlizéiʃ(ә)n, -laiz-] *n.* 商業〔商品〕化.

Cóm·mie, Cóm·my [kάmi/kɔ́mi] *n.* (ときにc~)〘米話〙共産党員; シンパ.

còm·mi·ná·tion [kὰminéiʃ(ә)n/kɔ̀m-] *n.*《神の》神罰の宣告. **~ service, the**〘イギリス国教〙大斎(たいさい)ざんげ.

com·mín·a·to·ry [kәmínәtɔ̀:ri, kάminә-/kɔ́minәtәri] *a.* 威嚇(いかく)の, 神罰を宣する. [√min-³]

com·mín·gle [kәmíŋgl/kɔ-, kә-] *vt.* 混ぜ合わせる. —— *vi.* 混じり合う.

cóm·mi·nute [kάmin(j)ù:t/kɔ́minju:t] *vt.* 粉砕する; 〈土地などを〉細分する.
◇ **còm·mi·nú·tion** [kὰmin(j)ú:ʃ(ә)n/kɔ̀minjú:-] *n.* 粉砕;〘医〙複雑骨折.

com·mís·er·ate [kәmízәrèit] *vt., vi.* あわれむ, ふびんに思う.

com·mìs·er·á·tion [kәmìzәréiʃ(ә)n] *n.* **1** あわれみ, 同情《への *on, upon*》. **2** 哀悼の辞.

com·mís·er·a·tive [kәmízәrèitiv/-rәtiv] *a.* あわれむ(ような), 同情する. ◇ **~·ly** *ad.*

còm·mis·sár [kὰmisά:r/kɔ̀m-] *n.*《ソ連の》人民委員《第2次大戦以後 minister と改称》.

còm·mis·sár·i·al [kὰmisέ(:)riәl/kɔ́misέәr-] *a.* **1**〘軍〙兵站(へいたん)監理の. **2**《ソ連の》人民委員の. **3**〘イギリス国教〙監督代理の.

còm·mis·sár·i·at [kὰmisέ(:)riәt/kɔ́misεәr-] *n.* **1** 兵站(へいたん)部; 糧食供給. **2**《ソ連の》人民委員部.

cóm·mis·sar·y [kάmisèri/kɔ́misәri] *n.* **1**〘軍〙兵站(へいたん)係将校. **2**〘米〙《軍隊・鉱山・木材伐採場の》物資配給所, 売店. **3** 代表者; 委員; 代理. **4**《ソ連の》人民委員. **5**〘イギリス国教〙監督代理. **6**《フランスの》警視.
~ general 兵站総監. **~ line** 兵站線.

‡com·mís·sion [kәmíʃ(ә)n] *n.* **1** 任務, 職権; 付託〔委任〕事項. **2**《任務・職権の》付託, 委託. **3** 委任状, 辞令. **4** 委員会. **5**〘軍〙《将校の》任官, 官位; 任官辞令. **6** 現役;《艦船の》就役. **7** 依頼, 頼みごと: I have a few *~s for* you. あなたにお願いしたい用件が二, 三あります. **8**〘商〙仲介, 取り次ぎ; 手数料, コミッション. **9** 罪〔過失〕を犯すこと.
get a (**one's**) ***~*** 将校に任官する. ***go beyond one's ~*** 越権行為をする. ***in ~*** (1) 現役の;《軍艦が》就役中; 活動中: put a radio *in ~* again ラジオがまた鳴るようにする. (2) 委任された: have it *in ~ to* (do) …するように委託を受けている. ***on ~*** (1) 委託を受けて: sell *on ~* 委託販売する. have goods *on ~* 品物を委託されている. (2) 手数料をもらって: work *on* a 10% *~* 手数料1割で働く. ***out of ~*** 退役の, 予備の;《兵器などが》役に立たなくなった. ***return ~*** 割りもどし手数料. ***the Atomic Energy C~*** 原子力委員会. ***the C~ of the Peace***《集合的》治安裁判所判事; その職権.
—— *vt.* **1** に委託〔委任〕する, に委嘱する: ~ an artist *to* paint a portrait 画家に肖像の制作を依頼する. **2** 任命する; 〈士官を〉任用する; 〈軍艦を〉就役させる: a *~ed* officer 士官. a *~ed* ship 就役艦. **3** の制作を依頼する《美術品など》. [√mit(t)-]
~ agent 仲買人. **~ house** 証券〔手形〕仲買所. **~ merchant** 問屋. **~ sale** 委託販売.

com·mìs·sion·áire [kәmiʃәnέәr] *n.*〘英〙《ホテル・劇場の》守衛, 小使. ***the Corps of C~s*** 守衛組合《ロンドンにある退役軍人による守衛・メッセンジャーなどの組織》.

com·mís·sion·er [kәmíʃ(ә)nәr] *n.* **1** 委員, 理事, 局長, 長官;《税務などの》監督官. **2**〘米〙地方行政官. **3**《プロ野球の》コミッショナー. ***C~ of Education***〘米〙《各州の》教育局長. ***High C~***《植民地の》高等弁務官. ***the Chief C~ of the Metropolitan Police***〘英〙(ロンドンの)警視総監. ***the C~ of Customs***〘米〙関税局長官.
◇ **~·ship** *n.* ~の職〔地位〕.

cóm·mis·sure [kάmiʃuәr/kɔ́misjuә] *n.* **1** 継ぎ目, 合わせ目. **2**〘医〙《神経の》交連; 横連合神経.
◇ **com·mís·su·ral** [kәmíʃurәl, kὰmisú(:)r-, kάmiʃù(:)r-/kɔ̀misjúәr-] *a.*

‡com·mít [kәmít] *vt.* (**-tt-**) **1** 〈罪・あやまちを〉犯す, 行なう: ~ an error まちがいをする. ~ a crime 罪を犯す. ~ suicide 自殺する. **2** 委任する, 委託する; 付託する: ~ a bill *to* a committee 議案を委員付託にする. **3**《処置・保存などのために》ゆだねる, 付する《に *to*》: ~ ... *to* flames 火に投じて焼き捨てる. ~ ... *to* writing 〔memory〕書きしるして〔覚えて〕おく. ~ a person *to* jail 投獄する. **4** 深入りさせる; 〈名誉・地位などを〉賭(か)ける, 危うくする, 傷つける: ~ troops 部隊を前進させ過ぎて動きがとれなくなる. His reputation as a doctor is *~ted*. 医師としての名声が問題にされている. **5** 責任ある立場に立たせる, 苦しい立場におく: That will ~ us. そんなことをしたら〔言ったら〕われわれはのっぴきならない立場になる. **6**《~ oneself の形で》(言明・約束などを与えて)わが身を縛る, 責任を引き受ける, 全面的に乗り出す; 身動きできなくなる, 苦境に立つ.

C~ no nuisance. 小便すべからず《通行人への注意の掲示》. ~ one***self to*** (1)に身を一任する: *C~ yourself to* the doctor's care. 医者に任せてしまいなさい. (2)…について言質(げんち)を与える, をはっきり言明[約束]する: ~ one*self to* a thing [*to* (do)] あることを[…することを]約束する. ***~ to the earth*** 土中に埋める. ***stand ~ted to*** の約束[責任]がある. ***without ~ting myself*** しかとは約束[言明]できないが; 責任は負わないが…. [√mit(t)-]
◇ **~·ta·ble** [kəmítəbl] *a.* 拘置さるべき, 公判に付せられるべき. **~·tal** [-tl] *n.* =commitment.

com·mít·ment [kəmítmənt] *n.* **1** 委任; 委員付託. **2** 投獄, 拘置(令状); 入院(命令)《特に精神病院への》. **3** 言質(げんち), 公約, 誓約; 拘束; かかり合い, (社会的) 参加. **4**《取引所の》売買契約; 債務. **5** 遂行, 実行; 犯行.

‡**com·mít·tee** [kəmíti] *n.* **1** 委員会,《集合的》委員. 〈注〉committee は単・複数扱い: The *committee meets* today at three. 委員会は本日3時に開かれる. The *committee get* together with difficulty. 委員がなかなか集まらない. **2** [kəmíti/kɔ̀mití:]〘法〙管財人, 受託者;《狂人などの》監視人. ***be in ~*** 委員会を開いている. ***C~ of Rules***〘米〙《議会の》運営委員会. ***~ of the whole***〘米〙全院委員会. ***C~ of Ways and Means***《議会の》歳入委員会. ***joint ~*** 両院協議会. ***sit on a ~*** 委員会に列する. ***standing ~*** 常任委員(会). ***steering ~***《議会の》運営委員会.
~·man[-mən, -mæ̀n] (*pl.* **-men** [-mən, -mèn]) 委員. **~·wòm·an** (*pl.* **-wòm·en**) (女性)委員.

com·míx [kəmíks, kam-/kɔm-] *vt., vi.*〘古・雅〙混ぜる, 混じる. ◇ **~·ture** [-tʃər] *n.* 混合(物).

com·móde [kəmóud] *n.* (整理)たんす; 室内用便器戸だな.

com·mó·di·ous [kəmóudiəs] *a.* **1** ぐあいのよい, 便利な. **2** 広い, ゆったりとした. [√mod-]
◇ **~·ly** *ad.* **~·ness** *n.*

‡**com·mód·i·ty** [kəmádəti/-mɔ́d-] *n.* 日用品; 商品: prices of ~*ties* 物価. ***staple ~ties*** 重要商品.
~ dollar〘米:経〙商品ドル. **~ exchange**〘経〙商品取引《コーヒー・穀物などの》. **~ money**〘米:経〙商品貨幣.

cóm·mo·dore [kámədɔ̀:r/kɔ́mədɔ:] *n.* **1**〘米〙海軍准将《少将と大佐の間に位する》. **2**〘英〙艦隊司令官. **3** 先任艦長[船長]; 水先案内長; ヨットクラブの会長《敬称として用いる》.

‡**cóm·mon** [kámən/kɔ́m-] *a.* **1**《2者以上に》**共通の**, 共同の, 共有の: ~ property 共有財産. **2** 協同の, 協力の: a ~ defense 共同防衛. **3** 公有の, 公共の, 公衆の: ~ good 公益. a ~ highroad 天下の公道. **4 一般の**; 万人の, 一般に普及している. **5 普通の**, 並みの, 平凡な, よくある, しばしば起こる: ~ honesty 世間並みの正直. ~ people 平民. a ~ soldier 兵卒. a ~ event ありふれた事件. **6** 俗な, 品のない, 下等な: ~ make そまつなでき. **7**〘数〙公約の. ***be ~ to*** に共通する. ***by ~ consent*** 一般に承認されて. ***make ~ cause with*** と協力する, と共同戦線をはる.
—— *n.* **1**《村などの》共有地, 共用地《囲いのない荒れ地》;《都市中央部の》公園. **2**〘法〙共有権, 共同使用権: ~ of fishery (共同) 漁業権. ~ of pasturage (共同) 放牧権. ***in ~*** 共同に, 共通に[の]: They have nothing *in ~ with* each other. 彼らにはお互いに共通なところが少しもない. ***out of the ~*** 異常な; 非凡な. [√mun-]
~ carrier 運送業者. **~ chord**〘楽〙普通和音《三度・五度または1オクターブの》. **~ council** 市[町, 村]会. **~ crier** 広め屋. **~ divisor** 公約数. **~ factor** 公因数. **~ gender**〘文〙通性. **~ ground** 共通の地盤《利益・相互理解などの》. **~ knowledge** 周知の事実. → general knowledge. **~ law**〘英〙慣習法. **~ lodging [house]** 簡易宿泊所. **~ manners** 無作法. **~ measure [time]**〘楽〙普通の拍子《四分の四拍子》. **~ noun**〘文〙普通名詞. **~ nuisance** 治安妨害, 公害. **~ pleas** 民事訴訟. **~ prayer**《イギリス教会の》公式祈禱(きとう)文. **C~ Prayer** 公禱書 (=the Book of C~ Prayer). **~ room** 社交室;〘英〙(Oxford 大学の) fellow 社交室. **~ saying** ことわざ. **~ school**〘米〙公立小学校. **~ sense** 常識《「正常な分別」「良識」「常人の判断」などの意》. → ~ knowledge. **~-sénse** 常識的な. **~ stock**〘米〙普通株. **~ touch** 俗受けする性質: A politician must have some ~ *touch*. 政治家は俗受けするところがないといけない. **~ variety**〘俗〙きわめて平凡な種類. **~·weal** [-wi:l] 公衆の福利. **~ woman** 売春婦. **~ year** 平年. → leap year.
◇ **~·age** [-idʒ] *n.* **1** 共同所有地, 共同使用権. **2** 庶民. **~·ness** *n.*

(類義語) 普通の: **common** ほとんどすべての人や物に共通して, よく見受けられるもの. ときに平凡・粗悪を意味する: a *common* interest 皆がひとしくいだいている興味. *common* good 皆のために良いこと→公益. **general** 個人をこえて全般的な, 全体としての: a *general* belief 一般に人々が信じていること. **ordinary** 一般の基準・習慣と一致する, 特に目だたない意: an *ordinary* reader (特に知識をもつわけでも無知でもない) 普通の読者, 一般読者. **normal** 基準に合致していて, 異常性のないこと. **familiar** 広く知られていて, 相手にすぐそれとわかること: a *familiar* practice よく行なわれていること. **usual** よく見聞され, 珍しく感じられないものにいう.

(類) → **normal**「正常な」

cóm·mon·al·ty [kámən(ə)lti/kɔ́m-] *n.* (the ~)《集合的》平民, 庶民; 法人[自治]団体.

cóm·mon·er [kámənər/kɔ́m-] *n.* **1** 平民, 庶民, (*pl.*) 大衆. **2**《イギリスの》下院議員. **3**〘英〙《Oxford大学などの》自費生. **4** 共有権所有者. ***the Great C~*** 「大下院議員」《William Pitt, W.E. Gladstone のあだ名》.

‡**cóm·mon·ly** [kámənli/kɔ́m-] *ad.* **1** 普通に, 一般に, 通例. **2** 並み程度に, 普通の程度に, 平凡に.

***cóm·mon·place** [kámənplèis/kɔ́m-] *a.* **1** 平凡な, 個性のない, つまらない. **2** 陳腐な, ありふれた.
—— *n.* **1** 日常事, 平凡な物[事]. **2** 陳腐なことば, 常套(じょうとう)語. **3**《覚えておくべき》語句, 文章; 引用句. **——** *vt., vi.* 備忘録に書きとめる.
~ book 覚書手帳, 備忘録.

cóm·mons [kámənz/kɔ́m-] *n. pl.* **1** 平民, 庶民. **2** (the C~)《集合的》《イギリスの》下院議員, 下院 (=the House of C~). **3** 共同食卓 (の仲間); まかない, 食料;〘英〙《Cambridge, Oxford 大学などの》定額支給食. ***on short ~*** 食事が不十分で.

cóm·mon·wealth** [kámənwèlθ/kɔ́m-] *n.* **1** 国家, 国民(全体). **2** 民主国, 共和国. **3** 連邦. **4**《共通の目的・利益で結ばれた》団体. **5**〘米〙州《Massachusetts, Pennsylvania, Virginia, Kentucky, Maryland に限り state の代わりに用いる公称》. ***the British C~ of Nations イギリス連邦. ***the C~ of Australia*** オーストラリア連邦. ***the C~ (of England)*** イギリス共和国《王政の廃止された 1649–60 年間》. ***the ~ of writers [artists]*** 文学者[芸術家]社会.

cóm·mo·rant [kámərənt/kɔ́m-] *a.*〘法〙一時的に住んでいる. ◇ **cóm·mo·ran·cy** *n.*

com·mó·tion [kəmóuʃ(ə)n] *n.* 動揺, 混乱; 騒動, 暴動. ***be in ~*** 動揺している. [<motion]

com·móve [kəmú:v] *vt.* 動揺させる, かき乱す, 興奮させる.

cóm·mu·nal [kámjun(ə)l/kɔ́m-] *a.* **1** 公共の, 自治体の, 市町村の. **2**〖インド〗《宗派で分かれた》各部落ごとの. **3** パリのコミューン (commune) の. [√mun-] ◇ **~·ism** *n.* 地方自治主義. **~·ist** [-ist] *n.* 地方自治主義者. **~·ize** [-àiz] *vt.* 地方自治化する, 地方自治体〔市町村〕の所有にする. **~·ly** *ad.* **còm·mu·nal·ís·tic** [kàmjun(ə)lístik/kɔ́m-] *a.* 地方自治主義の.

com·múne[1] [kəmjú:n] *vi.* **1** 親しく語る, 胸襟(きょうきん)をひらく, 親しむ, 交感する《と *with*》. **2** 聖体を拝受する, 聖餐(せいさん)を受ける. **~ *with* one*self*** 〔**one's *own heart***〕沈思黙考する. **~ *with nature*** 自然を友とする. —— [kámju:n/kɔ́m-] *n.* **1** 歓談, 親交;《霊的》交わり. **2** 沈思. [√mun-]

cóm·mune[2] [kámju:n/kɔ́m-] *n.* コミューン《フランス・ベルギーなどの最小地方自治体》;《一般的》地方自治体. ***the C~*** (***of Paris***) (1) フランス恐怖時代のパリ革命政府《1792–94》. (2) パリコミューン《1871年のフランスの革命政府》. [√mun-]

com·mú·ni·ca·ble [kəmjú:nikəbl] *a.* **1** 伝えられうる, 伝達可能の. **2**《病気が》伝染性の. **3** 接続している, 続けられる《と *with*》. **4**〖古〗話し好きの. ◇ **~·ness** *n.* **-bly** *ad.*

com·mú·ni·cant [kəmjú:nikənt] *n.* **1** 聖餐(せいさん)を受ける(資格を有する)人. **2** 伝達者, 通知者. —— *a.* **1** 伝達する. **2** 通じた《に *with*》.

‡**com·mú·ni·cate** [kəmjú:nịkèit] *vt.* **1** <思想・知識・情報などを>**伝達する**, 通報する. **2** <熱などを>伝導する, 伝える; <病気を>感染させる. **3**〖宗〗に聖体を授ける. **4**〖古〗わかち合う《と *with*》.
—— *vi.* **1 通じる**, <へやなどが>連絡する: The lake ~s *with* the sea by a canal. 湖は運河によって海とつながっている. **2 通信する**, 交通する, 意志を通じ合う《と *with*》. **3** <病気が> うつる《に *to*》. **4** 聖体を拝受する. [con- + √mun- ともにする]
◇ **-ca·tive** [-kèitiv/-kətiv] *a.* 口数の多い, 話し好きの; 打ち解けた. **-ca·tor** [-kèitər] *n.* 伝達する人;《電信の》発信機,《車内の》通報器.

‡**com·mù·ni·cá·tion** [kəmjù:nịkéiʃ(ə)n] *n.* **1** 伝達, 通信, 報道; 公表, 発表. **2** 伝言, 消息, 手紙. **3** 交通, 交通手段〔機関〕. **4** 往来, 連絡, 交際. **5** (*pl.*)〖軍〗(通信)連絡; 輸送(連絡). **6** 聖体拝受. ***in ~ with*** と交通して, と通信〔文通〕して. ***means of ~*** 通信〔交通〕機関.
~ cord《列車内の》非常通報索. **~ lines**〖軍〗兵站(へいたん)線.

com·mún·ion [kəmjú:njən] *n.* **1** 共有. **2** 懇談, 親交, 交感; 霊的交渉. **3** 宗教団体;《カトリック教会間の》組合. **4** (C~)〖宗〗聖餐(せいさん)式, 聖体拝受. ***be of the same ~*** 同宗団の会友である. ***close ~*** 閉鎖聖餐式《洗礼を受けた人だけの》. ***~ in both kinds*** 両種拝受聖餐式《パンとブドウ酒》. ***~ in one kind*** 一種拝受聖餐式《パンとブドウ酒のいずれか一種》. ***hold ~ with*** と親しく交わる, と霊的に交わる. ***hold ~ with* one*self*** ふかく内省する, 沈思する. ***open ~*** 公開聖餐式《洗礼を受けていない人もはいれる》. [√mun-]
~ rail 聖餐壇前部の欄. **C~ Service** 聖餐式. **~ table** 聖餐台.

com·mu·ni·qué [kəmjù:nịkéi, ―⸍―⸌/―⸍――] F. *n.* 公報, コミュニケ.

‡**cóm·mu·nism** [kámjụnìz(ə)m/kɔ́m-] *n.* 共産主義. [√mun-]

‡**cóm·mu·nist** [kámjụnist/kɔ́m-] *n.* **共産主義者**; (C~) 共産党員. —— *a.* 共産主義(者)の; (C~) 共産党の.
C~ International = Comintern. **C~ Manifesto, the** 共産党宣言《1848 年に出版》. **C~ Party** 共産党.

còm·mu·nís·tic [kàmjụnístik/kɔ̀m-], **-ti·cal** [-(ə)l] *a.* 共産主義(者)の.
◇ **còm·mu·nís·ti·cal·ly** *ad.* 共産主義的に.

‡**com·mú·ni·ty** [kəmjú:nịti] *n.* **1**《政治・文化・歴史をともにする》**社会, 共同社会**, 共同体. **2** 地域(共同)社会; 一地域の人々全体: the Jewish ~ ユダヤ人社会. **3** (the ~) 公衆. **4**《動物の》群棲(ぐんせい);《植物の》群落. **5**《思想・利害などの》共通, 一致, 類似. **6**《財産の》共有, 共用: ~ of goods 財産の共有. [√mun-]
~ center〖米・カナダ〗公会堂. **~ chest** 〔**fund**〕〖米〗共同募金. **~ church, the**〖米〗(諸派) 合同教会. **~ college** コミュニティ カレッジ《地域の住民に大学レベルの教育を与える機関》. **~ property**〖米:法〗《夫と妻の》共同財産. **~ singing** 会衆一同の合唱.

cóm·mu·nize [kámjụnàiz/kɔ́m-] *vt.* <土地・財産などを> 共有にする; 共産化する. ◇ **còm·mu·ni·zá·tion** [kàmjụnịzéiʃ(ə)n/-naiz-] *n.*

com·mút·a·ble [kəmjú:təbl] *a.* 交換〔変換, 変更〕できる.
◇ **com·mùt·a·bíl·i·ty** [kəmjù:təbílịti] *n.*

cóm·mu·tate [kámjụtèit/kɔ́m-] *vt.*〖電〗電流の方向を変える, 整流する.

còm·mu·tá·tion [kàmjụtéiʃ(ə)n/kɔ́m-] *n.* **1** 交換, 変換, 代替;《支払方法などの》振替. **2**〖電〗整流, 転換. **3**〖米〗通勤《主として定期券による》. **4**《罰・義務などの》減免, 減刑.
~ ticket〖米〗定期〔回数〕乗車券.

com·mú·ta·tive [kəmjú:tətiv, ㊥⁺kámjụtèitiv] *a.* 相互的; 交換的な. **~ contract**〖ローマ法〗双務契約. **~ law, the**〖数〗交換律.

cóm·mu·ta·tor [kámjụtèitər/kɔ́m-] *n.*〖電〗整流子, 転換器.
~ motor 整流子電動機.

com·múte [kəmjú:t] *vt.* **1** 交換する《と *for, into*》: ~ comfort *for* hardship 安楽をすてて苦難に向かう. **2** 変換する, 変更する《に *into, to, for*》: ~ foreign money *into* domestic 外貨を内貨に替える. ~ a base metal *into* gold 卑金属を金に変える. **3** <支払方法を> 振り替える《に *for, into*》. **4** <罰・義務を>減刑〔軽減〕する《に *for, into, to*》: ~ the death sentence *to* life imprisonment 死刑を終身刑に減刑する. **5** 電流の方向を変える, 整流する《転換器で》.
—— *vi.* **1** 取り替えをする. **2** 代わりになる《の *for*》. **3** 償いをする《の *for*》. **4** 割引一時払いに振り替える. **5**〖米〗定期券〔回数券〕で通う, 通勤する《の間を *between*》.
~ *a fare*〖米〗通勤定期券を買う. [√mut-]
◇ **-mút·er** *n.* **1**〖米〗通勤者, 定期券使用者. **2**〖電〗= commutator.

Cóm·my = Commie.

comp. comparative; compare; comparison; compilation; compiled; composer; composition; compositor; compound.

‡**com·páct**[1] [kəmpǽkt] *a.* **1** ぎっしり詰まった, 密集した. **2**《布地などが》目がつんだ, 質が密な. **3**《家などが》こぢんまりした;《自動車が》小型の. **4**《文体などが》簡潔な. **5**《…から》成る《から *of*》.
◇ **~·ly** [kəmpǽktli] *ad.* **~·ness** *n.*
—— *vt.* **1** 締める, 固める; ぎっしり詰め込む. **2**《…から》つくる,《…を》まとめてつくる《から, を *of*》. ***be ~ed of*** …から成る〔できている〕.
—— [kámpækt/kɔ́m-] *n.* **1** コンパクト《携帯用化粧容器》. **2** 小型自動車 (= ~ car). [√pa(n)g-]

cóm·pact[2] [kámpækt / kɔ́m-] *n.* 契約, 盟約. ***general ~*** 公認, 世論. ***social ~*** 民約論.

com·pá·ges [kəmpéidʒi:z, ㊥⁺kámpèi-] *n.pl.* 構成, 組み立て《機能体, 特に地理的広地域の》.

‡**com·pán·ion**[1] [kəmpǽnjən] *n.* **1 仲間, 相手, 友だち**: a ~ of misery 逆境の友. **2** 話し相手;《偶然の》友, 連れ: a travel ~ 旅の道連れ. **3** 話し相

手に雇われる住み込みの婦人. **4** 対〔組み〕の一方, 片方: a ~ volume 姉妹編. **5** 最下級勲爵士. **6** 手引き,「…の友」《書名》: Teacher's *C*~ 教師用参考書. **7**〚天〛伴星. ***boon*** ~ 飲み仲間. ~ ***in arms*** 戦友. ***C~ of Honour***〚英〛名誉勲位《略 C.H.》. ***C~ of the Bath***〚英〛バス勲章最下級者《略 C.B.》. ***make a ~ of*** を連れにする, を友とする.

—— *vt.* に付き添う, に同伴する. [con- + √pan- いっしょに + パン (を食べる間柄)]

◇ ‡~**·ship** *n.* 仲間〔友だち〕づきあい, 交際; 勲爵士の位.

(類義語) 仲間: **companion** 仕事・生活・運命などをともにするもの: a faithful *companion* of fifty years 50年間の忠実な伴侶(はんりょ)《自分の妻のこと》. **associate** 事業などの協力者, パートナー. **comrade** companion より精神的結びつきが強く, 同一団体などに属するばあいがある. 同志. **colleague** 医師・弁護士・大学教授など知的職業をともにする者. 同僚.

com·pán·ion² *n.* 〚海〛後甲板; 《甲板の》天窓. ~ **hatch** 《甲板昇降口の》風雨よけ. ~ **ladder** 《甲板と船室との間の》昇降階段. ~**·way** [-wèi] 昇降階段.

com·pán·ion·a·ble [kəmpǽnjənəbl] *a.* 友とするによい; 人づきあいのよい, 愉快な.

◇ **-bly** *ad.* あいそよく, 親しげに.

com·pán·ion·ate [-it] *a.* 連れの, 仲間の; 友愛的な. ~ **marriage**〚米〛友愛結婚《試験的な結婚で, 法律的手続きをふまないうちは子どもをもうけない》.

‡**cóm·pa·ny** [kʌ́mp(ə)ni] *n.* **1** 群れ, 一団 (の人々), 参集した人々: a large ~ of teachers 大ぜいの先生の一行. a ~ of birds 鳥の群れ. **2** 団体, 協会; 《俳優の》一座: a ~ of players. **3** 会社, 商会《略 Co. [kóu, kʌ́mpəni]》: a publishing ~ 出版会社. 〈注₁〉人名を含んだ会社名としては and Company《元来「およびその仲間」の意》の形で使われることが多い: McCormick & Co., Inc. マクコーミック有限責任会社. 〈注₂〉会社名として使われないばあいは firm が普通: get a job in a *firm* downtown 町の中心部にある会社に就職する. **4** 《集合的》同席の人 (たち), (ひとりまたはふたり以上の) 来客: We are having ~ for the weekend. 今週の週末には来客がある. **5** 交わり, つきあい; 同席: fond of ~ 交際好きで. Will you favor me with your ~ at dinner? ごいっしょに食事していただけましょうか. **6**〚軍〛歩兵中隊;〚海〛《集合的》全乗組員 (=ship's ~).

bear [***keep***] a person ~ (人と) 同席〔同行, 同伴〕する, (人と) つきあう. ***be good*** [***bad***] ~ つきあっておもしろい〔おもしろくない〕. ***C~ in distress makes sorrow less.*** 〚ことわざ〛ともに悩めば悲しみは少なし. ***err*** [***sin***] ***in good*** ~ りっぱな人たちもおかす誤りをしている. ***fall into ~ with*** と偶然仲間〔道連れ〕になる. ***for*** ~ おつきあいに: invite a person along *for* ~ お相伴(しょうばん)に人を招く. weep *for* ~ もらい泣きする. ***get*** [***receive***] one's ~ 中隊長〔大尉〕になる. ***get into bad*** ~ 悪友と交わる. ***have*** ~ 来客中, 来客がある. ***in*** ~ 人中で, 人前で. ***in ~ with*** …といっしょに. ***keep ~ with*** と交際する; と親しくする. ***keep good*** [***bad***] ~ よい〔悪い〕友と交わる. ***part ~ with*** と別れる; と意見を異にする《について *on*》. ***receive*** ~ 客を迎える; 接待する. ***Two's ~, three's none.*** 〚ことわざ〛ふたりはよい連れ, 3人では仲間割れ.

—— *vi.*〚古〛交わる《と *with*》. —— *vt.*〚古〛に従う. [companion¹ と同語源]

~ **commander** 中隊長. ~ **man** 会社側の従業員《労組から見て》. ~ **manners** 人前の作法. ~ **officer**〚軍〛尉官 ~ **union**〚米〛《労働組合に加入しない》御用組合; 《一事業場だけの》独立〔単独〕組合.

compar. comparative.

***cóm·pa·ra·ble** [kámp(ə)rəbl/kɔ́m-] *a.* 比較できる《と *with*》; 匹敵する《に *to*》. 〈注〉アクセントの位置が compare と違う.

◇ ~**·ness** *n.* **-bly** *ad.* 同等に, 比較できる程度に.

***com·pár·a·tive** [kəmpǽrətiv] *a.* **1** 比較の, 比較による: the ~ method 比較研究法. **2** 比較的な, 比較上の: ~ merits ほかと比べてまさっている点. **3** かなりの, 相当な: live in ~ comfort わりあい楽に暮らす. **4**〚文〛比較 (級) の: the ~ degree 比較級. —— *n.*〚文〛比較級.

~ **law** 比較法学. ~ **literature** 比較文学. ~ **linguistics** [**grammar**] 比較言語学〔文法〕.

◇ ‡~**·ly** *ad.* 比較的 (に), わりあい (に); かなり, 相当 (に), 多少とも: ~*ly* speaking 比較的に言えば. ~*ly* good わりに〔かなり〕いい.

‡**com·páre** [kəmpέər] *vt.* **1** 比較する, 対照する: ~ Tom and Dick トムとディックを比べる. ~ two documents 文書2通を比較照合してみる. ~ Tokyo *with* other large cities 東京を他の大都市と比較する. 〈注〉「A を B と比べる」は *compare* A *with* B が正しいが, *compare* A *to* B とすることもある. **2** たとえる, なぞらえる《に *to*》: ~ A *to* B A を B になぞらえる. **3**〚文〛〈形容詞・副詞を〉比較変化形〔比較級, 最上級〕にする.

—— *vi.* 《通例否定構文で》比べられる, 匹敵する《に *with*》: *No* book can ~ *with* the Bible. 聖書に匹敵する書物はない.

(***as***) ~***d with*** と比べて. ~ ***favorably with*** に比べてまさるとも劣らない, …にひけをとらない. ***not to be ~d with*** と比べられない; …よりはるかに劣る.

—— *n.*〚雅〛比較. ***beyond*** [***past, without***] ~ 比類なく, 比べものにならない. [√par-¹]

‡**com·pár·i·son** [kəmpǽrisn] *n.* **1** 比較, 対照《*of* A *with* B》. **2** 類似, 匹敵《*of* A *to* B》; 匹敵する物. **3**〚修〛比喩(ひゆ);〚文〛(形容詞・副詞の) 比較, 比較変化《good, better, best; big, bigger, biggest など》. → 枠付 Comparison (pp. 256–257). ***bear*** [***stand***] ~ ***with*** に匹敵する. ***by*** ~ 比較すると. ***in ~ with*** [***to***] と比較すれば. ***make a ~*** (***between***) (の両者を) 比較する. ***There is no ~ between the two.*** 両者は比較にならない, 月とスッポンだ.

com·párt·ment [kəmpɑ́ːrtmənt] *n.* **1** 仕切り, 区画. **2** 《客車・客船の》仕切ったへや; 《船の》(防水) 隔室 (=watertight ~). **3**〚米〛《列車の》寝室付き特別私室. **4** 《心の》相, はたらき. **5**〚英: 政〛《時間制限つきの》特殊協議事項. [√part-]

‡**cóm·pass** [kʌ́mpəs] *n.* **1** 羅針(らしん)盤〔儀〕. **2** (通例 *pl.*) 《製図用》コンパス, 両脚器: a pair of ~*es*. **3** 限界, 範囲; まわり, 周囲;〚楽〛音域. **4** 中庸, 適度. **5** 回り道. ***beyond*** one's ~ (人) の範囲を越えて; (人) の力の及ばぬ. ***fetch*** [***go***] ***a*** ~ 回り道をする; 遠回しに言う. ***in small*** ~ 簡潔に. ***the points of the*** ~ 羅針盤の方位. ***within*** ~ 控えめに: keep one's desires *within* ~ 欲望を控えめにしておく. speak *within* ~ 控えめに言う. ***within the ~ of*** の範囲内に.

—— *a.* 半円形に曲がった, アーチ状の: a ~ roof.

—— *vt.* **1** の周囲を回る, 巡る; 囲む. **2** とらえる, 理解する. **3** たくらむ, 企てる; くふうする. **4** 達成する, 遂行する.

~ **card** 羅針盤の指針面, 羅牌(らはい). ~ **plane**〚機〛そりかんな. ~ **plant**〚植〛ジシャクソウ《菊科》. ~ **saw**〚機〛回しのこ, 糸のこ. ~ **timber** 湾材. ~ **window**〚建〛半円形の出窓.

◇ ~**·a·ble** *a.*

com·pás·sion [kəmpǽʃ(ə)n] *n.* 同情, あわれみ. ***have*** [***take***] ~ ***on*** をあわれむ. [√pati-]

(類) → **sympathy**「同情」

文法要説…(3)

Comparison（比較：形容詞・副詞）

形容詞のうちの多くのものは，名詞についてその性質を述べるものであるから，a fast train「速い列車」，a fast*er* train「もっと速い列車」，the fast*est* train「最も速い列車」の例に見られるように，性質の程度を２者ないし多者の間で比較して示すことができる．数量を示す形容詞についても，程度の比較を示すことができる：many mistakes「多くの誤り」，*more* mistakes「もっと多くの誤り」，the *most* mistakes「最も多くの誤り」．副詞のうちの多くのものは，動詞についてその様態（＝動作・状態の性質）を述べるものであるから，speak loud「声高に話す」，speak loud*er*「もっと声高に話す」，speak (the) loud*est*「いちばん声高に話す」に見られるように，様態について程度の比較を示すことができる．形容詞・副詞が主として形態の変化によって，程度の比較をあらわすことを**比較** (comparison) と称する．

このように形容詞・副詞は「比較」によって形態を変化し，下の表に要約したように，三つの形をとる．この三つの形のそれぞれを形容詞・副詞の**級** (degree of comparison) という．変化の仕方の分類については，次ページ右欄「語形変化」を参照．

原　級 positive degree	比　較　級 comparative degree	最　上　級 superlative degree
a *fast* train　速い列車．	a *faster* [the *faster*] train もっと速い［速い方の］列車．	the *fastest* train　最も速い列車．
Tom is *tall.*　トムは背が高い．	John is *taller* than Tom. ジョンはトムより背が高い．	Ben is the *tallest* of all. ベンは，みんなの中でいちばん背が高い．
My dog runs *fast.* 私の犬は速く走る．	Your dog runs *faster* than mine.　あなたの犬は私のより速く走る．	His dog runs *fastest* of all. 彼の犬はみんなの中でいちばん速く走る．

形態の上で変化があらわれていない元の形の形容詞・副詞についても，「比較」の見地からこれを考察することができる：The State of California is about *as large as* Japan. カリフォルニア州は日本とほぼおなじくらいの広さです．

原級の用法

1）比較を含まない修飾

叙述または限定：Tom is *tall* [a *tall* boy]. トムは背が高い［背の高い少年だ］. We ran *fast.* 私たちは速く走った．

2）同等の比較

Tom is ***as*** *tall* ***as*** Bill. トムはビルとおなじ背たけがある．My dog runs ***as*** *fast* ***as*** yours. 私の犬はあなたのとおなじくらい速く走る．

〈注₁〉否定には二つの形がある：(1) Tom is ***not so*** *tall* ***as*** John. トムはジョンほど背が高くない．(2) Tom is ***not as*** *tall* ***as*** John.トムはジョンと背たけがおなじでない．—すなわち，(1)ではトムの背たけがジョンに及ばない意．(2)ではトムとジョンとは背たけが単におなじでないことで，トムの方が高いばあいもありうる．しかし実際には両者は厳密に区別されず，ともに(1)の意に用いられる．ただし(1)を(2)の意味に用いることはない．

〈注₂〉次のような構文では，第二の as はしばしば省略される：This is as good (*as*) or even better than that. こちらはあれに劣らず，いやあれよりいちだんいいくらいだ．

3）倍数関係

This book is *twice* [*three times, half*] ***as*** *thick* ***as*** that. この本はあの本の２倍［３倍，半分］の厚さだ．

〈注〉この構文で (half など１倍以下のばあいを除いて) as thick as の代わりに thicker than の形がしばしば用いられるが，潔癖な人はこれを避ける．

比　較　級

程度に差のある二つの要素の比較：

1）基本的な用法

John is *taller* ***than*** Tom. ジョンはトムより背が高い．John is ***the*** *taller* ***of*** the two. ジョンはふたりのうちで背の高い方だ．Let's take a *taller* boy ***than*** Tom. トムより背の高い少年を連れて行こう．He is now *wiser* ***than*** (he was) ten years ago. 彼は10年前より賢くなっている《二つの時期における同一物の比較》．He is *more strong* ***than*** rough. 彼は荒っぽいというより力が強いのだ《同一物の同一時期における二つの性質の比較．strong*er* でなく *more* strong》．

〈注〉than とともには必ず比較級(rather, other, else を含む）を用いる：《誤》I want time *than* money.→《正》I want time ***rather*** *than* money. 金より時間がほしい．

2）差の示し方

a）不定量　John is ***a little*** [***much, far, a great deal***] *taller* than Tom. ジョンはトムより少し［ずっと］背が高い．He is ***by far*** the *faster* of the two. ふたりのうちで彼の方がはるかに速い．This is ***little*** [***a little***] *better* than that. これは，あれに比べて，ほとんどよいとはいえない［ほんの少しいい］．

〈注₁〉「ずっと」の意では very taller は誤りであるが，very much taller はよい．a lot を much の意味で使えるが，非常に口語的．considerably, substantially を使うと「相当」「だいぶ」の意．

〈注₂〉強調の far と by far の区別：比較級の形容詞に直接先行するときは far，それ以外では by far: This is *far* better than that. この方があれよりずっといい．This is *by far* the better of the two. 二つのうちでこちらの方がずっといい．

b）定量　John is ***five inches*** *taller* than Tom. ＝John is *taller* than Tom ***by five inches.*** ジョンはトムより５インチ背が高い．

3）still＋比較級

John is tall. Ben is ***still*** *taller* (than John). ジョンは背が高い．ベンはもっと［更に］背が高い．John is taller than Tom. Ben is ***still*** *taller* (than John). ジョンはトムより背が高い．ベンは（ジョンより）更に背が高い．

〈注₁〉 still taller とあれば比較の相手も tall であるなどの含みをもつ．単に taller than というときには，必ずしもこの含みはない．したがって taller than を「もっと背が高い」と訳すのは厳密には安全ではなく，「に比べて背が高い」だけである．

〈注₂〉 "even＋比較級" は "still＋比較級" に近づくことが多い: This is ***even better*** than that. (これはあれよりよくさえある→) こちらはあちらより更によい〔あちらよりよいくらいだ〕.

4) the＋比較級…, the＋比較級

The harder you study, ***the more*** you learn. 一生けんめい勉強すればするほど，それだけ多くものを覚える．

〈注₁〉 従属節が後置されると，先行する主節中の "the＋比較級" は節の終末に移る: One wants ***the more***, ***the more*** one has. 人間はもてばもつほど，いっそう多くほしくなる．

〈注₂〉 "the＋比較級" は「理由・原因」を示す語句とともに用いられ，「それだけいっそう…」の意をあらわす: I took a good rest, and feel ***the better***. たっぷり休息したので，お陰で気分がいい．

5) less＋原級

「劣勢比較」と呼ばれ，度合いの弱いことをあらわす: Tom is ***less tall*** than John. トムはジョンほどの背たけがない．〈注〉この形はあまり用いられず，"Tom is *not so* 〔*as*〕 *tall as* John." または "Tom is *shorter than* John." が好まれる．

6) 比較の意味の弱まった用法（「絶対比較級」）

higher education 高等教育. the *greater* part of our students わが校の学生の大半.

最　上　級

程度に差のある三つ以上の要素の比較:

1) 基本的な用法

Ben is *the tallest* of all 〔of the three〕. ベンは皆の中で〔3人の中で〕いちばん背が高い． Tokyo is *the largest* 〔by far *the largest*〕 city in Japan. 東京は日本でいちばん大きな〔ずばぬけて大きな〕都会だ． This is *her best* dress. これが彼女の最上の衣装である．

〈注₁〉 形容詞の最上級には定冠詞もしくは所有・指示形容詞など確定的な修飾語がつく．ただし，形容詞が叙述的に用いられているときにはふつう the を省く: That dictionary seems *best* for college students. 同一物を比較するときにも，ふつう the をつけない: The days are *longest* in summer. 日は夏いちばん長い． The lake is *deepest* at this point. 湖はこの辺がいちばん深い．

〈注₂〉 副詞の最上級については，ふつう定冠詞をつけない: His dog runs *fastest* of all. 彼の犬がみんなの中でいちばん速く走る．

〈注₃〉 最上級の意味を，原級・比較級を用いてあらわすこともできる: No other city in Japan is so 〔as〕 *large* as Tokyo. 日本じゅうのほかのどの都市も東京ほど大きくはない． Tokyo is *larger* than any other city in Japan. 東京は日本じゅうのほかのどの都市よりも大きい．

2) even「さえも」の意が含まれるばあい

The *best* student in the class was unable to solve the problem. クラスでいちばんできる学生でもこの問題は解けなかった (= Even the best student...).

3) 単なる強調（「絶対最上級」）

He is a ***most kind*** man. 彼は非常に親切な人だ． They helped us with *deepest* sympathy. 彼らは非常にふかく同情して私たちの力になってくれた． The man treated the boy ***most cruelly***. 男は少年をとても残酷に扱った．

〈注₁〉 ふつう -est の語尾をつける語でも，この用法では most による最上級の形が使われることが多い．

〈注₂〉 冠詞は可算名詞については a をつけ，不可算名詞に対してはつけないことが多い．→ 枠付 Countable, Uncountable.

語　形　変　化

1) 原級に -er, -est をつけるもの（単音節語；一部の2音節語）

原　級	比較級	最上級
tall	taller	tallest
long	longer	longest
large	larger	largest
free	freer	freest
polite	politer	politest
thin	thinner	thinnest
dry	drier	driest
early	earlier	earliest
pretty	prettier	prettiest

〈注₁〉 原級が e で終わるものは単に -r, -st をつける．次の発音に注意: freer [fríːər], freest [fríːist] 《[friər] [friːst] とはならない》．

〈注₂〉 原級が "短母音＋子音" で終わるものについては，その子音字を重複させる．

〈注₃〉 原級が "子音字＋y" で終わるものでは，y を i に変えてから -er, -est を添える．ただし単音節語では shy — shyer, shier — shyest, shiest のように，二つの形のあるものが多い．

〈注₄〉 long のように [ŋ] の音で終わるものは, longer, longest で [-ŋgər], [-ŋgist] のように発音上 [g] がはいる．

〈注₅〉 普通は -er の語尾をとる語も，ばあいによって例外があらわれる．たとえば同一物の二つの異なった性質を比較するばあい: He was *more shrewd* than wise. 賢明というより目ざとい方だった．

2) 原級の前に more, most を添えるもの（2音節以上の語；一部の単音節語）

原　級	比較級	最上級
useful	more useful	most useful
finely	more finely	most finely
difficult	more difficult	most difficult
French*	more French	most French

〈注〉 * は単音節であるが，国籍を示すもの．

3) 不規則変化

原　級	比較級	最上級
many / much	more	most
little	less	least
good / well	better	best
bad / ill	worse	worst
far*	farther	farthest
	further	furthest
late*	later**	latest**
	latter	last
old*	older**	oldest**
	elder	eldest

〈注₁〉 * は意味により2種の比較変化をする語．
** は規則変化．

〈注₂〉 little の上表の変化形は「少ない」「少なく」の意味のばあいに限る．「小さい」の意味では，通常 smaller, smallest を使う．

〈注₃〉 other, another も本来は比較級で，原級・最上級を欠くもの．

ラテン語系の比較級

語尾が -(i)or に終わる: superior, inferior, senior, junior, major, minor など．〈注〉これらとともには than の代わりに to が用いられる: This is much *superior to* that. この方があれよりはるかにすぐれている．

com·pás·sion·ate[1] [kəmpǽʃənit] *a.* **1** 慈悲ぶかい，情けぶかい. **2** 同情的な，情状酌量(しゃくりょう)した. [√pati-] **～ allowance** 〔英〕《規定外の》特別慰労金. ◇ **～·ly** [-nitli] *ad.*

com·pás·sion·ate[2] [-nèit] *vt.* に同情を寄せる，あわれむ.

cóm·pa·thy [kámpəθi/kɔ́m-] *n.* 共感.

***com·pát·i·ble** [kəmpǽtəbl] *a.* **両立する**，矛盾のない，調和できる，適合する《と *with*》. [√pati-] ◇ **-bly** *ad.* 折り合いよく，適合して. **com·pàt·i·bíl·i·ty** [kəmpæ̀təbíləti] *n.*

com·pá·tri·ot [kəmpéitriət/-pǽt-] *n.* 同国人. —— *a.* 同国の.
◇ **com·pà·tri·ót·ic** [—ˊ—átik/-ɔ́t-] *a.*

com·péer [kəmpíər, kámpiər/kɔmpíə] *n.* 対等の人，同輩；仲間，同僚.

‡**com·pél** [kəmpél] *vt.* (**-ll-**) **1 しいる，しいて…させる**：～ a person *to* obedience 無理に服従させる. ～ a person *to* beg pardon 力ずくであやまらせる. **2** 《受動態で》…**せざるをえない**，やむをえず…する：He *was* ～*led to* go. 行かないわけにいかなかった. **3** 押しつける，強制〔強要〕する：～ silence 沈黙を押しつける，無理にも黙らせる. ～ obedience 服従を強要する，有無を言わさず服従させる. **4** (強制的に) 引き寄せる，引き出す：～ attention 注意をひかずにはおかない. ～ applause 拍手をわかさずにはおかない. ～ tears *from* the audience 観客の涙をしぼる. →名詞 compulsion. [con-＋√pel(l)- (強力に＋押す→) 押しつける]

(類義語) しいる：**compel, force** 両語はほとんど区別なく使用されるが，compel は「物理的・精神的な圧力で無理に人にあることをさせる」ばあいに，force は「力ずくで，または強迫して…せざるをえなくする」ばあいに多く用いる：Bad weather *compelled* us to stay another day. 悪天候のためもう1日滞在しなければならなくなった. *force* a suspect to confess 容疑者に自白させる. **oblige** 必要・義務・道徳上・法律上…せざるをえなくする. つまり身体でなく，人の考え・気持ちをしばる.

com·pél·ling [kəmpéliŋ] *a.* **1** 強制的な，有無を言わさぬ，強引な，強力な：～ reasons 従わざるをえない理由. ～ circumstances やむにやまれぬ事情. a ～ curiosity 押えきれぬ好奇心. **2** 人を動かさずにおかない；尊敬の念を抱かせずにはおかない：a ～ smile つり込まれるような微笑. a man of ～ integrity 尊敬せざるをえない誠実の人.

cóm·pend [kámpend/kɔ́m-] ＝compendium.

com·pén·di·ous [kəmpéndiəs] *a.* 簡潔な，簡明な. ◇ **～·ly** *ad.* **～·ness** *n.*

com·pén·di·um [kəmpéndiəm] *n.* (*pl.* **-ums, -a** [-diə]) **1** 大要，概要，要約. **2** 一覧表.

com·pén·sa·ble [kəmpénsəbl] *a.* 《特に傷害など》補償の対象になる.

cóm·pen·sate [kámpensèit/kɔ́m-] *vt.* **1** に償いをする，に補償を与える；に報酬を与える：～ a workman *for* his injuries 傷害に対し職工に補償金を出す，職工の傷害を補償する. ～ a person *for* his services 功労に対し人に報いる，人の労に報いる. **2** 補う，埋め合わせる《で *with*》：～ one's homely appearance *with* personal charm 美男でないのを人柄で補う. **3** 〔米〕に給料〔手当〕を出す. **4** 《物価の変動に応じて》…の金含有量を変える. **5** 〔機〕補正する.
—— *vi.* **1** 償う，補償する：～ *for* loss 損失を埋める. **2** 埋め合わせる，代わりとなる：Skill may ～ *for* lack of strength. 力の足りない分は腕で補うばあいもある. [√pend-]
◇ **-sa·tor** [-ər] *n.* 賠償者；補正器.

‡**còm·pen·sá·tion** [kàmpənséiʃ(ə)n/kɔ̀mpen-] *n.* **1 償い**，弁償；補償，補償金：a ～ *for* removal 立ちのき料. **2 報酬**，報い；〔米〕給料，手当. **3** 〔機〕補正；〔船〕補強. **4** 〔心・生理〕代償作用. ***in*** ～ ***for*** の償いとして；の報酬として. ***unemployment*** ～ 失業手当.
～ balance 補正てんびん. **～ pendulum** 補正振り子. ◇ **～·al** *a.*

cóm·pen·sa·tive [kámpənsèitiv, kəmpénsə-/kəmpénsə-, kɔ́mpensei-], **-to·ry** [kəmpénsətɔ̀:ri/-t(ə)ri] *a.* **1** 償いの，代償的な，報酬の. **2** 補正的.

cóm·pere [kámpɛər/kɔ́m-] *n.* 〔おもに英〕《寄席(よせ)放送演芸会の》司会者. —— *vt.* の司会をする.

‡**com·péte** [kəmpí:t] *vi.* **1 競う，競争する**；張り合う：～ *with* a person *for* a prize 人と賞を争う. **2** 匹敵する，対抗する《と *with*》. **～ *with*** a person ***in*** price 〔quality〕(人)と(値段〔質〕)で競争する. **～ *with*** a person ***in*** (do)***ing*** (人)と競争で…する. [con-＋√pet- (ともに＋向かう→) 競う]
◇ **com·pét·ing** *a.* 競争する，競合する.

cóm·pe·tence [kámpət(ə)ns/kɔ́mpi-] *n.* **1** 能力，適性，資格《の *for*》：one's ～ as a teacher 〔*for* teaching〕 教師としての能力〔適性〕. **2** 〔法〕権限，権能. **3** 相当な資産：enjoy a moderate ～ 相当な資産を有する. ***exceed*** one***'s*** ～ 権限を越える，越権行為をする.

cóm·pe·ten·cy [kámpit(ə)nsi / kɔ́m-] ＝competence.

***cóm·pe·tent** [kámpət(ə)nt/kɔ́m-] *a.* **1 適任の，有能な**：a ～ player 有能な選手. He is ～ to act as chairman. 彼は議長をつとめる力がある. **2** 適当な，十分な，相当な：a ～ knowledge of English 十分な英語の知識. **3** 《法廷・裁判官・証人など》(法定の)資格ある；管轄権のある. **4** 《人の行為が》合法的な，許される：It is ～ *to* me to refuse. 私が拒絶することは全く正当である.
～ authorities, the 所管官庁. **～ minister, the** 所管〔主務〕大臣. (類) → **able**「有能な」

‡**còm·pe·tí·tion** [kàmpətíʃ(ə)n/kɔ̀m-] *n.* **1 競争**，張り合い. **2** 試合，競技会；**競争試験**：enter a ～ 試合に参加する. **3** 競争者. ***be*** 〔***stand***〕 ***in*** ～ ***with*** a person ***for*** を得ようと(人)と競争する.
(類) → **match**「試合」

com·pét·i·tive [kəmpétətiv] *a.* **1** 競争の，競争による：～ games 競技種目. a ～ examination 競争試験. **2** 《市場が》自由競争の，独占的でない：～ prices. ◇ **～·ly** *ad.* 競争して.

***com·pét·i·tor** [kəmpétətər] *n.* (*fem.* **-tress** [-tris]) **競争者**，競争相手 (rival).

com·pét·i·to·ry [kəmpétətɔ̀:ri/-təri] *a.* 競争の (competitive).

còm·pi·lá·tion [kàmpəléiʃ(ə)n/kɔ̀m-, -pail-] *n.* 編纂(へんさん)，編集；編纂〔編集〕物. [√pil-]

com·píle [kəmpáil] *vt.* **1** 編纂する，編集する. **2** 〈資料を〉集める. **3** 〔電算機〕コンパイルする《別のコード〔計算機言語〕に翻訳する》. **4** 〈財産などを〉つくり上げる. ◇ **com·píl·er** *n.* 編纂〔編集〕者；〔電算機〕コンパイラー.

com·plá·cent [kəmpléisnt] *a.* **1** (自己)満足した，得意の，悦に入った，安心した. **2** あいそのいい (complaisant). [√plac-] ◇ **～·ly** *ad.* 満足して. **-cence** [-sns], **-cen·cy** [-snsi] *n.*

‡**com·pláin** [kəmpléin] *vi.* **1 不平を言う**，泣き言を言う，嘆く《について *of, about*；…だということを *that*》. **2** 苦情を言う；(正式に)訴える《に *to*；について *about*》：～ *to* the authorities 当局に訴える. **3** 《病苦・苦痛を》訴える，病む《を *of, about*》：～ *of* a headache 頭痛がするとこぼす〔と言う〕；頭痛がする. **4** 〔雅〕〈風などが〉悲しげな音をたてる，うめく. **～ *against*** に関し苦情を訴える，を告訴する. [√pla(n)g-]

com·pláin·ant [kəmpléinənt] *n.* **1** 不平〔苦情〕を言う人. **2** 〔法〕原告，告訴人.

‡**com·pláint** [kəmpléint] *n.* **1 不平**，苦情，愚痴；不平〔苦情〕のたね. **2 病気**：have a ～ *in* one's

stomach 胃が悪い. **3**〖法〗《民事の》告訴;〖米〗《民事訴訟で》原告最初の申し立て. ***be full of ~s about*** one's food (食べ物のこと)について不平が多い. ***make [lodge] a ~ against*** を告訴する.

com·plái·sant [kəmpléiz(ə)nt, ㊊+kámplizænt] *a.* 人のきげんをとる, あいそのいい; 丁寧な, 親切な. [√plac-] ◇ **~·ly** *ad.* **-sance** *n.*

cóm·pla·nate [kámplənèit/kɔ́mplənit] *a.* おなじ平面に置かれた; ならされた, 平らにされた.

com·pléat 〖古〗=complete.

com·pléct·ed [kəmpléktid] =complexioned.

‡**cóm·ple·ment** [kámplimənt/kɔ́m-] *n.* **1 補充物**, 補って完全にするもの: Good brandy is a ~ to an evening meal. 上等のブランデーが出て夕食は完全になるというものだ. Love and justice are ~*s* each of the other. 愛は正義を待って, 正義は愛を待って全し. →supplement. **2**〖文〗補語. →枠付 Complement (pp. 260-261). **3**〖数〗余角, 余弧, 余数;〖楽〗補充音程. **4** 全数, 全量; 全定員, 《船員・船長を含めた》船の乗組員数: a full ~ of workers (工場の) 全労働者. The ship has taken in its full ~ of fuel. 船は燃料を満載した.
—— [-mènt] *vt.* **補う**, 補充〔補足〕する, 補って完全にする. ≒compliment. [con-+√ple(n)- すっかり+満たす]

còm·ple·mén·tal [kàmpliméntl/kɔ̀m-] *a.* = complementary. ◇ **~·ly** *ad.*

còm·ple·mén·ta·ry [kàmpliméntəri / kɔ̀m-] *a.* 補足の, 補充の. **~ angle** 余角. **~ colors** 余色, 補色. **~ distribution** 〖言〗相補分布. ◇ **-ri·ly** *ad.* 補いに, 補足して.

‡**com·pléte** [kəmplíːt] *a.* **1 完全な**, 完ぺきの; 申し分のない, 完備した. **2** 全部の, 全部そろった: the ~ works of Shakespeare シェイクスピア全集. a ~ set《食器など》完全なひとそろい. **3** 全面的な, 徹底的な, 全くの: a ~ failure 完全な失敗. a ~ stranger 赤の他人. **4** 練達の, 堂に入った: a ~ angler つりの名手.
—— *vt.* **1 完成する**, 仕上げる, 〈作品などを〉書きあげる; 完了する, 完結する; 〈目的を〉達成する: ~ one's toilet お化粧を仕上げる. **2** 完全なものにする; 全部そろえる; 〈数・量を〉満たす; 〈期間を〉満了する: ~ the puzzle パズルに語を全部入れる. ***to ~ one's misery*** 不幸のあげくのはてに.
[con-+√ple(n)- すっかり+満たす]
◇ ‡**~·ly** *ad.* 完全に, 全く, 全部. **~·ness** *n.*

(類義語) 完全な: **complete, perfect** 交換可能なばあいもあるが, complete は「完備した」といった量的充足を, perfect は「理想的な」といった質的な主観的価値判断を強調する傾向がある: a *complete* work 完結した作品《質の良否を問わない》. a *perfect* work 完ぺきな〔みごとな〕作品. *complete* ignorance 完全な無知, 全く知らずにいること. a *perfect* gentleman 申し分のない紳士. **full** すべてを満たしてこれ以上余地のない: *full* employment 完全雇用. **entire** 全体の, はじめから終わりまでの: an *entire* book 本全体. **whole** 丸のままの, 全体そっくりそのままの: the *whole* city 全市. **intact** 元のままの, そこなわれていない.

com·plé·tion [kəmplíːʃ(ə)n] *n.* 完成, 完結, 成就; 《目的の》達成; 《期間の》満了. ***bring to ~*** 完成させる.

‡**com·pléx** [kəmpléks, kámpleks/kɔ́mpleks] *a.* **1 複雑な**, 入り組んだ; 《問題が》難解な. ↔ simple. **2** 複合の, 合成の. **3**〖文〗複文の. **4**〖数〗複素数の. **~ fraction** 〖数〗繁分数. **~ number** 複素数. **~ sentence** 〖文〗複文《従属節を含む文》.
—— [kámpleks/kɔ́m-] *n.* **1** 複雑なもの, 合成物; 〖化〗複合体. **2**〖心〗コンプレックス, 複合;〖話〗固定観念; 強迫観念. ***inferiority [superiority] ~*** 劣等〔優越〕コンプレックス. [√plec-]

com·pléx·ion** [kəmplékʃ(ə)n] *n.* **1 顔色**, **膚色**. **2** 外観, ようす, 様相, 局面: the ~ of the war 戦況. That puts a new ~ on the matter. そうなると問題(の性質)がまた変わってくる. **3**〖古〗天性, 性質, はだ合い. ***assume [take] a serious ~ 重大な様相を帯びる. ***give a fair ~*** 美しく見せかける. ***put a good [bad] ~ on*** をよく〔悪く〕見せる, をよく〔悪く〕解する. [√plec-]
◇ **~·al** *a.* 顔色の; 天性の, 性質の. **~·less** *a.* 色つや〔血の気〕のない; 弱々しい, 力のない.

-com·pléx·ioned [-kəmplékʃ(ə)nd] *a.* 《合成語で》…の顔色をした: dark-[fair-]~ 色黒〔色白〕の.

‡**com·pléx·i·ty** [kəmpléksəti] *n.* **複雑さ**, 錯綜(さう); 複雑なもの〔こと〕.

com·plí·a·ble [kəmpláiəbl] =compliant.

com·plí·ance [kəmpláiəns], **-an·cy** [-ənsi] *n.* **1** 応諾, 承諾. **2** 従順. **3** 屈従, 盲従. → 動詞 comply. ***in ~ with*** に従って, に応じて.

com·plí·ant [kəmpláiənt] *a.* **1** 従順な, すなおな. **2** 言うままになる, 盲従する.
◇ **~·ly** *ad.* 従順に, 唯々(いい)諾々と.

cóm·pli·ca·cy [kámplikəsi/kɔ́m-] =complex⌈ity.

***cóm·pli·cate** [kámplikèit/kɔ́m-] *vt.* **1 複雑にする**, こみいらせる. **2** 〈病状を〉悪化する《併発症などで》. **3** 引き入れる, 巻き込む. —— [-kit] *a.* **複雑な**, 入り組んだ, めんどうな. [√plec-]

‡**cóm·pli·cat·ed** [kámplikèitid/kɔ́m-] *a.* **複雑な**, こみいった; 煩瑣(はんさ)な, わかりにくい.
◇ **~·ly** *ad.* **~·ness** *n.*

***còm·pli·cá·tion** [kàmplikéiʃ(ə)n/kɔ̀m-] *n.* **1 複雑**, 煩瑣; 複雑化. **2** 紛糾, 混乱, (予想外に)困難な事情. **3**〖医〗余病, 併発症.

com·plíc·i·ty [kəmplísəti] *n.* 共謀, 共犯, 連累《*with* another *in* a matter》.

‡**cóm·pli·ment** [kámplimənt/kɔ́m-] *n.* **1 敬意**, 賞賛: pay a high ~ 大いに賞賛する. **2 敬意の**表示: Your presence is a great ~. ご臨席は光栄の至り. **3 おせじ**, 追従(ついしょう). **4** (*pl.*) 祝詞, 祝辞; 《儀礼的な》あいさつ: the ~*s* of the season 時候のあいさつ《クリスマスや元日などの》. **5**〖古・方〗進物, 心づけ.
do a person ***the ~ of*** (do)***ing*** (人に)親切にも…する: He *did* me *the* ~ *of* listen*ing*. 親切にも私の言うことを聞いてくださった. *Do* me *the* ~ *of* listen*ing*. どうぞ耳をおかしください. ***doubtful [left-handed] ~*** 心にもないおせじ. ***Give [Present] my ~s to*** に私からよろしく. ***make [pay] a ~ to*** をほめる; …におせじを言う. ***make [pay, present]*** one***'s ~s (to)*** (に)あいさつする. ***send*** one***'s ~s to*** …によろしく伝言する. ***with the ~s of*** the author (著者)謹呈, 恵存《贈呈本の見返しなどにしるす文句》.
—— [kámplimènt/kɔ́m-] *vt.* **1** に賛辞を述べる, ほめる. **2** におせじを言う. **3** に祝辞を述べる, 祝う. **4** に贈呈する《を *with*》: ~ a person *with* a ticket 人に入場券を進呈する.
~ a person ***into*** (do)***ing*** (人に)おせじを言って…させる. ~ a person ***on*** (人を)…について祝う; (人を)…についてほめたたえる: ~ a woman *on* her new hat 女の新しい帽子をほめる.

***còm·pli·mén·ta·ry** [kàmpliméntəri / kɔ̀m-] *a.* **1 称賛の**, 賛辞の, ほめたたえの. **2** おせじ〔辞令〕のうまい. **3 無料の**, 優待の: a ~ copy 贈呈本. ~ dinner《飛行機上で旅客に供する》無料の食事. a ~ ticket 優待券. **~ address** 祝辞, 賛辞.

cóm·plin [kámplin / kɔ́m-], **cóm·pline** [+-plain] *n.* 〖カトリック〗**1** 最終祈禱(きとう)時間. **2** 終課, 終禱.

cóm·plot [kámplɑt/kɔ́mplɔt] *vt., vi.* 共謀する, (の)陰謀を企てる. —— *n.* 〖古〗共謀, 陰謀.

文法要説…(4)

Complement (補語)

補語 (complement) は，その語源的意味では「補うもの」「完全にするもの」(√ple-「満たす」) であって，文法上はふつう「動詞を補うもの」とされる．動詞にある語句が伴い，その語句がなくなると，動詞が「不完全」になり機能しなくなるようなばあい，問題の語句が complement であるとされる．"She is happy." において happy を消去してしまうと残りの "She is ..." では意味が通じなくなる (「彼女は存在する」と無理に意味づけすれば話は別であるが…)．おなじように "God made her happy."「神は彼女を幸福にした」において happy を消去すると，「神は彼女をつくった」となって，元の意味とははなはだしく違ってしまう．その上に，この後者の文は "she was happy" の状態を神がつくったということで，実は made のほんとうの目的語は her だけではないといえる．

"She is happy." では happy が主語の she を修飾する．このような補語を**主格補語** (subjective complement) と称する．"God made her happy." では happy は目的語 her を修飾する．このような補語を **目的補語** (objective complement) と称する．主格補語は自動詞とともにあらわれ，補語を必要とする自動詞は不完全自動詞である．目的補語は他動詞とともにあらわれ，補語を必要とする他動詞は不完全他動詞である．

主格補語をとる不完全自動詞

1) be の類

「あり方」ないしは「状態の継続」を示す:

I ***am*** a *boy*. ぼくは少年です． How *old* ***is*** he? あの人は幾つですか． He ***remained*** *single* all his life. 彼は一生独身でいた． You must ***keep*** *quiet*. 静かにしていなければいけません． He ***continued*** *obstinate*. 彼はいつまでも我を張った．

〈注₁〉 "The natives ***go*** *naked*."「原住民は裸でいる」の go も，このように補語をとり，完全自動詞本来の「行く」という意味を失って不完全自動詞になっている．完全自動詞はときに全く，もしくは半ば不完全自動詞として用いられることがある: She ***sat*** *silent* all day. 彼女は一日じゅう黙ってすわっていた．

〈注₂〉 "The theory ***holds*** *good*."「その説は依然として有効である」における hold も，不完全自動詞として用いられている．

2) become の類

「…の状態になる」の意を示す:

Soon it ***became*** *dark* all around. じきに，あたり一帯が暗くなった． The teacher ***grew*** *impatient*. 先生はいらいらしてきた． I ***got*** *acquainted* with a young poet. 私は若い詩人と知り合いになった． His face ***turned*** *pale*. 彼の顔は青くなった． The rumor ***turned out*** *false*. うわさは誤りであると判明した． His prediction ***proved*** *correct*. 彼の予言は正しいことがわかった． All this will ***come*** *right* in the end. これも万事最後はうまく収まるさ． The well ***ran*** *dry*. 井戸はかれてしまった．

〈注₁〉 次のような表現は熟語的: He ***fell*** *ill*. 彼は病気になった． She ***went*** *mad*. 彼女は気が狂った． That ***comes*** *cheap*. その方が安くつく．

〈注₂〉 "He ***died*** a *martyr*."「彼は死んで殉教者になった; 殉教者として死んだ」もこの類と考えることができよう．なお，参考: He ***was born*** a *poet*. 彼は生まれながらの詩人だ; 彼は詩人として生まれた．

〈注₃〉 "She will ***make*** a good *wife*."「彼女はいい奥さんになるだろう」の make は，become と意味が似てくるので，この種の make もこの部類と考えられる《普通は他動詞として分類されるが》．

3) seem の類

「外見上…である」「…であるように見える」の意を示し，「見える」以外に「聞こえる」「感じがする」など知覚に関係する動詞:

The man ***seems*** *honest*. あの人は正直そうだ． The meadow ***looked*** *pleasant*. 牧場は気持ちよさそうに見えた． Roses ***smell*** *sweet*. バラはよいにおいがする． Her voice ***sounds*** *sweet*. 彼女の声は響きが美しい． This cloth ***feels*** *soft*. この布は手ざわりがやわらかい．

〈注〉 次の文例の feel もこの類に入れて解釈できる《自分自身のからだの調子についての感覚》: I ***feel*** *good* this morning. けさは気分がいい．

目的補語をとる不完全他動詞

1) make の類 (その1)

「…にする」の意を示す:

They wanted to ***make*** their son a *scholar*. 彼らはむすこを学者にしたかった． Worry has ***turned*** his hair *gray*. (心配が彼の髪を白く変えた→) 心配で彼はしらがになった． They ***got*** their hands *dirty*. 彼らは手をよごした． We ***painted*** the house *green*. われわれは家を緑色に塗った． We ***appointed*** him *manager*. われわれは彼を支配人にした． The boys ***elected*** him *captain* of the team. 少年たちは彼をチームの主将に選んだ．

〈注₁〉 上例において paint や elect は完全他動詞であるが，ここでは不完全他動詞として用いられて，補語が添えられている．

〈注₂〉 例文中の make から get に至るまでのように，補語の有無により動詞の意味が大いに変わるものと，paint 以下のように，あまり変わらないものとある．

2) keep の類

「…の状態にしておく」の意を示す:

Keep the windows *open*. 窓をあけたままにしておいてください． Don't ***leave*** your books *lying* about. 本をあちこちにほうっておいてはいけない．

3) call の類

「名づけて…とする」「…と呼ぶ」の意を示す:

They ***called*** their town *New Amsterdam*. 彼らは町をニューアムステルダムと呼んだ． They ***named*** the child *John*. 彼らは子どもをジョンと名づけた． They ***declared*** him *enemy* to humankind. 彼らは彼を人類の敵であると宣言した．

4) think の類

「…であると考える〔思う〕」の意を示す:

We ***think*** him *honest*. われわれは彼は正直であると思う． We ***believe*** her a very respectable *person*. われわれは彼女は非常にりっぱな人だと信じている． ***Imagine*** yourself *on a desert island*. 自分が無人島にいるのだと想像してみたまえ． I ***esteem*** it a *privilege* to address this audience. ここにお集まりの皆さんにお話することを光栄と存じます． I ***found*** it *impossible* to convince him. 彼を説得することはできないことがわかった．

〈注〉「知覚の動詞」に他動詞の過去分詞が補語として伴うばあいも，この類と考えられる: I ***felt*** myself *touched*. からだに触れられたのを感じた． I ***heard*** my name *called*. 私の名前が呼ばれるのを耳にした．

5) want の類

補語に他動詞の過去分詞をとり，「…の状態にしてほしい」の意を示す:

I ***want*** it *finished* by 6 tomorrow. それをあ

すの6時までに仕上げてほしい. I **like** my shirt *ironed*. ワイシャツはアイロンをかけてもらいたい. I **prefer** it quickly *done*. それは早くやってもらった方がいい.

〈注〉これらの文例では補語の前に to be を補うことができる.

6) have の類

「…の状態にしてもらう〔させる〕」の意を示し, 補語には他動詞の過去分詞が用いられる:

I **had** my hair *cut*. 髪を刈ってもらった. I **got** my watch *repaired*. とけいを修理させた. I couldn't **make** myself *understood* in my poor Russian. 私のまずいロシア語では言うことがわかってもらえなかった.

〈注〉"I must **get** this business quickly *done*."「この仕事は早くかたづけてしまわねば」も, 意味が少し違うが, 構文上はこの類に属する.

7) make の類 (その2)

「だれだれに…させる」の意を示す「使役の動詞」で, 補語として to のない不定詞をとる:

I **made** him *leave* the room. 私は彼にへやを立ち去らせた. I **let** them *stay* in my house. 私は彼らに私の家に滞在させてやった. I must **have** him *come* back again. 私は彼にもう一度来てもらわねばならない.

8) see の類

「…するのを見る〔聞く, 感じる〕」の意を示す.「知覚の動詞」の類で補語に to のない不定詞, もしくは現在分詞をとることが多い:

I **saw** her *come* into the garden. 私は彼女が庭へはいってくるのを見た. I **heard** her *sing* 〔*singing*〕 in a sweet voice. 私は彼女が美しい声で歌うのを耳にした. I **felt** my heart *beat* with joy. 私は心臓が喜びに高鳴るのを感じた.

〈注〉know は「経験した」の意で完了形・過去形で用いられるばあいに限って, 上例と同様に to のない不定詞の補語をとる: I have never **known** him *tell* a lie. 彼がうそをついたのを聞いたことがない. 比較: I **know** him (*to be*) honest 〔a hard worker〕. あの人が正直〔働き者〕だということを知っている《現在形》.

補語となりうる語句

名詞・形容詞, およびそれらの相当語句. ただし, 使役動詞・知覚動詞の目的補語としては, 原則としてto のない不定詞.

1) 名詞: He is not *a fool*. 彼はばかではない. We thought him *a foreigner*. われわれは彼を外国人だと思った.

2) 形容詞: It is getting *warmer*. 気候が暖かくなってきた. Lincoln set slaves *free*. リンカーンはどれいを解放した.

3) 分詞: I remained *waiting* for hours. 私は何時間も待ち続けた. He seemed *absorbed* in his work. 彼は仕事に夢中のように見えた. He kept me *standing* at the door. 彼は私を戸口に立たせておいた. She always kept the box *locked*. 彼女はいつも箱にかぎをかけておいた.

4) 句: Whether you do it or not is *of little consequence*. あなたがそれをするかしないかはたいして重要じゃない. Make yourself *at home*. くつろいでください. The question is *how to do it*. 問題はどうやってするかだ.

〈注〉age, size, color などについては, 元来 of で始まる句で of が省略されることが多い: The boys are (*of*) the same age. 少年たちはおなじ年だ. What color (=*Of* what color) is her hair? 彼女の髪の毛はなに色ですか.

5) 節: The question is *whether he will agree or not*. 問題は彼が承知するかどうかだ. Let's decide *who will go*. だれが行くのかを決めよう.

6) 不定詞: These children make me *forget* my sorrow. この子どもたちは私に悲しみを忘れさせてくれる. We never saw him *smile*. われわれは彼がほほえむのを一度も見たことがなかった.

〈付記₁〉次の区別に注意: She made him a strong boy. 彼女は彼をじょうぶな子に育てた《him は目的, boy はその補語》. She made him a cake. 彼女は彼(のため)に菓子を焼いた《him は間接目的, cake は直接目的》. He called me a fool. 彼は私をばかと言った. He called me a taxi. 彼は私(のため に)タクシーを呼んでくれた.

次の例もおなじように理解し分けられる: She made herself a good wife. (彼女は自分をいい妻にした→) 彼女はいい奥さんになった《このばあい wife は herself を修飾する目的補語. herself は省略できる》. She made him a good wife. 彼女は彼のためにいい妻になった《him は間接目的 (利害の与格)で, 省略できる. wife は直接目的であって, 補語ではない》.

〈付記₂〉文が受動態に替えられると, 元の目的補語は主格補語になる: They crowned him *king*. →He was crowned *king*. 彼は王冠をいただいて王になった. →枠付 Voice.

***com·plý** [kəmplái] *vi.* 従う, 同意する《に *with*》: ～ *with* the request 〔rules〕 要求に応ずる〔規則に従う〕. →名詞 compliance. [con-+√plec- (身を屈する→) 応ずる]

cóm·po [kámpou/kɔ́m-] *n.* (*pl.* **～s**) しっくい, モルタル. [<*compo*sition]

com·pó·nent [kəmpóunənt] *a.* 構成している, 成分をなす: a ～ part 成分. **——** *n.* **1** 成分, 構成要素〔部分〕: the ～ of cost 生産費目. **2**〘物〙《ベクトルの》成分; 分力. [√pon-]

類 → **element**「要素」

com·pórt [kəmpɔ́ːrt/-pɔ́ːt] *vt.* 《～ oneself の形で》身を処す, ふるまう: ～ *oneself* with dignity りっぱにふるまう. **——** *vi.* 一致する, ふさわしい《と, に *with*》. [√port-]

◇ **～·ment** [-mənt] *n.* 行動, ふるまい, 態度.

com·póse** [kəmpóuz] *vt.* **1 組み立てる**, 組織する, 構成する. **2**〈詩・文を〉**つくる, 作文する**, 書く; **作曲する**; 〈絵を〉構図する. **3**〘印〙活字に組む, 植字する; 〈活字を〉組む. **4 おさめる, 静める**, ととのえる; 〈論争・争議などを〉しずめる, 調停する, まとめる. **5**〈心を〉静める, 落ち着かせる; 〈心を〉構える, 決める: ～ one's figures 顔つきを和らげる. ～ one's mind *for* action 〔*to* act〕 行動に移る心構えをする. **6**《～ oneself の形で》心を落ち着ける, 心構える: ～ *oneself to* sleep ゆっくり眠ることにする. → 名詞 composition. ***be ～d of から成り立つ: An engine *is* ～*d of* many parts. エンジンはたくさんの部分品でできている. [con-+√pon- まとめる; ととのえる]

◇ ***com·pós·er** *n.* **1** 作曲家, 構成者, 構図者, 《文の》作者. **2** 調停者, 和解者.

com·pósed [kəmpóuzd] *a.* **1** 落ち着いた, 沈着な. **2**《から》成り立っている《*of*》.

◇ **com·pós·ed·ness** [-z(i)dnis, ㊥⁺-znis] *n.* **com·pós·ed·ly** [-zidli] *ad.* 落ち着いて, 平気で, 沈着に.

com·pós·ing [kəmpóuziŋ] *n.* **1** 作曲, 著作, 組み立て. **2**〘印〙植字. **——** *a.* 鎮静の.

～ frame 〔**stand**〕〘印〙植字台. **～ machine** (自動) 植字機. **～ room**〘印〙植字室. **～ stick**〘印〙植字盆, 植字用ステッキ.

com·pós·ite [kəmpázit/kɔ́mpəzit] *a.* **1** いろいろな要素を含む, 合成〔混成〕の. **2** (C～)〘建〙混合式の《コリント式とイオニア式の折衷様式》. **3**〘船〙鉄骨木造の. **4**〘植〙菊科の.

—— *n.* **1** 合成物, 複合物. **2** 混合ろうそく; 混合車; 合成数. **3** 菊科植物.

～ candle《獣脂・ろうの》混合ろうそく. **～ carriage**〘英〙混合客車《一車内に各等の仕切りがあ

る》. ～ **number** 〘数〙合成数. ～ **photograph** 合成写真, モンタージュ写真(montage). ～ **school** 〘カナダ〙混成中〔高等〕学校《一般・商業・工業コースを含む》. ◇ ～**-ly** *ad.*

‡**còm·po·sí·tion** [kàmpəzíʃ(ə)n/kɔ̀m-] *n.* **1 構成**, 組み立て; 組織; 合成, 成分. **2**《天成の》気質, 性質: a touch of genius in one's ～ 生まれつき備わった天才はだ. **3**〘美〙構成, 配置, 配合. **4 作文**, 作詩; 著作, 述作. **5**〘楽〙作曲, 《音楽・美術の》作品. **6**〘画・写〙構図. **7**〘文〙複合語, 《語の》複合法. **8** 合成物, 混合物; 模造品. **9** 和解, 妥協; 示談金; 《債務の》一部返済: a ～ deed 示談書. → 動詞 compose.
make a ～ *with* one's creditors (債権者たち)と示談にする.

com·pós·i·tive [kəmpázitiv/-pɔ́z-] *a.* 組み立てる, 合成の, 集成の, 総合的な.

com·pós·i·tor [kəmpázitər/-pɔ́z-] *n.* 植字工.

com·pos men·tis [kámpəs-méntis/kɔ́mpɔs-] L. (=composed in mind)〘法〙精神の健全な.

com·pós·si·ble [kəmpásəbl/-pɔ́s-] *a.* 両立しうる; 存在〔発生〕しうる.

cóm·post [kámpoust/kɔ́mpɔst] *n.* **1** 混合物; しっくい. **2** 混合(人造)肥料, 堆肥(たいひ).
—— *vt.* に堆肥を施す.

com·pó·sure [kəmpóuʒər] *n.* 落ち着き, 沈着, 自制: keep [lose] one's ～ 心の平静を保つ〔失う〕. with (perfect, utmost) ～ 泰然として.

còm·po·tá·tion [kàmpotéiʃ(ə)n/kɔ̀m-] *n.* 会飲, 酒宴.

cóm·po·ta·tor [kámpotèitər/kɔ́m-] *n.* 会飲者, 飲み友だち.

cóm·pote [kámpout/kɔ́mpɔt, -pout] *n.* **1** 砂糖煮のくだもの. **2**《菓子やくだものを盛る》足付きの盛りざら. [<F.]

còm·po·tíer [kàmpətiər/kɔ̀m-] =compote ②.

‡**com·póund**[1] [kampáund, kəm-/kəm-] *vt.* **1**《一つのものに》**合成する**, 調合する, 混合する. **2**<一つのものを> **つくりあげる**, 組成する; <薬を>調製する. **3** <紛争を>おさめる; 〘法〙(金銭によって)示談にする. **4** <債務・勘定を> 打ち切る《一部払いによって》; <予約金を> 一時払いにする. **5** の告訴を取り下げる. **6**〘電〙複巻きにする. —— *vi.* 妥協する; 折り合う: ～ *with* a person 人と和解する.
—— [kámpaund, ―´/kɔ́mpaund] *a.* 複合の, 混成の; 複式の; 〘文〙複合の. —— [kámpaund/kɔ́m-] *n.* 合成物, 混合物; 〘化〙化合物; 〘文〙複合語(=～ word). ↔ simple. [√pon-]
～ **animal** 〘動〙群体動物. ～ **eye** 〘動〙複眼. ～ **flower** 〘植〙集合花. ～ **fraction** 〘数〙繁分数. ～ **fracture** 〘医〙複雑骨折. ～ **interest** 複利. ～ **ratio** [**proportion**] 〘数〙複比例. ～ **sentence** 〘文〙重文《二つ以上の単文を and, but, or, for など等位接続詞で結合した文》. ～ **word** 〘文〙複合〔合成〕語《housetop, cupboard, breakfast, father-in-law など》.

cóm·pound[2] [kámpaund/kɔ́m-] *n.* 構内; 《東洋で》囲いをした白人の屋敷〔商館〕; 《アフリカで》囲いをした現地人労務者の住宅や工場; 捕虜収容所.

còm·pra·dór [kàmprədɔ́:r/kɔ̀m-] *n.* 買弁(ばいべん)《中国などの外国商館・領事館が取引の仲介として雇用する現地人》.

‡**còm·pre·hénd** [kàmprihénd/kɔ̀m-] *vt.* **1 理解する**, 把握(はあく)する, 悟る. **2** 包む, 内包する.
[√prehend-とらえる] ◇ ～**-ing·ly** *ad.* 理解して.
[類] → **understand**「理解する」

còm·pre·hén·si·ble [kàmprihénsəbl/kɔ̀m-] *a.* **1** 理解できる, わかりやすい. **2** 包括〔包含〕される《に *in*》. ◇ **-bly** *ad.* わかりやすく. **còm·pre·hèn·si·bíl·i·ty** [kàmprihènsəbíliti/kɔ̀m-] *n.*

còm·pre·hén·sion** [kàmprihénʃ(ə)n/kɔ̀m-] *n.* **1** 理解; 意味: a term of wide ～ 意味の広いことば. **2** 包含, 含蓄; 〘論〙内包. **3** 包容力. ***be above [***beyond***] a person***'s*** ～ (人)に理解できない.

còm·pre·hén·sive** [kàmprihénsiv/kɔ̀m-] *a.* **1** 包括的な, 包容力の大きい: a ～ mind 見解の広い心. **2 範囲の広い**: a ～ knowledge 広い知識. **3** 理解(力)の, 理解力のある: ～ faculty 理解力. ***be ～ ***of*** を含む. [con-+√prehend-とらえる]
～ **school** 総合(中等)学校. 「*n.*
◇ ～**-ly** *ad.* 包括的に, 広範囲にわたって. ～**-ness**

com·préss [kəmprés] *vt.* **1** 圧縮する, 圧搾する; 押し入れる《へ *into*》. **2** <文・演説などを> 短縮〔要約〕する. —— [kámpres/kɔ́m-] *n.* **1**〘医〙《血管を圧縮する》圧迫包帯, 湿布. **2** 圧搾機《綿包装用の》. [<con-+press]

com·préssed [kəmprést] *a.* **1** 圧縮〔圧搾〕された: ～ air 圧縮空気. **2** 簡潔な. **3**〘植〙偏平な.

com·préss·i·ble [kəmprésəbl] *a.* 圧縮できる.
◇ **com·prèss·i·bíl·i·ty** [kəmprèsibíliti] *n.* 圧縮の可能性; 〘物〙圧縮性, 圧縮率.

com·prés·sion [kəmpréʃ(ə)n] *n.* **1** 圧縮, 圧搾. **2** 短縮, 簡潔, 要約.

com·prés·sive [kəmprésiv] *a.* 圧縮する, 圧力を加える. ◇ ～**-ly** *ad.*

com·prés·sor [kəmprésər] *n.* **1**《空気・ガスなどの》圧縮機; 圧縮者. **2**〘医〙圧縮筋; 血管押え.

com·príse [kəmpráiz] *vt.* **1** 含む, 包含する. **2**〘話〙から成り立つ: The house ～*s* 9 rooms. その家は9へやある. **3**〘話〙構成する, の内容をなす: His lecture ～*s* the evening program. 彼の講演が今夜のプログラムの内容だ. ***be*** ～***d in*** の中に含まれている. [√pris-]

‡**cóm·pro·mise** [kámprəmàiz/kɔ́m-] *n.* **1 妥協**, 歩み寄り《の間の *between*》. **2 妥協案**, **折衷案**; 中間物, どっちつかずのもの. **3**《主義・原則などの》譲歩, 節をまげること; 《地位などを》危うくすること.
make ～ ***with*** と妥協する.
—— *vt.* **1** 妥協して〔歩み寄って〕処理する, 示談にする. **2**<主義・原則を> **譲る**, まげる. **3** <名誉・評判・信用などを> **汚す**, **傷つける**, 落とす. —— *vi.* **妥協する**, 歩み寄る《と *with*》. ***be*** ～***d by*** で危うくされる. ～ one***self*** 信用を落とすようなことをする.
[<con-+promise 互いに+約する]

còm·pro·vín·cial [kàmprəvínʃ(ə)l/kɔ̀m-] *a.* 同地方の, 同一管区の.

comp·tról·ler [kəntróulər] *n.* 会計検査官, 監査官(controller). **C**～ **General**〘米〙会計検査院長. ◇ ～**-ship** *n.* 監査官の職〔身分〕.

com·púl·sion [kəmpʌ́lʃ(ə)n] *n.* **1** 無理じい, 強制. **2** 強迫. → 動詞 compel. ***by*** ～ 強制的に. ***upon*** [***under***] ～ 強制されて.

com·púl·sive [kəmpʌ́lsiv] *a.* 強制的, 無理じいの. ◇ ～**-ly** *ad.* 強制的に.

com·púl·so·ry [kəmpʌ́ls(ə)ri] *a.* **1** 強制的な; 義務的な. **2** 必修の. ↔elective, optional. →動詞 compel.
～ **education** 義務教育. ～ **execution** 強制執行. ～ **service** 義務兵役, 徴兵. ～ **subjects** 〘英〙必修科目(=㊥ required subjects). ～ **winding-up** 強制解散《有限責任会社の》.
◇ **-ri·ly** [-rili] *ad.* 無理に, 強制的に. **-ri·ness** *n.*

com·púnc·tion [kəmpʌ́ŋ(k)ʃ(ə)n] *n.* 良心のとがめ, 後悔, 悔恨. ***without*** ～ 良心に責められることなく, 平気で. [√pung-]

com·púnc·tious [kəmpʌ́ŋ(k)ʃəs] *a.* 後悔の, 気がとがめる. ◇ ～**-ly** *ad.* 後悔して.

còm·pur·gá·tion [kàmpə:rgéiʃ(ə)n/kɔ̀m-] *n.* 〘英古・法〙免責宣誓《一定数の宣誓者の宣誓で被告が無罪になる》.

com·pút·a·ble [kəmpjú:təbl] *a.* 計算できる.
◇ **com·pùt·a·bíl·i·ty** [kəmpjù:təbíliti] *n.*

còm·pu·tá·tion [kàmpjutéiʃ(ə)n/kɔ̀m-] *n.* 計算, 計算の結果, 算定数値.

com·púte [kəmpjúːt] *vt., vi.* 計算する, 算定する; 見積もる: ～ a loss at … 損失を…と見積もる. [√put-] ◇ **-pút·a·tive** [-ətiv] *a.* 算定的〔上の〕; 計算好きの.

***com·pút·er** [-ər] *n.* 電子計算機 (=electronic ～); 計算器; 計算者. → analog, digital.

com·pú·ter·ize [-əràiz] *vt.* 電子計算機で処理〔管理, 自動化〕する.

‡**cóm·rade** [kámræd/kɔ́mrid] *n.* 同志, 仲間, 友人; おなじ組合〔党派〕の人; 共産党員. ***a ～ in arms*** 戦友. ◇ **～·ship** [-ʃip] *n.* 同志, 交わり, 僚友関係, (美しい)友情. 〔類〕 → **companion**「仲間」

Cóm·so·mol [kámsəmɑl/kɔ́msəmɔl] *n.* 《ソ連の》青年共産党.

cóm·stock·er·y [kʌ́mstɑ̀kəri, kám-/kɔ́mstɔk-] *n.* 〖美・文学〗風俗を乱すような作品のきびしい取り締まり《アメリカ人 Anthony Comstock の名から》.

Comte [kɔːnt] *n.* Auguste ～ [F. ɔgyst kɔ̃ːt], 1798–1857, 実証哲学を唱えたフランスの哲学者・社会学者. ◇ **Cóm·ti·an** [kɔ́ːntiən] *a.* コント(哲学)の. **Cómt·ism** [-iz(ə)m] *n.* コントの哲学, 実証哲学 (positivism). **Cómt·ist** [-ist] *n.* コント派の哲学者, 実証哲学者.

comte [F. kɔ̃ːt] F. *n.* 伯爵, …伯.

Có·mus [kóuməs] *n.* 〖ギ・ロ神〗コーマス《酒宴や祝祭をつかさどる若い神》.

con[1] [kan/kɔn] *vt.* (**-nn-**) 学ぶ, 精査する; 精読する; 暗記する. **～ *over*** 熟読する, 反復復習する.

con[2] *vt.* (**-nn-**) 〖海〗の操舵(そうだ)を指揮する, の針路を指令する. ***conning-tower*** 《軍艦の》司令塔; 《潜水艦の》展望塔.

con[3] *ad.* 反対して: pro and ～ 賛成および反対して〔の〕 (for and against). —— *n.* 反対投票, 反対論. ***(the) pros and ～s*** 賛否両論, 利害得失.

con[4] *a.* 〖米俗〗詐欺の, かたりの: a ～ man 詐欺師. —— *vt.* (**-nn-**) 欺く, ごまかす.

con[5] *n.* 〖米俗〗 **1** 囚人, 前科者《<(ex)*con*vict》. **2** 犯罪者. **3** 車掌《<*con*ductor》. **4** 肺病《<*con*sumption》.

con [kan, kɔːn, kon/kɔn] It. (=with) *prep.* …をもって, …を伴い.

con- *pref.* b, h, l, p, r, w 以外の子音字の前での com- の異形: *con*duct 案内する <com- +√duc- ともに+導く. *con*fident 確信ある <com- +√fid- 強く+信ずる.

con. conclusion; contra (L. =against).

Cón·a·kry, Kón·a·kry [kánəkri/kɔ́n-] *n.* コナクリ《Guinea の首都》.

con a·mo·re [kɑ̀n-əmɔ́ːri, -mɔ́ːri/kɔn-əmɔ́ːri] It. 〖楽〗愛情をもって, 心から, 優しく.

co·ná·tion [konéiʃ(ə)n] *n.* 〖心〗能動, 意欲 (感).

con bri·o [kan-bríːou/kɔn-] It. 〖楽〗元気よく, 快活に.

con·cát·e·nate [kɑnkǽtinèit/kɔn-] *vt.* 鎖のようにつなぐ, 連鎖〔連結〕させる. —— *a.* 連鎖した. ◇ **con·cat·e·ná·tion** [-ㅗ-néiʃ(ə)n] *n.* 連鎖; 《事件などの》連続.

con·cáve [kɑnkéiv, ㅗㅗ/kɔ́nkéiv] *a.* くぼんだ, 凹面(おうめん)の: a ～ lens 凹レンズ. a ～ mirror 凹面鏡. ～ tile 丸がわら, 雌がわら. ↔ convex. —— *n.* 凹面(体). ***the ～*** 天. ***the spherical ～*** 〖雅〗大空. —— [kankéiv/kɔnkéiv] *vt.* 凹面にする, へこませる. [cave と同語源] ◇ **con·cáv·i·ty** [kɑnkǽviti/kɔn-] *n.* くぼみ, 凹面; 陥没部.

con·cá·vo-con·cáve [kɑnkéivokɑnkéiv, —ㅗ—ㅗ—/kɔnkéivokɔ́nkeiv] *a.* 両(面)凹(おう)の.

con·cá·vo-con·véx [kankéivokanvéks, —ㅗ—ㅗ—/kɔnkéivokɔ́nveks] *a.* 一面が凹で他面が凸(とつ)の, 凹凸の.

‡**con·céal** [kənsíːl] *vt.* **隠す**, 秘密にする: ～ something *from* a person なにかを人に隠す. **～ *oneself*** 隠れる, 潜伏する. [√cel-] 〔類〕 → **hide**「隠す」

con·céal·ment [kənsíːlmənt] *n.* 隠蔽(いんぺい), 隠匿; 隠れること, 潜伏; 隠れ場所. ***be* [*remain*] *in ～*** 隠れている.

con·céde [kənsíːd] *vt.* **1** 譲歩する: ～ a point in argument 議論で一歩譲る. I will ～ nothing. 一歩も譲らないぞ. **2** 容認する, (真実・正当だと) 承認する: I ～ that I was wrong. 私は自分がまちがっていたことを認める. **3** 〈特権・権利などを〉譲渡する, 譲与する: ～ a person the palm of victory 人に勝利(の栄冠)を譲る. ～ a longer vacation for all employees 従業員全員に休日の増加を認める. **4** の負けを認める《公式結果の出ないうちに》: ～ an election 選挙で相手の勝利を認める. **5** 〖運俗〗〈競技の〉勝ちを失う. —— *vi.* **1** 譲歩する《に *to*》. **2** 勝ちを譲る《に *to*》. →名詞 concession. [√ced-]

con·céd·ed·ly [-idli] *ad.* 〖米〗明白に, まさしく.

‡**con·céit** [kənsíːt] *n.* **1** うぬぼれ, 自己過大評価: be full of ～ 慢心しきっている. **2** 《個人的な》評価, 意見, 独断: He is a big man *in his own ～*. あの男は自分では大物のつもりでいる. **3** (独自な) 発想, 着想: poetry full of artificial ～*s* 手のこんだ奇想に富んだ詩. **4** 奇抜な着想, 空想, 気まぐれ. **5** 好意: be out of ～ with …にいや気がさす, …がきらいになる. ***be eaten up with ～*** 鼻持ちならぬほどうぬぼれている. —— *vt.* **1** 得意にする: ～ oneself *over* one's success 成功で得意になる. **2** 〖古〗想像する, 考える. [conceive と同語源] 〔類〕 → **pride**「誇り」

con·céit·ed [kənsíːtid] *a.* **1** うぬぼれの強い, 思いあがった (=self-～). **2** 〖方〗思いつきの; 奇想天外の. ◇ **～·ly** *ad.*

con·céiv·a·ble [kənsíːvəbl] *a.* 考えられる, 想像できる; ありそうな, ありうる: It is ～ *that* he did not understand us. 彼にはわれわれの言うことがわからなかったのかもしれない. ***all ～*** 考えられる限りの, あらゆる: employ *all* ～ means あらゆる手段を講じる. ◇ **～·ness** *n.* **-bly** *ad.* 考えられるところでは; 想像してみるに, たぶん. **con·cèiv·a·bíl·i·ty** [kənsìːvəbíliti] *n.*

‡**con·céive** [kənsíːv] *vt.* **1** 〈感情・意見などを〉心にいだく, 感じる: ～ a hatred 憎しみをいだく. ～ a love [dislike] *for* a person 人が好き〔きらい〕になる. **2** 〈計画などを〉着想する, 考案する: ～ a plan 立案する. a badly ～*d* scheme まずい企画. **3** 理解する: I cannot ～ why you shouldn't allow it. なぜそれを許してはいけないのかぼくにはわからない; 許してやったっていいではないか. **4** 考える, …と思う: I ～*d that* some difficulties might arise. なにかむずかしいことが起こるかもしれないとは思った. ～ oneself secure 自分を安全だと思う. **5** 言いあらわす, 述べる《通例受動態で》: ～*d* in plain terms やさしいことばで述べられ〔書かれ〕た. **6** 〈子を〉腹に宿す, はらむ. —— *vi.* **1** 想像する, 心に描く; 思う, 思いつく《を *of*》. **2** 妊娠する. → 名詞 conception. [√cap-] ◇ **con·céiv·er** *n.* 〔類〕 → **think**「考える」

con·cén·ter, ㊥ **-tre** [kanséntər/kɔn-] *vt., vi.* 一点に集める〔集まる〕, 集中する.

‡**cón·cen·trate** [káns(e)ntrèit/kɔ́n-] *vt.* **1** 〈注意・努力などを〉**集中する**; 一点に集める《に *on, upon*》. **2** 濃縮する; 凝集する. **3** 〖鉱山〗選鉱する. —— *vi.* **1** 集中する. **2** 専心する, 注意〔努力など〕を集中する, 全力を注ぐ《に *on, upon*》. —— *n.* 〖化〗濃縮物; 〖鉱〗精選鉱. [√centr-]
◇ **-trat·ed** [-id] *a.* **1** 集中した: ～*d* hate 激しい憎しみ. **2** 濃縮した, 《比喩的》濃厚な: ～*d* milk 濃縮牛乳. **-tra·tive** [-trèitiv] *a.* **1** 精神的な, 集中性の. **2** 専心する, 熱心な, 凝り性の.

*****còn·cen·trá·tion** [kɑ̀ns(e)ntréiʃən/kɔ̀n-] *n.* **1** 集中. **2**《努力・精神などの》集中, 専念, 専心. **3**【化】濃縮, 濃度;【鉱山】選鉱. **4**【軍】《部隊の》集結;《砲火の》集中. ～ **camp** 強制収容所《特にナチ治下において反ナチ分子やユダヤ人を強制収容し労働強制や虐殺をした》; (捕虜) 収容所; 部隊集結所.

cón·cen·tra·tor [kɑ́ns(e)ntrèitər/kɔ́n-] *n.* 集中させる人〔物〕;【化】濃縮機;【鉱山】選鉱機; 発火集中装置《弾薬筒内または銃口に備えた》;【電】集信機.

con·cén·tric [kənséntrik] *a.* **1** 中心をおなじくする, 同心の《と *with*》. ↔ eccentric. **2** 集中的な. ～ **circles**【数】同心円. ～ **fire**【軍】集中砲火.
◇ **-tri·cal·ly** *ad.* **còn·cen·tríc·i·ty** [kɑ̀nsentrísịti/kɔ̀n-] *n.* 同中心性; 集中(性).

*****cón·cept** [kɑ́nsept/kɔ́n-] *n.*【哲】概念.
[類] → **idea**「考え」

‡con·cép·tion [kənsépʃ(ə)n] *n.* **1** 概念, 意想, 考え. **2** 概念作用; 把握(はあく), 理解. **3** 着想, 創案, 考案, 計画. **4** 想像図. **5** 受胎, 妊娠. →動詞 conceive. ***have no* ～ *of*** [***that***...] …が全く見当がつかない, …が全然わからない.
◇ ～**·al** [-ʃən(ə)l] *a.* 概念上の, 概念に関する.
[類] → **idea**「考え」

con·cép·tive [kənséptiv] *a.* **1** 概念作用の; 考える力のある. **2**【稀】妊娠できる.

con·cép·tu·al [kənséptʃuəl/-tjuəl] *a.* 概念(上)の.
◇ ～**·ism** [-ìz(ə)m] *n.*【哲】概念論. ～**·ist** *n.* 概念論者. ～**·ize** [-àiz] *vt.* 〈ばく然とした感じなどを〉はっきりした概念〔形象〕にまとめる. ～**·ly** *ad.*

‡con·cérn [kənsə́ːrn] *vt.* **1** に関係する, にかかわる; の利害にかかわる, にとって重要である: The problem does not ～ us. その問題はわれわれには無関係だ. It ～*s* him to know that... 彼は…ということを心得ている必要がある. **2**《受動態で, または ～ oneself の形で》関係する《と *with, in*》; 関心をもつ, 心づかいする, 心配する《に, を *about, for, over*》: I *am* not ～*ed with* that matter. ＝I do not ～ *myself with* that matter. 私はそのこととは無関係だ. I *am* not [do not feel] ～*ed about* it. そのことは心配していない. I *am* ～*ed for* his health. 彼の健康のことが気がかりだ.
as* ～*s*...** …に関しては. ***be* ～*ed to (do) (1) …して残念である: I *am* (much) ～*ed to* hear that... …の由うかがって(たいへん) 残念〔お気の毒〕にぞんじます. (2) …したい: We *are* not particularly ～*ed to* trace their history. われわれはその歴史を特にたどりたいと思っているわけではない. ***so far as*** I am ～***ed*** (私に) 関する限りでは. ***To whom it may concern*** 関係各位《手紙・証明書などの始めに》.
—— *n.* **1** 関係, かかりあい; 利害関係《*in*》: I have no ～ *with* it. それとは全く無関係だ. **2** 重大な関係, 重要性: a matter of ～ 重要問題. **3** 関心; 懸念, 心配: show deep ～ at the news 報道に接してふかい関心〔憂慮〕を示す. **4** (しばしば *pl.*) 関心事, 用件, 事件: It's none of my ～. 私の知ったことじゃない. worldly ～*s* 世俗事. **5** 事業, 営業: a paying ～ 差し引き損にならない〔もうかる〕商売. **6** 会社, 商会; コンツェルン, 財閥. **7**【話】事, 物, 人: The war smashed the whole ～. 戦争は何もかもめちゃくちゃにした. I'm sick of the whole ～. こいつにはうんざりした. a selfish ～ てまえがってなやつ. ***feel* ～ *about*** [***over***] を心配する. ***going*** ～ 営業中の事業〔会社〕; 着々進展〔発展〕中の事業. ***have a* ～ *in*** に利害関係がある; の共同所有者である. ***have no* ～ *for*** …になんの関心もない. ***with*** [***without***] ～ 心配して〔無関心で〕. [√cer(n)-]

*****con·cérned** [kənsə́ːrnd] *a.* **1** 心配して, 懸念して; 心配そうな: feel ～ 気づかう. with a ～ air 気づかわしそうなようすで. **2**《通例名詞のあとにつけて》関係している, 当の: the authorities ～ 当局〔関係〕者. the parties ～ 利害関係者, 当事者.
◇ **con·cérn·ed·ly** [-nidli] *ad.* 心配〔懸念〕して.
[類] → **care**「心配する」

‡con·cérn·ing [kənsə́ːrniŋ] *prep.* …に関して, …について: ～ the matter そのことについて(の).

con·cérn·ment [kənsə́ːrnmənt] *n.* **1** 重大〔重要〕性. **2** 心配, 懸念, 憂慮《についての *about, for*》. **3** 関係, 関与. **4** 関係していること, 業務.

‡cón·cert[1] [kɑ́nsəːrt, -sərt/kɔ́n-] *n.* **1** 合奏; 演奏会, 音楽会: give a ～ 演奏会を催す. **2**【楽】協和音. **3** 協力, 一致, 提携, 協約. ***in*** ～ 協同して, いっせいに. ***in* ～ *with*** と提携して.
～**·gò·er** 音楽会に行く人; 音楽愛好者. ～ **grand piano** 演奏会用の大型ピアノ. ～ **hall** 演奏会場. ～**·màs·ter,** ～**·mèis·ter** [-màistər]【楽】《オーケストラの》首席楽手, コンサートマスター《通常第一バイオリニストがなる. 指揮者の次席》. ～ **pianist** くろうとピアニスト《演奏会に出る実力がある》. ～ **pitch**【楽】合奏調; 普通よりやや馬力をかけること. ～ **reading** 斉読(せいどく). ～ **room**【米:楽】演奏室. ～ **tour** 演奏旅行. ～ **work** いっせい作業.
◇ ～**·ize** [-àiz] *vi.* 演奏会を開く; 演奏旅行をする.

con·cért[2] [kənsə́ːrt] *vt.* **1** 協定〔協調〕する, (…について) 申し合わせる, 共同で行なう《と *with*》. **2**〈案などを〉まとめる, つくる (devise). —— *vi.* 協力する.

con·cért·ed [kənsə́ːrtid] *a.* **1** 協定した, 申し合わせた; 力を合わせた: take ～ action 協力行動をとる. **2**【楽】合唱〔合奏〕用に編曲された.

còn·cer·tí·na [kɑ̀nsərtíːnə/kɔ̀n-] *n.* コンチェルティナ《六角形でボタン式のアコーディオンに似た楽器》.

còn·cer·tí·no [kɑ̀ntʃərtíːnou, -tʃɛər-/kɔ̀n-] *n.*【楽】小協奏曲; 小合奏群. [＜It.]

con·cér·to [kəntʃɛ́ərtou, ⊛[+]-tʃə́ːtou] *n.* (*pl.* ～**s**)【楽】コンチェルト, 協奏曲.

con·cés·sion [kənséʃ(ə)n] *n.* **1** 譲歩, 容認. **2** 譲与; 譲与物. **3**《おもに政府から得る》免許, 特許, 権利. **4** 居留地, 租界, 租借地. **5**【米】場内売り場(使用権). → 動詞 concede. ***make a* ～ *to*** に譲歩する. ～ **stand** 場内売り場.

con·cès·sion·áire [kənsèʃənɛ́ər] *n.* 《権利の》譲り受け人; 特許権所有者.

con·cés·sion·ar·y [kənséʃ(ə)nèri/-nəri] *a.* 譲与した. —— *n.* ＝concessionaire.

con·cés·sive [kənsésiv] *a.* 譲与の, 譲歩的;【文】譲歩の. ～ **clause**【文】譲歩節《no matter what, even if, though などで始まる節》.
◇ ～**·ly** *ad.* 譲歩して.

conch [kɑŋk, kɑntʃ/kɔŋk, kɔntʃ] *n.* (*pl.* **conchs** [kɑŋks/kɔŋks], **cónch·es** [kɑ́ntʃiz/kɔ́n-]) **1**【貝】ホラガイ; イボソデの類;【雅】貝, 貝がら. **2**【ロ神】海神 Triton の使用したホラガイ;《水先案内などの使用する》ホラガイ. **3**【建】半円形屋根. **4**【解】外耳, 耳殻(じかく) (concha). **5** (C～)【海俗】西インド Bahama 諸島の原住民《貝を採取して食べることからのあだ名》.

cón·cha [kɑ́ŋkə/kɔ́ŋ-] *n.* (*pl.* **-chae** [-kiː])【解】外耳, 耳殻.

cón·chie [kɑ́ntʃi/kɔ́n-] ＝ conchy.

con·chíf·er·ous [kɑŋkífərəs/kɔŋ-] *a.*【動】貝がらを有する;【地】貝がらを含む.

con·chí·tis [kɑŋkáitis/kɔŋ-] *n.*【医】外耳炎.

con·chói·dal [-kɔ́idl] *a.*【鉱】貝がら状の.

con·chól·o·gy [-kɑ́lədʒi/-kɔ́l-] *n.* 貝がら類学《エビ・カニ類を含む》. ◇ **-gist** [-dʒist] *n.* 貝類学者.

cón·chy [kɑ́ntʃi/kɔ́n-] *n.*【英俗】良心的兵役忌避者〔反対者〕. [＜*consci*entious objector]

con·ci·erge [kɑ̀nsiɛ́ərʒ/kɔ̀ːn-] F. *n.*《アパートの》管理人; 門番, 守衛.

con·cíl·i·ate [kənsílièit] *vt.* **1** なだめる; 懐柔する, 手なずける. **2**〈対立者・対立を〉調停する;〈二説などを〉折り合わせる, 両立させる. **3** の好意〔尊敬〕を

得る. **4** 味方に引き入れる. [√cal-³]
◇ **-a·tive** [-sílièitiv/-síliətiv] *a.* =conciliatory. **-a·tor** [-èitər] *n.* 慰撫(いぶ)者, 懐柔する者; 調停者. **-a·to·ry** [-síliətò:ri/-t(ə)ri] *a.* 慰撫的, 懐柔的; 融和的, 妥協的.

con·cil·i·á·tion [kənsìliéiʃ(ə)n] *n.* **1** 慰撫, 懐柔. **2** 和解, 調停. ***court of ~*** 調停裁判所. **C~ Act, the** 〖英〗(争議)調停法.

cón·cin·nate [kánsịnèit/kɔ́nsíneit] *vt.* 調和させる, 調整する, 配合する.

con·cín·ni·ty [kənsíniti] *n.* (全体の)調和; 《文体の》高雅, 優雅.

con·císe [kənsáis] *a.* 簡潔な, 簡明な. [√caed-]
◇ **~·ly** *ad.* **~·ness** *n.* 「潔, 簡明.

con·cí·sion [kənsíʒ(ə)n] *n.* **1** 切断, 分離. **2** 簡

cón·clave [kánkleiv/kɔ́n-] *n.* **1** 秘密会議. **2** 《秘密に行なわれる》法王選挙会議(の場所); 《それに出席する》枢機卿(すうきけい)団. **3** (指導者たちの)重要会議. ***sit*** [***be***] ***in ~*** (***with***) (と)密談する.

‡**con·clúde** [kənklú:d] *vt.* **1 終える,** に結末をつける, とじる: ~ a speech 演説を終える. **2 結論する;** 結末に言う. **3** 推断する: *From* what you say, I ~ that... おことばから察して…と考えられます. ~ a rumor to be true うわさが本当だと判断する. **4** 決定する, 決意する《…しようと *to* (do); *that* (one) *will* (do)》. **5** 〈協約などを〉**締結する,** 結ぶ《と *with*》: ~ a treaty 条約を結ぶ. ~ (a) peace 平和を締結する. **——** *vi.* **1 終わる;** 語を結ぶ: The letter ~*d* as follows. 手紙はこう結んであった. **2** 決定する. (***and***) ***to ~*** (そして)終わりに臨んで. ***~ding voluntary*** = postlude ②. ***~d*** [***to be ~d***] 「今回[次回]完結」《連載物などで》. [√claud-]
類 → **end** 「終わる」

‡**con·clú·sion** [kənklú:ʒ(ə)n] *n.* **1 結末,** 終結; 《争いなどの》最終的解決. **2 結論,** 結語; 《前提からの》帰結. **3 推断;** 〖論〗《三段論法の》断案. **4** 決定. **5** 《条約などの》締結. → 動詞 conclude. ***at the ~ of*** の終わりにあたって. ***bring to a ~*** 終える; 《交渉などを》取りまとめる, 取り決める. ***come to a ~*** 終了する; 結論に達する. ***come to the ~ that...*** …という結論になる. ***draw ~s*** 推断する. ***foregone ~s*** 初めからわかりきった結論. ***in ~*** 終わりに臨んで, 最後に. ***try ~s with*** と勝敗[優劣]を争う.

con·clú·sive [kənklú:siv] *a.* 結論的な; 決定的な, 説得的な; 確実な. **~ evidence** [**proof**] 〖法〗確証. ◇ **~·ly** *ad.* **~·ness** *n.*

con·cóct [kankákt, kən-/kənkɔ́kt] *vt.* **1** 〈飲み物・食べ物などを〉混ぜ合わせてつくる. **2** 〈話などを〉でっちあげる; 〈陰謀などを〉たくらむ. ◇ **con·cóc·tive** [-tiv] *a.* 調合した; でっちあげの; 策謀の.

con·cóc·tion [kankákʃ(ə)n, kən-/kənkɔ́k-] *n.* **1** 混合, 調合, 調整. **2** 調合物, 混合飲料[スープ], 調合薬. **3** でっちあげ, つくり話; 策謀.

con·cól·or·ous [kənkʌ́lərəs] *a.* 単色の, 同色の.

con·cóm·i·tance [kankámịt(ə)ns, kən-/kən-], **-tan·cy** [-t(ə)nsi] *n.* **1** 随伴, 付随; 共存. **2** 〖宗〗併在《聖餐(せいさん)の中にキリストの血と肉が併在するという信仰》.

con·cóm·i·tant [-t(ə)nt] *a.* 相伴う, 付随する; 共存する; 同時に生じる: ~ circumstances 付帯状況. **——** *n.* (通例 *pl.*) 付随物. [con-+com-+√i-] ◇ **~·ly** *ad.*

cón·cord [kánkɔ:rd, káŋ-/kɔ́ŋ-, kɔ́n-] *n.* **1** 《意見の》一致; 《利害の》合致, 《事物間の》調和, 和合. ↔ discord. **2** 《国際間の》協調, 協定, 協約. **3** 〖楽〗協和音. **4** 〖文〗《数・性・人称などの》一致, 呼応. ***in ~*** 仲よく, 和合して. [√cord-]

Cón·cord [káŋkərd/kɔ́ŋkɔ:d] *n.* **1** アメリカ New Hampshire 州の州都. **2** アメリカ Massachusetts 州の町《Emerson, Hawthorne などの文人が居住した》. **3** [㊥⁺kánkɔ:rd] コンコード(種)ブドウ《大粒紫色のもの》.

con·córd·ance [kankɔ́:rd(ə)ns, kən-/kən-] *n.* **1** 一致, 調和, 同意. **2** 《聖書・詩集などの》用語索引[便覧]. ***in ~ with*** に従って.

con·córd·ant [-(ə)nt] *a.* **1** 調和する, 和合する, 一致する《と *with*》. **2** 〖楽〗協和音の. ◇ **~·ly** *ad.*

con·cór·dat [kankɔ́:rdæt/kɔn-] *n.* **1** 協約, 和親条約. **2** 〖宗〗《ローマ法王と国王または政府との間の》宗教協約. 「平和の女神.

Con·cór·di·a [kankɔ́:rdiə/kɔn-] *n.* 〖ロ神〗調和と

con·cours [F. kɔ̃ku:r] F. *n.* コンクール, 競演. <注> 英語ではあまり用いられない. → contest.

cón·course [kánko:rs, káŋ-/kɔ́ŋkɔ:s] *n.* **1** 《人・物の》集合; 群衆; 《河川の》合流. **2** 〖米〗集合場所, 《公園などの》中央広場, 《駅・空港の》ホール. **3** 広い並み木街路, 大通り. **4** 競馬場, 競技場. [<course] 「癒着(ゆちゃく).

con·crés·cence [kənkrésns] *n.* 〖生〗合生(ごうせい),

‡**cón·crete** [kánkri:t, -ˊ/kɔ́n-] *a.* **1 有形の, 具体(的)の,** 実在する. ↔ abstract. **2** 凝固した, 固まった. **3 コンクリート(製)の.** ***take ~ form*** 具体化する. **——** *n.* **1** 具体物; 凝固物. **2** コンクリート: reinforced ~ 鉄筋コンクリート. **3** 〖論〗具体的名辞. ***in the ~*** 具体的に[の], 実際的に[の].
—— *vi., vt.* **1** (に)コンクリートを塗る, コンクリートで固める. **2** [-ˊ] 固まる; 固める. **3** 具体的にする. [con-+√cre(sc)- 集まり成る]
~ music 〖楽〗具体[即物]音楽 (=F. *musique concrète*)《テープ録音したいろいろな楽音・自然音を編曲した音楽》. **~ name** [**term**] 〖論〗具体[具象]名. **~ noun** 〖文〗具象名詞. **~ number** 〖数〗名数. ◇ **~·ly** *ad.* 具体的に. **~·ness** *n.*

con·cré·tive [kankrí:tiv/kən-] *a.* 凝結性の, 凝固力のある.

con·cré·tion [kankrí:ʃ(ə)n/kən-] *n.* **1** 凝結, 凝固(物). **2** 〖医〗結石, 胆石; 〖地〗結核, 凝塊. **3** 具体化, 具象. ◇ **~·ar·y** [-èri/-əri] *a.* 凝固の; 凝固してできた; 〖地〗凝塊を含む.

cón·cret·ize [kánkri:tàiz/kɔ́nkri(:)-] *vt., vi.* 具体化させる[する], 凝固させる[する].

cón·cu·bine [káŋkjụbàin, kán-/kɔ́ŋ-] *n.* めかけ; 内縁の妻; 《一夫多妻の国で》第2夫人(以下の妻).
◇ **con·cú·bi·nage** [kankjú:bịnidʒ/kɔn-] *n.* めかけとの同棲(どうせい); めかけの身分.

con·cúp·is·cent [kankjú:pịs(ə)nt/kən-] *a.* **1** 強欲な, 貪欲(どんよく)な. **2** 好色の, 色欲の. [√cup-]
◇ **-cence** [-sns] *n.*

con·cúr [kənkə́:r] *vi.* (**-rr-**) **1** 一致する; 同意する: ~ *in* opinion *with* a person = ~ *with* a person's opinion 人と意見が合う. **2** 協力する《*in* (do)*ing*》; 〈事情・原因などが〉連合作用する《と *with*》. **3** 同時に起こる: His graduation day ~*red with* his birthday. 彼の卒業日はたまたま彼の誕生日だった. **4** 〈線などが〉一点に集まる. [√cur(r)-]

con·cúr·rence [kənkə́:rəns/-kʌ́r(ə)ns] *n.* **1** 《意見の》一致, 同意, 賛同. **2** 協力; 《原因などの》連合作用. **3** 同時発生, 併発. **4** 〖数〗《線・面の》集合(点).

con·cúr·rent [kənkə́:rənt/-kʌ́r(ə)nt] *a.* **1** 同時に起こる, 相伴う《と, に *with*》. **2** 共同に作用する, 連合作用の, 協力する. **3** 一致する, 同意見の. **4** 《地位が》兼務の. **5** 《裁判所などが》おなじ権限のある. **6** 同一点に集まる《線・群衆など》. **——** *n.* **1** 併発事情. **2** 共働原因, 助成因. **3** 競争者[相手]. **4** 〖数〗共点. ◇ **~·ly** *ad.* いっしょに; 同時に; 一致して; 兼任して.

con·cúss [kənkʌ́s] *vt.* **1** 《通例比喩的》ゆすぶる, 動かす. **2** に(脳)震盪(しんとう)を起こさせる. **3** 脅迫する. [√cut-] ◇ **con·cús·sive** [kənkʌ́siv] *a.* 衝撃を

与える; 震盪性の.

con·cús·sion [kənkʌ́ʃ(ə)n] *n.* **1** 激動, 衝撃. **2** 〘医〙震盪(とう): ～ of the brain 脳震盪. **3** 脅迫. **～ fuse** 触発信管.

‡con·démn [kəndém] *vt.* **1 非難する**, 難詰する, とがめる: ～ a person's behavior 人のふるまいを責める. **2** に**有罪の判決をする**; に刑の宣告をする: ～ a person *to* death 人に死刑の宣告をする. **3** 〈顔などが人を〉有罪らしく見せる: His looks ～ him. あの男は悪人らしい顔つきだ. **4** 〈病人を〉不治と宣告する: ～*ed* by physicians 医者に見放された. **5** 〈品物を〉不良品と定める, 廃棄処分にする: ～ meat 肉を食用に不適当と定める. **6 運命づける**: ～*ed to* lead a hopeless life 前途に希望のない人生を送る定めの. **7** 〘米: 法〙《公用のために》買収する, 収用する. **～** a thing ***as unfit for***… (ある物を)…に不適当だと宣言する. [√damn-]
[類] → **blame**「非難する」

con·dém·na·ble [kəndémnəbl] *a.* **1** とがむべき, 非難されるべき. **2** 罰せられるべき **3** 廃棄されるべき.

còn·dem·ná·tion [kàndemnéiʃ(ə)n/kɔ̀n-] *n.* **1** 非難. **2** 非難〔宣告〕の理由〔根拠〕. **3** 有罪の判決, 罪の宣告. **4** 不良品と言い渡すこと; 廃棄(の申し渡し). **5** 没収, 買収(の申し渡し).

con·dém·na·to·ry [kəndémnətɔ̀:ri/-t(ə)ri] *a.* **1** 非難の; 非難をこめた. **2** 有罪申し渡しの, 有罪宣告の, 処罰の. **3** 悪人らしく見せる; 《顔つきなどが》凶悪そうな.

con·démned [kəndémd] *a.* **1** condemn された, condemn されることに決定の. **2** のろわれた, 救うことのできない. **～ cell** [**ward**] 死刑囚監房.

con·dén·sa·ble, con·dén·si·ble [kəndénsəbl] *a.* 圧縮〔凝縮〕できる; 要約できる.
◇ **con·dèn·sa·bíl·i·ty** [‐⏊‐‐bíləti] *n.*

còn·den·sá·tion [kàndenséiʃ(ə)n/kɔ̀n-] *n.* **1** 圧縮, 凝縮; 〘物〙凝結; 〘化〙液化. **2** 凝縮状態, 凝縮体〔物〕. **3** 《思想・文章の》要約.

‡con·dénse [kəndéns] *vt., vi.* **1 凝縮する**, 圧縮する; 凝結〔液化〕させる〔する〕《に *into*》. **2** 〈レンズが光線を〉集める; 〈電気の強さを〉増す: a ～*sing* lens 集光レンズ. **3** 〈思想・文章などを〉**要約する**; 〈表現を〉簡潔にする: ～ an answer *into* a few words 答えを数語に要約する. [＜dense]

con·dénsed [-t] *a.* **1** 濃縮〔凝結〕した. **2** 簡潔な, 要約した. **～ milk** 練乳, コンデンスミルク. **～ type** 〘印〙細長活字.

con·dén·ser [kəndénsər] *n.* **1** 凝結装置, 凝縮器, 冷却器, 復水器. **2** 〘電〙コンデンサ, 蓄電器. **3** 集光レンズ, 集光装置.

con·dén·ser·y [-səri] *n.* 練乳製造所.

con·dén·si·ble ＝condensable.

còn·de·scénd [kàndisénd/kɔ̀n-] *vi.* **1** へりくだる, けんそんする; 《目下の者に》へりくだって…してやる《*to* (do)》. **2** わざとらしく腰を低くする, ことさら親切にする, 恩に着せる. **3** 身を落とす《に *to*》; 身を落として…する《*to* (do)》. [con-＋de-＋√scand-]

còn·de·scénd·ing [kàndiséndiŋ/kɔ̀n-] *a.* **1** けんそんな, 腰の低い. **2** いんぎん無礼な; 恩着せがましい. ◇ **～ly** *ad.*

còn·de·scén·sion [kàndisénʃ(ə)n/kɔ̀n-] *n.* **1** けんそん, 丁寧. **2** わざとらしい腰の低さ; 恩着せがましい態度〔行為〕.

con·dígn [kəndáin] *a.* 《刑罰など》妥当な, 当然の, 至当の. ◇ **～ly** *ad.*

cón·di·ment [kándimənt/kɔ́n-] *n.* 調味料, 薬味《こしょう・からしなど》.
◇ **còn·di·mén·tal** [kàndiméntl/kɔ̀n-] *a.* 薬味の.

còn·dis·cí·ple [kàndisáipl/kɔ̀n-] *n.* でし仲間.

‡con·dí·tion [kəndíʃ(ə)n] *n.* **1 条件**; 必要条件; (*pl.*) (諸)条件, 条目, 条項: the ～ of all success あらゆる成功の必須(ひっす)要件. **2** (*pl.*)《周囲の》条件, 状況, 事情: working ～*s* 労働条件〔事情〕. the ～*s* of affairs 事態. **3 状態**, ありさま: 《特に》健康状態. **4 地位**, 身分; 《特に》良い身分: a man of ～ 身分ある人. **5** 〘法〙条件, 規約, 規定. **6** 〘文〙条件文〔節〕. **7** 〘米〙(仮進級の)再試験: work off ～*s* 追試験を受ける.
be in good [***bad, poor***] **～** 良い〔悪い〕状態である, 健康である〔ない〕; 〈物が〉破損しないで〔して〕いる, 無事で〔こわれて〕いる, 腐らないで〔腐って〕いる. ***be in no* ～ *to*** (do) … するに適しない. ***change* one's ～** 結婚する. **～ *precedent*** 〘法〙停止条件《権利の移動前に起こるべき条件》. **～*s of acceptance*** 承諾条件. ***in*** [***out of***] **～** 健康〔不健康〕で; 良好〔不良〕な状態で. ***make* ～*s*** 条件をつける. ***of humble* ～** 身分の卑しい. ***on* ～ *that***… …という条件で, もし…なら. ***on*** (***one***) **～** ＝ ***on* ～*s*** 条件つきで. ***on this*** [***that, what***] **～** この〔その, どんな〕条件で. ***under the present*** [***existing***] **～*s*** 現状では.
—— *vt.* **1 条件づける**, 左右する: Man's life is ～*ed* by natural laws. 人間の生活は自然の法則に支配される. The receipts are ～*ed* by the capacity of the hall. 収入は会場の収容能力によって限定される. **2** 条件つきで承知する: He ～*s* his going *on* [*upon*] the weather. 天気がよければ行くという. **3** の条件〔状態〕を調節〔改善〕する; 〈牛・馬などの〉調子をととのえる; 〈商品の〉新鮮度を保つ; 〈室内の空気の湿度・温度を〉調節する (＝air-～): Her studies ～*ed* her *for* her job. 勉強が彼女の仕事の準備となった. **4** 〘心〙に条件反射を起こさせる. **5** 〈商品を〉検査する: a ～*ing* house 生糸検査所. **6** 〘米〙仮進級させる《再試験などの条件つきで》. —— *vi.* 条件をつける. [con-＋√dic-]
◇ **～·er** [-ər] *n.* **1** 条件(づける物・人). **2** 添加物〔剤〕《よりよく使用できるための》. **3** 品質検査官《糸などの》. **4** 《競技などの》指導者. **5** ＝air conditioner. [類] → **state**「状態」

con·dí·tion·al [kəndíʃən(ə)l] *a.* **1** 条件つきの, 制約された; 仮定的, 暫定的. **2** 〘文〙条件的な. **3** …を条件として, …しだいの《*on*》. —— *n.* 〘文〙条件語句《provided that など》; 条件節〔文〕; 条件法. **～ clause** [**sentence**] 〘文〙条件節〔文〕《通例 if, unless, provided などの接続詞によって導かれる》. **～ mood** 〘文〙条件法.
◇ **～·ism** [-iz(ə)m] *n.* 〘哲〙条件的霊魂不滅論. **～·ly** *ad.* 条件つきで. **con·dì·tion·ál·i·ty** [kəndiʃənǽləti] *n.* 条件つきであること, 制約性.

con·dí·tioned [kəndíʃ(ə)nd] *a.* **1** 条件つきの. **2** 《ある種の》状態の: well-[ill-]～ 状態良好〔不良〕の. **3** 調節〔冷房, 暖房〕された. **4** (条件つき)仮進級の. **5** 〘心〙条件づけられた.
～ reflex [**response**] 〘心〙条件反射.

con·dóle [kəndóul] *vi.* 悔やみを述べる, 弔慰する; 慰める, 同情する: I ～*d with* her *on* [*upon*] the death of her father. 彼女の父親の死に対して悔やみを述べた. [√dol-]
◇ **～·ment** *n.* ＝condolence. **con·dó·la·to·ry** [-lətɔ̀:ri/-lətəri] *a.* 悔やみの, 弔慰〔哀悼〕の.

con·dó·lence [kəndóulens] *n.* (しばしば *pl.*) 哀悼, 弔辞.

còn·do·mín·i·um [kàndəmíniəm/kɔ̀n-] *n.* **1** 〘国際法〙《2 国以上による》共同統治〔管理〕; 被共同統治国. **2** 分譲アパート, マンション.

con·dóne [kəndóun] *vt.* **1** 〈罪・過失を〉容赦する, 大目に見る. **2** 〈罪を〉あがなう. [√don-]
◇ **con·dón·er** [-ər] *n.* **còn·do·ná·tion** [kàndonéiʃ(ə)n/kɔ̀n-] *n.*

cón·dor [kándər/kɔ́ndɔ:, -də] *n.* 〘鳥〙コンドル《南アメリカおよびアメリカ California 州産ハゲタカ》.

con·dot·tie·re [kɔ̀:ndɔ:(t)tjérei/kɔ̀ndɔtjéəri] It. *n.* (*pl.* **-ri** [-ri:]) 傭兵隊長; 策師.

con·dúce [kənd(j)ú:s/-djú:s] *vi.* 導く, 貢献する,

ためになる: virtues that ～ *to* success 成功の資となる徳性. [√duc-]

con·dú·cive [kənd(j)úːsiv/-djúː-] *a.* ためになる, 助けになる: be ～ *to* health 健康に役立つ.
◇ **～·ly** *ad.* **～·ness** *n.*

‡**cón·duct**[1] [kándʌkt/kɔ́n-] *n.* **1** 行為; ふるまい, 品行, 行状: a prize for good ～ 善行賞. **2** 指導, 指揮, 案内. **3** 経営, 処置, 管理: the ～ of state affairs 国事の運営. **4**《舞台・劇などの》筋の運び, 脚色, 趣向: the ～ of the background 背景の処置法. **5**〖英〗《Eton 校の》牧師. ***the rules of ～*** 処世訓. [√duc-]
～ money《証人へ支払う》召喚旅費. **～ sheet** 兵士の賞罰記録簿, 素行表.

‡**con·dúct**[2] [kəndʌ́kt] *vt., vi.* **1** 導く, 案内する, 護送する: ～ a person home 人を家まで送る. **2** 指導する, 指揮する: ～ a campaign [an orchestra] 戦闘[楽団]を指揮する. **3** 執り行なう; 処理する, 経営する, 管理する. **4**《～ oneself の形で》行動する, ふるまう, 身を処する. 〈注〉アメリカでは目的語なしで自動詞としても用いる. **5**〖物〗〈熱・電気・音波などを〉伝導する. **～ a person *in* [*into*]** に(人を)案内する. **～ a person *over* a place** (人にある場所)を案内して見せる. [√duc-]
[類] → **guide**「導く」

con·dúct·ance [-əns] *n.*〖電〗コンダクタンス.

con·dúct·i·ble [kəndʌ́ktəbl] *a.* **1**《熱などを》伝導する, 伝導性の. **2** 伝導されうる.
◇ **con·dùct·i·bíl·i·ty** [kəndʌ̀ktibíliti] *n.*

con·dúc·tion [kəndʌ́kʃ(ə)n] *n.*《パイプで水などを》ひくこと;〖物〗《熱・電気の》伝導.

con·dúc·tive [kəndʌ́ktiv] *a.* 伝導(性)の, 伝導力のある. ◇ **còn·duc·tív·i·ty** [kàndʌktíviti/kɔ̀n-] *n.* 伝導性[力];〖物〗伝導率[度];〖電〗導電率.

‡**con·dúc·tor** [kəndʌ́ktər] *n.* (*fem.* **-tress** [-tris]) **1** 案内者, 指導者. **2** 管理者, 経営者. **3**《電車・バス・〖米〗列車の》車掌. **4**〖楽〗指揮者, 楽長. **5**〖物・電〗伝導体; 導体, 導線. **6**〖建〗立て樋(とい). **7** 避雷針 (=lightning ～).
◇ **～·ship** *n.* ～の職.

cón·duit [kánd(u)it/kɔ́ndit] *n.* **1** 導管(=～ pipe [tube]). **2** みぞ; 暗渠(あんきょ). **3** [[英]+-djuit, -dwit]〖電〗コンジット, 線渠. [√duc-] **～ system**《電車の》地下線渠式;《電気配線の》鉛管式.

con·dú·pli·cate [kand(j)úːplikit/kondjúː-] *a.*〖植〗《花弁や葉が》二つおりの, 摺合(しょうごう)状の.

cón·dyle [kándil/kɔ́n-] *n.*〖医〗関節丘.

cone [koun] *n.* **1** 円すい体[形];〖数〗円すい. **2** 円すい形の物;《暴風雨の》警報球; 尖峰(せんぽう);〖地〗火山すい《円すい形の火山》;〖貝〗ヨメガカサ;〖植〗松かさ, 球果. ***ice-cream ～*** アイスクリーム入れ《円すい形ウエハース製》. ***the ～ of a volcano*** 火口丘. **——** *vt., vi.* 円すい形にする; 球果を結ぶ. ***be ～d***〖空〗《敵の》サーチライト群に照らし出される.
∠·nose [∠∸] 吸血こん虫の一種《アメリカ南部・西部産》.

Cón·el·rad [kán(ə)lræd/kɔ́n(ə)l-] *n.* 波長統制《防空手段として FM, テレビ放送を中断し, 特定周波のAM放送だけを行ない, 敵の飛行機・ミサイルの電波利用侵入を防ぐ》. [＜*con*trol of *el*ectromagnetic *rad*iation]

con es·pres·si·o·ne [kɔ̀ːn-ispresiːóunei/kɔn-èspresjóun(e)i] It.〖楽〗表情豊かに, 表情に満ちて.

Còn·es·tó·ga [kànistóugə/kɔ̀n-] **～ *wagon***〖米〗大型ほろ馬車《鉄道以前の西部の輸送機関》.

có·ney =cony.

Có·ney [kóuni] **～ *Island*** ニューヨーク市 Long Island にある海水浴場・遊楽地.

conf. *confer* (L.=compare); conference; confessor.

cón·fab [kánfæb/kɔ́n-] *n.*〖話〗=confabulation. **——** *vi.* (**-bb-**) =confabulate.

con·fáb·u·late [kənfǽbjulèit] *vi.* 語り合う, 懇談する; 談合[会談]する《と *with*》. [√fa-]
◇ **-la·tor** [-ər] *n.* **-la·to·ry** [-lətɔ̀ːri/-lət(ə)ri] *a.* 懇談的な. **con·fàb·u·lá·tion** [-∸-léiʃ(ə)n] *n.*

cón·fect [kánfekt/kɔ́n-] *n.* 菓子, 糖菓. **——** *vt.* **1** つくる, 調製する. **2** 菓子につくる, 砂糖づけにする.

con·féc·tion [kənfékʃ(ə)n] *n.* **1**《candy, bonbon などの》糖菓; 砂糖づけくだもの; ジャム;〖医〗糖剤. **2** 婦人用既製服飾品. **3**〖稀〗調製, 製造. **——** *vt.* つくる, 調製する. [√fac-]

con·féc·tion·ar·y [-èri/-əri] *n.* **1** 菓子工場; 菓子置き場. **2** 砂糖菓子. **——** *a.* 糖菓の, 菓子の: a ～ store 菓子店.

con·féc·tion·er [kənfékʃ(ə)nər] *n.* 菓子屋; 菓子製造人. **～'s sugar** 精製糖.

con·féc·tion·er·y [-nèri/-nəri] *n.* **1** 菓子(類). **2** 菓子製造[販売]. **3** 菓子製造所; 菓子店.

Confed. Confederate; Confederation.

con·féd·er·a·cy [kənféd(ə)rəsi] *n.* **1** 同盟, 連合. **2** 同盟国; 連邦. **3** 徒党. **4**〖法〗共謀. ***the (Southern) C～***〖米史〗《南北戦争時代の》南部連邦 (the Confederate States of America).

con·féd·er·ate [kənféd(ə)rit] *a.* **1** 同盟した, 連合した. **2** (C～)〖米史〗南部連邦の. **3** 共謀した. ***the C～ States of America*** アメリカ南部連邦《1860–61 年南北戦争で南部同盟に参加した11州》. **——** *n.* **1** 同盟者[国], 連合者[国]. **2** (C～)〖米史〗南部同盟参加者. **3** 共謀者, 一味.
—— [kənfédərèit] *vt., vi.* **1** 同盟させる[する], 連合させる[する]. **2** 共謀する, 徒党を組む《と *with*》. **～ one*self with*** と同盟する; と共謀する. **C～ Memorial Day** 南部連邦記念日《4月26日, 5月10日, 6月3日のいずれかアメリカ南部諸州で南北戦争に参加した南軍の兵士の冥福(めいふく)を祈る日》.
◇ **-a·tive** [-dərèitiv, -d(ə)rətiv/-d(ə)rət-] *a.* 同盟の, 連合の; 連邦の.

con·fèd·er·á·tion [kənfèdəréiʃ(ə)n] *n.* **1** 同盟, 連合. **2** 同盟国, 連合国; 連邦. ***the C～***〖米史〗アメリカ植民地同盟《1781–89》.

‡**con·fér** [kənfə́ːr] *v.* (**-rr-**) *vt.* 授与する, 贈る: ～ a thing *on* [*upon*] a person 人に物を与える.
—— *vi.* 相談する, 打ち合わせる《と *together, with*》: ～ *with* a person *about* a thing あることについて人と相談する. [con-+√fer- 持ち寄る]
◇ **～·ment** [-mənt] *n.* 授与すること; 協議. **con·fér·ra·ble** [-fə́ːrəbl] *a.* 授与できる.
[類] → **give**「与える」

con·fer [kənfə́ːr] L. *vt.*《命令》比較せよ, 参照せよ《略 cf.》.

‡**cón·fer·ence** [kánf(ə)rəns/kɔ́n-] *n.* **1** 会談, 協議, 相談. **2** 会議, 協議会. **3**〖米〗競技連盟. ***disarmament ～*** 軍縮会議. ***go into ～ with*** と協議する. ***have a ～ with*** と協議する. ***hold a ～*** 会議を催す. ***in ～ with*** と協議中で. ***international ～*** 国際会議. ***meet in ～*** 協議会を開く. ***peace ～*** 平和会議.
◇ **còn·fer·én·tial** [∸-rénʃ(ə)l] *a.*

con·fér·ral [kənfə́ːrəl] *n.* 授与: the ～ of an honorary doctorate 名誉博士号の授与.

còn·fer·(r)ée [kànfəríː/kɔ̀n-] *n.* **1**〖米〗相談相手; 会議参加者; 評議員. **2**《称号やメダルなどの》受領者.

‡**con·féss** [kənfés] *vt.* **1** 白状する, 打ち明ける: ～ one's secret [fault] *to* one's friends 秘密[あやまち]を友だちにそっと打ち明ける. **2** 認める: I must ～ *that* I dislike him. 実を言えば彼を好かない. **3** 〈罪を〉告白する, ざんげする《神・僧に》. **4** 〈僧が〉…のざんげを聞く. **5** 〈態度などを〉表明する; 信じているという: ～ allegiance to one's country 国家へ

の忠誠を表明する. ～ Christ before men 人々の前にキリストを信ずると告白する.
—— *vi.* **1** 認める, 告白する《を *to*》: He ～*ed to* a weakness for whisky. 彼はウイスキーに目がないことを認めた. **2** ざんげする; <僧が>ざんげを聞く. ***I*** ～ **(*that*)**... 〘話〙実を言うと…である. ***to*** ～ ***the truth*** 実のところ《独立句》. [√fess-]

con·féssed [-t] *a.* **1** 自白された. **2** (一般に) 認められた, 明白な, 定評のある: a ～ fact 明白な事実. a ～ thief 罪状の明らかな盗人. ***stand*** ～ ***as*** …であることが明らかである.
◇ **con·féss·ed·ly** [-fésidli] *ad.* **1** 自白どおり [によると]. **2** 明らかに, 定評どおり.

‡**con·fés·sion** [kənféʃ(ə)n] *n.* **1** 白状, 自白, 自認. **2**〘宗〙信仰告白. **3** ざんげ, 告解. **4**〘法〙告白書, 口供書. ***auricular*** ～《聖職者にする》罪のざんげ [告白]. ～ ***of faith*** 信仰告白; 信条, 信仰箇条《教会などが公表する》.
◇ ～**·ar·y** [-èri/-əri] *a.* ざんげ [告白] の.

con·fés·sion·al [kənféʃən(ə)l] *a.* 自白の[による]; ざんげの. **——** *n.* **1** ざんげ室[席], 告解場. **2** 安楽いす《フランス 18 世紀の》.
◇ ～**·ism** *n.* 信仰告白主義, 信条主義.

con·fés·sor [kənfésər] *n.* **1** 告白者; ざんげ者. **2** (キリスト教) 信仰告白者. **3** ざんげ聴聞僧. ***the C***～〘英史〙ざんげ王《イギリス王 Edward (在位 1042–66) のこと》.

con·fét·ti [kənféti] *n. pl.* (*sing.* **con·fét·to** [-fétou]) **1** 色紙片, 紙ふぶき《パレードなどで投げる》. **2** [米 kɔ:n-] 砂糖菓子. [<It.]

còn·fi·dánt [kànfidǽnt, ⌐ ─ ⌐/kɔ̀nfidǽnt, ⌐ ─ ─] *n.* 《一身の秘密を打ち明けられる》親友, 腹心の相手.

còn·fi·dánte *n.* **1** confidant の女性形. **2** 長いすの一種. 〈注〉発音前項におなじ.

‡**con·fíde** [kənfáid] *vt.* **1** <秘密などを> 打ち明ける. **2** 信託する, 委託する. **——** *vi.* **1** 信用する, 信頼する《を *in*》. **2** 秘密を打ち明ける《に *in*》.

‡**cón·fi·dence** [kánfidəns/kɔ́n-] *n.* **1**《他人に対する》信用, 信頼: enjoy a person's ～ 人に信頼されている. a vote of no ～ 不信任投票. want of ～ *in* the Cabinet 内閣不信任. **2** 打ち明け話; 秘密, ないしょごと: exchange ～*s* 互いに打ち明け合う. **3**《自己に対する》自信, 確信, 安心: have ～ *in* the future 将来に望みをおいている. ↔ diffidence. **4** 大胆さ, 度胸; 無遠慮. ***give*** one's ～ ***to*** =***have*** [***put, show, place***] ～ ***in*** を信頼する. ***have the*** ～ ***to*** (do) 大胆にも…する. ***in*** (***strict***) ～ (ごく)ないしょに. ***in the*** ～ ***of*** に信任されて; の機密に参与して. ***make*** ～***s*** [***a*** ～] ***to*** a person =***take*** a person ***into*** one's ～ (人に) 秘密を打ち明ける. ***win the*** ～ ***of*** の信用を博する. ***with*** ～ 自信をもって, 安心して. [√fid-]
～ **game** [**trick**]《人の信頼につけこむ》詐欺. ～ **limits** *pl.*〘統計〙信頼性限界. ～ **man** 詐欺師, たかり. [類] → **belief**「信ずること」

‡**cón·fi·dent** [kánfid(ə)nt/kɔ́n-] *a.* **1** 確信して《を *of*; と *that*》: I am ～ *of* his success. 彼の成功を確信している. I feel ～ *that* our team will win. ぼくたちのチームが勝つと確信している. **2** 自信のある, 自信に満ちた: a ～ speaker. **3** 大胆な; 厚かましい. **——** *n.* =confidant. ◇ ～**·ly** *ad.*
[類義語] **確信して: confident** …であることに自信をもっている: We are *confident* of success. われわれは成功を確信しています. **certain** …であることが確実で[はっきりして]: I feel *certain* that I am right. 私はまちがっていないのは確かだと思います. **sure** certain と confident の両意を含む口語的用法. **assured** 確約されて, 信じて安心しきっている. **positive** はっきり決めてかかって, 積極的に断言してはばからない: He was *positive* that he had seen a ghost. 彼は確かに幽霊を見たと断言している.

*__còn·fi·dén·tial__ [kànfidénʃ(ə)l/kɔ̀n-] *a.* **1** 内密の, 機密の. **2** 打ち解けた, 親しげな: become ～ with strangers 知らない人となれなれしくする[打ち解ける]. **3** 信任された, 腹心の, 機密に参与した. ***C***～ 親展《封筒の上書き》. ***Strictly*** ～ 極秘.
～ **clerk** 秘書. ～ **communication**〘法〙秘密情報《法廷での証言を強制されない弁護士と依頼人, 夫と妻の間などの》. ～ **inquiry** 秘密調査. ～ **papers** 秘密書類. ～ **price list** 内示価格表.
◇ ～**·ly** *ad.* [類] → **familiar**「親しい」

con·fíd·ing [kənfáidiŋ] *a.* (人を) 信頼する; (人を) 信じやすい: a ～ woman だまされやすい女.
◇ ～**·ly** *ad.* 信頼して, 信じきって.

con·fig·u·rá·tion [kənfigjuréiʃ(ə)n] *n.* **1** 配置, 構成;《全体の》形態, 輪郭. **2**〘天〙天体の配置, 星位, 星群. **3**〘物·化〙《分子中の》原子配列.
◇ ～**·al** [-ʃən(ə)l] *a.* ～**·ism** [-iz(ə)m] *n.*〘心〙形態 [ゲシュタルト] 心理学. → *Gestalt.*

con·fín·a·ble [kənfáinəbl] *a.* **1** 限られる, 制限できる. **2** 監禁できる.

‡**con·fíne** [kənfáin] *vt.* **1** 制限する, 限る《に *to, within*》: *C*～ your efforts *to* passing the exam. 試験に合格することだけに没頭しなさい. **2** 閉じ込める, 監禁する《に *in; within*》; 引きこもらせる《に *to*》. **——** *vi.* 隣接する《と *with*》.
be ～***d*** (1) 引きこもっている: She *is* ～*d to* her bed. 病床についている. (2) お産をする. ～ ***oneself to*** に閉じこもる; に局限する.
—— [kánfain/kɔ́n-] *n.* (通例 *pl.*) **1** 境界, 国境; 境界地 [線]. **2** 限度, 境目; (遠い)はて: the ～ of human knowledge 人知の限界. ***on the*** ～***s of*** (1)《国など》の境に. (2) に瀕(ひん)して: *on the* ～*s of* ruin 破滅の一歩手前に. ***within*** [***beyond***] ***the*** ～***s of*** の中 [外] に; の範囲内 [外] に. [√fin-]
◇ ～**d** [-d] *a.* 制限された; 狭苦しい; 出産の床にある.

con·fíne·ment [kənfáinmənt] *n.* **1** 制限, 局限. **2** 監禁, 禁固, 抑留. **3** 閉じ [引き] こもり; お産の床につくこと; 出産.

‡**con·fírm** [kənfə́:rm] *vt.* **1** 確かめる, 確証する, …が正しい [正確な] ことを証する: This report ～*s* my suspicions. この報告で私の疑いの正しいことがわかった. **2** 確認する, …が有効であることを確かめる: ～ a reservation 予約を確かめておく. **3** 承認する, 批准する: ～ an agreement [treaty, appointment]. **4** <決意などを> 強める: His support ～*ed* my determination to run for mayor. 彼の支持を知って市長への出馬の覚悟が決まった. **5**《所信·決意·習癖などについて》強くさせる: ～ a person *in* his belief 人の信念をますます堅くする. **6**〘宗〙に堅信礼を施す, に按手(あんしゅ)礼を行なう. [√firm-]
◇ ～**·a·ble** *a.* ～**·a·tive** [-ətiv], ～**·a·to·ry** [-ətɔ̀:ri/-ət(ə)ri] *a.* 確かめる; 確証する; 確認の.

còn·fir·má·tion [kànfərméiʃ(ə)n/kɔ̀n-] *n.* **1** 確認, 確証. **2** 認可; 批准. **3** 確定, 確立. **4**〘宗〙堅信礼, 按手(あんしゅ)礼. **5**〘法〙《取り消しできる行為の》追認. ***in*** ～ ***of*** を確認して.

con·fírmed [kənfə́:rmd] *a.* **1** 確立された; 確認された. **2** 凝り固まった, 常習的な《習慣·病気などについて》: a ～ drunkard [fool] 手のつけられない飲んだくれ [ばか者]. a ～ bachelor (がん強な)独身主義者. **3**《習慣·病気などが》慢性の: a ～ habit 宿癖. a ～ invalid 長わずらいの病人. ◇ ～**·ly** *ad.*

cón·fis·cate [kánfiskèit, kənfís-/kɔ́nfis-] *vt.* 没収 [押収] する; 徴発する.
◇ **con·fís·ca·ble** [kənfískəb(ə)l/kɔn-] *a.* 没収できる. **còn·fis·cá·tion** [kànfiskéiʃ(ə)n/kɔ̀n-] *n.* **cón·fis·ca·tor** [kánfiskèitər/kɔ́n-] *n.* **con·fís·ca·to·ry** [kənfískətɔ̀:ri/-təri] *a.*

cón·fi·ture [kánfitʃuər/kɔ́n-] *n.* 糖果, 砂糖づけく

だもの; ジャム.

còn·fla·grá·tion [kànfləgréiʃ(ə)n/kɔ̀n-] *n.* 大火災;《戦争・大災害の》突発, 拡大, 擾乱(じょうらん).
◇ **cón·fla·gra·tive** [kánfləgrèitiv/kɔ́n-] *a.*

con·flá·tion [kənfléiʃ(ə)n] *n.* **1** 融合; 異文融合《2種類の異文を一文にまとめること》. **2** 溶接.

‡**cón·flict** [kánflikt/kɔ́n-] *n.* **1** 闘争, 争い. **2**《意見・利害などの》衝突, 不一致, かっとう. **～ *of interest*** 両立しない個人の利益〔活動〕《「2者間の利害の衝突」ではない》; 公職を私益に利用できる機会〔誘惑〕. **～ *of laws*** 法律の矛盾〔対立〕《国家間または裁判管轄区域相互の》. ***in ～ with*** と衝突して, と相いれないで.
—— [kənflíkt] *vi.* **1** 争う, 闘争する《と *with*》. **2** 衝突する, 矛盾する, 両立しない《と *with*》. [√flig-]
◇ **con·flíct·ing** [kənflíktiŋ] *a.* 相争う; 衝突する, 一致しない. **con·flíc·tive** [kənflíktiv] *a.*

cón·flu·ence [kánfluəns/kɔ́n-] *n.* **1** 合流; 合流点. **2**《人などの》集合, 群集. [√flu-]

cón·flu·ent [-ənt] *a.* **1**《川が》合流する;《人々が》集まり合う. **2**〔医〕融合性の《いくつもの発疹(はっしん)などが》. **——** *n.* 合流する川; 支流.

cón·flux [kánflʌks/kɔ́n-] ＝confluence.

con·fórm [kənfɔ́:rm] *vt.* **1**《社会の規範などに》適合させる, 順応させる, 従わせる《に *to*》. **2** おなじ形〔性質〕にする. **——** *vi.* **1** 適合する, 順応する, 従う《に *to*》. **2**〔英史〕国教を遵奉する. **3** おなじ形〔性質〕になる. **～ (one*self*) *to*** に従う; に順応する. [＜form]
◇ **～·ance** [-əns] *n.* 適合, 一致, 順応《*to, with*》.

con·fórm·a·ble [kənfɔ́:rməbl] *a.* **1** 適合する, 一致した, 調和する《に *to, with*》; 準拠した《に *to*》. **2** 似通った《に *to*》. **3** 従順な《に *to*》. **4**《地層が》整合の. ◇ **-bly** *ad.* 適応して, 一致して; 従順に. **con·fòr·ma·bíl·i·ty** [-fɔ̀:rməbíləti] *n.*

còn·for·má·tion [kànfɔ:rméiʃ(ə)n/kɔ̀n-] *n.* **1** 組織, 構造, 形態. **2**《部分の》(調和的)配置;《地層の》整合. **3** 適合, 一致《*to*》.

con·fórm·ist [kənfɔ́:rmist] *n.* 遵奉者; (C～)〔英史〕イギリス国教徒. **——** *a.* 順応的.

con·fórm·i·ty [kənfɔ́:rməti] *n.* **1** 適合, 一致《*to, with*》. **2** 相似, 類似, 符合《*to, with*》. **3** 準拠, 遵奉《*with, to*》;〔英史〕国教遵奉. **4** 服従, 従順. ***in ～ with*** [***to***] と一致して; に従って.

‡**con·fóund** [kanfáund, kən-/kən-] *vt.* **1** 混同する, ごっちゃにする: ～ right and wrong 正邪の見分けを誤る. **2**〈秩序などを〉混乱させる;〈計画・希望などを〉ぶちこわす. **3**〈人を〉当惑させる, まごつかせる: be ～*ed* うろたえる, 頭がぼーっとなる. →名詞 confusion. ***C～ it*** [***you***]***!*** こん畜生! [√fu(n)d-]
〔類〕→ **perplex**「当惑させる」

*__con·fóund·ed__ [kanfáundid, kən-/kən-] *a.* **1** 混乱した; ろうばいした. **2** とんでもない, べらぼうな: a ～ lie あきれはてたうそ. **3**〔話〕しゃくにさわる, いけ好かない. ◇ **～·ly** *ad.* ひどく, ばかに, いやに.

còn·fra·tér·ni·ty [kànfrətə́:rnəti/kɔ̀n-] *n.*《ある目的・職業などの》組合, 結社;《宗教・慈善事業などの》団体.

cón·frere, ㊥ ***con·frère*** [kánfreər/kɔ́n-] F. *n.* 会員, 組合員;《医師・弁護士など専門職業の》同業者, 同僚.

‡**con·frónt** [kənfrʌ́nt] *vt.* **1** に直面する, と向かい合う: His house ～*s* mine. 彼の家は私の家と向かい合っている. **2** に出会う;〈敵・危険などに〉対抗する, に立ち向かう. **3**〈人を〉向き合わせる, 対決させる, 取り組ませる《と *with*》. **4**《法廷で》対決させる《と *with*》;〈証拠などを〉突きつける. **5** 対照する, 比較する《と *with*》. ***be ～ed with*** [***by***] に直面する. [＜front] ◇ **con·frónt·er** *n.* **còn·fron·tá·tion** [kànfrəntéiʃ(ə)n/kɔ̀n-] *n.*

Con·fú·cian [kənfjú:ʃən/-ʃ(j)ən] *a.* 孔子(こうし)の; 儒教の. **——** *n.* 孔子の学徒, 儒者.
◇ **～·ism** *n.* 儒教. **～·ist** *n.* 儒者.

Con·fú·cius [kənfjú:ʃəs/-ʃ(j)əs] *n.* 孔子.

con fuo·co [kan-fwɔ́:kou/kən-] It. 〔楽〕熱情をこめて.

‡**con·fúse** [kənfjú:z] *vt.* **1** 混同する, いっしょくたにする, まちがえる: ～ two things [A and B, A *with* B] 二つのことを〔AとBを, AをBと〕混同する. **2**〈順序・秩序などを〉混乱させる, 乱す. **3**〈人・心を〉まごつかせる, 混乱させる, ろうばいさせる. ***be*** [***become, get***] **～*d*** (1) 当惑する, めんくらう《に *at*》. (2) 混同される《と *with*》. [√fu(n)d-] ◇ **con·fús·ed·ly** [-idli] *ad.* 当惑して, 途方にくれて; 混乱して.
〔類義語〕当惑させる: **confuse** (頭を)混乱させる, なんだかわからなくする: *confuse* by giving contrary directions 矛盾するさしずを与えて混乱させる. **disconcert** (心の中で準備できていないことを急に持ち出したりして) 一瞬ろうばいさせる, うろたえさせる: *disconcert* by asking irrelevant questions 見当はずれの質問をして当惑させる. **embarrass** 困らせる, 居ごこちを悪くさせる: *embarrass* by treating with rudeness ぶしつけに人を扱って当惑させる.

*__con·fús·ing__ [kənfjú:ziŋ] *a.* 混乱させる; 当惑させる; まぎらわしい; 人をまどわせる. ◇ **～·ly** *ad.* 当惑させるまでに; あやまちを犯させるほどに.

‡**con·fú·sion** [kənfjú:ʒ(ə)n] *n.* **1** 混同, 取り違え《との *with*; の間の *between*》. **2** 混乱(状態), 紛糾; 錯雑. **3** 当惑, ろうばい, どぎまぎ. ***be in*** [***throw into***] **～** ろうばいする〔させる〕; 混乱している〔させる〕. ***C～!*** 畜生! **～ *worse confounded*** 混乱(の上にも)また混乱. ***covered with ～*** どぎまぎして, あわてふためいて. ***drink ～ to*** をのろって杯をあげる. ***in the ～ of the moment*** どさくさまぎれに.
◇ **～·al** [-ʒ(ə)nəl] *a.*

con·fúte [kənfjú:t] *vt.* 論破する, 論駁(ろんばく)する: ～ an argument 議論を論破する. ～ an opponent 論敵を黙らせる. [√fut-] ◇ **-fút·a·ble** [-təbl], **-fút·a·tive** [-ətiv] *a.* 論破〔論駁〕できる. **-fút·er** [-ər] *n.* 論駁者. **còn·fu·tá·tion** [kànfjutéiʃ(ə)n/kɔ̀nfju:-] *n.* 論破, 論駁.

Cong. Congregation(al); Congress.

cón·ga [káŋgə/kɔ́ŋgə] *n.* コンガ《アフリカ起源のCubaのダンスの一種》; その曲.

con game [kán-gèim/kɔ́n-geim] *n.*〔米俗〕詐欺; 誘惑; 不正, 悪事; ぼろもうけ. [＜*con*fidence *game*]

con·gé [kánʒei/kɔ́:n-] F. *n.* **1** 免職, 解雇, 解任: give a person his ～ 人を免職する. get one's ～ 解職される. **2** (別れの) あいさつ (congee).

con·géal [kəndʒí:l] *vi., vt.* **1** 凍る, 凍らせる: Fear ～*ed* my blood. 恐ろしくて血も凍るほどだった. **2**〈思想など〉生気を失う〔失わせる〕, 固化する. **3**〈肉・魚の脂肪など〉固まる, 固める. ◇ **～·ment** *n.*

cón·gee [kándʒi:/kɔ́n-] *n.* いとまごい,《別れの》会釈: take one's ～ いとまごいをする.
—— [㊥⁺kəndʒí:] *vt.* に別れの会釈をする.

còn·ge·lá·tion [kàndʒəléiʃən/kɔ̀n-] *n.* 凍結, 凝結; 凍結〔凝結〕物, 凝塊. →動詞 congeal.

cón·ge·ner [kándʒənər/kɔ́n-] *n.* 同種〔同属〕のもの, 同類の人《*of*》. **——** *a.* 同種〔同属, 同類〕の〔で〕《と *to*》. [√gen(er)-] ◇ **còn·ge·nér·ic** [kàndʒənérik/kɔ̀n-], **con·gén·er·ous** [kəndʒénərəs] *a.* 同種〔同属, 同類〕の.

con·gén·ial [kəndʒí:njəl] *a.* **1** おなじ性質の, おなじ精神の, おなじ趣味の, 気心の合った《と *with*》. **2** 適した, 合致する《に *to*》: be ～ *to* one's tastes 趣味に合う. **3** 快適な, 気持ちのよい《に *to*》. [con-＋√gen(er)- おなじ＋性質]
◇ **～·ly** *ad.* 気心が合って; 快適に. **con·gè·ni·ál·i·ty** [kəndʒì:niǽləti] *n.*

con·gén·i·tal [kəndʒénịtl] *a.* 生まれつきの, 先天的: ～ deformity 生来の不具. [√gen(er)-]
◇ **～·ly** *ad.* 先天的に.
cón·ger [káŋgər/kɔ́ŋ-] *n.* 〖魚〗穴子の類 (＝～eel).
con·gé·ries [kəndʒí(:)ri:z, -riì:z/kəndʒíəri:z] *n.* (*pl.* ～) 寄り集まり; 集塊, 堆積(たい). [√ger-]
con·gést [kəndʒést] *vt.* **1** に充満させる, にあふれさせる: a ～*ed* district 人口過密地域. The traffic is ～*ed*. 交通が混雑[渋滞]している. **2**〖医〗充血させる. **——** *vi.* **1** いっぱいになる, ふさがる. **2**〖医〗充血する. [con-＋√ger- 一つところに＋運ぶ]
◇ **con·gés·tive** [-iv] *a.* 〖医〗充血(性)の.
con·gés·tion [kəndʒéstʃ(ə)n] *n.* **1** 混雑, (人口) 過密: ～ of traffic 交通の渋滞. **2** 充血, うっ血: ～ of the brain 脳充血.
con·gló·bate [kanglóubeit, ⌐－⌐/kɔ́n－－] *vt., vi.* 球状にする[なる]. **——** *a.* 球状の.
◇ **còn·glo·bá·tion** [kànglobéiʃ(ə)n/kɔ̀n-] *n.*
con·glóbe [kanglóub/kɔn-] *vt., vi.* ＝conglobate.
con·glóm·er·ate [kənglámərit/-glɔ́m-] *a.* **1** 集塊になった, 密集して固まった, 丸く固まった. **2**〖地〗レキ岩性の, 集塊性の. **——** *n.* **1** 集塊, 集団; 集成体. **2**〖地〗レキ岩, 子持岩[石]. **3**〖経〗複合企業. **——**[-rèit] *vt., vi.* 集め固める, 集まり固まる, 集塊をなす; 結合する. [√glo(b)-] ◇ **con·glòm·er·át·ic** [kənglàmərǽtik/-glɔ̀m-], **con·glòm·er·ít·ic** [-rítik] *a.* 〖地〗レキ岩[集塊]性の.
con·glòm·er·á·tion [kənglàməréiʃ(ə)n/-glɔ̀m-] *n.* **1** 固まり, 集塊. **2**《人家などの》集まり, 密集.
con·glú·ti·nate [kənglú:t(ị)nèit] *vt., vi.* 粘着させる[する], 癒合(ゆごう)させる[する]. **——** *a.* 粘着した, 癒合の. [√glutin-]
◇ **-na·tive** [-nèitiv, -nət-] *a.* 粘着性の. **con·glù·ti·ná·tion** [－⌐－néiʃ(ə)n] *n.*
cón·go [káŋgou/kɔ́ŋ-], **cón·gou** [káŋgu:/kɔ́ŋ-] *n.* クンフウ茶《中国産紅茶の一種》.
Cón·go [káŋgou/kɔ́ŋ-] *n.* (the ～) コンゴ川. ***the Democratic Republic of the*** ～ コンゴ民主共和国《中央アフリカの元ベルギー領》. ***the Republic of*** ～ コンゴ共和国《アフリカ中部海岸の共和国》.
～ **dye** [**color**] 人工染料の一種. **c～ snake** [**eel**]〖動〗アンフィウマ《アメリカ南東部産. ウナギに似たサンショウウオの類》. ◇ **Còn·go·(l)ése** [kàŋgo(l)í:z/kɔ̀ŋ-] *n., a.* コンゴ人[語](の).
con·grát·u·lant [kəngrǽtʃụlənt/-tju-, -tʃụ-] *a.* 祝賀の, 慶賀の. **——** *n.* 祝賀する人.
con·grát·u·late** [kəngrǽtʃụlèit/-tjuleit, -tʃụ-] *vt.* 祝う, に祝詞を述べる: We ～*d* him *on* his success. 彼の成功を祝った. ～ oneself on*** [***that***] を[…ということを]喜ぶ. [con-＋√grat- 共に＋喜ぶ]
◇ **-la·tor** [-ər] *n.* 祝賀[慶賀]者. **-la·to·ry** [-tʃụlətɔ̀:ri/-tjụlət(ə)ri, -tʃụ-] *a.* 祝いの, 祝賀の: a *congratulatory* telegram 祝電.
con·gràt·u·lá·tion** [kəngrǽtʃụléiʃ(ə)n / -tjụ-, -tʃụ-] *n.* 祝い, 祝賀, 慶賀; (*pl.*) 祝詞: It is a matter for ～ that… …は喜ぶべきことである. ***C～s! おめでとう! ***offer*** one's ***～s*** (***to***) (に)祝詞を述べる.
cón·gre·gate [káŋgrigèit/kɔ́ŋ-] *vt., vi.* 集まる[める], 集合させる[する]. [√greg-] ◇ **-ga·tive** [-gèitiv] *a.* 集合的な. **-ga·tive·ness** *n.*
còn·gre·gá·tion [kàŋgrigéiʃ(ə)n/kɔ̀ŋ-] *n.* **1** 集合, 会合. **2**〖宗〗集会, 会衆. **3** (通例 C～) 教職員総会《Oxford大学の》. **4** (the C～)〖聖〗イスラエルの会衆; ユダヤ民族大会; 《カトリック聖庁内の》聖省.
còn·gre·gá·tion·al [-ʃən(ə)l, -ʃnəl] *a.* 会衆の; (C～) 組合教会の. **C～ Church** 組合教会.
◇ **～·ism** *n.* 組合教会主義[制]. **～·ist** *n.* 組合教会員[主義者].
cón·gress** [káŋgrəs, -ris/kɔ́ŋgres] *n.* **1**《代表者・使節・委員などの》**会議**, 会合: the annual ～ 年次大会. **2** (C～)《通例無冠詞》**議会**, 国会《北アメリカまたは中央・南アメリカの共和国の》; 国会の開会期. 〈注〉長い形 *the Congress* of the United States of America「アメリカ合衆国議会」には冠詞がつく. ***be in C～ (国会) 会期中である. ***C～ of Industrial Organizations*** 〖米〗産業別労働組合会議〖略 C.I.O., CIO → AFL-CIO. ***in C～*** 国会開会中. ***Library of C～*** アメリカ国会図書館. ***the Trades Union C～*** 〖英〗労働組合総協議会. **——** *vi.* 参集する. [√grad-]
～ **boot** 〖米〗深ゴムぐつ《はくとわきが伸びる》.
～·man [-mən] (*pl.* **-men** [-mən]) (しばしば C～-man)〖米〗国会議員《特に Senator に対し下院議員》. **～·man-at-lárge** (*pl.* **-men-at-lárge**) 州選出国会議員《地方選挙区選出に対し》.
～·wòm·an [-wùmən] (*pl.* **-wòm·en** [-wìmin]) 〖米〗婦人国会議員《特に下院議員》.
con·grés·sion·al [kəngréʃən(ə)l/kɔŋ-] *a.* 会議の; (C～)〖米〗議会[国会]の.
C～ district 〖米〗選挙区《定員1名》. **C～ Record** 国会議事録.
cón·gru·ent [káŋgruənt/kɔ́ŋ-] *a.* **1** 一致する, 適合する, つりあった, 調和した《と *with*》. **2**〖数〗合同の. [√gru-] ◇ **-ence** [-əns], **-en·cy** [-si] *n.*
con·grú·i·ty [kəngrú:ịti/kɔŋ-, kən-] *n.* **1** 一致(点), 適合, 調和. **2**〖数〗合同(性).
cón·gru·ous [káŋgruəs/kɔ́ŋ-] *a.* **1** 一致する, 適合する, 調和する《と *with*; に *to*》. **2**〖数〗合同の. [√gru-] ◇ **～·ly** *ad.* **～·ness** *n.*
cón·ic [kánik/kɔ́n-] *a.* 円すい(形)の. **——** *n.* 円すい曲線; (*pl.*)〖数〗円すい曲線論.
～ **projection** 円すい射影. ～ **section** 円すい曲線. ～ **sections** 円すい曲線幾何学.
◇ **cón·i·cal** [kánik(ə)l/kɔ́n-] *a.* ＝conic. **cón·i·cal·ly** *ad.* 円すい形に.
cón·i·coid [kánịkɔ̀id/kɔ́n-] *n.* 〖数〗二次曲面.
có·ni·fer [kóunịfər, ㊎⁺kán-] *n.* 球果植物, 針葉樹.
◇ **co·níf·er·ous** [konífərəs] *a.* 球果を結ぶ.
có·ni·form [kóunịfɔ:rm, ㊎⁺kán-] *a.* 円すい形の.
conj. conjugation; conjunction; conjunctive.
con·jéc·ture [kəndʒéktʃər] *n.* **1** 推測, 推察, 憶測: hazard a ～ 当てずっぽうを言ってみる. **2**《写本などの》判読. **——** *vt., vi.* **1** 推量[憶測]する; 当てずっぽうを言ってみる. **2** 判読する. [√jac-¹ (投げる→) (心中に) 転々さす] ◇ **-tur·a·ble** [-tʃ(ə)rəbl] *a.* 推測できる. **-tur·al** [-tʃ(ə)rəl] *a.* 推測的な, 憶測の. **-tur·er** [-tʃərər] *n.*
con·jóin [kəndʒɔ́in] *vt., vi.* 結合する, 連合する.
◇ **～·er** *n.*
con·jóint [kəndʒɔ́int/kɔn-, kən-] *a.* 結合した, 共同[連合, 連帯]の. **——** *n.* (*pl.*)《特に共同財産所有者としての》夫婦. ◇ **～·ly** *ad.*
cón·ju·gal [kándʒụg(ə)l/kɔ́n-] *a.* 夫婦の, 婚姻(上)の: ～ affection 夫婦愛. [√ju(n)g-] ◇ **～·ly** *ad.* 夫婦として. **còn·ju·gál·i·ty** [kàndʒụgǽlịti/kɔ̀n-] *n.* 婚姻(状態), 夫婦であること, 夫婦生活.
cón·ju·gate [kándʒụgèit/kɔ́n-] *vt., vi.* **1**〖文〗〈動詞を〉活用[変化]させる《主語と動詞とを結んで》; 〈動詞が〉活用[変化]する. **2** 交接する;〖生〗接合する. **——** [-git, -gèit] *a.* **1** 結合した; 対になった. **2**〖生〗接合の;〖植〗《複葉などが》対をなした. **3**〖文〗同語源の;〖数・化〗共役の. **——** *n.* 〖文〗同語源, 同語根;〖数〗共役. [√ju(n)g-]
～ **angle** 共役角. ～ **axis** 共通軸. ～ **point** 共役点.
còn·ju·gá·tion [kàndʒụgéiʃ(ə)n/kɔ̀n-] *n.* **1**〖文〗動詞変化, 活用. →枠付 Conjugation (pp.271–272). **2** 結合, 連結, 配合;〖生〗《細胞の》接合. ***strong*** [***weak***] ～《動詞の》強[弱]変化, 不規則[規則]活用. ◇ **～·al** *a.*

文法要説…(5)

Conjugation（動詞変化）

動詞の語形変化を**動詞変化**（conjugation）と称する. 動詞の変化形は大別して**定形**（finite form）と**非定形**（non-finite form）に区別される.

定形の動詞は主語と結ばれていて, 一定の叙法, 一定の時制に属する. たとえば am は be 動詞の直説法現在第一人称単数形である. 定形動詞は一定の叙法を有するから, 陳述のはたらきをし,「文」を構成することができる. → **枠付** Mood, Sentence.

非定形の動詞は主語と結ばれていず, 一定の叙法に属さず, 時制に関してもきわめて制限されている. 不定詞・動名詞・現在分詞・過去分詞が動詞の非定形であって, これらは「叙法」をもたず, したがって, 陳述の力がなく,「文」を構成しえない.

動詞の定形・非定形のあらゆる形態をつくるには, 一般にいわゆる三基本形, すなわち原形と過去形と過去分詞形とを知り, その上に直説法現在第三人称単数の形と現在分詞の形とがわかれば足りる. このうち, 直説法現在第三人称単数形と現在分詞は比較的規則的につくることができるが, 三基本形には不規則動詞がある（動詞 be は例外的に変化が多い）.

規則動詞にあっては, 過去形・過去分詞を原形に -ed（もしくは -d）を添えてつくることができる. そして原形自体には変化が起こらない. それ以外の方式で過去形・過去分詞をつくるのは, 不規則動詞である.

なお, 助動詞に関しても conjugation という語を用いることができる.

1）直説法現在第三人称単数形

いわゆる三・単・現の -s を添える. be の三・単・現が is となり, have の三・単・現が has となるような不規則な例はあるが, だいたいにおいて規則的に変化する.

a）原則として原形に -s をつける: stop → stop*s*, make → make*s*, hate → hate*s*, leave → leave*s*, lead → lead*s*, hear → hear*s*.

b）語尾が y のばあい, (1) y の直前が子音字であれば y を ie に変え, その上で -s をつける: study → stud*ies*, copy → cop*ies*. (2) y の直前が母音字であれば, y はそのままで -s がつく: play → play*s*, employ → employ*s*, monkey (*v.*) → monkey*s*.

〈注〉say [sei] → says [sez] のように, -s の添加によって母音の発音が変わる例外もある.

c）原形の語尾が発音の上で [s, z ; ʃ, ʒ ; tʃ, dʒ] に終わるときは, つづりの上では -es をつける(発音は[-iz]): pass [pæs/pɑːs] → pass*es*, wish [wiʃ] → wish*es*, catch [kætʃ] → catch*es*.

〈注₁〉ただし, 原形のつづりが e に終わっていれば -s のみをつける（発音は [-iz]）: pleas*e* [pliːz] → pleas*es* [plíːziz], judg*e* [dʒʌ́dʒ] → judg*es* [dʒʌ́dʒiz].

〈注₂〉s, z で終わる語で, 直前の母音が短母音であると, s または z を繰り返してから -es をつける: gas → gas*ses*, quiz → quiz*zes*《bus を動詞に用いたとき, 三・単・現で bus*ses* と bus*es*》.

〈注₃〉bias, focus などではイギリス式には s を繰り返す: [米] bias*es*, focus*es*; [英] bias*ses*, focus*ses*.

d）原形の語尾が o に終わるときには, 一般に -es をつける: go → go*es*, radio → radio*es*, veto → veto*es*. 〈注〉do → do*es* はつづり字の上ではこの項に該当するが, 発音は [dʌz] となって不規則（do を含む合成語においても同様: overdo → overdo*es*）.

発音上の注意　三・単・現の s は上に特に指示した以外は, 無声音のあとでは [s], 有声音のあとでは [z] と発音される: makes [meiks], hates [heits]; leaves [liːvz], leads [liːdz], hears [hiərz], studies [stʌ́diz], plays [pleiz].

2）現在分詞・動名詞

原形のあとに -ing を添える. この際, つづり字の上で注意を要するおもな点を次に掲げる.

a）原形の語尾の e は除かれる: com*e* → com*ing*, mak*e* → mak*ing*, din*e* → din*ing*, assum*e* → assum*ing*. 〈注₁〉本辞典では, 語が長いばあい, 用例や熟語では ～*m*)*ing* のように略記する. 〈注₂〉dye「染める」は dye*ing* と e を落とさず, 次項の die「死ぬ」→ dy*ing* と区別される. singe「焼き焦がす」も singe*ing* [síndʒiŋ] と e を保持し, sing「歌う」→ sing*ing* [síŋiŋ] と区別される. free「解放する」→ free*ing* もそのまま.

b）原形の語尾が ie のばあいは, e が除かれるほかに, i が y に変わる: d*ie* → d*ying*; l*ie*¹「横たわる」, l*ie*²「うそを言う」→ l*ying*; t*ie* → t*ying*; v*ie* → v*ying*. 〈注〉ただし eye → eyeing, eying.

c）語尾が“短母音＋子音字1個”で終わり, その短母音にアクセントがあるばあい, 子音字を重ねる（原形が単音節のときも同様）: admít → admit*ting*, forgét → forget*ting*; get → get*ting*, stop → stop*ping*.

〈注₁〉短母音でもつづりの上で母音字が2個含まれているばあいには語尾の子音を重ねない: look → look*ing*, head → head*ing*.

〈注₂〉vísit → visit*ing* ではアクセントが原形の最終音節になく, jump → jump*ing*, lock → lock*ing*, butt → butt*ing* では語尾の子音が1個でなく, これらのばあいには原形の最終子音字を重ねない.

〈注₃〉hándicap [hǽndikæ̀p] → handicap*ping* のように最終音節に第2アクセントがあるばあいにも, 子音の直前が米英とも強く発音しうる短母音であれば同様に扱う. 特にこのばあい, イギリスでは最終音節がアメリカよりも弱く, アクセントがないと解されるばあいなので, 注意を要する.

d）語尾が r で終わり, 最終音節にアクセントがあるばあい（原形が単音節であるときも同様）は, (1) もし r の前に母音字が1個しかなければ r を重ねる: occúr → occur*ring*, refér → refer*ring*, bar → bar*ring*（比較: énter → enter*ing*）. (2) r の前に2個以上の母音字が続いていれば r を重ねない: hear → hear*ing*, air → air*ing*, roar → roar*ing*, devour → devour*ing*.

e）語尾が l で終わり, その前に母音字が1個のときには, イギリス式には l を重ねるが, アメリカ式では最終音節にアクセントがあるときだけ重ねる: travel → [米] travel*ing*, [英] travel*ling*; equal → [米] equal*ing*, [英] equal*ling*; annul →[米], [英] annul*ling*. 〈注〉ただし parallel → [米], [英] parallel*ing*.

f）語尾が s で終わり, その前の母音が短母音であるとき, イギリス式では単音節語でなくとも s を重ねる: bias → [米] bias*ing*, [英] bias*sing*; focus → [米] focus*ing*, [英] focus*sing*.

g）語尾が c に終わるものには k を加えてから -ing をつける: picnic → picnic*king*, panic → panic*king*, traffic → traffic*king*.

3）過去形・過去分詞

規則動詞のばあいと不規則動詞のばあいと二つに大別される.

a）規則動詞のばあい: 過去形・過去分詞ともに, 原形に -ed もしくは -d をつけてつくる（したがって過去形と過去分詞とは同形）.

(1) 原形に -ed をつける: walk →walk*ed*, play → play*ed*.

(2) 原形が e 字に終わるときには -d だけをつける: lik*e* → lik*ed*, love → lov*ed*.

(3) 単音節の動詞で, 母音が短母音で, 語末がただ一つの子音字で終わるものでは語末の子音字を重ねてから -ed をつける: beg → beg*ged*, stir → stir*red*, quiz→quiz*zed* (比較: pick→pick*ed*). 〈注₁〉 stir のように r で終わる動詞は, 2) d) の -ing のばあいと同様に扱われる. 〈注₂〉 短母音でも, そのつづり字が母音字を二つ含むばあい, 語末の子音字を重ねない: look → look*ed*, head → head*ed*.

(4) 原形が2音節以上の動詞で, 最終音節がアクセントのある短母音を含み, 子音字 1 個で終わるものについては, その子音字を重ねる: permít → permit*ted*, occúr → occur*red*. 〈注₁〉 occur のように r で終わる動詞は, 2) d) の -ing のばあいと同様に扱われる. したがって r の前に母音字が 2 個以上あれば r を重ねない: devour →devour*ed*. 〈注₂〉 óffer → offer*ed* では, アクセントが最終音節にないから, 子音字は重ねない.

(5) 原形の語尾が "子音字＋y" のばあいには, y を i に変えてから -ed をつけるが, y の前が母音字のときにはそのまま -ed をつける: cry → cr*ied*, study → stud*ied*; play → play*ed*. 〈注〉 本辞典では語が長いばあい例文や熟語では ～*ied*, ～*ed* と略記.

(6) 原形が l で終わり, その前に母音字が一つのばあい, イギリス式には l を重ね, アメリカ式には最終音節にアクセントがあるものについてのみ l を重ねる: travel → [米] travel*ed*, [英] travel*led*; annul → [米], [英] annul*led*. 〈注〉 ただし, parallel → parallel*ed*.

(7) bias, focus など語尾が s で終わり, 直前の母音が短母音であると, イギリス式には s を重ねる: bias → [米] bias*ed*, [英] bias*sed*; focus → [米] focus*ed*, [英] focus*sed*.

(8) 原形の語尾が c で終わるとき, k を添えてから -ed をつける: picnic → picnic*ked*, panic → panic*ked*.

発音上の注意 語尾の ed は次のように 3 通りに発音される: (1) t, d に続く ed は [-id] と発音される: repeat*ed* [ripí:tid], end*ed* [éndid], fad*ed* [féidid]. (2) 無声子音に続く ed は [-t] と発音される: work*ed* [wə:rkt], laugh*ed* [læft/lɑ:ft], miss*ed* [mist], wash*ed* [wɑʃt, wɔ:ʃt/wɔʃt], fetch*ed* [fetʃt]. (3) 有声子音または母音に続く ed は [-d] と発音される: learn*ed* [lə:rnd], lov*ed* [lʌvd], call*ed* [kɔ:ld], begg*ed* [begd], stay*ed* [steid], studi*ed* [stʌ́did].

b) 不規則動詞のばあい: 巻末の不規則動詞表を参照. 大別して次の 5 通りがある.

(1) 原形・過去形・過去分詞が同形: hit—hit—hit, put—put—put, set—set—set.

(2) 過去形と過去分詞が同形: buy—bought—bought, stand—stood—stood.

(3) 原形と過去形が同形: beat—beat—beaten.

(4) 原形と過去分詞が同形: come — came — come, run—ran—run.

(5) 原形・過去形・過去分詞が全部異なるもの: eat—ate—eaten, drive—drove—driven, go—went—gone, sing—sang—sung.

---

con·júnct [kəndʒʌ́ŋkt, kɑ́ndʒʌŋkt/kəndʒʌ́ŋ(k)t, kɔ́ndʒʌŋ(k)t] *a.* 結合〔連結〕した, 共同の. ── *n.* 結合した物〔人〕; 連合〔共同〕者. ◇ **～·ly** *ad.*

‡**con·júnc·tion** [kəndʒʌ́ŋkʃ(ə)n] *n.* **1** 結合, 連結; 合同; 関連. **2**〘文〙接続詞. **3** 《事件の》暗合, 同時発生;〘天〙《惑星などの》近接, 会合, 《月の》朔(さく). ***coordinate*** 〔***subordinate***〕 ～ 等位〔従属〕接続詞. ***in*** ～ ***with*** …とともに, と協力して; に関連して. [√ju(n)g-]

◇ **～·al** *a.* 接続の, 接続詞の. **～·al·ly** *ad.*

còn·junc·tí·va [kɑ̀ndʒʌŋktáivə/kɔ̀n-] *n.* (*pl.* **-vas, -vae** [-vi:])〘医〙《眼球の》結膜. ◇ **～l** *a.*

con·júnc·tive [kəndʒʌ́ŋktiv] *a.* **1** 接続の, 連結〔結合〕する. **2**〘文〙接続的な, 接続詞的な. ── *n.*〘文〙接続詞; 接続法. ～ **adverb**〘文〙接続副詞 《accordingly, also, besides, however など》.

◇ **～·ly** *ad.*

con·jùnc·ti·ví·tis [kəndʒʌ̀ŋktiváitis] *n.*〘医〙結膜炎. → conjunctiva.

con·júnc·ture [kəndʒʌ́ŋktʃər] *n.* **1** 局面; 場合, 時期. **2** 危急事態, 危機. ***at*** 〔***in***〕 ***this*** ～ この際(に). [√ju(n)g-]

còn·ju·rá·tion [kɑ̀ndʒuréiʃ(ə)n/kɔ̀ndʒu(ə)r-] *n.* **1** まじない, 魔法; 呪文(じゅもん). **2**〘古〙祈願, 誓願.

cón·jure¹ [kʌ́ndʒər, [米]+kɑ́n-] *vt., vi.* **1** 《魔法・呪文で》呼び出す; (なにもないところから) 出現させる 《*up*》: ～ a miracle 奇跡を出現させる. **2** 心に想起する; 考え出す 《*up*》: ～ *up* the happy past 幸福だった昔を心に描く. **3** 手品を使う. ～ ***away*** 魔法で追いのける;〘話〙盗む. ～ ***out*** 魔術で出す. ***name to*** ～ ***with*** まじないに用いる名; 影響力のある名. [√jur-]

◇ **cón·jur·ing** [-dʒəriŋ] *n.* 手品, 奇術: ～*ring* trick 魔法.

con·júre² [kəndʒúər] *vt.* に懇願する, に熱心に訴える: I ～ you *to* hear my plea. どうか私の願いを聞いてください. ── *vi.*〘古〙共謀する. [√jur-]

cón·jur·er, -or [kʌ́ndʒərər, [米]+kɑ́n-] *n.* 魔法使い; 手品師; 目から鼻へぬけるような人: He is no ～. あの男にたいしたことができるものか.

conk [kɑŋk/kɔŋk] *n.* **1**〘俗〙頭; 頭を打つこと. **2**〘英俗〙鼻. ── *vt.* 〈頭を〉ぶつ. ～ ***out*** (1) 〈機械などが〉こわれる. (2) 弱りはてる; 気絶する; 死ぬ.

cónk·er [kɑ́ŋkər/kɔ́n-] *n.*〘英〙**1** (*pl.*) トチの実遊び《糸でつるしたトチの実を打ち合う》. **2** ＝horse chestnut.

cónk·y [kɑ́ŋki/kɔ́ŋ-] *a., n.*〘俗〙鼻の大きい(人); (C～)「鼻」《あだ名》.

con mo·to [kɑn-móutou, kon-/kɔn-] It.〘楽〙元気よく.

conn ＝con².

Conn. Connecticut.

cón·nate [kɑ́neit/kɔ́n-] *a.* **1** 生得の, 先天的. **2** 双生の; 血族関係の; 合生(ごうせい)の. [√(g)na-]

con·nát·u·ral [kənǽtʃ(u)rəl] *a.* **1** 生得の, 固有の 《に *to*》. **2** 同質の, 同種の. ◇ **～·ly** *ad.*

Cón·naught [kɑ́nɔ:t/kɔ́n-] *n.* アイルランド共和国北西部の一地方.

‡**con·néct** [kənékt] *vt.* **1** つなぐ, 連結する 《に *to*; と *with*》: ～ the two cities by a bridge 2 都市を橋でつなぐ. **2** 連絡〔関係〕させる. **3** 連想する. **4**〘電話〙つなぐ, 接続する: Will you please ～ me *with* Mr. Jones? ジョーンズさんにつないでください. You *are* ～*ed*. 《相手が》出ました (＝[米] You're through.). ── *vi.* つながる; 《バス・列車などが》連絡する; 関係する《と *with*》.

be ～***ed with*** と関係〔連絡〕がある: the pleasures ～*ed with* music 音楽にまつわる楽しみ. ～ ***one-self with*** と関係する. [√nec-]

◇ **～·er** *n.* ＝connector.

con·néct·ed [-id] *a.* 連続している; 関係のある, つながりのある: ～ speech まとまった発話《個々の単語でなく》. ***be well*** ～ よい縁故がある.

◇ **～·ly** *ad.* **～·ness** *n.*

Con·néct·i·cut [kənétikət] *n.* コネチカット《アメリカ北東部の州. 略 Conn.》.

con·néct·ing [kənéktiŋ] *a.* 連結(連絡)する. ～ **link** 《機械の》連結リンク. ～ **rod** 《機械の》連桿(れんかん).

‡**con·néc·tion** [kənékʃ(ə)n] *n.* **1** 連結, 結合. **2** 関係, 関連; 《文章の》前後関係, つじつま: the ～ between crime and poverty 犯罪と貧困の関係. **3** 《列車・汽船などの》連絡, 接続: There are good

～*s* between buses in Tokyo. 東京ではバスの接続がよい. **4**《人間どうしの》関係；交渉，交際；情交；縁故，コネ；(通例 *pl.*) 縁故関係の人，親類の人：a ～ of mine 私の縁者. **5** 取引〔得意〕先：business with a good ～ よい得意先のある商売. **6** 連絡装置，《機械・導管などの》連接，《電話の》連結. **7** 団体，教派.
be in ～ 連関している；電話がつながっている：You *are in* ～. 電話がつながりました，先方が出ました. ***criminal*** ～ 姦通(かんつう). ***enter into a*** ～ ***with*** と関係を結ぶ. ***establish*** **(*a*)** ～ 連絡をつける；得意先をつくる. ***form a*** ～ 関係をつくる；<男女が>関係を結ぶ. ***form useful*** ～***s*** 有力な縁故をつくる. ***get*** 〔***miss***〕 ***a*** ～ ***with*** と連絡する〔連絡を失う〕. ***have a*** ～ ***with*** と関係がある，と情交を結ぶ. ***have*** ～***s in*** the senate (上院) にコネがある. ***in*** ～ ***with*** に関して；に連絡して. ***in this*** ～ これに関連して，この点について. ***make*** ～***s at*** で連絡〔接続〕する. ***run in*** ～ ***with*** と連絡して発着する. ***take up*** one'***s*** ～***s***〔米俗〕大学をでる.

con·néc·tive [kənéktiv] *a.* 連結する，接続の. —— *n.* **1** 連結物，連係. **2**〔文〕連結詞《接続詞・関係詞・前置詞など》. ～ **tissue**〔医〕結合組織. ◇ ～·**ly** *ad.*

con·néc·tor, con·néct·er [kənéktər] *n.* 連結者〔物〕；〔電〕コネクタ，接続子，三つ〔二〕また；〔電話〕接続機.

con·néx·ion〔英〕＝connection.

cón·ning [kániŋ / kɔ́n-] *n.*《軍艦の》司令塔；《潜水艦の》展望塔.

con·níp·tion [kəníp∫(ə)n] *n.*〔米話〕ヒステリーの発作，かんしゃく (＝～ fit).

con·níve [kənáiv] *vi.* **1** 見のがす，大目に見る，黙許する《を *at*》. **2** 共謀〔黙契〕する，しめし合わす《と *with*》. ◇ **con·nív·ance** [-(ə)ns] *n.* 黙過，黙認，見て見ぬふり. **con·nív·ence** [-(ə)ns] *n.*〔古〕＝connivance.

con·nív·ent [kənáiv(ə)nt] *a.*〔動・植〕集中する.

còn·nois·séur [kànisə́ːr/kɔ̀n-] *n.* 鑑識家，《美術品の》鑑定家，目きき，「くろうと」.
◇ ～·**ship** *n.* 鑑識眼，鑑定業.

còn·no·tá·tion [kànotéi∫(ə)n/kɔ̀n-] *n.* 含蓄，言外の意味《論理的でなく感情的な含み》；〔論〕内包. ↔denotation.

cón·no·ta·tive [kánotèitiv, kənóutə-/kɔ́notei-, kənóutə-] *a.* **1** 含蓄的；暗示する《を *of*》：～ sense 含意，言外の意味. **2**〔論〕内包的. ↔ denotative. ◇ ～·**ly** *ad.*

con·nóte [kənóut/kən-, kɔn-] *vt.* **1** <語が>言外に意味する：The word 'fireplace' often ～*s* family comfort.「暖炉」という語はしばしば家庭の安楽(の観念)を暗示する. **2**《条件などとして》伴う：Injury ～*s* pain. 負傷は苦痛を伴う. **3**〔論〕内包する. ↔ denote.

con·nú·bi·al [kən(j)úːbiəl/-njúː-] *a.* 結婚の；夫婦の，配偶者の.
◇ ～·**ly** [-li] *ad.* 婚姻上，夫婦として. **con·nù·bi·ál·i·ty** [—ˌ—ǽləti] *n.* 婚姻，結婚生活；夫婦関係.

có·noid [kóunɔid] *a.*〔数〕擬円すい形の，尖円(せんえん)の. —— *n.* 擬円すい体.

co·nói·dal [konɔ́idl] *a.* ＝conoid.

co·no·scen·te [kòunə∫énti:, kànə- / kòunə-, kɔ̀nə-] ＝*cognoscente.*

‡cón·quer [káŋkər/kɔ́ŋ-] *vt.* **1** **征服する**，攻略する. **2**〔古・雅〕<名誉などを>獲得する. **3** <難所・困難・激情・誘惑・習癖などを>克服する，に打ち勝つ：～ a péak 山頂を征服する. ～ bad habits 悪癖を克服する. **4** <異性を>なびかせる. —— *vi.* 勝利を得る，勝ちを制する. →名詞 conquest. ***stoop to*** ～ 負けて勝つ. [con-＋√quer- 強く＋求める]
◇ ～**ed** [-d] *a.* 征服された，敗れた：the ～*ed* 敗者.
～·**a·ble** [-kərəbl] *a.* 征服可能の，打ち勝てる；打破されうる.
〔類〕→ **defeat**「打ち負かす」

‡cón·quer·or [káŋkərər/kɔ́ŋk(ə)-] *n.* **征服者**；勝利者. ***play the*** ～〔話〕決勝戦を行なう. ***the C***～〔英史〕征服王 William I《1066 年イギリスを征服した Normandy 公》.

‡cón·quest [kánkwest, kaŋ-/kɔ́ŋ-] *n.* **1** **征服**，克服. **2** **獲得**；異性の獲得《愛情の》. **3** 獲得物；戦利品，征服地；なびかせた異性. →動詞 conquer. ***make*** 〔***win***〕 ***a*** ～ ***of*** を征服する；の愛情をかちとる. ***the*** (***Norman***) ***C***～ ノルマン人のイギリス征服《1066年》.
〔類〕→ **triumph**「勝利」

con·quís·ta·dòr [kankwístədɔ̀ːr / kɔnkwistədɔ̀ː] *n.* (新大陸) 征服者《16 世紀にメキシコ・ペルーを征服したスペイン人》；《一般的》征服者.

Cón·rad [kánræd/kɔ́n-] *n.* Joseph ～, 1857–1924, ポーランド生まれのイギリス海洋小説家.

cons. consolidated; consonant; constitutional; construction. **cons., Cons.** constable; constitution; consul.

còn·san·guín·e·ous [kànsæŋgwíniəs/kɔ̀n-] *a.* 同血族の，血縁の，同族の. [＜sanguine]
◇ ～·**ly** *ad.* **còn·san·guín·i·ty** [-gwíniti] *n.* 血縁関係.

‡cón·science [kán∫(ə)ns/kɔ́n-] *n.* **1** **良心**，道義心，道徳観念：qualms of ～ 良心の呵責(かしゃく)〔とがめ〕. I want to run away, but my ～ will bother me. 逃げたいが，あとで良心がとがめるだろう. **2** 意識，自覚.
a bad 〔***guilty***〕 ～ やましい心. ***a good*** 〔***clear***〕 ～ やましくない〔清い〕心. ***for*** ～**(')** ***sake*** 良心をやすめるために，気がすむように；後生(ごしょう)だから. ***have*** … ***on*** one'***s*** ～ …を気に病む，…をやましく思う. ***have the*** ～ ***to*** (do) 厚かましくも…する，平気で…する. ***in*** (***all***) ～ (1) まさに，確かに，ほんとうに. (2) 道理にかなって，公正に. ***liberty of*** ～ 信教の自由. ***make*** a thing ***a matter of*** ～ 良心に訴えて処置する. ***My*** ～***!*** おやおや!，まあ! ***out of all*** ～ 全く，実に. ***sleep on a calm*** ～ まくらを高くして眠る. ***the freedom of*** ～ 信教の自由. ***upon*** one'***s*** ～ 良心にかけて；〔話〕必ず. ***with an easy*** ～ 安心して. [√sci-] ～ **clause**〔法〕良心条項《信教の自由を認めるもの》. ～ **money** 償いの納金；悔悟金《脱税者が後悔して匿名で国庫に納めるもの》.
～-**strìck·en** 良心に責められた，気がとがめた.
◇ ～·**less** *a.* 非良心的な，道義心のない.

***còn·sci·én·tious** [kàn∫ién∫əs/kɔ̀n-] *a.* **良心的な**，**誠実な**；実直な，物がたい；念入りな.
～ **objector** 良心的徴兵拒否者《信仰上・良心上の理由による》. ◇ ～·**ly** *ad.* ～·**ness** *n.*

cón·scion·a·ble [kán∫(ə)nəbl/kɔ́n-] *a.* 良心に従う，良心的な；正しい. ◇ -**bly** *ad.*

‡cón·scious [kán∫əs/kɔ́n-] *a.* **1** **意識〔自覚〕している**，気づいて《に *of*；*that*》. **2** 意識的な：with ～ superiority 優越感をもって. a ～ liar 悪いと承知の上でうそをつく人. **3** **知覚〔意識〕ある**，正気な：become ～ 正気づく. **4** 自意識の強い，人前を気にする：a ～ smile (きの悪い) つくり笑い. speak with a ～ air (人前を気にして) 遠慮がちに話す.
be 〔***become***〕 ～ ***of*** を意識する，に気づく：He *is* ～ *of* his own faults. 彼は自分の欠点に気づいている. [√sci-] ◇ ～·**ly** *ad.*

cón·scious·ness** [-nis] *n.* **1** **自覚**，**意識**；承知，感づくこと：class ～ 階級意識. **2** 正気，意識. **3**〔心〕意識，知覚. ***bring a person ***to*** ～ (人を) 正気に返らせる. ～ ***of kind*** 同類意識. ***lose*** 〔***regain, recover***〕 one'***s*** ～ 意識を失う〔取りもどす〕. ***stream of*** ～〔心〕意識の流れ.

con·scríbe [kənskráib] *vt.*《兵役のため》徴集する.

cón·script [kánskript/kɔ́n-] *a.* 徴集された: a ～ soldier 新兵. —— *n.* 徴集兵. —— [kənskrípt] *vt.* 兵隊にとる.
～ fathers 《古代ローマの》元老院議員; 《一般的》立法府議員.
con·scríp·tion [kənskrípʃ(ə)n] *n.* **1** 徴兵(制度), 募兵; 《集合的》徴募兵. **2** 徴集, 徴発. ***～ of wealth*** 兵役税《徴兵免除の者に課する税》.
～ age 徴兵適齢. **～ system** 徴兵制度.
◇ **～·al** *a.* **～·ist** *n.* 徴兵主義者.
cón·se·crate [kánsikrèit/kɔ́n-] *vt.* **1** 神聖なものと定める; (清めて) 神にささげる, 奉納する《*to*》: ～ a building as a place of worship 建物を礼拝堂として奉納する. a ～*d* ground 神〔聖〕域. **2** 聖職に任ずる; 聖徒の列に加える. **3** ささげる《ある目的・用途に》: ～ one's life *to* a cause 主義のために身をささげる. —— [-rit/-rèit] *a.* 聖別された; 神にささげられた; 神聖な. [√sac(e)r-]
◇ **-cra·tor** [-ər], **-crat·er** *n.* 奉献者; 聖職授任者. **-cra·to·ry** [-krətɔ̀:ri/-kreitəri] *a.* 神聖にする, 奉献の.
còn·se·crá·tion [kànsikréiʃ(ə)n/kɔ̀n-] *n.* **1** 神聖にすること; 聖別すること. **2** 聖職授任《特に bishop の》; 《教会の》献堂式. **3**《神・事業などへの》献身; 精進, 専心.
còn·se·cú·tion [kànsikjú:ʃ(ə)n/kɔ̀n-] *n.* **1** 連続, 序列; 論理的関連, 条理. **2**〔文〕《時制・語の》関連, 一致.
con·séc·u·tive [kənsékjutiv] *a.* **1** 連続的な, 引き続く: for five ～ years 5年連続して. **2**《論理的に》矛盾飛躍のない, 一貫した. **3**〔文〕結果をあらわす: a ～ clause「結果」の副詞節. **4**〔楽〕並行の: ～ fifths 並行五度. [√sequ-]
～ intervals〔楽〕連続音程. **～ numbers** 連続番号. ◇ **～·ly** *ad.* **～·ness** *n.*
con·sén·su·al [kənsénʃuəl/-sénsju-] *a.* **1**〔法〕合意によって成立した: a ～ marriage 合意の結婚. **2**〔生理〕交感性の. ◇ **～·ly** *ad.*
con·sén·sus [kənsénsəs] *n.* **1**《意見・証言などの》一致, 合意. **2** 一致した意見, 世論: The ～ of our group is that... われわれグループの一致した意見は…である. **3**〔生理〕交感. [√sent-]
‡**con·sént** [kənsént] *vi.* **1** 同意する, 賛成する, 承認する, 許可する《に, を *to*》: ～*ing* party 賛成側. ～ *to* a plan 計画に同意する. ～ *to* give a lecture 講演することを承諾する. He ～*ed that* an envoy should be sent. 使者を送ることに賛同した. **2**〔古〕同感する.
—— *n.* **1** 同意, 許可, 承諾. **2**《意見・感情の》一致. ***by common ～*** 一致して, 異議なく. ***give*** [***refuse***] one'***s*** ～ 承諾を与える〔与えない〕. ***obtain*** a person'***s*** ～ (人)の承諾を得る. ***Silence gives ～.***〔諺〕沈黙は承諾のしるし. ***the age of ～***〔法〕承諾年齢《女の結婚が法的に認められる年齢》. ***withhold*** one'***s*** ～ 承諾を差し控える. ***with one ～*** 満場一致して, 異議なく. ***with the ～ of*** の同意を得て. [√sent-]
còn·sen·tá·ne·ous [kànsentéiniəs/kɔ̀n-] *a.* 一致〔合致〕した《に *to, with*》; 満場一致の. ◇ **～·ly** *ad.* **con·sèn·ta·né·i·ty** [kənsèntəní:iti] *n.*
con·sén·tient [kənsénʃ(ə)nt] *a.* **1** 同意の, 異議のない; 満場一致の. **2** 協同の.
‡**cón·se·quence** [kánsikwèns/kɔ́ns(i)kwəns] *n.* **1** 結果; 結末. **2** 成り行き; 影響(力). **3**《影響の》重大性, 重要さ; 《人の》地位の高さ, 実力; 尊大さ. **4**〔論〕帰結, 結論.
give ～ to …にはくをつける. ***in ～*** その結果, そのために. ***in ～ of*** の結果, …のために. ***of*** (***great***) ～ (非常に)重大〔重要〕な: a man *of* ～ 有力者. ***of little*** [***no***] ～ ほとんど〔全く〕とるに足りない. ***take*** [***answer for***] ***the ～s***《自分の行動の》結果を甘受する, 自業自得とあきらめる. ***The ～ is that***... その結果〔結論〕は…である. [√sequ-]
〔類〕→ **result**「結果」
cón·se·quent [kánsikwènt/kɔ́ns(i)kwənt] *a.* **1** 結果として起こる〔引き続く〕《の *on, upon, to*》: His long illness and ～ absence put him far behind in his work. 長い病気とそれによる欠席のため彼は学業がたいへん遅れてしまった. **2** 論理的に必然的な, 当然な, 筋のとおった. —— *n.* **1** 続いて起こる事柄〔現象〕. **2** 当然の結果, 帰結. **3**〔論〕後件. ↔ antecedent. **4**〔数〕後項, 後率.
còn·se·quén·tial [kànsikwénʃ(ə)l/kɔ̀n-] *a.* **1** 結果として起こる, 随伴して生じる. **2**《論理上から》当然の, 必然の; (論理の)筋のとおった, 一貫性ある. **3**《人が》尊大な, もったいぶった. **4** 重要な. **～ damages**〔法〕間接損害. ◇ **～·ly** [-ʃəli] *ad.* その結果として, 必然的に; もったいぶって. **～·ness** *n.*
còn·se·quèn·ti·ál·i·ty [kànsikwènʃiǽliti / kɔ̀n-] *n.* **1** 論理的一貫性. **2** 尊大さ.
‡**cón·se·quent·ly** [kánsikwèntli/kɔ́ns(i)kwənt-] *ad.* したがって, その結果(として).
con·sérv·an·cy [kənsə́:rv(ə)nsi] *n.* **1** 自然保護〔管理〕. **2**〔英〕《河川・港湾・漁業などの》管理委員会〔局〕.
còn·ser·vá·tion [kànsərvéiʃ(ə)n/kɔ̀n-] *n.* **1** 保存, 維持; 自然保護. **2** 自然〔鳥獣〕保護地区; 保護河川, 保安林. ***the ～ of energy*** 勢力恒存, エネルギー不滅説. ***the ～ of mass*** 質量不変説.
◇ **～·al** *a.* **～·ist** *n.*《天然資源》保護管理(論)者.
con·sérv·a·tism [kənsə́:rvətiz(ə)m] *n.* 保守主義, 保守的傾向; (しばしば C～)《イギリスの》保守党の主義〔綱領〕.
‡**con·sérv·a·tive** [kənsə́:rvətiv] *a.* **1** 保守的な, 保守主義の. ↔ progressive. **2** (C～) 保守党の: the *C*～ Party《イギリスの》保守党. **3** 保存力のある. **4** 控えめな, 慎重な: a ～ estimate 内輪の見積もり. —— *n.* **1** 保守主義者, 保守的傾向の人; (C～)保守党員《特にイギリス》. **2** 保存物, 防腐剤.
◇ **～·ly** *ad.* 保守的に; 控えめ〔内輪〕に. **～·ness** *n.*
con·sèr·va·tóire [kənsə̀:rvətwɑ́:r] *n.*《フランスの》国立音楽〔美術, 演劇〕学校, コンセルバトワール.
cón·ser·va·tor [kánsərvèitər, kənsə́:rvətər / kɔ́nsəveitə, kənsə́:vətə] *n.* (*fem.* **-trix** [-triks]) **1** 保存者, 保護者. **2**《博物館などの》管理人. **3**〔英〕《河川などの》管理委員. **4**〔米: 法〕《禁治産者の》後見人; 《未成年者・白痴・狂人などの》保護者. ***C～ of the Peace*** 治安委員, 保安官.
***con·sérv·a·to·ry** [kənsə́:rvətɔ̀:ri/-tri] *a.* **1** 保存性の, 保存力のある. **2** 管理者の. —— *n.* **1**《植物の》温室. **2** 音楽〔美術, 演劇〕学校.
***con·sérve** [kənsə́:rv] *vt.* **1** 保存する; 保護する: ～ one's strength for …にそなえて力をたくわえる. **2** 砂糖づけにする. —— [kɑ́nsə:rv, kənsə́:rv/kənsə́:v, kɔ́nsə:v] *n.* (しばしば *pl.*)《くだものの》砂糖づけ《ジャム・糖菓など》. [√serv-¹]
‡**con·síd·er** [kənsídər] *vt., vi.* **1** 熟考する, 熟慮する, 考察する. **2** <承諾・購入などを> 考慮する: ～ a job in Hawaii ハワイでの求人に応じようかと考える. **3** 考える, 思う, 判断する《と *that*》; 《目的補語を伴って》…と考える, …とみなす: We ～ *that* you are not to blame. あなたには責任がないものと考えます. I ～ the story improbable. その話は信じられそうもない. I ～ him (*to be*) clever. あの人は利口だと思います. I ～ it my duty to (do) 私は…することを自分の義務と考えます. **4** 思いやる; に心づけ〔チップ〕をやる: ～ others 他人の感情を察する, 他人のことをないがしろにしない. **5** 重んずる; に敬意を払う. **6** 考慮に入れる, 斟酌(しんしゃく)する: We must ～ his youth. あの人は若いから無理もないとしなければならない. **7** じっと見つめる.
all things ～ed 万事を考慮して, 結局. **～...as**___

…を――と考える〔として論ずる〕: *C*～ it *as* done. それは終わったものと心得なさい. He ～*s* education *as* a means of worldly success. 彼は教育を出世の手段と考えている. [√sider-]

◇ ～**ed** [-d] *a.* **1** 十分考慮の上での, 慎重な: ～*ed* judgment 熟慮のあげくの判断. **2** 重きをなす: a highly ～*ed* parent たいへんに尊敬されている親.

〔類義語〕 **熟考する: consider** 注意ぶかく頭の中で検討する: *consider* the cost before buying a new car 新車を買う前に費用を検討する. **reflect on** 反射する→頭の中であれやこれやと思いめぐらす: *reflect on* one's virtues and faults 自分の美点・欠点を反省する. **weigh** 重さを量る→考量する: *weigh* one's words ことばを注意して使う. **contemplate** ゆっくりと熟視する→熟慮する: *contemplate* a problem.

〔類〕→ **think**「考える」

‡**con·síd·er·a·ble** [kənsíd(ə)rəbl] *a.* **1** 《人が》**重要な**, 有力な. **2** 考慮すべき, 無視できない. **3** 《数量などが》**かなりの**, 少なからぬ; 相当の. ―― *n.* 〘米話〙多量: A ～ of a trade was carried on. 多量の取引が行なわれた. ―― *ad.* ＝considerably.

◇ ～**·ness** *n.*

‡**con·síd·er·a·bly** [-bli] *ad.* **少なからず**, ずいぶん, かなり, 相当に.

con·síd·er·ate** [kənsíd(ə)rit] *a.* **1 思いやりぶかい**, 情けのある, 察しのよい. **2**〘古〙思慮ぶかい. ***It is very ～ of you to (do) (あなたが)…してくださってほんとうにありがとうございます. ◇ ～**·ly** *ad.* ～**·ness** *n.* 〔類〕→ **kind**「親切な」

‡**con·sìd·er·á·tion** [kənsìdəréiʃ(ə)n] *n.* **1 考慮**, 熟慮, 考察. **2** 《他への》思いやり, 斟酌(しんしゃく), 察し. **3** 心づけ, 報酬, チップ; 〘法〙約因, 対価. **4 考慮の対象**, (考慮すべき)事情〔項目〕; 動機, 理由: Money is no ～. 金は問題じゃない. That's a ～. それは考えもの〔問題〕だ. **5** 重要視, 敬意, 尊敬. **6** 重要さ, 値うち: men of ～ 相当な人たち.

after due ～ 十分の考慮をした上で. ***for a ～*** 報酬として; 報酬を受けて, 報酬をもらえば. ***have no ～ for*** を察しない, を気にしない. ***in ～ of*** (1) を考慮して, に免じて: *in ～ of* his youth 年少なのに免じて. (2) の報酬〔謝礼〕として. ***leave out of ～*** 度外視する. ***on*** 〔***under***〕 ***no ～*** 決して…せぬ: That's a thing I could do *on no* ～. そんなことはとてもする気になれません. ***take into ～*** 考慮に入れる, 斟酌する. ***the first ～*** 第一要件, 最重要事. ***treat*** a person ***with ～*** (人を)丁重に待遇する. ***under ～*** 考慮中.

con·síd·er·ing [kənsíd(ə)riŋ] *prep.* …を考慮すれば, …を思えば: She looks very young ～ her age. 年のわりにはたいへん若く見える. ―― *conj.* 《通例 that を伴って》…ということを考えれば, …であるわりには, …であるから(には): *C*～ *that* he is so young, … 彼があんなに若いということを斟酌(しんしゃく)すれば…. ―― *ad.* 〘話〙(いろいろ)考えてみれば, わりあいに: It is not so bad, ～. まあそう悪いわけでもない.

con·sígn [kənsáin] *vt.* **1** 交付する, 引き渡す; 《…に》付する, 託する, ゆだねる; 任せる《に *to*》: ～ *to* oblivion 忘れ去る. ～ a letter *to* the post 手紙を郵便で出す. ～ one's soul *to* God おのれの霊を神に託する. **2**〘商〙〈商品を〉発送する, 委託(販売)する, 託送する; 〈金銭を〉委託する, 預ける. **3** あてがう, 割り当てる: ～ a room *to* one's private use 一室を自分の専用に当てる. ***be ～ed to misery*** みじめな境遇に陥る. ***～ money in*** a bank (銀行)に預金する. ***～ the body to the flame*** 〔***watery grave***〕 死体を火葬〔水葬〕にする. ***～ to prison*** 刑務所に入れる. [√sign-]

◇ ～**·a·ble** [-əb(ə)l] *a.* 委託〔託送〕しうる. ～**·or** [-ər], ～**·er** *n.* 《貨物などの》委託者, 荷主.

còn·sign·ée [kɑ̀nsainíː/kɔ̀n-] *n.* 受託者, 荷受人.

còn·sig·ná·tion [kɑ̀nsignéiʃ(ə)n / kɔ̀nsainéi-] *n.* consign すること; 委託, 託送. ***to the ～ of*** …にあてて, …あての; 荷受先…へ.

con·síg̀n·ment [kənsáinmənt] *n.* **1** 委託(販売); 委託販売品. **2** 託送; 託送貨物. **3** 交付. ***ón ～*** 委託〔託送〕(販売)で.

‡**con·síst** [kənsíst] *vi.* **1** 《…から》**成る**, 《…で》成り立っている《から, で *of*》: Water ～*s of* hydrogen and oxygen. 水は水素と酸素から成っている. **2** 《…に》**存する**, 《…に》ある《に *in*》: True happiness ～*s in* desiring little. 真の幸福は欲すること少なきにあり. **3 両立する**, 一致する《と *with*》: Health does not ～ *with* intemperance. 健康は不節制と両立しない. **4**〘古〙存在する. ―― *n.* 〘鉄道〙車両(編成). [con-＋√sist- 集まって＋立つ]

con·síst·ence [kənsíst(ə)ns], **-en·cy** [-t(ə)nsi] *n.* **1** 《精神的な》堅実さ, 堅固さ. **2** 濃度, 密度; 粘り; 《物質の》堅さ. **3** 一貫性, 矛盾がないこと, 言行一致; 調和.

***con·síst·ent** [kənsíst(ə)nt] *a.* **1** 《人・所説・行為などが》**一貫する**, 筋のとおった, 矛盾のない: He is not ～ *in* his statement. 陳述のつじつまが合わない. **2** 《信念・行為などにおいて》変わらない, 徹底した: be ～ *in* one's follies 行ないがどこまでも愚かである. **3 両立する**, 一致する《と *with*》. **4** 《人が》言行一致した, 節操ある, 堅実な. ◇ ～**·ly** *ad.* **1** 矛盾なく, 筋道をたてて. **2** 一致して《と *with*》: act ～*ly with* one's principles 自己の主義に従って行動する. **3** 言行一致して, 節操をもって.

con·sís·to·ry [kənsíst(ə)ri] *n.* 宗教法院; その会議室; 〘カトリック〙枢機卿(すうききょう)会議; 《イギリス国教の》監督法院; 《長老教会の》長老法院 (＝C～ Court). ◇ **còn·sis·tó·ri·al** [kɑ̀nsistóːriəl/kɔ̀nsistɔ́ːr-] *a.*

con·só·ci·ate [kənsóuʃièit] *vt., vi.* 連合〔合同〕させる, 連合〔合同〕する《と *with*》.
―― [-ʃiit, 米 *-ʃièit] *a., n.* ＝associate.

◇ **con·sò·ci·á·tion** [kənsòusiéiʃ(ə)n, -ʃiéi-] *n.* **1** 連合, 結合, 提携. **2**〘宗〙《組合教会の》協議会.

cón·sol [kɑ́nsɑl, kənsɑ́l/kənsɔ́l, kɔ́nsəl] *n.* (通例 *pl.*) 〘英〙コンソル公債, 整理公債《1751年各種公債を整理統合したもの》. [<*consol*idated annuities]

consol. consolidated.

***còn·so·lá·tion** [kɑ̀nsəléiʃ(ə)n/kɔ̀n-] *n.* **1 慰め**, 慰安: a letter of ～ 慰問状. find ～ *in* one's work 仕事に慰めを見いだす. **2** 慰めとなる物〔人〕, 慰めのたね. ～ **money** 慰謝料. ～ **prize** 残念賞. ～ **race** 〔**match**〕 敗者慰安競走〔試合〕.

con·sól·a·to·ry [kənsɑ́lətɔ̀ːri / kənsɔ́lət(ə)ri] *a.* 慰問の, 慰めの.

‡**con·sóle**[1] [kənsóul] *vt.* **慰める**, 慰問する: ～ a person *for* his misfortune 人の不幸を慰める. [√sol-[2]]

◇ **con·sól·a·ble** [-əbl] *a.* 慰められる, 気の休まる.

cón·sole[2] [kɑ́nsoul/kɔ́n-] *n.* **1**〘建〙コンソール, 渦形(うずがた)持ち送り《上部の重量をささえる受け材・胸像の台など》. **2** (パイプオルガンの)演奏台《鍵盤・ペダルを含む》. **3** コンソール《床の上に置く式の電蓄・ラジオ・テレビなどの箱》. **4** ＝～ table.
～ **mirror** 受けで壁に取りつけた鏡. ～ **table** 渦脚(うずあし)台; 受けで壁に取りつけた卓.

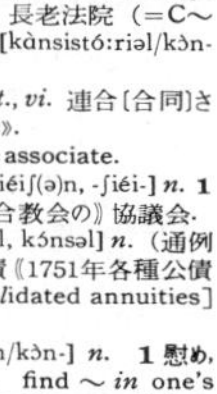
console[2] ①

con·sól·i·date [kənsɑ́lədèit/-sɔ́l-] *vt.* **1** 固める, 強化する; 〘軍〙〈陣地などを〉固める. **2** 結合する; 〈土地・会社などを〉合併〔整理〕する; 〈法令・公債などを〉統合する《に *into*》. ―― *vi.* 固まる, 強固になる; 結合〔合同〕する. ***C～d Fund*** 〘英〙整理公債基金. **～d school**〔米〕《いくつかの学区内の児童を収容する》合同学校. **～d ticket office**〔米〕《諸鉄道の》連合切符発売所. [√solid-]
◇ **-da·tor** [-dèitər] *n.* 固める人〔物〕; 統合者〔物〕. **-da·to·ry** [-dətò:ri/-dət(ə)ri] *a.* 固める; 結合〔合併〕する.

con·sòl·i·dá·tion [kənsàlidéiʃ(ə)n / -sɔ̀l-] *n.* **1** consolidate すること. **2**〔植〕着生.
～ funds 整理基金.「メ《澄ましスープ》.

con·som·mé [kànsəméi/kənsɔ́mei] F. *n.* コンソメ

cón·so·nance [kánsənəns / kɔ́n-], **-nan·cy** [-i] *n.* **1** 協和, 調和, 一致. **2**〔楽〕協和音. **3**〔物〕共鳴. ***in ～ with*** と一致して, に従って.

cón·so·nant [kánsənənt/kɔ́n-] *a.* **1** 一致〔調和〕する《と *with, to*》. **2**〔音声〕子音の. **3**〔楽〕協和音の. —— *n.* **1**〔音声〕子音. **2**〔楽〕協和音. [√son-] ◇ **～·ly** *ad.* 一致〔調和〕して. **còn·so·nán·tal** [kànsənǽntl/kɔ̀n-] *a.* 子音(性)の.

cón·sort [kánsɔ:rt/kɔ́n-] *n.* **1** 配偶者《特に国王・女王などの》. **2** 仲間, 組合員. **3** 僚船〔艦, 艇〕. **4**《特に一家族から成る》室内楽団. ***prince*** 〔***king***〕 **～** 女王の夫君. ***queen* ～** 王妃, 皇后.
—— [kənsɔ́:rt] *vt., vi.* 交際させる〔する〕《と *with*》; 調和させる〔する〕《と *with*》: Don't **～** *with* bad friends. 悪友と交わるな.

con·sór·ti·um [kənsɔ́:rʃiəm / -sɔ́:tjəm] *n.* (*pl.* **-a** [-ʃiə/-tjə]) **1** 借款団, 資本(家)連合. **2** 組合, 協会.

còn·spe·cíf·ic [kànspisífik / kɔ̀n-] *a.* 〔動・植〕同一種の, 同種の.

con·spéc·tus [kənspéktəs] *n.* 概観; 概要, 摘要.

‡**con·spíc·u·ous** [kənspíkjuəs] *a.* **1** 目だつ, はっきり見える: a ～ error 明らかなまちがい. a ～ road sign 見やすい道路標識. **2** 特徴的な, 人目につく: He is ～ by his booming laughter. 彼はほえるような笑い方が特徴的だ. ***be ～ by its*** 〔***one's***〕 ***absence*** それがない〔その人がいない〕のが人目を引く〔異様である〕. ***make oneself ～*** 人目につくようなことをする, 異様にふるまう. [√spec-] **～ consumption** 〔**waste**〕財力を誇示するためのぜいたく.
◇ **～·ly** *ad.* **～·ness** *n.*
〔類〕→ **evident**「明白な」

con·spír·a·cy [kənspírəsi] *n.* **1** 共謀, 陰謀, むほん《*against*》; 陰謀団. **2**《ある結果を生み出すための》事物の偶然の一致, 促進. **～ *of silence*** 黙殺の申し合わせ; もみ消す申し合わせ. ***in ～*** 共謀して, 徒党を組んで《と *with*》.

con·spír·a·tor [kənspírətər] *n.* (*fem.* **-tress** [-tris]) 共謀者; むほん人.
◇ **con·spìr·a·tó·ri·al** [kənspìrətó:riəl/-tɔ́:r-] *a.*

con·spíre [kənspáiər] *vi.* **1** 共謀する, 陰謀を企てる. **2** 協力する, 助け合って…する; 〈事件などが〉重なって…を促す: Everything ～*d* to keep him late. あらゆる事情が重なって彼は遅刻した. —— *vt.* 〈悪事を〉たくらむ, はかる. **～ *against*** …にむほんを起こす, の転覆を企てる. **～ *against a* person's *life*** 暗殺を企てる. **～ *with*** と共謀する. [√spir-]
◇ **con·spír·ing·ly** [-spáiriŋli/-spáiər-] *ad.* 共謀して; 気脈を通じて.

Const., const. constable; constant; constitution(al). **Const.** Constantine; Constantinople. **cons't.** consignment.

cón·sta·ble [kánstəbl, kʌ́n-/kʌ́n-] *n.* **1**〔米〕治安官; 〔英〕巡査, 警官. **2**〔英史〕中世の高官; 城代. ***Chief C～*** 〔英〕警察署長. ***C～ of France*** 〔フランス史〕宮内(くない)長官; 元帥. ***Lord High C～*** = ***High C～ of England*** 〔英史〕《中世の》保安武官長; 《いまは特別の儀式の際の》侍従武官長. ***outrun*** 〔***overrun***〕 ***the ～*** 《警察の手をのがれて》逃亡する; 借金する. ***special ～*** 《非常時の》特別警官.

con·stáb·u·lar·y [kənstǽbjulèri/-ləri] *a.* 警官の. —— *n.* 警官隊; 警察(管区).

Cón·stance [kánstəns/kɔ́n-] ***Lake of ～*** ボーデン湖 (Boden See)《スイスとドイツの国境にある湖》.

cón·stan·cy [kánst(ə)nsi/kɔ́n-] *n.* **1** 不変〔恒久〕性. **2** 不動, 不屈. **3** 誠実, 貞節. **～ *of purpose*** 志操の堅固.

‡**cón·stant** [kánst(ə)nt/kɔ́n-] *a.* **1** 変わらぬ, 一定の; 恒久的な, 不断の: ～ attention 絶えざる注意. ↔ variable. **2**《志などが》不動な, 不屈な, 堅固な. **3** 誠実な, 忠実な: a ～ wife 貞節な妻. —— *n.* **1** 不変なもの. **2**〔数・物〕常数, 不変数〔量〕, 定数, 恒数, 係数, 率. [＜con-＋√sta- しっかり＋立っている] **～ temperature** 定〔恒〕温. ◇ ‡**～·ly** *ad.* **1** 変わることなく. **2** 常に; 絶え間なく; ひんぴんと.
〔類〕→ **continual**「しょっちゅうの」, → **sincere**「誠実な」

cón·stant·an [kánstəntæ̀n/kɔ́n-] *n.* コンスタンタン《銅とニッケルの合金; 電気の抵抗器用》.

Con·stán·ti·a [kʌnstǽnʃiə/kən-] *n.* ブドウ酒の一種《南アフリカ Cape Town 付近産》.

Cón·stan·tine [kánstəntàin,-ti:n/kɔ́nst(ə)ntain] **～ *the Great*** コンスタンチン大帝, 288?–337, ローマ皇帝.

Còn·stan·ti·nó·ple [kànstæntinóupl/kɔ̀n-] *n.* コンスタンチノープル《トルコの都市. 現在の Istanbul》.

cón·stel·late [kánstəlèit/kɔ́n-] *vt., vi.* 〈星が空に〉星座を形成する; 群がって輝く: a ～*d* sky 星の降るような空.

‡**còn·stel·lá·tion** [kànstəléiʃ(ə)n/kɔ̀n-] *n.* **1** 星座; きら星のような〔卓越した〕人々の群れ. **2**〔占星〕《人の》星, 星運. [√stell-]

cón·ster·nate [kánstərnèit/kɔ́n-] *vt.* 《通例受動態で》ぎくっとさせる, ぎょうてんさせる, うろたえさせる: She *was* ～*d* by the large crowd. 彼女はたいへんな人込みに肝をつぶした. [√stern-]

còn·ster·ná·tion [kànstərnéiʃ(ə)n/kɔ̀n-] *n.* ぎょうてん: be thrown into ～ びっくりぎょうてんする. ***in*** 〔***with***〕 **～** うろたえて.

cón·sti·pate [kánstipèit/kɔ́n-] *vt.* 〔医〕便秘させる: The baby is ～*d*. 赤ん坊は便秘している.
◇ **-pat·ed** [-id] *a.* 便秘した, 便秘症の. **còn·sti·pá·tion** [kànstipéiʃ(ə)n/kɔ̀n-] *n.* 便秘.

con·stít·u·en·cy [kənstítʃuənsi/-títju-] *n.* **1** 選挙区; 《集合的》選挙民. **2**《集合的》支持者たち, 顧客; 《定期刊行物の》購読者.

con·stít·u·ent** [kənstítʃuənt/-títju-] *a.* **1** 構成する, つくり上げる; 組織する; …の成分〔要素〕をなす: the ～ parts of water 水の成分. **2** 選挙権〔指名権〕をもつ; 憲法制定〔改正〕の権能がある. —— *n.* **1** 要素, 成分; 構成〔組成〕物. **2** 選挙人, 選挙区住民. **3** 代理指定者, 《代理人に対する》本人. →動詞 constitute. ***immediate ～ 〔文〕直接構成要素. [con-＋√sta- 集まり＋立つ]
～ assembly 憲法制定〔改正〕会議. **C～ Assembly, the** 〔フランス史〕国民議会. **～ body** 選挙母体《有権者の総称》. **～ power** 憲法制定権.
〔類〕→ **element**「要素」

‡**cón·sti·tute** [kánstit(j)ù:t/kɔ́nstitju:t] *vt.* **1** 構成する, 組織する; の構成要素となる; 〈状態を〉成立させる, つくり出す: Murder ～*s* a criminal offense. 殺人は刑事犯罪を構成する〔刑事犯罪である〕. **2**《受動態で》…にできている《肉体的, 性格的に》: *be* strongly ～*d* からだががっちりしている. **3**《補語を伴って》…に選定する, …に任命〔指名〕する: ～ a person an arbiter 人を調停人に指名する. **4**〈法令などを〉制定する; 〈団体などを〉設立する. ***be ～d representative of*** の代表者にたてられる. **～ one*self* a guide** 自ら(案内役)になる, (案内役)を買って出る. **～*d authorities*** 当局, 官憲. [√sta-]
◇ **-tu·tor** [-ər] *n.* 構成〔組織〕者, 制定者.

‡còn·sti·tú·tion [kànstit(j)ú:ʃ(ə)n/kɔ̀nstitjú:-] *n.* **1 構成**, 組成; 構造, 組織. **2**《国家の構成→》政体;《国家組織を規定する》**憲法**: monarchical [republican] ～ 君主[立憲]政体. written [unwritten] ～ 成文[不成文]憲法. **3**《団体・会社などの》設立, 組織;(設立)規約, 規定. **4 体質**, 体格: a good [poor] ～ 健全な[貧弱な]からだ. **5** 素質, 性質, 性格: a nervous ～ 神経質.
***by* ～** 生まれつき. ***have a cold* ～** 冷え性だ. ***suit* [*agree with*] one's ～** 体質[性分]に合う. ***undermine* one's ～** からだをこわす.

còn·sti·tú·tion·al [kànstit(j)ú:ʃən(ə)l, -ʃnəl / kɔ̀nstitjú:-] *a.* **1** 構造上の, 組織上の. **2** 憲法(上)の, 立憲的;《権限など》憲法によって保障された, 合憲的な: ～ law 憲法. ～ government 立憲政治[政体]. **3** 生まれつきの, 素質上の; 体質上の: a ～ disease 体質的疾患. ～ infirmity 生来の虚弱. **4** 保健の, 健康のための: a ～ walk 保健のための散歩. —— *n.*〘話〙保健散歩.
C～ Assembly, the 憲法制定会議《特にフランス革命当時の》. **～ formula**〘化〙構造式. **～ monarch** 立憲君主政体. **～ state** 立憲国. **C～ State, the** アメリカ Connecticut 州の別称.
◇ **～·ism** [-ìz(ə)m] *n.* 立憲制度, 立憲政治; 立憲主義, 憲法擁護. **～·ist** *n.* 憲法学者; 立憲主義者, 憲法擁護者. **～·ize** [-àiz] *vt., vi.* **1** 立憲制度にする, 立憲的にする. **2**〘話〙保健運動をする. **～·ly** *ad.* **còn·sti·tù·tion·ál·i·ty** [--ʃənǽləti] *n.* 立憲的なこと, 合憲性, 合法性.

cón·sti·tu·tive [kánstit(j)ù:tiv / kɔ́nstitju:-] *a.* **1** 構成する, 構成要素[組成分]である. **2** 素質をなす; 本質的な. **3** 設定[制定]権を有する.

con·stráin [kənstréin] *vt.* **1** 束縛する, しいる《に *to*》; 無理に…させる《*to* (do)》. **2**〈衣服がからだなどを〉押えつける, 圧迫する; 身動きさせない, 拘束する. →名詞 constraint. ***be* ～*ed to*** (do) やむをえず[余儀なく]…する. **～ one*self*** 無理をする; 自制する. ***feel* ～*ed*** 窮屈に感じる; …することはやむをえないと感じる《*to* (do)》. [√stri(n)g-]

con·stráined [kənstréind] *a.* **1** 無理な, 不自然な, 気づまりそうな, 窮屈そうな: a ～ manner 気兼ねしたようす. a ～ smile [voice] 苦笑[苦しそうな声]. **2**〘機〙限定された: ～ motion 限定運動.
◇ **con·stráin·ed·ly** [-idli] *ad.* 強制されて; やむをえず, 気づまりそうに.

con·stráint [kənstréint] *n.* **1** 強制, 圧迫. **2** 束縛, 拘束. **3**《衝動などの》抑制, 差し控え; 窮屈さ, 気兼ね: Have a little ～ before company. 人前では少し慎みなさい. ***by* ～** しいて, 無理に. ***feel* ～** 堅くなる. ***under* [*in*] ～** 圧迫されて, 余儀なく. ***without* ～** 気兼ねなく, あけひろげに.

con·stríct [kənstríkt] *vt.* 締めつける, 圧縮する. [√stri(n)g-] ◇ **～·ed** [-id] *a.* **1** 圧縮された;〘生〙くびれた. **2** 狭い, 窮屈な: a ～*ed* outlook 狭い見通し. **con·stríc·tive** [-iv] *a.* 圧縮する; 収縮性の.

con·stríc·tion [kənstríkʃ(ə)n] *n.* **1** 圧縮, 圧迫. **2** 圧迫感, 窮屈さ.

con·stríc·tor [kənstríktər] *n.* **1** 圧縮する人[物]. **2**〘医〙括約筋; 収縮筋. ↔dilator. **3**〘動〙《動物を締め殺す》大ヘビ, ウワバミ.

con·strínge [kənstríndʒ] *vt.* 縮める, 収縮させる, 収斂(しゅうれん)させる. [√stri(n)g-]
◇ **con·strín·gen·cy** [-dʒ(ə)nsi] *n.* 収縮, 収斂. **con·strín·gent** [-dʒ(ə)nt] *a.* 収斂性の, 緊縮する.

‡con·strúct [kənstrʌ́kt] *vt.* **1 組み立てる; 建てる**, 建造[造築, 建設]する. ↔destroy. **2**〈機械・理論・物語などを〉組み立てる, 構成する, くふう[考案]する. **3**〘数〙作図する. **4**〘文〙〈語を〉句[節, 文]に組み立てる. ◇ **con·strúc·ti·ble** *a.* **con·strúc·tor** [-tər] *n.* 建設[建造]者, 建築請負師; 造船技師. —— [kánstrʌkt/kɔ́n-] *n.* 構造物;〘心〙構成(概念);〘文〙構文. [√stru-] 〔類〕→ **make**「つくる」

‡con·strúc·tion [kənstrʌ́kʃ(ə)n] *n.* **1 建設**, 建造, 建築, 構成;(建造・建築・建設)工事[作業]. **2 構造**, 構成. **3** 建造物, 建築物. **4** 構文分析;《一般的》解釈, 意味: put a wrong ～ on a person's words 人のことばに誤った意味を与える. a charitable ～ of an action ある行ないの好意的解釈. **5**〘文〙構文,《語句の》構成;〘美〙構成.
bear a* ～** 解釈される: The word does not *bear* such *a* ～. その語はそんな風には解釈できない. ***put a false* ～ *on を曲解する. ***put a good* [*bad*] ～ *on* [*upon*]** を善意[悪意]に解釈する. ***steel* ～** 鉄骨構造. ***under* [*in course of*] ～** 建設中.
～ crew〘米〙建設工夫の一団. **～ laborer**〘米〙鉄道工夫. **～ work** 建設工事.
◇ **～·al** [-ʃən(ə)l] *a.* **～·al·ly** *ad.* **～·ism** [-ìz(ə)m] *n.*〘美〙構成派. **～·ist** *n.* **1** 解釈者;〘米〙法令解釈者, 憲法解釈者. **2** 構成派の画家.

***con·strúc·tive** [kənstrʌ́ktiv] *a.* **1** 建設的: ～ criticism 建設的批評. ↔destructive. **2 構造上の**, 組み立ての. **3**〘法〙解釈に基づく, 推定[認定]の: a ～ contract 認定契約. ◇ **～·ly** *ad.* 建設的に. **～·ness** *n.* **-tiv·ism** [-ìz(ə)m] *n.*〘美〙構成派. **-tiv·ist** *n.*〘美〙構成派の画家.

con·strúe [kənstrú:] *vt.* **1** 解釈する, …の意にとる: I ～ from his expression that he is angry. 彼の表情から彼がおこっていると思う. **2**〈文を〉文法的に解剖する;〈語句を〉文法的に組み合わせる: 'Rely' is ～*d with* 'on'. 動詞 rely は構文上 on をとる. —— *vi.* (文法的に)解釈される: This sentence does not ～. この文は構文が正しくない. →名詞 construction. [√stru-]
◇ **con·strú·a·ble** [-əbl] *a.* 解釈できる.

còn·sub·stán·tial [kànsəbstǽnʃ(ə)l / kɔ̀n-] *a.* 同質の, 同体の, 一体の.
◇ **～·ism** [-ìz(ə)m] *n.* **～·ist** *n.* **～·ly** *ad.* **còn·sub·stàn·ti·ál·i·ty** [-stænʃiǽləti] *n.*

còn·sub·stán·ti·ate [kànsəbstǽnʃièit / kɔ̀n-] *vt.* 同体[一体, 同質]にする. —— *vi.* **1** 同体になる. **2** 聖体共存論を説く.
◇ **còn·sub·stàn·ti·á·tion** [-stænʃiéiʃ(ə)n/kɔ̀n-səb-] *n.*〘宗〙聖体共存論《キリストの血肉は聖餐(せいさん)のパンとブドウ酒の中にあるという説》.

cón·sue·tude [kánswit(j)ù:d / kɔ́nswitju:d] *n.* 慣習《特に法律的効力のある慣例》. [√sue-]

còn·sue·tú·di·nar·y [kànswit(j)ú:d(i)nèri/kɔ̀n-switjú:dinəri] *a.* 慣習の, 慣例上の: a ～ law 慣例法. —— *n.* 慣例書;《特に寺院の》儀式次第書き.

***cón·sul** [káns(ə)l/kɔ́n-] *n.* **1 領事**. **2**〘ローマ史〙執政官. **3**〘フランス史〙総督. ***acting* ～** 代理領事. ***honorary* ～** 名誉領事. **～ general** 総領事.
◇ **～·ship** [-ʃip] *n.* 領事の職[地位, 任期].

cón·su·lar [káns(ə)lər, -sjulə-/kɔ́nsjulə] *a.* **1** 領事(職)の. **2** 執政官の. —— *n.*〘ローマ史〙執政官同格者. **～ agent [assistant]** 領事代理[領事官補]. **～ invoice** 領事証明送り状.

cón·su·late [káns(ə)lit, -sjul-/kɔ́nsjul-] *n.* **1** 領事の職[任期]; 領事館. **2**〘ローマ史〙執政官の職. **3** (C～)《フランスの》総督政治《1799–1804》. **～ general** 総領事館; 総領事の職.

‡con·súlt [kənsʌ́lt] *vt.* **1** の意見を聞く, の忠告を求める; の診察を受ける. **2**〈辞書・書物などを〉参考にする;〈とけいを〉見る: ～ a dictionary *for* the spelling of a word 語のつづりを知るために辞書をひく. ～ a watch *for* the time とけいで時刻を見る. **3**〈得失・便宜などを〉考慮する, 念頭におく.
—— *vi.* 相談する, 協議する《に, と *with*; について *about*》. ***～ a mirror*** 鏡を見る. **～ a person's *convenience*** (人)のつごうを考える. **～ one's *own reason*** 自己の理性にはかる. **～ *with* one's *pillow*** 一晩ゆっくり考える. **～ a person's *pleasure*** (人)

のつごうを聞く. ～ one's ***pocketbook*** before buying (買う前に) さいふに相談する.
◇ ～·**ant** [-sʌ́lt(ə)nt] *n.* 相談相手; 《会社などの》顧問, コンサルタント 《*on* business method》; 顧問医師 (=consulting physician). ～·**a·tive** [-tətiv] *a.* 相談〔協議, 評議〕の, 諮問の: a ～*ative* body 諮問機関. ～·**a·to·ry** [-tətɔ̀ːri/-tət(ə)ri] *a.* = consultative.

còn·sul·tá·tion [kàns(ə)ltéiʃ(ə)n/kɔ̀n-] *n.* **1** 相談, 協議, 合議; 協議会: hold a ～ 会議を開く. **2** 診察; 《弁護士の》鑑定. **3** 参考, 調査. ***in* ～ *with*** と相談して. ***no* ～ *day*** 休診日.

con·súlt·ing [kənsʌ́ltiŋ] *a.* **1** 助言を求める, 相談する. **2** 助言を与える, 顧問の: a ～ physician 顧問医師《同僚・患者の相談に応ずる》. —— *n.* **1** 助言. **2** 診察.
～ **hours** 診察時間. ～ **room** 診察室.

con·súm·a·ble [kənsúːməbl/-sjúːm-] *a.* 消耗〔消費〕される. —— *n.* (通例 *pl.*) 消耗品 (consumption goods). ～ **ledger** 消耗品原簿.

‡**con·súme** [kənsúːm/-sjúːm] *vt.* **1** 使い尽くす; 消費する, 消耗する. **2** 飲み〔食い〕尽くす. **3** 滅ぼす; 焼き尽くす. **4** 〈金銭・時間などを〉浪費する, むだ使いする. **5** やつれさす; の心にくい入る: be ～*d with* envy しっとに燃える. —— *vi.* **1** なくなる, 尽きる. **2** 焼失する. **3** やつれる《が原因で *with*》. → 名詞 consumption. [√sum-]
◇ **con·súm·ed·ly** [-idli] *ad.* 非常に, 法外に, 断然.
〔類〕 → **spend**「費やす」

***con·súm·er** [kənsúːmər/-sjúːm-] *n.* 〔経〕消費者, 需要者: an association of ～*s*; ～*s'* co-operative (society) 消費組合. ↔producer. ～**s' credit** 月賦購買者に対する信用. ～(**s'**) **goods** 〔経〕消費物資《食料・衣服など》. ～(**s'**) **price index** 消費者物価指数. ～ **strike** 《消費者の》不買同盟.

cón·sum·mate[1] [kánsəmèit/kɔ́nsʌm-] *vt.* 極点に達せしめる, 完成〔完了〕する: ～ a marriage 床入りをする. [√summ-]
◇ **cón·sum·ma·tive** [-mèitiv] *a.* 完成的, 仕上げの. **cón·sum·ma·tor** [-mèitər] *n.* 完成者; 実行者; 達人.

con·súm·mate[2] [kənsʌ́mit] *a.* **1** 無上の, 完全な: a ～ artist 完ぺきな芸術家. **2** 全くの, 途方もない: ～ happiness この上ない幸福. a ～ ass 大ばかもの. ◇ ～·**ly** [-li] *ad.*

còn·sum·má·tion [kànsəméiʃ(ə)n/kɔ̀nsʌm-] *n.* **1** 極限, 極致. **2** 完成, 完了; 達成, 成就. **3** 死, 終末. **4** 《新婚者の》床入り. **5** 〔法〕既遂.

‡**con·súmp·tion** [kənsʌ́mpʃ(ə)n] *n.* **1** 消費; 消費高. ↔production. **2** 消耗, 減失. **3** 憔悴(しょうすい); 肺病. →動詞 consume. ～ **goods** 消費物資, 消耗品. ～ **guild** 〔**association**〕 消費組合. ～ **tax** 〔**duty**〕 消費税.

con·súmp·tive [kənsʌ́mptiv] *a.* **1** 消費の, 消耗性の. **2** 肺病(性)の. —— *n.* 肺病患者.
◇ ～·**ly** *ad.* ～·**ness** *n.*

Cont. Continental. **cont.** containing; content(s); continent(al); continue(d); contract.

‡**cón·tact**[1] [kántækt/kɔ́n-] *n.* **1** 接触, 触れ合い; 隣接. **2** (しばしば *pl.*) 〔米〕近づき, 交際; 連絡, 渡り; コネ, 手づる; 〔話〕橋渡しをする人, 仲介者: a man of many ～*s* 交際のひろい人. **3** 〔電〕接触, 混線; 〔数〕接触; 〔医〕保菌容疑者; 皮膚の(ひりひりする)炎症. ***a point of* ～** 〔数〕接(触)点. ***be in* ～ *with*** と接触している; と近しくしている. ***break* ～** 電流を切る. ***bring into* ～ *with*** に接触させる. ***come in* 〔*into*〕 ～ *with*** と接触する; と出会う. ***make* ～** 電流を通じる. ***the path of* ～** 〔数〕接(触)点の軌跡. [√ta(n)g-]
～ **action** 接触作用. ～ **agent** 〔化〕触媒(剤). ～ **breaker** 電流の遮断(しゃだん)器. ～ **flight** 〔**flying**〕〔空〕接触飛行, 有視界飛行. ～ **lens** コンタクトレンズ《眼球に密着させるめがね》. ～ **maker** (電流の)接触器. ～ **man** 《民間会社の》官庁交渉係. ～ **mine** 触発水雷. ～ **print** 密着印画〔焼き付け〕. ～ **process** 〔化〕触媒法.

‡**cón·tact**[2] [kántækt/kɔ́ntækt, ─ ˊ, kənˊ] *vt.* **1** 接触させる; 交際させる. **2** に接触する, と連絡する; に渡りをつける, と知り合いになる: *C*～ me (by telephone) as soon as you arrive in Japan. 日本に着きしだい(電話で)私に連絡してください.
—— *vi.* 接触する, 連絡する; 交際する. [√ta(n)g-]

con·tá·gion [kəntéidʒ(ə)n] *n.* **1** 接触伝染, 感染. **2** (接触)伝染病; 伝染媒体. **3** 伝播(でんぱ), 蔓延(まんえん), 感化(力); 《官吏などの》腐敗. [√ta(n)g-]

con·tá·gious [-dʒəs] *a.* (接触)伝染性の; 蔓延する, 伝播する: a ～ disease 伝染病. → infectious.
◇ ～·**ly** *ad.* 伝染して, 伝染的に. ～·**ness** *n.*

‡**con·táin** [kəntéin] *vt.* **1** (中に)入れている, 含む, 包含する: What does this box ～? この箱にはなにがはいっているのか. The rock ～*s* a high percentage of iron. この鉱石は鉄の含有量が高い. **2** 〈感情などを〉内に押える, (押し)こらえる: I cannot ～ my anger. 腹が立ってしようがない. **3** 〔軍〕〈敵を〉抑制する; 牽制(けんせい)する; 封じ込める. **4** (中に)入れることができる; 〈数量が〉…に等しい; 〈数が〉割り切れて…と—とになる: A pound ～*s* 16 ounces. 1ポンドは16オンスである. Fifteen ～*s* three and five. 15は3と5で割り切れる. ***be* ～*ed between*** の間にある〔含まれている〕. ～ ***oneself*** 自制する, がまんする. ～***ed angle*** 夾角(きょうかく). ～***ing attack*** 〔軍〕牽制攻撃. [con-+√ten- 持つ; 押えとどめる]
◇ ～·**a·ble** *a.* 含有できる, 入れられる; 押えられる. ～·**ment** *n.* 《敵対国あるいは対立政治主義の勢力進出をはばむ》封じ込め政策; 〔軍〕牽制.
〔類義語〕 含む: **contain**「含まれているもの」に重点が置かれている: This glass *contains* oil. このコップには石油がはいっている. **hold**「内容」よりも「収容」「ささえ」が強調される. 「最大収容能力」が意味されることがある: This bottle *holds* a quart. このびんは1クォートはいる. **include**「包括」を意味し, 目的語は物・物質でないことがしばしばある: The list *includes* my name. この表には私の名も出ている.

***con·táin·er** [-ər] *n.* 入れもの, 容器; コンテナ.
～ **car** コンテナ用車両. ～ **ship** コンテナ船.

con·táin·er·ize [kəntéinəràiz] *vt.* 〈貨物を〉コンテナに入れる; 〈荷づくり作業を〉コンテナで処理する.
◇ **con·tàin·er·i·zá·tion** *n.*

con·tám·i·nant [kəntǽminənt] *n.* 汚染物質.

con·tám·i·nate [kəntǽminèit] *vt.* **1** (接触して)よごす, 汚染する. **2** 悪に染まらせる. **3** 放射能〔毒ガス〕で汚染する, に放射能を帯びさせる. —— *vi.* 混交〔混成〕する《物語の筋・同義の語句などがまざり合って一つの新しいものになる》. [√ta(n)g-]
◇ **-na·tive** [-nèitiv/-nətiv] *a.* よごす, 汚染させる. **-na·tor** [-nèitər] *n.* よごす者. **con·tàm·i·ná·tion** [-ˌ-néiʃ(ə)n] *n.* ～する〔される〕こと; ～した〔された〕物.

con·tán·go [kəntǽŋgou] *n.* (*pl.* ～**es**) 〔英:商〕繰越日歩. ～ **day** 繰越決算日.

contd. contained; continued.

conte [kount, kɔ̃ːt/kɔ̃ːt] F. *n.* コント, 小話, 短編.

con·témn [kəntém] *vt.* けいべつ〔侮辱〕する, 卑しむ, あなどる.
◇ **con·témn·er, con·tém·nor** [-tém(n)ər] *n.*

contemp. contemporary.

con·tém·pla·ble [kəntémpləbl] *a.* contemplate するに価する; 考慮されうる.

‡**cón·tem·plate** [kántəmplèit, kəntémpleit/kɔ́ntempleit] *vt.* **1** 熟視する, 静観する, 観察する. **2** 熟

慮する, 沈思黙考する. **3** もくろむ, …しようと思う: I ~ visit*ing* France. フランスへ行こうかと思っている. **4** 予測する, 予期する. —— *vi.* 瞑想(めいそう)する, 沈思する. [√tem-]

◇ **-pla·tor** [-ər] *n.* 静観者; 瞑想者, 熟考者.

[類] → **consider**「熟考する」

còn·tem·plá·tion [kàntəmpléiʃ(ə)n / kɔ̀ntem-] *n.* **1** 注視, 凝視, 静観. **2** 熟考, 沈思, 瞑想(めいそう), 考察. **3** 計画, 意図. **4** 予測, 予期. ***be in*** [***under***] ~ 計画中である. ***be lost in*** ~ 黙想にふけっている. ***have*** a thing ***in*** ~ もくろんでいる. ***spiritual*** ~ 宗教的黙想.

cón·tem·pla·tive [㊥ kántəmplèitiv, ㊥ kɔ́n-, ㊥ ㊥ kəntémplətiv] *a.* **1** 静観的, 瞑想(めいそう)にふける: the ~ life 黙想生活, 観照の世界. **2** 凝視〔瞑想〕する《を *of*》. ◇ **~·ly** *ad.* 黙想的に.

con·tèm·po·ra·né·i·ty [kəntèmpərəní:ịti] *n.* 同時代性.

con·tèm·po·rá·ne·ous [-réiniəs] *a.* 同時代の, 同時存在〔発生〕の《と *with*》.

◇ **~·ly** *ad.* 同時代に. **~·ness** *n.* 同時代性.

‡**con·tém·po·rar·y** [kəntémpərèri/-p(ə)rəri] *a.* **1 同時代の**, 同年代の《と *with*》; (その)当時の: ~ accounts 当時の記録. **2**《われわれと同時代の →》**現代の**, 当代の: ~ literature 〔writers〕 現代文学〔作家〕. ~ opinion 時論.

—— *n.* **1** 同時代の人; 同年代の人: our ~*ies* 当今〔現代〕の人々. **2** 同時代発行の新聞〔雑誌〕: our ~ 同業者〔紙〕《新聞が他の新聞をさしていう語》. [√tempor-]

con·tém·po·rize [-pəràiz] *vt.* 同時代に置く; 同時代に属するとみなす. —— *vi.* 時代をおなじくする.

‡**con·témpt** [kəntém*p*t] *n.* **1 けいべつ**, 侮辱《*for*》. **2** 恥辱, 不面目. **3**〖法〗侮辱罪.

bring [***fall***] ***into*** ~ はずかしめる〔恥をかく〕. ***~ of court*** 法廷侮辱罪. ***have a ~ for*** をけいべつする. ***have*** [***hold***] a person ***in*** ~ (人を)侮る. ***in ~ of*** をけいべつして; を無視して. ***show*** ~ けいべつする.

con·témpt·i·ble [-əbl] *a.* 卑しむべき, けいべつすべき; 言うに足らない, つまらない.

◇ **-bly** *ad.* **con·tèmpt·i·bíl·i·ty** [kəntèmptəbílịti] *n.* 卑しさ, 卑劣さ.

con·témp·tu·ous [kəntém*p*tʃuəs/-tju-] *a.* けいべつ的な, 人を侮る, 傲慢(ごうまん)な. ***be ~ of*** をけいべつする. ◇ ***~·ly** *ad.* **~·ness** *n.*

‡**con·ténd** [kənténd] *vi.* **1 争う**, 競う; 《敵・困難などと》戦う: ~ *with* a person *for* a prize 賞を目標に人と競う, 人と賞を争う. ~ *against* fate 運命と戦う. ~ *with* an enemy 〔a difficulty〕 敵〔困難〕と戦う. **2** 論争する《と *with*; について *about*》; 主張する, 擁護する《を *for*》.

—— *vt.* **主張する**《と *that*》. → 名詞 contention. ***~ing passions*** 相争う二つの感情《悲しみと喜びなど》. ***have much to ~ with*** 多くの困難がある. [con- + √tend- (ともに + 向かう →) 競う]

‡**con·tént**¹ [kəntént] *a.* 《叙述的に》 **1 満足して**, 満ち足りて《に *with*》. **2** 喜んで, 甘んじて《*to* (do)》. **3**〖英〗賛成で《yes, no のかわりにイギリス上院では content, not content, 下院では aye, no という》. ***be*** [***cry***] ***~ with*** に満足している. ***live*** [***die***] ~ 安心して暮らす〔死ぬ〕.

—— *vt.* 満足させる. ~ one*self with* で満足する.

—— *n.* **1** 満足. **2** (*pl.*)《イギリス上院の》賛成投票者たち. ***in*** ~ 満足して. ***to*** one***'s heart's*** ~ 思う存分. [√ten-] [類] → **satisfy**「満足させる」

‡**cón·tent**² [kántent/kɔ́n-] *n.* **1** (通例 *pl.*)《具体的な》**内容**, 中身: the ~*s* of a box 箱の中身. **2** (*pl.*)《書物などの》**目次**, 目録, 内容(一覧)(=table of ~s). **3**《文書などの》趣意, 主旨; 《形式に対する》内容; 〖哲〗概念内容: a speech that lacks ~ 内容のない話. **4** 含有量: moisture ~ of a gas ガスの湿度. **5** 容量, 大きさ; 〖数〗容積, 面積. [√ten-]

~ **analysis**〖社・心〗内容分析〖マスコミの意義・影響などに関する統計的研究〗. **~s-bill** [⌐-⌐] 《新聞の》めぼしい内容を示した広告文.

con·tént·ed [kənténtid] *a.* 満足している: He is ~ *with* his lot. おのれの分に安んじている. ***be ~ to*** (do) 甘んじて…する. ◇ **~·ly** *ad.* **~·ness** *n.*

con·tén·tion [kəntén∫(ə)n] *n.* **1** 争い, 論争. **2** 論争点, 主張, 趣意. → 動詞 contend. ***a bone of*** ~ 争因.

con·tén·tious [kəntén∫əs] *a.* **1** 争い好きな, 論争的な. **2** 争いの因となる; 異論のある: ~ issues 議論をよびおこす問題. **3**〖法〗係争の. ~ **case** 係争〔訴訟〕事件. ◇ **~·ly** *ad.* **~·ness** *n.*

con·tént·ment** [kənténtmənt] *n.* **満足**. ***live in ~ 満ち足りて暮らす.

con·tér·mi·nous [kəntə́:*r*mịnəs/kɔn-] *a.* **1** 相接する, 隣接する. **2**《空間・時間・意味が》同一延長の, 同一限界の. [√termin-]

‡**cón·test** [kántest/kɔ́n-] *n.* **1 論争**, **論戦**. **2 競争**, 競演: a beauty ~ 美人コンテスト. a musical ~ 音楽コンクール. a speech 〔an oratorical〕 ~ 弁論会. **3** 争い, 戦い. ***beyond*** ~ 論争の余地なく, 明らかに.

—— [kəntést] *vt., vi.* **1 論争する**, (議論で)争う: ~ a point 論点を争う. ~ a suit 訴訟を争う. **2** (に)異議を唱える, 疑問視する: ~ a person's right to speak 人の発言権を疑問視する. **3** (手に入れようと) **奪い合う**: ~ a seat 議席を争う. ~ every inch of the ground 一歩も譲るまいと争う. ***~ed election*** 〖米〗無効だという異議のある選挙; 〖英〗競争選挙. ~ ***with*** [***against***] a person (人)と論争する. [con- + √test- 証言し + 合う]

◇ **con·tést·a·ble** [kəntéstəbl] *a.* 争われる; 論争の余地がある, 疑わしい. **con·tést·ant** [kəntéstənt] *n.* **1** 競争者, 競争相手; 競技参加者. **2** 論争者, 抗議者.

[類] → **match**「試合」

còn·tes·tá·tion [kàntestéi∫(ə)n/kɔ̀n-] *n.* **1** 論争, 争論; 訴訟. **2** 争点; 主張, 申し立て. ***in*** ~ 係争中の〔で〕.

cón·text [kántekst/kɔ́n-] *n.* **1**《文の》文脈, 前後の関係. **2**《事件などについての》脈絡; 周辺状況, 背景. ***in this*** ~ これに関連して. ***take*** a sentence ***out of*** ~ (文を)文脈を無視して解釈する. [√tex-]

◇ **con·téx·tu·al** [kəntékstʃuəl/-tjuəl, -tʃuəl] *a.* 文脈上の, 前後関係の.

con·téx·ture [kəntékstʃə*r*] *n.* **1**《織物の》織り方, 地合い. **2** 組織, 構造; 《文の》構成.

con·tíg·u·ous [kəntígjuəs] *a.* (相)接触する; 隣接の, 接近した《に *to*》. [√ta(n)g-]

◇ **~·ly** *ad.* **~·ness** *n.* **còn·ti·gú·i·ty** [kàntigjú:ịti/kɔ̀n-] *n.*

cón·ti·nence [kántịnəns/kɔ́n-], **-nen·cy** [-i] *n.* 自制, 克己; 節制, 禁欲; 貞節. → 動詞 contain.

‡**cón·ti·nent**¹ [kántịnənt/kɔ́n-] *n.* **1 大陸**, **陸地**. **2** 本土. ***the C~*** ヨーロッパ大陸《イギリス諸島と区別して》; 〖米〗アメリカ大陸. ***the Dark C~*** アフリカ大陸. ***the New C~*** 新大陸《アメリカ》. [√ten-]

cón·ti·nent² *a.* **1** 自制をする, 節制的な, 禁欲の. **2** 貞節の, 清い. ◇ **~·ly** *ad.*

***còn·ti·nén·tal** [kàntịnéntl/kɔ̀n-] *a.* **1 大陸の**; **大陸性の**. **2** (通例 C~) ヨーロッパ大陸(風)の. **3** (C~) 〖米〗《独立戦争当時の》アメリカ植民地の.

—— *n.* **1** 大陸の住人; (通例 C~) ヨーロッパ大陸人. **2**〖米〗《独立戦争当時の》アメリカ大陸兵; 《当時暴落した》アメリカ紙幣. **3**〖米話〗《否定文で》少し(も). ***not worth a*** ~ 三文の値うちもない.

~ **breakfast** パンと熱いコーヒー〔紅茶〕のヨーロッパ式朝食. ~ **climate** 大陸性気候. ~ **divide**

大陸分水嶺(ｻｲ). **C～ Divide, the** ロッキー山脈分水嶺. **～ drift**〘地〙大陸移動説. **～ money**《独立戦争当時の》アメリカ紙幣. **～ shelf** 大陸だな《大陸のまわりの浅海底》. **～ slope** 陸だな斜面. **～ system** 大陸封鎖《1806年ナポレオンの対イギリス政策》.
◇ **～·ism** [-iz(ə)m] *n.* **1** 大陸風, 大陸趣味；《特に》ヨーロッパ趣味. **2** 大陸(優先)主義. **～·ize** [-t(ə)làiz] *vt.* 大陸の習慣に同化させる；《特に》ヨーロッパ化する.

con·tín·gen·cy [kəntíndʒ(ə)nsi] *n.* **1** 偶発性, 可能性: Nothing was left to ～. 偶発にまかされたものはなにひとつない. **2** 偶発事件, 不慮の事故；《偶発事件に伴う》付随事件： future ～*ies* 将来あるかもしれない事柄. **3** 臨時費.

con·tín·gent [kəntíndʒ(ə)nt] *a.* **1** 偶発の, 起こるかもしれない, 可能な: a ～ truth 偶発的真理《永遠の真理に対して》. **2** 偶然の, 不慮の. **3** 付随する, 起こりがちな: risks ～ *to* the trade その商売にありがちな危険. **4**《…を》条件としての,《…の》事情で変わる《を, の *on, upon*》: Our plans are ～ *on* the weather. 計画がうまくゆくかどうかは天候しだいだ. **5** 当座だけの: ～ service 臨時仕事.
—— *n.* **1** 偶然のこと, 不慮のできごと. **2** 分け前. **3** 分遣隊〔艦隊〕; 派遣団, 代表団. [√ta(n)g-]
◇ **～·ly** *ad.* 偶然に; ばあいにより, 臨時に.

‡**con·tín·u·al** [kəntínjuəl] *a.* **1** 打ち続く, 継続する, 連続的な. **2** 繰り返し続く, ひんぱんな: ～ interruptions たび重なるじゃま. 〈注〉continuous とおなじく「絶え間なしの」の意があるが, continual には「ひんぱんな」の意もある: *continual* runs between the station and the airport《バスなどの》駅と空港間のひんぱんな連絡.
〔類義語〕 しょっちゅうの: **continual** 断続があってもまたすぐ続く: *continual* misunderstanding between nations 国家間の絶えざる誤解. **continuous, unbroken** 断続しないで, とぎれなく続く: *continuous* rain 長雨. **constant** いつもおなじ状態で生じ, おなじ結果を生む: *constant* repetition of the same mistakes おなじ誤りの相も変わらぬ繰り返し. **perpetual**「いつまでたっても終わらない」という語感がある: *perpetual* chatter のべつ幕なしのおしゃべり. **incessant** 上のすべての語義に通じるが,「やむことなく活動的な」という意から非難・困惑の語感を含むことがある: *incessant* noises [pain] ひっきりなしの騒音〔苦痛〕.

‡**con·tín·u·al·ly** [-i] *ad.* ひんぱんに, 絶えず; 重ね重ねに.

con·tín·u·ance [kəntínjuəns] *n.* **1** 永続, 継続, 存続. **2**《話の》続き. **3** 継続〔滞留〕期間. **4**〘法〙延期.

con·tín·u·ant [-ənt] *a.* 〘音声〙継続音の. **——** *n.* 継続音《延長できる子音 [f, v, θ, ð, s, z] など》.

con·tìn·u·á·tion [kəntìnjuéiʃ(ə)n] *n.* **1** 継続, 連続; 持続, 永続; 滞留,《ある地位における》留任: request the ～ of a loan 貸し付けの継続を頼む. **2**《話の》続き; 続編: *C*～ follows. 以下次号. **3** 延長(部分); 継ぎ足し(部分), 続くもの; 永続刊行物. **4**〘商〙《決算の》繰り延べ; 繰越取引. **5** (*pl.*) ひざ下がボタン止めになっているズボン;〘俗〙ズボン (trousers). **～ day** 繰越決算日 (contango day). **～ rate** 繰越日歩. **～ school** 成人学級.

con·tín·u·a·tive [kəntínjuèitiv/-ətiv] *a.* 連続的, 継続的, 続きの; 延長の;〘文〙継続的: a ～ adjective clause 継続用法の形容詞節. **——** *n.* 連続するもの;〘文〙継続詞《関係代名詞・接続詞・前置詞など》. ◇ **～·ly** *ad.*

con·tín·u·a·tor [kəntínjuèitər] *n.* 継続者, 引き継ぎ人;《他人の仕事・著作の》継承者.

†**con·tín·ue** [kəntínju:] *vt.* **1** 続ける, 継続する: ～ a story 物語を続ける. ～ smil*ing* ほほえみつづける. ～ *to* be friendly いつまでも友好的である. **2** (一度やめてまた) 継続する, 更に続ける; (前に) 続いて述べる. **3** 継続〔存続〕させる; とどめおく: ～ a person in office 留任させる. **4** 延長する. **5**〘法〙延期する.
—— *vi.* **1** 続く, 継続する: The road ～*s* for miles. 道は何マイルも続いている. **2** (一度停止のあと) 更に続く: The program ～*d* after an intermission. いったん休憩のあとプログラムは続けられた. **3** 存続する; 滞在する; とどまる; 留任する: ～ in power 権力の地位に居すわる. **4**《補語を伴って》依然として…である; 引き続き…する: ～ impenitent 相変わらず後悔しない. ～ on strike ストライキを続ける. [√ten-]
～*d bond* 償還延期公〔社〕債. **～*d fraction*** 〔***proportion***〕〘数〙連分数〔比例〕. **～*d story*** 連載小説. ***To be ～d.*** 未完, 以下次号.
〔類義語〕 持続する: **continue**「続いている」「続けられる」という状態をあらわす: The war still *continues.* 戦争はなおも続く. **last** 変化しないでそのままの形で続く. 現在の形の持続をあらわす: Fine weather will *last* another day. 晴天はもう1日もつでしょう. **endure** 困難な〔新しい〕条件の中でも持続する: His fame will *endure* fórever. 彼の名声は永久に続くであろう. **persist** がんこに持続する, 存続する: The custom still *persists.* その習慣はまだ残っている.

còn·ti·nú·i·ty [kàntịn(j)ú:ịti/kɔ̀ntịnjú:-] *n.* **1** 連続, 継続, 永続; 連続〔継続〕性. **2** 連関;《論理的な》脈絡;〘哲〙連続. **3**〘映〙撮影用台本;〘ラジオ〙放送台本. **～ girl** [**clerk**]〘映〙《フイルムの》編集〔カット〕係.

‡**con·tín·u·ous** [kəntínjuəs] *a.* **1** 連続的な, とぎれない, 不断の, 続けざまの. **2**《物質が》連なっている. **3**〘植〙節〔隔膜〕のない.
～ brake 汽車の貫通ブレーキ. **～ current**〘電〙直流. **～ function**〘数〙連続関数. **～ group**〘数〙連続群. **～ waves** 持続(電)波.
〔類〕 → **continual**「しょっちゅうの」

‡**con·tín·u·ous·ly** [-li] *ad.* 引き続き, 連続〔継続〕的に, 間断なく.

con·tín·u·um [kəntínjuəm] *n.* (*pl.* **-a** [-tínjuə])〘哲〙連続(体);〘数〙連続体. ***space-time*** **～** 時空連続体《四次元の》.

cón·to [kántou/kɔ́n-] *n.* (*pl.* **～s**) コント《貨幣の計算単位. ブラジルでは 1,000 cruzeiros, ポルトガルでは 1,000 escudos》. [<Port.]

con·tórt [kəntɔ́:rt] *vt.* ねじる, 曲げる; 〈顔を〉しかめる; 〈語意・文意を〉ゆがめる, 曲解する: a face ～*ed* with pain 苦痛にゆがめられた顔. [√torqu-]
◇ **con·tór·tive** [-tiv] *a.* ゆがんだ, ゆがませる; 顔をゆがめる〔ゆがませる〕: *contortive* pain ひきつれるような痛み.

con·tór·tion [kəntɔ́:rʃ(ə)n] *n.* **1** ゆがめること, ねじること;《事実の》歪曲(ﾜｲｷｮｸ). **2** ねじれ, ゆがみ, ひきつり; 捻転(ﾈﾝﾃﾝ);《岩石などの》奇形.
◇ **～·ist** [-ʃ(ə)nist] *n.* 《からだを自由にねじ曲げる》曲芸師; 形〔語〕を妙にひねってかく画家〔作家〕.

cón·tour [kántuər/kɔ́n-] *n.* **1** 輪郭, 外形. **2** 輪郭線; 地形線, 海岸線, 等高線, 等深線. **3**〘米〙形勢, 状況. **——** *vt.* **1** の輪郭を描く; の外形を示す. **2** の等高線を記す. **3** 〈道などを〉山腹のまわりに設ける. [con-+tour 完全+周]
～ farming 等高線栽培. **～ line**〘地〙等高線. **～ map** 等高線地図. **～ sheet** マットレスをぴったり包み込むように仕立てたベッドシーツ.

contr. contract(ed); contraction; contractor.

cón·tra [kántrə/kɔ́n-] *ad., prep.* (…に) 面して, (…と) 対立して, (…に) 反対して: ～ credit [debit] 貸方〔借方〕に対して. ***pro and*** **～** 賛否両面より.
—— *n.* 反論: pros and ～*s* 賛否両論〔投票〕.

contra- *pref.* 「反対」「逆」「対応」「対」「抗」「反」などの意.

cón·tra·band [kántrəbæ̀nd/kɔ́n-] *n.* **1** 密売買(品), 密輸出入(品). **2** 禁制品. **3**〖米史〗南北戦争中北軍の勢力圏内に逃げた黒人. ***absolute*** [***unconditional***] **～** 絶対禁制品《武器・弾薬類》. ***conditional*** **～** 条件つき禁制品《食料品・綿花類》. **～ *of war*** 戦時禁制品.
—— *a.* 禁止[禁制]の, 不法の: ～ goods (輸出入)禁制品. ～ trade 密輸出入.
◇ **～·ist** *n.* 禁制品売買者, 密輸業者.

cón·tra·bàss [kántrəbèis/kɔ́n-ーˊ] *a.* 〖楽〗最低音の. **——** *n.* コントラバス《バイオリン族中最大, 最低音》. ◇ **～·ist** *n.* コントラバス奏者.

còn·tra·cép·tion [kàntrəsépʃ(ə)n / kɔ̀n-] *n.* 避妊(法).

còn·tra·cép·tive [kàntrəséptiv/kɔ̀n-] *a.* 避妊の. **——** *n.* 避妊薬[用具].

còn·tra·clóck·wise [kàntrəklákwàiz/kɔ̀ntrəklɔ́k-] =counterclockwise.

‡**cón·tract** [kántrækt/kɔ́n-] *n.* **1** 契約, 約定; 契約書. **2** 請負. **3** 婚約. **4**〖トランプ〗 =～ bridge. ***by*** **～** 請負で. ***make*** [***enter into***] ***a*** **～** ***with*** と契約を結ぶ. ***put out to*** **～** 請負に出す. ***social*** **～** 民約論. ***verbal*** [***oral***] **～** 口示契約, 口約. ***void*** **～** 無効契約. ***written*** **～** 書示契約. **～ bridge**〖トランプ〗二組みに分かれてやるブリッジの一種. **～ mail** 約束郵便. **～ note** 約束手形; 契約書. **～ work** 請負工事.
—— [kəntrækt] *vt.* **1** [(米)+kántrækt] 約定する, 契約して…する, 請け負う. **2** <親交・婚約を>結ぶ. **3** <悪習に>染まる; <病気に>かかる; <借金を>こしらえる. **4** <筋肉などを>収縮させる; 引き締める; 縮小する: ～ one's brows まゆをひそめる. His faculties have become ～*ed* by disuse. 彼の才能は使わないため衰えてきた. **5** <語や文を> 省約する《例: do not → don't》. **——** *vi.* **1** 縮まる, 収縮する. **2** 契約する; 請け負う《を *for*》.
as **～*ed*** 契約のとおり. ***be*** **～*ed to*** と婚約している. **～ *friendship*** [***acquaintance***] ***with*** と親交を結ぶ [面識を得る]. **～ *marriage*** [***matrimony***] ***with*** と婚姻を結ぶ. **～ *out*** 後退する, 逃げる《から *from*》. **～*oneself out of*** 契約によって…を免れる. [con-+√trah- 引き寄せる; 締結する]
◇ **con·tráct·ed** *a.* **1** 収縮した, 縮まった; 省略した. **2** 狭い; 偏狭な, 狭量の, けちな. **3** つまった; 余裕のない, 不如意な. **con·tráct·ing** *a.* **1** 収縮性のある. **2** 契約の: ～*ing* parties 契約当事者.
con·trác·tu·al [kəntræktʃuəl/-tju-] *a.* 契約(上)の. 類 → **promise**「約束」

con·tráct·i·ble [kəntræktəbl] *a.* 縮まる, 収縮できる, 収縮性の.
◇ **con·tràct·i·bíl·i·ty** [ーˌーbíləti] *n.*

con·trác·tile [kəntrækt(i)l/-tail] *a.* 収縮性のある, 収縮する: ～ muscles 収縮筋.
◇ **còn·trac·tíl·i·ty** [kàntræktíləti/kɔ̀n-] *n.*

con·trác·tion [kəntrækʃ(ə)n] *n.* **1** 収縮, 収斂(しゅうれん); 縮小, 制限. **2**〖文〗短縮, 短縮形《don't, can't, e'er など》. **3** しょいこむこと; 借財; 罹病(りびょう); 習癖; 《婚約などの》締結. **4**〖数〗縮小, 省略算; 〖医〗委縮.

con·trác·tive [kəntræktiv] *a.* 縮まる, 収縮性の.
◇ **～·ly** *ad.* **～·ness** *n.*

cón·trac·tor [kántræktər, kəntræk-/kəntræk-] *n.* **1** 契約者, 請負人: a general ～ 請負業者. an engineering ～ 土木請負業者. **2** 収縮する物; 〖医〗収縮筋.

cón·tra·dance [kántrədæ̀ns/kɔ́ntrədɑːns] *n.* 対舞, 対舞曲 (*contredanse*).

còn·tra·díct** [kàntrədíkt/kɔ̀n-] *vt., vi.* **1** <ことば・人に> **反論する**, 反対する; <人に> 口答えする, <陳述などを> 否認する. **2** <事実・陳述が>…**と矛盾する**: The reports ～ each other. 報告が食い違っている. ～ oneself*** 矛盾したことを言う [行なう]. [contra-+√dic- 反対して+言う]
◇ **～·a·ble** [-əbl] *a.* 反駁(はんばく)[否定]できる.
còn·tra·díc·tor [-ər], **-díct·er** *n.* 反駁者.

còn·tra·díc·tion [kàntrədíkʃ(ə)n/kɔ̀n-] *n.* **1** 反駁(はんばく), 抗弁, 反対; 否定, 否認. **2** 矛盾, 食い違い; 〖論〗矛盾 (対当). ***a*** **～ *in terms*** 名辞矛盾《a round square のごとき》. ***in*** **～ *to*** に反して, と正反対に.

còn·tra·díc·tious [-díkʃəs] *a.* **1** 反対好きの, 議論がましい, あまのじゃくの. **2** 自家撞着(どうちゃく)の.

còn·tra·díc·tive [-díktiv] *a.* 矛盾しがちの, 矛盾を含む.

còn·tra·díc·to·ry [kàntrədíkt(ə)ri/kɔ̀n-] *a.* **1** 反駁(はんばく)的; 否定的. **2** 反論を好む, あまのじゃくの. **3** 矛盾した, 両立しない. **——** *n.* **1**〖論〗矛盾対当. **2** 正反対の事物. ◇ **-ri·ly** [-rili] *ad.*

còn·tra·dis·tínc·tion [kàntrədistíŋkʃ(ə)n / kɔ̀n-] *n.* 対照, 対比, 区別. ***in*** **～ *to*** [***from***] と対比して, とは区別されて.

còn·tra·dis·tínc·tive [-distíŋktiv] *a.* 対照的に異なる, 対比的な. ◇ **～·ly** *ad.*

còn·tra·dis·tín·guish [-distíŋgwiʃ] *vt.* 対照[比較]して区別する, 対比する.

cón·trail [kántreil/kɔ́n-] *n.* 飛行雲.

còn·tra·ìn·di·cá·tion [kàntrəindikéiʃ(ə)n / kɔ̀n-] *n.* 〖医〗禁忌兆候《普通なら適切であるはずの療法の適用が不適と判断させる兆候》.

con·trál·to [kəntræltou] *n.* (*pl.* **-tos**, **-ti** [tiː]) 〖楽〗コントラルト, 最低女声音(部); コントラルトの歌手. **——** *a.* コントラルトの.

cón·tra·pose [kántrəpòuz/kɔ̀ntrəpóuz] *vt.* 対置する.

còn·tra·po·sí·tion [kàntrəpəzíʃ(ə)n/kɔ̀n-] *n.* **1** 対位, 対置; 対照. **2**〖論〗換質換位(法). ***in*** **～ *to*** [***with***] に対置して.

cón·tra·prop [kántrəpràp/kɔ́ntrəprɔp] *n.* 〖空〗二重反転プロペラ《互いに反対方向に回転する一対の同軸のプロペラ》.

con·tráp·tion [kəntræpʃ(ə)n] *n.* 〖話〗くふう, 考案; 〖米話〗器具; 〖英俗〗珍妙な仕掛け[器械].

còn·tra·pún·tal [kàntrəpʌ́ntl/kɔ̀n-] *a.* 〖楽〗対位の, 対位法的. ◇ **～·ly** *ad.*

còn·tra·pún·tist [kàntrəpʌ́ntist/kɔ́ntrəpʌn-] *n.* 〖楽〗対位法の熟達者[作曲家].

còn·tra·rí·e·ty [kàntrəráiəti/kɔ̀n-] *n.* **1** 反対; 不一致. **2** 矛盾点[事実]. **3**〖論〗反対対当.

cón·tra·ri·ly [kántrerili/kɔ́ntrəri-] *ad.* **1** 反対に, これに反して. **2** [+kəntré(ː)rili/kəntréər-] 意地悪く, いこじに.

cón·tra·ri·ness [kántrerinis/kɔ́ntrəri-] *n.* **1** 反対, 矛盾. **2** [+kəntré(ː)ri-/kəntréəri-] いこじ, がんこ, 意地悪.

cón·tra·ri·wise [kántreriwàiz / kɔ́ntrəri-] *ad.* **1** 反対に, 逆に; これに反して. **2** [+kəntré(ː)ri-/kəntréəri-] 強情に.

‡**cón·tra·ry** [kántreri/kɔ́ntrəri] *a.* **1 反対の**, 反対方向の; 矛盾した, そむく《に *to*》: ～ directions 反対の二方向. look the ～ way 反対の方向[そっぽ]を見る. a ～ current 逆流. the ～ choice 反対の選択. ～ propositions 矛盾する命題. ～ *to* fact [reason] 事実に反した[道理にそむく]. **2 不向きな**, 不順の, 不利の: ～ weather 悪天候. **3** [+kəntré(ː)ri/kəntréəri] 強情な, ひねくれた: a ～ child.
—— *n.* (the ～) (正) 反対; (しばしば *pl.*) 反対のもの[こと]; 〖論〗反対命題: He is neither tall nor *the* ～. 背が高くも低くもない. ***by*** **～*ies*** 正反対に, 逆に; 予期に反して: Dreams go *by* ～*ies*. 夢はさか夢. ***on the*** **～** これに反して, それどころか, かえって. ***to the*** **～** それと反対に[の]; そうでないとの: an

evidence *to the* ～ 反証. unless I hear *to the* ～ そうでないと聞かなければ, 反対の報道がなければ.
—— *ad.* 反対に, 逆に《とは *to*》. ～ **to** に反して: ～ *to* one's expectation 予期に反して, 意外にも. act ～ *to* the law 法律に違反する.
〔類〕 → **opposite**「反対の」

‡**cón·trast** [kántræst/kɔ́ntrɑːst] *n.* **1** 対照, 対比. **2** 著しい相違〔差異〕《*between*》. **3** 対照となるもの《*to*》: What a ～ *to* the days of old! 昔と比べてなんという違いかただろう. **4**〔修〕対照法.
be a ～ to …とは違う. ***by ～ with*** …との対照によって. ***form*** 〔***present***〕 ***a striking*** 〔***singular***〕 ***～ to*** と著しい〔奇妙な〕対照をなす. ***for the sake of ～*** 対照のために, 引き立たせるために. ***in ～ with*** に対比して, …とは大いに違って.
—— [kəntrǽst/-trɑ́ːst] *vt.* **1** 対照〔対比〕する. **2** 対照して引き立たせる〔目だたせる〕. —— *vi.* よい対照をなす, 著しい相違を示す. 〈注〉compare は異同を比べるばあいに, contrast は相違に重点をおいて比べるばあいに用いる.
as ～ed (***with*** A) (Aと) 対照してみると. ***～ A with B*** A と B を対照させる. [contra-＋√sta- 面と向かって立つ]
◇ **con·trás·tive** [kəntrǽstiv/-trɑ́ːs-] *a.* 対照的な. **cón·trast·y** [kántræsti, kəntrǽsti/kɔ́ntrɑːsti, kəntrɑ́ːsti] *a.* コントラストの強い《特に写真で》.

cón·trate [kántreit / kɔ́n-] *a.* 〔機〕横歯の: a ～ wheel 横歯車.

còn·tra·val·lá·tion [kàntrəvəléiʃ(ə)n / kɔ̀ntrəvæléi-] *n.* 〔築城〕対塁《包囲軍が敵の要塞(ようさい)地の周囲に築く塹壕(ざんごう)・砲塁》.

còn·tra·véne [kàntrəvíːn/kɔ̀n-] *vt.* **1** 〈法などを〉犯す, に違背する; 〈人の自由・権利などを〉無視する. **2** 〈主義などと〉矛盾する, 一致しない. [√ven-]

còn·tra·vén·tion [-vénʃ(ə)n] *n.* **1** 違反; 〔法〕違警罪. **2** 《主義などの》矛盾, 衝突. ***in ～ of*** に違反して.

con·tre·danse [kɔ̃ːtrədɑ̃ːs, ㊍⁺kántrədæns] F. *n.* 対舞, 対舞曲.

con·tre·temps [kɔ̃ːtrətɑ̃ː / ∠−−] F. *n.* (*pl.* ***-temps*** [-z]) **1** 思いがけない不幸, 意外な事故〔故障〕, 災難. **2**〔楽〕＝syncopation.

contrib. contribution; contributor.

‡**con·tríb·ute** [kəntríbjuːt] *vt.* **1** 寄付する《に *to*》: ～ money 金を寄付する. **2** 寄与〔貢献〕する; 〈考案・知識などを〉提供する. **3** 〈文・記事を〉寄稿する: ～ an article *to* a magazine 雑誌に論文を寄稿する. —— *vi.* **1** 寄付をする《に *to*》. **2** 《…に》力をかす, 《…に》資する, 《…の》一原因となる《に, の *to, toward*》: Gambling ～*d to* his ruin. ばくちも彼の破滅のもととなった. **3** 寄稿する《に *to*》. [<tribute]
◇ **-u·tive** [-bjutiv] *a.* 《…に》寄与〔貢献〕する, 《…を》増進する, 《…の》役に立つ《*to*》. **-u·tor** [-bjutər] *n.* 寄付者, 寄贈者; 貢献者; 寄稿〔投稿〕家.

‡**còn·tri·bú·tion** [kàntribjúːʃ(ə)n/kɔ̀n-] *n.* **1** 寄付, 寄付金, 義援金; 寄贈, 寄贈品; 補給, 補給物. **2** 寄与, 貢献. **3** 寄稿, 投稿, (寄稿)文, 論文. **4** 《社会保険の》保険料, 〔法〕分担金; 〔軍〕軍税《占領地住民に課する》.
lay people ***under ～*** (人民に) 強制的に寄付を求める; に軍税を課する. ***make a ～ to*** 〔***toward***〕 に寄付する; に貢献する.

con·tríb·u·to·ry [kəntríbjutɔ̀ːri/-t(ə)ri] *a.* **1** 寄付の; 義援的な; 出資の; 寄付〔出資〕すべき. **2** 貢献する, 寄与の; あずかって力のある, 力となる《に, の *to*》. **3** 応援的; 参加〔協力〕の, 分担的な: ～ negligence 〔法〕寄与過失. —— *n.* 出資義務者; 〔英:法〕無限責任社員.

cón·trite [kántrait, kəntráit/kɔ́ntrait] *a.* ふかく罪を悔いている; 悔悟の. [√tri-]
◇ **～·ly** *ad.* **～·ness** *n.*

con·trí·tion [kəntríʃ(ə)n] *n.* 悔恨, 悔悟. ***imperfect ～*** 〔宗〕不完全悔悟《神罰を恐れるなどの低い動機による》. ***perfect ～*** 〔宗〕完全悔悟《心底からの悔恨と神への愛に基づく》.

con·trív·ance [kəntráiv(ə)ns] *n.* **1** 考案, 発明, くふう; 発明の才, くふうの能力. **2** 考案〔発明〕品, 仕掛け, 装置, からくり. **3** 計画; 計略, もくろみ.

‡**con·tríve** [kəntráiv] *vt.* **1** くふうする; 考案〔発明〕する; 設計する: ～ an excuse 口実をもうける. **2** うまくやってのける, なんとかして成し遂げる; 《反語的》(よせばいいのに)…してしまう: He ～*d to* persuade me. 彼にうまく説き伏せられた. I will ～ *to* be there. なんとかつごうして参りましょう. He ～*d* only to get himself into hot water. 好き好んでひどい目に会ったようなものだ. **3** もくろむ, はかる.
—— *vi.* **1** くふうする. **2** 算段する, うまくやりくりする, なんとかやっていく: Can you ～ without it? それがなくてもやっていけますか. ***cut and ～*** やりくりする.
◇ **～d** *a.* もくろまれた; 無理をした, 不自然な. **con·trív·a·ble** [-əbl] *a.* 考案できる, くふうできる. **con·trív·er** [-ər] *n.* **1** くふう者, 考案者. **2** 計略者. **3** やりくりじょうずな人.
〔類〕 → **invent**「発明する」

‡**con·tról** [kəntróul] *n.* **1** 支配(力); 管理, 統制, 取り締まり. **2** 抑制, 制御; 〔空〕操縦; 〔野球〕制球力. **3** 統制〔管理〕手段; (*pl.*) 操縦装置. **4** 《実験の結果の》照査標準; 対照簿, 《記録の》控え. **5** スピード管制区; 車体検査所. **6** 取締人, 管理人. **7** 《心霊術で》霊媒を動かす霊.
be beyond a person'***s ～*** (人) に押えきれない, (人) の手にあまる. ***be in ～*** 管理している《を *of*》: If only a better man *were in* ～! もっと有能な男が管理者ならよいのに. ***birth ～*** 産児制限. ***bring*** 〔***keep***〕 ***under ～*** 押えつける〔ておく〕. ***fall under ～ of*** の支配を受けるようになる. ***get out of ～*** 手に負えなくなる, 統制〔操縦〕不能になる. ***get under ～*** 制御する; 〈火を〉しずめる. ***have ～ of*** 〔***over***〕 を制する. ***light ～*** 燈火管制. ***lose*** 〔***get, gain***〕 ***～ over*** 〔***of***〕 を制しきれなくなる〔制するようになる〕. ***traffic ～*** 交通整理. ***under the ～ of*** の支配〔管理〕を受けて. ***without ～*** かってほうだいに.
—— *vt.* (-ll-) **1** 支配する; 統制する, 監督する; 検査する. **2** 制御〔抑制〕する. **3** 引き合わせる; 〈実験を〉照査標準を設けて行なう. ～ one***self*** 自制する.
～ **figure** 《年度計画の》統制数字. ～ **lever** 〔空〕操縦レバー. ～ **room** 管制室; 録音(技術)室. ～ **stick** 〔**column**〕 〔空〕操縦桿(かん). ～ **tower** 〔空〕《空港の》管制塔.
◇ **con·tról·la·ble** [-əbl] *a.*

con·tról·ler [kəntróulər] *n.* **1** 管理人; 監査役, 《会計》検査官. **2** 主幹者, 主事. **3** 《電車の》制御機; 〔電〕整流器; 〔船〕制鎖器. ***the C～ of the Navy*** 〔英:海軍〕艦政本部長. **C～ General, the** 監督長官; 会計検査院長.
◇ **～·ship** [-ʃip] *n.* 管理人〔監査役〕の職.

còn·tro·vér·sial [kàntrəvə́ːrʃ(ə)l/kɔ̀n-] *a.* 論争(上)の; 論争の的になる, 議論の余地ある; 議論好きな. ◇ **～·ism** [-iz(ə)m] *n.* 論争的精神, 論争癖; 《激しい》論争. **～·ist** *n.* **～·ly** *ad.*

cón·tro·ver·sy [kántrəvə̀ːrsi/kɔ́ntrəvəːsi, kəntrɔ́vəsi] *n.* 論争, 論議, 論戦; 口論. ***be in ～ with*** と論争中である. ***beyond*** 〔***without***〕 ***～*** 議論の余地なく, もちろん. ***enter into ～ with*** と論争を始める. ***hold*** 〔***carry on***〕 ***a ～ with*** 〔***against***〕 と議論をする.

cón·tro·vert [kántrəvə̀ːrt/kɔ́n-] *vt., vi.* 〈問題を〉争う, 議論する; 論駁(ばく)する, 否定する. [√vert-]
◇ **～·er** [-ər] *n.* **còn·tro·vért·i·ble** [kàntrəvə́ːrtəbl/kɔ́ntrəvəːtəbl] *a.* 議論の余地ある; 議論

すべき. **còn·tro·vért·i·bly** [-bli] *ad.*

còn·tu·má·cious [kànt(j)uméiʃəs / kɔ̀ntju-] *a.* 反抗的な. ◇ **～·ly** *ad.*

cón·tu·ma·cy [kánt(j)uməsi / kɔ́ntju-] *n.* 頑迷(がんめい), 不従順, 反抗; 官命拒否《法廷の召喚などに応じないこと》.

còn·tu·mé·li·ous [kànt(j)umí:liəs/kɔ̀ntju-] *a.* 無礼な, 傲慢(ごうまん)な. ◇ **～·ly** *ad.*

cón·tu·me·ly [kánt(j)umįli, kənt(j)ú:- / kɔ́ntjum(į)li] *n.* 傲慢(ごうまん)無礼, 侮辱的言動.

con·túse [kənt(j)ú:z/-tjú:z] *vt.* …に打撲傷を負わせる, 挫傷(ざしょう)させる.
◇ **con·tú·sion** [kənt(j)ú:ʒ(ə)n/-tjú:-] *n.* 〖医〗打撲傷, 挫傷. **con·tú·sive** [-siv] *a.*

co·nún·drum [kənʌ́ndrəm] *n.* なぞ, 難問; なぞのような人物〔物〕.

còn·va·lésce [kànvəlés/kɔ̀n-] *vi.* 〈病人が〉快方に向かう.

còn·va·lés·cent [kànvəlésnt/kɔ̀n-] *a.* 快方に向かっている, 回復期の, 病気あがりの. **——** *n.* 回復期の患者, 病みあがりの人. [√val-]
～ hospital 病後療養所; 保養所.
◇ **-cence** [-sns] *n.* 快方に向かうこと; 回復期.

con·véc·tion [kənvékʃ(ə)n] *n.* 伝達; 〖物〗対流, 《熱・電気の》環流; 〖気〗対流.
◇ **～·al** *a.* 対流の.

con·véc·tive [kənvéktiv] *a.* 対流〔環流〕の, 伝達性の. ◇ **～·ly** *ad.*

con·vén·a·ble [kənví:nəbl] *a.* 召集されうる; 召喚しうる.

con·ve·nance [kánvənà:ns, ⌐–⌐ / kɔ́:nvinɑ:ns] F. *n.* (*pl.* ***-nanc·es*** [-iz]) **1** (通例 *pl.*) 礼儀, 風習, 世間の習わし. **2** ＝convenience.

con·véne [kənví:n] *vi.* 集まる, 会合する. **——** *vt.* **1** 集める; 〈会・会議を〉召集する. **2** 召喚する. [√ven-]

‡**con·vén·ience** [kənví:njəns], **-ien·cy** [-i] *n.* **1 便利**, 便宜, つごう; 《個人的な》つごう, かって: marriage of ～ 物質目当ての結婚, 政略結婚. **2** 好つごう, 好つごうなおり, 有利〔便利〕な事情. **3** 便利なもの, (便利な) 道具; (*pl.*) (便利な) 設備, 《衣食住の》便宜: It's a great ～. これはとても便利だ. The house has all the modern ～*s*. その家には近代的な設備がすべて整っている. **4** 〖英〗便所.
as a matter of ～ 便宜上, つごう上. ***at*** **one*'s*** ～ つごうのよいときに. ***at*** **one*'s earliest*** ～ つごうがつきしだい, できるだけ早く. ***await*** **a person*'s*** ～ (人)のつごうを待つ. ***consult*** **one*'s own*** ～ 自分のつごうをはかる. ***for*** **～(') *sake*** 便宜上. ***make a*** **～ *of*** をかってに利用する. ***public*** ～ 公衆の便宜; 〖英〗公衆便所. ***suit*** **a person*'s*** ～ (人)に好つごうである.
～ outlet 室内コンセント.

‡**con·vén·ient** [kənví:njənt] *a.* **1 便利な**, ちょうほうな, **つごうのよい** 《*to* a person; *for* a person *to* (do)》: If it is ～ *to* you,… ごつごうがよかったら…. When will it be ～ *for* you *to* go there? いつがおいでいただくのに好つごうでしょうか. **2** 〖米・英方〗間近な: He lives 〔His house is〕 ～ *to* transportation. 交通の便のよい場所に住んでいる〔家がある〕.
make it **～ *to*** (do) つごうをつけて …する.
[con-＋√ven- 合致する]
◇ ***～·ly** *ad.* 便利に, つごうよく: a bus stop ～*ly* placed つごうのよい場所にあるバス停留所.

cón·vent [kánvent/kɔ́nv(ə)nt] *n.* **1** 僧団, 《特に》尼僧団. **2** 修道院; 《特に》修道女院, 尼寺. ***go into a*** ～ 尼になる.

con·vén·ti·cle [kənvéntikl] *n.* 《宗教上の》秘密会合(所); 〖英史〗非国教徒の秘密集会(所); 《非国教・スコットランド長老派の》野外祈禱(きとう)会(場).

‡**con·vén·tion** [kənvénʃ(ə)n] *n.* **1** 《政治・宗教などの》**集会**, 代表会議; 〖英史〗コンベンション《1660年および1688年国王の召集なく開いたイギリスの議会》. →動詞 convene. **2** 約定, 協約; 国際協定: a postal ～ 郵便協定. **3 風習**, しきたり; 因習: a slave *to* ～ 因習のどれい. **4** 約束《舞台などの》; 規約《トランプ遊びなどの》. ***the National C～*** 〖フランス史〗国民議会《1792–95》; 〖英史〗憲章党員(Chartists)の1839年の集会; 〖米〗全国大会《大統領候補や政綱を決定する政党大会》. [√ven-]
〔類〕→ **habit**「習慣」

‡**con·vén·tion·al** [kənvénʃən(ə)l, -ʃnəl] *a.* **1 慣例的な**, しきたりの, 因習的な; ありふれた, 月並みの: a ～ phrase 決まり文句. **2** 会議の; 《法定に対し》協定の: ～ neutrality 協定中立. ～ tariff 協定税率. **～ bomb** 火薬の爆弾《原爆に対して》.
◇ **～·ism** *n.* 因習〔伝統〕主義, 慣例尊重; 型にはまったしきたり; 決まり文句. **～·ist** *n.* 因習主義者; 慣例遵奉者; 月並みな人. **～·ize** [-àiz] *vt.* 因習〔慣例〕に従わせる; 月並みにする; 様式化する. **～·ly** *ad.* **con·vèn·tion·ál·i·ty** [–⌐ʃənǽlįti] *n.* 慣例〔伝統, 因習〕尊重; 月並みさ, 常套(じょうとう)性, しきたり.

con·vén·tu·al [kənvéntʃuəl/-tjuəl] *a.* 修道(女)院の; (C～) フランシスカン派尼僧院の. **——** *n.* 修道女; (C～) フランシスカン派尼僧.

con·vérge [kənvə́:rdʒ] *vi., vt.* **1** 集中する, 一点に集まる〔集める〕《に *on, upon*》; 〈人・車などが〉輻湊(ふくそう)する. **2** 〖物・数〗収斂(しゅうれん)する. ⇔ diverge. [√verg-]

con·vér·gent [kənvə́:rdʒ(ə)nt] *a.* **1** 一点に向かう, 寄り集まる; 〖軍〗(包囲)集中的. **2** 〖物・数〗収斂(性)の; 〖生〗二次的類似の: ～ evolution 近似〔収斂〕進化. ◇ **-gence** [-dʒ(ə)ns], **-gen·cy** *n.*

con·vérs·a·ble [kənvə́:rsəbl] *a.* **1** 話のうまい; 話し好きな. **2** 話し相手によい. **3** 話題に好適な.

cón·ver·sant [kánvərs(ə)nt, kənvə́:r-/kənvə́:-, kɔ́nvə-] *a.* **1** 《日常の接触により》精通している, 熟知している《に, を *with*》. **2** しばしば話し合う, 親交のある間柄の《と *with*》. [<converse[1]]
◇ **-sance** [-s(ə)ns], **-san·cy** [-si] *n.*

†**còn·ver·sá·tion** [kànvərséiʃ(ə)n/kɔ̀nvə-] *n.* **1 会話**, 対談, 座談《との *with*; についての *on, about*》. **2** 《外交上の》(非公式) 会談. **3** 座談の才: have no ～ 話題に乏しい. **4** 〖古〗交際, 交渉; 交わり. **5** 〖法〗男女間の関係: criminal ～ 姦通(かんつう). ***be in*** **～ *with*** と会談中. ***change the*** ～ 話題を変える. ***enter*** 〔***fall, get***〕 ***into*** **～ *with*** と話し始める. ***hold*** 〔***have***〕 ***a*** **～ *with*** と会談〔談話〕をする. ***make*** ～ 世間話をする; 話をにぎわす.
～ piece 〖美〗風俗画, 浮世絵; 〖米〗話題になる品物.

***còn·ver·sá·tion·al** [-ʃən(ə)l, -ʃnəl] *a.* **1 会話(体)の**, 座談風な; 《ことばづかいの》打ち解けた. **2** 話し好きな, 話しじょうずの.
◇ ***～·ist** [-ist] *n.* 話し好きな人, 話しじょうずな人. **～·ly** [-i] *ad.* 会話(体)で.

con·ver·sa·zi·o·ne [kànvərsɑ:tsióuni/kɔ́nvəsætsi-] It. *n.* (*pl.* ***-nes*** [-tsióuni:z], ***-ni*** [-tsióuni:]) 《芸術・学術などに関する》談話〔懇談〕会.

‡**con·vérse**[1] [kənvə́:rs] *vi.* **1 談話する**《と *with*; について *on, about*》. **2** 〖古〗親しむ, 交わる《と *with*》.
◇ **con·vérs·er** [-ər] *n.* 語る人.
—— [kánvə:rs / kɔ́n-] *n.* 〖雅・古〗談話, 交際. [√vert-] 〔類〕→ **speak**「話す」

con·vérse[2] [kənvə́:rs, kánvə:rs/kɔ́nvə:s] *a.* 逆の, あべこべの; 転換した: the ～ proposition 〖論〗転換命題. **——** [kánvə:rs/kɔ́n-] *n.* 逆, 反対, 逆のもの〔言い方〕; 〖論〗転換命題; 〖数〗逆. ***and*** **～** その逆もまたしかり. [√vert-]
◇ **～·ly** [kənvə́:rsli, kánvə:rsli/kɔ́nvə:sli, –⌐–] *ad.* **1** 逆に, 反対に; それにひき比べ. **2** 逆に言えば.

con·vér·si·ble [kənvə́:rsəbl] *a.* 転換可能の, 逆にできる.

con·vér·sion [kənvə́ːrʃ(ə)n, ㊟⁺-ʒən] *n.* **1** 転換, 転化《*from* A *into* B》. **2**《建物などの》用途転換; 改装, 改造. **3** 回心,《信仰への》発心; 改宗《特にキリスト教への》;《政治上の》転向. **4**《紙幣の》兌換(だ); 《外国貨幣間の》換算, 両替;《商品・物件の》現金化. **5**〘商〙書き換え, 借り換え. **6**〘法〙横領; 財産転換. **7**〘心〙転化《心理事象の身体的変化・兆候への》. **8**〘論〙換位法;〘数〙転換法. **9**〘電算機〙convert ⑧すること. →動詞 convert. **～ table** 換算表.

‡**con·vért** [kənvə́ːrt] *vt.* **1 転換する**, 転化する, 変える; 化学変化させる《A *into* B》. **2** 改装する, 改造する: ～ a study *into* a nursery 書斎を育児室に変える. **3** 改心させる, 転向させる, 改宗させる《へ *to*》. **4** 兌換(だ)する; 換算する, 両替する; 現金化する. **5**〘商〙書き換える; 借り換える. **6**〘法〙〈動産を〉横領する; 〈公金を〉不正使用する. **7**〘論〙換位する;〘数〙転換する. **8**〘電算機〙〈コードを〉翻訳する《他のコードに》; 〈テープを〉パンチカードに移す. **9**〘ラグビー〙〈トライを〉コンバートする. ***be*** [***get***] ***～ed*** 悔い改める, 改宗する.
—— [kánvəːrt/kɔ́n-] *n.* 改心者; 改宗者; 帰依者《*to*》; 転向者. ***make a ～ of*** を改宗させる, を転向させる. [con-＋√vert- 完全に＋転ずる]
◇ **～·ed** [-id] *a.* 改心した; 改造した.
[類] → **change**「変える」

con·vért·er [kənvə́ːrtər] *n.* **1** 転換させる人[物]; 改心[改宗]させる人, 教化者. **2** 織物仕上げ職人. **3**〘電〙変換器, 変流器;〘冶〙転炉.

con·vért·i·ble [kənvə́ːrtəbl] *a.* **1** 変えられる, 改造されうる. **2** 改宗できる, 転向させられる. **3** 兌換(だ)できる; 両替できる. **4**《自動車が》屋根をたたみ込める. **5**〘商〙切り替えられる. **6**〘論〙換位できる. —— *n.* コンバーティブル《たたみほろ付き自動車》. **～ husbandry**〘農〙輪作. **～ terms** 同義語.
◇ **-bly** *ad.* **con·vèrt·i·bíl·i·ty** [-⌐-bíləti] *n.*

con·vért·i·plane [kənvə́ːrtəplèin] *n.* 垂直飛行可能の飛行機《ヘリコプターに変換可能の飛行機》.

con·véx [kanvéks, kən-, kánveks/kɔ́nvéks, ⌐−, −⌐] *a.* 凸面(とつ)の, なかだかの. ↔ concave. —— [kánveks/kɔ́n-] *n.* 凸面(体); 凸レンズ. **～ lens** 凸レンズ. **～ mirror** 凸面鏡.
◇ **～·ly** *ad.* **con·véx·i·ty** [kənvéksəti/kən-,kən-] *n.* 凸状, なかだか(なこと), 凸面(体).

con·véx·o-con·cáve [kənvéksokankéiv, -kánkeiv/-kɔ́nkeiv] *a.* 凸凹(とつおう)の.

con·véx·o-con·véx [-kanvéks, -kánveks/-kɔ́nveks] *a.* 両凸の, 両面なかだかの.

con·véx·o-pláne [-pléin] *a.* 平凸の.

‡**con·véy** [kənvéi] *vt.* **1 運ぶ**, 運搬[運送]する. **2** 伝達する; 〈伝言・知識などを〉伝える; 〈意味を〉伝える, あらわす. **3**〘法〙〈財産などを〉譲渡する. [con-＋√vi-¹ ともに＋旅する] ◇ **～·a·ble** [-əbl] *a.*

con·véy·ance [kənvéiəns] *n.* **1** 運搬, 輸送. **2** 乗り物, 輸送機関. **3** 通達, 伝達, 通信. **4**〘法〙譲渡, 交付; 譲渡証書, 交付書.
◇ **-anc·er** *n.* **1** 運搬者, 伝達者. **2**〘法〙不動産譲渡取扱人; 譲渡証書作成弁護士. **-anc·ing** *n.* 譲渡手続き, 譲渡証明作成(業).

con·véy·er, -or [kənvéiər] *n.* **1** 運搬装置;《流れ作業用》コンベヤー(＝～ belt). **2** 運送業者. **3** 譲渡人. **～ system** 流れ作業.

con·víct¹ [kənvíkt] *vt.* **1** に罪科をふかく感じさせる: be ～*ed of* sin [error] 罪[あやまち]を悟る. **2** の有罪を立証する, 有罪と決定[宣告]する《について *of*》. ***～ed prisoner*** 既決囚. [√vi(n)c-]

cón·vict² [kánvikt/kɔ́n-] *n.* 罪人, (既決)囚. **～ colony** 流刑囚植民地. **～ system** 懲役[流刑]制度.

‡**con·víc·tion** [kənvíkʃ(ə)n] *n.* **1** 信念, 確信《*of, that*》. **2** 説得, 信服させること. → 動詞 convince. **3** 罪を自覚すること, 良心の呵責(かしゃく). **4** 有罪の決定[宣告]. **5**〘宗〙悔悟. → 動詞 convict¹. ***be open to*** ～ 説得に服する. ***carry*** ～ 説得力がある. ***summary*** ～〘法〙即決裁判. ***under*** ～(***s***) 罪を自覚して, 良心がとがめて.
[類] → **opinion**「意見」

‡**con·vínce** [kənvíns] *vt.* に**納得させる**, に悟らせる, に確信させる. ～ a person ***of*** [***that***]... (人に) …を[ということを]納得させる. ～ one***self of*** を確かめる, を確信する. [con-＋√vi(n)c- (勝ち＋おおせる→) 説き伏せる] ◇ **～d** [-t] *a.* 確信[自覚]している: I am ～*d of* his innocence [*that* he is innocent]. 彼の潔白を信じている. **con·vín·ci·ble** [-əbl] *a.* 説得に耳をかす, 理に服する.

con·vínc·ing [kənvínsiŋ] *a.* 説得力のある, 得心のいく, なるほどと思わせる.
◇ **～·ly** *ad.* 納得のゆくように.

cón·vive [kánvaiv/kɔ́n-] *n.* 食事仲間.

con·vív·i·al [kənvíviəl] *a.* **1** 酒宴[歓楽]の. **2** 浮かれ気分の; 陽気な. [√vi(v)-]
◇ **～·ist** *n.* 宴会好きな人. **～·ly** *ad.*

con·vìv·i·ál·i·ty [kənvìviǽləti] *n.* **1** 酒宴, 宴に興ずること, 歓楽. **2** 陽気(さ), 上きげん.

còn·vo·cá·tion [kὰnvəkéiʃ(ə)n/kɔ̀n-] *n.* **1**《議会・会議の》召集; 招請, 召喚. **2** 集会; (C～)〘イギリス国教〙主教会議;〘英〙《大学の》評議会;〘米〙《監督教会の》地方部会. → 動詞 convoke.
◇ **～·al** *a.*

cón·vo·ca·tor [kánvəkèitər/kɔ́n-] *n.*《会議の》召集者; 会議参加者.

con·vóke [kənvóuk] *vt.* 〈会議・議会などを〉召集する. [√voc-]

cón·vo·lute [kánvəlùːt/kɔ́n-] *a.* 回旋状の, とぐろ巻きの;〘動〙包旋する;〘植〙片巻きの. —— *vt., vi.* (に)巻きつく, 回旋する. [√volu-]
◇ **-lut·ed** [-id] *a.* ぐるぐる巻きついた, うずまき状の.
còn·vo·lú·tion [kὰnvəlúːʃ(ə)n/kɔ̀n-] *n.* うずまき, 回旋; ねじれたもの;〘医〙《脳の》回転(部).

con·vólve [kənválv/-vɔ́lv] *vt., vi.* 巻く, 巻き合わす[合う]. [√volu-] ◇ **～·ment** *n.*

con·vól·vu·lus [kənválvjələs / -vɔ́l-] *n.* (*pl.* **-lus·es, -li** [-lài]) フサヒルガオ属の植物.

cón·voy [kánvɔi/kɔ́n-] *n.* **1** 護送; 護衛, 警護. **2** 護衛者[隊]; 護衛艦[船]. **3**《護送される》隊伍(たいご), 護送船団. **4** (車輪の) 摩擦歯止め.
—— [kənvɔ́i, kánvɔi/kɔ́nvɔi] *vt.* **1** 護送[護衛]する. **2**〘古〙〈貴婦人・賓客を〉案内する. [√vi-¹. convey と同語源]

con·vúl·sant [kənvʌ́ls(ə)nt] *a., n.* けいれんを起こさせる(薬剤).

con·vúlse [kənvʌ́ls] *vt.* **1** 震動させる, 震撼(しんかん)させる;《比喩的》に大騒動を起こさせる. **2** にけいれんを起こさせる; 身もだえさせる. ***be ～d with laughter*** 笑いこける, 抱腹絶倒する.

con·vúl·sion [kənvʌ́lʃ(ə)n] *n.* **1** 震動, 激動;《比喩的》激変, 異変, 動乱. **2** (通例 *pl.*)〘医〙けいれん, ひきつけ. **3** (*pl.*)《笑いなどの》発作, こみあげること. ***～ of nature*** 地震・噴火など. ***fall into a fit of ～s*** けいれんを起こす. ***have ～s*** けいれんを起こす, ひきつける. ***throw into ～s*** けいれんを起こさせる; 腹をかかえて笑わせる. ◇ **～·ar·y** [-èri/-əri] *a.* 震動する; 激動性の; けいれん的な.

con·vúl·sive [kənvʌ́lsiv] *a.* **1** けいれんを起こす, けいれん性の[的な]. **2** 激動的な; 発作的な. **3** 激しい: a ～ effort 必死の努力. a ～ laughter (腹をかかえての)大笑い. ◇ **～·ly** *ad.* **～·ness** *n.*

có·ny, có·ney [kóuni] *n.* **1**〘古〙ウサギ;〘商〙ウサギの毛皮. **2**〘聖〙パレスチナ産のイワダヌキ.

coo [kuː] *vt., vi.* (**cooed; cóo·ing**) **1** 〈ハトなどが〉クウクウ鳴く. **2** 〈赤ん坊が〉のどを鳴らして喜ぶ. **3** むつごとをかわす; 優しく言う. —— *n.* クウクウ《ハトなどの鳴き声》.

◇ ～·er *n.* むつごとをかわす人，愛人.

cóo·ee, cóo·ey [kúːi] *n., int.* おおい！《オーストラリア原住民のかん高い叫び声の合い図》. —— *vi.* おおいと叫ぶ.

†**cook** [kuk] *vt.* **1** 料理する，煮たきする. **2** 熱〔火〕にさらす；焼く. **3**〖話〗つくりあげる，ねつ造する《*up*》；に手かげんを加える：～ *up* a story 話をでっちあげる. ～ accounts 帳じりをごまかす. **4**〖俗〗やっつける，だめにする. —— *vi.* **1** 料理をこしらえる. **2** 煮える，焼ける： Early beans ～ well. 新豆はよく煮える. **3**〖話〗生じる：What's ～*ing* at the club? いまクラブでなにが起こっているのか. **4**〖俗〗だめになる.

be ～ed alive うだるように暑い. ～ ***a person's goose***〖俗〗(人を)やっつける，失敗させる. ～ ***off*** 〈たまが〉熱のために暴発する. ～ ***the books*** 帳簿をごまかす.

—— *n.* コック，料理人. ***be a good*** 〔***bad***〕 ～ 料理がじょうず〔へた〕である. ***Too many ～s spoil the broth.*** 〔諺〕船頭多くして船山に登る.

～·**book** [ˊ-ˋ] 〖米〗料理の本. ～·**house** [ˊ-ˋ]〖海〗《船の》炊事場；〖軍〗野外炊事場. ～·**out** → 別項. ～·**room** [ˊ-ˋ] 炊事場，調理室，台所. ～·**shop** [ˊ-ˋ]《小さい》料理店，食堂. ～·**stove** [ˊ-ˋ] こんろ. ～·**ware** [ˊ-ˋ] 炊事用具.

◇ **cóok·a·ble** [kúkəbl] *a., n.* 料理できる；料理して食べられる(物).

Cook [kuk] *n.* **1** James ～, 1728–79, 通称 Captain ～, オーストラリア・ニュージーランドなどを探検したイギリスの航海家. **2** 有名な旅行案内会社.

cóok·ee [kúki] *n.*〖話〗コックの助手.

cóok·er [kúkər] *n.* **1** 調理道具《ストーブ・なべなど》. **2** 調理用の材料《くだものなど》. **3**《うその話の》つくり手；《帳じりなどを》ごまかす人.

cóok·er·y [kúkəri] *n.* **1** 調理法. **2** 調理場.
～ **book**＝cookbook.

‡**cóo·kie** [kúki] *n.* 〖米〗クッキー《砂糖入りのビスケット》. ～ **pusher**〖俗〗外交官.

***cóok·ing** [kúkiŋ] *n.* 料理；料理法. —— *a.* 料理用の. ～ **stove** こんろ (cookstove).

cóok·out [kúkàut] *n.* 《ピクニックなどでの》野外料理.

cóok·y [kúki] *n.* **1** ＝cookie. **2**〖話〗コック《特に女の》.

†**cool** [kuːl] *a.* **1** 涼しい；《衣服などが》涼しそうな. **2** 冷たい；平熱の；《人が》涼しく感じる：I'm ～, but open the window if you feel hot. ぼくは涼しいが暑いなら窓をおあけなさい. **3** 冷静な，落ち着いた，平気な；冷淡な《に対し *to*》；ずうずうしい：stay ～ in the face of disaster 災害にあってもあわてない. **4**《色が》冷たい，《青・緑・スミレ色が主調の》青みがかった. **5**〖話〗正味…，掛け値なしの：a ～ million dollars 大枚100万ドル. **6**〖狩〗《獲物のにおいなど》かすかな. **7**〖俗〗《ジャズが》静かなクラシック調の. **8**〖俗〗すばらしい：a real ～ comic 本格的なすばらしい喜劇. You are ***a ～ customer*** 〔***fish, hand***〕. (あんたは)ずうずうしい人だ. ***as ～ as a cucumber*** あくまで冷静な. ***get*** ～ 涼しくなる；〈熱いものが〉さめる. ***give*** a person ***a ～ reception*** (人を)冷淡に遇する. ***have*** (***a***) ～ ***cheek*** ずうずうしい. ***keep ～＝keep a ～ head*** 冷静でいる. ***keep*** one***self*** ～ 涼んでいる；冷静にしている，あわてない. ***nice and*** ～ 気持ちよく涼しい.

—— *n.* **1** 涼しさ；冷気. **2** 涼しい場所；涼しいころ：in the ～ of the evening 夕方涼しいころに.

—— *vt., vi.* **1** 冷やす；冷える. **2** 冷静にする〔なる〕，落ち着かせる，静める. ～ one***self*** 涼む. ～ ***one's coppers*** 酔いざめの水を飲む. ～ ***down*** 〔***off***〕 冷える，冷静になる. ～ ***one's heels***〖話〗長く待たされる. ～ ***it***〖俗〗冷静にやる，落ち着く，あわてない. ***Keep your breath to ～ your porridge.*** よけいなことばを費やすな. ～ **cat** ジャズ通(つう). ～ **chamber** 冷蔵室. ～-**héad·ed** 冷静〔沈着〕な，落ち着いた.

◇ ***cóol·ly** [kúːl(l)i] *ad.* 落ち着いて，冷静に；ずうずうしく. **cóol·ness** *n.* 冷たいこと；冷静，落ち着き.

cóol·ant [kúːlənt] *n.*〖機〗冷却剤.

cóol·er [kúːlər] *n.* **1** 冷却器〔装置〕，クーラー；冷却剤. **2** 清涼飲料(水)：a grape ～ グレープジュース. **3**〖米俗〗刑務所，留置場；〖軍俗〗営倉.

Cóol·idge [kúːlidʒ] *n.* Calvin ～, 1872–1933, アメリカ第30代の大統領《1923–29》.

cóo·lie, cóo·ly [kúːli] *n.*《インド・中国などの》クーリー，人夫.

cóol·ing [kúːliŋ] *n., a.* 冷却(する). ～-**óff**《紛争などを》冷却させるための：a ～-*off* period 冷却期間.

cóol·ish [kúːliʃ] *a.* やや冷たい，冷え気味の；なんとなく冷ややかな.

coom, coomb, comb(e) [kuːm, ㊥⁺koum] *n.*《三方山に囲まれた》峡谷.

coon [kuːn] *n.* **1**〖動〗アライグマ(＝racoon). **2**〖米俗〗《けいべつ的》ニグロ；やつ. ***go the whole*** ～ 〖米〗徹底的にやる. ***He is a gone ～.*** あいつは救いようのない男だ. ***hunt the same old ～*** いつもおなじことばかりやっている. **～'s age** 長い長い間. ～ **song** 黒人の歌.

cóon·can [kúːnkæn] *n.*《ふたりでやる》トランプ遊びの一種.

coop [kuːp] *n.* **1**《鶏などを入れる》かご，とや. **2**〖英〗《魚をとる》かご. **3**〖俗〗牢屋(ろう)：fly the ～ 脱獄する，ずらかる.

—— *vt.* ～に入れる，閉じ込める《*in, up*》.

co-óp [koáp, kóuap/kóuɔp] *n.* 消費〔協同〕組合(の店)《Harvard 大学，M.I.T. では coop [kuːp]》. ***on the ～*** 組合方式で. [＜*co-op*erative society 〔store〕].

cóop·er [kúːpər] *n.* **1** おけ〔たる〕屋. **2**《びん詰め・販売を行なう》酒屋. **3**《porter² と stout を等分に混ぜた》混合黒ビール. ***dry*** 〔***wet***〕 ～ 乾物〔液体〕用たる類製造業者. ***white ～***《普通の》おけ屋.

—— *vt., vi.* 〈おけ・たるを〉つくる，修繕する；おけ屋をやる. ～ ***up*** 修繕する；体裁をつくる.

◇ ～·**age** [kúːpəridʒ] *n.* おけ屋の仕事(場)；おけ屋の手間賃.

Cóop·er [kúːpər] *n.* James Fenimore ～, 1789–1851, 開拓時代の生活を扱ったアメリカの小説家.

‡**co-óp·er·ate** [koápərèit/-ɔ́p-] *vi.* **1** 協力する，協同する《に，と *with*；のために *for*；(をするの)に *in, in* (do)*ing*》：～ *with* them 彼らに協力する. ～ *in* an anti-TB campaign 〔*in* rais*ing* a fund〕結核撲滅運動に〔基金を集めるのに〕協力する. **2**〈事情などが〉助け合う. [√oper-] ◇ **-a·tor** [-ər] *n.* 協力〔協同〕者；協同〔消費〕組合員.

co·óp·er·ate, co·öp·er·ate, etc. ＝co-operate, etc. 〈注〉"co＋o で始まる語" は，coo- が [kuː] と読まれるのを防ぐために二つの o の間に「-」を入れるか，第二の o を ö として，分離する. 最近は頻度(ひんど)の高い語については単に coo- とする方式が広まりつつある.

‡**co-òp·er·á·tion** [koàpəréiʃ(ə)n/-ɔ̀p-] *n.* **1** 協力，協同. **2** 協働；〖経〗協業. **3** 協同組合. **4**〖生理〗共働. ***consumers'*** 〔***consumptive***〕 ～ 消費組合. ***in ～ with*** と協力〔協同〕して. ***producers'*** 〔***productive***〕 ～ 生産組合.

***co-óp·er·a·tive** [koápərèitiv, -ápərətiv/-ɔ́p-(ə)rətiv] *a.* **1** 協同〔協力〕の；協同〔消費〕組合の. **2** 協力的：He was most ～ when I had troubles. 私の困難に際して彼はとても協力的でした.

—— *n.* 協同〔消費〕組合(売店). ～ **savings** 共同貯金. ～ **society** 協同組合，消費〔購買〕組合. ～ **store** 協同〔消費〕組合の売店.

◇ ～·**ly** *ad.* 協同〔協力〕して.

co-ópt [koápt/-ɔ́pt] *vt.* 互選する. ◇ **cò·op·tá·tion** [kòuaptéiʃ(ə)n/-ɔp-], **co-óp·tion** [koápʃ(ə)n/-ɔ́p-] *n.* **co-óp·ta·tive** [koáptətiv/-ɔ́p-] *a.*

co-ór·di·nal [koɔ́ːrd(i)nəl] *a.* 〖植・動〗おなじ目(order)に属する.

co·ór·di·nate [koɔ́ːrd(i)nit, -d(i)nèit/-nit] *a.* **1** 同位の, 同格の, 同等の《と *with*》. **2**〖文〗等位の: ～ clause〖文〗等位節《等位接続詞で結ばれた節》. ～ conjunction〖文〗等位接続詞《and, but, or, for など》. → subordinate. **3**〖数〗座標の.
— *n.* **1** 同位〔対等〕のもの; 同格者. **2**〖文〗等位〔対等〕語句. **3**〖数〗座標.
— [koɔ́ːrd(i)nèit] *vt., vi.* **1** 対等にする〔なる〕, 同等にする〔なる〕. **2** 調和的〔統制的〕に働かせる〔働く〕; 〈努力などを〉合わせる; 調整〔整合〕する.
◇ **-na·tive** [-d(i)nèitiv/-nətiv, -neit-] *a.* **-na·tor** [-d(i)nèitər] *n.* 調整〔連絡〕担当者.

co·òr·di·ná·tion [koɔ̀ːrd(i)néiʃ(ə)n] *n.* **1** 同等〔対等〕の関係; 同位, 同格. **2**〖文〗等位. **3** 調整, 連絡;〖生理〗整合《筋肉運動の》.

coot[1] [kuːt] *n.* **1**〖鳥〗オオバン; クロガモ. **2**〖話〗とんま, まぬけ. **(as) bald as a ～** 額がはげあがって. **(as) stupid as a ～** 大まぬけな.

coot[2] [kuːt], **cóot·ie** [kúːti] *n.*〖米：軍俗〗シラミ.

co·ówn·er [kouóunər] *n.*〖法〗共同所有者, 共有者. ◇ **～·ship** *n.* 共有.

cop[1] [kɑp/kɔp] *n.*〖米話〗巡査, おまわり. **～s and robbers** 鬼ごっこ. **It's no ～.** 楽じゃない; たいしたものじゃない.

cop[2] *vt.* (**-pp-**)〖俗〗**1**〈犯人を〉捕える. **2** 盗む. **～ a plea** 更に重い罰からのがれるために軽い罪を認める. **～ it** [**out**] つかまる;〖学生俗〗罰をくらう, しかられる. — *n.* (犯人) 逮捕.

cop[3] *n.*《紡錘に巻いた》円すい状の巻き糸, 糸玉.

cop. copper; copyright; copyrighted.

Cop. Copenhagen; Copernican; Coptic.

cò·pa·cét·ic [kòupəsétik, -síːt-] *a.* 〖俗〗すてきな, 満足のゆく.

co·pái·ba [kopéibə, -pái-/kɔpái-], **co·pái·va** [-və] *n.*〖医〗コパイババルサム《粘膜疾患の特効薬》.

có·pal [kóup(ə)l] *n.* コーパル《南アメリカ産の樹脂でニス・ラックの原料》.

co·pár·ce·nar·y [kopáːrs(i)nèri / -nəri] *n., a.*〖法〗共同相続(の), 相続財産共有(の). ◇ **co·pár·ce·ner** [-s(i)nər] *n.*〖法〗土地共同相続人.

co·párt·ner [koupáːrtnər/kóu-] *n.* 協同者, 共同出資者; 組合員.
◇ **～·ship** [-ʃip] *n.* 協同; 組合制.

‡**cope**[1] [koup] *vi.* **1** 対処する, 打ち勝つ《に *with*》: ～ *with* a difficulty 難題をうまく処理する. **2** 対抗する, 張り合う《に, と *with*》.
— *vt.*〖英話〗= ～ with.

cope[2] *n.* **1**〖宗〗コープ《行列など特別の行事に僧侶(そうりょ)の着る大外衣》. **2**〖建〗= coping. **3** 鋳物用砂型入れの上半部. **the ～ of heaven** 大空. **the ～ of night** 夜のとばり, 夜陰.
— *vt.* **1** にコープを着せる. **2** に笠石(かさいし)をのせる. **3**〈木材などを〉かぶせ継ぐ; に継ぎ目を刻む. — *vi.* おおいかぶさる, 張り出す《に *over*》.
～·stone [-stòun] (1) 笠石, 冠石《建物やへいの最上部》. (2) 最後の仕上げ.

có·peck = kope(c)k.

Cò·pen·há·gen [kòup(ə)nhéig(ə)n] *n.* コペンハーゲン《デンマークの首都》. **～ blue** 灰色がかった青色.

cóp·er [kóupər] *n.*〖英〗馬商人; (いんちき) ばくろう.

Co·pér·ni·cus [kopə́ːrnikəs] *n.* Nicholas ～, 1473–1543, ポーランドの天文学者. ◇ **Co·pér·ni·can** [-kən] *a.* ～(説)の : the *Copernican* theory [system] コペルニクスの地動説.

cóp·i·er [kápiər/kɔ́piə] *n.* **1** 謄写する人, 写字生. **2** 謄写用鉛筆; 謄写器. **3** 模倣者, 剽窃(ひょうせつ)者.

có·pì·lot [kóupàilət] *n.*〖空〗副〔補助〕操縦士.

cóp·ing [kóupiŋ] *n.* **1** 笠石(かさいし), 冠石 (= ～ stone)《へいの最上部》. **2**〖建〗かぶせ継ぎ.
～ saw 弓のこぎり, 糸のこぎり.

có·pi·ous [kóupiəs] *a.* **1** たっぷりした, 豊富な, おびただしい量〔数〕の. **2** 産出量の多い: a ～ writer 多作家. **3** 思想〔内容〕の豊富な; ことば数の多い.
◇ **～·ly** *ad.* **～·ness** *n.*

‡**cóp·per**[1] [kápər/kɔ́pə] *n.* **1** 銅. **2** 銅貨; (*pl.*) 小銭. **3** 銅器;〖英〗炊事がま, 洗たくがま《しばしば鉄製の》; 銅板. **4** 銅色. **cool** [**clear**] **one's ～s** 酔いざめの水を飲む. **have hot ～s** 《大酒のあとに》のどがかわく.
— *vt.* **1** 銅でおおう, に銅をかぶせる; 〈船底に〉銅板を張る. **2**〖俗〗賭(か)ける.
～-bòt·tomed 《船が》底を銅板で張った; 航海に耐える. **～ captain** にせ船長. **～·head** [-hèd] 北アメリカ産毒へビの一種. **C～·head**〖米史〗南北戦争のとき南部に同情した北部人. **～ Indian** 北アメリカ原住民. **～ nitrate** 硝酸銅. **～·nose** [-nòuz]《大酒飲みの》赤鼻. **～·plate** → 別項. **～ pyrites** 黄銅鉱. **～ red** 赤銅鉱. **～·skin** [-skìn] 銅色人《北アメリカ原住民》. **～·smith** [-smìθ] 銅細工師, 銅器製造人. **～ sulfate** 硫酸銅.

cóp·per[2] *n.*〖米俗〗巡査, おまわりさん (cop[1]).

cóp·per·as [kápərəs/kɔ́p-] *n.*〖化〗緑礬(りょくばん).

cóp·per·plate [kápərplèit/kɔ́p-] *n.* 銅板; 銅板彫刻, 銅版(刷り). **write like ～** まるで銅版のようにきれいに書く. — *a.* 銅板に彫った, 銅版刷りの;〖文字が〗はっきりした. — *vt.* 銅版刷りにする.

cóp·per·y [kápəri/kɔ́p-] *a.* 銅製の, 銅を含んだ, 銅のような.

cóp·pice [kápis/kɔ́p-] *n.* 雑木林 (copse).
～·wood [-wùd] 柴(しば).

cóp·ra [káprə/kɔ́p-] *n.* コプラ《ココヤシの果肉を乾燥したもの. ヤシ油の原料》.

cóp·ro·lite [káprəlàit/kɔ́p-] *n.*〖地〗糞(ふん)の化石, 糞石.

cop·róph·a·gous [kəpráfəgəs/kɔprɔ́f-] *a.* 糞を食べる《ダイコクコガネなど》.

copse [kɑps/kɔps] *n.* 雑木林.

cóps·y [kápsi/kɔ́p-] *a.* 雑木林のような〔の多い〕.

Copt [kɑpt/kɔpt] *n.* コプト人《古代エジプト人の子孫》; コプト教徒《キリスト教を信仰するエジプト人》.

cóp·ter [káptər/kɔ́p-] = helicopter.

Cóp·tic [káptik/kɔ́p-] *a.* コプト人〔語〕の. — *n.* コプト語; コプト人. **～ Church, the** コプト教会《エジプトキリスト教会》.

cóp·u·la [kápjulə/kɔ́p-] *n.* (*pl.* **-las, -lae** [-liː]) **1**〖論・文〗繫辞(けいじ), 連辞《命題または文の subject と predicate とをつなぐ be 動詞》. **2**〖医〗接合部, 連結軟骨. **3**〖ローマ法〗交接.
◇ **cóp·u·lar** [-lər] *a.*

cóp·u·late [kápjulèit/kɔ́p-] *vi.* **1** 結合する, 連結する. **2** 交接〔交尾〕する.
◇ **còp·u·lá·tion** [kàpjuléiʃ(ə)n/kɔ̀p-] *n.*

cóp·u·la·tive [kápjulèitiv/kɔ́pjulətiv] *a.* **1** 連結する, 接続の. **2** 交接〔交尾〕の. — *n.*〖文〗繫辞(けいじ), 連辞《be 動詞など》; 繫合接続詞《and など》.

‡**cóp·y** [kápi/kɔ́pi] *n.* **1** 写し, 控え; 複写; 模写, 模倣. → script. **2**《版画などの》枚, 部. **3**《同一書物の》部, 冊: a ～ [two ～*i*es] of this magazine この雑誌 1 部〔2 部〕. **4** 原稿, 草稿. **5**〖法〗謄本, 抄本. **6**〖映〗複写焼き付け. **7** 習字の手本;〖英〗作文課題. **8**〖ジャーナリズム〗記事; 《good, bad をつけて》題材, 新聞だね. **clean** [**fair**] **～** 清書, 浄書. **～ of verses**《学生の作文課題の》短詩. **foul** [**rough**] **～** 草稿, 下書き. **hold one's ～** 校正係の助手をつとめる. **keep a ～ of** の写しをとっておく. **make good ～**〈事が〉よい新聞だねになる. **take a ～** 複写する. **write from a ～** 手本を見て書く.
— *vt., vi.* **1** 写す, 複写する; 模写する; 剽窃(ひょうせつ)する. **2** 模倣する. **3**《試験で》盗み見て写す. **～ after** を模倣する. **～ from** を写す, を手本とする; を盗み見て写す《試験で》. **～ from nature** 写生する. **～ out** すっかり〔全部〕写す.

〜·**book** [⏋ー⏋] 習字帳, 習字〔図画〕手本; 〘米〙複写簿, 控え帳. 〜·**book maxim** [**morality**] 古くさい格言〔教訓〕. 〜·**cat** [⏋ー⏋] 〘話〙模倣者, まねっこ. 〜 **chief** 〘米〙新聞社の編集長. 〜 **desk** 〘米〙《新聞社の》編集机. 〜·**hold** → 別項. 〜·**rèad·er** 〘新聞〙整理部員《原稿を訂正編集する人. 通例デスクと呼ばれる》. 〜·**right** → 別項. 〜·**wrìt·er** コピーライター, 広告文案家. 〜·**writ·ing** 広告文案作成.

◇ **cóp·y·ist** *n.* 写字生, 筆耕; 模倣者.

〔類〕 → **imitate**「まねる」

cóp·y·hold [kápihòuld/kɔ́p-] *n.* 〘英:法〙謄本保有権(によって所有する不動産): hold an estate in 〜 謄本保有権によって土地を所有する.

—— *a.* 〜の.

◇ 〜·**er** [-ər] *n.* **1**〘英:法〙謄本保有権者. **2** 校正助手. **3**《タイプライターの》原稿押え;《植字工の》原稿掛け(台).

cóp·y·ing [kápiiŋ/kɔ́p-] *n.*, *a.* 複写(の), 謄写(の). 〜 **book** 複写簿. 〜 **ink** 複写用インク. 〜 **paper** 複写紙, コピー紙. 〜 **press** (圧搾式)複写器. 〜 **ribbon**《タイプライターの》印写リボン.

cóp·y·right [kápiràit/kɔ́p-] *n.* 版権, 著作権. ***C〜 reserved*** 著作権所有. —— *a.* 著作権で保護された《書物など》. —— *vt.* 著作権で保護する; の版権を取得する. ◇ 〜·**er** [-ər] *n.* 版権所有者.

cóque·li·cot [kóuklikou, ㊟+kák-] *n.* 〘植〙グビジンソウ, ヒナゲシ. [<F.]

co·quét [kokét] *vi.* (**-tt-**) **1** こびを見せる, あだっぽい態度を示す《に *with*》. **2**《本気でなく》ちょっと手を出す, 戯れる《に, と *with*》.

—— *a.* =coquettish.

có·quet·ry [kóukitri, ㊟+kokét-] *n.* **1** こび(を見せること), 媚態(びたい), しな; あだっぽさ. **2**「火遊び」, もてあそび.

co·quétte [kokét/kɔ-, ko-] *n.* **1**(やたらに)媚態をつくる女, うわ気女, 男たらし. **2**〘鳥〙ハチドリの一種.

—— *vi.* =coquet.

co·quét·tish [kokétiʃ/kɔ-, ko-] *a.* こびをふりまく; あだっぽい, なまめかしい. ◇ 〜·**ly** *ad.*

co·quílle [kokí:l | F. kɔkij] *n.* コキール《貝がら・貝がら型容器に盛って調理した料理. しばしばフランス語式にも発音》. [<F.]

co·quí·na [koukí:nə] *n.* 軟質石灰石の一種《貝がらと石灰質が結合したもの. 建築材料》. [<Sp.]

co·qui·to [kokí:tou] Sp. *n.* (*pl.* 〜*s*) チリ産ヤシ科の樹木の一種(=〜 palm)《樹液からシロップを採り果実を食用とする》.

cor- 接頭辞 com- の r の前の異形.

Cor. Corinthians; Coroner. **cor.** corner; cornet; coroner; correct(ed); correction; correlative; correspondence; correspondent; corresponding(ly).

cór·a·cle [kɔ́:rəkl, kár-/kɔ́r-] *n.* あじろ舟《柳の枝を骨組みとし獣皮などを張った小舟. ウェールズやアイルランドの川・湖で用いる》.

cór·a·coid [kɔ́:rəkɔ̀id, kár-/kɔ́rəkɔid] *n.* 〘医〙烏喙(うかい)骨(=the 〜 bone); 烏喙突起(=the 〜 process).

cór·al [kɔ́:rəl, kár-, kó:r-/kɔ́r-] *n.* **1** サンゴ; サンゴチュウ. **2** サンゴ細工; サンゴ製のおしゃぶり. **3** イセエビの卵. **4** サンゴ色. —— *a.* サンゴ(製)の; サンゴ色の. 〜 **island** サンゴ島. 〜 **reef** サンゴ礁. **C〜 Sea, the** サンゴ海《オーストラリアの北東》. 〜 **snake** アメリカ産の小毒ヘビ.

cór·al·line [kɔ́:rəlin, -làin, kár-/kɔ́rəlain] *a.* サンゴ性〔質〕の; サンゴ状の; サンゴ色の. —— *n.* サンゴモ, ウミヒバ; サンゴ状の動植物《ヒドロムシなど》.

〜 **ware** サンゴ焼き《17-18 世紀ごろのイタリア産の陶器》. 〜 **zone** 深海の第三層《サンゴ状動物が多い》.

cór·al·lite [kɔ́:rəlàit, kár-/kɔ́rəlait] *n.* サンゴ石, 化石サンゴ; サンゴ色〔質〕の大理石.

cór·al·loid [kɔ́:rəlɔ̀id, kár-/kɔ́rəlɔid] *a.*, *n.* サンゴ状の(有機体).

co·ram [kó:ræm/kɔ́:rəm] L. (=in the presence of) *prep.* …の面前に. 〜 ***judice*** [-dʒú:disì:, -jú:dikèi/-dʒú:disi] 裁判官の面前で. 〜 ***populo*** [-póupulòu, -páp(j)ụ-/-pɔ́pjụlou] 公衆の面前で.

Co·rán =Koran.

cór·ban [kɔ́:rbæn, ㊟+-ba:n, -bən] *n.* 〘聖〙奉納物.

cór·beil [kɔ́:rbel] *n.* 〘建〙花かご飾り.

cór·bel [kɔ́:rbəl] *n.* **1**〘建〙持ち出し, 持ち送り. **2**《けた・はりの》受け材.

—— *vt.*, *vi.* (**-l-**, ㊥ **-ll-**) に持ち送りをつける; 受け材で受ける. 〜 ***out*** [***off***] 持ち送りで突き出す〔突き出る〕.

〜 **table** 持ち出しだな.

corbel ②

cór·bie [kɔ́:rbi] *n.* 〘スコットランド:鳥〙大ガラス.

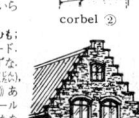

〜·**steps** [⏋ー⏋] 〘建〙いらか段.

‡**cord** [kɔ:rd] *n.* **1** なわ, ひも; 首つりなわ. **2**〘電〙コード. **3**(通例 *pl.*)拘束, きずな. **4**〘医〙索状組織, 靱帯(じんたい), 腱(けん). **5**《あぜ織りの》あぜ, コールテン; (*pl.*) コールテンのズボン. **6** 尺じめ, たな《たきぎの体積の単位. 128 立方フィート》. ***spinal*** 〜 せき髄. ***the silver*** 〜 〘聖〙しろがねのひも《伝道の書12:6》. ***umbilical*** 〜 へその緒. ***vocal*** 〜***s*** 声帯. —— *vt.* **1** ひもで縛る. **2**〈まき材を〉コード尺じめにして積み上げる. **3** 飾りひも〔あぜ〕で飾る〔仕上げる〕.

corbiesteps

〜·**wood** [⏋ー] たな単位で売るまき材; たな積みにしたまき. ◇ 〜·**age** [-idʒ] *n.* **1**《集合的》綱, なわ類;《船の》索具. **2**《材木を計る》尺じめ高,《まき材の》たな数.

cór·date [kɔ́:rdèit] *a.* 〘植〙心臓形〔状〕の, ハート形の.

córd·ed [kɔ́:rdid] *a.* **1** 綱でくくった; コードのついた. **2** あぜ織りの.

Cor·dél·ia [kɔ:rdí:ljə] *n.* Shakespeare 作 *King Lear* のリア王の末娘.

Còr·de·líer [kɔ̀:rdilíər] *n.* (または c〜) **1** フランシスカン派の修道僧《なわ (cord) を帯としたことから》. **2** コルドリエ クラブ《フランス革命当時の Danton, Marat などの最も急進的な政治クラブ》. [<F.]

‡**cór·dial** [kɔ́:rdʒəl/-djəl] *a.* **1** 心からの, 誠心誠意の; ねんごろな: a 〜 reception 心からの歓待. **2** 元気をつける, 強心性の. —— *n.* 強心剤, 興奮剤; リキュール酒. [√cord- 心] ◇ 〜·**ness** *n.*

cor·diál·i·ty [kɔ:rdʒǽlịti/-diǽl-] *n.* 真心, 丁重; 親切なことば〔行ない〕.

cór·dial·ly [kɔ́:rdʒəli/-djəli] *ad.* 心から, 真心こめて. ***C〜 yours***=***Yours*** 〜「敬具」.

cor·díl·le·ra [kɔ:rdílərə, kɔ̀:rdiljé(:)rə/kɔ̀:diljéərə] *n.* (大陸をはしる)大山脈《特にアンデス山脈およびメキシコ・中央アメリカの山脈》. ◇ 〜**n** [-n] *a.*

córd·ing [kɔ́:rdiŋ] *n.* **1** 索類. **2** あぜ織り.

córd·ite [kɔ́:rdait] *n.* コルダイト《ひも状無煙火薬》.

cór·don [kɔ́:rdn] *n.* **1** 飾りひも;《肩からわきの下へ掛ける》飾りリボン, 綬章(じゅしょう). **2**〘軍〙哨兵(しょうへい)線; 〘警察〙非常〔警戒〕線;《防疫の》交通遮断(しゃだん)線. **3**〘園芸〙一本仕立て. **4**〘築城〙《塁壁の》頂縁石; 〘建〙じゃばら層. ***post*** [***place***, ***draw***] ***a*** 〜 非常線を張る.

cor·don bleu [kɔ:rdɔ̃blǿ:] F. **1**《フランスのブルボン王朝の》青綬章(じゅしょう). **2** 名門の士;《その道の》一流人; 〘笑〙名料理人.

Cór·do·van [kɔ́:rdəvən] *a.* **1**《スペインの州および都市》Cordova の. **2** (c～) コードバン皮の. —— *n.* **1** コルドバ人. **2** (c～) コードバン皮.

cór·du·roy [kɔ́:rdərɔ̀i, ˋ-ˊ/ˊ--, -djur-] *n.* コージュロイ, コールテン地; (*pl.*) コージュロイの服〔ズボン〕. —— *a.* コージュロイ製の; コールテンのような, うねのある. —— *vt.* <道を> 丸太を並べてつくる; に丸太道を敷く.
～ **road**〖米〗《湿地帯に丸太を並べた》丸太道.

córd·wain [kɔ́:rdwein] *n.*〖古〗コードバン皮(cordovan). ◇ **～·er** *n.*〖古〗コードバン皮師.

core** [ko:r/kɔ:] *n.* **1** (くだものの) 心(しん). **2** 核心; 精髄; 心の奥底. **3** 中心(部);《木の》髄;《はれものの》根;《打ちひも・電線などの》心;《変圧器などの》鉄心;《鋳物の》心型; 地球の中心部. → mantle, crust. **4** 原子炉の炉心 (=reactor ～). **5**《地質の》採取サンプル《円筒形の》. ***at the **～** 根底において: rotten *at the* ～ 心が腐っている. ***to the*** **～** 心の底まで, 徹底的に.
—— *vt.* **1** の心(しん)をとる《*out*》. **2** から見本をとる. **3**〖鋳物〗に空洞(くうどう)をつくる. **4** 中心 (部分) から切り離す. ～ **curriculum** コア カリキュラム《社会人形成に基底的に必要と考えられる教科課程》.
◇ **ˊ·less** *a.* 心のない.

Co·ré·a(n) =Korea(n).

cò·re·lá·tion [kòurileíʃ(ə)n] =correlation.

cò·re·lí·gion·ist [kòurilídʒənist/kóu-] *n.* 同信者, おなじ宗教の信奉者.

cò·re·óp·sis [kò:riápsis/kɔ̀riɔ́p-] *n.*〖植〗キンケイギク, ハルシャギク.

cór·er [kó:rər/kɔ́:rə] *n.* **1**《リンゴなどの》心(しん)とり器. **2**《地質の》採取機.

cò·re·spónd·ent [kòurispándənt/kóurispɔ́nd-] *n.*〖法〗《姦通(かんつう)に基づく離婚訴訟の》共同被告人. ≒correspondent.

corf [kɔ:rf] *n.* (*pl.* **corves** [-vz])〖英〗**1** 石炭運搬かご. **2** 生けす.

cór·gi, -gy [kɔ́:rgi] *n.* ウェールズ産の犬.

cò·ri·á·ceous [kò:riéiʃəs, kɔ̀:r-/kɔ̀r-] *a.* 皮のような, 皮製〔質〕の; 強靱(きょうじん)な.

cò·ri·án·der [kò:riǽndər, kɔ̀:r-/kɔ̀r-] *n.*〖植〗コエンドロ《セリ科. 実を香味料・消化剤に用いる》.

Cór·inth [kɔ́:rinθ, kár-/kɔ́r-] *n.* コリント《ギリシア南部の海港. 古代ギリシアの商業・芸術の中心地》.

Co·rín·thi·an [kərínθiən] *a.* **1**《ギリシアの古都》コリントの. **2**〖建〗コリント式の. **3**《様式など》あまりにはなやかな; ぜいたくで遊惰な.
—— *n.* **1** コリント人. **2** (*pl.*)〖聖〗コリント書. **3**《ヨットや乗馬を道楽にする》金持ち. (***Epistles to the***) **～*s*** コリント前書・後書《新約聖書中の一書. 略 Cor.》.
～ **order, the**〖建〗コリント式《Doric order, Ionic order と並ぶギリシア 3 建築様式の一つ》.

co·rí·ta [kərí:tə] *n.* 北アメリカ インディアンの用いる舟《一見かごに似ている》.

có·ri·um [kó:riəm/kɔ́:r-] *n.* (*pl.* **-a** [-riə]) **1**〖医〗真皮. **2**《古代ローマ人の》皮よろい.

⁑**cork** [kɔ:rk] *n.* **1** コルク;〖植〗コルク質〔層〕《樹皮の内面の組織》. **2** コルクせん; コルクの浮き. ***burnt*** **～** 焼きコルク《まゆをかいたり役者が扮装するのに用いる》. ***like a*** **～** 浮きのように; 軽快に, すぐ元気を取りもどして. —— *vt.* **1** にコルクせんを詰める, コルクで密閉する《*up*》. **2** <感情などを> 押えつける. **3** 焼きコルクでかく.
～ **jacket** コルクジャケツ《水中救命胴着》. ～ **oak**〖植〗コルクガシ. **ˊ·screw** → 別項. ～ **tree** = ～ oak.
◇ **ˊ·ing**〖俗〗*a., ad.* すてきな; すてきに.

córk·age [kɔ́:rkidʒ] *n.* コルクせんを抜く〔さす〕こと; コルク抜き代《客の持参した酒びんに対するホテルのサービス料》.

corked [kɔ:rkt] *a.* **1** コルクせんをさした; コルク底の. **2** コルクくさい《酒》;〖俗〗酔っ払った. **3** (焼きコルクで) まゆをかいた.

córk·er [kɔ́:rkər] *n.* **1** (コルク) せんを詰める人〔機械〕. **2**〖俗〗酒. **3**〖俗〗とどめを刺す議論〔一撃, 事柄〕; 驚くべきこと; 大ぼら; すばらしい人〔物〕, 専門家. ***play the*** **～** 目にあまるふるまいをする.

córk·screw [kɔ́:rkskrù:] *n.* コルク(せん)抜き.
—— *a.* コルク抜き状の, らせん状の.
—— *vt., vi.* **1** (～で) 抜き取る. **2** らせん状に進ませる〔進む〕; ねじ曲げる. **3**〖話〗かまをかけて聞き出す.
～ **dive**〖空〗らせん降下. ～ **staircase** 回り階段, らせん階段.

córk·y [kɔ́:rki] *a.* **1** コルクのような; コルクくさい. **2**〖話〗快活な, 浮き浮きした.

corm [kɔ:rm] *n.*〖植〗球茎, 球根.

cór·mo·rant [kɔ́:rmərənt] *n.* **1**〖鳥〗鵜(う). **2** 大食漢, 欲のふかい人. —— *a.* 鵜のような; 大食の; 強欲な.

†**corn**¹ [kɔ:rn] *n.* **1** 穀粒(こくりゅう);《集合的》穀物, 穀類. **2**〖米〗トウモロコシ;〖英〗小麦;〖スコットランド・アイルランド〗カラスムギ. **3** 穀草《小麦・大麦・トウモロコシなどの》. **4**〖米俗〗トウモロコシ製のウイスキー; つまらないもの; 陳腐〔感傷的〕な考え〔ユーモア, 音楽〕. **～ *in Egypt***〖聖〗豊穣(ほうじょう), (物の) 豊富なこと《創世記 42 : 2》. ***eat*** one's **～ *in the blade*** 収入を見越してぜいたくをする. ***measure another's*** **～ *by one's own bushel*** おのれをもって他を律する. ***Up*** **～*, down horn.***〖ことわざ〗穀物が騰貴すると牛肉の値が下がる.
—— *vt.* **1** 粉にする. **2** 塩づけにする. **3** <家畜に> 穀物をやる. —— *vi.* 実がいる.
ˊ·ball [ˊ ˋ]〖俗〗いなかっぺ; 古くさいやつ; みすぼらしい男; ぼんくら; 新前. **C～ Belt, the** トウモロコシ地帯《アメリカ中西部の》. ～ **borer** トウモロコシの害虫の一種. **ˊ·brash** [ˊ ˋ]〖地〗石灰質砂岩《穀類の生産に適する》. ～ **bread**〖米〗トウモロコシのパン. **ˊ·cake** [ˊ ˋ]〖米〗トウモロコシのホットケーキ. ～ **chandler**〖英〗穀物商. **ˊ·cob** [ˊ ˋ]〖米〗トウモロコシの穂軸; それでつくったパイプ (= corncob pipe). ～ **cockle** ムギセンノウ, ムギナデシコ. ～ **color** 淡黄色. ～ **crake**〖鳥〗クイナの一種. **ˊ-cràck·er**〖米〗《けいべつ的》(南部の)貧乏白人. **ˊ·crib** [ˊ ˋ]〖米〗トウモロコシ倉. **ˊ-cùt·ter** トウモロコシの茎切り機械.
～ **dance** (トウモロコシ収穫時の) 北アメリカ インディアンの踊り. ～ **dodger**〖米〗トウモロコシの堅焼きパン. ～ **exchange**〖英〗穀物取引所. ～ **factor** 穀物問屋, 穀物仲買人〔商〕. **ˊ-fed** [ˊ ˋ]〖米〗トウモロコシで養った,〖英〗麦で養った;〖俗〗太った, ぶきっちょな. **ˊ·field** [ˊ ˋ] 穀物畑, トウモロコシ〔麦〕畑. **ˊ·flag** [ˊ ˋ]〖植〗トウショウブ. **ˊ·flakes** [ˊ ˋ] *pl.* コーンフレーク《トウモロコシ製の軽焼き. 牛乳をかけ, くだものを添えて食べる》. **ˊ·flour** [ˊ ˋ] トウモロコシ粉,〖英〗穀物の粉. **ˊ·flow·er** [ˊ ˋ -]〖植〗矢車菊.
ˊ·husk [ˊ ˋ]〖米〗トウモロコシの皮. ～ **juice**〖米俗〗ウイスキー. **C～ Laws**〖英史〗穀物条令《輸入に重税を課したもの. 1846 年廃止》. ～ **liquor** 安物ウイスキー. ～ **meal**〖米〗ひき割りトウモロコシ;〖英〗ひき割り麦;〖スコットランド〗オートミール. ～ **picker** トウモロコシ自動採取機. ～ **pone** =pone². ～ **rent**〖英〗(小麦で納める) 小作料. ～ **shock** 立て並べたトウモロコシの茎の束. ～ **silk** トウモロコシの毛. **ˊ·stalk** [ˊ ˋ] (1) 穀物〔トウモロコシ〕の茎. (2)〖英話〗「のっぽ」《オーストラリア生まれの白人のあだ名》. **ˊ·starch** [ˊ ˋ]〖米〗コーンスターチ《トウモロコシのでんぷん》. ～ **sugar** トウモロコシ糖. ～ **syrup** トウモロコシ製シロップ. ～ **whisky**〖米〗トウモロコシ酒.

corn² *n.*《足指の》たこ, 魚の目. ***acknowledge the***

～ 自分の非を認める, かぶとを脱ぐ. ***tread on*** a person'***s*** ～***s*** (人)の痛いところにふれる, 感情を害する. ～ **plaster** 魚の目用こうやく.

Corn. Cornish; Cornwall.

cór·ne·a [kɔ́ːrniə] *n.* 〖医〗角膜.
～ **transplantation** 《眼科の》角膜移植.
◇ **cór·ne·al** *a.* 〖医〗角膜の.

corned [kɔːrnd] *a.* **1** 細粒にした. **2** 塩づけの. **3** 〖俗〗酔っ払った. ～ **beef** コーンビーフ.

Cor·néille [kɔːrnéi/-néi(l)|F. kɔrnɛj] *n.* Pierre ～, 1606–84, フランスの劇作家.

cór·nel [kɔ́ːrn(ə)l] *n.* 〖植〗山帽子属の一種; アメリカ山帽子.

cor·nél·ian [kɔːrníːljən] *n.* 〖鉱〗紅玉髄.

Cor·néll [kɔːrnél] *n.* Ezra ～, 1807–74, アメリカの富豪《Cornell University 設立者》.

cór·ne·ous [kɔ́ːrniəs] *a.* 角質の.

cór·ner [kɔ́ːrnər] *n.* **1** かど, 曲がりかど. **2** 《へや・箱などの》すみ, かど. **3** 片すみ, 人目につかない所; 人里離れた所. **4** 場所, 方面: every ～ of the land 土地のあらゆる所. **5** 窮地, 苦しい立場: a tight ～ 窮境. **6** 〖商〗買い占め. **7** 〖野球〗コーナー; 〖サッカー〗コーナーキック; 〖ホッケー〗コーナーヒット.
around [㊥ ***round***] ***the*** ～ かどを曲がった所に; 手近に: Christmas is just *around the* ～. クリスマスはもうすぐだ. ***cut*** ～***s*** 近道をする; 〈金・努力・時間などを〉切り詰める. ***cut*** (***off***) ***a*** ～ 近道をする. ***do in a*** ～ 秘密に行なう. ***drive into a*** ～ 追い詰める, 窮地におとしいれる. ***establish*** [***make***] ***a*** ～ ***in*** の買い占めをする. ***keep a*** ～ 一角を保持する. ***put*** [***stand***] a child ***in the*** ～ (生徒を)すみに立たせる《罰として》. ***rough*** ～***s*** 《気性などの》荒っぽさ; 粗野. ***the*** (***four***) ～***s of the earth*** 世界のすみずみ; いたるところ. ***the Poet's C***～ ウェストミンスター寺院の南外陣の南端部《多くの著名なイギリス詩人の墓・記念碑がある》; 〖笑〗新聞の詩の欄. ***turn the*** ～ かどを曲がる; 〈病気・不景気などが〉峠を越す. ***within the four*** ～***s of*** の中に囲まれて; 《文書など》の文面の範囲内にある.
—— *vt.* **1** にかどをつける. **2** すみに置く; すみに押し込める. **3** 窮地に追い詰める. **4** 買い占める. —— *vi.* 〖米〗**1** かどをなす; かどがある. **2** 買い占めする《*in*》. **3** 〈自動車が〉高速でかどを曲がる.
～ **bead** 塗り壁の保護用金属板. ～ **cabinet** [**cupboard**] 《へやのすみに収まる》三角飾り戸だな[食器戸だな]. ～**·cút·ter** 近道する人; 《比喩的》抜け道する人, 仕事の手を抜く人. ～ **man** (1) 浮浪者, 町のごろつき. (2) 黒人楽団の列の両端でカスタネットやトロンボーンを奏する人 (end man). (3) 買い占め商人. ～**·stone** [´‐‐ˋ] (1) すみ石, 土台石, 基石. (2) 《比喩的》基礎, 柱石. ～**·ways** [´‐‐ˋ], ～**·wise** [´‐‐ˋ] 斜めに, 筋違いに.
◇ ～**ed** [-d] *a.* すみに追い詰められた, 進退きわまった. ～**·er** [-nərər] *n.* 買い占める人.

cór·net [kɔ́ːrnit, ㊥⁺kɔːrnét] *n.* **1** [㊥おもに kɔːrnét] コルネット《金管楽器》; コルネット奏者; 《オルガンの》コルネット音栓(ᵒⁿˢᵉⁿ). **2** 《尼僧のかぶる》大きな帽子. **3** 《菓子などを入れる》円すい形の紙袋; 《アイスクリームを入れる》コーン. **4** 〖海〗信号旗. **5** 〖史〗騎兵旗手.
◇ **cor·nét·(t)ist** [kɔːrnétist, ´‐‐‐/kɔ́ːnit-] *n.* コルネット奏者.

cor·net-à-pis·ton(s) [kɔːrnétəpístən(z)] F. *n.* (*pl.* ***cornets-à-pistons*** [kɔːrnétsə-]) 〖楽〗コルネット (=cornet).

cór·nice [kɔ́ːrnis] *n.* **1** 〖建〗じゃばら, 軒じゃばら; じゃばら式まわりぶち. **2** 〖登山〗雪庇(ˢᵉᵗˢᵘʰⁱ).
—— *vt.* にじゃばらをつける.
◇ **cór·niced** [-t] *a.* 〖建〗じゃばらのついた.

Cór·nish [kɔ́ːrniʃ] *a.* Cornwall 州の; コーンウォール人[語]の. —— *n.* コーンウォール語《18 世紀まで話されたケルト語方言》.
～**·man** [-mən] (*pl.* ～**·men**) コーンウォール人.

cor·nó·pe·an [kɔːrnóupiən/kən-] *n.* 〖楽〗コルネット (cornet).

còr·nu·có·pi·a [kɔ̀ːrn(j)ukóupiə / -nju-] *n.* **1** 〖ギ神〗豊饒(ʰᵒᵘʲᵒᵘ)の角《Zeus に授乳したというヤギの角》; くだもの・穀物・花のあふれた角(の装飾); 角形装飾品. **2** 《比喩的》豊饒, 豊富. **3** 円すい形の紙袋. ◇ ～**n** [-n] *a.*

cor·nút·ed [kɔːrn(j)úːtid/-njúː-] *a.* **1** 角のある, 角状の. **2** 〖古〗妻に不義をされた.

Córn·wall [kɔ́ːrnwɔːl, -wəl/-wəl] *n.* イギリス南西部の州《略 Corn.》.

córn·y¹ [kɔ́ːrni] *a.* **1** 穀物[トウモロコシ]の(多い). **2** 〖米俗〗古くさい; みすぼらしい; くだらない: a ～ radio program つまらない放送番組. **3** 《ジャズ音楽が》感傷的な.

córn·y² *a.* 魚の目の(ような).

co·ról·la [kərálə/-rɔ́lə] *n.* 〖植〗花冠. ◇ **còr·ol·lá·ceous** [kɔ̀rəléiʃəs, kàr-/kɔ̀r-] *a.* 花冠の(ような).

cór·ol·làr·y [kɔ́ːrəlèri, kár-/kərɔ́ləri] *n.* **1** 〖数〗系. **2** 推論; 自然[当然]の結果.

co·ró·na [kəróunə] *n.* (*pl.* **-nas, -nae** [-niː]) **1** 〖天〗コロナ《太陽の皆既食の際その周囲に見える白光冠》; 光環《太陽・月のまわりに見える光輪》. **2** 冠, 冠状のもの; 〖医〗冠状物《歯の冠など》. **3** 〖建〗じゃばらの上部; 《教会堂の》円形燈架. **4** 〖電〗コロナ現象[放電]. **5** 〖植〗《スイセンなどの》副冠. [crown と同語源] **C～ Australis** [-ɔːstréilis] 〖天〗南冠座. **C～ Borealis** [-bɔ̀ːriéilis/-bɔ́ː-] 北冠座.

cór·o·nach [kɔ́ːrənək, kár-, -nəx/kɔ́r-] *n.* 《スコットランド・アイルランドの》葬歌, 挽歌(ᵇᵃⁿᵏᵃ).

cór·o·nal¹ [kɔ́ːrən(ə)l, kár-/kɔ́r-] *n.* 宝冠, 花冠, 花輪.

co·ró·nal² [kəróun(ə)l, kɔ́ːrən(ə)l, kárə-/kɔ́rə-] *a.* **1** 冠の, 花冠の. **2** 〖医〗頭頂の: a ～ suture 冠状縫合. **3** 〖植〗副冠の. **4** [kəróun(ə)l] 〖天〗コロナの, 光環の.

cór·o·nar·y [kɔ́ːrənèri, kár-/kɔ́rənəri] *a.* 冠の(ような), 冠状の; 花冠の; 〖医〗冠状の: a ～ artery [vein] 冠状動脈[静脈].
～ **thrombosis** 冠状動脈血栓(ᵏᵉᵗˢᵘˢᵉⁿ)症.

***còr·o·ná·tion** [kɔ̀ːrənéiʃ(ə)n, kàr-/kɔ̀r-] *n.* 戴冠(ᵗᵃⁱᵏᵃⁿ)式, 即位式.

cór·o·ner [kɔ́ːrənər, kár-/kɔ́rənə] *n.* 《変死者などの》検死官; 《所持者不明の発掘物の事件の》調査官. ～**'s inquest** 検死. ～**'s jury** 検死陪審員. ◇ ～**·ship** [-ʃip] *n.* 検死官の職[任期].

cór·o·net [kɔ́ːrənit, kár-/kɔ́r-] *n.* **1** 《貴族などがつける》宝冠, 小冠. **2** 《婦人の》頭飾り. **3** 花の冠. **4** 〖獣医〗蹄冠(ᵗᵉⁱᵏᵃⁿ).
◇ ～**·(t)ed** [-id] *a.* 宝冠をいただいた, 貴族の.

Co·rót [kəróu | F. kɔro] *n.* Jean [ʒɑ̃] B. C. ～, 1796–1875, フランスの画家.

co·ró·zo [kəróusou/-zou] *n.* (*pl.* ～**s**) 〖植〗ゾウゲヤシ《南アメリカ産》. ～ **nut** ゾウゲシュロの実《人造象げを製するため ivory nut ともいう》.

Corp., corp. Corporal; Corporation.

Corpl. Corporal.

cór·po·ra [kɔ́ːrpərə] *n.* corpus の複数形.

cór·po·ral¹ [kɔ́ːrp(ə)rəl] *a.* **1** 身体の: ～ pleasure 肉体的快楽. **2** 個人の, 個人的. **3** 〖稀・古〗=corporeal.
—— *n.* 〖宗〗聖餐(ˢᵉⁱˢᵃⁿ)布. [√corpor-]
～ **oath** 〖古〗聖書に手を触れて行なう宣誓. ～ **possession** 私有物. ～ **punishment** 体刑《おもにむち打ちの刑》.
◇ ～**·ly** [-li] *ad.* 肉体的に. **còr·po·rál·i·ty** [kɔ̀ːrpərǽləti] *n.* **1** 有形体. **2** 肉体性; (*pl.*) 肉体上の事柄[欲求].

cór·po·ral² *n.* **1** 〖軍〗伍長(ᵍᵒᶜʰᵒᵘ). **2** (C～) コーポ

ラル《アメリカの地上戦用ミサイル》. ***ship's* ～** 〖海軍〗衛兵伍長. ***the Little C～*** 小伍長《ナポレオン一世のあだ名》.
～'s guard 《伍長引率の》衛兵分隊; 少数の供.

cór·po·rate [kɔ́ːrp(ə)rit] *a.* **1** 統合された; 法人組織の. **2** 団体の, 集団の; 〖都市など〗自治の: for the ～ good 公益のために, みんなのために. **3** 協力による, 協力的な. ***body* ～** ＝～ body. ***in* one's ～ *capacity*** 法人としての資格において.
～ body 法人. **～ name** 法人〔団体〕名義. **～ property** 法人財産. **～ responsibility** 共同責任. **～ right(s)** 法人権. **～ state** 組合国家 (corporative state). **～ town** 自治都市.
◇ **～·ly** *ad.*

‡**còr·po·rá·tion** [kɔ̀ːrpəréiʃ(ə)n] *n.* **1** 法人, 社団法人. **2** (都市の)自治体; 市制地区. **3** 〖米〗有限会社, 株式会社. **4** 〖話〗たいこ腹. ***municipal* ～** 市自治体, 市行政機関. ***trading* ～** 商事会社. [√corpor-]
～ aggregate 社団法人. **～ house** 市営住宅. **～ law** 〖米〗会社法. **～ lawyer** 〖米〗会社顧問弁護士. **～ police** 〖米〗《会社などの》私設警官. **～ sole** 単独法人.

cór·po·ra·tive [kɔ́ːrpərèitiv / -rət-] *a.* 法人〔団体〕の, 共同の. **～ state** 組合国家《産業・経済部門の全組合が国家的統制のもとにあるもの》.

cór·po·ra·tor [kɔ́ːrpərèitər] *n.* 法人団体の一員; 市自治体の一員.

cor·pó·re·al [kɔːrpɔ́ːriəl/-pɔ́ːr-] *a.* **1** 肉体的な. **2** 物質的な; 〖法〗有形〔有体〕の. [√corpor-]
～ property 〔**movables**〕 有形財産〔動産〕.
◇ **～·ly** *ad.* **cor·pò·re·ál·i·ty** [kɔːrpɔ̀ːriǽliti/-pɔ̀ːr-] *n.* 有形, 肉体的存在; 有形性, 具体性.
〔類〕 → **physical**「肉体の」

còr·po·ré·i·ty [kɔ̀ːrpəríːiti] *n.* 有体性; 物質性.

cór·po·sant [kɔ́ːrpəzæ̀nt] ＝St. Elmo's fire.

corps [koːr/kɔː] *n.* (*pl.* **corps** [koːrz/kɔːz]) 《単・複同形だが発音の差に注意》 **1** 〖軍〗軍団, 兵団. **2** 団体, 団, 班. **3** 《ドイツの大学の》学友会. ***the Army Ordnance C～*** 陸軍兵器部. ***the* (*US*) *Marine C～*** アメリカ海兵隊. [<F.]
∠·man [kóːr(z)mən / kɔ́ːmən] *n.* (*pl.* **-men** [-mən]) 〖米〗陸軍衛生兵; 海軍看護兵.

corps [koːr/kɔː] F. *n.* 団体, 集団. ***～ d'armée*** [∠dɑːrméi] 軍団. ***～ de ballet*** [∠dəbæléi/-bælei] バレー団. ***～ diplomatique*** [∠diːplɔmætíːk] 外交団.

corpse [kɔːrps] *n.* **1** 死体, 死骸(しがい)《特に人間の》. **2** いまはないもの. **～ candle** 《墓地などにあらわれる》リン光, 人だま. **∠·man** [-mən] おんぼう.

cór·pu·lent [kɔ́ːrpjulənt] *a.* 肥満した, 肥えた.
◇ **-lence, -len·cy** *n.* 肥満, 肥大.

cór·pus [kɔ́ːrpəs] *n.* (*pl.* **-po·ra** [-pərə]) **1** 身体; 〖笑〗死体. **2** 《書類・文献の》集成; 《言語分析のための》資料, テキスト. **3** 主体物; 《収入・利子に対する》元金, 資本金. **4** 〖医〗(特殊)器官. [<L.]
C～ Christi → 別項. **～ delicti** [-dilíktai] 〖法〗犯罪の主体; 被殺害者の死体. **～ juris** [-dʒúː(ː)ris/-dʒúəris] ローマ法大全.

Cór·pus Chrís·ti [kɔ́ːrpəs-krísti] *n.* **1** 〖カトリック〗キリスト聖体節《Trinity Sunday のあとの木曜日》. **2** アメリカ Texas 州の港市.

cór·pus·cle [kɔ́ːrpəsl, -pʌsl/-pʌsl], **cor·pús·cule** [kɔːrpʌ́skjuːl] *n.* 小体; 〖医〗血球; 〖物〗微粒子《atom, proton, electron を含む》.
◇ **cor·pús·cu·lar** [kɔːrpʌ́skjulər] *a.*

corr. correct(ed); correction; correlative; correspond(ence); correspondent; corresponding; corrupt(ion).

cor·ráde [kəréid] *vt., vi.* 〖地〗〈河流が岩などを〉すり削る; (浸食のために)くずれ落ちる. [√rad-]

cor·rál [kərǽl/kɔrɑ́ːl] *n.* **1** 〖米〗家畜囲い; 野獣捕獲用のさく. **2** 《野営のときの野獣の攻撃に備えての》車の円陣. **—— *vt.*** (**-ll-**) **1** 囲い〔おり〕に入れる; 閉じ込める. **2** 〈車を〉円陣に並べる. **3** 〖米話〗囲む, 捕える; 獲得する.

cor·rá·sion [kəréiʒ(ə)n] *n.* (浸食作用による) 摩耗, 崩壊.

‡**cor·réct** [kərékt] *a.* **1** 正しい, 正確な. **2** 正当な; 品行の方正な, 当を得た. ***That's* ～.** そのとおり. ***the* ～ *thing*** 当を得たこと. **—— *vt.*** **1** 正す, 訂正する; 添削する; 校正する: ～ a mistake 〔one's ways〕 まちがいを直す〔行ないを正す〕. **2** たしなめる, 懲らす: ～ a child *for* disobedience いうことをきかないので子をしかる. **3** 〖機〗修正する, 調整する. [√reg-]
～ card 《競技会などの》プログラム; 礼儀作法; 礼節要項. ◇ **～·ness** *n.* 正確さ; 方正, 端正.
〔類義語〕 正確な: **correct** まちがっていない. 正解・基準などに合っている: That's *correct.* まさにそのとおり. **accurate** 気をつける→きちんと合っている, 精密な: *accurate* knowledge 正確な知識. **exact** 厳格な→寸分たがわない: the *exact* time 正確な時間. **precise** 細かなことを区別する, 切れ目がはっきりしている →正確な: a *precise* definition 正確な定義.
〔類〕 → **reform**「改良する」

***cor·réc·tion** [kərékʃ(ə)n] *n.* **1** 訂正, 修正, (誤りを)正すこと. **2** 矯正(きょうせい); 懲らしめ. **3** 補正, 調整. ***house of* ～** 感化院. ***under* ～** 誤りを正してもらうことにして: I speak *under* ～. 私の言うことにまちがいがあるかもしれませんが申します. ◇ **～·al** [-ʃən(ə)l, -ʃnəl] *a.* **1** 訂正の. **2** 矯正の; 懲らしめの.

cor·réct·i·tude [kəréktit(j)ùːd/-tjuːd] *n.* (品行の) 方正; (動作の) 端正.

‡**cor·réct·ly** [kəréktli] *ad.* 正しく, 正確に.

cor·réc·tor [kəréktər] *n.* **1** 校正者, 訂正〔添削〕者. **2** 矯正者, 懲治者; 監査官. **3** 〖薬〗調整剤, 中和剤.

correl. correlative(ly).

cór·re·late [kɔ́ːrilèit, kɑ́r-/kɔ́r-] *n.* 相互に関係のあるもの〔語〕, 相関項〔物, 語〕. **—— *vt., vi.*** 互いに関連させる〔する〕《と *with*; に *to*》: ～ facts 諸事実を関連させる. His story ～*s with* hers. 彼の話は彼女の話と関連がある.
◇ **cór·re·lat·ed** [-id] *a.* **còr·re·lá·tion** [kɔ̀ːriléiʃ(ə)n, kɑ̀r-/kɔ̀r-] *n.* 相互関係, 相関.

cor·rél·a·tive [kərélətiv/kɔ-, kə-] *a.* **1** 相互関係のある, 相関の《*with*; *to*》. **2** 類似の. **—— *n.*** 相関するもの; 〖文〗相関語句.
～ conjunction 〖文〗相関接続詞《both... and; either...or など》. → 枠付 Correlative Conjunction (p. 291). **～ terms** 〖論〗相関名辞《「父」と「子」など》. **～ words** 〖文〗相関語 (句)《the former...the latter; the one...the other など》.
◇ **～·ly** *ad.* 相関的に, 相関して.

cor·rèl·a·tív·i·ty [kərèlətíviti/kɔr-] *n.* 相互関係, 相関性.

‡**còr·re·spónd** [kɔ̀ːrispɑ́nd, kɑ̀r-/kɔ̀rispɔ́nd] *vi.* **1** 相当する, 対応する, 《…に》当たる《に *to*》. **2** 符合する, 一致する, 調和する《に *to*; と *with*》. **3** 通信する《と *with*》. [com-＋respond]

‡**còr·re·spónd·ence** [kɔ̀ːrispɑ́ndəns, kɑ̀r-/kɔ̀rispɔ́nd-] *n.* **1** 対応, 相似. **2** 一致, 調和. **3** 通信, 文通; 手紙, 書簡集: commercial ～ 商業通信, 商用文.
be in* ～ *with と文通している. ***enter* 〔*get*〕 *into* ～ *with*** と文通を始める. ***have a great deal of* ～** 文通が多い. ***keep up* ～** 文通を続ける. (***let***) ***drop* one's ～ *with*** …との通信連絡〔文通〕を絶つ. **C～ Column** 《新聞の》投書欄. **～ course** 通信教育課程. **～ school** 通信教育(学校).

‡còr·re·spónd·ent [-ənt] *n.* **1** 通信者. **2**《新聞の》**特派員**, 通信員;《新聞の》投稿者. **3**〔商〕取引先〔店〕《特に遠方の》. **4** 一致〔相当〕するもの. ≒ corespondent. ***good*** [***bad, negligent***] ～ 筆まめな〔筆無精な〕人. ***special*** ～ 特派員. ***war*** ～ 従軍記者.

—— *a.* 一致〔相当〕する《に *to, with*》.

***còr·re·spónd·ing** [kɔ̀ːrispándiŋ, kɑ̀r- / kɔ̀ri-

文法要説…(**6**)

Correlative Conjunction

（相関接続詞）

both...and, either...or, neither...nor, not only...but (also) などのように, 一対の語句が連関して接続の作用をするものを**相関接続詞** (correlative conjunction) といい, 各対の第 1 (both など), 第 2 (and など) のそれぞれの要素を**相関語句** (correlative) という. なお, ここで扱うものは and など等位接続詞を含んで等位接続詞に相当する機能をもち, 正確には**等位相関接続詞** (co-ordinate correlative conjunction) と呼ばれる. このほか so...that のように**従位相関接続詞** (subordinate correlative conjunction) と呼ばれるものがあるが, 本項では扱わない.

等位相関接続詞全般に共通なこととして, 次のような事項に注目することができる.

1）**並列の形式**

both A and B などにおいて, A と B とは同品詞か, 文法上の機能が等しいものであるのが原則:

a) Both *my brother* and *I* are students. 私の兄も私も学生だ.

b) He must be either *a singer* or *a dancer*. 彼は声楽家か, それとも舞踊家か, どちらかに違いない.

c) They are neither *rich* nor *poor*. 彼らは金持ちでも貧乏でもない.

d) Mr. X is well-known not only *in Japan*, but also *in many other countries* [but *all over the world*]. X 氏は日本(で)ばかりでなく, 他の多くの国においても〔世界じゅうで〕有名である.

これらの例文において, a) では my brother も I も主格の名詞・名詞相当語句, b) では a singer も a dancer も冠詞つきの普通名詞, c) では rich も poor も形容詞, d) では in Japan も in many other countries [all over the world] も場所を示す副詞句である.

d) において Mr. X is well-known not only *in Japan* but *many other countries*. とすると平衡がこわれる (in Japan が副詞句なのに対して many other countries は名詞句である). 実際には口調のかげんで both *on Sunday* and *Saturday* のような不平衡はしばしば行なわれるが, 潔癖な伝統的文法では誤りとされる. われわれ外国人としては初歩のうちは避けるのが安全.

2）**主語と動詞**

相関接続詞を用いた語句が主語となるばあい, 動詞の人称と数に注意を要する.

a) both A and B は常に複数: *Both* my brother *and* I *are* students. 《my brother and I＝we》.

b) 他の三つの相関接続詞では (1) A, B のとる動詞形が一致すれば, 動詞はこれに合わせ, (2) A, B のとる動詞の形が異なれば, 動詞は B に合わせる:

(1) Either he or she *is* to blame. 彼か彼女か, どちらかが悪いのだ《he *is*, she *is*》. Neither he nor I *was* wrong. 彼も私もまちがっていなかった《he *was*, I *was*》. Not only we but (also) they *know*. 私たちばかりでなく彼らも知っている《we *know*, they *know*》.

(2) Either he or I *am* to blame. 彼か私か, どちらかが悪いのだ《he is, I *am*》. Not only he but we *were* glad. 彼ばかりでなく, 私たちも喜んだ《he was, we *were*》. Not only she but (also) they *know*. 彼女ばかりでなく, 彼らも知っている《she knows, they *know*》.

〈注〉ただし (2) の形はなるべく避け, 次のように言い替えるのが無難: Either *he is* to blame, or *I* am. 彼が悪いか, 私が悪いか, どちらかだ. Both *she* and *they* know. 彼女も彼らも知っている.

〈付記₁〉A **as well as** B と **both** A **and** B, **not only** A **but** (**also**) B この三つはだいたい意味はおなじだが, A as well as B では, B はつけたりで, 動詞は A だけで決まる: *He* as well as I *is* to blame. 私と同様, 彼も悪いのだ. →上記 a), b) の相当例と比較.

〈付記₂〉*both* A *and* B の both, および *either* A *or* B の either は「つけたり」で, これらを除いてもあまり意味の変わらぬばあいが多い. 上の主語と動詞に関する法則も, それぞれ A *and* B, A *or* B に対する一般法則の応用にすぎない.

〈付記₃〉**not only** A **but** (**also**) B **における also の有無**

a) **also 無し**: (1)《B が A を包含》 He is well-known *not only* in Japan *but* throughout the world. 彼は日本ばかりでなく世界じゅうで有名だ. (2)《B は A の詳述》 This dictionary is *not only* good, *but* very good. この辞書は, ただよい(という)ばかりでなく, 非常によい.

b) **両形併用**《A と B は対等で別個》: He is well-known *not only* in Japan *but* (*also*) in America [in many other countries]. (彼は日本でばかりでなくアメリカ〔他の多くの国〕でも有名だ). 結局, 迷ったときには常に also なしで済ませば安全.

〈付記₄〉**not only に続く節の語順** not only A but B において, A, B は通常は文の 1 要素 (主語・述語動詞・目的語・補語・副詞など) にすぎないが, ときとして (おもに書いた文で) A, B に節を用いたいことが起こる. そのようなばあい, 通常 A における主語と動詞が倒置する.

a) be, have および一般助動詞(すなわち変則定形動詞)では, そのまま倒置: Not only *was he* the right man, but *his friends were* very co-operative. 彼が適任者だったばかりでなく, その友人たちが非常に協力的だった.

比較: Not only *he* but *she* is kind. 彼ばかりでなく, 彼女も親切だ《A, B はともに主語のみ》.

b) 一般動詞のばあいには動詞に助動詞 do を添えて倒置《もちろん do は人称・時制・数により変化する》: Not only *do we know* him, but *we know* him inside out. 私たちは彼を知っているばかりでなく, 彼のことはなにからなにまで知っています.

上記 a) の例では A, B が主部・述部ともに共通点をもたないので, 言い替えができないが, b) の例では主語が共通なので, 倒置を用いない普通の形に言い替えができる: *We* not only *know him*, but *know him* inside out. したがってこのばあいに Not only と文頭におくのは主として強調のための文体上の要請による. この種のものに次のように B が節をなさないものもあるが, A, B の機能が並行しないので誤りとする人もある: Not only *was he ready*, but *pleased* to help us. 彼は進んで助けてくれたばかりでなく, 喜んで助けてくれた (＝He *was* not only *ready* but *pleased* to help us.).

spɔ́nd-] *a.* **1** 対応する, 相当する. **2** 符合する, 一致する, 調和する《に *to*; と *with*》. **3** 通信する: a ~ member《学会の》通信会員, 客員《遠方にあって通信だけで連絡を保つもの》. **4** 取引する.
◇ **~·ly** *ad.* 相応じて.

còr·re·spón·sive [-spánsiv/-spɔ́n-] *a.* 反応する; 応ずる.

‡**cór·ri·dor** [kɔ́:ridər, kár-, -dɔ̀:r/kɔ́ridɔ:] *n.* 廊下, 回廊; (しばしば C~)〖地政〗回廊地帯. ***the Polish C~*** ポーランド回廊(地帯). **~ train**〖英〗通廊列車《客車の片側に廊下が通じている》.

cór·rie [kɔ́:ri, kári/kɔ́ri] *n.* 山腹の丸いほら穴.

còr·ri·gén·dum [kɔ̀:ridʒéndəm, kàr-/kɔ̀r-] *n.* (*pl.* **-da** [-də]) (要) 訂正事項; ミスプリント; (*pl.*) 正誤表. [√reg-]

cór·ri·gent [kɔ́:ridʒənt, kár-/kɔ́r-] *n.* 〖医〗矯正(きょうせい)薬《薬剤の味・色・においを直す》.

cór·ri·gi·ble [kɔ́:ridʒəbl, kár-/kɔ́r-] *a.* **1** 改められる, 矯正(きょうせい)できる; 改善できる, 改良の余地がある. **2** すなおな, 従順な. [√reg-]

cor·rí·val [kəráiv(ə)l] *n.* 競争相手.

cor·rób·o·rant [kərábərənt/-rɔ́b-] *a.* **1** 確証する, 確証の. **2** 強くする. —— *n.* **1**〖医〗強壮剤. **2** 確証するもの.

cor·rób·o·rate [kərábərèit/-rɔ́b-] *vt.* 確かめる, 確認する, に確証を与える. [√robor-]
◇ **-ra·tive** [-rèitiv/-rətiv] *a.* **-ra·tive·ly** *ad.* **-ra·tor** [-rèitər] *n.* 確証する人〔物〕. **-ra·to·ry** [-rətɔ̀:ri/-rətəri] *a.* 確実にする, 確証する.

cor·ròb·o·rá·tion [kəràbəréiʃ(ə)n/-rɔ̀b-] *n.* **1** 確実にすること; 確証. **2** 確証的な事実〔陳述〕. ***in ~ of*** を確証するために〔確認して〕.

cor·rób·o·ree [kərábəri/-rɔ́b-] *n.* **1**《オーストラリア原住民の祭りまたは戦闘前夜の》コロボリー踊り(の歌). **2** お祭り騒ぎ.

cor·róde [kəróud] *vt.* **1** 侵食する, 腐食する. **2** 〈人の性格などを〉害する, むしばむ, の心に食い込む. —— *vi.* 腐食する, 侵食される. [√rod-]

cor·ró·sion [kəróuʒ(ə)n] *n.* **1** 侵食, 腐食, 腐食作用〔状態〕; 腐食により生じた物《さびなど》. **2** 消耗; 《心配などが》心に食い入ること. → 動詞 corrode.

cor·ró·sive [kəróusiv] *a.* 腐食〔侵食〕性の; (精神的に) むしばむ. —— *n.* 腐食物, 腐食剤. **~ sublimate**〖化〗昇コウ.
◇ **~·ly** *ad.* 腐食して, 侵食的に.

cór·ru·gate [kɔ́:rugèit, kár-/kɔ́r-] *vt.* にしわをつける, に段〔波形〕をつける. —— *vi.* しわが寄る; 波形になる. —— [-git, ㊟⁺-gèit] *a.* しわ〔段〕のついた; 《皮膚が》しわだらけの. **~ iron** 波形鉄板, なまこ鉄板〔トタン〕. **~ paper** 段ボール.
◇ **-gat·ed** [-gèitid] *a.* しわの寄った, 波形をつけた. **-ga·tor** [-gèitər] *n.* **1** 皺眉(しゅうび)筋. **2** 段ボール紙製造機〔係〕.

còr·ru·gá·tion [kɔ̀:rugéiʃ(ə)n, kàr-/kɔ̀r-] *n.* **1** しわを寄らせること, しわになること. **2** しわ; 《鉄板などの》波形.

‡**cor·rúpt** [kərʌ́pt] *a.* **1** 不正な, わいろのきく; 堕落した, 退廃した: ~ practices 不正行為, 収賄. **2** 《ことばが》なまった, まちがった; 《文などが》まちがいだらけの. **3** 腐敗した, 腐った; よごれた, 汚染した: ~ air よごれた空気. —— *vt.* **1** 買収する. **2** 〈人を〉堕落させる; 〈品性を〉汚す. **3** 〈原文を〉改悪する; 〈言語を〉不純化する, なまらせる. **4** 腐敗させる. —— *vi.* 堕落する, 腐敗する. [con-+√ru(m)p- こわす]
◇ **~·er** *n.* 収〔贈〕賄する人, 汚職政治家〔官吏〕. **~·ly** *ad.* 腐敗して; 背徳的に; なまって. **~·ness** *n.*

cor·rúpt·i·ble [kərʌ́ptəbl] *a.* 腐敗しやすい; 堕落しやすい; わいろのきく.
◇ **-bly** *ad.* **cor·rùpt·i·bíl·i·ty** [kərʌ̀ptəbíləti] *n.*

cor·rúp·tion [kərʌ́pʃ(ə)n] *n.* **1** 腐敗; 堕落, 背徳; 悪風. **2** 汚職, 贈〔収〕賄. **3**《ことばの》なまり, 不純化; 《原作の》改ざん. ***~ of blood***〖法〗《重罪による》血統汚損.

cor·rúp·tive [kərʌ́ptiv] *a.* 腐敗性の; 腐敗〔堕落〕させる《を *of*》.

cor·ságe [kɔ:rsá:ʒ] *n.* **1**《婦人服の》胸部, 胴着. **2**《アクセサリーとして胸や肩につける》花束.

cór·sair [kɔ́:rsɛər] *n.* 私略船《特にアフリカ北岸の回教徒の》; 海賊(船).

corse [kɔ:rs]〖古・雅〗=corpse.

Cor. Sec(y). Corresponding Secretary.

córse·let [kɔ́:rslit] *n.* **1**〖古〗胴よろい. **2** [㊟ kɔ̀:rs(ə)lét] コースレット《コルセットとブラジャーを一つにした》. **3**〖動〗こん虫の胸部.

cór·set [kɔ́:rsit] *n.* コルセット. —— *vt.* **1** にコルセットをつける. **2** 締めつける; きびしく規制する.
◇ **~·ed** [-id] *a.* コルセットをつけた.

Cór·si·ca [kɔ́:rsikə] *n.* コルシカ《地中海上のフランス領の島. ナポレオン一世の生地》.

Cór·si·can [kɔ́:rsikən] *a.* コルシカ島〔人, 方言〕の. —— *n.* コルシカ人; コルシカ方言. ***the (great) ~*** ナポレオン一世.

córs·let =corselet.

cor·tége, *cor·tège* [kɔ:rté(i)ʒ/-téidʒ] F. *n.* 供奉(ぐぶ)員; 行列, 鹵簿(ろぼ).

Cór·tes[1] [kɔ́:rtiz/-tes, -tez] *n. pl.* 議会《スペイン・ポルトガルの二院制の》.

Cór·tes[2], **Cór·tez** [kɔ́:rtez, ――́], ***Cor·tés*** [kɔ:rtés] *n.* Hernando [hərnǽndou-] ~, 1485–1547, スペインの探検家でメキシコの発見者・征服者.

cór·tex [kɔ́:rteks] *n.* (*pl.* **-ti·ces** [-tisi:z]) 外皮; 〖植〗樹皮, 皮層; 〖医〗皮質.

cór·ti·cal [kɔ́:rtik(ə)l] *a.* 外皮〔外層〕の; 〖医・動〗皮質の; 〖植〗樹皮〔果皮〕の.

cór·ti·cate [kɔ́:rtikit, -kèit/-kit], **cór·ti·cat·ed** [kɔ́:rtikèitid] *a.* 外皮〔皮層〕のある; 樹皮のある.

cor·tíc·o·lous [kɔ:rtíkələs] *a.* 〖動・植〗《虫などが》樹皮(中)にすむ〔寄生する〕.

cór·ti·sone [kɔ́:rtisòun, -zòun/-zoun] *n.* コーチゾン《副じんの外皮から分泌するホルモンの一種. 関節炎などの治療剤. Compound E ともいう》.

co·rún·dum [kərʌ́ndəm] *n.* 〖鉱〗コランダム, 金剛砂.

cór·us·cate [kɔ́:rəskèit, kár-/kɔ́r-] *vi.* きらめく, ぴかぴか光る; 《才気が》ひらめく.
◇ **còr·us·cá·tion** [――kéiʃ(ə)n] *n.*

cor·vée [kɔ:rvéi] F. *n.* **1**《封建時代の》賦役(ふえき), 強制労役. **2**《道路修理などの》勤労奉仕.

cor·vét(te) [kɔ:rvét] *n.* 〖史〗《大きさが frigate に次ぐ昔の》一段砲装木造帆走艦; 〖英〗コルベット艦《商船護送用の小型の快速艦》.

cór·vine [kɔ́:rv(a)in/-vain] *a.* カラスの(ような).

Cór·vus [kɔ́:rvəs] *n.* **1**〖天〗カラス座. **2**〖鳥〗カラス属.

Cór·y·bant [kɔ́:ribænt, kár-/kɔ́r-] *n.* (*pl.* **~s**, **Còr·y·bán·tes** [――bǽnti:z]) **1**〖ギ神〗女神 Cybele の従者《騒々しい酒宴と乱舞をもって儀式を行なった》. **2** (c~) 飲み騒ぐ人.
◇ **Còr·y·bán·tic** [――bǽntik] *a.* コリバントの; 騒騒しい音楽と踊りの, 狂乱的な.

Cór·y·don [kɔ́:ridn, kár-, -dàn/kɔ́rid(ə)n] *n.* 《牧歌にあらわれる代表的な》羊飼い; いなかの若者.

cór·ymb [kɔ́:rim(b), kár-/kɔ́rimb] *n.* 〖植〗散房花序.

co·rým·bose [kərímbous/kɔ̀rimbóus] *a.* 〖植〗散房花序の, 散房状の.

còr·y·pháe·us [kɔ̀:rifí:əs, kàr-/kɔ̀r-] *n.* (*pl.* **-i** [-fí:ai]) **1**《古代ギリシア劇または近代歌劇などの》合唱隊首唱歌手〔指揮者〕. **2** 指導者, リーダー.

cor·y·phée [kɔ̀:riféi, kàr-/kɔ́rifei] F. *n.* コリフェ《バレーの一般舞踏手のすぐ上の位で数人で踊る》.

co·rý·za [kəráizə] *n.* 〘医〙鼻カタル, 鼻かぜ.
cos[1] [kɑs/kɔs] *n.* 〘植〙ココチシャの一種.
cos[2] cosine. **cos.** companies; counties. **C.O.S., c.o.s.** 〘商〙 cash on shipment 積み込み払い.
co·saque [F. kɔzak, ㊧⁺kɔzá:k] **F.** *n.* 引き玉《引くと破裂して菓子などが出る》.
cose =coze.
cosec cosecant.
co·sé·cant [kousí:kənt, -kænt/kóusi:k(ə)nt] *n.* 〘数〙コセカント, 余割.
co·séis·mal [kousáism(ə)l, -sáiz-], **-mic** [-mik] *a.* 等震波圏上の.
có·sey =cozy.
cosh [kɑʃ/kɔʃ] *n.* 〘英俗〙《警官の》こん棒;《暴力団の用いる》金属などを詰めたチューブ棒. —— *vt.* こん棒〔チューブ棒〕で打つ.
cósh·er [káʃər/kɔ́ʃə] *vt.* ぜいたく〔わがまま〕をさせる, 甘やかす《*up*》.
có·sie =cozy.
co·síg·na·to·ry [kousígnətɔ̀:ri/⊥⊥–t(ə)ri] *a.* 連署の: ～ powers 連署国. —— *n.* 連署者.
có·si·ly =cozily.
có·sine [kóusain] *n.* 〘数〙コサイン, 余弦.
có·si·ness =coziness.
cos·mét·ic [kɑzmétik/kɔz-] *n.* (しばしば *pl.*) 化粧品(類). —— *a.* 化粧用の, 美顔〔美髪〕用の.
còs·me·tí·cian [kɑ̀zmitíʃ(ə)n/kɔ̀z-] *n.* 化粧品製造〔販売〕人; 美容(術)師.
còs·me·tól·o·gy [kɑ̀zmitálədʒi / kɔ̀zmitɔ́l-] *n.* 化粧品学, 美容術. ◇ **-gist** *n.* 美容師.
cós·mic [kázmik/kɔ́z-], **-mi·cal** [-(ə)l] *a.* 1 宇宙の. 2 広大無辺な. 3〘稀〙秩序整然たる.
～ **dust** 宇宙塵(じん)《宇宙間に散在する微粒物質》. ～ **fog** 〔**clouds**〕星雲. ～ **philosophy** 宇宙(進化)論 (cosmism). ～ **rays** 宇宙線. 〈注〉これらの合成語では cosmic が普通.
◇ **cós·mi·cal·ly** *ad.* 宇宙的に, 宇宙の法則に従って; 大規模に.
cós·mism [kázmiz(ə)m/kɔ́z-] *n.* 〘哲〙宇宙(進化)論.
cosmo- 「宇宙, 世界」の意の語形成要素.
cos·móg·o·ny [kɑzmágəni/kɔzmɔ́g-] *n.* 1 宇宙〔天地〕の発生〔創造〕. 2《理論的な》宇宙進化論;《神話的な》宇宙開闢(かいびゃく)説.
◇ **-nist** [-nist] *n.* 宇宙進化論者.
cos·móg·ra·phy [kɑzmágrəfi/kɔzmɔ́g-] *n.* 宇宙(形状)誌.
◇ **-pher** [-fər] *n.* ～学者. **còs·mo·gráph·ic** [kɑ̀zməgrǽfik/kɔ̀z-], **còs·mo·gráph·i·cal** *a.*
cos·mól·o·gy [kɑzmálədʒi/kɔzmɔ́l-] *n.* 宇宙哲学, 宇宙論. ◇ **-gist** [-dʒist] *n.* **còs·mo·lóg·i·cal** [kɑ̀zməládʒikəl/kɔ̀zməlɔ́dʒi-] *a.*
cós·mo·naut [kázmənɔ̀:t/kɔ́z-] *n.* 宇宙飛行士.
◇ **còs·mo·náu·tic** [⊥–nɔ́:tik], **còs·mo·náu·ti·cal** *a.* 宇宙飛行の.
còs·mo·náu·tics [kɑ̀zmənɔ́:tiks/kɔ̀z-] *n.pl.* 《単数扱い》航宙飛行学〔術〕.
còs·mo·plás·tic [kɑ̀zmoplǽstik/kɔ̀z-] *a.* 宇宙〔世界〕形成の.
cos·móp·o·lis [kɑzmápəlis/kɔzmɔ́p-] *n.* 国際都市.
***còs·mo·pól·i·tan** [kɑ̀zməpálit(ə)n/kɔ̀zməpɔ́l-] *n.* 世界人, 世界主義者. —— *a.* 1 世界主義の, 世界を家とする. 2 世界共通の, 全世界的;〘生〙全世界分布の.
◇ **～·ism** [-iz(ə)m] *n.* 世界主義, 四海同胞主義. **～·ize** [-àiz] *vt., vi.* 世界(主義)的にする〔なる〕.
cos·móp·o·lite [kɑzmápəlàit / kɔzmɔ́p-] *n.* 1 =cosmopolitan. 2 世界各地に分布する動植物. —— *a.* =cosmopolitan.
còs·mo·rám·a [kɑ̀zmərǽmə, -rá:- / kɔ̀zmərá:mə] *n.* 世界風俗〔名所〕のぞきめがね.
cós·mos [kázməs, -mɑs/kɔ́zmɔs] *n.* 1《秩序と調和の具現としての》宇宙, 天地万物. 2《観念などの》秩序ある体系; 秩序, 調和. ↔ chaos. 3〘植〙コスモス.
Cós·sack [kásæk/kɔ́s-] *n.* 1《ロシアの》コサック人; コサック騎兵. 2〘米〙騎馬巡査. 3 (*pl.*)〘商〙ズボン.
cós·set [kásit/kɔ́s-] *n.* 手飼いの子羊; 手飼いの動物; 寵児(ちょうじ). —— *vt.* かわいがる, 愛育する.
‡**cost** [kɔ:st/kɔst, kɔ:st] *n.* 1 価格, 原価; 代価. 2 費用, 入費: the ～ of living 生活費, 物価. the prime 〔first〕～ 仕入れ〔第一〕原価. 3《金・時・労力などの》犠牲, 損失. 4 (*pl.*) 訴訟費用. ***at a*** 〔***the***〕 ***～ of*** の費用で. ***at a heavy*** 〔***great***〕 ～ 非常な損をして〔犠牲を払って〕. ***at all ～s*** =***at any cost*** どんな犠牲を払っても, ぜひとも. ***at*** 〔***below***〕 ～ 原価〔原価以下〕で. ***at*** a person***'s*** ～ (人)の費用で, (人)に損をかけて. ***at the ～ of*** を犠牲にして: work *at the ～ of* health 健康を害するほど働く. ***～ of living index*** 生活費指数. ***free of ～*** 無料で, ただで. ***to a*** person***'s*** ～ (人)の負担で, (人)に迷惑〔損害〕をかけて.
—— *vt.* (**cost**; **cóst·ing**) 1 の費用がかかる: It will ～ five dollars. (費用が) 5ドルかかるだろう. The house *cost* him a great deal of money. あの家には彼はずいぶん金をかけた. 2 <労力・時間などを> 要する, 失わせる, 犠牲にさせる: It *cost* us much time. とても時間がかかった. It may ～ him his life. それで彼は命を失うかもしれない. 3 に負担〔苦労, 心痛〕をかける, に重荷になる: It ～*s* me much to tell you that. そのことをお話するのはずいぶんつらいんです. 4〘商〙の原価〔生産費〕を見積もる. 〈注〉この動詞は受動態にはならない.
～ a person ***dear***(***ly***) 高いものにつく; ひどい〔つらい〕目に会わせる. ～ ***what it may*** どれだけ費用がかかっても; どんな犠牲を払っても, どんなことがあっても.
～ **account** 〔**clerk**〕原価計算係. **～-ac·cóunt** の原価計算をする; 正確に見積もる. ～ **accounting** 原価計算. ～ **book** 原価元帳. **～-book** [⊥⊥] 〘英〙《鉱山の》会計原簿. **～-frée** 無料の〔で〕. **～-plús** 利潤込み生産費《政府が入札させるときの原価に適正利潤を加えたもの》.
◇ **～·ing** *n.* 1〘経〙原価計算. 2 (しばしば *pl.*) 生産費. 〔類〕 → **price**「値段」
cós·ta [kástə/kɔ́s-] *n.* (*pl.* **-tae** [-ti:])〘医〙ろっ骨;〘植〙(葉の)主脈.
cós·tal [kástl/kɔ́s-] *a.* ろっ骨の; ろく脈の.
có·stár [kóustá:r] *n.* 〘劇・映〙共演スター, 共演者. —— [⊥⊥, –⊥] *vt., vi.* (**-rr-**) 共演させる〔する〕.
cós·tard [kástərd/kás-, kɔ́s-] *n.* 1 大リンゴの一種《イギリス産》. 2〘古・笑〙頭.
Cós·ta Rí·ca [kástə rí:kə, kɔ́:s-, kóus-/kɔ́s-] *n.* コスタリカ《中央アメリカの共和国》. ◇ **Cós·ta Rí·can** [-n] *a., n.* コスタリカの; コスタリカ人(の).
cós·tate [kásteit, kɔ́:s-/kɔ́s-] *a.* 〘医〙ろっ骨のある; 中ろくのある.
cos·téc·to·my [kɑstéktəmi/kɔs-] *n.* 〘医〙ろっ骨切除.
cós·ter [kástər, kɔ́:s-/kɔ́s-], **cós·ter·mòn·ger** [-mʌŋgər]〘英〙*n.* くだもの〔野菜, 魚〕の大道商人《商品を手押し車に載せる》. —— *vi., vt.* (の)～をやる.
cós·tive [kástiv, kɔ́:s-/kɔ́s-] *a.* 1 便秘の. 2〘古〙動作の鈍い; 優柔不断な.
‡**cóst·ly** [kɔ́:stli/kɔ́st-, kɔ́:st-] *a.* 1 高価な, 費用のかさむ, ぜいたくな: Sturdy furniture is more or less ～. がんじょうな家具はいずれにせよ高価だ. 2 犠牲の多い: a ～ mistake 高くつく誤り.
◇ **-li·ness** [-linis] *n.*
〔類〕 → **expensive**「高価な」
cóst·mar·y [kástmɛ̀(:)ri, kɔ́:st- / kɔ́stmɛəri] *n.* 〘植〙ヨモギギクの類.
‡**cós·tume** [kást(j)u:m/kɔ́stju:m] *n.* 1 服装, 身なり; 婦人服. 2《結髪なども含めて時代・地方・国民

に独特な》服装様式, 風俗. 3《芝居・劇の》時代衣装: a ～ piece [play] 時代劇. ━━ [ー∠] *vt.* に衣装を着せる;〈芝居の〉衣装を用意する: ～ a play. **～ ball** 仮装舞踏会.

cos·túm·er [kast(j)ú:mər / kɔstjú:mə], **-i·or** [-miər] *n.* 《演劇・舞踊用などの》衣装屋; 《特に》その貸し衣装屋; 《演劇の》衣装方 [係].

co·súre·ty [kouʃúərti, kóu-] *n.* 共同保証人. ◇ **～·ship** *n.*

có·sy =cozy.

cot[1] [kat/kɔt] *n.* 1 〖雅〗あばら家. 2 《羊・ハトなどの》小屋, 囲い. 3 おおい, さや; 指サック. ━━ *vt.* (**-tt-**) 小屋に入れる.

cot[2] *n.* 簡易寝台, 《ホテルの》補助ベッド; 〖英〗小児用寝台; 〖海〗つり床.

cot[3] cotangent.

co·tán·gent [koutǽndʒ(ə)nt/kóu-] *n.* 〖数〗コタンジェント, 余接.

cote [kout] *n.* 小屋《羊・ハトなどの》.

co·teau [kɔ:tóu, kou-] F. *n.* (*pl.* **～x** [-z]) 〖米・カナダ〗高原, 高地.

Côte d'A·zur [F. ko:tdazy:r] *n.* 紺碧(ぺき)海岸《南フランスの避暑・避寒地 Riviera の別称》.

co·tèm·po·rá·ne·ous [koutèmpəréiniəs/kóu-], **co·tém·po·ràr·y** [koutémpərèri / ∠∠ー-rəri] =contemporaneous, contemporary.

co·tén·ant [kouténənt/∠∠ー] *n.* 共同借地[借家, 小作]人.

có·te·rie [kóutəri] *n.* 仲間, グループ; 《文芸などの》同人, 一派; 《政治などの》徒党, 閥. [<F.]

co·thúr·nus [koθə́:rnəs] *n.* (*pl.* **-ni** [-nai]) 1 《古代ギリシアの悲劇俳優のはいた》半長ぐつ. 2 悲劇(的調子).

co·tíl·l(i)on [kətíljən] *n.* 1 コティヨン《カドリール (quadrille) に似た活発な社交ダンス. フランス起源》; その曲. 2 〖米〗しじゅう相手を変える複雑なダンス; その曲.

Cóts·wold [kátswould, -wəld/kɔ́ts-] *n.* 大型長毛の羊の一種《原産地イギリス南西部の山脈名から》.

‡**cót·tage** [kátidʒ/kɔ́t-] *n.* 1 いなか家, 小さな家, つましい家. 2 《郊外の》小住宅; 《いなかの》別荘. 3 〖英〗《農夫・労働者たちの》小さい家; 〖米〗《病院・寄宿舎などの》一戸建ち. ***love in a ～*** 貧しくても楽しい夫婦暮らし.

～ cheese 〖米〗《すっぱくなった牛乳からつくる》柔らかい白いチーズ. **～ farmer** 小作農. **～ hospital** 《住み込み医師のいない》小病院. **～ loaf** 大小二つ重ねのパン. **～ piano** 竪型(たて)小ピアノ. **～ pie** いなかパイ《一種の肉まんじゅう》. **～ pudding** 味のないカステラに果汁(じゅう)をかけたプディング. **～ window** 上げ下げ窓で上のサッシュの小さいもの.

◇ **cót·tag·er** [-ər] *n.* 小さな家に住む人; 〖米〗別荘の住人 [持ち主]; 〖英〗小百姓; 農場労働者.

cót·ter[1], **cót·tar** [kátər/kɔ́tə] *n.* 〖スコットランド〗《農場・小さな家に住む》日雇い農夫, 小作人.

cót·ter[2] [kátər/kɔ́tə], **cót·ter·el** [kátərəl/kɔ́t-] *n.* 〖機〗コッター, 横くさび, くさび栓(せん); 割り [止め] ピン (=～ pin); 〖建〗こみ栓.

cót·ti·er [kátiər/kɔ́t-] *n.* 小百姓; 《アイルランドの》小作農.

‡**cót·ton** [kátn/kɔ́tn] *n.* 1 綿, 綿花; 〖植〗綿(の木). 2 綿糸, カタン糸. 3 もめん, 綿織物. 4 《他の植物の》綿毛. ***absorbent ～*** 〖米〗脱脂綿. ***a needle and ～*** もめん糸を通した縫い針. ***raw ～*** 生綿(きわた), 綿花. ***sewing ～*** カタン糸. ━━ *vi.* 〖話〗くっつく, 仲よくする《と *to, with*》; 好きになる《が *to*》, 愛着する《に *to*》; 賛成する《に *with*》. **～ *on* (*to*)** 〖俗〗理解する. **～ *up*** 親密になる《*together*; と *with*》, 近づきになる《と *to*》.

C～ Belt, the 綿花産出地帯《アメリカ南部諸州》. **～ cake** 綿の実のしめかす《飼料用》. **～ candy** 綿菓子. **～ flannel** 綿フランネル (Canton flannel). **～ gin** 綿繰り機械. **～ goods** *pl.* 綿製品. **～ grass** 〖植〗ワタスゲ, サギスゲ. **～ grower** 綿花栽培者. **～ lord** 〖英〗綿業王. **～ meal** 綿の実のしめかすでつくった家畜のえさ, 肥料. **～ mill** 紡績工場. **～·mouth** [-màuθ] 〖米〗毒ヘビの一種. **～ oil** 綿の実油. **～ picker** 採綿機; 綿を摘む人. **～ powder** 粉末綿火薬. **～ press** 繰り綿プレス. **～·seed** [-si:d] 綿の実. **～ spinner** 《綿糸》紡績工; 紡績工業主. **C～ State, the** アメリカ Alabama 州の別称. **～·tail** [-tèil] 白毛ウサギ《アメリカ産》. **～ waste** 綿くず; 〖植〗父子草, ホウコグサ. **～·wood** [-wùd] 〖植〗箱柳《北アメリカ産》. **～ wool** 綿花, 生綿; 精製綿; 〖英〗脱脂綿 (= absorbent ～).

còt·ton·óc·ra·cy [kàt(ə)nákrəsi/kɔ̀t(ə)nɔ́k-] *n.* 綿業王国; 《集合的》綿業王.

còt·ton·óp·o·lis [kàt(ə)nápəlis/kɔ̀t(ə)nɔ́p-] *n.* 紡績の都《イギリス Manchester の別称》.

cót·ton·pick·in' [kátnpikin/kɔ́t-] *a.* (綿を摘むしか) 能のない; 途方もない.

cót·ton·y [kát(ə)ni/kɔ́t-] *a.* 1 綿の(ような), ふんわりした. 2 綿毛のある, けばだった.

còt·y·lé·don [kàt(i)lí:d(ə)n/kɔ̀t-] *n.* 1 〖植〗子葉《胚(はい)の初葉》. 2 イワレンゲ属の植物. ◇ **～·ous** [-d(ə)nəs] *a.* 子葉のある, 子葉状の.

‡**couch** [kautʃ] *n.* 1 寝いす, 長いす; 〖雅〗寝床, とこ. 2 《野獣の》隠れ場, 穴. 3 《麦こうじの》もやし床. 4 〖画〗下塗り. ━━ *vt.* 1 横たえる, ねかす: be ～*ed* on the grass 草の上に横になる. 2 〈麦こうじを〉ねかす. 3 言いあらわす, 暗に含ませる: a letter ～*ed* in beautiful words 美しいことばでつづられた手紙. the threat ～*ed* under polite words 丁寧なことばに暗に含まれたおどし. 4 〈やりなどを〉下段に構える. ━━ *vi.* 1 休む, 横たわる. 2 《飛びかかろうとして》うずくまる, かがむ. 3 待ち伏せする. 4 《枯れ葉などが》積もる, 朽ちる.

～ grass 〖植〗カモジグサの類.

◇ **～·ant** [káutʃ(ə)nt] *a.* うずくまった; 〖紋〗《獣が》頭をもたげうずくまった姿勢の.

Cou·é·ism [ku:éiiz(ə)m/kú:ei-] *n.* クーエ療法, 自己暗示法《フランスの心理学者 Émile Coué, 1857–1926, 創始》. 〈注〉見出し é の上の記号は実際に書くときにもつける.

cóu·gar [kú:gər] *n.* 〖動〗アメリカライオン(panther, puma).

‡**cough** [kɔ:f, kaf/kɔf, kɔ:f] *n.* 1 せき, せきばらい: a dry ～ からぜき. give a ～ せき(ばらい)をする. 2 せきの出る病気. ━━ *vi.* せきをする, せきばらいをする. ━━ *vt.* せきをして言う. **～ *down*** せきばらいをして黙らせる. **～ *up* [*out*]** せきをして吐き出す; 〖俗〗白状する, うっかりもらす; 《特にしぶしぶ》支払う; 手渡す. **～ drop** せき止めドロップ.

†**could** → 枠付 could. (p. 295)

‡**cóuld·n't** [kúdnt] could not の短縮形.

couldst [kudst] =could《主語が thou のとき》.

cóu·lee [kú:li], ***cou·lée*** [ku:léi] F. *n.* 〖米〗斜壁谷《アメリカ西北部の大洪水(こうずい)でできた深い谷》; 〖地〗溶岩流.

cou·leur de rose [ku:lə:rdəróuz/kú:lə:-] F. 「バラ色(の).

cou·lísse [ku:lí:s] *n.* 1 みぞ材; 《水門の戸が上下する》みぞ柱. 2 〖劇〗《舞台の》わき道具; 二つのわき道具の間の空間; 舞台裏. ***be experienced in the ～s of*** の消息に通じている.

cou·loir [ku:lwá:r/∠ー] F. *n.* 山腹の峡谷.

cou·lómb [ku:lám/kú:lɔm] *n.* 〖電〗クーロン《電気量の実用単位》.

cóul·ter =colter.

‡**cóun·cil** [káunsl] *n.* 1 会議; 評議会, 審議会. 2 地方議会《市会・町会など》. 3 宗教会議. ***Cabinet C～*** 閣議. ***city* [*municipal*] ～** 市会. **～ *of war*** 軍事会議; 軍事参議院《常設の》. ***county* ～** 州

会. ***family*** ～ 親族会議. ***general*** ～〘宗〙教務総会. ***Great C***～〘英史〙《ノルマン王朝時代の》地方領主・高僧会議. ***the C～ of State*** 参議院《フランスなどの》. ***the (Privy) C***～〘英〙枢密院. [√cal-²] ～ **board** [**table**] 会議のテーブル; 会議. ～ **chamber** 会議室. ～ **house** 〘英〙公営住宅. ～·**man** [-mən] (*pl.* **-men** [-mən]) 地方議会の議員(=㊍council(l)or). ～ **school**〘英〙公立小学校.

cóun·ci(l)·lor [káuns(ị)lər] *n.* 《市会・町会・参議院》議員; 評議員; 顧問官; 参事官. ***county*** ～〘英〙州会議員. ***Privy C***～《イギリスの》枢密顧問官《略 P.C.》. ***the House of C～s***《日本の》参議院. → the House of Representatives.
◇ ～·**ship** [-ʃìp] *n.* ～の職〔地位〕.

‡**cóun·sel** [káuns(ə)l] *n.* **1** 相談, 協議. **2** 助言, 勧告, 忠言. **3**《熟慮の上の》もくろみ, 計画. **4** (または *pl.*) 法律顧問, 弁護士(団). **5**〘古〙知恵, 慎重さ. 〈注〉council は名詞で通例「会議」(conference)の意. counsel は名詞および動詞に用い「助言」(advice) の意. ***adopt a*** ～ ***of despair*** すてばちの挙に出る. ～ ***of perfection*** (1)〘聖〙《天国を願う者への》完全を期する勧告《マタイ伝 19:21》. (2) 実行できない理想案. ***give*** ～ 意見を述べる, 助言する. ***keep*** one'***s*** (***own***) ～ 自分の考え・意見を他に漏らさない, 秘密を守る. ***King's*** [***Queen's***] ***C***～〘英〙王室顧問弁護士《略 K.C. または Q.C.》 ***take*** ～ (***with***) (と) 相談〔協議〕する. ***take ～ with*** [***of***] one'***s pillow*** まくらと相談する, 一晩寝て考える.
── *v.* (**-l-**, ㊍ **-ll-**) *vt.* **1** に助言する, に忠告する. **2** 勧告する: ～ patience 忍耐するように勧める.
── *vi.* 相談する; 助言する.
◇ ‡**cóun·se(l)·lor** [káuns(ə)lər] *n.* 顧問, 相談役; 法律顧問, 弁護士;〘米〙《学校の》指導教官, カウンセラー; 《大公使館の》参事官.
[類] → **advise**「助言する」

†**count**¹ [kaunt] *vt.* **1** 数える; 計算する. **2** 数に入れる, 含める《の, に *in, among*》. **3** …と思う, …とみなす: I ～ it an honor to serve you. お役に立てるのを光栄に存じます.
── *vi.* **1**《ものの数を》数える, 計算する. **2** ものの数にはいる: It ～*s among* his masterpieces. あれは彼の傑作のひとつだ. **3** 重きをなす, 価値がある: He does not ～ *for* much. 彼はたいした者じゃない. Every minute ～*s.* 1分たりともおろそかにできぬ. **4** たよる, 力にする《に, を *upon, on*》. **5** (音楽の) 拍子をとる. ～ one***self*** lucky 自分を (幸運) だと思う. ～ a person ***as*** [***for***] (人を) …と思う, …とみなす. ～ ***down*** 秒読みする《ロケット発射のときなど》. ～ ***for much*** [***little, nothing***] ものの数にはいる〔はいらない〕, 重要である〔ない〕. ～ ***in*** 勘定に入れる,

could

could は can の過去形であるが, 今日ではその直説法は文脈から時が過去であることが明らかなばあいにのみ用いられる (下記①のみ). 文脈上時が明らかでないばあいには was [were] able to による代用が好まれる. このようなばあいに could を使うと実際に過去をあらわすというよりも仮定法と受け取られやすい: I *could* buy it. なんならそれを買えるのだが《仮定法》. ─I *was able to* buy it. それを買うことができた《直説法 could の代用》. つまり今日の英語では could は半ば仮定法専用になりかけており, 言い替えれば can とは半ば別個の, 文法上 must と性質の似た独立の助動詞になりかけている (→下記②-④).

could [kud, 弱 kəd] *aux. v.* (could not の短縮形 **could·n't** [kúdnt]; 二人称単数〘古〙(thou) **couldst** [kudst], **cóuld·est** [kúdist])
1《直説法: 文脈から時が過去であることが明らかなばあいに実際の過去をあらわす》 …することができた: I *tried* to open the door, but I ～*n't.* ドアをあけようとしたができなかった. We ～ see him *yesterday.* きのう彼に会うことができた. When the wind *had died* away, I ～ hear her singing alone. 風がやんだとき, 彼女がひとりで歌っているのが聞こえた. We *found* that we ～*n't* depend on him. 彼を当てにできないことがわかった. He *said* that he ～ go. 行けると彼は言った. 〈注〉最後の2例は時の呼応.
2《仮定法 1: 事実に反する仮定・願望》(仮に)…できるなら; …できることを: If he ～ come, I should be glad. 彼が来られるならば私はうれしいのだが《来られないことが確定している》. How I wish I ～ see her!(私は彼女に会えることをどんなに望むことか→)彼女に会えたらどんなによかろうか《会えないことが確定している》.〈注〉以上の文は実際の時が過去のばあいそれぞれ次のようになる: If he *had been able to* come, I should have been glad.「もし彼が来ることができたら, 私はうれしかったのだが」 How I wished that I ～ see her!「彼女に会えたらどんなによかろうと思ったことか」 このように主節の動詞が過去形(wished)になっていても that に率いられる名詞節内の could は had been able to とはならない点に注意. すなわち法は時制に優先するという原則に従う (→**枠付** Subjunctive Mood).
3《仮定法 2: 仮定に対する結果の想像》 …できるのだが: I ～ do it if I tried. やればできるのだが. It is so quiet there that you ～ hear a pin drop. そこはピンの落ちる音も聞こえそうな静かなところだ. 〈注〉以上の文は実際の時が過去ならば, それぞれ次のようになる: I ～ *have done* it if I had tried. 「やればできたのだが」 It was so quiet there that you ～ *have heard* a pin drop.「そこはピンの落ちる音も聞こえそうな静かなところだった」このばあいの that 節(副詞節) では, 引用の名詞節 (上記②) と異なり *could* hear が *could* have heard に変わることに注意.
4《仮定法 3: 感情的表現》《仮定法 could の最も主要な用法で文法的には ③ の if 以下の省略として説明できる. 意味は can に「疑念, 可能性; 許可を求める遠慮」が加味され, could not のばあいには「絶対の不可能」または「きわめて乏しい可能性」を意味する》: It ～ be (so). ひょっとするとそうかもしれない. I ～ have come last evening. 昨夜(来ようと思えば) 来られたところだが. I ～ smack his face! 彼の顔を打ってもよいほどだ《それほど腹が立つ》. *C*～ I go? 行ってもよいでしょうか《Can I go? よりも丁寧》. *C*～ you spare me a copy? 1冊お譲りくださいませんか. I ～*n't* think of that. そんなことはとうてい考えられない. We ～*n't* depend on him, so we'd better not take him along. 彼は全く当てにならないので, 彼を連れていかない方がよい.
〈付記₁〉**could** と **might** could と might が自由に交換できるばあいがある: We *could* [*might*] get along without his help. 彼の助けがなくともだいじょうぶやっていけそうだ.
〈付記₂〉**if ... could have done** の形 would, should, might などには "if... would [should, might] have done" の形はないが, could に限って if...could have done の形が許される: *If* I *could have found* him, I would have told him that. もし彼を見つけることができたなら, 彼にそのことを言ってやったのに.

数に加える. ～ ***off*** (数えて) 同数の組に分ける. ～ ***on*** one***'s fingers*** 指折り数える《正確には, 右手の人さし指で左手の指を一つずつさして数える》. ～ ***out*** (1) (ひとつひとつ) 数えて出す. (2) 除外する, 仲間に入れない. (3)《イギリス下院で》定足数不足で休会する. (4)〖米話〗得票の一部を不正に数からはぶく. (5)〖ボクシング〗《10 秒数え終わって》ノックアウトを宣言する. ～ ***over*** 数えなおす. ～ ***up*** 総計する, 締める. ～ ***up to ten*** はやる心を押える.

—— *n.* **1** 計算, 勘定, 集計: A ～ of hands showed 5 in favor and 4 opposed. 挙手の結果は賛成 5 反対 4 だった. **2** 総計, 総数. **3**〖古〗評価, 考慮. **4**〖法〗起訴状の訴因. **5**〖ボクシング〗= count out;《イギリス下院で》= count-out. **6**《紡績の》番手. ***keep*** [***lose***] ～ ***of*** を数え続ける〔数えそこなう〕; の数を覚えている〔忘れる〕. ***out of*** ～ 数えきれない, 無数の. ***set*** ～ ***on*** を重くみる. ***take*** ～ ***of*** を数える; を重要視する. ***take*** [***make***] ***no*** ～ ***of*** を重視しない. ***take the*** ～〖ボクシング〗10 秒を数える, カウントになる. [con- + √put-] **～·down** → 別項. ～ **out** → 別項. **～-out** → 別項.

類 → **rely**「たよる」

***count²** [kaunt] *n.* 伯爵《イギリス以外の. イギリスの earl にあたる》. ◇ **～·ship** *n.* 伯爵の地位; 伯爵領.

cóunt·a·ble [káuntəbl] *a.* 数えられる, 可算の. ↔ uncountable. —— *n.* 数えられるもの;〖文〗可算名詞. → 枠付 Countable, Uncountable.

cóunt·down [káuntdàun] *n.*《ロケット発射の》秒読み; 差し迫った危機.

⁑**cóun·te·nance** [káuntịnəns] *n.* **1** 顔つき, 容貌(ようぼう); 表情: a sad ～ 悲しそうな表情. His ～ fell.〖聖〗失望の色がみえた, 浮かぬ顔になった《創世記 4 : 5》. **2** 落ち着いた顔つき. **3** 引き立て, 後ろだて. ***find no*** ～ ***in*** の支持を受けない, に顧みられない. ***give*** [***lend***] ～ ***to*** の肩をもつ, を暗に励ます. ***in the light of*** a person***'s*** ～ (人) の支持によって. ***keep*** one***'s*** ～ 平然としている; (笑わずに) すましている. ***keep*** a person ***in*** ～ (人を) ろうばいさせない; (人) の顔をたてる. ***lose*** ～ 冷静さを失う, うろたえる. ***put*** a person ***out of*** ～ (人を) あわてさせる, (人の) 面目をつぶす. ***with a good*** ～ 落ち着きはらって. —— *vt.* に好意を示す; 暗に奨励〔支持〕する. [√ten-]

文法要説…(7)

Countable, Uncountable

(可算名詞と不可算名詞)

名詞はいろいろの観点から分類することができるが, そのうちの一つに**可算名詞**(countable) と**不可算名詞** (uncountable) とに区別する方法がある.

可算名詞とは数えられるものを示す名詞であり, 単数・複数の別がある名詞である. 不可算名詞とは数えられないものを示す名詞であり, 複数に用いないものである. しかし, このような区別の基準はそれだけでは十分な基準とならない. 数えられるものといっても, 日本語で「家具」といえば一つ, 二つと数えられるような気がしようが, 英語の furniture は不可算名詞に属する. 「民主主義」といえば数えられない抽象名詞, したがって不可算名詞であるように思われ, 英語でも democracy はそのように用いられるけれども, 一方おなじ語が「民主主義政体〔国家〕」「民主主義の種類」の意では可算名詞として a democracy, democracies のように使用される.

したがって, だいたいにおいてどのような名詞が, どのような語義において, 可算名詞ないし不可算名詞として多く用いられるかの傾向を知ることは有効であるが, 同時にその区分が絶対的なものではないことにも留意する必要がある.

1) 可算名詞

単数(singular), 複数(plural)の区別があり, 単数は通常無冠詞では用いられず, 不定冠詞 a, an などを添え, 複数には many, (a) few, several などを添えることができる: *a* book 1 冊の本. *an* animal 1 匹〔1 種〕の動物. *a* large family (一つの) 大家族. *many* children 大ぜいの子ども. *a few* [*few*] countries 数か国〔少数の国〕. *several* nations 幾つかの (異なった) 民族. → 枠付 Number.

これに属する名詞:

a) 普通名詞 (common noun): book, animal, child, word, etc.

b) 集合名詞 (collective noun): family, nation, army, audience, etc.

c) 固有名詞 (1)《普通名詞的に用いられたもの》: His wife was *a Wilson.* 彼の妻はウィルソン家の人だった. There are *three Smiths* in my class. 私の組にスミス姓の人が 3 人いる. He will make *another Lincoln* some day. 彼はいつかリンカーンのような偉人になるだろう. (2) the *New York Yankees* ニューヨークヤンキーズ.

2) 不可算名詞

単数・複数の区別はなく, 無冠詞で用いるか much, (a) little などをつける: *much* water 多量の水. *(a) little* patience 少しの忍耐.

これに属する名詞:

a) 物質名詞 (material noun): water, ink, money, etc.

〈注〉次の語も物質名詞扱い: furniture, fruit《種類を問わず, 総称的意味のばあい》, fish《「魚肉」の意のばあい》.

b) 抽象名詞: kindness, patience, attention, knowledge, etc.

〈付記₁〉不可算名詞が主語となるばあいには, 動詞は単数: Much time *has* been wasted. 多くの時間が浪費された. Kindness *is* a virtue. 親切は徳である.

〈付記₂〉不可算名詞に数の観念を与えるには, 通常その名詞の前に次のようなことばを添えなければならない: *a cup of* tea 1 杯のお茶. *a glass of* milk コップ 1 杯の牛乳. *a piece of* advice 一つの忠告. *a piece of* furniture 1 個の家具. *several pieces of* chalk 数本のチョーク. *a few bits* [*slices*] *of* bread 数切れのパン. *two sheets* [*pieces*] *of* paper 2 枚の紙.

〈付記₃〉通常, 不可算名詞に用いられる語が可算名詞として用いられ, 不定冠詞や複数形をとることもあるが, このばあいには意味が変わってくる: This is *an excellent coffee.* これは特別上等のコーヒーです《種類》. I bought *an iron* made in Japan. 私は日本製のアイロンを買った《製品》. Good listening is one of the greatest *courtesies.* よく傾聴することは最大の礼儀の一つです《具体的な行為》. cross the *waters* 海を越える. drink [take] the *waters* 鉱泉を飲む; 湯治する《語義の転化》.

〈付記₄〉「可算名詞」の代わりに「事物語」(thing word), 「不可算名詞」の代わりに「質量語」(mass word) という用語を用いることもある.

‡**cóunt·er**¹ [káuntər] *n.* **1** 勘定台, 帳場台. **2** 売り台: a girl behind the ～ 売り子, ウエートレス. **3** 《食堂・バーの》カウンター, スタンド; 《台所の》調理台: a lunch ～ スタンド食堂, 軽食堂. **4** 計算者; 《機械の》回転計数器; 数とり《トランプなどで得点を数えるのに用いる木片・金属・貝がらなどの小円板》. **5** 模造貨幣; 〖俗〗貨幣.
over the **～** 売り場で; 《取引所でなく》証券業者の店先で. ***pay over the*** **～** 帳場で支払う. ***serve*** [***sit***] ***behind the*** **～** 店主[店員]をつとめる. ***under the*** **～** ないしょで, こっそり (やみ値で). [＜count¹]
～·jùmp·er 〖俗〗店員, 売り子. **～·man** (*pl.* **-men**) 《簡易食堂のカウンターで客に給仕する》コック; 店員.
cóun·ter**² *a.* **1** 反対の, 逆の: a ～ proposal 反対提案. **2** 対の, 片方の; 副の: a ～ list 控え名簿. —— *ad.* 反対に, 逆に. ***run [***go, act***] **～** (***to***) (に) 反する, さからう. —— *vt., vi.* **1** に反対する, にさからう. **2** に反撃する; 打ち返す《ボクシングで》.
—— *n.* **1** 逆, 反対のもの. **2** 《ボクシングの》打ち返し, カウンターブロー; 《フェンシングの》受け流し. **3** 船尾突出部. **4** 《くつの》かかと皮. **5** 馬の胸部. **6** 《スケートの》逆回転.
counter- *pref.* 「対向, 反対, 逆」, 「副, 代理」の意.
còun·ter·áct [kàuntərǽkt] *vt.* **1** に反作用する; 中和する. **2** に反対に行動する; 妨げる.
◇ **-ác·tion** [-ǽkʃ(ə)n] *n.*
còun·ter·ác·tive [kàuntərǽktiv] *a.* 反作用の, 中和性の; 妨害する. —— *n.* 反作用剤, 中和薬; 中和力. 「力[作用].
cóun·ter·à·gen·cy [káuntərèidʒənsi] *n.* 反動
cóun·ter·à·gent [-èidʒənt] *n.* 中和力; 反対動因; 反作用剤.
cóun·ter·ap·pròach [káuntərəpròutʃ] *n.* (通例 *pl.*) 〖軍〗《被包囲軍が包囲軍の接近を阻止する》対抗塹壕(ざんごう).
cóun·ter·àr·gu·ment [-à:rgjumənt] *n.* 反論.
cóun·ter·at·tàck [káuntərətæ̀k] *n.* 反撃, 逆襲. —— [⌐−−⌐] *vt., vi.* 反撃[逆襲]する.
cóun·ter·at·tràc·tion [káuntərətræ̀kʃ(ə)n] *n.* 反対引力; ほかに心をひくもの.
còun·ter·bál·ance [kàuntərbǽləns] *vt.* **1** つりあわす, 平衡させる; の効果を相殺する. **2** 埋め合わせる, 補う. —— [⌐−⌐−] *n.* つりあい[平衡]おもり; 《他と》つりあう勢力, 平衡力.
cóun·ter·blast [káuntərblæ̀st/-blɑ:st] *n.* **1** 反対気流, 逆風. **2** 強硬な反対.
còun·ter·chánge [kàuntərtʃéindʒ] *vt.* **1** 入れ替える, 取り替える. **2** 〈模様などを〉交錯させる, 市松模様にする. —— *vi.* 入れ替わる. 「〖法〗反訴.
cóun·ter·charge [káuntərtʃɑ̀:rdʒ] *n.* 反撃; —— [⌐−⌐/⌐−−] *vt.* 反撃する; 〖法〗反訴する.
cóun·ter·check [káuntərtʃèk] *n.* **1** 阻止, 妨害; 対抗[防止]手段. **2** 再照合. **3** 〖古〗言い返し, さかねじ. —— [⌐−⌐] *vt.* **1** 阻止する, 対抗する. **2** 再照合する.
cóun·ter·claim [káuntərklèim] *n.* 反訴; 反対要求. —— [⌐−⌐/⌐−−] *vi.* 反訴する《に *for*; *against*》. ◇ **còun·ter·cláim·ant** [⌐−⌐ənt] *n.* 反訴者; 反対要求者.
còun·ter·clóck·wise [kàuntərklɑ́kwàiz/⌐−klɔ́k−] *a., ad.* とけいの針と反対の[に], 左回りの[に]. ↔ clockwise.
cóun·ter·cùr·rent [káuntərkə̀:rənt / -kʌ̀r-] *n.* 逆流; 〖電〗逆電流.
cóun·ter·deed [-dì:d] *n.* 〖法〗反対証書《公表されている証書を無効にさせる秘密証書》.
cóun·ter·dèm·on·strá·tion [-dèmənstréiʃ(ə)n] *n.* 反対デモ《あるデモと反対の趣旨のデモ》.
cóun·ter·drive [-dràiv] *n.* 反撃, 逆襲.
cóun·ter·ès·pi·o·nage [káuntərèspiənidʒ, -nɑ:ʒ, -ispáiənidʒ] *n.* 《敵のスパイ組織に対する》逆スパイ活動, 防諜(ぼうちょう).
cóun·ter·èv·i·dence [káuntərèvid(ə)ns] *n.* 〖法〗反証.
cóun·ter·feit [káuntərfit] *a.* **1** 偽造の, にせ物の. **2** 見せかけの, 偽りの: ～ suicide 狂言自殺. ～ sickness 仮病. —— *n.* にせ物, 模造品, 偽作; 〖古〗ぺてん師. —— *vt.* **1** 〈貨幣・紙幣・文書などを〉贋造(がんぞう)[偽造]する; 模造する. **2** まねる; 〈感情などを〉よそおう. **3** に酷似する. —— *vi.* 偽造する; 偽る, ふりをする. [√fac-]
◇ **～·er** [-ər] *n.* 偽造[贋造]者; 模造者.
cóun·ter·foil [káuntərfɔ̀il] *n.* 〖おもに英〗控え《小切手・受領証などの控えとして手もとに残る部分》.
cóun·ter·force [-fɔ̀:rs/-fɔ:s] *n.* 反対勢力; 逆行傾向.
cóun·ter·fort [-fɔ̀:rt/-fɔ:t] *n.* 〖建〗控え壁.
còun·ter·in·súr·gen·cy [kàuntərinsə́:rdʒənsi] *n., a.* ゲリラ活動(の), (政府)転覆活動[計画](の).
còun·ter·in·súr·gent [-dʒənt] *n.* ゲリラ戦闘員. —— *a.* ゲリラ活動の.
còun·ter·in·tél·li·gence [kàuntərintéliḍʒ(ə)ns / káun-] *n.* 対敵情報活動.
C～ Corps [-kɔ̀:r/-kɔ:] 防諜(ぼうちょう)部隊《略 CIC》.
còun·ter·ír·ri·tate [kàuntərírịtèit / kàuntər-] *vt.* 〖医〗に反対刺激剤をつける. ◇ **-tant** [-tənt] *n.* 〖医〗反対刺激剤. **coun·ter·ìr·ri·tá·tion** [⌐−⌐−téiʃ(ə)n] *n.* 〖医〗反対刺激(法).
còun·ter·mánd [kàuntərmǽnd / -mɑ́:nd] *vt.* 〈命令・注文を〉撤回する, 取り消す; 呼びもどす《反対の命令をくだして》. —— [⌐−⌐/⌐−⌐] *n.* 反対命令, 取り消し.
cóun·ter·march [káuntərmɑ̀:rtʃ] *n.* **1** 〖軍〗背進, 後退. **2** 反転, 逆行. —— [⌐−⌐] *vi., vt.* 背進する[させる]; 後退する[させる].
cóun·ter·mark [-mɑ̀:rk] *n.* **1** 《共有貨物などに付ける》副票, 合い荷印. **2** 《金銀細工に押す》認証極印. —— *vt.* に～を付ける[押す].
cóun·ter·mèas·ure [káuntərmèʒər] *n.* 対抗処置, 対応策, 報復手段.
cóun·ter·mine [-màin] *n.* **1** 〖軍〗対敵坑道《敵坑道を破壊するための》; 逆機雷《敵の機雷を爆破するための》. **2** 《敵の裏をかく》対抗計画[策].
—— [⌐−⌐] *vt.* に～で対抗する. —— *vi.* **1** ～をつくる[設ける]. **2** 敵の坑道[機雷]を破壊する.
cóun·ter·move [káuntərmù:v] *n.* 反対運動, 対抗手段. —— [⌐−⌐/⌐−−] *vi., vt.* (に対して) 反抗手段をとる.
còun·ter·of·fén·sive [kàuntərəfénsiv/káun-] *n.* 反撃, 反攻. 「台掛け.
cóun·ter·pane [káuntərpèin] *n.* 掛けぶとん; 寝
cóun·ter·part [káuntərpɑ̀:rt] *n.* **1** 正副2通のうちの1通, 《特に》副本, 写し. **2** 対の片方, 片われ; 補い合うもの. **3** 相当する物[人], 対応物[者], 同資格者: The French foreign minister met his German ～. フランスの外務大臣はドイツ外相と会見した. **4** 似た物[人]: The little girl is her sister's ～. その少女は彼女の姉とうり二つだ. **5** 〖楽〗対応部. **～ fund** 〖経〗見返り資金.
cóun·ter·plot [-plɑ̀t/-plɔt] *n.* 敵の裏をかく計略, 対抗策. —— *vt., vi.* (**-tt-**) 〈敵の策略の〉裏をかく; ～を講ずる.
cóun·ter·point [-pɔ̀int] *n.* 〖楽〗対位法; 対位法によってつくられた楽曲.
cóun·ter·poise [-pɔ̀iz] *vt.* **1** つりあわせる, 平衡させる. **2** とつりあう; に対抗する. **3** 償う, 補う.
—— *n.* **1** 平衡おもり, 分銅. **2** 平衡力; 対抗力. **3** つりあい, 平衡状態. **4** 〖電〗カウンターポイズ, 対地線. ***be in*** **～** 平衡を保つ, つりあいがとれている.
cóun·ter·poi·son [káuntərpɔ̀iz(ə)n] *n.* 解毒剤, 毒消し.
cóun·ter·pres·sure [-prèʃər] *n.* 反対圧力.

cóun·ter·pròp·a·gán·da [-pràpəgǽndə/-prɔ̀p-] *n.* 対抗宣伝; 反対運動.
cóun·ter·pro·pós·al [-prəpóuzəl] *n.* 反対提案.
cóun·ter·rèf·or·má·tion [-rèfərméiʃ(ə)n] *n.* 反(対)改革.
cóun·ter·re·plỳ [káuntərriplài] *n.* 返答に対する返答. —— [⌐−−⌐] *vi.* 言い返す. —— *vt.* 〈返答を〉やり返す.
cóun·ter·rèv·o·lú·tion [-rèvəlú:ʃ(ə)n/-revə-] *n.* 反(対)革命. ◇ **~·ar·y** [-èri/-əri] *a.* 反革命の. **~·ist** *n.* 反革命主義者.
cóun·ter·scarp [káuntərskà:rp] *n.* 〘築城〙《堀の》外がけ, 外岸.
cóun·ter·shaft [-ʃæft/-ʃɑ:ft] *n.* 〘機〙中間軸.
cóun·ter·sign [-sàin] *n.* **1**〘軍〙合いことば; 応信信号. **2** 副署.
—— [㊥⁺⌐−⌐] *vt.* に副署する; 確認する.
còun·ter·síg·na·ture [kàuntərsígnitʃər] *n.* 副署, 連署.
cóun·ter·sink [káuntərsìŋk] *vt.* (**-sunk** [-sʌ̀ŋk]) 〈穴の〉口を広げる; に皿穴(ｻﾗｱﾅ)をあける; 〈ねじくぎなどの頭を〉皿穴に埋める.
—— [㊥⁺⌐−⌐] *n.* **1** 皿穴. **2** 皿錐(ｻﾗｷﾘ).
cóun·ter·spy [-spài] *n.* 逆スパイ.
cóun·ter·stàte·ment [⌐−stèitmənt] *n.* 反対陳述, 反駁(ﾊﾝﾊﾞｸ).
cóun·ter·stroke [⌐−stròuk] *n.* 打ち返し, 反撃.
còun·ter·ténd·en·cy [kàuntərténdənsi] *n.* 逆傾向.
cóun·ter·tén·or [káuntərténər] *n.* 〘楽〙カウンターテナー《tenor と soprano との中間. 男声の最高音部》; その歌手.
cóun·ter·thrust [-θrʌ̀st] *n.* 反発, 逆襲.
cóun·ter·turn [-tə̀:rn] *n.* 逆の方向転換, 逆回転; 《物語の筋などの》逆転.
cóun·ter·type [-tàip] *n.* 反対形; 対応形.
còun·ter·váil [kàuntərvéil/⌐−−, ⌐−⌐] *vt., vi.* **1** 対抗する《に *against*》. **2** 相殺する; 償う, 補う. *~ing duty* (輸出奨励金)相殺関税. [√val-]
cóun·ter·weight [káuntərwèit] *n.* 平衡おもり; 平衡物.
cóun·ter·word [-wə̀:rd] *n.* 転用語《本義以外に, もっとばく然とした意味を示すのに用いられる. たとえば *awful*=very, *swell*=first-rate, *terrific*=extraordinary など》.
còun·ter·wórk [kàuntərwə́:rk] *vt.* に反対にはたらく, に対抗する; 妨げる. —— [⌐−⌐/⌐−−] *n.* 反対作用, 対抗; 〘軍〙対塁.
***cóunt·ess** [káuntis] *n.* 伯爵夫人《count²およびイギリスの earl の夫人》; 女伯爵.
cóunt·ing [káuntiŋ] *n.* 計算, 勘定.
~·house [⌐−⌐], **~ room** 帳場, 会計室; 会計事務所. **~ machine** 計算器. **~ overseer** [**witness**] 《投票の》開票管理者〔立会人〕.
‡cóunt·less [káuntlis] *a.* 数えきれない(ほど多い), 無数の (innumerable).
count out *n.* 〘英:ボクシング〙カウントアウト《ノックダウンの規定時間ぎれ》. 「足による休会.
cóunt-out [káuntàut] *n.* 〘英〙《下院の》定足数不
cóun·tri·fied [kʌ́ntrifàid] *a.* いなかじみた, やぼな, 粗野な; ひなびた, 野趣のある.
†cóun·try [kʌ́ntri] *n.* (*pl.* **-tries**) **1** 国, 国家; 国土. **2** (the ~)《必ず単数》いなか, 地方, 田園. **3** 祖国; 故郷. **4** 地域, 土地: a mountainous ~ 山国. **5** 領域, 分野. **6**〘法〙陪審. **7**〘米:海軍〙士官室 (=officer ~). **8** =~ rock.
all the ~ 全国; 全国民. ***appeal*** [***go***] ***to the ~*** 《議会を解散して》国民の総意を問う. ***go into the ~*** いなかへ行く. ***in the ~*** (1) いなかに. (2)〘クリケット〙三柱門を遠く離れて. ***put*** [***throw***] ***oneself upon the ~*** 陪審裁判を要求する. ***So many ~ies, so many men.*** 〘諺〙所変われば品変わる.
—— *a.* いなか(ふう)の; 田園生活の.
~-bórn いなか生まれの. **~ boy** いなか者. **~-bréd** いなか育ちの. **~ bumpkin** 〘俗〙いなか者. **~ club** 〘米〙カントリークラブ《テニス・ゴルフなどの設備のある郊外のクラブ》. **~-dance** [⌐−⌐] いなかダンス, 地方踊り《男女が2列になって向かい合って踊る》. **~·folk** [⌐−⌐] (1) いなかの人々. (2) 同国人. **~ gentleman** いなかの紳士〔大地主〕階級の人. **~ house** いなかにある本邸; 〘米〙別荘. **~ life** 田園生活. **~·man** → 別項. **C~ Party** 〘英史〙農民党. **~·pèo·ple** いなかの人々. **~ rock** 〘鉱〙母岩. **~·seat** [⌐−⌐] いなかの大邸宅.
‡~·side [⌐−⌐] いなか, 地方; 《集合的》地方住民. **~ store** いなかの雑貨屋, 観光みやげ物屋. **~ town** いなか町. **~-wide** [⌐−⌐] 全国的な.
~·wòm·an [-wùmən] (*pl.* **-wòm·en** [-wìmin]) 同国〔同郷〕婦人, 一地方の出身婦人; いなか女, 百姓女.
◇ **~·like** [-làik] *a.* いなか風の, 武骨な.
cóun·try·fied =countrified.
‡cóun·try·man [kʌ́ntrimən] *n.* (*pl.* **-men** [-mən]) **1** 同国人, 同郷人. **2** 一地方の出身者. **3** いなか者.
‡cóun·ty [káunti] *n.* **1**〘英〙州《最大の行政・司法・政治区画》. **2**〘米〙郡《State の下の政治・行政区画》. **3** (the ~)《集合的》郡民, 州民; 州の素封家たち.
~ ball 〘英〙州の社交界主催の慈善ダンス会. **~ borough** 〘英〙特別市《人口5万以上の行政上 county と同格の都市》. **~ college** 〘英〙定時制補習学校. **~ corporate** 〘英〙完全自治都市《行政上 county と同格扱いされる》. **~ council** 〘英〙州会. **~ court** 〘米〙郡裁判所; 〘米〙郡事務監督委員会; 〘英〙州裁判所. **~-court** [⌐−⌐] 〘英話〙州裁判所に訴える. **~ family** 州の名門. **~ farm** 〘米〙郡営救貧農園. **~ hall** 州会堂; (the C~ Hall) ロンドン州庁. **~ house** 〘米〙郡営貧民院. **~ seat** 〘米〙郡庁所在地. **~ town** 〘英〙州庁所在地.
coup [ku:] F. *n.* (*pl.* ***~s*** [ku:z]) **1** 打撃; 不意の(みごとな)一撃. **2** 大成功; 名案. ***~ de grâce*** [ku:dəgrá:s/kú:-] とどめの一刀〔一撃〕. ***~ de main*** [-dəmǽ:] 奇襲. ***~ d'état*** [kú:deitá:] クーデター《武力による政変》. ***~ de théâtre*** [ku:-dəteiá:tr(ə)/kú:-] 大向こうをわかせる行ない, 人気とり, 場当たり, ひと芝居打つこと. ***~ d'œil*** [-dá:j] 一見, 一瞥(ｲﾁﾍﾞﾂ); 概観; 《情勢などをすぐ見てとる》活眼.
cou·pé [ku:péi/⌐−] F. *n.* 2人乗り4輪箱馬車; その型の自動車; 〘英〙鉄道客車後尾の小室《片側だけに席がある》. 「couple.
cóu·pla [kʌ́plə] *a.* 〘米話〙=a couple of. →
‡cóu·ple [kʌ́pl] *n.* **1** 一対, 二つ. **2** 夫婦, 婚約の男女; 《男女の》一組み. **3** 2頭ずつの猟犬一組み《単複同形》. **4** (通例 *pl.*) 猟犬をつなぐ皮ひも. **5**〘物〙偶力; 〘天〙二重星. ***a ~ of*** (1) 二つの, 一対の. (2) 〘米話〙いくつかの, 二, 三の: *a ~ of* miles 二, 三マイル. *a ~ of* days 二, 三日. ***go in ~s*** 常にふたりづれである; 協力する.
—— *vt.* **1** (二つずつ)つなぐ, 連結する. **2** 結婚させる; つがわせる. **3** 連想する, 結びつけて考える《*together*; A *with* B》. —— *vi.* **1** つながる, 協力する. **2** つがう, 交尾する. **3** 結婚する.
cóu·pler [kʌ́plər] *n.* **1**〘鉄道〙連結手; 連結器. **2** カップラー《オルガンなどの鍵盤(ｹﾝﾊﾞﾝ)またはペダルの連動装置》.
cóu·plet [kʌ́plit] *n.* **1**《詩の》対句, 二行連句. **2** 一対. ***heroic ~*** 英雄詩体〔叙事詩的〕二行連句《各行が弱強格10音節から成る》.
cóu·pling [kʌ́pliŋ] *n.* **1** 連結, 結合; 交尾. **2**《車両の》連結器; 〘機〙継ぎ手. **3**〘電〙結合《二つの回

路が互いに影響し合うこと》.

cóu·pon [kúːpɑn, kjúː-/kúːpɔn] *n.* **1**《回数券など》切り取り切符; クーポン式(連絡)乗車券. **2**《切り取り式の》食券; 配給券: a clothing ～ 衣料切符. **3**《商品・広告などについている》優待券, 景品券;〘商〙《公債証書・債券などの》利札. **4**〘英: 政俗〙立候補公認. ***cum* ～** ＝～ ***on*** 利札付き. ***ex* ～** ＝～ ***off*** 利札落ち. ～ **system** 景品付き販売法. ～ **ticket** 切り取り切符, クーポン式遊覧券.

‡**cóur·age** [kə́ːridʒ/kʌ́ridʒ] *n.* **勇気**, 豪胆, 度胸. 〈注〉bravery は大胆な行為を, courage は精神力を強調する. ***Dutch* ～** 酒の上の勇気, から元気. ***have the* ～ *of* one's *convictions*** [***opinions***] 所信〔意見〕を断行〔主張〕する勇気がある. ***have the* ～ *to*** (do) …する勇気がある. ***lose* ～** がっかりする. ***take*** [***pluck up***] ～ 勇気をだす. ***take* one's ～ *in both hands*** 勇敢にやる, 大胆に乗りだす.

***cou·rá·geous** [kəréidʒəs] *a.* **勇気のある**, 勇敢な, 度胸のある, 雄々しい. ◇ ～**·ly** *ad.* ～**·ness** *n.*

cóur·i·er [kúriər, ㊥⁺kə́ːr-] *n.* **1** 急使;《旅行のときの》従者. **2**〘英〙「…通信」,「…新聞」《新聞の名称》. **3**〘英〙《旅行会社の》案内係, ガイド.

†**course** [kɔːrs/kɔːs] *n.* **1 進路**, 道筋, コース; 水路,《水の》流れ;《競走・競技の》走路, コース; 競馬場. **2 進行**, 進展, 推移;《時の》経過;《事件の》成り行き;《事の》順序. **3**《行動の》**方針**, 方向, やり口, 手段; 行動, (*pl.*) 行状: mend one's ～*s* 行ないを改める. The law must take its ～. 法はまげることができない. **4 (連続)講義**,《学校の》**教科課程**;《大学の》課程, 講座: a ～ of lectures 連続講義〔講演〕. the post-graduate ～ 大学院課程. **5**《食事で次々に出る一さら一さらの》料理: The main ～ was steak. 主要料理はステーキだった. **6** ひと勝負. **7**〘建〙《石・れんがなどの》横並びの層;《編み物の》横の目;〘海〙大横帆: main [fore, mizzen] ～ 大檣(だいしょう)〔前檣, 後檣〕横帆. **8** (*pl.*) 月経.
a matter of* ～** 当然のこと. ***as a matter of* ～** 当然, もとより. ***by* ～ *of の慣例に従って. **～ *of events*** 事件の成り行き. **～ *of exchange*** かわせ相場表. **～ *of nature*** 自然の成り行き. **～ *of things*** 事態. ***in* ～ *of*** …中で: *in* ～ *of* construction 建築中で. ***in due* ～** そのうちに, やがて. ***in mid* ～** 途中で. ***in the* ～ *of*** …のうちに: *in the* ～ *of* this year 年内に. ***in (the)* ～ *of time*** 時がたつうちに, やがて. ***in the ordinary* ～ *of events*** 自然の成り行きで. ***let things take their* ～** ことを成り行きにまかせる. ***of* ～** もちろん, 当然. ***run its*** [**one's**] ～ ゆくところまでゆく〔一生を終わる〕. ***shape*** [***set***] **one's ～** 進路を定める. ***steer a* ～** 進路をたどる. ***take* one's *own* ～** 思う道に進む, 独自の方針をとる. ***take to evil* ～*s*** 放蕩(ほうとう)を始める. ***walk over the* ～** 〈馬が〉楽々と勝つ.
—— *vt.* **1** 追跡する. **2**〈猟犬に〉追わせる;〈猟犬が〉追う;《猟犬を使って》狩る. **——** *vi.* **1** 走る; 追う. **2**〈液体・涙が〉流れる《を *down*》;〈血液が〉巡る《を *through*》. **3** 針路をとる. [√cur(r)-]

cóurs·er [kɔ́ːrsər/kɔ́ːsə] *n.* **1** 猟犬; (猟犬を使う) 狩猟者. **2**〘雅〙駿馬(しゅんめ). **3**〘鳥〙スナバシリ.

cóurs·ing [kɔ́ːrsiŋ/kɔ́ːsiŋ] *n.* (猟犬を使う) 狩猟.

†**court** [kɔːrt/kɔːt] *n.* **1 中庭**, 庭《へいもしくは建物で囲まれている》. **2**《庭に建っている》建物, 大邸宅. **3 宮殿**; 王室;《集合的》廷臣. **4** 謁見(式); 御前会議. **5** 忠勤《君主への》; 追従(ついしょう), おべっか;《婦人への》求愛. **6**《テニスなどの》コート. **7**《博物館などの中庭式の》区画. **8** 短い通り, 袋小路. **9 法廷**, 裁判所 (＝～ of justice [judicature, law]);《集合的》裁判官. **10**《会社などの》役員会;《集合的》役員.
appear in* ～** 出廷する. ***at* ～** 宮廷で. ***be present at* ～** 拝謁を賜わる. ***civil [***criminal***] **～** 民事〔刑事〕裁判所. ***go to* ～** 参内(さんだい)する. ***hold*** (*a*) ～ 謁見式を行なう; 開廷する. ***in* ～** 法廷で. ***out of* ～** 法廷外で; 却下された; 顧みる価値がない, 問題にならない. ***pay*** [***make***] **one's ～ *to*** …のきげんをとる; に求愛する. ***put* one*self out of* ～** 他人に相手にされないようなことをする. ***settle* a case *out of* ～** (事件を) 示談で解決する. ***take* a matter *into* ～** 裁判ざたにする. ***the C～ of Appeal***〘英〙控訴院. ***the C～ of Common Pleas***〘英史〙民事訴訟裁判所. ***the C～ of St. James('s)*** [sn(t)-dʒéimz(iz)] 聖ジェームズ宮廷《イギリス宮廷の公称》. ***the High C～ of Justice***〘英〙高等法院. ***the High C～ of Parliament*** イギリス議会. ***the Supreme C～ (of Judicature)*** 最高法院.
—— *vt.* **1** のきげんをとる. **2** くどく, 求愛する. **3** 誘う, 誘惑する: ～ a person *into* (do)*ing* 人を誘って…させる. **4** 求める, 得ようと努める: ～ applause 賞賛を得ようとする. **5**〈災難などを〉自ら招く: ～ disaster 自ら不幸のもとをつくる. **——** *vi.* 求愛する; 言い寄る.
～ **card**〘英〙《トランプの》絵札. ～ **circular**〘英〙《新聞の》宮廷記事. ～ **dress** 参内服, 大礼服. ～ **guide**〘英〙紳士録. *∠**·house** [∠∸] 裁判所; 郡庁. ～ **lady** 女官. ∠**-már·tial** →別項. ～ **plaster** ばんそうこう. ～ **roll**〘英〙領主裁判所保管の登記簿;〘米〙法廷記録簿. ∠**·room** [∠∸] 法廷. ～ **tennis** 屋内テニス《lawn tennis に対して》. ∠**·yard** [∠∸] 中庭.
◇ ∠**·ship** *n.* 求婚, 求愛; 求婚期間.

‡**cóur·te·ous** [kə́ːrtiəs] *a.* **1 礼儀正しい**, 丁寧な. **2** 親切な, 思いやりのある. ◇ ～**·ly** *ad.* ～**·ness** *n.* 〔類〕→ **polite**「礼儀正しい」

cóur·te·san, -zan [kɔ́ːrtizn, kə́ːr-/kɔ̀ːtizǽn] *n.* 高級売春婦.

‡**cóur·te·sy** [kə́ːrtisi] *n.* **1 礼儀**; 丁重, 丁寧. **2** 丁重〔親切〕なことば〔行為〕. **3 好意**, 優遇. **4** おじぎ (curtsy). ***be granted the* ～** [**～*i*es**] ***of the port***〘米〙税関の検査を免れる. ***by* ～** ＝***as a matter of* ～** 礼儀上; 好意で, 無料で; 慣例によって. ***by* ～ *of*** ＝***through the* ～ *of*** の好意により;《手紙の上書きに》「…氏に託して, …氏持参」. ***do* a person *the* ～ *to*** (do) [***of*** (do)***ing***] (人に) 丁寧にも…する; (人に) わざわざ…してあげる. ***return the* ～** 答礼する.
～ **title**〘英〙敬称《貴族の子弟の名につける》.

cóur·ti·er [kɔ́ːrtiər/kɔ́ːtjə, -tiə] *n.* 廷臣;〘古〙ごきげんとり(の人).

cóurt·ly [kɔ́ːrtli/kɔ́ːt-] *a.* **1** 宮廷風の; みやびた, 上品な. **2** へつらう. **——** *ad.* **1** 宮廷風に; 優雅に. **2** へつらって. ◇ **-li·ness** *n.*

cóurt-már·tial [kɔ́ːrtmáːrʃ(ə)l/kɔ́ːt-] *n.* (*pl.* **cóurts-már·tial**) 軍法会議. ***drumhead* ～**《戦地での》即決軍法会議.
—— *vt.* (**-l-**, ㊥**-ll-**) 軍法会議にかける.

†**cóus·in** [kʌ́zn] *n.* **1** いとこ, 従兄弟〔姉妹〕(＝first ～; ～-german): a girl ～ 女性のいとこ. → parallel ～. **2** またいとこ, またまたいとこ,「はとこ」; 親類, 縁者. **3** 卿(けい)《国王が他国の王または自国の貴族・大臣に対して使う敬語》. **4** 人種・文化上同系の民族《イギリス人とオーストラリア人の間など》. **5**〘米俗〙親友; よい意味でのライバル〔競争者〕.
call* ～*s* (*with*)** (と) 親類呼ばわりする. (first***) **～ *once removed*** いとこの子. ***full*** [***own***] **～** 実のいとこ (＝first ～). ***second* ～** またいとこ《通例 first ～ once removed という》. ***third* ～** またまたいとこ. **～-gér·man** [-dʒə́ːrmən] (*pl.* **～s-gér·man**) 実のいとこ.
◇ **～·hood** [-hùd], **～·ship** [-ʃìp] *n.* いとこ関係. **～·ly** *a., ad.* いとこの; いとこのような[ように]. **～·ry** *n.* ＝cousinship.

coûte que coûte [kù:tkəkú:t] F. どんな犠牲を払っても.

cou·tu·rier [F. kutyrje, [米]+ku:tú(:)rièi] F. *n.* (*fem.* ***cou·tu·rière*** [F. -rjɛ:r, [米]+ku:tú(:)riər]) 婦人服洋裁師, ドレスメーカー.

cove[1] [kouv] *n.* **1** 小さな入り江, 小湾. **2** 谷間; 片すみ. **3**〖建〗《天井の》折り上げ. **——** *vt.* 〈天井を〉折り上げにする; 〈暖炉に〉両内壁に弓状のくぼみをつける.

cove[2] *n.* 〖英俗〗やつ, 男.

cóv·e·nant [kʌ́vịnənt] *n.* **1** 契約, 盟約, 誓約. **2**〖法〗契約(証)書, 契約文. **3**〖聖〗神約《神がイスラエル人に与えた》. **4** (the C～) 国際連盟規約. ***Ark of the C～*** 聖約の箱《モーセの十誡(じっかい)を刻んだ石を納めた》. ***the land of the C～*** 神約の地《Canaan》. **——** *vi., vt.* 契約する《と *with*; について *for*; *to* (do); *that*》. [con-+√ven-]
◇ **～·er** *n.* 契約[盟約]者.

Cóv·ent [kʌ́v(ə)nt, kɑ́v-/kɔ́v-] ～ ***Garden*** コベントガーデン《ロンドン中心地区; 同所にある青果卸市場およびオペラ劇場》.

Cóv·en·try [kɑ́v(ə)ntri, kʌ́v-/kɔ́v-] *n.* イギリス Warwickshire の都市《第2次大戦で徹底的に爆撃された》. ***send*** a person ***to ～*** (人を)仲間はずれにする, 絶交する.

†**cóv·er** [kʌ́vər] *vt.* **1** おおう, 包む.
2 に帽子をかぶせる, にふたをする; に表紙を付ける.
3 おおい隠す, 隠す: ～ one's feelings 感情を包み隠す.
4 かばう, 援護する;〖軍〗護衛する, の援護射撃〖爆撃〗をする;〖運〗の後方を守る;〖野球〗カバーする《塁手が自己の塁を離れているばあい他の野手がその塁を守ること》; の代わりをつとめる: He wanted someone to ～ his post during the vacation. 彼は休暇の間だれかが自分の地位を代わってつとめてくれることを望んだ.
5 〈ある範囲に〉**わたる**, 包含する, 網羅(もうら)する: ～ the whole subject 問題をあますところなく扱う.
6 〈新聞記者が〉取材する: He ～*s* sports. 彼はスポーツ記事担当記者だ.
7 〈ある距離を〉行く, の旅程を旅する.
8 〈物件・危険に〉保険をつける; 〈手形の〉支払金を準備する; 〈債権者に〉担保を入れる; 〈かけで相手と〉おなじかけ金を出す.
9 〈損失を〉償う; 〈経費を〉負担する, 支弁する, まかなう.
10〖商〗〈先物を〉買いもどす.
11 〈鶏が卵の〉上にすわる, 〈卵を〉抱く; 〈動物の雄が雌に〉かかる, と交尾する.
12〖軍〗〈大砲などが目標を〉見おろす; 〈人を〉ねらう: ～ a person *with* a pistol 人にピストルを突きつける.
13〖トランプ〗〈相手より〉上位の札を出す.
14〖俗〗尾行する.
be ～ed (1) おおわれている, おおいつくされる: *be ～ed with* paint ペンキで塗りつぶされる. *be ～ed with* shame 恥ずかしさでいっぱい. (2) 帽子をかぶっている: Please *be ～ed.* どうぞお帽子をおかぶりになってください. ***be well ～ed*** 着物を暖かく〔十分に〕着ている. ***～ in*** 〈墓などに〉土をかける, 〈穴などを〉土で埋める; 〈下水路などに〉ふたをする; 〈家に〉屋根を付ける. ***～ into the Treasury***〖米〗国庫に納める. ***～ over*** 〈井戸などに〉ふたをする. ***～ shorts*** [***short sales***]〖株式〗から売りした株を買いもどす. ～ ***one's tracks*** 足跡をくらます. ***～ up*** すっかり隠す, 包み隠す. ～ a person ***with*** ridicule (人にあざけり)を浴びせる. ～ one***self with*** honors (名誉)に浴する.
—— *n.* **1** おおい; ふた; 本の表紙《いわゆる「カバー」は jacket》; 封筒; 包装紙. **2**《獲物の》隠れ場所《森や茂みなど》;〖軍〗援護物, 遮蔽(しゃへい)物. **3** 口実, かこつけ. **4** 食卓上の1人前の食器《ナイフ・フォーク・スプーン・グラスなど》: C～*s* were laid for six. 食卓に6人分の用意ができていた. **5** =～ charge. **6** 保証金, 担保物. **7**〖クリケット〗後衛 (=～ point);〖テニス〗守備範囲.
break ～ 〈動物が〉隠れ場を出る. ***from ～ to ～*** 本の初めから終わりまで. ***take ～*** 遮蔽物を利用する, 隠れる. ***under ～*** 封書にして; 同封して. ***under ～ to*** …あての封書に入れて. ***under separate*** [***the same***] ***～*** 別[同]封で. ***under (the) ～ of*** の援護のもとに; 〈やみなど〉にまぎれて; …にかこつけて.
～·all → 別項. **～ charge**《キャバレーなどの》席料. 〈注〉cover ともいう. **～ crop** 間作物《主作物の収穫後地味を低下させないためにつくるクローバーやライムギなど》. **～ glass** スライド標本おおいガラス. **～ point**〖クリケット〗後衛. **～ story** 雑誌の表紙に関連した特集記事. **～-up** → 別項.
[類] → hide「隠す」

cóv·er·age [kʌ́v(ə)ridʒ] *n.* **1** 適用(範囲). **2**《報道・広告の》範囲; 報道(の仕方). **3**〖経〗正貨準備金;《保険の》填補(てんぽ).

cóv·er·all [kʌ́vərɔ̀:l] *n.* (通例 *pl.*) 作業着《上着とズボンがいっしょになったもの》.

coveralls

cóv·ered [kʌ́vərd] *a.* **1** おおいをした; ふた付きの; 帽子をかぶった. **2** 遮蔽(しゃへい)された: a ～ position 遮蔽陣地. **3**《複合語で》…でおおわれた: moss-～ rocks こけむした岩.
～ wagon〖米〗ほろ馬車, ほろ付きトラック; 有蓋(ゆうがい)貨車.

*__cóv·er·ing__ [kʌ́v(ə)riŋ] *n.* おおい物, カバー; 援護; 屋根. **——** *a.* おおう; 援護の.
～ fire〖軍〗援護砲火. **～ letter**《同封の》添え状, 説明書. **～ price** 込み値段.

cóv·er·let [kʌ́vərlit], **cóv·er·lid** [-lid] *n.* ベッドおおい.

cóv·ert [kʌ́vərt] *a.* **1** おおわれた, 隠れた. **2** 暗々裏の; ひそかな, 人目につかない; 秘密の. ↔ overt. **3** 夫の保護のもとにある: feme ～ 有夫の女性. ↔ feme sole. **——** [[英]-və(t)] *n.* **1** おおい. **2**《動物の》隠れ場. **3** やぶ, 茂み. ***draw a ～*** 獲物をやぶから追い出す. [cover と同語源]
～ cloth あや織り毛[綿]織物の一種. **～ coat** 短い外套(がいとう)《狩猟・乗馬用などの》.
◇ **～·ly** *ad.* ひそかに. **～·ness** *n.*

cóv·er·ture [kʌ́vərtʃər/-tjuə] *n.* **1** おおい; 保護; 援護; 隠れ場所. **2**〖法〗妻の身分《夫の保護下にある》.

cóv·er-up [kʌ́vərʌ̀p] *n.* 隠れること; 包み隠し, 隠匿.

*__cóv·et__ [kʌ́vit] *vt.* **1** 〈他人のものを〉**むさぼる**, ほしがる, 羨望(せんぼう)する. **2** 渇望する, 切望[熱望]する. **——** *vi.* ひどくほしがる: ～ *after* riches 富をむさぼる. ***All ～, all lose.***〖諺〗すべてを欲すれば一物も得ず. [√cup-]
◇ **～·a·ble** *a.* **～·er** *n.* **～·ing·ly** *ad.*

cóv·et·ous [kʌ́vitəs] *a.* **1** (しきりに)ほしがる, むさぼる《を *of*; *to* (do)》. **2** 欲のふかい, 物ほしそうな.
◇ **～·ly** *ad.* **～·ness** *n.*

cóv·ey [kʌ́vi] *n.* **1** ひと腹のひな; 群れ《ウズラ・シャコなどの》. **2**〖笑〗《人間の》少数, 一群.

†**cow**[1] [kaù] *n.* **1** 雌牛, 乳牛. **2** 雌《サイ・象・アザラシ・鯨などの》. ***the ～ with the iron tail*** 牛乳を薄めるのに用いるポンプ.
∠·bane [∠-]〖植〗ドクゼリ. **∠·bell** [∠-] 雌牛の首に付けた鈴. **∠·bèr·ry** [-bèri, -bəri]〖植〗コケモモ. **∠·bird** [∠-]〖鳥〗北アメリカ産のムクドリ. **∠·boy** → 別項. **∠·càtch·er**〖米〗排障器《線路上の牛やその他の障害物を取り除くため機関車の前部に取り付けた》. **～ college**〖米俗〗農業大学; いなかの無名大学. **∠·fish** [∠-]〖動〗海牛; イルカ. **∠·girl** [∠-] 牧場の手伝い女. **～ glass**〖植〗ツメクサの一種. **～ hand**〖米〗牧畜農場労働者 (cowboy). **∠·heel** [∠-] カウヒール《牛の脚部をタマネギなどとともに煮つめた料理》. **∠·herd** [∠-] 牛飼い. **∠·hide** [∠-] (1) 牛皮;《牛皮製の》むち. (2) 牛皮むちで打つ. **∠·lick** → 別項. **∠·man**

[-mən] (*pl.* **-men** [-mən]) 牛飼い (cowherd); 〘米〙牧畜農場主, 牧畜家. **∼·pea** [⌐⌐]〘植〙《アメリカ南部の》ササゲ《フジマメの一種. 牛の飼料》. **∼·poke** [⌐⌐] =cowboy. **∼·pox** [⌐⌐]〘医〙牛痘. **∼·pùnch·er**〘米話〙=cowboy. **∼·shed** [⌐⌐] 牛舎. **∼·skin** [⌐⌐] 牛皮;〘米〙牛皮のむち. **∼·slip** → 別項. **∼ town** 西部のいなか町. **∼ tree**〘植〙クワ科の植物《牛乳のような食用になる樹液を出す. 南アメリカ産》.

cow² *vt.* どやす, おどす. ***be ∼ed*** おじけづく.

‡**ców·ard** [káuərd] *n.* **おくびょう者**, ひきょう者. **——** *a.* おくびょうな, ひきょうな.

ców·ard·ice [káuərdis] *n.* おくびょう(心), ひきょう.

***ców·ard·ly** [káuərdli] *a.* **おくびょうな**, ひきょうな. **——** *ad.* おくびょうに, ひきょうに; こそこそと.

〔類〕→ **timid**「おくびょうな」

ców·boy** [káubɔ̀i] *n.* 〘米〙**カウボーイ**, 牧童. ***∼s and Indians 西部劇ごっこ.

ców·er [káuər] *vi.* すくむ, おじける, 畏縮(いしゅく)する.

ców·ish [káuiʃ] *a.* 牛のような; 鈍重な, おくびょうな.

cowl¹ [kaul] *n.* **1**《僧侶(そうりょ)の》ずきん; ずきん付き外衣. **2**《煙突の》通風帽. **3** カウル《前窓・計器板を含む自動車の前面上部》. **4**《飛行機の》エンジンカバー (=cowling). **——** *vt.* に∼をかぶせる; <人を>僧侶にする.

cowl² *n.* 〘古〙大水おけ.

ców·lick [káulìk] *n.* 《額の上などの》立ち毛.

ców·ling [káuliŋ] *n.* 《飛行機の》エンジンカバー.

co-wórk·er [kouwə́ːrkər, kóu-] *n.* 協力者, 同僚.

ców·rie, ców·ry [káuri] *n.* 〘貝〙コヤスガイ《アフリカやアジアのある地方では貨幣として用いる》.

ców·slip [káuslìp] *n.* 〘植〙キバナノクリンザクラ;〘米: 植〙リュウキンカ.

cox [kɑks/kɔks] *n.* 〘話〙《ボートの》舵手(だしゅ), コックス (=coxswain). **——** *vt., vi.* (の)舵手をつとめる.

cóx·a [kɑ́ksə/kɔ́k-] *n.* (*pl.* **cóx·ae** [-siː]) 〘医〙臀部(でんぶ); 股(こ)関節;〘動〙《こん虫の》基節.

◇ **∼l** *a.* 臀部の, 股関節の.

cóx·comb [kɑ́kskòum/kɔ́ks-] *n.* **1** だて男, しゃれ者 (dandy). **2**〘植〙ケイトウ (=cockscomb). **3** とさか状の赤帽子《中世の道化師が用いた》.

◇ **∼·ry**[-ri] *n.* おしゃれ, 気どり. **cox·cómb·i·cal** [kɑkskámik(ə)l, -kóumi-/kɔkskóum-] *a.*

cóx·swain, cóck·swain [kɑ́ksn, -swein / kɔ́k-] *n.* 《ボートの》舵手(だしゅ), コックス, 艇長《略 cox》. **——** *vt., vi.* (の)舵手をつとめる.

cóx·y [kɑ́ksi/kɔ́k-] *a.* 気どった, 生意気な (cocky).

coy [kɔi] *a.* **1** 恥ずかしがる, 内気な. **2** はにかむふりをする. **3**《場所などが》人目につかない, 奥まった. ***be ∼ of*** speech はにかんで (口をきかぬ). [quiet と同語源] ◇ **∼·ly** *ad.* **∼·ness** *n.*

coy·óte [kaióut(i), káiout/kɔ́iout] *n.* 〘動〙コヨーテ《北アメリカの西部大草原にすむ小形のオオカミ》.

cóy·pu [kɔ́ipuː] *n.* (*pl.* **∼s**;《集合的》∼) 〘動〙ヌマダヌキ, ヌートリア《南アメリカ産》.

coz [kʌz] *n.* 〘話〙いとこ (cousin).

coze [kouz] *vi.* 気軽に打ち解けて話す, おしゃべりする. **——** *n.* (打ち解けた) おしゃべり.

cóz·en [kʌ́zn] *vt., vi.* だます. ∼ a person ***into*** (do)***ing*** (人を) だまして…させる. ∼ a person (***out***) ***of*** a thing (人を) だまして…を奪う.

◇ **∼·age** [-idʒ] *n.* 詐欺, ごまかし.

có·zy** [kóuzi] *a.* **居ごこちよい**, こぢんまりとした, 安楽な; 気持ちのよい: a ∼ corner《室内の》居ごこちのよい片すみ. **——** *n.* 保温カバー《どびんなどにかぶせる》. **——** *vi.*《次の句で》∼ ***up to …となじみになろうと [...に取り入ろうと] する.

◇ **có·zi·ly** [kóuz(i)li/-zili] *ad.* 居ごこちよく, 安楽に. **có·zi·ness**[kóuzinis] *n.* 居ごこちのよいこと, 安楽.

cp compare; coupon. **C.P.** Clerk of the Peace; Common Pleas; Common Prayer; Communist Party. **C.P.A.** Certified Public Accountant 公認会計士. Civil Production Administration 民間生産管理局. **CPAL** Canadian Pacific Airlines. **cpd.** compound. **C.P.O.** 〘海軍〙Chief Petty Officer 上等兵曹(そう). **C.P.R.** Canadian (Central) Pacific Railway. **C.P.S.** Consumer Price Survey. **CQ** 〘米〙《アマチュア無線の》応答依頼信号;〘軍〙Charge of Quarters《夜間勤務の》当番. **Cr** 〘化〙chromium.

crab¹** [kræb] *n.* **1**〘動〙**カニ**; (the C∼)〘天〙カニ座. **2** 巻き上げ機. **3** あら捜し屋, やかまし屋. **4**〘俗〙《さい投げで1が二つそろって出るような》負け目;《一般的》へま. **5**〘虫〙ケジラミ (=∼ louse). ***catch a ∼ オールを水中深く入れてこぎそこねる. ***turn out*** [***come off***] ***∼s*** 失敗に終わる.

—— *v.* (**-bb-**) *vt.* **1** <タカが>つめでひっかく. **2**〘話〙のあらを捜す, 酷評する. **3**〘話〙だめにする. **4** <飛行機を>横すべりさせる《偏向風に対向するために》. ∼ ***a person's act*** [***the deal***] 計画をだいなしにする. **——** *vi.* **1** カニをとる. **2**〘米俗〙しりごむ, 手をひく. **∼ grass** オイシバ属の雑草. **∼ meat** カニの肉.

◇ **∼·ber** *n.* **1** カニ漁師; カニとり船. **2**〘俗〙あら捜し屋. **∼·by** [-i] *a.* やかまし屋の, 気むずかしい.

crab² *n.* 野生リンゴ (=∼ apple).

∼ tree 野生リンゴの木.

cráb·bed [krǽbid] *a.* **1** 気むずかしい, 意地悪い. **2**《文体が》難解な;《筆跡が》読みにくい, 判読しがたい.

‡**crack** [kræk] *vt.* **1** <むちなどを> **パチッと鳴らす**;〘話〙<人を>ピシャリと打つ. **2** <クルミなどを> **パチンと割る**; にひびをいらせる. **3** <本を> 開く; <びんの口を> あける, あけて飲む;〘俗〙<金庫を> こじあける. **4** こわす, ぶちこわす; <声を> つぶす; <信用などを> 傷つける. **5** の頭を狂わす; の心に痛手を与える. **6**〘化〙分留する. **7** <事件解決・なぞの> 糸口を開く, <事件を> 解決する. **8** 言い放つ, 放言する: ∼ a joke 冗談をとばす. **9**〘古・方〙自慢する;〘スコットランド〙しゃべる. **10** ほめる《*up*》: That wasn't all that it was ∼*ed up* to be. 評判ほどのものではなかった.

—— *vi.* **1 パチッと音をたてる**, ガチャン [メリメリ] と鳴る. **2 ひびがはいる**; **割れる**. **3** <声が> つぶれる. **4** こわれる, めちゃめちゃになる. **5**《圧力を受けて》へこたれる, 降参する. **6** 全速力で走る, 快走する. **7** 暴走してこわれる《*up*》. **8** 夜が明ける. **9**〘スコットランド〙しゃべる.

a hard nut to ∼ 難問題. ***be ∼ed up to be…*** 〘話〙…であると評判されている. ***∼ a book*** 本を開く; 本をこわす; くそ勉強する. ***∼ a crib***〘俗〙<どろぼうが> 家に押し入る. ***∼ a smile*** 急にほほえむ. ***∼ down*** (***on***)〘米俗〙(を)きびしく懲らしめる; (を)弾圧する. ***∼ heads together***〘俗〙両成敗する. ***∼ on***〘海〙帆をいっぱいに張る. ***∼ the whip over*** の上に勢力をふるう. ***∼ up*** ほめそやす; <自動車など> 粉砕する; <人が> (車などで) 激突する;《精神的, 肉体的に》参る, いかれる. ***∼ wise***〘俗〙うがったことを言う. ***get ∼ing***《仕事などを》始める.

—— *n.* **1** (突然の) **鋭い音**《パチッ・ガチャン・メリメリなど》; むち音; 銃声. **2** (ピシャリッという) 痛打, 打撃. **3 割れ目**, ひび; すきま. **4** 欠陥, 衰え《病気・老年などによる》; 気のふれ;《声の》つぶれ, しわがれ. **5**〘英方〙おしゃべり;〘俗〙冗談, 警句. **6**〘俗〙押し入り, 強盗. **7** 突破口, チャンス; 試み《*at*》. **8** 名人, ぴか一; 名馬. **9**〘俗〙夜明け: at the ∼ of the day 夜明けに. **10**〘俗〙瞬間: in a ∼ たちまち. **11**〘古・方〙自慢, うそ;〘スコットランド〙おしゃべり. ***on the ∼*** 少し開いて. ***the ∼ of doom*** 最後の審判 [世の終わり] を告げる雷鳴.

—— *ad.* 鋭い音をたてて. **——** *a.* 〘話〙すばらしい; 一流の, ぴか一の: a ∼ unit 精鋭部隊.

∼-bráined [⌐⌐, ⌐⌐/⌐−] 狂気の, 頭のおかしい. **∼·down** → 別項. **∼·jaw** [⌐⌐]《あごがはずれそうに》発音しにくい,「舌をかむような」. **∼·pot** [⌐⌐]

〘俗〙気のふれた(人). ∼s·man → 別項. ∼-up [ˋ ˊ] (1) 粉砕, 激突. (2)〘話〙《精神的, 肉体的》破綻(はたん), 衰え; 神経衰弱.
◇ ∼ed [-t] a. ひびのはいった; 《声が》つぶれた; 〘俗〙気のふれた. ∼·ing a., ad. すてきな[に]. ∼·y [krǽki] a. ひびのはいった; 割れやすい; 〘俗〙気の狂った; おしゃべりの.

cráck·a·jack [krǽkədʒæ̀k] n. **1** 〘米俗〙特にすぐれた人; とびきり上等の品. **2** (C∼) 砂糖をかぶったポップコーン《商標名》. —— a. 〘米俗〙とびきりすぐれた, 一流の.

cráck·down [krǽkdàun] n. (突然の) 痛撃; 強硬措置; 《上役の》叱咤(しった), 雷; 《警察の》手入れ. —— vi. 懲らしめる; しかりつける《を on》.

***cráck·er** [krǽkər] n. **1** クラッカー《薄い堅焼きのビスケット》. **2** かんしゃく玉, 爆竹. **3** 〘米俗〙南部地方の白人貧民. **4** 破砕器; (pl.) クルミ割り(器). **5** 〘俗〙うそ, ほら.
∼-bàr·rel 〘米〙《話などが》くだけた; いなか流の, 素朴(そぼく)な. **∼·jack** [ˊ ˋ ˋ] =crackajack.

cráck·le [krǽkl] n. **1** パチパチ鳴る音. **2** 《陶器の》ひび模様, ひび焼き. —— vi. 《燃え火などが》パチパチ音をたてる.
◇ **cráck·ling** n. パチパチと音をたてること; 焼き豚のカリカリする上皮; (通例 pl.) ラードのしぼりかす.

cráck·nel [krǽkn(ə)l] n. **1** 軽焼きビスケット. **2** (pl.) 〘米〙カリカリに揚げた豚肉.

crácks·man [krǽksmən] n. (pl. **-men** [-mən]) 〘俗〙盗賊; 金庫破り.

-cra·cy [-krəsi] 「支配, 統治」の意の語形成要素: demo*cracy* 民主主義 <demo-+-cracy 人民+支配. aristo*cracy* 貴族政治 <aristo-+-cracy 最善(者)+支配. 〈注〉主としてギリシア語の o で終わる語幹につくが, ときに英語の単語に -ocracy の形でつく: cotton*ocracy* 綿業王国.

‡crá·dle [kréidl] n. **1** 揺りかご. **2** 発祥地《文明・民族などの》; 幼時. **3** 《電話受話器・船・飛行機・大砲などをのせる》台; 自動車修理用台《その上に寝て車の下にもぐる》. **4** 離被架《傷にふとんが触れるのを防ぐわく》. **5** 〘農〙禾配(かはい)架《鎌(かま)に取り付けるわくのこと》; 禾配架付きの鎌. **6** 〘鉱山〙選鉱台. ***from the ∼*** 幼少から. ***from the ∼ to the grave*** 生まれてから死ぬまで, 一生. ***in the ∼*** 初期に. ***rob the ∼*** ずっと年下の者と結婚する[を友とする]. ***the ∼ of the deep*** 海.
—— vt. **1** 揺りかごに入れる; ゆすって眠らせる. **2** 保護する; 育成する. **3** 〈船・飛行機などを〉台にのせる. **4** わく付き鎌で刈る. **5** 選鉱台で洗う, 選鉱する.
∼ scythe わく形大鎌. **∼·song** [ˊ ˋ] 子もり歌. ◇ **crá·dling** n. ∼すること; 〘建〙かまち.

‡craft [krǽft/krɑ́:ft] n. **1** 技能; 技巧; 手ぎわ. **2** 《特殊な技術を要する》職業; 工芸. **3** 《集合的》同業者組合[仲間]. **4** こうかつ, 悪知恵. **5** 《通例単複同形》船舶, 航空機. ***the C∼*** フリーメーソン団員の組合. ***the gentle ∼*** つり(仲間).
∼s·man → 別項. **∼ union** 職業別組合.

***cráfts·man** [krǽftsmən/krɑ́:fts-] n. (pl. **-men** [-mən]) **1** 職人, 技工. **2** 技芸家, 名工.
◇ **∼·ship** [-ʃìp] n. 技能, 熟練.

cráft·y [krǽfti/krɑ́:fti] a. ずるい, 悪賢い; 〘古・雅〙巧妙な. ◇ **-i·ly** [-tili] ad. **-i·ness** n. ずるさ; 巧妙.

***crag** [krǽg] n. ごつごつした岩, けわしい岩山; 〘地〙介砂層. **∼s·man** [krǽgzmən] (pl. **-men**) 岩山登山家, 岩山登りの達人.

crág·ged [krǽgid] a. 岩の多い; (岩が) ごつごつしてけわしい. ◇ **∼·ness** n.

crág·gy [krǽgi] a. (岩の) ごつごつした, けわしい.
◇ **-gi·ness** n.

Crái·gie [kréigi] n. Sir William ∼, 1867–1957, イギリスの辞書編纂(へんさん)家.

crake [kreik] n. 〘鳥〙クイナ; その鳴き声.
—— vi. 〈クイナが〉鳴く.

cram [krǽm] v. (**-mm-**) vt. **1** に詰め込む, いっぱいにする: The house was ∼*med with* people. 劇場は人ですし詰めだった. **2** に無理に[たらふく]食べさせる; に詰め込み勉強で覚えさせる: ∼ a child *with* good things to eat 子どもにうまいものをうんと食べさせる. ∼ a pupil *with* Latin 生徒にラテン語を詰め込む. **3** 詰め込み勉強で覚える: ∼ maths 数学をくそ勉強する. **4** (ぎゅうぎゅう) 押し込む: ∼ people *into* a small room 人々を狭いへやに詰め込む.
—— vi. **1** ぎゅうぎゅう詰めになる: We all ∼*med into* the small classroom. みんなで小さな教室に詰め込んだ. **2** むやみに食べる, のどまでいっぱいになる《で *with*》. **3** 《試験前などに》詰め込み勉強する. ***∼ oneself*** がつがつ[たらふく]食べる. ***∼ a thing down a person's throat*** (人に物を)無理に食べさせる; (人にものを) くどくどと聞かせる. ***∼ a person up with lies*** (人に) うそをしたたか聞かせる.
—— n. **1** すし詰め; 人ごみ. **2** くそ勉強, 棒暗記; 一夜づけの(試験)勉強. **∼-fúll** ぎゅうぎゅう詰めの《*of, with*》.
◇ **∼·mer** n. 詰め込み主義の教師[学生]. **∼·ming** n. 詰め込み勉強; 詰め込むこと. 「的」韻.

crám·bo [krǽmbou] n. 〘遊戯〙韻さがし; 《けいべつ

cramp¹** [krǽmp] n. **1** かすがい (=∼ iron); 締めつけ金具. **2** 束縛 (するもの). —— a. **1** 狭い, 窮屈な. **2** 《書体が》読みにくい. —— vt. **1** かすがいで締める. **2** 束縛する, 制限する; 閉じ込める《*up*》. ***∼ a person's style (人)を妨害する, (人)の能力を十分に発揮させない. **∼ iron** 締め金具.

cramp² n. (通例 pl.) けいれん; 腹痛. ***writer's ∼*** 〘医〙指けいれん, 書痙(しょけい).
—— vt. にけいれんを起こす.

crámp·fish [krǽmpfìʃ] n. (pl. ∼·**es**; 《集合的》∼) 〘魚〙シビレエイ.

crám·pon [krǽmpən], **cram·póon** [kræmpú:n] n. (通例 pl.) **1** つかみ金(具)《氷塊・材木・石材などを引き上げる》, つりかぎ. **2** 《くつに付ける》スパイク; 〘登山〙アイゼン.

crán·ber·ry [krǽnbèri, -bəri/-b(ə)ri] n. 〘植〙ツルコケモモ《その実でソースやゼリーをつくる》.

crane [krein] n. **1** 〘鳥〙ツル; 〘米〙アオサギ; (the C∼) 〘天〙ツル座. **2** 起重機, クレーン; 《炉の》自在かぎ《特に水平にのびているもの》; サイフォン; 《機関車の》給水管. —— vt. 起重機で運ぶ[動かす].
—— vi. **1** 首を伸ばす《ツルのように》. **2** ためらう: ∼ *at* a difficulty 困難にぶつかって二の足を踏む.
∼ fly 〘虫〙ガガンボ《大きな蚊のような形をしたこん虫》. **∼'s-bill** [ˊ ˋ], **∼(s)·bill** [ˊ ˋ] 〘植〙ゲンノショウコ(の類).

crá·ni·al [kréiniəl] a. 頭蓋(ずがい)(骨)の.

crá·ni·ate [kréiniit, -nièit] a. 〘動〙頭蓋(骨)のある.
—— n. 頭蓋動物.

crà·ni·ól·o·gy [krèiniɑ́lədʒi/-ɔ́l-] n. 頭蓋(骨)学.
◇ **-gist** [-dʒist] n. 頭蓋(骨)学者. **crà·ni·o·lóg·i·cal** [krèiniəlɑ́dʒik(ə)l/-lɔ́dʒi-] a. 頭蓋(骨)学の.

crà·ni·óm·e·try [krèiniɑ́mətri/-ɔ́m-] n. 頭蓋(骨)測定(法), 頭蓋(骨)測定学.
◇ **-ter** n. 頭蓋(骨)測定器. **crà·ni·o·mét·ri·cal** [krèiniəmétrik(ə)l] a.

crá·ni·um [kréiniəm] n. (pl. **-ums**, **-a** [-niə]) 〘医〙頭蓋(ずがい)(骨).

crank¹ [krǽŋk] n. **1** クランク, L字形ハンドル. **2** 〘米話〙変人, つむじまがり. **3** 〘米話〙おこりっぽい人. **4** ひねった言いまわし, 気のきいたことば; 気まぐれ(な考え). —— vt. **1** クランクを回して…にエンジンをかける《*up*》. **2** にクランクを取り付ける. **3** クランク状に曲げる, 折り曲げる. —— vi. クランクを回す. —— a. **1** 調子が悪い, 不安定な, ぐらぐらの. **2** 《船が》ゆらゆら揺れる, 転覆しやすい. **3** 〘英〙病弱な.
∼-case [ˊ ˋ] 《内燃機関の》クランク室. **∼ let-**

ter 匿名の投書; 脅迫状. **∼·pin** [ˊ ˊ] クランクピン. **∼·shaft** [ˊ ˊ] クランク軸.

crank[2] *a.* 〖方〗 **1** 陽気な, 元気のいい. **2** うぬぼれの強い.

crán·kle [krǽŋkl] *vt., vi.* 曲げる[がる], ねじる[れる]. —— *n.* 曲がりくねり.

cránk·y [krǽŋki] *a.* **1** 気むずかしい, 意地悪な. **2** 気まぐれな, 変わり者の. **3** 《道などの》 曲がりくねった. **4** 《建物などの》 ぐらぐらする. **5** 《船が》 転覆しやすい. **6** 〖英方〗 病弱な. ◇ **-i·ly** [-ili] *ad.* **-i·ness** *n.*

crán·ny [krǽni] *n.* 割れ目, ひび. ***search every* ∼** くまなく捜す.
◇ **-nied** [-nid] *a.* 割れ目[ひび]のはいった.

crap[1] [kræp] *n.* 《craps で》 負けの一投げ; =craps. —— *vi.* 負けの目を投げる 《*out*》. **∼ *out*** 〖俗〗 (1) あきらめる, 手をひく, なげる. (2) 休む, 昼寝をする.
∼·shòot·er craps をやる人.

crap[2] *n.* 〖俗〗 **1** ごみ, がらくた; 排出物, 大便. **2** うそ; ほら. —— *vt.* 〖俗〗 (手をかけすぎて)だいなしにする.

crape [kreip] *n.* クレープ, ちりめん; 《帽子・腕などに巻く》 喪章. 〈注〉 主として喪服用の黒色のものをいい, 他の色のものは *crêpe* と称する.
—— *vt.* に喪章を付ける.
∼ myrtle 〖植〗 サルスベリ.
◇ **craped** [-t] *a.* ちぢれた; 喪章を付けた. **cráp·y** [-i] *a.* クレープのような, ちぢれた.

cráp·pie [krǽpi] *n.* 〖米〗 小さな淡水魚の一種 《食用》.

craps [kræps] *n. pl.* 《単数としても扱われる》 〖米〗 クラップ 《2個のさいころを使うばくち》. ***shoot* ∼** ばくちをする.

cráp·u·lent [krǽpjulənt], **-lous** [-ləs] *a.* 暴飲暴食でからだをこわした; ふつか酔いの.
◇ **cráp·u·lence** [-ləns] *n.*

‡**crash**[1] [kræʃ] *n.* **1** 突然のすさまじい音 《ガチャン・ガラガラ》. **2** 衝突: a train ∼ 列車衝突. **3** 《飛行機の》 墜落, 不時着陸. **4** 崩壊; 破産. **5** 〖俗〗 強打; 〖野球〗 ヒット. **6** 〖俗〗 失敗. **7** 強盗; 脱獄. —— *vi.* **1** ガチャン [ガラガラ] と音をたてる; ガラガラとくずれる[こわれる], ぺしゃんこになる. **2** 〈飛行機が〉 墜落する, 不時着する. **3** 〈商売・計画などが〉失敗する, 破産する. **4** 〖俗〗 離婚する. —— *vt.* **1** ガチャンとこわす; ぺしゃんこにする. **2** 〈飛行機を〉 不時着陸させる, 撃墜する. **3** (招待されずに) …に押しかける: ∼ a party 会合に押しかける. **∼ *against*** に衝突する. **∼ *into*** にガチャンと飛び込む; にガチャンと衝突する. **∼ *over*** ガラガラと転覆する. **∼ *the gate*** 〖米俗〗 切符なしではいる; 招待されずに押しかける. **∼ *one's way through*** を押し通ってゆく. —— *ad.* ガチャンと. ***go* ∼** ガラガラと倒れる. ≒crush
∼ basis 最優先態勢. **∼ boat** 遭難救助艇. **∼ dive** 《潜水艦の》 急速潜航. **∼ helmet** 《自動車競技用などの》 安全ヘルメット. **∼-land** [-lænd, ㊥ˊ ˊ] 〖空〗 不完全着陸する, 不時着させる. **∼ pad** 《自動車内部の》 安全パッド. **∼ program** 突貫工事 [生産] 計画.
◇ **∼·er** *n.* **1** ∼する人[物]. **2** 痛打, 衝撃. **3** ちん入客.

crash[2] *n.* 《タオル・カーテン用の》 あらい麻布.

crá·sis [kréisis] *n.* (*pl.* **-ses** [-si:z]) 音縮合 《連続する 2 母音が 1 母音に融合すること. たとえば古典ギリシア語で kai egò (=and I) → kagò》.

crass [kræs] *a.* **1** 愚鈍な. **2** 〖稀〗 《織物が》 厚い, 目のあらい. ◇ **∼·ly** *ad.* **∼·ness** *n.*

crás·si·tude [krǽsitjù:d] *n.* 愚鈍; 粗雑.

-crat [-kræt] 「-cracy の支持者」 の意の語形成要素: demo*crat* 民主主義者.

crate [kreit] *n.* **1** クレート 《こわれやすい物の運搬・貯蔵のための木わく; 果実を入れる枝編みかご》. **2** 〖俗〗 老朽自動車 [飛行機]. —— *vt.* クレートに詰める.

crá·ter [kréitər] *n.* **1** 噴火口; 《月面の》 クレーター, 環状山; 隕石(いんせき)孔. **2** 《砲弾などの破裂によって生じる》 弾孔. **3** (the C∼) 〖天〗 コップ座.
—— *vt.* 〈爆弾などが〉 に穴をあける. —— *vi.* 〈道路が〉 へこむ, 穴ができる; 〈道具の表面が〉 すりへる.
∼ wall 火口壁.

crá·ter·i·form [kréitərifɔ:rm, ㊥⁺krətéri-] *a.* 噴火口状の.

cra·vát [krəvǽt] *n.* ネクタイ; 首巻き, スカーフ; 《包帯用の》 三角巾(きん).

crave [kreiv] *vi.* **1** 切望する 《を *for, after*》. **2** 懇願する 《を *for*》. —— *vt.* **1** 懇望する 《から *from, of*》: ∼ pardon ゆるしを懇願する. **2** 〈人に〉 懇願する. **3** 〈事情が〉 …を必要とする: a problem ∼*ving* prompt solution すぐ解決を要する問題.

crá·ven [kréiv(ə)n] *a.* おくびょうな. ***cry* ∼** 降参する. —— *n.* おくびょう者. —— *vt.* おくびょうにする.
◇ **∼·ly** *ad.* おくびょうに.

cràv·en·étte [krævənét, krèiv-] *n.* クレバネット 《防水布》; クレバネット製の防水外套(がいとう).

cráv·ing [kréiviŋ] *n.* 熱望, 懇願. ***have a* ∼ *for*** を熱望する. —— *a.* 《願望・欲望などが》 はげしい.

craw [krɔ:] *n.* 《鳥などの》 えさ袋; 《動物の》 胃袋. ***stick in* a person*'s* ∼** (人) を悩ます.

cráw·fish [krɔ́:fiʃ] *n.* 〖動〗 ザリガニ (crayfish); 〖米話〗 しりごみする人; 変節者. —— *vi.* 〖米話〗 しりごみする, 手をひく.

‡**crawl**[1] [krɔ:l] *vi.* **1** 四つんばいではう: ∼ between sheets 《ベッドの》 シーツにもぐりこむ. **2** のろのろ動く, 徐行する. **3** 卑屈にふるまう; 《人の好意に》 とりいる 《に *into*》. **4** 〈地面・床が〉 うようよしている 《虫などで》: The floor ∼*s with* vermin. 床に虫がうようよしている. **5** (虫がはうように) むずむず感じる: ∼ all over からだじゅうむずむずする. **6** 〖英〗 〈タクシーが〉流す. **7** 〖米俗〗 ダンスをする.
—— *n.* **1** はって進むこと; 徐行. **2** 〖水泳〗 クロール. ***pub* ∼** 〖英俗〗 はしご酒.
◇ **∼·y** *a.* 〖話〗 ぞっとする, むずむずする.

crawl[2] *n.* 生けす, 魚囲い.

cráwl·er [krɔ́:lər] *n.* **1** 《人・動物など》 はうもの; シラミ. **2** 〖英〗 流しタクシー. **3** 《幼児の》 はいはい着.

cráy·fish [kréifiʃ] *n.* 〖動〗 ザリガニ; 《オーストラリア産》 イセエビ.

cráy·on [kréiən] *n.* **1** クレヨン, 色鉛筆; クレヨン画. **2** 《アーク燈の》 炭素棒. —— *vt.* クレヨンで描く; の下がきをする; の計画をたてる. [<F.]

craze [kreiz] *vt.* **1** 発狂させる. **2** 熱狂させる, 夢中にさせる 《に *about, for*》. **3** 〈陶器を〉 ひび焼きにする. —— *vi.* **1** 発狂する. **2** 細かいひびがはいる. —— *n.* 発狂; 夢中, (一時的な)大流行: be the (latest) ∼ (最近) 大流行している.

crazed [-d] *a.* **1** 狂った, いかれた. **2** 《陶器が》 細かいひびのはいった.

‡**crá·zy** [kréizi] *a.* **1** 気が狂った, 気違いの. **2** 気違いざたの, むちゃな: a ∼ scheme 無謀な計画. **3** 〖話〗 夢中の, 熱狂した 《に *for, about*》. **4** 熱愛している, 首ったけで: ∼ *about* [*over*] a girl 女の子に熱を上げている. **5** 《建物などが》 ぐらぐらの. ***be* ∼ *to*** (do) …したくてたまらない: I*'m* ∼ *to* try new skies. この新しいスキーですべってみたくてたまらない. ***like* ∼** すごく, むちゃに, 猛烈に.
∼ bone 〖米〗 =funny bone. **∼ pavement** [**walk**] 《庭の中の》 ふぞろいな形の石やタイルでつくった散歩道. **∼ quilt** 〖米〗 寄せ切れの掛けぶとん.
◇ **crá·zi·ly** [-z(i)li/-zili] *ad.* 狂気[狂人]のように; 熱狂的に. **crá·zi·ness** *n.* 発狂, 熱狂.

***creak** [kri:k] *n.* きしる音. —— *vi., vt.* きしる; キイキイ鳴らせる. ◇ **∼·y** [krí:ki] *a.* きしる.

†**cream** [kri:m] *n.* **1** クリーム; 牛乳の濃厚な上ずみ. **2** クリーム入り菓子; (クリームを含む) 濃いスープ; クリーム状の物. **3** 化粧用クリーム. **4** (the ∼) 最上の部分: the ∼ of youth つぶよりの若者たち. **5** クリーム色(の馬). **∼ *of lime*** 石灰乳. **∼ *of tartar*** 酒石英. ***get the* ∼ *of*** の粋をとる. ***the* ∼ *of***

society 社交界の花. ***the ~ of the crop*** 最上のもの〔人々〕.
—— *vt.* **1** にクリームを入れる〔かける〕. **2** 〈牛乳の上層の〉クリームをとる; の上ずみをとる; の最上の部分をとる. **3** クリームで煮る. **4** クリーム状にする. **5** 〔俗〕めった打ちにする.
—— *vi.* **1** 〈牛乳が〉上皮ができる. **2** あわだつ.
~ cheese クリームチーズ《柔らかい生チーズ》.
∠-còl·ored クリーム色の. **∠-cups** [∠∠] (*pl.* **-cups**) 〔植〕ケシ科の草《カリフォルニア産》. **∠-láid** クリーム色で横線すかし漉(す)きの《紙》. **~ puff** シュークリーム. **~ sauce** クリームソース《クリームにバター・小麦粉を入れて煮た白ソース》. **~ separator** クリーム分離器. **~ wove** クリーム色で網目のある《紙》.
◇ **∠·er** *n.* クリームすくいとり器; クリーム分離器; 《食卓用》クリーム入れ. **∠·er·y** [kríːməri] *n.* バター・チーズの製造所; 牛乳・クリーム・バター類販売店. **∠·y** [-i] *a.* クリームのような; クリーム色の; ねばねば〔べとべと〕する.

crease[1] [kriːs] *n.* **1** ひだ, 《プレスしたズボンの》折り目, 《顔の》しわ. **2** 〔クリケット〕投手または打者の限界線. **——** *vt., vi.* **1** に折り目をつける; しわにする〔なる〕. **2** 〔米〕かすり弾(だま)で気絶させる. ◇ **~d** [-t] *a.* 折り目をつけた; しわになった. **créas·er** [-ər] *n.* 折り目つけ器. **créas·y** [-i] *a.* 折り目のある; しわだらけの.

crease[2] =creese.

‡cre·áte [kriéit, kriː-] *vt.* **1** 創造する; 創始〔創作〕する. **2** 案出〔考案〕する; 〈流行型などを〉デザインする. **3** 〈会社・部局などを〉創設する. **4** 新任する; …に任ずる: ~ a peer 爵位を授ける. ~ a person a baron 人に男爵を授ける. **5** 〈役柄を〉初演する. **6** 〈騒ぎ・状態・機会・欲求などを〉引き起こす, つくり出す.

cré·a·tine [kríːətìːn, -tin], **-tin** [-tin] *n.* 〔化〕クレアチン《血液・筋肉組織中の有機塩基》.

‡cre·á·tion [kriéiʃ(ə)n, kriːéi-] *n.* **1** 創造; 創作; 創設; (the C~) 天地創造. **2** (神の)創造物; 宇宙, 天地万物, 生きとし生けるもの: Man is the lord of ~. 人間は万物の霊長. lower ~ 下等動物. **3** 創作品, 考案物; 《流行の》新デザイン. **4** 授爵. **5** 《役柄の》初演. ***in all ~*** 〔米話〕いったいぜんたい. ***like all ~*** 猛烈に.
~ myth 天地創造神話.

‡cre·á·tive [kriéitiv, kriːéi-] *a.* 創造的な, 創造力のある: ~ power 創造力. ~ writing 創作(文学). ***be ~ of*** を生みだす. ◇ **~·ly** *ad.*

crè·a·tív·i·ty [krìːeitívəti] *n.* 創造性〔力〕; 創造の才.

cre·á·tor** [kriéitər, kriːéi-] *n.* (*fem.* **-tress** [-tris]) 創造者; 創作者; 創設者. ***the C~ 造物主, 神.

‡créa·ture [kríːtʃər] *n.* **1** (神の)被造物. **2** 生きもの, 動物; 〔米〕牛馬, 家畜. **3** 《けいべつ・親しみをこめて》やつ, 人: Poor ~! かわいそうに! a pretty ~ かわいい娘. **4** 子分, 手先; かいらい. **5** 《時代の》産物; 《時代・習慣の》どれい. **6** (the ~) 〔俗〕ウイスキー. [<create. 発音の差に注意]
~ comfort 身体に楽しみを与えるもの, 飲食物(=good ~s).

crèche [kreiʃ, kreʃ] F. *n.* 託児所.

cré·dence [kríːd(ə)ns] *n.* **1** 信用: a letter of ~ 信任状; 推薦状. **2** 〔宗〕《聖餐(せいさん)式用の》供物台. ***find ~*** 信用される. ***give*** 〔***lend***〕 ***~ to*** を信ずる. ***refuse ~ to*** を信じない. [√cred-]

cre·dén·tial [kridénʃ(ə)l] *n.* 資格認定; (通例 *pl.*) 信任状: present one's ~ 〈大使などが〉信任状を奉呈する. **~s committee** 資格審査委員会.

créd·i·ble [krédəbl] *a.* 信用できる, 確かな.
◇ **-bly** *ad.* 確かに; 確かな筋から. **crèd·i·bíl·i·ty** [krèdəbíləti] *n.* 信頼性, 確実性.

‡créd·it [krédit] *n.* **1** 信用; 信望, 声望; 名声, 名誉. **2** 誉れ, 面目; 誇りとなるもの: He is a ~ to the school. 彼は学校の誇り〔名誉〕だ. **3** 《協力・奉仕などの》功績; 《功績に対する》感謝. **4** 《金融上の》信用; 信用貸し〔取引〕, 掛け売り; 債権; 預金. **5** 〔商〕貸方, 貸方記入額. **6** 《学科の》(履修)単位 (=~ hour). **7** 〔米〕《ラジオ・テレビの》広告放送.
do a person ***~*** =***do ~ to*** a person (人の)名誉となる, (人の)てがらである. ***get ~ for*** の名声を得る. ***give*** a person ***~ for*** の性質〔能力〕が(人に)ありとする; に対し(人の)貸方に記入する. ***give ~ to*** を信用する; に信用貸しする. ***have ~ with*** に信用がある. ***letter of ~*** 〔商〕信用状《略 L/C》. ***long*** 〔***short***〕 ***~*** 長〔短〕期信用貸し. ***on ~*** 掛けで. ***open a ~*** 〔商〕クレジットを設定する. ***reflect ~ on*** の名誉となる. ***take ~ to oneself*** 自分の功績にする.
—— *vt.* **1** 信用する, 信頼する, 信ずる. **2** の名誉となる, に面目を施す. **3** …の所有者〔功績者, 行為者〕と考える《の *with*》: I ~*ed* you *with* more sense. きみにはもっと分別があると思っていた. People had ~*ed* him *with* being a miser. 人々は彼がけちんぼだと思い込んでいた. a missile ~*ed with* high accuracy 高度の精確性を備えていると考えられるミサイル. **4** 〔簿記〕〈金額を〉貸方に記入する: ~ a sum *to* a person, ~ a person *with* a sum 金額を人の貸方に記入する. **5** 〔米〕に(履修)単位を与える: be ~*ed with* three hours in history 週3時間の歴史の単位を与えられる. [√cred-]
~ agency 信用調査所《支払能力の》. **~ bureau** 商業興信所. **~ card** クレジットカード. **~ entry** 〔商〕貸方記入. **~ hour** 〔米〕(履修)単位時間. **~ line** 《ニュース記事・写真などの》提供者掲示. **~ man** 信用調査係. **~ standing** 信用度《支払能力の》. **~ union** 信用組合.

créd·it·a·ble [kréditəbl] *a.* **1** 信ずべき. **2** 名誉となる; りっぱな; 賞賛に価する.
◇ **~·ness** *n.* **-bly** [-bli] *ad.* りっぱに, みごとに. **crèd·it·a·bíl·i·ty** [krèditəbíləti] *n.*

créd·i·tor [kréditər] *n.* 債権者; 〔商〕貸方《略 Cr.》. ↔ debtor.

cré·do [kríːdou, kréi-] *n.* (*pl.* **~s**) 信条; (the C~) 使徒信経, ニケア信条. [√cred-]

cre·dú·li·ty [krid(j)úːləti/-djúː-] *n.* 軽信, 疑いをいだかないこと, 人のよさ. [√cred-]

créd·u·lous [krédʒuləs/-dju-] *a.* **1** 信じやすい, 欺かれやすい. **2** 軽信に基づく: a ~ rumor 軽信する人々が伝えるうわさ. [√cred-]
◇ **~·ly** *ad.* 軽信して. **~·ness** *n.*

Cree [kriː] *n.* (*pl.* ~(**s**)) クリー人〔族〕《もとカナダ中央部に住んだアメリカ原住民》.

creed** [kriːd] *n.* **1** 教義, 信条. **2** 主義, 綱領. ***the (***Apostles'***) ***C~*** 使徒信経. [√cred-]

creek** [kriːk] *n.* **1** 〔米〕小川, クリーク. **2** 〔英〕入り江. ***up the ~ 〔俗〕にっちもさっちもいかなくなって.
◇ **∠·y** [kríːki] *a.* クリーク〔入り江〕の多い.

Creek [kriːk] *n.* クリーク人《Oklahoma 地方に住むアメリカ原住民》.

creel [kriːl] *n.* 《つり用の》びく; 〔紡績〕巻き糸軸架.

‡creep [kriːp] *vi.* (**crept** [krept]) **1** はう; 〈植物が〉からみつく. **2** 忍び足で歩く, 忍び寄る; のろのろ進む〔歩く〕. **3** むずむずする《虫などがからだをはっているように》; ぞっとする. **4** 卑屈な行動をする. **5** (少しずつ)ずれる; 〈金属が〉《重み・高温などで》しなう. **6** 〈文体が〉単調である. **7** 〔海〕探海鉤(こう)で海底を探る. ***~ into*** へ忍び込む: ~ *into* a person's favor 人にそっと取り入る. ***~ on*** 〈時などが〉知らぬ間に過ぎる. ***~ on all fours*** 四つんばいにはう. ***~ up to*** 知らぬ間に…に達する. ***~ up towards*** の方にはい進む. ***make*** a person***'s flesh ~*** (人)をぞっとさせる.
—— *n.* **1** はうこと; 徐行. **2** (通例 the ~s) ぞっとする感じ: It gives me *the* ~*s*. それを見ると〔聞くと, 思うと〕ぞっとする. **3** 〔俗〕いやなやつ. **4** 《動物の》くぐり穴.
~ joint もぐり酒場. **∠-mouse** [∠∠] おくびょうな.

créep·er [kríːpər] *n.* **1** 《人・動物の》はうもの. **2**

〖植〗つる草〔植物〕. **3** (*pl.*)《赤ん坊の》はいはい着《ブルマーの付いたもの》. **4**〖鳥〗キバシリ. **5**〖海〗探海鉤(こう). **6** かんじき, アイゼン.

créep·ing [krí:piŋ] *a.* **1** はい回る; のろい. **2** こそこそ取り入る; 卑劣な. **3** むずむずする; ぞっとする.
〜 plant =creeper ②. **〜 things** は虫類.

créep·y [krí:pi] *a.* **1** むずむずする, ぞくぞくする. **2** はい回る, のろのろ動く. **〜-cráwl·y** =creepy.
◇ **-i·ness** *n.*

creese [kri:s] *n.*《マレー人の用いる》波形の短剣.

cré·mate [krí:meit/kriméit] *vt.* 火葬にする; 焼却する. ◇ **cré·ma·tor** [-ər] *n.* **1** 火葬係, おんぼう. **2** 火葬炉; ごみ焼き炉.

cre·má·tion [kriméiʃ(ə)n] *n.* 火葬; 焼却.
◇ **〜·ist** [-ist] *n.* 火葬論者.

crè·ma·tó·ri·um [krì:mətó:riəm, krèmə-/krèmətɔ́:r-] *n.* (*pl.* **-a** [riə])〖おもに英〗火葬場.

cré·ma·to·ry [krí:mətò:ri, krémə-/krémət(ə)ri] *n.* 火葬場; 火葬炉. **——** *a.* 火葬の.

crème [krem, kreim/kreim] F. *n.* **1** クリーム (cream). **2** クリームソース. **3** リキュール酒の一種.
〜 de la 〜 [kré(i)mdələkré(i)m] より抜き. ***〜 de menthe*** [krì:mdəménθ, krè(i)m-/kréimdəmá:nt] ハッカ入りリキュール酒.

Cre·mó·na [krimóunə] *n.* **1** イタリア北部の都市. **2** クレモーナ製バイオリン.

cré·nate [krí:neit], **cré·nat·ed** [-id] *a.*〖植〗円鋸歯(きょし)状の. ◇ **cre·ná·tion** [krinéiʃ(ə)n] *n.*〖植〗円鋸歯状. **crén·a·ture** [krénətʃər, krí:nə-] *n.*〖植〗円鋸歯状構造.

crén·el [krén(ə)l], **cre·nélle** [krinél] *n.* 銃眼, はざま.

crén·el·et [krén(i̦)lit] *n.* 小銃眼, 小はざま.

crén·el·(l)ate [krén(i̦)lèit] *vt.* に銃眼を付ける, にはざまを設ける. ◇ **crèn·el·(l)á·tion** [krèn(i̦)léiʃ(ə)n] *n.* 銃眼設備.

Cré·ole [krí:oul] *n.* **1** クリオール人《アメリカ Louisiana 州のフランス移民の子孫; 南アメリカ・西インド諸島・Mauritius 島生まれのフランス人・スペイン人》. **2** (c〜) クリオール人と黒人との混血児. **3** (c〜) アメリカ生まれのニグロ《アフリカ生まれのニグロに対し》. **4** クリオール語《ルイジアナのなまったフランス語》.
—— *a.* **1** クリオール人の; クリオール特有の. **2**《植物・動物が》外来種の. **3**《ソース・料理が》クリオール風の.

cré·o·sol [krí:əsòul, -sɑ̀l/-sɔl] *n.*〖化〗クレオゾール.

cré·o·sote [krí:əsòut, ㊥+kríə-] *n.*〖化〗クレオソート《医療・防腐用》;〖商〗石炭酸 (carbolic acid).
—— *vt.* クレオソートで処理する.

crêpe*, crepe** [kreip] F. *n.* クレープ, ちりめん《喪服・喪章用の crape を除く》. ***〜 de Chine [⌒-dəʃí:n/⌒-⌒] デシン《金紗(きんしゃ)ちりめんの一種》.
—— *vt.* にクレープをかぶせる〔つける〕.
〜 hair 人工毛《付けひげなどの》. **〜 rubber** クレープゴム《表に縮みじわをつけた生ゴムの薄板》.

crép·i·tant [krépi̦t(ə)nt] *a.* パチパチいう;〖医〗捻髪(ねんぱつ)音の.

crép·i·tate [krépi̦tèit] *vi.* **1** パチパチいう. **2**〖医〗捻髪(ねんぱつ)音を発する.
◇ **crèp·i·tá·tion** [⌒-téiʃ(ə)n] *n.*

cré·pon [kréipɑn / -pɔ:ŋ] F. *n.* クレポン《*crêpe* に似た厚地織物》.

‡**crept** [krept] *v.* creep の過去・過去分詞.

cre·pús·cu·lar [kripʌ́skju̦lər] *a.* **1** たそがれの; 薄暗い; 不明瞭(ふめいりょう)な. **2**〖動〗薄暗いときに活動する. **3** 半開化の.

cre·pús·cule [kripʌ́skju:l/krépəs-] *n.* 薄明, たそがれ.

cre·scén·do [kriʃéndou] *ad.*〖楽〗しだいに強く.
—— *a.* 漸次強音の. **——** *n.* (*pl.* **〜s**; It. **-di** [-di:]) **1** 漸強音; 漸強音節; 音声漸強《略 cres., cresc.》. **2**《climax への》盛りあがり. [<It.]

crés·cent [krésnt] *n.* **1** 上弦の月, 三日月. **2** 三日月形の物; 三日月形の街路〔広場〕; クロワッサン《三日月形パン》. **3**《トルコの》新月旗; トルコ国〔軍〕; 回教. **——** *a.* **1** 三日月形の. **2**〖雅〗しだいに大きくなる. ↔ decrescent. [√cre(sc)-]

cré·sol [krí:soul/-sɔl] *n.*〖化〗クレゾール.

cress [kres] *n.*〖植〗カラシナの一種.
◇ **〜·y** *a.* カラシナのはえ茂った.

crés·set [krésit] *n.* かがり火の油つぼ《金属製で燈台用などに使われた》.

crest [krest] *n.* **1**《鶏・キジなどの》とさか; 冠毛. **2**《かぶとの》飾り毛, 前立て;〖雅〗かぶと. **3** 頂上, 先端; 山頂; 波がしら; 極致. **4**《動物の》首の上部; たてがみ. **5**《紋章の》頂飾り;《便箋(びんせん)・さら・乗り物などに使う》紋章. **6**〖建〗棟(むね)飾り. **One's 〜 falls.** 意気阻喪する. ***on the 〜 of the wave*** 波がしらに乗って; 得意の絶頂に. **——** *vt.* **1** の頂に飾りを付ける. **2** の頂を飾る; の頂に載っている. **3** の頂上に達する. **——** *vi.* 〈波が〉立ち上がる.
〜·fàll·en 首をうなだれた; しょげた. ◇ **〜·ed** [-id] *a.* **1** とさかのある. **2** 頂飾りのある; 紋章のついた《さら・便箋など》. **〜·ing** *n.*〖建〗棟飾り.

cre·tá·ceous [kritéiʃəs] *a.* 白亜質の.
—— *n.* (the C〜) 白亜紀〔系〕.

Cré·tan [krí:t(ə)n] *a.* クレタ島〔人〕の.
—— *n.* クレタ島人.

Crete [kri:t] *n.* クレタ島《地中海にあるギリシア領の島》.

cré·tic [krí:tik] *n.*《古典詩学で用いる》長短長の韻脚.

cré·tin [krí:tin/krét-] *n.* クレチン病患者; 白痴.
◇ **〜·ism** [-tinìz(ə)m] *n.* クレチン病《アルプス山地に流行する甲状腺腫(せんしゅ)で白痴になる》. **〜·ous** [-tinəs] *a.* クレチン病の.

cre·tónne [kritɑ́n, krí:tɑn/kretɔ́n, krétɔn] *n.* クレトンさらさ《カーテン用》. [<F.]

cre·vásse [kri̦vǽs] *n.* **1** クレバス《氷河の深い割れ目》. **2**〖米〗《堤防の》割れ目. **——** *vt.* に割れ目をつくる.

crév·ice [krévis] *n.*《壁・岩などの》細い割れ目.
◇ **〜d** [-t] *a.* 割れ目のはいった.

‡**crew**[1] [kru:] *n.*《集合的》**1**《船・汽車・飛行機の》乗組員, 乗務員; 船員. **2**《おなじ仕事に従事する》一団の人々, 隊員, 班. **3**《けいべつ的》連中. **4**〖ボートレース〗クルー; 短艇競技. ***ground 〜***《空軍の》地上部隊. [√cre(sc)- 増したもの→増員]
〜 cut《頭髪の》短い角刈り: 〜 *cuts* and ponytails 若い男女. **〜·man** [-mən] (*pl.* **-men** [-mən])〖米〗乗組員, 搭乗(とうじょう)員. **〜 neck** クルーネック《えりのないネックライン》.

crew[2] *v.*〖古〗crow[2] の過去形.

créw·el [krú:i̦l] *n.* ししゅう用毛糸.

crib [krib] *n.* **1** (わくつき) 幼児用寝台. **2** 牛〔馬〕小屋; 飼い葉おけ《横木に付けた》. **3**《穀物・塩などの》貯蔵箱, 貯蔵小屋;《工場の》工具置き場. **4** 丸太小屋. **5** 小さな家; 小室; 狭い場所; 小児用プール. **6**《トンネルなどの補強用》内板張り, 丸太〔鉄〕わく. **7**〖話〗《他人の文章の》盗用, 剽窃(ひょうせつ);《学生の》とらの巻; カンニングペーパー. **8**〖卑〗店; 金庫. **9** 安淫売(いんばい)屋. **——** *v.* (**-bb-**) *vt.* **1** に〜を備える. **2**〖話〗盗用〔剽窃〕する. **3**《狭い所に》閉じ込める. **——** *vi.* **1**〖話〗盗用する; とらの巻を使う; カンニングする. **2** 〈癖の悪い馬が〉飼い葉おけをかむ.
〜 biting《馬の》飼い葉おけをかむ癖. **〜·work** [⌒⌒] いかだ地形(ぎょう), わく仕事《丸太材を井げたに組む》.

críb·bage [kríbidʒ] *n.* トランプ遊びの一種《ふたり, ときに三, 四人で行なう》.

crick [krik] *n.*〖医〗《首や背中などの》疼痛(とうつう)性筋肉けいれん; 首の筋をたがえること. **——** *vt.* にけいれんを起こす, の筋をたがえる.

‡**críck·et**[1] [kríkit] *n.*〖虫〗コオロギ. ***(as) merry as a 〜*** とても快活な.

‡crick·et² [kríkit] *n.* **1** クリケット《11人の二組みで行なうイギリスの球技》. **2**【話】公正な試合(ぶり), 公平な態度: not (quite) ～ 公正を欠く, 卑劣で. —— *vi.* クリケットをする. ◇ **～·er** *n.* クリケットをする人.
crick·et³ *n.*【米】低い足台; 小さい腰掛け.
cri·coid [kráikɔid] *a.*【医】輪形の.
—— *n.*【医】輪状軟骨.
cri·er [kráiər] *n.* **1** 呼び出し役, ふれ役: a court ～ 廷丁. a town ～ 町のふれ役. **2** 呼び売り商人. **3** 叫ぶ〔泣く〕人.
cri·key [kráiki] *int.*【俗】おや!, これはこれは(驚いた)!
crim. con. criminal conversation.
‡crime [kraim] *n.* **1**《法律上の》罪, 犯罪(行為); 法律違反; 違法. **2**《一般的》悪事; 愚行. ***capital*** ～《死に価する》重罪. ***commit a*** ～ 罪を犯す. ***put*** 〔***throw***〕 ***a*** ～ ***upon*** に罪をなすりつける.
—— *vt.*【英俗】軍紀違反で告訴する. [√cer(n)-]
Cri·mé·a [kraimíːə, kri-/-míə] *n.* (the ～) クリミア半島《ソ連南西部の黒海北岸》.
Cri·mé·an [-n] *a.* クリミアの.
～ War, the クリミア戦争《1853–56. イギリス・フランス・トルコ・サルジニア対ロシアの》.
crime pas·si·o(n)·nel [F. krimpasjɔnɛl, ㊥⁺ krìːmpɑːsiːənél] F. 痴情に基づく犯罪.
‡crím·i·nal [krímịn(ə)l] *a.* **1** 犯罪の; 罪のある; 罪になる: ～ assault【法】暴行(罪); 婦女暴行. **2** 刑事上の《civil に対し》: a ～ case 刑事事件. **3**【話】《おもに it's ～ to (do) の形で》おろかな. —— *n.* 犯人, 犯罪者.
～ conversation 〔**connection, connexion**〕 姦通(かんつう). **～ law** 刑法. **～ lawyer** 刑事専門弁護士. **～ syndicalism**【米】社会騒乱罪.
◇ **～·ist** *n.* 刑法学者. **～·ly** [-i] *ad.* 犯罪的に, 犯罪といえる程度に; 刑事〔刑法〕上. **crìm·i·nál·i·ty** [krìmịnǽlịti] *n.* 犯罪性, 有罪性; 犯罪行為.
crím·i·nate [krímịnèit] *vt.* **1** に罪を負わせる; 起訴する. **2** 非難する. ～ one*self* 〈証人が〉自分に不利なことを証言する.
◇ **crìm·i·ná·tion** [krìmịnéiʃ(ə)n] *n.*
crím·i·na·tive [krímịnèitiv / -nətiv], **-to·ry** [krímịnətɔ̀ːri/-təri] *a.* 罪をきせる; 非難的な.
crìm·i·nól·o·gy [krìmịnálədʒi/-nɔ́l-] *n.* 犯罪学.
◇ **-gist** [-dʒist] *n.* 犯罪学者. **crìm·i·no·lóg·i·cal** [krìmịnəlάdʒik(ə)l/-lɔ́dʒ-] *a.* 犯罪学(上)の.
crím·i·nous [krímịnəs] *a.* 罪を犯した. 〈注〉いまでは次の句においてのみ: a *criminous* clerk 破戒僧.
crimp¹ [krimp] *vt.* **1** 〈髪・布などを〉ちぢらせる, にしわ〔ひだ, 波形〕をつける; 〈魚に〉切れ目を入れる. **2** 〈ボール紙などの合わせ目に〉折り目をつける. **3**【米俗】制限する, 妨害する. **～*ing iron*** 髪ごて.
—— *n.* **1** ちぢれ, ひだ; (*pl.*) ちぢれ毛. **2**【米俗】制限, 妨害. ***put*** 〔***throw***〕 ***a*** ～ ***in*** 〔***into***〕【米俗】を妨害する. ◇ **～·er** *n.* ～する人〔物〕; 髪ごて. **～·y** *a.* ちぢれた; 波状の.
crimp² *n.* 誘拐(ゆうかい)周旋屋《人をかどわかして船員や兵隊などにする》. —— *vt.* 誘拐周旋する.
crím·ple [krímpl] *n.* しわ, ちぢれ. —— *vt., vi.* ちぢらせる〔れる〕; にしわを寄せる, しわが寄る.
‡crím·son [krímzn] *n.* 深紅色. —— *a.* **1** 深紅色の. **2** 血染めの. —— *vt., vi.* 深紅色にする〔なる〕; 真っ赤にする〔なる〕《恥・怒りで》.
cringe [krindʒ] *n.* 畏縮(いしゅく); へつらい. —— *vi.* 畏縮する; ぺこぺこする. ◇ **críng·er** *n.* 「て.
críng·ing·ly [kríndʒiŋli] *ad.* ぺこぺこして, へつらっ
crín·gle [kríŋgl] *n.*【海】《帆のふちなどの》索目(つる).
crí·nite [kráinait] *a.*【動・植】毛〔軟毛〕のある.
crín·kle [kríŋkl] *n.* **1** しわ, 波状. **2** カサカサいう音. —— *vt., vi.* **1** しわが寄る, にしわを寄せる; うねる. **2** カサカサと音がする.
～·root [⏑-⏑]【植】アブラナの一種《北アメリカ産》.
◇ **crín·kly** [kríŋkli] *a.* ちぢれた, しわの寄った.
crín·kum-crán·kum [kríŋkəmkrǽŋkəm] *a., n.*【話】曲がりくねった(もの).
crí·noid [kráinɔid, krín-] *a.* **1** ユリ形の. **2**【動】ウミユリの. —— *n.*【動】ウミユリ.
crín·o·line [krín(ə)lin, -liːn] *n.* **1** クリノリン《婦人のスカートをふくらますのに用いた堅い布》; 張り入りスカート. **2**【軍】魚雷防御網.
crí·o·sphinx [kráiəsfiŋks] *n.* 羊頭スフィンクス.
***críp·ple** [krípl] *n.* **1** 不具者, 身体障害者; 精神障害者: a mental ～. **2** 足の不自由な者, ちんば. **3**【米俗】沼地の雑木林. **4**《窓そうじなどに用いる》足場. —— *vt.* **1** 不具にする; ちんばにする. **2** 活動不能にする: The storm ～*d* the railway service. あらしで列車が不通になった.
◇ **～d** [-d] *a.* ちんばの, 不具の: a ～*d* soldier 廃兵.
Cripple Creek [krípl-krík, -kríːk] *n.* アメリカ Colorado 州中央部の都市《世界的な金の産地》.
cris =creese.
‡crí·sis [kráisis] *n.* (*pl.* **crí·ses** [-siːz]) 危機, (興亡の)分かれめ; 難局《政治上などの》;《病気の》危険期, 危篤状態, とうげ. ***bring to a*** ～ 重大局面に至らしめる. ***pass the*** ～ 危機〔とうげ〕を通り越す. [√cri-]
‡crisp [krisp] *a.* **1**《菓子などが》カリカリした, 堅くてもろい;《紙などが》パリパリ音のする. **2**《動作・文体などが》きびきびした, 歯切れのよい;《輪郭などが》はっきりした. **3**《空気・天候などが》さばっとした, すがすがしい. **4**《髪が》ちぢれた; さざなみが立った;《キャベツなどが》葉を巻いた.
—— *n.* **1** もろい〔パリパリの〕物. **2**【俗】手の切れそうな紙幣. **3** (*pl.*)【おもに英】カリカリのポテトチップ.
—— *vt., vi.* カリカリにする〔なる〕; 〈髪を〉ちぢらす; さざなみが立つ.
◇ **～·ly** *ad.* **～·ness** *n.* **～·y** [kríspi] *a.* =crisp.
crís·pate [kríspeit], **crís·pat·ed** [-id] *a.* ちぢれた;【動・植】くるくる巻いた, 巻縮状の.
críss·cross [krískrɔ̀ːs/-krɔs, -krɔːs] *n.* **1** 十字形《無筆の者の署名のかわり》. **2** 十字(交差). **3** 矛盾, 食い違い. **4**【米】《石盤などの上でする》十文字並べ (tick-tack-toe). —— *vt., vi.* 十字形を書く; 交差させる〔する〕. —— *a., ad.* **1** 筋違いの〔に〕. **2**《ことが》食い違った〔て〕. **～-rów**【古】アルファベット.
crís·tate [krísteit] *a.*【動】とさか〔冠毛〕のある;【植】とさか状の.
Cris·tó·bal [kristóub(ə)l] *n.* クリストバル《パナマ運河の大西洋岸の港市》.
***cri·té·ri·on** [kraitíː(ː)riən/-tíər-] *n.* (*pl.* **-a** [-riə], **-ons**) (判断の) 標準, (批判・評価の) 基準. [√cri-]
類 → **standard**「基準」
‡crít·ic [krítik] *n.* **1** 批評家, 評論家, 鑑定家. **2** あら捜し屋, 非難者. [√cri-]
‡crít·i·cal [krítik(ə)l] *a.* **1** 批評の, 批評的な. **2** 批判力ある, 鑑識力ある. **3** 詮索(せんさく)好きな, 酷評的な. **4** 危機の, 危険期の;《病気が》危篤の: a ～ wound 重傷. **5** 運命の分かれめの, 決定的な, 重大な. **6**《食糧・物資などの》乏しい; 緊急必要な. **7**【物・数】臨界の. [√cri-]
～ age 更年期. **～ angle**【数】臨界角. **～ condition** 危篤〔危険〕状態. **～ essay** 評論. **～ language**【米】緊急必要外国語. **～ materials** 不足物資, 重要物資. **～ moment** 危機. **～ philosophy**《Kant の》批判哲学. **～ point**【物】臨界点. **～ pressure**【物】臨界圧力. **～ temperature**【物】臨界温度.
◇ **～·ly** [-i] *ad.* **1** 批評的に. **2** 詮索的に; 酷評的に. **3** きわどく, 危険をはらんで: ～*ly* ill 危篤で.
crít·ic·às·ter [krítikæ̀stər/⏑-⏑-] *n.* へぼ批評家. ◇ **～·ism, -try** *n.* へぼ批評.
‡crít·i·cism [krítịsiz(ə)m] *n.* **1** 批評, 批判; 評論. **2** 批判能力; 鑑賞力, 眼識. **3** あら捜し, 非難. **4** 原典研究, 本文批判《作品, 特に聖書の本文・起源

などの》. → 形容詞 critical. ***beyond* ～** 非の打ちどころがない. ***higher* ～** 《聖書の》高等批評. ***literary* ～** 文学〔文芸〕批評. ***textual* ～** 《原典の》本文批判, 校訂.

‡**crít·i·cize** [krítisàiz] *vt., vi.* **1** 批評する. **2** のあらを捜す, 非難する. 〈注〉イギリスでは criticise ともつづる. ◇ **-ciz·a·ble** *a.* 批評の余地ある.

cri·tíque [kritíːk] *n.* 批評, 評論; 批評法.

crít·ter, -tur [krítər] *n.* 〘俗・方〙 **1** 牛馬. **2** 家畜 (creature).

críz·zle [krízl] *vi., vt.* 〘方〙ざらざら〔でこぼこ, しわくちゃ〕になる〔する〕, ちぢれる, ちぢれさせる.

croak [krouk] *n.* **1** カアカア, ガアガア《カラス・カエルなどの鳴き声》. **2** しゃがれ声; 泣き声. **3** 不吉なことば. —— *vi., vt.* **1** カアカア〔ガアガア〕鳴く. **2** しゃがれ声で言う; 陰気につぶやく. **3** 不吉な予言をする. **4** 〘俗〙死ぬ; 殺す. ◇ **∠·er** *n.* **1** ～するもの《カラス・カエルなど》. **2** 鳴き魚. **∠·y** [-i] *a.*

Cró·at [króuæt, -ət] *n.* クロアチア人.

Cro·á·ti·a [kroéiʃ(i)ə] *n.* クロアチア《ユーゴスラビアに属する一共和国》.
◇ **-an** [-n] *a., n.* クロアチア(人)の; クロアチア人〔語〕.

cro·chét [krouʃéi/∠−] *n.* クロセ編み《一種のレース編み》: a ～ hook クロセ編み針. —— *vt., vi.* (**～ed** [-d]) クロセ編み(に)する. [<F.]

cro·cíd·o·lite [krousíd(ə)làit] *n.* 〘鉱〙青石綿.

crock¹ [krɑk/krɔk] *n.* **1** かめ, つぼ. **2** 瀬戸物の破片. ***a* ～ *of* earth** かめ 1 杯分の(土).

crock² *n.* **1** おいぼれ馬. **2** 〘俗〙廃人; おいぼれ, 不具者. —— *vt.* **1** 〘俗〙役に立たなくする. **2** すすでよごす. ◇ **～ed** [-t] *a.* 〘俗〙酔った.

cróck·er·y [krákəri/krɔ́k-] *n.* 《集合的》土器, 陶「器.

cróck·et [krákit/krɔ́k-] *n.* 〘建〙クロッケット《ゴシック建築で用いるからくさ模様の浮き彫り》, からくさ飾り.

crocket

cróc·o·dile [krákədàil/krɔ́kə-] *n.* **1** 〘動〙《アジア・アフリカ産の》ワニ. **2** そら涙を流す人; 偽善者. **3** 〘英笑〙女学生の 2 列行進. **～ bird** 〘鳥〙ワニドリ. **～ tears** そら涙.

cròc·o·díl·i·an [kràkədíliən/krɔ̀k-] *a.* ワニ(類)の; 偽善的な. —— *n.* ワニの類.

cró·cus [króukəs] *n.* (*pl.* **-cus·es, -ci** [-sai]) 〘植〙クローカス《サフラン属》; べんがら《みがき粉》.

Cróe·sus [kríːsəs] *n.* **1** 紀元前6世紀の Lydia の王《富豪の王として有名》. **2** 大富豪.

croft [krɔːft/krɔft, krɔːft] *n.* 〘英〙《家屋に接した》畑地; 小作地. ◇ **∠·er** *n.* 小作人《スコットランド高地などの》.

croix de guerre [krwὰːdəgέər] F. 《フランスの》十字勲章.

cró·jack [krádʒik/krɔ́dʒ-] =crossjack.

Cro-Mág·non [kroumǽgnɑn/-mǽnjɔ̃] *n., a.* クロマニヨン人(の)《旧石器時代の長頭人》.

cróm·lech [krámlek/krɔ́m-] *n.* **1** クロムレック《巨大な石柱を円形に建てた有史以前の遺跡》. **2** = dolmen.

cro·mórne [kromɔ́ːrn] *n.* ルネッサンス時代の葦笛「(あしぶえ).

Cróm·well [krámwəl, -wel, krʌ́m- / krɔ́m-, krʌ́m-] *n.* Oliver ～, 1599–1658, イギリスの清教徒・政治家・軍人.

crone [kroun] *n.* しわくちゃばばあ; 老雌羊.

Cró·nus [króunəs], **Cró·nos** [-nɑs/-nəs] *n.* 〘ギ神〙クロノス《父の王位を奪ったが, のちにわが子 Zeus に退けられた巨人. ローマ神話では Saturn》.

cró·ny [króuni] *n.* 昔なじみ, 親友.
◇ **～·ism** *n.* えこひいき, 《政治上の》引き.

crook [kruk] *n.* **1** かぎ, 自在かぎ; 曲がった物. **2** 《羊飼いの》曲がり柄のつえ; 《僧正の》笏杖(しゃくじょう). **3** 屈曲(部), 湾曲: a ～ in the road. **4** 〘話〙ぺてん師, どろぼう. ***by hook or by* ～** なんとしてでも, 手段を選ばず. **～ *in* one's *lot*** 災難. ***have a* ～ *in* one's *character*** ねじけた性格をしている. ***on the* ～** 〘俗〙不正手段で, 不正直に.
—— *vt., vi.* **1** 曲げる〔がる〕, 屈曲させる〔する〕. **2** 〘米俗〙盗む: ～ a thing *from* a person.
∠·back [∠∠] 〘稀〙せむし. **∠·backed** [∠∠] せむしの. **∠·neck** [∠∠] 〘米〙《曲がり首の》カボチャの一種.

***cróok·ed** [krúkid] *a.* **1** 曲がった, ねじれた, ゆがんだ. **2** 不正直の, 心の曲がった. **3** 〘俗〙密造〔密売〕の. **4** [krukt] 《つえなどの》T字形の柄のある, かぎのついた. **5** [krukt] 《首・指など》曲がった, かしいだ.
～ stick 曲がった柄のついたつえ; 〘俗〙つむじ曲がり; がんこ者. ◇ **～·ly** *ad.* **～·ness** *n.*

Crookes [kruks] *n.* Sir William ～, 1832–1919, イギリスの科学者. **～ rays** クルックス線. **～ tube** 〘物〙クルックス(真空)管.

croon [kruːn] *vi., vt.* 小声で歌う〔つぶやく〕; 低い声で(感傷的に) 歌う; 〈子どもを〉小声で歌って寝かせる: ～ a child to sleep. —— *n.* 低唱, 口ずさみ.
◇ **∠·er** *n.* 流行歌手《特に低い声で感傷的に歌う》.

‡**crop** [krɑp/krɔp] *n.* **1** 収穫, 取り入れ. **2** 作物, 収穫物〔高〕; (しばしば the ～s) 一地方〔一季節〕を通じての全作物. **3** 《物・人などの》一群, 多数: a ～ of troubles 続出の難問題. **4** 《鳥の》え袋. **5** 《先に皮の輪のついた》むち; むちの柄. **6** 短髪; 五分刈り(頭). **7** 《耳を切って所有を示す》家畜の目印. **8** なめし皮の 1 枚 (全部). **9** 〘採鉱〙露頭, 鉱脈の露出. ***black* 〔*white*〕 ～** 豆類〔穀類〕の作物. ***green* ～** 青物類の作物. ***in* 〔*under*〕 ～** 《田畑が》作付けしてある. ***neck and* ～** なにもかも全部; 徹底的に. ***out of* ～** 作付けしてない. ***standing* 〔*growing*〕 ～*s*** 作付け中の作物.
—— *v.* (**-pp-**) *vt.* **1** 刈る, 刈り込む; の毛を刈る. **2** 〈耳の〉端を切る《目印・見せしめに》; 〈馬などが草の〉先を食い切る; 〈本の〉余白を切り落とす. **3** 収穫する. **4** に作付けする: ～ a field *with* potatoes 畑にジャガイモをつくる. —— *vi.* **1** 作物を生じる. **2** 〈作物が〉生じる, できる. **3** 〈問題などが〉突然生じる, あらわれる 《*out, up, forth*》; 〈鉱床などが〉露出する 《*out, up*》.
∠-dust [∠∠] *vt.* 〈畑に〉飛行機で殺虫剤をまく. **∠-dùst·ing** 殺虫剤の空中散布. **∠-éared** (1) 耳を切った; 髪を短く切った. (2) 短髪で耳の露出した《清教徒にいう》. **∠·land** [∠∠] 作付け適地. **～ rotation** 輪作.

cróp·per [krápər/krɔ́p-] *n.* **1** 作物を植え付ける人; 刈る人; 刈り込み機. **2** 〘米〙小作人. **3** 作物. ***come* 〔*fall, get*〕 *a* ～** まっさかさまに落ちる; 大失敗する.

cróp·py [krápi/krɔ́pi] *n.* **1** 坊主頭の人. **2** 〘英史〙議会党員 (Roundhead); 1798 年のアイルランドの反徒.

cro·quét [kroukéi/∠−] *n.* クロッケー《芝ふの上でする球技》; 「ゲートボール」. —— *vt.* はね飛ばす《この球技で自分のボールを相手のボールに当てて》.

cro·quette [krokét] F. *n.* 〘料理〙コロッケ.

cro·qui·gnole [króukənòul/-noul] F. *n.* パーマネント ウェーブ セットの一方式.

crore [krɔːr/krɔː] *n.* 〘インド〙1000万.

cró·sier [króuʒər] *n.* 〘宗〙笏杖(しゃくじょう)《僧正または僧院長の職標》.

†**cross** [krɔːs/krɔs, krɔːs] *n.* **1** 十字形, 十字記号. **2** 十字架; (the C～) キリストが処刑された十字架; キリストの受難, 贖罪(しょくざい); キリスト教. **3** 受難, 苦難; 試練. **4** 十字形のもの; 十字路; 十字勲章; 《市場・墓碑などを示す》十字標; 十字飾り; 《大司教の》十字杖(じょう). **5** ×印《無筆者の署名の代用》; 《t の字の》横線. **6** 雑種; 異種交配; 混血. **7** 中間物,

折衷. **8**〘俗〙やおちょう, ぺてん, 不正. **9** 妨害, じゃま. **10** 機械,〘電〙混線;〘機〙十字形管;〘測〙直角器. ***A ~ is burned.*** 《Ku Klux Klan が合い図に十字架を燃やすところから》攻撃が始まる. ***bear*** **one's** ***~*** 十字架を負う; 苦難を忍ぶ. ***~ and pile***〘古〙貨幣の表裏; 運. ***~ of St. Andrew*** 聖アンドリューの十字. ***~ of St. Anthony*** 聖アンソニーの十字. ***fiery ~*** 火の十字《昔スコットランドで兵隊召集のときに用いた木の十字》. ***follower of the ~*** キリスト教徒. ***go on the ~*** 不正をはたらく. ***Greek ~*** ギリシア十字. ***Latin ~*** ラテン十字. ***Maltese ~*** マルタ十字. ***No ~, no crown.***〘ことわざ〙苦しみなければ栄冠なし. ***on the ~*** 斜めに;〘俗〙不正に. ***take the ~*** 十字軍に加わる. ***the C~ versus the Crescent*** キリスト教対回教. ***the Grand C~*** 大十字勲章. ***the Southern C~***〘天〙南十字星. ***the Victoria C~*** ビクトリア勲章.

—— *a.* **1** 交差した; 斜めの, 横切る, 横の. **2** 反対の, 逆の; 食い違った, 不利な: be at ~ purpose with each other お互いの目的が食い違っている. **3**〘話〙気むずかしい; ふきげんな; 意地悪な《に対して *with*》. **4** 不幸な, 不吉な. **5** 相互の. **6** 雑種の. **7**〘俗〙不正な, いんちきな. ***as ~ as two sticks*** おそろしくきげんが悪い.

—— *vt.* **1** 交差させる; <手・足などを> 組む. **2** と交差する; とすれ違う: ~ each other on the road 路上ですれ違う. **3** 横切る; <川・海・橋などを> 渡る; <敷居・境界線などを> またぐ, 越す. **4** に横線を引く, <小切手を> 横線にする. **5**《線を引いて》消す, 抹殺(まっさつ)する《*out*》: ~ names *off* a list 名簿から名を消す. **6** 妨げる; に反対する: No one likes to be ~*ed*. だれも逆らわれたくない. be ~*ed* in love 恋路を妨げられる. ~*ed* love 悲恋. **7** に十字を切る; に十文字を書く. **8**〈異種〉交配する. **9**〘俗〙<馬・くらなどに> またがる.

—— *vi.* **1** 交差する《と *with*》. **2** 横切る, 渡る《を *over*》: *C~* at the intersection. 交差点を渡りなさい. **3** <手紙が> 行き違いになる. **4** 雑種になる. ***be ~ed*** じゃまされる, 妨げられる: *be ~ed in* love 恋路を妨げられる. ~ one***self***《胸〔額〕のところで》十字を切る. ~ one***'s fingers*** 人さし指に中指を当て十字形をつくる《災難をのがれるまじないに》; 期待して待つ. ~ one***'s hand***〔***palm***〕***with silver*** 人にそっと金銭をやる. ~ one***'s heart*** 胸のところで十字を切る. ~ one***'s mind*** <考えが> 心をかすめる, 心に浮かぶ. Something ***~es*** one***'s path.***（あることに）出会う. ***~ swords with*** と争う; と論戦する. ***~ the line***〘海〙赤道を越える. ***~ the path of*** a person = ~ a person***'s path***（人）に出会う;（人）の行く手をさえぎる;（人）の計画などを妨害する. ~ one***'s t's*** t の横線を引く; 細心の注意を払う. ***~ up***〘俗〙だます; だいなしにする. [√cruc(i)-]

〈注〉cross の合成語はそれぞれ別項.

◇ **~·ly** [-li] *ad.* **1** 横に; 逆に. **2** すねて, 意地悪く. **~·ness** [-nis] *n.* ふきげん, 意地悪いこと, えこじ.

cross action *n.*〘法〙反訴.

cróss·arm [krɔ́:sà:*r*m/krɔ́s-, krɔ́:s-] *n.* 横木, 横「桟(さん).

cróss·band [-bæ̀nd] *vt.* <ベニヤの各層を> 張りつけてベニヤ板に仕上げる.

cróss·bar [krɔ́:sbà:*r*/krɔ́s-, krɔ́:s-] *n.* **1** 横木, 横棒;〘運〙バー. **2** かんぬき. **3** 横線. **4** クロスバー電話交換器.

cróss·beam [-bì:m] *n.* 大梁(おおはり).

cróss·bèar·er [-bè(:)rə*r*/-bèər-] *n.* 十字架を持つ〔負う〕人.

cróss-bench [-bèntʃ] *n.*〘英:下院〙無所属議員席《他の議席と直角に置かれる》. —— *a.* 中立の.
◇ **~·er** *n.* 無所属議員.

cróss·bill [-bìl] *n.*〘鳥〙イスカ.

cróss·bones [-bòunz] *n. pl.* 2本の大腿(だいたい)骨を交差させた図《死の象徴》. ***skull and ~*** 頭蓋(ずがい)骨の下に交差した大腿骨を描いた図《死の象徴, また海賊の旗印》.

cróss·bow [-bòu] *n.* 石弓, 弩(ど)《中世の武器》. **~·man** [-mən] (*pl.* **-men** [-mən]) 石弓の射手.

cróss·bréd [krɔ́:sbréd, ⌐⌐/krɔ́sbred, krɔ́:s-] *a.* 異種交配の, 雑種の. —— *n.* 雑種.

cróss·breed [-brì:d] *n.* 雑種, あいのこ.
—— [⌐⌐/⌐—] *vt., vi.* (**-bred**) 異種交配する, の雑種をつくる.

cross bun *n.*〘おもに英〙十字架の印のついた菓子《Good Friday に食べる》.

cróss-bùt·tock [krɔ́:sbʌ̀tək/krɔ́s-, krɔ́:s-] *n., vt.*〘レスリング〙腰投げ(にする).

***cróss-còun·try** [-kʌ̀ntri] *a.* **1**《道路によらず》田野横断の. **2** 全国的な. —— *n.* クロスカントリー競走 (= ~ race).

cróss-còus·in [-kʌ̀zn] *n.* 交差いとこ《父の姉妹の子, または母の兄弟の子》.

cróss·cut [-kʌ̀t] *a.* 横びきの《のこぎりで》; 横に切った;《織り目に対して》斜めの, バイアスの. —— *n.* **1** 横断(路); 近道. **2** 横びきのこぎり. **3** スケートの滑走型の一種. —— *vt., vi.* (~; **~·ting**) 横に切る.

crosse [krɔ:s/krɔs] *n.* lacrosse 用のラケット.

crossed [krɔ:st/krɔst, krɔ:st] *a.* **1** 十字に置いた, 交差した. **2** 横線を引いた: a ~ check 横線小切手. **3**（横線・十字を引いて）抹殺(まっさつ)した. **~ star** 不運.

cróss-ex·ám·ine [krɔ́:sigzǽmin/krɔ́s-, krɔ́:s-] *vt.*〘法〙反対尋問する; きびしく詰問〔追及〕する.
◇ **~d** *a.* **cróss-ex·àm·i·ná·tion** [-igzæ̀mi̹néiʃ(ə)n] *n.*

cróss-eye [-ài] *n.* 斜視 (strabismus).
◇ **~d** *a.* やぶにらみの.

cróss-fér·ti·lize [-fə́:*r*t(i̹)làiz] *vt., vi.* 異花〔他家〕受精させる〔する〕, 交配する. ◇ **cróss-fèr·ti·li·zá·tion** [-fə̀:*r*t(i̹)li̹zéiʃ(ə)n, -t(i̹)laiz-] *n.* 他家受精.

cróss-fíle [-fáil] *vi., vt.*〘米〙2政党以上の予備選挙に立候補する〔させる〕.

cross fire *n.* **1**〘軍〙十字砲火. **2**（質問の）いっせい射撃,《ことば・意見の》激しいやりとり;〘俗〙《役者の》生き生きしたせりふの受け渡し. **3**《要求・用事などの》集中, 殺到; 苦境. **4**《家具など光沢ある板の》かげり. **5**《ラジオ・映画の》雑音.

cross grain *n.* 板目.

cróss-gráined [krɔ́:sgréind/krɔ́sgreind, krɔ́:s-] *a.* **1** 木目の不規則な. **2**（気性の）ひねくれた.

cróss·hatch [-hæ̀tʃ] *vt.* に網状の陰影をつける.

cross head〘英〙= crosshead ①.

cróss·head [krɔ́:shèd/krɔ́s-, krɔ́:s] *n.* **1**《新聞記事などの欄の幅いっぱいの》小見出し. **2**〘機〙クロスヘッド《ピストンロッドのすべりがしら》.

cross heading *n.* **1**《鉱山の》通風孔との連絡孔. **2**〘英〙= crosshead ①.

cross index *n.*《図書中で》他箇所参照の表示.

‡**cróss·ing** [krɔ́:siŋ/krɔ́s-, krɔ́:s-] *n.* **1** 交差(点), 踏切, 十字路; 横断点〔歩道〕: a ~ gate 踏切遮断(しゃだん)機. **2** 横断, 渡航. **3** 妨害; 反対. **4** 十字を切ること. **5** 異種交配. **6**〘商〙《小切手の》横線.

cróss·jack [-dʒæ̀k, ㊥⁺krɑ́dʒik] *n.*〘海〙後檣(こうしょう)の下げたにかける横帆.「紋章」.

cross keys *n. pl.* 違いかぎ《2個のかぎの交差した

cróss-lég·ged [krɔ́:slég(i)d / krɔ́slegd, krɔ́:s-] *a.* 足を組んだ; あぐらをかいた.

cróss·let [-lit] *n.*《紋章の》小十字.

cross license *n.* 相互特許使用許可《二つの会社が互いの特許を利用し合う》.

cróss-lí·cense [krɔ́:sláis(ə)ns/krɔ́s-, krɔ́:s-] *vt.* <他の会社と> 相互特許使用契約を結ぶ.

cróss·light [-làit] *n.* **1** 交差光線. **2**《同一問題についての》異なった見解.

cróss·line [-làin] *n.* 交差線;《2点をつなげる》結線.

cróss-link [-liŋk] *n.* 〖物〗交差結合.

cross marriage *n.* 兄弟重縁《たとえば兄妹が他の兄妹と結婚するばあい》.

cróss·ò·ver [krɔ́:sòuvər/krɔ́s-, krɔ́:s-] *n.* **1**〖鉄道〗渡り線. **2**《胸のところで交差する》婦人用ショールの一種. **3**〖生〗《染色体の》乗り違え現象.
～ network《ハイファイ》クロスオーバー ネットワーク. **～ system**〖映〗同時上映制.

cróss·patch [-pæ̀tʃ] *n.*〖話〗気むずかしい人.

cróss·piece [-pì:s] *n.* 横木, 桟(さん).

cróss-pól·li·nate [-pálinèit/-pɔ́l-] *vt.*〖植〗異花受粉させる. ◇ **cróss-pòl·li·ná·tion** [⌐⌐—néiʃ(ə)n] *n.*

cróss-púr·pose [-pɔ́:rpəs] *n.* **1** 反対の目的, 食い違った意図. **2** (*pl.*) とんちんかんな問答遊び. ***at ～s*** 食い違って: We must be talking *at ～s.* どうも話が食い違っているらしい.

cróss-qués·tion [-kwéstʃ(ə)n] *n.* 反対尋問; 詰問. **——** *vt.* 反対尋問する; 詰問する.

cróss·rail [-rèil] *n.* 横木, 横金.

cross rate *n.*〖商〗第三国かわせ相場《通例アメリカ・イギリスのかわせ相場をいう》.

cròss-re·fér [krɔ̀:srifə́:r / krɔ̀s-, krɔ̀:s-] *vt., vi.* (**-rr-**) 前後参照〔引照〕する.

cross reference *n.* 前後参照.

cróss·road** [krɔ́:sròud/krɔ́s-, krɔ́:s-] *n.* **1** (通例 *pl.*) **十字路**, 四つつじ, 岐路. **2** 交差道路; 横通り, 横町. ***stand at the ～s 分かれ道に立って; 危機に直面して.

cróss·ruff [-rʌ̀f] *n.*〖トランプ〗味方どうしで互いに違った切り札を出すこと.

cróss-séc·tion [-sékʃ(ə)n] *vt.* (横断面に) 分割する.

cross section *n.* **1** 横断面;《長軸に直角な》横断. **2**《比喩的》《社会の》断面, 代表的な面, 縮図: a ～ of American opinion アメリカの各界〔階層〕の代表的意見.

cróss-stitch [krɔ́:sstitʃ/krɔ́s-, krɔ́:s-] *n.* 十字縫い, 千鳥掛け. **——** *vt., vi.* 千鳥掛けにする.

cross street *n.*〖米〗交差通路; 大通りを結ぶ横通り.

cross talk *n.* **1**〖電話〗混線, 漏話, クロストーク. **2**〖英〗論争《下院で対立する党の議員がかわす》.

cróss·tie [krɔ́:stài/krɔ́s-, krɔ́:s-] *n.*〖米〗《鉄道の》まくら木.

cróss·town [-tàun] *a., n.*〖米〗町を横切る (バス〔電車〕路線).

cróss·trees [-trì:z] *n. pl.*〖海〗檣頭(しょうとう)横材.

cross voting *n.*《自党への》反対投票.

cróss·walk [krɔ́:swɔ̀:k/krɔ́s-, krɔ́:s-] *n.*〖米〗横断歩道.

cróss·way [-wèi] *n.* ＝crossroad.
◇ **～s** *ad.* ＝crosswise.

cross wind *n.*〖海・空〗横風.

cróss·wise [-wàiz] *ad.* **1** 十字に; 横に, はすに. **2** 意地悪く, すねて.

cróss·word [-wə̀:rd] *n.* クロスワードパズル (＝～ puzzle).

crotch [krɑtʃ/krɔtʃ] *n.*《人体や木などの》また;〖海〗叉柱(さちゅう). ◇ **～ed** [-t] *a.* ふたまたに分かれた.

crótch·et [krátʃit/krɔ́tʃ-] *n.* **1** 小さい鉤(かぎ);〖医〗鉤状(こうじょう)器官. **2**〖英〗四分音符. **3** 奇想; 気まぐれ. ◇ **～·y** [-i] *a.* 気まぐれな; 酔狂な. **cròtch·et·éer** [kràtʃitíər/krɔ̀tʃi-] *n.* 変人; 酔狂な人.

cró·ton [króut(ə)n] *n.*〖植〗ハズ. **～ bug**〖虫〗チャバネゴキブリ. **～ oil** ハズ油《下剤》.

‡**crouch** [krautʃ] *vi.* **1** **うずくまる**, かがみこむ: a ～*ing* start〖運〗うずくまりスタート. **2** 平身低頭する, ぺこぺこする. **——** *n.* うずくまること.

croup[1] [kru:p] *n.*〖医〗クループ, 偽膜性喉頭(こうとう)炎《子どもの》. ◇ **⌐·ous** [krú:pəs], **⌐·y** [krú:pi] *a.*〖医〗クループ性の.

croup[2], **croupe** [kru:p] *n.*《馬などの》しり.

cróu·pi·er [krú:piər] *n.*《賭博(とばく)場の》元締め;《宴会の》副司会者.

crou·tón, *croû·ton* [kru:tán/-tɔ́n|F. krutɔ̃] F. *n.* クルトン《スープに浮かす揚げ〔焼き〕パンの小片》.

crow[1] [krou] *n.* **1** カラス. **2** かなてこ (＝crowbar). **3** (the C～)〖天〗カラス座 (Corvus). ***as the ～ flies*** ＝***in a ～ line*** 一直線に. → in a beeline. ***eat*** (***boiled***) ***～***〖米話〗仕方なくいやなことをする〔言う〕; 屈辱を受ける. ***have a ～ to pick*** 〔***pluck, pull***〕(***with***)〖話〗(に)文句がある. ***white ～*** 世にも珍しい物.
⌐·bar [⌐⌐]〖米〗かなてこ. **⌐·ber·ry** → 別項. **⌐·bill** [⌐⌐]〖医〗くちばし状鉗子(かんし)《傷口から弾丸などを抜き出すためのピンセット》. **⌐·foot** →別項. **⌐-quill** [⌐⌐] カラスの羽ペン;《製図用の》細字用鉄ペン. **⌐'s-bill** [-zbìl] ＝crowbill. **⌐'s-foot** [-fùt] (*pl.* **-feet** [-fì:t]) (1) (通例 *pl.*) 目じりのしわ. (2)〖軍〗＝caltrop. (3) 三つまた縫いとり.
⌐'s-nest [⌐⌐]〖海〗檣頭(しょうとう)見張り台.

crow[2] *vi.* (**crowed**, 語義① では †**crew** [kru:]; **crowed**) **1** 〈雄鶏(おんどり)が〉**鳴く**, ときをつくる. **2** 〈赤ん坊が〉喜んで笑う. **3 得意になる**, 勝ち誇る. ***～ over*** に勝ちどきをあげる. **——** *n.*《雄鶏の》鳴き声;《赤ん坊の》くつくつ笑い.

crów·ber·ry [króubèri/-b(ə)ri] *n.*〖植〗ガンコウラン;〖米〗ツルコケモモ (の一種).

†**crowd** [kraud] *n.* **1 群集**; 人ごみ. **2** (the ～) 大衆, 民衆. **3** 多数, たくさん. **4**〖話〗連中, 仲間; 一団. ***a ～ of*** たくさんの. ***follow*** 〔***go with***〕 ***the ～*** 付和雷同する. ***in ～s*** 大ぜいで. ***may*** 〔***might, would***〕 ***pass in a ～*** 特に見劣りはしないだろう.
—— *vt.* **1** 〈室・乗り物などに〉**ぎっしり詰まる**, に押し寄せる: People ～*ed* the small room. ＝The small room was ～*ed* with people. 小さなへやに人がいっぱいだった. **2** 押し合う《*together*》. **3** 詰める, 押し込める《へ *into*》. **4**〖米話〗に強要する: ～ a debtor for immediate payment 借り手に即刻返済を迫る.
—— *vi.* **群がる**, 雑踏する《のまわりに *about, round*; に *in*; へ *to*》; 押し合ってはいる《へ *into*》.
be ～ed with で込み合う. ***～ on*** 〔***upon***〕 に殺到する. ***～*** (***on***) ***sail***〖海〗《速力を増すために》たくさんの帆を張る. ***～ out*** 押し出す, 押しのける.

‡**crówd·ed** [-id] *a.* **1**《空間的》**込み合った**; 雑踏した; 満員の, いっぱいの: a ～ bus 込んでいるバス. a page ～ *with* misprints 誤植だらけのページ. **2**《時間的》(仕事などで) いっぱいの: a ～ schedule 忙しい日程. a year ～ *with* events 多事多端の1年.

crów·foot [króufùt] *n.* (*pl.* **～s**) **1**〖植〗ウマノアシガタ. **2** (*pl.* **-feet** [-fì:t])〖海〗《テントの》つり綱.

‡**crown** [kraun] *n.* **1 王冠**; (the C～) 帝王〔女王〕(の位), 王権. **2**《勝利の》花の冠, 栄冠; ほまれ, 光栄. **3** 王冠印; 王冠を描いたもの. **4** クラウン貨幣《イギリスの5シリング銀貨》; スカンジナビア諸国およびアイスランドの貨幣単位. **5** クラウン紙《王冠のすかし模様入りで15×20インチ》. **6**《山の》頂上, てっぺん; 頭; 脳天;《帽子の》山. **7** 極致, 絶頂. **8**〖医〗歯冠, 金冠;〖建〗《アーチの》最高部; 冠頂, かなめ;〖海〗錨頂(びょうちょう);〖植〗＝corona.
civic ～《古代ローマで戦友の命を救った市民に与えた》カシワの葉の冠. ***～ and anchor*** さいころ賭博(とばく)《王冠・いかり・ハートなどの印のついた 采(さい) と盤を用いる》. ***～ of thorns*** イバラの冠; 苦難.
—— *vt.* **1** に王冠を授ける; 王位につける. **2** の頭にのせる《を *with*》. **3** に栄冠を与える; の最後を飾る: His efforts have been ～*ed with* success. 努力がついに報われて成功した. **4**〖歯〗に金冠などをかぶせる;〖チェッカー〗〈こまを〉王にならせる. **5**〖俗〗〈頭を〉打つ. ***to ～ all*** 最後を飾るものとして; その上更に; あげくの果てに.
～ canopy 森林の樹頂. **～ cap**《ビールびんなど

の》王冠. ～ **colony** イギリス政府の直轄植民地. **C～ Derby** イギリス ダービー産の陶器《王冠標付き》. ～ **fire** 樹木の先端を焼いて急速に広がる山火事. ～ **glass** クラウンガラス《円形強化窓ガラス; 透明光学ガラス》. ～ **land** 王室御料地. ～ **law** 〔英〕刑法. ～ **lawyer** 〔英〕王室弁護士. **C～ office** 〔英〕大法官庁の刑事部. ～ **piece** クラウン貨《イギリスの5シリング銀貨》. **∠·piece** [-pì:s] 〔米〕頂点（の部分）. ～ **saw** 円筒のこぎり. ～ **prince** 《イギリス以外の国の》皇太子. 〈注〉イギリスの皇太子は Prince of Wales という. ～ **princess** 皇太子妃. ～ **wheel** 〔機〕冠歯車, クラウン歯車. ◇ **∠·er** [-ər] *n.* 1 冠をかぶせる人; 栄誉を与える人〔物〕. 2 完成者. 3〔英方〕＝coroner.

crówn·ing [kráuniŋ] *a.* この上ない, 無上の: the ～ glory 無上の光栄. the ～ folly ばかの骨頂.

cróy·don [krɔ́idn] *n.* 1 頭引き2輪馬車の一種.

Cróy·don [krɔ́idn] *n.* クロイドン《ロンドンの東南にある都市. 国際空港がある》.

cró·zier ＝crosier.

crú·cial [krú:ʃ(ə)l] *a.* 1 決定的な, きわめて重大な. 2《時期・問題などが》むずかしい. 3〔医〕十字形の. [√cruc(i)-] ◇ **～·ly** [-i] *ad.* 「[状] の.

crú·ci·ate [krú:ʃiit, ⊛*-èit] *a.* 〔動・植〕十字形

crú·ci·ble [krú:sibl, ⊛*krúsibl] *n.* 1 るつぼ. 2 きびしい試練. ***in the ～ of*** …のきびしい試練を受けて.

crú·ci·fer [krú:sifər] *n.* 1〔宗〕十字架奉持者. 2〔植〕十字花科の植物.

cru·cíf·er·ous [kru:sífərəs] *a.* 1 十字架をになった〔のついた〕. 2〔植〕十字花(科)の.

crú·ci·fix [krú:sifiks] *n.* キリスト受難の像; 十字架. [√cruc(i)-＋√fig-]

crù·ci·fíx·ion [krù:sifíkʃ(ə)n] *n.* 1 はりつけ. 2 苦難. 3 (the C～) キリストのはりつけ(の絵・像).

crú·ci·form [krú:sifɔ̀:rm] *a.* 十字形の.

crú·ci·fy [krú:sifài] *vt.* 1 はりつけにする. 2 責め苦しめる. 3〈情欲などを〉押える. [√cruc(i)-]

‡crude [kru:d] *a.* 1 加工してない, 天然のままの, なまの: ～ sugar 粗糖, 黒砂糖. 2 未熟の; 渋い. 3 生硬な, 荒けずりの, 無器用な; 幼稚な. 4 粗野な, 無作法な: a ～ person [manner, answer]. 5 露骨な; ありのままの. 6《色が》毒々しい. 7〔文〕語尾変化のない. **～oil** [**petroleum**] 原油.
◇ **∠·ly** [-li] *ad.* **∠·ness** *n.* **crú·di·ty** [-iti] *n.* 1 なま, 未熟; 粗雑. 2 粗野な行ない; 未熟なもの.

‡crú·el [krú:əl/kruəl, krú:əl] *a.* (～·(l)er; ～·(l)est) 1 残酷な; 無慈悲な. 2 心を悲しませる; 〈光景・物語などが〉痛々しい, 悲惨な; 〈ことばが〉針〔毒〕を含んだ. **——** *ad.* 〔俗〕ひどく: ～ hard ひどくつらい.
～·héart·ed [-há:rtid] 無情な. ◇ ***～·ly** [-i] *ad.* 1 残酷に, 薄情に. 2 痛々しく, ひどく.

‡crú·el·ty [krú:əlti/krúəl-, krú:əl-] *n.* 1 残酷, 無慈悲. 2 残酷な行為, 虐待.

crú·et [krú:it] *n.* 1《食卓用の》薬味びん. 2 薬味台（＝～ stand).

cruise [kru:z] *vi.* 1 巡航する, 遊弋(ゆうよく)する. 2〈飛行機・自動車が〉巡航〔経済〕速度で飛ぶ〔走る〕. 3 歩き回る, 漫遊する. 4〈タクシーが〉流す. **——** *vt.* 〈特定の海域・地域を〉～する; 調査して回る.
—— *n.* 1 巡航; 遊弋: a round the world ～ 世界一周航海. 2〔話〕漫遊. [√cruc(i)]

crúis·er [krú:zər] *n.* 1 巡洋艦: a battle ～ 巡洋戦艦. a converted ～ 仮装巡洋艦. a light ～ 軽巡洋艦, 乙巡. 2 遊航用汽船〔ヨット〕《定期船 (liner) に対し》; 大型(行楽用)モーターボート(＝cabin ～). 3 巡航飛行機; パトロールカー; 流しタクシー. 4 cruise する人. **～·weight** [-wèit]〔英: ボクシング〕ライトヘビー級（選手）(light heavyweight).

crúl·ler [krʌ́lər] *n.* 〔米〕ドーナツの一種.

crumb [krʌm] *n.* 1 (通例 *pl.*) 小片; パンくず; パン粉. 2 パンの（柔らかい）中身. → crust. 3 わずか, 少し《*of*》. 4〔俗〕くだらぬ〔いやな〕やつ. ***to a ～*** 細かに, 厳密に. **——** *vt.* 1 にパン粉をまぶす〔入れる〕; パン粉にする. 2 こなごなにする. 3〔話〕〈食卓から〉パンくずを払い落とす.

‡crúm·ble [krʌ́mbl] *vt.* こなごなに砕く. **——** *vi.* 1 くずれる, こなごなになる. 2 滅びる; 消失する《*away*》.

crúm·bly [krʌ́mbli] *a.* 砕けやすい, もろい.

crúm·bum [krʌ́mbʌ̀m] *n.* ＝crumb.

crúmb·y [krʌ́mi] *a.* 1 crumb だらけの〔をまぶした〕. 2《パンが》ふんわりとした; 中身の多い.

crúm·my [krʌ́mi] *a.* 1〔英俗〕《女が》丸ぽちゃの, 肉づきのよい. 2〔米俗〕うすよごれた; 安っぽい; 《給料などが》安い, 貧弱な. **——** *n.* 〔米俗〕＝caboose.

crump [krʌmp] *vt.* 1〈クリケットのボールなどを〉強打する. 2 パリパリとかむ. **——** *vi.* 〈雪・爆弾などが〉パリパリと音をたてる. **——** *n.* 1 強打; ばったり倒れること. 2 パリパリする音, 爆音. 3〔軍俗〕大型爆弾. **——** *a.* 〔英方〕こわれやすい, もろい.

crúm·pet [krʌ́mpit] *n.* 1〔英〕ホットケーキの一種. 2〔米俗〕性的魅力（のある女性).

crúm·ple [krʌ́mpl] *vt., vi.* しわにする〔なる〕, くしゃくしゃにする〔なる〕《*up*》: ～ a letter *into* a ball 手紙をくしゃくしゃに丸める. **——** *n.* しわ.
◇ **～d** [-d] *a.* しわくちゃの; 《紙片などが》丸められた.

crunch [krʌntʃ] *vt.* 1 ガリガリ〔パリパリ〕かむ. 2 ガリガリ押しつぶす〔ひきつぶす〕. **——** *vi.* 1 ガリガリ食べる. 2（音を）ガリガリたてる; (雪・じゃり道などを) ザクザク踏んで歩く. **——** *n.* 1 ガリガリ〔パリパリ〕かみ砕く音. 2 ザクザク踏むこと〔音〕.
◇ **～·y** [-i] *a.* 《ビスケットなどが》カリカリしている.

crú·or [krú:ɔ:r] *n.* 〔医〕血餅(けっぺい), 凝血.

crúp·per [krʌ́pər] *n.* しりがい《馬具》; (馬の)しり.

crú·ral [krú(:)rəl/krúərəl] *a.* 〔医〕脚部の.

crus [krʌs] *n.* (*pl.* **crú·ra** [krú(:)rə/krúərə]) 〔医〕脚; 下腿(かたい).

cru·sáde [kru:séid] *n.* 1〔史〕十字軍. 2《種々の社会悪に対する》聖戦; 改革〔撲滅〕運動《*against*》. **——** *vi.* 十字軍に加わる; 改革運動に従事する. [√cruc(i)-] ◇ **cru·sád·er** *n.* 十字軍戦士; 改革運動家.

cru·sá·do [kru:séidou] *n.* (*pl.* ～(**e**)**s**) 《十字架の模様がついた》ポルトガルの昔の貨幣.

cruse [kru:z] *n.* 〔古〕つぼ. ***widow's ～*** 〔聖〕寡婦のつぼ, 無尽蔵《列王紀上17:12》.

‡crush [krʌʃ] *vt.* 1 押しつぶす, 押し砕く. 2 ひいて〔ついて〕粉にする, 粉砕する; 圧搾する《*up, down*》. 3 もみくしゃにする《*up*》; (きゅうっと)抱擁する. 4 圧倒する, 撃破する; 〈希望などを〉くじく. 5 飲み干す.
—— *vi.* 1 つぶれる; しわくちゃになる. 2 押し寄せる.
～ a fly on the wheel つまらぬことに大ぼねをおる. ***～ into*** に押し入る, に殺到する. ***～ out*** 押し破って出る; 絞り出す; 根絶する; 〔米俗〕脱獄する.
—— *n.* 1 押しつぶすこと; 粉砕. 2 雑踏; 〔話〕込み合った集合. 3 果汁(かじゅう), スカッシュ. 4〔米俗〕《特に女子が男子に対する》べたぼれ（の相手). ***have*** [***get***] ***a ～ on*** …にほれこむ. ≒ crash.
～ **hat** オペラハット. ～ **room** 《劇場の》休憩室.
◇ **∠·a·ble** *a.* **∠·er** *n.* 押しつぶすもの, 粉砕〔砕石〕機, 強烈な一撃. **∠·ing** *a.* 1 押しつぶす; 圧倒的な: a ～*ing* reply 二の句のつげない返事. 2 決定的な: a ～*ing* victory. 〔類〕→ **break**「砕く」

Crú·soe [krú:sou] *n.* Robinson ～《Defoe 作 *Robinson Crusoe* の主人公》.

***crust** [krʌst] *n.* 1 パンの皮《crumb に対し》; パイの皮. 2 パンの一片; 生計の資: beg for ～*s* 日ごとのかてを請う. 3《物の》堅い外皮〔表面〕; 地殻(ちかく); 〔動〕甲殻; かさぶた; 積雪の凍った表面, クラスト. 4《ブドウ酒などの》酒あか; 湯あか. 5《物事の》上っつら, 皮相: a ～ of politeness うわべの丁重さ. 6〔俗〕厚かましさ: a ～ of selfishness かちかちの利己

主義. He's got a ～. 鉄面皮なやつだ. ***the upper* ～** 〖話〗上流社会.
—— *vt., vi.* 外皮でおおう; 外皮を生じる; かさぶたができる. ◇ **crús·tal** [-təl] *a.*

Crus·tá·ce·a [krʌstéiʃ(i)ə] *n. pl.* 〖動〗甲殻(ₖₐₖ)類. ◇ **crus·tá·cean** [-ʃən] *a., n.* 甲殻類の(動物). **crus·tá·ceous** [-ʃəs] *a.*

crúst·ed [krʌ́stid] *a.* 外皮のある; 堅くなった; よく枯れた; 古めかしい. ◇ **～·ly** *ad.*

crúst·y [krʌ́sti] *a.* **1** 外皮のある; 堅い. **2** 意地悪な; 短気な. ◇ **-i·ly** [-tili] *ad.* **-i·ness** *n.*

crutch [krʌtʃ] *n.* **1** (しばしば *pl.*) 松葉づえ: walk *on* ～*es.* **2** 《比喩的》支柱, ささえ; 〚物をささえる〛また木. **3** 〖海〗船尾肘材(ちゅうざい); 〚ボートの〛クラッチ, かい受け. —— *vt.* ～でささえる; に～をする.

crutched [-t] *a.* **1** 松葉づえにすがった; ささえのある. **2** 十字架をつけた.

crux [krʌks] *n.* (*pl.* **crúx·es** [krʌ́ksiz], **crú·ces** [krú:si:z]) **1** 要点, 急所; 難問, なぞ: the ～ of the matter 肝心かなめの点. **2** 十字紋; (the C～) 〖天〗南十字星 (the Southern Cross). [√cruc(i)-]

cru·zéi·ro [kru:zéirou] *n.* クルゼイロ《ブラジルの貨幣単位》.

†**cry** [krai] *v.* (**cried**; **crý·ing**) *vi.* **1** 叫ぶ, 声をあげる, どなる; 叫び[呼び]かける《に *to, into*》. **2** <鳥・動物が>鳴く, ほえる. **3** (声をたてて) 泣く, 嘆きの声をあげる; (声をたてないで) 泣く: ～ *for* joy うれし泣きに泣く. **4** <物が>きしむ.
—— *vt.* **1** 大声で言う, 叫び知らせる: "That's good," he *cried.* 「それはいい」と彼は叫んだ. **2** ふれて回る; 呼び売りする: ～ fish 魚を呼び売りする. **3** 求める, 要求する: ～ shares 分け前を要求する. **4** <涙を>流す.
～ against に抗議する. ***～ oneself blind*** 目がつぶれるほど泣く. ***～ down*** 非難する, やじり倒す. ***～ one's eye* [*heart*] *out*** さめざめと泣く. ***～ for*** を泣いて求める; …をせつに要求する: ～ *for* mercy 慈悲を求める. ***～ for the company*** もらい泣きする. ***～ for the moon*** できないことを望む. ***～ halves*** 山分けを要求する. ***～ havoc*** 警報をふれる; 〚軍隊に〛略奪命令を発する. ***～ off*** 手を引く《約束・計画などから》; <契約などを>破棄する. ***～ out*** 絶叫する: ～ *out against* [*on*] a person 人を非難攻撃する. ***～ over*** <不幸などを>嘆く. ***～ quarter*** <降伏者が>命請いをする. ***～ quits*** 五分五分[引き分け]だと言う, 引き分けにする. ***～ shame upon*** に恥を知れと言う, を激しく非難する. ***～ stinking fish*** 自分のこと[努力, 家人, 職業など]をけなす. ***～ to* [*unto*]** に助けを求める, に泣きつく. ***～ oneself to sleep*** 泣き寝入りする. ***～ up*** ほめたてる. ***～ wolf*** 必要もないのに急を告げる; 大うそをつく. ***It is no use ～ing over spilt milk.*** 〖諺〗覆水盆にかえらず.
—— *n.* **1** 叫び, ときの声; 鳴き声, ほえ声. **2** 泣き声; すすり泣き. **3** 請願, 嘆願, 要望. **4** ふれ回る声; 合いことば; スローガン. **5** 呼び売りの声. **6** 風評; 世論. **7** 風潮, 流行. **8** 猟犬の群れ. ***a far ～*** 遠い距離; 大きな差異, はなはだ異なったもの. ***follow in the ～*** 付和雷同する. ***give a ～*** 叫ぶ, 大声をたてる. ***hue and ～*** 犯人追跡の叫び; 非難の声. ***in full ～*** 《猟犬が》いっせいに追跡して; 総がかりで. ***Much* [*Great*] *～ and little wool.*** 〖諺〗大山鳴動してねずみ一匹, から騒ぎ. ***out of ～*** 声の届かぬところに, 遠くに. ***within ～ of*** …からすぐ近くに.
〖類〗→ **weep**「泣く」

crý·bà·by [kráibèibi] *n.* 泣き虫, 弱虫.

crý·ing [kráiiŋ] *a.* **1** 叫び声をあげる; 泣き叫ぶ. **2** 緊急の, 放置できぬ: a ～ need 差し迫って必要なこと. **3** ひどい: a ～ evil [shame] ひどい害悪 [不面目].

crý·o·gen [kráiədʒ(ə)n] *n.* 〖化〗寒剤.

crý·o·lite [kráiəlàit] *n.* 〖鉱〗氷晶石.

cry·ól·o·gy [kraiálədʒi/-ɔ́l-] *n.* 氷雪学.

cry·óm·e·ter [kraiámitər/-ɔ́m-] *n.* 低温度計.

crý·o·stat [kráiəstæt] *n.* 低温維持装置.

crypt [kript] *n.* **1** あなぐら; 《寺院の納骨・礼拝用の》地下室. **2** 〖医〗腺窩(せんか).

crỳpt·a·nál·y·sis [kriptənǽlisis] *n.* 秘文[暗号]解読(学).

crýp·tic [kríptik], **-ti·cal** [-(ə)l] *a.* 隠れた, 秘密の; 神秘的な; 〖動〗身を隠すに適した: ～ coloring 保護色. ◇ **crýp·ti·cal·ly** *ad.* 隠密(おんみつ)に; 不可解に.

crýp·to [kríptou] *n.* (*pl.* **～s**) 《政党の》秘密党員.

crypto- 「隠れた; 秘密の」の意の語形成要素.

crýp·to·gam [kríptəgæm] *n.* 〖植〗隠花植物. ↔ phanerogam.
◇ **crỳp·to·gám·ic** [kriptəgǽmik], **cryp·tóg·a·mous** [kriptágəməs/-tɔ́g-] *a.*

crỳp·to·gén·ic [kriptədʒénik] *a.* 《病気など》原因不明な.

crýp·to·gram [kríptəgræm] *n.* 暗号(文).

crýp·to·graph [kríptəgræf/-grɑ:f] *n.* **1** 暗号書記法. **2** =cryptogram. ◇ **cryp·tóg·ra·pher** [kriptágrəfər/-tɔ́g-] *n.* 暗号手.

cryp·tóg·ra·phy [kriptágrəfi/-tɔ́g-] *n.* 暗号文; 暗号(書記)法. ◇ **crỳp·to·gráph·ic** [kriptəgrǽfik] *a.*

cryp·tól·o·gy [kriptálədʒi/-tɔ́l-] *n.* 暗号(法); 隠語.

crỳp·to·mé·ri·a [kriptəmí(:)riə/-míər-] *n.* 〖植〗ニッポンスギ.

crýp·to·nym [kríptənim] *n.* 匿名.
◇ **cryp·tón·y·mous** [kriptániməs/-tɔ́n-] *a.*

‡**crýs·tal** [krístl] *n.* **1** 水晶; 水晶製品. **2** 《占いで使う》水晶の玉; 〖話〗水晶占い, 予言. **3** クリスタルガラス; 《集合的》クリスタルガラス製食器類: silver and ～ 銀食器とガラス食器. **4** 〖鉱・化〗結晶, 結晶体. **5** 《とけいの》ガラスぶた. **6** 〖ラジオ〗《検波用》鉱石, (半導体) ダイオード; 《増幅用》トランジスタ: a six-～ receiver 6石トランジスタラジオ. **7** 〖詩〗水晶のようなもの《水・氷・目・涙など》.
—— *a.* **1** 水晶の(ような); クリスタルガラス製の. **2** 透明な. **～ ball** 占い師の水晶玉: peer into [dust off] the ～ *ball* 占う, 予言する. **～ detector** (半導体) ダイオード検波器; 鉱石検波器. **～ gazer** 水晶占い師; 予想家. **～ gazing** 水晶占い; 予想. **C～ Palace** 水晶宮《大博覧会用にロンドン郊外に建てられた鉄骨ガラス張りの建物. 1936 年焼失》. **～ vision** 水晶占い. **～ wedding** 水晶婚式《結婚15年記念》.

crýs·tal·line [kríst(ə)lin, -làin/-lain] *a.* **1** 水晶(質)の. **2** 透明な. **3** 〖化・鉱〗結晶状[性]の. **～ lens** 《眼球の》水晶体.

crýs·tal·lize [kríst(ə)làiz] *vt., vi.* **1** 結晶させる[する]: ～*d* sugar 氷砂糖. **2** <思想や計画など>具体化する《に *into*》. **3** 砂糖づけにする: ～*d* fruits 砂糖づけくだもの.
◇ **-liz·a·ble** [-əbl] *a.* **crỳs·tal·li·zá·tion** [krist(ə)lizéiʃ(ə)n/-laiz-] *n.* 結晶(体); 具体化.

crỳs·tal·lóg·ra·phy [krist(ə)lágrəfi/-lɔ́g-] *n.* 結晶学. ◇ **crỳs·tal·lo·gráph·ic** [-ləgrǽfik] *a.*

crýs·tal·loid [kríst(ə)lɔ̀id] *a.* 結晶のような, 晶質の. —— *n.* 〖化〗晶質. ↔ colloid.

Cs 〖化〗cesium. **c/s** cases. **C.S.** Christian Science; Civil Service; Court of Session. **C.S.A.** Confederate States of America. **csc** cosecant. **C.S.C.** Conspicuous Service Cross. **C.S.I.** Companion of the Star of India. **C.S.T.** Central Standard Time. **Ct.** Connecticut; Count; Court. **ct.** carat; cent; certificate; county; court.

cté·noid [tí:nɔid, ténɔid/tí:-] *a.* くし状の. —— *n.* 〖動〗櫛鱗(しつりん)科の魚.

ctn cotangent. **Cu** 〖化〗cuprum. **cu.** cubic.

cub [kʌb] *n.* **1** 《ライオン・クマ・キツネなどの》子. **2** 未熟[無作法]な若者. **3** カブ (=～ scout) 《少年団

の幼い団員》. **4**〘米話〙新前; かけだしの記者 (=〜 reporter). ***unlicked*** **〜** ぶかっこうなクマの子; 無作法な若者. —— *vi., vt.* 〈獣が〉子を生む; 〈子を〉生む. **〜 hunting** 子ギツネ狩り.
◇ **〜·bish** [kʌ́biʃ] *a.* 無作法な; だらしのない.
〜·hood *n.* 《獣の》幼時.

Cú·ba [kjú:bə] *n.* キューバ《西インド諸島にある共和国》. ◇ **〜n** *a., n.* キューバ(人)の; キューバ人.

cúb·age [kjú:bidʒ], **cú·ba·ture** [kjú:bətʃər] *n.* **1** 立体求積法, 体積計算. **2** 体積, 容積.

cúb·by [kʌ́bi] *n.* 《幼児の遊び場所など》小さな囲まれた場所 (=〜 hole).

‡**cube** [kju:b] *n.* **1** 立方体; 立方体のもの. **2**〘数〙三乗, 立方. —— *vt.* **1** 立方体にする. **2** 三乗する; の体積を求める. **3** 采(さい)の目に切る. **4** にれんが[敷石]を敷く. **〜 root**〘数〙立方根. **〜 steak** キューブステーキ《長四角の安いステーキ》. **〜 sugar** 角砂糖.

cú·beb [kjú:beb] *n.*〘植〙クベバ《コショウ科の植物で薬用または調味料》.

***cú·bic** [kjú:bik] *a.* **立方の**, 三乗の, 三次の; 立方体の: a 〜 equation〘数〙三次方程式. a 〜 foot 立方フィート. —— *n.*〘数〙三次曲線; 三次方程式; 三次関数. **〜 content(s)** 体積, 容積. **〜 crossing** 立体交差.

cú·bi·cal [kjú:bik(ə)l] *a.* =cubic. ◇ **〜·ly** *ad.*

cú·bi·cle [kjú:bikl] *n.* 《仕切られた》小寝室; 《図書館などの》小個室, キャレル (carrel).

cú·bi·form [kjú:bifɔ̀:rm] *a.* 立方形の.

cúb·ism [kjú:biz(ə)m] *n.*〘美〙立体派.
◇ **-ist** *n., a.* 立体派の画家[彫刻家]; 立体派の.
cu·bís·tic [kju:bístik] *a.* 立体派風の.

cú·bit [kjú:bit] *n.* 腕尺《ひじから中指の端までの長さ. 約 45–50 cm》.

cú·bi·tus [kjú:bitəs] *n.*〘医〙前膊(ぜんぱく); 尺骨.
◇ **-tal** [-tl] *a.*

cú·boid [kjú:bɔid] *a.* 立方形の, さいころ形の.
—— *n.*〘数〙直方体. ◇ **cu·bói·dal** [kju:bɔ́idl] *a.* =cuboid.

cúck·old [kʌ́k(ə)ld, (英)⁺kʌ́kould] *n.* 不貞な妻をもった夫. —— *vt.* 〈妻が夫に〉不義をする.
◇ **〜·ry** [-ri] *n.* 姦通(かんつう).

‡**cúck·oo** [kúku:, (米)⁺kú:ku:] *n.* (*pl.* **〜s**) **1**〘鳥〙カッコウ; その鳴き声. **2**〘俗〙まぬけ, ばか者; 変人. **3**〘俗〙こっけいなもの. **4**〘俗〙爆撃機の操縦士.
—— *vi.* カッコウのまねをする. —— *vt.* 単調に繰り返す. —— *a.*〘米俗〙ばかな; 気の変な.
〜 clock ハトどけい. **〜·flòw·er**〘植〙タネツケバナ. **〜·pint** [-pint]〘植〙テンナンショウ. **〜 spit [spittle]**〘虫〙アワフキムシ(のあわ). ◇ **〜ed** *a.* 酔っした.

cu. cm. cubic centimeter(s).

cú·cul·late [kjú:kəlèit, (米)⁺kju:kʌ́leit] *a.* ずきんの形の; 僧帽をかぶった(ような); 《葉が》僧帽状の.

cú·cum·ber** [kjú:kəmbər] *n.* **1**〘植〙**キュウリ**. **2**〘米俗〙ドル (dollar). ***(as) cool as a **〜** 落ち着き払って. **〜 tree**〘植〙《アメリカ産》モクレン.

cu·cúr·bit [kju:kə́:rbit] *n.* ヒョウタン.
◇ **cu·cùr·bi·tá·ceous** [–⌐bitéiʃəs] *a.*〘植〙ウリ科の.

cud [kʌd] *n.* 食べもどし《反芻(はんすう)動物が第1胃から口にもどした食物》. ***chew the*** **[one's] 〜** 反芻する; よく思案する.

cúd·bear [kʌ́dbèər] *n.* カッドベア染料《種々のコケからつくった紫色またはスミレ色の染料》.

cúd·dle [kʌ́dl] *vt.* 〈子ども·愛人などを〉抱き締める. —— *vi.* **1** ぴったり寄り添って寝る《*together*》. **2** 丸くなって寝る《*up*》. —— *n.* 抱擁. ◇ **〜·some** [-səm], **cúd·dly** [kʌ́dli] *a.* 抱き締めたくなるような.

cúd·dy[1] [kʌ́di] *n.* **1** 小さな船室; 《小さい船の》炊事室. **2** 小室; 戸だな.

cúd·dy[2] Sc. *n.* ロバ; とんま.

cúdg·el [kʌ́dʒ(ə)l] *n.* こん棒. ***take up the*** **〜*s for*** を強力に弁護[支援]する. —— *vt.* (**-l-**, (英) **-ll-**) こん棒で打つ. **〜 one's brains** 頭をしぼって考える.

cúd·weed [kʌ́dwi:d] *n.*〘植〙父子草, ホーコグサ.

cue[1] [kju:] *n.* **1** 手がかり, ヒント; 合い図. **2**〘劇〙きっかけのせりふ《他の俳優のせりふ·演技の合い図となる》;〘楽〙《演奏の》指示楽節. **3** 気分, 気持ち: I am not *in* the 〜 *for* swimming. 水泳する気にならない. **4** 役割; 出番. ***give*** a person ***the*** **〜** (人に)手がかりを与える; 入れ知恵をする. ***take*** **one's [*the*] 〜 *from*** a person (人)から手がかりを得る; (人)の例を見習う.
—— *vt.* **1** に合い図する: 〜 a person *on* his lines 人にせりふの始めを合い図する. **2** の開始[挿入(そうにゅう)]を合い図する《*in*》. **〜 a person *in*** (人に)知らせてやる[情報を与える]《について *on*》.

cue[2] *n.* **1** 玉突き棒. **2** 弁髪, おさげ. **3**《順番を待つ人の》列. ◇ **〜·ist** *n.* 玉突きをする人.

cuff[1] [kʌf] *n.* **1** そで口, カフス; 《ズボンのすその》折り返し. **2** 手錠 (=handcuff). ***off the*** **〜** 即座に. ***on the*** **〜** 掛け[信用借り]で.
〜 button カフスボタン. **〜 link** カフスリンク (=(英) sleeve link).

cuff[2] *n.* 平手打ち. ***at*** **〜*s (with)*** (と)なぐり合いをして. **〜*s and kicks*** 打ったりけったり. —— *vt.* 打つ《平手·げんこつで》.

Cú·fic [kjú:fik] *n., a.* 古代アラビア文字(の).

cu. ft. cubic foot [feet].

cui bo·no [kwí:-bóunou, kái-/kwí:-bɔ́nou] L. (=for whose good?, for what good?) だれの利益になるか; なんの役に立つか.

cu. in. cubic inch(es).

cui·ráss [kwiræ̋s] *n.* 胴丸, 胴よろい; 胸当て.
◇ **cuì·ras·síer** [kwìrəsíər] *n.* 甲騎兵.

cui·síne [kwizí:n] *n.* **1** 料理(法): French 〜 フランス料理. **2** 調理室, 料理部.

cuisse [kwis], **cuish** [kwiʃ] *n.* 《よろいの》もも当て.

cul-de-sac [kʌ́ldəsæk, kúl-] F. *n.* (*pl.* ***culs-de-sac*** [kʌ́ldə-, kúl-], ***cul-de-sacs*** [-s]) **1** 袋小路, 行き止まり. **2**〘医〙盲管. **3**〘軍〙三方包囲. **4** 窮地; 行き詰まり.

-cule [-kjù:l] *suf.* 「小…」の意: animal*cule* 小動物.

cú·lex [kjú:leks] *n.* (*pl.* **cú·li·ces** [-lisi:z])〘虫〙家蚊.

cúl·i·nar·y [kʌ́linèri, kjú:li-/kʌ́linəri] *a.* **1** 台所(用)の. **2** 料理(用)の: 〜 art 料理法, 割烹(かっぽう). 〜 vegetables 野菜類.

cull[1] [kʌl] *vt.* **1** 〈花などを〉摘む. **2** えり抜く; 選び出す. **3** から抜粋する. —— *n.* 摘み取り, 採集; より分けた物; より分けて捨てた物.

cull[2] *n.*〘英方〙ばか, 抜け作.

cúl·len·der [kʌ́lindər] =colander.

cúl·ly [kʌ́li] *n.* **1**〘俗〙うすのろ. **2**〘俗〙男, やつ. **3**〘英俗〙相棒. —— *vt.* だます.

culm[1] [kʌlm] *n.* **1**《下等な》粉末無煙炭. **2**〘地〙ケツ岩層.

culm[2] *n.*〘植〙稈(かん)《稲·竹など中空で節のある茎》.
◇ **cul·míf·er·ous** [kʌlmífərəs] *a.* 稈のある.

‡**cúl·mi·nate** [kʌ́lminèit] *vi.* **1 頂点に達する**; 全盛を窮める. **2**〘天〙子午線に達する, 南中する. —— *vt.* 終わらせる; クライマックスに到達させる: The President's message 〜*d* the meeting. 大統領のメッセージで会合はその極に達した. **〜 *in*...** ついに[結局]…になる. [√cel(l)-]
◇ **-nat·ing** [-iŋ] *a.* 絶頂に達する, 究極の.

cùl·mi·ná·tion [kʌ̀lminéiʃ(ə)n] *n.* **1** 最高点; 全盛. **2**〘天〙子午線通過, 南中.

cu·lóttes [k(j)u:láts/kju:lɔ́ts] *n. pl.*〘米〙キュロット《婦人のスポーツ用ズボン式スカート》.

cúl·pa·ble [kʌ́lpəbl] *a.* とがむべき, 過失のある; 有罪な. ***hold*** a person **〜** (人を)悪いと思う.

[√culp-] ◇ **-bly** [-bli] *ad.* ふらちにも. **cùl·pa·bíl·i·ty** [⌐–bíḷiti] *n.* 「被告. [√culp-]

cúl·prit [kʌ́lprit] *n.* 罪人;〘英:法〙未決囚, 刑事

cult [kʌlt] *n.* **1** 祭儀, 礼拝(式). **2** 崇拝; 謳歌(おうか), 礼賛. **3** 流行. **4** 崇拝物. **5** 崇拝者の群れ; 宗派. ***the tea ~*** (***of Japan***) 茶道. [√col-]

cultch [kʌltʃ] *n.* 《カキ養殖用の》貝がらくず.

cúl·ti·va·ble [kʌ́ltịvəbl] *a.* **1** 耕作できる; 栽培に適する. **2** 教化できる.

‡**cúl·ti·vate** [kʌ́ltịvèit] *vt.* **1** <土地を> **耕す**, 耕作する. **2 栽培する**; <魚・真珠などを> 養殖する; <細菌を> 培養する. **3** <才能・精神などを> **伸ばす**, 洗練する, みがく; <学芸などを> 奨励する, 促進する. **4** <人を>教化する. **5** <面識・交際を> 求める, の面識〔交際〕を求める: ~ a person 〔a person's acquaintance〕 人との交際を求める. **6** <ひげを> たくわえる. [√col-] 〔類〕 → **grow**「育てる」

cúl·ti·vat·ed [-id] *a.* **1** 耕された: ~ land 耕作地. **2** 栽培された; 養殖された; 培養された. **3** 洗練された, 教養のある: ~ taste あかぬけした趣味.

cùl·ti·vá·tion [kʌ̀ltịvéiʃən] *n.* **1** 耕作; 栽培; 養殖; 培養. **2** 教化; 修練; 洗練, 修養. **3** 培養菌. ***be under ~*** 耕作されている. 「耕うん機.

cúl·ti·va·tor [kʌ́ltịvèitər] *n.* cultivate する人;

‡**cúl·tur·al** [kʌ́ltʃ(ə)rəl] *a.* **1 文化の**. **2 教養の**; 啓発的な. **3** 培養の. **~ studies** 教養科目.
◇ **~·ly** [-i] *ad.*

‡**cúl·ture** [kʌ́ltʃər] *n.* **1** 文化; 精神文明. **2 教養**; 洗練: a man of ~ 教養ある人. **3** 修養; 教化; 訓育: physical 〔intellectual〕 ~ 体〔知〕育. **4 栽培**; 養殖; 耕作. **5** 《細菌の》培養; 培養菌. —— *vt.* =cultivate. [√col-]
~ area〘社〙《ある独特の型の文化をもつ》文化地域. **~ complex**〘社〙文化複合. **~ hero** 文化英雄《ある文化集団の理想を具現する, もしくは文字・生活手段を与えたと考えられる伝説上の人物》. **~ medium** 培養基. **~ pattern** 文化形態. **~ trait**〘社〙文化単位特性. **~ vulture**〘俗〙文化気違い, えせ文化人.
◇ **cúl·tur·ist** [-tʃərist] *n.* 栽培者; 文化主義者.

cúl·tured [kʌ́ltʃərd] *a.* **1** 教養ある, 洗練された. **2** 修養を積んだ. **3** 文化を有する, 文化の進んだ. **4** 養殖された; 培養された. **~ pearl** 養殖真珠.

cúl·tus[1] [kʌ́ltəs] *n.* (*pl.* **~·es**, **cúl·ti** [-tai]) = cult.

cúl·tus[2] *n.* (*pl.* **~·es**, 《集合的》 ~)〘魚〙アイナメの類の魚 (=~ cod).

cúl·ver [kʌ́lvər] *n.*〘鳥〙ハト;〘英方〙ジュズカケバト.

cúl·ver·in [kʌ́lvərin] *n.* 《中世の》小銃; 《16–17世紀の》大砲の一種. 「渠.

cúl·vert [kʌ́lvərt] *n.* 暗渠(あんきょ), 地下水路;〘電〙線

cum [kʌm, ㊊⁺ kum] (=with) *prep.* **1** …とともに, …のついた. **2**〘英〙「…兼…」: dwelling-~-workshop 住宅兼工場. [<L.]
~ dividend 配当付き《略 cum div., cum》. ↔ ex dividend.

cúm·ber [kʌ́mbər] *vt.* **1** に重荷を負わせる; 苦しめる. **2** 妨害する. —— *n.* **1** 負担. **2** 妨害.

Cúm·ber·land [kʌ́mbərlənd] *n.* **1** イギリス北西部の州. **2** (the ~) アメリカ Kentucky 州と Tennessee 州を流れ Ohio 川に合する川.

cúm·ber·some [kʌ́mbərsəm] *a.* **1** 負担になる, じゃまな, 煩わしい. **2** ぶかっこうな, 無器用な.
◇ **~·ly** *ad.* **~·ness** *n.*

Cúm·bri·an [kʌ́mbriən] *a.* Cumberland の. —— *n.* Cumberland 人.

cúm·brous [kʌ́mbrəs] =cumbersome.

cum gra·no sa·lis [kʌm-gréinou-séilis] L. (=with a grain of salt) 控えめに,「まゆにつばをつけて」. 「用》.

cúm·in [kʌ́min] *n.*〘植〙カミン《果実は調味料・薬

cum lau·de [kʌm-lɔ́:di, kum-láud(e)i] L. (=with honor) 優等の成績で《卒業など》.

cúm·mer [kʌ́mər] *n.*〘スコットランド〙**1** 教母, 名親. **2** 女友だち; 女, 女の子.

cúm·mer·bund [kʌ́mərbʌ̀nd] *n.* 飾り腹帯, 腰帯. [<Hind.]

cúm·min =cumin.

cúm·quat [kʌ́mkwɑt/-kwɔt] *n.*〘植〙キンカン.

cúm·shaw [kʌ́mʃɔ:] *n.*〘中国〙心づけ, チップ.

cú·mu·late [kjú:mjụlit, -lèit] *a.* 積み上げた, 山積みの. —— [-lèit] *vt.* 積み重ねる, 堆積(たいせき)する. [√cumul-] ◇ **cù·mu·lá·tion** [⌐–léiʃ(ə)n] *n.*

cú·mu·la·tive [kjú:mjụlèitiv/-lət-] *a.* 累積的な, 累加的な.
~ dividend 累積配当. **~ evidence**〘法〙累積証拠. **~ medicine** 累加薬《少量ずつ数回服用して効果を生じる薬》. **~ offense**〘法〙累犯. **~ voting** 累積投票.

cú·mu·li·form [-lịfɔ̀:rm] *a.* 積雲状の. 「雲.

cù·mu·lo-cír·rus [kjù:mjụlosírəs] *n.*〘気〙巻積

cù·mu·lo-ním·bus [-nímbəs] *n.*〘気〙積乱雲.

cù·mu·lo-strá·tus [-stréitəs] *n.*〘気〙層積雲.

cú·mu·lous [kjú:mjụləs] *a.* 積雲性の.

cú·mu·lus [kjú:mjụləs] *n.* (*pl.* **-li** [-lài]) **1**〘気〙積雲. **2** 堆積(たいせき). [√cumul-]

cunc·tá·tion [kʌŋktéiʃ(ə)n] *n.* 遅れ, 遅滞.

cú·ne·ate [kjú:niit, -èit] *a.* くさび形の; 《葉が》掌状の.

cú·ne·i·form [kjú:niịfɔ̀:rm, ㊊⁺kjuní:ị-] *a.* くさび状の; 《古代バビロニアなどの》くさび文字の. —— *n.* くさび文字, 楔形(けっけい)文字;〘医〙楔状(けつじょう)骨.

cú·ni·form [kjú:nị-] =cuneiform.

cún·ner [kʌ́nər] *n.*〘魚〙ベラ科の小魚《食用》.

‡**cún·ning** [kʌ́niŋ] *a.* **1 うまくできた, 巧みにくふうされた**. **2 頭のすばやい**; ずるがしこい. **3**〘米話〙《子ども・服装などが》かわいらしい. **4**〘古〙巧みな, じょうずな. —— *n.* **1** 巧みさ, 器用さ: His hand lost its ~. 彼の手は昔のように器用でなくなった. **2** 抜けめなさ, 気転; こうかつ;〘古〙巧妙. ◇ **~·ly** *ad.* **~·ness** *n.* 〔類〕 → **clever**「利口な」

†**cup** [kʌp] *n.* **1** 《紅茶・コーヒーなどの》**茶わん**; 茶わん1杯(の量): a ~ of coffee コーヒー1杯. **2** 半パイント (pint) の量. **3** 《洋酒用の脚付き》グラス; 《聖餐の》杯; 《聖餐の》ブドウ酒. **4** 優勝カップ, 賞杯. **5** (*pl.* または the ~) 酒, 飲酒. **6** 運命の杯; 運命; 経験: drink a bitter ~ 人生の苦杯をなめる. **7** 茶わん状の物; 《花の》がく; 《どんぐりなどの》殻斗(かくと);〘医〙吸い玉;〘医〙杯状窩(か);〘ゴルフ〙《グリーン上のボールのはいる》穴, ホール. **8** カップ《シャンパン・ブドウ酒などに香料・甘味を加え氷で冷やした飲料》.
be a ~ too low 元気がない. ***~ and ball*** けん玉(遊び). ***~ and saucer*** 台ざら付きの茶わん. ***One's*** [***The***] ***~ is full.*** 運〔幸運, 不運〕が絶頂に達している. one's ***~ of tea***〘話〙(1) 好みに合ったもの, 趣味. (2)〘英〙運; 怪しいもの〔人〕. ***have had*** [***got***] ***a ~ too much***〘俗〙酔っ払っている. ***in*** one's ***~s*** 酔って. ***the ~s that cheer but not inebriate*** 茶, 紅茶《Cowper の句から》.
—— *vt.* (**-pp-**) **1** 茶わんに受ける〔入れる〕; (くぼみに)受け入れる: with his chin *cupped* in his hand あごを手に載せて. **2** <手の平などを> 茶わん状にする: ~ one's hand behind one's ear 耳の後ろに手を当てる《よく聞こえるように》. ~ one's hand round one's mouth 口の前に手をらっぱのように当てる. **3**〘医〙に吸い玉を掛けて血を取る. **4**〘ゴルフ〙<地面を> 掘る《ボールを打つとき》.
~·bèar·er 《宮廷の宴席での》酌人(しゃくにん).
~·board → 別項. **~·cake** [⌐⌐] カップケーキ《カップ型で焼いたケーキ》. **~·hòld·er** 優勝杯所持者. ◇ **~·ful** [-fùl] *n.* 茶わん1杯(分). **~·like** *a.* 茶わんのような. **~ped** [kʌpt] *a.* 茶わん形の.

‡**cúp·board** [kʌ́bərd] *n.* 食器だな; 《一般的》戸だな. *cry* ～ 〖話〗空腹を訴える. ～ **love** 欲得ずくの恋.

cú·pel [kjú:p(ə)l, -pel, ㊥⁺kju:pél] *n.* 《吹き分け用》骨灰製るつぼ. —— *vt.* (**-l-**, ㊥ **-ll-**) 灰ざらで吹き分ける. ◇ **cù·pel·lá·tion** [kjù:pəléiʃ(ə)n] *n.*

Cú·pid [kjú:pid] *n.* **1** 〖ロ神〗キューピッド《恋愛の神》. **2** (c～) 愛の使者; 美少年. **～'s bow** キューピッドの弓; 弓形のもの 《特に上くちびるの形にいう》. [√cup-]

cu·píd·i·ty [kju:pídịti] *n.* 貪欲(どんよく), 強欲.

cú·po·la [kjú:pələ] *n.* **1** 丸屋根; 丸天井; 《屋上の》丸屋根の塔. **2** 回転砲塔. **3** 〖医〗半球状の隆起. **4** キューポラ, 溶銑炉. **5** 首脳 (brain).

cupola ①

cúp·ping [kʌ́piŋ] *n.* 〖医〗吸角〔放血〕法. ～ **glass** 〖医〗吸角子, 吸い玉.

cúp·py [kʌ́pi] *a.* 茶わん形の; くぼみのある.

cú·pre·ous [kjú:priəs] *a.* 銅の; 銅色の.

cú·pric [kjú:prik] *a.* 〖化〗第二銅の. ～ **oxide** 酸化第二銅. ～ **salt** 第二銅塩. ～ **sulfate** 硫酸銅.

cu·príf·er·ous [kju:prífərəs, ㊥⁺ku:-] *a.* 〖化〗銅「を含んだ.

cú·prite [kjú:prait, ㊥⁺kú:-] *n.* 〖鉱〗赤銅鉱.

cú·prous [-prəs] *a.* 〖化〗第一銅の. ～ **oxide** 酸化第一銅.

cú·prum [-prəm] *n.* 〖化〗銅元素《記号 Cu》.

cú·pule [kjú:pju:l] *n.* **1** 〖植〗《どんぐりなどの》杯状のくぼみ. **2** 〖動〗吸盤.
◇ **cú·pu·late** [-pjụlèit, -lit] *a.* ～状の.

cur [kə:r] *n.* **1** 野ら犬. **2** やくざ.

cur. currency; current.

cúr·a·ble [kjú(:)rəbl/kjúərə-] *a.* 治癒(ちゆ)できる; 矯正(きょうせい)できる. ◇ **cùr·a·bíl·i·ty** [⌐―bílịti] *n.* 治癒の見込みがあること.

cu·ra·çao, -çoa [kjù(:)rəsóu/kjùər-] *n.* キュラソー《ベネズエラ北方の Curaçao 島原産のリキュール》.

cú·ra·cy [kjú(:)rəsi/kjúər-] *n.* curate の職〔任期〕.

cu·rá·re, cu·rá·ri [kjurá:ri] *n.* クラレ《南アメリカ原住民が矢につけた毒. 医学上の実験に用いられる》.

cú·ras·sow [kjú(:)rəsòu/kjúər-] *n.* 〖鳥〗ホウカンチョウ《南・中央アメリカ産》.

cú·rate [kjú(:)rit/kjúər-] *n.* **1** 〖英〗牧師補. **2** 《魂の指導者としての》牧師, 司祭. ～ *in charge* 教区の牧師代理. *like the ～'s egg* 〖笑〗善悪ごたまぜで, 玉石混交で. *perpetual* ～ 分教区の牧師.

cúr·a·tive [kjú(:)rətiv/kjúər-] *a.* **1** 治療に役立つ, 治療する力のある. **2** 治療の; 矯正(きょうせい)の. —— *n.* 治療法; 医薬. [＜cure] ◇ **～·ness** *n.*

cu·rá·tor [kjuréitər/kju(ə)réi-] *n.* **1** 管理者《博物館・図書館などの》; 《大学の》評議員. **2** [kjú(:)rətər/kjúər-] 後見人《未成年者・狂人などの》.
◇ **～·ship** [-ʃip] *n.* ～の職〔身分〕. **cù·ra·tó·ri·al** [kjù(:)rətó:riəl/kjùərətɔ́:r-] *a.* ～の.

curb [kə:rb] *n.* **1** 《馬の》とめ綱, とめぐつわ. **2** 抑制, 制御: Put a ～ on your anger. 怒りをおさえよ. **3** 《外側・周囲から締める》わく; 〖米〗《歩道の》ふち石; 《街路の》へり石; 《壁の》へり石, 冠石 (=㊥ kerb); 〖建〗化粧縁(ぶち); 井げた. **4** 場外市場《非上場株を取引する》. **5** 飛節後腫(しゅ)《馬のあと足に生じびっこの原因となる》.
—— *vt.* **1** 〈馬に〉とめ綱を付ける. **2** 抑制する.
～ **bit** はみ《馬具》. ～ **roof** 〖建〗駒形(こまがた)屋根. ～ **service** 《ドライブイン食堂の》車内サービス. **～·stone** [⌐⌐] 《歩道の》ふち石.
◇ **～·ing** *n.* ふち石(の材料).

cur·cú·li·o [kə:rkjú:liòu] *n.* (*pl.* **～s**) 〖虫〗ゾウハ「ナムシ.

cúr·cu·ma [kə́:rkjumə] *n.* 〖植〗キョウオウ《インド産. ショウガ科》.

curd [kə:rd] *n.* (しばしば *pl.*) **1** 凝乳. **2** 液体の凝結部. **3** 食用花《ブロッコリ・カリフラワーなど》.
—— *vt., vi.* ＝curdle. ◇ **～·y** [-i] *a.* 凝乳状の.

cúr·dle [kə́:rdl] *vi., vt.* **1** 凝乳になる〔する〕. **2** 凝結する, 固まる. ～ ***the*** [a person***'s***] ***blood*** (恐怖で) ぞっとさせる.

‡**cure**¹ [kjuər] *n.* **1** 治療; 治療法〔薬〕. **2** 治癒(ちゆ), 回復. **3** 救済策: a ～ for unemployment 失業対策. **4** 《魂の》救済; 《教区民への》精神的な世話; 牧師職. **5** 《魚・肉などの》貯蔵法; 《ゴムの》硬化法. ～ ***of souls*** 牧師職.
—— *vt.* **1** 〈病気・患者を〉治療する, なおす. **2** 救済する. **3** 加工する; 〈魚・肉などを〉塩づけする, 乾燥する《保存のため》; 〈ゴムを〉硬化させる. —— *vi.* **1** 〈病気が〉なおる. **2** 〈魚・肉などが〉保存に適した状態になる; 〈ゴムが〉硬化する. ***be ～d of*** a disease (病気)がなおる. ～ a person ***of*** a disease (人の病気)をなおす. ～ one***self of*** を自分で治療する〔なおす〕. [√cur- 配慮] **～-all** → 別項.
◇ **～·less** [-lis] *a.* 不治の; 救済できない.

cure² *n.* 〖俗〗変人, 奇人.

cu·ré [kjuréi/kjúərei] F. *n.* 司祭. 「にも》.

cúre-all [kjú(:)r-ɔ̀:l/kjúərɔ:l] *n.* 万能薬《比喩的

cu·rétte [kjurét/kjuər-] *n.* 〖医〗キュレット《鋭いさじ形の器具》. —— *vt.* キュレットで掻爬(そうは)する.

cúr·few [kə́:rfju:] *n.* **1** 晩鐘; 晩鐘の刻限. **2** 消燈〔消火〕合い図の晩鐘《特に中世の》. **3** 《帰寮などの》門限; 《戒厳令下の》夜間外出禁止(の時刻).

cú·ri·a [kjú(:)riə/kjúər-] *n.* (*pl.* **-ae** [-rii:]) **1** 《ローマの》元老院. **2** 《中世の》法廷. **3** (the C～) 法王庁. ◇ **～l** [-əl] *a.* ～の.

Cú·rie [kjú(:)ri:, kjurí: / kjúəri:] *n.* **1** Pierre [piɛ́(:)r-] ～, 1859–1906, Marie [mərí:-] ～, 1867–1934, ラジウムを発見したフランスの物理化学者夫妻. **2** (c～) キュリー《放射能計量単位》.

cú·ri·o [kjú(:)riou/kjúər-] *n.* (*pl.* **～s**) 骨董(こっとう)品.

cù·ri·ó·sa [kjù(:)rióusə/kjùəri-] *n. pl.* 珍本, 珍書; わいせつ本.

‡**cù·ri·ós·i·ty** [kjù(:)riásịti/kjùəriɔ́s(ị)ti] *n.* **1** 好奇心; 詮索(せんさく)好き: satisfy one's ～ 好奇心を満足させる. **2** 珍奇なもの, 珍しいもの. **3** 〖古〗神経質, 気むずかしさ. →形容詞 curious. ***out of*** [***from***] ～ 好奇心から. ～ **shop** 骨董(こっとう)店.

‡**cú·ri·ous** [kjú(:)riəs/kjúər-] *a.* **1** 好奇心のある, ものを知りたがる; 《悪い意味で》詮索(せんさく)好きな: ～ neighbors 詮索好きな近所の人々. I am ～ ***to*** know what happened. なにが起こったか知りたい. **2** 物珍しい; 好奇心をそそる. **3** 奇妙な; 〖俗〗変な. **4** 綿密な, 注意ぶかい. [√cur-]

‡**cú·ri·ous·ly** [-li] *ad.* **1** 物珍しそうに, 好奇心から. **2** 奇妙に, おかしなことに: ～ enough 不思議にも.

cú·ri·um [kjú(:)riəm/kjúər-] *n.* 〖化〗キュリウム《放射性元素. 記号 Cm》.

‡**curl** [kə:rl] *vt.* **1** 〈頭髪を〉巻き毛にする, カールする; 〈ひげなどを〉よじる, ねじる. **2** 〈水面を〉波だたせる.
—— *vi.* 巻き毛状になる; ねじれる, うねる; 〈煙が〉うずまく. ～ ***a lip at*** をけいべつする. ～ ***one's lips*** 《けいべつして》口をへの字にする〔ゆがめる〕. ～ ***up*** 巻き上げる〔上がる〕; 足をこごめる, からだを丸める; ゆったりとすわる〔横になる〕. ～ one***self up*** からだを丸める〔丸めて寝る〕, ちぢこまる. ***make*** a person***'s hair*** ～ 〖俗〗ぞっとさせる.
—— *n.* **1** 巻き毛, カール. **2** 巻き毛になっている状態, ちぢれて〔ねじれて〕いること: keep the hair in ～ 髪をちぢらせておく. a ～ of the lip(s) 《けいべつして》口をゆがめること. **3** 巻き毛状のもの, ねじれているもの. **4** 《ジャガイモなどの》萎縮病.
～·pà·per 巻き毛用の紙.
◇ **～·er** [-ər] *n.* ～する人〔物〕; カールクリップ.

*∼·y [-i] *a.* ちぢれた, 巻き毛の.
cúr·lew [kə́:rlu:/-lju:] *n.* 〖鳥〗ダイシャクシギ.
cúrl·i·cue, cúrl·y·cue [kə́:rlikjù:] *n.* うずまき; 《文字の》飾り書き.
cúrl·ing [kə́:rliŋ] *n.* **1** カーリング《スコットランドの氷上遊戯》. **2**《頭髪の》カール. **——** *a.* カール〔巻き毛〕の. **∼ irons, ∼ tongs** *pl.* カールごて. **∼ pins** カールピン. **∼ stone** 氷上遊戯用の平円形の重い御影(みかげ)石または鉄球《柄がついている》.
cur·múdg·eon [kərmʌ́dʒ(ə)n/kə:m-] *n.* けちん坊; 意地悪者. ◇ **∼·ly** [-li] *a.*
curr [kə:r] *vi.* (ネコのように) うなる, のどを鳴らす.
cúr·rach, cúr·ragh [kʌ́rə(x)] Sc., Ir. = coracle.
cúr·rant [kə́:rənt/kʌ́r-] *n.* **1**《種なしで小粒の》干しブドウ. **2**〖植〗スグリ.
cúr·ren·cy [kə́:rənsi/kʌ́r-] *n.* **1** 流通; 流布; 普及, 流行: pass out of ∼ 用いられなくなる, すたれる. **2** 通貨, 貨幣《硬貨・紙幣を含む》. **3** 時価, 相場. ***gain* [*lose*] ∼ *with the world*** 世間に信用を得る[失う]. ***give* ∼ *to*** を広める; を通用させる. ***hard* ∼** 硬貨.
‡**cúr·rent** [kə́:rənt/kʌ́r-] *a.* **1 通用している; 現行の**: ∼ money 通貨. ∼ English 現代英語. **2** 広く行なわれている, 流行の: the ∼ practice 一般の習慣. **3** 広く知られた, 有名な. **4 いまの,** 現在の: the ∼ month [year] 今月[ことし]. the 5th ∼ 今月の5日《略 cur., curr.》. **5** 走り書きの, 草書体の; 流暢(りゅうちょう)な. ***go* [*pass, run*] ∼** 一般に行なわれている.
—— *n.* **1 流れ;** 海流: air ∼*s* 気流. **2**《世論・思想などの》傾向, 趨勢(すうせい). **3 電流** (=electric ∼); 気流. ***direct* [*alternating*] ∼** 〖電〗直〔交〕流. ***swim with* [*against*] *the* ∼** 時流に従う〔逆らう〕. ***the Japan C∼*** 日本海流, 黒潮. [√cur(r)-] **∼ account** 当座預金, 当座勘定. **∼ expenses** 経常費. **∼ issue** (1) (the ∼ issue)《雑誌などの》今月号. (2) 目下の問題. **∼ topics** きょうの話題. ◇ **∼·ly** *ad.* **1** 一般に, 広く. **2** 現在は.
〔類〕 → **flow**「流れ」, → **prevalent**「行き渡った」
cúr·ri·cle [kə́:rikl/kʌ́r-] *n.* 2 頭だて 2 輪馬車.
***cur·ríc·u·lum** [kəríkjuləm] *n.* (*pl.* **-lums, -la** [-lə]) 教科課程. [√cur(r)-] **∼ vitae** [-váiti:] 履歴書. ◇ **-lar** [-lər] *a.* 教科課程の.
cúr·ri·er [kə́:riər/kʌ́r-] *n.* **1** 皮屋. **2** 馬を手入れする人.
cúr·rie *n.* =curry¹.
cúr·rish [kə́:riʃ] *a.* **1** 野ら犬のような. **2** がみがみ言う; 下品な. ◇ **∼·ly** *ad.*
cúr·ry¹ [kə́:ri/kʌ́ri] *n.* カレー; カレー料理. ***∼ and rice*** カレーライス. **——** *vt.* カレーで調味する: ∼*ied* rice カレーライス. **∼ powder** カレー粉.
cúr·ry² *vt.* **1** 馬ぐしでこする. **2** <なめし皮を> 仕上げる. ***∼ favor with*** …のきげんをとる.
∼·comb [-kòum] *n., vt.* 馬ぐし (ですく).
‡**curse** [kə:rs] *vt., vi.* (**∼d** *or* **curst** [-t]) **1 のろう.** ↔ bless. **2 ののしる,** の悪口を言う. **3** にたたる; 苦しめる. **4**〖宗〗破門する. ***be ∼d with*** (1) で苦しめられる. (2) <悪い性質・運命など>をもって生まれる: He *was ∼d with* blindness. 彼は盲目で〔盲目に生まれついて〕苦しんだ. ***∼ and swear*** 悪口雑言する. ***C∼ it!*** 〖話〗畜生!, くそ!
—— *n.* **1 のろい,** のろいのことば《Blast!, Damn!, Confound it! など》. **2** 天罰, たたり. **3** 災害, 不幸. **4** 不幸〔災害〕のたね; のろわれたもの. **5**〖宗〗破門. ***call down a ∼ upon*** a person (人)にのろいをかける. ***C∼s come home to roost.*** 〖諺〗人をのろわば穴二つ. ***not care* [*give*] *∼ for*** を少しも気にかけない. ***the ∼ of Scotland*** 〖トランプ〗ダイヤの9. ***under a ∼*** のろわれて.
cúrs·ed [kə́:rsid] *a.* **1** のろわれた. **2** のろうべき, 極悪の, べらぼうな. **3**〖話〗いまいましい, いやな. **4** 破門された. ◇ **∼·ly** *ad.* のろわれて;〖話〗いまいましく, べらぼうに.
cúr·sive [kə́:rsiv] *a., n.* 走り書き(の), 続け書き(の), 草書(の). [√cur(r)-] ◇ **∼·ly** *ad.*
cúr·sor [kə́:rsər] *n.* 滑子, カーソル《計算尺などの滑動部》.
cur·só·ri·al [kə:rsó:riəl/-sɔ́:r-] *a.* 〖動〗走るのに適した(足をもつ).
cúr·so·ry [kə́:rsəri] *a.* 急いだ, ぞんざいな: a ∼ glance ちらっとひと目見る〔さっと目を通す〕こと. [√cur(r)-] ◇ **-ri·ly** [-rili] *ad.* **-ri·ness** *n.*
curst [kə:rst] *v.* curse の過去・過去分詞.
—— *a.* =cursed.
curt [kə:rt] *a.* **1** 短い, 簡単な. **2** そっけない, ぶっきらぼうな. ◇ **∼·ly** *ad.* **∼·ness** *n.*
cur·táil [kə:rtéil] *vt.* **1** 切り詰める; 省略する; <費用・俸給などを>削減する. **2** から剥奪(はくだつ)する《を *of*》: ∼ a person *of* his privilege 人から特権を奪う. ◇ **∼·ment** *n.* 切り詰め, 短縮, 削減.
†**cúr·tain** [kə́:rtn,-tin] *n.* **1 カーテン,** 窓掛け. **2**《劇場の》**幕.** **3** 幕状のもの; 幕状の仕切り;〖築城〗幕壁《二つの稜堡(りょうほ)をつなぐ》;〖建〗天井〔屋根〕をささえない壁.
behind the ∼ 陰で, 秘密に. ***C∼!*** この場面に幕!《話し手が劇的な場面を述べたとき聞き手の注意を促すことば》. ***∼ (of) fire*** 〖軍〗弾幕. ***draw a ∼ over*** の上にカーテンを引く; を隠す; <話>を終わりにする. ***The ∼ falls* [*drops, is dropped*].** 《幕がおりて》芝居が終わる; 事件などが終わる. ***The ∼ rises* [*is raised*].** 芝居が始まる; 事件が始まる.
—— *vt.* に幕を張る, 幕でおおう, 幕〔カーテン〕でさえぎる: ∼ off part of a room カーテンでへやの一部を仕切る.
∼ call カーテンコール. **∼ fall** 終幕; 結末. **∼ lecture** 寝室の説教《妻が夫にカーテンのたれたベッドの上で言う小言》. **∼ raiser** 開幕劇;《リーグの》開幕戦; 先駆け的事件. **∼ ring** カーテンのつり輪. **∼ rod** カーテンのつり棒. **∼ wall** 〖建〗カーテンウォール工法.
cur·tá·na [kə:rtá:nə, -téinə] *n.* 無尖(むせん)刀《イギリス国王戴冠(たいかん)式のとき王の前に奉持する仁慈の象徴》.
cúr·te·sy [kə́:rtisi] *n.* 〖法〗鰥夫(かんぷ)産《妻の死後夫が受ける財産権》.
cúr·ti·lage [kə́:rt(i)lidʒ] *n.* 〖法〗宅地.
cúrt·sey =curtsy.
cúrt·sy [kə́:rtsi] *n.* 《左足を後ろへ引き, ひざを曲げてする》婦人のおじぎ, 会釈. ***make* [*drop*] *a ∼*** <婦人が> おじぎをする. **——** *vi.* おじぎする《に *to*》.
cú·rule [kjú(:)ru:l/kjúər-] *a.* 《古代ローマで》大官いすにすわる権利を有する; 高位高官の. **∼ chair [seat]**《古代ローマ高官の用いた》大官いす; 台座.
cur·vá·ceous [kə:rvéiʃəs] *a.* 〖米話〗《女性が》曲線美の, 肉体美の.
cúr·va·ture [kə́:rvətʃər, -tʃùər] *n.* **1** 屈曲, 湾曲; 曲線. **2**〖数〗曲率, 曲度.
‡**curve** [kə:rv] *n.* **1** 湾曲(部・物). **2 曲線.** **3**〖野球〗曲球, カーブ. **4** 統計〔グラフ〕曲線; 雲形定規. **5** ぺてん, ごまかし, いんちき. **——** *vt., vi.* 曲げる, 曲がる; 曲線を描く;〖野球〗カーブさせる〔する〕.
◇ **∼d** [-d] *a.* 曲がった; 曲線状の.
cúr·vet [kə́:rvit/kə:vét] *n.* 〖馬術〗騰躍《前脚が地につかぬうちに後脚ではねあがること》.
—— [㊊⁺kə:rvét] *vi., vt.* **1** <馬が> 騰躍する, <馬を> はねさせる. **2** <子どもなどが> はね回る.
cùr·vi·lín·e·al [kə:rvilíniəl], **-ar** [-líniər] *a.* 曲線からなる: a ∼ figure 曲線図形. the ∼ style 〖建〗盛飾式.
cú·sec [kjú:sek] *n.* 毎秒 1 立方フィートの流水. [<*cu*bic foot per *sec*ond]
cúsh·at [kʌ́ʃət, ㊊⁺kúʃət] *n.* 〖鳥〗ジュズカケバト.
‡**cúsh·ion** [kúʃ(ə)n, -ʃin] *n.* **1 クッション, 座ぶとん;** (ク

ッション) まくら. **2** クッション状のもの; 《置き物用の》台ぶとん; 《頭髪に入れる》入れ毛; 針刺し (=pin ～); 《スカートに入れる》腰当て; 《くつに入れる》パッド. **3** 緩衝物, 衝撃をゆるめるもの; 《玉突き台の》クッション; 〖機〗空気クッション. **4** 悪化を防ぐもの; 応急処置; 景気対策; 《苦痛をのぞく》薬, 治療. **5** 《牛・豚などの》しりの肉; 《馬のひづめの》軟骨. **6** 〖植〗葉枕(ようちん). —— *vt.* **1** にクッションをあてがう; 座ぶとんに載せる. **2** 〈衝撃・刺激・悪影響などを〉和らげる. **3** 〈不平などを〉(そっと)受け流す. **4** 〖玉突き〗〈玉を〉クッションに寄せて置く.
～ tire ゴム片を詰めた自転車タイヤ.
◇ **～·like** [-làik] *a.* クッションのように柔らかい. **～·y** [-i] *a.* ふんわりした.

cúsh·y [kúʃi] *a.* 〖俗〗楽しい; 楽な.

cusk [kʌsk] *n.* 〖魚〗タラに似た食用魚.

cusp [kʌsp] *n.* **1** 先端. **2** 〖医・生〗《歯・葉などの》尖頭(せんとう). **3** 〖数〗《2 曲線の》先点. **4** 〖建〗いばら, 三角きざし. **5** 〖天〗《三日月の》先端.
◇ **～ed** [-t] *a.* =cuspidal.

cús·pid [kʌ́spid] *n.* 犬歯. ◇ **cús·pi·dal** [-pịdl] *a.* 犬歯の; 《犬歯のように》先のとがった.

cús·pi·date [kʌ́spịdèit/-dit], **-dat·ed** [-dèitid] *a.* 尖頭をもつ, 突形の.

cús·pi·dor [kʌ́spịdɔ̀ːr] *n.* 〖米〗たんつぼ.

cuss [kʌs] *n.* 〖米話〗 **1** のろい, 悪口. **2** 妙な野郎, やつ. —— *vt., vi.* 〖米話〗のろう, (に)悪態をつく; けなす 《*out*》.

cúss·ed [kʌ́sid] *a.* 〖米話〗 **1** =cursed. **2** 意地の悪い, 強情な. ◇ **～·ness** *n.*

cús·tard [kʌ́stərd] *n.* カスタード《牛乳・卵・砂糖などを混ぜて煮つめたもの》. **～ apple** 〖植〗(1) レイシ科の植物. (2) 《北アメリカ産の》ポポー.

cus·tó·di·al [kʌstóudiəl] *a.* 保管の. —— *n.* 遺宝の容器.

cus·tó·di·an [-ən] *n.* 管理人; 保管者; 守衛.
◇ **～·ship** [-ʃip] *n.* ～の職.

cús·to·dy [kʌ́stədi] *n.* **1** 保管, 保護; 後見 (の義務). **2** 拘留, 監禁. ***be in the ～ of*** に保管〔保護〕されている. ***have the ～ of*** を保管〔保護〕している. ***in ～*** 拘留〔監禁〕されて. ***keep in ～*** 拘留しておく. ***take** a person **into ～*** (人を)逮捕〔拘引〕する.

‡**cús·tom** [kʌ́stəm] *n.* **1** 慣習, 風習, 慣行: manners and ～*s* of a country 一国の風俗習慣. **2** 〖法〗慣例, 慣習 (法). **3** 《客の商店などへの》ひいき, 愛顧; 《集合的》顧客: have plenty of ～ 得意先が多い. **4** (*pl.*) 関税; 税関. —— *a.* 〖米〗《既製品に対し》あつらえの, 注文の: ～ clothes 注文服 (=㊥ tailor-made [made-to-measure] clothes).
～-búilt *a.* 注文してつくった. **～·house** [-hàus] *n.* (*pl.* **～·hous·es** [-hàuziz]) 税関. **～-máde** 〖米〗《既製品に対し》注文品の, あつらえの; 《宣伝などで》高級(製)品の. **～s duties** 関税.
[類] → **habit**「習慣」

‡**cús·tom·ar·y** [kʌ́stəmèri/-m(ə)ri] *a.* 慣習的, 通例の; 慣習上の; 〖法〗慣例による. —— *n.* 慣例集.
◇ **-i·ly** [-rịli] *ad.* 通例, 習慣的に.

‡**cús·tom·er** [kʌ́stəmər] *n.* **1** (店の)お客, 顧客; 得意先, 取引先. **2** 〖米話〗男, やつ: a cool ～ 冷静なやつ. [類] → **visitor**「客」

†**cut** [kʌt] *v.* (～; ～·**ting**) *vt.* **1** 《刃物などで》切る: ～ a pear in two ナシを二つに切る. I ～ myself while shaving. ひげをそっていて顔を傷つけた.
2 切断する; 〈木を〉切る; 〈草・髪などを〉刈る; 〈肉・パンなどを〉切り分ける, 薄く切る; 〈本のページを〉切る: ～ grain 穀物を刈りとる. I had my hair ～. 髪を刈ってもらった.
3 〈線などが他の線などと〉交わる, 交差する.
4 〈船が水などを〉切って進む; 〈道路・みぞなどを〉切り開く: ～ a tunnel through a hill 山の中にトンネルを通す.
5 〈宝石を〉切ってみがく; 〈石などを〉刻む, 彫る; 〈布・着物を〉裁断する.
6 切り縮める, 〈値段・給料を〉切り下げる; 〈費用を〉切り詰める: ～ the pay 給料を下げる.
7 〈話などを〉短くする; 〈映画・脚本などを〉削除〔編集〕する.
8 やめる, 中止する 《*out*》: *Cut* the kidding. いたずらはもうよせよ.
9 〈目だった動作・態度などを〉見せる, 示す: ～ a (fine) figure 人目につく. ～ a poor figure みすぼらしく見える.
10 〈寒風などが〉…の身にこたえる; の心をえぐる: ～ a person to the heart 人に骨身に徹する思いをさせる.
11 〖話〗わざと知らぬふりをする《人に出会って》, 無視する; 〈会合・授業などを〉すっぽかす, さぼる.
12 溶解する; 〈酒などを〉薄める.
13 〈子どもが歯を〉はやす.
14 〖トランプ〗〈札を〉切る; 〖球技〗〈ボールを〉切る.
15 録音する《テープで》.
16 〈エンジン・水道を〉切る 《*off*》.
—— *vi.* **1** 切れる: This knife ～*s* well. このナイフはよく切れる. **2** まっすぐに突っ切って行く, 突き進む 《*through*》. **3** 近道を行く, 横切る 《*across*》. **4** 骨身にしみる. **5** 〖俗〗急いで去る, 逃げる. **6** 〈歯が〉はえる.
～ about 走り回る. ***～ adrift*** 〈船を〉流す; (永久に)別れる. ***～ a loss*** むだをはぶく; 《投機などで》損を多くしないように途中で見切る. ***～ and come again*** 〖話〗何度でも好きなだけ取って食べる. ***～ and run*** 急いで逃げる. ***～ a record*** レコード録音する. ***～ at*** に切りつける; を猛打する《むちで》; 〖話〗に打撃を与える《精神的に》. ***～ a tooth*** [one'***s teeth***] 歯がはえる; 分別がつく. ***～ away*** 切り取る; 切りまくる; 〖話〗逃げだす. ***～ back*** (1) 〈枝などを〉刈り込む. (2) 〈契約などを〉中途でやめる; 〈生産などを〉減らす, 中止する. (3) 〖映〗切り返す. ***～ both ways*** 両刃の剣である, 善にも悪にも用いられる. ～ (one'***s***) ***coat according to*** (one'***s***) ***cloth*** 身分に応じて暮らす. ～ a person ***dead*** (人に)会ってまるで知らぬ顔をする. ***～ down*** 切り倒す; 〈値段を〉下げる; 〈費用を〉削減する; の生気を失わせる; 〈お古の着物を〉仕立て直す. ***～ down on*** を切り詰める, を削減する: She ～ *down on* her between-meal snacks. 彼女は間食を減らした. ～ a person'***s hair*** (人)を驚かす, おじけづかせる. ***～ in*** 割り込む《他人の話などに》; 〈人・自動車などが〉前に割り込む; 《電話で》他人の話を盗聴する; ダンスの途中でパートナーを奪う. ***～ into*** 〈他人の話〉にでしゃばる. ***～ it fine*** (ぎりぎりに) 切り詰める《金・時間などを》. ***～ it*** (***out***) 〖俗〗ずらかる; 《命令法》やめろ! ***～ it*** (***too***) ***fat*** 〖話〗度を過ごす, やりすぎる. ***～ loose*** 鎖〔拘束〕を切り離す; 逃げだす; 無遠慮にふるまう; 活動〔攻撃〕を開始する. ***～ lots*** くじを引く. ***～ no ice*** 〖俗〗なんの効果もない. ***～ off*** 切り離す; 削除する; 妨げる; 〈病が人を〉倒す. ***～ off*** one'***s nose to spite*** one'***s face*** →spite. ～ a person ***off with a shilling*** ほんのわずかの財産を与えて(人を)廃嫡する. ***～ on*** 急いで進む. ***～ out*** (1) 切り取る, 除く. (2) 〖米俗〗やめる, 中止する: ～ *out* smoking 禁煙する. (3) 切ってつくる. (4) 準備する; 適合させる: He is ～ *out* for the job. 彼はその仕事にうってつけだ. (5) 〈人に〉取って代わる; に打ち勝つ. ***～ round*** 〖米〗とび回る; 見せびらかす. ***～ short*** (1) 短くする, 切り詰める: *Cut* it *short*. 〖俗〗もっと手短に言え. (2) 〈人の話を〉さえぎる. ***～ the knot*** 困難などを一刀両断に処置する. ***～ to*** [***in***] ***pieces*** ずたずたに切る; 〈敵を〉粉砕する. ***～ under*** 〖米〗…より安く売る. ***～ up*** (1) 切り裂く; 分割する; 粉砕する. (2) 酷評する. (3) の心を痛めさす《通例受動態》. (4) 〈布地が〉裁断される《何着分かに》. (5)

〖米〗ふざけ回る. (6)〖俗〗やおちょう(試合)をやる. ~ ***up fat*** 〔***well***〕 切りでがある; 遺産をたくさんのこして死ぬ. ~ ***up rough*** 〔***savage***〕〖俗〗おこりだす, あばれだす.

—— *a.* **1** 切った; 切り取った. **2** 彫った. **3** 切り詰めた. **4** 去勢した.

(*at*) ~ *rates* 〖米〗割引値段(で). ~ ***and dried*** 陳腐な, 紋切り型の. ***be ~ out for*** に適任である.

—— *n.* **1 切断**, 削除; 一切り〔打ち〕. **2 切り傷**〔口〕; 刻み目. **3 断片**, 切断〔削除〕部分, カット(部分). **4** 削減; 値引き(分);〖米〗賃銀引き下げ. **5**《鉄道の》切り通し; 堀(ほり). **6 近道**. **7** 一切れ, 肉片, 切り身;〖米〗大肉片: a ~ of a pie パイ一切れ. **8** 分け前, リベート: His ~ is 20%. **9**《衣服の》裁ち方;《調髪の》型. **10** (人の) 型, 種類: We need a man of his ~. ああいう型の人間がほしい. **11** 木版; さし絵, カット. **12** 辛らつな皮肉; 冷酷なしうち: give a ~ at a person 人の心を手ひどく傷つける. **13**〖話〗《知人に》知らぬ顔をすること;《会などの》無断欠席. **14**〖トランプ〗札を切ること, 切り番;〖球技〗ボールを切ること. **15** 無断欠席, さぼること.

a ~ above 〔***below***〕〖話〗…よりいちだん上〔下〕: His stories are *a ~ above* any others I've ever heard. 彼の話はいままでのどの話よりいちだんとおもしろかった. ***a ~ and thrust*** 切ったり突いたり; 白兵戦. ***draw ~s***《こよりなどで》くじを引く. ***short ~*** 近道. ***the ~ of*** a person***'s jib*** 〔***rig***〕〖話〗風采(ふうさい), 身なり.

〈注〉cut の合成語はそれぞれ別項.

cu·tá·ne·ous [kju:téiniəs] *a.* 皮膚の; 皮膚を冒す.

cút·a·way [kʌ́təwèi] *a.* **1**《上着の前すそを斜め後ろに裁った》えんび状の. **2** 切り抜きの, 切り取った;〖機〗《内部が検査できるように》一部を切り取った.

—— *n.* えんび服, モーニング.

cút·back [kʌ́tbæ̀k] *n.* **1**〖映〗カットバック, 切り返し《二つの場面を交互に平行して描写する》. **2**《人員・生産などの》削減, 縮小. **3**〖園芸〗刈り込み.

cútch·a =kutcha. 「インドの》.

cut·chér·ry [kətʃéri, kʌ-] *n.* 官庁; 裁判所《特に

cút·down [kʌ́tdàun] *n.*《利益などの》減少, 切り下げ.

cute [kju:t] *a.* **1**〖米話〗かわいらしい. **2** 抜け目のない, はしっこい. ◇ **~·ly** *ad.* **~·ness** *n.*

cut glass *n.* カットグラス.

Cúth·bert [kʌ́θbərt] *n.* **1**〖植〗キイチゴ《アメリカ産》. **2**〖英話〗徴兵忌避者《特に第1次大戦における公務を口実としての》.

cú·ti·cle [kjú:tikl] *n.* **1**〖医〗外皮. **2**〖植〗上皮. ◇ **cu·tíc·u·lar** [kju:tíkjulər] *a.*

cút·ie [kjú:ti] *n.* **1** かわいらしい女の子《呼びかけとして》: Hi, ~. **2**〖俗〗(相手を出し抜く) 巧みな行動〔人〕. ***pull a ~*** 〖俗〗あぶない橋を渡る, みごとにやってのける.

cút·in[1], **cút-in** [kʌ́tin] *n.* 〖映〗挿入(そうにゅう)字幕, 切り込み(=cut-in leader).

cú·tin[2] [kjú:tin] *n.*〖植〗クチン質, 表皮質.

cú·tis [kjú:tis] *n.*〖医〗真皮.

cút·las(s) [kʌ́tləs] *n.*《海賊などが用いた》そりみの

cút·ler [kʌ́tlər] *n.* 刃物師. 短刀.

cút·ler·y [kʌ́tləri] *n.* **1** 刃物類; 食卓用の道具《ナイフ・フォーク・スプーン》. **2** 刃物商(売).

cút·let [kʌ́tlit] *n.* **1** 薄い肉片, 切り身《特に牛・羊の肉の》. **2** カツレツ.

cút·off [kʌ́tɔ̀:f] *n.* **1** 切断, 遮断(しゃだん). **2**〖米〗近道. **3**〖機〗遮断装置. **4** 掘り割り水路.

cút·out [-àut] *n.* **1** 切り抜き(絵);《脚本・フイルムなどの》削除部分. **2**〖機〗排気装置. **3**〖電〗安全器.

cút·ò·ver [-òuvər] *a., n.* 材木を伐採した(土地).

cút·purse [-pə̀:rs] *n.* すり, きんちゃく切り.

cút·ter [kʌ́tər] *n.* **1** 切る人〔物〕; 裁断師〔器〕;〖映〗フイルム編集者. **2** カッター《軍艦用小艇》;〖米〗監視船(=revenue ~). **3**〖米〗1 頭引き馬そり.

cút·throat [kʌ́tθròut] *n.* **1** 殺人者. **2**〖トランプ〗3人でするポーカー. —— *a.* **1** 人殺しの; 凶悪な. **2**《競争が》必死の, 激烈な. **3**〖トランプ〗3 人でする. **~ razor** 〖俗〗西洋かみそり.

cút·ting [kʌ́tiŋ] *n.* **1** 切断; 裁断; 伐採;《道路などの》開削. **2** 切り通し, 掘り割り. **3** 切りくず;《さし木用》切り枝;《新聞などの》切り抜き(=㊊ clipping). **4** 安売り; 激しい競争. **5**〖映〗フイルム編集. —— *a.* **1** よく切れる. **2**《寒さなどが》身を切るような;《皮肉などが》鋭い, 辛らつな.

~ diamond ガラス切り. **~ pliers** やっとこ, ペン

cút·tle [kʌ́tl] *n.* イカ(= cuttlefish). チ.

~·bone [-bòun] イカの甲. **~·fish** [-fìʃ] (*pl.* **-fish·es**, 《集合的》 **-fish**) イカ.

cút·ty [kʌ́ti]〖おもにスコットランド〗*a.* **1** 短く切った. **2** 短気な. —— *n.* **1** 短いさじ;《喫煙用の》短いパイプ. **2** 身持ちの悪い女; おてんば娘. **~ stool** (1) 低い腰掛け. (2) 腰掛け《昔スコットランド教会堂で不貞な女をさらし者にした》.

cút·up [kʌ́tʌ̀p] *n.*〖米俗〗気どり屋; ひょうきん者.

cút·wà·ter [kʌ́twɔ̀:tər] *n.* **1**《船首の》水切り. **2**《橋杭(はしぐい)の》水よけ.

cút·worm [kʌ́twə̀:rm] *n.* 根切虫.

C.V. Common Version. **C.V.O.** Commander of the Victorian Order. **c.w.o.** cash with order. **cwt.** [hʌ́ndrədwèit] hundredweight.

-cy [-si] *suf.* **1**「性質, 状態」の意をあらわし, 多くは -t, -te, -nt のように t 要素に終わる形容詞, -tic に終わる形容詞から抽象名詞をつくる: accura*te*→accura*cy* 正確さ. democra*tic* → democra*cy* 民主主義. curren*t* → curren*cy* 適用. bankrup*t* → bankrupt*cy* 破産. **2**「身分, 地位, 職」の意をあらわし, 名詞から派生する: captain → captain*cy* 船長の職.

Cy. County.

cỳ·an·ám·ide [sàiənǽmaid, saiǽnəmàid, -mid/ sàiənǽmaid, -mid, saiǽnəmaid] *n.*〖化〗シアナミド.

cý·a·nate [sáiənèit] *n.*〖化〗シアン酸塩.

cy·án·ic [saiǽnik] *a.* **1**〖化〗シアンの〔を含んだ〕. **2** 青色の. **~ acid** シアン酸.

cý·a·nide [sáiənàid, ㊊+-nid] *n.*〖化〗シアン化物.

cý·a·nine [sáiəni:n, -nin/-nain, -ni:n] *n.*〖化〗青色素.

cý·a·nite [sáiənàit] *n.*〖鉱〗藍晶(らんしょう)石.

cy·án·o·gen [saiǽnədʒin] *n.*〖化〗シアン, 青素《可燃性有毒ガス》.

cỳ·a·nóm·e·ter [sàiənámitər/-nɔ́m-] *n.* 《空の青さを計る》シアン計.

cỳ·a·nó·sis [sàiənóusis] *n.*〖医〗チアノーゼ, 青色症.

cy·án·o·type [saiǽnətàip] *n.* 青写真(法).

Cýb·e·le [síbili:] *n.*〖神話〗Phrygia の女神《神々の母》.

cỳ·ber·nét·ics [sàibərnétiks] *n. pl.* 《単数扱い》サイバネティックス《自動制御の理論》. [<Gk. kybernetes 舵手(だしゅ). √kybern-]

cý·cad [sáikæd] *n.*〖植〗ソテツ(の類).

cýc·la·men [síkləmən, ㊊+-mèn] *n.*〖植〗シクラメン.

‡**cý·cle** [sáikl] *n.* **1** 循環, ひとまわり: a business ~ 景気循環. **2** 周期, 循環期. **3** 一時代, 長年月. **4** 完全なひとまとまり;《史詩・伝説などの》一群: the Arthurian ~ アーサー王伝説集. **5**〖電〗サイクル, 周波;〖物〗循環過程. **6** 自転車; 3 輪車; オートバイ. ***lunar*** 〔***solar***〕 **~** 太陰〔太陽〕周期.

—— *vi.* **1** 循環する. **2** 自転車〔3 輪車, オートバイ〕に乗る〔で行く〕.

~·car [-kɑ̀:r] 小型自動車《3 輪または 4 輪》.

◇ **~r** [-ər] *n.*〖米〗自転車の乗り手(=㊊cyclist).

cý·clic [sáiklik, sík-], **cý·cli·cal** [-(ə)l] *a.* 周期的, 循環する.

***cý·cling** [sáikliŋ] *n.* サイクリング, 自転車の乗り回し, 自転車旅行: go ~ 自転車旅行に行く.

*__cy·clist__ [-ist] *n.* 自転車の乗り手.
__cý·clo·graph__ [sáikləgræf/-grɑ:f] *n.* 1 円弧器. 2 パノラマ式写真機. 3 金属硬度測定器の一種.
__cý·cloid__ [sáiklɔid] *n.* 〖数〗サイクロイド, 擺線(はいせん). —— *a.* 円形の.
◇ __cy·clói·dal__ [saiklɔ́idl] *a.* 〖数〗擺線状の.
__cy·clóm·e·ter__ [saiklámitər/-lɔ́m-] *n.* 1 測円弧器. 2《車輪の》回転記録器, 走程計.
__cý·clone__ [sáikloun] *n.* 1〖気〗たつまき, 旋風《一種の熱帯性低気圧》. 2 遠心分離機(=～ collector, ～ separator). ～ __cellar__ [__pit__]〖米〗旋風避難壕(ごう); 安全地帯. ◇ __cy·cló·nal__ [saiklóun(ə)l], __cy·clón·ic__ [saiklánik/-klɔ́n-], __-i·cal__ [-(ə)l] *a.*
〔類〕→ __storm__「あらし」
__Cỳ·clo·pé·an__ [sàikləpí:ən, ㊥⁺saiklóupiən], __Cy·clóp·ic__ [saiklápik/-klɔ́p-] *a.* 1 Cyclops の. 2(または c～) 巨大な. 3〖建〗巨石積みの.
__cỳ·clo·p(a)é·di·a__ [sàikləpí:diə] *n.* 百科事典 (= encyclopedia). ◇ __cỳ·clo·p(a)é·dic__ [-pí:dik] *a.* 百科事典的, 各方面にわたる.
__Cý·clops__ [sáiklɑps/-klɔps] *n.* (*pl.* __Cy·cló·pes__ [saiklóupi:z]) 1〖ギ神〗キュクロープス《一つ目の巨人》. 2 片目の人.
__cỳ·clo·rám·a__ [sàikləræ̀mə/-rɑ́:mə] *n.* 円形パノラマ《円形のスクリーンに映写する》.
◇ __cỳ·clo·rám·ic__ [-ræ̀mik] *a.*
__cý·clo·style__ [sáikləstàil, ㊥⁺síklə-] *n.* 謄写器(の一種).
__cý·clo·tron__ [-tràn/-trɔn] *n.* 〖物〗サイクロトロン《原子核破壊装置》.
__cýg·net__ [sígnit] *n.* 白鳥のひな.
__Cýg·nus__ [sígnəs] *n.* 1〖天〗白鳥座. 2〖鳥〗白鳥属.
__cyl.__ cylinder; cylindrical.
‡__cýl·in·der__ [sílindər] *n.* 1 円筒; 〖幾何〗円柱, 筒(とう); 柱面体; 円筒(状のもの). 2〖機〗シリンダー, 気筒; 弾巣《レボルバー式ピストルの》: This car has six ～s. この自動車は6気筒だ. 3〖考古〗円筒形石印〔土器〕. —— *vt.* に～をつける; ～で処理する.
__cy·lín·dric__ [silíndrik], __-dri·cal__ [-(ə)l] *a.* 円筒形の. ～ __machine__ 輪転機.
__cýl·in·droid__ [sílindrɔ̀id, ㊥⁺silíndrɔid] *n.* 〖数〗曲線柱, 楕円(だえん)柱. —— *a.* 円筒に似た.
__cý·ma__ [sáimə] *n.* (*pl.* __-mae__ [-mi:]) 1〖建〗刳形(くりかた), 反曲線. 2 =cyme.
__cy·már__ [simɑ́:r] *n.*《17-18世紀流行の》婦人用の軽くゆるいジャケツ (=simar).
__cy·má·ti·um__ [siméiʃiəm] *n.* (*pl.* __-a__ [-ʃiə]) 〖建〗冠刳形(くりかた). [<L.]
__cým·bal__ [símb(ə)l] *n.* (通例 *pl.*)〖楽〗シンバル《打楽器》;《オルガンの》高音音栓(おんせん)の一つ.
◇ __～·ist__ *n.* シンバル奏者.
__cyme__ [saim] *n.* 〖植〗集散花序.
__cý·mo·graph__ [sáiməgræf/-grɑ:f] = kymograph.
__cy·móm·e·ter__ [saimámitər/-mɔ́m-] *n.* 〖電〗波長計, 電波計.
__cý·mo·scope__ [sáiməskòup] *n.* 〖電〗電波検出装置.
__cý·mose__ [sáimous, ─ˊ/─ˊ], __cý·mous__ [sáiməs] *a.* 〖植〗集散花序の, 集散状の.
__Cým·ric__ [símrik, kím-/kím-] *a.* ウェールズ人〔語〕の. —— *n.* ウェールズ語.
__Cým·ry__ [-ri] *n.*《集合的》ウェールズ人.
__cýn·ic__ [sínik] *n.* 1 皮肉屋, 冷笑家. 2 (the C～s) 犬儒学派の人々《ソクラテス門下 Antisthenes の一種の禁欲主義の学派》. —— *a.* 1 (C～) 犬儒学派の. 2 =cynical.
__cýn·i·cal__ [sínik(ə)l] *a.* 皮肉な, 冷笑的な; 世をすねた. ◇ __～·ly__ [-i] *ad.*
__cýn·i·cism__ [sínisiz(ə)m] *n.* 1 冷笑; ひねくれた見方〔考え方〕; (C～) 犬儒主義. 2 皮肉なことば.
__cỳn·o·céph·a·lus__ [sìnoséfələs, sàino-/sài-] *n.* 1《伝説上の》犬頭人. 2〖動〗ヒヒ.
__cý·no·sure__ [sáinəʃùər, sínə-/sínəzjuə, sáinəʃuə] *n.* 1 注目〔賞賛〕の的: the ～ of all eyes 衆目の的. 2 目標, 指針. 3 (C～)〖天〗小グマ座; 北極星.
__Cýn·thi·a__ [sínθiə] *n.* 1〖ギ神〗月の女神 Artemis の別称. 2〖雅〗月.
__cý·pher__ =cipher.
__cý·press__ [sáipris] *n.* 1〖植〗イトスギ(材). 2〖雅〗《哀悼の象徴としての》イトスギの枝. ***Japanese*** ～〖植〗ヒノキ.
__Cýp·ri·an__ [sípriən] *a.* 1 Cyprus の. 2 恋の女神 Venus の. 3 みだらな. —— *n.* 1 Cyprus 人. 2 売春婦.
__cýp·ri·noid__ [síprinɔ̀id] *n.*, *a.* 〖魚〗コイ類(の).
__Cýp·ri·ot__ [sípriət, -ɔt/-ət], __-ote__ [-òut] *n.* Cyprus 人〔語〕. —— *a.* =Cyprian.
__cỳp·ri·pé·di·um__ [sìpripí:diəm] *n.* (*pl.* __-a__ [-diə]) 〖植〗ラン科の植物.
__Cý·prus__ [sáiprəs] *n.* キプロス《地中海東端の島; 共和国. 元はイギリス領》.
__Cỳr·e·ná·ic__ [sirənéiik, sàirə-/sài(ə)rə-] *a.* 1 Cyrenaica の. 2《快楽主義を提唱した》キレーネ学派の. —— *n.* 1 キレナイカ人. 2 キレーネ主義〔快楽主義〕者.
__Cỳr·e·ná·i·ca__ [-ikə] *n.* キレナイカ《古代アフリカ北部の国》.
__Cy·ríl·lic__ [sirílik] *a.* シリル字母の.
～ __alphabet__ シリル字母《ギリシア教を奉ずるスラブ民族間に用いられた字母. 現在のロシア字母のもと》.
__Cý·rus__ [sáirəs/sáiərəs] *n.* キュロス《ペルシア初代の国王》.
__cyst__ [sist] *n.* 1〖動・植〗包嚢(ほうのう); 胚嚢(はいのう). 2 嚢胞, 嚢腫(のうしゅ). ***the urinary*** ～〖医〗膀胱(ぼうこう).
◇ __～·ic__ [-ik] *a.*
__cys·tí·tis__ [sistáitis] *n.* 〖医〗膀胱(ぼうこう)炎.
__cýs·toid__ [sístɔid] *a.* 膀胱〔包嚢〕に似た.
__cýs·to·scope__ [sístəskòup] *n.* 〖医〗膀胱鏡.
__cys·tót·o·my__ [sistátəmi/-tɔ́t-] *n.* 〖医〗膀胱切開術.
__Cy·thé·ra__ [siθírə] *n.* ギリシア南岸沖の島《ここに Cytherea の聖所があった》.
__Cỳth·er·é·a__ [sìθərí:ə] *n.* 〖ギ神〗恋の女神《Aphrodite (=Venus) の別称》.
__Cỳth·er·é·an__ [-n] *a.* 1 恋の女神 (Cytherea) の. 2 金星の. —— *n.* ビーナスの崇拝者.
__cy·tól·o·gy__ [saitálədʒi/-tɔ́l-] *n.* 〖生〗細胞学.
◇ __-gist__ [-dʒist] *n.* 細胞学者.
__cý·to·plasm__ [sáitəplæ̀z(ə)m] *n.* 〖生〗細胞質.
◇ __cỳ·to·plás·mic__ [sàitəplǽzmik] *a.*
__C.Z.__ Canal Zone.
__czar__ [zɑ:r] *n.* 1 (C～) ロシア皇帝《帝政時代の》. 2 皇帝. 3 専制君主.
◇ __～·ism__ [zɑ́:riz(ə)m] *n.* 専制〔独裁〕政治.
__czár·e·vitch__ [zɑ́:rivitʃ] *n.* 旧ロシア皇子.
__cza·rév·na__ [zɑ:révnə] *n.* 旧ロシア皇女〔皇太子妃〕.
__cza·rí·na__ [zɑ:rí:nə] *n.* 旧ロシア皇后.
__czár·ist__ [zɑ́:rist] *n.* 専制政治支持者. —— *a.* (C～) ロシア帝政の. __C～ Russia__ 帝政ロシア.
__cza·rít·za__ [zɑ:rítsə, -rí:tsə] =czarina.
__Czech__ [tʃek] *n.* チェック人〔語〕. —— *a.* チェック人〔語〕の.
__Czéch·ic__ [tʃékik], __Czéch·ish__ [-iʃ] *a.* =Czech.
__Czèch·o·sló·vak, Czèch·o-Sló·vak__ [tʃèkəslóuvæk/tʃék-] *a.* チェコスロバキア人〔語〕の.
—— *n.* チェコスロバキア人〔語〕.
__Czèch·o·slo·vák·i·a, Czèch·o-Slo·vák·i·a__ [tʃèkəslovǽkiə, -vɑ́:kiə/tʃék-] *n.* チェコスロバキア《ヨーロッパ中部の社会主義共和国》.
◇ __～n__ [-ən] *a.*, *n.* チェコスロバキアの; チェコスロバキア人.

D

D, d [diː] *n.* (*pl.* **D's**, ***Ds***, **d's**, ***ds*** [-z]) **1** 英語アルファベットの第4字. **2**〘楽〙ニ音, ニ調. **3**〘数〙第4の既知数. **4**〘ローマ数字の〙500. **5** D字形のもの. **6**〘学業成績で〙不可. **D-Day** [ˊ ˊ] (1)〘軍〙(予定) 攻撃開始日《第2次大戦の1944年6月6日連合軍ヨーロッパ上陸の日》. (2) 復員日《<*demobilization day*》. **D trap**〘機〙D形防臭弁. **D valve** D形弁.

D density; deuterium; didymium. **D.** December; Democrat; Democratic; *Deus*(L. =God); Dutch. **d.** date; daughter; day; dead, died; degree; delete; denarius; denarii; density; dime; dividend; dollar; dose.

d— [diː, dæm] =damn. 〈注〉damn という語が忌むべきものとされているので, かしら文字だけ出したもの.

'd [d] 《おもに口語で》had, would の短縮形.

da [dɑː]〘俗〙=dad.

D.A. Delayed Action; District Attorney; document against[for]acceptance; do(es)n't answer.

dab[1] [dæb] *v.* (**-bb-**) *vt.* **1** 軽く押える《柔らかい物・ぬれた物で》: She ~*bed* her eyes with a handkerchief. 彼女はハンカチで涙をぬぐった. **2** 軽く押し当てる: He ~*bed* the salve on his wound. 彼は傷口にこうやくをそっと当てた. **3**《手で》軽く打つ. **4** べたべた塗る: ~ paint *on* a wall. **5**〈石を〉削る《のみで》. —— *vi.* 軽く打つ〔こする〕《を *at*》. —— *n.* **1** 軽打. **2** 一塗り, 少量: a ~ of powder おしろいの一はけ. a ~ of mustard 少量のからし.

dab[2] *n.*〘魚〙小ガレイ.

dab[3] *n.*〘話〙じょうずな人 (=~hand)《*at*》.

dáb·ber [dǽbər] *n.* **1** 軽く打つ人〔物〕;《インキ・絵の具などを》塗る人. **2** たたきばけ;〘印〙タンポン《版面にインキを平らに付ける棒》.

dáb·ble [dǽbl] *vt.* はね掛けてぬらす;《水などにつけて》ぬらす. —— *vi.* **1**《手足で》水をバチャバチャする. **2** 道楽半分に手を出す《に *at, in*》: ~ *in* [*at*] literature 文学をかじってみる. ◇ **~r** [-ər] *n.* 道楽半分にする人; 水いたずらをする人.

dáb·chick [dǽbtʃik] *n.*〘鳥〙カイツブリ.

dáb·ster [dǽbstər] *n.* **1**〘英方〙名人. **2**〘話〙なんでも屋; へたくそ.

DAC〘米〙Department of Army Civilian.

da ca·po [dɑː-kɑ́ːpou] It.〘楽〙最初から繰り返して《略 D. C.》.

dace [deis] *n.* (*pl.* **dác·es**,《集合的》**dace**)〘魚〙ウグイ, アカハラ.

dáchs·hund [dɑ́ːkshùnd, dǽkshʌ̀nd/dǽkshund] *n.* ダックスフント《短脚で胴長のドイツ種の犬》.

da·cóit [dəkɔ́it] *n.* 《インド・ビルマの》匪賊(ひぞく). ◇ **~·y** [-i] *n.* ~による略奪.

dá·cron [déikrɑn, ─ˊ/-krən] *n.* ダクロン《合成繊維. 元来は商標名》; (*pl.*) ダクロン製服〔シャツ〕.

dác·tyl [dǽktil] *n.*〘韻〙長短短格, 強弱弱格. ◇ **dac·týl·ic** [dæktílik] *a., n.* ~の(詩句).

dactylo- 「指」の意の語形成要素.

dac·týl·o·gram [dæktíləgræ̀m] *n.* 指紋.

dàc·ty·lóg·ra·phy [dæ̀ktilɑ́grəfi/-lɔ́g-] *n.* 指紋学〔法〕.

dàc·ty·lól·o·gy [dæ̀ktilɑ́lədʒi/-lɔ́l-] *n.* 指話術〔法〕《deaf-and-dumb alphabet を用いる》.

‡**dad** [dæd] *n.*〘話〙おとうさん, とうちゃん.

Dá·da [dɑ́ːdɑː, -də] =Dadaism.

Dá·da·ism [dɑ́ːdəiz(ə)m, ㊥+dɑ́ːdɑː-] *n.* ダダイズム《芸術・文学上の》. ◇ **-ist** *n.* ダダイスト.

‡**dád·dy** [dǽdi] *n.*〘話〙おとうさん (=dad).

dàd·dy-lóng·legs [dæ̀dilɔ́ːŋlègz, -lɑ́ŋ-/-lɔ́ŋ-] *n.* (*pl.* ~) **1**〘英:虫〙ガガンボ. **2**〘米:虫〙メクラグモ. **3**〘笑〙足の長い人, ひょろながさん.

dá·do [déidou] *n.* (*pl.* **~(e)s**) **1**〘建〙腰羽目. **2** 台胴《柱脚の主要部》.

DAE, D. A. E. Dictionary of American English.

dáe·dal [díːd(ə)l] *a.*〘おもに雅〙巧みな; 千変万化の.

Dáed·a·lus [déd(ə)ləs/díːd-] *n.*〘ギ神〙Crete 島の迷路をつくった名工《後に翼をつくり, むすこの Icarus と空を飛んだ》.

dáe·mon, dae·món·ic =demon, demonic.

‡**dáf·fo·dil** [dǽfədil], **dáf·fo·dìl·ly** [dǽfədili/ ˊ──ˊ─] *n.* **1**〘植〙ラッパスイセン《黄色のスイセン》. **2** 明るい黄色; カナリア色.

dáf·fo·down·díl·ly [dǽfidàundíli]〘雅・方〙=daffodil.

dáf·fy [dǽfi] *a.*〘米話〙とんまな, 頭が弱い; 気違いの.

daft [dæft/dɑːft] *a.* **1** 気違いの. **2** ばかな, まぬけの. **3**〘スコットランド〙はしゃいだ《について *on*》. ***go ~*** 発狂する. ◇ **~·ly** *ad.* **~·ness** *n.*

dag [dæg] *n.* 着物の縁飾り. —— *vt.* に~を付ける.

dag. decagram(me).

dág·ger** [dǽgər] *n.* 短剣;〘印〙剣じるし《†》. ***at ~s drawn 切り合わんばかりの間柄で; 犬猿(けんえん)の間柄で. ***double ~***〘印〙二重剣じるし《‡》. ***look ~s at*** をにらみつける. ***speak ~s to*** をののしる, に毒づく. —— *vt.* 短剣で刺す; に剣じるしをつける.

dág·gle [dǽgl] *vt., vi.* 《泥(どろ)・水の中を》引きずる; 引きずってよごす〔よごれる〕.

Dá·go [déigou] *n.* (*pl.* **~(e)s**)〘米俗〙《けいべつ的》イタリア人, スペイン人, ポルトガル人.

da·go·ba [dɑ́ːgəbə] Sans. *n.* 卒塔婆(そとば), 舎利塔.

Dá·gon [déigɑn/-gən] *n.*〘宗〙ダゴン《半人半魚の神. ペリシテ人の主神》.

da·guérre·o·type [dəgéroutàip, ㊥ +-gé(ː)riə-] *n.*《昔の》銀板写真. —— *vt.* 銀板写真にとる.

dà·ha·bé·ah, dà·ha·bí·ah [dɑ̀ːhəbíːə], **dà·ha·bée·yah** [-bíːjə] *n.* ナイル川の旅客用三角帆船. [<Ar.]

dáhl·ia [dǽljə, dɑ́ːl-, déil-/déil-] *n.*〘植〙ダリア, テンジクボタン. —— *a.* ダリア色の.

Da·hó·mey [dəhóumi, ㊥+-mei] *n.* ダオメー《アフリカ西部の共和国. 元フランス領》.

Dáil Eir·eann [dɔ́il-éirən, dáil-/dail-éərən] *n.* アイルランド共和国の下院.

‡**dái·ly** [déili] *a.* **1** 毎日の, 日常の: a ~ newspaper 日刊紙. **2** 一日ごとの, 一日勘定の: a ~ wage 日給. —— *n.* **1** 日刊新聞. **2**〘英話〙通いの女中 (=~ woman). —— *ad.* 毎日; 日ごとに. **~ bread** 生計. **~-brèad·er**〘英〙通勤者, サラリーマン. **~ instal(l)ment** 日掛け.

***dáin·ty** [déinti] *a.* **1** 優美な. **2** 美味な, おいしい. **3** より好みする; 凝った, やかましい. —— *n.* ごちそう; 珍味. [√dign-] ◇ **-ti·ly** [-tili] *ad.* **-ti·ness** [-tinis] *n.*

Dái·qui·ri [dáikəri, dǽk-] *n.* カクテルの一種《ラム・ライム果汁(かじゅう)・砂糖・氷を混ぜてつくる》.

‡**dáir·y** [dé(ː)ri/déəri] *n.* **1** 酪農場; 酪農. **2** 牛乳店. **3**《集合的》乳牛《一牧場の乳牛全部》. **~ cattle** 乳牛. **~ farm** 酪農場. **~ farming** 酪農業. **~·maid** [-mèid] 酪農場で働く女. **~·man** [-mən, -mæ̀n] (*pl.* **-men**) 酪農場主; 酪農場で働く男; 牛乳屋. **~ products** 乳製品. ◇ **dáir·y·ing** [-iŋ] *n.* 酪農業.

dá·is [déiis, deis] *n.* 《客間・食堂などの一段上がった》上席, 「ひな段」; 講壇.

D

‡dái·sy [déizi] *n.* **1**〘英：植〙ヒナギク；〘米：植〙フランスギク. **2**〘俗〙美しい物, すばらしい物, 逸品; かわいらしい女. **3**〘俗〙インテリ. **4**〘米〙骨抜き薫製のハム. ── *a.* 〘俗〙上等の, とびきりの.
～-cùt·ter 跑(だく)で足をわずかしか上げない馬; 《野球・テニスなどの》地上すれすれの打球.

Dak. Dakota.

Da·kó·ta [dəkóutə, (英)+dikóu-] *n.* **1** ダコタ《アメリカの州名》: North [South] ～ 北[南]ダコタ. **2** Sioux 族インディアン; Sioux 語族の言語.

Da·lái Lá·ma [dəlái-lá:mə, dá:lai-/dælai-] *n.* ダライラマ《チベットのラマ教主》.

dale [deil] *n.* 〘北英・雅〙谷.
～s·man [déilzmən] (*pl.* **-men**) 《特にイングランド北部の》谷間の住民.

Dál·las [dæləs] *n.* アメリカ Texas 州の東北部の都市《アメリカ第35代の大統領 John F. Kennedy が 1963 年に暗殺されたところ》.

dalles [dælz] *n. pl.* 《アメリカ西部の》峡谷を流れる早瀬; 絶壁.

dál·li·ance [dæliəns] *n.* **1** のらくら時を過ごすこと. **2** 恋の戯れ, いちゃつき.

dál·ly [dæli] *vi.* **1** ふざける, 戯れる; 《特に》うわ気する, いちゃつく《と *with*》. **2** もてあそぶ《を *with*》. **3** 軽んじて手を出す《に *with*》: ～ *with* several professions いろんな仕事にちょっかいを出す. ── *vt.* 〈時間を〉ぶらぶら空費する《*away*》.

Dal·má·ti·a [dælméiʃ(i)ə] *n.* ダルマチア《ユーゴスラビアの南西部》.

Dal·má·ti·an [-n] *a.* ダルマチア(人)の.
── *n.* **1** ダルマチア人. **2** ダルマチア犬《短毛で白に黒点がある》.

dal·mát·ic [dælmætik] *n.* 法衣の一種; 《王の》戴冠(たいかん)式衣.

dal se·gno [dɑ:l-sénjou/dæl-, dɑ:l-] It. 〘楽〙記号のところから(繰り返して)《略 D. S.》.

Dál·ton [dɔ́:lt(ə)n] *n.* **1** John ～, 1766–1844, イギリスの理化学者《色盲だった》. **2** ～ System [Plan] ドルトン式教育法《アメリカ Massachusetts 州 Dalton の high schools で始められた. 個人の指導を重んじ, 能力によって進級させる》.

dál·ton·ism [dɔ́:lt(ə)niz(ə)m] *n.* 〘医〙色盲, 《特に》赤緑色盲. [＜John Dalton]

‡dam[1] [dæm] *n.* **1** ダム. **2** せき止めた水. ── *vt.* (**-mm-**) せき止める《*up*》.

dam[2] *n.* 《特に四足獣の》母獣.

‡dám·age [dæmidʒ] *n.* **1** 損害; 損傷. **2** (*pl.*) 〘法〙損害額[賠償金]. **3**〘俗〙費用, かかり《の *for*》. ***do ～ to*** に損害を与える; を破壊する, をそこなう: The storm *did* considerable ～ *to* the crops. あらしは作物にかなりの被害を与えた. ── *vt.* に損害を与える; 〈名声・体面などを〉そこなう. ── *vi.* 傷つく. [√damn-] ◇ **～·a·ble** [-əbl] *a.* 損害を受けやすい. 類 → **hurt**「傷つける」

dám·ag·ing [dæmidʒiŋ] *a.* **1** 破壊的な; 有害な. **2** 中傷的な: a ～ statement. ◇ **～·ly** *ad.*

dám·a·scene [dæməsi:n, (英)+⸗⸗⸗] *n.* **1**《ダマスク式の》象眼細工. **2** 波紋, 銹(さび). ── *vt.* に～を施す; ～に仕上げる.

Dám·a·scene [dæməsi:n, (英)+⸗⸗⸗] *a., n.* Damascus の(人).

Da·más·cus [dəmæskəs/-má:s-] *n.* ダマスカス《シリアの首都》. **D～ steel** ＝damask steel.

dám·ask [dæməsk] *n., a.* **1** ダマスクどんす(の). **2** ダマスク鋼鉄(の). **3** (ダマスクバラの)ピンク色(の). ── *vt.* **1** 綾(あや)織りにする. **2** ピンク色にする.
～ steel ダマスク鋼鉄《刀剣用》.

dàm·a·skéen [dæməskí:n] *vt.* ＝damascene.

dame [deim] *n.* **1**〘古・雅〙貴婦人. **2**〘英〙knight または baronet の夫人; knight 相当位階に叙せられた婦人の尊称. **3**《一般的》身分ある婦人の呼称. **4**〘米〙既婚婦人; 〘俗〙女: a young ～ 若い娘. **5**《イートン校の》舎監.
～ school 〘英〙《婦人の経営した昔の》初等学校.

dám·fóol [dæmfú:l] *n., a.* 途方もないばか(な).
◇ **～·ish** *a.*

dám·mit [dæmit] *int.* 〘話〙こん畜生(＝damn it).

‡damn [dæm] *vt.* **1** 非難する, 罵倒(ばとう)する; 悪評する. **2** 破滅させる. **3**〈神が人を〉地獄に落とす, 罰する; のろう. **4**《感嘆詞的に用いて》(…の)畜生!, (…)くそくらえ!: *D～* the flies! いまいましいハエだ. ── *vi.* 「畜生!」「くそ!」とののしる. 〈注〉しばしば d—[di:], d—n [dæm] と略す. ***D～ it [you, him]!*** 畜生め! ***～ with faint praise*** 非難するばかりに冷淡なほめ方をする. ***I'll be [I am] ～ed if...*** 〘話〙(…のようなこと)するものか!; …のようなことあるものか!
── *n.* **1** のろい; 悪罵. **2**《否定語とともに》少しも, これっぱかりも: do not care a ～, don't give a ～ ちっともかまわない. not worth a ～ てんで価値がない. [√damn-]

dám·na·ble [dæmnəbl] *a.* **1** のろわるべき; 地獄に落とさるべき. **2** いまいましい; ひどい. ◇ **～·ness** *n.* **-bly** [-bli] *ad.* ひどく.

dam·ná·tion [dæmnéiʃ(ə)n] *n.* **1** のろい; 非難. **2** 天罰; 破滅. ── *int.* ちぇっしまった!, 畜生!

dám·na·to·ry [dæmnətɔ̀:ri/-t(ə)ri] *a.* **1** のろいの; 地獄に落とす. **2** 非難の; 難詰するような.

damned** [dæmd] *a.* **1** のろわれた. **2**《しばしば d—d [di:d] と略す》忌まわしい; 〘俗〙ひどい: a ～ fool 途方もないばか. **3** 非難された. **4** 地獄に落とされた; 永久に罰せられた. ***do one's ～est 力の限りを尽くす. ***the ～*** 地獄の亡者(もうじゃ)ども. ── *ad.* 〘俗〙非常に: ～ funny べらぼうにおもしろい.

dám·ni·fy [dæmnifài] *vt.* 〘法〙に損傷を与える.
◇ **dàm·ni·fi·cá·tion** [dæmnifikéiʃ(ə)n] *n.* 〘法〙損傷(行為).

dámn·ing [dæmiŋ] *n.* のろうこと. ── *a.* **1** のろいの. **2** 身の破滅となる: ～evidence のがれられない[絶対的な]証拠.

Dám·o·cles [dæməkli:z] *n.* 〘ギ神〙Syracuse の王 Dionysius の臣. ***the sword of D～*** 身につきまとう危険《Dionysius が, 廷臣 Damocles が王の幸福をたたえすぎたので彼の頭上に 1 本の髪の毛で剣をつるし, 王の身につきまとう危険を教えたという》.
◇ **Dàm·o·clé·an** [dæməklí:ən] *a.*

dàm·oi·sélle [dæməzél/⸗⸗⸗] 〘古〙＝damsel.

Dá·mon [déimən, (英)+-mɔn] *n.* 〘ロ神〙友人 Pythias [píθiæs] のために自ら進んで死刑に処せられようとした人物. ***D～ and Pythias*** 無二の親友.

dám·o·sel, -zel [dæməzèl] 〘古〙＝damsel.

‡damp [dæmp] *a.* 湿っぽい, 湿気のある. ── *n.* **1** 湿気; 霧, もや; 《坑内の》有毒ガス. **2** 意気消沈; 元気をくじくもの, 障害: cast a ～ over a person 人の気勢をくじく. ***strike a ～ into company*** 座をしらけさす. ── *vt.* **1** 湿らす. **2**〈火・音などを〉弱める, 消す《*down*》. **3**〈気力などを〉くじく. **4**〘電〙〈電波の〉振幅を減ずる; 〘楽〙〈弦の〉振動を押える. ── *vi.* **1** 湿る. **2**〈植物が〉湿気で腐る《*off*》. **～-proof** [⸗⸗] (1) *a.* 防湿の. (2) *vt.* 防湿にする. ◇ **～·ish** [-iʃ] *a.* 湿っぽい. **～·ly** *ad.* 湿って; じめじめして. **～·ness** *n.* 湿気.

dámp·en [dæmp(ə)n] *vt.* **1** 湿らせる. **2** がっかりさせる: ～ one's spirits. ── *vi.* 湿る, 湿っぽくなる. ***～ing weather*** じめじめした天候.

dám·per [dæmpər] *n.* **1** 勢いをくじく人[物]; 興ざめ; けち. **2** 湿らす道具. **3**《ストーブなどの》風戸(かざと), 調節弁; 《機械・電気計器の》ダンパー, 制動子; 〘楽〙《ピアノの》止音器, 《バイオリンの》弱音器. ***cast a ～ on*** …にけちをつける.

dám·sel [dæmz(ə)l] *n.* 〘古・雅〙少女; おとめ.

dám·son [dæmz(ə)n] *n.* 〘植〙西洋スモモ(の木).

dan [dæn] *n.* 〘英〙浮標《遠洋漁業用》.

Dan [dæn] *n.* **1** 北部 Palestine に移住したヘブライ人. **2** Palestine 北端の都市. ***from ～ to Beersheba*** 端から端まで.

Dan. Daniel; Danish.

†**dance** [dæns/dɑ:ns] *vi.* **1** 踊る，舞う. **2** はね回る，こおどりする; 〈波・影・木の葉などが〉揺れる; 〈心・血などが〉躍動する. —— *vt.* **1** 〈踊りを〉おどる. **2** 踊らせる; のリードをする; 〈子どもを〉あやす. ～ ***attendance on*** [***upon***] …のあとをついて回る; …にへつらう. ～ ***away*** [***off***] 踊りつつ去る; 踊って…をなくす: ～ *away* one's worry 踊って心配ごとを忘れる. ～ one***self into*** a person***'s favor*** 踊って人にとりいる. ～ ***to*** a person***'s pipe*** [***tune, whistle***] (人)の笛につれて踊る，言うなりに行動する. ～ ***upon nothing*** = ～ ***on a rope*** 首つりにされる.
—— *n.* **1** ダンス; ダンス曲. **2** ダンスパーティー(dancing party): go to a ～. ～ ***of death*** 死の舞踏《中世の画題. 死に神が人間の群れを墓場に導く図》. ***lead*** a person ***a*** (***pretty***) ～ (人に)むだぼねをおらせる; (人を)てこずらせる. ***lead the*** ～ 率先する.
～ **band** ダンス用バンド. ～ **hall** 〔米〕ダンスホール.

‡**dánc·er** [dǽnsər/dɑ́:nsə] *n.* 踊る人; 《専門の》舞踊家: She is a good ～. あの人は踊りがじょうずだ. ***merry*** ～***s*** 北極光.

dánc·ing [dǽnsiŋ/dɑ́:ns-] *n.* 舞踊(法，練習).
～**-girl** [⌐–⌐] 踊り子，ダンサー. ～**-màs·ter** (*fem.* **-mìs·tress**) ダンス教師; 踊りの師匠.

***dán·de·li·on** [dǽndilàiən] *n.* 〔植〕タンポポ.

dán·der [dǽndər] *n.* 〔話〕かんしゃく. ***get*** one***'s*** [a person***'s***] ～ ***up*** おこる[(人を)おこらせる].

Dán·die Dín·mont [dǽndi-dínmənt] *n.* テリア犬の一種《短足長胴》.

dán·di·fy [dǽndifài] *vt.* しゃれさせる. ◇ **-fied** [-fàid] *a.* めかしたてた. 「る.

dán·dle [dǽndl] *vt.* 〈幼児を〉抱いてあやす; かわいが

dán·druff [dǽndrəf], **-driff** [-drif] *n.* 《髪の》ふけ. ***galloping*** ～ 〔米俗〕ケジラミ.

dán·dy [dǽndi] *n.* **1** しゃれ者，だて者. **2** 〔俗〕とびきり上等のもの. —— *a.* **1** ハイカラの; おしゃれの. **2** 〔俗〕特上の，すてきな. ～ **brush** 《馬の手入れに使う》鯨骨製のくし. ～**-cart** [⌐–⌐] 牛乳配達車. ～**-roll**(**·er**) [-ròul(ər)] 〔製紙〕すかし模様をつけるローラー. ◇ ～**·ish** [-iʃ] *a.* めかし屋の，おしゃれな. ～**·ism** [-ìz(ə)m] *n.* おしゃれ，おめかし; いき.

‡**Dane** [dein] *n.* **1** デンマーク人; デーン人. **2** デンマーク種の大犬 (=Great ～).
～**·law,** ～**·lagh** [déinlɔ̀:] 9 世紀イギリスの Danes の間に行なわれた法律; その法律の施行地域.

†**dán·ger** [déindʒər] *n.* **1** 危険，おそれ，脅威. **2** 危険状態; 危険物; 危険の原因. (***be***) ***in*** ～ ***of*** catching cold (かぜをひく)おそれがある. ***in*** ～ 危険(状態)で; 危篤で. ***make*** ～ ***of*** を危険視する. ***out of*** ～ 危険を脱して.
類義語 危険: **danger** 最も一般的な語. **hazard** 予測できるが避けられない危険: the many *hazards* of a big city 大都市の数々の危険. **peril** 身に迫る大きな危険: The passengers on the disabled ship were in great *peril*. 難破船の乗客は危険にひんしていた.

†**dán·ger·ous** [déindʒ(ə)rəs] *a.* 危険な，あぶない. ◇ ～**·ly** *ad.* 危険に，危険を冒して; 危険なほどに: be ～*ly* ill 危篤である. ～**·ness** *n.*

dán·gle** [dǽŋgl] *vi.* **1** ぶら下がる. **2** つきまとう: ～ *about* [*after, round*] a person 人を追いまわす《好意などを得るために》. —— *vt.* ぶら下げる; ぶら下げて持つ. ～ling participle*** 〔文〕懸垂分詞.

Dán·iel [dǽnjəl] *n.* **1** 〔聖〕ヘブライの預言者の名; ダニエル書. **2** 名裁判官.

***Dán·ish** [déiniʃ] *a.* デンマーク(人，語)の.
—— *n.* デンマーク語.

dank [dæŋk] *a.* じめじめした，湿っぽい.
◇ ～**·ly** *ad.* ～**·ness** *n.*

danse ma·ca·bre [dɑ́:nsməkɑ́:br(ə)] F. (= dance of death) 死の舞踏. → dance.

dan·seuse [dɑ:nsə́:z, ㊟+dæn-] F. *n.* (*pl.* ～***s*** [-sə́:z]) 女性舞踊手; バレーの踊り子.

Dán·te [dǽnti, ㊟+dɑ́:n-] *n.* ～ Alighieri [-ɑ̀:ligjéri], 1265–1321, イタリアの詩人《「神曲」*Divina Commedia* (=Divine Comedy) の作者》.

Dán·te·an [dǽntiən/dæntí:-] *n.* ダンテ研究家[崇拝者]. —— *a.* ダンテ(風)の.

Dan·tésque [dæntésk] *a.* ダンテ風の，荘重な.

Dán·ube [dǽnju:b, ㊟+-jub] *n.* (the ～) ドナウ川，ダニューブ川《ドイツ南西部に発し黒海に注ぐ》.
◇ **Dan·ú·bi·an** [dænjú:biən] *a.*

dap [dæp] *v.* (**-pp-**) *vi.* **1** 《魚つりで》えさをそっと水面に落とす[落としてつる]. **2** 軽く水に飛び込む. **3** 〈ボールが〉はずむ. —— *vt.* 〈石を〉(水面上に)はずませる: ～ stones 水切り遊びをする. —— *n.* 〈ボールの〉はずみ; 《石の》水切り; 《魚つりの》えさ.

Dáph·ne [dǽfni] *n.* **1** 〔ギ神〕Apollo に追われゲッケイジュに化したニンフ. **2** (d～) 〔植〕ジンチョウゲ.

dáp·per [dǽpər] *a.* **1** こざっぱりした，きちんとした. **2** 小柄ではしこい. ◇ ～**·ly** *ad.* ～**·ness** *n.*

dáp·ple [dǽpl] *n.* まだら; まだら毛の動物. —— *a.* まだらの，ぶちの. —— *vt., vi.* まだらにする[なる].
～**-gráy** *a.* 連銭葦毛(あしげ)の.
◇ ～**d** [-d] *a.* まだら[ぶち]の.

D.A.R. Daughters of the American Revolution.

dár·bies [dɑ́:rbiz] *n. pl.* 〔俗〕手錠.

Dár·by [dɑ́:rbi] ～ ***and Joan*** [-dʒóun] むつまじい老夫婦.

Dàr·da·nélles [dɑ̀:rd(ə)nélz] *n. pl.* ダーダネルス海峡《Ægean と Sea of Marmara を結ぶ》.

‡**dare** [dɛər] *aux. v.* (～**d,** 〔古〕**durst** [də:rst]) 思い切って…する，あえて[ずうずうしくも]…する: *D*～ he do it? 思い切ってやるだろうか. He ～*n't* tell me. 彼は私に言う勇気がない. How ～ you speak to me like that? よくも私に向かってそんな口がきけるな. *D*～ he admit it? そのことを認める勇気があるだろうか. I met him, but I ～*n't* tell him the truth. 彼に会ったが，本当のことは思い切って言えなかった. 〈注〉to なし不定詞とともに，特に否定文・疑問文で用いられ，現在第三人称単数形は dares でなく dare を用いる. 否定形 daren't は現在・過去・未来形としても用いられる《しかし過去形としては daren't より didn't *dare* (to) の方が最近は普通》.
—— *vt.* **1** 思い切って…する，あえて[恐れずに，ずうずうしくも]…する，…できる: He does not ～ to do it. 彼はやる勇気がない. He didn't ～ (to) tell us that he had done the wrong. 彼はその不正なことをしたと私たちに言えなかった. I would do if I ～*d* (to do). できればするのだが. He will never ～ to enter my house. 彼は二度と私の家にはいることはできないだろう. 〈注〉本動詞としての dare は否定・疑問に do を用いる. 過去形は dared. dare のあとには to 不定詞をも，to なし不定詞をも，どちらも用いる.
2 にあえて直面する，にぶつかっていく: He was ready to ～ any danger. 彼はどんな危険にも立ち向かう覚悟ができていた. I will ～ your anger and say. きみにおこられる覚悟で言いたい.
3 にいどむ，にできるなら…してみろと言う: I ～ you to do this. これがきみにできるものか《できるならやってみろ》. He ～*d* me to strike him. 彼はなぐられるものならなぐってみろと言った. ***I*** ～ ***say*** [***daresay***] たぶん，おそらく: *I* ～ *say* you are right. あなたの言うとおりでしょう. 「ずる.
—— *n.* あえてすること，挑戦: take a ～ 挑戦に応

dáre·dèv·il [dɛ́ərdèvl] *a., n.* 向こう見ずな(人).
◇ ～**·**(**t**)**ry** [-(t)ri] *n.* 無謀，向こう見ず.

dáre·n't [dɛ́ərnt] dare not の短縮形.

dáre·sáy [dɛ́ərséi] *vi., vt.* 《I を主語として》たぶん[おそらく]…ではなかろうか: I ～ we will soon be finished. おそらくすぐ終わると私は思う. Yes, I ～.

はいそうだと思います. →dare.

Dár es Sa·láam, Dár·es·sa·láam [dá:r-essəlá:m] *n.* ダルエスサラーム《Tanzania の首都》.

darg(ue) [dɑ:rg] *n.* 〘スコットランド〙1 日分の仕事.

Dàr·i·én [dè(:)rién/déəriən, dǽr-] *n.* ダリエン湾[地峡]《Panama と Colombia の間》.

‡**dár·ing** [dé(:)riŋ/déər-] *n.* 大胆, 豪勇. —— *a.* 大胆な, 思い切った. ◇ ~·**ly** *ad.* ~·**ness** *n.*

Da·rí·us [dəráiəs] *n.* ダリウス(大王), 558?–486? B. C., ペルシア王.

†**dark** [dɑ:rk] *a.* **1** 暗い, 暗黒の. ↔ light. **2** 黒ずんだ; 《皮膚・髪・目が》黒い (brunette); 浅黒い. **3**《色が》濃い: (a) ~ green 暗緑色. **4** 秘密の; 《文句などの》なぞめいた, わかりにくい: a ~ passage 意味を解しがたい一節. **5** 無知の, 暗愚の: the ~-*est* ignorance 全くの無知. **6**《顔つきが》暗い, 悲しげな; 《事態が》陰うつな, 陰惨な. **7** 邪悪な, 腹黒い: ~ designs 悪計. **8**〘米〙放送していない. ***keep*** a thing ~ (物事を) 秘密にしておく.

—— *n.* **1** 暗黒; 暗いところ. **2** やみ, 夕暮れ, 夜: *D*~ fell over the countryside. いなかに夜が訪れた. **3** 暗い色; 陰影. **4** 秘密; 不分明; 無知. ***after*** [***before***] ~ 日が暮れてから[暮れないうちに]. ***at*** ~ 夕暮れに. ***in the*** ~ 暗がりに; 秘密に; 知らずに.

D~ Ages, the 中世暗黒時代. **D~ Continent, the** 暗黒大陸《アフリカのこと》. ~ **days** 失意[逆境]時代. ~ **horse** ダークホース《競馬・競技・選挙などにおける思いがけない有力な競争相手》. ~ **lantern** 光を隠す装置をした角燈. ~·**room** [⌐⌐] 〘写〙暗室. ~ **side, the** 暗黒面: *the* ~ *side* of things 物事の暗黒面.

◇ ~·**ish** [-iʃ] *a.* 薄暗い; 黒っぽい. ~·**ly** *ad.* **1** 暗く; 黒く. **2** 陰気に, 薄気味悪く; 秘密に. **3** ぼんやりと, ばくぜんと, それとなく, ほのかに. **4**〘古〙かすかに. ~·**some** *a.* 陰気な, 陰うつな.

‡**dárk·en** [dá:rk(ə)n] *vt., vi.* **1** 暗くする[なる]; <色が> 黒ずむ. **2** <空・顔が> 曇る, <空・顔・心・希望などを> 曇らせる; 陰気にする[なる]. **3** あいまいにする[なる]. ~ ***counsel*** ますます混乱させる. ~ a person's [***the***] ***door*** (人) を訪問する.

dárk·ey, dárk·ie =darky.

dár·kle [dá:rkl] *vi.* **1** 暗くなる; 黒ずんで見える. **2** 陰うつになる.

dárk·ling [dá:rkliŋ] *ad.* 暗がりで. —— *a.* **1** 暗がりのなかの. **2** 暗い; もうろうとした.

‡**dárk·ness** [dá:rknis] *n.* **1** 暗黒. **2** 不明瞭(ふめいりょう). **3** 無知; 盲目. **4** 腹黒さ. ***deeds of*** ~ 悪事. ***Prince of*** ~ 悪魔《サタン》.

dárk·some [dá:rksəm] *a.* 〘雅〙**1** ほの暗い. **2** 陰うつな.

dárk·y [dá:rki] *n.* 〘話〙《けいべつ的》くろんぼ.

‡**dár·ling** [dá:rliŋ] *n.* **1** 最愛の人. **2** お気に入りの人[物]. ***My*** ~ ***!***《夫婦・恋人・親子間で》あなた, おまえ. —— *a.* **1** お気に入りの; 最愛の; かわいい. **2** すてきな: a ~ living room すてきな居間.

darn¹ [dɑ:rn] *vt.* 繕う, かがる. —— *n.* 繕い; 繕った箇所. ◇ ~·**er** *n.* かがる人[物]; かがり針.

darn² 〘俗〙=damn.

darned [dɑ:rnd] *a.* 〘米話〙途方もない. —— *ad.* 〘米話〙べらぼうに.

dár·nel [dá:rn(ə)l] *n.* 〘植〙ドクムギ.

dárn·ing [dá:rniŋ] *n.* **1** 繕い, かがり. **2** かがり物. ~**-ball,** ~**-last** [⌐–⌐] かがり台. ~ **needle** かがり針; 〘米〙トンボ.

‡**dart** [dɑ:rt] *n.* **1** 投げやり[矢]; (*pl.*) 投げ矢遊び. **2**《こん虫の》針. **3** 急激な突進. **4**《洋裁の》ダーツ.

—— *vt.* <やり・矢を> 投げる, 射る. —— *vi.* **1** 突進する, つっ走る. **2** やり[矢]を投げる.

dart ①

dárt·er [dá:rtər] *n.* **1** 突進する人[物]. **2**〘魚〙矢魚《アメリカ産淡水魚の一種》. **3**〘鳥〙ウの類.

dár·tle [dá:rtl] *vt., vi.* **1** 繰り返し突進する. **2** 連射する.

Dárt·mouth [dá:rtməθ] *n.* イギリス Devon 州の港市《海軍兵学校 (Royal Naval College) がある》.

Dár·win [dá:rwin] *n.* Charles ~, 1809–82, イギリスの博物学者.《進化論を提唱した》. ◇ ~·**ism** [-ìz(ə)m] *n.* ダーウィン説, 進化論. ~·**ist** [-ist] *n., a.* =Darwinian. **Dar·wín·i·an** [dɑ:rwíniən] *a., n.* ダーウィン説の(信奉者).

‡**dash** [dæʃ] *vt.* **1** 投げつける, 打ちつける. **2** 打ち砕く; <元気・希望などを> くじく. **3** <水などを> ぶっ掛ける, はね掛ける《に *in, over*》; <色を> 塗る《に *on*》: She ~*ed* water *in* his face. 彼女は彼の顔に水を浴びせた. **4** 急いで書く[描く, つくる]《*down, off*》. **5** に加味する, に少し混ぜる《を *with*》: ~ tea *with* brandy 紅茶にブランデーを少し混ぜる. **6**〘俗〙=damn. —— *vi.* **1** 突進する《*along; forward, on,* etc.》; (激しく) 衝突する《に *against; into, on,* etc.》. **2** 一気にやる. ~ ***down*** 一気に書く[描く], 急いで書く: ~ *down* a letter [memo]. ***D~ it !*** 畜生! ~ ***off*** (1) 急いで去る: I must ~ *off* now. さあ, とんでいかなければならない. (2) はねとばす.

—— *n.* **1** 突進; 衝突; (通例 the ~)《水などの》激しくぶつかる音. **2** 気をくじくもの, 障害. **3** 威勢; 虚勢. **4** (加味する) 少量. **5** さっと書いたひと筆(の線). **6** ダッシュ《—》. **7** 短距離競走. **8**〘電〙モールス信号の長音. **9** どろよけ (= dashboard). ***a*** ~ ***of*** 少量の. ***at a*** ~ 一気に. ***cut a*** ~〘話〙見えを張る. ***make a*** ~ ***for*** に向かって突進する. ~**man** 短距離選手.

◇ ~·**er** [-ər] *n.* **1** 突進する人[物]. **2** 攪拌(かくはん)器. **3** =dashboard. **4**〘話〙見え坊; 張り切る人.

〔類〕→ **rush**「突進する」

dásh·board [dǽʃbò:rd/-bɔ:d] *n.* **1**《自動車・飛行機など》計器盤. **2**《馬車・船など》どろ[波]よけ.

dásh·ing [dǽʃiŋ] *a.* **1** 飛びはねるような. **2** 威勢のよい. **3** スマートで目だつ. ◇ ~·**ly** *ad.*

dásh·y [dǽʃi] *a.* はでな, いきな.

dás·tard [dǽstərd] *n.* ひきょう者. —— *a.* 卑劣な. ◇ ~·**ly** *ad.*

dás·y·ure [dǽsijùər] *n.* 〘動〙フクロネコ.

dat. dative.

dá·ta [déitə, ㊥⁺dǽtə] *n. pl.* **1** datum の複数形. **2**〘米〙《研究・判断の》材料, 資料; 情報, 知識: until more *data is* available もっとデータが出そろうまで. 〈注〉アメリカではしばしば単数に扱う. [√da-] ~ **processor** 情報処理機械《電子計算機の別名》.

dá·tal·ler = daytaler.

‡**date¹** [deit] *n.* **1** 日付, 年月日: What's the ~? きょうは何日か. 〈注〉曜日を尋ねるときは, What day is it? **2** 期日; 《事件などの起こった》日時; 予定日時; 《手形などの》期限; 終期; 終わり. **3**〘米話〙《日時を定めての》面会約束; 《特に》デート《異性と会う約束》; デートの相手. **4**〘話〙同日, 本日: to ~ 現在まで. **5** 時代, 年代. **6**〘雅〙《継続》期間, 寿命. 〈注〉年月日の書き方はアメリカでは July 15, 1968《略 7/15/68》. 読み方は July the fifteenth, nineteen sixty-eight または July fifteen, ... 軍および科学関係では月・日を逆にすることが多い. イギリスでは15th July, 1968《略 15/7/68》と書き, 読み方は (the) fifteenth of July, ...

at an early ~ ちかぢか. ***blind*** ~〘米俗〙《お互いに面識のない男女の》めくらデート. ***break*** [***keep***] ***a*** ~ ***with*** …とのデートを破る[守る]. ***down to*** ~ 本日まで; 現在まで. ***have*** [***make***] ***a*** ~ ***with*** とデートがある[を決める]. ***out of*** ~ 時代遅れの. ***up to*** ~ 現在まで. ***up-to-***~ 最新式の.

—— *vt.* **1** に日付を書く. → dated. **2** の年代を定める[推定する]. **3**〘米話〙とデート(の約束を)する

—— *vi.* **1** 日付がついている,《ある時期・時代に》属する: The church ～*s from* the XIIIth century. この教会は13世紀に建てられた. **2** 時代がかる, 古ぼける. **3**〘米話〙デートする《と *with*》. ***～ back to*** 〈習慣・建造物などが〉…にさかのぼる. ***I can ～ back to*** 私の思い出は…までさかのぼる. [√da-]
～ dance〘米〙好きな女性を同伴するダンスパーティー. **～ line** (1) 日付変更線《東経または西経 180° の子午線》. (2)〘米〙《新聞・手紙の》日付を書く場所. **～slip** 貸出カード《図書館の本の表紙裏の袋にはさむ, 貸し出しと返却との日を記入するもの》. **～ stamp** 消印; 日付印. **∠-stamp** [∠∠] *vt.* に日付印を押す.

date² *n.* 〘植〙ナツメヤシ; その木 (=～ palm).

dát·ed [déitid] *a.* **1** 日付のついた: a letter ～ April 3 4月3日付けの手紙. **2** 時代遅れの, 古くさい.

dáte·less [déitlis] *a.* **1** 日付のない. **2** 果てしない. **3** 太古の. **4** いつまでも興味のある, 古くさくならない.

dát·er [déitər] *n.* 日付スタンプ.

dát·ing [déitiŋ] *n.* **1** 日付記入. **2**〘商〙先日付. **3**〘米俗〙デート, あいびき.

dá·tive [déitiv] *a.* 〘文〙与格の. —— *n.* 与格(=～ case). [√da-] **～ case** 与格《名詞・代名詞などが間接目的になるときの格》. **～ verb** 授与動詞《二重目的をとる他動詞. give, teach, ask, buy, cost など》. ◇ **～·ly** *ad.* 与格として. **da·tí·val** [deitáiv(ə)l, də-] *a.* 〘文〙与格の.

dá·tum [déitəm] *n.* (*pl.* **dá·ta** [déitə, ㊉⁺dǽtə]) **1** (通例 *pl.*)《判断・研究の》材料, 資料; 情報, 知識. → data ②. **2**〘論〙既知事項;〘数〙既知数. **3** (*pl.* **dá·tums**)《測量の》基準面〔線, 点〕. **～ line** 〔**plane**〕〘測〙基準線〔面〕.

da·tú·ra [dət(j)ú(:)rə/-tjúərə] *n.* 〘植〙朝鮮朝顔.

dau. daughter.

daub [dɔ:b] *vt.* **1** に塗りつける: ～*ed with* paint ペンキを塗りたくった. **2** よごす: trousers ～*ed with* paint ペンキだらけのズボン. **3** 〈キャンバスを〉塗りたくる; へたな絵にかく. —— *vi.* へたな絵をかく. —— *n.* **1** 塗りつけられたもの; しっくい,《特に》安物のしっくい. **2** 塗ること. **3** へたな絵.
◇ **∠·er** *n.* **1** 塗る人. **2** へぼ絵かき. **3** 塗り道具. **∠·y** [-i] *a.* 塗りたくった.

dáub·ster [dɔ́:bstər] *n.* へぼ絵かき.

†**dáugh·ter** [dɔ́:tər] *n.* **1**《親に対して》娘. **2** 女の子孫. **3** …の生んだ女性《*of*》. ***the D～s of the American Revolution***〘米〙独立戦争参加者の子孫によって組織された婦人の愛国団体. **～ element**〘物〙放射性元素の崩壊によって生じる元素. **～-in-law** [dɔ́:tərinlɔ̀:] (*pl.* **～s-in-law**) むすこの妻; まま娘. **～ language** 娘言語《French, Italian, Portuguese, Spanish, Rumanian などはいずれも Latin から生じた言語で, Latin の daughter languages であり, 互いの間においては sister languages である》. ◇ **～·ly** *a.* 娘らしい.

daunt [dɔ:nt] *vt.* **1** おどかす. **2** の気力をくじく. ***nothing ～ed*** 少しもひるまずに. [√dom-]

dáunt·less [dɔ́:ntlis] *a.* 不屈の, 勇敢な.
◇ **～·ly** *ad.* **～·ness** *n.*

dáu·phin [dɔ́:fin] *n.* 〘史〙フランス皇太子《1349–1830年の間の王朝の》.
◇ **～·ess** [-is, -ès] *n.* 〘史〙フランス皇太子妃.

dáv·en·port [dǽvnpɔ̀:rt/-pɔ:t] *n.* **1**〘米〙寝台兼用大形ソファー. **2**〘英〙小机.

Dáv·en·port [dǽvənpɔ̀:rt/-pɔ:t] *n.* アメリカ Iowa 州の都市.

Dá·vid [déivid] *n.* 〘聖〙ダビデ《イスラエル第2代の王》. ***～ and Jonathan*** 無二の親友.

da Vín·ci [də-víntʃi] *n.* Leonardo [li:əná:rdou-] ～, 1452–1519, イタリアの画家・彫刻家・建築家.

Dá·vis [déivis] ***～ cup*** デビス杯《1900年アメリカ人 D. F. Davis の寄贈したテニス世界選手権杯》.

dáv·it [dǽvit] *n.* 〘海〙《ボートをつり上げる》つり柱.

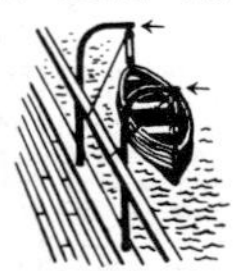
davits

dá·vy [déivi]〘俗〙=affidavit. ***take one's ～***〘俗〙誓う.

Dá·vy [déivi] ***～ Jones*** 海の悪霊(あくりょう): ***～ Jones's*** [dʒóunziz] locker 海底; 海の墓場. go to ***～ Jones's*** locker 海のもくずとなる.
～ lamp 炭坑用安全燈.

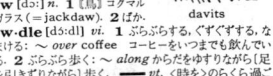

daw [dɔ:] *n.* **1**〘鳥〙コクマルガラス (=jackdaw). **2** ばか.

dáw·dle [dɔ́:dl] *vi.* **1** ぶらぶらする, ぐずぐずする, なまける: ～ *over* coffee コーヒーをいつまでも飲んでいる. **2** ぶらぶら歩く: ～ *along* からだをゆすりながら〔足を引きずりながら〕歩く. —— *vt.* 〈時を〉のらくら過ごす《*away*》. ◇ **dáw·dler** *n.* なまけ者, のろま.

dawk =dak.

‡**dawn** [dɔ:n] *n.* **1** 夜明け; 曙光(しょこう). **2** 始まり, 端緒. ***at ～*** 明け方に. ***before ～*** 夜明け前に. ***from ～ till dusk*** 〔***dark***〕 夜明けから夕暮れまで. —— *vi.* **1** 夜が明ける, 明るくなる: It 〔Day, Morning〕 ～*s.* 夜が明ける. **2** 始まる; 〈ものが〉あらわれ始める. **3** 〈ことが〉だんだん判明する, 〈考えが〉浮かんでくる: The truth began to ～ *on* me. 真実が私にはわかりだした. ◇ **∠·ing** [-iŋ] *n.* **1** 夜明け. **2** 東(方). **3** きざし, あらわれ.

†**day** [dei] *n.* **1** 昼(間), 日中; 日光: work during the ～ 日中は働く. at break of ～ 夜明けに. It is ～. 日が出ている, 日中である. ↔ night. **2** 日, 一昼夜: in a ～ 1日で. **3** 期日, 約束の日; 祝日, 祭日; (a person's ～) 面会日. **4** 1日の労働時間: an eight-hour ～ 1日8時間労働. **5** (しばしば *pl.*) 時代; (*sing.*) 時世; (the ～) 現代: in my school ～*s* ぼくの学校時代に. **6**《所有格代名詞とともに》(*sing.*)《人の》生涯(しょうがい); 全盛時代; (*pl.*) 寿命: His ～ is over 〔done〕. 彼の(全盛)時代は終わった.
all ～ (long)=all the ～ 終日: *all* ～ yesterday きのう一日じゅう. ***(as) clear as ～*** 昼のように明るい; 白日のように明らか. ***at that*** 〔***this***〕 ***～*** そのころ〔目下〕. ***at the present ～*** 現今. ***before ～*** 夜明け前に. ***between two ～s*** 夜通し. ***by ～*** 昼間は. ***by the ～*** 日ぎめで《働く, 払うなど》. ***call it a ～***〘話〙一日〔仕事〕を終わりにする. ***carry*** 〔***win***〕 ***the ～*** 勝つ. ***～ about*** 1日おきに. ***～ after ～*** 毎日毎日. ***～ and night*** 日夜, 絶えず. ***～ by ～ =from ～ to ～*** 日ごとに, 日々. ***～ in, (and) ～ out*** 来る日も来る日も. ***～ of jugdment =the last ～*** 最後の審判の日《世の終わり》. ***… ～s after date***〘手形〙日付後…日. ***end one's ～s*** 死ぬ. ***Every dog has his ～.***〘諺〙だれでも盛りの時はある, 悪いことばかりはない. ***every other*** 〔***second***〕 ***～*** 1日おきに. ***have one's ～*** 栄える. ***How goes the ～?*** 形勢はどうだ. She is twenty, ***if a ～*** (=if she is a ～ old). (彼女は)まちがいなく(20歳だ). ***in broad ～*** 白昼に. ***in one's ～*** 盛んな〔若い〕ころ. ***in ～s gone by*** 〔***to come***〕 昔〔将来〕. ***in ～s of old*** 昔(は). ***(in) these*** 〔***those***〕 ***～s*** 近ごろ〔そのころ〕. ***keep one's ～*** 期日を守る. ***know the time of ～*** なにもかも心得ている. ***lose the ～*** 負ける. ***men of the ～*** 時の人. ***of a ～*** 短命の, はかない. ***of the ～*** 当時の; 現代の. ***on one's ～***〘話〙好調のときに. ***one ～*** ある日; 他日. ***one of these (fine) ～s*** 近日中に. ***quit the ～*** (仕事を終えて)家へ帰る. ***some ～*** いつか. ***the ～ after tomorrow*** 〔***before yesterday***〕 明後日〔一昨日〕. 〈注〉〘米話〙では the をはぶくことがある. ***the other ～*** 先日. ***this ～ week*** 〔***month, year***〕 来週〔来月, 来年〕のきょう; 先週〔先月, 昨年〕のきょう. ***to a***

～ きっかり, 1日もたがわず. ***to this*** [***that***] ～ 今日〔その当時〕まで. ***without*** ～ 日限をきらずに.
～ **ball** 〘俗〙〘野球の〙昼間試合. **～́·bed** [∠∸] 寝台兼用ソファー. ～ **blindness** 〘医〙昼盲症. **～́·bòard·er** 〘英〙〘食事だけ学校でする〙 通学生. **～́·book** [∠∸] (1) 日記帳. (2)〘商〙取引用日記帳. ～ **boy, ～́-boy** [∠∸] 〘英〙 男子通学生. ‡**～́·break** [-brèik] 夜明け: at ～*break* 夜明けに. ～ **coach** 〘米〙〘列車の〙普通客車. *＊**～́·dream** → 別項. **～́·flòw·er** 昼咲きの花. **～́·fly** [-flài] 〘虫〙カゲロウ. ～ **girl** 〘英〙通学女生徒. ～ **laborer** 日雇い労働者. ～ **letter** 〘米〙〘低料金の〙昼間発送電報. ‡**～́·light** → 別項. ～ **lily** 一日でしぼむユリ科の植物. **～́·long** [∠∸] *a., ad.* 終日の, 1日がかりの; 1日じゅう. ～ **nursery** 〘米〙託児所. ～ **off** 〘米〙非番日, 休日. ～ **room** 〘軍事基地の〙娯楽室. ～ **scholar** (1) 昼間学校の学生. (2)〘寄宿学校の〙通学生. ～ **school** (1) 昼間学校. → night school. (2) 通学学校. → boarding school. **～́·spring** [∠∸] 〘雅〙あけぼの, 黎明(れいめい). **～́·star** [∠∸] (1) 明けの明星. (2)〘雅〙太陽. **～́·tal·(l)er** [déit(ə)lər] 〘英〙(1) 日雇い労働者. (2)〘特に鉱山の〙日雇い人夫. ～ **ticket** 〘英〙往復切符〘発行当日だけ有効〙. ‡**～́·time** [∠∸] 昼間: in the ～*time* 日中に. ↔ nighttime. **～́-to-～** [∠∸∸] (1) 日々の. (2) その日暮らしの.

Dáy·ak [dáiæk] *n.* ダイヤク人〘ボルネオ原住民〙; ダイヤク語.

＊**dáy·dream** [déidrìːm] *n.* 夢想, 白日夢. ―― *vi.* 夢想する, 空想にふける. ◇ **～·er** *n.* 空想家.

‡**dáy·light** [déilàit] *n.* **1** 日光; 昼間; 夜明け. **2** あからさまであること, 周知. **3** すきま, あき〘馬のくらと騎手のすきま, 競走中のボート間のあき, 酒の表面と杯の縁の間など〙. **4** (*pl.*)〘俗〙目; 視力; 活動力. ***burn*** ～ むだなことをする. ***in broad*** ～ まっ昼間に. ***let*** ～ ***into*** 〘俗〙を撃つ, を刺す; を明るみにだす. ***see*** ～ 了解する; 解決のきざし〔完了の見込み〕があらわれる.
～-sáv·ing [∠∸∠∸/∠∸∸∸] 〘米〙日光節約: ～-*saving* time 夏時間〘夏期にとけいを1時間進めて日中を多く利用する〙.

Dáy·ton [déitn] *n.* アメリカ Ohio 州の都市.

＊**daze** [deiz] *vt.* **1** の目をくらませる. **2** 茫然(ぼうぜん)とさせる, 困惑させる. ―― *n.* 茫然自失. ***in a*** ～ 目がくらんで; 茫然として. ◇ **dáz·ed·ly** [déizidli] *ad.* 目がくらんで; ぼうっとして.

‡**dáz·zle** [dǽzl] *vt., vi.* **1** の目をくらませる; 目がくらむ. **2** ぼうっとさせる〔なる〕. ―― *n.* **1** 目がくらむこと. **2** まぶしい光.

‡**dáz·zling** [dǽzliŋ] *a.* 目もくらむばかりの, まぶしい(ほどの). ◇ **～·ly** *ad.*

db. decibel(s). **d.b.** daybook. **dbl.** double. **D.C.** da capo; District of Columbia. **d.c.** 〘電〙direct current. **D.C.L.** Doctor of Civil Law. **D.C.M.** 〘英〙Distinguished Conduct Medal. **dd.** delivered. **D.D.** Doctor of Divinity. **d.d.** days after date; demand draft; *dono dedit* [dóunou dédit] (L.＝presented as a gift).

d—d [diːd, dæmd] ＝damned. 〈注〉 damned という語が忌むべきものとされているので, これを避けて書くときに用いられる形.

D.D.S. Doctor of Dental Surgery. **DDT, D.D.T.** dichloro-diphenyl-trichloroethane. 〘防疫用・農業用殺虫剤〙.

de [diː] L. *prep.*「の」「から」「に属する」「に関する」の意.

de- *pref.* **1**「…から; 分離, 離去, 除去」: *de*pend …から＋下がる→依存する. *de*throne 退位させる. *de*tect おおいを＋除く→発見する. **2**「低下, 減少」: *de*mote 下に＋動かす→位下げする. *de*value 減価する, 切り下げる. **3**「非…, 反対」: *de*merit 欠点. *de*nationalize 非国有化する. **4**「完全に, 詳しく」: *de*scribe 詳しく＋書く→描写する. *de*finite はっきり＋限定された →明確な.

déa·con [díːkən] *n.* **1**〘新教・長老教会の〙執事; 〘カトリック・イギリス国教会の〙助祭. **2**〘スコットランド〙〘商工組合の〙組合長. **3**〘米〙生まれたての牛の生皮. ―― *vt.* **1**〘米話〙〈賛美歌などの一節を〉朗読する〘教会で会衆の唱和に先だって〙. **2**〘米話〙〈くだものなどを〉見せかけよく詰める; ごまかす.
◇ **～·ry** [-ri], **～·ship** [-ʃip] *n.* 〘宗〙～の職; 〘集合的〙～たち.

déa·con·ess [díːkənis] *n.* **1**〘新教教会の〙社会奉仕(婦人)会員. **2**〘教会の〙執事補助係(婦人).

de·ác·ti·vate [diːǽktịvèit] *vt.* 解隊する, の動員を解除する.
◇ **de·àc·ti·vá·tion** [diːæktịvéiʃ(ə)n] *n.*

†**dead** [ded] *a.* **1** 死んだ, 生命のない; 〘植物が〙枯れた: My father has been ～ (for) five years. 父がなくなって5年になります. ↔ living. **2** 死んだような; 無感覚の, 無神経の: My fingers are ～. ぼくの指は感覚がない〘寒さなどで〙. a ～ sleep 熟睡. **3** 活気〔生気, 気力〕のない; ひっそりした; 〘色・音・目など〙さえない, どんよりした; 〘酒が〙気の抜けた; 〘石炭など〙火の消えた; 〘愛情などが〙さめた; 〘空気・水が〙よどんだ; 〘市場など〙不活発な; 〘商品など〙売れない; 〘土地が〙不毛の; 役に立たない; 〘ボールが〙はずまない. **4**〘法律・慣習などが〙すたれた; 効力のない: a ～ language 死語〘ラテン語・ゴート語など〙. **5** 出入り口のない, (先の) ふさがった. **6**〘話〙疲れ果てた. **7** 平坦(へいたん)な; 〘線が〙まっすぐな. **8**〘競技で〙アウトの, 死んだ. **9**〘ゴルフ〙〘ボールが〙ホール (hole) 間近の. **10** 全くの, 絶対の: The train came to a ～ stop. 列車はぱったり停止した. a ～ certainty 絶対確実なこと. (***as***) ～ ***as mutton*** [***a herring, a doornail***] 全く死んで; 不活発な. ～ ***and gone*** 死んで. ～ ***hours*** (***of the night***) 真夜中. ***D～ men tell no tales.*** 〘諺〙死人に口なし〘秘密を知る者を殺せ〙. ～ ***to*** に無神経で: ～ *to* all feelings of shame 恥ずかしいなんていう気持ちが全然ない. ***in*** ～ ***earnest*** 真剣に.
―― *ad.* 死んだように; 全く: ～ asleep 前後不覚に眠って. ～ drunk 泥酔(でいすい)して. ～ tired くたくたに疲れて. ～ ***against*** まっこうから反対で〔に〕.
―― *n.* **1** (the ～)〘集合的〙死者たち. **2** 最中: at ～ of night 真夜中に. in the ～ of winter 真冬に. ***rise*** [***raise***] ***from the*** ～ 復活する〔させる〕.
～́-a·lìve [dédəlàiv/∠∸∠] 〘土地・場所などが〙活気のない, 不景気な (＝～-and-alive). ～ **angle** 〘軍〙死角. ～ **ball** 〘野球〙死球. ～ **beat** 〘米俗〙(1)〘勘定の〙踏み倒し屋; 文なし. (2) なまけ者; 居そうろう. **～́·beat** [∠∸] 〘物〙振動〔はね返り〕のない; 指針が振れない〔ぴったり止まった〕. **～́-béat** 〘米話〙死んだように疲れた; 一文なしの. **～́-born** [∠∸] 死産の. ～ **calm** 大なぎ, 無風. ～ **center** 〘機〙〘クランクの〙死点, 〘旋盤の〙止まりセンター. ～ **color(ing)** 〘絵の〙下塗り. ～ **end** 〘道の〙行き止まり; 終点; 〘管などの〙閉じた一端; これ以上出世の見込みのない地位. **～́-ènd** [∠∸/∠∠] 行き詰まりの. **～́·eye** [∠∸] 〘海〙三つ目滑車. **～́·fall** [∠∸] 〘米〙(1)〘野獣などをとる〙(落とし) わな. (2)〘森林の〙倒れ木. (3) 低級酒場. ～ **fire** ＝St. Elmo's Fire. ～ **forms** *pl.* 虚礼. ～ **freight** 〘商〙から荷運賃. ～ **hand** ＝mortmain. **～́·head** [∠∸] 〘話〙無賃乗客〔入場者〕. ～ **heat** 同着〘競走などの〙. **～́·house** [∠∸] 死体仮置き場. ～ **letter** 配達不能の郵便; 〘法律などの〙空文. ～ **lift** 機械力によらぬ必死の引き上げ; 必死の努力を要する仕事. **～́·light** [∠∸] 〘海〙船窓蓋(ぶた); 明かり取りの窓. **～́·line** [∠∸] (1)〘米〙締めきり時間; 最終期限. (2)〘越えれば射殺される捕虜収容所の〙境界線. ～ **load** 自重(じじゅう)〘車両などのそれ自身の重さ〙. **～́·lock** → 別項. ～ **loss** まる損. ～ **march** 葬送曲. ～ **marine** 〘俗〙ブドウ酒のあきびん. ～ **matter** 無機物. ～ **men** 〘米俗〙〘酒の〙あきびん. ～ **men's**

shoes 後継者がねらう財産や地位: look after〔wait for〕～ *men's shoes* あとがまをねらう. ～ **pan** 〘俗〙無表情な顔〔人〕. ～ **point** 《クランクの》死点. ～ **reckoning** 〘海〙推測航法. ～ **season** 《社交・取引などの》時節はずれ, シーズンオフ. **D～ Sea, the** 死海《Palestine の塩水湖》. ～ **set** (1) 猟犬が獲物をねらう不動の姿勢; 猛攻撃. (2) ねばり強い努力: make a ～ *set at* marrying a woman 婦人にしつこく結婚をせまる. (3) 決意した: He is ～ *set* against it. 彼は断然それに反対である. ～ **shot** 射撃の名手; 命中弾. ～ **soldier** 〘俗〙《酒の》あきびん. ～**-stick landing** 〘空〙不時着《エンジンの故障で》. ～ **stock** 〘商〙売れ残り品. ～ **wall** 窓などのない壁. ～ **water** 流れない水; 航跡渦流(かりゅう)《船尾のうず巻き》. ～ **weight** (1) ずっしりとした重さ; 重荷. (2)〘鉄道〙自重《車両自体の重量》. ～ **wind** 向かい風. ～́**·wood** [∸∸] (1) 枯れ枝〔木〕. (2) 役に立たない物〔人〕.

◇ ～́**·ness** *n.* **1** 死の状態; 無感覚; 生気のないこと. **2**《色・光沢の》どんよりしていること;《酒などの》気の抜けたこと.

déad·en [dédn] *vt.* **1** <組織・活力・感受性などを>殺す, 鈍らせる. **2** <音・苦痛などを>消す, 和らげる; <光沢・香気などを>消す, の気を抜く. **3** <速力を>落とす. —— *vi.* **1** 死ぬ. **2** <音・活気などが>弱まる.

déad·lock [dédlɑ̀k/-lɔk] *n.* 行き詰まり. ***come to* 〔*at*〕 *a* ～** =***be brought to a* ～** (完全に)行き詰まる. —— *vt., vi.* 行き詰まらせる〔詰まる〕.

‡**déad·ly** [dédli] *a.* **1** 死の, 命にかかわる, 生命を奪う; 命取りの: a ～ blow 致命的な打撃. ～ poison 猛毒. **2** 死のような, 死を思わせる: a ～ pallor 死人のような青白さ. a ～ silence 死のような静けさ. **3**《精神的に》死に価する, 許しがたい: a ～ sin 大罪. **4** 死〔破滅〕を願う, 執念ぶかい: a ～ enemy 不倶戴天(ふぐたいてん)の敵. **5** 死を呼ぶ〔招く〕ような, 激しい, 息の根を止めるような: a ～ combat ここを先途の戦い. a ～ insult 忍びがたい侮辱. a ～ evidence 決定的な証拠. **6**〘話〙猛烈な, 激しい. ***be perfectly* ～** 全くやりきれない〔ひどいものだ, 退屈だ〕. ***in* ～ *haste*** あたふたと. ***the seven* ～ *sins*** 七つの大罪《pride, covetousness, lust, anger, gluttony, envy, sloth》. —— *ad.* 死んだように;〘話〙ひどく: ～ tired 死んだように疲れた. ～ cold ひどく寒い.

◇ **déad·li·ness** *n.*

de·á·er·ate [di:éiərèit] *vt.* から空気〔気泡(きほう)〕を抜く.

‡**deaf** [def] *a.* **1** つんぼの, 聾(ろう)の: He is ～ *of* 〔*in*〕 one ear. 彼は片耳が聞こえない. a ～ person 聾者. a school for the ～ 聾学校. totally ～ 全聾の. **2** 耳をかさない, 無関心の: He is ～ *to* all advice. 彼はどんな忠告にも耳をかそうとしない. ～ ***as a stone*** 〔***an adder, a door, a post***〕 かなつんぼで. ***turn a* ～ *ear to*** に耳をかさない.

～**-and-dumb alphabet** 聾唖(ろうあ)者用の指文字《abc, カナなどをあらわす》. ～́**-mùte** [㊍ ∸∸] 聾唖の; 聾唖者. ◇ ～́**·ness** *n.* ～であること; ろう.

déaf·en [déf(ə)n] *vt.* **1** つんぼにする: ～*ing* cheers 耳を聾(ろう)する歓声. **2** <音を>(大きな音で)消す. **3**〘建〙に防音装置を施す.

◇ ～**·ing** [déf(ə)niŋ] *n.* 防音(材料).

‡**deal**[1] [di:l] *v.* (**dealt** [delt]) *vt.* **1** 分配する, 分かち与える《*out*》: ～ *out* provisions 食糧を配る. **2** <悲しみなどを>与える: ～ *out* justice 裁判する. **3** <打撃を>加える: ～ a blow *to* 〔*at*〕 a person =～ a person a blow 人に一撃を与える. **4** <トランプ札を>配る: I was *dealt* eight trumps. 切り札を8枚もらった.

—— *vi.* **1** 扱う, 関係する, 処置する《を *with*》: ～ *with* a question 問題を扱う. a letter ～*ing with* the matter その事項に関する手紙. ～ *with* a situation 事態に処する. **2**《人について》取り扱う, 相手とする《を *with*》: Let me ～ *with* him. あの人は私が相手をしましょう. ～ *with* a culprit 犯人を扱う〔処置する〕. ～ roughly *with* 〔*by*〕 a person 人を手荒く扱う. **3** 商売する, 扱う《を *in*》: ～ *in* wool 羊毛を商売にする. I don't ～ *in* that line. その方の商品は扱っていません. ～ *in* politics〘話〙政治に手をだす. 〈注〉「…を相手に…の商売をする」は *deal with* a person *in* an article となる. **4** トランプ札を配る. ～ ***by*** a person (人)を扱う; 待遇する《deal with の古い形. この by は towards の意》. ～ a person ***in***〘俗〙(人を) 仲間に加える.

—— *n.* **1** 量; 多量. **2** (商業上の) 取引; 関係: close 〔open〕 a ～ 取引を終える〔始める〕. **3** 妥協, 協定《しばしば秘密もしくは腹黒い》. **4** 扱い, 待遇. **5**〘米〙政策. **6** トランプ札を配ること〔配る番〕; ひと勝負. ***a great* 〔*good*〕 ～** =〘話〙***a* ～** ずいぶん, たくさん: *a* (*great*) ～ *of* money 〔trouble〕 たくさんの金〔めんどう〕. He has traveled *a great* ～. 《副詞的》彼は今までにずいぶん旅行した. ***do a* ～ *with***〘話〙と取引〔妥協〕する. ***raw* 〔*square*〕 ～** ひどい〔公正な〕扱い: get a *raw* ～ ひどく扱われる. ***That's a* ～.** よし承知した; 手を打とう. ***the Fair D～*** フェアディール《Truman 大統領の政策》. ***the New D～*** ニューディール《Franklin D. Roosevelt 大統領が行なった社会・経済政策》.

deal[2] *n.* モミ〔松〕材.

‡**déal·er** [dí:lər] *n.* **1** 商人, …商: a horse-～ ばくろう. **2**《トランプの》配り手.

◇ ～**·ship** *n.* 販売権〔許可証〕(をもつ商人).

***déal·ing** [dí:liŋ] *n.* **1** 取り扱い, 態度; 処置. **2** (*pl.*) (取引)関係, 交際《*with*》. **3**《トランプの》分配.

‡**dealt** [delt] *v.* deal[1] の過去・過去分詞.

dean [di:n] *n.* **1**《大学の》学部長;《アメリカの大学の》学生部長《学生の指導・助言などに当たる. 男子学生のために D～ of Men, 女子学生のために D～ of Women》;《ときにアメリカの大学の》学部事務長;《イギリスの大学の》学生監. **2**〘宗〙《大会堂などの》司祭長;〘英〙地方副監督. **3**《団体の》長老.

◇ ～́**·er·y** [-(ə)ri] *n.* ～の職〔邸宅〕; 地方副監督管区. ～́**·ship** [-ʃip] *n.* ～の職〔位〕.

†**dear** [diər] *a.* **1** 親愛な, 親密な間柄の, 愛する, かわいい: my ～ friend Smith わが親友スミス君. my ～ daughter 愛するわが娘. **2** 貴重な, 大事な: hold a person 〔life〕 ～ 人〔生命〕をたいせつにする. **3** 高価な, 値段の高い: ～ cigars 高価な葉巻き. 〈注〉dear には「価格」の意味が含まれているから, The price is *dear*. とはあまりいわず The price is *high*. が正しい. **4** 物を高く売る: a ～ shop 値段の高い店. **5** 手に入れがたい.

D～* 〔*My* ～〕 *Mr.* 〔*Mrs., Miss*〕** A (1) ねえ, (A)さん《会話で丁寧な呼びかけ; ときに皮肉・抗議などを含む》. (2) 拝啓《手紙の書きだし; イギリスでは My dear …の方が Dear … より親愛感が強いが, アメリカでは逆》. ***D～ Sir*(*s*)** 拝啓《単数形は面識のない人や目上あて; 複数形は会社・団体あて》. ***for* ～ *life 一生けんめいに.

—— *n.* 親愛な人, かわいい人; 愛人. 〈注〉通例呼びかけで (my) dear, (my) dearest として「(ねえ) おまえ〔あなた〕」の意.

—— *ad.* **1** かわいがって; 大事に. **2** 高価に〔で〕: They buy cheap and sell ～. 安く買って高く売る. ***That will cost him* ～.** それは彼に高いものにつくだろう; 彼はひどいめにあうだろう.

—— *int.* おや, まあ《驚き・心配・悲しみ・同情などをあらわす》: *D*～, ～!; *D*～ me!; Oh ～! おやおや!, あらまあ!

◇ ～́**·ness** *n.* 〔類〕 → **expensive**「高価な」

dearie =deary.

‡**déar·ly** [díərli] *ad.* **1** 愛情ぶかく. **2** 高い値で: a ～ bought victory 多大の犠牲を払って得た勝利.

dearth [də:rθ] *n.* **1** 欠乏, 不足: a ～ of housing 住宅難, 住宅払底. **2** 食糧不足, ききん. [<dear

手に入れがたい]

déar·y, -ie [dí(:)ri/díər-] *n.* 〖話〗《通例呼びかけとして》愛する者.

‡**death** [deθ] *n.* **1** 死, 死亡, 死滅: be burnt [frozen, starved] to ～ 焼死[凍死, 餓死]する. **2** 殺害; 死刑. **3** 死亡事件[事例]: notify a ～ 死亡を通知する. There were several ～*s* from starvation. 数人が餓死した. **4** 滅亡, 消滅. **5** (D～) 死に神. **6** 疫病: the black ～ 黒死病.
(as) pale as ～ 真っ青で. ***(as) sure as ～*** 全く確かで. ***at ～'s door*** 死にかけて. ***be ～ on*** 〖俗〗 (1)を殺さずにはおかない, に百発百中である: The cat *is* ～ *on* rats. あのネコはネズミとりがひどくうまい. (2)を許さない, …をほうっておかない: She *was* ～ *on* dust. 彼女はほこりが大きらいだった. ***be in at the ～*** 《キツネ狩りで》キツネの最期[死]に居合わせる; 《事件などの》最後を見届ける. ***be the ～ of*** の死因となる, を殺す; …をひどく悲します. ***civil ～*** 公殺《犯罪などによる市民権剝奪(はくだつ)》. ***do to ～*** 〖古〗殺す. ***field of ～*** 戦場. ***hold on like grim ～*** しっかりとつかまえる. ***put to ～*** 殺す; 死刑に処す. ***to ～*** 死ぬほどに, ひどく: tired *to* ～ へとへとに疲れた. done *to* ～ やりすぎた; 手を加えすぎた. be dressed *to* ～ 満艦飾にめかしている. ***to the ～*** 最後まで《戦うなど》.
～ agony 死[断末魔]の苦しみ. ***～·bed** → 別項. **～ bell** 臨終を知らせる鐘; 耳鳴り《死の前兆といわれる》. **～·blow** [⌒⌒] 致命的打撃, 致命傷. **～ chamber** 臨終のへや; 死刑室. **～ cup** → 別項. **～·day** [⌒⌒] 命日. **～ duty** 〖英:法〗相続税. **～ house** 死刑囚監房. **～ mask** 死面, デスマスク. **～ rate** 死亡率. **～ rattle** 死前喘鳴(ぜんめい)《臨終のとき, のどが鳴る音》. **～ ray** 殺人光線. **～ roll** 死亡者名簿, 過去帳. **～'s-head** [⌒⌒] 《死の象徴としての》しゃれこうべ. **～·trap** [⌒⌒] 〖米〗《人の気づかない》危険な場所; 危険な建造物. **D～ Valley** 死の谷《California 州と Nevada 州にまたがる海面より低い不毛の低地》. **～ warrant** 〖法〗死刑執行令状; 《生命・幸福・期待などに》致命的打撃を与えるもの. **～·watch** [⌒⌒] (1) 通夜. (2) 死刑囚の看守. (3) 〖虫〗チャタテムシ《雌を呼ぶ音が死の前兆だという俗説から》. **～ wish** 自分[他人]の死を願うこと.
◇ **～·ful** [-f(u̥)l] *a.* 致命的な; 殺人的の. **～·less** *a.* 不死[不滅, 不朽]の. **～·like** *a.* 死のような.

déath·bed** [déθbèd] *n.* 死の床; 臨終. ***on [***at***] ***one's ～*** 死にぎわに.
～ confession 臨終の告白. **～ repentance** 臨終の悔い改め, おそまきの政策変更.

death cup *n.* 〖植〗《テングタケ属の》毒キノコ.

déath·ly [déθli] *a.* **1** 致命的な. **2** 死のような: a ～ stillness. **3** 〖雅〗死の. **——** *ad.* **1** 死んだように. **2** 非常に, 全く.

deb [deb] *n.* 〖米〗**1** 初舞台の人. **2** 社交界に初めて出た人. **3** 〖俗〗悪党仲間のむすめっこ. [＜*debu*tant(e)]

deb. debenture.

de·bá·cle, *dé·bâ·cle* [deibá:kl] F. *n.* **1** 瓦解(がかい); 敗走. **2** 川の氷の崩壊. **3** 大洪水(こうずい).

de·bár [dibá:*r*] *vt.* (**-rr-**) **1** 除外する《から *from*》: We were ～*red from* membership. われわれは入会を禁じられた. **2** 妨げる; 禁ずる: ～ an action 活動を禁止する. **3** 〖稀〗拒否する: ～ a person the crown 人に王冠を拒む. [de-＋bar かんぬき棒で＋遠ざける] ◇ **～·ment** [-mənt] *n.*

de·bárk [dibá:*r*k] *vt.* 上陸させる; 陸揚げする. **——** *vi.* 上陸する. [＜bark]
◇ **dè·bar·ká·tion** [dì:ba:*r*kéiʃ(ə)n] *n.*

de·báse [dibéis] *vt.* **1** 〈質・価値などを〉低下させる. **2** 〈人格などを〉落とす, 卑しくする. **～ one*self*** 自らを卑しくする; 卑劣なふるまいをする. [＜base²]
◇ **～·ment** [-mənt] *n.* **1** 《品位・品質などの》低下. **2** 堕落. **de·bás·er** *n.*

de·bát·a·ble [dibéitəbl] *a.* 論争の余地のある; 未解決の, 論争中の.
～ ground 論点; 《国境などの》係争地.

‡**de·báte** [dibéit] *vt., vi.* **1** 討論[論争]する. **2** と議論を戦わす. **3** 熟考する, 検討する. ***～ with oneself*** 熟考する. ***～ting society*** 討論会. **——** *n.* 討論, 論争; 討論会. [√bat(t)- 戦う]
◇ **de·bát·er** [dibéitə*r*] *n.* 討論者.
[類] → **discuss**「論じる」

de·báuch [dibɔ́:tʃ] *vt.* **1** 堕落させる, 道楽[遊蕩(とう)]にふけらせる; 〈生活・趣味・判断などを〉悪くする, 誤らせる. **2** 〈女を〉誘惑する, に身をもちくずさせる. **——** *vi.* 放蕩する. **——** *n.* 遊蕩, 道楽.
◇ **～·er·y** [-(ə)ri] *n.* 遊蕩, 道楽; (*pl.*) 遊興. **dèb·au·chée** [dèbɔ:tʃí:, -ʃí:] *n.* 遊蕩者, 道楽者.

de·bén·ture [dibéntʃə*r*] *n.* **1** 社債(券). **2** 〖税関の〗もどし税証明書. **～ stock** [**bond**] 社債券.

de·bíl·i·tate [dibílitèit] *vt.* 〈からだを〉衰弱させる: a ～*ting* climate 《温度・湿度の高い》からだにこたえる気候.

de·bíl·i·ty [dibíliti] *n.* 《生活機能の》衰弱. ***nervous ～*** 神経衰弱.

déb·it [débit] *n.* 《簿記の》借方; 借方記入. ↔credit. **——** *vt.* の借方に記入する《を *with*》, 借方に記入する: ～ a person [a person's account] *with* $10 ＝ ～ $10 against [to] a person 人の借方に10ドル記入する. [√deb-] **～ side** 借方.

dèb·o·náir, dèb·o(n)·náire [dèbənéə*r*] *a.* **1** 丁寧な, 人づきあいのいい. **2** 陽気な, 愉快な.

Déb·o·rah [débərə] *n.* 〖聖〗イスラエル解放に力を尽くした女預言者.

de·bóuch [dibú:ʃ/-báutʃ] *vi.* **1** 〈川が〉流れ出る《狭い所から広い所へ》《から *from*; へ *in*》. **2** 〈軍隊が〉進出する《隘路(あいろ)などから平地へ》. ◇ **～·ment** [-mənt] *n.* **1** 《川の》出口. **2** 《軍隊の》進出.

de·bríef [di:brí:f] *vt.* 〈任務から帰った者に〉結果を報告させる.

de·brís, *dé·bris* [dəbrí:, déibri:/déibri:, déb-] F. *n.* **1** 破片, くず; 《破壊のあとの》残骸(ざんがい). **2** 〖地〗岩屑(がんせつ).

‡**debt** [det] *n.* **1** 負債, 借金: a ～ of five dollars 5ドルの借金. **2** 《金銭以外で他人に》負うているもの: a ～ of gratitude 恩義. ***be in a person's ～*** ＝ ***be in ～ to*** a person (人)に借金[恩義]がある. ***～ of honor*** 賭博(とばく)の借金. ***～ of*** [***to***] ***nature*** 死. ***floating ～*** 短期借入金. ***get*** [***keep***] ***out of ～*** 借金を返す[借金せずに暮らす]. ***National D～*** 国債. ***pay one's ～ to nature*** 死ぬ. ***run*** [***get***] ***into ～*** 借金する. [√deb-]
～ collector 貸し金取り立て人.

débt·or [détə*r*] *n.* **1** 債務者, 借り主. **2** 〖簿記〗借方《略 dr.》. ↔ creditor.

de·búg [di:bʌ́g, ㊥⁺⌒⌒] *vt.* (**-gg-**) 〖話〗**1** から誤り[欠陥]を除く. **2** から盗聴器を取り除く.

de·búnk [di:bʌ́ŋk, ㊥⁺⌒⌒] *vt.* 〖米話〗の正体[虚偽]をあばく; こきおろす.

de·bús [di:bʌ́s] *vt., vi.* (**-ss-**) 〖話〗バスから降ろす[降りる].

de·bút, *dé·but* [d(e)ibjú:, déibju:/déib(j)u:] F. *n.* 初舞台[出演]; 初めて正式に社交界に出ること. ***make one's ～*** 初舞台を踏む, デビューする; 初めて社交界に出る.
—— *vi.* デビューする. **——** *vt.* 初演する.

déb·u·tante, *déb·u·tante* [débjutà:nt, ㊥⁺⌒⌒⌒] F. *n.* 初舞台の女優; 初めて社交界に出た[出る]女性. 〈注〉男性形は **-tant, *-tant*** [débjutà:nt, ⌒⌒⌒/débjutɑ̃:(ŋ)].

Dec. December. **dec.** deceased; decimeter; declension; decrease.

deca-「10」の意の語形成要素: *deca*syllable 10音節(の).

‡**déc·ade** [dékeid, −⌒] *n.* **1** **10年間**. **2** 10個一組み; 10巻, 10編. [＜deca-]

de·cá·dence [dikéid(ə)ns, dékəd(ə)ns], **-den·cy** [-si] *n.* 堕落; 衰退;《文芸上の》デカダン運動.

de·cá·dent [dikéid(ə)nt, dékəd(ə)nt] *a.* **1** 退廃的な, 衰退しつつある; 退廃期の. **2** デカダン派の. —— *n.* 退廃者; デカダン派の文芸家. [√cad-]
◇ **~·ly** *ad.*

déc·a·gon [dékəgàn/-gən] *n.* 〖数〗十角形, 十辺形. ◇ **de·cág·o·nal** [dikǽgən(ə)l] *a.* 十辺〔角〕形の.

déc·a·gram(me) [dékəgræ̀m] *n.* デカグラム《10 g》.

dèc·a·hé·dron [dèkəhí:drən/-héd-] *n.* 十面体. ◇ **-dral** [-drəl] *a.* 〖数〗十面体の.

de·cál [dikǽl] = decalcomania.

de·cál·ci·fy [di:kǽlsifài] *vt.* 〈骨から〉石灰質を「除く.

de·càl·co·má·ni·a [dikæ̀lkəméiniə] *n.* 転写術《絵をガラスや陶器などに写し染める法》; 転写画.

déc·a·lì·ter, 〈英〉 **-tre** [dékəlì:tər] *n.* デカリットル《10 *l*》.

Déc·a·log(ue) [dékəlɔ̀:g, -làg/-lɔg] *n.* 〖聖〗十誡(じっかい) (the Ten Commandments).

De·cám·er·on [dikǽmərən, de-] *n.*「デカメロン」,「十日物語」《1353年イタリアの Boccaccio 作》.

déc·a·mè·ter[1], 〈英〉 **-tre** [dékəmì:tər] *n.* デカメートル《10 m》.

de·cám·e·ter[2] [dikǽmitər] *n.* 〖韻〗十歩格.

de·cámp [dikǽmp] *vi.* **1** キャンプをたたむ; 陣営を引き払う. **2** 逃亡する; 急いで立ち去る.
◇ **~·ment** [-mənt] *n.*

déc·a·nal [dékən(ə)l, dikéi-/dikéi-] *a.* dean の.

de·cánt [dikǽnt] *vt.* 〈酒などを〉静かに注ぐ; 他のびんへ注ぐ. ◇ **dè·can·tá·tion** [dì:kæntéiʃ(ə)n] *n.*

de·cánt·er [dikǽntər] *n.* 《水・ブドウ酒などを入れる食卓用の》びん, つぼ.

de·cáp·i·tate [dikǽpitèit] *vt.* の首をはねる, 打ち首にする;〖米話〗解雇する. [√capit-]
◇ **de·cáp·i·ta·tor** [-tèitər] *n.* **de·càp·i·tá·tion** [dikæ̀pitéiʃ(ə)n] *n.*

déc·a·pod [dékəpàd/-pɔd] *n., a.* 〖動〗十脚類(の)《イカ・エビなど》.

de·cár·bon·ate [di:kɑ́:rbənèit] *vt.* 〖化〗の二酸化炭素を除去する. 「酸」を除く.

de·cár·bon·ize [di:kɑ́:rbənàiz] *vt.* の炭素〔炭

déc·are [dékɛər, ー´/dékɑ:] *n.* デカアール《10 a》.

de·càr·tel·i·zá·tion [di:kɑ̀:rtilizéiʃ(ə)n/-laiz-] *n.* 《独占禁止法による》企業集中排除.

déc·a·stere [dékəstìər] *n.* デカステール《10 m³》.

déc·a·syl·la·ble [dékəsiləbl] *n.* 10音節.
◇ **dèc·a·syl·láb·ic** [dèkəsilǽbik/dékə-] *n., a.* 10音節詩行(の).

de·cáth·lon [dikǽθlɑn/-lɔn] *n.* 十種競技.

‡**de·cáy** [dikéi] *vi.* **1** 腐る, 朽ちる. **2** 衰退する. —— *vt.* **1** 腐らせる. **2** 衰えさせる. —— *n.* **1** 腐敗; 分解. **2** 衰微, 衰え: the ~ of civilization 文明の衰微. mental ~ 頭の衰え. **3**〖物〗《放射性物質の》自然崩壊. ***go to*** **~** = ***fall into*** **~** 朽ち果てる; 衰微する. [√cad-]

de·cáyed [dikéid] *a.* **1** 腐った. **2** 衰微した. ~ **tooth** 虫歯.

Déc·can [dékən] *n.* インド〔デカン〕半島《Narbada 川以南の全地域》; デカン高原《Narbada, Kristna 両川にはさまれた地域》.

de·céase [disí:s] *n., vi.* 死亡(する). [√ced-]

de·céased [disí:st] *a.* 死去した, 故…: the ~ father 亡父. ***the*** **~** 故人《単数扱いが普通. ときには複数》.

de·cé·dent [disí:d(ə)nt] *n.* 〖米:法〗死者, 故人. ~ **estate** 〖法〗遺産.

‡**de·céit** [disí:t] *n.* 欺き; 策略; 詐欺行為. → 動詞 deceive.

de·céit·ful [disí:tf(u)l] *a.* 偽りの, 人をだます; 詐欺的な. ◇ **~·ly** [-fuli] *ad.* 欺いて. **~·ness** *n.*

‡**de·céive** [disí:v] *vt.* **1** 欺く, 惑わす. **2** 《おもに受動態で》〈希望を〉裏切る. —— *vi.* 人に思い違いをさせる; 詐欺をする. ~ one***self*** 思い違いをする. [de-+√cap- おとしいれ+捕える]
◇ **de·céiv·a·ble** [-əbl] *a.* すぐ欺かれる; だますことのできる. **de·céiv·er** [-ər] *n.* 詐欺師.

de·cél·er·ate [di:sélərèit] *vt., vi.* (の)速力をゆるめる. ↔ accelerate. ◇ **de·cèl·er·á·tion** [di:sèləréiʃ(ə)n/dí:-] *n.* 減速.

†**De·cém·ber** [disémbər] *n.* 12月.

de·cém·vir [disémvər] *n.* (*pl.* **-virs, -vi·ri** [-virài]) 《古代ローマの》十大官のひとり; 十人組みのひとり. ◇ **-vi·rate** [disémv(i)rit] *n.* ～の職.

dé·cen·cy [dí:snsi] *n.* **1** 端正; 礼儀正しいこと, 上品さ《言語・動作の》: an offense against public ~ 風俗壊乱. **2** 見苦しくないこと, 体裁; 体面. **3** (通例 the ~ies) 礼儀作法; 見苦しからぬ暮らしに必要なもの. **4**〖話〗親切, 寛大: have the ~ to (do) 親切にも…する.
cannot with **~** refuse (お断わりするのは)体面にかかわる〔恥ずかしいことだ〕. ***D~ forbids.*** 小便無用《掲示》. ***for ~'s sake*** 体面上. ***in common*** **~** 世間一般の礼儀からいって. [√dec-]

de·cén·na·ry [disénəri] *n., a.* 10年間(の).

de·cén·ni·al [diséniəl/-njəl] *a.* 10年間の; 10年ごとの. —— *n.* 〖米〗10年祭.

‡**dé·cent** [dí:snt] *a.* **1** しかるべき, 適当な, 見苦しく〔恥ずかしく〕ない; 《身分・財産・収入・服装などが》相当な. **2** 礼儀正しい, 上品な. **3**〖話〗親切な: It was very ~ of him to lend me his watch. とけいを貸してくれてあの人はほんとに思いやりがある. **4** 着物をちゃんと身につけて《着替えの最中の他人のへやをノックしたときなどに言う》: Are you ~? → 名詞 decency. [√dec-] ◇ **~·ly** *ad.* **~·ness** *n.*

de·cén·tral·ize [di:séntrəlàiz] *vt.* 〈権力・組織を〉分散する; 地方分権にする. ◇ **de·cèn·tral·i·zá·tion** [di:sèntrəlizéiʃ(ə)n, -laiz-] *n.*

de·cép·tion [disépʃ(ə)n] *n.* **1** 欺くこと; 詐欺. **2** まやかしもの. **3** 期待はずれ, 失望. → 動詞 deceive.

de·cép·tive [diséptiv] *a.* **1** 欺くような; 迷わす. **2** 期待を裏切る, あてにならない; 失望を与える, がっかりさせる. ◇ **~·ly** *ad.* **~·ness** *n.*

deci-「10分の1」の意の語形成要素.

déc·i·bel [désibèl] *n.* デシベル《音響または電気信号測定の単位. 略 db.》.

†**de·cíde** [disáid] *vt.* **1** 〈論争・問題などを〉決定する: ~ a controversy 論争に決着をつける. It has been ~*d* to go. 行くことに決まった. **2** に決心させる. —— *vi.* **1** 決心する, 決定する: I have ~*d to* go. = I have ~*d on* 〔*for*〕 going. 行くことに決めた. **2** 解決する. **3**〖法〗判決する. **~ *against*** に不利に裁決する; に反対の決定をする. **~ *against*** (do)***ing*** …しないことに決める. **~ *between*** …のどちらかに決める. **~ *for*** 〔***in favor of***〕 に(有利に)決める; …することに決心する. **~ *on*** 〔***upon***〕 …(すること)に決める. [de-+√caed- 切り+わける]
◇ **de·cíd·a·ble** [disáidəbl] *a.*
〔類義語〕 …しようと決める: **decide** いろいろある可能性の中から選択し決める: He *decided* to go today. きょう行くことに決めた. **resolve** 心に決める, 決意する: *resolve* to ask for a promotion 昇進させてもらおうと決意する. **determine** 決めたことをどこまでも貫こうと決心する: He *determined* to become an astronaut. どんなことがあっても宇宙飛行士になろうと決心した.

de·cíd·ed [disáidid] *a.* **1** 決意の固い, 決心した, 確固たる. **2** 決定的な; 明らかな. ◇ ***~·ly** *ad.*

de·cíd·u·ous [disídʒuəs/-sídju-] *a.* **1**〖動〗脱落性の: ~ teeth 乳歯. **2**〖植〗落葉性の. ↔ persistent.

déc·i·gram(me) [désigræ̀m] *n.* デシグラム《1 g の「10分の1》.

déc·i·lì·ter, [英] **-tre** [désịlì:tər] *n.* デシリットル《1 *l* の10分の1》.

de·cíl·lion [di:síljən] *n.* **1**〘米・フランス〙1,000 の 11 乗数. **2**〘英・ドイツ〙100万 の 10 乗数.

déc·i·mal [désịm(ə)l] *a.* 小数の; 十進法の. —— *n.* 小数; (*pl.*) 十進法. ***circulating*** 〔***repeating***〕 ~ 循環小数.
~ classification 十進法分類法《特に図書の》. **~ fraction** 小数. **~ point** 小数点. **~ system** 十進法. ◇ **~·ly** *ad.* 十進法で; 小数で.

déc·i·mal·ize [désịm(ə)làiz] *vt.* 十進法にする.
◇ **dèc·i·mal·i·zá·tion** *n.*

déc·i·mate [désịmèit] *vt.* **1** 多量に殺す. **2** の 10人ごとにひとりを殺す《くじで選んで》.
◇ **dèc·i·má·tion** [dèsịméiʃ(ə)n] *n.*

déc·i·mè·ter, [英] **-tre** [désịmì:tər] *n.* デシメートル《1 m の10分の1》.

de·cí·pher [disáifər] *vt.* **1** <暗号文を> 解読〔翻訳〕する. → (en)cipher. **2** <読みにくい文字を> 判読する. —— *n.* 解読; 翻訳.
◇ **~·a·ble** [-fərəbl] *a.* **~·ment** [-mənt] *n.*

‡**de·cí·sion** [disíʒ(ə)n] *n.* **1** 決心; 決断. **2** 決定; 解決; 決定書. **3** 判決; 判決例. → 動詞 decide. ***come to*** 〔***reach***〕 ***a*** ~ 決定に達する. **~ *by majority*** 多数決. ***make a*** ~ 決定する. ***man of*** ~ 果断の人.

***de·cí·sive** [disáisiv] *a.* **1** 決定的な; 明確な: a ~ argument 決定的な論証. **2** 断固とした: a ~ manner 断固たる態度. **~ battle** 決戦. **~ evidence** 〔**proof**〕 確証.
◇ **~·ly** *ad.* **~·ness** *n.*

‡**deck** [dek] *n.* **1** 甲板: the lower 〔upper〕 ~ 下〔上〕甲板. **2** デッキに似たもの《飛行機の床・客車の屋根など》;〘建〙陸(ろく)屋根. **3**〘俗〙地面. **4** トランプ札の一組み. **5**〘野球〙次打者の待機する所定の場所 (= ~ circle): Gibson on ~. 次の打者ギブソンが控えています. 〈注〉next batter's circle は和製英語. ***clear the ~s*** (***for action***) 戦闘準備をする. ***on*** ~ デッキに出て;〘話〙出席して, 用意を整えて;〘野球〙次打者として待って. —— *vt.* **1** に甲板を張る. **2** 着飾る, 装う: She ~*ed* herself *up* for a wedding. 彼女は結婚式のために盛装した.
~ bridge 上路橋《支持けたなどが通路の下にある》. → thorough bridge. **~ cargo** 甲板積み荷. **~ chair**《ズック張りの折りたたみ式》甲板いす; 携帯いす. **~ hand** 甲板水夫, 平水夫. **~-house** [⌐⌐] 甲板室. **~ passenger** 甲板船客《船室がなく, 甲板上で自分で食事を用意する》.

déck·er [dékər] *n.* **1** 装飾者〔物〕. **2** 甲板水夫. **3** …層の甲板のある船〔バス, 電車〕: a double ~ 2 階付きバス〔旅客機〕.

déck·le, déck·el [dékl] *n.* **1**〘製紙〙漉桁(すけた)《判の型を定める》. **2**《手すきの紙の》ぎざぎざのへり (= ~ edge). 「い.

déck·le-édged [-édʒd] *a.*《紙の》へりの落としてな

de·cláim [dikléim] *vi., vt.* **1** 朗読する; 演説する. **2**《美辞麗句を用いて》弁ずる. **~ *against*** 激しく…に抗議〔を非難〕する. [√clam-] ◇ **~·er** *n.*

dèc·la·má·tion [dèkləméiʃ(ə)n] *n.* **1** 朗読(法). **2** 演説; 雄弁(法). → 動詞 declaim. 「調の.

de·clám·a·to·ry [diklǽmətɔ̀:ri/-t(ə)ri] *a.* 演説

de·clár·ant [dikléː(:)rənt/-kléər-] *n.* 宣言者;〘法〙《法廷で》アメリカへの帰化宣言をした者.

‡**dèc·la·rá·tion** [dèkləréiʃən] *n.* **1** 宣言(書), 布告(文); 言明, 発表: a ~ of war 宣戦布告. **2**《税関への》申告(書);〘法〙原告の陳述;〘トランプ〙切り札宣言. → 動詞 declare. ***the D~ of Independence*** アメリカの独立宣言《1776年 7 月 4 日》.

***de·clár·a·tive** [diklǽrətiv] *a.* 宣言の; 陳述の; 申告の. **~ sentence**〘文〙平叙文.

de·clár·a·to·ry [-rətɔ̀:ri/-t(ə)ri] =declarative.

‡**de·cláre** [dikléər] *vt., vi.* **1** 宣言する, 布告する: ~ war 宣戦する. ~ a person winner 人を勝者と宣する. **2** 言明する, 断言する《*that*》. **3** <態度などが> 示す. **4**〘法〙申し立てる, 陳述する; <課税品を>申告する《税関で》: Have you anything to ~? 申告すべき課税品をお持ちですか. **5**〘トランプ〙持ち札を知らせる; <ある札を>切り札と宣言する. **~ *against*** 〔***for***〕 に反対〔賛成〕を言明する. **~ *off*** の解約〔取り消し〕を言明する. **~ *oneself*** 所信を述べる; 姓名身分を名のる. **~ *war on*** 〔***upon, against***〕 に宣戦する. ***Well, I ~!*** これは驚いた〔弱った〕! [√clar- 明らかにする] 「告者.
◇ **de·clár·er** [-kléː(:)rər/-kléər-] *n.* 声明者; 申

de·cláred [-d] *a.* 言明した; 申告した; 公然の.
◇ **de·clár·ed·ly** [-kléː(:)ridli/-kléər-] *ad.* 公然と.

de·cláss [di:klǽs/dí:klá:s] *vt.* の階級を下げる.

dé·clas·sé [dèiklɑ:séi] F. *a.* (*fem.* ***dé·clas·sée*** [-séi]) 落伍(らくご)した, 落ちぶれた.

de·clás·si·fy [di:klǽsịfài] *vt.* 機密情報のリストから落とす, 機密解除する.
◇ **de·clàs·si·fi·cá·tion** [di:klæ̀sịfịkéiʃ(ə)n] *n.*

de·clén·sion [diklénʃ(ə)n] *n.* **1**〘文〙格変化, 曲用《名詞・代名詞・形容詞の語尾変化》. 〈注〉動詞の変化は conjugation という. **2** 傾斜. **3** 転落, 衰微. 「をする〔をもつ〕.

de·clín·a·ble [dikláinəbl] *a.*〘文〙格変化〔曲用〕

dèc·li·ná·tion [dèklịnéiʃ(ə)n] *n.* **1** 傾き. **2** 衰退. **3**〘米〙辞退. **4**〘天〙赤緯. **5**〘物〙磁気偏差.

‡**de·clíne** [dikláin] *vi.* **1** (下方へ) 傾く, 下がる: The sun ~*s* towards the west. 太陽が西に傾く. The road ~*s* sharply. 道が急な下り坂になる. **2** 衰える, 力がなくなる: He has ~*d* in health. あの人は健康が衰えた. **3** <健康・人気などが> 衰える; 衰微〔減退, 退歩〕する. **4** (頭を下げて) 丁重に断わる, 謝絶〔辞退〕する. —— *vt.* **1** 謝絶する: ~ an offer 申し出を丁重に断わる. **2** 傾ける. **3**〘文〙<名詞・代名詞・形容詞を> 格変化〔曲用〕させる. —— *n.* **1** 傾斜, 衰微; 晩年. **2** 衰弱(病), 肺病. **3**《物価の》下落. ***go*** 〔***fall***〕 ***into a*** ~ 衰微する; 肺病になる. ***on the*** ~ 傾いて; 下り坂で, 衰えて. [√cli(n)-]
◇ **de·clín·ing** [-iŋ] *a.* 傾く; 衰える: *declining* fortune 衰運. one's *declining* years 晩年.
[類] → **refuse**「拒絶する」

dèc·li·nóm·e·ter [dèklịnámịtər/-nɔ́m-] *n.* 方位計, 磁針偏差計.

de·clív·i·ty [diklívịti] *n.* 下り勾配(こうばい), 下り坂. ↔ acclivity. [√cli(n)-]

de·clí·vous [dikláivəs] *a.* 下り坂の, 傾斜している.

dé·clútch [di:klʌ́tʃ] *vi.*《自動車の》クラッチを切る.

de·cóct [dikákt/-kɔ́kt] *vt.* せんじる, 煮出す.
◇ **de·cóc·tion** [dikákʃ(ə)n/-kɔ́k-] *n.* 煮出し汁(じる), せんじ薬.

de·códe [di:kóud/⌐⌐] *vt.* <暗号文を> 解読する.
◇ **de·cód·er** [-ər] *n.* 暗号解読者〔解読器〕.

de·cól·late [dikáleit/-kɔ́l-] *vt.* 打ち首にする, の首をはねる.
◇ **dè·col·lá·tion** [di:kəléiʃ(ə)n/-kɔl-] *n.* **dé·col·là·tor** [dí:kəlèitər/dikɔ́lei-] *n.* 首切り役人.

dé·col·le·tage [dèikɑl(ə)tá:ʒ, deikálətà:ʒ/deikɔ́ltɑ:ʒ, ⌐⌐⌐] F. *n.* **1** (服装の) えりを大きくあけること; えり首や肩を露出すること. **2** その服.

dé·col·le·té(e) [dèikɑl(ə)téi, deikálətèi/deikɔ́ltei] F. *a.* 肩とえり首を露出した; その服を着た. ***robe*** ~ ローブデコルテ《婦人の夜会服》.

de·cól·or, [英] **-our** [di:kʌ́lər] *vt.* 色抜きをする, 漂白する. → discolor.

de·cól·o(u)r·ant [di:kʌ́lərənt] *a.* 脱色性の, 漂白する. —— *n.* 漂白剤.

de·cól·o(u)r·ize [di:kʌ́ləràiz] *vt.* =decolor.
◇ **de·còl·o(u)r·i·zá·tion** [di:kʌ̀lərịzéiʃ(ə)n/-raiz-] *n.*

dè·com·póse [dì:kəmpóuz] *vt., vi.* **1** 分解させる〔する〕《成分・元素に》. **2** 腐敗〔風化〕させる〔する〕.
◇ **-po·sí·tion** [dì:kɑmpəzíʃ(ə)n/-kɔm-] *n.*

dè·com·pós·ite [dì:kəmpázit/di:kɔ́mpə-] *a.* **1** 混合物と混じった. **2**〘植〙数回複生の. —— *n.* **1** 複混合物. **2** 二重複合語《newspaperman など》.

dè·com·póund [dì:kəmpáund] *vt.* **1** 混合物と混ぜ合わせる, 二重に混合する. **2** 分解する.
—— *a., n.* ＝decomposite.

dè·com·préss [dì:kəmprés] *vt.* の圧力を減らす.

de·cón·cen·trate [di:kɑ́ns(ə)ntrèit/-kɔ́n-] *vt.*《中央から》分散させる;〘米〙〈経済力を〉集中排除する. ◇ **de·còn·cen·trá·tion** [di:kɑ̀ns(ə)ntréiʃ(ə)n/-kɔ̀n-] *n.*

dè·con·tám·i·nate [dì:kəntǽmənèit/ーーˊーー] *vt.* 浄化する; の毒ガス〔放射能〕を消去する.
◇ **dè·con·tàm·i·ná·tion** [dì:kəntæ̀mənéiʃ(ə)n, ㊇ ⁺dí-] *n.*

dè·con·tról [dì:kəntróul, ㊇⁺ˊーˊ] *vt.* (**-ll-**) の管理〔統制〕を解く. —— *n.* 管理解除, 統制撤廃.

dé·cor [deikɔ́:r/ˊー] F. *n.* **1** 装飾, 飾り付け《へやなどの》; 舞台装置. **2** 装飾品.

‡**déc·o·rate** [dékərèit] *vt.* **1 装飾する**《で *with*》; 〈へやなどに〉塗料を塗る, 壁紙を張る. **2**〈人に〉**勲章を授ける**: ～ a person *with* a medal *for* eminent services 顕著な功労に対して人にメダルを授ける. [√dec-] ◇ **-rat·ed** [-rèitid] *a.* 飾り立てた; 勲章を授けられた〔付けた〕. **-ra·tor** [-rèitər] *n.* 装飾者; 室内装飾(業)者.

‡**dèc·o·rá·tion** [dèkəréiʃən] *n.* **1 装飾**(法), 飾り付け; 装飾物. **2 勲章**. *interior* ～ 室内装飾. **D～ Day**〘米〙戦死者追悼の日 (Memorial Day)《5月30日》.

déc·o·ra·tive [dékərèitiv/dék(ə)rə-] *a.* 装飾の, 装飾的: ～ art 装飾美術.

déc·o·rous [dékərəs] *a.* **1** 礼儀正しい. **2** 端正な, 上品な. [√dec-] ◇ **～·ly** *ad.* **～·ness** *n.*

de·có·rum [dikɔ́:rəm/-kɔ́:r-] *n.* **1** 礼儀正しさ; 端正. **2** (しばしば *pl.*) 礼儀作法; 礼節. [√dec-]

de·cóy [dikɔ́i, dí:kɔi] *n.* **1** おとり; おびき寄せる仕かけ. **2**《カモ猟などの》おとり池, おびき場. —— [dikɔ́i] *vt.* (おとりを使って) おびき寄せる; 誘惑する. **～ duck** おとりガモ; おとり役(の人).

‡**dé·crease** [dí:kri:s, ˊˊ/ˊー, ーˊ] *n.* 減少; 減少量〔額〕. ↔ increase. *on the* ～ 漸減して. —— [dikrí:s/di:-, di-] *vt., vi.* 減少させる〔する〕: ～ in number 数が減る.

de·créas·ing·ly [dikrí:siŋli/di:-] *ad.* だんだん少なく, 漸減的に.

de·crée [dikrí:] *n.* **1** 法令, 布告;《裁判所・宗教会議などの》命令;〘法〙判決. **2**〘宗〙神慮, 天命. —— *vt., vi.* 布告する; 判決する;〈天・運命が〉定める. **～ nisi** [-náisai]《離婚などの》仮判決.

déc·re·ment [dékrəmənt] *n.* 減少; 減量;〘数〙減少率. ↔increment.

de·crép·it [dikrépit] *a.* 老衰した, 老いぼれの.
◇ **～·ly** *ad.* **de·crép·i·tude** [-t(j)ù:d/-tju:d] *n.* 老衰, もうろく.

de·crép·i·tate [dikrépətèit] *vt.* パチパチ焼く, いる. —— *vi.* パチパチ音をたてて焼ける.

dè·cre·scén·do [dì:krəʃéndou, dèi-/dí:-] *a., ad.*〘楽〙しだいに弱い〔弱く〕. —— *n.* (*pl.* **～s**) 漸次弱音. [<It.]

de·crés·cent [dikrésnt] *a.* 漸減的な;《月が》欠けていく, 下弦の. ↔ increscent. [√cre(sc)-]

de·cré·tal [dikrí:t(ə)l] *n.*〘宗〙《ローマ教皇の》教書; (*pl.*) 教令集. —— *a.* 法令の.

de·cré·tive [dikrí:tiv] *a.* 法令の, 法令的.

de·crý [dikrái] *vt.* 非難する, けなす. ◇ **de·crí·al** [dikráiəl] *n.* 罵倒(ばとう). **de·crí·er** [-ər] *n.*

déc·u·man [dékjumən] *a.* **1**《波が》巨大な. **2** 第10番めの.

de·cúm·bent [dikʌ́mbənt] *a.* **1** 横臥(おうが)している. **2**〘植〙傾伏の.

déc·u·ple [dékjupl, ㊇⁺dekjú:pl] *n., a.* 10倍 (の). —— *vt.* 10倍する.

de·cúr·rent [dikə́:rənt/-kʌ́r-] *a.*〘植〙《葉が》茎の下方に伸びた. ◇ **～·ly** *ad.*

de·cús·sate [dikʌ́seit] *vt., vi.* (と) X 形に交差する. —— [dikʌ́sit] *a.* **1** X 形の, 直角に交わった. **2**〘植〙十字対生の.

de·dans [F. dədɑ̃] F. *n.*〘テニス〙選手背後の観覧席; (the ～) テニスの観衆.

‡**déd·i·cate** [dédikèit] *vt.* **1**〈時・生涯(しょうがい)などを〉**ささげる**. **2** 奉納する. **3**〈著書などを〉献呈する: *D～d* to 本書を…にささげる. ～ *oneself to* に身をささげる. [√dic-] ◇ **déd·i·ca·tive** [-kèitiv/-kət-] *a.* **déd·i·ca·tor** [-kèitər] *n.* 奉納者, 寄進者; 献身する人. **déd·i·ca·to·ry** [dédikətɔ̀:ri/-t(ə)ri] *a.*

dèd·i·cá·tion [dèdikéiʃ(ə)n] *n.* **1** 献身. **2** 奉献, 寄進, 献堂: the ～ of a church. **3** 献呈の辞;《書籍・碑などの》献題.

de·dúce [did(j)ú:s/-dju:s] *vt.* **1** 演繹(えんえき)する, 推論する《から *from*》. ↔ induce. **2** 抽出する: Other evidence may be ～*d from* his work. 彼の作品からその他の証拠を引き出すことができる. **3** の由来をたどる, の起源をたずねる: ～ one's family from the Conquest to the present day ノルマン征服から今日までの家系をたどる. [√duc-]
◇ **de·dúc·i·ble** [-əbl] *a.* 推論できる.

de·dúct [didʌ́kt] *vt.* 差し引く, 控除する《のうちから *from, out of*》. [√duc-]
◇ **～·i·ble** [-əbl] *a.* 差し引き〔控除〕できる.

de·dúc·tion [didʌ́kʃ(ə)n] *n.* **1** 差し引き, 控除. **2** 差引高, 控除額. **3**〘論〙演繹(えんえき)法; (演繹的) 推論. → induction.

de·dúc·tive [didʌ́ktiv] *a.* 演繹的, 推理的な. → inductive. **～ method** 演繹的方法. **～ reasoning** 演繹的推理. ◇ **～·ly** *ad.*

dee [di:] *n.* **1** D 字. **2** D 字形馬具輪.

‡**deed** [di:d] *n.* **1** 行ない, 行為; 功績. **2**《ことばに対し》実行; 事実. **3**〘法〙証書, 権利書. ～ ***of arms*** 武功. ***in*** ～ ***as well as in name*** 名実ともに. ***in*** (***very***) ～ 実際 (＝indeed). ***in word and*** ～ 言行ともに. —— *vt.*〘米〙証書を作成して譲渡する. [do と同語源]

deem [di:m] *vt.* **1** 考える, 判断する: I ～*ed that* the plan was excellent. 私はその案はすぐれていると判断した. **2** …(である) と思う, …とみなす: I ～*ed* him (*to* be) clever. 私は彼を賢明だと思った. I ～*ed* it necessary to depart. 出かけねばならないと思った. I ～ it my duty to do so. そうすることは私の義務だと思う. —— *vi.* 思う, 判定する: ～ highly *of* a person 人を尊敬する. [doom と同語源]

déem·ster [dí:mstər] *n.*《イギリス Man 島の》ふたりの裁判官のひとり.

†**deep** [di:p] *a.* **1** 深い, 底深い; 奥行き〔厚さ〕のある: a pond ten feet ～ 深さ 10 フィートの池. a lot 100 feet ～ 奥行き 100 フィートの敷き地. a ～ shelf 奥行きのあるたな. **2** 底深くにある, 奥の方にある: from the ～ bottom 深い底から. **3** 深くはまりこんでいる: ～ *in* snow 深く雪に埋もれた. ～ *in* debt 借金で首がまわらない. **4** 没頭している, 夢中になっている: ～ *in* reading 読みふけっている. ～ *in* love 恋に夢中の. **5**《程度が》強い, 激しい;《思想などが》ふかい, 深遠な;《悲しみ・感謝などが》ふかい, 心からの: ～ study ふかい研究. ～ sleep 熟睡. **6**《色が》濃い;《音・声が》太くてよく通る. **7** 低く垂れた, 低くまで達する: a ～ bow 低いおじぎ. a ～ dive 急降下. **8** (深遠で) 計りがたい, 隠密(おんみつ)の, 腹黒な: a ～ secret 極秘. a ～ one〘俗〙ずるいやつ. **9** …列に重なって: four ～ 4 列で.
drawn up ～ 2 列に並んで. ***get*** (***in***) ***off the*** ～

end 〘米〙 極端にはしる; 〘英〙 興奮する. *in* ～ *water(s)* 非常に困って〔悲しんで〕. *ship* ～ *in the water* 喫水の深い船.

—— *ad.* 深く. ～ *into the night* 夜ふけまで. *drink* ～ 深酒をする. *Still waters run* ～. 〘諺〙 静かな川は底が深い, 大人物はむやみに騒がない.

—— *n.* **1** (the ～) 〘雅〙 海, 海原. **2** (通例 *pl.*) 《海・川などの》深み. **3** まん中, 最中: in the ～ of winter 〔night〕 真冬〔真夜中〕に. **4** 《思想などの》奥底, 深奥. **5** 空: the azure ～ 紺碧(こんぺき)の空.

～-chést·ed 胸の厚い; 腹の奥底からの《叫びなど》. **～-dráwn** 息を深く吸い込んだ. **～-dýed** 純然たる, ねっからの. **D～ Freeze** 冷凍器《商標名》. **～-fréeze** 《華氏0度で》冷凍する. **～-frý** 深いなべに十分油を入れて揚げる. → *sauté* いためる. **～ frying** ～-fry すること. **～ frying pan, ～ fryer** 深い揚げなべ. **～-láid** 巧妙にたくらんだ: a ～-*laid* plan. **～-míned** 《石炭など》深掘りの. **～-móuthed** [-máuðd, -θt] 《猟犬のほえる声が》太く低い. **～-róot·ed** ふかく根ざした. **～-séa** 深海の: ～-*sea* fishery 遠洋漁業. **～-séat·ed** 深層の; 《原因・病気・感情などが》根ぶかい: ～-*seated* disease 慢性病. **～-sét** 深くくぼんだ: ～-*set* eyes くぼんだ目. **～ six** 〘俗〙 海葬; 拒絶. **～-síx** 〘俗〙 葬る, かたづける. **D～ South** アメリカ西南部地方《メキシコ湾に接する諸州》. **～ space** 太陽系外宇宙. **～-vóiced** 声の太い, 低音の.

◇ **～·en** [dí:p(ə)n] *vt., vi.* **1** 深くなる〔する〕; 濃くする〔なる〕. **2** 〈声を〉太く〔低く〕する; 太く〔低く〕なる. **～·ness** [dí:pnis] *n.*

‡déep·ly [dí:pli] *ad.* **1** 深く; 濃く. **2** 《音調が》太く低く. **3** 徹底的に. **4** 巧妙に.

‡deer [diər] *n.* (*pl.* ～, ときに ～s) 〘動〙 シカ. *small* ～ 雑獣; つまらぬ者.

～·hound [ˊˋ] シカ猟犬. **～ lick** 〘米〙 シカが塩をなめに来る泉〔沼地〕. **～ mouse** 《アメリカ産》白足のネズミ. **～·skin** [ˊˋ] シカ皮(の服). **～·stàlk·er** シカ猟師; 鳥打ち帽の一種.

def. defective; defendant; deferred; defined; definite; definition.

de·fáce [diféis] *vt.* **1** 〈表面・外観を〉汚損する; 醜くする. **2** 〈銘刻などを〉摩滅させる, すり消す.

◇ **～·ment** *n.* **de·fác·er** *n.*

de fac·to [di-fæktou/di:-, dei-] L. (＝in fact) 事実上(の). → *de jure.*

de·fál·cate [difælkeit, -fɔ́:l-/dí:fæl-, ―ˊ―] *vi.* 委託金を使い込む〔不正流用する〕.

◇ **dè·fal·cá·tion** [di:fælkéiʃ(ə)n, -fɔ:l-] *n.* **de·fál·ca·tor** [difælkeitər/dí:fæl-] *n.*

de·fáme [diféim] *vt.* の名誉を棄損する, 中傷する; 侮辱する. [＜fame]

◇ **dèf·a·má·tion** [dèfəméiʃ(ə)n, dì:f-] *n.* 名誉棄損, 悪口. **de·fám·a·to·ry** [difæmətɔ̀:ri/-t(ə)ri] *a.* 名誉棄損の, 中傷的な.

de·fáng [di:fæŋ] *vt.* のきばを抜く.

de·fáult [difɔ́:lt] *n.* **1** 不履行, 怠慢; 債務不履行. **2** 〘運〙 不出場, 不参加; 〘法〙 《法廷への》欠席. **3** 不足, 欠除. *in* ～ *of* …のないときには, …のないために. *judgment by* ～ 欠席裁判. *make* ～ 〘法〙 欠席する. **——** *vi.* **1** 債務〔義務, 約束〕を履行しない〔怠る〕; 背任行為をする: ～ *in* one's payments 支払いの義務を怠る. **2** 裁判に欠席する. **3** 〘運〙 (試合に) 出場しない; 不戦敗する. **——** *vt.* **1** 履行しない; 支払わない. **2** 〘運〙 に出場しない; 〈試合を〉不戦敗する. [√fall-] ◇ **～·er** *n.* **1** 怠慢者; 債務〔契約〕不履行者; 背任行為者. **2** 〘法〙 《裁判の》欠席者. **3** 〘英: 軍〙 犯罪兵.

de·féa·sance [difí:z(ə)ns] *n.* 〘法〙 **1** 無効にすること, 《条件・権利の》破棄. **2** 契約解除条件〔証書〕.

de·féa·si·ble [difí:zibl] *a.* 破棄〔解約〕できる.

◇ **-bly** *ad.*

‡de·féat [difí:t] *vt.* **1** 打ち破る, 負かす: ～ a person at tennis テニスで人を負かす. the ～*ed* team 負けたチーム. **2** 〈人を〉挫折(ざせつ)させる: be ～*ed in* one's plan 計画をくじかれる. ～ a person *of* his hopes 人の希望を踏みにじる. **3** 〈計画・希望などを〉挫折させる. **4** 〘法〙 無効にする. ～ *one's own object* 目的〔本意〕に反する. **——** *n.* **1** 敗北. **2** 挫折. **3** 打破. **4** 〘法〙 破棄. [de-＋√fac- こわす]

◇ **～·ism** [-iz(ə)m] *n.* 敗北主義. **～·ist** [-ist] *n.* 敗北主義者.

[類義語] **打ち負かす: defeat** 敗北させる. 勝つことよりも相手の「敗北」に重点がある. →defeatism 敗北主義. **conquer** 数々の抵抗を排除して征服する. **overcome** ときに負けそうになりながらもようやく勝つ: *overcome* bad habits 悪習をようやく克服する. **subdue** 相手から抵抗の意欲を失わせる, 鎮圧する.

de·féa·ture [difí:tʃər] *vt.* の外観を傷つける; 見てわからなくする. **——** *n.* **1** 〘古〙 外観を傷つけること. **2** 〘廃〙 敗北.

déf·e·cate [défikèit/dí:-] *vt.* の汚れ〔汚物〕を清める. **——** *vi.* **1** 〈水などが〉澄む. **2** 排便する.

◇ **-ca·tor** [-kèitər] *n.* 清浄器. **dèf·e·cá·tion** [dèfikéiʃ(ə)n/dì:f-] *n.*

‡de·féct [difékt, dí:fekt] *n.* **1** 欠点, 短所. **2** 欠乏, 不足. *in* ～ 欠けて. *in* ～ *of* …がないので. **——** [difékt] *vi.* **1** 逃亡する, のがれる. **2** 離脱する; 変節する《に *to*》. [de-＋√fac- 離れて＋いる → 欠ける] ◇ **de·féc·tor** [-tər] *n.* ～する人.

de·féc·tion [difékʃ(ə)n] *n.* **1** 変節, 背信. **2** 逃亡, 離脱; 脱党, 脱会《*from*》. **3** 欠点, 失敗.

de·féc·tive [diféktiv] *a.* **1** 欠点のある, 不完全な. **2** 《…に》欠けている《に *in*》: ～ *in* moral sense 道徳感に欠けている. **——** *n.* **1** 欠陥のある人. **2** 〘文〙 欠如動詞 (＝～ verb)《活用形の一部を欠いたもの: can, must など》. ◇ **～·ly** *ad.* **～·ness** *n.*

de·fém·i·nize [di:féminàiz] *vt.* 男らしくする.

de·fénce 〘英〙 ＝defense.

‡de·fénd [difénd] *vt.* **1** 防ぐ, 防衛する, 守る《に対して *against*; から *from*》. **2** 〈人・主張を〉弁護する, 擁護する. **3** 〘法〙 抗弁〔答弁〕する. **4** 〘古〙 〈悪などを〉遠ざける, 禁ずる. **——** *vi.* 防御〔弁護〕する. *God* ～*!* とんでもない(God forbid!). [de-＋√fend- 打ち＋払う] [類] → **guard**「守る」

de·fénd·ant [diféndənt] *n.* 〘法〙 被告. → plaintiff. **——** *a.* 被告の.

***de·fénd·er** [diféndər] *n.* **1** 防御者; 擁護者. **2** 〘運〙 《challenger に対し》選手権保持者. *D～ of the Faith* 信教擁護者《Henry VIII 以後のイギリス国王の称号》.

‡de·fénse, [英] **de·fénce** [diféns] *n.* **1** 防衛, 防御, 防備: The best ～ is offense. 最善の防御は攻撃なり. **2** 防御物; (*pl.*) 〘軍〙 防御施設. **3** 弁護, 弁明; 〘法〙 《被告の》抗弁. **4** 〘法〙 被告側. ↔ prosecution. **5** 〘運〙 守備側(のチーム). → 動詞 defend. ～ *in depth* 《防御施設をいくつも重ねた》深層防御陣〔法〕. *in* ～ *of* を守って; を弁護して. *the science* 〔*art*〕 *of* (*self-*)～ 護身術.

D～ Agency, the 《日本の》防衛庁. **～ mechanism** 〘生・心〙 防衛機制〔反応〕.

◇ **～·less** *a.* 無防備の.

de·fén·si·ble [difénsəbl] *a.* 防御〔弁護〕できる.

◇ **-bly** *ad.* **de·fèn·si·bíl·i·ty** [difènsibíliti] *n.* 防御〔弁護〕の可能性.

de·fén·sive [difénsiv] *a.* **1** 防御の, 防備の; 守勢の. ↔offensive. **2** 弁護の. **——** *n.* **1** 守勢. **2** 防御物. *be* 〔*stand, act*〕 *on the* ～ 守勢をとる.

◇ **～·ly** *ad.* **～·ness** *n.*

de·fér[1] [difə́:r] *v.* (-rr-) *vt.* 延期する; すえ置きにする, 一時停止する. **——** *vi.* 延び延びにする, 延滞する: without ～*ring* any longer これ以上ぐずぐずせず

に. *~red pay* 〖英: 軍〗《兵士の除隊の際支払われる》給与すえ置き分. *~red payment* 分割払い. *~red savings* [*insurance*] すえ置き貯金[保険]. *~red shares* 配当すえ置き株. *~red telegram* 間送電報《あと回しにされる電報で低料金》.
[de-+√fer- あちらへ+運ぶ] ◇ **~·ment** [-mənt] *n.* 延期; (徴兵)猶予. **~·(r)a·ble** [-fə́ːrəbl] *a.* 延期できる; 〖米〗《徴兵制度で》猶予できる.

de·fér² *v.* (-rr-) *vi.* 《意見・判断について》譲歩する, 従う《に *to*》: We all ~ *to* him in these matters. このことに関してはすべて彼の判断に任せてある.
—— *vt.* 〈意見・判断を〉任せる《に *to*》. [√fer-]

déf·er·ence [déf(ə)rəns] *n.* 敬意; 服従. *blind ~* 盲従. *in ~ to* に敬意を表して, に従って. *pay* [*show*] *~ to* に敬意を払う. *with all due ~ to you* 一応ごもっともと思いますが, 失礼ながら.

déf·er·ent¹ [déf(ə)rənt] = deferential. 「管.
déf·er·ent² *a.* 〖医〗輸送の. **~ duct** 〖医〗輸精
dèf·er·én·tial [dèfərénʃ(ə)l] *a.* 敬意をあらわした, うやうやしい. ◇ **~·ly** [-i] *ad.* うやうやしく.

de·fí·ance [difáiəns] *n.* **1** 反抗; 無視《の *of*》. **2** 挑戦(ちょうせん). *bid ~ to* = *set ... at ~* に反抗する; 無視する: He *sets* conventions *at* ~. 彼はしきたりを無視する. *in ~ of* をものともせず. → 動詞 defy.

de·fí·ant [difáiənt] *a.* 反抗的な, けんか腰の; 傲慢(ごうまん)な. [<defy] ◇ **~·ly** *ad.* **~·ness** *n.*

de·fí·cien·cy [difíʃ(ə)nsi] *n.* 不足; 不備; 不足額[分]: ~ account 赤字会計.
~ disease 〖医〗ビタミン欠乏症, 栄養失調.

de·fí·cient [difíʃ(ə)nt] *a.* **1** 不足して: He is ~ *in* courage. 彼には勇気が足りない. **2** 不完全の, 欠陥のある. [√fac-] ◇ **~·ly** *ad.* 不十分に.

déf·i·cit [défisit] *n.* 不足額; 不足《の *in*》: cover the ~ 赤字を埋める. ↔ surplus. **~ financing** [**spending**] 赤字財政[支出]の《特に政府の》.

de fi·de [diː-fáidi] L. (=of the faith) 《カトリック教で》信条として守るべき.

dèf·i·láde [dèfiléid] *n.*, *vt.* 〖軍〗遮蔽(しゃへい)(する).

de·fíle¹ [difáil] *vt.* **1** よごす, 汚す. **2** 冒瀆(ぼうとく)する.
◇ **~·ment** [-mənt] *n.* よごす[汚す]こと; 不浄物.
de·fíl·er *n.*

de·fíle² [difáil, ㊥+díːfail] *vi.* 縦列で進む.
—— [difáil, díːfail] *n.* 隘路(あいろ), 狭い谷.

‡de·fíne [difáin] *vt.* **1** 〈語を〉**定義する**. **2** 〈性格・内容などを〉**限定する**, 規定する: ill-~*d* duties 内容のはっきり規定されていない任務. **3** の境界を定める: ~ property with stakes くいで地所を分筆する. **4** くっきりと描き出す. [de-+√fin- 境界を+切り離す→限界を定める] ◇ **de·fín·a·ble** [-əbl] *a.* 限定できる; 定義できる.

de·fìn·i·én·dum [difìniéndəm] *n.* 定義されるもの; 辞書の見出し.

de·fín·i·ens [difáiniənz] *n.* (*pl.* **de·fìn·i·én·tia** [difìniénʃ(i)ə]) 定義; 辞書の語義.

‡déf·i·nite [défiṇit] *a.* **1** (輪郭・限界の)**明瞭(めいりょう)な**. **2** 《態度などが》明確な: a ~ answer 確答. **3** 限定された, 一定の. **4** 限定する: the ~ article 〖文〗定冠詞. ↔ indefinite. [√fin-] ◇ ***~·ly** *ad.* はっきりと, きっぱり; 〖話〗確かに, まちがいなく. **~·ness** *n.*
[類義語] 特定の: **definite** はっきりと範囲・限界などが定められた, あいまいさのない: a *definite* area 特定の地域. **specific** 内容・用途などが集中的にはっきりと焦点を合わせて示された: state one's *specific* purpose 自分の特定の目的を明らかにする. **particular** general (一般的な) の反意語としてある個物に特に注意をひくばあいに用いる: this reason この理由→this *particular* reason (いろいろ理由があるなかで) 特にこの理由.

***dèf·i·ní·tion** [dèfiníʃ(ə)n] *n.* **1** 《輪郭・限界などの》限定; 明確. **2** 定義; 説明《語義の解説》. **3** 《レンズ・テレビ・ラジオの》鮮明度. → 動詞 define.

de·fín·i·tive [difíniṭiv] *a.* **1** 決定的, 最終的, 最後的: a ~ answer 最終的返答, 決定的解決[回答] (≒ a definite answer 明確な返答). **2** 最も権威ある[信頼のおける]: a ~ edition 決定版. **3** 《性格などを》明確にする, 限定的. —— *n.* 〖文〗限定辞. ◇ **~·ly** *ad.* **~·ness** *n.* 「確.
de·fín·i·tude [difíniṭ(j)ùːd/-tjuːd] *n.* 明確; 精
déf·la·grate [défləgrèit] *vt.*, *vi.* ぱっと燃やす[燃える]. [√flag-] ◇ **dèf·la·grá·tion** [dèfləgréiʃ(ə)n, diːf-] *n.* 〖化〗突燃(作用).

de·fláte [difléit] *vt.* **1** の空気[ガス]を抜く. **2** 〖経〗〈通貨を〉収縮させる. ↔ inflate. [√fla-]
◇ **de·flá·ta·ble** [-təbl] *a.*

de·flá·tion [difléiʃ(ə)n] *n.* **1** 《空気・ガスを》抜くこと; 《気球の》ガス放出. **2** 〖経〗デフレーション, 通貨収縮. ↔ inflation.
◇ **~·ar·y** [-èri/-əri] *a.* 通貨収縮の.

de·fléct [diflékt] *vt.*, *vi.* そらす, それる; はずさせる, はずれる; 片寄らせる, 片寄る. [√flec-]
◇ **de·fléc·tive** [-iv] *a.* 片寄る, それる. **de·fléc·tor** [-ər] *n.* **1** 《気流・ガス・光線などの》転向装置. **2** 〖海〗偏針儀.

de·fléc·tion [diflékʃ(ə)n] *n.* **1** ゆがみ, 片寄り. **2** 〖物〗《光の》屈折; 《計器の針の》ふれ; 偏差; 〖工〗た
de·fléx·ion 〖英〗= deflection. しわみ.
dè·flo·rá·tion [dèfləréiʃən/diːflɔː-] *n.* 花を摘むこと; (処女)凌辱(りょうじょく).

de·flów·er [difláuər/diː-] *vt.* **1** の花を摘みとる. **2** の清純[新鮮さ]を奪う. **3** の処女性を奪う; 〈女を〉犯す.

De·fóe [difóu] *n.* Daniel ~, 1661?-1731, イギリスの小説家《*Robinson Crusoe* の作者》.

de·fó·li·ate [difóulièit/diː-] *vt.*, *vi.* 落葉させる, 落葉する. ◇ **de·fò·li·á·tion** [–⁻liéiʃ(ə)n] *n.* 落葉.

de·fór·est [difɔ́ːrist, -fár-/-fɔ́r-] *vt.* の山林を切り払う. ◇ **de·fòr·est·á·tion** [difɔ̀ːristéiʃ(ə)n, -fàr-/diːfɔ̀r-] *n.* 山林伐採.

de·fórm [difɔ́ːrm] *vt.* **1** の形をそこなう; 不具にする; 醜くする. **2** 〖物〗変形させる.

dè·for·má·tion [dìːfɔːrméiʃ(ə)n, ㊥+dèfər-] *n.* **1** 形のくずれること, 形をくずすこと; 〖美〗デフォルマシオン. **2** 奇形, 不具. **3** 変形.

de·fórmed [difɔ́ːrmd] *a.* **1** ぶかっこうな; 醜い. **2** 奇形の; かたわの: a ~ soldier 廃兵.

de·fórm·i·ty [difɔ́ːrmiṭi] *n.* **1** ぶかっこう, 醜悪. **2** 奇形(物); 不具(者). **3** 《人格・制度などの》欠陥.

de·fráud [difrɔ́ːd] *vt.* **1** だます. **2** からだまし取る: ~ a person *of* his money 人から金を詐取する.

de·fráy [difréi] *vt.* 〈費用を〉支払う, 支出する, 引き受ける. ◇ **~·al** [-əl], **~·ment** *n.* 支払い, 支出. **~·er** [-ər] *n.*

de·fróst [diːfrɔ́ːst/-frɔst] *vt.* **1** の霜[氷]を取り除く; の冷凍を解く, 〈冷凍食品を〉元にもどす. **2** 〈凍結資産を〉解除する.
◇ **~·er** *n.* 《自動車の》霜よけ装置.

deft [deft] *a.* 器用な, じょうずな; すばやい.
◇ **∼·ly** *ad.* **∼·ness** *n.*

de·fúnct [difʌ́ŋkt] *a.* **1** 死亡した, 故人となった. **2** 消滅した; もはや使用されていない: a ~ government つぶれた政府. a ~ practice すたれた慣習. *the ~* 故人, 死者. [√fung- (生を) 果たし終えた]

de·fúnc·tive [difʌ́ŋktiv] *a.* 故人の; 葬式の.

de·fúse, de·fúze [diːfjúːz] *vt.* **1** 〈爆弾などから〉信管をはずす. **2** 〈情勢を〉緩和する.

‡de·fý [difái] *vt.* (**-fied**; **-fý·ing**) **1** にいどむ《…しろと *to* (do)》: I ~ you *to* do so. できるならやってみろ. **2** 〈競争・攻撃などを〉**ものともしない**, 寄せつけない: ~ competition 競争にびくともしない. ~ description 筆紙に尽くしがたい. **3** 〈権威などに〉反抗する; 〈法律などを〉無視する.
—— *n.* 〖話〗挑戦(ちょうせん). [√fid-]

deg. degree(s).
dé·ga·gé [dèiɡɑːʒéi/–⁻́–] F. *a.* (*fem.* ***dé·ga·gée***) とらわれない, くつろいだ, 気楽な.
de·gás [diːɡǽs] *vt.* (**-ss-**) のガスを抜く.
De·gás [dəɡɑ́ː|F. dəɡɑ] *n.* Edgard [F. ɛdɡaːr] ～, 1834–1917, フランスの画家.
De Gáulle [dəɡóul|F. dəɡoːl] *n.* Charles [tʃɑːrlz|F. ʃarl] ～, 1890–　, フランスの軍人・政治家・大統領.
◇ **De Gáull·ist** [-ist] *n.* ドゴール支持者〔派の人〕.
de·gáuss [diːɡáus/⁻́⁻́] *vt.* に磁気機雷防御装置を施す. 「態).
de·gén·er·a·cy [didʒénərəsi] *n.* 退化; 堕落(状
de·gén·er·ate [didʒénərèit] *vi.* **1** 退化する, 堕落する, 悪化する. **2**〔生〕退化する;〔生理〕変質する. —— [didʒén(ə)rit] *a.* 退化した; 堕落した; 変質した. —— [-nərit] *n.* 退化したもの; 堕落者, 変質者. [√gen(er)-] ◇ **～·ly** [-ritli] *ad.* **-a·tive** [-rèitiv, -rət-/-rət-] *a.* 退化的; 堕落的; 変質性の.
de·gèn·er·á·tion [didʒènəréiʃ(ə)n, dìːdʒenə-] *n.* **1** 退化, 退歩; 堕落. **2**〔生〕退化;〔生理〕変質〔性〕.
dè·glu·tí·tion [dìːɡluːtíʃ(ə)n, ㊥⁺dèɡ-] *n.* 飲みくだすこと〔作用〕, 嚥下(えんか).
dèg·ra·dá·tion [dèɡrədéiʃ(ə)n] *n.* **1** 下降, 下落; 堕落, 退化. **2** 左遷, 降職. **3**〔地〕《岩石の》崩壊;〔化〕分解.
de·gráde [diɡréid] *vt.* **1** の位階を下げる, 左遷する; 降職〔免職〕する. **2** の品性〔声望〕を落とす; さげすむ, 見くだす. **3** 堕落〔悪化〕させる. **4** <量・濃度・強度などを> 下げる, の品質を落とす. **5**〔生〕退化させる;〔地〕漸崩させる. —— *vi.* **1** 位階が下がる, 堕落する. **2**〔生〕退化する.
◇ **de·grád·ed** [-id] *a.* 堕落〔退化〕した. **de·grád·ing** *a.* 品位を落とす, みっともない, 下劣な.
⁑**de·grée** [diɡríː] *n.* **1** 程度; 等級. **2** 地位, 階級; 《博士・修士・学士などの》学位: the doctor's ～ 博士号. **3**《温度計などの》度;〔数〕次数;〔楽〕音階上の度;〔文〕級《形容詞・副詞の比較の》: The thermometer stands at 32 ～s Fahrenheit. 温度計は 32°F を示している. **4**〔法〕親等: a relation in the fourth ～ 4 親等. **5**〔米:法〕《犯罪の》等級. ***a high*** 〔***low***〕 ～ ***of*** technique 高度〔低度〕の(技術). ***by ～s*** しだいに; 少しずつ. ～ ***of frost*** 氷点下…度: We had 10 ～*s of frost* this morning. けさは氷点下10°だった. ***in a*** ～ 少しは. ***in a greater or less*** ～ (程度の差はあれ) 多少とも. ***in some*** ～ 多少, いくぶん. ***not in the slightest*** ～ 少しも…ない. ***prohibited*** 〔***forbidden***〕 ～***s*** 〔法〕結婚禁止親等《1·2·3 親等》. ***Song of D～s*** =gradual psalms. ***the third*** ～〔米〕《警察の》厳重な取り調べ, 拷問. ***to a certain*** ～ ある程度まで, 多少. ***to a*** ～〔話〕多少は; とても. ***to the last*** ～ 極度に. [√grad-]
～-day [–⁻́⁻́] 気温偏差日《1 日の平均温度と標準温度との差 1°F を単位とする》.
(類) → **rank**「等級」
de·grés·sion [diɡréʃən] *n.* 下降;《課税の》累減.
de·grés·sive [diɡrésiv] *a.* 逓減(ていげん)的. [√grad-]
de·gúst [diɡʌ́st], **de·gús·tate** [diɡʌ́steit] *vt.*〔稀〕味わう. 「する, 自然に開く.
de·hísce [dihís] *vi.* <植物のさや・果実などが> 裂開
de·hís·cent [dihísnt] *a.*〔植〕裂開性の.
◇ **-cence** [-s(ə)ns] *n.*〔植〕裂開.
de·hórn [diːhɔ́ːrn] *vt.* の角(つの)を切り取る.
de·hú·man·ize [diːhjúmənàiz] *vt.* の人間性を奪う, 非人間化する, 獣的にする.
dè·hu·míd·i·fy [dìːhjuːmídịfài] *vt.* の湿気を取り除く; <空気を> 乾燥させる. ◇ **dè·hu·mìd·i·fi·cá·tion** [dìːhjuːmìdịfịkéiʃ(ə)n] *n.*
de·hý·drate [diːháidreit] *vt.* の水分〔湿気〕を除く;〔化〕脱水する. —— *vi.* 水分〔湿気〕が抜ける. ～***d vegetables*** 乾燥野菜.
◇ **dè·hy·drá·tion** [dìːhaidréiʃ(ə)n] *n.*
de·hý·dro·freeze [diːháidrəfrìːz] *vt.* <食物を> 急速冷凍乾燥する. 「からさます.
de·hýp·no·tize [diːhípnətàiz/dìː-] *vt.* 催眠状態
dei- 「神」の意の語形成要素.
de·íce [diːáis/⁻́⁻́] *vt.*〔空〕<機体に> 防氷装置をする. ◇ **de·íc·er** *n.*〔空〕防氷〔除氷〕装置.
dé·i·cide [díːịsàid] *n.* 神を殺すこと; 神を殺す人. [√caed-] ◇ **dè·i·cí·dal** [dìːịsáidl] *a.*
déic·tic [dáiktik] *a.*〔論〕直証的な;〔文〕指示的.
de·íf·ic [diːífik] *a.* 神格化する.
dè·i·fi·cá·tion [dìːịfịkéiʃ(ə)n] *n.* 神として祭ること, 神格化〔視〕. → 動詞 deify.
dé·i·form [díːịfɔ̀ːrm] *a.* 神の姿をした; 神のような.
dé·i·fy [díːịfài] *vt.* 神に祭る; 神化する, 神聖視する. [dei-＋-fy] ◇ **dé·i·fi·er** [-ər] *n.*
deign [dein] *vt., vi.* **1** (へりくだって) 与える《主として否定構文で》: ～ *no* reply 返事もしてくれぬ. **2** …してやる《上位の人が下位の人に》, (もったいなくも)…してくださる: without ～*ing to* look at me こちらを見てもくれずに. [√dign-]
De·i gra·ti·a [díːai-ɡréiʃiə] L. (=by the grace of God) 神恩によって.
dé·ism [díːiz(ə)m] *n.* 自然神教, 理神論.
dé·ist [díːist] *n.* 自然神教信者, 理神論者.
◇ **de·ís·tic** [diːístik] *a.*
dé·i·ty [díːịti] *n.* **1** 神. **2** 神性. ***the D～*** 天帝.
de·jéct [didʒékt] *vt.* 落胆させる. [√jac-[1]]
de·jéc·ta [didʒéktə] *n. pl.* 排泄(はいせつ)物, 糞便(ふんべん).
***de·jéct·ed** [didʒéktid] *a.* 落胆した, しょげた.
◇ **～·ly** *ad.* すごすごと.
de·jéc·tion [didʒékʃ(ə)n] *n.* **1** 落胆, 失意; 憂うつ. **2**〔医〕排泄(物), 便通. (類) → **sad**「悲しい」
dé·jeu·ner [déiʒənèi/-nei] F. *n.* **1** 朝食. **2**《ヨーロッパ大陸で》昼食.
de ju·re [diː-dʒúri/-dʒúəri] L. (=by right) 権利上, 法律上. → *de facto*.
deka- =deca-.
Del. Delaware. **del.** delegate; delete.
de·láine [dəléin] *n.* ウールのメリンス.
dé la Màre [dé-lə-mɛ̀ər, ㊥⁺də-lə-mɛ́ər] *n.* Walter John ～, 1873–1956, イギリスの詩人・小説家.
de·láte [diléit] *vt.* **1** <人を> 告訴する. **2** <悪事を> 告発する. [√lat-] ◇ **de·lá·tion** [diléiʃ(ə)n] *n.* 告訴. 「部の州. 略 Del.》
Dél·a·ware [déləwɛ̀ər] *n.* デラウェア《アメリカ東
⁑**de·láy** [diléi] *vt.* **1** 遅らす, 延期する. **2** 手間どらせる; じゃまする. —— *vi.* 遅れる, 手間どる. —— *n.* 遅延; 猶予: It admits of no ～. 一刻の猶予も許さない. ***without*** ～ ぐずぐずせずに, 直ちに.
dé·le [díːli] *vt.* (**dé·led**; **dé·le·ing**)〔印〕《校正で》<不用の文字を> 削除せよ. [<L.]
de·léc·ta·ble [diléktəbl] *a.* 楽しい, 愉快な: a ～ dinner. [√lac-] ◇ **～·ness** *n.* **-bly** *ad.*
de·léc·tate [dilékteit] *vt.* 喜ばせる, 楽しがらせる, 魅了する.
dè·lec·tá·tion [dìːlektéiʃ(ə)n, ㊥⁺dilèk-] *n.* 愉悦, 快楽, 楽しみ. 「粋書.
de·léc·tus [diléktəs] *n.* 《ラテン・ギリシア文の》抜
dél·e·ga·cy [déliɡəsi] *n.* **1** 代表者派遣; 代表者の任命〔地位〕. **2** 代表団. **3**〔英: 大学〕常任委員.
de·lé·gal·ize [diːlíːɡəlàiz] *vt.* 非合法とする.
⁑**dél·e·gate** [déliɡèit, -ɡit] *n.* **1** 代表者, 代理; 派遣委員. **2**〔米〕准州 (Territory) 選出の下院議員《発言権はあるが投票権なし》;〔米〕《Maryland, Virginia, West Virginia の》州議会下院議員. ***walking*** ～ → walking.
—— [déləɡèit/⁻́–––] *vt.* **1** 代表〔代理〕として派遣する. **2** <権限などを> 委任する. [√leg-[3]]
◇ **dél·e·ga·ble** [déləɡəbl] *a.*

dèl·e·gá·tion [dèlįgéiʃən] *n.* **1** 代表派遣. **2** 代表任命〔委任〕. **3** 《集合的》代表(団): send a ～ to the convention 年次総会に代表団を派遣する.

de·léte [dilíːt] *vt.* 削除する, 抹消(まっしょう)する. 〈注〉校正用語としては del. と略す.

◇ **de·lé·tion** [dilíːʃ(ə)n] *n.* 削除(箇所).

dèl·e·té·ri·ous [dèlįtí(ː)riəs/-tíər-] *a.* 有害な, 有毒の: ～ gases〔influences〕.

◇ **～·ly** *ad.* **～·ness** *n.*

delf(t) [delf(t)] *n.* デルフ焼き(＝delft ware)《オランダの Delft 産の陶器》.

Dél·hi [déli] *n.* インド北部の都市《イギリス領のころの首都の Old Delhi と独立後のインド共和国の首都の New Delhi とに分かれている》.

dél·i [déli] 〘話〙＝delicatessen.

‡**de·líb·er·ate**[1] [dilíb(ə)rit] *a.* **1** 意図的な, 故意の, 熟慮の上の. **2** 思慮ぶかい, 慎重な. **3** ゆうゆうとした, 落ち着いた. [√libr-] ◇ ‡**～·ly** [-ritli] *ad.* 慎重に; わざと. **～·ness** [-ritnis] *n.*

‡**de·líb·er·ate**[2] [dilíbərèit] *vt.* 熟慮する: ～ a question 問題をとくと考える. —— *vi.* **1** 熟考する《について *on, over*》. **2** 審議する, 協議する《について *on, over*》. [√libr-] 〔類〕→ **think**「考える」

de·lìb·er·á·tion [dilìbəréiʃ(ə)n] *n.* **1** 熟慮; 慎重, 細心. **2** 審議, 討議. **3** 悠長(ゆうちょう), 落ち着き. ***under*** **～** 熟考〔協議〕中. ***with*** **～** 周到に; ゆったりと.

de·líb·er·a·tive [dilíb(ə)rèitiv/-rətiv] *a.* **1** 慎重な, 熟慮の. **2** 審議〔討議〕の. **～ assembly** 審議会. ◇ **～·ly** *ad.* 熟考の上で, 慎重に.

dél·i·ca·cy** [délįkəsi] *n.* **1** 繊細, 精巧; 《扱いの》こまかさ. **2** 優美, 優雅. **3** 敏感; 《他人の感情に対する》思いやり. **4** ものやわらかさ, つつましさ. **5** 《問題などの》微妙さ, 扱いにくさ. **6** 《からだの》きゃしゃ, 虚弱. **7** おいしいもの, ごちそう: all ～*ies* of the season 季節のあらゆる美味. table ～*ies* いろいろのごちそう. ***feel a ～ about に気がねする. ***give a proof of one's ～ about*** 〔*in*〕に思いやりのあることを示す.

‡**dél·i·cate** [délįkįt] *a.* **1** 繊細な, 優美な; 精巧な. **2** 敏感な, 鋭敏な; 《他人の感情に対して》こまかに気のつく, 思いやりのある: a ～ refusal 言いだしにくいことわり. **3** 微妙な, 取り扱いのむずかしい: a ～ situation 微妙な状況, むずかしい立場. **4** 《色・かおり・味などが》うすい, ほんのりとした. **5** きゃしゃな; 虚弱な: a ～ child ひ弱い子. **6** 美味な. ***in a ～ condition*** 〘米俗〙懐妊して. [√lac-] ◇ **～·ly** *ad.* **～·ness** *n.*

dèl·i·ca·tés·sen [dèlįkətésn] *n. pl.* **1** 《単数扱い》調製食料品店. **2** 《複数扱い》調製食料品.

‡**de·lí·cious** [dilíʃəs] *a.* **1** おいしい, うまい; かおりのよい. **2** 快い, 楽しい: a ～ moment 痛快な瞬間. —— *n.* (D～) デリシャス《リンゴの一種》. [de-＋√lac- 離し＋誘う→引き寄せる]

◇ **～·ly** *ad.* **～·ness** *n.*

de·líct [dilíkt/díːlikt] *n.* 〘法〙不法行為, 犯罪. ***in flagrant*** **～** 現行犯中に.

‡**de·líght** [diláit] *n.* **1** 喜び, 楽しみ. **2** 喜びを与えるもの, 楽しいもの: The dance is a ～ to see. ダンスは見て楽しい. ***take*** 〔***have***〕 **～ *in*** を喜ぶ, を楽しむ. ***to one's*** **～** 喜ばしいことには. ***with*** **～** 楽しんで. —— *vt.* 大いに喜ばせる, 楽しませる: ～ the eye 目を楽しませる; 見て楽しい. —— *vi.* 大いに喜ぶ〔楽しむ〕: She ～*s in* (tending) her garden. 庭(いじり)が大好きだ. [√lac-. 旧つづり delit]

◇ **～·some** [-səm] *a.* ＝delightful.

〔類〕→ **pleasure**「喜び」

de·líght·ed** [diláitid] *a.* 大いに喜んで. ***be ～ to (do) …して喜ぶ; 喜んで…する. ***be ～ with*** 〔***at***〕 を喜ぶ. ◇ **～·ly** [-idli] *ad.* 喜んで.

‡**de·líght·ful** [diláitf(ụ)l] *a.* 楽しい, 喜ばしい, 愉快な, うれしい. ◇ **～·ly** [-i] *ad.* **～·ness** *n.*

De·lí·lah [diláilə] *n.* **1** 〘聖〙デリラ《愛人 Samson を裏切ってペリシテ人に渡した女》. **2** 妖婦(ようふ).

de·lím·it [dilímit, diː-] *vt.* の境界〔限界〕を定める.

de·lím·i·tate [dilímįtèit] ＝delimit.

◇ **de·lìm·i·tá·tion** [dilìmįtéiʃ(ə)n, dìːlim-] *n.*

de·lín·e·ate [dilínièit] *vt.* **1** の輪郭をかく. **2** の略図を描く. **3** (ことばで) 描写する. [de-＋√line- 線で＋切る] ◇ **de·lín·e·a·tor** [-ər] *n.* 描写する人; 《裁縫用》型紙.

de·lìn·e·á·tion [dilìniéiʃ(ə)n] *n.* **1** 描写すること. **2** 描写, 記述. **3** 略図, 図解.

de·lín·quen·cy [dilíŋkwənsi] *n.* **1** 怠慢; 過失. **2** 非行; 犯罪. ***juvenile*** **～** 少年犯罪.

de·lín·quent [dilíŋkwənt] *a.* **1** (職務) 怠慢の; 過失のある. **2** 非行の; 罪を犯した. **3** 滞納の: ～ taxes 滞納租税. —— *n.* 怠慢者; 過失者; 犯罪者; 非行少年(＝juvenile ～). [√li(n)qu-]

◇ **～·ly** *ad.*

dèl·i·quésce [dèlįkwés] *vi.* **1** 溶解する, 液化する. **2** 〘化〙潮解する; 〘生〙融化する. **3** 〘植〙分枝する. [√liqu-] ◇ **dèl·i·qués·cence** [-kwésns] *n.* **dèl·i·qués·cent** [-snt] *a.*

de·lír·i·ous [dilíriəs] *a.* **1** 《一時的に》精神錯乱した, うわごとを言う. **2** 《喜びなどで》有頂天の.

◇ **～·ly** *ad.* **～·ness** *n.*

de·lír·i·um [dilíriəm] *n.* **1** (一時的) 精神錯乱; うわごと: lapse into ～ うわごとを言い出す. **2** 《興奮・喜びなどの》狂乱(状態), 夢中.

～ tremens [-tríːmənz, -mènz] 〘医〙《アルコール中毒による》譫妄(せんもう)症.

dèl·i·tés·cent [dèlįtésnt] *a.* 潜伏している, 潜伏期の. ◇ **-cence** [-sns] *n.* 潜伏期(状態).

‡**de·lív·er** [dilívər] *vt.* **1** 引き渡す, 交付する: ～ a person *into* the hands of the enemy 人を敵の手中に引き渡す. **2** 〈郵便物・配達品などを〉配達する, 届ける. **3** 〈伝言を〉伝える; 〈意見を〉述べる; 〈演説を〉行なう. **4** 〈攻撃・砲撃を〉加える; 〈ボールを〉投げる; 〈電流を〉通じる; 〈ポンプが水を〉くみ出す; 《鋳型から》打ち出す. **5** 解放する, 救出する《から *from*》: ～ a person *from* death 人を死から救う. **6** に分娩(ぶんべん)させる: ～ a woman *of* a child 婦人に子どもを生み落とさせる.

be ～ed of 〈子〉を生む; 〈詩・文〉をつくる; から解放される. ***～ a jail*** 《囚人を法廷に引き出して》刑務所を「から」にする. ***～ oneself of*** 〈意見など〉を述べる. ***～ over*** 引き渡す; 〈財産などを〉譲渡する. ***～ the goods*** 品物を引き渡す; 約束〔契約〕を実行する; 〘米俗〙期待に添う. ***～ up*** 引き渡す; 〈城などを〉明け渡す; 〈奪った物などを〉元にもどす; 捨てる. [√liber-] ◇ **～·a·ble** [-v(ə)rəbl] *a.* **～·er** [dilívərər] *n.* **1** 救出者. **2** 引き渡し人; 配達人.

de·lív·er·ance [dilív(ə)rəns] *n.* **1** 救出, 救助; 釈放. **2** 《公表された》意見; 陳述; 判決.

‡**de·lív·er·y** [dilív(ə)ri] *n.* **1** 引き渡し, 交付. **2** 配達; 伝達. **3** 話しぶり, 講演ぶり. **4** 〘球技〙投球(法). **5** 救出, 解放. **6** 分娩(ぶんべん). ***payment on ～*** 現品引き替え払い. ***special*** 〔㊧ ***express***〕 **～** 速達. [＜deliver]

～ boy 配達少年. **～·man** 配達夫《トラックを使って商品を配達する》. **～ room** 分娩室.

dell [del] *n.* 小さい谷, 小渓谷(しょうけいこく).

de·ló·cal·ize [diːlóuk(ə)làiz] *vt.* **1** の地方性を取り除く. **2** の場所を変える, 移転する.

de·lóuse [diːláus, -z/ー́ー́] *vt.* のシラミを駆除する.

Dél·phi [délfai] *n.* デルフォイ《古代ギリシアの都市. アポロの神託で有名な神殿があった》.

Dél·phi·an [délfiən], **Dél·phic** [-fik] *a.* **1** Delphi (の神託)の; 神託の. **2** 神秘的な, 《神託・ことばが》あいまいな. ***Delphic oracle*** Delphi の神託.

Dél·phin [délfįn] *a.* フランス皇太子の.

dél·phi·nine [délfįniːn, -nin] *n.* 〘化〙delphinium から抽出した毒性のアルカロイド.

D

del·phín·i·um [delfíniəm] *n.* 〘植〙ヒエンソウ.

***dél·ta** [déltə] *n.* **1** ギリシア字母の第4字《Δ, δ》. **2** 《河口の》三角州, デルタ; (the D～) ナイル河口の三角州. **3** 三角形のもの.
～ ray 〘物〙デルタ線. **～ wing** 〘空〙三角翼.
◇ **del·tá·ic** [deltéiik] *a.* ～状の.

dél·toid [déltɔid] *a.* 三角形の. —— *n.* 〘医〙三角筋 (＝～ muscle).

de·lúde [dilú:d] *vt.* **1** 迷わす; だます; だまして…させる: ～ a person *into* a belief [*into* believing] *that* ... 人をだまして…と信じ込ませる. **2** 〘廃〙言いのがれする. ～ oneself (自己について) 幻想をいだく; 妄想(もうそう)にかられる. [√lud-]

dél·uge [délju:dʒ] *n.* **1** 大洪水(こうずい); 豪雨; (the D～) 〘聖〙Noah の洪水. **2** 《手紙・申し込みなどの》殺到. ***After me*** [***us***] ***the* ～.** あとは野となれ山となれ. —— *vt.* **1** 水浸しにする, に氾濫(はんらん)する. **2** に殺到する: be ～*d* with letters 手紙が殺到する.

de·lú·sion [dilú:ʒ(ə)n] *n.* **1** 欺瞞(ぎまん), まどわし. **2** まちがった信念, 思い違い; 幻想, 妄想(もうそう). → 動詞 delude. ***be*** [***labor***] ***under a* ～** 妄想にかかっている [苦しむ]. **～ *of persecution*** [***grandeur***] 被害[誇大]妄想. ◇ **～·al** [-ʒən(ə)l] *a.*

de·lú·sive [dilú:siv] *a.* **1** (人を) 迷わせる; ごまかしの, うわべの. **2** 妄想的な; 誤った.
◇ **～·ly** *ad.* **～·ness** *n.*

de·lú·so·ry [dilú:səri] ＝delusive.

***de luxe*, de·lúxe** [dəlúks, -lʌ́ks, ⊛⁺di-] *a.* デラックスな, 豪華な: an edition ～, a ～ edition 豪華版. a hotel ～ 高級ホテル. —— *ad.* デラックスに, 豪華に.

delve [delv] *vi.* **1** 探究する, 精査する: ～ *into* the past 過去を調べあげる. ～ *into* one's pocket for one's handkerchief ポケットの中をさぐってハンカチを捜す. **2** 〘古〙掘る. —— *vt.* 〈宝・秘密などを〉掘り出す, 探り出す《*out, up*》.
◇ **délv·er** *n.* 探究者; 掘る人.

Dem. Democrat; Democratic.

de·mág·net·ize [di:mǽgnitàiz/dí:-] *vt.* の磁気を除く. ◇ **dè·mag·net·i·zá·tion** [dì:mæ̀gnitizéiʃ(ə)n, -taiz-/dí:mæ̀gnitaiz-] *n.*

dèm·a·góg·ic [dèməgɑ́dʒik, -gɑ́g-/-gɔ́g-, -gɔ́dʒ-], **-i·cal** [-(ə)l] *a.* 扇動的な.

dém·a·gogue, -gog [déməgɔ̀:g, -gɑ̀g/-gɔg] *n.* **1** (民衆) 扇動者; 扇動政治家. **2** 〘史〙民衆の指導者. ◇ **dém·a·gog(u)·ism** [-gìzm], **dém·a·gog·uer·y** [-g(ə)ri] *n.* (民衆) 扇動; 扇動行為.

dém·a·gog·y [déməgòudʒi, -gɔ̀:gi, -gɑ̀gi/-gɔgi, -gɔdʒi] *n.* 民衆扇動(策); 《集合的》民衆扇動者.

‡de·mánd [dimǽnd/-mɑ́:nd] *vt.* **1** 要求する, 求める: ～ a thing *from* [*of*] a person 人から物を求める. ～ *to* know ぜひ知りたいと言う. He ～*ed that* I (should) help him. 彼は私に助力せよと要求した. 〈注〉この最後の例のばあいに *that*-節 の代わりに He *demanded* me *to* help him. の文型は用いられない. **2** 〈物事が〉要求する, 必要とする: This work ～*s* (a) great care. この仕事には非常な注意がいる. **3** **尋ねる**, 問う: ～ the name of the child 子どもの名を聞く. —— *vi.* (高飛車に) 尋ねる: "What's that?" he ～*ed*. 「それはなんだ」と彼は聞いた.
—— *n.* **1** 要求, 請求《*for*》; (通例 *pl.*) 要求事項, 必要事項 [要件]: I have many ～*s* upon my time. いろいろ時間をとられることが多い, はなはだ忙しい. **2** 〘経〙需要; 有効需要; 需要高: ～ and supply 需要供給. **3** 問い合わせ, 照会. ***be in* ～** 要求される; 需要がある, 人気がある. ***on* ～** 請求ありしだい. [de-＋√mand- 手渡すことを命ずる]
～ bill [**draft**] 要求払い手形.
◇ **～·a·ble** [-əbl] *a.* 要求 [請求] できる. **～·er** *n.* 要求 [請求] 者.

【類義語】要求する: **demand** 高圧的に要求する: *demand* an explanation 説明を求める. **claim** 当然自分のものとして要求する: *claim* compensation money 補償金を要求する. **require** 必要から要求する. 受動態を用いるかもしくは人以外のものが主語になることが多い: Your presence *is required*. ぜひご出席願います.
【類】→ **ask**「尋ねる」 「告.

de·mánd·ant [dimǽndənt/-mɑ́:nd-] *n.* 〘法〙原告.

de·már·cate [dimɑ́:rkeit, dí:mɑ:rkèit/dí:mɑ:-] *vt.* の限界を定める; 分離 [区分] する. [＜mark]

dè·mar·cá·tion [dì:mɑ:rkéiʃ(ə)n] *n.* **1** 境界設定; 境界(線). **2** 区画, 区分.

dé·marche [deimɑ́:rʃ/ˊ—, —ˊ] F. *n.* **1** 〘外交〙処置, 手段; 「運動」. **2** 転換策.

de·márk [dimɑ́:rk] ＝demarcate.

dè·ma·té·ri·al·ize [dì:mətí(:)riəlàiz/dí:mətíər-] *vt., vi.* 非物質化する.

de·méan¹ [dimí:n] *vt.* 《～ oneself の形で》品位 [身分] を落とす.

de·méan² *vt.* 《～ oneself の形で》身を処する: ～ *oneself* like a man 男らしくふるまう.

de·méan·or, ⊛ -our [dimí:nər] *n.* 態度, ふるまい; 品行. [√min-³]

de·mént·ed [diméntid] *a.* 発狂した; 気違いざたの. [√ment-] ◇ **～·ly** *ad.* **～·ness** *n.*

dé·men·ti [dèimɑ̃:tí:/—ˊ—] F. *n.* (公式) 否認.

de·mén·ti·a [dimén∫(i)ə] *n.* 〘医〙痴呆(ちほう).
～ praecox [-prí:kɑks/-kɔks] 早発性痴呆.

dèm·e·rár·a [dèməré(:)rə/-réərə] *n.* 赤砂糖の一種.

de·mér·it [di:mérit] *n.* **1** 短所, 欠点: merits and ～*s* 長所欠点. **2** 《学校の》罰点.
◇ **de·mèr·i·tó·ri·ous** [—ˋ— tɔ́:riəs/-tɔ́:r-] *a.*

de·mésne [diméin, -mí:n] *n.* **1** 〘法〙《土地の》所有. **2** 私有地; 荘園(しょうえん). **3** 《国家の》領土. **4** 領域; 活動範囲. ***hold in* ～** 領有する. ***Royal* ～** 〘英〙御料地.

De·mé·ter [dimí:tər] *n.* 〘ギ神〙農業・結婚の女神《ローマ神話の Ceres に当たる》.

demi- 「半」の意の語形成要素.

dém·i·god [démigɑ̀d/-gɔd] *n.* (*fem.* **～·dess** [-is]) **1** 半神(半人); 小神. **2** 神に祭られた人.

dém·i·john [démidʒɑ̀n/-dʒɔn] *n.* 《かご入り》細口大びん.

demijohn

de·míl·i·ta·rize [di:mílitəràiz/dí:-] *vt.* **1** 非武装化 [非軍事化] する. **2** 軍政から民政に移す. ◇ **de·mìl·i·ta·ri·zá·tion** [di:militərizéiʃ(ə)n, -raiz-/dí:mìl-, di:mìl-] *n.*

dém·i·lune [démilù:n] *n.* 半月(はんげつ); 〘築城〙半月堡(ほ).

dem·i·mon·daine [dèmimɑndéin/-mɔnd-] F. *n.* 花柳(かりゅう)界の女; 売春婦.

de·mi·monde [démimɑ̀nd / -mɔ́:nd] F. *n.* 花柳界; 《集合的》花柳界の女.

dém·i·rep [démirèp] *n.* いかがわしい女, 売春婦.

de·míse [dimáiz] *n.* **1** 逝去(せいきょ); 崩御. **2** 消滅. **3** 〘法〙《不動産の》遺譲, 譲渡. **4** 譲位. —— *vt.* **1** 〘法〙譲渡する. **2** 譲位する.
◇ **de·mís·a·ble** [-əbl] *a.*

dem·i-sec [démisék] F. *a.* 《ブドウ酒が》半辛口の.

dèm·i·sém·i·quà·ver [dèmisémikwèivər] *n.* 〘楽〙三十二分音符.

de·mít [dimít] *v.* (**-tt-**) *vt.* **1** 〈地位を〉辞する, 辞職する. **2** 〘稀〙免職する. —— *vi.* 辞職する. [√mit(t)-] ◇ **de·mís·sion** [dimíʃ(ə)n] *n.*

dem·i·tasse [démitæ̀s, -tɑ̀:s/-tɑ:s] F. *n.* デミタス《食後用の小形コーヒー茶わん; その1杯分のコーヒー》.

dém·i·urge [démiə̀:rdʒ/dí:mi-] *n.* 《ギリシア哲学

で》造物主.
dé·mo [démou] *n.* (*pl.* ～s) 〖話〗 **1** デモ; デモ参加者. **2** 歌手〔演奏家〕志望者がレコード会社などに送る録音.
demo- 「民衆, 人民」の意の語形成要素.
de·mób [di:mάb/dí:mɔ̀b] *vt.* (**-bb-**) 〖英俗〗 = demobilize. ～ **suit** 《第2次大戦時の》復員服.
de·mó·bi·lize [di:móubiləàiz] *vt.* 〖軍〗 動員解除する; 復員させる. ◇ **de·mò·bi·li·zá·tion** [di:mòubiḷizéiʃ(ə)n, di:mou-, -laiz-/di:mòu-] *n.*
‡**de·móc·ra·cy** [diṃάkrəsi/-mɔ́k-] *n.* **1 民主主義**; 民主政体, 民主制. **2** 民主主義国. **3** 《特権階級に対し》平民階級, 庶民. **4** (D～) 〖米〗 民主党; 民主党の綱領. [√demo- 民衆 + √crat- 力]
dém·o·crat [déməkræt] *n.* **1** 民主主義者; 民主政体論者. **2** (D～) 〖米〗 民主党員.
‡**dèm·o·crát·ic** [dèməkrǽtik] *a.* **1 民主主義の**; 民主政体の. **2 民主的な; 庶民(的)な**: ～ art 民衆芸術. **3** (D～) 〖米〗 民主党の.
D～ Party, the 〖米〗 民主党.
◇ **-i·cal·ly** [-(ə)li] *ad.* 民主的に; 平民的に.
de·móc·ra·tism [dimάkrətiz(ə)m/dimɔ́k-] *n.* 民主主義〔政治〕.
de·móc·ra·tize [diṃάkrətàiz/-mɔ́k-] *vt., vi.* 民主化する. ◇ **de·mòc·ra·ti·zá·tion** [dimὰkrəṭizéiʃ(ə)n, -taiz-/-mɔ̀k-] *n.*
dé·mo·dé [dèimoudéi/ー ́ ー] F. = demoded.
de·mód·ed [dimóudid] *a.* 流行遅れの, 旧式な.
Dè·mo·gór·gon [dì:məgɔ́:rgən, dèmə-/dí:-] *n.* 《古代神話の》魔神, 悪霊(あくりょう).
de·móg·ra·phy [dimάgrəfi, di:-/di:mɔ́g-] *n.* 人口〔民勢〕統計学. ◇ **-pher** *n.* 人口統計学者.
dè·mo·gráph·ic [dì:məgrǽfik] *a.*
de·moi·selle [dèmwazél] F. *n.* **1** = damsel. **2** 〖鳥〗 アネハヅル. **3** 〖虫〗 イトトンボ, トウスミトンボ.
de·mól·ish [dimάliʃ/-mɔ́l-] *vt.* **1** こわす, 粉砕する; くつがえす. **2** 〖俗〗 食いつくす. [√mol-]
◇ **～·ment** *n.* = demolition.
dèm·o·lí·tion [dèməlíʃ(ə)n, dì:mə-] *n.* **1** 破壊; 打破. **2** (*pl.*) 大型破壊爆弾 (= ～ bomb).
***dé·mon** [dí:mən] *n.* **1** 悪魔, 悪霊(あくりょう). **2** 極悪人. **3** 精力家: He is a ～ for work. 彼は仕事の鬼だ. **4** 〖ギ神〗 守護の霊.
de·món·e·tize [di:mάnịtàiz,-mʌ́n-/-mʌ́n-,-mɔ́n-] *vt.* **1** から本位貨幣としての資格を奪う. **2** 通貨〔郵便切手〕として使用廃止にする.
◇ **de·mòn·e·ti·zá·tion** [di:mὰnịṭizéiʃ(ə)n, -mʌ̀n-/-mʌ̀nịtai-, -mɔ̀n-] *n.*
de·mó·ni·ac [dimóuniæ̀k] *a.* **1** 悪霊(あくりょう)〔悪魔〕のような. **2** 悪霊に取りつかれた; 狂乱の. **3** 凶悪な, 凶暴な. —— *n.* 悪魔に取りつかれた人; 狂人.
dè·mo·ní·a·cal [dì:mənáiək(ə)l] *a.* = demoniac.
◇ **～·ly** [-k(ə)li] *ad.*
de·món·ic [di:mάnik/-mɔ́n-] *a.* **1** 悪霊(あくりょう)〔悪魔〕的な. **2** 魔力をもった, 天才的な.
dé·mon·ism [dí:mənizəm] *n.* **1** 魔神崇拝; 邪神教. **2** 鬼神学. ◇ **-ist** [-ist] *n.*
dé·mon·ize [dí:mənàiz] *vt.* **1** 悪魔にする; 悪魔化する. **2** に悪魔を取りつかせる. 「拝.
dè·mon·ól·a·try [dì:mənάlətri/-nɔ́l-] *n.* 鬼神崇
dè·mon·ól·o·gy [-nάlədʒi/-nɔ́l-] *n.* 鬼神学.
dém·on·stra·ble [démənstrəbl, dimάn-/démən-, dimɔ́n-] *a.* 論証できる.
◇ **-bly** [-i] *ad.* **1** 証明できるように. **2** 確かに, 確実に. **dèm·on·stra·bíl·i·ty** [dèmənstrəbíḷiti] *n.* 論証可能性.
‡**dém·on·strate** [démənstrèit] *vt.* **1 証明する**, 論証する: ～ a thing [*that*…] こと〔…ということ〕を証明する. **2** 〈事物が〉…の証拠になる. **3** 《模型・実験などで》**説明する**; 〈技術を〉実演教授する; 〈商品を〉実物宣伝する. **4** 〈感情を〉**外に出す**, あらわす.
—— *vi.* **1 示威運動をする**, デモをする《に反対して *against*》. **2** 〖軍〗 陽動〔牽制(けんせい)〕する. [√monstr-]
◇ **-stra·tor** [-ər] *n.* 論証者; 実演教授者; 示威運動者, デモの参加者. 類 → **proof** 「証拠」
‡**dèm·on·strá·tion** [dèmənstréiʃ(ə)n] *n.* **1 論証**; 証拠. **2 実物教授**〔**説明**〕, 実演. **3** 《感情の》表明. **4 デモ**, 示威運動; 〖軍〗 陽動(作戦). *to* ～ 明確に, 決定的に.
de·món·stra·tive [dimάnstrətiv/-mɔ́n-] *a.* **1** 論証的な; 確定的な. **2** 例示的な; 説明的な. **3** 感情をあらわにする, 表現的. **4** 示威的. **5** 〖文〗 指示の: a ～ pronoun 指示代名詞. —— *n.* 〖文〗 指示詞 《this, that など》. ◇ **～·ly** *ad.* **～·ness** *n.*
de·mór·al·ize [dimɔ́:rəlàiz, -mάr-/-mɔ́r-] *vt.* **1** の風紀を乱す; 堕落させる. **2** の士気をくじく. **3** 取り乱させる.
◇ **de·mòr·al·i·zá·tion** [dimɔ̀:rəḷizéiʃ(ə)n,-mὰr-, -laiz-/-mɔ̀r-] *n.* 風俗紊乱(びんらん); 士気阻喪.
dé·mos [dí:mɑs/-mɔs] *n.* (*pl.* **-mi** [-mai]) **1** 《古代ギリシアの》市民, 平民. **2** 民衆, 大衆.
De·mós·the·nes [dimάsθəni:z/-mɔ́s-] *n.* デーモステネース, 384?–322 B.C., アテネの雄弁家.
◇ **Dèm·os·thén·ic** [dì:məsθénik, dèm-/dèm-] *a.* デーモステネース流の; 雄弁な.
de·móte [dimóut] *vt.* 〖米〗 の階級〔地位〕を落とす 《に *to*》. ↔ promote. [√mo(u)-]
◇ **de·mót·ed** [-tid] *a.* 降等された: a ～*d* soldier.
de·móth·ball [di:mɔ́:θbɔ̀:l/-mɔ́θ-] *vt.* 〈保存してあった物を〉再び使い始める《特に係留していた軍艦など》. [< de- + mothball]
de·mót·ic [di:mάtik/-mɔ́t-] *a.* **1** 民衆の; 通俗の. **2** 《古代エジプトの》民用文字の. → hieratic.
◇ **de·mót·ics** [-s] *n.* = sociology. 「下げ.
de·mó·tion [dimóuʃ(ə)n] *n.* 〖米〗 降位, 降等, 格
de·móunt [di:máunt] *vt.* 取りはずす, 分解する.
◇ **～·a·ble** [-əbl] *a.* 「鎮痛剤.
de·múl·cent [dimʌ́lsnt] *a.* 〖医〗 鎮痛の. —— *n.*
de·múr [dimə́:r] *vi.* (**-rr-**) **1** 異議〔苦情〕を唱える《に *to, at, about*》. **2** 〖法〗 抗弁する. —— *n.* 異議. *without* ～ 異議なく. [√mor-¹]
◇ **～·ral** [-mə́:rəl] *n.* 異議.
de·múre [dimjúər] *a.* **1** 上品な; 落ち着いた. **2** 上品ぶった, とりすました. **3** 謹直な; 礼儀正しい. [√matur-] ◇ **～·ly** *ad.* **～·ness** *n.*
de·múr·rage [dimə́:ridʒ/-mʌ́r-] *n.* 〖商〗 **1** 《貨物船の》超過停泊; 《鉄道貨車の》期限外留置. **2** 滞船料; 貨車留置料.
de·múr·rer [dimə́:rər/-mʌ́rə] *n.* **1** 〖法〗 妨訴抗弁; 異議申し立て. **2** [dimə́:rər] 抗弁者, 異議申立人.
de·mý [dimái] *n.* **1** デマイ判の紙《アメリカでは16×21インチ, イギリスでは17.5×22.5インチ》. **2** 《Oxford 大学 Magdalen [mɔ́:dlin] 学寮の》給費生.
***den** [den] *n.* **1** 《野獣のすむ》穴; 《動物園の》おり. **2** 《盗賊などの》巣; みすぼらしい住みか. **3** 私室《書斎・仕事べやなど》. **4** ボーイスカウト年少団員 (cub scouts) の分隊. —— *vi.* (**-nn-**) ほら穴にすむ.
～ **chief** ～④の隊長《団員がなる》. ～ **dad** ～④の監督《おとながなる》.
Den. Denmark.
de·nár·i·us [diné(:)riəs/-néər-] *n.* (*pl.* **-nár·i·i** [-riài]) 古代ローマの銀貨《そのかしら字 d. をイギリスでは penny, pence の略字に用いる》.
dén·a·ry [dénəri, dí:-/dí:-] *a.* 10の; 十進(法)の.
de·ná·tion·al·ize [di:nǽʃən(ə)làiz] *vt.* **1** 非国有化する. **2** の国籍を奪う. **3** から独立国家たる資格を奪う; の国民的性格を奪う. ◇ **de·nà·tion·al·i·zá·tion** [di:næ̀ʃən(ə)ḷizéiʃ(ə)n, -laiz-/di:-] *n.*
de·nát·u·ral·ize [di:nǽtʃ(ụ)rəlàiz] *vt.* **1** の本来の性質を変える; 不自然にする. **2** の国籍〔市民権〕

を剝奪(はく)する. ◇ **de·nàt·u·ral·i·zá·tion** [diːnætʃrəlizéiʃ(ə)n, -laiz-/diː-] *n.*
de·ná·ture [diːnéitʃər] *vt.* の性質を変える, 変性させる. **～*d alcohol*** 変性アルコール.
◇ **-tur·ant** [-tʃərənt] *n.* 変性剤.
de·ná·zi·fy [diːnáːtsifài, ㊎+-nætsi-] *vt.* 非ナチ化する. ◇ **de·nà·zi·fi·cá·tion** [diːnàːtsifikéiʃ(ə)n, ㊎+-næ-] *n.*
dén·dri·form [déndrifɔːrm] *a.* 樹状の.
dén·drite [déndrait] *n.* **1**〖鉱〗模樹石. **2**〖鉱〗樹枝状結晶. **3**〖医〗《神経細胞の》樹枝状突起.
den·drít·ic [dendrítik] *a.* **1** 樹枝状の. **2**〖鉱〗模樹石の. ◇ **-i·cal** *a.* **-i·cal·ly** *ad.*
dén·droid [déndrɔid] *a.* 樹木状の. 「植物.
dén·dro·lite [déndrolàit] *n.* 樹木の化石, 化石
den·dról·o·gy [dendráləd3i/-drɔ́l-] *n.* 樹木学.
den·dróm·e·ter [dendrámitər/-drɔ́m-] *n.* 測樹器《高さなどを測る》.
dene [diːn] *n.*〖英〗《海岸の》砂原, 砂丘.
dèn·e·gá·tion [dènigéiʃ(ə)n] *n.* 否定, 反駁(はく).
de·néu·tral·ize [diːn(j)úːtrəlàiz/-njúː-] *vt.* 〈国・領土を〉非中立化する.
dén·gue [déŋgi, ㊎+-gei] *n.*〖医〗デング熱《骨・筋肉が痛む熱帯病》.
de·ní·a·ble [dináiəbl] *a.* 否認できる.
de·ní·al [dinái(ə)l] *n.* **1** 否定, 否認. **2** 拒否, 不同意. **3**《欲望などの》自制. →動詞 deny. ***give a ～ to*** = ***make a ～ of*** を否定する, を否認する. ***take no ～*** いやおうを言わせない.
de·ní·er[1] [dináiər] *n.* 否定〔否認〕者.
de·níer[2] [diníər] *n.* **1** ドニエ《フランスの古貨幣》. **2** わずかの額. **3** [dénjər/-niei] デニール《生糸・人造絹糸・ナイロン糸などの太さを測る単位》.
dén·i·grate [dénigrèit] *vt.* **1** 〈人格・名誉などを〉汚す. **2** 黒くする〔塗る〕. [√nigr-]
dén·im [dénim] *n.* デニム《厚地のあや織り綿布》.
de·ní·trate [diːnáitreit] *vt.* の硝酸を除く.
de·ní·tri·fy [diːnáitrifài] *vt.* **1** から窒素〔硝化物〕を除去する, 脱窒する. **2** 脱硝する.
dén·i·zen [dénizn] *n.* **1** 居住者, 住民. **2** 外来語; 外来の動植物. **3**〖英〗特別帰化人《一定の州に定着し, いくらかの公民権を与えられる》. **4**〖雅〗《森・空・海などの》生息者, 鳥獣. **——** *vt.* **1** に帰化を許す. **2**〖稀〗移植する.
Dén·mark [dénmaːrk] *n.* デンマーク《北ヨーロッパの王国》. → Dane, Danish. **～ Strait, the** アイスランドとグリーンランド間の海峡.
de·nóm·i·nate [dinámineìt/-nɔ́m-] *vt.* に名を与える, 命名する; …と命名〔称〕する. [√nomin-]
de·nòm·i·ná·tion [dinàminéiʃ(ə)n/-nɔ̀m-] *n.* **1** 命名; 名称. **2** 種類. **3** 宗派, 教派. **4**《度量衡の》単位;《金銭の》額面金額: money of small **～*s*** 小額貨幣, 小銭.
de·nòm·i·ná·tion·al [-ʃən(ə)l, -ʃnəl] *a.* 宗派の, 教派の;《学校が》宗派に属する. ◇ **～·ism** [-iz(ə)m] *n.* 宗派心; 分派主義. **～·ly** *ad.*
de·nóm·i·na·tive [dinámineìtiv, -nət-/-nɔ́minət-] *a.* **1** 命名的の. **2**〖文〗名詞から派生した. **——** *n.*〖文〗名詞派生語.
de·nóm·i·na·tor [dinámineìtər/-nɔ́m-] *n.* **1** 命名者; 名の起源. **2**〖数〗分母: a common ～ 公分母. → numerator. **3** 共通要素. ***the least*** 〔***lowest***〕 ***common ～***〖数〗最小公分母;《比喩的にいわゆる》「最大公約数」.
dè·no·tá·tion [dìːnotéiʃ(ə)n] *n.* **1** 表示; 名称. **2**《語の》意味;〖論〗外延. ↔ connotation.
de·nó·ta·tive [dinóutətiv] *a.* **1** 表示する; 指示する《を *of*》. **2** [㊎+díːnoutèitiv]〖論〗外延的な. ↔ connotative. ◇ **～·ly** *ad.*
de·nóte [dinóut] *vt.* **1** 表示する, 示す. **2** 意味する, さす. **3**〖論〗の外延を示す. ↔ connote.
[√not-] ◇ **de·nót·a·ble** [-əbl] *a.*
dé·noue·ment [deinúːmɑ̃ː] F. *n.* **1**《小説・戯曲の》大団円, 終結. **2**《紛争などの》解決.
de·nóunce [dináuns] *vt.* **1** (公然と) 非難する, 弾劾する; 告発する. **2** 〈条約などの〉廃止を通告する. [√nunti-] ◇ **～·ment** *n.* = denunciation.
de no·vo [diː-nóuvou] L. 新たに, 初めから.
‡**dense** [dens] *a.* **1** 密集した, 密生した: a ～ population 人口稠密(ちゅうみつ). a ～ forest うっそうと茂った森. **2** 密な, 濃密な; 濃厚な. **3** 頭の鈍い, のろまの. **4** ほとんど光を通さない《光学ガラスなど》.
◇ **～·ly** *ad.* **～·ness** *n.*
dén·si·fy [dénsifai] *vt.* 〈木材を〉強化する.
dén·si·ty [dénsiti] *n.* **1** 密集状態; 濃度; 稠密(ちゅうみつ)度. **2** 頭の鈍さ. **3**〖物〗密度; 比重. ***current ～*** 電流密度. ***traffic ～*** 交通量.
dent[1] [dent] *n.* へこみ, くぼみ, 打痕(だこん). ***make a ～ in*** に衝撃を与える. **——** *vt., vi.* へこませる; へこむ.
dent[2] *n.*《くし・歯車などの》歯.
dent. dental; dentist; dentistry.
dén·tal [déntl] *a.* **1** 歯の. **2** 歯科(用)の: a ～ office 歯科医院. ～ surgery 歯科(医学). **3**〖音声〗歯音の. **——** *n.*〖音声〗歯音. [√dent-]
～ plate〖医〗義歯仮床.
dén·tate [dénteit] *a.* **1**〖動〗歯牙(しが)のある. **2** (葉の周辺に) ぎざぎざのある. ◇ **den·tá·tion** [dentéiʃ(ə)n] *n.* 歯状構造;〖植〗鋸歯(きょし)状.
dén·ti·cle [déntikl] *n.* **1** 小歯; 小歯状突起. **2**〖建〗歯状装飾.
den·tíc·u·late [dentíkjulit, ㊎+-lèit], **-lat·ed** [-lèitid] *a.* **1**〖動・植〗小歯状突起のある. **2**〖建〗歯状装飾の.
◇ **den·tic·u·lá·tion** [dentìkjuléiʃ(ə)n] *n.* **1** 小歯状突起; 小歯. **2** (通例 *pl.*) ひとそろいの小歯.
dén·ti·form [déntifɔːrm] *a.* 歯の形をした.
dén·ti·frice [déntifrìs] *n.* 歯みがき粉, ねり歯みがき.
dén·til [déntil] *n.*〖建〗歯状装飾.
dén·tine [déntiːn, ㊎+-tin], **-tin** [-tin] *n.*〖医〗《歯の》象げ質.
‡**dén·tist** [déntist] *n.* 歯科医. [√dent-]
◇ **～·ry** [-ri] *n.* 歯科医術〔業〕.
den·tí·tion [dentíʃ(ə)n] *n.* **1** 歯の発生. **2** 歯系, 歯列. **3**《集合的》(ひとりの人間の) 歯.
dén·ture [déntʃər] *n.* **1** (一組みの) 義歯. **2** 歯列. ***full*** 〔***partial***〕 **～** 総〔部分〕入れ歯.
dén·u·date [dénjudèit, ㊎+din(j)úː-] *vt.* 裸にする; 露出する. **——** [din(j)úːdeit, dén(j)udèit/dinjúːdit] *a.* 裸の, 露出した. [√nud-]
◇ **dè·nu·dá·tion** [dìːnjuːdéiʃ(ə)n, ㊎+dèn-] *n.* 裸にすること; 露出;〖地〗削剝(さくはく).
de·núde [din(j)úːd/-njúːd] *vt.* **1** 裸にする: trees **～*d of*** leaves 葉が落ちてしまった樹木. **2** から奪う《を *of*》. **3** 削剝する. [√nud-]
de·nún·ci·ate [dinʌ́nsièit, -ʃi-] *vt.* = denounce. [√nunti-] ◇ **-a·tive** [-èitiv/-ətiv] *a.* 非難の; 威嚇的な. **-a·tor** [-èitər] *n.* 非難者; 告発者.
de·nùn·ci·á·tion [dinʌ̀nsiéiʃ(ə)n, ㊎+-ʃi-] *n.* **1** (公然の) 非難. **2** 告発. **3** 威嚇的〔警告〕宣言. **4**《条約などの》廃棄通告.
de·nún·ci·a·to·ry [dinʌ́nsiətɔ̀ːri, -ʃiə-/-t(ə)ri] *a.* 非難の; 威嚇的.
Dén·ver [dénvər] *n.* アメリカ Colorado 州の都市.
‡**de·ný** [dinái] *vt.* **1** 否定する, 打ち消す; 真実でない〔根拠がない〕と主張する; 〈神の存在・教理などを〉否認する, 信じない: ～ an accusation 非難を根拠がないと言う. There is no **～*ing*** the fact. この事実は否定できない. I don't ～ ***that*** he is clever. 彼の頭がいいことは認める. I ～ ***that*** this is so. = I ～ this ***to*** be so. 私はこれが事実だとは言わない. **2** 〈権利・要求などを〉認めない, 拒絶する, はねつける; 与えない: ～ a person his rights 人の権利を認

めない. ～ a request 頼みを聞き入れない. ～ the door to visitors 訪問客を断わる. We were *denied* access. 近づくことが許されなかった. This was *denied* (to) me. = I was *denied* this. 私はこれを拒絶された. **3** 〈人を〉会わせない《に *to*》: The secretary *denied* her employer *to* visitors without appointments. 秘書は約束なしの訪問客を主人に会わせなかった. **4** の要求を断わる, に面会を拒絶する: ～ a beggar こじきに金をやらない. I was *denied*. 私の要求は受け入れられなかった; 私は面会してもらえなかった. ～ one***self*** (1) 献身する: ～ one*self for* one's children 子どものためにわが身を忘れる. (2) われとわが身に…を自制する; (わがために は)…を断念する: ～ one*self* the comforts of life 人生の楽しみを捨てる. (3) 面会を謝絶する: ～ one*self to* a visitor 居留守をつかう. [de-+√neg-]

dé·o·dar [díːədàːr] *n.* 〖植〗ヒマラヤスギ.

de·ó·dor·ant [diːóudərənt] *n.* 防臭剤; 体臭用化粧品. ━━ *a.* 防臭の; 《石けんなど》体臭を消す.

de·ó·dor·ize [diːóudəràiz] *vt.* 脱臭する, 防臭する. ◇ **-iz·er** *n.* 防臭剤. **de·ò·dor·i·zá·tion** [diːòudərizéiʃ(ə)n, -raiz-] *n.*

De·o fa·ven·te [díːou-fəvénti] L. (=God favoring) 神慮により; 神の恵みにより; 神慮にかなえば.

dè·on·tól·o·gy [dìːɑntálədʒi/-ɔntɔ́l-] *n.* 義務論. ◇ **-gist** [-dʒist] *n.* 義務論者.

De·o vo·len·te [dìːou-vouléntì] L. (=God willing) 神のみこころにかなえば, 事情が許せば.

de·óx·i·dize [diːáksidàiz/-ɔ́ks-] *vt.* の酸素を除去する, 〈酸化物を〉還元する. ◇ **-diz·er** [-dàizər] *n.* 脱酸剤; 還元剤. **de·òx·i·di·zá·tion** [diːɑ̀ksidizéiʃ(ə)n/-ɔ̀ksidaiz-] *n.* 〖化〗脱酸; 還元.

de·óx·y·gen·ate [diːáksidʒinèit/-ɔ́ks-] *vt.* **1** の遊離酸素を除く. **2** =deoxidize.

dep. department; deponent; deputy.

‡**de·párt** [dipáːrt] *vi.* **1** 〈列車などが〉**出発する**《から *from*, に向かって *for*》; 〖古・雅〗去る. **2** 《習慣・原則などから》**逸脱する, 離れる**, 異なる《から *from*》: The new method ～*s from* the old one in some respects. 新方法はいくつかの点で旧方法と異なる. **3** 死ぬ (=～ from life). ━━ *vt.* から去る: ～ this life この世を去る. ～ ***from*** one's ***word*** 約束を破る. [de-+√part- から+別れる]

de·párt·ed [-id] *a.* **1** 過ぎ去った: ～ glory 過去の栄光. **2** 死んだ. ***the*** ～ 故人; 《集合的》死者.

‡**de·párt·ment** [dipáːrtmənt] *n.* **1** 部, 部門. **2** 〖米〗省; 〖英〗局, 課: the *D*～ of State 〖米〗国務省. **3** 《フランスの》県. **4** 《大学の》科: the ～ of sociology 社会学科. **5** 〖軍〗軍管区. [√part- 分ける] ‡～ **store** デパート, 百貨店.
◇ **de·pàrt·mén·tal** [dipɑ̀ːrtméntl, dìːpɑːrt-/dìpɑːt-] *a.* ～の.

‡**de·pár·ture** [dipáːrtʃər] *n.* **1** 出発. **2** 逸脱, 離反《*from*》; 変更. **3** 〖古〗死去. **4** 〖海〗東西距離. →動詞 depart. ***new*** ～ 新方針 [くふう]. ***take*** one's ～出立する. ～ **platform** 発車ホーム.

de·pás·ture [dipǽstʃər/diːpáːs-] *vt.* に草を食べさせる; 放牧する. ━━ *vi.* 草を食う.

de·páu·per·ize [dipɔ́ːpəràiz, diː-/díː-] *vt.* 貧乏でなくする; の貧乏人をなくする.

‡**de·pénd** [dipénd] *vi.* **1** …**しだいである**, 《…に》よる, 左右される《に *on*, *upon*》: That ～*s* entirely *upon* [*on*] you. それは全くあなたしだいです; 全くあなたの考え [意志, 努力, 力] によって決まります. **2** 《…に》**たよる, 依存する**《に *on*, *upon*》: She ～*s on* her piano *for* her livelihood. ピアノにたよって生計を立てている. He must ～ *upon* himself. 彼は自分以外にたよる人がない; 彼はひとり立ちしている. **3** **当てにする**, 《…に》たよる《を, に *on*, *upon*》: You can ～ *upon* him. あの人なら当てになる[たよりにできる]. You may ～ *upon* his coming. 彼が来るものと期待してだいじょうぶです. You can always ～ *upon* his work being well done. 彼の仕事ならりっぱなものと安心しきっていて, だいじょうぶです. You may ～ *upon* it, what I say is true. 請け合います, 私の言うことはほんとうですよ. **4** 〈訴訟・議案などが〉未決である. **5** 〖古・雅〗たれ下がっている《から *from*》. ***D～ upon it.*** だいじょうぶだ, 確かだ. ***That ～s.*** = ***It all ～s.*** それは時と場合による, そのときの事情による. [de-+√pend- …から+ぶら下がっている → …にかかる] 〔類〕 → **rely**「たよる」

de·pénd·a·ble [dipéndəbl] *a.* 信頼できる, 当てになる; 信憑(しんぴょう)性のある.
◇ **-bly** *ad.* **de·pènd·a·bíl·i·ty** [-ˌ-əbíliti] *n.*

de·pénd·ant =dependent².

‡**de·pénd·ence** [dipéndəns] *n.* **1** 依存(関係・状態); 従属. **2** 信頼; 頼みの綱. **3** 《集合的》扶養家族; 〖法〗係属. → 動詞 depend.

de·pénd·en·cy, de·pénd·an·cy [-ənsi] *n.* **1** 依存の状態. **2** 属国, 保護領. **3** 依存物, 従属物.

‡**de·pénd·ent**¹ [dipéndənt] *a.* **1 たよっている, 依存する**, 世話になっている: He is ～ *on* his wife's earnings. 妻の収入にたよっている. ↔ independent. **2** 従属する. **3** …しだいの: Crops are ～ *upon* weather. 収穫は天候に左右される. ～ **clause** 〖文〗従属節. ◇ ～**·ly** *ad.*

***de·pénd·ent², -ant** [-ənt] *n.* **1 依存している人**; 扶養家族; 食客, 召使. **2** 従属物.

de·pér·son·al·ize [diːpə́ːrs(ə)nəlàiz] *vt.* 非個人的 [一般的] にする; 非人間的にする: The modern society is ～*zing* its members. 現代社会はその住民から人間性を奪いつつある.

***de·píct** [dipíkt] *vt.* **描写する**; 叙述する. [√pi(n)g-]
◇ **de·píc·tion** [dipíkʃ(ə)n] *n.* 描写; 叙述.

de·píc·ture [dipíktʃər] =depict.

dép·i·late [dépilèit] *vt.* の毛を抜き取る.
◇ **dèp·i·lá·tion** [dèpiléiʃ(ə)n] *n.* 脱毛.

de·píl·a·to·ry [dipílətɔ̀ːri/-t(ə)ri] *a.* 脱毛用の; 脱毛の効ある. ━━ *n.* 脱毛剤.

de·pléte [dipliːt] *vt.* **1** からにする; 枯渇させる. **2** 〖医〗放血する. [√ple(n)-] ◇ **de·plé·tion** [dipliːʃ(ə)n] *n.* **1** 枯渇, 消耗. **2** 〖医〗放血. **de·plé·tive** [-tiv] *a.* 枯渇させる; 血液を減らす.

de·plór·a·ble [diplɔ́ːrəbl/-plɔ́ːr-] *a.* 嘆かわしい; 悲惨[あわれ]な. ◇ **-bly** *ad.* 嘆かわしいほど; みじめに.

de·plóre [diplɔ́ːr/diplɔ́ː] *vt.* 嘆き悲しむ, 慨嘆する, 悔いる, 悼(いた)む. [√plor-]
◇ **de·plór·er** [diplɔ́ːrər/diplɔ́ːrə] *n.* **dèp·lo·rá·tion** [dèpləréiʃ(ə)n/dìːplɔː-] *n.*

de·plóy [diplɔ́i] *vt., vi.* 〖軍〗展開する. ━━ *n.* =deployment. [√plec-] ◇ ～**·ment** *n.* 展開.

de·plúme [diplúːm] *vt.* **1** の羽毛を抜き取る. **2** の名誉[財産]を奪う.

de·pó·lar·ize [diːpóulərὰiz] *vt.* **1** 〖電〗復極[消極]する. **2** 〖光〗の偏光をなくす. **3** 〈信念・偏見などを〉解消させる. ◇ **dè·po·lar·i·zá·tion** [dìːpoulərizéiʃ(ə)n, diːpòu-, -raiz-/dìːpòu-] *n.*

de·póne [dipóun] *vt., vi.* 〖法〗宣誓して証言する.

de·pó·nent [dipóunənt] *n.* **1** 〖法〗宣誓証人. **2** 〖文〗=～ verb. ━━ *a.* 〖文〗異態の. ～ **verb** 異態動詞《ギリシア・ラテン文法で, 形は受動態で意味は能動の動詞》.

de·póp·u·late [diːpápjulèit/-pɔ́p-] *vt.* の住民を絶やす[少なくする]. ━━ *vi.* 人口が減少する.
◇ **dè·pop·u·lá·tion** [dìːpɑpjuléiʃ(ə)n, diːpɑ̀p-/diːpɔ̀pju-] *n.* 住民絶滅; 人口減少.

de·pórt [dipɔ́ːrt/-pɔ́ːt] *vt.* **1** (国外に)追放する. **2** 〈身を〉処する《しばしば oneself を伴う》: ～ *oneself* with dignity りっぱにふるまう. [√port-]
◇ ～**·ment** *n.* 行状, 品行; 態度. **dè·por·tá·tion** [dìːpɔːrtéiʃ(ə)n/-pɔː-] *n.* 追放, 流刑.

dè·por·tée [dì:po:rtí:/-pɔ:-] *n.* 被追放者.
de·pós·al [dipóuz(ə)l] *n.* 廃位; 免職.
de·póse [dipóuz] *vt.* **1** 解任〔解職〕する; 〈王を〉廃する. **2**〘法〙宣誓して証言する, 供述する.
—— *vi.*〘法〙宣誓証言する. [√pon-]
◇ **de·pós·a·ble** [dipóuzəbl] *a.* 廃することができる, しりぞけられる; 証言できる.
‡de·pós·it [dipázit/-pɔ́z-] *vt.* **1** 下に置く, 置く. **2** 沈殿させる. **3**〈金銭などを〉預ける; 供託する; 寄託する; 手付け金として払う〔置く〕: ～ money *in* the bank 銀行に預金する. **4**〈物品を〉預ける, 渡す: Please ～ your returned books *with* the librarian. 返却図書は図書館員にお返しください. **5**〈金銭を〉入れる《自動販売機などに》: *D*～ a quarter and push the button. 25セント(貨)を入れボタンを押してください.
—— *n.* **1** 沈殿物; 堆積(たいせき)物;〘鉱山〙鉱床. **2** 預けもの; (銀行) 預金; 積立金; 供託金〔品〕; 手付け金, 頭金. **3**〘おもに米〙貯蔵所. ***current*** 〔***fixed***〕～ 当座〔定期〕預金. **～ *in trust*** 信託預金. ***have*** 〔***place***〕 ***money on*** ～ 金銭を預かっている〔預ける〕. ***make a*** ～ ***on*** a car (自動車) の頭金を払う. [de-+√pon- 下に+置く]
～ **account** 預金勘定.
de·pós·i·tar·y [dipázitèri/-pɔ́zit(ə)ri] *n.* **1** 預かり人, 受託者, 保管者. **2** 受託所, 保管所, 倉庫.
dèp·o·sí·tion [dèpəzíʃ(ə)n, dì:-] *n.* **1** 罷免; 免職; 廃位. **2** (D～)《十字架から》キリストをおろすこと; その絵〔彫刻〕(Descent from the Cross). **3**〘法〙調書; 宣誓証言〔証書〕. **4** 沈殿; 沈殿物. **5** 供託《有価証券などの》; 供託物. →動詞 depose, deposit.
de·pós·i·tor [dipázitər/-pɔ́z-] *n.* **1** 供託者; 預金者. **2** 沈殿器.
de·pós·i·to·ry [dipázitɔ̀:ri/-pɔ́zit(ə)-] *n.* **1** 倉庫, 貯蔵所. **2** 保管者. **～ *of learning*** 知識の宝庫.
dé·pot [dí:pou/dép-] *n.* **1**〘おもに英〙倉庫. **2**〘米〙停車場,《バスの》停留所. **3** [dépou]〘軍〙兵站(へいたん)部; 補充部隊《新兵を訓練する》;〘英〙連隊本部. **～ ship** 母艦.
dèp·ra·vá·tion [dèprəvéiʃ(ə)n] *n.* 悪化; 腐敗, 堕落.
de·práve [dipréiv] *vt.* 〈性質・徳性を〉そこなう, 腐敗〔堕落〕させる. ◇ **～d** [-d] *a.* 堕落した, 邪悪な.
de·práv·i·ty [dipræ̀viti] *n.* **1** ＝depravation. **2** 悪風, 腐敗行為.
dép·re·cate [déprikèit] *vt.* **1**〘古〙を免ぜられるようにと嘆願〔祈願〕する: ～ a person's anger 人におこらないようにと頼む. **2** に不賛成を表明する, に抗議する. **3** 軽んずる. [√prec-]
◇ **dèp·re·cá·tion** [dèprikéiʃ(ə)n] *n.*
dép·re·cat·ing·ly [déprikèitiŋli] *ad.* **1** (…しないでくれと) 嘆願するように. **2** 非難をこめて.
dép·re·ca·to·ry [déprikətɔ̀:ri/-t(ə)ri, -kei-] *a.* **1** (…しないでほしいとの) 嘆願的な. **2** 言い訳の: a ～ letter 釈明状. **3** 不賛成の.
de·pré·ci·ate [diprí:ʃièit] *vt.* **1**〈貨幣の〉平価を切り下げる. **2** の価値を減ずる〔下げる〕. **3** 軽視する, 見くびる. —— *vi.* 価値〔価格〕が下がる. ↔ appreciate. [√preti-]
de·prè·ci·á·tion [dipri:ʃiéiʃ(ə)n] *n.* **1**《貨幣価値の》切り下げ, 下落. **2** 価値〔価格〕の低下. **3**〘商〙減価償却; 減価見積もり. **4** 軽視.
de·pré·ci·a·tive [diprí:ʃièitiv/-ʃiət-] ＝depreciatory.
de·pré·ci·a·to·ry [diprí:ʃiətɔ̀:ri/-t(ə)ri] *a.* **1** (価値) 下落の傾向のある; 価値を低くする. **2** 軽視的な, 見くびった.
dép·re·date [déprìdèit] *vt., vi.* 強奪〔略奪〕する, 荒らす. ◇ **dèp·re·dá·tion** [dèprìdéiʃ(ə)n] *n.*
***de·préss** [diprés] *vt.* **1** 意気消沈させる. **2** 不景気にする; 〈相場などを〉下落させる. **3**〈力・調子・声・機能などを〉弱める. **4** 下へ押す, 低くする. [de-+√press- 下方へ+押す] ◇ **～·i·ble** [-ibl] *a.*
de·prés·sant [diprés(ə)nt] *a.*〘医〙鎮静〔抑制〕作用のある. —— *n.* 鎮静剤.
de·préssed [diprést] *a.* **1** 憂うつな, 意気消沈した. **2** 値が下がっている; 不景気な: Stocks are ～. 株式が下落している. **3** 抑圧された. **4** 押し下げられた, 低くされた《路面など》. **5**〘植・動〙平たく押しつぶされた. **～ area**〘英〙貧民地域. **～ classes** 下層社会. 類 → **sad**「悲しい」
de·préss·ing [diprésiŋ] *a.* **1** 気のめいるような, 憂うつな. **2** 押えつけるような; 抑圧的な. ◇ **～·ly** *ad.*
‡de·prés·sion [dipréʃ(ə)n] *n.* **1** 意気消沈, 憂うつ. **2** 不景気, 不況 (＝business ～). **3** 抑圧, 低下, 沈下. **4** くぼみ; くぼ地, 低地. **5**〘気〙低気圧;〘楽〙(半音階的) 低下;〘測〙(水平) 伏角;〘天〙俯角(ふかく);〘医〙機能低下.
de·prés·sive [diprésiv] *a.* **1** 気をめいらす; 押えつける. **2** 気がめいった; 不景気な. ◇ **～·ly** *ad.*
de·prés·sor [diprésər] *n.* **1** 抑圧者; 抑圧物; 押え道具;《医療用の》圧子. **2**〘医〙抑制筋; 血圧降下神経.
dèp·ri·vá·tion [dèprivéiʃ(ə)n] *n.* **1** 剝奪(はくだつ); 官職剝奪;《牧師職の》罷免. **2** 喪失. **3** 欠乏; 不如意.
‡de·príve [dipráiv] *vt.* **1** から奪う, から奪い取る《を *of*》: ～ a person *of* a title 人から称号を剝奪(はくだつ)する. **2** に拒む, に与えない《を *of*》: ～ a person *of* food 人に食べ物をやらない. **3** 解任〔解職〕する,《特に》〈牧師を〉罷免する. ***be*** **～*d of*** を奪われる; をもたない, に恵まれていない. **～ *oneself*** 不如意に甘んずる; 乏しきに耐える. [√priv-]
◇ **～d** [-d] *a.* 恵まれない, 貧しい: the ～*d* 困窮者.
de·prív·a·ble [-əbl] *a.* 奪いうる.
de pro·fun·dis [dì:-prəfʌ́ndis] L. (＝out of the depths)《悲嘆・絶望の》深淵(しんえん)から. ***the De Profundis***〘聖〙《この句で始まる》詩編第130編.
dept. department; deponent; deputy.
‡depth [depθ] *n.* **1** 深さ, 深いこと: two feet *in* ～ 深さ2フィート. **2** 奥行き, 奥深さ. **3** (通例 *pl.*) 深いところ; どん底; 海, 深海. **4**《学問などの》深遠さ;《人物・性格などの》ふかみ;《感情の》強さ,《絶望などの》どん底: a question of great ～ 深遠な問題. **5** (通例 *pl.*) 堕落 (のふち): How could he sink to such ～*s*? よくそこまで堕落したものだ. **6**《色などの》濃さ;《音の》低さ. **7** 季節のたけなわのころ. →形容詞 deep. ***be out of*** 〔***beyond***〕 ***one's*** ～ 背の立たない深みにはまる; 理解できない, 力が及ばない. ***in*** **～** 十分に, 徹底的に. ***in the*** **～ *of*** の最中に, …のさなかに, …のたけなわに: *in the* ～ *of* winter 真冬に. ***to the*** **～(*s*) *of*** の深さまで; の心底まで.
—— *a.* 深い: a ～ study 詳細な研究. [＜deep]
～ bomb 〔**charge**〕爆雷《特に飛行機から投下される潜水艦攻撃用》. **～ recorder**〘海〙自記深度計.
dép·u·rate [dépjurèit] *vt., vi.* 清浄にする〔なる〕.
de·púrge [di:pə́:rdʒ] *vt.* のパージ〔追放〕を解く. ↔ purge. ◇ **dè·pur·gée** [di:pə:rdʒí:] *n.* 追放解除になった人.
dèp·u·tá·tion [dèpjutéiʃ(ə)n] *n.* **1** 代理, 代表; 代理派遣. **2** 代表団. 〈注〉個人は deputy.
de·púte [dipjú:t] *vt.* **1** 代理 (者) とする, 代理として派遣する. **2**〈仕事・職権を〉委任する.
dép·u·tize [dépjutàiz] *vt.* 代理に任命する.
—— *vi.*〘話〙代理をつとめる《の *for*》.
dép·u·ty [dépjuti] *n.* **1** 代理人; 代理官, 副官. **2** 代表者, 代議員;《フランスなどの》代議士. ***by*** ～ 代理 (者) によって. ***the Chamber of Deputies***《フランスなどの》下院. —— *a.* 代理の, 副の.
～ chairman 副議長. **～ mayor** 市助役. **～ premier** 副首相.

De Quín·cey [dịkwínsi] *n.* Thomas ～, 1785–1859, イギリスの随筆家.

der., deriv. derivation; derivative; derive(d).

de·rác·i·nate [diræsịnèit] *vt.* 根こぎにする; 根絶する. [√radic-]

de·ráil [diréil] *vt.* 〈列車などを〉脱線させる.
—— *vi.* 脱線する. ***be* [*get*] ～*ed*** 脱線する.
◇ **～·ment** *n.* 脱線.

de·ránge [diréindʒ] *vt.* 乱す, 混乱させる; 発狂させる. ***be*** **～*d*** 発狂する. [＜range]
◇ **～·ment** *n.* 乱すこと, 攪乱(かくらん); 発狂, 精神錯乱.

de·ráte [diːréit] *vt.* の税率を軽減する, 減税する.

Dér·by[1] [dɑ́ːrbi/dɑ́ːbi] *n.* **1** (the ～) ダービー競馬《イギリス Surrey 州の Epsom Downs で毎年行なわれる》. **2**《一般的》大競馬《アメリカの the Kentucky Derby など》;《馬以外の》大競走. **3** (d～)〖米〗山高帽(＝d～ hat). 〈注〉イギリスでは bowler (hat). **～ day**〖英〗ダービー競馬の日. **～ dog**〖英〗競馬の走路をうろつく犬; あいにくの中断.

Dér·by[2] [dɑ́ːrbi, dɑ́ːr-/dɑ́ː-] *n.* イギリス Derbyshire の州都.

Dér·by·shire [dɑ́ːrbiʃiər, dɑ́ːr-, -ʃər/dɑ́ː-] *n.* イギリス中部の州.

dér·e·lict [dérịlikt] *a.* **1**《船など》放棄〔遺棄〕された. **2**〖米〗義務〔職務〕怠慢の, 無責任な.
—— *n.* **1** 遺棄物; 海上に遺棄された船; 社会の落伍(らくご)者. **2**〖米〗職務怠慢者. **3**〖法〗《水位低下による》新陸地. [de-＋re-＋√li(n)qu-]

dèr·e·líc·tion [dèrịlíkʃ(ə)n] *n.* **1** 遺棄. **2** (職務) 怠慢. **3**〖法〗《新陸地を露呈する》水位低下.

de·ríde [diráid] *vt.* あざ笑う, ばかにする. [√rid-]

de·ríd·ing·ly [diráidiŋli] *ad.* 嘲笑(ちょうしょう)的に.

de rigueur [dərigə́ːr] F. **1** 礼式上必要な. **2** ぜひとも.

de·rís·i·ble [dirízịbl] *a.* 嘲笑(ちょうしょう)すべき.

***de·rí·sion** [diríʒ(ə)n] *n.* **1** 嘲笑, 嘲弄(ちょうろう), あざけり. **2** 嘲笑の的, 笑いもの. →動詞 deride.
be in **～** 嘲笑されている. ***bring into*** **～** 嘲笑の的にする. ***hold*** a person ***in*** **～** (人を) 愚弄する. ***in*** **～ *of*** をばかにして.

de·rí·sive [diráisiv] *a.* 嘲笑の〔する〕, 嘲笑的な.
◇ **～·ly** *ad.*

deriv. derivation; derivative; derive(d).

dèr·i·vá·tion [dèrịvéiʃ(ə)n] *n.* **1** 導き出すこと; 誘導. **2** 由来, 起源. **3** 派生, 派生物;〖言〗《語の》派生; 派生語: a word of Latin ～ ラテン語起源の語. → 動詞 derive.

de·rív·a·tive [dịrívətiv] *a.* **1** 由来する. **2** 派生的な; 二次的な. ↔ primitive. **——** *n.* 派生物;〖文〗派生語;〖化〗誘導体;〖数〗導関数;〖医〗誘導法〔剤〕. ◇ **～·ly** *ad.* 派生的に.

‡de·ríve [diráiv] *vt.* **1** 導き出す, 引き出す《から *from*》. **2** 入手する, 獲得する《から *from*》. **3** 〈語を〉派生してつくる: ～ a word *from* Latin ラテン語から派生語をつくる. **4**《演繹(えんえき)的に》推論する. **5**〖化〗〈化合物を〉誘導する. **——** *vi.* 由来する, 派生する《に, から *from*》. [de-＋√riv- 川＋から(水を引く)] ◇ **～d** [-d] *a.* 派生した: ～*d* words 派生語. **de·rí·va·ble** [-əbl] *a.*

dér·ma[1] [dɑ́ːrmə] *n.*〖医・動〗《epidermis の下の》真皮;《一般的》皮膚; 外皮. ◇ **-mal** [-məl] *a.*

dér·ma[2] *n.* 牛・鳥の臓物《料理用》.

dèr·ma·tí·tis [dəːrmətáitis] *n.*〖医〗皮膚炎.

derma(to)-「皮膚」の意の語形成要素.

dèr·ma·tól·o·gy [dəːrmətɑ́lədʒi/-tɔ́l-] *n.* 皮膚病学. ◇ **-gist** *n.* 皮膚科専門医; 皮膚(病)学者.

dèr·ma·tróp·ic [dəːrmətrɑ́pik/-trɔ́p-] *a.*《特にビールスが》皮膚に寄生する, 皮膚性の.

dér·mis [dɑ́ːrmis] ＝derma[1].

dér·moid [dɑ́ːrmɔid] *a.* 皮膚状の.

der·ni·er [dɑ́ːrniər/déəniei] F. *a.* 最後の; 最近の. **～ *cri*** [dɛərnjeikríː] 最後のことば; 最新(の), 最新流行(の). **～ *ressort*** [dɛərnjeirəsɔ́ːr/déənieirəsɔ́ː, dəːnjéirəsɔ́ː] 最後の手だて.

dér·o·gate [dérəgèit] *vi.* **1** 減ずる, 落とす《名誉・価値などを》: ～ *from* one's reputation 名声を落とす. **2**《品性において》堕落する. [√rog-]
◇ **dèr·o·gá·tion** [dèrəgéiʃ(ə)n] *n.* **1** 減損, 低下. **2** 堕落.

de·róg·a·tive [dirɑ́gətiv/-rɔ́g-] *a.* ＝derogatory.
◇ **～·ly** *ad.*

de·róg·a·to·ry [dirɑ́gətɔ̀ːri/dirɔ́gət(ə)ri] *a.*《名誉・人格などを》下げる〔傷つける〕ような, 価値を下げる: a ～ remark けなすことば. ～ *from* authority 権威をそこなうような. ～ *to* one's dignity 人の品位を落とすような. ◇ **-ri·ly** *ad.* **-ri·ness** *n.*

dér·rick [dérik] *n.*〖機〗デリック《船などの貨物つりあげ起重機》;《油井の》掘削やぐら.

dér·ring-dó [dériŋdúː] *n.*〖古〗大胆な行動; 豪気, 蛮勇. [＜daring to do]

dér·rin·ger [dérindʒər] *n.*〖米〗デリンジャー型ピストル《口径が太く銃身が短い. 発明者の名から》.

dér·ris [déris] *n.*〖植〗デリス; その根《殺虫剤用》.

dér·vish [dɑ́ːrviʃ] *n.* 回教の修業〔托鉢(たくはつ)〕僧《しばしばとびはねたり, 回転したりする》.

de·sál·i·nate [diːsælịnèit] ＝desalt.

de·sá·lin·ize [diːséilinàiz, -lain-, -sæl-] ＝desalt.

de·sált [diːsɔ́ːlt] *vt.* の塩分を除く; 淡水化する.

dés·cant [déskænt] *n.* **1**〖楽〗《定旋律の》付随旋律; 対位法の初期形式;《多声楽曲の》最高声部. **2**〖雅〗調べ, 歌. **3** 詳説, 論評.
—— [diskǽnt, des-] *vi.* **1** 詳論する, 長々と述べたてる, 長々とほめたたえる《を *on, upon*》. **2**《定旋律に合わせて》随唱する; 歌う.

Des·cártes [deikɑ́ːrt] *n.* René [rənéi-] ～ デカルト, 1596–1650, フランスの哲学者・数学者.

‡de·scénd [disénd] *vi.* **1** くだる, 降りる. ↔ ascend. **2** 〈雨などが〉降る. **3** 〈道が〉くだりになる; 傾斜する. **4** 子孫である, 系統をひく《の *from*》. **5** 〈土地・財産・性質などが〉伝わる: ～ *from* father to son 親から子に伝わる. **6**《高い段階から低い段階へ》広がる, 及ぶ: ～ *from* generals *to* particulars 大綱から詳細にわたる. **7** 〈数が〉少なくなる; 〈音が〉低くなる. **8** 身を落とす: ～ *to* lying 虚言という卑しい手段に訴える. **9** 不意に襲いかかる《に *on, upon*》. **——** *vt.* 降りる, くだる. ***be*** **～*ed from*** の子孫である. [√scand-]

‡de·scénd·ant [diséndənt] *n.* 子孫. ↔ ancestor.
—— *a.* ＝descendent.

de·scénd·ent [diséndənt] *a.* **1** 下降の, 落下する. **2** 祖先伝来の, 世襲の.

de·scént** [disént] *n.* **1** 降下; 下山. ↔ ascent. **2** くだり坂〔道〕; くだり傾斜. **3** 家系, 血統, 出身: an American of Irish ～ アイルランド系アメリカ人. **4**〖法〗世襲; 相続; 遺伝. **5** 転落, 没落. **6** 襲来《*upon, on*》; 臨検, (急の) 手入れ. →動詞 descend. ***lineal **～** 直系卑属. ***make a*** **～ *upon*** を急襲する. ***man of high*** **～** 門閥家.

‡de·scríbe [diskráib] *vt.* **1** 描写する, 記述する. **2** 〈人物を〉評する, レッテルをはる: ～ a man *as* a Bluebeard 男を青ひげ〔残酷な夫〕と呼ぶ. **3** の兆候である, 示す: Aggressiveness often ～*s* inferiority complex. けんか腰はしばしば劣等感を示す. **4** 〈図形を〉描く; 〈曲線などを〉描いて進む. [de-＋√scrib- 詳しく＋書く]
◇ **de·scríb·a·ble** [-əbl] *a.*

‡de·scríp·tion [diskrípʃ(ə)n] *n.* **1** 記述, 描写, 叙述. **2** 特徴列挙,《パスポートなどの》記載事項,《警察などの》人相書き: answer (*to*) the ～ 人相書き〔記載事項〕に符合する. **3**〖商〗指定事項, 銘柄. **4** 種類: people of this ～ こういうたぐいの人たち. **5**〖数〗作図. →動詞 describe. ***beggar all***

～ =**be beyond** ～ 名状しがたい, 言い尽くせない. ***make a*** ～ ***of*** を記述する, …のようすを語る. ***of every*** ～ あらゆる種類の. ***of worst*** ～ 最悪の類の. ***some*** [***any***] ～ ***of*** food なにか(食べ物)と名のつくもの.

de·scríp·tive [diskríptiv] *a.* **1** 記述的な; 描写的な; 説明的な. **2** 図形(描写)の. ～ ***of*** を描写した. ～ **geometry** 図形幾何学. ～ **grammar** 記述文法. → prescriptive grammar. ～ **linguistics** 記述言語学. ◇ ～**·ly** *ad.* ～**·ness** *n.*

de·scrý [diskrái] *vt.* **1** かすかに〔はるかに〕認める. **2** 見いだす, 見つける.

Dès·de·mó·na [dèzdịmóunə] *n.* デズデモーナ《Shakespeare 作 *Othello* 中の Othello の妻》.

dés·e·crate [désikrèit] *vt.* **1** の神聖を汚す, 冒瀆(ぼうとく)する. **2**〈神聖なものを〉俗用に供する. [√sac(e)r-] ◇ **-crat·er, -cra·tor** [-ər] *n.* 神聖冒瀆者. **dès·e·crá·tion** [dèsikréiʃ(ə)n] *n.*

de·ség·re·gate [di:ségrịgèit/dí:sèg-] *vt., vi.* 〖米〗(学校・食堂・ホテルなどの) 人種〔黒人〕差別待遇を廃止〔禁止〕する. ↔ segregate. ◇ **de·sèg·re·gá·tion** [di:sègrịgéiʃ(ə)n, dì:seg-] *n.*

de·sén·si·tize [di:sénsịtàiz/dí:sén-] *vt.* 〖写〗の感光度を減らす; 〖医〗のアレルギー〔異常敏感性〕をなくす. ◇ **-tiz·er** [-ər] *n.* 〖写〗減感剤.

‡**dés·ert**[1] [dézərt] *n.* **1** 砂ばく; 荒れ地. **2** 荒涼とした心; 無味乾燥な題材(など). ***the Sahara D***～ サハラ砂ばく. —— *a.* **1** 砂ばくの; 不毛の; 荒れはてた. **2** 無人の: a ～ island 無人島. **3** 砂ばくに生息する. [√ser-]

‡**de·sért**[2] [dizə́:rt] *vt.* **1**〈家族・友人などを〉捨てる; 置き去りにする. **2**〈兵隊・船員などが軍隊・船を〉脱走する, 逃亡する. **3**〈信念などを〉捨てる;〈希望などが人を〉去る, 離れる. —— *vi.* 持ち場を捨てる; 脱走する; 逃亡する. [√ser-]
◇ ～**·ed** [-id] *a.* **1** 捨てられた. **2** 人の住まない, さびれた: a ～*ed* street 人通りのない街路. ～**·er** *n.* 逃亡者, 脱走兵, 脱船者; 職場放棄者; 離党者.

de·sért[3] [dizə́:rt] *n.* **1** 功罪; 功績; 美点. **2** (しばしば *pl.*) 当然の報い; 相応の賞〔罰〕. ***get*** [***meet with***] one's ～***s*** 相応の報い〔賞罰〕を受ける. [<deserve]

de·sér·tion [dizə́:rʃ(ə)n] *n.* **1** 捨てること, 遺棄; 逃亡, 脱走. **2** 荒廃. →動詞 desert[2].

‡**de·sérve** [dizə́:rv] *vt.* に価する, 受ける価値がある: ～ attention 注目に価する. ～ consider*ing* 考慮される価値がある. He ～*s to* be punished. 彼が罰せられるのは当然だ. —— *vi.* 相当する, 価する《に *of*》: reward a person as he ～*s* 功績に準じて人に報いる. ～ ***ill*** [***well***] ***of*** … から罰〔賞〕せられる価値がある; に対して罪〔功績〕がある: He ～*s well of* his country. 彼は国に功労がある. [de-+√serv-[2] 十分に+仕える] ◇ **de·sérv·er** *n.*

de·sérved [dizə́:rvd] *a.* 当然の《賞・罰・報いなど》. ◇ **de·sérv·ed·ly** [-vidli] *ad.* 当然, 正当に.

de·sérv·ing [dizə́:rviŋ] *a.* **1**《…に》価する,《…を》当然受けるべき《に, を *of*》: be ～ *of* sympathy 同情されてしかるべきである. **2** 功績がある.
◇ ～**·ly** *ad.* 当然に; (しかるべき) 功があって.

dès·ha·bílle [dèzəbí:l/dézæbi:l], ***dés·ha·billé*** [dèizæbí:ei] F. =dishabille.

dés·ic·cant [désịkənt] *a.* =desiccative.

dés·ic·cate [désịkèit] *vt., vi.* **1** 乾燥させる〔する〕; 〈食物を〉乾燥保存する: ～*d* milk [soup] 粉ミルク〔粉末スープ〕. **2**《比喩的》ひからびる〔させる〕: a ～*d* woman ひからびた女. ◇ **-ca·tor** [-ər] *n.* 乾燥者〔器〕. **dès·ic·cá·tion** [dèsịkéiʃ(ə)n] *n.*

dés·ic·cà·tive [désịkèitiv/desíkə-] *a.* 乾燥させる. —— *n.* 〖古〗乾燥剤.

de·síd·er·ate [disídərèit/dizíd-, -síd-] *vt.* 願望する, 要望する. 〔比較 desire〕

de·síd·er·a·tive [disídərèitiv/-zíd(ə)rə-, -síd-] *a.* 〖文〗願望の. —— *n.* 〖言〗「願望」を示す形態; 「願望」を示す動詞 (= ～ verb). [√sider-]

de·sìd·er·á·tum [disìdəréitəm/-zìd-, -sìd-] *n.* (*pl.* **-ta** [-tə]) あってほしい事〔物〕; 要求, (希望) 要件. [<L.]

‡**de·sígn** [dizáin] *n.* **1** デザイン, 図案, 意匠, 模様; 下絵, 素描; ひな型. **2** 設計; 計画. **3**《小説・劇などの》構想, 着想, 筋書き. **4** 企図, 目的. **5** (*pl.*) 下心, 陰謀, たくらみ《*on, against*》. ***by*** ～ 故意に. ***have*** [***harbor***] ～***s on*** [***against***] に危害を加えようと計る, に殺意をいだく. —— *vt.* **1** デザインする; 意匠〔図案〕をつくる. **2** 設計する. **3**〈計画を〉もくろむ: ～ a plan. **4** 計画する, 立案する: ～ a new kind of dictionary 新機軸の辞書を考案する. **5** 意図する, 予定する: He is ～*ing* his son *for* [*to* be] a lawyer. =He is ～*ing that* his son shall be a lawyer. むすこを法律家にしようとしている. —— *vi.* **1** デザインをする, 図案を書く; 設計する. **2** 計画する, 立案する. [<de-+sign]
[類] → **intend**「意図する」, → **plan**「計画」

dés·ig·nate [dézignèit, ㊊⁺dés-] *vt.* **1** 指示する, 指摘する; 示す, 明らかにする: His clothes ～*d* (that he was) a person of importance. 衣服で重要人物であることがわかった. **2** 指定する, 選定する: ～ a person *to* a post 人をある地位に指名する. ～ a person *as* [*for*] one's successor 人を後継者に指名する. **3** …と呼ぶ, 命名する: He was ～*d* (*as*) the most generous man. 彼は最も寛容な人物と称された. —— [-nit, -nèit] *a.*《名詞のあとにおいて》指名された: President ～ 次期大統領《選出されたがまだ就任していない》.
◇ **-na·tor** [dézignèitər] *n.* 指名〔指定〕者. **dès·ig·ná·tion** [dèzignéiʃ(ə)n] *n.* **1** 指示; 指名, 指定, 選定, 任命. **2** 命名; 名称.

de·sígned [dizáind] *a.* **1** 計画的, 故意の. **2** 設計〔図案〕によった.
◇ **de·sign·ed·ly** [-nidli] *ad.* 故意に, わざと.

dès·ig·née [dèzigní:] *n.* 被指名者.

‡**de·sígn·er** [dizáinər] *n.* **1** デザイナー, 図案家: a clothes [dress] ～ (服飾) デザイナー. a commercial ～ 商業美術家. **2** 設計〔立案〕者. **3** 陰謀者.

de·sígn·ing [dizáiniŋ] *a.* **1** 設計〔図案〕の. **2** 計画をめぐらす, たくらみのある. —— *n.* **1** 設計; 図案. **2** 計画; 陰謀.

de·sílt [di:sílt] *vt.* 〈川などを〉浚渫(しゅんせつ)する.

‡**de·sír·a·ble** [dizáirəbl/-záiər-] *a.* **1** 望ましい, 願わしい. **2** 好ましい; 魅力がある. —— *n.* 望ましい人〔物, 事〕. [<desire]
◇ ～**·ness** *n.* **-bly** [-bli] *ad.* **de·sìr·a·bíl·i·ty** [dizàirəbíḷiti/-zàiər-] *n.*

‡**de·síre** [dizáiər] *vt.* **1** 欲する, 求める, 得ようとする: ～ a college education 大学教育を求める. **2** 要望する, 願う, 希望する: He ～*d to* go at once. 彼はすぐに行こうとした〔行きたいと言った〕. He ～*d of* me *that* I (should) go at once. 彼は私がすぐに行くことを望んだ〔私にすぐに行ってくれと言った〕. ***It is*** ～***d that***… …することが望ましい. ***leave much*** [***nothing***] ***to be*** ～***d*** 遺憾な点が多い〔申し分ない〕. —— *n.* **1** 欲求; 欲望; 願望《*for*; *to* (do)》. **2** 食欲; 性欲. **3** 望みのもの: get one's ～ 望みのものを手に入れる. ***at*** one's ～ 希望どおりに; 希望により. ***by*** ～ 望みによって. [de-+√sider-]
◇ ～**d** [-d] *a.* **1** ～された. **2** 望ましい, 正しい, りっぱな. [類] → **wish**「望む」

de·sír·ous [dizáirəs/-záiər-] *a.* 《叙述的に》欲して, 熱望して: be ～ *of* peace 平和を求める. be ～ *to* go 行きたがる. be ～ *that* something (will) be done なにか手がうたれることを望んでいる.

de·síst [dizíst] *vi.* やめる, 思いとどまる《を *from*》: ～ *from* talk*ing* 話すのをやめる. [√sist-]

†**desk** [desk] *n.* **1**《読書・勉強用の》机; 事務用机; (the 〜) 事務[文筆]の職. **2** 譜面台;〖英〗《文房具・書状などを入れる》手箱. **3** 聖書台;〖米〗説教壇; (the 〜) 牧師の職. **4**〖米〗《新聞社の》編集部, デスク. ***be*** [***sit***] ***at*** one***'s*** [***the***] 〜《机に向かって》読み書きしている, 業務を執っている. —— *a.* 机の; 机上の, 机でする: a 〜 job 書きもの, 事務.
〜·bound [⏤⏤] 机にしばられた, 机上で行なう; 屋内勤務の. **〜 copy** (教授用) 献本. **〜 lamp** 卓上スタンド. **〜 work** 事務; 文筆業.

Des Móines [di-mɔ́in(z)] *n.* アメリカ Iowa 州の「州都.

***dés·o·late** [dés(ə)lit] *a.* **1** **荒れ果てた**; 荒涼とした. **2** 住む人のいない; わびしい. **3** **寂しい**, ひとりぼっちの, 孤独の. **4** 憂うつな, 暗い. —— [-lèit] *vt.* **1** 荒廃させる; 住めなくさせる. **2** 捨て去る. **3** 寂しくさせる; に心細い思いをさせる. [√sol-¹] ◇ **〜·ly** *ad.* **〜·ness** *n.* **-lat·er, -la·tor** [-lèitər] *n.* 荒廃させる人 [物].

dès·o·lá·tion [dèsəléiʃ(ə)n] *n.* **1** 荒らすこと; 荒廃 (状態). **2** 廃墟. **3** わびしさ, 悲しみ.

‡**de·spáir** [dispéər] *n.* **1** **絶望**, 自暴自棄. **2** 絶望の原因 [たね]: That child is the 〜 of his parents. あの子は両親の手に負えない. ***abandon*** one***self*** [***give*** one***self up***] ***to*** 〜 やけになる. ***be driven to*** 〜 絶望に陥る. ***in*** 〜 絶望して, やけになって. —— *vi.* **望みを失う**, 思い切る《の, を *of*》: 〜 *of* succeeding 成功の見通しがない. His life is 〜*ed of.* 彼の生命は助かる見込みがない. [de-+√sper- 望みを+失う]

de·spáir·ing [dispé(ː)riŋ/-péər-] *a.* **1** 絶望をあらわす, 絶望的な, やけの, 必死の: in a 〜 tone 失意の声音で. **2** (人を) 絶望させるほどの [ような]; 手のつけようもない.
◇ **〜·ly** [-li] *ad.* 〔類〕→ **hopeless**「絶望的な」

des·pátch = dispatch.

des·per·a·do [dèspəréidou/-ráː-, -réi-] Sp. *n.* (*pl.* 〜(*e*)*s* [-z])《向こう見ずの》無法者, 悪漢, 凶漢《特に開拓時代のアメリカ西部の》.

‡**dés·per·ate** [désp(ə)rit] *a.* **1** **自暴自棄の**; 向こう見ずの, 命知らずの. **2** **命がけの**; 死にもの狂いの, 夢中の: in a 〜 effort to (do) 死にもの狂いに…しようとして. **3** **絶望的な**, 絶体絶命の;《救済・改善の》見込みのない. **4** すさまじい; ひどい. —— *ad.*〖話・方〗= desperately. →動詞 despair. ◇ **〜·ness** *n.*
〔類〕→ **hopeless**「絶望的な」

***dés·per·ate·ly** [-li] *ad.* **1** 死にもの狂いに, 必死になって; 絶望的に. **2** 自暴自棄になって. **3**〖俗〗ひどく, やけに.

dès·per·á·tion [dèspəréiʃ(ə)n] *n.* **1** 絶望, 自暴自棄. **2** 死にもの狂い; 夢中. ***be driven to*** 〜 死にもの狂いになる. ***in*** 〜 やけになって; 死中に活を求めて; 必死になって.

dés·pi·ca·ble [déspikəbl, ㊊⁺ déspiki-, dispíkə-] *a.* 卑しむべき, 卑劣な. [de-+√spec-見+くだす]
◇ **〜·ness** *n.* **-bly** *ad.* 卑劣にも.

‡**de·spíse** [dispáiz] *vt.* **けいべつする**, さげすむ, 見くびる. [de-+√spec- 見+おろす] ◇ **de·spís·er** *n.*

‡**de·spíte** [dispáit] *prep.* …**にもかかわらず** (in spite of). —— *n.* **1** 無礼, 侮り. **2**〖古〗悪意; 恨み; 怒り. (***in***) **〜 *of*** …にもかかわらず; をものともせず. 〈注〉despite または in spite of が普通. ***in*** one***'s own*** 〜〖古〗不本意ながら. [de-+√spec-]

de·spíte·ful [-f(u)l] *a.*〖古〗意地の悪い; 悪意のある. ◇ **〜·ly** [-fuli] *ad.*

de·spóil [dispɔ́il] *vt.* から奪い取る [強奪する]: 〜 a person *of* his goods 人から財貨を奪う. [< spoil] ◇ **〜·ment** *n.* 略奪, 強奪.

de·spò·li·á·tion [dispòuliéiʃ(ə)n] *n.* 略奪.

de·spónd [dispánd/-pɔ́nd] *vi.* 失望 [落胆] する, 意気消沈する. —— *n.*〖古〗失望, 落胆.

de·spónd·ent [dispándənt/-pɔ́nd-] *a.* 元気のない, 落胆した. [√spond-] ◇ **〜·ly** *ad.* **-ence** [-əns], **-en·cy** [-ənsi] *n.* 落胆, 意気消沈.
〔類〕→ **hopeless**「絶望的な」, → **sad**「悲しい」

de·spónd·ing [-iŋ] *a.* = despondent.
◇ **〜·ly** *ad.* 元気なく, 悄然(しょうぜん)と.

dés·pot [déspət, -pat/-pɔt, -pət] *n.* 専制君主, 暴「君.

des·pót·ic [dispátik/despɔ́tik, dis-] *a.* **1** 独裁的な, 専制的な. **2** 横暴な, 暴虐な.
◇ **-i·cal·ly** [-(ə)li] *ad.*

dés·pot·ism [déspətiz(ə)m] *n.* **1** 独裁, 専制; 圧制. **2** 専制政治. **3** 専制国.

dés·qua·mate [déskwəmèit] *vi.*〖医〗《かさぶたとなって》はがれる, 剥離(はくり)する. ◇ **dès·qua·má·tion** [dèskwəméiʃ(ə)n] *n.* 表皮脱落; 脱鱗(だつりん).

‡**des·sért** [dizə́ːrt] *n.* **デザート**, 食事の最後のコース《アメリカではパイ・プリン・アイスクリーム・くだものなど, イギリスではくだもの・(砂糖) 菓子》. [de-+√serv-² (食卓の) かたづけ] **〜 knife** デザートナイフ《ディナーナイフより小型》. **〜 service** デザート用の食器 (一式). **〜·spoon** [-spùːn] デザート用のさじ《teaspoon と tablespoon の間の大きさ》. **〜 wine** 甘口のブドウ酒《デザートや食事の間にも出す》.

de·stér·i·lize [diːstérilàiz] *vt.* 〈遊休物資・遊休資金を〉活用する;〖米〗の封鎖を解く.
◇ **de·stèr·i·li·zá·tion** [−⏤−lizéiʃ(ə)n, -laiz-] *n.*

‡**dès·ti·ná·tion** [dèstinéiʃ(ə)n] *n.* **1** 目的地, 行き先; 届け先. **2** 目的, 意図; 用途. →動詞 destine.

‡**dés·tine** [déstin] *vt.* **1**《受動態で》**運命によって定められる**, 運命づけられる: *be* 〜*d to* failure 失敗するにきまっている. *be* 〜*d to* succeed 必ず成功する. **2** **予定する**, 当てる《ある用途・目的に》: be 〜*d to* be King 国王になることになっている. [de-+√sta-]
◇ ***〜d** *a.* **1**《…に》予定されている: be 〜*d for* the church 聖職につく運命である. **2** …行きの: a ship 〜*d for* New York ニューヨーク行きの船.

‡**dés·ti·ny** [déstini] *n.* **1** **運命**, 宿命. **2** (D〜) 天, 神意; (the Destinies) 運命の三女神 (the Fates). ***by*** 〜 運命によって [の力で]. [< destine]

dés·ti·tute [déstit(j)ùːt/-tjuːt] *a.* **1** 欠いている, もたない: a man 〜 *of* common sense [children] 常識 [子ども] のない人. **2** 生活の資に乏しい, 不如意な, 貧困な: the 〜 貧困者. —— *vt.* **1** 貧しいままに放置する. **2** から奪う《を *of*》. [√sta-]
◇ **dès·ti·tú·tion** [dèstit(j)úːʃ(ə)n/-tjúː-] *n.* 窮乏, 貧困; 欠乏状態.

dés·tri·er [déstriər, destríər] *n.*〖古〗軍馬.

‡**de·stróy** [distrɔ́i] *vt.* **1** **破壊する**, 粉砕する: be 〜*ed by* fire 焼失する. **2** 殺す, の生命を奪う; 〈害虫などを〉駆除する. **3** 〈文書などを〉破棄する. **4** 〈名声などを〉傷つける, だめにする; 〈効果を〉消滅する, 無にする; 〈毒などを〉中和する. →名詞 destruction. 〜 one***self*** 自殺する (kill oneself).
〜ing angel〖植〗ベニテングタケ《毒タケの一種》.

de·stróy·er [distrɔ́iər] *n.* **1** 破壊者; 駆除者. **2** 駆逐艦.

de·strúct [distrʌ́kt] *n.* (ロケットの) 故意の破壊.
—— *a.* 破壊用の. —— *vt.* 〈ロケットを〉破壊する.
〜 button 破壊ボタン《ミサイルを空中爆発させる》.

de·strúct·i·ble [distrʌ́ktibl] *a.* 破壊されやすい[できる]; 脆弱(ぜいじゃく)な.
◇ **de·strùct·i·bíl·i·ty** [distrʌ̀ktibíliti] *n.*

‡**de·strúc·tion** [distrʌ́kʃ(ə)n] *n.* **1** **破壊**; 粉砕. **2** 絶滅, 駆除. **3** **破滅**, **滅亡**; 破滅の原因: Drink was his 〜. 酒が身の破滅になった. → 動詞 destroy, destruct. [de-+√stru-]
◇ **〜·ist** [-ist] *n.* 破壊 [無政府] 主義者.

‡**de·strúc·tive** [distrʌ́ktiv] *a.* **1** **破壊的**; 破滅的な. ↔ constructive. **2** **有害な**, 危害を加える: 〜 *of* [*to*] health 健康に悪い. **〜 distillation**〖化〗分解蒸留. ◇ **〜·ly** *ad.* **〜·ness** *n.*

de·strúc·tor [distrʌ́ktər] *n.* **1**〘英〙廃物〔汚物〕焼却炉. **2**《軌道をはずれたミサイルの》破壊装置.

dés·ue·tùde [déswit(j)ù:d/disjú:itju:d, déswi-] *n.* 廃絶, 廃止, 不用. ***fall*** 〔***pass***〕 ***into*** ～ すたれる. [√sue-]

de·súl·fu·rize, ㊥ **de·súl·phu·rize** [di:sʌ́lfəràiz, ㊥⁺-fjə-] *vt.* の イオウ分を取り去る, 脱硫する.

dés·ul·to·ry [dés(ə)ltò:ri/-t(ə)ri] *a.* **1** とりとめない, 散漫な, 気まぐれな: ～ conversation 雑談. make ～ attempts at getting a job 仕事でもないかと二, 三当たってみる. **2** 主題をはずれた, 横道の: a ～ remark. [de-＋√sal(i)- とびとびの]

◇ **-ri·ly** [-rili] *ad.* 漫然と, とりとめなく. **-ri·ness** [-rinis] *n.* 類 → **random**「行き当たりばったりの」

det. detachment.

‡**de·tách** [ditǽtʃ] *vt.* **1 引き離す**, 分離する《から *from*》. ↔ attach. **2** 〈軍隊などを〉派遣する, 分遣する. ◇ **～·a·ble** [-əbl] *a.* 取りはずせる; 分離〔分遣〕できる.

***de·táched** [ditǽtʃt] *a.* **1 離れた**; 分離した: a ～ palace 離宮. a ～ house 一軒家. **2 超然とした**, 偏見のない: take a ～ view of things 物事を公平に見る. **3** 分遣〔派遣〕された: a ～ troop 分遣隊.

de·tách·ment [ditǽtʃmənt] *n.* **1** 分離. **2**《利害・世評からの》離脱, 超然としていること; 公平. **3** 分遣(隊).

‡**dé·tail** [dí:teil, ditéil] *n.* **1 細部**, 細目; 枝葉末節. **2** 詳述; 詳説. **3** 細かく手のこんだ細工〔飾り〕. **4**《彫刻・建築・機械などの》細部: ～ drawing〘建・機〙精密図. **5**〘軍〙小分遣隊, 特派少数部隊; 特殊使命. ***defeat*** 〔***beat***〕 ***in*** ～ 各個撃破. ***go*** 〔***enter***〕 ***into*** ～(*s*) 詳しく述べる. ***in*** ～(*s*) 詳しく; 詳細に. —— [ditéil/dí:teil, ditéil] *vt.* **1** 詳細に述べる; 列挙する. **2** に細かな飾りをつける. **3**〘軍〙分遣する. [de-＋√tali- 切り＋離す]

◇ ***de·táil·ed** [ditéild, dí:teild] *a.* 詳細の, 精密な.

de·táin [ditéin] *vt.* **1** 引き止める; 待たせておく; 保留する. **2**〘法〙留置〔拘置, 監禁〕する. [√ten-]

◇ **～·er** *n.* **1**〘法〙不法留置, 不法占有. **2** 監禁続行(令状). **～·ment** *n.* ＝detention.

類 → **keep**「保存する」

‡**de·téct** [ditékt] *vt.* **1 発見する**, (…しているところを)見つける: ～ a person cheating in an exam 試験でカンニングをしているところをとらえる. **2 見破る**, …であることを発見する: ～ a spy スパイを見破る. **3** の存在を見つける, 探知する;〘化〙検出する: ～ the odor of gas ガス漏れを発見する. **4**〘電〙検波する. [√teg-] ◇ **～·a·ble, ～·i·ble** [-əbl] *a.*

類 → **find**「見つける」

de·téc·ta·phone, de·téc·to·phone [ditéktəfòun] *n.* 探偵(たんてい)用電話機, 盗聴器.

de·téc·tion [ditékʃ(ə)n] *n.* **1** 発見. **2** 探知, 看破; 露見, 発覚. **3**〘化〙検出;〘電〙検波. → 動詞 detect. **～ station**《核実験の》監視所.

‡**de·téc·tive** [ditéktiv] *a.* **1 探偵(たんてい)の**. **2** 検出〔検波〕用の. —— *n.* **探偵**, 刑事(巡査). ***private*** ～ 私立探偵. [<detect] **～ agency** 秘密探偵社. **～ story** 〔**novel**〕 探偵小説.

de·téc·tor [ditéktər] *n.* **1** 発見者; 看破者; 発見器: a lie ～ うそ発見器. **2**〘化〙検出器;〘電〙検波器;《漏電の》検電器.

de·tént [ditént] *n.*〘機〙もどり止め, 回転止め;《とけいなどの》つめ, 歯止め. 「張緩和.

dé·tente [deitá:nt/-tɔ́nt] F. *n.*《国際関係の》緊

de·tén·tion [diténʃ(ə)n] *n.* **1** 引き止め;《罰としての》放課後の留めおき. **2** 拘留; 留置. **3** 阻止; 遅滞. → 動詞 detain. ***house of*** ～ 留置場; 未決監. ***under*** ～ 拘留中で.

～ barracks 〔**camp**〕 仮収容所. **～ home** 非行少年収容所. **～ hospital** 隔離病院.

de·tér [ditə́:r] *vt.* (**-rr-**) **1**《恐怖・疑惑などで》制止する, 思いとどまらせる, 妨げる: Nothing will ～ him. なにものも彼をひるませることができない. ～ a person *from* (do)*ing* 人に…することを思いとどまらせる. **2** 防止する: treat timber with creosote to ～ rot 腐敗を防ぐために木材にクレオソートを塗る. [√ter(r)-] ◇ **～·ment** *n.* 制止(物).

de·térge [ditə́:rdʒ] *vt.* 〈傷口などを〉きれいにする.

de·tér·gen·cy [ditə́:rdʒənsi] *n.* 洗浄力.

de·tér·gent [ditə́:rdʒənt] *a.* 洗浄性の. —— *n.* 洗浄剤; 洗剤, クレンザー. [√terg-]

de·té·ri·o·rate [dití(ː)riərèit/-tíər-] *vt., vi.* 悪くする〔なる〕, 悪化する; 退歩させる〔する〕, 堕落〔低下〕させる〔する〕. ↔ ameliorate. [de-＋√terior- より＋低くなる] ◇ **-ra·tive** [-rèitiv] *a.* **de·tè·ri·o·rá·tion** [diti(ː)riəréiʃ(ə)n/-tìər-] *n.*

de·tér·mi·nant [ditə́:rminənt] *a.* 決定する; 限定的な. —— *n.* **1** 決定者〔物〕, 決定要素. **2**〘生・古〙遺伝素;〘論〙限定辞;〘数〙行列式.

de·tér·mi·nate[1] [ditə́:rm(i)nit] *a.* **1** 限定された, 一定の. **2** 決定的な, 明確な. **3** 決心を固めた, 断固とした. **4**〘植〙有限の;〘数〙既知数の. [√termin-] ◇ **～·ly** *ad.* 決定的に. **～·ness** *n.*

de·tér·mi·nate[2] [ditə́:rminèit] *vt.* 確かめる.

‡**de·tèr·mi·ná·tion** [ditə̀:rminéiʃ(ə)n] *n.* **1 決心**; 決意; 決意の堅さ; 裁断. **2 決定**; 限定; 測定. **3**〘法〙判決, 終結. **4**〘物〙測定;〘論〙限定. **5**〘医〙《血液の》偏向. → 動詞 determine. ***with*** ～ 断固として.

de·tér·mi·na·tive [ditə́:rminèitiv, -nətiv/-nətiv] *a.* 決定力ある; 限定する. —— *n.* 決定要素;〘文〙限定詞《冠詞・指示代名詞など》.

‡**de·tér·mine** [ditə́:rmin] *vt.* **1 に決心させる**, に決意させる: The letter ～*d* him *to* go. その手紙で彼は行くことに決心した. **2**《受動態で》…することに決心している〔決める〕: He *is* ～*d to* master English. 彼は英語をマスターする決意だ. **3 決定する**, 決定〔条件〕づける: The incident ～*d* the whole of his career. この事件は彼の一生の運命を決めた. Demand ～*s* supply. 需要は供給を左右する. **4** 〈規則・条件・日取り・価格などを〉**定める**, **決める**; 〈境界などを〉確定する. **5** 〈成分・距離などを〉測定する, 査定する; 〈植物の種属などを〉決定する. **6** 〈論争・問題などを〉裁判する, 裁定する. **7**〘数〙の位置を決める;〘論〙限定する;〘法〙判決する, 終結する. —— *vi.* **1 決心する**《*to* (do); *on* (do)*ing*; *that*》. **2 結論する**. **3**〘法〙〈契約などが〉終了する. **～ *on*** …について決心する: We ～*d on* a piano. ピアノを買うことに決めた. [√termin-]

◇ **-mi·na·ble** [-m(i)nəbl] *a.* 決定〔確定〕できる.

類 → **decide**「…しようと決める」

‡**de·tér·mined** [ditə́:rmind] *a.* **1** (堅く) **決心して**: I am ～ *to* go. どうしても行く決心だ. **2 決意の堅い**, 断固とした: a ～ look 決然とした顔つき. **3** 確定〔限定〕された.

◇ **～·ly** [-min(i)dli] *ad.* 決然として. **～·ness** *n.*

de·tér·min·ism [ditə́:rminìz(ə)m] *n.*〘哲〙決定論. ◇ **-ist** [-nist] *n.* 決定論者. 「な.

de·tèr·min·ís·tic [ditə̀:rminístik] *a.* 決定論的

de·tér·rence [ditə́:rəns, -tér-/-tér-] *n.* **1** 制止, 引き止め. **2** 戦争阻止. **3** 阻止〔妨害〕物.

de·tér·rent [ditə́:rənt, -tér-/-tér-] *a.*《脅威によって》抑止する, 抑止的; 引き止める, 妨げる. —— *n.* **1** 抑止物〔方策〕; 引き止めるもの, 妨害物. **2** 戦争阻止力〔物〕. [<deter]

de·tér·sive [ditə́:rsiv] *a.* 洗浄性の. —— *n.* 洗浄〔清浄〕剤. → 動詞 deterge.

de·tést [ditést] *vt.* ひどくきらう, 嫌悪(けんお)する. [√test-] ◇ **～·er** *n.*

de·tést·a·ble [ditéstəbl] *a.* 憎むべき, ひどくいやな. ◇ **-bly** *ad.*

dè·tes·tá·tion [dìːtestéiʃ(ə)n] *n.* **1** 憎悪, 嫌悪(けんお). **2** 大きらいな人[物]. ***be in ～*** 忌みきらわれている. ***have*** [***hold***] a thing ***in ～*** (物を) 嫌悪する.

de·thróne [diθróun] *vt.* **1** 王位から退ける, 廃位する. **2**《権威の座などから》追う《から *from*》. ◇ **～·ment** *n.*

dét·i·nue [détịn(j)ùː/-njuː] *n.* **1**〘法〙《動産の》不法占有. **2** 不法占有動産取りもどし訴訟 (= action of ～).

dét·o·nate [détọnèit, díː-] *vt., vi.* (大音響をたてて) 爆発させる [する]. ***～t·ing cap*** 雷管. ***～t·ing fuse*** 爆発信管. ***～t·ing powder*** 爆薬. [√ton-] ◇ **-na·tor** [-nèitər, ㊕⁺díː-] *n.* 雷管; 起爆薬;〘鉄道〙信号用雷管. **dèt·o·ná·tion** [dètọnéiʃ(ə)n, dìː-] *n.* 爆発; 爆発音.

dé·tour [díːtuər, ditúər, ㊕⁺déituə] *n.*《特に臨時の》回り道, 遠回り. ***make a ～*** 迂回(うかい)する. —— *vi., vt.* 回り道する,《バイパスで》の外を通る; に回り道させる. [<de-+tour]

de·tóx·i·cate [diːtáksịkèit/-tɔ́ks-] *vt.* から毒を除く, 解毒する. ◇ **-cant** [-kənt] *n.* 解毒剤. **de·tòx·i·cá·tion** [diːtàksịkéiʃ(ə)n/-tɔ̀ks-] *n.* 解毒.

de·tráct [ditrǽkt] *vt.* **1** 除く, 減ずる: ～ much from a person's pleasure 人の楽しみを大いに減ずる. **2** <人を> おとしいれる, 悪く言う. —— *vi.*《価値・名誉などを》減ずる, 落とす: ～ *from* a person's reputation 人の名声を傷つける. [√trah-] ◇ **de·trác·tive** [-iv] *a.* 悪口を言う, 非難の. **de·trác·tor** [-ər] *n.*《名誉を傷つけるために》悪口を言いふらす人, 非難者.

de·trác·tion [ditrǽkʃ(ə)n] *n.* 悪口, 非難; 減損: This is no ～ from his fame. これは彼の名声をいささかもそこなうものではない.

de·tráin [diːtréin] *vt., vi.* 列車から降ろす [降りる]. 「↔ entrain.

de·tríb·al·ize [diːtráibəlaiz] *vt.* <未開人などに> 固有な風習を捨てさせる《他の文化に接触させて》.

dét·ri·ment [détrịmənt] *n.* 損害, 損傷, 傷害; 損害の原因, 有害物. ***to the ～ of*** に損害を与えて; の犠牲において. ***without ～ to*** を傷つけずに; に損害を与えずに. [√tri-]

dèt·ri·mén·tal [dètrịméntl] *a.* 有害な, 不利益な《に *to*》. —— *n.*〘英俗〙好ましくない〔歓迎されない〕人〔物〕;《女にとって》ありがたくない求婚者. ◇ **～·ly** [-i] *ad.*

de·trí·tion [ditríʃ(ə)n] *n.* 摩滅, 損耗. [√tri-]

de·trí·tus [ditráitəs] *n.*〘地〙岩屑(がんせつ); 砕石; 破片(の山). [√tri-]

De·tróit [ditrɔ́it] *n.* アメリカ Michigan 州東南部の工業都市《自動車工業で有名》.

de trop [dətróu] F.《数量が》多すぎて, よけいに; じゃまになって.

de·trúde [ditrúːd] *vt.* 突き出す; 押しやる. [√trud-]

de·trún·cate [ditrʌ́nkeit] *vt.* 切り落とす. [√trunc-]

deuce [d(j)uːs/djuːs] *n.* **1**《トランプの》2 の札;《さいころの》2 点の目. **2**〘テニス〙ジュース《3 対 3 の得点, 次に連続 2 点を得れば勝つばあい》. **3**〘米俗〙2 ドル. **4** 凶; 不運; 災難. **5** 悪魔;《devil と同様にのろい・ののしりの間投詞として用いられる》畜生! ちぇっ! **6**《疑問詞の強意として》いったいぜんたい: Who the ～ is it? いったいそれはだれだ.

a [***the***] ***～ of a***... どえらい…; とんでもない…. ***Go to the ～!*** くたばれ!, うせろ! ***like the ～*** 猛烈に. ***play the ～ with*** をだめにする. ***The ～!*** しまった!, 畜生! (***the***) ***～ a bit*** 断じて…でない. (***The***) ***D～ knows!*** (だれも) 知るもんか! (***The***) ***D～ take it!*** くそっ!, 畜生! ***the ～ to pay*** あとでこわいもの; 将来起こるめんどう; 前途多難.

déuc·ed [d(j)úːsid, d(j)uːst/djuːst, djúːsid] *a.* **1** ひどい, いまいましい. **2** すごい: in a ～ hurry ひどく急いで. —— *ad.* ひどく, ばかに.

◇ **déuc·ed·ly** [-sidli] *ad.* ひどく, べらぼうに.

de·us ex ma·chi·na [díːəs-èks-mækịnə/-eks-mǽkinei] L. (=god from a machine) **1**《古代演劇で》急場を救うためにあらわれる神. **2**《作家などの用いる》急場しのぎの人工的〔不自然な〕解決策. **3** (急場にあらわれる) 神通力の人物〔事態〕.

Deut. Deuteronomy.

deu·té·ri·um [d(j)uːtí(ː)riəm/djuːtíər-] *n.*〘化〙重水素. **～ oxide** 重水.

deuter(o)-「第 2 の」「第二義的」「2 度めの, 再度の」の意の語形成要素.

dèu·ter·óg·a·my [d(j)ùːtərágəmi/djùːtərɔ́g-] *n.* 再婚. ◇ **-mist** [-mist] *n.* 再婚者.

déu·ter·on [d(j)úːtərɑ̀n/djúːtərɔn] *n.*〘物〙重陽子《deuterium の原子核》.

Dèu·ter·ón·o·my [d(j)ùːtəránəmi/djùːtərɔ́n-] *n.*〘聖〙申命(しんめい)記《旧約聖書中の一書》.

deut·sche mark, Deut·sche mark [dɔ́itʃə-màːrk], ***deutsch·mark*** [dɔ́itʃmàːrk] G. *n.* ドイツマルク《西ドイツの貨幣単位. 略 DM》.

Déut·sches Réich [G. dɔ́ytʃəs-ráiç] G. *n.* ドイツ国《昔のドイツの正式名》. 「many).

Déutsch·land [G. dɔ́ytʃlant] *n.* ドイツ (Ger-

déut·zi·a [d(j)úːtsiə/djúː-] *n.*〘植〙ウツギ.

deux-temps [F. døtɑ̃] F. *n.* 速い二拍子のワルツ.

Dev. Devonshire.

de·vál·u·ate [diːvǽljuèit], **de·vál·ue** [diːvǽljuː/díː-] *vt.* の価値を減ずる;〘経〙<貨幣の>平価を切り下げる. ◇ **dè·val·u·á·tion** [dìːvæljuéiʃ(ə)n] *n.*

Dè·va·ná·ga·ri [dèivənáːgəriː] *n.* デバナガリ文字《サンスクリット語・現代インド諸言語に用いられる》.

***dév·as·tate** [dévəstèit] *vt.* 荒らす, 荒廃させる. [√vast-] ◇ **dèv·as·tá·tion** [dèvəstéiʃ(ə)n] *n.* 荒廃; 惨害;《精神的・道徳的な》破滅.

dév·as·tat·ing [dévəstèitiŋ] *a.* **1** 破壊的な, 惨害をもたらす. **2** 恐ろしい; がまんのならないほどの;《議論・魅力などが》強力な, 抗しがたい. ◇ **～·ly** *ad.*

‡**de·vél·op** [divéləp] *vt.* **1** 発展させる, 発達させる: ～ an area *into* an industrial center 地域を開発して工業中心地にする. **2** <資源・技術などを>開発する; <資質・肉体などを> 啓発する, 発育させる. **3** <議論・思索などを> 展開する. **4** <事実などを> 明らかにする; <資質などを> あらわす, <秘密を> 明るみに出す; <内蔵されたものを> あらわし出す;〘写〙現像する. **5** <習慣などを> 身につける, <性質を> もつようになる; <病気に>かかる; <熱を> 発する: My trousers have ～*ed* a shine. ズボンがてかてか光るようになった. He ～*ed* a tumor. はれものができた. **6**〘数〙展開する. **7**〘軍〙<部隊を>展開する; <攻撃を>開始する.

—— *vi.* **1** 発展する, 発達〔発育〕する: ～ *into* a good citizen りっぱな市民に成長する. **2**《内のものが外へ》あらわれ出る; <写真の像が>あらわれる. **3**〘米〙明白になる; 知れる.

◇ **～·er** [-ər] *n.* **1** 開発者; 啓発者. **2**〘写〙現像者; 現像液〔薬〕. **～·ing** *a.* ～する: a ～*ing* country [nation] 開発途上の国《*an underdeveloped* country に比べ経済的条件がととのっている》.

‡**de·vél·op·ment** [divéləpmənt] *n.* **1** 発達, 発展; 発育, 成長. **2**《資源・技術などの》開発;《才能などの》啓発. **3**《種の》進化;〘生〙発生. **4**《事態の》進展; 新事態〔事実〕. **5**〘数〙展開;〘写〙現像;〘楽〙展開(部). ***bring land under ～*** 開墾する. ◇ **de·vèl·op·mén·tal** [divèləpmént(ə)l] *a.* 発達の, 進化の; 発生の; 開発の; 啓発的な.

de·vést〘法〙= divest ②.

dé·vi·ant [díːviənt] *a.* (標準から) 逸脱した, 異常な: a ～ social behavior. —— *n.* (標準から) 著しく逸脱した者, 異常者.

dé·vi·ate [díːvièit] *vi.*《規則・常道などを》それる, はずれる, 逸脱する《を, から *from*》. —— *vt.* それさせる. —— *n.* =deviant; 性的倒錯者. [√vi-]

dè·vi·á·tion [dì:viéiʃ(ə)n] *n.* 脱線, 逸脱; 偏向, 《統計上の》偏差; 〔海〕航路外航行.
◇ **～·ism** *n.* 《政党などの》原則からの逸脱.
～·ist *n.* 《政党などの》反主流派, 分離派(の人).

‡de·více [diváis] *n.* **1** くふう; 計画. **2 装置**; からくり. **3** 策略; 奸計(かんけい). **4** 図案; 意匠; 紋章; 銘. **5** (*pl.*) 望み, 好み, 意志. → 動詞 devise. ***leave*** a person ***to his own ～s*** 《忠言・援助を与えないで》思うようにやらせる. ***safety ～*** 安全装置.

‡dév·il [dévl] *n.* **1 悪魔**; 悪鬼; (the D～) 魔王, サタン(Satan). **2** 《悪徳の》権化; 極悪人. **3** 向こう見ずな人; 精力絶倫家. **4** (みじめな) やつ: a poor ～. **5** 下請け文筆業者, 代作人; 弁護士の手先; 《印刷所の》小僧; 他人に利用される男. **6** 猛獣. **7** 〔料理〕からしを付けた焼き肉. **8** 〔機〕切断機. **9** むずかしいこと, 難題; ひどい物; 悪い品. **10** 《疑問詞の強意として》いったいぜんたい, なんだって(deuce): What the ～ are you doing? いったい, なにをやってるんだ. **11** 《強意語として否定的意味に》ちっとも(…ない): *not* ～ a bit 少しも…ない, これっぱかりも…ない. **12** 畜生!, まさか! 《のろい・驚きなどの叫び》.
a [***the***] ***～ of a***... どえらい…; とんでもない…: *a ～ of a* wind ひどい風. *the ～ of a* way とんでもなく遠いところ. ***and the ～ knows what*** その他たくさん. ***be a ～ for*** …狂である. ***be between the ～ and the deep*** (***sea***) 進退きわまる. ***be the ～*** (***of it***) たいへん〔やっかい千万〕だ. ***black as the ～*** 真っ黒な. ***～ a bit*** →⑪. ***～ a one*** ひとりも《いない》. ***～ on two sticks*** = diabolo. ***D～ take it!*** 畜生! ***give the ～ his due*** とりえのない者〔きらいな人〕に対してでも公平にする. ***Go to the ～!*** くたばれ!, うせろ! ***It's the ～*** (***and all***). そいつは難問〔やっかい〕だ: *It's the ～ and all* to get him to consent. あの男に同意させるのは容易なことではない. ***like the ～*** 猛烈に. ***Needs must when the ～ drives.*** 〔諺〕背に腹はかえられない. ***paint the ～ blacker than he is*** 輪をかけて悪く言う. ***play the ～*** 大騒ぎする. ***play the ～ with*** をめちゃめちゃにする. ***raise the ～*** 《呪文(じゅもん)で》悪魔を呼び出す; 騒ぎを起こす. ***send*** a person ***to the ～*** (人を) 追っ払う. ***Talk of the ～ and he is sure to appear.*** 〔諺〕うわさをすれば影. ***the ～ among the tailors*** 〔英〕大騒ぎ. ***the ～ and all*** 悪いことだらけ. ***the ～ rebuking the sin*** 悪魔の説法《自分のことをたなに上げて人に教訓する》. ***The ～ take the hindmost*** [***hindermost***]. 〔諺〕遅れた者は悪魔に食われろ; 早い者勝ち. ***There'll be the ～ to pay.*** あとがとんでもない〔恐ろしい〕ことになるぞ.
—— *v.* (**-l-**, ㊖**-ll-**) *vt.* **1** 〔俗〕いじめる; 悩ます: ～ a person *with* questions 人を質問ぜめにする. **2** 〈肉などに〉からしを付けてあぶる. **3** 切断機にかける.
—— *vi.* (弁護士・著述家の) 下請け仕事をする.
～ dog 〔米話〕アメリカ海兵隊兵士《あだ名》. **～·fish** [ˊ-ˋ] 〔魚〕イトマキエイ; アンコウ; タコ, イカ. **～-may-cáre** 向こう見ずの; がむしゃらな; おかまいなしの. **～'s advocate** 聖列に加えられるべき人を devil の立場になって非難する人; 悪口屋. **～'s bones** さいころ. **～'s books** トランプ札. **～'s darning needle** 〔虫〕トンボ. **D～'s Island** Guiana 沖の昔の流刑島. **～'s tattoo** 手や足で床・机などをコツコツたたくこと.
◇ **～·dom** [-dəm] *n.* 悪魔の国; 悪魔の支配力. **～·ism** [-ìz(ə)m] *n.* 魔性; 悪魔崇拝. **～·ment** [-mənt] *n.* 悪魔のしわざ; 悪行; ひどいいたずら.

dév·il·ish [dévliʃ] *a.* **1** 悪魔のような; のろわしい, 極悪非道の. **2** 〔話〕すごい, ひどい, 非常な. **——** *ad.* 〔話〕ばかに, ひどく: It's ～ hot. ばかに暑い. ◇ **～·ly** *ad.* 悪魔のように; 〔話〕はなはだしく. **～·ness** *n.*

dév·il·ry [dévlri], **dév·il·try** [dévltri] *n.* **1** 悪魔のしわざ, 魔法. **2** 悪行, 非道; 向こう見ずなふるまい〔いたずら〕. **3** 魔界; 悪魔学.

dé·vi·ous [dí:viəs, -vjəs] *a.* **1** 迂回(うかい)した, うねうねした. **2** 道をはずれた; 正道を踏みはずした, 踏み迷った. [de- + √vi-]
◇ **～·ly** *ad.* うねりくねって. **～·ness** *n.*

‡de·víse [diváiz] *vt.* **1 くふうする, 考案する**; 発明する. → 名詞 device. **2** 〔法〕〈不動産を〉遺贈する.
—— *n.* 〔法〕《不動産の》遺贈; 《遺言中の》遺贈条項; 遺贈財産. [dis- + √vid- 分けて+見る → 細かに考える] ◇ **dèv·i·sée** [dèvizí:, divàizí:] *n.* 〔法〕《不動産の》受贈者. (類) → **invent**「発明する」

de·vís·er [diváizər] *n.* 考案者; 計画者; 〔法〕= devisor.

de·ví·sor [diváizər, -vàizɔ́:r/dèvizɔ́:] *n.* 〔法〕《不動産の》遺贈者.

de·ví·tal·ize [di:váit(ə)làiz] *vt.* の生命〔活力〕を奪う〔弱める〕. ◇ **de·vì·tal·i·zá·tion** [di:vàit(ə)lizéiʃ(ə)n, -laiz-] *n.*

de·ví·ta·mi·nize [di:váitəminàiz] *vt.* のビタミンを除く.

de·vít·ri·fy [di:vítrifài] *vt.* のガラス質を奪う; 不透明にする.

de·vó·cal·ize [di:vóuk(ə)làiz] *vt.* 〔音声〕無声化する. ◇ **de·vò·cal·i·zá·tion** [-ˋk(ə)lizéiʃ(ə)n/-laiz-] *n.* 無声化.

de·vóice [di:vɔ́is/dí:-] = devocalize.

de·vóid [divɔ́id] *a.* 《…を》欠いている《を *of*》: ～ *of* sense センスのない.

de·voir [dəvwá:r, ㊖⁺dévwa:r] F. *n.* 義務, 本分; (*pl.*) 礼儀, 敬意. ***pay*** one***'s ～s to*** に訪問して敬意を表する.

dè·vo·lú·tion [dèvəlú:ʃ(ə)n/dì:v-] *n.* **1** 《官職・権利・義務などの》移転, 伝承, 相伝; 〔法〕《権利・義務・地位などの》相続人への移転; 〔議会〕委員付託. **2** 〔生〕退化. ↔ evolution.

de·vólve [divɑ́lv/-vɔ́lv] *vt.* **1** 〈義務・責任などを〉譲り渡す, 負わせる《に *upon, to*》. **2** 〈権力などを〉ゆだねる, 付託する《に *to*》. **3** 伝える. **4** 〔古〕ころがす.
—— *vi.* **1** 〈義務・責任などが〉帰する, かかる《に *upon*》. **2** 《…の》手に渡る, 《…の》所有に帰する, ゆだねられる《の, に *to, upon*》. [√volu-]

Dév·on [dév(ə)n] = Devonshire.

De·vó·ni·an [dəvóuniən/dev-] *a., n.* **1** 〔地〕デボン紀(の). **2** Devonshire の(人).

Dév·on·shire [dév(ə)nʃiər, -ʃər] *n.* イギリスの西南部の州《略 Dev.》.

‡de·vóte [divóut] *vt.* 〈努力・金・時などを〉**ささげる, 当てる**: a review ～*d* to history 歴史専門の雑誌. ～ one***self to*** に一身をささげる; に専心する; …にふける. [√vov-] ◇ **dèv·o·tée** [dèvətí:] *n.* 熱愛者; 熱心家; 《狂信的》帰依者《*of*》.

de·vót·ed [divóutid] *a.* **1** 献身的な; 熱心な; 《…に》ふけっている《に *to*》. **2** 熱愛している, 愛情ぶかい: a ～ friend. ◇ **～·ly** *ad.* 一心に, 忠実に.

***de·vó·tion** [divóuʃ(ə)n] *n.* **1 献身, 専心, 強い愛着**《*to*》: one's ～ to the cause of justice 正義擁護への献身. **2 帰依, 信心.** **3** (*pl.*) 祈禱(きとう), 祈り.

de·vó·tion·al [divóuʃən(ə)l] *a.* 信心の; 祈りの.
◇ **～·ist** *n.* 敬けん主義者; 狂信家. **～·ly** [-i] *ad.*

‡de·vóur [diváuər] *vt.* **1 むさぼり食う, がつがつ食う**; 食い尽くす. **2** 〈病気・火事などが〉滅ぼす, 〈海・やみなどが〉のみこむ; 〈道のりを〉ぐんぐんと走破する. **3** むさぼり読む〔見る〕; 熱心に聞き入る: ～ with one's eyes 食い入るように見る. **4** 〈理性・注意などを〉奪う: ～*ed* by fears 恐ろしさに気も転倒して. ***～ the way*** [***road***] 〈馬・車などが〉道を急ぐ. [√vor-]
◇ **～·ing·ly** [diváuəriŋli] *ad.* むさぼるように.

***de·vóut** [diváut] *a.* **1 信心ぶかい.** **2** 信心に基づく, 信心から出た. **3 真心からの**; 献身的な. [devote と同語源] ◇ **～·ly** *ad.* **～·ness** *n.*

‡dew [d(j)u:/dju:] *n.* **1 露**; 《露のような》しずく, 玉. **2** 《早朝の》新鮮さ; さわやかさ: the ～ of youth さわやかな青春. ***mountain ～*** 密造のウイスキー.

—— *vt., vi.* 露でうるおす, 湿らす; 露がおりる.
~·bèr·ry 〘植〙キイチゴ(の実). **~·claw** [´ˏ] 《犬・牛・シカなどの無機能の》けづめ. ***~·drop** [-dràp/-drɔp] 露(のしずく). **~·fall** [´ˏ] 露のおりること; 夕暮れどき. **~ point** 〘物〙《湿度の》露点. **~ pond** 〘英〙露池《イギリス南部丘陵地方で露や霧の水分をためる人工池》. ◇ **~·less** *a.* 露のおりてない.

DEW [d(j)u:/dju:] *n.* 〘米〙遠距離早期警戒網. **~ line** デューライン《北緯 70° に沿って設けたレーダー警戒線》. [<*D*istant *E*arly *W*arning]

de·wán [diwá:n, ㊥⁺-wɔ́:n] *n.* 《インドの》州財務長官; 《インド独立州の》首相; 《ベンガル地方で商館などの》原住民の支配人.

Déw·ey [d(j)ú:i/djú:i] *n.* **1** John ~, 1859–1952, アメリカの哲学者・教育学者. **2** Thomas E. ~, 1902– , アメリカの法学者・政治家.

déw·lap [d(j)ú:læp/djú:-] *n.* 《牛などの》のどぶくろ, 露払い; のどのたれ肉.

***déw·y** [d(j)ú:i/djú:i] *a.* (**-i·er**; **-i·est**) **1** 露の; 露でぬれた, 露を帯びた. **2** 露のような: ~ tears. **3** (朝露のように) さわやかな: ~ sleep. **4** 〘雅〙静かに降る〔落ちる〕. **~-eyed** [´ˏˏ] 純情な.
◇ **déw·i·ness** [d(j)ú:inis/djú:i-] *n.*

déx·ter [dékstər] *a.* **1** 右側の; 〘紋〙盾形(たてがた)紋の右側の《向かって左側》. ↔ sinister. **2** 運のよい.

dex·tér·i·ty [dekstériti] *n.* **1** 器用さ; 巧妙さ. **2** 機敏さ, 抜け目のなさ. **3** 右きき (であること).

déx·ter·ous** [dékst(ə)rəs] *a.* **1** 器用な, 巧妙な. **2** 機敏な; 抜け目のない. **3** 右 (手) ききの. ***be ~ in 〔***at***〕 (do)***ing*** …するのがうまい.
◇ **~·ly** *ad.* **~·ness** *n.*

déx·tral [dékstrəl] *a.* 右側の, 右手の; 右ききの; 右巻きの. ◇ **~·ly** [-trəli] *ad.*

déx·tran [dékstrӕn, -trən/-trən] *n.* 〘化〙デキストラン《この食塩水溶液は血漿(けっしょう)の代用品》.

déx·trin [dékstrin], **-trine** [-trin, -tri:n] *n.* 〘化〙デキストリン, 糊精(こせい).

dextro- 「右 (側) の」「右回りの」の意の語形成要素.

déx·trorse [dékstrɔ:rs, ㊥⁺ˏ–´] *a.* 〘植〙右巻きの《根から見て》. 〈注〉茎から見ると「左巻きの」.

déx·trose [dékstrous] *n.* 〘化〙ブドウ糖, 右旋糖.

déx·trous [dékstrəs] =dexterous.

dey [dei] *n.* 《昔の北アフリカの》太守の称号.

D.F. Dean of the Faculty 《大学の》学部長; *Defensor Fidei* (L.=Defender of the Faith) 信教擁護者; direction finder. **D.F.C.** Distinguished Flying Cross 空軍殊勲十字章. **dg.** decigram(me)(s).

dhár·ma [dá:rmə, ㊥⁺dá:r-] *n.* **1** 〘ヒンズー教〙徳; 〘仏教〙法. **2** (D~) 達磨(だるま) 《禅宗の始祖》.

dhó·ti [dóuti], **dhóo·ti(e)** [dú:ti] *n.* (*pl.* **~s**) 《男子の》腰布. [<Hind.]

dhow [dau] *n.* アラビア式沿海貿易用帆船《1本マストに大三角帆使用》.

D.Hy. Doctor of Hygiene.

di [di:] *n.* 〘楽〙ディー 《do の半音上の音》.

DI diffusion index 〘経〙拡散指数; discomfort index 不快指数; Drill Instructor 訓練係下士官; Department of the Interior 〘米〙内務省. **Di** 〘化〙didymium.

di-[1] *pref.* b, d, g, l, m, n, r, s, v の前の dis- の異形: *di*vide 分割する <dis-+√vid- 分け+見る.

di-[2] *pref.* 「2 重の」「二つの」の意: *di*atomic 二原子の.

dia-, di-[3] *pref.* 「横切って」「二つの間に」「…しとおす」「完全な」などの意: *dia*rama 横切って見えるもの→透視図. *dia*meter 横切って測る→直径. 〈注〉di- は母音の前で用いられる.

dí·a·base [dáiəbèis] *n.* 〘鉱〙輝緑岩.

dì·a·bé·tes [dàiəbí:tis, -ti:z/-ti:z] *n.* 〘医〙糖尿病.

dì·a·bét·ic [dàiəbétik, ㊥⁺-bí:tik] *a.* 糖尿病の.
—— *n.* 糖尿病患者.

di·á·ble·rie [diá:bləri] F. *n.* **1** 悪魔のしわざ, 妖術(ようじゅつ); ひどいいたずら. **2** 悪魔の領分. **3** 悪魔伝説〔研究〕.

dì·a·ból·ic [dàiəbálik/-bɔ́l-], **-i·cal** [-(ə)l] *a.* 悪魔の; 悪魔的な, 極悪非道の.
◇ **dì·a·ból·i·cal·ly** *ad.* **dì·a·ból·i·cal·ness** *n.*

di·áb·o·lism [daiǽbəlìz(ə)m] *n.* **1** 悪魔的行為; 魔法, 妖術(ようじゅつ). **2** 悪魔主義〔崇拝〕.
◇ **-list** *n.* 悪魔主義者〔研究家〕.

di·áb·o·lize [daiǽbəlàiz] *vt.* **1** 悪魔化する; 悪魔のように見せる. **2** に悪魔をとりつかせる.

di·áb·o·lo [daiǽbəlòu, diá:b-/diá:b-, diǽb-] *n.* 〘遊戯〙ディアボロ, 空中ごま.

dì·a·chrón·ic [dàiəkránik/-krɔ́n-, dáiə-] *a.* 〘言〙通時的な. ↔ synchronic.

di·ách·y·lon [daiǽkilàn/-lən], **-lum** [-kiləm] *n.* 〘医〙単鉛硬膏(こう).

di·ác·o·nal [daiǽkən(ə)l] *a.* 〘宗〙補祭(deacon)の.

di·ác·o·nate [daiǽkənit, -nèit] *n.* 〘宗〙補祭(deacon) の職〔任期〕; 《集合的》補祭.

dì·a·crít·ic [dàiəkrítik] *a.* **1** =diacritical. **2** 〘医〙診断の〔に役立つ〕. —— *n.* =diacritical mark.

dì·a·crít·i·cal [dàiəkrítik(ə)l] *a.* **1** 区別のための, 区別を示す. **2** 区別できる. **~ mark** 〔**point, sign**〕 読み分け記号《同一文字・同一つづりの発音の差を示す. ā, ă, ä, â などの a の上の記号》.
◇ **~·ly** [-k(ə)li] *ad.*

dí·a·dem [dáiədèm, ㊥⁺-dəm] *n.* **1** 王冠; 《東洋の王たちが頭に巻いた》はち巻き. **2** 王権, 王位. —— *vt.* に王冠をかぶせる; (王冠をかぶせたように) 飾る.

diadem ①

di·áe·re·sis [daiérisis/daiíər-] *n.* (*pl.* **-ses** [-si:z]) (音節の) 分切; 分音記号, 分音符《連続する二つの母音字が二重母音などとして発音されないで, 両者が別々に発音されることを示す符号: coöperate, naïve》.

dì·ag·nóse [dàiəgnóus, -z/dáiəgnouz, ˏˏ´] *vt.* **1** 〘医〙診断する: ~ a case 患者を診断する. **2** 〈情勢などを〉分析する.

dì·ag·nó·sis [dàiəgnóusis] *n.* (*pl.* **-ses** [-si:z]) **1** 〘医〙診断(法). **2** 識別; 〘生〙特性, 標徴.

dì·ag·nós·tic [dàiəgnástik/-nɔ́s-] *a.* 〘医〙診断上の; 〘生〙特徴的な. —— *n.* 《病気の》兆候; 特徴.
◇ **~s** *n. pl.* 《単数扱い》診断学. **-ti·cal·ly** *ad.*

dì·ag·nos·tí·cian [dàiəgnastíʃ(ə)n/-nɔs-] *n.* 診断 (専門) 医.

di·ág·o·nal [daiǽgən(ə)l] *a.* **1** 対角線の. **2** 斜めの, 斜線の; 斜縞(しま)の. —— *n.* **1** 〘数〙対角線. **2** 斜線; 斜行物; あや織り.
◇ **~·ly** [-n(ə)li] *ad.* 斜めに, はすに.

dí·a·gram [dáiəgrӕm] *n.* 図, 図形; 図表, 一覧図, 図解, 図式; 〘数〙作図; 《列車の》ダイヤ, 運行表.
—— *vt.* (**-m-**, ㊥ **-mm-**) 図 (表) で示す.

dì·a·gram·mát·ic [dàiəgrəmǽtik], **-i·cal** [-tik(ə)l] *a.* 図表〔図式〕の; 輪郭だけの.
◇ **dì·a·gram·mát·i·cal·ly** *ad.*

dì·a·grám·ma·tize [dàiəgrǽmətàiz] *vt.* 〘米〙図表化〔図解〕する.

dí·a·graph [dáiəgrӕf/-grɑ:f] *n.* 〘測〙分度尺; 作図器, 拡大写図器.

‡dí·al [dáiəl, dail] *n.* **1** ダイヤル; 文字盤(=~ plate); 目盛り盤. **2** 《とけい・ラジオなどの》指針面; 《電話機の》数字盤. **3** 日どけい(=sundial). **4** 坑内羅針(らしん)儀. —— *vt., vi.* (**-l-**, ㊥ **-ll-**) **1** (ラジオ・テレビの) ダイヤルを回して波長を合わせる. **2** (電話の)ダイヤルを回す; 〈相手番号を〉呼び出す: ~ PA 6908 PA 局 6908 番をダイヤルする. **3** (に)電話をかける: *D*~ me at home. 自宅に電話してください. **4** ダイ

ヤルで表示する. [√di-]
~ telephone 《一般の》ダイヤル式(自動)電話.
~ tone ダイヤルトーン, 発信音《ダイヤル式電話で通話可能の状態を示す, ブーンという連続音》.
dial. dialect(al); dialectic(al); dialog(ue).
‡dí·a·lect [dáiəlèkt] *n.* 方言, 国なまり; 《ある社会階級・職業だけの》通用語, ことばづかい. [√log-]
~ atlas 方言(分布)地図.
dì·a·léc·tal [dàiəléktl] *a.* 方言の.
◇ **~·ly** [-i] *ad.* 方言で(は).
dì·a·léc·tic [dàiəléktik] *a.* **1** 弁証(法)的な. **2** 方言の. —— *n.* **1** (しばしば *pl.*) 《単数扱い》論理; 論法. **2** 〔哲〕弁証法. [√log-] ◇ **dì·a·lec·tí·cian** [dàiəlektíʃ(ə)n] *n.* 弁証家; 論法家.
dì·a·léc·ti·cal [dàiəléktịk(ə)l] *a.* =dialectic.
~ materialism 弁証法的唯物論.
◇ **~·ly** *ad.* 弁証法的に.
dì·a·lec·tól·o·gy [dàiəlektáləd ʒi/-tɔ́l-] *n.* 方言学, 方言研究.
dì·a·lóg·ic [dàiəládʒik/-lɔ́dʒ-], **-i·cal** [-dʒịk(ə)l] *a.* 対話(体)の, 問答(体)の. ◇ **di·ál·o·gist** [daiǽlədʒist] *n.* 対話者〔作家〕; 劇作家.
dí·a·logue, -log [dáiəlɔ̀:g, -làg/-lɔg] *n.* 対話, 問答; 対話体; 対話体の作品; 《劇・小説の》対話(の部分). —— *vi., vt.* (**-logued**; **-logu·ing**) 対話する; 対話の形にする. [√log-]
di·ál·y·sis [daiǽlịsis] *n.* (*pl.* **-ses** [-si:z]) 〔化・物〕透析, 濾膜(ろまく)分析.
dì·a·lýt·ic [dàiəlítik] *a.* 〔化・物〕透析の, 透膜(性)の. ◇ **-i·cal·ly** [-tik(ə)li] *ad.*
dí·a·lyze [dáiəlàiz] *vt.* 〔化・物〕透析する, 濾膜(ろまく)分析する. ◇ **-lyz·er** [-làizər] *n.* 透析器, 濾膜分析器.
diam. diameter.
dì·a·mag·nét·ic [dàiəmægnétik, ㊊⁺-məg-] *a.* 〔物〕反磁性の. —— *n.* 反磁性体. ◇ **-i·cal·ly** *ad.*
dì·a·mág·net·ism [dàiəmǽgnịtiz(ə)m] *n.* 〔物〕反磁性(学), 逆磁気.
‡di·ám·e·ter [daiǽmịtər] *n.* **1** 直径. **2** …倍《レンズなどの拡大単位》. [dia-+√metr-]
◇ **-tral** [-mịtrəl] *a.* 直径の.
dì·a·mét·ric [dàiəmétrik], **-ri·cal** [-rịk(ə)l] *a.* **1** 直径の. **2** 正反対の, 対立的な.
◇ **dì·a·mét·ri·cal·ly** *ad.* 正反対に: a view *diametrically* opposed 正反対の見解.
‡dí·a·mond [dáiəmənd, ㊊⁺dáim-] *n.* **1** ダイヤモンド; 金剛石. **2** ダイヤモンド形; ひし形; 《トランプの》ダイヤ(の札). **3** ガラス切り(=glazier's ~, cutting ~). **4** 〔野球〕内野; 野球場. **5** 〔印〕《4.5ポイントの》ダイヤモンド体活字. **6** 《形容詞的に》ダイヤモンドの(ような); ダイヤ入りの; ひし形の. ***black ~s*** 黒ダイヤ; 石炭. **~ *cut ~*** しのぎをけずる〔いずれ劣らぬ〕好勝負. ***rough ~*** =**~ *in the rough*** 天然のままの金剛石; みがけば光る人物. ***small ~*** 〔トランプ〕点の低いダイヤ札. —— *vt.* ダイヤモンドで飾る.
~·back [-bæk] *a., n.* ダイヤ形〔ひし形〕の斑紋(はんもん)のある(ヘビ, カメ). **~·back terrapin** 《北アメリカ産の》食用ガメ. **~·cut** [-kʌ̀t] 《宝石など》ひし形に切った. **~ cutter** ダイヤみがき工. **~ drill** 黒ダイヤモンド試錐(しすい)機. **~ dust** ダイヤモンド粉末《研摩用》. **~ field** ダイヤモンド産地. **~ jubilee** 60年〔75年〕祭〔式典〕. **D~ state, the** アメリカ Delaware 州の別称. **~ wedding** ダイヤモンド婚式《結婚60年または75年記念》.
Dí·an [dáiən] 〔雅〕=Diana.
Di·án·a [daiǽnə] *n.* **1** 〔ロ神〕月の女神《処女性と狩猟の守護神》. **2** 〔雅〕月. **3** 女狩猟家; 女騎手; 独身を守る女; 若い美しい女性.
dì·a·nét·ics [dàiənétiks] *n. pl.* 《単数扱い》心理療法の一種.
dì·a·pá·son [dàiəpéizn, -sn] *n.* **1** 〔楽〕和声; 完全協和音, オクターブの音程. **2** 《楽器・音声の》音域. **3** 《オルガンの》ディアパースン音栓(おんせん)《closed [stopped] ~ 閉口音栓, open ~ 開口音栓の2種》. **4** 音叉(おんさ). **5** 範囲, 分野. ◇ **~·al** *a.*
dí·a·per [dái(ə)pər/dáiə-] *n.* **1** ひし形模様; ひし形模様のある布〔ナプキン〕. **2** 《赤ん坊の》おむつ.
—— *vt.* **1** ひし形模様で飾る. **2** 〔米〕<赤ん坊に>おむつをあてる. **~ rash** おむつかぶれ. **~ service** 貸しおむつ業. ◇ **~ed** [-d] *a.*
di·áph·a·nous [daiǽfənəs] *a.* 透明な. [√pha(n)-]
◇ **~·ly** *ad.* **~·ness** *n.*
dí·a·phone [dáiəfòun] *n.* **1** 霧笛《低音でよく響く》. **2** 〔言〕方言的異音.
dì·a·pho·ré·sis [dàiəfərí:sis] *n.* 〔医〕発汗.
dì·a·pho·rét·ic [dàiəfərétik] *a.* 発汗性の, 発汗を促す. —— *n.* 発汗剤.
dí·a·phragm [dáiəfræm, ㊊⁺-frəm] *n.* **1** 〔医〕横隔膜. **2** 隔壁, 隔膜. **3** 《機械の》仕切り; 《送・受話器などの》振動板; 〔写〕《レンズの》絞り.
—— *vt.* **1** に仕切り板〔電話の振動板, カメラの絞り〕を取り付ける. **2** <レンズの>光量を絞りでかげんする.
◇ **dì·a·phrag·mát·ic** [dàiəfrægmǽtik, ㊊⁺-frəg-] *a.* 横隔膜の; 隔膜の.
dí·arch·y [dáia:rki] *n.* 両頭政治.
◇ **di·árch·i·al** [daiá:rkiəl] *a.*
dí·a·rist [dáiərist] *n.* 日記をつける人; 日誌係; 日記作者.
dì·ar·rhé·a, dì·ar·rhóe·a [dàiərí:ə/-ríə] *n.* 〔医〕下痢. ◇ **~l** *a.* 下痢の.
†dí·a·ry [dáiəri] *n.* 日記, 日誌; 日記帳. ***keep*** [***open***] ***a ~*** 日記をつけている〔新たにつけ始める〕. [√di-]
Dí·as [dí:əʃ/-əs] *n.* Bartholomeu [bà:rtuluméu-] ~, 1450–1500, ポルトガルの航海者《Cape of Good Hope の発見者》.
Di·ás·po·ra [daiǽspərə] *n.* **1** 《バビロン幽閉後の》ユダヤ人の離散; 《集合的》離散したユダヤ人. **2** 《集合的》パレスチナ以外の初期ユダヤ人キリスト教徒.
dí·a·stase [dáiəstèis] *n.* 〔生化〕ジアスターゼ, でんぷん糖化〔消化〕酵素. ◇ **dì·a·stát·ic** [dàiəstǽtik] *a.*
di·ás·to·le [daiǽstəli:/-li] *n.* **1** 〔医〕心臓拡張(期). ↔ systole. **2** 〔詩学〕音節延長.
◇ **dì·as·tól·ic** [dàiəstálik/-tɔ́l-] *a.*
di·ás·tro·phism [daiǽstrəfiz(ə)m] *n.* 〔地〕地殻(ちかく)変動, 地殻変形.
dì·a·tés·sa·ron [dàiətésəràn/-rɔn] *n.* (しばしば D~) 共観福音書《四福音書を統一編集したもの》.
dì·a·thér·man·cy [dàiəθə́:rmənsi] *n.* 〔物〕透熱性. ◇ **dì·a·thér·ma·nous** [-mənəs] *a.* 〔物〕透熱性の(ある).
dí·a·ther·my [dáiəθə̀:rmi] *n.* 〔医〕ジアテルミー《高周波の透熱療法》. ◇ **dì·a·thér·mic** [dàiəθə́:rmik] *a.* 〔物〕透熱性の; 〔医〕ジアテルミー療法の.
di·áth·e·sis [daiǽθịsis] *n.* (*pl.* **-ses** [-si:z]) 〔医〕特異体質.
dí·a·tom [dáiətəm] *n.* 〔植〕ケイソウ類.
◇ **dì·a·to·má·ceous** [dàiətəméiʃəs] *a.* **1** ケイソウ類の. **2** ケイソウを含む; 〔地〕ケイソウ土の.
dì·a·tóm·ic [dàiətámik/-tɔ́m-] *a.* 〔化〕二原子の; 原子価2の, 二価の.
dì·a·tón·ic [dàiətánik/-tɔ́n-] *a.* 〔楽〕全音階の.
~ scale, the 全音階. ◇ **-i·cal·ly** [-ik(ə)li] *ad.*
dí·a·tribe [dáiətràib] *n.* 激しい論難〔非難〕.
dí·a·zine [dáiəzì:n, -zin, ㊊⁺daiǽzin] *n.* 〔化〕ダイアジン.
dib[1] [dib] *vi.* (**-bb-**) 《魚つりで》えさを水面近くで軽く上下させる.
dib[2] *n.* **1** 〔遊戯〕お手玉遊びに使う骨片; (*pl.*) 骨片を使うお手玉. **2** 《トランプなどで使う》得点チップ, 数とり(札). **3** (*pl.*) 〔俗〕金, 銭.
di·bás·ic [daibéisik] *a.* 〔化〕二塩基(性)の.
díb·ber [díbər] =dibble.
díb·ble [díbl] *n.* 穴掘り具《種まき・苗植え用の》.
—— *vt.* <地面に>穴を掘る; 穴を掘ってまく〔植える〕.
dice [dais] *n.* *pl.* (*sing.* **die** [dai]) **1** さいころ; さい

ころ遊び, ばくち. 2 小立方体. ***play at*** ～ 采(さい)を振る, ばくちをやる. —— *v.* (**diced**; **díc·ing**) *vi.* さいころ遊びをする; ばくちをする. —— *vt.* 1 采の目に切る; 市松模様にする. 2 ばくちでなくす: ～ away a fortune ばくちで大金をなくす. **～-box** [́ ́] 采筒. ◇ **díc·er** [dáisər] *n.* さいころ遊びをする人, ばくち打ち; 〘米俗〙 かんかん帽.

di·chló·ride [daiklɔ́ːraid, -rid/-klɔ́ːraid] *n.* 〘化〙「二塩化物.

dicho- *pref.*「2 部分の」「二分して」の意: *dicho*tomy 二分法 <dicho-＋√tom- 2 部分に＋切る.

di·chóg·a·my [daikágəmi/-kɔ́g-] *n.* 〘植〙 雌雄異熟《おしべとめしべの成熟期が異なり自家受粉できないこと》. ↔ homogamy.

di·chót·o·mous [daikátəməs, di-/-kɔ́t-] *a.* 1 二分した; 二分法の. 2 〘植〙 対生の, 二またに分かれた. ◇ **～·ly** *ad.*

di·chót·o·my [daikátəmi, di-/-kɔ́t-] *n.* 1 二分, 分裂. 2 〘論〙 二分法. 3 〘植〙 対生. 4 〘天〙 半月, 弦月. ◇ **-mize** [-màiz] *vt., vi.* 二分する.

di·chró·mate [daikróumeit, dáikrəmèit / daikróumit] *n.* 〘化〙 重クロム酸塩.

dì·chro·mát·ic [dàikromǽtik] *a.* 二色(性)の; 〘動〙 二変色性の. ◇ **-i·cism** [-tịsiz(ə)m] *n.*

dick[1] [dik] *n.* 〘英話〙 男, やつ; 〘米俗〙 刑事, 探偵(たんてい). **D～ Tracy** [-tréisi] ディック＝トレーシー《アメリカの漫画の主人公の探偵》.

dick[2] *n.* 〘俗〙 宣言, 誓い. ***take* one's ～** 誓う. ***up to* ～** 抜け目のない; すてきな. [<declaration]

dick[3] *n.* 辞書. [<*dic*tionary]

díck·ens [díkịnz] *n.* 〘話〙《deuce, devil と同様強意的に使われる》 ***like the* ～** 猛烈に. ***The* ～!** しまった!; こん畜生! ***The* ～ *of it is that*...** それについていちばん困ることは … だということだ. ***What the* ～ *is it?*** いったいぜんたいなんだ (＝What on earth ...?).

Díck·ens [díkinz] *n.* Charles ～, 1812–70, イギリスの小説家. 「毛皮の》10 枚.

díck·er[1] [díkər] *n.* 〘商〙 10; 10個(一組み); 《特に

díck·er[2] 〘おもに米〙 *vi.* 1 物々交換する, 小取引をする. 2 駆け引きする, 値切る《を相手に *with*》. 3 政治上の妥協をする, 取引する. —— *n.* 1 物々交換(された品物), 小取引. 2 《政治上の》 妥協.

díck·ey, díck·ie, díck·y[1] [díki] *n.* (*pl.* **díck·eys, díck·ies**) 1 《取りはずしできる》ワイシャツの胸当て, いか胸; 前掛け, よだれ掛け; 《婦人用》 ジレー. 2 《馬車の》 御者台, 後部従者席; 《2 人乗り自動車に臨時に取り付ける》 後部座席. 3 小鳥 (＝～ bird). 4 〘俗〙《雄の》ロバ. 「い; 劣等の.

dick·y[2] *a.* 〘英俗〙 がたがた〔ぐらぐら〕の; あぶなっかし

dì·cot·y·lé·don [dàikɑt(ị)líːd(ə)n, ― ́ ― ́ ―/dáikɔ̀t-] *n.* 〘植〙 双子葉植物. ◇ **～·ous** [-líːdnəs] *a.*

di·cóu·ma·rin [daikúːmərin] *n.* 〘化〙 ジクマリン《血液凝固防止剤・血栓(けっせん)治療剤》.

di·crót·ic [daikrátik/-krɔ́t-] *a.* 〘医〙 重搏脈(じゅうはくみゃく)の: a ～ pulse 重搏脈《心臓運動に二つの動脈搏が生じること》. ◇ **dí·cro·tism** [dáikrətìz(ə)m] *n.*

dict. dictation; dictator; dictionary.

díc·ta [díktə] *n.* dictum の複数形.

Díc·ta·phone [díktəfòun] *n.* ディクタホーン《録音・再生両用の速記用機械. 商標名》.

‡**díc·tate** [díkteit, ― ́/― ́] *vt.* 1 口述する, 口で言って書き取らせる: ～ a letter to a secretary 秘書に手紙を口述筆記させる. 2 命令する, 押しつける: ～ a line of action 行動方針をさしずする. —— *vi.* 1 口授する, ものを書き取らせる. 2 さしずする《に *to*》: I refuse to be ～*d to.* 私は人からさしずは受けない. —— [díkteit] *n.* (しばしば *pl.*) 《神・良心・理性などの》命令, さしず. [√dic- 繰返し言う; 強く言う]

dic·tá·tion** [diktéiʃ(ə)n] *n.* 1 口述; 《口述による》書き取り. 2 命令, さしず. ***at the* ～ *of の指示により〔どおりに〕.

díc·ta·tor [díkteitər, ― ́ ―/― ́ ―] *n.* (*fem.* **dic·tá·tress** [diktéitris]) 1 命令者; 独裁者; 《古代ローマの》 独裁執政官. 2 口述者, 書き取らせる人. ◇ **～·ship** [-ʃip] *n.* ～の地位〔任期〕; 独裁(権); 独裁政権〔政治〕.

dìc·ta·tó·ri·al [dìktətɔ́ːriəl/-tɔ́ːr-] *a.* 1 独裁者の; 専制的な. 2 おうへいな, 尊大な. ◇ **～·ly** *ad.* **～·ness** *n.*

díc·tion [díkʃ(ə)n] *n.* 1 ことばづかい, 言い回し, 語法: poetic ～ 詩語(法). 2 〘米〙 話法, 発声法.

†**díc·tion·ar·y** [díkʃənèri/-ʃ(ə)n(ə)ri] *n.* 辞書, 辞典, 字引き: a French-English ～ 仏英辞典. ***walking* 〔*living*〕 ～** 生き字引き. [√dic-] **～ catalog** 蔵書総索引目録《著作・書名・主題・内容解説などすべてを含む図書目録》. **～ English 〔style〕** 堅苦しい英語〔文体〕.

Díc·to·graph [díktəgræ̀f/-grɑːf] *n.* ディクトグラフ《盗聴用または録音用の高感度送話器. 商標名》.

díc·tum [díktəm] *n.* (*pl.* **-ta** [-tə], **-tums**) 1 格言. 2 断言. 3 〘法〙《判決に際しての》裁判官の付随意見. [√dic-]

†**did** [did] *v.* do[1] の過去形.

di·dác·tic [daidǽktik/di-], **-ti·cal** [-tik(ə)l] *a.* 教訓的な; 先生ぶった. ◇ **di·dác·ti·cal·ly** *ad.* **di·dác·ti·cism** [-tịsiz(ə)m] *n.* 教訓主義〔癖〕.

di·dác·tics [daidǽktiks/di-] *n. pl.* 《単数扱い》教授学〔法〕. 「chick).

dí·dap·per [dáidæ̀pər] *n.* 〘鳥〙 カイツブリの類(dab-

díd·dle [dídl] *vt.* 〘話〙 だます, かたる: ～ a person *out of* his money 人をだまして金を巻き上げる. —— *vi.* 時間を空費する《*away*》.

‡**díd·n't** [dídnt] did not の短縮形.

dí·do [dáidou] *n.* (*pl.* ～**(e)s**) 〘米話〙 (しばしば *pl.*) 1 おどけ, ふざけ騒ぎ. 2 酒. ***cut* 〔*kick*〕 (*up*) ～*(e)s*** ふざける, 大騒ぎする.

didst [didst] 〘古・雅〙 ＝did. 〈注〉主語 thou に伴う.

di·dým·i·um [daidímiəm, di-] *n.* 〘化〙 ジジム, ディディミウム《2 個の希金属の混合体》.

†**die**[1] [dai] *vi.* (**died**; **dý·ing**) 1 死ぬ; 〈植物が〉枯れる. 〈注〉「…で死ぬ」のばあい, die *of*... は病気・飢え・老衰が原因, die *from*... は不注意・外傷が原因であるときに使われる傾向がある. ただしこの区別は明瞭(めいりょう)でない. 2 《同族目的をとって》 …の死にざまをする; 《補語を伴って》 …の状態〔姿〕で死ぬ: ～ a glorious death はなばなしく死ぬ. ～ a hero 英雄として生を終える, 勇ましく死ぬ. 3 〈火・制度・芸術・名声などが〉 滅びる, 消える; 〈音・光などが〉かすかになる, (徐々に)薄らぐ《*away, down, off, out*》. 4 無感覚になる; 無関心になる: ～ *to* shame 恥を忘れる. 5 〘話〙 切望する, こがれる: She is *dying to* go. 彼女はしきりに行きたがっている. She is *dying for* a look at her child. 彼女は子どもを一目見たくてたまらないのだ. 6 死ぬ思いをする; 〘宗〙 精神的に死ぬ; 死ぬほど苦しむ. 7 〘野球〙 アウトになる. ≒dye ***～ a beggar*** 野たれ死にをする. ***～ a dog's death*** みじめな死に方をする. ***～ at* one's *post*** 持ち場で死ぬ, 殉職する. ***～ back*** 〈草木が〉枝先から枯れて根だけになる. ***～ game*** 勇ましく戦って死ぬ. ***～ hard*** 最後まで抵抗する, なかなか死なない. → ～-hard. ***～ in* one's *bed*** 畳の上で死ぬ. ***～ in harness*** 現職のまま倒れる; 死ぬまで働く. ***～ in* one's *shoes*** 変死する; 絞首刑になる. ***～ in the last ditch*** 死ぬまで戦う, 死して後やむ. ***～ off*** 次から次へと死ぬ, 死に絶える; 〈音などが〉しだいに消える: His friends are *dying off*. ***～ of laughing*** 笑いこける. ***～ on* one's *feet*** 急死する. ***～ on the air*** 〈鐘の音などが〉空中に消えていく. ***～ on the vine*** 実を結ばずに死ぬ. ***～ out*** 死滅する; 〈風習などが〉すたれる. ***～ standing up*** 芝居をしても拍手してもらえない. ***～ the death*** 〘古〙 往生する; 殺される; 死刑にされる. ***Never say* ～!** 弱音を吐くな!, しっかりしろ!

〈注〉die の合成語はそれぞれ別項.

die² *n.* (*pl.* **dice** [dais]) **1** さいころ; (*pl.*) 采賭博(さいとばく). **2** さいころ〔采の目〕形の物. ***The ~ is cast.*** 〘諺〙采は投げられた; ことは既に決した. ***upon the ~*** 一かばちかの状態で; のるかそるかで.

die³ *n.* (*pl.* **~s** [daiz]) **1** 極印; 鋳型; 打ち抜き型. **2**〘建〙台胴《円柱下部の方形部分》. **3**〘機〙ダイス型《雄ねじを切るねじ型》. **(*as*) *straight* [*level, true*] *as a ~*** まっすぐな, 決してまちがいのない.
—— *vt.* に極印を押す; 鋳型でつくる; 型で打ち抜く.
~caster ダイカスト機. **~casting**〘冶〙ダイカスト; ダイ鋳造物. **~-sink·er** [-siŋkər] 極印〔鋳型〕彫刻工.

díe-a·wày [dáiəwèi] *a.* 元気のない, 陰気くさい.
—— *n.* 《音・映像の》漸次消失.

di·é·cious [daiíːʃəs] =dioecious.

díe-hard, díe·hard [dáihàːrd] *a.* 最後まで抵抗する〔がんばる〕; 頑迷(がんめい)な. **——** *n.* 倒れるまで戦う抵抗者, がんばり屋; 頑迷な (保守的) 人物〔政治家〕. ◇ **díe-hárd·ism** *n.* 頑迷, 最後まで抵抗すること〔主義〕.

dì·e·léc·tric [dàiiléktrik] *n.* 〘電〙**1** 誘電体. **2** 絶縁体. **——** *a.* 〘電〙**1** 誘電性の. **2** 絶縁性の.
◇ **-tri·cal** *a.* **-tri·cal·ly** *ad.*

di·ér·e·sis =diaeresis.

di·es [dáiiːz/díːeiz, dáiiːz] L. *n.* (*pl.* **~**) 日. ***D~ Irae*** [dáiiːz-áirai/díːeiz-íərai] 最後の審判の日; この句で始まる賛美歌. **~ *non*** [dáiiːz-nán/-nɔ́n]〘法〙休廷日; 休業日.

Díe·sel [díːz(ə)l, [米]⁺-s(ə)l] *n.* **1** Rudolf [rúːdɑlf-/-dɔlf-] ~, 1858–1913, ドイツ人技師《~ engine の発明者》. **2** (または d~) ディーゼル機関 (=~ engine〔motor〕).

díe·sel·ize [díːz(ə)làiz, [米]⁺-s(ə)l-] *vt.* 〈鉄道などを〉ディーゼル (機関) 化する.
◇ **dìe·sel·i·zá·tion** [-lizéiʃ(ə)n/-laiz-] *n.*

‡**dí·et¹** [dáiət] *n.* **1** 《日常の》**食品**, 常食: a ~ low in sugar 砂糖分の少ない飲食物. **2** 《治療・体重調節のための》**規定食**; 食餌(しょくじ)療法, 食養生. ***be on a ~*** 減食〔食餌療法〕をしている. ***take* [*keep*] *~*** 《養生のため》規定食をとる〔とり続ける〕. **——** *vt.* **1** に規定食を与える《治療・体重調節のために》. **2** に食事をさせる; に栄養をとらせる《で *on*》. **——** *vi.* **1** 規定食をとる, 食餌療法をする. **2** 栄養をとる《で *on*》.
~ one*self* 食養生をする; 栄養をとる《で *on*》.
~ kitchen 《病院などの》調理室; 《貧しい病人のための》配食所.

‡**dí·et²** *n.* 国会, 議会《日本・スウェーデンなどの》.

dí·et·ar·y [dáiətèri/-t(ə)ri] *a.* **1** 食事の, 飲食の. **2** 規定食の: ~ cure 食餌(しょくじ)療法. **——** *n.* 飲食規定; 規定食. **~ law** ユダヤ教の食物禁忌《豚を食べないなど》.

dì·e·tét·ic [dàiitétik], **-i·cal** [-(ə)l] *a.* **1** 食餌の, 栄養の. **2** 応用栄養学の; 食餌療法の.
◇ **dì·e·tét·i·cal·ly** *ad.*

dì·e·tét·ics [dàiitétiks] *n. pl.* 《単数扱い》応用栄養学; 食餌(しょくじ)療法.

dì·e·tí·tian, -cian [dàiitíʃən] *n.* 栄養士; 栄養学者.

dif- *pref.* f の前の dis- の異形: *dif*fer < dis- + √fer- 離れて+行く.

diff. difference; different; differential.

‡**díf·fer** [dífər] *vi.* **1** **違う**, 異なる《と *from*》. **2** **意見が異なる**〔合わない〕; 口論する, 仲たがいする《と *with*; *from*》: He ~*s with* me entirely. 彼は全く私と意見が異なる. ***agree to ~*** 意見の相違はやむをえないこととして議論を打ち切る.
[dis- + √fer- 離れて+行く]

‡**díf·fer·ence** [díf(ə)rəns] *n.* **1** **違い**, **差**; 相違; 相違点: the ~ *of* this book *from* that one この本のその本との違い. the ~ *between* man *and* woman 男女の差. the ~ *in* quality 質の差. **2** 意見の相違; 不和, 争い. **3**〘数〙差;〘経〙《株の価格変動の》差額; ひらき;〘論〙差異.
bury the ~s 意見の食い違いを水に流す. ***make a* [*no*] *~*** (1) 相違を生じる〔生じない〕; 差別をつける〔つけない〕《の間に *between*》. (2) 重要な違いがある〔ない〕《に *to*》: It *makes no* ~ (*to* me) whether he comes or not. 彼が来ようが来まいが (私には) 全くおなじことだ. ***make a great* [*little*] *~*** たいへんな差異をきたす〔ほとんど差異をきたさない〕. ***meet* [*pay*] *the ~*** 〘英・経〙差額を補償する〔払う〕. ***split the ~*** (1) 差額を 2 等分する. (2) 歩み寄る; 折り合う. ***That makes all the ~.*** それですっかり違ってしまう; そういうわけなら話は全く別だ. ***What's the ~?*** かまうものか. ***with a ~*** 特殊な意味で.
—— *vt.* **1** 差異を生じさせる. **2** の差異に気づく; 差別する.

†**díf·fer·ent** [díf(ə)rənt] *a.* **1** **違った**, **異なった**, 相違した, 別の《と *from*; の点で *in*》: Man is ~ *from* other animals. 人間は他の動物と異なる. These flowers here are ~ *in* color *from* those over there. ここにある花は, あそこにあるのと色が違う. He felt like a ~ person. 彼は別人になったような気がした. Don't count us among you. We are ~. きみたちの仲間扱いにされては困るね. われわれは違うよ《含みは *from* you「きみたちとは」など. ②の第 1 例と比較》. 〈注〉前置詞 from は, 特に口語では, to 《おもに英》または than で代用されることがある. なお than の次には (代) 名詞ばかりでなく, 節や副詞 (句) などがくることがある.
2 **互いに異なる** (=~ from each other), **いろいろの〔な〕**《の点で *in*》; 別々の, それぞれの: We are all ~. 私たちはみなそれぞれ違う. Reading and learning are two ~ things. 読書と学習は別物だ. at ~ times いろいろなおりに. gather from ~ places 方々から集まる. *D~* nations have ~ customs. 民族 (によって) それぞれ風習が違う; 民族が変われば風習も変わる.
3〘米〙変わった, 特異な, 特別な: a tobacco that is ~ 特別〔上等〕なたばこ.
It's a ~ matter. それは別問題だ. ***It's ~ when it comes to*** education. (教育) となると話〔問題, 事情〕は別だ. ***It's* [*The case is*] *quite ~ with*** us. (われわれ) については全く事情が違う.
◇ ‡**~·ly** *ad.* 異なって; いろいろに: I think ~*ly* (*from* any of you). 私の考え方は (きみたちのだれとも) 違う. Different people behave ~*ly.* 人それぞれ行動の仕方が違う.

[類義語] **異なった: different**「不同」「差異」が強調される: two *different* stories concerning an event 一つの事件についての二つの異なった話. **distinct**「分離」「無関係」が強調される. 類似しているいないは問題にされない: These two *distinct* accounts coincide. これらの別々に話された物語は (偶然に) 一致する. **various, diverse**「種類の多様」が強調される. diverse には数詞がつくことがある: *various* types of seaweed いろいろな種類の海草. three completely *diverse* proposals それぞれに違う三つの提案.

dìf·fer·én·ti·a [difərénʃiə] *n.* (*pl.* **-ae** [-ʃiiː]) 相違点; 本質的差異;〘論〙種差.

dìf·fer·én·tial [difərénʃ(ə)l] *a.* **1** 差別の; 差別的な. **2** 特異の. **3**〘数〙微分の. → integral. **4**〘物・機〙差動の; 応差の. **——** *n.* **1**〘鉄道〙《同一目的地に達する二つの経路の》運賃差. **2**〘数〙微分. **3**〘経〙協定賃率差. **4**〘機〙差動歯車.
~ analyzer 微分解析機《一種の計算機》. **~ calculus** 微分 (学). **~ equation** 微分方程式. **~ gear** 差動歯車 (装置). **~ rates** 《鉄道などの》特定運賃率.
◇ **~·ly** [-ʃəli] *ad.* 相違して, 区別するように.

dìf·fer·én·ti·ate [difərénʃièit] *vt.* **1** 差別する,

区分する: ～ A *from* B AをBと差別する. **2** の間に区別〔差異〕を認める. **3** 特殊化させる; 分化させる. **4**〖数〗微分する. —— *vi.* **1** 異なってくる, 差別〔区別〕を生じる. **2** 分化する; 〈器官・言語・種などが〉特殊化する.

dìf·fer·èn·ti·á·tion [dìfərènʃiéiʃ(ə)n/-ren-] *n.* **1** 差別, 区分; 差別待遇. **2** 特殊化;〖生〗分化, 変異. **3**〖数〗微分. → integration.

dif·fi·cile [difisí:l/⊿——] F. *a.* 困難な; 手に負えない, 気むずかしい.

†**díf·fi·cult** [dífikʌ̀lt, -k(ə)lt/-k(ə)lt] *a.* **1** 困難な, むずかしい, ほねのおれる, 難解な: This problem is ～ to solve. この問題は解きにくい. a subject ～ *of* solution 解決の困難な問題. It is ～ *for* a child *to* do so. 子どもにはそうするのはむずかしい. **2**《人が》気むずかしい, がんこな;《ことが》扱いにくい: He is a ～ person to get on with. 彼はつきあいにくい男だ.

‡**díf·fi·cul·ty** [dífikʌ̀lti, -k(ə)l-/-k(ə)l-] *n.* **1** 困難; むずかしさ; 労苦; ほねおり. **2** 難事; 難局. **3** 苦情; 故障; 異議, 不賛成; 争い. **4** (通例 *pl.*) 窮境, 財政困難. ***be in*** **～*i*)*es*** 財政困難に陥っている. ***find*** **～ *in*** (do)***ing*** …しにくい (ことを知る). ***have*** (***a great***) **～ *in*** (do)***ing*** …するのに(たいそう)苦労する. ***make a*** **～** 〔**～*i*)*es***〕めんどうを引き起こす; 苦情を言う. ***the*** **～ *of*** (do)***ing*** …することのむずかしさ. ***with*** **～** やっとのことで, かろうじて. ***without*** (***any***) **～** (なんの)苦もなく, やすやすと. [dis-＋√fac-]

díf·fi·dence [dífid(ə)ns] *n.* **1** 自信のなさ, 気おくれ, ちゅうちょ. ↔confidence. **2** 内気, はにかみ. ***with*** **～** ためらいながら, おずおずと.

díf·fi·dent [dífid(ə)nt] *a.* **1** 自信のない: be ～ *of* success 成功に自信がない. **2** ためらいがちな, 遠慮がちな, 気弱な, 内気な. [dis-＋√fid-] ◇ **～·ly** *ad.*

díf·flu·ence [dífluːəns] *n.* 流出(速度); 溶解. ◇ **-ent** *a.* 流れ去りやすい; 溶解性の.

dif·frάct [difrǽkt] *vt.* **1** 分散させる, 分解する. **2**〖物〗〈光・電波・音などを〉回折させる. [√fra(n)g-] ◇ **dif·frác·tion** [difrǽkʃ(ə)n] *n.*〖物〗回折. **dif·frác·tive** [-frǽktiv] *a.* 回折する; 分解する.

dif·fúse [difjúːz] *vt.* **1** 散らす; 放散させる. **2**〈光・熱などを〉発散する: ～*d* light 散光. **3**〈知識・うわさなどを〉広める, 流布する. **4**〖物〗拡散する. —— *vi.* **1** 散らばる; 放散する. **2** 広まる; 流布する.
—— [difjúːs] *a.* **1** 散らばった; 広がった. **2**《文体などの》散漫な, まわりくどい; ことば数の多い. [√fu(n)d-] ◇ **～·ly** [difjúːsli] *ad.* **～·ness** [difjúːsnis] *n.*

dif·fús·i·ble [difjúːzibl] *a.* **1** 散らされる; 広がる. **2** 普及できる. **3**〖物〗拡散性の. ◇ **dif·fùs·i·bíl·i·ty** [difjùːzibíliti] *n.* 分散〔普及〕力;〖物〗拡散性.

dif·fú·sion [difjúːʒ(ə)n] *n.* **1** 散布; 普及, 流布. **2** 散漫, 冗漫《文体などの》. **3**〖物〗拡散.

dif·fú·sive [difjúːsiv] *a.* **1** 広がる, 普及力ある. **2** 散漫な, まわりくどい. **3** 拡散性の. ◇ **～·ly** *ad.* **～·ness** *n.*

‡**dig** [dig] *v.* (**dug** [dʌg],〖古〗**díg·ged** [dígid]; **díg·ging**) *vt.* **1**〈地面などを〉掘る, 掘り返す. **2**〈穴・墓を〉掘る. **3**〈鉱物を〉採掘する. **4**〈秘密・古記録などを〉掘り出す, 捜し出す《*up, out*》. **5**〈指先・刀などを〉突っ込む《に, の中に *in, into*》. **6**〖俗〗理解する; 了解する: He just doesn't ～ modern jazz. 彼にはモダンジャズがてんでわからないのだ. **7** に注目する, よく見る. **8**〖米俗〗試みる, ためす.
—— *vi.* **1**《手や道具を使って》掘る; 穴を掘る. **2** 掘り当てる《を *against*》; 掘り当てようとする《を *for*》; 探り出そうとする: ～ *for* information 情報を聞き出そうとする. **3** 掘り進む《へ *into*; を *through*; の下を *under*》. **4** ナイフ・フォークなどを突き刺す: ～ *into* a pie パイに手をつける. **5** めり込む: ～ *into* snow 〈自動車などのタイヤが〉雪にめり込む. **6** 研究する《を *into*》. **7**〖米俗〗こつこつ勉強する《を *at*》. **8**〖米俗〗急いで出かける. **9**〖英話〗(下宿などに) 住む: He ～*s* in London now.
～ *a pit for* の落とし穴を掘る. **～ *down*** 掘り下げる;〖米俗〗さいふの底をはたく; 金を工面する《の *for*》. **～ *down into* one's *pocket*** ふところ銭を出す. **～ *in***〖話〗(1) 塹壕(ざんごう)を掘る. (2) 掘って…を埋める. (3) あくせく働く, こつこつ勉強する. **～ one*self in***〖軍〗塹壕を掘って自分の身を守る. **～** a person ***in the ribs***《親しみなどをあらわすために指やひじで》(人の) わき腹を突く. **～ *open*** 掘りあばく. **～ *out*** (1) 掘り出す; 掘って捜し出す. (2)〖米俗〗逃げ出す; 立ち去る. **～ *over*** 掘って捜す. **～ *up*** (1)〈荒れ地などを〉掘り起こす. (2)〈作物などを〉掘り出す. (3) あばき出す, 見つける; 明白にする.
—— *n.* **1** 一掘り; 掘ること. **2**〖話〗一突き: give a ～ こづく. **3**〖話〗当てこすり《*at*》. **4**〖米〗こつこつよく勉強する学生; 勉強家. **5** (*pl.*)〖英〗下宿. **6**〖米俗〗隠れが. **7**〖米俗〗すり (pickpocket). ***have a*** **～ *at*** を辛らつに批評する; を当てこする.
◇ **～·ging** [dígiŋ] *n.* **1** 掘ること; (*pl.*) 採掘, 採鉱; 採鉱地; 発掘物. **2** (*pl.*)〖英〗下宿.

di·gám·ma [daigǽmə] *n.* F に似た形の, 古いギリシア文字《Γ (gamma) を上下に並べたように見え, 音価はほぼ [w]》.

díg·a·my [dígəmi] *n.* 再婚. → bigamy.

di·gén·e·sis [daidʒénisis] *n.*〖生〗世代交番.

‡**di·gést** [didʒést, dai-] *vt.* **1** 消化する, こなす. **2**〈薬・酒などが〉の消化を促す. **3** の意味をとっくり味わう, 会得する. **4** 熟考する: ～ a plan 計画を練る. **5** 耐え忍ぶ, 納得する. **6** 要約する, 摘要する; 整理〔分類〕する. **7**〖化〗浸漬(しんし)する; 蒸して柔らかくする. —— *vi.* 消化する〔される〕.
—— [dáidʒest] *n.* **1** 要約; 摘要;《文学作品などの》梗概(こうがい). **2**《法令の》要覧, 集成; (the D～) ユスチニアヌス法典. [dis-＋√ger- 配分〔配置〕する] ◇ **～·er** [didʒéstər, dai-] *n.* **1** 消化者〔剤〕. **2** 編集者. **3** 蒸し器, スープなべ;〖化〗ダイジェスター.

***di·gést·i·ble** [didʒéstəbl, dai-] *a.* **1** 消化できる; 消化のよい. **2** 摘要できる. ◇ **di·gèst·i·bíl·i·ty** [didʒèstəbíliti, dai-] *n.* 消化能力〔率〕.

***di·gés·tion** [didʒéstʃ(ə)n, dai-] *n.* **1** 消化(作用); 消化力: food hard 〔easy〕 *of* ～ 消化が悪い〔よい〕食物. have a good 〔weak〕 ～ 胃が強い〔弱い〕. **2**《精神的な》同化力, 理解力. **3**〖化〗熟成, 温浸.

di·gés·tive [didʒéstiv, dai-] *a.* **1** 消化の; 消化を助ける. **2**〖化〗温浸の. —— *n.* 消化剤. ◇ **～·ly** *ad.*

díg·ger [dígər] *n.* **1** 掘る人; 坑夫. **2** 採掘具, 芋掘り器. **3**〖米話〗くそ勉強家. **4** (the D～s) (根を常食とする) 北アメリカ原住民. **5**〖虫〗ジバチ, アナバチ (＝～ wasp).

dight [dait] *vt.* (**dight** *or* **dight·ed** [dáitid])〖古〗《おもに過去分詞の形で用いられる》 **1** 整える, 設備する. **2** 装う, 飾る.

díg·it [dídʒit] *n.* **1** (手足の) 指. **2** 指幅《約4分の3インチ》. **3** アラビア数字《0から9まで》. **4**〖天〗太陽・月の直径の12分の1.

díg·it·al [dídʒitl] *a.* **1** 指の; 指状の; 指のついている. **2** ディジタル〔計数〕型の: a ～ computer ディジタル(電子)計算機. → analog(ue).
—— *n.* 指; 鍵(けん)《ピアノ・オルガンの》.

dìg·i·tá·lis [didʒitéilis, ㊥⁺-tǽl-] *n.*〖植〗ジギタリス; ジギタリス製剤《強心剤》.

díg·i·tate [dídʒitèit] *a.*〖動・植〗指のある; 指状〔掌状〕の. ◇ **～·ly** *ad.* **-tat·ed** [-id] *a.* ＝digitate.

díg·i·ti·grade [dídʒitigrèid] *a.*〖動〗足指で歩く, 趾行(しこう)の. —— *n.* 趾行動物.

dí·glot [dáiglɑt/-glɔt] *a.* 2国語の〔を話す〕.
—— *n.* 2国語併用本.

***díg·ni·fy** [dígnifài] *vt.* **1** に威厳をつける《で *with*》; に名誉〔称号〕を与える. **2** 高貴〔高尚(こうしょう)〕にする

〔見せる〕. [√dign-] ◇ **-fied** [-fàid] *a.* 威厳〔品位〕のある, 高貴な, 堂々たる, いかめしい.

díg·ni·tar·y [dígnitèri/-t(ə)ri] *n.* 高貴の人; (政府の)高官; 《特に》高僧; 《皮肉》お偉方.
◇ **dìg·ni·tár·i·al** [⁻-té(ː)riəl/-téər-] *a.*

‡**díg·ni·ty** [dígniti] *n.* **1** 尊厳, 威厳; 尊さ: the ～ of labor. **2** 品位; 気品. **3** 高位; 位階; 爵位. **4** 高位の人物, 高官(の人), 高僧; 《集合的》高位の人人. ***beneath*** one'***s*** ～ 品位にふさわしくない〔かかわる〕, 威厳をそこなう. ***stand*** [***be***] ***upon*** one'***s*** ～ もったいぶる; いばる. ***with*** ～ 厳然として; もったいぶって. [√dign-]

dí·graph [dáigræf/-grɑːf] *n.* 2字1音, 二重字《例: ch [k, tʃ, ʃ], ea [iː]》.

di·gréss [digrés, dai-] *vi.* 横道にそれる, 本題から離れる, 余談をする, 枝葉にわたる《から *from*》. [√grad-]

di·grés·sion [digréʃ(ə)n, dai-] *n.* **1** 本題から離れること, 余談,「脱線」. **2** 〔天〕離角.
◇ **～·al** [-ʃən(ə)l] *a.*

di·grés·sive [digrésiv, dai-] *a.* 横道にそれやすい, 余談の, 枝葉にわたる. ◇ **～·ly** *ad.* **～·ness** *n.*

di·hé·dral [daihíːdrəl/-héd-] *a.* 2平面の〔から成る〕. ～ **angle** 〔空〕《飛行機の翼の》上反角; 〔数〕二面角.

dike [daik] *n.* **1** みぞ, 堀(ほり), 水路. **2** 堤防; 土手; 《湿地・沼地を横断する》陸道. **3** 防御物. **4** 〔地〕岩脈. —— *vt.* **1** にみぞをつくって排水する. **2** に堤防を築く〔めぐらす〕.

dil. dilute(d).

di·lác·er·ate [dilǽsərèit, dai-] *vt.* 裂く.

di·lán·tin [dailǽntin] *n.* 〔薬〕ダイランチン (＝～ sodium)《てんかんの薬》.

di·láp·i·date [dilǽpidèit] *vt., vi.* **1** 〈建物・自動車など〉荒廃させる〔する〕; 破損させる〔する〕. **2** 〔古〕〈財産を〉乱費する.
◇ **-dat·ed** [-id] *a.* **1** 荒れ果てた, くずれかかった. **2** 《服など》ぼろぼろの; 《自動車・財産など》がたがたの.
di·làp·i·dá·tion [dilæpidéiʃ(ə)n] *n.*

di·lát·a·ble [dailéitəbl, di-] *a.* 膨張性の, ふくれる.
◇ **di·làt·a·bíl·i·ty** [-lèitəbíliti] *n.* 膨張性〔率〕.

dì·la·tá·tion [dìlətéiʃ(ə)n, dàilə-/dàilei-], **di·lá·tion** [dailéiʃ(ə)n, di-] *n.* **1** ふくれること, 拡張. **2** 敷衍(ふえん), 詳説. **3** 〔医〕肥大(症). ～ ***of the stomach*** 胃拡張.

di·láte [dailéit, di-] *vt.* **1** 膨張させる; 広げる. **2** 〔古〕敷衍(ふえん)する, 詳説する. —— *vi.* **1** 膨張する; 〈ひとみなどが〉広がる. **2** 敷衍する, 説明する《を *on, upon*》. [√lat-] ◇ **di·lát·ant** [-léit(ə)nt] *a.* 膨張する; 広がる. **di·lá·tive** [-iv] *a.* ふくれがちの.

dìl·a·tóm·e·ter [dìlətámitər/-tóm-] *n.* 膨張計.

di·lá·tor [dailéitər, di-] *n.* 拡張する人〔物〕; 〔医〕拡張器; 拡張筋. ↔ constrictor.

díl·a·to·ry [dílətɔːri/-t(ə)ri] *a.* **1** 手間どる, 長引いた: a ～ program 遅滞した計画. **2** 時をかせぐ, 引き延ばしの. [＜dilate] ◇ **-ri·ly** [-rili] *ad.* 手間どって, ぐずぐずと, のろのろと. **-ri·ness** *n.* 遅延.

di·lém·ma [dilémə] *n.* **1** 板ばさみ, 進退困難, 窮地, ジレンマ. **2** 〔論〕両刀論法. ***be in a*** ～ ＝***be on the horns of a*** ～ ＝***be put into a*** ～ 進退窮まっている. ◇ **dìl·em·mát·ic** [dìləmǽtic], **dìl·em·mát·i·cal** *a.*

dìl·et·tán·te [dilitǽnti] *n.* (*pl.* **-tes, -ti** [-tiː]) 美術〔文学, 芸術, 学術〕愛好家; しろうと芸術家; 半可通. —— *a.* 芸術好きの; しろうと芸の; 半可通の.
◇ **-tish** [-tiʃ] *a.*

dìl·et·tánt·ism [dìlitǽntiz(ə)m], **dìl·et·tán·te·ism** [dìlitǽntiiz(ə)m] *n.* しろうと芸, 道楽, 半可通, 生かじりの知識.

***díl·i·gence** [dílidʒ(ə)ns] *n.* 勤勉; 〔古〕入念.

díl·i·gence [dílidʒ(ə)ns, dilizɑːns] F. *n.* 乗合馬車《フランス・スイスなどの》.

‡**díl·i·gent** [dílidʒ(ə)nt] *a.* **1** 勤勉な, 勉強する《*in*》. **2** ほねおった, 苦心した, 念入りの. [dis-＋√leg-¹]
◇ ***～·ly** *ad.*

dill [dil] *n.* 〔植〕イノンド(の実・葉)《香味料》.
～ **pickle** イノンドづけのキュウリ.

díl·ly [díli] *n.* 〔話〕すてきなもの: a ～ of a movie すばらしい映画.

díl·ly·dal·ly [dílidæli] *vi.* 〔話〕 **1** ぐずぐずする, いたずらに時を過ごす. **2** もてあそぶ《を *with*》.

díl·u·ent [díljuənt] *a.* 薄くする《血液など》.
—— *n.* 〔医〕(血液の)希釈剤; 希釈液《飲料》.

di·lúte [dilúːt, dai-/-ljúːt] *vt., vi.* **1** 希薄にする〔なる〕, 薄くする〔なる〕: ～ wine *with* water ブドウ酒を水で割る. **2** 〈効力・力など〉弱くする〔なる〕; 〈色を〉淡くする. —— [[米]⁺dáiluːt] *a.* **1** 希薄な; 薄めた: a ～ solution 希薄溶液. **2** 淡い, 弱い. [√lau-]
◇ **～·ness** *n.*

di·lú·tion [dilúːʃ(ə)n, dai-/-ljúː-] *n.* 希釈; 薄められた状態〔もの〕.

‡**dim** [dim] *a.* (**dím·mer; dím·mest**) **1** 薄暗い: a ～ room. **2** ぼんやりした, よく見えない; 《光・色・音などが》かすかな, さえない, くすんだ: a ～ object in the distance 遠くにあってよく見えないもの. a ～ sound こもった音. **3** あいまいな; 《将来性など》はっきりしない: a ～ idea もうろうとした観念. Chances of rain are ～. 雨が降りそうにもない. **4** 《視力・理解力が》ぼんやりした, 鈍い: eyes ～ with tears 涙で曇った目. **5** 《人が》目立たない, 無名な. ***take a*** ～ ***view of*** を悲観的に見る; を疑いの気持ちをもって見る.
—— *vt., vi.* **1** ～にする〔になる〕. **2** 〈車の前照燈を〉暗くする《対向車の目をくらませないため》. ～ ***out*** 明かりを弱くする《燈火管制で》. → black out.
～-wit [⁻⁻] 〔俗〕うすのろ, ばか.
◇ ***～·ly** *ad.* 薄暗く; ぼんやりと.

dim. dimension; diminuendo; diminutive.

‡**dime** [daim] *n.* 〔米〕10セント銀貨. ***a*** ～ ***a dozen*** 安物の; ありふれて平凡な. ***not care a*** ～ ちっとも気にしない. ～ **museum** 〔米〕簡易博物館; 安見せ物. ～ **novel** 〔米〕三文小説. ～ **store** 〔米〕10セントストア《比較的安価な雑貨店》. ～ **tossing** 運を天に任せての《10セント貨を投げて表裏いずれが出るかで運命を占う方法から》; 五分五分の見込みの.

di·mén·sion [diménʃ(ə)n, dai-] *n.* **1** 寸法《長さ・幅・厚さ》; 〔数〕次元; 〔物〕ディメンション, 次元. **2** (*pl.*) 面積, 容積; 大きさ, かさ, 規模. **3** 重要さ. ***of great*** [***vast***] ～***s*** 非常に大きな, たいへん重要な. ***of one*** ～ 一次元の; 線の. ***of two*** [***three***] ～***s*** 二〔三〕次元の, 平面〔立体〕の. ***the fourth*** ～ 〔数〕第四次元; 《比喩的》通常の経験の範囲を出る事柄. [√mens-]
◇ **～·al** [-ʃən(ə)l] *a.* 寸法〔広がり〕の; …次元の: a two-～*al* space 二次元空間. three-～*al* 三次元の; 立体の. three-～*al* films 立体映画. **～·less** *a.* 《長さも幅も厚さもない》点の; 大きさのない.

dím·e·ter [dímitər] *n.* 〔韻〕二歩格〔句〕.
◇ **di·mét·ric** [dimétrik] *a.*

di·míd·i·ate [dimídiit, [米]⁺dai-] *a.* 二分〔折半〕された. —— [-dièit] *vt.* 二分〔折半〕する.

dimin. diminuendo; diminutive.

di·mín·ish** [dimíniʃ] *vt.* **1** 減ずる, 減少させる, 小さくする; 〈信用・名声などを〉落とさせる. ↔ increase. **2** 〔楽〕半音減ずる; 〔建〕先細りにする. —— *vi.* **1** 減少する; 小さくなる. **2** 先が細くなる. ***hide one'***s*** ～***ed head*** 小さくなって引っ込む; すごすご引きさがる. [√min-] ◇ **～·a·ble** *a.* ～できる.

di·mín·ish·ing [dimíniʃiŋ] *a.* 漸減する: (the law of) ～ returns 〔経〕収益漸減(の法則).
◇ **～·ly** *ad.*

di·mìn·u·én·do [diminjuéndou] *n.* (*pl.* ～***s***) 〔楽〕漸次弱音〔奏〕. —— *a., ad.* しだいに弱い〔く〕.

dìm·i·nú·tion [dìminjúːʃ(ə)n] *n.* **1** 減少(額), 縮小; 低下. **2** 〔建〕先細り《柱など》. **3** 〔楽〕主題の短縮. [＜diminish]

***di·mín·u·tive** [dimínjutiv] *a.* **1** 小形の, 小さい; 小柄の, ちっぽけな. **2**〘文〙小さいことを示す, 指小の. **——** *n.* **1** 小さい人〔物〕. **2** 縮小形, 愛称, 通称《たとえば Kate は Katherine を短縮した愛称》. **3**〘文〙指小(接尾)辞《book*let*, duck*ling* の -let, -ling など》. 〔√min-〕 ◇ **～·ly** *ad.* **～·ness** *n.*
〔類〕→ **small**「小さな」

dím·is·so·ry [dímisɔ̀:ri, dimís(ə)ri/dímis(ə)ri] *a.* 去らせる, 追い出す;〘宗〙転出許可の.
～ letter《牧師の他教区への》転出許可証.

dím·i·ty [dímiti] *n.* 浮きしま綿布《カーテン・ベッドなどに用いる》.

dím·mer [dímər] *n.* 制光装置《自動車のヘッドライト・舞台照明などを適宜減光する》.

di·mór·phic [daimɔ́:rfik], **-phous** [-fəs] *a.*〘植・生〙同種二形の;〘鉱〙同質二像の.
◇ **di·mór·phism** [-fiz(ə)m] *n.*

dím·ple [dímpl] *n.* えくぼ; 小さなくぼみ《皮膚の面・地面・水面などの》; さざなみ. **——** *vi., vt.* えくぼができる, にえくぼをつくる; へこむ, へこます; さざなみが立つ, にさざなみを立てる. ◇ **dím·ply** [dímpli] *a.* えくぼ〔くぼみ〕のある; さざなみが立つ.

dím·wit [dímwìt] *n.*〘俗〙ばか; うすのろ.

din [din] *n.* やかましい音, 騒音: the ～ and bustle of city life 都市生活の喧噪(けんそう). **——** *v.* **(-nn-)** *vt.* **1** 騒音で悩ます. **2** やかましく大声で〔繰り返して〕言う. **——** *vi.* 騒音をたてる. ～ something ***into*** a person 〔a person***'s ears***〕(人になにかを)うるさく言い聞かす.

di·nár [diná:r/dí:nɑ:] *n.* ディナール《ユーゴスラビア・イラク・イランなどの貨幣単位》.

‡**dine** [dain] *vi.* **正餐**(せいさん)**をとる**, 《特に》夕食〔晩餐〕をする; 《一般的》食事をする. **——** *vt.* **1** 正餐〔夕食〕に招く, に夕食〔晩餐〕を供する. **2** <へや・食卓などが> …人が食事できるくらい広い: This room ～*s* thirty. このへやで30人食事ができる. → dinner.
～ ***forth*** 食事に出かける. ～ ***on*** 〔***upon, off***〕を食事にとる. ～ ***out*** よそで食事する《レストランなどで》.
～ ***with Duke Humphrey*** 食事を抜きにする.

dín·er [dáinər] *n.* **1** 食事する人, 正餐の客. **2**〘米〙食堂車; (食堂車式) 軽便食堂.
～-óut (*pl.* **～s-óut**)〘英〙(招待されて) 外食の多い人. **D～'s Club, the** ダイナーズクラブ《会員は所属の食堂・ホテルなどで署名だけでサービスを受け, 会計はあとで自宅払いにすることができる》.

di·nér·gate [dainə́:rgit] *n.* ヘイタイアリ.

di·nétte [dainét/dai-, di-] *n.*〘米〙小食堂; 小形の食卓《あしが折りたたみのものが多い》. 「中性子.

di·néu·tron [dain(j)ú:trɑn/-njú:trɔn] *n.*〘物〙重

ding [diŋ] *vi., vt.* <鐘など>ガンガン鳴る〔鳴らす〕;〘話〙くどくど話す〔聞かす〕《に *into*》. **——** *n.* 鐘の音.

díng·bat [díŋbæ̀t] *n.*〘米話〙投げやすい物《石・棒切れなど》; 仕掛け, くふう.

díng-dòng [díŋdɔ̀:ŋ/-dɔ́ŋ] *n.* ゴーンゴーン, ガンガン, ジャンジャン《続いて鳴る鐘などの音》. **——** *a.* **1** 鐘の音のような, ジャンジャンいう. **2**《競争など》激しくやり合う, 張り合う: a ～ contest 激しいせり合い. **——** *ad.* せっせと. ***go*** 〔***hammer away***〕 ***at it*** ～ せっせと働く.

dín·ghy, -gey [díŋgi] *n.* **1**《親船に付属の》小舟, はしけ; (よろい張りの) 艦載ボート. **2**《西インドの》小

dín·gle [díŋgl] *n.* 小さい峡谷. ㇗舟.

dín·go [díŋgou] *n.* (*pl.* **～es**) (オーストラリアの) 野犬;〘米俗〙のらくら男.

díng·us [díŋəs] *n.*〘米俗〙もの《「あの…」と品物の名を思い出せないときに使う》.

***dín·gy**[1] [díndʒi] *a.* **1 薄黒い**; よごれた. **2** 陰気な; 評判の悪い. ◇ **dín·gi·ly** *ad.* **dín·gi·ness** *n.*

dín·gy[2] [díŋgi] =dinghy.

dín·ing [dáiniŋ] *n.* 食事. **～ car** 食堂車. **～ hall** 大食堂. ‡**～ room** 食堂. **～ table** 食卓.

di·nì·tro·bén·zene [dainàitrobénzi:n, -benzí:n] *n.*〘化〙ジニトロベンゼン《媒染剤》.

dink [diŋk] *n.* 大学1年生のかぶる小さな帽子.

dínk·ey [díŋki] *n.*〘米話〙小さいもの; 小型機関車; 小型電車.

dín·kum [díŋkəm] *a.*〘オーストラリア俗〙ほんものの, 真実の. **——** *ad.* ほんとうに. **～ oil** 偽らない真実.

dínk·y [díŋki] *a.*〘俗〙小さい;〘英話〙小ぎれいな. **——** *n.* **1** =dinkey. **2** =dinghy.

†**dín·ner** [dínər] *n.* **1 正餐**(せいさん)《一日のうち主要な食事, 元来は午餐, いまは多く晩餐》; 夕食. **2** 公式の晩餐〔午餐〕(会). ***ask*** a person ***to*** ～ (人を)夕食〔正餐〕に招待する ***at*** ～ 食事中. ***early*** 〔***late***〕 ～ 午餐〔晩餐〕. ***give a*** ～ ***in*** a person***'s honor*** 〔***in honor of*** a person〕(人)を主賓に晩餐〔午餐〕会を開く. ***have*** ～ 食事をとる. ***make a good*** 〔***poor***〕 ～ 十分〔不十分〕な食事をする.
～ bell 食事を知らせる鐘. **～ call** 食事の知らせ.
～ jacket 〔**coat**〕略式夜会服(=tuxedo).
～ hour 〔**time**〕正餐の時刻.
～ party 晩餐〔午餐〕会. **～ service** 〔**set**〕正餐用食器一式. **～ table** 食卓. **～ wagon** 車つき食器台. **～·ware** [-wɛ̀ər] 食器類〔一そろい〕.

dinner jacket

dino-「恐ろしい」の意の語形成要素.

di·nóc·er·as [dainásərəs/-nɔ́s-] *n.*〘古生〙恐角獣.

dí·no·saur [dáinəsɔ̀:r] *n.*〘古生〙恐竜(きょうりゅう).
◇ **dì·no·sáu·ri·an** [dàinəsɔ́:riən] *n., a.* 恐竜

dí·no·there [dáinəθìər] *n.*〘古生〙恐獣. ㇗(の).

dint [dint] *n.* **1** 力, 暴力. **2** 打痕(だこん), へこみ. **3**〘古〙打撃. ***by*** ～ ***of*** の力〔おかげ〕で, …によって.
—— *vt.* に打痕をつける, 打ってへこます.

di·óc·e·san [daiásis(ə)n, dáiəsì:-/daiɔ́si-] *a.* diocese の. **——** *n.* 管区を統轄する司教. 「管区.

dí·o·cese [dáiəsì:s/-sis, -si:s] *n.* 司教〔監督, 主教〕

dí·ode [dáioud] *n.*〘電〙二極(真空)管, ダイオード.

di·óe·cious [daií:ʃəs] *a.*〘生〙雌雄異体〔異株〕の.

di·óe·cism [daií:sizm] *n.*〘生〙雌雄異体〔異株〕.

di·oés·trum [daiéstrəm, -í:s-] *n.*〘生〙《動物, 特に雌の》発情期.

Di·óg·e·nes [daiádʒəni:z/-ɔ́dʒ-] *n.* ディオゲネース, 412?–323 B.C., 古代ギリシア犬儒学派の哲学者.

Dì·o·ný·si·a [dàiəníʃiə, -siə/-ziə, -ʒiə] *n. pl.*〘古ギリシア〙ディオニソス祭, 酒神祭. ◇ **～n, -ac** [-nísiæk/-ziæk] *a.* Dionysus の; ディオニソス祭の.

Dì·o·ný·si·us [dàiəníʃiəs, -siəs/-siəs] *n.* ディオニシウス, 430?–367 B.C., Syracuse の王.

Dì·o·ný·sus, -sos [-náisəs] *n.*〘ギ神〙ディオニソス《酒の神. Bacchus の別称ともされる》. 「石.

di·óp·side [daiápsaid, -sid/-ɔ́psaid] *n.*〘鉱〙透輝

di·óp·ter, -tre [daiáptər/-ɔ́p-] *n.*〘光〙ディオプター《レンズの度の強さを示す単位》.

di·óp·tric [daiáptrik/-ɔ́p-], **-tri·cal** [-(ə)l] *a.* **1** 屈折光学の. **2** 光線屈折応用の, 視力矯正(きょうせい)用の. ◇ **di·óp·tri·cal·ly** *ad.* **di·óp·trics** *n. pl.* 《単数扱い》屈折光学.

dì·o·rám·a [dàiərǽmə/-rá:mə] *n.* **1** ジオラマ, (小形模型)実景; ジオラマ館. **2** (大場面の) 縮小セット《映画撮影用》. ◇ **dì·o·rám·ic** [dàiərǽmik] *a.*

dí·o·rite [dáiəràit] *n.*〘鉱〙セン緑岩.

Dì·os·cú·ri [dàiəskjú(:)rai/-kjúər-] *n.*〘ギ神〙= Castor and Pollux《語源的には「Zeus のむすこたち」》→ Castor.

di·óx·ide [daiáksaid, -sid/-ɔ́ksaid] *n.*〘化〙二酸化物: carbon ～ 二酸化炭素, 炭酸ガス.

‡**dip** [dip] *v.* (**dipped**,〘稀〙**dipt**; **díp·ping**) *vt.* **1** 浸す, ちょっと浸す. **2** に浸礼を施す. **3** <羊を> 殺虫

液で洗う；<ろうそくを> つくる《溶かしたろうに心(しん)を繰り返し浸して》. **4** <旗などを> ちょっと下げてすぐ上げる《敬礼・信号などのため》. **5** くみ出す, すくいあげる《*out, up*》. **6**〘俗〙借金させる《通例受動態で》: *be ~ped* 借りがある.

—— *vi.* **1** ちょっと浸る《に *into*》. **2**《物を出すため》ひしゃく〔手など〕を突っ込む《に *into*》: He *~ped into* the jar *for* an olive. オリーブの実を取ろうとしてびんに手〔ひしゃく〕を入れた. **3** 沈む; 下がる; (下方に) 傾く. **4** ちょっとひざを曲げておじぎする. **5** 拾い読みする; ざっと調べる《を *into*》. **6**〘空〙<飛行機が> 急降下する《再び上昇する前に》. **7**《比喩的》<価格などが> 下がる. **~ *deep into*** the future (将来のこと) をふかく考える〔研究する〕. **~ *into*** one**'*s purse*** はでに金を使う.

—— *n.* **1** 浸す〔浸る〕こと; 一浴び: have 〔take〕 a ~ in the sea 海で一浴びする. **2** 一くみ, 一すくい. **3** 浸液; 洗羊液(=sheep-~). **4** (糸心) ろうそく. **5** (地盤の) 沈下; 傾斜; (土地の) くぼみ. **6** おじぎ. **7**《値段などの》下降. **8**《電線の》垂下度;《磁針の》俯角(ふかく);〘測〙《地平線の》眼高差. **9**〘空〙急降下. **10**〘運〙《平行棒による》腕の屈伸運動. **~(*ping*) *needle*** 俯角磁針.

diph·thé·ri·a [difθí(:)riə, dip-/-θíər-] *n.* 〘医〙ジフテリア. ◇ **-al** [-l], **diph·thér·ic** [-θérik], **diph·the·rít·ic** [difθiritik, dip-] *a.*

díph·thong [dífθɔ:ŋ, díp-/-θɔŋ] *n.* **1**〘音声〙二重母音《[au, ɔi, εər] など》. → monophthong. **2**〘俗〙2字で1母音をあらわすもの(digraph)《cause の au など》. **3** 母音の連字〔抱き字, 合字〕(ligature)《æ, œ など》.

◇ **~·ize** [-(g)àiz] *vt.* <単母音を> 二重母音化する.

diph·thón·gal [difθɔ́:ŋg(ə)l, dip-/-θɔ́ŋ-] *a.*

dipl-, diplo-「2, 二重, 複」の意の語形成要素.

dí·plex [dáiplèks] *a.*〘通信〙二(重通)信の.

dìp·lo·cóc·cus [dìpləkákəs/-kɔ́k-] *n.* (*pl.* **-ci** [-ksai])〘生〙双球菌.

díp·loid [díplɔid] *a.* 二重の;〘生〙倍数の. **——** *n.*〘生〙倍数染色体. → haploid.

di·pló·ma** [diplóumə] *n.* (*pl.* **~s**,〘稀〙**~·ta** [-tə]) **1** 卒業証書, 学位授与証; 免許状; 賞状. **2** (*pl.*) 古文書. **3** 公〔官〕文書. ***get one**'*s* ~** 大学を卒業する, 免状をもらう. **——** *vt.* (**-maed, -ma'd**; **-ma·ing**) に~を授ける. **~ mill**〘話〙マスプロ大学.

di·pló·ma·cy [diplóuməsi] *n.* **1** 外交; 外交術〔手腕〕. **2** 権謀術数, 駆け引き.

***díp·lo·mat** [dípləmæt] *n.* 外交官; 外交手腕のある人.

díp·lo·mate [dípləmèit] *n.* diploma を授与された人《特に医師・弁護士・技師など》.

dìp·lo·mát·ic [dìpləmǽtik] *a.* **1** 外交上の. **2** 外交手腕のある, 駆け引きのうまい (tactful). **3** 古文書研究の. **4** 免許状の.

~ corps 〔**body**〕 外交団. **~ immunity**《関税・逮捕・家宅捜索などの》外交官免除特権. **~ service** 外交官勤務;《集合的》大〔公〕使館員.

◇ **~s** *n. pl.*《単数扱い》古文書学.

dìp·lo·mát·i·cal·ly [-(ə)li] *ad.* 外交上, 外交的に.

di·pló·ma·tist [diplóumətist]〘英〙=diplomat.

di·pló·ma·tize [diplóumətàiz] *vi.* 外交交渉を行なう; 外交的手腕をふるう, 駆け引きする.

díp·lon [díplan/-lɔn] *n.* 〘化〙二重核《重水素原子核》.

di·pló·pi·a [diplóupiə] *n.*〘医〙複視(症).

díp·no·an [dípnouən] *a.*, *n.*〘動〙肺魚類の(魚).

dí·pole [dáipòul] *n.*〘物・化〙双極子; 二極アンテナ. ◇ **di·pó·lar** [daipóulər] *a.* 二極のある.

***díp·per** [dípər] *n.* **1** ひしゃく, すくう道具. **2** (the D~) 北斗七星 (=the Big D~)《大クマ座の七星》; 小北斗星 (=the Little D~)《小グマ座の七星》. → Ursa Major 〔Minor〕. 〈注〉イギリスでは the Great 〔Little〕 Bear. **3** 浸す人; (D~)〘宗〙浸礼教徒. **4** 水中にもぐる鳥《カワセミなど》. **5**〘写〙現像液容器. [<dip]

díp·py [dípi] *a.*〘俗〙**1** 夢中な,《…に》目がない《に *about, for*》. **2** 途方もない, いかれた: have a ~ notion that the moon is inhabited.

dìp·so·má·ni·a [dìpsəméiniə] *n.* 〘医〙飲酒狂. ◇ **~c** [-méiniæk] *n.* ~の人.

dipt [dipt] *v.* dip の過去・過去分詞.

Díp·ter·a [díptərə] *n. pl.*〘虫〙双翅(そうし)類.

díp·ter·al [díptərəl] *a.* **1**〘建〙二重柱廊の. **2**〘虫〙=dipterous ①.

díp·ter·ous [díptərəs] *a.* **1**〘虫〙双翅(そうし)類の. **2**〘植〙《種・茎が》双翅のある. **3**〘建〙=dipteral ①.

díp·tych [díptik] *n.*〘古ローマ〙二つ折りの書字板; 二つ折りの絵〔彫刻〕《祭壇用》.

Dir. Director.

dire [daiər/dáiə] *a.* (**dír·er** [dáirər/dáiərə]; **dír·est**) **1** 恐ろしい; 悲惨な. **2** はなはだしい, 極端な: in ~ need of help 援助をぜひとも必要とする. **~ sisters, the** 復讐(ふくしゅう)の三女神(the Furies).

‡di·réct [dirékt, dai-] *vt.* **1** <人・物・ことば・目・注意・努力などを> (まっすぐに) 向ける, 差し向ける《に *against, at, to, toward(s)*》. **2** に道を教える: ~ a person *to* a place. **3** にあて名を書く, <手紙などを> あてる: ~ a letter *to* a person 〔place〕. **4** 指導する; 管理する; 監督する. **5** 操作する, あやつる. **6** に命令する: ~ a person *to* (do) 人に…するよう命令する. **7** 定める, 命ずる: ~ a thing *to* be done 事を…するように定める〔命ずる〕. **——** *vi.* 指揮する, 指導する. ***as ~ed*** さしずどおりに. ***~ing post*** 道標.

—— *a.* (**~·er**; **~·est**) **1** まっすぐな; 直進的な; 直系の. **2** 直接の, じかの. ↔ indirect. **3** 率直な; 露骨な; 明白な. **4** 真正の, 絶対の: the ~ contrary 〔opposite〕 正反対(のもの). **5**〘天〙《西から東へ》順行する. **——** *ad.* まっすぐに; 直接に; 直行的に. [√reg-]

~ action 直接行動〔作用〕. **~ current**〘電〙直流. **~ descendant** 直系卑属. **~ discourse**〘文〙直接話法. **~ grant school**〘英〙奨学金下付学校《政府から補助金を受け, それに対し一定数の学生を無料教育する》. **~ mail** ダイレクトメール《百貨店などから家庭に直接送る案内状・パンフレットなど》. **~ method** 直接教授法《補助としての母国語を用いないで外国語そのもので行なう外国語教授法》. **~ narration**〘文〙直接話法. **~ object**〘文〙直接目的(語). →object. **~ ratio** 〔**proportion**〕〘数〙正比(例). **~ rays** (太陽の)直射光線. **~ shot** 〔**hit**〕 直撃(弾). **~ speech**〘文〙直接話法. **~ tax** 直接税. **~ train** 直通列車.

◇ **di·réct·ness** *n.* まっすぐ; 直接(性); 率直.

(類義語) 命ずる: **direct** 命ずるとともに方法などを指導する, さしずする. 人の上下関係よりも目的遂行の意図が強調される. **order** 命ずる人の立場の上位が示される. **command** order の更に形式的な語であるが, 受令者が複数であるばあいが多い.
(類) → **guide**「導く」

‡di·réc·tion [dirékʃ(ə)n, dai-] *n.* **1** 指導, 指揮; 監督; 管理;〘映・劇〙監督; 演出. **2** (通例 *pl.*) さしず, 命令; 心得書, (使用法) 説明; *~s for* use 使用法. **3**《郵便物の》あて先 (address). **4** 方向, 方角, 方面. **5** (行動) 方針; 傾向: the ~ of contemporary thought 現代思潮. ***in all ~s*** 四方八方に. ***in*** 〔***from***〕 ***the ~ of*** の方向に〔から〕. ***under the ~ of*** の指導〔指揮〕のもとに. **~ finder** 方位測定機. ◇ **~·al** [-ʃən(ə)l, -ʃnəl] *a.* 方向の; 指向性のある: a *~al* antenna 指向性アンテナ.

di·réc·tive [diréktiv, dai-] *a.* **1** 指示する;〘電〙指向性の. **2** 指導〔指揮, 支配, 管理〕する《*of*》. **——** *n.* 指令.

‡di·réct·ly [diréktli, dai-] *ad.* **1** まっすぐに, 直接に: The path leads ~ to the lake. 小道はまっすぐ湖に向かっている. **2** 直ちに, すぐに: Do that ~. すぐに

それをやれ. **3** まもなく, やがて: They will be here ～. じきに彼らはあらわれるでしょう. **4** まさに, 全く, まともに: ～ opposite the store 店の真向かいに.
—— *conj.* …するやいなや (as soon as): *D*～ he arrived, he mentioned the subject. 彼は来るとすぐに, この話をもち出した.

Di·rèc·tóire [dirèktwá:r/–⸗–] *n.* 執政府《1795–99年のフランス革命政府》. —— *a.* 《服装など》執政府時代の.

‡di·réc·tor [diréktər, dai-] *n.* (*fem.* **di·réc·tress** [-tris]) **1** 指導者, …長; 管理者. **2** 《高等学校の》校長; 《官庁などの》長官, 局長; 《団体などの》理事; 《会社の》重役, 取締役. **3** 〘楽〙指揮者; 〘映〙監督; 〘劇〙演出家. **4** 《フランス革命政府の》執政官. **5** 〘軍〙《数門の砲火の同時発射用の》電気照準機; 〘機〙指導子; 〘医〙有溝(ゆうこう)導子.
◇ ～·**ship** [-ʃip] *n.* ～の職[任期]. **di·réc·to·rate** [-tərit] *n.* **1** ～の職. **2** 重役会, 理事会, 幹部会. **di·rèc·tó·ri·al** [dirèktó:riəl, dàirek-/-tɔ́:r-] *a.*

‡di·réc·to·ry [dirékt(ə)ri] *n.* **1** 住所氏名録, 人名簿. **2** 電話帳 (=telephone ～). **3** 指令[規則]集; (教会の)礼拝規則書. **4** 重役[理事]会. **5** (the D～) 〘フランス史〙執政府 (Directoire). ***business*** ～ 商工人名録. —— *a.* 指導[指揮, 管理]の; 〘法〙訓令的.

di·réc·trix [diréktriks, dai-] *n.* (*pl.* **-trix·es** [-triksiz], **-tric·es** [-trisì:z, dàirektráisi:z]) **1** = directress. →director. **2** 〘数〙指導線, 準線.

díre·ful [dáiərf(u)l] *a.* 恐ろしい; 悲惨な.
◇ ～·**ly** [-fuli] *ad.* ～·**ness** *n.*

dirge [də:rdʒ] *n.* 挽歌(ばんか), 哀歌.
◇ ～́·**ful** [dá:rdʒf(u)l] *a.* 葬送の, 悲しみの.

dír·i·gi·ble [díridʒəbl] *a.* 〘空〙操縦できる.
—— *n.* 飛行船 (= ～ balloon). [√reg-] ◇ **dìr·i·gi·bíl·i·ty** [dìridʒəbíliti] *n.* 操縦可能(性).

dír·i·ment [dírimənt] *a.* 無効にする. ～ **impediment** 〘法〙《婚姻を無効にする》絶対障害.

dirk [də:rk] *n.* 短剣《スコットランド高地人・海軍士官候補生の》. —— *vt.* 短剣で刺す.

dírn·dl [dá:rndl] *n.* チロル地方農民の少女服; (チロル風の)婦人服[スカート]《色があざやかで模様の美しい布地の, ゆったりしたスカート. その上にぴったりした胸着を着る》.

‡dirt [də:rt] *n.* **1** どろ; ごみ, ほこり; 汚物, 不潔物. **2** 土(soil); 〘鉱〙残滓(ざんし). **3** 不潔[卑劣]な言動; 悪口; うわさ話; 猥談(わいだん). **4** 卑劣な人間. ***(as) cheap as*** ～ 〘話〙ばか安い (= ～-cheap). ***cut*** ～ 〘米俗〙逃げる, 走る. ～ ***under*** one's ***feet*** くだらぬもの. ***do*** a person ～ 〘米〙(人に)卑劣なしうちをする. ***eat*** ～ 屈辱を受ける[忍ぶ]. ***talk*** ～ 口ぎたなく話す; 猥談をする. ***throw*** [***fling***] ～ ***at*** に悪態をつく. ***yellow*** ～ 〘米俗〙《けいべつ的》金銭.
～ **bed** 〘地〙泥土(でいど)層. ～́**-chéap** 〘話〙二束三文の[で]. ～ **eating** 土食いの風習《蛮人の》; 食土症. ～ **farmer** 《gentleman farmer に対して》実際農耕に従事する百姓, 土百姓. ～ **floor** 土間. ～ **heap** 掃きだめ; ぼた山. ～ **pie** 《子どものつくる》どろまんじゅう. ～ **poor** 文なしの. ～ **road** 舗装してない道路. ～ **track** 泥土[石炭がら]の競走路.

†dírt·y [dá:rti] *a.* (**dírt·i·er**; **dírt·i·est**) **1** きたない, 不潔な. ↔ clean. **2** どろだらけの; 《道が》ぬかるみの. **3** 《色が》よごれた, くすんだ. **4** 《言動などが》不純な; 下品な; 不正な, 卑劣な: a ～ trick [fighter] ひきょうな手口[選手]. **5** 卑猥(ひわい)な: a ～ joke. **6** 不愉快な, つまらない: a ～ work. **7** 《天気が》荒れもようの. ***do the*** ～ ***on*** …にきたないことをする.
—— *vt.* <手足などを>よごす; <人格・名声などを>汚す. —— *vi.* よごれる.
～ **bomb** 《放射能の多い》きたない爆弾. ↔ clean bomb. ～**-faced** [⸗–⸗] 顔がよごれた. ～ **look** おこった[うらむ]ような目つき: Don't give me a ～ *look*. そんなににらまないでくれ. ～**-mínd·ed** *a.* 心がきたない, 卑猥[悪意]に解釈する.
◇ **-i·ly** *ad.* **-i·ness** *n.*

Dis [dis] *n.* **1** 〘ロ神〙ディース《地下の冥界(めいかい)の神. ギリシア神話の Pluto》. **2** 冥界, 地下界. [<L.]

dis- *pref.* **1** 「分離」「除去」「隔離」の意: *dis*arm の武器を奪う, 武装解除する. *dis*connect 切断する. *dis*sent 意見を異にする <dis- + √sent- 異なって + 感じる. **2** 「不…」「非…」「反対」の意: *dis*agree 一致しない, 不賛成である. *dis*content 不満な. *dis*illusive 幻想[妄想(もうそう)]をさます. **3** 「全く」の意: *dis*annul 全面的に取り消す. →di-[1].

dis. discipline; discount; distance.

dìs·a·bíl·i·ty [dìsəbíliti] *n.* **1** 無力, 無能. **2** 不具. **3** 〘法〙無資格, 無能力.

dis·á·ble [diséibl] *vt.* **1** 無力[無能]にする《*from* (do)*ing*; *for*》. **2** 不具にする. **3** 〘法〙無能力にする, 失格させる. **4** <機械を>故障させる; <船を>航行不能にする; <敵艦を>撃破する.
◇ ～**d** [-d] *a.* 不具になった; 無能力の: a ～*d* soldier 傷病軍人. a ～*d* car 廃車. ～·**ment** *n.* 無(能)力にする[なる]こと; 不具; 廃疾.

dìs·a·búse [dìsəbjú:z] *vt.* の迷い[誤解]を解く: ～ a person *of* silly prejudice 人のばかな偏見を解く. He was ～*d of* this notion. 彼はこの考えの誤りに気がついた.

dìs·ac·córd [dìsəkɔ́:rd] *vi.* 一致[調和]しない, 争う《と *with*》. —— *n.* 不和.

dìs·ac·créd·it [dìsəkrédit] *vt.* の資格を奪う, の認定を取り消す.

dìs·ac·cús·tom [dìsəkʌ́stəm] *vt.* に習慣を失わせる: I was ～*ed of* rising late. 朝寝の癖が抜けた.

‡dìs·ad·ván·tage [dìsədvǽntidʒ/-vá:n-] *n.* **1** 不利, 不利な事情[立場, 条件]. **2** 損, 害, 名折れ《にとって *to*》. ***at a*** ～ 不利な立場に[で]. ***sell*** goods ***to*** ～ (品物を)損をして売る. ***take*** a person ***at a*** ～ (人に)不意打ちをくわせる. ***to*** a person***'s*** ～ = ***to the*** ～ ***of*** a person (人)の不利になるように. ***under*** (***great***) ～***s*** (多大の)不利のもとに.
—— *vt.* <人を>不利にする, <人に>不利を招く.
◇ ～**d** *a.* 《家庭環境その他で》ハンディキャップをもった: ～*d* children.

dis·àd·van·tá·geous [disædvəntéidʒəs, dìsæd-/disædva:n-] *a.* 不利な; つごうの悪い.
◇ ～·**ly** *ad.* ～·**ness** *n.*

dìs·af·féct [dìsəfékt] *vt.* の好意をそらす[失う]; に不平をいだかせる; そむかせる.
◇ ～·**ed** [-id] *a.* 冷淡になった; 不平[不満]の; そむいた: ～*ed to* [*towards*] the government 反政府的な. **dìs·af·féc·tion** [-fékʃ(ə)n] *n.* 《好意などの》離反, あいそづかし; 不満《特に政府に対する》.

dìs·af·fíl·i·ate [dìsəfílièit] *vt.* と縁を切る.

dìs·af·fírm [dìsəfá:rm] *vt.* **1** 否定[拒否]する, <前言を>取り消す[翻す]. **2** 〘法〙否認する, <前判決を>破棄する. ◇ ～·**ance** [-əns], **dìs·af·fir·má·tion** [dìsæfərméiʃ(ə)n, (英)+disæf-] *n.*

dìs·af·fór·est [dìsəfɔ́:rist, -fár-/-fɔ́r-] *vt.* **1** 〘英法〙に森林法の適用を免除する《普通地にするため》. **2** の森林(地)を切り開く. ◇ **dìs·af·fòr·es·tá·tion** [dìsəfɔ̀:ristéiʃ(ə)n, -fàr-/-fɔ̀r-] *n.*

***dìs·a·grée** [dìsəgrí:] *vi.* **1** 一致しない, 違う《と *with*》. **2** 意見が合わない, 争う《と *with*》. **3** <気候・食物などが>合わない《に, と *with*》.
◇ *～·**ment** [-mənt] *n.* (意見の)不一致; 仲たがい; 不調和.

‡dìs·a·grée·a·ble [dìsəgrí:əbl/-gríə-] *a.* **1** 不愉快な, いやな. **2** きげんの悪い; つきあいにくい. —— *n.* (通例 *pl.*) 不愉快なこと. ◇ **-bly** *ad.*

dìs·al·lów [dìsəláu/dís-] *vt.* 許可しない, 却下する.
◇ ～·**ance** [-əns] *n.*

dìs·an·núl [dìsənʌ́l] *vt.* (**-ll-**) (全面的に) 取り消す. ◇ **～·ment** *n.*

‡dìs·ap·péar [dìsəpíər] *vi.* **消えうせる,** 消える《から *from*》; 見えなくなる; 消滅する; 〖法〗 失踪(しっそう)する.
◇ **～·ance** [dìsəpí(ː)rəns/-əpíər-] *n.* 消滅, 紛失; 失踪.

(類義語) 消える: **disappear** 見えていたものが見えなくなる. **fade** 徐々に薄れながら消える. 痕跡(こんせき)があるときもある→あせる. **vanish** 突然, または跡形もなく消える. 完全に消滅する.

‡dìs·ap·póint [dìsəpɔ́int] *vt.* **1 失望させる,** 落胆させる, の期待にそむく: I am *～ed in* [*with*] you. きみには失望したよ. She was *～ed at* not being invited. 招かれなかったので彼女はがっかりした. **2** の実現をはばむ; 〈計画などを〉くじく(upset). ***be agreeably ～ed*** 杞憂(きゆう)に終わって喜ぶ. ***be ～ed in love*** 失恋する. ***be ～ed of*** の当てがはずれる. [dis-＋appoint 約束・期待に＋そむく]

dìs·ap·póint·ed [dìsəpɔ́intid] *a.* 失望した, 落胆した: He has a ～ look. 彼はがっかりしたようすだ.
◇ **～·ly** *ad.* 気落ちして, がっかりして.

dìs·ap·póint·ing [-iŋ] *a.* 失望させる; 期待[当て]はずれの, がっかりさせる, つまらない. ◇ **～·ly** *ad.*

‡dìs·ap·póint·ment [-mənt] *n.* **失望,** 当てはずれ; がっかりさせること[人, 物]. ***to** one's* **～** 失望したことには. ***to save*** **～** 失望しないように.

dìs·ap·pro·bá·tion [dìsæprəbéiʃ(ə)n] *n.* 不認可, 不同意; 非難.

dis·áp·pro·ba·to·ry [disǽprəbətɔ̀ːri/-beitəri] *a.* 不可とする; 不満の, 非難の.

dìs·ap·próv·al [dìsəprúːv(ə)l] *n.* 不可とすること; 不同意; 不満, 非難.

‡dìs·ap·próve [dìsəprúːv/dís-] *vt.* **不可とする,** 認可しない; 非難する. **——** *vi.* **賛成しない**《に *of*》.

dìs·ap·próv·ing·ly [dìsəprúːviŋli] *ad.* **1** 不可として, 不同意で; 非難して. **2** 不満そうに, 非難するように.

dis·árm [disɑ́ːrm, diz-] *vt.* **1** の武器を取り上げる, 武装解除する; の軍備を撤廃[縮小]する. **2** 〈怒り・疑いなどを〉解く, 和らげる; 〈危害などを〉取り去る; の力を奪う. **——** *vi.* 武装を解除する; 軍備を撤廃[縮小]する.

dis·ár·ma·ment [-ɑ́ːrməmənt] *n.* **1** 軍備撤廃; 軍縮. ↔ armament. **2** 武装解除. **3** 心のゆだん.

dis·árm·ing [disɑ́ːrmiŋ, diz-] *a.* (相手の) 警戒心を除く, 人を安心させる; 人なつこい: a ～ smile.
◇ **～·ly** *ad.*

dìs·ar·ránge [dìsəréindʒ/dís-] *vt.* かき乱す, 混乱させる. ◇ **～·ment** [-mənt] *n.*

dìs·ar·ráy [dìsəréi/dís-] *vt.* **1** 乱雑にする, 混乱させる. **2** 〖雅〗 の着物を脱がせる. **——** *n.* **1** 混乱, 無秩序. **2** だらしない服装[かっこう].

dis·ar·tíc·u·late [dìsɑːrtíkjulèit/dís-] *vt., vi.* **1** 〈関節など〉はずす[はずれる]. **2** ばらばらにする[なる], 解体する. ◇ **dìs·ar·tì·cu·lá·tion** *n.*

dìs·as·sém·ble [dìsəsémbl] *vt.* 分解する, 解体する. ◇ **-bly** *n.* 分解, 解体.

dìs·as·só·ci·ate [dìsəsóuʃièit] *vt.* 引き離す, 分離させる. ◇ **dìs·as·sò·ci·á·tion** [⏝⏝⏝-èiʃ(ə)n] *n.*

‡dis·ás·ter [dizǽstər/-zɑ́ːs-] *n.* **天災; 災害, 災難,** 惨事; 凶事, 大きな不幸. [dis-＋√ast(e)r- 悪い星(＝運命)] **～ area** 被災地《救助法適用地区》.

‡dis·ás·trous [dizǽstrəs/dizɑ́ːs-] *a.* **1 悲惨な,** 災難[災害]の. **2** 〖古〗 不運な, 不吉な.
◇ **～·ly** *ad.* **～·ness** *n.*

dìs·a·vów [dìsəváu/dís-] *vt.* 否認[拒否]する.
◇ **～·al** [-əl] *n.* 否認, 拒否.

dis·bánd [disbǽnd] *vt.* 〈軍隊・結社などを〉解散する; 〈兵隊を〉除隊させる. **——** *vi.* 解散する.
◇ **～·ment** *n.*

dis·bár [disbɑ́ːr] *vt.* (**-rr-**) 〖法〗 の弁護士の資格を剥奪(はくだつ)する. ◇ **～·ment** *n.*

dìs·be·líef [dìsbilíːf/⏝-⏝́, ⏝́-⏝] *n.* **1** 不信, 疑念. **2** 不信仰.

dìs·be·líeve [dìsbilíːv/dís-] *vt.* 信用しない: ～ every word 一言として信じない. **——** *vi.* 存在[真実性, 人格, 能力]を信じない《の *in*》.

dis·bénch [disbéntʃ] *vt.* 〖英: 法〗 の法学院幹部の職[資格]を奪う.

dìs·bós·om [dìsbúzəm, ㊍⁺-búːz-] *vt.* 打ち明ける, 告白する.

dis·bów·el [disbáu(ə)l] *vt.* (**-l-**, ㊍ **-ll-**) ＝disembowel.

dis·bránch [disbrǽntʃ/-brɑ́ːntʃ] *vt.* **1** の枝を切り払う. **2** 切り離す.

dis·búd [disbʌ́d] *vt.* (**-dd-**)の芽[つぼみ]を摘み取る.

dis·búr·den [disbə́ːrdn] *vt.* **1** から荷をおろす. **2** から取り除く, 解放する: ～ a person *of* a duty 人の責任を解除する. ～ one's mind [oneself] *of* a secret 秘密を打ち明けてほっとする. **3** 〈重荷を〉おろす, 〈心の重荷を〉おろす. **4** 〈怒り・不満を〉ぶちまける: ～ one's wrath *upon* a person 人に怒りをぶちまける. **5** 〈心中を〉打ち明ける: ～ one's heart *to* a person. **——** *vi.* 重荷をおろす; ほっとする. ～ one***self*** ＝**～** one***'s mind*** 心の重荷をおろす.

dis·búrse [disbə́ːrs] *vt.* 支払う. ◇ **～·ment** *n.* 支払い, 支出(金); (しばしば *pl.*) 〖法〗 営業費.

disc [disk] *n.* 円盤; 音盤, レコード. **～ jockey** → jockey. ◇ **⏝́·al** *a.* ～の.

disc. discount; discovered; discoverer.

dis·cálced [diskǽlst], **dis·cál·ce·ate** [-kǽlsiit] *a.* 《修道士が》はだしの.

dis·cárd [diskɑ́ːrd] *vt.* 捨てる, 〈不用物・習慣・信仰などを〉捨て去る; 〈衣服を〉脱ぎ捨てる; 〈人を〉解雇する; 〖トランプ〗 〈不用の手札を〉捨てる.
—— [dískɑːrd, ㊍⁺-⏝́] *n.* **1** 〖トランプ〗 手札を捨てること; 捨て札. **2** 捨てられた人[物]. **3** 放棄. ***go into the*** **～** 捨てられる, 廃棄される, 忘れられる. ***throw into the*** **～** 〖米〗 放棄[廃棄]する.
[＜dis-＋card 持ち札を＋捨てる]

‡dis·cérn [dizə́ːrn, -sə́ːrn] *vt.* **1 見分ける,** 識別する: ～ good *from* bad ＝～ *between* good *and* evil 善悪を見分ける. **2 認める,** に気がつく. **3** 明瞭(めいりょう)に知覚[認識]する. [dis-＋√cer(n)-]
◇ **～·i·ble** [-ibl] *a.* 見分けられる, 識別[認識]できる; ぼんやりと遠くに見える. **～·ing** [-iŋ] *a.* 識別[洞察(どうさつ)]力のある. **～·ment** [-mənt] *n.* 識別(力), 洞察(力), 明敏. (類) → **notice**「気づく」

‡dis·chárge [distʃɑ́ːrdʒ] *vt.* **1** 〈船から〉**積み荷をおろす:** ～ a ship. **2** 〈積み荷を〉おろす; 〈車両が積み荷・乗客を〉おろす. **3** 〈人から〉**免除する**〖責任・義務を〗《を *of*》: ～ a person *of* an obligation 人を義務から解放する. **4** 《～ oneself of の形で》〈自己の責任・約束などを〉履行[実行]する: ～ *oneself of* one's duty 義務を果たす. **5** 〈義務・役目などを〉**履行する,** 果たす; 〈約束を〉実行する; 〈負債を〉返済する. **6** 〈人を〉**解任する,** 解雇する; 除隊させる; 〈生徒を〉ひかせる《学校から》; 〈病人を〉退院させる; 〈囚人を〉釈放する, 〈被告を〉無罪放免にする: ～ a patient [prisoner] 患者を退院[囚人を出所]させる. He was *～d from* hospital [prison]. 彼は退院[出所]した. **7** 〈貯水池から〉水を放流する; 〈水・煙などを〉放出する, 吐き出す; 〈うみなどを〉排出する. **8** 〈装塡(そうてん)した銃砲を〉発砲する, 撃つ; 〈弾丸を〉発射する. **9** 〈ダイナマイトなどを〉爆破する. **10** 〈電池を〉放電させる; 〈電気を〉放電する. **11** 〖染〗 の色抜きをする. **12** 〖法〗 〈命令を〉取り消す.
—— *vi.* **1** 荷物をおろす. **2** 〈水が〉流出する; 〈川が〉注ぐ《に *into*》: The river *～s* (itself) *into* a lake. 川は湖に注いでいる. **3** うみを出す. **4** 〈鉄砲が〉発砲する. **5** 〈電池が〉放電する, 電気がなくなる. **6** 〈布が〉色が落ちる; 〈色が〉あせる, にじむ.
—— [-⏝́, ⏝́-] *n.* **1** 荷揚げ, 荷おろし. **2** 《責任・

義務の》免除. **3**《責任・約束などの》履行; 返済. **4**《場所・束縛からの》解放, 釈放; 退院. **5** 解任(状); 除隊(証明書). **6** 発砲, 発射; 流出(率); 放電. **7** 放出物; 排出物. **8**〘染〙色抜き(剤), 漂白剤.
[類] → **perform**「成し遂げる」

dis·cí·ple [disáipl] *n.* **1** でし, 門人. **2** キリスト十二使徒のひとり. ***the D～s of Christ*** アメリカに創設されたキリスト教団.
◇ **～·ship** [-ʃip] *n.* 門弟の身分〔期間〕.

dìs·ci·pli·nár·i·an [dìsịplinέ(:)riən / -nέər-] *n.* 厳格な規律励行者, きびしい教師.
—— *a.* ＝disciplinary.

dís·ci·pli·nar·y [dísịplinèri / -nəri] *a.* **1** 訓練(上)の. **2** 規律の; 懲戒の: ～ punishment 懲戒処分. **3** 学科の; 学科〔学問〕としての.

‡**dís·ci·pline** [dísịplin] *n.* **1** 訓練, 鍛練, 修養. **2** 規律, 風紀, しつけ: military ～ 軍紀. **3**〘宗〙苦行; 戒律, 宗規. **4** 訓戒, 懲罰, せっかん. **5** 学科, 教科, 学問: History is a required ～. 歴史は必要な教養の一つだ. ***be under*** ～ 規律が正しい; 訓練が行き届いている. —— *vt.* **1** 訓練〔鍛練〕する. **2** 懲らしめる, 懲戒する: ～ a child *for* bad behavior 行儀が悪いので子どもを罰する.
◇ **-plin·er** [-plinər] *n.* **-plin·a·ble** [-plinəbl] *a.*
[類] → **teach**「教える」

dis·cláim [diskléim] *vt., vi.* **1** <権利などを> 放棄する. **2** <責任などを> 否認する. **3** <要求などを> 拒否する. [√clam-] ◇ **～·er** *n.* **1** (権利)放棄; 否認. **2** 棄権者; 否認〔拒否〕者. **dìs·cla·má·tion** [dìskləméiʃ(ə)n] *n.*

‡**dis·clóse** [disklóuz] *vt.* **1** あらわす, あらわにする. **2** <秘密などを> 打ち明ける; 発表する. **3** あばく, 摘発する. ◇ **dis·clós·er** *n.* [類] → **reveal**「暴露する」

dis·cló·sure [disklóuʒər] *n.* **1** 暴露, 露見; 発表. **2** 発覚した事柄. **3**《特許申請に記した》明細.

dis·cób·o·lus [diskáb(ə)ləs/-kɔ́b-] *n.* (*pl.* **-li** [-lài]) **1** 円盤投手《古代の》. **2** (the D～)《古代ギリシアの彫刻家 Myron 作の》円盤投手像.

dís·coid [dískɔid], **dis·cói·dal** [diskɔ́id(ə)l] *a.* **1** 円盤状の. **2**〘植〙(頭状花の) 花盤の上にある.

dis·cól·or, [英] **-our** [diskʌ́lər] *vt.* 変色〔退色〕させる, よごす. —— *vi.* 変色〔退色〕する; よごれる.
◇ **～·ment** *n.* ＝discoloration.

dìs·col·o(u)r·á·tion [dìskʌləréiʃ(ə)n, diskʌ̀lə-] *n.* 変色, 退色; しみ.

dis·cóm·fit [diskʌ́mfit] *vt.* **1** 打破する, 敗走させる. **2** の計画〔希望〕をくじく; <計画などを> 挫折(ざっ)させる; の裏をかく. **3** あわてさせる, 当惑させる; 失望させる. ◇ **-fi·ture** [-fitʃər] *n.* 敗走, 敗北; 挫折, 失敗; ろうばい, 当惑.

‡**dis·cóm·fort** [diskʌ́mfərt] *n.* **1** 不快, 不安; 不快〔不安〕なこと. **2** 不便, 難儀, 悲しみ. —— *vt.* 不快〔不安〕にする, 苦しめる. ～ **index** 不快指数.
◇ **～·a·ble** [-əbl] *a.*〘古〙＝uncomfortable.

dìs·com·móde [dìskəmóud] *vt.* に不便を感じさせる, に迷惑をかける; 苦しめる, 困らす.

dis·cóm·mon [diskámən/-kɔ́m-] *vt.* **1** <共同地を> 私有地にする. **2**〘英: 大学〙<商人に> 学生との取引を禁ずる.

dìs·com·póse [dìskəmpóuz] *vt.* に落ち着きをなくさせる; 取り乱させる.

dìs·com·pós·ed·ly [-idli] *ad.* 取り乱して.

dìs·com·pós·ing·ly [dìskəmpóuziŋli] *ad.* 不安を感ぜしめるほどに.

dìs·com·pó·sure [dìskəmpóuʒər] *n.* 心の動揺, 不安; 混乱, ろうばい.

dìs·con·cért [dìskənsə́:rt] *vt.* **1** の平静を乱す, どぎまぎさせる. **2** <計画などを> かき乱す, くつがえす.
◇ **～·ment** [-mənt], **-cér·tion** [-sə́:rʃ(ə)n] *n.*
[類] → **confuse**「当惑させる」

dìs·con·cért·ed [-sə́:rtid] *a.* うろたえた, かき乱された. ◇ **～·ly** *ad.* **～·ness** *n.*

dìs·con·cért·ing [-sə́:rtiŋ] *a.* どぎまぎさせる(ような), 混乱させる; 不安を感じさせる. ◇ **～·ly** *ad.*

dìs·con·néct [dìskənékt/dís-] *vt.* の連絡〔接続〕を断つ, 分離する《から *from, with*》; <電話などを> 切る.

dìs·con·néct·ed [dìskənéktid/dís-] *a.* 連絡〔接続〕の切れた; ばらばらの; 支離滅裂な, つじつまの合わない. ◇ **～·ly** [-idli] *ad.* **～·ness** *n.*

dìs·con·néc·tion, [英] **-néx·ion** [dìskənékʃ(ə)n] *n.* 無連絡; 切断; 分離;〘電〙断線, 開放.

dis·cón·so·late [diskáns(ə)lit/-kɔ́n-] *a.* 慰めのない, やるせない, 悲しい.
◇ **～·ly** *ad.* **～·ness** *n.* **dis·còn·so·lá·tion** [diskànsəléiʃ(ə)n/-kɔ̀n-] *n.* 慰めのない状態.

dìs·con·tént [dìskəntént/dís-] *n.* 不平, (欲求)不満. —— *a.* 不平な, 不満足な《に *with*》.
—— *vt.* に不平〔不満〕を感じさせる.
◇ **～·ment** [-mənt] *n.* 不平, 不満.

dìs·con·tént·ed [dìskənténtid/dís-] *a.* 不平〔不満, ふきげん〕な《に *with*》. ◇ **～·ly** *ad.*

dìs·con·tíg·u·ous [dìskəntígjuəs] *a.* 接触していない.

dìs·con·tín·u·ance [dìskəntínjuəns] *n.* **1** 断絶, 首尾一貫性の欠如, 不統一. **2** とぎれ; 中止, 廃止. **3**〘法〙訴訟の取り下げ.

dìs·con·tín·ue [dìskəntínju:/dís-] *vt.* **1** やめる, 中止する. **2** の使用をやめる; <定期刊行物の> 購読〔発行〕をやめる. **3**〘法〙<訴訟を> 取り下げる.
—— *vi.* **1** 終わりになる, 終結する. **2** 中絶する, 一時休止する. ◇ **dìs·con·tìn·u·á·tion** [dìskəntìnjuéiʃ(ə)n/dís-] *n.*

dìs·con·ti·nú·i·ty [dìskantịn(j)ú:ịti / dìskɔ̀ntịnjú:-] *n.* **1** 不連続, 連絡のないこと. **2** とぎれ, 中絶; 切れ目. **3**〘数〙不連続.

dìs·con·tín·u·ous [dìskəntínjuəs/dís-] *a.* **1** とぎれた, 中断の, 断続的な. **2**〘数〙不連続の.
◇ **～·ly** *ad.* **～·ness** *n.*

dís·co·phile [dískəfàil] *n.* レコード収集〔研究〕家.

dís·cord [dískɔ:rd] *n.* **1** 不一致; 不調和. **2** 不和, 仲たがい. **3**〘楽〙不協和音. **4** 騒音. ↔accord.
—— [diskɔ́:rd] *vi.* **1** 一致しない, 不和である《と *with, from*》. **2**〘楽〙協和しない. [√cord-]

dis·córd·ance [diskɔ́:rd(ə)ns], **-an·cy** [-i] *n.* **1** 不一致, 不調和. **2**〘楽〙不協和(音);〘地〙不整合《地層の》.

dis·córd·ant [diskɔ́:rd(ə)nt] *a.* **1** 一致〔調和〕しない. **2**《音が》不協和の, 調子はずれの. **3** やかましい, 耳ざわりの. **4**〘地〙不整合の. ◇ **～·ly** *ad.*

dìs·co·théque [diskouték/ˊ‐‐‐] *n.* ディスコテーク《レコードでダンスを踊る酒場》.

‡**dís·count** [dískaunt] *n.* **1** 割引;〘商〙割引額;《手形などの》割引率〔歩合〕; (借金の) 先払い利子. **2** 斟酌(しんしゃく), 酌量: After all the ～*s* are taken, his story sounds phony. どんなに割引して聞いてみても彼の話はまゆつばだ. ***accept*** a story ***with*** ～ (話を)割引して聞く. ***at a*** ～ (1) 割引して; 額面〔定価〕以下で; 価格が低下して. (2) 軽んじられて, 人気が落ちて. ***bank(er's)*** ～ 銀行の手形割引. ***cash*** ～ 現金(払い)割引. ***give*** 〔***allow***〕 ***a*** ～ 割引をする《について *on*》.
—— [ˊ‐, ‐ˊ] *vt.* **1** 割引する;〘商〙<手形などを> 割引して売る〔買う〕: ～ bills at two percent 勘定を2パーセント割引する. They are ～*ing* butter at the store. 店ではバターを安売りしている. **2** 割引して聞く〔考える〕; 信用しない; 無視する, 考慮に入れない. **3** の価値を下げる; の効果を減ずる.
～ **broker** 手形割引仲買人. ～ **house** 〔**store**〕 割引〔安売り〕商店《市価より安売りする店》.
◇ **～·a·ble** [dískauntəbl, ‐ˊ‐‐] *a.* 割引できる.
～·er [-ər] *n.*

dis·cóun·te·nance [diskáuntịnəns] *vt.* **1** <計画などに> 賛成〔承認〕しない. **2** はずかしめる, 当惑さ

せる. —— *n.* 不承認, 反対.

‡**dis·cóur·age** [diskə́:ridʒ/-kʌ́r-] *vt.* **1** に**勇気を失わせる**, 失望〔落胆〕させる: Don't be ～*d*. 気を落とすな. **2** に思いとどまらせる: We should ～ him *from* making the trip. 彼にはその旅行に行かないように説き伏せるべきだ. **3** に不賛成を表する: ～ the expression of enthusiasm 熱意を表にあらわすことは好ましくないとする. **4** 〈計画・事業・行為などを〉阻害する, 妨げる, 抑制する: Low prices ～ industry. 値下がりが産業の支障になる. —— *vi.* がっかりする: I don't ～ easily. ↔ encourage.

◇ **～·ment** [-mənt] *n.* **1** 失望, 落胆. **2** 支障, 妨害.

dis·cóur·ag·ing [diskə́:ridʒiŋ/-kʌ́r-] *a.* **1** 勇気をくじく; 失望させる. **2** 見込みのうすい, 張り合いのない. **3** 思いとどまらせるような; 水を差すような. **4** 支障〔妨害〕となる. ◇ **～·ly** *ad.*

***dís·course** [dísko:rs, ─ˊ/diskɔ́:s, ˊ─] *n.* **1 講話**, 講演; 論説, 論文《についての *on*》. **2** 〔文〕話法 (narration). **3** 談話; 意見の交換《との *with*》. —— [diskó:rs/-kɔ́:s] *vi.* 講演をする, 話す; 論述する, 論文を書く《について *on, upon, of*》. —— *vt.* 〔古〕〈音楽を〉奏する. [dis-＋√cur(r)-]

dis·cóur·te·ous [diskə́:rtiəs, ㊥⁺-kɔ́:-] *a.* 失礼な, 礼儀知らずの. ◇ **～·ly** *ad.* **～·ness** *n.*

dis·cóur·te·sy [diskə́:rtisi, ㊥⁺-kɔ́:-] *n.* 非礼, ぶしつけ; 無作法(な行ない).

†**dis·cóv·er** [diskʌ́vər] *vt.* **1 発見する**; に気づく, 悟る(realize): ～ an island 〔a mistake〕. He ～*ed that* he was surrounded. 包囲されていることに気がついた. **2** 〔古〕あらわす, 明かす. ～ one*self* 自ら名のる, 名を明かす《に *to*》. **～ *check*** 〔チェス〕王手する. [＜dis-＋cover 蔽(おお)いを＋除く]

◇ **～·a·ble** [-kʌ́vərəbl] *a.* ***～·er** [-rər] *n.* 発見者. 〔類〕→ **find**「見つける」

dis·cóv·ert [diskʌ́vərt] *a.* 〔法〕夫のない《未婚女性・未亡人・離婚した婦人についていう》.

‡**dis·cóv·er·y** [diskʌ́v(ə)ri] *n.* **1 発見**, 発見物: make a ～ 発見する. **2** 《劇・詩などの筋の》展開. **3** 〔稀〕露見. **4** 〔法〕《事実・文書の》開示, 発表. **D～ Day** ＝Columbus Day.

dìs·cre·áte [dìskriéit] *vt.* 無に帰させる, 消滅させる.

dis·créd·it [diskrédit] *n.* **1** 不信, 不信任; 疑惑: meet with general ～ 一般の不信を買う. **2** 不面目, 不名誉; 不面目のたね, 不名誉を招く人物. ***be a ～ to*** に不名誉となる, を傷つける. ***bring ～ on*** one***self*** 不信〔不面目〕を招く. ***fall into ～*** 評判が悪くなる. ***throw*** 〔***cast***〕 ***～ on*** 〔***upon***〕 に疑惑を投ずる. ***to the ～ of*** …の恥になるような〔に〕. —— *vt.* **1** 信じない; 疑う. **2** の信用〔評判〕を落とさせる: His conduct has ～*ed* him *with* the public. 彼は自らの行動によって世間の信用を失った.

dis·créd·it·a·ble [diskréditəbl] *a.* 信用〔評判〕を傷つける, 不面目〔不名誉〕な, 恥ずべき. ◇ **-bly** *ad.*

dis·créet [diskrí:t] *a.* 思慮ぶかい, 分別のある; 慎重な. 〈注〉discrete と同語源・同発音だが別語.

◇ **～·ly** *ad.* **～·ness** *n.*

〔類〕→ **careful**「気をつける」

dis·crép·an·cy [diskrép(ə)nsi] *n.* 食い違い, ずれ, 矛盾, 相違.

dis·crép·ant [diskrép(ə)nt] *a.* ずれ〔食い違い〕がある, 相違した, 矛盾した.

dis·créte [diskrí:t] *a.* **1** 離れ離れの, 別個の; 不連続の, 離散的: ～ quantity 〔数〕離散〔分離〕量. **2** 〔哲〕抽象的な. **3** 〔医〕分離性の. 〈注〉discreet と同語源・同発音だが別語. [√cer(n)-]

◇ **～·ly** *ad.* **～·ness** *n.*

dis·cré·tion [diskréʃ(ə)n] *n.* **1** 分別, 思慮, 慎重. **2** 選択〔行動, 判断〕の自由, 自由裁量; 判断, 計らい, 手かげん. → 形容詞 discreet. ***at ～*** (1) 随意に, かってに. (2) 無条件で《降伏するなど》. ***be at the ～ of*** の自由〔思いのまま〕になる. ***be within*** 〔***in***〕 a person'***s ～ to*** (do) …するのは(人)の任意である. ***D～ is the better part of valor.*** 〔諺〕慎重は勇気の大半; 逃げるが勝ち. ***leave to the ～ of*** に一任する. ***on*** one'***s own ～*** 思うとおりに, 適宜に. ***the age*** 〔***years***〕 ***of ～*** 分別年齢《イギリス法では14歳》. ***use*** one'***s*** (***own***) ***～*** 分別をはたらかせる, 適当に判断をする. ***with ～*** よく考慮して. [√cer(n)-]

◇ **～·al** [-ʃən(ə)l], **～·ar·y** [-nèri/-nəri] *a.* 個人の判断に任された: ～*ary* powers 自由裁量の権限. **～·al·ly** [-əli] *ad.*

dis·crím·i·nate [diskrímịnèit] *vt.* **1** 区別する, 識別〔弁別〕する: ～ *between* A *and* B, ～ A *from* B. **2** 差別待遇する. **3** の差異をなす〔示す〕. —— *vi.* 弁別〔区別〕する; 差別待遇する, 分け隔てする. ***～ against*** 〔***in favor of***〕 を冷遇〔優遇〕する. —— [diskrímịnit] *a.* **1** 識別力のある; 判断力を示す. **2** 識別された, 明らかな. **3** 区別のある, 差別的な.

dis·crím·i·nat·ing [diskrímịnèitiŋ] *a.* **1** 区別ができる, 識別力のある: a ～ ear よく聞き分けられる耳. **2** 差別を設ける, 差別的な: a ～ tariff 差別税率. ◇ **～·ly** *ad.*

dis·crìm·i·ná·tion [diskrìmịnéiʃ(ə)n] *n.* **1** 区別, 識別(力); 相違(点): ～ *between* right and wrong 正邪のわきまえ. **2** 差別待遇: racial ～ 人種差別. ～ *against* us われわれに不利な差別待遇. [√cer(n)-]

dis·crím·i·na·tive [diskrímịnèitiv / -nətiv] *a.* **1** 区別〔差別〕する; 識別力のある. **2** 区別づける, 特異な. **3** 差別的な. ◇ **～·ly** *ad.* **～·ness** *n.*

dis·crím·i·na·tor [diskrímịnèitər] *n.* **1** 識別〔差別〕する人. **2** 〔電〕弁別器《周波数・位相などの変化に合わせて振幅を変える装置》.

dis·crím·i·na·to·ry [diskrímịnətɔ̀:ri/-t(ə)ri] ＝discriminative.

dis·crówn [diskráun] *vt.* の王冠を奪い取る, 退位させる.

dis·cúr·sive [diskə́:rsiv] *a.* **1** 散漫な, 取り留めのない; 広範な: ～ reading 多読. **2** 論説的な; 〔哲〕推論的の. [√cur(r)-] ◇ **～·ly** *ad.* **～·ness** *n.*

dís·cus [dískəs] *n.* (*pl.* **～·es** [-iz], **dís·ci** [dísai/dískai]) (競技用) 円盤; 円盤投げ (＝～ throw). **～ thrower** 円盤投げ選手.

‡**dis·cúss** [diskʌ́s] *vt.* **1 討論〔論議〕する**; について話す〔話し合う〕; 相談する; 検討する: ～ literature 文学論をやる, 文学談に花を咲かせる. Don't ～ our secret here. ここで秘密を口にするな. **2** 〔話〕〈酒・食物などを〉舌鼓を打って味わう, 賞味する. [√cut-]

◇ **～·i·ble** [-əbl] *a.* 討論〔論議〕できる.

〔類義語〕 **論ずる: discuss** あれやこれやと検討しながら論ずる. 話題としてとり上げ, 検討する. **argue** 人を説得するために条理をふまえて論ずる. **debate** (公式の席上で) 意見を交換し論じ合う: *debate* a proposed bill 提出された法案を討議する. **dispute** 主として反対するために論ずる, に疑義をさしはさむ.

dis·cús·sant [diskʌ́snt] *n.* 《シンポジウム・パネル討論会などの》討論者.

‡**dis·cús·sion** [diskʌ́ʃ(ə)n] *n.* **1 討論**; 審議, 検討. **2** 論文《*on*》. **3** 〔話〕賞味. ***beyond ～*** 論をまたない. ***under ～*** 審議中(の).

‡**dis·dáin** [disdéin, diz-] *n.* けいべつ, 侮蔑(ぶべつ)(の態度); 尊大. —— *vt.* **けいべつする**; 潔しとしない《*to* (do), (do)*ing*》. [√dign-]

dis·dáin·ful [-f(u̹)l] *a.* **1** けいべつ的な, 尊大な. **2** 無視〔けいべつ〕する《を *of*》. ◇ **～·ly** *ad.*

‡**dis·éase** [dizí:z] *n.* **1 病気**, 疾病(しっぺい). **2** 《精神・社会状態などの》不健全, 病弊. **3** 《酒の》変質. ***family ～*** 遺伝病. —— *vt.* 病気にかからせる. [＜dis-＋ease] ◇ **～d** [-d] *a.* 病気の, 病気にかかった; 病的な: a ～*d* part 患部. a ～*d* mind 傷ついた心. 〔類〕→ **ill**「病気の」

dis·édge [disédʒ] *vt.* の鋭さを落とす, 鈍くする.

dìs·em·bárk [dìsimbɑ́:rk/ ⊥ー⊥] *vt., vi.* 上陸させる〔する〕; 陸揚げする. ↔ embark.
◇ **～·ment, -bar·ká·tion** [dìsembɑ:rkéiʃ(ə)n] *n.* 上陸; 陸揚げ.
dìs·em·bár·rass [dìsimbǽrəs / ⊥ー⊥ー] *vt.* **1** 〈人·物を〉解放する, 救い出す《から *of*》; 安心させる. **2** 解きほごす, 分かつ《から *from*》. ◇ **～·ment** *n.*
dìs·em·bód·y [dìsimbɑ́di/dísimbɔ́di] *vt.* **1** 〈霊魂などを〉肉体から分離させる. **2**〘稀〙解隊する.
◇ **-i·ment** [dìsimbɑ́dimənt/dísimbɔ́d-] *n.*
dìs·em·bógue [dìsimbóug] *v.* (**-bógued**; **-bógu·ing**) *vt.* 〈川が水を〉注ぎ出す. ― *vi.* 〈川が〉注ぐ《海·湖へ》. ◇ **～·ment** *n.*
dìs·em·bós·om [dìsimbúzəm, ㊙⁺-bu:z-] *vt.* **1** 〈秘密などを〉打ち明ける. **2** 《～ oneself の形で》胸中を明かす. **～ one*self of*** a secret (秘密)を打ち明ける.
dìs·em·bów·el [dìsimbáuəl] *vt.* (**-l-**, ㊥ **-ll-**) の腸を抜き出す. **～ one*self*** 切腹する. ◇ **～·ment** *n.*
dìs·em·bróil [dìsembrɔ́il/-im-] *vt.* のもつれ〔混乱〕を解く.
dìs·en·á·ble [dìsinéibl] *vt.* **1** の能力を奪う, 無能にする. **2** 不可能にする, 防ぐ.
dìs·en·chánt [dìsintʃǽnt/-tʃɑ́:nt] *vt.* の魔法を解く; の迷いをさます.
◇ **～·ment** *n.* 迷夢から目ざめること; 幻滅.
dìs·en·cúm·ber [dìsinkʌ́mbər/dís-] *vt.* (じゃまものから)解放する: ～ a person *of* 〔*from*〕 a burden 人から重荷を取り除く.
dìs·en·dów [dìsindáu/dís-] *vt.* 〈教会などから〉寄付基金〔基本財産〕を没収する. ◇ **～·ment** *n.*
dìs·en·frán·chise [dìsinfrǽntʃaiz/dís-] *vt.* = disfranchise. ◇ **～·ment** *n.*
dìs·en·gáge [dìsingéidʒ/dís-] *vt.* **1** 解放する, 解除する《から *from*》; 〈人を〉義務〔責任, 契約など〕から自由にする. **2** はずす, 引き離す《から *from*》; 〘化〙遊離させる. ― *vi.* 離れる, 係累〔関係〕を断つ.
～*ging action* 戦闘離脱; 〘婉〙退却.
◇ **～d** [-d] *a.* **1** 解かれた; 離れた. **2** 約束〔予約〕がない, あいている; 暇な, 用がない.
dìs·en·gáge·ment [dìsingéidʒmənt] *n.* **1** 解放(状態). **2** 解約; 婚約解消. **3** 離脱; 遊離; 自由, 暇: hours of ～.
dìs·en·táil [dìsintéil/dís-] *vt.* 〘法〙〈財産の〉限嗣相続を解く.
dìs·en·tán·gle [dìsintǽŋgl/dís-] *vt.* **1** のもつれを解く; 〈紛糾を〉解決する. **2** ほどき離す, 解き放つ《から *from*》. ― *vi.* 解ける, ほぐれる. **～ one*self from*** から縁を切る. ◇ **～·ment** *n.*
dìs·en·thrál(l) [dìsinθrɔ́:l/dís-] *vt.* (**-ll-**) (どれい状態から)解放する, の束縛を断つ. ◇ **～·ment** *n.*
dìs·en·thróne [dìsinθróun/dís-] *vt.* = dethrone.
◇ **～·ment** *n.*
dìs·en·tómb [dìsintú:m/dís-] *vt.* 墓から掘り出す; 発掘する. ◇ **～·ment** *n.*
dìs·en·tránce [dìsintrǽns/-trɑ́:ns] *vt.* 夢中状態から目ざめさせる. ◇ **～·ment** *n.*
dìs·en·twíne [dìsintwáin/dís-] *vt.* のよりをもどす; のもつれを解く. ― *vi.* 解ける, ほどける.
dìs·es·táb·lish [dìsistǽbliʃ/dís-] *vt.* の制度を廃止〔破壊〕する; の官職を免ずる; 〈教会の〉国教制を廃止する. ◇ **～·ment** *n.*
dìs·es·téem [dìsistí:m/dís-] *vt.* あなどる; 軽視する. ― *n.* けいべつ, 軽視; 気に入らないこと.
dis·fá·vor, ㊥ **-vour** [disféivər / dís-] *n.* **1** 冷淡, 不興, 嫌悪(けんお). **2** 不賛成; 冷遇; 不人気. ***be in ～ with*** の不興を被っている, に好かれていない. ***fall*** 〔***come***〕 ***into ～*** 人気をなくす; きらわれる. ***to*** 〔***in***〕 ***the ～ of*** の不利に. ― *vt.* **1** うとんずる, 冷遇する. **2** 可としない, よみしない.
dis·féa·ture [disfí:tʃər] *vt.* の顔をだいなしにする.
dis·fíg·ure [disfígjər/-fígə] *vt.* **1** の形を傷つける, の美しさをそこなう: The scar ～*d* her face. その傷で顔が醜くなった. **2** の価値をそこなう. ◇ **～d** *a.* 醜くなった; 傷つけられた《評判など》. **～·ment, dis·fig·ur·á·tion** [disfìgjuréiʃ(ə)n, dìsfigju-] *n.* **1** 外観〔価値〕を傷つけること. **2** 傷, 欠陥.
dis·fór·est [disfɔ́:rist, -fɑ́r-/-fɔ́r-] *vt.* **1** の森林を切り開く. **2** =disafforest ①. ◇ **dis·fòr·es·tá·tion** [disfɔ̀:ristéiʃ(ə)n, -fɑ̀r-/-fɔ̀r-] *n.*
dis·frán·chise [disfrǽntʃaiz/dís-] *vt.* の公民権〔選挙権〕を奪う. ◇ **～·ment** [-tʃizmənt] *n.*
dis·fróck [disfrɑ́k/-frɔ́k] *vt.* の法衣をはぐ; の聖職を剥奪(はくだつ)する.
dis·fúr·nish [disfə́:rniʃ] *vt.* から はぎ取る《を *of*》.
dis·górge [disgɔ́:rdʒ] *vt., vi.* **1** 吐き出す. **2** 〈川が〉注ぐ; 〈火山が〉噴出する. **3** 〈盗品·不当利得などを〉いやいやながら出す.
‡**dis·gráce** [disgréis] *n.* **1** 不面目, 不名誉, 恥辱; 不名誉となるもの. **2** 不興; 不人気. ***be a ～ to*** のつらよごしである. ***bring ～ on*** の不名誉となる. ***fall into ～*** 不面目に陥る; 不興を被る. ***in ～*** 面目を失って; きらわれて. ― *vt.* **1** に恥辱〔不面目〕をもたらす; 栄誉の地位から退ける. **2** に寵愛(ちょうあい)を失わせる. **～ one*self*** 恥をかく.
dis·gráce·ful [disgréisf(u)l] *a.* 恥ずべき, 不名誉〔不面目〕な. ◇ **～·ly** *ad.*
dis·grún·tle [disgrʌ́ntl] *vt.* ふきげんにさせる, に不満をいだかせる.
◇ **～d** [-d] *a.* 不満な, 不興の, むっとした.
‡**dis·guíse** [disgáiz] *n.* **1** 変装, 仮装; 仮装服. **2** 見せかけ; 欺瞞(ぎまん); 口実. **3** 隠すもの: Noble words can be the ～ of base intentions. 気高いことばも卑しい意図を隠すことがありうる. ***in ～*** 変装した: a blessing *in* ～ 表面は不幸に見える幸福. ***in*** 〔***under***〕 ***the ～ of*** と偽って, を口実に. ***throw off*** **one's *～*** 仮面を捨てる, 正体をあらわす. ***with ～*** 偽って. ***without ～*** ありのままに.
― *vt.* **1** 変装〔仮装〕させる: ～ oneself *as* a beggar こじきに身をやつす. **2** 外観を変えて偽る: ～ one's voice 自分の声を変えて, 他人の声をまねる. **3** 〈事実などを〉繕う, 隠す; 〈意図·感情を〉隠す. **～*d as*** に変装して. **～*d in*** 〔***with***〕 ***drink*** 酒にかこつけて, 酒の勢いで. [＜dis-＋guise] ◇ **～·ment** *n.*
dis·guísed [disgáizd] *a.* 姿を変えた; 〘古〙酩酊(めいてい)した. ◇ **dis·guís·ed·ly** [-zidli] *ad.*
‡**dis·gúst** [disgʌ́st] *n.* (胸のむかつくような)いや気, 嫌悪(けんお)《*at, for, toward(s), against*》. ***in ～*** うんざりして, あいそをつかして. ***to*** **one's *～*** うんざりしたことには. ― *vt.* いやにならせる, の胸くそを悪くさせる, うんざりさせる. ***be*** 〔***feel***〕 ***～ed at*** 〔***by, with***〕 …がいやになる, …にあいそがつきる.
dis·gúst·ed [disgʌ́stid] *a.* うんざりした; あいそをつかした; 憤慨した. ◇ **～·ly** *ad.* **～·ness** *n.*
dis·gúst·ful [disgʌ́stf(u)l] *a.* 胸のむかつくほどいやな, あいそがつきる. ◇ **～·ly** *ad.*
‡**dis·gúst·ing** [disgʌ́stiŋ] *a.* **胸のむかつくような**, 気分を悪くする(ほどの), 嫌悪(けんお)すべき.
◇ **～·ly** *ad.* 胸がむかつくほどに; 〘俗〙べらぼうに.
†**dish** [diʃ] *n.* **1** (深い)さら, 大ざら, はち《金属製, 陶磁製, 木製》. **2** 一さら(の料理); (さらに盛った)食物; 《一般的》料理, 食べ物. **3** 〘英古〙茶わん(cup). **4** 〘米俗〙好み〔力〕にぴったり合ったもの; 魅力のある〔かわいい〕女. **5** 〘米俗〙《野球の》ホームベース. ***a ～ of gossip*** ひとしきりの雑談. ***made ～es*** 取り合わせ料理. ***standing ～*** お決まりの料理; 決まりきった話のたね.
― *vt.* **1** さらに盛る; さらの形にする. **2** 〘俗〙負かす, に一杯食わせる, やっつける. ― *vi.* さらの形にへこむ. **～ *it out*** 〘米俗〙しかる, 罰する. **～ *out*** 盛り分ける《各人のさらに》. **～ *up*** 〈料理を〉出す; 〈話などを〉うまくもちだす, おもしろく聞かせる.
～·cloth [⊥⊥], 〘古〙 **～·clout** [-klàut] ふきん《さ

ら洗い用》. ～ **cover** さらおおい《陶器・金属製で料理が冷えるのを防ぐ》. ～ **gravy** 肉じる. **～·pan** [ˊ-ˊ-] (さら) 洗いおけ. **～·rag** [ˊ-ˊ-] =dishcloth. ～ **towel** さらぶきん《洗ったさらをふく》. **～·wàsh·er** さら洗い人〔機〕; 〖俗・鳥〗セキレイ. **～·wà·ter** (さらを洗った) よごれ水; 〖俗〗薄いスープ, 弱い酒, 貧弱なもてなし; 〖俗〗清涼飲料水: dull as ～*water* うんざりするほどたいくつな.

◇ **～ed** [-t] *a.* **1** 中低の, くぼんだ: a ～*ed* face. **2** 〖俗〗消耗した, へとへとの. **～·ful** [-fùl] *n.* さら1杯: eat two ～*fuls* of curry and rice カレーライスをお代わりする.

dìs·ha·bílle [dìsəbí:l/-sæ-] *n.* **1** 室内着, ネグリジェ; 略服. **2** だらしのない精神状態, 思考などの支離滅裂. *in* ～ 室内着のままで.

dìs·har·mó·ni·ous [dìshɑ:*r*móuniəs] *a.* 調子が合わない, 不協和の. ◇ **～·ly** *ad.*

dis·hár·mo·nize [dishá:*r*m(ə)nàiz/dís-] *vt.* の調和〔和合〕を破る. —— *vi.* 調和〔和合〕が破れる.

dis·hár·mo·ny [dishá:*r*m(ə)ni/dís-] *n.* **1** 不調和, 不一致. **2** 不協和(音), 調子はずれ.

dis·héart·en [dishá:*r*tn] *vt.* がっかりさせる, に勇気〔自信〕を失わせる: Don't be ～*ed.* がっかりするな.

◇ **～·ing** *a.* 落胆させる, 意気をくじく. **～·ing·ly** *a.* 落胆させるように〔ほどに〕. **～·ment** *n.* 落胆, 意気阻喪.

dis·hér·it [dishérit] =disinherit.

di·shév·el(l)ed [diʃév(ə)ld] *a.* **1** 《髪が》もじゃもじゃした; 乱れ髪の. **2** 取り乱した, 身なりのだらしない.

‡**dis·hón·est** [disánist, diz-/-ɔ́n-] *a.* **1** 不正直な, 誠意のない. **2** ごまかしの, 不正の. ◇ **～·ly** *ad.* **-es·ty** [-isti] *n.* 不正直; 不正(行為); 詐欺; 盗み.

‡**dis·hón·or,** ㊥ **-our** [disánər, diz-/-ɔ́nə] *n.* **1** 不名誉, 不面目; 恥辱, 屈辱, 侮辱: do a person a ～ 人を侮辱する. **2** 不名誉なもの, 恥となるもの; 恥辱のたね. **3** 〖商〗《手形の》支払〔引受〕拒絶, 不渡り. —— *vt.* **1** に屈辱を与える. **2** の名を汚す. **3** 〈約束などを〉破る; 〖商〗〈手形などの〉支払い〔引き受け〕を拒む: a ～*ed* bill [cheque] 不渡り手形〔小切手〕. **4** 〈婦人を〉犯す. ◇ **～·a·ble** [-nərəbl] *a.* 不名誉な, 恥ずべき, 卑劣な. **～·a·bly** *ad.*

dis·hórn [dishɔ́:*r*n] *vt.* 〈動物の〉角を切り取る.

dis·hóuse [disháuz] *vt.* 家から立ちのかせる〔追い出す〕.

dìs·il·lú·sion [dìsilú:ʒ(ə)n] *n.* 迷いからさます〔さめる〕こと; 幻滅. —— *vt.* の迷いをさます; に幻滅を感じさせる. ◇ **-sive** *a.* 幻滅的な. **～·ize** [-nàiz] *vt.* =disillusion. **～·ment** *n.* 幻滅.

dìs·im·pás·sioned [dìsimpǽʃ(ə)nd] *a.* 落ち着いた, ものに動じない.

dìs·im·prís·on [dìsimprízn] *vt.* 出獄させる, 釈放する. ◇ **～·ment** *n.*

dìs·in·cén·tive [dìsinséntiv] *a., n.* 行動〔労働意欲〕を妨げる(もの).

dìs·in·clíne [dìsinkláin/dís-] *vi.* 気乗りがしない, …する気がしない《*to* (do)》. —— *vt.* に…する気をなくさせる; 気乗りさせない. *be* [*feel*] *～d to* (do) …する気がない, …したくない. ◇ **dìs·in·cli·ná·tion** [dìsinklinéiʃ(ə)n, ─ˌ─ˊ─] *n.* いや気《*for*》.

dìs·in·cór·po·rate [dìsinkɔ́:*r*pərèit/dís-] *vt.* の法人〔社団〕組織を解く.

dìs·in·féct [dìsinfékt] *vt.* 消毒〔殺菌〕する.

◇ **-féc·tion** [-fékʃ(ə)n] *n.* 消毒. **-féc·tor** [-féktər] *n.* 消毒者〔器具, 剤〕.

dìs·in·féct·ant [-féktənt] *a.* 消毒の, 殺菌の. —— *n.* 消毒剤, 殺菌剤.

dìs·in·fést [dìsinfést] *vt.* 〈家などから〉害虫を駆除する.

dìs·in·fest·á·tion [dìsinfestéiʃ(ə)n] *n.* 害虫駆除.

dìs·in·flá·tion [dìsinfléiʃ(ə)n] *n.* 〖経〗インフレの緩和, ディスインフレ. ◇ **～·ar·y** [-èri/-əri] *a.* インフレ緩和に役立つ; ディスインフレの.

dìs·in·gén·u·ous [dìsindʒénjuəs] *a.* 不正直な, 不誠実な, 腹黒い. ◇ **～·ly** *ad.* **～·ness** *n.*

dìs·in·hér·it [dìsinhérit/dís-] *vt.* の相続権を剝奪(はく)する, 勘当する.

◇ **-i·tance** [-hérit(ə)ns] *n.* 勘当, 廃嫡.

dis·ín·te·grate [disíntigrèit] *vt., vi.* 分解させる〔する〕; 崩壊させる〔する〕.

dìs·in·te·grá·tion [dìsintigréiʃ(ə)n, disìn-] *n.* 分解, 分裂, 崩壊; 〖物〗《放射性元素の》崩壊; 〖地〗風化 (作用).

dis·ín·te·gra·tor [disíntigrèitər] *n.* 分解〔崩壊〕させるもの; 破砕機.

dìs·in·tér [dìsintə́:*r*/dís-] *vt.* (**-rr-**)(地中・墓から) 掘り出す; 明るみに出す. ◇ **～·ment** *n.*

dis·ín·ter·est [disínt(ə)rist] *n.* **1** 利害関係がないこと; 無私無欲, 公平. **2** 〖米話〗無関心.

—— *vt.* **1** 恬淡(てんたん)たらしめる. **2** 〖米話〗に関心を失わさせる. ～ one*self* 手を切る《と *from*》.

dis·ín·ter·est·ed [disínt(ə)ristid] *a.* **1** 私欲をもたない, 公平無私な, 恬淡(てんたん)とした《に *in*》. **2** 〖米話〗無関心の, 冷淡な. ◇ **～·ly** *ad.* **～·ness** *n.*

dis·jéct [disdʒékt] *vt.* ばらばら〔ちりぢり〕にする.

◇ **dis·jéc·tion** *n.*

dis·jec·ta mem·bra [disdʒéktə-mémbrə] L. (=scattered members) (散らばった) 切れ端, 断片.

dis·jóin [disdʒɔ́in] *vt., vi.* 分離させる〔する〕, 引き離す.

dis·jóint [disdʒɔ́int] *vt.* **1** の関節をはずす, に脱臼(だっきゅう)させる. **2** 解体する, ばらばらにする. **3** 〈思想・文体などを〉支離滅裂にする; 〈秩序などを〉乱す.

—— *vi.* ばらばらになる; 〈関節などが〉はずれる.

dis·jóint·ed [disdʒɔ́intid] *a.* **1** 関節のはずれた; ばらばらの. **2** 統一のない, ちぐはぐの: a ～ discourse 支離滅裂な論説. ◇ **～·ly** *ad.*

dis·júnc·tion [disdʒʌ́ŋkʃ(ə)n] *n.* **1** 分裂, 分離: a ～ between thought and action 思想と行動との離反. **2** 〖論〗選言; 離接(命題).

dis·júnc·tive [disdʒʌ́ŋktiv] *a.* **1** 分離する. **2** 〖文〗離接的な. **3** 〖論〗選言〔離接〕的. —— *n.* **1** 〖文〗離接接続詞 (=～ conjunction) 《but, yet, (either...) or など》. **2** 〖論〗選言命題.

◇ **～·ly** *ad.*

disk [disk] *n.* **1** 平円盤(状の物); 競技用円盤; 《蓄音機の》レコード; 〖植〗花盤. **2** 平円形の表面: the moon's ～ 月の表面. ～ **harrow** 〖農〗円板すき. ～ **jockey** → jockey.

dís·ko·phile =discophile.

‡**dis·líke** [disláik] *vt.* きらう, いやだと思う: get oneself ～*d* 人にきらわれる. —— *n.* きらい, 嫌悪(けんお) 《*for, of, to*》. ***have a ～ for*** [***of***] =***take a ～ to*** をきらう; …がきらいだ. one***'s likes and ～s*** 好ききらい. 〈注〉動詞 dislike は detest, hate より意味が弱く, do not like より強い.

dís·lo·cate [dísləkèit, ㊥ˈdislóukeit] *vt.* **1** 脱臼(だっきゅう)させる. → disjoint. **2** 〖地〗断層させる. **3** の位置〔順序〕を狂わせる; 〈計画・秩序などを〉乱す: The railway traffic was badly ～*d.* 鉄道の運転がひどく混乱した. ◇ **dìs·lo·cá·tion** [dìsləkéiʃ(ə)n] *n.* 脱臼; 転位, 混乱; 〖地〗断層.

dis·lódge [dislɑ́dʒ/-lɔ́dʒ] *vt.* **1** (ある場所から) 動かす; 取り除く: ～ a stone with one's foot 足で石を動かす. **2** 追い出す; 〈敵を〉駆逐する《陣地などから》. —— *vi.* 宿舎から出る.

◇ **dis·lódg(e)·ment** [-mənt] *n.*

dis·lóy·al [dislɔ́iəl/dís-] *a.* 不忠な, 不実な《に *to*》. ◇ **～·ly** [-i] *ad.* **～·ty** [-ti] *n.* 不忠, 不実; 不信.

‡**dís·mal** [dízm(ə)l] *a.* **1** 陰気な, 暗い. **2** 憂うつな, わびしい. **3** 無気味な, ものすごい. **4** 〖話〗情けないほどの, みじめな: play a ～ game 惨憺(さんたん)たる試合をやる. —— *n.* **1** (*pl.*) 喪服. **2** (the ～s) 憂うつ.

be in the ~s 沈んでいる, ふさいでいる.
~ science, the 陰気な学問《経済学のこと. Carlyle のことば》. **D~ Swamp** アメリカ南部大西洋岸にある大湿地帯. ◇ ***~·ly** [-i] *ad.* **~·ness** *n.*

dis·mán·tle [dismǽntl] *vt.* **1** の装備〔家具〕を取りはずす: ~ a factory 工場設備を取りはずす. ~ a ship 船の艤装(ぎそう)を解く. **2** の衣服〔おおい〕を取り除く. **3** 分解する, 取りこわす. ◇ **~·ment** *n.*

dis·másk [dismǽsk/-máːsk] *vt.* = unmask.

dis·mást [dismǽst/dísmáːst] *vt.* <暴風・砲火などが> の帆柱を折り倒す〔奪い去る〕.

‡dis·máy [disméi, diz-] *n.* ろうばい, 驚愕(きょうがく); 落胆. ***in utter ~*** 周章ろうばいして. ***with ~*** ろうばいして; 落胆して. **——** *vt.* ろうばい〔驚愕, 落胆〕させる: She was ~*ed* to learn the truth. 真相を知って彼女はろうばいした.

dis·mém·ber [dismémbər] *vt.* **1** の手足を切断する: a ~*ed* body ばらばら死体. **2** <国を> 分割する. ◇ **~·ment** *n.*

‡dis·míss [dismís] *vt.* **1** 去らせる, 退去〔退出〕させる; <集まっている人々・集会などを> 解散させる. **2** 解雇〔免職〕する. **3** <考えなどを> (念頭から) 追い出す, さっぱり忘れる. **4** <討論中の問題などを> 簡略にかたづける. **5**〘法〙却下〔棄却〕する. ***be ~ed (from) service*** 解雇される. ***D~!***《号令》解散! [√mit(t)-]
◇ **~·i·ble** [-əbl] *a.* 解雇を免れない. **-mís·sion** [-míʃ(ə)n] *n.* = dismissal.

dis·míss·al [dismís(ə)l] *n.* **1** 退去. **2** 解散. **3** 放逐; 免職, 解雇《*from*》. **4**〘法〙却下, 棄却. ~ ***from school*** 放校〔退学〕処分.

dis·móunt [dismáunt/ㄥー] *vi.* 《馬・自転車などから》降りる《から *from*》. **——** *vt.* **1** <人を> 降ろす《馬・自転車などから》; 落馬させる. **2** <宝石・絵などを> 取りはずす《台座・額縁などから》; <大砲を> 砲車から降ろす. **3** <機械などを>分解する. **——** *n.* 下車, 下馬.

dis·ná·ture [disnéitʃər] *vt.* から本来の姿〔性質〕を奪う.

Dís·ney [dízni] *n.* Walt [wɔ́ːlt-] ~, 1901–66, アメリカの (漫画) 映画製作者.

dìs·o·bé·di·ence [dìsəbíːdiəns] *n.* **1** 不従順, 不服従; 不孝《*to*》. **2** 規則〔法律〕違反《*to*》.

dìs·o·bé·di·ent [dìsəbíːdiənt] *a.* **1** 従順でない; 不孝な《*to*》. **2** 命令〔規則〕にそむく《*to*》.
◇ **~·ly** *ad.* 〔類〕→ **willful**「わがままな」

***dìs·o·béy** [dìsəbéi/dís-] *vt., vi.* (に)従わない, (の)言うことをきかない; <命令・規則に> そむく.
◇ **~·er** [-ər] *n.* 命令に従わない人.

dìs·o·blíge [dìsəbláidʒ/dís-] *vt.* **1** に不親切にする; <人の>希望に応じない. **2** 立腹させる. **3** に迷惑をかける: be ~*d* by uninvited guests 不意の客に来られて迷惑する.

dìs·o·blíg·ing [-iŋ] *a.* **1** 不親切な, 思いやりのない. **2** 失礼な. **3** 迷惑な. ◇ **~·ly** *ad.*

dis·ór·der** [disɔ́ːrdər, diz-] *n.* **1** 無秩序, 不整とん, 混乱. **2** (*pl.*) 騒擾(そうじょう), 不穏. **3**《心身機能の》不調, 病気. ***be in ~ 混乱している. ***fall* [*throw*] *into ~*** 混乱に陥る〔陥らせる〕. **——** *vt.* **1** 乱す, 混乱させる. **2** の心身の調子を狂わせる, 病気にする.
◇ **~ed** [-d] *a.* 乱雑な; 調子の狂った; 病気の.

dis·ór·der·ly [disɔ́ːrdərli, diz-] *a.* **1** 無秩序な, 混乱した; 乱雑な: a ~ desk ちらかった机. **2** 乱暴な; 風紀を乱す;〘法〙公安妨害の. **——** *ad.* 無秩序に, 乱暴に. **~ conduct** 風俗壊乱行為, 軽犯罪. **~ house** 売春宿; 賭博(とばく)宿. ◇ **-li·ness** *n.* **1** 無秩序, 混乱. **2**〘法〙公安妨害; 乱暴; 乱脈.

dis·ór·gan·ize [disɔ́ːrgənàiz] *vt.* の組織〔秩序〕を破壊する; 混乱させる.
◇ **-iz·er** [-ər] *n.* **dis·òr·gan·i·zá·tion** [disɔ̀ːrgənizéiʃ(ə)n, disɔːr-, -naiz-] *n.*

dis·ó·ri·ent [disóːriènt/-ɔ́ːr-] *vt.* **1** に方角を見失わす; 混乱させる. **2**〘稀〙東(方)からそむける.

dis·ó·ri·en·tate [-entèit] = disorient.

dis·ò·ri·en·tá·tion [disòːrientéiʃ(ə)n/-ɔ̀ːr-] *n.* **1** 方角を見失うこと. **2** かいもく見当がつかないこと, 茫然自失; 当惑. **3**〘医〙方位識喪失《精神病患者などの時間・場所などについての認識の混乱状態》.

dis·ówn [disóun, ㊍⁺diz-] *vt.* 自分の物〔責任〕と認めない, の自分との関係を否認する; 勘当する.

dis·pár·age [dispǽridʒ] *vt.* **1** 見くびる, 軽侮する. **2** 誹謗(ひぼう)する, 非難する, 悪く言う. [√par-¹]
◇ **~·ment** *n.* 軽侮; 誹謗; 汚名.

dis·pár·ag·ing [dispǽridʒiŋ] *a.* **1** 見くびる(ような). **2** 非難する(ような). ◇ **~·ly** *ad.*

dís·pa·rate [díspərit] *a.* 不同の; 根本〔本質〕的に異なる;〘論〙乖離(かいり)的な. [√par-¹]
◇ **~·ly** *ad.* **~·ness** *n.*

dis·pár·i·ty [dispǽriti] *n.* 不同; 相違; 不一致; 不つりあい: ~ in years 年齢の相違. [√par-¹]

dis·párk [dispáːrk] *vt.* <私園を> 開放する.

dis·párt [dispáːrt] *vt., vi.* 分裂〔分離〕する.

dis·pás·sion [dispǽʃ(ə)n] *n.* 平静; 公平.

dis·pás·sion·ate [dispǽʃ(ə)nit] *a.* **1** 感情に動かされない, 冷静な. **2** 公平無私な. ◇ **~·ly** *ad.*

‡dis·pátch [dispǽtʃ] *vt.* **1** <使者・手紙などを> 急送する, 急派〔特派〕する. **2** <仕事などを> 急いでかたづける, 迅速に処分する; <食事を> さっと済ます. **3** <人を> 退出させる. **4**「かたづける」, 殺す.
—— *n.* **1** 急送, 急派, 特派. **2** 速達便; 急送公文書;〘米〙電報. **3** すばやい処置; 敏速: with ~ 大至急に, 手早く. **4** 殺害. **5** (貨物)運送店. ***happy ~*** 切腹. ***mentioned in ~es***〘英〙公文書で表彰される栄誉に浴して. **~ box** (公文書の) 送達箱. **~ rider**〘軍〙急使, 伝令. **~ tube** 気送管《急信書などを圧搾空気で送る装置》.
◇ **~·er** *n.* **1** 発送者〔係〕;《鉄道・バスなどの》運転操作係; ディスパッチャー《運転操作指示器》. **2** (*pl.*)〘俗〙仕掛けのしてある 1 対のさいころ.
〔類〕→ **haste**「急ぎ」

dis·pél [dispél] *vt.* (**-ll-**) **1** 追い払う, 四散させる. **2** 消散させる: ~ fear 恐怖を一掃する. [√pel(l)-]

dis·pén·sa·ble [dispénsəbl] *a.* **1** なくても済む, さほど必要でない. **2** 分配〔分与〕できる. **3**〘宗〙特免できる.

dis·pén·sa·ry [dispéns(ə)ri] *n.* 薬局; 施薬所;《工場・学校などの》診療所.

dìs·pen·sá·tion [dìspenséiʃ(ə)n, -pen-] *n.* **1** 分配施与, 配分. **2** 天の配剤,《神の》摂理; 天与の物. **3** 支配, 統治, 管理, 処理; 定め, 制度. **4** 処方調剤. **5**〘宗〙天啓法(時代). **6**〘法〙《法の適用の》緩和, 免除;〘カトリック〙特別免除(状). **7** なしで済ますこと《*with*》. ***Mosaic ~*** モーセの律法(時代).
◇ **~·al** [-əl] *a.*

dís·pen·sà·tor [díspensèitər, -pən-] *n.* 分与する人; 支配する人; dispense する人.

dis·pén·sa·to·ry [dispénsətɔ̀ːri/-t(ə)ri] *n.* 薬局法解説(書), 薬品解説(書);〘古〙薬局.

dis·pénse [dispéns] *vt.* **1** 分配〔分与〕する, 施し与える: ~ alms 施しを与える. **2** <法律などを> 実施〔施行〕する: ~ justice 裁きを行なう. **3** 調剤〔投薬〕する: ~ a prescription 処方を調剤する. **4** に免ずる《を *from*》: ~ a soldier *from* all fatigues 兵士に労務をすべて免ずる. ~ a person *from* fasting 人に断食を免ずる. **5**〘カトリック〙特免する《特殊のばあいに規則の適用を緩和する》.
—— *vi.* **1** 調剤する. **2**〘カトリック〙特免する.
~ *with* (1) …なしで済ませる; …する手数を省く. (2) を免除する, を要求しない: ~ *with* an oath 誓いを要求しない. [√pend-] ◇ **-péns·er** [-ər] *n.* **1** 分配者; 施す人. **2**《安全かみそりの刃・ちり紙などの》引き抜き式容器. **3** 調剤〔薬剤〕師.

dis·péo·ple [dispíːpl/dís-] *vt.* の住民を絶やす; の人口を減らす.

dis·pér·sal [dispə́:rs(ə)l] *n.* 散る〔散らす〕こと; 分散, 離散. → 動詞 disperse. [√spars-]

***dis·pérse** [dispə́:rs] *vt.* **1 散らす, まき散らす,** ちりぢりにする; 解散させる; 分散させる; 〈敵などを〉追い散らす, 壊走させる. **2** 広める, 伝播(でんぱ)させる. **3** 〈雲・霧などを〉消散させる. **4**〘物〙分散させる. —— *vi.* (ばらばらに) 散る, 離散する, 解散する; 消散する.
◇ **dis·pérs·ed·ly** [-idli] *ad.* 散乱して, ちりぢりに. 類 → **scatter**「まく」

dis·pér·sion [dispə́:rʃ(ə)n, ㊊⁺-ʒən] *n.* **1** 散る〔散らす〕こと, 分散; 離散. **2**《うわさなどの》広まり, 伝播(でんぱ). **3**〘物〙《光の》分散;〘医〙消散《炎症などの》. **4**《平均値・標準値からの》偏差. ***the D~*** バビロン幽閉後ユダヤ人が異教徒の間に離散したこと; 《集合的》そのユダヤ人.

dis·pér·sive [dispə́:rsiv] *a.* **1** 散乱〔消散〕する; 分散的な. **2** 伝播(でんぱ)性の. ◇ **~·ly** *ad.*

dis·pír·it [dispírit] *vt.* 落胆させる, 意気消沈させる.

dis·pír·it·ed [-id] *a.* がっかりした. ◇ **~·ly** *ad.*

dis·pít·e·ous [dispítiəs] *a.*〘雅〙無慈悲な.

dis·pláce** [displéis] *vt.* **1 置き換える,** 移す. **2** にとって代わる. **3 除去する,** 追い出す; 追放する. **4** 免官〔解職〕する. **5**〘海〙排水量が…トンある. **6**〘化〙置換する. ***~d person 難民《戦争で居住地を追い出された人. 略 D. P.》. ◇ **~·a·ble** [-əbl] *a.*

dis·pláce·ment [displéismənt] *n.* **1** 置き換え; 移動. **2** 排除; 免職. **3**〘海〙排水量;〘機〙排気量 (=piston ~);〘化〙置換;〘物・電〙変位;〘地〙断層, 変位;〘精神分析〙感情転移. **~ current** 変位電流. **~ tonnage** 排水トン数 (=tons of ~).

‡dis·pláy [displéi] *vt.* **1 示す, 見せる;** 展示〔陳列〕する. **2** 〈旗などを〉広げる, 揚げる; 〈翼などを〉広げる. **3** 外に見せる〔あらわす〕;《特に》誇示する; 〈能力などを〉発揮する: ~ fear 恐怖の色を見せる. **4**〘印〙《特殊活字などで》目だたせる. ~ one*self* あらわれる. —— *n.* **1** 表示; 表明; 陳列; 展覧(会). **2** 見せびらかし; 発揮: a ~ of courage 勇気の発揚. **3**〘印〙特別に目だつ組み版. ***make a ~ of*** を誇示する. ***on ~*** 陳列して. ***out of ~*** これ見よがしに. [dis-+√plec- 折りを広げる] **~ ad** 大型広告《新聞・雑誌中の》. 類 → **show**「見せる」

‡dis·pléase [displí:z] *vt.* **のきげんを損じる,** おこらす: ~ one's senior 上長のきげんを損じる. ***be ~d*** 不快に思う, 不満に感じる《を, に *with, at*》.

dis·pléas·ing [displí:ziŋ] *a.* 不快な, 気にくわない, 腹の立つ.
◇ **~·ly** *ad.* 不愉快に; 腹が立つほどに〔ように〕.

dis·pléas·ure** [displéʒər] *n.* **不興, 不快;** 不満; 腹立ち;〘古〙不満〔立腹〕のたね. ***incur the ~ of の怒りをかう; をおこらせる. ***with ~*** 腹を立てて; 不満げに. —— *vt.*〘古〙=displease.

dis·plúme [displú:m] *vt.*〘雅〙の羽毛を抜き取る; の財産〔名誉〕を剝奪(はくだつ)する.

dis·pórt [dispɔ́:rt/-pɔ́:t] *vi., vt.* 遊ぶ, 戯れる; 楽しませる. ~ one*self* 遊び楽しむ; はしゃぎまわる. —— *n.*〘古〙遊び, 楽しみ.

‡dis·pós·al [dispóuz(ə)l] *n.* **1 処分,** 処理;《財産などの》譲渡, 売却. **2** 処分の自由: left *at* his ~ 彼の裁量に任されている. **3 配置,** 配列. →動詞 dispose. ***be at*** 〔***in***〕 a person***'s ~*** (人)の自由〔随意〕になる. ***~ by sale*** 売却処分.

‡dis·póse [dispóuz] *vt.* **1 配置する,** 配列する. **2** 適所へ配する; あてる《ある用途に》. **3**《…したい》気にならせる《*to* (do)》: be ~*d to* (do) …したい気持ちである. The weather did not ~ him *to* take [go for] a walk. 天気がよくなかったので彼は散歩に行く気にならなかった. **4**〘古〙準備する, 処置する. —— *vi.* **処分する**《を *of*》; 成り行きを決める《の *of*》. ***~ of*** をかたづける, を処分する, を譲渡する; を食べ〔飲み〕尽くす,「を平らげる」. ***~ of oneself*** 身のふり方を決める. ***Man proposes, God ~s.*** 〘諺〙計画は人, 成敗は神. [√pon-] ◇ **-pós·a·ble** [-əbl] *a.* 処置〔処分〕できる; 思いのままになる: *disposable* income《給料の》手取り (take-home pay).

‡dis·pósed [dispóuzd] *a.* **1 配置された. 2** …する気がある; …の傾向がある. **3**《合成語で》…の気持ちの, …の性質の: well-~ 好意を寄せている; 気だてのよい. ill-~ 悪意をいだいている; 気だての悪い.

‡dìs·po·sí·tion [dìspəzíʃ(ə)n] *n.* **1 性向, 性質,** 気質; 傾向; 意向: a man of a social ~ 社交性のある人. **2 配列,** 配置. **3 処分,** 整理;〘法〙譲渡(権). **4**〘医〙素因. ***at*** 〔***in***〕 a person***'s ~*** (人)の思いのままに, 自由に. ***~ of Providence*** 天の配剤, 天意. 類 → **mood**「気分」

dìs·pos·séss [dìspəzés/dís-] *vt.* **1** の所有権〔財産〕を奪う, から奪う《を *of*》: ~ a person *of* his property 人の財産を奪い取る. **2** 追い出す《から *of*》. ◇ **-sés·sion** [dìspəzéʃ(ə)n] *n.* 横領, 強奪; 追い出し.

dìs·pos·séssed [dìspəzést] *a.* **1** 追い出された. **2** 財産〔地位〕を奪われた. **3** 挫折(ざせつ)した, 疎外された: Modern man is spiritually ~. 現代人は精神的破産者だ.

dis·práise [dispréiz] *vt.* 悪く言う, 非難する, けなす. —— *n.* そしり, 非難.

dis·príze [dispráiz] *vt.*〘古〙軽んずる.

dis·próof [disprú:f/⌐⌐] *n.* 反証(物件); 論破.

dìs·pro·pór·tion [dìsprəpɔ́:rʃ(ə)n/dìsprəpɔ́:-] *n.* 不つりあい, 不均衡; 不つりあいな物. —— *vt.* 不つりあいにする.

dìs·pro·pór·tion·al [dìsprəpɔ́:rʃən(ə)l/-pɔ́:-] *a.* 不つりあいな. ◇ **~·ly** [-i] *ad.*

dìs·pro·pór·tion·ate [dìsprəpɔ́:rʃ(ə)nit/-pɔ́:-] *a.* つりあいのとれない, 不相応な《に *to*》.
◇ **~·ly** *ad.* **~·ness** *n.*

***dis·próve** [disprú:v/⌐⌐] *vt.* **の反証をあげる, 論破する.** ◇ **-próv·a·ble** *a.*

dis·pút·a·ble [dispjú:təbl, díspjutəbl] *a.* 論議の余地がある; 確かでない. ◇ **-bly** *ad.*

dís·pu·tant [díspjut(ə)nt, dispjú:t(ə)nt] *n.* 論争者, 論客. —— *a.* 論争の.

‡dis·púte [dispjú:t] *vi.* **1 論争する**《と *with, against*》; 論議する《について *about, on*》. **2** 口論〔けんか〕する. —— *vt.* **1 論ずる,** 論議する. **2** 論駁(ろんばく)する, 反論する. **3** 疑問視する, 疑う: I don't ~ that you may have heard it. お耳にはいっているかもしれないと思います. **4** に抗争〔抵抗〕する: ~ the enemy's advance 敵の前進を食い止めようとする. **5** 得ようと〔失うまいと〕**争う,** 競い合う: The soldiers ~*d* every inch of ground. 兵士たちは一歩も譲るまいと抵抗した.
—— *n.* **1** 討論, 論議. **2** 論駁, 反論. **3** 論争, 口論. ***beyond ~*** 議論の余地なく. ***in ~*** 論争中の, 未解決の. ***past*** 〔***without***〕 ***~*** 疑いなく. [√put-]
◇ **dìs·pu·tá·tion** [dìspjutéiʃ(ə)n] *n.* 論争, 討論; 反駁(はんばく). **dìs·pu·tá·tious** [-ʃəs], **dis·pút·a·tive** [dispjú:tətiv] *a.* 論争的な, 議論好きの, 理屈っぽい. 類 → **discuss**「論ずる」

dis·quál·i·fy [diskwɑ́lifài/-kwɔ́lifai] *vt.* **1** 失格させる, 不適任と判定する, の資格を剝奪(はくだつ)する. **2** 不可能にさせる. ***be ~ied for*** 〔***from***〕 の資格を欠く〔失う〕. ◇ **dis·quàl·i·fi·cá·tion** [diskwɑ̀lifikéiʃ(ə)n/-kwɔ̀l-] *n.* 不合格, 失格; 資格剝奪.

dis·quí·et [diskwáiət] *vt.* 不安にする, 動揺〔心配〕させる. —— *n.* 不安, 心労; 不穏. ◇ **~·ing** *a.* 不安〔動揺〕を与える, 気がかりな.

dis·quí·e·tude [diskwáiit(j)ù:d/-tju:d] *n.* =disquiet.

dìs·qui·sí·tion [dìskwizíʃ(ə)n] *n.* 論文《*on*》; 探究, 考究《*into*》. [√quer-] ◇ **~·al** *a.*

dis·ráte [disréit] *vt.*〘海〙〈船・人の〉等級を下げる; 格下げする.

***dìs·re·gárd** [dìsrigɑ́:rd/dís-] *vt.* **無視する,** おろそ

かにする; 軽視する. —— *n.* 無視, なおざり; 軽視. ***have a ~ for* 〔*of*〕** を無視〔閑却〕する.
◇ **~·ful** [-f(u̧)l] *a.* なおざりな, 無視〔軽視〕する.
〔類〕→ **neglect**「無視する」

dis·rél·ish [disréliʃ] *n.* 嫌悪(けんお)《*for*》. —— *vt.* きらう, いやだと思う.

dìs·re·mém·ber [dìsrimémbər/dís-] *vt., vi.* 〘米話・英方〙忘れる, 思い出せない.

dìs·re·páir [dìsripéər/dís-] *n.* 破損状態, 荒廃. ***fall into ~*** 破損する, 荒れる; 顧みられなくなる. ***in ~*** 修理を要する; 荒れほうだいの.

dis·rép·u·ta·ble [disrépju̧təbl] *a.* 評判〔外聞〕の悪い, 不面目な. ◇ **-bly** *ad.*

dìs·re·púte [dìsripjú:t/dís-] *n.* 不名誉; 悪評, 不評. ***be in ~*** 評判が悪い. ***bring* a person *into ~*** (人の)評判を落とさせる. ***fall into ~*** 悪評をかう; 名誉を失う.

dìs·re·spéct [dìsrispékt/dís-] *n.* 不敬, 無礼《*to, for*》. ◇ **~·a·ble** [-əbl] *a.* 尊敬する価値のない.

dìs·re·spéct·ful [-f(u̧)l] *a.* 礼を失する, 失礼な, 無作法な. ◇ **~·ly** *ad.* 失礼に(も); 無作法に.

dis·róbe [disróub/dís-] *vt.* の着物を脱がせる, に手伝って服を脱がせる. —— *vi.* 着物〔制服, 式服〕を脱ぐ.

dis·róot [disrú:t, ㊥+-rút] *vt.* 根こぎにする; 根絶やしにする.

dis·rúpt [disrʌ́pt] *vt.* **1** 引き裂く; 砕く. **2** 〈国家・制度・同盟などを〉崩壊させる, 粉砕する, 分裂させる. **3** 混乱させる, 妨害する. —— *a.* 分裂〔崩壊〕した. [√ru(m)p-]
◇ **-rúp·tive** [-iv] *a.* 分裂(性)の; 分裂で生じた.

dis·rúp·tion [-rʌ́pʃ(ə)n] *n.* **1** 分裂; 崩壊《特に国家・制度の》. **2** 混乱, 妨害. ***the D~*** 1843年のスコットランド教会分裂《イギリス国教から独立》.

dìs·sat·is·fác·tion [dìssætisfǽkʃ(ə)n/díssæt-] *n.* 不満足, 不平.

dìs·sat·is·fác·to·ry [dìssætisfǽkt(ə)ri/díssæt-] *a.* 不満足な《にとって *to*》.

***dis·sát·is·fy** [dissǽtisfài/díssæt-] *vt.* **満足させない**; 不満〔不快〕に思わせる: a *~ied* look 不満足そうな表情. ***be ~ied with* 〔*at*〕** に不満〔不服〕である: *be ~ied with* a person 〔*at* one's salary〕 人〔給料〕に不満である.

dis·séat [dissí:t] =unseat.

dis·séct [disékt] *vt.* **1** 切り裂く, 解剖する. **2** 分析する, 詳細に調べる〔批評する〕. [dis-+√sec-]
◇ **~·ed** [-id] *a.* 切開〔解剖〕した; 〘植〙全裂の; 〘地〙開析した. **dis·séc·tor** [-ər] *n.* 解剖(学)者; 解剖書; 解剖器具.

dis·séc·tion [disékʃ(ə)n] *n.* **1** 切開, 解剖; 解剖体〔模型〕. **2** 分析; 詳細な調査〔批評〕.

dis·sém·blance [disémbləns] *n.* **1** 不同, 相違. **2** 偽り, 《感情・意図などを》隠すこと.

dis·sém·ble [disémbl] *vt.* **1** 〈感情・思想・目的などを〉隠す, 偽る. **2** 見て見ないふりをする, 知らぬふりをする. —— *vi.* しらばくれる. [√simil-]
◇ **~r** *n.* 偽善者, ねこかぶり.

dis·sém·i·nate [disémi̧nèit] *vt.* 〈種を〉広くまく, まき散らす; 〈思想・説などを〉流布する, 広める; 普及する. [√semin-] ◇ **-na·tor** [-ər] *n.* **dis·sèm·i·ná·tion** [disèmi̧néiʃ(ə)n] *n.*

dis·sén·sion [disénʃ(ə)n] *n.* 意見の相違〔衝突〕; 不和, 紛争. →動詞 dissent.

dis·sént [disént] *vi.* **1** 意見を異にする《と *from*》. **2** イギリス国教に反対する. ***~ing opinion*** 〘法〙反対〔少数〕意見. —— *n.* **1** 異議, 不賛成《*from*》. **2** イギリス国教反対; 《集合的》非国教徒. [dis-+√sent-] ◇ **~·er** *n.* **1** 不賛成者, 反対者. **2** (通例 D~) 〘英〙非国教徒.

dis·sén·tient [disénʃ(ə)nt/-ʃiənt] *a., n.* 異議を唱える(人), 《多数意見に》反対の(人).

dis·sép·i·ment [disépi̧mənt] *n.* 〘動・植〙隔膜, 隔壁.

dis·sért [disə́:rt], **dís·ser·tate** [dísərtèit] *vi.* 論ずる, 論述する.

dìs·ser·tá·tion [dìsərtéiʃ(ə)n] *n.* 論説; (学位)論文, 研究報告. [√ser-]

dis·sérve [dissə́:rv] *vt.* に害を及ぼす, にあだをする.

dis·sérv·ice [dissə́:rvis/dís-] *n.* ひどいやり方; 害, あだ.

dis·sév·er [disévər] *vt., vi.* 切り離す; 分離〔分割〕する. ◇ **~·ance** [-v(ə)rəns] *n.* 分離.

dís·si·dence [dísi̧d(ə)ns] *n.* 意見〔性格〕の不一致; 不同意, 異議.

dís·si·dent [dísi̧d(ə)nt] *a.* 意見を異にする; 同意〔一致〕しない《と *from*》. —— *n.* 不同意者; 非国教徒. [dis-+√sed-]

dis·sím·i·lar [disími̧lər/díssím-] *a.* 似ていない, 異なる《と *to*》. [√simil-] ◇ **~·ly** *ad.* **dis·sìm·i·lár·i·ty** [disìmi̧lǽrəti/dìssim-] *n.* 違い, 相違点.

dis·sím·i·late [disími̧lèit] *vt.* 不同化させる; 〘音声〙異化させる《同一語中の元来同一の2音を別々な音に転化させる》. ↔ assimilate. [√simil-]
◇ **-la·tive** [-lèitiv, -lət-] *ad.* **dis·sìm·i·lá·tion** [disìmi̧léiʃ(ə)n/dísi-] *n.* 不同化; 〘生〙異化(作用); 〘音声〙異化.

dìs·si·míl·i·tude [dìsimíli̧t(j)ù:d/-tju:d] *n.* 不同, 相違(点); 〘修〙対比.

dis·sím·u·late [disímju̧lèit] *vt.* 〈感情などを〉隠す. —— *vi.* しらばくれる, とぼける. [√simil-]
◇ **-la·tor** [-ər] *n.* **dis·sìm·u·lá·tion** [disìmju̧léiʃ(ə)n] *n.* 《感情などの》隠匿; しらばくれること, 偽り.

dís·si·pate [dísi̧pèit] *vt.* **1** 〈霧・雲などを〉消散させる; 〈疑い・恐れなどを〉一掃する. **2** 〈財産などを〉浪費〔散財〕する. —— *vi.* **1** 消散する. **2** 放蕩(ほうとう)する. ◇ **-pa·tor** [-ər] *n.* 浪費者; 放蕩者.
〔類〕→ **scatter**「まく」

dís·si·pat·ed [dísi̧pèitid] *a.* **1** 放蕩(ほうとう)な, 遊興にふける: lead a ~ life 放蕩の生活をする. **2** 浪費された. ◇ **~·ly** *ad.* **~·ness** *n.*

dìs·si·pá·tion [dìsi̧péiʃ(ə)n] *n.* **1** 気晴らし, 慰み. **2** 遊興, 放蕩(ほうとう). **3** 蕩尽(とうじん), 浪費. **4** 消散.

dis·só·ci·a·ble [disóuʃiəbl] *a.* **1** 分離できる. **2** 調和〔適合〕しない. **3** [disóuʃəbl] 非社交的な.

dis·só·cial [disóuʃ(ə)l] *a.* 反社会的; 交際ぎらいの.

dis·só·ci·ate [disóuʃièit] *vt.* **1** 引き離す《から *from*》; 離して考える. **2** 〘化〙解離する. **3** 〈意識を〉分裂させる. —— *vi.* 孤立する, 分離する. **~ one*self from*** との関係を断ち切る〔否認する〕.
◇ **-a·tive** [-ʃièitiv/-ʃiətiv] *a.*

dis·sò·ci·á·tion [disòusiéiʃ(ə)n, -sòuʃi-] *n.* 分離; 〘化〙解離; 〘心〙《意識の》分裂.

dis·sól·u·ble [disɑ́lju̧bl/-sɔ́l-] *a.* 溶解〔分解〕できる; 《結婚・団体などが》解消〔解散〕できる.
◇ **dis·sòl·u·bíl·i·ty** [-⌐-bíli̧ti] *n.*

dís·so·lute [dísəlù:t] *a.* 放縦(ほうじゅう)な, ふしだらな; ずぼらな. ◇ **~·ly** *ad.* **~·ness** *n.*

dìs·so·lú·tion [dìsəlú:ʃ(ə)n] *n.* **1** 溶解; 分離. **2** 《議会・団体などの》解散; 《結婚などの》解消. **3** 消滅; 死. **4** 〘化〙溶解. [√solu-]

‡**dis·sólve** [dizɑ́lv/-zɔ́lv] *vt.* **1** 溶かす, 分解する, 分離させる: ~ salt *in* water 塩を水に溶かす. **2** 〈議会・会合を〉解散する; 解体する. **3** 〈結婚などを〉解消する; 取り消す. **4** 〈雲を〉払う; 〈疑いを〉晴らす; 〈幻影を〉払拭(ふっしょく)する; 〈魔力などを〉失わせる. **5** 〘映・テレビ〙溶暗にする (fade out). —— *vi.* **1** 溶ける, 分離〔分解〕する: Salt *~s in* water. 塩は水に溶ける. **2** 解散する. **3** 力を失う. **4** 〈影が〉だんだん薄れてゆく (fade away). **5** 〘映・テレビ〙溶暗する. ***be ~d in tears*** 涙にくれる, さめざめと泣く. ***~ in* 〔*out*〕** 〈画面が〉溶明〔溶暗〕になる. ***~ into*…** …に分解〔分離〕する; 分解〔分離〕して…になる. ***~ —— into*…** —— を…に分解〔分離〕する; —— を溶かして〔分解して, 分離して〕…にする. ***~ving views*** 溶

暗（になる）画面．［√solu-］

◇ **-sólv·a·ble** *a.* ～できる． **-sólv·ent** [-v(ə)nt] *a., n.* 溶解力のある；溶解剤． **-sólv·er** *n.*

dís·so·nance [dísənəns] *n.* **1**〘楽〙不協和(音)． **2** 不調和，不一致，不和．

dís·so·nant [-nənt] *a.* **1**〘楽〙不協和(音)の，耳ざわりな． **2** 調和［一致］しない，不和の．

***dis·suáde** [diswéid] *vt.* にいさめて思いとどまらせる，に断念させる《を *from*》：～ a person *from* (do)-*ing* 人に…しないように説きふせる［…することを断念させる］． ↔ persuade．［√suad-］

◇ **-suád·er** *n.* **-suá·sion** [-swéiʒ(ə)n] *n.* **-suá·sive** [-siv] *a.* 諫止(かんし)の，諫言の．

dis·sýl·la·ble [disíləbl, ㊥+dísil-] *n.* 2音節(語)．

◇ **dìs·syl·láb·ic** [dìssilǽbik/dísi-] *a.*

dis·sým·me·try [disímịtri/díssímị-] *n.* 非対称，不均整． ◇ **dìs·sym·mét·ric** [dìsimétrik/díssi-]，**dìs·sym·mét·ri·cal** *a.*

dist. distance; distant; distinguish(ed); district.

dís·taff [dístæf/-tɑːf] *n.* **1** 糸巻き棒；糸取り部《紡ぎ車の》． **2** (the ～) 糸紡ぎ；女の仕事［領分］． **3** (the ～)《集合的》女性． **～ side, the** 母系，母方． → the spear side.

dis·táin [distéin] *vt.* 〘古〙よごす，にしみをつける，変色させる．

dís·tal [díst(ə)l] *a.* 〘医〙末梢(まっしょう)の，末端の． ↔ proximal.

‡**dís·tance** [díst(ə)ns] *n.* **1** 距離，間隔． **2** 遠距離，遠方；〘画〙遠景． **3**《日時の》隔たり，経過． **4** 相違，差異． **5**〘楽〙音程． **6**《態度の》隔て，よそよそしさ，遠慮． ***at a ～*** 少し離れて． ***at a ～ of*** two miles (2 マイル) の距離を置いて． ***at this ～ of time*** いまさら． ***be a great ～ (away)*** 遠く隔たっている． ***be some*** [***no***] ***～*** 少し遠くに［すぐ近くに］ある． ***from a ～*** (はるか) 遠くから． ***go the ～*** 最後までやり抜く；〘野球〙完投する． ***in the ～*** 遠くに． ***keep*** a person ***at a ～*** (人を) 寄せつけない． ***keep*** one's ***～*** 寄りつかない． ***know*** one's ***～*** 身のほどを知る． ***take ～*** 遠くへ去る． ***to a ～*** 遠方へ． ***within walking*** [***easy***] ***～*** 歩いて［すぐ］行ける所に．

—— *vt.* **1** 遠くに置く，隔てる；遠く［離れているように］見せる． **2** に差をつける，(追い) 抜く《競走などで》． **～ post**〘競馬〙走程標．

‡**dís·tant** [díst(ə)nt] *a.* **1** 遠い，はるかな，離れている：a ～ view 遠景． 5 miles ～ *from* here ここから5マイル離れて． **2**《時代などの》遠い；《親類関係などの》遠い，縁遠くなった． **3** 隔てのある，よそよそしい：a ～ air 冷たい態度． **4** かすかな，おぼろげな：a ～ accordance かすかな一致． ***at no ～ date*** 近々，そのうちに．［dis-＋√sta- 離れて＋立つ］

◇ **～·ly** *ad.* 遠くに；冷淡に；遠回しに：～*ly* related 遠縁にあたる．

dis·táste [distéist/ˊˊ] *n.* 嫌悪(けんお)《への *for*》． ***have a ～ for*** …がきらいだ．

dis·táste·ful [distéistf(ụ)l] *a.* **1** いやな味がする． **2** 気にくわない，不快な． ◇ **～·ly** *ad.* **～·ness** *n.*

dis·tém·per[1] [distémpər] *n.* **1** ジステンパー《犬の伝染病》． **2**《心身の》病気；ふきげん． **3** 社会不安，混乱． **——** *vt.* 病気にする；〈心身の〉調子を乱す《通例過去分詞で》：a ～*ed* fancy 病的空想．

dis·tém·per[2] *n.* **1** どろ絵の具，にかわ絵の具《壁画・舞台書き割り用》． **2** ジステンパー画法；テンペラ画． **——** *vt.* にどろ絵の具を塗る；どろ絵の具で描く．

dis·ténd [disténd] *vt., vi.* ふくらます；ふくらむ．［√tend-］

dis·tén·si·ble [-ténsịbl] *a.* ふくれる，膨張性の．

dis·tén·sion, -tion [disténʃ(ə)n] *n.* ふくれること，膨張．［√tend-］

dís·tich [dístik] *n.* 〘韻〙《押韻する》対句，(2行) 連句．

***dis·tíl(l)** [distíl] *v.* (**-ll-**) *vt.* **1** 蒸留する《*off, out*》． **2** 〈ウイスキーなどを〉蒸留してつくる． → brew. **3** 〈樹液などを〉したたらせる；の粋を取り出す，抜粋する．

—— *vi.* 蒸留される；にじみ出る，したたる．［√still-］

◇ **-tíll·a·ble** *a.* 蒸留できる．

dís·til·late [díst(ị)lit, -lèit] *n.* 〘化〙蒸留物［液］．

dìs·til·lá·tion [dìst(ị)léiʃ(ə)n] *n.* 蒸留(法)；蒸留物；粋． ***dry ～*** 乾留．

dis·tíl·la·to·ry [distílətɔ̀ːri/-t(ə)ri] *a.* 蒸留用(の)． **——** *n.* 蒸留器．

dis·tíll·er [-ər] *n.* 蒸留器；蒸留酒造家． ◇ **～·y** [-əri] *n.* 蒸留酒製造所《ウイスキー・ジンなどの》．

‡**dis·tínct** [distíŋkt] *a.* (**～·er**; **～·est**) **1** 別個の，異なった《と *from*》；独特の． **2** はっきりした，明瞭(めいりょう)な；誤る余地のない． **3**〘雅〙飾った，変化に富む．［√sti(n)g-］ ◇ ‡**～·ly** [-li] *ad.* 明瞭に，はっきりと． **～·ness** *n.* 〔類〕 → **different**「異なった」

‡**dis·tínc·tion** [distíŋkʃ(ə)n] *n.* **1** 区別，差別；差別だて． **2** 差異(点)． **3** (区別される) 特質，性質，特徴． **4** 卓越(性)，優秀(性)． **5** 高貴，高名． **6** 誉れ，殊勲，てがら． **7**《テレビなどの》鮮明度． →形容詞 distinct，動詞 distinguish.

a ～ without a difference 無用の区別． ***draw a ～ between*** に差別をつける． ***gain*** [***win***] ***～*** 名をあげる． ***in ～ from*** と区別して，と違って． ***make no ～ between*** の間に区別だてしない． ***of ～*** 著名な． ***rise to ～*** 名をあげる． ***with ～*** すばらしい成績で． ***without ～*** 差別なく，無差別に．

***dis·tínc·tive** [distíŋktiv] *a.* **1** 独特の，特異な，区別のはっきりした． **2** 区別を示す． **～ feature**〘言〙弁別特徴． ◇ **～·ly** *ad.* はっきりほかと異なって．

dis·tin·gué [dìstæŋgéi, ーˊー] F. *a.* 《態度・風采(ふうさい)が》きわだった，風格の高い，上品な．

‡**dis·tín·guish** [distíŋgwiʃ] *vt.* **1** 区別する，識別する《と，から *from*》；分類する《に *into*》． **2** の特色をなす：Speech ～*es* man *from* animals. ことばをもつことによって人間は動物と異なる． **3** きわだたせる，目だたせる《通例 ～ oneself の形かまたは受動態》：～ *oneself* 抜きんでる，名をあげる． ***as ～ed from*** と区別しての：man *as ～ed from* other animals 他の動物とは別物と見たばあいの人間．

—— *vi.* 区別をする，識別する：It isn't easy to ～ *between* right and wrong. 正邪を区別することは容易でない．［√sti(n)g-］ ◇ **～·a·ble** *a.* 区別できる；見分けのつく． **～·a·bly** *ad.*

‡**dis·tín·guished** [-t] *a.* **1** 目だった，顕著な． **2** すぐれた，殊勲のある：～ services 殊勲． **3** 有名な，高貴な：～ visitors 貴賓． 〔類〕 → **famous**「名高い」

dís·to·ma [dístəmə], **dís·tome** [-toum] *n.* 〘虫〙ジストマ．

dis·tórt [distɔ́ːrt] *vt.* **1** 〈顔などを〉ねじる，ゆがめる． **2** 歪曲(わいきょく)する，曲解する．［√torqu-］

◇ **～·ed** [-id] *a.* ねじれた，ゆがんだ，ひずんだ：a ～*ed* view 偏見． ～*ed* vision 乱視．

dis·tór·tion [distɔ́ːrʃ(ə)n] *n.* **1** ゆがめること；ゆがみ，ねじれ；〘物〙ゆがみ；〘医〙骨格湾曲． **2**《事実などの》歪曲(わいきょく)；曲解，こじつけ．

◇ **～·ist** [-ist] *n.* 曲芸［軽わざ］師《からだを自在に曲げてみせる》；漫画家． **～·al** [-ʃən(ə)l] *a.*

dis·tráct** [distrǽkt] *vt.* **1** 〈心・注意を〉そらす，散らす，(他へ) 転ずる． **2** の心を迷わす，混乱させる，悩ます；の気を狂わせる《通例受動態で》． ***be ～ed by [***with***] に気も狂わんばかりである． **——** *a.* ＝distracted.［dis-＋√trah- 向こうへ＋引く］

dis·tráct·ed [-id] *a.* 取り乱した；気も狂わんばかりの，気の狂った． ◇ **～·ly** *ad.* 気が狂ったように；夢中になって．

dis·tráct·ing [distrǽktiŋ] *a.* 人の気をそぞろにさせる，気を散らす；気になる． ◇ **～·ly** *ad.*

dis·trác·tion [distrǽkʃ(ə)n] *n.* **1** 気をまぎらすこと；気晴らし；気晴らしになるもの，娯楽． **2** 気の散ること，注意の散漫，放心． **3** 心の乱れ；乱心，精神錯乱． **4**《意見の不一致に基づく》不和；混乱． ***to ～*** 気も狂わんばかりに；熱狂的に．

dis·tráin [distréin] *vt., vi.* 〘法〙差し押える; 差し押えを行なう《に *upon*》. ◇ **~·ment** [-mənt] *n.* **~·er** [-ər], **~·or** [-ər, dìstreinɔ́:r/distreinɔ́:] *n.* 〘法〙差し押え人. **dìs·train·ée** [dìstreiní:] *n.* 〘法〙被差し押え人. 「続き).

dis·tráint [distréint] *n.* 〘法〙差し押え(処分・手

dis·trait [distréi] F. *a.* ぼんやりした, うわの空の.

dis·tráught [distrɔ́:t] *a.* **1** 心を取り乱した; 狂気の. **2** 放心した.

‡**dis·tréss** [distrés] *n.* **1** 心痛, 嘆き, 悲嘆, 悩み; 悩みのたね. **2** 苦痛; 疲労. **3** 困窮, 貧苦; 危難, 難儀; 《船の》遭難: ~ sign 遭難信号. **4** 〘法〙動産差し押え; 押収物. *in* ~ 《借金などに》困って; 〈船が〉遭難〔難破〕して. —— *vt.* **1** 苦しめる, 悩ます, 悲しませる; 苦しめて…までさせる《*into* (do)*ing*》: ~ a person *into* committ*ing* suicide 人を自殺にまで追いやる. **2** 疲れさせる (exhaust). **3** 〘法〙差し押える. ~ one*self* 心配する.
~ **gun** 遭難信号砲. ~ **rocket** 遭難信号用のろし. ~ **warrant** 〘法〙差し押え令状.
◇ **~ed** [-t] *a.* 悩みきった; 貧窮した: a ~*ed* area 被災地区, 災害救助法適用地区; 貧民地区.
~·ful [-f(u̦)l] *a.* 悩み多き, 悲惨な, つらい: the ~*ful* country = Ireland. **~·ing** *a.* 苦しめる, 悲惨な: ~*ing* circumstances 窮乏状態.
〔類〕 → **sorrow**「悲しみ」, → **suffering**「苦しみ」

dis·tríb·u·tar·y [distríbju̦tèri/-t(ə)ri] *n.* 分流.

‡**dis·tríb·ute** [distríbju̦t, -bju:t] *vt.* **1** 分配する, 配分する, 配る, 配給する《に *among, to*》. **2** 散布する, (一様に) 広げる, まく《の上に *over*》. **3** 分類する, 区分する《に *into*》. **4** 〘論〙拡充〔周延〕する; 〘印〙解版する. [√trib-] ◇ **-ut·ing** [-iŋ] *a.* **-u·tor** [-ər] *n.* **1** 配給者; 卸し商人. **2** 配電器. **3** 《下水処理の》散水装置. **dis·trìb·u·tée** [distrìbju̦tí:] *n.* 〘法〙遺産の分与にあずかる人.
〔類〕 → **scatter**「まく」

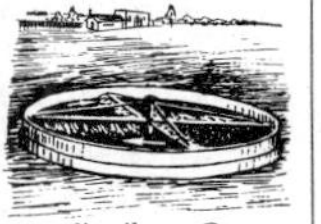
distributor③

‡**dìs·tri·bú·tion** [dìstri̦bjú:ʃ(ə)n] *n.* **1** 分配, 配分; 配布, 配給(物). **2** 散布. **3** 分布; 分布区域. **4** 分類. **5** 〘論〙拡充, 周延; 〘印〙解版; 〘機〙配水, 配電. ◇ **~·al** [-ʃən(ə)l] *a.* 〘動・植〙分布上の: a ~*al* map 分布図.

dis·tríb·u·tive [distríbju̦tiv] *a.* 配分の, 分配に関する; 〘文〙配分的な. —— *n.* 〘文〙配分詞, 個別的代名詞〔形容詞〕《each, every, either など》.
◇ **~·ly** *ad.* 配分的に; それぞれに.

‡**dís·trict** [dístrikt] *n.* **1** 地域; 行政区; 市区, 郡部; 〘米〙選挙区; 〘英〙教区 (parish) の一区域. **2** 地方, 地域: the Lake *D*~ 湖水地方. ***D*~ *of Columbia*** コロンビア特別区《アメリカ連邦政府所在地で連邦政府が直轄する. 略 D.C. 首都 Washington はこの特別地区にあり Washington, D.C. と称される》. ~ **attorney** 〘米〙地方検事. ~ **council** 〘英〙区会. ~ **court** 〘米〙地方裁判所. ~ **office** 地方支店〔出張所〕; 〘米〙郡役所. **D~ Railway** ロンドン郊外鉄道. ~ **visitor** 〘英〙教区牧師補.

dis·trúst [distrʌ́st] *n.* 不信, 疑い, 邪推. —— *vt.* 信用〔信頼〕しない; 疑う, 怪しむ.
〔類〕 → **doubt**「疑い」

dis·trúst·ful [distrʌ́stf(u̦)l] *a.* **1** 《他人を》信用しない, 疑いぶかい《*of*》. **2** 自信のない, おずおずした.
◇ **~·ly** [-fu̦li] *ad.*

‡**dis·túrb** [distə́:rb] *vt.* **1** 〈休息中・仕事中・思考中などの人を〉じゃまする; に迷惑〔めんどう〕をかける: I hope I'm not ~*ing* you? おじゃまにはならないでしょうね. **2** の心を乱す, 不安にする. **3** 〈行為・状態を〉妨害する: ~ a person's reflections 人の思考を妨げる. ~ plant growth 植物の生育をはばむ. **4** 混乱させる; かき乱す: ~ the country〔the water〕. **5** 〈平静・秩序・休息を〉(かき)乱す: ~ the peace 平和を破る; 静けさをかき乱す; (夜) 騒音をたてる. **6** 〈権利を〉侵害する. ***Do not* ~.** 睡眠中, 起こさないでください《ホテルのドアに掛ける札の文句》. ***Don't* ~ *yourself.*** どうぞそのままに《お立ちにならないでください; お仕事を続けてください》. [√turb-]
◇ **~ed** [-d] *a.* ~された; 神経症の: a ~*ed* personality 神経症の兆候のある人. **~·ing** *a.* 《心の平静・平和などを》かき乱す, 不穏な.

***dis·túrb·ance** [distə́:rb(ə)ns] *n.* **1** 騒動, 平和〔秩序〕をかき乱すこと: the ~ of public peace 治安妨害. **2** じゃま, 妨害, 障害; 攪乱(かくらん). **3** 混乱, 動揺; 不調. **4** 迷惑, めんどう; 不安. **5** 〘法〙権利侵害. ***make* 〔*raise*〕 *a* ~** 騒ぎを引き起こす.

di·súl·fide, -phide [daisʌ́lfaid], **-fid, -phid** [-fid] *n.* 〘化〙二硫化物.

dis·ún·ion [disjú:njən/dís-] *n.* **1** 不統一; 不和, あつれき. **2** 分裂, 分離.
◇ **~·ist** *n.* 分裂〔分派〕主義者.

dìs·u·níte [dìsju:náit/dís-] *vt., vi.* **1** 分ける, 分かれる. **2** 不和にする〔なる〕, 疎遠にする〔なる〕.

dis·ú·ni·ty [disjú:ni̦ti] *n.* 不統一.

dis·úse [disjú:s/ ⌐⌐] *n.* 不(使)用; 廃止; 廃棄. ***fall* 〔*come*〕 *into* ~** 使われなくなる, すたれる.
—— [disjú:z/⌐⌐] *vt.* の使用をやめる.

dìs·u·tíl·i·ty [dìsju:tíli̦ti] *n.* 不便, 非有効, 有害.

dis·vál·ue [disvǽlju:] *n.* (価値の) 否認, 軽視.
—— *vt.* 〘古〙軽視する.

dìs·yl·láb·ic [dìsilǽbik/dís-], **di·sýl·la·ble** [disíləbl] = dissyllabic, dissyllable.

dis·yóke [disjóuk] *vt.* (くびきから) 解放する.

‡**ditch** [ditʃ] *n.* みぞ, 掘り割り; 水路; どぶ, 排水溝(こう). ***be driven to the last* ~** 窮地に追い込まれる. ***die in a* ~** 野たれ死にをする. ***die in the last* ~** 最後までがんばって倒れる. ***The D*~** 〘米俗〙パナマ運河; 〘英:空軍俗〙イギリス海峡; 北海.
—— *vt.* **1** にみぞを掘る; に掘り割りを巡らす. **2** 〘米〙〈自動車などを〉みぞに落とす; 〈列車を〉脱線させる; 〈飛行機を〉不時着水させる; 没落させる. **3** 〘俗〙〈人を〉見捨てる, まく; 〈故障した飛行機を〉捨て去る; 〈仕事・責任から〉のがれる. —— *vi.* **1** みぞを掘る. **2** みぞに落ちる; 〘米〙脱線する; 〘空〙不時着水する. ***hedging and* ~*ing*** かきねとみぞの手入れ.
⌐**~·dìg·ger** 〘米俗〙土方; つらい〔単調な〕仕事に従事する人. ⌐**~·wà·ter** みぞのたまり水: as dull as ~*water* 沈滞しきって.
◇ ⌐**~·er** *n.* みぞ掘り人夫〔機械〕.

dí·the·ism [dáiθiìz(ə)m] *n.* 二神論; 善悪二神論.

díth·er [díðər] *n.* **1** 震え, 身震い. **2** 激しい恐怖; 興奮状態. —— *vi.* 震える; 興奮する.

díth·y·ramb [díθi̦ræ̀m, -ræ̀mb] *n.* (通例 *pl.*) 酒神賛歌; 熱狂的な詩〔演説, 文章〕. ◇ **dìth·y·rám·bic** [dìθi̦rǽmbik] *a.* 酒神賛歌(風)の; 熱狂的な.

dít·ta·ny [dít(ə)ni] *n.* 〘植〙ハナハッカの一種.

dít·to [dítou] *n.* (*pl.* **~s** [-z]) **1** 同上, 同前《d°, do. と略す. または 〃 の符号を代用する》. **2** 〘話〙同様のもの; 生き写し; 複製: a ~ machine 複写器. **3** そろいの服 (= suit of ~s, ~ suit). ***say* ~ *to*** 〘笑〙に同意を表する. —— *ad.* (前と)同様に.
—— *vt.* 繰り返す; 複製〔複写〕する.
~ **mark** 同上符号 (〃).

dit·tóg·ra·phy [ditágrəfi/-tɔ́g-] *n.* 重複誤写《同一文字を誤って二重に写すこと. 例: literature を literar*ar*ature と書くなど》.

dít·ty[1] [díti] *n.* 小唄(こうた); 《歌うための》小詩.

dít·ty[2] ~ ***bag*** 〔***box***〕 小袋〔小箱〕《水夫が針・糸などを入れる》.

dì·u·rét·ic [dàijurétik/-juər-] *n.* 利尿剤. —— *a.* 排尿に効ある, 利尿の.

di·úr·nal [daiə́:rn(ə)l] *a.* **1** 一日間の; 日ごとの. **2**

日中の，昼間の．3〔植〕昼間開く；〔動〕昼間活動する．↔ nocturnal．［√di-］
◇ **～·ly** [-i] *ad.* 毎日，日ごとに；昼間に．

div. diversion; divide(d); dividend; divine; division; divisor; divorced.

di·va [díːvə] It. *n.* (*pl.* ***-vas, -ve*** [-ve])《歌劇の》プリマドンナ；すぐれた女性歌手．

dí·va·gate [dáivəgèit] *vi.* **1** さまよう．**2**《話しているうちに》脱線する．
◇ **dì·va·gá·tion** [dàivəgéiʃ(ə)n] *n.*

di·vá·lent [daivéilənt, dívə-/dáivèi-] *a.*〔化〕二価の．

dí·van [dáivæn, divǽn] *n.* **1** ソファー，寝いす；壁ぎわに取り付けたクッションつき長いす．**2**《トルコなどの》枢密院；《近東の》議事室；法廷；謁見室．**3**（たばこ屋所属の）喫煙室；喫茶室．**4**（ひとりの詩人の）作品集《特にアラビア・ペルシアの》．

di·vár·i·cate [divǽrikèit, dai-] *vi.* 二またに分かれる．**——** [-kit, ㊥⁺-kèit] *a.*〔生〕分岐した，開出の．
◇ **～·ly** *ad.* **di·vàr·i·cá·tion** [–⌒–kéiʃ(ə)n] *n.* 分岐；意見の食い違い．

‡dive [daiv] *v.* (**～d**,〔米話・英方〕**dove** [douv]; **～d**) *vi.* **1** 飛び込む；もぐる《水中へ》，潜水する．**2**《高所から》飛びおりる，突進する：～ down *on* an enemy 敵に襲いかかる．**3**〔空〕急降下する．**4** 手を突っ込む：～ *into* one's pocket ポケットの中を捜す．**5** 飛び込む，没頭する《研究・議論などに》；探求する：～ *into* a mystery 神秘を探る．**6**〔話〕姿を消す：～ *into* the street 街(まち)に消え去る．
—— *vt.* 〈潜水艦などを〉潜水させる．
—— *n.* **1** 飛び込み，潜水．**2**《高所からの》飛びおり；〔空〕急降下．**3** 没頭，専念．**4**《料理店などの》地下室；〔米俗〕下級料理店，安酒場；隠れが，あいまい宿，ばくち宿．***make a ～ for*** をつかもうとする．***take a ～ into*** に飛び込む；に没頭する．
～·bomb [⌒⌒]〔空〕急降下爆撃する．**～ bomber**〔空〕急降下爆撃機．**～ bombing**〔空〕急降下爆撃．

dív·er [dáivər] *n.* **1** 水に飛び込む〔もぐる〕人；潜水夫，あま．**2** 飛行機〔高所〕から飛びおりる人．**3**〔鳥〕アビ・カイツブリの類．**4**〔空〕急降下爆撃機；〔俗〕潜水艦．

di·vérge [divə́ːrdʒ, dai-] *vi.* **1** 分かれる，分岐する．**2** それる，離れる《進路などから》《から *from*》．**3** 〈意見などが〉相違する《と *from*》．**4**〔数〕発散する《級数などが》．⇔ converge．［√verg-］
◇ **di·vér·gence** [-(ə)ns], **di·vér·gen·cy** [-(ə)nsi] *n.* 分岐；それる〔離れる〕こと；違い；〔数・物〕発散．

di·vér·gent [divə́ːrdʒ(ə)nt, dai-], **di·vérg·ing** [-və́ːrdʒiŋ] *a.* **1** 分岐する；離れる，それる；異なる．**2** 発散する．◇ **～·ly** *ad.*

dí·vers [dáivərz] *a.*〔古〕幾つかの，（いろいろ）異なった．**——** *pron.*《複数扱い》幾つか，幾人か．

di·vérse [divə́ːrs, dai-/daivə́ːs, ⌒–] *a.* **1** 種々の，多種多様な．**2** 別の，（性質の）異なった．***be of a ～ nature from*** と異なった性質をもつ．［√vert-］
◇ **～·ly** *ad.* さまざまに．**～·ness** *n.*
〔類〕→ **different**「異なった」

di·vér·si·form [divə́ːrsifɔ̀ːrm, dai-] *a.* さまざまの形の，多様の．

di·vér·si·fy [divə́ːrsifài, dai-/dai-] *vt.* **1** 多様にする，種々に変化させる；の単調を破る．**2** 〈投資を〉多様化する，多方面化する．◇ **-fied** [-fàid] *a.* 変化に富んだ，さまざまな．**di·vèr·si·fi·cá·tion** [–⌒–fikéiʃ(ə)n] *n.* 多様化，変化；種々雑多；多角経営．

di·vér·sion [divə́ːrʒ(ə)n, dai-, -ʃ(ə)n/-ʃ(ə)n] *n.* **1** 他方向へ転ずること，転換；《資金の》流用．**2** 気をそらすこと，気晴らし，娯楽．**3**〔軍〕牽制(けんせい)運動．→ 動詞 divert．***traffic ～s*** 方向転換《道路修理などのための回り道など》．◇ **～·ar·y** [-nèri/-n(ə)ri] *a.* 注意をそらせる；〔軍〕牽制的な．

di·vér·si·ty [divə́ːrsiti, dai-] *n.* **1** 多様性，変化．**2** 相違，同一でないこと．

di·vért [divə́ːrt, dai-] *vt.* **1** わきへそらす，〈水路などを〉転換する《から *from*; へ *into*》．**2** 転用〔流用〕する．**3** 〈注意を〉そらす，転ずる《から *from*; へ *to*》．**4** の気を紛らせる，慰める．**～ *oneself in*** で気を紛らす，で楽しむ．［√vert-］ ◇ **～·ing** *a.* 気を紛らす，おもしろい．〔類〕→ **interesting**「おもしろい」

di·vèr·ti·mén·to [divèərtiméntou, ㊥⁺-vəːrti-] *n.*〔楽〕ディベルティメント，嬉遊(きゆう)曲．［＜It.］

di·ver·tisse·ment [divə́ːrtismənt/dìːvəːtíːsmɑ̃ː] F. *n.* 娯楽；幕あいの余興．

Dí·ves [dáiviːz] *n.*〔聖〕金持ち，富める者《ルカ伝 16: 19–31》．

di·vést [divést, dai-] *vt.* **1** の着物を脱がせる〔はぐ〕，に脱がせる：～ a person *of* his clothes 人に着物を脱がせる．**2** から剥奪(はくだつ)する，から奪う：～ a person *of* a right 人から権利を奪う．〈注〉法律用語では devest のつづり字を用いる．***be ～ed of*** を奪われる．**～ *oneself of*** を脱ぐ；を投げすてる．［√vest-］
◇ **～·i·ture** [-titʃər] *n.* 剥奪；脱衣．**～·ment** *n.* ＝divestiture．**di·vés·ti·ble** [-tibl] *a.* ～できる．

‡di·víde [diváid] *vt.* **1** 分ける，分割する；分界〔区画〕する，分類する《に *into*》：～ the students *into* three age groups 学生を三つの年齢グループに分ける〔分類する〕．**2**〔数〕割る，割り切る：8 ～*d by* 2 is 4．8÷2＝4．**3** の心を2分する，惑わせる《の間に *between*》．**4** 〈意見・仲間などを〉分裂させる：Opinion was ～*d* as to … …に関して意見が分かれた．They were evenly ～*d* as to… …に関して賛否の論をなす者がほぼ同数に分かれた．**5** 仲たがいさせる，の仲をさく．**6** 2派に分けて決をとらせる．**7** 分配する《に *among, between*; と *with*》．**8** 隔離〔分離〕する《から *from*》．**9** に目盛りをする．
—— *vi.* **1** 分かれる，割れる；〈意見が〉対立する．**2** 採決する：*D～! D～!* 採決しろ！採決しろ！***be ～d against itself*** 〈団体など〉仲間割れしている，内輪もめしている．**～ *and rule*** 分割支配（せよ），各個撃破（せよ）．
—— *n.* **1** 分割．**2**〔米〕分水界〔嶺(れい)〕．***the Great D～*** (1)〔米〕大分水嶺《ロッキー山脈》．(2) 死；《運命の》分かれ目．［dis-＋√vid- 見＋分ける］
◇ **di·víd·er** *n.* **1** ～vt. する人〔物，原因〕．**2** (*pl.*) コンパス，両脚規．〔類〕→ **separate**「分ける」

di·víd·ed [-id] *a.* **1** 分かれた，分割された：a ～ highway 対向車道を幅広い分離帯で分離した高速道路．～ ownership 分割所有．**2** 分裂した．**3**〔植〕《葉が》分裂した．

dív·i·dend [dívidènd] *n.* **1** 配当金，利益配当．**2**〔数〕被除数，実．→ divisor．**～ *off*** ＝㊥ ***ex ～*** 配当落ち．***pass a ～*** 無配当にする．**～ account** 配当金勘定．**～ check** [**cheque**] 配当小切手．**～ warrant** 配当金支払証．

dìv·i·ná·tion [dìvinéiʃ(ə)n] *n.* **1** 占い，易断．**2** 前兆；予言，予知．

‡di·víne [diváin] *a.* **1** 神の，神性の．**2** 神聖な；神より授かった，天与の．**3** 神にささげた，宗教的な．**4** こうごうしい，この世ならぬ．**5** 神わざのような，非凡な，〔俗〕すてきな：a ～ gadget すてきな道具．***～ right of kings*** 王権神授（説）．**——** *n.* 神学者；聖職者，牧師．**——** *vt., vi.* **1** 占う，予知する，予言する．**2** 察知する，見抜く；言い当てる．
～ Being [**Father**], **the** 神，天帝．**D～ Comedy**「神曲」（＝It. *Divina Commedia*）《ダンテ作》．**～ grace** 神の恵み．**～ service** 礼拝式．
◇ **～·ly** *ad.* 神（の力・徳）によって；神のように；すばらしく．**～·ness** *n.*

di·vín·er [diváinər] *n.* **1** 占い者，易者；予想屋．**2** 水脈〔鉱脈〕予測屋．**3** 筮竹(ぜいちく)．

dív·ing [dáiviŋ] *a.* 水にもぐる；潜水（用）の．
—— *n.* 潜水；〔水泳〕飛び込み．
～ bell つり鐘形潜水器．**～ dress** [**suit**] 潜水服．**～ helmet** 潜水帽．

di·vín·ing [diváiniŋ] *n.* 占い, 予言.
～ rod 占い棒《昔地下の水脈〔鉱脈〕の存在を占うのに用いた》; 筮竹(ぜいちく).

di·vín·i·ty [divíniti] *n.* **1** 神性, 神格; 神力; 神. **2** 神学; 《大学の》神学部. **3** 砂糖菓子の一種.
～ calf 暗かっ色の子牛皮《神学書表紙用》.

dív·in·ize [dívinàiz] *vt.* 神性〔神聖〕化する; 神としてあがめる.

di·vís·i·ble [divízibl] *a.* 分けられる, 可分の; 〖数〗割り切れる.
◇ **-bly** *ad.* **di·vìs·i·bíl·i·ty** [divìzibíliti] *n.*

‡**di·ví·sion** [divíʒ(ə)n] *n.* **1** 分割, 分配; 区分け, 割りふり; 分裂. **2** 〖数〗除法. →multiplication. **3** 〖園芸〗株分け. **4** 区分; 区, 部; 級; 段, 節; 〖生〗門. **5** 境界(線), 仕切り, 目盛り; 隔壁. **6** 〖軍〗師団; 〖海軍〗分艦隊. **7** 〖米〗…局, …課. **8** 〖英〗《議会の》採決. →動詞 divide. **～ *of labor*** 分業. **～ *of powers*** 〖政〗《立法・司法・行政の》三権分立. ***long* 〔*short*〕 ～** 長〔短〕除法《13以上〔12以下〕で割る》. **～ lobby** 投票控え廊下. **～ sign 〔mark〕** 割り印《÷》. ◇ **～·al** [-ʒən(ə)l] *a.*

di·ví·sive [diváisiv] *a.* **1** 分割〔区分〕する. **2** 分裂する〔させる〕; 不和を生じる.

di·ví·sor [diváizər] *n.* 〖数〗除数. → dividend. ***common* ～** 公約数.

di·vórce [divó:rs/-vó:s] *n.* **1** 離婚, 結婚解消; 別居 (=limited ～; ～ from bed and board). **2** 分離, 絶縁, 分裂《*between, from*》. **—— *vt.*** **1** 離婚する〔させる〕, 離縁する〔させる〕. **2** 分離〔絶縁〕させる. **～ one*self from*** と離婚〔絶縁〕する. [√vert-]
◇ **～·ment** *n.*

di·vor·cé [divòrséi/-vó:sei] F. *n.* (*fem.* ***-cée***) 離婚した人, 離婚された人.

dív·ot [dívət] *n.* **1** 〖スコットランド〗芝土. **2** 〖ゴルフ〗ボールを打つときクラブで切り取られた芝ふの断片.

di·vúl·gate [divʌ́lgeit] *vt.* あばく, 暴露する.
◇ **dìv·ul·gá·tion** [divəlgéiʃ(ə)n/dàiv-] *n.*

di·vúlge [divʌ́ldʒ/dai-] *vt.* もらす, あばく, 〈秘密などを〉すっぱ抜く. [√vulg-]
◇ **～·ment, di·vúl·gence** *n.* **di·vúlg·er** *n.*
〖類〗 → **reveal**「暴露する」

di·vúl·sion [divʌ́lʃ(ə)n/dai-] *n.* 引き裂くこと.

dív·vy [dívi] *vt., vi.* 〖俗〗分ける《*up*》. **—— *n.*** 分け前, 分配.

Díx·ie [díksi] *n.* **1** 〖米〗アメリカ南部諸州 (=～ Land). **2** 南北戦争のころ南部で流行した愛唱歌. **3** (d～) キャンプ用湯沸かし. **～ cup** 紙コップ.

Díx·ie·crat [-kræt] *n.* アメリカ南部の民主党一派に属する党員《Truman の公民綱領に反対した》.

Díx·ie·land [-lænd] *n.* ジャズ音楽の一種.

díx·it [díksit] *n.* 《ある特定人の》ことば.

díx·y [díksi] *n.* 〖軍〗飯盒(はんごう) (dixie).

díz·en [dízn, dái-/dái-] *vt.* 盛装する, はでに飾り立てる.

díz·zy [dízi] *a.* **1** めまいがする, ふらふらする. **2** 目がくらむほどの: a ～ height. **3** 〖話〗思慮のない, 愚かな. **—— *vt.*** に目を回させる, 眩惑(げんわく)させる.
◇ **-zi·ly** *ad.* めまいがして; 目がくらむほど. **-zi·ness** *n.* めまい.

Dja·kár·ta [dʒəká:rtə] *n.* ジャカルタ《Indonesia の首都》.

dl. deciliter(s). **D.L.** Deputy Lieutenant; Doctor of Law. **D.L.F.** Development Loan Fund アメリカ政府開発借款基金. **D. Lit., D. Litt.** Doctor of Literature 〔Letters〕. **dm.** decameter(s); decimeter(s). **D. M.** Doctor of Mathematics; Doctor of Medicine. **D.M.D.** *Dentariae Medecinae Doctor* (L. = Doctor of Dental Medicine).

d—n [dæm, di:n] =damn. 〈注〉damn という語をきらって遠回しに書くときのつづり字.

D.N.B. Dictionary of National Biography.

†**do**[1] → 枠付 do[1]. (pp. 366–367)

do[2] [dou] *n.* 〖楽〗ド《ドレミファ唱法の第一音》.

do. ditto.

dó·a·ble [dú:əbl] *a.* する〔行なう〕ことができる.

dó·all [dú:ɔ:l] *n.* 雑役夫.

doat [dout] =dote.

dób·ber [dábər/dɔ́bə] *n.* 〖米方〗《つり糸の》浮き.

dób·bin [dábin/dɔ́b-] *n.* **1** 駄馬(だば), 農耕馬. **2** 18世紀の酒杯《約 0.14 *l* 入り》.

Dó·ber·man pín·scher [dóubərmən-pínʃər] ドーベルマン《テリア種の犬》.

dób·son [dábsn/dɔ́b-] *n.* 〖虫〗ヘビトンボ (=～ fly).

doc [dak/dɔk] *n.* 〖話〗=doctor; 〖米俗〗見知らぬやつ; 〖米俗〗= document.

dó·cent [dóusnt/dosént] *n.* **1** (大学)講師; 教師; 《ドイツ・スイスの大学の》私講師. **2** 《美術館の》ガイド.

dóc·ile [dás(i)l/dóusail, dɔ́s-] *a.* 教えやすい; すなおな, 扱いやすい. [√doc-]
◇ **do·cíl·i·ty** [dosíliti, ㊟+da-] *n.*

‡**dock**[1] [dak/dɔk] *n.* **1** 係船場《桟橋(さんばし)・埠頭(ふとう)に沿う係船水域》; 波止場, 岸壁, 桟橋. **2** ドック, 船渠(せんきょ) (=dry ～). **3** (通例 *pl.*) 造船所. **4** 〖英:鉄道〗《三方がプラットホームになっている》線路の末端, トラックの荷降ろし場. **5** 《飛行機の修理用》格納庫. **6** 〖劇場〗大道具倉庫 (=scene ～). ***dry* 〔*graving*〕 ～** 乾ドック《日本で普通にいわれている「ドック」のこと》. ***floating* ～** 浮きドック. ***in* ～** 入院中で. ***in dry* ～** 〖俗〗失業して. ***wet* ～** 係船ドック. **—— *vt., vi.*** **1** ドックに入れる〔はいる〕. **2** (に)ドックを設ける; ドックで囲う. **3** 〈二つの人工衛星が〉ドッキングする. **～-glass** [⌐⌐] 大コップ. **～ walloper** 波止場人足〔ごろ〕. **～·yard** [⌐⌐] 造船所; 〖英〗海軍工廠(こうしょう).

dock[2] *n.* 《刑事裁判廷の》被告席, 囚人席. ***be in the* ～** 被告席についている.

dock[3] *n.* 〖植〗スカンポ・ギシギシの類.

dock[4] *n.* 動物の尾の心部《毛の部分と区別して》.
—— *vt.* **1** 〈犬の尾を〉短く切る; の尾を短く切る: ～ a horse. **2** 削減する, 天引きする.
～·tailed [⌐⌐] 切り尾の.

dóck·age[1] [dákidʒ/dɔ́k-] *n.* ドック施設; 入渠(にゅうきょ); ドック使用料.

dóck·age[2] *n.* **1** 削減, 天引き. **2** 穀物にはいっている夾雑(きょうざつ)物.

dóck·er [dákər/dɔ́k-] *n.* 波止場人足; 沖仲仕.

dóck·et [dákit/dɔ́k-] *n.* **1** 〖法〗訴訟事件一覧表; 訴訟人名簿. **2** 〖英〗判決抄録; 判決抄録目録. **3** 〖米〗予定処理事項一覧表; 議事日程. **4** 内容摘要録; 覚書. **5** 荷札《荷物の送り先・内容を指示する》. ***on the* ～** 〖米俗〗考慮中で; 遂行されて.
—— *vt.* **1** 判決事件表〔抄録〕に記入する. **2** に荷札をつける, に付箋(ふせん)する.

†**dóc·tor** [dáktər/dɔ́ktə] *n.* **1** 博士, 学位所有者; 医学博士. **2** 医者, 医師: send for a ～ 医者を呼びにやる. **3** 先生《呼びかけ》. **4** 〖古〗学者; 教師. **5** 〖俗〗修理屋. **6** 応急修理具; 〖機〗調節〔補正〕器. **7** 〖海俗〗《船などの》コック, まかない長. **8** 蚊ばりの一種. **9** いかさま(を施した)さいころ. ***be under the* ～** 医者にみてもらっている. ***D～s of the Church*** 教会博士《キリスト教の初期の学徳の高い聖職者の称号》.
—— *vt.* **1** 診療する, 治療する. **2** 修理する, 復元する: ～ the chipped vase 欠けたつぼを修理する. **3** 〈飲食物に〉混ぜ物をする, 〈飲み物に〉アルコールを加える; に手を加える, ごまかす. **4** 〖英〗に博士号を与える. **—— *vi.*** **1** 医者をする. **2** 医者にかかる; 手当を受ける. **～ one*self*** 手療治をする. [√doc-]
～ park 《郊外にある》医師地区. **D～'s Commons** 民法博士会館《昔ロンドンにあって, 遺言・結婚・離婚を処理した》. **～'s stuff** 薬.
◇ **～·ship** [-ʃip] *n.* **1** =doctorate. **2** ～であること. **dóc·tress** [-tris] *n.* 〖稀〗女博士; 女医.

do¹

(1) 助動詞, (2) 代動詞, (3) 本動詞「する, 行なう」の三つの重要な用法があり, 直説法現在第三人称単数形 does, 過去形 did の変化は3者に共通である.

(1) 助動詞としては be などと同様に変則動詞 (anomalous verb) の一つで, 主語との直接の倒置により疑問文を, not との直接の結合により否定文をつくる: *Do you* know?, He *does not* [*doesn't*] come. 本動詞 have に対してアメリカでは意味にかかわらず *Do* you have…? He *does* not have… の形が支配的だが, イギリスでは従来 have の意味により, この形と Have you…?, He has not… の形を使い分ける習慣があった (→ 下記 ①, ②の例, および枠付 have). dare, need に対しては, これらの本動詞・助動詞としての用法に従って二つの形がある (→dare, need). 助動詞としての do は, 強調の用途も含めて, 変化形は現在と過去だけである.

(2) 代動詞は既出の動詞の代わりであり, 本動詞並みの変化形がそろっている.

(3) 本動詞「する」は構文上は一般動詞とおなじである《斜体が本動詞, 立体は助動詞》: What do (did) you *do*?, Have you *done* it yet? なお本動詞と前記代動詞は次の変化形がそろっている: 現在形・過去形・不定詞・過去分詞・現在分詞〔動名詞〕.

変化形は, 下記現代形のほかに, 次の古形がある: 第二人称単数現在形 (thou) **dó·est** [dú:ist], **dost** [dʌst, 弱 dəst]; 第三人称単数現在形 **dó·eth** [dú:iθ], **doth** [dʌθ, 弱 dəθ]; 第二人称単数過去形 (thou) **didst** [didst].

do [du:, 弱 du, də] *aux. v.* (現在 **do**, 直説法現在第三人称単数形 **does** [dʌz, 弱 dəz]; 過去 **did** [did]).

1 《肯定疑問文》《do の諸形は弱く発音されることが多い》: *Do* you hear me? ぼくのことばが聞こえるか. *Does* he know? 彼は知っているか. *Did* anything happen? なにか起こった(の)か. What *do* you think of that? きみはそれをどう思うか. How *do* you make tea? お茶はどういう風に入れるものですか. When *do* you have tea? お宅ではお茶の時間はいつですか《このばあい米英共通》. *Do* you have any brothers? 男のご兄弟はおありですか《従来はイギリスでは Have you …? であった》. Who *do* you think came? だれが来たと思いますか《比較: Who came? だれが来た(の)か. → 枠付 Interrogative》.

2 《否定文(平叙・命令・疑問)》(短縮形: do not →**don't** [dount]; does not → **dóes·n't** [dʌ́znt]; did not → **díd·n't** [dídnt]): We [I] *do not* attempt a comprehensive description. 筆者は包括的な記述を意図するものではない《we は著者をあらわし, 実は単数. I より文語的》. I *don't* think so. 私はそうは考えない. War *doesn't* pay. 戦争は引き合わない. They *didn't* have coffee. 彼らはコーヒーを飲まなかった. Do you like it? —No, I *don't* (like it). それが好きですか.—いいえ好きではありません. *Don't* be in a hurry. あわてるな《命令文に限り, be の否定に do が用いられる》. *Don't* you [*Do* you *not*] love life? あなたは人生を愛さない(の)か《[ ] 内は通常文語的》. He knows it, *doesn't* he? 彼はそれを知っているね〔いるだろう〕. *Didn't* [*Did not*] your father come? あなたのおとうさんは来なかった(の)か《[ ] 内は非常に文語的》.

〈注〉通常は文語は非短縮形を, 口語は短縮形を用いるが, 平叙文で特に否定を強調するとき, 口語でも非短縮形を用いることがある: I *dó nót* agree. どうしても賛同しかねます.

3 《強調文》ほんとうに, 確かに《常に動詞よりも do の諸形に強勢を置く》: I *do* know. 私はほんとうに知っている《I dó know. と発音する. 以下同様》. He *does* like it. 彼はそれが確かに好きだ. They *did* come. 彼らは確かに来た. *Do* come again! ぜひまたおいで. *Do* be quiet! 静かにしろってば!

〈注₁〉命令文に限り, be の強調に do が用いられる.

〈注₂〉強調の do は暗に do not と対比される. たとえば I *do* know. は「知らないなどということはない」という気持ちがある. 暗に他の動詞と対比して強調するには, 動詞自体に強勢を置く: He *rán* to the station. 「彼は駅まで走って行ったのだ」《「歩いて行ったのではない」などの含み》. He *did* run to the station. 「彼は実際駅まで走って行った」. He *ran*… などのばあいと異なり, do の挿入(そうにゅう)は構文上明らかに強調を示すので, 実際の印刷では斜体を用いない.

4 《倒置法: 副詞(句)が文頭に出るとき》: Never *did* I dream of seeing you again. きみに再会するとは夢にも思わなかった. Well *do* I remember it. 確かに覚えている.

—— *pro-verb* [próuvə̀:rb/ㄥー] (代動詞) (**did**; **done** [dʌn]; **dó·ing** [dú:iŋ]; 直説法現在第三人称単数形 **does**) 《動詞の繰り返しを避けるために用い, 通常強く発音される》: Did you go there?—(Yes), I *did*. きみはそこへ行ったか. —行ったよ《No, I didn't. のばあいと違って単なる go there の省略ではない. この did は went there の代わりで, もし did go there と言えば強調に変わる》. Who complains about that? —I *do*. だれがそれに文句を言うか. —おれが言う 《I に強勢がある》. I want to enjoy reading as I used to (*do*). 元のように読書を楽しみたい. She studies French harder than he *does* English. 彼が英語を勉強するよりも熱心に彼女はフランス語を勉強する. He was feeling better than he had ever *done* before. 彼はそれまでになく気分がよかった.

—— *v.* (**did**; **done**; **dó·ing**; **does**) 《通常強く発音される》 *vt.* **1** する, なす, 行なう; 遂行する, 実行する, 履行する, 果たす, つとめる: What are you *doing*? なにをしているのか. What does he *do*? (彼はなにをするのか→) 彼の職業はなにか. We have a lot of things to *do*. せねばならないことが, あれこれとたくさんある. *Do* your duty. 自分の義務を果たせ. I *did* my best. 最善を尽くした. Call me when the work is *done*. 仕事を終わったら電話をくれ. What shall we *do* with this book? この本をどうしましょうか. We went downtown and *did* shopping. われわれは下町へ行って買い物をした. 〈注₁〉最後の例のように do には writing (著述), lecturing (講義), reviewing (論評), charring (家事), packing (荷づくり), washing (さら洗い, 洗たく) などの動名詞があとにくることが多い. 〈注₂〉 do the (do)ing … する役をつとめる: Mary *did the* cook*ing*. 料理はメアリがやった. He *did* all *the* talk*ing*. しゃべる役は彼のひとり舞台に終わった.

2 《二つの目的語を伴って》〈敬意・害・しうちなどを〉与える, おくる, 加える, こうむらす: Will you *do* me a favor? お願いがあるのですが. The ambassador *did* homage to the king. 大使は王に敬意を表した. That *does* you great credit. それはきみの信用を非常に増す. What do we *do* to a baby? おれたちが赤ん坊なんぞになんの手出しをするものか.

3 処理する, 手入れする, 整える, 仕上げる: *do* the flowers 花を生ける. *do* one's hair 髪を結う.

do a room へやをかたづける. *do* a portrait 肖像画を描く. *do* Shakespeare into Japanese シェイクスピアを和訳する. *do* a problem 問題を解く.

4 料理する: Mind you *do* the beef thoroughly. 肉を完全に焼いてくれたまえ. I like my meat half-*done*. 私の肉は中焼きにしてほしい.

5 〈人に〉役に立つ, 〈人の〉用が足りる: That will *do* me very well. それは私にたいへん好つごうでしょう. Will this one *do* you? これはお役に立ちますか.

6 見て回る, 見物する: You can't *do* Japan in a week. 1週間では日本を見物できない. *do* the British Museum 大英博物館を見物する. *do* the sights 名所を見物する.

7 踏破する: We *do* twenty miles a day on foot. われわれは徒歩で1日20マイル歩く.

8 遇する, もてなす, ふるまう: *do* a man handsomely 気前よくもてなす.

9 だます, やっつける: He *did* me over that bargain. その取引で彼にしてやられた. I don't want you to feel that I'm *doing* you. ぼくがきみをだましていると思ってもらいたくない.

10 上演する: We *did* Hamlet. ハムレットを上演した.

11 の役を演ずる: I *did* Polonius. 私はポローニアスを演じた.

12 〈刑期を〉つとめる.

—— *vi.* **1** 行なう, する, 活動する: Don't talk. Only *do*. 不言実行せよ. *Do* in Rome as the Romans *do*. 〖諺〗郷に入らば郷に従え.

2 《完了形で》終える, 済ます《を *with*》: Let's *have done with* the nonsense. そんなばかげたことはもうよしにしよう. I'll *have done with* the book by next month. 来月にはその本は用済みになります.

3 暮らす, やってゆく; 〈物事が〉運ぶ: Mother and child are *doing* well. 母子はうまくやっている. How are you *doing*? お元気ですか. He is *doing* well as a practicing physician. 彼は開業医としてうまくやっている.

4 役立つ, 十分である: That will *do*. それでけっこう.

do away with (1) を除く, を廃止する: That sort of thing should be *done away with*. そのようなことはやめにすべきだ. (2) を殺す, を滅ぼす. ***do by*** を遇する, …にふるまう: He complains that he has been hard *done by*. ひどい待遇を受けたとこぼしている. ***do*** a person ***down*** (人を) 出し抜く. ***do for*** (1) を滅ぼす, を殺す, をだめにする: I am *done for*. もうだめだ. (2) の世話をする, の代役をする; 〈主婦〉の代わりをする. (3) をくふうする: How shall we *do for* food during the flood? 洪水(㊟)の間食糧をどうやって手に入れるか. ***do in*** やっつける, 殺す. ***do*** a person ***in the eye***(人を)だます. ***do it*** やり遂げる. ***do or die*** 倒れて後やむ. ***do oneself well*** 景気よく暮らす. ***do out*** 掃き出す, そうじする. ***do*** a person ***out of*** … (人から) …を巻き上げる. ***do over*** やり直す; 塗り直す: They *did* it *over* with white paint. 彼らは白ペンキでそれを上塗りした. ***do right*** 正しい処置をとる. ***do the***…《…の部分は形容詞》…らしくふるまう: Don't *do the* big. 大きな顔するな. ***do to death*** 殺す. ***do up*** (1) 手入れをする, 整とんする, きれいにする: The house needs *doing up*. この家は手入れが必要だ. *Do up* your hair. 髪を結い直しなさい. (2) 包む; 〈ボタン・ホック・ひもなどを〉結ぶ: Please *do up* these books and take them to the publisher. この本を包んで出版社に持って行ってください. Will you *do up* my dress at the back, please? 背中のボタンをかけてくださいませんか. (3) やりこめる, 疲らせる: He was quite *done up*. 彼は全く消耗していた. ***do with*** (1) 《what を伴って》→ 上記 *vt.* ①. (2) 《can, cannot を伴って》をがまんする: I *can't do with* the way he speaks. やつの話し方にがまんならない. (3) 《同前》…でがまんする《それ以上よい物がないので》: *Can* you *do with* cold meat for dinner? ディナーを冷肉でがまんしていただけますか. (4) 《仮定法 could を伴って》…がほしいところだ: I *could do with* whisky and soda. ハイボールがあれば悪くないね. You *could do with* a shave, couldn't you? ひげをそったらどうだい《軽い命令》. ***do without*** なしで済ます: We can't *do without* books, can we? われわれが本なしでやっていけようか. ***have done with*** をかたづける, をやめにする, を手放す: Let's start at once and *have done with* it. 早くやってそれをかたづけてしまおう. ***have to do with*** …とかかわりをもつ: We *have* nothing *to do with* that plan. われわれはその計画とは全く関係がない. What do I *have* [*have* I] *to do with* you? 私ときみとどんな関係があるのか. ***How do you do?*** はじめまして《紹介されたときのきまり文句. 返答にもおなじことばを繰り返してよい》.

—— [du:] *n.* 〖英話〗**1** 詐欺, ぺてん. **2** 活動; 軍事行動; 祝宴, 祝賀祭: a big *do* 一大行事. **3** (*pl.*) 行動, 処置: *do's* and *don'ts* べし・べからず集. **4** (*pl.*) 分け前.

dóc·tor·al [dáktər(ə)l/dɔ́k-] *a.* **1** 博士(号)の: a ～ thesis 学位論文. **2** 学者の; 学術的な; 権威のある.

dóc·tor·ate [dákt(ə)rit/dɔ́k-] *n.* 博士号, 学位.

dòc·tri·náire [dàktrinéər/dɔ̀k-] *n.* 純理論派の人, 教条主義者; 空論家. —— *a.* 純理論派の, 教条主義の; 空論の.
◇ **-náir·i·an** [-né(:)riən/-néər-] *a.* **-náir·ism** [-né(:)riz(ə)m/-néər-] *n.* 教条主義; 空理空論.

dóc·tri·nal [dáktrin(ə)l/doktrái-, dɔ́ktri-] *a.* 学理〔教義〕上の; 〖稀〗教訓の.

‡**dóc·trine** [dáktrin/dɔ́k-] *n.* **1** 教義, 教理. **2** 主義, 信条《政治・宗教・学問上の》. **3** 〖稀〗教訓. ***the Monroe D～*** モンロー主義. [√doc-] ◇ **-trin·ism** [-iz(ə)m] *n.* 教義信奉, 教義至上主義.
〔類〕→ **theory**「理論」

‡**dóc·u·ment** [dákjumənt/dɔ́k-] *n.* **1** 書類, 文書; 記録. **2** 証書, 証券; 〖商〗《貿易・商取引に必要な》書類. ***classified ～*** 〖軍〗機密書類. ***human ～*** 人間記録. —— [-mènt] *vt.* **1** ～で証明〔裏づけ〕する. **2** に証拠書類を提供〔交付〕する. [√doc-]
◇ **dòc·u·mén·tal** [dàkjumént(ə)l/dɔ̀k-] *a.* = documentary.

dòc·u·mén·ta·ry [dàkjumént(ə)ri/dɔ̀kju-] *a.* **1** 文書の, 文書による, 書類の, 証書の. **2** 《映画・文学など》事実を記録した. —— *n.* 記録映画〔放送〕, ドキュメンタリー. ～ **bill** [**draft**] 〖商〗荷がわせ手形. ～ **stamp** 証券用収入印紙.

dòc·u·men·tá·tion [dàkjumentéiʃ(ə)n/dɔ̀k-] *n.* **1** 証書交付; 証拠書類提出. **2** 文書〔記録〕による証明〔裏づけ〕; 文書〔文献, 記録〕調査. **3** (参考) 文献.

dód·der[1] [dádər/dɔ́də] *vi.* 〈老人などが〉よろよろする; 震える. ◇ **～ed** [-d] *a.* 老いぼれた; 《大木などが》老い朽ちた.

dód·der[2] *n.* 〖植〗マメダオシ.

do·déc·a·gon [dodékəgàn/-gən] *n.* 〖数〗十二角形〔辺形〕.

dò·de·ca·hé·dron [dòudekəhí:drən/dóudikəhéd-] *n.* 〖数〗十二面体.

*__dodge__ [dadʒ/dɔdʒ] *vi.* **1** さっと身をかわす, ひらりとよける. **2** つかまえにくい. **3** 言い抜ける, そらす. —— *vt.* **1** よける, ひらりとかわす. **2** 言い抜ける, ごまかす. ～ ***behind*** の後ろに隠れる. ～ ***into*** の中に身を潜める. —— *n.* **1** 身をひらりとかわすこと. **2** 言い抜け. **3** 名案, 妙案, くふう. ***on the ～*** ごまかし〔不正〕をやって. ◇ **dódg·er** [-ər] *n.* ～する人, ぺてん師; 〖米・オーストラリア〗小さい引き札. **dódg·y** [-i] *a.* 巧みに身をかわす; ずるい, 扱いにくい; 巧妙な.

dó·do [dóudou] *n.* (*pl.* ～(e)s) **1** 〖鳥〗ドードーチョウ《Mauritius 島産. いまは絶滅した》. **2** 〖米俗〗

古くさい物, くだらない物; 年寄り, とんま.

doe [dou] *n.* 《シカ・ウサギ・ネズミなどの》雌. → buck[1].
◇ **∠·skin** [∠∸] *n.* 雌ジカ皮; それに似たラシャ.

dó·er [dú:ər] *n.* 実行者: an evil ～ 悪事をはたらく人.

†**does** [dʌz, 弱 d(ə)z] *v.* do[1]の直説法現在第三人称単数形. → 枠付 do[1]. (pp. 366–367)

‡**dóes·n't** [dʌ́znt] does not の短縮形.

dó·est [dú:ist] *v.* 〘古・雅〙 do[1] の直説法現在第二人称単数形《主語が thou のばあい》.

dó·eth [dú:iθ] *v.* 〘古・雅〙 does の古形.

doff [dɑf/dɔf] *vt.* **1** 〈帽子・着物などを〉脱ぐ. **2** 〈悪習などを〉捨てる, やめる. ↔ don. [＜do＋off]

†**dog** [dɔ:g/dɔg] *n.* **1** 犬;雄犬. **2** 犬科の動物《オオカミ・山犬など》. **3** くだらない男, みじめなやつ; 《愛称》やっこさん: a dirty ～ やくざ. a jolly ～ 愉快なやつ. **4** (D～) 〘天〙 大犬座あるいは小犬座. **5** 〘機〙 つかみ道具《氷づかみなど》, 鉄かぎ; (*pl.*) 薪(まき)のせ台. **6** (*pl.*) 〘米俗〙 足. **7** 〘米俗〙《牛・豚肉混合の》ソーセージ. **8** 〘英俗〙 競犬. **9** アザラシ. 〈注〉 hound は猟犬, cur は野ら犬, bitch は雌犬, puppy または whelp は子犬.
dead **～** 死んだ犬; 無用の長物. ***die a ～'s death*** ＝***die the death of a ～*** みじめな死に方をする. **～ *eat* ～** 〘俗〙 仲間げんか. **～ *in a blanket*** 《ジャム入りの》プディング. **～ *in the manger*** 意地悪な人《イソップ物語から》. ***eat*** **～** 〘米〙 恥を忍ぶ. ***Every ～ has his day.*** 〘諺〙 だれにも得意なときがあるものだ. ***Give a ～ a bad name and hang him.*** 難癖をつけて〔悪評を浴びせて〕葬り去る. ***go to the ～s*** 〘話〙 落ちぶれる. ***help a*** **(*lame*)** **～ *over a stile*** 困っている人を助ける. ***lead a ～'s life*** みじめな生活を送る. ***Let sleeping ～s lie.*** 〘諺〙 さわらぬ神にたたりなし. ***Love me, love my ～.*** 〘諺〙 私がかわいけりゃ犬までかわいがって《「坊主憎けりゃけさまで」の反対》. ***put on*** **(*the*)** **～** 〘米俗〙 気どる, 見えを張る. ***take a hair of the ～ that bit you*** 迎え酒をする. ***teach an old ～ new tricks*** 《いまさらそんなことはできないが》老人に新しいやり方〔思想〕を教える. ***the ～s of war*** 戦争の悲惨. ***there is not a ～'s chance*** 全然見込みがない. ***throw*** **〔*give*〕** ***to the ～s*** 捨て去る, 犠牲にする.
—— *vt.* **(-gg-)** **1** 尾行する. **2** 〈災難・不幸などが〉…につきまとう. **3** 〘機〙 鉄くぎで掛ける. **～ *it*** 逃げる, ずらかる.
—— *ad.* 全く《複合語として》: ～-tired 全く疲れ果てた.
～ ape ＝baboon. **∠·bane** [∠∸] 〘植〙 バシクルモン. **∠·ber·ry** [-bèri, -bəri] 〘植〙 ハナミズキ(の実). **～ biscuit** 犬用ビスケット. **～ box** 〘英〙 犬運搬用貨車. **∠·cart** [∠∸] (1) 犬に引かせる車. (2) 背中合わせの座席つき 2 輪[4 輪] 馬車《昔, 座席の下に猟犬を乗せた》. **∠-chéap** [㊥+∠∸] 〘古〙 ひどく安い. **～ clutch** 〘機〙 かみ合いクラッチ. **～ collar** (1) 犬の首輪. (2) 〘英俗〙 立てカラー《牧師などの》. **～ days** 盛夏, 土用. **∠-ear** [∠∸] ＝～'s-ear. **∠-eared** [∠∸] ＝～'s-eared. **∠·face** [∠∸] 〘米俗〙 歩兵; 不人気な男. **～ fancier** 愛犬家; 犬商. **∠·fight** [∠∸] 乱戦(する); 〘軍〙 空中戦《戦闘機の》. **∠·fish** [∠∸] 〘魚〙 ツノザメの類. **～ fox** 雄ギツネ. **∠-gone** → 別項. **∠·hole** [∠∸] 犬穴; みすぼらしいへや. **∠·house** [∠∸] (1) 犬小屋. (2) 恥ずべき状態: in the ～*house* 面目を失って, きらわれて. **∠·hutch** [∠∸] 犬小屋; みすぼらしいへや. **～ Latin** 変則〔破格〕ラテン語. **～ lead** 犬を引く綱〔鎖〕. **∠·leg** [∠∸] くの字形: make a ～*leg* 遠回りする. **∠-legged** [-lègd, -lègid] 《犬の後ろ足のように》曲がった, くの字形の. **～ rose** 〘植〙 ノバラの一種. **～'s age** 長い間. **∠'s-ear** [∠∸] 本のページのすみの折れ; ページのすみを折る. **∠'s-eared** [∠∸] 《本が》ページのすみの折れた. **∠·shore** [∠∸] 〘海〙 やり止め支柱《進水直前まで船のすべり出しを食い止める》. **∠·skin** [∠∸] 犬の皮; 犬のなめし皮. **∠·sleep** [∠∸] 浅い眠り; たぬき寝入り. **～'s letter** R 文字. **～'s meat** 犬にやる肉《馬肉・くず肉など》. **～'s nose** ビールとジンとの混合酒. **∠'s-tail** [∠∸] 〘植〙 力草〔浜麦〕の一種 (＝～'s-tail grass). **D～ Star** 〘天〙 天狼(てんろう)星, シリウス星. **∠'s-tongue** [∠∸] ＝hound's-tongue. **～ tag** 犬の名札; 〘軍俗〙《兵士の》認識票. **∠-tíred** 疲れきった, へとへとの. **∠·tooth** [∠∸] (*pl.* **-teeth**) (1) 犬歯, 糸切り歯. (2) 〘建〙 犬牙(けんが)飾り. **～·tooth violet** 〘植〙 カタクリ属の植物. **∠·trot** [∠∸] 小走り. **∠·watch** [∠∸] 〘海〙 折半当直《4 p.m.–6 p.m. と 6 p.m.–8 p.m. の 2 時間交替》. **～ whip** 犬むち. **∠·wood** [∠∸] 〘植〙 ハナミズキ.
◇ **∠·like** [∠∸] *a.* 犬のような; 忠実な.

dóg·dom [dɔ́gdəm/dɔ́g-] *n.* **1** 犬属. **2** 犬であること, 犬の境遇. **3** 《集合的》愛犬家.

doge [doudʒ] *n.* 〘史〙 ドージ《昔の Venice, Genoa 共和国の総督》.

dóg·ged [dɔ́:gid/dɔ́g-] *a.* がんこな, 強情な. ***It's ～*** **(*that*)** ***does it.*** 〘諺〙 がんばりは成功のもと.
◇ **～·ly** *ad.* **～·ness** *n.*

dóg·ger [dɔ́:gər/dɔ́g-] *n.* 2 本マストのオランダ漁船.

Dogger Bank 北海中央部の大砂州《世界有数の大漁場》.

dóg·ger·el [dɔ́:g(ə)rəl/dɔ́g-] *n.* **1** おどけ詩, 狂詩; つくりかえ詩歌. **2** へたな詩. **——** *a.* **1** 《詩が》こっけいな, つくりかえの. **2** 《詩など》へたな, くだらない.

dóg·ger·y [dɔ́:gəri/dɔ́g-] *n.* **1** (犬のように) 卑劣なふるまい. **2** 《集合的》犬, 犬ども; 下層民. **3** 〘米俗〙 低級な酒場.

dóg·gie [dɔ́:gi/dɔ́gi] *n.* 小犬; 〘小児語〙 わんわん. **——** *a.* **1** 小犬の, 小犬みたいな. **2** 犬好きの. **3** 気どり屋の.

dóg·gi·ness [dɔ́:ginis/dɔ́g-] *n.* **1** 犬のような性質, 犬のにおい. **2** 犬好き.

dóg·gish [dɔ́:giʃ/dɔ́g-] *a.* **1** 犬の(ような). **2** 意地悪の; がみがみ言う. **3** 〘話〙 はでな.

dóg·go [dɔ́:gou/dɔ́g-] 《次の成句で》 ***lie*** **～** 〘俗〙 隠れている, じっと動かずにいる; しらばくれている.

dóg·gone [dɔ́:ggɔ̀:n/dɔ́gɔn] *a.* 〘米俗〙 いまいましい. **——** *int.* 〘米俗〙 畜生! **——** *vt.* のろう (damn).

dóg·gy [dɔ́:gi/dɔ́gi] *a.* **1** 犬の(ような). **2** 犬好きな. **3** 〘米俗〙 はでな, いきな. **——** *n.* ＝doggie.

dó·gie [dóugi] *n.* 〘米西部〙《牧場の》母なし子牛.

dóg·ma [dɔ́:gmə, dɑ́g-/dɔ́g-] *n.* (*pl.* **～s**, **～·ta** [-mətə]) **1** 教義, 教理; 信条. **2** 定説, 定理. **3** 独断(論).

***dog·mát·ic** [dɔ:gmǽtik, dɑg-/dɔg-] *a.* **1** 独断的な; 高圧的な. **2** 〘哲〙 独断主義の. **3** 教義の, 教理の. **——** *n.* 独断家. ◇ **-i·cal** [-(ə)l] *a.* ＝dogmatic. **dog·mát·i·cal·ly** *ad.*

dog·mát·ics [dɔ:gmǽtiks, dɑg-/dɔg-] *n. pl.* 《単数扱い》〘宗〙 教義学, 教理神学.

dóg·ma·tism [dɔ́:gmətiz(ə)m, dɑ́g-/dɔ́g-] *n.* 独断(論); 独断的態度: a hasty ～ 速断.
◇ **-tist** [-tist] *n.* 独断論者; 教義学者.

dóg·ma·tize [dɔ́:gmətàiz, dɑ́g-/dɔ́g-] *vi., vt.* の教理を立てる; 独断する, 独断的意見を主張する.

dó-gòod·er [dú:gùdər] *n.* 〘話〙《けいべつ的》空想的社会改良家.

dó·gy ＝dogie.

dói·ly [dɔ́ili] *n.* 装飾的小形ナプキン; 卓上用小敷布, テーブルセンター《レースの花びん敷きなど》.

dó·ing [dú:iŋ] *n.* (おもに *pl.*) 行為, 行動. ***be of*** a person***'s ～*** (人)のせいである: Your misfortune *is not of* my ～. あなたの不幸は私のせいではない.

doit [dɔit] *n.* 〘古〙 オランダの昔の小銅貨; 少額. ***I don't care a ～.*** 少しもかまわない.

dóit·ed [dɔ́itid] Sc. *a.* もうろくした, ぼけた; ばかの.

dó-it-your·sélf [dú:itjuərsélf, -tʃər-/-tjɔ:-] *a.*,

n. 〖話〗自作〔自製〕の; 自分でつくる〔やる〕(こと).
◇ ～·**er** *n.* 自作〔日曜大工〕趣味の人.

dol. dollar. 「な.

dól·ce [dóultʃei/dɔ́ltʃi, dóul-] *a.* 〖楽〗優しい, 甘美

dol·ce far ni·en·te [dóultʃi-fà:r-niénti/dɔ̀l-] It. (甘美な) 安逸, 逸楽.

dól·drum [dáldrəm/dɔ́l-] *n.* **1**〖海〗無風, なぎ; 無風域. **2** (*pl.*)〖海〗(赤道付近の)無風帯. **3** (*pl.*) 沈滞, 停滞; 意気消沈, 心のふさぎ. ***be in the ～s*** 船が無風で止まっている; 沈滞して〔ふさぎこんで〕いる.

dole[1] [doul] *n.* **1** 施し(物); わずかな分け前; 失業手当. **2**〖古〗運命. ***be*** 〔***go***〕 ***on the ～*** 失業手当を受けている〔受ける〕. ***draw the ～*** 失業手当を受ける. ***Happy man be his ～!*** 彼にさちあれ. —— *vt.* 少しずつ〔けちけちと〕施す《*out*》. 〔deal と同語源〕
∼·**dràw·er** 失業手当を受ける人. ∼**s·man** [-zmən] (*pl.* **-men**; *fem.* **-wòm·an**, *pl.* **-wòm·en**) 施しを受ける人.

dole[2] *n.* 〖古・雅〗悲しみ, 嘆き. ***make*** one***'s ～*** 悲嘆にくれる. ◇ ∼·**some** [-səm] *a.* 〖古〗=doleful.

dóle·ful [dóulf(u)l] *a.* 悲しい; 陰うつな. [√dol-]
◇ ～·**ly** [-fuli] *ad.* ～·**ness** *n.*

dól·er·ite [dálərài t/dɔ́lərait] *n.* 〖鉱〗粗粒玄武岩; 輝緑岩.

dól·i·cho·ce·phál·ic [dálikòusifǽlik / dɔ̀l-, -koki-] *a.* 〖医〗長頭の.

dó·lìt·tle [dú:lìtl] *n.* なまけ者. —— *a.* 怠惰な.

†**doll** [dal, dɔ:l/dɔl] *n.* **1** 人形. **2** 美しいが理知〔表情〕に欠ける女〔少女〕. **3**〖米俗〗少女, 若い女. **4**〖米俗〗親切な人: Be a ～ and do it for me. お願いだからやってくれ.
—— *vt., vi.* 〖俗〗美しく装う; めかしたてる《*up*》.

†**dól·lar** [dálər/dɔ́lə] *n.* **1** ドル《アメリカ・カナダなどの貨幣単位. 100 セント. 記号 $》; ドル貨. **2**〖英俗〗5 シリング銀貨. ***～s to doughnuts*** 〖米〗月とスッポン. ***the ～s*** 金銭, 富.
～ **area** 〖経〗ドル地域. ～**-a-year man** 〖米〗名目給料しか受けていない連邦被任命者. ～ **diplomacy** ドル〔金力〕外交. ～·**fish** [-fiʃ] =butterfish; =moonfish. ～ **gap** ドル不足.
◇ ～·**wise** [∸∸] *ad.* **1** ドルに換算して: How much does a million yen amount to, ～*wise*? 100 万円は何ドルになるかね. **2** 経済的に.

dól·lop [dáləp/dɔ́l-] *n.* 〖話〗《チーズ・バター・泥などの》固まり (lump); 数滴.

dóll·y [dáli, dɔ́:li/dɔ́li] *n.* **1**〖小児語〗お人形さん. **2**〖英〗洗たく棒. **3** 運搬用小輪トロッコ;〖映・テレビ〗移動式カメラ台. **4** くい打ち用〔砕鉄用〕の道具.
—— *vt.* <映画撮影機・テレビカメラを> 移動する.
～ **shop** 海員相手の古物商兼質屋《看板の黒い人形から》. 「らさ服; 婦人帽の一種.

Dóll·y Vár·den [-vá:rdn] 《婦人用》花模様のさ

dól·man [dálmən/dɔ́l-] *n.* (*pl.* ～**s**) **1**《婦人用》ケープつきそでなしマント. **2** トルコ式長上着. **3** 軽騎兵のマント式上着.

dól·men [dálmen/dɔ́l-] *n.* 〖考古〗ドルメン《2 個以上の自然石の上に大きな平石を載せたもの. 太古の墓標と考えられる》.

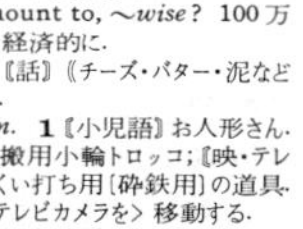
dolmen

dól·o·mite [dáləmàit/dɔ́l-] *n.* 〖鉱〗白雲石. ***the D～s*** 白雲石山脈《チロル地方の》.

dó·lor, 《英》 **-lour** [dóulər] *n.* 〖雅〗悲しみ, 傷心.

dól·or·ous [dálərəs, dóul-/dɔ́l-] *a.* **1** 悲しみ〔苦痛〕に満ちた; 悲しみに沈んだ. **2** 悲しみ〔苦痛〕を与える, 痛ましい. [√dol-]

dól·phin [dálfin/dɔ́l-] *n.* **1**〖動〗イルカ;〖俗・魚〗シイラ (dorado). **2** イルカ模様《紋章・彫刻などの》. **3**《埠頭(ふとう)の》係船柱, 浮標. **4** (D～)〖天〗イルカ座. ～ **striker** 《船首の》たれ木.

dols. dollars.

dolt [doult] *n.* まぬけ, うすのろ. ◇ ∼·**ish** [-iʃ] *a.*

Dom [dam/dɔm] *n.* **1** カトリックの高位聖職者〔ベネディクト会修道士〕の尊称. **2** ポルトガル・ブラジルの貴人の名に冠する敬称.

-dom [-dəm] *suf.* **1**「地位」「権力」「領土」「範囲」の意: earl*dom* 伯爵の位. Christen*dom* キリスト教国〔教徒〕. **2**「…界」「…社会気質」の意: official*dom* 官界, 官僚かたぎ. **3** 抽象的観念をあらわす: free*dom* 自由.

dom. domain; domestic. **D.O.M.** *Deo Optimo Maximo* (L. = to God the best and greatest).

do·máin [doméin] *n.* **1** 領地, 領土, 領域. **2**《個人所有の》地所; (完全)土地所有権. **3**《活動・研究などの》分野, 範囲. **4**〖数〗領域. ***be out of*** a person***'s ～*** 専門外である. ***～ of use*** 〖法〗地上権. ***in the ～ of*** の領域〔分野〕で. ***public ～*** 公有財産《個人の所有権が喪失し公有に帰したもの》. (***right of***) ***Eminent D～*** 〖法〗土地収用権.
◇ **do·má·ni·al** [doméiniəl] *a.* 領地の, 領分の.

***dome** [doum] *n.* **1** 丸天井; 丸屋根. **2** 半球形のおおい; 大空; 《山の》円頂. **3**〖結晶〗庇面(ひめん);〖機〗ドーム. **4**〖雅〗屋形, 高楼. —— *vt., vi.* に丸屋根をつける; 丸屋根状にする〔なる〕.
◇ ～**d** [-d] *a.* 丸屋根〔天井〕の; 半球形の: a ～*d* forehead 丸形の額〔おでこ〕.

Dómes·day [dú:mzdèi] ～ ***Book*** 〖英史〗1086 年イギリス国王 William I がつくらせた全英土地調査記録.

‡**do·més·tic** [dəméstik, do-] *a.* **1** 家庭の, 家事上の. **2** 家庭向きの, 家庭的な; 外出ぎらいの. **3**《動物が》飼い慣らされた. ↔ wild. **4** 国内の, 自国の, 内地の. ↔ foreign. **5** 国産の, 自家製の(homemade).
—— *n.* **1** 使用人, 奉公人, 召使. **2** (*pl.*)〖米〗国産品; 自家製品; 手織り物. [√dom-]
～ **affairs** 家事. ～ **airline** 国内航空(路). ～ **animal** 家畜. ～ **duck** アヒル. ～ **economy** 家政. ～ **fowl** 鶏. ～ **mail** 〖米〗国内郵便. ～ **relations court** 家事裁判所. ～ **science** 家政学. ～ **system** 家内工業制度.
◇ **-ti·ca·ble** [-əbl] *a.* 慣らしやすい; 家庭になじみやすい. **-ti·cal·ly** [-(ə)li] *ad.* 家庭的〔向き〕に; 国内的に, 内地向きに.

do·més·ti·cate [dəméstikèit, do-] *vt.* **1** <動物を> 飼い慣らす; <移民・植物を> 土地になじませる; <蛮人を> 教化する. **2** 家庭になじませる: ～ a wayward wife わがままな妻を家庭的にする.
◇ **do·mès·ti·cá·tion** [–∸–kéiʃ(ə)n] *n.*

dò·mes·tíc·i·ty [dòumestísiti] *n.* **1** 家庭的性質; 家庭愛. **2** 家庭生活; (*pl.*) 家事.

dóm·i·cile [dámis(i)l/dɔ́misail, -sil] *n.* **1**〖法〗住所, 住居, 家. **2**〖商〗手形支払場所. one***'s ～ of choice*** 〔***origin***〕〖法〗寄留〔本籍〕地. —— *vt.* **1** の住所を決める《に *in, at*》. **2** <手形の> 支払場所を指定する. ～ one***self in*** 〔***at***〕 に住所を決める. [√dom-] ◇ ～**d** *a.* 居住する《に *at, in*》;〖商〗支払地指定の: a ～*d* bill 他所払い手形.

dòm·i·cíl·i·ar·y [dàmisílièri/dɔ̀misíljəri] *a.* 住所の, 住居の: a ～ visit 〖法〗家宅捜索.

dòm·i·cíl·i·ate [dàmisílièit/dɔ̀m-] *vt., vi.* (の)住所を定める, 定住させる〔する〕.
◇ **dòm·i·cìl·i·á·tion** [∸–∸–éiʃ(ə)n] *n.*

dóm·i·nance [dáminəns/dɔ́m-], **-nan·cy** [-i] *n.* 支配, 統御; 優勢;〖遺伝〗優性.

***dóm·i·nant** [dáminənt/dɔ́m-] *a.* **1** 支配的な, 優位の, 有力な. **2**〖遺伝〗優性の. ↔ recessive. **3** 高くそびえる: a ～ cliff. **4**〖楽〗属音の. —— *n.* **1** 優勢なもの. **2** 優性遺伝性. **3**〖楽〗属音《音階の第 5 音》. ～ **character** 〖遺伝〗優性.

‡**dóm·i·nate** [dámịnèit/dɔ́m-] *vt.* **1** 支配する, 左右する; 〈激情などを〉抑える. **2** に優越する; 〈山・峰が〉見おろす. —— *vi.* **1** 権勢をふるう《に *over*》; 優勢である. **2** 高くそびえる, 目だつ《より *over*》. [√dom-] ◇ **-na·tor** [-nèitər] *n.* 支配者〔力〕. **-na·tive** [-nèitiv/-nət-] *a.* 支配する, 支配の.

dòm·i·ná·tion [dàmịnéiʃ(ə)n/dɔ̀m-] *n.* **1** 支配, 君臨; 優勢. **2** (*pl.*) 天使の第4階級.

dòm·i·néer [dàmịníər/dɔ̀m-] *vi.* **1** 専横にふるまう, いばる《に対し *over*》. **2** 高くそびえる《の上に *over, above*》. —— *vt.* **1** にいばる. **2** 見おろす.

dòm·i·néer·ing [dàmịní(ː)riŋ/dɔ̀mịníəriŋ] *a.* 専横な, 傲慢(ごう)な, いばっている. ◇ **～·ly** *ad.*

Dóm·i·nic [dámịnik/dɔ́m-] *n.* St. ～, 1170–1221, ドミニコ会の創設者《スペイン人》.

Dòm·i·ní·ca [dàmịníːkə, dəmínịkə/dɔ̀mịníːkə] *n.* ドミニカ島《西インド諸島 Lesser Antilles 中の Leewards Islands の一つ. イギリス領》.

do·mín·i·cal [dəmínịk(ə)l] *a.* 主の, キリストの; 主の日〔日曜日〕の. **～ day** 主の日, 日曜日. **～ letter** 主の日文字《教会暦で A–G の7字中その年の日曜日を示す1字》. **～ year** キリスト紀元, 西暦.

do·mìn·i·cá·le [dəmìnịkéiliː] *n.* ミサ中に女性がかぶるベール.

Do·mín·i·can [dəmínịkən] *a.* **1** St. Dominic の; ドミニコ会の. **2** ドミニカ共和国の. —— *n.* **1** ドミニコ会の僧. **2** ドミニカ人.
～ Republic, the ドミニカ共和国《西インド諸島の Hispaniola 島の3分の2を占める》.

dóm·i·nie [dámịni/dɔ́m-] *n.* **1**〖スコットランド〗教師. **2** [dóum-/dɔ́m-]〖米話〗牧師.

do·mín·ion [dəmínjən] *n.* **1** 支配(権), 統治(権), 主権; 土地所有権. **2**《一般的》支配, 影響(力). **3** (しばしば *pl.*) 領土, 領地. **4** (the D～) イギリス連邦内の自治領; カナダ. **5** 第4級の天使. ***exercise ～ over*** に統治権をふるう. ***the D～ of Canada*** = ***the D～*** カナダ. ***the D～ of New Zealand*** ニュージーランド自治領. ***the Old D～***〖米〗バージニア州の別称. [√dom-] **D～ Day** カナダ自治記念日《7月1日. 自治宣言は1867年》.

dóm·i·no [dámịnòu/dɔ́m-] *n.* (*pl.* ～(e)s) **1** ドミノ服《仮装舞踏会用で, ずきんと小仮面付き》; それを着た人; その仮面. **2** ドミノ牌(はい); (～es)《単数扱い》ドミノ《28の牌を配って点を合わせる遊び. 早く手持ちの牌がなくなった者が勝ち》. ***it's all ～ with*** …は全くだめだ. **～ paper** 大理石模様紙《手刷りで壁紙・本の見返しなどに用いる》.

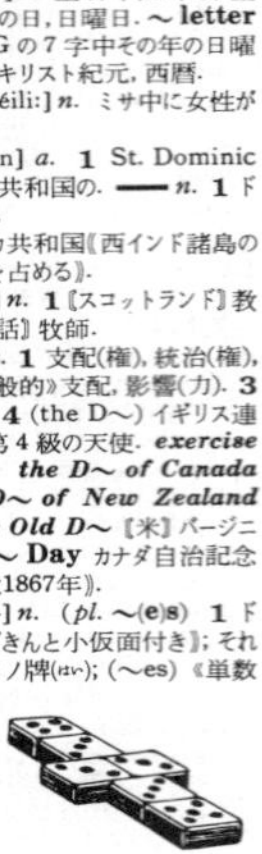

dominoes ②

don[1] [dan/dɔn] *n.*〖英：大学〗大学学監, 個人指導教官. 「[＜do＋on]

don[2] *vt.* (**-nn-**)〖古〗身につける, 着る. ↔ doff.

***don** [dan/dɔn] Sp. *n.* **1** (*D～*) スペインで男の名に冠する敬称《昔は貴人の尊称》: *Don* Juan. *Don* Quixote. **2** スペイン紳士〔人〕. **3** 大立て者, 名士; 達人《*at*》. 「婦人.

Do·ña [dóunjɑː, -njə] Sp. *n.* **1** …夫人. **2** (貴)

do·na(h) [dóunə] Port. *n.* **1** …夫人; (貴)婦人. **2**〖俗〗婦人; 愛人.

Dó·nar [dóunɑːr] *n.*〖ゲルマン神話〗雷神.

dó·nate [dóuneit/donéit] *vt.*〖米〗寄付する, 贈与する. [√don-]
◇ **dó·na·tor** [-ər] *n.* 寄付者, 贈与者. **do·ná·tion** [donéiʃ(ə)n] *n.* 寄付, 贈与; 寄付金, 寄贈品.

dón·a·tive [dánətiv, dóu-/dóu-] *a.* 贈与の;《僧正を経由しない》直接寄進の. —— *n.* 寄付金, 贈与物; 直接寄進財産禄(ろく).

Dó·nau [dóunau|G. dóː-] *n.* Danube のドイツ名.

†**done** [dʌn] *v.* do[1] の過去分詞. —— *a.* **1** 済んだ, 終わった, おしまいになった: It's ～. 終わった, これでよし. **2**《人が》仕事を終えた〔済ました〕: When you are ～, we will go out. きみの仕事がかたづいたら出かけよう. **3**《食物が》煮えた, 焼けた. 〈注〉通常合成語として使用: half-*done* 半煮え〔焼け〕の. over-*done* 煮え〔焼け〕過ぎの. **4**〖話〗へとへとになった. **5**〖俗〗だめになった; だまされた. **6**〖おもに英〗慣例〔良い趣味〕にかなっている: It isn't ～. そんなことするものじゃない. ***be ～ for*** やられる, だめになる: I *am ～ for.* おれはもうだめだ. ***D～!***《かけを引き受けて》よしきた. ***～ brown*** (1) キツネ色にこんがり焼けて. (2) うまくだまされて. ***～ in***〖米話〗疲れて. ***～ up*** くたびれきって. ***～ with***〖俗〗完了して, 終わって, かたづいて. ***Well ～!*** うまく〔よく〕やった!, でかした! —— *ad.*〖米卑〗全く.

do·née [doníː] *n.* 受贈者. → donor.

dón·ga [dáŋgə, dɔ́ːŋ-/dɔ́ŋ-] *n.*《南アフリカの》峡谷.

dón·jon [dándʒ(ə)n, dán-/dɔ́n-, dʌ́n-] *n.* 天主閣.

Don Jú·an [dan-dʒúːən/dɔn-] *n.* **1** ドン=ファン《スペインの伝説的遊蕩貴族》. **2** 遊蕩児, 女たらし.

‡**dón·key** [dáŋki, dɔ́ːŋ-, dʌ́ŋ-/dɔ́ŋ-] *n.* (*pl.* ～s) **1** ロバ. **2** まぬけ; 強情者. (***for***) ***～'s years***〖英話〗長い間. —— *a.* 補助の: a ～ engine 小型補助エンジン.

don·na [dánə/dɔ́nə] It. *n.* (*pl.* **-ne** [-ne/-ni]) 淑女, 貴婦人; (*D～*) …夫人《イタリアで貴婦人の名に冠する尊称》.

dón·nish [dániʃ/dɔ́n-] *a.* 大学学監 (don[1]) のような; 堅苦しい. ◇ **～·ness** *n.*

Dón·ny·brook [dánibrùk/dɔ́n-] **～ *Fair***《アイルランドの》ドニブルック市(いち)《飲み騒ぎやけんかで有名》; どんちゃん騒ぎ. 「〖医〗給血者.

dó·nor [dóunər] *n.* **1** 贈与者, 施主. → donee. **2**

dó·nòth·ing [dúːnʌ̀θiŋ] *a.* なにもしない, 怠惰な, 無能な. —— *n.* なまけ者, 無為無能の人. ◇ **～·ism** *n.* 無策主義《自分が動かず, 間接的に妨害すること》.

Dòn Quix·ó·te [dàn-kihóuti, dan-kwíksət/dɔn-kwíksət, -sout] *n.* ドン=キホーテ《スペインの Cervantes 作の小説およびその主人公》.

‡**don't** [dount] do not の短縮形. —— *n.* (*pl.* ～s)〖笑〗禁止; (*pl.*)「べからず」集.

dó·nut [dóunət, -nʌ̀t/-nʌt] = doughnut.

dón·zel [dánz(ə)l/dɔ́n-] *n.*〖古〗若様《まだ騎士になっていない》.

dóo·dad [dúːdæ̀d] *n.*〖米俗〗**1** 安ぴか物, がらくたアクセサリー. **2** 仕掛け.

dóo·dle [dúːdl] *vi., vt.* **1** 落書き〔いたずら書き〕する. **2**〖俗〗からかう; だます. **3**〖スコットランド〗風笛を吹く. —— *n.* **1** いたずら書き, 落書き; 無意味なこと. **2** 空想の産物; 仕掛け; すばらしいもの. **3** 愚か者.

dóo·dle·bug [dúːdlbʌ̀g] *n.* **1**〖米〗アリジゴク《ウスバカゲロウの幼虫》. **2** = divining rod. **3**〖英俗〗= buzz bomb.

dóo·dle·sack [dúːdlsæ̀k] *n.* 風笛 (bagpipe).

dóo·hìck·ey [dúːhiki] *n.*〖英話〗仕掛け; なにやらいうもの《ものの名を忘れたとき》.

dóo·lie, -ly [dúːli] *n.* **1**《インドの》駕籠(かご). **2**〖米〗飛行学校1年生.

‡**doom** [duːm] *n.* **1** 運命; 不運, 破滅. **2**〖法〗判決. **3**《神がくだす》最後の審判. **4**〖史〗法令. ***meet*** [***go to, know***] ***one's ～*** 滅びる, 死ぬ. ***the day of ～*** 最後の審判日, この世の終わりの日.
—— *vt.* **1** の運命を定める, 運命づける《通例悪い方向へ》: an attempt ～*ed to* failure [*to* fail] 初めから失敗するに決まっている試み. **2** に刑〔死刑〕を宣告する. **3** 運命〔刑〕として定める. [deem と同語源] ◇ **～ed** [-d] *a.* 運の尽きた, 不運の.

dóoms·day [dúːmzdèi] *n.* **1** 最後の審判の日, 世界終末の日: till ～ 永遠に. **2** 運命の決まる日. **3** = Domesday.

†**door** [dɔːr/dɔː] *n.* **1** 戸, ドア, とびら. **2** 戸口, 入り

口, 門口, 出入り口(＝doorway). **3** 《比喩的》入り口: the ～*s to* learning 学問への手引き〔機会〕. **4** 一軒, 一戸; (*pl.*) 家: He lives three ～*s* away. 彼は3軒先に住んでいる. within ～*s* 家の中で. ***answer the* ～** 来客の取り次ぎに出る. ***at death's* ～** 死に瀕(ひん)して. ***close*** [***shut***] ***the* ～ *upon*** に門戸を閉ざす; を締め出す. ***from* ～ *to* ～** 一軒一軒. ***in* ～*s*** 屋内に〔で〕. ***lay at the* ～ *of*** の責任にする. ***lie at the* ～ *of*** 〖聖〗〈罪が〉…にある; 〈責任が〉…にある, …のせいである. ***next* ～** 隣の家(に). ***next* ～ *but one*** 1軒おいたお隣(に). ***next* ～ *to*** …にとなり合わせて, ほとんど…に近い. ***open a* ～ *to*** [***for***] に門戸を開く, に機会を与える. ***out of* ～*s*** 戸外で. ***see*** a person ***to the* ～** (人を)送り出す《玄関へ》. ***show*** a person ***the* ～** 追い出す. ***throw open the* ～ *to*** に門戸を開放する; に機会を与える. ***within*** [***without***] **～*s*** 屋内〔屋外〕に.

～ **alarm** 戸口の警鈴. *～·**bell** →別項. ～·**case** [⊥⊥] 戸のわく, 戸のかまち(＝doorcase frame). ～ **chain** ドアチェーン《盗賊侵入防止用で一定以上とびらが開かない仕掛け》. ～·**check** [⊥⊥] ドアチェック〔徐閉器〕. ～·**jamb** [⊥⊥] 戸口の側柱. ～·**kèeper** 玄関番, 門衛. ～·**knob** [⊥⊥] ドアの握り〔取っ手〕. ～·**knòck·er** 《訪問者の》たたき金具. ～·**man** [-mən, ㊊+-mæ̀n] 《ホテル・デパートなどの》送迎係, ドアマン. ～·**mat** [⊥⊥] 《戸口の》くつぬぐい. ～ **money** 木戸銭, 入場料. ～·**nail** →別項. ～·**plate** [⊥⊥] 標札《しんちゅう製の》. ～·**post** [-pòust] 門柱, 戸柱. ～·**sill** [⊥⊥] 〖建〗《戸口の》敷居. *～·**step** →別項. ～·**stone** [⊥⊥] 《戸口の》敷居石, 踏み段石. ～·**stop** [⊥⊥] (戸の) あおり止め. ‡～·**way** →別項. ～·**yard** [⊥⊥] 〖米〗《玄関の》前庭, 家のまわりの庭.

***dóor·bell** [dó:rbèl/dɔ́:-] *n.* 戸口のベル. ～ **ringer** 〖俗〗戸別訪問者《選挙運動員・セールスマンなど》.

dó-or-díe [dú:ərdái] *a.* 必死の, 危機の: a ～ attempt 生命をかけての試み.

dóor·nail [dó:rnèil/dɔ́:-] *n.* 《昔戸に打った》円頭の大くぎ. ***(as) dead*** [***deaf***] ***as a* ～** 全く死んで〔かなつんぼで〕.

***dóor·step** [-stèp] *n.* 戸口の上がり段.

‡dóor·way [-wèi] *n.* 戸口, 出入り口; 《比喩的》入り口: a ～ to success 成功への近道.

dope [doup] *n.* **1** 機械油; 塗料の一種《飛行機の翼布などに塗る》. **2** 〖俗〗濃厚液体. **3** 〖俗〗麻薬; 競馬出場馬に飲ませる刺激剤. **4** 〖米俗〗内報, 競馬の勝ち馬予想; 《一般的》秘密情報. **5** 〖米俗〗麻薬常用者; まぬけ, ばか者. ***spill the* ～** 情報をもらす. —— *vt.* **1** 濃厚液で処理する. **2** に麻酔剤〔興奮剤〕を飲ませる. **3** に混ぜ物を加える. **4** 〖米俗〗推測する, 想像してつくりあげる《*out*》: ～ *out* a plan [story] 計画〔話〕をでっちあげる. —— *vi.* 麻薬を飲む. ～ ***off*** へまをやる.
～ **fiend** 〖米俗〗麻薬常用者. ～ **pusher** 〖俗〗麻薬売人. ～·**sheet** [⊥⊥] 競馬新聞《出場馬のあらゆる情報が載っている》. ◇ **dóp·er** *n.* 鉄道貨車の軸箱注油係; 飛行機の油塗布係. **dópe·ster** *n.* 〖米俗〗《選挙・競馬の》予想屋.

dópe·y, dóp·y [dóupi] *a.* 〖話〗《麻薬・アルコールを飲んで》ぼんやりした; とんまな, うすのろな.

dor [dɔ:r], **dór·bèe·tle** [dɔ́:rbì:tl] *n.* 〖虫〗コガネムシの一種.

do·rá·do [dərá:dou] *n.* (*pl.* ～**s**) 〖魚〗シイラ, カジキ.

Dór·cas [dɔ́:rkəs] ～ ***society*** 貧民に与える衣料品をつくる慈善婦人会.

Dór·ches·ter [dɔ́:rtʃèstər, -tʃis-/-tʃis-] *n.* イギリスの Dorsetshire の州都《Thomas Hardy の小説では Casterbridge として知られている》.

Dó·ri·an [dó:riən/dɔ́:r-] *a.* 古代ギリシア Doris 地方〔人〕の. —— *n.* Doris 人.

Dór·ic [dɔ́:rik, dár-/dɔ́r-] *a.* **1** Doris (人)の. **2** 〖建〗ドリア式の: the ～ order ドリア様式. —— *n.* **1** ドリア様式; ドリア方言. **2** いなかなまり: in broad ～ むき出しのいなか弁で.

Dór·is [dɔ́:ris] *n.* 古代ギリシアの中部地方.

Dór·king [dɔ́:rkiŋ] *n.* 食肉用鶏の一種.

dorm [dɔ:rm] 〖米話〗＝dormitory.

dór·man·cy [dɔ́:rmənsi] *n.* **1** 睡眠. **2** 冬眠; 無活動, 休止(状態).

dór·mant [dɔ́:rmənt] *a.* **1** 眠っている, 睡眠状態の. **2** 冬眠中の, 静止〔休止〕状態の, 潜伏の. **3** 不動の, 固定した. **4** 《資金などの》遊んでいる. ***lie* ～** 冬眠中の, 休んでいる, 使われないでいる. [√dorm-]
～ **partner** 匿名社員〔組合員〕. ～ **volcano** 休火山. ～ **window** ＝dormer (window).

dór·mer [dɔ́:rmər] *n.* 〖建〗屋根窓(＝～ window).

dór·mie ＝dormy.

‡dór·mi·to·ry [dɔ́:rmitɔ̀:ri/-tri] *n.* **1** 〖米〗寄宿舎, 寮; 〖英〗共同寝室. **2** 〖英〗＝～ suburb. [√dorm-]
～ **suburb** ベッドタウン, 郊外住宅地《おもに通勤者の住宅地をなす郊外の地域. bedroom suburb ともいう》.

dormer

dór·mouse [dɔ́:rmàus] *n.* (*pl.* **-mice** [-màis]) 〖動〗ヤマネの類; 眠たがり屋.

dór·my [dɔ́:rmi] *a.* 〖ゴルフ〗残った穴数だけ勝っている.

dór·nick[1] [dɔ́:rnik] *n.* リンネル製粗布の一種.

dór·nick[2] *n.* 小石《カッ鉄鉱などの》.

dór·o·thy [dɔ́:rəθi, dár-/dɔ́r-] ～ ***bag*** 《輪で手首にかける口の開いた》婦人用手さげ袋.

dorp [dɔ:rp] *n.* 《南アフリカの》小村.

dór·sal [dɔ́:rs(ə)l] *a.* 〖動〗背の, 背状の. —— *n.* 背びれ; 脊椎(せきつい).

Dór·set [dɔ́:rsit], **Dór·set·shire** [-ʃiər, -ʃər] *n.* イギリス南部の州.

dór·sum [dɔ́:rsəm] *n.* 〖動〗背部.

dó·ry[1] [dó:ri/dɔ́:ri] *n.* 小型平底漁船.

dó·ry[2] *n.* 〖魚〗マトダイの類.

dos-à-dos [dòuzədóu] F. *ad.* 背合わせに. —— *n.* (*pl.* ～ [-dóuz]) 背中合わせにすわる長いす〔馬車〕.

dós·age [dóusidʒ] *n.* **1** 薬の調合, 投薬. **2** (一回分の) 服用量, 適量. **3** 酒に砂糖などを混ぜること.

dose** [dous] *n.* **1** 《薬の》一服, (一回の) 服用量. **2** 分量《刑罰・へつらいなどの》: a ～ of flattery いささかのおべっか. **3** 《シャンパン製造中に混ぜる》砂糖. **4** 《放射能の》照射量. **5** 不愉快な〔好ましくない〕もの. —— *vt.* **1** 投薬する, 服用させる. **2** に薬を盛る, に服用させる《を *with*》. **3** 〈甘味を〉酒に混ぜる《製造中に》. —— *vi.* 薬を飲む. ～ oneself with*** を服用する.

do·sím·e·ter [dosímitər] *n.* 水薬計量器, 薬量計; 〖物〗線量計《人体が吸収した放射線を計る》. ◇ **-try** [-tri] *n.* 薬量測定, 薬量法.

doss [dɑs/dɔs] 〖英俗〗 *n.* 寝床《特に安宿の》; 眠り. —— *vi.* 安宿に泊まる, 仮寝する. ～ **house** 安宿.

dós·sal [dás(ə)l/dɔ́s-] *n.* 祭壇背後〔内陣周囲〕のたれ幕.

dòs·se·rét [dàsərét/dɔ̀s-] *n.* 〖建〗補助柱頭.

dos·si·er [dásièi, dásiər/dɔ́siei] F. *n.* 関係書類, 《事件・個人に関する》文書, 記録; 事件記録.

***dost** [dʌst, 弱 dəst] *v.* 〖古〗do[1] の直説法現在第二人称単数形《主語が thou のばあい》.

Dòs·to·év·ski [dàstəjéfski/dɔ̀stə-] *n.* Feodor Mikhailovich [fjɔ́:dɔ:r-mixáilɔ:vitʃ-] ～, 1821–1881, ロシアの文豪.

‡dot[1] [dɑt/dɔt] *n.* **1** 点, 小点; ぽち《i や j の点》; 〖楽〗符点; 《モールス信号のトンツーの》トン. → dash. **2** 点のようなもの; ちび, 子ども. ***off*** one***'s* ～** 〖俗〗まぬけの, 気が狂った. ***on the* ～** 〖話〗(時間どおり)きちん

と. ***to a*** **～**〖米〗きっかり, 正確に. ***to the*** **～** ***of an i*** 一点一画ゆるがせにせずに, 完全に.

—— *v.* (**-tt-**) *vt.* **1** に点を打つ; 点々で示す: ～ a j jに点を打つ. **2** に点在させる《を *with*》: a field ～*ted* with horses 馬が点在している原っぱ. —— *vi.* 点を打つ. ～ ***and carry one*** 点を打って一けた送る〖加算で10以上になったとき〗; 着実にやる. ～ ***and go one*** びっこをひく. ～ **one's** ***i's*** することに注意ぶかい. ～ a person ***one in the eye*** (人の) 目を打つ. ～ ***the i's and cross the t's*** i に点を打ち t に横線を引く; 詳細に説明する.

～ wheel 点輪〖点線具の〗.

◇ **～·ted** [dátid/dɔ́tid] *a.* 点々の; 点のついている: a ～*ted* line 点線. ～*ted* crotchet〖楽〗付点四分音符. **～·ter** [-ər] *n.* 点線具, 点描器;〖照準用の〗点的器.

dot² *n.* 〖法〗妻の持参金 (dowry).

dót·age [dóutidʒ] *n.* **1** もうろく, 老衰. **2** 溺愛(できあい). ***in*** one's **～** もうろくして. [＜dote]

dó·tard [dóutərd] *n.* **1** 老衰[もうろく]した人. **2** 溺愛(できあい)者.

dote [dout] *vi.* **1** 老いぼれる, もうろくする. **2** 溺愛(できあい)する《を *on, upon*》. ◇ **dót·ing** *a.* **1** もうろくした. **2** 溺愛する. **dót·ing·ly** *ad.*

doth [dʌθ, 弱 dəθ] *v.* 〖古・雅〗do¹の直説法現在第三人称単数形.

dót·tel ＝dottle.

dót·ter·el [dát(ə)rəl/dɔ́tr-], **dót·trel** [dátrəl/dɔ́t-] *n.* 〖鳥〗コバシチドリ;〖方〗あほう, まぬけ.

dót·tle [dátl/dɔ́tl] *n.* パイプに残ったたばこの吸いがら.

dót·ty [dáti/dɔ́ti] *a.* **1** 点のある[多い]; 点のような. **2**〖話〗足元のふらつく. **3**〖話〗気違いの; 愚鈍な.

dót·y [dóuti] *a.* 〖木が〗朽ちた.

douane [dwæn, dwɑːn/duːáːn] F. *n.* 税関.

Dóu·ay, Dóu·ai [dúːèi, ―´/dáuei, dúː-] ～ ***Version***〔***Bible***〕テラン語の Vulgate 聖書から16世紀から17世紀初頭にかけて出版された英訳聖書〖その旧約がフランスの Douay で刊行された〗.

‡**dóu·ble** [dʌ́bl] *a.* **1** 2倍の, 倍の;《定冠詞・所有形容詞の前》2倍の大きさ[強さ, 価値など]のある: a ～ portion 2倍の分け前. ～ the number 2倍の数. I am ～ your age. 私はあなたの倍も年上です. pay ～ the value 値うちの倍の価格を支払う. **2** 二重の, 重なった; 二つ折りの; 2度繰り返した; 二重塗りの: a ～ bottom 二重底. give a ～ knock コツコツと2度ノックする. fold a sheet ～ 紙を二つ折りにする. **3** 対の, 複の; 2人用の: a ～ bed. **4** 二重の意味にとれる, あいまいな: ～ meaning 二つにかけた意味; どっちともとれる意味. **5** 二心ある, 表裏のある, 陰険な: wear a ～ face 表裏がある. **6**〖植〗八重(やえ)の, 重弁の. ***work*** **～** ***tides*** [***shifts***] 昼も夜も働く.

—— *ad.* **1** 2倍に, 二重に, 二様に. **2** 一対をなして. ***play*** **～** 両方に内通する. ***ride*** **～** 相乗りする. ***see*** **～**〖酔いなどで〗物が二重に見える. ***sleep*** **～** ふたりおなじベッドに寝る.

—— *n.* **1** 2倍, 倍;〖大きさ・量・力などが〗2倍のもの. **2** 二重, 重なり. **3** 折り返し, ひだ;〖印〗2重刷り;〖野球〗二塁打;〖競馬〗〖馬券の〗複式. **4** (*pl.*)《単数扱い》〖運〗ダブルス: a mixed ～*s* 男女混合ダブルス. → singles. **5** 生き写しの人[物], 生き霊(りょう);〖映〗代役, スタンドイン; ひとり二役をする俳優. **6**〖話〗ふたりべや. **7**〖追われる獣の〗急回転; 逆走. **8**〖軍〗速歩. **9**〖議論などの〗策略, 落とし穴. ***be*** a person's **～** (人) にそっくりである. ***make a*** **～**〖2連発銃で〗2羽もろともうちとる. ***on the*** **～** 速歩で.

—— *vt.* **1** 2倍にする, 倍増する; の2倍である: ～ a sum 総計を2倍する. The baby ～*d* its weight in a year. 赤ん坊は1年で体重が2倍になった. His income ～*s* mine. 彼の収入は私の2倍だ. **2** 重ねる, 二重にする; 二つに折りたたむ《*up, over*》. **3** 〈二役を〉ひとりで演ずる[兼ねる]; の代役も兼ねる: ～ the part of the mother 母親の代理もつとめる. **4** いっしょのへやに入れる: ～ (up) two passengers 乗客をふたり一室にする〖船室などについて〗. ～ (up) a passenger with another 乗客をもうひとりと同室させる. **5** 〈競技者などを〉2人組みにする. **6**〖海〗〈みさきなどを〉回航する. **7**〖玉突き〗はね返らす;〖ブリッジ〗〈相手のがけを〉倍にする; 〈相手の〉2倍をかける. **8** 〈げんこつを〉握る: ～ one's fists.

—— *vi.* **1** 2倍になる, 倍増する. **2** 力[努力]を2倍にする. **3** 二つに折り重なる《*up, over*》. **4** 〈獣などが〉急角度に身をかわす, 急にあともどりする《*back*》. **5**〖軍〗速歩で行く. **6**〖野球〗二塁打を打つ. **7** 二役を演ずる; 兼用する. ～ ***back*** 折り返す; 急にあともどりする. ～ ***in brass***〖米俗〗アルバイトをして二重収入を得る. ～ ***the parts of*** の二役を演ずる. ～ ***up*** (1) 二つに折る. (2) にからだを折り曲げさせる; からだを二重に折り曲げる: ～ *up* in agony 苦痛にからだを折り曲げる. (3)〖他人と〗いっしょのへや[家]に入れる;〖他人と〗いっしょのへや[家]で暮らす. (4)〖野球〗併殺する. ～ ***upon the enemy*** 急転回して敵に向かう. [√du-]

～-áct·ing 複動の, 複動式の; 複動作用の, 複式作用の: a ～*-acting* engine 複動機関. ↔single-acting. **～-áxe** 両刃のおの. **～-bánked**〖ボートが〗双座の;〖frigate が〗2段式の. **～ bar**〖楽〗楽譜の複縦線. **～-bár·reled** [-bǽrəld/-bær-] (1)〖2連発銃など〗双銃身の, 2連発式の;〖双眼鏡など〗双筒(式)の. (2) 二重目的の. (3) あいまいな. (4)〖姓など〗二つ重なった〖たとえば Lowry-Corry〗. **～ bass**〖楽〗ダブルベース (contrabass)〖バイオリン系最低音楽器〗. **～ bassoon**〖楽〗ダブルバスーン〖普通のバスーンより一オクターブ低い最低音木管楽器〗. **～ bed** 2人用寝台, ダブルベッド. **～-bèd·ded** 2人用寝台つきの. **～ bill**〖映画・演劇の〗2本立て. **～ blanket** 2枚続きの毛布. **～ boiler**〖湯煎(ゆせん)式の〗二重深なべ, 二重がま. **～ bond**〖化〗二重結合. **～ bottom**〖船・箱などの〗二重底. **～-bréast·ed**〖上着が〗ダブルの, 両前の. **～-chéck** *vt.* もう一度確かめる. **～ chin** 二重あご. **～-chínned** 二重あごの. **～ cloth** 袋織り, 二重織り. **～ coating** 二重塗り. **～-cróp** *vt.* 〈土地で〉二毛作をあげる. **～ cross** → 別項. **～-cróss** →別項. **～ dagger** 二重剣じるし(‡). **～-dáte** *vi.*〖米俗〗男女二組みでデートをする. **～-déal·er** 裏表のある人, 二心ある人. **～-déal·ing** (1) 裏表のある, 二心ある; 不誠実な. (2) 二心, 不誠実; ごまかし. **～-déck·er** (1) 2階つきバス[電車, 旅客機]; 二重甲板の船, 二層船. (2) ＝ ～-header ②. **～-dome** [´―´]〖米〗＝ egghead. **～ door** 両開きのドア. **～ Dutch** ちんぷんかんぷん. **～-dýed** 2度染めの;〖悪党など〗悪にふかく染まった, 札つきの. **～ eagle** (1)〖紋〗双頭のワシ. (2)〖米〗以前の20ドル金貨. **～-édged** (1) 両刃の. (2)〖議論など〗敵味方双方に向けられた. **～-énd·ed** (1) 二つの結果に終わる; 両得の. (2)〖電車・フェリーボートなどが〗両頭の, どちらからでも使える. **～-énd·er** 両頭物; 両頭機関車. **～ entry**〖簿記〗複式; 複式[二重]記入. → single entry. **～ exposure**〖写〗二重露出. **～-fáced** [´―´/´――] (1) 二心ある, 偽善の. (2) 両面のある;〖織物など〗両面仕上げの. **～ feature** ＝～ bill. **～ first**〖英:大学〗2科目優等: He took a ～ *first*. 2科目で首席になった.

～-gáng·er 生き霊(りょう) (＝G. Doppelgänger). **～ harness** (1) 2頭立て馬車用の馬具; 2頭立て. (2) 協力; 夫婦生活: work *in* ～ *harness* 夫婦共かせぎをする. **～-héad·er**〖米〗(1) 2両機関車つき列車. (2)〖野球〗ダブルヘッダー〖おなじ2チームが同日に続けて2試合を行なうこと〗. (3) 花火の一種. **～ hit**〖野球〗二塁打. **～ house** 二軒長屋; 入り口の両側にへやのある家. **～-húng**〖窓が〗上下引き違いの. **～ insurance** 重複保険. **～-jóint·ed**〖指・腕・

足など》二重関節のある. **~-léad·ed** [-lédid] 〘印〙《インテルをはさんで》行間を2倍に広くした. **~ letter** 二重文字《略語の複数をあらわす: ll. = lines》.
~-lóck 二重に錠をかける; 厳重に戸締まりする.
~-mínd·ed 二心のある; 決心のつかない. **~ neg·a·tive** 〘文〙二重否定. 〈注〉否定が重なって肯定になるばあいと, 強い否定になるばあいとがある: 《肯定》*not im*possible (= possible). 《強調した否定》I do*n't* know *nothing.* (= I know nothing.) 《後者は一般に無教養な使い方》. **~ note** 〘楽〙倍全音符. **~-ó, ~-O** [-óu] (*pl.* **-ós, -Os**) 〘俗〙きびしい調査. **~-page** [⌐—⌐] 2ページにわたる, 2ページ大の. **~-párk** 〈自動車を〉他の自動車の横に駐車する. **~ personality** 二重人格. **~ play** 〘野球〙ダブルプレー, 併殺. **~-quíck** 〘軍〙《駆け足に次ぐ》速歩; 大急ぎの〔で〕.
~ role 〘映〙ひとり二役. **~ room** 2室続きのへや. **~-séat·er** 〘空〙複座式飛行機. **~ sharp** 〘楽〙《2半音だけ調子を高くする》二重嬰(えい)記号(𝄪). **~-spáce** *vi., vt.* 1行おきにタイプする. **~ spread** 向かい合った2ページ, 両開きページ. **~ standard** (1) 二重標準《男女別にそれぞれ設けた道徳規準》. (2)(金・銀)複本位制. → single standard. **~ star** 〘天〙《接近しているため肉眼では一つに見える》二重星. **~ steal** 〘野球〙重盗. **~ stem** 〘スキー〙減速のため両スキーの後部を開く姿勢. → single stem. **~ suicide** 心中, 情死. **~ take** 《喜劇の所作》初めぼんやり聞き次に気がついてびっくりすること; 見直し. **~-talk** [⌐—⌐] (1) あいまいな話; 二枚舌. (2) 普通の語に意味のない音声を規則的にさしはさんで話す方法《不慣れな人には理解できない》. (3) *vi., vt.* 二枚舌で話す〔でたらめかす〕. **D~ Tenth** 双十節 (= D~ Tenth Day)《中国の10月10日建国記念日》.
~-think [⌐—⌐] 二重信念; [⌐—⌐] 二重信念をもつ. **~ time** 〘軍〙《駆け足に次ぐ》速歩(= ~-quick).
~-time [-tàim] (1) 速歩の(= ~-quick). (2) 速歩で行進する〔させる〕. **~-tóngued** [-tʌ́ŋd] 二枚舌の, うそつきの. **~ track** 〘鉄道〙複線; 〘テープレコーダー〙半幅録音. **~-tráck** *vt.* 〘鉄道〙複線にする.
~-tree [⌐—⌐] 《横に並ぶ2頭立ての馬を用いるとき, singletree を結ぶ》横木. → singletree, whiffletree. **~ truck** 見開き2ページにわたる広告記事.
◇ **~·ness** *n.* 重複性; 二重; 表裏.

double cross *n.* **1** 裏切り, 二またこうやく. **2** 〘米俗〙《勝負ごとで》負けると約束しておいて勝つこと. **3** 〘遺伝〙染色体の二重交差.

dóu·ble-cróss [dʌ́blkrɔ́:s/-krɔ́s, -krɔ́:s] *vt.* **1** 欺く, 裏切る, に一杯食わす. **2** 〘俗〙に負けると約束しておいて勝つ. ◇ **~·er** [-ər] *n.* 裏切り者.

dou·ble en·ten·dre [dú:blɑ:ntɑ́:ndrə | F. dublɑ̃tɑ̃:dr] F. 《裏に別の, ときに下品な意味などのある》両義語句.

dóu·blet [dʌ́blit] *n.* **1** 胴着《昔の男性用の上着. 腰がくびれていて, そでつき・そでなしの2種があった. hose とともに着用》. **2** 《似たもの》組み合わせ, 一組み; 二重線, 二重レンズ. **3** 一対のよく似た物の一方; (*pl.*) 双生児. **4** 〘言〙双生語《同一語源から異なった経路によってできた2語. 例: fashion と faction》. **5** 〘印〙重複. **6** (*pl.*) 一振りでおなじ数が出た2個のさいころ. **7** 異種のものを接合添付してつくった加工宝石《ガーネットの下にガラス玉をつけるなど》. **8** 2連発銃で同時に射落とした2羽の鳥.

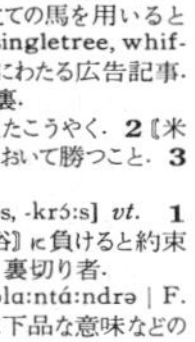
doublet①

dóu·ble·ton [dʌ́blt(ə)n] *n.* 〘トランプ〙手にある2枚のそろい札. → singleton.

dóu·bling [dʌ́bliŋ] *n.* **1** 倍増, 倍加. **2** 折り重ね, 二重にすること; 二重張り. **3** 折り込み; ひだ. 折り目. **4** 回航, 周航. **5** 《追跡を免れるための》急転回. **6** (*pl.*) 《装束などの》裏. **7** 〘紡織〙より合わせ.

dou·blóon [dʌblú:n] *n.* 昔のスペイン金貨の名《5–10ドルに相当》.

dóu·bly [dʌ́bli] *ad.* **1** 2倍に; 二重に: pay ~ 2倍〔二重に〕支払う. **2** 二つ折りに. **3** 〘古〙不誠実に, 偽って: deal ~ ひっかける, ごまかす.

‡**doubt** [daut] *n.* **1** 疑い, 懐疑, 不信. **2** 不確実なこと, 疑わしいこと.
beyond 〔***out of***〕 **~** 疑いの余地なく. ***give*** a person ***the benefit of the* ~** (人について) 疑点を善意に解釈する. ***have*** one***'s* ~*s about*** 〔***whether***〕…かどうか怪しいと思う. ***have no* ~** 疑わない. ***in* ~** 疑って, 迷って. ***make no* ~ *of*** を全然疑わない, を確信する. ***no* ~** (1) 疑いなく, 確かに. (2) たぶん, おそらく (probably). ***throw* ~ *on*** 〔***upon***〕に疑いをかける. ***without*** (***a***) **~** 疑いの余地なく; きっと.
—— *vt.* **1** 疑う, 〈真実性・可能性などに〉疑惑をもつ, に不審をいだく: I ~ it. さあそれはほんとうかしらね. I ~ *if* that is possible. それはできることだろうか私には疑問だ. **2** の信憑(ぴょう)性を疑う: I ~ him 〔his word〕. 彼の言うことには信がおけない. I ~*ed* my own eyes. 自分の目が信じられなかった; 目の前に見ていることがほんとうとは思えなかった. **3** 〘古〙…かとおそれる, …かと思う.
〈付記₁〉肯定構文では doubt whether 〔if〕, doubt that となり, 否定・疑問構文では don't doubt that, don't doubt but (that), don't doubt but what となる: I *doubt whether* it is true. 私はそれがほんとうかどうか怪しいと思う. I don't *doubt that* he will come. 彼が来ることを信じて疑わない.
〈付記₂〉doubt は「…でないと思う, …であることを確信できない」の意の疑いを示す: I *doubt* that he is innocent. あの人は無罪ではないという気がする. これに反し「…であると思う, …であるらしいと疑う」の意では suspect を用いる: We *suspect* he is a spy. 彼をスパイではないかと思う.
—— *vi.* **1** 疑う, 疑惑をもつ; 不審に思う. **2** おぼつかなく思う《について *about, of*》: I never ~*ed of* his success. 彼はきっと成功すると思っていた. [√du-]
(類義語) 疑い: **doubt** 「…がほんとうではないかもしれない」「(なにかが) ないのではないか」という疑い, 疑惑: His appointment to the position is still in *doubt.* 彼の就任はまだあやぶまれている, 本決まりではない. **suspicion** 「背後に…を隠しているのではなかろうか」「(なにかが) あるのではないか」という疑い, 容疑, 嫌疑(げん): I have a *suspicion* that he told me a lie. 彼は私にうそを言ったのではなかろうか. **distrust** 原因が doubt にせよ suspicion にせよ相手を信じていないこと, 不信.

‡**dóubt·ful** [dáutf(u)l] *a.* **1** 疑いをいだいている, 確信がない; (気持ちが)はっきりしていない: I am ~ *of* his success. 彼が成功するとは信じきれない. I am still ~ *about* speaking to him. 彼に話すことにはまだ決心がついていない. We are ~ (as to) which to choose. どっちを選んでいいか迷っている. **2** 疑わしい, 疑問の余地がある; 確定していない, 不確かな: It is ~ whether he will come or not. 彼が来るかどうかはわからない. The result remains ~. 結末はまだ予想できない. **3** あいまいな, おぼつかない; 怪しげな, いかがわしい: His future looks ~. 彼の将来はおぼつかない. a ~ character いかがわしい人物. ~ taste どうかと思われる趣味, 悪趣味.

‡**dóubt·ful·ly** [-fuli] *ad.* **1** 疑わしげに; 怪しげに. **2** 疑いをもって, 迷いながら, 心を決めかねて; おぼつかなげに. **3** ばく然と, ぼんやりと.

‡**dóubt·less** [dáutlis] *a.* **1** 疑いない, 確かな. **2** 疑わない, 確信している. **——** *ad.* **1** 疑いなく, 確かに; きっと, むろん. **2** おそらく, たぶん: I shall ~ see you tomorrow. きっとあしたお会いするでしょう. ◇ **~·ly**

ad. = doubtless. **～·ness** *n.* 「落ち着いた.

douce [du:s] *a.* 〖スコットランド〗穏やかな, 物静かな,

dou·ceur [du:sə́:r] F. *n.* **1** チップ, 祝儀. **2** 鼻薬, わいろ. **3** 優しさ, 物柔らかさ.

douche [du:ʃ] F. *n.* **1**〖医〗注水法, 灌注(かんちゅう)法; 注水器, 灌注器. **2** シャワー. —— *vt., vi.* (に)注水する, (に)灌注法を行なう.

dough [dou] *n.* **1** 練り粉《小麦粉を水などでこねたもの》: knead ～ 練り粉をこねる. **2** 生パン. **3**《一般的》練りもの;《陶土などの》練った固まり. **4**〖米俗〗お金, 現なま. ***My cake is ～.*** 計画は失敗だ. **～·boy** [́ ̀] (1) 煮だんご; ゆでまんじゅう. (2)〖米話〗歩兵. (3)〖俗〗金持ち. **～·face** [́ ̀]〖米〗ぐにゃぐにゃしたやつ, いくじなし. **～·faced** [-fèist]〖米〗顔のなまっちろい; いくじなしの. **～ foot** (*pl.* **～ foots, ～ feet**)〖米:軍俗〗歩兵.

dóugh·nut [dóunət, -nʌ̀t/-nʌt] *n.* **1** ドーナツ《菓子》. **2** 環状のもの;〖米〗自動車のタイヤ. **～ foundry**〖米〗安飲食店.

dóugh·ty [dáuti] *a.* 〖古·笑〗勇ましい, 豪胆な, 剛勇の. ◇ **-ti·ly** *ad.* **-ti·ness** *n.*

dóugh·y [dóui] *a.* **1** 生パンの; 生焼きの. **2** 生パンのような; 柔らかい, 柔らかくてずっしり重い. **3** 青ざめて気力のない; 知能の低い.

Dóug·las [dʌ́gləs] **～ *fir*** [***pine, spruce***]〖植〗《アメリカ西部に多く産する》米松(べいまつ), ダグラスモミ.

doum [du:m, ㊈⁺ daum] *n.*〖植〗エジプトシュロ (= ～ palm).

dour [duər, dauər/duə] *a.* **1** 陰気な, 気むずかしい. **2**〖スコットランド〗しぶとい, 強情な, きびしい. ◇ **～·ly** *ad.* **～·ness** *n.*

douse [daus] *vt.* **1** に水をぶっかける; にぶっかける《を *with*》: ～ a person *with* water. **2** 水中に突っ込む[つける]. **3**〖海〗〈帆を〉急におろす; 〈舷窓を〉しめる; 〈綱を〉急にゆるめる. **4**〖俗〗〈明かりを〉消す. **5**〖話〗取り去る, 脱ぐ. —— *vi.* 水に飛び込む; 水[液体]につかる. **～ *the glim***〖俗〗消燈する.

dóut·er [dáutər] *n.* ろうそくの心切りばさみ.

‡**dove**[1] [dʌv] *n.* **1** ハト《優しさ·純潔の象徴》: a ～ of peace 平和の(しるしとしての)ハト. →pigeon. **2** 柔和な人; かわいい人: my ～ いとしいきみよ (my darling)《愛称の呼びかけ》. **3**《外交政策などにおける》ハト派 [穏健派, 和平派] の人. ↔ hawk. **4** (D～) 聖霊. **5** (D～)〖天〗ハト座. **～ color** 淡紅灰色. **～-còl·ored** 淡紅灰色の. **～·cot** [́ ̀], **～·cote** [́ ̀] ハト小屋, 鳩舎(きゅうしゃ): flutter the *～cote(s)* 平和な地に波乱を起こす. **～-eyed** [́ ̀, ́ ́]《ハトのように》柔和な目つきの, 目もとの優しい. **～-house** [́ ̀] ハト小屋. **～'s-foot** [́ ̀]〖英〗《野生植物》フウロソウの一種. **～·tail** → 別項. ◇ **～·let** *n.* 小バト. **～·like** *a.* ハトのような; 柔和な, 優しい.

dove[2] [douv] *v.*〖米話·英方〗dive の過去形.

Dóv·er [dóuvər] *n.* イギリス南東部の港市《フランスに最も近い》. ***the Strait of ～*** ドーバー海峡.

dóve·tail [dʌ́vtèil] *n.*〖建〗蟻差(ありさし); 蟻ほぞ. —— *vt., vi.* **1** 蟻継ぎにする《に *in, into, to*》. **2** 〈知識·事実など〉ぴったり適合させる [する]《に *in, into, to*》: The evidence *～ed* completely. その証言はぴったり符合した. **～ joint** 蟻継ぎ手.

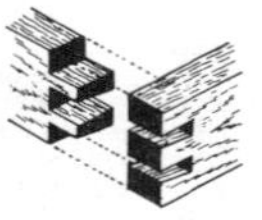
dovetail

dow =dhow.

Dow. Dowager.

dów·a·ger [dáuədʒər] *n.* **1**《亡夫から称号·財産を受け継いだ》王侯の未亡人, 後室. **2** 死亡した夫の遺産 (dower) を受けている寡婦. **3**〖話〗品位のある老婦人. ***Empress D～*** 皇太后. ***Queen D～*** (王国の) 太后. **～ duchess** 公爵未亡人.

dów·dy [dáudi] *a.* **1** 服装のやぼな, 身だしなみの悪い, みすぼらしい. **2** むさくるしい, 下品な. **3**〖米〗やくざな. —— *n.* **1** 身なりのみすぼらしい[だらしない]女. **2** くだもの入りのパイ. ◇ **～·ish** [-diiʃ] *a.* **-di·ly** *ad.* **-di·ness** *n.*

dów·el [dáuəl] *n.* **1**〖機〗目くぎ, 合いくぎ, だぼ. **2**〖建〗だぼ. —— *vt.* (**-l-**, ㊈**-ll-**) 目くぎ [合いくぎ, だぼ] で合わせる.

dów·er [dáuər] *n.* **1** 寡婦産《亡夫の遺産のうち寡婦の受ける分》. **2** 持参金(dowry). **3** 生まれつきの資質, 天賦の才能. —— *vt.* **1** ～として与える. **2** に～を与える. **3**《一般的》に与える《を *with*》.

Dów-Jones [dáudʒóunz] **～ *average*** [***index***]〖経〗ダウ平均.

dów·las [dáuləs] *n.* リンネル(用綿布).

†**down**[1] → 枠付 down[1]. (p. 375)

down[2] [daun] *n.* **1**《鳥の》綿毛;《羽ぶとんなどの》綿毛. **2**《人間などの》うぶ毛; むく毛;《桃などの》柔らかい毛;〖植〗《タンポポなどの》冠毛, 軟毛, けば.

down[3] *n.* **1**《海辺の》丘, 砂丘(dune). **2** (*pl.*) 小高い草原地. **3** (D～s) ダウンズ地方原産の羊. ***the D～s***《南イングランドの》草原丘陵帯;《イギリス Kent 州の東海岸沖の》ダウンズ停泊地.

dówn-and-óut [dáunən(d)áut] *a., n.* すっかり落ちぶれた(人).

dówn·beat [dáunbi:t] *n.* **1**〖楽〗《指揮棒を上から下に向け指示する》下拍, 強拍. **2** 衰徴, 減退. **3**〖俗〗まぬけ; たいくつなやつ. —— *a.* **1** 陰うつな; みじめな. **2** まぬけな; たいくつな. 「りの.

dówn-bèlt·ing [dáunbèltiŋ] *a.* 《雨が》どしゃ降

dówn·cast [-kæ̀st/-kɑ:st] *a.* **1**《目が》うつむいた, 伏し目の; 下向きの. **2** うなだれた, がっかりした. —— *n.* **1** 伏し目. **2** 憂うつな顔つき. **3** 破滅, 滅亡. **4**〖鉱山〗通風坑;〖地〗=downthrow.

dówn·còm·er [dáunkʌ̀mər] *n.* 物を下へ送るダクト [パイプ].

dówn·draft, ㊈**-draught** [dáundræ̀ft/-drɑ:ft] *n.* 下向き通風.

Down Easter, dówn-éast·er [-í:stər] *n.*〖米話〗ニューイングランド人《特に Maine 州人》.

***dówn·fàll** [dáunfɔ̀:l] *n.* **1**《雨·雪などの》大降り. **2** 落下, 墜落, 転落 (物). **3** 没落, 滅亡, 崩壊. **4** 陥落, 失敗;《精神的》堕落. **5** 落とし穴の一種.

dówn·fàll·en [dáunfɔ̀:l(ə)n] *a.* **1** 墜落した. **2** 倒れた. **3** 没落した; 滅亡した.

dówn·gráde [-gréid] *n., a.* くだり坂 (の); 落ちめ(の); 退歩(の). ***on the ～*** 没落しかかった. —— *ad.* 下向きへ[に]. —— *vt.* **1** 降職させる, 格下げする, 左遷する. **2** の地位[品質]を落とす. ↔upgrade.

dówn·héart·ed [dáunhɑ́:rtid] *a.* 気が沈んだ, 落胆した, 元気のない. ***Are we ～!***〖俗〗へこたれるもんか! ◇ **～·ly** *ad.* **～·ness** *n.*

dówn·hìll [dáunhìl, ─ ́/ ́ ́] *n.* くだり坂: the ～ of life 人生のくだり坂, 後半生. —— *a.* くだり坂の; 落ちめの. —— *ad.* 下の方に; 坂をおりて, 坂の下に. ***go ～*** 坂[斜面]をくだる; 〈健康·商売が〉落ちめになる, 左前になる.

Dówn·ing [dáuniŋ] **～ *Street*** (1)《ロンドンの官庁街 Whitehall から St. James's Park までの》ダウニング街. (2)《首相官邸·外務省などがあることから》イギリス政府 [内閣]. 「線, ダウンリード.

dówn-lead [dáunli:d] *n.* 〖電〗アンテナの引き込み

dówn·pour [dáunpɔ̀:r/-pɔ:] *n.* どしゃ降り: a ～ of rain 豪雨. 「射程に沿って.

dówn·ránge [dáunréindʒ] *ad.* 《弾道弾などが》

dówn·rìght [dáunràit, ㊈⁺─ ́] *a.* **1** 率直な: a ～ sort of person 隠しごとのない人. **2** 正真正銘の, 明白な; 全くの: a ～ lie 真っ赤なうそ. a ～ thief まぎれもないどろぼう. **3**〖古〗正面からの, まっすぐな: a ～ blow まっこうからの打撃. —— *ad.* 全く, 完全に, 徹底して: ～ rude 全く無作法な.

down[1]

反意語 up と対をなす重要な**前置詞的副詞** (prepositional adverb) の一つで，主として前置詞と副詞に用いられ， break, get, put, set, take など種々の動詞と結合して多数の重要動詞句をつくる，たとえば: The car *broke down*. 車が故障した. *Put* your pens *down*. ペンを下に置きなさい. これらについてはそれぞれの動詞の項ならびに**枠付** Prepositional Adverb 参照. ここでは形容詞的その他の用法も含めてこの重要単語自体の語義を解明する.

down [daun] *ad.* **1** 下へ，下方に，くだって，降りて，さがって，《食物が》飲み込まれて: The sun went ～. 日が沈んだ. She let ～ the curtain. 彼女はカーテンをおろした. Leave the awning ～. 日よけをさげておけ. The rain came ～. 雨が降ってきた. Put your pen ～. ペンを下に置きなさい. He stood looking ～ at the floor. 彼は床を（見おろして→）見つめて立っていた. He climbed ～ to the bottom of the ship. 彼は船底まではいおりた. Won't you sit ～ please? おすわりになりませんか. Tom isn't ～ yet. トムはまだ（降りてこない→）2階にいる. The temperature is ～. 温度がさがっている. The food took some time to go ～. 食物を飲み込んでしまうまでかなり時間がかかった. ↔up.

2 倒れて，寝て，落ちて: The boxer knocked him ～. ボクサーは彼をなぐり倒した. Let us lie ～ and relax. さあ横になってくつろごう. The sun is ～. 日は沈んだ. The building was burned ～. 建物が焼け落ちた. We can't use the telephone; the lines are all ～ after the storm. 電話が使えない. あらしで電話線が切れてしまったので.

3 《水平面に高低を仮定して》くだって，下手(しも)に; 源から末端へ; 南へ: The river flows ～ under the blue sky. 川は青空の下を流れる. They have gone ～ to Mexico. 彼らはメキシコに去った. When did he come ～ from Tokyo? 彼はいつ東京から来たのか. We went ～ East [South]. 〘米〙私たちは東〔南〕部へ行った. → 〈注〉. They live ～ in Florida. 彼らはフロリダに住んでいる. 〈注〉アメリカでは大西洋海岸地方の低地および南方には down を（北方には up を）つける.

4 静まって，元どおりになって: The wind has died ～. 風が静まった. The river is ～. 川の水がひいた. The sea is ～. 海がないだ.

5 弱って，衰えて，だめになって: He is ～ in health [with flu]. 彼は健康が衰えている〔流感にやられている〕. The news put him ～. この知らせが彼を打ちのめした. One of the front tires is ～. 前輪の一つがパンクしている.

6 《数値・額》さがって，落ちて: The price of fruit is ～. くだものの値がさがっている. The birth-rate is considerably ～. 出産率がかなり落ちている. The yield of corn is ～. 小麦の収穫が落ちた.

7 《動詞を強調して》最後まで…する，徹底的に…する: The criminals were ruthlessly hunted ～. 犯人たちは容赦なくかり立てられた. We tracked the rumor ～. われわれはうわさの源を突き止めた. The battery has run ～. 電池が切れた. Mother boiled ～ the apples to syrup. 母はリンゴを煮詰めてシロップにした. The problem boils ～ to one of human relations. その問題はせんじ詰めれば人間関係の問題に帰する.

8 《連続》ずっと，このかた，《…に》至るまで: These historic relics will be handed ～ to posterity. これらの歴史的遺産は子孫へ受け継がれるだろう. The tales have come ～ from the old heathen time. この物語は昔の野蛮な時代から伝えられたものだ. the history of Europe ～ to 1960 1960年に至るまでのヨーロッパ史.

9 書かれて，書いて: Write ～ your name. きみの名を書きなさい. Please take ～ this letter. 手紙の口述を筆記してください. Put my name ～ for $10. 10ドル私の名で記載してください《寄付の申し込み》. I see you're ～ for a speech at the next meeting. 次の会合であなたが講演者になっておられるのを拝見しました.

10 即金で: half ～ and half in monthly payments 半額即金半額月賦払いで. You must pay $10 ～. 10ドル即金が必要です.

〈注〉上記記載以外の一般動詞との組み合わせによる成句は該当動詞参照.

be ～ on [***upon***] に飛びかかる; を虐待する; を恨む. (***be, feel***) ***～ in spirits*** 悲しんで（いる）; 意気消沈して（いる）. ***come ～ in the world*** 落ちぶれる. ***come ～ on*** を激しくしかる. ***～ and out*** 打ちのめされて，ノックダウンされて; 落ちぶれて. ***～ to the ground*** [***to earth***] 全く，すっかり，全然: It suits me ～ *to the ground*. それは私に全く好つごうだ. ***～ under*** 〘話〙地球の反対側〔南半球，オーストラリア〕に: the people from ～ *under* 南半球〔オーストラリア〕から来た人々. ***get ～ to earth*** 現実の問題に取り組む. ***get ～ to work*** 本腰で仕事にかかる. ***～ in the mouth*** 悲しげで，しょげて. ***～ on one's luck*** 不幸な目に会って.

—— *prep.* **1** …をくだって，…に沿って下へ: The boy ran ～ the hill. 少年は丘を駆け降りた. The tears ran ～ her face. 涙が彼女のほおを伝わった. Her hair was hanging ～ her back. 彼女の髪は肩からたれていた.

2 …をくだったところに，…に沿って下手に〔南に〕; …に沿って: He lives further ～ the hill. 彼は丘をもっとくだったところに住んでいる. We sailed ～ the China Sea. われわれはシナ海を南下した. There is a station two miles ～ the line. この線（路）の2マイル先に駅がある. I was walking ～ the street. 街路を歩いていた.

3 《支配される名詞は無冠詞で》…の方へ（降りて）(＝down to a [the]): He has gone ～ town. 彼は中心街へ行った. Father has gone ～ cellar for a bottle of wine. 父はブドウ酒をとりに地下室へ行きました.

4 《時》…以来（ずっと）: ～ the ages [years] 太古以来.

—— *a.* (最上級 **dówn·most** [dáunmòust]) **1** 下への，下方への，下り坂の: a ～ leap 飛び降り. a ～ slope 下り斜面. **2** 〘鉄道〙下りの: a ～ train 下り列車. a ～ platform 下り線. **3** 横たわった: ～ timber 伐採済みの材木. **4** 落胆した，しょげた: a ～ look 落胆した顔つき. **5** 〘フットボール〙ダウン，競技停止: a ～ ball.

—— *vt., vi.* **1** 降ろす，降りる; 〈飛行機などを〉射落とす; 打ち倒す; 屈服させる. **2** ぐいっと飲む，飲み込む; 〘英〙飲みこんで忘れる: ～ one's sorrow 悲しみをのみこむ. ***～ tools*** 〘英〙（道具を投げ出して）ストライキにはいる.

—— *n.* **1** 下降，下り; (*pl.*) 不振，零落: the ups and ～*s* of life 生活の浮沈. **2** 恨み，憎しみ. **3** 〘競技〙ダウン. ***have a ～ on*** a person (人)を恨む.

Downs [daunz] = down[3] ③.

down South [dáun-sáuθ] *n.* 〚米〛(アメリカ)南部.

dówn·stáge [dáunstéidʒ] *ad.* 舞台の下手〔前方〕に. ↔ upstage.

†**dówn·stáirs** [dáunstέərz] *ad.* 階下に〔へ, で〕. —— [ー´] *n.* 階下(のへや). 〈注〉1層または数層; 通常単数扱い: The *downstairs* is being painted. 下のへやは塗装中だ. ——[´` /´ー] *a.* 階下の: ～ rooms. ⇔ upstairs. 〈注〉形容詞では downstair と語尾の s を省くこともある.
〈付記〉上記品詞別アクセントは大体の傾向で, リズムによって変わることがある.

dówn·state [dáunstèit, ´´]〚米〛*n.* 州の南部. —— *a., ad.* 州の南部の〔へ〕. ↔upstate. ◇ **-stát·er** *n.* ～の人.

*__dówn·stréam__ [dáunstrí:m] *ad.* 流れをくだって, 下流に, 川下へ. ↔ upstream.

dówn·swing [dáunswìŋ] *n.* **1**《打棒などの》打ちおろし. **2** 下がり気味(の傾向), 下降線.

dówn-the-lìne [dáunðəlàin, `ー´/´ー´] *a.* 政策〔方針など〕に忠実な; 誠心誠意の, 心からの. —— *ad.* 心から, 徹底的に, 完全に.

dówn·throw [dáunθròu] *n.* **1**〚地〛《断層による》地盤低下, 陥没. **2** 投下. **3** 転覆, 転倒; 敗北.

dówn·time [dáuntàim] *n.* 《機械・労働者などの》非稼働(かどう)時間.

dówn-to-èarth [dáuntuə̀:rθ, `ー´/´ー´] *a.*〚米話〛**1** 現実的な, 実際的な, 日常的な. **2** 徹底的な, ほんとうの. **3** 率直な.

‡**dówn·tówn** [dáuntáun] *n.* 下町; 中心街, 商業地区. —— *ad.* 下町に〔で, へ〕; (町の)中心街〔商業地区〕に〔で, へ〕. —— *a.* 下町の; 町の中心街〔商業地区〕の. ⇔ uptown.

dówn-tówn·ers [dáuntáunərz] *n.* 〚米〛下町の人; 下町の芝居小屋.

dówn·trend [dáuntrènd] *n.* 〚経〛下押しけはい.

dówn·tród(·den) [dáuntrάd(n)/-trɔ̀d(n)] *a.* **1** 踏みつけられた; 踏みにじられた. **2** 蹂躙(じゅうりん)された; しいたげられた.

dówn·turn [dáuntə̀:rn] *n.* 《景気などの》下押し, 下降; 沈滞.

‡**dówn·ward** [dáunwərd] *a.* **1** くだりの, くだり坂の; 下方への, 下向きの. **2** 低下の, 衰微の; 《相場など》下押しの. **3** …以後の. ***start on the ～ path*** 下落〔堕落〕し始める. —— *ad.* **1** 下方へ; 下向きに: face ～ うつぶせに(なって). **2** 衰微して, 堕落して. **3** 以来, 以降, このかた.

‡**dówn·wards** [-wərdz] *ad.* =downward.

dówn·wash [dáunwὰʃ/-wɔʃ] *n.* **1**〚空〛《飛行中》翼が下方に押しやる空気. **2** 洗流.

dówn·wind [dáunwìnd] *a.* 風下に向かった, 追い風の (leeward): a ～ landing 追い風着陸.

dówn·y[1] [dáuni] *a.* **1** 綿毛の, むく毛の. **2** 綿毛のような; ふわふわした, はだざわりの柔らかい. **3** うぶ毛のはえた. **4** 穏やかな, やさしい. **5**〚俗〛ずるい, 抜け目のない. ◇ **-i·ness** *n.*

dówn·y[2] *a.* 丘陵(性)の; 《土地が》起伏する.

dów·ry [dáuri/dáu(ə)ri] *n.* **1** 嫁入り持参金; 《男性側から与えられる》嫁入りしたく金. **2** 天賦の才能; 資性. **3**〚廃〛寡婦産.

dowse[1] =douse.

dowse[2] [dauz] *vi.* 水脈〔鉱脈〕を占い棒で当てる. ～*(s)ing-ród* 占い棒. ◇ **dóws·er** *n.*

dóx·ie =doxy[2].

dox·ól·o·gy [dαksάlədʒi/dɔksɔ́l-] *n.* **1**《礼拝の終わりの》賛歌, 頌栄(しょうえい). **2** 栄光の賛歌; 神の賛歌.

dóx·y[1] [dάksi/dɔ́ksi] *n.* 《特に宗教上の》教義, 説.

dóx·y[2] *n.* 〚俗〛情婦, めかけ; 売春婦.

doy·en [dɔ́iən] F. *n.* 長老, 古参者; 《団体の》首席: the ～ of the corps diplomatique 外交団首席.

doy·enne [F. dwajεn, ㊍+dɔién] F. *n.* *doyen* の女性形.

Doyle [dɔil] *n.* Sir Arthur Conan ～ [kóunən´], 1859–1930, *Sherlock Holmes* の作者として知られるイギリスの推理小説家.

dóy·ley =doily.

doz. dozen(s).

*__doze__ [douz] *vi.* **まどろむ**, 居眠りする, うたた寝する《*off*》: ～ *over* one's work 仕事しながらうとうとする. —— *vt.* 〈時を〉うとうと過ごす《*away*》. —— *n.* まどろみ, うたた寝, 居眠り: fall into a ～ うとうと眠る. 類 → **sleep**「眠る」

‡**dóz·en** [dʌ́zn] *n.* (*pl.* ～(**s**)) **1ダース**, 12個.
〈注〉数詞または数詞相当語(ただし some を除く)のあとに形容詞的または名詞に用いるばあいは通例単複同形: five *dozen* eggs 鶏卵5ダース. three *dozen* of these eggs この鶏卵3ダース. some *dozens* of eggs 鶏卵数ダース. ***a round*** [***full***] ～ まるまる1ダース. ***baker's*** [***devil's, long, printer's***] ～ 13個. ***by the*** ～(***s***) 何十と. ～***s of*** 数十という, 何十もの. ***in*** ～***s*** ダースで. ***talk thirteen*** [***nineteen***] ***to the*** ～ 〚英〛絶えずしゃべりまくる.

dóz·enth [dʌ́znθ] 〚俗〛=twelfth.

dóz·er [dóuzər] =bulldozer.

dóz·y [dóuzi] *a.* **1** 眠そうな. **2** 眠くなる; ものうい. ◇ **-i·ly** *ad.* **-i·ness** *n.*

D.P., DP [dí:pí:] displaced person. **D.Ph(il).** Doctor of Philosophy. **dpt.** department; deponent. †**Dr., Dr** debit; debtor; Doctor. **dr.** debit; debtor; drachm(s); dram(s). **D.R., D/R, d.r.** dead reckoning; deposit receipt.

drab[1] [dræb] *a.* (**-bb-**) **1** くすんだかっ色の, にぶい黄かっ色の. **2** さえない, くすんだ, 単調な. **3** 楽しくない, つまらない. —— *n.* にぶい灰色; くすんだトビ色〔淡かっ色〕. ◇ **～·ly** *ad.* **～·ness** *n.*

drab[2] *n.* **1** だらしない〔きたならしい〕女; 不身持ちな女. **2** 売春婦. —— *vi.* (**-bb-**) 売春婦と関係する.

dráb·bet [drǽbit] *n.* 〚英〛茶色のズック.

dráb·ble [drǽbl] *vt.* 〈着物のすそなどを〉引きずってよごす, どろだらけにする. —— *vi.* どろ水でぬれる, どろ水をはね返す. ～ ***along*** どろ水をはね返しながら行く.

dra·cáe·na [drəsí:nə] *n.* 〚植〛ドラセナ《ヤシに似たユリ科の木》.

drachm [dræm] *n.* **1** =drachma. **2** =dram.

drách·ma [drǽkmə] *n.* (*pl.* **-mas, -mae** [-mi:]) ドラクマ《古代ギリシアの銀貨の名. 重量単位》; ドラクマ《現代ギリシアの貨幣単位. 記号 DR, DRX》.

Drá·co [dréikou] *n.* 〚天〛竜座(りょうざ).

Dra·có·ni·an [dreikóuniən] *a.* **1**《古代アテネの執政官》Draco の. **2** (または d～) 過酷な, 厳重な. ◇ **～·ism** *n.* 厳罰主義.

Dra·cón·ic [dreikάnik/-kɔ́n-] *a.* **1** =Draconian. **2**〚天〛竜座(りょうざ)の.

draff [dræf] *n.* **1** かす, おり《特にビールの》. **2**《豚にやる》残飯. ◇ **～·y** *a.* かすの, 廃物の; 無価値の.

‡**draft, draught** [dræft/drα:ft] *n.* **1 図案**, 下絵, 設計図. **2**〚石工術〛下彫り. **3 草案**, 草稿. **4**《予備・たくわえ・預金などの》引き出し. **5**〚米〛**徴兵**, 徴募; 〚運〛《プロ集団の》スカウト. **6**《容器から》つぎ出すこと; たる抜き. **7** 一飲み, 一吸い《たばこ・空気の》: have a ～ of beer ビールを一杯やる. **8 通風**; すきま風, 通風装置〔孔〕. **9** 分遣隊, 特派隊. **10**《車などを》引くこと. **11** かわせ手形, 支払命令書. **12** (通例 draught)〚海〛《船の》喫水. **13** (通例 draught) 一網の漁獲高. **14** 大きな負担. **15** (*pl.*)《単数扱い》〚英〛チェッカー, 西洋碁.
〈注〉イギリスで draught を用いるときでも, アメリカではしばしば draft を用いる. ***at a*** ～ 一息に. ***beast of*** ～ 荷車を引く牛〔馬〕. ～ ***on demand*** 請求払い手形. ***feel the*** ～ ふところが寒い. ***make a*** ～ ***on*** (1)〈銀行〉から資金を引き出す. (2)〈信頼・友情など〉を強要する. ***make out a*** ～ ***of*** を起草する. ***on*** ～ たるから出した.

—— *vt.* **1** の下絵をかく, の設計図をかく. **2** 起草〔立案〕する. **3** 引っ張る, 抜く. **4** 選抜〔分遣〕する; <軍隊の一部を>派遣する. **5** 徴集〔徴兵〕する. **6**〘石工術〙下彫りする. [drawと同語源]
~ **amendment** 修正案. ~ **beer** 生ビール. ∠·**board** [∠∠] (1)〘米〙徴兵選抜委員会. (2) = chessboard. ~ **dodger**〘米〙徴兵忌避者. ~ **engine** 排水機関. ~ **furnace** 通風炉. ~ **hole** 通風孔. ~ **horse** 駄馬(だば),《荷車用》引き馬. ~ **net** 引き網. ∠·**s·man** → 別項. ~ **tube** 吸水管, 通風管. ◇ ∠·**er** *n.* 起草者, 立案者; 下図工.
draft·ée [dræftíː/drɑːftíː] *n.*〘米〙徴兵される者, 応召兵. → enlistee.
draft·étte [dræftét/drɑːft-] *n.*〘米話〙婦人兵士.
dráft·ing [drǽftiŋ/dráːft-] *n.* **1** 立案, 起草. **2** 製図: a ~ room 製図室. **3**〘米〙徴兵 (すること).
dráfts·man [drǽftsmən/dráːfts-] *n.* (*pl.* **-men**) **1** 図案家〔工〕; 製図家〔工〕. **2**《文書・法案などの》立案者, 起草者. ◇ ~·**ship** [-ʃìp] *n.*
dráft·y [drǽfti/dráːfti] *a.* すきま風のはいる; 風通しのよい. ◇ ·**i·ness** *n.*
‡**drag** [dræg] *v.* (**-gg-**) *vt.* **1** 引く, 引きずる; 引っ張る, 引っ張ってゆく. **2** <足を>引きずる. **3** <川底などを> さらう, さぐる《網などを引っ張って》. **4** <土地を> まぐわで起こす, すく. **5** <車輪を> 歯止めでとめる. **6** <無関係なことを> 持ち出す, 引き合いに出す: He always ~*s* his Ph. D. into every discussion. なにか議論になるといつも学位をひけらかす. —— *vi.* **1** 引っ張られる, 引っ張られてゆく, 引きずられる. **2** 足を引きずって進む, のろのろ進む《*along*》. **3** 遅れる. **4** のろのろ仕事をする. **5** (網などで) さぐる; さらう. **6**〘楽〙音を低く引きのばす. **7** たばこを吸う. ~ **one*self along*** 足を引きずって歩く. ~ **one's *brains*** 知恵をしぼる. ~ ***by*** <時が> だらだらと過ぎてゆく. ~ one's ***feet***〘米俗〙わざとぐずぐずする. ~ ***in*** [***into***] を引きずり込む. ~ ***in by the head and shoulders*** <よけいなことを> 無理にもち込む. ~ ***on*** だらだら長引く. ~ ***out*** (1) 引っ張り出す. (2) 長引く; 長引かせる. ~ ***up*** a child (子どもを) 手荒く育てる.
—— *n.* **1** 牽引(けんいん) (力), 引くこと〔物〕; じゃまもの. **2** 地引き網 (= ~ net); 大まぐわ; いかり《つめの四つある》;《車輪の》歯止め. **3** そりの一種; 4 輪馬車. **4**〘狩〙《キツネなどの》臭跡;《猟犬訓練用の》擬似臭跡. **5**〘俗〙人を動かす力; ひいき, 引き. **6**〘米〙自動車スピード競走 (= ~ race)《短距離の加速の競走》. **7** たばこを吸うこと. **8** ぐずぐずすること, 手間どり, 遅滞. **9**〘俗〙たいくつな人〔物〕. [draw と同語源]
~ **anchor** = drift anchor. ~ **bunt**〘野球〙ドラッグバント《バットを引いて球勢を殺す》. ~ **chain** (1)《車両の》連結. (2) 輪止め鎖. (3) 鎖障害, じゃまもの. ~ **hunt** 擬似臭跡を用いた狩猟. ∠·**net** [∠∠] (1) 地引き網. (2)〘米〙《犯罪者を捕えるための》捜査網; 大量検挙. ~ **parachute** 着陸用 (ブレーキ) パラシュート. ∠·**rope** [∠∠]《気球・砲車などの》引き綱; 誘導索. [類] → **pull**「引く」
dra·gée [dræʒéi/drɑːʒéi, ∠—] F. *n.* **1** 糖菓;《ケーキの飾りなどに用いる》銀色の粒. **2**〘薬〙糖衣錠.
drág·ger [drǽgər] *n.* トロール船の一種《北アメリカ沿岸で使われる》.
drág·ging [drǽgiŋ] *a.* **1** のろい, ぐずぐずした; 長たらしい. **2** 引くための.
drág·gle [drǽgl] *vt.*《どろ水などで》引きずってぬらす〔よごす〕. —— *vi.* **1** (すそを) 引きずる; すそを引きずってよごす. **2** とぼとぼ進む; 遅れる.
◇ ~**d** *a.* よごれた, きたない; 引きずられた.
drág·gle·tail [drǽgltèil] *n.* **1** 引きずる長スカート. **2** お引きずり (女), だらしない女.
◇ ~**ed** *a.* すそを引きずった;《女が》だらしない.
drág·o·man [drǽgəmən] *n.* (*pl.* **-mans, -men** [-mən])《近東諸国の》通訳.
‡**drág·on** [drǽg(ə)n] *n.* **1** 竜(りゅう);〘稀〙大蛇(だいじゃ). **2** 気性のはげしい人;《特に》厳重な監視女, 付添婦人. **3**〘天〙(the D~) 竜座(りゅうざ). **4**〘動〙オオトカゲ. **5** 竜騎(りゅうき)銃; 竜騎兵 (dragoon). **6**〘軍俗〙タンク運搬車. ***the old D~*** 魔王. ~·**fly** [-flài]〘虫〙トンボ. ~**'s blood** きりんけつ《ヤシ科植物の実から採る赤色樹脂で着色・防蝕(ぼうしょく)剤》.
drág·o·net [drǽgənit] *n.* **1** 竜の子; 小竜. **2** ノドクサリ科の魚. **3**〘動〙〘南アメリカ産〙トカゲの一種.
dràg·on·náde [drægənéid] *n.* (通例 *pl.*) **1**〘フランス史〙《Louis XIV が竜騎(りゅうき)兵を新教徒居住地に駐とんさせて行なった》新教徒迫害. **2** 武力迫害. —— *vt.* ~する.
dra·góon [drəgúːn] *n.* **1**〘史〙《歩・騎の訓練を合わせて受けた》竜騎兵. **2**〘英〙騎兵. **3** 暴漢, 凶暴な男. —— *vt.* **1** 竜騎兵をさし向けて攻める. **2** 武力で迫害〔圧迫〕する. **3** に圧迫〔弾圧〕を加えて…させる: ~ a person *into* (do)ing.
‡**drain** [drein] *vt.* **1** から排水する, の水をはかす. **2** <土地を> 干拓する. **3** <杯を> ぐいと飲み干す; からにする. **4** <うみを> 出す. **5** <資力などを> 使い果たす, <精力を> 消耗させる. **6** から絞りつくす《を *of*》: Five years of war ~*ed* the country *of* men and resources. 5年間の戦争でその国の資源は枯渇し, 男たちはいなくなってしまった. —— *vi.* **1** たらたら落ちる, 流れ去る《*away, off*》. **2** 排水する; かわく, <沼などが> 干上がる: This land ~*s into* the Arakawa. この土地の水はすべて荒川に注ぐ. ***be ~ed of*** が尽きる: a mood ~*ed of* confidence さっぱり自信のない気持ち. ~ ***away*** <水が> はける; <生命が> しだいに尽きる. ~ ***to the dregs*** 杯を飲み干す; 人生の苦悩を知りつくす.
—— *n.* **1** 排水; 流出. **2** 排水管; 排水渠(きょ), 下水溝(こう); (*pl.*) 下水 (施設);〘医〙排膿(はいのう)管. **3** 枯渇, 乱費, 消耗. **4**〘俗〙《酒の》一口; (*pl.*)《杯中の》飲み残り. ***go down the*** ~〘俗〙失われる; いっそう悪化する. ~ **cock**《ボイラーの》排水栓(せん). ∠·**pipe** [∠∠] 排水管, ドレンパイプ. ~ **trap**《下水の》防臭弁;〘機〙ドレントラップ.
◇ ∠·**er** [-ər] *n.* **1** 排水渠; 排液器. **2** 排水〔下水〕配管工事人. **3** 水切り. ∠·**ing** *n.* 排水 (作用); 排水工事. ∠·**less** *a.*〘雅〙尽きない, 無尽蔵の.
dráin·age [dréinidʒ] *n.* **1** 水はけ, 排水(法). **2** 下水, 汚水. **3** 下水道〔施設〕; 排水装置. **4** 流域. **5**〘医〙排膿(はいのう), 排液; 排膿〔排液〕法.
~ **area** 流域. ~ **basin** 排水盆地, 流域. ~ **tube**〘医〙排液管. ~ **work** 排水工事.
‡**drake**[1] [dreik] *n.* 雄のカモ〔アヒル〕. → duck[1].
drake[2] *n.* **1**〘虫〙カゲロウの類《つりのえさ》. **2** 中世のスカンジナビア人が用いた竜頭(りゅうとう)のある船. **3**〘廃〙竜. **4**〘史〙昔の小型の大砲. ~ **fly**《つり用の》カゲロウ.
Drake [dreik] *n.* Sir Francis ~, 1540?–96, イギリスの提督.
dram [dræm] *n.* **1** ドラム《常量16分の1オンス = 1.8g; 薬量8分の1オンス = 3.888g》. **2** 液量8分の1オンス《= 0.0037*l*》. **3**《ウイスキーなどの》微量: be fond of a ~ 一杯やるのが好き. ~ drinker ちびちび飲む人. **4** 少量, わずか: have not one ~ *of* learning 学問が少しもない. ∠·**shop** → 別項.
‡**drá·ma** [drάːmə, [米]+drǽmə] *n.* **1** 劇, 演劇, 芝居, 劇芸術: a silent ~ 無言劇. **2** 作劇法, 演出法. **3** 戯曲, 劇詩; 脚本. **4** 劇的性質〔要素〕; 劇的効果. **5** 劇的事件.
Drám·a·mine [drǽməmìːn] *n.*〘薬〙ドラマミン《船酔い予防の抗ヒスタミン剤. 商標名》.
‡**dra·mát·ic** [drəmǽtik] *a.* **1** 劇の, 演劇の; 戯曲の; 舞台上〔用〕の; 興行の: a ~ piece 戯曲, 脚本. ~ presentation 上演. ~ right 興行権. **2** 劇的な, 芝居がかりの; 印象的な: a ~ event 劇的事件. ~ **irony**〘劇〙観客にはわかっているが登場人

物は知っていないことになっている微妙〔皮肉〕な状況. ◇**-i·cal·ly** *ad.* 劇的に, 目がさめるように.

dra·mát·ics [drəmǽtiks] *n. pl.* **1**《単数扱い》演劇学; 演出法; 演技. **2**《複数扱い》しろうと芝居.

dram·a·tis per·so·nae [drǽmətis-pərsóuniː/dráːmətis-pəːsóunai] L. 《しばしば単数扱い》〘劇〙登場人物(表)〘略 dram. pers.〙.

‡**drám·a·tist** [drǽmətist] *n.* 劇作家, 戯曲作者.

drám·a·tize [-tàiz] *vt.* **1** 劇化する, 脚色する. **2** 劇的に表現する; 大げさに表現する〔見せる〕; 誇張する. —— *vi.* 脚色される, 劇になる. ◇**-tiz·er** [-ər] *n.* **dràm·a·ti·zá·tion** [drӕmətizéiʃ(ə)n, -taiz-] *n.* 劇化, 脚色; (舞台用) 翻案.

drám·a·turge [drǽmətəːrdʒ] *n.* 劇作家.

dràm·a·túr·gic [drӕmətəːrdʒik], **-gi·cal** [-(ə)l] *a.* 劇作の; 脚本〔戯曲〕演出上の.

drám·a·tur·gy [drǽmətəːrdʒi] *n.* 劇作法, 劇作術; 演出(法). ◇**-gist** [-dʒist] *n.* 劇作家.

drám·shop [drǽmʃɑ̀p/-ʃɔp] *n.* 居酒屋, 酒場.

†**drank** [drӕŋk] *v.* drink の過去形.

***drape** [dreip] *vt.* **1** ひだをつくって美しくおおう, に優美に掛ける: ～ in white 白布で包み飾る. **2** 〈カーテンなどを〉ひだをつくって優美に掛ける. ～ one*self* 布〔ゆるやかな衣〕をまとう. —— *vi.* ひだになって美しくたれ下がる. —— *n.* **1**《ひだになってたれた》掛け布, たれ布. **2**《スカートなどの》ドレープ, たれ(ぐあい). **3**〘米〙カーテン.

dráp·er [dréipər] *n.* **1**〘米〙布飾り師. **2**〘英〙生地屋, 反物屋: a woolen ～ 毛織物商人. **～'s shop**〘英〙呉服店 (=㊟ dry-goods store).

drá·per·y [dréipəri] *n.* **1**《集合的》布地, 反物. **2** (しばしば *pl.*)《カーテン・たれ幕などの》優美なひだ. **3**《ひだのよった美しい》掛け布, たれ幕; おおい(布); 着衣, 衣服. **4**〘美〙《彫刻・絵などの人物の》着衣. **5** 生地販売業, 反物商. ◇**-ied** [-d] *a.* おおいをした.

drás·tic [drǽstik] *a.* **1**《毒などが》猛烈な, 強烈な. **2**《処置・施策などが》強力な, 思い切った, 徹底的な: ～ measures 根本対策, 非常手段. ～ remedies 劇薬;《比喩的》荒療治. ◇**-ti·cal·ly** [-(ə)li] *ad.*

drat [drӕt] *int.* あれっ!, あらまあ! —— *vt.* (**-tt-**)〘卑〙《女性用語》のろう. ***D～ it!*** いまいましいわねえ!, あきれるわねえ! ***D～ the child!*** うるさいちびねえ! ***D～ you!*** うるさいわねえ! ◇**∠·ted** [-id] *a.* いまいましい.

‡**draught** =draft.

draughts [drӕfts/drɑːfts] *n. pl.*《単数扱い》〘英〙西洋碁 (checkers).

dráughts·man [drǽftsmən/dráːfts-] *n.* (*pl.* **-men**) **1**〘英〙=draftsman. **2** 西洋碁(checkers, ㊟ draughts) のこま.

dráught·y =drafty.

drave [dreiv] *v.*〘古〙drive の過去形.

Dra·víd·i·an [drəvídiən] *a.* ドラビダ人の. —— *n.* ドラビダ人《南インドのデカン半島に住む非アリアン系種族》; ドラビダ語.

†**draw** [drɔː] *v.* (**drew** [druː]; **drawn** [drɔːn]) *vt.* **1** 引く, 引っ張る; 引っ張って…する《いろいろな副詞(句)とともに》. **2** ひきつける; 誘い寄せる; 〈人の注意を〉引く《へ *to, into*; から *from*》; 誘って…させる《a person *to* (do)》. **3** 吸引する; 〈磁石などが〉引く; 〈金属が熱などを〉呼ぶ; 〈結果などを〉招く; 〈利息などを〉生ませる. **4** 〈息を〉吸い込む, 〈ため息を〉つく. **5** 取る, 〈給料などを〉得る; 〈支給品などを〉もらう, 受け取る. **6** 引き出す; 〈結論などを〉出す; 〈水を〉くみ上げる; 〈血を〉出させる; 〈涙を〉誘う; 〈茶を〉せんじる, いれる. **7** 引き抜く, 抜く, 抜き取る; 〈トランプの札を〉抜き出す; 〈くじを〉引く, 引き当てる. **8** 〈線を〉引く; 〈図を〉かく, 写す; の絵をかく; 描写する. → write. **9** 〈書類を〉作成する; 〘商〙〈手形を〉振り出す《に *on*》, 〈かわせを〉組む. **10** 引きのばす; 《金属をのばして》〈針金を〉つくる; 〈糸を〉引く. **11** 引きつめる; 〈顔を〉ゆがめる. **12** 〈試合を〉引き分けにする. **13** のはらわたを抜く. **14** 〈穴のキツネなどを〉狩り出す. **15** 〈船が〉喫水する. **16**〘医〙吸い出す; の化膿(かのう)を促す. **17** 〈区画の線を〉引く, 〈区別を〉設ける. **18**〘ゴルフ〙〈ボールを〉左にやりすぎる.

—— *vi.* **1** 引く; 〈帆などが〉張る. **2** 引かれて動く. **3** 近寄る《に, の方へ *to, toward*》; 寄り集まる《*together*》; 〈時が〉近づく. **4** 刀などを抜く, ピストルを取り出す《に対して *on*》. **5** くじを引く. **6** 〈歯が〉抜ける. **7** 描く, 線を引く, 製図する. **8** 〈煙突が〉通じる, 煙が通る. **9** 〈茶が〉出る. **10** 手形を振り出す. **11** 注意を引く. **12** 縮まる. **13** 〈試合が〉引き分けになる. **14** 〈船が〉喫水する. **15** 〈猟犬が〉においによって獲物を追う; 静かに近寄る.

～ a blank からくじを引く. ***～ a bow at a venture*** たまたま言い当てる. ***～ apart*** 引き分ける〔離す〕. ***～ away***〘競馬〙の先頭に出る, 引き離す. ***～ back*** (1) 退く. (2) の払いもどしを受ける. ***～ bit*** [***bridle***] 手綱を引いて馬をとめる; 出過ぎないようにする. ***～ down*** (1) 〈幕などを〉引きおろす. (2) 〈怒りなどを〉招く; 呼び寄せる. (3) 煮つめる. ***～ in*** (1) 〈手綱を〉引き締める. (2) 費用を切り詰める. (3) 〈日が〉短くなる, 〈一日が〉暮れる. (4) 吸い込む, 引き入れる. ***～ it fine*** 細かな区別を立てる. ***～ it mild*** ひかえめに言う. ***～level*** (***with***) (と)対等になる, (に)追いつく《競走で》. ***～ near*** 近づく. ***～ off*** (1) 〈水などを〉取り除く, はかせる. (2) 〈注意を〉他に転ずる. (3) 〈軍隊を〉撤退する〔させる〕. (4)《蒸留して》抽出する. ***～ on*** (1) をはめる, をはく, を身につける. (2) をおびき寄せる. (3) 〈手形を〉…あてに振り出す. (4) に近づく. (5) …にたよる, に助力を求める. ***～ out*** (1) 引き出す, 抜き取る《から *from*》. (2) 〈計画を〉立てる, 〈書類を〉作成する. (3) 〈軍隊を〉整列させる; 派遣する. (4) 〈日が〉長くなる. (5) に誘いをかけて話させる, から聞き出す. (6) 〈預金を〉引き出す. ***～ round*** …のまわりに寄り集まる. ***～ stumps***〘クリケット〙競技をやめる. ***～ the teeth of*** の武器〔武力〕を取り上げる. ***～ to*** に近づく. ***～ up*** (1) 引きあげる. (2) 整列する; 整列させる. (3) 〈文書を〉作成する. (4) 〈馬車が〉とまる; 〈車を〉寄せる《まで *to*》. (5) 詰め寄る《に *to*》, 追いつく《に *with*》. **～ one*self* up** 直立する.

—— *n.* **1** 引くこと, 引き, 引き抜き. **2**《勝負の》引き分け: end in a ～ 引き分けに終わる. **3** 人をひきつけるもの, 呼びもの. **4** くじ, 抽選. **5**〘米〙《はね橋の》開閉部. **6** 谷間. **7**〘ゴルフ〙左曲球;〘玉突き〙引き玉. ***beat to the ～*** 出し抜く. ***be quick on the ～*** 拳銃(けんじゅう)の早抜きがうまい.

∠-and-fíre [drɔ́ːən(d)fáiər]《拳銃の》早撃ち. **∠·back** → 別項. **∠·bridge** [∠∠] はね橋, 可動橋;《城などの堀にかけた》つりあげ橋. **∠·knife** [∠∠] (*pl.* **-knives**)《両柄のついた手元に引いて削る木工用》かんな, 引き削り刀. **～ net**《目のあらい》鳥網; 引き網. **～ plate**《針金製造用》ダイス鉄板, 引き抜き用鉄板. **∠·shave** [∠∠] =drawknife. **～ well** つるべ井戸. 類 → **pull**「引く」

dráw·back [drɔ́ːbӕk] *n.* **1** 障害, さわり, 故障《*to*》; 弱点, 欠点《*in*》: remove a ～ from …から故障を除く. **2** 控除《*from*》; 割りもどし, 払いもどし(金). **～ cargo** もどし税貨物.

draw·ée [drɔːíː] *n.*《手形の》名あて人.

‡**dráw·er** [drɔ́ːər] *n.* **1** 製図家〔者〕. **2**〘商〙手形振出人. **3**〘古〙《酒場の》給仕. **4** [drɔːr] 引き出し; (*pl.*) たんす. **5** (*pl.*) [drɔːrz] ズボン下, 下ばき, ズロース. ***a chest of ～s*** たんす(一さお). ***out of the bottom ～*** 最下等の.

‡**dráw·ing** [drɔ́ːiŋ] *n.* **1**《鉛筆・ペン・クレヨン・木炭などで描いた》絵, 図画; 線画, スケッチ, デッサン: a ～ in pen ペン画. →painting. **2** 製図, 図面. **3** くじ引き, 抽選;《トランプ札などの》引き抜き. **4**《手形の》振り出し. **5** (*pl.*)〘英〙売上高. **6** 刀を抜くこと. **7**《茶などの》せんじ出し. **8**《針金などの》引き伸ばし. ***～ in blank***《手形の》白地振り出し. ***freehand ～*** 自在画. ***lineal*** [***line***] ***～*** 線画. ***make***

***a* ～** 絵を描く; 図取りをする, 図面を引く. ***mechanical* ～** 製図, 図面, 用器画. ***out of* ～** 画法に反して, 描き違えて, 不調和に. ***satire in* ～** 風刺画. ***water-color* ～** 水彩画 (= ～ in water color). **～ block** 〔**pad**〕《はぎ取り》画用紙帳. **～·board** [-bɔ̀:rd/-bɔ:d] 画板, 製図板. **～·card** [⌐–⌐] 人気番組; 《大入りのまちがいない》演芸家. **～ compass(es)** 製図用コンパス. **～ in** 《銀行券などの》回収. **～ instruments** 製図器械. **～ knife** =drawknife. **～ master** 図画教師. **～ out** 《預金の》引き出し. **～ paper** 製図用紙; 画用紙. **～ pen** 《製図用》カラスロ. **～ pin** 〔英〕製図ピン, 画びょう (=㊊ thumbtack). ***～ room** → 別項. ***～-room** → 別項. **～ table** 製図台.

[類] → **picture**「絵」

***drawing room** *n.* **1**〔英〕**応接室**, 客間. **2**《集合的》お客たち. **3**〔英〕《特に宮廷での正式の》接見, 会見, 引見. **4**〔米〕《寝台車の》特別室. **5** [drɔ́:iŋrúm/⌐––⌐]〔英〕製図室 (= ㊊ drafting room). ***hold a* ～** 公式の会見を行なう.

***dráw·ing-room** [drɔ́:iŋrù:m, -rùm] *a.* **客間**(式)の. **～ car**〔米〕特別客車.

drawl [drɔ:l] *vt., vi.* **1**《ひっぱるように》のろのろ話す〔発音する〕; 気どってゆっくり話す. **2** ものうげに言う《しばしば *out*》. **——** *n.* のろのろした〔ゆっくりした〕話しぶり. ***Southern* ～**〔米〕南部人特有ののろい話しぶり. ◇ **～·er** [-ər] *n.*

dráwl·ing [drɔ́:liŋ] *a.*《話しぶり・発音が》のろのろ引きのばす; ものうげな.

◇ **～·ly** *ad.* のろのろと; ものうげな口ぶりで.

†**drawn** [drɔ:n] *v.* draw の過去分詞. **——** *a.* **1**《刀など》**引き抜いた**, 抜き身の. **2**《線など》引かれた. **3** 引きのばした. **4**《顔など》引きつった, ゆがめた. **5**《魚・鳥などの》はらわた〔中身〕を取り出した. **6** 引きつけられた. **7 引き分けの**, 無勝負の: a ～ game.

～ butter《ソース用の》とかしたバター. **～ work**《レースの一種》抜きかがり細工, ドロンワーク (=～ thread work).

dray [drei] *n.* **1**《重い荷を運ぶ 4 輪の》大荷馬車; 貨物自動車. **2** そり. **——** *vt., vi.* ～で運ぶ.

～ horse 荷馬車馬. **～·man** [-mən] (*pl.* **-men**) 荷馬車屋; 荷馬車の馬方〔引き子〕.

◇ **～·age** [dréiidʒ] *n.* 荷馬車〔トラック〕運搬(賃).

‡**dread** [dred] *vt.* **1 恐れる**, こわがる: ～ death 死を恐れる. I ～ see*ing* [*to* see] him. 彼に会うのがこわい. **2** 案ずる, 懸念する《と *that*; することを *to* (do)》. **——** *n.* **1** 恐怖, 不安, 畏敬(いけい). **2** こわいもの, 恐怖〔畏敬〕の的. ***be* [*live*] *in* ～ *of*** を絶えず恐れている. **——** *a.* **1** 恐ろしい. **2** おそれ敬われる. [類] → **fear**「恐れ」

‡**dréad·ful** [drédf(u)l] *a.* **1 恐ろしい**, こわい, ものすごい. **2**〔話〕実に不快な, 全くひどい. **——** *n.*〔英〕安物スリラー(雑誌). ***penny* ～**〔英〕三文スリラー. ◇ ***～·ly** [-fuli] *ad.* **1** 恐ろしく. **2** ひどく, ものすごく. **～·ness** *n.*

dréad·nought, -naught [drédnɔ̀:t] *n.* **1** (D～)《ドレッドノート型》大戦艦, 弩級(どきゅう)艦. **2** なにものも恐れない人; 猛者(もさ). **3** 厚地のウール(でつくった外套(がいとう)).

†**dream** [dri:m] *n.* **1 夢**; (うつらうつらした)眠り: the land of ～*s* 夢の国; 眠り. **2** 夢ごこち, 夢うつつ; 夢想, 幻想: waking ～ 白昼夢. **3** 希望, 夢: Traveling to the moon is my ～. 月旅行がぼくの夢だ. **4**《形容詞的に》夢かと思うほどの; 幻の: ～ children 幻の子ども, 死児の幻影. ***a* ～ *come true*** 実現した夢. ***a* ～ *of*** a hat すてきな(帽子). ***be* [*live*] *in a* ～** 夢ごこちで暮らす. ***go to* one's ～*s***〔雅〕夢路にはいる, 寝る. ***read a* ～** 夢判断する.

—— *v.* (**dreamed** [dremt, dri:md] *or* **dreamt** [dremt]) *vi.* **1** 夢みる, 夢にみる《を *of, about*》: I shouldn't ～ *of* do*ing* such a thing. そんなことをしようとは夢にも思わない. **2** 夢ごこちになる. **3** 夢想する《を *of*》. **——** *vt.* **1 夢みる**, 夢想する; 《同族目的を伴って》…な夢をみる: ～ a dreadful dream 恐ろしい夢をみる. **2**《比喩的》夢に描く, 夢に思う: He little ～*ed* that... まさか…とは夢にも思わなかった. **～ *away*** [*out*] 〈時を〉夢うつつで〔うかうかと〕過ごす. **～ *up*** 夢想してつくりあげる; ふと思いつく. **～·boat** [⌐⌐]〔俗〕(1) 理想の恋人. (2) すてきな物《新型の自動車など》. **～·land** [-lænd] 夢の国〔世界〕; 眠り. **～ reader** 夢占い者. **～ world** 夢〔空想〕の世界. ◇ **～·ful** [-f(u)l] *a.* 夢の多い. **～·like** [-làik] *a.* 夢のような; おぼろげな, はかない.

***dréam·er** [drí:mər] *n.* **夢みる人**; 空想家.

dréam·less [drí:mlis] *a.* 夢をみない; 夢のない. ◇ **～·ly** *ad.*

dreamt [dremt] *v.* dream の過去・過去分詞.

***dréam·y** [drí:mi] *a.* **1 夢のような**; ぼんやりした; はかない. **2 夢みがちの**, 夢の多い; 幻想〔空想〕にふける: a ～ person 夢想家. a ～ sleep 夢みがちの眠り. ◇ **-i·ly** *ad.* 夢のように, 夢うつつに, うとうとと. **-i·ness** *n.* **1** 夢ごこち, 夢をみているような状態. **2** 空想好きなこと〔性質〕. **3** 夢のような性質, おぼろなこと, はかなさ.

drear [driər]〔雅〕=dreary.

‡**dréar·y** [drí(:)ri/dríəri] *a.* **1 荒涼とした**; 物寂しい, わびしい; 暗い, 陰気な. **2 ものうい**, たいくつな. **3**〔古〕物悲しい. **——** *n.* たいくつな〔不快な〕人物.

◇ **-i·ly** *ad.* **-i·ness** *n.* **-i·some** [-səm] *a.* =dreary.

dreck [drek] *n.*〔俗〕くそ; がらくた.

dredge[1] [dredʒ] *n.* **1**《川床などをさらう》**浚渫**(しゅんせつ)**機**〔船〕. **2**《カキなどを採る》底引き網. **——** *vt.* **1** 〈港湾・川を〉**浚渫機でさらう**, **浚渫する**. **2** 底引き網で採る《*up*》. **——** *vi.* **1** 水底をさらう. **2** 底引き網漁をする.

dredge[2] *vt.* **1** 〈メリケン粉などを〉振り掛ける《に *over*》. **2** にまぶす: ～ meat *with* flour 肉に粉を振り掛ける.

drédg·er[1] [drédʒər] *n.* **1 浚渫**(しゅんせつ)**船**, **浚渫機**. **2**《カキなどの》採取船; カキ採り漁夫. **3** 底引き網を使う人.

drédg·er[2] *n.* 振り掛け器, 粉振り箱.

dree [dri:] *vt.*〔古〕耐える, 忍ぶ. **～ one's *weird*** 運命に甘んずる. **——** *a.* たいくつな; 物寂しい.

dredgers[2]

dreg [dreg] *n.* **1** (通例 *pl.*) かす, おり. **2**《比喩的》くず, くだらないもの: the ～*s* of society 社会のくず. ***drink* [*drain*] *to the* ～*s*** 飲み干す, 味わい尽くす. ***not a* ～** 少しもない.

drég·gy [drégi] *a.* かすの(ある); 濁った.

Dréi·ser [dráisər, -zər] *n.* Theodore ～, 1871–1945, アメリカの小説家.

***drench** [drentʃ] *vt.* **1 びしょぬれにする**, ずぶぬれにする; 《水・血などに》浸す. **2** 〈牛・馬に〉水薬を飲ませる. **——** *n.* **1** びしょぬれ, 水浸し. **2** 大降り: a ～ of rain どしゃ降り. **3**《牛・馬用》水薬. **4** 深飲み. ◇ **～·er** [-ər] *n.* **1**〔話〕どしゃ降り. **2**《馬などに用いる》投薬器. [類] → **wet**「ぬらす」

Drés·den [drézd(ə)n] *n.* ドイツの都市. **～ china**《陶器》ドレスデン焼き.

†**dress** [dres] *v.* (**～ed** [-t], 〔古・雅〕**drest** [-t]) *vt.* **1 に着物を着せる**; **正装させる**: She is ～*ed in* white [*in* her Sunday best]. 白い着物を着ている〔晴れ着を着込んでいる〕. Get ～*ed*. 身じたくをしなさい. **2** 装飾する, 〈陳列窓などを〉美しく飾る《で *with*》. **3** 整える, 仕上げをする; 〈馬の〉毛をすく, 〈皮を〉なめす; 〈石材・木材などを〉仕上げる, 〈植木などを〉刈り込む; 〈鳥・獣の〉調理の下ごしらえする《毛・臓物を抜いて》. **4** 〈髪を〉結う. **5** 〈傷に〉手当をする. **6** 〈鉱石を〉選別する. **7** 〈軍隊を〉整列させる. **8** 〈船に〉

満艦飾をほどこす. **9** 〈土地を〉耕す. **10** 〘話〙しかりつける《*down*》. —— *vi.* **1 着物を着る. 2 正装する**《*up*》: They ～ for dinner in the hotel. ホテルでは正装をして晩餐(ばんさん)をする. **3 整列する.**
be ～ed to kill 〘話〙はでななりをしている. ***be ～ed up*** 着飾っている: You are ～*ed* up. ご盛装ですね. **～ *oneself*** 身じたくする. **～ *down*** (1)〈馬の〉毛をすいてやる. (2) しかりつける. **～ *in*** 〘米俗〙投獄する. **～ *out*** (1) 飾る. (2)〈傷に〉手当をする. **～ *up*** (1) 盛装する〔させる〕. (2)〈軍隊を〉整列させる.
—— *n.* **1 衣服, 服装. 2 正装, 礼服. 3** ドレス《婦人・少女用》; (幼児) 服. **4** 《鳥の羽などの》外被, 装い. **5** 外観, 外見. ***full* ～** 正装, (大)礼服. ***morning* ～** 《普通の》礼装. [√reg-. direct「まっすぐな」と同語源で,「整とんする」]
～ affair 〘俗〙礼装を必要とする会《など》. **～ ball** 盛装舞踏会. **～ circle** 〘英: 劇場〙特等席《2階正面で, もと夜会服を着る慣例があった》. **～ coat** 礼服, 燕尾(えんび)服. **～ goods** 《婦人・子ども用》服地類. **～ guard** 《婦人用自転車などの》衣服保護装置. **～ improver** 《婦人のスカートの》腰当て. **～·màk·er** → 別項. **～·màk·ing** 婦人・子ども服仕立て(業); 洋裁. **～ parade** (1)〘軍〙正装閲兵式, 観兵式. (2) 晴れ着 (姿). **～ preserver** =～ shield. **～ rehearsal** 〘劇〙《衣装をつけてする》本げいこ, 総ざらい. **～ shield** 汗よけ《婦人胴着のわきの下用》. **～ shirt** 礼装用ワイシャツ, いか胸; 〘米〙おしゃれ男. **～ shoe(s)** 礼装用くつ. **～ stand** 衣装架台, 衣装掛け. **～ suit** 《男子の》夜会服, 礼服. **～ sword** 礼服用の帯剣 (court sword). **～ tie** 礼装用ネクタイ. **～-up** [⊥⊥] 《食事など》正装を必要とする, 正式の.

dres·sage [drəsáːʒ, dresáːʒ/drésɑːʒ] F. *n.* 調教, 調馬.

dressed [drest] *v.* dress の過去・過去分詞. —— *a.* **1** 服を着た, 着物を着た; 正装した. **2** 化粧した. **3** 仕上げをした: ～ skin 仕上げ皮.
～ brick 化粧れんが.

dréss·er[1] [drésər] *n.* **1** 《劇場の》衣装方, 着付けをする人. **2** おしゃれ, 装う人: a smart ～ 〘話〙めかし屋. **3** 《店のウインドーなどの》飾り付けをする人. **4** 仕上げ工; 仕上げ用具. **5** 〘英〙外科医の助手.

dréss·er[2] *n.* **1** 〘英〙食器戸だな付き調理台. **2** 調理台. **3** 食器戸だな. **4** 〘米〙鏡だんす, 化粧台 (= ㊊ dressing table). **～ set** 化粧用具一式《くし・ブラシなど》.

dréss·ing [drésiŋ] *n.* **1** 着付け; 衣服; 服装; 服飾. **2** 化粧, 身づくり; 結髪. **3** 装飾; 手入れ, 仕上げ. **4** 《織物の》仕上げ (のり); 〘建〙化粧石材; 《舗装の》化粧仕上げ(材). **5** 〘料理〙ドレッシング《サラダ・肉・魚などにかけるソース・マヨネーズなどの調味料》; 《鳥料理の》詰め物: oyster ～ カキ用ソース. **6** 《傷の》手当; 《薬品・包帯など》手当用品, 包帯: sterile ～ 消毒した包帯. **7** 施肥; 肥料. **8** 〘鉱山〙選鉱. **9** 〘話〙=～ down.
～ bag [**case**] 《旅行用》化粧道具入れ. **～ bell** [**gong**] 《晩餐(ばんさん)の席などに臨むための》着替え合い図のベル〔ゴング〕. **～ down** → 別項. **～ gown** [**robe**] 化粧着, へや着. **～ jacket** 〘英〙= ～ sack. **～ maid** 化粧係侍女. **～ room** (1)《劇場の》楽屋. (2)《通例寝室の隣にある》化粧室, 着替え室. **～ sack** 〘米〙短い化粧着〔へや着〕. **～ station** 〘軍〙応急手当所, 包帯所. **～ table** 〘英〙化粧台, 鏡台 (= ㊊ dresser[2]).

dressing down *n.* 〘話〙**1** きびしくしかること, 叱責(しっせき). **2** ひっぱたくこと, 殴打. ***give* a person *a* ～** (人を)しかる; (人を) ひっぱたく.

dréss·màk·er [drésmèikər] *n.* ドレスメーカー, 《婦人服の》洋裁師〔屋〕. —— *a.* ドレスメーカー仕立ての. → tailor-made.

dréss·y [drési] *a.* 〘話〙**1** 《服装が》ドレッシーな, 盛装風な. **2** 服装にこる〔おごる〕, 衣装道楽の.

drest [drest] *v.* 〘古・雅〙= dressed.

†**drew** [druː] *v.* draw の過去形.

drey [drei] *n.* リスの巣.

drib·ble [dríbl] *vt.* **1** したたらせる. **2** ドリブルする《フットボールではボールを小きざみにけって進む; バスケットボールではボールを床にはずませながら進む》. **3** 〘玉突き〙〈玉を〉ポケットにころがし込む. —— *vi.* **1** ポタポタたれる, したたる. **2** よだれをたらす. **3** 〘球技〙ボールをドリブルする. **4** 〘玉突き〙〈玉が〉ポケットにころがり込む. —— *n.* **1** したたり; 小きざみ, 少量. **2** こぬか雨. **3** 〘球技〙ドリブル.
◇ **dríb·bler** [-ər] *n.* ドリブルする人〔選手〕.

dríb·(b)let [dríblit] *n.* **1** 小滴. **2** 少し, 僅少(きんしょう); 少量, 少額《*of*》. ***by* [*in*] ～*s*** 少しずつ, ちびちび.

dried [draid] *v.* dry の過去・過去分詞. —— *a.* かわいた, 乾燥した: ～ eggs 乾燥卵.
～ beef 乾燥肉; 〘米〙陳腐な文句. **～-úp** 干からびた; 《老人が》よぼよぼの.

drí·er, drý·er [dráiər] *a.* dry の比較級. —— *n.* **1** かわかす人. **2** (通例 dryer) ドライヤー, 乾燥器. **3** 乾燥剤.

‡**drift** [drift] *n.* **1 漂流**, 押し流されること. **2** 漂流物; 〘地〙漂積物. **3** 追いやること〔力〕. **4** 《雪・雨・土砂などの》吹き寄せ, 吹きだまり. **5** 《事件・局面などの》**動向**, 傾向, 大勢; 成り行きまかせ: the policy of ～ おざなり主義. **6** 《議論の》傾向, 趣旨, 主意. **7** 〘海〙《潮流などで針路からそれる》流落, 風落; 〘空〙偏流; 《弾丸の》定偏差; 《潮流・気流の》移動率: the ～ of a current 流速. **8** 〘鉱山〙坑道; 〘機〙《金属に穴をあける》穿孔(せんこう)機, ドリフト. **9** 〘南アフリカ〙浅瀬. **10** 《放牧家畜の所有者を決めるための》かり集め.
—— *vt.* **1 押し流す**, 漂流させる. **2** 《比喩的》押し流す, 漂わす. **3** 吹き流す; 吹き寄せる〔ためる〕. **4** 〈穴を〉うがつ, 大きくする《ドリフトで》. —— *vi.* **1 漂流する**, 漂う: a ～*ing* mine 漂流機雷. **2** 吹きだまりになる. **3** 《比喩的》押し流される; 《悪などに》ずるずると陥る《に *to, towards*》. **～ *apart*** 離れ離れになる; 疎遠になる. ***let things* ～** 事態を成り行きにまかせる. [＜drive]
～ anchor 海錨(かいびょう) (sea anchor). **～ angle** 〘空〙偏流角, 偏差角《航空機の前後軸と飛行方向とのなす角》; 偏航差角. **～ bottle** 放流びん《漂流者や海流研究をする人たちの通信文を入れたもの》. **～ current** 風潮《風力が原因で起こる潮流》. **～ ice** 流氷, 浮氷. **～ meter** 〘空〙偏流計. **～ net** 流し網. **～ sand** 流砂. **～·way** [⊥⊥] 〘海〙潮流または風力による船の流程. **～·weed** [⊥⊥] 《コンブなど》漂流海そう. **～·wood** [⊥⊥] 流木, 浮木.
◇ **～·age** [-idʒ] *n.* **1** 漂流; 漂流物. **2** 《船の》流落, 風落; 流程《船が押し流される距離》; 《弾丸が風に流される》偏差. **～·er** [-ər] *n.* **1** 漂流者〔物〕. **2** 流し網漁船; 《流し網をつけた》掃海船.

‡**drill**[1] [dril] *n.* **1** きり, 穴あけ機, ドリル《機械全体. →下記 ～ bit》. **2** 《厳格な》**訓練, 練習**. **3** 〘俗〙教練教官, 体操教師. **4** 〘動〙カゴメガイ. —— *vt., vi.* **1** 〈穴を〉あける; (に)穴をあける. **2** 訓練する; 教練する.
～ bit ドリルの (先に付ける) きり〔刃〕. **～ book** 練習帳; 〘軍〙操典. **～ ground** 練兵場.
～·màs·ter 訓練員, ドリルマスター; 《兵式》体操教師; 教練教官. **～ sergeant** 〘軍〙教練担当軍曹(ぐんそう). 〔類〕 → **practice**「練習する」

drill[2] *n.* **1** うね《種をまくみぞ》; うねの作物. **2** 種まき機《みぞを掘り, 種をまき, 土をかぶせる》. —— *vt.* にうねをつくって種をまく; 〈種を〉種まき機でまく.
～ husbandry 《種の》筋まき(法).

drill[3] *n.* 〘織物〙あやリンネル〔もめん〕, 雲斎織り.

drill[4] *n.* 〘動〙ヒヒの一種《西アフリカ産. mandrill より小さい baboon》.

dríll·ing[1] [drílip] *n.* **1** 教練, 訓練; 練習. **2** きりで穴をあけること, きりもみ. **3** (通例 *pl.*) 穴あけくず.
~ machine ボール盤.

dríll·ing[2] *n.* 《種の》筋まき法 (drill husbandry).

drí·ly = dryly.

†**drink** [driŋk] *v.* (**drank** [dræŋk]; **drunk** [drʌŋk], 《形容詞的》〔古・雅〕 **drúnk·en** [dráŋk(ə)n]) *vt.* **1 飲む**; 飲み干す. **2** 〈水分を〉吸う, 吸収する 《通例 *up, in*》: ~ water like a sponge スポンジのように水を吸い込む. **3** 〈空気を〉深く吸う. **4** 聞きほれる; うっとりとして見る. **5** 酒を飲んで消費してしまう: He ~*s* all his earnings. 彼は収入のすべてを飲んでしまう. **6** …のために乾杯する. —— *vi.* **1** 飲む; 《特に》酒を飲む. **2** 大酒を飲む, 酔っ払う. **3** 乾杯する《のために *to*》. **4** 飲むと…の味がする.
~ away 〈時・日を〉飲んで過ごす; 〈理性・財産を〉酒でなくす. ***~ deep*** 大酒を飲む. ***~ down*** (1) 〈苦しみ・悲しみなど〉を酒で忘れる. (2) 〈飲み相手を〉酔いつぶす. ***~ hard*** [***heavily***] = ~ deep. ***~ in*** (1) 吸い込む. (2) に見とれる; に聞きほれる. ***~ it*** 大いに飲む. ***~ off*** 飲み干す. ***~ oneself out of*** 〈地位など〉を酒で失う. ***~ success to*** の成功を祈って乾杯する. ***~ the cup of pain*** 苦杯をなめる. ***~ oneself to death*** 酒で死ぬ. ~ a person ***under the table*** (飲み相手を)酔いつぶす. ***~ up*** 飲み干す. ***I could ~ the sea dry.*** 私はのどがからからだ.
—— *n.* **1 飲み物**, 飲料, 酒(類). **2 一杯**, 一飲み. **3** 深酒. **4** 〔米俗〕大河, 大洋. ***be given to ~*** 酒におぼれている. ***in ~*** 酔って. ***on the ~*** いつも酒を飲んで. ***soft*** [***small***] ***~*** 清涼飲料《アルコールを含まない》. ***strong ~*** アルコール飲料, 酒類.
~ money 飲みしろ; 酒手. **~ offering** おみき.

drínk·a·ble [dríŋkəbl] *a.* 飲用に適する, 飲用になる. —— *n.* (通例 *pl.*) 飲料. ***eatables and ~s*** 飲食物.

drínk·er [dríŋkər] *n.* 飲む人, 飲み手; 酒飲み. ***a hard*** [***heavy***] ***~*** 大酒飲み.

drínk·ing [dríŋkiŋ] *n.* 飲むこと; 飲酒; 酒宴.
—— *a.* 飲用の, 飲酒の.
~ bout 痛飲; 酒盛り. **~ companion** 飲み友だち. **~ cup** 酒杯, 杯. **~ fountain** 《公設の》噴水式水飲み場. **~ horn** 角製の杯, 酒杯. **~ song** 酒宴の歌; 賛酒歌. **~ water** 飲料水.

‡**drip** [drip] *vi., vt.* (**dripped** *or* **dript** [-t]; **dríp·ping**) **1 したたる** [したたらせる], ポタポタ落ちる [落とす] 《から *from*》. **2** しずくがたれる, しずくをたらす.
—— *n.* **1 しずく**, したたり. **2** ポタポタしたたる音, しずくの音. **3** 〔建〕水切り, 雨押え石. **4** 〔俗〕たいくつな人. ***in a ~*** ぬれて. ***in ~s*** 水滴となって.
~ coffee ドリップコーヒー. **~-drop** [-drɑ̀p/-drɔp] 絶えずポタリポタリとたれること; 雨だれ. **~-drý** → 別項. **~ joint** 〔建〕《屋根ぶきの》段継ぎ. **~ molding** = dripstone. **~·stone** [⌐⌐] 〔建〕《窓または戸口などの》水切り石, 雨押え石.

dríp-drý [-drái] *vi., vt.* 〈ナイロンなど〉ぬれたままつるしておいてしわにならずに早くかわく [かわかせる]. —— [⌐⌐/⌐—] *a.* 《ぬらしたままつるしておいて》しわにならずに早くかわく織物でつくられた: a ~ suit.

dríp·o·la·tor [drípəlèitər] *n.* 《ドリップ式》コーヒー沸かし. [*drip*+percolator]

dríp·page [drípidʒ] *n.* 《じゃ口からの》したたり; たまり水《しずくによる》.

dríp·ping [drípiŋ] *n.* **1** したたり, 滴下. **2** (しばしば *pl.*) しずく; 《機械などの》たれ油; 《焼き肉などの》たれ. —— *a.* **1** ポタポタたれる. **2** ずぶぬれの. ***be ~ wet*** ずぶぬれになっている.
~ pan 肉焼きなべ; 《焼き肉の》たれ受け.

dríp·py [drípi] *a.* **1** したたる: a ~ faucet しずくの落ちるじゃ口. **2** 雨もようの: ~ weather. **3** 〔話〕感傷的な, センチな.

†**drive** [draiv] *v.* (**drove** [drouv], 〔古〕 **drave** [dreiv]; **drív·en** [drív(ə)n]) *vt.* **1** 〈牛・馬などを〉追う, かる; 追い立てる, かり立てる. 〈注〉通例 *away, back, down, in, off, on, out, through, up* など各種の副詞を伴う. **2** 〈敵などを〉**追い払う**; 〈風・波が船などを〉押しやる; 〈雪・雨を〉吹きつける. **3** 〈馬車を〉**御する**; 〈自動車を〉**運転する**, ドライブする. **4** 車で運ぶ [送る]: ~ a person home 人を車で送る. **5** 〈機械などを〉運転する, 動かす. **6** 〈人を〉駆使する, 酷使する. **7** 無理に…させる: I was *driven* to resign. しゃにむに辞職させられた. Hunger *drove* him *to* steal. 飢えが彼に盗みをさせた. **8** 《補語を伴って》《人を追い立てて》…の状態にする: ~ a person wild 人を夢中にさせる. ~ a person out of his senses 人を気違いにする. **9** 営む, せっせとやる, 〈取引・契約などを〉強引に成立させる, やり遂げる. **10** 〈くぎ・くいなどを〉打ち込む; 〈トンネルなどを〉掘る. **11** 〈ボールを〉投げる, 打つ; 〔テニス〕ドライブをかけて打つ; 〔ゴルフ〕長距離を飛ばす. **12** 引き延ばす. **13** 〔印〕〈語・行などを〉送る.
—— *vi.* **1 運転する**; 車で行く, ドライブする: You can't ~ until you are 18 years old. 18歳以上でないと運転資格をもてない. He ~*s* to work with me. 彼は私と同乗して仕事場へ行く. **2 突進する**; 激突する《に *against*》; 〈雲が〉飛ぶ. **3 目ざす**, ねらう《を *at*》: What is he *driving at*? 彼のねらいはなんだろう. **4** 精を出してやる. **5** ボールを打つ, 投球する; 〔ゴルフ〕ドライバーを大きく振って打つ. ***~ away*** (1) 〈心配などを〉追い払う. (2) 車で行ってしまう. ***~ away at*** をせっせとやる. ***~ back*** (1) 追い返す; 撃退する. (2) 車で帰る. ***~ hard*** 酷使する. ***~ home*** (1) 〈くぎなどを〉打ち込む. (2) 〈考え・論などを〉納得させる. ***~ in*** 追い込む; 打ち込む. ***~ mad*** 気違いにする. ***~ out*** (1) 追放する. (2) 車で外出する. ~ a person ***to despair*** (人を)絶望させる. ***~ under*** 押えつける. ***let ~*** (1) 飛ばす. (2) ねらい撃つ《を *at*》.
—— *n.* **1** 追いやり, かり立て. **2 ドライブ**, 車をかること; 《その》道のり: an hour's ~ 自動車で1時間の距離. **3** ドライブ道; 車道《特に邸内・公園内のもの》. **4** 《家畜など》追いやられるもの; いかだ. **5** 〔心〕衝動, 欲求: sex ~ 性衝動. **6 精力**, 意欲: a man of ~ [with great ~] やる気十分な男. **7 猛進**, 猛攻撃. **8 大宣伝**, 盛んな売り込み; 寄付募集運動. **9** 時勢, 流れ, 傾向. **10** 〔ゴルフ・クリケット・テニス〕強打; 〔野球〕ライナー《水平に飛ぶ打球》. **11** 〔機〕駆動方法: chain ~. ***full ~*** 全速力で.
~·way → 別項. 類 → **urge**「促す」

dríve-in [dráivìn] *a.* 〔米〕《自動車に乗ったまま買い物・食事・預金出し入れ・映画見物などできる》乗り入れ式の, ドライブインの: a ~ theater ドライブイン(映画)劇場. —— *n.* ドライブイン映画館 [食堂, 銀行, 商店].

drív·el [drívl] *v.* (**-l-**, 英 **-ll-**) *vi.* **1** はな [よだれ] をたらす. **2** 〈よだれが〉たれる. **3** よだれのように流れる. **4** 子どもっぽいこと [たわいないこと] を言う; ばかなことをする. —— *vt.* **1** 子どもっぽく [たわいもなく] 言う. **2** 〈時間などを〉空費する, むだ使いする. —— *n.* **1** はな水; よだれ. **2** たわごと. ◇ **~·(l)er** [-ər] *n.*

†**drív·en** [drív(ə)n] *v.* drive の過去分詞. **~ snow** ふぶき; 吹きだまりの雪. **~ well** 掘抜井戸.

‡**drív·er** [dráivər] *n.* **1** 《自動車の》**運転者**; 《電車・バスなどの》運転手; 機関士; 《馬車の》御者: a careful ~ 慎重に運転する人. **2** 動物を追う人, 牛追い, 馬方. **3** 《労働者などの》監督, 親方. **4** 〔機〕動輪; 動力伝動部. **5** 〔ゴルフ〕打球部が木製のクラブ《最長打用》. **6** 打ち込み機; ドライバー.
hit-and-run ~ ひき逃げ運転手. ***owner ~*** オーナードライバー. **~ ant** 〔動〕《アフリカ産》サシアリ. **~'s license** 運転免許(証). **~'s seat** 運転手席; 運営者の地位, 主導的立場.

dríve·way [dráivwèi] *n.* 〔米〕**1** 自動車道, ドライブウエー. **2** 《門から玄関までの》車道.

*drív·ing [dráiviŋ] a. 1 駆動の, 動力伝動の, 推し進める: ～ force 推進力. 2 人を使いまくる. 3 精力的な, 仕事を推進する: a ～ personality 精力家. 4 疾駆する; 〖雪などが〗吹きまくる. ── n. 1 〖自動車などの〗運転, 操縦. 2 推進; 〖車輪の〗伝動力. 3 追うこと; 駆(か)ること. 4 〖くいなどの〗打ち込み. 5 〖ゴルフ〗長打すること.
～ axle 機関車の駆動車軸. ～ band [belt] 主動ベルト. ～ box 御者台; 動輪軸函(かん). ～ gear 〖機関の〗運転装置. ～ iron 〖ゴルフ〗〖ボールを高く上げる〗超中打棒. ～ range ゴルフ練習場. ～ shaft 〖工作機械の〗主動軸. ～ wheel 〖機械の〗動輪; 〖自動車の〗駆動輪.

‡dríz·zle [drízl] n. こぬか雨, 霧雨, しぐれ. ── vi. 霧雨が降る, 雨がしょぼしょぼ降る.
◇ dríz·zly a. 霧雨の; しぐれもようの.

dró·gher [dróugər] n. 〖西インド諸島で用いられる〗速力のおそい帆掛け船の一種.

drogue [droug] n. 1 =sea anchor. 2 〖捕鯨〗もり綱の浮き. 3 〖飛行場の〗風向指示長円筒.

droit [drɔit] n. 1 権利, 所有権; 権利の対象. 2 法律. 3 (pl.) 税; 関税. [<F.]

droll [droul] a. 1 こっけいな, おかしな. 2 おどけた, ひょうきんな. ── vi. おどける, ふざける. ── n. 1 道化. 2 おどけ者, ひょうきん者.
◇ ∼·ness n. dról·ly ad.

dróll·er·y [dróuləri] n. 1 おかしなしぐさ, おどけたしぐさ, 道化. 2 おかしい話, おどけ話; 冗談. 3 おかしみ, こっけいさ.

drome [droum] 〖俗〗=airdrome.

-drome [-dròum] 「走る, 走る場所」の意の語形成要素: air*drome* 飛行場. hippo*drome* 競馬場 <hippo 馬＋-drome.

dróm·e·dar·y [drámədèri, drʌ́m-/drʌ́məd(ə)ri, drɔ́m-] n. 〖動〗〖アラビア産〗(ヒトコブ) ラクダ〖乗用〗. → camel.

drone¹ [droun] n. 1 〖ミツバチの〗雄バチ. 2 なまけ者, のらくら者. 3 〖空〗無電操縦無人機. ── vi. のらくらする, なまける. ◇ drón·ish a.

drone² vi., vt. 1 低い単調な音をたてる; ブーンブーンいう. 2 ものうげに言う〔歌う〕; 単調にしゃべる.
── n. 1 〖ハチ・飛行機などの〗ブーンブーンという音; 単調な低い音. 2 低音. 3 〖低音しか出ない〗風笛 (bagpipe). 4 単調にしゃべる人.
～ beetle 〖虫〗カナブン.

drón·ing·ly [dróuniŋli] ad. 1 うなるように. 2 ものうげに. 3 のらくらして. 「たわごと.

drool [dru:l] vi., vt. 〖米〗=drivel. ── n. よだれ,

‡droop [dru:p] vi. 1 うなだれる, うつむく. 2 <草木が>しおれる; <枝が>しだれる; <目が>伏し目になる. 3 <気力が>衰える; <意気が>消沈する. 4 しょんぼりする, 気落ちする. 5 〖雅〗<太陽などが>沈む, 傾く; <日・年が>暮れかかる. ── vt. <頭などを>うつむける; <目を>伏し目にする.
── n. 1 うつむき, うなだれ. 2 うちしおれ, 意気消沈. 3 〖調子の〗だれ. 4 〖枝などの〗たれ下がり.

dróop·ing [drú:piŋ] a. 1 たれている, うなだれた; 〖目が〗伏し目の; 目じりの下がった. 2 うなだれた, 意気消沈した, 力ない. 3 たれ下がった: a ～ willow シダレヤナギ. 4 〖太陽などが〗落ちかけた; 傾いた.
◇ ～·ly ad. うなだれて, 力なく.

†drop [drap/drɔp] n. 1 しずく, 水滴; 1 滴; (pl.) 点滴薬. 2 〖液の〗少量; 少量の酒. 3 しずく状のもの; たれ飾り; 耳飾り; 〖建〗露玉, 〖菓子〗ドロップ. 4 滴下, したたり. 5 落下; 堕落; 降下; 〖価格・温度などの〗下落, 降下. 6 零落, 落ちぶれること. 7 落ちる仕掛け, 落とし; 〖絞首台の〗踏み台; 〖郵便箱の〗差し入れ口; 〖舞台の〗たれ幕. 8 〖フットボール〗ドロップキック; 〖野球〗ドロップ. 9 急坂.
a ～ in the [*a*] *bucket* [*the ocean*] 大海の一滴, 九牛の一毛. *at the ～ of a hat* 合い図があったら; すぐに. *～ by ～* 1 滴ずつ, 少しずつ. *have a ～ in the eye* 一杯きげんだ. *have* [*get*] *the ～ on* 〖米俗〗…よりすばやくピストルを突きつける; の機先を制する. *not* (*even*) *a ～ of* mercy いささかの (慈悲) もない. *take a ～* 一杯やる.
── v. (dropped [-t] *or* dropt; dróp·ping) vt. 1 したたらせる, こぼす. 2 <物を>落とす; 落下させる, おろす, 下げる; <視線・声を> 落とす: I ～*ped* my handkerchief. ハンカチを落とした. 3 <金を>なくす〖ばくちで〗; <字・音声などを> 落とす, 省略する; 捨てる. 4 <牛・馬・羊などが子を>生み落とす. 5 <ことばを>ふと口からすべらす, ふと口にする; ほのめかす. 6 投函(とうかん)する; <短い手紙を> 書き送る: *D*～ me a line. 一筆ください. 7 <人を> 車からおろす; 〖ある場所に〗残す; 捨て去る: *D*～ me before the shop. 店の前で降ろしてください. 8 <習慣などを> やめる, よす; <計画などを> 捨てる, 中止する. 9 〖俗〗殺す, 倒す. 10 〖米〗解雇〔放校〕する《から *from*》. 11 <卵を> 熱湯に入れて料理する. 12 〖フットボール〗ドロップキックする. ── vi. 1 したたる, <しずくが> たれる. 2 落ちる, 落下する; <幕などが> 落ちる; <価格・音調・温度などが> 下がる; <日が> 沈む. 3 <風が> やむ; <交通が> とだえる. 4 (ばったり) 倒れる, へたばる; 死ぬ. 5 落伍(らくご)する; 脱退する《*behind*; から *from*, *out of*》: ～ *from* a game ゲームを棄権する. 6 〖丘・川などを〗くだる. 7 <動物が> 生まれる. 8 偶然訪れる〔会う〕《を, に *into*》.
～ across (1) …にひょっこり出会う. (2) をしかる. *～ asleep* 寝入る; 死ぬ. *～ away* [*off*] (1) ひとりふたりと去る, いつのまにか立ち去る. (2) 寝入る. (3) 衰える, 死ぬ. *～ behind* 遅れる. *～ dead* 急死する. *～ down* 倒れる; <風などが> やむ. *～ from sight* [*notice*] 見えなくなる, 見落とす〔される〕. *～ in* 〖俗〗ちょっと立ち寄る; 不意に訪れる《を *on*》. *～ into* (1) に立ち寄る. (2) <習慣・状態> に陥る. *D～ it!* やめろ!, よせ! *～ on* one's *knee*(*s*) ひざまずく. *～ on to* をしかる. *～ out* (1) 離れ去る, 退去する. (2) 脱退する; 中途退学する: ～ *out* in one's junior year 大学 3 年で中退する. (3) なくなる. *～ short* (1) 不足する《に *of*》. (2) 〖俗〗急死する. *～ through* すっかりだめになる.
～ cooky 落とし焼きクッキー. ～ curtain 〖舞台の〗たれ幕. ～ forging 〖冶〗落とし火づくり. ～ goal 〖ラグビー〗ドロップゴール〖ゴールをねらってけった dropkick の成功〗. ～ hammer 〖機・建〗ドロップハンマー, 落としハンマー. ∼·kick [∸∸] 〖フットボール〗ドロップキック. ∼·kick [∸∸] ドロップキックする. ～ letter 〖米〗〖同一郵便局区内の人にあてた〗区内便. ∼·light [∸∸] 〖移動式の〗つるしランプ. ∼·off [∸∸] (1) =dropout. (2) 〖俗〗断崖(だんがい). ∼·out [∸∸] (1) 〖ラグビー〗ドロップアウト〖タッチダウン後 25 ヤードライン内からのドロップキックによる〗. (2) 落第(生); 落伍者, 脱落者. ～ press = ～ hammer. ～ scene 〖劇〗〖背景を描いた〗たれ幕; 人生の大詰め (の場面). ～ shot 〖テニス〗ネットを越えてからボールを急落下させる打法. ∼·sonde [-sànd/-sɔnd] 〖気〗投下ゾンデ. ∼-sùl·fur, ∼-sùl·phur 〖溶かして水中に落として粒になった〗粒状イオウ. ～ table 〖列車客席などの〗折り下げ式テーブル. ～ tin 〖溶かして水中に落として粒になった〗粒状スズ. ∼·wort → 別項.
◇ ∼·let [-lit] n. 小滴, 細滴. ∼·per [-ər] n. 落下する人〔物〕; 〖目薬などの〗点滴器.

dróp·ping [drápiŋ/drɔ́piŋ] n. 1 落下, 降下. 2 したたり, 滴下; 滴下物, 落下物, 落ち毛; 〖鳥・獣などの〗ふん. *name ～* 有名人の名をやたらに口に出すこと.

dróp·si·cal [drápsik(ə)l/drɔ́p-] a. 水腫(すいしゅ)の〔に似た〕; 水腫にかかった. ◇ ～·ly ad.

dróp·sy [drápsi/drɔ́p-] n. 〖医〗水気(すいき), 水腫.
◇ dróp·sied [-d] a. 水腫にかかった.

dropt [drɑpt/drɔpt] *v.* drop の過去・過去分詞(＝dropped).
dróp·wort [drɑ́pwə̀ːrt/drɔ́p-] *n.* 〖植〗ドクゼリ, シモツケソウ《の類》.
drósh·ky [drɑ́ʃki / drɔ́ʃ-], **drós·ky** [drɑ́ski / drɔ́s-] *n.* **1** 《昔のドイツなどの》つじ馬車. **2** 《ロシアの》無蓋(ﾑｶﾞｲ)4 輪馬車.
dro·sóph·i·la [drosɑ́fələ/-sɔ́f-] *n.* (*pl.* **-lae** [-liː]) 〖虫〗ショウジョウバエ.
dross [drɔːs/drɔs] *n.* **1** 《溶けた金属の》浮きかす, 不純物. **2** 《比喩的》無用なもの, くず.
◇ **drós·sy** *a.*
‡**drought** [draut], **drouth** [drauθ] *n.* **1** 旱魃(ｶﾝﾊﾞﾂ), 日照り; 乾燥. **2** 〖方〗のどのかわき. **3** 欠乏. ***financial*** ～ 財政窮乏. [＜dry]
dróugh·ty [dráuti], **drou·thy** [dráuθi] *a.* **1** 日照りの, 旱魃(ｶﾝﾊﾞﾂ)の. **2** 〖古〗のどのかわいた. **3** 欠乏している. ◇ **-ti·ness, -thi·ness** *n.*
†**drove**[1] [drouv] *v.* drive の過去形.
drove[2] *n.* **1** 《牛・羊・豚などの》群れ; 《ぞろぞろと行く》群衆, 人波. **2** 《石屋の使う》荒削りのみ (＝～ chisel); 《石の》荒削り面 (＝～ work). ***in*** **～*s*** ぞろぞろと, 群れをなして. ── *vt.* **1** 〈家畜の群れを〉追って行く. **2** 荒削りのみを用いて加工する. [drive と同語源] ～ **road** 家畜を追う道.
◇ **dró·ver** *n.* 家畜商; 《牛・羊などの》家畜の群れを市場まで追って行く人〔商人〕.
‡**drown** [draun] *vt.* **1 おぼれさせる**, 溺死(ﾃﾞｷｼ)させる: be ～*ed* おぼれる. **2** ずぶぬれにする, 水浸しにする: eyes ～*ed* in tears 涙でいっぱいの目. **3** ふけらせる; まぎらせる《に *in*》: ～ oneself *in* drink 酒におぼれる. ～ one's sorrows *in* drink 酒で悲しみをまぎらす. **4** 〈強い音が弱い音を〉消す. ── *vi.* おぼれる, 溺死する. ***A ～ing man will catch at a straw.*** 〖諺〗おぼれる者はわらをもつかむ. ～ ***out*** 押し流す.
drówn·ing [dráuniŋ] *n.* 水死, 溺死: He narrowly escaped ～. 彼はあぶなくおぼれ死ぬところだった. ── *a.* おぼれようとする.
drowse [drauz] *vi.* **1** 眠たくなる, とろとろとする; うとうとと眠る. **2** ぼんやりしている. ── *vt.* **1** とろとろとさせる; うとうとと眠らせる. **2** 〈時を〉うとうとと過ごす: ～ *away* the morning うとうとと朝を過ごす. ── *n.* とろとろ眠り, うたた寝; 眠け (sleepiness).
[類] → **sleep**「眠る」
‡**drów·sy** [dráuzi] *a.* **1 眠けを誘う**, 眠たくなるような. **2 眠たい**, うとうとしている. **3** 《町など》眠ったような, 活気のない; 《動作などが》緩慢な, 鈍い.
◇ **-si·ly** *ad.* 眠そうに, うとうとと. **-si·ness** *n.*
drub [drʌb] *vt.* (**-bb-**) **1** ぶんなぐる, 棒〔むち〕で打つ. **2** 〈床などを〉踏み鳴らす. **3** (大差で) 打ち破る, 負かす. **4** 〈考えを〉たたき込む《に *into*》, たたき出す《から *out of*》. ◇ **～·bing** *n.*
drudge [drʌdʒ] *vi.* 《単調でほねのおれる, またはいやな仕事に》こつこつ働く, ほねをおる《に *at*》. ── *vt.* **1** 〈時を〉こつこつ働いて過ごす: ～ *away* one's best years of life. 生涯(ｼｮｳｶﾞｲ)のいちばんいい年ごろをこつこつ働いて過ごす. **2** 〈仕事を〉する: ～ *out* one's routine work 日課の仕事をしおおせる. ── *n.* あくせく働く人.
drúdg·er·y [drʌ́dʒ(ə)ri] *n.* 単調ないやな仕事; ほねおり仕事.
drúdg·ing·ly [drʌ́dʒiŋli] *ad.* こつこつ働いて; あくせくと, どれいのように.
‡**drug** [drʌg] *n.* **1 薬**, 薬品, 薬剤. **2** 麻酔薬. **3** 市場にあり余って売れない商品. **～ *in*** [***on***] ***the market*** 売れなくなったたなざらし商品.
── *v.* (**-gg-**) *vt.* **1** に薬品を混ぜる; 〈飲食物に〉毒物を入れる. **2** に麻酔剤を飲ませる: に麻酔をかける. **3** 飽き飽きさせる; むかつかせる. ── *vi.* 麻酔剤を常用する. ～ **fiend** 麻酔薬常用者 (＝[米] dope fiend). ～ **habit** 《あへん・睡眠剤の》常用癖.
‡**～·store** → 別項.
drúg·get [drʌ́git] *n.* 《インド産の》粗毛じゅうたん, 粗製じゅうたん.
‡**drúg·gist** [drʌ́gist] *n.* 〖米〗**薬剤師** (＝[英] chemist); 〖英〗薬種商. → pharmacist.
‡**drúg·store** [drʌ́gstɔ̀ːr / -stɔː] *n.* 〖米〗**ドラッグストア**《薬のほかに通例雑誌・たばこ・化粧品なども売り, しばしば喫茶店を経営》. ～ **cowboy** 身なりだけのカウボーイ; ～ などをうろつくのらくら者.
Drú·id, d～ [drúːid] *n.* **1** (古代ケルト族の) ドルイド教の教団員《僧・詩人・裁判官・妖術(ﾖｳｼﾞｭﾂ)師などを含む》. **2** (D～) ドルイド共済会の会員. **3** 《Wales で毎年催される》楽人・詩人会の役員. → eisteddfod. ◇ **～·ism** *n.* ドルイド教. **dru·íd·ic** [druːídik], **dru·íd·i·cal** *a.* (または D～) ドルイド教の.
‡**drum** [drʌm] *n.* **1 太鼓**, ドラム; (*pl.*) 《オーケストラまたは楽隊の》太鼓部; 鼓手. **2** 太鼓の音; 太鼓に似た音《鳥類・こん虫の鳴き声・羽音》. **3** 太鼓の形をしたもの; ドラムかん; 〖機〗巻き胴, 鼓胴; 〖医〗《中耳の》鼓室, 鼓膜; 〖建〗鼓状部. **4** 〖古〗大夜会. ***bass*** [***side***] ～ 大〔小〕太鼓.
── *v.* (**-mm-**) *vi.* **1** 太鼓をたたく; ドンドン打つ. **2** 〈鳥・こん虫が〉ブンブン羽ばたく. **3** 太鼓を鳴らして募集する. ── *vt.* **1** 〈曲を〉太鼓で奏する. **2** ドンドン打ち鳴らす. **3** 太鼓をたたいて呼び集める. **4** 繰り返してたたき込む, むりに教え込む. **5** 〈買い手を〉呼び寄せる, 捜す; 〈取引を〉捜す; 開拓する《*up*》. ～ ***down*** 黙らせる. ～ ***out*** アナウンスする, 宣伝する. ～ a person ***out of*** (人を) 〈団体など〉から除名する. ～ ***up*** 太鼓で呼び集める.
～́·beat [ˊ-ˋ] 太鼓の音: ～*beat* away 太鼓の聞こえるところに, 近くに. **～́·bèat·er** (1) 太鼓の鼓手. (2) 宣伝〔広告〕者; 《ラジオ・テレビの》広告を読むアナウンサー. ～ **corps** [-kɔ̀ːr/-kɔː] 太鼓隊, 軍楽隊. **～́·fìre** 〖軍〗連続集中砲火; 《質問などの》連発. **～́·fish** [ˊ-ˋ] (*pl.* **-fish(es)**) 《アメリカ産の, 太鼓のような音を出す》ニベ科の魚. **～́·head** [ˊ-ˋ] (1) 太鼓の皮, 太鼓の面. (2) 鼓膜. (3) 〖機〗車地の頭. **～·head court-martial** 〖軍〗《戦地の》臨時軍法会議. ～ **major** 〖米〗軍楽隊長, 楽長; 《連隊の》鼓手長; 《学校などのバンドの》リーダー. ～ **majorette** →majorette. ～ **roll** 太鼓のとどろき.
～́·stick [ˊ-ˋ] 太鼓のばち; 《料理した》鶏〔七面鳥, カモなど〕の足. **～́·tight** [ˊ-ˋ] 水も漏らさぬ.
drúm·lin [drʌ́mlin] *n.* 〖地〗《氷河堆積物から成る長円形の》氷堆(ﾋｮｳﾀｲ)丘, ドラムリン.
drúm·mer [drʌ́mər] *n.* **1** 鼓手《特に軍楽隊の》. **2** 〖米話〗地方回りの外交員〔注文取り, セールスマン〕(＝[英] commercial traveller).
†**drunk** [drʌŋk] *v.* drinkの過去分詞. ── *a.* **1 酔った**: get ～ 酔う. **2** 《喜びなどに》酔った, 夢中になった: be ～ *with* power 権力意識に酔いしれている. (***as***) ～ ***as a fiddler*** [***lord, fish***] 泥酔(ﾃﾞｲｽｲ)して. ***beastly*** [***blind, dead***] ～ ぐでんぐでんに酔って.
〈付記〉drunk は主として叙述的. →drunken.
── *n.* 〖俗〗酔っ払い; 酒宴; 酔っ払い事故.
～ **tank** 〖米俗〗《酔いがさめるまで入れておく》酔っ払い独房.
drúnk·ard [drʌ́ŋkərd] *n.* 飲んだくれ, 大酒飲み, 酔っ払い. ***play the*** ～ 酔っ払いのまねをする.
*__drúnk·en__ [drʌ́ŋk(ə)n] *a.* **1 酔った**, 酔っ払った. **2** 飲んだくれの, 飲酒癖の. **3** 酒の上の: a ～ quarrel 酔ったあげくのけんか. 〈付記〉drunken は主として付加語的. →drunk. ◇ **～·ly** *ad.* 酔って, 酒の上で. *__～·ness__ [-nis] *n.* 酔い; 酒びたり.
drùn·kóm·e·ter [drʌ̀ŋkɑ́mitər/drʌŋkɔ́m-] *n.* 〖米〗酔度測定器.
dru·pá·ceous [druːpéiʃəs] *a.* 〖植〗多肉果の, 核果性の; 核果を生じる.
drupe [druːp] *n.* 〖植〗《さくらんぼ・プラムなどの》多肉果, 核果.
drúp·el [drúːp(ə)l], **drúpe·let** [drúːplit] *n.* 〖植〗小核果.

Druse [druːz] *n.* ドルーズ族《シリアのレバノン山中に住む, キリスト教を加味したような回教の一派の狂信者》. ◇ **Drú·si·an, Drú·se·an** [drúːziən] *a.*

†**dry** [drai] *a.* (**drí·er**; **drí·est**) **1** かわいた, 乾燥した, 水けのない; 乾式〔乾性〕の. ↔ wet. **2** 雨の降らない〔少ない〕; 日照り続きの; 水のかれた. ↔wet. **3** 乳の出ない. **4**〖トーストなど〗バター(など)を塗らない. **5** 涙を出さない, 泣かない, 情の薄い. **6** のどのかわいた; のどのかわく: ～ work. **7**〖米話〗酒を飲まない《人》, 酒の出ない《会など》, 禁酒法実施〔賛成〕の〖地域など〗. ↔wet. **8** 無味乾燥な; つまらない: a ～ subject. **9** あからさまの, 飾らない, むき出しの: ～ facts. **10**〖ユーモア・皮肉など〗平然とした, さりげない. **11** そっけない, 冷淡な: a ～ answer. **12**《酒が》辛口の. **13**《液体でない》固体の. → liquid. **14**〖米俗〗金がない, すかんぴんの. ***die a ～ death***《溺死(でき)・流血による死以外の》普通の死を遂げる. ***～ as a bone*** からからに干からびて. ***go ～*** 禁酒法を施行する; 酒をやめる. ***not ～ behind the ears***〖米俗〗うぶな. ***run ～*** 干上がる; 水〔乳〕が出なくなる; <財源が> 枯れる.

—— *vt.* **1** かわかす, 干す; ふきとる: *Dry* your hands *on* this towel. このタオルで手をふきなさい. ～ one's tears 涙をぬぐう. **2** <沼などを> からす. **——** *vi.* **1** かわく, 干上がる, <沼などが> かれる. **2** しなびる. ***～ up*** (1) かわかす. (2) 干上がる. (3)〖話〗話をやめる, <話が> やむ. (4)〖英: 劇〗せりふを忘れる.

—— *n.* **1** (*pl.* **dries**) 旱魃(かんばつ), 乾燥状態; (通例 *pl.*) 乾燥期. **2** (*pl.* **drys**)〖米俗〗禁酒法賛成論者. **3**〖米俗〗シャンパン.

～ battery 〔**cell**〕 乾電池. **～-bob** [ˊˋ]《Eton 校の》クリケット部員. **～-bones** [ˊˋ] やせこけた人, 骨と皮ばかりの人. **～ bread** バターのついてないパン. **～-bulb** [ˊˋ] 乾球式の: a ～-*bulb* thermometer 乾球温度計. **～-cléan** *vt.* ドライクリーニングにする. **～ cleaner** ドライクリーニング屋;《ナフサ油・ベンジンなど》ドライクリーニングに用いる薬. **～ cleaning** ドライクリーニング. **～-cléanse** [-klénz] = ～-clean. **～-cure** [ˊˋ] <魚・肉などを> 塩干しにする, 干物にする: ～-*cured* foods〖米〗乾物類. **～ distillation** 乾留. **～ dock** 乾ドック,《一般にいう》ドック. **～-dóck** 乾ドックに入れる〔はいる〕. **～-éyed** 泣いていない. **～-farm** [ˊˋ] 乾農法で耕作する. **～ farming**《水便のない土地の》乾農法. **～-fly fishing** 魚つり法の一つ《蚊ばりを水面に浮かせる》. **～ fog** (ちり・煙が原因で生じる) もや. **～-foot** [ˊˋ] *ad.* 足をぬらさないで. **～-fòot·ed** 足のぬれていない. **～ goods**〖米〗生地類, 洋品類;〖英〗雑穀; 雑貨. **～-goods store**〖米〗生地屋, 服地店 (=㊧ draper's shop). **～-gulch** [ˊˋ] *vt.*〖話〗(1) 待ち伏せする《殺すために》. (2) (急に態度を変えて) 裏切る. **～ humor** まじめ顔で言うこっけい. **～ ice** ドライアイス. **～ land**《海に対して》陸地. **～ law** 禁酒法. **～ light** 公平な見解. **～ measure** 乾量《穀物の計量》. → liquid measure. **～ money**《小芝居などの》上がり高. **～ nurse**《授乳しない》子もり, 育児婦, 保母. →wet nurse. **～-nurse** [ˊˋ] の子もりをする. **～ plate**〖写〗乾板. **～ point** ドライポイント銅版 (技法, 画). **～ rot**《木材の》蒸れ腐れ; 乾燥腐敗;《植物の》乾食病;《社会的・道徳的な》退廃, 腐敗《*in*》. **～-rot** [ˊˋ] 乾燥腐敗させる; <社会を> 堕落させる. **～ run** 模擬試験, 実弾を用いない演習, 練習飛行;〖米〗《一般的》予行練習, けいこ. **～-salt** [ˊˋ] =dry-cure. **～-sàlt·er** → 別項. **～-shód** くつ〔足〕をぬらさない(で). **～ state** 禁酒の州. **～ stove** 乾燥温室《サボテンなどの乾燥植物を保存するため》. **～ thanks** 義理だけでするお礼. **～ wall** しっくいを用いない壁. **～ wares** 雑穀類. **～ wash**《アイロンをかける前の》かわいた洗たく物. **～ waters**〖米〗《沿岸3マイルの》領海. **～-wít·ted** あいそのない, 人づきあいのへたな.

◇ **drý·er** [dráiər] *n.* 乾燥器〔剤, 室〕(= drier).

drý·ad [dráiəd, -æd] *n.* (または D～)〖ギ神〗木の精, 森の女神.

drý·as·dust [dráiəzdʌ̀st] *n.*《学究的で》おもしろみのない学者; 無味乾燥な人. [<dry as dust] **——** *a.* たいくつな, 無味乾燥な, 無趣味な.

Drý·den [dráidn] *n.* John ～, 1631–1700, イギリスの詩人・批評家・劇作家.

drý·ing [dráiiŋ] *n.* かわかすこと, 乾燥. ***summer ～*** 土用干し (summer airing). **——** *a.* **1** 乾燥性の: a ～ wind 洗たく物がよくかわく風. **2** 乾燥用の: a ～ house 乾燥室.

drý·ish [dráiiʃ] *a.* なまがわきの.

drý·ly [dráili] *ad.* **1** 乾燥して. **2** 冷淡に; すげなく. **3** 無味乾燥に. **4**〖皮肉などを〗さりげなく, ぼそっと.

drý-sàlt·er [dráisɔ̀ːltər] *n.*〖英〗乾物商人《乾物・染料・薬品・ゴム・かん詰め・油などを販売する》.

◇ **～·y** [-təri] *n.*〖英〗乾物屋 (=㊎ grocery); 乾物類 (=㊎ dry-cured foods).

Ds〖化〗dysprosium. **D/S, d.s.** days after sight. **D.S.**〖楽〗*dal segno* (It. =from this sign); Dental Surgeon; Doctor of Science. **D.Sc.** Doctor of Science. **D.S.C.** Distinguished Service Cross. **D.S.M.** Distinguished Service Medal. **D.S.O.** Distinguished Service Order. **D.S.T.** Daylight Saving Time. **'dst** [dst]〖古〗hadst, wouldst の短縮形. **D.Th., D.Theol.** Doctor of Theology. **D.T.'s, d.t(s)**〖話〗=delirium tremens. **Du.** Duke; Dutch.

dú·ad [d(j)úːæd/djúːæd] *n.* **1**〖化〗=dyad. **2** 「一対.

dú·al [d(j)úːəl/djúːəl, djuəl] *a.* **1** 2の; 2をあらわす. **2** 二者一体の; 2部分から成る. **3** 二重の; 二元的な: in ～ capacity 二重の資格で, 兼任して. ～ ownership 共有. **4**〖文〗双数〔両数〕の. [√du-] **～ control** 2国共同統治, 二重管轄;〖空〗二重操縦装置. **D～ Monarchy, the**〖オーストリアとハンガリーの〗二重帝国《1867–1919》. **～ number**〖文〗《ギリシア語などに見られる二者または一対をあらわす》双数, 両数. **～ pump** 複式ポンプ.

◇ **dú·al·ize** [-àiz] *vt.* 二重にする; 二元的にみなす. **dú·al·ly** [-li] *ad.*

dú·al·in [d(j)úːəlin/djúːə-, djúə-] *n.*《ニトログリセリン・硝石・おがくずを原料とする》爆発薬の一種.

dú·al·ism [d(j)úːəliz(ə)m/djúːə-, djúə-] *n.* **1** 二重性, 二元性. **2**〖哲〗二元論. **3**〖宗〗二神教, 二元教. ◇ **-ist** [-ist] *n.* 二元論者.

dù·al·ís·tic [d(j)ùːəlístik/djùːə-, djùə-] *a.* **1** 二元の, 二元的の. **2** 二元論的. **～ theory** 二元説;《化学結合上の》両性説. ◇ **-ti·cal·ly** *ad.*

du·ál·i·ty [d(j)uǽləti/djuː-, dju-] *n.* 二重性, 二元「性.

dub[1] [dʌb] *vt.* (**-bb-**) **1**《国王または貴婦人が抜いた剣で肩を軽く打って》ナイト爵に叙する, にナイト爵を授ける. **2** に名称〔あだ名〕をつける, 称する: ～ a person a quack 人をいかさま師と呼ぶ. **3** 打ったりこすったりして仕上げる. **4** <木を> なめらかにする; <皮に> 油を塗る. **5** <つり用の蚊ばりを> 付ける. **6**〖養鶏〗のとさかを切除する. ***～ out*** 平らに仕上げる. ***～ up***〖俗〗支払い終わる.

dub[2] *vt., vi.* (**-bb-**) **1** つっつく, 突く《を *at*》. **2** <太鼓を> ドンドンたたく. **——** *n.* **1** (鈍い音を伴う) 突き. **2** ドンドン鳴る音; 太鼓の音.

dub[3] *vt.* (**-bb-**) **1** <フイルムに> 吹き替えをする《別の国語を》, にダビングする: ～ an imported film 輸入映画にダビングする. **2** <アナウンス・音楽などを> フイルム〔テープ〕に二重録音する《*in*》. [<double]

dub[4] *n.*〖米俗〗へまなやつ, 無器用な人.

dub[5] *n.*〖おもにスコットランド〗淵(ふち); 水たまり.

Dub. Dublin. **dub.** dubious.

dúb-a-dùb [dʌ́bədʌ̀b, ˊˋˊ/ˊˋˊ] *n.* =rub-a-「dub.

dúb·bin [dʌ́bin] *n.*《くつ・皮ゲートルの手入れに用いる》皮革防水油.

dúb·bing [dʌ́biŋ] *n.* **1** ナイト爵位授与《＜dub[1]》. **2**〖映〗ダビング, 吹き替え《＜dub[3]》. **3** ＝dubbin.

du·bí·e·ty [d(j)u:báiəti/dju:-, dju-] *n.* 疑惑, 疑念; 疑わしい物〔事〕.

dú·bi·ous [d(j)ú:biəs/djú:-] *a.* **1** 疑わしい, 怪しい. **2** 決定しがたい, どちらともつかない, 判定しにくい. **3** いかがわしい, うさんくさい: a ～ character いかがわしい人. **4** 半信半疑な《について *of, about*》. [√du-] ◇ **～·ly** *ad.* **～·ness** *n.*
類 → **uncertain**「不確かな」

dú·bi·ta·ble [d(j)ú:bitəbl/djú:-] *a.* 疑わしい; 不確かな. ◇ **-bly** *ad.* 「い.

dù·bi·tá·tion [d(j)ù:bịtéiʃ(ə)n/djù:-, djù-] *n.* 疑

dú·bi·ta·tive [d(j)ú:bịtèitiv/djú:bịtətiv, -teitiv] *a.* **1** 疑いをいだいている; ためらっている. **2** 疑いを表明する; 疑わしそうな.

Dúb·lin [dʌ́blin] *n.* ダブリン《the Republic of Ireland の首都》.

dú·cal [d(j)ú:k(ə)l/djú:-] *a.* **1** 公爵 (duke) の; 公爵領の, 公国の. **2** 公爵らしい.

dúc·at [dʌ́kət] *n.* **1**《昔イタリアその他のヨーロッパ諸国で用いられた》ダカット金貨〔銀貨〕. **2** 貨幣. **3**〖俗〗(*pl.*) お金. **4**〖俗〗切符.

Du·ce [dú:tʃei/-tʃi] It. *n.* 首領 (leader). ***il*** **～** 総統《Benito Mussolini の称号》.

dúch·ess [dʌ́tʃis] *n.* **1** 公爵夫人, 公爵未亡人; 女公爵. → duke. **2** 公妃《公国の公女》. **3** 姿・ふるまいなどの上品な婦人. ***my old*** **～** うちの女房《ロンドンのくだもの行商人の俗語》. ***the*** **～** おっかさん.

dúch·y [dʌ́tʃi] *n.* **1** 公爵領, 公国《duke または duchess の領地》. **2** (イギリス王室の) 直轄領地《Cornwall と Lancaster》.

‡**duck**[1] [dʌk] *n.* **1** カモ, アヒル; カモ〔アヒル〕の雌. **2** カモ〔アヒル〕の肉. **3**《愛称》かわいい人《特に呼びかけとして》. **4**〖米俗〗やつ, 男. **5**〖クリケット〗ゼロ.
domestic **～** アヒル. **～ *on a rock*** 鬼になった子どもが石を守る遊び. **～(*s*) *and drake*(*s*)**《小石を水面に投げて遊ぶ》水切り. ***fine day for young*** **～*s*** 雨降り. ***in two shakes of*** **～*'s tail*** 直ちに. ***like a*** **～ *to water*** なんの苦もなく. ***like a*** **(*dying*)** **～ *in a thunderstorm*** びっくりぎょうてんして. ***like water off a*** **～*'s back*** なんの感動もなく. ***make*** **～*s and drakes of money*** ＝ ***play*** **～*s and drakes with money*** お金を湯水のように使う. ***take to*** a thing ***like a*** **～ *to water*** …が大好きだ, 好んで…する.
～·bill → 別項. **～·boards** [⌐⌐]〖軍俗〗板敷き道《ぬかるみに渡したもの》. **～ egg, ～'s egg**〖クリケット〗零点, ゼロ. **～ hawk**〖米: 鳥〗ハヤブサ;〖英: 鳥〗チュウヒ《タカの一種》. **～·lègged** [-lèg(i)d/-légd] 足の短い,《短い足で》よちよち歩く. **～ mole** ＝duckbill. **～·pins** [⌐⌐] ダックピン, 十柱戯《ボールを投げて棒を倒す遊戯》. **～ shot** カモ撃ち弾(だま). **～ soup** (1) 楽で有利な仕事; ナンセンス. (2)「かもい」相手, まぬけ. **～·tail** [⌐⌐] 両側の毛を長くして後部で合わせる少年型の毛髪のかり方. **～·weed** [⌐⌐]〖植〗《アヒルの食べる》アオウキクサ.

duck[2] *vi.* **1**〈水鳥などが〉ちょいと水にもぐって頭を上げる, 頭を上げ下げする. **2** 頭を水に入れる; 水にもぐる. **3**《打撃・視線などを避けようとして》頭をひょいと下げる, からだをひょいとかがめる. **——** *vt.* **1** 水にもぐらせる, 水に突き入れる; の頭を水中に押し込む. **2**〈危険などを〉頭をひょいと下げてかわす;〈危険・責任などを〉かわす, 避けて免れる. **～ *out of town*** 町から姿を消す.
—— *n.* **1** 水にちょいともぐること; 頭をひょいと下げること, からだをかがめること. **2** からだをかわすこと, 避けること. 「ズボン.

duck[3] *n.* **1**《一種の》ズック; 帆布. **2** (*pl.*) ズックの

duck[4] *n.* 〖米: 軍〗水陸両用輸送トラック《第2次大戦に使用. 電信略号 DUKW》.

dúck·bill [dʌ́kbil] *n.* **1**〖動〗カモノハシ. **2**〖植〗《イギリス産》小麦の一種. ◇ **～ed** [-d] *a.* (カモノハシのような) くちばしのある: ～*ed* platypus カモノハシ.

dúck·er [dʌ́kər] *n.* **1** 水にもぐる人, 潜水者; 潜水鳥《特にカイツブリなど》. **2** カモ猟師, カモ飼育者.

dúck·ing [dʌ́kiŋ] *n.* **1** 水中に突っ込むこと; 水中にもぐらせる〔もぐる〕こと. **2** 頭・からだを急にかがめること, からだをかわすこと;〖ボクシング〗ダッキング. **3** カモ猟. ***get a good*** **～** ずぶぬれになる. ***give*** a person ***a*** **～** (人を) 水中に突っ込む; ずぶぬれにする.
～ pond カモ猟池; 水責め池. **～ stool**《昔罪人を縛りつけて一時水中につけた》水責めいす.

dúck·ling [dʌ́kliŋ] *n.* 子ガモ; アヒルの子. ***ugly*** **～** → ugly.

dúck·y [dʌ́ki] *a.* **1**〖俗〗すばらしい, 愉快窮まる. **2**〖米〗かわいらしい. **——** *n.*〖話〗＝darling.

duct [dʌkt] *n.* **1** 送水管; 導管. **2**〖医〗脈管, 輸送管;〖電〗線渠(せんきょ);〖建〗暗渠;〖植〗脈管, 導管.

-duct [-dʌ̀kt]「…管」「…路」の意の語形成要素: aque*duct* 水道(管) ＜√aqu- 水＋√duc-. via*duct* 陸橋 ＜√vi- 道＋√duc-.

dúc·tile [dʌ́kt(i)l/dʌ́ktail] *a.* **1**《金属が》引き伸ばしやすい, 延性〔展性〕のある. **2** しなやかな,《ろうのように》思うまま(の形)になる. **3**《人が》御しやすい, すなおな, 従順な. [√duc-] ◇ **duc·tíl·i·ty** [dʌktíliti] *n.*

dúct·less [dʌ́ktlis] *a.* 管のない.
～ gland〖医〗内分泌腺(せん)《甲状腺など》.

dud [dʌd] *n.* **1**〖俗〗だめな人〔物〕; 不発弾; 失敗. **2** (*pl.*) 着物, ぼろ(着物);《一般的》持ち物. ◇ **dúd·dy** [dʌ́di] *a.* ぼろぼろの.

dude [d(j)u:d/dju:d] *n.*〖米俗〗**1** 気どり者, おしゃれ. **2** 大都市育ちの人. **3**〖西部俗〗東部の人 (an Easterner);《西部牧場に来る》観光客. **～ ranch**《アメリカ西部の》観光牧場. ◇ **dúd·ish** *a.*〖米俗〗おしゃれの, 気どり屋の.

dúdg·eon [dʌ́dʒ(ə)n] *n.* 怒り, 憤慨. ***in high*** [***great, deep***] **～** 大いに立腹して. 「こ) パイプ.

du·d(h)éen [du:dí:n/du-] Ir. *n.* 短い陶製の (たば

‡**due** [d(j)u:/dju:] *a.* **1 支払期日がきている, 満期になる:** This bill is ～. この手形は支払期日がきている. a bill ～ next month 来月が満期の手形. **2**《列車・飛行機などが》**到着予定で:** The train is ～ (in) at two. 列車は2時到着の予定だ. **3**《～ *to*(do) の形で》**…する予定で, …するはずで:** They are ～ *to* arrive here soon. 彼らはまもなくここへ来るはずだ. **4**《金・報酬・考慮などが》**当然与えられるべき:** This money is ～ to you. この金はきみが受け取るべき筋のものだ. consideration ～ to the poor 貧しい人たちに寄せられるべき思いやり. **5 しかるべき, 適当な, 当然な, ふさわしい:** a ～ margin for delay 遅れてもよいようにたっぷりしたゆとり. ～ care しかるべき配慮. in ～ form 正式に. **6**《～ to の形で》**に帰されるべき, に原因する:** a delay ～ *to* an accident 事故に起因する遅延. The failure is ～ *to* his ignorance. その失敗は彼の無知に基づく〔無知のせいだ〕. **～ *to***《前置詞句として》…によって, …が原因〔理由〕で: *Due to* fog the boat arrived late. 霧のために船が延着した. →⑥. ***fall*** [***become***] **～**〈手形などが〉満期になる. ***in*** **～ *course*** 当然の順序を追って; やがて, そのうちに. ***in*** **～ (*course of*) *time*** ときがくれば; (やがて)そのうちに.
—— *n.* **1 当然受けるべきもの, 当然の権利. 2** (通例 *pl.*) **支払金,** 賦課金, 料金, 手数料, 会費, 税金; 借金: harbor ～*s* 入港税. membership ～*s* 会費. ***by*** [***of***] **～**〖古・雅〗当然. ***for a full*** **～**〖海〗十分に, 完全に. ***give*** a person ***his*** **～** (人を)公平に扱う. ***give the devil his*** **～** 敵に対しても公平にする; 公平に批評する.
—— *ad.*《方角が》ちょうど, まさしく: a ～ north wind 真北の風. [√deb-] **～ bill**〖米: 商〗借用証書《約束手形のようにさしずしないもの》, 付け.

dú·el [d(j)ú:əl/djú:-, djú-] *n.* 決闘, 果たし合い《剣・ピストルなどで行なう》; 闘争《人と人, 動物と動物, 組と組などの》. —— *vi., vt.* (**-l-**, [英] **-ll-**) (と)決闘する, (と)闘争する. [√du-] ◇ **dú·el·(l)er, dú·el·(l)ist** [-ist] *n.* 決闘者. **dú·el·(l)ing** *n.* 決闘.

du·en·na [d(j)u:énə/dju:-, dju-] Sp. *n.* **1**《スペイン・ポルトガルなどで若い娘の》付添婦人, 監督者; 住み込み家庭教師. **2**《スペインの》皇后付き女官長.

du·ét(t) [d(j)u:ét/dju:-], **du·ét·to** [-étou] *n.* 〖楽〗デュエット, 二重唱[奏]. [√du-]
◇ **du·ét·tist** [-étist] *n.*

duff[1] [dʌf] *n.* **1**〖海〗油でこねた一種のプディング. **2** (枝葉などの) 腐った堆積(たいせき); 粉炭 (coal dust). **3**〖俗〗尻(しり).

duff[2] *vt.* 〖俗〗<品物などを>ごまかす; <家畜を>盗んで焼き印を変える; <人を>だます; 〖ゴルフ〗<ボールを>打ちそこねる.

dúf·fel, dúf·fle [dʌ́f(ə)l] *n.* **1** あらラシャの一種. **2**《キャンパー・競技者などの》着替え. **3**〖米〗キャンプ用具一式. ～ **bag**〖軍〗ズック製雑嚢(ざつのう).

dúf·fer [dʌ́fər] *n.* **1**〖英話〗ばか者, 能なし; へたくそ(者); 〖俗〗変わり者, つまらぬやつ. **2**〖俗〗(むだで価値のない) 見せかけもの, いかもの《にせ金・偽画・宝石など》. **3**〖俗〗いかもの行商人.

‡**dug**[1] [dʌg] *v.* dig の過去・過去分詞. **∼·out** → 別項.

dug[2] *n.* 《雌の獣の》乳首, 乳ぶさ.

dú·gong [dú:gɑŋ, -gɔ:ŋ/-gɔŋ] *n.* 〖動〗ジュゴン《熱帯の海にすむイルカに似たほ乳動物. いわゆる「人魚」》.

dúg·out [dʌ́gàut] *n.* **1** 丸木舟. **2** 地面や山腹に掘った穴; 待避壕(ごう); 〖野球〗ダッグアウト. **3**〖英俗〗復員予備将校.

Dúis·burg [dú:zbə̀:rg | G. dý:sburk] *n.* ジュイスブルク《ライン川とルール川の合流点にある西ドイツ最大の川の港》.

‡**duke** [d(j)u:k/dju:k] *n.* **1**〖英〗公爵. → duchess. **2**〖史〗公, 大公《ヨーロッパの独立した主権をもっていた小国 [公国] の君主》. **3**〖米俗〗こぶし, 手.
◇ **∼·dom** [-dəm] *n.* 公爵領; 公爵位.

dúl·cet [dʌ́lsit] *a.* **1** ここちよい, 甘美な《特に音について》, 旋律の美しい. **2**〖古〗美味な.

dúl·ci·fy [dʌ́lsifài] *vt.* **1** <気分などを>快適にする, なごやかにする. **2** <味などを> 甘美にする.

dúl·ci·mer [dʌ́lsimər] *n.* **1** ダルシマー《古代の楽器. 皮でおおわれたつちで金属弦を打って音を出した》. **2** ギターに似た通俗楽器.

dúl·cin [dʌ́lsin] *n.* 〖化〗ズルチン《甘味用》.

Dul·cín·e·a [dʌlsíniə, dʌ̀lsiníə] *n.* **1** ダルシネーア《ドン=キホーテ (Don Quixote) が理想化してあがめたいなか娘》. **2** (d～) 理想の女性(像).

‡**dull** [dʌl] *a.* **1** 切れ味の悪い, 鈍い, なまくらな: a ～ knife. ↔ sharp. **2** 鈍感な, 愚鈍な, のろまな, ぐずの. **3** 活気のない, 不活発な; 《市況などが》不振の, 軟調の. **4**《話・読み物などが》たいくつな, おもしろくない. **5**《痛みなど》激しくない, 鈍い; 《色・音・光など》はっきりしない, さえない. **6** どんよりした, 曇った. ～ ***of hearing*** 耳の遠い.
—— *vt., vi.* **1** 鈍くする [なる], なまくらにする [なる]. **2** <痛みなど> 和らげる [和らぐ]. **3** 不活発にする [なる]. **4** どんよりさせる [する]. ～ ***the edge of*** の切れ味を鈍らせる; の感度を減ずる; の興味をそぐ.
∼-wìt·ted =slow-witted. ◇ **∼·ish** [-iʃ] *a.* いくぶん鈍い [鈍感な]; だれ気分の. ***∼·ness** *n.*

dúll·ard [dʌ́lərd] *n.* 血のめぐりの悪いやつ, のろま.

***dúl·ly** [dʌ́l(l)i] *ad.* **1** 鈍く. **2** のろのろと. **3** 不活発に. **4** うすぼんやりと; 曇って. [<dull]

dulse [dʌls] *n.* 〖植〗ダルス《赤かっ色の食用海そう. アイルランドやスコットランドの海岸に産する》.

dú·ly** [d(j)ú:li/djú:-] *ad.* **1** 正式に, 正当に, 適当に. **2** 十分に. **3** 時間正しく, 時刻どおりに. ～ ***to hand 《商用文で》まさに入手. [<due]

Dú·ma [dú:mɑ:/d(j)ú:mə] *n.* 帝政時代のロシア国会《1905年 Nicholas II に始まり1917年ボルシェビキによって廃された》.

Du·más [d(j)u:mɑ́:/ˊ—] *n.* **1** Alexandre ～, père [pɛər], 1802–70, フランスの小説家・劇作家《大デュマ》. **2** Alexandre ～, fils [fi:s], 1824–95, そのむすこで小説家《小デュマ》.

‡**dumb** [dʌm] *a.* **1** おしの, 口のきけない. → mute. **2** ことばをもたない: ～ creatures もの言わぬ動物. ～ with astonishment 驚きでものも言えない. **3** ものを言わない, 黙っている, 無口な. **4** ことばを用いない [伴わない], 《芝居など》だんまりの. **5** 音の出ない. **6**《普通の性質・特質が》欠けている; 《乗り物が》エンジン・帆などのない: a ～ chamber 出口のないへや. **7**〖米〗愚鈍な, まぬけな. ***strike*** a person ～ (人を)あっとばかり驚かせる.
∼·bell [ˊ ˊ] 亜鈴《棒の両端に重い鉄球をつけた筋肉鍛練具》; 〖米俗〗のろま. ～ **cluck** 〖俗〗まぬけ. ～ **fever** 間欠熱. **∼·fóund** → dumfound. ～ **millions, the** 《政治に発言権のない》無言の大衆 [民衆]. ～ **ox** ばか, まぬけ. ～ **piano** 《運指練習用》無音ピアノ. ～ **show** 無言劇, だんまり芝居; 無音の手まね身ぶり. **∼·struck**[ˊ ˊ], **∼·strick·en** 唖然(あぜん)として口のきけない. **∼·wáit·er** [[英] dʌ́mwéitər] (1)〖米〗食物やくず物などを運ぶエレベーター. (2)〖英〗食品台; 《食品の》ワゴン.
◇ **∼·ly** *ad.* 黙って; 無言のままで. **∼·ness** *n.*

dúmb·er [dʌ́mər] *n.* 〖米俗〗ばか者.

dúm·dum [dʌ́mdʌm] *n.* ダムダム弾《柔らかい弾頭をもち衝撃によって体内で膨張する》.

dum·fóund, dumb·fóund [dʌmfáund] *vt.* 唖然(あぜん)とさせる, びっくりぎょうてんさせる. [<***dumb***+con***found***]

dúm·my** [dʌ́mi] *n.* **1**《服屋の》人台, 飾り人形. **2**〖射撃〗標的人形. **3** 替え玉; 《映画の》替え玉人形. **4** まがいもの; おしゃぶり《ゴム製乳首》; 〖製本〗つか見本. **5** 手先, でくのぼう, ロボット. **6**〖トランプ〗手持ち札をさらす番の人; 空席. **7** 自己の意見のない人間. **8** ばか, とんま; おし. **9**《昔の》無音排気式機関車. ***sell the ～ 〖ラグビー〗ボールをパスすると見せかけて敵をだます. —— *a.* にせ [まがい] の, 表向きだけの, 模造の. ～ **horse** 木馬.

***dump**[1] [dʌmp] *vt.* **1** ドシンと落とす. **2** <ごみなどを>捨てる, おろす. **3** <車などを>傾けて [さかさにして] からにする. **4**〖商〗投げ売りする《特に外国市場へ》; <過剰人口を>外国へ送り出す. —— *vi.* **1** ドサッと落ちる. **2** 荷おろしする. **3**〖商〗投げ売りする.
—— *n.* **1** ドサッ [ドシン] という音. **2**《石炭・ごみなどの》山; ごみ [くず] 捨て場. **3**〖軍〗軍需品臨時集積所. **4**〖電算機〗記憶. **5**〖米俗〗みすぼらしい家 [町, 場所]. **6**〖俗〗小銭, (*pl.*) お金. **7** 太くて短い物. ***do not care a*** ～ ちっとも構わない.
∼·cart [ˊ ˊ] 傾斜式ごみ捨て車. ～ **truck** ダンプカー. ◇ **∼·er** *n.* ごみ捨て人夫, 安売り人; =dump-cart.

dumpcart

dump[2] *n.* (*pl.*) 〖話〗失望, 憂うつ; 〖古〗詠嘆調. ***in the*** ～***s*** 失望して, ふさぎ込んで.

dúmp·ing [dʌ́mpiŋ] *n.* **1** ちりあくたなど投げ捨てること. **2**〖商〗安売り, ダンピング: a ～ field ダンピング市場.

dúmp·ish [dʌ́mpiʃ] *a.* **1** うすばかの. **2** 憂うつな; 物悲しい. ◇ **∼·ly** *ad.* **∼·ness** *n.*

dúmp·ling [dʌ́mpliŋ] *n.* **1**《油とねり粉を水やスープで煮た》だんご; ねり粉にリンゴ [肉] などを入れて焼いたもの. **2**〖話〗太っちょ《人・動物》.

dúmp·y[1] [dʌ́mpi] *a.* ずんぐりした; 短くてがっちりした. —— *n.* 《スコットランド産の》足の短い鶏; (*pl.*) 〖英〗軽騎兵第16連隊. ◇ **-i·ness** *n.*

dúmp·y[2] =dumpish.

dun[1] [dʌn] *n.* 借金の支払いをやかましくせきたてる人; 督促状, 催促. —— *vt.* (**-nn-**) **1** に借金の支払いをやかましくせきたてる. **2** 悩ます, 苦しめる.
dun[2] *a.* 灰かっ色の; 薄暗い. —— *n.* **1** 灰かっ色; 灰かっ色の馬. **2**《魚つり用の》人工ハエ. **3** =Mayfly.
Dún·can [dʌ́ŋkən] *n.* Isadora [izədɔ́:rə-/-dɔ́:r-] ~, 1878–1927, アメリカの著名な女性ダンサー.
dunce [dʌns] *n.* ばか; できない生徒.
~**('s) cap** 円すい形の紙の帽子《勉強のできない子どもに教室で罰としてかぶらせる》.
dún·der [dʌ́ndər] *n.* サトウキビ液を煮つめたもの《ラム酒の原料》.
dún·der·head [dʌ́ndərhèd], **-pate** [dʌ́ndərpèit] *n.* 大ばか者.
dune [d(j)u:n/dju:n] *n.* 《風によってできた海浜の》「砂丘.
dung [dʌŋ] *n.* ふん; 肥やし, 肥料. —— *vt.* に肥料をやる. ~ **beetle**〘虫〙マグソコガネ. ~ **fly** クソバエ. ~ **fork** 施肥用くま手. ~**·hill** → 別項.
◇ ~**·y** [dʌ́ŋi] *a.* ふんだらけの; きたない.
dùn·ga·rée [dʌ̀ŋgərí:] *n.* **1** あらいもめんの織物《帆布や水夫のズボン・仕事着に使われる》. **2** (*pl.*) 仕事着, 上っ張り.
dún·geon [dʌ́ndʒən] *n.* **1** 地下牢(ろう); 牢. **2** 城の最強の中央塔《天主閣・本丸》. —— *vt.* 地下牢に閉じ込める《*up*》.
dúng·hill [dʌ́ŋhìl] *n.* **1** 肥料[がらくた]の堆積(たいせき). **2** 卑しい[きたない] 場所[人]. ***a cock on his own*** ~ 《家庭や教区などで》いばる人, お山の大将. ~ **cock** [**hen**] 農家の普通の鶏.
dú·ni(e)·wás·sal [dú:niwɑ́s(ə)l/-wɔ́s-] *n.* 《スコットランド高地の》紳士, 第2位郷士; 名門から分家して出た者.
dunk [dʌŋk] *vt.* **1** 〈ドーナツなどを〉つける《コーヒー・牛乳に》. **2** 《一般的》つける《液体に》.
Dun·kírk [dʌnkə́:rk] *n.* **1** ダンケルク《フランス北部のドーバー海峡に臨む海港都市》. **2** 必死の撤退《1940年33万の連合軍がドイツ軍の重包囲と爆撃下に撤退したことから》. —— *vi.* 必死に撤退する.
dún·lin [dʌ́nlin] *n.* 〘鳥〙ハマシギ.
Dún·lop [dʌ́nlɑ̀p/-lɔp] *n.* ダンロップタイヤ (=~ tyre)《商標名》.
dún·nage [dʌ́nidʒ] *n.* **1** 所持品, 手まわり品. **2** 〘海〙荷敷き《積み荷の揺れを防ぐための木片・木の枝など. また船底で積み荷が水にぬれぬように置くもの》.
dún·nite [dʌ́nait] *n.* 高性能D爆薬《ピクリン酸アンモニアを主成分とする》.
dun·nó [dənóu] =don't know.
dún·nock [dʌ́nək] *n.* 〘鳥〙イワヒバリ.
dunt [dʌnt] *n.* ドスンと打つこと; その傷.
dú·o [d(j)ú:ou/djú:-] *n.* (*pl.* ~**s**, **dú·i** [-i:]) **1** 〘楽〙二重唱; 二重奏(曲)《異なった2個の楽器の》. **2** 2人組みの芸人: a comedy ~ 喜劇2人組み.
duo- two の意の語形成要素.
dù·o·déc·i·mal [d(j)ù:ədésim(ə)l/djù:-] *a.* **1** 12単位の; 十二進法の《1 foot=12 inches など》. **2** 12分の1の. —— *n.* **1** 12分の1. **2** (*pl.*) 十二進法. ◇ ~**·ly** *ad.*
dù·o·déc·i·mo [d(j)ù:ədésimòu/djù:-] *n.* (*pl.* ~**s**) **1** 12折り判《およそ B6 判の大きさ》. **2** 12折り判の本. **3** 小さい人[物]. —— *a.* 12折り判の.
dù·o·dé·nal [d(j)ù:ədí:n(ə)l/djù:-] *a.* 十二指腸の.
dù·o·dén·a·ry [d(j)ù:ədénəri, -dí:n-/djù:ədí:n-] *a.* 12の; 十二進の.
dù·o·de·ní·tis [-dindruáitis] *n.* 〘医〙十二指腸炎.
dù·o·dé·num [d(j)ù:ədí:nəm/djù:-] *n.* (*pl.* **-na** [-nə]) 〘医〙十二指腸.
dú·o·logue [d(j)ú:əlɔ̀:g, -lɑ̀g/djúəlɔg] *n.* 《劇中の》ふたりの対話; 《登場人物ふたりの》2人対話劇.
duó·mo [dwóumou] *n.* (*pl.* **-mos**, **-mi** [mi]) (イタリアの) 大教会, 中央寺院. [<It.]
dú·o·tone [d(j)ú:ətòun/djú:-] *a.* (同色系の) 2色の. —— *n.* ~を使った絵[刷り].
dup. duplicate.
dupe [d(j)u:p/dju:p] *n.* だまされ[利用され]やすい人, 「かも」. —— *vt.* だます, かもにする.
◇ **dúp·a·ble** [d(j)ú:pəbl/djú:-] *a.* だまされやすい.
dúp·er·y [d(j)ú:p(ə)ri/djú:-] *n.* だますこと, 詐欺.
dú·ple [d(j)ú:pl/djú:-] *a.* 2倍の, 2重の.
~ **time** 〘楽〙二拍子の.
dú·plex [d(j)ú:pleks/djú:-] *a.* 2重の, 2連の. —— *n.* **1** 2連のもの. **2** 《1世帯分が二つの階にわたる》複式アパート (=~ apartment). [√du-+√plec-]
~ **house** 《2世帯を入れる》長屋式家屋. ~ **telegraphy** 《両方から同時に送受できる》二重電信.
dú·pli·cate [d(j)ú:plikit, -kèit/djú:plikit] *a.* **1** 二重の, 対の. **2** 写しの, 副の. —— *n.* **1** 写し, 写本, 謄本; 複写, 控え. **2**《絵画の》複製. **3**《写真の》焼き増し. **4** 合い札, 質札. **5** 同意語. ***done*** [***made***] ***in*** ~ 正副2通作成の.
~ **key** 合いかぎ. ~ **ratio** 〘数〙二重比.
—— [-kèit] *vt.* **1** 2重にする, 2倍にする. **2** 正副2通つくる, 複写する, の写しをとる; と同様のものをつくる. **3** 二つに折る, たたむ. **4** 〈失敗などを〉繰り返す.
~*ting paper* 複写紙. [√du-+√plec-]
◇ **dú·pli·ca·tor** [-kèitər] *n.* 複製[複写]機; 複製[複写]する人.
dù·pli·cá·tion [d(j)ù:plikéiʃ(ə)n/djù:-] *n.* **1** 二重にすること[なること]; 重複. **2** 複製, 複写.
du·plíc·i·ty [d(j)u:plísiti/dju:-] *n.* **1** 二枚舌, 表裏のあること; 不誠実; 詐欺. **2** 二重, 重複. [√plec-]
dù·ra·bíl·i·ty [d(j)ù(:)rəbíliti/djùərə-] *n.* 耐久[持久]力(のあること).
dú·ra·ble [d(j)ú(:)rəbl/djúər-] *a.* 耐久[持久]力のある; 長もちする, じょうぶな. [√dur-] ~ **goods** 耐久消費財. ◇ **-bly** *ad.*
du·rál·u·min [d(j)urǽljumìn/djuər-] *n.* ジュラルミン《アルミニウムに銅・マンガン・マグネシウムを混ぜた軽金属. 航空機資材などに用いる》.
du·ra ma·ter [d(j)ú(:)rə-méitər / djúərə-] L. 〘医〙硬脳膜《脳やせき髄をおおう堅い外皮》. → *pia mater.*
du·rá·men [d(j)uréimin/dju(ə)réimen] *n.* 〘植〙心材, 木心《白木質に囲まれた木材の堅い中心部》. → alburnum.
dúr·ance [d(j)ú(:)rəns/djúər-] *n.* 禁固, 監禁. ***in*** ~ (***vile***) (不当) 監禁されて.
du·rá·tion [d(j)uréiʃ(ə)n/dju(ə)r-] *n.* **1** 耐久; 存続, 継続. **2** (継続) 期間: ~ of flight 〘空〙滞空[航続]時間. [√dur-]
dúr·a·tive [d(j)ú(:)rətiv/djúər-] *a.* 〘文〙継続体[相]の《ロシア語などにおいて動詞の示す動作の不完了状態・継続状態を示す》.
dúr·bar [də́:rbɑ:r] *n.* **1** 《インド諸侯・在インドイギリス総督の》公式謁見. **2** 公式謁見所; 《インド諸侯の》宮廷.
dú·ress, dú·resse [d(j)ú(:)ris, d(j)urés/dju(ə)rés, djúəris] *n.* **1** 監禁, 自由の束縛. **2** 〘法〙強迫. ***under*** ~ 強迫されて.
Dúr·ham [də́:rəm/dʌ́r-] *n.* 《イギリス東北部の都市また州名から》ダラム種の食肉牛《略 Dur(h).》.
dú·ri·an, -on [dú(:)riən/djúər-] *n.* 〘植〙ドリアン《東インド諸島産の木の名》; ドリアンの果実.
†**dúr·ing** [d(j)ú(:)riŋ/djúər-] *prep.* **1** …の間じゅう: ~ life [the winter] 一生[冬じゅう] ずっと. **2** …の間に: killed ~ a brawl けんかしているうちに殺された. depart ~ the night 夜の間に去る. 〈注〉 during のあとには時を示す名詞がくるが, for のあとには数詞を伴った名詞がくることが多い: *during* his stay in London *for* four years 4年間のロンドン滞在中. [√dur-]
Dú·roc-Jér·sey [d(j)ú(:)rɑkdʒə́:rzi/djúərɔk-] *n.* 〘米〙アメリカ産デュロックジャージ種の豚《成長が早く

強大である》.

dúr·ra [dúrə] *n.* 〘植〙モロコシの一種.

durst [dəːrst] *v.* dare の過去形.

dú·rum [d(j)ú(ː)rəm/djúər-] *n.* 〘植〙小麦の一種《マカロニ・スパゲッティなどの原料》.

‡dusk [dʌsk] *n.* **1 薄やみ**, 薄明. **2 薄暮**, たそがれ. ***at ~*** 夕暮れに. ***in the ~*** 薄暗やみで. **——** *a.* 〘雅〙薄暗い, ほの暗い(=dusky). **——** *vt., vi.* 〘雅〙薄暗くする〔なる〕, ほの暗くする〔なる〕.

***dúsk·y** [dʌ́ski] *a.* **1 薄暗い**, ほの暗い. **2** 《色が》浅黒い. **3** 憂うつな, 陰うつな. ◇ **-i·ly** *ad.* **-i·ness** *n.*

Düs·sel·dorf [dísldɔːrf, dúsl-/dúsldɔːf] *n.* デュッセルドルフ《西ドイツのライン川に臨む港市》.

‡dust [dʌst] *n.* **1 ほこり**, ちり: a cloud of ~ もうもうたるほこり. **2** 土ぼこり, 土. **3** 死体, 遺骨: honored ~ 尊いなきがら. **4 粉末**, 花粉, 金粉; 砂金粉. **5** 〘英〙ごみ, 灰, 石炭がら. **6** つまらぬもの. **7** 屈辱. **8** 騒ぎ, 混乱. **9** 〘俗〙現なま. ***bite* [*eat, kiss*] *the ~*** 倒れて死ぬ; 屈辱を受ける. ***humbled in* [*to*] *the ~*** 屈辱を受けて. ***in the ~*** 死んで; はずかしめを受けて. ***lay the ~*** ほこりをしずめる. ***lick the ~*** ぺこぺこする; =bite the ~. ***make the ~ fly*** 猛烈にやる. ***raise* [*kick up, make*] *a ~*** 騒ぎを起こす. ***shake the ~ off* one's *feet*=*shake off the ~ of* one's *feet*** 〘聖〙二度と足を踏み入れない, 席をけって憤然と去る《マタイ伝 10:14》. ***throw ~ in* a person's *eyes*** (人)の目をくらます; (人)をだます. **——** *vt.* **1** のほこりを払う; そうじする. **2** よごす, ごみだらけにする. **3** に振り掛ける《粉末を》: ~ plants *with* powder. 植物に粉末を振り掛ける. **——** *vi.* **1** そうじをする. **2** 〈鳥が〉砂を浴びる. ***~ a person's jacket* [*coat*]** (人)をひっぱたく, なぐる. ***~ off*** ほこりを払う; 〈しまってあったものを〉引き出してくる. ***~ the eyes of*** をだます. ***hair ~ed with gray*** ごま塩の頭髪.

~ bath (鳥の)砂浴び. **~ bin** 〘英〙くず入れ, ごみ容器. **~ bowl** 〘米〙乾燥地帯《ミシシッピ川以西》. **~-brand** [⌐⌐] 〘植〙(麦の)黒穂病. **~ cart** ごみ(運搬)車. **~ cloak, ~·coat** [⌐⌐] 〘英〙ちりよけ上着, ダスターコート. **~ cloth** ほこりよけの布《家具などの》; ほこりふきの布. **~-còl·or** 薄いトビ色. **~ counter** 計塵(じん)器. **~ cover** =~ jacket. **~devil** 《ほこりを巻き上げる》小つむじ風. **~ guard** ちり〔どろ〕よけ装置. **~ hole** ごみため(穴). **~ jacket** 《表紙にかける》本のカバー. **~·man** → 別項. **~·pan** [⌐⌐] ちり取り, ごみ取り. **~·proof** [⌐⌐, ⌐⌐] ごみのつかない; ごみよけの. **~ shot** たいへん小さい弾(たま). **~ storm** ダストストーム《乾燥期の農作地帯に起こるもので sandstorm と区別される》. **~·ùp** [dʌ́stʌ̀p/⌐⌐] 〘俗〙騒ぎ, 騒動, 格闘.
◇ ***~·less** *a.*

dúst·er [dʌ́stər] *n.* **1** そうじする人; そうじ器具《ふきん・ちり払い・はたきなど》. **2** 《砂糖・こしょうなどの》粉末振り掛け器; 《粉・薬品などの》散布器. **3** 飛行機で薬剤を散布する人. **4** ダスターコート (dustcoat); 女性の軽い家庭着. **5** 軍艦旗. **6** 〘野球〙ダスター《打者に恐怖心を起こさせる目的で身体にすれすれに投げるボール》.

dúst·ing [dʌ́stiŋ] *n.* **1** そうじ. **2** 粉末散布. **3** 〘俗〙《海の》大しけ; 《船の》大揺れ. **4** 〘俗〙なぐること, 負かすこと: give a good ~ したたかにやっつける.

dúst·man [dʌ́s(t)mən] *n.* (*pl.* **-men** [-mən]) **1** 〘英〙ごみためをそうじして回る人夫. **2** 〘海〙火夫. **3** 〘童話・伝説〙眠りの精 (sandman); 眠け. ***The ~ is coming.*** 眠くなった.

‡dúst·y [dʌ́sti] *a.* **1 ほこりまみれの**, ほこりっぽい. **2** ほこりのような色の, 灰色の. **3** ほこりのような粉末の; 砕けやすい. **4** 味気ない; あいまいな: a ~ answer. ***It's not so ~.*** 〘俗〙それほど悪くない, かなりよい.
~ miller 〘植〙シロタエギク《桜草の一種》; 擬餌(ぎじ)ばりの一種; 〘米: 虫〙ガの一種.

dutch [dʌtʃ] *n.* 〘俗〙奥さん, 家内.

‡Dutch [dʌtʃ] *a.* **1 オランダの**, オランダ領の; オランダ人〔語〕の: the ~ East Indies 旧オランダ領東インド. **2** オランダ風〔製〕の. **3** 〘米俗〙ドイツ人〔語〕の. ***get in ~*** めんどうな立場になる; 悪い印象を与える《に *with*》. ***go ~*** 〘話〙割り勘にする, 費用を各自持ちにする. ***talk like a ~ uncle*** きびしく批判〔非難〕する.
—— *n.* **1** (the ~) 《集合的》**オランダ人**. **2 オランダ語**; 〘史〙ドイツ語. **3** 〘米俗〙ドイツ人. ***beat the ~*** 〘話〙人をあっといわせる, 驚嘆させる. ***double ~*** さっぱりわけのわからないことば, ちんぷんかんぷん.
~ auction 逆ぜり, せり下げ. **~ bargain** 酒の上での契約. **~ butter** 人造バター. **~ cheese** オランダチーズ《脱脂乳からつくるチーズ》; =cottage cheese. **~ clover** 〘植〙シロツメクサ, オランダゲンゲ. **~ courage** 酒の上のつけ度胸. **~ door** 上下2段に仕切った戸《別々に開閉する》. **~ lunch** [**supper**] 割り勘の昼〔夕〕食. **~·man** →別項. **~ oven** 肉焼き器, 天火. **~ rush** 〘植〙トクサ. **~ treat** 〘米話〙費用各自持ちの飲食〔娯楽〕. **~ uncle** 口やかましい人, 「うるさ型」. **~ wife** 竹(ちく)夫人《暑苦しい晩に抱いて寝る籐(とう)編みのかご》. **~·wòm·an** → 別項.

Dutch door

Dutch Harbor *n.* アリューシャン列島にあるアメリカの海軍基地.

Dútch·man** [dʌ́tʃmən] *n.* (*pl.* **-men**) **1 オランダ人**; 〘米俗〙ドイツ人. **2 オランダ船**; 〘俗〙ドイツ船. **3** (d~) 《すきまに差し込む》詰め木, 埋め木. ***I'm a ~ if it is true. (それがほんとうなどとは) 絶対にあるものか! It is true, ***or I'm a ~.*** (うそだったら) 首をやる. ***the Flying ~*** 《最後の審判の日まで航海を続けなければならないという》幽霊船 (の船長), 船幽霊. **~'s-bréech·es** [dʌ́tʃmənzbrítʃiz] 《単複同形》〘植〙ケマンソウ.

Dútch·wòm·an [dʌ́tʃwùmən] *n.* (*pl.* **-wòm·en** [-wìmin]) オランダ婦人.

dú·te·ous [d(j)úːtiəs/djúː-] *a.* 義務観念旺盛(おうせい)な; 忠義な, 貞節な, 従順な. [<duty]
◇ **~·ly** *ad.* **~·ness** *n.* 忠実, 貞節, 従順.

dú·ti·a·ble [d(j)úːtiəbl/djúː-] *a.* 《輸入品などについて》関税をかけられる, 課税される: ~ goods 課税品目. ↔ duty-free.

dú·ti·ful [d(j)úːtif(u̧)l/djúː-] *a.* **1** 忠実な, 従順な《に *to*》. **2** 義務観念の強い. **3** 誠意のこもった: ~ respect 誠実な尊敬. ◇ **~·ly** [-fu̧li] *ad.* **~·ness** *n.* 忠義, 忠実, 忠順.

‡dú·ty [d(j)úːti/djúː-] *n.* **1 義務**, 本分; 義理. **2** (通例 *pl.*) 任務, 職務, 務め. **3** 《教会の》礼拝式のつとめ. **4** 尊敬, 敬意《に対する *to*》. **5 税**; 関税 (=customs duties): excise *duties* 消費税, 国産税. export [import] *duties* 輸出〔輸入〕税. **6** 〘機〙《機関の》効率; 〘農〙灌漑(かんがい)率: the ~ of water 1エーカーの灌漑に必要な水の量. **7** 〘話〙お通じ《特に幼児の》. ***be* (*in*) *~ bound to*** (do) …しなければならない. ***do* [*perform*] one's *~*** 義務を果たす. ***do ~ as* [*for*]** の代用になる. ***off ~*** 非番で, 勤務時間外で. ***on ~*** 当番で, 勤務時間中で. ***pay* [*send, present*] one's *~ to*** に敬意を表する. ***take* a person's *~*** (人) の仕事を代わってやる. [√deb-. 比較 due]
~ call 義理の訪問. **~-frée** 無税の〔で〕. → dutiable. **~-páid** 納税済みの.

(類義語) **義務 : duty** 良心上・倫理上の要請から行なうべきもの: one's *duty* to raise children properly 自分の子どもをちゃんと育てる義務. **obligation** 法律上・社会慣習上の要請から行な

うべきもの: This entails no *obligation* on posterity. このため子孫が（返済などの）義務を負うことにはならない. **responsibility**「…に応ずる〔を引き受ける〕義務」→責任.

du·úm·vir [d(j)uːʌ́mvər/djuː-] *n.* (*pl.* **-virs, -vi·ri** [-vɪ̣rài, ㊇⁺duːúmviriː]) 〘古ローマ史〙二頭政治に携わった政治家のうちのひとり; 連帯で同じ職務を遂行する官吏のうちのひとり. ◇**du·úm·vi·rate** [-vɪ̣rit] *n.* 二頭政治; ふたり連帯で執行される職.

du·vet [d(j)uːvéi/djúːvei] F. *n.* 羽〔綿毛〕ぶとん.

dú·ve·tyn(e), -tine [dúːvətìːn, ⌐−⌐] *n.* 羊毛に絹やもめんを混ぜて織った織物.

D.V. *Deo Volente*; Douay Version.

Dvi·ná [dviːnáː, dvi-/dvíːnə] *n.* (the 〜) ソ連西部のバルト海に注ぐ川の名.

D.V.M.(S.) Doctor of Veterinary Medicine (and Surgery).

dwale [dweil] *n.* 〘植〙ベラドンナ.

‡**dwarf** [dwɔːrf] *n.* (*pl.* **〜s**) **1** 小人(ㇳ), 一寸法師. **2** 普通より小さい動植物. **3**〘北欧神話〙小人《金属細工が巧み》. —— *a.* ちっぽけな, いじけて小さい; 小形の. —— *vt., vi.* **1** 小さくする〔なる〕; 小さく見せる〔見える〕. **2** の発育を妨げる.
〜**(ed) tree** 盆栽.

dwárf·ish [dwɔ́ːrfiʃ] *a.* **1** 小人のような, 小形〔小柄〕の. **2** 知能が発達していない.
◇ **〜·ly** *ad.* **〜·ness** *n.*

‡**dwell** [dwel] *vi.* (**dwelt** [-t] *or* **dwelled**) **1** 住む, 居住する《に *at, in, on*》. **2** 長くとどまる: Her memory 〜*s with* me. 彼女の思い出はいつまでも私の心に残っている. 〜 ***on*** 〔***upon***〕 (1) をゆっくり考える, を思いめぐらす. (2) を長々と論ずる, をくどくど話す. (3) …にぐずつく; をゆっくりやる. 類 → **live**「住む」

***dwéll·er** [dwélər] *n.* **1** 居住者. **2**《障害など飛び越えるとき》ためらう馬.

‡**dwéll·ing** [dwéliŋ] *n.* 住居, 人の住む場所; 住所.
〜 **house** 住宅. 〜 **place** 住所, 居所.
類 → **house**「家」

***dwelt** [dwelt] *v.* dwell の過去・過去分詞.

Dwi·ná [dviːnáː, dvi-/dvíːnə, dwíː-] ＝Dvina.

dwín·dle [dwíndl] *vi.* **1** だんだん小さくなる, だんだん減少する; 〈名声などが〉衰える. **2**《病気・老衰などのため》やせ衰えていく《*away*》. 〜 ***away into nothing*** だんだん減少していってなくなる. 〜 ***down to*** 減少して〔衰えて〕…になる. —— *vt.* 縮小〔減少〕させる. ◇ **dwín·dler** [dwíndlər] *n.*《栄養不足で》成長の悪い人〔動物〕.

dwt. denarius weight (＝pennyweight). **DX, D.X.** [díːéks] 〘米：無線〙distance. **Dy** 〘化〙dysprosium.

dý·ad [dáiæd] *n.* **1** 一対, 2 個組み. **2**〘化〙2 個の元素;〘生〙二分染色体. ◇ **dy·ád·ic** [daiǽdik] *a.*

Dý·ak ＝Dayak.

dý·arch·y ＝diarchy.

dýb·buk [díbək] *n.* (*pl.* **〜s, dyb·búk·im** [dibúkim]) 生者に取りついて支配する死者の霊.

‡**dye** [dai] *n.* **1** 染料, 染液. **2** 色合い, 染め色. ***of (the) deepest*** 〔***blackest***〕 〜 極悪な. —— *v.* (**dyed**; **dýe·ing**) *vt.* 染める, 着色する. —— *vi.* **1** 染まる. **2** 染め物をする. 〈注〉スペリングに注意: dye ≒die; dyeing≒dying＜die. 〜 ***in (the) grain*** 〔***in the wool***〕《織る前に》糸の段階で染める. 〜***d-in-the-wool*** 《思想的に》筋金入りの: a 〜*d-in-the-wool* communist.
〜 **house** 〔**works**〕 染め物工場. ⌐**·stuff,** ⌐**·ware** [⌐⌐] 染料. ⌐**·wood** [⌐⌐] 染料木材.

dýe·ing [dáiiŋ] *n.* 染色(法); 染色業.

dý·er [dáiər] *n.* 染め物屋. **〜's-weeds** [dáiərz-wiːdz] 染料となる植物《〜's broom ヒトツバエニシダ; 〜's bugloss ウシノシタクサなど》.

‡**dý·ing** [dáiiŋ] *a.* **1** 死にかけている, 瀕死(ひん)の; 臨終の, いまわのきわの. **2** 死すべき, 滅亡すべき. **3** 滅亡に瀕した, 消えようとする; 《日・年が》暮れかかっている. **4**〘話〙しきりに…したがっている: She is 〜 *to* see him. 彼女はしきりに彼に会いたがっている. one**'s** 〜 ***wish*** 臨終の願い, 辞世のことば. ***till*** 〔***to***〕 one**'s** 〜 ***day*** 死ぬまで. —— *n.* 臨終, 死.
〜 **swan** 瀕死の白鳥《死にぎわに歌をうたうという》.

dyke ＝dike.

dyna(m)-「力」の意の語形成要素.

dy·nám·e·ter [dainǽmɪ̣tər] *n.* 望遠鏡の倍率計.

dy·nám·ic [dainǽmik] *a.* **1** 動力の, 動的な. ↔ static. **2** 力強い; 活気のある, 精力的な. **3** 力学上の. **4**〘医〙機能的な. **5**〘哲〙力本説の, 物力論の. **〜 characteristics**《真空管の》動特性. **〜 electricity** 動電気. **〜 engineering** 機械工学. **〜 psychology** 〘心〙力学的心理学. **〜 range** 〘電〙ダイナミック レインジ《増幅器などの受け入れられる音の最強最弱の間の幅》.
◇ **-i·cal** [-(ə)l] *a.* ＝dynamic. **-i·cal·ly** *ad.*

dy·nám·ics [-s] *n. pl.* **1**《単数扱い》力学, 動力学;《複数扱い》動力, 原動力. **2**〘楽〙強弱法.

dý·na·mism [dáinəmiz(ə)m] *n.* 〘哲〙力本説〔論〕《宇宙のあらゆる現象をすべて自然力の作用に起因するものと説く学説》. ◇ **-mist** [-mist] *n.* 力本論者.

dý·na·mite [dáinəmàit] *n.* ダイナマイト. —— *vt.* ダイナマイト爆破する. ◇ **dý·na·mit·er** [-ər] *n.*《犯罪や革命の目的で》ダイナマイトを使用する者.

dỳ·na·mít·ic [dàinəmítik] *a.* ダイナマイト性の.

dý·na·mit·ism [dáinəmàitiz(ə)m] *n.* 急進的政治革命主義《その主義を実現するためダイナマイト使用を説く》.

***dý·na·mo** [dáinəmòu] *n.* (*pl.* **〜s**) 〘電〙ダイナモ, 発電機;〘俗〙精力家.

dynamo- 「電動力」「力」の意の語形成要素《元来は dyna(m)- の別形》.

dỳ·na·mo·e·léc·tric [dàinəmouiléktrik] *a.* 電動の; 発電の.

dý·na·mo·graph [dáinəmogræ̀f/-grɑːf] *n.* 動力記録計, 自記動力器.

dỳ·na·móm·e·ter [dàinəmɑ́mɪ̣tər/-mɔ́m-] *n.* 動力計; 検力計, 握力計, 力量計; 液圧計;《望遠鏡の》倍率計. ◇ **-try** [-tri] *n.* 動力測定法.

dý·na·mo·tor [dáinəmòutər] *n.* 発電動機.

dý·nast [dáinæst, -nəst/dínəst, -næst] *n.* (世襲的) 君主, 歴代王朝の君主.

dy·nás·tic [dainǽstik/di-], **-ti·cal** [-(ə̣)l] *a.* (歴代) 王朝の. ◇ **dy·nás·ti·cal·ly** *ad.* (歴代) 王朝によって〔関して〕.

dý·nas·ty [dáinəsti/dín-] *n.* (歴代) 王朝: the Tudor 〜 チュードル〔チューダー〕王朝.

dý·na·tron [dáinətràn/-trɔn] *n.* 〘電〙ダイナトロン《二次放電利用四極真空管》.

dyne [dain] *n.* 〘物〙ダイン《力の単位で 1 g の物体に 1 秒間に 1 cm 毎秒の加速度を生じさせる力》.

dys- *pref.*「悪」「不良」「困難」などの意.

dỳs·en·tér·ic [dìsntérik] *a.* 赤痢の.

dýs·en·ter·y [dísntèri/-tri] *n.* 〘医〙赤痢.

dys·gén·ic [disdʒénik] *a.* 種族に悪影響を及ぼす, 非優生学的な. ↔ eugenic.
◇ **〜s** *n. pl.*《単数扱い》劣生学.

dys·léx·i·a [disléksiə] *n.* 〘医〙難読症.

dỳs·lo·gís·tic [dislədʒístik] *a.* 非難の, 難詰の.
◇ **-ti·cal·ly** [-ik(ə)li] *ad.*

dỳs·men·or·rhé·a [dìsmenəríːə] *n.* 〘医〙月経不順, 月経困難.

dys·pép·si·a [dispépʃə, -ʃiə/-siə], **dys·pép·sy** [-si] *n.* 〘医〙消化不良, 胃弱. ↔ eupepsia.

dys·pép·tic [dispéptik] *a.* 消化不良の, 胃弱の; 陰うつ病的な. —— *n.* 消化不良の人.

dys·phó·ni·a [disfóuniə], **dýs·pho·ny** [dísfəni] *n.* 〘医〙発音困難.

dysp·nóe·a, -né·a [dispníːə] *n.* 〘医〙呼吸困難.

◇ **-ic** [-ní:ik] *a.*
dys·pró·si·um [disprόusiəm, -ʃiəm] *n.* 〘化〙ジスプロシウム《希土類元素. 記号 Dy》.
dýs·tro·phy [dístrəfi], **dis·tró·phi·a** [distróufiə] *n.* 〘医〙栄養失調, 栄養障害.
dys·ú·ri·a [disjú(:)riə / -júər-], ㊥⁺ **dýs·u·ri** [dísjəri] *n.* 〘医〙排尿困難.
dz. dozen(s).

E

E, e [i:] *n.* (*pl.* **E's**, ***Es***, **e's**, **es** [i:z]) **1** 英語アルファベットの第5字. **2**〘楽〙ホ音, ホ調. **3** 第5番めの符号: vitamine E. **4**〘論〙全称否定. **5** (ロイド船級の) 第2等級. **6**〘米〙《学業成績》要再試験. **7**《ローマ数字の》250. **8** E 字形のもの. **E-boat** [ˊˋ]〘英〙旧ドイツの快速魚雷艇. [<enemy-*boat*]
e- *pref.* c, f, p, q, s, t 以外の子音の前での ex- の異形: *e*merge<ex- + √merg- 浮かび + 出る. *e*rase <ex- + √rad- こすり + 消す.
E. Earl; Earth; East(ern); Easter; Engineer; English; excellent. **e.** eldest; engineer(ing); 〘劇〙entrance; errors; 〘野球〙error(s); export.
†**each** →枠付 each.
‡**éa·ger** [í:gər] *a.* **1** 熱望して, 切望して《を *for*, *after*》: ～ *for* [*after*] knowledge 知識欲に燃えて. **2** しきりに…したがって《*to* (do)》: be ～ *to* learn English 英語を学びたがっている. **3** 熱心な, 熱心で, 熱望 [執心] をこめた: ～ in one's study 勉強に熱心で. an ～ desire はげしい欲望. an ～ glance 熱っぽい一瞥(べつ). **4**〘古〙刺すような, 鋭い: the ～ morning air 身のひき締まるような冷たい朝の空気.
◇ ‡**éa·ger·ly** *ad.* 熱望して, 熱心に. ***éa·ger·ness** *n.* 熱望; 熱心.
〔類義語〕しきりに…したがる: **be eager to** (do) 目的実現への強い期待, 待ちきれないいらだちが強調される: She *is eager to* be alone. 彼女は早くひとりになりたがっている. **be keen to** (do) 熱意・意欲が強調される: He *is keen to* go [on going] abroad. 外国行きへ熱意を燃やしている. **be anxious to** (do) 半ば不安をいだきながら, 目

each

形容詞・代名詞・副詞として用いられる. every よりも個別的な意味が強いので, 定まった数のものについて用いられることが多い. 同格の代名詞的用法と副詞的用法との間には密接な関係がある.

each [i:tʃ] *a.* めいめいの, おのおのの, 個々の, 各…: The teacher gave three books to ～ boy. 先生はそれぞれの少年に3冊の本を与えた. *E*～ country has its own customs. 国にはそれぞれ特有の習慣がある. There are tall trees on ～ side of the river. 川のおのおのの岸 [両岸] に高い木がある. ～ one of us われわれ各自.
bet ～ way 《競馬で》連勝式にかける. ***～ and every*** 〘米〙= any and every. →枠付 any. ***～ time*** (1) 毎度, その都度: He climbed the mountain three times and ～ *time* by himself. 彼はその山に3度登ったが, いつもひとりであった. (2) …するたびに, するごとに《接続詞的用法》: *E*～ *time* he played a match, he won. 彼は試合をするたびに勝った. ***on ～ occasion*** ことあるごとに.
〈付記₁〉each は2人[2物]以上のものの各個についていうので通常単数名詞につく: *Each man* wants his own way. 各自が我(が)を通したがる.
〈付記₂〉形容詞としての each は単数名詞にかかるが, 代名詞としては複数の (代) 名詞をあとから同格的に修飾することがある. →*pron.*
〈付記₃〉each side はおのおののがわすなわち両側の意で side は単数である. 類語に単数扱い either side, 複数扱い both sides (ともに「両側」の意) がある.
〈付記₄〉*every* time, *every* day の代わりにアメリカではしばしば *each* time, *each* day が用いられる. また every の繰り返しを避けて each を用いるばあいもある: Her life had been untouched, when *every* day had seemed bright and *each* morning filled with expectancy of things to come. 毎日が輝かしく見え, 毎朝がこれから先のことに対する期待で満ちていても彼女の生活は感動を受けなかった.
〈付記₅〉each の前には定冠詞や所有代名詞がこない. すなわち the *each* side of the river とか his *each* book とはいわない. 特定のものの各自をさすときには *each* of the [his, these, those] books の形をとる. また each of の次には many of などと同様に, 複数人称代名詞 (us など) または定冠詞の類がくる. →下記 *pron.*
〈付記₆〉日本語の「各」は単なる複数の標識であることがあり, 必ずしも each に対応しない: Epidemics have broken out in *many* [*various*] parts of the country. 国内各地に伝染病が発生した.
—— *pron.* めいめい, おのおの, 各自: *E*～ of us [of the students, of my brothers, of these children] has his own desk. 私たち [学生, 私の兄弟, この子どもたち] は, めいめい自分の机をもっている《the などを落とさぬこと》. We ～ know that. われわれは各自それを知っている. We gave them ～ a suitable job. 私たちは彼らそれぞれに適当な職を与えた《we each, them each の each は we, them に同格》. The sides of these two triangles are equal ～ to ～. この二つの三角形の各辺はそれぞれ等しい.
～ and all 各自みんな. ***～ other*** お互いに: We helped ～ *other*. 私たちはお互いに助け合った. They looked at ～ *other's* face. 互いに顔を見合わせた. *E*～ blamed the *other*. 互いに相手を非難した《each と離れると *the other* となる》. We depend on ～ *other*. 私たちはお互いにたより合っている. They competed for the prize (with ～ *other*). 彼らは賞を得ようと (お互いに) 競争した. 〈注〉最後の2例のように自動詞のばあい, on, with などの前置詞を脱落させぬよう注意.
〈付記₁〉前記最後の例文 They competed … のように相互的な意味の動詞のばあい, 前後関係でわかっている限り with each other などは略される.
〈付記₂〉each other は通常2人の間に, 3人以上のばあいは one another を用いるというが, この区別は厳密でない.
—— *ad.* めいめい; 1個につき: They received [gave us] one dollar ～. 彼らはめいめい1ドルずつ受け取った [私たちに1ドルずつくれた]. They cost one dollar ～. それらは1個1ドルする.

的の実現によってその不安が解消すると期待する: I *am anxious* for him *to* say yes. なんとか彼に承諾してもらいたいと思っている《ノーと言うのではないかという不安が一方にある》.

‡**éa·gle** [íːgl] *n.* **1**〖鳥〗ワシ. **2** ワシ印; ワシ印の旗《特に古代ローマの》; ワシ印の紋章, (*pl.*) アメリカ陸軍の大佐の章. **3** 10ドルのアメリカ金貨. **4** (E〜)〖天〗ワシ座. **5**〖ゴルフ〗標準打数より二つ少ない打数.
〜-èyed [-àid/-áid] (ワシのように) 目の鋭い, 視力の鋭い. **〜 hawk**〖鳥〗《南アメリカ産》ワシタカ. **〜 owl**〖鳥〗ワシミミズク.

éa·glet [íːglit] *n.*〖鳥〗ワシの子, 子ワシ.

éa·gre [íːgər, éi-] *n.* 河口に寄せる高潮《特にイギリス Severn, Humber, Trent 川の河口に寄せる》.

E. (& O.) E. errors (and omissions) excepted 誤り(脱落)は除く.

†**ear**[1] [iər] *n.* **1** 耳: the (external) 〜 外耳. the internal 〜 内耳. **2** 聴覚, 聴力; 音感. **3** 傾聴, 注意: turn a deaf 〜 to 聞こうとしない, に注意を払わない. **4** 耳状のもの; 取っ手《水さしなどの》. ***A word in your 〜.*** ちょっとお耳を拝借. ***be all 〜s***〖話〗一心に耳を傾ける, 熱心に聞く. ***bend an 〜*** 耳を傾けて聞く. ***bend*** a person***'s 〜*** (人) に傾聴させる〔話す〕. ***bow down*** [***incline***] one***'s 〜s to*** に耳をかす. ***bring the storm of indignation*** [***a hornets' nest***] ***about*** one***'s 〜s*** ハチの巣をつついたような大騒ぎを引き起こす. ***by 〜*** 耳で;〖楽〗暗譜で: sing *by* 〜 耳で(聞き覚えて)歌う. ***fall on deaf 〜s*** なんの注意も引かない. ***give*** one***'s 〜s*** どんな犠牲も払う《のために *for*》; どうしてもしようと思う《*to* (do)》. ***give 〜 to***=***lend an 〜 to*** に耳を傾ける, に耳をかす. ***go in*** (***at***) ***one 〜 and out*** (***at***) ***the other*** 右の耳からはいって左の耳から抜ける; 記憶〔印象〕に残らない; 感銘を与えない. ***have a*** [***no***] ***〜 for*** 〈音楽など〉がわかる〔わからない〕. ***have*** [***hold, keep***] ***an*** [one***'s***] ***〜 to the ground*** 世論に耳を傾ける. ***have*** [***gain, win***] a person***'s 〜*** (人) に聞いてもらう; (人) の注意を引く. ***pin*** one***'s 〜s back***〖俗〗打ち負かす. ***prick up*** one***'s 〜s*** 聞き耳を立てる. ***set*** persons ***by the 〜s*** (人々の間に) 争いを起こさせる. ***up to the 〜s*** = ***over*** (***head and***) ***〜s*** 首ったけになって《恋愛で》; 首が回らなくなって《借金で》.
∠·ache [íər-èik/íəreik] 耳痛. **∠·bùrn·ing**《批評などが》耳に痛い, 痛烈な. **∠·cap** [∠∸]《防寒用》耳おおい. **∠·drop** [∠∸] 耳飾り (=earring); フクシャ (fucksia) の花. **∠·drum** [∠∸] 鼓膜; 中耳 (tympanum). **∠·flap** [∠∸] (通例 *pl.*)《帽子に付けた》防寒用耳おおい. **∠·lap** [∠∸] =earflap; 外耳; 耳たぶ. **∠·mark** → 別項. **∠-mìnd·ed** 聴覚型の《目よりも耳で周囲の状況などを知覚する》. → eye-minded. **∠·muff** [∠∸] (*pl.*)〖米〗防寒用耳おおい. **∠·phone** [-fòun] イヤホーン;《ラジオなどの》レシーバー. **∠·pick** [∠∸] 耳かき. **∠·piece** [∠∸] 受話器; 耳おおい. **∠·pìerc·ing** 耳をつんざく《悲鳴など》. **∠·plug** [∠∸] 耳栓 (せん)《騒音を防ぐためのもの》. **∠·ring** [íərrìŋ] イヤリング, 耳飾り. **〜 shell**〖米〗アワビ (abalone). **∠·shot** →別項. **〜 specialist** 耳科医 (otologist, aurist). **∠-splìt·ting** 耳をつんざく, 轟然(ごう)たる. **∠-to-gróund** 耳を地につけて〔た〕《物音を聞きとるために》; 警戒怠りない. **〜 trumpet** 耳らっぱ《昔の補聴器》. **∠·wax** [-wæks] 耳あか. **∠·wig** [∠∸] (1)〖虫〗ハサミムシ; こっそり告げ口する人. (2) (**-gg-**) に耳打ちする; に入れ知恵をする.
◇**〜ed** [-d] *a.* 耳のある, 耳 (状物) 付きの: 〜*ed* owl ミミズク. **∠·ful** [-fùl] *n.*〖米俗〗大ぶろしき談義; びっくりさせるようなニュース; 耳の痛い話, 小言. **∠·less** *a.* **1** 耳のない, 耳の聞こえない. **2** 穂のない.

ear[2] *n.*《麦などの》穂,《トウモロコシの》実. ***be in the 〜*** 穂が出ている. **——** *vi.* 穂が出る.
◇ **〜ed** [-d] *a.* 穂のある, 穂が出た.

éar·ing [í(ː)riŋ/íəriŋ] *n.*〖海〗耳づな《帆の上部のすみを帆げたに結ぶ細いロープ》.

***earl** [əːrl] *n.*〖英〗**伯爵**《その夫人は countess》. 〈注〉ヨーロッパ大陸の count にあたり marquess (侯爵) につぐ爵位.
◇ **∠·dom** [-dəm] *n.* 伯爵の地位〔身分, 領地〕.

éar·li·ness [ə́ːrlinis] *n.* 早いこと. [<early]

†**éar·ly** [ə́ːrli] *ad.* (**éar·li·er**; **éar·li·est**) **1 早く, 早くから**; 初期に, 幼いころに: 〜 in the morning 朝早く. 〜 in the year 年の初めのころ. **2** (はるか) 昔. **3** 時刻前に, (時刻に) 遅れずに: They came 〜 and found their hosts still dressing. ⇔ late. ***as 〜 as*** 1850 (1850年) には既に. ***earlier on*** (もっと) 早く, 前に: *earlier on* in the year 年の初めのころに. ***〜 and late*** 朝も夜も; 朝早くから夜おそくまで. ***〜 or late*** 早かれおそかれ. ***E〜 to bed and 〜 to rise makes a man healthy, wealthy and wise.***〖諺〗早寝早起きは健康・富裕・知恵のもと. ***They got up a bit 〜 for you.***〖話〗やつらはきみには少々手ごわいよ.
—— *a.* (**-li·er**; **-li·est**) **1 早い**; 朝早い. **2 初期の**; 幼少の (ころの), 若い (ころの): in the 〜 part of the month 月の上旬ごろに. in one's 〜 twenties 20代の初期に. She is in her 〜 teens. 彼女はローティーンだ《「ローティーン」は和製英語》. **3 定刻より早い**; はしりの; わせの: an 〜 supper 早い夕食. **4 近い将来の**: I look forward to an 〜 reply. 早々のご返事をお待ちしています. ***at an 〜 date*** 近いうちに, 遠からず. ***at*** one***'s earliest convenience*** ごつごうのつきしだい, なるべく早めに. ***at the earliest*** 早くとも. ***in*** one***'s 〜 days*** 若いころに. ***It is 〜 days yet to*** (do). …するにはまだ早い. ***keep 〜 hours*** 早寝早起きする. ***The 〜 bird catches the worm.***〖諺〗早起きは三文の得.
〜 bird 早起きの人, 定刻より早く来る人. **〜 case** 初期の病人. **〜 door** 早木戸《劇場で定刻より早く高い料金で入れる入り口》. **E〜 English** (**style**) イギリスの初期ゴシック建築様式. **〜 habits** 早寝早起きの習慣. **〜 riser** 早起きの人. **〜-Vic·tó·ri·an** ビクトリア朝初期の; 旧式な.

éar·mark [íərmàːrk] *n.* **1** 耳印《持ち主を示すため羊その他の動物につける》; 持ち主の印; 目印. **2** 本のページのすみを折ること (dog-ear).
—— *vt.* **1** に 〜 をつける. **2** 〈本の〉ページのすみを折る. **3** 〈金・物を〉(特別の目的に) とっておく, 充当する《に *for*》.

‡**earn** [əːrn] *vt.* **1** 〈生活の資を〉**かせぐ**, もうける: 〜 one's living [daily bread] 生計の資をかせぐ. **2** 〈名声などを〉**獲得する**, 得る; …のために…を獲得する: 〜 a reputation for honesty 正直だという評判を得る. His conduct 〜*ed* him universal praise. 彼の行為は彼に万人の賞賛をもたらした. **3** 〈報酬などを〉受けるにたる〔に値する〕: receive more than one has 〜*ed* 当然受けるべき以上のものをもらう. **4** 〈預金・証券などが利子を〉生む. ***〜ed income*** 勤労所得. ***〜ed run***〖野球〗アーンドラン《敵の失策によらぬ得点》. ***〜 one's way through college*** アルバイトをして大学を出る.

‡**éar·nest**[1] [ə́ːrnist] *a.* **1**《人・人柄・態度・ようすなどが》**まじめな, 真剣な**, 熱心な: an 〜 worker まじめに働く人. **2**《事柄が》重大な, 冗談事ではない.
—— *n.* まじめ, 本気. ***in 〜*** まじめに, 本気で; 本格的に: It is raining *in* 〜. 雨は本降りだ. ***in good*** [***real, sober, sad, dead***] ***〜*** 大まじめに, 真剣に.
◇***〜·ness** [-nis] *n.*

éar·nest[2] *n.* **1** 手付け金, 内金 (= 〜 money). **2** 前兆となるもの.

‡**éar·nest·ly** [ə́ːrnistli] *ad.* **熱心に, まじめに, 本気で.**

éarn·ing [ə́ːrniŋ] *n.* もうけ, かせぎ; (*pl.*) 所得, かせぎ高; 賃銀.

E

éar·shot [íərʃɑ̀t/-ʃɔt] *n.* 音が聞こえる距離. ***within*** [***out of***] ～ 呼んで聞こえる〔聞こえない〕ところに.

†**earth** [əːrθ] *n.* **1** (the ～) **地球**. **2 大地**, 陸地《海に対して》, 地面《空に対して》fall to ～ 地上に落ちる. **3 土**, 土壌(どじょう). **4** 地球上の人々: The whole ～ was astonished. 全世界の人々が驚いた. **5 この世**, 世間, 俗事. **6**《キツネなどの》穴. **7** (*pl.*)〘化〙土類. **8**〘電〙アース, 接地. ***come back*** [***down***] ***to*** ～ (夢からさめて) 現実にもどる. ***go the way of all the*** ～ 死ぬ. ***move heaven and*** ～ 百方努力する. ***on*** ～ (1) 地上に〔で〕, この世の〔に〕. (2)《強意語として》いったい (ぜんたい)《疑問詞とともに用いる》: *Where on* ～ have you been? いったいどこへ行ってたんだ. (3) 少しも, 全然《否定語のあとに用いる》: There is *no* reason *on* ～. 少しも筋が立たない. ***run to*** ～ (1) 〈キツネなどが〉穴へ逃げ込む; 〈キツネなどを〉穴に追い詰める. (2) (調べて) 突き止める.
—— *vt.* **1** に土をかぶせる; 土の中に埋める《*up*》. **2** 〈キツネなどを〉穴に追い込む. **3**〘電〙接地〔アース〕する. —— *vi.* 〈キツネなどが〉穴へ逃げ込む.
～ **bag** 砂嚢(さのう). ∠**·born** [∠∠] (1) 地から生まれた; 人間の. (2) 世俗的な《考えなど》. ∠**-bound** [∠∠] 地に固着した; 現世〔世俗〕的な; 義理〔人情〕にからんだ. ∠**·bred** [∠∠] 地上で育った; 卑しい. ～ **closet** 土砂散布式便所. → water closet. ∠**·light** [∠∠] 地球の反射光《弦月の暗い部分の薄明かり》. ∠**·nut** [∠∠] 落花生, ナンキンマメ. ‡∠**·quake** →別項. ～ **satellite** 地球の(人工)衛星. ∠**·shàk·ing** *a.* 《信念などを》根底から揺るがす. ∠**·shine** [∠∠] = earthlight. ∠**·work** [∠∠]〘軍〙土塁《土を盛り上げ前後にみぞをつくったとりで》; 土工作業. ∠**·worm** [∠∠] ミミズ; 卑劣な人間.
◇ ∠**·ward** [-wərd] *a.*, *ad.* 地面〔地球〕に向かった〔て〕. ∠**·wards** [-z] *ad.* = earthward.
[類] → land「土地」

éarth·en [ə́ːrθ(ə)n] *a.* 土製の; 陶製の. ～**·ware** [-wɛ̀ər] 陶器; 陶製器具《陶器・磁器・土器を含む》.

éarth·ling [ə́ːrθliŋ] *n.* **1** 地上に住む人間. **2** 俗人, 俗物.

‡**éarth·ly** [ə́ːrθli] *a.* (**-li·er**; **-li·est**) **1 地球の**. **2 この世の**, 現世の. **3 世俗的な**. **4**《強意語として》いったい (ぜんたい)《疑問》; なんらの《否定》: *What* ～ use does it have? いったいどんな使い道があるんだ. of *no* ～ use 全然役に立たない. ***have not an*** [***have no***] ～ ***chance***〘俗〙少しも見込みがない.
◇ **-li·ness** *n.* 現世的なこと, 浮き世らしいこと, 俗っぽさ, はかなさ.

‡**éarth·quake** [ə́ːrθkwèik] *n.* **1 地震**. **2**《比喩的》《社会的なまた政治的な》大変動, 動乱. ***felt*** [***palpable***] ～ 有感地震.
～ **center** 震央. ～ **intensity** 震度. ～**-proof** [-prùːf] 耐震の: an ～*-proof* building.

éarth·y [ə́ːrθi] *a.* **1** 土の; 土のような. **2** 地上的, 俗世的. ↔heavenly. **3** 卑俗な, 世俗的. ↔spiritual. **4** 気どりのない, 率直な; 剛健な. **5**〘化〙土類の. **6** 地中の〔に住む〕. ***of the earth***, ～〘聖〙地から出て土に属し《コリント前書15: 47》; 俗臭ただよう.
◇ **-i·ness** [-nis] *n.*

‡**ease** [iːz] *n.* **1 安楽**, 気楽; 経済上の心配のないこと; 余裕: a life of ～ 安楽な生活. **2** 平静, 安心. **3** 閑暇, 暇; ゆうゆう自適. **4** 気どりのなさ, 気軽; 物腰の柔らかさ. **5**楽なこと, (痛みの) 軽減. **6 容易**, 平易. **7**《衣服などの》ゆとり, 余裕.
at (one's) ～ 気楽に, くつろいで; ゆっくりと, 時間をかけて. ***be*** [***feel***] ***at*** ～ 安心する, 落ち着く: *be at* ～ about one's health 自分の健康に自信をもっている. ***ill at*** ～ 落ち着かないで, ぎごちなく. ***set*** a person***'s mind at*** ～ 安心させる. ***Stand at*** ～ ***!***〘軍〙休め!《号令》. ***take*** one***'s*** ～ くつろぐ, 休む. ***with*** ～ たやすく, 楽々と.
—— *vt.* **1** 〈痛みなどを〉**楽にする**, 和らげる, 軽くする: ～ pain 苦痛を和らげる. **2** 楽にする, に和らぎを与える: ～ a person *of* care 人の苦労を軽くする. **3** 安心させる: ～ a person's mind 人を安心させる. **4**〘笑〙から奪う: ～ a person *of* his purse 人からさいふを盗む. **5**〘海〙〈帆・綱などを〉ゆるめる; 〈速力を〉落とす. **6** 〈そで口などを〉ゆるめる. **7** 〈重い物を〉注意して動かす, ゆっくり…する: ～ a car into a narrow parking space 車を狭い駐車スペースに注意して入れる. —— *vi.* **楽になる**, 軽くなる.
E～ ***all!***〘海〙こぎ方やめ! ～ ***away*** [***off***, ***up***] (1) 軽くなる, 和らぐ, 楽になる. (2)〘海〙ゆるむ, ゆるめる. ***E***～ ***her!***〘海〙速力ゆるめ! ～ ***out*** 〈人を〉巧みにはずす〔追い出す〕《重要な地位などから》. ◇ ∠**·ful** [-f(u)l] *a.* 気楽な, のんきな; 落ち着いた; 安逸の, 怠惰な. ∠**·ful·ly** *ad.* ∠**·less** *a.* 気の落ち着かない; 不安な. ∠**·ment** *n.* **1**〘法〙地役権. **2**〘古〙《苦痛・重荷などの》緩和, 軽減. **3** 安堵(あんど), 慰安, 便宜.

***éa·sel** [íːzl] *n.* 画架, イーゼル; 黒板の台.

†**éas·i·ly** [íːz(i)li/-zili] *ad.* **1** 容易に, たやすく, 苦もなく: You can get there ～. そこならわけなく行かれます. He ～ gets tired. 彼はすぐ疲れるたちだ. **2 楽**楽と, 気楽に, のんびりと; 安楽(そう)に. **3** ぐあいよく, うまく: fit ～ ゆったりとよく合う. **4** 問題なく, 余裕たっぷりに: be ～ the first 余裕しゃくしゃくと1等になる. He is ～ forty years old. とうに40歳は越えている. **5**《may を伴って》どうも (…しそうだ), ややもすると: He *may* ～ change his mind. 彼はどうも考えを変えそうだ. The train *may* ～ be late. 列車はよく遅れることがある.

éas·i·ness [íːzinis] *n.* **1** 容易, たやすさ. **2** 気やすさ, 気楽さ, ゆったりとした落ち着き. **3** 人のよさ; 人を信じやすい性質; 気さくさ, 人づきあいのよさ.

†**east** [iːst] *n.* **1 東**, 東方. **2** (the E～) **東洋**;〘米〙東部(地方). **3**〘雅〙東風. ***down E***～〘米〙New England 地方へ〔で〕. ～ ***by north*** 東微北. ***in*** [***on***] ***the*** ～ (***of***) (の) 東部〔東端〕に. ***Near E***～ 近東. ***Too far*** ～ ***is west.***〘諺〙極端は相接す. ***to the*** ～ (***of***) (の) 東に, 東方に, 東にあたって.
—— *a.* **東の**, 東(方)への, 東方(から)の. —— *ad.* 東に〔へ〕, 東方に〔へ〕: due ～ 真東に〔へ〕. ten miles ～ *of* Chicago シカゴから10マイル東に.
E～ **Anglia**《Norfolk と Suffolk を含む》イギリス東部地方; 昔そこにあった Anglo-Saxon 7王国の一つ. ∠**·bound** [∠∠] 東向けの《旅など》. **E**～ **Central**《ロンドンの》中央東部郵便区. **E**～ **End** ロンドン市東部《下層民街》. **E**～ **Germany** 東ドイツ. **E**～ **India Company** 東インド会社. **E**～ **Indies, the** 東インド諸島《インド・インドシナ・マライ群島を含む》. **E**～ **River** ニューヨークのマンハッタン島と Long Island との間を流れる川. **E**～ **Side** ニューヨーク市マンハッタン島の東部《下層民街》.

‡**Éast·er** [íːstər] *n.* 復活祭(日) (= ～ Sunday, ～ day)《3月21日以後の満月の次の第1日曜日. キリストの復活を祝う祭り》. ～ **egg** 復活祭の飾り卵《復活祭の贈り物や飾りに用いる彩色した卵》. ～ **eve** 復活祭の前日. ～ **term**〘英:法〙4月15日以後約3週間の開廷期;〘英:大学〙《もと》復活祭後約6週間の学期; 春の学期; クリスマスから復活祭までの学期. ～**·tide** [-tàid] 復活祭季節《復活祭から聖霊降臨祭 (Whitsunday) までの50日間》. ～ **week** Easter Sunday から始まる1週間.

éast·er·ling [íːstərliŋ] *n.* 東方の住民.

éast·er·ly [íːstərli] *a.* 東方の, 東寄りの; 東からの: an ～ wind 東風. —— *ad.* 東方へ〔に〕; 東方から.

‡**éast·ern** [íːstərn] *a.* **1 東(方)の**, 東(方)への, 東(方)からの: an ～ route 東への道. an ～ wind 東風. **2** (E～) **東洋の**. **3** (E～)〘米〙東部諸州の.
—— *n.* **1** (E～) 東洋人; 東方の住民. **2** ギリシア正教の信者. **E**～ **Church, the** 東方教会《ギリシア正教会》. **E**～ **Hemisphere, the** 東半球.

éast·ern·er [-ər] *n.* 東方の住民; (E～)〖米〗東部(諸州)の住民〔出身者〕.
éast·ern·most [-mòust, -məst] *a.* 最も東方の.
éast·ing [íːstiŋ] *n.* **1**〖海〗東航, 偏東航程. **2** 東方位; 東進.
East·man [íːstmən] *n.* George ～, 1854–1932, アメリカのコダック写真機の発明者.
‡**éast·ward** [íːstwərd] *a.* **東方の**〔への〕. —— *ad.* **東方へ**. —— *n.* 東方. ◇**～·ly** *ad.,a.* 東へ(の); 東から(の).
éast·wards [-z] *ad.* ＝eastward.
†**éas·y** [íːzi] *a.* (**éas·i·er**; **éas·i·est**) **1 やさしい**, 容易な, ほねのおれない, 楽な; 《ことば・説明などが》平易な; 《暮らしなどが》気楽な: a problem that is ～ to solve, an ～ problem to solve 容易に解ける問題. an ～ victory 楽勝. **2 安楽な**, 快適な; 《衣服が》ゆったりとした, 窮屈でない: an ～ chair 安楽いす. **3** 《条件・支払いなどが》きつくない, 重荷にならない: ～ payment 分割〔月賦〕払い. **4** 《心理・健康状態について》くつろいだ, のびのびした; 快適な, 安心した. **5** 《人柄などが》のんきな, こだわらない; だらしない. **6** 堅苦しくない, 打ち解けた, くだけた: an ～ stance 楽な姿勢. **7** 寛大な, おおまかな, きびしくない: an ～ master. **8** (性質の)おとなしい, 御(ぎょ)しやすい, 従順な: an ～ mark〖米俗〗お人よし,「かも」. **9** 《足どりなどが》ゆっくりした, 落ち着いた; 激しくない: ～ rolling ゆったりした揺れ. **10**〖商〗《市場が》緩慢な; 《物資が》豊富な; 《物価が》弱含みの. ***as ～ as ABC*** 〔***shelling peas, falling off a log, winking***〕この上なくやさしい〔簡単な〕. ***come in an ～ first*** 楽々と1等になる. ***～ on the eye***〖俗〗見てこころよい, かっこうのいい. ***free and ～*** むぞうさな, こだわらない. ***in ～ circumstances*** 裕福で, なに一つ不足しないで. ***make oneself easy*** (***about***) (…について)安心する, 心配しない. ***of ～ virtue*** 誘惑にのりやすい: a woman *of ～ virtue* しりの軽い女. ***on ～ street***〖米俗〗裕福で. ***within ～ distance*** 〔***reach***〕容易に行ける距離に, 手近に. —— *ad.* 〖話〗**1** 容易に, たやすく. **2** ゆったりと, 気楽に, 自由に. ***E～ all!***〖海〗《号令》かい上げ! ***go ～ = take it ～*** のんきに構える, 気楽にやる, おこらない. ***Take it ～.*** さよなら《親しい相手に対して言う》. —— *n.* 〖俗〗休息, 《こぎ方などの》休憩.
***éa·sy·gó·ing, éa·sy·gó·ing** [íːzigóuiŋ, ㊥⁺ ⌐—⌐—] *a.* **1** のんきな, 気楽な. **2** 無精な, なまけものの. **3** おおまかな, 行き当たりばったりの. **4** 《馬が》歩調のゆるやかな. **～ money** 努力しないで得られる金, あぶく銭(ぜに); 不正手段で得る金.
†**eat** [iːt] *v.* (**ate** [eit/et], 〖方〗**eat** [iːt, et]; **éat·en** [íːt(ə)n]) *vt.* **1 食べる**; 〈スープなどを〉する《「音をたてですする」ことではなくさじで飲むこと》. **2** 〈食事を〉する, すます. **3** むしばむ, 腐食させる, 消耗する, 破壊する: Rust ～*s* iron. さびで鉄がくさる. a forest *eaten* by fire 火事で荒廃した森林. **4** 〈寄宿舎などが〉…に食事を供する, まかなう.
—— *vi.* **1** 食事をする, ものを食べる: ～ well よく食べる. **2** 食い込む; 腐食する《に *into*》: These travels are ～*ing into* my pocket. この旅行はさいふに食い込んでいる. **3**〖俗〗食べられる, 味がする: Cheese ～*s* well with apples. チーズはリンゴといっしょだとおいしい. This cake ～*s* crisp. この菓子はカリカリする.
be eaten up with 〈慢心・心配など〉で心の中がいっぱいである; 〈借金・病気〉ですっかり参っている. ***be eating*** a person (人を)苦しめている: Something *is eating* him. 彼はなにかを悩んでいるようだ. ***～ away*** に食い込む, 腐食する; どんどん食う. ***～ crow***〖米話〗屈辱を忍ぶ; 降参する. ***～ one's head off*** (1) 働き以上に大食する. (2)〈人が〉失業する; 〈工場などが〉遊休する. ***～ one's heart out*** くよくよと思いつめる. ***～ high on the hog***〖米俗〗ぜいたくに暮らす. ***～ humble pie***〖米俗〗屈辱を受ける; 批評〔非難〕を甘んじて受ける. ***～ out*** 食い尽くす, 侵食する. ***～ out of a person's hand*** (人)の手移しに食べる; (人)の言いなりになる. ***～ a person out of house and home*** (人の)財産を食いつぶす. ***～ oneself sick*** 食べ過ぎて病気になる. ***～ one's terms*** 〔***dinners***〕法学を勉強する. ***～ the ginger***〖米俗〗いちばんいいところを取る. ***～ the wind out of***〖海〗(他船)の風上に出て風を奪う. ***～ up*** (1) 食い尽くす, がぶりと一食いにする; 消費する; 〈自動車などが距離を〉ぐんぐんと進む. (2) 夢中にさせる. ***～ well*** よく〔たくさん〕食べる; おいしく食べられる, 味がいい. ***～ one's words*** 前言を取り消す, 食言する.
◇ **⌐·er** *n.* **1** 食べる人: a big ～*er* 大食漢. **2** 侵食するもの. **3** 食べられる生の実. **⌐·er·y** [-əri] *n.* 〖俗〗簡易食堂, 小料理店.
éat·a·ble [íːtəbl] *a.* 食べられる, 食用の; かなりおいしい. —— *n.* (通例 *pl.*) 食物, 食用品.
†**éat·en** [íːtn] *v.* eat の過去分詞.
éat·ing [íːtiŋ] *n.* **1** 食うこと. **2** 食べられるもの; 食物: good ～ おいしい食物. —— *a.* **1** 食い入る, 侵食する, むしばむ: an ～ sorrow at the heart 胸を刺す悲しみ. **2** 生で食べるのに適した. → cooking. **3** 食事の: ～ utensils 食器. **～ house** 食堂, 飲食店.
eats [iːts] *n. pl.* 〖米俗〗食物, 食事.
eau [ou] F. *n.* 水. ***E～ de Nile*** [óudəníːl] 《ナイルの水に似た》緑めいた色. ***eau de vie*** [òudəvíː/óu-] アルコール飲料, ブランデー. **～*-sucrée*** [F. osykre, ㊥⁺ousúkrei] 砂糖水.
Eau de Co·logne [òudəkəlóun/óu-] F. オーデコロン.
***eaves** [iːvz] *n. pl.* **軒**, ひさし. **⌐·drop** [⌐⌐] 盗み聞く《もと軒下の窓べで中の話を盗み聞いたことから》. **⌐·dròp·per** 盗み聞く人. **⌐·dròp·ping** 盗み聞き.
Eb〖化〗erbium. **E.B.** Encyclopaedia Britannica.
ebb** [eb] *n.* **1** 干潮, 引き潮. ↔ flow. **2** 衰退, 減退. ***at a low ～ 潮が引いて; 不振で, 衰微して. ***～ and flow*** 干満, 盛衰. ***on the ～*** 衰えて, 減退して.
—— *vi.* **1** 〈潮が〉引く. **2** 〈熱情・人生・精神・勇気・明かりなどが〉だんだん衰える, 弱る: Daylight was ～*ing* fast. 日は刻々と暮れかかっていた. His life was rapidly ～*ing* away. 彼の元気は急激に衰えていった. **～ tide** 干潮.
EbN east by north.
éb·on [ébən]〖雅〗＝ebony.
éb·on·ite [ébənàit] *n.* エボナイト, 硬質ゴム.
éb·on·y [ébəni] *n.*〖植〗黒檀(こくたん). —— *a.* 黒檀の; 黒檀色の, 漆黒(しっこく)の. ◇ **-ize** [ébənàiz] *vt.* 黒檀のようにする; 〈家具の木質などを〉黒くする.
e·brí·e·ty [iːbráiəti] *n.* 酩酊(めいてい); 陶酔.
é·bri·ous [íːbriəs] *a.* 酩酊〔陶酔〕した; 飲酒にふける.
E·bro [íːbrou, ébrou] *n.* (the ～) エブロ川《スペイン北部から東南に流れ地中海に注ぐ》.
EbS east by south.
e·búl·lient [ibʌ́ljənt] *a.* **1** 沸騰した. **2** 元気がほとばしり出る, 気力旺盛(おうせい)の. [√bulli-]
◇ **-lience, -lien·cy** *n.*
ec- *pref.* **1** ラテン語の ex- の c の前の異形: *ec*centric <ex-＋√centr-＋-ic 中心をはずれた. **2** ギリシア語の ex- の子音の前の異形.
E. C. East Central; Established Church. **ECA, E.C.A.** Economic Co-operation Administration 経済協力局. **ECAFE** [ekǽfei/ekáːfei] Economic Commission for Asia and Far East アジア極東経済委員会《国連の下部組織》.
é·car·té [èikɑːrtéi/—⌐—] F. *n.* 〖トランプ〗エカルテ遊び《32枚の札をふたりで使ってする》.
ec·ce ho·mo [éksi-hóumou, ㊥⁺éke-] L. (＝Behold the man.「この人を見よ」) イバラの冠をつけているキリストの画像〔彫像〕.
ec·cén·tric [ikséntrik, ek-] *a.* **1** 風変わりな, 常軌を逸した; 奇妙な. **2** 中心をはずれた, 中心を異にする;

E

偏心の, 離心の. ↔ concentric. **3**〘天〙《軌道が》偏心的, 真円でない, 《惑星が》離心圏を移動する. **—** *n.* **1** 変人, 奇人. **2** 離心円; 〘機〙偏心器, 〘天〙離心圏. [ex-+√centr-]
◇ **ec·cén·tri·cal·ly** [-(ə)li] *ad.*

èc·cen·tríc·i·ty [èks(ə)ntrísịti, èksen-] *n.* **1**《行動・服装などの》風変わり, 異常; 奇行, 奇癖. **2** 中心から離れていること; 偏心(率); 離心(率).

Eccl., Eccles. 〘聖〙Ecclesiastes. **eccl., eccles.** ecclesiastical.

ec·clé·si·a [iklí:ʒiə/-zjə] *n.* (*pl.* **-ae** [-ʒii:/-zii:]) **1**《古代ギリシアの》民会, 市民集会. **2**〘宗〙教会;《集合的》教会員.

Ec·clè·si·ás·tes [iklì:ziǽsti:z] *n.* 〘聖〙伝道の書《旧約聖書中の一書. Solomon が書いたといわれる》.

ec·clè·si·ás·tic [-tik] *n., a.* 《キリスト教会の》聖職者(の); 教会(の).

ec·clè·si·ás·ti·cal [-tịk(ə)l] *a.* 教会の《俗世に対し》; キリスト教に関する; 聖職者の.
◇ **~·ly** *ad.* 教会の立場から; 教会法上.

ec·clè·si·ás·ti·cism [-tisiz(ə)m] *n.* **1** (キリスト)教会精神〔原理, 慣行〕; 教会主義. **2** 教会の形式主義.

Ec·clè·si·ás·ti·cus [-tịkəs] *n.* 聖書外典中の一書《The Wisdom of Jesus とも称される》.

ec·clè·si·ól·o·gy [iklì:ziáləd͡ʒi/-ɔ́l-] *n.* 教会学; 教会建築・装飾学. ◇ **-gist** *n.*

Ecclus. Ecclesiasticus.

éc·dy·sis [ékdịsis] *n.* (*pl.* **-ses** [-si:z])《ヘビ・甲殻(こうかく)類などの》脱皮; 抜けがら.

éch·e·lon [éʃəlàn/-lɔn] *n.* 〘軍〙**1** 梯状(ていじょう)配置; 梯団. **2**《命令系統の》階層, 段階.
— *vt., vi.* 台形に配置する.

echelon ①

e·chíd·na [ikídnə] *n.* (*pl.* **-nas, -nae** [-ni:])〘動〙ハリモグラ.

e·chí·no·derm [ekáinədə̀:rm, ékinə-] *n.* (*pl.* **-der·ma·ta** [-mətə])〘動〙棘皮(きょくひ)動物《ヒトデ・ウニなど》.

e·chí·noid [ikáinɔid, ékịnɔ̀id] *a.* ウニ類の, ウニに似た. **—** *n.* ウニ.

e·chí·nus [ekáinəs, i-] *n.* (*pl.* **-ni** [-nai]) **1**〘動〙ウニ. **2**〘建〙まんじゅう形柱頭《ドーリア式建築の》.

‡éch·o [ékou] *n.* (*pl.* **~es**) **1** こだま, 反響. **2** まね, おうむ返し. **3**《世論などの》反響, 共鳴. **4** 模倣者, 雷同者. **5** (E~)〘ギ神〙森の精《女神》, 山びこ. **6**〘電〙《レーダーなどの》反射波. ***applaud*** [***cheer***] ***to the*** **~** 大いにかっさいする. ***find an ~ in a*** person's ***heart***(人)の共鳴を得る.
— *v.* (**~ed**; **~·ing**) *vt.* 〈音・声を〉反響させる; 〈人の考えなどを〉そっくりまねる.
— *vi.* **1**〈音・声が〉こだま〔反響〕する. **2**〈物が〉(音を反響させる→) 鳴り響く《で *with*》: The room *~ed with* laughter. へやに笑い声が鳴り響いた. **3** おうむ返しに答える; 〈表現・主題などが〉繰り返しあらわれる《同一作品中などで》.
~ chamber 残響音室《放送局や音響実験室で用いる》. **~·gram** [-græ̀m] 音響測深図表. **~ sounder** 音響測深器.

e·chó·ic [ekóuik] *a.* **1** 反響の; 反響装置の; 反響のような. **2**〘言〙擬音〔擬声〕の(onomatopoeic).

é·clair [eikléər] F. *n.* エクレア《チョコレートをかけた細長いシュークリーム》.

é·clair·cisse·ment [F. eklɛrsismɑ̃, ㊥⁺èikleəsí:smɑ̃] F. *n.* 解明, 説明; 釈明, 弁解.

ec·lámp·si·a [eklǽmpsiə] *n.* 〘医〙**1** (妊娠後期または出産時に起こる) けいれん, 子癇(しかん). **2**《小児の》急癇.

é·clat [iklá:, ei-/éikla:] F. *n.* 輝かしい成功, かっさい. ***with great*** **~** はなやかに, 大かっさいを受けて.

ec·léc·tic [ikléktik, ek-] *a.* 折衷主義の; 一説に拘泥(こうでい)しない. **—** *n.* 折衷学派に属する学者; 折衷主義者. ***the E~***(イタリアの)折衷画派の芸術家たち. [ex- + √leg-¹] **E~ School, the** 折衷学派, 折衷画派. ◇ **-ti·cal·ly** *ad.* 折衷して. **-ti·cism** [-tịsiz(ə)m] *n.* 折衷学派, 折衷主義.

***e·clípse** [iklíps] *n.* **1**〘天〙《太陽や月の》食; 《星の》掩蔽(えんぺい): a solar ~ 日食. a lunar ~ 月食. **2** 光の消滅; 《栄誉・名声などの》失墜: His reputation is now in ~. 彼の名声はいまや地に落ちている. **—** *vt.* **1**〈天体が他の天体を〉食する. **2** 暗くする. **3** 光被する; しのぐ; に顔色なからしめる.

e·clíp·tic [iklíptik] *n.*〘天〙黄道. **—** *a.* **1** 黄道の. **2** 食〔日食, 月食〕の. ◇ **-ti·cal** *a.* =ecliptic.

éc·logue [éklɔ:g, -lag/-lɔg] *n.* 田園〔農耕〕詩, 牧歌.

ECNR European Council of Nuclear Research. **ecol.** ecology.

é·cole [F. ekɔl] F. *n.* 学校; 学派, 流派.

e·cól·o·gy [i:kálədʒi/-kɔ́l-] *n.* エコロジー, 生態学《生物と環境との関係を研究する》. ***human*** **~** 社会生態学. ◇ **-gist** *n.* ~学者.

econ. economic(s); economy.

e·còn·o·mét·rics [ikànəmétriks/ikɔ̀nə-] *n.* 計量経済学, 測定経済学, 統計経済学.

‡è·co·nóm·ic [i:kənámik, èk-/-nɔ́m-] *a.* **1** 経済(上)の, 財政上の: an ~ blockade 経済封鎖. an ~ policy 経済政策. **2** 経済学の. **3** 経済的な, 実利的な: ~ entomology 実用こん虫学. **4** 実害のある《害虫など》. ***for ~ reasons*** 経済的な理由で. **~ botany** 植物経済学.

‡è·co·nóm·i·cal [i:kənámịk(ə)l, èkə-/-nɔ́m-] *a.* **1** 経済的な; 格安の, 徳用の. **2** 倹約な, 節倹の: an ~ housewife. **3** 経済学の. ***be ~ of*** を節約する.
◇ **~·ly** *ad.* 経済的に, 格安に; 経済的見地から.

***è·co·nóm·ics** [i:kənámiks, èkə-/-nɔ́m-] *n. pl.*《通例単数扱い》**1** 経済学(political economy). **2** 経済的考慮, 採算, 経済的側面. **3** 一国の経済状態.

e·cón·o·mist [ikánəmist, i:-/-kɔ́n-] *n.* **1** 経済学者. **2** 経済家, 節約家.

e·cón·o·mize [ikánəmàiz, i:-/-kɔ́n-] *vt.* 経済的に使う; 節約する. **—** *vi.* 節約する《を *on*》.
◇ **-miz·er** *n.* 経済家, 節約家; 《燃料・熱量などの》節約装置. **e·còn·o·mi·zá·tion** [–⏊–mịzéiʃ(ə)n/-maiz-] *n.* 経済化, 倹約(化).
〔類〕→ save「取っておく」

‡e·cón·o·my [ikánəmi, i:-/-kɔ́n-] *n.* **1** 経済, 理財. **2** 節約, 倹約. **3** 経済学. **4** 経済機構: a democratic ~ 民主主義的な経済機構. **5**〘宗〙《天の》配剤, 摂理. **6**《自然界などの》理法, 組織; 有機体組織. ***domestic*** **~** 家政, 家庭経済. **~ *of truth*** ありのままを言わないこと. ***political*** **~** 経済学. ***practice*** [***use***] **~** 倹約する, 節約する.
— *ad.* エコノミークラス(economy class)で, 二等で: travel ~. [√oiko- 家+√nom- 法則]
~ class 二等《特に旅客機の》.

ECOSOC Economic and Social Council.

é·cran [F. ekrɑ̃] F. *n.*〘映〙スクリーン, 映写幕.

é·cra·sé [èikra:zéi] F. *a.*《皮を》もんだ.

é·cru [ékru:, éi-, eikrú:/éikru:] F. *n.* 淡かっ色《さらしてない絹・麻などの色》. **—** *a.* 淡かっ色の.

‡éc·sta·sy [ékstəsi] *n.* **1** 忘我, 恍惚(こうこつ), 法悦; 無我夢中, 有頂天. **2**〘医〙意識混濁状態, 精神混迷. ***be in ~ies over*** に夢中である. ***go*** [***get***] ***into ~ies = be through ~ies*** 有頂天になる. [√sta-]
◇ **-size** [-sàiz] *vt., vi.* 有頂天にさせる〔なる〕; 恍惚とさせる〔なる〕.

ec·stát·ic [ikstǽtik, ék-] *a.* 忘我の, 恍惚境の; 無我夢中の, 有頂天の. **—** *n.* 有頂天〔無我夢中〕の人. ◇ **-i·cal·ly** *ad.*

ecto- *pref.*「外, 外部」の意.
éc·to·blast [éktəblæst] *n.*〘生〙外胚葉(はいよう).
éc·to·derm [-dəːrm] *n.*〘生〙外皮, 外細胞層.
èc·to·pár·a·site [èktopærəsàit] *n.*〘動〙体外寄生虫.
ec·tóp·ic [ektɑ́pik/-tɔ́p-] *a.*〘医〙正規の場所外の: ～ pregnancy 子宮外妊娠.
éc·to·plasm [éktəplæz(ə)m] *n.* **1**〘生〙(細胞原形質の) 外層部. → endoplasm. **2**〘心霊術〙霊魂発露《霊媒のからだから発する》.
éc·type [éktàip] *n.* 模型. → prototype.
E.C.U. English Church Union.
Ec·ua·dòr [ékwədɔ̀ːr/ ̗ ̶ ̶ ́, ́ ̶ ̶] *n.* エクアドル《南アメリカの北西岸にある共和国. 首都 Quito》.
◇ **Ec·ua·dó·ri·an** [èkwədɔ́ːriən] *a., n.* エクアドルの; エクアドル人 (の).
è·cu·mén·ic [èkjuménik/iː-], **-i·cal** [-k(ə)l] *a.* **1** 全世界の, 普遍的な. **2** 全キリスト教会の《いまではローマカトリック教会のみに用いる》. **3**《新教で》超教派的.
éc·ze·ma [éksimə, ㊍+ égzi-, igzíːmə] *n.*〘医〙湿疹(しっしん).
ed. edited; edition; editor.
-ed[1] *suf.* 規則動詞の過去・過去分詞をつくる.〈注〉d 以外の有声音のあとでは [-d]; t 以外の無声音のあとでは [-t]; t, d のあとでは [-id] と発音される: name > name*d* [neimd]; walk > walk*ed* [wɔːkt]; repent > repent*ed* [ripéntid]. ただし若干の形容詞化した過去分詞は t, d 以外の音のあとでも [-id] と発音されることがある: a learn*ed* [lə́ːrnid] professor; an ag*ed* [éidʒid] man.
-ed[2] *suf.* 名詞から形容詞をつくる《e のあとでは -d となる》: a one-eye*d* man 片目の人.
e·dác·i·ty [idæ̀siti] *n.* 大食;〘笑〙食欲旺盛(おうせい).
◇ **e·dá·cious** [idéiʃəs] *a.* 大食の; 消耗的な.
E·dam [íːdəm,-dæm/-dæm] ～ ***cheese*** 赤玉チーズ《オランダ原産の外部を赤く染めた丸形チーズ》.
e·dáph·ic [idæ̀fik] *a.* 土壌(どじょう)の〔による〕.
Ed. B. 〔**D.**〕 Bachelor 〔Doctor〕 of Education.
E.D.C. European Defence Community ヨーロッパ防衛共同体.
Ed·da [édə] *n.* エッダ《古代アイスランド語で書かれた2種類の本の名》. ***Elder*** 〔***Poetic***〕 ～ 13世紀の後半に本となった古代ゲルマン神話・英雄詩集. ***Younger*** 〔***Prose***〕 ～ 古代ゲルマン神話集・詩歌手引き書.
éd·dy [édi] *n.* (水面などの小さい) うず(まき); 旋風. —— *vi., vt.* **1**〈水・空気・霧などが〉うずまく, うずまかせる. **2**〈人の群れなどが〉うずまいて動く.
～ **current**〘電〙うず電流; 渦流(かりゅう).
Ed·dy·stone [édistən] ～ ***Rocks*** イギリス海峡の西端 Cornwall の海岸沖にある危険な岩.
é·del·weiss [éidlvàis] *n.* エーデルワイス《ミヤマウスユキソウの一種. 高山植物》. [<G.]
e·dé·ma [iːdíːmə] *n.* (*pl.* ～·**ta** [-mətə])〘医〙浮腫(ふしゅ), 水腫.
E·den [íːdn] *n.* **1**〘聖〙エデンの園《Adam と Eve が住んでいた楽園》. **2** 楽土, 楽園. **3** Sir Anthony ～, 1897- , イギリスの政治家・元首相.
e·dén·tate [iːdénteit, idén-] *a.* 歯のない;〘動〙貧歯類の. —— *n.* 貧歯獣《門歯と犬歯のない胎盤ほ乳動物. アリクイ・ナマケモノなど》. [√dent-]
‡**edge** [edʒ] *n.* **1** 端, ふち, へり, かど: a book with gilt ～*s* 金ぶちの本. **2**《刃物の》刃;《批評・空腹感などの》激しさ: The knife has lost its ～. このナイフは切れなくなった. **3** 危機, せとぎわ. **4**〘俗〙強み, 優勢.
be (***all***) ***on*** ～ ***to*** (do) …したくていらいらしている. ***by the*** ～ ***of the sword*** やいばにかけて《殺すなど》. ***do the inside*** 〔***outside***〕 ～〘スケート〙内〔外〕側にかどつけする. ***give an*** ～ ***to***〈ナイフなど〉に刃をつける; を強める. ***have an*** 〔***the***〕 ～ ***on*** …よりまさる;〘米〙に遺恨をいだく. ***not to put too fine an*** ～ ***upon it*** ありのままに言えば. ***on*** ～ 興奮して, いらいらして, 不安で. ***on the*** ～ ***of*** …のふちに; に瀕(ひん)して. ***put*** a person ***to the*** ～ ***of the sword*** (人を) やいばにかける, 切り殺す. ***set an*** ～ ***on*** 〔***to***〕〈食欲など〉をそそる. ***set on*** ～ (1) 縦に置く. (2) 鋭くする. (3) の神経をとがらせる, いらだたせる. ***set the teeth on*** ～ 歯を浮かせる; 不快にする. ***take the*** ～ ***off***〈刃物〉の刃を引く; を鈍らせる, をくじく.
—— *vt.* **1** に刃をつける, 鋭くする. **2** ふちどる, にへりをつける: ～ a skirt *with* lace スカートにレースのふちどりをする. **3** 斜めに〔じりじり〕進める. —— *vi.* 斜めに進む, 横に〔じりじり〕進む: ～ through a crowd 人込みの中へ割り込んで行く. ～ ***away*** 〔***off***〕 じりじりと〔しだいに〕離れる. ～ ***in***〈ことば〉をさしはさむ; じりじり入り込ます. ～ one***self into*** に割り込む, に入り込む. ～ ***out*** (1) (用心して) じりじり出る. (2) に小差で勝つ. ～ ***up*** にじり寄る《に *to, on*》.
～·**bone** [́ ̗] ＝aitchbone.
◇ ～**d** [-d] *a.* 刃のある, 刃をつけた; an ～*d* tool 刃物. ～·**less** [-lis] *a.* **1** 刃のない, なまくらの. **2** 端〔ふち, へり, かど〕のない. **édg·er** *n.* ふちとりのこぎり.
édge·ways [édʒwèiz], **-wise** [-wàiz] *ad.* **1** 刃を先に向けて. **2** 端 (の方) に; ふちに沿って. **3**《二つの物が》端と端とを合わせて. ***get a word in*** ～〘話〙《相手が話をひとり占めしているすきをみて》口をだす.
Edge·worth [édʒwərθ] *n.* Maria ～, 1767–1849, アイルランドの女流小説家.
édg·ing [édʒiŋ] *n.* **1** ふちどり, ふち, へり. **2** ふち飾り; へり《花壇などの》. **3** にじり寄り, 漸進.
～ **saw** へりのこぎり.
édg·y [édʒi] *a.* **1** 刃〔端, ふち〕の鋭い;〘画〙輪郭のはっきりしすぎた. **2**〘米俗〙神経がとがった〔いらいらした〕; しきりに望んでいる.
edh [eð] *n.* ð, Ð の字《古代英語のアルファベットなどで用いる》.
éd·i·ble [édibl] *a.* 食用に適する. ——*n.* (通例 *pl.*) 食べ物 (eatables). ～ **fat** 〔**oil**〕 食用脂〔油〕.
～ **snail** 食用カタツムリ.
◇ **èd·i·bíl·i·ty** [èdibíliti] *n.*
é·dict [íːdikt] *n.* 命令, 布告; 勅令(＝imperial ～). ***the E～ of Nantes*** ナントの勅令《フランス国王アンリ四世が1598年に発した勅令. 新教徒に信仰の自由を認めた》. [√dic-]
èd·i·fi·cá·tion [èdifikéiʃ(ə)n] *n.* 教化, 徳化, 啓発, 教育. [<edify]
éd·i·fice [édifis] *n.* **1** 建物《特に壮大な建築物》. **2**《比喩的》構成物, 組織, 結構;《思想の》体系.
éd·i·fy [édifài] *vt.* 教化〔薫陶〕する; の品性を高める; の知徳を養う. [√edi-] ◇ ～·**ing** [-iŋ] *a.* 教化〔啓発〕的な.
é·dile ＝aedile.
Ed·in·burgh [éd(i)nbə̀ːrou, -bəːrə/-b(ə)rə] *n.* エジンバラ《スコットランドの首都》.
Ed·i·son [édisn] *n.* Thomas A. ～, 1847–1931, アメリカの発明家.
éd·it [édit] *vt.* **1**〈書物・新聞・雑誌・映画などを〉編集する. **2**〈原稿などに〉手を入れる. [√da-]
edit. edited; edition; editor.
‡**e·dí·tion** [idíʃ(ə)n, ㊍+iː-] *n.* **1** 版, 刊行;《おなじ版の》全発行部数: the first ～ 初版. **2**《おなじ版のうちの》1冊;《比喩的》複製: The child is a small ～ of her mother. あの子はかあさんに生き写しだ. **3**《出版の》体裁, 版: a cheap ～ 廉価版. a pocket ～ ポケット版. ～ ***de luxe*** 豪華版.〈注〉edition は一般に訂正・増補の加えられた発行で, 単なる重版は多く impression と称される. [<edit]
～ **binding** 美装製本《しばしば皮を用いる》.
e·di·ti·o prin·ceps [idíʃiou-prínseps] L. 初版.
‡**éd·i·tor** [éditər] *n.* (*fem.* **éd·i·tress** [éditris]) 編集者;《新聞の》主筆, 論説者;《新聞の》各部の責任者, 部長. ***chief*** ～＝～ ***in chief*** 編集長, 主筆. ***city*** ～〘米〙社会部長. ***financial*** ～〘米〙経済部長. ***managing*** ～ 編集長.

◇ ～·**ship** [-ʃìp] *n.* ～の地位〔手腕〕.

‡**èd·i·tó·ri·al** [èdịtó:riəl/-tɔ́:r-] *n.* 《新聞の》**社説**, 論説 (=㊎ leading article, leader). —— *a.* **1 編集の**; 編集者に関する: the ～ staff 編集部. **2** 〔米〕社説の; 主筆の: an ～ writer 論説委員.
◇ ～·**ize** *vt., vi.* 社説に書く〔採り上げる〕. ～·**ly** *ad.* 社説〔論説〕において.

Edm. Edmond; Edmund. **Ed. M.** Master of Education. **eds.** editions; editors. **E.D.T., e.d.t.** Eastern daylight time 〔米〕東部夏時間. **educ.** educated; education; educational.

éd·u·ca·ble [édʒukəbl/édjụ-] *a.* 教育しうる.
◇ **èd·u·ca·bíl·i·ty** [èdʒukəbíl̟ịti/èdjụ-] *n.*

‡**éd·u·cate** [édʒukèit/édjụ-, édʒụ-] *vt.* **1 教育する**, 訓育する; 《職業のために》養成する: ～ a person for law 人を法律家に仕込む. **2** 学校にやる, に教育を与える. **3** 〈動物を〉仕込む. **4** 〈記憶力・趣味などを〉養う, 〈耳・目を〉こやす. ***be ～d at*** で学ぶ. ～ one*self* 独学〔修養〕する. [ex-+√duc- 育てる]
◇ **éd·u·cat·ed** [-id] *a.* 教育〔教養〕のある.
〔類〕→ **teach**「教える」

‡**èd·u·cá·tion** [èdʒukéiʃ(ə)n/èdjụ-, èdʒụ-] *n.* **1 教育**, 訓育, 陶冶(とうや). **2** 教養, 心得. **3** 教育学, 教授法. **4** 《動物の》訓練; 《ミツバチなどの》飼養, 飼育. ***Ministry of E～*** 文部省. ***moral*** 〔***intellectual, physical***〕～ 徳〔知, 体〕育.
◇ ～·**ist** [-ist] *n.* 教育家, 教育関係者; 教育学者.

‡**èd·u·cá·tion·al** [èdʒukéiʃən(ə)l/èdjụ-, èdʒụ-] *a.* **1 教育上の**, 教育に関する: an ～ institution 教育機関. **2 教育的な**, 教化的: an ～ show on television テレビの教育番組. ◇ ～·**ist** *n.* 教育家, 教育関係者; 教育学者. ～·**ly** *ad.*

éd·u·ca·tive [édʒukèitiv/édjukət-, édʒukeit-] *a.* **1** 教育的な; 啓発的な, 有効な. **2** 教育上の, 教育に関する.

***éd·u·ca·tor** [-kèitər] *n.* **教育者**, 教師.

e·dúce [id(j)ú:s/idjú:s] *vt.* **1** 〈潜在している性質などを〉引き出す. **2** 〈結論を〉出す, 導く; 推断する, 演繹(えんえき)する. **3** 〔化〕分離する, 抽出する. [√duc-]
◇ **e·dúc·i·ble** [-əbl] *a.*

é·duct [í:dʌkt] *n.* **1** 推断〔推論〕の結果. **2** 〔化〕「抽出物.

e·dúc·tion [idʌ́kʃ(ə)n] *n.* **1** 引き出すこと; 推論, 推断. **2** 〔化〕抽出. **3** 〔機〕排出, 排出物.

e·dúl·co·rate [idʌ́lkərèit] *vt.* の酸味〔辛味〕を除く, 甘くする; 〔化〕の混入物を除く.

Ed·wár·di·an [edwɔ́:rdiən] *a., n.* 〔英史〕エドワード (Edward) 朝の(人)《特に, 華美で上品ぶったエドワード七世時代の》.

'ee [i:] *pron.* 〔俗〕ye (you) のなまった形: Thank'*ee*「ありがとう.

-ee [-í:, -i:] *suf.* **1** 動詞の示す動作・行為を受ける者を示す: appoint*ee* 任命された者. employ*ee* 雇い人, 従業者. **2** 名詞から派生語をつくり, その名詞の示すものとなにかの関係がある人〔物〕を意味する: barg*ee* 船頭. goat*ee* やぎひげ.

E. E. Early English; Electrical Engineer; errors excepted. **e. e.** errors excepted. **EEC** European Economic Community 〔経〕ヨーロッパ経済共同体《フランス・西ドイツ・イタリア・オランダ・ベルギー・ルクセンブルクの6か国. 1958年1月1日発足》.

eek [i:k] *int.* 〔米〕きゃー, うへっ. —— *vi.* 〔英方〕かゆみを感じる (itch). ≒ eke.

eel [i:l] *n.* **1** ウナギ; 《ウナギのような》ぬらぬらしたもの. **2** 《酢や腐敗したのりなどの中の》ウナギ状の線虫 (= eelworm). ***as slippery as an ～*** ウナギのようにぬらぬらした; 《比喩的》ひょうたんなまずの, 捕えがたい.
～ **buck** 〔英〕= ～ pot. ～·**grass** [∸∸] アマモ《北大西洋岸に多い海そう》. ～ **pot** 〔米〕ウナギ落とし《箱形のウナギ取り器》. ～·**pout** [∸∸] 〔魚〕カズナギ《Zoarces 属の食用魚》. ～·**spear** [∸∸] ウナギ突き用のやす. ～·**worm** [∸∸] = ～ ②.

e'en [i:n] *a., n.* 〔雅〕= even¹, even².

e'er [εər] 〔雅〕= ever.

-éer [-íər] *suf.* 行為者 (agent) を示し,「つくる人」「操作〔支配〕する人」を意味する: pamphlet*eer* パンフレット作者. engin*eer* 機関士, 技師.

ée·ry, ée·rie [í(:)ri/íəri] *a.* (**ée·ri·er**; **ée·ri·est**) **1** 気味の悪い, 恐ろしい, ものすごい. **2** こわがっている, おびえている. ◇ **ée·ri·ly** *ad.* **ée·ri·ness** *n.*

ef- *pref.* ex- の f の前の異形: *ef*ferent <ex-+√fer-+-ent 外へ+運ぶ+性質の→輸出性の.

ef·fáce [iféis, ef-] *vt.* **1** 消す, かき消す, ぬぐい去る. **2** しのぐ, の影を薄くさせる. ～ one***self*** 目だたぬよう心がける, 引っ込む; 自己を葬る. [<face]
◇ ～·**a·ble** *a.* ～·**ment** *n.*

‡**ef·féct** [ifékt] *n.* **1 結果**: cause and ～ 原因結果. **2 影響**, 効果, ききめ, 効力: an immediate ～ 即効. **3** 印象, 感じ; 芸術的効果, 《色や形の》配合. **4** 外見, 体裁. **5 趣旨**, 意味. **6** (*pl.*) 動産物件, 私物: household ～*s* 家財. personal ～*s* 身のまわり品; 私物.
bring to 〔***carry into***〕～ 実行する. ***come*** 〔***go***〕 ***into*** ～ 実施される, 発効する. ***for*** ～ 効果をねらって, 体裁上. ***give*** ～ ***to*** を実行〔実施〕する. ***have an*** ～ ***on*** に影響を及ぼす. ***in*** ～ (1) 事実上, 実際には. (2) 要するに. (3) 実施されて. ***no*** ～***s*** 無財産, 預金皆無《不渡り小切手に記入する文句. 略: N/E》. ***of no*** ～ 無効の, 無益な. ***take*** ～ 効力を生じる; 実施される. ***to no*** 〔***little***〕～ むだに. ***to the*** ～ ***that***… …という意味の〔で〕, …という趣旨で〔の〕. ***to this*** 〔***that***〕～ この〔その〕趣旨で〔の〕: write *to that* ～ そういう趣旨のことを書く. ***with*** ～ 効果的に.
—— *vt.* **1 生じさせる, もたらす**: ～ a cure 治癒(ちゆ)させる. **2 実行する**, 実施する: ～ an escape 逃亡しおおせる. ～ a purpose 目的を遂げる. ～ ***an entrance*** 押し入る. ～ ***an insurance*** 保険を付ける. [ex-+√fac- 作り+出す]

‡**ef·féc·tive** [iféktiv] *a.* **1 有効な**, 効力のある, ききめのある; 《法令など》有効な: ～ steps toward peace 平和への有効な措置. **2 効果的な**, 印象的な, 目だつ: an ～ photograph. **3** 実際の, 事実上の. **4** 実戦に役立つ, 整備された. ***become*** ～ 効力を生じる, 施行される. ～ ***strength of an army*** 一軍の戦闘(実)力.
—— *n.* **1** 〔軍〕《*pl.* または *sing.* で集合的に》兵員, 兵力. **2** 〔商〕硬貨. ～ **coin** 〔**money**〕実際貨幣, 硬貨. ～ **range** 有効射程.
◇ *～·**ly** *ad.* ～·**ness** *n.*

ef·féc·tu·al [ifékt∫u(ə)l, ㊎+-tju(ə)l] *a.* **1** 有効な, 効果的な; 適当な, 十全な. **2** 法的な効力を有する; 有効な. ◇ ～·**ly** *ad.*

ef·féc·tu·ate [ifékt∫uèit/-tju-, -t∫u-] *vt.* **1** 実現〔実行〕する, 達成〔遂行〕する. **2** 有効にする.
◇ **ef·fèc·tu·á·tion** [-∸-éiʃ(ə)n] *n.*

ef·fém·i·na·cy [iféminəsi] *n.* **1** 女性的性質, めめしさ. **2** 優柔不断; 無気力.

ef·fém·i·nate [iféminit] *a.* **1** 女のような; 男らしくない. **2** 弱々しい, 勇気〔決断〕を欠く. —— [-nèit] *vt., vi.* 女性化する; めめしく〔弱々しく〕する〔なる〕.
◇ ～·**ly** *ad.*

ef·fén·di [eféndi] *n.* (*pl.* ～**s**) 〔トルコ・エジプト〕閣下, 先生《高級官吏・学者などに対する敬称. Sir, Master などに相当する》.

éf·fer·ent [éfərənt] *a.* 〔医〕《血管が》輸出性の; 〔生理〕遠心性神経の. —— *n.* **1** 〔医〕輸出管; 〔生理〕遠心性神経. **2** 湖〔池〕から流れ出る水流.

èf·fer·vésce [èfərvés] *vi.* **1** 〈炭酸水などが〉あわ立つ; あわを立ててガスを発散する. **2** 〈ガスが〉あわを立てて発散する. **3** 〈人が〉感情を高ぶらせる, 興奮する. [√fer(v)-] ◇ **-vés·cence** [-(ə)ns], **-vés·cen·cy** *n.* **1** あわ立ち, 沸騰. **2** 興奮. **-vés·cent** *a.* **1** あわ立つ, 沸騰する; 発泡(はっぽう)性の. **2** 興奮した.

ef·féte [efí:t, i-] *a.* **1** 精力の尽きた; 〈動物・果樹・

土地などが> 生産力のない. 2 <制度・組織などが> 老朽した. ◇ ~·ness n.

èf·fi·cá·cious [èfikéiʃəs] a. 効力のある, ききめのある《に against》. [√fac-] ◇ ~·ly ad. ~·ness n.

éf·fi·ca·cy [éfikəsi] n. 効力, ききめ, 効能《薬物などの》: of great ~ 大いにききめのある.

‡**ef·fí·cien·cy** [ifíʃ(ə)nsi] n. 1 能率, 能力. 2〘物・機〙効率. ~ **expert** [**engineer**]〘米〙能率技師《仕事を能率化し, 生産向上を図る》. ~ **test** 能率試験. ~ **wages** 能率給.

‡**ef·fí·cient** [ifíʃ(ə)nt] a. 1 能率的な, 効果的な;《手段・処置などが》有効な. 2《人物について》有能な, 実力ある; 敏腕な. 3 結果〔効果〕を生じる. [√fac-] ◇ ~·ly ad. 有効に, 能率的に.

éf·fi·gy [éfidʒi] n. 肖像, 似顔, 像, 彫像. ***burn*** [***hang***] *a person* ***in*** ~ 憎しみから(人の)似姿をつくって火あぶり〔縛り首〕にする. [√fi(n)g-]

efflor. efflorescent.

èf·flo·résce [èflorés/èflɔːrés] vi. 1 開花する, 花が咲く;《比喩的》<文化などが> 開花する, 栄える. 2〘化〙風化〔晶化〕する《化学作用のため》; <壁などが> 塩分を吹き出す;〘医〙発疹(ほっしん)する. [√flor-]
◇ **èf·flo·rés·cence** [-s(ə)ns] n. 1 開花, 開花期,《文化・芸術・人生などの》最盛期. 2〘化〙風化〔晶化〕(物); 白粉;〘医〙発疹. **èf·flo·rés·cent** a.

éf·flu·ence [éfluəns] n. 1《液・電気・光などの》流出, 奔出. 2 流出物, 流出水. [√flu-]

éf·flu·ent [éfluənt] a. 流れ出る. —— n.《川・湖などからの》流水;《工場などからの》(流出)汚水.

ef·flú·vi·um [eflúːviəm, if-] n. (pl. **-a** [-viə], **-ums**) 発散; 臭気; 悪臭;〘物〙磁気素.

éf·flux [éflʌks] n. 1《液・空気・ガスなどの》流出, 発散. 2 流出物, 放出物. 3 (時の)流れ, 経過; 満期. [√flu-]

ef·flúx·ion [eflʌ́kʃ(ə)n, if-] =efflux.

‡**éf·fort** [éfərt] n. 1 努力, 尽力, ほねおり: *by* continual ~ たゆまぬ努力によって. 2 努力の成果, 労作, 力作: The painting is one of his finest ~s. その絵は彼の傑作の一つだ. 3〘機〙作力. ***make*** ~***s*** [***an*** ~] (*to* do) (…しようと) 努力する, ほねおる. ***make every*** ~ (*to* do) (…するために) あらゆる努力をする. ***with little*** ~ =***without*** ~ ほねおらずに, たやすく. [√fort-] ◇ ~·**ful** [-f(u)l] a. 努力した; 努力のいる: ~*ful* reading 努力のいる読書.

éf·fort·less [-lis] a. 1 努力しない, ほねをおらない;《動作・文体などが》自然な, 巧まない. 2 努力を要しない. ◇ ~·ly ad. 努力しないで, やすやすと.

ef·frón·ter·y [ifrʌ́ntəri, ef-] n. 厚顔無知, 厚かましさ. ***have the*** ~ ***to*** (do) 厚かましくも…する. [√front-]

ef·fúlge [efʌ́ldʒ] vi., vt. 輝く; <光を> 放つ.

ef·fúl·gence [efʌ́ldʒ(ə)ns, if-] n. 光輝, 光彩.

ef·fúl·gent [efʌ́ldʒ(ə)nt, if-] a. 光り輝く, 煌々(こうこう)と輝く. ◇ ~·ly ad.

ef·fúse [efjúːz, if-] vt. 放出する, 発散させる, 流出させる. —— vi. 発散する, 流出する, にじみ出る.
—— [efjúːs, if-] a.〘植〙まばらに広がった;〘動〙割れ目〔みぞ〕がある《貝について》. [√fu(n)d-]

ef·fú·sion [-ʒ(ə)n] n. 1《液体の》流出, 浸透. 2《感情の》ほとばしり, 吐露; 感情を吐露したことば〔文章〕. 3〘医〙浸出, 漏出.

ef·fú·sive [efjúːsiv, if-] a. 1 感情を豊かに〔露骨に〕示す, 感情があふれ出ている; ことば〔表情〕の多い, 誇張的な: ~ greetings 大げさな歓迎. be ~ in one's thanks お礼をくどくどいう. 2 あふれる, 奔流する;〘地〙噴出による: ~ rock 噴出岩.
◇ ~·ly ad. ~·ness n.

eft[1] [eft] n.〘米: 動〙イモリ, 小トカゲ.

eft[2] ad.〘廃〙再び.

eft·sóon(s) [eftsúːn(z)] ad.〘古〙1 すぐ, まもなく. 2 再び.

e.g. [íːdʒíː, igzémplaigréiʃiə, fərigzǽmpl/f(ə)rigzɑ́ːmpl] (=for example) たとえば, 例. [<L. *exempli gratia*] **Eg.** Egypt; Egyptian.

e·gád [igǽd] int.〘古・廃〙神かけて!, 滅相もない!, 畜生!, やっ, たいへん!, あっ!, まあ! [<oh God]

e·gàl·i·tár·i·an [igæ̀litέ(ː)riən, iː-/-téər-] a., n. 平等主義 (の), 平等主義者 (の).
◇ ~·ism n. 平等主義.

†**egg**[1] [eg] n. 1 卵, 鶏卵: be born from an ~ 卵から生まれる. the yellow [white] of an ~ 卵の黄身〔白身〕. a raw ~ 生卵. a bit of ~ on one's shirt front ワイシャツの胸に付いた卵. 2〘動〙=~ cell. 3〘俗〙やつ, 男: Old ~!〘俗〙おい, きみ. 4〘俗〙(投下)爆弾, 手榴弾(しゅりゅうだん), 魚雷.
as full as an ~ ぎっしり詰まって. ***as sure as*** ~***s is*** ~***s***〘笑〙確かに. ***bad*** ~〘俗〙悪いやつ, やくざ; 失敗. ~ ***and anchor*** [***dart, tongue***]〘建〙卵鏃(らんぞく)飾り《卵形といかり形〔やり形, 舌形〕とを交互に並べた装飾》. ***fried*** ~ 目玉焼き. ***golden*** ~***s*** 大(金)もうけ. ***have*** [***put***] ***all*** *one's* ~***s in one basket*** 一つの事業にすべてをかける. ***in the*** ~ 初期のうちに, 未発に. ***lay an*** ~ (1) 卵を生む. (2)<しゃれ・興行などが> 失敗する. ***poached*** ~ 割り落とし卵《くずさずに熱湯でゆでた》. ***scrambled*** ~ いり卵. ***sit on*** ~***s*** <鳥が> 卵をだく. ***teach*** *one's* ***grandmother to suck*** ~***s*** 「釈迦(しゃか)に説法する」. ***tread upon*** ~***s*** 薄氷を踏む思いをする.
—— vt. 1 に卵をかける, に卵をまぜる《料理で》. 2 <小鳥の> 卵を採集する. 3〘話〙に卵を投げつける.
~**-and-spoon race** スプーン レース. ~ **apple** =eggplant. ~**·bèat·er** (1) 卵かきたて器. (2)〘米俗〙ヘリコプター; アウトボードのモーターボート;《野球の》バット. ~ **cell**〘動〙卵細胞. ~ **cozy** [**cosy**]〘英〙ゆで卵おおい《保温のための》. ~**·crate** [´-´] (1) 卵を運ぶための仕切り箱. (2) 細かく仕切られたルーバー《螢光燈の光などを下へ反射するものなど》. ~**·cup** [´-´] エッグカップ, ゆで卵立て. ~ **dance** エッグダンス《散乱した卵の間を目隠しをして踊るダンス》;《比喩的》むずかしい仕事. ~**·flip** [´-´] 卵酒. ~**·head** [´-´]〘米俗〙インテリ, 知識人《しばしばけいべつ的に》. ~**·nog** [´-´] ミルク・砂糖入り卵酒《酒類のはいっていないのもある》. ~**·plant** [´-´]〘植〙ナス. ~**-shaped** [´-´] 卵形の. ~**·shell** [´-´] 卵のから; こわれやすいもの. ~**·shell china** [**porcelain**] 薄手焼き陶磁器. ~ **slice** オムレツをすくいとる器. ~ **spoon** 卵さじ《ゆで卵を食べるのに用いる》. ~ **stand** 卵台《eggcup と eggspoon を含む》. ~ **timer** ゆで卵の時間を計るための砂どけい. ~ **tooth** 卵歯《鳥類や虫類が卵からかえるとき卵殻(らんかく)を破るのに用いる突起》. ~ **whisk** [**whip**] = eggbeater. ~ **white** 卵白.

egg[2] vt. かり立てる, そそのかす《*on*》: ~ a person *on to* (do) 人をおだてて…させる.

ég·ger [égər] n.〘虫〙枯葉蛾(かれはが)《樹木の害虫》.

é·gis [íːdʒis] =aegis.

ég·lan·tine [égləntàin, ㊊+ -tìːn] n.〘植〙イバラ (sweetbrier).

é·go [íːgou, égou] n. (pl. ~**s**) 1〘哲〙自我. ↔ nonego. 2〘話〙うぬぼれ.

è·go·cén·tric [ìːgoséntrik/ègo-] a. 自己中心の. —— n. 自己中心主義者.

***é·go·ism** [íːgouìz(ə)m, ég-/ég-] n. 1 利己主義, 自己主位;〘倫〙利己説. ↔ altruism. 2 自我意識; うぬぼれ.

é·go·ist [-ist] n. 利己主義者; 利己的 (わがまま) な人.

è·go·ís·tic [ìːgouístik, èg-/èg-], **-ti·cal** [-(ə)l] a. 利己主義の, 自己本位の; 自分かっての.
◇ **è·go·ís·ti·cal·ly** ad.

***é·go·tism** [íːgotìz(ə)m, ég-/ég-] n. 1 自己中心, ひとりよがり《自分のことばかり考えたり話したりする習性. I, my, me などの使いすぎ》. 2 わがまま, 自分かって. → egoism.

E

é·go·tist [-tist] *n.* 1 うぬぼれ屋, ひとりよがり; 自己中心の人. 2 利己主義者.
◇ **è·go·tís·tic** [i:gətístik, èg-/èg-] *a.*
e·gré·gious [igrí:dʒəs, ㊊⁺ -dʒiəs] *a.* 1 実にひどい; 法外な, とんでもない, 言語道断な. 2〘古〙抜群の, すぐれた. [√greg-] ◇ ～**·ly** *ad.* ～**·ness** *n.*
é·gress [í:gres] *n.* 1 外に出ること; 外に出る権利. ↔ ingress. 2 出口. —— [igrés, i:-] *vi.* 出て行く. [√grad-] ◇ **e·grés·sion** [igréʃ(ə)n, i:-] *n.*
é·gret [í:grit, -gret] *n.* 1〘鳥〙シラサギ, シラサギの類. 2 シラサギの羽毛. 3 羽飾り《婦人帽などの》. 4〘植〙冠毛《アザミ・タンポポなどの》.
‡**E·gypt** [í:dʒipt] *n.* エジプト.
‡**E·gýp·tian** [idʒípʃ(ə)n] *a.* エジプト(人)の. —— *n.* 1 エジプト人; エジプト語. 2 エジプト巻きたばこ. 3〘古〙ジプシー.
E·gyp·tól·o·gy [i:dʒiptáləd͡ʒi/-tɔ́l-] *n.* エジプト学. ◇ **-gist** *n.* エジプト学者.
***eh** [ei, ㊊⁺ e] *int.* えっ!, なに?, そうだろう?: Wasn't it lucky, *eh*? 運がよかったじゃないか, え?
E.I. East India(n); East Indies. **E.I.C.** East India Company.
éi·der [áidər] *n.* 1〘鳥〙ケワタガモ (= ～ duck)《北ヨーロッパ産の野ガモ》. 2《ケワタガモの》綿毛.
～**·down** [-dàun] ケワタガモの綿毛;《それを詰めた》掛けぶとん.
ei·dét·ic [aidétik] *a.* 直観的.
éi·do·graph [áidəgræf/-grɑ:f] *n.* ベルト式縮図機《pantograph の一種》.
ei·dó·lon [aidóulən/-lɔn] *n.* (*pl.* **-la** [-lə]) まぼろし, 幽霊; 幻影.
Eif·fel [áif(ə)l] ～ ***Tower*** エッフェル塔《A.G. Eiffel が1889年の博覧会の際にパリに建てた鉄塔》.
†**eight** [eit] *a.* 8の, 8個〔人〕の; 8歳で. —— *n.* 1 8; 8個〔人〕; 8歳, 8時. 2 数字の8, VIII;《トランプの》8. 3〘スケート〙8字形(滑走図形): a figure of ～. 4 8人乗りのボート;《8人の》ボート選手.
behind the ～ ball〘米俗〙危険〔不利〕な立場で. ***have*** one ***over the ～***〘米俗〙酔っている. ***piece of ～*** スペインの古銀貨. ***the E～s*** オックスフォード〔ケンブリッジ〕大学の学寮対抗ボートレース.
～ **ball**〘米: 玉突き〙8と書いた黒玉;〘ラジオ〙無指向式マイク;〘米俗〙黒人. ～**·fóld** [ˊˊ, ˊˊ/ˊ—] *a., ad.* 8倍の〔に〕. ～**-hour law** 8時間労働法. ～**·scóre** 160 (= 8 × 20).
†**eight·éen** [eití:n, ˊˊ] *a.* 18の. 〈注〉リズムにより[ˊ ˊ/ˊ—]. —— *n.* 18: in the ～-fifties 1850年代に.
èight·éen·mo [èití:nmòu] *n.* (*pl.* ～**s**) = octodecimo (= 18 mo).
eight·éenth [eití:nθ, ˊˊ] *a., n.* 18番め(の); 18分の1の;《月の》18日. 〈注〉リズムにより[ˊˊ/ˊ—]. **E～ Amendment, the** アメリカ憲法修正第18条. ◇ ～**·ly** *ad.* 18番めに.
†**eighth** [eitθ, ㊊ ⁺eiθ] *a.* 8番めの, 第8の. —— *n.* 8番め; 8分の1;《月の》8日;〘楽〙八度, オクターブ. ～**note** 八分音符.
†**éight·y** [éiti] *a.* 80の. —— *n.* 80; 80歳; 80個; 80の記号. one's [*the*] ～***ies*** 80歳代〔《世紀の》80年代〕. ◇ **éight·i·eth** [éitiiθ] *n., a.* 第80番め(の); 80分の1(の).
éi·kon [áikɑn/-kɔn] = icon.
Ein·stein [áinstain] *n.* Albert ～, 1879–1955, ドイツ生まれの物理学者, 1940年アメリカ市民となる《相対性原理を説く. 1921年ノーベル物理学賞受賞》.
◇ **Ein·stéin·i·an** [-ˊiən, ˊˊ——] *a.* アインシュタイン〔相対性原理〕の.
èin·stéin·i·um [àinstáiniəm] *n.*〘化〙アインスタイニウム《ウラニウムの衝撃から生まれる放射性原素. 記号Es》.
Eir·e [έ(:)rə/éərə] *n.* エール(国)《the Republic of Ireland の旧称》.
ei·rén·i·con [airéniкàn/-rí:nikɔn] *n.* 平和提案, 平和文書《特に宗教的権威によって出されるもの》.
Ei·sen·how·er [áiz(ə)nhàuər] *n.* Dwight D. ～, 1890–1969, アメリカの陸軍元帥・第34代大統領.
eis·tédd·fod [eistéðvɑd, es-/aistéðvɔd] *n.*《ウェールズの各地で開かれる》楽人年次大会.
éis wool [áis-wùl] *n.* つやのあるウーステッド毛糸.
†**éi·ther** → 枠付 either. (p. 399)
e·jác·u·late [idʒǽkjulèit] *vt., vi.* 1 突然叫ぶ. 2(急に)射出する;〘生理〙射精する. [√jac-¹]
◇ **-la·tor** [-ər] *n.* 1 絶叫する者. 2 射出物;〘生〙射出筋. **-la·to·ry** [-lətɔ̀:ri/-lət(ə)ri] *a.* 絶叫的な; 射出性の. **e·jàc·u·lá·tion** [idʒæ̀kjuléiʃ(ə)n] *n.* 突然の叫び, 絶叫, 悲鳴; 射出;〘生理〙射精.
e·jéct [idʒékt] *vt.* 1 投げ出す, 追い出す, 解雇する. 2〘法〙立ちのかす. 3 吐き出す, 噴出する. [√jac-¹]
◇ **e·jéc·tive** [-iv] *a.*
e·jéc·ta [idʒéktə] *n. pl.* 排出物, 廃物.
e·jéc·tion [idʒékʃ(ə)n] *n.* 1 吐き出すこと; 排出(物), 噴出(物). 2 追い出し, 放逐;〘法〙立ちのき要求. ～ **seat** [**capsule**]〘空〙射出座席《危急のときのパイロットの機外放出装置》.
e·jéct·ment [idʒéktmənt] *n.* 1 排出; 追い立て. 2〘法〙土地所有〔回復〕訴訟.
e·jéc·tor [idʒéktər] *n.* 1 放逐人; 排出〔発射〕する物. 2 発射装置;〘機〙エゼクタ; = ejection seat.
eke¹ [i:k] *vt.* 1 増す, 足す. 2〈不足を〉補う《*out*》: ～ *out* one's knowledge from encyclopedia articles 百科辞典の記事から知識の不足を補う. 3 節約してもたせる, 食いつなぐ《*out*》. 4〘俗〙〈生計を〉かろうじてたてる《*out*》: ～ *out* a scanty livelihood 細々と生計をたてる. ≒eek.
eke² *ad.*〘古〙= also, moreover.
EKG electrocardiogram.
el [el] *n.* 1 L字形のもの; 建物のそで. 2〘米俗〙高架鉄道 (= elevated railway).
el. elected; elevation.
‡**e·láb·o·rate** [ilǽbərèit] *vt.* 1 念入りにつくる, 苦心して仕上げる: ～ one's plans. 2〈理論・文章を〉練る, 苦心する. 3〘生理〙同化する. —— *vi.* みがきをかける; 詳細に説明する《に *on, upon*》: ～ *upon* a theme 題目について詳述する. Don't ～. あまり凝るな. —— [ilǽbərit] *a.* 精巧な, 念入りな, 手のこんだ. [ex- + √labor- 十分に+手をかける]
◇ ～**·ly** [-ritli] *ad.* ～**·ness** [-ritnis] *n.* **-ra·tive** [-rèitiv/-rət-, -reit-] *a.*
e·làb·o·rá·tion [ilæ̀bəréiʃən] *n.* 念入りにつくること; 丹精, 推敲(すいこう); 苦心の作.
èl·ae·óm·e·ter [èliámitər/-ɔ́m-] *n.* 脂肪比重計, 油比重計.
E·lam [í:ləm] *n.*〘史〙エラム《ペルシア湾北端に接し, いまのイラン領に1900 B.C. のころあった古代王国》.
◇ ～**·ite** [-àit] *a., n.* エラムの; エラム人.
é·lan [eilá:n, -lǽn/-lɑ̃:(ŋ)] F. *n.* 飛躍; 突進; 気力. ～ ***vital*** [-vi:tá:l] 生の飛躍.
é·land [í:lənd] *n.*〘動〙《アフリカ産の》オオカモシカ.
e·lápse [ilǽps] *vi.* 〈時が〉過ぎる, 知らぬまにたつ. —— *n.* 時の経過. [√lab-]
e·lás·mo·branch [ilǽsməbræŋk] *n.*〘動〙軟骨魚《特に板鰓(ばんさい)類, エイ・ガンギエイ・フカ・サメなど》.
***e·lás·tic** [ilǽstik] *a.* 1 弾力(性)のある, 膨張力のある: an ～ cord ゴムひも. 2《精神・肉体が》しなやかである, 柔軟な, 融通性〔順応性〕がある; 柔順な. —— *n.* ゴム糸, ゴムひも, ゴムバンド. ～**-sides** [-sàidz] *pl.* 深ゴムぐつ(の両側). ◇ **-ti·cal·ly** [-(ə)li] *ad.* 弾力的に; 伸縮自在に; しなやかに.
e·làs·tíc·i·ty [ilæstísiti, i:læs-/èlæs-] *n.* 弾力性(のあること); 柔軟性, 融通のきくこと.
e·lás·tics [ilǽstiks] *n. pl.* 弾性曲線.
e·làs·tóm·e·ter [ilæstámitər/èlæstɔ́m-] *n.* 弾力計.
e·láte [iléit] *a.* 意気揚々とした, 得意然とした. —— *vt.* 得意にさせる《通例受動態で》: *be* ～*d with* [*by*] success 成功に得意然とする. [√lat-]
e·lát·ed [iléitid] *a.* 意気揚々とした, 得意然とした.

either

三つの重要な用法がある: (1)《否定詞とともに》「…も(ない)」. (2)二つのどちらか. (3)《or とともに》**相関接続詞** (correlative conjunction——文法要説 (6)). (1)は肯定の too に, (3)は否定の neither … nor —— に対応する. (2)は全体としては「二つのどちらも」という both や each と対立するが, これらに近づくこともある.

éi·ther [íːðər, áiðər/ái-, íː-] *ad.* 《否定を伴って》…も(——ない), その上…でもない: I don't like eggs. I do*n't* like meat, ～. 私は卵は好きでない. 肉も好きでない. 《比較: I like eggs. I like meat, *too.* 私は卵が好きだ. 肉も好きだ》. I don't like eggs. — I do*n't* (like them), ～. 私は卵が好きでない. —私も(それらが)好きでない (=Neither do I.). It is a nice place, and *not* too far, ～. それはいい所だし, それにあまり遠くもない.

〈注₁〉「…もない」の意味で not …, too とするのは誤り. →枠付 too, A) ① 〈付記₂〉. 〈注₂〉口語で否定の強調に用いられることがある: You know it. — I do*n't*, either! (知っているんだろう. —知るものか!) この点でも too と対応する. →枠付 too, A) ②.

—— *pron., a.* **1** 《2者のうち》いずれか一方(の): Take ～ (book). 《2冊のうち》どちら(の本)でもお取りなさい. *E*～ (of them) [*E*～ book] will do. どちらでも[どちらの本でも]よろしい. Did you see ～ of the pictures [～ picture]? どちらか一方の映画を見ましたか. If you have read ～ of the stories [～ story], tell me about it. その小説のどちらか一方でも読んでいたら, それについて話してください.

2 《否定を伴って》どちらも…ない: I do*n't* like ～ of them [～ house]. (=I like *neither* of them [*neither* house].) そのどちらも[どちらの家も]気に入らない (≒I do*n't* like *both* of them [*both* houses]. 両方とも気に入っているわけではない《一方だけ》).

3 どちらも, 両方(の): There are trees on ～ side of the road. 道のどちら側にも木がある. 〈注₁〉 either は「どちらか一方の」の意味もあるので, 意味の不明を防ぐため,「両方の」の意味ではわれわれは通例 both sides または each side を用いるのが安全. 〈注₂〉 意味はおなじでも both sidesは複数; either [each] side は単数.

—— *ad., conj.* 《either … or —— の形で》**1** 《肯定 1》…か, それとも——か(いずれかだ): *E*～ John *or* Mary knows. ジョンかメアリか, どちらかが知っている. *E*～ you are lying, *or* I am dreaming. あなたがうそをついているか, でなければ私が夢を見ているかだ. You must ～ sing *or* dance. あなたは歌をうたうか, 踊るかせねばならぬ.

2 《肯定2》…でも——でも: You can do it *either* here *or* at home. ここでやってもいいし, 家でやってもいい.

〈付記〉①, ② とも *either* A *or* B のように, 二つの要素について用いるのが原則. ただしときとして三つ以上のこともある: To succeed, you need ～ talent, (*or*) good luck, *or* money. 成功するには才能か, 幸運か, 金がなくてはならない.

3 《否定を伴って》…も——もない: He can*not* ～ read *or* write. 彼は読むことも書くこともできない(=He can *neither* read *nor* write.). I could *not* find my watch ～ at his house *or* on the road. 私のとけいは彼の家にも道路上にも見当たらなかった.

◇ **～·ly** *ad.* **～·ness** *n.*

e·lá·tion [iléiʃ(ə)n] *n.* 得意(の絶頂); 天をつく意気.

El·ba [élbə] *n.* エルバ島《イタリア半島とコルシカ島の間にある. ナポレオン一世が最初に流刑された地》.

Elbe [elb | G. élbə] *n.* (the ～) エルベ川《ボヘミアとドイツ中部を流れ北海に注ぐ》.

‡**él·bow** [élbou] *n.* **1** ひじ. **2** L字形の屈曲; 《いすの》ひじかけ; 《道路・川・海などの》急屈曲, 《土管の》がん首. **3** 〚建〛《窓などの》朝顔隅(すみ). ***at** one's* **～** ひじのそばに; すぐそばに. ***bend*** [***lift, crook***] ***an*** **～** 深酒する. ***out at*** **～*s*** [***at the*** **～**] 《着物の》ひじが破れて; 《人が》みすぼらしい, 貧乏で. ***rub*** **～*s with*** と交わる, と交際する. ***up to the*** **～*s*** in work (仕事に)没頭して. —— *vt., vi.* ひじで押す[突く]. **～ *off*** [***aside***] 押しのける. **～ *out*** 押し出す. **～ one's *way through*** (を)押し分けて通る.

elbow ②

～·board [⸗⸗́] (ひじをのせる) 窓の敷居. **～ chair** ひじかけいす. **～ *grease*** 〚話〛根気仕事; 根気. **～·room** [⸗⸗́] ひじを動かす余地; (十分な) 活動範囲.

eld [eld] *n.* 〚古・雅〛**1** 老齢. **2** 遠い昔, 往時.

‡**éld·er**[1] [éldər] 《old の比較級》 *a.* **1** **年上の**, 年長の. 〈注〉 elder は多く同一家族内の年齢関係をいうときに用いられる: an *elder* brother 兄. an *elder* sister 姉《アメリカでは, このばあいもしばしば older を用いる》. **2** 古参の, 長老(格)の: an ～ statesman 政界の元老. **3** 昔の, 初期の. ***the*** **～ *hand*** 〚トランプ〛配り順の早い方の人.

—— *n.* **1** **年長者**, 年上の人, 老人, 故老. **2** (*pl.*) 先輩, 目上の人. **3** 先祖. **4** 元老, 元老院議員; 《長老教会などの》長老.

él·der[2] *n.* 〚植〛セイヨウニワトコ. **～·bèr·ry** [-bèri] 〚植〛セイヨウニワトコの黒紫色の実; その木.

‡**éld·er·ly** [éldərli] *a.* **中年を過ぎた**, 初老の.
◇ **-li·ness** *n.* 〔類〕 → **old**「年とった」

‡**éld·est** [éldist] 《oldの最上級》*a.* **最年長の**; 長子の. **～ hand, the** 〚トランプ〛配り順のいちばん早い人.

El Do·rá·do [èl-dərɑ́ːdou] *n.* 《想像上の》黄金の国; 富と黄金の理想郷. [<Sp.]

él·dritch [éldritʃ] Sc. *a.* 薄気味悪い, ぞっとさせる.

elec., elect. electric(al); electricity.

èl·e·cam·páne [èlikæmpéin] *n.* **1** 〚植〛小車(おぐるま)《菊科植物》. **2** 小車菓子.

‡**e·léct** [ilékt] *vt.* **1** **選挙する**, 選任する: ～ a person (*to be*) president (人を)会長に選ぶ. **2** 選ぶ, 〈学科を〉選択する: ～ French. **3** 〚宗〛〈神が〉選ぶ. ***be*** **～*ed*** 選ばれる, 当選する. ***the*** **～*ed*** 当選者, 選ばれた人. —— *a.* 選挙された, 選ばれた, 選定された: the bride ～ いいなずけ. a governor-～ 次期知事《当選後・就任前のばあい》. —— *n.* 選ばれた人. ***the*** **～** 神の選民; 特権階級. [ex-+√leg-[1]]

‡**e·léc·tion** [ilékʃ(ə)n] *n.* **1** **選挙**; 選定; 選任. **2** 〚宗〛神による選定. ***general*** **～** 総選挙. ***off-year*** **～*s*** *pl.* 〚米〛中間選挙. ***run for*** **～** 立候補する. ***special*** **～** 〚米〛補欠選挙 (=㊥ by-～).
～ campaign 選挙運動.

e·lèc·tion·éer [ilèkʃəníər] *vi.* 選挙運動をする《特定候補者のために》. —— *n.* 選挙運動者 (electioneerer). ◇ **～·er** [-níərər] *n.*

e·léc·tive [iléktiv] *a.* **1** 選挙による《職・権能など》; 選挙の[に関する]. **2** 選挙するための, 選挙権を有する: an ～ body 選挙母体. **3** 《科目が》(随意) 選

択の. ↔ compulsory. —— *n.* 選択科目. ～ **affinity** 〘化〙(選択)親和力. ～ **course** 選択科目. ～ **system** 選択科目制度. ◇ ～**·ly** *ad.*

e·léc·tor [ilέktər] *n.* **1** 選挙人, 有権者. **2**〘米〙(正副)大統領 選挙委員. **3**〘ドイツ史〙選帝侯.

e·léc·tor·al [ilέkt(ə)rəl] *a.* 選挙(人)の: an ～ district 選挙区. ～ **college, the**〘米〙大統領〔副大統領〕選挙団体.

e·léc·tor·ate [ilέkt(ə)rit] *n.* **1**《集合的》選挙民, 有権者. **2**〘ドイツ史〙選帝侯の地位〔領地〕.

electr. electrical; electricity.

E·léc·tra [ilέktrə] *n.* 〘ギリシア伝説〙エレクトラ《勇将 Agamemnon の娘で, 父の復讐(ふくしゅう)をとげた》. ～ **complex** 〘精神分析〙エレクトラ コンプレックス《女の子が無意識にもつ母親への反発と父親への思慕》. → complex, Oedipus complex.

e·léc·tress [ilέktris] *n.* **1** 婦人選挙人〔有権者〕. **2**〘ドイツ史〙選帝侯の夫人〔未亡人〕.

E

‡**e·léc·tric** [ilέktrik] *a.* **1** 電気の, 電気性の, 電気を帯びた: an ～ circuit 電気回路. **2** 発電する, 発電用の. **3** 電気作用の, 電気で動く. **4** 電撃的な, 刺激的な, 感動的な; 《ふんい気などが》緊張した. —— *n.* **1** 電車, 電気鉄道; 電気(自動)車. **2** 起電物体《コハク・ガラスなど》; (*pl.*) 電燈の明かり. ～ **bell** ベル, 電鈴. ～ **blanket** 電気毛布. ～ **blue** 《電光のような》鋼青色. ～ **brain** 電子頭脳 (electronic brain). ～ **bulb** 電球. ～ **car** 電車. ～ **chair** 《死刑用》電気いす. ～ **charge** 電荷. ～ **current** 電流. ～ **eel**〘魚〙デンキウナギ《南アメリカ産》. ～ **eye** 光電池, 光電管. ～ **fan** 扇風機. ～ **furnace** 電気炉. ～ **governor** 電気調速〔警報〕機. ～ **guitar** 電気ギター, エレキ. ～ **heater** 電熱器. ～ **lamp** 電燈. ～ **light** 電光, 電燈. ～ **organ** 〔**piano**〕電気オルガン〔ピアノ〕. ～ **plate** 電熱器. ～ **potential** 電位. ～ **power** 電力. ～ **ray**〘魚〙シビレエイ. ～ **shock** 電撃. ～ **storm**〘気〙電気あらし. ～ **torch** 懐中電燈. ～ **washing machine** 電気洗たく機. ～ **wave** 電波. ～ **wire** 電線.

‡**e·léc·tri·cal** [ilέktrik(ə)l] *a.* **1** 電気の, 電気に関する: an ～ consultant. **2** 電気のような, 強烈な. ～ **transcription**〘ラジオ〙録音(盤). ～ **transmission**《写真の》電送. ◇ ～**·ly** *ad.*

e·lèc·trí·cian [ilèktríʃ(ə)n, iːlek-/ilek-] *n.* 電気専門家〔学者〕, 電気技師; 電気係; 電気工.

‡**e·lèc·tríc·i·ty** [ilèktrísiti, iːlek-/ilek-] *n.* **1** 電気, 電気学; 電流: install ～ 電気を引く. **2** 興奮〔緊張〕状態. ***atmospheric*** ～ 空中電気. ***frictional*** ～ 摩擦電気. ***galvanic*** ～ 流電気. ***magnetic*** ～ 磁電気. ***negative*** 〔***positive***〕～ 陰〔陽〕電気. ***thermal*** ～ 熱電気.

e·léc·tri·fy [ilέktrifài] *vt.* **1** に電気を通じる; 帯電させる. **2** 電化する: ～ a railway system 鉄道を電化する. **3**《比喩的》はっとさせる: ～ an audience 聴衆をぎょっと〔興奮〕させる. ◇ **e·lèc·tri·fi·cá·tion** [ilèktrifikéiʃ(ə)n] *n.*

e·léc·trize [ilέktraiz] *vt.* = electrify. ◇ **e·lèc·tri·zá·tion** [ilèktrizéiʃ(ə)n/-traiz-] *n.*

e·léc·tro [ilέktrou] *n., vt.* (*pl.* ～**s**) **1** = electroplate. **2** = electrotype.

electro-「電気(の)」の意の語形成要素.

e·lèc·tro·a·nál·y·sis [ilèktroənǽləsis] *n.* 〘化〙電解, 電気分析.

e·léc·tro·bath [ilέktrobæθ/-bɑːθ] *n.* 電気めっき溶液; 電解液槽(そう).

e·lèc·tro·cár·di·o·gram [ilèktrokάːrdiogræm] *n.* 〘医〙心電図. ◇ **-graph** [-græf/-grɑːf] *n.* 〘医〙心電計.

e·lèc·tro·chém·i·cal [ilèktrokémik(ə)l/ilék-] *a.* 電気化学の. ◇ ～**·ly** *ad.*

e·lèc·tro·chém·ist [-kémist] *n.* 電気化学者. ◇ **-is·try** [-kémistri] *n.* 電気化学.

e·lèc·tro·chrón·o·graph [-krάnəgræf/-krɔ́nəgrɑːf] *n.* 電気秒とけい.

e·léc·tro·cute [ilέktrəkjùːt] *vt.* **1** 電気(いす)で死刑にする. **2** 電気で殺す: be ～*d* 感電死する. [√cut-] ◇ **e·lèc·tro·cú·tion** [-⁻-kjúːʃ(ə)n] *n.*

e·léc·trode [ilέktroud] *n.* 電極.

e·lèc·tro·de·pós·it [ilèktrodipάzit/-⁻--pɔ́z-it] *vt.* 〈金属を〉電着させる. —— *n.* 電着物.

e·lèc·tro·dy·nám·ic [ilèktrodainǽmik/ilék-] *a.* 電気力の; 電気力学の. ◇ ～**s** *n. pl.* 《単数扱い》電気力学.

e·lèc·tro·en·céph·a·lo·graph [ilèktroenséfəlөgræf/iléktroenséfəlөgrɑːf], **-gram** [-græm] *n.* 〘医〙脳波電位記録(装置).

e·lèc·tro·en·gráv·ing [ilèktrouingréiviŋ/ilék-] *n.* 電気彫刻(術・物).

e·lèc·tro·gíld·ing [ilèktrogíldiŋ/ilék-] *n.* 電気めっき.

e·léc·tro·graph [iléktrogræf/-grɑːf] *n.* **1** 電気記録(装置). **2** 電気彫刻(器). **3** 電送写真(機). **4** レントゲン写真. ◇ **e·lèc·tro·gráph·ic** [ilèktrogrǽfik] *a.* **e·lèc·tro·gráph·i·cal·ly** *ad.* **e·lèc·tróg·ra·phy** [ilèktrάgrəfi, iːlek-/ilèktrɔ́grə-] *n.* 電気記録〔電気彫刻, 電送写真〕術.

e·lèc·tro·ki·nét·ic [ilèktrokinétik, -kai-/ilék-trokainétik] *a.* 動電気の. ◇ ～**s** [-s] *n. pl.* 《単数扱い》動電学.

e·lèc·tro·ký·mo·graph [ilèktrokáiməgræf/iléktrokáiməgrɑːf] *n.* 〘医〙動態撮影装置《X線による心臓などの》.

e·lèc·tro·líer [ilèktrəlíər] *n.* ⌈(chandelier). シャンデリア電燈

e·lèc·tról·y·sis [ilèktrάlisis/ilektrɔ́l-] *n.* **1**〘化〙電気分解. **2**〘医〙電気針で毛根を破壊してむだ毛をとる手術; 電気療法《患部に電流を流す治療法》.

e·léc·tro·lyte [iléktrəlàit] *n.* 〘化〙電解物; 電解質; 電解液. ～ **cell** 〔**bath**〕電解液槽(そう). ～ **dissociation** 電気解離, 電離. ◇ **e·lèc·tro·lýt·ic** [ilèktrolítik], **e·lèc·tro·lýt·i·cal** *a.*

e·léc·tro·lyze [iléktrəlàiz] *vt.* 電気分解する. ◇ **-lyz·er** [-ər] *n.* 電解槽. **e·lèc·tro·ly·zá·tion** [ilèktrəlizéiʃ(ə)n/-laiz-] *n.*

e·lèc·tro·mág·net [ilèktromǽgnit/ilék-] *n.* 電磁石. ◇ ～**·ism** *n.* 電磁気(学).

e·lèc·tro·mag·nét·ic [ilèktromægnétik/ilék-] *a.* 電磁石の; 電磁気の: ～ waves 電磁波. ～ unit 電磁単位《略 E.M.U., e.m.u.》.

e·lèc·tro·mé·tal·lur·gy [ilèktromét(ə)lə:rdʒi, -metǽlər-/ilék-] *n.* 電気冶金(やきん)(術).

e·lèc·tróm·e·ter [ilèktrάmitər/ilektrɔ́m-] *n.* 電位計, 電気計.

e·lèc·tro·mó·tive [ilèktrəmóutiv/-⁻⁻---] *a.* **1** 電気を起こす. **2** 電動の. ～ **force** 起電力.

e·lèc·tro·mó·tor [ilèktrəmóutər/ilék-] *n.* **1** 発電機. **2** 電動機, 電気モーター.

e·léc·tron [iléktrɑn/-trɔn] *n.* **1** コハク金 (electrum)《古代ギリシアの金銀合金》. **2**〘物〙電子, エレクトロン. **3**〘冶〙エレクトロン《マグネシウム合金》. ～ **affinity** 電子親和. ～ **bomb** エレクトロン焼夷(しょうい)弾. ～ **gun** 電子銃. ～ **lens** 電子レンズ. ～ **microscope** 電子顕微鏡. ～ **optics** 電子光学. ～ **theory** 電子説. ～ **tube** 電子管, 真空管. ～ **volt** 電子ボルト.

e·lèc·tro·nar·có·sis [ilèktronɑːrkóusis/ilék-] *n.* 電気麻酔法.

e·lèc·tro·nég·a·tive [ilèktronégətiv/ilék-] *a.* 陰電気の; 陰性の. ↔ electropositive. —— *n.* 電子ガス.

‡**e·lèc·trón·ic** [ilèktrάnik/ilektrɔ́nik] *a.* **電子の**, エレクトロンの. ～ **brain** 電子頭脳, 電子計算機. ～ **computer** 〔**calculator**〕電子計算機. ～

engineering 電子工学. ～ **flash** 〖写〗 ストロボ. ～ **music** 電子音楽. ～ **organ** 電子オルガン. ～ **shell** 電子砲弾. ～ **tube** ＝electron tube. ◇ **-i·cal·ly** *ad.* 電子的に.

e·lèc·trón·ics [-s] *n. pl.* 《単数扱い》電子工学.

e·lèc·tro·pa·thól·o·gy [ilèktropəθάlədʒi/ilék-tropəθɔ́l-] *n.* 電気病理学.

e·léc·tro·phone [iléktrofòun] *n.* 電気補聴器.

e·lèc·tro·phón·ic [ilèktrofánik, -fóunik/ilék-trofóunik, -fɔ́n-] *a.* 電気発声の. ～ **music** 電子音楽.

e·lèc·tro·pho·ré·sis [ilèktrofərí:sis/ilék-] *n.* 〖物·化〗電気泳動.

e·lèc·tróph·o·rus [ilèktrάfərəs, ì:lek-/ilektrɔ́f-] *n.* (*pl.* **-ri** [-rài]) 〖電〗電気盆, 起電盤.

e·lèc·tro·phrén·ic [ilèktrofrénik/ilék-] ～ ***respiration*** 〖医〗電気人工呼吸法.

e·léc·tro·plate [iléktrəplèit] *vt.* に電気めっきする. —— *n.* 電気めっき製品《特に銀めっき食器》.

e·lèc·tro·pós·i·tive [ilèktrəpázitiv / iléktrə-pɔ́z-] *a.* **1** 陽電気の. ↔electronegative. **2** 〖化〗アルカリ性の, 塩基性の.

e·léc·tro·scope [iléktrəskòup] *n.* 検電器. ◇ **e·lèc·tro·scóp·ic** [-˗-skάpik/-skɔ́p-] *a.*

e·léc·tro·shock [iléktroʃὰk/-ʃɔk] *n.* 〖医〗電気衝撃療法.

e·lèc·tro·stát·ic [ilèktrostǽtik/ilék-] *a.* 静電気の, 静電学の. ◇ ～**s** *n. pl.* 《単数扱い》静電学.

e·lèc·tro·téch·nics [ilèktrotékniks/ilék-] *n. pl.* 《単数扱い》電気工芸(学).

e·lèc·tro·thèr·a·péu·tics [ilèktroθèrəpjú:-tiks/iléktroθerə-] *n. pl.* 《単数扱い》電気療法. ◇ **e·lèc·tro·thèr·a·péu·tic** [-tik] *a.*

e·lèc·tro·thér·a·py [-θérəpi] *n.* 電気療法. ◇ **e·lèc·tro·thér·a·pist** *n.*

e·lèc·tro·thér·mal [ilèktroθə́:rm(ə)l / ilék-], **e·lèc·tro·thér·mic** [-mik] *a.* 電熱の. 「器.

e·léc·tro·tome [iléktrətòum] *n.* 自動遮断(しゃだん)

e·lèc·trót·o·nus [ilèktrάtənəs, ì:lek-/ilektrɔ́t-] *n.* 〖医〗《神経に電流を流すときの》電気緊張. ◇ **e·lèc·tro·tón·ic** [ilèktrotάnik/-˗́-tɔ́n-] *a.*

e·léc·tro·type [iléktrotàip] *n.* 電気版. —— *vt.* 電気版にとる. ◇ **-typ·er** [-tàipər] *n.* **-typ·y** [-tàipi] *n.* 電気版製作法.

e·léc·trum [iléktrəm] *n.* **1** コハク金《古代ギリシアで貨幣に用いられた金銀合金》. **2** コハク, 洋銀.

e·léc·tu·ar·y [iléktʃuèri/-tjuəri] *n.* 《はちみつ·シロップなどを混ぜた》ねり薬; 舐剤(しざい).

èl·ee·mós·y·nar·y [èləmάsinèri,èliə-/èlii:mɔ́s-inəri] *a.* **1** 慈悲ぶかい. **2** 施しの; 慈善による: an ～ educational institution 寄付金で経営される教育機関. —— *n.* 慈善を受ける人.

él·e·gance [éligəns], **-gan·cy** [-i] *n.* **1** 優雅, 上品; 優美, 端麗. **2** 優雅〔上品〕な態度〔ことば〕.

‡**él·e·gant** [éligənt] *a.* **1** 《人柄など》**気品のある**, 上品な. **2** 《趣味などが》**優雅な**, 洗練された; 《文体など》格調の高い: ～ furnishings 上品な家具. **3** 〖米話〗すばらしい: an absolutely ～ wine 天下の名酒. [ex-＋√leg-¹] ◇ ～**ly** *ad.*

é·lé·gante [F. elegɑ̃:t] F. *n.* 気品ある婦人, 優美な服装の淑女.

èl·e·gí·ac [èlidʒáiək, ㊥⁺ -æk, ilí:dʒiæk] *a.* **1** 挽歌(ばんか)〔悲歌〕の, 挽歌形式の. **2** 悲しい, 痛ましい, あわれな. —— *n.* (*pl.*) 挽〔悲〕歌(形式の歌). ～ **couplet** 挽歌調二連句《— ⏑ ⏑ の6脚と5脚の対句》.

èl·e·gí·a·cal [èlidʒáiək(ə)l] *a.* ＝elegiac.

él·e·gy [élidʒi] *n.* 挽歌(ばんか), 悲歌, 哀歌. ◇ **-gist** *n.* ～の作者. **-gize** [-dʒàiz] *vt., vi.*

e·lék·tra [iléktrə] *n.* 電波燈台.

elem. elementary; element(s).

‡**él·e·ment** [élimənt] *n.* **1** **要素**, 成分. **2** 〖化〗**元素**. **3** 四大《地·水·火·風》の一; (*pl.*) 自然力, (暴)風雨: a war of the ～*s* 暴風雨. **4** 《生物の》固有の環境; 《人の》本領, 持ちまえ; 適所. **5** (*pl.*) 《学問の》原理, 初歩. **6** 〖軍〗分隊; 〖米:空〗戦闘機の小編隊. **7** (*pl.*) 〖宗〗聖餐(せいさん)式のパンとブドウ酒. **8** 〖電〗電池, 電極. ***be in*** one's ～ 得意の境地にいる, 自分の本領にいる. ***be out of*** one's ～ 自分に不向き〔苦手〕な環境にいる. ***discontented*** ～ 不平分子. ***the four*** ～***s*** 〖哲〗四大《地·水·火·風》.

〔類義語〕 **要素: element** 成立させるための基本的で不可欠な要素: Letters are the *elements* out of which all our words are formed. 文字はすべての語の構成に不可欠な要素〔素材〕である. **component, constituent** 成分. component は成分の一つ, constituent は構成要素全部をさすことが多い: Carbon is a *component* of steel. 炭素は鋼鉄の一成分である. Hydrogen and oxygen are the *constituents* of water. 水素と酸素が水の成分だ. **ingredient** 必ずしも不可欠ではない要素: the *ingredients* of the cake ケーキの材料. the *ingredients* of the talk of the day 現今の話題.

èl·e·mén·tal [èliméntl] *a.* **1** 要素の. **2** 原理の, 原理的な; 初歩の. **3** 基本的な, 欠かせない: ～ civic rights 基本的な市民としての権利. **4** 〖化〗一つの分子からなる, 化合していない. **5** 四大《地·水·火·風》の; 自然力の. **6** 自然力に似た; 《力が》絶大な. ～ **worship** 自然力崇拝.

‡**èl·e·mén·ta·ry** [èlimént(ə)ri] *a.* **1** **基本の, 初歩の**, 初等の: ～ education 〔algebra〕 初等教育〔代数学〕. an ～ school 〖米〗小学校 (＝㊤ primary school). **2** 小学校の: an ～ teacher. **3** 最小単位をなす, 核の; 〖化〗元素の: the ～ family 最小単位家族 (nuclear family)《父母·子どもよりなる》. ～ substance(s) 単体. **4** 四大の; 自然力の.

él·e·mi [élimi] *n.* エレミ《熱帯産の芳香樹脂でこうやく·ワニスなどに用いる》.

e·lén·chus [iléŋkəs] *n.* (*pl.* **-chi** [-kai]) 〖論〗論駁(ろんばく), 反論, 論破. ***Socratic*** ～ 短い対話で真実を見つける方法. ◇ **e·lénc·tic** [iléŋktik] *a.*

†**él·e·phant** [élifənt] *n.* **1** 〖動〗象. **2** 大きな画用紙の大きさ《28×23インチ大》. **3** やっかいなもの. **4** 〖米〗《共和党を象徴する》象. →donkey. **5** 〖古〗象げ. ***be like an*** ～ 非常に記憶力がよい. ***see the*** ～ 世の中を見る, 人生を経験する. ***white*** ～ やっかいもの《タイ王がきらいな臣下を破産させるため白象を与えたという》.
～**'s ear** 〖植〗ベゴニア, シュウカイドウ.

èl·e·phán·ta [èlifǽntə] *n.* インドの南西部マラバ沿岸で吹く強風《9月-10月》.

èl·e·phan·tí·a·sis [èlifəntáiəsis] *n.* 〖医〗象皮病.

èl·e·phán·tine [èlifǽnti:n, -tain, -tin/-tain] *a.* **1** 象の. **2** 象のような; ぶかっこうでのろい; 巨大な: an ～ task 巨大な仕事. ～ **humor** 無器用なしゃれ. ～ **movements** 無器用な動作.

El·eu·sín·i·an [èljusíniən] *a.* 《古代ギリシアのアッチカ (Attica) の》Eleusis 市の. ～ **mysteries** エリウシス祭典《Demeter を祭る》.

‡**él·e·vate** [élivèit] *vt.* **1** (持ち) **上げる, 高くする**: ～ the voice 声を張り上げる. **2** 昇進させる, 登用する: ～ a commoner to the peerage 平民を貴族に取り立てる. **3** 向上させる, 高尚(こうしょう)にする: ～*ting* thoughts 品位を高める思想. **4** 〖俗〗意気を盛んにする, 気分を浮き立たせる. ～ ***the Host*** 〖カトリック〗聖体を奉挙する. [ex-＋√lev-]
〔類〕 → **raise**「あげる」

él·e·vat·ed [élivèitid] *a.* **1** 高められた; 高い. **2** 高尚(こうしょう)な, 高潔な. **3** 元気な, 愉快な. **4** 〖話〗一杯きげんの. —— *n.* 〖米話〗高架鉄道. ～ **railway** 高架鉄道《略 L, el》.

èl·e·vá·tion [èlivéiʃ(ə)n] *n.* **1** 上げること, 高める

こと. **2** 昇進, 登用. **3** 向上, 高尚(こうしょう)にすること. **4** 高さ; 海抜. **5** 小高い所, 高所. **6** 仰角, 高度. **7** 〖製図〗立面図, 正面図.

†**él·e·va·tor** [éliveitər] *n.* **1** 〖米〗エレベーター, 昇降機 (=㊥ lift). **2** 物を揚げる装置〔人〕. **3** 《飛行機の》昇降舵(だ). **4** 揚穀機, 揚水機, くみ上げ機. **5** 〖米〗穀物倉庫 (=grain ～). **6** 〖医〗挙筋. ～ **operator** 〖米〗エレベーター運転士.

†**e·lév·en** [ilév(ə)n] *n.* 11; 11個〔人〕; 11歳; 11の記号; 11人のチーム《フットボール・クリケットなど》. ***the E～*** 《Judas を除いた》十一使徒. —— *a.* 11の, 11個〔人〕の. ～·**pence** [-pəns] 英貨11ペンス.
◇ ～·**fold** [-fòuld] *a., ad.* 11倍の〔に〕.

e·lév·ens(·es) [ilév(ə)nz(iz)] *n.* 〖英話〗午前11時ごろの軽食.

†**e·lév·enth** [ilév(ə)nθ] *a.* 第11番めの; 11分の1の. ***at the ～ hour*** どたん場になって, ぎりぎりの瞬間に. —— *n.* 第11番め; 《月の》11日; 11分の1.
◇ ～·**ly** *ad.* 第11番めに.

elf [elf] *n.* (*pl.* **elves** [elvz]) **1** 小妖精(ようせい). **2** 小人; ちび; いたずら小僧. ***play the ～*** いたずらする. ～ **bolt** 〔**arrow**〕 石矢じり. ～ **child** 取り替え子《小妖精が代わりに置いていく子ども》. ～ **fire** 鬼火, きつね火. ～·**land** [-lænd] 小妖精の国. ～·**lock** [ㇾㇾ] 乱れ髪《小妖精のしわざと考えられた》.
◇ ～·**ish** *a.* 妖精〔小人〕のような; いたずらな.

élf·in [élfin] *a.* 小妖精の; 妖精のような. —— *n.* 小妖精; 小人; いたずら小僧.

El Gí·za [el-gí:zə] *n.* ギザ《エジプト北部の町. 付近に Pyramid と Sphinx がある》.

El Gré·co [el-gréikou, grék-] *n.* エル=グレコ, 1548?–1614?, ギリシア生まれのスペインの画家.

E·li·a [í:liə, -ljə, é-] *n.* イギリスの随筆家 Charles Lamb が *Essays of Elia* を書いたときの筆名.

E·lí·as [iláiəs] 〖聖〗=Elijah.

e·líc·it [ilísit] *vt.* 〈真理・反応・返事・笑いなどを〉引き出す, 誘い出す: ～ a laugh *from* a person 人を(思わず)笑わせる. [√lac-]
◇ **e·lìc·i·tá·tion** [ilìsitéiʃ(ə)n] *n.*

e·líde [iláid] *vt.* **1** 〖音声〗〈母音や音節などを〉省く. **2** 無視する, 抜かす. [√laed-]

él·i·gi·ble [élidʒəbl] *a.* **1** 選ばれる資格のある, 被選挙資格を有する; 適格の: ～ *for* 〔*to*〕 membership 会員となる資格がある. **2** 適当な, 望ましい. **3** 〖俗〗年ごろの, 適齢の. —— *n.* 有資格者, 適任者. [√leg-¹] ◇ **-bly** *ad.* **èl·i·gi·bíl·i·ty** [èlidʒəbíliti] *n.*

E·lí·jah [iláidʒə] *n.* 〖聖〗エリヤ《イスラエルの預言「者」.

e·lím·i·nant [ilíminənt] *n.* 〖数〗除去法.

e·lím·i·nate [ilímineit] *vt.* **1** 除外する, 取り除く《から *from*》. **2** 考慮に入れぬ, 無視する. **3** 失格にする; 《予選などで》ふるい落とす. **4** 〖数〗消去する. [√limin-] ◇ **-na·ble** [-nəbl], **-na·tive** [-nèitiv/-nətiv] *a.* ～できる. **-na·tor** [-nèitər] *n.* 除去者; 排除器; 〖通信〗エリミネーター, 《初期の》交流受信機の電源部 (=battery eliminator). **-na·to·ry** [-nətɔ̀:ri/-t(ə)ri] *a.*

e·lìm·i·ná·tion [ilìminéiʃ(ə)n] *n.* eliminate すること: an ～ match 〔contest, race〕 予選試合.

El·i·ot [éliət, éljət] *n.* **1** George ～, 1819–80, イギリスの女流小説家 Mary Ann Evans の筆名. **2** T. S. ～, 1888–1965, イギリスの詩人・批評家・随筆家《アメリカから帰化. 1948年ノーベル文学賞》.

E·lis [í:lis] *n.* エリス《古代ギリシアの地方名. その Olympia 平原でオリンピック競技が行なわれた. 首都は同名の Elis》.

E·lí·sha [iláiʃə] *n.* 〖聖〗エリシア《ヘブライの預言者「で Elijah の後継者》.

e·lí·sion [ilíʒ(ə)n] *n.* 〖音声〗音声脱落《特に母音の前の母音の省略》. → 動詞 elide.

é·lite*, e·líte** [ilí:t, eilí:t] F. *n.* **1** 《集合的》エリート, 選ばれた〔すぐれた〕人々; えり抜き, 精華. **2** 〖タイプライターの〗エリート活字《10ポイント》. ***power ～ パワーエリート《権力を握る市民社会の新しい支配者》. ***the ～ of society*** 一流層, 名士(連).

e·lít·ism [ilí:tiz(ə)m, ei-/ei-] *n.* エリート意識; エリート的行動.

e·líx·ir [ilíksər] *n.* **1** 特効薬, 万能薬. **2** 錬金薬液《卑金属を黄金にかえ, または寿命を延ばすことができたという》. **3** 精髄. **4** 〖薬〗《甘味・芳香を加えた》チンキの一種. ～ ***of life*** 不老長生薬.

Eliz. Elizabeth; Elizabethan.

E·líz·a·beth [ilízəbəθ] *n.* **1** ～ I, 1533–1603, イギリス女王. **2** ～ II, 1926– , イギリスの現女王.

E·lìz·a·bé·than [ilìzəbí:θ(ə)n, ㊥⁺ -béθ-] *a.* Elizabeth I 時代の. —— *n.* エリザベス朝の人《特に詩人・劇作家・政治家など》.
～ **sonnet** エリザベス朝風のソネット.

elk [elk] *n.* (*pl.* ～**s**, 《集合的》～) **1** オオシカ《北ヨーロッパ・北アジア産》; 〖米〗=wapiti. **2** なめし皮の一種. **3** (Elk) (*pl.* **Elks**) エルクス会員《慈善に力を尽くすアメリカの友愛団体 Benevolent and Protective Order of Elks の》.

ell¹ [el] *n.* 〖古〗エル《イギリスでは45インチ》. ***Give him an inch, and he'll take an ～.*** 〖ことわざ〗寸を与えれば尺を望む; ひさしを貸せばおもやをとられる.

ell² *n.* **1** L の文字. **2** L 字状物; 〖米〗建物のL字形に突き出したむね; L字形パイプ.

el·lípse [ilíps] *n.* 〖数〗長円形, 楕円(だえん); 長円(周), 「楕円(周).

***el·líp·sis** [ilípsis] *n.* (*pl.* **-ses** [-si:z]) **1** 〖文〗《語の》省略. **2** 〖印〗省略符号《—, …, *** など》.

el·líps·oid [ilípsɔid] *n.* 〖数〗長円〔楕円〕体, 長円〔楕円〕面. ◇ **el·lìp·sói·dal** [ilìpsɔ́idl/èlipsɔ́i-] *a.*

el·líp·tic [ilíptik], **-ti·cal** [-(ə)l] *a.* **1** 長円〔楕円〕の, 長円〔楕円〕形の. **2** 〖文〗省略の, 省略した. ～ **spring** 重ね板ばね. → coil spring. ◇ **el·líp·ti·cal·ly** *ad.*

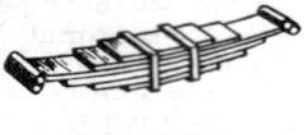

elliptic spring

el·lìp·tíc·i·ty [ilìptísiti, èlip-/èlip-] *n.* 長円〔楕円〕率.

El·lis¹ [élis] ～ ***Island*** ニューヨーク港の小島《もと移民局があった》.

El·lis² *n.* Henry Havelock [hævlɑk-/-lɔk-] ～, 1859–1939, イギリスの心理学者・著述家.

‡**elm** [elm] *n.* 〖植〗ニレ; ニレ材.

El·man [élmən] *n.* Mischa [mí:ʃə-] ～, 1891–ロシア生まれのアメリカのバイオリン奏者.

El·mo [élmou] → St. Elmo's fire.

èl·o·cú·tion [èləkjú:ʃ(ə)n] *n.* 演説〔朗読, 発声〕法; 雄弁術. [√loqu-] ◇ ～·**ar·y** [-èri/-əri] *a.* ～·**ist** [-ist] *n.* ～の教師; 雄弁家.

é·loge [eilóuʒ] F. *n.* 称賛; 称賛演説; 追悼演説《特にフランス学士院会員葬送時の》.

E·ló·him [elóuhim, èlouhí:m] *n.* 《特に旧約聖書にでる》ヘブライ人の神.

e·lói(g)n [ilɔ́in] *vt.* 遠くへ運ぶ, 切り離す. ～ ***oneself*** 身を遠ざける.

E. lon(g). East longitude.

e·lón·gate [ilɔ́:ŋgeit/í:lɔŋgeit] *vt., vi.* 長くする〔なる〕, 引きのばす, のびる. —— *a.* **1** のばされた, のびた. **2** 〖植・動〗細長い. ◇ **-gat·ed** [-id] *a.* 細長い.

e·lòn·gá·tion [ilɔ̀:ŋgéiʃ(ə)n, ì:lɔ:ŋ-/ì:lɔŋ-] *n.* **1** 延長(線), 伸長(部・度). **2** 〖天〗離角, 離隔《太陽と天体の距離》.

e·lópe [ilóup] *vi.* **1** 駆け落ちする《と *with*》. **2** 出奔する, 逐電(ちくでん)する. ◇ ～·**ment** *n.* **e·lóp·er** *n.*

‡**él·o·quence** [éləkwəns] *n.* **1** 雄弁, 能弁. **2** 雄弁術; 修辞法. **3** 説得力, (ことばで)心を動かす力.

‡**él·o·quent** [éləkwənt] *a.* **1** 雄弁な, 能弁な. **2** 説得力ある; 感動的な. ***be ～ of*** をまざまざとあらわす

〔示す〕. **Eyes are more ～ than lips.** 目は口ほどにものを言い. [√loqu-] ◇ **～·ly** *ad.* 雄弁に.

El Pás·o [el-pǽsou] *n.* アメリカ Texas 州の都市.

El Sál·va·dòr [el-sǽlvədɔ̀ːr/-ˊ-ˋ-ˊ] *n.* エルサルバドル《中央アメリカ西部太平洋岸の共和国. 首都 San Salvador》.

†**else** [els] *ad.* **1** 《疑問・不定・否定代名詞〔副詞〕のあとにきて》**そのほかに**, 他に, 別に, その上に: *anything* ～ ほかになにか, ほかのなんでも. *somewhere* ～ どこかほかのところで〔に, へ〕. *Who* ～ is coming? ほかにだれが来るのか? *How* ～ could I do it? そうやるほかにしようがないでしょう. 〈注〉先行語といっしょになって所有格をつくることができる: somebody *else's* だれか他の人の. It's no one *else's* business. ほかの人に関係のないことだ. **2** 《通例 or のあとで》**でなければ**, さもないと: You can go alone, *or* ～ with Tom. ひとりで行ってもいいし, トムといっしょでもいい. Hurry up, *or* ～ you will be late. 急がないと遅れます. 〈注〉or else のあとが省略されることがある: Do what I say, *or else.* 私の言うとおりにしろ, さもないと(どうなっても知らないぞ).

‡**élse·whère** [éls(h)wɛ̀ər/ˊˊ] *ad.* **1** (どこか)**ほかの場所に**〔で, へ〕: look ～ ほかの場所を捜す. **2** ほかのばあいに. **here as ～** ここでもよそとおなじに; ほかのばあいと同様このばあいも.

El·si·nòre [élsinɔ̀ːr/èlsinɔ́ː] *n.* デンマーク北東岸の港市 (Helsingör)《Shakespeare の *Hamlet* はここを舞台としたもの》.

e·lú·ci·date [ilúːsidèit] *vt.* 明らかにする; の意味を説き明かす, 説明する. [√luc-]
◇ **-da·tive** [-dèitiv], **-da·to·ry** [-dətɔ̀ːri/-deitəri] *a.* **-da·tor** [-dèitər] *n.* 解説者. **e·lù·ci·dá·tion** [ilùːsidéiʃ(ə)n] *n.* 説明, 解明.

e·lúde [ilúːd] *vt.* **1** 〈追跡・罰・責任などを〉うまくのがれる, 免れる, 脱する, 避ける. **2** 〈注意・観察・認識などを〉のがれる: ～ observation 観察の目からのがれる. **3** の理解力を逸脱する: The meaning ～*s* me. その意味は私にはつかめない〔わからない〕. [√lud-]

e·lú·sion [ilúːʒ(ə)n] *n.* 逃避, 回避; 言い抜け.

e·lú·sive [ilúːsiv] *a.* **1** うまくのがれる, つかまえどころのない; 逃避〔回避〕的な. **2** 《期待・考えなどが》当てにならない, むなしい. **3** 記憶から消えやすい, 覚えにくい. **4** 理解しにくい, とらえがたい.
◇ **～·ly** *ad.* **～·ness** *n.*

e·lú·so·ry [ilúːsəri] ＝elusive.

e·lú·tri·ate [ilúːtrièit] *vt.* 洗い清める; 〖採鉱〗洗い分ける. ◇ **e·lù·tri·á·tion** [ilùːtriéiʃ(ə)n] *n.*

e·lú·vi·ate [ilúːvièit] *vi.* 〖土壌〗溶脱する《蒸発を上回る降雨のため土壌(どじょう)物質が流出すること》.
◇ **e·lù·vi·á·tion** *n.*

e·lú·vi·um [ilúːviəm] *n.* 〖地〗《風化などによる》残積層. → alluvium. ◇ **-al** [-viəl] *a.*

él·ver [élvər] *n.* 〖魚〗ウナギの幼魚.

elves [elvz] *n.* elf の複数形.

élv·ish [élviʃ] ＝elfish.

E·ly [íːli] *n.* イーリー《イングランド東部ケンブリッジ州の Isle of Ely 郡の町. 有名な寺院がある》.

É·ly·sée [eiliːzéi] F. *n.* エリゼ宮《パリにあるフランス大統領官邸》.

E·lýs·i·um [ilíziəm, -ziəm/-ziəm] *n.* **1** 〖ギ神〗極楽(浄土). **2** 至福の地; 楽土.
◇ **E·lý·sian** [ilíʒ(i)ən/-ziən] *a.*

él·y·tron [élitrɑ̀n/-trɔn], **él·y·trum** [-trəm] *n.* (*pl.* **-tra** [-trə]) 《こん虫の》さやばね, 翅鞘(しょう).

El·ze·vir [élziv(i)ər/-viə] *a.* オランダの印刷業者 Elzevir 家出版の. —— *n.* ～版(書物); ～家活字.

em[1] [em] *n.* (*pl.* **ems**) M, m の文字; 〖印〗全角.

em[2], **'em** [(ə)m] 〖話〗＝them.

em- *pref.* en- の p, b, m, の前の異形: *em*bitter ＜en-＋bitter にがくする.

EM 〖米〗enlisted man〔men〕. **Em.** 〖化〗emanation.

e·má·ci·ate [iméiʃièit] *vt.* やせさせる; やせ衰えさせる, やつれさせる. ◇ **e·má·ci·at·ed** [-id] *a.* **e·mà·ci·á·tion** [imèiʃiéiʃ(ə)n, -mèisi-] *n.*

ém·a·nant [émənənt] *a.* 放射〔発散〕する; 発する.

ém·a·nate [émənèit] *vi.* **1** 〈におい・光・音・蒸気・熱などが〉出る, 発散する, 漂い〔浮かび〕出る; 〈感化力・ふんい気・魅力などが〉発散する, 広まる《から *from*》. **2** 〈情報などが〉発する, 漏れる; 〈本が〉出版される. ◇**-na·tive** [-nèitiv] *a.*

èm·a·ná·tion [èmənéiʃ(ə)n] *n.* **1** 発散, 放散; 感化, 影響. **2** 発散〔放射〕物; 漂う香気, ふんい気; 〖化〗エマネーション, ガス状放射物質.

e·mán·ci·pate [imǽnsipèit] *vt.* **1** 〈人を〉解放する《拘束・どれい状態・偏見などから》: ～ a slave 〔a person *from* slavery〕. **2** 〖ローマ法〗〈子どもを〉父権から解放する. [ex-＋√man(u)-＋√cap-]
◇**-pat·ed** [-id] *a.* **1** 解放された, 釈放された, 自由の. **2** 自由思想の; (因習に)とらわれない. **-pa·tive** [-pèitiv] *a.* **-pa·tor** [-pèitər] *n.* (どれい)解放者: the Great *Emancipator* 偉大な解放者《Abraham Lincoln》. **-pa·to·ry** [-pətɔ̀ːri/-peit(ə)ri] *a.*

***e·màn·ci·pá·tion** [imæ̀nsipéiʃ(ə)n] *n.* **どれい解放**. ◇ **～·ist** *n.* (どれい)解放論者.

e·más·cu·late [imǽskjulèit] *vt.* **1** 去勢する. **2** 男らしくなくする, めめしくする, 無気力にする. **3** 〈文章など〉骨抜きにする. —— [-lit, ㊊+ -lèit] *a.* **1** 去勢された. **2** めめしい; 元気〔力〕のない. **3** 骨抜きの.
◇ **-lat·ed** [-lèitid] *a.* **-la·tive** [-lèitiv], **-la·to·ry** [-lətɔ̀ːri/-leit(ə)ri] *a.* 去勢の; 無気力化する; 骨抜きにする. **e·màs·cu·lá·tion** [imæ̀skjuléiʃ(ə)n] *n.*

em·bálm [imbɑ́ːm] *vt.* **1** 〈死体を〉防腐保存する《昔は香料・香油, いまは防腐殺菌剤を用いる》. **2** 長く記憶にとどめる. **3** 香気で満たす, に香気を与える. [＜balm] ◇ **～·ment** *n.* 死体貯蔵; 防腐保存剤.

em·bánk [imbǽŋk] *vt.* に堤をつくる, 堤防で囲む〔守る〕. ◇ **～·ment** [-mənt] *n.* 堤, 堤防; 築堤.

èm·bar·cá·tion ＝embarkation.

em·bár·go [imbɑ́ːrgou/em-] *n.* (*pl.* **～es**) **1** 《船舶の》出港〔入港〕禁止, 抑留. **2** 通商禁止, 輸出禁止: gold ～ 金輸出禁止. **3** 〖話〗《一般的》禁止(令), 禁制《*on*》. ***lay*** 〔***put, place***〕 ***an ～ on*** ships ＝ ***lay*** ships ***under an ～*** (船)の出航を停止する. ***lift*** 〔***take off, remove***〕 ***an ～ on*** a ship (船)の出航停止を解く. —— *vt.* **1** 〈船に〉出港〔入港〕を禁止する; 〈船舶を〉抑留する. **2** 〈貨物を〉輸出禁止する; 〈通商を〉停止する.

em·bárk [imbɑ́ːrk] *vt.* **1** 乗船させる; 積み込む. ↔disembark. **2** 〈人を〉事業に引き入れる; 〈資金を〉投資する: ～ money *in* an enterprise.
—— *vi.* **1** 乗船する: ～ *for* America アメリカへ向かって船出する. **2** 「乗り出す」: ～ *on* an enterprise 事業を始める. [＜bark]

èm·bar·ká·tion [èmbɑːrkéiʃ(ə)n] *n.* **1** 《特に海外派遣軍団の》乗船, 乗り込み; 船出. **2** 積み込み; 搭載(とうさい)物. **3** 《事業などの》開始.

‡**em·bár·rass** [imbǽrəs] *vt.* **1** 当惑させる, 困らせる, まごつかせる. **2** 妨げる, 苦境に陥らせる; 《財政上》困難に陥らせる, に借金を背負わせる. **3** 〈問題などを〉紛糾させる, 混乱させる. —— *vi.* まごつく, どぎまぎする. ***feel*** 〔***be***〕 **～*ed*** きまりが悪い思いをする, どぎまぎする, あがる. ◇ **～·ing** *a.* 困らせる, 当惑させる; やっかいな, じゃまな. **～·ing·ly** *ad.* 当惑させるほどに.
〔類〕 → **confuse**「当惑させる」

em·bár·rass·ment [imbǽrəsmənt] *n.* **1** 当惑, 困却; きまり悪さ, 気まずさ. **2** 妨げ, 障害; (通例 *pl.*) 財政困難: *in* ～*s* 財政困難に陥って. **3** 多すぎること: ～ of riches 処置できないほどの豊かさ.

em·bás·sa·dor [imbǽsədər] ＝ambassador.

‡**ém·bas·sy** [émbəsi] *n.* **1** 大使館. **2** 《集合的》大使館員, 大使および随員; 使節団. **3** 大使の任務〔使命〕; 《外国政府へ派遣される》使節(団).

attached to an **～** 大使館付き. ***be sent on an ～ to*** へ派遣される.

em·bát·tle[1] [embǽtl/im-] *vt.* **1** に戦備を整える, の陣容を整える; 陣地につかせる. **2** に防備を施す.
◇ **～d** [-d] *a.*

em·bát·tle[2] *vt.* 〈城壁に〉銃眼を備えつける.
◇ **～·ment** *n.* 銃眼.

em·báy [embéi/im-] *vt.* **1** 〈船を〉湾に入れる. **2** 取り囲む, 閉じ込める. **3** 〈海岸などを〉湾状にする.
◇ **～·ment** *n.* 湾; 湾入, 湾形成.

em·béd [imbéd] *vt.* (**-dd-**) **1** 〈物を〉はめ込む, 埋め込む. **2** 《心・記憶・習慣に》深くとどめる.

em·bél·lish [imbéliʃ] *vt.* **1** 美しくする; 飾る. **2** 〈文章などを〉飾る, 潤色する, に尾ひれをつける.
◇ **～·ment** *n.* 装飾; 修飾, 潤色.

ém·ber[1] [émbər] *n.* (通例 *pl.*) 燃えさし, 燃え残り: rake up hot ～*s* おきをかき集める.

ém·ber[2] *a.* 〘カトリック〙四季斎日の. **E～ days** 四季大斎日《断食と祈禱(きとう)を行なう》.

em·béz·zle [imbézl] *vt.* 横領する; 着服する, 使い込む: ～ public money 公金を費消する.
◇ **～·ment** *n.* 使い込み; 〘法〙横領(罪). **～r** [-ər] *n.* 横領者; (公金) 費消〔着服〕者.

em·bít·ter [imbítər] *vt.* **1** 〈薬・飲み物などを〉苦くする. **2** 〈人・心を〉憤慨させる, 気むずかしくする; みじめにする, 失望させる. **3** 〈感情・状況などを〉いっそう悪くする, ひどくする. ◇ **～·ment** *n.*

em·blá·zon [embléiz(ə)n/im-] *vt.* **1** 〈紋章を〉描く; 紋章で飾る. **2** 美々しく描く〔飾る〕. **3** の栄誉をほめたたえる. ◇ **～·er** [-ər] *n.* **～·ment** *n.* **1** 紋章; 紋章画法. **2** 賞賛. **～·ry** [-ri] *n.* **1** 《集合的》紋章. **2** 紋章画法. **3** 美々しい装飾.

ém·blem [émbləm] *n.* **1** 表象, 象徴: The crown and scepter are ～*s* of royalty. 冠と笏(しゃく)は王のしるしである. **2** 典型: He is the ～ of honesty. あの人は正直の模範だ. **3** 寓意(ぐうい)画. **4** 記章, 紋章.

èm·blem·át·ic [èmblįmǽtik], **-i·cal** [-(ə)l] *a.* **1** 象徴の, 象徴的な; 象徴する《を *of*》. **2** 典型的な.
◇ **èm·blem·át·i·cal·ly** [-k(ə)li] *ad.* 象徴的に.

em·blém·a·tist [emblémətist] *n.* 記章考案〔製作, 使用〕者.

em·blém·a·tize [emblémətàiz] *vt.* **1** 象徴する, の象徴〔記章〕となる. **2** 象徴〔記章〕であらわす.

ém·ble·ments [émbl(ə)mənts] *n. pl.* 〘法〙未分離耕作物《土地に植え付けてある耕作物》; 《借地人の》農作物収得権.

*__em·bód·y__ [imbádi/-bɔ́di] *vt.* **1** 具体化する, 有形化する; 〈思想を〉具体的に表現する《絵画などで》. **2** 〈主義などを〉具現する, 実現する; 〈観念・思想を〉(自ら) 体現する. **3** 一体化する, 合併〔合体〕する. **4** 収める, 包含する: The book ～*ies* all the rules. その本にすべての規則が収録されている.
◇ **em·bód·i·ment** [-mənt] *n.* **1** 具体〔具象〕化, 体現. **2** 《性質・感情の》化身, 権化; 《思想・主義の》具現.

em·bóg [embág/imbɔ́g] *vt.* (**-gg-**) **1** 沼地に陥らせる. **2** 《比喩的》動きがとれないようにする.

em·bóld·en [imbóuld(ə)n] *vt.* 勇気づける; 大胆にする.

em·ból·ic [embálik/-bɔ́l-] *a.* 〘医〙塞栓(そくせん)症の.

ém·bo·lism [émbəlìz(ə)m] *n.* **1** 〘医〙塞栓《血管を閉塞する血塊》. **2** 閏年(うるうどし); 閏を挿加(そうか)すること.

ém·bo·lus [émbələs] *n.* (*pl.* **-li** [-lài]) **1** 〘医〙栓子《血管中にはいった血塊や気泡(きほう)など》. **2** 挿入物; 《注射器の》ピストン.

em·bon·point [F. ɑ̃bɔ̃pwɛ̃, [英][+] ɔ̀:mbɔ:mpwǽ:ŋ] F. *n.* 肥満, 肉づきのよさ《特に婦人についていう》.

em·bós·om [embúzəm, -bú:-/imbúzəm] *vt.* **1** 胸に抱く; たいせつにする. **2** 囲む: ～*ed in* 〔*with*〕 trees 木に取り巻かれて.

em·bóss [imbɔ́:s/-bɔ́s] *vt.* **1** 〈図案などを〉浮き出しにする, 浮き彫りにする; 〈型を〉打ち出す《金属などに》: ～*ed* printing 浮き出し印刷. an ～*ed* stamp 打ち出し印章. ～*ed* work 浮き彫り細工, 浮き出し模様. **2** に浮き彫りをつける; に浮き出し模様を施す: ～*ed* paper 凹凸(おうとつ)紙. an ～*ed* blouse 浮き出し模様ブラウス.
◇ **～·ment** *n.* 浮き彫り; 浮き出し模様.

em·bou·chure [ɑ̀:mbuʃúər/ɔ̀m-] F. *n.* **1** 河口; 渓谷(けいこく)の開き口. **2** 〘楽〙《管楽器の》吹き口; 管楽器の吹き口への舌やくちびるの当て方.

em·bów·el [embáuəl/im-] *vt.* (**-l-**, [英] **-ll-**) の腸を取り除く (=disembowel).

em·bów·er [embáuər/im-] *vt.* あずま屋でおおう; (こんもりと) 木でおおう〔囲む〕《*in*》.

‡**em·bráce**[1] [imbréis] *vt.* **1** (両腕に) **抱く**, 抱き締める, 抱擁する. **2** 〈山や丘が〉囲む, 取り巻く. **3** 含む, 包含する. **4** (喜んで) **迎える**, 受け入れる; 〈機会を〉とらえる, 〈申し出などを〉受け入れる, 〈職業に〉つく; 〈主義・信仰などを〉採用する, 信奉する: ～ a new life 新生活にはいる. ～ Buddhism 仏教に帰依する. **5** 見渡す; 見てとる: ～ the whole village 村全体を一目におさめる. ～ a situation 事態を大観する.
—— *vi.* 抱き合う.
—— *n.* **1** 抱擁. **2** 〘婉〙性交. **3** 受諾.
◇ **～·ment** [-mənt] *n.* 抱擁; 受諾, 甘受.

em·bráce[2] *vt.* 〘法〙〈法官・陪審員などを〉買収する, 抱き込む.

em·brác·er, em·bráce·or [-ər] *n.* **1** 抱く人. **2** 〘法〙《法官・陪審員などを》抱き込む人, 買収する人. ◇ **em·brác·er·y** [-əri] *n.* 抱き込み, 買収.

em·bránch·ment [embrǽntʃmənt / imbrá:ntʃ-] *n.* 分枝, 分岐; 《川の》分流; 〘動〙門.

em·brán·gle [embrǽŋgl] *vt.* もつれさせる; 混乱させる.

em·brá·sure [embréiʒər/im-] *n.* **1** 〘建〙斜間(はざま)《戸口や窓が内側の方へ朝顔状に広がっていること》. **2** 〘築城〙《堡塁(ほうるい)の壁のくさび形の》銃眼.

ém·bro·cate [émbrokèit] *vt.* 〘医〙に薬液を塗擦する〔塗りこむ〕. ◇ **èm·bro·cá·tion** [èmbrokéiʃ(ə)n] *n.* 薬液の塗擦; 塗擦剤.

em·bró·glio [imbróuljou/em-] =imbroglio.

em·brói·der [imbrɔ́idər] *vt., vi.* **1** (に)ししゅうする; 〈模様を〉ししゅうする. **2** 〈物語などを〉潤色する; に尾ひれをつける. ◇ **～·er** [-dərər] *n.* **～·y** [-d(ə)ri] *n.* **1** ししゅう; ししゅう品. **2** 《物語などの》潤色.

em·bróil [embrɔ́il/im-] *vt.* **1** 巻き込む, 引き込む《争い・混乱などに》: ～ a person *in* a dispute. **2** 〈問題・事態などを〉紛糾させる, めんどうにする. **3** 〈人・国などを〉不和にする, 争わせる《と *with*》.
◇ **～·ment** *n.* 混乱, 紛糾; 争い.

em·brówn [embráun/im-] *vt.* かっ色にする, 薄黒くする.

em·brúte [imbrú:t/em-] =imbrute.

ém·bry·o [émbriòu] *n.* (*pl.* **～s**) **1** 胎児; 胚(はい); 幼虫. **2** (発達の) 初期, きざし: a typhoon *in* ～ 未発達の台風. —— *a.* ～ 状態の.
◇ **èm·bry·ón·ic** [èmbriánik/-ɔ́n-] *a.* **1** 胎児の, 胚の. **2** 未発達の, 未熟の.

èm·bry·ól·o·gy [èmbriálədʒi/-ɔ́l-] *n.* 胎生学, 発生学. ◇ **-gist** *n.* 胎生〔発生〕学者. **èm·bry·o·lóg·ic** [èmbrioládʒik/-lɔ́dʒ-], **èm·bry·o·lóg·i·cal** *a.*

em·bús [imbʌ́s, em-] *vt., vi.* (**-ss-**) バスに乗せる〔乗る〕.

ém·cée [émsí:] *n.* 〘米話〙《ラジオ放送などの》司会者《M.C. をもつづる》. —— *vt., vi.* (**ém·céed**; **ém·cée·ing**) 司会する. [<*m*aster of *c*eremonię*s*]

e·méer [įmíər, e-] =emir.

e·ménd [iménd] *vt.* 〈文書・テキストなどを〉修正〔校訂〕する. [√mend-] ◇ **～·a·ble** [-əb(ə)l] *a.*

é·men·date [í:məndèit/-men-] *vt.* 〈本文・テキストを〉修正〔校訂〕する.

◇ **-da·tor** [-ər] *n.* 校訂〔修正〕者. **è·men·dá·tion** [ìːmendéiʃ(ə)n, ㊊⁺ èmən-] *n.* **e·ménd·a·to·ry** [iméndətɔ̀ːri/-t(ə)ri] *a.* 校訂の, 修正の.

ém·er·ald [ém(ə)rəld] *n.* **1**〘鉱〙エメラルド, 翠玉(すいぎょく). **2** 鮮緑色. **3**〘英:印〙エメラルド活字体《約6.5ポイント》. ── *a.* エメラルド(製)の; エメラルド〔鮮緑〕色の. **E～ Isle, the** アイルランドの別称.

***e·mérge** [imə́ːrdʒ] *vi.* **1** 浮かび出る《水中などから》, 出てくる, あらわれる《から *from*》. ↔submerge. **2** 浮かび上がる《ある状態から》, 脱出する: ～ *from* obscurity 有名になる. **3** <新事実などが> 明らかになる; <困難・問題などが> もちあがる. [√merg-]

e·mér·gence [-dʒ(ə)ns] *n.* **1**《水中からの》浮上; 出現. **2**《境遇などからの》脱出; 出世. **3**《問題などの》発生;《予測されていた事件の》到来. **4** 発生物《草木のとげなど》. ≒emergency.

‡**e·mér·gen·cy** [imə́ːrdʒ(ə)nsi] *n.* 非常事態, 危急, 急場. ***in an* ～ = *in case of* ～** 非常のばあいには, まさかのときには. **～ act** 〔**ordinance**〕緊急法令. **～ brake**《駐車・停止用》手動ブレーキ. **～ call** 非常招集. **～ door** 〔**exit**〕非常口. **～ landing** (**field**) 不時着陸(場). **～ man** 補欠選手. **～ measure** 応急処置.

e·mér·gent [imə́ːrdʒ(ə)nt] *a.* **1**《水中から》浮上する; あらわれる. **2** 世にあらわれだした,「売り出し」中の: an ～ nation 発展途上の国民. **3** 不意に起こる, 突発の. **4** 緊急の, 急を要する.

e·mér·i·tus [iméritəs] *a.* 名誉退職の: an ～ professor =a professor ～ 名誉教授.

e·mérsed [iːmə́ːrst, im-] *a.* 〘植〙《水中から》あらわれた; あらわれ出た.

e·mér·sion [iːmə́ːrʃ(ə)n, -ʒ(ə)n, im-/-ʃ(ə)n] *n.* **1** 現出; 脱出. **2**《食現象のあとの天体の》再現. → 動詞 emerge.

Em·er·son [éməːrsn] *n.* Ralph Waldo [rǽlf-wɔ́ːldou-] ～, 1803–82, アメリカの詩人・評論家・哲学者. ◇ **～·ism** [-ìz(ə)m] *n.* =Emersonianism.

Em·er·só·ni·an [èmərsóuniən] *a.* Emerson の; エマーソン風の. ── *n.* エマーソン崇拝者. ◇ **～·ism** [-ìz(ə)m] *n.* 〘哲〙エマーソン主義.

ém·er·y [ém(ə)ri] *n.* 金剛砂. **～ bag** 針みがきの金剛砂袋. **～ board** つめやすり. **～ cloth** 布やすり. **～ paper** 紙やすり. **～ powder** (粉末) 金剛砂. **～ wheel** 回転といし.

e·mét·ic [imétik] *a.* 〘医〙嘔吐(おうと)させる. ── *n.* 吐剤.

é·meu =emu.

é·meute [imjúːt] F. *n.* 騒乱, 暴動.

E.M.F., e.m.f. electromotive force.

e·míc·tion [imíkʃ(ə)n] *n.* 排尿 (urination).

ém·i·grant [émigrənt] *a.* (外地へ) 移住する, 移民の. ── *n.* 移民, 出かせぎ人: ～*s to* Canada カナダへの移民. → immigrant.

ém·i·grate [émigrèit] *vi.* **1** 移住する《他国へ》. **2**〘話〙転住する《他の地方へ》. ── *vt.* 移住させる. → immigrate. [√migr-]
◇ **-gra·to·ry** [-grətɔ̀ːri/-təri] *a.* **1** 移住の; 移住する. **2** 移住性の, 漂浪する (migratory). **èm·i·grá·tion** [èmigréiʃ(ə)n] *n.* 移住;《集合的》移民.

é·mi·gré [émigrèi/ㄥ−−−] F. *n.* **1** 移住者. **2**《海外への》亡命者;《特にフランス革命のころの》亡命王党員.

***ém·i·nence** [éminəns] *n.* **1** 高位, 高貴; 卓越. **2** (E～) 猊下(げいか)《カトリックの cardinal の尊称》. **3** 高名, 名声: win ～ 有名になる. **4** 高所, 丘, 台地. **5**〘医〙隆起. ***rise to* ～** 著名になる, 出世する.

é·mi·nence grise [F. eminɑ̃sgriːz] F. 腹心の手先,《特に》密偵(みってい).

‡**ém·i·nent** [éminənt] *a.* **1** 著名な, 有名な. **2** 身分〔地位〕の高い. **3** すぐれた, 抜群の. **4** 顕著な, 目だった: an ～ nose きわだって高い鼻. (***right of***) **～ *domain*** 〘国際法・米法〙土地収用権. [ex-+√min-²] ◇ **～·ly** *ad.* 大いに, 著しく.
〔類〕→ **famous**「名高い」

e·mír [əmíər/emíə] *n.* **1** アラビアの大公, 王子, 首長. **2** マホメットの子孫の称号. **3** トルコ貴顕の称号.

ém·is·sar·y [émisèri/-s(ə)ri] *n.*, *a.* **1** 使者 (の). **2** 密使 (の); 密偵(みってい) (の).

e·mís·sion [imíʃ(ə)n] *n.* **1** 射出, 発射; 放射; 発射物, 放出物. **2**〘医〙《うみなど》出すこと. **3**《紙幣などの》発行(高). →動詞 emit.

e·mís·sive [imísiv] *a.* 発射〔放射〕の; 発射〔放射〕性の. ◇ **èm·is·sív·i·ty** [èmisíviti] *n.*

e·mít [imít] *vt.* (**-tt-**) **1** <光・熱・におい・音などを> 発出する, 放射する. **2** <うみなどを> 出す. **3** <意見などを> 吐く, 述べる; <命令を> 発する. **4** <紙幣・手形などを> 発行する; <法令を> 発布する. [√mit(t)-]

ém·ma gée [émədʒíː] *n.* 〘俗〙機関銃. [<*ma*chine *g*un]

em·mén·a·gogue [iménəgɔ̀ːg, imíːnəgɑ̀g/iménəgɔg] *n.* 〘医〙月経促進剤, 通経薬.

èm·me·tró·pi·a [èmitróupiə] *n.* 〘医〙正視眼《眼球中の光の屈折の正常》.

e·mól·lient [imɑ́ljənt, -liənt/imɔ́liənt] *a.* 《皮膚などを》柔らかくする, 軟化する: ～ lotions for the face. ── *n.* 軟化剤, 緩和剤. [√moll-]

e·mól·u·ment [imɑ́ljumənt/imɔ́l-] *n.* (通例 *pl.*)《職務などから得る》報酬; 俸給(ほうきゅう), 手当.

e·móte [imóut] *vi.* 〘米話〙感情的に〔大げさに〕ふるまう: ～ *over* the beauties of nature 美しい景色にいかにも感じ入ったふりをする. [<*emot*ion]

‡**e·mó·tion** [imóuʃ(ə)n] *n.* **1** 感動, 感激, 興奮. **2** (強い) 感情, 喜怒哀楽. **3**〘心〙情緒. [√mo(u)-]
〔類〕→ **feeling**「感情」

‡**e·mó·tion·al** [imóuʃən(ə)l] *a.* **1** 感情の, 喜怒哀楽の. **2** 感情的, 感情に動かされやすい, 感情的になりやすい, 感激性の (強い), 情にもろい.
◇ **～·ism** [-ìz(ə)m] *n.* 感情性, 感情にはしること. **～·ist** *n.* 感情家. **～·ize** [-àiz] *vt.* 感情的にする; 感情的に扱う. **～·ly** *ad.* **e·mò·tion·ál·i·ty** [imòuʃənǽliti] *n.* 感動性; 感激性.

e·mó·tive [imóutiv] *a.* **1** 感動的〔感情的〕な; 感情をあらわす. **2** 感情を起こす. ◇ **～·ly** *ad.* 感動的に. **è·mo·tív·i·ty** [ìːmotíviti] *n.*

Emp. Emperor; Empress.

em·pái·stic [empéistik], **em·páes·tic** [-pés-, -píːs-/-píːs-] *a.* 《装飾品が》浮き彫りされた; 象眼された.

em·pále =impale.

em·pán·el [impǽn(ə)l] *vt.* (**-l-**, ㊊**-ll-**) = impanel.

ém·pa·thy [émpəθi] *n.* 〘心〙感情移入《ドイツ語の Einfühlung に当たる》. ◇ **em·páth·ic** [empǽθik] *a.* **em·páth·i·cal·ly** [-(ə)li] *ad.*

Em·péd·o·cles [empédəkliːz] *n.* エンペドクレス 490?–430? B.C., ギリシアの哲学者・政治家.

èm·pen·náge [ɑ̀ːmpənɑ́ːʒ/empénidʒ] *n.* 〘空〙尾部, 尾翼. [<F.]

‡**ém·per·or** [émp(ə)rər] *n.* **1** 皇帝; 〘史〙(東・西) ローマ皇帝. **2**《日本の》天皇: His Majesty [H. M.] the *E*～ 皇帝〔天皇〕陛下. the *E*～ Meiji 明治天皇. **3** 大形のチョウの名.
～ moth 〘虫〙テンサンガ, ヤママユガ. **～ penguin**《南極大陸の大形の》皇帝ペンギン. **～ system** 帝〔天皇〕制. **～ worship** 皇帝〔天皇〕崇拝.
◇ **～·ship** [-ʃip] *n.* 帝位, 帝威, 皇帝統治権.

‡**ém·pha·sis** [émfəsis] *n.* (*pl.* **-ses** [-sìːz]) **1** 強調;《輪郭など》きわだたせること. → 枠付 Emphasis (p. 406). **2**〘修〙強勢(法);〘音声〙強勢;〘美〙《色・形などの》強調. **3** 力説, 重要視; 重要性. ***lay*** [***place, put***] **～ *on*** [***upon***] を力説する, を強調する. ***lend* ～ *to*** をより重要にみせる; に力をかす. ***speak with* ～** 力を入れて話す. [√pha(n)-]

‡**ém·pha·size** [émfəsàiz] *vt.* **1** 強調する; 力説する: ～ the importance of の重要性を強調する.

E

～ that … …ということを力説する. 2〘音声〙に強勢を置く,〈語句を〉強めて言う. 3〘美〙〈線や色彩などを〉強調する.

em·phát·ic [imfǽtik] *a.* 1 強調の;《語句・身ぶりなど》力のこもった. 2《語気・態度など》はっきりした, 明瞭(めいりょう)な;《否定など》断固とした, 絶対的な. 3〘音声〙強勢の;〘修〙強調の. ◇ **-i·cal·ly** *ad.*

èm·phy·sé·ma [èmfisí:mə] *n.* 〘医〙気腫(きしゅ)《空気による身体組織のはれ》.

†**ém·pire** [émpaiər] *n.* 1 帝国. 2 帝王の統治(権), 帝政; 絶対支配権. 3 (the E～) 大英帝国 (=the British E～); 神聖ローマ帝国; フランス帝国《特にナポレオン統治下の》. —— *a.* 1 (E～) 帝国の. 2《家具・服装などが》帝政〔ナポレオン〕時代風の.

文法要説…(8)

Emphasis (強調)

文のうちの特定の箇所を特に強調 (emphasis) を置いて表現する方法として, 英語には次の四つの文法的手段がある. (1) 強調構文 It is … that [which, who] ___; (2) 転倒法 (inversion); (3) 強調の助動詞 do; (4) 強調語句 (intensifier).

またそのほかに, 発音による方法がある. すなわち強調する箇所を高い音調で強く発音し, そのあとの部分は音調が低くなる《このばあいの強調箇所には, 印刷では通常斜体が用いられる》: *I* bought that book. 私があの本を買ったのだ (ほかの人ではなくて, 私が). I *bought* the book. 私はあの本を買ったのだ (借りたのではない). I bought *that* book. 私はあの本を買ったのだ (この本じゃなくて, あの本を). I bought a *book*. 私は本を買ったのだ (ペンじゃない).

1) 強調構文 It is … that ___

この構文で文中の主語・目的語・副詞(句)などを強調することができる《ただし, 述語動詞をこの構文で強調することはできない》. "Tom speaks French with great ease." を例文にとれば,

a) 主語を強調: *It is **Tom** that* speaks French with great ease.

b) 目的語を強調: *It is **French** that* Tom speaks with great ease.

c) 副詞(句)を強調: *It is **with great ease** that* Tom speaks French.

〈注₁〉強調される副詞句が「時」もしくは「所」をあらわすときには, that の代わりにそれぞれ when, where が用いられることがある:

It is in the spring time *when* (=that) the orange trees are beautiful. オレンジの木が美しいのは春(に)だ. It is always in New York *where* (=that) I come across strange things. 奇妙なことに出会うのはいつもニューヨーク(で)だ.

〈注₂〉"前置詞＋名詞" の副詞句を強調するばあい, 副詞句全体を前に出すのと, 名詞だけ前に出すのと両方が可能なばあいがある:

They are fighting for their independence.→
{It is *for their independence* that they are fighting.
{It is *their independence* that they are fighting for.

〈付記₁〉It is … that ___ で主語が強調されるとき, that は関係代名詞であって, しばしば who [which] に変わる. これに続く動詞の人称・数は, 強調された名詞・代名詞と一致する:

It is brave *people who are* necessary on this occasion. この際必要なのは勇気のある人たちだ. It is *you who are* wrong. まちがっているのはきみだ. It's *I who am* right. 正しいのはぼくだ.

〈付記₂〉強調構文で It is … that ___ の be 動詞の時制は従属節の時制に従う:

It *was* Mr. Hardison who *came* in. はいって来たのはハーディソン氏だった. —ただ, it must [may, can] be のときには, it must [may, can] have been の形で現在の判断をあらわすことができる: It *may have been* my husband who *wrote* this letter. この手紙を書いたのは主人かもしれません.

2) 転倒による強調

That I had told him many times. それは既に何度も彼に言っておいたのだ. → 枠付 Inversion.

3) do による強調

動詞を強調するために do を用い, これに時制・人称・数などを移し, 元の動詞を不定詞の形で用いる.

Yes, I *do* remember it quite well. ええ, ほんとによく覚えてますとも. He said he would come, and he *did* come. 彼は来ると言ってましたが, ほんとに来ましたよ.

〈注₁〉発音の強勢は動詞にではなく, do の方にある.

〈注₂〉be 動詞についてはこの方法は命令形においてのみ用いられる: *Do* be quiet! 静かにしなさい!

〈注₃〉命令形以外の be の定形動詞は, それ自体に発音の強勢を置き強調する《印刷では通常斜体でそのことを示す》: I *am* tired. 実際疲れたよ.

4) 強調語句

これは文のどこに特に強調があるかを示すものではなく, ただある部分を強めていう方法. おもなものを掲げる.

a) 否定の強調 not a …, at all, in the least, by any means, on earth, whatever など:

Not a soul was to be seen in the street. 街路には人っ子ひとり姿が見えなかった. I'm not tired *in the least*. 少しも疲れていません. It's no use *on earth*. てんで役に立たない. I saw nothing *whatever*. なにひとつ見えなかった.

b) 疑問の強調 ever, on earth, in the world など:

Did you *ever* hear of such a thing? そんなこと耳にしたこといったいありますか? What *on earth* is the matter? いったいどうしたのか. What *the devil* did you do? いったいなにをしでかしたのか.

c) one*self* による強調 「…自身」「…さえ(も)」:

The President *himself* could not find the answer. 大統領自身〔さえも〕回答が見いだせなかった.

d) all, every の強調 「ありうる限りの, 考えられる限りの」の意の possible, conceivable, imaginable などを添える:

We shall employ every means *conceivable*. われわれはあらゆる手段を講ずるであろう.

e) 比較級・最上級の強調 much, by far, ever などを用いる:

By far the better means is this. はるかによい手段はこれだ. the *very* best one 最高によいもの. He is the greatest poet that *ever* lived. 古来彼以上の詩人はない.

f) as … as, so, such の強調 ever を用いる: be it *ever* so humble いかにそれが卑しくとも. Be as quick as *ever* you can! できるだけ急げ!

g) 副詞(句)の強調 very, quite; right, just; way, away などが使われる:

Do it *right* now. いますぐやれ. He ran *right* against the wall. 彼はまともに壁にぶつかった. *way* ahead ずっと先に.

～ builder 帝国建設者《事業の拡張者などを比喩的にいう》. **E～ City** New York City の別称. **E～ Day** 全英祝日《5月24日. Victoria 女王誕生記念日》. **E～ State, the** New York 州の別称. **E～ State Building** New York 市の有名な摩天楼《102階》.

em·pír·ic [empírik] *n.* **1** 経験主義者. **2**《経験だけにたよる》やぶ医者(quack²). **——***a.* =empirical.

em·pír·i·cal [empírik(ə)l] *a.* **1** 経験の, 経験による. **2**《理論によらず》経験にたよる; やぶ医者的な. **～ philosophy** 経験哲学. ◇ **～·ly** *ad.*

em·pír·i·cism [empírịsiz(ə)m] *n.* **1** 経験主義. **2**《医学の》経験〔実地〕主義, やぶ医者流. **3**〘哲〙経験論. ◇ **-cist** [-sist] *n.* 経験主義者; やぶ医者; 〘哲〙経験論者.

em·pláce [impléis] *vt.* すえつける《特に砲床を》. ◇ **～·ment** *n.* すえつけ, 定置; 位置; 〘軍〙砲座.

em·pláne [impléin] *vt.* 〘英〙飛行機に乗せる. **——** *vi.* 飛行機に乗る〔乗って行く〕. → enplane.

‡**em·plóy** [implɔ́i] *vt.* **1** <人を> **雇う**, 使用する; <人に> 仕事を与える: He is *～ed* in a bank. 彼は銀行に勤めている. **2** <物を> 用いる, 使用する. **3** <時間・精力などを> **用いる**, 使う, 費やす《に *in*》: ～ one's spare time *in* reading 余暇を読書にあてる. ～ one*self in* (do)*ing* …に従事する.

—— *n.* 雇用, 勤め, 勤務. ***in*** a person***'s ～*** = ***in the ～ of*** a person (人)に雇われて. ***out of ～*** 失業して. [√plec-]

[類義語] **雇う: employ** 雇った人を「使用している」という点が強調される. **engage** 雇った人を「契約によって縛りつけている」という点が強調される《ホテルのへやなど, 物を契約するときにも用いる》. **hire**「金を払ってそのサービスを独占する」点が強調される《目的語が人以外のこともある》: *hire* a hall for a convention 集会のためにホールを借りる.

[類] **→ use**「用いる」

em·ploy·é [implɔ́ii:, èmplɔií:/ɔmplɔ́iei] F. = employe(e).

‡**em·plóy·e(e)** [implɔ́ii:, èmplɔií:] *n.* **使用人**, 雇い人, 従業員.

‡**em·plóy·er** [implɔ́iər] *n.* **雇い主**; 使用者, 雇用者, 主人.

‡**em·plóy·ment** [implɔ́imənt] *n.* **1** 使用, **雇用**; 使役: full ～ 完全雇用. **2 職**, 職業, 仕事: a public ～ stabilization office 公共職業安定所. ***in the ～ of*** に雇われて. ***out of ～*** 失業して. ***take*** a person ***into ～*** (人を)雇い入れる. ***throw*** a person ***out of ～*** (人を)失業させる.

～ agency 職業紹介所. **～ bureau** (1) = ～ agency. (2)《学校の》就職課, 就職相談所.

[類] **→ work**「仕事」

em·pói·son [empɔ́izn] *vt.* **1** に毒を入れる. **2** 腐敗させる, 堕落させる. **3** <心を> 毒する; に悪意をいだかせる, おこらせる《に対して *against*》.

em·pó·ri·um [empɔ́:riəm/-pɔ́:r-] *n.* (*pl.* **-ums, -a** [-riə]) **1** 中央市場; 商業中心地. **2**〘商〙大商店, 百貨店.

em·pów·er [impáuər] *vt.* に権力〔権限〕を与える, に能力〔資格〕を与える: ～ a person *to* (do).

‡**ém·press** [émpris] *n.* **1** 皇妃; 《日本の》皇后. **2** 女王, 女帝. **3**《比喩的》絶大な力をもつ女. ***Her Majesty*** [***H. M.***] ***the E～*** 女王陛下, 皇后陛下. **～ dowager** 皇太后.

em·press·ment [ɑ̃:presmɑ̃:, [英]+−⌐−] F. *n.* 熱意, 熱誠; いんぎん.

em·príse [empráiz] *n.* 〘古・雅〙《騎士道的》壮挙, 勇敢な企て, 冒険.

†**émp·ty** [émpti] *a.* **1 からの**, **空虚な**, あいている. **2**《…の》ない〔欠けている〕《の *of*》: a word ～ *of* meaning 意味のないことば. **3** むなしい; 無意味な, くだらない: an ～ promise から約束. **4**〘話〙空腹の. ***feel ～*** 空腹を覚える. ***on an ～ stomach*** 空腹で(は). ***pay*** a person ***in ～ words*** (人に)から約束する. ***return ～*** むなしく帰る.

—— *n.* **1** から容器, あき箱, あきかご, あき袋, あきびん. **2** あき家. **3** 空車(のタクシー), から馬車.

—— *vt.* **1** <容器などを> **からにする**, あける《*out*》: ～ a box *of* its contents 箱の中のものをあける. **2** <内容物を> あける, (他の容器へ) 移す; <液体を> 注ぐ《容器から》. **——** *vi.* **1 からになる**. **2** <川が> 注ぐ: ～ (itself) *into* the sea <川が> 海に注ぐ.

～-hánd·ed から手の〔で〕, 手ぶらで. **～-héad·ed** 無思慮な,無知なばかな. **～ stomachs** 飢えた人々. ◇ **émp·ti·ly** *ad.* むなしく. ***émp·ti·ness** *n.* から; 《心・思想の》空虚; はかなさ; 無価値; 空腹.

[類] **→ vacant**「からの」

em·púr·ple [empɔ́:rpl] *vt.* 紫色にする〔染める〕.

èm·py·é·ma [èmpaií:mə] *n.* 〘医〙蓄膿(ちくのう)症.

em·pýr·e·al [empíriəl, èmpịrí:əl, èmpairí:əl] *a.* **1** 最高天の; 天上界の. **2** 大空の, 天空の. **3** 浄火の; 純粋の火の.

èm·py·ré·an [èmpịrí:ən, -pai-] *n.* **1** 最高天《古代人の間では浄火界とされた》. **2** 天空, 大空. **——** *a.* =empyreal.

é·mu [í:mju:] *n.* 〘鳥〙エミュー《オーストラリア産のダチョウに似た大鳥. 退化した翼と長い強いあしをもつ》.

E. M. U., e.m.u. electromagnetic unit(s).

ém·u·late [émjụlèit] *vt.* **1** と競う, と張り合う; 見習う. **2** と同格である, に匹敵する. ◇ **-la·tor** [-ər] *n.* 競争者. **-la·tive** [-lèitiv/-lətiv] *a.* **-la·tive·ly** *ad.* **èm·u·lá·tion** [èmjụléiʃ(ə)n] *n.* ～すること; 対抗感情, 競争意識.

ém·u·lous [émjụləs] *a.* **1** 競争心〔対抗意識〕の強い. **2** 競争に基づく, 対抗意識から発する, 競争的な. **3** 熱望する. ***be ～ of*** に負けまいとする, を見習う; を熱望する. ◇ **～·ly** *ad.* われがちに. **～·ness** *n.*

e·múl·si·fy [imʌ́lsịfài] *vt.* 乳化する: ～*i*)*ed* oil 乳化油. ◇ **-fi·er** [-ər] *n.* 乳化剤. **e·mùl·si·fi·cá·tion** [imʌ̀lsịfịkéiʃ(ə)n] *n.*

e·múl·sion [imʌ́lʃ(ə)n] *n.* 乳状液; 〘化・薬〙乳剤, 乳液; 〘写〙感光乳剤.

e·múnc·to·ry [imʌ́ŋktəri] *a.* 〘生理〙排出の. **——** *n.* 〘生理〙排出器官《皮膚・じん臓など》.

en [en] *n.* **1** N, n の文字. **2**〘印〙M《全角》の半分, 半角, 二分.

en [F. ɑ̃] F. (=in, at) *prep.*「…において」「…として」の意.

en- *pref.* **1** 名詞につけ「…の中に入れる」の意の動詞をつくる: *en*case 箱に詰める. **2** 名詞・形容詞につけ「…にする」の意の他動詞をつくる: *en*able 力ある＋ようにする → 能力〔資格〕をつける. *en*slave どれい＋にする. **3** 動詞につけ「…の中〔内〕に」の意を加える: *en*fold たたみ＋込む.

-en [-(ə)n] *suf.* **1** 形容詞・名詞につけ「…にする, …になる」の意の動詞をつくる: height*en* 高くする, 高くなる. less*en* 少なくする, 少なくなる. **2** 物質名詞につけ「…の」「…から成る」「…製の」の意の形容詞をつくる: oak*en* カシの. wool*en* 羊毛の, 羊毛製の. **3** 不規則動詞につけ過去分詞形をつくる: eat*en*, fall*en*.

‡**en·áble** [inéibl] *vt.* **1** に**力**〔**能力**〕**を授ける**, に**可能性を与える**: Aeronautics ～*s* us *to* overcome great distances. 航空術のおかげでわれわれは遠距離を征服することができる. The settlement ～*d* the work *to* be resumed. 協定がまとまって仕事の再開が可能になった. **2** に権限〔資格〕を与える.

en·áct [inǽkt] *vt.* **1** 法律〔法制〕化する, (法律・法令で) 定める; <法律を> 制定する. **2** <役を> 演ずる; <劇を> 上演する. **3** 行なう, なす《通例受動態で》: while these things were *being* ～*ed*, … こういうことが起こっている間に…. ***～ing clauses*** 〘法〙新規定条項《法案の頭書文句》.

◇ **～·ment** *n.* 《法律の》制定; 法規, 条例, 法令.

en·ác·tive [-iv] *a.* 法律制定権のある.
en·ác·to·ry [inǽktəri] *a.* 〔法〕《条項などが》新しい権利・義務を生じさせる.
en·ám·el [inǽm(ə)l] *n.* **1** エナメル《塗料》, ほうろう; 《陶器の》上ぐすり. **2** ほうろう細工; 瀬戸引きのうつわ〔器具〕. **3**〔歯〕ほうろう質. **4**《マニキュア用などの》つや出し剤. —— *vt.* (**-l-**, ㊥ **-ll-**) **1** に～を塗る〔かける, 引く〕. **2**〈皮・布などを〉つや出しする. **3** に色を塗る, 色どる. **～*ed glass*** 焼き付けガラス. **～*ed leather*** エナメル皮. **～*ed paper*** つや紙.
～·ware [-wὲər] エナメル金属容器《料理用なべなど》. **～ wire** 《エナメルを塗って絶縁した》エナメル線. ◇ **en·ám·el·(l)er** *n.*
en·ám·or, ㊥ **-our** [inǽmər] *vt.* **1** 恋に燃え立たせる, に恋心をたきつける《通例受動態で》: *be* **～*ed of*** [*with*] a lady ある婦人を愛している〔に夢中になっている〕. **2** 魅惑する. [en-+√am-]
◇ **～ed** [-d] *a.* 恋におちた; 魅惑された, うっとりした.
èn·ar·thró·sis [ènɑːrθróusis] *n.* (*pl.* **-ses** [-siːz]) 〔医〕球状関節《肩と腕との関節など》.
en bloc [enblák, ɑ̃ː-/ɑ̃ːblɔ́k] F. まとめて, かたまって: resign ～ 総辞職する.
en·cáe·ni·a [ensíːniə, -njə] *n. pl.* **1**《都市・寺院などの》創立記念祭. **2** (E～) Oxford 大学創立記念祭.
en·cáge [enkéidʒ/in-] *vt.* かごに閉じ込める〔入れる〕.
en·cámp [inkǽmp] *vt., vi.* 〔軍〕野営させる〔する〕.
◇ **～·ment** *n.* 野営, 露営; 野営地.
en·cáp·su·late [inkǽps(j)ulèit/-sju-], **en·cáp·sule** [-kǽps(ə)l/-sjuːl] *vt., vi.* カプセルに入れる〔で保護する〕.
en·cár·pus [enkɑ́ːrpəs] *n.* (*pl.* **-pi** [-pai]) 《織物・武器などの》壁の上の花づな形の陳列〔飾りつけ〕.
en·cáse [inkéis] *vt.* ケースに入れる; 包む, 包み込む.
◇ **en·cáse·ment** [-mənt] *n.* ～すること; 箱, わく.
en·cásh [inkǽʃ] *vt.* 〔英〕**1**〈手形などを〉現金に換える. **2** 現金で受け取る.
en·cáus·tic [enkɔ́ːstik] *a.* (色を) 焼き付けした; (ろう絵の具の) 絵を焼き付けた: ～ tiles 色タイル. ～ painting ろう画. —— *n.* 焼き付け画; ろう画(法).
-ence [-(ə)ns] *suf.* -ent を語尾にもつ形容詞から名詞をつくる: emin*ence* 卓越, 高所 <emin*ent*. pati*ence* 忍耐 <pati*ent*.
en·ceinte [enséint/ɑːnsǽnt] F. *a.* 妊娠している.
—— *n.* **1** 囲い, 周囲; 〔築城〕城郭. **2** 構内, 境内.
èn·ce·phál·ic [ènsifǽlik, ㊥⁺ ènke-] *a.* 脳に関する, 脳の; 脳髄の.
èn·ceph·a·lí·tis [ènsefəláitis, ensèf-, ㊥⁺ ènkefə-] *n.* 〔医〕脳炎. ***Japanese* ～** 日本脳炎. **～ lethargica** [-liθɑ́ːrdʒikə] 嗜眠(しみん)性脳炎.
◇ **èn·ceph·a·lít·ic** [-lítik] *a.*
en·céph·a·lon [enséfəlɑ̀n/-kéfələn, -séf-] *n.* (*pl.* **-la** [-lə]) 〔医〕脳髄.
en·cháin [entʃéin, in-] *vt.* **1** 鎖につなぐ, 鎖で縛る; 束縛する, 拘束する. **2**〈注意・興味などを〉ひきとめる, 強くとらえる.
‡en·chánt [intʃǽnt/-tʃɑ́ːnt] *vt.* **1 魅惑する,** うっとりさせる, の心を奪う. **2** にひどく気に入る, 大いに喜ばす. **3** に**魔法をかける. *be* ～*ed with*** [*by*] に魅せられる, にうっとりする; を大いに喜ぶ. [√cant-]
◇ **～·ed** [-id] *a.* 魅せられた; 魔法をかけられた.
～·er [-ər] *n.* **1** 魔法使い. **2** 魅了〔魅惑〕する人.
～·ing *a.* 魅惑する, 恍惚(こうこつ)とさせる, 魂を奪う.
～·ress [-ris] *n.* **1** 女魔法使い. **2** 魅力ある女.
***en·chánt·ment** [-mənt] *n.* **1 魅惑,** 魅力. **2** 恍惚 (状態). **3** 魅するもの, うっとりさせるもの. **4 魔法,** 魔術; 魔法をかける〔かけられる〕こと; 魔法にかかった状態.
en·chás e [entʃéis, in-] *vt.* **1**〈宝石を〉はめ込む, ちりばめる. **2** 浮き彫りで飾る; に象眼する.
èn·chi·lá·da [èntʃilɑ́ːdə] *n.* とうがらしで味をつけたメキシコ料理.
èn·chi·ríd·i·on [ènkairídiən, ㊥⁺ -ki-] *n.* (*pl.* **-ons, -a** [-rídiə]) 便覧 (書) (handbook).
en·cínc·ture [ensíŋktʃər] *vt.* 取り巻く. —— *n.* 環.
en·cí·pher [ensáifər] *vt.* 暗号〔符丁〕に直す. ↔ decipher.
en·cír·cle** [insə́ːrkl] *vt.* **1** 丸で囲む. **2** 取り巻く, 丸く囲む, (取り) 囲む. **3** 一周する. ***be* ～*d by [***with***] …に囲まれている. ◇ **～·ment** *n.* 包囲; 一周. 〔類〕→ **surround**「取り巻く」
encl. enclosed; enclosure.
en clair [ɑ̃ːkléər] F. 《電報など暗号文でなく》普通文で〔の〕.
en·clásp [enklǽsp/inklɑ́ːsp] *vt.* 抱きしめる, 腕にかかえる, しっかり握る.
én·clave [énkleiv] *n.* 飛び地, 他国の領土に包まれた領土.
en·clít·ic [enklítik, in-] *a.* 〔文〕前倚(ぜんい)的《自身のアクセントをもたず, 先行のアクセントのある語とともに発音され, ときには先行語のアクセントを変えること》.
—— *n.* 前倚語. → proclitic.
‡en·clóse [inklóuz] *vt.* **1 囲む,** に囲いをする: ～ a letter *with* a circle 文字を丸で囲む. **2 納める**《箱などに》; はめ込む《わくに》, ふたをする: an ～*d* cockpit 閉じ座席室. **3 同封する,** 封入する《手紙などに》: I am ～*sing*... …を同封いたします. We are ～*sing* a P. O. for 10 dollars. 10 ドルの郵便かわせを同封いたします. [√claud-]
〔類〕→ **surround**「取り巻く」
en·cló·sure [inklóuʒər] *n.* **1** 囲うこと; 《共有地を私有地として》囲いをすること. **2** 囲い地, 構内; 囲い, かき, さく. **3** 同封〔封入〕物. **4**〔経済史〕囲い込み. **E～ Acts, the**〔英〕囲い地条例.
en·clóthe [inklóuð] = clothe.
en·clóud [inkláud] *vt.* 雲でおおう〔包む〕.
en·clúde = include.
en·códe [inkóud, en-] *vt., vi.* 〈普通文を〉暗号に書き換える; 記号化する. ↔ decode.
en·có·mi·ast [enkóumiæ̀st] *n.* 賛美者, 賛辞を書く〔述べる〕人; こびへつらう者. ◇ **en·cò·mi·ás·tic** [enkòumiǽstik] *a.* 賛美の, 賛辞の; へつらいの.
en·có·mi·um [enkóumiəm] *n.* (*pl.* **-ums, -a** [-miə]) 《儀礼的・誇張的》賛辞; 賞賛.
en·cóm·pass [inkʌ́mpəs] *vt.* **1** 丸く囲む, 取り巻く: a castle ～*ed with* lofty walls 高い城壁で囲まれた城. **2** 閉じ込める, 包む: ～*ed with* care and attention 一から十まで世話になって. ◇**～·ment** *n.*
én·core [ɑ́ŋkoːr/ɔŋkɔ́ː] *n.* **1** アンコール《観客の拍手・かっさいによる再唱・再演またはプログラム以外の特別曲目の演奏所望》. **2**《アンコールに応じた》特別曲目演奏〔再唱〕. —— *int.* アンコール! 〈注〉フランスでは encore とは叫ばないで, bis [bis] と叫ぶ.
—— *vt.* **1**〈曲を〉アンコールして所望する. **2**〈演奏家に〉アンコールを所望する. [<F.]
‡en·cóun·ter [inkáuntər] *n.* **1** 出会い, 遭遇. **2** 遭遇戦, 会戦; 〔米話〕試合.
—— *vt.* **1** に**出会う,** に**出くわす,** に遭遇する. **2** と会戦する, に対抗する. **3**〈困難などに〉あう, 立ち向かう.
—— *vi.* **1** 出くわす《と *with*》. **2** 会戦する《と *with*》. [<contra]
〔類〕→ **fight**「戦い」, → **meet**「会う」
‡en·cóur·age [inkə́ːridʒ/-kʌ́r-] *vt.* **1 勇気**〔元気〕**づける,** 励ます, 激励する. **2** 勧める, 奨励する: ～ a person *to* write essays 随筆を書くように勧める. ～ a student *in* his studies 学生に勉強を奨励する. ↔discourage.
◇**‡en·cóur·age·ment** [-mənt] *n.* **1** 勇気づけ, 激励; 奨励, 促進, 助長. **2** 奨励金.
en·cóur·ag·ing [inkə́ːridʒiŋ/inkʌ́r-] *a.* 勇気〔元気〕づける, 励みになる; 奨励的, 助長的: It is most ～ to hear the news. その知らせを聞いて大いに元気がでる. ◇ **～·ly** *ad.*

en·crím·son [enkrímzn] *vt.* 深紅色にする, 真っ赤にする.

én·cri·nite [énkrịnàit/éŋ-] *n.* 〘動〙ウミユリ (crinoid); その化石.

en·cróach [inkróutʃ] *vi.* **1** 侵入する《他国の領土などへ》, 侵略する, 侵す《に, を *on, upon*》. **2** 侵害する《他人の権利を》《を *on, upon*》. **3** 〈海が〉浸食する: ～ *upon* land. **4** じゃまする《人の時間などを》: ～ *upon* a person's time.
◇ **～·er** *n.* **～·ment** *n.*

en·crúst [inkrʌ́st] *vt.* **1** おおう: boiler ～*ed with* rust さびついたボイラー. **2** にはめ込む《宝石など》: ebony ～*ed with* mother of pearl 螺鈿(らでん)を施した黒檀(こくたん). ── *vi.* 外皮でおおわれる. [＜crust]
◇ **～·ment** *n.* 外層, 外殻(がいかく).

en·crýpt [inkrípt] *vt., vi.* 暗号文にする, 暗号に書き直す. ◇ **en·crýp·tion** [-krípʃ(ə)n] *n.*

en·cúm·ber [inkʌ́mbər] *vt.* **1** じゃまする, 妨げる; 〈通路・場所などを〉ふさぐ, いっぱいにする《で *with*》. **2** に背負わす《荷物などを》; に負わせる《義務・負債などを》: ～*ed with* debts 借金をしょって. ～*ed estates* 抵当にはいっている不動産. [＜cumber]

en·cúm·brance [inkʌ́mbrəns] *n.* **1** 妨害, じゃま物. **2** 〘法〙《不動産に対する》抵当権. **3** 扶養家族《特に子ども》: without ～ 係累〔子ども〕のない. an estate *freed from all* ～*s* 全然抵当になっていない (地所).

-en·cy [-ənsi] *suf.* -ent に終わる形容詞から性質・状態を示す名詞をつくる: depend*ency* 依存 ＜depend*ent*. emerg*ency* 非常事態 ＜emerg*ent*.

ency., encyc. encyclop(a)edia.

en·cýc·lic [ensíklik, ㊎⁺ -sáik-], **-li·cal** [-(ə)l] *n.* 回状, (同文) 通達《ローマ教皇が全ローマ教会に発するもの》. ── *a.* ～の.

***en·cỳ·clo·pé·di·a, en·cỳ·clo·páe·di·a** [insàikləpí:diə, en-] *n.* **1** 百科事典〔辞典〕: the *E*～ Britannica 大英百科辞典. **2** 専門事典〔辞典〕: ～ of gardening 園芸事典. *the E*～「百科全書」《18世紀フランスで発行された Diderot と D'Alembert 共編の》. ◇ **-dic** [-pí:dik], **-di·cal** *a.* 百科事典の; 知識の広範な, 博学の. **-dist** [-dist] *n.* **1** 百科事典編集者〔執筆者〕; (E～)「百科全書」の編集者. **2** 博学の人.

en·cýst [ensíst] *vt., vi.* 〘生〙包嚢(ほうのう)〔カプセル, サックなど〕で包む. ◇ **èn·cys·tá·tion** [ènsistéiʃ(ə)n] *n.* 〘生〙包嚢形成.

†end [end] *n.* **1** 終わり, 最後, 結末, 結び. **2** 最期(さいご), 死; 破滅; 死〔滅亡〕の因. **3** 端; 先端, 末端(部), 末尾. **4** 果て, 限り, 際限. **5** がまんできる最後の線. **6** 結果, 行く末, 成り行き. **7** 目的, 目当て. **8** くず, はぎれ. **9** 受け持ち (部分): He does his ～ of the job well. 彼は自分の役割はちゃんと果たす. **10** 〘フットボール〙翼《攻撃線・防御線の両端の選手》.

all ～*s up* すっかり, 徹底的に: beat a person *all* ～*s up* 人をさんざん打つ. *at a loose* ～ 〘話〙《定職がなく》ぶらぶらして, 暇で. *at loose* ～*s* 未解決の状態で, 混乱して. *at* one's *wit's* 〔*wits'*〕 ～ 困って, 途方にくれて. *be at an* ～ 終わる, 尽きる. *begin at the wrong* ～ しょっぱなからまちがう〔やりそこなう〕. *bring to an* ～ 終わらせる. *come to an* ～ 終わる. ～ *for* ～ 逆に. ～ *on* 《先端を》前向きに. ～ *to* ～ 端と端を接して. ～ *up* 直立して. *go* (*in*) *off the deep* ～ 危険を冒す《もとは, プールの深い方からはいるという意味》; 熱狂する, かっとなる. *have an* ～ *in view* 胸に一物をもっている. *have the right* ～ *of the stick* 〘話〙有利な立場に立つ. *have* 〔*get*〕 *the wrong* ～ *of the stick* 〘話〙思い違いする. *in the* ～ ついに, 結局. *keep* 〔*hold*〕 one's ～ *up* がんばりとおす, ちゃんとやる. *make an* ～ *of* 〔*with*〕 を済ます, をやめる, をかたづける. *make both* ～*s meet* 収支を償わせる, 借金をしないで暮らす. *meet* one's ～ 最期を遂げる. *no* ～ 〘俗〙とても, 大いに: She was powdered *no* ～. ごてごてにお化粧していた. *no* ～ *of* 〘話〙とても多くの: I met *no* ～ *of* people. いろんな人に会った. *on* ～ (1) 直立して, まっすぐに. (2) たて続けに: for hours *on* ～ 数時間ぶっとおしに. *put an* ～ *to* を終わらせる, をしまいにする. *stand on* ～ 直立する: His hair *stood on* ～. 髪の毛が突っ立った. *The* ～ *justifies the means.* 〘諺〙目的良ければ手段を問わず; うそも方便. *There's the* ～ *of it.* それ〔これ〕で終わり. *to no* ～ むなしく, むだに (in vain). *to the* (*bitter*) ～ ＝〘話〙*to the* ～ *of the chapter* 最後まで, とことんまで. *to the* ～*s of the earth* 地の果てまで, いたるところを《「捜す」など》. *to the* ～ *that*… …するために, の目的で. *without* ～ 限りなく, 永久に.

── *vt.* **1** 終える, 終わらす: We ～*ed* the negotiation. 交渉を終了した. the battle that ～*ed* the war 戦争を終結させた戦闘. **2** の終わりの部分をなす: the promontory that ～*s* the land 陸の末端をなすみさき. **3** 滅ぼす; 殺す. **4** 更に…の上をゆく: You just committed the blunder to ～ all the blunders. きみはこれまでの失敗も顔色なしの大失敗をやったぞ. ── *vi.* 終わる, 済む, やむ.

～ *by* (do)*ing* 最後に…する, …して終わる. ～ *in* に終わる, (結局は)…になる, に帰する: ～ *in* a failure. ～ *in smoke* 〈計画などが〉水泡(すいほう)に帰する, 立ち消えになる. ～ *off* 〈演説などを〉結ぶ, 終わる. ～ *up* 終わる; 〘米〙最後には…になる《に *in*》. ～ *with* で終わる, でやめる.

∼-all → 別項. **∼-blown** [ˊˊ] 《フルートなど》口の付いた: an ～*-blown* instrument. **∼·gate** [ˊˊ] 《トラックの》後尾とびら. **～ man** 列の端の人; 〘米: 楽〙黒人(の扮装(ふんそう)をした)ジャズバンドの両端にいるおどけ役楽手. **∼·note** [ˊˊ] 末尾の注, 後注. **～ paper** 〔**sheet**〕 見返し《本の初めと終わりの白紙》. **～ product** 《一連の変化の》最終結果〔生産物〕; 〘原子物理〙最終同位元素. **～ rhyme** 〘雅〙脚韻. **～ run** 〘フットボール〙ボールを持って走り相手の側面を回って後方に出ること; 奮戦, 活躍. **～ stop** 段落点《終止符・疑問符・感嘆符など》. **～ table** 《ソファーの両端・いすの横に置く》小テーブル. **∼-to-∼** 端から端までの; 縦断〔横断〕の. **～ use** 〘経〙最終用途.

(類義語) 終わる: **end** begin の反意語として物事の終わりを客観的に告げる: The vacation *ended*. 休暇が終わった. **close** open の反意語で「閉じる→打ち切られる」という語感がある: The play *closed* after two weeks. 2週間後に芝居は舞台からおろされた. **finish** 結末〔仕上げ〕をつけて終わる: They *finished* by singing the National Anthem. 彼らは最後に国歌を歌った. **conclude** 形式ばった表現で, 演説の終了, 結論の提出のときなどによく用いる: to *conclude* … 最後に結論として申しますれば…. **terminate** これまで続いていたものに終止符が打たれる, 期限切れになる: Our contract will *terminate* on the 2nd next month. われわれの契約は来月の2日に切れます.

(類) → **purpose**「目的」

énd-all [éndɔ̀:l] *n.* **1** すべての終わり, 最終結末. **2** すべての結着をつけるもの. *be-all and* ～ すべてであり最終的なもの: To him money is *be-all and* ～. あいつは金, 金, 金だ.

en·dám·age [indǽmidʒ] ＝damage.

èn·da·móe·ba, èn·da·mé·ba [èndəmí:bə] *n.* 赤痢アメーバ.

en·dán·ger [indéindʒər] *vt.* 危険にさらす, 危険に陥らせる, 危うくする.

en·déar [indíər] *vt.* 〈人・物を〉なつかしいものに思わせる, いとしく思わせる: He ～*ed* himself *to* all.

彼はみんなから愛された.
en·déar·ing [indí(:)riŋ/-díər-] *a.* 愛着させる; 魅力のある, かわいらしい; あいきょうのある. ◇ ～·**ly** *ad.*
en·déar·ment [indíərmənt] *n.* **1** 愛すること, 愛情, 愛着, 親愛. **2** 愛情の表現, 親愛のことば; 愛撫(あいぶ). **3** 愛されること; かわいらしさ, 魅力.
‡**en·déav·or,** ㊥ **-our** [indévər] *vt.* 努力する, 努める《*to* (do)》. —— *vi.* 努力する, 努める《…しようと *at* (do)*ing*; を求めて *after*》.
—— *n.* 努力, ほねおり. ***make*** one'***s best*** ～***s*** = ***make*** [***use***] ***every*** ～ あらゆる努力をする.
en·dém·ic [endémik] *a.* **1**〘病気など特定の地域・種族に〙固有の, 風土的な; 風土病の. → epidemic. **2**〖動・植〗〘特定の国・地方に〙固有の. ↔exotic. —— *n.* 風土病, 地方病.
◇ **-i·cal** [-(ə)l] *a.* = endemic. **-i·cal·ly** [-(ə)li] *ad.* **èn·de·míc·i·ty** [èndimísiti] *n.* 風土性.
en·dér·mic [endə́:rmik] *a.* 〖医〗皮膚に浸透して作用する, 皮膚に塗る. ～ **liniment** 塗布剤.
en dés·ha·bil·lé [F. ɑ̃dezabije] F. へや着〔ふだん着〕で.
***énd·ing** [éndiŋ] *n.* **1** 結末, 終了, 結局. **2** 人生の終わり, 死. **3**〖文〗(変化) 語尾.
én·dive [éndaiv, ɑ́:ndi:v/éndiv] *n.* 〖植〗キクヂシャ.
‡**énd·less** [éndlis] *a.* **1** 果てしのない, 無限の. **2** 絶え間のない, 不断の. **3**〖機〗循環する. ～ **chain** 循環連鎖. ～ **saw** 帯のこ. ◇ ～·**ly** *ad.* ～·**ness** *n.*
énd·most [én(d)mòust] *a.* いちばん端の, いちばん遠くの: the ～ lands of the earth さいはての地.
endo- 「内」「内部」の意の語形成要素. ↔ exo-.
én·do·blast [éndəblæ̀st] *n.* 〖動〗内胚葉(はいよう), 内皮;〖植〗内皮層.
èn·do·cár·di·um [èndoká:rdiəm] *n.* 〖医〗心臓内膜. ◇ **-al** [-diəl] *a.* **èn·do·car·dí·tis** [èndoka:rdáitis] *n.* 〖医〗心臓内膜炎.
én·do·carp [éndokà:rp] *n.* 〖植〗内果皮.
èn·do·cén·tric [èndoséntrik] *a.* 〖言〗内心的の: ～ construction 内心構造《たとえば cold water は名詞 water に形容詞 cold が添えられた構造であるが, これは water とおなじく名詞的にはたらく》. ↔ exocentric.
én·do·crine [éndokràin, ㊥⁺ -krin] *n.* 内分泌腺(せん) (= ～ gland); 内分泌物. —— *a.* ～の.
◇ **èn·do·crín·ic** [èndokrínik], **en·dóc·ri·nous** [endákrinəs/-dɔ́k-] *a.* **èn·do·cri·nól·o·gy** [èndokrainálədʒi/-nɔ́l-] *n.* 内分泌学.
én·do·derm [éndodə̀:rm] *n.* 〖動〗内胚葉(はいよう), 内皮;〖植〗内皮層.
◇ **èn·do·dér·mal** [⌐–də́:rməl] *a.*
en·dóg·a·my [endágəmi/-dɔ́g-] *n.* 同族結婚. ↔ exogamy. ◇ **-mous** [-məs] *a.*
én·do·gen [éndədʒèn/-dʒ(ə)n] *n.* 〖植〗単子葉植物, 内長茎植物.
en·dóg·e·nous [endádʒinəs/-dɔ́dʒ-] *a.* 〖生〗内生の;〖医〗自生の;〖生化〗内因性の. ↔ exogenous.
◇ **en·dóg·e·ny** [-ni] *n.*
én·do·lymph [éndolìmf] *n.* 〖医〗内耳分泌液, 内リンパ液.
èn·do·me·trí·tis [èndəmitráitis] *n.* 〖医〗子宮内膜炎.
èn·do·pár·a·site [èndopǽrəsàit] *n.* 〖動〗内部寄生虫《サナダムシなど》.
én·do·plasm [éndoplæ̀z(ə)m] *n.* 〖生〗内層《細胞原形質の》. → ectoplasm.
en·dórse [indɔ́:rs] *vt.* **1** 〈書類・手形などに〉裏書きする; 〈小切手・かわせなどに〉署名する. **2** 〈書類・免状などの〉裏に記入する. **3** 〈人の言説などを〉裏付ける, 保証する; 賛成する, 承認する. ～ ***over*** a bill ***to*** (手形に) 裏書きして…に譲り渡す.
◇ ～·**ment** *n.* **en·dórs·er, en·dór·sor** [-ər] *n.*
en·dòr·sée [indɔ̀:rsí:, èndɔ:rsí:/èndɔ:sí:] *n.* 《手形の》被裏書き人, 被譲渡人.
én·do·scope [éndəskòup] *n.* 〖医〗〘腸・子宮・尿道・喉頭(こうとう)などの〙内視鏡.
èn·do·skél·e·ton [èndoskélitn] *n.* 〘脊椎(せきつい)動物の〙内(部)骨格. →exoskeleton.
èn·dos·mó·sis [èndɑsmóusis, -dɑz-/-dɔs-] *n.* 〖生理〗(透膜) 浸透.
◇ **èn·dos·mót·ic** [-mátik/-mɔ́t-] *a.*
én·do·sperm [éndəspə̀:rm] *n.* 〖植〗内乳, はい乳.
èn·do·thé·li·um [èndəθí:liəm] *n.* (*pl.* **-a** [-liə]) 〖医〗内皮細胞, 内覆組織.
èn·do·thér·mic [èndəθə́:rmik] *a.* 〖化〗吸熱の.
èn·do·tóx·in [èndotáksin/-tɔ́k-] *n.* 内毒素.
‡**en·dów** [indáu] *vt.* **1** に与える, に賦与する《を *with*》: Nature has ～*ed* him *with* great ability. 自然は彼にすぐれた能力を授けた. **2** に才能を授ける. **3** 〈病院・学校などに〉基金を寄付する, に基金を贈る: ～ a college 大学に基金を寄付する. ***be*** ～***ed with*** を恵まれている, を授かる.
en·dów·ment [indáumənt] *n.* **1** 寄付(金), 基金; 基本財産. **2** (通例 *pl.*) 天性, 資質, 才能.
～ **insurance** [**assurance**] 養老保険.
en·dúe [ind(j)ú:/-djú:] *vt.* **1** に与える, に授ける《通例受動態で》: *be* ～*d with* heavenly gifts 天賦の才がある. **2** 帯びる, 呈する. **3**〖古・稀〗に着せる《を *with*》; 〈衣服を〉着せる.
en·dúr·a·ble [ind(j)ú(:)rəbl/-djúər-] *a.* 耐えられる, がまんできる. ◇ **-bly** *ad.* 耐えられるほどに.
‡**en·dúr·ance** [ind(j)ú(:)rəns/-djúər-] *n.* **1** 忍耐, しんぼう, がまん. **2** 忍耐力; 耐久力. ***beyond*** [***past***] ～ がまんできないほど. ～ **test** 耐久試験.
‡**en·dúre** [ind(j)úər/-djúə] *vt.* **1** 耐え忍ぶ, がまんする: I cannot ～ be*ing* [*to* be] disturbed. じゃまされてはがまんできない. **2** 〈苦難などを〉経験する, に会う. —— *vi.* 持ちこたえる, 長続きする: as long as life ～*s* 命の続くかぎり. [√dur-]
〖類〗→ **bear**「がまんする」, → **continue**「持続する」
en·dúr·ing [ind(j)ú(:)riŋ/-djúər-] *a.* **1** 長続きする, 長持ちする: ～ fame 不朽の名声. **2** 忍耐強い.
◇ ～·**ly** *ad.* ～·**ness** *n.*
énd·ways [éndwèiz], **énd·wise** [-wàiz] *ad.* **1** 端を前にして, 前向きに. **2** 端を上にして, 縦に, 立てて. **3** 端と端を接して.
En·dým·i·on [endímiən] *n.* 〖ギ神〗月の女神 Selene に愛された羊飼いの美少年.
ENE, E.N.E. east-northeast.
E·né·as =Aeneas.
én·e·ma [énimə] *n.* (*pl.* ～**s**, **e·ném·a·ta** [enémətə]) 〖医〗浣腸(かんちょう)剤; 浣腸器.
†**én·e·my** [énimi] *n.* **1** 敵, かたき; 敵手, 競争相手. ↔ friend. **2** 敵兵, 敵艦; (the ～) 敵軍, 敵艦隊. 〈注〉the enemy の意味が集合的のばあいもしばしば he で受け, 単数扱いされる. **3** 敵国(人). **4** (E～) 悪魔 (the Devil). **5** 害を与えるもの,「敵」.
be an ～ ***to*** に敵対する, を敵視する, を憎む; を害する. ***How goes the*** ～***?*** 〖話〗いま何時ですか.
—— *a.* 《限定的》敵の: an ～ plane 敵機. [√am-]
‡**èn·er·gét·ic** [ènərdʒétik] *a.* **1** 精力ある, 元気旺盛(おうせい)な, 活動的な. **2** 強力な, 効果的な: ～ laws [measures] 効果的な法律〔方策〕. ◇～**s** [-s] *n. pl.* 《単数扱い》エネルギー学〔論〕. **-i·cal·ly** [-ik(ə)li] *ad.*
én·er·gize [énərdʒàiz] *vt.* にエネルギーを満たす, に活力をつける. —— *vi.* 精力を発揮する, 元気よく行動する.
èn·er·gú·men [ènərgjú:men/ènə:-] *n.* **1** 悪魔につかれた人. **2** 熱狂者, 狂信者.
‡**én·er·gy** [énərdʒi] *n.* **1** 精力, 活気, 元気. **2**《ことばなどの》勢い, 力. **3** (しばしば *pl.*) 活動力《個人の》: My ～*ies* are low these days. このごろ仕事に精がでない. **4**〖物〗エネルギー. ***devote*** [***apply***] one'***s*** ～***ies to*** に精魂を傾ける. 〈注〉日本語中の

「エネルギー」と比べて，アクセントに注意．［√erg-］
［類］→ **power**「力」

én·er·vate [énərvèit/énə:veit] *vt.* の活力を取り去る，の力を弱める，弱める，衰えさす．
—— [inə́:rvit/énə:vit] *a.* **1** ＝enervated. **2** 葉脈のない．［ex-＋√nerv-］
◇ **én·er·vat·ed** [énərvèitid/énə:-] *a.* 力のない，弱々しい．**èn·er·vá·tion** [ènərvéiʃ(ə)n/ènə:-] *n.* 活力を奪うこと；無気力，衰弱．

en·fáce [enféis, in-] *vt.* 〈手形・証券・小切手の〉表面に記入［押印，印刷］する．◇ **～·ment** *n.*

en fa·mille [F. ɑ̃famij] F. 家族そろって；家族だけで；水入らずで；家庭で．

en·fants per·dus [F. ɑ̃fɑ̃pɛrdy] F. 決死隊

en·fant ter·ri·ble [F. ɑ̃fɑ̃tɛribl] F. **1** おとなをはっとさせるような手におえないませた子ども．**2** 手におえない人物；横紙破り，横車おし．「(員)．

en·fée·ble [infí:bl, en-] *vt.* 弱くする；衰弱させる．◇ **～·ment** *n.*

en·féoff [enféf, in-] *vt.* **1** に封土［知行］を与える．**2** 封土［知行］として授ける．**3** 譲る，渡す．
◇ **～·ment** *n.* 封土［知行］下賜；封土，知行．

en fête [F. ɑ̃fɛ(:)t, ㊎⁺ ɑ:nfét] F. **1** お祭り騒ぎをして．**2** 盛装して．「束縛する．［＜fetter］

en·fét·ter [infétər, en-] *vt.* **1** に足かせをかける．**2**

èn·fi·láde [ènfiléid] *n.* 〖軍〗縦射；縦射にさらされる配置．—— *vt.* 縦射する．

en·fin [F. ɑ̃fɛ̃] F. *ad.* 最後に，ついに．

en·fóld [infóuld, en-] *vt.* **1** 包む《に *in*，で *with*》．**2** 抱く，抱きしめる．**3** 含意する，意味する．**4** にひだをつける．**5** 内側へ折る［曲げる］．［＜fold］

en·fórce [infó:rs, en-/-fɔ́:s] *vt.* **1** 〈法律などを〉実施する，施行する．**2** 〈服従・支払い・特定の行動などを〉強要する《に *on*》．**3** 〈意見・要求などを〉押しつける，強く主張する．**4** 〈自説などを〉強調する，強固にする．◇ **～·a·ble** [-əbl] *a.* ～できる．**～d** [-t] *a.* 強制された，強制的な．**～·ment** *n.* **en·fór·ced·ly** [-idli] *ad.* 強制的に．「入れる；縁どる．

en·fráme [infréim, en-] *vt.* わくに入れる，額縁に

en·frán·chise [enfrǽntʃaiz, in-] *vt.* **1** に参政権［公民権］を与える，に選挙権を与える．**2** 〈都市などに〉自治権を与える．**3** 〈どれいなどを〉解放する，自由にする．◇ **～·ment** [-tʃizmənt] *n.*

Eng. England; English. **eng.** engine; engineer(ing); engraving.

‡**en·gáge** [ingéidʒ] *vt.* **1** 《誓い・約束などで》**束縛する，約束する**，請け合う，引き受ける《*to* (do)，～ oneself *to* (do)；と *that*》：He ～*d* (*himself*) *to* do it. それをすると約束した．Can you ～ *that* everything is all right? 万事ちゃんとなっていることを請け合えるか？ **2** 《受動態で》約束がある，予定がある：I'*m* ～*d* for tomorrow. あすは約束［予定］がある．**3 婚約させる**，《受動態で》婚約している《と *to*》．**4** 〈人を〉**雇い入れる**，契約する；〈座席・ホテルの室・自動車などを〉予約する，契約する，借りる．**5** 〈他人または自分自身を〉**従事させる**，使う《に *in*》；〈時間を〉投入する，充当する，用いる；〈電話線を〉使用する：～ the line for ten minutes 10分間電話で話し続ける．**6** 《受動態で》従事する，忙しい：*be* ～*d in* politics 政治にたずさわる．*be* ～*d on* preparations 準備に忙しい．**7** 〈人を〉引き込む；〈興味・注意などを〉引きつける，引き止める：～ a person *in* conversation 人を話に引き入れる．**8** の心を引きつける，の好意を引く：His good nature ～*s* everybody to him. 人がいいので皆があの人を好きになる．**9** 〈部隊などを〉戦闘に投入する；《受動態で》交戦する：*be* ～*d* in a contest 勝負をする．**10** と交戦する：Our army ～*d* the enemy. わが軍は敵と交戦した．**11** 〖機〗〈歯車を〉かみ合わせる，かける．**12** 〖フェンシング〗〈剣を〉相手の剣とかわす．
—— *vi.* **1 従事する**，関係する：～ *in* business 実業にたずさわる．**2** 雇われる，勤務する：～ for the season 季節労働をする．**3** 保証する，約束する《を *for*》．**4** 〖フェンシング〗剣をかわす．**5** 〈歯車が〉かみ合う《と *with*》．**～ *for*** を約束する，請け合う：That is more than I can ～ *for*. そんなには請け合えない．
［類］→ **employ**「雇う」

en·gáged** [ingéidʒd, en-] *a.* **1 約束がある**，約束ずみの．**2 予定がある**，暇がない；忙しい．**3 婚約している**．**4** 《電話が》使用中である，ふさがっている．**5** 交戦中の．**6** 〖機〗連動の．The line*** [***number***] ***is*** **～**. 〖電話〗お話し中です（＝㊎ Line's busy.）．

‡**en·gáge·ment** [ingéidʒmənt, en-] *n.* **1 約束**，契約；予約；面会の約束，社交上の予約［予定］；仕事の予定，用事．**2 婚約**．**3** (*pl.*) 〖商〗債務．**4** 勤め口，職；雇用（期間）．**5** 〖機〗かみ合い．**6** 〖哲〗連帯性；参加《政治問題などへの》．**7** 戦い，交戦．***make*** [***enter into***] **～ *with*** と約束［契約］する．***meet*** one'***s*** **～*s*** 債務を果たす．***public*** **～** 《講演などの》取り決め，約束．***previous*** **～** 先約．***social*** **～** 《面会・招待などの》予定，予約．**～ book** 《面会・招待などの》予定簿．**～ ring** 婚約指輪．
［類］→ **fight**「戦い」，→ **promise**「約束」

en·gág·ing [ingéidʒiŋ, en-] *a.* 心を引きつける，好感をもたせる，あいそがいい，かわいらしい；魅力の豊かな，人を誘うような．◇ **～·ly** *ad.* 「独身で［の］．

en gar·çon [F. ɑ̃garsɔ̃, ㊎⁺ ɑ̃:gɑ́:sɔ̃:] F. 《男が》

en·gár·land [engɑ́:rlənd, in-] *vt.* 花輪で飾る．

Eng. D. Doctor of Engineering.

En·gel [éŋəl] *n.* Ernst ～, 1821–96, ドイツの統計学者．**～'s coefficient** エンゲル係数．**～'s law** エンゲルの法則《収入が増加すると食費の割合が減る》．

En·gels [éŋəls] *n.* Friedrich [G. frí:driç-] ～, 1820–1895, ドイツの社会主義者・工場主・著述家《Karl Marx の協力者》．

en·gén·der [indʒéndər, en-] *vt.* **1** 〈父が子を〉もうける．**2** 生む，生じる，の因となる；〈愛情・憎しみなどを〉引き起こす，誘う．［√gen(er)-］

engin. engineer; engineering.

‡**én·gine** [éndʒin] *n.* **1 エンジン，発動機，機関**：a steam ～ 蒸気機関．**2 機関車**．**3 機械（装置）**．**4** 兵器．**5** 〖古〗手段，道具．***a fire*** **～** 消防ポンプ．
—— *vt.* に～を取り付ける．
～ driver [**man**] 〖英〗《鉄道の》機関士．**～ house** 消防車置き場．**～ room** 《船舶の》機関室．**～ shed** 機関車庫．**～ turning** ロゼット模様《とけいのがわなど金属に機械で刻した線模様》．

‡**èn·gi·néer** [èndʒiníər] *n.* **1 技師**；工学者．**2 機関士**《汽船・汽車の》．**3** 《陸軍の》工兵；《海軍の》機関将校．**4** 「工作者」，策謀者；巧みにことを処理する人．***chief*** **～** 機関長，技師長．***civil*** **～** 土木技師［学者］．***first*** **～** 一等機関士．***naval*** [***marine***] **～** 造船技師．
—— *vt.* **1** （技師として）監督［設計］する．**2** 「工作」する，たくらむ．**3** 巧みに処理する《*through*》．
◇ ***èn·gi·néer·ing** [-ní(:)riŋ/-níər-] *n.* **1** 工学，機関学，技術．**2** 《土木・建築の》工事．**3** 策謀，「工作」，（巧みな）処置．

én·gine·ry [éndʒinri/-nəri] *n.* **1** 《集合的》機関（類），機械（類）．**2** 兵器（類）．**3** 術策，策謀．

en·gírd [engə́:rd, in-], **en·gír·dle** [engə́:rdl/in-] *vt.* 帯で巻く；囲む，取り巻く．

†**Eng·land** [íŋglənd] *n.* **1 イングランド**《Great Britain から Wales, Scotland を除いた部分》．**2 イギリス**，英国（Great Britain）．

Eng·land·er [-ər] *n.* **1** イングランド人．**2** 〖稀〗＝Englishman. ***Little*** **～** 小英国主義者《イギリス帝国主義反対者》．

†**Eng·lish** [íŋgliʃ] *a.* **1 イギリスの**；イギリス人の．**2** イングランドの；イングランド人の．**3 英語の**．
—— *n.* **1** 《無冠詞》英語（＝the ～ language）；(the ～) 英語の単語［表現］；(the ～)（英語の）原

文: What is *the* ～ for...? …に当たる英語はなんですか. **2** (the ～)《複数扱い》イギリス人, イギリス国民; イギリス軍. **3** (または e～)〘米: 玉突き〙ひねり. **4**〘印〙イングリッシュ体活字《14 ポイントに当たる》. ***American* ～** アメリカ英語. ***in plain* ～** やさしい英語で, 平たく言えば; 率直に言えば. ***Middle* ～** 中世英語《1150年ごろから1500年ごろまで》. ***Modern* ～** 近代英語《1500年ごろ以後》. ***Old* ～** 古代英語《700年ごろから 1150 年ごろまで》; 〘印〙古体活字《黒字体活字の一種》. ***standard* ～** 標準英語. ***the King's* [*Queen's*] ～** 純正英語, 標準英語.

—— *vt.* (または e～) **1** 英訳する. **2** イギリス風にする《スペリング・発音などにおいて》. **3**〘米: 玉突き〙<玉を> ひねる.

～ Channel, the イギリス海峡. **～ daisy**〘米: 植〙ヒナギク, エンメイギク. **～ horn**〘楽〙イングリッシュホルン. **～ Revolution, the**〘英史〙イギリス革命, 無血〔栄光〕革命 (Glorious Revolution)《1688–1689》. **～ setter** イギリス種のセッター《白黒ぶちの猟犬の一種》. **～ sonnet** エリザベス (女王) 朝風ソネット (Elizabethan sonnet). **～ sparrow**〘鳥〙イエスズメ《ヨーロッパ産》. **～ walnut**〘植〙テウチグルミ, イギリスクルミ《クルミは Persian walnut と称し, アジア原産》.

◇ **～·ism** [-iz(ə)m] *n.* **1** イギリス風, イギリス主義. **2** イギリス語法 (Briticism). **～·ry** [-ri] *n.* イギリス人であること, イギリス生まれ; 《集合的》イギリス人; 《特に》アイルランドのイギリス人.

†**Eng·lish·man** [íŋgliʃmən] *n.* (*pl.* **-men** [-mən]) **1** イギリス人; 《カナダ・オーストラリアなどの》イギリス系の市民. **2** イギリス船.

Eng·lish·wòm·an [-wùmən] *n.* (*pl.* **-wòm·en** [-wìmin]) イギリス婦人; 《カナダ・オーストラリアなどの》イギリス系婦人.

en·górge [engɔ́:rdʒ, in-/in-] *vt.* **1** むさぼり食う; 飽食する. **2**〘医〙充血させる. ◇ **～·ment** *n.*

engr. engineer; engraved; engraver.

en·gráft [engræ̀ft, in-/-grá:ft] *vt.* **1** 継ぎ木する《に *on, into*》; <皮膚を> 移植する. **2**《比喩的》<思想などを> 植え付ける《に *into*》. **3** 混入する, 加える《に *into, upon*》. ◇ **～·ment** *n.*

en·gráil [engréil, in-] *vt.* <硬貨などのへりに> ぎざぎざ (模様) をつける.

en·gráin [ingréin, en-] =ingrain.

‡**en·gráve** [ingréiv, en-] *vt.* **1** <文字・図形などを> 彫り込む, 刻む. **2** に彫刻を施す, に彫りつける《を *with*》: ～ a stone *with* designs 石に模様を彫る. **3** (心に) 銘記する, 刻み込む. **4** 銅版〔木版など〕で印刷する. ◇ **en·gráv·er** *n.* 彫刻師; 彫版工.

***en·gráv·ing** [-iŋ] *n.* **1** 彫刻, 彫刻術, 彫版術. **2** 版画《銅版・木版などによる》.

en·gróss [ingróus, en-] *vt.* **1** <心・注意を> ことごとく奪う; 没頭させる, の心を奪う, 夢中にさせる: an ～*ing* story. **2** <時間を> 奪う; <会話などを> ひとり占めにする. **3** <市場を> 独占する, 買い占める. **4** <書類を> (大きな字で) 清書する. ***be* ～*ed in*** に浸りきる, に没頭する. [<gross 固まり, 全体]

◇ **～·ment** *n.* **1** 没頭, 熱中. **2** 独占, 買い占め. **3** 清書, 浄書 (物).

en·gúlf [-gʌ́lf] *vt.* **1** (淵(ふち)などに) 吸い込む. **2** 飲み込む, 巻き込む. [<gulf]

◇ **～·ment** *n.* 併呑(へいどん), 巻き込み.

en·hánce [inhæ̀ns, en-/-há:ns] *vt.* <価格・名声を> 高める, 増す; <魅力・恐怖・困難などを> 増す, 強める; <精神・士気を> 高揚する.

—— *vi.* 高まる, 増す. ◇ **～·ment** *n.*

èn·har·món·ic [ènhɑ:rmánik/-mɔ́nik] *a.*〘楽〙半音以下の音程の, 細分律の; 異名同音的の. 「る.

en·héart·en [enhá:rtn] *vt.* 勇気づける, 心強くす

ENIAC [éniæ̀k] *n.* 電子計算機の一種《商標名》. [<*E*lectronic *N*umerical *I*ntegrator *a*nd *C*alculator]

e·níg·ma [inígmə] *n.* なぞ; 不可解な事態〔人物〕.

è·nig·mát·ic [ènigmæ̀tik], **-i·cal** [-(ə)l] *a.* なぞのような; 不可解な, えたいの知れない.

◇ **è·nig·mát·i·cal·ly** *ad.*

e·níg·ma·tize [inígmətàiz] *vt.* **1** なぞのようにする, 不可解にする. **2** になぞをかける, に不可解な思いをさせる.

en·ísle [enáil] *vt.*〘雅〙**1** 島にする. **2** 島に置く. **3** 孤立させる. 「中の環礁.

En·i·wé·tok [èniwí:tɑk/-tɔk] *n.* マーシャル諸島

en·jóin [indʒɔ́in, en-] *vt.* **1** に命令する, に申しつける: ～ a person *to* (do). **2** <沈黙・服従などを> 命ずる, 課する, 勧める《に *on, upon*》: ～ silence 沈黙を命ずる. ～ a duty *on* a person 人に任務を課する. ～ that the duty should be done 義務を行なうよう命ずる. **3**〘米:法〙に禁止する: ～ a person *from* (do)*ing*. [√ju(n)g-]

†**en·jóy** [indʒɔ́i, en-] *vt.* **1** 楽しむ, (楽しく) 味わう, 享楽する: ～ life 人生を楽しむ, 楽しく暮らす. I've ～*ed* talking to you about old times. 昔のことをお話しできて楽しかったです. How did you ～ your vacation [the film]? 休暇〔映画〕はいかがでしたか, 休暇〔映画〕は楽しかったですか. **2** 享受する, 享有する, <利益などを> 得る: ～ popularity 人気を博す. **3** <健康・財産などを> もっている: ～ health 健康に恵まれる. **～ one*self*** 楽しむ; 愉快に過ごす.

〔類〕→ **like**「好む」

‡**en·jóy·a·ble** [-əbl] *a.* 楽しい, 愉快な. ◇ **-bly** *ad.*

〔類〕→ **pleasant**「愉快な」

‡**en·jóy·ment** [-mənt] *n.* **1** 楽しさ, 喜び; 愉快. **2** 享楽, 楽しみ. **3** 享有, 享受, 使用.

en·kín·dle [enkíndl, in-] *vt.* **1** に火をつける, 燃え上がらせる. **2**《精神的に》燃え立たせる.

en·láce [inléis] *vt.* **1** レースで飾る〔縛る, 包む〕; (レースのように) 包む: Vines ～*d* the tree. つる草が (レースのように) 木をおおっていた. **2** 組み合わせる, 織りなす.

◇ **～·ment** [-mənt] *n.*

‡**en·lárge** [inlá:rdʒ, en-] *vt.* **1** 大きくする, 拡大〔増大〕する; <建物などを> 広げる, <本を> 増補する. **2** の範囲を広げる; <心・見解などを> 広くする; <事業などを> 拡張する. **3**〘写〙引き伸ばす. **4**〘米古〙放免する (release).

—— *vi.* **1** 広がる, 大きくなる. **2** <写真が> 伸びる. **3** 詳しく述べる《について *on, upon*》.

◇ **～d** *a.* 大きくなった; 引き伸ばした: an ～*d* heart 肥大した心臓. an ～*d* photo 引き伸ばし写真.

～·ment *n.* 拡大, 増大, 拡張; 増補; 〘写〙引き伸ばし. **en·lárg·er** *n.*〘写〙引き伸ばし機.

〔類〕→ **increase**「増す」

‡**en·líght·en** [inláitn, en-] *vt.* **1** 啓蒙(けいもう)する, 啓発する, 教化する: ～ a person *on* the subject その問題について人に教える. **2** 明らかにする. **3**〘古・雅〙照らす, 輝かす.

◇ **～ed** [-d] *a.* **1** 啓発された; 見識のある. **2** 文明化した; 進歩した. **3** 通暁した: be thoroughly ～*ed upon* the question その問題についてはよく通じている. **～·ing** *a.* 啓蒙〔啓発〕的な. **～·ment** *n.* **1** 啓蒙, 啓発, 教化. **2** (the E～) 啓蒙運動《18世紀のヨーロッパの合理主義の哲学運動》.

en·línk [inlíŋk] *vt.* 連結する《と *with, to*》.

en·líst [inlíst, en-] *vt.* **1** 兵籍に入れる, (兵として) 徴募する. **2** <協力・支持などを> 得る; の援助〔協力, 支持〕を得る. **——** *vi.* **1** 徴兵に応ずる, 応募する: ～ *in* the army 入隊する. **2** 参加する, 協力する《に *in*》. **～*ed man***〘米〙下士官兵.

◇ **en·lìst·ée** [-listí:, ènlistí:] *n.* 徴募兵; 応召兵.

***en·lív·en** [inláiv(ə)n, en-] *vt.* **1** に活気を与える〔そえる〕; にぎやかにする. **2** はなやかにする.

en masse [enmæ̀s/ɔ:ŋmæ̀s] F. 一まとめにして〔なって〕, いっしょに.

en·mésh [enméʃ, in-] *vt.* **1** (網にからめて) 捕える. **2** 《困難などに》巻き込む《に *in*》.

én·mi·ty [énmịti] *n.* 敵意, 対抗(意識); 憎悪(ぞう). → enemy. ***be at ～ with*** と対立している.

én·ne·ad [éniæ̀d] *n.* **1** 九つ一組みのもの《書物・論文・詩など》. **2** (E～) 9 柱の神《エジプト宗教の》.

én·ne·a·gon [éniəgàn/-gən] *n.* 〘数〙九辺形, 九角形.

èn·ne·a·hé·dron [èniəhí:drən/-héd-] *n.* 〘数〙九面体.

en·nó·ble [inóubl, enóu-] *vt.* **1** 高貴にする, 気高くする; りっぱにする; 向上させる. **2** 貴族にする, に爵位を与える. ◇ **～·ment** *n.*

en·nui [ɑ:nwí:, ⌐―/ɑ̃:nwí:, ɑ:n-] F. *n.* 倦怠(けんたい), たいくつ; (しばしば *pl.*) 心配ごと.

E·noch [í:nək/-nɔk] *n.* 〘聖〙メトセラ(Methuselah)の父《創世記5: 21》; カイン (Cain) の長男《創世記4:17–18》. ～ **Arden** Tennyson 作の物語詩.

e·nór·mi·ty [inɔ́:rmịti] *n.* **1** 無法, 極悪非道. **2** 無法なふるまい; 極悪行為. **3** 巨大さ.

‡**e·nór·mous** [inɔ́:rməs] *a.* **1** 巨大な, 膨大な, 度はずれの: an ～ sum of money 巨額の金. an ～ difference 非常な相違. **2** 極悪な, 無法な. [ex-＋√norm-] ◇ ***～·ly** *ad.* **～·ness** *n.*
(類) → **huge**「巨大な」

e·no·sis [inóusis/énəsis] Gk. *n.* 統合《特にギリシアとキプロスの政治的な》. ◇ **e·nó·sist** *n.* 統合論者.

†**e·nóugh** [inʌ́f] *a.* **1** 十分な, 十分…するに足りる, …するだけの: ～ money [money ～] to buy a house 家を買えるだけの金. 〈注〉名詞の前につけた方が強意的. **2** たっぷりな: I've had ～ trouble. うんざりするほど苦労した.
—— *n.* 十分(の数・量), たくさん, たっぷり: *E*～ has been said. 言うだけのことは言った; 既に十分に述べた. *E*～ of that! (そいつは) もうたくさんだ, もうよしてくれ! ***～ and to spare*** 十二分(の), ありあまるほど(の). ***E～ is as good as a feast.*** 〘諺〙満腹はごちそうも同然. ***have ～ of*** を十分もっている, …はもうたくさんだ, …はもうごめんだ. ***have ～ to*** (do) …するのがやっと. ***more than ～*** 十二分に.
—— *ad.* **1** 十分に, 必要なだけ, (…するに) 足りるだけ《通例形容詞・副詞のあとにつける》: This is good ～. これでけっこう. ready ～ to (do) 喜んで[いつでも]…する. noisy ～ *to* wake the dead 死人の目をさますほど騒がしい. **2** まあまあ, 相当に: She speaks English well ～. 彼女はまあかなりじょうずに英語を話す. ***be kind ～ to*** (do) 親切にも…する. ***be old ～ to*** (do) …してもよい年ごろだ. ***cannot*** (do) ～ いくら…しても足りない. ***strange*** [***curious(ly)***, ***oddly***] ～ 奇妙なことに. ***sure ～*** (1) はたせるかな, 案の定. (2)《返事として》そのとおりですとも.
(類義語) **十分な: enough, sufficient** 入れ替え可能な語だが enough は名詞のあとに置かれることが多い. また sufficient は「十分満足だがこれ以上あっても悪くない」, enough は「もうこれ以上ほしくない」ばあいに用いられることがある: *sufficient* income 十分な収入. *enough* trouble もうまっぴらなめんどう. **adequate** ある目的・要求に十分だ. したがって「量」以外に「能力」などにも用いる.

e·nóunce [ináuns] *vt.* **1** 宣言する, 声明する. **2** 言明する, 〈意見などを〉表明する. **3** 発音する. [√nunti-] ◇ **～·ment** *n.*

e·nów [ináu] 〘古・雅〙 ＝enough.

en pas·sant [F. ɑ̃pasɑ̃, ㊊⁺ ɑ̀:npæsɑ́:nt] F. (＝in passing, by the way) ついでに, ちなみに.

en·pláne [enpléin, in-] *vi.* 〘米〙飛行機に乗る, 飛行機で出発する《に向け *for*》. → emplane.

en·quíre, en·quír·y ＝inquire, inquiry.

en·ráge [inréidʒ] *vt.* 激怒させる, 憤激させる. ***be ～d at*** [***by, with***] をひどくおこる.

en·ráil [inréil] *vt.* **1** 軌道にのせる. **2** に欄干を張りめぐらす.

en rap·port [F. ɑ̃rapɔ:r, ㊊⁺ɑ̀:nræpɔ́:r] F. 親密に関係[交際]して; 同情[共鳴]して《と *with*》.

en·rápt [inræ̀pt, en-] ＝enraptured.

en·ráp·ture [-rǽptʃər] *vt.* うっとりさせる, 有頂天にさす, 恍惚(こう)とさせる. ***be ～d over*** [***at***] に有頂天になる. ◇ **～d** *a.* うっとりとした, 有頂天になった.

en·rég·i·ment [-rédʒịmənt] *vt.* **1** 連隊に編制する. **2** 訓練する.

en·rég·is·ter [enrédʒistər/in-] *vt.* ＝register.

en rè·gle [F. ɑ̃rɛgl] F. (＝in due form) 規則にかなった[て], 規定どおりの[に].

‡**en·rích** [inrítʃ, en-] *vt.* **1** 金持ちにする, 裕福にする. **2** 豊かにする, 豊富にする: ～ experience 経験をひろめる. **3** 肥沃(ひよく)にする. **4** 濃化する; 〈色・味などを〉濃くする; 〈食物の〉栄養価を高める: ～*ed* uranium 濃縮ウラン. ～*ed* rice ビタミン強化米. **5** 〈教育を〉補足[充実]する《視聴覚教材などで》. **6** 飾る. ～ one*self* by trade (商売で) 富をきずく.
◇ **～·ment** *n.* **1** ～すること. **2** ～した[された]状態. **3** 添加物, 補足(物), 装飾.

en·róbe [enróub, in-] *vt.* に着物を着せる.

***en·róll, -rol** [inróul, en-] *v.* (**-ll-**) *vt.* **1** 登録する, 名簿[リスト]に記入する; 入会[入学]させる; 兵籍に入れる. **2** 〈人を〉雇う, 募る. **3** 記録する. —— *vi.* 入会[入学, 入隊]する. ◇ **～·ment** *n.* **1** ～すること. **2** 登録[入会, 入学]者数.

en·róot [enrú:t, -rút] *vt.* しっかり根締めする, 植え込む, 固定する.

en route [ɑ:nrú:t | F. ɑ̃rut] F. (＝on the way) 途中[途上]で《への *to, for*》.

ens [enz] *n.* (*pl.* **én·ti·a** [énʃiə]) (抽象的) 存在; 存在体, 実在物.

Ens. Ensign.

en·sám·ple [ensǽmpl/-sɑ́:m-] 〘古〙 ＝example.

en·sán·guine [ensǽŋgwin, in-] *vt.* 血まみれにする.

en·scónce [-skɑ́ns/-skɔ́ns] *vt.* **1** 隠す, 忍ばせる; 隠匿する. **2** 置く, 安置する; 〈からだを〉ゆったりと構える: ～*d* [～ oneself] in an armchair 安楽いすにおさまって[おさまる].

en·sem·ble [ɑ:nsɑ́:mbl | F. ɑ̃sɑ̃:bl] F. *n.* **1** 全体; 統一[全体]的効果. **2** 〘服飾〙アンサンブル, (調和ある) 組み合わせ《上着とスカート, ドレスとコート, コートと帽子と手袋などの》. **3** 総合奏[合唱]; 合奏団, アンサンブル: a string ～ 弦楽合奏. **4** 〘劇〙共演者(全員). ***tout ～*** 《芸術・舞台の》全体的効果. ～ **playing** [**acting**] アンサンブル[全員]出演《スター制に対して》.

en·shríne [inʃráin, en-] *vt.* **1** 宮にまつる[納める], 安置する. **2** 《神聖なものとして》たいせつにする; 秘める《心に》. ◇ **～·ment** *n.*

en·shróud [-ʃráud] *vt.* **1** 経かたびらでおおう. **2** おおい包む, 隠す: a hill ～*ed in* mist かすみに包まれた山.

én·si·form [énsịfɔ̀:rm] *a.* 〘生〙剣状の.

én·sign [énsain] *n.* **1** 旗; 国旗. **2** 連隊旗, 軍艦旗; 〘英〙海軍旗. **3** 記章, 標章. **4** 〘米〙海軍少尉; 〘英〙旗手《もと連隊または中隊の》. 〈注〉①, ②の意味では軍隊では [énsn] と発音する. ***blue ～*** イギリス海軍予備艦旗. ***national ～*** 国旗. ***red ～*** イギリス商船旗. ***white ～*** イギリス軍艦旗. ◇ **～·cy** [-si], **～·ship** [-ʃip] *n.* 〘軍〙～④の地位[役目].

én·si·lage [énsịlidʒ] *n.* **1** 《サイロ (silo) の中での》牧草新鮮貯蔵(法). **2** 新鮮貯蔵の牧草.
—— *vt.* 〈牧草を〉サイロに貯蔵する.

en·síle [ensáil] *vt.* 〈牧草を〉サイロ (silo) に貯蔵する.

en·ský [enskái] *vt.* 空までのぼらせる; 有頂天にする.

en·sláve [insléiv, en-] *vt.* **1** どれいにする. **2** 《比喩的》〈酒・異性などが〉とりこにする; 隷属させる. ***be ～d to*** …のとりこになる.
◇ **～·ment** *n.* **en·sláv·er** *n.*

en·snáre [ensnéər, in-] *vt.* **1** わなにかける. **2** 計略にかける; 誘惑する.

en·sóul [-sóul] *vt.* **1** に霊魂を与える. **2** 心の糧(かて)とする: lines of Shakespeare ～*ed* by all 万

人の心の糧となっているシェイクスピアの詩句.
en·sphére [-sfíər] *vt.* **1** (丸く) 包む, 囲む. **2** 球形にする.
en·súe** [ensú:, in-/-sjú:] *vi.* 続く, 続いて〔あとから〕起こる; 結果として起こる《から *from*》. ***as the days ~d 日がたつにつれて…. [√sequ-]
en suite [ɑ:nswí:t/ɑ̃:-] F. 続いて.
en·súre [inʃúər, en-] *vt.* **1** 保証する, 請け合う. **2** 確保する, (必ず) 実現する; 確実に与える: To ~ a cure, you must… 必ず治癒(ちゆ)したいなら…しなければいけません. This letter will ~ you a hearing. この手紙を出せば必ず返事がくるでしょう. **3** (安全に) 守る. **4** に保険をつける.
ENT [ent] ~ ***doctor*** 〖米俗〗耳鼻咽喉(じんこう)科医. [<*e*ar, *n*ose, *t*hroat]
-ent [-ənt] *suf.* 名詞・形容詞の語尾: depend*ent* depend する(者) → 従属的な; 扶養家族. 〈注〉 -ent は元来ラテン語の現在分詞の語尾.
en·táb·la·ture [entǽblətʃər] *n.* 〖建〗エンタブレチュアー, なげし《柱の上部の水平部で architrave, frieze, cornice の3部からなる》.
en·tá·ble·ment [entéiblmənt] *n.* **1** =entablature. **2** 像台《base と dado の上の台座》.
en·táil [intéil] *vt.* **1** 〈弊害などを〉伴う, あとに残す. **2** 〈労力・出費などを〉伴う, 要する, 生じる: ~ inconvenience *on* a person 人に迷惑をかける. **3** 〖法〗相続人を限定して譲る, 限嗣相続とする.
—— *n.* 〖法〗限嗣相続, 限嗣不動産.
en·tán·gle [intǽŋgl, en-] *vt.* **1** 〈糸などを〉もつれさせる, こんがらかす; 〈事態を〉紛糾させる. **2** 〈足などを〉からませる, ひっかける: ~ one's feet in a rope 足をなわにひっかける. **3** 巻き込む, 巻き添えにする《事件・計略などに》, おとしいれる《困難・落とし穴などに》, 掛かり合いにする: be [get] ~*d* in a plot 陰謀に陥る. be ~*d with* a woman 女と掛かり合いになる. 〈注〉受動態で用いられることが多い.
◇ **~·ment** *n.* **1** もつれ; 紛糾. **2** わな; 〖軍〗鹿砦(ろくさい), (*pl.*) 鉄条網.
én·ta·sis [éntəsis] *n.* 〖建〗エンタシス《円柱の中間部のふくらみ》.
entd. entered.
en·tél·lus [entéləs] *n.* 〖動〗ラングール (langur) 《長い尾をもつインドの聖猿(せいえん)》.
en·tente [ɑ:ntɑ́:nt] F. *n.* 協商《政府間の了解事項で協定・同盟より温和なもの》; 協商国.
~ ***cordiale*** [-kɔ:rdjɑ́:l] 《国家間の》友好協商《特に1905年のイギリス・フランスの間の》.
†**én·ter** [éntər] *vt.* **1** にはいる, にはいり込む. **2** 〈新時代・新生活などに〉はいる, 始める. **3** 〈団体などに〉加入〔参加〕する; に入会〔入学〕する. **4** 〈考慮に〉はいる, 〈心に〉浮かぶ: ~ one's head. **5** 入れる, 押し込む: ~ a wedge くさびを打ち込む. **6** 加入〔参加〕させる; 入会〔入学〕させる: ~ oneself for an examination 受験を申し込む. **7** 記載〔記入〕する; 登記する; (税関に) 申告する, 報告する. **8** 〖法〗〈訴訟を〉提起する; 《一般的》〈抗議などを〉提出する: ~ an objection 反対を申し入れる. **9** 〈犬・馬を〉訓練する, 仕込む.
—— *vi.* **1** はいる, はいり込む: *E*~ here. ここからおはいりください; 入り口はこちら. **2** (舞台に) 登場する: *E*~ Hamlet. ハムレット登場《仮定法で, 脚本の指示:「登場せよ」》. **3** 参加する, 入会〔入学〕する.
〈付記〉「…を入り口として〔通って〕はいる」は enter at…: *enter at* the window 窓からはいる《比較: *enter from* the garden (庭を出発点として→) 庭からはいる》.
~ ***an appearance*** 姿を見せる, 出席する. ~ ***for*** に参加する: ~ *for* a race 競走に出場する. ~ ***into*** (1)《関係など》にはいる: ~ *into* relations 関係を結ぶ《と *with*》. ~ *into* contract 契約を取り決める《と *with*》. (2)《活動など》にはいる, を始める: ~ *into* conversation 会話〔会談〕を始める. ~ *into* explanations 説明を始める. ~ *into* service 勤める, 奉公に出る. (3) の一部になる〔をなす〕, の要素〔成員〕になる: subjects that do not ~ *into* the question この問題には無関係の事項. (4)《他人の心・気持ち》に立ち入る, に共感〔同情〕する; 《ふんい気・おもしろみなど》を味わう, を理解する. (5)《細部など》に (ふかく) はいる, に立ち入る: ~ *into* detail 詳細にわたる. ~ ***on*** [***upon***] (1) 〈仕事など〉に着手する, を始める. (2) 〈問題・主題など〉に手をつける, …にとりかかる. (3) 〈交渉・戦争など〉に乗り出す, を開始する. (4) 〈新生活など〉にはいる, を始める: ~ *on* one's fiftieth year 50歳にはいる. (5) 〖法〗を取得する, の所有権を得る. ~ ***up*** 記入する; 〖法〗裁判記録に載せる.
en·tér·ic [entérik] *a.* 腸の: ~ fever 腸チフス.
—— *n.* 腸チフス.
èn·ter·í·tis [èntəráitis] *n.* 腸炎.
‡**én·ter·prise** [éntərpràiz] *n.* **1 企画**, 計画《特に冒険的な》. **2 企業**, 事業. **3 進取の精神**, 企画心; 冒険的: a man of ~ 進取の気性の人; 積極的人物. [√pris-] ~ **union** 企業別 (労働) 組合.
◇ **én·ter·pris·er** [-ər] *n.* 企業家, 事業家. **én·ter·pris·ing** [-iŋ] *a.* 企業心〔冒険心〕の盛んな, 進取の気性に富んだ; 進取的な, 冒険的な.
‡**èn·ter·táin** [èntərtéin] *vt.* **1 もてなす**, 歓待〔接待〕する; 《特に》食事に招待する: ~ guests *with* refreshments [music] 茶菓を出して〔音楽を聞かせて〕客をもてなす. **2 楽しませる**, 慰める. **3 心にいだく**, やどす, 思う. **4** 〈申し出などを〉好意をもって受け入れる, に応じる. —— *vi.* もてなす, 歓待する. ~ ***angels unawares*** 〖聖〗高貴の人と知らずにもてなす《ヘブル書13: 2》. [√ten-]
◇ **~·er** [-ər] *n.* 歓待者; おもしろい人; 芸能人 (=public ~er).
èn·ter·táin·ing [-iŋ] *a.* おもしろい, 楽しい, 愉快な.
◇ **~·ly** *ad.* おもしろく, 興味ぶかく.
〔類〕 → **interesting**「おもしろい」
‡**èn·ter·táin·ment** [èntərtéinmənt] *n.* **1 もてなし**, 歓待; 《食事への》招待: extra pay for ~ 接待費, 社交費. **2** 宴会, 酒宴. **3** 慰み, 娯楽. **4 演芸**, 余興; 催しもの: theatrical ~*s* 演劇. ***give ~s to*** …にごちそうする, をもてなす. ***house of*** ~ 居酒屋; 旅館. ***much to one's*** ~ 非常におもしろかったことには. ~ **tax** 〖英〗興行税. 「の《感染など》.
en·thét·ic [enθétik] *a.* 外部から持ち込まれた, 外因
en·thrál(l) [inθrɔ́:l, en-] *vt.* (**-ll-**) **1** の心をとりこにする, 魅惑する. **2** どれいにする. ◇ **~·ment** *n.*
en·thróne [-θróun] *vt.* **1** 王座〔王位〕につかせる, 即位させる. **2** 〖宗〗bishop に就任させる. **3** に心の王座を占めさせる, あがめる; 祭り上げる.
◇ **~·ment, en·thròn·i·zá·tion** [enθròunizéiʃ(ə)n/-naiz-] *n.*
en·thúse [inθ(j)ú:z, en-/-θjú:z] *vt., vi.* 〖米話〗熱狂させる〔する〕; 感激させる〔する〕《に *over, for*》. [<enthusiasm]
‡**en·thú·si·asm** [inθ(j)ú:ziæz(ə)m-, en-] *n.* **1 熱心**, 熱中, 熱狂, 夢中《*for, about*》. **2** 熱心の対象, 熱中させるもの. **3** 〖古〗(宗教的) 恍惚(こうこつ), 法悦.
〔類〕 → **passion**「情熱」
en·thú·si·ast [-æst] *n.* **1** 熱中者, 熱狂者, ファン, 熱心家. **2** 〖古〗狂信者.
‡**en·thù·si·ás·tic** [inθ(j)ù:ziǽstik, en-], **-ti·cal** [-(ə)l] *a.* **1 熱心な**《に *for*》; 熱狂的な, 夢中になっている《に *about, over*》. **2** 熱誠のこもった, 熱烈な: ~ welcome 心からの歓迎.
◇ **en·thù·si·ás·ti·cal·ly** *ad.*
én·thy·meme [énθimì:m] *n.* 〖論〗省略推理法, 省略三段論法.
en·tíce [intáis, en-] *vt.* おびき寄せる, 誘惑する, そそのかす. ~ ***away*** おびき出す. ~ ***in*** 誘いこむ.
◇**~·ment** [-mənt] *n.* 誘惑, そそのかし; 《誘惑の》

「えさ」. **en·tíc·ing** *a.* 魅惑的な, 心をそそのかす.

‡en·tíre [intáiər, en-] *a.* **1** 全体の, 全部の: the ~ city 全市. write the ~ novel in only six weeks 6週間で小説全部を書きあげる. **2** 全くの, 完全な: ~ freedom 全くの自由. **3** 無傷の, こわれていない. **4** 《雄馬など》 去勢してない. **5** 〘植〙 《葉が》 全縁の, 刻みのない. —— *n.* **1** 全体, 完全. **2** 去勢しない馬. **3** 〘英〙 黒ビールの一種. ◇ **~·ness** *n.* [類] → **complete**「完全な」

‡en·tíre·ly [-li] *ad.* 全く, 完全に; ひたすら, もっぱら: I am not ~ satisfied with the result. 結果に全く満足しているわけではない.

en·tíre·ty [-ti] *n.* **1** 完全; 全部, 全体: 'Hamlet' was played in its ~. ハムレットが通しで上演された. **2** 全額; 〘法〙 (ふたり共有の) 全財産. ***by ~i)es*** 〘法〙 不可分的に.

‡en·tí·tle [intáitl, en-] *vt.* **1** に題名をつける, に名称を与える. **2** と称する, と名づける: ~ oneself a baron 自ら男爵と名のる. **3** に権利〔資格〕を与える: be ~*d* to [to (do)] の〔…する〕権利〔資格〕がある.

én·ti·ty [éntịti] *n.* 実在物; 実体; 存在; 本質.

entom. entomology.

en·tómb [intú:m, en-] *vt.* **1** 墓に葬る, 埋葬する; 埋没する. **2** の墓となる.

èn·to·mo·lóg·ic [èntəməládʒik/-lɔ́dʒ-], **-i·cal** [-(ə)l] *a.* こん虫学の, こん虫学に関する.

èn·to·mól·o·gy [èntəmálədʒi/-mɔ́l-] *n.* こん虫学. ◇ **-gist** [-dʒist] *n.* こん虫学者. **-gize** [-dʒàiz] *vi.* こん虫学を研究する; こん虫採集する.

èn·to·móph·i·lous [èntəmáfiləs/-mɔ́f-] *a.* 〘植〙 「虫媒の.

en·tou·rage [à:ntu:rá:ʒ/ɔ̀ntu-] F. *n.* **1** 周囲, 環境. **2** 《集合的》 側近, 取り巻き (連).

en-tout-cas [F. ɑ̃tukɑ] F. *n.* 晴雨兼用のかさ; アンツーカー 《テニスコート・競技場用の舗装》.

en·tr'acte [ɑ:ntrǽkt/ɔ́ntrækt] F. *n.* **1** 《芝居・オペラなどの》 幕あい. **2** 幕あい劇 〔舞踊, 音楽〕.

én·trails [éntrəlz/-treilz] *n. pl.* 内臓, はらわた 《特に腸》. 「↔detrain.

en·tráin [intréin, en-] *vt., vi.* 汽車に乗せる〔乗る〕.

en·trám·mel [entrǽm(ə)l, in-] *vt.* (-l-, [英] -ll-) **1** 網で捕える. **2** の妨げになる, じゃまする.

‡én·trance[1] [éntrəns] *n.* **1** 入り口, 戸口, 玄関 《(へ)の *to*》: the ~ *to* a schoolhouse [a tunnel]. **2** はいること; 入場, 入会, 入学, 入社; 入港; 《俳優の》登場. **3** 就任《*into* office; *upon* one's duties》. **4** はいる機会; 入場権. **5** 入場料; 入会金, 入学金. ***E~ free.*** 入場自由〔無料〕. ***find*** 〔***gain, obtain, secure***〕 ~ はいる, 入り込む 《に *into*》. ***force an ~ into*** に押し込む, に押し入る. ***No ~.*** 入場お断わり, 立入禁止. **~ examination** 入学試験. **~ fee** 入場料; 〘英〙 入会金 (=[米] initiation fee). **~ hall** 入り口の広間.

en·tránce[2] [intrǽns, en-/-trá:ns] *vt.* **1** うっとりさせる, 有頂天にさせる. **2** 失神させる. ***be ~d with*** …にうっとりする, …にぼうっとする. [<trance]
◇ **~·ment** *n.* **1** 恍惚(こう), 有頂天, 狂喜. **2** うっとりさせるもの. **3** 失神 (状態).

en·tránc·ing [-iŋ] *a.* 恍惚とさせる, うっとりさせる.
◇ **~·ly** *ad.* 「加者《*for*》.

én·trant [éntrənt] *n.* **1** 新入者 〔生〕. **2** (競技) 参

en·tráp [intrǽp, en-] *vt.* (-pp-) わなにかける; 〈人を〉だます, だまして…させる《*into* (do)*ing*》; 〈人を〉自己撞着(どうちゃく)(など) に陥らす 《誘導尋問などで》.

‡en·tréat [intrí:t, en-] *vt., vi.* **1** に嘆願する《を *for*, …することを *to* (do)》: ~ a person *for* mercy 人に慈悲を懇願する. **2** 求める, 願望する: I ~ this favor *of* you. どうぞこの願いを聞き届けてください. ◇ **~·ing** *a.* 懇願の, 嘆願の. **~·ing·ly** *ad.* 懇願するように; おりいって. [類] → **beg**「頼む」

en·tréat·y [-trí:ti] *n.* 懇願, 嘆願, 哀願.

en·tre·chat [à:ntrəʃá:/ɔ́ntrəʃɑ:] F. *n.* 〘バレー〙 アントルシャ《はね上がりかかとを打ち合わせる動作》.

en·tre·côte [F. ɑ̃trəko:t, [英]+ɔ́ntrəkout] F. *n.* 〘料理〙 両あばら骨の間のステーキ肉.

én·tree, *en·trée* [á:ntrei/ɔ́n-] F. *n.* **1** 〘料理〙 アントレ 《魚と肉との間に出る盛り合わせ料理》; 〘米〙 《焼き肉以外の》 主要料理. **2** 入場 (許可); 入場料. **3** 〘楽〙 《行進曲・舞踏曲の》 序奏曲.

en·tre·mets [á:ntrəmèi/ɔ́n——] F. *n.* (*pl.* ~ [-mei(z)]) 〘料理〙 アントルメ, 脇付(わき) 《主要料理の間に出る添え料理, 野菜料理など》.

en·trénch [intréntʃ, en-] *vt.* 〈都市などを〉 塹壕(ざんごう)で囲む 〔守る〕. —— *vi.* **1** 侵す, 侵害する《を *on, upon*》. **2** 近い, 近似する《に *on, upon*》. ~ one***self*** (自分の) からだを守る; 自己の立場を固める. ◇ **~·ment** *n.* **1** 塹壕構築; 塹壕; とりで. **2** 《権利などの》 侵害.

en·tre nous [à:ntrənú: / ɔ́ntrənu:] F. (= between ourselves) ここだけの話ですが.

en·tre·pôt [á:ntrəpòu/ɔ́ntrəpou] F. *n.* 倉庫; 物資集散地, 中央市場.

en·tre·pre·neur [à:ntrəprənɔ́:r/ɔ̀n-] F. *n.* 請負師; 企業者; 《演劇の》 興行主.
◇ **~·ship** [-ʃip] *n.*

en·tre·sol [éntərsɑ̀l, á:n-/ɔ́ntrəsɔl] F. *n.* 〘建〙 中二階 (mezzanine).

én·tro·py [éntrəpi] *n.* エントロピー. 〈注〉 物理学で物体の熱力学的状態をあらわす量; 転じて, 情報理論で伝達の効率をあらわす量, など.

en·trúst [intrʌ́st, en-] *vt.* **1** に任せる, に委託する《を *with*》: ~ him *with* the task その仕事を彼に一任する. **2** 任せる, 委託する: ~ the task to him 仕事を彼に一任する. ***~ a secret to*** に秘密を打ち明ける.

‡én·try [éntri] *n.* **1** はいること, 入場; 《俳優の》 登場. **2** 参加, 加入. **3** はいり道; 〘米〙 入り口, 玄関; 河口; 〘米〙 《月・季節の》 始め. **4** 記入, 記載; 〘簿記〙 記帳; 登記, 届け出; 記入事項; 《辞典の》 見出し (語). **5** 《競技などの》 参加者; 参加者名簿. **6** 〘法〙 《土地・家屋の》 立ち入り, 占取. **7** 〘税関〙 通関手続き. ***author*** 〔***subject***〕 ***~i)es*** 《図書館の》 著者名 〔件名〕 目録. ***double*** 〔***single***〕 ~ 複式 〔単式〕 簿記. ***force an ~*** 押し入る. ***make an ~*** (1) はいる, 入場する. (2) 記入 〔登録〕 する《を *of*》. ***sign and seal an ~*** 記載事項に署名押印する.
~·way [-wèi] 玄関口への通路.

ent. Sta. Hall entered at Stationers' Hall 〘英〙 版権登録済み.

en·twíne [intwáin, en-] *vt.* **1** からませる, もつれさす; 組み合わす, 編む: with ~*d* arms 腕組みして. **2** 編んでつくる. **3** にからみつく, に巻きつく. **4** にからみつかせる, に巻きつかせる.
—— *vi.* からまる, からみつく《に *around*》.

en·twíst [entwíst, in-] *vt.* よじる, より合わせる.

e·nú·cle·ate [in(j)ú:klièit/injú:-] *vt.* **1** 〘生〙 の細胞核を取り除く. **2** 〘医〙 〈腫瘍(しゅよう)などを〉 摘出する. **3** 〘雅〙 明るみに出す, 明らかにする.
◇ **e·nù·cle·á·tion** [—ˋ—éiʃ(ə)n] *n.*

e·nú·mer·ate [in(j)ú:mərèit/injú:-] *vt.* **1** (一つ一つ) 数えあげる; 計算する. **2** 列挙する. [√numer-]
◇ **-a·tor** [-ər] *n.* **-a·tive** [-rèitiv, -rət-] *a.* **-a·tive·ly** *ad.* **e·nù·mer·á·tion** [—ˋ—réiʃ(ə)n] *n.*

e·nún·ci·ate [inʌ́nsièit, -ʃi-] *vt., vi.* **1** 発音する. **2** 〈学説などを〉 発表する, 公表する; 〈意図などを〉 明かす. [√nunti-]
◇ **-a·tive** [-èitiv/-ətiv] *a.* **-a·tive·ly** *ad.* **-a·tor** [-èitər] *n.* **-a·to·ry** [-siətɔ̀:ri, -ʃiə- / -ət(ə)ri] *a.* =enunciative. **e·nùn·ci·á·tion** [inʌ̀nsiéiʃ(ə)n, -ʃi-] *n.* **1** 発音 (の仕方). **2** 公表.

en·úre =inure.

èn·u·ré·sis [ènjurí:sis] *n.* 〘医〙 遺尿(症), 寝小便.

env. envelope.

‡en·vél·op [invéləp, en-] *vt.* (**en·vél·oped**; **en·vél·op·ing**) **1** 包む, おおう, 囲む. **2** 包み〔おおい〕隠す. **——** *n.* ＝envelope. ◇ **~·ment** *n.* **1** 包むこと, 封入; 包囲. **2** 包み; 包み紙.

‡én·ve·lope [énvilòup, ɑ́:n-/én-, ɔ́n-] *n.* **1** 封筒. **2** 包み; おおい; 外皮; 《飛行船・気球の》気嚢(きのう).

en·vén·om [envénəm, in-] *vt.* **1** に毒を盛る〔塗る, 入れる〕. **2** 悪意で満たす: ~*ed* words 毒舌.

Env. Extr. Envoy Extraordinary.

én·vi·a·ble [énviəbl] *a.* うらやまれる(ほどの): an ~ success うらやましい(ほどの)成功.
◇ **~·ness** *n.* **-bly** *ad.* うらやましいほど.

‡én·vi·ous [énviəs] *a.* **1** うらやんで, うらやましがる, しっとぶかい: be ~ *of* a person's success 他人の成功をうらやむ. **2** 羨望(せんぼう)を示す〔あらわす〕: ~ looks うらやましそうな目つき. ≒enviable. [＜envy]
◇ **~·ly** *ad.* ねたましそうに, うらやましげに.

en·ví·ron [inváirən, en-/-váiər-] *vt.* 取り巻く, 囲む. [類] → **surround**「取り巻く」

‡en·ví·ron·ment [inváirənmənt, en-/-váiərən-] *n.* 環境, 周囲, まわりの事情: social ~*s* 社会的環境. ◇ **en·vì·ron·mén·tal** [-ˌ-ˊ-méntl] *a.*

en·ví·rons [inváirənz, énvirənz/énvi-] *n. pl.* 《都市の》周辺, 郊外: Paris and its ~ パリとその近郊.

en·vís·age [envízidʒ, in-] *vt.* **1** 〈事実・問題を〉直視する; に直面する; に対処する. **2** 心に描く, 想像する; もくろむ, 期待する. [＜visage]

en·ví·sion [envíʒ(ə)n, in-] *vt.* 〈将来のことなど〉心に描く, 想像する.

én·voy[1] [énvɔi] *n.* **1** 公使. **2** (外交)使節, 特使. **3** 《一般的》使者, 代表者. [√vi-]
E~ Extraordinary 特命公使.

én·voy[2] *n.* **1** 《ballade などの》結びの句, 反歌. **2** あと書き《詩文の献呈の辞など》.

‡én·vy [énvi] *n.* **1** しっと, 羨望(せんぼう), そねみ, ねたみ, うらやみ. **2** 羨望の的, うらやましいもの. ***be green with ~*** 《顔色が変わるほど》ひどくうらやんでいる. ***feel ~ at*** [***of***] をうらやむ. ***in ~ of*** をうらやんで. ***out of ~*** うらやむあまり, しっとが原因で.
—— *vt.* うらやむ, ねたむ, しっとする: I ~ you. あなたがうらやましい. I ~ you your fortune. あなたの幸運がうらやましい. ~ others ***for*** their ***success***(他人)の成功をうらやむ. [√vid-]

en·wínd [inwáind, en-] *vt.* (**en·wóund** [-wáund]) に巻きつく, にまといつく.

en·wómb [enwú:m, in-] *vt.* 包む, 包み隠す.

en·wráp [enrǽp, in-] *vt.* (**-pp-**) **1** 包む, 《紙・布などに》くるむ. **2** 夢中にさせる, の心を奪う. ***be ~ped in*** に心を奪われる.

en·wréathe [enrí:ð, in-] *vt.* 花輪で〔のように〕取り巻く.

èn·zo·ót·ic [ènzoɑ́tik/-ɔ́t-] *n., a.* 獣類地方病(の).

én·zyme [énzaim], **én·zym** [-zim] *n.* 〔化〕酵素. ◇ **èn·zy·mát·ic** [ènzimǽtik, -zai-] *a.*

èn·zy·mól·o·gy [ènzimɑ́lədʒi, -zaim-/-zimɔ́l-] *n.* 酵素学.

èn·zy·mól·y·sis [-mɑ́lisis/-mɔ́l-] *n.* 酵素(による)分解.

E·o·cene [í:əsi:n] *n., a.* 〔地〕始新世(の)《第三紀中の第二時代》.

E·ó·li·an ＝Aeolian.

è·o·líth·ic [i:əlíθik] *a.* 〔地・考古〕原始石器時代の《旧石器時代の前》.

e. o. m. end of the month.

é·on, e·ó·ni·an ＝aeon, aeonian.

E·os [í:ɑs/-ɔs] *n.* 〔ギ神〕あけぼのの女神《ローマ神話の Aurora に当たる》.

é·o·sin [í:əsin] *n.* 〔化〕エオジン《鮮紅色の染料》.

-e·ous [-iəs] *suf.* -ous の異形: beaut*eous*.

E·o·zó·ic [i:əzóuik] *n., a.* 〔地〕上始原時代(の).

EP [í:pí:] *n.* EP盤《45回転レコード》. [＜*e*xtended *p*lay] **Ep.** Epistle.

ep- *pref.* epi- の母音および h の前の異形: *ep*ode ＜epi-＋ōdē…に向かっての＋歌 →(一種の)叙情詩. *ep*hemera ＜epi-＋hēmera 1日＋の間の→1日限りの(虫) → カゲロウ.

é·pact [í:pækt] *n.* **1** 太陽暦の1年が太陰暦より超過する日数《通例 11日》. **2** 1月1日の月齢.

E·pàm·i·nón·das [epæminɑ́ndəs, ip-/-nɔ́ndæs] *n.* ギリシアのテーベの将軍・政治家, 418?–362 B. C.

ép·arch [épɑ:rk] *n.* **1** 《古代ギリシアの》州知事; 《近代ギリシアの》郡長. **2** 《ギリシア正教の》主教, 大司教.
◇ **~·y** [-i] *n.* **1** 《古代ギリシアの》州; 《近代ギリシアの》郡. **2** 《ギリシア正教の》主教管区, 大教区.

ép·au·let(te) [épəlèt, ㊍+ -lit] *n.* 〔軍〕《主として士官の軍服の》肩章. ***win*** one's ~ 〈下士官が〉士官に昇進する.

E. P. B. Economic Planning Board 〔英〕経済計画局. **E.P.D.** Excess Profits Duty.

é·pée [eipéi, ㊍+épei, éip-] F. *n.* 〔フェンシング〕エペ《先のとがった刀》. ◇ **~·ist** *n.* エペ競技者.

e·péi·ric [ipáirik/ipáiər-] *a.* 大陸の周辺から内陸に広がる: an ~ sea.

ep·én·the·sis [epénθisis] *n.* (*pl.* **-ses** [-si:z]) 〔言〕音挿入(そうにゅう), 插入音《elm の l と m の間に [ə] を入れて [éləm] と発音するごとき;ラテン語 tener が tenre になり, ついで ten*d*re (英語では後に tender) と d が挿入されるごとき》. [epi-＋en-＋√the-]

e·pérgne [ipə́:rn] *n.* 食卓中央に置く飾りざら《くだもの・花などを入れる》.

epergne

ep·èx·e·gé·sis [epèksidʒí:sis] *n.* 〔修〕補足, 補説語《前の語の意味を明らかにする》.

eph- *pref.* epi- の h で始まる語の前での異形《h は次の語の語頭音》. → ep-.

Eph. Ephesians.

e·phéd·rine [efédrin, éfidri:n], **-rin** [efédrin] *n.* 〔薬〕エフェドリン.

e·phém·er·a [ifémərə] *n.* (*pl.* **-as, -ae** [-ri:]) **1** きわめて短命なこん虫類; カゲロウ. **2** 短命のもの.

e·phém·er·al [ifémərəl] *a.* **1** 《こん虫・花など》1日の命の. **2** 短命な; 無常の, はかない.
◇ **e·phèm·er·ál·i·ty** [ifèmərǽliti] *n.*

e·phém·er·id [ifémərid] *n.* 〔虫〕カゲロウ (May fly).

e·phém·er·is [ifémәris] *n.* (*pl.* **èph·e·mér·i·des** [èfimérìdi:z]) 〔天〕**1** 日々の天体の推定位置の表; 天文暦. **2** 〔古〕暦; 日暦, 日誌.

e·phém·er·on [ifémərɑ̀n/-rɔn] *n.* (*pl.* **-a** [-rə], **-ons**) 短命のもの.

E·phé·sian [ifí:ʒ(ə)n, ifí:ʒiən] *n.* Ephesus の住民; (*pl.*) 《単数扱い》〔聖〕エペソ書.

Eph·e·sus [éfəsəs] *n.* エペソ《小アジアの古代都市. Artemis (＝Diana) 神殿の所在地》.

éph·od [éfɑd, í:-, -fɑd/-fɔd] *n.* ユダヤ高僧のししゅうした法衣.

éph·or [éfɔ:r, éfər/éfɔ:] *n.* (*pl.* **-ors, -o·ri** [éfərài]) **1** 〔古代ギリシア〕スパルタの最高権を有する5長官のひとり. **2** 〔近代ギリシア〕政府役人.

epi- *pref.*「…の上」「…に接して」の意: *epi*glottis 喉頭蓋(こうとうがい) ＜epi-＋glottis 声門＋の上. *epi*demic 流行病 ＜epi-＋√dem-＋-ic 住民＋の上に及ぶ(病気).

ép·ic [épik] *n.* 叙事詩, 史詩. **——** *a.* **1** 叙事詩の〔に関する〕. **2** 叙事詩的な; 雄壮な.

ép·i·cal [épik(ə)l] *a.* ＝epic. ◇ **~·ly** *ad.*

èp·i·cá·lyx [èpikéiliks, -kǽl-] *n.* (*pl.* **-lyx·es, -ly·ces** [-lisi:z]) 〔植〕花のつけ根にある苞葉(ほうよう).

ép·i·carp [épikɑ̀:rp] *n.* 〔植〕外果皮.

èp·i·cé·di·um [èpisí:diəm] *n.* (*pl.* **-a** [-diə]) 挽歌(ばんか), 哀悼歌.

ép·i·cene [épisi:n] *a.* **1** 両性の. **2** 〔ギリシア・ラテ

ン文法》通性の《vulpes が雄・雌双方のキツネを意味するごとき》. —— *n.* **1** 男女両性の人. **2**〖文〗通性語.

ép·i·cen·ter, ㊧ **-tre** [épisèntər] *n.* 〖地〗震央《地震の震源の直上地域》;〖米〗中心点.
◇ **èp·i·cén·tral** [èpiséntrəl] *a.*

èp·i·cén·trum [èpiséntrəm] *n.* (*pl.* **-tra** [-trə]) =epicenter.

Ep·ic·té·tus [èpiktí:təs] *n.* エピクテートス, 60?–120?, ギリシアのストア哲学者.

ép·i·cure [épikjùər] *n.* **1** 美食家, 食通. **2** 快楽主義者. ◇ **ép·i·cur·ism** [épikjurìz(ə)m/-kjuər-] *n.* 美食通; 美食(主義) (Epicureanism).

Ep·i·cu·ré·an [èpikjurí:ən/-kju(ə)r-] *a.* **1**〖哲〗エピクロス派の. **2** (e～) 快楽主義の; 食通の.
—— *n.* **1** エピクロス派哲学者. **2** (e～) 快楽主義者; 美食家. ◇ **～·ism** [-ìz(ə)m] *n.*

Ep·i·cú·rus [èpikjú(:)rəs/-kjúər-] *n.* エピクロス, 342?–270 B.C., ギリシアの哲学者.

ép·i·cy·cle [épisaikl] *n.* 〖数〗周転円《中心が他の大きな円の周辺にあって回る小円》.

èp·i·cý·cloid [èpisáikləid/épi-] *n.* 〖数〗外転サイクロイド, 外擺(ばい)線. ◇ **èp·i·cy·clóid·al** *a.*

***èp·i·dém·ic** [èpidémik] *n.* 流行病, 伝染病;《思想などの》流行. —— *a.* 流行〔伝染〕病の;《思想など》流行している. [epi-＋√dem-]
◇**-i·cal** *a.* =epidemic. **èp·i·dè·mi·ól·o·gy** [èpidì:miálədʒi/èpidì:miɔ́l-] *n.* 伝染病学.

èp·i·dér·mis [èpidə́:rmis] *n.* 〖医・植・動〗表皮, 外皮. ◇ **-mal** [-(ə)l], **-mic** [-ik] *a.*

èp·i·dí·a·scope [èpidáiəskòup] *n.* エピディアスコープ《透明体・不透明体の画像を映す幻燈装置》.

èp·i·gás·tri·um [èpigǽstriəm] *n.* 〖医〗上腹部.
◇ **èp·i·gás·tric** *a.*

èp·i·gén·e·sis [èpidʒénisis] *n.* **1**〖生〗《胚(はい)の》後成〔漸成〕説. **2**〖地〗《岩石の》変成作用.

èp·i·glót·tis [èpiglátis/-glɔ́t-] *n.* 〖医〗喉頭蓋(こうとうがい)《古くは会厭(えん)軟骨と呼ばれた》. ◇ **-tic** *a.*

ép·i·gone [épigòun] *n.* **1** 子孫. **2** 後継者《特に劣等の》; 亜流, 模倣者.

ép·i·gram [épigræ̀m] *n.* 風刺詩; 警句; 寸鉄的表現. [epi-＋√graph-] ◇ **èp·i·grám·ma·tist** [èpigrǽmətist] *n.* 風刺詩人; 警句家.
[類] → **saying**「ことわざ」

èp·i·gram·mát·ic [èpigrəmǽtik] *a.* 風刺(詩)の, 警句的. ◇ **-i·cal·ly** *ad.*

èp·i·grám·ma·tize [èpigrǽmətàiz] *vi.* 風刺詩をつくる, 警句的に書く〔語る〕. —— *vt.* 風刺的に表現する; 風刺的に扱う.

ép·i·graph [épigræf/-grɑ:f] *n.* **1** 碑文, 銘《建物・像などの》. **2**《書物全体または編・章などのはじめの》題辞, 題詞. [epi-＋√graph-]
◇ **èp·i·gráph·ic** [èpigrǽfik] *a.*

e·píg·ra·phy [epígrəfi] *n.* **1** 碑文研究, 金石文学. **2**《集合的》碑文, 銘.

epil. epilog(ue).

ép·i·late [épilèit] *vt.* 〖医〗脱毛する.

ép·i·lep·sy [épilèpsi] *n.* 〖医〗てんかん.

èp·i·lép·tic [èpiléptik] *a.* てんかんの, てんかん性の.
—— *n.* てんかん患者.

ép·i·logue, -log [épilɔ̀:g, -làg/-lɔg] *n.* **1**《文学作品の》結びのことば, 結語. ↔prolog(ue). **2**〖劇〗納め口上; 納め口上係. ↔prolog(ue). **3**〖楽〗終曲, 後奏. —— *vt.* に～をつける. [√log-]
◇ **epíl·o·gist** [ipílədʒist] *n.* ～の作者〔口上者〕.

E·píph·a·ny [ipífəni] *n.* **1** 公現祭《東方の三博士の訪れによって象徴される異教徒に対する救世主のあらわれを祝う. 1月6日》. **2** (e～) 出現《神の》. [√pha(n)-]

èp·i·phe·nóm·e·non [èpifinámìnàn/-nɔ́mìnən] *n.* (*pl.* **-na** [-nə]) 随伴現象;〖医〗余病.

ép·i·phyte [épifàit] *n.* 〖植〗着生植物《他の植物に着生するが, 養分を空気中からとる》.
◇ **èp·i·phýt·ic** [èpifítik] *a.*

èp·i·phy·tól·o·gy [èpifaitálədʒi/-tɔ́l-] *n.* 植物流行病学.

Epis., Episc. Episcopal.

e·pís·co·pa·cy [ipískəpəsi] *n.* **1** 監督 (bishop) 教会制度. **2** (the ～) 全監督〔主教, 司教〕団. **3** 監督〔主教, 司教〕の職.

e·pís·co·pal [ipískəp(ə)l] *a.* **1** 監督(bishop)制度の. **2** (E～) 監督派の. ***the E～ Church*** イギリス聖公会. ***the Protestant E～ Church*** アメリカ聖公会. [epi- ＋ √skep-] ◇ **～·ly** *ad.*

e·pìs·co·pá·lian [ipìskəpéiljən, -liən] *a.* = Episcopal. —— *n.* **1** 監督教会員. **2** 監督制度主義者. ◇ **～·ism** [-ìz(ə)m] *n.*

e·pís·co·pate [ipískəpit, -pèit] *n.* 監督 (bishop) の地位〔任期, 管区〕;《集合的》(the ～) 監督団.

***ép·i·sode** [épisòud, ㊨⁺ -zòud] *n.* **1**《小説・劇などの中の》挿話(そうわ);〖映〗挿話的場面. **2**《人の一生または経験中の》一連の挿話的事件. **3**〖ギリシア悲劇〗(二つの合唱の間の) 対話場面. **4**〖楽〗挿入部. [ep(i)-＋eis-＋√hod- 道＋の上＋へ→添加]

èp·i·sód·ic [èpisádik, -zád-/-sɔ́d-], **-i·cal** [-(ə)l] *a.* 挿話的な. ◇ **èp·i·sód·i·cal·ly** *ad.*

èp·i·spás·tic [èpispǽstik] *a.* 〖医〗発疱(ほう)の, 吸い出しの. —— *n.* 発疱剤, 吸い出し薬.

èp·i·sté·mic [èpistí:mik, -stém-] *a.* 認識の〔に関する〕.

e·pìs·te·mól·o·gy [ipìstimálədʒi/-mɔ́l-] *n.* 認識論. ◇ **-gist** *n.* **e·pìs·te·mo·lóg·i·cal** [-məlɑ́dʒik(ə)l/-lɔ́dʒ-] *a.*

e·pís·tle [ipísl] *n.* **1** 書簡《形式的もしくは教訓的》. **2** (the E～)〖聖〗《新約聖書中の》使徒書簡. ***E～ to the Romans***〖聖〗ロマ書. ***the E～*** 聖餐(さん)式で読む使徒書簡抜粋. [epi-＋√stel-]
～ side, the 祭壇に向かって右側. → gospel side. ◇ **-tler** [-ər] *n.* 〖聖〗使徒書簡筆者;《聖餐式で》使徒書簡を読む僧.

e·pís·to·lar·y [ipístəlèri/-ləri] *a.* 書簡体の; 手紙の〔による〕. **～ novel** 書簡体小説.

e·pís·tol·ize [ipístəlàiz] *vi., vt.* (に) 手紙を書く.

e·pís·tro·phe [ipístrəfi] *n.* 〖修〗結句反復.

ép·i·style [épistàil] =architrave.

ép·i·taph [épitæ̀f/-tɑ:f] *n.* 《墓石・記念碑などの》碑文, 碑銘; 碑文体の短詩〔短章〕.
—— *vt.* に ～ をささげる; ～ で記念する.

èp·i·tha·lá·mi·um [èpiθəléimiəm], **-on** [-miən] *n.* (*pl.* **-a** [-miə], **-ums**) 祝婚詩〔歌〕.

èp·i·thé·li·um [èpiθí:liəm] *n.* 〖動〗上皮 (細胞).
◇ **-al** [-liəl] *a.*

ép·i·thet [épiθèt] *n.* **1** 性質・属性を示す形容詞《Alfred, *the Great* や Richard, *the Lion-Hearted*》. **2** とおり名, 別名《dog を man's best friend というごとき》. **3** ののしりのことば. [epi-＋√the-]
◇ **èp·i·thét·ic** [èpiθétik], **èp·i·thét·i·cal** *a.*

e·pít·o·me [ipítəmi] *n.* **1**《本・文学作品・講演などの》大要, 梗概(こうがい). **2** 縮図, 見本. [√tom-]

e·pít·o·mize [-màiz] *vt.* **1** 要約する. **2** 縮図的に示す.

èp·i·zó·on [èpizóuɑn/-ɔn] *n.* (*pl.* **-a** [-zóuə])〖動〗体外寄生動物〔虫, 菌〕.

èp·i·zo·ót·ic [èpizoátik/-ɔ́t-] *n., a.* 動物流行病(の).

e plu·ri·bus u·num [i:-plú(:)ribəs-jú:nəm/-plúər-] L. (= one out of many) 多より一つを《アメリカ合衆国の標語. 多種多様の移入民から統一ある国家を目ざす》.

‡ép·och [épək/í:pɔk] *n.* **1** 時代;《特色ある》画期的時代. **2**《歴史・政治などの》新時代, 新紀. **3**〖地〗期, 紀. ***make* [*mark, form*] *an* ～** 新紀元を画する. **～-màk·ing** 画期的な.
◇ **ép·och·al** [épək(ə)l/épɔk-] *a.* 新紀元の; 画期的な. [類] → **period**「時代」

ép·ode [époud] *n.* 1 (古代)叙情詩形〔長短行が交互するもの〕. 2 エポーデー〔合唱隊歌の第3段. strophe と antistrophe とのあとに続く〕.
ép·o·nym [épənìm] *n.* 名祖(なおや)〔氏族・家系・民族・土地・時代などの名の起こりとされる実在または神話的人物. たとえば Britons の名称は Brut なる人物に由来するという〕. [√onym-]
◇ **ep·ón·y·mous** [epánįməs/ipɔ́n-] *a.*
ép·o·pée [épəpìː, ㊇ ̀ーニーム] F. *n.* 叙事詩, 史詩.
ép·os [épɑs/épɔs] *n.* 叙事詩.
Ep·ping [épiŋ] ～ ***Forest*** ロンドンの北東 Essex 州の行楽地.
ép·si·lon [épsələn, -lɑ̀n/epsáilən] *n.* ギリシア語アルファベットの第5字〔*E, ε.* ローマ字 E, e にあたる〕.
Ep·som [épsəm] *n.* イギリス南部の Surrey 州の都市〔ダービー競馬 (the Derby) が行なわれる Epsom Downs がその郊外にある〕. ～ **salts** 瀉利(しゃり)塩.
E. P. T. excess profits tax. **EQ** educational quotient 教育指数. → IQ. **eq.** equal; equator; equivalent.
éq·ua·ble [ékwəbl, íːk-] *a.* 1 一様な, 均等な. 2《気温・速度など》変化のない〔少ない〕: an ～ climate 温和な気候. 3 平静な, 浮き沈みのない: an ～ disposition 穏やかな性格. [√equ-]
◇ **-bly** *ad.* **èq·ua·bíl·i·ty** [èkwəbíləti, ìːk-] *n.*
‡é·qual [íːkwəl] *a.* 1 等しい《に *to*》; 同等の《と *with*》,《力が》互角の: Twice 2 is ～ *to* 4. 2の2倍は4; 2×2=4. 2《任務などに》ふさわしい, 耐えられる, (十分な)力量がある: He is ～ *to* the task. 彼には十分その仕事ができる. ～ to the occasion ことにあたって動じない. 3《量・程度が》十分で《に *to*》: The supply is ～ *to* the demand. 需要に応じられるだけの供給がある. 4 平等〔均等〕な, 一様な. 5 平らな, 平坦(へいたん)な. 6《心の》平静な. 7《古》正しい, 公平な. ***other things being*** ～ 他の条件がおなじならば.
—— *n.* 1 同等者, 対等の人, 同輩: mix with one's ～*s* 同輩と交際する. 2 同等のもの, 匹敵するもの, 比類: She has no ～ *in* cooking. 料理にかけては彼女の右に出る者はない. ***be the ～ of*** one's ***word*** 約束を守る. ***without (an)*** ～ 並ぶもののない, 抜きんでて.
—— *vt.* (-l-, ㊇-ll-) 1 に等しい. 2 に匹敵する, に劣らない: They nearly ～ the elephant *in* size. その大きさは象にも匹敵するばかりだ. 3 均等にする. [√equ-] ～ **mark** [**sign**] 等号《=》.
〔類〕→ **same**「おなじ」
e·quàl·i·tár·i·an [ikwɑ̀lətéː(ː)riən/ikwɔ̀lətéər-] *a., n.* 平等主義の(人).
e·quál·i·ty [ikwɑ́ləti/iːkwɔ́l-, ik-] *n.* 1 等しいこと, 平等(性). 2 均一性, 一様性. ***on an ～ with*** と対等で, と同等で.
E～ state, the Wyoming 州の別称.
é·qual·ize [íːkwəlàiz] *vt.* 1 等しくする, 同等〔平等〕にする. 2 均等にする, 一様にする.
◇ **è·qual·i·zá·tion** [ìːkwələzéiʃ(ə)n/-lai-] *n.*
é·qual·iz·er [íːkwəlàizər] *n.* 等しくするもの;〔電〕均圧線; 平衡装置, イコライザー;〔空〕平衡装置《飛行機補助翼の》.
‡é·qual·ly [íːkwəli] *ad.* 1 等しく, 同等に: They are ～ good. どれ〔どちら〕もよくて甲乙をつけられない. That one is good of course, but this one is ～ good. それももちろんよいが, これもそれに劣らずよい. 2 平等に: treat ～ 差別なく扱う.
è·qua·ním·i·ty [ìːkwənímәti, èkwə-] *n.* 平静な心; 落ち着き, 冷静. [√equ-+√anim-]
e·quáte [ikwéit] *vt.* 1 等しくする: ～ the expenses *with* the income 支出を収入と均衡させる. ～ an expression *to* [*with*] zero ある式を0に等しいとする. 2 同等〔相当〕のものと考える〔扱う〕: ～ Jupiter *with* Zeus (ローマ神話の)ジュピターを(ギリシア神話の)ゼウスに比定する. 3〔数〕等式化する. [√equ-]
e·quá·tion [ikwéiʒ(ə)n, -ʃ(ə)n] *n.* 1 等しくすること, 均分(法), 平均. 2 平衡状態. 3〔数・化〕方程式, 等式;〔天〕均差, 誤差. ***chemical ～*** 化学方程式. ～ ***of the first degree*** 一次方程式. ～ ***of time***〔天〕均時差. ***identical ～*** 恒等式. ***personal ～***〔天体観測上の〕個人誤差.
◇ ～**·al** *a.* 1 ～の〔を含む〕. 2〔文〕主語と補語が倒置され述語動詞を欠く〔例: Very interesting, those books.〕.
***e·quá·tor** [ikwéitər] *n.* 1 赤道. 2 昼夜平分線.
***èq·ua·tó·ri·al** [èkwətóːriəl, iːk-/-tɔ́ːr-] *a.* 赤道の, 赤道近くの. —— *n.* 赤道儀. [√equ-]
éq·uer·ry [ékwəri, ikwéri] *n.* 1《王室・貴族の》主馬寮(しゅめりょう)の役人, 馬係. 2〔イギリス王室の〕侍従.
e·qués·tri·an [ikwéstriən] *a.* 1 馬術の;〔人・像が〕乗馬の, 馬上の. 2〔古ローマの〕騎士(階級)の. —— *n.* (*fem.* **e·quès·tri·énne** [ikwèstrién]) 乗馬者.
equi-「等しい (equal)」の意の語形成要素: *equi*distant 等距離の. *equi*valent 等価値の, 相当の.
è·qui·án·gu·lar [ìːkwiǽŋgjələr] *a.* 等角の.
è·qui·dís·tant [ìːkwədístənt/ìːkwə-] *a.* 等距離の《から *from*》. ◇ ～**·ly** *ad.* **-tance** *n.* 等距離.
è·qui·lát·er·al [-lǽt(ə)rəl] *a.* 等辺の: an ～ triangle 正三角形. —— *n.* 等辺形. [√lat(er)-]
e·quíl·i·brant [iːkwíləbrənt] *n.* 平衡力.
è·qui·lí·brate [ìːkwəláibreit, ikwíləbrèit] *vt., vi.* 平衡させる〔する〕, つりあわす〔あう〕. [√equ-+√libr-]
◇ **-bra·tor** [-ər] *n.* 平衡させるもの;〔空〕安定装置. **è·qui·li·brá·tion** [ìːkwiləbréiʃ(ə)n, ikwìlə-, ìːkwəlaib-] *n.* 平衡, つりあい.
e·quíl·i·brist [ikwíləbrist] *n.*《平衡の曲芸をする》軽わざ師, 綱渡り芸人.
◇ **e·qui·li·brís·tic** [ikwìləbrístik] *a.*
è·qui·líb·ri·um [ìːkwəlíbriəm] *n.* 1 平衡, 均衡, 平均, つりあい. 2《心の》平静. [√equ-+√libr-]
è·qui·múl·ti·ple [ìːkwəmʌ́ltəpl/ìːkwi-] *n.* 等倍数〔量〕.「馬.
é·quine [íːkwain, ék-] *a.* 馬の; 馬に似た. —— *n.*
è·qui·nóc·tial [ìːkwənɑ́kʃ(ə)l/-nɔ́k-] *a.* 1 昼夜平分の; 昼夜平分時の, 彼岸のころの. 2 赤道の; 赤道近くの. ***the vernal*** [***autumnal***] ～ ***point*** 春分〔秋分〕点. —— *n.* 1 (the ～) 昼夜平分線. 2 (通例 *pl.*) 彼岸あらし. [√equ-+√noct-]
～ **gales** 彼岸あらし. ～ **line, the** 昼夜平分線; 赤道. ～ **week, the**《春秋の》彼岸.
é·qui·nox [íːkwənɑ̀ks/-nɔks] *n.* 1 昼夜平分時, 春〔秋〕分. 2〔天〕分点. ***autumnal ～*** 秋分(点), 秋の彼岸の中日. ***vernal*** [***spring***] ～ 春分(点), 春の彼岸の中日. [√equi-+√noct-]
‡e·quíp [ikwíp] *vt.* (**-pp-**) 1 装備する, 準備する, 用意する;〈船を〉艤装(ぎそう)する: ～ a ship *for* a voyage 出航準備をする. 2 に備え付ける《を *with*》: a fishing boat ～*ped with* a radar レーダー装備の漁船. 3 に授ける, に身につけさす《を *with*》: ～ a person *with* learning 人に知識〔学問〕を授ける. 4 身じたくさせる. ～ one***self*** 身じたくする《を着て *in*; のために *for*》, 身につける《を *with*》.
éq·ui·page [ékwəpidʒ] *n.* 1《船・軍隊・探検・旅行などに用いられる》装備, 装具; 用具一式, 装身具(一式). 2《集合的》従者, 随員. 3 馬車; 馬車と供ぞろえ.
‡e·quíp·ment [ikwípmənt] *n.* 1 (しばしば *pl.*)《集合的》装備, 設備, 備品: a factory with modern ～. 2 準備, したく; 旅装. 3《仕事に必要な》能力, 知識, 技術《*for*》. 4〔鉄道〕車両.
éq·ui·poise [ékwəpɔ̀iz, íː-] *n.* 1 重さの均衡; 平衡状態, つりあい. 2 平衡おもり. —— *vt.* とつりあう. [√pend-]

è·qui·pól·lent [ì:kwịpálənt/-pɔ́l-] *a.* 力の同等な, 等価の. —— *n.* 等価物. ◇ **-lence, -len·cy** *n.*
è·qui·pón·der·ant [ì:kwịpánd(ə)rənt / -pɔ́n-, èkwi-] *a.* 重さの等しい, つりあう《と *with*, に *to*》. ◇ **-ance, -an·cy** *n.* **-ate** [-rèit] *vt.* の重さをつりあわせる; つりあわせる.
è·qui·pó·tent [ì:kwịpóut(ə)nt/ikwípət(ə)nt] *a.* 《力・能力・効力が》等しい.
è·qui·po·tén·tial [ikwịpətén∫(ə)l, -pot-] *a.* **1** 等しい力〔潜在力〕をもつ. **2**〖物〗等位の;〖電〗等電位の.
è·qui·prób·a·ble [ì:kwịprábəbl/-prɔ́b-] *a.* 同程度に起こり〔あり〕そうで.
èq·ui·sé·tum [èkwịsí:təm] *n.* (*pl.* **-tums, -ta** [-tə])〖植〗トクサ・スギナの類.
éq·ui·ta·ble [ékwitəbl] *a.* **1** 公平な, 公正な, 正当な. **2**〖法〗衡平法の, 衡平法により有効な. ◇ **～·ness** *n.* **-bly** *ad.*
èq·ui·tá·tion [èkwitéi∫(ə)n] *n.* 乗馬, 馬術.
éq·ui·tes [ékwịti:z] *n. pl.* 《古代ローマの》騎士階級; 特権階級.
éq·ui·ty [ékwịti] *n.* **1** 公平, 公正, 正当. **2**〖法〗衡平法(上の権利); 財産物件の純価《担保・税金などを差し引いた価格》. **3** (E～)〖英〗俳優組合.
equiv. equivalent.
e·quív·a·lence [ikwívələns], **-len·cy** [-i] *n.* **1** 《価値・力・量の》等しいこと, 等価, 同量. **2**〖化〗《原子の》等価, 等量. **3** 《語・表現の》等価性, 同義(性).
***e·quív·a·lent** [ikwívələnt] *a.* **1 同等の, 等しい**; 《価値・力などが》対等の; 《語・表現が》同意義の《と *to*》. **2** 《役割などが》**相当する**《に *to*》. **3**〖化〗等量の, 等価の;〖数〗等積の, 同値の.
—— *n.* **1** 同等物, 等価物, 等量物; 相当するもの《に *of*》: the Japanese ～ of "thank you" "thank you" に相当する日本語. the (yen) ～ of ten dollars 10ドルに相当する(円の)金額. **2**〖文〗相当語句: a noun ～ 名詞相当語句. **3**〖物・化〗等量, 相当量. **4**〖数〗同値. [√val-] ◇ **～·ly** *ad.*
(類) → **same**「おなじ」
e·quív·o·cal [ikwívək(ə)l] *a.* **1** 《語句などが》両様の意味にとれる, 意味のあいまいな, 両義の. **2** 《態度・性質などが》はっきりしない, あいまいな. **3** 疑わしい, まゆつばものの: an ～ conduct いかがわしいふるまい. [√voc-] **～ generation** 《動植物の》偶然発生. ◇ **～·ly** *ad.* **e·quìv·o·cál·i·ty** [ekwìvəkǽlịti] *n.* 両義性; あいまいさ.
e·quív·o·cate [ikwívəkèit] *vi.* あいまいなことばを使う, 言を左右にする. [√voc-] ◇ **-ca·tor** [-kèitər] *n.* **e·quìv·o·cá·tion** [ikwìvəkéi∫(ə)n] *n.*
éq·ui·voque, éq·ui·voke [ékwivòuk] *n.* **1** 両義性, あいまいさ. **2** 両義的表現, あいまいな言いまわし. **3** ごろ合わせ, 地口(じぐち). [√voc-]
er [ə:, ʌ:, ㊍⁺ ə, ʌ, ɑ:] *int.* あの—, えー, あー《ためらいやことばが見つからないときの発声》: It's —*er* —well, murder. それはその — つまり, 殺しだ. 〈注〉書かれた物を音読するばあい, アメリカではしばしば [ə:r, ər] などの音が用いられるが, r を伴うのは実際の発音を正確にあらわしていない. なおアメリカには uh と書く人もある.
-er[1] [-ər] *suf.* **1** 動詞から名詞を派生し, 「…する人〔物〕」の意: play*er*, shutt*er*, tranquiliz*er*. **2** 名詞の語尾について, 「… を専門職業とする人」の意: hatt*er* 帽子屋. geograph*er* 地理学者. **3**「…地方の人」「…居住者」の意: New York*er* ニューヨーク人. villag*er* 村人. Western*er* 西洋人. **4**「…の性質をもつ人〔物〕」の意: six-foot*er* 六尺男. three-mast*er* 3本マスト船. fiv*er* 5ドル〔ポンド〕紙幣. **5** 名詞の簡略形をつくる: rugg*er* <Rugby (football). socc*er* <association (football).
-er[2] [-ər] *suf.*「反復」の意を示す動詞をつくる: flick*er* ちらちら光る〔燃える〕. glitt*er* きらきら輝く.
-er[3] [-ər], **-est** [-ist] *suf.* **1** 単音節の形容詞, -y, -ly, -le, -er, -ow で終わる2音節以上の形容詞について比較級, 最上級をつくる: high*er*, high*est*; lazi*er*, lazi*est*; narrow*er*, narrow*est*; gentlemanli*er*, gentlemanli*est*. **2** 語尾に -ly のつかない副詞《主として形容詞と同形のもの》も, この形をとることが多い: hard*er*, hard*est*; soon*er*, soon*est*.
Er〖化〗erbium. **ER** earned run; *en route*.
ERA Emergency Relief Administration.
‡**é·ra** [í(:)rə, í:rə/íərə] *n.* **1 紀元, 年代**: the Christian ～ 西暦紀元. **2** 〖歴史の新時代の始まりを画する〗(画期的) 事件. **3**〖地〗代, 紀.
(類) → **period**「時代」
e·rá·di·ate [iréidièit] *vt.* 〈光・熱などを〉放射する. [√radi-] ◇ **e·rà·di·á·tion** [irèidiéi∫(ə)n] *n.*
e·rád·i·ca·ble [irǽdikəbl] *a.* 根絶できる, 根こそぎにできうる.
e·rád·i·cant [-kənt] *n.* 《寄生生物の》根絶剤; 殺虫剤.
e·rád·i·cate [irǽdikèit] *vt.* **1** 根こそぎにする, 根絶する. **2** 撲滅する, 除去し尽くす; 〈しみを〉除く《薬品などで》. [√radic-] ◇ **-ca·tive** [-kèitiv/-kə-] *a.* **-ca·tor** [-kèitər] *n.* 除草器; インキ消し. **e·ràd·i·cá·tion** [iræ̀dịkéi∫(ə)n] *n.*
e·ráse [iréis/iréiz] *vt.* **1** 〈文字を〉ぬぐい消す, ふき消す, かき消す. **2** 《比喩的》消す, 抹殺(まっ)する; 《心から》忘れ去る. [√rad-] ◇ **e·rás·a·ble** [-əbl] *a.* 消しうる. **e·rás·er** [iréisər/-zər] *n.* 消しゴム, インキ消し, 黒板ふき; 消す人〔物〕.
E·rás·mus [irǽzməs] *n.* Desiderius [dèzịdíriəs-] ～, 1466–1536, オランダの人文主義者・神学者・作家. ◇ **E·rás·mi·an** [irǽzmiən] *n., a.* エラスムス流(の), エラスムス学徒(の).
E·rás·tian [irǽst∫ən/-tiən] *a.* エラスタス(Erastus)式〔流〕の《国家が教会より高い権威をもつとする》. —— *n.* エラスタス(説)信奉者; 国家万能論者. ◇ **～·ism** [-iz(ə)m] *n.* 国家万能論.
E·rás·tus [irǽstəs] *n.* Thomas ～, 1524–83, ドイツ系スイス人の医者・神学者.
e·rá·sure [iréiʒər] *n.* 削除, 消し跡, 削除語句〔個所〕.
Er·a·to [érətòu] *n.*〖ギ神〗エラトー《the Muses のうちの一神》.〔記号 Er, E〕.
ér·bi·um [ə́:rbiəm] *n.*〖化〗エルビウム《希土類元素.
ere [εər]〖雅・古〗*prep.* =before. **～ *long*** ほどなく, まもなく. —— *conj.* **1** …しないうちに. **2** …よりはむしろ: I would die ～ I would consent. 承知するよりは死んだ方がまし.
Er·e·bus [érịbəs] *n.*〖ギ神〗暗黒界《冥土(Hades)に至る地下の》. ***as black*** [***dark***] ***as*** **～** 真っ暗で.
‡**e·réct** [irékt] *a.* **1 直立した**: stand ～ 直立する. **2** 《毛髪などが》さかだった. **3** 《気が》張り詰めた.
—— *vt.* **1 立てる**, 直立させる. **2 建てる**, 組み立てる: ～ arbitrary social barriers かってな社会的障壁を設ける. **3 設立する**, 創設する: ～ a territory *into* a state 領土を独立国家〔州〕に昇格させる. ～ a college 大学を創設する. **～ one*self*** からだを起こす. [ex-+√reg-]
◇ **～·ly** *ad.* まっすぐに, 直立して, 垂直に. **～·ness** *n.* **e·réc·tive** [-tiv] *a.* 直立性の(ある). **e·réc·tor** *n.* 創設者;〖生理〗勃起(ぼっき)筋.
e·réc·tile [irékt(ị)l/-tàil] *a.* 直立性の;〖生理〗勃起する. ◇ **e·rèc·tíl·i·ty** [irèktílịti, ì:rek-] *n.*
e·réc·tion [irék∫(ə)n] *n.* **1** 直立, 起立. **2** 建設, 組み立て, 設定; 建造物, 建築(物). **3**〖生理〗勃起.
ere·lóng [εərlɔ́:ŋ, -láŋ/-lɔ́ŋ] *ad.*〖古・雅〗やがて, ほどなく.
ér·e·mite [érịmàit] *n.* 《宗教的》隠遁(いんとん)者; 行者, 隠者.
èr·e·mít·ic [èrịmítik], **-i·cal** [-(ə)l] *a.* 隠者的な. ◇ **èr·e·mít·i·cal·ly** *ad.*
ér·e·thism [érịθiz(ə)m] *n.*〖医〗異常興奮性, 過敏症.
ere·while [εər(h)wáil] *ad.*〖古〗少し前に; 以前は.
erg [ə:rg] *n.*〖物〗エルグ《エネルギーの単位》.
ér·gate [ə́:rgeit] *n.*〖動〗ハタラキアリ.

er·go [ə́ːrgou] L. (=therefore) *ad.* (それ) ゆえに.

ér·go·graph [ə́ːrgogræf/-grɑːf] *n.* エルゴグラフ; 作業記録計《仕事量もしくは疲労度を測定する》.

er·gól·at·ry [əːrgálətri/-gɔ́l-] *n.* 労働崇拝.

er·góm·e·ter [əːrgámitər/-gɔ́m-] *n.* エルグ測定器, 働力測定器.

ér·gon [ə́ːrgɑn/-gɔn] *n.* 熱の仕事当量.

ér·got [ə́ːrgət] *n.* 麦角病; 麦角《麦類につく菌で止血剤・子宮収縮剤に用いる》. ◇ **～·ine** [-gətin] *n.* 〘薬〙 エルゴチン, 麦角精. **～·ism** *n.* 〘医〙 麦角中毒(症), エルゴチン中毒. **er·gót·ic** [əːrgátik/-gɔ́t-] *a.*

èr·i·cá·ceous [èrikéiʃəs] *a.* 〘植〙 シャクナゲ科の.

E·rie [í(ː)ri/íəri] *n.* アメリカ Pennsylvania 州の都市. ***Lake* ～** エリー湖《北アメリカ五大湖の一つ》. **～ Canal** エリー運河《エリー湖畔 Buffalo とハドソン川畔 Albany を結ぶもの》.

Er·in [é(ː)rin, í(ː)r-/íər-] *n.* 〘雅〙 アイルランドの別称.

E·rín·ys [irínis, irái-] *n.* (*pl.* **E·rín·y·es** [-niiːz]) 〘ギ神〙 復讐(ふくしゅう)の女神.

E·ris [í(ː)ris, iː-, ér-/íər-] *n.* 〘ギ神〙 不和の女神.

er·ís·tic [erístik] *a.* 論争の, 論争好きの. —— *n.* 論争家; 論争術.

E·ri·tré·a [èritríːə / -tré(i)ə] *n.* エリトリア《アフリカ北東部紅海沿岸の地方. 現在は Ethiopia の一部》.

erk [əːrk] *n.* 〘英: 空軍語〙 新兵, 補充兵.

Er·len·mey·er [ə́ːrlənmàiər, éər-] **～ *flask*** 狭口フラスコ《液体などを手で振りながら加熱するための》.

Erlenmeyer flask

érl·king [ə́ːrlkiŋ] *n.* 〘北欧民話〙 妖精(ようせい)の王《子どもに危害を加える》.

ér·mine [ə́ːrmin] *n.* **1** アーミン《シロテン, エゾイタチ》; その毛皮. **2** 《比喩的》 裁判官の職〔権威〕《アーミンを用いた法服から》. **3** 〘紋〙 白地に黒斑(はん)の毛皮模様. ***wear*** 〔***assume***〕 ***the* ～** 裁判官の職につく. ◇ **～d** [-d] *a.* アーミンの毛皮のついた〔を着用した〕.

-ern [-ərn] *suf.* 「…の方の」の意: north*ern*, west*ern*.

erne, ern [əːrn] *n.* 〘鳥〙 オジロワシ.

e·róde [iróud] *vt.* **1** 〈海水・風などが〉浸食する; 〈酸が〉腐食する. **2** 〈みぞなどを〉浸食でつくる. **3** 〈病気が〉むしばむ; 〈神経・心などを〉すり減らす. [√rod-]

e·ród·ent [iróud(ə)nt] *a.* 浸食性の; 腐食性の. —— *n.* 腐食剤.

e·róg·e·nous [irádʒinəs/irɔ́dʒ-] *a.* 〘医〙 性欲を「起こさせる.

Er·os [í(ː)rɑs, ér-/íərɔs, ér-] *n.* **1** 〘ギ神〙 エロス《愛の神で Aphrodite のむすこ. ローマ神話の Cupid に当たる》. **2** 性愛.

e·róse [iróus] *a.* **1** ぎざぎざの, でこぼこの, くし状の. **2** 〘植〙《葉など》不規則な刻みのある.

e·ró·sion [iróuʒ(ə)n] *n.* **1** 浸食; 腐食; 浸食〔腐食〕状態. **2** 〘医〙 ただれ. → 動詞 erode. ◇ **e·ró·sive** [-siv] *a.* 浸食〔腐食〕の〔による〕; 浸食〔腐食〕性の.

e·rót·ic [irátik/irɔ́t-] *a.* 性愛の, 性欲の; 色情的な, 好色の. —— *n.* **1** 恋愛詩. **2** 好色者.

e·rót·i·cism [-tisiz(ə)m] *n.* エロティシズム, 好色; 〘精神分析〙 性的興奮〔充足〕.

ér·o·tism [érətiz(ə)m] *n.* 〘精神分析〙性的興奮〔充「足〕.

e·rò·to·má·ni·a [iròutəméiniə] *n.* 〘医〙 色情狂; 性欲異常.

ERP, E. R. P. European Recovery Program ヨーロッパ復興計画.

‡err [əːr] *vi.* **1** 正道からはずれる, 踏み迷う《から *from*》: ～ *from* law 法律からはずれたことをする. **2** 誤る, まちがう; 判断〔道〕を誤る《を *in*》: ～ *in* one's judgment. **3** 道徳〔宗教の信条〕にもとる, 罪を犯す. **～ *on the side of lenity*** 〔***severity***〕 寛大〔厳格〕に失する. ***To ～ is human, to forgive divine.*** あやまちは人の常, 許すは神の性《詩人 Pope の句》. [√err-]

ér·ran·cy [éransi] *n.* 誤り; 誤りやすい傾向.

‡ér·rand [érənd] *n.* **1** 使い(走り), 用たし. **2** 《使い・旅の》用向き, 目的; 用事. ***go on a fool's* ～** むだ足をふむ, むだぼねをおる. ***go on an* ～** 使命を帯びて〔用があって〕行く. ***go*** 〔***run***〕 **(*on*) *～s*** 使いに行く. ***send*** a person ***on an* ～** (人を) 使いにやる. **～ boy** 《商店・商社の》走り使い少年.

ér·rant [érənt] *a.* **1** 武者修行の遍歴をする. **2** 迷い誤る; 逸脱する. **3** 方向が定まらない: an ～ breeze. ◇ **～·ry** *n.* 武者修行.

er·rá·ta [iréitə, e-, -rɑ́ːtə] *n. pl.* **1** 誤り, 誤字, 誤記, 誤植《単数形は erratum》. **2** 正誤表.

er·rát·ic [irǽtik] *a.* **1** 風変わりな, とっぴな. **2** 移り気な; 不安定な; 不規則な. **3** 《病気が》不定期な; 〘地〙 漂移性の; 《星が》軌道の定まらない; 《風が》方向が定まらない. —— *n.* **1** 変人, 奇人; 移り気な人. **2** 〘地〙 漂石 (=～ boulder) 《古代の氷河に運ばれた岩石》. [√err-] **～ star** 遊星, 惑星. ◇ **er·rát·i·cal·ly** [-(ə)li] *ad.*

er·rá·tum [iréitəm, e-, -rɑ́ː-] *n.* (*pl.* **-ta** [-tə]) 誤字, 誤記, 誤植.

érr·ing [ə́ːriŋ] *a.* **1** 正道を踏みはずした, 迷っている. **2** 誤りに陥った. **3** 罪を犯した. ◇ **～·ly** *ad.* 誤って.

er·ró·ne·ous [iróuniəs] *a.* 誤った, まちがった. [√err-] ◇ **～·ly** [-li] *ad.*

‡ér·ror [érər] *n.* **1** 誤り, まちがい: make an ～ 誤りを犯す. correct ～*s* 誤りを正す. **2** 考え〔思い〕違い; 素行の誤り: ～*s* of youth 若げのあやまち. **3** 過失, 失策, 罪: an ～ of omission 怠慢の罪. **4** 〘数・物〙 誤差; 〘法〙 誤審, 違法: a writ of ～ 〘法〙 再審命令. **5** 〘野球〙 エラー, 失策. → 動詞 err. He's a fool ***and no* ～** (あの人は) まちがいなく (ばかだ). ***be in* ～** =***stand in* ～** 誤信している. ***catch*** a person ***in* ～** (人の) 誤りを見つける. ***clerical* ～** 書きそこない. ***commit an* ～** 誤りを犯す. ***～s of commission and omission*** 過失と怠慢の罪. ***fall into* (*an*) ～** 考え違いをする. ***make an ～ in*** をまちがう. ***printer's* ～** 誤植. ◇ **～·less** *a.*

(類義語) 誤り: **error** 気づかぬうちに犯すあやまち: *errors* in [of] spelling つづり違い. **mistake** 原則・規則などへの無知, 判断の誤り, 誤解などから生じる誤り: take a wrong train by *mistake* 《時間表・行き先表示を見なかったために》まちがった列車に乗る. **blunder** 大しくじり, へま. **slip** (ちょっとした)あやまち, 過失: a *slip* of the tongue 言いそこない.

er·satz [eərzɑ́ːts/éəzæts] G. *n.* 代用品. —— *a.* 「代用の

Erse [əːrs] *n.* ゲール語 (Gaelic); 《特に》 スコットランド ゲール語. —— *a.* ゲール語の; (スコットランド高「地の) ケルト族の.

erst [əːrst] *ad.* 〘古〙 以前, 昔.

érst·while [ə́ːrst(h)wàil] *ad.* 以前, 昔. —— *a.* 昔の, かつての.

èr·u·bés·cent [èrubésnt] *a.* 赤らんだ, 紅潮した; 赤面した. ◇ **-cence** [-sns] *n.* 赤み; 〘医〙 紅潮.

e·rúct [irʌ́kt], **e·rúc·tate** [-teit] *vi.* おくびを出す. —— *vt.* 〈煙・火を〉噴出する. ◇ **e·rùc·tá·tion** [irʌktéiʃ(ə)n, iːrʌk-/iːrʌk-] *n.* おくび; 噴出 (物).

ér·u·dite [érudàit] *a.* 博学な, 学識豊かな. [√rudi-] ◇ **～·ly** [-li] *ad.* **èr·u·dí·tion** [èrudíʃ(ə)n] *n.* 博学, 学識. (類) → **learning** 「学識」

e·rúpt [irʌ́pt] *vi.* **1** 爆発する, 〈火山が〉噴火する; 〈間欠泉などが〉ほとばしり出る. **2** 〈歯が〉はえる. **3** 発疹(はっしん)する. —— *vt.* 噴出させる; 〈溶岩などを〉噴出する. [√ru(m)p-] ◇ **e·rúp·tive** *a.* **1** 爆発性の; (火山) 爆発の〔による〕: *eruptive* rocks 火成岩. **2** 発疹の: *eruptive* fever 発疹チフス.

***e·rúp·tion** [irʌ́pʃ(ə)n] *n.* **1** 爆発, 噴火; 《火山・間欠泉の》噴出. **2** 《火山の》噴出物. **3** 《感情の》爆発; 《事件の》突発. **4** 《歯の》発生; 《皮膚の》吹き出物, 発疹. [ex-+√ru(m)p-] ◇ **～·al** *a.*

-er·y [-əri] *suf.* 名詞をつくる (-ry). **1** 「職業・技

術」, 集合的に「製品」, さらに「製作の場所」を示す: pottery 陶器製造(術); 陶器(類); 製陶所. **2**「性質・習慣・行為」を示す: foolery 愚かさ; ばかげた行為.　「毒.

èr·y·síp·e·las [èrisíp(i)lis, (米)+ i(:)r-] *n.* 〖医〗丹

èr·y·thé·ma [èriθí:mə] *n.* (*pl.* **~·ta** [-mətə]) 〖医〗

Es 〖化〗 einsteinium.　└紅斑(こうはん), 紅疹(こうしん).

E·sau [í:sɔ:] *n.* 〖聖〗エサウ《Isaac のむすこ. 相続権を弟 Jacob に売った. 創世記 25: 21–25》.

ESC Economic and Social Council (of the United Nations).　「艦隊.

ès·ca·dríllle [èskədríl] *n.* **1** 飛行部隊. **2** (小)

ès·ca·láde [èskəléid] *vt.* (はしごで)よじ登る《城塞の攻撃などで》. —— *n.* (はしごによる)よじ登り攻撃. [√scal-]

és·ca·late [éskəlèit] *vt., vi.* (軍事行動などを)段階的に強化する, 漸増する: ~ a war 戦争をエスカレート[拡大]する. Prices ~. 物価が上昇する. [√scal-] ◇ **ès·ca·lá·tion** [èskəléiʃ(ə)n] *n.*

***és·ca·la·tor** [éskəlèitər] *n.* **エスカレーター.**
~ clause エスカレーター条項, スライド条項《労働協約で物価指数に即して賃銀の増減を認める項》. **~ scale** エスカレーター条項による賃銀体系.

es·cál·lop [eskáləp, eskǽləp/iskɔ́ləp, es-] *n., vt.* =scallop.

és·ca·pàde [éskəpèid, ＿＿´/＿＿´] *n.* **1** とっぴな行為; とてつもないいたずら. **2** 脱出; 脱線的行ない; はめをはずすこと.

‡es·cápe [iskéip, es-] *vi.* **1 逃げる,** 脱出する《から *from, out of*》. **2** <液体などが> 漏れる; <ため息が> 思わず出る: Is the gas *~ping* somewhere? どこかガスが漏れていますか. **3** <栽培植物が> 野生にかえる. —— *vt.* **1 免れる,** に捕われずに[会わずに]すむ: ~ death 死を免れる. ~ prison 捕縛を免れる. ~ being killed 死なずにすむ, 危うく死ぬところである. **2** <注意・記憶などを> **それる,** にもれる; の注意にはいらない, の心に浮かばない: ~ notice 気づかれない, 見落とされる. The fact *~d* me. その事実を失念していた. **3** <叫びなどが> …**からもれる;** のくちびるをもれる: An oath *~d* his lips. 彼は思わず「畜生!」と言ってしまった. A cry *~d* him. 彼は思わず叫んだ. 〈注〉「学校をサボる」は escape でなく, play hookey [truant] などという.
—— *n.* **1 脱出, 逃亡;** のがれること. **2** のがれる手段; 逃げ道, 避難装置; 排気[排水]管: a fire ~ 火災非常口. **3**《ガスなどの》漏れ, あふれ. **4** 現実逃避: literature of ~ 逃避文学. **5** 〖植〗栽培状態から野生にもどったもの. **6** 〖経〗負債条項. ***narrow* [*hairbreadth*] ~** 九死に一生. ***There is no ~.*** のがれる道がない.
~ artist かご抜け曲芸師; 脱獄の名人. **~ clause**《協定・契約・規定の》免責[除外]条項. **~ mechanism** 〖心〗逃避機制. **~ valve** 逃がし弁《一種の安全弁》.
[類義語] 逃げる: **escape** なんらかの意味で束縛するものからのがれる: *escape* (from) one's grief 悲しみ(の束縛)をのがれる. **flee** 急いで逃げる. **abscond** 姿をくらます: *abscond* with the office money 事務所の金を持ち逃げする.

ès·ca·pée [èskəpí:, éskèipí:/èskei-] *n.* **1** 脱出者, 逃亡者. **2** 存命遭難者.

es·cápe·ment [iskéipmənt, es-] *n.* **1** 逃げ口;《ガス・水などの》漏れ口, はけ口. **2**《とけいの》逃がし止め;《タイプライターの》文字送り装置.

es·cáp·ism [iskéipiz(ə)m, es-] *n.* 現実逃避主義[行為]. ◇ **es·cáp·ist** *n., a.*

es·car·got [F. ɛskargo] F. *n.* (食用)カタツムリ.

és·ca·role [éskəròul] *n.* 〖植〗キクヂシャの一種《葉をサラダに用いる》.

es·cárp [eská:rp/is-, es-] *n.* 急斜面, がけ; 〖築城〗外堀(そとぼり)の内岸. —— *vt.* 急斜面にする; に内岸を築く. ◇ **~·ment** *n.* =escarp.

-ésce [-és] *suf.* 「…し始める」「…の状態になる」の意の動詞をつくる: convalesce 回復する. <con-+√val-+-esce 健康であり+始める.

-és·cence [-ésns] *suf.* 主として-escent に終わる形容詞から, 「変化」「状態」などの意の名詞をつくる: convales*cence* 回復状態[期]. obsoles*cence* 廃用(状態).

-és·cent [-ésnt] *suf.* 「…し始める」「…の状態になる」「…の状態である」の意の形容詞をつくる: convales*cent* <convalesce. obsoles*cent* すたりかけた<obs-+√al-+-escent 老い+こむ+状態の.

ésch·a·lot [éʃəlɑ̀t, ＿＿´/éʃəlɔt] =shallot.

és·char [éskɑ:r, (米)+ -kər] *n.* かさぶた《火傷のあとなどの》. ◇ **ès·cha·rót·ic** [èskərɑ́tik/-rɔ́t-] *a.* かさぶたを形成する.

ès·cha·tól·o·gy [èskətɑ́lədʒi/-tɔ́l-] *n.* 〖宗〗終末論《死・最後の審判・天国および地獄を述べる》.

es·chéat [estʃí:t/is-, es-] *n.* 〖法〗**1** 土地の復帰《正当の所有者のないとき, 土地が王・君主に「復帰する」こと》. **2**《私権喪失による》土地の没収. **3** 復帰[没収]される土地. —— *vt., vi.* **1** 復帰させる[する]. **2** 没収する.　「らない.

es·chéw [estʃú:/is-, es-] *vt.* 避ける, よける, に近寄

Es·có·ri·al [eskɔ́:riəl/-kɔ́:r-] *n.* マドリード近郊の巨大な城郭《内部に教会・王の墳墓などがある》.

és·cort** [éskɔ:rt] *n.* **1 護衛者**(たち): an ~ of servants. **2** 護衛部隊; 護衛艦[船]. **3** (旅路の)護衛, 護送. **4**《宴会での》婦人の相伴(しょうばん)役, パートナー. ***under ~ 護衛されて.
—— [iskɔ́:rt] *vt.* **1 護衛する,** 護送する. **2** <婦人の> お相手[パートナー]をつとめる.
[類] → **accompany**「伴う」

es·cri·toire [èskritwɑ́:r] F. *n.*《書類入れと引き出し付きの》書き物机.

és·crow [éskrou, ー´/´ー] *n.* 〖英: 法〗条件付き押印証書《ある条件が満たされるに及んで初めて効力を生じる. 第三者に寄託され, 条件成立とともに相手当事者に引き渡される》.

es·cú·do [eskú:dou] *n.* (*pl.* **~s**) **1** エスクード《ポルトガルの貨幣単位》; その貨幣. **2** スペイン・チリその他で使われる金[銀]貨.

és·cu·lent [éskjulənt] =edible.

es·cútch·eon [iskʌ́tʃ(ə)n] *n.* **1** 紋章のついたたて[たて形のもの]. **2** たて形金具《ドアのかぎ穴を隠す. またはこれに取っ手を付ける》. **3**《船尾の》船名板. ***a blot on one's ~*** 汚名, 不名誉.

Es·dras [ézdrəs] *n.* **1** 新教経外典の Ezra に関する二書の一つ. **2** Ezra と Nehemiah に関する旧約二書.

escutcheon ②

ESE east-southeast.

-ése [-í:z] *suf.* 形容詞・名詞をつくる. **1** 地名からその住民名を派生する: Japan*ese*<Japan. London*ese* <London. **2** 国名・地名から言語名を派生する: Japan*ese* 日本語. Canton*ese* カントン(広東)方言 <Canton. **3** 特有の文体・言語用法を示す: Johnson*ese* ジョンソン式文体. journal*ese* 新聞語.

‡Es·ki·mo [éskimòu] *n.* (*pl.* **~s, ~**) **エスキモー人,** エスキモー犬; エスキモー語. —— *a.* エスキモーの: an ~ dog エスキモー犬.

e·sóph·a·gus [i:sɑ́fəgəs/-sɔ́f-] *n.* (*pl.* **-gi** [-dʒài/-gai, -dʒai]) 〖医〗食道. ◇ **e·sòph·a·gé·al** [isɑ̀fədʒí:əl, i:səfǽdʒiəl/isɔ̀fədʒí:əl] *a.*

ès·o·tér·ic [èsətérik], **-i·cal** [-(ə)l] *a.* **1** 秘教の, 秘義の, 秘伝の. **2** 秘密の, 内密の. **3** (常人には)理解できない; 難解な.　「い」難解事, 秘密.

ès·o·tér·i·ca [-ə] *n.* (ごく一部の人にしか理解できな

ESP, E.S.P. extrasensory perception. **esp.** especially.

es·pál·ier [espǽljər/is-, es-] *n.* 〘園芸〙 **1** かきね仕立て, 果樹だな《果樹や低木をからませるためのこうし》. **2** かきね仕立ての果実. — *vt.* **1** 〈果実を〉〜①でつくる. **2** に〜①をつくる.

es·pár·to [espɑ́ːrtou] *n.* 〘植〙 アフリカハネガヤ（＝〜 grass）《綱・かご・布・紙などをつくるスペイン・北アフリカ産の植物》.

‡**es·pé·cial** [ispéʃ(ə)l] *a.* **1** 特別な, (他より) きわだった, いちだんとすぐれた, 例外的な: no 〜 friend 特別に親しい友というほどでもない人. of 〜 importance 特に重要な. **2** 特別な種類の, 固有の: your 〜 case このあなたのばあい. ***in*** 〜 とりわけ, なかんずく.

‡**es·pé·cial·ly** [-i] *ad.* 特に, 格別に, とりわけ.

〔類義語〕 特に: **especially, particularly**「とりわけ」. この2語は交換可能だが, 前者には「特によく, 激しく（など）」, 後者には「いろいろあるなかで特に指摘すれば」という語感がある: Corn grows well in the Middle West, *particularly* in Iowa. トウモロコシは中西部, とりわけアイオワ州でよく育つ. **specially** special の派生語として「特別に, わざわざ, もっぱら」という意が強い: a subject *specially* studied 専攻された科目.

Es·pe·rán·to [èspərɑ́ːntou, -rǽn-] *n.* エスペラント語《ポーランド人 Zamenhof によって創始された人造世界語》. ◇ **-tism** [-tiz(ə)m] *n.* エスペラント語使用〔採用〕. **-tist** *n.* エスペラント語使用者〔学者〕.

es·pí·al [ispáiəl] *n.* 探偵(ﾀﾝﾃｲ), 偵察. [spy と同語源]

es·piè·gle [espjégl/-piéigl(ə)] F. *a.* いたずら好きな, ちゃめな.

es·piè·gle·rie [espjeglərí:/-pjéigləri] F. *n.* いたずらを好む性質; いたずら, ちゃめ.

és·pi·o·nage [éspiənidʒ, ispáiə-, èspiənɑ́ːʒ] *n.* スパイ行為; スパイ網, 情報組織. [spy と同語源]

ès·pla·náde [èsplənéid] *n.* **1**《平らな, 広い》遊歩場, 散歩場; ドライブウエー. **2**〘軍〙 要塞(ﾖｳｻｲ)と都市を隔てる空地.

es·póuse [ispáuz] *vt.* **1** 嫁にとる, 妻にする. **2** 嫁にやる, 縁づける. **3**〈主義・主張など〉支持する, 信奉する. ◇ **es·póus·al** [-z(ə)l] *n.* 〜すること; (通例 *pl.*) 婚約（式）, 婚礼.

es·pres·so [esprésou] It. *n.* エスプレッソーコーヒー《粉末コーヒーに蒸気を通してつくる》; エスプレッソーコーヒー店《社交の場》.

es·prit [esprí:/ ⌐ ́] F. *n.* **1** 精神. **2** 機知, 才気, 才知. 〜 ***de corps*** [-də-kɔ́ːr/-kɔ́ː] 団体精神, 団結心《愛校心・軍隊精神など》. 〜 ***fort*** [espriː-fɔ́ːr/ ⌐ ⌐ ́] (1) 自由思想家 (freethinker). (2) 意志の強い人.

es·pý [ispái] *vt.* 見つける; 探知する.

Esq. Esquire《John W. Smith, Esq. のごとく用いる》.

-ésque [-ésk] *suf.* 「…風, …様式」を意味する形容詞をつくる: Dant*esque* ダンテ風の <Dante. stat*uesque* 彫像風の, 彫像のような <statue.

Es·qui·mau [éskimòu] *n.* (*pl.* **-maux** [-mou(z)/-mouz]) ＝Eskimo.

es·quíre [iskwáiər, es-] *n.* **1** (E〜)〘英〙 …殿, …様《紳士あての手紙, 公式の書類で名前のあとに Esq. と省略してつける: Henry A. Kennedy, *Esq.*》. 〈注〉アメリカでも知識人（特に弁護士）に対して気どって使うことがある. **2**〘英〙 郷士(ｺﾞｳｼ)《紳士階級に属し, 騎士 (knight) に次ぐ階級》. **3**《中世の》騎士の従者 (squire). **4**〘古〙 地主 (squire).

ess [es] *n.* (*pl.* **∼·es** [ésiz]) S, s の字; S字形のもの.

-ess[1] [-is] *suf.* 女性名詞をつくる: host*ess* <host. lion*ess* <lion. actr*ess* <actor.

-ess[2] *suf.* 形容詞から抽象名詞をつくる: larg*ess* 寛大さ, 気前のよさ <large.

‡**és·say** [ési, ései] *n.* **1** 随筆, 小論; エッセー, 試論, 論評. **2** [㊟⁺ eséi] 試み, ためし; 試みの努力《…をしようとの *to* (do), *at*》: an 〜 *to* be friendly [*at* friendliness] 親しみを示そうとの努力. — [eséi] *vt., vi.* 試みる, やってみる. ◇ **ès·say·ís·tic** [èseiístik] *a.* 〜的な. 〔類〕 → **try**「試みる」

‡**és·say·ist** [éseiist] *n.* 随筆家.

es·se [ési] L. *n.* 存在, 実在. ***in*** 〜 実在して. → *in posse.*

Es·sen [ésn] *n.* エッセン《西ドイツの都市》.

‡**és·sence** [ésns] *n.* **1** 本質, 精髄, 根本的性質;《本質構成の》要素: the 〜 of democracy. **2** エッセンス, エキス, 精; 精油; 香水. **3** 実在, 存在. **4**〘哲〙 実在, 実体. ***in*** 〜 本質的に, 根っから;《表面と違って》本来は, 根は. ***of the*** 〜 絶対に欠かせない: In chess, cool nerves are *of the* 〜. チェスでは冷静さが不可欠だ.

Es·sene [ési:n, ⌐ ́] *n.* エッセネ派の人《古代ユダヤ神秘主義の一派》.

‡**es·sén·tial** [isénʃ(ə)l, es-] *a.* **1** 必須(ﾋｯｽ)の, 不可欠の, 重要な: This is 〜 *to* life. これは人生に必要欠くべからざるものだ. **2** 本質的な, 本質の: There is 〜 difference between fascism and communism. ファシズムと共産主義とは本質的に違う. **3** 精粋の, 粋を集めた. — *n.* (通例 *pl.*) (本質的) 要素, 要点, 骨子. 〜 **happiness** 理想的幸福. 〜 **harmony**〘楽〙 基本和音. 〜 **oils** 揮発性植物油. 〜 **proposition**〘論〙 本質的命題. 〜 **qualities** 本質. ◇ *〜**ly** *ad.* **es·sèn·ti·ál·i·ty** [isènʃiǽliti] *n.* 本性, 本質; (*pl.*) 要点.

〔類〕 → **necessary**「必要な」

Es·sex [ésiks] *n.* イングランド南東部の州.

-est → -er[3].

est. established; estimated. **EST, e. s. t.** Eastern Standard Time 東部標準時.

‡**es·táb·lish** [istǽbliʃ, es-] *vt.* **1** 設立する, 創立する, 設置する: 〜 a university. **2**〈治安・学説などを〉確立する;〈制度・先例などを〉制定する, 設ける. **3** 確証する, 立証する: The plaintiff 〜*ed* his case. 起訴人は言い分を立証した. **4** に身を固めさせる, の身のふり方を定める, 落ち着かせる: I 〜*ed* my son in business. 私はむすこを業務につかせた. **5**〈教会を〉国教にする. 〜 **one*self*** (1) 落ち着く: 〜 one*self in* a new house. (2)《…として》身を立てる, 開業する: 〜 one*self as* a physician. [√sta-]

es·táb·lished [istǽbliʃt, es-] *a.* **1** 確かな, 確立した, 確認〔確証〕された: an 〜 fact 既定の事実. a person of 〜 reputation 定評ある人物. an old 〜 shop しにせ. **2** 制定された, 認定された. **3**《教会が》国教の. **4** 慢性の: an 〜 invalid 不治の病人. **E〜 Church, the** イギリス国教（会）(the Church of England).

*__es·táb·lish·ment__ [istǽbliʃmənt, es-] *n.* **1** 設立, 創立; 設置. **2** (社会) 施設《学校・病院・商店・会社・旅館など》. **3**《官庁などの》編成,《陸海軍の》編制, 組織, 定職員: war 〜 戦時編制. **4**《秩序などの》確立, 確定;《法令などの》制定;《事実などの》認定, 確認. **5**《政治的》体制（側）. **6** 身を固めること; 暮らし（ぶり); 世帯, 家庭. **7** 定収入. **8**〘宗〙 国教承認; 国教: Church *E*〜 ＝the *E*〜 国教. ***keep a large*** 〜 大世帯を張っている. ***keep a second*** [***separate***] 〜〘婉〙 妾宅(ｼｮｳﾀｸ)を構える.

es·ta·mi·net [estæmi:né(i)/-tǽminei] F. *n.* 居酒屋, バー.

‡**es·táte** [istéit, es-] *n.* **1** 地所, 不動産; (地所つきの) 大邸宅: have an 〜 in the country いなかに地所がある. **2** 財産, 遺産; 財産権. **3**《貴族・僧侶(ｿｳﾘｮ)など社会的, 政治的に力のある》階級. **4**《社会的》高位, 高い身分. **5**《人生の》時期, 時代: He came to man's 〜 at the age of 21. 彼は21歳でおとなになった. **6**〘古〙 華麗, 豪華. **7**〘英〙 公営住宅（計画地). ***personal*** 〜 動産. ***reach*** [***attain to***] ***man's*** [***woman's***] 〜 成年に達する. ***real*** 〜 不動産. ***suffer in*** one***'s*** 〜 暮らし向きが苦しい. ***the fourth*** 〜〘笑〙 第四階級, 新聞（記者連). ***the third*** 〜 第三階級, 平民. ***the three*** 〜***s*** (***of the realm***)《大革命前のフランスなどの》貴族・僧侶・

平民の3階級;〘英〙僧侶上院議員と貴族上院議員と下院議員. ***wind up an ～*** 死者〔破産者〕の財産を整理する. **——** *vt.* に ～ を与える. [√sta-]
～ agent 不動産管理人; 不動産仲介業. **E～s General**〘史〙三部会 (States-General)《革命前のフランスの国会》. ◇ **es·tát·ed** [-id] *a.* 資産のある.

‡**es·téem** [istí:m, es-] *vt.* **1** 尊ぶ, 尊重する, 尊敬する: ～ a person (*for* his honesty) 人(の潔白さ)に敬服する. **2** とみなす, と思う: ～ a person *to* be happy 人が幸福であると思う. I should ～ it (*as*) a favor if you could do so. そうしていただけるならばありがたいです. **3** 評価する: ～ lightly 軽視する. **——** *n.* **1** 尊重, 尊敬: have a great ～ *for* a person 人を大いに尊敬〔珍重〕する. **2**〘古〙評価. ***hold*** a person ***in ～*** (人を) 尊敬〔尊重〕する. ***in my ～*** 私の考えでは. 〔類〕 → **respect**「尊敬する」

és·ter [éstər] *n.*〘化〙エステル.

Esth. Esther; Estonia.

Es·ther [éstər] *n.* 〘聖〙 **1** ペルシア王アハシュエロス (Ahasuerus) の王妃《ハマン (Haman) の殺戮(さつりく)から同族ユダヤ人を救った》. **2**《旧約の》エステル記.

és·thete, es·thét·ic, etc. = aesthete, aesthetic, etc.

Es·thó·ni·a [estóuniə, -θóu-] = Estonia.

és·ti·ma·ble [éstiməbl] *a.* **1** 評価できる, 見積もられる. **2** 尊敬の価値ある. ◇ **～-ness** *n.* **-bly** *ad.*

‡**és·ti·mate** [éstimèit] *vt.* **1** 評価する, 見積もる, 算定する: ～ the cost *at* 10,000 dollars 費用を1万ドルと見積もる. We ～ that it would take three months to finish the work. 完成まで3か月とふんでいる. **2**〈人物などを〉判断する. **——** *vi.* 見積もりをする: ～ *for* the repair 修理費を見積もる.
—— [éstimit, ㊊⁺ -mèit] *n.* **1** 評価, 見積もり, 概算: exceed ～ 予算を超過する. **2** 判断, 意見. **3** 尊重, 好評. ***at a moderate ～*** 内輪に見積もって. ***make*** [***form***] ***an ～ of*** の見積もりをつくる, を評価する. ***the E～s***〘英〙歳出歳入予算.
◇ **-mat·ed** [-mèitid] *a.* **1** 評価上の, 見積もりの, 概算の. **2** 尊重される, 好評の. **-ma·tive** [-mèitiv, -mət-] *a.* **-ma·tor** [-mèitər] *n.*

ès·ti·má·tion [èstiméiʃ(ə)n] *n.* **1** 評価, 見積もり, 概算. **2** 判断, 意見. **3** 尊重, 尊敬, 好評. ***be*** (***held***) ***in*** (***high***) ***～*** 尊重されている. ***fall*** [***rise***] ***in the ～ of*** に低く〔高く〕評価されるに至る. ***in my ～*** 私の考えでは. ***in the ～ of*** most people (ほとんどの人)の考えでは.

és·ti·val =aestival.

és·ti·vate [éstivèit] =aestivate.

Es·tó·ni·a [estóuniə] *n.* エストニア《ヨーロッパ北東部, バルト海に臨む国. 1940年 8月エストニア ソビエト社会主義共和国としてソ連に併合された》.
◇ **-an** [-n] *a.,n.* エストニア(人)の; エストニア人〔語〕.

es·tóp [estáp/istóp, es-] *vt.* (**-pp-**) **1** 妨げる; 禁ずる. **2**〘法・古〙禁反言 (estoppel) で禁ずる.
◇ **～·page** [-idʒ] *n.*

es·tóp·pel [estáp(ə)l/istóp(ə)l, es-] *n.*〘法〙禁反言《前言に反する証言や拒否をさせない》; 禁止, 防止.

es·tó·vers [estóuvərz] *n. pl.*〘法〙必要物《借地人が燃料・修理用として切り取る木材; 離婚した妻の生活費など》.

es·trade [estrá:d] F. *n.* 台, 壇, 演台.

es·tránge [istréindʒ] *vt.* **1** の感情を冷たくする〔害する〕; 疎遠にする, 仲たがいさせる《と *from*》: foolish behavior that ～*d* all his friends すべての友だちを遠ざける原因になった愚行. **2** 引き離す, 近寄らせない. **3**《本来の目的などから》そらす;《所有者から》奪う《から *from*》. ***become ～d from*** と縁が遠くなる, と仲が冷たくなる.
◇ **～·ment** *n.* 疎遠; 仲たがい, 離間; 疎外.

es·tráy [istréi] *n.* **1** あるべき場所からさまよい離れた物〔人〕. **2**〘法〙所有者不明の家畜. **——** *vi.* 迷う, 迷い出る.

es·tréat [istrí:t] *n.*《罰金刑などの記録の》謄本, 副本. **——** *vt.* **1** の謄本〔副本〕をとる. **2**〈罰金などを〉徴収する.

és·tri·ol [éstraiòul, ㊊⁺ -ɔ:l] *n.*〘生化〙エストリオル《女性ホルモンの一種》.

és·tro·gen [éstrədʒ(ə)n] *n.* 〘生化〙エストロジェン《未発育のほ乳動物の性欲を刺激する一種の女性ホルモン》. ◇ **ès·tro·gén·ic** [èstrədʒénik] *a.* エストロジェンの; 発情の.

Es·tron [éstran/-trɔn] *n.* エストロン《acetate 合成繊維の一種. 商標名》.

és·trone [éstroun] *n.* 〘生化〙エストロン《女性ホルモンの一種》.

és·trous [éstrəs/í:s-] *a.*《動物の》発情の.
～ cycle 発情周期.

és·trum [éstrəm, í:s-], **és·trus** [éstrəs, í:s-] *n.*〘動〙発情 (周期)《特に雌の》.

és·tu·ar·y [éstʃuèri/-tjuəri] *n.*《潮の干満のある大河の》河口; 入り江.

e·sú·ri·ent [isú(:)riənt/isjúər-] *a.* 空腹の; 貪欲(どんよく)な. ◇ **-ence, -en·cy** *n.*

ET Eastern Time; Easter term. **Et** ethyl.

-et [-it] *suf.* 名詞に加えて「小さい」の意をあらわす縮小辞: isl*et* 小島 ＜isle. 〈注〉ときには「小さい」の原意が失われてしまっている: pock*et*.

é·ta [éitə, í:tə/í:tə] *n.* ギリシア語アルファベットの第7字《H, η》. 〈注〉英語に転写する際は e 字を用いる.

et al. [et-ǽl, -á:l, -ɔ:l] L. *et alibi* (= and elsewhere); *et alii* (=and others).

é·tape [eitǽp] F. *n.*〘軍〙1 日の行軍; 宿営地.

é·tat-ma·jor [eitá:ma:ʒɔ́:r] F. *n.* 〘軍〙司令部, 参謀部.

‡**etc.** *et cetera*. 〈注〉ふつうこの略号で用い, 直前に comma を置く. ふつう and so forth もしくは and so on と読む.

et cet·er·a [et-sét(ə)rə, it-] L. その他; …など《略 etc., &c.》.

et·cét·er·as [etsét(ə)rəz, it-] *n. pl.* その他のもの, その他大ぜい; 残り物, 寄せ集め.

etch [etʃ] *vt.* **1** にエッチングする. **2**〈絵模様を〉食刻する. **3**〈人の姿・性格などを〉くっきりと描き出す. **4**《比喩的》刻み込む: Our last conversation is ～*ed* in my memory. **5**〈土地を〉浸食する; 変形する《に, を *into*》. ◇ **～·er** *n.* エッチング作者.

étch·ing [étʃiŋ] *n.* **1** エッチング, 食刻法, (腐食)銅版術. **2** 腐食銅版刷り, 食刻版画〔図〕. **～ needle** エッチング用彫刻針. **～ printing** 銅版刷り.

ETD, E.T.D. estimated time of departure.

‡**e·tér·nal** [itə́:rn(ə)l] *a.* **1** 永久〔永遠〕の, 永遠に変わらない, 不滅の. **2**〘話〙果てしのない; 絶え間のない; 相変わらずの: ～ quarreling 果てしのない口論. ***the E～*** 神 (God).
E～ City, the 永遠の都《ローマの別称》. **～ feminine, the** 永遠の女性, 女性の本質. **～ life** 永遠の生命. **～ triangle, the** 三角関係《いつの世にも変わらない恋愛の》. ◇ ***～·ly** [-n(ə)li] *ad.*

e·tér·nal·ize [itə́:rn(ə)làiz] *vt.* **1** 永久化する, 永遠に伝える. **2**〈名声などを〉不朽〔不滅〕にする.

e·tér·ni·ty [itə́:rniti] *n.* **1** 永遠, 無窮: through all ～ 未来永劫(えいごう)に. **2** 不滅, 不朽, 不死. **3** 来世. **4** 限りないほどの長時間, 果てしない継続: an ～ of regret 果てしのない後悔. ***the ～ies*** 永遠の真理〔事実〕. **～ ring** 一面に宝石をちりばめた指輪.

e·tér·nize [itə́:rnaiz] =eternalize.

e·té·sian [ití:ʒən/-ʒ(j)ən] *a.* 《毎年定期的に吹く地中海の》季節風の.

-eth [-iθ] → -th².

Eth. Ethiopia. **eth.** ethical; ethics.

éth·ane [éθein] *n.*〘化〙エタン.

éth·ene [éθi:n] =ethylene.

é·ther [í:θər] *n.* **1**〘化・物〙エーテル. **2**《古人が想像した》大気外の霊気〔空間〕. **3**〘雅〙天空, 青空.
◇ **e·thér·i·fy** [iθérifài, ㊊⁺ í:θəri-] *vt.* エーテル化する.

e·thé·re·al, e·thé·ri·al [iθí(:)riəl/iθíər-] *a.* **1**

空気〔大気〕のような, かろやかな. **2** 微妙な, 霊妙な: ～ beauty 言いようもない美しさ. **3**〘雅〙天(上)の (heavenly). **4**〘化・物〙エーテル性の: ～ oil 精油, 芳香油. ◇ **e·thè·re·ál·i·ty** [iθi(:)riǽləti/iθiər-] *n.*

e·thé·re·al·ize [iθi(:)riəlàiz/iθiər-] *vt.* **1** 霊妙にする, 霊気化する. **2** エーテル化する. ◇ **e·thè·re·al·i·zá·tion** [iθi(:)riələzéiʃ(ə)n, -laiz-/iθiəriəlaiz-] *n.*

é·ther·ize [í:θəràiz] *vt.* **1** にエーテル麻酔をかける. **2**〈アルコールを〉エーテルに変える.
◇ **-iz·er** [-àizər] *n.* **è·ther·i·zá·tion** [ì:θərəzéiʃ(ə)n, -raiz-/ì:θəraiz-] *n.*

éth·ic [éθik] *a.* 道徳上の, 倫理(学)の. —— *n.* 「=ethics.

éth·i·cal [éθik(ə)l] *a.* **1** 倫理の, 道徳の; 倫理学(上)の. **2** (倫理的に) 正しい. **3**《薬が》認定基準に従った. ～ **dative**〘文〙心性与格《事実に関係する人を間接的にあらわす与格. Come knock *me* at the door.「さあこの戸をたたけ(わたしのために)」の me など. 感情的に語勢を強めるもので, 論理的には省略してさしつかえない》. ◇ **～·ly** [-i] *ad.*

***éth·ics** [éθiks] *n. pl.* **1**《単数扱い》倫理学, 道徳論. **2** 倫理, 道徳; 行為規範.

E·thi·op [í:θiàp/-ɔp], **E·thi·ope** [í:θiòup] *n., a.* =Ethiopian.
◇ **E·thi·óp·ic** [ì:θiápik/-ɔ́p-] *a.* =Ethiopian.

E·thi·ó·pi·a [ì:θióupiə] *n.* エチオピア《アフリカ北東部の王国. 旧称 Abyssinia. 首都 Addis Ababa》.
◇ **E·thi·ó·pi·an** [-n] *a., n.* エチオピア(人)の; エチオピア人; エチオピア語《セム語族言語》.

éth·moid [éθmɔid]〘医〙*a.* 篩骨(しこつ)の. —— *n.* 篩骨.

ethn. ethnology.

éth·narch [éθnɑ:rk] *n.*〘古史〙民族〔部族〕の統治者. ◇ **éth·nar·chy** [-i] *n.* ～の統治権〔地域〕.

éth·nic [éθnik], **éth·ni·cal** [-(ə)l] *a.* **1**《習慣・特質・言語などの区別による》種族の, 人種の; 人種学の: ～ psychology 人種心理学. **2**《キリスト教・ユダヤ教以外の》異邦人の. ～ **group** 種族, 民族, 人種. ◇ **éth·ni·cal·ly** [éθnik(ə)li] *ad.*

éth·ni·con [éθnikàn/-kɔn] *n.* (*pl.* **-ca** [-kə]) 種族の名称.

ethno-「種族」「人種」「民族」の意の語形成要素: *ethno*logy 人種学; 民族学 <ethno- + √log-.

èth·no·cén·trism [èθnouséntriz(ə)m] *n.*〘社〙種族中心主義《自己の種族・民族の文化的優位を信ずる感情的態度》.

eth·nóg·e·ny [eθnádʒəni/-nɔ́dʒ-] *n.* 人種起源学.

eth·nóg·ra·phy [eθnágrəfi/-nɔ́g-] *n.* 民族誌(学)《身体的・精神的分野を含めた人種の科学的記述》; 民族学. ◇ **-pher** [-fər] *n.* **èth·no·gráph·ic** [èθnəgrǽfik], **èth·no·gráph·i·cal** [-(ə)l] *a.*

ethnol. ethnologic(al); ethnology.

èth·no·lin·guís·tics [èθnoulingwístiks] *n. pl.*《単数扱い》民族言語学.

èth·no·lóg·ic [èθnəládʒik/-lɔ́dʒ-], **-i·cal** [-(ə)l] *a.* 民族学の. ◇ **èth·no·lóg·i·cal·ly** *ad.*

eth·nól·o·gy [eθnálədʒi/-nɔ́l-] *n.* 民族学, 人種学. ◇ **-gist** *n.* 民族学者. 「民族心理学.

èth·no·psy·chól·o·gy [èθnosaikálədʒi/-kɔ́l-] *n.*

éth·nos [éθnɑs/-nɔs] *n.* =ethnic group.

e·thól·o·gy [iθálədʒi/iθɔ́l-] *n.*〘動〙生態学; 人性学. ◇ **èth·o·lóg·i·cal** [èθəládʒik(ə)l, ì:θə-/ì:θəlɔ́dʒ-] *a.* **èth·o·lóg·i·cal·ly** *ad.*

é·thos [í:θɑs/-θɔs] *n.* **1** 気質, 気風. **2**〘社〙文化特質. **3** エトス, 倫理性. → pathos.

éth·yl [éθəl, í:θail] *n.* **1**〘化〙エチル. **2**〘商〙四エチル鉛を含むガソリン. ～ **alcohol** エチルアルコール.

éth·y·lene [éθəli:n] *n.*〘化〙エチレン《炭化水素》.

é·ti·o·late [í:tiəlèit] *vt.* **1**〈セロリーなどを〉日光に当てないで青白くする. **2**〈顔色などを〉青ざめさせる; 委縮させる. —— *vi.*〈植物が〉白くなる《日光の欠乏で》. ◇ **è·ti·o·lá·tion** [ì:tiəléiʃ(ə)n] *n.*

è·ti·ól·o·gy [ì:tiálədʒi/-ɔ́l-] *n.* **1** 原因〔起源〕論. **2**《特に》病源学.

:ét·i·quètte [étikèt/ˊーˋ] *n.* エチケット, 礼儀, 作法, 礼法: medical ～ 医師(仲間)の徳義.

ét·na [étnə] *n.* 加熱・蒸発用のランプ; アルコール湯沸かし器.

Et·na [étnə] *n.* シシリー島東部の火山(=Aetna).

E·ton [í:tn] *n.* **1** ロンドン西南の都市《テムズ川に臨む. Eton College の所在地》. **2** イートン校(= ～ College)《高名な public school》; (*pl.*) イートン校の制服. ～ **collar** イートンカラー《上着のえりの上に重なる》. ～ **crop**《女性の》刈り上げ断髪. ～ **jacket**〔**coat**〕イートン校男生徒用上着《えりが広くたけが短い》; 同型の婦人用上着.

E·tó·ni·an [i:tóuniən] *n.* イートン校生徒〔出身者〕. —— *a.* イートン校の.

E·trú·ri·a [itrú(:)riə/itrúər-] *n.* エトルリア《昔イタリア西部にあった国》. ◇ **～n** *a., n.* =Etruscan.

E·trús·can [itrʌ́skən] *a.* エトルリア(人)の; エトルリア語の. —— *n.* エトルリア人〔語〕.

et seq., et sq. (=and the following) …およびその次; ならびに次ページ(を参照). [<L.]

et seqq., et sqq. (=and those following) …およびその以下《複数》. [<L.]

-ette [-ét, -et] *suf.* **1**「小さい」の意をあらわす縮小辞《元来は -et の女性形》: statu*ette* 小像. **2**「女性」を示す: coqu*ette* あだっぽい女. **3**「模倣」の意: leather*ette* 人造皮.

é·tude [eit(j)ú:d, ˊー/eitjú:d] F. *n.* **1**〘美〙習作, エチュード《絵・彫刻などの》. **2**〘楽〙練習曲.

***é·tui*, e·twée** [eitwí:, ˊー/etwí:] F. *n.* 小箱, 手箱《針・ようじ・化粧品を入れる》.

etym. etymological; etymology.

èt·y·mo·lóg·ic [ètəməládʒik/-lɔ́dʒ-], **-i·cal** [-(ə)l] *a.* 語源の, 語源的, 語源による; 語源(学)に関する. ◇ **èt·y·mo·lóg·i·cal·ly** *ad.*

èt·y·mól·o·gy [ètəmálədʒi/-mɔ́l-] *n.* **1** 語源. **2** 語源学. ◇ **-gist** [-dʒist] *n.* 語源学者. **-gize** [-dʒàiz] *vt., vi.* (の)語源を調べる.

ét·y·mon [étəmàn/-mɔn] *n.* (*pl.* **-mons, -ma** [-mə]) 語根, 語の原形.

Eu〘化〙europium.

eu- *pref.*「良・善・好」などの意: *eu*logy 賞賛 <eu- + √log- よい + ことば. *eu*phemism 婉曲(えんきょく)法 <eu- + phem- よい + 言い方.

eu·cáine [ju:kéin] *n.* オイカイン《局部麻酔薬》.

èu·ca·lýp·tus [jù:kəlíptəs] *n.* (*pl.* **-tus·es, -ti** [-tai])〘植〙ユーカリ樹《オーストラリア原産》. ～ **oil** ユーカリ油.

Eu·cha·rist [jú:kərist] *n.*〘宗〙聖餐(せいさん);《聖餐に使われる》パンとブドウ酒, 聖餐物, 聖体. ◇ **Eu·cha·rís·tic** [jù:kərístik], **Eu·cha·rís·ti·cal** *a.*

eu·chló·rin [ju:kló:rin, jú:klərin / ju:klɔ́:r-] *n.*〘化〙塩素ガス.

éu·chre [jú:kər] *n.* ユーカー《アメリカ・オーストラリアで行なわれるトランプ遊びの一種》. —— *vt.* ユーカーで負かす;〘米話〙出し抜く《*out*》.

Eu·clid [jú:klid] *n.* **1** ギリシアの数学者《紀元前300年ごろ生存》. **2** ユークリッド幾何学. **3**〘話〙幾何学. ◇ **Eu·clíd·e·an, -i·an** [ju:klídiən] *a.*

èu·d(a)e·mó·ni·a [jù:dimóuniə] *n.* 幸福《アリストテレス哲学で言う. 理性に導かれた生活に基づく》.

èu·d(a)e·món·ics [jù:dimániks/-mɔ́n-] = eud(a)emonism. 「幸福説, 幸福論.

eu·d(á)e·mon·ism [ju:dí:məniz(ə)m] *n.*〘哲・倫〙

èu·di·óm·e·ter [jù:diámətər/-ɔ́m-] *n.*〘化〙ユーディオメーター《ガスの成分の測定器》.

eu·gén·ic [judʒénik, ju:-], **-i·cal** [-(ə)l] *a.* **1** 優生学(上)の. **2** すぐれた遺伝を受け継いだ. ↔ dysgenic. [√gen-] ◇ **eu·gén·i·cal·ly** *ad.*

eu·gén·ics [judʒéniks, ju:-] *n. pl.*《単数扱い》優生学. ◇ **eu·gén·i·cist** [-sist] *n.* 優生学者.

eu·ló·gi·um [julóudʒiəm, ju:-] *n.* (*pl.* **-ums, -a** [-dʒiə]) =eulogy.

éu·lo·gy [jú:lədʒi] *n.* 賞賛の辞〔ことば〕; 賞賛, ほめたたえ. [√log-] ◇ **-gist** [-dʒist] *n.* 賞賛者. **-gize** [-dʒàiz] *vt., vi.* 賞賛する, ほめそやす. **èu·lo·gís·tic** [jù:lədʒístik], **èu·lo·gís·ti·cal** *a.*

Eu·mén·i·des [ju:ménidì:z] *n. pl.* 〖ギ神〗 復讐(ふくしゅう)の女神.

éu·nuch [jú:nək] *n.* **1** 去勢された男. **2** 宦官(かんがん)《昔東洋の宮廷に仕えた去勢された小役人》. **3** おくびょうな男.

eu·pép·si·a [ju:pépsiə, -ʃə] *n.* 〖医〗 消化良好. ↔ dyspepsia.

eu·pép·tic [-tik] *a.* **1** 消化良好の. **2** 消化の容易な, 消化を助ける.

euphem. euphemism; euphemistic.

éu·phe·mism [jú:fimìz(ə)m] *n.* 〖修〗 婉曲(えんきょく)語法《corpse「死体」の代わりに remains「なきがら」と言うことなど》; 婉曲な語句.
◇ **-mist** [-mist] *n.* 婉曲に言う人. **-mize** [-màiz] *vt., vi.* 婉曲に表現する; 遠まわしに言う.

èu·phe·mís·tic [jù:fimístik], **-ti·cal** [-(ə)l] *a.* 婉曲語法の. ◇ **èu·phe·mís·ti·cal·ly** *ad.*

eu·phón·ic [ju:fánik/-fɔ́n-], **-i·cal** [-(ə)l] *a.* **1** 音調のよい, 耳にここちよく響く. **2** 音便上の.
◇ **eu·phón·i·cal·ly** *ad.*

eu·phó·ni·ous [ju:fóuniəs] *a.* ここちよく響く, 音調が柔らかい.

eu·phó·ni·um [ju:fóuniəm] *n.* 〖楽〗 ユーフォニウム《tuba に似たしんちゅうの低音管楽器》.

éu·pho·ny [jú:fəni] *n.* **1** ここちよい音調, 快音. ↔ cacophony. **2** 音便. ◇ **-nize** [-nàiz] *vt.* の音調をよくする.

eu·phór·bi·a [ju:fɔ́:rbiə] *n.* 〖植〗 燈台草の類.

eu·phó·ri·a [ju:fó:riə/-fɔ́:r-] *n.* **1** 幸福感. **2** 〖心〗 多幸症, 陶酔; 麻薬の陶酔感.

éu·pho·ry [jú:fəri] =euphoria.

éu·phra·sy [jú:frəsi] *n.* 〖植〗 コゴメグサ.

Eu·phrá·tes [ju:fréiti:z] *n.* (the ～) ユーフラテス川《トルコ東部・シリア・イラクを通りペルシア湾に注ぐ》.

Eu·phrós·y·ne [ju:frásinì:/-frɔ́zi-] *n.* 〖ギ神〗 エウプロシュネー《「喜悦」の女神. Graces 中の一神》.

éu·phu·ism [jú:fjuìz(ə)m] *n.* 〖修〗 技巧的な華美な文体, 美辞麗句《もと John Lyly (1554–1606) の小説 *Euphues* [jú:fjui:z] に用いられた文体》.
◇ **-ist** [-ist] *n.* 美辞麗句の使用者〔を好む作者〕. **èu·phu·ís·tic** [jù:fjuístik], **èu·phu·ís·ti·cal** *a.*

Eur. Europe; European.

Eur·áf·ri·can [juræfrikən/juər-] *a.* ヨーロッパとアフリカの.

Eur·a·mér·i·can [jù(:)rəmérikən/jùər-] = Euro-American.

Eur·á·sia [juréiʒə, -ʃə/juəréiʒə] *n.* ユーラシア, 欧亜《ヨーロッパとアジアをあわせた名前》.

Eur·á·sian [juréiʒ(ə)n, -ʃ(ə)n/juəréiʒ(ə)n] *a.* **1** ユーラシアの: the ～ Continent ユーラシア大陸. **2** ヨーロッパとアジアの混血の.
—— *n.* ヨーロッパとアジアの混血.

Eu·rát·om [jurætəm / júərətəm] *n.* ヨーロッパ原子力共同体 (European Atomic Community).

eu·re·ka [jurí:kə/ju(ə)r-] Gk. (= I have found) *int.* わかった!《アルキメデスが難問の解答を発見したときの叫び声》.

eu·rhýth·mics [juríðmiks/jú:-] *n. pl.* 《単数扱い》リズム体操.

Eu·ríp·i·des [jurípidì:z/juər-] *n.* エウリピデス, 480? – 406? B.C., ギリシアの悲劇詩人.

Eu·ro-A·mér·i·can [jú(:)rouəmérikən / júər-] *a.* ヨーロッパ・アメリカに共通な, 欧米の.

Eu·ro·már·ket [jù(:)romá:rkit] *n.* ヨーロッパ共同市場.

†**Eu·rope** [jú(:)rəp/júərəp] *n.* ヨーロッパ, 欧州.

‡**Eu·ro·pé·an** [jù(:)rəpí:ən/jùərə-] *a.* ヨーロッパの, ヨーロッパ人の. —— *n.* ヨーロッパ人.
～ Common Market, the ヨーロッパ共同市場. **～ Council, the** ヨーロッパ会議. **～ Economic Community** ヨーロッパ経済共同体《略EEC》. **～ plan, the** 〖米〗 ヨーロッパ式《ホテル代がへや代とサービス代だけで, 食費が含まれていない》. **～ Recovery Program, the** ヨーロッパ復興計画《略 ERP, E.R.P. 通称 Marshall Plan》. ◇ **～·ism** [-iz(ə)m] *n.* ヨーロッパ主義〔精神〕, ヨーロッパ風.

Eu·ro·pé·an·ize [-àiz] *vt.* ヨーロッパ化する.
◇ **Eu·ro·pè·an·i·zá·tion** [jùrəpì:ənizéiʃ(ə)n/jùərəpì:ənaiz-] *n.*

eu·ró·pi·um [juróupiəm/juər-] *n.* 〖化〗 ユーロピウム《希土類元素. 記号 Eu》.

Eu·rýd·i·ce [jurídisi:/juər-] *n.* 〖ギ神〗 エウリュディケー《Orpheus の妻》.

éu·sol [jú:soul, -sɑl/-sɔl] *n.* 〖薬〗 ユーソル《殺菌防腐剤》.

Eu·stá·chi·an [ju:stéikiən, -ʃ(i)ən/-ʃ(i)ən] **～ *tube*** 〖医〗 エウスタキオ管, 欧氏管.

éu·sta·cy [jú:stəsi] *n.* 〖地〗 世界的水位変化《大陸氷河の変化に対応する》.

eu·téc·tic [ju:téktik] *a.* 〖化〗 最低温度で溶ける; 共融の: the ～ point 共融点.

Eu·tér·pe [ju:tə́:rpi] *n.* 〖ギ神〗 エウテルペー《音楽・叙情詩の女神. Muses の一神》.

èu·tha·ná·sia [jù:θənéiʒə/-ziə] *n.* 安楽死(術).

eu·thén·ics [ju:θéniks] *n. pl.* 《単数扱い》〖米〗 環境優生学《環境を改善することによって種族を改良していく科学》.

E. V. English Version (of the Bible). **e. v., ev** electron volt(s). **evac.** evacuation.

e·vác·u·ant [ivækjuənt] 〖医〗 *a.* 排出を促す.
—— *n.* 排出薬, 下剤.

e·vác·u·ate [ivækjuèit] *vt., vi.* **1** からにする, の内容を除く. **2** 〈都市・住居を〉あけ渡す, 引き渡す; 立ちのく; 疎開する. **3** 〖軍〗 から撤退する. **4** 〖医〗 排出する. [√vac-] ◇ **e·vàc·u·á·tion** [ivækjuéiʃ(ə)n] *n.* ～すること; 排出物.

e·vác·u·èe [ivækjuì:/–⌐–⌐] *n.* 《危険地域からの》避難民, 疎開者; 引揚者.

e·váde [ivéid] *vt.* **1** 避ける, よける, のがれる, 免れる: ～ pursuit 追跡の目をくらます. **2** 〈質問を〉答えずにごまかす, はずす. **3** 〈義務などを〉ごまかす, 回避する: ～ (paying) taxes 脱税する. ～ laws 法をくぐる. **4** にとらえられない, にひっかからない, の裏をかく, の手に負えない: Some offences ～ definition. 犯罪には定義しにくいのもある. The solution ～*s* him. 解決は彼の手にあまる. [√vad-] ◇ **e·vád·a·ble, e·vád·i·ble** *a.* 回避できる. **e·vád·er** *n.* **e·vád·ing·ly** *a.* 避けるように; 言い抜けをするように.

e·vál·u·ate [iværljuèit] *vt.* **1** 評価する, 値踏みする; 鑑定する. **2** の量をはかる, 見積もる. **3** 〖数〗 の数値を求める. ◇ **e·vàl·u·á·tion** [–⌐–éiʃ(ə)n] *n.*

èv·a·nésce [èvənés/ì:v-] *vi.* 消えていく, (しだいに)見えなくなる.

èv·a·nés·cent [èvənésnt/ì:və-] *a.* **1** 消え去っていく, 消えやすい; はかない. **2** 〖植〗 凋落(ちょうらく)しやすい. **3** 〖数〗 無限小の. [√van-] ◇ **-cence** [-sns] *n.*

e·ván·gel [ivændʒ(ə)l] *n.* **1** 福音; 《特に》キリスト教の福音. **2** (E～) 四福音書の一つ. **3** 吉報; 信条. **4** 福音伝道者. ***The E～s*** 〖聖〗 四福音書《Matthew, Mark, Luke, John》.

è·van·gél·ic [ì:vændʒélik, èvən-], **-i·cal** [-(ə)l] *a.* **1** 福音書の, 福音伝道の. **2** 福音主義の《儀式より個人の信仰を重んずる. イギリスの場合は Low Church のごとき》. —— *n.* 福音主義者; 福音(教会)派の人. ◇ **-i·cal·ism** [-k(ə)lìz(ə)m] *n.* 福音主義. **è·van·gél·i·cal·ly** *ad.* 福音によって.

e·ván·ge·lism [ivændʒəlìz(ə)m] *n.* 福音伝道の仕事; 福音主義; 熱心な伝道活動.
◇ **-list** [-ist] *n.* 福音書の著者; (福音) 伝道者.

e·vàn·ge·lís·tic [ivændʒəlístik] *a.* 福音(伝道)

の; 伝道主義的, 伝道に熱心な.

e·ván·ge·lize [ivændʒilàiz] *vt.* に福音を説く; (キリスト教に) 入信させる. **——** *vi.* 福音伝道する; 伝道活動に従う. ◇ **e·vàn·ge·li·zá·tion** [ivændʒilizéiʃ(ə)n, -laiz-] *n.*

e·ván·ish [ivæniʃ] *vi.* 〖雅〗消えうせる, 消滅する. [,van-] ◇ **~·ment** *n.*

Ev·ans [évənz] *n.* Mary Ann ~, 1819–80, イギリスの小説家《George Eliot の筆名で知られる》.

Ev·ans·ville [év(ə)nzvil] *n.* アメリカ Indiana 州の都市.

e·váp·o·ra·ble [ivæpərəbl] *a.* 蒸発しやすい.

e·váp·o·rate [ivæpərèit] *vi.* **1** 蒸発する. **2** 消散する. **3**〖笑〗いなくなる, 死ぬ,「蒸発」する. **——** *vt.* **1** 蒸発させる, 蒸気にする. **2** 脱水する, の水分を除く. **~*d milk*** 〖米〗蒸発濃縮ミルク, エバミルク. **~*ting dish* (*pan*)** 蒸気ざら〔なべ〕. ◇ **-ra·tive** [-rèitiv] *a.* **-ra·tor** [-rèitər] *n.* 蒸発器, 脱水機.

e·vàp·o·rá·tion [ivæpəréiʃ(ə)n] *n.* **1** 蒸発, 気化; 消散. **2** 脱水, 乾燥.

e·vá·sion [ivéiʒ(ə)n] *n.* **1**《牢(ろう)などからの》脱出, 逃亡. **2**《責任・義務の》逃避, 怠慢. **3** ごまかし; 言い抜け, 詭弁(きべん). → 動詞 evade. ***tax* ~** 脱税.

e·vá·sive [ivéisiv] *a.* **1** 逃げまわる, とらえどころのない. **2**《責任・義務について》回避的な, 怠慢な. **3** ごまかしの, 言い抜けの. ◇ **~·ly** *ad.* **~·ness** *n.*

‡**eve** [iːv] *n.* **1**〖雅〗夕べ, 夕暮れ (=evening). **2** 前夜, 前日《特に祭りの》: Christmas *Eve.* **3**《事件などの》直前. ***New Year's Eve*** 大みそか. ***on the* ~ *of*** の前夜〔前日〕に; の直前に, …のまぎわに.

Eve [iːv] *n.* 〖聖〗イブ, エバ《Adam の妻. 神の創造による最初の女性》. ***daughters of* ~** イブの弱点を受け継ぐ女性.

e·véc·tion [ivékʃ(ə)n] *n.* 〖天〗出差《太陽の作用が月の運行に不規則をもたらすこと》.

†**é·ven**[1] → 枠付 even[1]. (p. 428)

é·ven[2] [íːv(ə)n] *n.* 〖雅〗夕べ, 夕暮れ (=evening). **~·fall** [⌐−⌐] 〖雅〗夕暮れ, たそがれ. **~·song** [⌐−⌐] (1)《ローマ カトリックの》晩祷(ばんとう);《イギリス国教会の》夕べの祈り. (2)〖古〗夕方, たそがれ. **~·tide** [⌐−⌐]〖雅〗夕まぐれ (evening).

é·ven·hánd·ed [íːv(ə)nhǽndid] *a.* 公平な, 公正な. ◇ **~·ly** *ad.*

†**éve·ning** [íːvniŋ] *n.* **1** 夕方, 宵(よい), 日暮れ; 晩《日暮れから就寝まで》: *in the* ~ 夕方, 晩に. *on the* ~ of April 1st 4月1日の晩に. *on* Monday ~ 月曜の晩に. a musical ~ 音楽の夕べ. **2** 晩年, 末期, 衰退期: the ~ of life 晩年. **3**〖方〗午後《正午から日没まで》. ***Good* ~!** こんばんは. ***of an* ~** 晩にしばしば, 晩などに. ***toward* ~** 日暮れに, 夕方近く.
~ dress (clothes) 夜会服. **~ glow** 夕焼け. **~ gown** 婦人夜会服. **~ paper** 夕刊新聞. **~ primrose** 月見草. **~ spot** 夜の遊び場. **~ star** 宵の明星, 金星 (Venus).

éve·nings [íːvniŋz] *ad.* 夕に(は). ***mornings and* ~** 朝夕; 毎朝毎晩.

é·ven·ly [íːv(ə)nli] *ad.* **1** 平らに, 一様に, なめらかに. **2** 平等に; 公平に, 公正に. **3** 平静に, 落ち着いて.

é·ven-mínd·ed [íːv(ə)nmáindid] *a.* 心の平静な, 落ち着いた; 偏見のない.

é·ven·ness [íːv(ə)nnis] *n.* **1** 平らなこと, なめらかなこと. **2** 平等; 公平. **3** 平静, 落ち着き. 「五分の.

é·ven-sté·ven [-stíːv(ə)n] *a.* 〖話〗勝ちめが五分

‡**e·vént** [ivént] *n.* **1** 事件, できごと: It was quite an ~. それはたいへんな騒ぎだった. **2** 結果, 成り行き: have no successful ~ 成功をおさめない. **3** 場合. **4**〖運〗種目, 勝負, 試合: field ~*s* フィールド競技. ***at all* ~*s* = *in any* ~** とにかく, いずれにしても. ***Coming* ~*s cast their shadows before.*** 〖ことわざ〗桐(きり)一葉落ちて天下の秋を知る. ***in either* ~** いずれにしても, どのみち. ***in that* ~** そのばあいには, そうなれば. ***in the* ~ *of*** rain (雨) のばあいには. ***pull off the* ~** 賞を得る〔さらう〕. [ex-+√ven- 出て+来る → できごと]
◇ **~·ful** [-fụl] *a.* できごとの多い, 波乱に富む; 重大な. **~·less** [-lis] *a.* 事件のない, 平穏な, 平凡な.
〖類〗→ **accident**「できごと」

é·ven-tém·pered [íːv(ə)ntémpərd] *a.* 平静な, 落ち着いた, 冷静な.

*__e·vén·tu·al__ [ivéntʃuəl, ㊥+ -tju(ə)l] *a.* **1** 終局の, 窮極の, 最後の, 結果として起こる: His efforts led to his ~ success. 努力が実を結んでついに成功した. **2** (ばあいによっては) 起こりうる, 可能な, ありうる. [√ven-]

e·vèn·tu·ál·i·ty [ivèntʃuǽliti/-tju-] *n.* **1** 偶発性, 発生可能性, ありうること. **2** (事件発生の) 場合. **3** (不慮の) 事件.

‡**e·vén·tu·al·ly** [-i] *ad.* **1** 最後に(は), ついに, 結局(は), いつかは. **2** ばあいによっては, あるいは.

e·vén·tu·ate [ivéntʃuèit/-tju-] *vi.* **1** 結果として起こる; 結局《…と》なる,《…に》終わる《と, に *in*》. **2**〖米〗起こる, 生じる.

†**év·er** → 枠付 ever. (pp. 428–429)

ever- *ad.*「いつも」「常に」の意で合成語をつくる: *ever*lasting 永続的, 永遠の. *ever*green 常緑の.

év·er·béar·ing [évərbéː(ː)riŋ/-béər-] *a.* 年じゅう実がみのる.

Ev·er·est [év(ə)rist] ***Mount* ~** エベレスト山《ヒマラヤ山脈にある世界の最高峰. 8,848m》.

év·er·glade [évərglèid] *n.* 〖米〗湿地, 沼沢地. ***the E~s*** フロリダ州南部の大沼沢地.

év·er·green [évərgrìːn]〖植〗*a.* 常緑の. **——** *n.* 常緑樹, ときわ木; (*pl.*)《装飾用の》ときわ木の枝.

‡**èv·er·lást·ing** [èvərlǽstiŋ/-láːst-] *a.* **1** 永久の, 不朽の. **2** 果てしない, ひっきりなしの. **3** たいくつな. **4** 耐久性の, 永続性の. **——** *n.* **1** (the ~) 永久, 永遠. **2** 乾燥しても色や形の変わらない植物《ムギワラギク・母子草など》. **3** じょうぶなラシャの一種. **4** (the E~) 神. ***from* ~ *to* ~** 永遠に, 永劫(えいごう)に. ◇ **~·ly** *ad.* 永久に, 果てしなく.

èv·er·móre [èvərmóːr/évəmɔ́ː] *ad.* 永久に, とこしえに. ***for* ~** 永久に.

e·vér·si·ble [ivə́ːrsəbl] *a.* evert できる.

e·vért [ivə́ːrt] *vt.* 外にめくり返す, 裏返す;〖医〗〈まぶた・内臓などを〉外反させる.
◇ **e·vér·sion** [-ʃ(ə)n, ㊥+ -ʒ(ə)n] *n.*

†**év·er·y** → 枠付 every. (p. 429)

†**év·er·y·bod·y** [évribɑ̀di, -bʌ̀di/-bɔdi] *pron.* **1** おのおの, めいめい, それぞれの者: *E~* must do his best. 各自ベストを尽くさなければならない. **2** だれでも, みんな: *E~* has a way of their own. だれにでも癖はある. **~ *else*** ほかのだれもかれも.

‡**év·er·y·day** [évridèi, -déi] *a.* **1** 毎日の: one's ~ routine 日課. **2** 日常の, 習慣的の; 珍しくない: ~ occurrences ありふれたできごと.
—— *n.* 通常の一日, 日常生活: for [of] ~ 日常用に〔日常の〕. 〈注〉「毎日」は2語: every day.
~ wear (clothes) ふだん着. **~ word** 常用語.

év·er·y·how [évrihàu] *ad.* あらゆる方法で, あらゆるやり方で.

Ev·er·y·man [évrimæn] *n.* 普通人, ただの人《15世紀勧善懲悪劇 *Everyman* の主人公》.

†**év·er·y·one** [évriwʌ̀n, -wən/-wʌn] = everybody. 〈注〉every one と2語につづることがある.

év·er·y·place [évriplèis] =everywhere.

†**év·er·y·thing** [évriθiŋ] *pron.* **1** あらゆるもの, すべてのもの, なにもかも: ~ in one's power 力の及ぶかぎりのこと. **2** きわめてたいせつなもの: She is ~ to me. 彼女はぼくのすべてだ. 〈注〉② の意では名詞的にも用いられる: Money is *his* ~. 金が彼にはなによりたいせつなものだ. ***before* ~ (*else*)** なによりも (まず).

év·er·y·way [évriwèi] *ad.* **1** あらゆる方法で: try ～ あらゆる方法をやってみる. **2** あらゆる点で, どう見ても.

év·er·y·when [évri(h)wèn] *ad.* しょっちゅう, 常に.

†**év·er·y·where** [évri(h)wὲər] *ad.* **1** どこにも, どこへも, いたるところで: I've looked ～ for it. くまなくそれを捜し求めた. **2** 《接続詞的に用いて》どこに…でも: *E*～ you go, … どこへ行っても….

e·víct [ivíkt] *vt.* 〖法〗 **1** 〈借地・借家人を〉追い払う, 立ちのかせる《から *from*》. **2** 〈財産・資格を〉(高い権利によって)取り返す《から *from*, *of*》. [√vi(n)c-]
◇ **e·víc·tion** [ivíkʃ(ə)n] *n.* **e·víc·tor** *n.*

‡**év·i·dence** [évid(ə)ns] *n.* **1 証拠**; 〖法〗証言. **2** 証拠物件; 証人. **3 兆候**; 形跡. ***call*** a person ***in*** ～ (人を)証人として召喚する. ***give*** ～ 証言する. ***give*** [***bear, show***] ～ ***of*** の形跡を示す. ***in*** ～ はっきり見える, 目だって. ***the*** ～ ***of Christianity*** 〖宗〗証験論. ***turn King's*** [***Queen's***, ㊊ ***State's***] ～ 〈共犯者が〉他の共犯者に不利な証言をする.
—— *vt.* **1** 証言する. **2** 立証する; の証拠となる. **3** 明示する; 〈感情などを〉外にあらわす.
(類) → **proof**「証拠」

‡**év·i·dent** [évid(ə)nt] *a.* **明らかな**, 明白な, はっきりした. [ex-＋√vid- 外に＋見える]
◇ ‡～**·ly** [évidəntli, ㊊⁺ -dènt-, 強意 èvidént-] *ad.* 明らかに.
(類義語) **明白な: evident** 事実・証拠・状況などに照らして明らかである: His innocence is *evident*. 彼が潔白であることは明白だ. **apparent** 外見などから明らかである: an *apparent* effort はたの者にもすぐわかる努力. **obvious** だれの目にもわかる, 疑問の余地のない: an *obvious* intention 見えすいた意図. **manifest** apparent と obvious の両意を含むやや形式的な語. **patent** 隠しきれない, あらわな. 見えて困るものに使う: a *patent* error. **conspicuous** 人目をひく, 目だつ.

èv·i·dén·tial [èvidénʃ(ə)l] *a.* 証拠に関する; 証拠となる, 証拠的な. ◇ ～**·ly** *ad.* 証拠として.

èv·i·dén·tia·ry [èvidénʃəri] ＝evidential.

‡**é·vil** [í:vl] *a.* **1 悪い, 邪悪な**, 凶悪な: an ～ life よからぬ生活. **2** 不吉(ふきつ)な, 縁起の悪い: be fallen on ～ days 不運に会う. —— *n.* **1 悪**, 邪悪: return good for ～ 善をもって悪に報いる. **2 害悪**, 災害, 不幸; 病気: War and famine are terrible ～*s*. ***good and*** ～ 善悪. ***social*** ～ 社会悪; 売春. ***the king's*** ～ るいれき. —— *ad.* 悪く; 運悪く. ***speak*** ～ ***of*** の悪口を言う.
～**·dò·er** [-dù:ər/-dú:ər] 悪事をする者, 悪漢. ～**·dò·ing** [-dù:iŋ/-dú:iŋ] 悪事, 悪行. ～ **eye, the** 悪魔の目《こういう目をもっている人ににらまれると災いがくるという》; 気味の悪い目つき. ↔single eye. ～**·lòok·ing** [-lùkiŋ/-lúkiŋ] 人相の悪い. ～**·mìnd·ed** [-màindid/-máindid] 悪意のある, 腹黒い; 好色の. **E～ One, the** 悪魔. ～ **tongue** 毒舌; 中傷者. ◇ ～**·ly** *ad.* ～**·ness** *n.*
(類) → **bad**「悪い」

e·vínce [ivíns] *vt.* **1** 〈感情・性情などを〉外に示す. **2** はっきり示す, 証明する. [√vi(n)c-]
◇ **e·vín·ci·ble** [-sibl] *a.* ～できる. **e·vín·cive** [-siv] *a.* (外に)示す, 証明する《を *of*》.

e·vís·cer·ate [ivísərèit] *vt.* **1** の腸を取り除く. **2** 《比喩的》〈法案などを〉骨抜きにする. —— *a.* 《外科手術のあと》内臓のとび出した. [＜viscera]
◇ **e·vìs·cer·á·tion** [ivisəréiʃ(ə)n] *n.*

èv·o·cá·tion [èvokéiʃ(ə)n] *n.* **1** 《霊魂などを》呼び出すこと; 招魂. **2** 〖法〗《上級裁判所への》訴権移送. **3** 《記憶などの》喚起. → 動詞 evoke.

e·vóc·a·tive [ivákətiv, ivóuk-/-vók-, -vóu-] *a.* **1** 呼び出す. **2** 喚起する, 思い出させる《を *of*》.

e·vóke [ivóuk] *vt.* **1** 〈霊魂などを〉呼び出す. **2** 〈感情・記憶などを〉呼び起こす, 呼びさます. **3** 〖法〗〈上級裁判所へ〉訴訟を移送する. [ex-＋√voc- 呼び＋出す]

év·o·lute [évəlù:t/í:və-, évə-] 〖数〗 *n.* 縮閉線. —— *a.* 縮閉した.

***èv·o·lú·tion** [èvəlú:ʃ(ə)n/ì:və-, èvə-] *n.* **1 展開**, 進展. **2 進化**, 発展. **3** 発展〔進化〕の産物. **4** 〖生〗進化(論): the theory [doctrine] of ～ 進化論. **5** 《熱・光などの》放出. **6** 《部隊・艦船の》機動演習. **7** 《ダンスなどの》展開動作. **8** 〖数〗開方. → 動詞 evolve. ◇ ～**·ism** [-iz(ə)m] *n.* 進化論.

èv·o·lú·tion·al [-lú:ʃən(ə)l] *a.* **1** 発展の, 発達の; 進化の. **2** 〖生〗進化論的〔の〕. **3** 演習の, 展開の. ◇ ～**·ly** [-i] *ad.*

èv·o·lú·tion·ar·y [-lú:ʃənèri/-ʃ(ə)nəri] ＝evolutional.

èv·o·lú·tion·ist [-lú:ʃənist] *n.* 進化論者. ◇ **èv·o·lù·tion·ís·tic** [-lù:ʃənístik] *a.* 進化論(者)の.

èv·o·lú·tive [-lú:tiv] *a.* 進化的傾向の.

‡**e·vólve** [iválv/ivɔ́lv] *vt.* **1** 〈理論・計画などを〉**展開する**, 発展させる: The whole idea was ～*d* from a casual remark. なにげないことばがきっかけとなってこのアイディアのすべてができあがった. **2 進化させる**. **3** 〈熱・光などを〉放出する. —— *vi.* **1** 発展する, 進展する. **2** 進化する. [ex-＋√volu-]
◇ ～**·ment** *n.* 展開, 進展; 進化.

e·vúl·sion [ivʌ́lʃ(ə)n] *n.* 引き出すこと, 根こそぎにすること.

ewe [ju:, ㊊⁺ jou] *n.* 雌羊. **one's** ～ ***lamb*** 〖聖〗貧しい者の最もたいせつなもの, とらの子《サムエル記下 12: 3》. ～**·nècked** [-nèkt/-nékt] 首が細い, 首がほとんど水平にのびた《馬・犬などについて》.

éw·er [júər, jú:ər] *n.* 《広口の》水差し.

ewer

ex[1] [eks] *n.* **1** X, x の文字. **2** X 字形のもの.

ex[2] *n.* 〖米話〗先夫, 先妻; 前の配偶者.

ex[3] *n.* **1**＝expense. **2**＝examination.

ex [eks] L. (＝from) *prep.* **1** …から. **2** 〖商〗…から売り渡し〔引き渡し〕; 〖株式〗…落ちで, …なし: *ex* dividend 配当落ちの. **3** 〖米〗《大学で》…年度の.

ex- *pref.* **1**「外へ」「外に」の意: *ex*clude 除外する ＜ex-＋√claud- 外へ＋締める →締め出す. **2**「全く」「完全に」の意: *ex*terminate 根絶する ＜ex-＋√termin- 完全に＋限界までもってゆく. **3**「前…」の意: *ex*president 前大統領. *ex*wife 前妻.

ex. examined; example; except; excepted; exception; exchange; excursion; executed; executive; exit; export; extra; extract. **Ex., Exod.** Exodus.

ex·ác·er·bate [igzǽsərbèit, iksǽs-/eksǽs-] *vt.* **1** 〈病気などを〉悪化させる, つのらせる. **2** 〈人を〉憤慨させる, おこらせる, いらいらさせる. [√ac-] ◇ **ex·àc·er·bá·tion** [–⌒–béiʃ(ə)n] *n.* 悪化; 憤激, いらだち.

‡**ex·áct** [igzǽkt] *a.* **1 正確な**, 的確な: the ～ meaning of the word そのことばの厳密な意味. the ～ date and time 正確な日時. **2** 精密な, 厳密な: ～ sciences 精密科学. **3 きちょうめんな**, 厳格な. ～ ***to the letter*** きわめて正確な. ～ ***to the life*** 実物そっくりの. ***to be*** ～ 厳密に言えば.
—— *vt.* **1 強要する**: ～ money *from* a person 人から金銭を強要する. His gray hair ～*s of* us a particular respect. 彼の白髪を見ると特に尊敬の念を覚えざるをえない. **2** 〈税などを〉きびしく取り立てる. [√ag-] ◇ ～**·ness** *n.* 正確, 精密(＝exactitude). (類) → **correct**「正確な」

ex·áct·ing [igzǽktiŋ] *a.* **1** 《要求の》過酷な, きびしい. **2** 《仕事が》ほねのおれる, つらい. **3** 搾取的な, 専制的な. ◇ ～**·ly** *ad.*

ex·ác·tion [igzǽkʃ(ə)n] *n.* **1** 過大な要求; 強要. **2** 過酷な取立金〔料金〕; 苛税(かぜい).

even[1]

even は *ad.*, *a.*, *v.* として用いられるが，特に *ad.*「…さえ」の用法が重要である．このばあい通常被修飾語句の前にたつが，前置詞とも普通の副詞とも異なり，文中の種々の要素（品詞・格のいかんを問わず）と結びつきうる．構文その他種々の点で特に only と共通点が多い．

é·ven [íːv(ə)n] *ad.* **1** …さえ(も)，…でも，…すら《以下斜体部分は even の被修飾語句》: This work is easy. *E*～ *I* can do it. この仕事はやさしい．私でもできる．He helped everybody. He helped ～ *me*. 彼はだれに対しても手を貸した．私にさえ手を貸してくれた．This book is by no means dull. It is ～ *fascinating*. この本は決してたいくつなことはない．おもしろくてたまらないくらいだ．They started their plan forcibly, or ～ *recklessly*. 彼らは強引に，というより無鉄砲といってよいくらいの態度で，計画を実行し始めた．It is cold here ～ *in May*. 当地は5月でも寒い．He seldom comes here, not ～ *once a month*. 彼はめったにここへ来ない．月に1度さえ来ない．No one gave him ～ *this much*. これだけのものさえ彼に与えてくれるものはなかった．She didn't ～ *smile*. 彼女はにこりともしなかった．Does he ～ *suspect* the danger? 彼は危険を感づいてさえいないのではなかろうか．To this he would answer nothing, nor ～ *seemed to hear*. これに対して彼は答えないばかりか，聞こえてもいないようだった．God cares for *the sparrows* ～, and feed them. 神様はスズメさえおいたわりになり，食物をお与えになる．

2《比較級を強めて》なお; 更に; (──より) …なくらいだ: This dictionary is ～ *more useful* than that. この辞書はあの辞書より(有益でさえある→)更に有益です．He is by no means weaker than Tom. In fact he is ～ *stronger*. 彼は決してトムより弱いことはない．いやトムより強いくらいだ．

3〘やや古〙ちょうど．

4〘古〙すなわち: This is Our Master, ～ Christ. これわれらが主，すなわちキリストなり．

～ *as*…〘古〙ちょうど…するときに: *E*～ *as* he began to speak, there was a knock at the door. 彼が話し始めたおりしも，ドアをノックする音が聞こえた《現代語は通常 just as》．**～ *if*** ＝**～ *though*** … たとえ…としても，たとえ …にせよ: He won't mind ～ *if* you don't come. あなたが来なくても彼は別に気にしないだろう．*E*～ *if* I were to fail again, I would not despair. 万一また失敗するようなことがあっても私は絶望しないだろう．〈注〉これらの even はしばしば省略される．**～ *now*** (1) いまでも，いまだに; 既に．(2)〘古〙ちょうどいま《現代語は just now》．**～ *so*** (1) それにしても．(2)〘古〙全くそのとおり．**～ *then*** そのときでさえ，そのばあいでも．***not*** **～**… …さえしない．

〈付記₁〉上記①で even に修飾される部分(同所例文中斜体部分)は通常，文強勢を受ける: Even I [-ái-] can do it. ただし被修飾句中では，中心となるものが強勢を受ける: It is cold here even in Máy.

〈付記₂〉even は通常それによって修飾される語句の前，しかもなるべくその近くにおかれるが，一方なるべく文頭に近くおく傾向も強い．そのため，おなじ形の文が文強勢の位置によって意味を区別されることがある: He *even* gáve me his camera. 彼は自分のカメラを私にくれさえした〘「貸してくれたばかりでなく」などの意を含む〙．≒He *even* gave me his cámera. 彼は私にカメラまでくれた (＝He gave me *even* his cámera.).

〈付記₃〉上記①の最後の例文のように，even が被修飾語句のあとにくることもある．

〈付記₄〉even は特に〈付記₁〉-〈付記₃〉に関して only と共通性が多い．→ only *ad.*

── *a.* **1** 平らな; 水平な; なめらかな: Going up the slope, we came to ～ ground. 坂をのぼっていくと平らな地面のところへ出た．a rough but ～ surface ざらざらしているが水平な表面．

2〘性質・行動・生活・気分などが〙一様な; むらのない; 規則正しい: the ～ beat of raindrops 規則正しい雨だれの音．an ～ tenor of life 単調な毎日の生活．His work is very ～. 彼の仕事ぶり〔勉強〕はむらがない．The parson preached in an ～ tone of voice. 牧師は抑揚のない口調で説教した．The sky is of ～ blue. 空は一様の青さだ．

3 つりあいのとれた;〘相手と〙対等の，五分五分の; 貸し借りのない: an ～ bargain 損得なしの取引．an ～ exchange 損得なしの交換．～ money 互角のかけ金．on ～ ground 対等で．The chances [odds] are ～. 勝ち味は五分と五分だ．The chances of success or failure are ～. 成否の可能性は五分と五分だ．

4 平穏な; 落ち着いた: an ～ temper 落ち着いた気質．

5 同一の; 数量がおなじの: of ～ date〘法・商〙同一日付の．

6 偶数の: an ～ number 偶数．an ～ page 偶数のページ．→ odd.

7 ちょうどの: an ～ mile ちょうど1マイル．

be* [*get*] ～ *with a person (人に)仕返しする;〘米〙(人に) 借りがない．***break* ～**〘米〙《取引で》損得なしになる．***odd and* [*or*] ～** 丁半，ばくち．***on* (*an*) ～ *keel***〘海〙《船体が》水平で．

── *vt.* 平らにする; 対等なものとして扱う．**～ *up*** の均衡を保たせる．**～ *up accounts*** 勘定を清算する．

── *vi.* 《次の成句で》**～ *up on*** に仕返しをする．

ever

ever は in any way, at all; at any time などとほぼ同義で，行為の有無《するかしないか》についていう副詞であり，物の有無《あるかないか》についていう形容詞・(代) 名詞の any に対応する．疑問・条件・否定などをあらわす文中で用いられることが多い．

év·er [évər] *ad.* **1** いままで(に)，これまで(に); いつか，以前(に): Have you ～ been to Nikko [in New York]? 日光へ行った〔ニューヨークに住んだ〕ことがありますか《応答には ever が用いられない: 'Yes, I have.' / 'No, never.'》．Have you ～ climbed [Did you ～ climb] Mt. Fuji? 富士山に登ったことがありますか．Did you ～ see Mr. Johnson while you were staying in Boston? あなたはボストンに滞在中ジョンソン氏に会いましたか．

2《否定詞とともに》全然…(ない)，全く…(ない) (not … ever＝never): I don't think I shall ～ see him again. もう二度と彼に会えないだろう．Nothing interesting ～ happens in this village. この村ではなにひとつおもしろいことは起こらない．

3《比較級・比例比較級 (as … as)・最上級のあとで》いままでに (ないほど): It is raining *harder than* ～. かつてないほどのどしゃ降りだ．It is *more* necessary *than* ～ for all of you to work hard. きみたちの努力が以前にもまして必要だ．He is *as* great a poet *as* ～ lived. 古来彼以上の詩人はない．

Be *as* quick *as* ～ you can! できるだけ急げ. I'll tell her *as* soon *as* ～ she arrives. 彼女が着きしだい話そう. This is *the best* work you have ～ done. これがきみのいままでにおける最上の仕事だ. He is *the wisest* man that ～ lived here. 彼はこの地に住んだ最も賢い人だ. It is *the biggest* ～. かつてないほど大きなものだ.

4《条件文を強めて》…(する)ことがあるならば〔としても〕: If you should ～ come this way, please look in on us. (ひょっとして)こちらの方へお出かけのときは, どうかお立ち寄りください. If you ～ visit London, ... 万一ロンドンへ行かれるときには…. He seldom, if ～, goes to the movies. 彼は映画に行くとしてもめったに行かない《if he *ever* goes there の略されたもの. 比較: There is little room *if any*. 場所はあるにしても少ししかない》.

5《疑問文中で強意語として》いったい: Does he ～ come here? (いったい)彼はここへ来ることがありますか. When〔Where, How〕～ did you lose it? いったいいつ〔どこで, どうして〕きみはそれをなくしたのか. What ～ do you mean? いったいなんのつもりなのだ. Who ～ did it? いったいだれがそれをやったのか. 〈注₁〉このように疑問詞のあるときには, 疑問詞と ever を合わせて when*ever*, what*ever* などのように1語に書かれることもあるが, 本来の whenever, whatever などとの相違に注意. 〈注₂〉以上いずれも ever が最後にくることがある: Who did it *ever*?

6《おもに成句中で》常に, ずっと: ～ after that それからずっと. ～ since I was a boy 子どものとき以来ずっと. You will find me ～ at your service. いつでもあなたのお役に立ちましょう. Yours ～ いつもあなたの友《手紙の結句;「敬具」などに相当》.

7《so (much), such を伴って》非常に: ～ *so* beautiful 非常に美しい. The patient is ～ *so much* better. 病人はたいそうよい. He was ～ *such* a rich man that he could be idle for life. 彼は一生遊んでいられるほどの大金持ちだった.

as ～ 相変わらず; いつものように. ***As if*** ... ～! まさか…しないだろう: *As if* he would ～ do such a thing! 彼がそんなことをするはずはない. **～ *after*** →⑥. **～ *and anon*** おりおり, ときどき. **～ *since*** その後ずっと. **～ *since*** ... →⑥. **～ *so* (*much*)** →⑦. ***Did you ～?*** まさか; これは驚いた《*Did you ever* hear of such a thing?「そんなこと聞いたためしがあろうか」のような反語的表現の短縮したもの》. ***Did you*** ～ ...? …したことがあるか〔多分ないだろう〕. ***for*** **～** = ***for*** **～** ***and*** **～** = ***for*** **～** ***and a day***〘英〙永久に, いつまでも. →forever. ***hardly*** 〔***scarcely***〕～ ほとんど…(し)ない. ***seldom, if*** ～ →④. ***Yours*** ～ →⑥.

every

each と every の比較: (1) ともに単数で, その点 all と対比される. (2) ともに集団の各構成要素を肯定するが, each は2個以上の要素に, every は3個以上の要素に用いられ, かつ後者の方が「一つ残らず, ことごとく」という包括的な含みが強い. (3) each には形容詞・代名詞の両用法があるが, every には形容詞の用法しかない.

év·er·y [évri, évəri] *a.* **1** ことごとくの, あらゆる, どれもみな: *E*～ man desires to live long. 人はだれでもみな長命を願う. *E*～ day has its night. 昼は必ず夜を伴う.

2《強意的に》あらゆる, 可能な限りの: There is ～ reason to believe that... …ということを信ずるりっぱな理由がある. I feel ～ respect for him. 私は彼を心から尊敬している. I wish you ～ success. どこまでも成功されますよう.

3 毎…, …ごとに: ～ day 毎日. ～ four years 4年めごとに. →〈付記₂〉. *E*～ third man has a car. 3人に1人は車をもっている.

4《not とともに》すべてが(…とは限らない), いつも(…とは限らない): *Not* ～ man can be a genius. だれでもが天才になれるとは限らない. Such things do *not* happen ～ day. こんなことがいつも起こるとは限らない.

〈付記₁〉every は個々のものを通じて全体を示す. すなわち "each and all"「それぞれがみんな」の意で, each や all よりも意味が強い.

〈付記₂〉every は通常 each と同様単数名詞を伴うが, every＋数詞＋days〔years〕などの形では複数名詞とともに用いられる. *every* four years, *every* two days はそれぞれ *every* fourth year, *every* other day ともいえる. →③.

〈付記₃〉**not every と not any** 前者は部分否定, 後者は全部否定: He has *not* read *every* book in the library. 彼は図書館のすべての本を読んでしまったわけではない《すなわちいくらかは読んだ》. He has *not* read *any* book in the library. 彼は図書館のどの本も読んでいない.

〈付記₄〉**every と any** *Every* child knows that. どの子もみんなそれを知っている. *Any* child can tell you that. (大ぜいいる中で)どの子でもそれを言うことができる. すなわち every は all at a time「一度にみんな」の意を含み, 肯定に用いた any は one at a time「一度に一つ」の意を含む. したがって, He can do *anything*.「彼はなんでもできる」は自然だが, He can do *everything*.「彼はあれもこれもことごとくすることができる」は(皆無ではないが)一般に誇張が過ぎる. しかし, He knows *everything*.「彼はなんでも知っている」は無理がない. つまり, 動作の動詞は any を伴い, 状態の動詞は every を伴う傾向がある. しかし過去のばあいは動作でも, 経験となって残っているので, 一括して every を用いて, He has tried *every* means.「彼はあらゆる手段を試みた」ということができる.

〈付記₅〉every は形容詞用法のみであるから each of us のようには用いられず every one of us とする.

〈付記₆〉each と同様 every の前には冠詞は用いないが, 所有格代名詞は用いることがある.

all and ～〘古〙ことごとく. ***at*** **～** ***step*** 一歩ごとに, 絶えず. **～ *bit*** どこからどこまで; 全然: He is ～ *bit* a scholar. 彼はどこからどこまで学者だ. **～ *inch*** = ～ bit. **～ *man Jack*** だれもかれもみな. **～ *moment*** 〔***minute***〕いまかいまかと, 刻々と. **～ *mother's son of them*** ひとり残らず, だれもかれも. **～ *now and again*** 〔***then***〕ときどき; たびたび. **～ *once in a while*** 〔***way***〕= ～ now and again. **～ *one*** (1) [évri-wʌ̀n/⌐ ─ ─] みんな, 各人. 〈注〉通常 everyone と一語に書く. (2) [évri-wʌ́n] どれもこれも. **～ *other*** (1) 一つおきの: ～ *other* day 1日おきに, 隔日に. ～ *other* line 1行おきに. (2) その他すべての: *E*～ *other* boy *was* present. 他の生徒は残らず出席. **～ *so often*** ときどき. **～ *time*** いつでも: You can rely on me ～ *time*. 私をいつでもたよりにすることができる. **～ *time***... …するごとに; …するときはいつでも: *E*～ *time* I go to his house, he's out. 私が彼の家に行くたびに彼は外出している. **～ *which way***〘米話〙四方八方に; ばらばらに. **(*in*) ～ *way*** すべての方面において; 全く. ***nearly*** ～ たいていの, たいがいの: *Nearly* ～ student speaks some English. たいていの学生は多少英語を話す.

ex·áct·i·tude [igzǽktit(j)ù:d/-tju:d] *n.* **1** 正確さ. **2** 精密さ. **3** きちょうめんさ.

‡**ex·áct·ly** [igzǽk(t)li] *ad.* **1** 正確に, 精密に, きちょうめんに: ～ at five 正5時に. **2** 正確に言って: He is not ～ a gentleman. 厳密に言えば紳士じゃない. **3** まさに, 全く: *E～!* 全くそのとおり. ***not*** **～** 必ずしもそうではない; ちょっと違う.

ex·ác·tor [-ktər] *n.* 強要者; 取立人, 収税吏.

‡**ex·ág·ger·ate** [igzǽdʒərèit] *vt.* **1** 誇張する, 過大に見せる: ～ one's importance うぬぼれる. **2** 大げさに考える: You ～ the difficulties. きみは困難を過大視している. **3** <病気を> 重くする; 異常に大きくする《主として受動態に用いる》. —— *vi.* 大げさに言う, 過大視する《を *on*》: If you always ～, people will no longer believe you. いつも大ぶろしきを広げていては信用されなくなるだろう.
◇ **-a·tor** [-èitər] *n.*

ex·ág·ger·at·ed [igzǽdʒərèitid] *a.* 大げさな, 誇大な; 過度の: have an ～ opinion of oneself 自負しすぎる, しょっている. ◇ **～·ly** *ad.*

*__ex·àg·ger·á·tion__ [igzæ̀dʒəréiʃ(ə)n] *n.* 誇張, 過大, 大げさ; 誇張的表現.

ex·ág·ger·a·tive [igzǽdʒərèitiv/-rətiv] *a.* 誇張的な. ◇ **～·ly** *ad.*

ex·ált [igzɔ́:lt] *vt.* **1** 高める; の位を高める, 昇進させる: He was *～ed to* the most eminent station. 彼は位人臣をきわめた. **2** ほめそやす, 賞揚する. **3** <人を>得意にする, 意気揚々たらしめる. **4** <色・音などを>強める; の効果を強める. ～ a person ***to the skies*** 口をきわめて(人を)ほめる, (人を)ほめちぎる. [√al-]

èx·al·tá·tion [ègzɔ:ltéiʃ(ə)n] *n.* **1** 高揚; 賞賛. **2** 狂喜. **3** 〘医〙異常昂進(こうしん).

ex·ált·ed [igzɔ́:ltid, eg-] *a.* **1** 高貴の, 身分の高い. **2** 高尚な, 気高い. **3** 有頂天な, 意気揚々の.
◇ **～·ly** *ad.* 得意になって.

ex·ám [igzǽm] *n.* 〘話〙試験.

*__exam.__ examination; examined; examinee; examiner.

ex·ám·i·nant [igzǽmịnənt] *n.* 試験官, 審査員, 「検察官.

‡**ex·àm·i·ná·tion** [igzæ̀mịnéiʃ(ə)n] *n.* **1** 試験; 審査: an ～ *in* English 英語の試験. entrance ～*s* 入学試験. **2** 試験問題. **3** 調査, 検査, 吟味, 考察. **4** 検査, 診察. **5** 〘法〙尋問, 審理.
make an ～ of を検査〔審査〕する. ***on ～*** 調査〔検査〕の上で; 調べてみると. ***oral ～*** 口頭〔口述〕試験. ***pass*** 〔***fail in***〕 ***an ～*** 試験に及第〔落第〕する. ***physical ～*** 身体検査. ***sit for*** 〔***take***〕 ***an ～*** 受験する. ***under ～*** 試験〔調査〕中で. ***written ～*** 筆答〔筆記〕試験.
～ paper 試験問題(紙); 答案用紙.

ex·àm·i·na·tó·ri·al [igzæ̀mịnətó:riəl/-tɔ́:riəl] *a.* 試験官〔委員〕の.

‡**ex·ám·ine** [igzǽmin] *vt.* **1** 試験する: ～ pupils *in* grammar 生徒に文法の試験をする. **2** 検査する, 審査する, 吟味する; 調査〔検討〕する, 考察する: ～ oneself 内省する. **3** 診察する. **4** 〘法〙尋問〔審理〕する. —— *vi.* 調査〔吟味〕する《を *into*》. [ex- + √ag-] 〔類〕 → **test**「試験する」

ex·àm·i·née [igzæ̀mịní:] *n.* 被試験者, 受験者.

*__ex·ám·in·er__ [igzǽm(ị)nər] *n.* 試験官〔委員〕, 検査官.

†**ex·ám·ple** [igzǽmpl/-zɑ́:m-] *n.* **1** 例, 実例, 例証: give 〔cite〕 an ～ 例をあげる. **2** 見本; 標本: an ～ of his work 彼の作品の一例. **3** 例題, 例解. **4** 模範, 手本. **5** 見せしめ(に罰せられた人), 戒め. ***as an ～*** = ***by way of ～*** 例として. ***beyond*** 〔***without***〕 ***～*** 空前の, 前例のない. ***follow the ～ of*** a person = ***follow*** a person***'s ～*** (人)を模範にする, (人)にならう. ***for ～*** たとえば. ***make an ～ of*** を見せしめにする, をやり玉に上げる. ***set*** 〔***give***〕 ***an ～ to*** に手本を示す. ***take ～ by*** の例にならう, を手本にする. ***to cite an ～*** 一例をあげると. [√em-] 〔類〕 → **instance**「例」

ex·án·i·mate [igzǽnịmèit, -mit/-mit] *a.* **1** 生命のない, 無生の. **2** 元気のない, 消沈した. [√anim-]

ex an·i·mo [eks-ǽnịmòu / -mou] L. (= from the soul) 心から, 誠心誠意(の).

ex an·te [eks-ǽnti] L. 変化〔変動〕を前もって予想した《経済に関して》. ↔ *ex post*.

éx·arch [éksɑ:rk] *n.* **1** (ビザンチン帝国の) 太守, 総督. **2** 〘ギリシア正教〙主教. ◇ **～·ate** [-èit, ㊥⁺ eksɑ́:rkeit] *n.* ～ の職〔管轄区域〕.

ex·ás·per·ate [igzǽspərèit/-zɑ́:sp(ə)-] *vt.* **1** <人を> おこらせる; 憤激させる《に *at, against*》; 憤激させて…させる: ～ a person *to* (do). **2** <悪感情を> つのらせる, かき立てる. **3** <病気などを> 悪化させる, 重くする. —— *a.* 〘植〙ざらざらした; とげでおおわれている. ◇ **-at·er, -a·tor** [-ər] *n.*
〔類〕 → **irritate**「おこらせる」

ex·ás·per·at·ed·ly [-pərèitidli] *ad.* 激怒して, 腹立ちまぎれに.

ex·ás·per·at·ing [-iŋ] *a.* おこらせる, いらいら〔むしゃくしゃ〕させる: It is ～ *to* lose a train by a second. ひと足ちがいで列車に乗り遅れるなんて頭にきちゃう.

ex·às·per·á·tion [igzæ̀spəréiʃ(ə)n/-zɑ̀:s-] *n.* **1** 憤激, 憤慨, いらだち. **2** 《悪感情の》激化. **3** 《病気などの》悪化, 重大化.

Exc. Excellency. **exc.** excel; excellency; excellent; except; excepted; exception; exchange; *excudit* [ikskjúdit] (L. =he 〔she〕 engraved 〔painted〕 (this)).

Ex·cál·i·bur [ekskǽlịbər] *n.* 伝説中のアーサー (Arthur) 王の名剣.

ex ca·the·dra [èks-kəθí:drə, eks-kǽθidrə/eks-kəθí:drei, èks-kǽθidrə] L. (=from the chair) 権威の座から, 権威をもって, 権威的に.

éx·ca·vate [ékskəvèit] *vt.* **1** に穴を掘る, に空洞(くうどう)をつくる; 掘る. **2** <穴・トンネル・塹壕(ざんごう)を> 掘る. **3** <埋蔵物を>掘り出す, 発掘する. [√cav-]
◇ **-va·tor** [-ər] *n.* 掘る人〔機械, 道具〕.

èx·ca·vá·tion [èkskəvéiʃ(ə)n] *n.* **1** 掘ること. **2** ほら穴, 堀(ほり); 切り通し. **3** 〘考古〙発掘物.

‡**ex·céed** [iksí:d] *vt.* **1** <数量・程度・限度を> 越す, 超過する: a sum not *～ing* 100 dollars 100ドル以内の額. ～ the speed limit 速度制限を犯す. **2** 《比喩的》越す: ～ one's rights 権限を踏み越える, 越権行為をする. ～ anticipation 予想を上回る, 期待にまさる. **3** よりすぐれる, にまさる, しのぐ: ～ a person *in* strength 力の点で人にまさる. Tokyo ～*s* London *in* population. 東京はロンドンより人口が多い. —— *vi.* **1** 度を越す; 暴飲暴食する. **2** 人にすぐれる: ～ in beauty ひときわ美しい. **～ one's income** 収入以上の暮らしをする. **～ one's *powers*** 力にあまる, 手におえない. [√ced-]

ex·céed·ing [iksí:diŋ] *a.* きわだった, 非常な, はなはだしい. —— *ad.* =exceedingly. 「cult.

*__ex·céed·ing·ly__ [-li] *ad.* 非常に, 大いに: ～ diffi-

‡**ex·cél** [iksél] *v.* (**-ll-**) *vt.* <他を> しのぐ, にまさる, より卓越する: ～ others *in* speaking English 英会話では人にすぐれている. —— *vi.* すぐれている, 卓越する: ～ *in* fencing フェンシングがじょうずだ. ～ *at* a game ゲームに強い. [√cel(l)-]

*__éx·cel·lence__ [éks(ə)ləns] *n.* **1** 優秀, 卓越, すぐれていること. **2** すぐれた素質〔腕前〕; 美点, 長所.

éx·cel·len·cy [-lənsi] *n.* **1** 〘古〙= excellence. **2** 閣下《大臣・大使に対する敬称》. 〈注〉 Your *Excellency* 《直接呼びかけて》閣下, 閣下夫人. His 〔Her〕 *Excellency* 《間接に》閣下〔閣下夫人〕. 複数のときには your 〔their〕 *Excellencies*.

‡**éx·cel·lent** [éks(ə)lənt] *a.* **1** 優秀な, (特に) すぐれた, 抜きんでた《の点で *in*》. **2** 《成績の》優《fair,

good, very good よりも上位》. [<excel]
◇ **～·ly** [-li] *ad.* すぐれて, 卓越して.

ex·cél·si·or [iksélsiər/eksélsiɔ:] *a.* **1** 更に高い. **2** 《間投詞として》 更に高く!, 向上!《アメリカ New York 州の標語》.
—— [-siər/-siɔ:,-siə] *n.* 〖米〗《詰め物用》上等かんなくず; 〖印〗3ポイント活字. [<L.]

†**ex·cépt** [iksépt] *prep.* …を除いて, …のほかは: We are all ready ～ you. きみのほかぼくたちはみな用意ができている. He did nothing ～ eat and drink. 食べたり飲んだりばかりした.
～ ***for*** (1) を別にすれば, (…の例外) があるだけで: The dress was ready ～ *for* its buttons. ボタンはまだだったが, その他の点では着物は仕立て上がっていた. (2) …がなかったならば (but for): We should have died ～ *for* him. 彼がいなかったら死ぬところだった. (3) → *conj.* 〈注〉 except と except for の差: except for の (1) は「…の点を除けば, …については別にして」の意. The streets were deserted *except for* the policeman on duty. 「勤務中の巡査を除いて, 通りには人っこひとりいなかった」で, streets と policeman とは同一種類のものではない. おなじ意味でも, There was no one on [in] the streets *except* the policeman on duty. では, no one と policeman は等しく「人」という同一種類に属する. ～ ***that***… …ということを除いては: She knows nothing about the story ～ *that* it is very long. 彼女はその話が長いということ以外なにも知らない.
—— *vt.* 除く, 除外する《から *from*》. **——** *vi.* 異議を唱える, 忌避する《に, を *against*》.
—— *conj.* **1** 《副詞句[節]を伴って》 …を除いて: ～ by agreement 協定の上でなければ. We work every day ～ on Sunday. 日曜日以外は毎日働く. He cannot have done it ～ for his children. 子どものため以外にそんなことをしたとは考えられない. **2** 〖古〗 …でなければ, …以外は (unless). [√cap-]

‡**ex·cépt·ing** [ikséptiŋ] *prep.* …を除いて, …を除外して, …を省いて: Everyone, *not excepting* myself, agreed to the plan. みんなが私自身も含めてその案に賛成した. 〈注〉 not, without, always などのあとに用いられることが多い. **——** *conj.* 〖古〗 = unless.

‡**ex·cép·tion** [iksépʃ(ə)n] *n.* **1** 例外, 除外. **2** 除外例, 例外の人[物], 異例: an ～ *to* the rule 規則の例外. You are no ～. きみも例外ではない. **3** 異議, 異論; 〖法〗 異議申し立て, 不服. ***by way of*** ～ 例外として. ***make an*** ～ ***of*** は例外とする. ***take*** ～ (1) 異議を申し立てる《に *to, against*》. (2) 腹を立てる《に *at*》. ***The*** ～ ***proves the rule.*** 〖ことわざ〗 例外あるは常則ある証拠. ***There is no rule but has some*** ～***s.*** 〖ことわざ〗 例外のない法則はない. ***without*** ～ 例外なく, 残らず. ***with the*** ～ ***of*** は例外として.

ex·cép·tion·a·ble [iksépʃ(ə)nəbl] *a.* 反対の余地ある, 異議の余地ある, 非難できる. ◇ **-bly** *ad.*

ex·cép·tion·al** [-ʃən(ə)l] *a.* 例外の, 特別な, 普通でない, まれな. ◇～·ly** [-i] *ad.* 例外的に: ～*ly* good ずばぬけてよい. (類) → **irregular**「変則的な」

ex·cép·tive [ikséptiv] *a.* **1** 例外の, 例外的な, 例外を設ける: an ～ clause 除外条項. **2** 異議を唱えるのを好む, あら捜しの好きな.

éx·cerpt [éksə:rpt] *n.* 抜粋; 引用(句); 《論文などの》抜き刷り. **——** [iksə́:rpt] *vt.* 抜粋する, 引用する《から *from*》. ◇ **ex·cérp·tion** [–⸍ʃ(ə)n] *n.*

‡**ex·céss** [iksés] *n.* **1** 過多; 過剰, 余剰. **2** 超過; 超過量[額]: an ～ of imports (*over* exports) 輸入超過. **3** 過度; 越権, やり過ぎ. **4** 不節制, (*pl.*) 暴飲暴食; (通例 *pl.*) 不行跡. ***carry*** a thing ***to*** ～ 極端にする, やり過ぎる. ***go*** [***run***] ***to*** ～ やり過ぎる, 極端にはしる. ***in*** [***to***] ～ 過度に, …し過ぎる. ***in*** ～ ***of*** …より超過して.
—— [㊊⁺ ékses] *a.* 超過の, 余分の, 制限外の: ～ baggage [luggage] 超過手荷物. ～ fare 乗り越し料金; 《上級車への》直り賃. ～ postage 超過郵便料金. → 動詞 exceed.

‡**ex·cés·sive** [iksésiv] *a.* **1** 過度の, 過大な. **2** 行き過ぎの, はなはだしい, 法外な. **3** 不節制の.
◇ **～·ly** *ad.* **～·ness** *n.*

exch. exchange; exchequer.

‡**ex·chánge** [ikstʃéindʒ] *vt.* **1** 交換する, 取り替える: ～ A *for* B A と B とを交換する, A をやって B をもらう. ～ goods *with* foreign countries 外国と物資を交流する. **2** 交換し合う, 取りかわす: ～ letters [views] *with* another 人と手紙[意見]を交換する. **3** 両替する: ～ pounds *for* dollars ポンドをドルに両替する.
—— *vi.* **1** 交換する. **2** 入れ替わる. **3** 〈物が〉交換される《と *for*》.
—— *n.* **1** 交換, やりとり: an ～ of gifts 贈り物の交換. ～ of gold *for* silver 金と銀の交換. **2** 交換物: a good ～ 得な交換物. **3** 両替; かわせ(相場); (*pl.*) 手形交換高. **4** 取引所; 《電話の》交換局 (= ㊊ central): a telephone ～. **5** (会員制・職場の) 売店, 購買部. ***bill of*** ～ かわせ手形. ***domestic*** [***internal***] ～ 内国かわせ. ***E～ is no robbery.*** 交換は強奪ではない《不当な交換をするときの弁解》. ***foreign*** ～ 外国かわせ. ***in*** ～ ***for*** の代わりに; と引き替えに: I'm giving him Japanese lessons *in* ～ *for* English lessons. 彼に英語を教えてもらう代わりに日本語を教えている. ***make an*** ～ 交換する. ***par of*** ～ 《かわせ》法定平価.
～ **broker** 株式取引所仲買人, かわせ仲買人. ～ **check** 商品券. ～ **professor** [**student**] 交換教授[学生]. ～ **quotation** 外国かわせ相場表. ～ **rate** かわせレート[換算率].
(類義語) 交換する: **exchange** 別のものと交換する: In most stores the purchaser may *exchange* goods. たいがいの商店では客は買った品を別の品と交換できる. **interchange** (二つのものを) 入れ替える, 置き換える: If you *interchange* these two words, the meaning of the sentence will remain the same. これらの二つの語を置き換えても文の意味は変わらないでしょう. **barter** 物々交換をする: *barter* jewels for food 宝石を食物と交換する.

ex·chánge·a·ble [ikstʃéindʒəbl] *a.* 交換[交易]できる; 兌換(だかん)できる. ～ **value** 交換価値.
◇ **ex·chàng·a·bíl·i·ty** [–⸌–bíləti] *n.*

ex·chéq·uer [ikstʃékər, ㊊⁺ ékstʃekər] *n.* **1** 国庫; (E～) 〖英〗 大蔵省. **2** 〖俗〗 資力, 財源: My ～ is low. ふところぐあいが苦しい. ～ **bill** 〖英〗 大蔵省証券. ～ **bond** 〖英〗 国庫債券.

ex·císe[1] [iksáiz, éksàiz/eksáiz, ⸍–] *n.* **1** 物品税, (国内) 消費税: ～ *on* tobacco. 〈注〉イギリスでは excise duty と呼んでいる. **2** (the E～) 〖英〗 間接税務局《いまでは Bureau of Customs and E～》. **——** *vt.* **1** に物品[消費]税を課する. **2** に重税を課す; からしぼる.
～·man [iksáizmən] 〖英〗《物品税の》収税吏.
◇ **ex·cís·a·ble** [iksáizəb(ə)l, ek-] *a.* 課税できる.

ex·císe[2] [iksáiz/ek-, ik-] *vt.* 〈できものなどを〉切り取る, 取り去る; 〈文・節などを〉削除する. [√caed-]
◇ **ex·cís·a·ble** [-əbl] *a.* 切り取りうる. **ex·cí·sion** [-síʒ(ə)n] *n.*

ex·cít·a·ble [iksáitəbl, ek-] *a.* 興奮[感激]しやすい, ひどく衝動的な.
◇ **-bly** *ad.* **ex·cìt·a·bíl·i·ty** [–⸌–bíləti] *n.*

ex·cít·ant [iksáit(ə)nt, éksitənt] *a.* 刺激性の, 興奮性の. **——** *n.* 刺激物, 興奮剤.

èx·ci·tá·tion [èksaitéiʃ(ə)n/èksi-] *n.* **1** 刺激, 興奮. **2** 〖物〗励起《原子・分子のエネルギーを普通の状態より高めること》; 〖電〗 励磁《磁気・磁場をつくること》; 励振《真空管の電極に信号電圧を加えること》.

‡**ex·cíte** [iksáit] *vt.* **1** 興奮させる, 刺激する. **2** <感情を> かき立てる, そそる: ～ jealousy しっと心を起こさせる. **3** 奮い立たせる, 鼓舞する. **4** <暴動などを> 扇動する, 引き起こす. **5** 〖電〗<装置を> 励磁する; に電圧を加える; 〖物〗<原子を> 励起する. —— *vi.* 興奮する. ***be*** 〔***get***〕 **～*d at*** 〔***over***〕 で興奮する, で気が立つ, …にやっきとなる. **～ one*self*** 興奮する. [√ci-] ◇ **ex·cít·a·tive** [-ətiv], **ex·cít·a·to·ry** [-ətɔ̀:ri/-ət(ə)ri] *a.* ～する〔させる〕. **ex·cít·er** [-ər] *n.* ～ する人; 〖電〗 励磁機, 励振器; 〖医〗 刺激剤.

‡**ex·cít·ed** [iksáitid] *a.* 興奮した《に *at, by, about*》; (心が) 張り切って: be ～ with joy *at* the news ニュースを聞いて狂喜する. ◇ ‡**～·ly** *ad.*

‡**ex·cíte·ment** [iksáitmənt] *n.* **1** 興奮: flushed *with* ～ 興奮のため顔を赤くして. cry *in* ～ 興奮して叫ぶ. **2** 騒ぎ, 動揺. **3** 刺激するもの, 激励するもの.

‡**ex·cít·ing** [iksáitiŋ] *a.* **1** 興奮させる, 激しい興味をそそる; ぞくぞく〔はらはら〕させる: an ～ game 手に汗を握らせる競技〔試合〕. **2** 〖電〗 励磁の; 〖物〗 励起の.

excl. exclamation; excluded; excluding; exclusive.

‡**ex·cláim** [ikskléim] *vt.* 叫ぶ, 大声で言う: He ～*ed* that he would rather die. いっそのこと死ぬと叫んだ. —— *vi.* 叫ぶ, 叫び声をあげる《に, を見て, を聞いて *at*》. **～ *against*** を大声で非難する. [√clam-]

‡**èx·cla·má·tion** [èkskləméiʃ(ə)n] *n.* **1** 叫び, 絶叫. **2** 感嘆のことば〔語句〕: with an ～ of surprise 驚きの叫びを発して. **3** 〖文〗 感嘆〔間投〕詞; 感嘆符《!》. ***note*** 〔***point***〕 ***of*** **～** = **～ *mark*** 〔***point***〕 感嘆符《!》. [√clam-]

***ex·clám·a·to·ry** [iksklǽmətɔ̀(:)ri/-t(ə)ri] *a.* 感嘆の, 感嘆〔詠嘆〕口調の. **～ sentence** 〖文〗 感嘆文.

ex·cló·sure [eksklóuʒər, iks-] *n.* 〖米〗《動物やこん虫の害から守るための》 囲い地.

‡**ex·clúde** [iksklú:d] *vt.* **1** 締め出す, 排斥する, 追い出す. ↔ include. **2** <証拠などを> しりぞける; <疑いなどを> 全く許さない; <可能性などを> 否定する: Absolute indifference ～*s* the conception of will. 全く無関心であれば意志の存在が考えられない. **～** a person ***from*** (人を)…から排斥する, (人を)…に入れない, (人に)…を与えない. **～** a person ***out of*** (人を) …から除外〔放逐〕する. [√claud-]

ex·clú·sion [iksklú:ʒ(ə)n] *n.* 除外, 排斥, 排除, 放逐. → 動詞 exclude. ***to the*** **～ *of*** を除外して. **～ clause** 但し書き条項《保険で保険金がおりない場合を定めた条項など》.
◇ **～·ism** [-ʒənìz(ə)m] *n.* 排他主義.

‡**ex·clú·sive** [iksklú:siv] *a.* **1** 排他的な, 除外的な: mutually ～ ideas 互いに相いれない考え. ↔ inclusive. **2** 独占的な: an ～ right (to publish a novel) (小説出版の) 独占権. ～ use 専用. ～ information 独占的情報. **3** もっぱらの, 専一の: ～ attention to business 仕事だけへの関心. **4** 唯一の: an ～ means of transportation between the two places 両所の間の唯一の交通機関. **5** 専門的な: ～ studies 専門的研究. **6** 〖話〗 高級な, 一流の, 上流の: an ～ club 上流クラブ. **7** 《副詞的》 除外して. **～ *of*** を除いて, を入れないで. ***from*** 10 ***to*** 20 ～ (10)から(20)まで, ただし(10)と(20)を除く. —— *n.* 〖新聞〗 報道独占権; 独占記事.
◇ **～·ly** *ad.* もっぱら. **～·ness** *n.* **-siv·ism** [-ìz(ə)m] *n.* 排他主義, 独占主義.

ex·cóg·i·tate [ikskádʒitèit/ekskɔ́dʒ-] *vt.* 考え出す, 案出する, 考案する. ◇ **ex·còg·i·tá·tion** [-⊥-téiʃ(ə)n] *n.* 発案, くふう; 発案物.

èx·com·mú·ni·cate [èkskəmjú:nikèit] *vt.* 《宗教の権威で》 破門する; 除名する.
—— [-kèit/-kit] *a., n.* 破門〔除名〕された (者).
◇ **-ca·tive** [-kèitiv], **-ca·to·ry** [-kətɔ̀:ri/-keit(ə)ri, -kət(ə)ri] *a.* **-ca·tor** [-kèitər] *n.*

èx·com·mù·ni·cá·tion [èkskəmjù:nikéiʃ(ə)n/éks-] *n.* **1** 〖宗〗 破門《キリスト教会員としてのあらゆる権利の剝奪(はくだつ). 聖餐(せいさん)から除外し, 他のキリスト教徒との交際を禁ずる》. **2** 除名, 放逐.

ex·có·ri·ate [ikskɔ́:rièit/-kɔ̀:r-] *vt.* **1** の皮をはぐ; の皮をすりむく. **2** 〖米〗 ひどく非難する.
◇ **ex·cò·ri·á·tion** [-⊥-éiʃ(ə)n] *n.*

éx·cre·ment [ékskrimənt] *n.* (しばしば *pl.*) 排出物, ふん; 肥料. ◇ **èx·cre·mén·tal** [⊥-méntl], **èx·cre·men·tí·tious** [⊥-mentíʃəs] *a.*

ex·crés·cence [ikskrésns] *n.* **1** 《髪・つめなど》 自然に生じるもの. **2** ふくれ出たもの, よけいなもの. **3** 〖医〗 こぶ, いぼ, 贅肉(ぜいにく).

ex·crés·cen·cy [ikskrésnsi] *n.* **1** 副次〔外部〕発生. **2** = excrescence.

ex·crés·cent [ikskrésnt] *a.* **1** (他のものから) ふくれ出た; よけいにできた〔生じた〕; よけいな, むだな, 不必要な. **2** 贅肉(ぜいにく)の, いぼ〔こぶ〕の. **3** 〖音声〗 贅音の《音便上できた音で語源的にはないもの: sound<ME. soun <L. sonus》. [√cre(sc)-]

ex·cré·ta [ekskrí:tə] *n. pl.* **1** 排出物, ふん便. **2** 腺(せん)分泌物. [√cre(sc)-]

ex·créte [ikskrí:t] *vt.* 〖生理〗 排出する, 分泌する.
◇ **ex·cré·tion** [-ʃ(ə)n] *n.* 排出作用; 排出物, 分泌物. **ex·cré·tive** [-tiv] *a.* 排出機能〔促進〕の.

éx·cre·to·ry [ékskrətɔ̀:ri / -t(ə)ri] *a.* 排出する.
—— *n.* 排出器官 (= ～ organ).

ex·crú·ci·ate [ikskrú:ʃièit] *vt.* **1** (激しく) 責め苦しめる, に肉体的苦痛を与える. **2** 苦悩させる, 煩悶(はんもん)させる. [√cruc(i)-]
◇ **ex·crù·ci·á·tion** [-⊥-éiʃ(ə)n] *n.* 拷問; 苦悩.

ex·crú·ci·at·ing [ikskrú:ʃièitiŋ] *a.* 《肉体的または精神的に》 激しい苦痛を与える; 責めさいなむ.
◇ **～·ly** *ad.*

éx·cul·pate [ékskʌlpèit, ㊥⁺ ikskʌ́lpeit] *vt.* **1** に罪を免れさせる, 無罪にする, の無罪を宣言〔証明〕する. **2** <証拠・事実が> …の無罪を証明する, …の無罪の弁解になる. **～ one*self*** 身のあかしをたてる《*from*》. ◇ **èx·cul·pá·tion** [èkskʌlpéiʃ(ə)n] *n.* 弁明, 弁護. **ex·cúl·pa·to·ry** [ekskʌ́lpətɔ̀:ri/-t(ə)ri] *a.*

ex·cúr·rent [ikskə́:rənt/-kʌ́r-] *a.* **1** 流れ出る, 流出する. **2** 〖植〗《中央の幹から》 分枝する. **3** 〖医〗《心臓から動脈血液が》 流出する.

‡**ex·cúr·sion** [ikskə́:rʒ(ə)n, -ʃ(ə)n/-ʃ(ə)n] *n.* **1** 行楽, 遠足, 遊覧旅行: make 〔take〕 an ～ *to* 〔*into*〕 へ遠足に行く. **2** 遠足団体, 遊覧団体. **3** 遊覧割引旅行. **4** 脱線, わき道へそれること (digression). **5** 〖機〗 行程. **6** 〖古〗 出撃, 襲撃. ***go on*** 〔***for***〕 ***an*** **～** 遠足に行く. [√cur(r)-]
～ ticket 回遊切符. ◇ **～·ist** *n.* ～する人.

ex·cúr·sive [ikskə́:rsiv] *a.* **1** (要点を離れて) 枝葉にわたる; 散漫な. **2** 気まぐれな, 多方面な: ～ reading 乱読. ◇ **～·ly** *ad.* 主題を離れて. **～·ness** *n.*

ex·cúr·sus [ekskə́:rsəs] *n.* (*pl.* **～**, **～·es**) 付記, 補遺.

ex·cús·a·ble [ikskjú:zəbl] *a.* 当然言い訳のきく〔可能な〕; 無理もない, もっともな. ◇ **-bly** *ad.*

†**ex·cúse** [ikskjú:z] *vt.* **1** 許す, 勘弁する (forgive): *E*～ me for coming late. 遅れて申しわけありません. ↔ accuse. **2** に免除する, に免ずる: ～ a person *from* attendance 〔a debt〕 人に出席〔債務〕を免除する. **3** 言い訳する, 弁解する: ～ one's absence by saying that one is ill 病気だと言って欠席の弁解をする. **4** <事情などが> …の言い訳となる: Ignorance of the law ～*s* no man. 法律を知らなかったとて罪を免れない. **～ one*self*** 言い訳をする; 辞退する, ごめんこうむりたいと言う; E～ me. と言って退く《*from*》. ***E～ me.*** 失礼します〔しました〕; ごめんください《人の前を通るとき, 座を立つとき, せきをしたあとなど》.

—— [ikskjú:s] *n.* **1** 言い訳, 弁解; わび: an adequate ～ 十分な申しわけ. I owe you every ～ *for* it. その点あなたにはまことに申しわけない. He has sent in an ～. 彼は断わりを言ってよこした. **2** 口実, 言い抜け: a poor ～ (*for*) (…の) まずい口実. **3** 容赦, 勘弁. **4** 申しわけ程度のもの, 貧弱な例: He is barely an ～ for a man. 男というにも価しない人間だ. ***in ～ of*** の言い訳に, の弁解として. ***make an ～ (for)*** (の)言い訳をする. ***no ～*** 理由にはならない: That [Ignorance] is *no* ～ for your conduct. それで〔知らなかったからといって〕きみの行為が正当化されるわけではない. ***without ～*** 理由なく. 〈注〉名詞と動詞との発音の差に注意. [√caus-]
◇ **ex·cús·a·to·ry** [-zətò:ri/-t(ə)ri] *a.*
(類義語) ゆるす: **excuse** 故意ではなかったことを認めて軽い罪をゆるす: *excuse* a person's coming late 人の遅刻をゆるす. **forgive** やや重い罪をゆるすとともに加害者に対し恨みをいだかない: *forgive* and forget ゆるして水に流す. **pardon** 上位の人が下位の人・罪人などを赦免する. したがってややもったいぶった社交的表現にも用いられる: *Pardon* the liberty I am taking. 私の失礼をおゆるしください.

ex div. ex dividend. → ex.

éx·e·at [éksiæt] L. (=let him go, he may go) *n.* 外泊許可《イギリス public school で学期中の》.

exec. executive; executor.

éx·e·cra·ble [éksikrəbl] *a.* **1** のろうべき; 忌まわしい. **2** ひどくへたな. ◇ **-bly** *ad.* 憎々しく.

éx·e·crate [éksikrèit] *vt.* **1** 憎々しく思う; 嫌悪(ｹﾝｵ)する, 忌みきらう. **2** のろう. —— *vi.* のろいを唱える. [√sac(e)r-]
◇ **éx·e·cra·tive** [-krèitiv], **-cra·to·ry** [-krətò:ri/-kreit(ə)ri] *a.* **èx·e·crá·tion** [⌣–kréiʃ(ə)n] *n.* のろい, 嫌悪; 胸くその悪くなる物〔人〕.

ex·éc·u·tant [igzékjutənt, eg-] *n.* 執行〔実行〕者; 《特に》演奏家: an ～ *on* the piano ピアノ奏者.

‡**éx·e·cute** [éksikjù:t] *vt.* **1** 〈計画などを〉実行する, 実施する; 遂行する, 達成する: ～ a plan [one's duty]. **2** 〈美術品などを〉仕上げる, 制作する: ～ a statue in bronze 青銅の像をつくる. **3** 〈俳優が役を〉演ずる; 〈音楽を〉演奏する. **4** 〔法〕〈契約・証書などを〉作成する; 〈法律・遺書などを〉執行する, 実施する; 〈財産を〉譲渡する: ～ an estate 財産権を譲る. **5** 死刑にする, 処刑する.
[ex-+√sequ- 終わりまで+追う → 成し遂げる]
◇ **éx·e·cut·a·ble** [éksikjù:təbl, ㊊⁺ igzékju-] *a.*
(類) → **perform**「成し遂げる」

‡**èx·e·cú·tion** [èksikjú:ʃ(ə)n] *n.* **1** 実行, 実施; 遂行, 達成: the ～ of one's duties 職責の遂行. **2** 《芸術作品の》制作, できばえ; 《音楽の》演奏(ぶり). **3** 効果《特に射撃・魅力の》. **4** 〔法〕強制執行, 強制執行令状; 《証書を有効にする》手続き(完了). **5** 死刑執行, 処刑: ～ by hanging 絞首刑. ***carry into [put into, put in] ～*** 実行〔実施〕する. ***do ～*** 効果がある, 威力を発揮する; 〈弾丸が〉命中する. ***writ of ～*** 強制執行令状. **E～ Dock** 〔史〕London の Thames 川岸にあった海賊の処刑場.
◇ **～·er** [-ər] *n.* **1** 死刑執行人. **2** 実行者.

‡**ex·éc·u·tive** [igzékjutiv] *a.* **1** 実行上の, 実行可能な, 実施に適する. **2** 実行的な; 事務処理の(能力ある). **3** 執行権をもつ. **4** 法律執行の〔に関する〕. **5** 行政の, 行政上の.
—— *n.* 〔米〕 **1** 行政部, 行政官; 行政長官 (=Chief E～)《大統領・州知事》. **2** 《社長・重役・支配人など》幹部役員: chief [subordinate] ～ 首席〔補佐〕幹部役員.
～ **agreement** 〔米〕行政協約《他国政府との》. ～ **branch** 行政部; 〔軍〕戦闘部隊. ～ **commission** 実行委員会. **E～ Mansion** 〔米〕大統領官邸; 州知事官邸. ～ **officer** 行政官; 執行官; 兵科将校; 《軍艦の》副長. ～ **order** 行政命令; (しばしば E～ Order) 〔米〕大統領命令. ～ **session** 〔米〕秘密会議《党首間などの》.
◇ **～·ly** *ad.* 行政的に.

ex·éc·u·tor [igzékjutər] *n.* **1** [⁺éksikjù:tər] 執行者. **2** 指定遺言執行者. ***literary ～*** 《故人の遺言による》遺著の管理者. ◇ **～·ship** [-ʃip] *n.* ～の資格〔職務〕.

ex·èc·u·tó·ri·al [igzèkjutó:riəl/-tɔ́:r-] *a.* 指定遺言執行者の.

ex·éc·u·to·ry [igzékjutò:ri/-t(ə)ri] *a.* **1** 行政上の. **2** 〔法〕未来に効力の生じる; 未履行の.

ex·éc·u·trix [igzékjutriks] *n.* (*pl.* **ex·èc·u·trí·ces** [igzèkjutráisi:z], **ex·éc·u·trix·es**) executor ②の女性形.

èx·e·gé·sis [èksidʒí:sis] *n.* (*pl.* **-ses** [-si:z]) 解釈, 釈義《特に聖書の》.

éx·e·gete [éksidʒi:t] *n.* 解釈学者.

èx·e·gét·ic [èksidʒétik], **-i·cal** [-(ə)l] *a.* 解釈上の, 注釈的. ◇ **èx·e·gét·i·cal·ly** *ad.*

èx·e·gét·ics [èksidʒétiks] *n. pl.* 《単数扱い》解釈学, 訓詁(ｸﾝｺ)学《特に聖書の》.

ex·ém·plar [igzémplər] *n.* **1** 模範, 手本. **2** 見本, 標本, 実例. **3** 原本, 原形.

ex·ém·pla·ry [igzémpləri] *a.* **1** 模範的な, 典型的な, 好例の. **2** 模範〔手本〕とすべき, りっぱな. **3** みせしめの, 懲戒的: ～ punishment 懲戒罰. 〈注〉example と同語源だが, つづりの差異に注意.
be ～ of の典型〔好例〕である. [√em-]
～ **damages** 〔法〕《実際の損害額以上に課する》懲戒損害賠償金. ◇ **-ri·ly** *ad.* **-ri·ness** *n.*

ex·èm·pli·fi·cá·tion [igzèmplifikéiʃ(ə)n] *n.* **1** 例証, 例示. **2** 具体例. **3** 〔法〕認証謄本.

ex·ém·pli·fy [igzémplifài] *vt.* **1** 例で示す, 例証する: ～ a rule 規則を具体例で示す. **2** の具体例である; の範となる: Spartans ～*ied* courage. スパルタ人は勇気の模範であった. **3** 〔法〕の認証謄本を作成する. [√em-]

ex·em·pli gra·ti·a [igzémplai-gréiʃiə] L. (=for example) たとえば《略 e.g.》.

ex·ém·plum [igzémpləm] *n.* (*pl.* **-pla** [-plə]) **1** 逸話, 小話《特に道徳的な》. **2** =example.

ex·émpt [igzémpt] *vt.* 免ずる, に免除する: ～ a person *from* taxes 人に税を免除する.
—— *a.* 免除された, 免れた: ～ *from* taxes 免税の.
—— *n.* 《義務などを》免除された人; 免税者. [√em-]

ex·émp·tion [igzémpʃ(ə)n] *n.* 免除: ～ *from* tax 免税.

ex·én·ter·ate [ekséntərèit] *vt.* 〔医〕の器官を除去する.

èx·e·quá·tur [èksikwéitər] *n.* **1** 認可状《政府から他国の領事または貿易事務官に与える》. **2** 君主の承認書《ローマ教皇の教書・法令の布告に関する》.

éx·e·quies [éksikwiz] *n. pl.* 葬式; 葬列.

†**éx·er·cise** [éksərsàiz] *n.* **1** 《発育・訓練などのための》運動, 体操: take ～ 運動〔体操〕をする. **2** 《肉体的・精神的な》練習, けいこ《の *for*》: ～*s for* the violin. **3** 練習問題, 課題《の *in*》: ～*s in* English grammar. **4** (*pl.*)(軍隊) 教練; 練習教程. **5** 《注意力・意志力などの》行使, 発動, 発揮, 活用: the ～ *of* caution 用心すること. **6** 《権力・職権などの》行使; 履行, 実行: free ～ of (one's) religion 信仰の自由. **7** 〔宗〕勤行(ｺﾞﾝｷﾞｮｳ), 礼拝. **8** (*pl.*) 〔米〕儀式: graduation ～*s* 卒業式. opening ～*s* 開会式. ***in the ～ of one's duty*** 職権をもって, 職権により.
—— *vt.* **1** 〈身体・精神を〉はたらかす, 訓練する, 鍛練する; 〈軍隊・動物などを〉訓練する, 仕込む: ～ a horse 馬を運動させる. **2** 〈体力・能力を〉発揮する, 使う; 〈権力を〉発動する, 行使する: ～ one's intelligence 知力を用いる. **3** 〈義務を〉実行する, 果たす: ～ the duties of one's office 任務を遂行する. **4** の心をわずらわせる, 悩ます《について *about, over*》: He is greatly ～*d about* his future. 将来について

ひどく心配している. ～ a person's patience 人をいらいらさせる. —— *vi.* 運動〔体操〕をする; 練習する. ～ one**self** からだを使う, 運動をする. ～ ***influence on*** に影響を及ぼす. ～ one***self over*** …のことで心を悩ませる.
～ **book** 練習帳. ◇ **-cis·a·ble** *a.* **-cis·er** [-ər] *n.* 運動する人; 運動用器具; (馬の) 調教師.
〔類〕 → **practice**「練習する」

ex·èr·ci·tá·tion [igzə̀:rsitéiʃ(ə)n] *n.* **1** 訓練, 実習, 演習: ～*s* in logical thinking 論理的に考える訓練. **2** 論文, 討論. **3** 礼拝, 勤行(ごんぎょう).

ex·érgue [igzə́:rg, éksə:rg/eksə́:g, ˊ−] *n.* 貨幣やメダルの裏面の模様の下の部分《鋳造年月日・鋳造所名などを刻む》; その部分の刻印.

‡ex·ért [igzə́:rt] *vt.* **1** 〈力・知力などを〉**発揮する, はたらかせる**: ～ every effort 全力を尽くす. **2** 〈権力・影響力を〉ふるう, 及ぼす《に *on, upon*》. ～ one**self** 力を出す, 努力する. [ex-+√ser- 外へ+放つ]
◇ **ex·ér·tive** [-tiv] *a.* 努力〔尽力〕する.

***ex·ér·tion** [igzə́:rʃ(ə)n] *n.* **努力**, 力の発揮; 《権力の》行使: make a great ～ to help others 他人を助けるためにたいへんな努力をする. → 動詞 exert.

éx·es [éksiz] *n. pl.* 〔話〕 費用. [<*expenses*]

ex·e·unt [éksiənt, -ʌnt/ˊ−−−] L. (=they go out) *vi.* 〔劇〕《ト書きで》(彼ら) 退場する. → *exit.* ～ ***omnes*** [-ámni:z/-ɔ́m-] 一同退場.

ex·fó·li·ate [eksfóulièit] *vi.* 〈樹皮・うろこなどが〉はげ落ちる. —— *vt.* はぎ落とす, 剝脱(はくだつ)する. [√foli-] ◇ **ex·fò·li·á·tion** *n.* 「(導管).

ex·hál·ant [ekshéilənt, igzéilənt] *a., n.* 吐き出す

ex·hále [ekshéil, igzéil] *vt.* **1** 〈息・空気を〉吐き出す; 〈湯げ・香気・臭気などを〉発散する. **2** 〈怒りなどの感情を〉発散する. —— *vi.* **1** 息〔湯げ〕を吐く. **2** 蒸発する; 《湯げのように》立ちのぼる. ↔ inhale.
◇ **èx·hal·á·tion** [èks(h)əléiʃ(ə)n, ègzə-] *n.*

‡ex·háust [igzɔ́:st] *vt.* **1 使い果たす**; 〈資源・地味などを〉枯渇させる; 〈体力などを〉消耗する; 〈国力を〉疲弊させる: ～ a fortune *in* gambling 賭博(とばく)で身代をつぶす. **2** 〈人を〉**疲れさせる**: I have ～*ed* myself walking. 歩き疲れた. **3** 〈問題などを〉**尽くす**, 研究し尽くす, 知り尽くす, 論じ〔話し〕尽くす. **4** 〈容器などを〉からにする. **5** 〈内容物を〉出し尽くす; 〈ガスなどを〉排出する. —— *vi.* 排出する, 流出する.
—— *n.* 排気, 《自動車の》排気ガス; 排気装置.
～ **fan** 排気扇. ～ **gas** 排気ガス. ～ **pipe** 排気管.
◇ ～·**i·ble** [-təbl] *a.* **ex·hàust·i·bíl·i·ty** [igzɔ̀:stəbíləti] *n.*

‡ex·háust·ed [igzɔ́:stid] *a.* **1** 使い尽くされた; 気の抜けた: his ～ means 使い果たした財産. an ～ well 水の枯れた井戸. ～ tea 出がらしの茶. **2 疲れ果てた**: I am ～. へとへとだ. 〔類〕 → **tired**「疲れた」

ex·háust·ing [igzɔ́:stiŋ] *a.* 心身を疲れさせる, 消耗的な. ◇ ～·**ly** *ad.*

ex·háus·tion [igzɔ́:stʃ(ə)n] *n.* **1** 使い尽くすこと, 消耗, 枯渇. **2** 《心身の》消耗, 極度の疲労. **3** 《問題などの》徹底的研究, 究明. **4** 〔物〕 排気.

ex·háus·tive [igzɔ́:stiv] *a.* **1** 枯渇させる, 消耗的な. **2** 《論議・研究・調査が》あますところのない, 徹底的な. ◇ ～·**ly** *ad.* ～·**ness** *n.*

ex·háust·less [igzɔ́:stlis] *a.* 使い尽くせない, 無尽蔵な. ◇ ～·**ly** *ad.*

‡ex·híb·it [igzíbit] *vt.* **1 展覧する**, 出品する, 陳列する, 公開する. **2** 〈兆候・感情などを〉**あらわす**, 見せる, 示す: ～ anger 怒りを顔に出す. ～ courage 勇気を示す. **3** 〔法〕 〈書類を〉提示する《証拠物件として法廷に》; 〈嘆願・請求などを〉 提出する. **4** 〔医〕 〈薬・医療を〉施す. —— *n.* **1** 公示, **展覧**; 展示会. **2 出品物**, 陳列品. **3** 〔法〕 証拠書類〔物件〕. [ex-+√hab- 外に+持つ, 見せる] ◇ **-i·tor** [-ər], **-it·er** *n.* 出品者; 映画館経営者; 〔法〕 証拠物件提出者. **-i·to·ry** [-bitɔ̀:ri/-təri] *a.* 展示のための, 展覧の. 〔類〕 → **show**「見せる」

‡èx·hi·bí·tion [èksibíʃ(ə)n] *n.* **1 展覧**, 展示, 陳列; 公開. **2 展覧会**, 展示会; 〔英〕 博覧会: an industrial ～ 産業博覧会. → exposition. **3** 展示品, 陳列品. **4** 《学識などの》誇示, 発揮; 《意見の》開陳. **5** 〔米〕 学芸会. **6** 〔法〕《証拠書類・物件の》提示, 提出. **7** 〔英〕 奨学資金. **8** 投薬, 施薬. ***make an*** ～ ***of*** one***self*** もの笑いになる, 恥さらしをする. ～ **game** 模範試合, オープン戦.
◇ ～·**er** [-ər] *n.* 〔英〕 奨学生. ～·**ism** [-ìz(ə)m] *n.* 自己宣伝癖; 奇行癖; 〔心〕 露出症. ～·**ist** *n.* 自己宣伝家; 〔心〕 露出症患者.

ex·híl·a·rant [igzílərənt] *a.* 元気づける. —— *n.* 元気づけるもの; 興奮剤.

ex·híl·a·rate [igzílərèit] *vt.* **1** の気分を引き立てる, 爽快(そうかい)にする. **2** の気持ちを浮き浮きさせる, 陽気にする. 〈注〉 おもに受動態で用いられる.

ex·híl·a·rat·ing [igzílərèitiŋ] *a.* **1** 気分を引き立たせる, 気持ちを爽快(そうかい)にする. **2** 浮き浮きさせる, 陽気な. ◇ ～·**ly** *ad.*

ex·hìl·a·rá·tion [igzìləréiʃ(ə)n] *n.* 明るい気分, 爽快さ; 陽気, 浮かれ気分.

ex·hórt [igzɔ́:rt] *vt., vi.* (に)熱心に説く, (に)勧告する: ～ a person *to* diligence [*to* be diligent] 人に勤勉を勧める. ◇ ～·**a·tive** [-ətiv], ～·**a·to·ry** [igzɔ́:rtətɔ̀:ri/-tət(ə)ri] *a.* 〔類〕 → **urge**「促す」

èx·hor·tá·tion [ègzɔ:rtéiʃ(ə)n, èks-, ègzɔ:r-/ègzɔ:-, èksɔ:-] *n.* 勧告, 説諭, 訓戒.

ex·húme [igz(j)ú:m, iks-/ekshjú:m, igzjú:m] *vt.* **1** 〈死体など埋もれたものを〉掘り出す, 発掘する. **2** 〈古手紙などを〉捜し出す,「掘り出す」; 〈秘密を〉あばく, 明るみに出す. **3** 〈墓を〉あばく. [√hum-]
◇ **èx·hu·má·tion** [èks(h)ju:méiʃ(ə)n, egz(j)u:-/èks(h)ju-] *n.*

éx·i·gence [éksidʒ(ə)ns] =exigency ①.

éx·i·gen·cy [éksidʒənsi] *n.* **1** 緊急, 急迫, 危急. **2** (*pl.*) 緊急事態, 切迫した事情〔要求〕. ***in this*** ～ この危急の際に.

éx·i·gent [éksidʒ(ə)nt] *a.* **1** 急迫した, 差し迫った. **2** 過酷な要求をする, 強要する《を *of*》. [√ag-]
◇ ～·**ly** *ad.*

éx·i·gi·ble [éksidʒibl] *a.* 要求〔強要〕できる《から *from*; に *against*》. [√ag-]

èx·i·gú·i·ty [èksigjú:iti] *n.* 乏しさ; 微少.

ex·íg·u·ous [igzígjuəs, iksíg-/egzíg-] *a.* 乏しい, わずかな; 微少な.

éx·ile** [égzail, éks-] *n.* **1** 亡命, 国外生活〔流浪〕. **2** 追放, 流刑. **3** 亡命者, 追放者. **4** (the E～) 《紀元前6世紀のユダヤ人の》バビロン幽囚. ***go into ～ 亡命する; 追放〔流浪〕の身となる.
—— [㊙+ igzáil] *vt.* 追放する, 流罪にする. ～ one***self*** 亡命する, 国外にさすらう. [ex-+√i-]
◇ **ex·íl·i·an** [egzíliən, eksíl-], **ex·íl·ic** [egzílik, eksíl-] *a.*

ex·íl·i·ty [egzíliti, eksíl-] *n.* 〔雅〕 希薄; 微少.

‡ex·íst [igzíst] *vi.* **1 存在する**, 実在する, 現存する: God ～*s.* 神は実在する. **2 生存する**, 生きている: ～ *on* one's pension 恩給で生活する. [√ex-+√sist-] ◇ ～·**ing** *a.* 現存する, 現在の: under the ～*ing* circumstances 現状では.

‡ex·íst·ence [igzíst(ə)ns] *n.* **1** 存在, 現存. **2** 生存, 生活: work for a better ～ 生活の向上をめざして働く. a bare ～ やっと生きているだけの状態. **3** 存在者, 存在物; 実体. ***begin*** one***'s*** ～ この世に出現する, 生まれる. ***call*** [***bring***] ***into*** ～ 生ぜしめる, 生み出す; 成立させる. ***come into*** ～ 生じる, 成立する. ***in*** ～ 現存の; 存在して. ***struggle for*** ～ 生存競争. 「現行の; 目下の.

ex·íst·ent [igzíst(ə)nt] *a.* **1** 存在する, 現存する. **2**

èx·is·tén·tial [ègzisténʃ(ə)l, ㊙+ èks-] *a.* 存在についての; 〔哲〕 実存の. ◇ ～·**ism** [-ìz(ə)m] *n.* 〔哲〕

実存主義. ～·ist *n.* 実存主義者.

‡**éx·it** [égzit, éksit] *n.* **1** 出口. **2** 退出; 外出の自由. **3** 〘劇〙《舞台からの》退場;《この世からの》死去. ***make** one's* ～ 退場する; 死ぬ. [ex-＋√i-]

ex·it [égzit, éksit] L. (＝he goes out) *vi.* 〘劇〙《ト書きで》退場する: *E*～ Macbeth. マクベス退場.

ex lib. *ex libris.* └→ *exeunt.*

ex li·bris [eks-láibris, -lí:-/-lái-, -líb-] L. (＝from among the books of...) (*pl.* ～) 蔵書票.

ex mo·re [eks-mó:ri:/-mɔ́:r-] L. (＝according to custom) 慣習によって〔よれば〕.

ex na·tu·ra re·i [eks-nɑ:tú:rɑ:-réi:] L. (＝out of the nature of things) 物の本性から〔によって〕.

ex ni·hi·lo ni·hil (fit) [eks-náihilòu-náihil-(fít), -ní:hilòu-ní:hil-/–⁻––⁻–(⁻)] L. (＝nothing is created from nothing) 無からは何物も生ぜず.

exo-「外」「外部」の意の語形成要素. ↔ endo-.

éx·o·carp [éksokɑ̀:rp] *n.* 〘植〙外果皮.

èx·o·cén·tric [èksoséntrik] *a.* 〘言〙外心的《たとえば副詞句 at school はその機能が主要な構成要素 school (名詞) と異なること》. ↔ endocentric.

Exod. Exodus. 「術.

èx·o·dón·ti·a [èksədánʃ(i)ə/-dɔ́n-] *n.* 〘医〙抜歯

éx·o·dus [éksədəs] *n.* 《単数形のみ》 **1** (集団的) 出発, 大量脱出;《移民などの》出発, 出国. **2** (the E～) モーセに率いられたイスラエル人のエジプト退去; 〘聖〙出エジプト記《旧約》. [√hod-]

ex of·fi·ci·o [èks-əfíʃiòu/-ʃiou] L. (＝by virtue of office) 職権上, 職責上: be present at a committee ～ 職権上の資格で委員会に出席する.

ex-of·fi·ci·o [èksəfíʃiòu/-ʃiou] L. *a.* 職権上の: an ～ member 有職議員〔委員〕.

ex·óg·a·my [eksɑ́gəmi/-sɔ́g-] *n.* 族外結婚; 〘生〙異種生殖細胞の結合. ↔ endogamy.

◇ **-mous** [-məs], **èx·o·gám·ic** [èksəgǽmik] *a.*

éx·o·gen [éksədʒ(ə)n] *n.* 〘植〙双子葉植物.

ex·óg·e·nous [eksɑ́dʒinəs/-sɔ́dʒ-] *a.* **1** 〘植〙年輪で生長する; 双子葉植物の. **2** 〘生〙外生的な, 外来の; 〘地〙外因性の. ↔ endogenous.

ex·ón·er·ate [igzɑ́nərèit/igzɔ́n-] *vt.* 解除する, 免除する《義務・責任などから》: ～ a person *from* blame 人に落ち度のないことを認める. [√oner-]

◇ **ex·ón·er·a·tive** [igzɑ́nərèitiv, -nərət-/-zɔ́n-] *a.* 《義務・責任の》免除の, 免責の. **ex·òn·er·á·tion** [igzɑ̀nəréiʃ(ə)n/-zɔ̀n-] *n.*

èx·oph·thál·mos [èksɑfθǽlmɑs/èksɔfθǽlmɔs], **èx·oph·thál·mus** [-məs] *n.* 〘医〙眼球突出症. ◇ **-mic** *a.*

ex·ór·bi·tance [igzɔ́:rbitəns], **-tan·cy** [-tənsi] *n.* 《要求・値段などの》法外さ, 過大, 不当.

ex·ór·bi·tant [igzɔ́:bit(ə)nt] *a.* 法外な, 過大な, 不当な, とてつもない. [ex-＋orbit 軌道を＋はずれた]

◇ **～·ly** *ad.*

éx·or·cise [éksɔ:rsàiz] *vt.* **1** 〈悪魔を〉払いのける. **2** 悪魔払いをする; 払い清める.

éx·or·cism [-sìz(ə)m] *n.* 悪魔払い, 魔よけ; (悪魔払いの) 祈禱(きとう)〔儀式〕.

◇ **-cist** [-sist] *n.* 《悪魔払いの》祈禱師.

ex·ór·di·um [igzɔ́:rdiəm, iks-/eks-, egz-] *n.* (*pl.* **-ums, -a** [-diə]) 序論, 序説, 前置き.

èx·o·skél·e·ton [èksoskélitn] *n.* 〘動〙外骨格, 甲ら, 甲殻(こうかく). → endoskeleton.

èx·o·tér·ic [èksətérik], **-i·cal** [-ik(ə)l] *a.* **1** 開放的な, 公開的な. **2** 通俗的な, 大衆的な, 平凡な. **3** 〘宗〙顕教的な. → esoteric. **4** 外的な.

◇ **èx·o·tér·i·cal·ly** *ad.*

ex·ót·ic [igzɑ́tik/egzɔ́tik, eks-] *a.* **1** 外来の, 外国産の. **2** 異国風の, 異国情緒〔趣味〕の. **3** 〘話〙風変わりの, 珍しい. —— *n.* 外来物, 外来趣味; 外来語. [exo-＋-tic 外的な]

ex·ót·i·cism [igzɑ́tisìz(ə)m/egzɔ́-, eks-] *n.* **1** 異国情緒, 異国趣味. **2** 外来語, 外国風の表現.

exp. expenses; export; express.

‡**ex·pánd** [ikspǽnd] *vt.* **1** 広げる, 拡張する. **2** 膨張させる, ふくらませる. **3** 〈論旨を〉敷衍(ふえん)する, 詳しく述べる; 〈物語などを〉拡大する, 長くする: ～ a jotting *into* a news story メモを引き伸ばして新聞記事にする. **4** 〘数〙展開する. —— *vi.* **1** 広がる, 大きくなる. **2** ふくらむ, 膨張する: This metal scarcely ～*s* with heat. この金属はほとんど熱膨張しない. **3** 成長する, 発展する; 発展して…になる《に *into*》: Our foreign trade has ～*ed* during recent years. わが国の貿易は最近成長してきた. **4** 〈花が〉開く. **5** 〈顔が〉ほころびる: Her face ～*ed* in a smile of welcome. 彼女の顔は歓迎の微笑でほころびた. **6** 〈胸・心が〉ふっくらとする, 明るくなる. [√pand-]

ex·pánse [ikspǽns] *n.* **1** 広がり, 広々とした空間〔場所〕: an ～ of water 大海原. the blue ～ of heaven 広い青空. **2** 膨張, 拡張. [<expand]

ex·pán·si·ble [ikspǽnsəbl] *a.* **1** 伸張できる; 膨張できる, 膨張性の. **2** 発展性のある.

◇ **ex·pàn·si·bíl·i·ty** [–⁻–bíliti] *n.*

*__ex·pán·sion__ [ikspǽnʃ(ə)n] *n.* **1** 膨張, 伸張: the ～ of the currency 通貨の膨張. the rate of ～ 膨張率. **2** 拡張, 拡大: the ～ of armaments 軍備拡張. **3** 《土地・水面の》広がり. **4** 《取引の》拡張; 《事業の》発展; 《数量の》増加. **5** 〘数〙展開. → 動詞 expand. ◇ **～·ism** [-ìz(ə)m] *n.* 膨張論《通貨などの》; 〘米〙領土拡張政策. **～·ist** *n.* 拡張論者; 〘米〙領土拡張論者.

ex·pán·sive [ikspǽnsiv] *a.* **1** 膨張力のある; 拡張的な; 発展性のある. **2** 広い, 広々とした: an ～ brow 広いひたい. **3** 包容力のある; 心の大きな; こだわらない, 開放的な. **4** 〘精神病〙誇大妄想(もうそう)的な: ～ delusion 誇大妄想狂.

◇ **～·ly** *ad.* **～·ness** *n.*

ex par·te [eks-pá:rti, ㊟⁺ éks-] L. (＝from〔on〕one side) ただ一方のがわから, 一方に偏して《議論などで》.

ex·pá·ti·ate [ikspéiʃièit/eks-] *vi.* **1** 詳述する, 敷衍(ふえん)する《について *on, upon*》. **2** 〘稀〙ぶらぶら歩きまわる. ◇ **-a·to·ry** [-ʃiətò:ri/-t(ə)ri] *a.* 詳述的な; 冗漫な. **ex·pà·ti·á·tion** [ikspèiʃiéiʃ(ə)n] *n.* 詳述, 敷衍.

ex·pá·tri·ate [ekspéitrièit/-pǽt-] *vt.* (国外に) 追放する. ～ one***self*** 国籍を捨てる; 移住する.

—— [-triit, ㊟⁺-trièit] *a.* 国外に追放された; (国外に) 移住した, 国籍を捨てた.

—— [-triit, ㊟⁺ -trièit] *n.* (国外) 追放者; 移住者, 国籍離脱者. [√pat(e)r-]

◇ **ex·pà·tri·á·tion** [–⁻–éiʃ(ə)n] *n.*

‡**ex·péct** [ikspékt] *vt.* **1** 期待する, 予期する: I ～ (*that*) he will come. ＝I ～ him *to* come. 彼が来るだろうと思う. 〈注〉悪いばあいにも使う: I ～*ed* something worse. もっと悪いことを覚悟していた. **2** 《受動態で》予定されている, …することになっている; …するように要請されている, 《婉曲的》…しなければならない: A new edition *is* ～*ed* (*to* come out) next month. 新版が来月出ることになっている. The students *are* ～*ed to* be present at the lecture. 学生はその講義に出席しなければならない. **3** 当然のことと思う: That must *be* ～*ed*. それは当たりまえのことだ. **4** 当てにする, 待望する: Don't ～ much *of* me. 私にあまり多くを望まないでください. **5** 〘話〙(たぶんそうだと) 思う: I ～ you know him. あなたは彼を知っているでしょうね. ***as might be*** ～***ed*** 予期されるとおり, さすがに. ***as might have been*** ～***ed*** 予想されたとおり, 案の定, さすがに. ***as*** (***was***) ～***ed*** 予期したとおり. ***be*** ～***ing*** お産が迫っている. [ex-＋√spec-]

◇ ～·a·tive [ikspéktətiv] *a.* 待望の, 期待の.

ex·péct·ance [ikspékt(ə)ns], **-an·cy** [-(ə)nsi] *n.* **1** 期待, 予期, 見込み. **2** 期待の目的物, 予期されているもの. **3**〘法〙推定, 予期: an estate *in* ～〘将来所有するはずの〙予期財産.

ex·péct·ant [ikspékt(ə)nt] *a.* **1** 待ち受けている, 予期〔期待〕している. **2** 成り行きを待つ, 形勢観望の: an ～ attitude ひより見的態度. **3** 妊娠中の: an ～ mother 妊婦. **4**〘法〙推定(相続)の.
—— *n.* 期待〔予期〕する人; (官吏・就職)志望者.
～ **method**〘医〙自然療法, 期待療法.
◇ ～·**ly** *ad.* 待ち受けて, 期待して.

‡**èx·pec·tá·tion** [èkspektéiʃ(ə)n] *n.* **1** 期待, 予期; 見込み, 可能性: wait in ～ 期待する. **2** 期待されるもの; (*pl.*) 相続する見込みのある財産: He has great ～*s* from his father. 彼は父親に大きな財産を残してもらう見込みがある. ***against*** 〔***contrary to***〕 ～ 予期に反して. ***beyond*** ～ 予期以上に. ～ ***of life***〘生命保険〙平均余命. ***in*** ～ 見込みのある, 予想される. ***in*** ～ ***of*** を期待して, を見越して. ***meet*** 〔***come up to***〕 one's ～ 期待〔予想〕どおりになる.

ex·péc·to·rant [ekspéktərənt] *a.* 〘医〙たんを促す. —— *n.* 去たん剤.

ex·péc·to·rate [ikspéktərèit/eks-] *vt., vi.* つばき〔たん〕を吐く; せきあげる.
◇ **ex·pèc·to·rá·tion** [ikspèktəréiʃ(ə)n/eks-] *n.*

ex·pé·di·en·cy [ikspí:diənsi], **ex·pé·di·ence** [-əns] *n.* 便宜, 好つごう; 方便; 便宜主義. ***by*** ～ 便宜上.

ex·pé·di·ent [ikspí:diənt] *a.* **1** 便利な, つごうのいい, 役に立つ: a measure ～ *to* public welfare 公衆の福祉に資する方策. ↔ impedient. **2** 方便的な, 政略〔政策〕的な. **3** 当座にまにあわせる, 臨機の. —— *n.* **1** 方便, くふう, 手段: fruitful in ～*s* 機略に富んだ. **2** 臨機の処置: a temporary ～ 応急処置. [√ped-] ◇ ～·**ly** *ad.* つごうよく, 巧みに; 便宜上. **ex·pè·di·én·tial** [ikspì:diénʃ(ə)l] *a.* 便宜上の, ごつごう主義の.

éx·pe·dite [ékspidàit] *vt.* **1** はかどらせる, 促進する; 手早くかたづける. **2** 急送する. **3** <情報などを> 公式に発表する. —— *a.* 〘廃〙敏速な, 手早い. [√ped-] ◇ **-dit·er** [-ər] *n.* 〘米〙〘工事などの〙促進係; 公報発表係.

‡**èx·pe·dí·tion** [èkspidíʃ(ə)n] *n.* **1** 探検 (旅行): an antarctic ～ 南極探検. **2** 遠征, 討伐. **3** 探検〔遠征, 討伐〕隊. **4** 迅速さ, 敏活さ. ***go*** 〔***start***〕 ***on an*** ～ 遠征の途にのぼる. ***make an*** ～ ***into*** を探検〔遠征〕する. ***use*** ～ てきぱきやる. ***with*** (***all possible***) ～ できるだけ手早く, 迅速に. [√ped-]
◇ ～·**ar·y** [-ʃənèri/-ʃən(ə)ri] *a.* 探検〔遠征〕の.
[類] → **haste**「急ぎ」

èx·pe·dí·tious [èkspidíʃəs] *a.* 迅速な, 急速な: an ～ messenger 急使. [√ped-]
◇ ～·**ly** *ad.* 迅速に. ～·**ness** *n.*

ex·pél [ikspél] *vt.* (**-ll-**) **1** 追い出す, 追放する, 除名する: He was ～*led from* school. 退校させられた. **2** <弾丸などを> 発射する. [√pel(l)-]
◇ ～·**ler** [ikspélər] *n.*

ex·pél·lant, -lent [ikspélənt] *a.* 追い出す力のある; 駆除力のある. —— *n.* 駆除剤.

èx·pel·lée [èkspelí:] *n.* 国外追放者.

ex·pénd [ikspénd] *vt.* <金銭・時間・心労・労力を> 費やす, 使う, 消費する: ～ money on a thing 〔on (do)*ing*〕 金を…にかける. ～ time 〔care〕 on a thing 〔in (do)*ing*〕 時間〔配慮〕を…にかける.
—— *vi.* 〘稀〙金を使う, 費やす. [√pend-]

ex·pénd·a·ble [-əbl] *a.* 消費してよい; 〘米:軍〙〘戦略上〙消耗しうる. —— *n.* (通例 *pl.*) 〘米:軍〙消耗物資〔人員〕.

‡**ex·pénd·i·ture** [ikspénditʃər] *n.* 支出, 出費, 経費; 消費〔支出〕額: unnecessary ～*s* 不要な諸支出. ***annual*** ～ 歳出. ***current*** ～ 経常費. ***extraordinary*** ～ 臨時費. ***revenue and*** ～ 歳入歳出.

‡**ex·pénse** [ikspéns] *n.* **1** 支出, 費用, 物いり: cut down one's ～ 費用を切り詰める. Marriage is a great ～. 結婚はたいへんな物いりだ. **2** (通例 *pl.*) 支出金, …費: school ～*s* 学費. **3** 損失; 迷惑, 犠牲. **4** 消費. → 動詞 expend.
at a great ～ ばく大な費用をかけて. ***at any*** ～ どんなに金がかかっても; いかなる犠牲を払っても. ***at one's*** (***own***) ～ 自費で. ***at the*** ～ ***of*** の費用で, に迷惑をかけて; を犠牲にして: He did it *at the* ～ *of* his health. 健康を犠牲にしてそれを成し遂げた. They laughed *at his* ～. 彼らは彼をたねに笑いころげた → 彼を笑いものにした. ***be a great*** ～ ***to*** a person (人) にたいへんな出費をさせる, (人) の重荷になる. ***free of*** ～ 無料で. ***go to the*** ～ ***of*** に費用をかける. ***put*** a person ***to*** ～ (人に) 出費をさせる. [√pend-] ～ **account**〘税算定上の〙必要経費: an ～ *account* restaurant 社用族レストラン. ～ **account boy**〘俗〙すねかじり.

‡**ex·pén·sive** [ikspénsiv] *a.* 金のかかる, 高価な; ぜいたくな: ～ clothes ぜいたくな衣服.
come ～ 高くつく.
◇ ～·**ly** *ad.* 費用をかけて; ぜいたくに. ～·**ness** *n.*
(類義語) **高価な: expensive** 同種の品で安いものもあるがその中で高価な, 高級な: an *expensive* car 高級車. **costly** ばく大な金額を要する. もともと高価なもので同種のものに安いものはあまりない: *costly* jewels 高価な宝石. **dear, high-priced** 高値の, 買い損の. dear はイギリスで多く用いる.

‡**ex·pé·ri·ence** [ikspí(:)riəns/-píər-] *n.* **1** 経験, 体験: a frightening ～ 恐ろしい経験. a man of ～ 経験のある人. I speak *from* ～. 私は自分の経験からして言うのだ. teaching ～ 教授経験. **2** (通例 *pl.*) 体験(事件); 体験談: religious ～*s* 宗教的体験. ***E～ keeps a dear school.*** 〘諺〙経験という学校は月謝が高い《人はひどい目に会って賢くなる》.
—— *vt.* 経験する, 体験する; <危険などに> 会う; 〘稀〙経験して知る: ～ nausea 吐き気を催す. ***be*** ～***d in*** に経験がある. ～ ***religion***〘米話〙宗教的体験を得る, 信仰生活にはいる. [ex- + per- + √i- 通過する] ～ **meeting**《宗教の》信仰座談会. ～ **table**〘生命保険〙死亡率表《過去の実績から算出された》. ◇ *～**d** [-t] *a.* 経験のある, 熟練した, 老練な《*in*》; 体験された.

ex·pè·ri·én·tial [ikspì(:)riénʃ(ə)l/-pìər-] *a.* 経験に基づく, 経験的な: ～ philosophy 経験哲学.
◇ ～·**ly** *ad.*

‡**ex·pér·i·ment** [ikspérimənt] *n.* 実験, 試験, 試み《*of*》: a new ～ in education 教育上の新しい試み. Some people learn by ～, and others by experience. ある人々は実験によって, ある人々は経験によって知識を得る. ***make*** 〔***carry out***〕 ***an*** ～ ***on*** 〔***in, with***〕 に関して実験をする.
—— [-mènt] *vi.* 実験する, 試験する, 試みる《を *on, with, in*》. [ex- + per- + √i- 通ってみる]
～ **station** 実験農場〔鉱山〕.
◇ ～·**er** [-mèntər] *n.* 実験者.

*__ex·pèr·i·mén·tal__ [ikspèriméntl] *a.* **1** 実験の; 実験用の; 実験に基づく: ～ psychology 実験心理学. **2** 経験上の, 経験に基づく: ～ knowledge 経験的知識. ～ religion 経験宗教. **3** 試験的, 試みの: It is still in an ～ stage. まだ実験的段階にある. ◇ ～·**ism** [-ìz(ə)m] *n.* 実験主義; 経験主義. ～·**ist** *n.* 経験論者, 経験主義者; 試験者, 実験家. ～·**ly** [-t(ə)li] *ad.* 実験的に; 試験的に.

ex·pèr·i·men·tá·tion [ikspèrimentéiʃ(ə)n] *n.* **1** 実験; 実験法. **2** 実地練習.

‡**éx·pert**[1] [ékspə:rt] *n.* **1** 熟達者, 専門家, くろうと《*at, in*》: a linguistic ～ 語学の専門家. a mining

〜 鉱山技師. **2** 〘法〙 鑑定人: 〜 evidence 鑑定人の証言. —— *vt.* …のために〜として働く. [ex-＋per-＋√i- 通った, 経験した]

‡**ex·pért**² [ikspə́:rt, ékspə:rt] *a.* **1 熟達した, 老練な**, 巧みな《に *at, in, with*》: 〜 *in* chess チェスがうまい. an 〜 carpenter 腕のいい大工. **2 熟達者の, 専門家の**, くろうとの: 〜 work [advice].
◇ 〜**·ly** *ad.* 〜**·ness** *n.*

èx·per·tíse [èkspə:rtí:z] *n.* 専門的意見, 鑑定; 「実際的な知識.

éx·pi·a·ble [ékspiəbl] *a.* 償うことのできる.

éx·pi·ate [ékspièit] *vt.* 〈罪・あやまちなどを〉償う. 〜 one***self*** 罪滅ぼしをする.
◇ **-a·tor** [-èitər] *n.* **-a·to·ry** [ékspiatò:ri/-təri] *a.*

èx·pi·á·tion [èkspiéiʃ(ə)n] *n.* 罪の償い, 罪滅ぼし, 補償. ***in* 〜 *of*** の罪滅ぼしに, の償いに.

èx·pi·rá·tion [èkspiréiʃ(ə)n/-pai(ə)r-, -pir-] *n.* **1** 息を吐き出すこと, 呼気 (動作). ↔ inspiration. **2** 〘古〙 最後の息, 死亡. **3** 《有効期間・任期の》 終了, 満期: at the 〜 of one's term 任期満了して. → 動詞 expire.

ex·pír·a·to·ry [ikspáirətò:ri/-páiərət(ə)ri] *a.* 呼気の, 息を吐き出す.

ex·píre [ikspáiər] *vi.* **1** 息を吐き出す. **2** 《最後の息を吐く →》 息を引きとる, 死ぬ. **3** 《有効期間・任期などが》 終わる, 満期になる: The patent has 〜*d.* 特許が切れた. —— *vt.* 〈息などを〉吐き出す, 排出する. [√spir-] ◇ **ex·pír·er** [-páirər/-páiərə] *n.* **ex·pír·y** [-páiri/-páiəri] *n.* 終了, 満期.

†**ex·pláin** [ikspléin] *vt., vi.* **1 説明する,** 解説する; 解釈する: 〜 an obscure point あいまいな点をはっきりさせる. **2** の理由を述べる, 弁明する: 〜 why one is late 遅刻の理由を説明する. → 名詞 explanation. 〜 one***self*** (1) 弁明する. (2) 心を打ち明ける, 《他人に》 考えを述べる. (3) 《自分自身に》 自分の考えを明らかにする, 納得する. 〜 ***away*** 〈失言・失態などを〉うまく言い抜ける.
◇ 〜**·a·ble** [-əbl] *a.* 説明 [解釈] のできる.

‡**èx·pla·ná·tion** [èksplənéiʃ(ə)n] *n.* **1 説明,** 解説; 釈明, 弁解: give full 〜 to に十分な説明を与える. **2** 説明 [釈明] 文; 説明的事実: a printed 〜 印刷した説明(書). ***by way of* 〜** 説明として, 説明のために. ***come to an* 〜 *with*** と了解がつく. ***in* 〜 *of*** を説明して; の弁解に. [√pla(n)- 平たく [平明に] する]

ex·plán·a·to·ry [iksplǽnətò:ri/-t(ə)ri], **ex·plán·a·tive** [iksplǽnətiv] *a.* **1** 説明的な; 解釈的: 〜 notes 注釈. **2** 釈明 [弁明] 的な《*of*》.
◇ **ex·plán·a·to·ri·ly** [-tò:rili/-t(ə)rili] *ad.*

éx·ple·tive [éksplitiv/ekspli:-] *a.* **1** 補足的な, つけ足しの. **2** 虚辞の. **3** 《あまり意味のない挿入(そうにゅう)的な》 間投詞的, 《特に》 のろいの感嘆詞的. —— *n.* **1** 虚辞 《*There* is a book on the table. の there のように固有の意味のない語》. **2** 間投詞, 《特に》 のろいの感嘆詞 《たとえば "Damn!"「畜生」》. **3** つけ足し, まにあわせ. [√ple(n)-]

éx·pli·ca·ble [éksplikəbl] *a.* 説明できる, 納得できる. [√plec-]

éx·pli·cate [éksplikèit] *vt.* **1** 〈論旨・原理などを〉明示する; 詳しく説く. **2** 解明する; 説明する. [√plec-] ◇ **-cà·tive** [éksplikèitiv / eksplíkətiv], **-ca·tò·ry** [éksplikətò:ri / eksplíkət(ə)ri] *a.* 説明の; 解説的な. **èx·pli·cá·tion** [èksplikéiʃ(ə)n] *n.*

ex·plíc·it [iksplísit] *a.* **1** 明示された, 明白な. ↔ implicit. **2** 明らかに理論づけられた, 理解の上に立つ: 〜 faith 教義を理解した上での信仰. **3** 腹蔵ない, 率直な. [√plec-]
◇ 〜**·ly** *ad.* 明白に. 〜**·ness** *n.*

‡**ex·plóde** [iksplóud] *vt.* **1 爆発させる,** 破裂させる. **2** 〈学説・信念などを〉打破する, くつがえす: 〜 a theory 学説の誤りを論破する. **3** 〘音声〙 破裂音として発音する. —— *vi.* **1 爆発する,** 炸裂(さくれつ)する: At last his anger 〜*d.* → implode. **2** 〈人が〉激発する: 〜 *with* anger [laughter] かっと怒る [どっと笑う]. [√plaud-]
◇ **ex·plód·er** *n.* 雷管, 爆発装置.

***éx·ploit** [éksplɔit, ㊊⁺ iksplɔ́it] *n.* てがら, 功績, 離れわざ. —— [iksplɔ́it] *vt.* **1** 〈資源などを〉**開発する**; 活用する. **2** 〈他人・植民地などを〉搾取する, (利己的な目的に) 利用する, 食いものにする. [√plec-]

èx·ploi·tá·tion [èksplɔitéiʃ(ə)n] *n.* **1** 開発, 開拓; 活用; 《鉱山の》 採掘作業. **2** (利己的) 利用; 搾取.

ex·plóit·a·tive [iksplɔ́itətiv] *a.* **1** 資源利用の. **2** 資源を荒らす: an 〜 type of agriculture 奪取型農業. **3** (人を) 搾取する.

ex·plór·a·tive [ekspló:rətiv/-plɔ́:r-], **ex·plór·a·to·ry** [-pló:rətò:ri/-plɔ́:rət(ə)ri] *a.* **1** 探検の, 踏査の; 探検 [詮索] 好きな. **2** 研究的な, 試験的な.

‡**ex·plóre** [ikspló:r/-plɔ́:] *vt., vi.* **1** 〈未知の土地・海・空などを〉**探検する,** 踏査する; 〈宇宙を〉開発する. **2** 〈問題・事件などを〉**探究する,** 調査する. **3** 〘医〙〈傷を〉探る. [√pla(n)-]
◇ ‡**èx·plo·rá·tion** [èkspləréiʃ(ə)n/-plɔ:r-] *n.*

‡**ex·plór·er** [ikspló:rər/-plɔ́:r-] *n.* **1 探検家. 2** 探究者. **3** 探査器具; 〘医〙 探り針. **4** (E〜) エクスプローラー 《アメリカが打ち上げた最初の人工衛星》.

‡**ex·pló·sion** [iksplóuʒ(ə)n] *n.* **1 爆発,** 爆破, 破裂; 爆発音. **2** 《怒り・笑いなどの》 爆発. **3** 急激な [爆発的] 増加: a population 〜 人口の急増. **4** 〘音声〙《閉鎖子音の》 破裂 (plosion); 外破. → implosion. → 動詞 explode.

***ex·pló·sive** [iksplóusiv] *a.* **1 爆発しやすい,** 起爆性の. **2** 感情の激しやすい, 激情的な. **3** 爆発の. **4** 〘音声〙 破裂音の (plosive); 外破の. → implosive. —— *n.* **1 爆薬**; 爆発性物質: high 〜 高性能爆薬. **2** 〘音声〙 破裂音; 外破音.
◇ 〜**·ly** *ad.* 爆発的に. 〜**·ness** *n.* 爆発性.

Expo Exposition 博覧会.

ex·pó·nent [ikspóunənt/eks-] *n.* **1** 解説者, 説明者; 演奏家. **2** 代表者, 代表的人物: an 〜 of self-education 典型的な独学者. **3** 表示物; 〘数〙 指数. [√pon-]

èx·po·nén·tial [èksponénʃ(ə)l] *a.* 〘数〙 指数の: an 〜 function 指数関数.

‡**ex·pórt**¹ [ikspɔ́:rt/ekspɔ́:t] *vt.* **輸出する.** ↔import. [ex-＋√port- 外に＋運ぶ]
◇ 〜**·a·ble** *a.* 輸出できる. 〜**·er** *n.* **èx·por·tá·tion** [èkspo:rtéiʃ(ə)n/-pɔ:t-] *n.* 輸出 (品).

‡**éx·port**² [ékspò:rt/-pɔ:t] *n.* **1 輸出**: the 〜 of tea. **2** 輸出品; (*pl.*) 輸出額: an 〜 of Japan 日本の輸出品. Japan's 〜*s* in 1960 1960年の日本の輸出高. ***invisible* 〜** 無形輸出 《観光事業などの外貨獲得手段》. ***the point of gold* 〜** 正金輸送点, 正貨現送点.
〜 **bill** 輸出手形. 〜 **bounty** 輸出奨励金. 〜 **duty** 輸出税. 〜 **trade** 輸出貿易 (業).

‡**ex·póse** [ikspóuz] *vt.* **1** 《日光・風雨などに》 **さらす,** むき出しにする《に *to*》; 《攻撃・危険などに》 さらす 《に *to*》; 《環境などに》 触れさせる 《に *to*》: 〜 the students *to* actual spoken English 学生を実際の会話英語に触れさせる. be 〜*d to* actual spoken English 実際の会話英語に触れる. **2** 〈秘密などを〉暴露する, 摘発する. **3 見せる**; 陳列する; 売り物に出す. **4** 〈計画・意図などを〉表示する, 発表する, 明らかにする. **5** 〈子どもなどを〉戸外に捨てる. **6** 〘写〙〈フイルムを〉露出する, 感光させる. → 名詞 exposure, exposition.
be* 〜*d to danger (危険) にさらされる. 〜 one***self to*** に身をさらす: 〜 one*self to* misunderstanding [mockery] 誤解 [あなどり] を受ける. [ex-＋√pon- 外に＋置く] ◇ 〜**d** [-d] *a.* **1** むき出しの, さらされた: 〜*d* goods たなざらし品. **2** 〘写〙 露出ずみの.
[類] → **show**「見せる」

ex·posé [èkspouzéi/-ˊ-] F. *n.* 1《醜い事実などの》暴露, 摘発, すっぱ抜き. 2 提示, 論述; 解説.

èx·po·sí·tion [èkspəzíʃ(ə)n] *n.* 1 展覧会, 博覧会. 2 説明, 解説. 3 提示, 開陳; ひろう. 4《才能などの》発揮;《秘密などの》暴露. → 動詞 expose.

ex·pós·i·tor [ikspázitər/ekspɔ́z-] *n.* 説明者; 解説者.

ex·pós·i·to·ry [ikspázitɔ̀:ri/ekspɔ́zit(ə)ri], **ex·pós·i·tive** [-tiv] *a.* 説明〔解説〕的な: an ～ essay 解説文.

ex post [eks-póust] L. 過去の資料に基づく, 回顧的《経済分析など》. ↔ *ex ante.*

ex post fac·to [éks-pòust-fǽktou/-poust-] L. (=from 〔by〕 subsequent fact)〘法〙事後に〔の〕; 過去にさかのぼって, 遡及(そきゅう)的: ～ law 事後法.

ex·pós·tu·late [ikspástʃulèit/-pɔ́stju-] *vi.* 《…しないように》いさめる, 説諭する: ～ *with* a person on 〔about〕…について人に説いてきかせる.
◇ **-la·tor** [-lèitər] *n.* **-la·to·ry** [-lətɔ̀:ri / -t(ə)ri] *a.* **ex·pòs·tu·lá·tion** [ikspàstʃuléiʃ(ə)n / -pɔ̀stju-] *n.* (しばしば *pl.*) 忠言; 忠告.

ex·pó·sure [ikspóuʒər] *n.* 1《秘密などの》暴露, 摘発; すっぱ抜き, 発覚, 露顕. 2《計画・意図などの》表示, 発表. 3《日光・風雨に》さらす〔さらされる〕こと;《危険に》身をさらすこと. 4 陳列;《商品の》たなざらし. 5〘写〙露光, 露出;《フイルムの》一こま: How many ～*s* have you taken? 写真を何枚写しましたか. 6《子どもなどを》戸外に捨てること, 遺棄. 7《家・室の》方角, 向き. → 動詞 expose. *die of* ～ (風雨にさらされて) 冷えが原因で死ぬ; 野たれ死にする. ～ **meter**〘写〙露出計.

ex·póund [ikspáund] *vt.* 説明する, 詳述する; <特に聖典を> 解釈〔解説〕する. [√pon-]
◇ ～**·er** *n.* 解説者, 解釈者.

éx-prés·i·dent [ékspréz(i)d(ə)nt] *n.* 前大統領〔総裁, 社長〕.

‡ex·préss [iksprés] *vt.* 1 **表現する**, 示す《表情・身ぶり・ことば・絵画・音楽などで》; 言いあらわす: ～ regret 遺憾の意をあらわす. I don't know how to ～ it. どう言ったらよいのかわかりません. 2 **表示する**, の印〔象徴〕である. 3 <果汁などを> 絞り出す; <においなどを> 発する. 4〘米〙速達〔至急〕便で送る, 急送する. ～ one*self* 思うことを述べる: ～ one*self* (as) satisfied 満足したと言う, 満足の意をあらわす.
—— *a.* 1 **明示された, 明白な**, 明確な, はっきりした: for the ～ purpose of… 特に…という目的で. 2《写しなどが》そっくりそのままの, 正確な. 3 **至急の**; 急行の; 至急〔速達〕便の: an ～ bus 急行バス.
—— *n.* 1 急行《列車・バス・エレベーターなど》. 2 **至急便**, 速達便; 急使. 3〘米〙通運会社. *by* ～ 急行列車で;〘米〙至急便で, 速達便で. —— *ad.* 急行(列車)で; 速達で. [ex-＋√press- 押し＋出す]
～ **company** 〔**agency**〕〘米〙通運会社. ～ **delivery**〘英〙速達便 (=㊊ special delivery);〘米〙(通運会社の) 小口速達便. ～**·man** [-mæ̀n, -mən]〘米〙運送屋(に働く者), 急行便トラックの運転手. ～ **provision**《法律の》明文. ～ **ticket** 急行券. ～ **train** 急行列車. ～**·way** [-ˊ-]《インターチェンジの完備した》高速道路 (=～ highway).
◇ ～**·age** [-idʒ] *n.* 〘米〙至急便取り扱い(業); 速達(料); 特別配達料. ～**·i·ble** [-səbl] *a.* 表現できる. ～**·ly** *ad.* 明白に, はっきりと; わざわざ, 特別に: ～*ly for*… 特に…のために.

‡ex·prés·sion [ikspréʃ(ə)n] *n.* 1《思想・感情の》**表現, 表示**. 2 表現法. 3 **ことばづかい**, 言い回し, 語句, 辞句: an idiomatic ～ 慣用的な言い回し. 4 **表情**;《声の》調子, 音調;〘楽〙発想: sing with ～ 表情豊かに歌う. 5〘数〙式. 6 搾出, 絞り取り. *beyond* 〔*past*〕 ～ 表現しえない, 筆舌に尽くしがたい. *find* ～ (*in*) (に) あらわれる, (に) 表現される. *give* ～ *to* を表現する, を述べる.
◇ ～**·al** [-ʃən(ə)l] *a.* 表現する: ～*al* arts 表現芸術. ～**·less** *a.* 無表情の, 表情の乏しい.

ex·prés·sion·ism [ikspréʃ(ə)niz(ə)m] *n.* 〘美〙表現主義; 表現派.
◇ **-ist** *a., n.*〘美〙表現主義者; 表現派の(人). **ex·près·sion·ís·tic** [iksprèʃ(ə)nístik] *a.* 表現派の.

ex·prés·sive [iksprésiv] *a.* 1 表情〔表現〕に富んだ; 意味深長な. 2《…を》あらわす: be ～ *of* contempt けいべつを表示している.
◇ ～**·ly** *ad.* ～**·ness** *n.*

ex·pró·pri·ate [ekspróuprièit] *vt.* 1 <土地などを> 収用する, 強制的に買い上げる. 2 <人から> 収用する, から取り上げる, から奪う: ～ a person *from* the estate 人から地所を取り上げる.
◇ **ex·prò·pri·á·tion** [ekspròupriéiʃ(ə)n] *n.*《土地などの》収用, 徴収;《財産などの》取り上げ.

ex·púl·sion [ikspʌ́lʃ(ə)n] *n.* 追放; 駆逐, 排除; 除名《*from*》. → 動詞 expel.

ex·púl·sive [ikspʌ́lsiv] *a.* 駆逐〔駆除〕力のある; 排除性の.

ex·púnc·tion [ikspʌ́ŋkʃ(ə)n] *n.* 消去, 抹殺(まっさつ), ぬぐい去ること. [√pung-]

ex·púnge [ikspʌ́ndʒ/eks-] *vt.* 消す, 抹殺する, 削る《から *from*》. [√pung-]

éx·pur·gate [ékspərgèit, ㊊⁺ ikspə́:rgeit] *vt.* 1 <書物から> 不穏当な部分を削除する. 2〘古〙清める. ◇ **-ga·tor** [-ər] *n.* **èx·pur·gá·tion** [èkspərgéiʃ(ə)n] *n.*

ex·pùr·ga·tó·ri·al [ikspə̀:rgətɔ́:riəl/-tɔ́:r-], **ex·púr·ga·to·ry** [ikspə́:rgətɔ̀:ri/-t(ə)ri] *a.* 削除の; 純化の.

‡éx·qui·site [ékskwizit] *a.* 1 **絶妙な, 優美な**. 2 **精巧な**, 精緻(せいち)な, 凝った. 3《皮肉》手のこんだ, 念入りな: ～ torture 手のこんだ〔恐ろしい〕責め苦. ～ malice 毒々しい悪心. 4 激しい《快感・苦痛など》. 5《感覚などが》鋭い;《趣味が》上品な.
—— *n.* 凝った趣味の人, めかしや, しゃれ者. [ex-＋√quer- 捜し＋出した, より抜きの]
◇ ～**·ly** *ad.* 絶妙に; 精妙に; すばらしく, はなはだしく. ～**·ness** *n.*

ex·sán·gui·nate [ek(s)sǽŋgwinèit] *vt.* に出血させる. —— *vi.* 出血して死ぬ.

ex·sán·guine [ekssǽŋgwin] *a.* 血のない, 貧血の.

ex·scínd [eksínd] *vt.* 切り取る, 切断する.

ex·séct [eksékt] *vt.* 切り除く.
◇ **ex·séc·tion** [-sékʃ(ə)n] *n.*

ex·sért [eksə́:rt] *vt.* 突き出す, 突き出させる.
◇ **ex·sér·tion** [-sə́:rʃ(ə)n] *n.*

éx-sérv·ice [ékssə́:rvis] *a.* 退役の. ～**·man** [-mæ̀n] 退役軍人.

éx·sic·cate [éksikèit] *vt.* かわかす. —— *vi.* かわく.

ex·tánt [ikstǽnt, ékstənt] *a.* 《文書・記録などが》現存している, 残存する. [ex-＋√sta-]

ex·tém·po·ral [ikstémp(ə)rəl]〘古〙=extemporaneous.

ex·tèm·po·rá·ne·ous [ikstèmpəréiniəs] *a.* 1《演説など》即席の, 即座の. 2《講義など》原稿なしの. 3 準備の十分でない. 4 一時しのぎの, まにあわせの. [√tempor-] ◇ ～**·ly** *ad.*

ex·tém·po·rar·y [ikstémp(ə)rèri/-rəri] *a.* 即席の, 即興的な. [√tempor-] ◇ **-i·ly** [-rili] *ad.*

ex·tém·po·re [ikstémpəri/eks-] *ad., a.* 即席に〔の〕, 準備なしに〔の〕; 即興的に〔の〕.

ex·tém·po·rise [ikstémpəràiz] *vi., vt.* 即席につくる; 即席に演説する; 即興で演奏〔作詩, 作曲〕する.

ex·tèm·po·ri·zá·tion [ekstèmpərizéiʃ(ə)n/-raiz-] *n.* 即席の演説〔文, 詩〕;〘楽〙即興曲, 即興的演奏.

‡ex·ténd [iksténd] *vt.* 1 **のばす**, のばし広げる; <線などを> 延長する. 2 <線などを> 引く; <網などを> 張る, 張り渡す: ～ a rope from tree to tree 木から木へロープを張り渡す. 3《時間的に》のばす; の期限を延長する, 延期する: ～ one's visit 訪問を長びかせる.

4 拡張する，拡大する；<勢力などを>のばす，及ぼす：～ the sense of the word 語の意味を拡大（解釈・使用）する．**5** <援助などを>**及ぼす，与える**；<歓迎・感謝の>意を表する：～ one's greetings．**6** <速記文字を>普通文字に書きなおす．**7**〘軍〙<兵力を>展開する；〘料理〙<高価な食品の>量を混ぜ物してふやす．**8**〘法〙<土地などを>差し押える，評価する．
—— *vi*. **1 のびる**，広がる；達する，及ぶ《へ，に *to, into*》．**2** 続く：The strike ～*ed* over ten days. ストライキは十余日にわたった．～ one***self*** 努力する，無理をする，背伸びをする．［ex-＋√tend- 外へ＋広げる］

ex·ténd·ed [-id] *a*. 広い，広範囲にわたる；長期にわたる；(手足を)広げた．～ **family** 拡大家族《近親を含む》．→ nuclear family．～ **play** EP 盤《標準より長時間の 45 回転レコード．略 EP》．

ex·tén·si·ble [iksténsəbl] *a*. のばせる，広げられる．
◇ **ex·tèn·si·bíl·i·ty** [-ˌ--bíləti] *n*. 伸張〔延長〕性；展開性．

ex·tén·sile [iksténs(i)l/eksténsail] *a*. 〘動〙《つめ・触角などを》伸ばすことができる．

ex·tén·sion [ikstén∫(ə)n] *n*. **1 延長**，のばすこと，延期．**2 拡大**，広げること，拡張；〘軍〙展開．**3** 広がり，広さ，範囲．**4** 増設，増築；付加物；延長線《鉄道などの》；〘電話〙内線：a table with side ～*s* 両そでが伸びるテーブル．**5**〘論〙《概念の》外延；敷衍(ふえん)《語句などの》．↔ intension．**6**〘物〙延長．**7**〘商〙返金延滞承認書．***put an*** ～ ***to*** に継ぎ足しする．***university*** ～ 大学公開講座．［＜extend］
～ **courses** 特別〔公開〕講座《大学の夜間講座・通信講座による成人教育》．～ **ladder** 繰り出し式はしご．～ **table** 伸縮自在のテーブル．

ex·tén·si·ty [eksténsəti] *n*. 伸張〔拡張〕性；広さ；空間知覚．

***ex·tén·sive** [iksténsiv] *a*. **1 広大な，広い**．**2** 広範囲に及ぶ；多方面にわたる，《知識などが》該博な：an ～ influence 広い影響力．～ reading 多読．**3**〘論〙外延の．**4**〘農〙粗放の．↔ intensive．［＜extend］
◇ ～**·ly** *ad*. 広く，広範囲にわたって．～**·ness** *n*.

ex·tén·sor [iksténsər] *n*. 〘医〙伸筋．→ flexor．

‡**ex·tént** [ikstént] *n*. **1 広さ**，大きさ，長さ：the ～ of his lands．**2** 広々とした地域：a vast ～ of land 広大な土地．**3 程度；範囲**，限界，限度：sing at the full ～ of one's lungs 声をかぎりに歌う．To what ～ can he be trusted? 彼はどこまで信用できるか？ **4**〘論〙外延．**5**〘法〙差し押え令状；〘英史〙土地評価．***to a great*** 〔***large***〕 ～ 非常に，大いに．***to some*** 〔***a certain***〕 ～ ある程度まで，多少．***to the*** ～ ***of*** ＝ ***to the*** ～ ***that***… …の限度まで，…まで，…ほど．***to the utmost*** 〔***full***〕 ～ 極度に．

ex·tén·u·ate [iksténjuèit] *vt*. **1** <犯罪・欠点などを>軽くみなす，情状酌量(しゃくりょう)する：Nothing can ～ his offense. 彼の罪には酌量の余地がない．Do not ～ the difficulties. 困難を甘く見るな．**2** <罪などを>軽くする，釈明する：～*ting* circumstances 酌量すべき事情．**3**〘古〙希薄にする．［√tenu-］
◇ **-a·tive** [-èitiv] *a*. **-a·tor** [-èitər] *n*. **-a·to·ry** [-ətɔ̀ːri/-ət(ə)ri] *a*.

ex·tèn·u·á·tion [-ˌ--éi∫(ə)n] *n*. 情状酌量：in ～ of の情状を酌量して．

***ex·té·ri·or** [ikstí(ː)riər/ekstíər-] *a*. **1 外側の**，外部の；外面の，表面の，うわべの．**2** 外側からの，外部からの，外との：～ influences 外部からの影響．～ commerce 外国貿易．**3** 外装の．**4**〘医〙《内服用に対し》外用の；《建築材が》外装用の．
—— *n*. **1 外部**，外面，表面；外形，**外観**：a harsh ～ but a kind heart とっつきは悪いが優しい心．**2** (the ～s) 外的状況〔特徴〕．**3**〘劇〙屋外場面；〘美〙屋外描写．↔ interior．［ex-＋√terior］
～ **angle**〘数〙外角．

◇ ～**·ly** *ad*. **ex·tè·ri·ór·i·ty** [ikstì(ː)riɔ́rəti/ekstìəriɔ́r-] *n*. ＝externality.

ex·té·ri·or·ize [ikstí(ː)riəràiz/ekstíər-] ＝externalize.

***ex·tér·mi·nate** [ikstə́ːrmənèit/eks-] *vt*. **根絶する**，撲滅する，皆殺しにする．［√termin-］
◇ **-na·tor** [-ər] *n*. 害虫駆除者〔剤〕．**-na·to·ry** [-nətɔ̀ːri/-nətəri] *a*. **ex·tèr·mi·ná·tion** [-ˌ--néi∫(ə)n] *n*.

éx·tern [ékstərn, ikstə́ːrn/ekstə́ːn] *n*. 〘英〙通学生；《病院の》通勤医師，通勤医学研究生．→ intern．—— *a*. 〘古〙外の，外部の．

‡**ex·tér·nal** [ikstə́ːrn(ə)l/eks-, iks-] *a*. **1 外部の**，外の；外面の；外界の：～ evidence 外的証拠．the ～ world〘哲〙外界．↔ internal．**2 表面の**，外観の；うわべの，形式的な：～ acts of worship うわべだけの礼拝．**3** 外用の《薬など》：For ～ use 〔application〕 only. 外用，「飲んではいけません」．**4 対外的な**，国際的な；外来の，外国の．**5** 外からの，外部の：an ～ force 〔cause〕 外部圧力〔原因〕．**6** 付帯的の，偶有性の．—— *n*. **外見**；(*pl*.) 外観，外形：judge people by ～*s* 風采(ふうさい)で人を判断する．
◇ ～**·ly** *ad*. 外面に；外見上．～**·ism** [-iz(ə)m] *n*. 形式主義；〘哲〙実在論，現象論．～**·ist** *n*. 形式尊重主義者；実在論〔現象論〕者．

èx·ter·nál·i·ty [èkstərnǽləti] *n*. **1** 外面的なこと，皮相．**2**〘哲〙外界〔外在〕性．**3** 外観，外界；形式主義．

ex·tér·nal·ize [ikstə́ːrn(ə)làiz] *vt*. 外化する，<思想などを>形にあらわす，具体化する；客観化する．
◇ **ex·tèr·na·li·zá·tion** [ikstə̀ːrn(ə)ləzéi∫(ə)n/-laiz-] *n*.

èx·ter·o·cép·tive [èkstərəséptiv] *a*. 〘生〙外部刺激感受性の．

èx·ter·ri·tó·ri·al [èksterətɔ́ːriəl/ékstèrətɔ́ːriəl] *a*. 治外法権の．◇ **ex·tèr·ri·tò·ri·ál·i·ty** [ekstèrətɔ̀ːriǽləti, èksterə-/ékstèrətɔ̀ːri-] *n*. 治外法権．

***ex·tínct** [ikstíŋkt] *a*. **1** 《火が》消えた；《希望・情熱・生命力が》絶えた，尽きた，終わった．**2** 《人種・動植物などが》絶滅した；《家門・爵位などが》断絶した．**3** 《制度・官職などが》廃止された．［＜extinguish］
～ **species** 絶滅種．～ **volcano** 死火山．

ex·tínc·tion [ikstíŋk∫(ə)n] *n*. **1** 消すこと，消えること；消火；〘光〙吸光．**2 絶滅**，**滅亡**，終息；**断絶**，廃止；〘法〙《負債の》償却，《権利の》消滅．

ex·tínc·tive [ikstíŋktiv] *a*. 消滅性の．～ **prescription**〘法〙《刑の》消滅時効．

‡**ex·tín·guish** [ikstíŋgwi∫] *vt*. **1** <火・光などを>**消す**；<火事を>消火させる，鎮火する：～ a candle ろうそく(の火)を消す．**2** <希望・情熱などを>消滅させる，絶つ；<種族・家門などを>絶滅させる．**3**〘法〙<負債などを>消却する，<権利などを>無効にする．**4** <相手を>制圧する，顔色なからしめる．［√stingu-］
◇ ～**·a·ble** *a*. 消すことができる，絶滅できる．～**·ment** *n*.

ex·tín·guish·er [-ər] *n*. **1** 消す人〔物〕；ろうそく消し；消火器：a chemical ～ 化学剤消火器．**2** 陰気くさい人《ほかの人々の気をめいらせるような》．

éx·tir·pate [ékstərpèit, [米]⁺ ikstə́ːrpeit] *vt*. **1** 根絶する，絶滅させる．**2** <草木を>根こそぎにする．**3**〘医〙除去する，摘出する．◇ **-pa·tive** [ékstəːrpèitiv] *a*. 根絶する(力のある)．**-pa·tor** [-tər] *n*. **èx·tir·pá·tion** [èkstərpéi∫(ə)n] *n*.

ex·tol(l) [ikstúl, -tóul/-tóul, -tɔ́l] *vt*. (**-ll-**) ほめ上げる，ほめそやす．～ a person ***to the skies*** (人を)口をきわめて激賞する．［√tol-］

ex·tórt [ikstɔ́ːrt] *vt*. **1** <金・情報などを>強奪する，奪取する，強要する：～ money *from* 〔*out of*〕 a person 人から金を無理に取る．**2** <意味などを>こじつけてとる：～ a meaning *from* a passage (文の)一節にある意味をこじつける．**3** 不当取得する《職権を利用して》；<法外な料金・値段を>ふっかける．［√torqu-］

ex·tór·tion [ikstɔ́:rʃ(ə)n] *n.* **1** 強奪(物); 搾取(物); 強要, ゆすり. **2**《職権による》不当取得; 法外な料金〔価格, 掛け値〕.
◇ **~·ar·y** [-èri/-əri] *a.* 強奪的, 搾取的な; ゆすりの. **~·ate** [-nit] *a.* 強奪的な, 搾取的; 暴利をむさぼる,《値段が》法外な. **~·er** [-ər], **~·ist** *n.*

‡éx·tra [ékstrə] *a.* **1 余分の, 特別の**; 特別上等の: ~ quality 上質. an ~ binding 特上製本. **2 臨時の**: an ~ issue 臨時(増刊)号.
—— *n.* **1** 余分な物, 特別な物; 景物, 番外; 号外; 特別号; 追加料金;〖クリケット〗打球以外で得た点. **2** 臨時雇い労働者;〖映〗エキストラ.
—— *ad.* **1 特別に**, 非常に: ~ fine 特別上等の. ~ large 特大の. ~ special edition〖英〗夕刊の最終版. **2** 余分に.
~-base hit〖野球〗長打《二・三・本塁打》. **~ dividend** 特別配当金. **~ edition** 特別号, 臨時増刊. **~ inning game**〖野球〗延長戦. **~ pay** 臨時手当.

extra- *pref.*「…外の」「…の範囲外の」「…以外の」「特別の〔に〕」の意.

‡ex·tráct [ikstrǽkt] *vt.* **1 引き抜く**, 抜き取る, 掘り〔切り〕出す: ~ a tooth 歯を抜く. **2** 絞り出す, 蒸留して取る, せんじ出す: oil ~*ed from* olives オリーブから採れる油. **3 抜粋する**, 引用する《から *from*》: ~ a passage *from* a book 本から一節を抜粋する. **4** 入手する; <楽しみなどを> 得る, 感じる; <情報などを> 聞き出す: ~ a confession *from* a person 人に白状させる. **5**〖数〗<根を> 開く.
◇ **~·a·ble, ~·i·ble** [-əbl] *a.* **-trác·tor** [-ər] *n.* **1** 抽出者, 抜粋者. **2** 抽出装置〔器〕, 分離器;〖医〗鉗子(かんし), 摘出器.
—— [ékstrækt] *n.* **1** 抽出物, エキス精; せんじじる. **2** 抜き書き, 引用; 抜粋; 抄本. [√trah-]

ex·trác·tion [ikstrǽkʃ(ə)n] *n.* **1** 引き出すこと, 抽出; 抜き取り. **2** 絞り取り, せんじ出し; せんじ出し液, エキス. **3** 引用(語句); 抜粋. **4** 血統, 血筋: an American of Japanese ~ 日系アメリカ人. **5**〖数〗根を開くこと.

ex·trác·tive [ikstrǽktiv] *a.* **1** 引き出す; 抜き取る. **2** 絞り取れる; せんじ出せる; エキス性の. **3** 抜粋の. **——** *n.* 抽出物; エキス; せんじじる. **~ industries** (天然)資源開発産業《林業・漁業など》.

èx·tra·cur·ríc·u·lar [èkstrəkəríkjulər/éks-], **-lum** [-ləm] *a.* 課外の, 正課以外の: ~ activities 課外活動, クラブ活動.

éx·tra·dite [ékstrədàit] *vt.* **1** <逃亡犯人を> 引き渡す《特に外国政府へ》; 本国へ送還する. **2** の引き渡しを受ける, 引き取る. ◇ **-dit·a·ble** [-əbl] *a.* 引き渡されるべき. **èx·tra·dí·tion** [ㄥ–díʃ(ə)n] *n.*

ex·trá·dos [ekstréidɑs/-dɔs] *n.*〖建〗《アーチの》外弧面. ↔ intrados.

èx·tra·ju·dí·cial [èkstrədʒu:díʃ(ə)l/éks-] *a.* **1** 裁判事項外の, 司法管轄外の. **2** 裁判以外の, 法廷外の. ◇ **~·ly** [-i] *ad.*

èx·tra·lé·gal [èkstrəlí:g(ə)l/éks-] *a.* 法の範囲外の.

èx·tra·már·i·tal [èkstrəmǽritl/éks-] *a.* 婚外の; 不倫の.

èx·tra·mún·dane [èkstrəmʌ́ndein/éks-] *a.* 地球外の; この世のものでない.

èx·tra·mú·ral [èkstrəmjú(:)rəl/ékstrəmjúərəl] *a.* **1** 城壁外の,《都市の》郊外の. **2** 学外の, 学外での〔からの〕: ~ athletics (他校との) 対抗競技. an ~ lecturer 学外からの依頼講師; 大学公開講座の講師. ↔ intramural.

ex·trá·ne·ous [ikstréiniəs] *a.* **1** 外部の, 外来の: ~ aid 外部〔国外〕からの援助. **2** 異質の, 無関係の: ~ *to* the matter この問題とは無縁の.
◇ **~·ly** *ad.*

èx·tra·of·fí·cial [èkstriəfíʃ(ə)l, -trəəf-/ékstrə-] *a.* 職権〔職務〕外の.

‡ex·traór·di·nar·y [ikstrɔ́:rd(i)nèri, èkstrəɔ́:r-/ikstrɔ́:dnri, èkstrə-] *a.* **1 異常な**, 非常な, 並みはずれた, けたはずれの, 法外な: a man of ~ genius 非凡な才の人. **2 特別の**; 臨時の: an ~ session 臨時議会. **3 途方もない, 驚くべき**, 意外な: an ~ man 風変わりな男. ~ weather 珍しい天候. ***envoy* [*ambassador*] ~** 特命公使〔大使〕. **——** *n.* (*pl.*)〖英:軍〗特別手当.
◇ ***-i·ly** *ad.* 異常に, 法外に. **-i·ness** *n.* 異常性, 非凡; 法外.
(類義語) **異常な: extraordinary** 通常からはずれた. 例外的な→異常な: *extraordinary* powers given to the President in wartime 戦時中大統領に与えられる特別な権限. **remarkable** 注目すべき, 目だつ →異常な: a *remarkable* change 異常な変化. **unusual** 普通ではない, ただごとでない: There was something *unusual* in the atmosphere. ふんい気には異常なものがあった.

èx·tra·phýs·i·cal [èkstrəfízik(ə)l] *a.* 肉体外の; 物理法則に従わない.

ex·tráp·o·late [ekstrǽpəlèit, ㊎⁺ ékstrə-] *vt., vi.*〖数・統計〗外插(そう)する《数値既知の区間から(未知の区間の数値を)推定する; 既知資料から(未知事項を)推定する》. → interpolate. ◇ **ex·trà·po·lá·tion** [ekstræ̀pəléiʃ(ə)n/èkstrə-] *n.* 外插法.

èx·tra·sén·so·ry [èkstrəsénsəri/éks-] *a.* 知覚外の, 超感覚的な. **~ perception**〖心〗感官外知覚《telepathy, clairvoyance などのような通常の感覚以外の知覚. 略 ESP》.

èx·tra·ter·rés·tri·al [-tiréstriəl] *a.* 地球外の, 宇宙の: ~ life 宇宙(内)生活; 地球外の生物.

èx·tra·tèr·ri·tó·ri·al [-tèritɔ́:riəl/-tɔ́:r-] *a.* 治外法権の. ◇ **èx·tra·tèr·ri·tò·ri·ál·i·ty** [-tɔ̀:riǽliti/-tɔ̀:r-] *n.* 治外法権.

ex·tráv·a·gance [ikstrǽvigəns], **-gan·cy** [-i] *n.* **1** 浪費, ぜいたく. **2** 過度, 無節制. **3** とてつもないこと; 法外な話.

ex·tráv·a·gant [ikstrǽvigənt] *a.* **1** 浪費(癖)の, 金使いの荒い; 豪奢(ごうしゃ)な, ぜいたくな. **2** 度を過ごした, 法外な: an ~ behavior むちゃなふるまい. [√vag-] ◇ **~·ly** *ad.* 金使いが荒く, ぜいたくに; とてつもなく, 法外に.

ex·tràv·a·gán·za [ikstræ̀vəgǽnzə] *n.* 奇抜な文学作品; 狂想曲〔劇〕; 狂気じみた言行.

ex·tráv·a·gate [ikstrǽvəgèit] *vi.* **1** とっぴなこと〔度を越したこと〕をする. **2**〖稀〗さまよう, 踏み迷う《*from, into*》. [√vag-]

ex·tráv·a·sate [ekstrǽvəsèit] *vt.*〖医〗<血液・リンパ液などを> 脈管からあふれさせる; 溢血(いっけつ)〔内出血〕させる;〖地〗<溶岩を> 噴出する. **——** *vi.*〖医〗溢出する; 内出血する.
◇ **ex·tràv·a·sá·tion** [ekstræ̀vəséiʃ(ə)n] *n.*

èx·tra·vér·sion [èkstrəvə́:rʒ(ə)n, -ʃ(ə)n] = extroversion ②.

éx·tra·vert [ékstrəvə̀:rt] = extrovert.

‡ex·tréme [ikstrí:m] *a.* **1 極度の**, はなはだしい: ~ cold 極寒. ~ joy 非常な喜び. **2 過激な**, 極端な: ~ measures 強行策. **3 いちばん端の**, 末端の: ~ North 最北端. ~ old age 高齢. **4** 最後の: ~ hopes.
—— *n.* **1 末端, 極端**, いちばん端(の物); (*pl.*) 両端, 両極端. **2** 窮まり, 頂点: the ~ of poverty 貧困の極. **3** 極端な手段; (*pl.*) 窮境, 窮地. **4**〖数〗外項. ***E~s meet.***〖諺〗両極端は相通ずる. ***go to ~s* = *run to an ~*** 極端にはしる. ***in* (*the*) ~** 極端に, 極度に. [ex- の最上級] ◇ **~·ness** *n.*

‡ex·tréme·ly [-li] *ad.* **1 極端に**, 極度に. **2**〖話〗**とても, ひどく.**

ex·trém·ism [ikstrí:miz(ə)m] *n.* 極端な傾向; 極端論, 過激主義.

◇ -ist *n.*, *a.* 過激主義者; 極端〔過激〕論の.

ex·trém·i·ty [ikstrémịti] *n.* **1** 末端, 先端, 果て: the furthest ～ of Africa アフリカの内奥〔秘境〕. **2** 極端, 限度: an ～ of misery 〔joy〕 悲惨〔歓喜〕の極. **3** 苦境, 困窮, 窮境: I hope you will help them in their ～. あなたの手で彼らの窮境を打開してやってほしい. **4** (通例 *pl.*) 最後の手段, 非常手段. **5** (*pl.*) 四肢(しし), 手足. ***at the ～ of*** の端に. ***be forced*** 〔***driven, reduced***〕 ***to ～*** 窮地に追い込まれる. ***proceed*** 〔***go***〕 ***to ～ies*** 最後の手段をとる. ***to the last ～*** ぎりぎりの最後まで. 「る.

éx·tri·ca·ble [ékstrikəbl] *a.* 解放できる, 救い出せ

éx·tri·cate [ékstrikèit] *vt.* **1** 解き放つ《から *from*》; 救い出す《危険・窮境から》. **2**〘化〙〈ガスなどを〉遊離させる. ～ one***self from*** から抜け出す, を脱する, を振りはなす. [√tric-] ◇ **èx·tri·cá·tion** [èkstrịkéiʃ(ə)n] *n.* 解放, 救出, 脱出;〘化〙遊離.

ex·trín·sic [ekstrínsik], **-si·cal** [-sik(ə)l] *a.* **1** 外部からの, 外部の; 外来的の. **2** 付帯的な, 非本質的な《に *to*》: an ～ value 付帯価値. ⇔ intrinsic. [√sequ-] ◇ **ex·trín·si·cal·ly** *ad.*

extro- *pref.* extra- の異形.

ex·trórse [ekstrɔ́:*r*s] *a.*〘植〙《葯(やく)が》外向きの. ↔ introrse. ◇ **～·ly** *ad.*

èx·tro·spéc·tion [èkstrọspékʃ(ə)n] *n.* (外界物の) 観察.

èx·tro·vér·sion [èkstrọvə́:*r*ʃ(ə)n, ㊍⁺ -ʒ(ə)n] *n.* **1**〘医〙《まぶたなどの》外翻, 外転. **2**〘心〙外向性 (extraversion).

éx·tro·vert [ékstrọvə̀:*r*t], **éx·tra·vert** [éks-trə-] *n.*〘心〙外向的な人. —— *a.*〘心〙外向性の. —— *vi.*〘心〙外向的になる〔ふるまう〕. —— *vt.* **1**〘心〙外向的にする. **2**〘古〙外に向ける. ⇔introvert.

ex·trúde [ikstrú:d] *vt.*, *vi.* 押し出す, 突き出す, 突き出る; 追い出す《から *from*》. ↔ intrude.

ex·trú·sion [ikstrú:ʒ(ə)n] *n.* **1** 押し出し, 追放. **2** 突出, 突起. **3**〘地〙《溶岩の》流出.

ex·trú·sive [ikstrú:siv] *a.* 押し出す, 突き出す, 突き出た;〘地〙流出した: ～ rocks 迸出(ほうしゅつ)岩.

ex·ú·ber·ance [igzú:b(ə)rəns / igzjú:-], **-an·cy** [-rənsi] *n.* **1** 繁茂. **2** 豊富, 満ちあふれていること: an ～ of feeling あふれるばかりの感情.

ex·ú·ber·ant [igzú:b(ə)rənt/igzjú:-] *a.* **1** 繁茂した, おい茂った. **2**《健康が》あふれるばかりの;《人が》元気ではちきれるほどの. **3** 感情〔好意〕のあふれるばかりの: an ～ welcome 熱誠あふれる歓迎. **4**《感情が》あふれるばかりの;《想像力などが》豊かな;《文体などが》華麗な. ◇ **～·ly** *ad.*

ex·ú·ber·ate [igzú:bərèit/igzjú:-] *vi.* **1** 繁茂する. **2** 満ちあふれる《に *in*》.

éx·u·date [éks(j)ụdèit/-sjụ-] *n.* 浸出物.

èx·u·dá·tion [èks(j)ụdéiʃ(ə)n/èksju:-, ègzju:-] *n.* 浸出, 分泌; 浸出〔分泌〕液; 発汗.

ex·úde [igz(j)ú:d, iks(j)ú:d/igzjú:d, eks-] *vt.* 〈汗などを〉にじみ出させる; 発散させる. —— *vi.* 〈汗などが〉にじみ出る; 発散する.

***ex·últ** [igzʌ́lt] *vi.* **1** 歓喜〔狂喜〕する《に *at, in, over*》; 勝ち誇る《*over* a person》: He ～*ed to* find out that he had won. 自分の勝ちと知って狂喜した. **2**〘廃〙《喜んで》飛び上がる. [√sal(i)-]
◇ **～·ance** [-(ə)ns], **～·an·cy** [-(ə)nsi] *n.* ＝exultation.

ex·últ·ant [igzʌ́lt(ə)nt] *a.* 大喜びの, 勝ち誇った: ～ shouts 歓声. ◇ **～·ly** *ad.*

***èx·ul·tá·tion** [ègzʌltéiʃ(ə)n, èksʌl-] *n.* **大歓喜**, 大得意.

éx·urb [éksə:*r*b, égz-] *n.* 都市郊外の外部に点在する町村, ベッドタウン. [√urb-]

ex·úr·ban·ite [eksə́:*r*bənàit] *n.* 大都市から exurb に移住した人《都市に通勤する》.

ex·úr·bi·a [eksə́:*r*biə] *n.* 都市周辺通勤区域.

ex·ú·vi·ae [igzú:vii:/-zjú:-] *n.* *pl.* 《セミ・ヘビ・エビなどの》抜けがら; 残骸(ざんがい). ◇ **ex·ú·vi·al** [-viəl] *a.*

ex·ú·vi·ate [igzú:vièit/-zjú:-] *vi.*, *vt.* 〈ヘビなどが〉脱皮する, 〈からを〉脱ぐ.
◇ **ex·ù·vi·á·tion** [igzù:viéiʃ(ə)n/-zjù:-] *n.*

ex vo·to [eks-vóutou / éks-] L. (＝according to vow) (神への) 誓いにより. —— *n.* 奉納物, 奉納額.

-ey[1] [-i] *suf.* ＝-y[1]《y のあとに用いる: clay*ey* ＜clay ＋-ey》.

-ey[2] *suf.* ＝-y[3]《例: Charl*ey*》.

éy·as [áiəs] *n.* 巣ひな;《巣から取った》タカの子.

†**eye** [ái] *n.* **1** 目; ひとみ, 瞳孔(どうこう): open one's ～*s* 目を開く. lose an ～ 片目を失う. blue 〔black〕 ～*s* 青い〔黒い〕ひとみ. **2** 目もと, 目のまわり: give a black ～ なぐって目のまわりに黒いあざをつくる. **3** 視力, 目のよさ: have good ～*s* 目がよくきく. **4** 眼識, 観察力, 鑑賞〔判断〕力: the ～ of a painter 画家の眼識. have an ～ *for* a horse 馬を見る目がある. **5** 視線, まなざし: a jealous ～ しっとぶかい目つき. cast an ～ 視線を投ずる《に *on*》. **6** 注視, 注目, 注意: keep an ～ 注意して見守る《を *on*》. **7** 目標, もくろみ: with an ～ to win favor 気に入られようとして. have an ～ *to* one's advantage 私利をはかる. **8** 見解, 意見, 解釈: in my ～*s* 私の見るところでは. in the ～*s* of law 法律の目〔立場〕からみれば. **9**《光・知・力の》目, 中心;〘気〙《台風の》目. **10** 眼状の物; 小穴;《針の》めど,《いかり・鉤の》目;《ロープを通す》環;《ホックの》留め金〔ひも〕;《カーテンの》すべり環: the ～ of a needle 針のめど. the ～ of a potato ジャガイモの芽. **11** 小丸;《標的の》黒星,《クジャクの羽の》たま; 光電池 (＝electric ～);《めがねの》玉; 丸窓.
an ～ for an ～〘聖〙目には目を《おなじ手段による報復. 出エジプト記 21:24》. ***be all ～s*** 目をさらのようにして見ている, 懸命に注意する. ***be in the public ～*** 世間から注視されている: a person *in the public ～* 世間注目の的の人物. ***be up to the ～ in*** debt (借金) にしばられている. ***black*** a person***'s ～*** (＝give a person a black ～) (人を) なぐって目のまわりに黒いあざをつくる. ***cast a*** critical ～ ***on*** に(批判的な) 目を向ける. ***catch*** 〔***draw, strike***〕 ***the ～*** 人目を引く, 目にとまる, 目だつ. ***catch the Speaker's ～*** 発言を許される. ***do*** a person ***in the ～***〘俗〙(人を) だます. ***Eyes front!*** 頭(かしら)直れ! ***Eyes left*** 〔***right***〕***!*** 頭左っ〔右っ〕! ***give an ～ to*** を見守る, を注意する, の番をする. ***give*** a person ***the ～*** (人に) 色目をつかう. ***glass ～*** 義眼, 入れ目 (＝false ～); 片めがね. ***have all*** one***'s ～s about*** one 抜かりなく注意している. ***have an ～ in*** one***'s head*** 眼識をそなえている. ***have an ～ to*** に注意を払う; を目ざして〔ねらって〕いる. ***have an ～ to everything*** 万事ゆだん〔抜け目〕がない. ***have*** one***'s ～ on*** から目を離さない, を監視する. ***have*** one***'s ～s well in*** 目測にすぐれている. ***have the ～s at the back of*** one***'s head*** 目が鋭い, なんでも見通す. ***have the sun*** 〔***light***〕 ***in*** one***'s ～s*** 光が目にはいる, 目がくらむ. ***if you had half an ～*** 少し注意すれば. ***in a pig's ～***〘俗〙決して…ない. ***in the ～ of the wind***〘海〙風をまともに受けて. ***keep an ～*** 〔***a sharp ～***〕 ***on*** を気をつけて見る, を監視する. ***keep*** one***'s ～ on*** をじっと見つめる, から目を離さない. ***keep*** one***'s ～s open*** 〔***peeled, skinned***〕 目を開いている, ゆだんしない. ***lay*** 〔***set***〕 ***～s on*** に視線を投ずる, に目をすえる. ***look on with dry ～s*** 思いやりのない〔そっけない〕目でながめる. ***look*** a person ***straight*** 〔***squarely***〕 ***in the ～s*** (人を) まともに見つめる. ***make ～s at*** に流し目〔色目〕をつかう. ***Mind your ～s!***〘俗〙よく見ろ!, 気をつけろ! ***My ～s!*** 驚いた!, とんでもない! ***naked ～s*** 肉眼. ***open*** a person***'s ～s***《比喩的》(人)の目を開く〔開かせる〕; 悟らせる, (人)から誤った考え〔幻影〕を除く: You have *opened* my ～*s*. あなたのおかげで目がさめました. ***open***

a person's ～ *to* the truth 人を事実に目ざめさせる. ***pipe*** one's ～*(s)* 〘俗〙涙を流す. ***private*** ～ 〘俗〙私立探偵(たんてい). ***put out*** a person's ～*s* 目をえぐり抜く; めくらにする. ***run*** one's ～ ***over*** 〔***through***〕をざっと見る, に目を通す. ***see*** ～ ***to*** ～ ***with*** と意見が全く一致する. ***see*** ... ***in*** one's ***mind's*** ～ …を心の目で見る〔想像に描く〕. ***set*** 〔***clap***〕 ～*s* ***on*** を見る. ***show the whites of*** one's ～*s* 白目を出す; 目を回す. ***shut*** 〔***close***〕 one's ～*s* ***to*** を見ようとしない; <証拠など>を認めない; <人の過失など>を黙認する, を大目にみる. ***simple*** ～ 〘動〙単眼. ***That's all my*** ～ (***and Betty Martin***)! ばかな!, 冗談言うな! ***the*** ～ ***of day*** 〘雅〙日輪. ***under the*** ～ ***of*** の監視のもとで; の面前で. ***with an*** ～ ***to*** を考えて, を目当てに. ***with*** one's ～*s* ***open*** 万事心得て. ***with*** one's ～*s* ***starting out of*** one's ***head*** 目が飛び出すほどぎょうてんして. ***with half an*** ～ ちらと見ただけで, 容易に.

―― *vt.* (じろじろ) 見る; 注視する.

～ **appeal** 人目を引くこと; 美しさ. ～**·ap·péal·ing** 〔㊥⁺ ⁻⁻⁻⁻〕 人目につく, すばらしい《美人など》. ～**·bà·by** 相手のひとみに映った自分の姿. ～**·ball** 〔⁻⁻〕 眼球. ～ **bank** 眼球銀行, アイバンク. ～ **bath** 〘英〙＝eyecup. ～**·beam** 〔⁻⁻〕 視線, 一瞥(いちべつ). ～**·bright** 〔⁻⁻〕〘植〙コゴメグサ. ‡～**·brow** → 別項. ～**·bùg·ging** 目を見張らすような. ～**-càtch·er** 人目を引く〔美しい〕もの; 〘米俗〙若い魅力的な女. ～**-càtch·ing** 〘米俗〙人目を引く. ～**·cup** 〔⁻⁻〕 洗眼用コップ. ～ **doctor** 〘話〙目医者. ～**·dròp·per** 点眼器. ～**-fìll·ing** 目を見張るような, すばらしい.

～**·glass** 〔⁻⁻〕 (1) めがねのレンズ; 片めがね; (*pl.*) めがね. (2) 接眼鏡《望遠鏡・双眼鏡》. (3) ＝eyecup. ～**·hole** 〔⁻⁻〕 眼窩(がんか); のぞき穴; 《針などの》目穴. ～**-in-the-sky satellite** 空中偵察(ていさつ)用衛星. ～**·lash** 〔⁻⁻〕 まつげ. *～**·lid** → 別項. ～**-mínd·ed** 〘心〙視覚型の. ～ **opener** 目を見張らせるような驚くべき事件〔行為, 話〕; 〘米俗〙《目ざましの》朝酒. ～**-ò·pen·ing** 〔㊥ ⁻⁻⁻⁻〕 目を見張らすような: ～*-opening* events 〔news〕 はっとするような事件〔ニュース〕. ～**·piece** 〔⁻⁻〕 接眼レンズ. ～**·pit** 〔⁻⁻〕 眼窩. ～**-pòp·ping** 目を丸くさせる(ような). ～**·sèrv·ant** 〘古〙表裏のある使用人. ～**·sèrv·ice** (1) 表裏のある働きぶり. (2) 崇拝のまなざし. ～**·shade** 〔⁻⁻〕 まびさし《テニスのときなど用いる》. ～ **shadow** アイシャドー《まぶたにつける化粧料》. ～**·shot** 〔⁻⁻〕 眼〔視〕界: beyond 〔out of〕 ～*shot* 目の届かぬところに. in 〔within〕 ～*shot* 目の届くところに. *～**·sight** → 別項. ～ **socket** 眼窩. ～**·sore** [-sɔ̀:r / -sɔ:] 目ざわりな人〔物〕. ～**-spot** 〔⁻⁻〕 (1) 〘動〙眼点, 感光器官《無脊椎(せきつい)動物の》. (2) 《クジャクの羽にあるような》目の形の斑点(はんてん). ～**-stalk** 〔⁻⁻〕 〘動〙《エビ・カニなどの》眼柄. ～**·strain** 〔⁻⁻〕 目の疲れ. ～**·strings** 〔⁻⁻〕 *pl.* 眼筋. ～**·tooth** 〔⁻⁻〕 → 別項. ～**·wash** 〔⁻⁻〕 目薬, 洗眼水; 〘俗〙ぺてん, ごまかし. ～**·wà·ter** (1) 目薬. (2) 涙. (3) 〘医〙《目の》水様液. ～**·wink** 〔⁻⁻〕 まばたき; 一瞥. ～**·wink·er** まつげ. ～**·wít·ness** 〔㊥⁺⁻⁻⁻〕 目撃者; 実地証人.

‡**éye·brow** [áibràu] *n.* まゆ, まゆ毛. one's ～*s* ***go up*** びっくりする. ***knit the*** ～*s* まゆをしかめる. ***raise an*** ～ まゆを上げる. ***raise*** one's ～*s* びっくりする. ～ **pencil** まゆ墨.

***eyed** [aid] *a.* **1** 《合成語で》(…の) 目をした, 目が…のような: blue-～ 青い目の. eagle-～ ワシのような鋭い目をした. **2** 目穴のついた; 目玉模様のある.

éye·ful [áifùl] *n.* 〘米俗〙 **1** たっぷり見ること. **2** 目を見張るような美しさ〔美人〕.

éye·less [áilis] *a.* 目のない; 盲目の; 盲目的な.

éye·let [áilit] *n.* 小穴, ひも通し穴; はと目金; のぞき穴; 小銃眼. ◇ **èye·let·éer** [àiliṭíər] *n.* 千枚通し.

éye·lid** [áilid] *n.* まぶた: the upper 〔lower〕 ～ 上〔下〕まぶた. ***hang on by the ～*s* やっとすがりついている, 危地に陥っている.

***éye·sight** [áisàit] *n.* **1** 視力, 視覚: He lost his ～. 彼は失明した. **2** 視界.

éye·some [áisəm] *a.* (見て) 美しい.

éye·tooth [áitù:θ] *n.* (*pl.* **-teeth** [-ti:θ]) 《特に上の》犬歯. ***cut*** one's ～ おとなになる, 世間ずれがする. ***cut*** one's ～ ***on*** で手ほどきを受ける, で力だめしをする. ***give*** one's ～ 大事なものをささげる: She would *give her* ～ for that job. その仕事につけるならどんな犠牲も払うだろう.

éy·ot [éi(ə)t] *n.* 〘英〙《川や湖の中にある》小島.

eyre [ɛər] *n.* 〘史〙《裁判官の》巡回; 巡回裁判(所). ***justices in*** ～ 巡回判事.

éy·rie, éy·ry [ɛ́(:)ri, í(:)ri/áiəri, ɛ́əri] ＝aerie.

Ezek. Ezekiel. **Ez(r).** Ezra.

E·zék·i·el [izí:kiəl, -kjəl] *n.* 〘聖〙エゼキエル《ユダヤの預言者》; エゼキエル書《旧約》.

Ez·ra [ézrə] *n.* 〘聖〙エズラ《ユダヤの預言者》; エズラ記《旧約》.

F

F, f [ef] *n.* (*pl.* **F's, *Fs*, f's, *fs*** [efs]) **1** 英語アルファベットの第6字. **2** 〘楽〙へ音《ドレミファ唱法の「ファ」》; へ調. **3** 《活字・スタンプの》F または f 字(形のもの). **4** 〘米〙《学校の成績記入法で》不可《failure の略》. **5** 6番め(のもの)《連続するもの》. **6** 〘実〙ノミ. **F(f) number** ＝focal ratio.

F 〘鉛筆〙 fine《細字用》; 〘化〙 fluorine. **F, f** 〘写〙 F number. **F.** Fahrenheit; Father; February; Fellow; France; French; Friday. **f.** farad; farthing; fathom; feet; feminine; filly; florin; folio(s); foot; forte; franc(s).

fa [fɑ:] *n.* 〘楽〙ファ《ドレミファ唱法の第四音》.

FA, F.A. Field Artillery; Fine Arts; Food Administration; Football Association; Frame Aerial. **FAA** Federal Aviation Agency.

Fá·bi·an [féibiən] *a.* **1** 古代ローマの将軍ファビウス (Fabius) 流の; 戦わずして敵を自滅させる持久策の; 漸進的な, 持久的な. **2** 《イギリスの》フェイビアン協会の.

―― *n.* フェイビアン協会員; フェイビアン主義者.

～ **Society, the** フェイビアン協会《1884年 Sidney Webb, Bernard Shaw たちが設立したイギリスの漸進的社会主義団体》. ◇ ～**·ism** *n.* フェイビアン主義. ～**·ist** *n.* フェイビアン主義者.

‡**fá·ble** [féibl] *n.* **1** 寓話(ぐうわ), 教訓的物語: Aesop's *F*～*s* イソップ物語. **2** 《しばしば集合的》神話, 伝説. **3** つくり話, つくりごと: He regarded it as a mere ～. 彼はそれを単なるつくりごとと考えた. **4** 〘古〙むだ話. **5** 〘古〙《叙事詩・劇などの》筋. ***old wives'*** ～ ばかげた話, ばかげた言い伝え (old wives' tale).

―― *vi.* 寓話をつくる; つくり話をする, うそを言う.

―― *vt.* 話に仕立てあげる. [√fa-]

◇ ～**d** *a.* 寓話の〔に出てくる〕, 寓話〔伝説〕で知られている; 架空の. ～**r** *n.* 寓話作者; うそつき.

fab·li·au [fǽbliòu] F. *n.* (*pl.* ***-aux*** [-(z)]) 寓話詩《フランス中世の韻文の風刺的こっけい物語》.

Fá·bre [fá:bər] *n.* Jean Henri ～ [F. ʒɑ̃ ɑ̃ri fɑ:br], 1823–1915, フランスのこん虫学者.

fáb·ric [fǽbrik] *n.* **1** 織物, 生地; 織り方, 織り目. **2** 建造物, 建物; 建造法. **3**〘社会などの〙組み立て(方), 組織, 構成. [√fabr-]
fáb·ri·cant [fǽbrikənt] *n.* 製造(業)者.
fáb·ri·cate [fǽbrikèit] *vt.* **1** 製造する; 組み立てる. **2** 〈物語・うそなどを〉つくりあげる, でっちあげる; 〈文書などを〉偽造する. [√fabr-]
◇**-ca·tor** [-ər] *n.* **fàb·ri·cá·tion** [fæ̀brikéiʃ(ə)n] *n.* ～すること; 偽造文書〔物〕.
類 → make「つくる」
Fáb·ri·koid [fǽbrikɔ̀id] *n.* 一種の防水織物〘皮・布などの代用品〙; その商標名.
fáb·u·list [fǽbjulist] *n.* 寓話作者; うそつき.
fàb·u·lós·i·ty [fæ̀bjulásiti/-lɔ́s-] *n.* 伝説的なこと.
fáb·u·lous [fǽbjuləs] *a.* **1** 伝説的な; 伝説・神話に出てくる. **2** 荒唐無稽(こうとうむけい)な, 信じられない; 途方もない, 法外な. **3** すばらしい (superb): a ～ bargain すばらしい取引. [√fa-] ◇ **～·ly** *ad.* 信じられないほど, うそみたいに, 途方もなく. **～·ness** *n.*
fac., facsim. facsimile.
fa·çade, fa·cáde [fəsɑ́:d, fæ-] F. *n.* **1**〘建〙〘建物の〙正面, ファサード. **2**〘事物の〙外観, 見かけ.
†**face** [feis] *n.* **1 顔**, 顔つき; 顔の表情. **2** (しばしば *pl.*) しかめつら. **3** 面目, メンツ (dignity): lose ～ 面目を失う. 〈注〉中国語の直訳. **4**〘話〙平気な顔, 厚かましさ: He had the ～ to oppose me. 生意気にも私に反対した. **5** 面前, まのあたり. **6 面, 表面**: A cube has six ～*s*. 立方体は6面である. **7**〘とけい・貨幣などの〙表, 表側, 文字盤; 〘器具の〙使用面; 〘印〙〘活字の〙字づら; 〘つちの〙打つ面; 〘建物などの〙正面. **8 外観**, ようす; 形勢, 局面. **9** 地勢. **10**〘文書などの〙文字どおりの意味. **11**〘商〙額面 (=～ value). **12**〘採鉱〙切り羽〘鉱石・石炭などの採掘現場〙.
at 〔***in, on***〕 ***the first*** ～ ちょっと見たところでは. ～ ***down*** 〔***up***〕 顔を下〔上〕げて: lie on the ground, ～ *down* 地上にうつぶせになる. **～ *to* ～** 向かい合って《と *with*》; すぐそばに. ***fly in the*** ～ ***of*** に正面きって反対する, …にくってかかる. ***have*** the wind ***in*** one***'s*** ～ (風を) まともに受ける. ***have two*** ～***s*** (1) 二心をいだく. (2) 二様の意味にとれる〘ことばなど〙. ***in the*** ～ ***of*** に逆らって, …にもかかわらず: *in* (*the*) ～ *of* the world 世間体をかまわず. *in the* ～ *of* day 〔the sun〕 公然と, 大っぴらに. ***look*** a person ***in the*** ～ (人の) 顔をまともに見る. ***make*** 〔***pull***〕 ～***s*** 〔***a*** ～〕 顔をしかめる. ***on*** one***'s*** ～ うつぶせになって. ***on the*** (***mere***) ～ ***of it*** (単に) うわべだけで, 一見したところでは. ***open*** one***'s*** ～〘米俗〙口を割る, 話す. ***pull*** 〔***wear***〕 ***a long*** ～ 悲しい顔をする, いやな顔をする. ***put a bold*** ～ ***on*** を平気な顔で〔大胆に〕やってのける. ***put a good*** ～ ***on*** (1) の見かけをよくする, …のうわべをつくろう. (2) をせいぜいがまんする(make the best of). ***put a new*** ～ ***on*** の局面〔面目, 外観〕を一新する. ***save*** one***'s*** 〔a person***'s***〕 ～ (自分〔人〕) の顔をたてる. ***set*** one***'s*** ～ ***against*** に反抗〔反対〕する. ***set*** one***'s*** ～ ***to*** 〔***toward***〕 の方に向かう; に着手する; に志す. ***show*** one***'s*** ～ 顔を出す, 姿をあらわす. ***to*** a person***'s*** ～ (人) に面と向かって; 厚かましくも. ***turn*** ～ ***about*** くるりと振り返る; 方向転換をする.
—— *vt.* **1** に**面する**, に向かう: My house ～*s* (the) south. 私の家は南向きです. **2** に立ち向かう; に対抗する; 〈いやなことを〉直視する. **3** 向かせる; 〈隊列を〉転回させる; 〈トランプの札を〉表にする. **4** の面を平らにする, 〈石などを〉平削りする. **5** に上塗り〔上張り〕する. **6** 〈茶などに〉着色する; 〈衣服などに〉飾りをつける, へりをとる.
—— *vi.* **1 面を向ける**, 向かう, 面する《に *on, to, toward*》. **2**〘軍〙転回する. ***About*** ～***!*** 回れ右! ～ ***about*** 向き直る; 回らせる; 〘軍〙転回させる. ～ ***down*** 恐ろしいけんまくでおどす. ***F***～ ***off!*** 〘アイスホッケーなどで〙試合開始! ～ ***out*** ずうずうしく押し通す. ～ ***up*** (顔料などを加えて) 着色する; 見かけをよくする. ～ ***up to*** に直面する; に敢然と立ち向かう. ***Left*** 〔***Right***〕 ～***!*** 左向け左!〔右向け右!〕 [√fac-]
～-ache [ˊ-ˋ] 顔面神経痛. ～ **card**〘米〙〘トランプの〙絵札〘キング・クイーン・ジャック〙. **～-cloth** [ˊ-ˋ]〘英〙手ぬぐい (=㊊ washcloth). ～ **guard** 〘フェンシングの〙顔当て, 面. **～-lìft·ing** (1) (顔の) しわとりマッサージ; 整形美顔術. (2) 手入れ, 改装. **～-off** [ˊ-ˋ] (ホッケーの) 試合開始. ～ **powder** おしろい. **～-sàv·ing** 顔をつぶさない(こと), メンツをたてる(こと). ～ **value**〘商〙額面価格; 《比喩的》表面上の価値, 文字どおりの意味.
-fàced [-fèist, -féist] *a.* …の顔をした: sad-～ 悲しそうな顔をした. a two-～ woman 裏表のある女.
fác·er [féisər] *n.* **1** 化粧の仕上げをする人〔物〕. **2**〘話〙顔面殴打; 〘英話〙人をめんくらわすようなこと, 不意の大難, 大打撃.
fác·et [fǽsit] *n.* **1**〘多面体, 特に宝石の〙小面, 〘カットグラスの〙切り子面. **2**〘虫〙〘複眼を構成する一つ一つの〙個眼. **3**〘米〙〘物事の〙様相, 局面. **——** *vt.* (-t-, ㊊ -tt-) に小面を刻む.
類 → phase「局面」
fa·cé·ti·ae [fəsí:ʃii:] *n. pl.* **1** こっけい, 諧謔(かいぎゃく). **2** (下品な) こっけい本.
fa·cé·tious [-ʃəs] *a.* こっけいな, ひょうきんな, おどけた. ◇ **～·ly** *ad.* **～·ness** *n.*
fá·cia [fǽʃə/féiʃə] *n.* 〘店の〙表看板.
fá·cial [féiʃ(ə)l] *a.* 顔の, 顔面の, 面の. **——** *n.*〘米話〙美顔術. ～ **angle** 顔面角. ～ **expression** (顔の)表情. ～ **index** 顔面指数〘顔の幅の長さに対する百分比〙.
fác·ile [fǽs(i)l/fǽsail] *a.* **1** 容易な, やさしい: a ～ victory 楽勝. **2** 使いやすい, 手軽な: a ～ method 安易な方法. **3** 軽快な, なめらかに〔すらすらと〕動く: a ～ tongue 〔mind〕 よく回る舌〔頭〕. a ～ pen よどみない文章, 流暢(りゅうちょう)な文才. **4** 御しやすい, くみしやすい; 従順な: She is of a ～ nature. 彼女は扱いやすい性質だ. **5**〘人・態度などが〙堅苦しくない; 〘文体などが〙ごつごつしてない: a ～ style 平易な文体. [√fac-] ◇ **～·ly** *ad.*
fa·ci·le prin·ceps [fǽsili-prínseps] L. (= easily the first) 優に第1の.
fa·cíl·i·tate [fəsílitèit] *vt.* **1** 〈物事を〉容易にする, 楽にする: Vacuum cleaners ～ housework. 真空そうじ機で家事が楽になる. **2** 〈交渉・行為などを〉促進する, 助長する. [√fac-] ◇ **-ta·tor** [-ər] *n.*
fa·cìl·i·tá·tion [fəsilitéiʃ(ə)n] *n.* **1** 容易〔簡便〕にすること. **2**〘生理〙促進, 助長.
‡**fa·cíl·i·ty** [fəsíliti] *n.* **1** たやすさ, 平易さ. **2 器用**, 達者, 流暢(りゅうちょう); 才能: Practice gives ～. 練習をすれば腕が上がる. **3** 御しやすさ, 〘頼まれればなんでもする〙人のよさ, 従順. **4**〘性格の〙のんきさ. **5** (*pl.*) **便宜**, 便利(物); 施設, 設備: transportation ～*ies* 交通の便, 交通機関. modern ～*ies* 近代設備, 文明の利器. ***have a*** ～ ***for*** の才がある. ***monetary*** ～***ies*** 金融の便宜, 金融機関. ***with*** ～ 容易に, 楽に, すらすらと. [<facile]
fác·ing [féisiŋ] *n.* **1**〘壁などの〙表面〔化粧〕仕上げ(面); 着色. **2** 衣類のへりの当て布. **3** (*pl.*)〘軍〙定色えり章〔そで章〕〘兵科を示す〙. **4**〘軍〙方向転換. ***go through*** one***'s*** ～***s*** 性質〔能力〕をためされる; 訓練を受ける. ***put*** a person ***through his*** ～***s*** (人の) 能力〔性質〕をためす; (人を) 訓練する.
facsim. facsimile.
fac·sím·i·le [fæksímili, ㊊⁺-lì:] *n.* **1** 複写, 模写, 複製〘筆跡・印刷物・絵画などの. 略 fac., facsim.〙. **2**〘通信〙写真電送, 電送写真, 文字電送. **3**〘話〙生き写し. ***in*** ～ 複写で; 原物そのままに, 生き写しに. **——** *vt.* 模写する, 複写する. **——** *a.* ～の; 生き写しの.

F

†**fact** [fækt] *n.* **1** 事実, 実際, 真実, ほんとうのこと: The ～ (of the matter) is that... 事実は…である. the ～ that ... … という事実〔こと〕. It is a ～. それは事実である《つくり話・憶測などではない》. *F*～ is more curious than fiction. 事実は小説より奇なり. **2**〖法〗申し立て(の事実); 犯行(の事実); 現行. ***after*** 〔***before***〕 ***the*** ～ 犯行後〔前〕に, 事後〔事前〕に. ***as a matter of*** ～ 事実は, 事実上; 《前言を訂正して》実際は, 実は. ***for a*** ～ 事実として. ***in*** ～ 実に, 実際; 《前言を要約して》要するに, つまり: It's a difficult subject. *In* ～ it's one of the most difficult in the list. それはむずかしい科目だ. 実際, 一覧表に載っている科目中で最もむずかしいものの一つだ. ***in point of*** ～ 実際上. ***the*** ～***s of life*** 生殖の実態. [√fac-]
～**-fìnd·ing** 実情〔現地〕調査(の): a ～*-finding* committee 実情調査委員会.
fác·tion [fækʃ(ə)n] *n.* **1** 党派, 徒党, 派閥, … 派《政党内部の》. **2** 内紛, 党内の争い; 党派心.
-fác·tion [-fækʃ(ə)n] *suf.* -fy の語尾をもった動詞からその名詞をつくる: satis*faction* ＜satis*fy*.
fác·tion·al [fækʃən(ə)l] *a.* 徒党の; 党派心の強い. ◇ ～**·ism** *n.* 党派根性, 派閥主義; 派閥争い.
fác·tious [fækʃəs] *a.* 党派的な, 党派本位の; 派閥争いを好む. ◇ ～**·ly** *ad.* ～**·ness** *n.*
fac·tí·tious [fæktíʃəs] *a.* **1** 人工的な, 人為的な. **2** つくりものの, まがいの. **3** わざとらしい, 不自然な. ◇ ～**·ly** *ad.* ～**·ness** *n.*
fác·ti·tive [fæktitiv] *a.* 〖文〗作為的な. ～ **verb** 作為動詞《ある結果をつくり出す意味をあらわし, 目的語と目的補語をとる動詞: *make* him president, *paint* the door green の make, paint など》.
‡**fác·tor** [fæktər] *n.* **1** 要因, 因子, 要素. **2**〖数〗因子, 因数: a common ～ 共通因子, 公因数. **3**〖工〗係数, 率: the ～ of safety 安全率. **4**〖生〗因子. **5**〖英〗仲買人, 代理人;〖スコットランド〗土地差配人. —— *vt.* 〖数〗因数に分解する.
◇ ～**·ship** [-ʃìp] *n.* 〖英〗問屋業, 代理業.
fác·tor·age [fæktəridʒ] *n.* 問屋業, 代理業; 代理手数料, コミッション.
fac·tó·ri·al [fæktɔ́:riəl/-tɔ́:r-] *a.* **1**〖数〗因数の; 階乗の. **2**〖英〗代理店の. —— *n.* 〖数〗階乗.
fác·tor·ize [fæktəràiz] *vt.* **1**〖数〗因数に分解する. **2**〖法〗に債権差し押えの通知をする.
◇ **fàc·tor·i·zá·tion** [fæktərizéiʃ(ə)n/-raiz-] *n.* 因数分解.
†**fác·to·ry** [fækt(ə)ri] *n.* **1** 工場, 製造所. 〈注〉小さい工場は workshop. **2** 在外商館. [√fac-]
F～ **Acts, the** 〖英〗工場法. ～ **hand** 工員. ～ **ship** 鯨工船.
fac·tó·tum [fæktóutəm] *n.* (主人の) 用事いっさいをする召使, 雑役夫; なんでも屋.
fác·tu·al [fæktʃuəl, ㊥⁺-tjuəl] *a.* 事実の, 事実に基づく; 実際の. ◇ ～**·ly** *ad.*
fác·tu·al·ism [-ìz(ə)m] *n.* 事実尊重(主義).
◇ **-ist** *n.* **fàc·tu·al·ís·tic** *a.*
fac·tum [fæktəm] L. *n.* (*pl.* ***fac·ta*** [-tə]) **1** 事実, 行為(fact). **2** 事実の陳述法. **3** 遺言状作成.
fác·ture [fæktʃər] *n.* 製作行為〔過程〕; 製作物.
fác·u·la [fækjulə] *n.* (*pl.* **-lae** [-lì:]) 〖天〗《太陽の》白斑(はくはん). →macula. ◇ ～**r, -lous** [-ləs] *a.*
fác·ul·ta·tive [fæk(ə)ltèitiv/-tət-, -teit-] *a.* **1** 権能〔認可, 許可〕を付与する. **2** 任意の, 随意の. **3** 偶発的の; 偶有的の. **4**〖生〗種々の異なった環境で生存できる. → obligate.
‡**fác·ul·ty** [fæk(ə)lti] *n.* **1**《器官・精神の》能力, 機能, はたらき: the ～ of speech 言語能力. **2** 才能; 〖おもに米〗手腕: She has a ～ for making friends. 彼女は友だちをつくる才能がある. **3**〖英〗《大学の》学部, 分科: the ～ of law 法学部. **4**《学部の》教授団, 教授会; 〖米〗《集合的》教授, 教職員: He is *on* the ～ of our university. 彼は当大学の教員のひとりである. **5**《医者・弁護士などの》同業者団体. **6**〖法〗特許, 許可《特に教会に対する》. ***the four*** ～***ies*** (中世大学の) 四分科《神学・法学・医学・文学》. [√fac-]
〔類〕→ **talent**「才能」
fad [fæd] *n.* **1** 気まぐれ, 一時的な流行. **2** 道楽. ***have a*** ～ のぼせている《に *for*》. ◇ ～**·dish** [-iʃ], ～**·dy** *a.* ～**·dism** *n.* 気まぐれ, 物好き. ～**·dist** *n.* 気まぐれ者, 物好きな人; 一時的な流行を追う人.
‡**fade** [feid] *vi.* **1** 薄れる, ぼんやりする; 〈色が〉あせる. **2** 〈音が〉消えてゆく; 〈光が〉薄れてゆく, 光沢を失う. **3** 〈記憶・印象などが〉薄らぐ; 〈情熱などが〉さめる. **4** 〈花などが〉しおれる, しぼむ; 〈若さ・美しさなどが〉衰える. —— *vt.* あせさせる; しぼませる; 衰えさせる. ～ ***away*** 消えうせる, 色あせる. ～ ***back*** 〖フットボール〗前方パスに備えて後退する. ～ ***in*** 〔***out***〕 〈映画・テレビ・ラジオなどの画面・音響が〉しだいにはっきり〔ぼんやり〕する, 溶明〔溶暗〕する. ～ ***into*** 衰えて〔薄らいで〕…となる. 〔類〕→ **disappear**「消える」
fáde-ìn [féidìn/ ⌐ ⌐] *n.* 〖映〗溶明《画面がしだいに明るくなってくる映写法》; 〖ラジオ・テレビ〗《音・像が》しだいにはっきりすること.
fáde·less [féidlis] *a.* 色あせない, しおれない, 衰えない; 不変の. ◇ ～**·ly** *ad.*
fáde-òut [féidàut/ ⌐ ⌐] *n.* **1**〖映〗溶暗《画面がしだいに暗くなる映写法》; 〖ラジオ・テレビ〗《音・像が》しだいにぼんやりすること. **2**〖話〗しだいに消えていくこと; 退去.
fád·er [féidər] *n.* 《映画・ラジオ・録音の》音量調節器; 《フイルム現像の》光量調節器.
fád·ing [-iŋ] *n.* 〖映〗画面の絞り《溶明や溶暗》; 〖電〗フェージング《電波の強さが時間的に変化する現象》.
fáe·cal [fí:k(ə)l], **fáe·ces** [fí:si:z] ＝fecal, feces.
fá·er·ie, fá·er·y, fá·ër·ie, fá·ër·y [féiəri, fé(:)ri/féiəri, féəri] *n.* **1**〖古〗妖精(ようせい)の国, 仙郷(せんきょう), 夢幻郷. **2**《集合的》妖精たち, 仙女たち. **3** 夢幻的な光景. —— *a.* 〖古〗妖精の(ような); 夢幻的な. **Faerie Queene, the** イギリスの詩人 Edmund Spenser の騎士物語詩.
fag [fæg] *v.* (**-gg-**) *vt.* 疲れさせる《*out*》; こき使う; 〖英〗〈上級生が下級生を〉家来にする. —— *vi.* **1** こき使われる. **2**〖おもに英〗あくせく働く, がつがつ勉強する《に, を *at*》; 熱心にやる. **3**〖英話〗上級生の雑用をする. ***be*** ～***ged out*** へとへとに疲れる. ～ ***out*** 〖クリケット〗外野手をする. ～ **oneself *to death*** 身を粉にして働く. —— *n.* **1**〖英話〗いやな仕事, 苦役; 疲労. **2**〖英〗こき使われる人, 家来《上級生に使われる下級生》. **3**〖英俗〗紙巻きたばこ (cigarette). ***What a*** ～! なんていやなことだろう! ～ **end** (1) 織物の織り端; 綱のほぐれた末端. (2) 末端, 切れ端. (3) 残りくず; たばこの吸いがら.
fág·ot, ㊥**fág·got** [fægət] *n.* **1** たきぎ束, しば束. **2** 鉄棒の束; 積み地金. **3** 集めた物. **4**〖英〗肉屋で売っている一種の肝臓料理. —— *vt., vi.* **1** 束ねる. **2** 〈織物を〉束つなぎ〔かがり細工〕で飾る.
～ **vote** 〖英〗かき集め投票(権)《一定の財産が選挙資格とされていたころ, 財産の名義を書き換え選挙資格を得た人の投票》.
◇ ～**·ing** *n.* かがり細工.

fagoting

Fah(r). Fahrenheit.
‡**Fáhr·en·heit** [færənhàit, fá:r-] *n., a.* 華氏温度計 (の) 《略 F., Fah., Fahr.》. →centigrade.
fa·ïence [faiá:ns, fei-] F. *n.* ファイヤンス焼き《彩色を施した高級陶器》.
‡**fail** [feil] *vi.* **1** 失敗する, しくじる: I ～*ed in* persuading him. 彼を説得しそこねた. ↔succeed. **2** …しそこなう, …することができない; …することを怠る〔忘れる〕; …しないで終わる《*to* (do)》: He ～*ed to* ap-

pear. ついに姿を見せなかった. Don't ～ *to* let me know. 必ず知らせてください. **3** 《…に》達しない, 《…を》果たさない: ～ *of* success 成功に至らない. **4 不足する,** 切れる, なくなる: Water often ～s in the dry season. 乾燥期には水がしばしば足りなくなる. **5** 欠ける, 不十分である 《に *in*》: ～ *in* respect 尊敬の念を欠く. ～ *in* one's duty 義務を怠る. **6** 落第する; 〘法〙敗訴する; 破産する: a ～*ing* term paper 落第の学期試験答案. **7** 〈力・視力・健康・美貌(ぼう)などが〉**衰える,** 弱まる; 〈日が〉暮れかかる. **8** 〈機械類が〉故障する; 〈呼吸などが〉止まる.

— *vt.* **1** の**期待を裏切る,** 失望させる: He ～*ed* me at the last moment. いよいよというときになって力になってくれなかった〔約束を守ってくれなかった〕. **2 見捨てる, 離れてゆく;** の役に立たない: His reason ～*ed* him utterly. 彼は分別が全くつかなくなった. Words ～*ed* me. 私は(感動して)ことばが出なかった. His heart ～*ed* him. 心臓が止まってしまった. **3** 〈学生を〉落第させる; で落第点を取る: The professor ～*ed* him *in* history. 教授は彼を歴史の試験で落とした. He ～*ed* history. 彼は歴史が落第点だった. **4** 〘話〙を欠く: I ～ words to express my thanks. 感謝のことばもありません. ***never* 〔*not*〕 ～ *to*** (do) …しないことはない: He *never* ～*s to* come on Sunday. 日曜には必ずやって来る.

— *n.* **1** 失敗, 仕損じ. **2** 《試験の》落第者. ***without* ～** まちがいなく, 必ず. [√fall-]

～·safe →別項. ◇ **～ed** *a.* 失敗した; 破産した.

fáil·ing** [féiliŋ] *n.* **1 失敗, 不成功. 2** 不履行, 怠り. **3** 不足, 欠如. **4 欠点,** 弱点, 短所. **5** 弱化, 衰え. **6** 破産. **—** *a.* 弱りかけている, 衰えている. **—** *prep.* **1** …がないばあいは: *F*～ payment, we shall attach your property. お支払いがなければ財産を差し押えます. **2** …がないので. ***～ all else ほかに方法もなく; 万策尽きてやむなく. ◇ **～·ly** *ad.* だんだん衰えて〔薄れて, 消えて〕.

faille [fail, feil/feil] F. *n.* ファイユ《軽いつや消しうね織り絹布・レーヨン・タフタなど》.

fáil·safe [féilsèif] *a.* 絶対安全な, しくじりのない.

‡**fáil·ure** [féiljər] *n.* **1 失敗, 仕損じ, 不成功:** end in ～ 失敗に終わる. the ～ *of* a student *to* write the correct answer 学生の正解の失敗. **2** 不履行, 怠慢: a ～ in duty 職務怠慢. **3 不足,** 欠乏. **4 衰弱,** 減退: heart ～ 心臓衰弱. **5** 破産, 支払停止. **6** 失敗者: a social ～ 社会の落伍(ご)者. **7** 落第(点). ***～ of crops*** 不作. ***～ of issue*** 血縁者のないこと. [√fall-]

fain[1] [fein] *a.* 《叙述的に用い, あとに to＋不定詞を伴う》 **1** 〘古・雅〙進んで…する気持ちで, 喜んで…する心構えで (willing). **2** 〘古・雅〙あえて…する, やむなく…する, せざるをえない: They were ～ *to* eat horse-flesh. 甘んじて馬肉を食べた. **3** 〘古・方〙…して喜んで (pleased). **4** 〘古・方〙…したがって, 熱心で (eager).

— *ad.* 〘古・雅〙《would＋不定詞に伴って》喜んで, 快く…をする: I *would* ～ depart. 喜んで立ち去りましょう. I *would* ～ have stayed home. むしろ家にとどまっていたかったところだった.

fain(s)[2] [fein(z)] *vt.* 《～ I の形で用いられる》〘英: 学生〙私は…なんていやだ: *Fain(s) I* keeping goal. ゴールの守備なんていやだい.

fai·né·ant [féiniənt/feineiɑ̃ː] F. *a.* なまけ者の, 無精な. **—** *n.* なまけ者, 無精者.

‡**faint** [feint] *a.* **1 かすかな,** 《光が》ぼんやりした, 《色が》薄い, 《音が》弱い, 《声が》弱々しい; 《望みが》おぼつかない. **2** 《気力・体力が》弱々しい, 乏しい. **3** 力のない, 気力のこもっていない; おずおずした, 気弱な: a ～ resistance 形ばかりの抵抗. a ～ heart おくびょうな心, 気弱な人. **4 気が遠くなった,** 失神した: feel ～ めまいがする. I ***have not the ～est idea.*** (私には)さっぱり見当がつかない.

— *n.* **1** 気絶, 失神. **2** (*pl.*) 不純な弱いアルコール《ウイスキー蒸留の前後にできる》. ***in a dead ～*** 気絶して.

— *vi.* **1 失神する,** 気が遠くなる《*away*》: ～ *from* the pain 痛みで気を失う. ～ *with* one's happiness うれしさのあまり気を失う. **2** 〘古〙弱る, 元気〔勇気〕を失う. **3** 〘古〙輝き〔力〕を失う.

～ atmosphere どんよりした空気. **～·heart** [ˊ-ˋ] おくびょう者. **～·héart·ed** →別項. **～ lines** 〔**ruling**〕 薄けい線《用紙の》. ◇ **～·ish** *a.* 気が遠くなりそうな; (ほんの) かすかな. **～·ness** *n.*

fáint·héart·ed [féinthɑ́ːrtid] *a.* 気の弱い, おくびょうな, いくじのない. ◇ **～·ly** *ad.* **～·ness** *n.*

‡**fáint·ly** [féintli] *ad.* **1** かすかに, ほのかに. **2** 弱々しく, おずおずと.

‡**fair**[1] [fɛər] *a.* **1 美しい, きれいな;** 魅力ある. **2** よごれのない; 《筆跡・印刷が》読みやすい, はっきりした: a ～ name 名声. a ～ copy 清書. **3 色白の, 金髪の;** 色白で金髪の: a ～ woman ブロンドの婦人. **4** 《空が》**晴れ渡った,** 澄んだ: ～ weather 晴天. **5** 《視野が》広々とした; 《道などが》開けた, 通りやすい; 《表面などが》坦々(たん)とした, 平らな. **6** 《風が》順調な, 好つごうの: a ～ wind 追い風. **7 公平な,** 公明正大な; 公正な, 正当な; 正々堂々とした: a ～ judge 公正な裁判官〔判定者〕. a ～ decision 正当な決定. ～ wages 適正な給与. by ～ means 正しい手段で. **8** 合法的な, 規則にかなう: a ～ hit 〘野球〙フェア. **9** 当然な, 順当な, 有望な: be in a ～ way *to* succeed 成功しそうだ. **10** もっともらしい, 人の気を誘うような: ～ words 甘言. ～ promises 口先だけの約束. **11** 《ことばが》丁重な. **12** 女性の: a ～ visitor 婦人の来客. **13** 《量・大きさが》**かなりの,** 相当の; 《強意的》たいした: a ～ chance of success かなりの成功の見込み. a ～ number of 相当の数の…. a ～ swindle たいへんな詐欺. **14** まずまずの: merely ～ まあまあの程度. **15** 《成績の》「可」.

a ～ field and no favor 公明正大, えこひいきなし. ***be ～ with*** に公平である. ***by ～ means or foul*** 是が非でも, あらゆる手だてを尽くして. ***～ to middling*** 〘米〙まずまずよい; 良くも悪くもない(so-so). ***if it's a ～ question*** こんなことお尋ねしてさしつかえなければ. ***It is only ～ to*** (do) …するのは全く当然である. ***the ～(er) sex*** 《集合的》女性.

— *ad.* **1** 公明正大に, 正々堂々と: play ～ 正正堂々とふるまう. **2** 丁重に: speak ～ 丁寧に話す. **3** きれいに: copy 〔write out〕 ～ 清書する. **4** 有望に: promise ～ 有望である. **5** 全く: ～ in the trap 完全にわなにかかって. It happened so quickly that it ～ took my breath away. ことがあっという間に起こったので全く息も止まってしまった. ***～ and softly*** 穏やかに; 「まあそう早まらずに」《人に注意することば》. ***～ and square*** 公明正大に〔で〕, 公正に〔で〕; まともに, きちんと. ***for ～*** すっかり, 全く, まさしく.

— *n.* 〘古〙婦人; 美人; 恋人; 美.

— *vt.* 〈文書を〉清書する; 〈船舶・航空機を〉整形する《流線型などに》; 〈材木などを〉なめらかにする.

— *vi.* 〈天気が〉晴れる: The weather has ～*ed off* 〔*up*〕. 天気がよくなった.

F～ Deal フェアディール《Truman アメリカ大統領が1949年に唱えた国内政策》. **～ game** 法律で許可されている狩猟の獲物; 《比喩的》うまい「かも」. **～ green** ＝〘ゴルフ〙fairway. ***～-háired** 金髪の, 髪の美しい; 〘話〙お気に入りの. **～-mínd·ed** 公平な, 公正な. **～ play** 正々堂々の試合ぶり; 公明正大な行動, 公正な態度, フェアープレー. **～-sízed** かなり大きい, 相当数の. **～-spóken** 丁寧な, いんぎんな; 口先のうまい, もっともらしい. **～ trade** 公正取引; 〘米〙協定価格販売. **～-tráde** 〘米〙 (1) *a.* 協定価格販売の《生産者と販売者の間で協定した価格以下の値で商品を販売しない》. (2) *vt.* 協定価格で販売する. **∼-way** [∠∸] 妨害されない通路,《川・港などの》航路;〖ゴルフ〗tee と(hole の周囲の) putting green の間の刈り込んだ芝ふの区域. → rough. **∼-wèath·er** 好天のときだけの; つごうのよい〔順調な〕ときだけの: a *∼-weather* craft 暴風のときには役立たぬ船. a *∼-weather* friend いざというときにたよりにならない友人.

◇ **∼·ness** *n.* 1 公平さ: in *∼ness* to に対して公平にいえば. 2 美しさ; 色白;《頭髪の》金色. 3〖古〗順調, 晴朗. 類 → **beautiful**「美しい」

‡**fair²** *n.* 1 定期市(いち). 2 慈善市《余興を含む》. 3〖米〗博覧会, 共進会: an agricultural〔industrial〕∼ 農産物共進会〔産業博覧会〕. an industrial trade ∼ 工業見本市. an international trade ∼ 国際見本市. a world's ∼〖米〗万国博覧会. *(a day) after the* ∼ あとの祭り, 手遅れ(で). **∼-ground** [∠∸] (しばしば *pl.*) 博覧会場; 市のたつ場所; 競馬場.

fáir·i·ly [fέ(:)rili/féər-] *ad.* 妖精(ようせい)〔仙女(せんにょ)〕のように; 優美に.

fáir·ing¹ [fέ(:)riŋ/féər-] *n.*〖古〗市で買ったみやげ物.

fáir·ing² *n.*〖空〗整形, 流線型構造《気流のうずを防ぐための飛行機の各部分の》. 「当な.

fáir·ish [fέ(:)riʃ/féər-] *a.* ちょっとした, かなりの, 相

‡**fáir·ly** [féərli] *ad.* 1 公平に, 公明正大に, 正々堂々と: act ∼ by all men だれに対しても公正にふるまう. 2 正しく: It may be ∼ asserted that... …と断言してさしつかえない. 3 はっきりと, きれいに. 4 かなり, 相当に: ∼ good 相当いい. 5 すっかり, 全く: be ∼ exhausted すっかり疲れてしまう.

‡**fáir·y** [fέ(:)ri/féəri] *n.* 1 妖精(ようせい), 仙女(せんにょ). 2〖話〗同性愛の男. —— *a.* 1 仙女の(ような), 優美な, 軽快な: a ∼ shape 優美な形. 2 想像上の, 架空の. **∼ circle** =∼ ring; 妖精の踊り. **∼ godmother**《母代わりになった》妖精; 親切なおばさん. **∼ lamp**〔**light**〕豆電燈《クリスマスツリーなどに飾る》. ***∼·land** [-lænd] 妖精の国, おとぎの国; 仙郷《魅力のある楽しいところ》. **∼ ring** 妖精の輪《草地に菌類が繁殖して丸く濃緑色を呈しているところ. 妖精たちの舞踏の跡と信じられていた》. **∼ tale** 童話, おとぎばなし; つくり話. ◇ **∼·hood** *n.* 魔性, 妖精であること;《集合的》妖精. **∼·like** *a.* ∼のような.

fait ac·com·pli [F. fεtakɔ̃pli] F. 既成事実.

‡**faith** [feiθ] *n.* 1 信念, 信条; 確信. 2 信仰, 信心. 3 宗旨; …教: the Catholic〔Jewish〕∼ カトリック教〔ユダヤ教〕. 4 信頼, 信用: ∼ in another's ability 他人の能力に対する信頼. 5 誠実, 忠実. 6 約束, 誓約. ***bad*** **∼** 不実, 背信. ***be of the same ∼ in*** …について信念をおなじくする《と *with*》. ***break*** one's **∼** 誓い〔約束〕を破る. ***by my ∼*** 誓って, 確かに. ***by the ∼ of*** …にかけて. ***give ∼*** 信ずる《を *to*》. ***give*** 〔***pledge, plight***〕 one's **∼** 約束する, 誓約する. ***good ∼*** 誠, 信実. ***have*** 〔***have no***〕 **∼ *in*** を信頼する〔しない〕. ***in ∼*** =*i'* ∼ 実に, まことに. ***in good ∼*** 善意で〔の〕. ***keep*** one's **∼** 誓い〔約束〕を守る. ***keep ∼ with*** …との約束を守る. ***on the ∼ of*** を信用して; の保証で. ***pin*** one's **∼ *on*** 〔***to***〕 を絶対に信頼する. ***put ∼ in*** を信用する. ***the ∼*** 真正の信仰, キリスト教(の信仰). —— *int.* ほんとに!, 全く! [√fid-]

∼ cure〔**healing**〕《祈禱(きとう)による》信仰療法. **∼ healer** 信仰療法を行なう人.

類 → **belief**「信ずること」

‡**fáith·ful** [féiθf(u)l] *a.* 1 忠実な, 誠実な, 信頼できる: a ∼ wife 貞節な妻. 2《約束などを》守る《を *to*》. 3 正確な,《事実・原本などに》忠実な: a ∼ copy 原本に忠実な写本. 4〖古〗信仰の堅い. ***the ∼***《集合的》信者たち, 遵奉者; 回教徒; 忠実な会員. ◇ **∼·ness** *n.* 類 → **sincere**「誠実な」

‡**fáith·ful·ly** [féiθfuli] *ad.* 1 誠実に, 忠実に; 貞節に. 2 誠意をこめて: promise ∼ 堅く約束する. 3 正確に. 4〖古〗信心ぶかく. ***deal ∼ with*** を忠実に扱う; に歯に衣(きぬ)を着せずに言う, に苦言を呈す. ***Yours ∼*** =***F∼ yours*** 敬具《業務用書状などの結句》.

fáith·less [féiθlis] *a.* 1 誠意のない, 不実な, 信義のない; 不貞な. 2 信頼できない, 当てにならない. 3 不信心な; キリスト教徒でない, 異教の.

◇ **∼·ly** *ad.* **∼·ness** *n.*

fake¹ [feik]〖話〗*n.* 1 まやかしもの, いかもの, いんちき; つくりごと. 2 詐欺師. —— *a.* にせの, まやかしの: ∼ money 贋造(がんぞう)紙〔貨〕幣. a ∼ picture にせ物の絵. —— *vt.* 1 (見かけよく)こしらえあげる, よく見せかける. 2 偽造する; でっちあげる《*up*》. 3 装う: ∼ illness 仮病をつかう. 4〖運〗〈相手を〉にせの動きで牽制(けんせい)する. —— *vi.* 1 ごまかす. 2〖楽〗《ジャズなど》即興的に演奏する〔歌う〕.

◇ **∼·ment** *n.*〖話〗まやかしもの. **fák·er** *n.* 1 ぺてん師. 2 行商人. **fák·er·y** [féikəri] *n.* まやかし.

fake²〖海〗*n.*《巻き重ねた》ロープの一巻き. —— *vt.* 〈ロープを〉巻き重ねる《*down*》.

fa·kír [fəkíər, féikər, ㊥⁺fækiə], **fa·kéer** [fəkíər] *n.*《回教・ヒンズー教などの》行者, 托鉢(たくはつ)僧.

Fá·lan·ge [féilændʒ, fɑːlɑ́ːnhei, -lɑ́ːŋ-] *n.* ファランヘ党《1936–39 年の内乱後政権を獲得した Franco 将軍に率いられるスペインの右翼政党》.

◇ **Fa·lán·gist** [fəlændʒist] *n.* ファランヘ党員.

fál·ba·la [fælbələ] *n.*《17世紀にはやった婦人服の》すそ飾り, すそひだ.

fál·cate [fælkeit] *a.*〖動・植〗かぎ状の, かま形の.

fál·chion [fɔ́ːltʃ(ə)n, ㊥⁺-ʃ(ə)n] *n.* 1 かま形刀《中世の幅広の短いなぎなた形の刀》. 2〖雅〗刀, 剣.

fál·ci·form [fælsifɔːrm] *a.*〖医〗かま形〔状〕の.

fál·con [fælkən, fɔ́ːlkən, fɔ́ːkən/fɔ́ː(l)-] *n.* 1〖鳥〗《特にタカ狩り用の》タカ, ハヤブサ. 2《昔の》軽砲.

◇ **∼·er** [-k(ə)nər] *n.* タカ匠, タカ使い. **∼·ry** *n.* タカ狩り; タカ調教法.

fál·co·net [fɔ́ːlk(ə)nèt, fɔ́ːk(ə)-/-nit] *n.* 1〖鳥〗《アジア産の》小形のタカ. 2〖史〗《昔の》軽砲.

fál·de·ràl [fældəræl/∠–∠, ∠––], **-ròl** [-ròl/-rɔ̀l] *n.* 1《古い歌の》意味のない折り返し句. 2 つまらないおしゃべり〔考え〕. 3 くだらない物; 安ぴか物.

fáld·stool [fɔ́ːldstùːl] *n.* 1《bishop が用いる》背なしのひじ付きいす. 2《礼拝用の》跪拝(きはい)台;《イギリス国教会で用いる》連禱(れんとう)台.

Fa·lér·ni·an [fələ́ːrniən, ㊥⁺fæ-] *n.* ファレルノ(Falerno) ブドウ酒《イタリア産白ブドウ酒》.

†**fall** [fɔːl] *v.* (**fell** [fel]; **fáll·en** [fɔ́ːl(ə)n]) *vi.* 1 落ちる; 〈花が〉散る, 〈髪が〉抜け落ちる. 2 〈雨・霜などが〉降る. 3 〈ことばが〉もれる,《くちびるから》出る. 4 〈物価・水銀柱などが〉下落する, おりる, 下がる. 5 〈土地が〉傾斜する; 〈川が〉流れくだる. 6 〈髪・着物などが〉たれ下がる; 〈幕・掛け布などが〉おりる, たれる; 〈やみなどが〉たれこめる. 7 倒れる, ころぶ; 倒れ伏す; 平伏する. 8《戦場などで》倒れる, 死ぬ: a *fallen* soldier 戦死兵. 9 〈国家・政府などが〉くずれる, 崩壊する; 陥落する; 瓦解(がかい)する: The fort *fell.* とりでが落ちた. 10《誘惑などに》屈する, 堕落する. 11 〈元気などが〉衰える; 〈顔色が〉沈む. 12 〈風などが〉弱まる, なぐ; 〈会話が〉とぎれる; 〈潮が〉引く. 13 落ちてきて当たる, ぶつかる, 〈眠り・恐怖が〉襲う, 訪れる《に*on*》: The light *fell on* his face. 光が彼の顔にさした. The sound *fell on* his ears. その音が彼の耳にとまった. His eyes *fell on* me. 彼の視線が私の上にとどまった. Their choice *fell upon* him. 彼らは彼を選んだ. 14 〈人が〉飛びつく, 襲いかかる: ∼ *on* a person's neck 人の首に抱きつく. ∼ *on* the enemy 敵に襲いかかる. 15 〈財産などが〉《…の》手に渡る《の *to*》; 負担〔責任〕になる《の *to*》. 16《ある状態に》陥る; …になる: ∼ *into* disuse 使われなくなる. ∼ ill 病気になる. ∼

apart 分裂する. **17**（偶然に）起こる, 生じる; やってくる: A handsome fortune *fell in* my way. 相当な遺産が手にはいった. **18**《…に》出会う,《…と》つきあい始める《*into, among, in with*》. **19** 分類できる, 分けられる《に *into, under, within*》: ～ *into* two headings 二つの項目に分かれる. **20**《特定の場所を》占める,《…に》くる: This one ～*s to* the right of the line. これは線の右にくる. **21**〈子ヤギなどが〉生まれる.

— *vt.* **1**〈樹木を〉倒す, 切り倒す (fell¹). **2**〈人を〉投げ倒す. **3** 落とす: ～ tears 涙を落とす. **4**〈動物が子を〉生み落とす, 生む. **5**〈垂線を〉おろす. ***～ about*** あちこちに落ちる[散る, 倒れる]. ***～ across*** に出会う. ***～ a-(do)ing***〖古〗…し始める: ～ *a*-weep*ing* 泣きだす. ***～ among*** 偶然…の中にはいる;〈盗賊など〉に出会う. ***～ away*** (1) 遠ざかる, 離れ去る, 変節する《から *from*》. (2) 低下する, 減る, 消える;〈続いているものが〉とぎれる. (3)〈地面が〉突然へこむ. (4) やせ細る: ～ *away* in flesh 肉が減る. (5) 死ぬ. ***～ back*** (1) あおむけに倒れる. (2) 後退する; しりごみする; 約束を守らない. ***～ back on*** [***upon***] を頼みとする;〖軍〗退却して…を拠点とする. ***～ behind*** [***behindhand***] 遅れる,（の)あとになる; 期限に遅れる《支払いなどについて》. ***～ by the wayside*** (1)（神の）恩寵(おんちょう)を失う. (2)敗北を喫する. ***～ calm***〈風が〉なぐ, 静まる. ***～ down*** (1) 地に平伏する;（地に）倒れる; 病気で倒れる. (2)〖米俗〗失敗する,《学科に》落第する. (3)〖海〗を流れくだる. (4)をころげ落ちる: ～ *down* a cliff がけから落ちる. ～ *down* a well 井戸に落ちる. ***～ due*** 期限になる. ***～ flat*** (1) ばったり倒れる. (2) 失敗に終わる;〈冗談などが〉きかない. ***～ for***〖米俗〗…にだまされる;〖米俗〗…にほれる, に参る. ***～ foul of*** (1)〖海〗に衝突する. (2) と口論する, を攻撃する. ***～ in*** (1)〈屋根・壁などが〉落ち込む;〈目・ほおなどが〉くぼむ, へこむ. (2)（支払）期限になる; 借用期限がきれる《土地などの》. (3) いっしょになる, 落ち合う; 知り合いになる《と *with*》. (4) 一致する, 同意する《と *with*》. (5)〖軍〗整列する, 列に加わる. ***～ in for***〖話〗をもらう《分け前として》;〈非難など〉を受ける. ***～ into*** (1) に落ち込む; に陥る,〈悪い習慣など〉になずむ;〈会話など〉を始める, をやる. (2) に区分される. ***～ into line*** 列につく, 列に加わる; 行動をともにする《と *with*》. ***～ off*** (1)（離れ）落ちる, 散る; から落ちる: ～ *off* a ladder はしごから転落する. (2)〈友だちなどが〉疎遠になる, 離反する. (3)〈利益・出席者などが〉減る;〈健康・活力・美しさなどが〉衰える;〈スピード・人気などが〉落ちる. (4)〖海〗〈船が〉風下にそれる. ***～ on*** [***upon***] (1) 急いで〔元気よく〕…を始める, に取りかかる. (2)に出くわす; をふと見つける. (3)〈日曜など〉にぶつかる, に当たる《祭日などが》;〈ある音節〉にくる《アクセントが》. (4)〈身〉にふりかかる《不幸などが》; を襲撃する;〈人〉を襲う《眠けなどが》. ***～ on*** one***'s face*** うつむけに倒れる; 面目を失う. ***～ on*** one***'s feet***（落ちて）すっくと立つ; 運がいい; 身を固める. ***～ on*** one***'s knees*** ひざまずく. ***～ out*** (1)仲たがいする, 争う《と *with*》. (2) 起こる, 生じる; …の結果となる: It *fell out* that... たまたま…のことがあった. Things *fell out* well. 結果は上首尾だった. (3)〖軍〗隊列から離れる. ***～ out of bed*** ベッドから落ちる;〈物価などが〉急落する. ***～ over*** (1) あおむけにひっくりかえる. (2) の上に落ちかかる. (3) に打ち当たって〔のめって〕ころぶ. ***～ over*** one***self***〖米〗ひどく急ぐ; 夢中になる. ***～ over one another***〖米〗競争する. ***～ short*** 欠乏する, 不足する; 達しない,〈矢・弾丸などが〉届かない《に *of*》. ***～ through*** 失敗する, だめになる, 実現しない. ***～ to*** (1)（を）始める,（に）取りかかる: ～ *to* work 仕事を始める. They *fell to* and soon finished off the entire turkey. 七面鳥を食べ始めて, じきに平らげてしまった. (2)〈戸が〉締まる《ひとりでに》. ***～ together*** 等しくなる. ***～ to the ground*** 地に倒れる;〈計画などが〉失敗に終わる. ***～ under*** [***within***]〈部類など〉にはいる, に該当する. ***let ～***〈持った物を〉落とす;〈いかりなどを〉おろす; 口をすべらす.

— *n.* **1** 落下, 落ちる〔散る〕こと, 墜落. **2** 下降《温度などの》, 下落《物価などの》; 流入《河川などの》. **3** 降雨(量), 降雪(量);《物の》落下量. **4**（通例 *pl.*）滝; たれているもの: the Niagara *F*～*s* ナイアガラ瀑布(ばくふ)《この falls はアメリカでは単数扱い》. push back the ～ of hair from one's forehead 額にたれた髪をなであげる. **5**〖米〗秋 (autumn): in the ～ 秋に. ～ fashion 秋の流行. **6 転倒**, 倒れること, 倒壊. **7** 陥落; 瓦解, 崩壊; 滅亡: the rise and ～ of the Roman Empire ローマの盛衰. **8** 堕落: the *F*～ 人間〔アダムとイブ〕の堕落 (= the F～ of Man). **9** 衰退, 減退. **10** 傾斜; 落差. **11** 出産, 生み落とし《ヤギなどの子の》; 一腹の子. **12** 木材の伐採量. **13**《婦人用》ベールの一種. **14**（テリヤ犬の）たれ髪. **15**〖音声〗アクセントの位置. **16**〖レスリング〗フォール; 一勝負. **17**〖俗〗逮捕. **18**《滑車の》引き綱.
at the ～ of day 日暮れに. ***have*** [***get***] ***a ～*** 倒れる, 倒される. ***ride for a ～***〖話〗《危険を招くような》むちゃな行動をする. ***take a ～ out of*** を負かす. ***the ～ of life*** 晩年. ***the ～ of the year*** 年の終わり;〖雅〗落葉のころ. ***try a ～ with***〖話〗と腕比べをしてみる.
～ guy〖米俗〗犠牲になる人,（他人の）「かも」, だまされやすい人. **～·out** → 別項. **～ term** [**semester**] 秋学期. **～·trap** [ーー] 落とし穴.

fal·lá·cious [fəléiʃəs] *a.* **1** 偽りの, 人をあやまたしめる: ～ evidence 偽りの証拠. **2** 人を誤らせやすい, 人を惑わす: ～ reasoning ごまかしの理屈. **3** 当てにならない, 幻滅的な: a ～ peace 表面的な平和. ◇ **～·ly** *ad.* **～·ness** *n.*

***fál·la·cy** [fǽləsi] *n.* **1** 謬見(びゅうけん), 誤った考え〔意見, 信念〕. **2** 詭弁(きべん); へ理屈. **3** 欺瞞(ぎまん)性, 虚偽性. [√fall-]

fàl·lál [fǽllǽl/ーー, ーー] *n.*《見かけ倒しの》けばけばしい装身具, 安ぴか物. ◇ **～·er·y** [-əri] *n.*《集合的》けばけばしい装身具, 虚飾.

†**fáll·en** [fɔ́:l(ə)n] *v.* fall の過去分詞. **—** *a.* **1** 落ちた: ～ leaves 落ち葉. **2** 堕落した, 落ちぶれた: a ～ woman 堕落した女. **3** 倒れた, 死んだ. **4** 破滅した, 破壊された; 陥落した; 転覆した. ***the ～*** 戦死者たち.

fál·li·ble [fǽləbl] *a.* **1** 誤りやすい; だまされやすい. **2** 誤って〔だまされて〕いるかもしれぬ. [√fall-] ◇ **-bly** *ad.* **fàl·li·bíl·i·ty** [fæləbíləti] *n.*

fáll·ing [fɔ́:liŋ] *n.* **1** 落下; 垂下. **2**《物価などの》下降, 下落. **3** 転倒, ころぶこと. **4** 陥落;《内閣などの》転覆. **5** 転落, 没落, 堕落.
— *a.* **1** 落ちる, 落下する; たれ下がる. **2** 低下する, 下落する; 減退する: ～ market 下向きの市況. **3**〖米方〗《いまにも雪や雨が》降りだしそうな: ～ weather 降りそうな天気. **～ leaf roll**〖空〗木の葉落とし. **～ sickness**〖稀〗てんかん. **～ sluice** 自動式水門. **～ star** 流星. **～ stone** 隕石(いんせき). **～ tide** [**water**], **the** 落潮, 引き潮.

Fal·ló·pi·an [fəlóupiən, fæ-/fə-] **～ *tubes***〖医〗らっぱ管,（輸）卵管.

fáll·out [fɔ́:làut] *n.* 放射性降下物, 降下原子灰 (= radioactive ～).
～ shelter 降下原子灰退避所.

fál·low¹ [fǽlou, ㊥⁺fǽlə] *a.* **1**《畑が》休閑中の, 休ませてある; 未開墾の: lie ～〈畑などが〉休めてある. **2** 修練を積んでない, 教養のない. **—** *n.* 休閑地, 休閑. **—** *vt.*〈畑を〉休閑させる.

fál·low² *a.* 朽ち葉色の, 淡黄色の. **～ deer**〖動〗《ヨーロッパ産の》黄かっ色に白ぶちのあるシカ.

‡**false** [fɔ:ls] *a.* **1 誤りの**, まちがった: a ～ judgment 誤った判断, 誤判. ～ pride 誤った自負心. **2 うその**, 偽りの, 虚偽の, 見せかけの: a ～ report 虚報.

〜 modesty 上べだけのけんそん, ねこかぶり. **3** 不誠実な; 不実な《に *to*》: a 〜 friend 不信の友. a 〜 wife 不貞の妻. **4** 不当な, 不正な, 不法の. **5** 偽造の, にせの: a 〜 signature 偽筆署名. **6** 人造の, 人工の; 代用の, 一時的の: 〜 teeth 義歯. **7** 〖楽〗調子はずれの: a 〜 note 調子はずれの音.
── *ad.* 不正に, 誤って; 偽って, 裏切って, 不実に: play a person 〜 人をだます. Events played him 〜. ことの成り行きは彼の期待を裏切った. My memory never plays me 〜. 私の記憶は絶対まちがいない. [√fall-]
〜 acacia 〖植〗ハリエンジュ, ニセアカシア. **〜 attack** 〖軍〗擬装攻撃. **〜 bottom** 二重底, 上げ底《箱などの》. **〜 charge** 〖法〗誣告(ぶこく). **〜 colors** (1) 外国の国旗. (2) 見せかけ. **〜 concord** 〖文〗〖数・格などの〗不一致. **〜 eye** 義眼. **〜 face** 仮面《特にこっけいな》. **〜 hair** 入れ毛, かもじ. **〜-héart·ed** (心の) 不実な, 背信の, 誠意のない. **〜 imprisonment** 〖法〗不法監禁. **〜 keel** 〖船〗副竜骨(りゅうこつ). **〜 key** 合いかぎ. **〜 position** 誤解されやすい立場, 迷惑な立場. **〜 pretenses** 〖法〗詐取罪《詐取を目的とする口頭・文書などによる軽犯罪》. **〜 quantity** 〖文〗母音長短の誤り. **〜 return** 《納税などの》不正申告. **〜 ribs** 〖医〗偽ろっ骨《胸骨に接着していないろっ骨》. **〜 start** 不正なスタート; 誤った第一歩, 早まった着手. **〜 step** 踏み誤り, つまずき; 「つまずき」, 失策. **〜 window** 〖建〗めくら窓. **〜 witness** 〖法〗虚偽の申し立てをする証人; 誣告. **〜·work** [─ ̀─] 足場, 仮設物.
◇ **〜·ly** *ad.* **〜·ness** *n.*

***fálse·hood** [fɔ́:lshud] *n.* **1** うそ, 虚言: tell a 〜 うそをつく. **2** 虚偽(性), 偽り.

fal·sét·to [fɔ:lsétou, ㊎⁺-sétə] *n.* (*pl.* **〜s**) 〖楽〗 **1** 裏声. **2** 裏声の歌手. ── *a., ad.* 裏声の[で].

fáls·ies [fɔ́:lsiz] *n. pl.* 〖話〗パッド《女性が胸を豊かに見せるためブラジャーに入れる》.

fál·si·fy [fɔ́:lsifài] *vt.* **1** 偽造する, 贋造(がんぞう)する, 変造する: 〜 a passport 旅券を変造する. **2** <事実を> 偽る, 誤り伝える, 曲解する. **3** の偽り[誤り]を立証する, 論破する. **4** <期待・信仰などを> 裏切る, にそむく. ── *vi.* 偽る, うそをつく. ◇ **-fi·er** *n.*
fàl·si·fi·cá·tion [fɔ:lsifikéiʃ(ə)n] *n.* 〜すること; 〖法〗文書偽造.

fál·si·ty [fɔ́:lsiti] *n.* **1** 虚偽, 欺瞞(ぎまん)性; 不正直, 不信. **2** うそ, 虚言. **3** 誤り. [<false]

Fál·staff [fɔ́:lstæf/-stɑ:f] *n.* **1** フォルスタッフ《Shakespeare の劇 *Henry IV* および *Merry Wives of Windsor* に登場する陽気でほら吹きの騎士の名》. **2** 〜のような人物. ◇ **Fal·stáff·i·an** [─ ́─iən] *a.* フォルスタッフのような; 陽気な.

fált·boat [fɑ́:ltbòut] *n.* 〖米〗《ゴムびきの布を張った》折りたたみ式ボート (foldboat).

***fál·ter** [fɔ́:ltər] *vi.* **1** よろめく, よろよろする. **2** ためらう, ひるむ; <勇気が> くじける. **3** 口ごもる, どもる.
── *vt.* 口ごもり[どもり]ながら言う《*out*》.
── *n.* **1** よろめき. **2** 気おくれ, ためらい. **3** どもり, どもりことば. ◇ **〜·ing** *a.* **〜·ing·ly** *ad.*

fam. familiar; family. **F.A.M.** Free and Accepted Masons.

‡**fame** [feim] *n.* **1** 名声, 高名, 声望. **2** 評判, 世評. ***come to*** [***win***] **〜** 有名になる. ***house*** [***woman***] ***of ill*** **〜** 売春宿[婦]. ***ill*** **〜** 汚名, 悪評.
── *vt.* 有名にする, の名声を広める《おもに受動態で》: French cooking *is* 〜*d* throughout the world. フランス料理は世界で有名だ. [√fa-]
◇ **〜d** [-d] *a.* 名のある, 有名な. **〜·less** *a.*

fa·míl·ial [fəmíljəl, -liəl] *a.* 家族の; 家庭内で生じる: a 〜 background 家柄.

‡**fa·míl·iar** [fəmíljər] *a.* **1** 親しい, 親密な, 懇意な《と *with*》. **2** よく知っている, 熟知している, 通暁している《に, を *with*》: He is 〜 *with* French. 彼はフランス語に通じている. **3** よく知られている, おなじみの《に *to*》: French is 〜 *to* him. 彼はフランス語に通じている. **4** ありふれた, 普通の, 日常の. **5** くつろいだ, 四角張らない; なれなれしい, 無遠慮な. **6** 〖家畜が〗飼い慣らされた.
be on **〜** ***terms with*** と懇意である. ***make oneself*** **〜** ***with*** と親しくなる; に詳しくなる, に精通する.
── *n.* **1** 親友. **2** 〖カトリック〗教皇または司教の用人. **3** =〜 spirit. [<family]
〜 angel 守護神. **〜 spirit** 使い魔《魔法使いまたは人に仕える魔物》.
◇ **〜·ly** *ad.* 親しく, なれなれしく, 打ち解けて.
(類義語) 親しい: **familiar** よく会う, よく知っている: a *familiar* friend 日常の友. **intimate** 気心をよく知り合い, 愛情・関心などを分け合う, ごく親しい: an *intimate* friend 心の友. **confidential** 信頼し合った, 個人の秘密までも打ち明ける: a *confidential* friend 親友. **friendly** 友人らしい, 友好的な, 人なつこい: a *friendly* state 友好国.
(類) → **common**「普通の」

fa·mìl·i·ár·i·ty** [fəmìliǽriti] *n.* **1** 親密, 懇意, 親交; 心やすい間柄. **2** なれなれしさ; 無遠慮; (通例 *pl.*) 無遠慮な言動. **3** 熟知, 精通, 習熟. **4** 性的関係. ***F〜 breeds contempt. 〖諺〗なれすぎは侮りのもと.

fa·míl·iar·ize [fəmíljəràiz] *vt.* **1** 親しませる, 習熟させる《に *with*》; によく知らせる《を *with*》. **2** <思想などを> 通俗化する. **〜 one*self with*** に精通[習熟]する; に親しむ. ◇ **fa·mìl·iar·i·zá·tion** [fəmiljərizéiʃ(ə)n/-raiz-] *n.*

†**fám·i·ly** [fǽm(i)li] *n.* (*pl.* **-lies**) **1** 家族, 家庭, 一家, 世帯《ときには召使をも含めて》: He has a large 〜 to support. 扶養家族が多い. a 〜 of five 5人家族. five 〜*lies* 5家族. **2** 《集合的》(一家の) 子どもたち, 子女. **3** 一族, 一門, 親族. **4** 家柄, 家系; 門閥: a man of 〜 名門の人. **5** 人種, 種族, 民族. **6** 同族, 族《「語族」など》; 〖生〗科《order と genus との中間》; 集団《同種の》: the Indo-European 〜 (of languages) インドゲルマン語族. the cat 〜 ネコ科. The company picked up half of its management personnel from its own 〜 of employees. 会社はその経営陣の半分を自社の従業員中から抜擢(ばってき)した. **7** 《形容詞的に》家族と関連のある: a 〜 doctor 一家かかりつけの医者. a 〜 gardener 出入りの庭師.
happy **〜** 一つおりに同居する異なった動物たち. ***Holy*** **〜** 聖家族. ***in a*** **〜** ***way*** 打ち解けて. ***in the*** [***a***] **〜** ***way*** 妊娠して.
〜 Bible 家庭用聖書《家族の誕生・結婚・死亡などを記入する余白のある大形の》. **〜 circle** (一家の) 内輪; 〖劇場〗家族席《特別席より安い》. **〜 friend** 家族一同の友人. **〜 hotel** 家族向きホテル. **〜 man** 世帯もち, 世帯じみた男, 家庭中心の男. **〜 name** 姓, 名字. **〜 skeleton** (公表をはばかるような) 家庭の秘密. **〜 style** 大ざら盛り(の)《めいめいが取り分ける》. **〜 tree** 家系図, 系譜.

‡**fám·ine** [fǽmin] *n.* **1** ききん. **2** 飢え, 空腹: die of 〜 餓死する. **3** 《物資の》欠乏, 払底. ***water*** **〜** 水ききん.

fám·ish [fǽmiʃ] *vt.* 飢えさせる, 餓死させる.
── *vi.* 飢える, 餓死する. ***be*** **〜*ed to death*** 餓死する. ***be*** **〜*ing*** 〖話〗おなかがぺこぺこ.
◇ **〜ed** *a.* 飢えた. (類) → **hungry**「空腹の」

†**fá·mous** [féiməs] *a.* **1** 有名な, 名高い: 〜 *for* scenic beauty けしきで有名な. **2** 〖話〗すばらしい, すてきな. **3** 〖古〗名うての《悪い意味で》. [√fa-]
◇ **〜·ly** *ad.* 有名に; 〖話〗すてきに, すばらしく.
(類義語) 名高い: **famous** 人によく知られた: a *famous* tower 名高い塔. **renowned** 評判高い, 名声のある. famous でも実質の伴わぬものもあるが, renowned のばあいには実質もすぐれているとみてよい. **celebrated** 人にすぐれた才能・業績などのために名高い: a *celebrated* writer 高名な作家. **eminent, distinguished** 同僚・同業者に比し一頭抜きんでた, 当代を代表する: a *distinguished* statesman 一流政治家.

fám·u·lus [fæmjuləs] *n.* (*pl.* **-li** [-lài]) 《魔術師・学者などの》助手, 付添人.

‡**fan**[1] [fæn] *n.* **1** 扇; 扇風機, 送風機. **2** 扇形の物《風車やプロペラの翼, 鳥の尾羽など》. —— *v.* (-nn-) *vt.* **1** 扇であおぐ, に静かに風を送る. **2** <風が> …に吹きつける. **3** 扇動する, あおる. **4** <穀粒などを> 吹き分ける《箕(み)で》. **5** 扇形に広げる. **6** 〚野球俗〛三振させる. —— *vi.* **1** (扇のように)広がる《*out*》. **2** 〚野球俗〛三振する.
～ one*self* うちわを使う, あおぐ. ～ ***away*** あおいで追い払う. ～ ***one's tail*** 走る. ～ ***the flame*** 火を燃え立たせる; 《比喩的》激情をあおる, たきつける. ***folding*** ～ 扇子. ***ventilating*** ～ 換気扇.
～ **blower** 送風機. ～ **light** 《ドアや窓の上の》扇窓, 欄間. ～**·tail** →別項.

‡**fan**[2] *n.* 〚話〛ファン, …狂: a baseball ～ 野球狂. [<fanatic] ～ **magazine** 芸能〔スポーツ〕大衆雑誌. ～ **mail** 《集合的》ファンからの手紙.

fa·nát·ic [fənætik] *n.* 狂信者; 熱狂者. —— *a.* 狂信的な; 熱狂的な.

fa·nát·i·cal [fənætik(ə)l] *a.* =fanatic.
◇ ～**·ly** [-kəli] *ad.* 熱狂して, 狂信的に.

fa·nát·i·cism [fənætisiz(ə)m] *n.* 狂信; 熱狂.

fa·nát·i·cize [fənætisàiz] *vt., vi.* 狂信させる〔する〕; 熱狂させる〔する〕.

fán·cied [fænsid] *a.* 想像上の, 架空の: ～ grievances 根拠のない苦情.

fán·ci·er [fænsiər] *n.* **1** 《花・犬・小鳥などの》愛好家; 《趣味または商売の》飼育者: a dog ～ 愛犬家; 犬屋. **2** 空想〔夢想〕家.

fán·ci·ful [fænsif(u)l] *a.* **1** 空想にふける; 気まぐれな. **2** 奇想をこらした: a ～ design 奇抜なデザイン. **3** 夢想の, 架空の: a ～ story 架空物語.
◇ ～**·ly** [-fuli] *ad.* 気まぐれに, 奇抜に. ～**·ness** *n.*

‡**fán·cy** [fænsi] *n.* **1** 空想; 空想力. **2** 空想の産物, 幻想, 奇想. **3** 《根拠のない》想像, 推測, 予想: I have a ～ that he will not come. 彼は来ないような気がする. **4** 気まぐれ, 思いつき: a passing ～ 一時の気まぐれ. **5** 好み, 嗜好(しこう), 趣味, 道楽《*for*》. **6** (the ～)好事家(こうずか)連, 同好者; 《特に》ボクシング愛好者. **7** ボクシング: keen on the ～ ボクシングに熱中して. ***after*** [***to***] a person***'s*** ～ (人)の気に入った, (人)の意にかなった. ***catch*** [***take***] ***the*** ～ ***of*** の気に入る, の興味を引く. ***have a*** ～ ***for*** を好む. ***have a*** ～ ***that***… …という気がする. ***strike*** a person***'s*** ～ (人)の気に入る, (人)の好みに合う. ***take a*** ～ ***to*** [***for***] を好む, …にほれ込む.
—— *a.* (-ci·er, -ci·est) **1** 空想の, 想像の, 気まぐれの. **2** 意匠をこらした, 装飾的な; 染め分けの, 雑色の: a ～ carnation 染め分けのカーネーション. **3** 変わり種の: a ～ dog 珍種の犬. **4** ごく上等の《くだものなど》, 〚米〛特選の. **5** 高等技術の, 曲技の: ～ flying 曲芸飛行. **6** 法外の: at a ～ price 法外な高値で.
—— *vt.* **1** 空想する, 想像する. **2** 〚おもに英〛(なんとなく) …と思う, …のような気がする: I ～ so. そうでしょう (=㊗ I guess so.). I ～ he will agree. 彼が同意しそうな気がする. **3** 好む, …が気に入る: I could ～ a deviled kidney. もつのからし焼きならいただきましょうか. **4** <珍種を> 飼育〔栽培〕する. **5** 自慢する; 《～ oneself の形で》…とうぬぼれる: He ～*ies* his tennis. 自分がひとかどのテニスの腕前だと思っている. She ～*ies herself* (to be) beautiful. 彼女は自分できれいだとうぬぼれている.
F～ (***that***)***!*** =***Just*** ～***!*** そんなことがあるなんて(考えてもごらん)! 〈注〉次の文例を参照: *Fancy* her saying such a thing! 彼女がそんなことを言うなんて! *Fancy* living with that nasty man all your life! あんないやなやつと一生暮らすなんて! ～ ***up*** にしゃれた飾りをつける.
～ **ball** 仮装舞踏会. ～ **bread** 菓子パン. ～ **button** 飾りボタン. ～ **cake** デコレーションケーキ. ～ **diving** フォームを競う飛び込み競技. ～ **dress** 《仮装舞踏会などで着る》仮装服; イブニングドレス. ～ **fair** 〚英〛小間物市. ～**-free** まだ恋を知らない, 無邪気な. ～ **goods** 小間物, 装身具. ～ **man** 愛人; 〚俗〛情夫. ～ **soap** 化粧せっけん. ～ **woman** 囲い女, めかけ; 売春婦. ～**·work** [-wə̀:rk] 手芸品, 編み物, ししゅう.
㊎ → like「好む」

fan·dán·gle [fændæŋgl] *n.* 〚英〛奇抜な装飾.

fan·dán·go [fændæŋgou] *n.* (*pl.* ～**s**) **1** ファンダンゴ《三拍子の軽快なスペイン舞踏》; その曲. **2** 〚話〛舞踏会.

fane [fein] *n.* 〚古・雅〛神殿; 教会堂: a holy ～ 聖堂, 聖殿.

fán·fare [fænfɛ̀ər] *n.* **1** 〚楽〛ファンファーレ. **2** はでな誇示, 虚勢. [<F.]

fan·fa·ron·ade [fænfərənéid/-færənɑ́:d] F. *n.* 大ぼら; こけおどし, 虚勢.

fán·fold [fænfòuld] *n., a.* カーボン入り複写便箋(びんせん)(の).

fang[1] [fæŋ] *n.* **1** 《肉食動物の》きば, 犬歯. **2** 《ヘビの》毒歯. **3** 歯の根. **4** とがったきば状のもの; 中子《小刀などの先細の部分》. ***the law of*** ～ ***and claw*** ジャングルのおきて, 力の支配. ◇ ～**ed** [-d] *a.* (毒)きばのある. ～**·less** *a.* ～**·like** [⊿⊥] *a.* きば状の.

fang[2] *vt.* <ポンプに> 迎え水を差す.

fán·gle [fæŋgl] *n.* 流行: new ～*s* of dress.

fán·ner [fænər] *n.* あおぐ人; 扇風〔送風〕機; 唐箕(とうみ).

fán·tail [fæntèil] *n.* **1** 扇形の尾. **2** 〚鳥〛クジャクバト《ドバトの一種》. **3** 扇形接合. **4** 《アヒルのくちばし状になった》艦〔船〕尾張り出し部. **5** 〚英〛《石炭積みおろし・暴風雨のときなどにかぶる》扇形帽.

fán·tàn [fæntæn/⊥⊥] *n.* **1** ファンタン《茶わんの下に貨幣を伏せて, その数を4で割った残りの数を当てる中国のばくち》. **2** 一種のトランプゲーム. [<Ch.]

fan·tá·si·a [fæntéiʒ(i)ə/-zjə] *n.* **1** 〚楽〛幻想曲; メドレー《有名な曲の吹き寄せ》. **2** 《文学の》幻想的作品.

fán·tasm =phantasm.

fan·tàs·ma·gó·ri·a =phantasmagoria.

fán·tast [fæntæst] *n.* 幻想家, 夢想家.

‡**fan·tás·tic** [fæntæstik], **-ti·cal** [-tik(ə)l] *a.* **1** 幻想的な, 夢幻的な, 奇想天外な. **2** すばらしい. **3** 異様な, 風変わりな. **4** とんでもない, 法外な: ～ sums of money とてつもない大金. **5** 理由のない: ～ fears 根拠のないおそれ. **6** 移り気な, 気まぐれな; とりとめのない. [√pha(n)-]
◇ **fan·tás·ti·cal·ly** [-tik(ə)li] *ad.* **fan·tás·ti·cism** [-tisiz(ə)m] *n.* 奇異を求める心; 風変わり. **fan·tàs·ti·cál·i·ty** [-⊥-kæliti] *n.*

***fán·ta·sy** [fæntəsi, -zi] *n.* **1** 空想, 幻想; 奇想; 気まぐれ. **2** 〚楽〛幻想曲 (fantasia); 夢幻劇.
—— *vt., vi.* 空想〔想像〕する. [√pha(n)-]

Fán·tee, Fán·ti [fænti:] *n.* (*pl.* ～) **1** アフリカ西部の黄金海岸に住む原住民の部族の名. **2** ファンティー土語. ***go*** ～ <ヨーロッパ人が> 蛮人の生活をする, 蛮化する.

fan·toc·ci·ni [fæntətʃí:ni/-tɔtʃ-] It. *n. pl.* あやつり人形, 人形芝居.

fán·wise [fænwàiz] *ad.* 扇形に: hold cards ～ トランプを扇形に広げて持つ.

FAO Food and Agriculture Organization (国連) 食糧農業機構.

Fa·pi [fɑ:pí:] Ch. *n.* 法幣《中国の旧法定通貨》.

fa·quír =fakir.

†**far** [fɑ:r] *ad.* (**fár·ther** [fɑ́:rðər], **fúr·ther** [fə́:rðər]; **fár·thest** [fɑ́:rðist], **fúr·thest**

[fɑ́:rðist]) **1** 《距離・運動・時間的に》 遠くに〔へ〕, はるかに, ずっと: He lives ～ from here. 彼の家はここから遠い. travel ～ 遠くまで旅する. ～ into the night 夜おそくまで. ↔ near. **2** 《比較級を修飾して》 **はるかに**, ずっと, 断然: ～ better ずっといい. 〈注〉 farther, farthest は主として空間的な意味, further, furthest は主として比喩的な意味.
as ～ as (1) …まで: go *as* ～ *as* Ireland アイルランドまで行く. (2) …かぎり, …するかぎりでは: *as* ～ *as* I know 私の知るかぎりでは. ***～ ahead*** はるか前方〔将来〕に. ***～ and away*** はるかに, 大いに: He is ～ *and away* the best writer of today. 確かにずばぬけて当代随一の作家だ. ***～ and near*** 〔***nigh***〕 あちこちに, そこにもここにも. ***～ and wide*** 広く, あまねく. ***～ apart*** 遠く離れて. ***～ away*** はるかかなたに〔へ〕; 遠い昔に. ***～ back*** ずっと後方に〔へ〕; 遠い昔. ***～ be it from me to*** (do) …しようなどという考えは少しもない. ***～ from*** 《「…から遠く」の意のほかに》とうてい…ではない: It is ～ *from* the truth 〔*from* true〕. それは全く事実と合わない. ***～*** 〔***so ～***〕 ***from*** (do) ***ing*** …するどころか. ***～ from it!*** それどころではない, とんでもない. ***～ gone*** 《病勢など》 よほど進んで; よほど深入りして. ***～ off*** はるか離れて (= ～ away). ***～ out*** 遠く外に; 〘俗〙 普通でない, とっぴな. ***go ～*** 成功する, 有名になる. ***go ～ toward***(***s***) に大いにききめがある, に貢献するところが多い. ***go too ～*** 行き過ぎる, やり過ぎる, 誇張する. ***how ～*** どれだけ, どの程度: I cannot say *how* ～ it is true. どこまでほんとうなのかわからない. ***in so ～ as*** …するかぎりでは. ***so ～*** (1)この〔その〕 点までは; いま〔そのとき〕までのところは: *So* ～ so good. そこ〔ここ〕まではよい; いままでのところはうまくいっている. (2)「ここまでにしておきましょう」《話を打ち切るときの》. ***so ～ as*** …するかぎりは: *so* ～ *as* I know 私の知るかぎりでは. ***thus ～*** ここ〔これ〕までは.
―― *n.* **1** 遠方 (の場所). **2** 高い程度. ***by ～*** はるかに, 断然: *by* ～ the best 断然〔群を抜いて〕最高. ***from ～*** 遠方から. ***from ～ and near*** おちこちから.
―― *a.* 《比較級・最上級は *ad.* におなじ》 **1** 遠い, 遠くの, はるかかなたの: a ～ country 遠国. **2** 長途の, 遠いところの〔からの〕: a ～ traveler 遠く旅する人. **3** 遠い方の, 向こうの方の: the ～ side of the room へやの向こう側. sit at the ～ end of the table テーブルの向こう端にすわる. the ～ end of the line (電話の) 先方. ***be a ～ cry from*** と大きく隔たって, とは似ても似つかず.
*__～·a·wáy__ →別項. **～-be·twéen** (1) (間が) 遠く離れた. (2) まれな. **Far East, the** 極東. **～-fámed** 広く名が知れわたった. **～-fétched** 遠くから持ってきた; こじつけの, 無理な: a ～*-fetched* joke 苦しいしゃれ. **～-flúng** 広がった, 広範囲にわたる. **～-fórth** はるか遠くへ; 断然. **～-góne** 《病気などが》 ぐっと進んだ, 高じた. ‡**～-óff** 《場所・時間が》 遠くの, 隔たった. **～·out** [ˊˋ] 〘俗〙 現実ばなれした; 《ジャズなど》 斬新(ざんしん)なスタイルの. **～-réach·ing** 《影響などが》 遠くまで及ぶ, 広範囲な; 《計画などが》 遠大な. **～-sée·ing** (1) 先見の明のある. (2) 遠目のきく. **～-síght·ed** (1) 遠目のきく; 〘医〙 遠視の. (2) 先見の明のある. ↔near-sighted. **Far West, the** 《北アメリカの》 西部地方《ロッキー山脈から太平洋岸まで; もとは Mississippi 川以西》.

far. farad; farthing.

fár·ad [fǽrəd] *n.* 〘電〙 ファラッド 《容量の単位》. 「[<*Faraday*]

fàr·a·dá·ic [færədéiik], **fa·rád·ic** [fərǽdik, ㊟⁺fæ-] *a.* 〘電〙 誘導〔感応〕電流の.

Fár·a·day [fǽrədi, -dèi] *n.* Michael ～, 1791–1867, イギリスの物理学者・化学者.

fár·a·dism [-dìz(ə)m] *n.* **1** 〘電〙 誘導〔感応〕電流. **2** 〘医〙 感応電流療法.

fár·a·dize [-dàiz] *vt.* 〘医〙 に感応電流療法を施す. ◇ **fàr·a·di·zá·tion** [færədìzéiʃ(ə)n/-daiz-] *n.*

***fár·a·wáy** [fɑ́:rəwéi] *a.* **1** 遠方の, 遠くの: a ～ cousin 遠縁の人. **2** 遠い昔の. **3** 《顔つきなどが》 (遠くを) 夢みるような, ぼんやりした. ◇ **～·ness** *n.*

farce [fɑ:rs] *n.* **1** 笑劇, 茶番, 道化芝居. **2** ばかげたこと, くだらぬこと. **3** まねごと: The examination was a ～. 試験はほんの形式だけだった. **4** 〘料理〙 《鳥・子牛料理の》 詰め物. ―― *vt.* **1** に詰める 《こまぎれ肉・香辛料などを》 《を *with*》. **2** 〈演説・文章に〉 味を添える, 混ぜる 《を *with*》.
◇ **fár·cial** [fɑ́:rʃ(ə)l] *a.* =farcical.

far·ceur [fɑ̀:rsə́:r/-ˊ] F. *n.* **1** 道化師; ひょうきん者. **2** 笑劇作者.

fár·ci·cal [fɑ́:rsik(ə)l] *a.* 茶番狂言風の, ばかげてこっけいな.
◇ **～·ly** *ad.* **fàr·ci·cál·i·ty** [fɑ̀:rsikǽliti] *n.*

fár·cy [fɑ́:rsi] *n.* 〘獣医〙 馬の皮疽(ひそ)病, 馬鼻疽.

fár·del [fɑ́:rdl] *n.* 〘古〙 束; 重荷.

‡**fare** [fɛər] *n.* **1 運賃**, 乗車〔乗船〕料金; 通行料. **2** (有料) 乗客. **3** 食物, 料理: good ～ ごちそう. coarse ～ 粗食. **4** 〘古〙 成り行き, 運命; 状態, 事態. ***bill of ～*** 献立表, メニュー. ***single*** 〔***double***〕 ～ 片道〔往復〕料金.
―― *vi.* **1** 待遇される, もてなされる; ごちそうになる. **2** 飲食する: ～ sumptuously 口がおごっている. **3** 暮らす, やってゆく. **4** 《it を主語にして》 事が運ぶ: How ～*s it with* you?. (あなたは) お変わりありませんか. *It* ～*s* well *with* me. うまくいっています; 元気です. **5** 〘古〙 旅する: *F*～ thee 〔you〕 well! 旅路つつがなからんことを!, ご無事に! ***～ forth*** 〘雅〙 出発する. ***～ well*** 〔***ill, badly***〕 (1) 運がよい〔悪い〕. (2) 楽な〔つらい〕 暮らしをする. (3) 好つごうに運ぶ〔まずくいく〕. 〔類〕 → **price**「値段」

fáre-thee-wéll [fɛ́ərði:wél] *n.* 〘米話〙 完ぺき, 完全: to a ～ 極度に, 完全に.

‡**fáre·wéll** [fɛ́ərwél, ˊˊ, ˊˊ/ˊˊ, ˊ—, —ˊ] *int.* **さようなら!**, ごきげんよう! 《長い別れに際して用いる》: *F*～ to arms! 武器よさらば!, 戦争はもうたくさんだ!
―― *a.* 決別の, 告別の: a ～ address 告別の辞. a ～ dinner 送別の宴. a ～ present 餞別(せんべつ).
―― *n.* いとまごい; 告別の辞. ***bid ～*** いとまごいをする 《に *to*》. ***make*** one's ***～s*** 別れのあいさつをする 《に *to*》. ***take*** one's ***～*** 別れを告げる 《に *of*》.

fáre-you-wéll [fɛ́ərju:wél] =fare-thee-well.

fa·rí·na [fərí:nə, -ráinə/-rái-] *n.* **1** 《穀物の》粉, 穀粉; 《特にジャガイモの》でんぷん. **2** 粉末. **3** 〘植〙花粉.

fàr·i·ná·ceous [færinéiʃəs] *a.* **1** 粉の, 粉製〔状〕の. **2** でんぷん質の.

fár·i·nose [fǽrinòus] *a.* **1** 粉の. **2** 粉を生じる; 粉だらけの. **3** 〘植〙 粉をふく.

fár·kle·ber·ry [fɑ́:rklbèri/-b(ə)ri] *n.* 〘植〙 スノキ (の類) 《アメリカ南部産》.

farl(**e**) [fɑ:rl] *n.* 〘スコットランド〙 《カラスムギまたは麦粉でつくった》 丸い薄焼きケーキ.

†**farm** [fɑ:rm] *n.* **1 農場**, 農地, 農園, 農家: a home ～ 地主の自作農園. **2** 養殖場, 飼育場: an oyster 〔a pearl〕 ～ カキ〔真珠〕養殖場. a poultry 〔chicken〕 ～ 養鶏場. **3** 託児所. **4** 〘米: 野球〙 大リーグ所属チームの第二軍. **5** 〘米〙 別荘.
―― *vt.* **1 耕作する**, 農地にする. **2** 〈農地・労務を〉 賃貸借する; 小作にだす, 小作する. **3** 〈税の取り立てなどを〉 歩合制で請け負う, 請け負わせる. **4** 〈幼児などを〉 (料金つきで) 預かる. ―― *vi.* 耕作する, 農業を営む, 百姓をする. ***～ out*** (1) 請け負わせる, 下請けさせる. (2) 〈幼児などを〉 預ける. (3) 〘野球〙 〈大リーグの選手が〉 しばらく第二軍で働く.
～ belt 農業地帯 《特にアメリカ中西部地方の》. **～ bloc** 《集合的》 (農村の利益促進に協力する) 農村地出身の代議士. **～ hand** 農場労働者, 作男; 〘野球〙 新入り〔新前〕 選手. ‡**～·house** →別項.

∼·land [-lænd] 耕地. ∼ **produce** 農産物. ∼·**stead** [∸∸]〘おもに英〙農場《納屋その他のいろいろの付属建物を含む》. ∼ **stock** 農場資産《家畜・農具・作物など》. *∼·**yard** [-jɑ̀:rd] 農家の庭; 農場の構内.
◇ ∼·**ing** *n.* **1** 農業, 農場経営. **2**《租税などの》取り立て請負. **3**〘英〙幼児預かり.

†**fárm·er** [fɑ́:rmər] *n.* **1 農夫**, 農民, 農場主. → peasant. **2** 収税請負人. **3** 幼児預かり人. **4**〘米俗〙まぬけ. ∼**s(') cooperative** 農協.
◇ ∼·**y** [-məri] *n.*〘おもに英〙農場の施設《建物など》.

fàrm·er·étte [fɑ̀:rmərét] *n.*〘米俗〙農場で働く女, 農婦.

‡**fárm·house** [fɑ́:rmhàus] *n.* **農家**, 百姓家, 農場内の住宅.

fár·most [fɑ́:rmòust] *a.*〘稀〙最も遠い.

fár·o [fɛ́(:)rou/fɛ́ər-] *n.* 銀行《一種のかけトランプ》.

fa·rouche [fərú:ʃ] F. *a.* **1** 恐ろしい; 激しい. **2** むっつりした, ぶあいそうな. **3** 内気な.

far·rág·i·nous [fərǽdʒinəs/-réi-] *a.* 寄せ集めの, ごったまぜの.

far·rá·go [fəréigou, -rɑ́:-/-rɑ́:-] *n.* (*pl.* ∼**es**) 寄せ集め, ごたまぜ.

fár·ri·er [fǽriər] *n.*〘おもに英〙**1** 蹄鉄(ていてつ)工. **2** 獣医. **3**〘軍〙騎兵隊の軍馬係下士官. ◇ ∼·**y** [fǽriəri] *n.* **1** 蹄鉄術, 蹄鉄工場. **2**〘古〙獣医術.

fár·row[1] [fǽrou] *n.* 一腹の豚の子. —— *vt.* 〈豚が子を〉生む.

fár·row[2] *a.*《雌牛が》子をはらんでいない.

fart [fɑ:rt] *n.*〘卑〙へ. —— *vi.* おならをする.

‡**fár·ther** [fɑ́:rðər] *ad.*《far の比較級》**1 もっと遠く**, もっと先に, 更に先へ. **2** (通例 further) **更になお**, この上, それ以上: Let's discuss it no ∼. これ以上は論じないことにしよう; この辺で議論をやめとこう. I can go no ∼. もうこれ以上は行けない《比喩的にも》. ∼ ***back*** もっと後ろの方に〔へ〕; もっと古く〔昔〕. ∼ ***on*** 更に先に; 《時間的に》もっとあとで; 先に進んで: He is ∼ *on* than you. 彼はあなたより進歩している. ***go ∼ and fare worse*** やり過ぎてひどい目に会う. ***I'll see you ∼ [further] first.*** とんでもない, まっぴらごめんだ《farther = in hell》. ***No ∼!*** そこまで《やめてくれ!》, もうよい, たくさん!, もうわかった! ***wish*** a person [thing] ∼ そこにいなければ〔なければ〕よいと思う.
—— *a.* **1 もっと遠い〔先の〕**: the ∼ shore 向こう岸. **2** (通例 further) **更に後の**, もっと進んだ: ∼ news 後報, 続報. **3** (通例 further) **その上の**, 更にそのほかの, いっそうの: Have I anything ∼ to do? まだなにかすることがありますか. 〈注〉正式には farther は「距離」に, further を「程度」に使うが会話体ではいずれのばあいも further を使う傾向がある. ***until ∼ notice*** 追って通知があるまでは.
◇ ∼·**most** [-mòust] *a.* 最も遠い.

*__fár·thest__ [fɑ́:rðist] *ad.*《far の最上級》**最も遠くに〔遠くまで〕**; 最も. —— *a.* いちばん遠い〔遠くの〕; 最も長い. ***at (the)*** ∼ (1) 遠くとも; おそくとも《未来についていう》. (2) せいぜい, たかだか.

fár·thing [fɑ́:rðiŋ] *n.* **1** ファージング銅貨《イギリスの最小額の貨幣で4分の1ペニー》. **2**《おもに否定で》わずか, 少しも: I *don't* care a ∼. ちっともかまわない. ***be not worth a (brass)*** ∼ びた一文の値うちもない.

fár·thin·gale [fɑ́:rðiŋgèil] *n.* たが骨《16–17 世紀ごろにスカートを張り広げるのに用いた. 通常鯨骨製》; 《それを用いた》張りスカート.

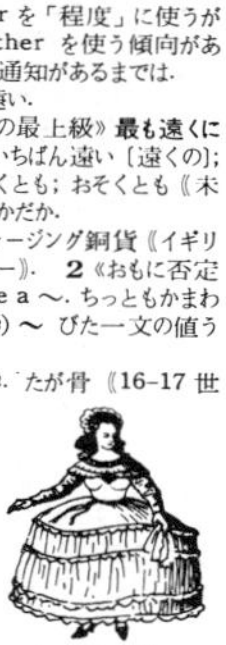
farthingale

f.a.s. free alongside ship〘商〙船側渡し.

fás·ces [fǽsi:z] *n. pl.*《単数扱い》〘古ローマ〙束桿(そっかん)《束ねた棒の間におのを差し込んだもの. 執政官など高官の権威のしるし》. [√fasc-]

fás·ci·a [fǽʃiə/féiʃə] *n.* (*pl.* **-ae** [-ʃii:]) **1** ひも, 飾り帯. **2** [fǽʃiə]〘医〙筋膜, 靱帯(じんたい). **3**〘建〙幕面《軒下の細長い壁面》. **4**《店頭上部の》看板. **5**《自動車の》計器板 (= ∼board).

fás·ci·ate [fǽʃièit], **-at·ed** [-id] *a.* **1** 帯で縛った. **2**〘植〙《異常発育で茎・枝などが》平たくなった, 帯化した. **3**〘動〙帯状の筋がある.

fàs·ci·á·tion [fæ̀ʃiéiʃ(ə)n] *n.* **1** 結束. **2**〘植〙帯状合生, 帯化.

fás·ci·cle [fǽsikl] *n.* **1** 小束. **2**〘植〙密散花序; 《花・葉などの》密生. **3**〘医〙繊維束. **4**《分割刊行される書物の》分冊.

fas·cíc·u·lar [fəsíkjulər] *a.* **1**〘植〙群生の. **2**〘医〙繊維束(状)の.

fas·cíc·u·late [-lit, (米)+-lèit], **-lat·ed** [-lèitid] = fascicular.

fás·ci·cule [fǽsikju:l] = fascicle ④.

fas·cíc·u·lus [fəsíkjuləs] *n.* (*pl.* **-li** [-lài]) = fascicle.

‡**fás·ci·nate** [fǽsinèit] *vt.* **1 うっとりさせる**, 魅了する. **2** 〈ヘビがカエル・小鳥などを〉にらんですくませる. **3**〘古〙魔力にかける. ***be ∼d with [by]*** に魅せられる, に魂を奪われる.

*__fás·ci·nat·ing__ [-nèitiŋ] *a.* **1 うっとりさせるような**, 魅惑的な. **2**《話・計画などが》興味津々(しんしん)たる, 実におもしろい. ◇ ∼·**ly** *ad.*

*__fàs·ci·ná·tion__ [fæ̀sinéiʃ(ə)n] *n.* **1 魅惑**, うっとりさせる〔する〕こと. **2** 魅力, 心をひきつける力; 興ぶかさ. **3**《ヘビなどが》見込むこと, 見すくめること. **4**《催眠術の》感応.

fás·ci·na·tor [fǽsinèitər] *n.* **1** 魅惑する〔うっとりさせる〕人〔物〕; 魔法使い. **2**《昔婦人が用いた》かぎ編みのずきん.

fas·cíne [fæsí:n] *n.* まき束; 〘築城〙束柴(そくさい)《塹壕(ざんごう)の側壁・土手などの補強に用いた》.
∼ **dwelling**《有史以前の》湖上家屋.

fás·cism [fǽʃiz(ə)m] *n.* **1** ファシズム, 独裁的国家社会主義. **2** (F∼) ファシズム《Mussolini を党首としたイタリアの国粋的なファシスト党の主義》. [√fasc- 束(たば)]

Fa·scis·mo [fɑ:ʃí:zmou/fæʃíz-] It. = Fascism.

fás·cist [fǽʃist] *n.* **1** (F∼)《イタリアの》ファシスト党員. **2** ファシズム信奉者. —— *a.* **1** (F∼) ファシスト党(員)の. **2** ファシズムの, ファシズムを信奉する.

Fas·cis·ta [fəʃístə, fæ-] It. *n.* (*pl.* **-ti** [-ti]) イタリアのファシスト党員.

fa·scís·tic [fəʃístik, fæ-] *a.* = fascist.

fa·scís·tize [fəʃístaiz], **fa·scís·ti·cize** [-tisàiz, fæ-] *vt.* ファッショ化する. ◇ **fa·scìs·ti·zá·tion** [fəʃìstizéiʃ(ə)n, fæ-/-taiz-], **fa·scìs·ti·ci·zá·tion** [-tisizéiʃ(ə)n, fæ-/-saiz-] *n.*

fash [fæʃ] *vt.*〘スコットランド〙悩ます, 困らせる. ∼ one*self* 悩む, 困る. —— *n.* 悩み, 心配.

‡**fásh·ion** [fǽʃ(ə)n] *n.* **1 仕方**, やり方: in a leisurely ∼ のんびりと, ゆっくり. **2** …流, …式, …風: the Japanese ∼ 日本流. **3 様式**, 型, スタイル; つくり方, でき: a new ∼ 新型. **4** しきたり, **習慣**: He rose at seven, as was his ∼. いつものように7時に起きた. **5 流行**, はやり, ファッション; 風潮. **6** 流行の人〔物〕. **7** 上流階級. ***after [in] a*** ∼ いくらか, まずどうやら, 曲がりなりにも. ***after the ∼ of*** …にならって, …風〔流〕に. ***be in (the)*** ∼ 流行している, 当世風である. ***bring [come] into*** ∼ 流行させる〔流行し始める〕. ***follow the*** ∼ 流行を追う. ***go out of*** ∼ 流行しなくなる, すたれる. ***in the latest*** ∼ 最新型の. ***man of*** ∼ しゃれ者; 時の人物; 上流〔社交界〕の人. ***set [lead] the*** ∼ 流行をつくり出す. ***the*** ∼ (1) 流行, はやり; 現代風. (2) 売れっ子, 人気者. (3)《集合的》上流社会.
—— *vt.* **1** 形づくる, つくる《に *into*》. **2** 合わせる, 適合させる《に *to*》. **3** くふうする, 処理する: ∼ an image out of marble 大理石から像を彫り出す.

[√fac- つくる, する]
〜 **book** 流行〔服飾〕見本集. 〜 **magazine** 流行〔服飾〕雑誌. 〜**·mòn·ger** 流行研究家, 流行を追う人, おしゃれ. 〜 **plate** 〔**sheet**〕《しばしば色刷りで大版の》新型〔流行〕服装図版;〖話〗最新流行の服をいつも着る人. 〜 **show** 〔**parade**〕ファッション ショー.

◇ **〜ed** [-d] *a.* **1**《接尾的に》…風〔式〕の, …型の: old-〜*ed* 旧式の, 古くさい. **2** 彫刻を施した. **〜·er** *n.* **〜·ing** *n.* つくること: a dream of one's own 〜*ing* 自分自身の描く夢.

〔類〕→ **make**「つくる」, → **method**「方法」

-fásh·ion [-fæʃ(ə)n]「…流に」「…風に」の意の副詞をつくる語形成要素.

‡**fásh·ion·a·ble** [fæʃ(ə)nəbl] *a.* **1 流行の**, はやりの, 時の好みに投じた, 当世風の: a 〜 amusement 流行の娯楽. 〜 goods 流行品. **2 社交界の**, 上流の; 上流人士の愛好する: 〜 society 上流社会. a 〜 resort 上流の人々の集まる所. ***the 〜 world*** 流行の世界, 社交界. —— *n.* (しばしば *pl.*) 流行を追う人, 上流社会の人. ◇ **-bly** *ad.*

†**fast**[1] [fæst/fɑːst] *a.* **1 速い, 高速の**: a 〜 train 急行列車. **2**《とけいが》進んでいる: My watch is 5 minutes 〜. ぼくのとけいは5分早い. **3** 手早い, すばやい: a 〜 reader 読書の早い人. **4** 早く終わる, 簡単にかたづく〔かたづいた〕: 〜 work 手っとり早い仕事; (手間を省いた) ぞんざいな仕事. **5 しっかりした**, ぐらつかない; しっかり結びつけられた〔締まっている〕: take a 〜 grip しっかりつかむ. ↔ loose. **6** 固定した: 〜 in the mud どろにはまり込んだ. **7**《色が》おちない, 長持ちする;《友情など》心変わりしない, 誠実な;《ばい菌が》抵抗力の強い. **8**《眠りが》ふかい. **9**《人または生活が》歓楽〔刺激〕を追う, 放らつな, 身持ちが悪い;《女が》おきゃんな. **10**〖米〗《はかりが》重い方へいきすぎる. ***make 〜*** (しっかり) 締める, 閉じる, 結びつける, つなぐ. ***pull a 〜 one***〖米俗〗うまくだます. ***take 〜 hold of*** をしっかりとつかむ.

—— *ad.* **1** 速く, すみやかに: speak 〜 早口に話す. **2 しっかりと**, 堅く; じっと動かずに: stand 〜 しっかり立つ; 固守する. **3** ぐっすりと: sleep 〜 熟睡する. **4** ひっきりなしに, 止めどなく: It is raining 〜. 雨がザーザー降っている. **5** 放らつに. **6**〖古・雅〗近く, 差し迫って《に *by*; *upon*》. ***live 〜*** 精力をすみやかに消耗する; 太く短く生きる; 放蕩(ほうとう)にふける. ***play 〜 and loose*** 態度がぐらついて当てにならない; 言行が一致しない; もてあそぶ《を *with*》. ***thick and 〜*** どしどし, しきりに: It is snowing *thick and* 〜. 雪がしんしんと降っている.

〜·back [ˊ ˋ] ファーストバック (の自動車)《背部が流線式になっている》. **〜-bréak·ing** いち早く変化する. 〜 **buck**〖俗〗あぶく銭, 容易にもうかる金; ぼろもうけ. **〜-fín·gered** 指の動きが早い; 抜け目のない, いかさまの. **〜-móv·ing** 高速の.

〔類義語〕 速い: **fast, rapid** 相互交換可能だが, fast には速さの持続, rapid には「すばやい, ぐずぐずしていない」の語感がある: a *fast* train 急行列車. *rapid* progress すばやい進展. **swift**「身軽な速さで他人にはとらえがたい」といった語感がある: as *swift* as lightning あっという間に. a *swift* glance すばやくちらっと見ること. **quick** 敏捷(びんしょう)な, 即座の. fast に比べ持続を暗示しない: a *quick* reply 即答. a *quick* trip (さっと行ってさっともどる) 急ぎの旅. **speedy** fast の同義だが, 運動そのもののほか, 手続き・処理などについて形容することが多い: need *speedy* reinforcement 早急に増強する必要がある.

fast[2] *vi.* 断食する, 絶食する, 精進する. —— *n.* 断食, 絶食, 精進; 断食日〔期〕. ***break** one's* 〜 断食をやめる, 朝飯を食べる. →breakfast.

〜 **day** 断食日.

fast[3] *n.* 舫綱(もやいづな).

-fast [-fæst/-fɑːst]「耐…」の意の形容詞をつくる語形成要素: sun*fast* 日光に色のあせない.

‡**fás·ten** [fæsn/fɑ́ːsn] *vt.* **1 縛る**, 結び付ける. **2 締める**, 留める《チャック・フック・ボタン・クリップ・ピン・ボルト・かんぬきなどで》: 〜 a glove 手袋のボタンをかける. 〜 a door ドアにかぎをかける. **3 固定する**; 〈目・視線を〉すえる, 〈注意を〉そそぐ, 〈望みを〉かける《に *on, upon*》. **4** 〈人を〉見すえる: 〜 a person with a reproachful eye 非難の目で人をじっと見る. **5** 〈あだ名などを〉くっつける; 〈汚名・罪などを〉負わせる, きせる; 〈非難を〉浴びせる《に *on, upon*》. **6** 閉じ込める: 〜 sheep 羊を小屋に入れる.

—— *vi.* **1** 〈戸などが〉**締まる**; 〈衣服が〉チャック〔ボタン, フック〕で締まる: This door will not 〜. この戸はどうしても締まらない. **2** 〈チャック・ボタン・フック・ボルトなどが〉締まる. **3** くっつく, 固定する; 〈しっくいが〉固まる. ***〜 down*** 押えてとどめる, しっかり打ちつける, 〈箱のふたなどを〉しっかり閉じる; 確定する. ***〜 in*** 閉じ込める. ***〜 off*** 糸をとめる《結び目や返し針で》. ***〜 on*** 〔***upon***〕(1) をつかむ, を押える. (2) 〈口実など〉をつかまえる. (3) に襲いかかる. ***〜 up*** 堅く縛る, くぎづけにする.

◇ **〜·ing** *n.* **1** 締める〔留める〕こと; 定着. **2** 締め具, 留め具《ボルト・チャック・クリップ・ボタン・フック・ピン・かんぬきなど》. 〔類〕→ **tie**「結ぶ」

fás·ten·er [fæsnər/fɑ́ːs-] *n.* **1** 締める人. **2** 締め〔留め〕具《ボルト・チャック・クリップ・ピン・ボタン・フック・かんぬきなど》; とじこみ機. **3**《染色用の》色留め剤.

fas·ti [fæstiː, -tai] L. *n. pl.* **1** 年中行事暦. **2** 年代記 (annals).

fas·tíd·i·ous [fæstídiəs] *a.* やかましい, 気むずかしい: 〜 *about* food 食べ物にやかましい.

◇ **〜·ly** *ad.* **〜·ness** *n.*

fas·tíg·i·ate [fæstídʒiit] *a.* 先端がとがっている.

fást·ness [fæstnis/fɑ́ːst-] *n.* **1** 堅固, 固定, 固着;《色の》定着. **2** 速さ, 迅速. **3** 放蕩(ほうとう), 不行跡. **4** とりで, 要塞(ようさい).

‡**fat** [fæt] *a.* (**-tt-**) **1 太った**, 肥えた. **2 脂肪の多い**, あぶらののった,《肉・料理などが》あぶらっこい. ⇔lean[2]. **3**《畜殺用に》太らせた. **4** 太い; 厚い; ふくれあがった;〖印〗肉太の《活字》. **5** たっぷりした, 量の多い: a 〜 salary 高給. **6** 豊富な;《土地が》肥沃(ひよく)な;《仕事など》収益の多い, もうかる, 繁盛している: a 〜 year 豊年. **7**《ある物質を》多量に含んだ: 〜 pine やにの多い松. 〜 paint 油の濃い絵の具. **8** まぬけな, のろまな, 愚鈍な.

a 〜 chance〖米俗〗心細い見通し, 見込みうす《反語的》. ***a 〜 lot***〖俗〗たくさん, たんまり;《反語的》少しも…ない: *A 〜 lot* you care. ちっとも心配してくれないね. ***as 〜 as a monk*** 〔***a pig***〕まるまる太った. ***cut it*** (***too***) ***〜*** 見せびらかす. ***cut up 〜*** 大金をのこして死ぬ. ***grow 〜*** 太る; 金持ち〔裕福〕になる. ***Laugh and grow 〜.***〖ことわざ〗笑って太れ《心配は身の毒; 笑う門には福来たる》.

—— *n.* **1** 脂肪, あぶら身, 脂肪質;〖料理〗ヘット;〖化〗油脂. **2** 肥満. **3** 最良の〔滋養に富んだ〕部分; もうけ仕事. **4**〖劇〗うけるしぐさ〔せりふ〕.

(***All***) ***the 〜 is in the fire.*** もうどうにもならない, 乗りかかった舟だ; おおごとになるぞ; とんだへまをやってしまった. ***fry the 〜 out of***〖米俗〗…から政治献金をしぼり取る. ***live on*** one's ***own 〜*** 元手を食いつぶす. ***live on*** 〔***eat***〕 ***the 〜 of the land*** ぜいたくな暮らしをする.

—— *vt., vi.* (**-tt-**) ＝fatten.

〜-bél·lied 腹の出た; 太い;《本が》分厚い. **〜-brained** [ˊ ˋ, ˋ ˊ] 低能な, おろかな. 〜 **cat**〖米俗〗金持ち; 財政的援助者. **〜·head** [ˊ ˋ] おろか者, まぬけ, とんま. **〜-héad·ed** おろかな. **〜-wál·let·ed** さいふのふくれている; 金持ちの. **〜-wít·ted** 愚鈍な, まぬけな.

◇ ∼·less a. 脂肪のない. ∼·ly ad. 1 太って, 無器用に. 2 大いに. ∼·ness n.

‡**fá·tal** [féitl] a. 1 致命的な, 命にかかわる; 死活に関する《にとって to》: a ∼ wound 致命傷. 2 破滅的な, 身を滅ぼす;《誤りなどが》取り返しのつかない, たいへんな. 3 運命の, 宿命的な, 避けがたい: the ∼day 運命の日. 4 不吉(ふっ)な, 気味悪い: a ∼ prophecy 不吉な予言. a ∼ look ぞっとするような顔つき. 5 凶悪な, 悪質な: ∼ influence 悪影響. ***the ∼ thread of life*** 生命の糸, 寿命. [<fate]
∼ shears, the 死《生命の糸を断ち切る》. **F∼ Sisters, the** 運命の三女神(the Fates).
◇ ∼·ism [-t(ə)lìz(ə)m] n. 運命〔宿命〕論. ∼·ist n. 運命〔宿命〕論者. ∼·ly ad. 致命的に; 運命によって.

fà·tal·ís·tic [fèit(ə)lístik] a. 宿命論の, 宿命論者の; 宿命的な. ◇ -ti·cal·ly ad.

fa·tál·i·ty [feitǽləti, fə-] n. 1 不運, 災難, 凶事. 2 (不慮の) 死; (pl.) 死亡数. 3 宿命, 天命; 因縁, 定め; 不可避性.

Fa·ta Mor·ga·na [fáːtə-mɔːrgáːnə] It. 1 モルガナ仙女(せんにょ)《中世伝説の Arthur 王の妹》. 2 (f∼ m∼) しんきろう《特に, イタリア南端の Messina 海峡にあらわれるもの》; 幻, 空想.

‡**fate** [feit] n. 1 運命, 宿命; 運, 因縁, 因果. 2 死, 最期; 破滅. ***as ∼ would have it*** 運悪くも. ***(as) sure as ∼*** 必ず, 確かに. ***decide*** [***fix, seal***] ***a person's ∼*** (人) の将来の運命を決定する. ***go to one's ∼*** 死ぬ, 最期を遂げる. ***meet*** [***find***] ***one's ∼*** 最期を遂げる; 将来の妻たるべき女性に出会う. ***the F∼s***〔ギ・ロ神〕運命をつかさどる三女神《Clotho, Lachesis および Atropos》. ***the will of F∼*** 運命のいたずら. ── vt. 運命づける《通例受動態で》: He *was* ∼*d* to be always left behind. 彼は常に遅れる運命にあった. [√fa-]

fát·ed [féitid] a. 1 運命の定まった, …する運命となっている: The scheme was ∼ to fail. 計画は失敗する運命だった. It was ∼ that he should be hanged. 彼は絞首刑にされる運命だったのだ. 2 運命的な, 避けられない. 3 運の尽きた, のろわれた.

fáte·ful [féitf(ə)l] a. 1 運命を決する, 決定的な, 重大な. 2 致命的な, 破滅的な. 3 宿命的な, 因縁ずくの; 避けられない. 4 予言的な; 不吉(ふっ)な.
◇ ∼·ly ad.

†**fá·ther** [fáːðər] n. 1 父, 父親;〔話〕義父, 養父: He is now a ∼. 彼も父親になった. I'm the proud ∼ of healthy twin babies. 健康なふたごが生まれて得意になってるところだ. 2 (通例 pl.) 祖先, 父祖. 3 (父のような) 擁護者: ∼ to the poor 貧民の父. 4 (the F∼) 天なる父, 神. 5〔宗〕神父, 教父; 僧院長;《呼びかけ》…師. 6 (pl.) 長老, 先達(せんだつ). 7 生みの親, 創始者, 創立〔設立〕者, 開祖. 8 発案者, 発明者. 9 作者, 著者. ***Like ∼, like son.***〔ことわざ〕この親にして, この子あり. ***The child is ∼ of the man.***〔ことわざ〕三つ子の魂百までも. ***the F∼ of lies*** 魔王 (Satan). ***the F∼s***《キリスト教初期の》教父たち;〔米〕アメリカ憲法制定者.
── vt. 1 の父である; の父となる; <子を>もうける. 2 の作者〔発明家〕である; 創始する. 3 に父親としてふるまう; <子どもを> 認知する. 4 の作者であることを自認する; の責任をとる. 5 の父〔作者, 責任者〕を認定する: ∼ a child [a book, a fault] on a person 人を子の父「本の著者, 過失の責任者」と判定する.
∼ confessor〔カトリック〕聴罪神父. **∼ figure** [**image**] 父親の理想像. **∼-in-law** [´−−−´] (pl. **∼s-in-law**) 義父, しゅうと;〔英〕まま父 (=stepfather). **∼·land** [-lǽnd] 祖国《もともとドイツ語の Vaterland の訳. 英語はふつう mother country》. **F∼'s Day**〔米〕父の日《6 月の第 3 日曜日》.
◇ ∼·hood [-hùd] n. 父であること; 父の資格, 父権. ∼·less a. 1 父のない, 父親のわからない. 2 作者不詳の. ∼·like [-làik] a., ad. 父のような〔に〕, 父らしい〔らしく〕.

fá·ther·ly [fáːðərli] a. 父の, 父らしい, 慈父のような. ── ad. 父のように, 父らしく. ◇ -li·ness n.

fáth·om [fǽðəm] n. (pl. ∼s,《集合的》∼) 尋(ひろ)《1 m 83 cm, 6フィート》; 木材の量の名称《木口 6 平方フィートの》.
── vt. 1 の深さを測る《測量綱などで》; の底を探る. 2 推し測る, 洞察(どうさつ)する; <意中を> くみ取る: I cannot ∼ your meaning. どういうおつもりなのかわかりかねます. 3〔古〕両腕に抱く.
∼ line〔海〕測鉛線.
◇ ∼·a·ble [-əbl] a. 測れる; 推測できる.

fáth·om·less [-lis] a. 底知れない; 計り知れない, 不可解な. ◇ ∼·ly ad.

fa·tíd·ic [feitídik, ㊥ᐩfə-], **-i·cal** [-(ə)l] a. 予言の, 予言的な.

fát·i·ga·ble [fǽtigəbl] a. すぐに疲れる.

‡**fa·tígue** [fətíːg] n. 1 疲労, 疲れ. 2 労苦, 労役. 3〔機〕《金属材料の》疲労: the ∼ limit 疲労限界. 4〔軍〕雑役; (pl.) 作業服. ***on ∼*** 雑役中.
── vt. (∼d; **fa·tígu·ing**) 疲れさせる, 疲労させる, 弱らせる: be ∼*d* with labor 労役に疲れる.
∼ clothes [**dress**]〔軍〕作業服. **∼ duty**〔軍〕作業. **∼ party**〔軍〕作業班.
◇ ∼·less a. 疲労しない, 疲れを知らない.
〔類〕→ **tired**「疲れた」

Fát·i·ma[1] [fǽtimə, ㊥ᐩfətíː-] n. ファティマ, 606?–632, マホメットのひとり娘.

Fát·i·ma[2] n. Bluebeard の7番め〔最後〕の妻《女性の好奇心の象徴》.

fát·ling [fǽtliŋ] n. 肥畜《食用に太らせた子牛・子羊・子豚など》.

fát·so [fǽtsou] n.〔米俗〕でぶ (fat person).

fát·ten [fǽtn] vt. 1 太らせる《特に食肉用にするために》. 2 <土地などを> 肥沃(ひよく)にする.
── vi. 1 太る《を食べて, で on》. 2 肥沃になる.

fát·tish [fǽtiʃ] a. 太りぎみの.

fát·ty [fǽti] a. 1 脂肪の, 脂肪質の: ∼ tissue 脂肪組織. 2 脂肪過多の. 3 あぶらっこい. ── n.〔話〕太った人, でぶちゃん《呼びかけ》. ◇ -ti·ness n.

fa·tú·i·ty [fət(j)úːəti/-tjúː-] =fatuousness.

fát·u·ous [fǽtʃuəs/-tjuəs] a. 1 まぬけな, 愚かな. 2 幻影の, むなしい. **∼ fire** 鬼火.
◇ ∼·ly ad. ∼·ness n.

fau·bourg [fóubuər/-buəg] F. n. 郊外, 近郊《特にパリのいまは市中になっている部分》.

fáu·cal [fɔ́ːk(ə)l], **-cial** [-ʃ(ə)l] a. 1 のどの, 咽頭(いんとう)の. 2〔音声〕咽頭音の; 口がい垂破裂の.

fáu·ces [fɔ́ːsiːz] n. pl.〔医〕咽頭.

fáu·cet [fɔ́ːsit] n.〔米〕《水道・たるなどの》せん, じゃ口, 飲み口.

faugh [fɔː, pf] int. うふん!, ちぇっ!, うへっ!《嫌悪(けんお)・けいべつなどの意を示す》.

Fáulk·ner [fɔ́ːknər] n. William ∼, 1897–1962, アメリカの作家《1950年ノーベル文学賞受賞》.

‡**fault** [fɔːlt] n. 1 過失, あやまち, 失敗. 2 欠点, 欠陥, きず. 3 責任, 罪過: It's my ∼. それは私のせいだ; 私が悪いのだ. 4〔電〕漏電, 故障;〔地〕断層. 5〔球技〕フォールト《サーブの失敗》. 6〔狩〕《猟犬が》臭跡を失うこと. 7〔古〕欠損, 不在. ***at ∼*** まちがって; 当惑して; 迷って. ***find ∼*** 欠点を見つける《に in》. ***find ∼ with*** に文句を言う; を非難する, をとがめる. ***in ∼*** まちがっている, 非難に価する: Who is *in* ∼? だれが悪いのか(=Whose ∼ is it?). ***to a ∼*** 欠点と言ってよいほどに; 極端に, あまりにも. ***with all ∼s***〔商〕いっさい買い主の責任で, 損傷保証せずに. ***without ∼*** 誤りなく, 確実に.
── vt. 1〔地〕に断層を起こさせる. 2 のあらを捜す; 非難する《について for》. ── vi. 1〔地〕断層を生じる. 2〔球技〕サーブをしくじる. 3〔古〕あやまつ. [√fall-]
∼ current 漏電. **∼·fìnd·er** (1) やかまし屋, あら捜し〔とがめだて〕をする人. (2)〔電〕《回路などの》障害点発見装置.
fáult·find·ing [fɔ́:ltfàindiŋ] *n.* あら捜し，とがめだて. —— *a.* あら捜しをする, 口やかましい，揚げ足取りの.
fáult·ing [fɔ́:ltiŋ] *n.* 〘地〙断層(作用).
*__fáult·less__ [fɔ́:ltlis] *a.* 欠点〔過失〕のない, 完全な, 申し分ない. ◇ **~·ly** *ad.*
fáult·y [fɔ́:lti] *a.* **1** 誤っている, まちがった. **2** 欠点〔欠陥〕のある, 不完全な. **3** 非難すべき. ◇ **-i·ly** *ad.* **-i·ness** *n.*
faun [fɔ:n] *n.* 〘ロ神〙牧神〘半人半羊の神で, みだらな性質の持ち主. ギリシア神話の satyr に相当〙.

faun

fáu·na [fɔ́:nə] *n.* (*pl.* **-nas, -nae** [-ni:]) 《一定の地方または時代の》動物群〔相〕, 《分布上の》動物区系; 《ある地方・時代の》動物誌: the ~ of Africa アフリカの動物(相). ◇ **~l** [fɔ́:n(ə)l] *a.*
fáu·nist [fɔ́:nist] *n.* 動物相〔区系〕研究家. ◇ **fau·nís·tic** [fɔ:nístik], **fau·nís·ti·cal** [-tik(ə)l] *a.* =faunal.
Faust [faust] *n.* ファウスト〘全知全能を求めて悪魔 Mephistopheles に魂を売り渡した16世紀のドイツの伝説上の人物〙; この人物に取材した Goethe の悲劇, または Gounod の歌劇.
fau·teuil [fóutil/-tə:i] F. *n.* ひじかけいす, 安楽いす; 〘英〙《劇場1階の》一等席.
Fauve [fouv] F. =Fauvist.
Fáu·vism [fóuviz(ə)m] *n.* 〘美〙野獣主義《1906年ごろからフランスの Matisse などが唱えた一種の表現主義》. ◇ **-vist** [-vist] *n.* 野獣派の画家.
faux pas [fóupá:] F. (=false step) (*pl.* ~ [-pá:z]) **1** 失策, あやまち; 無礼. **2** 《特に女の》不品行.
fa·vé·o·late [fəví:əlèit, [米]+-lit] *a.* 小穴のあいた.
fa·vó·ni·an [fəvóuniən] *a.* **1** 西風の. **2** おだやかな, 好つごうな.
‡**fá·vor,** [英] **fá·vour** [féivər] *n.* **1** 好意, 親切. **2** 親切な行ない, 恩恵. **3** 寵愛(ちょうあい), 愛顧, 引き立て. **4** 偏愛, えこひいき. **5** 助力, 支持; 賛成, 許可. **6** 利益, ため. **7** 好意を示す贈り物, 愛情のしるし《結びリボン・バラの花飾り・記章など》. **8** (*pl.*) 女が身を許すこと. **9** 書簡《おもに商業文で》: I have received your ~. お手紙拝見いたしました. **10** 〘古〙容貌(ようぼう).
ask a ~ of に頼みごとをする, の援助を求める: May I *ask a ~ of* you? お願いがあるのですが. *ask the ~ of* an early reply (cooperation) (早々の返事〔協力〕)を依頼する. *bestow one's ~ on* に好意を寄せる; に女が身を任せる. *by ~ of* に託して《封筒に書く文句》. *by your ~* お許しいただいて; 失礼でございますが…. *do* a person *a ~* (人に) 恩恵を施す, 尽くす; (人の) 願いを聞きとどける: *Do* me *a ~*. お願いします. *find ~ with* [*in the eyes of*] a person (人) の寵愛を得る, (人) の気に入る. *I have a ~ to ask of you.* お願いしたいことがあるのですが. *in* a person's *~* (1) (人)の気に入って, (人) に好意をもたれて: She stands high *in his ~*. 彼女はたいへん彼の気に入っている. (2) (人) のために: The present situation is strongly *in our ~*. 状況は当方にとってきわめて有利だ. *in ~ of* (1) に賛成して, に味方して: I am *in ~ of* your proposal. あなたの提案に賛成だ. (2) の利益となるように, …のために. (3) へ支払う《小切手など》. *look with ~ on* に好意を寄せる, に賛意を表する. *May I ask you a little ~?* ちょっとお願いですが. *out of ~ with* a person (人)にあいそを尽かされて, (人) にうとまれて. *under ~* =by your ~. *under the ~ of* に助けられて, の支持を得て: *under the ~ of* the night 夜陰に乗じて. *win* a person's *~* (人)の気に入る. *without fear or ~* えこひいきなく, 公平に.
—— *vt.* **1** に好意を示す, に親切にする. **2** に賛成する, 支持する. **3** に有利にはこぶ〔である〕; 促進する. **4** に恵む, に贈る, に与える, に許す《を *with*》: ~ a person *with* a smile 人に微笑を与える. ~ a person *with* an interview 人に面会を許す. ~ a person *with* a song 人に歌をうたって聞かせる. **5** 〈事実が理論などを〉支持する, 確証する; の可能性を予想させる: Every indication ~*s* rain. どうみても雨になるらしい. **6** 偏愛する, にえこひいきする. **7** 〘稀〙大事にする, 酷使せずにいたわる: ~ one's eyes 目をいたわる. **8** 〘俗〙に似る: ~ one's father 父親似である. *~ed by* に託して. [√fav-]
◇ **~·er** *n.* **~·ing** *a.* 好つごうの, 順調な, 恵みの.
‡**fá·vo(u)r·a·ble** [féiv(ə)rəbl] *a.* **1** 好意ある, 賛成の; 承諾の: a ~ answer 色よい返事. **2** つごうのよい, ぐあいのよい, 好適な: a ~ opportunity 好機. a ~ wind 順風. soil ~ *to* roses バラに合った土地. *take a ~ turn* 好転する.
◇ **-bly** *ad.* **1** 有利に, 順調に. **2** 好意的に.
fá·vo(u)red [féivərd] *a.* **1** 好意〔好感〕をもたれている; ひいきされた. **2** 恵まれている, 才能ある; 特典を与えられている: the ~ few 恵まれた少数者. the most-~ nation (treatment) 最恵国(待遇). **3** 《合成語で》…の顔つきをした: well-~ 容貌(ようぼう)のととのった. ill-~ ぶきりょうな.
‡**fá·vo(u)r·ite** [féiv(ə)rit] *n.* **1** お気に入り(の者); 寵臣(ちょうしん); 人気者, 流行児. **2** 好物, 好きな物. *be a ~ with* …のお気に入り〔人気者〕である. *fortune's ~* 幸運児. *the ~* 人気馬, 本命《競馬で優勝を予想される馬》. —— *a.* **1** お気に入りの: one's ~ restaurant 行きつけの食堂. a ~ daughter 秘蔵娘. a ~ girl 人気娘. **2** 得意の, おはこの: one's ~ song 得意の歌.
~ son 秘蔵むすこ; 〘米〙《党の大統領予選会議で自州の代議員に支持されている》人気者候補者.
fá·vo(u)r·it·ism [féiv(ə)ritiz(ə)m] *n.* えこひいき, 偏愛; 情実.
fá·vus [féivəs] *n.* 〘医〙白癬(はくせん), 黄癬, しらくも.
fawn[1] [fɔ:n] *n.* **1** 《生後1年足らずの》子ジカ. **2** 子ジカ色, 淡黄茶色. *in ~* 《雌ジカが》はらんで. —— *a.* 子ジカ〔淡黄茶〕色の. —— *vi.* 〈シカが〉子を生む. —— *vt.* 〈子ジカを〉生む.
fawn[2] *vi.* **1** 〈犬が〉(尾を振って) じゃれつく, 甘える. **2** こびへつらう《に *on, upon*》. ◇ **~·er** *n.*
fáwn·ing [fɔ́:niŋ] *a.* じゃれつく; こびへつらう. ◇ **~·ly** *ad.*
fay[1] [fei] *n.* 〘雅〙妖精(ようせい) (fairy); 《妖精のように》きれいな子ども.
fay[2] *n.* 〘古〙誠意 (faith). *by my ~* 誓って, 確かに.
fay[3] *vt.* 〘海〙〈船材の板を互いに〉ぴったり接合させる. —— *vi.* 〈板が〉ぴったり接合する《*in*》.
faze [feiz] *vt.* 〘米話〙困らす, 弱らす, ひるます. 〈注〉通例否定構文で用いる.
f.b. 〘フットボール〙fullback. **F.B.A.** Fellow of the British Academy イギリス学士院会員. **FBI** 〘米〙Federal Bureau of Investigation 連邦検察局. **FCC** Federal Communications Commission; First-class Certificate; Food Control Committee. **F.C.D.** Food Control Department. **fcp.** foolscap. **F.C.S.** Fellow of the Chemical Society. **F.D.** *Fidei Defensor* (L. =Defender of the Faith). **FDR** Franklin Delano Roosevelt. **Fe** 〘化〙*ferrum* (L.=iron). ***fe.*** *fecit.*
feal [fi:l] *a.* 〘古〙誠実な, 忠実な.
fé·al·ty [fí:(ə)lti] *n.* 忠誠《領主に対して臣下が誓う》; 〘雅〙《一般的》忠実, 誠実, 信義. *do* [*make, swear*] *~* 忠誠を誓う. [√fid-]
‡**fear** [fiər] *n.* **1** 恐れ, 恐怖. **2** 心配, 不安, 懸念: There is not the slightest ~ of rain today.

きょうは雨の降る気づかいは少しもない. **3** 心配のたね. **4** 畏怖(いふ), 畏敬, 崇敬《神などに対する》.

for ~ of を恐れて; …のないように: *for ~ of* (*making*) mistakes 誤りを恐れて. ***for ~ that*** [***lest***] …することのないように, …するといけないと思って. ***in ~*** びくびくして. ***in ~ of*** (1) を恐れて, をこわがって: stand *in ~ of* dismissal 解雇されるのを心配する. (2) を失うのを恐れて, を気づかって: be *in ~ of* one's life 生命を失うのをこわがる. ***No ~!*** 心配するな, だいじょうぶだ. ***without ~ or favor*** えこひいきせずに, 公平に.

—— *vt.* **1** 恐れる, こわがる. **2** 心配する, 懸念する《ことを *that, lest*》: She *~ed that* [*lest*] she should be discovered. もしか見つけられはしないかと心配した. I ~ (*that*) he will get ill. あの人は病気になるんじゃなかろうか. **3** ためらう, にしりごみする《*to* (do)》: I ~ *to* speak in his presence. あの人の前で話すのは気おくれする. **4** おそれ敬う, 畏敬する. **5**〖古〗《主語とおなじ代名詞を目的語として》恐れる: I ~ me it's too late. おそすぎはしまいか. **——** *vi.* 心配する, 懸念する《を *for*》. ***Never ~!*** = ***Don't you ~!*** 心配するな. **~·nought** →別項.

(類義語) 恐れ: **fear** 最も一般的な語だが以下の語に比べ持続するばあいが多く, おくびょう, その逆の行動 (乱暴など) の原因になるばあいがある: the human *fear* of death 人間の死の恐怖. *Fear* often makes you insolent. 自信がないためかえっておうへいになりやすい. **dread** 特定な人・事物に接近する極度な恐れなどに用いる: have a *dread* of water 水をたいへん恐れる. **fright** 一時的な, 突然の恐怖, こわさ. fear, dread に比べ「自分のもつ弱み」は暗示されない: a face to inspire *fright* 人をこわがらせる顔. **alarm** 身に迫る危険を感じての急な不安.

‡**féar·ful** [fíərf(u)l] *a.* **1** 恐ろしい, ものすごい: a ~ accident 恐ろしい事故. **2** 恐れて, こわがって: He is ~ *to* go. 彼はこわくて行きかねている. I am ~ *of* awakening him. = I am ~ *lest* I should awake him. 彼の目をさましはしないかと心配です. **3** こわがる, おくびょうな, おずおずした. **4**〖話〗たいへんな, ひどい: What a ~ mess! なんてえらい散らかしようだ! **5**《神などに》敬けんな, 畏敬(いけい)の念をいだいている. ◇ **~·ly** [-i] *ad.* **1** 恐ろしく. **2** おそるおそる. **3** ひどく, とても: It's *~ly* cold. とても寒い. **~·ness** *n.*

‡**féar·less** [fíərlis] *a.* 恐れを知らない, 大胆不敵な. ***be ~ of*** を恐れない. ◇ **~·ly** *ad.* **~·ness** *n.*

féar·nought, -naught [fíərnɔ̀ːt] *n.* 厚手の毛織地; それでつくった上着 [オーバー].

***féar·some** [fíərsəm] *a.* **1**《顔つきなどが》恐ろしい, ものすごい. **2** おくびょうな, びくびくした. ◇ **~·ly** *ad.* **~·ness** *n.*

féa·sance [fíːzns] *n.*〖法〗《義務・債務などの》履行.

féa·si·ble [fíːzibl] *a.* **1** 実行できる, 可能性のある: a ~ plan 実行可能な計画. **2** 適した, 便利な: a road ~ for travel 旅行しやすい道路. **3** もっともらしい, ありそうな: a ~ story ほんとうらしくもある話. [√fac-] ◇ **-bly** *ad.* **1** 実行できるように, うまく. **2** もっともらしく. **fèa·si·bíl·i·ty** [fìːzibíliti] *n.*

(類) → **possible**「実現可能な」

‡**feast** [fiːst] *n.* **1** 祝祭(日)《おもに宗教上の》. **2** 祝宴, 供宴. **3** もてなし, ごちそう. **4** 楽しみ, 歓楽. ***~ of reason*** 有益な談話, 名論卓説. ***give a ~*** ごちそうする. ***immovable*** [***movable***] ***~*** 固定 [移動] 祝祭日《Christmas は immovable ~; Easter は movable ~》. ***make a ~*** 祝宴を張る《*for*》. ***make a ~ of*** をおいしく食べる; を楽しみ味わう. ***make ~*** 歓楽を尽くす; ごちそうをおいしく食べる.

—— *vt.* **1** のために祝宴を催す. **2** もてなす. **3** 喜ばせる, 楽しませる. **——** *vi.* **1** 祝宴を張る; 祝宴に列席する. **2** ごちそうになる; ごちそうを食べる. **3** 楽しむ《を *on*》. **~ a night *away*** 宴を張って (夜を) 過ごす. **~ one's *eyes on*** を見て楽しむ, で目の保養をする. **~ day** 祝祭日, 祝宴日.

◇ **~·er** *n.* 宴会の客.

‡**feat**[1] [fiːt] *n.* **1** 偉業; 功績, てがら. **2** 手練, 離れわざ, 早わざ. ***a ~ of arms*** 武勲. [√fac-]

feat[2] *a.*〖古〗 **1** 巧みな, 水ぎわだった, あざやかな. **2**《衣装が》優雅な, 瀟洒(しょうしゃ)な; ぴったり似合った.

†**féath·er** [féðər] *n.* **1** 羽毛, 羽. **2**《帽子などの》羽飾り, 装い;《犬などの》ふさ毛, 立ち毛. **3** 健康状態, 元気: in fine ~ 張り切って. **4**《集合的》鳥類, 猟鳥. **5** 矢羽. **6** 羽に似たもの; 羽毛のように軽いもの; つまらぬもの. **7**《宝石の》羽の形のきず. **8** 波がしら. **9**〖ボート〗オールを水平に返すこと.

a ~ in one's ***cap*** [***hat***] (成功をあらわす) 名誉の印; 名誉, 功績. ***birds of a ~*** おなじ仲間; おなじ穴のむじな. ***Birds of a ~ flock together.***〖ことわざ〗類は友を呼ぶ. ***crop*** a person's ***~s*** (人) の高慢の鼻を折る; (人) に思い知らせる. ***Fine ~s make fine birds.***〖ことわざ〗まごにも衣装. ***in ~*** 羽でおおわれて. ***in fine*** [***good, high***] ***~*** 上きげんで, 意気揚々として, 威勢よく. ***in full ~***《ひな鳥が》羽がはえそろって;《人が》盛装して;〖話〗ふところが暖かくて. ***not care a ~*** ちっともかまわない. ***show the white ~*** おじけづく, 「しっぽを巻く」, 弱音を吐く. ***smooth*** one's ***rumpled ~s*** (取り乱したあとで) 落ち着きを取りもどす. ***You could have knocked me down with a ~.*** びっくりして倒れるばかりだった.

—— *vt.* **1** に羽毛を付ける, 羽で飾る, 羽毛でおおう. **2** 〈矢を〉はぐ, つくる《竹に羽をはめて》. **3** 〈オールを〉水平に返す. **4**〖狩〗〈鳥を〉(殺さずに) 翼だけを撃って落とす. **5** 〈材木を〉そぎ落とす. **6** 〈猟犬に〉臭跡を追わせる. **——** *vi.* **1** 〈ひな鳥が〉羽毛を生じる. **2** 羽毛状になる; 羽のように動く; 〈麦などが〉風にそよぐ; 〈波が〉白く波がしらを立てる. **3** オールを水平に返す. **4** 〈猟犬が〉臭跡を追って進む. **~ one's *nest*** 私腹を肥やす.

~ bed 羽入りベッド; 安楽な地位 [境遇]. **~·bèd·ding** 水増し雇用要求, 意図的生産制限《失業防止策としての労働者側の策略》. **~·brain** [´−´] あわて者, ばか. **~·brained** [-brèind] 軽はずみな, そそっかしい, 愚かな. **~·cut** [´−´] フェザーカット《婦人髪型の一種》. **~ duster** 羽ばたき. **~·edge** [´−´] たやすく折れ曲がる薄い端;〖建〗薄刃べり, そぎ端(は). **~·edged** [-èdʒd] 薄刃べりの. **~·head** [´−´] あわて者, ばか. **~ palm** 羽状葉ヤシ樹. **~·stitch** [´−´] 千鳥縫い (にする), 千鳥掛け (で飾る). **~·weight** [-wèit] 非常に軽い (人・物); とるに足らない (人・物);〖競馬〗最軽量ハンディキャップ, 最軽量騎手;〖ボクシング〗フェザー級の, フェザー級 (のボクサー).

féath·ered [féðərd] *a.* **1** 羽のある, 羽毛のはえた; 翼のある: the ~ tribe 鳥類. **2** 羽飾りのある;《矢などに》羽を付けた. **3** 羽毛状の. **4** 敏速な, 速い: ~ feet 駿足(しゅんそく).

féath·er·ing [féð(ə)riŋ] *n.* **1**《集合的》羽毛. **2** 矢羽. **3** 羽毛状のもの;《犬の足などの》羽毛のようなふさ毛. **4**〖建〗《窓飾りの》いばら. **5**〖ボート〗フェザリング《オールを水面と平行にもどすこと》. **6**〖楽〗フェザリング《バイオリンの弓を軽く急速に使うこと》.

féath·er·y [féð(ə)ri] *a.* **1** 羽毛におおわれた, 羽のある. **2** 羽毛のような, 軽い. **3** 軽薄な, とるに足らない. ◇ **-i·ness** *n.*

féat·ly [fíːtli] *ad.*〖古〗 **1** すばやく, 敏捷(びんしょう)に. **2** 巧みに, あざやかに. **3** こぎれいに, きちんと. **4** 優雅に, 上品に. ◇ **-li·ness** *n.*

‡**féa·ture** [fíːtʃər] *n.* **1**《目・鼻・口もとなど》顔の造作; (*pl.*) 容貌(ようぼう), 目鼻だち. **2** 特徴, 特色; 目だつ点. **3**〖米: 新聞〗特別記事, 特別ニュース; 特別欄《ニュース以外の特別読み物・漫画など》;〖映〗《短編・ニュース映画に対し》長編, 特作: a double-~ program 2本立て. ***redeeming ~*** 欠点を補う

美点. ***make a ～ of*** を呼び物〔特種, 特色〕にする.
—— *vi.* **1** 特色づける; の特徴をなす: the numerous Buddhist temples *～ring* this old city この古都の特徴となっているかずかずの寺. a festival *～d* by a big parade 大行列が呼び物の祭典. **2** の特色を描く. **3**〘米話〙きわだたせる, 呼び物にする; 〈事件などを〉特筆大書する, 大きく取り上げる: a newspaper *～ring* the accident その事故を大きく扱った新聞. **4**〘映〙主演させる; の役を演ずる. **5**〘米話〙に顔つきが似る. **6**〘話〙想像する. [√fac- つくり, 特徴]
～-léngth〘米〙《映画や雑誌の記事などが》長編の (full-length). **～ story**《新聞・雑誌などの》呼び物記事; (感動的な, またはユーモラスな) 特別読み物.
◇ **～·less** *a.* 特色のない, 平凡な.
féa·tured [fíːtʃərd] *a.* **1**《合成語で》容貌(ようぼう)が…の: pleasant-～ 好感のもてる顔だちの. broad-～ 顔の幅が広い. **2**〘米話〙特色とした, 呼び物の: a ～ article 特別記事. **3**〘廃〙つくられた.
fèa·tur·étte [fiːtʃərét] *n.* 短編特製映画.
feaze [fiːz] ＝faze.
Feb. February.
febri-「熱 (fever)」の意の語形成要素.
fe·bríc·i·ty [fibrísiti] *n.* 熱のあること. 「の」.
fe·bríc·u·la [fibríkjulə] *n.* 微熱《特に原因不明
féb·ri·fuge [fébrifjùːdʒ] *n.* **1** 解熱剤. **2** 冷たい飲み物, 清涼飲料. —— *a.* 解熱の.
fé·brile [fíːbril, féb-/fíːbrail] *a.* 熱病(性)の; 熱っぽい. ◇ **fe·bríl·i·ty** [fibríliti, fiːb-] *n.*
†**Féb·ru·ar·y** [fébruèri, fébjuèri/fébruəri] *n.* 2月.
fec. *fecit.*
fé·cal [fíːk(ə)l] *a.* 排出物〔糞便〕の; おりの.
fé·ces [fíːsiːz] *n. pl.* 排出物, 糞便(ふんべん); おりかす.
fe·cit [fíːsit] L. (＝he made)《絵などに作者の署名に添えて》…作: Charles Warner ～. チャールス＝ウォーナー作. 〈注〉主語が複数のときには ***fecer·unt*** [fisíːrənt] となる. *fe., fec.* とも略す.
féck·less [féklis] *a.*〘スコットランド〙 **1** 弱々しい, 無気力な. **2** 価値のない, 役に立たない. **3** 思慮のない, 無責任な. 「ん虫の」.
féc·u·la [fékjulə] *n.* (*pl.* **-lae** [-liː]) 糞(ふん)《特にこ
féc·u·lent [fékjulənt] *a.* **1** どろどろの, 濁った. **2** 不潔な, よごれた. ◇ **féc·u·lence** [-ləns] *n.*
fé·cund [fíːkənd, fék-] *a.* **1** 多産の; 《土地が》豊饒(ほうじょう)な, よく肥えた: ～ parents. **2** (想像力の) 豊かな; 《業績などが》実り多い.
fé·cun·date [fíːkəndèit, fék-] *vt.* **1** 多産にする, 豊饒にする. **2**〘生〙に受胎〔受精〕させる.
◇ **fè·cun·dá·tion** [fiːkəndéiʃ(ə)n, fèk-] *n.*〘生〙受精, 受胎 (作用). **fe·cún·da·to·ry** [fikʌ́ndətɔ̀ːri/-təri] *a.*
fe·cún·di·ty [fikʌ́nditi] *n.* **1** 多産; 肥沃(ひよく). **2** 尽きないこと, 豊富: ～ of fancy 豊かな想像力. **3** 生殖〔生産〕力; 多産性. 「うんざりした.
‡**fed** [fed] *v.* feed の過去・過去分詞. **～ *up*** 飽きた,
féd·er·a·cy [féd(ə)rəsi] ＝confederacy.
féd·er·al [féd(ə)rəl] *a.* **1** 同盟の, 連合の; 連邦の, 連邦制の. **2** 連邦政府の; (F～)〘米〙連邦 (政府) の, 合衆国の. **3**〘米史〙《南北戦争時代の》北部連邦主義者の, 連邦党の. → Confederate.
—— *n.* 連邦主義者; (F～)〘米史〙北部連邦支持者;〘米史〙北軍兵.
～ agent 〔**office**〕〘米〙Gメン. **F～ Bureau of Investigation, the**〘米〙連邦検察局《略 FBI》. **F～ Government, the** 連邦政府《合衆国中央政府》. **F～ Law, the** 連邦法《アメリカ合衆国の法律》. **F～ Parliament, the** (インドの) 連邦議会《上・下両院よりなる》. **F～ Party, the**〘米史〙連邦党《アメリカ憲法を強く支持した政党. 1791–1816》. **F～ Reserve Bank, the**〘米〙連邦準備銀行. **F～ Reserve Board, the**〘米〙連邦準備銀行理事会. **F～ Reserve System, the**〘米〙連邦準備銀行制度. **F～ States, the**〘米史〙《南北戦争時代の》北部連邦諸州.
◇ **～·ism** [-iz(ə)m] *n.* 連邦主義, 連邦制度. **～·ist** *n.* 連邦主義者; (F～)〘米史〙連邦党員.
fèd·er·al·ís·tic [fèd(ə)rəlístik] *a.* 連邦主義の.
féd·er·al·ize [féd(ə)rəlàiz] *vt.* 連邦化する; 連合〔同盟〕させる.
◇ **fèd·er·al·i·zá·tion** [⌄–––lizéiʃ(ə)n/-laiz-] *n.*
féd·er·ate [féd(ə)rit] *a.* 同盟の, 連合の; 連邦制の.
—— [fédərèit] *vt.* 〈独立の諸州を〉連合させる《中央政府のもとに》; に連邦制を敷く. —— *vi.* 連合する, 同盟する.
fèd·er·á·tion [fèdəréiʃ(ə)n] *n.* **1** 連合, 連盟, 同盟; 連合会〔組合〕. **2** 連邦制, 連邦政府, 連邦 (国家). ◇ **～·ist** *n.* 連合主義者, 連邦主義者.
féd·er·a·tive [fédərèitiv, fédərətiv] *a.* 連合〔連盟〕の, 連邦の. ◇ **～·ly** *a.*
fe·dó·ra [fidɔ́ːrə/-dɔ́ːr-] *n.*〘米〙《つばのそった》中折れ帽.
Fed. Res. Bd. Federal Reserve Board. **Fed. Res. Bk.** Federal Reserve Bank.
‡**fee** [fiː] *n.* **1** 料金, 手数料; 入会金, 入場料; 受験料; 授業料 (＝tuition ～). **2** 報酬, 謝礼《医者・弁護士などへの》; 俸給(ほうきゅう). **3** 祝儀, 心づけ, チップ. **4**〘法〙封土, 領地; 世襲地; 相続財産《特に不動産》; 所有権. ***at a pin's ～***《通例否定的》ピン(の価値) ほどにも. ***hold in ～ (simple)*** 無条件相続財産として保有する.
—— *vt.* (**feed, fee'd; fée·ing**) **1** に～を払う. **2**〘スコットランド〙雇う. **～ farm**〘法〙永代借地. **～ simple** 単純 (性) 封土 (権). **～ tail**〘法〙定嗣相続財産 (権). **～-TV** 有料テレビ.
〔類〕→ **pay**「賃銀」, → **price**「値段」
‡**fée·ble** [fíːbl] *a.* (**-bler; -blest**) **1** かよわい, 弱い, 力のない. **2** 薄弱な, 柔弱な, 気力の乏しい; 低能の. **3**《光・効果などが》弱々しい, かすかな; 《声が》かぼそい. ◇ **～·ness** *n.* 弱さ, 微弱. ***-bly** *ad.*
〔類〕→ **weak**「弱い」
fée·ble-mínd·ed [-máindid] *a.* **1** 精神薄弱の, 低能の. **2** 意志薄弱な, にえきらない.
◇ **～·ly** *ad.* **～·ness** *n.*
fée·blish [fíːbliʃ] *a.* 弱そうな, 力なさそうな.
†**feed**[1] [fiːd] *v.* (**fed** [fed]) *vt.* **1** 〈子ども・動物に〉**食物を与える**; 〈子どもに〉乳を飲ませる; 〈家畜に〉飼料〔草〕を食べさせる, 牧場に放し飼いにする; 〈一家・一国などを〉養う: ～ a baby *with* 〔*on*〕 cow's milk 乳児を牛乳で育てる. **2** 〈家族を〉**扶養する**. **3** 〈食物を〉食べさせる, 与える: ～ cow's milk *to* a baby 赤ん坊にミルクを与える. **4** 〈土地などが〉に食糧を供する; の栄養となる: a field that *～s* three cows 牛3頭を養うに足る土地. ～ the mind 精神を豊かにする. **5** に楽しみを与える; 満足させる: ～ a person's eyes 目を楽しませる. ～ a person *on* hopes 人に希望をいだかせる. Praise *fed* her vanity. ほめられて彼女の虚栄心が満足した. **6** 〈燃料・電力・材料などを〉供給する《に *to, into*》; 〈ボイラーに〉給水する, 〈ランプに〉油をさす, 〈機械に〉燃料・電力などを供給する, 〈市場に〉商品を提供する: ～ power *to* an antenna アンテナに電力を供給する. ～ a motor モーターに電力を〔エンジンに燃料を〕供給する. ～ a press *with* paper ＝～ paper *into* a press 印刷機に紙を送り込む. **7** あおる, つのらせる: ～ a person's anger 人の怒りをかきたてる. **8**〘劇〙〈俳優に〉せりふのきっかけを与える. → 名詞 food.
—— *vi.* 〈動物が〉草〔飼料〕を食べる;〘話〙〈人間が〉食事する. [food と同語源]
～ one*self* ひとりで食う《子どもなどが人手を借りずに》. ***F～ a cold and starve a fever.***〘諺〙かぜには大食, 熱には減食. **～ one's *face***〘俗〙たらふく食べる. **～ *high*** 〔***well***〕美食する. **～ *off*** 〈牧

草を〉食べ尽くす. ～ a baby [an animal] **on** (子どもを)…で育てる; (動物を)…で飼う. ～ **on** [**upon**] を食べて生きる; 〈人〉を食いものにする. ～ **out of a person's hands** (人)の手からえさを食べる; (人)に従順である. ～ **the flame of anger** [**jealousy**] 怒り〔しっと〕をあおる, たきつける. ～ **to the teeth** 〘俗〙ほとほと飽き飽きさせる. ～ **up** (1) うまい物をうんと食わせる, 〈家畜などを〉太らせる. (2) 《受動態で》〘俗〙飽き飽きする: I *am fed up with* that. そいつにはうんざりしている.

—— *n.* **1** 飼育, 飼養. **2** 飼料, まぐさ, 飼い葉, 《馬などに与える》一食; 〘話〙食事. **3** 〘機〙《原料の》送り; 《ボイラーの》給水; 供給材料(装置). **4** 〘劇〙せりふのきっかけを与える人; きっかけのせりふ. ***at one*** ～ 1回の食事に. ***be off*** one's ～ 〘俗〙食欲がない; 気分がすぐれない. ***be on the*** ～ えさをあさっている. ***be out at*** ～ 〈家畜が〉牧場へ出て草を食べている. **～·back** →別項. ～ **bag** 《馬の》飼い葉袋. ～ **pipe** 給水管. ～ **pump** 給水ポンプ. **～·stuff** [´-`] 《家畜の》飼料. ～ **tank** 給水タンク.

feed², fee'd [fi:d] *v.* fee の過去・過去分詞.

féed·back [fí:dbæk] *n.* **1** 〘電〙フィードバック, 帰還 《出力側のエネルギーの一部を入力側にもどす操作》. **2** 〘心〙フィードバック. —— *a.* 帰還を行なった, フィードバックの.

féed·er [fí:dər] *n.* **1** 飼養者, 家畜などを育てる人. **2** まぐさおけ. **3** 哺乳(ほにゅう)びん; 〘英〙よだれかけ. **4** 原料供給装置, 送り機; じょうろ; 油差し; 〘採鉱〙給鉱機. **5** 給電線. **6** 支流; 給水路. **7** 扇動者; 奨励者. **8** 食べる人: a large ～ 大食漢. **9** 寄食者; 召使. **10** 太らせるためにたくさん食べさせる家畜.
～ **line** 《航空路・鉄道の》支線.

féed·ing [fí:diŋ] *n.* **1** 飼養, 給食. **2** 食うこと. **3** 〘機〙給送; 給水; 給電. —— *a.* **1** 給食の, 飼料を与える. **2** 食物を摂取する. **3** 《暴風雨など》しだいに激しくなっていく, つのる. **4** 給送の.
～ **bottle** 哺乳(ほにゅう)びん. ～ **cup** 《乳児・病人用の》吸い飲み (spout cup).

†**feel** [fi:l] *v.* (**felt** [felt]) *vt.* **1** 触れる, さわる, 手を当ててみる; 探る, 手探りでゆく: The doctor *felt* my pulse. 医者は私の脈をみた. I *felt* the backside of the plank with a finger. 私は指で板の裏側をさわってみた. Just ～ the weight of the box [how heavy it is]. ちょっとこの箱の重さを〔その目方がどれだけあるか〕手で感じてみたまえ. ～ one's way 手探りでゆく. **2** 感じる, 感知する, 知覚する: ～ sorrow [sympathy] 悲しみ〔同情〕を感じる. I *felt* something creep [creeping] on the back. 背中をなにかがはっているのを感じた. I can ～ a nail in my shoe. くつの中でくぎが触れる. **3** (痛切に) 感じとる, 悟る; に感動する: I *felt* the importance of my position. 私は自分の地位の重要さに気づいた. One must ～ the truth of what he has said. 彼のことばの真実性を痛切に感じるべきだ. ～ poetry [music] 詩〔音楽〕に感動する. She *felt* the beauty of the country. 彼女はいなかの美しさに打たれた. **4** の影響を受ける, から打撃を受ける, 思い知る: The whole island *felt* the earthquake. 全島が地震の影響を受けた. I don't ～ the heat at all. 私は暑さに強い. He shall ～ my vengeance. 恨みを思い知らせてやる. I *felt* my mother's death. 私は母の死により打撃を受けた. **5** に反応を示す: The ship *felt* the helm. かじがきいた. **6** 思う, …という気がする: I ～ *that* I ought to say no more at present. 私は現在これ以上なにも言うべきではないと思う. I ～ *it* my duty *to* do so. そうするのが私の義務だと思う. It was *felt* to be inadequate. 不十分だと思われた. I *felt* myself slighted [my face turning red]. 軽んじられたような気が〔顔から火のでるような思いが〕した.

—— *vi.* **1** 手探りする, 探る 《を *after, for*》: I *felt* around the house in the dark. 暗やみを手探りで家のまわりを回った. **2** 感覚がある, 感知能力がある: Stone does not ～. 石は感じない. **3** 感動する; 共鳴する 《と, に *with*》; あわれむ, 思いやる 《を *for*》: I ～ *with* the poor people. 貧民に私は同情する. **4** 《補語を伴って》〈人が〉…の思いがする, …のように思う〔感じる〕: ～ hungry [cold, happy] 空腹に〔寒く, 幸福に〕感じる. How are you ～*ing* this morning? けさの気分はいかがですか. You will ～ better after a night's sleep. 一晩寝ると気分がよくなりますよ. I ～ confident of success. 十分成功するような気がする. I *felt* certain that she would come. 彼女はきっと来るだろうと思った. **5** 《補語を伴って》〈物・状態が〉…の感じを与える, …の感じがする, …の感触をもつ: Velvet ～*s* smooth. ビロードはすべすべする. It ～*s* like silk. 絹のような手ざわりだ. Your hands ～ warm. きみの手は暖かい. How does it ～ to be home again after twenty years abroad? 20年も外国にいて帰国した気持ちはどんなだい.

～ ***after*** を手探りで捜す: ～ *after* the matches マッチを手探りで捜す. ～ ***around*** 手探りでかき回す. ～ ***as if*** [***though***] …のような気がする 《主語は人・物いずれでもよい》: He *felt as if* his head were splitting. = His head *felt as if* it were splitting. 頭が割れるように痛かった. ～ ***bad(ly) about*** …で気を悪くする, を気にやむ. ～ ***behind*** 腰のあたりをなでる. ～ ***bound to*** …しないといけない気がする: I don't ～ *bound to* accept this offer. この申し出を別に受けなくともよい気がする. ～ ***equal to*** = ～ up to. ～ ***for*** に同情する, の不幸をいたむ: I ～ *for* you deeply. あなたにふかく同情します, ご愁傷の至りです. ～ ***in*** one's ***bones*** 直感する. ～ one's ***legs*** [***feet, wings***] 足場がしっかりしている, 自信がある. ～ ***like*** (1) どうやら…らしい: It ～*s like* rain. どうやら雨らしい. (2) …がほしい, …がしたい: I ～ *like* a cup of water. 水が一杯飲みたい. We'll go for a walk if you ～ *like* it. もしよければ散歩に出ましょう. (3) …したい 《(do)*ing*》: I *felt like* crying. 泣き出したい気持ちだった. I don't ～ *like* going. どうも行く気がしない. ～ (***like***) one***self*** 気分がよい, 健康〔快調〕である: I don't ～ *myself* this morning. けさは気分がすぐれない. ～ ***of*** を手で触れてみる: He *felt of* his ears. They were stiff and cold. 彼は自分の耳にさわってみた. すると堅く冷たかった. ～ a person ***out*** (人の意向などを) それとなく探る, 「打診する」. ～ ***up to*** に耐えられる, …ができそうな気がする: I don't ～ *up* [*equal*] *to* the task. 仕事に耐えられそうもない. ～ one's ***way around*** 慎重に進む. ***make*** one***self felt*** 人に存在を認められるようになる, 影響力を及ぼすようになる: He has *made himself felt* in his class. 彼はクラスで頭角をあらわしてきた.

—— *n.* **1** 感じ, 手〔膚〕ざわり, 感触; ふんい気: a ～ of winter 冬のきざし. **2** さわること: Let me have a ～. さわらせてくれ. ***by the*** ～ 手ざわりで, 感じで: You can tell it's silk *by the* ～. 手ざわりで絹とわかる. ***have a*** ～ ***for*** に勘がよい, に生まれながらの知識がある: *have a* ～ *for* what is right 正しいことを生まれながら知っている. ***to the*** ～ 手ざわりに: The cloth is very soft *to the* ～. この布は手ざわりがとても柔らかだ.

fèe-làw-fúm [fi:lɔ:fʌ́m] *int.* 童話の巨大な怪物が発するおどかしの叫び声. —— *n.* 《子どもなどをおどすときの》おどし文句; こけおどし.

féel·er [fí:lər] *n.* **1** さわってみる人, 探りを入れる人. **2** 探り 《相手の意向を探るための質問・暗示など》. **3** 〘動〙触角, 触手, 触毛, 触鬚(しょくしゅ) 《動物・こん虫などの触覚器官》. **4** 〘軍〙斥候. ***put*** [***throw***] ***out a*** ～ 探りを入れる, ちょっと当たってみる.

‡**féel·ing** [fí:liŋ] *n.* **1** 触感, 手ざわり; 手探り. **2** 感覚, 知覚: no ～ in the arm 腕に感覚がない. **3**

F

感情, 気分, 気のもち方: (a) good ～ 好感, 好意. (an) ill ～ 反感. You have no thought for the ～*s* of others. きみは人の気持ちを全く考えない. **4** 熱意, 感動, 感激, 激情: sing with ～ 気分をこめて歌う. a man of ～ 感情家. **5** 感受性, 同情: a ～ for music 音楽の鑑賞力. have no ～*s* 感情をもたない, 無情である. **6** 感想, 印象, 意見: I had a ～ that... 私は…という感じを受けた. **7** 意識, 予感: a ～ of danger 危険が迫っているという感じ. ***class*** ～ 階級感情. ***enter into*** a person'***s*** ～***s*** (人) の感情を推測する, 気持ちをくむ. ***have a*** ～ 予感がある. ***have no*** ～ ***for*** に同情がない, に冷たい. ***hurt*** a person'***s*** ～***s*** (人) の感情をそこなう. ***market*** ～ 市場のけはい, 人気. ***No hard*** ～***s!*** 悪く思うなよ. ***with*** ～ 熱意をこめて; 感動して.
—— *a.* **1** 感覚のある. **2** 感じやすい, 感情的な; 情けぶかい: a ～ heart 思いやりのある心. **3** 感動させるような: a ～ story 情のこもった話. **4** 衷心からの. ***in a*** ～ ***way*** 感動的に.
◇ ～·**ly** *ad.* **1** 感動して; 情をこめて, しみじみと. **2** 同情して.
(類義語) 感情: **feeling** 感覚 (sensation) に対し心が受けとる感じ→感情: hostile *feelings* toward strangers よそ者へいだく敵意. I have a *feeling* that ... …という気がします. **affection** 好意的な感情, 愛着. **emotion** 心のすべてを支配する強烈な feeling, 感動. 肉体的変化 (涙・発汗など) すら伴うことがある. **sentiment** 人の意見を形成するもとなる感情: antislavery *sentiment* どれい廃止を望む気持ち. **passion** emotion が受動的であるのに比し, なにかの目的に向かう能動的な激情: The love of one's country amounted almost to a *passion*. 愛国心は狂熱に近いものになった.
(類) → **sense**「感じ」

†**feet** [fi:t] *n.* foot の複数形.
feeze [fi:z] 〖米方〗 *n.* 悩み; 打撃. —— *vt.* 悩ます.
feign [fein] *vt.* **1** 装う, のふりをする: ～ sickness 仮病をつかう. **2** ‹口実などを› でっちあげる, つくりあげる. **3** (偽り) まねる. **4** 〖古〗 想像でつくりあげる. —— *vi.* ふりをする: ～ *to* be ill 仮病をつかう. [√fi(n)g-] ◇ ～**ed** [-d] *a.* **1** 偽りの, 見せかけの. **2** 想像上の. (類) → **assume**「…のふりをする」
feint [feint] *n.* **1** 見せかけ, 擬装, 擬態. **2** 〖軍〗 陽動作戦; 〖運〗 フェイント《動作のまねをすること》. ***in*** ～ 偽って. ***make a*** ～ ***of*** (do)***ing*** …するふりをする, …するまねをする. —— *vi.* 〖軍〗 陽動攻撃をする; 〖運〗 フェイントする. [＜feign]
feints [feints] *n. pl.* ＝faint *n.* ②.
feist [faist] *n.* 〖米〗 小犬.
féld·spar [fél(d)spɑ̀:r] *n.* 〖鉱〗 長石. ◇ **feld·spáth·ic** [fel(d)spǽθik] *a.* 長石の 〔を含んだ〕.
feld·spáth·ose [fel(d)spǽθous] ＝feldspathic.
fé·li·cide [fí:lisàid] *n.* ネコ殺し.
fè·li·cíf·ic [fi:lisífik] *a.* 幸福をもたらす.
fe·líc·i·tate [fịlísịtèit] *vt.* **1** に祝詞を述べる, 祝賀する: ～ a friend *on* his [her] marriage 友人の結婚を祝う. **2** 〖稀〗 幸福にする. —— *a.* 〖古〗 幸福にされた. ◇ **-ta·tor** [-tèitər] *n.* 祝詞を述べる人, 賀客.
fe·lìc·i·tá·tion [fịlìsịtéiʃ(ə)n] *n.* (通例 *pl.*) 祝賀; 祝辞, 祝いのことば.
fe·líc·i·tous [fịlísịtəs] *a.* **1** 《表現・ことばなどが》 適切な, ぴったりした, 巧みな. **2** 《人が》 行動 〔表現〕 の適切をえた: be ～ in the choice of words ことばの選択がうまい 〔適切である〕. **3** 〖稀〗 幸福な, めでたい. ◇ ～·**ly** *ad.* ～·**ness** *n.*
fe·líc·i·ty [fịlísịti] *n.* **1** 至福, 幸福, 幸運. **2** めでたいこと, 慶事. **3** 《表現・ことばなどの》 適切さ, うまさ. **4** 適切な表現, 佳句, 名文. ***with*** ～ うまく, 適切に.
fé·lid [fí:lid] *n.* ネコ科の動物《ネコ・ライオン・トラ・ヒョウなど》.
fé·line [fí:lain] *a.* **1** ネコ科 〔属〕 の, ネコの. **2** ネコのような. **3** ずるい, 陰険な: ～ amenities 裏に針をふくんだやさしいことば. —— *n.* ネコ科の動物.
◇ ～·**ly** *ad.* 「陰険さ.
fe·lín·i·ty [filínịti] *n.* ネコの性質; 《ネコのような》
fell[1] [fel] *vt.* **1** ‹樹木を› 切り倒す, 伐採する. **2** 打ち倒す, 投げ倒す. **3** ‹縫い目のへりを› 伏せ縫いにする. —— *n.* **1** 《一期の》 伐採量. **2** 伏せ縫い.
◇ ～·**a·ble** [féləbl] *a.* 伐採できる, 伐採に適した.
～·**er** *n.* **1** きこり; 伐木機. **2** 《ミシンの》 伏せ縫い機.
†**fell**[2] *v.* fall の過去形.
fell[3] *a.* **1** 残忍な, 凶暴な, すさまじい. **2** 〖古・雅〗 破壊的な; 致命的な: a ～ poison 猛毒.
fell[4] *n.* **1** 獣皮, 毛皮; 《人間の》 皮膚. **2** 〖話〗 もじゃもじゃの毛髪: a ～ of hair ぼうぼうの 〔もじゃもじゃした〕 頭髪. ～·**mòn·ger** 毛皮商人; 《特に》 羊皮商人.
fell[5] Sc. *n.* (岩の多い) 高原地, 岩山; (木のはえていない) 山の斜面.
fél·la [félə] *n.* 〖俗〗 ＝fellow.
fél·lah [félə] *n.* (*pl.* **fél·lahs**; **fèl·la·héen**, **fèl·la·hín** [fèləhí:n]) 《エジプト・シリアなどの》 農民.
fél·ler[1] [félər] *n.* 〖俗〗 ＝fellow.
féll·er[2] → fell[1].
fél·loe [félou] *n.* 《車輪の》 輪ぶち, 外べり.
‡**fél·low** [félou, 〖話〗 félə] *n.* **1** 仲間, 友だち: a ～ in misery 貧しいころの友人. **2** 同輩, 同僚. **3** 同業者. **4** 同時代人. **5** 相手, 匹敵者, 競争者; 《一対のものの》 片方, 相手: the ～ of a glove 手袋のもう一方. **6** 〖話〗 やつ. **7** くだらないやつ, つまらぬ男. **8** 〖話〗 人, 男: a jolly ～ おもしろい男. **9** 〖話〗 《男性の》 恋人, 求愛者: her young ～ 彼女の若い色男. **10** 〖話〗 人間というもの; 私, おれ: A ～ must eat. 人間食わなきゃ生きていられない. Why can't you let a ～ alone? おれをほっといてくれないか. those painter ～*s* あの画家ども. **11** 《大学の》 評議員; 《学会の》 会員; 《大学の》 特別研究員. ***be hail*** ～ ***well met*** 調子の合う (大の) 仲よしである, きわめて親しい 《と *with*》. ***my dear*** [***good, old***] ～ おいきみ 《親しい間柄の呼びかけ》. ***Poor*** ～***!*** 気の毒にねえ!, かわいそうなやつめ!
—— *a.* 仲間の, 同僚の: a ～ teacher [student, worker, servant].
～ **countryman** 同国人. *～ **creature** おなじ人間, 同胞. ～ **feeling** 同情; 仲間意識. *～ **man**, ～·**mán** [-mǽn] 同胞. ～ **passenger** 同乗者, 同車 〔同船〕 者. ～ **traveler** 道連れ; 《政治上の, 特に共産主義の》 同調者, シンパ. ～ **worker** 《職場などの》 同僚, 仕事仲間.
‡**fél·low·ship** [félouʃìp] *n.* **1** 仲間であること, 仲間づきあい, 交友. **2** 友情, 親しさ, 親交. **3** 共同, 協力, 提携. **4** (同志) 会, 団体, 組合. **5** 《大学》 評議員の職; 学会会員の資格; 《大学の》 特別研究員の地位; 特別研究員支給金. ***give the right hand of*** ～ 握手して仲間の約束をかわす, 仲間入りを許す. —— *vt., vi.* (～(**p**)**ed**; ～·(**p**)**ing**) 〖米〗 《特に宗教団体の》 会員に加える 〔なる〕.
fél·ly[1] [féli] ＝felloe.
fél·ly[2] *ad.* 激しく, 残忍に, 凶暴に.
fe·lo-de-se [fí:lodisí:/-di:-] L. *n.* (*pl.* ***fe·lo·nes-de-se*** [féloni:z-/-ni:z-], ***fe·los-***) 自殺者.
fél·on[1] [félən] *n.* **1** 〖法〗 重罪人. **2** 〖稀〗 悪党, 悪漢. —— *a.* 〖雅〗 凶悪 〔邪悪〕 な, 残忍な.
fél·on[2] *n.* 〖医〗 ひょうそ.
fe·ló·ni·ous [fịlóuniəs, fe-] *a.* **1** 〖法〗 重罪の, 凶悪犯の. **2** 〖雅〗 凶悪な. ◇ ～·**ly** *ad.* ～·**ness** *n.*
fél·on·ry [félənri] *n.* 《集合的》 重罪犯人; 《徒刑地の》 囚人団.
fél·o·ny [féləni] *n.* 〖法〗 重罪 《殺人・放火・婦女暴行など》. → misdemeanor.
fél·site [félsait] *n.* ケイ長石.
fél·spar [félspɑ̀:r] 〖英〗＝feldspar.

fel·spáth·ic [felspǽθik] 〘英〙 =feldspathic.

fél·stone [félstòun] =felsite.

felt[1] [felt] *n.* フェルト; フェルト製品: a ～ hat フェルト帽, 中折れ帽. ～ slippers フェルト製のスリッパ. —— *vt.* フェルトにつくる; フェルトでおおう. —— *vi.* フェルト(地)になる. ～ **side** 紙の表. ↔ wire side.
◇ **～·ing** *n.* 1 フェルト製法. 2《集合的》フェルト地, もうせん類; フェルト製品.

†**felt**[2] *v.* feel の過去・過去分詞. —— *a.*《痛切に》感じられる: a ～ want 切実な欠乏. make oneself ～ (自己の) 存在〔影響力〕をはっきりと感じさせる, 頭角をあらわす.

fe·lúc·ca [fịlʌ́kə, fe-] *n.* フェラッカ船《地中海沿岸航行の, かい・帆のいずれか, または両方を用いる細長い船》.

fem. feminine.

‡**fé·male** [fí:meil] *a.* 1 女性の, 女の: a ～ child 女児. 2 婦人の, 女らしい. 3 雌の; 〘植〙雌の, めしべだけある; 〘機〙雌の: a ～ dog 雌犬. a ～ flower 雌花. ～ screws 雌ねじ. —— *n.* 1 女, 女性, 婦人; 《けいべつ的》婦女子. 2 〘動・植〙雌. ⇔ male.
～ **impersonator** 女形(おやま). ～ **sex, the** 女性.
～ **suffrage** 婦人参政権.

feme [fem/fi:m] *n.* 〘法〙女; 妻.
～ **covert** 〘法〙既婚婦人, 有夫の婦人. ～ **sole** 〘法〙(1) 未婚の女, 未亡人, 離婚した女. (2)《法律上夫から独立した財産をもっている》独立婦人.
～**-sole trader** 〔**merchant**〕独立営業の既婚婦人《夫の収入にたよらない》.

fém·i·cide [fémịsàid] *n.* 女性殺し(犯人).

fèm·i·nál·i·ty [fèmịnǽlịti], **fèm·i·né·i·ty** [-ní:əti] =femininity.

‡**fém·i·nine** [fémịnin] *a.* 1 女の, 婦人の: ～ beauty 女性美. 2 女らしい, かよわい, やさしい: ～ nature 女らしい性質. 3《男が》女っぽい, めめしい, 柔弱な. 4 〘文〙女性の. —— *n.* 〘文〙女性; 女性形. → masculine.
～ **ending** 〘韻〙女性の行末《行末で無揚音〔無強勢〕の音節が一つよけいにつく》; 〘文〙女性語尾.
～ **gender, the** 〘文〙女性. ～ **rhyme** 〘韻〙女性押韻《韻を踏む語が1個ないし2個の無強勢音節で終わるもの》. ◇ ～**·ly** *ad.* ～**·ness** *n.*

fém·i·nin·ism [fémịnịnìz(ə)m] *n.* 1 めめしい傾向〔性質〕. 2 女らしいことばつき〔言い方〕.

fèm·i·nín·i·ty [fèmịnínịti] *n.* 1 女であること, 女のもつ特質, 女らしさ. 2《集合的》婦人, 女性. 3《男の》めめしさ.

fém·i·nism [fémịnìz(ə)m] *n.* 男女同権論〔主義〕; 女性解放論, 女権主義, 女権拡張論〔運動〕.

fém·i·nist [fémịnist] *n.* 男女同権論者, 女性解放論者. ◇ **fèm·i·nís·tic** [fèmịnístik] *a.*

fe·mín·i·ty [femínịti] =femininity.

fém·i·nize [fémịnàiz] *vt., vi.* 1 女性化する, 女らしくなる〔する〕. 2 〘動〙雌性化する.
◇ **fèm·i·ni·zá·tion** [fèmịnizéiʃ(ə)n/-naiz-] *n.*

femme [F. fam, ㊊⁺fem] F. *n.* 女; 妻. ～ ***de chambre*** [F. -dəʃɑ̃:br] (*pl.* ～***s de chambre***) 小間使い; 《宿屋・ホテルのへやつきの》女中. ～ ***fatale*** [F. fatal, ㊊⁺fətǽl] (*pl.* ～***s fatales***) 妖婦(ようふ). <注>複数の s は発音しない.

fém·o·ral [fémərəl] *a.* 〘医〙ももの, 大腿(だいたい)部の.

fé·mur [fí:mər] *n.* (*pl.* **fé·murs, fém·o·ra** [fémərə]) 〘医〙大腿(だいたい)骨, もも; 〘虫〙腿節.

fen[1] [fen] *n.* 沼地, 沼沢地. ***the Fens***《イギリス東部の Cambridgeshire, Lincolnshire 付近の》沼沢地帯. ～**·ber·ry** = cranberry. ～**·land** [-lənd, -lǽnd] 〘英〙沼地, 沼沢地方. ～**·man** [-mən] (*pl.* **-men**) 沼沢地方の住人. ～**·reeve** [́- ̀-] 〘英〙沼沢地方監督官. ～**-rùn·ners**《沼沢地方で用いる》スケート.

fen[2] =fain[2].

F.E.N., FEN [èfì:én, fen] Far East Network 《アメリカ軍の》極東放送網.

fén·ber·ry [fénbèri/-bəri] =cranberry.

‡**fence** [fens] *n.* 1 さく, へい, かきね; 〘古〙防壁. 2 フェンシング, 剣術. 3《弁論で》受け答えの巧みさ, 当意即妙ぶり. 4 盗品故買者, 盗品買い受け所. 5 〘機〙案内装置; 《工作機械の》囲い.
come down 〔***descend***〕 ***on the right side of the*** ～ 勝ちそうな方に味方する. ***look after*** 〔***to***〕 one'***s*** ～***s*** = ***mend*** one'***s*** ～***s*** 地盤を固める; 〘米〙<議員などが> 自己の選挙区工作をする. ***master of*** ～ 剣術の先生; 討論の名手, 論客. ***sit*** 〔***stand***〕 ***on*** 〔***upon***〕 ***the*** ～ 〘話〙形勢をながめる, ひより見する. ***sunk*** ～ → sunk.
—— *vi.* 1 剣術をする. 2 渡り合う, 受け流す: ～ ***with*** a question 質問のほこ先をかわす.
—— *vt.* 1 にかきねをつくる, さくで囲む; 防御する. 2 <馬がかき・さくを> とび越す. 3 <盗品を> 知りながら売買する, 故買する. ～ ***about*** に囲いをめぐらせる. ～ ***in*** 囲んで包む, 閉じ込める. ～ ***off*** 〔***out***〕 (1) 払いのける, 受け流す. (2)《さくなどで》仕切る. ～ ***round*** に囲いをめぐらす; <質問などを> 受け流す. ～ ***up***《かきねなどで》仕切る. [<de*fence*]
～**-mènd·ing**《議員の》地盤固め. ～ **month** 〔**season**〕〘英〙禁猟期. ～**-sìt·ter** ひより見主義者. ～**-sìt·ting** ひより見の, 中立の.
◇ ～**·less** *a.* 囲い〔かき〕のない, 出入り自由の; 〘雅〙無防備の, 防ぐ方法のない. **fénc·er** [-ər] *n.* 剣術家, 剣士; かきをつくる人; かき〔さく〕をとび越す馬.

fén·ci·ble [fénsịbl] *a.* 〘スコットランド〙防ぐことのできる, 防御できる. —— *n.* (通例 *pl.*) 〘史〙国防兵.

fénc·ing [fénsiŋ] *n.* 1 フェンシング, 剣術. 2 かきね〔さく, へい〕の材料; かきね, さく, へい: iron ～ 鉄さく. 3《議論などの》巧みな受け答え. 4 〘俗〙盗品売買, 故買.
～ **cully** 盗品隠匿者. ～ **den** 〔**ken**〕盗品隠匿所. ～ **foil**《切っ先にたんぽの付いた練習用の》剣術刀. ～ **master** 剣術の先生. ～ **school** 剣術道場. ～ **shop** 盗品売買店.

fend [fend] *vt.* 1 受け流す, よける, そらす《*off*》. 2 〘古・雅〙守る, 防ぐ《から *from*》. —— *vi.* 養う《を *for*》: ～ *for* oneself ひとりでやっていく, 自活する.

fénd·er [féndər] *n.* 1《自動車の》フェンダー; どろよけ. 2《汽車・電車などの》緩衝装置. 3《船の》防舷(ぼうげん)材; 《桟橋(さんばし)・岸壁などの》防護材; 《橋脚などの》防材. 4 ストーブの囲い, 炉ごうし. [√fend-]
～ **beam** 〘海〙《船の舷側につるした氷よけの》防舷材; 《レールの終端の》車止め材. ～ **pile** 桟橋のショック防止用くい.

fèn·es·tél·la [fènistélə] *n.* (*pl.* **-lae** [-li:]) 〘建〙小窓; 《祭壇右側の》壁がん.

fe·nés·trate [finéstrit, -treit], **fe·nés·trat·ed** [finéstreitid] *a.* 1 〘建〙窓のある. 2 〘動・植〙窓形の穴のある.

fèn·es·trá·tion [fènistréiʃ(ə)n] *n.* 1 〘建〙窓割り, 窓の配置; 主窓意匠〔設計〕. 2 〘動・植〙窓形の穴があること. 3 〘医〙《耳の》穿孔(せんこう)設置〔術〕.

Fé·ni·an [fí:niən, -njən] *n.* 1 愛国騎士《ローマの支配に反抗して 2-3 世紀に活躍したアイルランドの》; 漂泊騎士《アイルランド伝説中の騎士団に属する》. 2 フィニア会員. —— *a.* フィニア会(員)の.
～ **Brotherhood, the** フィニア会《アイルランド独立を目的として在アメリカのアイルランド人が 1858 年ニューヨークで結成した秘密結社》.
◇ ～**·ism** [-ìz(ə)m] *n.* フィニア会の主義〔運動〕.

fenks [feŋks] *n. pl.* 鯨脂のかす.

fén·nec, fén·nek [fének/fénik] *n.* 〘動〙アフリカキツネ《キツネに似て耳の大きい小獣》.

fén·nel [fén(ə)l] *n.* 〘植〙ウイキョウ; その実.
～**·flòw·er** 〘植〙黒種草; その実. [<fen[1]]

fén·ny [féni] *a.* 沼(地)の, 沼沢性の; 沼地にすむ.

fén·u·greek [fénjugri:k] *n.* 〘植〙コロハ《豆科の

植物. その種子は薬用》.
feod [fju:d] =feud².
féo·da·ry [fjú:dəri] *n.* 封臣.
feoff [fef, fi:f] *n.* 封土, 領地 (fief). —— *vt.* に領地を与える, 封ずる. ◇ **~·ment** [féfmənt, fí:f-] *n.* 領地授与. **féof·fer** [féfər, fí:-], **féof·for** [féfər, fí:f-/fefɔ́:, fi:f-] *n.* 領地授与者.
feoff·ée [fefí:, fi:fí:] *n.* 領地〔封土〕受領者;〘法〙公共不動産管理人.
FEPC, F.E.P.C. Fair Employment Practices Committee 適正雇用実施委員会.
-fer [-fər] *suf.*「運ぶもの」「持つもの」「生み出すもの」の意の名詞をつくる: coni*fer* 球果植物. [√fer-]
fe·rá·cious [fəréiʃəs, fe-] *a.* 多産な, 肥沃(ひよく)な.
fe·rác·i·ty [fərǽsiti] *n.* 多産, 肥沃.
fe·rae na·tu·rae [fí(:)ri:-nət(j)ú(:)ri:/fíəri:-nətjúəri:] L. (=of wild nature) 野生の. ***animals*** ~ 野獣.
fé·ral¹ [fí(:)rəl/fíərəl] *a.* **1** 野生の. **2** 野生にもどった. **3**《人間が》野性的な, 残忍な.
fé·ral² *a.* **1** 致命的な, 運命的な. **2** 弔いの; 憂うつな.
fér·ber·ite [fə́:rbəràit] *n.*〘鉱〙鉄重石《タングステン原鉱》.
fer de lance [fèərdəlǽns/-lɑ̃:s] F. 三角頭毒ヘビ《中央アメリカ・ブラジル産の大型毒ヘビ》.
fér·e·to·ry [féritɔ̀:ri/-t(ə)ri] *n.*《聖人の遺骨や遺物を納めた持ち運びできる》厨子(ずし);《教会堂内の》厨子堂.
fé·ri·a [fí(:)riə/fíər-] *n.* (*pl.* **-ae** [-rii:], **-as**)《古代ローマの》祝祭日.
fé·ri·al [fí(:)riəl/fíər-] *a.* 休日の;〘宗〙平日の.
fé·rine [fí(:)rain/fíər-] =feral¹.
Fe·rín·gi, -ghee [fəríŋgi] *n.*〘インド〙《通例けいべつ的》ヨーロッパ人; 欧亜混血の人;《特に》インド生まれのポルトガル人.
fér·i·ty [fériti] *n.* 野蛮; 凶暴.
fér·ment¹ [fə́:rment] *n.* **1** 酵素, 酵母. **2** 発酵 (状態). **3** (沸き返るような) 騒ぎ, 興奮; 動乱. ***in a*** ~ 大騒ぎで, 動乱状態になって.
fer·mént² [fərmént] *vt.* **1** 発酵させる. **2** <感情を> 激しく沸き立たせる. **3** 大騒ぎさせる. —— *vi.* **1** 発酵する. **2** 激動する, 大騒ぎする. [√fer(v)-]
◇ **~·a·ble** [-əbl] *a.* **~·a·tive** [fərméntətiv] *a.* 発酵 (性) の; 発酵によってできた. **~·er** [-ər] *n.*
fèr·men·tá·tion [fə̀:rmentéiʃ(ə)n, -mən-] *n.*
fér·mi·um [féərmiəm] *n.*〘化〙フェルミウム《放射性元素. 記号 Fm》.
fern** [fə:rn] *n.*〘植〙シダ (類). ***royal ~〘植〙ゼンマイ. ~ **owl**〘鳥〙ヨタカ. ~ **seed** シダの胞子.
◇ **~·y** [-i] *a.* シダの, シダのような; シダの茂った.
férn·er·y [fə́:rn(ə)ri] *n.* シダの茂み; シダ栽培地.
fe·ró·cious [fəróuʃəs] *a.* **1** 獰猛(どうもう)な, 凶暴な, 残忍な. **2**〘話〙ひどい, 猛烈な: a ~ heat 猛烈な〔ひどい〕暑さ. ◇ **~·ly** *ad.* **~·ness** *n.*
fe·róc·i·ty [fərásiti/-rɔ́s-] *n.* **1** 獰猛(どうもう)性, 残忍 (性). **2** 残虐行為, 蛮行.
-fer·ous [-fərəs] *suf.*「…を運ぶ, 持つ」「…を生じる」の意の形容詞をつくる: odori*ferous* <odor(i)+-ferous かおりを+持つ. [√fer-]
fér·rate [féreit] *n.*〘化〙鉄酸塩.
fér·rel [férəl] *n.* =ferrule.
fér·re·ous [fériəs] *a.* 鉄の, 鉄分を含んだ; 鉄色の.
fér·ret¹ [férit] *n.* **1**〘動〙白イタチ《ネズミ・ウサギなどを穴からかり立てるのに使われる》. **2** 捜索者, 探偵(たんてい). —— *vt.* **1** 白イタチを使って狩る. **2** かり立てる, 捜し出す《*out*》. —— *vi.* 捜しまわる《*about*》. ~ ***for*** を捜す.
~-eyed [-àid] ふちの赤い小さな丸い目をした.
◇ **~·y** [-i] *a.* 白イタチのような; 詮索(せんさく)好きな.
fér·ret², **fér·ret·ing** [-iŋ] *n.*《もめんまたは絹の》細幅テープ, さなだひも.
ferri-「第二鉄としての鉄を含む」の意の語形成要素.
fér·ri·age [fériidʒ] *n.* 船渡し, 渡船業; 渡し賃. [<ferry]
fér·ric [férik] *a.* **1** 鉄分を含んだ, 鉄質の. **2**〘化〙第二鉄の. →ferrous.
~ **oxide** 〔**chloride**〕〘化〙酸化〔塩化〕第二鉄.
fer·ríf·er·ous [ferífərəs] *a.* 鉄を含む, 鉄を生じる.
Fér·ris [féris] ~ ***wheel*** (大回転) 観覧車《アメリカの G.W.G. Ferris が発明した遊園地などに設置されている乗り物》.
ferro-「鉄の」「鉄分を含んだ」の意の語形成要素.
fèr·ro·al·lóy [fèroəlɔ́i, -ǽlɔi] *n.* 鉄合金.
fèr·ro·cál·cite [fèrokǽlsait/fér-] *n.* 含鉄方解石.
fèr·ro·chróme [fèrokróum/fér-] *n.* クローム鉄.
fèr·ro·chró·mi·um [fèrokróumiəm/fér-] *n.* クローム鉄.
fèr·ro·co·bált [fèrokobɔ́:lt/fér-] *n.* コバルト鉄.
fèr·ro·cón·crete [fèrokáŋkri:t/férokɔ́ŋ-] *n.* 鉄筋コンクリート.
fèr·ro·mág·net [fèromǽgnit] *n.* 磁鉄鉱.
◇ **fèr·ro·mag·nét·ic** [-mægnétik] *a.*
fèr·ro·mán·ga·nese [fèromǽŋgəni:z] *n.* マンガン鉄.
fèr·ro·mo·lýb·de·num [fèroməlíbdinəm, -mɑ̀libdí:nəm/férəməlíbdinəm, -mɔ̀libdí:nəm] *n.* モリブデン鉄.
fèr·ro·túng·sten [fèrotʌ́ŋstən/fér-] *n.* タングステン鉄.
fér·ro·type [férotàip] *n.*〘写〙フェロタイプ《写真の印画のつや出し用の薄い黒色鉄板》;《この鉄板を使っての》つや出し写真 (仕上げ法). —— *vt.* フェロタイプでとる.
fér·rous [férəs] *a.* **1** 鉄の, 鉄分を含んだ, 鉄から採った. **2**〘化〙第一鉄の. →ferric. ~ **chloride**〘化〙塩化第一鉄. ~ **oxide**〘化〙酸化第一鉄.
fer·rú·gi·nous [ferú:dʒinəs] *a.* **1** 鉄の, 鉄を含んだ, 鉄質の. **2** 鉄さび色の, 赤かっ色の.
~ **spring** 含鉄鉱泉, 鉄泉.
fér·rule [férəl/féru:l] *n.* **1**《ステッキ・こうもりがさなどの先端の》石突き;《接合部補強用の》はばき金, 金輪. **2**〘機〙フェルール,《ボイラー管の》口輪.
—— *vt.* に~を付ける.
fér·ry** [féri] *n.* **1** 渡し場, 渡船場. **2** 渡し船, 連絡船. **3** 渡船権. **4**〘空〙新造航空機の自力輸送. ***take the (***Stygian***) ~〘笑〙三途(さんず)の川を渡る, 死ぬ. —— *vt.* **1** 船で渡す, 船で運ぶ. **2**〘空〙自力輸送する; <軍隊を> 空輸する. —— *vi.* 渡し船で渡る; <小舟が> 通う.
~·boat [⌐-⌐] 渡し船, 連絡船. ~ **bridge** 列車運搬用連絡船; 渡し船乗降用の浮き橋. **~·man** [-mən, -mæn] (*pl.* **-men**) 渡しもり, 渡船夫, 渡船業者. ~ **rack** フェリーボートの接岸桟橋(さんばし). ~ **steamer** 連絡汽船.
***fér·tile** [fə́:rtl/fə́:tail] *a.* **1**《土地が》肥沃(ひよく)な, 豊かに実らせる《を *in, of*》: ~ *in* 〔*of*〕 wheat 小麦がよくできる. **2**《人間・動物が》多産な, 多産系の. **3** 豊作をもたらす; 豊作の: ~ showers 慈雨. a ~ year 豊年. **4**《想像力などが》豊かな;《心が》想像〔創造〕力に恵まれた. **5**《比喩的》多産的な, 実りが多い《について *in, of*》. **6**〘生〙生殖能力のある; 受精〔受胎〕した: a ~ egg 受精卵. [√fer-]
◇ **~·ly** *ad.* **~·ness** *n.*
fer·tíl·i·ty [fə:rtíliti] *n.* **1**《土地の》肥沃(ひよく), 豊饒(ほうじょう);《土地の》産出力. **2** 豊産; 多産. **3**《創意・想像力などの》豊富さ. **4**〘生〙生殖〔繁殖〕力, 受精〔受胎〕能力.
~ **cult** 豊饒神崇拝《神道などの》.
fér·ti·lize [fə́:rt(i)làiz] *vt.* **1** <土地を> 肥やす, 肥沃(ひよく)にする; に肥料を施す. **2** <精神などを> 豊かにする. **3**〘生〙受精させる, 受胎させる.
◇ **fèr·ti·li·zá·tion** [fə̀:rt(i)lizéiʃ(ə)n, -laiz-] *n.*
fér·ti·liz·er [fə́:rt(i)làizər] *n.* **1** 肥料,《特に》化学肥料. **2**《ハチなど》受精媒介物.

fér·u·la [fér(j)ulə] *n.* **1**〖植〗大ウイキョウ. **2** =ferule[1].

fér·ule[1] [férəl, féru:l] *n.* **1**《体罰用の》むち, 木べら. **2** きびしい学校教育: be under the ～ きびしい教育を受ける. —— *vt.* ～で懲らしめる.

fér·ule[2] *n.* =ferrule.

fér·ven·cy [fə́:rv(ə)nsi] *n.* 熱烈, 熱情, 熱誠.

fér·vent [fə́:rv(ə)nt] *a.* **1** 熱心な, 熱烈な, 激しい, 強烈な. **2** 熱い, 燃えるような. ◇ **～·ly** *ad.*

fér·vid [fə́:rvid] *a.*〖雅〗熱情的な, 熱烈な, 燃えるような. ◇ **～·ly** *ad.*

fér·vor, ㊕ **fér·vour** [fə́:rvər] *n.* **1** 熱情, 熱烈; 熱誠, 熱意: with ～ 熱情をこめて. **2** 白熱(状態); 灼熱(しゃく), 炎熱. [√fer(v)-]

(類) → **passion**「情熱」

fés·cue [féskju:] *n.* **1**〖植〗ウシノケグサ《牧草用》. **2**〖稀〗文字さし(棒)《昔教師が読み方を教えるとき使った小枝・麦わらなど》.

fess, fesse [fes] *n.*〖紋〗中帯《盾(たて)形紋地の中央を横切る太線》.

-fest [-fèst]「会合」「…祭」「…コンテスト」の意の口語・俗語をつくる語形成要素: song*fest* 歌のつどい, 歌のコンテスト.

fes·ta [féstə] It. *n.* 祭日, 休日, 祭り.

fés·tal [féstl] *a.* =festive. ◇ **～·ly** [-t(ə)li] *ad.*

fés·ter [féstər] *vi.* **1** <傷などが> うむ, 化膿(かのう)する, ただれる; 痛む. **2** <恨み・怒りなどが> ずきずきする, 心を苦しめる. —— *vt.* **1** うませる, ただれさす; 痛ませる. **2** 悩ませる; 心痛させる. ～ ***into*** <傷などが> うんで…となる. —— *n.* 化膿, 潰瘍(かいよう), ただれ.

fes·ti·na len·te [festáinə-lénti:] L. (=Make haste slowly.) 急がば回れ.

‡**fés·ti·val** [féstiv(ə)l] *a.* **1** 祭りの, 祭〔祝〕日の. **2** 陽気な, 楽しい. —— *n.* **1** 祭り, 祝典. **2** 祝日, 祭日. **3**《祝祭の》供宴, うたげ. **4** 催し物; 催し物シーズン: a music ～ 音楽祭. ***hold*** 〔***keep, make***〕 ～ 供宴を催す.

fés·tive [féstiv] *a.* **1** 祭りの, 祝祭の. **2** お祭りらしい; 陽気な, 楽しい: a ～ mood (浮き浮きした) お祭り気分. ◇ **～·ly** *ad.* **～·ness** *n.*

fes·tív·i·ty [festíviti] *n.* **1** 祝祭, お祭り; (*pl.*) お祝いの催しごと: Christmas ～*ies* クリスマスの祝いの催し. **2** お祭り気分; 陽気なにぎやかさ.

fes·tóon [festú:n] *n.* 花綱《花・リボンなどを連ねてつくった祭礼などの飾り》;〖建〗花綱装飾.

—— *vt.* **1** 花綱で飾る〔つなぐ〕. **2** 花綱につくる.

fé·tal [fí:tl] *a.* 胎児の.

fe·tá·tion [fi:téiʃ(ə)n] *n.* 胎児形成〔発達〕; 妊娠.

‡**fetch**[1] [fetʃ] *vt.* **1** (行って) 取ってくる, (行って) 連れてくる, 呼んでくる: *F*～ me a glass of water. 水を一杯持ってきてくれ. *F*～ a doctor at once. すぐ医者を呼んできてくれ. **2** <血・涙などを> 引き出す, 誘い出す. **3** <叫びを> 発する, もらす; <ため息を> つく, 発する. **4** <商品が値を> 呼ぶ: How much did the picture ～? 絵は幾らで売れたか. **5**〖話〗<打撃などを> 加える, 与える: ～ a person a blow 人をなぐる. **6**〖話〗の心をとらえる; 魅了する. **7**〖海話〗<急激な動作を> やってのける: ～ a circuit 転回する. **8** に到達する. —— *vi.* **1** 行って取ってくる; <猟犬が> 獲物を取ってくる. **2**〖海〗動く, 進路をとる: ～ into port 入港する. ～ headway 進航する.

～ ***about*** 回り道をする. ～ ***along*** 持ってくる. ～ ***and carry*** 使い歩き〔雑役〕をする; <うわさなどを> 触れ回る. ～ ***a pump*** (呼び水で) 水を吸い上げる. ～ ***around***〖米方〗生き返らす. ～ ***away*** 持って〔連れて〕ゆく;〖海〗<船の甲板の上の物が> 揺れて踊りだす, ころがる; <台上の物などが> ずれ動く. ～ ***down*** 射落とす; <市価を> 引き下げる. ～ ***in*** <仲間に> 引っ張り込む; 持ち込む. ～ ***much*** たいした値になる. ～ ***out*** 引き出す; <色つやなどを> 出させる. ～ ***through*** <船が> 着港する《あらし・事故を冒して》; 目的を遂げる. ～ ***to*** 生き返らせる. ～ ***up*** (1) 持ち上げてくる. (2) 思い出す; 回復する. (3)〖米〗育てる. (4) 嘔吐(おうと)する, あげる. (5) やってくる, 姿をあらわす. (6) (しまいに)…になる: Where is all this going to ～ *up*? これは結局どうなるんだろう.

—— *n.* **1** ぐっと手を伸ばすこと; 行って取ってくること. **2**《取ってくる》距離, 道程: a long ～. **3**《想像力などの》及ぶ範囲, 到達範囲. **4** 努力: take a ～ ほねおる. **5** 術策, 策略: cast a ～ 計略をかける. **6** 風で波が立っている海域. ◇ **～·er** [-ər] *n.*

fetch[2] *n.* 生き霊(りょう)《死の直前に遠方の親族・知己のもとにあらわれる》.

fétch·ing [fétʃiŋ] *a.* 魅惑的な, 人目を引く: a ～ voice ほれぼれする声. ◇ **～·ly** *ad.*

fete, fête [feit] F. *n.* **1** 祝日, 祭日 (=～ day);〖カトリック〗祝名節《自分とおなじ名の聖徒の祝日》. **2**《特に戸外の》供宴, 祝宴. ～ ***champêtre*** [-ʃɑ̃:(m)péitr(ə) / fetʃɑ:mpétr] 野外大園遊会. ***garden*** 〔***lawn***〕 ～〖米〗園遊会.

—— *vt.* **1** 宴を張って祝う. **2** 供応する, もてなす.

～ **day** 祭日, 祝日.

fé·tial [fí:ʃəl] *a.* **1** fetiales の. **2** 宣戦および平和条約に関する. **3** 伝令の, 大使の. —— *n.* fetiales の一員.

fè·ti·á·les [fì:ʃiéili:z] *n. pl.* 外交使節団《古代ローマで外交・宣戦・講和などに携わった神官の集団》.

fé·tich(e) =fetish.

fé·ti·cide [fí:tisàid] *n.* 胎児殺し, 堕胎.

fét·id [fétid, fí:tid] *a.* 悪臭を放つ, いやなにおいがする. ◇ **～·ly** *ad.* **～·ness** *n.*

fé·tish [fí:tiʃ, fétiʃ] *n.* **1** 物神(ぶっしん), 呪物(じゅぶつ)《野蛮人が霊が宿っているものとして崇拝する石塊・木片・動物など》; お守り; マスコット. **2** 迷信的〔盲目的〕崇拝の対象. **3**〖心〗性的感情を引き起こす性に関係ない物《異性の手袋など》. ***make a ～ of*** を盲目的に崇拝する.

◇ **～·ist** *n.* 呪物〔物神〕崇拝者.

fé·tish·ism, fé·tich·ism [fí:tiʃìz(ə)m, fét-] *n.* **1** 呪物(じゅぶつ)〔物神〕崇拝. **2** 性欲倒錯《異性のからだの一部・衣服・装身具などによって性的興奮を覚える変態心理》. **3** 迷信. ◇ **fè·tish·ís·tic** [fì:tiʃístik, fèt-] *a.* 呪物〔物神〕崇拝の; 迷信的な.

fét·lock [fétlɑ̀k/-lɔk] *n.* 馬のけづめ毛《ひづめの上部後方の》; 球節《馬などの足のけづめ毛がはえる部分》.

fé·tor [fí:tər] *n.* 強烈な悪臭.

fét·ter [fétər] *n.* **1** 足かせ, 鎖. **2** (通例 *pl.*) 束縛, 拘束. ***in ～s*** 足かせをかけられて; とらわれの身で; 束縛されて. —— *vt.* **1** に足かせをかける. **2** 束縛する, 拘束する. **～·lock** [-lɑ̀k/-lɔk] =fetlock.

fét·tle [fétl] *n.*《心身の》状態. ***in fine*** 〔***good***〕 ～ 元気いっぱいで, すばらしい状態で.

fé·tus [fí:təs] *n.* 胎児《人間のばあいでは妊娠3か月以後のもの. それ以前は embryo》.

feu [fju:] *n.* **1**〖法〗《スコットランドにおいて》永代租借(権), 永代租借地. **2** 封土, 領地. —— *vt.* の永代租借を許可する: ～ a piece of land.

◇ **～·ar** [-ər] *n.*〖法〗永代租借者.

feud[1] [fju:d] *n.* **1**《特に2族・2家族間の何代にもわたる》不和, 宿怨(しゅくえん), 敵意. **2** 争い, 確執. ***be at ～ with*** と不仲である, と反目する. ***deadly ～*** 不倶戴天(ふぐたいてん)の怨恨.

feud[2] *n.*《封建時代領主が家臣に授けた》領地, 封土.

féu·dal [fjú:dl] *a.* **1** 領地の; 封土の. **2** 封建の, 封建制度の: the ～ age 封建時代.

～ **lord** 領主, 大名. ～ **system** 封建制度.

◇ **～·ly** [-i] *ad.* 封建制度のもとに, 封建的に.

féu·dal·ism [-d(ə)lìz(ə)m] *n.* 封建制度.

◇ **-ist** *n.* 封建制主張者.

fèu·dal·ís·tic [fjù:d(ə)lístik] *a.* **1** 封建制度の. **2** 封建的な.

feu·dál·i·ty [fju:dǽliti] *n.* 封建制; 領土.

féu·dal·ize [fjú:d(ə)làiz] *vt.* に封建制を敷く, 封建

化する.
◇ **fèu·dal·i·zá·tion** [fjù:d(ə)lịzéiʃ(ə)n, -laiz-] *n.*

féu·da·to·ry [fjú:dətò:ri/-t(ə)ri] *a.* **1** 封土を受けている, 家臣である. **2** 封土の. —— *n.* (封建)家臣; 封土, 領地.

feu de joie [F. fødəʒwa, [英]+fə:dəʒwɑ́:] F. 祝砲; 〖古〗祝い火.

féud·ist[1] [fjú:dist] *n.* 〖米〗宿怨(しゅくえん)によって争う人.

féud·ist[2] *n.* 封建法研究家〔学者〕.

feuil·le·ton [fɔ́iitn/fə:itɔ̃:(ŋ)] F. *n.* 《フランスの新聞の》文芸欄; 文芸欄の記事《随筆・評論・小説など》.

‡**fé·ver** [fí:vər] *n.* **1** (病気による)熱: I've got a little ～. 少し熱がある. **2** 熱病. **3** 熱中, 熱狂, 興奮. ***in a*** ～ 熱に浮かされて, 熱狂して, 無我夢中で. ***intermittent*** ～ 〖医〗間欠熱. ***run a*** ～ 発熱する, 熱がある. ***scarlet*** ～ 〖医〗猩紅(しょうこう)熱. ***typhoid*** ～ 〖医〗腸チフス.
—— *vt.* 発熱させる, 熱病にかからせる.
～ **blister** 口辺発疹(ほっしん). ～·**few** →別項. ～ **heat** 高体温; 熱狂. ～·**root** →別項. ～ **ward** 《熱病患者の》隔離病室. ◇ ～**ed** [-d] *a.* 熱にかかった, 熱を出した; 興奮した. ～·**less** *a.* 熱がない.

fé·ver·few [fí:vərfjù:] *n.* 〖植〗夏白菊.

fé·ver·ish [fí:v(ə)riʃ] *a.* **1** 熱のある, 熱っぽい. **2** 熱病に似た. **3** 《土地などが》熱病の多い, 熱病が流行している: a ～ swamp 熱病を招きやすい沼地. **4** 熱狂的な, 興奮した, 落ち着きのない.
◇ ～·**ly** *ad.* ～·**ness** *n.*

fé·ver·ous [fí:v(ə)rəs] *a.* ＝feverish.
◇ ～·**ly** *ad.* ＝feverishly.

fé·ver·root [fí:vərrù:t] *n.* 〖植〗《アメリカ産の》スイカズラ科のツキヌキソウ《根は薬用》.

†**few** →枠付 few.

féw·er [fjú:ər] *a.* few の比較級. —— *pron.* より少ない数の人〔物〕: *F*～ have come than we anticipated. 予想したより来た人の数が少なかった.

féw·ness [fjú:nis] *n.* 僅少(きんしょう), わずか.

fey [fei] *a.* **1** 〖スコットランド〗死ぬ運命の. **2** 瀕死(ひんし)の, 臨終の. **3** あの世から来たような; 幽霊のような. **4** 異常に興奮した〔はしゃいだ〕《死の前兆と考えられていた》. ***gone*** ～ 正気を失った, 頭がどうかした.

fez [fez] *n.* (*pl.* **féz·zes** [féziz]) トルコ帽《通例赤色の円すい形で黒いふさの付いた》.

fez

ff. folios; and the following (pages, verses); fortissimo. **f.f.a.** free from alongside (ship). **F.G.** Foot Guards. **f.g.** fully good. **F.H.** fire hydrant. **f.i.** for instance.

fi·a·cre [fiɑ́:kər] F. *n.* 《フランスの》つじ馬車.

fi·an·cé [fì:ənséi, fi:ɑ̀:nséi, fi:ɑ́:nsei/fiɑ́:(n)sei, -ɑ́:n-] F. *n.* 《男性の》婚約者, いいなずけ.

fi·an·cée F. *n.* 《女性の》婚約者, いいなずけ. 〈注〉発音は前項におなじ.

few

few は数が「少ない」で many に対立し, little は「量が少ない」で much に対立する. ただし few には副詞としての用法がなく, little より文法的に単純である. ここでのおもな問題は few と a few との区別, および a few の示す数の不定性(必ずしも「二, 三(の)」に限らない)であろう.

few [fju:] *a.* 《数が》少しの; 少数の.
—— *n.*, *pron.* 少数(の人・物).

〈付記₁〉 **a few の示す範囲** 「少数の(人・物)」「幾つかの(物)」「何人かの(人)」「数個の(物)」「数人の(人)」: in *a few* days 数日〔近日〕中に, 何日かたてば.

a few は要するに「若干数(の)」であって, その範囲ははなはだ不定で二, 三から七, 八に及んでもよく, 10をこえることもあり, 考慮する対象の総数によっても変わる. two or three や a couple of (ともに「二, 三の」)に見られる程度の明瞭(めいりょう)な限界はない. 便宜上「二, 三の」と訳すばあいも, 特にこの点を念頭におく必要がある.

〈付記₂〉 **few と a few** few は many の反対で否定的:「少ない」「少ししかない」「ほとんどない」. a few は none の反対で「少しはある」(at least some). ただしどちらを用いるかは話者の気持ちによるので, 客観的に a few の方が多いわけではない: She has *a few* friends. 彼女は友人が少しはある. ≒She has *few* friends. 彼女は友人が少ない. *A few* of them are young. 彼らのうち若い者が幾人かいる. ≒*Few* [Very *few*] of them are young. 彼らのうちで若い者は少数だ〔非常に少ない〕. Many Japanese learn English, but *few* (Japanese) learn Chinese. 英語を習う日本人はたくさんいるが, 中国語を習う日本人は少ない. *Fewer* children danced than sang. 歌をうたう子どもより, 踊りをする子どもの方が少なかった. There were *few* problems that we could not solve. 私たちに解決できない問題はあまりなかった. *A* faithful *few* will remain. 忠実な者が少しは残るだろう. a man of *few* words 口数の少ない人.

〈付記₃〉 **(a) few と (a) little** 前者は数に, 後者は量に用いる: There are *few* [*a few*] matches in this box. この箱の中にはマッチが少ししかない〔少しはある〕. There is *little* [*a little*] water in the tank. タンクに水が少ししかない〔少しはある〕.

〈付記₄〉 (a) few は常に複数.

〈付記₅〉 (a) few ＝a small number (of) 「少数(の)」であるから, a few *number* は誤り. なお a few *numbers* と複数にすれば「少数」でなく「数個の異なった数」の意になる.

〈付記₆〉 **fewer と less** 上記〈付記₃〉により, 数には fewer を用いるのが原則. ただし特定数を伴うばあいにはしばしば less が代用される: There were *less* [not *less*] *than ten* applicants. 志願者は10人に達しなかった〔10人をくだらなかった〕. This means *one less* idler. これで, なまけ者がひとり減るわけだ.

〈付記₇〉 *a* few, *a* good many, *a* great many などの a は, もともと「一つの」でなく「約」(some, about) の意であった.

a good ～ 相当の数(の). ***at*** (***the***) ～***est*** 少なくとも. ***but*** ～ ただわずか. ***every*** ～ ***days*** 数日ごとに. (～ ***and***) ***far between*** ごくまれに. There are ～ ***or no*** doctors [～, ***if any,*** doctors; ～ doctors, ***if any***] in those villages. それらの村には医者がほとんどいない〔いるにしても, ごくわずかだ〕. 《if anyの前後の comma は略することがある》. ***in*** ～ 〖雅〗手短に(言えば). ***not a*** ～ ＝ ***no*** ～ 少なからぬ, 相当数の. There were ***no*** ～***er than*** a hundred applicants. 100人も申込者があった. ≒There were ***not*** ～***er than*** a hundred applicants. 100人をくだらぬ〔少なくとも 100 人の〕申込者があった. ***only a*** ～ 少ししかない. ***quite a*** ～ 〖米話〗＝a good ～. ***some*** ～ ＝a ～. ***the*** ～ 《多数(者)に対する》少数(者): *the* fortunate ～ 少数の運のよいもの. ***the*** ～ who have survived 難をのがれた少数者. ***very*** ～ 非常に少数の(人・物).

Fí·an·na Fáil [fíːənə-fɔ́il,-fáil] *n.* アイルランド国民党《1927年 Eamon de Valera が結成した政党. アイルランドの独立を唱えた》.

fi·ás·co [fiǽskou] *n.* (*pl.* ~(**e**)**s**) **1** 大失敗, ひどい不首尾. **2** Chianti 用のびん. [<It.]

fí·at [fáiət, fáiæt] *n.* **1** 命令, 厳命. **2** 許可, 承認. ~ **money** 〖米〗法定不換紙幣.

fib[1] [fib] *n.* 罪のない〔たわいない〕うそ. —— *vi.* (**-bb-**) ~をつく. ◇ **~·ber** [-ər] *n.*

fib[2] *vt.* (**-bb-**)《俗》打つ, なぐる. ~ ***about*** やたらに打ちのめす.

‡fí·ber, ㊥ **fí·bre** [fáibər] *n.* **1** 繊維, 糸. **2**《布の》生地, 織り地. **3** (筋肉) 繊維; 繊維組織, 繊維質. **4** 素質, 気質, 性格; 根性: a man of coarse [real] ~ 粗野な性格の男〔気骨のある人〕. **5**〖植〗ひげ根. ***every ~ of*** one's ***being*** 全身全霊.
~·**board** [ˊ-ˋ]《建築用》繊維板. ~ **glass** 繊維ガラス. **F~·glass** [ˊ-ˋ]〖米〗繊維ガラス《商標名》. ~·**scope** [-skòup] ファイバースコープ《映像をガラス繊維の束で伝える. 胃カメラなどに使用する》.

fí·bered, ㊥ **fí·bred** [fáibərd] *a.* **1** 繊維(質)の. **2**《合成語で》…の繊維から成る; …の気質の: finely-~ 細かい繊維の; 繊細な気質の.

fibr-, fibri- 「繊維」の意の語形成要素.

fí·bri·form [fáibrifɔ̀ːrm] *a.* 繊維状の.

fí·bril [fáibril, ㊥⁺fíb-] *n.* 小繊維; 〖植〗根毛, ひげ根.

fí·bril·lar [fáibrilər, -ˊ-] *a.* 小繊維質〔状〕の.

fí·brin [fáibrin] *n.* 〖生化〗繊維素, フィブリン; 〖植〗麩質(ふ).

fibrino- 「繊維素」の意の語形成要素.

fi·brín·o·gen [faibrínədʒ(ə)n] *n.* 〖生化〗フィブリノーゲン, 繊維素原. ◇ **fì·brin·o·gén·ic** [fàibrinodʒénik/-ˋ-ˊ-], **fì·bri·nóg·e·nous** [fàibrinádʒinəs/-nɔ́dʒ-] *a.* 〖生化〗繊維素原の〔を生じる〕.

fí·brin·ous [fáibrinəs] *a.* 繊維素質の, 繊維素を含んだ.

fí·broid [fáibrɔid] *a.* 繊維状〔性〕の; 繊維から成る. —— *n.* 〖医〗類繊維腫(しゅ).

fí·bro·in [fáibrouin] *n.* 〖生化〗フィブロイン《繭糸・クモの糸などの主成分を成す硬たんぱく質の一種》.

fi·bró·ma [faibróumə] *n.* (*pl.* ~·**ta** [-mətə], ~**s**) 〖医〗繊維腫(しゅ).

fí·brous [fáibrəs] *a.* 繊維の; 繊維性の, 繊維状の. ~ **tumor** 〖医〗繊維腫.

fíb·ster [fíbstər] 〖話〗= fibber. → fib[1].

fíb·u·la [fíbjulə] *n.* (*pl.* **-lae** [-lìː], **-las**) **1** 〖医〗腓骨(ひこつ). **2** 〖考古〗《通例多少装飾のある》留め金, ブローチ. ◇ **-lar** [-lər] *a.* 〖医〗腓骨(部)の.

-fic [-fik] *suf.* 「…をつくる」「…をなす」「…にする」「…化する」の意の形容詞をつくる: terri*fic* 恐怖をなす→恐ろしい. speci*fic* 特殊をなす→特定の. [√fac-]

-fi·cá·tion [-fikéiʃ(ə)n] *suf.* -fy で終わる動詞から「…すること」「…化」の意の名詞をつくる: personi*fication* <personify. puri*fication* <purify.

fích·u [fíʃuː, ㊥⁺fíːʃuː] *n.* 《婦人用の絹・モスリン・レースなどの》三角形の肩掛け《肩に掛けて両端を胸のところで結ぶ》. [<F.]

fíck·le [fíkl] *a.* 気まぐれな, 移り気な, うわ気な. (***as***) ~ ***as fortune*** ひどく気まぐれで.
~-**mínd·ed** お天気屋の. ◇ ~·**ness** *n.*

fíc·tile [fíktil/-tail] *a.* **1** 可塑性の, 形づくられる. **2** 粘土製の; 陶製の: ~ ware 陶器.

‡fíc·tion [fíkʃ(ə)n] *n.* **1** 小説; つくり話, 架空の物語. 〈注〉「小説」の意味では総括的で通常は不可算名詞: read *fiction* 小説を読む. 比較: read *a novel* [*a short story*] 長編小説〔短編小説〕を読む《可算名詞》. **2** つくりごと, 虚構. **3** 〖法〗《法律上の》擬制, 仮定, 仮設. ***Fact is stranger than ~.*** 〖諺〗事実は小説よりも奇なり. [√fi(n)g-]
〖類〗→ **novel**「小説」

fíc·tion·al [fíkʃən(ə)l] *a.* **1** つくりごとの, 虚構の: ~ characters 実在しない人物たち. **2** 小説的な, 空想的な. ◇ ~·**ist** *n.* 小説作者; 短編小説家.
~·**ize** [-àiz] *vt.* 〈実話を〉小説にする, 脚色する.
~·**ly** [-i] *ad.*

fìc·tion·éer [fìkʃəníər] *n.* 多作作家《質をかまわない》. ◇ ~·**ing** *n.* 《小説の》乱作.

fic·tí·tious [fiktíʃəs] *a.* **1** 虚偽の, 虚構の, にせの. **2** 架空の, つくり話じみた, 小説的な. [√fi(n)g-]
~ **bill** [**paper**] 〖商〗から手形. ~ **character** 仮想人物. ~ **name** 仮名. ~ **person** 〖法〗法人. ~ **transaction** 〖商〗から取引.
◇ ~·**ly** *ad.* ~·**ness** *n.*

fíc·tive [fíktiv] *a.* **1** 架空の, 想像上の. **2** 小説の, つくりごとの. **3** 虚偽の, 虚構の: ~ tears そら涙. [√fi(n)g-]

fid [fid] *n.* **1** くさび, 栓(せん); 支材, 固定材. **2** 〖海〗帆柱止め栓. **3** 《なわの股(こ)をほどくための》円すい状の木くぎ.

fid. fidelity; fiduciary.

fíd·dle [fídl] *n.* **1** 〖話〗バイオリン, 提琴《戯言またはけいべつ的》. **2** 〖海〗止めわく《食卓から物の落ちるのを防ぐ》. **3** 詐欺. (***as***) ***fit as a ~*** 非常に元気で, ぴんぴんしている. ***F~!*** ばからしい!, くだらない! ***hang up*** one's ~ 事業〔業務〕をやめる, 引退する. ***hang up*** one's ~ ***when*** one ***comes home*** 外ではあいそよく, 家ではしかめつらをする; 内弁慶外えびす. ***have a face as long as a ~*** 陰気な顔をしている. ***have*** one's ***face made of a ~*** あいきょうのこぼれるような顔つきをしている. ***play first*** [***second***] ~ 第一〔第二〕バイオリンをひく《管弦楽で》; 頭株〔下役〕となる, 主役〔端役(はやく)〕をつとめる.
—— *vi.* **1** 〖話〗バイオリンをひく. **2** 手の指などを無意味に動かす; もてあそぶ《を *at, on, over*》; いじくりまわす《を *with*》: ~ *with* one's hat 《手持ちぶさたで, またはぼんやりと》手に持った帽子をしきりに動かす. **3** のらくらして時を過ごす《*about*》: ~ *about* doing nothing なにもせずにのらくらと時を過ごす.
—— *vt.* 〖話〗 **1** 〈曲を〉バイオリンで奏する. **2** 〈時を〉ぶらぶらして過ごす《*away*》.
~ **bow** バイオリンの弓. ~ **case** バイオリン携帯ケース. ~-**de-dée** [-didíː, ㊥⁺-díːdíː] (1) ばかばかしい!, くだらない! (2) ばかばかしい〔くだらない〕こと. ~-**fàd·dle** →別項. ~-**head** [ˊ-ˋ] 〖海〗船首の両側のうずまき彫り(の装飾). ~ **pattern** 《フォーク・ナイフなどの柄の先の》バイオリン形の飾り模様. ~-**stick** [ˊ-ˋ] (1) バイオリンの弓. (2) くだらないこと. (3) わずか: do not care a ~*stick* 少しも構わない. ~-**sticks** [ˊ-ˋ] ばかばかしい!, くだらない!

fíd·dle-fàd·dle [fídlfædl] *n.* 〖話〗 **1** ばかげたこと, くだらぬこと. **2** のらくら者, なまけ者. —— *a.* くだらない, から騒ぎの. —— *int.* ばかばかしい!, くだらない! —— *vi.* から騒ぎをする《について *with*》.

fíd·dler [fídlər] *n.* **1** バイオリンひき, 提琴家. **2** 〖動〗シオマネキ (= ~ crab)《カニの一種》. (***as***) ***drunk as a ~*** 〖米〗ひどく酔って. ***pay the ~*** (快楽などの) 費用を負担する. **F~'s Green** 〖海〗水夫の楽園. ~'**s news** 旧聞, 古くさい話.

fíd·dling [fídliŋ] *a.* **1** バイオリンをひく. **2** つまらない, くだらない: a ~ sum of money ほんの少額の金. —— *n.* **1** バイオリンをひくこと. **2** くだらぬことに騒ぎたてること.

fì·de·i·com·mís·sum [fàidiːaikəmísəm] *n.* 〖法〗信託〔介立〕遺贈. ◇ **fì·de·i·cóm·mis·sar·y** [-kámisèri,-kəmís-/-kɔ́mis(ə)ri] *n.* 〖法〗~受益者.

Fi·de·i De·fen·sor [fáidiài-difénsɔːr/-diai-] L. (=Defender of the Faith) *n.* 護教者《イギリス国王の称号の一つ. Fid. Def., または F.D. と略す》.

fi·dél·i·ty [faidéləti, fi-] *n.* **1** 忠実, 忠誠, 誠実《への *to*》; 《夫婦間の》貞節. **2** 《報告などの》事実性, 信憑(しんぴょう)性. **3** 迫真性: ~ to fact 事実そっくり. **4** 〖電〗忠実度《ラジオ・レコードなどの音再生の》: a high-~ receiver 高忠実度〔ハイファイ〕受信機. [√fid-]

fídg·et [fídʒit] *vi.* **1** もじもじする, そわそわする, せか

せかする《about》. **2** いじくりまわす《を with》. **3** 気をもむ, いらいらする. ── *vt.* 落ち着かなくさせる, いらだたせる. ～ a person ***into*** (人に) 気をもませて…にする. ～ a person ***to death*** (人に) 死ぬほど気をもませる.

── *n.* **1** せかせかすること, もじもじすること; (*pl.*) いらいらした感じ, 不安. **2** 落ち着かない人. ***be in a*** ～ そわそわしている. ***give*** a person ***the*** ～ (人を) 落ち着かなくさせる. ***have the*** ～ そわそわする.

fídg·et·y [fídʒiti] *a.* **1** そわそわする, せかせかする, 落ち着かない. **2** いらいらした, 不安な, 気むずかしい. ◇ **-i·ness** [-tinis] *n.*

fíd·i·bus [fídibəs] *n.* 点火紙, 点火用の紙より.

Fí·do¹, FIDO [fáidòu] *n.* 〘空〙ファイドー《滑走路付近で油などを燃やして飛行機の離着陸に支障ないよう霧を消散させる方法》. [<*F*og *I*nvestigation *D*ispersal *O*peration]

Fí·do² *n.* **1** 犬の名. **2** 〘小児語〙わんわん.

fi·dú·cial [fid(j)úːʃəl/-djúː-] *a.* **1** 信頼の堅い, 信じる念のあつい. **2** 〘天・測〙起点の, 基準の: a ～ point [line] 起点〔起線〕, 基準点〔線〕.
◇ **～·ly** [-i] *ad.* 確信して, たよりにして.

fi·dú·ci·ar·y [fid(j)úːʃièri/-djúːʃiəri] *a.* **1** 信用に基づく. **2** 信託を受けた, 受託者の.
── *n.* 被信託者, 受託者.
～ **guardian (for a minor child)** (未成年)後見人. ～ **loan** 信用貸付金. ～ **notes** 〔**paper currency**〕無準備発行紙幣. ～ **property** 信託財産. ～ **relation** 〘法〙信頼関係《会社代表者と株主, 相互銀行と預金者などの間の関係》.

fi·dus A·cha·tes [fáidəs-əkéitiːz] L. (= the faithful Achates) **1** 忠実なアカテス《Virgil の詩 *Aeneid* の主人公 Aeneas の友人》. **2** 信義にあつい友.

fie [fai] *int.* おやまあ!, えーい!, ちぇっ!《けいべつ・不快・非難をあらわす》: *Fie*, for shame! まあみっともないね!《子どもをしかるときなどに》. ***Fie upon you!*** まあ, いやだねえ!

fief [fiːf] *n.* 封土, 領地 (feud²).

†field [fiːld] *n.* **1** 野原; 田, 畑, 牧草地. **2**《海・空・氷・雪などの》広がり: an ice ～ 氷原. **3**《特定の使用目的をもつ》広場, 地面, 場. **4** (鉱産物の) 産地, 埋蔵地帯, 鉱床: a coal ～ 炭田. an oil ～ 油田. **5** 戦場 (= ～ of honor); 戦地 (=battle ～); 戦い, 戦闘: a single ～ 一騎打ち. **6** 競技場, フィールド《track に対し》; 野球場, 〘野球〙内〔外〕野; 野手, 守備側; 〘競馬〙馬場;《集合的》出場馬,《特に》本命以外の出場馬, 全部の出走馬: lead the ～ 先頭に立つ. **7**《集合的》競技参加者全体; 狩猟参加者. **8**《活動の》分野, 活動範囲;《研究の》方面: a new ～ of research 新しい研究分野. **9**《仕事・事業の》現場. **10** 〘物〙場, 域, 界《力の作用の及ぶ範囲》; 視野《望遠鏡などの》; 〘テレビ〙映像面: a magnetic ～ 磁場. the ～ of fire《銃・大砲の》射界. **11** 下地《絵・旗などの》; 〘紋〙紋地. **12** 〘数〙体.

fair ～ and no favor 機会均等, 情実なしで. ***have a clear ～ before*** one 自由に活躍できる. ***have the ～ to oneself*** 競争相手がいない, ひとり舞台である. ***hold the ～*** 陣地を維持する, 一歩も退かない; 力を失わない. ***in the ～*** (1) 戦場に; 出征中で. (2) 競技に参加して; 〘野球〙守備について. (3)《機械などが》実用されて, 現場で使用されて. (4)《学者が》野外調査中で, 資料収集中で. (5) 専門分野で. ***keep the ～*** 戦いを続行する; 陣地を守り続ける. ***lead the ～*** 狩猟競技で1等になる. ***lose the ～*** 戦場から敗退する. ***play against the ～*** 〘競馬〙人気馬にかける. ***play the ～*** (1) 〘競馬〙本命以外の馬にかける. (2) 次々と相手を替えて交際する. ***take the ～*** 出陣する; 競技に出る. ***take to the ～*** 戦闘〔ゲーム〕を始める; 守備につく. ***withdraw from the ～*** 戦場を引き揚げる; 〘話〙競争からおりる.

── *vt.* **1** 〘野球〙〈ボールを〉さばく. **2** 処理する: He ～*ed* questions at news conferences well. 彼は記者会見での質問の扱いがうまかった. **3** 〈野手を〉守備につける. ── *vi.* 〘野球〙守備につく.

～ **allowance** 〘軍〙出征手当. ～ **army** 野戦軍. ～ **artillery** 野砲 (部隊). ～ **battery** 野砲中隊. ～ **book** 測量ノート; 採集ノート. ～ **club** (生物) 野外研究クラブ. ～ **coil** (電気)界磁線輪. ～ **colors** 野営旗《大隊・中隊本部などの位置を示す》. ～ **core** (電気)界磁鉄心. ～ **corn** トウモロコシ. ～ **court** 軍法会議. ～ **day** (1) 野外演習日. (2) 野外集会日; 野外研究日《生物研究会など》. (3) 行事日, 野外競技日, 運動会の日; はめをはずすこと: have a ～ *day* (野外で) 大いにはしゃぐ. ～ **editor** 地方通信員. ～ **event** 《レース以外の》トラック競技. ～ **exercise** 野外演習, 模擬戦. **∠·fare** [∠∠] 〘鳥〙ツグミ. **∠·gate** [∠∠] 〘英〙畑の入り口のとびら. ～ **glass(es)** 双眼鏡. ～ **goal** 〘球技〙フィールドからの得点. ～ **grade** 〘陸軍〙佐官級. ～ **gun** 野砲. ～ **hand** 農業労働者, 作男. ～ **hockey** 陸上ホッケー. ～ **hospital** 野戦病院. ～ **house** 体育館. ～ **magnet** 界磁. ～ **marshal** 〘英〙陸軍元帥《略 F.M.》. ～ **mouse** ノネズミ. ～ **music** 軍楽隊 (用行進曲). ～ **officer** 〘陸軍〙佐官. **∠·piece** [∠∠] = ～ gun. ～ **ration** 携帯口糧. **∠s·man** [fíːldzmən] (*pl.* **-men**) 〘クリケット〙野手. ～ **sports** (1) 野外スポーツ《狩猟など》. (2)《トラック競技に対して》フィールド競技. **∠·stone** [∠∠] 建材用粗石《加工しないままの》. ～ **study** = fieldwork. ～ **trial** 《猟犬などの》実地試用. ～ **trip** 実地研究旅行. ～ **umpire** 〘野球〙塁審. **∠·work** [-wəːrk] (1) 野外研究, 野外採集; 現地〔実地〕調査; 現場訪問. (2) 〘軍〙《臨時に土を盛って築いた》野堡(やほ), 堡塁(ほるい).
◇ **∠·ward(s)** [-wərd(z)] *ad.* 野原の方へ.

fíeld·er [fíːldər] *n.* 〘野球〙野手; 〘クリケット〙野手.
～**'s choice** 〘野球〙フィルダースチョイス, 野選.

fíeld·ing [fíːldiŋ] *n.* 〘野球〙守備.
～ **average** 〘野球〙守備率.

fiend [fiːnd] *n.* **1** 悪魔, 悪霊(あくりょう), 悪鬼, 鬼; (the F～) 魔王. **2** 鬼〔悪魔〕のように残忍冷酷な人, 鬼畜生. **3** 〘話〙凝り屋, …狂: a golf ～ ゴルフ狂. a ～ at tennis テニスの鬼. **4** 〘話〙…中毒者: an opium ～ あへん常用者〔患者〕.

fíend·ish [fíːndiʃ] *a.* 悪魔のような, 鬼のような; 鬼畜のような, 残忍な. ◇ **～·ly** *ad.* **～·ness** *n.*

‡fierce [fiərs] *a.* **1** 凶暴な, 獰猛(どうもう)な, 荒々しい: a ～ tiger 猛虎(もうこ). ～ animals 猛獣. a ～ look 狂暴な目つき. **2**《あらしなどが》荒れ狂う. **3**《一般的》猛烈な, 激しい: a ～ competition 激烈な競争. **4** 〘米俗〙ひどい, いやな: a ～ taste ひどい悪趣味.
◇***∠·ly** *ad.* **∠·ness** *n.* **fierc·en** *vi.* ～になる.

fi·e·ri fa·ci·as [fáiərài-féiʃiæs/∠–– ∠––] L. 〘法〙強制執行令状, 差し押え令状《略 fi. fa.》.

‡fíer·y [fái(ə)ri/fáiəri] *a.* **1** 火の, 炎の; 燃えている. **2** 火のような, 炎の色をした. **3** 光り輝く: ～ eyes ぎらぎらする目. **4** 熱のこもった, 熱烈な, 激しい: a ～ speech 舌端火を吐く演説. **5**《性質が》激しやすい;《馬が》気が荒い. **6** 引火しやすい;《ガスなど》爆発しやすい. **7** 炎症を起こした. **8**《味など》辛い, ひりっとする, 焼けつくような: ～ taste ひりひりする〔辛い〕味. ◇ **fíer·i·ly** *ad.* **fíer·i·ness** *n.*

fi·es·ta [fiéstə] Sp. *n.* **1**《宗教上の》祭礼;《聖徒を記念する》聖日. **2**《一般的》休み, 祝祭; 休日. **3** 〘米〙懸賞ボクシング試合.

fi. fa. *fieri facias.*

fife [faif] *n.*《主として軍楽隊用の》横笛; 横笛吹奏者, 横笛吹き. ***a ～ and drum corps*** 鼓笛隊.
── *vi., vt.* 横笛を〔で〕吹く. ◇ **fíf·er** *n.*

fífe-rail [fáifrèil] *n.* 〖海〗 **1** 《メインマストの》帆綱止め座. **2** 〖古〗《軍艦の》後甲板手すり.

†**fif·téen** [fiftí:n, ´´; 《付加語的にはしばしば》´`/´-] *a.* **15の**, 15個〔人〕の; 15歳で.
—— *n.* **1** 15; 15個〔人〕, 15歳. **2** 〖ラグビー〗15人一組み(のチーム); 〖テニス〗15点: ～ love サーブ側15点レシーブ側0点. **3** (the F～) 〖英史〗15年の乱《1715年 James II の血統を王に擁立しようと企てた Jacobites の反乱》.
◇ **～·fold** [´-`, ´-´] *a.*, *ad.* 15倍の〔に〕.

fif·téenth [fiftí:nθ, ´´, ´`/´´, -´, ´-] *a.* **1** 第15の, 15番めの. **2** 15分の1の: a ～ part 15分の1. —— *n.* **1** 第15, 15番め; 《月の》15日. **2** 15分の1. **3** 〖楽〗十五度(音程). ◇ **～·ly** *ad.*

†**fifth** [fifθ] *a.* **1 第5の**, 5番めの. **2** 5分の1の.
—— *n.* **1** 第5; 《月の》5日. **2** 5分の1. **3** 〖楽〗五度(音程). **4** 〖米〗1ガロンの5分の1《アルコール飲料の単位》. ***dig*** 〔***hit***〕 ***under the ～ rib*** 〖話〗急所をひどく突く, びっくりさせる. ***smite*** a person ***under the ～ rib*** 人の急所《第5ろっ骨の下, 心臓》を突いて殺す.
～ act 第5幕; 終幕; 老境. **F～ Avenue** 五番街《New York 市の繁華街》. **～ column** 第五列《敵の後方を攪乱(かくらん)するスパイ》. **～ columnist** 第五列要員. **F～ Monarchy** 〖聖〗第五王国《Daniel が預言した五大王国の最後の国. ダニエル書 2:44》. **～ wheel** 転向輪; 予備の車輪《4輪車の》; めったに使わぬもの〔人〕, 無用の長物.
◇ **～·ly** *ad.*

fíf·ti·eth [fíftiiθ] *a.* **1** 第50の, 50番めの. **2** 50分の1の. —— *n.* **1** 第50, 50番め. **2** 50分の1.

†**fíf·ty** [fífti] *a.* **1 50の**; 50個〔人〕の, 50歳で. **2** 《ばく然と》たくさんの: I have ～ things to tell you. お話したいことがたくさんある. —— *n.* **50**; 50個〔人, 歳〕. ***the ～ies*** 50代《年齢について》; 50年代《その世紀の》.
◇ **～·fold** [´-`, ´-´] *a.*, *ad.* 50倍の〔に〕.

fíf·ty-fíf·ty [-fífti] *a.*, *ad.* 〖話〗半分ずつの〔に〕, 等分の〔に〕. ***go ～*** 半々にする, 山分けにする《と *with*》: They *went* ～ on the dinner. ふたりは食事を割り勘で払った. —— *n.* 折半, 等分; 五分五分.

fig[1] [fig] *n.* **1** イチジク《実または木》. **2** ささいなもの, つまらぬもの; 《おもに否定で》少し, わずか. **3** けいべつのしぐさ《親指を人さし指と中指の間にはさむ》. ***A ～ for ...!*** …なんかくだらない!, ふん…がなんだ! ***do not care a ～*** 〔***～'s end***〕 少しも気にかけない《を *for*, *about*》. ***green ～*** なまのイチジク《干したのに対して》. ***not worth a ～*** とるに足らぬ.
～·èat·er 〖虫〗コガネムシの一種. **～ leaf** イチジクの葉; 《彫刻などの》陰部のおおい《〖聖〗創世記 3:7》; 《比喩的》くさいものにするふた. **～'s end** つまらぬもの, 値うちのないもの. **～ tree** イチジクの木. **～·wort** [´`] 〖植〗ゴマノハグサ科の植物.

fig[2] *n.* 〖話〗 **1** 身なり, 身じたく. **2** ありさま, 状態, ぐあい. ***in full ～*** 着飾って. ***in good ～*** とても元気で, 申し分のない状態で.
—— *vt.* (**-gg-**) 装う, 飾る. ***～ out*** 飾り立てる, 盛装させる; =～ up. ***～ up*** 〈馬を〉元気づける.

fig. figurative; figuratively; figure(s).

Fíg·a·ro [fígərou] *n.* **1** フィガロ《Beaumarchais の劇 *Le Barbier de Séville*「セビリアの理髪師」および *Le Mariage de Figaro*「フィガロの結婚」の人物の名. 機転のきく人》. **2** フィガロ《フランスの右翼カトリック系の新聞》.

†**fight** [fait] *v.* (**fought** [fɔ:t]) *vi.* **1 戦う**, 争う, 競う《と *against*; *with*》: ～ *with* each other *for* a prize 賞を得んと互いに競う. **2** なぐり合う.
—— *vt.* **1** と戦う; と争う: ～ an enemy 敵と戦う. **2** 〈戦闘・勝負を〉する, 戦わす: ～ a battle. **3** 〈主張・主義などを〉戦い守る《を相手に *against*》. **4** 〈鶏・犬などを〉戦わせる; 〈兵隊を〉指揮する, 動かす; 〈大砲・艦船などを〉操縦して戦う.
～ back 抵抗する, 食い止める. ***～ down*** 戦って圧倒する. ***～ for*** (1) …のために戦う: ～ *for* one's country 自国のために戦う. (2) を獲るために戦う: ～ *for* liberty 自由獲得〔防衛〕のため戦う. ***～ it out*** 勝負がつくまで戦う, 戦い抜く. ***～ off*** 戦って退ける, 撃退する. ***～ shy of*** を避ける, に近づかぬようにする; と交わらぬようにする. ***～ through*** 戦って…を切り抜ける; を無理やりに通る. ***～ tooth and nail*** 徹底的に戦う. ***～ to the last*** 〔***to a finish***〕 最後まで戦う, 一方が倒れるまで戦う. ***～ up against*** と大いに戦う. ***～ one's way*** 進路を切り開いて進む《*out*, *through*》. ***～ with gloves off*** (ボクシングの) グローブなしで戦う; 容赦しない.
—— *n.* **1** 戦い, 戦闘, 合戦(かっせん); 決闘, 一騎打ち. **2** 闘争; 競争; 論争. **3** 戦闘力. **4** 戦意, 闘志. ***free ～*** けんか騒ぎ; (大) 乱闘. ***give*** 〔***make***〕 ***a ～*** 一戦を交える. ***put up a good ～*** 善戦健闘する. ***show ～*** 抵抗する; 戦意を示す, 容易に屈しない. ***snowball ～*** 雪合戦. ***stand-up ～*** 正々堂々の戦い. ***take all the ～ out of*** a person (人) からすっかり戦意を奪う; 意気消沈させる. ***the ～ of one's life*** (強敵との) 苦戦.
〔類義語〕 戦い: **fight** 最も一般的な語で, きわめてしばしば軍事行動以外の意味で用いられる: a *fight* for freedom 自由のための戦い. **battle** 一連の交戦行為から成る戦闘: the *Battle* of Waterloo ワーテルローの会戦. a naval *battle* 海戦. **war** 国家の行なう組織的な戦い. 一連の battles (戦闘) から成る「戦争」: the World *War* 世界大戦. **engagement, action** 攻防, 交戦, 作戦行動. **combat** 撃ち合いなどの狭義の戦闘. 《補給輸送などを含まない》決戦, 対決, 一騎打ちといった意味を含む. **campaign** 規模の大きな戦略と, それに基づく一連の軍事行動. **encounter** 敵との遭遇による機動的戦闘, 遭遇戦. **skirmish** 前哨(ぜんしょう)戦, 前衛・斥候どうしの撃ち合い, 小規模な戦い, 比喩的に「小ぜりあい」.

***fíght·er** [fáitər] *n.* **1** 戦う人, 闘士; 戦闘員, 武人. **2** 好戦家; けんか好きの人; ボクサー. **3** 〖空〗戦闘機. **～-bómb·er** 〖空〗戦闘爆撃機.

***fíght·ing** [fáitiŋ] *n.* **1** 戦い, 戦闘, 闘争. **2** なぐり合い: a street ～ 街路上のなぐり合い.
～ chair ボートの船尾に固定されたいす《大形の魚をスポーツとしてつるための》. **～ chance** 努力しだいで得られる勝利〔成功〕の見込み; 成功へのチャンス. **～ cock** 闘鶏; シャモ; 〖話〗けんか好きな人: feel like a ～ *cock* 闘志に燃える. live like a ～ *cock* 《闘鶏のようにうまいものを食べて》ぜいたくに暮らす. **F～ French** 第2次大戦中のロンドン亡命政権《Charles de Gaulle が中心》. **～ plane** 〖空〗戦闘機. **～ power** 〔**strength**〕 戦闘力. **～ spirit** 戦闘精神, 闘志. **～ top** 《軍艦の》戦闘檣楼(しょうろう).

fíg·ment [fígmənt] *n.* つくりごと, 虚構; つくり話. [√fi(n)g-]

fíg·u·ral [fígjurəl] *a.* 人〔動物〕の群像からなる.

fi·gu·rant [fígjurænt/-rənt] F. *n.* (*fem.* **～e** [figjurǽnt/-rá:nt]) **1** 《バレーの, 群舞の》踊り手. **2** 《劇でせりふのつかない》端役(はやく).

fìg·u·rá·tion [figjuréiʃ(ə)n] *n.* **1** 形づけ, 成形. **2** 形, 形態, 外形, 輪郭. **3** 比喩(ひゆ)的表現. **4** 《図案などに施す》装飾. **5** 〖楽〗《音や旋律の》修飾.

fíg·ur·a·tive [fígjurətiv, fíg(ə)rə-] *a.* **1** 比喩(ひゆ)的な; 転意の, 転用の. **2** 修飾の多い: a ～ style 美文体. **3** 象徴的な, 図案的な. **4** 具象的な. **5** 造形的な: the ～ arts 造形芸術, 絵画彫刻. ***in the ～ sense*** 比喩的な意味で. ◇ **～·ly** *ad.*

‡**fíg·ure** [fígjər/fígə] *n.* **1** 数字; 《数字の》位, けた; (*pl.*) 計数, 計算: a number in three ～*s* 数字三つの数, 3けたの数. be good at ～*s* 計算がうまい, 数字に強い. be poor at ～*s* 数の方は弱い.

significant ～s 有効数字. **2** 合計 (数), 高; 値段: sell goods at a high ～ 商品を高値で売る. **3** 形, 外形, かっこう: round in ～ 形が丸い. a solid ～ 立体形. ～ of 8 8の字形; 〖スケート〗8字滑走. **4** 人の姿, 人影, 姿, 容姿: A tall ～ stood there. 背の高い人がそこに立っていた. a woman of graceful ～ 容姿端麗な婦人. a ～ of fun おかしなかっこうの人. **5** 目だつ姿, 異彩: make a ～ 異彩を放つ. a man of ～ 著名な人. **6** 人物, 大立て者: a political ～ 政界人. great ～s of the age その時代の大人物たち. **7** 画, 画像, 彫像, 像, 似姿. **8** 象徴, 表象: The dove is a ～ of peace. ハトは平和のシンボル. **9** 図柄, デザイン, 模様; 〖数〗図形. **10** 図解; 《本文説明のための》図, 插画(さし)《略 Fig.》: Fig. 1 第1図. **11** 〖修〗比喩(ひゆ), 比喩的表現 (= ～ of speech) 《直喩・隠喩など》. **12** 言い回し, ことばのあや; 誇張; うそ. **13** 《ダンス・スケートの》フィギュア; 〖楽〗音形. **14** 〖論〗格, 図式. **15** 〖占星〗天宮図.
cut* [*make*] *a* (*brilliant, conspicuous*) ～** 頭角をあらわす, 異彩を放つ. ***cut a poor* [*sorry*] ～** みすぼらしい姿をさらす. ***cut no* ～** ものの数にはいらない. ***～ of speech → ⑪. ***give* [*cite*] ～*s*** 数字をあげて説明する. ***go the whole* ～** 〖米〗徹底的に行動する, 熱心にやる. ***keep* one's ～** すらりとした容姿でいる. ***miss a* ～** 〖米〗しくじる, まちがう. ***on the big* ～** 〖米〗大規模に, 大げさに.
—— *vt.* **1** 数字で示す, 計算する. **2** 見積もる; の値踏みをする. **3** 〖米話〗…と思う, …かと考える: I ～ that it will take five years. 5年はかかると思う. **4** 図で示す; 絵画〔彫刻〕であらわす. **5** 象徴〔表象〕する; 比喩であらわす. **6** 心に描く, 想像する (=～ to oneself). **7** に模様をつける. **8** 〖楽〗に伴奏和音をつける, 修飾する.
—— *vi.* **1** 計算する. **2** 期待する, 予期する: ～ *on* a success 成功を当て込む. **3** もくろむ; くふうする《を *for*》. **4** 姿をあらわす, あらわれる; 目だつ, 名をあげる; (重要な) 位置につく: ～ on the list 目録〔表〕に載っている. The name ～s in the history. その名前は歴史上有名である. ***～ as*** の役を演ずる; …として名がとおる. ***～ in*** 〖米話〗計算に入れる; 登場する. ***～ on*** 〖米〗を計算〔計画〕に入れる; を当てにする, …にたよる. ***～ out*** 計算する, 合計する; <状況などを> 見積もる, 解釈する; 理解する. ***～ out at*** 合計して…となる. ***～ up*** 合計する. [√fi(n)g-]
～·head [-hèd] (1) 船首飾り. (2) 《比喩的》おもて看板, 名ばかりの首領. (3) 〖笑〗《人の》顔, ご面相. **～ painting** 肖像画 (法). **～ picture** [**piece**] 肖像画. **～ skating** フィギュア スケート.
〔類〕→ **pattern**「型」

fíg·ured [fígjərd/fígəd] *a.* **1** 形であらわした, 図〔数字〕で示した. **2** 模様のついた, 意匠をこらした: ～ wallpaper 柄入り壁紙. **3** 形容の多い, 文飾のある. **4** 〖楽〗修飾された, 華麗な.
～ glass 模様ガラス. **～ satin** 紋じゅす, 朱珍.
◇ **～·ly** [-li, -gjəridli/-gər-] *ad.*

fìg·u·ríne [fìgjurí:n/fígjuri:n] *n.* 《金属・陶土などでつくった》小像, 人形.

fíg·wort [fígwə̀:rt] *n.* 〖植〗ゴマノハグサ科の植物.

F.I.Inst. 〖英〗Fellow of the Imperial Institute.

Fí·ji [fí:dʒi:/—⌐] **～ *Islands*** フィジー諸島《南太平洋上のイギリス領植民地》.

Fi·jí·an [fi:dʒí:ən, ㊎+ fí:dʒiən] *a.* フィジー諸島の. **——** *n.* フィジー諸島人; フィジー語.

fíl·a·gree [fíləgrì:] =filigree.

fíl·a·ment [fíləmənt] *n.* **1** 細糸; 《紡織用繊維の》単繊維. **2** 〖植〗《おしべの》花糸; 《海草・菌類などの》繊維状細胞. **3** 《電球・真空管の》フィラメント. **4** 〖医〗《炎症液や尿中の》糸状体. [√fil-]
◇ **fìl·a·mén·ta·ry** [fìləméntəri], **fì·la·mén·tous** [-təs] *a.*

fí·lar [fáilər] *a.* 糸 (状) の; 糸 (状物質) を有する.

fi·lár·i·a [filɛ́(:)riə/-lɛ́ər-] *n.* フィラリア《血液などに寄生する有害糸状虫類》. ◇ **～l** *a.*

fil·a·rí·a·sis [filəráiəsis] *n.* (*pl.* **-ses** [-sì:z]) 〖医〗フィラリア病.

fí·late [fáil(e)it] *a.* 糸状の.

fíl·a·ture [fílətʃər] *n.* **1** 《繭から糸をとる》糸繰り, 製糸. **2** 糸繰り機〔車〕; 製糸場.

fíl·bert [fílbərt] *n.* 〖植〗ハシバミ, その実《食用》.

filch [filtʃ] *vt.* 盗む, くすねる, こそどろをする《特に高価でない物を》. ◇ **～·er** *n.* こそどろ, かっぱらい.

‡**file**[1] [fail] *n.* **1** 書類差し, 書類とじ (表紙), 書類整理引き出し〔戸だな〕; とじ板. **2** 《書類・新聞などの》とじ込み; とじ込み書類; とじ込み帳《書類の》: a ～ of 'the Times' ロンドンタイムスのとじ込み. **3** 〖軍〗縦列, 伍(ご), 列; (*pl.*) 兵卒. **4** 〖チェス〗縦線《盤面の》. ***blank* ～** 欠伍. ***～ by* ～** 組ぐみに; 続々と. ***in* ～** 2列縦隊で; 相次いで. ***in single* [*Indian*] ～** 1列縦隊で. ***on* ～** とじ込まれて, 整理保管されて; 記録に載せられて. ***rank and* ～** (1) 〖軍〗隊伍; 兵士と下士官. (2) 《団体の幹部に対して》一般会員〔組合員〕; 《一国の》一般民衆; その他大ぜい.
—— *vt.* **1** とじ込みにする, 整理して収蔵しておく. **2** 記録に残しておく. **3** <記事などを>送る《電報・電話などで》. **4** <申し込み・抗議などを> 差し出す, 提出する: ～ an application 出願する. **5** 縦隊で進ませる. **——** *vi.* **1** 申し込む《を *for*》: ～ *for* county attorney 郡検事になる申し込みをする. **2** 縦列になって進む. ***～ away* [*off*]** 縦列で進む; 分列行進する. ***～ in*** (列をなして) ぞくぞく繰り込む. ***～ out*** (列をなして) 繰り出す. [√fil-] **～ cabinet** 書類〔カード〕整理箱〔だな〕. **～ clerk** 文書整理係. **～ copy** 献本. **～ number** 書類番号.

file[2] *n.* **1** やすり. **2** みがきをかけること, 《文章の》推敲(すいこう). **3** 〖英俗〗ずるい人, くえないやつ《old, deep などを冠して用いる》. ***bite* [*gnaw*] *a* ～** むだぼねをおる. **——** *vt.* **1** にやすりをかける, みがく. **2** <品性を>陶冶(とうや)する; <文章を> 推敲する. ***～ away* [*down*, *off*]** <さびなどを> やすりで削り落とす.

fíle·fish [fáilfìʃ] *n.* 〖魚〗カワハギ.

fíl·e·mot [fílimɑ̀t/-mɔt] *n.*, *a.* 枯れ葉色(の), 黄かっ色 (の).

fi·let [filéi, fílei/fílei] F. *n.* **1** 網目細工, レース. **2** 〖料理〗=fillet. ***～ de sole*** [-dəsóul] ヒラメの切り身 (料理). ***～ mignon*** [-mi:njɑ́n/-njɔ́n] 分厚く丸く切った牛のヒレ肉.

fíl·i·al [fíliəl, -ljəl] *a.* **1** 子の; 子としてふさわしい: ～ piety [duty, obedience] 孝行. **2** 〖遺伝〗親から数えて…代めの《略 F.》: first ～ 雑種第1代《F_1》. second ～ 雑種第2代《F_2》. [√fili-]
◇ **～·ly** *ad.* 子として, 子らしく, 孝行に.

fíl·i·ate [fílièit] *vt.* **1** 〖古〗=affiliate. **2** 〖法〗<非嫡出子の> 親を認知する.

fìl·i·á·tion [fìliéiʃ(ə)n] *n.* **1** 子であること; 親子関係. **2** 系統 (をひくこと); 起源, 由来, 素性《から の *from*》. **3** 派生, 派出, 分岐, 分派《語族・団体などの》. **4** 〖法〗非嫡出子の認知. [√fili-]

fíl·i·beg, fíl·le·beg [fílibèg] Sc. *n.* =kilt.

fíl·i·bus·ter [fílibʌ̀stər] *n.* **1** 〖米〗《長広舌などによる》議事妨害 (者). **2** (国策にそむいて) かってに外国を侵す人, 不法戦士; 《17世紀ごろの》海賊.
—— *vi.* **1** 〖米〗《長い演説などで》議事妨害をする. **2** 略奪する, みだりに外国の土地を侵す.
◇ **fìl·i·bús·ter·er** [filibʌ́stərər/⌐—————] *n.* 〖米〗《議会における》議事妨害 (演説) 者, 不法侵入者.
fìl·i·bús·ter·ism [filibʌ́stəriz(ə)m] *n.* 〖米〗議事進行妨害 (演説).

fíl·i·cide [fílisàid] *n.* 子殺し, 子殺し犯人.
◇ **fìl·i·cíd·al** [filisáidl] *a.*

fi·líc·i·form [filísifɔ̀:rm] *a.* シダ状の.

fíl·i·cite [fílisàit] *n.* シダ類の化石.

fíl·i·form [fílifɔ̀:rm, ㊎+ fáil-] *a.* 糸のような, 繊維状の.

fíl·i·gree [fíligri:] *n.* **1** 《金銀などの》 線条細工: a ~ basket 《針金の》 すかし編み細工のかご. **2** 繊細な物, きゃしゃでこわれやすい物. —— *vt.* ~ で飾る; ~ に編む.

fíl·ing¹ [fáiliŋ] *n.* 《書類などの》 とじ込み整理(法).

fíl·ing² *n.* やすりかけ, やすり仕上げ; (*pl.*) やすりの削りくず.

Fìl·i·pí·no [filipí:nou] *n.* (*pl.* **~s** [-nouz]) フィリピン人. —— *a.* = Philippine.

†**fill** [fil] *vt.* **1 いっぱいにする, 満たす**; に詰め込む; に内容を詰める〔入れる〕: ~ a glass 杯になみなみとつぐ. ~ a hall 堂にあふれる. ~ a house *with* furniture 家に家具をしこたま備える. ~ one's head *with* useless things 頭につまらないことを詰め込む. ~ a pipe パイプにたばこを詰める. ~ a truck トラックに荷を載せる. ~ the sails 帆に風をはらます. **2** に充満する. にいっぱいある〔いる〕, に行きわたる: Fish ~*ed* the rivers. 魚が川にたくさんいた. The odor ~*ed* the air. においが空気中に立ちこめた. The scandal ~*ed* the world. 醜聞が世に広まった. **3** 〈穴・空白を〉詰める, 埋める, の穴〔すきま〕をふさぐ; 〈欠陥を〉補う: ~ a gap 空隙(くうげき)を埋める. ~ a blank 空欄を埋める. ~ a tooth 虫歯を充てんする. **4** に混ぜ物をする: ~ soaps 石けんに混ぜ物を加える. **5** 〈空席を〉占める, 埋める; 〈地位を〉占める, に就(つ)く: ~ a vacancy 空白を埋める. ~ a post 地位を占めている, 職につく. **6** 〈要求・必要などを〉満たす, 満足させる; 〈処方を〉調剤する: ~ a longfelt want 渇望をいやす. ~ an order 注文に応ずる. **7** 〈責任・義務を〉果たす; 〈役割を〉演ずる. **8** 〈人を〉満腹させる; 満足させる, たんのうさせる. **9** 〈コンクリートを〉流し込む. **10** 〈地面に〉土盛りする.
—— *vi.* **1 満ちる**, いっぱいになる 《で *with*》: Her eyes ~*ed with* tears. 彼女の目は涙でいっぱいになった. **2** 杯をつぐ, 飲み物を供する. **3** 〈帆などが〉ふくらむ. **4** 〈低気圧などが〉気圧を増す.
~ ***away*** 〔海〕〈帆げたを〉風が当たるように回す. ~ ***in*** 〈穴・すきまを〉埋める; 〈書類・空所に〉書き入れる, 〈必要事項など〉書き込む; 報告する; 説明する. ~ ***out*** (1) (十分) ふくらませる, 丸くする; 〈演説などを〉引き伸ばす, 長くする; 〈酒などを〉つぐ. (2) ふくらむ, 大きくなる, 丸くなる; 太る. (3) 〈空所を〉満たす, 書き入れる. ~ ***the bill*** (1)〔米話〕注文どおりにする; 望みにかなう. (2)〔英〕人気をひとりで背負う, 一枚看板のスターである. ~ ***up*** (1) 〈空所を〉満たす, 埋める; 補充する; 書き入れる. (2) いっぱいになる, 満員になる; 埋まる, ふさがる; 底が浅くなる.
—— *n.* **1** 《容器に》いっぱいの量, 十分な量: a ~ of tobacco パイプ1服. **2** 《土手などの》盛り土. **3** 《畜殺後の》胃腸内残存物. **one's ~** (1) 腹いっぱい, たらふく: drink 〔eat〕 one's ~ 腹いっぱい飲む〔食う〕. (2) 存分: weep one's ~ 心ゆくまで泣く. 〔full と同語源〕 **~-ìn** →別項.

fíll-dike [fíldàik] *n.* 雪解けの季節〔月〕 (= February ~) 《特に2月》.

fille [fí:j(ə)] F. *n.* 娘, 少女. ~ ***de chambre*** [fì:j(ə)dəʃɑ́:br(ə)] 小間使, 腰元, 侍女. ~ ***de joie*** [-dəʒwɑ́:] 売春婦.

fíl·le·beg = filibeg.

fíll·er [fílər] *n.* **1** 満たす人〔物〕, 詰める人〔物〕. **2** 注入器; 《万年筆の》スポイト; じょうご. **3** 《新聞・雑誌の》 埋めくさ; 《時間ふさぎの》 短編映画. **4** 葉巻きの中身; 《板穴などの》 埋め木; 充てん材; 《ルースリーフノートの》替え紙. **5** 食品.

fíl·let [fílit] *n.* **1** 《頭髪用の》バンド, はち巻き, リボン (headband). **2** 細帯, バンド《金属・木材製の》. **3** [㊥通例 fílei, filéi] ヒレ肉; 《魚の》切り身. **4** (*pl.*) 《馬などの》腰部. **5**〔建〕二つの刳形(くりかた)の間にはさまれた部分, 平縁(ひらぶち); 受け桟(さん);〔製本〕輪郭線 《多く表紙の背の上下部分に入れる》; 輪郭線打ち抜き具;〔機〕螺糸(らし); 《砲口などの》環状帯;〔医〕絨帯(じゅうたい). —— *vt.* **1** 〈髪を〉リボンで結ぶ. **2**〔製本〕に輪郭線をつける. **3** [㊥通例 fílei, filéi] のヒレ肉をとる; 〈魚を〉三枚におろす.
~ **mignon** = *filet mignon.*

fíll-ìn [fílin/ ˊˊ] *n.* **1** 《しばしば臨時の》 補充者〔物〕; 埋めくさ. **2**〔写〕補助光線. **3**〔話〕あらまし, 概要; 要約メモ《についての *on*》.

fíll·ing [fíliŋ] *n.* **1** 満たすこと, 充てん. **2** 《パイプなどの》 詰め物, 中身; 《歯科で用いる》 充てん材. **3** 《織物の》横糸. **4** 《道路・土手の》盛り土.
~ **station**〔米〕ガソリンスタンド.

fíl·lip [fílip] *n.* **1** 指ではじくこと, つまはじき. **2** 刺激(するもの) 《*to*》: give a ~ *to* ambition 野心をかき立てる. **3** つまらぬもの〔こと〕: not worth a ~ てんで値うちのない. ***make a ~*** つまはじきする.
—— *vt.* **1** つまはじきする; 指ではじきとばす. **2** 促す, 刺激する, 元気づける: ~ one's memory 思い出を誘う. —— *vi.* 指はじきをする.

fíl·lis·ter [fílistər] *n.* **1** しゃくりみぞ《窓わくにガラスをはめるためのみぞ》. **2** しゃくりかんな, くりかんな (= ~ plane).

fíl·ly [fíli] *n.* **1** 雌の子馬. → colt. **2**〔俗〕おてんば娘, 活発な小娘.

‡**film** [film] *n.* **1 薄膜**, 薄皮; 《表面に生じた》 被膜: A ~ of dust covered the table. ほこりがテーブルの上に薄くたまっていた. **2**〔写〕**フイルム**; 《乾板の》感光膜. **3** 《1本の》**映画**; (*pl.*) 《集合的》 映画 (movies); 映画界. **4** 細い糸, (空中に浮かんだ) クモの糸. **5** 目のかすみ, くもり. **6** もや, 薄がすみ: a ~ of twilight 夕やみ.
—— *vt.* **1** 薄皮でおおう. **2** フイルムに写す; (映画に) 撮影する, 映画化する. —— *vi.* **1** 薄皮でおおわれる; (薄く) おおわれる 《*over*》. **2** 〈目が〉かすむ, ぼやける. **3** 映画になる, 映画化される.
~·gò·er 映画ファン. **~·land** [-lænd] 映画界. ~ **library** 映画図書館, フイルム貸し出し所. ~ **pack** フイルムパック. **~·slide** [ˊˊ] スライド. **~·strip** [ˊˊ] 《連続長巻き》映写スライド. ~ **test** 画面審査《俳優志願者の》. ◇ **~·dom** *n.* 映画界.

fílm·y [fílmi] *a.* **1** 薄膜〔皮〕性の; ごく薄い: ~ clouds 薄雲. **2** フイルムのような. **3** かすんだ; 薄もやのような. ◇ **fílm·i·ly** *ad.* **fílm·i·ness** *n.*

fí·lose [fáilous/ ˊˊ] *a.* 糸のような;〔動〕先が糸のように突起した.

fil·o·selle [filosél/ ˊ――] F. *n.* **1** かま糸, 真綿 (floss silk). **2** かま糸製のししゅう糸.

fils [fi:s] F. *n.* むすこ 《同名の父子を区別するため子の名に添える》: Dumas ~ 小デューマ. → ***père***.

fíl·ter [fíltər] *n.* **1** 濾過(ろか)器, 濾過装置; 水こし. **2** 濾過用資材《フェルト・紙・砂・木炭など》. **3**〔電〕濾波器;〔写〕フィルター, 濾光器; 《巻きたばこの》フィルター;〔話〕フィルター付きたばこ.
—— *vt.* こす, 濾過する; フィルターにかける. —— *vi.* **1** 濾過する《を *through*》; しみ込む, 浸透する《に *into*》; しみ出る. **2** 《比喩的》〈秘密などが〉もれる 《*out, through*》; 《敵国などに》浸透する《*into*》.
~ **bed** 濾床; 濾過池. ~ **center** 対空情報本部. ~ **paper** こし紙. ~ **press** 圧搾式濾過器; 魚油絞り機. ~ **tip** フィルター(付きのたばこ). ◇ **~·a·ble** [-tərəbl] *a.* 濾過できる;〔細菌〕濾過性の: ~*able* virus 濾過性ビールス.

filth [filθ] *n.* **1** 汚物, 不潔物. **2** 不道徳; 堕落, 醜行. **3** わいせつ, 下品; みだらなことば〔考え〕: talk ~ 猥談(わいだん)をする. 〔<foul〕 ~ **disease** 《飲み水や衛生状態の不潔から起きる》不潔病.

filth·y [fílθi] *a.* **1** 不潔な, きたならしい《比喩的にも》: He is ~ *with* money. あの男は金にきたない. ~ lucre 不正利益, 悪銭. **2** わいせつな, 下品な. ◇ **-i·ly** *ad.* **-i·ness** *n.*

fíl·trate [fíltreit] *vt., vi.* 濾過(ろか)する (filter). —— [-trit, ㊥⁺ -treit] *n.* 濾過水〔液〕. 〔<filter〕

◇ **fil·trá·tion** [filtréiʃ(ə)n] *n.* 濾過; 濾過作用〔法〕; 浸透.

fím·ble [fímbl] *n.* 雄麻 (male hemp).

fím·bri·a [fímbriə] *n.* (*pl.* **-ae** [-brii:]) (しばしば *pl.*) 〘植・動〙〘へりの〙ふさ, ひだ状べり. ◇ **~l** *a.*

fím·bri·ate [fímbrièit, -briit] *a.* 〘動・植〙ふさの付いた, 毛のふちどりのある. —— *vt.* 〘紋〙〘異色の〙細い帯のような線でふちどる. ◇ **fìm·bri·á·tion** [fìmbriéiʃ(ə)n] *n.* ふさ飾り, (ふさの) ふちどり.

fin [fin] *n.* **1** 〘魚の〙ひれ; 〘アザラシ・ペンギンなどの〙ひれ状器官. **2** 魚類〘獣類・鳥類に対し〙; (魚の) 種類: fish of every ~ あらゆる種類の魚. **3** 〘潜水艦の〙水平舵(だ); 〘飛行機の〙垂直安定板. **4** 〘機械の〙ひれ状部; 〘鋳物などの〙鋳ばり. **5** 〘俗〙手, 腕: Hold up your ~*s*. 手を上げろ. Give us your ~. 握手しようぜ. **6** 〘米俗〙5 ドル紙幣. ***~, fur and feather*** 魚類・獣類・鳥類.

—— *vt., vi.* (**-nn-**) **1** のひれを切り取る. **2** 激しくひれを動かす; ひれで水を打つ.

~·back [ˊーˋ] 〘動〙ナガスクジラ. **~ keel** 〘海〙〘ヨットの〙海竜骨(りゅうこつ). **~ ray** ひれのとげ.

Fin. Finland; Finnish. **fin.** finance; financial; finished; *ad finem* (L. =to the end).

fín·a·ble [fáinəbl] *a.* 罰金を科せられる, 科料に処せられる.

fi·ná·gle [fįnéigl] *vi.* 〘話〙いんちきする, ごまかす. —— *vt.* **1** だます, ぺてんにかける. **2** からごまかして手に入れる《を *out of*》: ~ a person out of ... 人から…をだまし取る. ◇ **~r** *n.*

‡**fí·nal** [fáin(ə)l] *a.* **1** **最終の**, 最後の; 終局の, 窮極の: the ~ aim 窮極目的. **2** 最終的な, 確定的な, 決定的な: the ~ ballot 決選投票. a ~ decision 最終的な決定. **3** 〘文〙目的を示す: a ~ clause 〘文〙目的節. **4** 〘音声〙語末の, 音節末の《bit, bite の t など》. ***the ~ cause*** 〘哲〙目的因; 窮極原因. ***~ judgment*** 〘法〙最終判決.

—— *n.* **1** (しばしば *pl.*) 〘運〙**決勝戦**; 〘話〙〘大学の〙最終〔期末〕試験. **2** 〘話〙〘新聞の〙最終版. **3** 終局. ***run* [*play*] *in the ~s*** 決勝に残って競走〔競技〕する. [√fin-]

◇ **~·ism** [-iz(ə)m] *n.* 〘哲〙窮極原因論, 目的原因論. **~·ist** *n.* 決勝戦出場選手.

〔類〕→ **last**「最後の」

fi·ná·le [finá:li] *n.* **1** 〘楽〙終曲, 終楽章. **2** 〘劇〙最後の幕, 大詰め. **3** 終局, 大団円. [<It.]

fi·nál·i·ty [fainǽlįti] *n.* **1** 最終性, 窮極性; 〘哲〙目的性. **2** 終局, 結末, 結着; 完了. **3** 最終的実行; 最終判決; 最後的回答. ***speak with ~*** はっきりと言う, 断言する. ***with an air of ~*** きっぱりとした態度で; これ以上問答無用とばかりに.

fí·na·lize [fáin(ə)làiz] *vt., vi.* 〘米話〙(に)決着をつける, 終わりにする; 仕上げる.

‡**fí·nal·ly** [fáin(ə)li] *ad.* **1** **最後に**; ついに, 結局. **2** 最終的に, 決定的に.

‡**fi·nánce** [fįnǽns, fáinæns/fainǽns, fį-] *n.* **1** 財政, 財務. **2** (*pl.*) 財源, 財力; 歳入, 所得. **3** 財政学. ***Minister of F~*** 大蔵大臣. ***public ~*** 国家財政.

—— *vt.* **1** に資金を供給する, に融資する: universities ~*d* by the Government 官立大学. **2** の財政を処理する. —— *vi.* 財政にたずさわる; 投資する. [√fin-] **~ bill** 財政法案; 〘米〙金融手形.

‡**fi·nán·cial** [fįnǽnʃ(ə)l, fai-] *a.* **1** **財政上の**, 財務の, 会計の. **2** 金融の, 財界の. **~ adjustment** 財政整理. **~ book** 会計簿. **~ circles** 財界 (=the ~ world). **~ crisis** 金融恐慌. **~ operations** 〘市場の〙金融操作. **~ resources** 財源. **~ statement** 財務諸表〘貸借対照表など〙. **~ year** 会計年度 (=㊍ fiscal year).

◇ ***~·ly** *ad.*

fi·nan·cí·er [fìnənsíər, fài-/fainǽnsiər, fi-] *n.* **1** 財政家, 財務官. **2** 金融業者; 資本家, 金主.

—— *v.* [fàinənsíər, fin-] *vt.* **1** に資金を提供〔融通〕する; 〈資金を〉提供する, 融通〔調達〕する. **2** 〈金を〉詐取する. **3** から詐取する《を *out of*》: ~ a person *out of* money 人から金を巻き上げる.

—— *vi.* 財政上のやりくりをする.

~ away 〈金を〉だまし取る; 〈資金を〉投資し誤る.

finch [fintʃ] *n.* 〘鳥〙ウソの類〘スズメ科の小鳥〙.

†**find** [faind] *vt., vi.* (**found** [faund]) 《用法により目的語が省略されることがある》 **1** (偶然に) **見いだす**, 見つける; に出会う: ~ a treasure by accident ふとしたことで宝を見つける. **2** (捜して) 見いだす, 発見する, 認める: I can't ~ my key. かぎが見つからない. I ~ no sense in what you say. おっしゃることは理解しかねます. Seek, and ye shall ~. 〘聖〙捜せ, そうすれば見いだすであろう. **3** 《受動態で》見いだされる, 見受けられる, 存在する: Bears *are* not *found* in this region. この地方にはクマはすんでいない. **4** (求めて) 入手する, 獲得する: ~ a situation abroad 海外に勤め口を得る. ~ no time to sit quiet じっと静かにしている暇もつくれない. ~ favor 好意を得る, 気に入られる. **5** に**気づく**, 知る, 認知する: I *found* that I was mistaken. 自分がまちがっていたのがわかりました. I opened the case and *found* it to contain a necklace. 箱をあけてみて, 中に首飾りがはいっていることがわかった. **6** 《補語を伴って》…**の状態で発見する**, …であると知る〔思う〕: We *found* him dead in the snow. 彼を発見してみたら雪のなかで息が絶えていた. I *found* the jewel gone. (捜してみたら) 宝石がなくなっていることに気がついた. I ~ the task difficult. この仕事はむずかしいと思う. How do you ~ Japan? 日本のご感想は? **7** 〘法〙…と評決する: ~ a person guilty 人を有罪と評決する. **8** 〘法〙《直接目的を省略して》評決〔判決〕をくだす: ~ *for* [*against*] the plaintiff 原告に有利〔不利〕な判決をくだす. **9** を使用できるようになる: ~ one's tongue [voice] 再び口がきけるようになる. ~ one's head 落ち着く. **10** 〈計算の答えを〉得る: ~ the sum of several numbers 幾つかの数の合計を算出する. **11** に到達する: The arrow *found* its mark. 矢は的に当たった. Water ~*s* its own level. 水はおのずから低きにつく. **12** 入手する, 調達する, 提供する: Who will ~ the money for the expedition? 探検の資金はだれが調達〔供与〕してくれるだろうか. **13** に提供する, に支給する《を *in*》: ~ a person *in* clothes 人に衣服を支給する.

(and) all found 《給料のほかに》衣食住いっさいを支給されて: Wages £ 20 (*and*) *all found*. 給料20ポンド, 衣食住つき. ***be well found in*** の設備〔供給, 素養〕が整っている〔十分ある〕: *be well found in* classics 古典の教養がふかい. **~ one*self*** (1) 自己の天分を悟る, 自分の進むべき道を知る. (2) 自分の現在位置〔状態〕を知る: I *found myself* caught in a trap. 気がつくとわなに落ちていた. (3) (しかじかの) 気分がする: How do you ~ *yourself* today? きょうはご気分はいかがですか. (4) 自弁する: ~ one*self* in clothes 衣服を自弁で調達する. **~ one's *account in***... によって利益を得る. ***~ fault with*** を非難する, をとがめる. **~ one's *feet*** 〈赤ん坊が〉立って歩けるようになる; 一人前になる; 自分の力に自信をもつ. ***~ for*** → ⑧. ***~ it in*** one's ***heart to*** (do) …する気になる, …しようと思う《主として can, could などとともに疑問文・否定文で》. ***~ it (to) pay*** =***~ (that) it pays*** (やってみて) 割りに合う. ***~ mercy in*** a person (人) に情けをかけてもらう, (人) から恩恵を受ける. ***~ out*** (1) 発見する, 捜し出す. (2) 〈真相・事実を〉知る, 悟る; 〈人の〉真の姿を知る〔あらわす〕: I *found* him *out*. 彼の正体〔たくらみ〕を突き止めた. We *found* him *out* in a lie. 彼がうそをついていることを知った. Your sins will ~ you *out*. 悪いことをしていればやがて露見するぞ. (3) 〈罪・犯人など

を〉看破する; 〈なぞを〉解く. (4)〈方策などを〉案出する. (5)《目的語を省略して》事実をつきとめる: Never mind. I'll ～ *out*. ご心配なく. 自分で調べますから. **～ *up*** 捜し出す. **～ one's *way*** 道を求めて行く; ほねをおって進む, たどりつく; 達する; はいって来る〔行く〕《*in*》, 出て行く〔来る〕《*out*》: Can you ～ *your way* home? 帰り道はおわかりですか. **～ *what o'clock it is*** ことの真相を見抜く.

—— *n*. 1 発見. 2 発見物; 掘り出しもの: Our cook was a ～. われわれの料理人は見つけものだった. 3〘狩〙《特にキツネなどの》獲物の発見. ***have* 〔*make*〕 *a great* ～** すばらしい掘り出しものをする.

(類義語) 見つける: **find** 最も一般的で特に目に見えるものを「見つける」の意で頻用(ﾋﾝﾖｳ)される. **find out** はおもに事実を突き止めるという含みに用いられる. **discover** …についての新知識を得る: "*Discover* America" アメリカのバス会社の全国周遊割引券の名《全国を回って, いろいろと新しい知識・経験を得よ, の意》. **detect** 潜んでいるものを見つけ出す. 目的語に欠陥・犯罪など「好ましくないもの」をとることが多い: *detect* the leakage of gas ガス漏れを見つける. **ascertain** はっきりと実在することを見届ける, 確認する.

find·er [fáindər] *n*. 1 発見者; 《落とし物・忘れ物の》拾得者. 2《税関の》密輸出入品検査係. 3《望遠鏡・カメラなどの》ファインダー (=viewfinder).

fin de siè·cle [F. fɛ̃dəsjɛkl] F. 世紀末《特に19世紀の》. **—— *a*.** 1 世紀末的な《デカダン的な文芸思潮が著しかった19世紀末の》; 退廃的な, デカダン派の. 2《19世紀末の流行語として》現代的な.

find·ing [fáindiŋ] *n*. 1 発見. 2 発見物, 拾得物; (*pl*.)《委員会などの》調査結果, 答申 (事項). 3〘法〙《判事の審問によった》決定, 判決; 《陪審員の》評決, 認定. 4 (*pl*.)〘米〙《職人用の》諸道具や材料など.

†**fine**[1] [fain] *a*. (**fin·er**; **fin·est**) 1 りっぱな, みごとな, すぐれた; けっこうな, すてきな, 好ましい: a ～ view すばらしいながめ. a ～ idea いい思いつき. have a ～ time 楽しい時を過ごす. 2 晴れた, 晴れの; 晴れ渡った, 雲のない. 3 純度の高い; 純度…の: ～ silver 純銀. gold 14 carats ～純度14カラットの金. 4《粒などが》細かい, 細やかな; 手ざわり〔感触〕のよい: ～ sand きめの細かい砂. ～ rain ぬか雨. chop meat ～ 肉をこまぎれにする. ～ texture 目の細かい織物. ～ air さばさばした空気. 5《糸・ひもなどが》細い; 《手・あしなどが》すらりとした; 《ペン先が》細長の; 《ペン・鉛筆が》細字用の. 6《刃が》薄い; 《ナイフなど》よく切れる, 鋭い. 7《感覚が》鋭敏な, 敏感な. 8《差異などが》微妙な, 細かい. 9《仕事が》精巧な, 念の入った: ～ workmanship 巧みな細工. 10《人が》技術にたけた, 巧妙な: a ～ worker 腕の確かな職人. a ～ athlete 達人の域の運動家. 11《人・態度などが》洗練された, 完成された, 上品な: ～ manners 品のある身のこなし. 12《反語的》気どった, もったいぶった; ごりっぱな, たいした: You are a ～ fellow. きみはたいへんなしろものだよ. 13《人が》美しい, りっぱな; 《感情が》高尚(ｺｳｼｮｳ)な; 《物が》上等の, 上質の. 14《(…に)》適した, 《(…に)》よい《に *for*》. 15《人が》元気な, 気持ちがいい: feel ～ 元気である, 気分がいい. "How are you?" "*F*～, thank you."「ごきげんいかが」「おかげで, 元気です」16 けっこう《会話中の返事として, 主として目上から目下へ》. ***all very* ～ *and large*** もっともらしい, ほんとうらしい. **～ *and*** health とても (じょうぶ) で. ***It's all* ～, *but*...** それは大いにけっこうだけれども…. ***not to put too* ～ *a point upon it*** 露骨に〔ざっくばらんに〕言えば. ***one* ～ *day* 〔*morning*〕** ある日〔朝〕. ***one of these* ～ *days*** いつかそのうち. ***say* ～ *things*** おせじを言う《について *about*》.

—— *n*. 晴天. **(*in*) *rain or* ～** 晴雨にかかわらず.

—— *ad*. 〘話〙みごとに, うまく: The hat will suit you ～. その帽子はとても似合いますよ. ***run* 〔*cut*〕 *it too* ～** (1) すれすれのところでやる; やっとこさで成し遂げる. (2)《時間・値段などを》ぎりぎりに切り詰める. ***talk* ～** うまいことを言う. ***train an athlete too* ～** 運動家の訓練をやり過ぎる. ***work* ～** 〈計画・方法などが〉うまくゆく.

—— *vt*. 1 純化する, 精製する; 〈酒類を〉澄ませる. 2 細くする, 薄くする. **—— *vi*.** 1 純良になる; 〈液体が〉澄む. 2 細くなる, 薄くなる. **～ *away* 〔*down*, *off*〕** だんだん細く〔細かに, 薄く, 純良に〕なる〔する〕. [√fin-]

～ arts 美術《特に絵画・彫刻・建築》. **～ chemicals** 精製薬品. **～-cút** 《たばこなど》細刻みの. **～-dráw** →別項. **～ feather** (1) りっぱな衣装. (2) 健康. **～ gentleman** りっぱな紳士; 気どった紳士. **～-gráin** 〘写〙微粒子の. **～-gráined** きめの細かい. **～ paper** 〔**bill**〕 一流〔優良〕手形. **～-spún** →別項.

◇ **～-ness** *n*. ～なこと; 《金属の》純度.

fine[2] *n*. 1 罰金, 科料. 2〘英:法〙上納金. 3〘廃〙結末, 終末. ***in* ～** 終わりに; 要するに. **—— *vt*.** (**fined**; **fín·ing**) に罰金を科する; (罰金として) …を科する: ～ a person $5 人に5ドルの科料を言い渡す. [√fin- 結末 (をつける)]

fí·ne[3] [fí:ne(i)] *n*. 〘楽〙《楽曲の》終わり. [<It.]

fíne-dráw [fáindrɔ́:] *vt*. (**-dréw** [-drú:]; **-dráwn** [-drɔ́:n]) 1《縫い目がわからないくらい》巧みに縫い合わせる. 2〈針金などを〉細く引き伸ばす. 3〈議論などを〉微妙な点にまでもっていく.

◇ **～n** *a*. 1 うまく縫い合わせた. 2 細く引き伸ばした. 3《議論・区別などが》微妙精密な. 4 運動によって体重〔脂肪〕のおちた.

fíne·ly [fáinli] *ad*. 1 りっぱに, みごとに, 美しく. 2 細かく; 精巧に.

fín·er·y[1] [fáinəri] *n*. 1 はでな服装, 美服; 《一般的》美しい装い: a garden in its summer ～ 夏の装いを凝らした庭園. 2《美しい》飾り, 装身具. 3〘稀〙りっぱ, 華美.

fín·er·y[2] *n*. 〘冶〙精錬炉.

fíne-spún [fáinspʌ́n] *a*. 1 きわめて細く紡いだ; 繊細な, きゃしゃな. 2《議論・理論などが》精細な; 精密すぎて実際的でない.

fi·nésse [finés] *n*. 1《識見・判断などの》細やかさ, 鋭さ; 巧みな技巧, 手腕; 巧みな処置. 2 術策, 悪だくみ. 3〘トランプ〙フィネッス《高い点の持ち札があるのに低い点の持ち札を出して場札を取ろうとすること》. **—— *vt*., *vi*.** (**-néssed**; **-néss·ing**) (に) ～を用いる. [<F.]

†**fín·ger** [fíŋgər] *n*. 1《手の》指. 〈注〉しばしば親指 (thumb) を除いた4指をいう. 足指は toe. 2《手袋の》指. 3 指針《メーターなどの》. 4 指の幅《約4分の3インチ》; 中指の長さ《約4インチ半》. 5〘米俗〙密告者; スパイ.

burn* one's ～*s (いらぬおせっかいをして) 手をやく, 失敗する. ***by a* ～*'s breadth*** 危機一髪のところで, 危うく. ***by the* ～ *of God*** 神のみ手で, 神のお力で. ***have a* ～ *in the pie*** 分け前にあずかる; 関与する, おせっかいをする. ***have at* one's ～*s' ends* 〔～ *ends*, ～ *tips*〕** 精通している. ***His* ～*s are all thumbs*.** 彼は実に無器用だ. ***keep* one's ～*s crossed* (*that*...)** (…するように) 幸運を祈る. ***lay* 〔*put*〕 one's ～ *upon*** に指でふれる; 〈患部など〉を的確に指摘する, の場所を突き止める; はっきりと思い出す. ***let*** a thing ***slip through*** one's ～*s* とり逃がす, 掌中から逸する. ***look through*** one's ～*s at* をそっと見る, を見て見ぬふりをする. ***not lift* 〔*stir*〕 *a* ～** 横の物を縦にもしない, 少しの努力も払わない. ***put the* ～ *on*** 〘米俗〙を犯人であると密告する《警察などに》; 情報を与える《ギャング仲間などに》. ***snap* one's ～*s at*** をけいべつする. ***the index* ～** 〘おもに米〙人さし指《㊥ the fore ～, the first ～ ともいう》. ***the little* 〔*small*〕 ～** 小指. ***the middle***

[**second**] ～ 中指. **the ring** ～ 薬指. **to the end of** one**'s little** ～ 小指の先まで, 完全に(=to one's ～ tips). **turn** [**twist**] a person **around** [**round**] one**'s** (**little**) ～ (人を) 意のままにあやつる, 籠絡(ろうらく)する. **with a wet** ～ たやすく, ぞうさなく.

—— *vt.* **1** 指でさわる, いじる: Please, don't ～ the goods. 商品に手を触れないでください. **2** 取る; 〈わいろなどに〉 手を出す; 〈他人の物に〉 手をつける, くすねる. **3** 指で行なう, 指でつくる. **4** 〈バイオリンなどを〉 指でひく. **5** 〈楽譜に〉 運指法を示す. **6** 〖話〗〈犯人などを〉 指摘する 《警察で》.

—— *vi.* **1** (指で) いじる, もてあそぶ 《を *with*》. **2** 楽器を指でひく.

～ **alphabet** 指文字 《聾者用》. ～ **board** 指板 《バイオリンなどの》; 鍵盤(けんばん) 《ピアノなどの》. ～ **bowl** [**glass**] 《食後の》 指洗いばち. ～**·fish** [⏊–⏊] ヒトデ. ～ **hole** 電話のダイヤルの文字穴; ボーリングボールの握り穴. ～ **language** 《聾者の》 指話 (法). ～ **man** 〖俗〗 密告者. ～ **mark** (よごれた) 指跡. ～**·nail** [⏊–⏊] 指のつめ: to the [one's] ～*nail* 全く, すっかり; つめのあかまで. ～ **nut** 〖機〗 つまみナット. ～ **painting** 指絵画法 (で描いた絵). ～ **plate** 指板 《ドアのハンドルの周囲の金属 [磁製] 板》. ～ **pointer** 〖話〗 非難者; 嘲笑(ちょうしょう)者. ～ **post** 道しるべ. ～**·print** [⏊–⏊] 指紋; の指紋をとる. ～ **reading** 点字読法. → Braille. ～**-shaped** [⏊–⏊] 指形の. ～**·stall** [⏊–⏊] 指サック. ～ **tip** 指先: have at one's ～ *tips* 直ちに利用できる; すぐ手に入れることができる; 熟知している. to the [one's] ～ *tips* 指の先まで, よくよく, 完全に. ～ **wave** 指ウエーブ 《指による整髪》.

fín·gered [fíŋgərd] *a.* **1** 《合成語で》…指の, 指が…の: five-～ 5 本指の, 指が 5 本の. light-～ 手先の器用な. **2** 《商品など》 人手でよごれた. **3** 〖楽〗 指奏の. **4** 〖植〗 《果実など》 指状の; 《葉など》 掌状の.

fín·ger·ing[1] [fíŋgəriŋ] *n.* **1** 指でいじる [さわる] こと. **2** 〖楽〗 運指法; 運指記号.

fín·ger·ing[2] *n.* 《くつ下編み用の》 細毛糸.

fín·ger·ling [fíŋgərliŋ] *n.* 小魚 《特にサケなどの幼魚》; 非常に小さい物.

fín·i·al [fíniəl, fáin-] *n.* 〖建〗 頂華 《切り妻・尖塔(せんとう)・家具などの最上部の装飾》; 頂点, 頂上.

fín·i·cal [fínik(ə)l] *a.* **1** 《服装などに》 ひどく気をつかう, 凝り性な, 気むずかしい: be ～ *about* food 食べ物にひどくやかましい. **2** 《文体などに》 凝りすぎた, 念の入りすぎた. [＜fine[1]]

◇ ～**·ly** *ad.* **fìn·i·cál·i·ty** [fìnikǽləti] *n.*

fín·ick·ing [fínikiŋ], **fín·ick·y** [fíniki], **fín·i·kin** [fínikin] =finical.

fín·ing [fáiniŋ] *n.* 《ガラス液・酒類などの》 清澄法; (しばしば *pl.*) 清澄剤.

fi·nis [fáinis] L. *n.* 《単数のみ》 **1** 終わり, 結末. **2** 「一生の終わり, 死.

†**fín·ish** [fíniʃ] *vt.* **1** 終える, し遂げる, 済ませる, 完了 [完成] する: ～ the work 仕事を済ませる. **2** 《動名詞を目的語として》 …し終える: ～ speak*ing* 話し終える. ～ writ*ing* a report レポートを書き終える. **3** 〈本などを〉 読み終わる, 書き終わる. **4** 〈飲食物を〉 食べて [飲んで] しまう: ～ a bottle of wine 酒を一びん飲み干す. **5** 〈相手を〉 やっつける, 破滅させる, かたづける, 殺す. **6** 仕上げる, つくりあげる; みがきあげる, の最後の仕上げをする: ～ the edge with a file ふちをやすりで仕上げる. **7** の教育 [しつけ] を仕上げる; 卒業させる: Where were you ～*ed*? どこの学校を出ましたか. **8** 〈課程・学校を〉 修了する, 卒業する.

〈付記〉 他動詞, 特に語義①–④および⑧で, 目的語がしばしば省略されて自動詞化し, 文脈により「書き [話し, 食べ] 終わる」「学校を卒業する」など種々に解される: When you *finish*, just let me know. 済んだらちょっと知らせてください.

—— *vi.* **1** 終わる, 済む: The training ～*ed* before noon. 訓練は午前中に終わった. 〈注〉「事」が主語になっている. 「人」が主語のばあいは上記〈付記〉. **2** (決勝点に) 到着する: ～ second 2 等になる. **3** 〖廃〗 死ぬ.

～ **by** (do)*ing* ついに [最後には] …する: You will ～ *by* breaking your neck. しまいには首の骨を折るぞ. ～ **off** 仕上げる, 完了する; やっつける, 殺す. ～ **up** (1) 〈仕事を〉 仕上げる. (2) 〈品物を〉 使い果たす; 〈飲食物を〉 平らげる. ～ **with** …でおしまいにする, で切り上げる; と関係を絶つ, と手を切る. **have** ～**ed with** もう…はおしまいだ; もう…はごめんこうむる; もう…とは関係ない [絶交だ]: I *have* ～*ed with* such foolishness. こんなばかなことはもうたくさん.

—— *n.* **1** 終わり, 終局; 最後の場面 《キツネ狩り・競走などの》. **2** 仕上げ, 完成; 洗練. **3** 《壁の》 上塗り; 《家具などの》 塗りあげ, つや出し. **be in at the** ～ 最後の場面に参加する [立ち会う] 《もとキツネ狩りの用語》. **fight to a** ～ とことんまで戦う.

～ **line** 〖米: 運〗 決勝線. [類] → **end** 「終わる」

fín·ished [fíniʃt] *a.* **1** 終えた, 終えられた. **2** 仕上げられた, 完成した. **3** 《教養などの点で》 完全な, 申し分のない; あかぬけした, 洗練された. **4** し終えた, 終えてしまった: Are you ～? もうお済みですか? **5** だめになった, 絶望的な; 無価値の.

fín·ish·er [fíniʃər] *n.* **1** 完成者; 仕上げ工; 仕上げ機械: the ～ of the law 〖笑〗 法の完成者, 死刑執行人. **2** 〖話〗 決定的打撃 [できごと].

fín·ish·ing [fíniʃiŋ] *a.* 最後の, 仕上げの: ～ touches [strokes] 《絵などの》 仕上げ. a ～ coat 仕上げ塗り, 上塗り. a ～ school 教養 [花嫁] 学校 《若い女性に社交界に出る準備教育を授ける》.

—— *n.* (最後の) 仕上げ; (*pl.*) 〖建〗 仕上げ仕事.

fí·nite [fáinait] *a.* 限度のある, 限定 [制限] されている, 有限の. ↔ infinite. —— *n.* (the ～) 有限 (性); 《集合的》 有限物. [√fin-]

～ **verb** 〖文〗 定(形)動詞 《数・人称・時制・叙法によって定まる動詞の語形. たとえば be 動詞における am, is, are, was, were》. ◇ ～**·ly** *ad.* ～**·ness** *n.*

fín·i·tude [fínət(j)ùːd, fáin-/fáinətjuːd] *n.* 有限 (性), 限定 (性).

fink [fiŋk] *n.* 〖米俗〗 **1** ストライキ破り; 《労働者の》 スパイ. **2** くだらないやつ. —— *vi.* ～を行なう; (警察に) 密告する. ～ **out** 《活動などから》 抜ける, 手を引く; あてにならなくなる.

Fín·land [fínlənd] *n.* フィンランド 《ヨーロッパ北部の共和国. 首都 Helsinki》. ◇ ～**·er** *n.* ～ 人.

Finn [fin] *n.* フィンランド人; フィン人 《ロシア・アメリカなどに住みフィンランド語を話す》.

fín·nan [fínən] ～ ***haddie*** [***haddock***] 薫製タラ.

finned [find] *a.* **1** ひれのある. **2** 《合成語で》 …のひれのある: red-～ 赤びれの.

fín·ner [fínər] *n.* =finback.

Fínn·ic [fínik] *a.* フィン族の; フィン語 (族) の.

Fínn·ish [fíniʃ] *a.* **1** フィンランドの; フィンランド人 [語] の. **2** フィン族の. —— *n.* フィンランド語.

Fìn·no-U·gri·an [fìno(j)úːgriən/fìnojúː-] *a.* フィン人とウグリア人の.

Fìn·no-U·gric [-grik] *a.* フィノウグリック語族の 《ウラルアルタイ語族の一族. Finnish, Estonian, Hungarian などを含む》. —— *n.* フィノウグリック語.

fín·ny [fíni] *a.* **1** ひれのある; ひれ状の. **2** 魚の; 魚の多い: the ～ tribe 魚族.

Fín·sen [fíns(ə)n] ～ ***light*** [***lamp***] フィンセン光 [ランプ] 《紫外線による皮膚病治療装置》.

fiord, fjord [fjɔːrd/fjɔːd] *n.* フィヨルド, 峡江 《両岸が高い断崖(だんがい)絶壁をなしその間を奥深くはいりこんだ狭い江湾. ノルウェーの海岸に多い》. 「《牧草》.

fí·o·rin [fáiərin] ～ ***grass*** 〖植〗 コヌカグサ (redtop)

fíp·ple [fípl] *n.* 〖楽〗 管楽器の詰めせん.

fir [fəːr] *n.* 〖植〗 西洋モミ, モミの木; モミ材.

fir. firkin.

†**fire** [faiə*r*/fáiə] *n.* **1** 火. **2** たき火, 炭火, 炉火: put the kettle on the ～ やかんを火に掛ける. **3** **火事**, 火災: *F*～*!* 火事だ! **4** 火花, 閃光(せんこう), きらめき. **5**《宝石などの》輝き. **6** 熱, 熱情, 情火; 激しい想像力; 活気, 元気: speech lacking ～ 熱のない演説. **7** 火責め, 火刑;《一般的》苦難, 試練. **8** 熱病, 炎症, 激痛. **9**《強い飲料の》ほてり. **10** 砲火; 発砲, 射撃. **11**〘雅〙発光体: heavenly ～*s* 燃ゆる星辰(せいしん).

between two ～***s*** 腹背に砲火を浴びて, 板ばさみになって. ***catch*** [***take***] ～ 火がつく; 興奮する. ***Cease*** [***Commence***] ～***!*** 撃ちかたやめ〔始め〕! ～ ***and fagot***《異端者に対する》火刑. ～ ***and sword*** 戦禍. ***forest*** ～ 山火事. ***go through*** ～ ***and water*** 水火も辞せず, あらゆる危険を冒す. ***hang*** ～ なかなか発火しない; のろのろする, ぐずつく. ***lay a*** ～ 火をたく用意をする. ***line of*** ～ 弾道. ***make*** [***build***] (***a***) ～ 火をたく, 火をおこす. ***miss*** ～ <銃砲が> 不発に終わる; 失敗する. ***on*** ～ 火災を起こして, 炎上中で; 興奮して. ***open*** ～ 火ぶたをきる, 砲門を開く; 始める. ***play with*** ～《比喩的》火遊びをする, 危険なことに手を出す. ***random*** ～ 乱射. ***running*** ～ つるべ撃ち;《非難などの》連発. ***set*** ～ ***to*** に火をつける. ***set on*** ～ 燃やす, に火をつける; 興奮させる, 激させる. ***set the Thames*** [***river***, ***world***] ***on*** ～ 世間をあっと驚かせる; はなばなしいことをして名をあげる. ***stir the*** ～ 火をかき立てる. ***strike*** ～ 火をすり出す《火打ち石・マッチなどで》. ***take*** ～=catch ～. ***under*** ～ 砲火〔非難〕を浴びて.

—— *vt.* **1** に**火をつける**; 焼く. **2** <人を> 興奮させる; <感情を> 高ぶらせる, 燃え立たせる. **3** <ダイナマイトなどに> 点火する; 爆発させる. **4** <火器・弾丸を> **発砲する**, 発射する; <質問などを> 浴びせかける. **5** <陶器・れんがなどを> 焼いてつくる, 焼く. **6** 火にあててあぶる; <茶を> ほうじる. **7** の火をたく, に燃料をくべる: ～ a boiler. **8** 輝かせる. **9**〘獣医〙焼き金で焼く. **10**〘話〙投げる: ～ a stone through the window. **11**〘米話〙首にする, ほうり出す, 解雇する. —— *vi.* **1** 火がつく, 燃える, 焼ける. **2** 赤く輝く. **3** 熱を帯びる, 激しくなる. **4** 発砲する, 砲火を浴びせる; <銃砲が> 発火する, 発射される.

～ ***a salute*** 礼砲を発射する. ～ ***away*** 弾薬をどしどし撃つ〔むだ撃ちする〕;〘話〙始める, 話し始める;《命令》かかれ!, どしどしやれ! ～ ***from the hip***《ピストルを》早撃ちする; いきなり攻撃する. ～ ***off*** (1) 発砲する, 爆発させる; <ことば・非難などを> 放つ, 向ける《に *at*》. (2) <炉などの> 火を消す. ～ ***out***〘米話〙解雇する, 首にする. ～ ***up*** (1) <炉・ボイラーなどの> 火をたく. (2) いきりたつ, かっとなる. ～ one***self with anger*** いきりたつ.

～ **alarm** 火災警報; 火災報知機. ∠·**arm** [fáiə*r*-àː*r*m] (通例 *pl.*) 火器; 小火器《小銃など》. ∠·**back** [⊥⊥] (1)《炉火を反射させるための》炉の背壁. (2) キジの一種《南アジア産》. ∠·**ball** [⊥⊥] (1) 火の玉; いなずま; 大流星;〘雅〙太陽. (2)〘軍〙火球《原子爆発の際の》;《昔の》焼夷(しょうい)弾. (3)〘野球〙速球. (4)〘俗〙丸薬. (5)〘俗〙精力家. (6) 特急列車. ～ **balloon** (1) 火気風船《火力で球内の空気を熱し上昇させる》. (2) 花火気球《花火をつけた風船. 一定の高度に達すると自然に爆発する》. ～ **basket**《かがり火をたく》火かご. ～ **bell** 出火警鐘, 半鐘. ∠·**bird** [⊥⊥]〘鳥〙ムクドリモドキの一種《アメリカ産》. ～ **blast** [**blight**]《ホップの》枯縮病. ∠·**boat** [⊥⊥] 消防船. ～ **bomb** 焼夷弾. ∠·**box** [⊥⊥] (1)〘機〙《ボイラー・汽車の》火室. (2)〘古〙火打ち箱. ∠·**brand** [⊥⊥] (1) たいまつ; 燃え木. (2)《ストライキ・反抗などの》扇動者. ∠·**break** [⊥⊥]〘米〙防火帯, 防火線. ∠·**brick** [⊥⊥] 耐火れんが. ～ **brigade**〘米〙私設消防隊;〘英〙消防隊. ∠·**bug** [⊥⊥] (1)〘米〙ホタル. (2)〘米俗〙放火犯人. ∠-**call** [⊥⊥] 緊急の応援. ∠·**clay** [⊥⊥] 耐火粘土. ～ **company** (1)〘米〙消防隊. (2)〘英〙火災保険会社. ～ **control** (1)〘軍〙《軍艦などの》射撃指揮. (2) 防火, 消火. ∠·**cràck·er** (1) かんしゃく玉, 爆竹. (2)〘俗〙爆弾, 魚雷. (3)〘俗〙活動家; 一流の思想家. ∠·**damp** [⊥⊥]《炭坑内の》爆発性メタンガス. ～ **department**〘米〙(1) 消防部, 消防署;《集合的》消防部員. (2)《保険会社の》火災保険部. ∠·**dog** [⊥⊥]《炉の》まき載せ台. ～ **door**《ボイラーなどの》点火〔点検〕窓; 防火戸. ∠·**drake** [⊥⊥], ∠·**dràg·on**《ゲルマン神話の》火を吹く竜(りゅう). ～ **drill** 消防演習, 防火訓練;《学校・病院などの》火災避難訓練. ∠-**èat·er** (1) 火を食う手品師. (2) けんか好き(な人), 短気者. (3)〘米話〙消防士. ∠-**èat·ing** 勇敢な. ～ **engine** 消防ポンプ, 消防自動車. ～ **escape** 非常口, 火災避難装置《はしご・階段など》. ～ **extinguisher** 消火器. ∠-**éyed**〘雅〙目のきらきらと光る. ～ **fighter**〘米〙消防士 (fireman). ～ **fighting** 消火(活動). *∠·**fly** [⊥⊥]〘虫〙ホタル. → glowworm. ∠·**guard** [⊥⊥] (1) 炉ごうし, 炉前の囲い金網. (2)〘米〙《森林・草原の》防火地帯. (3) 防火警備員. ∠·**horse** [⊥⊥] 景気づけ. ∠·**hose** [⊥⊥] 消火ホース. ∠·**house** [⊥⊥]〘米〙=～ station. ～ **hunt**〘米〙夜間に燈火をともして行なう狩り. ～ **insurance** 火災保険. ～ **irons** 炉辺道具《火ばし・火かき棒・十能など》. ～ **ladder** 非常〔消防〕用はしご. ∠·**light** [⊥⊥]《炉の》火明かり. ∠·**lock** [⊥⊥] 火なわ銃. *∠·**man** [-mən] (*pl.* **-men**) (1) 消防士. (2) 火夫《機関・炉などの》. (3)〘野球〙救援投手. ～ **marshal**〘米〙《州や市の》消防部〔署〕長. ∠-**nèw** 真新しい (brand-new). ∠-**òf·fice**〘英〙火災保険会社(事務所). ～ **opal**〘鉱〙火タンパク石. ∠-**pan** [⊥⊥] 十能, 火ざら; 火ばち. ‡∠·**place** →別項. ∠·**plug** [⊥⊥] (1) 消火せん《略 F.P.》. (2)〘俗〙ずんぐりした. ～ **policy** 火災保険証書. ～ **pot** 火つぼ《炉・ストーブの火を入れるところ》. ∠·**pòw·er**〘軍〙火力. ～ **prevention** 防火(設備). ∠·**proof** [⊥⊥] (1) 耐火の, 防火の; 不燃性の. (2) *vt.* 耐火性にする.

～ **sale** 焼け残り品特売. ～ **screen** 火熱よけ用ついたて. ～ **ship** 焼き打ち船《燃料・爆発物を積んで放し敵船を破壊する》. ～ **shovel** 十能. *∠·**side** [⊥⊥] 炉辺; 家庭; 一家だんらん: the ～*side* chat 炉辺閑談《アメリカの F. D. Roosevelt のとった政見発表形式》. ～ **station** 消防署, 消防詰め所. ～ **step**〘軍〙《塹壕内の》発射踏み台. ∠·**stone** [⊥⊥]《暖炉用の》耐火石; 火打ち石. ～ **teazer** 火夫. ～ **tower** 小燈台;《通例山上などの》火の見やぐら. ∠·**trap** [⊥⊥]〘米〙火災のときの逃げ道のない家; 燃えやすい建物. ～ **walk(ing)** 火渡り《宗教儀式または裁判で焼けた石の上をはだしで歩くこと》. ～ **wall**〘建〙防火壁. ～ **warden**〘米〙《森林・都市・キャンプの》消防〔防火〕監督官. ∠·**wàtch·er**〘英〙(空襲) 火災警備員. ∠·**wà·ter** 火酒《ウイスキー・ブランデーなどの強い酒》. ∠·**weed** [⊥⊥] 焼け跡にすぐはえる雑草. *∠·**wood** [⊥⊥] まき, たきぎ;〘英〙たきつけ. ∠·**work** [⊥⊥] (通例 *pl.*) 花火; のろし; 才気〔情熱〕のひらめき;〘俗〙騒ぎ, 興奮. ～ **worship** 拝火(教).

◇ ∠·**less** *a.* **1** 火のない: ～*less* cooker 火なしこんろ, 蓄熱料理器. **2** 活気のない.

Fi·rén·ze [firéndze] *n.* フィレンツェ《イタリアの古都. 英語名 Florence》.

‡**fíre·place** [fáiə*r*plèis] *n.* 暖炉, ファイアプレース.

fír·er [fáirə*r*/fáiərə] *n.* **1** 点火物; 火器, …銃〔砲〕: a rapid ～ 速射砲. **2** 発砲者. **3** 放火者, 火つけ.

***fír·ing** [fáiriŋ/fáiəriŋ] *n.* **1** 発砲, 発射, 射撃. **2** 点火;《かまなどの》火入れ. **3**《陶器などの》焼成;《茶を》ほうじること. **4** 薪炭, 燃料.

～ **battery**〘軍〙砲列. ～ **iron**《獣医用の》焼きごて. ～ **line**〘軍〙火線《攻撃の最前線》;《戦闘

などの》最前線; 第一線部隊. ～ **party** 弔銃発射部隊;《銃殺刑の》射撃部隊. ～ **pin**《銃砲の》撃針. ～ **point**《可燃性油の》発火点; 発射地点. ～ **squad** =～ party. ～ **step**=fire step.

fír·kin [fə́ːrkin] *n.*《バターなどを入れる木製の》小おけ; 容量の単位《4 分の 1 バレル》.

‡**firm**[1] [fəːrm] *a.* **1 堅い, しっかりした, 堅固な**: ～ ground 堅い地面. ～ flesh しまった肉. **2** 固定した, 安定した: a tree ～ in the earth 大地に根をしっかりおろした木. **3**《比喩的》堅い, しっかりした: ～ friendship 堅い友情. a ～ determination 堅い決意. **4**〖商〗変動の少ない, 引き締まった, 手堅い: a ～ price〔market〕変動のない価格〔市況〕. ***as ～ as a rock*** 岩のように堅い.

── *ad.* しっかりと, 堅く. ***hold ～*** (***to***) (に)へばりつく; (を)固守する. ***stand ～*** 断固として譲らない.

── *vt., vi.* 堅くする〔なる〕; <価格が> 引き締まる.

◇ *～**-ness** *n.* 堅固; 堅実; 確固, 不動.

(類義語) 堅い: **firm** 堅くて「しっかりしている」. 内的な強靱(きょうじん)さを強調する: a *firm* foundation 堅固な基盤. **hard** 物質が堅い. 物質以外では表面の当たりの堅さ, 扱う上の困難を示す: *hard* rocks 堅い岩石. a *hard* problem とっつきにくい〔むずかしい〕問題. **solid** fluid (液体の) の反意語で firm にほぼ近いが, 内容の充実, 密度が暗示される: a *solid* company 内容のしっかりした〔資産・採算良好の〕会社.

firm[2] *n.*《2 人以上の合資で経営される》商会, 会社, 商館. ***long ～***〖英〗《品物を受け取って代金を払わない》いんちき会社.

fír·ma·ment [fə́ːrməmənt] *n.* (通例 the ～) 蒼穹(そうきゅう), 大空.

◇ **fìr·ma·mén·tal** [fəːrməméntl] *a.*

fír·man [fə́ːrmən, fərmɑ́ːn/fəːmɑ́ːn] *n.* (*pl.* ～**s**)《旧トルコ皇帝などの発した》勅令, 許可証.

‡**fírm·ly** [fə́ːrmli] *ad.* **堅く, しっかりと, 堅固に, 断固として.**

firn [fiərn] G. *n.*《高峰の》万年雪;《氷河の》粒状「雪.

fír·ry [fə́ːri] *a.* モミ (材)の; モミの木の多い.

†**first** [fəːrst] *a.* **1 第一の, 最初の**, いちばん初めの, 初めての: the ～ snow of the year 初雪. the ～ man *to* arrive いちばん先に着いた人. King George the *F*～ ジョージ一世. a ～ offender 初犯者. the ～ coat《壁などの》下塗り. **2** いちばん初めの方の: the ～ ten days 初めの 10日間. **3 首位の**, 第一級の, 第一流の; 最上級の, おもだった: the ～ scholar of the day 当代第一の学者. a ～ mate〖海〗一等航海士.

at ～ hand じかに, 直接に. ***at ～ sight*** [***blush, view***] ひと目見て; 一見したところでは. ***at the ～ opportunity*** 機会のありしだい. ***for the ～ time*** 初めて. ***in the ～ place*** まず第一に. ***of the ～ water*** 最高級品の《宝石類》. (***the***) ***～ thing***《最初のこととして》まず第一に, 手始めに: I'll call you (*the*) ～ *thing* when I arrive. 着きしだいきみに電話する.

── *n.* **1 第一, 最初**, 初め. **2** 第 1 位, 首席; (*pl.*) 一等品, 一級品. **3 ついたち**, 第 1 日: April the ～=the ～ of April 4 月 1 日. **4**《列車の》一等;〖英〗《大学の試験の》最優等;〖楽〗《音程の》第一度;《弦楽器の》第一弦; 第一ソプラノ; 第一バイオリン. **5**《無冠詞》《野球の》一塁 (=～ base). **6**《自動車の》低速ギア (=～ speed).

at (***the***) ***～*** 最初は, 初め(のうち)は: He looked cold *at* ～, but soon he turned out to be a kind man. 初めは冷酷そうに見えたが, じきに親切な人だとわかった《単なる first と比較. → *ad.*》. ***come in ～***《競走で》1 着になる. ***from ～ to last*** 初めから終わりまで, 終始. ***from the ～*** 初めから. ***get*** [***take***] ***a ～***〖英〗《試験で》優等をとる. ***The F～***〖英〗9 月 1 日《シャコ猟が始まる日》.

── *ad.* **1 第一に, 最初に**, まっ先に: I have many things to do. *F*～, there is the thesis to finish by next month. しなければならないことが, たくさんある. 第一に来月締め切りの論文がある. Read this book ～, and then the other one. まず (初めに) この本を読んで, 次にもう一つのにかかりなさい. **2 初めて**: when we ～ met him 彼に初めて会ったとき. **3** まず《…する》, むしろ《…の方を選ぶ》; いっそのこと: She said she would die ～. 彼女はいっそ死んでしまいたいと言った.

～ and foremost まっ先に, なにをおいても. ***～ and last*** 前後を通じて, 概して, 全体で. ***F～ come, ～ served.***〖諺〗先着順に接待, 早いもの勝ち. ***～ of all*** 第一に, まっ先に. ***～ or last*** おそかれ早かれ, いずれ. ***rank ～*** 第 1 位にいる. ***Safety ～.*** 安全第一. ***stand ～*** 先頭に立つ.

～ **aid** 応急手当. ～**-áid** 救急 (用)の: a ～*aid* kit 救急箱. ～ **base**〖野球〗一塁: get to ～ *base* 一塁へ出る; わずかに進展する. ～ **base·man**〖野球〗一塁手. ～**-be·gót·ten** 初めて生まれた. ～**-bórn** [㊥ ⌒ー] 最初に生まれた (子ども); 長男, 長女. ～ **call** 第 1 回払い込み;《株式市場の》前場. ～ **cause**《他に原因のない》第一原因; 原動力. ～**-chóp**〖インド・中国〗= first-class. ‡～**-cláss** →別項. **F～-Cóm·mon·er**〖英〗第一平民《1919 年までは下院議長 (the Speaker), いまは枢密院議長 (Lord President of the Council) をさす》. ～ **cousin** いとこ. ～ **day**《Quaker 教徒の》日曜日. ～ **edition** 初版 (本). ～ **family** 最高位の人の一家, (F～ Family) アメリカ大統領の一家; アメリカへの最初の移住者たちの子孫. ～ **feature** 主要映画. ～ **finger** 人さし指. ～ **floor**〖米〗1 階;〖英〗2 階. ～**-foot** [⌒⌒, ⌒⌒]〖スコットランド〗元旦(がんたん)初訪問客. ～ **form**〖英〗1 年(生). ～ **fruits** 初物, 初穂, 初収穫; 最初の成果〔結果〕. ～**-gèn·er·á·tion**〖米〗移民第 1 代の《一世または二世の》. *～**-hánd,** ～**-hánd** 直接の〔に〕. ～ **lady**〖米〗大統領〔州知事〕夫人; 首相夫人; (女性の) 第一人者. ～ **lieutenant**〖米〗(陸軍) 中尉. ～**-line** [⌒⌒] 前線 (の), 第一線 (の); 最も重要な, 最優良の. **F～ Lord**〖英〗長官; 総裁; 大臣: *F*～ *Lord* of the Admiralty 海軍大臣. ～ **mate**〖海〗一等航海士《副船長格》. ～ **name**《姓に対して》名(Christian name, given name). ～**-name basis**《姓でなく》名で呼び合う親しい間柄. ～ **night**《演劇の》初日. ～**-níght·er** 芝居の初日を欠かさない人, 初日の常連. ～ **papers**〖米〗第一書類《帰化手続きの第一書類》. ～**-person story** 一人称物語, 私小説. *～**-ráte** →別項. ～**-rún**《映画の》封切り興行の. ～**-rún·ner** 封切り映画館. **F～ Sea Lord**〖英〗海軍本部委員会第一軍事委員. ～ **sergeant**〖米〗陸軍曹長(そうちょう). ～ **speed**〖英〗=lowest gear. ～**-stríng** 一流の, 一級の; レギュラーの, 一軍の《運動選手など》. ～ **water**《宝石の》輝度第一級; 最高級.

◇ ～**·ly** *ad.* (まず) 第一に, 最初に.

‡**fírst-cláss** [fə́ːrstklǽs/-klɑ́ːs] *a.* **1 第一級の**, 最高級の; 一流の, 優秀な. **2**《汽車・船など》**一等の**;《郵便物について》第一種の, 第一類の.

── *ad.* **1**《旅行など》一等で, 一等客として: travel ～ 一等で旅行する. **2**〖話〗すばらしく, すてきに. ◇ ～**·er** *n.*〖話〗一流の人 [物].

fírst·ling [fə́ːrstliŋ] *n.* (通例 *pl.*) 初子《家畜の》; 初物, はしり, 初収穫; 最初の結果.

*__fírst-ráte__ [fə́ːrstréit] *a.* **1 一流の**, 最上〔最良〕の. **2**〖話〗すばらしい, すてきな. ── *ad.*〖話〗すばらしく, 非常によく. ── *n.* **1**《旧式の》一等戦艦. **2** 第一級の人〔物〕.

firth [fəːrθ] *n.* 入り江; 河口.

fisc, fisk [fisk] *n.* **1**《古代ローマの》国庫; ローマ皇帝のお手もと金. **2**〖稀〗国庫. [<L.]

fís·cal [físk(ə)l] *a.* 国庫の; 〖米〗財政の, 会計の. **——** *n.* 《スコットランド・オランダなどの》検事; 《イタリア・スペイン・ポルトガルなどの》検事総長.
～ **stamp** 収入印紙. ～ **year** 会計年度《アメリカでは7月に始まり, 6月に終わる》: the ～ *year* 1965–66 1965–66 会計年度. → calendar year.
◇ ～**·ly** *ad.* 国庫収入上; 財政〔会計〕上.

†**fish**¹ [fiʃ] *n.* (*pl.* ∽**·es** [fíʃiz], 《集合的》～) **1** 《可算的》魚, 魚類. 〈注〉通例同種の魚の複数は fish 2種以上の魚は fishes. **2** 《不可算的》魚肉: I don't like 〔eat much〕 ～. 私は魚は好きでない〔あまり食べない〕. **3** 《おもに合成語で》水生動物, 魚介類: a jelly ～ クラゲ. a shell ～ 貝; 甲殻(こうかく)動物. **4** 〖話〗人, やつ; 冷たい人間; 《トランプの》へたな相手, 「かも」: a queer ～ 妙なやつ. **5** 〖海〗揚錨(ようびょう)機. **6** (the F～es) 〖天〗魚座, 双魚宮. **7** 〖米俗〗ドル.
a ～ out of water 陸に上がったかっぱ. ***All is ～ that comes to his net.*** 〖諺〗なんでもござれ, ころんでもただでは起きない. ***a pretty kettle of ～*** 〖話〗混乱, ごった返し. (***as***) ***drunk as a ～*** 泥酔(でいすい)して. ***cry stinking ～*** 自分(の仕事)を自分でけなす. ***drink like a ～*** がぶがぶ酒を飲む. ***feed the ～es*** (1) 《魚腹を肥やす→》溺死(できし)する. (2) 船に酔う. ***have other ～ to fry*** 〖話〗ほかに大事な用事が残っている. ***land*** one's ***～*** 魚をつり上げる; 望みのものを手に入れる. ***make ～ of one, and flesh*** 〔***fowl***〕 ***of another*** 差別待遇する. ***mute as a ～*** 黙りこくっている. ***neither ～, flesh, nor fowl*** 〔***nor good red herring***〕 〖話〗なんともえたいが知れぬもの. ***The best ～ smell when they are three days old.*** 〖諺〗よい魚も三日たてば臭くなる; 珍客も三日まで(そのあとはきらわれる).
—— *vi.* **1** つりをする, 魚とりをする, 漁をする: ～ *for* trout マスづりをする. **2** 水中を捜す: ～ *for* pearls 真珠とりをする. **3** 《一般的》捜す, 探る, 求める《を *for*》. **——** *vt.* **1** 〈魚を〉つる, 捕える《網などで》. **2** (水中から) 引きあげる. **3** 《比喩的》探り出す. **3** 〈川などで〉魚とりをする: ～ the river 川でつりをする.
～ ***in troubled waters*** どさくさまぎれにうまくもうける, 火事場どろぼうをはたらく. ～ ***or cut bait*** 〖米話〗どちらかに決める《特に計画・仕事に加わるかどうか》. ～ ***out*** (1) の魚をとり尽くす. (2) 取り出す《懐中などから》; 〈秘密などを〉探り出す. ～ ***the anchor*** 〖海〗いかりを舷側(げんそく)に引きあげる. ～ ***up*** 水中から引きあげる; 捜し出す.
～ **ball** 〔**cake**〕 魚肉の揚げだんご. ∽**·bone** [⌐⌐] 魚の骨. ∽**·bowl** [⌐⌐] 《ガラス製の》金魚ばち. ～ **culture** 養魚(法). ∽**·eye** [⌐⌐] 魚眼; 月長石. ～ **factory** 水産物加工場. ～ **farm** 養魚場. ～ **fork** 魚肉用フォーク. ∽**·gig** [⌐⌐] 魚とりのやす. ～ **globe** 金魚ばち《丸いガラス製の》. ～ **glue** 魚にべ, にかわ. ～ **hawk** 〖鳥〗ミサゴ. ∽**·hook** [⌐⌐] つり針; 〖海〗収錨(しゅうびょう)かぎ. ～ **kettle** 《丸煮用の》魚なべ. ～ **knife** 《食卓用》魚ナイフ. ～ **ladder** 魚ばしご《サケなどに滝などをのぼらせるための階段状木たまり》. ∽**·line** [⌐⌐] つり糸. ～ **market** 魚市場. ～ **meal** 魚粉《肥料・飼料の干魚粉末》. ∽**·mòn·ger** 〖英〗さかな屋. ～ **oil** 魚油. ～ **paste** 魚肉ペースト《パンなどにつけて用いる練り魚肉》. ∽**·pond** [⌐⌐] 養魚池; 〖英笑〗海. ～ **pot** 筌(うえ)《ウナギ・エビ・カニなどをとるためのかご状の魚わな》. ∽**·pound** [⌐⌐] 〖米〗《魚をとる》簗(やな). ～ **sauce** 魚肉にかけるソース. ∽**·skin** [⌐⌐] (1) 魚〔サメ〕皮《木をみがくに用いる》. (2) 〖医〗サメ膚. ～**·skin disease** 片鱗癬(へんりんせん). ～ **slice** (1) 〖英〗《卓上用の》魚ナイフ. (2) 料理用魚返し. ～ **sound** 魚の浮き袋, 気胞. ～ **spear** やす《魚を突く道具》. ～ **story** 〖話〗ほら話. ∽**·tail** → 別項. ～ **torpedo** 魚雷. ∽**·wife** [⌐⌐] (*pl.* **-wives**) 魚売り女; 口ぎたない女. ∽**·worm** [⌐⌐] 《つりえさ用》ミミズ.
◇ ∽**·like** *a.* 魚のような; 冷淡な.

fish² *n.* **1** 〖海〗《マストや帆げたの》添え木. **2** 《鉄または木製でレールや梁(はり)の接合部に用いる》継ぎ目板. **——** *vt.* **1** 〈マストや帆げたを〉添え木で補強する. **2** 〈レール・梁などを〉継ぎ目板でつなぐ.
∽**·bolt** [⌐⌐] 《レールの》継ぎ目ボルト. ～ **joint** 《レール・鉄けたなどの》継ぎ目板接合. ∽**·plate** [⌐⌐] (レールの) 継ぎ目板.

*__fish·er__¹ [fíʃər] *n.* **1** 漁師, 漁夫. **2** 漁船. **3** 捕魚性の動物; 〖動〗《アメリカ産の》ウオクイテン; その毛皮. ～ ***of men*** 〖聖〗福音伝道者.
～ **boat** 漁船. 「漁船.

‡**fish·er·man** [-mən] *n.* (*pl.* **-men**) 漁師, つり人;

*__fish·er·y__ [fíʃəri] *n.* **1** 漁業, 水産業. **2** 漁場. **3** 水産会社. **4** 〖法〗漁業権. ***common ～*** 共同漁業権.

‡**fish·ing** [fíʃiŋ] *n.* **1** 魚つり, 漁業; 漁業権. **2** 漁場, つり場. **3** 漁獲. ***go*** (***out***) ***～*** 魚つりに行く.
～ **banks** 漁場. ～ **boat** 漁船, つり舟. ～ **expedition** (有利な情報収集のための)調査; (法廷での)尋問. ～ **ground** つり場. ～ **line** つり糸. ～ **net** 漁網. ～ **place** つり場. ～ **pole** 〔**rod**〕 つりざお. ～ **smack** 漁船. ～ **tackle** つり道具. ～ **worm** = fishworm.

fish·tail [fíʃtèil] *a.* 魚の尾に似た: a ～ wind 《射的で》弾道を狂わせる風. **——** *vi., n.* 〖空話〗尾翼を左右に振って速力を落とす (操縦法).

fish·y [fíʃi] *a.* **1** 魚の; 魚からなる. **2** 《臭気・味・形などが》魚のような; 生臭い. **3** 魚がたくさんいる. **4** 《目などが》どんよりとした; 《光などが》鈍い. **5** 〖話〗疑わしい, あやしい, 「くさい」: a ～ story まゆつばものの話. ◇ **-i·ly** *ad.* **-i·ness** *n.*

fisk [fisk] = fisc.

fís·sile [fís(i)l/físail] *a.* 裂ける, 裂けやすい; 《原子核などが》分裂性の. ◇ **fis·síl·i·ty** [fisíliti] *n.*

fís·sion [fíʃ(ə)n] *n.* **1** 分裂, 裂開. **2** 〖物〗《原子の》核分裂 (= nuclear ～). **3** 〖生〗分裂, 分体; 分体生殖. ～ **bomb** 原子爆弾.

fís·sion·a·ble [fíʃ(ə)nəbl] *a.* 〖物〗核分裂性の, 核分裂する. **——** *n.* (通例 *pl.*) 核分裂物質.

fís·sure [fíʃər] *n.* **1** 裂け目, 割れ目, 亀裂(きれつ), ひび. **2** 〖植・医〗裂溝(れっこう), 裂創, 裂傷. **——** *vt., vi.* 裂く, 裂ける; 割る, 割れる; ひびがはいる.
◇ ～**d** [-d] *a.* 裂けた, 亀裂の生じた.

‡**fist** [fist] *n.* **1** (握り) こぶし, げんこつ, 鉄拳(てっけん). **2** 〖話〗手: Give us your ～. 握手しよう. **3** 把握(はあく). **4** 〖話〗筆跡: write a good ～ 字がうまい. **5** 〖印〗指標 (☞). **——** *vt.* **1** こぶし〔げんこつ〕で打つ. **2** 握り締める. **3** 〖海〗〈帆などを〉扱う, 操縦する. ∽**·fight** [⌐⌐] なぐり合い. ～ **law** 強いもの勝ち, 弱肉強食. ∽**·note** [⌐⌐] 注記号 (☞) で示された注. ◇ ∽**·ful** [-fùl] *n.* 一握り分(の量).

-fist·ed [-fístid] *a.* こぶし〔握り〕の…な: close-*fisted* しっかり握った; しまり屋の. 「クサー.

fist·ic [fístik] *a.* 〖俗〗ボクシングの. **——** *n.* 〖俗〗ボ

fist·i·cuffs [fístikʌfs] *n. pl.* なぐり合い, 乱闘. ***come to ～*** なぐり合いになる. **——** *vt., vi.* (と) ～をする.

fís·tu·la [fístʃulə/-tju-] *n.* (*pl.* **-las, -lae** [-li:]) **1** 《こん虫などの》管状器管; 《鯨の》気孔. **2** 〖医〗瘻(ろう), 瘻管: anal ～ 痔瘻(じろう).

fís·tu·lar [fístʃulər/-tju-], **fís·tu·lous** [-ləs] *a.* **1** 〖植〗筒状〔管状〕の, 中空の. **2** 〖医〗瘻性の, 瘻管の.

‡**fit**¹ [fit] *a.* (**fít·ter**; **fít·test**) **1** (ぴったり) 合った, 適当な; ふさわしい, うってつけの: a ～ occasion かっこうな機会. I am hardly ～ *for* company. 私ではお相手としてぴったりしませんね. I am not ～ *to* be seen. このままでは人前に出られない. I have nothing ～ *to* wear. 着るのにふさわしいのがない. It is not

～ that you should say so. きみがそんなことを言うのはよくない. **2** 適任の, …することができる: He is ～ *for* nothing. あの男は能なしだ. **3** ぴんぴんした, じょうぶな; 《運動家などが》好調の: feel ～ からだの調子がいい. **4** 〖話〗いまにも…しそうになって, …するばかりの; 《副詞的に》…せんばかりに: I felt ～ *to* drop. いまにも倒れそうな気持ちだった. She cried ～ *to* break her heart. 心も張り裂けるほどに泣いた.

(as) ～ as a fiddle 至極元気で. ***～ to be tied*** 〖話〗逆上して, 腹を立てて. ***～ to kill*** 〖話〗すばらしく, 極度に. ***keep ～*** じょうぶでいる, からだの好調を保持する. ***the survival of the fittest*** 適者生存. ***think*** 〔***see***〕 ***～ to*** (do) …するのが適当〔最もよい〕と考える; …することに決める.

—— *v.* (**-tt-**) *vt.* **1** に合う, に適合する, にふさわしい, にぴったりする: The key does not ～ the lock. このかぎはかぎ穴にはいらない. This hat does not ～ me. この帽子は私に合わない《寸法・形・色など》. **2** 合わせる, 適合させる: ～ a garment *on* a person 衣服を人の寸法に合わせる. make the punishment ～ the crime 罰を罪にふさわしいものとする. ～ oneself *to* 〔*into*〕 one's surroundings 環境に順応する. **3** に資格をつける, に力をつける; 〖米〗に入学準備を施す: ～ oneself *for* a post ある地位に必要な資格〔知識, 技能〕を獲得する. ～ students *for* college 大学入学の予備教育をする. **4** 〈部品などを〉取り付ける, 設備する; に取り付ける《を *with*》: ～ a lens *on* a camera カメラにレンズを付ける. ～ a door *with* a new handle ドアに新しい取っ手を付ける. **5** 組み入れる, 組み合わせる, 継ぎ合わせる; 組み立てる, つくりあげる: ～ a part *into* another 部品を組み合わせる. ～ a machine 機械を組み立てる. —— *vi.* 合う, 適合する; ぴったりする, 似合う; 調和する. ***～ in*** 適合させる〔する〕; (うまく) はまり込む; 調和する《と *with*》. ***～ into*** に調和する. ***～ like a glove*** ぴったり合う. ***～ on*** 着てみる; 《仮縫いをして》着せてみる. ***～ out*** したくをする, 用意する; 装備する; 〖海〗艤装(ぎそう)する. ***～ the cap on*** あてつけを自分のことと思う〔思いあたる〕. ***～ the case*** そのばあいに適合する, 適例である. ***～ up*** 準備する, したくする; に備え付ける《を *with*》.

—— *n.* **1** 合いぐあい; 《服の》仕立てぐあい. **2** きちんと合うもの《服・くつなどの》: This is a perfect 〔right〕 ～ *for* me. これは私にぴったりだ. This coat is a poor ～. この上着はよく合わない. **3** 〖機〗接合; 接合部, 合わせ目. **4** 〖話〗準備, 用意《*for*》. **5** 〖統計〗適合度. **∽-out** →別項. **∽-up** →別項.

(類義語) **適当な**: **fit** しっくり合う→適当な: an occupation *fit* for a gentleman 紳士にふさわしい職業. **suitable** 要求・必要条件などにかなった: tracts of land *suitable* for vineyards ブドウ栽培に適した土地. **proper** 本来的に合っている, なにによりましてふさわしい: The *proper* study of mankind is man. 人間自体を研究対象にすることが人間にとっていちばん自然だ. **appropriate** ある特定な目的《日常的・一時的な目的であるばあいが多い》にかなった: be *appropriate* for school wear 学校服として適当である.

‡**fit²** *n.* **1** 《病気の》発作; ひきつけ, けいれん: a ～ of gastralgia 胃けいれん. **2** 《感情の》激発; 発作的興奮; 気まぐれ: in a ～ of anger 腹立ちまぎれに. ***beat*** a person ***into ～s*** (人を) さんざんな目に会わせる, やりこめる. ***be in ～s of laughter*** 笑いころげる, 笑いがとまらない. ***by ～s (and starts)*** 発作的に, ときどき思い出したように. ***give*** a person ***a ～*** 〖俗〗(人を) びっくりさせる; (人を) おこらせる. ***give*** a person ***～s*** (人を) こっぴどくやっつける; 〖米俗〗ひどくしかりつける, おこらせる. ***go into ～s*** 卒倒する. ***have*** 〔***throw***〕 ***a ～*** ひきつける, 気を失う; 〖話〗びっくりする; かんかんにおこる. ***when the ～ is on*** him, … (あの男) は気が向くと….

fit³ *n.* 〖古〗詩〔歌〕の一節; 歌; 物語.

fitch [fitʃ] *n.* 〖動〗ニオイネコ《ヨーロッパ産のイタチの類》; その毛 (皮); 《その毛でつくった》絵筆.

fítch·et [fítʃit], **fítch·ew** [fítʃuː] ＝fitch.

fít·ful [fítf(u)l] *a.* **1** 発作的な, 断続的な, とぎれがちの: a ～ sleep うつらうつらした眠り. **2** 気まぐれな, 変わりやすい: a ～ wind 気まぐれに吹く風.
◇ **～·ly** [-f(u)li] *ad.* **～·ness** *n.*

fít·ly [fítli] *ad.* 適当に, ぴったりと; つごうよく.

fít·ment [fítmənt] *n.* 備品, 家具; (*pl.*) ＝fittings.

fít·ness [fítnis] *n.* **1** 適当, 適切; 適合性, 《言行などが》よろしきをえること. **2** 《健康状態について》良好, 好調; 健康. ***the eternal ～ of things*** 〖倫〗事物本来の合目的性.

fít-out [fítàut] *n.* 〖話〗《旅の》したく, 用意.

fít·ted [fítid] *a.* ぴったり合う: ～ clothes.

fít·ter [fítər] *n.* **1** 《機械・備品などの》組み立て工, 取り付け人: a gas-～ ガス取り付け人. **2** 《服の仮縫いなどの》着付け係, 仕上げ係. **3** 装身具〔旅行用品〕商. **4** 仕上げ台 (＝～'s bench).

fít·ting [fítiŋ] *n.* **1** 取り付け, すえ付け. **2** 《仮縫いの》着付け, 仕上げ. **3** (通例 *pl.*) 造作, 建具, 家具; 備品, 付属品〔器具〕, 部品: gas ～*s* ガス設備. —— *a.* 適当な, 似合いの, ぴったり合う.
～ room 《衣装店などの》着付け室. **～ school** 〖米〗予備校. **～ shop** 機械の組み立て工場.
◇ **～·ly** *ad.* 適当に, ふさわしく. **～·ness** *n.*

fít-up [fítʌ̀p] *n.* 〖俗〗携帯用舞台装置: a ～ company 旅回り劇団. a ～ town 常設劇場のない町.

†**five** [faiv] *a.* 5の, 5個〔人〕の; 5歳で. —— *n.* **1** 5; 5個〔人〕; 5歳; 5時. **2** 5個〔人〕一組みのもの《バスケットボールのチームなど》. **3** 〖トランプ〗5の札; 〖クリケット〗5点打; 〖英〗5ポンド紙幣. **4** (*pl.*) 〖話〗5分利回りのもの《債券などの》. ***the bunch of ～s*** 〖俗〗こぶし; 手.
∽-and-díme, ∽-and-tén(-cent store) 〖米〗安物均一店; 廉売品店. **∽-by-∽** 〖俗〗背が低くて太った. **～-day week** 1週5日労働制. **～-finger exercise** 《ピアノ・オルガンの》5指練習. **～-gallon hat** 広ぶちの帽子《西部のカウボーイの》. **～ letter word** きたないことば《性に関することば, ののしりのことば》. **F～ Nations** 〖米史〗北アメリカ原住民イロコイ族 (Iroquois) の5族連合. **～ o'clock tea** 〖英〗午後のお茶《軽い食事に相当する》. **～ percenter** 〖米〗5分の手数料をとって政府からの契約をあっせんする人. **∽-star** [⌐⌐, ⌐⌐] (1) 五つ星の: ～-*star* general 〖米〗(陸軍) 元帥. (2) 最高の, 第一級の. **F～ Towns** イギリス Staffordshire の陶磁器製造地方の5都市《Stoke, Hanley, Burslem, Tunstall, Longton》. **∽-twén·ties** 〖米〗5年すえおき20年満期償還債券. **～-year plan** 5か年計画《ソ連・中共などの》.
◇ **∽-fóld** [-fóuld, ⌐⌐/⌐—] *a., ad.* 5重の〔に〕, 5倍の〔に〕.

fív·er [fáivər] *n.* 〖俗〗**1** 5ドル〔5ポンド〕紙幣. **2** 《一般にゲームの》5点札; 〖クリケット〗5点打.

fives [faivz] *n. pl.* 《単数扱い》〖英〗ファイブズ《ハンドボールに似た球技. 2-4人で行なう》: a ～ court ファイブズ球技場.

‡**fix** [fiks] *v.* (**～ed**, 〔おもに雅〕 **fixt**) *vt.* **1** 固定させる, 固着させる, すえる. **2** 〈住居などを〉定める; 〈娘を〉嫁にやる, かたづける. **3** 〈記憶・心に〉とどめる. **4** 〈視線・注意・疑いなどを〉じっと向ける, じっと注ぐ《に *on*》; 〈視線・注意などを〉引きとめる. **5** 捕えて放さない: ～ a person with one's eye 人をまじまじと見つめる. **6** 〈責め・罪などを〉負わせる, 帰する: ～ a blame *on* a person 人に責任を負わせる. **7** 決定する; 〈日時・価格などを〉定める, 取り決める: Meeting is ～*ed* for 3 o'clock. 会は3時の予定だ. **8** 〈部分品などを〉取り付ける, すえ付ける《に *on*》. **9** 〈染色・写真の映像を〉定着させる;

<液体を> 凝固させる, 不揮発性にする: ～ a negative (写真の) ネガを定着する. **10 直す**, 修理〔修繕〕する, 調整する: ～ the watch とけいを直す. **11** 〘おもに米〙 整える, 整とんする: ～ a room へやを整とんする. How are you ～*ed* for money? 金は用意できたか? **12**〘米話〙<食事を>したくする, <料理を>つくる: I'll ～ you lunch. 昼食を用意してあげよう. **13** <人を> 動きがとれぬようにする. **14**〘米話〙<裁判官などを> 買収する, 抱き込む; <試合などを> やおちょうでする. **15**〘話〙に仕返しをする, に復讐(ふくしゅう)する. **16** <家畜を> 去勢する. ── *vi.* **1** 固定する, 固まる; 凝固する. **2** 落ち着く, 定住する. **3** …にすることを決める; … しそうだ: I am ～*ing to* go shooting on Monday. 月曜日に猟にゆくつもりだ. It's ～*ing to* rain. 雨になりそうだ. ***～ on*** 〔***upon***〕 に決する; を選ぶ. ***～ out***〘米俗〙 艤装(ぎそう)する; に与える: ～ a person *out with* money 人に金をやる. ***～ up***〘話〙(1) 修繕する, 手入れをする. (2) 整とんする. (3) <テントなどを> 設置する, 準備する, 手配する. (4) <取引などを> 取り決める. (5) に提供する: ～ *up* a person *with* a thing 人に物を与える. (6) 仲直りする: ～ *up with* a person. (7) 着飾る; しゃれる.

── *n.* **1** 苦境, 板ばさみ. **2**《機械・心身の》調子. **3** (機械による) 位置決定《船舶・航空機の》. **4** 衣装: her wonderful wedding ～ 彼女のすばらしい嫁入り衣装. **5**〘米俗〙 やおちょう試合; 買収(されうる人). **6**〘米俗〙 麻薬注射. ***in a (pretty)* ～** 進退きわまって, 苦境に陥って. ***out of* ～**〘米話〙ぐあいが悪くなって; 《機械・からだなどの調子が》狂って. 〔類〕 → **mend**「直す」

fíx·ate [fíkseit] *vt., vi.* 固定させる〔する〕; 定着させ「る〔する〕.

fix·á·tion [fikséiʃ(ə)n] *n.* **1** 固定, 定着. **2** 色留め; 〘写〙 定着. **3**〘化〙 凝固; 《空中窒素などの》固定. **4**〘精神分析〙 病的愛着 (による成熟の早期停止).

fíx·a·tive [fíksətiv] *a.* 固着〔固定〕する, 定着性の; 色留めの. ── *n.* 〘染〙 色留め剤; 〘写〙 定着液; 〘生〙 固定液.

fíx·a·ture [fíksətʃər] *n.* 堅練り整髪油.

‡**fixed** [fikst] *a.* **1** 固定した, 一定 (不変) の. **2** (一定場所に) すえ付けの; 動かない. **3**《染色が》定着した. **4** 整とんした; したくのできた. **5**〘化〙 凝固した; 不揮発性の: ～ oil 不揮発性油. **6**《競馬など》やおちょうの.

～ acid 不揮発酸. **～ capital** 固定資本. → circulating capital. **～ charge** 固定料金; 確定負債. **～ deposit** 定期預金. **～ idea** 固定観念. **～ income** 固定収入. **～ point** 定点; 警官派出所. **～ price** 定価. **～ star**〘天〙 恒星. **～-wing aircraft** 固定翼機 《ヘリコプターに対し一般の飛行機》. ◇ **fíx·ed·ness** [fíksidnis] *n.*

fíx·ed·ly [fíksidli] *ad.* **1** 固定〔定着〕して, 安定して; 不変的に. **2** 断固〔確固〕として. **3** じっと: look ～ at… …をじっと見つめる.

fíx·er [fíksər] *n.* **1**〘写〙 定着剤〔液〕; 〘染〙 色留め剤. **2**〘米俗〙《事件を買収などで》もみ消す人, 贈賄(ぞうわい)者; 悪徳弁護士; 代弁者, 仲介人. **3**〘米俗〙 支払保険金決定者. **4** 定住者.

fíx·ing [fíksiŋ] *n.* **1** 固定, 定着; 凝固; 〘写〙 定着. **2** すえ付け, 取り付け. **3**〘米〙 修繕, 手入れ, 整理. **4** (*pl.*)〘米話〙《室内などの》設備, 備品, 造作; 装身具; 《料理の》つま.

～ solution〘写〙 定着液.

fíx·i·ty [fíksiti] *n.* **1** 定着, 固定; 《視線などの》不動. **2** 永続性, 不変性. **3** 不揮発性.

fixt [fikst] *v.* 〘おもに雅〙 fix の過去・過去分詞.

fíx·ture [fíkstʃər] *n.* **1** 造作, つくりつけ家具, (すえ付けた) 設備: a lighting ～ 照明装置. **2** (競技の) 開催日; 定期競技会. **3**《一つの職・場所に》長く居すわっている人. **4** (*pl.*)〘法〙《土地・建物に付属する》定着物; 〘商〙 定期貸し付け〔貸付金〕.

fíz·gig [fízgìg] *n.* **1** おきゃんな女. **2** 花火の一種. **3** シューッと音をたてるおもちゃ. **4** 魚とりのやす.

fizz, fiz [fiz] *n.* 《ソーダ水・シャンパンなどの》シューという音; シューシューあわだつ飲み物; 〘米〙 ソーダ水, 《ジュースにソーダを加えたような》冷たい飲み物; 〘英〙 シャンパン酒. ── *vi.* シューシュー音をたてる; シューとあわだつ. ◇ **～·y** *a.* 〘話〙 シューシューあわだつ. **～·wà·ter** ソーダ水.

fíz·zle [fízl] *n.* **1** シューという音. **2**〘米話〙 失敗. ── *vi.* **1** シューと音をたてる. **2**〘米話〙 失敗する. ***～ out*** <火が> シューと音をたてて消える; 竜頭蛇尾(りゅうとうだび)に終わる, 失敗する.

fjord = fiord.

Fl 〘廃〙 fluorine. **fl** fluid. **Fl.** Flanders; Flemish. **fl.** florin; *floruit* (L. = He [She] flourished); fluid. **f.l.** *falsa lectio* (L. = a false reading). **FLA, F.L.A.** Federal Loan Agency 連邦金融機関. **Fla., Flor.** Florida.

fláb·ber·gast [flǽbərgæst/-gɑːst] *vt.* 〘話〙 びっくりぎょうてんさせる, めんくらわせる.

fláb·by [flǽbi] *a.* **1**《筋肉などが》たるんだ, だらりとたれた; たるんだ肉の. **2** ぐにゃぐにゃした, 軟弱な. **3** 無気力な; だらだらした, 締まりのない.
◇ **-bi·ly** *ad.* **-bi·ness** *n.*

fla·bél·late [fləbéleit, -lit], **fla·bél·li·form** [fləbélifɔːrm] *a.* 〘動・植〙 扇形の.

fla·bél·lum [fləbéləm] *n.* (*pl.* **-la** [-bélə]) **1** 聖扇《儀式用の》. **2**〘動・植〙 扇状部〔器官〕.

flác·cid [flǽksid] *a.* **1** 軟弱な, ぐにゃぐにゃした, たるんだ. **2** 無気力な, 柔弱な, だらけた. ◇ **～·ly** *ad.* **～·ness** *n.* **flac·cíd·i·ty** [flæksíditi] *n.*

flack [flæk] *n.* 〘米俗〙 宣伝係 (press agent); 宣伝.

fla·con [F. flakɔ̃, ㊎⁺ flǽkən] F. *n.* 《香水などの》「小びん.

†**flag**[1] [flæg] *n.* **1** 旗; 〘海〙 旗艦旗, 司令旗: a national ～ 国旗. **2** 旗状のもの; 《セッター犬などの》ふさふさした尾; 《鳥の》羽翼; 《タカなどのあしの》長い羽毛. **3**〘テレビ〙 テレビカメラ用遮光(しゃこう)幕. **4**《第1ページの》新聞紙名. **5**《音符の》フック, かぎ. **6**《タクシーの》空車標識.

black* ～** 海賊船旗. ***Black F～s 中国の不正規兵. ***dip the* ～** 旗を少しさげて敬意をあらわす《商船が軍艦に対して》. ***～ of truce*** 休戦旗《談判を望む白旗》. ***hang out* 〔*hoist*〕 *a* ～ *half-mast high*** 半旗を掲げる, 弔意をあらわす. ***hoist* one'*s* ～**〘海〙 司令官旗を掲げる; 司令官に就任する. ***keep the* ～ *flying*** 戦い〔抵抗〕を続ける. ***red* ～** 赤旗《危険信号旗または革命旗》. ***strike* 〔*lower*〕 one'*s* 〔*the*〕 ～** 旗をおろす《敬礼・降伏のしるしとして》; 降参する; 〘海〙 司令官の地位から去る. ***white* ～** 白旗《休戦・降伏・和親のしるし》: show [hang out] the *white* ～ 白旗を掲げる, 降伏する. ***yellow* ～** 黄旗《検疫船・病院船などの》.

── *vt.* (**-gg-**) **1** に旗を立てる, 旗で飾る. **2** 旗で合い図する〔知らせる〕: ～ down a train 列車を合い図で止める. **3** <獲物を> 旗を振っておびき寄せる. **4** <ページなどに> 紙片を張る《注意のため》.

～ bearer 旗手. **～·boat** [´ ˌ] 旗艇《ボートレースの目標ボート》. **～ captain** 旗艦の艦長. **F～ Day** →別項. **～ lieutenant**〘海軍〙《将官付きの》副官または参謀. **～ list** イギリス海軍現役将官名簿. **～·man** [-mən] (*pl.* **-men**) 信号旗手; 〘米〙《鉄道の》信号手, 踏切番. **～ officer** 海軍将官《乗艦にはその位階を示す将官旗を掲げる》; 《昔は艦隊》司令官. **～·pole** [´ ˌ] 旗ざお. **～ rank** 将官の階級. **～·ship** [´ ˌ]〘海〙 旗艦. **～·staff** [´ ˌ] 旗ざお. **～ station** 〔**stop**〕 信号停車駅《旗などの信号のあるときだけ列車の止まる駅》. **～-wàg·ging**〘俗〙 (1)〘軍〙 手旗信号. (2) 挑発(ちょうはつ)的な大言壮語. **～-wàv·er** 扇動家.

flag² *vi.* (**-gg-**) **1** <帆などが> だらりとたれる; <草木が> しおれる. **2** <気力などが> 衰える, 弱る, ゆるむ; <話などが> だれる; <興味などが> 減退する, 薄れる.

flag³ *n.* **1** 板石, 敷石. **2** (*pl.*) 敷石道.
—— *vt.* (**-gg-**) に～を敷く.
～·stone [ˊ ˍ] 板石, 敷石.

flag⁴ *n.* **1** 〔植〕《ハナショウブ・アヤメ・カキツバタなど》イチハツの類; «特に» キショウブ. **2** 〔植〕ガマ. **3** 《上記植物および稲などの細長い》葉.

Flag Day *n.* **1** 〔米〕国旗制定記念日《6月14日. 1777年のこの日に星条旗をアメリカ国旗と制定》. **2** (f～ d～)〔英〕旗の日《街路上で慈善事業などの基金を募集するため小旗を売る日》.

flág·el·lant [flǽdʒilənt, flədʒél-] *n.* **1** むち打つ人. **2** (しばしば F～) 鞭打(べんだ)苦行者《13-14世紀ごろ自己をむち打って苦行を行なった狂信者一派》. —— *a.* **1** (自ら) むち打つ; むち打ちを好む. **2** 酷評する.

flág·el·late [flǽdʒilèit] *vt.* むち打つ. —— *a.* **1** むち状の. **2** 〔生〕鞭毛(べんもう)のある; 〔植〕匍匐(ほふく)枝のある. —— *n.* 鞭毛虫. ◇ **-lat·ed** [-id] *a.* =flagellate. **-la·tor** [-ər] *n.* =flagellant. **flàg·el·lá·tion** [flæ̀dʒiléiʃ(ə)n] *n.* むち打ち.

fla·gél·li·form [flədʒélifɔ̀:rm] *a.* 鞭毛状の; 細長くしなやかな.

fla·gél·lum [flədʒéləm] *n.* (*pl.* **-la** [-lə], **-lums**) **1** 〔生〕鞭毛; 〔植〕匍匐(ほふく)枝. **2** むち.

flàg·eo·lét¹ [flæ̀dʒəlét] *n.* 〔楽〕フラジオレット《6個の音孔のあるたて笛》; 《パイプオルガンの》フラジオレット音せん; 《バイオリンの》フラジオレット奏法.

flàg·eo·lét² *n.* 〔植〕隠元の一種.

flág·ging¹ [flǽgiŋ] *n.* (板石) 舗装; «集合的» 板石類; 敷石道.

flág·ging² *a.* **1** たれ下がる. **2** だれ気味の; 衰えた. —— *n.* **1** 垂下. **2** たるみ, ゆるみ.
◇ **～·ly** *ad.*

flág·gy¹ [flǽgi] *a.* イチハツ〔ショウブ〕の多い.

flág·gy² *a.* **1** 板石からなる; 板石状の. **2** (板石のように) はがれやすい.

fla·gí·tious [flədʒíʃəs] *a.* 破廉恥な; 極悪非道の, 残忍な, 凶悪な. ◇ **～·ly** *ad.* **～·ness** *n.*

flág·on [flǽgən] *n.* 大形のブドウ酒びん; 《食卓または聖餐(せいさん)式用の細口で柄・ふた・口付きの》酒びん.

flá·grant [fléigrənt] *a.* **1** 極悪の, 悪名高い: a ～ crime〔offense〕大罪. **2** 目にあまる, 目だって: a ～ error おおうべくもない〔とんでもない〕誤り. **3** 〔古〕燃える. [√fla(g)-] ◇ **～·ly** *ad.* **flá·grance** [-grəns], **flá·gran·cy** [-grənsi] *n.* 極悪; 悪名.

fla·gran·te de·lic·to [fləgrǽnti-dilíktou/flæ-] L. (= in the (open) act) 現行犯で.

flail [fleil] *n.* 《麦を打つ》からざお. —— *vt.* からざおで打つ; 打つ.

flair [flɛər] *n.* **1** 勘, 第六感; 直観力, 眼識, (生来の) 才能 «*for*»: have a ～ *for* making money 金もうけの才能がある. **2** 感覚の良さ; ひらめき; スマートさ: have no ～ at all 全くやぼったい. **3** 〔狩〕臭覚; 動物のにおい. [<F.]

flak [flæk] *n.* 〔軍〕対空砲火.
～ jacket〔**vest**〕〔米: 空軍〕空軍用防弾チョッキ.
～ suit 〔米: 空軍〕空軍用防弾服.

‡flake¹ [fleik] *n.* **1** 薄片; 一片, 断片: a ～ of cloud ちぎれ雲. ～*s* of snow 雪片. **2** 火の粉, 火花. **3** 《ペンキなどの》剝片(はくへん). **4** フレーク《穀粒を薄片状にした食料品》: corn～*s* コーンフレーク. *in* ～*s* ひらひらと.
—— *vt.* **1** はがして薄片にする, へぐ «*away, off*». **2** ひらひらと降らせる, 舞い落ちさせる. —— *vi.* **1** はげ落ちる «*away, off*». **2** (薄片となって) 舞い落ちる; <雪などが> ちらちらと降る. **～ *out*** 〔米俗〕眠りこむ《疲労のためなど》.
～ white 薄片状鉛白《顔料にする》.

flake² *n.* 魚干しだな; 網だな; 〔海〕《船の舷側に設けた作業用のつるし》足場.

flák·y [fléiki] *a.* **1** 薄片の, 薄片状の, 薄片からなる. **2** はげ落ちやすい. ◇ **-i·ly** [-li] *ad.* **-i·ness** *n.*

flam [flæm] *n.* つくり話, うそ; ぺてん. —— *vt., vi.* (**-mm-**) だます, ぺてんにかける: ～ a person off with lies うそで人をごまかす.

flám·beau [flǽmbou] *n.* (*pl.* **-beaus**, **-beaux** [-z]) たいまつ; 《装飾のある》大燭台(しょくだい).

flam·bóy·ant [flæmbɔ́iənt] *a.* **1** 《様式などが》華麗な, はでな. **2** 《色が》けばけばしい, 極彩色の. **3** 〔建〕フランボヤン様式の, 火炎式の《15-16世紀ごろのゴシック建築様式》. —— *n.* 〔植〕火炎木.
◇ **-ance** [-əns], **-an·cy** [-ənsi] *n.*

‡flame [fleim] *n.* **1** (しばしば *pl.*) 炎, 火炎. **2** 炎のような色彩〔輝き〕. **3** 情火, 情熱; 激情: a ～ of anger 怒りの炎. **4** 〔俗〕恋人, 愛人. ***burst into*** ～(*s*) ぱっと燃え上がる. ***commit to the*** ～*s* 火中に投ずる, 焼却する. ***fan the*** ～ 情熱をあおる. ***in*** ～*s* 燃えて, 火に包まれて.
—— *vi.* **1** (炎となって) 燃えあがる, 炎を発する. **2** 輝く; <顔などが> さっと赤らむ. **3** <情熱などが> 燃え上がる; 《怒りで》かっとなる. **4** 炎のように揺れる.
—— *vt.* **1** 燃やす, 焦がす. **2** のろしをあげて知らせる. ～ ***up***〔***out, forth***〕燃え立つ; かっとなっておこる. [√flag-]
～·out [ˊ ˍ] 《飛行中特に戦闘中のジェットエンジンのはたらきが》突然止まること, エンスト. **～ projector** 火炎放射器. **～·proof** [ˊ ˍ] 耐火性の; 燃えない. **～ stitch** 火炎模様織り《室内装飾用》.
～-thròw·er 〔軍〕火炎放射器. **～ tracer** 〔軍〕曳光(えいこう)弾.

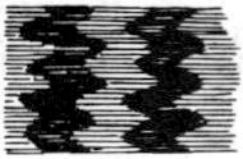
flame stitch

flá·men [fléimen] *n.* (*pl.* **flá·mens**, **flám·i·nes** [flǽmini:z])〔古ローマ〕《ある特定の神に仕える》祭司.

fla·mén·co [flɑ:méŋkou] *n.* フラメンコ《スペイン Andalusia 地方のジプシーの踊りおよびその歌曲》.

flám·ing [fléimiŋ] *a.* **1** 燃え上がる, 炎上する. **2** 《色彩などが》燃えるような; 《愛国心などが》火を吐くような, 熱烈な, 激越な. **3** 《気候など》炎熱の, 焼けつくような; 《太陽などが》ぎらぎら光る. **4** 《絵・表現など》けばけばしい, 大げさな. ◇ **～·ly** *ad.*

fla·mín·go [fləmíŋgou, flæ-] *n.* (*pl.* ～(e)s) 〔鳥〕フラミンゴ, ベニヅル.

flám·ma·ble [flǽməbl] *a.* 燃えやすい.

flám·y [fléimi] *a.* 炎のような; 燃えている.

flan [flæn] *n.* **1** 《チーズ・果実などを詰めた》菓子. **2** 《打ち抜きされていない》硬貨の金属片; 硬貨の地金《その図柄に対して》.

Flán·ders [flǽndərz/flɑ́:n-] *n.* フランダース, フランドル《ベルギー西部・オランダ南部・フランス北部を含み北海に面した中世の国の名》.

flâ·ne·rie [flɑ:n(ə)rí:, ˊˍˊ/ˊˍˍ] F. *n.* ぶらぶら歩き; 怠惰. 「なまけ者.

flâ·neur [flɑ:nə́:r, ˍˊ/ˊˍ] F. *n.* ぶらぶら歩く人;

flange [flændʒ] *n.* 〔機〕**1** フランジ; 《車輪の》輪ぶち; 《レールなどの》出ぶち; 《鉄管などの端の》つば, 耳. **2** フランジ製作機. —— *vt.* にフランジを付ける.

flank** [flæŋk] *n.* **1** 横腹; わき腹の肉《牛肉などの》. **2** 側面《山・建物の》; 〔軍〕翼《部隊・艦隊の》; 〔築城〕側堡(そくほ). ***cover the ～*s* 側面を援護する. ***in*** ～ 側面から〔において〕. ***take in*** ～ 側面を攻撃する. ***turn the enemy's*** ～ 敵の側面を迂回(うかい)して後方に出る. —— *vt.* **1** の側面に立っている; のわきにある; に境する. **2** の側面を守る; の側面を迂回する, の側面に攻撃を加える. —— *vi.* (側面を) 接する, 臨む «に *on*». **～ movement** 〔軍〕側面運動. ◇ **～·er** [-ər] *n.* (建物の) わき付け; 〔軍〕側面堡塁〔砲台〕; (通例 *pl.*)〔軍〕側衛部隊.

flán·nel [flǽn(ə)l] *n.* **1** フランネル. **2** (*pl.*) フランネル製品《はだ着・ズボンなど》. ***win* one's ～** 選手になる. **——** *a.* フランネル製の. **——** *vt.* (**-l-**, ㊥ **-ll-**) フランネルでふく〔こする〕; フランネルで包む; フランネルの衣服を着る. **～-and-óld-lace** [-ənóul(d)-lèis]〘俗〙古くさい. **～ cake** = pancake. **～-móuthed** [-máuðd, -máuθt] 口先のうまい, おせじのよい. **～ suits**〘俗〙おしゃれ; インテリ.
◇ **～·ly** [-i] *a.* **1** フランネル製の(ような). **2**《発音が》かすれた, 濁った. **flán·nel(l)ed** [-d] *a.* フランネルを着た; 運動に熱心な《特にクリケットに》.

flàn·nel·ét(te) [flænəlét] *n.* 綿ネル.

‡**flap** [flæp] *v.* (**-pp-**) *vt.* **1**〈翼などを〉**パタパタと動かす**, ひらひらさせる, 上下に動かす. **2** バタ〔パタパタ〕と音をたてて折る〔投げる〕, パタンと締める. **3**《平たい物で》**パタッとたたく**, に平手打ちをくわせる. **4**〈ハエなどを〉たたいて追い払う《*away, off*》. **——** *vi.* **1** パタパタ〔ひらひら〕動く, 翻る. **2** 上下に動く; 羽ばたきする. **3** だらりとたれ下がる《*down*》.
—— *n.* **1 はためき**. **2** 鳥の羽ばたき. **3** 平手打ち, ピシャリと打つこと〔音〕. **4 たれ下がったもの**; たれ;《帽子の》たれ耳おおい;《帽子の》広いへり,《ポケットの》たれぶた;《封筒の》折り返し片;《ちょうつがいで折りたたみのできる机・テーブルの》たれ板; 魚のえらぶた; ちょうつがいの弁;〘空〙フラップ, 下げ翼. **5**〘医〙《皮膚の》組織弁. **6** ハエたたき. **7**〘話〙興奮状態, 大騒ぎ; 危機.
∠·dòo·dle〘話〙でたらめ, たわごと, だぼら. **～ door** つりとびら, はね戸. **∠-eared** [∠∸]《犬が》耳のたれた. **∠·jack** [∠∸] (1) ホットケーキ類の菓子 (griddlecake). (2)〘おもに英〙コンパクト《化粧用》. **∠-móuthed** くちびるのゆるくたれ下がった《犬にいう》.

fláp·per [flǽpər] *n.* **1** ハエたたき. **2** はためくもの, ひらひらするもの; ちょうつがいつきのドア; ひれ. **3**《まだ飛べない》ひな鳥;《まだ社交界に出ない》小娘;〘話〙おてんば娘, フラッパー. **4** 鳴子; 記憶を呼び起こす物〔人〕. **5**〘俗〙手《人の》.

flare [flɛər] *n.* **1** 揺らめく炎; 揺らぐ光. **2** 燃え上がり;《怒りなどの》激発. **3** 閃光(せんこう)信号, 照明弾;〘写〙光斑(こうはん), フレア. **4**《朝顔形の》張り開き,《スカートの》フレア;〘海〙舷側(げんそく)の張り出し. **——** *vi.* **1** 揺れて光る, 揺らぎ燃える《*about, away, out*》. **2** ぱっと燃える《*up*》; ぎらぎら光る, 閃光を放つ. **3** 朝顔形に開く. **——** *vt.* **1** ぱっと燃え立たせる. **2** かっとおこらせる. **3** 閃光などで信号する. **4** 誇示する. **5** 朝顔形に広げる;〈スカートに〉フレアをつける. **～ *up* 〔*out*〕** ぱっと燃え上がる; かっとなっておこる. **∠·back** →別項. **～ path** 照明路《夜間飛行機着陸用の》. **∠-up** → 別項.

fláre·back [flɛ́ərbæ̀k] *n.* **1** 後炎《発砲後に砲尾から出る》;《溶鉱炉から出る》もどり火. **2** ぶり返し: a ～ of winter 冬の逆もどり.

fláre-ùp [flɛ́ər-ʌ̀p/flɛ́ərʌ̀p] *n.* **1** 燃え上がり, 閃光(せんこう). **2**〘話〙《感情の》激発; 激怒. **3** 突然の人気; 大騒ぎ.

flár·ing [flɛ́(:)riŋ/flɛ́əriŋ] *a.* **1** ゆらゆら〔めらめら〕燃える. **2** けばけばしい. **3** 朝顔形の;《舷側などが》ふくらんだ. ◇ **～·ly** *ad.*

‡**flash** [flæʃ] *vi.* **1 ぴかっと光る**, ぴかりと輝く; ぱっと発火する, 燃え上がる: a ～*ing* signal 発火信号. **2** さっと通り過ぎる, かすめ去る《*by, past*》: The swallow ～*ed by*. ツバメがさっと飛んでいった. **3**《心に》**ひらめく**,〈思い出が〉ふと浮かぶ: The idea ～*ed* into his mind. 考えがぱっと心に浮かんだ. A good idea ～*ed* on me. いい考えが頭〔心〕に浮かんだ. **4** 急に動きだす; ぱっとはいってくる《*in*》; ぱっと出る《*forth, out*》;〈水が〉どっと流れ出る;〈溶けたガラス材が〉流れ出て板にのびる. **5** ぱっと広がる,〈評判などが〉広まる《*over*》. **6**《使用後》水洗便器に水を流す.
—— *vt.* **1**〈光・火を〉ぱっと発する《*out, forth*》: His eyes ～*ed* fire. 目が火のように輝いた. **2**〈刀・宝石・目などを〉光らせる, きらきらさせる. **3**〈火薬などを〉発火〔爆破〕させる. **4**〈光を〉投ずる;〈光る物を〉向ける, 差し向ける;〈視線を〉向ける;〈微笑などを〉ちらりと見せる: ～ a beam of light *on* a thing. **5**〈映像などを〉投影する, 映写する. **6**〈ニュースを〉急報する, 打電する: ～ signals ぱっと信号を出す,〘野球〙〈サインを〉出す. **7**〘話〙見せびらかす: ～ one's diamonds. **8** の水量を急に増す. **9**〈屋根に〉雨押えをする. **10**〈ガラスに〉色ガラスをかぶせる; 不透明にする. **11**〈水を〉蒸気に変える《熱い表面に流して》. **12**〈カードを〉ちらっと見せる《配るときに》. **～ *back*** (1) 照り返す, 反射する. (2) ぐっとにらみ返す. **～ *crimson*** 〈顔が〉興奮して赤くなる. **～ *out* (*at*)** (に向かって) おこる: She ～*es out* easily. 彼女はすぐかっとなる. ***It* ～*ed on me that*…** ふと…だと気がついた〔思いついた〕.
—— *n.* **1 閃光(せんこう), きらめき**;《希望・喜びなどの》光,《機知などの》ひらめき. **2** またたく間, 一瞬間. **3**〘新聞〙至急報. **4**〘映〙瞬間場面. **5** けばけばしさ, 虚飾. **6**《せきから》切って落とした水; 水門. **7**《悪漢どうしの》隠語, 合いことば. **8**《ラム酒・ブランデーなどの》着色剤. **9**〘軍〙色分けの部隊標識, 着色記章. ***a* ～ *of lightning*** 電光(一閃). **～ *in the pan*** 《火打ち石銃の》火ざらの中で発火するだけで空発に終わること; あっけない企て, 竜頭蛇尾(りゅうとうだび); 一時的の名声. ***in a* ～** またたく間に, たちまちに, 即座に: I'll be back *in a* ～. すぐにもどってくる.
—— *a.* **1** 安ぴかの, けばけばしい. **2** にせの, 贋造(がんぞう)の. **3** 悪賢い, ずるい; 悪党の: ～ language 隠語《盗賊仲間の》. **4**〘俗〙気のきいた; 抜け目のない; ぱりっとした. **5**《あらしなど》さっと襲った, 瞬間的な.
∠·back [∠∸]〘映〙フラッシュバック《過去の思い出の場面への切り返し》. **∠·board** [∠∸] せき板, 決瀉(けっしゃ)板. **∠·bulb** [∠∸]〘写〙フラッシュバルブ, 閃光電球. **～ burn** 閃光火傷《原爆などの》. **～ card** フラッシュカード《瞬間的に見せて文字を読ませる外国語などの教授用カード》. **∠·gun** [∠∸]〘写〙フラッシュガン. **～ lamp**〘写〙フラッシュランプ. ***∠·light** [∠∸] 閃光;《燈台の》閃光《回転燈などによる》;〘米〙懐中電燈. **～ point**〘化〙《揮発性油の》引火点. **∠·tube** [∠∸] 閃光電燈,「ストロボ」.

flásh·er [flǽʃər] *n.* **1**《夜間広告用の》自動点滅装置. **2** 瀉蒸汽罐(しゃじょうきかん). **3**〘廃〙誇示する人, 虚飾者.

flásh·i·ly [flǽʃili] *ad.* **1** 閃光(せんこう)的に, きらめいて. **2** けばけばしく, いやにはでに.

flásh·ing [flǽʃiŋ] *n.* **1** 閃光;《電気の》閃弧. **2**〘土木〙決瀉(けっしゃ), せき止め木;〘建〙水返し, 雨押え. **——** *a.* きらめく, ぎらぎら輝く: a ～ lamp〔lantern〕《夜間用》発光信号燈.

flásh·y [flǽʃi] *a.* **1** 閃光のような; 一瞬の. **2** けばけばしい, 安ぴかの, 見かけ倒しの.
◇ **-i·ly** *ad.* **-i·ness** *n.*

flask [flæsk/flɑːsk] *n.* **1** フラスコ, びん; 水筒. **2**《狩猟用》火薬入れ. **3**《鋳物の》わく鋳型.

flásk·et [flǽskit/flɑ́ːs-] *n.* **1** 小形フラスコ; 小びん. **2**〘英古〙《洗たく物を入れる》浅底の長かご.

‡**flat**[1] [flæt] *a.* (**-tt-**) **1 平らな**, 平たい, 平坦(へいたん)な, でこぼこのない: ～ land 平坦地. a ～ dish 浅いさら. **2**《手・地図などが》平らに開いた, 広げた. **3** 平伏した, 横に寝た, 斜めの: The storm left the trees ～. あらしで木が横倒しになった. a ladder ～ against a wall 壁に立てかけたはしご. **4**《絵が》平板な, ふかみのない. **5**《色が》一様な, きわだたない, つやのない. **6**《食べ物が》味のない;《ビールなどが》気の抜けた. **7**《談話・冗談などが》たいくつな, つまらない. **8**《市況が》不活発な, 不景気な. **9**〘話〙元気がない; ふところの不景気な: feel ～ 意気があがら

ない. **10**《値段などが》一律の, 均一の;〔商〕利落ちの. **11** 全面的な, 絶対の, 全くの, まるっきりの: a ～ denial 全面的否定. ～ nonsense あきれたたわごと. **12** あからさまの, 露骨な: a ～ refusal けんもほろろの拒絶. a ～ warning きびしい警告. **13**〔楽〕半音下げた, 変音調の. ↔ sharp. **14**〔文〕語尾無音化派生の《形容詞 slow をそのままの形で副詞に用いるなど》. **15**〔音声〕張唇(ひろくち)の《[a] の変種としての[æ] など》.

be in a ～ spin 困っている, 手も足も出ない. ***fall ～*** (1) ばったり倒れる. (2) 失敗に帰する: The joke *fell* ～. その冗談はさっぱりききめがなかった. ***～ on the back***《病気などで》床について. ***go ～***〈タイヤが〉パンクする. ***lie ～*** ひれ伏す, 横倒しになる, 〈建物などが〉ぺしゃんこにつぶれる. ***That's ～.***〔話〕まさにそのとおりだ; 明白なところです.

—— *ad.* **1** 平らに, まっ平らに. **2** きっぱりと, そっけなく, 決然: He contradicted me ～. 彼は私の言うことをきっぱりと否定した. **3** きっかり, ちょうど: ～ five seconds = five seconds ～ 5 秒フラット《競技記録などにいう》. **4** すっかり, 全く: ～ broke 全くの文なしで. ～ aback すっかりどぎもを抜かれて. **5**〔金融〕無利息で: sell ～ 利息を勘定に入れないで売る. **6**〔楽〕半音下げて. **7**〔海〕《帆を》ぴんと張って. ***go ～ out*** 一生けんめいにやる.

—— *n.* **1** 平面, 平たい部分《手のひらなどの》. **2** 平地; (水辺の) 低地, 沼地; (通例 *pl.*) 州(す), 浅瀬. **3** 平たい物; 浅いかご; 平底船. **4**〔話〕パンクしたタイヤ. **5**〔楽〕変音《半音低い音》, 変記号《♭》: sharps and ～*s* (ピアノの)黒鍵(けん). **6**〔建〕ろく(屋根); 〔劇〕張り物. **7**〔俗〕だまされやすい人, ばか者. **8** (*pl.*)〔米〕平ぐつ《特にヒールのない婦人用の》. **9**《幼児用の》大型本: a juvenile ～. ***draw from the ～*** 臨本〔図面〕を手本として写す. ***join the ～s*** つじつまを合わせる, 筋を通す. ***on*** [***in***] ***the ～*** 紙〔画布〕に.

—— *vt., vi.* **1** 平らにのばす; 平らになる. **2**〔楽〕半音下げる〔下がる〕. **3** 単調にする〔なる〕; 気が抜ける. ～ ***out***〔米〕だんだん薄くなってゆく; 竜頭蛇尾(りゅうとうだび)に終わる.

～ **back** 背の平らな製本〔本〕. ～**·boat** [⌐⌐] 平底船. ～**-bót·tomed** 平底の. ～**·cap** [⌐⌐] 紙の判《14×17 インチ》. ～**·car** [⌐⌐]《屋根もわくもない》平台型貨車. ～**·fish** [⌐⌐] ヒラメ, カレイ. ～**·foot** [⌐⌐] 偏平足; (*pl.* **-foots**)〔米俗〕巡査. ～**-fóot·ed** [㊜+ ⌐⌐—] (1) 偏平足の. (2)〔米俗〕きっぱりした; 妥協しない: catch a person ～*footed* 人に不意打ちをくわせる. ～**-hat** [⌐⌐]〔俗〕飛行機を不必要に低空で飛ばす. ～**·head** [⌐⌐] (1) 頭の平たい. (2) 頭の平たい北アメリカ産のヘビ; 〔米俗〕まぬけ. ～**·i·ron** アイロン. ～**-nosed** [⌐⌐] 鼻の平たい. ～**·out** [⌐⌐] 最高速度の〔で〕. ～ **roof** ろく屋根. ～ **silver**〔米〕食卓用銀製食器類《ナイフ・フォークなど》. ～ **spin**《飛行機の》水平きりもみ運動. ～ **tire** パンクしたタイヤ; 〔米俗〕無気力な人. ～**·top** [⌐⌐]〔米俗〕航空母艦. ～**·ware** [⌐⌐] 食卓用の浅い食器《さら類》; 食卓用 (銀) 食器《ナイフ・フォークなど》. ～**·worm** [⌐⌐]〔虫〕偏虫《サナダムシなど》. ◇ ～**·ness** *n.* ～**·ways,** ～**·wise** *ad.* 平らに, 平たく, 平面に.

***flat**[2] *n.*〔英〕**1** フラット式住宅《各階に 1 家族が住めるようにつくったアパート》; (*pl.*) フラット式共同住宅. **2**〔英〕《建物の》階, 層.

flát·ly [flǽtli] *ad.* **1** 平たく, 平らに. **2** 単調に, 平板に, 活気なく. **3** きっぱりと, にべもなく.

flát·ten [flǽtn] *vt.* **1** 平らにする, のす. **2**〔ボクシング俗〕ノックアウトする. **3** 単調にする, つまらなくする; 無味にする. **4**〔楽〕半音下げる. **——** *vi.* **1** 平らになる. **2**〈ビールなどが〉気が抜ける. **3** 半音下がる. ～ ***out*** (1) (たたいて) のばす; 平らにならす. (2) しょげさせる. (3)〔空〕降下〔上昇〕から水平飛行に返す.

‡flát·ter [flǽtər] *vt.* **1** にお世じを言う, にこびへつらう: Don't ～ me. おせじを言うな. **2** うぬぼれさせる, 得意がらせる: You ～ me. おほめで恐縮; それほどでもないですよ. **3**《～ oneself の形で》うぬぼれる, 得意になる: ～ *oneself on* being clever [*on* one's cleverness] 頭のいいのを自慢する. ～ *oneself* with hopes of success [*that* one will succeed] 成功するものとうぬぼれる. **4**〈写真や絵が〉実物以上によく見せる, 〈着物などが姿を〉引きたたせる: This portrait ～*s* her. この肖像は実物以上だ. **5**〈感覚を〉喜ばせる: music that ～*s* the ear 耳に快い音楽. ***feel ～ed*** 大いにうれしがる, 得意になる: I *feel* ～*ed* by your invitation. お招きにあずかって光栄に存じます.

***flát·ter·er** [flǽtərər] *n.* おべっか使い.

flát·ter·ing [flǽt(ə)riŋ] *a.* **1** おせじの, へつらいの. **2** うれしがらせる, 気休めの. **3**《肖像画・伝記など》実物以上によく見せる. **4**《見込みなど》有望な. ◇ ～**·ly** *ad.*

‡flát·ter·y [flǽt(ə)ri] *n.* おせじ, へつらい, おべっか.

flát·tish [flǽtiʃ] *a.* やや平たい; やや単調〔平板〕な.

flát·u·lent [flǽtʃulənt/-tju-] *a.* **1** (ガスで) 腹が張った. **2**《弁舌が》虚勢を張った, 空虚な. ◇ ～**·ly** *ad.* **-lence** [-ləns], **-len·cy** [-lənsi] *n.*

flá·tus [fléitəs] *n.* **1** 一陣の風; 一吹きの息. **2**《胃腸内の》ガス.

flaunt [flɔ:nt] *vt.* **1** 見せびらかす, 誇示する. **2**〈旗などを〉へんぽんと翻す. **3**〔米〕侮る. **——** *vi.* **1** 見えを張る; 《はでな服装などで》得々と練り歩く. **2** へんぽんと翻る. **——** *n.* 見せびらかし, 誇示. 〔類〕→ **show**「見せる」

fláunt·ing [flɔ́:ntiŋ] *a.* 見せびらかしの, きらびやかな. ◇ ～**·ly** *ad.*

fláunt·y [flɔ́:nti] = flaunting.

fláu·tist [flɔ́:tist] *n.* 笛吹き (flutist).

fla·vés·cent [fləvésnt] *a.* 黄ばんでいく, 黄色っぽい.

flá·vin(e) [fléivi:n, flǽvin] *n.*〔化〕フラビン《樹皮などから採る黄色の有機性塩基. 染料・防腐剤・害虫駆除剤に用いる》.

‡flá·vor, ㊜ **-vour** [fléivər] *n.* **1** 味, 風味, 香味. **2** 調味料; 風味のあるもの. **3** 味わい, ふぜい, 風趣, 趣, 妙味, ゆかしさ. **4**〔古〕かおり, 芳香. **——** *vt.* に味をつける, に風味〔香気〕を添える, に趣を添える: ～ soup with garlic ニンニクでスープに味をつける.

◇ ～**·er** [fléivərər] *n.* 味〔風味〕をつける人〔物〕. ～**·ing** [-vəriŋ] *n.* 調味, 味つけ; 調味料, 薬味. ～**·less** *a.* 味〔風味〕のない; 趣のない. ～**·ous** [-vərəs] *a.* 味のよい, 風味のある, かおりの高い; 趣のある. ～**·some** [-səm] *a.* かおりのよい, 風味のある; ふぜいのある.

***flaw**[1] [flɔ:] *n.* **1**《鋳物・陶器・宝石などの》ひび, きず. **2**《性格などの》欠点, 弱点; 《法律文書・手続きなどの》不備 (の点), 欠陥. **——** *vt., vi.* にひびをはいらせる, ひびがはいる; だいなしにする〔なる〕; 無効にする: a ～*ed* gem きずのはいった宝石.

flaw[2] *n.* 突風, はやて; 短いあらし〔しけ〕. ◇ ～**·y** *a.* 突風の, 荒れもようの.

fláw·less [flɔ́:lis] *a.* きずのない; 完ぺき〔完全〕な. ◇ ～**·ly** *ad.* ～**·ness** *n.*

flax [flæks] *n.* **1**〔植〕亜麻. **2** 亜麻の繊維; 亜麻布, リンネル. ～ **brake** 麻ほぐし機. ～ **brush** = ～ lily. ～ **comb** 麻こき. ～ **lily**〔植〕マオラン《ニュージーランド原産のユリ科の植物》. ～ **plant**〔植〕亜麻. ～**·seed** [flǽkssi:d, ㊜+ flǽksi:d] 亜麻仁(あまに) (linseed). ◇ ～**·en** [-(ə)n] *a.* 亜麻 (製) の; 亜麻のような; 亜麻色の, 淡黄色の. ～**·y** [-i] *a.* 亜麻の, 亜麻に似た.

flay [flei] *vt.* **1**〈木や獣などの〉皮をはぐ, の皮をむく. **2** から金銭〔物〕をはぎ取る〔巻き上げる〕. **3** に酷評を浴びせる, こきおろす. ～ ***a flint*** あくらつに金を絞り取る.

flea [fliː] *n.* 〖虫〗ノミ; ノミのようにぴょんぴょんとぶ小虫. ***a ～ in* one's *ear*** 苦言, 手ひどい叱責(しっせき); いやみ, 当てこすり: send a person away with *a ～ in his ear* 耳の痛いことを言って人を追い払う. **～·bag** [⌐⌐] 〖俗〗スリーピングバッグ, ベッド; 安ホテル; きたない公共場所《映画館など》; (ノミのいる) 犬. **～·bane** [⌐⌐]〖植〗ノミヨケソウ《イヌジオウギクの類》. **～ beetle**〖虫〗ノミムシ, ノミトビヨロイムシ《植物の葉や若芽を食う害虫》. **～·bite** [⌐⌐] (1) ノミの食い跡; わずかな痛み〔傷〕; ささいな出費〔こと〕. (2)《白馬の》赤いぶち. **～-bìt·ten** ノミに食われた; 《馬の毛並みが》白地に赤いぶちのある. **～ market** のみの市《青空屋台》.

fleam [fliːm] *n.*〖獣医〗放血針;〖米:医〗《特に静脈切断に用いる》ランセット (lancet).

flèche [fleiʃ] F. *n.* 矢;〖建〗《ゴシック式教会の》小塔;〖築城〗突角堡(ほ).

flé·chette [fleiʃét] F. *n.*〖軍〗鋼鉄製の投げ矢《主として第1次世界大戦で飛行機から投下された》.

flèche

fleck [flek] *n.* **1**《色・光線の》斑点(はんてん), 斑; 紋, 《皮膚の》斑点, そばかす, しみ. **2** 細片. —— *vt.* に ～をつける, まだらにする.
◇ **～d** [-t] *a.* ～のある.
～·less *a.* ～のない; 汚れのない, 潔白な.

fléck·er [flékər] *vt.* ＝fleck.

fléc·tion [flékʃ(ə)n] *n.* **1** 屈曲, 湾曲(部). **2**〖文〗屈折, 語尾変化(＝inflection).
◇ **～·al** *a.*

‡**fled** [fled] *v.* flee の過去・過去分詞.

fledge [fledʒ] *vt.* **1** 〈ひな鳥を〉育てる《飛べるようになるまで》. **2** に羽をつける, 羽〔羽毛〕でおおう. —— *vi.* 〈ひな鳥が〉羽がはえそろう; 飛べるようになる.
◇ **～d** [-d] *a.* **1** 羽がはえそろった; 飛べるようになった. **2** 成人した.

flédg·ling, ㊥ flédge·ling [flédʒliŋ] *n.* **1** 羽のはえたての〔巣立ちしたばかりの〕ひな鳥. **2** 駆け出し(の若者), 青二才.

‡**flee** [fliː] *v.* (**fled** [fled]; **flée·ing**) *vi.* **1** 逃げる, 遁走(とんそう)する《から *from*》. **2** 疾走する. **3** 避ける《を *from*》. **4**《過去・過去分詞または進行形で》消える, 消散する: The fleeces are *～ing* before the wind. 白雲が風に飛んでゆく. —— *vt.* **1** から 逃げる. **2** 〈誘惑などを〉避ける.
〔類〕→**escape**「逃げる」

fleece [fliːs] *n.* **1** 羊毛; 一頭一刈り分の羊毛. **2** 羊毛状のもの; 白雲; ちらちら降る雪; (ふさふさした) 白髪: a ～ of clouds in a blue sky 青空にたなびく白雲. —— *vt.* **1**〖稀〗〈羊から〉毛を刈り取る. **2** から巻き上げる, からふんだくる《を *of*》: ～ a person *of* all his possessions 人から持ち物全部を巻き上げる. **3**《羊毛・白雲などで》おおう: The sky was *～d* with clouds. 空は白雲でおおわれていた.

fléec·y [flíːsi] *a.* 羊毛でおおわれた; 羊毛のような, ふわふわした.

fleer[1] [fliər] *vi., vt.* あざ笑う, けいべつする《を *at*》. —— *n.* あざけり, 嘲笑(ちょうしょう).

flé·er[2] [flíːər] *n.* 逃亡者, 逃げ去る人. [＜flee]

‡**fleet**[1] [fliːt] *n.* **1** 艦隊; 船隊《商船・漁船などの》. **2**《飛行機の》機隊; 《戦車・自動車などの》車隊. ***combined ～*** 連合艦隊. ***～ in being*** 現存艦隊. ***mosquito ～*** 小艦隊. ***the ～*** 海軍 (力) (the navy).
F～ Admiral〖米〗海軍元帥. **F～ Air Arm** イギリス海軍航空隊《略 F.A.A.》. **～ paymaster** 海軍主計. **～ surgeon** 海軍軍医中佐.

***fleet**[2] *vi.* **1** 〈時間・年月が〉いつしか過ぎ去る《*by*》; 飛んでいく, 飛び過ぎる《*away*》. **2**〖海〗位置を変える. —— *vt.* **1** 〈時を〉(いつしか) 過ごす. **2**〖海〗の位置を変える. —— *a.*〖雅〗**1**《馬など》快速の: be ～ *of* foot 足が速い. **2** つかのまの, はかない, 無常の. ◇ **～·ly** *ad.* 速く, 快速に. **～·ness** *n.* 快速; 無常.

fleet[3] *a.*〖方〗浅い. —— *ad.*〖方〗浅く.

fleet[4] *n.*〖方〗入り江, 小湾, 浦; 水川, 水路.

Fleet [fliːt] ***the ～ (Prison)*** 昔ロンドンの Fleet 川のそばにあった債務者を収容する有名な牢獄(ろうごく).
～ Street, the フリート街《ロンドンの新聞社街》; 《比喩的》イギリスの新聞記者たち, イギリス新聞界.

fléet·ing [flíːtiŋ] *a.* **1** 疾走する; 早く過ぎ去る. **2** つかのまの, はかない, 無常の. ◇ **～·ly** *ad.* **～·ness** *n.*

Flem. Flemish.

Flém·ing [flémiŋ] *n.* Flanders 人; フランダース語を話すベルギー人.

Flém·ish [flémiʃ] *a.* Flanders の; フランダース人〔語〕の. —— *n.* フランダース人〔語〕.
～ brick《硬質の》舗装用れんが.

flench [flentʃ], **flense** [flens/flenz] *vt.* の皮〔脂肪〕をとる《特に鯨・アザラシの》.

‡**flesh** [fleʃ] *n.* **1** 肉《骨・皮に対して》; (the ～) 肉体《霊に対し》. → spirit. **2** 肉づき, 体重; 膚; 肉色: put on ～ 肉がつく. a man of dark ～ 膚の浅黒い人. **3** 肉欲, 情欲: sins of the ～ 肉欲の罪, 不貞. **4** 人間性; 人間味. **5** 人類, 生きもの: all ～ 生きとし生けるもの. **6** 骨肉, 肉親. **7** 食肉, 獣肉《魚肉, ときに鳥肉と区別して》. 〈注〉いまは一般に meat を用いる. **8**《植物の》果肉, 葉肉. ***after the ～*** 人間並みに. ***become* 〔*be made*〕 *one ～*** (夫婦として) 一心同体となる. ***be made ～*** 肉体として具現する. ***～ and blood*** 血肉; 骨肉, 肉親; 生きた人間, 自身; 人間性, 人情; 《形容詞的に》うつし身の, 現世の. ***～ and fell*** 肉も皮も, 全身; 《副詞的に》全身ことごとく, 全く. ***gain* 〔*get*〕 *～*** 肥える. ***go the way of all ～*** 死ぬ. ***grow in ～*** 太る. ***in ～*** 太って, 肥えて. ***in ～ and blood*** 生き身の (人間として); 本人, 当人, 自身. ***in the ～*** うつし身の姿をかりて, 肉体の形で, 生きて. ***live on ～*** 肉食する. ***lose ～*** 肉が落ちる, やせる. ***make ～*** 肉がつく, 太る. ***make* a person's *～ creep*** (人を)ぞっとさせる. ***proud ～*** 肉芽, 贅肉(ぜいにく).
—— *vt.* **1** 〈猟犬を〉肉を味わわせて刺激する. **2** 残虐行為〔戦争〕に慣れさせる. **3** 〈欲情を〉かき立てる. **4** 〈刀を〉肉に刺す, 〈刀の〉ためし切りをする; 〈才能などを〉実地にためす. **5** 〈生皮から〉肉を削り取る《皮革製造で》. **6** 太らせる. **7** 〈脚本家が登場人物を〉肉づける《*out*》. —— *vi.* 肉づく, 太る.
～·brush [⌐⌐] あかすり. **～-còl·ored** 肉色の. **～-èat·er** 肉食者; 肉食動物. **～-èat·ing** 肉食性の. **～ fly** 肉バエ. **～ glove** 皮膚摩擦用手袋. **～·hook** [⌐⌐]《肉屋の》肉つるしかぎ. **～·òut** [⌐⌐/⌐⌐]〖俗〗太り過ぎた. **～ pit**〖俗〗悪所《とばく場・酒場》. **～·pot** [⌐⌐] 肉なべ. **～ side** (皮の) 裏《毛のない方のがわ》. **～ tights** 肉じゅばん. **～ tint** 人体の膚色. **～ worm** 肉うじ. **～ wound** 肉傷.
◇ **～·er** [-ər] *n.* **1** 肉削り刀. **2** 肉屋. **～·less** *a.* 肉のない.

flésh·ings [fléʃiŋz] *n. pl.*《膚色の》タイツ, 肉じゅばん.

flésh·ly [fléʃli] *a.* **1** 肉体の, 肉体的な. **2** 肉欲の, 肉欲にふける; 肉感的な. **3** 人間的な, 現世的な, 世俗的な. **～ envelope, the** 肉体.
◇ **-li·ness** *n.*

flésh·y [fléʃi] *a.* **1** 肉の, 肉体の, 肉質の. **2** 肉づきのよい, よく肥えた. **3**〖植〗《果実の》多肉質の.
◇ **-i·ness** *n.*

fletch [fletʃ] *n.* (*pl.*) 矢羽. —— *vt.* 〈矢に〉羽を付ける. ◇ **～·er** [-ər] *n.*〖古〗矢 (羽) 製造人.

fleur-de-lis [flɜ̀ːrdəlíː(s)/⌐ー⌐] F. *n.* (*pl.* ***fleurs*=**

de-lis [-líːz]) **1**〖植〗イチハツ; イチハツの花. **2** イチハツ形の紋章《1147年以来フランス王室の紋》; フランス王室, フランス.

fleur-de-lis ②

fléur·et(te) [flúː(ː)rit, flǝːrét/flúǝrit] *n.* 小花形《装飾模様》.

fléu·ry [flúːri/flúǝri] *a.*〖紋〗イチハツ花形紋で飾った.

†**flew** [fluː] *v.* fly¹ の過去形.

flex [fleks] *vt., vi.* **1**〖医〗<筋肉が関節を> 曲げる; <関節が> 曲がる. **2**〖地〗<地層を> たたみ曲げる, 撓曲(とうきょく)する. ～ one'*s* ***muscle***〖俗〗威力を示す.
—— *n.*〖電〗(延長) コード; 伸縮バンド《くつ下どめなどの》.

flex. flexible.

***fléx·i·ble** [fléksịbl] *a.* **1** 曲げやすい, 屈折性の. **2** しなやかな, 柔軟性のある, たわみやすい. **3** 適応性のある, 融通のきく, 柔順な: a ～ system [personality] 柔軟な制度 [個性]. [√flec-] ◇ **～·ness** *n.* **-bly** *ad.* **flèx·i·bíl·i·ty** [flèksịbíliṭi] *n.*

fléx·ile [fléksil/-sail] = flexible.

flex·íl·i·ty [fleksíliṭi] = flexibility.

fléx·ion = flection.

fléx·or [fléksǝr] *n.*〖医〗屈筋. → extensor.

flèx·u·ós·i·ty [flèkʃuásịti/-ɔ́s-] *n.* 屈曲性, 湾曲; 《波状の》うねり.

fléx·u·ous [flékʃuǝs] *a.* **1** 屈曲性の, 曲がりくねった, 屈曲した. **2** 波状の, 動揺する. ◇ **～·ly** *ad.*

fléx·u·ral [flékʃụrǝl] *a.*〖物〗たわみの.

fléx·ure [flékʃǝr] *n.* **1** 屈曲 (部), ひだ. **2**〖物〗たわみ;〖数〗ひずみ;〖地〗《地層の》撓曲(とうきょく).

flíb·ber·ti·gìb·bet [flíbǝrtidʒìbit/⸗—–⸗—] *n.* おしゃべりな人《特に女性》; うわ気女.

***flick** [flik] *n.* **1**《むちなどで》軽く打つこと;《指先で》軽くはじくこと: give a ～ 軽く打つ, はじく. **2** はねとばし, はね; ぐいという一揺れ: a ～ of spray しぶきのひとはね. **3** パチッという音. **4** (*pl.*)〖英俗〗映画. —— *vt.* **1** パチッと打つ [はじく]; 打ち払う, はじきとばす《*off, away*》: ～ dust *from* one's coat 上着のほこりを払う. **2** ひょいと振る; <インクなどを> ひょいと振って飛ばせる《万年筆などから》. —— *vi.* ひょいと動く; ひらひらと舞う.

flíck·er¹ [flíkǝr] *n.* **1** 光がちらちらすること, 明滅. **2** ちらちらする光;《希望などの》ひらめき. **3**《木の葉などの》揺らぎ, そよぎ. **4**〖心〗ちらつき. **5** (*pl.*)〖英俗〗映画. —— *vi.* **1** ちらつく, 明滅する; 揺らぐ. **2** <木の葉などが> そよぐ; <旗が> ひらめく. **3** 羽ばたきする; ひらひらと飛ぶ. —— *vt.* **1** 明滅させる. **2** そよがせる; 震わせる.
◇ **～·ing** [-k(ǝ)riŋ] *n.* ちらつき. **～·ing·ly** *ad.* ちらちらと, 明滅して; ひらひらと, ゆらゆらと.

flíck·er² *n.*〖米: 鳥〗《翼の裏が金色の》キツツキの一種.

flí·er [fláiǝr] *n.* **1** 飛ぶもの《鳥・こん虫・魚など》. **2** 飛行士, 飛行機. **3** 快速艇 [船, 車, 馬], 急行列車 [バス]. **4**〖機〗はずみ車;《紡績機などの》フライヤ;《印刷機の》紙あおり;《風車などの》羽根. **5**〖建〗平段《一直線の階段の1段》; (*pl.*) 一直線の階段. **6** 走り高とび, 跳躍. **7**〖米俗〗投機《特に自己の商売以外への》. **8** ちらし, 引き札, ビラ. ***take a*** ～〖スキー〗シャンツェから飛躍する.

‡**flight**¹ [flait] *n.* **1** 飛ぶこと, 飛行, 飛翔(ひしょう). **2** 飛行力; 飛行距離. **3** 飛行旅行;《定期航空路の》便: *F*～ no. 7 第7便. **4** 飛び立ち;《飛行機の》離陸;《鳥・ハチの》巣立ち. **5**《渡り鳥の》移行;《飛ぶ鳥の》群れ: a ～ of wild geese 渡るガンの一群れ. **6**〖軍〗飛行小隊. **7**《空想・野心などの》飛躍, 高揚;《才気の》ほとばしり;《言行の》奔放, 逸脱. **8** あわただしく過ぎること;《雲などの》疾過;《時間の》経過. **9** (階段の) ひとのぼり; 一続きの階段;《ハードルの》1段列: a ～ of stairs 階段. **10** (軽い) 矢; 遠矢競技; 矢の発射. **11** 斉射(せいしゃ), いっせい射撃. ***in the first*** ～ 先頭に立って, 率先して; 主要の地位を占めて. ***make*** [***take***] ***a*** ～ 飛行する. ***take*** [***wing***] one'***s*** ～ 飛行する.
—— *vi.* <鳥が> 群れをなして飛ぶ [空を渡る]. —— *vt.* <群れをなして飛んでいる鳥を> 撃つ. [<fly]
～ arrow 遠矢. **～ commander**〖英〗空軍中佐. **～ control** (離着陸の) 管制; 航空管制所. **～ control tower** 管制塔. **～ deck**《航空母艦の》飛行甲板. **～ feather**《鳥の翼の》飛び羽. **～ formation** 飛行隊形. **～ lieutenant**〖英〗空軍大尉. **～ muscle**《鳥の翼の》飛び筋. **～ officer**〖米〗空軍将校. **～ shooting**〖弓術〗遠矢競射; 飛鳥射撃. **～-test** [⸗⸗] の飛行試験を行なう.

‡**flight**² *n.* 逃走, 敗走, 脱走, 脱出. ***put*** the enemy ***to*** ～ (敵を) 敗走させる. ***take*** (***to***) ～ = ***betake*** one***self to*** ～ 逃げ出す, 逃亡する. [参考 flee]

flíght·less [fláitlis] *a.*《鳥が》飛べない.

flíght·y [fláiti] *a.* **1** 気まぐれな, とっぴな. **2** 気移りしやすい, うわついた; 無責任な. **3** 軽率な; 頭が少し変な. ◇ **-i·ly** *ad.* **-i·ness** *n.*

flím·flam [flímflæm]〖話〗*n.* **1** でたらめ, たわごと. **2** ぺてん. —— *vt.* (**-mm-**) **1** にでたらめを言う. **2** ぺてんにかける; からだまして取る《を *of*》.

flím·sy [flímzi] *a.* **1** もろい, 脆弱(ぜいじゃく)な: a ～ structure もろい建物. **2**《根拠・立論が》薄弱な, うすっぺらな, 浅薄な: a ～ pretext 見えすいた口実. —— *n.* **1** 薄紙. **2** 転写紙;《新聞記者の》薄紙原稿. **3**〖英〗電報. **4**〖俗〗紙幣.
◇ **-si·ly** *ad.* **-si·ness** *n.*

flinch [flintʃ] *vi.* ひるむ, たじろぐ, しりごむ《に *from*》: without ～*ing* 少しもひるまず, 平気で.
—— *n.* **1** たじろぎ, しりごみ. **2**〖トランプ〗札を数字の順にテーブルの上に積み上げる遊び.

flín·ders [flíndǝrz] *n. pl.* 破片, 細片. ***break*** [***fly***] ***into*** [***in***] ～ こなごなに砕ける [飛び散る].

‡**fling** [fliŋ] *v.* (**flung** [flʌŋ]) *vt.* **1** 投げる, 投げつける, 投げとばす. **2** 投げ倒す, 投げ落とす, 振りとばす. **3** 投げ入れる, 投ずる《牢獄などに》. **4** <腕などを> 急に伸ばす. **5** <軍隊を> 投入する, 急派する; <武器を> 急送する. **6**《比喩的》投ずる: ～ an answer at the questioner 質問者に答え返す. ～ a greeting at passing 通りすがりに軽くあいさつする. **7**〖雅〗<光などを> 発する, 放つ.
—— *vi.* **1** 突進する, 飛びかかる. **2** <馬が> あばれだす; <人が> はね回る《*about, out*》.
～ ***about*** 投げ散らす; はね回る. ～ one***self about*** in anger (おこって) おどりあがる, あばれる. ～ ***aside*** 投げ捨てる. ～ ***away*** 飛び出す; 投げ [振り] とばす, <金を> 乱費する, <機会などを> むだにする. ～ ***back*** 投げ返す; <敵を> 撃退する. ～ one'***s clothes on*** =～ one***self into*** one'***s clothes*** 着物をひっかける, 急いで着る. ～ ***down*** 投げ倒す, 地面にたたきつける. ～ ***in*** 投げ入れる; 景品 [おまけ] としてつける: one more article *flung in* 一つおまけして. ～ a fault ***in*** a person'***s teeth*** [***face***] (過失を) 突きつけて面責する. ～ one***self into*** に勢いよく飛び込む; <いすなど> にどしんと腰をおろす; <仕事など> に身を投ずる. ～ ***off*** さっさと立ち去る; 振り捨てる; <上着を>脱ぎ捨てる; <追っ手・尾行などを>まく. ～ one***self on*** [***upon***] …にからだをぶっつける, に飛びかかる. ～ one***self on*** [***upon***] a person'***s mercy*** (人)の慈悲心にすがる, (人)にいちずにたよる. ～ ***open*** <ドアなどを> 乱暴にあける; <ドアなどが> ぱっとあく. ～ ***out*** ほうり出す, 投げとばす; <腕などを>さっと広げる; 暴言 [悪口] を吐く《に対し *at*》; さっさと出て行く; <馬が> あばれだす. ～ ***over*** 捨て去る. ～ ***the door open*** ドアをぱっとあける. ～ ***the door to*** ドアをびしゃりと締める. ～ *up* 投げあげる; 〈腕などを〉振りあげる; 〈馬があしを〉けあげる; 非難する《を *at*》. ── *n.* **1** 投げとばすこと, 投擲(とうてき). **2** 《手足などを》振り回すこと, 伸ばすこと; 《ダンスの》活発な動作, ステップ. **3** 跳躍, 突進; 《馬などの》狂奔. **4** かって気まま; 《青年期の》わがまま, 放縦(ほうじゅう). **5** 悪口雑言(ぞうごん), 毒舌. **6** 憤激, 激怒. **7** 〔話〕試み, ためし. ***at one*** ～ 一気に, 一撃に. ***give a*** ～ 投げつける, 投げとばす, ける. ***have*** [***take***] ***a*** ～ ***at*** を攻撃する, を罵倒(ばとう)する; を試みる. ***have*** **one's** ～ 思う存分やる, したいほうだいをする, はめをはずして遊ぶ. ***in a*** ～ 憤然として. ***in full*** ～ まっしぐらに, どんどん進捗(しんちょく)して. 〔類〕→**throw**「投げる」

flint [flint] *n.* **1** 火打ち石; ライターの石. **2** きわめて堅い物; 冷酷無情なもの: a ～ and steel 火打ち石と打ち金. a heart of ～ 冷酷な心. ***(as) hard as a*** ～ 石のように堅い, がんこである. ***set*** **one's** ***face like a*** ～ 顔色一つ変えない. ***skin*** [***flay***] ***a*** ～ けちけちする, 強欲なことをする. ***wring*** [***get***] ***water from a*** ～ 不可能なことを企てる, 奇跡を行なう. ～ **corn** 硬粒種トウモロコシ. ～ **glass** フリント ガラス, 鉛ガラス《装飾用・光学機械用の高級ガラス》. ～**·head** [ˊˏ] 《火打ち石製の》矢じり. ～**·hèart·ed** 冷酷な. ～**·lock** [ˊˏ] 燧発(すいはつ)銃《昔の火打ち石式発火装置の銃》.

Flint [flint] *n.* アメリカ Michigan 州の都市.

flínt·y [flínti] *a.* **1** 火打ち石の; 火打ち石質の. **2** 火打ち石のような, きわめて堅い. **3** (極端に) がんこな; 冷酷な, 血も涙もない. ◇ **-i·ness** *n.*

flip[1] [flip] *v.* (**-pp-**) *vt.* **1** 《つめ・指で》はじく. **2** 打つ, (軽く) はたく; 〈灰などを〉軽く打って落とす《*off*》. **3** ぐいと動かす; 〈むちを〉振る, 鳴らす. ── *vi.* **1** (目がけて) ぴしっと打つ《を *at*》. **2** ぐっと動かす. **3** 〔俗〕〈人が〉反応を示す《興奮・喜びなどの》. ～ ***up*** 〈順番などを〉硬貨を指ではじき上げて決める. ── *n.* **1** 指ではじくこと; 軽いむち打ち. **2** 急にぴくっと動くこと; 《飛行機の》一飛び. ── *a.* 〔話〕= flippant. ～**-top** →別項.

flip[2] *n.* フリップ《ビール・ブランデー・サイダーなどに香料・砂糖・鶏卵などを加えて暖めた飲み物》.

flíp-flap [flípflæp], **-flop** [-flàp/-flɔp] *n.* **1** パタパタ[カタカタ]鳴る音. **2** 花火, 爆竹. **3** とんぼ返り; 《遊戯場の》回転シーソー. **4** 〔電子工学〕フリップフロップ. ── *ad.* パタパタと.

flíp·pan·cy [flípənsi] *n.* **1** 軽率, 軽薄; なまいき. **2** 軽率[軽薄]な言行; なまいきな言行.

flíp·pant [flípənt] *a.* **1** 軽率な, 軽薄な. **2** なまいきな, ぶしつけな. **3** 〔稀〕おしゃべりな. ◇ ～**·ly** *ad.*

flíp·per [flípər] *n.* ひれ状の足, 水かき《アザラシ・ウミガメ・ペンギンなどの》; (*pl.*) 潜水用ひれ足; 〔俗〕手.

flíp-top [flíptàp/-tɔp] *a.* 引き蓋(ふた)式の; 上板引き伸ばし式の.

flirt [flə:rt] *vi.* **1** 〈男女が〉恋愛遊戯をする, 「火遊び」をする. **2** もてあそぶ《を *with*》; (おもしろ半分に) 手を出す《に *with*》. **3** ひょいと動く. ── *vt.* **1** ぽいと投げる. **2** 〈鳥が尾などを〉ぴくぴくと動かす; 〈扇などを〉手ばやく動かす, はたはたと動かす.
── *n.* **1** うわ気女[男], 恋愛遊戯にふける女[男]; うわ気[恋愛ごっこ]の相手 (= flirter). **2** ぽいと投げること; 勢いよく動かすこと.
◇ ～**·er** *n.* ～**·y** [-i] *a.* = flirtatious.

flir·tá·tion [flə:rtéiʃ(ə)n] *n.* 《男女が》ふざけること, いちゃつき; 恋愛遊戯. ◇ **flir·tá·tious** [-ʃəs] *a.* 恋愛ごっこの, 「火遊び」の, うわついた, 軽薄な.

flírt·ing [flə́:rtiŋ] *a.* ふざける, いちゃつく, 恋愛遊戯的な, 「火遊び」的な. ◇ ～**·ly** *ad.*

*__flit__ [flit] *vi.* (**-tt-**) **1** 〈鳥などが〉かろやかに飛ぶ, 飛び回る: a butterfly ～*ting* from flower to flower. **2** 〈思い出などが〉(頭の中を) ふと通り過ぎる; 〈時などが〉過ぎ去る. **3** 〔スコットランド・英北部〕死ぬ; 引っ越す: moonlight ～*ting* 夜逃げ.
── *n.* **1** すーっと飛ぶこと. **2** 引っ越し; 夜逃げ.

flitch [flitʃ] *n.* **1** 塩づけにして薫製にした豚のわき腹肉, ベーコンの片側. **2** 四角に切った鯨の脂肪. **3** ヒラメの切り身. **4** 〔建〕添え板, 背板. ***the*** ～ ***of Dunmow*** 《イギリス Essex 州 Dunmow 村で》満1年と1日仲よく暮らした夫婦に贈る塩豚の片側. ── *vt.* 薄切りにする. ～ **beam** 〔建〕合梁(ごうばり).

flite [flait] *vi.* 〔古・方〕けんかする, 口論する, どなる. ── *n.* 口げんか, 口論, どなること.

flít·ing [fláitiŋ] *n.* = flite.

flít·ter[1] [flítər] *vi.* ひらひら[すーっと]飛び回る.

flít·ter[2] *n.* ひらひら飛び回るもの. ～**·mouse** [-màus] (*pl.* **-mice** [-màis]) 〔動廃〕コウモリ (bat).

flít·ting [flítiŋ] *a.* すばやい; たちまちに過ぎ去る. ◇ ～**·ly** *ad.*

flív·ver [flívər] *n.* **1** 〔米俗〕安物; 《特に》安自動車. **2** 失敗; 落第.

FLN, F.L.N. National Liberation Front 民族解放戦線《独立前のアルジェリアなどの》. [< F. *F*ront de *L*ibération *N*ationale]

†**float** [flout] *vi.* **1** 浮かぶ; 漂う, 浮動する: ～ *in* the air 空中に浮かぶ[漂う]. ～ *on* the water 水上に浮かぶ[漂う]. The canoe ～*ed* downstream. 丸木舟はゆらゆらと川下へ流れて行った. **2** 《心・目に》浮かぶ; 〈音楽が〉流れる: Idle thoughts ～*ed* through my mind. とりとめもない考えが次々に浮かんだ. **3** 〈うわさなどが〉伝わる, 広まる. ── *vt.* **1** 浮かべる, 漂わせる; 〈風がかおりを〉運ぶ. **2** 〈うわさを〉広める, 伝える. **3** 〈会社を〉設立する. **4** 〈基金を〉募集する, 〈債券を〉発行する. **5** 水浸しにする; 〈水が畑などを〉浸す. **6** 〈左官が壁を〉こてでならす. ～ ***between*** の間を迷う《気持ちの上で》.
── *n.* **1** 浮かぶもの; 浮き草; 浮氷; いかだ. **2** 《魚つり・魚網の》浮き; 浮球《水槽の水位を調節する》. **3** 浮き袋, 救命具. **4** 浮き桟橋(さんばし); 《水上飛行機の》フロート. **5** 《魚の》浮き袋. **6** 山車(だし); 《荷物運搬用の》台車. **7** 《水車・外輪船の》水かき板. **8** (しばしば *pl.*) 〔劇〕脚光; せり上げ大道具. **9** 〔米〕《買収されやすい》浮動投票者; 移動労働者. **10** 〔商〕浮動証券. **11** 〔織物〕浮き糸. **12** 《左官の》なでごて; 片目やすり. ***on the*** ～ 漂って, 浮かんで. ～**·board** [ˊˏ] 《水車の》水かき板. ～ **bridge** 浮き橋; いかだ橋. ～ **grass** = floating grass. ～**·plane** [ˊˏ] 《フロートを付けた》水上(飛行)機. ～**·stone** [ˊˏ] 軽石. ◇ ～**·a·ble** [-əbl] *a.* **1** ～できる; 水に浮く. **2** 航行できる《川にいう》.

flóat·age = flotage.

float·á·tion 〔英〕= flotation.

flóat·er [flóutər] *n.* **1** 浮かぶ人[物], 浮遊物; 浮き; 浮き尺. **2** 〔米〕浮動投票者; 不正 (移動) 投票《数か所で投票する》; 〔話〕転々と移転[転職]する人; 移動労働者. **3** 〔商〕会社設立発起人; 〔俗〕浮動証券.

flóat·ing [flóutiŋ] *a.* **1** 浮いている, 浮動する, 漂う. **2** 移動する, 流動する; 遊離した. ～ **aerodrome** 〔英〕(水上の) 浮き飛行場. ～ **anchor** 浮錨(ふびょう). ～ **battery** 浮き砲台; 浮動蓄電池. ～ **bridge** 浮き橋, 移動橋, 開閉橋. ～ **capital** 浮動資本. ～ **cargo** 〔商〕未着貨物. ～ **crane** 起重機船. ～ **dock** 浮きドック. ～ **grass** 浮き草. ～ **island** 浮き島; 一種のカスタード (custard). ～ **light** 燈台船; 夜間救命浮標. ～ **money** 遊資. ～ **population** 浮動人口. ～ **rates** 船荷税. ～ **ribs** 〔医〕遊離ろっ骨《胸骨に連結せず脊椎(せきつい)骨にのみ連なる》. ～ **stock** 〔商〕浮動株《投機的売買の対象として株主が変わりやすい株式》. ～ **supply** 〔商〕《物品・証券などの》在庫高. ～ **vote** 浮動票; 〔米〕《集合的》浮動投票者 (数).

flóat·y [flóuti] *a.* **1** 浮く, 浮揚性の. **2** 《船が》喫水の浅い.

flóc·cose [flákous/flɔ́k-] *a.* 羊毛状の; 〔植〕むら毛のある.

flóc·cu·lent [flákjulənt/flɔ́k-] *a.* 柔毛の; 毛ぶさ〔むら毛〕のような; 〖動〗綿毛〔柔毛〕におおわれた. ◇ **-lence** [-ləns] *n.*

flóc·cu·lus [flákjuləs/flɔ́k-] *n.* (*pl.* **-li** [-lài]) **1** ひとふさの柔毛〔綿毛〕. **2**〖医〗《小脳の》小葉. **3**〖天〗羊斑(ようはん)《太陽の周囲の雲状体》.

flóc·cus [flákəs/flɔ́k-] *n.* (*pl.* **-ci** [-sai]) **1** むら毛;《ライオンなど動物の尾の先端の》房毛. **2**《ひな鳥の》柔毛, 綿毛.

‡**flock**[1] [flak/flɔk] *n.* **1**《小鳥・羊などの》**群れ**. **2**《人の》群れ;《集合的》《キリストに対し》信徒;《教会の》会衆;《一家・一校の》子女: a teacher and his ～ 先生と生徒たち. **3**〖稀〗《物の》多数, 一山. ***～s and herds*** 羊の群れと牛の群れ. ***in ～s*** 群れをなして; 大ぜいで, 大挙して. ***the ～ of Christ*** 《集合的》キリスト教の(全)信者. ***the flower of the ～*** 鶏群の一鶴(いっかく), (一家の)花形.
—— *vi.* 群がる; 集まる; 大挙して来る〔行く〕.
∼·màs·ter 牧羊主, 羊飼い.

flock[2] *n.* **1** 毛ぶさ, むら毛. **2** (*pl.*) 毛〔綿〕くず; ぼろくず. **3** (*pl.*)〖化〗綿状の沈殿物. —— *vt.* 〈ふとんなどに〉～を詰める. **～ bed** 毛くず入りふとん. **～ paper** ラシャ紙. ◇ **∼·y** [-i] *a.*

floe [flou] *n.* 大浮氷;《海上に浮いている広い》氷原.

flog [flag/flɔg] *vt.* (**-gg-**) **1** むち打つ; 懲らしめる: ～ bad practice *out of* a person むち打って悪い癖を改めさせる. **2** 負かす, 打ち勝つ. **3**〖クリケット〗猛烈に打つ. **4**〖英俗〗売る. ***～ (a) dead horse*** むだぼねをおる; 古くさい論争を蒸し返す. ***～ a stream*** つり糸を水面に繰り返し投げてつる.

flóg·ging [flágiŋ/flɔ́g-] *n.* むち打ち. **～ chisel** 大「たがね.

‡**flood** [flʌd] *n.* **1** 洪水(こうずい), 出水, 大水. **2**《比喩的》**氾濫**(はんらん), 殺到, 多量: a ～ of letters 手紙の山. **3** 上げ潮, 差し潮, 満潮: ebb and ～ 潮の干満. **4**〖雅〗洋々たる水〔海, 河川〕. ***a ～ of light*** 満ちあふれる光, 燦々(さんさん)たる光. ***a ～ of tears*** あふれ出る涙. ***a ～ of words*** とうとうたる弁舌. ***at the ～*** 満潮(時)に; いい機会に. ***～ and field*** 海陸. ***～s of ink*** おびただしく書きとばすこと《論争で》. ***～s of rain*** (車軸を流す)豪雨. ***in ～*** 洪水になって;《水が》とうとうとして. ***the F～ = Noah's F～***〖聖〗ノアの洪水 (the Deluge).
—— *vt.* **1**〈水が〉…**にみなぎる**, 浸す, に浸水する. **2** に灌漑(かんがい)する; に水をたくさん注ぐ. **3**〈光が〉…に満ちあふれる; いっぱいにさす. **4** に**殺到する**: The station was *～ed with* refugees. 駅には避難民が殺到した. **5**〈川などを〉氾濫させる; あふれさせる: Don't ～ the bathtub. ふろをあふれさせてはいけない.
—— *vi.* **1**〈川が〉**あふれ出る**, 出水〔氾濫〕する. **2** 潮が差し込む〔上げる〕. **3**〈光が〉あふれる. **4**〈人や物が〉殺到する《*in*》. **5**〖医〗月経過多である. ***be ～ed out*** 洪水で家をなくす. **～ control** 治水. **～ fallowing**〖農〗冠水休閑法《休閑中に水を流して土壌媒介の病原菌を殺す法》. **∼·gate** [´ ˊ] 水門, 防潮門;《怒りなどの》はけ口. **～ lamp** 溢光(いっこう)燈. **∼·light** [´ ˊ] フラッドライト, 溢光照明(で照らす). **∼·mark** [´ ˊ] 満潮標. **～ plain**〖地〗氾濫原. **～ tide** 上げ潮. **∼·wà·ter** あふれ水. **∼·wood** [´ ˊ] 流木.

flóod·ing [flʌ́diŋ] *n.* **1** 出水, 氾濫(はんらん); 充満. **2**〖医〗産後出血; 経水流出.

†**floor** [flɔːr/flɔː] *n.* **1** 床(ゆか); 板の間; (*pl.*) 床板, 床材. **2**《建物の》階, 層: the first ～〖米〗1階;〖英〗2階. 〈注〉アメリカでは日本式. イギリスでは ground *floor* 1階, first *floor* 2階, second *floor* 3階となる. **3** (the ～) 議員席;〖米〗(議会における)発言権. **4**《取引所の》立会場. **5**《ほら穴などの》床(とこ); 海床;〖採鉱〗鉱床;〖造船〗船床《船底の平らな部分》, 底部肋材(ろくざい). **6**〖米俗〗底値, 最低価格. **7**〖映〗スタジオ: be on the ～ 映画撮影中. ***get*** 〔***obtain, have***〕 ***the ～***〖米〗発言権を得る. ***mop*** 〔***wipe***〕 ***the ～ with*** に完勝する. ***put a ～ under*** に支持を与える; を安定させる. ***take the ～***〖米〗(発言のため)起立する, 討論に加わる; ダンスに加わる.
—— *vt.* **1** に床板を張る; に石〔れんがなど〕を敷く. **2**〈相手を〉床に打ち倒す;〖俗〗徹底的に負かす, やりこめる: He was *～ed* by the problem. その問題に閉口した. **3**〈飲食物などを〉平らげる. **4**〈罰として生徒を〉床にすわらせる. ***～ the paper***〖英俗〗問題全部に回答する. ***get*** 〔***be***〕 ***～ed*** 打ち倒される, ノックアウトされる;《議論で》やっつけられる; どぎまぎする, しくじる.
∼·board [´ ˊ] 床板. **∼·cloth** [´ ˊ] 床の敷き物〖油布・リノリウムなど〗; 床ふきぞうきん. **～ lamp** 床置きスタンド〔ランプ〕, フロアスタンド《和製英語》. **～ leader**〖米〗《政党の》院内総務. **～ light** 明かり取り床窓. **～ man** = floorwalker. **～ manager**〖米〗議場指揮者; テレビの舞台監督. **～ plan**〖建〗間取り図, 平面図. **～ show**《ナイトクラブ・キャバレーなどの》アトラクション. **∼·wàlk·er**〖米〗《デパートなどの》売り場監督.

flóor·age [flɔ́ːridʒ/flɔ́ːr-] *n.* 床面積.

flóor·er [flɔ́ːrər/flɔ́ːrə] *n.* **1** 床張り人. **2** 床に打ち倒す人. **3**〖俗〗大打撃; 難題. **4**〖九柱戯〗柱を全部倒す一投げ.

flóor·ing [flɔ́ːriŋ/flɔ́ːriŋ] *n.* **1** 床; 床張り. **2** 床張り材料, 床材, フローリング.

flóo·zy, -sy, -zie [flúːzi] *n.* 〖米俗〗 **1** じだらくな女〔娘〕. **2** 女, 娘; 平凡な気だてのいい娘.

flop [flap/flɔp] *v.* (**-pp-**) *vt.* **1** ばたり〔どすん〕と投げ出す, ばたり〔どすん〕と落とす《*down*》: ～ one's book on the desk 机に本を投げ出す. ～ oneself *down* どすんとすわる. **2**〈尾や翼などを〉ばたばた動かす. —— *vi.* **1** ばたりと倒れる〔落ちる, すわる, ひざまずく〕; ごろりと寝ころぶ《*down*》: ～ *down on* 〔*into*〕 the chair. **2** ずしっずしっと歩く. **3** はためく. **4** がらりと変わる, 変節する《*over*》. **5**〖話〗不成功に終わる. **6**〖俗〗眠る. —— *n.* **1** ばたりと落とす〔倒れる〕こと; ばたばたすること; ボタリという音. **2** ずしずし歩き. **3** へま, 失敗; 失敗作〔者〕. **4**〖米俗〗寝場所, 安宿; そまつな寝台. ***go ～*** 失敗する. ***take a ～*** 倒れる, ころぶ. —— *ad.* ばたりと, ぼとりと. ***fall ～*** ばたりと倒れる〔落ちる〕.
∼-eared [´ ˊ]《猟犬など》耳のたれた. **∼·house** [´ ˊ]〖米俗〗どや, 安宿《通常男子用》. **∼·ò·ver** テレビ映像が上下に動くこと.

flóp·per [flápər/flɔ́pə] *n.* 〖米俗〗 **1** 浮浪者, ルンペン. **2** 変節者, 寝返りをうつ人. **3**《羽をばたばたさせる》カモのひな鳥.

flóp·py [flápi/flɔ́pi] *a.* **1**〖俗〗ばたばたする. **2** だらけた, 締まり〔だらし〕のない. **3**《衣服が》だぶだぶの.

fló·ra [flɔ́ːrə/flɔ́ːrə] *n.* (*pl.* **～s, fló·rae** [-riː])《一地方または一時代特有の》植物相, 植物(群), 植物区系; 植物誌. → fauna.

Fló·ra [flɔ́ːrə/flɔ́ːrə] *n.* 《ローマ神話の》花の女神.

fló·ral [flɔ́ːrəl/flɔ́ːr-] *a.* **1** 花の; 植物(群)の. **2** 花のような. **3** 花の女神 (Flora) の. [√flor-]
～ emblem《国・州・都市などを》象徴する花. **～ envelope**〖植〗花蓋(かがい). **～ zone** 植物帯《ある植物の生育する地域》. ◇ **～·ly** [-i] *ad.*

Flór·ence [flɔ́ːrəns, flár-/flɔ́r-] *n.* フローレンス《イタリア中部の都市. イタリア語では Firenze》.

Flór·en·tine [flɔ́ːrəntìːn, flár-/flɔ́rəntain] *a.* Florence の. —— *n.* フローレンス人; (f～) あや絹の一種.

flo·rés·cent [florésnt/flɔː-] *a.* 開花した; 花盛りの. [√flor-] ◇ **-cence** [-sns] *n.* 開花, 盛り; 開花期, 全盛期.

fló·ret [flɔ́ːrit/flɔ́ːr-] *n.* 小花;〖植〗《菊科植物の》「小筒花.

fló·ri·at·ed [flɔ́ːrièitid/flɔ́ːr-] *a.* 花模様の装飾を施した. ◇ **flò·ri·á·tion** [flɔ̀ːriéiʃ(ə)n/flɔ̀ːr-] *n.*

花模様装飾.

fló·ri·cul·ture [flɔ́:rikʌ̀ltʃər/flɔ́:r-] *n.* 《特に温室の》草花栽培(法), 花つくり. ◇ **flò·ri·cúl·tur·al** [⌐—kʌ́ltʃ(ə)rəl] *a.* **flò·ri·cúl·tur·ist** [-rist] *n.*

flór·id [flɔ́:rid, flɑ́r-/flɔ́r-] *a.* **1** はなやかな, はでな, 華麗〔華美〕な, けばけばしい: a ～ prose style 美文体. a ～ speaker 美辞麗句を多用する演説家. **2** 《顔色など》赤らんだ, 血色のよい. **3** 〔稀〕花で飾った, 花の多い. [√flor-]
◇ ～**·ly** *ad.* ～**·ness** *n.*

Flór·i·da [flɔ́:ridə, flɑ́r-/flɔ́r-] *n.* フロリダ《アメリカ南東部の州. 略 Fla., Flor.》

Flór·i·dan [flɔ́:ridn, flɑ́r-/flɔ́r-], **Flo·ríd·i·an** [florídiən/flɔ-] *a.* Florida の. —— *n.* フロリダ州の住民.

flo·ríd·i·ty [florídəti/flɔ-] = floridness.

flo·ríf·er·ous [florífərəs/flɔ:-] *a.* 花をつける, 花の咲く.

flò·ri·lé·gi·um [flɔ̀:rilí:dʒiəm/flɔ̀:-] *n.* (*pl.* **-a** [-dʒiə]) 花の集まり; 花譜; 詩歌集, 名詩選.

flór·in [flɔ́:rin, flɑ́r-/flɔ́r-] *n.* **1** フロリン貨幣《イギリスで 1849 年以来現在まで使われているシリング銀貨》. **2** 〔史〕《Edward III (1312–77) 当時の》フロリン金貨《3 シリングおよび 6 シリングの 2 種あり》; オランダのグルデン (gulden) 銀貨; 《1252 年にイタリアの Florence 市で発行された》フローレンス金貨.

flór·ist [flɔ́:rist, flɑ́r-/flɔ́r-] *n.* 花つくり(人), 草花栽培者; 花屋; 草花研究家.

-fló·rous [-flɔ́:rəs/-flɔ́:r-] 「花の」の意の語形成要素: uni*florous* 単花の.

flo·ru·it [flɔ́:r(j)u:it/flɔ́:r(j)uit] L. (=he or she flourished) *n.* 《人の》在世期, 活躍期《特に, 出生・死亡年月不明の人に用い, *fl.* または *flor.* と略す: *fl.* A.D. 63–100》.

fló·ry [flɔ́:ri/flɔ́:ri] =fleury.

flós·cule [flɑ́skju:l/flɔ́skjul] *n.* 〔植〕小花. ◇**flós·cu·lar** [-kjulər], **flós·cu·lous** [-ləs] *a.*

floss [flɔ:s, flɑs/flɔs] *n.* **1** 真綿. **2** 釜糸(かまいと) (=～ silk); 〔俗〕繭の毛羽. **3** 《トウモロコシの》ひげ; 《ダチョウの》体毛. ～ **silk** 釜糸《にしき織りやししゅう用のよってない絹糸》. ◇ ～**·y** *a.*

fló·tage [flóutidʒ] *n.* **1** 浮揚, 浮遊; 浮力. **2** 浮遊物, 漂流貨物. **3** 《集合的》(一つの河川に浮かぶ) 船・いかだ. **4** 乾舷(かんげん)《船の喫水線上の部分》.

flo·tá·tion [flotéiʃ(ə)n] *n.* **1** 浮揚. **2** 《会社の》設立, 起業; 《証券の》募集; 《公債の》発行. **3** 浮体学. **4** 〔冶〕浮遊選鉱, 浮選. ***the center of*** ～〔物〕浮心《浮体の重心》.

flo·tíl·la [flotílə] *n.* **1** 小艦隊, 戦隊. **2** 小型船隊, 艇隊: a destroyer 〔torpedo boat〕 ～ 駆逐艦隊〔水雷艇隊〕.

flót·sam [flɑ́tsəm/flɔ́t-] *n.* **1** 《難破船から漂出した》浮き荷; がらくた; 〔方〕《川の》流木(など). **2** 《集合的》やくざ者, 浮浪者, 人間のくず. ～ ***and jetsam*** 海中に漂う貨物や海べに打ち上げられた貨物; がらくた; 浮浪者.

flounce[1] [flauns] *n.* 《スカートの》すそ〔ひだ〕飾り. —— *vt.* に ～ をつける.

flounce[2] *vi.* **1** のたうつ, 身もだえする, あがく. **2** 飛び出す; 《おこって》ぷいと立ち去る. **3** これ見よがしに歩く《*around*》. —— *n.* 身もだえ, あがき.

flóun·der[1] [fláundər] *vi.* **1** もがく, あがく, のたうつ; もがきながら進む《*about, along, on, through*》: ～ *into* a morass じたばたしてどろ沼にはまりこむ. ～ *through* a speech つっかえながらやっと話す. **2** まごつく, へまをする, 失敗ばかりする《*about*》.
—— *n.* もがき, あがき; まごつき, へまをすること.

flóun·der[2] *n.* 〔魚〕ヒラメの類.

flóun·der·ing·ly [fláund(ə)riŋli] *ad.* まごついて, 失敗しながら.

‡**flour** [flauər/fláuə] *n.* 小麦粉, メリケン粉; 粉, 粉末, 細粉. —— *vt.* **1** に粉を振りかける. **2** 〔米〕粉にする. [flower と同語源]
～ **bag** メリケン袋. ～ **beetle** 小麦粉につく虫. ⌐**·dredge** [⌐⌐], ⌐**·drèdg·er** 粉振り器. ～ **mill** 製粉機〔所〕.

‡**flóur·ish** [flə́:riʃ/flʌ́riʃ] *vi.* **1** 栄える, 繁栄する; 繁茂する. **2** 活躍する; 存在〔存命〕する. **3** 飾り書きをする; 美辞麗句で飾る. **4** 〔楽〕はなやかに演奏する. **5** 自負する, 誇る. —— *vt.* **1** 飾る. **2** 見せびらかす. **3** 〈刀・指揮棒を〉振り回す.
—— *n.* **1** はでな飾り. **2** 《文章の》はなやかさ, 美辞麗句. **3** 《彫刻・印刷などの》からくさ模様, 飾り彫り, 飾り書き. **4** 《刀・手・指揮棒などを》見えを張って大きく振り回すこと; 見せびらかし. **5** 〔楽〕装飾楽句; 《らっぱなどの》華奏, はなやかな吹奏. **6** 〔稀〕繁栄. ***in full*** ～ まっ盛りで, 元気盛んで. ***with a*** ～ 麗々しく, ぎょうぎょうしく, 気どって. [√flor-] (類) → **succeed**「成功する」

flóur·ish·ing [-iŋ] *a.* **1** 繁茂する, おい茂る. **2** 栄える, 繁盛する, 盛大な. ◇ ～**·ly** *ad.*

flóur·ish·y [-i] *a.* 華麗な; 飾り書きの.

flóur·y [fláuri/fláuəri] *a.* 粉の, 粉状の; 粉まみれの; 粉に富む. [<flour]

flout [flaut] *vt., vi.* あざける, ばかにする《を *at*》. —— *n.* けいべつ, あざけり. ◇ ⌐**·er** [-ər] *n.*

‡**flow** [flou] *vi.* **1** 流れる; 流れ出る. **2** 〈人・車などが〉ぞろぞろ通る; 〈ことばが〉すらすら出る; 〈月日が〉流れ去る, 過ぎ去る《*away*》. **3** 〈髪・衣服などが〉(すらりと)たれ下がる; 〈旗などが〉なびく. **4** 《源から》発する, わき出る《から *from*》; 〈命令・情報などが〉流れる. **5** 〈潮が〉差す. **6** 〈血などが〉流れる, 通う; 〈電気などが〉通じる. **7** 満ち満ちている, 充満する: a land ～*ing* with milk and honey 乳とみつに満ちあふれる地. —— *vt.* **1** 流す, 流しかける. **2** に氾濫(はんらん)させる. ***Blood will*** ～**.** 血を見ないではおさまらない. ～ ***down*** 流れくだる; 〈髪などが〉たれ下がる. ～ ***in*** 流れ込む; 〈注文などが〉殺到する. ～ ***like water*** 〈酒などが〉惜しげもなくふるまわれる. ～ ***out*** 流れ出る, 流れ注ぐ. ～ ***over*** あふれ流れる.
—— *n.* **1** 《水・車などの》流れ, 流動. **2** 流水, 流出(量), 流入量. **3** 差し潮, 上げ潮. ↔ ebb. **4** 氾濫《特に, ナイル川の》. **5** 潤沢, 豊富. **6** 《ことばが》すらすらと出ること, 流暢(りゅうちょう)さ. **7** 《衣服の》なだらかなたれ下がり. ～ ***of soul*** 交歓, 打ち解けた交わり. ～ ***of spirits*** いつも変わらぬ快活さ. ***on the*** ～ 《潮が》上げて; (潮の) 流れに乗って.
～ **chart** 〔**sheet**〕生産工程一覧図. ～ **line** 〔地〕流理《火成岩流動の際生じる条紋》.

(類義語) 流れ: **flow** 液体が間断なく流れることから, 連続するものの比喩としても用いる: a cheerful *flow* of conversation よどみなく続く楽しい会話. **stream** 細いが密度のある速い流れ: the jet *stream* ジェット気流. A continuous *stream* of messages came in. 入電が絶えずあった(flow に比べて受信口の狭さが暗示される). **current** 方向性をもった流れ: the *current* of air from the ventilator 換気装置からはいった空気の流れ.

flów·age [flóuidʒ] *n.* **1** 流出(物); 氾濫(はんらん). **2** 〔力学〕《粘性物質の》流動.

†**flów·er** [fláuər, (米)+ flauər] *n.* **1** 花; 〔話〕草花, 花卉(かき). **2** 開花, 花盛り; 青春; まっ盛り, 盛年. **3** 精華, 粋《の *of*》. **4** (*pl.*) 詞華, 文飾, 修辞的語句. **5** (*pl.*) 〔化〕華(か): ～*s* of sulfur イオウ華. ***come to*** ～ 花が咲く. ***in*** ～ 開花して, まっ盛りで. ***No*** ～***s.*** 供花ご辞退《死亡通知文句》. ***Say it with*** ～***s.*** 花に託して語れ,「その心を花で」《花屋の標語》.
—— *vt.* **1** 花(模様)で飾る. **2** に花を咲かせる.
—— *vi.* **1** 花が咲く, 開花する. **2** 栄える. [√flor-]
～ **arrangement** 《日本の》生け花, お花. ～**-bèar·ing** 花を生じる〔咲かせる〕. * ～ **bed** 花壇. ～ **bud** つぼみ. ～**-de-lúce** [-dilú:s/-dəljú:s]

〖古〗= *fleur-de-lis*. ~ **garden** 花園. ~ **girl**〖米〗結婚式に花を運ぶ花嫁の付き添い; 〖英〗花売り娘. ~ **head**〖植〗頭状花. ~ **piece** 花の絵. ~·**pot** [ˊ-ˋ](草花の)植木ばち. ~ **service**《教会の》花祭り. ~ **shop**(草)花屋. ~ **show** 草花品評会. ~ **stalk**〖植〗花梗(かう). **F~ State, the** Florida 州の別称. ~ **vase** [-vèis/-vɑːz] 花びん. ◇ ~·**er** [fláu(ə)rər / fláuərə] *n.* 花の咲く植物. ~·**et** [-rit] *n.* 小花(floret). ~·**let** [-lit] *n.* = floweret. ~·**like** *a.* 花のような; 優美な.

flów·er·age [fláu(ə)ridʒ] *n.* 《集合的》花; 花装飾;〖稀〗開花(期).

flów·ered [fláuərd, ㊊⁺ flauərd] *a.* **1** 花でおおわれた; 花で飾られた; 花模様の. **2**《合成語で》…の花をつけた, …咲きの: single-~ 一重咲きの. double-~ 八重咲きの.

flów·er·er [fláuərər] *n.* 特定の時期に〔仕方で〕開花する植物: a late ~.

flów·er·ing [fláuəriŋ, ㊊⁺ fláuriŋ] *a.* 花のある; 花の咲く; 開花している: a ~ plant 顕花植物. —— *n.* **1** 花; 開花. **2** (*pl.*) 花模様, 花飾り.

flów·er·y [fláu(ə)ri/fláuəri] *a.* **1** 花のような. **2** 花の多い, 花におおわれた. **3** 花で飾った; 花模様の. **4**《ことば・文体などが》はなやかな, 華麗な. ◇ -**i·ly** *a.* -**i·ness** *n.*

flów·ing** [flóuiŋ] *a.* **1** 流れる;《潮が》満ちてくる: the ~ tide 上げ潮; 世論の動き. **2** 流れるような, なだらかな; 《ことばが》流暢(りゅうちょう)な, 流麗な. **3**《髪などが》ゆったりと〔ふさふさと〕たれた. ***sail with a ~ sheet [***sail***]〖海〗帆をゆるめて〔風を真横に受けて〕航行する. ~ **locks** たれ髪. ◇ ~·**ly** *ad.*

†**flown** [floun] *v.* fly¹ の過去分詞.

F.L.S. Fellow of the Linnaean Society.

***flu** [fluː] *n.*〖話〗流感, インフルエンザ(= influenza).

flub [flʌb]〖米俗〗*v.* (-**bb**-) *vi.* **1** 失敗する, へまをやる. **2** 義務をのがれる. —— *vt.* に失敗する. —— *n.* へま.

flúb·dub [flʌ́bdʌ̀b] *n.*〖話〗気どり, 気どったようす.

flúc·tu·ant [flʌ́ktʃuənt/-tju-] *a.* 波動する, 上下する, 変動〔動揺〕する.

flúc·tu·ate [flʌ́ktʃuèit/-tju-, -tʃu-] *vi.* 波動する, 動揺する; 〈物価・熱などが〉上下する: ~ between hopes and fears 一喜一憂する. —— *vt.* ~ させる. ◇ -**at·ing** [-èitiŋ] *a.*

***flùc·tu·á·tion** [flʌ̀ktʃuéiʃ(ə)n/-tju-, -tʃu-] *n.* **1** 波動, 動揺. **2** 上下(動), 変動; (*pl.*) 盛衰, 興亡. **3**〖生〗彷徨(ほうこう)変異. [√flu-]

flue¹ [fluː] *n.* **1**《煙突の》煙穴; 小煙突. **2**《暖房の》熱気送管;《ボイラーの》炎管; ガス送管. **3**《オルガンの》唇管(しんかん). ~ **pipe**《パイプオルガンの》唇管. ~ **stop**〖楽〗唇管音栓(おんせん). ~·**work** [ˊ-ˋ]《集合的》〖楽〗唇管音栓.

flue² *n.* 毛羽; (*pl.*) 毛くず, 綿くず.

flue³ *n.* 引き網; 掛け網.

flue⁴ = flu.

flue⁵ *n.* **1**《羽の》羽枝. **2** とげ, かぎ; いかりづめ.

flú·en·cy [flúːənsi] *n.*《ことばの》流暢(りゅうちょう), なだらかさ; 能弁. ***with*** ~ 流暢に, すらすら〔とうとう〕と.

‡**flú·ent** [flúːənt] *a.* **1** 流暢(りゅうちょう)な, よどみのない, 能弁な. **2**《輪郭・カーブ・動きなどの》なだらかな. **3** 融通のきく; 変転自在の. **4**〖稀〗流動する, 流動性の. —— *n.*〖数〗変数, 変量. [√flu-] ◇*~·**ly** *ad.* 流暢に, すらすらと.

flúe·y [flúːi] *a.* 毛羽のある; 毛羽のような; ふわふわした.

fluff [flʌf] *n.* **1**《ラシャなどの》毛羽. **2** うぶ毛, はえかけのひげ. **3** ふんわりしたもの: a ~ of summer clouds ふんわり空に浮かぶ夏雲. **4** 軽薄なもの, つまらぬもの. **5**〖話〗失敗《ゴルフの打撃などの》; せりふをとちること. ***a bit of*** ~〖俗〗小娘. —— *vt.* **1** 毛羽だてる; ふくらませる: The bird ~*ed out* [*up*] its feathers. 鳥が(身震いして)羽毛をふくらませた. **2**〖話〗〈せりふを〉とちる; やりそこなう. —— *vi.* **1** 毛羽だつ; ふくらむ. **2**〖話〗せりふをとちる; やりそこなう.

flúff·y [flʌ́fi] *a.* **1** 毛羽だった, 綿毛でおおわれた. **2** ふんわりした《ケーキなど》. **3** 軽薄な: ~ thinking. ◇ -**i·ness** *n.*

‡**flú·id** [flúːid] *n.* **1** 流動体, 流体(= ~ substance)《液体・気体》. **2** 液体;《動植物の》分泌液. —— *a.* **1** 流動体〔性〕の. ↔ solid. **2** 流動的, 不安定な, 変わりやすい. **3** 流暢(りゅうちょう)な. [√flu-] ~ **ounce** 液量オンス《薬剤・液量の単位. アメリカでは16分の1パイント, イギリスでは20分の1パイント》. ◇ ~·**ize** [-àiz] *vt.* 変化する. ~·**ness** *n.* **flu·íd·i·fy** [fluːídịfài] *vt.* 液体にする. **flu·íd·i·ty** [fluːídịti] *n.*

fluke¹ [fluːk] *n.* **1** いかりづめ, いかりかぎ. **2**《やり・矢・もりなどの先端の》かかり, かぎ. **3** (*pl.*) 鯨の尾(の先端の裂片).

fluke² *n.* **1**〖俗〗まぐれ当たり, 僥倖(ぎょうこう). **2**〖玉突き〗フロック《まぐれ当たりのよい突き》. win ***by a*** ~ まぐれ当たりで(勝つ). —— *vt., vi.* (に)まぐれ当たりする; まぐれで手に入れる.

fluke³ *n.*〖魚〗カレイ・ヒラメの類;《羊などの肝臓に寄生する》ジストマ;〖英〗卵形ジャガイモ.

flúk·y, flúk·ey [flúːki] *a.*〖話〗**1** まぐれ当たりの. **2** 変わりやすい, 当てにならない. ◇ -**i·ly** *ad.*

flume [fluːm] *n.*〖おもに米〗**1** 渓流(けいりゅう), 狭い谷川. **2** 水路;《木材運搬用の》用水路;《水車の》放水溝(こう). —— *vt.* **1** 〈木材を〉用水路で流し運ぶ. **2** 〈水を〉水路で引く, 導く.

flúm·mer·y [flʌ́məri] *n.* **1**《オートミールや小麦粉製の》ゼリー;《牛乳・卵・小麦粉・果実などでつくった》プディング. **2** 追従(ついしょう), おせじ.

flúm·mox, flúm·mux [flʌ́məks] *vt.*〖俗〗めんくらわせる, まごつかせる.

flump [flʌmp] *vt., vi.* どしんと投げ落とす, どしんと落ちる; どさりと置く; ばたんと倒れる《*down*》. —— *n.* ドシン(という音): with a ~ どしんと.

‡**flung** [flʌŋ] *v.* fling の過去・過去分詞.

flunk [flʌŋk] *n.*〖米話〗落第; 落第点. —— *vi.* **1** 試験に失敗する, 落第する. **2** しくじる. **3** やめる, 手を引く. —— *vt.* **1** 〈教師が学生を〉落第させる, 落とす. **2** 〈学生が〉…の試験に落第する: I have ~*ed* Mr. X's English. X先生の英語が落第になった. ~ ***out***〖米〗(成績不良で)退学する〔させる〕《から *of*》.

flúnk·y, flúnk·ey [flʌ́ŋki] *n.* **1** 制服〔しきせ〕を着た使用人〔従僕〕《馬丁・給仕など》. **2** へつらい野郎. **3**〖米俗〗新前の下働き〔助手〕. ◇ ~·**ism** *n.* 雇い人根性; 追従(ついしょう)〔おべっか〕主義.

flú·or [flúːər/flúːɔː] *n.*〖鉱〗ホタル石《CaF_2》.

flù·o·résce [flùːərés/fluə-] *vi.* 螢光(けいこう)を発する.

flù·o·rés·cent [flùːərésnt/fluə-] *a.* 螢光を発する. ~ **lamp** 螢光燈. ~ **screen** 螢光板. ◇ -**cence** *n.*〖物〗螢光; 螢光性.

flu·ór·ic [fluːɔ́ːrik, -árik/-ɔ́r-] *a.* ホタル石の; フッ素「(性)の.

flú·o·ri·date [flú(ː)ərìdèit/flúər-] *vt.* 〈飲料水などに〉フッ素を添加する《虫歯予防のため》.

flú·o·ride [flúːəràid/flúə-], **-rid** [-rid] *n.*〖化〗フッ化物. ***sodium*** ~ フッ化ナトリウム.

flú·o·rine [flúːərìːn, -rin/flúəriːn], **-rin** [-rin] *n.*〖化〗フッ素《非金属元素. 記号 F》.

flú·o·rite [flúːəràit] *n.*〖鉱〗ホタル石 (fluor).

flú·o·ro·scope [flú(ː)rəskòup/flúər-] *n.* 螢光(けいこう)(透視)鏡《X線の》.

flù·or·ós·co·py [flùːəráskəpi, flurás-/flùərɔ́s-] *n.* (X線)螢光鏡試験, 螢光透視法〔検査〕.

flú·or·spar [flúərspàːr, flóːr-/flúə-] = fluorite.

flúr·ry [flə́ːri/flʌ́ri] *n.* **1** (一陣の)疾風, 突風. **2** (一時的に)風を伴う軽い降雪, 小雪. **3** 混乱, 騒ぎ; 動揺, ろうばい;〖商〗(市場の)小恐慌. **4** 死の

あがき《鯨などの》. **in a ～** あたふたと, うろたえて.
—— *vt.* あわてさせる, ろうばいさせる.
◇ **flúr·ried** *a.* 混乱〔動揺〕した, あわてた.

‡**flush**¹ [flʌʃ] *vi.* **1** <水・流れが> **どっと流れる,** ほとばしる; あふれる《*over*》. **2** <顔が> **赤くなる**; <血が> 顔にさっとのぼる. **3** <人が> 顔が赤くなる, 顔がほてる. **4** <空が> バラ色になる; <色・光が> 輝きだす. **5** <植物が> 芽を出す. **——** *vt.* **1** <水を> ほとばしらす, どっと流す. **2** <畑などに> 水をかぶせる〔で浸す〕. **3** <下水管・暖房管・水洗便所などを> 水を流して洗う. **4** の顔〔ほお〕を紅潮〔上気〕させる, に顔を赤くさせる. **5** 元気づける, 興奮させる, 得意にさせる. **6** の芽を出させる. **7** おなじ高さにする, 平らにする.
—— *n.* **1** 赤面: a ～ of embarrassment 恥ずかしさからの紅潮. **2** 上気, 興奮, 大得意. **3** 〖雅〗《空・雲の》あかね色. **4** 新鮮な輝き. **5** 元気, 盛り: the ～ of youth 若い盛り. **6** 《若草の》芽ぶき, 生長: Young shoots are in full ～. 若芽が盛んにもえ出ている. **7** 高熱が出ること, 発熱. **8** 殺到, 激増. **9** 増水, 出水. **10** 《水の》ほとばしり, どっと流れること. **11** 水洗い; 《便所の》水洗.
—— *a.* **1** 《川などが》満水の, 満ちている. **2** 満ちあふれている, 富んだ, たくさん持っている《*of*》: be ～ *of* money 金をしこたま持っている. **3** 気前がいい: He is ～ *with* (his) money. 彼は金離れがいい. **4** 《顔が》赤らんだ; 紅潮〔上気〕した. **5** 元気いっぱいの, 威勢がいい. **6** 同一平面の, おなじ高さの: houses built ～ *with* the pavement 舗道とおなじ平面に建った家. **7** 《攻撃など》まともの, じかの.
—— *ad.* **1** おなじ高さに, 平らに《と *with*》. **2** まっすぐに, じかに; まともに, ちょうど, かっきりと: ～ *against* the edge 端にぴったり接して.
～ deck 〖海〗平甲板. **～ times** 好景気. **～ toilet** 〔**lavatory**〕水洗便所.
◇ **～·er** *n.* (下水の) 流し装置; 下水そうじ夫.

flush² *vi.* <鳥が> 飛び立つ. **——** *vt.* <鳥を> 飛び立たせる. **——** *n.* 飛び立ち; 飛び立つ鳥の群れ.

flush³ 〖トランプ〗 *n.* フラッシュ, 手ぞろい《同種の札がそろうこと》. ***royal*** **～** 《ポーカーで》同一組みのエース・キング・クイーン・ジャック・10 が 5 枚そろうこと. ***straight*** **～** 5 枚の手ぞろい. **——** *a.* フラッシュの.

flús·ter [flʌ́stər] *n.* ろうばいすること, 混乱: all in a ～ すっかりあわてて. **——** *vt., vi.* 混乱させる〔する〕; 酩酊(めいてい)させる〔する〕. **～ one*self*** 取り乱す, あわて騒ぐ.

flús·ter·ate [flʌ́stərèit], **flús·trate** [-treit] *vt.* = fluster. ◇ **flùs·ter·á·tion** [flʌ̀stəréiʃ(ə)n], **flus·trá·tion** [flʌstréiʃ(ə)n] *n.*

‡**flute** [flu:t] *n.* **1** **フルート, 横笛,** 笛. **2** 《オーケストラなどの》フルート奏者. **3** 《オルガンの》音栓(おんせん)の一種. **4** 〖建〗縦みぞ, 丸みぞ; みぞ彫り. **5** 細長いフランスパン; 細長い酒杯; 《婦人服の》丸みぞひだ.
—— *vi.* **1** フルート〔笛〕を吹く. **2** 笛のような音をだす. **——** *vt.* **1** <曲を> 笛で吹く. **2** 笛のような声をだして歌う〔言う〕. **3** にみぞを彫る〔つける〕.
◇ **flút·ed** [-id] *a.* **1** 笛声の. **2** 縦みぞ彫りの, みぞつきの. **flúte·like** [-làik] *a.* **flút·er** *n.* みぞ彫り器; = flutist. **flút·ing** *n.* **1** 笛を吹くこと. **2** 〖建〗《柱などに》みぞを彫ること; 《集合的》縦みぞ. **flút·ist** *n.* 笛吹き, フルート奏者.

‡**flút·ter** [flʌ́tər] *vi.* **1** **羽ばたきする,** 羽ばたきして飛ぶ; <チョウなどが> ひらひら飛ぶ. **2** <落花・雪片が> ひらひらする, 舞う; <旗などが> はためく. **3** <脈が> 弱く不規則にうつ. **4** <胸が> **どきどきする. 5** はらはらする, そわそわする; まごつく, 右往左往する.
—— *vt.* **1** <翼を> 羽ばたく; ぱたぱたさせる. **2** 振り動かす; 翻す. **3** <胸を> どきどきさせる; そわそわさせる, まごつかせる.
—— *n.* **1** (しばしば *pl.*) 羽ばたき; 翻ること, はためき. **2** 動悸(どうき), ときめき. **3** うろたえ; 《世間の》大騒ぎ. **4** 〖俗〗投機, かけ: do 〔have〕a ～ 少しはる《に *at, in*》. **5** 〖テレビ〗(映像の) 光度のむら; 〖電〗再生むら; 〖空〗《飛行機の翼などの》振動むら. ***fall into a*** **～** 色めきたつ, どぎまぎする. ***in a*** **～** どきどきして, そわそわして. ***make*** 〔***cause***〕 ***a*** **～** 世間を騒がせる, 大評判になる. ***put*** a person ***in*** 〔***into***〕 ***a*** **～** = ***throw*** a person ***into a*** **～** (人を) どきどきさせる, (人に) 気をもませる.
～ kick 《クロール・バックストローク泳法の》ばた足.
◇ **～·ing·ly** [-təriŋli] *ad.* ぱたぱたと; そわそわして.
～·y [-təri] *a.* はためく, 翻る.

flút·y [flú:ti] *a.* 笛声のような; (音が) 澄んだ, さえて柔らかい. 「む.

flú·vi·al [flú:viəl] *a.* 川の; 川の流れでできた; 川にす

flú·vi·a·tile [flú:viətil, -tàil/-tail] = fluvial.

flux [flʌks] *n.* **1** (水の) 流れ; 《液体・気体などの》流動, 流出. **2** (潮の) 流入, 上げ潮. **3** ほとばしり, 奔出: a ～ of words 多弁, 能弁. **4** 流転, 絶え間ない変化. **5** 〖医〗《排出物・血液などの》異常流出; 赤痢 (= bloody ～). **6** 〖冶〗溶剤; 溶解. **7** 〖物〗流量, 束(そく). **8** 〖数〗連接動. **～ *and reflux*** 《潮の》上げ下げ, 干満; 《事物の》流動, 変遷; 消長. ***magnetic*** **～** 〖電〗磁束.
—— *vt.* **1** 溶かす. **2** 溶剤で処理する. **3** 〖医〗《下剤で》くだす. **——** *vi.* **1** <潮が> 差す. **2** 流出する. **3** 溶ける. [√flu-]

flúx·ion [flʌ́kʃ(ə)n] *n.* **1** 〖数〗流率, 微分. **2** 〖医〗充血. **3** 流動; 不断の推移〔変化〕. **4** 排出.
◇ **～·al** [-ʃən(ə)l], **～·ar·y** [-èri/-əri] *a.* 〖数〗微分の; 流動性の; 絶えず変化する. **～·al·ly** *ad.*

†**fly**¹ [flai] *v.* (**flew** [flu:]; **flown** [floun]) *vi.* **1** <鳥・飛行機などが> **飛ぶ. 2** <人が> 飛行する, 空中を行く, 飛行機で行く: ～ part of the way 一部は飛行機旅行にする. **3** <弾丸などが> 飛ぶように過ぎる. **4** (飛ぶように)急いで行く: ～ *for* a doctor 医者を迎えにとんで行く. Time *flies* (like an arrow). 〖ことわざ〗光陰矢のごとし. **5** <タカなどが> 飛びかかる, 攻撃する《に, を *at, on, upon*》. **6** 《ある状態に》急になる: ～ *into* a rage 突然あばれだす. **7** <時間・金が> **飛ぶようになくなる,** またたく間に消える. **8** 飛び去る, 飛んで行く: send a plate ～*ing* out of the window さらを窓の外へほうり出す. **9** **逃亡する,** 逃げる. 〈注〉この意味では flee の代用で, 過去・過去分詞は fled. **10** 消えうせる; 〖俗〗盗まれる. **11** <色が> あせる, さめる. **12** 飛び散る, こなごなになる. **13** 《風・空気などで》舞い上がる, (空中に) 舞う; <旗・毛髪などが> なびく, 翻る《風に》. **14** <星が> まっすぐにのぼる. **15** 〖野球〗フライを打つ. 〈注〉この意味では過去・過去分詞は flied.
—— *vt.* **1** 飛ばす; <鳥を> 放つ; <たこなどを> 揚げる; <旗を> 掲げる. **2** <飛行機を> 操縦する; <人・物を> 飛行機で運ぶ. **3** <かきなどを> とび越える; 飛行機で飛び越える: ～ the Atlantic 大西洋を飛行横断する. **4** から逃げる; 避ける: ～ the country 国外へ逃亡する. **5** <鳥を> タカを放って捕える.
～ *about* 飛び回る; <うわさなどが> 広まる; 四散する, 飛び散る. **～ *apart*** 〔***in pieces, into fragments***〕粉みじんに飛び散る. **～ *at high game*** 望みが高い, 大志をいだく: ～ *at higher game* 更に高い望みをいだく. **～ *blind*** 〖空〗盲目〔計器〕飛行する. **～ *high*** 高く飛ぶ; 大志をいだく. **～ *in the face of*** に反抗する, …にくってかかる. **～ *into a passion*** 〔***temper***〕かっとなっておこる. **～ *low*** 低く飛ぶ; 〖話〗高く望まない; 表だつことをしない, 世をはばかる, 人目を忍ぶ. **～ *off*** (1) 飛び去る, 逃げ去る. (2) はずれる. (3) 違約する. (4) 蒸発する. **～ *off* one's *jib*** 〖米話〗年をとる, からだが弱る. **～ *off the handle*** 激怒する. **～ *open*** <ドアなどが> 急にぱっと開く. **～ *out*** (1) 飛び出す; くってかかる《に *at, against*》. (2) 急にわめきだす. (3) 〖野球〗フライを打ち上げてアウトになる. **～ *the beam*** 信号電波に従って飛ぶ. **～ *to arms*** 急いで武器をとる, あわてて戦闘の準備をする. ***have not***

a feather to 〜 *with* びた一文もない. *let* 〜 〈弾丸などを〉飛ばす; 暴言を放つ《に向かって *at*》. *make the fur* [*feathers, dust*] 〜 (激しく攻撃して) 大騒動を引き起こす. *make the money* 〜 札びらを切る, むだ使いする. *send* a person 〜*ing* (人を) 投げ飛ばす; (人を) 追い出す, (人を) あたふたと逃亡させる. *send* a thing 〜*ing* (物を)投げ飛ばす.

—— *n.* (*pl.* **flies**) **1** 飛ぶこと, 飛行; 飛行距離. **2**〖野球〗フライ, 飛球. **3**《洋服の》ボタン隠し; テントの入り口のたれ (布); テントの二重上おおい; 旗布の外端; 旗布の横幅. **4**〖楽〗《ピアノ・オルガンの》鍵盤(けん)の閉じぶた. **5** (*pl.*)〖劇〗《舞台の天井裏の》大道具操作部. **6**〖機〗羽根調速機, はずみ車. **7**〖印〗あおり《印刷した紙をはねとる装置》. **8** (*pl.* **flys**)〖英〗1 頭立ての貸し馬車. *on the* 〜 (1) 飛行中, 飛んでいる (ところを), 空中で; 《飛球が》地上に落ちないうちに. (2)〖話〗大急ぎで; 非常に忙しく.

〜**·a·wày** (1) *a.* 《着物や髪が》風になびく [はためく]; うわついた. (2) 軽薄な人物; とらえがたい人 [物]. 〜 **ball**〖野球〗フライ. 〜**·boat** [ˊ-ˋ-] 快速平底船. 〜 **book** 蚊ばり入れ. 〜**-boy** [ˊ-ˋ-]〖米俗〗空軍飛行士. 〜**-by-nìght** (1) 信頼できない《金銭的に》; 《会社などが》泡沫(ほう)の. (2)〖話〗借金して夜逃げする人. 〜 **gallery** = 〜 loft. 〜**·leaf** [ˊ-ˋ-] (*pl.* **-leaves**) 見返し《本の巻頭または巻末の白紙》; プログラムなどの余白. 〜 **loft** (舞台の) 天井裏《大道具を操作するところ》. 〜**·man** [-mən] (*pl.* **-men**) 大道具方《舞台の天井裏で大道具を操作する係り》;〖英〗軽馬車の御者. 〜**·ò·ver**〖米〗分列飛行;〖英〗立体交差. 〜**·past** [ˊ-ˋ-] 分列飛行. 〜 **rail** ささえ金具《机の折りたたみ側板の》. 〜 **sheet** 広告の引き札, 散らし; 趣意書. 〜**·way** [ˊ-ˋ-] 渡り鳥の通る道. 〜**·wheel** [ˊ-ˋ-]〖機〗はずみ車.

◇ 〜**·a·ble** *a.* 《天候が》飛行に適した.

‡**fly²** *n.* (*pl.* **flies**) **1** ハエ, ハエ科のこん虫. **2**《植物に対する》ハエや小虫の病害. **3**《魚つり用の》蚊ばり, 毛ばり. 〜 *in amber* コハクの中の化石バエ; 《転じて》原形のまま残っている遺物や遺宝. 〜 *in the ointment* 玉にきず; 《楽しみの》ぶちこわし. 〜 *on the* (*coach*) *wheel* うぬぼれ者. *break* [*crush*] *a* 〜 *on the wheel* 鶏を裂くに牛刀をもってする; つまらないことに大ばねをおる. *die like flies* ばたばたと [ころころ] 死ぬ. *Don't let flies stick to your heels.* ぐずぐずするな. *There ain't no flies on him.*〖俗〗あいつはばかじゃない; すばしっこい [抜け目のない] 男だ.

〜**·bane** [ˊ-ˋ-] ハエ殺し草《ムシトリスミレなどの》. 〜**·blow** [-blòu] (1) ハエの卵 [うじ]. (2) *vt.* (**-blew** [-blù:]; **-blown** [-blòun]) 〈ハエが〉…に卵を生みつける; よごす. 〜**·blown** [ˊ-ˋ-] (1) ハエが卵を生みつけた; うじのわいた. (2) 不潔な. 〜**-cast** [ˊ-ˋ-] = 〜-fish. 〜**·càtch·er** ハエ取り器;〖鳥〗ヒタキ《ハエを捕食する小鳥》; ハエトリグモ;〖植〗ハエトリソウ. 〜**-fish** [ˊ-ˋ-] 蚊ばりでつりをする [つる]. 〜**-fìsh·er** 蚊ばりつり師. 〜**-fìsh·ing** 蚊ばりつり. 〜**·flap** [ˊ-ˋ-] ハエたたき. 〜 **net** ハエよけ網《馬などの》. 〜**·pà·per** ハエ取り紙. 〜**·speck** [ˊ-ˋ-] (1) ハエのふんの跡; 小さい点. (2) に小さい汚点をつける. 〜**·swàt·ter** [-swɑ̀tər/-swɔ̀t-], 〜**·swat** [ˊ-ˋ-]〖おもに米〗ハエたたき. 〜**·trap** [ˊ-ˋ-] ハエ取り器;〖植〗ハエトリソウ. 〜**·weight** [ˊ-ˋ-] (1) フライ級 (のボクサー)《体重 112 ポンド以下》. (2) フライ級の.

fly³ *a.*〖俗〗抜け目のない, 機敏な.

flý·er = flier.

flý·ing [fláiiŋ] *a.* **1** 飛ぶ, 飛行する; 飛行機の, 飛行用の. **2**〈旗・髪などが〉ひらひらする, なびく, はためく. **3** 飛びながらの; 走りながらの; 急ぎながらの: a 〜 kick《フットボールの》走りげり. a 〜 kiss 通りすがりの接吻(ぷん). **4** 飛ぶように速い; 機敏に行動する; 遊撃用の. **5** 大急ぎの, あわただしい: a 〜 visit 短時間 [時日] の訪問. **6** 急ごしらえの, まにあわせの. **7** 急送の, 急派の. *under* [*with*] *a* 〜 *seal* 開封にして. *with* 〜 *colors* = *with flags* 〜 堂々と旗を翻して; 功成って.

—— *n.* **1** 飛ぶこと; 飛行, 航空術. **2** 飛ばすこと; 〈鳥を〉放つこと; 〈たこを〉揚げること, 飛散. **3**《爆弾などの》破裂. **4** (*pl.*) 毛くず, 綿くず.

〜 **boat** 飛行艇. 〜 **bridge** 仮橋. 〜 **circus** 空中ショー. 〜 **column** 遊撃隊, 別動隊, 機動部隊. 〜 **corps** 航空隊. 〜 **deck**《航空母艦の》飛行甲板. 〜 **desk**〖話〗《航空関係の》地上勤務. 〜 **disk** 空飛ぶ円盤. 〜 **dog**〖動〗吸血コウモリの一種. **F**〜 **Dutchman** 喜望峰付近に出没するといわれる幽霊船 (の船長). 〜 **field** 小飛行場. 〜**-fish** トビウオ. 〜 **fortress**〖米〗空の要塞(さい)《第 2 次世界大戦のころの B-17 の俗称》. 〜 **fox**〖動〗《顔がキツネに似た》大コウモリ. 〜 **jib**〖海〗フライングジブ《先斜檣(しょう)の三角帆》. 〜 **jump** [**leap**] 走り高とび. 〜 **machine** 航空機. 〜 **man** 飛行家. 〜 **mare**〖レスリング〗背負い投げ. 〜**-òff** [ˊ-ˋ/ˊ-ˋ]〖空〗離陸, 離艦. 〜 **saucer** 空飛ぶ円盤. 〜 **school** 飛行学校. 〜 **spot**〖テレビ〗飛点《映像にあらわれる白い点》. 〜 **squad** 特別機動隊. 〜 **squadron** 遊撃艦隊. 〜 **squid**〖動〗スルメイカ. 〜 **squirrel**〖動〗ムササビの類. 〜 **start** 助走スタート《出発点より手前からスタートして出発点を全速力で通過する》. 〜 **wedge** V 字形護衛隊;〖運〗(フットボールの) V 字形編成;〖俗〗《遊び場の》用心棒 (たち). 〜 **wing**〖米〗無尾翼 [全翼] 飛行機《全体が翼のような形をした飛行機》.

flyte *vi.* = flite.

FM, F.M. frequency modulation. **fm.** fathom; from. **F.M.** Field Marshal; Foreign Mission. **fo.** folio. **F.O.** field officer; Foreign Office.

foal [foul] *n.* 馬・ロバなどの子. *in* [*with*] 〜《馬などが》子をはらんで. —— *vt., vi.* 〈馬・ロバなどが〉(子を) 生む.

‡**foam** [foum] *n.* **1** あわ (の固まり), あぶく; あわつばき. **2**《馬などの》あわだつような汗. **3**〖雅〗《あわだつ》海. *in a* 〜《馬などが》汗だくになって.

—— *vi.* **1**〈海水・ビールなどが〉あわだつ. **2** あわだち流れる [あふれる]. **3**〈馬が〉あわを吹く; 〈人が〉あわを吹いておこる. —— *vt.* あわだたせる. 〜 *at the mouth* 口からあわを吹く; 激怒する. 〜 *away* [*off*] あわとなって消える. 〜 *over* あわだちあふれる.

〜 **rubber** あわゴム, 気泡(きほう)ゴム, 海綿状ゴム.

◇ 〜**·ing·ly** *ad.* 〜**·less** *a.* 〜**·like** *a.*

fóam·y [fóumi] *a.* **1** あわの; あわのような. **2** あわだつ, あわだらけの. ◇ **-i·ly** *ad.* **-i·ness** *n.*

fob¹ [fab/fɔb] *n.* **1** とけい入れ小ポケット《ズボンの》. **2** とけい鎖 [ひも, リボン]; その先の飾り.

fob² *vt.* (**-bb-**) **1** 欺く: 〜 a person *off with* empty promises から約束をして人をだます. **2** だましてつかませる: 〜 *off* an imitation diamond *on* a person 人ににせのダイヤをつかませる.

F.O.B., f.o.b. free on board〖商〗積み込み渡し.

fó·cal [fóuk(ə)l] *a.*〖物〗焦点の. 〜 **distance** [**length**] 焦点距離. 〜 **plane** 焦点面. 〜**-plane shutter**〖写〗フォーカルプレーン シャッター. 〜 **point** 焦点. 〜 **ratio**《レンズ, 特に写真レンズの》f ナンバー, 明るさ (f number).

fó·cal·ize [fóuk(ə)làiz] *vt.* 焦点に集める; の焦点を合わす.

◇ **fò·cal·i·zá·tion** [fòuk(ə)lizéiʃ(ə)n/-laiz-] *n.*

fó'c's'le [fóuksl] = forecastle.

‡**fó·cus** [fóukəs] *n.* (*pl.* **-cus·es, -ci** [fóusai]) **1**〖物〗焦点; 焦点距離; 焦点を合わすこと;〖数〗焦点: a principal [real, virtual] 〜 主 [実, 虚] 焦点. **2**《興味・注意などの》中心 (点), 集中点. **3**《あらし・噴火・暴動などの》中心: the 〜 of an earthquake 震源. **4**〖医〗病巣, (病気の) 主患部. *bring into* 〜 (1)〈レンズの〉焦点を合わせる. (2)〈被写体に〉焦点を合わせる. (3) 表面化する. *in* 〜

焦点〔ピント〕が合って; はっきりして; 表面化して. **out of ～** ピントはずれで, ぼやけて.

—— v. (-s-, ㊈ -ss-) vt. 1 <ライトの> **焦点を合わせる.** 2 **集中させる,** 集める《に *on*》: ～ one's attention 注意を集中させる. The eyes of the world are ～*ed on* him. 世界じゅうの目が彼に注がれている. —— vi. 焦点が合う, 焦点に集まる: a ～*ing* glass [screen]〘写〙焦点ガラス.

fód·der [fádər/fɔ́də] n. まぐさ, 家畜の飼料.
—— vt. にまぐさを与える. ***cannon ～***《敵の銃火にさらす》兵員.

‡**foe** [fou] n. 〘雅〙**敵,** かたき; 敵軍, 敵兵; 敵対者: a ～ *to* progress 進歩の敵. Smoking is the ～ of health. 喫煙は健康の敵. ***friend and ～*** 敵味方. **～·man** [-mən] (*pl.* **-men**)〘古〙敵(兵).

foehn [fein/fəːn] n. 〘気〙フェーン現象.

fóe·tal, fóe·ti·cide, fóe·tus = fetal, etc.

‡**fog**¹ [fag, fɔːg/fɔg] n. 1 (濃い) **霧**; もや. 2 混迷, 当惑. 3〘写〙かぶり. ***in a ～*** 途方にくれて, 全く当惑して, 五里霧中で. ***the ～ of war*** 戦雲.
—— v. (**-gg-**) vt. 1 霧でおおう; 薄暗くする; <ガラスなどを> くもらせる. 2《比喩的》くもらせる, 不明確にする: ～ the issue 問題をぼやかす. 3 途方にくれさせる. 4〘写〙<印画・原板を> かぶらせる. —— vi. 1 霧でおおわれる. 2〘写〙かぶる. ***～ off*** 湿気で枯れる. ***～ up*** 霧が立ちこめる.
～·bank [⊥⊥] 霧峰《海上で陸地のように見える濃霧》. **～·bound** [⊥⊥] 濃霧のため航行〔離陸〕不能の. **～·bow** [⊥⊥] 霧虹(きこう)《霧の中にあらわれる淡いにじ》. **～·horn** [⊥⊥] 霧笛; どら声. **～ light** 自動車用霧燈, フォグランプ. **～ signal**〘鉄道〙霧中信号《爆鳴による》.

fog² n. 1 二番草. 2 立ち枯れ草. ***leave grass under ～*** 草を立ち枯れのままにしておく.

fó·gey = fogy.

***fóg·gy** [fági, fɔ́ːgi/fɔ́gi] a. 1 **霧のかかった,** 霧の深い; ぼんやりした, かすんだ. 2 当惑した; もうろうとした. 3〘写〙かぶっている.
◇ **fóg·gi·ly** ad. **fóg·gi·ness** n.

fó·gram, fó·grum [fóugrəm] = fogy.

fó·gy [fóugi] n. 《通例 old ～ の形で》時代遅れの人, 旧弊家. ◇ **～·ish** a. **～·ism** n. 時代遅れ.

föhn [fein/fəːn] G. = foehn.

fói·ble [fɔ́ibl] n. 1 弱いこと; 《性格上の》弱点; 欠点, 短所. ↔forte. 2 目のないほど好きなもの, 大愛好物. 3 刀身のもろい部分《中央から切っ先まで》. ↔forte. [feeble と同語源]

foie gras [fwaːgráː] F. フォーグラ《特別に太らせたアヒルの肝のペースト. 珍味とされている》.

foil¹ [fɔil] n. 1 はく: gold ～ 金ぱく. tin ～ スズはく. 2 鏡の裏のはく. 3 宝石の裏側に当てる金属の薄片《宝石の色と輝きを美しく見せる》. 4《対比によって》他を引き立たせる人〔物〕: Laertes is a ～ *to* Hamlet. レアティーズはハムレットの引き立て役. 5〘建〙弁飾り, 葉形飾り《ゴシック様式の切り込み装飾》. —— vt. 1 <宝石に> はくで裏打ちをする. 2〘建〙に弁飾りを付ける. 3 引き立たせる. [√foli-]
◇ **～·ing** n.

foil² n. 《切っ先に「たんぽ」の付いた》フェンシング練習用の剣; (*pl.*) フェンシング (の練習).
～s·man [fɔ́ilzmən] フェンシングの名人.

foil³ vt. 1 <計略などの> 裏をかく, <敵・相手を> くじく; <相手の攻撃・ほこ先を> そらす, はばむ. 2〘狩〙<臭跡・逃げ場を> くらます《獣がおなじ場所へ引き返したり横道にそれたりして》; <猟犬を> まく. ***be ～ed in*** an attempt (試み) に失敗する.
—— n. 追われて逃げた獣の足跡. ***break*** one'***s ～*** 引き返して臭跡をくらます. ***run (upon) the ～*** <獣が> 臭跡をくらます.

foist [fɔist] vt. 1 <文句などを> こっそり挿入(そうにゅう)する〔書き入れる〕《*in*; に *into*》. 2 <にせものなどを> つかませる, 押しつける: ～ off bad money *on* a person 人ににせ金をつかませる.

fol. folio; followed; following.

‡**fold**¹ [fould] n. 1 **折り目,** ひだ; 層. 2《糸の》一巻き; 《ヘビの》とぐろ. 3《山や土地の》くぼみ. 4〘地〙(地層の) 褶曲(しゅうきょく).
—— vt. 1 **折りたたむ**; 折り重ねる《*over, together*》, 折り返す《*back*》; <そでなどを> 巻き上げる《*up*》: ～ *up* a map 地図をたたむ. 2 <脚などを> こごめる, 引っ込める; <鳥が翼を> たたむ. 3 <腕を> **組む,** 組み合わせる: with ～*ed* arms 腕組みして, 拱手(きょうしゅ)傍観して. 4 <両腕などを> 巻きつける: ～ one's arms around a person's neck 人の首を抱き締める. 5 **抱く,** かかえる: ～ a person *in* one's arms. 6 **包む,** 包み入れる; すっぽりと包む: ～ a thing *in* paper 物を紙包みにする. mountains ～*ed in* mist 霧におおわれた山. 7〘料理〙(上下に返して) 混ぜ合わす《*in*》.
—— vi. 1 <びょうぶなどが> 折れる, たたまる; 折り重なる. 2〘話〙くじける, まいる; <劇などが> しくじる; <事業などが> つぶれる, 店じまいする《*up*》.
～·a·wày 折りたたんでしまえる: a ～*away* bed.
～·boat [⊥⊥] 折りたたみ舟 (faltboat).

fold² n. 1 羊のおり; (the ～) (おりの中の) 羊の群れ. 2《比喩的》キリスト教会; 《集合的》信者.
—— vt. 1 <羊を> 囲う, おりに入れる. 2 <土地を> 囲む《羊を飼うために》.

-fold [-fòuld, -fóuld/-fould] *suf.* 「…倍」「…重」の意: two*fold* 2 重. ten*fold* 10倍.

fóld·er [fóuldər] n. 1 fold する人; 紙折り器. 2 紙ばさみ, 書類はさみ《多く厚紙製》. 3《一枚の折りたたみ式》案内(書), 広告, 図表, 時間表. 4 (*pl.*) 折りたたみ式めがね.

fól·de·ròl [fáldəràl/fɔ́ldərɔ̀l] = falderal.

fóld·ing [fóuldiŋ] a. 折りたたむ, 折りたたみ式の: a ～ chair 折りたたみいす. **～ doors**《幾重にもたためる》折り戸; 両開き戸. **～ money**〘米俗〙紙幣, 札. **～ scale** 折り尺. **～ screen** びょうぶ.

fò·li·á·ceous [fòuliéiʃəs] a. 1〘植〙葉状〔葉質〕の; 葉のついた, 葉のある. 2〘地〙薄層状の.

***fó·li·age** [fóuliidʒ] n. 1《集合的》**葉**; 葉の茂み, 群葉. 2〘建〙《図案・彫刻などの》葉飾り. [√foli-]
～ plant 観葉植物.
◇ **～d** a. 葉の茂った; 葉飾りのある.

fó·li·ar [fóuliər] a. 葉(状)の.

fó·li·ate [fóulièit] vt. 1 薄片にする, はくにする. 2〘建〙に葉飾りを施す. 3〘製本〙に丁数を付ける.
—— vi. 1 葉を出す. 2 薄片〔はく〕になる.
—— [fóuliit, fóulièit] a. 1〘植〙葉状の; 葉のある: five-～ 5 葉の. 2 はくにした. [√foli-]
◇ **-at·ed** [-lièitid] a. = foliate.

fò·li·á·tion [fòuliéiʃ(ə)n] n. 1 葉の形成, 発葉. 2 はくにする〔はぐ〕こと, 製箔(せいはく), 塗箔. 3〘建〙葉飾り (を施すこと). 4《本の》丁づけ; 丁数.

fó·lic [fóulik] a. 葉酸の. **～ acid**〘生化〙葉酸《貧血に効果がある造血作用剤》.

fó·li·o [fóuliòu] n. (*pl.* **～s**) 1 二つ折りにした紙《4ページ分》; 全紙二つ折り判の本《いちばん大判の本》. 2〘印〙ページづけ, 《書物の》丁数; 〘簿記〙帳簿の左右 2 ページ《同一のページづけ》. 3《原稿などの》一葉《表にだけページづけのしてある》. 4〘法〙(文書の長さの) 単位語数 (〘米〙通例100語, 〘英〙72または90語). ***in ～*** 全紙二つ折り判の《書物》.
—— a. (包み紙) 二つ折りの.
—— vt. 1 <書物・原稿の> 枚数を数える; にページ数をつける, にノンブルを打つ. 2〘法〙<書類に> 単位語数ごとの印をつける. [√foli-]

fó·li·ole [fóuliòul] n. 〘植〙小葉; 〘動〙小葉状器官.

fó·li·ose [fóuliòus] a. 〘植〙葉の茂った〔多い〕.

fó·li·um [fóuliəm] n. (*pl.* **-a** [-liə]) 1〘地〙薄層. 2〘数〙自閉線.

‡folk [fouk] *n.* (*pl.* ～(s)) **1** (*pl.*)人々. 〈注〉現在では people が普通だが, アメリカでは打ち解けた表現としてよく使われる: Good morning, ～*s*! お早う, みなさん! **2** (*pl.*)〘話〙**家族**, 親類, 一族: my ～*s* うちの者たち. **3** (*pl.*) 常民. **4**〘古〙部族, 民族.
—— *a.* 庶民の, 民衆の, 民俗の.
～ art 民芸. **～ custom** 民俗. **～ dance** 民俗〔郷土〕舞踊; その曲. **～ etymology** 民間語源(説), 俗語源. **～·lore** →別項. **～ music** 民俗〔郷土〕音楽. **～ singer** 民謡歌手. **～ song** 民謡. **～ story** 〔**tale**〕伝説, 昔話, 口碑. **～·ways** [ˊ-ˋ] *pl.* 習俗, しきたり.

fólk·lore [fóuklɔ̀:r/-lɔ:] *n.* 民間伝承; 民俗学.
◇ **-lor·ist** [-lɔ̀:rist/-lɔ:r-] *n.* 民俗学者. **fòlk·lor·ís·tic** [fòuklo:rístik/-lɔ:r-] *a.*

fólk·sy [fóuksi] *a.*〘米話〙**1** 人づきのいい, 人づきあいのいい; 気やすい, 近づきやすい. **2** 庶民的な, 素朴(そぼく)な.

fól·li·cle [fálikl/fɔ́l-] *n.* **1**〘植〙袋果《さやの一種》. **2**〘動·医〙小嚢(しょうのう); 濾胞(ろほう), 卵胞. **3**〘虫〙繭. ***hair*** **～**〘医〙嚢毛.
◇ **fol·líc·u·lar** [fəlíkjulər/fɔ-] *a.* ～(状)の.

†fól·low [fálou/fɔ́lou] *vt.* **1** に従う, について行く. **2** 〈指導者などに〉従う; 〈先例に〉ならう, 〈世相·流行などに〉ついてゆく; 〈忠告·教え·主義などに〉従う, 守る, 奉ずる. **3** に続く, の次にくる; のあとを継ぐ: Night ～*s* day. 夜は昼に続く. School children topped the list of the participants, ～*ed* by college students. 学童が参加者数の第1位を占め, 次が大学生だった. **4** のあとに生じる, の結果として起こる. **5** **追う**, 追跡する; 追求する, 求める: ～ the hounds (猟犬を先に立てて) 騎馬で狩猟する. ～ fame 名声を求める. **6** 〈道を〉たどる; 〈理論·説明·話の筋を〉たどる, 理解する. **7** 〈人の〉ことばを理解する: Can you ～ me? 私の言うことがわかるかい. **8** 〈職業に〉**従事する**, を職とする: ～ the law 法律に携わる, 弁護士を業とする. **9** 目で追う; 見守る: ～ a bird in flight 飛ぶ鳥を目で追う. ～ the development (of the situation) with close attention 事態の推移を注意ぶかく見守る.
—— *vi.* **1** 付き従う, 追っていく; 仕える. **2** 次に〔あとに〕くる; 引き続いて起こる: When a vowel ～*s*, 'a' becomes 'an'. 次に母音がくると, a が an に変わる. **3** 《論理的に》当然…となる, …の結論になる, …と推定される: It ～*s* from this that... このことから当然…ということになる; こういうわけで…と推定される.
as **～*s*** 次のとおり: They are *as* ～*s*. それらは次のとおり. 〈注〉この句の follows は非人称動詞で, 常に s がつく. **～ *after*** …のあとに従う; を追求する; …のあとに起こる: ～ *after* him 彼のあとについて行く. *After* the earthquake an epidemic ～*ed*. 地震のあとで伝染病が流行した. 〈注〉他動詞としての follow とほぼおなじ意味だが, やや改まった表現. **～ *home*** 徹底的に追跡する, どこまでも追求する. **～ *in*** a person'***s steps*** (人)の例にならう. **～ *in the wake of*** の先例に従う, の轍(てつ)を踏む. **～ one's *nose*** まっしぐらに進む. **～ *on*** …に続く; = ～ up. **～ *out*** 〈考えなどを〉押しつめる, 徹底する; 〈計画などを〉やり遂げる. **～ *suit*** トランプで前の人の出した札と同種の札を出す; 先例にならう. **～ *the sea*** 船乗りを仕事とする. **～ *the stage*** 役者になる. **～ *through*** 《テニス·ゴルフで》打球を追うように振り切る. **～ *up*** (1) どこまでも追う: ～ *up* a clue 手がかりを徹底的に追う. (2) いっそう徹底させる, だめ押しをする: ～ *up* a blow 連打〔追い打ち〕する. (3)〘フットボール〙〈ボールをもった味方に〉近づいていって守る〔助ける〕.
—— *n.* **1** 追うこと, 追随. **2**〘玉突き〙押し玉. **3**〘俗〙《料理の》おかわり (second helping).
～-my-léad·er [-milí:dər] 大将ごっこ《子どもの遊戯》. **～-thróugh** [㊟ˊ-ˋ] 《テニス·ゴルフなどで》打球の終末動作. **～-ùp** →別項.

‡fól·low·er [fálouər/fɔ́l-] *n.* **1** **随行者**, 随員, 従者; 家来, 部下, 手下, 子分. **2** 《主義·学説の》**追随者**, 信奉者; 《学者の》門下, でし; 《党派の》党員; 《宗派·宗教の》信徒. **3** **追跡者**, 追っ手. **4**〘英話〙女を追いまわす男《特に女中のあとを追う》. **5**〘機〙従動部《カムなど》.

‡fól·low·ing [fálouiŋ/fɔ́l-] *a.* **1** 次の, そのあとにくる: (on) the ～ day その翌日. in the ～ year 〔year ～〕その翌年. He made a statement to the ～ effect. 彼は次のような趣旨の声明を行なった. The ～ books are out of print. 次にあげる図書は絶版となっている. **2**〘海〙追い風の, 順風〔順潮〕の. —— *n.* **1** (*pl.* ～) 以下のもの: The ～ is 〔are〕... 次に述べるものは…である. **2** 《集合的》従者, 部下, でし; 信奉者.

fól·low-ùp [fálouʌ̀p/fɔ́louʌ́p] *a.* 追っかけの: ～ letters 〔visits〕《勧誘のための》連続通信〔訪問〕.
—— *n.* **1** 追求; 追跡. **2** 追いかけ勧誘状. **3** 《新聞の》後報.

‡fól·ly [fáli/fɔ́li] *n.* **1** 愚かさ, 愚鈍. **2** 愚かな行為〔考え〕: youthful follies 若げの道楽. **3** (*pl.*) レビュー, (時事風刺の) 軽演劇. **4** ばかげた大建築, 贅(ぜい)を尽くした別荘. ***to a*** **～** ばかげた程度に.
〔fool と同語源〕

fo·mént [fomént] *vt.* **1** 〈反乱·不和などを〉かもす, 挑発〔誘発〕する. **2** 〈患部を〉温湿布する, 蒸す. 〔√fav-〕 ◇ **～·er** *n.*

fò·men·tá·tion [fòumentéiʃ(ə)n, ㊟ˊ-mən-] *n.* **1** 誘発, 扇動. **2** 温湿布; 湿布剤.

†fond[1] [fand/fɔnd] *a.* **1** 好んで: I am very ～ *of* music. 音楽が大好きです. She is ～ *of* shopping. あの人は買い物好きです. the sort of story he is ～ *of* writing 彼が好んで書く種類の小説〔記事〕. **2** 《人が》**愛情のある**, 甘い, 愛におぼれた: a ～ husband 妻に甘い夫. **3** 《目つきなどが》愛情を示す, 好意にあふれた. **4** 盲信的な, たわいない. ***get*** **～ *of*** が好きになる.
◇ ***～·ly** *ad.* 愛情をもって, やさしく; 盲信的に, たわいなく, 単純に. 〈注〉親しい間柄では手紙の末尾の結語として用いる. 〔類〕 → **like**「好む」

fond[2] [fand/fɔnd] *n.* (*pl.* ～s [-z]) レースの下地.

fon·dant [fándənt/fɔ́n-] F. *n.* フォンダン《すぐとける柔らかい糖菓. candy の中身にする》.

fón·dle [fándl/fɔ́n-] *vt.* **1** もてあそぶ, 愛撫(あいぶ)する. **2** かわいがる, 甘やかす. —— *vi.* 《ことば·動作で》かわいがる, もてあそぶ《を *with*》. 〔<fond〕

fón·dling [fándliŋ/fɔ́n-] *n.* かわいがられている人, 愛児; 愛がん動物.

fónd·ness** [fándnis/fɔ́nd-] *n.* **1** **優しさ**, いつくしみ. **2** 溺愛(できあい), むやみに好む〔かわいがる〕こと; 盲信. **3** 好み, 趣味. ***have a **～** 愛好する《を *for*》.

fon·du(e) [fándu:, fandú:/fɔ́nd(j)u:] F. *n.* フォンデュー《バター·チーズを溶かして卵を混ぜ, 火にのせて供し, これにパンをつけて食べるスイス料理》.

font[1] [fant/fɔnt] *n.* **1**〘宗〙洗礼盤, 聖水ばち. **2** 《ランプの》油つぼ. **3**〘雅〙泉, 源泉.

font[2] *n.*〘米〙同一型の活字の一そろい (= ㊫ fount).

fónt·al [fántl/fɔ́n-] *a.* **1** 泉の; 源泉の, 根本(的)の. **2** 洗礼の.

fòn·ta·nél(le) [fàntənél/fɔ̀n-] *n.*〘医〙泉門《赤子の頭蓋骨の間隙》, ひよめき.

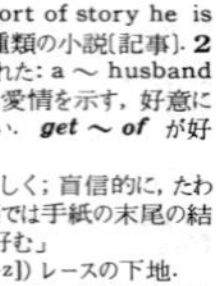
font[1] ①

†food [fu:d] *n.* **1** **食物**, **食糧**; 栄養物. **2** 《比喩的》精神的かて; 《思考·反省などの》資料: mental ～ 心のかて, 知的なかて. ～ for thought 反省の資, とくと考えるべきこと. ***become*** **～ *for fishes***

魚のえじきとなる, 溺死(でき)する. ***be ~ for worms*** 死ぬ. ***dog ~*** 犬のえさ. ***~ and drink*** 飲食物. ***~ for powder*** 兵士たち《弾丸のえじき》. ***plant ~*** 肥料. **~ card** 食券. **~ gatherer** 食物採取未開民族の一員. **~-gáth·er·ing** 《未開人が》食物採取の《農耕・狩猟に対して》. *****~·stuff** [⌐⌐] (しばしば *pl.*) 食料品. **~ value** 栄養価.

‡**fool**[1] [fuːl] *n.* **1** ばか者, 愚かな人; 〖稀〗白痴. **2** ばかにされる人, 「かも」. **3** 道化者《中世の王侯・貴族にかかえられた》. **4** 《現在分詞を伴って》…狂: a danc*ing* ~ ダンス狂. ***be a ~ for*** one***'s pains*** むだぼねをおる. ***be a ~ to*** …とは比べものにならない. ***be no*** [***nobody's***] ***~*** ばかではない, 抜け目がない. ***make a ~ of*** a person (人)をばかにする, かつぐ. ***make a ~ of*** one***self*** もの笑いになる, 恥をかく. ***play the ~*** ばかなまねをする; 道化役を演ずる. ***play the ~ with*** をだます; をだめにする. ***send*** a person ***on a ~'s errand*** (人に)むだ足をさせる. —— *vt.* ばかにする, もてあそぶ; だます. —— *vi.* ばかなまねをする; ふざける, おどける. ***~ about*** [***around***] 〖米話〗なまけて暮らす; ぶらつく: Where have you been *~ing about*? どこをうろついていたんだ. ***~ away*** 〖話〗〈時・金などを〉むだに使う, みすみす失う. ***~*** a person ***into*** (do)*ing* (人を)だまして…させる. ***~*** a person ***out of*** (人を)だまして…を奪い取る, (人から)…をだまし取る. ***~ with*** をもてあそぶ, をいじくる. ***~*** a person ***with*** (人を)…でだます.
—— *a.* 〖米話〗= foolish.
~ duck 〖米〗アカガモ. **~·hàr·dy** →別項. **~ hen** 〖米〗雷鳥. **~·proof** [⌐⌐] 《ばかでもまちがえぬほど》簡単明瞭(めいりょう)な; しくじりのない, 絶対安全な. **~'s cap** →別項. **~s·cap** →別項. **~'s gold** 黄鉄〔黄銅〕鉱. **~'s paradise** 愚者の天国, 空頼み. ◇ **~·er·y** [-əri] *n.* 愚行.

fool[2] *n.* フール《煮てつぶした果実をクリームと混ぜてつくる》.

fóol·hàr·dy [fúːlhàːrdi] *a.* 向こう見ずな, 無謀な, 無鉄砲な. ◇ **-di·ly** *ad.* **-di·ness** *n.*

†**fóol·ish** [fúːliʃ] *a.* **1** ばかな, 愚かな. **2** ばかげた; おかしな, つまらない. ◇ **~·ly** *ad.* ‡**~·ness** *n.*

〔類義語〕 ばかな: **foolish, senseless** 常識・判断力に欠けること. 必ずしも知能の低さによらない: a *foolish* [*senseless*] decision 愚かな決定. **silly** foolish の強意. 知能の低さが暗示される. 「まのぬけた」発言・冗談などにも用いられる: a *silly* statement. **stupid** 先天的にばかな, 頭の悪い. しかし行為については foolish と全くおなじに使われる: It is *stupid* to do such a thing.

fool's cap *n.* (昔の) 道化師帽《鈴などが付いたとがった円すい形の帽子》; 円すい形の紙帽 (dunce's cap)《できの悪い生徒が罰にかぶせられる》.

fool's cap

fóols·cap [fúːlzkæp/fúːls-kæp, -z-] *n.* 〖英〗大判洋紙《17×13インチ》.

†**foot** [fut] *n.* (*pl.* **feet** [fiːt]) **1** 足《くるぶしから下をいう》. →leg. **2** 足の部分《くつ下の足の部分, 軟体動物の触脚など》; 《テーブル・コップなどの》あし. **3** 足〔すそ〕の方《寝台・床・墓などの》. **4** (物の) 根もと, すそ, 底, 最下部, 基部《山・柱・壁・階段・帆・ページなどの》: at the ~ of a hill 丘のふもとに. **5** 末位, 末席: at the ~ of a class クラスのどんじりに. **6** フィート《約 30cm. 足の長さに基づいた名称》. **7** 徒歩; 歩み, 足どり: have a heavy ~ 足どりが重い. **8** 《集合的》歩兵: ~ and horse 歩兵と騎兵. **9** 〖韻〗韻脚, 詩脚. **10** (しばしば *pl.* **foots**) おり, 沈殿物; 粗糖.
at a ~'s pace 歩行の速度で, 並み足で. ***at*** a person***'s feet*** (人)の足もとに, (人)に服従して. ***carry*** a person ***off his feet*** (人を)夢中にさせる, 熱狂させる. ***change ~*** [***feet***] 《行進中に》足を踏み替える. ***cubic*** [***square***] ***~*** 立方(平方)フィート. ***feet of clay*** 〖聖〗不安定な基礎《ダニエル書 2:33》. ***find*** [***know***] ***the length of*** a person***'s ~*** (人)の足もとを見る, (人)の弱点をつかむ. ***have one ~ in the grave*** 〖話〗片足を墓に入れる, 死にかかっている. ***jump*** [***spring***] ***to*** one***'s feet*** 急に立ち上がる; 踊り上がって立つ. ***keep*** one***'s ~*** [***feet***] まっすぐに立って歩く; まっすぐに立っている; 足もとをしっかりさせる; 慎重に行動する. ***measure another man's ~ by*** one***'s own last*** 自分の立場から他人のことを推量する. ***miss*** one***'s ~*** 足を踏みはずす; 失脚する. ***off*** one***'s feet*** 足の踏み場を失って. ***on*** one***'s feet*** 立ち上がって; (病後) 元気になって; (経済上) 独立して. ***on ~*** (1) 歩いて, 徒歩で. (2) 発足して, 着手されて. (3) (牛が) 生きたまま. ***put*** one***'s best ~ foremost*** [***forward***] 〖話〗(1) できるだけ急いで行く; 全速力で走る; 全力を尽くす. (2) できるだけ好印象を与えるようにする; いいところを見せる. ***put*** one***'s ~ down*** 足を踏みしめて立つ; 堅い決心をする, 断固として行なう. ***put*** one***'s ~ in*** [***into***] ***it*** [one***'s mouth***] 〖話〗《うっかり踏み込んで》苦境に陥る, 失敗する; 失言する. ***set*** [***put, have***] one***'s ~ on the neck of*** を完全に押える〔征服する〕. ***sit at*** a person***'s feet*** (人)に師事する, (人)を賞賛する. ***stand on*** one***'s own feet*** 独立している. ***swift of ~*** 足が速い. ***trample*** [***tread***] ***under ~*** 足下に踏みにじる. ***under*** a person***'s ~*** [***feet***] (人)に屈服して. ***with*** one***'s feet foremost*** 足を先にして; 死体となって.
—— *vi.* **1** 歩く, 歩いて行く. **2** ステップを踏む, 踊る. **3** 〈船が〉進む. **4** (総計) …となる: ~ up *to* $150 計150ドルになる. —— *vt.* **1** 歩く, の上を踏み歩く. **2** 〈ダンスを〉踊る. **3** 〈道のり・距離を〉踏破する. **4** 〈くつ下などに〉足部をつける. **5** 合計する《*up*》. **6** 〖話〗支払う, の費用を負担する. **7** ける. **8** すえる, 定着させる. ***~ it*** 〖話〗歩く, 歩いて行く; 踊る. ***~ the bill*** 勘定を支払う.
~-and-mouth disease 鵞口瘡(がこうそう)《家畜の口やひづめを冒す伝染病》. †**~·ball** →別項. **~·bath** [⌐⌐] 足湯 (用たらい). **~·board** [⌐⌐] 足台, 踏み板《寝台・汽車などの》. **~·boy** [⌐⌐] 給仕. **~ brake** 《自動車などの》足踏みブレーキ. **~·bridge** [⌐⌐] 歩行者専用橋. **~-cán·dle** 〖物〗フィート燭(しょく)《標準ろうそくが 1 フィートの距離から照らす照度》. **~·cloth** [⌐⌐] 馬の盛装用かけ布《地上に達する》; 敷き物, じゅうたん. **~ dragging** 〖俗〗消極的態度. **~·fall** [⌐⌐] 足音; 歩み. **~ fault** 〖テニス〗サーブの踏み出し反則. **~·gear** [⌐⌐] はきもの《くつ・スリッパなど》. **F~ Guards** イギリス近衛(このえ)歩兵 (連隊). **~·hill** [⌐⌐] 山すその小丘. **~·hold** [⌐⌐] 足場; 基地. **~-in-móuth** 失言. *****~·lights** →別項. **~·lòck·er** 寝台の下に置く小形トランク《兵舎で使用》. **~·loose** [⌐⌐] 好きなところへ行ける, 自由な. **~·man** [-mən] (*pl.* **-men**) (1) 《制服を着た》従僕, 馬丁; 〖古〗歩兵. (2) 五徳, 暖炉のやかん台. **~·mark** [⌐⌐] 足跡. **~·muff** [⌐⌐] 足部のおおい. **~·note** [⌐⌐] 脚注; に脚注をつける. **~·pace** [⌐⌐] 並み足; 〖建〗(階段の) 踊り場; 《祭壇の》上段. **~·pad** [⌐⌐] 《徒歩の》追いはぎ. **~ pan** 足だらい, 湯たんぽ. **~ passenger** 通行人. **~·path** [⌐⌐] 小道, 歩道. **~·plate** [⌐⌐] 《機関車の》機関士と火夫の立つところ; 〖英〗機関士室. **~-póund** (*pl.* **-póunds**) 〖物〗フィートポンド《1 ポンドの重量を 1 フィートだけ揚げる仕事の量》. *****~·print** [⌐⌐] 足跡. **~·race** [⌐⌐] 徒競走, 駆けくら. **~·rest** [⌐⌐] 足置き(台)《床屋のいすなどの》. **~·rope** [⌐⌐] 渡り綱, 足場綱, 帆の下べりなわ. **~ rule** フィートざし《ものさし》. **~·scald** [⌐⌐] 《馬の》足裏の炎症. **~·slog** [⌐⌐] どろの中を進む. **~-slòg·ger** 歩兵.

~ soldier 歩兵. **~·sore** [ー ー] 足を痛めた, くつずれのできた. **~·stalk** [ー ー] 〖植〗葉柄. **~·stall** [ー ー] 柱礎, 台座; あぶみ《婦人用乗馬ぐらの》. **~ stamping** 足踏み: ~ *stamping* cold じっとしていられない寒さ. ‡**~·step** → 別項. **~·stock** [ー ー] 旋盤の心押し台. **~·stone** [ー ー] (墓の) 台石; 礎石. **~·stool** [ー ー] 足台. **~·sure** [ー ー] 足もとの確かな. **~-tón** 〖物〗フィートトン《1トンの重量を1フィート揚げる仕事の量》. **~ warmer** 《車内などの》足を暖める装置, 足温器; 湯たんぽ. **~·way** [ー ー] =footpath. **~·wear** [ー ー] = footgear. **~·work** [ー ー] 足さばき, 足わざ. **~·worn** [ー ー] 歩き疲れた; 踏み減らされた.

◇ **~·age** [-idʒ] *n.* フィート数《映画撮影に使用されたフイルムの》; 《foot 単位による》材木の体積. **~·ed** [-id] *a.* **1** 足のある. **2**《合成語で》…本足の; 足が…の: four-~*ed* 四つ足の. fleet-~*ed* 後速の. **~·er** *n.* **1** 歩行者. **2**《合成語で》身長〔長さ〕が…の人〔物〕: a six-~*er* 六尺男. **~·less** *a.* **1** 足のない; 実体のない; ばかげた. **2** ぶざまな, 役にも立たない. **3**〖雅〗人跡未踏の.

†**fóot·ball** [fútbɔ̀:l] *n.* **1** フットボール, 蹴球(しゅうきゅう)《アメリカではおもにアメリカンフットボール, イギリスではおもにラグビー》. **2** フットボール用ボール. **3**《比喩的》粗末に扱われるもの; たらい回しにされるもの〔問題〕. ***American* ~** 米式蹴球. ***association* ~** ア式蹴球, サッカー (soccer). ***Rugby* ~** ラ式蹴球, ラグビー. ◇ **~·er** *n.* フットボール選手.

fóot·ie [fúti:] =footsie.

fóot·ing [fútiŋ] *n.* **1** 足もと, 足場: The icy hill provided no ~. 凍りついた丘は足がかりがなかった. **2** 基礎; 立脚地; 安定した地位: a business on a sound ~ 基礎のしっかりした事業. **3** 間柄, 関係: be on a friendly ~ with a person 人と友人関係にある. **4**〖商〗総計, 締め高. **5** ステップ, 足拍子; 歩行, 歩きぶり, ダンス. **6**〖建〗根積み, 基礎, 壁脚(へきかく). **7** 入会 (金), 入学 (金): pay (for) one's ~ 入会金を払う. **8**〖軍〗編制, 体制: a peace [war] ~ 平時〔戦時〕編制. ***get* [*gain, obtain*] *a* ~** in society (社会で) 地歩を占める. ***keep* one's ~** ころばずにいる; 足場〔地位〕を保つ. ***lose* one's ~** 足場〔立場〕を失う. ***Mind your* ~.** 足もとに気をつけなさい.

fóo·tle [fú:tl] *n.* 愚行; たわごと. **——** *vi.* ばかなまねをする; たわごとを言う. **~ *about*** 〖話〗ぶらぶらして過ごす. ◇ **fóot·ling** *a.* ばかげた, たわいもない.

***fóot·lights** [fútlàits] *n. pl.* **1**〖劇〗(舞台の) 脚光, フットライト. **2** 役者稼業(かぎょう). **3** 舞台; 劇場. ***appear before the* ~** 舞台に立つ, 脚光を浴びて登場する. ***behind the* ~** 観客席に. ***smell of the* ~** 芝居じみている, 芸人くさい.

fóot·ling [fú:tliŋ, ㊇⁺fút-] *a.*〖話〗愚かな; つまらない; ささいな.

fóot·sie [fútsi:] *n.*〖米俗〗いちゃつき, 恋愛ごっこ. ***play* ~(*s*) *with*** (1) …といちゃつく. (2) … のきげんをとる, に取り入る.

‡**fóot·step** [fútstèp] *n.* **1** 足どり, 歩度. **2** 足音. **3** 足跡. **4** 歩幅, 1歩. **5** 踏み段. ***follow* [*walk*] *in* a person's ~*s*** (人) の先例にならう.

fóo·zle [fú:zl] *vt., vi.* へまをやる, やりそこなう; 〖ゴルフ〗〈ボールを〉打ちそこなう. **——** *n.* へま; 〖ゴルフ〗へたな打球; 〖話〗へまな人.

fop [fɑp/fɔp] *n.* めかし屋, にやけ男, 気どり屋.

fóp·per·y [fɑ́pəri/fɔ́p-] *n.* めかすこと, おしゃれ.

fóp·pish [fɑ́piʃ/fɔ́p-] *a.* めかし屋の, 気どり屋の. ◇ **~·ly** *ad.* **~·ness** *n.*

†**for** →枠付 for. (pp. 492–493)

for- *pref.*「離脱」「否定」「極度」などの意: *for*go 離れて＋いく→捨てる, 失う. *for*bid 否定的に＋命令する→禁止する. *for*bear よく＋耐え忍ぶ.

F.O.R., f.o.r. free on rail 貨車〔鉄道〕渡し.

fór·age [fɔ́:ridʒ, fɑ́r-/fɔ́r-] *n.* **1**《牛馬の》飼料, まぐさ, かいば. **2** 飼料集め; 馬糧徴発. **3**《一般的》食糧捜し. **——** *vi.* **1** 糧秣(りょうまつ)を捜し歩く; 《一般的》捜し回る: ~ about to find a book 本を見つけようとそこらを捜し回る. a ~*going* party (馬糧) 徴発隊. **2** 徴発〔略奪〕を行なう. **——** *vt.* **1** から糧秣を徴発する. **2** から略奪する; 〈場所を〉捜し回る《を求めて *for*》. **3**〈物を〉徴発する, 略奪する. **4** に糧秣を与える.

~ cap〖軍〗(歩兵の) 略帽. ◇ **fór·ag·er** [-ər] *n.*

fo·rá·men [fəréimən] *n.* (*pl.* **fo·rám·i·na** [fərǽminə]) 〖医・動・植〗小孔, 胚孔(はいこう).

fo·rám·i·nate [-rǽminit, ㊇⁺-nèit], **fo·rám·i·nous** [-rǽminəs] *a.* 小孔〔胚孔〕のある.

fo·ràm·i·níf·er·a [fəræ̀minífərə] *n. pl.*〖動〗有孔虫類. ◇ **~l** *a.*

fòr·as·múch [fɔ̀:rəzmʌ́tʃ/f(ə)rəz-] *conj.*〖古・雅〗…であるから. 〈注〉おもに法律用語として **~ *as*** の形で接続詞として用いる.

fór·ay [fɔ́:rei, fɑ́r-/fɔ́r-] *n.* 侵略; 略奪. **——** *vi., vt.* 侵略〔略奪〕する.

***for·báde** [fərbǽd, ㊇⁺-béid], **-bád** [fərbǽd] *v.* forbid の過去形.

‡**for·béar**[1] [fɔ:rbέər] *v.* (**for·bóre** [-bɔ́:r/-bɔ́:]; **for·bórne** [-bɔ́:rn/-bɔ́:n]) *vt.* **1** 差し控える, 慎む, がまんする《(do)*ing*; *to* (do)》: ~ reproach*ing* a person 人を非難しない. ~ *to* drink wine 酒を飲まないようにする. **2** (…の使用を) 節する, 控える: ~ wine 酒を飲まない.

—— *vi.* **1** (身を) 差し控える, 遠ざかる, 慎む《から, を *from*》: ~ *from* drink*ing* 飲酒を慎む. **2** 忍耐する, がまんする《を *with*》; 寛容である《に *with*》. ***bear and* ~** よく耐え忍ぶ.

◇ **~·er** [-bέ(:)rər/-bέərə] *n.*

fór·bear[2] [fɔ́:rbɛər] =forebear.

for·béar·ance [fɔ:rbέ(:)rəns, fər-/fɔ:bέər-] *n.* **1** 忍耐, がまん. **2** 寛容. **3** 自制 (心), 慎み《*from*》. **4**〖法〗《債権者の》権利行使差し控え.

for·béar·ing [-bέ(:)riŋ/-bέər-] *a.* しんぼう強い; 寛大な. ◇ **~·ly** *ad.*

‡**for·bíd** [fərbíd] *vt.* (**-báde** [-bǽd, ㊇⁺-béid], **-bád** [-bǽd]; **-bíd·den** [-bídn]; **-bíd·ding**) **1** 禁ずる, 許さない: Fishing is *forbidden*. 魚つり禁止. My health ~*s* my coming. 健康のつごうで私は参れません. **2**〈人に…を〉禁止する, 許さない: ~ a person wine 人に酒を禁ずる. ~ a person *to* smoke 人にたばこを吸うことを禁止する. **3**〈人に…の〉使用〔出入り〕を禁ずる: I ~ you the house. きみにはこの家の出入りを差し止める. ***God* [*Heaven, The Saints*] ~!**《神が禁じたまわんことを！→》断じてない！, とんでもない！ ***Heaven* ~ *that I should do such a thing!*** 金輪際そんなことするものですか！ ◇ **~·dance** [-bíd(ə)ns] *n.* 禁止 (行為). **~·der** [-ər] *n.*

***for·bíd·den** [fərbídn] *v.* forbid の過去分詞. **——** *a.* 禁じられた, 禁制の. **~ degrees**〖法〗禁婚親等. **~ fruit** (1)〖聖〗禁断の木の実; 禁じられているためますます欲しくなるもの. (2)〖植〗ザボンの一種.

for·bíd·ding [fərbídiŋ] *a.* **1** 人を近づけない; 近づきにくい, いやな: a ~ countenance こわい顔つき. **2** 近寄るとあぶない, 危険な; 険悪な: ~ cliffs ぞっとするような絶壁. ~ clouds 険悪な雲.

◇ **~·ly** *ad.* **~·ness** *n.*

for·bóre [fɔ:rbɔ́:r/-bɔ́:] *v.* forbear[1] の過去形.

for·bórne [fɔ:rbɔ́:rn/-bɔ́:n] *v.* forbear[1] の過去分詞.

‡**force**[1] [fo:rs/fɔ:s] *n.* **1** 力, 勢力, エネルギー, 勢い: use ~ to open the window 窓を開くのに力を使う. the ~ of nature 自然力. the ~ of gravity 重力. 〈注〉物理学用語としては force「力」; power「仕事率, 工率」; energy「エネルギー」.

2 **暴力**，腕力，強圧: resort to ～ 暴力に訴える． 3 精神力，迫力，《個性などの》強烈さ． 4 影響（力），支配力；説得力: the ～ of an argument 議論の説得力． 5 効果；（法律上の）効力． 6《社会的》権力，勢力；有力な人物． 7 **武力**，兵力；（しばしば *pl.*）軍隊，部隊；**警察**（隊）: the air ～ 空軍．the police ～ 警察． 8《武力以外の》（協力）集団，《集合的》成員，部員，所員: office ～ 事務所員． 9《ことばの》意味，意義．
by ～ 力ずくで，強制的に． ***by*** (***the***) ～ ***of*** の力で，…によって: *by* ～ *of* habit 習慣の力で． ***come into*** ～〈法律・規定などが〉有効になる，実施される． ***in*** ～ (1) 有効で，実施中で． (2)〖軍〗大挙して． ***in full*** ～《警察などが》全力をあげて，総勢で． ***in great*** ～ (1)〖軍〗大挙して． (2) 大元気で． ***of no*** ～ 無効で． ***put in*** ～〈法令などを〉施行〔実施〕する． ***the third*** ～〖政〗中立政党，第三勢力． ***with all one's*** ～ 全力を尽くして． ***with much*** ～ 力強く；強い説得力で．
—— *vt.* 1 に**強制する，力ずくで…させる**，無理に…させる: ～ a person *to* confess 〔*into* confess*ing*〕しいて告白させる． 2 に暴力を加える；〈婦人に〉暴行する；〈戸・金庫などを〉こじあける；〈陣地を〉強行突破する． 3（力によって）獲る，強奪する: ～ one's way 押し進む，押し入る《へ *into*》． 4 押し入れる；（無理に）押しつける，押し売りする: ～ a knife *into* a person's breast ナイフを人の胸に突き立てる． ～ one's idea *upon* another 自分の考えを他人に押しつける． ～ food *down* a person's throat 人に食物を無理に食べさせる． The conviction ～*d* itself *upon* me that… …と信ぜざるをえなくなった． 5（無理に）押し出す，引き出す: ～ a smile 苦笑する〔させる〕． ～ a promise *from* a person 人に無理やりに約束させる． 6 に無理を加える；無理に働かす，無理に勉強させる: ～ a plant 促成栽培する． ～ the pace 歩度を速める． ～ a motor モーターを過熱させる． ～ a pupil 生徒に猛勉強させる． 7〖トランプ〗〈札を〉無理に出させる，捨てさせる: ～ trumps 切り札を無理に出させるようにしむける． 8〖野球〗封殺する《*out*》；《満塁で》に押し出し点を与える《*in*》．
～ a door open 戸をこじあける． ***～ a word*** 語の意味をこじつける，語に無理に…の意をもたせる《*into*》． ～ a person***'s hand***（人）を無理やりに従わせる；〖トランプ〗（人）に持ち札を出さざるをえないようにしむける． ***～ the bidding***《競売で》さし値をぐんぐんせりあげる． ***～ the game***〖クリケット〗早く得点するために無理をする． ***～ the running***《競走で》相手の疲労を目的に無理して速度を速める． ～ ***one's way through*** 無理に押し分けて通る〔進む〕．
～-féed →別項． **～-out** [⌐⌐]〖野球〗封殺． ～ **pump** 押し揚げポンプ．
◇ **～·a·ble** [-əbl] *a.* **～·less** *a.* 力のない，無力の． **fórc·er** [-ər] *n.* **fórc·ing** *n., a.* 1 強制（の）；奪取(的): a *forcing* pump＝force pump. 2 促成栽培(の)． 〔類〕→ **compel**「しいる」，→ **power**「力」

force² *n.*〖英方〗滝．

forced [fɔːrst/fɔːst] *a.* 1 強制による，強制的な: ～ labor 強制労働． 2 無理じいの，ぎごちない，自然でない: ～ tears そら涙． a ～ smile つくり笑い，苦笑． 3（意味の）こじつけた: a ～ interpretation こじつけの解釈． ～ **landing**《飛行機の》不時着． ～ **march**〖軍〗強行軍． ～ **sale**《執達吏の》公売． ◇ **fórc·ed·ly** [fɔ́ːrsidli/fɔ́ːs-] *ad.*

fórce-féed [fɔ́ːrsfíːd/fɔ́ːs-] *vt.* 1〈子どもなどに〉無理に食べさせる． 2 無理やりに押しつける《を *on*》．

***fórce·ful** [fɔ́ːrsf(u̩)l/fɔ́ːs-] *a.* 1 **力のある**． 2 **力のはいった**，力強い；激しい．
◇ **～·ly** [-fu̩li] *ad.* **～·ness** *n.*

force ma·jeure [fɔ́ːrsməʒə́ːr/-mɑːʒ-] F. 1 不可抗力《契約不履行も許容されるような》． 2《強国が弱国に加える》威圧．

fórce·meat [fɔ́ːrsmìːt/fɔ́ːs-] *n.*《詰め物用としての》味つけひき肉．

fór·ceps [fɔ́ːrsəps/-seps] *n.* (*pl.* ～, ～**·es**, **fór·cip·es** [-si̩pìːz]) 1 ピンセット，鉗子(かんし)，毛抜き． 2〖医・動〗鉗子状器官．
◇ **fór·ci·pate** [fɔ́ːrsi̩pèit] *a.* ～状の．

fór·ci·ble [fɔ́ːrsəbl/fɔ́ːs-] *a.* 1 強制による，強制的な，無理じいの． 2 強力な，有効な；力のはいった，説得力のある: a ～ reasoning 説得力のある理論． ***a ～ entrance*** 〔***entry***〕 ***into a house***〖法〗家宅侵入． **～-fée·ble** こけおどしの《実は強くない》．
◇ **～·ness** *n.* **-bly** *ad.*

ford [fɔːrd/fɔːd] *n.*《徒渉可能の》浅瀬． —— *vt., vi.*〈川を〉浅瀬で渡る，歩いて渡る． ◇ **～·a·ble** *a.*

Ford [fɔːrd/fɔːd] *n.* 1 Henry ～, 1863–1947, アメリカの自動車王． 2 Ford 会社製自動車．
◇ **～·ize** [-aiz] *vt.* 1 大量生産する． 2〈方法・作業員を〉規格化する《大量生産用に》．

for·dó [fɔːrdúː] *vt.* (**-díd** [-díd]; **-dóne** [-dʌ́n])〖古〗 1 滅ぼす；殺す． 2 だめにする．
◇ **for·dóne** [-dʌ́n] *a.*〖古〗疲れきった．

fore [fɔːr/fɔː] *a.* 前の，前部の，前方の: the ～ part of …の前部． ↔hind. —— *ad.* 1 前に，前部に，前方に． 2〖海〗船首（の方）に． ***～ and aft*** 船首から船尾まで；船中いたるところに；縦に．
—— *prep.* の前に． ***F～ George!***（聖ジョージに）誓って！ —— *int.*〖ゴルフ〗ボールが行くぞ！《打球の飛ぶ方向にいる人に注意する掛け声》．
—— *n.* 前部，前面． ***at the*** ～〖海〗前檣頭(ぜんしょうとう)に；《船の》最前方に． ***come to the*** ～ 指導的な役割を演ずる；頭角をあらわす． ***to the*** ～ 前面に；目だつところに；準備されて；役立って；生きて；活躍して． **～-and-áft·er**〖海〗縦帆装船《schooner など》． ～ **plane** あら仕上げかんな．

fore- *pref.*「前部の」「先だつ」「あらかじめの」の意: *fore*arm 前腕． *fore*runner 先だって走る人→先駆者． *fore*cast 予想〔予報〕する．

'fore [fɔːr/fɔː] *prep.*〖雅〗＝before.

fóre·arm¹ [fɔ́ːràːrm/fɔ́ːr-] *n.* 前腕，前膊(ぜんぱく)．

fore·árm² [fɔːráːrm/fɔːr-] *vt.* あらかじめ武装する；備える《に *against*》．

fóre·bear [fɔ́ːrbὲər/fɔ́ː-] *n.*（通例 *pl.*）祖先．

fore·bóde [fɔːrbóud/fɔː-] *vt.,vi.* 1 (の)前兆となる；予示〔予告〕する． 2 予感する． ◇ **fore·bód·er** *n.*

fore·bód·ing [-iŋ] *n.* 前兆；予感，虫の知らせ． —— *a.* 前兆となる，不吉な． ◇ **～·ly** *ad.* 前兆として．

fóre·brain [fɔ́ːrbrèin/fɔ́ː-] *n.*〖医〗前脳．

fóre·càb·in [fɔ́ːrkæ̀bin/fɔ́ː-] *n.* 船首にある船室《通例二等客室》．

fóre·càd·die [fɔ́ːrkæ̀di/fɔ́ː-] *n.*〖ゴルフ〗ボールの落下位置を示すキャディー．

‡fóre·cast [fɔ́ːrkæ̀st/fɔ́ːkɑːst] *n.* 1 **予想**，予測． 2 **予報**: a [the] weather ～ 天気予報．
—— [⁺−⌐] *vt., vi.* (**-cast** *or* **-cast·ed**) 1 **予想する**，予測する． 2〈天気を〉**予報する**: It rained as was ～. 予報どおり雨が降った． 3 予表〔予兆〕する． 4 前もって計画する． ◇ **～·er** *n.*

fóre·cas·tle [fóuksl] *n.*〖海〗 1《軍艦の》前（部）甲板． 2《商船の》前甲板下の水夫室．

fóre·cit·ed [fɔ́ːrsàitid/fɔ́ː-] *a.* 先に引用した．

fore·clóse [fɔːrklóuz/fɔː-] *vt., vi.* 1 除外〔排除〕する: ～ a person *from*… 人を…から除外する． 2 妨げる: ～ a person *from* (do)*ing* ＝～ a person *to* (do). 3〈議論などを〉打ち切る；に先手を打つ． 4〖法〗に抵当物受けもどし権を失わせる；〈抵当物を〉抵当流れにする．
◇ **fore·cló·sure** [-klóuʒər] *n.* 抵当物の買いもどし権を奪うこと，抵当流れ．

fóre·court [fɔ́ːrkɔ̀ːrt/fɔ́ːkɔːt] *n.* 1《建物の》前庭． 2 ネットぎわ《テニス・バドミントンのコートの》．

fore·dóne [fɔːrdʌ́n/fɔːdʌ́n] *a.*〖古〗＝fordone.

for

for は前置詞および等位接続詞として用いられるが，特に前置詞としての役割が重い．他の多数の短い前置詞と違って，副詞の役は兼ね備えていない．前置詞が文中で一般に弱く発音されることはもちろんであるが，特に for は不注意に強く発音すると four と誤られることがある．

for [fɔːr, 弱 fər] *prep.* **1**《方向・行く先・傾向》…に向けて,…に対して: She has just left ～ home. 彼女は家の方へ帰ったところだ． the train ～ London ロンドン行きの列車． sail ～ Hawaii ハワイに向けて出帆する． The ship is bound ～ Yokohama. その船は横浜行きだ. change ～ the better [worse] よい[悪い]方に変わる. He has an ear ～ music. 彼は音楽がわかる． have an eye ～ に対して眼識をもつ．

〈付記〉 **for** と **to** (その 1): for は目的・方向をあらわし，to は到着地点を示す． だから the train *for* Osaka は，あくまで大阪に「向かう」だけで，「到着する」という保証はない． He went *to* the house. は，彼は確実に家に着いたのである．

2《代理・代用》…の代わりに: speak ～ him 彼に代わって話す, 彼のために話す. His agent acted ～ him in the negotiations. 彼の代理人が交渉において彼の代わりをつとめた. a substitute ～ coffee コーヒーの代用品. stand ～ を代表[代理]する: KO stands ～ 'knockout'. KO とは knockout の略である．

〈付記〉 **for** と **to** (その 2): to の次には主語の行為が直接及ぶ対象がくるが，for の次にくる名詞と主語との間にはそのような直接的関係はない． speak *to* him は「彼に話しかける」のだから, 彼がその場にいるか電話の話し相手でなくてはならないが, speak *for* him では「彼のために話す」のだから，彼がいなくてもよい． I read a letter *to* him. (彼に読んで聞かせた) では彼がそばにいるが, I read a letter *for* him. (彼に読んでやった) では，必ずしも彼が近くにいなくてもよい． その典型的な例が a substitute *for* coffee (コーヒーの代用品) で for はコーヒーがそばにないことを示している．

3《行為の目的・用途・期待》…のために[の], …を(求めて): dress ～ dinner 正餐(せいさん)のために着物を着替える. get ready ～ school 登校の身じたくをする． go to Scotland ～ grouse shooting 雷鳥撃ちにスコットランドに行く． send ～ a doctor 医者を迎えにやる． work ～ one's living 生活のために働く. go out ～ a walk 散歩に出る. just ～ fun ただおもしろ半分に． ～ his sake 彼のために． intend him ～ a physician 彼を医者にするつもり. fit ～ food 食用になる． a book ～ boys 少年向きの本． money ～ paying bills 勘定を払うための金． not ～ sale 非売品で. a house ～ rent 〖米〗貸家. What do you work ～? きみはなにが目的で働くのだ． look ～ one's dog 犬を捜す. cry ～ one's mother 母を求めて泣く． tremble ～ his safety 彼の安否を気づかう． wait ～ an answer 返事を待つ. I don't care ～ wealth. 私は富を望まない． be eager [mad, dying] ～ を切望する, を熱望する. Let us hope ～ the best. 楽観しよう．

〈付記〉 **for** と **after** for は待望・願望・追求などをあらわす動詞・形容詞といっしょに用いられる． for の代わりに after が用いられることがあるが, after の方が意味が強い: seek *for* [*after*] fame 名声を求める． strive *for* [*after*] wisdom 知識を求めて努力する. hunt *for* [*after*] riches 富を追う. be eager *for* [*after*] a position 地位を熱望する. ただし call [shout, whistle, etc.] *for* [*after*] a person のように呼び止める意では今日では for の方が普通．

4《利益・賛成・味方・敬意》: a present ～ you あなたへの贈り物． a great pleasure ～ me 私にとって非常な喜び． ～ the love of God, ～ God's sake 後生だから． be ～ [against] war 戦争に賛成[反対]. vote ～ [against] a person 人に賛成[反対]投票する． That will be bad ～ you. それはきみのためにならないでしょう． I feel sorry ～ her. 私は彼女を気の毒に思う． He fought ～ liberty. 彼は自由のために戦った． The baby was named ～ his grandfather. その赤ん坊は祖父の名をつけられた．

5《理由・原因》…のために，…のゆえに[の]: ～ many reasons 多くの理由で. ～ fear of を恐れて. I can't see anything ～ the fog. 霧のためなにも見えない. He cried ～ pain. 彼は苦痛で泣いた． be dismissed ～ neglecting one's duties 職務を怠って解雇される. He blamed me ～ the delay. 彼は遅れたことに対して私を非難した． be famous ～ …で有名． But ～ your help, I should fail. きみの助けがなければ失敗するだろう．

〈付記〉 この用法は限られるので注意．たとえば He didn't come to school *for* illness. (病気のため学校に来られなかった) とか， He didn't go *for* the bad weather. (悪天候のため行けなかった) などの文は不適当で，このばあいには due to, owing to, because of を使うべきである. 理由・原因の for は特定の成句や，感情・報償に関したものが大部分である．なおこの for は⑦の用法と密接な関係をもっている．

6 …にもかかわらず: I love him none the less ～ his faults. 彼の欠点にもかかわらず私は彼を愛する. He is not happy ～ all his wealth. 富裕であるにもかかわらず彼は不幸である．

7《等価値・交換・償い》…に対して，…の報いとして，…の償いに: sell a horse ～ twenty pounds 20 ポンドで馬を売る. I give you a horse ～ your gun. きみの銃と交換に馬をあげよう． five ～ a dollar 1 ドルで 5 個． word ～ word 逐語的に． beaten ～ stealing 盗みでむち打たれる. get a medal ～ saving life 人命救助でメダルをもらう． give him a Roland ～ his Oliver 彼にしっぺい返しする『売りことばに買いことば』． an eye ～ an eye 〖聖〗目には目《「おなじ方法でする報復」の意. 出エジプト記 21: 24》. make up ～ a loss 損失の埋め合わせをする． ～ one's life 命が助かるために． run ～ one's life 命がけで逃げる《⑧ の for life と比較》.

8《時間・距離》の間: stay ～ a week 1 週間滞在する. ～ good (and all) 永久に，これを限りに. The rain lasted ～ hours [days]. 雨は何時間[何日]も降り続いた《for を強く発音すると four に聞こえるので，特に注意》． ～ a moment ちょっと(の間). ～ an age 長い間, 長年月． ～ life 終身(の). imprisonment ～ life 終身懲役． The forest stretches ～ a long way. 森林は遠く続いている． The road runs ～ five miles. 道は 5 マイル通じている. 〈注〉 for の省略: 特定の時間・距離を示すときは省略できる: We stayed there (*for*) two [several] weeks. ただし数詞のないばあいは省略できない: The rain lasted *for* hours [days].

9 …に関しては，…の点では; …にしては，…のわりには: He has no equal ～ speech. 話術に関しては彼に匹敵する者はない． ～ scenery けしきに関する限り． ～ that matter そのことなら, その上． ～ the present 当分は． ～ the future 将来は． ～ this time [once] 今度だけは. It is cool ～ July. 7 月にしては涼しい． She is clever ～ a child. 彼女は子どもにしては利口だ．

10 …として: She chose him ～ her husband. 彼女は彼を夫に選んだ. I know it ～ a fact. 私はそれは事実だということを知っている. take … ～ granted …をもちろんのことと思う. mistake one person ～ another ある人を他の人とまちがえる.

11 《to のある不定詞を伴う名詞・代名詞が不定詞の意味上の主語であるばあい》: It is difficult ～ me *to* pronounce the word. 私にはそのことばを発音することが[私がそのことばを発音することは]むずかしい. It is ～ you *to* decide. それはあなたが決めるべきことだ. I waited ～ him *to* go. 彼が立ち去るのを待った. 〈注〉これら for…to (do) に共通しているのは, …の部分が do に対して意味上の主語になっていることである. 特に It is difficult *for* me to read that book. の構文では *For* me to read that book is difficult. と言い替えられるほど for…to (do) がまとまった独立性を備えている. ただし, 外見上おなじ構文でも for が主語をあらわさないこともある: It is good *for* the health to get up early. 早起きは健康によい.
(as)* ～ *me 私としては, 私なら. ***be (in)* ～ *it*** のっぴきならないはめに陥っている, 処罰される予定である. ***but* ～** → 上記⑤. **～ *all that*** それにもかかわらず. ***if it were not* ～**＝were it not ～. ***Now* ～ *it!*** さあ, これからだ. ***So much* ～** the place, and ***now* ～** the date. (場所は) それでよいとして, 今度は(日取り)だ. ***O* ～ …!** ああ…があったらなあ! ***were it not* ～ …** 仮に…がないとしたら.
—— *conj.* というのは…だから; …するところをみると——: Let me stay, ～ I am tired. ここにいよう, なにしろ疲れているので. She must be very happy, ～ she is dancing. 踊っているところをみると, 彼女はよほどうれしいのだな. He is a good athlete, ～ he has won prizes in many contests. 彼はスポーツが得意だ, その証拠にいろいろな競技で賞を取っている. Which is yours, ～ John has asked me to fetch his back. どちらがきみのか, 実はジョンが自分の分を取って来てくれと言ったものだから. Of course I agreed, ～ who would reject such a wonderful offer? もちろん承知した, だってそんなすばらしい申し出をだれが退けようか. 〈注〉for は因果関係を示すというよりも, 話者の発言の根拠 (なぜそんなことを言うのか) を説明するのに用いられる. [類] →枠付 because.

fore·dóom [fɔːrdúːm/fɔː-] *vt.* の運命を前もって定める. —— [㊟ ⊥⊥] *n.* (前もって定められた) 運命.

‡fóre·fà·ther [fɔ́ːrfɑ̀ːðər/fɔ́ː-] *n.* (通例 *pl.*) 祖先, 父祖. **F～s' Day** 〖米〗 Pilgrim Fathers のアメリカ上陸記念日 《12月22日》.

fore·féel [fɔːrfíːl/fɔː-] *vt.* (**-felt** [-félt]) 予感する. —— *n.* 予感. ◇ **～·ing** *n.*, *a.*

fore·fénd [fɔːrfénd/fɔː-] ＝forfend.

fóre·fìn·ger [fɔ́ːrfìŋgər/fɔ́ː-] *n.* 食指, 人さし指 (first [index] finger).

fóre·foot [fɔ́ːrfùt/fɔ́ː-] *n.* (*pl.* **-feet** [-fìːt]) **1** 《動物の》 前あし. **2** 〖海〗 フオアフット, キール [竜骨(りゅうこつ)] の前端部; 船首の波切り部.

fóre·front [fɔ́ːrfrʌ̀nt/fɔ́ː-] *n.* **1** 最前部: the ～ of the battle 最前線. **2** 《興味・世論・活動などの》 前面, 中心, 重要部分.

fore·gáth·er [fɔːrgǽðər/fɔː-] ＝forgather.

fóre·gift [fɔ́ːrgìft/fɔ́ː-] *n.* 〖英: 法〗 権利金, 敷金.

fore·gó[1] [fɔːrgóu/fɔːgóu] *vt.*, *vi.* (**-wént** [-wént]; **-góne** [-gɔ́n]) (に)先だつ, (に)先行する. ◇ **～·er** *n.* 先人, 先輩, 祖先; 先例.

fore·gó[2] [fɔːrgóu/fɔːgóu] ＝forgo.

fore·gó·ing [fɔːrgóuiŋ/fɔː-] *a.* 先行する, 先の, 前の, 前述の. ***the* ～** 前記 [前述] のもの, 上文.

fore·góne [fɔːrgɔ́ːn, -gɑ́n/fɔːgɔ́n] *v.* forego[1,2] の過去分詞. —— [−⊥, ⊥⊥, ⊥⊥/−⊥, ⊥−, ⊥⊥] *a.* 以前の, 既往の; 既成の. **～ conclusion** 初めからわかりきっている結論; 避けられない結果.

fóre·ground [fɔ́ːrgràund/fɔ́ː-] *n.* **1** 《絵画・風景などの》 前景. ↔ background. **2** 最も目だつ位置 [場所].

fóre·hand [fɔ́ːrhæ̀nd/fɔ́ː-] *n.* **1** 前位, 上位, 優位. **2** 〖テニス〗 前打ち, フォアハンド. → backhand. **3** 《騎手より前の》 馬体の前部. —— *a.* **1** ～の: a ～ stroke 正打. **2** あらかじめの, 先を見越した: a ～ payment 先払い.

fóre·hánd·ed [fɔ́ːrhǽndid/fɔ́ː-] *a.* **1** 〖米〗 将来に備えた; つましい, 倹約な. **2** たくわえのある; (生活が) 楽な. **3** 時機を得た. **4** 〖テニス〗 正打の. ◇ **～·ness** *n.*

‡fóre·head [fɔ́ːrid, fɑ́r-, fɔ́ːrhèd/fɔ́rid] *n.* **1** ひたい, 前額 (部). **2** 《物の》 前部.

†fór·eign [fɔ́ːrin, fɑ́r-/fɔ́r-] *a.* **1** 外国の; 外国産の; 外国風の, 外来の: a ～ accent 外国なまり. ↔ domestic. **2** 外国における, 在外の. **3** 外国との; 対外的; 外国向けの: ～ trade 外国貿易. ～ policy 外交政策. **4** 《国内の》 他地方の, 他郷の; 他会社の. **5** 無関係な 《に *to*》; 性に合わない; 《物質が》 異質の: ～ *to* the discussion 議論に無関係な. ～ matter [a ～ substance] in the eye 目にはいった異物. **6** 見知らない, 見慣れぬ; 奇妙な. **～ *bill of exchange*** 外国かわせ手形. ***go* ～** 〖海〗 外国船に乗り組む. ***sell* ～** 〖海〗 〈船を〉 外国会社へ売る. **～·bórn** 外国生まれの. **～ debt** [**loan**] 外債. **～ deposit** 在外預金. **～ exchange** 外国かわせ. **～ language** 外国語. **～ made** 外国製の. **～ mail** 外国郵便. **F～ Minister** 外務大臣 (＝Minister for [of] F～ Affairs). **F～ Office** 外務省 (＝Department for [of] F～ Affairs). **F～ Secretary** 〖英〗 外務大臣. **～ service** 《外交官・軍人の》 外地勤務, 外交官勤務. ◇ **～·ism** [-ìz(ə)m] *n.* 外国模倣; 外国の習慣 [語法]. **～·ness** *n.* 外国風; 外来性.

‡fór·eign·er [fɔ́ːrinər, fɑ́r-/fɔ́r-] *n.* **1** 外国人, 外人. **2** 〖方〗 よそ者; 局外者, 門外漢. **3** 外国製品, 舶来品; 外来動植物. **4** 外国船.

fore·júdge [fɔːrdʒʌ́dʒ/fɔː-] *vt.* あらかじめ判断する, 予断する.

fore·knów [fɔːrnóu/fɔː-] *vt.* (**-knéw** [-n(j)úː/-njúː]; **-knówn** [-nóun]) 予知する. ◇ **～·a·ble** *a.*

fóre·knòwl·edge [fɔ́ːrnɑ̀lidʒ/fɔ́ːnɔ́l-] *n.* 予知, 先見. ***give a* ～ *of*** をあらかじめ知らせる. ***with the* ～ *that*** … …ということをあらかじめ知っていて.

fór·el, fór·rel [fɑ́rəl/fɔ́r-] *n.* 《会計簿など》 本の表紙用羊皮紙.

fóre·là·dy [fɔ́ːrlèidi/fɔ́ː-] ＝forewoman.

fóre·land [fɔ́ːrlæ̀nd/fɔ́ːlənd] *n.* **1** みさき; 海岸地. **2** 〖軍〗 《城壁の》 前面地.

fóre·leg [fɔ́ːrlèg/fɔ́ː-] *n.* 前あし 《獣・こん虫などの》.

fóre·lock [fɔ́ːrlɑ̀k/fɔ́ːlɔk] *n.* **1** 前髪; ひたい髪 《特に馬などの》. **2** 〖機〗 割楔(わりくさび). ***take time* [*occasion*] *by the* ～** 機会をのがさず捕える.

fóre·man [fɔ́ːrmən/fɔ́ː-] *n.* (*pl.* **-men**) **1** 職(工)長, 監督, 現場主任. **2** 陪審長. ◇ **～·ship** *n.* ～の地位.

fóre·mast [fɔ́ːrmæ̀st/fɔ́ːmɑːst| 〖海〗 -məst] *n.* 〖海〗 前檣(ぜんしょう): a ～ hand [seaman] 前檣員, 水夫, 水兵.

‡fóre·most [fɔ́ːrmòust, -məst/fɔ́ː-] *a.* **1** まっ先の, 最初の. **2** 首位の, 一流の, 主要な. —— *ad.* まっ先に, 先頭に. ***first and* ～** まず第一に, まっ先に. ***head* ～** まっさかさまに.

fóre·name [fɔ́ːrnèim/fɔ́ː-] *n.* 《姓の前につく》 名.

fóre·named [-d] *a.* 前に名をあげた, 前記の.

fore·nóon [fɔːrnúːn/fɔ́ːnuːn] *n.* 午前, 昼前. 〈注〉 通例 morning という. —— [⊥⊥/⊥−] *a.* 午前の.

fo·rén·sic [fərénsik] *a.* **1** 法廷の, 法廷に関する. **2** 弁論〔討論〕の. ～ **medicine** 法医学.
◇ **-si·cal·ly** [-(ə)li] *ad.* 「論(学).
fo·rén·sics [-s] *n. pl.* 《単数扱い》弁論(術), 討
fòre·or·dáin [fɔ̀:rɔ:rdéin/fɔ̀:r-] *vt.* 〖宗〗の運命をあらかじめ定める.
fore·ór·di·nate [fɔ:rɔ́:rd(i)nèit/fɔ:r-] *vt.* = foreordain. ◇ **fòre·or·di·ná·tion** [fɔ̀:rɔ:rd(i)néiʃ(ə)n/fɔ̀:-] *n.* 宿命, 予定された運命.
fóre·part [fɔ́:rpɑ̀:rt/fɔ́:-] *n.* 前部; はじめの部分.
fóre·paw [fɔ́:rpɔ̀:/fɔ́:pɔ:] *n.* 《犬・ネコなどの》前
fóre·peak [fɔ́:rpì:k/fɔ́:-] *n.* 〖海〗船首倉. 」足.
fóre·quàr·ter [fɔ́:rkwɔ̀:rtər/fɔ́:-] *n.* 前四半部; 《特に牛・羊・豚などのわき肉の》前四半部.
fore·réach [fɔ:rrí:tʃ/fɔ:rí:tʃ] *vt.* **1** 〖海〗〈他船に〉追いつく. **2** 追い越す; の先頭にさっと出る; の優位に立つ. —— *vi.* 追いつく《に *on, upon*》.
fore·rún [-rʌ́n] *vt.* (**-rán** [-rǽn]; **-rún**; **-rún·ning**) **1** に先駆する, に先だつ. **2** 予示〔予報〕する.
fore·rún·ner [fɔ:rrʌ́nər, ⌐⌐—/fɔ́:rʌ̀nə] *n.* **1** 先駆者, 先ぶれ; 先人, 先輩, 先祖. **2** 前兆, 前ぶれ, 予報. **3** 《スキー競技などの》前走者.
fóre·said [fɔ́:rsèd/fɔ́:-] *a.* 前述の. 「(ぜんしょうほ).
fóre·sail [fɔ́:rsèil/fɔ́:seil|〖海〗-sl] *n.* 〖海〗前檣帆
‡**fore·sée** [fɔ:rsí:/fɔ:-] *vt.* (**-sáw** [-sɔ́:]; **-séen** [-sí:n]) **予見する**, 見越す, 予知する. ◇ ～**·a·ble** *a.* 予知〔予測〕できる. ～**·ing** [-iŋ] *a.* 先見の明のある.
fore·sé·er [-sí:ər] *n.* 先見の明ある人.
fore·shád·ow [-ʃǽdou] *vt.* 予示〔予表〕する; の前兆となる; ほのめかす. 「上部の肉.
fóre·shank [fɔ́:rʃæ̀ŋk/fɔ́:-] *n.* 《牛肉の》前あしの
fóre·sheet [fɔ́:rʃì:t/fɔ́:-] *n.* **1** 前檣帆(ぜんしょうほ)の帆脚綱(ほあしづな). **2** (*pl.*) 《ボートの》艇首座.
fóre·shore [fɔ́:rʃɔ̀:r/fɔ́:ʃɔ:] *n.* 《満潮線と干潮線の中間の》海浜; なぎさ.
fore·shórt·en [fɔ:rʃɔ́:rtn/fɔ:-] *vt.* 〖画〗遠近法によって短く描く.
fore·shów [fɔ:rʃóu/fɔ:-] *vt.* (**-shówed**; **-shówn** [-ʃóun]) **1** 予示〔予表〕する. **2** 予言〔予想〕する.
*__fóre·sight__ [fɔ́:rsàit/fɔ́:-] *n.* **1 先見, 予知**, 見通し. **2** 先見の明; 深慮, 用心. ↔ afterlight, hindsight. **3** 《鉄砲の》照星. **4** 〖測〗前視.
◇ **fóre·síght·ed** [-sáitid] *a.* 先見の明ある; 用心ぶかい. **fóre·síght·ed·ness** *n.*
fóre·skin [fɔ́:rskìn/fɔ́:-] *n.* 〖医〗包皮.
†**fór·est** [fɔ́:rist, fɑ́r-/fɔ́r-] *n.* **1 森, 森林, 山林**; 〖英:法〗林野《王室などの御猟場》. **2** 《比喩的》林立するもの: a ～ of factory chimneys 林立する工場の煙突.
—— *vt.* に植林する; 山林にする; 樹木でおおう.
～ **fire** 山火事. ～ **preserve** 保護林. ～ **ranger** (営林署) 林務官. ～ **tree** 森林樹. →fruit tree, garden tree.
◇ ～**·er** *n.* **1** 山林の住人; 林務官; 猟場番人. **2** forestry の専門家. **3** 森林生息動物. ～**·ry** [-ri] *n.* 林学, 林業; 山林管理; 森林地. **fòr·est·á·tion** [⌐—téiʃ(ə)n] *n.* 造林, 植林.
fore·stáll [fɔ:rstɔ́:l/fɔ:-] *vt.* **1** 〈事件に〉先んずる, の機先を制する. **2** 〈人・計画を〉出し抜く, の裏をかく. **3** 《価格のつりあげを目的に》買い占める.
～ a person's ***desires*** (人)の望みを先回りして満たしてやる. ◇ ～**·er** *n.*
fóre·stay [fɔ́:rstèi/fɔ́:-] *n.* 〖海〗前檣(ぜんしょう)支索《前檣頂から第1斜檣に張り渡した綱》.
fóre·stick [fɔ́:rstìk/fɔ́:-] *n.* 炉火の前方におく丸太. → backlog.
fóre·taste [fɔ́:rtèist/fɔ́:-] *n.* **1** 試食. **2** 《将来経験する苦楽を》前もって味わうこと; 予期, 当て込み.
—— [-⌐] *vt.* **1** 試食する. **2** 前もって味わう; 当てにして楽しむ.
*__fore·téll__ [fɔ:rtél/fɔ:-] *vt.* (**-tóld** [-tóuld]) **1** 予言する. **2** 予告〔予示〕する; の前兆となる.
fóre·thought [fɔ́:rθɔ̀:t/fɔ́:θ-] *n.* **1** あらかじめの考慮, (将来に対する) 深慮, 用心. **2** 先見, 予想.
fóre·time [fɔ́:rtàim/fɔ́:-] *n.* 昔, 過去, 往時.
fóre·tò·ken [fɔ́:rtòuk(ə)n/fɔ́:-] *n.* 前兆, 予示.
—— [fɔ:rtóuk(ə)n/fɔ:-] *vt.* の前兆となる, の前ぶれである.
*__fore·tóld__ [fɔ:rtóuld/fɔ:-] *v.* foretell の過去・過去分詞. 「門歯.
fóre·tooth [fɔ́:rtù:θ/fɔ́:-] *n.* (*pl.* **-teeth**) 前歯;
fóre·top [fɔ́:rtɑ̀p/fɔ́:tɔp|〖海〗+ -təp] *n.* **1** 〖海〗前檣楼(しょうろう). **2** 《馬の》ひたい髪; 〖古〗《人の》前髪.
fòre·top·gál·lant [fɔ̀:rtɑpgǽlənt, 〖海〗-təg-/fɔ́:tɔp-] *a.* 〖海〗前檣上檣の: a ～ mast 前檣上檣.
fore·tóp·mast [fɔ:rtɑ́pmæ̀st/fɔ:tɔ́pmɑ:st, ⌐—-] *n.* 〖海〗前檣中檣《foremast の上のマスト》.
fore·tóp·sail [fɔ:rtɑ́psèil / fɔ́:tɔp-|〖海〗-sl] *n.* 〖海〗前檣中檣帆《foresail の上》.
fóre·type [fɔ́:rtàip/fɔ́:-] *n.* 《やがてきたるべきものの》予表, 予示.
‡**for·év·er** [fərévər] *ad.* **永久に**; 絶えず, いつも. 〈注〉イギリスでは通例 for ever と2語に分ける.
～ and a day = ***～ and ever*** 永久に. ***the ～*** 永遠, 永劫(えいごう).
for·èv·er·móre [fərèvərmɔ́:r/fərévəmɔ:] *ad.* 永久に, いつまでも. 〈注〉forever の強調形.
fore·wárn [fɔ:rwɔ́:rn/fɔ:-] *vt.* にあらかじめ警告を与える, に警戒を促す《について *against*》. ***F～ed is forearmed.*** 〖諺〗あらかじめ知れば憂いなし.
fore·wént [fɔ:rwént/fɔ:-] *v.* forego[1,2] の過去形.
fóre·wing [fɔ́:rwìŋ/fɔ́:-] *n.* 前翅(ぜんし)《こん虫の4枚羽》.
fóre·wòm·an [fɔ́:rwùmən/fɔ́:-] *n.* (*pl.* **-wòm·en**) **1** 婦人職長, 女工長. **2** 婦人陪審長.
fóre·word [fɔ́:rwə̀:rd/fɔ́:-] *n.* はしがき, 序文 (preface). 〈注〉序文全体をさす語で, 単数形で用いる. ≒ forward.
fore·wórn [fɔ:rwɔ́:rn/fɔ:-] = forworn.
fóre·yard [fɔ́:rjɑ̀:rd/fɔ́:-] *n.* 〖海〗前檣(ぜんしょう)の最下部の帆げた.
fór·feit [fɔ́:rfit] *vt.* 《罰として, 没収されて, またある行為の必然的結果として》喪失する, 失う, なくすはめになる. —— *n.* **1** 罰金, 科料, 追徴金; 没収物. **2** 《権利・名誉などの》喪失, 剥奪(はくだつ). **3** (*pl.*) 罰金遊び. ***be the ～ of*** の罰として取られる: Her life *was the ～ of* her crime. 彼女は罪のむくいとして命を失った. ***pay (the) ～*** 罰金を支払う《という *of*》.
—— *a.* 喪失した, 失った, 没収された. [√fac-]
◇ ～**·a·ble** *a.* 喪失すべき, 没収されるべき. ～**·er** *n.* (財産の) 没収処分を受ける者.
fór·fei·ture [fɔ́:rfitʃər] *n.* **1** 《地位・財産・権利などの》喪失, 没収; 《契約などの》失効. **2** 没収物; 罰金; 科料.
for·fénd [fɔ:rfénd] *vt.* **1** 〖米〗防ぐ, 守る. **2** 〖古〗そらす, 避ける, 妨げる: God ～! そんなことがないように!, とんでもない! (God forbid!) 「状の.
fór·fi·cate [fɔ́:rfikèit, -kit] *a.* 《鳥の尾が》はさみ
for·gáth·er [fɔ:rgǽðər] *vi.* **1** 集まる. **2** (偶然)出会う. **3** 交わる, 親しむ《と *with*》.
*__for·gáve__ [fərgéiv] *v.* forgive の過去形.
*__forge__[1] [fɔ:rdʒ/fɔ:dʒ] *n.* **1** 溶鉄炉. **2** 製鉄所. **3** 鍛冶(かじ)工場, 鉄工場.
—— *vt.* **1** 〈鉄を〉**鍛える**; 鍛えてつくる. **2** 〈ことば・うそなどを〉つくりだす. **3** 〈文書などを〉**偽造する**.
—— *vi.* **1** ねつ造〔偽造〕する. **2** 鉄工場で働く.
◇ **fórg·er** [-ər] *n.* **fórg·ing** [-iŋ] *n., a.* ～すること; 偽造品; 偽造(の).
forge[2] *vi.* 徐々に進む《*ahead*》.
fór·ger·y [fɔ́:rdʒəri/fɔ́:dʒ-] *n.* **1** 《文書などの》偽造, 模造. **2** 《貨幣などの》偽造物, にせ物. **3** 偽造罪.

†**for·gét** [fərgét] *vt., vi.* (**-gót** [-gát/-gɔ́t]; **-gót·ten** [-gátn/-gɔ́tn], **-gót**; **-gét·ting**). **1** 忘れる, 失念する, 思い出せない. 〈注〉I *forget* は, しばしば「忘れてしまった」(=I have *forgotten*; I am unable to recall) を意味する. **2** うっかり…することを怠る: Don't ～ *to* attend the meeting. かならず会に出席してください. I *forgot* to shut the windows before leaving. 出てくるときに戸締まりを忘れた. **3** 〈持ち物などを〉置き忘れる, 忘れてくる〔行く〕. **4** 言い〔書き〕落とす; 見落とす. **5** 怠る, おろそかにする, 無視する.
before I ～ 忘れないうちに; 忘れないうちに言っておくが: *Before I* ～, they expect you this evening. 忘れないうちに申し上げますが, あちらでは今夜おいでのつもりでいますよ. **～ one*self*** (1) 自分を忘れる, 自分のこと〔利害〕を考えない. (2) 身のほどを忘れる, 慎みを忘れる (3) 落ち着き〔正気〕を失う. (4) ぼんやりする, うっかりする: I *forgot myself.* うっかりして言ってしまった〔してしまった〕. (5) 夢中になる, うつつをぬかす《に *with*》. ***F～ about it!*** そんなこと忘れてしまいなさい; 気にかけないでいいんです; 安心していなさい. ***～ and forgive*=*forgive and ～*** 〈人の過去などを〉すっかり水に流す.
～-me-not →別項.
◇ **～·ta·ble** [-əbl] *a.* 忘れられやすい; 忘れてもよい.

for·gét·ful [fərgétf(u)l] *a.* **1** 忘れっぽい: a ～ person 忘れっぽい人. **2** 考えない《のことを *of*》, 怠慢の, 不注意な《に(ついて) *of*》: be ～ *of* others [one's duties] 他人のこと〔自分の義務〕を考えない. **3** 〘雅〙忘れさせる. ◇ **～·ly** [-fuli] *ad.* 忘れっぽく; 不注意に. ***～·ness** *n.* 健忘症; 怠慢.

for·gét-me-not [fərgétminàt/-nɔt] *n.* (*pl.* **～s**) 〘植〙ワスレナグサ, ルリソウ《友情と信実の表象》.

‡**for·gíve** [fərgív] *vt.* (**-gáve** [-géiv]; **-gív·en** [-gív(ə)n]) **1** 〈人・罪を〉許す: ～ a person *for* being rude [his rudeness] 人の無礼を許す. Am I ～*n?* お許しいただけましたか. *F～* us our trespasses. われわれが出過ぎたことをお許しください. **2** 〈借金などを〉免除する: Will you ～ me the debt? 借金を帳消しにしてくださいますか.
◇ **for·gív·a·ble** [-əbl] *a.* 許さるべき. **for·gív·er** [-ər] *n.* [類] → **excuse**「許す」

***for·gív·en** [fərgív(ə)n] *v.* forgive の過去分詞.

for·gíve·ness [fərgívnis] *n.* **1** 容赦, 見のがし. **2** 寛大さ.

for·gív·ing [fərgíviŋ] *a.* 寛大な, 許す; 情けぶかい. ◇ **～·ly** *ad.* **～·ness** *n.*

for·gó [fɔːrgóu] *vt.* (**-wént** [-wént]; **-góne** [-gɔ́ːn, -gán/-gɔ́n]) **1** 差し控える, 見合わす: I cannot ～ mentioning it. そのことは言っておかないわけにはいかない. **2** …なしですませる; すてる, あきらめる.

†**for·gót** [fərgát/-gɔ́t] *v.* forget の過去・過去分詞.

†**for·gót·ten** [fərgátn/-gɔ́tn] *v.* forget の過去分詞.

fór·int [fɔ́ːrint] *n.* ハンガリーの貨幣単位.

†**fork** [fɔːrk] *n.* **1** (食卓用) **フォーク**, 肉さし. **2** くまで, さすまた, またぐわ. **3** また状のもの; 《木・枝などの》また; 《川・道路などの》分岐(点): be in ～ ふたまたになっている. **4** ふたまた道のうちの一つ; 〘米〙(主要な) 支流. **5** 〘楽〙音叉(おんさ) (=tuning ～). **6** 叉状電光. **7** 〘チェス〙両当たり. ***a knife and ～*** (ひとそろいの) ナイフとフォーク. ***play a good knife and ～*** 食欲が盛んだ, たらふく食べる.
—— *vt.* **1** ふたまたにする, 分岐させる. **2** 《さすまた・くまでなどで》かき上げる, かき起こす. **3** フォークで刺す. **4** に両当たりをかける《チェスで》. **——** *vi.* 分岐する. **～ *out*** [*over, up*] 〘俗〙手渡しする, 渡す; (気前よく) 支払う.
～·lift [ˊˋ] フォークリフト《貨物持ち上げ装置》. **～ truck** フォークトラック《フォークリフト付きの搬送車》.
◇ **～ed** [-t] *a.* **1** ふたまたの; 《合成語で》…またの: three-～*ed* 三つまたの. **2** 二枚舌の: speak with a ～ tongue. **～·y** *a.* ふたまた状の.

***for·lórn** [fərlɔ́ːrn] *a.* **1** **捨てられた**, 見放された《に *of*》. **2** **孤独な**, 寂しい, みじめな. **3** 望みのない, 絶望的な. **～ hope** 成功の望みのない行動〔企て〕; 〘軍〙決死隊. ◇ **～·ly** *ad.* わびしく, たよりなく.

‡**form** [fɔːrm] *n.* **1** **形**, 形状, 外形, 輪郭; 《人の》姿, 《人体の》形. **2** (存在) 形式, 形態; 種類: in book ～ 本の形で〔として〕, 単行本で. water in the ～ of ice 氷の状態の水. Heat is a ～ of energy. 熱はエネルギーの一種である. **3** (構成) 形式, 形態, 組織; (表現) 形式. **4** (形式の) 整い, 美しさ. **5** 〘運〙《競技者などの》フォーム; 心身の状態, からだの調子; 《一般的》元気, いい調子. **6** 仕方, 方式; しきたり; 作法, 礼式: an established ～ 決まったやり方. **7** ひな形, 書式 (見本); (記入) 用紙: a telegraph ～ 頼信紙. **8** 外見, 外観, (単なる) 形式: a mere matter of ～ 形式だけのこと. **9** (背のない) 長いす. **10** 〘英〙《public school などの》学級《first ～ から sixth ～ まで》. **11** 〘文〙形態, 語形. **12** 〘哲・論〙形式. → matter. **13** 鋳型. **14** 〘印〙組み版 (=[英] forme). **15** (ウサギの) 巣穴.
after the ～ of の書式どおりに. ***as a matter of ～*** 形式上, 儀礼上. ***bad ～*** 無作法; 卑しい態度. ***fill in*** [*out*] ***the ～*** 書式に記入する (=[米] fill out the blank). ***for ～'s sake*** 形式上. ***good ～*** 礼儀; りっぱな態度. ***go through the ～ of*** (do)*ing* 形式だけ…する. ***in due ～*** 正式に, 型どおりに. ***in ～*** 形式上; 《人・馬などが競技などに》好調で. ***in full ～*** 儀礼を整えて. ***in good*** [*great*] ***～*** たいへん元気で. ***in one ～ or another*** なんらかの形で. ***in the ～ of*** の形をとって, の形で: Water in the air may fall *in the ～ of* rain or snow. 空中の水分が雨や雪になって落下することがある. ***out of ～*** (1) 《人・馬などが競技などに》調子悪く. (2) 礼儀にはずれて. ***take ～ and shape*** 形をなす. ***take the ～ of*** の形をとる; …としてあらわれる.
—— *vt.* **1** **形づくる, 形成する**. **2** 構成する, 組織する: ～ a cabinet 組閣する. **3** 〈人物・能力などを〉つくりあげる, 仕込む, 鍛える. **4** 〈交際・同盟などを〉結ぶ; 〈習慣などに〉なじむ, そまる: ～ a good habit よい習慣をつける. **5** 〈意見・思想などを〉まとめあげる, いだく; 〈疑いを〉いだく, 感じる. **6** 〘文〙〈語・文を〉つくる. **7** はっきり発音する. **8** 〘軍〙〈隊形を〉つくる; 整列させる《*up*》. **——** *vi.* **1** 形をなす, 生じる: Ice is ～*ing* on the window. 窓にだんだん氷がついていく. **2** 〈思想・信念・希望などが〉生まれる. **3** 〘軍〙整列する, 隊形をつくる: ～ *into* a column 縦隊になる. **4** 〈ウサギが〉巣穴につく.
～ one*self into* の形になる: They ～*ed themselves into* a committee. 彼らは委員になった. ***～ part of*** の一部をなす; の要素となる. ***～ the words*** ものを言う. ～… ***to*** one*self* …を心に描く. **～ board** 《コンクリート工事の》せき板. **～ letter** 同文の手紙. **～ master** 〘英〙クラス担任(の先生). **～ work** 《コンクリート工事の》わく組み (工事). ◇ **～·er** *n.* **1** 形成者; 創立者. **2** (成形) 型; 〘電〙巻き型. **3** 〘英〙《複合語で》…年生: a sixth ～*er* 6 年生.
[類] → **make**「つくる」, → **pattern**「型」

-form [-fɔ̀ːrm] *suf.* 《通例 -iform》「…形〔状〕の」の意: uni*form* 単一形の <√un-+～.

‡**fór·mal** [fɔ́ːrm(ə)l] *a.* **1** **形の**, 形式の, 外形の: ～ semblance 外形の類似. **2** **正式の**, 形式に合った: a ～ receipt 本領収証. **3** 整然たる, 秩序正しい. **4** 公式の; 儀礼上の, 礼式の. **5** **形式的な, 表面的な**, 外見上の, うわべばかりの. **6** 〈態度・文体などが〉**形式ばった**, 堅苦しい, 窮屈な. **7** 〘論〙形式(上)の: ～ logic 形式論理学. ↔material.
—— *n.* 〘米話〙 **1** 夜会服で出席する正式な舞踏会. **2** 夜会服. **——** *ad.* 〘米話〙盛装して, 夜会服で: go ～ 夜会服で行く.

◇ ～·ism [-iz(ə)m] *n.* 形式尊重〔主義〕, 虚礼. ～·ist *n.* 形式主義〔論〕者; 堅苦しい人. **fòr·ma·lís·tic** [fɔːrməlístik] *a.* 形式主義〔尊重〕の; 堅苦しい.

for·mál·de·hyde [fɔːrmǽldịhàid] *n.* 〘化〙 ホルムアルデヒド《防腐・消毒剤》.

fór·ma·lin [fɔ́ːrməlin] *n.* 〘化〙 ホルマリン.

for·mál·i·ty [fɔːrmǽlịti] *n.* **1** 形式的である〔格式ばる〕こと. **2** 窮屈, 堅苦しさ. **3** 外形, 形式. **4** 常例, 慣習; 儀礼. **5** (*pl.*) 正式の手続き. ***go through due ～ies*** 正式の手続きをとる. ***with ～ies*** 慣例の儀式で; 例式どおりに. ***without ～*** 形式ばらずに.

fór·mal·ize [fɔ́ːrm(ə)làiz] *vi.* 形式ばる; 儀式ばる; 堅苦しくふるまう.
—— *vt.* **1** 正式にする, 法式にかなわせる. **2** 形式ばらせる; 堅苦しくする. **3** ⋉一定の形を与える, ⋉の形を整える. ◇ **fòr·mal·i·zá·tion** [fɔːrm(ə)lịzéiʃ(ə)n/-laiz-] *n.* **1** 形式化. **2** 儀式ばり.

fór·mal·ly [fɔ́ːrm(ə)li] *ad.* **1** 正式に; 礼儀正しく. **2** 儀式ばって; 堅苦しく. **3** 形式的〔外形的〕に.

fórm·ant [fɔ́ːrmənt] *n.* 〘音声〙 フォルマント; 〘楽〙 形成音《楽器の》.

fór·mat [fɔ́ːrmæt] *n.* **1**《書籍の》体裁, 型, 判. **2**《ラジオ・テレビ番組などの》構成. **3**〘電算機〙 フォーマット《計算機の機種・能力などに応じてテープやパンチカードに入れる記号体系》.

fór·mate[1] [fɔ́ːrmeit] *n.* 〘化〙 ギ酸塩.

fór·mate[2] *vi.* <飛行機が> 編隊飛行する.

for·má·tion [fɔːrméiʃ(ə)n] *n.* **1** 形成; 構成; 設立, 成立. **2** 編成, 組織. **3** 形成〔構成〕物. **4**〘軍〙 編隊, 隊形: fly in ～ 編隊飛行をする. **5**〘地〙《地層の》生成; 系統, (岩)層. **～ flying** 編隊飛行.

fórm·a·tive [fɔ́ːrmətiv] *a.* **1** 形をつくる, 造形の; 構成する, (構成) 要素の: ～ arts 造形美術. **2** 発達 (期) の. **——** *n.* 〘言〙 接辞《特に派生語をつくるもの》; 〘言〙 形態素 (morpheme).
～ element 〘言〙 形成素《接辞のみを意味するときと, 語根をも含むときとある》. **～ period** 〔**years**〕 発達期; 形成期; 人格形成の時代.

fórme [fɔːrm] *n.* 〘英:印〙 組み版.

fórm·er[1] [fɔ́ːrmər] *n.* → form.

‡**fór·mer**[2] *a.* **1**《時間的に》前の, 先の. **2** 以前の, かつての: a ～ minister もと大臣. **3**《2者のうち》前者の, 先の《後者に対し》: in the ～ case 前者のばあいには. ***in ～ times*** 〔***days***〕 昔は. ***the ～***《2者中の》前者. ↔ the latter.

‡**fór·mer·ly** [fɔ́ːrmərli] *ad.* 以前は, もとは, 昔は.

fór·mic [fɔ́ːrmik] *a.* アリの; 〘化〙 ギ酸の.
～ acid ギ酸.

For·mí·ca [fɔːrmáikə] *n.* デコラ《耐熱性のプラスチック板. 家具などに用いる. 商標名》.

fór·mi·car·y [fɔ́ːrmịkèri/-kəri] *n.* アリの巣, アリづか.

fór·mi·cate [fɔ́ːrmịkèit] *vi.* **1** <アリなどの虫が> たかる. **2** (アリのように) 群がる.

fòr·mi·cá·tion [⏊–kéiʃ(ə)n] *n.* 〘医〙 蟻痒(ぎよう)《アリが皮膚をはうようなかゆさ》.

fór·mi·da·ble [fɔ́ːrmidəbl] *a.* **1** 恐るべき, 手ごわい, 強力な: a ～ adversary 強敵. **2** むずかしい, 手に負えそうもない: a ～ question 難題. **3**《数・量が》おそろしく大きい. ◇ **～·ness** *n.* **-bly** *ad.*

fórm·less [fɔ́ːrmlis] *a.* **1** 形のない; ぶざまな. **2**《計画など》はっきり決まっていない. ◇ **～·ly** *ad.* はっきりした形がなく; だらりと. **～·ness** *n.*

For·mó·sa [fɔːrmóusə] *n.* 台湾.
◇ **～n** *a., n.* 台湾 (人) の; 台湾人〔語〕.

*__fór·mu·la__ [fɔ́ːrmjụlə] *n.* (*pl.* **-las, -lae** [-liː]) **1** 式; 〘数〙 公式; 〘化〙 式: a structure ～ 構造式. **2** 決まった言い方〔文句〕; 式文: a conversation ～ 会話の慣用表現. **3**〘宗〙 信仰形式, 信仰告白文, 信条. **4** (一定の) 方式; 定則; 方法. **5**《薬などの》処方 (書); 《料理の》調理法: a ～ for making soap 石けんの製法. [＜form]
～-filled [-fild] 種々の栄養の配合された.
◇ **fòr·mu·lá·ic** [⏊–léiik] *a.*

fór·mu·lar·ize [fɔ́ːrmjụləràiz] *vt.* ＝ formulate. ◇ **-iz·er** *n.* **fòr·mu·lar·i·zá·tion** [⏊–ləṛizéiʃ(ə)n/-raiz-] *n.*

fór·mu·lar·y [fɔ́ːrmjụlèri/-ləri] *n.* **1**〘宣誓・祈りなどの〙 定式文集. **2** きまり文句 (formula). **3**〘医〙 処方書. **——** *a.* formula の〔に関する〕.

fór·mu·late [fɔ́ːrmjụlèit] *vt.* **1** 公式であらわす, 公式化する; 式化する. **2** 明確に表現〔表明〕する; 系統だてて述べる. ◇ **fór·mu·la·tor** [-ər] *n.* **fòr·mu·lá·tion** [⏊–léiʃ(ə)n] *n.* 公式〔形式〕化; 系統的組織化; 明確な表現〔表示〕.

fór·mu·lism [fɔ́ːrmjụlìz(ə)m] *n.* 公式主義.
◇ **-list** *n.* 公式主義者. **fòr·mu·lís·tic** [⏊–lístik] *a.* 公式主義の.

fór·mu·lize [fɔ́ːrmjụlàiz] *vt.* ＝ formulate.
◇ **fór·mu·liz·er** *n.* **fòr·mu·li·zá·tion** [⏊–lịzéiʃ(ə)n/-laiz-] *n.*

fór·ni·cate [fɔ́ːrnikèit] *vi.* 私通する, 不義を行なう《未婚者と, あるいは未婚者どうしが》.

fòr·ni·cá·tion [fɔːrnikéiʃ(ə)n] *n.* 私通, 不義; 〘聖〙 姦淫(かんいん), 偶像崇拝.

fór·ni·ca·tor [fɔ́ːrnikèitər] *n.* (*fem.* **fòr·ni·cá·trix** [⏊–kéitriks]; *fem. pl.* **fòr·ni·ca·trí·ces** [-kətráisiːz]) 私通者, 姦夫〔婦〕.

fór·nix [fɔ́ːrniks] *n.* (*pl.* **fór·ni·ces** [-nisìːz]) 〘医〙《頭蓋の》円蓋(えんがい).

fór·ra·der [fɔ́ːrədər/fɔ́r-] *ad.* 〘話〙 forward の比較級. 〈注〉昔の発音そのままをつづったもの. ***get no ～*** 少しも進まない.

fór·rel ＝ forel.

‡**for·sáke** [fərséik] *vt.* (**-sóok** [-súk]; **-sák·en** [-séik(ə)n]) **1** <友などを> **見捨てる**, 放棄する. **2** <習慣・信仰などを> **捨てる, 離れる**, 断念する.

for·sáken [fərséik(ə)n] *v.* forsake の過去分詞.
—— *a.* 見捨てられた; 寄るべない, 孤独の.

for·sóok [fərsúk] *v.* forsake の過去形.

for·sóoth [fərsúːθ] *ad.* 〘古〙 ほんとに, 確かに, いかにも. 〈注〉現在では「…とはあきれた」などの皮肉な意で反語的にだけ用いる.

for·spént [fɔːrspént] *a.* 〘古〙 疲れ果てた.

for·swéar [fɔːrswéər] *v.* (**-swóre** [-swóːr/-swɔ́ː]; **-swórn** [-swóːrn/-swɔ́ːn]) *vt.* 誓って否認する; やめると誓う, ⋉の放棄を誓う. **——** *vi.* 偽誓〔偽証〕する. **～ one*self*** 誓いにそむく; 偽証する.

for·swórn [fɔːrswóːrn/-swɔ́ːn] *v.* forswear の過去分詞. **——** *a.* 偽誓した.

for·sý·thi·a [fɔːrsáiθiə, ㊉+fərsíθiə] *n.* 〘植〙 レンギョウ属.

‡**fort** [foːrt/fɔːt] *n.* **1** **とりで, 堡塁**(ほうるい), **要塞**(ようさい). **2**〘米〙 交易市場《昔とりでがあったことから》. ***hold the ～*** とりでを守る; 勢力を維持する.

fór·ta·lice [fɔ́ːrtəlis] *n.* 小要塞; 〘古〙 要塞.

forte[1] [foːrt/fɔːt] *n.* **1** 長所; 得意, おはこ. **2**《つかから中央までの》刀身の最強部. ↔ foible.

fór·te[2] [fɔ́ːrt(e)i / -ti] *a.* 〘楽〙 強声〔強音〕の. **——** *ad.* 強く《略 f.》. **——** *n.* 強音部〔曲〕. [＜It.] **～-pi·á·no** [fɔːrt(e)i-/-ti-] 強く直ちに弱く《略 fp.》.

‡**forth** [foːrθ/fɔːθ] *ad.* **1** **前方へ**; 先へ: stretch ～ one's hand 手を差し出す. **2** 外へ, 外部へ: go ～ 外出する, 出発する. send ～ shoots 芽を出す. **3**《時間的に》以後: from this day ～ 今日以後. 〈注〉動詞との結合による成句については該当動詞を参照. ***and so ～*** …など, うんぬん. ***back and ～*** 前後に, あちらこちらに. ***bring ～*** 生む, 起こす. ***burst ～*** 飛び出す; <花などが> ぱっと開く; 破れる. ***right ～*** 直ちに. ***so far ～*** その程度までは, それだけは. ***so far ～ as*** …の程度までは.

—— *prep.* 〖古〗…から外へ (out of): He went ～ the house. 彼は外出した.

fórth·cóm·ing [fɔ́ːrθkʌ́miŋ/fɔːθ-, ⌐ ⌐—] *a.* **1** 近づく; 近くあらわれ〔生じ〕ようとしている: a ～book 近刊書. **2** 手近に用意された〔控えている〕.
—— *n.* 接近; 出現.

forth·ríght [fɔːrθráit/fɔːθ-] *ad.* **1** まっすぐに; まっすぐ前へ. **2** すぐに, 直ちに. **3** 率直に.
—— [—⌐, ⌐⌐/⌐—] *a.* **1** まっすぐの. **2** 率直な, あからさまの. ◇ **fórth·rìght·ly, forth·ríghts** *ad.* =forthright.

forth·wíth [fɔːrθwíθ, -wíð/fɔ́ːθ-, —⌐] *ad.* **1** すぐに, 直ちに. **2** できるだけ早く. 「40分の1 (の).

fór·ti·eth [fɔ́ːrtiiθ] *a.*, *n.* 第40 (の), 40番め (の);

fòr·ti·fi·cá·tion [fɔ̀ːrtifikéiʃ(ə)n] *n.* **1** 《都市などの》要塞(ようさい)化, 防備. **2** 要塞構築(術), 築城(学). **3** (通例 *pl.*) 要塞, とりで. **4** 強化; 《酒類の》アルコール分強化; 《食物の》栄養素添加.

fór·ti·fy [fɔ́ːrtifài] *vt.* **1** 要害堅固にする; の防備を強める. **2** <組織・構造などを> 強化する; 《肉体的・精神的に》強くする, 堅固にする; 元気づける. **3** <陳述などを> 裏づける: a claim ～*ied* by facts 事実の裏づけのある主張. **4** 強力にする; <酒などを> アルコールを加えて強める; <食物に> 栄養素を添加する. [√fort-] ◇ **-fi·a·ble** [-əbl] *a.* fortify できる. **-fi·er** [-ər] *n.* 強化する物〔人〕; 築城者; 〖笑〗《元気づける》酒, 強壮剤.

fór·tis [fɔ́ːrtis] *n.* (*pl.* **-tes** [-tiːz]) 〖音声〗硬音.
—— *a.* 硬音の. ↔lenis.

for·tís·si·mo [fɔːrtísimou] *ad.* 〖楽〗最も強く《略 ff.》. ↔pianissimo. [<It.]

***fór·ti·tude** [fɔ́ːrtit(j)ùːd/-tjuːd] *n.* 勇気, 剛勇, がまん強さ, 忍耐. [√fort-]
◇ **fòr·ti·tú·di·nous** [⌐—⌐diṇəs] *a.*

Fòrt-La·mý [fɔ̀ːrləmíː] *n.* フォールラミ《Chad の首都》.

‡fórt·night [fɔ́ːrtnait, -nit/fɔ́ːtnait] *n.* 〖おもに英〗 2 週間: a ～'s holiday 2 週間の休暇. ***Monday*** ～ 2 週間後〔前〕の月曜日. ***today*** [***this day***] ～ 2 週間後〔前〕のきょう.

fórt·night·ly [-li/fɔ́ːtnàitli, —⌐—] *a.*, *ad.* 隔週の〔に〕, 2 週間に 1 回の, 2 週間ごとに. —— *n.* 隔週刊行物.

***fór·tress** [fɔ́ːrtris] *n.* **1** 要塞(ようさい)(地); 城砦(じょうさい). **2** 《一般的》安全堅固なところ. —— *vt.* 要塞で防備する.

for·tú·i·tism [fɔːrt(j)úːitiz(ə)m/-tjúː-] *n.* 〖哲〗偶然説. ◇ **-tist** *n.* 偶然論者.

for·tú·i·tous [fɔːrt(j)úːitəs/-tjúː-] *a.* 偶然の, 思いがけない; 幸運な. [√fortu-]
◇ **～·ly** *ad.* **～·ness** *n.*

for·tú·i·ty [-ti] *n.* **1** 偶然 (性), ときのはずみ. **2** 偶発事件. ***by some*** ～ たまたま.

‡fór·tu·nate [fɔ́ːrtʃ(ə)nit] *a.* **1** 運のよい, 幸いな; 恵まれた. **2** さい先のよい, 縁起のよい. ***the*** ～ 幸運な人たち. [√fortu-] 類 → **lucky**「幸運な」

‡fór·tu·nate·ly [-li] *ad.* 運よく, 幸いに, 好運に(も).

‡fór·tune [fɔ́ːrtʃ(ə)n] *n.* **1** 運, 運のめぐり, 偶然: good ～ 好運. ill ～ 悪運. **2** 運命, 宿命, 運勢; (しばしば *pl.*) 命運の帰趨(きすう), 浮沈: tell ～*s* 運勢を占う. the ～*s* of a hero born in a log cabin 立志伝中の英雄の波乱万丈の生活. **3** (F～) 運命の女神. **4** 幸運, しあわせ, 繁栄. **5** 財産, 富: a man of ～ 裕福な人, 資産家. inherit a ～ 身代を継ぐ. **6** 資産をもつ人《特に女性》.
by good [***bad***] ～ 好運〔不運〕にも. ***come into a*** ～ 《遺産相続などにより》財産を手に入れる. ***have*** ～ ***on*** one***'s side*** 好運に恵まれる. ***have*** one***'s*** ～ ***told*** 運勢を占ってもらう. ***have the*** ～ ***to*** (do) 幸運にも…する. ***make a*** ～ 財産をつくる, 金持ちになる. ***make*** one***'s*** ～ 立身出世する, 繁栄する. ***marry a*** ～ 金持ちの娘と結婚する, 財産目当てに結婚する. ***seek*** one***'s*** ～ 立身出世の道を求める. ***share*** a person***'s*** ～***s*** (人) と運〔進退〕をともにする. ***soldier of*** ～ 冒険軍人《冒険・快楽・利益のために軍務に服する》. ***spend a small*** ～ ***on*** に一財産〔大金〕を使う. ***try*** one***'s*** ～ 運だめしをする. ***try the*** ～ ***of war*** 武運をためす; 冒険をする.
—— *vi.* 〖古・雅〗 **1** 偶然起こる. **2** たまたま出会う《に *upon*》. ***It*** ～***d that***... 偶然…ということになった. [√fortu-]
～ **cookie** つじうらせんべい《中に運勢占いの紙がはいっている》. ～ **hunter** 財産目当てに結婚しようとする人. ～**·tèll·er** 占い師, 易者. ～**·tèll·ing** 占い (をする). ◇ ～**·less** *a.* 財産のない.

Fòrt Wáyne [fɔ̀ːrt-wéin/fɔ̀ːt-] *n.* アメリカ Indiana 州の都市.

Fòrt Wórth [-wə́ːrθ] *n.* アメリカ Texas 州の都市.

†fór·ty [fɔ́ːrti] *a.* **40 の**, 40個〔人〕の; 40歳で.
—— *n.* **1** 40, 40個〔人〕; 40歳. **2** 〖テニス〗3 点 (の得点). ***like*** ～ 〖米俗〗非常な勢いで, うんと (like anything). ***the forties*** 《年齢・世紀の》40 (年) 代. ***the Forties*** スコットランド北東岸とノルウェー南西岸の間の海《40 ひろ以上の深さがある》.
F～-fíve, the 〖英史〗1745年の反乱《James 二世党の》. **fòr·ty-nín·er** [㊕ fɔ́ː-] 1849年ゴールドラッシュでカリフォルニアへ行った人. ～ **winks** 〖俗〗《食事後の》まどろみ; 昼寝. ◇ ～**·fold** [⌐—⌐] *a.*, *ad.* 40 倍の〔に〕. ～**·ish** *a.* 40 代の, 40 がらみの.

fó·rum [fɔ́ːrəm/fɔ́ːr-] *n.* (*pl.* **-rums, -ra** [-rə]) **1** (古代ローマの) 広場〔市場〕《裁判や集会が行なわれた》. **2** 裁判所, 法廷. **3** (世論などの) 批判; さばき. **4** (公開) 討論会. ***the*** ～ ***of conscience*** 良心のさばき. [<L.]

‡fór·ward [fɔ́ːrwərd] *ad.* **1** 前へ, 先へ, 前方へ〔に〕: run ～ 前方へと走る. ↔backward. **2** 外へ, 表面に出て. **3** 将来, 今後: look ～ 将来を考える. **4** 船の前方に, 船首の方へ. 〈注〉動詞との結合による成句については該当動詞を参照のこと.
bring ～ 提出する, 持ち出す. ***carriage*** ～ 運賃先方もち〔着払い〕. ***date*** ～ 《小切手など》先日付にする. ***F～!*** 〖軍〗前へ進め! ***from this time*** ～ 今後. ***help*** ～ 促進する. ***look*** ～ ***to*** を期待する; を楽しみに待つ. ***put*** ～ 差し出す; 申し出る. ***put*** [***set***] one***self*** ～ でしゃばる.
—— *a.* **1** 前方(へ)の; 前の; 前部の; 前進の, 〖海〗《船の》前部の: a ～ motion 前進運動. **2** 進歩的な, 進歩した: ～ countries 先進国. a ～ party 進歩的政党. **3** 進んでいる, はかどっている: be ～ *in* [*with*] one's work 仕事が進んでいる. **4** でしゃばりの, ずうずうしい, なまいきな. **5** あえて…する, 進んで…する: We were ～ *to* help him. 私たちは進んで彼を助けた. He was ～ *with* his answer. 彼は進んで答えた. **6** 季節に先立った, 早熟の: a ～ child ませた子. The child is ～ *at* walking. この子は歩きはじめるのが早い. **7** 〖商〗将来を見越しての, 先物の; 《政策など》進歩的な: ～ contract 先物予約〔契約〕.
—— *n.* 〖球技〗前衛, フォワード《略 F.W.》; (*pl.*) 先鋒(せんぽう), 前衛的分子.
—— *vt.* **1** 進める, 促進する; <計画などを> はかどらせる; <植物などの> 成長を早める. **2** <手紙などを> 回送する, 転送する; 送る. **3** 〖商〗<荷を> 発送する. **4** 〖製本〗前装訂する. 〈注〉仕上げ装訂は finish.
～ **delivery** 先渡し. ～**-looking** 前向きの, 積極的な. ～ **movement** 促進運動. ～ **pass** 〖フットボール〗ボールを敵のゴールへパスすること.
◇ ～**·er** *n.* 促進〔助成〕者; 運送業者. ～**·ing** *n.* **1** 促進, 助成. **2** 運送, 回送, 発送: ～*ing* agent 運送業者. ～*ing* business 運送業. **3** 〖製本〗前装訂. ～**·ly** *ad.* 前方へ, 進んで; でしゃばって. ～**·ness** *n.* **1** 進んでいること. **2** 早熟, 早期. **3**

意欲; でしゃばり.

‡**fór·wards** [fɔ́ːrwərdz] *ad.* =forward.

for·wéa·ried [fərwí(ː)rid/fɔːwíərid], **for·wórn** [-wɔ́ːrn/-wɔ́ːn] *a.* 〚古〛疲れ果てた.

for·wént [fɔːrwént] *v.* forgo の過去形.

fós·sa [fɑ́sə/fɔ́sə] *n.* (*pl.* **-sae** [-siː]) 〚医〛《骨などの》くぼみ, 窩(ｶ), 穴.

fós·sate [fɑ́seit/fɔ́s-] *a.* fossa のある.

fosse [fɔːs/fɔs] *n.* **1** 〚築城〛《要塞の》堀(ﾎﾘ). **2** みぞ; 運河. **3** =fossa.

fos·sétte [fɑsét/fɔ-] *n.* 小さいくぼみ; えくぼ. [<F.]

fós·sick [fɑ́sik/fɔ́s-] *vi.* 〚オーストラリア〛 **1** 廃鉱を掘って金を捜す. **2** 〚俗〛捜し回る, あさる《を *for*》.
◇ ～·**er** *n.*

***fós·sil** [fɑ́sl/fɔ́sl] *n.* **1** 化石 (=～ remains). **2** 〚話〛時代遅れの人〔物〕. ── *a.* **1** 化石の. **2** 時代遅れの. ◇ ～·**like** *a.* 化石のような.

fós·si·late [fɑ́sịlèit/fɔ́s-] *vt., vi.* =fossilize.
◇**fòs·si·lá·tion** [⌐—léiʃ(ə)n] *n.* =fossilization.

fòs·sil·íf·er·ous [fɑ̀sịlíf(ə)rəs/fɔ̀s-] *a.* 化石を含む《岩など》.

fós·sil·ize [fɑ́sịlàiz/fɔ́s-] *vt., vi.* **1** 化石化する, 化石になる〔する〕. **2** 古くなる〔する〕.
◇ **fòs·sil·i·zá·tion** [⌐—lịzéiʃ(ə)n, -laiz-] *n.* ～すること; ～した物.

fòs·si·lól·o·gy [fɑ̀sịlɑ́lədʒi/fɔ̀sịlɔ́l-] *n.* 化石学.
◇ **fòs·si·lól·o·gist** *n.* 化石学者.

fos·só·ri·al [fɑsɔ́ːriəl/fɔsɔ́ːr-] *a.* 〚動〛 **1** 穴を掘る. **2** 《手・足などが》穴を掘るに適した.

‡**fós·ter** [fɔ́ːstər, fɑ́s-/fɔ́s-] *vt.* **1** 養い育てる; 〚古〛養子にする. **2** 育成〔助長〕する. **3** <思想・感情などを> 心にいだく. ── *a.* 養い〔育て〕の.
～ brother 〔**sister**〕乳きょうだい. **～ care** (孤児の) 養育. **～child** 里子. **～ daughter** 養女. **～ home** 孤児院. **～ mother** 育ての母, 養母; うば; 〚英〛ひな保育器. **～-mòth·er** 親に代わって育てる. **～ nurse** うば. **～ parent** 里親. **～ son** 養子.
◇ **～·age** [-təridʒ] *n.* **1** 養育; 里子であること, 里子に出すこと. **2** 助成. **～·er** *n.* 里親; 養育者; 育成者. **～·ling** [-liŋ] *n.* =～ child.

fou·dróy·ant [fuːdrɔ́iənt] *a.* **1** 電撃的な, 肝を奪う. **2** 〚医〛電撃性 (症状) の.

‡**fought** [fɔːt] *v.* fight の過去・過去分詞.

‡**foul** [faul] *a.* **1** 《感覚的に》**きたない**, 不潔な; 臭い: ～ air よごれた空気. ～ breath 臭い息. **2** 《品位の上で》きたない, げびた: ～ language 下品なことば. **3** 《性格・行為などが》卑劣な, 陰険な; 邪悪な, ひどい. **4** 《行為が》**不正な**, 反則的な, 裏切り的な. **5** **不快な**, とんでもない. **6** 《天候が》ひどい, 荒れもようの; 《風が》逆風の; 《道路が》どろんこの; 《水路が》危険な. **7** 《煙突・下水などが》詰まった; 《綱が》からまった, もつれた; 《いかりが》ひっかかった; 《船底が》付着物がからみついた. **8** 衝突した: a ship ～ of a rock 岩にぶつかった船. **9** 〚野球〛ファウルの. **10** 《原稿・校正刷りが》誤記〔誤植〕の多い, 訂正の多い. ***make ～ water*** <浅瀬に来た船が> 水を濁す.
── *ad.* 不正に; 反則的に. ***go*** 〔***fall, run***〕 ***～ of*** と衝突する; と争う, に掛かり合いになる. ***hit ～*** 〚ボクシング〛不正な打ち方をする; 不正な処置をする. ***play*** a person **～** (人に) 不正をはたらく, 《やみ討ちのような》ひどい仕打ちをする.
── *n.* **1** 《競技などの》反則; 〚ボクシング〛ローブロー; 〚野球〛ファウル. **2** 〚海〛《ボート・オールなどの》衝突; 《綱などの》もつれ. **3** 悪天候 (=～ weather). ***claim a ～*** 《相手の》反則を言い立てる. ***through ～ and fair***=***through fair and ～***=***through fair and through ～*** よかれあしかれ, 運不運を共にして, どういうばあいにも.
── *vt.* **1** **よごす**, きたなくする; <名声などを> 汚す. **2** <綱などを> もつれさせる, からませる. **3** <煙突・銃などを> 詰まらせる; <交通・線路を> ふさぐ. **4** <海そうなどが船底に> 付着する. **5** に衝突する; <事件などに> 掛かり合う. **6** 〚運〛反則して妨害する; 〚野球〛<ボールを> ファウルする. ── *vi.* **1** よごれる, きたなくなる, 汚れる. **2** <綱などが> もつれる, からまる. **3** <煙突・銃などが> 詰まる. **4** 衝突する, ぶつかり合う. **5** 〚運〛反則をする; 〚野球〛ファウルを打つ.
～ *one's hands with* に関係して手をよごす〔体面をつぶす〕. **～** a person***'s name*** (人) をこきおろす. ***～ out*** 〚野球〛ファウルを受けとめられてアウトになる. ***～ up*** 〚米話〛だいなしにする, 混乱させる; 当惑する.
～ berth 〚海〛《衝突の危険ある》悪い錨地(ﾋﾞｮｳﾁ). **～ bill (of health)** 悪疫流行地発航証明書; 不健全証. **～ bottom** 〚海〛海そう・貝がらなどが付着した船底. **～ coast** 《岩礁の隠れている》荒いそ. **～ fiend, the** 悪魔 (the devil). **～ ground** 〚海〛《暗礁が多くて》難破の危険のある海底. **～ line** 〚野球・バスケットボール〛ファウルライン. **～ linen** 《洗たくに出す》よごれ物. **⌐·móuthed** 口ぎたない. **～ murder** だまし討ち, 無残な殺人. **～ play** 《競技の》反則; 不正行為, ひきょうな行為《特に殺害などを含む》. → fair play. **～ shot** 〚バスケットボール〛相手の反則によって与えられるフリースロー. **⌐-spò·ken** 口ぎたない. **～ strike** 〚野球〛strike にカウントされるファウルボール. **～ stroke** 反則のこぎ方; 〚玉突き〛無効の突き. **～ talk** 猥談(ﾜｲﾀﾞﾝ). **～ tip** 〚野球〛ファウルチップ. **～ tongue** 口ぎたないことば. **⌐·tóngued** 口ぎたない. **⌐-up** [⌐⌐] 混乱, 混惑; 《機械の》故障.
◇ **⌐·ly** *ad.* **⌐·ness** *n.*

fou·lard [fuːlɑ́ːrd/⌐—] F. *n.* フーラード布《柔らかくつやのある薄絹》; フーラード布製ハンカチ.

fou·lé [fuːléi] F. *n.* フーレ《軽い毛織り服地》.

fóu·mart [fúːmɑːrt] *n.* **1** 〚動〛《ヨーロッパ産》ニオイネコ. **2** 卑しいやつ.

†**found**[1] [faund] *v.* (**⌐·ed**; **⌐·ing**) *vt.* **1** **の基礎をおく**; の根拠をおく: ～ a house *on* a rock 家を岩の上に建てる. ～ a story *on* facts 事実に基づいて物語をつくる. **2** <団体・会社などを> **設立する**, 創始する; <学派・学説を> 樹立する. **3** の根拠をなす: These facts are enough to ～ my opinion. これらの事実は私の見解に十分の裏付けとなる.
── *vi.* 基づく《に *on*》: ～ *on* justice 正義の上にたつ. ***well*** 〔***ill***〕 ***～ed*** 根拠の十分にある〔ない〕. [√fund-]

found[2] *vt.* <金属を> 鋳る, 鋳造する; <ガラスの原料を> 溶かして型に流し込む. ◇ **⌐·er** *n.* 鋳物師.

‡**found**[3] *v.* find の過去・過去分詞.

‡**foun·dá·tion** [faundéiʃ(ə)n] *n.* **1** 創設, 創立, 建設. **2** (しばしば *pl.*) **基礎**, 土台: lay 〔build up〕 the ～ 基礎を築く. **3** 根拠, よりどころ: a rumor without ～ 根も葉もないうわさ. **4** 《財団などの》基本金, 維持基金. **5** 財団, 協会, 社会事業団. **6** 《衣服の》心(ｼﾝ). **7** 化粧下; 絵の下塗り. **8** 整姿用はだ着 (=～ garment)《婦人のコルセットなど》. ***be on the ～*** 〚英〛維持基金で経営されている; 財団から給費を受けている. ***to the ～s*** 根底まで, 根底から. [√fund-]
F～ Day オーストラリアの建国記念日《1月26日》. **～ school** 財団設立学校. **～ stone** 土台石, 基石《記念碑など》; 基礎, 土台.
◇ **～·er** *n.* 〚英〛奨学生, 給費生.
〔類〕→ **base**「土台」

***fóund·er**[1] [fáundər] *n.* (*fem.* **fóund·ress** [fáundris]) 創立〔設立〕者, 開祖; 基金寄付者. [<found[1]] **～'s day** 創立者記念日. **～s' shares** 《会社の》発起人株.
◇ **～·ship** [-ʃìp] *n.* 創立〔設立〕者であること.

fóun·der[2] *vi.* **1** 〚海〛<船が> 浸水沈没する. **2** <計画が> だめになる, 挫折(ｻﾞｾﾂ)する, 失敗する. **3** <土

地が> めり込む; <建物が> 倒壊する. **4** <馬が> びっこになる, 倒れる. **——** *vt.* **1** ～させる. **2** 〖ゴルフ〗<ボールを> 地面に打ち込む.

fóund·ling [fáundliŋ] *n.* 拾い子, 捨て子.
～ hospital 孤児院, 捨て子収容所.

fóund·ry [fáundri] *n.* **1** 鋳造; 鋳物類. **2** 鋳造場〔工場〕; ガラス〔鋳物〕工場.
～ iron 鋳鉄. **～ proof** 製版直前の校正刷り.

fount[1] [faunt] *n.* 〖雅〗泉; 源泉.

fount[2] *n.* 〖英: 印〗フォント(=㊊ font[2])《同一型の活字のひとそろい》.

‡**fóun·tain** [fáuntn, -tin/-tin] *n.* **1** 泉; 噴水; 《公園などにある》飲用泉水 (=drinking ～). **2** 水源; 源泉: a ～ of wisdom 知恵の源泉. **3** インクだめ《万年筆・印刷機などの》; ランプの油つぼ. ***F～ of Youth*** 青春の泉《青春がとりもどせるという伝説的泉》. **～·head** [-hèd] 水源.

‡**fountain pen** *n.* 万年筆.

†**four** [fɔːr/fɔː] *a.* 4 の, 4 個の; 4 歳で: ～ corners 四すみ; 四つかど, 四つつじ (crossroads). ～ balls 〖野球〗四球. ***the ～ corners of a document*** 文書の内容〔範囲〕. ***the ～ corners of the earth*** 地球のすみずみ〔果て〕.
—— *n.* **1** 4; 4 個〔人〕; 4 歳, 4 時. **2** 4人組み, 4 頭の馬. **3** 記号の 4; 《トランプ札・さいころの目の》4; 〖クリケット〗4 点打. **4** (*pl.*) 4 分利付き公債. **5** 4 本オールのボート; その乗組員; (*pl.*) 4 本オールのボートレース. **6** (*pl.*)〖軍〗4 列縦隊. **7** (*pl.*) 四つ折り版の本. ***all ～s*** =seven-up. ***in ～s*** 四つずつの組みになって. ***on all ～s*** 四つんばいになって; ぴったりと一致して《と *with*》.
∠-bág·ger 〖野球〗ホームラン. **～-ball (match)** 〖ゴルフ〗フォーボール《4人でするゴルフ試合》. → foursome. **∠-còr·nered** (1) 四角の. (2) 4 人で行なう. **～ corners** 《単数扱い》(1) 四つつじ. (2)《ある事柄が行なわれる》舞台, 全領域. **∠-flúsh** 〖トランプ〗《ポーカーで》手にある4 枚揃いを5 枚揃いに見せかける; 〖俗〗虚勢を張る. **∠-flùsh·er** 虚勢を張る人. **∠-fóot·ed** 四つ足の. **～·foot way** 〖英〗鉄道レールの規格幅. **～ freedoms, the** 四つの自由《1941 年 1 月アメリカ大統領 F. D. Roosevelt の宣言した人類の基本的自由: freedom of speech, freedom of worship, freedom from want, freedom from fear 言論・信仰の自由, 欠乏・恐怖からの解放》. **∠-hánd·ed** 四つ手の; 4 人でする, 4 人組みの; 連弾の《ピアノの演奏で》. **F～-H club** 4H クラブ《*h*ead, *h*ands, *h*eart, *h*ealth をモットーにする農村青年教育機関》. **F～ Horsemen, the** 人世の四大災害《戦争・ききん・疫病・死》. **F～ Hundred, the** 〖米〗社交界のお歴々, 上流特権階級. **∠-in-hánd** [㊊∠-‐∠] 4 頭だて馬車; 〖米〗結びネクタイ. **～-leaf clover** 四つ葉のクローバー《幸運のしるし》. **∠-lég·ged** [-lég(i)d] 四つ足の. **～-letter word** 四文字語《卑猥な語》. **∠-o'clóck** 〖植〗オシロイバナ; 〖鳥〗ミツスイ. **∠-párt** 〖楽〗四部合唱の. **∠·pence** [-p(ə)ns] 4 ペンス; 〖古〗4 ペンス銀貨. **∠·pèn·ny** [-pèni/-pəni] 4 ペンスの. **∠-póst·er** 4 柱式寝台. **∠·scóre** →別項. **∠·squáre** 正方形 (の・に); 率直な〔に〕; 堅固な〔に〕. **∠-stár** 四つ星の: *～-star* general 〖米〗陸軍大将. **∠-whéel, ∠-whéel·er** 4 輪 (馬) 車.

fóur·fóld [fɔ́ːrfóuld/fɔ́ːfould] *a., ad.* 4 重の〔に〕; 4 倍の〔に〕. **——** *n.* 4 倍; 4 重.

Fóu·rier [fúrièi, ㊊+-riər | F. furje] *n.* **1** François Marie Charles [F. frɑ̃swa mari ʃarl] ～, 1772–1837, フランスの社会学者. **2** Jean Baptiste Joseph [F. ʒɑ̃ batist ʒozɛf] ～, 1768–1830, フランスの数学者・物理学者. **～ analysis** 〖数・物〗フーリエ分析. **～ series** 〖数〗フーリエ級数.

Fóu·ri·er·ism [fúriərìz(ə)m] *n.* フーリエ主義《Fourier ① が唱えた社会主義》.
◇ **-ist, -ite** [-ràit] *n.* フーリエ主義者. **Fòu·ri·er·ís·tic** [fù(ː)riərístik] *a.*

four·ra·gère [F. furaʒɛːr, ㊊+fú(ː)rəʒɛ̀ər] F. *n.* アメリカ軍人の肩ひも飾り.

fóur·scóre [fɔ́ːrskɔ́ːr/fɔ́ːskɔ́ː] *a.* 80 (個)の. **——** *n.* 80《4×20》.

fóur·some [-səm] *n.* 4 人組み; 4 人組み競技(者). **——** *a.* 4 人から成る; 4 人で行なう.

†**four·téen** [fɔːrtíːn, ∠∠, ∠∠/fɔ̀ːtíːn, ∠‐, ‐∠] *a.* 14の; 14歳の. **——** *n.* 14; 14歳; 14 の字〔記号〕.

four·téenth [fɔːrtíːnθ, ∠∠, ∠∠/fɔ̀ːtíːnθ, ∠‐, ‐∠] *a.* **1** 第 14 の; 14 番めの. **2** 14 分の 1 の. **——** *n.* **1** 第 14; 《月の》14日. **2** 14 分の 1.

†**fourth** [fɔːrθ/fɔːθ] *a.* **1** 第 4 の; 4 番めの. **2** 4 分の 1 の. **——** *n.* **1** 第 4; 4 番め; 《月の》4 日. **2** 4 分の 1. **3** 〖楽〗四度(音程). **4** (*pl.*)〖商〗4 等品. ***the F～ of July*** 《7 月 4 日の》アメリカ独立記念日 (Independence Day). **～ dimension, the** 第四次元. **～ estate, the** 第四階級《新聞・言論界》. **F～ Republic, the** (フランス) 第四共和国. ◇ **∠·ly** *ad.* 第 4 (番め) に.

‡**fowl** [faul] *n.* (*pl.* **～s**, 《集合的》**～**) **1** (*pl.* **～s**) 鶏, 家禽(かきん): domestic ～*s* 家禽. keep ～*s* 鶏を飼う. **2** 鶏肉: fish, flesh, and ～ 魚肉・獣肉・鳥肉. **3** (*pl.* **～**) 野鳥; 《比較的大きな》鳥: game ～ 猟鳥. water ～ 水禽. **4** 〖古〗鳥, 鳥類: the ～*s* of the air 空の鳥.
—— *vi.* 〖古〗鳥を捕える〔撃つ〕.
～ cholera 鳥コレラ《鶏の伝染病》. **∠-run** [∠∠] 〖英〗養鶏場. ◇ **∠·er** *n.* 鳥猟者. **∠·ing** *n.* 野鳥捕獲: a ～*ing* net かすみ網. ～*ing* piece 鳥銃.

†**fox** [fɑks/fɔks] *n.* (*pl.* **fóx·es**, 《集合的》**fox**) **1** キツネ, 雄ギツネ. 〈注〉雌は vixen. **2** キツネの毛皮. **3** ずるい人: He is an old ～. 彼はとてもずるい. **4** 〖米俗〗(大学の) 新入生. ***～ and geese*** 〖遊戯〗十六むさしの類. ***～ and hounds*** 猟犬ごっこ, キツネ追い遊び. ***play the ～*** ずるをする.
—— *vt.* **1** <紙などを> 茶色に変色させる. **2** <ビールなどを> すっぱくする. **3** だます, 欺く. **4** 酔わす; 当惑させる. **5** <くつを> 上皮をつけて修理する. **——** *vi.* ずるく立ち回る, ずるをする. **～** a person ***into*** (do)***ing*** (人を) だまして…させる.
～ brush キツネの尾. **～ earth** キツネの穴. **～ farming** 養狐(ようこ)業. **∠-fire** [∠∠] 燐光《朽木に寄生する菌が発する》. **∠·glove** [∠∠] 〖植〗ジギタリス. **～ grape** 〖植〗ヤマブドウ《北アメリカ産》. **∠·hole** [∠∠] 〖軍〗1人用塹壕(ざんごう), 「たこつぼ」. **∠·hound** [∠∠] キツネ狩り犬. **～ hunt(ing)** キツネ狩り. **～ hunter** キツネ狩りをする人. **～ squirrel** 〖動〗キツネリス《北アメリカ産》. **∠·tail** [∠∠] キツネの尾; 〖植〗大スズメノテッポウ. **～·tail millet** アワ. **～ terrier** フォックステリヤ《愛がん用犬》. **～ trot** (1)〖乗馬〗ゆるやかな早足. (2)〖ダンス〗急調ステップ, フォックストロット; その舞曲. **∠-trot** [∠∠] 小走りで走る; フォックストロットを踏む.
◇ **～ed** [-t] *a.* 変色した, かっ色の斑点(はんてん)ができた; 《ビールなど》すっぱくなった; 《くつなど》修理した. **∠·ing** **1** 《くつの》修理用上皮. **2** 《紙の》変色. **∠·like** *a.* =foxy.

fóx·y [fɑ́ksi/fɔ́k-] *a.* **1** キツネに似た; ずるい. **2** キツネ色の; 〖画〗赤みのかちすぎた. **3** 《紙が》変色した. **4** 《ビール・ブドウ酒など》すっぱい. **5** キツネ臭い. ◇ **fóx·i·ly** *ad.* **fóx·i·ness** *n.*

foy [fɔi] *n.* 〖方〗**1** 送別会; 餞別(せんべつ). **2** 祝宴《収穫の終わりなどの》.

foy·er [fɔ́iər, fɔ́iei/-ei] F. *n.* **1** 《劇場などの》遊歩廊, 休憩室; 《ホテルの》ロビー. **2** 〖米〗玄関の広間.

fp., f.p. foot-pound(s); forte-piano; freezing point. **FPC** Federal Power Commission 連邦電力委員会. **f.p.m.** feet per minute. **f.p.s.**

feet per second. **Fr** 〖化〗 francium. **Fr.** Father; France; French; Friday. **fr.** fragment; franc(s); frequent; from.

Fra, fra [frɑː] It. *n.* …師《称号として修道士(friar)の名の前につける》.

frá·cas [fréikəs/frǽkɑː] *n.* (*pl.* **～·es** [fréikəsiz], [英] ～ [frǽkɑːz]) 騒動, どなり合い, けんか.

frác·tile [frǽktil/-tail] *a.* 〖地〗砕岩性の.

‡**frác·tion** [frǽkʃ(ə)n] *n.* **1** 破片, 断片: crumble into ～*s* くずれてばらばらになる. **2** 〖数〗分数. → integer. **3** 端数(はすう), 半ぱ. **4** ほんの少し, 少量: I got only a ～ of what I wanted. 私は望んだもののほんの一部しか手に入れなかった. a ～ (of a) second 数分の1秒間. **5** 〖宗〗聖体分割式《聖餐のパンを分ける儀式》. **6** 〖化〗《蒸留の》分留. ***common*** 〔***vulgar***〕 ～ 常分数. ***compound*** 〔***complex***〕 ～ 繁分数. ***decimal*** ～ 小数. ***not*** (***by***) ***a*** ～ 少しも…ない. ***proper*** 〔***improper***〕 ～ 真〔仮〕分数. [√fra(n)g-]

frác·tion·al [frǽkʃən(ə)l] *a.* **1** 断片の. **2** わずかな, 微少な. **3** 端数(はすう)の. **4** 〖数〗分数の. **5** 〖経〗端株の; 〖化〗分別の. ～ **currency** 小額貨幣. ～ **distillation** 〖化〗分(別蒸)留. ～ **expression** 分数式. ◇ **～·ly** *ad.*

frác·tion·ar·y [-ʃ(ə)nèri/-nəri] *a.* **1** 分数の. **2** 断片の. **3** 僅少(きんしょう)な.

frác·tion·ate [-ʃ(ə)nèit] *vt.* **1** 〖化〗〈混合物を〉分別〔分留〕する. **2** 分割する.

◇ **fràc·tion·á·tion** [frækʃənéiʃ(ə)n] *n.* 〖化〗分別〔分留〕(法); 分割.

frác·tion·ize [frǽkʃ(ə)nàiz] *vt.* 分数に分ける; 細分する. ◇ **fràc·tion·i·zá·tion** *n.*

frác·tious [frǽkʃəs] *a.* **1** おこりっぽい, 気むずかしい. **2** 手に負えない. ◇ **～·ly** *ad.* **～·ness** *n.*

fracto- 「こわれた」「割れた」の意の語形成要素.

fràc·to·cú·mu·lus [fræktokjúːmjuləs] *n.* (*pl.* **-li** [-lài]) 〖気〗片積雲.

fràc·to·strá·tus [fræktostréitəs] *n.* (*pl.* **-ti** [-tai]) 〖気〗片層雲.

frác·ture [frǽktʃər] *n.* **1** 破砕, 挫折(ざせつ); 分裂. **2** 〖医〗骨折, 挫傷: simple ～ 単純骨折. compound ～ 複雑骨折. **3** 割れ目, 裂け目; 〖鉱山〗断口. **4** 〖音声〗音の分裂《単母音の二重母音化》.
—— *vt.* **1** 砕く; 〈骨などを〉折る. **2** にひびをいらす. **——** *vi.* 砕ける, 折れる; ひびがはいる. [√fra(n)g-]
◇ **fráć·tur·al** [-tʃərəl] *a.*

frae [frei] *prep., ad.* 〖スコットランド〗 =from, fro.

fráe·num =frenum.

***frág·ile** [frǽdʒil/-dʒail] *a.* **1** 《物体・信念などが》こわれやすい; もろい. **2** (体質の)虚弱な. **3** はかない; 《かおりなどが》すぐ逃げる, 微妙な. [√fra(n)g-]
◇ **～·ly** *ad.* **～·ness** *n.* **fra·gíl·i·ty** [frədʒíliti] *n.* [類] → **weak**「弱い」

‡**frág·ment** [frǽgmənt] *n.* **1** 破片, かけら, 断片; 半ぱもの. **2** 断章; 未完の遺稿. ***in*** **～*s*** 断片となって; 断片的に. ***into*** **～*s*** ずたずたに, みじんに. [√fra(n)g-]

frag·mén·tal [frægméntl] =fragmentary.

frág·men·tar·y [frǽgməntèri/-təri] *a.* **1** 破片の; 断片的な; 切れ切れの; 半ぱな. **2** 〖地〗砕屑(さいせつ)状の. ◇ **-i·ly** *ad.*

fràg·men·tá·tion [frægməntéiʃ(ə)n] *n.* **1** 破砕; 分裂. **2** 〖生〗《核の》無糸分裂. **3** 分断, 切断. ～ **bomb** 破砕性爆弾.

frág·ment·ize [frǽgməntàiz] *vt.* 分裂する, 分断する. **——** *vi.* ばらばらになる.

‡**frá·grant** [fréigrənt] *a.* **1** においのよい, かんばしい, 芳香性の. **2** 快い: ～ memories 楽しい思い出.
◇ **～·ly** *ad.* **frá·grance** [-grəns], **-gran·cy** [-si] *n.* かおり, 芳香, 香気.

‡**frail**[1] [freil] *a.* **1** もろい, ひ弱い; (体質の)弱い. **2** はかない. **3** 意志の弱い, 誘惑に弱い; 〖婉〗《女が》不貞な, 不身持ちな. **——** *n.* 〖米俗〗女, 少女. [√fra(n)g-] ◇ **～·ly** *ad.* **～·ness** *n.*
[類] → **weak**「弱い」

frail[2] *n.* **1** 《ブドウ・イチジクなどを詰める》イグサかご. **2** 一かごの量.

fráil·ty [fréilti] *n.* **1** もろさ; 弱さ. **2** はかなさ. **3** 意志薄弱, 弱点; 過失. ***F～, thy name is woman.*** 弱き者よ, なんじの名は女なり《Shakespeare 作 *Hamlet* I. ii. 146》.

fraise[1] [freiz] *n.* **1** 〖築城〗臥柵(がさく). **2** 《16世紀に流行した》ひだえり.

fraise[2] *n.* 《とけいの歯車の》穴あけ道具; 歯切り道具.

F.R.A.M. Fellow of the Royal Academy of Music.

fram·bóe·sia, -bé·sia [fræmbíːʒə/-ziə] *n.* 〖医〗インド痘, フランベシア, イチゴ状腫(しゅ) (yaws).

‡**frame** [freim] *n.* **1** 《建物・船舶・飛行機などの》骨組み, 構造; 《制度の》組織, 機構, 成り立ち: the ～ of government 政治機構. **2** 体格, 骨格: a man of fragile ～ 骨組みのきゃしゃな人. **3** 気分, 気持ち: be in a bad ～ of mind きげんが悪い. **4** わく組み; 額縁; 窓わく; わく型〔台〕《ししゅうの型わく・植字台・選鉱盤・紡積機・植物栽培用フレーム》. **5** まとまりをなすもの; 映画〔テレビ〕の一こま; 野球の1イニング; 玉突きの1回分ゲーム; 《ボーリング投球の》番, 回. **6** 〖米〗木造家屋 (=～ house). ～ ***of reference*** →reference.
—— *vt.* **1** の骨組みをつくる, 組み立てる: ～ a roof 屋根の骨を組む. **2** の構成〔組織〕をつくる, 考案する, 仕組む: ～ a speech 演説のあら筋を用意する. **3** 〈構想・意見などを〉心にいだく; 心に描く, 想像する. **4** 〈悪計などを〉たくらむ, めぐらす; 〈話・事件などを〉でっちあげる, 虚構する. **5** 〈人を〉おとしいれる; にぬれぎぬを着せる. **6** にわくをはめる; 縁どる, にへりをつける; 囲む: stand ～*d* in the doorway 戸口のまん中に立つ. **7** 〈物を〉当てはめる, 適合させる《に *to, into*》; 〈人を〉向ける, 誘う《に *for, to*》. **8** 〈ある行動を〉とる. **9** 〈ことばを〉発する.
—— *vi.* **1** 行く, おもむく. **2** 進行する, はかどる. **3** 見込みがある, 才能を示す.
～ ***to oneself*** 想像する, 心に描く. ～ ***up*** でっちあげる, たくらむ. ～ ***well*** うまく進む; 見込みがある: He is ～*ming well.* あの男は有望だ.
～ **aerial** わく形アンテナ〔空中線〕. ～ **house** 〖米〗木造家屋. ～ **line** わく線; 《映画の》こま線. ～ **saw** おさのこ(盤). ～ **timber** 骨組み材; 《船の》肋材(ろくざい). **～-up** →別項. ***～·work** →別項.
◇ **frám·er** *n.* 構成者, 組み立て人; 額縁屋.

fráme-up [fréimʌp] *n.* 陰謀《特に人に無実の罪を負わせるたくらみ》.

***fráme·work** [fréimwəːrk] *n.* **1** 《構造物・理論・計画・物語などの》骨組み, わく組み, 全体〔あらまし〕の構成, 輪郭. **2** 掛けわくししゅう. **3** 〖園芸〗主枝.

frám·ing [fréimiŋ] *n.* **1** 構成, 組み立て. **2** 構想; たくらみ. **3** 骨組み; わく組み, わくかまち.

‡**franc** [fræŋk] *n.* フラン《フランス・ベルギー・スイスの貨幣単位》; 1フラン貨幣.

†**France** [fræns/frɑːns] *n.* フランス.

frán·chise [frǽntʃaiz] *n.* **1** (通例 the ～)市民〔公民〕権; 参政権, 選挙権. **2** 《政府が認可する》特権, 特許: a ～ for a bus service バス営業許可. **3** 特別免除; 特権行使許可地区. **4** 〖米〗《製造主から受ける》一手販売権. **5** 〖保険〗免責歩合.
—— *vt.* に～を与える. ◇ **～d** *a.*

Fran·cís·can [frænsískən] *a.* フランシスコ(修道)会の. **——** *n.* フランシスコ会の修道士. ***the*** **～*s*** フランシスコ修道会《イタリア Assisi の僧 St. Francis が1209年に創始した》.

frán·ci·um [frǽnsiəm] *n.* 〖化〗フランシウム《アルカリ金属元素. 記号 Fr》.

Franco(-) 「フランス(の)」の意の連結形・語形成要

素: the *Franco*-Prussian War 普仏戦争.
frán·co·lin [frǽŋkọlin] *n.* 〘鳥〙《アジア・アフリカ産》コモンシャコの一種.
Frán·co·phile [frǽŋkọfàil], **-phil** [-fil] *a., n.* フランスびいきの(人).
franc-ti·reur [frɑ̃:ti:rə́:r] F. *n.* 義勇兵, 不正規兵.
frán·gi·ble [frǽndʒibl] *a.* 砕けやすい, もろい. [√fra(n)g-]
◇ ～**·ness** *n.* **fràn·gi·bíl·i·ty** [⁻–bíliti] *n.*
frán·gi·pane [frǽndʒipèin], **fràn·gi·pán·i** [frændʒipǽni, -pɑ́:ni] *n.* **1** 〘植〙アカソケイ《キョウチクトウ科の低木》; その花から採る香水. **2** ハタンキョウ・香料・クリーム入りのねり粉菓子. [<F.]
‡**frank**[1] [fræŋk] *a.* **1** 率直な, 淡白な, 包み隠しのない. **2** あからさまの, 公然の. ***to be ～ with you*** 打ち明けて言えば. ◇ *～**·ness** *n.*
frank[2] *n.* 〘史〙《昔国会議員などの特典であった》無料配達の署名〔印〕; 無料送達の郵便物. —— *vt.* **1** 〘史〙に無料送達の署名をする; 無料で送る. **2** に通行〔出入り〕の自由を許す《へ *to*》; <人を> 無賃で運ぶ. **3** に免除する《を *from, against*》.
Frank [fræŋk] *n.* **1** フランク人. **2** 《近東地方で》西ヨーロッパ人. ***The ～s*** フランク族《ライン川流域に住んだゲルマン民族で, いまのフランス・ドイツ・イタリアに王国を建設した》.
Fránk·en·stein [frǽŋkənstàin] *n.* **1** Mary W. Shelley 作の小説《1818》. **2** 自分のつくり出したものから破滅を招く人. **3** =～('s) monster. **～('s) monster** そのつくり主を滅ぼすもの.
fránk·furt(·er), -fort(·er) [frǽŋkfərt(ər)] *n.* 〘米〙 **1** フランクフルトソーセージ《ウインナソーセージの大きいもの》. **2** ウインナソーセージ.
fránk·in·cènse [frǽŋkinsèns] *n.* 乳香《南アジア・アフリカ産のカンランの一種. 香料に用いられた》.
Fránk·ish [frǽŋkiʃ] *a.* フランク族の; 西ヨーロッパ人の. —— *n.* 《古代フランク族の》フランク語.
fránk·lin [frǽŋklin] *n.* 〘英史〙《14–15 世紀の貴族でない》自由保有地主, 小地主《gentry と yeoman の中間の階級》.
Fránk·lin [frǽŋklin] *n.* Benjamin ～, 1706–90, アメリカの政治家・著述家・物理学者. **～ stove** 暖炉の形をした鋳物ストーブ.
‡**fránk·ly** [frǽŋkli] *ad.* 率直に, ありのままに, あけすけに. ***～ speaking*** 率直に言って, 打ち明けて言えば.
***frán·tic** [frǽntik] *a.* 気違いじみた, 狂乱の; 非常に興奮した; 死にもの狂いの.
◇ ～**·ly** *ad.* 〘稀〙 = frantically. ～**·ness** *n.*
frán·ti·cal·ly [frǽntik(ə)li] *ad.* 気違いのように, 狂乱して; 夢中になって.
frap [fræp] *vt.* (**-pp-**) 〘海〙堅く縛る.
frap·pé [fræpéi/frǽpei] F. *a.* (氷で) 冷やした. —— *n.* 〘米〙フラッペ《柔らかく凍らせた果汁・酒をかけたかき氷など》.
F.R.A.S. Fellow of the Royal Astronomical Society.
frat [fræt] 〘米俗〙 =fraternity ④.
fra·tér·nal [frətə́:rn(ə)l, freit-] *a.* 兄弟の; 兄弟のような, 友愛の. **～ order** [**society**] 〘米〙共済〔友愛〕組合. **～ twin** 二卵性双生児.
◇ ～**·ism** *n.* 友愛. ～**·ly** *ad.* 兄弟のように.
fra·tér·ni·ty [frətə́:rniti] *n.* **1** 兄弟であること; 兄弟の間柄〔情〕. **2** 同胞愛, 友愛. **3** 友愛団体; 宗教団体; 共済組合; 同業者仲間: the medical ～ 医師会〔界〕. **4** 〘米〙《男子大学生の》社交クラブ《一般にその名称にギリシア文字を 2 字または 3 字用いる》. 〈注〉女子学生社交クラブは sorority.
～ house fraternity ④ の建物《寮の設備がある》.
frát·er·nize [frǽtərnàiz] *vi.* **1** 兄弟の交わりを結ぶ; 親しく交わる《と *with*》. **2** 〘話〙<兵隊が>敵〔被占領国の国民〕と親しく交わる. —— *vt.* 〘稀〙～させる. ◇ **frát·er·niz·er** [-ər] *n.* 兄弟のように交わる人. **fràt·er·ni·zá·tion** [⁻–nizéiʃ(ə)n, -naiz-] *n.* 兄弟のような交わり, 親和, 親睦(しんぼく).
frát·ri·cide [frǽtrisàid, fréit-] *n.* 兄弟〔姉妹〕殺し(の罪・犯人). ◇ **fràt·ri·cíd·al** [⁻–sáidl] *a.* 兄弟殺しの; 兄弟〔同胞〕相争う.
Frau [frau] G. *n.* (*pl.* ～***·en*** [fráuən], ～***s***) **1** 夫人 (Mrs.). **2** (*f*～) 既婚婦人, 妻; ドイツ婦人.
fraud [frɔ:d] *n.* **1** 詐欺, 欺瞞(ぎまん). **2** 詐欺行為, 不正手段. **3** 〘話〙ぺてん師; にせもの. ***in ～ of*** = ***to the ～ of*** 〘法〙を詐欺にかけるために. ***pious ～*** 方便のためのうそ; 《宗教上の》善意の偽り.
fráud·u·lent [frɔ́:dʒulənt/-dju-] *a.* **1** 詐欺を行なう; 不正直の. **2** 詐欺の, 不正の. **3** だまして手に入れた. ◇ ～**·ly** *ad.* **-lence, -len·cy** *n.* 詐欺, 欺瞞; 不正 (行為).
fraught [frɔ:t] *a.* **1** 充満した, はらんだ, 伴った: remarks ～ *with* malice 悪意を含んだことば. **2** 〘雅〙積載した: ships ～ *with* goods 荷を積んだ船.
Fräu·lein [frɔ́ilain] G. *n.* (*pl.* ～, ～***s***) **1** 令嬢, …嬢 (Miss). **2** ドイツの未婚婦人; 《イギリス人家庭の》ドイツ婦人家庭教師.
fràx·i·nél·la [frӕksinélə] *n.* 〘植〙ハクセンの一種; ハナハッカ (dittany).
fray[1] [frei] *vt., vi.* **1** <布・そで口など> すり切らす〔切れる〕《*through*》; ほぐす, ほぐれる《*out*》. **2** <シカが頭を> こすりつけて皮をすり落とす. **3** <神経などを> すりへらす. —— *n.* すり切れ, すり傷.
◇ ～**·ing** *n.* シカの角皮《脱皮した》.
fray[2] *n.* 騒動, 乱闘; けんか, 争い; 口論, 議論. ***be eager for the ～*** ことあれかしと待ち受ける. ***the thick of the ～*** 戦闘の最も激しいところ.
fráz·zle [frǽzl] *vt., vi.* 〘米〙すり切れさす〔切れる〕; ぼろぼろにする〔なる〕; 疲れきらす〔きる〕. —— *n.* 〘米話〙ぼろぼろの状態; へとへとの状態. ***to a ～*** へとへとに《疲れるなど》; めちゃくちゃに《打ちのめされるなど》.
FRB, F.R.B. Federal Reserve Bank [Board] 連邦準備銀行〔準備制度理事会〕. **FRC, F.R.C.** Federal Radio Commission. **F.R.C.P.** Fellow of the Royal College of Physicians. **F.R.C.S.** Fellow of the Royal College of Surgeons.
freak[1] [fri:k] *n.* **1** 気まぐれ, でき心, すいきょう. **2** 奇形, 変種; 〘俗〙奇形の人間, できそこない. ***～ of nature*** 造化のたわむれ, 奇形. ***out of mere ～*** ほんの気まぐれから. —— *a.* 珍しい, 風変わりの.
freak[2] *n.* まだら; しま. —— *vt.* に～をつける.
fréak·ish [frí:kiʃ] *a.* むら気な, 気まぐれな; 奇形の, かたわの. ◇ ～**·ly** *ad.* ～**·ness** *n.*
fréak·y [frí:ki] =freakish.
***fréck·le** [frékl] *n.* そばかす; 《皮膚の》斑点(はんてん), しみ; (*pl.*) 〘医〙(まだらに日に焼けた) 斑点. —— *vt.* に～を生じさせる〔つける〕. —— *vi.* ～がつく〔できる〕.
◇ **～d, fréck·ly** *a.* そばかすだらけの.
†**free** [fri:] *a.* (**fré·er** [frí:ər]; **fré·est** [frí:ist]) **1** 自由な; 束縛のない: ～ speech 自由な言論, 言論の自由. **2** 自由主義の: the ～ world 自由(主義)世界. **3** 自主的な, 自主独立の. **4** 《権威・伝統などに》とらわれない, 偏見のない. **5** 《規則などに》こだわらない, のんびりした. **6** 遠慮のない: Please feel ～ to call me. 遠慮なくお電話してください. **7** 《態度などが》こせこせしない, ゆったりした. **8** 気前がいい, 物惜しみしない: ～ *with* one's money 金離れがいい. **9** ぜいたくな: ～ living おごった暮らし. **10** 放縦(ほうじゅう)な, だらしのない. **11** 拘束のない, 意のままの: the ～ play of the mind 精神の自由な活動. **12** 解放されている, 免除された; わずらわされない, 免れた: ～ *of* taxes 免税の. ～ *from* disease 病気のおそれのない. ～ *from* charges 非難を受けない. **13** 先約がない, 暇な, 用事のない: Are you ～ this evening? 今晩お暇ですか? **14** あいている, 使える: a ～ room 空室. **15** 自由に出入りできる, 解放された: a ～ port 自由港. **16** 自由に通れる, 障害がない. **17** だれでも参加できる; みなが加わる: ～ competi-

tion 自由競争. a ~ fight 乱闘. **18 無料の, 入場無料の**; 無税の: ~ schools 無月謝学校. ~ imports 無税輸入品. **19** 《人が》自由に出入りを許されている: be ~ *of* a friend's house 友人の家にわが家のように出入りする. **20** 《人々が》かってを許されている: You are ~ *to* stay as long as you like. お気に召すままいつまでもご自由にご滞在ください. It is ~ *for* [*to*] her to do so. そうするのは彼女のかってだ. **21** 自ら進んで…する; …しすぎる: I am ~ to confess. 進んで白状します. You are very ~ in blaming others. 他人を非難しすぎますよ. **22 固定されていない**, ゆるい; 〖化〗遊離した: the ~ end of a rope なわの結んでない端. **23** 〖海〗《風が》追っ手の: a ~ wind 順風.

F~ and Accepted Masons フリーメーソン団. → freemason. ***~ and clear*** 〖法〗留置権・抵当権などから自由な. ***~ and easy*** 遠慮のない, 打ち解けた, むとんじゃくな; 喫煙自由な音楽会, 気楽な集まり. ***~ from*** (1) を免れた, …のおそれがない: ~ *from* reproach 非難されるべきところのない. (2) …のない: ~ *from* care 心配のない. a day ~ *from* wind 風のない日. ***~ of*** (1) を課せられない, を免除された; …のない: ~ *of* charge 無料で. sea ~ *of* ice 氷のない海. (2) に自由に出入りできる: be ~ *of* a library 図書館に自由に出入りできる. (3) を惜しまない: be ~ *of* advice 忠言を惜しまない. (4) を離れて. ***~ on board*** 〖商〗本船積み込み渡し; 〖米〗貨車積み込み渡し《略 F. O. B.》. ***get ~*** 自由の身になる, 釈放される; 脱する《を *of*》. ***give*** [***have***] ***a ~ hand*** 行動の自由を与える〔もつ〕. ***have one's hands ~*** 手があいている, 暇である; 自由に行動できる. ***make*** a person ***~ of*** (人に) …を自由に使わせる; (人に) …に自由に出入りを許す. ***make ~ with*** をかってに使う; …になれなれしくする. ***set ~*** 解放する, 釈放する.

── *ad.* **1** 自由に; じゃまされずに. **2** 無料で. **3** 〖海〗《帆船が》追い風〔横の風〕を受けて; 帆をいっぱい開かないで.

── *vt.* (**freed; frée·ing**) **1** 自由にする, 解放する《から *from*》: ~ a person *from* want 人を窮乏から救う. **2** に免除する, にのがれさせる, から除去する《を *of*》: ~ a person *of* his duty 人を解任する. ~ a person *of* his obligations 人に義務を免除する. ~ a room *of* clutter へやからがらくたを取り除く.

~·board [∸∸] 〖海〗乾舷(げん)《喫水線から上甲板の上面までの舷側》. **~·boot** [∸∸] 〖稀〗略奪する, 海賊をはたらく. **~·bòot·er** 海賊. **~·bòot·ing** 海賊行為. **~·born** [∸∸] 《どれいでなく》自由の身に生まれた; 自由民にふさわしい. **F~ Church** 〖英〗《国教から分離した》独立教会. **~ city** 自由市《独立国家をなした都市》. **~-for-àll** [㊥∸-∸] 〖米〗入場自由の, 飛び入りかっての; 飛び入りかっての競技; 乱戦(騒ぎ). **~-form** [∸∸] 《工芸品などが》伝統的な形にとらわれない: a ~-*form* bowl. **F~ French** 自由フランス人民《第2次大戦中ドイツの占領軍への抵抗を続けた》. **~ hand** 自由行動〔判断〕: give a person a ~ *hand* 人の自由裁量に任せる. **~·hand** [∸∸] 《器具を用いずに》手で描いた: ~-*hand* drawing 自在画. **~·hánd·ed** 物惜しみしない, 気前のよい; 手がすいている. **~·héart·ed** こだわりのない; 率直な; おうような. **~·hold** [∸∸] 〖法〗《不動産・官職などの》自由保有(権); 自由保有不動産. **~·hòld·er** 自由不動産保有者. **~ house** 〖英〗《各種の酒を扱う》酒場. **~ kick** 〖フットボール〗フリーキック《相手側の反則に対する罰として許されるキック》. **~ labor** 自由民の労働(者); 《集合的》非組合労働者. **~ laborer** 非組合労働者. **~ lance** →別項. **~-lánce** →別項. **~ list** 優待者名簿; (雑誌などの) 寄贈者名簿. **~·lív·er** 食い道楽家. **~-lìv·ing** 食い道楽. **~-lòad·er** 〖俗〗たかり屋; ただ飲み客. **~ love** 自由恋愛. **~ lunch** 〖米〗《もと酒場などで客寄せに出した》代金をとらない食事. **~·man** [-mən] (*pl.* **-men**) 《どれいでない》自由民; 公民. **~·màr·tin** 《通例雄と双生の》生殖機能のない雌の子牛. **~·mà·son, ~·mà·son·ry** →別項. **~ port** 自由貿易港. **~ press** 検閲や統制を受けない新聞・雑誌; 出版の自由. **~ silver** 銀貨の自由鋳造. **~ soil** 〖米史〗《どれい禁止の》自由地域. **~-spó·ken** 腹蔵なく言う, 率直な, あけすけな. **F~ State** 〖米〗《南北戦争前どれいを使用しなかった》自由州. **~·stone** [∸∸] (1) 特別な石目がなく自由に切り取れる(石)《砂岩・石灰石など》. (2) 《桃など》種離れのよい(果実). **~·style** [∸∸] 《水泳の》自由型. **~·thínk·er** 自由思想家《特に宗教について伝統などにこだわらず自説をもつ人》. **~·thínk·ing** 自由思想(の). **~ thought** 《特に宗教上の伝統にとらわれない》自由思想. **~ ticket** 無料入場券; 〖野球・俗〗四球. **~-tóngued** [-tʌ́ŋd] = ~-spoken. **~ trade** 自由貿易. ↔protection. **~ trader** 自由貿易主義者. **~ translation** 自由訳; 意訳. **~ verse** 自由詩. **~ way** 立体交差高速道路; 無料高速道路. **~·whéel** (1) 自由輪《ペダルや動軸を止めても回転する自転車の後輪》; 《自動車の》自由回転装置. (2) (動力を止めて) 惰性で走る; 自由に行動する. **~·whéel·ing** freewheel で走ること; 奔放な, かってな. **~·wíll** 自由意志の; 任意の, 自発的な.

freed·man [fríːdmən] *n.* (*pl.* **-men**) 《どれいの身分から解放された》自由民.

‡**frée·dom** [fríːdəm] *n.* **1** 自由; 自主独立: ~ *to* speak 話をする自由. ~ of speech 言論の自由. **2** 解放, 脱却; 免除, 解除; 《義務・恐怖・負担・欠点などの》皆無《*from*》: ~ *from* fear 恐怖からの解放; 恐怖のないこと. **3** 《行動の》屈託なさ, 伸び伸びとした態度; なれなれしさ, 無遠慮. **4** 出入りの自由; 使用の自由. ***have the ~ of*** に自由に出入りできる; を自由に利用できる. ***take*** [***use***] ***~s with*** …になれなれしくする, に無遠慮にふるまう. ***the ~ of the city*** 《賓客などに贈る》名誉市民権. ***the ~ of the seas*** 航行の自由.

fréed·wòm·an [fríːdwùmən] *n.* (*pl.* **-wòm·en**) 《どれいの身分から解放された》女の自由民.

free lance *n.* **1** 《中世の》野武士, 浪人雇い兵. **2** 自由論客〔寄稿家〕; 自由契約の俳優〔記者〕.

frée-lánce [fríːlǽns/-lɑ́ːns] *a.* 自由契約の: a ~ writer [artist, actor] 自由契約作家〔芸術家, 俳優〕. ── *vi., vt.* <作家・俳優など> 自由な立場で活動する〔させる〕.

‡**frée·ly** [fríːli] *ad.* **1** 自由に; かってに. **2** 遠慮なく, 気軽に. **3** 惜しげなく; 気前よく. **4** 無料〔ただ〕で.

frée·mà·son [fríːmèisn, ㊥⁺∸∸-] *n.* (または F~) フリーメーソン《中世の石工の熟練工組合から発達した, 会員間ひいては人類の相互扶助を目的とする世界的秘密結社 (Free and Accepted Masons) の会員》. ◇ **~·ry** *n.* ~の主義〔制度〕; 友愛的理解, 暗黙の了解, 共感. **frèe·ma·són·ic** [frìːməsɑ́nik/-sɔ́n-] *a.*

frée·si·a [fríːʒiə, -siə/-ziə] *n.* 〖植〗フリージア.

Frée·town [fríːtàun] *n.* フリータウン《Sierra Leone の首都》.

‡**freeze** [friːz] *v.* (**froze** [frouz]; **fró·zen** [fróuzn]) *vi.* **1** 凍る, 凍結〔氷結〕する: It *froze* hard. ひどく氷が張った. **2** <気温が> 凍るほど寒く感じる, ものすごく冷える: It is *freezing* tonight. 今晩はひどく冷える. **3** <人・動植物が> 凍死する; <人が> こごえるように寒く感じる. **4** 肝を冷やす, ぞっとする; その場に動けなくなる. **5** 冷淡になる; <情熱が> さめる. **6** <表情などが> 硬化する.

── *vt.* **1** 凍らす, 氷結させる; 凍りつかせる. **2** 凍傷にかからせる; 凍死させる. **3** の身に寒さをしみさせる. **4** の肝を冷やす, ぞっとさせる. **5** <肉などを> 冷凍にする. **6** <外国資産などを> 凍結する, <銀行預金などを> 封鎖する; <物価・賃銀などを> くぎづけに〔ストップ〕する; <資材の> 民間使用を制限する; の製造〔販売, 使用〕を中止する. **7** 〘医〙<身体の一部を> 人工凍結法で無感覚にする.

be frozen to death = ***be frozen dead*** 凍死する. ～ a person's ***blood*** (人)の肝を冷やす. ～ ***out*** 〘話〙(冷遇して) いたたまれなくする; (経済的に) 締め出す. ～ ***over*** 一面に氷が張る〔氷を張らせる〕. ～ ***to*** 〔***on to***〕〘話〙…にしっかりしがみつく. ～ ***up*** 氷結させる; 冷淡になる. ～ a person ***with a frown*** 顔をしかめて (人の) 気をくじく. a port ***frozen in*** 氷で閉ざされた (港).

— *n.* **1** 氷結; 氷結期. **2** 《資産・物価・賃銀などの》凍結, くぎづけ. **3** 《製造・販売などの》停止. ∼**-dry** [´-´] 凍結乾燥させる. ∼**-up** [´-´] (1) (冬を告げる最初の) 氷結. (2) 氷結期間.

fréeze-out [fríːzàut] *n.* **1** 《人を冷遇して》追い出すこと. **2** 〘トランプ〙勝ち抜き勝負《文なしになった者を次々に締め出す》.

fréez·er [fríːzər] *n.* **1** 冷凍装置〔器, 室, 車〕; アイスクリーム製造器. **2** 冷凍者.

***fréez·ing** [fríːziŋ] *a.* **1** 凍る; ひどく寒い: a ～ rain みぞれ. I'm ～. おお寒い. The temperature is ～. = The temperature is at 〔below〕 ～ point. 気温は氷点以下だ. **2** 冷凍用の. **3** 冷淡な; ぞっとする (ような). — *n.* 氷結, 冷凍; 氷点. — *ad.* 凍るように: ～ cold. ～ **mixture** 凍結剤, 寒剤《塩と氷の混合物など》. ～ **point** 氷点. ↔boiling point. ◇ ～**·ly** *ad.* 凍るように; 冷ややかに.

freight** [freit] *n.* **1** 貨物, 船荷. **2** 貨物運送. 〈注〉イギリスでは主として水上運送, アメリカでは航空および陸上(特に鉄道)運送をも含む. **3** 運送〔用船〕料. **4** 〘米・カナダ〙貨物列車 (=～ train). **5** 〘英〙用船. **6** 重荷, 負担; 費用. ***advanced ～運賃前払い. ***by*** ～〘米〙通常便で. →by express. ～ ***forward*** 運賃先払いで. ～ ***free*** 運賃無料で. ～ ***paid*** 〔***prepaid***〕 運賃済み〔前払い〕.

— *vt.* **1** に貨物を積む. **2** 積み出す; 輸送する. **3** <運送船を> 借りる, 貸す. **4** に負わせる《を ***with***》.

～ **car** 〘米〙貨車 (=㊥ goods waggon). ～ **depot** 〘米〙貨物駅(=㊥ goods station). ～ **engine** 〘米〙貨物機関車. ～ **house** 貨物倉庫. ～ **insurance** 〘海上保険〙運賃保険. ～ **rate(s)** 貨物運賃率. ～ **ton** 〔**tonnage**〕容積トン〔トン数〕. ～ **train** 〘米〙貨物列車 (=㊥ goods train). ～ **vessel** 貨物船. ～ **yard** 貨物置き場(=㊥goods yard).

◇ ∼**·age** [-idʒ] *n.* =freight ①-④. ∼**·er** *n.* **1** 貨物船, 輸送機. **2** 貨物取扱人; 運送業者.

†**French** [frentʃ] *a.* フランスの; フランス人の; フランス風の; フランス語の. — *n.* **1** フランス語. **2** (the ～)《集合的》フランス人〔国民, 軍〕.

～ **Academy, the** フランス学士院《1635年フランス語を統制し, その純粋性を守るために創立され, 40名の学者・文筆家から成っている》. ～ **bean** 〘英〙隠元豆 (kidney bean). ～ **Canadian** フランス系カナダ人. ～ **chalk** チャコ《滑石製裁縫用チョーク》. ～ **Community, the** フランス共同体《フランス本国を中心にして海外の旧植民地を含む連合体》. → ～ Union. ～ **cuff** シャツの折り返しカフス. ～ **curve** 雲形定規. ～ **doors** 観音開きのガラス戸. ～ **dressing** フレンチドレッシング《オリーブ油・酢・塩・香料などでつくったサラダ用のソース》. ～ **fries** ジャガイモのフライ《マッチ棒のように切ったもの》. ～ **gray** 〔**grey**〕緑がかった灰色. ～ **horn** 〘楽〙フレンチホルン《うずまき形で活塞栓つき管楽器》. ～ **ice cream** フランス式アイスクリーム《特にクリームと卵を多く使ってつくったアイスクリーム》. ～ **leave** 来客が主人側にあいさつなしで立ち去ること: take ～ *leave* 無断で中座する. ‡∼**·man** →別項. ～ **polish** フランス ワニス, ラック塗り《木部のつや出しに用いる》. ～ **Revolution, the** フランス革命《1789-99》. ～ **roll** フランス式巻きパン. ～ **roof** フランス屋根《二重勾配になっている》. ～ **seam** 袋縫い《布の合わせ目を最初表から, 次に裏から縫って布の端を見えないようにしたもの》. ～ **telephone** 送受器 (式電話機)《受話器と送話器が1本のハンドルについている》. ～ **toast** フレンチトースト《卵と牛乳を混ぜたものに浸して軽く焼いたパン》. ～ **Union, the** フランス連合《フランス共和国とその海外領土の連盟. 1958年 the French Community と改称》. ～ **window** フランス窓《床までとどくドア兼用の外開きのガラス窓》. ∼**·wòm·an** (*pl.* **-wòm·en**) フランス婦人.

Frénch·i·fy, **frénch·i·fy** [fréntʃifài] *vt.* (**-fied**) フランス化する; フランス語風にする.
◇ **Frènch·i·fi·cá·tion** [´-fikéiʃ(ə)n] *n.*

‡**Frénch·man** [fréntʃmən] *n.* (*pl.* **-men**) **1** フランス人. **2** フランス語を話す人: be a good 〔bad〕 ～ フランス語がうまい〔まずい〕. **3** フランス船.

Frénch·y [fréntʃi] *a.* フランス風〔式〕の. — *n.* 〘英話〙フランス人.

fre·nét·ic [frinétik] *a.* **1** 熱狂的な, 逆上した. **2** 発狂した. — *n.* 発狂者. ◇ **-i·cal** *a.* =frenetic. **-i·cal·ly** *ad.*

fré·num [fríːnəm] *n.* (*pl.* **-nums, -na** [fríːnə]) 〘医〙小帯. [√fren-]

frén·zy [frénzi] *vt.* 《通例過去分詞形で》**1** 気違いのようにさせる, 激しく興奮させる: ～*ied* ***with*** joy 狂喜して. ～*ied* ***with*** fear 恐ろしさに気も狂わんばかり. **2** 激怒させる.

— *n.* 激しい興奮; 熱狂; 激怒. ***a*** ～ ***of*** delight 〔abuse〕猛烈な(喜び〔悪口〕). ***in a*** ～ 逆上して. ***in the*** ～ ***of the moment*** 一時の怒りにまかせて.
◇ **-zied** [-d] *a.* 激怒した; 熱狂した, 気違いじみた; 逆上した.

Fré·on [fríːɑn/-ɔn] *n.* フレオン (ガス)《冷凍剤. 商標名》.

freq. frequent(ly).

fré·quence [fríːkwəns] =frequency ①.

fré·quen·cy [fríːkwənsi] *n.* **1** たびたび起こること, ひんぱん. **2** 《統計などの》頻度(ひんど) (数), 割合; 《事故発生などの》度数; 《脈搏などの》回数. **3** 〘物〙振動数; 〘電〙周波数.
～ **modulation** 〘ラジオ〙周波数変調《略 FM》.

‡**fré·quent** [fríːkwənt] *a.* **1** しばしば起こる, ひんぱんな, たび重なる, たびたびの: ～ trips しばしば行なう旅行. **2** 常習的な, いつもの: a ～ customer 常客. **3** 間近にいくつもある; 数の多い: a ～ occurrence よく起こる〔ある〕こと. **4** 《脈搏が》速い.

— [frikwént] *vt.* **1** しばしば訪れる, へ常に出入りする. **2** に常に集まる: Frogs ～ the pond. この池にはカエルがたくさんいる. **3** と交際する.
◇ **fre·quen·tá·tion** [friːkwentéiʃ(ə)n] *n.* **fre·quén·ta·tive** [frikwéntətiv] *n., a.* 〘文〙反復詞(の). **fre·quént·er** [frikwéntər] *n.*

‡**fré·quent·ly** [fríːkwəntli] *ad.* しばしば, たびたび, ひんぱんに. 類 → **often**「しばしば」

frés·co [fréskou] *n.* (*pl.* ～**(e)s**) **1** フレスコ画法《塗りたてのしっくい壁面に水彩で描く画法》. **2** フレスコ壁画. ***in*** ～ フレスコ画法で. — *vt.* ～で描く.

†**fresh** [freʃ] *a.* **1** 新しい, できたばかりの: ～ eggs 生みたての卵. **2** 新鮮な; 《空気が》澄んだ, (涼しくて) すがすがしい; 《色が》あざやかな; 《記憶が》まざまざとした. **3** 生気のある, 元気のよい, 健康そうな, 色つやのよい. **4** いままでにない, 新奇の. **5** 新たの, 新規の: make a ～ start 再出発する. **6** 新しく加わった, 追加の: ～ supplies 新入荷. **7** (最近) 出て来たばかりの: a girl ～ *from* the country いなかから出て来たばかりの女の子. a young man ～ *from* 〔*out of*〕 college 大学を出たばかりの青年. the newspaper ～ *off* the printing machine 刷りたての新

聞. **8** 未経験の: a ~ hand 新前. **9** 塩気のない: ~ water 真水, 淡水. ~ butter 塩気のないバター. **10** 生の: ~ milk 生牛乳. ~ meat 生肉. ~ juice 生ジュース. **11**〘英俗〙一杯きげんで元気な. **12**〘米俗〙生意気な, ずうずうしい《に対し *with*》. **13** (雌牛が子を生んで) 乳が出るようになった. ***(as)* ~ *as paint* [*a rose*]** 元気いっぱいの. ***break* ~ *ground*** 新生面を開く. ***~ out of***〘米俗〙…を切らしたところで: ~ *out of* tomatoes [fund] トマトは売り切れになったところ [資金を切らしたところ]. ***F~ paint!***〘英〙ペンキ塗りたて (=㊊Wet paint!). ***green and ~*** 青二才の. ***throw ~ light on*** a subject (問題) に新しい解釈を与える.

—— *ad.* 新たに, 新しく《おもに合成語で》: ~-blown 咲きたての. ~-caught 取りたての. ~-coined 新鋳造の.

—— *n.* **1** 初期《日・年・人生などの》. **2** 淡水の池 [泉, 小川]. **3** 出水, 増水. **4** 突風: a ~ of wind. **5**〘米話〙新入生 (=freshman). ***in the ~ of the morning*** 朝早く.

—— *vt., vi.* ~にする [になる]《*up*》: back to the hotel to ~ oneself *up* 元気を取りもどしに [一休みしに] ホテルへもどる.

~ air (1)新鮮な空気. (2)戸外の; 俗塵(ぞくじん)を離れた. **~ breeze** 涼しいそよ風;〘海〙疾風《風速1時間約20マイル》. ‡**~-man** →別項. **~-run** [ˊ-ˊ]《サケなど》海からあがってきたばかりの. **~-wà·ter** (1)淡水の, 淡水産の. (2) (淡水航行だけに慣れて) 海に不慣れの; 新前の, 未熟な. (3)〘米〙いなかの; 無名の.
◇ **~·er** *n.*〘英俗〙=freshman. **~·ness** *n.* 新しさ, 新鮮さ, はつらつ; 爽快(そうかい); 生々しさ.
[類] →**new**「新しい」

frésh·en [fréʃ(ə)n] *vt., vi.* **1** 新しくする [なる]. **2** 元気づける [になる]《*up*》. **3** の塩気をぬく; 塩気がぬける. **4**〘海〙<風が> 強くなる《*up*》.

frésh·et [fréʃit] *n.* **1**《海に注ぐ》淡水の流れ. **2**《大雨・雪解けによる》出水, 洪水(こうずい).

***frésh·ly** [fréʃli] *ad.* **1** 新たに. **2** 近ごろ. **3** すがすがしく. **4** 生き生きと;《風などが》かなり強く. **5**〘米俗〙生意気に.

‡**frésh·man** [fréʃmən] *n.* (*pl.* **-men** [-mən]) **1**《大学・高校の》**1年生**; 新入生. →sophomore, junior, senior. **2** 新入り, 新入社員; 新前, 初心者. —— *a.* ~の: ~ courses 1年生の教科. This is my ~ year with the company. 会社に就職してまだ1年たっていない.

Frés·no [fréznou] *n.* アメリカ California 州の都市.

‡**fret**¹ [fret] *v.* (**-tt-**) *vt.* **1** じらす, いらだたす, 悩ます. **2** <風・雨が> 浸食する, <さびが> 腐食する, <虫が> …に食い込む. **3** <心身・健康を> すり切らす: ~ one's health away 健康をそこなう. **4** <風が水面を> 波立たせる, 乱す. —— *vi.* **1** じれる, いらだつ, 悩む《について *about*》. **2** 腐食する [される], 浸食する [される]. **3** 波立つ. ***~ oneself*** いらだつ. ***~ and fume*** おこっていらだっている. ***~ away* [*out*] *one's life*** やきもきして暮らす.

—— *n.* **1** いらだち, 焦燥, ふきげん; 煩悶(はんもん): ~ of mind 心のいらだち. **2** 腐食, 浸食, 摩滅. ***in a ~*** じれて, やきもきして. ***on* [*upon*] *the ~*** いらいらして.

fret² *n.*〘建〙雷文(らいもん), まんじつなぎ(=Greek ~); こうし細工. —— *vt.* (**-tt-**) ~で飾る [にする].
~·saw [ˊ-ˊ] 引き回しのこぎり《細工用》, 糸のこ. **~·work** [ˊ-ˊ]〘建〙引き回し細工; 雷文飾り [細工]; 透かしつなぎ [彫り].

frets²

fret³ *n.*〘楽〙《弦楽器の》フレット, 柱(じ), こま.

frét·ful [frétf(u)l] *a.* いらいらする; 気むずかしい, おこりっぽい; 波立つ. ◇ **~·ly** [-fuli] *ad.* **~·ness** *n.*

frét·ted [frétid] *a.* **1** いらだった; 腐食した. [<fret¹] **2** 雷文のある; こうし細工 [模様] の: a ~ ceiling 格(ごう)天井. [<fret²] **3** 柱(じ)[こま]つきの. [<fret³]

frét·ty [fréti] *a.* **1** 雷文状の. **2** いらいらした.

Freud [frɔid] *n.* Sigmund ~ [sígmənd ˊ], 1856–1939, オーストリアの精神分析学者・医学者.
◇ **~·ism** [frɔ́idiz(ə)m] *n.* フロイト学説.

Fréud·i·an [frɔ́idiən] *a.* フロイトの; フロイト学説の. —— *n.* フロイト学説の信奉者.
◇ **~·ism** [-iz(ə)m] *n.* =Freudism.

F.R.G.S. Fellow of the Royal Geographical Society. **Fri.** Friday.

frí·a·ble [fráiəbl] *a.* 砕けやすい, もろい.
◇ **~·ness** *n.* **frì·a·bíl·i·ty** [ˋ-bíliti] *n.*

frí·ar [fráiər] *n.* **1** 修道士 [僧], 托鉢(たくはつ)僧. **2**〘印〙白坊主《インクがよくつかない不鮮明な箇所》. ***Austin* [*Black, Gray, White*] *F~s*** アウグスチノ [ドミニコ, フランシスコ, カルメル] 会修道士 (=Augustinians [Dominicans, Franciscans, Carmelites])《着衣の色で各派を区別する》.
~'s balsam 安息香チンキ. **~'s lantern** 鬼火.

frí·ar·y [fráiəri] *n., a.* 修道院 (の), 僧庵(そうあん) (の); 修道者の団体; friar のような.

fríb·ble [fríbl] *n.* くだらぬことをする人; くだらぬ考え [行ない]. —— *vi.* つまらぬことをする, 軽率にふるまう. —— *vt.* <時間を> むだにする《*away*》.

frí·can·deau, -do [fríkəndòu, ㊊ˈ--ˊ] *n.* (*pl.* **-deaus, -deaux, -does** [-z]) フリカンドー《子牛の肉などのシチュー》. [<F.]

fric·as·sée [frìkəsí:] F. *n.* フリカッセ《鶏などのこまぎれ肉のシチュー》. —— *vt.* <肉を> フリカッセにする.

fríc·a·tive [fríkətiv] *a.* 摩擦で生じる; 摩擦音の. —— *n.*〘音声〙摩擦音《[f, v, θ, ð, s, z] など》.

***fríc·tion** [fríkʃ(ə)n] *n.* **1**《二つの物体の》**摩擦**. **2** あつれき, 不和.
~ ball 減摩ボール, ボールベアリング. **~ brake** 摩擦ブレーキ. **~ clutch** 摩擦連動器. **~ coupling** 摩擦接合. **~ gear(ing)** 摩擦連動装置. **~ loss** 摩擦損失. **~ match** 摩擦マッチ. **~ tape**《裸の電線に巻きつける》絶縁用テープ.
◇ **~·less** *a.* 摩擦のない. **~·al** [fríkʃən(ə)l] *a.* 摩擦の, 摩擦で動く, 摩擦から生じる: *~al* electricity 摩擦電気.

†**Frí·day** [fráidi, -dei] *n.* **1** **金曜日**《略 Fri.》. **2** 忠実な僕(しもべ) (=man ~)《Robinson Crusoe の忠実な下男の名から》.
Black ~ (不吉(ふきつ)な) 金曜日. ***Good ~*** 聖金曜日, キリストの受難日《Easter の前の金曜日》.

fri(d)ge =frig.

fried [fraid] *v.* fry¹ の過去・過去分詞. —— *a.* **1** fry¹ された. **2** 酒に酔った.
~·cake [ˊ-ˊ] 揚げ菓子; ドーナツ.

†**friend** [frend] *n.* **1** **友, 友人**: We are great [good] ~*s*. われわれは親友だ. He is a ~ of mine. 彼は私の友だ. **2** 支持者, 後援者, 親切にしてくれる人: a ~ of the poor 貧民の味方. He has been no ~ to me. 彼は私に親切にしてくれたことがない. **3** 味方, 自軍. ↔enemy, foe. **4** 頼みのつえ, 助けになるもの. **5** 連れ, 同行者; 付添人, 従者. **6** (*pl.*) 近親, 身内. **7** (F~) フレンド派の人 (Quaker). ***a ~ at* [*in*] *court*** よい地位にある友人, よい手づる. ***be ~s with*** と友人である, と親しい. ***keep ~s with*** と親しくしている. ***make ~s again*** 仲直りする. ***make ~s of*** を味方にする. ***make ~s with*** と親しくなる. ***my* (*good*) ~** ねえきみ《呼びかけ》. ***my honourable ~***〘英〙イギリス下院の議員どうしの呼び方. ***my learned ~*** 法廷での弁護士どうしの呼び方.

fríend·less [fréndlis] *a.* 友のない, 寄るべのない.
◇ **~·ness** *n.*

†**fríend·ly** [fréndli] *a.* **1** **親しい**, 友好的な: a ~

nation 友好国. 2 親切な, あいそのよい, 人なつこい. 3 支持する, 助けになる; 味方の: a ～ force 友軍. 4 好ましい, つごうのよい, 役に立つ: ～ showers 慈雨. ***on ～ terms*** 仲がよい《と *with*》.
—— *ad.* 〖稀〗友のように, 親切に.
～ **action** 〖法〗合意上の訴訟. ～ **contest** 〔**game**〕親善競技. **F～ Society** 〖英〗共済組合, 相互扶助会.
◇ ***friend·li·ness** *n.* 〖類〗→**familiar**「親しい」

‡**friend·ship** [frén(d)ʃip] *n.* 1 友の交わり, 友好; 親睦(ﾎﾞｸ), 親善. 2 友情, 友愛; 好意. 3 交友関係. ***in ～*** 仲よく.

frí·er =fryer.

Frie·sian [fríːʒən/-zjən] =Frisian.

Fries·land [fríːzlənd] *n.* フリーズランド《オランダ最北部の州》.

frieze[1] [friːz] *n.* 1 〖建〗《軒じゃばらと台輪の間の》フリーズ; 小壁. 2 帯状装飾〔彫刻〕《へや・暖炉などのまわりの》.

frieze[2] *n.* 《アイルランド産》粗紡毛織物の一種《片面だけに毛羽のある厚い外套地》.

frig, fri(d)ge [fridʒ] 〖英話〗=refrigerator.

frig·ate [frígit] *n.* 1 〖史〗《18世紀から19世紀初期の28-60門の大砲を備えた》木造快速帆船. 2 フリゲート艦; 〖英〗小型駆逐艦.
～ **bird** 〖鳥〗軍艦鳥《熱帯産の巨大な海鳥》.

‡**fright** [frait] *n.* 1 (激しい) 恐怖, 驚愕(ｷｮｳｶﾞｸ). 2 異様な物〔人, 顔, ようす〕. ***give*** a person ***a ～***(人を) ひどく驚かせる. ***have*** 〔***get***〕***a ～*** おびえる. ***in a ～*** 肝をつぶして, ぎょっとして. ***take ～ at*** …におびえる, …にぎょっとする. —— *vt.* 〖雅〗=frighten.
〖類〗→ **fear**「恐れ」

†**fright·en** [fráitn] *vt.* こわがらせる, ぎょっとさせる; おどかして…させる: Don't ～ me. おどかすな. ～ a person *into* submission 人をおどかして屈服させる. ～ a person *out of* a room 人をおどかしてへやから追い出す. a ～*ed* child おびえた子. —— *vi.* 〖米〗急にこわくなる. ***be ～ed at*** に驚く, を見てぎょっとする. ***be ～ed of*** をこわがる: *be ～ed of* offending one's brother 兄を怒らせるのをこわがる. ***be ～ed to death*** 死ぬほどびっくりする.
◇ ～·**ing** *a.* 恐ろしい, ものすごい.
〖類〗→ **afraid**「恐れて」

***fright·ful** [fráitf(u̹)l] *a.* 1 恐ろしい, ぞっとする. 2 すごい, たいへんな; 奇怪な: a ～ bore ひどくたいくつなやつ. What a ～ hat! なんとへんてこな帽子だ.
◇ ～·**ly** [-fu̹li] *ad.* おそろしく, ひどく: ～*ly* cold. ～·**ness** *n.*

fríg·id [frídʒid] *a.* 1 きびしい寒さの; 極寒の: a ～ climate 寒冷地方. ↔torrid. 2 冷淡な, よそよそしい. 3 形式的な; 堅苦しい. 4 《女性が》不感症の. **F～ Zones, the** 寒帯.
◇ ～·**ly** *ad.* 冷たく; 冷淡に.

frìg·id·áire [frìdʒidéər] *n.* 〖米〗電気冷蔵庫 (の一種); (F～) その商標名.

frìg·i·dár·i·um [frìdʒidé(ː)riəm/-déər-] *n.* 《古代ローマの》冷水浴場.

fri·gíd·i·ty [fridʒíditi] *n.* 1 厳寒, 極寒. 2 冷淡, 無関心. 3 不感症.

frí·jol(e) [fríːhoul, ⌐⌐] *n.* (*pl.* **frí·joles** [-z]) 〖植〗ササゲマメ《メキシコ・アメリカ南西部産》.

frill [fril] *n.* 1 ひだのついたふち飾り; へり飾り. 2 《鳥・獣の》えり毛. 3 (*pl.*) 〖話〗よけいもの; (なくもがなの) 文飾; 気どり. 4 〖写〗《画面の》しわ. ***put on*** (one'***s***) ～***s*** 〖話〗気どる. —— *vi.* ひだになる; へりじわができる; 〖写〗<画面が> しわがよる. —— *vt.* にひだ飾りをつける; ふち飾りにする.
◇ ～**ed** *a.* ～のついた. ～·**ing** *n.* =frill ①, ④. ～·**y** *a.* ひだ飾りのついた.

fríll·ies [fríliz] *n. pl.* 〖話〗ひだ飾りつきスカート〔ペチコート〕.

‡**fringe** [frindʒ] *n.* 1 ふさ; 《スカーフ・ショールなどの》ふさ飾り. 2 へり, ふち, 外辺. 3 《女性の》額にたれた前髪; 《動植物の》ふさ毛. 4 《学問などの》初歩的知識; 《問題などの》一端. 5 〖光〗(光の) しま《回折などによる》. —— *vt.* にふさをつける; ふちどる. —— *vi.* ふさになる.
～ **area** フリンジ エリア《ラジオ・テレビの視聴不良地域》. ～ **benefit** 特別給与《労働者の受ける有給休暇・健康保険・恩給など》. ～ **course** 関係科目《core curriculum に対し》.
◇ **fring·y** [fríndʒi] *a.* ふさ (飾り) のある; ふさのような.

fríp·per·y [frípəri] *n.* 1 安ぴか物《安っぽくけばけばしい服・装飾品など》; くだらないもの. 2 虚飾, 気どり, 上品ぶること《ことば・態度など》. 3 つまらないこと, 些事(ｻｼﾞ).

Frís·co [frískou] 〖米話〗=San Francisco.

fri·sette, fri·zette [frizét] F. *n.* 《婦人の》前髪の巻き毛.

Frís·ian [fríʒ(i)ən/-ziən] *a.* Friesland の; フリーズランド人〔語〕の. —— *n.* フリーズランド人〔語〕.

frisk [frisk] *vi.* はね回る, (じゃれて) とび回る; ふざける. —— *vt.* 1 の所持品検査をする《服の上からさわって》; から物を盗む《服の上から捜して》. 2 (軽く) 振り動かす. —— *n.* 1 はね回り; ふざけ. 2 〖米俗〗《服の上からの》身体検査.

frís·ket [frískit] *n.* 〖印〗紙ばさみ; あんどんぶた《手刷り印刷機の》.

frísk·y [fríski] *a.* はね回る; じゃれる; 快活な.
◇ **frísk·i·ly** *ad.* **frísk·i·ness** *n.*

frit[1] [frit] *n.* ガラス原料; 白玉《陶磁器の上ぐすりにするガラス質の調合物》. —— *vt.* (**-tt-**) <ガラス原料を>溶かす; ガラス原料〔白玉〕に化する.

frit[2] ～ ***fly*** 一種の小バエ《小麦の害虫》.

frith [friθ] *n.* 〖スコットランド〗入り江; 河口 (firth).

frít·il·làr·y [frít(ə)lèri/fritíləri] *n.* 〖植〗アミガサユリ《ユリ科バイモ属》; 〖虫〗ヒョウモンチョウ.

frít·ter[1] [frítər] *vt.* 1 <時間・金・精力などを> 少しずつつまらないことに浪費する, なしくずしに使い果たす《*away*》. 2 細かく切る, こなごなにする. —— *n.* こまぎれ, 細片.

frít·ter[2] *n.* (通例 *pl.*) 果実・肉などを入れた衣揚げ: oyster ～ カキの衣揚げ.

fritz [frits] ***on the ～*** 故障して: The TV set is *on the* ～.

Fritz [frits] *n.* 〖英俗〗《通例けいべつ的》ドイツ人; ドイツ兵.

frív·ol [frív(ə)l] *v.* (**-l-**, ㊥**-ll-**) *vt.* 〖話〗むだにする, 浪費する《*away*》. —— *vi.* 1 ぶらぶら暮らす; くだらないことに時を過ごす. 2 ふざける《と *with*》.

fri·vól·i·ty [friváliti/-vɔ́l-] *n.* 浅薄, 軽率; 軽薄な言動.

frív·o·lous [frív(ə)ləs] *a.* 1 軽薄〔浅薄〕な. 2 ばかげた; くだらぬ, とるに足りぬ.
◇ ～·**ly** *ad.* ～·**ness** *n.*

friz [friz] *n.* (*pl.* **fríz·zes**) ちぢれ; ちぢれ毛.
—— *vt., vi.* <髪など> ちぢらす, ちぢれる.
◇ **fríz·zy** [frízi] *a.* ちぢれた; ちぢれ毛の.

fri·zette =*frisette.*

frizz[1] [friz] =friz.

frizz[2] *vi.* 《揚げものをするとき》ジュージュー音をたてる.
—— *vt.* ジュージュー音をたてて揚げる.

fríz·zle[1] [frízl] *n.* ちぢれ毛〔髪〕, カール. —— *vt., vi.* <髪など> ちぢらす, ちぢれる《*up*》.
◇ **fríz·zly** [frízli] *a.* ちぢれた, ちぢれ毛の.

fríz·zle[2] *vt., vi.* ジュージュー油で揚げる〔いためる, 焼く〕; 《揚げたり焼いたりして》かりかりになる〔する〕; 炎熱にさらされる. —— *n.* ジュージューいう音.

‡**fro** [frou] *ad.* 《次の句で》あちらへ. ***to and ～*** あちらこちらへ, 前後に.

***frock** [frak/frɔk] *n.* 1 婦人服《上下つづきのワンピース》, ドレス; 《室内用》子ども服. 2 僧服; 僧職. 3 《農夫・労働者などの》仕事着. 4 フロックコート; フロックコート型軍服. —— *vt.* 1 に～を着

せる. **2** 僧職につかせる. **～ coat** フロックコート〖男子用礼服〗.

‡**frog**[1] [frαg, frɔ:g/frɔg] *n.* **1** カエル: an edible ～ 食用ガエル. **2**〖俗〗《けいべつ的》フランス人〖カエルを食用にすることをばかにして〗. **3**〖馬の〗蹄叉(ていさ)〖カエルの形に似ている馬蹄の中央の軟甲〗. **4**〖鉄道〗〖交差点などの〗轍叉(てっさ)〖指を広げたカエルの後ろ足に似ている〗. **5** 生け花の根元を押える器具.

frock coat

a ～ in the throat のどの痛み; しわがれ声. ***(as) cold as a ～*** 非常に冷たい. **～·èat·er**〖俗〗カエルを食べる人; 《けいべつ的》フランス人. **～·eye** [⌐⌐]〖植〗葉の斑(ふ)〖病気による〗. **～·fish** [⌐⌐]〖魚〗アンコウの類. **～·hòp·per**〖虫〗〖カエルに似た飛び方をする〗こん虫. **～ kick**〖水泳〗カエル足. **～·man** [-mæ̀n/-mən] (*pl.* **-men**) 潜水工作員〔兵〕. **～-march** [⌐⌐] 抵抗する捕虜・囚人などをうつむけにして4人で手足を持って運ぶこと. **～ spawn** カエルの卵;〖植〗淡水藻(も).

frog[2] *n.* **1** ろっ骨〖軍服の上着のろっ骨状の飾り〗; 飾りボタン, 留めボタン〖上着の胸の飾りひもを留める装飾的なもの〗. **2** 剣差し〖腰帯の〗.

fróg·gy [frάgi, frɔ́:gi/frɔ́gi] *a.* **1** カエルの多い. **2** カエルのような; カエルのように冷たい. —— *n.*〖小児語〗カエル; (F～)〖俗〗《けいべつ的》フランス人.

fról·ic [frάlik/frɔ́l-] *vi.* (**-ck-**) 浮かれ騒ぐ, ふざける. —— *n.* ふざけること, 浮かれ騒ぎ; 陽気な集まり. ***go on a ～*** 浮かれ騒ぐ. —— *a.*〖古・雅〗=frolicsome.

◇ **～·some** [-səm] *a.* 遊び戯れる, ふざけたがる; 陽気な, 楽しげな.

†**from** → 枠付 from. (p. 507)

frond [frαnd/frɔnd] *n.*〖植〗〖葉と茎の区別がつかない〗葉状体; 〖シダ・海そうなどの〗葉. ◇ **～·age** [-idʒ] *n.* 《集合的》葉〖シダ類の〗. **～·ed** [-id] *a.*

frón·dose [frάndous/frɔn-] *a.* 葉状(体)の.

fron·dés·cence [frαndés(ə)ns/frɔn-] *n.*〖植物が〗葉を出す過程〔期間〕.

†**front** [frʌnt] *n.* **1**〖物の〗前, **正面**, 前面; 〖問題などの〗表面; 〖建物の〗正面, **表側**: the west ～ of a building 建物の西面. **2** 海〔湖, 川, 道路など〕に面した場所; 〖英〗(岸の) 遊歩道. **3** 前部に付けたもの; 付け前髪, 〖ワイシャツの〗いか胸, ネクタイ. **4** ひたい; **顔**, 顔つき. **5** 態度; 落ち着き, 厚かましさ: a cool ～ 落ち着いたようす. **6**〖話〗見せかけ; もったいぶり; 押し出し, かっぷく. **7**〖話〗表看板, 飾りものの首領, だし. **8**〖軍〗**前線**, **戦線**; 〖隊の〗向き. **9**〖気〗前線; 〖政〗戦線: a cold ～ 寒冷前線. the popular〔people's〕～ 人民戦線. **10**〖劇場の〗客席. **11** (偽装した) たまり, 隠れ場所. ***at the ～*** 戦地に行っている, 出征中の; 〖問題などが〗表面に出て. ***change ～***〖軍〗向きを変える; 方針を変える. ***come to the ～*** 正面にあらわれてくる, 目だってくる. ***get in ～ of oneself***〖米俗〗急ぐ. ***go to the ～*** 戦線に出る, 出征する. ***have the ～ to*** (do) 厚かましくも…する. ***in ～*** 前方に; 人に目だつところに: Sit down, you *in* ～! きみは前の方に掛けたまえ. ***in ～ of*** の前に, の正面に: She stood just *in ～ of* me. 彼女は私のちょうど前に立った. be attacked ***in the ～ and in the rear*** 腹背から(攻撃される). ***out ～*** (1) 聴衆〔観客〕の中に. (2) (他の競争者に) 先んじて. (3) 表に, 玄関先に. ***put on a ～*** 見えを張る. ***show*** 〔***present***〕***a bold ～*** 大胆な態度を示す.

—— *a.* **1 正面の**, 前面の. **2** まっ先の. **3**〖音声〗前舌(音)の. —— *ad.* 正面に〔へ〕.

—— *vi.* **1** 面する: The house ～*s* on the lake. 家は湖の方に向いている. **2**〖軍〗正面に向く.

—— *vt.* **1** に面する: The house ～*s* the lake. 家は湖の方に向いている. **2** に対峙(たいじ)する, に対抗する. **3** に前面をつける. **4** の前面として役立つ. **5** 〈物を〉前面につける. [√front-]

～ bench〖英〗議会の正面席〖大臣および前大臣席〗. **～ bencher**〖英〗～ bench に着席する大臣または野党幹部. **～ brick** 化粧れんが. **～ door** 玄関口. **～ foot**〖米〗間口幅 (= foot ～). **～ hall**〖米〗玄関の広間, (ホテルの) フロント. **～ man**〖米話〗表看板, 人気を呼ぶための人物. **～ matter**〖米〗本の本文の前の記事. → back matter. **～ office**〖米〗〖会社の〗本店, 本部; 《特に》首脳部. **～ page**〖新聞の〗第一面; 〖本の〗とびら. **～-páge**〖新聞の〗第一面向きの; 重要な. **～-ránk** 最重要な, 最上な; いちばん前の. **～ room** 建物の前部にあるへや, 居間 (living room). **～s·man** [frʌ́ntsmən] (*pl.* **-men**)〖英〗店の前で立って売る売り子. **～ vowel** 前(舌)母音〖[i, e, ɛ, æ] など〗. **～ wheel** 前輪. **～ yard**〖家の〗前庭.

frónt·age [frʌ́ntidʒ] *n.* **1**〖建物の〗正面 (*façade*); 間口; 〖建物の〗向き, 見晴らし. **2** 臨界地〖街路・河川などに接する土地〗; 軒先, 地先〖家の前面と街路との間の土地〗. **3**〖軍隊の〗宿営用地.

frón·tal [frʌ́ntl] *a.* **1** 前面〔正面〕の: a ～ attack 正面攻撃. **2** ひたいの, 前額部の. —— *n.* **1**〖医〗前頭骨. **2**〖宗〗〖祭壇の〗正面掛け布. **3**〖建〗〖家の〗正面.

***fron·tíer** [frʌntíər, frαn-, ⌐–/frʌ́ntjə, frɔ́n-] *n.* **1 国境**, 国境地方; (*pl.*) 国内, 領域(内). **2**〖米〗辺境〖開拓地と未開拓地との境界地方〗: the ～ spirit〖米〗開拓(者) 精神, 開拓者かたぎ. **3**〖知識・学問などの〗未開拓の領域: the ～*s* of science 科学の未開拓分野.

—— *a.* 国境の, 辺境の.

～s·man [–⌐–] (*pl.* **-men**)〖米〗国境地方の住民, 辺境開拓者.

frón·tis·piece [frʌ́ntispi:s, ㊍⁺frάn-] *n.* **1**〖本の〗口絵. **2**〖建〗正面; 装飾を施した正面入り口; 入り口上部の破風(はふ); 〖門などの〗頭部. **3**〖英:ボクシング俗〗顔.

frónt·let [frʌ́ntlit] *n.* **1**〖はち巻き・リボンなど〗ひたい飾り; 〖ユダヤ人の〗ひたいにつける護符 (phylactery). **2**〖動物の〗ひたい. **3** 祭壇の正面掛け布の上部にたれる細長い布片. **4**〖建物の〗正面装飾.

frónt·ward [frʌ́ntwərd] *a.* 前方への, 正面に向かう. —— *ad.* 正面の方へ.

frónt·wards [-wərdz] *ad.* = frontward.

frore [frɔ:r/frɔ:] *a.*〖雅・古〗氷結した; 厳寒の.

frosh [frαʃ/frɔʃ] *n.*〖米俗〗(大学の) 新入生.

‡**frost** [frɔ:st/frɔst, frɔ:st] *n.* **1 霜**: The ground is covered with ～. 地面は霜でおおわれている. **2** 降霜: There was a heavy ～. ひどい霜が降った. **3** 凍りつく寒さ, 寒空; 〖英〗氷点下の温度: two degrees of ～ 氷点下2°. **4** 冷淡; 陰気. **5** 失敗〖出版物・催しものなどの〗: The party turned out a ～. パーティーは失敗に終わった. ***black ～*** 黒霜〖水蒸気が少なく温度が非常に低いときは, 白く結氷はしないが草木は凍って葉が黒くなる〗. ***hard*** 〔***sharp***〕***～*** 厳寒, きびしい霜. ***hoar*** 〔***white***〕***～*** 白霜〖水蒸気が多くて温度が比較的低くないとき〗. ***Jack F～*** 霜の精; 《擬人的》厳寒.

—— *vt.* **1** 霜でおおう. **2** 〈植物を〉霜で害する, 霜で凍らせる; 《比喩的》の元気を失わせる. **3** 〈髪を〉白くする; 〈ケーキに〉砂糖の衣を着せる. **4** 〈ガラス・金属を〉つや消しにする, 霜白にする. **5** 〈蹄鉄(ていてつ)に〉すべりどめのくぎを打つ. —— *vi.* 《it を主語として》霜をむすぶ, 霜がおりる; 凍る: *It* ～*s*. 霜がおりる.

***～·bite** [⌐⌐] 凍傷, しもやけ; 凍傷を起こさせる. **～·bìt·ten** 凍傷〔しもやけ〕にかかった. **～·work**

[⏤⏤] 霜の花《窓ガラスなどに生じる》; 霜模様装飾.
◇ ~·ing *n.* 《菓子の》砂糖衣 (sugar icing); 《ガラスの》つや消し; ワニス入りガラス粉《装飾用》.

fróst·ed [frɔ́:stid/frɔ́st-, frɔ́:st-] *a.* **1** アイスクリームを入れてつくった. **2** frost (*vt.*①-④) された.
—— *n.* 牛乳・シロップ・アイスクリームを混ぜてあわ立てた飲み物.

fróst·y [frɔ́:sti/frɔ́sti, frɔ́:sti] *a.* **1** 霜のおりる; 極寒の. **2** 霜のおりた, 霜におおわれた. **3** 霜白の; 老齢の: a ~ head しらが頭. **4** 冷淡な: a ~ look 冷ややかな表情.
◇ **-i·ly** *ad.* **-i·ness** *n.*

from

from はもっぱら前置詞として用いられる. 他の多数の短い前置詞 (→枠付 Prepositional Adverb) のように, 同時に副詞として用いられることはない.

from [frɑm, frʌm, 弱 frəm/frɔm, 弱 frəm] *prep.* …から《ほぼ日本語の「から」に等しい. ただし ④, ⑦, ⑧ のばあいの和訳には注意を要する》.

1 《行動・行為・変化・推移の起点》: fall ~ the sky 空から落ちる. jump down ~ a wall へいから飛び降りる. travel ~ Tokyo to New York 東京からニューヨークまで旅する. Bees fly ~ flower to flower. ミツバチは花から花へ飛ぶ《to の前後が同一の名詞のばあい, 通常は冠詞をつけない. 類例: *from time* to *time*, *from person* to *person*》. recover ~ an illness 病気から回復する. awake ~ a dream 夢からさめる. Things are going ~ bad to worse. 事態はますます悪化しつつある. There were (~) ten to fifteen boys absent. 10人から15人の児童が休んだ.

2 《時間の起点》: ~ the 1st of May 5月1日から. ~ now on 今後. ~ morning till night 朝から晩まで.

〈付記〉**since** と **from** since は, 過去にのみ起点をもち, 現在(または過去の一点)までの推移を問題にするので完了形, "be＋時間をあらわす補語" とともに用いられる: I have known him *since* his childhood. 私は彼を子どものころから知っている. It is ages *since* I saw you last. あなたには何年も前にお会いしたきりです. Only two weeks had passed *since* the accident. その事件から2週間過ぎただけであった. from は単に出発点を示すだけである: They worked from last month. 先月から仕事を始めた《現在やっているとは限らない》. The office will be open *from* next Thursday. 事務所は来週の木曜日から開く《終わる日には言及していない》.

3 《距離・分離》: The town is ten miles (away) ~ the coast. 町は海岸から10マイルのところにある〔10マイル離れている〕. stay away ~ home 家に帰らないでいる. I am far ~ blaming you. きみをとがめだてする気などもうとうない. Take the knife ~ the baby. 赤ん坊の手からナイフを取れ. They released him ~ jail. 彼は刑務所から釈放された. excuse a man ~ his duties 職務を免ずる.

4 《制限・抑制》: What prevented [stopped, hindered] you ~ coming? なににじゃまされて来られなかったのか.

5 《出所・起源》: a letter ~ my brother 兄〔弟〕からの手紙. Tell him ~ me that... 私から彼に…と伝えてください. a man ~ Kobe 神戸から来た〔神戸出身の〕人. Where are you [do you come] ~? どこからおいでですか; お国はどちらですか. The portrait has been painted ~ life. 肖像画は(写真でなく)本人をモデルにしてかかれた. quotations ~ Shakespeare シェイクスピアからの引用. water ~ the well 井戸水.

6 《判断などの基準, よりどころ》: We draw conclusions ~ the evidence. われわれは証拠から結論を出す. Don't judge ~ appearance. 外見から〔で〕判断するな. ~ the political point of view 政治的見地から. *F*~ what I heard, he is to blame. 聞いたところによれば彼が悪い.

7 《原因・動機》: collapse ~ fatigue 疲労で倒れる. suffer ~ starvation 飢えに苦しむ. I did that ~ necessity. 必要でそれをした. I am still weak ~ my late illness. 病気あがりでまだ健康がすぐれない. tired ~ a day's work 一日の仕事で疲れて.

8 《区別・差異》: You must know good ~ bad. 善悪を識別できなくてはいけない. How would you tell an Englishman ~ an American? イギリス人とアメリカ人の区別がどうしてわかるか. It differs ~ all others. それは他のどれとも違っている. Taste differs [varies] ~ person to person. 好みはひとりひとりみな違うものだ.

9 《原料》: Wine is made ~ grapes. ブドウ酒はブドウからつくられる. Steel is made ~ iron. 鋼鉄は鉄からつくられる. 〈注〉**be made from** と **be made of** 前者は原料が形や質を変えて製品となっているが, 後者では材料がそのままの形で製品中に用いられている: That bridge is made *of* steel. あの橋は鋼鉄製だ.

10 《副詞(句)の前に》: come ~ beyond the mountains 山を越えて来る. speak ~ under the bedclothes 寝具の中から話す. message ~ over the sea 海外からの通信. ~ above [below, afar] 上〔下, 遠方〕から. ~ behind the door 戸の後ろから. Choose a book ~ among these. これらの中から1冊を選べ. ~ before the war 戦前から. ~ thence [hence] 〖雅〗そこ〔ここ〕から. ~ far and near 遠近各所から. ~ within [without] 内部〔外部〕から.

across (___) **~...** (──を隔てて) …の向かい側に: I sat *across* (the table) ~ him. 私は(テーブルをはさんで) 彼の向かい側にすわった. 〈注〉the table などがつかないばあいは, 文脈から, 間にはさまれているものが示唆される. ***as* ~** → 〈付記₃〉. ***~ bad to worse*** → ①. ***~ day to day*** 一日一日と. ***~ door to door*** 一軒ごとに, 家から家へ. ***~ off*** ＝off. ***~ place to place*** ところどころに; 場所ごとに. ***~ side to side*** 左右に. ***~ time to time*** ときおり; 時期ごとに.

〈付記₁〉**from...till** と **from...to** from...till は時についてのみ用い, from...to よりも両端における継続の意が強い. したがって *from* time *to* time, *from* day *to* day のような慣用句では till を用いない. from ...to は時間的には継続, 場所的には出発点・到着点をあらわす.

〈付記₂〉**from...to** と **to...from** 前者が普通だが, 特に I came *to* Tokyo *from* Kyoto. とするばあいは話し手が東京に来たことは初めからわかっており, どこから来たかが問題の中心になっている. なお (*from*) A *to* B の A, B が数詞のばあいは A が B より少ないのがきまりである: I saw (*from*) 10 *to* 20 boats.

〈付記₃〉**as from** と **as of** as from は「(何日)より」. 法文や契約の発効時日を正確にいうため on and after の意味で用いられる: The tax reduction bill takes effect *as from* July 1. 減税法案は7月1日より効力をもつ. as of は「(何月何日)現在で〔の〕」: the net income *as of* Sept. 1, 1963 1963年9月1日現在の純利益.

froth [frɔːθ/frɔθ, frɔːθ] *n.* **1** あわ, あぶく. 〈注〉多数のあわ (bubbles) の集まりで, 通常不可算的. **2** つまらぬ考え; くだらない話, 空言. ***be all*** ～ 全くくだらない, 実質を欠く. —— *vt.* **1** あわ立たせる: ～ eggs 卵にあわを立たせる. **2** あわだらけにする.
—— *vi.* あわ立つ; あわを吹く. ～ ***at the mouth*** あわを吹く; 口角あわを飛ばす.
～-blòw·er 〚英〛ビール愛飲家. **～-spit** [´-`] 《アワフキムシの》吹きあわ.

fróth·y [frɔ́ːθi/frɔ́θi, frɔ́ːθi] *a.* **1** あわ立った, あわの多い. **2** あわのような; 空虚な, 浅薄な.
◇ **-i·ly** *ad.* **-i·ness** *n.*

fróu·frou [frúːfruː] *n.* きぬずれの音《特に絹の衣服の》; 〚話〛(気どった) 上品ぶり.

fróus·y, fróuz·y = frowzy.

frow[1] [frou] *n.* のみの一種《刃と柄が直角》.

frow[2] [frau] *n.* ドイツ〔オランダ〕の女.

fró·ward [fróuərd, ㊍⁺-wərd] *a.* 〚古〛ひねくれた, がんこな, 片意地の. ◇ **～·ly** *ad.* **～·ness** *n.*

‡**frown** [fraun] *vi.* **1** まゆをひそめる, 顔をしかめる, むずかしい顔をする《に, に向かって *at, on, upon*》: be ～-*ed upon* 人の顰蹙(ひんしゅく)を買う. ↔smile. **2** 不愉快な顔をする, ふきげんなようすをする. **3** 〈物事が〉思わしくない形勢を示す. —— *vt.* **1** まゆをひそめて…の感情を示す. **2** 渋い顔をして…させる: ～ a person into silence 渋い〔こわい〕顔をして人を黙らせる. ～ a person away 渋い顔をして人を遠ざける.
—— *n.* **1** しかめっつら, 渋面. **2** ふきげん; 不賛成 (の表情). ***wear a*** ～ しかめつらをする.

frówn·ing [fráuniŋ] *a.* ふきげんの, 渋面の; 《絶壁など》険しい, 威圧するような. ◇ **～·ly** *ad.*

frowst [fraust] *n.* 〚英話〛《室内などの》むっとする空気, 人いきれ. —— *vi.* **1** 〚英話〛むっとする中に平気でいる. **2** 〚米話〛室内でぶらぶらなにもしないでいる.
◇ **～·y** *a.* 人いきれのした.

frówz·y, fróws·y [fráuzi] *a.* **1** かび臭い; むっとする. **2** むさ苦しい; だらしない.
◇ **-i·ly** *ad.* **-i·ness** *n.*

***froze** [frouz] *v.* freeze の過去形.

‡**fró·zen** [fróuzn] *v.* freeze の過去分詞. —— *a.* **1** 凍った, こごえた; しもやけにかかった. **2** 氷結した, 冷凍した: ～ meat 冷凍肉. **3** 極寒の. **4** 冷ややかな, 冷酷な, 冷淡な: a ～ glance 冷たい一瞥(いちべつ). **5** 《恐怖・驚きなどで》すくんだ. **6** 〚経〛《資金などが》凍結された; 《物価や商品などが》くぎづけにされた: ～ funds 凍結資金. **7** 〚玉突き〛《玉が他の玉と》接触した. ～ **carbon dioxide** = carbon dioxide snow. ～ **credit** 〔**loans**〕焦げつき貸し金. ～ **custard** 冷凍カスタード《アイスクリームに似た柔らかい食物》. ～ **limit** 〚英話〛《耐えられる》ぎりぎりの限度: He is the ～ *limit.* 彼は全くひどいやつだ. ～ **man** 抑留未解除者《仲間といっしょに釈放されなかった捕虜》.
◇ **fró·zen·ly** *ad.*

frs. francs. **F.R.S.** Fellow of the Royal Society. **frt.** freight.

fruc·tíf·er·ous [frʌktífərəs] *a.* 果実を生じる.

frùc·ti·fi·cá·tion [frʌ̀ktịfịkéiʃ(ə)n] *n.* 結実; 〚植〛果実; 《集合的》《シダなどの》結実器官.

frúc·ti·fy [frʌ́ktịfài] *vi., vt.* **1** 実を結ぶ〔結ばせる〕. **2** 多産にする; 〈土地を〉肥やす. [√frug-]

frúc·tose [frʌ́ktous] *n.* 〚化〛フルクトース, 果糖.

frúc·tu·ous [frʌ́ktʃuəs/-tjuəs] *a.* **1** 果実の多い, 果実を生じる. **2** 多産的な; 有利な.
◇ **～·ly** *ad.* **～·ness** *n.*

frú·gal [frúːg(ə)l] *a.* 質素な, 倹約な, 《食事が》つましい. ***be*** ～ ***of*** を節約する. [√frug-]
◇ **～·ly** *ad.* **fru·gál·i·ty** [fruːgǽlịti] *n.* 質素; (*pl.*) 質素な暮らし.

fru·gív·o·rous [fruːdʒívərəs] *a.* くだものを常食とする. [√frug- + √vor-]

†**fruit** [fruːt] *n.* **1** くだもの, 果実: *F*～ is good for the health. くだものは健康によい. Do you like 〔eat much〕～? くだものはお好きですか〔たくさん上がりますか〕. An apple is a ～ with firm juicy flesh. リンゴは堅くてしるの多い果肉をもったくだものである. Apples and oranges are familiar ～*s.* リンゴとミカンは, よく知られたくだものだ. 〈注〉通例単数無冠詞で集合的な意味をもち, 不可算的に用いる《初めの 2 例》. 可算的用法はおもに種類をあらわすばあいに限られる《あとの 2 例》. **2** (*pl.*)《農作の》収穫(物); (通例 *pl.*) 生産物, 所産. **3** 成果, 効果, 結果; 収益; 報酬: ～*s* of industry 努力の結晶. **4** 〚聖〛子孫. ***bear*** ～ 実を結ぶ; 効果を生じる. ***the*** ～ ***of the body*** 〔***loins, womb***〕〚聖〛子ども. ***the*** ～***s of the earth*** 〔***ground***〕地上の作物.
—— *vi.* 実を結ぶ.
—— *vt.* に実を結ばせる. [√frug-]
～ **bud** 実になる芽. **～-cake** [´-`] フルーツケーキ. ～ **cup** 〚米〛フルーツカップ《コップに入れたフルーツポンチの類》. ～ **fly** 果実バエ《果実・野菜の害虫》. ～ **jar** 〚米〛くだものを保存するびん. ～ **juice** フルーツジュース, 果汁(かじゅう). ～ **knife** くだもの用ナイフ. ～ **piece** くだものの静物画. ～ **ranch** 〚米〛果樹園. ～ **salad** フルーツサラダ. ～ **sirup** 果汁シロップ. ～ **stand** 〚米〛くだものの売店〔屋台店〕. ～ **sugar** 果糖 (fructose). ～ **tree** 果樹.
◇ **～-age** [-idʒ] *n.* 結実, 実り; 《集合的》くだもの; 成果. **～-er** *n.* 実のなる木; 果樹栽培者; くだもの船. **～-er·er** [-t(ə)rər] *n.* (*fem.* **～-er·ess**) くだもの商人.
〔類〕→**result**「結果」

fruit·ár·i·an [fruːtέ(ː)riən/-téər-] *n.* くだもの常食者, 果食主義者. →vegetarian.

‡**frúit·ful** [frúːtf(ụ)l] *a.* **1** たくさん実のなる, よく実を結ぶ. **2** 多産の, 肥沃(ひよく)な; 豊作をもたらす. **3** 《比喩的》実りの豊かな, 効果的な; 収益の多い: ～ talks 実りの多い会談. ～ labors 有利な仕事.
～ **vine** (実の多いブドウの木 →) 子どもの多い女.
◇ **～·ly** [-fụli] *ad.* **～·ness** *n.*

fru·í·tion [fruːíʃ(ə)n] *n.* **1** 結実; 実現; 成就. **2** 結晶, 成果. **3** 享有, 《所有・使用の》喜び. ***come*** 〔***be brought***〕***to*** ～ 〈計画などが〉実を結ぶ.

frúit·less [frúːtlis] *a.* **1** 実を結ばない, 《土地など》不毛の; 子のない. **2** 効果のない, むだな.
◇ **～·ly** *ad.* **～·ness** *n.*

frúit·y [frúːti] *a.* **1** 《風味などが》くだものの (ような); 《ブドウ酒が》ブドウの風味のある. **2** 《声など》豊かな, 朗々とした. **3** 〚話〛《話など》おもしろい, 味のある, 気のきいた; きわどい. **4** 〚米俗〛気の狂った. **5** 〚米俗〛同性愛の. ◇ **-i·ness** *n.*

frù·men·tá·ceous [frùːmentéiʃəs] *a.* 穀物の(ような); 穀物でできた.

frú·men·ty [frúːmənti] *n.* 小麦をミルクで煮たかゆ.

frump [frʌmp] *n.* 身なりが時代遅れの薄ぎたない女; ふしだらな女. ◇ **～-ish** [-iʃ] *a.* 《身なりの》だらしのない.

frúmp·y [frʌ́mpi] *a.* = frumpish.
◇ **-i·ly** *ad.* **-i·ness** *n.*

frús·trate [frʌ́streit/-´, ´-] *vt.* **1** 〈計画などを〉失敗させる, の裏をかく. **2** 〈敵などを〉打ち破る, くじく. **3** 〈人を〉失望させる. **4** 〚心〛に欲求不満を起こさせる. ***be*** ～***d in*** に失敗する.
—— [frʌ́streit] *a.* 〚古〛**1** 無益の. **2** 挫折(ざせつ)した.

frus·trá·tion [frʌstréiʃ(ə)n] *n.* **1** 挫折, 頓挫(とんざ), 失敗. **2** 《敵襲などの》打破. **3** 〚法〛契約の不履行. **4** 〚心〛欲求不満.

frús·tule [frʌ́stʃuːl/-tjuːl] *n.* 〚植〛ケイソウ (diatom) の弁殻(べんかく)《2裂片の一方》.

frús·tum [frʌ́stəm] *n.* (*pl.* **-tums, -ta** [-tə])〚数〛截頭(せっとう)体《円すい〔角すい〕の上部を底面に平行な平面で切り取った残り, または 2 平面で切り取った部分》, 円すい〔角すい〕台; 〖建〗柱胴.

fru·tés·cent [fru:tésnt], **frú·ti·cose** [frú:tịkòus] *a.* 〖植〗低木(性)の.

‡**fry**[1] [frai] *vt., vi.* (**fried**; **frý·ing**) **1** (油で) **揚げる, フライにする** 〔なる〕; (ヘットなどで) いためる: *fried* eggs 卵の目玉焼き. **2** 〖古〗苦しめる, 苦しむ. **3** <海が> 波立つ; <油を> 波立たせる. **~ *the fat out of*** 〖米:政〗<実業家など> から献金させる〔金を絞り取る〕.

—— *n.* (*pl.* **fries**) **1** フライ, 揚げもの. **2** 〖英〗フライにする臓物. **3** (戸外の) フライの会食. **4** 苦悩; 興奮.

◇ **~·er, frí·er** [fráiər] *n.* フライの料理人; フライなべ; フライの材料〔たね〕《鶏肉など》.

fry[2] *n.* (*pl.* **fry**) 幼〔稚〕魚; サケの2年子; 《集合的》小ざかな (の群れ), 小さいもの《子ども・小動物など》. ***small*** 〔***lesser, young***〕 **~** (1) 幼魚たち; 小ざかな, ざこ; 子どもたち, ちびたち; 《けいべつ的》小わっぱども. (2) つまらぬもの.

frý·ing [fráiiŋ] *n.* フライ(にすること), 油で揚げること. ***deep ~*** →deep. ***leap*** 〔***jump***〕 ***out of the ~ pan into the fire*** 小難をのがれて大難に陥る.

*~ **pan** フライパン.

F.S.A. Farm Security Administration; Federal Security Agency; Fellow of the Society of Arts 〔Antiquaries〕. **ft.** feet; foot; fort. **FTC, F.T.C.** Federal Trade Commission 連邦商業委員会. **fth(m).** fathom.

fúb·sy [fʌ́bzi] *a.* 〖英話〗太った, ずんぐりした.

fúch·sia [fjú:ʃə] *n.* 〖植〗フクシャ, ツリウキソウ《観賞植物》.

fúch·sin [fúksin/fú:k-], **fúch·sine** [-si:n, -sin] *n.* 〖化〗フクシン《アニリン染料の一種》, からくれない.

fú·cus [fjú:kəs] *n.* (*pl.* **-ci** [-sai], **-cus·es**) 〖植〗ヒバマタ属の海そう.

fúd·dle [fʌ́dl] *vt.* 酔わせる; 酒で…の頭を混乱させる. **——** *vi.* 大酒を飲む. **——** *n.* 乱酔, 混迷. ***on the ~*** 酔っ払って.

fúd·dy-dúd·dy [fʌ́didʌ́di] *a.* 〖米俗〗古くさい, いなかくさい. **——** *n.* **1** 古くさいやつ. **2** こごと屋, 苦情屋; めめしい男.

fudge[1] [fʌdʒ] *n.* ファッジ《砂糖・バター・ミルク・チョコレートでつくった柔らかい菓子》.

fudge[2] *n.* ナンセンス, たわごと; つくり話. **——** *vi.* たわごとを話す. **——** *int.* ばかな!, つまらん!

fudge[3] *n.* **1** 《色刷りなどにしてはさみ込む》新聞の締め切り後の追加記事. **2** 〖米〗偽造切手.

—— *vt.* **1** まにあわせにつくる; <新聞だねなどを> でっちあげる《*up*》. **2** <問題などを> 回避する. **——** *vi.* ばかなことをする; すっぽかす.

Fúeh·rer =*Führer*.

‡**fú·el** [fjú:əl/fjuəl, fjú:əl] *n.* **燃料**; 薪炭, まき. ***add ~ to the fire*** 〔***flames***〕 火に油を注ぐ; 激情の火をあおる.

—— *v.* (**-l-**, ㊥**-ll-**) *vt.* に燃料を供給〔補給〕する, に燃料を積み込む; にまきをくべる. **——** *vi.* 燃料を得る; <船・飛行機などが>燃料を積み込む〔補給する〕. **~ capacity** 燃料積載力; 燃料貯蔵量. **~ gas** 燃料ガス. **~ oil** 燃料油. **~ tank** 燃料〔ガソリン〕タンク.

fug [fʌg] *n.* 〖俗〗《室内などにこもっている》空気のむっとする状態; よどんだ〔こもった〕空気. **——** *vi.* (**-gg-**) (室内に) 閉じこもる; 家にくすぶる.

◇ **~·gy** [-i] *a.* **1** 《へやなどが》むっとする, 息詰まるような. **2** 出無精な.

fu·gá·cious [fju:géiʃəs] *a.* **1** 逃げやすい, 捕えにくい. **2** はかない; 消えやすい. **3** 揮発性の. **4** 〖動・植〗短命の; 《葉などが》早く散る. [√fug-]

◇ **fu·gác·i·ty** [fju:gǽsịti] *n.*

fú·gal [fjú:g(ə)l] *a.* 〖楽〗遁走(とんそう)曲の, フーガ(fugue)の. ◇ **~·ly** *ad.* 遁走曲風に.

-fuge [-fjù:dʒ]「追い払う(もの)」の意で名詞をつくる語形成要素: febri*fuge* 熱+追い払うもの→解熱剤. [√fug-]

fú·gi·tive [fjú:dʒịtiv] *a.* **1** 逃亡する, 脱走した; 亡命の: a ~ soldier 脱走兵. **2** 変わりやすい, 不安定の; 一時的の, はかない, つかのまの: a ~ color さめやすい色. **3** 《随筆などの》おりにふれた.

—— *n.* **1** 逃亡者, 脱走者《*from*》. **2** 捕えにくい物; 飛び去る物. [√fug- 逃げる]

◇ **~·ly** *ad.* **~·ness** *n.*

fú·gle [fjú:gl] *vi.* 模範となる. **~·man** [-mæ̀n, -mən] (*pl.* **-men**) 〖軍〗模範兵; 指導者.

fugue [fju:g] *n.* **1** 〖楽〗遁走(とんそう)曲, フーガ. **2** 〖医〗もうろう状態《一種の記憶喪失症》. [<F.]

◇ **fú·guist** [-ist] *n.* 〖楽〗遁走曲作者〔演奏者〕.

Füh·rer [fjú(:)rər, fí(:)r-/fjúərə] G. *n.* 指導者; 《Adolf Hitler の称号》総統.

-ful *suf.* **1** [-f(u̥)l] 名詞につけて「…の多い」「…をもっている」「…の性質をもつ」の意の形容詞をつくる: joy*ful*, pain*ful*, master*ful*. **2** [-f(u̥)l] 動詞・形容詞につけて 「…しがちの」 の意の形容詞をつくる: forget*ful*, dire*ful*. **3** [-fùl] 名詞につけて「…いっぱい (の量)」の意の名詞をつくる: cup*ful*, mouth*ful*. 〈注〉①, ② からつくる -fully は通常 [-fu̥li].

Fúl·bright [fúlbràit] **~ *Act*** 〖米〗フルブライト条令《他国でのアメリカ軍余剰物資売却代金でアメリカとの文化交流のためその国の学術研究費をまかなう資金に関する1946年制定の条令》.

fúl·crum [fʌ́lkrəm, fúl-] *n.* (*pl.* **-crums, -cra** [-krə]) **1** (てこの) 支点, てこまくら〔台〕; 支柱. **2** 〖植〗葉の付属物《とげ・巻きひげなど》.

‡**ful·fíll,** ㊥**-fíl** [fulfíl] *vt.* (**-ll-**) **1** <約束・義務などを> **履行する, 果たす**, 成し遂げる. **2** <仕事を> 完了する, 成就する. **3** <期限を> 満了する, 終える. **4** <条件に> 適合する, かなう. **5** <希望・期待などを> 満たす; <予言・祈願を> 実現させる.

◇ **ful·fíll·er** *n.* ***ful·fíl(l)·ment** *n.* 履行, 遂行; 完了, 成就; 達成; 実現.

fúl·gent [fʌ́ldʒ(ə)nt, ㊥[+]fúl-] *a.* 〖雅〗きらきら光る, 輝く. ◇ **~·ly** *ad.*

fúl·gid [-dʒid] =fulgent.

fúl·gu·rant [fʌ́lgju̥rənt, ㊥[+]fúl-] *a.* (電光のように) ひらめく. ◇ **~·ly** *ad.*

fúl·gu·rate [fʌ́lgju̥rèit, ㊥[+]fúl-] *vi.* (電光のように) ひらめく. **——** *vt.* 〖医〗<はれものなどを> 電気焼却する. ◇ **fùl·gu·rá·tion** [⌐–réiʃ(ə)n] *n.*

fúl·gu·rite [fʌ́lgju̥ràit, ㊥[+]fúl-] *n.* 〖地〗フルグライト, 閃電岩(せんでんがん)《雷電のため砂または岩の中に生じるガラス質の筒状物》.

fúl·gu·rous [-rəs] *a.* 閃光(せんこう)(性)の.

fu·líg·i·nous [fju:lídʒịnəs] *a.* すすの (ような); すす色の, すすけた, 薄黒い. ◇ **~·ly** *ad.*

†**full**[1] [ful] *a.* **1 満ちた, いっぱいの**; いっぱいに詰め込まれた: a glass ~ *of* water 水がいっぱいはいったコップ. a ~ stomach 満腹. a ~ house 大入り満員. **2** いっぱいに押し寄せた: a ~ audience 満場の聴衆. **3** 《人が》心〔頭〕がいっぱい; 満腹した: She is ~ *of* her own affairs. 彼女は自分のことで頭がいっぱいだ. He was ~ *of* the news. 〖話〗彼はニュースを口に出したくて仕方なかった. **4 十分な**, 豊かな; 完全な, 欠けるところのない; 本格の; 正式の: a ~ supply 十分な供給. a ~ hour まる1時間. a ~ mark 満点. ~ employment 完全雇用. ~ size 実物大. a ~ summer 盛夏. ~ dress 正装. **5** 限度いっぱいの: ~ speed 全速力. ~ bloom 満開. **6** (豊かに) 充実した; 《声量が》豊かな; 《味が》こくのある; 《光などが》燦々(さんさん)と輝く; 《色が》濃い. **7** (豊かに) 余裕のある; 《衣服が》たっぷりした; 《姿・形が》ふっくらした, ふくらんだ. ***at ~ length*** (1) いっぱいの長さに; 手足を伸ばしきって: lie *at ~ length* 大の字に横たわる. (2) 詳細に. ***eat as ~ as*** one ***can***

hold 腹いっぱいに食べる. **~ *of*** one***self*** 自分のことばかり考えて; 自負して. **~ *of years and honors*** 天寿を全うし功成り名遂げて. **~ *up*** いっぱいで, 満員で; 飽き飽きして. ***turn*** a thing ***to* ~ *account*** (物を) 徹底的に利用する.

—— *n.* **1** 全部: I cannot tell you the ~ of it. すっかり話すわけにはいかない. **2** 十分, 完全. **3** まっ盛り, 絶頂, 《特に》 満月: The moon is past the ~. 月は満月を過ぎた. ***at the* ~** まっ盛りに, 絶頂に: The moon is *at the* ~. 満月だ. ***in* ~** 《氏名などを》略さずに, 詳しく; 《支払いなど》全部, 全額. ***to the* ~** 徹底的に, 心ゆくまで.

—— *ad.* **1** 十分に, 完全に, まる…: ~ two hours まる2時間. **2** ちょうど, まともに: hit him ~ on the nose 鼻をまっこうから打つ. **3** 必要以上に: The chair is ~ high. そのいすは高すぎる. **4** 《主として詩文に》 非常に, 全く. **~ *many (a)*...** 〖雅〗いとも多くの…, かずかずの…. **~ *soon*** 直ちに. **~ *well*** 十分よく.

—— *vt., vi.* **1** たっぷりさせる〔する〕; ひだを寄せる〔が寄る〕. **2** 〖米〗<月が> 満ちる.

~ age 丁年, 成年. **~-back** [ˊ-ˊ-] 〖米式フットボール・ラグビー・サッカー〗 フルバック, 後衛. **~ binding** 総皮製本. **~ blast** 全作業 (で), 全運転 (で); 全能力 (をあげて). **~ blood** 純血種の人〔動物〕; おなじ両親から血を受けていること. **~-blóod·ed** (1) 純血種の; 純粋の. (2) 多血質の; 元気いっぱいの. **~-blówn** 満開の; 成熟しきった; 《帆など》 風をいっぱいにはらんだ. **~-bód·ied** 《酒などが》 芳醇(ほうじゅん)な, こくのある; 《人が》 たくましい, 太った. **~-bót·tomed** 《かつらが》 末広がりの; 《船が》 底の広い, 多量に積める. **~-bóund** 《本が》 総皮とじ〔表紙〕の. **~ brother** [**sister**] 同父母兄弟〔姉妹〕, 本腹の兄弟〔姉妹〕. **~ chisel** 〖米俗〗 全速力で. **~-cút** 《ダイヤモンドが》 58面体に切られて. **~ dress** 正装, 礼装. **~-dréss** 正装の, 礼装の; 本格的の: a ~-*dress* rehearsal 本舞台けいこ. a ~-*dress* debate 本格的討議. **~-face** [ˊ-ˊ-] ふっくらした顔; 正面の顔. **~-fáced** [-st] 丸顔の, 丸ぽちゃ (顔) の; 正面向きの; 〖印〗《活字が》 肉太の. **~-fásh·ioned** フルファッションの 《婦人用長くつ下がぴったりあしに合うように編んだ》. **~-flédged** [-flédʒd] 羽のはえそろった; 一人前になった; れっきとした, りっぱな. ↔unfledged. **~ general** 陸軍大将. **~-grówn** 十分成長〔発育〕した; 成熟した. **~ hand** 〖トランプ〗《ポーカーで》 同種の札3枚と異種同点数の札2枚との手ぞろい. **~-héart·ed** 心をこめた; 勇気〔自信〕に満ちた; 感無量の, 胸がいっぱいの. **~ house** 満員, 大入り; 〖トランプ〗 =~ hand. **~-léngth** 等身 (の), 全身大 (の); 長編の; 《小説など》 省略なしの, 原作どおりの; 《寸法を短くしない》 標準型の. **~ load** 〖電〗 全負荷. **~ man** 精神的に充実した人. 〈注〉 a full figure 太った人. **~ measure** たっぷりの量目〔尺度〕. **~ membership** 正会員たる資格. **~ moon** 満月. **~-móuthed** [-máuðd] 声の大きい, 声の響き渡る; 《牛馬などが》 歯並みの完全な. **~ name** 略さない氏名, 姓名 《アメリカでは first name と middle name と last name; イギリスでは Christian name と surname》. **~ nelson** 〖レスリング〗 フルネルソン 《首固めの一種》. **~ pitch** 〖クリケット〗 バウンドしないで直接三柱門に投げられたボール. **~ professor** 〖米〗 正教授 《正式の称号は単に professor「教授」だが, 特に associate professor「准教授」, assistant professor「助教授」と区別するときの便宜上の呼び名》. **~-rígged** 〖海〗 艤装(ぎそう)の完全な; 完全装備の 《帆船など》. **~ sail** 満帆; 満帆を張って, 全力で. **~-scale** [ˊ-ˊ-] (1) 実物大の. (2) 全面的な, 徹底的な. **~ scene** 〖映〗 全景. **~ stop** [**point**] 〖英〗 段落点, 終止符 (period). **~ text** 《演説などの》 全文. **~ tilt** 全力で: The factory is now going ~ *tilt*. 工場はいま全力運転中だ. **~-tíme** 〖米〗 全時間 (制) の; 専任の: a ~-*time* teacher 専任教師. ↔ part-time. **~-tím·er** 〖英〗 全授業時間に出席する生徒〔児童〕. → half-timer. 〖類〗 → **complete**「完全な」

full² *vt., vi.* <布地を> 密にする 《洗ったり蒸したりして》; 縮絨(しゅくじゅう)する; 洗い張り〔湯通し〕する.

fúll·a [fúlə] 〖俗〗 =full of.

fúll·er [fúlər] *n.* 《布地の》 縮絨工〔業者〕, 洗い張り屋. **~'s earth** 酸性白土, 漂土.

fúll·ness [fúlnis] *n.* **1** いっぱい, 充満. **2** 豊富, 充実. **3** 満足; 胸いっぱい (の感情). **4** 肥満; ふくらみ, ゆったり. ***in its* ~** 十分に, 完全に. ***in the* ~ *of the heart*** あまりのうれしさに, 感激して. ***in the* ~ *of time*** 時満ちて, 予定の時がきて.

‡fúl·ly [fúli] *ad.* **1** 十分に, 十全に; 全く. **2** 《数詞の前で》 まる…: for ~ three days and nights まる3昼夜. **~ fashioned** =full-fashioned.

fúl·mar [fúlmər] *n.* 〖鳥〗 フルマカモメ 《ウミツバメの類》.

fúl·mi·nate [fʌ́lminèit, ㊥⁺fúl-] *vi.* **1** <雷が> ぴかっと光る, (鳴り) とどろく. **2** 爆発する. **3** どなる, しかりつける 《を *against*》. **——** *vt.* **1** 爆発させる. **2** どなる, しかりつける.

—— *n.* 〖化〗 雷酸塩; 雷粉 (=fulminating powder). ◇ **-na·tor** [-ər] *n.* **-nant** [-nənt] *a.* 爆鳴性の, とどろく; 〖医〗 劇発〔突発〕性の. **-na·to·ry** [-nətɔ̀:ri/-neitəri] *a.* **fùl·mi·ná·tion** [ˊ-ˊ-néiʃ(ə)n] *n.*

fúl·mine [fʌ́lmin, ㊥⁺fúl-] *vt., vi.* 〖雅〗 = fulminate.

ful·mín·ic [fʌlmínik, ㊥⁺ful-] *a.* 〖化〗 爆発性の. **~ acid** 〖化〗 雷酸.

fúl·mi·nous [fʌ́lminəs, ㊥⁺fúl-] *a.* 雷 (の閃光) のような.

fúl·ness [fúlnis] =fullness.

fúl·some [fúlsəm, ㊥⁺fʌ́l-] *a.* 《おせじなどが》 度を過ぎた, あくどい, いやらしい.
◇ **~·ly** *ad.* **~·ness** *n.*

Fúl·ton [fúlt(ə)n] *n.* Robert ~, 1765–1815, アメリカの機械技師 《蒸気船を発明した》.

fúl·vous [fʌ́lvəs] *a.* 黄かっ色の, 朽ち葉色の.

fú·ma·role [fjú:məròul] *n.* 《火山の》 噴気孔.

fúm·ble [fʌ́mbl] *vi.* **1** 手探りする, 手探りでさぐる 《を *for, after*》; いじくりまわす 《を *with, at*》. **2** へまをやる. **3** 〖野球〗 ファンブルする. **——** *vt.* **1** 無器用に扱う. **2** 〖野球〗 <ボールを> ファンブルする, 受けそこなう.

—— *n.* **1** 手探り. **2** 無器用な取り扱い. **3** 〖野球〗 ファンブル, ボールの取り損じ.
◇ **~r** *n.* **-bling** *a.*

fume [fju:m] *n.* **1** (通例 *pl.*) 煙霧, いきれ, 蒸気, ガス; 《刺激性の》 発煙. **2** 《花などの》 香気; 香煙. **3** 《発作的な》 怒り, 興奮, むかっ腹. **4** のぼせ, 夢ごこち: the ~*s* of wine (頭にのぼる) 酒の毒気.
***be in a* ~** ぷんぷんおこっている, いきまく.

—— *vt.* **1** 煙〔蒸気〕に当てる, けむらす, いぶす. **2** に香をたきこめる. **3** 蒸発させる. **——** *vi.* **1** 煙を出す, けむる, いぶる. **2** 蒸発する 《*away*》. **3** ぷんぷんおこる, いきまく: fret, fuss and ~ やきもきしておこる. **~*d oak*** アンモニアガスでいぶしたオーク材.

fú·mi·gate [fjú:migèit] *vt.* **1** (煙で) いぶす, 燻蒸消毒する. **2** <香を> たく, いぶす, におわす.
◇ **-ga·tor** [-ər] *n.* **-ga·to·ry** [-gətɔ̀:ri/-geitəri] *a.* **fù·mi·gá·tion** [ˊ-géiʃ(ə)n] *n.*

fú·mi·to·ry [fjú:mitɔ̀:ri/-t(ə)ri] *n.* 〖植〗 カラクサケマン, セイヨウエンゴサクの類 《もと薬剤に用いた》.

fú·mu·lus [fjú:mjuləs] *n.* (*pl.* ~) 薄雲.

fúm·y [fjú:mi] *a.* 煙〔ガス, 蒸気, 煙霧〕の多い〔に満ちた〕; 蒸気状の. [<fume]

†fun [fʌn] *n.* **1** 楽しい思い〔経験〕, おもしろい経験, 楽しさ: I am fond of ~. 楽しいことが好きだ. We had a lot of ~ at the picnic. ピクニックはとてもお

もしろかった〔楽しかった〕. Boating was great ～. 舟乗りはとてもおもしろかった. **2 戯れ**, 慰み: It was for ～ that they did it. 彼らは冗談にそれをやったのだ. **3** おもしろみ, おかしさ: I can't see the ～ of it. なぜおもしろいのかわからない. **4** おもしろい人: He is great ～. とてもおもしろい人だ.

〈付記〉fun は不可算名詞で, 不定冠詞はつかない. ***for* 〔*in*〕 ～** 冗談に, おもしろ半分に: Try it just *for* ～. 遊び半分にでもやってごらん. ***for the* ～ *of it* 〔*the thing*〕** それがおもしろくて, おもしろ半分に. ***It's poor* ～ *to*** (do) …するのはいっこうおもしろくない. ***like* ～** (1) 元気よく; 盛んに, 大いに《売れるなど》; すみやかに. (2)〘俗〙《否定を強めたり, 疑いをあらわして》決して(…ない), 少しも(…でない) (by no means). ***make* ～ *of*＝*poke* ～ *at*** をからかう. ***out of* ～** 戯れに; おもしろ半分に. ***What* ～!** おもしろいったらない!, そりゃいい!

—— *vi.* **(-nn-)**〘話〙冗談を言う (joke), ふざける.

～ house おどろき〔こっけい〕館《お化け屋敷・鏡の間などの見せ物》.

fu·nám·bu·list [fju:nǽmbjulist] *n.* 綱渡り (芸人). **◇ -lism** [-lìz(ə)m] *n.* 綱渡り.

‡fúnc·tion [fʌ́ŋkʃ(ə)n] *n.* **1 機能**, はたらき, 作用, 効用. **2 職務**, 任務; 職能; 役割. **3 儀式**, 行事; 祭典, 祝典;〘俗〙宴会. **4**〘数〙関数. **5**〘文〙機能: a ～ word〘文〙機能語《前置詞・助動詞など》.

—— *vi.* **1** 作用する, はたらく; 〈機械が〉運転する. **2** 役目を果たす.

◇ ～·ate [-ʃ(ə)nèit] *vi.* ＝function.

fúnc·tion·al [fʌ́ŋkʃən(ə)l] *a.* **1** 機能(上)の; 職務上の: a ～ disease 機能的疾患. **2** 機能〔作用〕を有する; 機能的な, 便利な: ～ furniture 便利な家具. **3**〘数〙関数の. **——** *n.*〘数〙範関数.

～ disease〘医〙機能不全〔失調症〕. →organic disease. **～ illiterate** 特定の仕事・状況に対して不十分な読み書き能力.

◇ ～·ism *n.* 機能主義. **～·ist** *n., a.* 機能主義者; 機能主義の. **～·ly** *ad.*

fúnc·tion·ar·y [fʌ́ŋkʃ(ə)nèri/-nəri] *n.* 職員; 役人, 公務員. **——** *a.* 職務(上)の; 機能〔作用〕(上)の.

‡fund [fʌnd] *n.* **1 資金**, 基金, 基本金: a reserve ～ 積立金. a scholarship ～ 奨学資金. **2** (*pl.*) 財源; 所持金: public ～*s* 公金. **3**〘英〙公債, 国債. **4**《知識・才能などの》**たくわえ**, うん蓄.

in* 〔*out of*〕 ～*s 資金をもって〔資金をきらして〕.

—— *vt.* **1** 〈公債に〉投資する. **2** 〈短期借入金を〉長期公債に借りかえる. **3** 資金に繰り入れる, 積み立てる: ～*ed* debt 長期〔無期〕公債.

～·hòld·er〘英〙公債所有者.

◇ ～·less *a.* ～のない.

fún·da·ment [fʌ́ndəmənt] *n.* **1** 地勢, 立地条件. **2** 臀部(でん), しり,〘医〙肛門(こう).

‡fùn·da·mén·tal [fʌ̀ndəméntl] *a.* **1 基礎の**, 基本の, 根本的な, 主要な: ～ human rights 基本的人権. a ～ law 根本法則. **2**〘楽〙基音の.

—— *n.* **1** (通例 *pl.*) 原理, 原則; 根本, 基本, 基礎. **2**〘楽〙基音;〘物〙最低振動数. [√fund-]

◇ ～·ly *ad.* 本質的に. **fùn·da·men·tál·i·ty** [⌐−−tǽləti] *n.* 根本〔基本〕性, 肝要さ.

fùn·da·mén·tal·ism [fʌ̀ndəmént(ə)lìz(ə)m] *n.*〘米〙正統派キリスト教(運動)《聖書の記事を絶対正しいと信じ進化説を排斥する主義》. → modernism. **◇ -ist** *n.*〘米〙正統派キリスト教主義者.

fún·dus [fʌ́ndəs] *n.*〘医〙《胃・子宮などの》基底; 底(部). [<L.]

‡fú·ner·al [fjú:nərəl] *n.* **1 葬式**, **葬儀**: attend a ～ 会葬する. a public 〔state〕 ～ 公葬〔国葬〕. **2** 葬列. **3**〘話〙なすべきこと, いやな仕事: It is not my ～. それは私の知ったことではない. **——** *a.* 葬式の; 葬式用の.

～ director〘米〙葬儀屋. **～ home** 葬儀場, 斎場. **～ march** 葬送行進曲. **～ oration** 弔辞. **～ pile** 〔**pyre**〕火葬用のまきの山. **～ procession** 〔**train**〕 葬列. **～ rites** 葬礼. **～ service** 〔**ceremony**〕葬儀. **～ urn** 骨つぼ.

fú·ner·ar·y [fjú:nərèri/-rəri] *a.* 葬式の, 埋葬の.

fu·né·re·al [fju:ní(:)riəl/-níər-] *a.* **1** 葬式の; 葬式にふさわしい. **2** 悲しい, 陰うつな. **◇ ～·ly** *ad.*

fu·nést [fju:nést] *a.* 不吉(きっ)な; 死期の; 悲惨な.

fún·gal [fʌ́ŋg(ə)l] ＝fungous. 「形.

fún·gi [fʌ́ndʒai/fʌ́ŋgai, fʌ́ndʒi] *n.* fungus の複数

fún·gi·ble [fʌ́ndʒibl] *a.* 取り替えられる, (他のもので) 代用できる;〘法〙代替の. **——** *n.*〘法〙代替物《金銭・穀物など》.

◇ fùn·gi·bíl·i·ty [⌐−bíləti] *n.*

fún·gi·cide [fʌ́ndʒisàid] *n.* 殺菌剤.

◇ fùn·gi·cíd·al [⌐−sáidl] *a.* 殺菌性の.

fún·gi·form [fʌ́ndʒifɔ̀:rm] *a.* キノコ状の.

fún·go [fʌ́ŋgou] *n.* (*pl.* **～es**)〘野球〙練習フライ(ノック)《外野手の守備練習のための》. **——** *a.*《練習のために》飛球を打ち上げる: a ～ bat ノックバット.

fún·goid [fʌ́ŋgɔid] *a.* キノコに似た, キノコ状の; キノコ性の.

fún·gous [fʌ́ŋgəs] *a.* **1** キノコの; キノコ性の. **2** 柔軟な. **3**《キノコのように》急に生じる, 一時的な. **4**〘医〙キノコ状腫(しゅ)の.

fún·gus [fʌ́ŋgəs] *n.* (*pl.* **-gi** [-dʒai/-gai, -dʒai], **-gus·es**) **1** キノコ, 菌類《カビ・キノコなど》. **2**《キノコのように》突然生じるもの, 一時的現象. **3**〘医〙キノコ状腫, 茸瘤(じゅう). **——** *a.* ＝fungous.

◇ ～·like [-làik] *a.*

fú·ni·cle [fjú:nikl] *n.* **1** 繊維, 細索. **2**〘植〙(胚珠(はいしゅ)の) 珠柄. **3**〘医〙臍帯(さいたい).

fu·níc·u·lar [fju:níkjulər] *a.* **1** ケーブルの, 細索の (緊張力による). **2**〘植〙珠柄の. **3**〘医〙臍帯の.

～ railway ケーブルカー, 鋼索鉄道.

fu·níc·u·lus [-ləs] *n.* (*pl.* **-li** [-lài]) **1**〘植〙(胚の) 珠柄. **2**〘医〙臍帯; 索条.

funk [fʌŋk] *n.*〘話〙**1** おじけ, おくびょう. **2** おくびょう者. ***get into a* ～** おびえる, びくびくする. ***in a blue* ～**〘俗〙びくびくして. ***in a* ～ *of*** が恐ろしくなって. **——** *vi.* おじける, しりごみする, 震えあがる. **——** *vt.* **1** おじけさせる, 震えあがらせる. **2** にしりごみする; 〈仕事などを〉回避する.

～ hole 待避壕(ごう); 兵役のがれの仕事. **～ money**〘英俗〙海外逃避資金.

fúnk·y[1] [fʌ́ŋki] *a.* びくびくの, おくびょうな.

fúnk·y[2] *a.* 悪臭のする, かびくさい; 古くさい.

fún·nel [fʌ́n(ə)l] *n.* じょうご; (じょうご形の) 通風筒, 採光孔; (汽船・機関車の) 煙突. **——** *vt., vi.* **(-l-,** [英]**-ll-)** じょうごを通す〔通る〕; 〈精力などを〉注ぐ, 集中する《に *into*》.

◇ ～(l)ed [-d] *a.* **1** じょうごのある; じょうご形の. **2** 煙突のある: a two-～*ed* steamer 2本煙突の汽船.

fún·ni·ly [fʌ́nili] *ad.* こっけいに;〘俗〙奇妙に. **～ *enough*** 奇妙な話だが…. 「っけい.

fún·ni·ment [fʌ́nimənt] *n.*〘笑〙冗談, おどけ, こ

†fún·ny[1] [fʌ́ni] *a.* (**fún·ni·er**; **fún·ni·est**) **1 こっけいな**, おかしな, おもしろい. **2**〘話〙奇妙な, へんてこな, 珍奇な, 妙な: a ～ fellow 変わったやつ. **3** いかがわしい, 疑わしい: a ～ business〘俗〙奇妙なこと, いかがわしい行動. That's ～. これはおかしいな〔ぞ〕; 変だな〔ぞ〕《②, ③ の両方にまたがる》. **4**〘米〙漫画欄の. ***feel* ～** 変な気持ちだ, からだの調子が悪い. ***go all* ～** ようすがおかしい.

〈付記〉funny と「おかしい, おかしな」とは, 大部分の語義について並行する.

—— *n.* (*pl.* **-nies**) (通例 *pl.*)〘話〙連載漫画 (comic strips); 新聞の漫画欄.

—— *ad.* おかしく, 奇妙に.

～ bone ひじの外側の尺骨突起部《はじくとくすぐっ

たい感じがする》; ユーモア; すばやい反応. **～ magazine** 〔**paper**〕 漫画雑誌〔新聞〕. **～ man** 道化師.
◇ **fún·ni·ly** *ad.* **fún·ni·ness** *n.*
〔類〕 → **interesting**「おもしろい」

fún·ny² *n.* 〘英〙 1人乗りの小型ボート《スポーツ用》.

‡**fur** [fəːr] *n.* **1** 毛皮; (通例 *pl.*) 毛皮製品《洋服・えり巻きなど》: a lady in **～s** 毛皮のコートを着た婦人. **2** 《集合的》 毛皮動物. **3** 柔毛. **4** 柔毛状のもの; 水あか, 湯あか, 舌苔(ぜつたい); (ブドウ酒の表面に生じる) 薄皮. **～ and feather** 獣類と鳥類. ***hunt* ～** ノウサギを狩る. ***make the* ～ *fly*** 〘話〙 騒ぎを引き起こす; 大げんかをする. ***stroke* a person*'s* ～ *the wrong way*** (人) をおこらせる, じらす《毛をさかなですることから》.
—— *v.* (**-rr-**) *vt.* **1** 毛皮でおおう; に毛皮をつける; に毛皮の裏〔へり飾り〕をつける. **2** に湯あかをつける; 〈ボイラーなどから〉 湯あかをおとす; に舌苔を生じさせる. **3** 〘建〙 に木片を差し込む《床などのでこぼこを直すために》. —— *vi.* 湯あか〔舌苔〕が生じる.
～ seal 〘動〙 オットセイ.

fur. furlong; furnished.

fúr·be·low [fəːrb(i)lòu] *n.* 《婦人服の》 すそ飾り; (*pl.*) けばけばしい装飾. —— *vt.* に～をつける.

fúr·bish [fəːrbiʃ] *vt.* **1** みがく, 〈刀などの〉 さびをおとす. **2** にみがきをかける, 更生させる《*up*》.
◇ **～·er** *n.*

fúr·cate [fəːrkeit, -kit] *a.* 分岐した, 先の分かれた, 枝になった. —— [-keit] *vi.* ふたまたになる, 分岐する. ◇ **～·ly** *ad.* **fúr·cat·ed** [-keitid] *a.* =furcate. **fur·cá·tion** [fəːrkéiʃ(ə)n] *n.* 分岐.

fùr·fu·rá·ceous [fəːrfjuréiʃəs/-fjuər-] *a.* ふけ状の, ふけだらけの; ぬかのような.

Fú·ries [fjú(ː)riz/fjúə-] *n. pl.* 〘ギ・ロ神〙 復讐(ふくしゅう)の三女神.

‡**fú·ri·ous** [fjú(ː)riəs/fjúər-] *a.* **1** 怒った, かっとなった; 狂暴な, 恐ろしげな. **2** 《風・あらしなどが》 荒れ狂う, 激しい. **3** 猛烈な, すさまじい: ～ speed 大速力. ***grow fast and* ～** 〈歓楽が〉 たけなわ〔どんちゃん騒ぎ〕になる. [<fury] ◇ **～·ly** *ad.* **～·ness** *n.*

furl [fəːrl] *vt.* 〈帆・旗などを〉 巻く; 〈かさなどを〉 たたむ; 〈カーテンを〉 引き寄せる. —— *vi.* 巻き上がる, たたまる. —— *n.* 巻くこと, 巻き上げ, 巻いたもの.

fúr·long [fəːrlɔːŋ/-lɔŋ] *n.* ファーロング, ハロン《長さの単位. 1マイルの8分の1, 約201.17m》.

fúr·lough [fəːrlou] *n.* 《軍人・海外勤務の官吏の》 賜暇, 休暇: go home *on* ～ 賜暇で帰国する. have a three months' ～ 3か月の休暇をもらう.
—— *vt.* に休暇を与える.

fúr·me(n)·ty [fəːrmi(n)ti] =frumenty.

‡**fúr·nace** [fəːrnis] *n.* **1** 炉; かまど. **2** 暖房炉. **3** 溶鉱炉. **4** 猛烈に熱いところ. **5** きびしい試練: tried in the ～ 試練を経た.

‡**fúr·nish** [fəːrniʃ] *vt.* **1** 〈必要物を〉 **供給する**, **備え付ける**, 提供する: ～ a thing *to* a person 人に物を与える. **2** に供給する, に与える, に備える《を *with*》: ～ a person *with* a thing 人に物を提供する. ～ the house *with* furniture 家に家具を備え付ける. **3** に家具を備え付ける: ～ a room.
～ *out* 十分に準備する; 〈必要品を〉 供給する.
◇ **～·er** *n.* 供給者; 家具屋. **～·ing** *n.* 家の備え付け; (*pl.*) 備品, 家具; 〘米〙 服飾品, アクセサリー.

fúr·nished [-t] *a.* **1** 家具つきの: a ～ apartment 家具つきのへや. **2** 在庫の…な: a well-～ store 在庫の豊富な店.

‡**fúr·ni·ture** [fəːrnitʃər] *n.* **1** **家具**, 調度: a set of ～ 一そろえ. all the ～ of the room へやの家具全部. 〈注〉 集合名詞であり単数扱い, 数えるときには a piece 〔an article〕 of ～「家具1点」, a few sticks of ～「家具数点」のようにし, また量的に扱って some ～, much ～, a lot of ～ などとする. **2** 付属品, 取り付け金具, 必要備品; 馬具; 船具; 活字間の詰め物. **3** 内容, 中身: the ～ of one's pocket ポケットの中身. the ～ of one's mind 教養, 知識. [furnish と同語源]

fú·ror [fjú(ː)rɔːr/fjúər-] *n.* **1** 激情; 興奮〔感激〕(の状態). **2** 熱狂的流行〔賞賛〕, …熱; 熱中, 熱狂, 大騒ぎ.

furred [fəːrd] *a.* **1** 《動物が》 柔らかい毛でおおわれた. **2** 《外套などが》 毛皮をつけた; 毛皮製〔裏〕の. **3** 水〔湯〕あかのついた; 〘医〙 舌苔(ぜつたい)の生じた. **4** 〘建〙 下地材料を取り付けた.

fúr·ri·er [fəːriər/fʌ́riə] *n.* 毛皮商人〔職人〕.

fúr·ri·er·y [fəːriəri/fʌ́r-] *n.* 《集合的》 毛皮(類); 毛皮商, 毛皮職.

fúr·ring [fəːriŋ] *n.* **1** 《衣服の》 毛皮(付け), 毛皮飾り. **2** 湯あか(がつくこと); 〘医〙 舌苔(ぜつたい). **3** 〘建〙 下地骨; 〘海〙 船側の二重張り(板).

***fúr·row** [fəːrou/fʌ́rou] *n.* **1** うねあい《畑のうねの間のみぞ》; すき跡. **2** 〘雅〙 畑, 耕地. **3** 《車の》 わだち; 航跡. **4** 《顔の》 深いしわ. —— *vt.* **1** すく, 耕す; 〈畑に〉 うねあいをつくる, うねを立てる. **2** 〘雅〙 〈船が〉 波を切って…を進む. **3** にしわを寄せる.
◇ **～·y** [-i] *a.* ～のついた.

fúr·ry [fəːri] *a.* **1** 毛皮(製)の; 毛皮でおおわれた; 毛皮のような. **2** 湯あかのついた; 〘医〙 舌苔(ぜつたい)のある. [<fur]

‡**fúr·ther** [fəːrðər] *ad.* 《far の比較級》 **1** **その上**, **更に**, 更に進んで: inquire ～ into the problem 更に問題の調査を進める. until you hear ～ from me 追ってお知らせするまでは. **2** **更に遠く**〔先へ〕.
—— *a.* **その上の**, それ以上の: ～ news 後報, 続報. 〈注〉 farther のつづりは今日では距離の意味を含むばあいにのみ使われ, 「更に」という意味では further が用いられる. しかしこの区別もしだいにうすれ, further の語形だけが残る傾向にある.
for* ～ *details 〔***particulars***〕 その上の詳細については. ***I'll see you* ～ *first.*** (そんなことは) まっぴらごめんだ. ***on the* ～ *side*** 向こう側に. ***till* ～ *notice*** 追ってお知らせするまで.
—— *vt.* 進める, 助長する, 促進する.
◇ **～·ance** [-ðərəns] *n.* 助長, 促進.

fúr·ther·mòre [fəːrðərmɔ̀ːr/-mɔ́ː] *ad.* なお, その上, 更に, いっそう.

fúr·ther·most [-mòust] *a.* 最も遠い.

‡**fúr·thest** [fəːrðist] *a.* 《far の最上級》 **最も遠い**〔はるかな〕. —— *ad.* 最も遠く; 〘米〙 最も. ***at* ～** どんなにおそく〔遠く〕ても; せいぜい.

fúr·tive [fəːrtiv] *a.* **1** こそこそした, 人目を盗んだ, ひそかな: a ～ glance 盗み見. a ～ look 人目をうかがう顔つき. **2** ずるがしこい, はしっこい.
◇ **～·ly** *ad.* ひそかに, こっそり. **～·ness** *n.*

fú·run·cle [fjú(ː)rʌŋkl/fjúər-] *n.* 〘医〙 疔(ちょう), はれもの, 根太.
◇ **fu·rún·cu·lar** [fjurʌ́ŋkjulər], **-cul·ous** *a.*

‡**fú·ry** [fjú(ː)ri/fjúəri] *n.* **1** **激怒**, 憤激. **2** **激情**; 熱狂. **3** 狂暴(性). **4** 《病気・天候・戦争などの》 激しさ, 猛烈さ. **5** (F～) (通例 *pl.*) 〘ギ・ロ神〙 復讐(ふくしゅう)の女神; (*pl.*) 怨霊(おんりょう). **6** 乱暴な人; 《特に》 あばれ女, 手に負えない女. →形容詞 furious.
***in a* ～** 烈火のように怒って; 怒りにかられて. ***like* ～** 〘話〙 猛烈に; すばやく; 夢中で.

furze [fəːrz] *n.* 〘植〙 ハリエニシダ.
◇ **fúrz·y** [-i] *a.* ハリエニシダの茂った〔のような〕.

fús·cous [fʌ́skəs] *a.* 灰色がかった暗かっ色の, 黒ずんだ, くすんだ.

‡**fuse**¹ [fjuːz] *n.* **1** 《爆雷・砲弾などの》 **信管**, 《爆破などに用いる》 導火線. **2** 〘電〙 **ヒューズ**. —— *vt.* に信管〔導火線〕を付ける. —— *vi.* ヒューズが飛ぶ.

fuse² *vt.*, *vi.* 溶かす, 溶ける; 融合させる〔する〕.

fu·sée [fjuːzíː] *n.* **1** 耐風マッチ《葉巻き・パイプ用. 頭が大きい》. **2** 信管; 《鉄道の》 閃光(せんこう)信号. **3** 骨腫(こつしゅ)《馬のすねの骨にできる》. **4** 〘機〙 フュージ, 円すい滑車《旧式とけいなどの》.

fú·sel [fjú:zl, ㊥ -sl] ～ ***oil***〘化〙フーゼル油.
fú·se·lage [fjú:z(i)lidʒ, -lɑ̀:ʒ] *n.* 《飛行機の》胴体.
fú·si·ble [fjú:zəbl] *a.* 溶けやすい, 可溶性の.
◇ **fù·si·bíl·i·ty** [ˌ-biləti] *n.* 可溶性; 溶度.
fú·si·form [fjú:zifɔ̀:rm/-fɔ:m] *a.*〘生〙紡錘状の, 両端が先細の.
fú·sil [fjú:z(i)l/-zil] *n.*〘史〙火打ち石銃.
fù·sil·íer, -éer [fjù:z(i)líər] *n.* **1**〘史〙火打ち石銃兵. **2** (通例 *pl.*) フュージリア連隊 (の兵)《昔火打ち石銃兵で組織されたイギリス連隊の名》.
fù·sil·láde [fjù:z(i)léid] *n.* **1**〘軍〙いっせい〔連続〕射撃; 猛射. **2**《質問などの》連発;〘野球〙集中安打. —— *vt.* にいっせい射撃〔質問〕を浴びせる.
fú·sion [fjú:ʒ(ə)n] *n.* **1** 溶解, 融解; 溶解〔融解〕物. **2**《政党などの》合同, 連合; 連合体. **3**〘物〙原子核の結合〔核融合〕. → fission. [√fu(nd)-]
～ **administration** 連立内閣. ～ **bomb** 水素爆弾 (hydrogen bomb). ～ **point** 融点.
◇ ～**·ism** *n.* (政党の) 合併論, 合同〔連合〕主義.
～**·ist** *n.* 合併論者.
‡**fuss** [fʌs] *n.* **1** から騒ぎ; やきもき (すること). **2** (つまらないことに) 騒ぎたてる人, うるさい人. ***make a*** ～ つまらないことに騒ぐ, 大騒ぎをする.
—— *vi.* **1** やきもきする; 騒ぎたてる. **2** うるさく動き回る《*about*》. —— *vt.* 〈人を〉騒がす; やきもきさせる; 悩ます.
～**-bùdg·et**〘米話〙つまらぬことに騒ぎたてる人, から騒ぎする人. ～**-pot** [ˊ-ˊ] から騒ぎする人.
fúss·y [fʌ́si] *a.* **1** (つまらぬことに) 騒ぎたてる; うるさい. **2** 気むずかしい, うるさい; 凝り過ぎる. **3**《着物・文章など》念入りにつくった, 手の込んだ.
◇ **-i·ly** *ad.* **-i·ness** *n.*
fús·tian [fʌ́stʃən/-tiən] *n.* **1** ファスチアン織り《通例黒く染めたコールテンなどのような厚地のあや織り綿布》. **2** 大げさな表現〔ことば〕. —— *a.* **1** ファスチアン織りの. **2** 大げさな, 誇大な. **3** 役に立たぬ, 安物の.
fús·tic [fʌ́stik] *n.* ファスチック《熱帯産イヌエンジュ属の木材. 黄色染料が採れる》.
fús·ti·gate [fʌ́stigèit] *vt.* こん棒で打つ.
◇ **fùs·ti·gá·tion** [ˌ-géiʃ(ə)n] *n.*
fúst·y [fʌ́sti] *a.* **1** かび臭い. **2** 古くさい, 時代遅れの; 頑迷(がんめい)な. ◇ **-i·ly** *ad.* **-i·ness** *n.*
***fú·tile** [fjú:tl, -til/-tail] *a.* **1** むだな, 無益な. **2** くだらない, とるに足らぬ. ◇ ～**·ly** [-li] *ad.* ～**·ness** *n.*
〔類〕→ vain「無益の」
fu·tìl·i·tár·i·an [fju:tilité(:)riən/-téər-] *a.*, *n.* 人間の努力の無益を信ずる(人), 悲観主義の(人).
fu·tíl·i·ty [fju:tíləti] *n.* **1** むだ, 無益〔無用〕(であること). **2** とるに足りないこと〔もの〕; 軽はずみな言動.
fút·tock [fʌ́tək] *n.*〘海〙ハトック, 木船, (中間) 肋材(ろくざい).
‡**fú·ture** [fjú:tʃər] *n.* **1** 未来, 将来, 行く末; (the F～) 来世. **2** 将来性, 前途: have no ～ 将来性がない. **3**〘文〙未来, 未来時制〔時称〕. **4** (*pl.*)〘商〙先物, 先物契約. **5**〘古〙いいなずけ.
deal in ～***s*** 先物を買う, 思わく買いをする. ***for the*** ～ = ***in*** (***the***) ～ 将来, 未来に, 今後 (は). ***in*** ～ ***ages*** 後の世に. ***in the near*** [***in no distant***] ～ 近い将来に. ***There is no*** ～ ***in it.*** 見込みがない; むだだ. ***with*** ～ 有望な.
—— *a.* **1** 未来の, 将来の: ～ generations 後代の人々. **2** 来世の. **3**〘文〙未来 (時制) の.
～ **life** 来世. ～ **perfect**〘文〙未来完了 (時制).
～ **tense**〘文〙未来時制〔時称〕.
◇ ～**·less** *a.* 未来のない; 見込みのない.
fú·tur·ism [fjú:tʃərìz(ə)m] *n.* 未来派《1910年イタリアに起こった, 伝統・慣習を排しダイナミックな新生面を表現しようとする芸術運動》.
◇ **-ist** *n.* 未来派の芸術家;〘宗〙未来信者《新約聖書黙示録の預言の達成を信ずる人》. **fù·tur·ís·tic** [ˌ-rístik] *a.* 未来派の.
fu·túr·i·ty [fju:t(j)ú(:)rəti/-tjúər-] *n.* **1** 未来, 将来; 将来性. **2** (*pl.*) 未来のできごと; 後の世の人.
～ **race**〘競馬〙出場参加申し込み後時日を経て行なう競馬. ～ **stakes** ～ race のかけ金.
fuze [fju:z] *n.* **1** = fuse¹. **2**〘米〙《地雷・爆雷などの》起爆装置.
fu·zée〘米〙= fusee.
fuzz [fʌz] *n.* **1**《毛織物などの》毛羽; (軽くふわふわした) 微毛. **2** 綿毛, ちぢれ毛. **3**〘写〙ぼやけ. **4**〘米俗〙巡査, 刑事,「デカ」. —— *vt.*, *vi.* **1** ふわふわ飛び散る. **2** ふわふわにする〔なる〕; 毛羽だたせる, 毛羽だつ. ～**-ball** [ˊ-ˊ]〘植〙ホコリタケ.
fúzz·y [fʌ́zi] *a.* **1** 毛羽の (ような); 毛羽だった. **2** ちぢれた. **3**《写真・頭などが》ぼけた, はっきりしない.
～**-hèad·ed** 頭がぼんやりした, うすのろな; 頭がくらくらする.
f.v. *folio verso* (L. = on the back of the page).
fy, fye = fie.
-fy [-fài] *suf.*「…にする」「…化する」「…になる」の意の動詞をつくる: beauti*fy* 美しくする. puri*fy* 純化する. [√fac-]
FYI〘軍〙for your information.
fyke [faik] *n.*〘米〙魚をとる袋網の一種.
fýl·fot [fílfɑt/-fɔt] *n.* 卐(まんじ), 逆まんじ形の模様.
fytte [fit] = fit³.
F.Z.S. Fellow of the Zoological Society.

G

G, g [dʒi:] *n.* (*pl.* **G's**, ***Gs***, **g's**, ***gs*** [-z]) **1** 英語アルファベットの第7字. **2**〘楽〙ト音, ト調; ハ長調の第五音(sol). **3** 7番めのもの. **4**〘物〙重力の定数. **5** G字形 (のもの). **6**〘米俗〙1,000, 1,000ドル. ***G as in George*** ジョージの G. ***the hard g*** [g] と発音する g. ***the soft g*** [dʒ] と発音する g.
G-man → 別項. **G-string** [ˊ-ˊ] (1)〘楽〙ジー〔ゲー〕線《バイオリンの最低音の弦》. (2) (一種の) ふんどし;《ストリッパーの》バタフライ. **G-suit** [ˊ-ˊ] 戦闘飛行服《ジェット機用》.
G. German; Germany. **g.** gauge; gender; genitive; gram(me); (acceleration of) gravity; guide; guinea(s). **Ga**〘化〙gallium. **Ga.** Gallic; Georgia. **G.A.** General Agent; General Assembly.
gab¹ [gæb] *n.*〘話〙むだ話, おしゃべり. ***the gift of the*** ～〘話〙弁舌の才, 能弁. —— *vi.* (**-bb-**) むだ口をきく, しゃべる. ◇ **gáb·ber** *n.* おしゃべり屋.
gab² *n.*〘機〙鉤(かぎ).
gáb·ar·dine [gǽbərdì:n, ˌ-ˊ] *n.* ギャバジン《羊毛と綿のあや織り. レーンコート・上着に用いられる》.
gáb·ble [gǽbl] *vt.*, *vi.* **1** 早口にしゃべる, ぺちゃくちゃ言う. **2** 〈ガチョウなどが〉ガーガーいう. —— *n.* 早口で訳のわからないおしゃべり.
gáb·by [gǽbi] *a.*〘米〙おしゃべりの, 多弁な.
ga·belle [gəbél/gæ-] F. *n.* 塩税《フランス革命前の》; 税《通例ヨーロッパ諸国の》.
gáb·er·dine [gǽbərdì:n, ˌ-ˊ] *n.* 中世のゆるやかな長い上着《特にユダヤ人の》.
Gà·be·ró·nes [gɑ̀:beróunes] *n.* ガベロンズ《Botswana の首都》.
gáb·fest [gǽbfèst] *n.*〘米俗〙長談義.

gá·bi·on [géibiən] *n.* 〘築城〙堡籃(ほらん)《防御用の土を詰めた円筒のかご》; 〘土木〙じゃかご《突堤土台用》. ◇ **gà·bi·on·áde** [gèibiənéid] *n.* 〘築城〙堡籃牆(しょう); 〘土木〙じゃかご工事.

gá·ble [géibl] *n.* 〘建〙切妻(きりづま), 破風(はふ). ～ **end** (**roof**) 切妻壁〔屋根〕. ～ **window** 破風窓, 切妻窓. ◇ ～**d** *a.* 切妻のある, 破風づくりの.

gable

Ga·bón [gɑːbɔ́n], **Ga·bún, Ga·bóon** [gəbúːn] *n.* ガボン《アフリカ西岸の共和国》.

Gá·bri·el [géibriəl] *n.* 〘聖〙ガブリエル《聖母マリアに受胎告知をした天使》.

gá·by [géibi] *n.* 〘話〙ばか者, とんま.

gad[1] [gæd] *vi.* (-dd-) **1** ぶらつく, 出歩く《*about*》. **2**〈草木が〉はびこる. ── *n.* 遊び歩き. *on the* ～ ぶらついて. ～**·a·bout** → 別項.

gad[2] *n.* **1** たがね. **2** 矢じり, やりの穂先. **3** 突き棒, 刺し棒《牛追い用の》. ── *vt.* たがねでこじあける. ～**·fly** → 別項.

gad[3], **Gad** [gæd] *int.* 〘古〙まあ!, とんでもない!《驚き・軽いのろいなど》. [<God]

gád·a·bout [gǽdəbàut] *a., n.* 〘話〙ぶらつき歩く(人), 遊び歩く(人).

gád·fly [gǽdflài] *n.* **1**〘虫〙アブ《牛馬を刺す》, ウシバエ. **2** うるさい人.

gádg·et [gǽdʒit] *n.* 〘話〙**1** 装置, 仕掛け; 道具, 付属品. **2** うまい仕組み, くふう, 妙案. ◇ ～**·ry** *n.* 機械装置. ～**·y** *a.* 機械の; 仕掛けのある; 機械いじりの好きな. **gàdg·e·téer** [gæ̀dʒitíər] *n.* 機械いじりの好きな人.

gá·did [géidid], **gá·doid** [géidɔid] *a., n.* タラ属の(魚).

gàd·o·lín·i·um [gæ̀dəlíniəm] *n.* 〘化〙ガドリニウム《希土類元素. 記号 Gd》.

ga·dróon [gədrúːn] *n.*《建築・銀器の》くぼみ模様.

Gáe·a [dʒíːə] *n.* 〘ギ神〙大地の女神.

Gael [geil] *n.* ゲール人《スコットランド高地の, まれにはアイルランドのケルト人》.

Gáel·ic [géilik] *a., n.* ゲール人(の); ゲール語(の).

gaff[1] [gæf] *n.* **1** 魚扠(やす); 魚かぎ. **2** 闘鶏のけづめに付ける鉄のつめ. **3**〘海〙ガフ, 斜桁(しゃこう)《縦帆上部に斜めに張り出してあるけた》. *stand the* ～〘米俗〙じっとこらえる; ひどい目にあう. ── *vt.* **1** 魚扠〔魚かぎ〕で捕える. **2**〘俗〙だます; から だまし取る. ～**·sail** [´ ̀] 〘海〙ガフスル《ガフに張った縦帆》. ～**·tóp·sail** [gǽftɑ́psèil/-tɔ́p-|〘海〙-sl] 〘海〙ガフトップスル《ガフスルの真上に張る帆》.

gaff[2] *n.* 〘英俗〙低級な劇場, 寄席(よせ)(=penny ～). ── *vi.* かけをする《硬貨を投げて》.

gaff[3] *blow the* ～〘俗〙秘密をしゃべる, 計画をもらす.

gaffe [gæf] F. *n.* しくじり, 失言.

gáf·fer [gǽfər] *n.* **1** いなかのじいさん《人名に冠しても用いる》. **2**〘英〙《労働者の》かしら, 親方.

gag [gæg] *n.* **1** さるぐつわ; 《外科手術用》開口器. **2**《比喩的》口止め, 発言禁止; 言論抑圧; 討論終結. **3** 冗談; ギャグ《芝居の台本に入れるこっけいなせりふ》; 場当たりの冗談. **4** 詐欺, ぺてん.
── *v.* (-gg-) *vt.* **1** にさるぐつわをはめる. **2** の言論を抑圧する, 口止めする. **3**〘俗〙だます, 偽る. **4** に吐き気を催させる, むかむかさせる.
── *vi.* 〘俗〙ギャグを言う, 入れぜりふを使う.
～ **bit** (**rein**) 《調馬用》責めぐつわ〔手綱〕. ～ **law** (**rule**) 箝口(かんこう)令. ～**·man** [-mæ̀n] ギャグ作者.

gá·ga [gɑ́ːgɑ̀ː/gǽgɑː] *a.* 〘俗〙おめでたい, たわいのない, ぼけた. ── *n.* 《映画などの》低俗なファン.

gage[1] [geidʒ] *n.* **1** 抵当物, 質物, 担保. **2** 挑戦(ちょうせん)のしるしとして投げた手袋〔帽子〕; 挑戦.
── *vt.* 〘古〙抵当に入れる; かける; 誓う.

gage[2] =gauge.

gage[3] *n.* =greengage.

gág·er [géidʒər] =gauger.

gág·gle [gǽgl] *vi.* 〈ガチョウなどが〉ガーガー鳴く. ── *n.* ガチョウの群れ; があがあ騒ぎたてる連中.

***gái·e·ty** [géiəti] *n.* **1** 陽気, 愉快. **2**《服装などの》はなやかさ, はで. **3** (*pl.*) 歓楽, 娯楽, にぎわい. [<gay]

***gái·ly** [géili] *ad.* **1** 陽気に, 快活に. **2** はなやかに; はでに.

‡**gain** [gein] *vt.* **1** 得る, 獲得する, 《競争して》かち取る: ～ information 情報を手に入れる. ～ a reputation 名声を博する. ～ a victory 勝利をおさめる. **2**〈努力・善行などが〉もたらす, 与える: His conduct ～*ed* him much praise. 彼の行為は彼に多大の賞賛をもたらした. Such work ～*s* police the respect and support of the community. このような活動によって警察は地区社会の人々の尊敬と支持を獲得する. **3** かせぐ, もうける: ～ one's living 生活費を得る. ～ a lot by a deal 取引でたっぷり利益を得る. **4**〈重さ・速度などを〉増す: I've ～*ed* three pounds. 3ポンド体重が増した. **5**〈とけいが〉進む: ～ five minutes a day 1日に5分進む. **6** に到達する: ～ the other side 向こう側に達する.
── *vi.* **1** 増大する, 増進する, 向上する: ～ *in* health 健康が増す. **2** 利益をおさめる, 得をする: ～ by contrast 対照によって引き立つ.
～ *face* 顔を売る, 勢力をもつ. ～ *ground* 地歩を進める〔拡大する〕, 勢力を増す. ～ *on* (*upon*) (1) をかけ離す: ～ *on* a competitor 競争相手を引き離す. (2) に迫る: ～ *on* a ship 船に近づく. (3) を浸食する: ～ *on* the sea 海を浸食する(=～ ground *on* the sea). (4) …にだんだんと気に入る, に取り入る: music that ～*s on* the listener 聞く人がしだいに好きになる音楽. ～ *on* another's heart 人の気に入る. (5) をとりこにする: A bad habit ～*s on* me. 私は悪い習慣に陥りかかっている. ～ *over* 味方に引きつける, 〈相手を〉説き伏せる, 味方にする. ～ *the day* (*battle*) 勝利をおさめる. ～ *time* 時をかせぐ; わざと時間を延ばす; 《早く終えて》時間の余裕をもつ.
── *n.* **1** 利益, 利得; (しばしば *pl.*) もうけ, 実入り: Ill-gotten ～*s* seldom prosper. 悪銭身につかず. **2**《価値・健康・重量などの》増加, 増大; 付加分〔物〕, つけたし《*to*》. **3** 利得《増幅器の入力に対する出力の割合》. ***No*** ～***s without pains.*** 〘諺〙労せずば効なし. ～ **control** 〘電〙利得制御〔調節〕.
◇ ～**·a·ble** *a.* ～**·less** *a.* もうからない.

gáin·er [géinər] *n.* **1** 利得者, 獲得者; 勝者. **2**〘水泳〙逆とんぼ返り《飛び込みの一種》. *come off a* ～ 勝利者となる.

gáin·ful [géinf(u)l] *a.* **1** 利益のある, 有利な; 〘米〙有給の《職業など》. **2** 金もうけに熱心な.
◇ ～**·ly** [-fuli] *ad.*

gáin·ings [géiniŋz] *n. pl.* かせぎ高, 収益; 賞金.

gáin·ly [géinli] *a.* 《態度・動作など》美しい, 優美な.

gain·sáy [geinséi] *vt.* (**-sáid** [-sé(i)d], 〘稀〙**-sáyed** [-séid]) 否定する, 反駁(はんばく)する: There is no ～*ing* her honesty. 彼女が正直なことは否定できない. ◇ ～**·er** *a.* ～**·ing** *n.*

gainst, 'gainst [genst, ㊥⁺geinst] *prep.* 〘雅〙=against.

gait [geit] *n.* 歩きぶり, 足どり; 〘米〙《馬の》足並み. ── *vt.* に足並みを教え込む.

gái·ter [géitər] *n.* (通例 *pl.*) きゃはん; 〘米〙深ぐつ《両側に細長いゴム布がはさんである》.

gal [gæl] 〘俗〙=girl.

Gal. Galatians. **gal.** gallon(s).

gá·la [géilə, gɑ́ːlə, ㊥⁺gǽlə] *n.* **1** お祭り, 祝祭. **2** 飾り立て; 晴れ着. ── *a.* 祝祭の; お祭り騒ぎの, 晴れがましい. *in* ～ 晴れ着姿で. ～ **day** 祝祭日.

ga·lác·tic [gəlǽktik] *a.* 乳(汁)の; 〘天〙銀河の.

ga·lác·tose [gəlǽktous] *n.* 〘化〙ガラクトース, 乳糖.

Gál·a·had [gǽləhæ̀d] *n.* ガラハッド《Arthur 王の

円卓騎士のひとり》; 高潔の士.

gál·an·tìne [gǽlənti:n] *n.* ガランティン《子牛・鶏などの白肉でつくった料理. 冷やして供される》.

ga·lán·ty [gəlǽnti] **～ *show*** 影絵の無言劇; 外見だけはなやかな見せ物.

gàl·a·té·a [gæ̀lətí:ə/-tíə] *n.* 白地に青しま入りの上等綿布《婦人・子ども用服地》. 「国家」.

Ga·lá·tia [gəléiʃə, -ʃiə] *n.* ガラテア《小アジアの古代

Ga·lá·tian [-n] *a.* ガラテア(人)の. ―― *n.* ガラテア人; (*pl.*) 〘聖〙ガラテヤ書.

gál·ax·y [gǽləksi] *n.* **1** (the G～) 〘天〙銀河, 天の川 (the Milky Way). **2** きらびやかな一団: a ～ of beauty [beauties] 美女麗人の群れ.

gál·ba·num [gǽlbənəm] *n.* ガルバナム《一種のゴム質樹脂》, 楓子香(ふうしこう), 阿魏(あぎ).

‡**gale**[1] [geil] *n.* **1** 疾風, 強風; 〘海〙あらし. **2** 〘雅〙微風. **3** だしぬけの音: a ～ of laughter わっと起こる笑い, 爆笑. **4** 興奮〔歓喜〕のうず.

[類] → **storm**「あらし」, → **wind**「風」

gale[2] *n.* 〘植〙ヤチヤナギの一種.

ga·lée·ny [gəlí:ni] *n.* 〘鳥〙ホロホロチョウ. 「ら」.

Gá·len [géilin] *n.* 〘笑〙医師《ギリシアの名医の名か

ga·lé·na [gəlí:nə] *n.* 〘鉱〙方鉛鉱.

ga·lé·nite [gəlí:nait] =galena.

Gàl·i·lé·an [gæ̀lilí:ən] *a.* ガリラヤの. ―― *n.* ガリラヤ人; キリスト教徒; (the ～) イエス=キリスト.

Gál·i·lee [gǽlili:] *n.* **1** ガリラヤ《パレスチナ北部地方》. **2** (g～) 〘建〙《教会堂の》玄関, 礼拝堂. ***the Sea of ～*** ガリラヤ湖.

Gàl·i·lé·o [gæ̀lilí:ou/-léiou, -lí:-] *n.* ～ Galilei [-ˌ-léi], 1564–1642, イタリアの天文学者・物理学者.

gál·in·gale [gǽlingèil/-liŋ-] *n.* 一種のショウガ科植物の根; カヤツリグサの一種《イギリス南部産》.

gál·i·ot [gǽliət] *n.* 帆とかいで動かす小型ガレー船《昔地中海で用いられた》; オランダの小型商〔漁〕船.

gál·i·pot [gǽlipɑ̀t/-pɔt] *n.* 松やにの一種.

gall[1] [gɔ:l] *n.* **1** 胆汁(たんじゅう)《特に牛などの動物の》; 胆のう, 肝(きも). **2** 苦いもの; 苦味. **3** 毒々しさ, 苦々しさ; 遺恨. **4** 〘米俗〙ずうずうしさ: have the ～ to (do) ずうずうしくも…する. ***dip one's pen in ～*** 毒筆をふるう. ***～ and wormwood*** 怨恨(えんこん). ***in the ～ of bitterness*** 〘聖〙《神を無視して》辛い目に会って. **～ bladder** 胆のう. **～ duct** [**passage**] 胆管. **～·stone** [ˊ-ˋ] 〘医〙胆石.

gall[2] *vt.* **1** すりむく. **2** いらだたせる, おこらせる. ―― *n.* **1** すり傷, 赤むけ《馬の背などの》. **2** いらだち, 怒り; しゃくのたね. ◇ **～·ing** *a.* いらだたせる, 悩ます.

gall[3] *n.* 虫こぶ, 五倍子(ふし), 没食子(もつしょくし) (=gallnut)《虫が木につくるこぶ. インク製造用》. ―― *vt.* 五倍子液に浸す. **～·fly** → 別項. **～·nut** → 別項.

‡**gál·lant** [gǽlənt] *a.* **1** 雄々しい, 勇ましい, 武俠(ぶきょう)の. **2** 堂々たる, りっぱな, 美々しい. **3** 華美な, 華麗な. **4** 親切な, いんぎんな《特に婦人に対して》. **5** [gəlǽnt, gǽlənt] 恋愛の, 色事の. ***the honorable and ～ member*** 《イギリス議会で》軍人出身議員の呼称. ―― [gǽlənt, gəlǽnt] *n.* **1** 雄々しい人, 武俠の人. **2** だて男, しゃれ者. **3** 婦人に親切な男; 色男. **4** 情人. ―― *v.* [gəlǽnt, gǽlənt] *vt.* 〈婦人に〉親切にする, に付き添う. ―― *vi.* 色男気どりでつきまとう《に, と *with*》.

◇ **～·ly** *ad.* **1** [gǽləntli] 勇敢に, 雄々しく. **2** [gəlǽntli, gǽləntli] 優しく, いんぎんに.

gál·lant·ry [gǽləntri] *n.* **1** 勇敢, 勇気, 雄々しさ. **2** 勇敢な行為; 武功. **3** (婦人に対する) いんぎんなことば〔行ない〕; 女性への献身. **4** 恋のしぐさ; 情事. **5** 〘古〙美々しさ, 華麗.

gál·le·ass, gál·li·ass [gǽliæ̀s, -liəs] *n.* ガレアス船《昔地中海で用いられた三檣(さんしょう)の軍艦》.

gál·le·on [gǽliən, -ljən] *n.* ガリオン船《昔スペインがアメリカ貿易に用いた大型軍艦》.

‡**gál·ler·y** [gǽl(ə)ri] *n.* **1** 画廊, 美術館 (=picture ～); 陳列室, 展覧場; 《集合的》展覧美術品. **2** 回廊, 柱廊. **3** 《柱でささえられた》露台; 〘米〙縁側, ベランダ. **4** 《教会・会館などの高く張り出した》さじき; 《国会などの》傍聴席. **5** 〘劇場〙天井さじき《劇場の最も安い席》; 大向こう; (the ～) 《集合的》大向こうの連中, (一般) 観客; ミーハー族; 低俗な趣味. **6** 細長いへや; 写真撮影所: a shooting ～ 室内射撃練習場. **7** 《昔の船の》船尾展望台. **8** 〘築城〙地下道; 〘鉱山〙坑道. **9** ランプのほや受け; たな, 陳列台の手すり. ***bring down the ～*** 大向こうをうならせる. ***play to the ～*** 大向こうを目当てに演ずる; 俗受けをねらう. ***Stranger's G～*** 〘英〙(議会の) 傍聴席. ***the National G～*** 《ロンドンの》国立美術館. ―― *vt.* に～を設ける.

～ hit [**shot, stroke**] 人気取り, 場当たり.

◇ **～·ful** [-fùl] *n.* 画廊いっぱいの分量: a ～*ful* of 画廊いっぱいの. **-ied** *a.* ～のある.

gál·ler·y·ite [gǽl(ə)riàit] *n.* 天井さじきの見物人.

gál·ley [gǽli] *n.* **1** ガレー船《昔どれいなどにこがせたかいのある帆船》. **2** 古代ギリシア〔ローマ〕の軍艦. **3** 大型ボート, 艦長乗用艇. **4** (船中の) 調理室. **5** 〘印〙棒組み; ゲラ刷り (=～ proof). **6** 机の上面の飾りわく. **～ slave** ガレー船をこぐどれい〔囚人〕; 苦役者. **～-west** [-wèst] 〘米俗〙徹底的に (やられて).

gáll·fly [gɔ́:lflài] *n.* 〘虫〙タマバチ.

gál·liard [gǽljərd] *n.* 軽快な2人舞踊(曲)《16–17世紀ローマで流行した》.

gál·li·ass =galleass.

gál·lic [gǽlik] *a.* 五倍子(ふし)の, 没食子(もつしょくし)性の. **～ acid** 没食子酸. 「フランスの.

Gál·lic [gǽlik] *a.* 古代ゴール (Gaul) の; ゴール人の;

Gál·li·can [gǽlikən] *a., n.* **1** 古代ゴール〔古代フランス〕の. **2** フランスのカトリック教会の(信者), ガリカン主義の(人)《19世紀にフランス教会を教皇権から独立させようとした》. ◇ **～·ism** *n.* ガリカン主義.

Gál·li·ce [gǽlisi, -si:] *ad.* フランス語で.

gál·li·cism [gǽlisiz(ə)m] *n.* (または G～) 慣用フランス語法; フランス(語)風; フランス語式熟語.

gál·li·cize [gǽlisàiz] *vt., vi.* (または G～) フランス風にする〔なる〕; フランス語風にする〔なる〕.

gàl·li·gás·kins [gæ̀ligǽskinz] *n. pl.* **1** ゆるやかなズボン《16–17世紀ごろの》. **2** 〘笑〙だぶだぶのズボン. **3** 〘英方〙皮のきゃはん.

gàl·li·máu·fry [gæ̀limɔ́:fri] *n.* **1** 寄せ集め, ごたまぜ. **2** ごった煮.

gàl·li·ná·ceous [gæ̀linéiʃəs] *a.* 〘鳥〙ジュンケイ類の《キジ・ウズラなど》. 「きな虫, 大蚊.

gál·li·nìp·per [gǽlinìpər] *n.* 〘米話〙人を刺す大

gál·li·nule [gǽlin(j)ù:l/-nju:l] *n.* 〘鳥〙バン.

Gál·li·o [gǽliòu] *n.* 〘聖〙分担以外の責任をのがれる人〔役人〕《使徒行伝 18: 17》.

gál·li·ot =galiot.

gál·li·pot[1] [gǽlipɑ̀t/-pɔt] *n.* **1** 陶製の小つぼ; 薬つぼ. **2** 薬種商.

gál·li·pot[2] =galipot. 「号 Ga》.

gál·li·um [gǽliəm] *n.* 〘化〙ガリウム《金属元素. 記

gál·li·vant [gǽlivæ̀nt, ˌ-ˋ] *vi.* 遊び歩く; ぶらつ

gáll·nut [gɔ́:lnʌ̀t] *n.* 虫こぶ (gall[3]). 」く.

Gallo-「French」の意の語形成要素.

Gàl·lo·má·ni·a [gæ̀loméiniə] *n.* フランス狂〔かぶれ〕. ◇ **-ac** [-niæ̀k/-æk] *n.* フランスかぶれの人.

‡**gál·lon** [gǽlən] *n.* ガロン《容量の単位; 4 クォート》. ***imperial ～*** イギリスガロン《4.546 *l*》. ***wine ～*** アメリカガロン《3.785 *l*》. 「織り込んだ》.

gal·lóon [gəlú:n] *n.* 打ちひも《しばしば金糸・銀糸を

‡**gál·lop** [gǽləp] *n.* **1** ギャロップ《馬などが一歩ごとに四つ足とも地上から離す最大速度の駆け足》; 疾駆. **2** 急速度, 急調. **(*at*) *full ～*** =***at a ～*** 全速力で. ―― *vi.* **1** 馬を疾駆させる. **2** 〈馬が〉疾駆する. **3** 大急ぎで行く〔進む, 過ぎる〕; ぐんぐん進行する. **4** 大急ぎで読む〔述べる〕《を *over, through*》. ―― *vt.*

G

〈馬を〉疾駆させる.

◇ **~·er** *n.* 1 ~する人; ~する馬. 2 〘軍〙副官. 3 軽野砲. **~·ing** *a.* 《病気が》急速進行性の: *~ing* consumption 奔馬性肺結核.

gàl·lo·páde [gæləpéid] *n.* ガロペード《急調のハンガリーダンス》. —— *vi.* ガロペードを踊る.

Gál·lo·phil [gǽlofil] *n.* フランスびいき, 親仏家.

Gál·lo·phobe [gǽlofòub] *n.* フランスぎらいの人; 恐仏病者. ◇ **Gàl·lo·phó·bi·a** [gælofóubiə] *n.* フランスぎらい, 恐仏病.

Gál·lo·way [gǽləwèi] *n.* 1 ギャロウエー馬《スコットランド Galloway 原産の荷馬》. 2 ギャロウエー牛《食肉用》.

gál·lows [gǽlouz] *n.* (*pl.* ~, ~·es [-ziz]) 1 絞首台; 絞首刑. 2 《絞首台状の》物掛け, 掛け具. ***cheat the ~*** うまく絞首刑をのがれる. ***come to [die on] the ~*** 絞首刑になる. ***have a ~ look = have the ~ in one's face*** 絞首刑になりそうな人相をしている. **~ bird** 〘話〙《絞首刑に価する》極悪人. **~ tree** 絞首台.

gál·lows·es [gǽləsiz] = galluses.

gáll·stone [gɔ́:lstòun] *n.* 〘医〙胆石.

Gál·lup [gǽləp] *n.* George H. ~, 1901– , アメリカ世論研究所の所長. **~ poll** ギャラップ世論調査.

gál·lus·es [gǽləsiz] *n. pl.* 〘米俗〙ズボンつり.

ga·lóot [gəlú:t] *n.* 〘米俗〙とんま, 薄のろ.

gál·op [gǽləp] *n.* ガロップ《四分の二拍子の活発な舞曲の一種》; その踊り.

ga·lóre [gəlɔ́:r/-lɔ́:] *ad.* たくさんに, ふんだんに. ***with beef and ale ~*** ごちそうを山のように.

ga·lósh [gəlɑ́ʃ/-lɔ́ʃ] *n.* (通例 *pl.*) オーバーシューズ.

gals. gallons.

Gáls·wor·thy [gɔ́:lzwə̀:rði, gǽlz-] *n.* John ~, 1867–1933, イギリスの小説家・劇作家.

ga·lúmph [gəlʌ́mf] *vi.* 〘話〙意気揚々と歩く.

gal·ván·ic [gælvǽnik] *a.* 1 〘電〙動電気の; 電流の[による]. 2 化学反応で電流を起こす. 3 けいれん的な, ひきつれた: a ~ smile 不自然な笑い.
~ battery [cell] 電池. **~ belt** 《医療用の》電気帯. **~ current** 直流. **~ electricity** 動電気. **~ pile** 電堆(でんたい).
◇ **-i·cal·ly** *ad.* 動電気によって; けいれん的に.

gál·va·nism [gǽlvəniz(ə)m] *n.* 1 動[流]電気《化学反応で起こる電気》. 2 動[流]電気学. 3 〘医〙電気療法.

gál·va·nize [gǽlvənàiz] *vt.* 1 に電気をかける. 2 《電流を通じたように》急に驚かす; 急に活動させる. 3 〈鉄を〉亜鉛でめっきする. ***~d iron*** 亜鉛鉄, トタン.
◇ **gàl·va·ni·zá·tion** [gælvənizéiʃ(ə)n/-naiz-] *n.* ~すること; 電気治療.

gàl·va·nóg·ra·phy [gælvənɑ́grəfi/-nɔ́g-] *n.* 電気製版術.

gàl·va·nóm·e·ter [-nɑ́mitər/-nɔ́m-] *n.* 検流計. ***ballistic ~*** 〘物〙衝撃検流計. ◇ **-try** *n.* 電流測定(法). **gàl·va·no·mét·ric** [-nométrik] *a.*

gàl·va·no·plás·tics [-noplǽstiks, (米)⁺gælvǽno-] *n. pl.* 《単数扱い》電気製版術; 電気めっき法.

gál·va·no·scope [gǽlvənoskòup, (米)⁺gælvǽn-] *n.* 検流[検電]器.

gam[1] [gæm] *n.* 1 鯨の群れ. 2 《捕鯨船間の》社交的訪問; 交際. —— *vt., vi.* 1 《鯨の群れのように》群がる. 2 〈捕鯨船員が〉社交的訪問をする, と交歓する.

gam[2] *n.* 〘米俗〙足《特に女の》.

Gá·ma [gǽmə/gɑ́:-] *n.* Vasco da ~, 1469?–1524, ポルトガルの航海者.

gàm·báde [gæmbéid] = gambado.

gàm·bá·do [gæmbéidou] *n.* (*pl.* ~(e)s) 1 馬の跳躍. 2 悪ふざけ. 3 くらに固定した長ぐつ[きゃはん]. 4 長いきゃはん.

Gám·bi·a [gǽmbiə] *n.* (the ~) ガンビア《西アフリカにあるイギリス連邦内の独立国》.

gám·bier [gǽmbiər] *n.* ピンロウ膏(こう), ガンビールあせん薬《収斂(しゅうれん)剤》.

gám·bit [gǽmbit] *n.* 〘チェス〙さし始めの手《歩(ふ)などを捨てごまにする》; 手始め《取引などの》.

*__gám·ble__ [gǽmbl] *vi.* 1 賭博(とばく)をする; かけをする《に *on*》. 2 投機をする. 3 一かばちかの冒険をする. —— *vt.* 賭博で失う《*away*》. ***~ at cards*** かけトランプをする. ***~ in stocks*** 投機株をやる. ***~ on*** …にかける; 〘俗〙…にたよる, を確信する.
—— *n.* 1 賭博, ばくち. 2 〘話〙投機; 冒険, やま. ***on the ~*** ばくちを打って, 賭博して.
◇ **~r** *n.* 賭博者, ばくち打ち. **~·some** *a.* ばくちが好きな. **-bling** *n.* 賭博.

gam·bóge [gæmbóudʒ, -bú:ʒ/-bú:ʒ] *n.* 〘絵の具〙ガンボージ, 雌黄, クチナシ色.

gám·bol [gǽmb(ə)l] *n.* はね回り, ふざけ《子ども・子羊などの》. —— *vi.* (-l-, (英) -ll-) はね回る, ふざける.

gám·brel [gǽmbrəl] *n.* 1 《馬の》くるぶし関節, 飛節. 2 馬脚状の鉄かぎ《獣肉をつるす》. 3 〘建〙駒形切妻(きりづま)屋根, マンサード屋根 (= (米) ~ roof).

†**game[1]** [geim] *n.* 1 遊戯, 遊び: children's ~s 子どもの遊び. 2 競技, 勝負ごと. 3 (一)試合, (一)勝負: a baseball ~ 野球の試合. a ~ of tennis [cards] テニスの競技[トランプの勝負]. a drawn ~ 引き分け. no ~ 〘野球〙無効試合. a rubber of three ~s 3回勝負. a ~ of chance 運まかせの勝負. 4 (*pl.*) 競技会: the Olympic ~s オリンピック大会. the G~s of New Emerging Forces 新興国競技大会. 5 《勝利に必要な》勝ち点: Five points is [are] the ~. 5点で勝ちだ. 6 《勝負の》形勢[終局]: How goes the ~? 形勢はどうだ. The ~ is yours. きみの勝ちだ. 7 勝負の進め方; やり方, 行為, 手段: play a fair ~ 正々堂々と戦う. That's not the ~! それは正しいやり方ではない. 8 (しばしば *pl.*) やり口; 策略; たくらみ: the same old ~ 例のやり口. None of your little ~s! そんな手はくわぬぞ. I wish I knew what his ~ is. 彼の魂胆が知りたいものだ. 9 追求物, 目的. 10 遊び道具, おもちゃ. 11 慰み, 冗談: speak in ~ ふざけて言う. 12 《集合的》猟の獲物《獣・鳥など》, その肉: forbidden ~ 禁鳥, 禁獣. 13 元気, 闘志.
beat at a person's ***own ~*** 相手の得意の手でやっつける. ***be on [off]*** one's ***~*** 《競技者・馬などの》調子がよい[悪い]. ***big ~*** 大猟獣《ライオン・象など》; 大物. ***called ~*** 中絶試合. ***close ~*** 互角の勝負. ***con ~*** 取り込み詐欺. ***fair ~*** 猟鳥[獣]; 正当な目的. ***fly at high ~*** 高い望みをいだく. ***give*** a person ***a ~*** (人に)負けてやる. ***Here's a ~.*** 冗談言ってらあ. ***It's all in the ~.*** 規則に別にはずれてはいない; うまくいかなくても観念するんだ. ***make ~ of*** をからかう, をばかにする. ***play a dangerous ~*** 危険な芝居をうつ. ***play a deep ~*** ふかくたくらむ. ***play a double ~*** 表裏ある手段を弄(ろう)する. ***play a good [poor] ~*** うまい[へまな]試合をやる. ***play a losing [winning] ~*** 勝つ見込みのない[ある]勝負をする; 損な[得な]ことをする. ***play another's ~ = play the ~ of another*** 無意識に他人の利益になるようなことをやる. ***play a waiting ~*** ゆっくり機会を待つ. ***play the ~*** 〘話〙公明正大な試合をする; りっぱにふるまう. ***spoil the ~*** だいなしにする. ***the ~ of war [politics]*** 戦[政]略. ***Two can play at that ~. = That's a ~ two people can play.*** その手はくわぬぞ; こっちだって手があるぞ.
—— *a.* 1 狩猟の, 猟鳥[獣]の; 魚つり(用)の. 2 《闘鶏のシャモのように》勇敢な, 元気旺盛(おうせい)な. 3 勇んで…する, …する気がある《*for*; *to* (do)》. ***die ~*** 最後まで戦う, 壮烈な死を遂げる.
—— *vi.* 勝負事をする, かけ事をする: ~ deep 大勝負をやる. —— *vt.* かけ事で失う《*away*》.
~ bag 獲物袋. **~ ball** ゲームボール《あと1点で勝負が決まる》. **~ bird** 猟鳥. **~·cock** [ˊˋ]

闘鶏, シャモ. ～ **egg** シャモの卵. ～ **fish** つり魚. ～ **fowl** 狩猟鳥; シャモ. ∸**·kèep·er**〘英〙猟場番人. ～ **laws**〔**act**〕狩猟法. ～ **licence** 狩猟鑑札. ～ **point** ゲームポイント, 決勝点《その1点で勝負が決まる》. ～ **preserve** 禁猟区. ～ **room** 娯楽室《チェス・トランプなどをやる》. ∸**s·man·ship** [∸–∸] (反則にはならないが) きわどい〔きたない〕やり方. ～ **theory** ゲーム理論《不確定な要素のある中から最大の効果を上げ損失を最小にするための数学的理論》. ～ **warden** 狩猟監視官. ◇ ∸**·ly** *ad.* シャモのように; 勇敢に. ∸**·ness** *n.* 不屈, 勇気.

(類義語) **遊戯: game** 知能を使い, しばしば相手のある, また相手を予想した遊び. **sport** ふるまう, 戯れる→自分の利益追求を離れて楽しむために (主として身体を使って) 遊ぶこと. ここから「気まぐれ」の意も出てくる: to be the *sport* of circumstances 環境の変化に翻弄(ほんろう)される. **play** 知能の遊びにも身体の遊びにも用いる. 無責任な自由さが暗示される: the *play* of fancy 空想の戯れ. game に比べ表にあらわれた動作・技術に焦点がある. したがって「芝居」は game でなく play である. また日本語で「このハンドルに遊びがある」という「遊び」も play でよい. **amusement** 時をたいくつさせないで過ごさせるもの→遊戯. **pastime** 時を過ごすため慰みに行なうもの→遊戯.

game² *a.* 〘話〙《手足など》不具の; 傷ついた.

gáme·some [géimsəm] *a.* ふざけ好きの, 陽気な; 浮かれ騒ぐ. ◇ ～**·ly** *ad.* ～**·ness** *n.*

gáme·ster [géimstər] *n.* 賭博(とばく)者, ばくち打ち.

gám·ete [gǽmiːt, –∸, ㊥⁺gəmíːt] *n.* 〘生〙配偶子.

ga·mé·to·phyte [gəmíːtəfàit] *n.* 〘植〙配偶体.

gám·ic [gǽmik] *a.* 〘生〙性の.

gam·in [gǽmin/-mæ̃] F. *n.* 浮浪児.

gám·ing [géimiŋ] *n.* 賭博(とばく), ばくち.
～ **house** 賭博場.

gám·ma [gǽmə] *n.* **1** ギリシア語アルファベットの第3字《Γ, γ. ローマ字の G, g に当たる》; 第3のもの. **2**〘虫〙ガの一種. **3** (*pl.* ～)〘物〙ガンマ《重さの単位. 100万分の1g》. ～ **rays**〘物〙ガンマ線.

gam·má·di·on [gəméidiən, -ən/-ɔn] *n.* (*pl.* **-a** [-diə]) =fylfot. [＜Gk.]

gám·mer [gǽmər] *n.* 〘英〙老婆, ばあさん.

gám·mon¹ [gǽmən] *n.* 〘英〙でたらめ; ごまかし. ―― *vt., vi.* ごまかす. ―― *int.* ばかな!

gám·mon² *n.* ベーコンの下腹〔わき腹〕肉; 薫製ハム. ―― *vt.* 〈豚肉を〉塩づけ〔薫製〕にする.

gám·mon³ *n.* 《西洋すごろくで2番勝ちの》完勝; 西洋すごろくの勝負. ―― *vt.* に完勝する.

gamo- 「生殖結合」「結婚」の意の語形成要素.

gàm·o·gén·e·sis [gæ̀mədʒénisis] *n.* 〘生〙両性〔雌雄〕生殖.

gàm·o·pét·al·ous [gæ̀məpét(ə)ləs] *a.* 〘植〙合弁(花)の. ｢片がくの.

gàm·o·sép·al·ous [gæ̀məsép(ə)ləs] *a.* 〘植〙合

gamp [gæmp] *n.* 〘英話〙ぶかっこうな大形こうもりがさ《Dickens の作中人物の名から》.

gám·ut [gǽmət] *n.* **1**〘楽〙全音階; 音域; 長音階. **2**《物事の》全範囲. **3**〘楽〙《中世音階の》最低音.

gám·y [géimi] *a.* **1**《森林などが》獲物に富む. **2**《猟鳥〔獣〕の肉が》臭みがある《わずかに腐敗しかけて美味》. **3** 元気な, 負けん気の.

gán·der [gǽndər] *n.* **1** ガチョウの雄 → goose. **2** ばか, まぬけ. **3**〘俗〙見ること: take a ～ ひと目見る.

Gán·dhi [gáːndi, -diː, gǽn-] *n.* Mohandas Karamchand [mòuhəndáːs-kʌ̀rəmtʃʌ́nd-] ～, 1869–1948, インド解放運動の指導者. ◇ ～**·ism** [-iz(ə)m] *n.* ガンジー主義《非暴力消極的抵抗主義》.

‡gang¹ [gæŋ] *n.* **1** 一団, 一群; 《労働者・囚人などの》一隊. **2**《悪漢などの》一味, 暴力団, ギャングの一団《ひとりのギャングは a gangster》. **3**〘俗〙連中, やつら; 〘米〙(子どもの) 遊び仲間. **4** 組み合わせ道具, 道具セット; 連動装置.
―― *vi.* 集団をつくる, 集団として行動する《*up*》.
―― *vt.* **1** 組に編成する. **2**〘米話〙集団で襲う. **3**〘米〙〈道具などを〉組み合わせる.
～ ***up on***〘米俗〙に団結して対抗する, を集団で襲う. ～ ***up to*** (do)〘米俗〙集団で…する.
∸**·board** [∸∸], ∸**·plank** [∸∸] 渡し板《船と埠頭(ふとう)をつなぐ》. ∸**·bùst·er** ギャング退治の警官. ∸**·plow** [∸∸] 連動〔複式〕すき. ∸**s·man** [-zmən] 親方, 職工長. ◇ ∸**·er** *n.* =gangsman.

gang² *vi.* 〘スコットランド〙行く; 歩く. ～ ***agley*** 曲がって行く, 誤る. ～ **one's *ain gait*** 自分の思いどおりに行動する《ain=own》.

Gán·ges [gǽndʒiːz] *n.* (the ～) ガンジス川《インド北部よりベンガル湾に注ぐ大河》.

gán·gling [gǽŋgliŋ] *a.* ひょろ長い; まのぬけた.

gán·gli·on [gǽŋgliən] *n.* (*pl.* **-a** [-gliə], **-ons**) **1**〘医・動〙神経節〔球〕; 〘医〙ガングリオン, 腱鞘瘤(けんしょうりゅう). **2**《力・活動などの》中心. ～ **cell** 神経節細胞.

gán·gly [gǽŋgli] =gangling.

gán·grene [gǽŋgriːn, ㊥⁺–∸] *n.* **1**〘医〙壊疽(えそ), 脱疽. **2** 腐敗〔堕落〕の源. ―― *vt.* に壊疽を生じさせる; 腐らせる. ―― *vi.* 壊疽にかかる; 腐る.

gán·gre·nous [gǽŋgrinəs] *a.* 〘医〙壊疽の, 脱疽の; 腐った.

***gáng·ster** [gǽŋstər] *n.* 〘米話〙ギャング, 悪党. ◇ ～**·dom** *n.* ギャングの社会, 悪党仲間. ～**·ism** [-stəriz(ə)m] *n.* ギャング行為.

gangue [gæŋ] *n.* 〘鉱〙母岩, 脈石.

gáng·way [gǽŋwèi] *n.* **1** 通路, 出入口. **2**《船の》タラップ, 舷門(げんもん); 渡り板《建築現場などの》. **3**〘英〙《劇場・食堂・バスなどの座席間の》通路; 《イギリス議会で幹部議員席と平議員席との間の》通路. **4**〘鉱山〙主坑道. **5**《水面から製材所までの》斜面, インクライン. **6**《蒸気機関車の》機関士室と炭水車との間; 《電気機関車の》側面入り口.
bring to the ～ 舷門に引き出してむち打つ《水夫の懲罰》. ***members above*** 〔***below***〕 ***the*** ～ 《イギリス議会の》幹部〔平〕議員. ***sit above*** 〔***below***〕 ***the*** ～ 《イギリス議会の》幹部席〔平議員席〕に着く.
―― *int.* どいた, どいた! (Clear the way!).
[＜OE. gang (=going)]

gán·is·ter [gǽnistər] *n.* 溶鉱炉用耐火れんがの一種《ケイ素含有石》.

gán·net [gǽnit] *n.* 〘鳥〙カツオドリの類《海鳥》.

gán·oid [gǽnɔid] *n., a.* 〘魚〙硬鱗(こうりん)魚(の).

gánt·let¹ [gǽntlit, gɔ́ːnt-/gɔ́ːnt-] *n.* 笞刑(ちけい)《2列の人々の間を歩かせて両側からむち打つ刑. 昔軍隊で行なわれた》. ***run the*** ～ 笞刑を受ける; 人々から手きびしい攻撃を受ける. ｢let¹.

gánt·let² [gǽntlit, gɔ́ːnt-, gáːnt-/gɔ́ːnt-] =gaunt-

gán·try [gǽntri] *n.* **1** 構台《移動起重機の》. **2** 跨線(こせん)橋《鉄道信号装置つき》. **3** ロケット発射台わく. **4** たる台《貯蔵所の》. ～ **crane** 高架移動起重機.

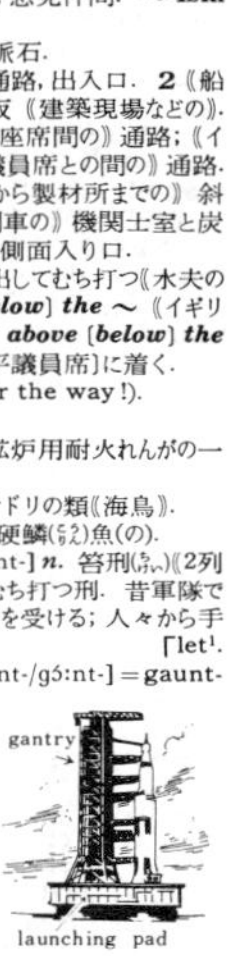

gantry ③

Gán·y·mede [gǽnimìːd] *n.* **1**〘ギ神〙ガニメデ《神々の酌(しゃく)をした美少年》. **2**〘笑〙若い給仕. **3**〘天〙ガニメデ星《木星の衛星》.

‡gaol [dʒeil] *n.* 〘英〙=jail. ◇ ∸**·er** *n.* 〘英〙=jailer.

‡gap [gæp] *n.* **1**《かきや壁などの》裂け目, 割れ目. **2** すきま, 合い間, 間隙(かんげき): a long ～ of time 長い時間の空隙. **3** 隔たり, 間隔; 《意見などの》懸隔, 相違. **4** 空所; 欠陥. **5** 峡谷, 山あい. **6**〘空〙《飛行機の》翼間隔.
bridge the ～ 間隙をふさぐ. ***close a*** ～ 隔たり

G

〔差〕を詰める, 追い迫る. ***make*** [***leave***] ***a*** ～ 間隙を生じる. ***open a*** ～ 機会を与える. ***stand in the*** ～ 身をもって防ぐ. ***supply*** [***fill, stop***] ***a*** ～ 不足を補う, 間隙をふさぐ; まにあわせをする.
—— *vt.* (**-pp-**) に割れ目〔破れ目〕をつくる.
～**·toothed** [-tù:θt, -tù:ðd] 乱ぐい歯の.
◇ ～**·less** *n.* すきまのない. ～**·py** *a.* すきまだらけの; 連絡のない; 欠陥のある.

gape [geip, [米]⁺gæp] *vi.* **1** 大口をあける; ぽかんと口をあけて見とれる. **2** あくびをする. **3** 〈地面などが〉大きく割れる, 裂ける. ～ ***after*** [***for***] をほしがる. ～ ***at*** …にぽかんと見とれる.
—— *n.* **1** 口を大きく開くこと《ぽかんと見とれるときなど》; あけた口の広さ. **2** あくび. **3** 裂け目, 割れ目. ***have the*** ～***s*** しきりとあくびをする. ***the*** ～***s*** (鳥の) 張嘴(ちょうし)病《口をあく症状の病》;〖笑〗あくびの発作.
～**·worm** → 別項. ◇ **gáp·er** *n.*

gápe·worm [géipwə̀:rm, [米]⁺gǽp-] *n.* 〖動〗気管開嘴(かいし)虫《家禽(かきん)の気管に寄生する》.

gáp·ing [géipiŋ] *a.* **1** 口をぽかんとあけている. **2**《割れ目・谷などが》大きく裂けている, 広く口をあけている.
◇ ～**·ly** *ad.* 口を大きくあけて; ぽかんと, あきれて.

gar [ɡɑ:r] *n.* (*pl.* ～**s**,《集合的》～)〖魚〗ダツ.

G.A.R. Grand Army of the Republic.

‡**ga·rage** [gərá:ʒ, -rá:dʒ/gǽrɑ:dʒ, -ridʒ] *n.* **1** (自動車) **車庫**〔修理所〕. **2**《飛行機の》格納庫.
—— *vt.* 車庫〔修理所, 格納庫〕に入れる.

Gár·and [gǽrənd, [米]⁺gərǽnd] ～ ***rifle*** 〖米〗ガランド式半自動小銃《発明者の名前から》.

garb [ɡɑ:rb] *n.* **1** 服装《国柄・職業などに特有の》. **2** 着こなし, 身なり; 衣装. **3** 外観. —— *vt.* に着せる; 装う. ～ **one*self in*** = ***be*** ～***ed in*** を身にまとう.

gár·bage [gá:rbidʒ] *n.* **1**《台所の》くず. **2** 廃物;《書物などの》くだらぬ物. ～ **can** 《台所の》ごみ容器. ～ **truck** ごみ集めトラック.

gár·ble [gá:rbl] *vt.* **1** 〈事実・記事・文書などから〉不正の選択をする《悪い意味で》. **2** 〈事実・報道などを〉歪曲(わいきょく)する, かってに変える. **3**〖稀〗精選する.

gar·çon [F. garsɔ̃, [英]⁺gá:sɔ̃] F. *n.* **1** 少年; 青年. **2**《フランスのホテルなどの》ボーイ, 給仕.

†**gár·den** [gá:rdn, [米]⁺-din] *n.* **1 庭**, 庭園: a back ～ 裏庭. a roof ～ 屋上庭園. a rock ～ ロックガーデン. **2** (おもに *pl.*) **公園**, 遊園地: botanical ～*s* 植物園. **3** 花園; 菜園; 果樹園: a kitchen ～ 自家用菜園. a market [truck] ～ 市場目的の菜園. **4** 肥沃(ひよく)地(帯). **5** (*pl.*)〖英〗…街《町名》: Sussex *G*～*s*. **6**〖米: 野球俗〗外野. ***lead*** a person ***up the*** ～ ***path*** (人を) だます, 誤り導く. ***the G***～ エピクロス (Epicurus) 学派. ***the G***～ ***of Eden*** エデンの園. ***the G***～ ***of England*** イングランド肥沃地帯《Kent, Worcestershire, the Isle of Wight など》. ***the G***～ ***of the Gods*** アメリカ Colorado Springs 市付近の珍奇な岩層地帯.
—— *a.* **1** 庭の; 庭園用の; 栽培の: a ～ trowel 移植ごて. ～ varieties 栽培種. **2** 風光の美しい.
—— *vi.* 庭をつくる; 園芸をする. —— *vt.* 庭にする; 庭として手入れする.
～ **balm** 〖植〗香木ハッカ. ～ **balsam** 〖植〗ホウセンカ. ～ **city** 田園都市. ～ **cress** 〖植〗コショウソウ《サラダ用野菜》. ～ **frame** 植物栽培用フレーム. ～ **party** 〖英〗園遊会. ～ **plot** 庭園地所. ～ **portulaca** 〖植〗マツバボタン. ～ **seat** 庭園ベンチ;〖英〗バスの2階ベンチ. ～ **spider** 〖虫〗オニグモ. **G**～ **State, the** アメリカ New Jersey 州の別称. ～ **stuff** 〖英〗(畑でとれる) 野菜 (green stuff). ～ **suburb** 〖英〗田園住宅地. ～ **tree** 庭木. → forest tree, fruit tree. ～ **truck** 〖米〗市場向け野菜; 土運び2輪車. ～ **warbler** ヨーロッパ産ウグイス科の鳥. ◇ ～**·ing** [gá:rdniŋ] *n.* 造園術, 園芸.

‡**gár·den·er** [gá:rdnər] *n.* **1** 植木屋, 園丁. **2** 園芸家. **3** 野菜つくり.

gar·dé·ni·a [gɑ:rdí:niə, -njə] *n.* 〖植〗クチナシ.

gáre·fowl [géərfàul] *n.* 〖鳥〗大ウミガラス.

gár·fish [gá:rfiʃ] *n.* (*pl.* ～**·es**, ～)〖魚〗ダツ.

Gar·gán·tu·a [gɑ:rgǽntʃuə/-tjuə] *n.* ガルガンチュア《Rabelais の同名の作品中に出てくる巨人》.
◇ ～**n** *a.* ガルガンチュアのような; 巨大な.

gár·get [gá:rgit] *n.* 《牛などの》咽喉腫瘍(いんこうしゅよう);《牛などの》乳房炎.

gár·gle [gá:rgl] *vt., vi.* うがいをする. —— *n.* うがい薬.

gár·goyle [gá:rgɔil] *n.* 〖建〗屋根の水落とし口《ゴシック建築などで鬼・怪獣の頭をかたどったもの》.

gargoyle

gàr·i·bál·di [gæ̀ribɔ́:ldi] *n.* **1** (婦人・子ども用の) ゆるい胴着《イタリアの愛国者 Garibaldi (1807–82) が率いた兵士たちの赤シャツから》. **2** 干しブドウ入りビスケット. **3**〖魚〗南カリフォルニア産の赤い小魚.

gár·ish [géə(:)riʃ/géər-] *a.* **1** ぎらぎらする. **2** けばけばしい; はでな. ◇ ～**·ly** *ad.* ～**·ness** *n.*

gár·land [gá:rlənd] *n.* **1** 花輪, 花飾り, 花〔葉〕の冠. **2**〖古〗詩集; 名文集. **3** 栄冠, 栄誉. **4**〖建〗《建物の》花飾り. **5**〖海〗綱の輪. —— *vt.* 花輪で飾る.

gár·lic [gá:rlik] *n.* **1**〖植〗ニンニク, ニラ. **2** ニンニク玉;《調理用》ニンニク.
◇ **-lick·y** [-i] *a.* ニンニク臭い〔のような〕.

‡**gár·ment** [gá:rmənt] *n.* **1 衣服** (の一品), (*pl.*) 衣服一般; (通例 *sing.*) 長上着, 外套(がいとう). **2** 外被, 外観. —— *vt.* 〖雅・稀〗に着せる.

gár·ner [gá:rnər] *n.* 〖雅〗穀倉; たくわえ.
—— *vt.* **1**〖雅〗穀倉に納める; たくわえる. **2**〖米俗〗〈得点を〉あげる.

gár·net [gá:rnit] *n.* **1**〖鉱〗ザクロ石. **2** 暗紅色.

gár·nish [gá:rniʃ] *n.* **1** 添え飾り, 装飾物. **2** 文飾, 修飾, 美辞麗句. **3** 料理の付け合わせ, つま. **4**〖法〗通告. **5**〖俗〗《新入りが払う》入会金.
—— *vt.* **1** に装飾を添える; 飾る. **2** 文飾する. **3** 〈料理に〉つまを添える. **4** の債権差し押えの通告をする. **5** 〈第三者を〉法廷に呼び出す. ***swept and*** ～***ed*** すっかりきれいにして飾りたてた.
◇ ～**·ment** *n.* **1** 装飾. **2** 債権差し押え通告. **3**《第三者への》出廷命令. ～**·ry** *n.* 潤色.

gàr·nish·ée [gɑ̀:rniʃí:] *vt.* **1** 〈債権物件を〉差し押える. **2** に差し押えを通告する. —— *n.* 〖法〗差し押え通告を受けた人.

gár·ni·ture [gá:rnitʃər] *n.* **1** 装飾; 装飾物; 衣装. **2**《料理の》付け合わせ. **3**〖法〗差し押え通告; 出廷命令.

ga·rótte = garrote.

gár·ret [gǽrit, -rət] *n.* **1** 屋根裏べや (attic); 最上階; みすぼらしい小べや. **2**〖俗〗頭: He has his ～ unfurnished. 彼は頭がからっぽだ. ***from cellar to*** ～ = ***from*** ～ ***to kitchen*** 家じゅう. ***like a cat in a strange*** ～《借りてきたネコのように》びくびくして. ***wrong in the*** ～ 頭が狂って. —— *vt.* 〖建〗〈土台の粗石積みに〉小石を詰める.
～ **master** 自立の職人《独立して営業している》.
◇ **gàr·ret·éer** [gæ̀rətíər] *n.* 屋根裏の住人; 三文文士, 貧乏作家.

gár·ri·son [gǽrisn] *n.* 〖軍〗**1** 守備隊, 駐とん軍. **2** 駐とん地, 要塞(ようさい). —— *vt.* 〖軍〗**1** に守備隊を駐留させる; 守備する. **2** 〈部隊を〉駐とんさせる.
～ **town** 守備隊駐とん都市.

gar·róte, gar·rótte [gəróut, -rát/-rɔ́t] *n.* **1** スペインの絞首刑; その道具. **2** 首絞め強盗.
—— *vt.* **1** 絞首刑に処する. **2** (強奪中に) 首を絞める. ◇ **gar·rót·(t)er** *n.* 絞殺者; 首絞め強盗.

gár·ru·lous [gǽrələs] *a.* **1** おしゃべりの, 多弁な. **2**《鳥など》騒ぎたてる;《小川など》ざわめく.

◇ ～·ly *ad.* **gar·rú·li·ty** [gərú:ḷiti] *n.*

gár·ter [gá:rtər] *n.* **1** くつ下どめ. **2** (the G～) ガーター勲章《イギリスの knight 最高の勲章》. ***G～ King of Arms*** ガーター爵位局長. ***Knight of the G～*** ガーター勲爵士《略 K.G.》. ***the Order of the G～*** ガーター勲位. ── *vt.* **1** くつ下どめでとめる. **2** ガーター勲位に叙する.
～ **snake** シマヘビ《アメリカ産. 無毒》.

garth [gɑ:rθ] *n.* 〖古〗中庭, 庭, 庭園.

Gár·y [gέ(:)ri/géəri] ～ ***school system*** ゲリー学校制《実用主義を特色とするアメリカ Indiana 州 Gary 市に起こった学校組織》.

‡**gas** [gæs] *n.* (*pl.* **gás·es** [gǽsiz]) **1** ガス, 気体. **2** 〖軍〗毒ガス;〖鉱山〗爆発ガス;《歯科医などの麻酔用》笑気. **3** ガス燈. **4** 〖米話〗ガソリン. **5** 〖米俗〗腹の張り. **6** 〖俗〗むだ話. ***step on the*** ～ 〖俗〗(1) (自動車の)アクセルを踏む, スピードを出す. (2) 突然行動に出る (step on it). ***turn down the*** ～ ガス(燈)の光を細くする. ***turn on the*** ～ (せんをひねって)ガスを出す;〖俗〗気炎をあげる. ***turn out*** [***off***] ***the*** ～ (せんをひねって)ガスを止める[消す];〖俗〗ほらをやめる.
── *v.* (**-ss-**) *vt.* **1** にガスを供給する. **2** 〖米俗〗にガソリンを供給する. **3** 毒ガスで攻撃する; ガス中毒させる. **4** 〈糸などを〉ガスわくに通す《毛羽を除くために》. **5** 〖俗〗おかしがらせる; 変な気持ちにさせる. ── *vi.* **1** ガスを発散する. **2** 〖話〗むだ話をする, ほらを吹く. ***gassed yarn*** ガス糸. ～ ***up*** ガソリンをいっぱいに詰める.
～ **alarm** [**attack**] 毒ガス警報[攻撃]. ∠·**bag** [∠∸] ガス嚢(のう); 軽気球. ～ **burner** ガス火口. ～ **chamber** ガス大量死刑室《第2次大戦中ナチスが設けたもの》. ～ **coke** (ガス)コークス. ～ **field** 天然ガス発生地. ～ **fitter** ガス工夫, ガス器取り付け人. ～ **fittings** ガス器具. ～ **geyser** 〖英〗ガス湯沸かし器. ～ **helmet** ガスマスク. ∠·**hòld·er** ガスタンク. ∠·**house** [∠∸] ガス工場. ～ **jet** ガス燈口. ～ **lamp** ガス燈. ∠·**light** [∠∸] ガス燈(光). ～ **log** ガスストーブ炎管. ～ **main** ガス本管. ∠·**man** [∠∸] ガス工; ガス料金集金人;〖鉱山〗爆発ガス警戒係. ～ **mantle** ガスマントル. ～ **mask** ガスマスク. ～ **meter** ガスのメーター: lie like a ～ *meter* ひどいうそをつく. ～ **pipe,** ∠·**pipe** [∠∸] ガス管. ～ **poisoning** ガス中毒. ～ **producer** ガス発生機. ～ **range** ガスレンジ《料理用》. ～ **ring** ガスこんろ. ～ **shell** 毒ガス弾. ～ **station** 〖米〗ガソリンスタンド, 給油所. ～ **stove** ガスストーブ. ～ **tank** ガスタンク. ～ **thermometer** 気体温度計. ∠·**tight** [∠∸] ガスの漏れない, 耐ガス構造の. ∠·**works** [∠∸] 《単数扱い》ガス工場.
◇ ∠·**less** *a.* ガス[気体]のない.

gàs·a·té·ri·a [gæ̀sətí(:)riə/-tíər-] *n.* セルフサービスガソリンスタンド.

Gás·con [gǽskən] *n.* フランスのガスコーニュ (Gascony) 地方の人; (g～) ほら吹き, 自慢屋.
◇ **gàs·co·náde** [gæ̀skənéid] *n., vi.* ほら(を吹く), 大言壮語(する).

gas·é·i·ty [gæsí:ịti] *n.* ガス状[質]; ガス体, 気体.

gàs·e·líer [gæ̀səlíər] *n.* ガス燈架, 花ガス燈.

gás·e·ous [gǽsiəs, gǽz-, [英]⁺géis-] *a.* **1** ガス状[質]の, 気体の. **2** 実質のない, 空(くう)な.

gash [gæʃ] *n.* **1** (深く長い)切り傷, 深手. **2** 《地面の》割れ目, 裂け目. ── *vt.* に深手を負わせる; に深く切り込む.

gás·i·form [gǽsịfɔ̀:rm] *a.* ガス体の.

gás·i·fy [gǽsịfài] *vt., vi.* ガスにする[なる], 気化する.
◇ **-fi·a·ble** [-fàiəbl] *a.* ⁺気化しうる. **gàs·i·fi·cá·tion** [gæ̀sịfịkéiʃ(ə)n] *n.* ガス化, 気化.

gás·ket [gǽskit] *n.* **1** 〖海〗括帆索(かつぱんさく). **2** 〖機〗ガスケット, パッキング, 詰め物.

gás·o·gene [gǽsədʒì:n] ＝gazogene.

‡**gás·o·line, -lene** [gǽsəlì:n, [米]⁺∸∸∠] *n.* ガソリン, 揮発油. ～ **engine** 〖米〗ガソリン機関[自動車].

gás·o·mat [gǽsəmæ̀t] *n.* 自動ガソリンスタンド.

gas·óm·e·ter [gæsámịtər/-sɔ́m-] *n.* 〖化〗ガス計量器; ガスだめ, ガスタンク.

‡**gasp** [gæsp/gɑ:sp] *vi.* **1** あえぐ, 息を切らす; 《驚きなどで》息が詰まる[止まる]. **2** 切望する《を *after, for*》.
── *vt.* あえぎながら言う《*out*》. ～ one's ***life away*** [***out***] 息を引き取る.
── *n.* あえぎ, 息切れ; 《驚きなどで》息が止まること. ***at*** one's [***the***] ***last*** ～ 息を引き取ろうとして, 断末魔に; どたんばに. ***breathe with*** ～***s*** ハーハーと息を切らす. ***to the last*** ～ 息を引き取るまで.
◇ ∠·**er** *n.* あえぐ人; 〖英俗〗安い紙巻きたばこ.
∠·**ing** *a.* ∠·**ing·ly** *ad.* あえぎながら, 息を切らせて.

gás·ser [gǽsər] *n.* **1** ほら吹き, 大言壮語家. **2** 天然ガス井戸.

gás·sing [gǽsiŋ] *n.* **1** ガス発生. **2** ガス処理; 毒ガス攻撃. **3** 〖俗〗むだ話, おしゃべり.

gás·sy [gǽsi] *a.* **1** ガス(状)の; ガスの満ちた. **2** 自慢する, だぼらの; 実質のない.

gás·ter·o·pod [gǽst(ə)rəpɑ̀d/-pɔd] ＝gastropod.

gas·trál·gi·a [gæstrǽldʒiə] *n.* 〖医〗胃痛.

gas·tréc·to·my [gæstréktəmi] *n.* 胃切除手術.

gás·tric [gǽstrik] *a.* 胃の.
～ **juice** 胃液. ～ **ulcer** 胃潰瘍(かいよう).

gas·trí·tis [gæstráitis] *n.* 〖医〗胃炎.

gastr(o)- 「胃」の意の語形成要素.

gàs·tro·in·tés·ti·nal [gæ̀strouintéstin(ə)l] *a.* 胃腸の.

gas·tról·o·gy [gæstrálədʒi/-trɔ́l-] *n.* **1** 胃学. **2** 料理学. ◇ **-gist** *n.* 料理研究家; 食通, 美食家.

gás·tro·nome [gǽstrənòum], **gas·trón·o·mer** [gæstránəmər/-trɔ́n-], **gas·trón·o·mist** [-mist] *n.* 美食家, 食通, 食い道楽の人.

gas·trón·o·my [gæstránəmi/-trɔ́n-] *n.* 美食法, 料理法; 食い道楽. ◇ **gàs·tro·nóm·ic** [gæ̀strənámik/-nɔ́m-], **gàs·tro·nóm·i·cal** *a.*

gás·tro·pod [gǽstrəpɑ̀d/-pɔd] *n.* 腹足動物《カタツムリ・ナメクジなど》.

gás·tro·scope [gǽstrəskòup] *n.* 胃カメラ.

gás·tru·la [gǽstrụlə] *n.* (*pl.* **-lae** [-lì:], **-las**) 〖動〗嚢胚(のうはい), 腸胚.

gat[1] [gæt] *n.* 〖米俗〗ピストル, 拳銃(けんじゅう).

gat[2] *v.* 〖古〗get の過去形.

†**gate**[1] [geit] *n.* **1** 門《出入口・木戸・改札口・城門など》; 門構え; 《道路・橋などの》開閉機; 関門; 水門. **2** 狭い通路; 山峡. **3** 《比喩的》出入口, 入り口, 方法. **4** 《競技会などの》入場者数; 入場料の総額. **5** 〖聖〗法廷. **6** 《のこぎりの》刃わく. ***get the*** ～ 〖米俗〗追い出される. ***give the*** ～ 〖米俗〗退場を命ずる; 解雇する; 〈愛人を〉すてる. ***open a*** ～ ***to*** [***for***] に門戸を開く; に機会を与える. ***the*** ～ ***of horn*** [***ivory***] 〖ギ神〗まさ夢[さか夢]の出る門. ***the*** ～***(s) of the city*** 城門; 〖聖〗法廷.
── *vt.* **1** に門をつける. **2** 〖英〗〈学生に〉禁足を命ずる《大学で》. [go と同語源]
～ **bar** 門とびらのかんぬき. ～ **bill** 〖英: 大学〗門限遅刻簿[罰金]. ∠·**crash** [∠∸] *vi.* 招待されないのに押しかける. ∠·**cràsh·er** 《招待されていないのに来る》押しかけ客. ∠·**house** [∠∸] 守衛詰め所; 番小屋; 楼門. ∠·**kèep·er** 門番, 門衛; 踏切番. ～·**leg(ged) table** たたみ机. ～ **meeting** 有料競技会. ～ **money** 入場料(収入). ∠·**post** [∠∸] 門柱: between you and me and the ～*post* ごく内密に.

gate[2] *n.* 〖英方〗通り, 街《Ludgate など地名につける》.

‡**gáte·way** [géitwèi] *n.* **1** 門口(かどぐち), 出入口, 通路. **2** 成功に至る道[手段]《*to*》.

†**gáth·er** [gǽðər] *vt.* **1** 寄せ集める, 集める; ためる. **2** 〈果実・花などを〉摘み取る, 採集する;〈貝などを〉拾い集める. **3** 〈知識・情報などを〉収集する, 入手する.

4 〈精力・努力などを〉 集中する, 奮い起こす《*up*》. 5 (しだいに)増す: ～ speed 速度をあげる. 6 〖情報・兆候などから〗推量する, 推測する: I ～ that he'll be leaving. あの人はじき出発するようですよ. 7 〈スカートなどに〉ギャザーをつける; 〈すそを〉たくし上げる《*up*》. 8 〈髪を〉束ねる; 〈まゆを〉ひそめる. 9 〈人を〉抱き寄せる. 10 〖製本〗丁合いする.

—— *vi.* 1 寄り集まる. 2 ふくれあがる, しだいに増す: The tale ～*ed* like a snowball. 話は雪だるまのようにふくれあがった. The dusk was ～*ing*. 夕やみが濃くなっていった. 3 縮まる; 〈額が〉しわになる, まゆをひそめる. 4 〈できもの・傷が〉化膿(かのう)する.

A rolling stone ～s no moss. 〖諺〗ころがる石にはこけがはえない; たびたび商売変えをしては利益がない. ***be ～ed to*** one'***s fathers*** 祖先のもとに行く; 死ぬ. **～ *breath***(ようやく) 息をつく〔いれる〕. **～** one'***s brows*** まゆをひそめる. **～ *color*** 血色がよくなる. **～** one'***s energies*** 全力を出す. **～ *flesh*** 肉がつく, 太る. **～ *head*** (1) 〈あらしなどが〉激しさを増す. (2) 〈はれものが〉化膿する. **～** one'***s senses*** [***wits***] 気を落ち着ける. **～ *up*** (1) 集合する. (2) 拾い集める; 〈事柄などを〉集めまとめる. (3) 〈手足などを〉縮める. **～** one***self up*** [***together***] 全力を集中する; 勇気を奮い起こす. **～ *volume*** 大きくなる. **～ *way*** 〖海〗〈船が〉速力を増す; 動きだす.

◇ **～·a·ble** [-ðərəbl] *a.* **～ed** *a.* 1 まゆをひそめた. 2 ギャザーをつけた. **～·er** *n.*

(類義語) **集める, 集まる: gather, collect** 交換可能な語だが, collect の方がより選択・意図を暗示する. たとえば *gather* flowers といえばなんとなく花を摘むことだが, *collect* flowers はある方針に従って集める→花を収集すること, になる. **assemble** ふだんはばらばらになっているものが集まる〔を集める〕. したがって集合するものの数はあらかじめ予測されている: They were *assembled* immediately after the election. 選挙の直後彼らは集合した. →(部品を) 組み立てる.

gáth·er·ing [gǽð(ə)riŋ] *n.* 1 集まり, 会合; 群集. 2 採集, 収集. 3 集積; 集金. 4 増加, 増進: ～ of strength 健康回復. 5 化膿(かのう); うみ; はれもの. 6 (*pl.*) ギャザー. 7 〖製本〗丁合い.

～ coal [**peat**] 〖スコットランド〗《夜通しの》種火.
～ ground 水源地帯.

Gát·ling [gǽtliŋ] *n.* ガットリング砲(＝～ gun)《速射機関砲の一種. 発明者の名から》.

G.A.T.T., GATT [gæt] *n.* ガット (General Agreement on Tariffs and Trade)《関税と貿易に関する一般協定》.

gauche [gouʃ] F. *a.* 無器用な, へたな; 気のきかない.

gau·che·rie [gòuʃərí:, ⌐–⌐/⌐––] F. *n.* 無器用, へま, 不手ぎわ.

gáu·cho [gáutʃou] *n.* (*pl.* ～**s**) ガウチョ《南アメリカ, 特にアルゼンチンの草原地方のカウボーイ. スペイン人とインディアンとの混血種》.

gaud [gɔ:d] *n.* 安っぽい装飾品; (*pl.*) けばけばしい儀「式〔宴会〕.

gáud·er·y [gɔ́:dəri] *n.* 1 安ぴかのみせかけ; ひけらかし. 2 ＝gaud.

gáud·y [gɔ́:di] *a.* ぴかぴかする, けばけばしい; はでで安っぽい. —— *n.* 大祝宴《特にイギリスの大学で毎年卒業生のために催す》. ◇ **-i·ly** *ad.* けばけばしく, はでに. **-i·ness** *n.* 俗悪な美, けばけばしさ.

gáuf·fer [gɔ́:fər, ㊎⁺gáf-] *vt.* ＝gof(f)er.

gauge [geidʒ] *n.* 1 標準寸法, 規格《砲の口径・鉄板の厚さなどの》. 2 計量器, 計器《雨量計・風速計・圧力計・示潮器・流量計など》. 3 《評価・計量・検査の》手段, 方法; 《評価・判断の》尺度, 標準. 4 容量, 範囲. 5 〖鉄道〗軌間, ゲージ. 6 〖印〗ゲージ《組み版の寸法などを決めるもの》. 7 〖海〗(風と他船に対する) 船の関係位置; 喫水限度. 8 〖建〗ふき足《屋根のかわらの露出面の長さ》.

broad [***narrow***] **～** 〖鉄道〗広軌〔狭軌〕《標準軌間以上〔以下〕の軌幅》. ***get the ～ of*** の意向を探る. ***have the weather*** [***lee***] **～ *of*** 〖海〗の風上〔風下〕にある; より優位〔劣位〕にある, より有利〔不利〕だ. ***standard*** **～** 〖鉄道〗標準軌間《1.435 m》. ***take the ～ of*** を見積もる, を評価する.

—— *vt.* (～**d**; **gáug·ing**) 1 計量する, 測定する: a ～*ging* rod [rule, ruler, stick] 計算尺. 2 評価する. 3 標準の寸法に合わせる.

～ cock 験水器. **～ glass** 験水管; 水面計《容器内の水位を表示するためのガラス管》.

◇ **gáuge·a·ble** [-əbl] *a.* 計量〔測定〕できる.
gáug·er *n.* 測る人; 検量官《特に酒だるなどの》; 収税官.

Gaul [gɔ:l] *n.* ゴール(人), ガリア(人)《ゴールもしくはガリアは現在のフランスとその周辺を含む古代の地方》; 〖笑〗フランス人.

Gául·ish [gɔ́:liʃ] *a.* ゴール(人)の, ガリア(人)の; 〖笑〗フランス人の. —— *n.* ゴール語.

Gault [gɔ:lt] *n.* 〖地〗ゴールト層《南イギリスの緑砂層の間にある粘土質の中世代の地層》.

***gaunt** [gɔ:nt, ㊎⁺gɑ:nt] *a.* 1 (ひどく)やせた, やつれた; ひょろ長い. 2 荒涼とした; 無気味な, ものすごい.

gáunt·let[1] [gɔ́:ntlit, ㊎⁺gá:nt-] *n.* 1 〖史〗籠手(こて)《甲冑(かっちゅう)の》. 2 長手袋. ***fling*** [***throw***] ***down the ～*** 挑戦(ちょうせん)する. ***pick*** [***take***] ***up the ～*** 挑戦に応ずる.

gáunt·let[2] [gɔ́:ntlit, ㊎⁺gá:nt-] ＝gantlet[1].

gáun·try [gɔ́:ntri] ＝gantry.

gauss [gaus] *n.* 〖物〗ガウス《磁場の強さの単位》.

Gáu·ta·ma [gɔ́:təmə/gáu-] *n.* ゴータマ《釈迦牟尼(しゃかむに)の初名》.

gauze [gɔ:z] *n.* 1 ガーゼ, 紗(しゃ), 絽(ろ), 薄織り. 2 薄い金網. 3 薄もや.

gáuz·y [gɔ́:zi] *a.* 紗(しゃ)の(ような); 薄い.
◇ **-i·ly** *ad.* **-i·ness** *n.*

†**gave** [geiv] *v.* give の過去形. 「用いる》.

gáv·el[1] [gǽvl] *n.* 〖米〗槌(つち)《議長・競売人などが

gáv·el[2] *n.* 〖古〗年貢(ねんぐ), 租税. —— *vt.* 均分する.
～·kind [-kàind]〖英:法〗男子均分相続土地保有.

gá·vi·al [géiviəl] *n.* 〖動〗インドワニ.

ga·vót(te) [gəvát/-vɔ́t] *n.* ガボット《フランスの活発な古い舞踏の一種》; その曲.

Gá·wain [gɔ́:win, gá:-/gá:wein] *n.* ガーウェン《Arthur 王の円卓騎士のひとり. 王のおいに当たる》.

gawk [gɔ:k] *n.* のろま, 気のきかない人, はにかみ屋.
—— *vi.* 1 のろま〔まぬけ〕な行動をする. 2 〖米話〗ぽかんとながめる.

gáwk·y [gɔ́:ki] *a.* のろまな; 無器用な; 内気な.
—— *n.* ＝gawk. ◇ **-i·ness** *n.*

‡**gay** [gei] *a.* (**gáy·er**; **gáy·est**) 1 陽気な, 快活な, 浮き浮きした. 2 華美な, はなやかな: ～ colors. 3 〖婉〗放蕩(ほうとう)な. 4 〖俗〗同性愛(者)の: a ～ boy. ***lead a ～ life*** 浮いた生活を送る.

～ cat 〖米俗〗新前のやくざ〔浮浪人〕. **～ lady** 〖話〗うわ気女; (トランプの) 女王. **～ quarters** 色町, 花柳界. **～ science** 美文学; 詩, 恋愛詩.

◇ **⌐·e·ty** [-əti] *n.* ＝gaiety. **⌐·ly** *ad.* ＝gaily. **⌐·ness** *n.* **⌐·some** *a.* 陽気な.

Gáy-Páy-Oo [géipéiú:] *n.* ゲーペーウー (＝G.P.U.)《ソ連の国家政治保安部の略称. 1934年廃止》.

gaz. gazette; gazetteer.

‡**gaze** [geiz] *n.* 凝視, 注視, 見つめること; (じっと見すえた)視線: She turned her ～ off the boy to the dog. 彼女は視線を少年から犬に移した. ***stand at ～*** 凝視している.

—— *vi.* 見つめる, 目を凝らす, 凝視する, 見とれる《*at, on, upon, into*》. **～ *after*** をじっと見送る.
⌐·hound [⌐⌐]《グレーハウンドなど》目で獲物を追う猟犬. ◇ **gáz·er** *n.* (類) → **see**「見る」 「楼.

ga·zé·bo [gəzí:bou] *n.* (*pl.* ～(**e**)**s**) 見晴らし台, 望

ga·zélle [gəzél] *n.* 〖動〗ガゼル《カモシカの一種. ア

フリカ産》. ◇ ~·**like** *a.* カモシカのような, 動作がかろやかで美しい; 大きな優しい目をした.

ga·zétte [gəzét] *n.* **1** …新聞《新聞名として》; 〖史〗新聞紙. **2**〖おもに英〗官報, 公報 (=official ~); 学報《Oxford 大学などの》. —— *vt.*〖おもに英〗官報で公示する《おもに受動態で》. *be ~d out* 辞職が官報に掲載される.

gàz·et·téer [gæzitíər] *n.* **1** 地名辞典. **2** 官報「記者.

gáz·ing [géiziŋ] *a.* じっと見つめている; 《群衆など》物見高い. —— *n.* 見つめること.
~·**stock** [ˊ-ˋ] あきれた人〔物〕.

gáz·o·gene [gǽzədʒi:n] *n.* 炭酸水製造器.

G.B. Great Britain. **G.B.S.** George Bernard Shaw. **G.C.** George Cross. **G.C.D., g.c.d.** greatest common divisor 最大公約数. **G.C.F., g.c.f.** greatest common factor 最大公因数. **G.C.M., g.c.m.** greatest common measure 最大公約数. **Gd** 〖化〗gadolinium. **G.D.** Grand Duchess; Grand Duke.

Gdansk [gədá:nsk, -dǽn-] *n.* グダニスク《ポーランドの主要港. ドイツ語名 Danzig》.

gds. goods. **Ge**〖化〗germanium.

gear [giər] *n.* **1**〖機〗歯車, 伝動装置, ギア装置; ギア. **2**《仕事用の》装置, 仕掛け. **3** 道具, 用具. **4** 品物; 服装品; 家具; 〖船〗装具, 船具; 馬具; 〖古〗衣服. **5** 調子, ぐあい. *get into* 〔*out of*〕 ~ ギアがはいる〔はずれる〕. *go in* 〔*into*〕 *high* ~ 〖俗〗速く行く, ピッチを上げる; ぜいたくに暮らす, 道楽する. *high* 〔*low*〕 ~ 《自動車などの》高〔低〕速ギア; 〖話〗高〔低〕速. *in* ~ ギアがはいって; 調子がよく. *out of* ~ ギアがはずれて; 調子が悪く. *shift* ~*s* 《低速から高速に, またはその逆に》ギアを変える. *throw* 〔*put, set*〕 ...*in* 〔*into*〕 ~ …にギアを入れる. *throw...out of* ~ …のギアをはずす; …の調子を狂わせる.
—— *vt.* **1** <機械を> 連動させる; にギアを掛ける. **2** に馬具を付ける《*up*》. **3**《計画・要求などに》合わせる, 調整する《に *to*》. —— *vi.* **1** <歯車が> かみ合う《に *into*》. **2** <機械が> かかる《に *with*》. **3** 態勢をとる, 用意する: The country is beginning to ~ for peace. 国が平和の構えをとり始めた. ~ *down* 低速ギアにする. ~ *up* (1) 高速ギアにする. (2) に馬具を付ける.
~·**box** [ˊ-ˋ], ~ **case** ギアケース, 歯車箱《変速機などの》. ~ **cutter** 歯切り盤. ~·**shift** [ˊ-ˋ] 変速てこ. ~ **wheel** 歯車.
◇ ~·**ing** [gíəriŋ] *n.* (歯車) 伝動装置.

géck·o [gékou] *n.* (*pl.* ~(*e*)*s*) 〖動〗大ヤモリ.

gee[1] [dʒi:], **gée-gee** [dʒí:dʒi:] *n.* 〖小児語〗お馬.

gee[2] *int.* 右へ!, 前へ!《馬へのかけ声》. —— *vi.* 右へ曲がる. —— *vt.* **1** 右へ曲げる. **2** 避ける.

gee[3] *int.* 〖米俗〗おや!, これは驚いた! *Gee whizz!* おやまあ! [<Jesus]

gée hó [dʒí:-hóu], **gée úp** [-ʌ́p] *int.* 前へ!, はいはい!, どうどう!《馬を急がせるかけ声》.

‡**geese** [gi:s] *n.* goose の複数形.

gée·zer [gí:zər] *n.* 〖俗〗へんなやつ; おいぼれ.

Ge·hén·na [gihénə] *n.* **1**〖旧約聖書〗ヒンノム《エルサレム付近にある谷. 子どもたちが犠牲にされた地》; 〖新約聖書〗地獄. **2**《一般的》苦難の地.

Géi·ger [gáigər] ~ *counter* 〖物〗ガイガー計数管《放射能測定器》.

Géiss·ler [gáislər] ~ *tube* ガイスラー管《真空放電装置》.「精神.

Geist [gaist] G. *n.* **1** 知的感受性〔熱情〕. **2** (時代)

gel [dʒel] *n.* ゲル《膠質(こう)の液体からできたゼリー状または固体の物質》. —— *vi.* (-**ll**-) 膠質化する, 固まる.

gél·a·tin [dʒélət(i)n/-tin], **gél·a·tine** [dʒélət(i)n/dʒèlətí:n, ˊ--ˋ] *n.* ゼラチン, 精製にかわ. *explosive* 〔*blasting*〕 ~ 爆発性のニトログリセリン化合物. *vegetable* ~ 寒天. ~ **paper** 〔**plate**〕〖写〗ゼラチン感光紙〔乾板〕. ~ **process** 〖印〗ゼラチン版, コンニャク版. ◇ **ge·lát·i·nize** [dʒilǽt(i)nàiz] *vt., vi.* にかわ質にする〔なる〕; にゼラチンを塗る.

ge·lát·i·nous [dʒilǽt(i)nəs] *a.* ゼラチン状〔質〕の.

ge·lá·tion [geléiʃ(ə)n, dʒil-] *n.* 凍結, 氷結.

geld[1] [geld] *n.* 〖英史〗《中世の》みつぎ, 税; 地税.

geld[2] *vt.* (~·**ed** [géldid] *or* **gelt** [gelt]) 去勢する.
◇ ~·**ing** *n.* 去勢; 《集合的》去勢獣〔馬〕.

gél·id [dʒélid] *a.* (氷のように) 冷たい; 極寒の.

gél·ig·nite [dʒélignàit] *n.* ゼリグナイト《ニトログリセリンを含む爆薬の一種》.

gelt [gelt] *v.* geld[2] の過去・過去分詞.

‡**gem** [dʒem] *n.* **1** 宝石; 珠玉. **2** 貴重品; 逸品. **3**〖印〗小活字の一種《brilliant と diamond の中間》. **4**〖米〗軽焼きパン (muffin) の一種.
—— *vt.* (-**mm**-) に宝石をちりばめる.

Ge·má·ra [gemɔ́:rə, -má:-/-má:-] *n.* ゲマラ《ユダヤ教の神学書 Talmud の第 2 編》.

gém·i·nate [dʒéminit] *a.* 〖植・動〗双生の, 二つなりの, 対(つい)の. —— [-nèit] *vt., vi.* 二重にする〔なる〕; 重ねる, 重なる; 対に並べる〔並ぶ〕.

gèm·i·ná·tion [dʒèminéiʃ(ə)n] *n.* 重ねること; 双生; 〖修〗反復; 〖言〗子音重複.

Gém·i·ni [dʒéminài, ㊥+-ni:] *n.* **1**《複数扱い》〖天〗双子(ふた)座, 双子宮. **2**《単数扱い》《アメリカの》2 人乗り宇宙船.

gém·ma [dʒémə] *n.* (*pl.* -**mae** [-mi:]) 〖植〗芽, 無性芽; 〖生〗芽虫, 芽体.

gém·mate [dʒémeit] *a.* 芽のある, 発芽生殖の. —— *vi.* 芽を出す, 発芽生殖する. ◇ **gem·má·tion** [dʒeméiʃ(ə)n] *n.* 発芽, 発芽生殖〔増殖〕.

gém·mule [dʒémju:l] *n.* **1**〖植〗小芽, 無性芽. **2**〖生〗芽球, 小芽体.「フリカ産》.

géms·bok [gémzbɑk/-bɔk] *n.* 〖動〗大カモシカ《ア

-gen [-dʒən, -dʒin] *suf.* 「…を生じるもの, …から生じたもの」の意: hydro*gen* 水を生じるもの → 水素. acro*gen* 上部に+生じる → 頂生植物.

Gen. General; Genesis; Geneva. **gen.** gender; general(ly); genitive; genus.「糸.

ge·náppe [dʒinǽp] *n.* 《すべりのよい》毛糸, 絹毛

gen·darme [ʒá:nda:rm/ʒɑ̃:(n)-] F. *n.* **1** (フランスの) 憲兵, 武装警官. **2**〖登山〗突岩.

gen·dar·me·rie [ʒá:nda:rməri/ʒɑ̃:(n)dá:məri] F. *n.* (フランスの) 憲兵隊.

gén·der [dʒéndər] *n.* 〖文〗性; 〖話・笑〗性 (sex). *common* 〔*feminine, masculine, neuter*〕 ~ 通〔女, 男, 中〕性. —— *vt.* 〖雅〗=engender. [√gen(er)-]

gene [dʒi:n] *n.* 〖生〗遺伝子, 因子, ゲン.

gèn·e·a·lóg·ic [dʒèniəlɑ́dʒik, dʒi:n-/-lɔ́dʒ-], **-i·cal** [-(ə)l] *a.* 系図〔系統〕の; 家系を示す. ~ **tree** 樹枝状系図, 系譜. ◇ **gè·ne·a·lóg·i·cal·ly** *ad.*

gèn·e·ál·o·gy [dʒi:niǽlədʒi, dʒén-] *n.* **1** 系図〔系統〕学; 血統, 家系. **2** 系図. [√gen(er)-]
◇ -**gist** *n.* 系図学者.

gén·e·ra [dʒénərə] *n.* genus の複数形.

‡**gén·er·al** [dʒén(ə)rəl] *a.* **1** 一般の, 普通の, 特殊〔特定, 専門〕でない, 一部門に限られていない: the ~ public 一般大衆. ~ culture 一般教養. look in the ~ direction どこを見るともない方向に顔を向ける. ↔ specific. **2** 大体の, 総括的な; ばく然とした: in ~ terms 概括的なことばで. a ~ impression 〔sense〕 大体の印象〔意味〕. **3** 全般にわたる, 全体的の, 総体的な: ~ agent 総代理人. ~ cleaning 大そうじ. **4** 全般に共通な, 世間一般に広まった: a word in ~ use 世上広く用いられていることば. There is a ~ interest in sports. スポーツは広く興味をもたれている. **5** 総…, 長官の: attorney ~ 法務長官. 〈注〉官職名のあとにつける. **6**《陸軍の》将官級の: a ~ officer 将官. *as a ~ rule* 一般に, 概して. *have a ~ idea* (*of* ...) (…が) だ

いたいどんなことかを心得ている. ***in a ～ way*** 一般的に, 概して. ***lover ～***〘笑〙女にだらしのない男.

—— *n.* **1** 陸軍大将 (= full ～); 将官《アメリカでは brigadier ～, major ～, lieutenant ～, (full) ～; イギリスでは major-～, lieutenant-～, (full) ～ から成る》. **2** 軍司令官; 戦略〔戦術〕家: a good ～ すぐれた戦略家. **3**〘宗〙《修道会の》総長, 管長; 《救世軍の》大将. **4** 全般, 総体 (the whole);〘稀〙(*pl.*) 一般原則; 総論, 大意. **5**〘古〙大衆. **6**〘英話〙雑働き. ***G～ of the Army***〘米〙陸軍元帥. ***in ～*** 一般に, 概して: *In* ～ the parent is wiser than the child. 一般には親の方が子より賢明なものだ. Young people *in* ～, and boys in particular, like it. 若い人は全般に, 特に男子は, それが好きだ. ***in the ～*** 概括〔概説〕的に; 一般的に. ***people in ～*** 一般大衆.

—— *vt.* 将軍として指揮する. [√gen(er)-]

G～ American 一般アメリカ英語《New England および南部を除いてアメリカの大部分の地方で日常用いられている英語》. **G～ Assembly, the**〘米〙州議会《略G. A.》; 《国連の》総会; 〘スコットランド〙《スコットランド長老教会の》総会. **～ attack** 総攻撃. **～ average** =gross average. **～ cargo** 一般船貨《用船契約に対して》. **～ clerk** 庶務係. **～ concept** [**idea, notion**]〘論〙一般概念. **G～ Confession** 一般ざんげ《会衆がいっしょに唱えるざんげの祈り》. **G～ Court**〘米〙Massachusetts 州または New Hampshire 州の議会. **～ dealer** 雑貨商. **～ delivery**〘米〙郵便物局渡し, 留置郵便. **～ drawing** 全体図. **～ election** 総選挙. **～ examination** 全科目試験. **～ headquarters** 総司令部《略 G.H.Q., GHQ》. **～ hospital** 総合病院; 陸軍病院. **～ information** 一般的知識. **～ interpellation**《議会の》一般質問. **～ knowledge** 一般的知識, 「雑学」. → common knowledge. **～ law** 一般法; 一般法則. **～ meeting** [**council**] 総会. **G～ Motors** アメリカの自動車会社《略 G.M.》. **～ opinion** 世論. **～ orders**〘軍〙一般命令; 合同命令. **～ outline** 概要, 概観. **～ pardon** 大赦. **～ person, the**〘法〙一般人. **G～ Post, the**《午前》第1回配達郵便; 室内遊戯の一種. **～ post office** 都市郵便局の本局; (the G～ Post Office) ロンドン中央郵便局. **～ practitioner** 一般診療医. **～ principle** 通則, 原則. **～ provisions** 総則. **～-púr·pose** 多目的の, いろいろの用途に使える. **～ question**〘文〙一般疑問 (文)《yes または no で答えられる疑問》. → special question. **～ reader**《専門家に対して》一般読者. **～ resemblance** 大同小異. **～ rules** *pl.* 総則. **～ semantics** 一般意味論. **～ servant**〘英〙雑役使用人〔女中〕. **～ service**〘軍〙総予備隊. **G～ Service, the** アメリカ本土に設置する総予備隊. **G～ Service Administration**〘米〙一般調達本部《略 G. S. A.》. **～ staff** 参謀. **G～ Staff Office, the** 参謀本部. **～ store** 食料雑貨店, よろず屋《村落などにある》. **～ strike** 総罷業(ひぎょう), ゼネスト. **～ tariff** 国定〔普通〕税率. **～ terms**〘論〙全般名辞; 〘数〙一般項; 一般的なばく然としたことば. **～ welfare** 公衆の福祉.

◇ **～·ship** [-ʃip] *n.* ～の地位〔身分〕; 将軍としての器; 指揮の才〔手腕〕.

[類] → **common**「普通の」, → **universal**「一般的な」

gén·er·al·cy [-si] *n.* 陸軍将官の地位〔任期〕.

gèn·er·al·ís·si·mo [dʒèn(ə)rəlísimòu] *n.* (*pl.* **～s**)《数軍団の》総司令, 最高指揮官; (大) 元帥, 総統《ソ連・中国などの一国の国軍の総司令》.

gèn·er·ál·i·ty [dʒènərǽləti] *n.* **1** 一般性, 普遍性; 全般適用性, 適用の広さ. **2** ばく然としていること; 概括(したもの); 一般原則; 概説, 概論: confine oneself to ～*ies* 一般論しかしない. go down from ～*ies* to particulars 概論から各論へはいる. **3** 大部分, 大半: the ～ of people たいていの人々. in the ～ of cases たいていのばあい, 一般に.

gèn·er·al·i·zá·tion [dʒèn(ə)rəlizéiʃ(ə)n, -laiz-] *n.* **1** 一般化, 普遍化. **2** 普及. **3** (一般) 法則化, 概括, 総合. **4** 概括論, 一般論: a hasty ～ 速断.

gén·er·al·ize [dʒén(ə)rəlàiz] *vt., vi.* **1** 一般的にする, 一般〔普遍〕化する〔させる〕. **2** (一般に) 普及する〔させる〕. **3**《諸事実から》一般法則化する, 帰納する; 概括する. **4** 一般的に論ずる, ばく然と話す. **5**〘画〙一般性だけを描く.

†**gén·er·al·ly** [dʒén(ə)rəli] *ad.* **1** 一般に, 広く: a man ～ esteemed 広く信望を得ている人物. **2** 通例, ふつう: He ～ comes at noon. たいがい正午に来ます. **3** 全般にわたって, なにくれとなく: She helps ～ in the house. 家事をあれやこれやと手伝ってくれる. **4** 概して, だいたい. ***～ speaking*** 一般的に(言えば)《独立句》: *G～ speaking*, the Germans are taller than the French. 一般的に言って, ドイツ人はフランス人より背が高い.

***gén·er·ate** [dʒénərèit] *vt.* **1** 生み出す, 生じる. **2**〈電気・熱などを〉発生する, 起こす: ～*ting* plant [station] 発電所. **3**〈結果などを〉引き起こす, きたす, 招く. **4**〘数〙《点・線・面が動いて》〈線・面・立体を〉生成する; 〘言〙〈文を〉生成する. [√gen(er)-]

‡**gèn·er·á·tion** [dʒènəréiʃ(ə)n] *n.* **1** 世代, 代《ほぼ親の年齢と子の年齢の差に当たる期間. 約 30 年》: All that happened a ～ ago. 1 世代も前の話だ; 30年も昔に起こったことだ. **2**《集合的》一世代の人人: the young [rising] ～ 若い世代, 若い人々. the present ～ 現代の人々. the future ～ 後世 (の人々). **3** 子孫, 一族. **4** 産出, 発生, 生殖: spontaneous ～〘生〙自然発生. **5**《電気・熱などの》発生. **6**《感情などの》誘発; 《結果などの》招来. **7**〘数〙《図形の》生成; 〘言〙《文の》生成.

alternation of ～s〘生〙世代交番. ***for ～s*** 数代にわたって. ***from ～ to ～*** 代々引き続いて. ***～ after ～*** 世々代々. ***Lost G～*** → lost.

gén·er·a·tive [dʒénərèitiv, -rətiv] *a.* **1** 発生の; 生成力のある. **2** 生殖の; 生殖力のある. **～ cell** [**organ**] 生殖細胞〔器〕. **～ grammar** 生成文法.

gén·er·a·tor [dʒénərèitər] *n.* **1**《ガス・蒸気などの》発生機; 《特に》発電機. **2** 生み出す〔発生させる〕人; 発生因.

gèn·er·á·trix [dʒènəréitriks/ˊ–––] *n.* (*pl.* **gèn·er·a·trí·ces** [dʒènərətráisi:z/dʒénəreitrisi:z]) **1**〘数〙母点, 母線, 母面《その運動が線・面・立体を生ぜしめる》. **2** 母体; 発電〔発生〕機.

ge·nér·ic [dʒinérik] *a.* **1**〘生〙属の; 属に特有の. **2** 全般的な, 包括的な. **3**〘文〙総称的な. [√gen(er)-] **～ name** 属名. **～ singular, the**〘文〙総称単数《*The dog* is a faithful animal.「犬というものは忠実な動物だ」における the dog の用法. このばあい「その犬」の意ではない》. ◇ **-i·cal·ly** *ad.* 属に関して, 属的に, 一般的に; 総称的に.

‡**gèn·er·ós·i·ty** [dʒènərásiti/-rɔ́s-] *n.* **1** 気前のよさ, 大まかさ. **2** 寛大, 雅量; 高潔. **3** (通例 *pl.*) 寛大な〔気前のよい〕行為.

[類] → **tolerance**「寛容」

‡**gén·er·ous** [dʒén(ə)rəs] *a.* **1** 大まかな, 物惜しみしない, 気前のよい: be ～ *with* one's money 金離れがよい. **2** たっぷりした, 豊富な: ～ fare たくさんのごちそう. **3** 寛大な, 雅量のある, 高雅な; 偏見のない. **4**《土地などが》肥沃(ひよく)な; 《色が》濃い; 《酒などが》強い. [√gen(er)-] ◇ ‡**～·ly** *ad.* 気前よく, どっさり; 寛大に. **～·ness** *n.*〘古〙

ge·nés·ic [dʒinésik, -ní:s-] =genetic.

***gén·e·sis** [dʒénisis] *n.* (*pl.* **-ses** [-si:z]) **1** 発生, 創始; 起源. **2** (G～)《旧約聖書の》創世記.

gén·et [dʒénit, ㊊⁺dʒənét] *n.* **1** ジャコウネコの一

種; その毛皮. **2** = jennet.
ge·nét·ic [dʒinétik] *a.* **1** 発生の, 起源の. **2** 発生学的の; 遺伝学的の. ◇ **-i·cal·ly** *ad.*
ge·nét·i·cist [dʒinétisist] *n.* 遺伝学者.
ge·nét·ics [dʒinétiks] *n. pl.* 《単数扱い》 遺伝学.
ge·né·va [dʒiníːvə] *n.* 《オランダ製》 ジン酒.
Ge·né·va [dʒiníːvə] *n.* ジュネーブ 《スイスの都市》. ～ **bands** 《もとスイスのカルビン教聖職者が用いた》 首の前にたれる幅広の寒冷紗(しゃ)の飾り. ～ **Convention** ジュネーブ協定《1864–65 年締結の赤十字条約. 野戦病院の中立を規定したもの》. ～ **cross** 赤十字. ～ **gown** 黒い説教服《初めカルビン派牧師が用いた》.
Ge·né·van [dʒiníːvən] *a.* **1** ジュネーブ(人)の. **2** カルビン教の. —— *n.* **1** ジュネーブ人. **2** カルビン教徒.
Ge·nè·ve [F. ʒənɛːv] *n.* Geneva のフランス語名. 〈注〉 è の上の ` は実際に書くもの.
Gèn·e·vése [dʒèniviːz] *a., n.* (*pl.* ～) = Genevan.
Gén·ghis Khán [dʒéŋgiz-káːn, dʒéŋ-] *n.* ジンギス汗, 1162–1227, 中央アジアを征服したモンゴルの王.
***gén·ial**[1] [dʒíːnjəl] *a.* **1** 《気候などが》 温暖な, 快適な. **2** 心の暖かな, 温情ある, 優しい; にこやかな. **3** 生殖の; 婚姻の. **4** 〘稀〙 天才の. [√gen(er)-] ◇ ～**·ly** *ad.*
ge·ní·al[2] [dʒináiəl] *a.* 〘医・動〙 あごの.
gè·ni·ál·i·ty [dʒiːniǽliti] *n.* **1** 温暖, 快適. **2** (心の) 暖かみ, 温情; 親切. **3** にこやかな顔つき; 親切な行為〔ことば〕.
ge·níc·u·late [dʒiníkjulit] *a.* ひざ状に曲がった, 節のある.
gé·nie [dʒíːni] *n.* (*pl.* ～**s**, **gé·ni·i** [-niài]) 魔神, 妖鬼(ようき) 《アラビア物語の》.
gé·ni·i [dʒíːniài] *n.* genie, genius の複数形.
ge·nís·ta [dʒinístə] *n.* 〘植〙 エニシダ属の植物.
gén·i·tal [dʒénitl] *a.* 生殖の. —— *n.* (*pl.*) 生殖器, 外陰部. ～ **gland** [**organs**] 生殖腺(せん)〔器〕.
gén·i·tive [dʒénitiv] *n., a.* 〘文〙 所有格 (の), 属格 (の). ～ **case** 所有格, 属格.
◇ **gèn·i·tí·val** [dʒènitáiv(ə)l] *a.* 〘文〙 属格の.
‡gé·nius [dʒíːnjəs] *n.* (*pl.* ～**·es**) **1** 天才, 非凡な才能: a man of ～ 天才人. She has a ～ *for* music. あの人は音楽には天才的素質をもっている. **2** 天才 (的な人): He is a ～ in language. 彼は語学の天才である. **3** 天性, 素質, 生まれつきの資質: a task suited to one's ～ 素質にかなった仕事. **4** 《時代・社会・国民などの》 特質, 精神, 傾向, 思潮; 《人種・言語・制度などの》 特性, 特徴, 真髄; 《土地の》 気風, ふんい気. **5** (*pl.* **gé·ni·i** [dʒíːniài]) 《土地・施設の》 守護神, 守り神; 《人の一生につきまとう》 霊鬼: one's evil [good] ～ 人につきまとう悪魔〔守り神〕. [√gen(er)- 天性; (出生時の)守護神] 〔類〕 → **talent**「才能」
ge·ni·us lo·ci [dʒíːniəs-lóusai] L. **1** 《土地の》 鎮守神. **2** 《土地の》 気風, ふんい気.
Gén·o·a [dʒénəwə, dʒənóuə/dʒénouə, dʒənóuə] *n.* ジェノバ, ジェノア 《イタリア北西部の海港》.
gén·o·cide [dʒénəsàid] *n.* 計画的大量虐殺, 民族〔種族〕根絶. [√gen(er)-+√cæd-]
Gèn·o·ése [dʒènəwíːz/-nouíːz] *a.* ジェノア(人)の. —— *n.* (*pl.* ～) ジェノア人.
gén·o·type [dʒénotàip] *n.* 〘生〙 遺伝子型.
◇ **gèn·o·týp·ic** [←–típik], **gèn·o·týp·i·cal** *a.*
Gé·no·va [dʒɛ́novaː] *n.* Genoa のイタリア語名.
genre [ʒáːnrə/ʒɑ̃ː(ŋ)r] F. *n.* **1** 様式, 類型, ジャンル. **2** 風俗画 (=～ painting).
gens [dʒenz] *n.* (*pl.* **gén·tes** [dʒéntiːz]) 〘古ローマ〙 氏族, 部族, 一族. [<L.]
gent [dʒent] *n.* 〘俗〙 紳士; 〘笑〙 えせ紳士.
Gent., gent. gentleman; gentlemen.
gen·téel [dʒentíːl] *a.* **1** お上品な, 優雅な; いきな. **2** 上品ぶった, 気どった; 表面を取り繕った. **3** 上流社会の, 生まれのよい. ***do the*** ～ 気どる, 上品ぶる. [√gen(er)-] ◇ ～**·ism** [-iz(ə)m] *n.* お上品なことば. ～**·ly** *ad.* ～**·ness** *n.*
gén·tian [dʒénʃ(i)ən] *n.* 〘植〙 リンドウ.
～ **bitter** リンドウ苦味液 《強壮剤》.
gén·tile, G～ [dʒéntail] *n.* **1** 《ユダヤ人からみた》 異民族, 異邦人. **2** 《ユダヤ教からみての》 キリスト教徒; 異教徒. **3** 〘米〙 モルモン教徒以外の人. —— *a.* **1** ユダヤ人でない. **2** 《ユダヤ人からみて》 キリスト教徒の; 異教徒の. **3** 〘米〙 モルモン教徒以外の. **4** 同一氏族〔国民〕の; 国民〔地方〕を示す 《言語的に》. ◇ ～**·dom** [-dəm] *n.* 《集合的》 《ユダヤ人からみた》 全異邦人, 異教徒; 異邦.
gén·til·ism [-iz(ə)m] *n.* 異教徒の風習; 蛮風.
gèn·ti·lí·tial [dʒèntilíʃəl] *a.* 民族 (固有) の; 世襲の.
gen·tíl·i·ty [dʒentíliti] *n.* **1** 上品, 優雅, 洗練; 身だしなみ. **2** (*pl.*) 《通例反語的》 お上品ぶり, 上流気どり. **3** 〘稀〙 育ちのよさ, 良家の出. ***shabby*** ～ やりくり算段の体面維持.
†gén·tle [dʒéntl] *a.* **1** 穏やかな, 優しい, 親切な. **2** おとなしい, 従順な: as ～ as a lamb 小羊のようにおとなしい. **3** 柔らかな, 静かな; 《薬味などが》 強くない: a ～ wind 穏やかな風. **4** 漸進的な, ゆるい: a ～ slope なだらかな坂. **5** 家柄のいい; 育ちのいい. **6** 礼儀正しい, 丁重な; 洗練された, 上品な. **7** 《心が》 高雅な, 寛容な: *G*～ reader! 博雅なる読者よ! 《昔著者が読者に対して用いた呼びかけ》. ～ ***and simple*** 貴賤(きせん)上下. ***of*** ～ ***birth*** [***blood***] 生まれのよい, 良家の. —— *n.* **1** (*pl.*) 〘古〙 =gentlefolk(s). **2** 〘英〙 《つりえ用の》 うじ, さし. —— *vt.* **1** 〘話〙 〈馬などを〉慣らす. **2** の心を和らげる, 慰撫(いぶ)する. **3** なでる. [√gen(er)- (良き) 種族の]
～ **art** [**craft**] 魚つり. ～**·folk(s)** → 別項.
†～**·man** → 別項. ～ **sex, the** 《集合的》 女性. ～**-voiced** [←–←] *a.* 穏やかな調子で話す.
～**·wòm·an** → 別項.
◇ ～**·hood** *n.* 育ちのよさ, 家柄. ～**·ness** *n.*
〔類義語〕 **穏やかな**: **gentle** 「品のよい→感じのよい」といった語感があるが, soft の上品な言い方としても用いられる: a *gentle* manner 上品な物腰. *gentle* heat 中火. **meek** 柔和な, ときには屈従的な心をあらわす: as *meek* as a lamb 羊のようにおとなしい. **mild** gentle と交換可能のばあいが多いが, 激しさ・苛烈(かれつ)さなどがないことを示す: *mild* punishment 軽罰. a *mild* cigarette 軽いたばこ.
gén·tle·folk(s) [dʒéntlfòuk(s)] *n. pl.* 良家の人々.
†gén·tle·man [dʒéntlmən] *n.* (*pl.* **-men** [-mən]) **1** 紳士 《名誉を重んじ, 他人の立場を尊重する品のある男性》; 《一般的》 まともな人. **2** (*pl.*) 《呼びかけ》 諸君, みなさん; 拝啓 《会社あての手紙の冒頭》: *Gentlemen.* **3** 《女性に対し》 男性; (婦人の) 踊り相手; (*pl.*) 《単数扱い》「殿方用」(便所). **4** 有閑階級の人 《特に財産のある無職者》. **5** 《一般的》 家柄のよい人; 地位の高い人; 〘英史〙 貴族と yeoman の中間の階層. **6** 貴人の従者. ～ ***at large*** 定職のない人, 失業者; 特別の役目のない宮廷官吏. ～ ***in waiting*** 侍従. ～ ***of fortune*** 海賊; 冒険家; いかさま師. ～ ***of the press*** 新聞記者. ～ ***of the road*** 追いはぎ; 浮浪人, こじき. ***my*** ～ 《私の言った》 ご当人, やっこさん. ***the*** ～ ***from***... 〘米: 議会〙 …選出の代議士. ***the old*** ～ 〘笑〙 悪魔.
～**-at-árms** (*pl.* **gén·tle·men-at-árms**) 《イギリス国王の》 衛士(えじ). ～ **commoner** 特別自費生 《昔 Oxford および Cambridge 大学にあったもの》. ～ **farmer** 豪農, 農場経営者; 他に収入があって暮らしのためでなく楽しみで農耕に従事する人. ～**'s** [**-men's**] **agreement** 紳士協定〔協約〕. ～**'s** ～ 従僕(valet). ～ **usher** 宮廷や貴人の執事.
◇ ～**·like** [-làik] *a.* =gentlemanly. ～**·ship** [-ʃip] *n.* 紳士の身分; 紳士道.

G

文法要説…(9)

Gerund（動名詞，動状名詞）

動詞の変化形の一つで， 語尾が -ing に終わる点で現在分詞と形がおなじであるが，現在分詞が本来の動詞の性質の一部と形容詞の性質とを兼ね備えるのに対し， **動名詞または動状名詞** (gerund) は本来の動詞の性質の一部と名詞の性質とを兼ねる.

動名詞は，その動詞としての性質により，目的語をとり，あるいは補語をとり，あるいは副詞要素によって修飾されることができる.

動名詞には 4 個の形があり，そのいずれにも -ing が含まれる.

	能　動　態	受　動　態
単　純　形	writ*ing*　書くこと	be*ing* written　書かれること
完　了　形	hav*ing* written　書いたこと	hav*ing* been written 書かれたこと

〈注〉 -ing をつけるときに，動詞のつづりに生じる変化は，現在分詞のばあいとおなじである.
→ 枠付 Conjugation. なお，現在分詞の用法については → 枠付 Participle.

1）動名詞と -ing 形の名詞

He was arrested for *stealing* the horse.（彼は馬を盗んだために捕えられた）において，stealing は動詞 steal に語尾 -ing をつけたものであり，本来動詞であるから the horse という目的語をとっているが，同時に前置詞 for の目的語として名詞のはたらきも果たしている.

おなじ意味を He was arrested for the *stealing* of the horse. の文によってあらわすことも可能であるが，このばあいには stealing は目的語をとらず，冠詞によって限定されているので，既に名詞になっているとみなされる. 動詞の -ing 形が，冠詞をとったり，複数の -s 語尾をとるばあい，それは名詞（動詞的名詞）であって，動名詞ではないと限定することができる:

The *lightning* struck the house. いなずまが家に当たった. The child took a *beating.* 子どもはたたかれた. *Partings* are always painful. 別れはいつでも苦痛なものだ. I had to have three *fillings.* ガソリンの補給を 3 度しなければならなかった.

2）動名詞と現在分詞

-ing を語尾に置く点で両者は全くおなじ形であるが，動名詞は名詞の役割をし，現在分詞は形容詞の役割をする点で全く別の機能をもつ. 動名詞が名詞の前に置かれていても，本質的には名詞＋名詞で a schóol year [－ˊ ˋ]（学年）が複合語であるように複合語であり，反対に現在分詞＋名詞は，a béautiful flówer（美しい花）のばあいと全くおなじ意味で，形容詞＋名詞の役割をしている.

したがって動名詞＋名詞では一般に先の動名詞に一次強勢(primary stress)を，あとの名詞に二次強勢 (secondary stress) を置いて発音するが，現在分詞＋名詞のばあいはあとの名詞にも主強勢が置かれて，二重強勢となる:

a smóking room [－ˊ－ˋ] 《動名詞》 喫煙室. a smóking dísh 《現在分詞》 湯げの立っているごちそう. a dáncing pàrty 《動名詞》 ダンスパーティー. a dáncing gírl 《現在分詞》 踊っている少女.

意味の上からいっても a smoking dish では「ごちそうが湯げを立てる」が，a smoking room では「へやそのものがたばこを吸う」ということはない，というような差がしばしば生じる.

3）準動詞 (verbal) としての動名詞

動名詞は準動詞の一種であるので，述語動詞にはなりえないが，その他の動詞の諸性質は受け継いでいる.

a）目的語や補語を伴う:

What do you mean by pushing *me* aside? 《代名詞が直接目的》 なんのつもりで私を押しのけるか. Meaning *to do something* isn't doing it. 《to-不定詞が目的語》 する意図があるからといって，それで実行したことにはならない. I blame him for thinking *that he is better than other men.* 《名詞節が目的語》 自分が他人よりもましだと考えていることで彼をとがめたい. Being *a hero* is not always being *a successful man.* 《名詞補語》 英雄であること，必ずしも成功した男であることではない. You can't arrest a man for looking *suspicious.* 《形容詞補語》 疑わしいだけでは人を逮捕できない. Feeding *the monkeys peanuts* is forbidden. 《直接および間接目的語》 サルにピーナッツをやることは禁じられている. She is fond of wearing *her hair long.* 《目的語および目的補語》 彼女は髪を長くすることが好きだ.

b）副詞的修飾語を伴う:

What will running *away* accomplish? 《副詞》 逃げてなんになるのだ. I enjoy lying *in the sun.* 《副詞句》 日光浴が好きだ. There are laws against driving *while* (*you are*) *under the influence of liquor.* 《副詞節》 酒に酔って運転してはいけないという法律がある.

〈注〉 形容詞に修飾される -ing 形は名詞になる: *Heavy* drinking was his downfall. 《名詞》 大酒が彼の身を滅ぼした 《比較: Drinking *heavily* was his downfall. 《動名詞》》.

4）動名詞の主語

a）動名詞の主語は(代)名詞の所有格をもってあらわされる:

The ship came.（船が来た）→ the *ship's* coming（船の到着). She wept.（彼女は泣いた）→ *her* weeping（彼女が泣く〔泣いた〕こと). That George should return so soon surprised us.（ジョージがこんなに早く帰るとは，われわれは驚いた）→ *George's* returning so soon surprised us. 《同義》. He [Tom] will go.（彼〔トム〕が行くことになっている）→ *his* [*Tom's*] going（彼〔トム〕の行くこと). I have no objection to *his* [*Tom's*] going there. 彼〔トム〕がそこに行くことについては異議がない 《ただし下記 b) の(3)参照》.

b）one's -ing(動名詞の主語＋動名詞)が動詞または前置詞の目的語の位置にくるときには，動名詞の主語が目的格になる傾向が強い.

(1) 動名詞の主語が抽象名詞や性のない名詞のばあい:

He worried about *the field* lying fallow. 彼は畑を遊ばせておくことを気に病んだ. It's just a question of *recklessness* getting her into trouble. 無謀さが彼女をめんどうに巻き込むというだけのことだ.

(2) 動名詞の主語が人間であっても，節や句をなしたり修飾句をもつばあい:

Was there any chance of *the people in the*

next room hearing the conversation? 隣のへやの人間がその会話を聞きとれる可能性があっただろうか. The teacher insisted on *whoever broke the window* apologizing. 先生は窓ガラスを割った者がだれであれ謝罪すべきだと主張した《whoever の主格は関係節中の動詞 broke に対するもので, 関係節全体の格とは関係がない》.

(3) 動名詞の主語が人間であって短い語句であらわされているが, 口語のばあい:

I remember *my father* teaching me the alphabet. 私は父が ABC を教えてくれたことを覚えている.

〈注〉口語では動名詞の主語が代名詞でも目的格をとることがある: Pardon *me* saying it. 私がそんなことを申し上げるのをおゆるしください. I hate *him* going away. 彼に行ってしまわれるのがとてもいやだ.

(4) all, each, this, some, few が動名詞の主語になるばあい:

Is there any likelihood of *this* being true? これがほんとうである見込みが少しはあるだろうか. There is a possibility of *several* coming later. あとでまだ数人来る可能性がある.

c) 動名詞の主語が文全体の主語と一致していたり一般の事柄をいう動名詞のばあいには, 特に動名詞の主語を表示する必要はない:

Papa enjoys *telling* us fairy tales. パパはぼくらにおとぎ話をするのが好きだ (← Papa tells us fairy tales). *Reading* good books nourishes one's mind. 良書を読むのは心のかてとなる.

〈注〉主語以外の文中の名詞・代名詞が動名詞の主語になるときにも, 省略が行なわれることがある: The pain in my throat made *speaking* difficult. のどの痛みでしゃべるのが苦しかった《意味上の主語は「私」》.

5）動名詞の用法

動名詞は名詞相当語であるから主語・補語・目的語となる.

a) 主語となるばあい:

Teaching is learning. 教えることは学ぶことなり. *Speaking* English is not easy. 英語を話すことは容易でない.

b) 補語となるばあい:

Seeing is *believing*. 見ることは信ずることである; 百聞一見にしかず. His business is *selling* books. 彼の仕事は本を売ることである.

c) 目的語となるばあい:

I like *swimming*. 私は泳ぐことを好む. He likes *playing* baseball. 彼は野球をすることが好きだ. He is fond of *reading*. 彼は読書が好きだ.

6）動名詞と不定詞

a) 不定詞も主語・補語・動詞の目的語となることができるので, *Seeing* is *believing*. → *To see* is *to believe*./ His business is *selling* books. → His business is *to sell* books./ I like *swimming*. → I like *to swim*. と, それぞれ書き換えることは可能である. ただし動詞の目的語となるばあいには, その動詞によって動名詞をとるか, 不定詞をとるか, その両者をとるかの相違があるので注意を要する. 両者をとるばあい, その間に意味上大きな差のないのが普通だが, 差を生じるばあいもある: He *wants to paint*. 彼は絵をかきたがっている. The door *wants painting*. ドアは塗装を要する.

(1) 主として動名詞のみを目的語とする動詞: acknowledge, admit, deny, own, report, adore, escape, evade, fancy, finish, justify, mind, miss, postpone, resent, risk, stop, tolerate, understand など.

(2) 動名詞・不定詞の両方を目的語とする動詞: begin, cease, commence, decline, deserve, hate, like, propose, regret, remember など, いくつかの語がある.

b) 不定詞は前置詞の目的語とはならないが, 動名詞はなりうる:

I am fond *of teaching*. 私は教えることが好きだ《I am fond *of* to teach. ということはできない》.

7）動名詞の時制と態

a) 文の前後の関係で判断しうるときは動名詞には時制はない:

She spends most of her time in *reading*. (彼女は読書に大部分の時間を費やす) では, reading は現在を示す. I am sure of *arriving* in time for the train. (私は汽車にまにあうように着くことを確信している) では, arriving は未来を示す. We thank them for *coming*. (われわれは来てくれたことに対し彼らに感謝する) では, coming は過去を示す.

b) 文脈だけでは動名詞の動作が文の述語動詞の動作よりも時間的に前であることを明瞭(めいりょう)に示しえないばあいには, 完了形を用いる.

He regrets *having said* such things. (彼はそんなことを言ったことを後悔している) では, having said は現在完了かまたは過去を示す. He regretted *having said* such things. (彼はそんなことを言ったことを後悔した) では, having said は過去完了を示す.

c) 動名詞は態についても無関心である.

His house wants *mending*. (彼の家は修理する必要がある)や The subject is not worth *discussing*. (この問題は議論する価値はない) では, mending, discussing はそれぞれ受動の意味である.

ただし, 能動と受動とで意味に相違が生じるおそれあるときは特に受動の形が用いられる: He was afraid of *being punished*. 彼は罰せられることを恐れていた. (比較: He was afraid of *punishing*. 彼は罰することを恐れていた).

〈注〉次のようなばあいもある: She deserved *punishing* for *punishing* me. 彼女は私を罰したかどによって罰せられるにふさわしかった.

8）動名詞の慣用

a) There is no -ing (…することはできない):

There is no saying what may happen. どんなことになるか知れたものじゃない. *There was no believing* a word she uttered. 彼女の言うことは一言も信ずることはできなかった. *There is no accounting* for tastes. 趣味というものは説明ができない; たで食う虫も好き好き.

b) cannot help -ing (…せざるをえない):

I *cannot help laughing*. 私は笑わずにはいられない. I *cannot help thinking* so. 私はそう考えざるをえない. 〈注〉help は avoid「避ける」の意.

c) feel like -ing (…したいような気がする):

I *feel like crying*. 私は泣きたいような気がする. I *feel like reading* that book. 私はその本を読みたい気がする.

d) be far from -ing (…するどころではない, とうてい…などではない):

She *is far from being* a kind girl. 彼女は親切な少女などでは決してない.

e) It is no use -ing (…してもむだだ):

It is no use trying to persuade him. 彼を説き伏せようとしてもむだだ. *It is no use crying* over spilt milk. こぼれたミルクを泣き悲しんでもむだだ; 覆水盆に返らず. 〈注〉主語の it は後出の動名詞に代わる文頭の仮の主語と解される.

f) be worth -ing (…する価値がある):

The book *is worth reading*. その本は読む価値がある. The place *is worth visiting*. その場所は行ってみる価値がある.

g) be busy (in) -ing (…するのに忙しい):

Mother *is busy* (in) *making* cookies. 母はクッキーをつくるのに忙しい. 〈注〉in のない方が口語的だが, このばあい -ing は現在分詞とも考えられる.

***gén·tle·man·ly** [dʒéntlmənli] *a.* 紳士的な, 上品な, 礼儀正しい. ◇ **-li·ness** *n.*

gén·tle·wòm·an [dʒéntlwùmən, [米]⁺-wù:-] *n.* (*pl.* **-wòm·en** [-wìmin]) **1** 淑女, 貴婦人, 上流婦人. **2** 貴婦人の侍女.
◇ **～·like** *a.* **～·ly** *a.* 貴婦人らしい.

‡gén·tly [dʒéntli] *ad.* **1** 穏やかに, 優しく, 親切に: Speak ～ to the children. 子どもたちに優しく話してください. **2** 静かに, 徐々に: The road slopes ～ to the sea. 道は海に向かってゆるやかに傾斜している. **3** 上品に, 優雅に. **4** 身分よく: ～ born よい家柄の.

gén·try [dʒéntri] *n.* **1** 《集合的》(the ～) 紳士階級, 名門の人々, 上流社会 《イギリスでは貴族の次位》. **2** 《けいべつ的, または冗談に》 連中, やから.

gén·u·flect [dʒénjuflèkt] *vi.* ひざを曲げる, ひざまずく《特に礼拝のため》. ◇ **gèn·u·fléc·tion, -fléx·ion** [ニーflékʃ(ə)n] *n.* ひざまずくこと, 跪拝(きはい), 拝礼.

‡gén·u·ine [dʒénjuin] *a.* **1** ほんものの, 正真正銘の: a ～ pearl ほんものの真珠. **2** 《稿本・署名などの》著者自筆の. **3** 心からの, 誠実な: ～ respect 心からの尊敬. **4** 純血の, 純種の. [√gen(er)-]
◇ **～·ly** *ad.* **～·ness** *n.* [類] → **real**「ほんとうの」

gé·nus [dʒí:nəs] *n.* (*pl.* **gén·e·ra** [dʒénərə], **gé·nus·es**) 種類, 類; 〖生〗属《family (科) と species (種) との間》; 〖論〗類概念.
～ Homo, the 人属, 人間, 人類.

geo- 「土地, 大地, 地球」の意の語形成要素.

Geo. George.

gè·o·cén·tric [dʒì:oséntrik], **-tri·cal** [-(ə)l] *a.* 地球中心の; 地球の中心から見た〔測った〕.
～ latitude, the 地心緯度.
◇ **gè·o·cén·tri·cal·ly** *ad.* 地球を中心に. **gè·o·cén·tri·cism** [-siz(ə)m] *n.* 地球中心説.

geod. geodesy; geodetic.

gé·ode [dʒí:oud] *n.* 〖地〗晶洞(しょうどう); 異質晶簇(しょうぞく).

gè·o·dés·ic [dʒì:odésik, -dí:s-] *a.* 測地学の; 〖数〗最短線の. —— *n.* 測地線.

ge·ód·e·sy [dʒi:ádisi/-ɔ́d-] *n.* 測地学.

gè·o·dét·ic [dʒì:ədétik] *a.* ＝geodesic.

geog. geographic(al); geography.

ge·óg·no·sy [dʒi:ágnəsi/-ɔ́g-] *n.* 地球構造学; 地質学; 《特に》 地方地質学; 岩石学.

ge·óg·ra·pher [dʒi:ágrəfər/dʒiɔ́g-] *n.* 地理学者.

gè·o·gráph·ic [dʒì:əgrǽfik/dʒiə-] ＝geographical.

gè·o·gráph·i·cal [-(ə)l] *a.* 地理学の, 地理的な. **～ distribution** (動植物の) 地理的分布. **～ features** 地勢. **～ mile** 地理マイル《〖米〗6,080.20 フィート; 〖英〗 6,080 フィート》. ◇ **～·ly** *ad.*

‡ge·óg·ra·phy [dʒi:ágrəfi/dʒiɔ́g-] *n.* **1** 地理; 地形. **2** 地理学, 地誌; 地理学書. ***human*** **～** 人文地理. ***physical*** **～** 自然地理学, 地表〔地勢〕学.

gé·oid [dʒí:ɔid] *n.* 〖地球物理〗 ジオイド《平均海面とその延長と考えられる想像上の面》.

geol. geologic(al); geology.

gè·o·lóg·ic [dʒì:əládʒik/dʒiə-], **-i·cal** [-(ə)l] *a.* 地質学の, 地質の. **～ map** 地質図. **～ survey** 地質調査. ◇ **gè·o·lóg·i·cal·ly** *ad.*

ge·ól·o·gize [dʒi:álədʒàiz/dʒiɔ́l-] *vt., vi.* (地質を) 研究する; (の)地質調査をする.

ge·ól·o·gy** [dʒi:álədʒi/dʒiɔ́l-] *n.* **1** 地質学; 地質学書. **2** 地質: the ～ of Mars 火星の地質 (構造). ***economic **～** 経済地質学. ***historical*** **～** 地史学. ◇ ***-gist** *n.* 地質学者.

geom. geometric(al); geometry.

gè·o·mag·nét·ic [dʒì:omægnétik] *a.* 地磁気の.

gé·o·man·cy [dʒí:əmænsi] *n.* 土占い, 地卜(ちぼく)法《地上に投げられた一握りの土の点・線などで占う》.

ge·óm·e·ter [dʒi:ámitər/dʒiɔ́m-] *n.* 幾何学者; 〖虫〗 尺取虫.

gè·o·mét·ric [dʒì:əmétrik/dʒiə-], **-ri·cal** [-(ə)l] *a.* 幾何学(上)の; 幾何学的図形の. **geometrical pace** 2 歩幅《5 フィート》. **geometric mean** 等比〔比例〕中項. **geometric progression** 〔**series**〕 幾何級数, 等比数列〔級数〕.
◇ **gè·o·mét·ri·cal·ly** *ad.* 幾何学的に.

gè·o·me·trí·cian [dʒì:əmitríʃ(ə)n, dʒi:àmi-/dʒiə-] *n.* 幾何学者.

ge·óm·e·trid [dʒi:ámitrid/dʒiɔ́m-] *n., a.* 〖虫〗 尺取虫科(の); シャクトリガ.

ge·óm·e·trize [dʒi:ámitraiz/dʒiɔ́m-] *vt.* 幾何学的図形にする. —— *vi.* 幾何学を研究する.

‡ge·óm·e·try [dʒi:ámitri/dʒiɔ́m-] *n.* 幾何学; 幾何学書. ***plane*** 〔***solid, spherical***〕 **～** 平面〔立体, 球面〕幾何学.

ge·óph·a·gy [dʒi:áfədʒi/dʒiɔ́f-] *n.* 土食い《精神異常者・飢餓者につく習慣》. ◇ **-gism** *n.* ～の習慣.

gè·o·phýs·ics [dʒì:ofíziks] *n.* *pl.* 《単数扱い》 地球物理学. ◇ **-i·cal** *a.* **-i·cist** [-fízisist] *n.*

gè·o·pól·i·tic [dʒì:opálitik/-pɔ́l-], **gè·o·po·lít·i·cal** [-pəlítik(ə)l] *a.* 地政学の.
◇ **gè·o·po·lít·i·cal·ly** *ad.*

gè·o·pòl·i·tí·cian [-pàlitíʃ(ə)n/-pɔ̀l-] *n.* 地政学者.

gè·o·pól·i·tics [dʒì:opálitiks/-pɔ́l-] *n.* *pl.* 《単数扱い》 地政学.

gè·o·pól·i·tist [-tist] ＝ geopolitician.

gè·o·pón·ic [dʒì:əpánik/-pɔ́n-] *a.* 農耕〔農業〕の.

gè·o·rá·ma [-rá:mə, [米]⁺-rǽmə] *n.* ジオラマ《大円球内側に風景を描き実物のように見せる仕掛け》.

George [dʒɔ:rdʒ] *n.* **1** イギリス国王の名. **2** ガーター勲章首飾りのジョージ像《竜退治の宝石像》. **3** かっ色土焼きの大水差し (＝ Brown ～). **4** 〖英:空俗〗 自動操縦装置. ***by*** **～** まあ, 全く, ほんとうに《誓言または感嘆の句》. ***St.*** **～** 聖ジョージ《イギリスの守護聖人》. **～ Cross** 〖英〗 ジョージ勲章.

Géorge·town [dʒɔ́:rdʒtàun] *n.* **1** ジョージタウン《Guyana の首都》. **2** アメリカ District of Columbia の住宅地区.

geor·gétte [dʒɔ:rdʒét] *n.* ジョーゼット (＝ ～ crepe)《薄地の絹クレープ》.

Géor·gia [dʒɔ́:dʒə/-dʒjə] *n.* **1** ジョージア《アメリカ南部の州》. **2** グルジア《ソビエト連邦内の一共和国》. **～ pine** 〖植〗 大王松《アメリカ南部産》.

Géor·gian [-n] *a.* **1** 〖英史〗ジョージ王朝の《George I–IV: 1714–1830》; George V の(時代の)《1910–36》. **2** アメリカ Georgia 州の. **3** 《ソ連の》グルジアの. —— *n.* **1** ジョージ王朝時代の人. **2** ジョージア州人. **3** グルジア人; グルジア語.

géor·gic [dʒɔ́:rdʒik] *a.* 農事〔農業〕の. —— *n.* 農耕〔田園〕詩. ***the G～s*** 《Virgil 作の》 農耕詩.

gè·o·stát·ic [dʒì:ostǽtik] *a.* 〖工〗 地圧の; 地圧に耐える. ◇ **～s** *n.* *pl.* 《単数扱い》〖物〗 剛体力学.

gè·o·stróph·ic [dʒì:ostráfik/-strɔ́f-] *a.* 地球の自転による.

ge·ót·ro·pism [dʒi:átrəpiz(ə)m/dʒiɔ́t-] *n.* 〖植〗 向地〔屈地〕性. ***negative*** 〔***positive***〕 **～** 背地〔向地〕性. ◇ **gè·o·tróp·ic** [dʒì:ətrápik/-trɔ́p-] *a.* 〖植〗 向地〔屈地〕性の. **gè·o·tróp·i·cal·ly** *ad.* 向地〔屈地〕性によって.

Ger., Germ. German; Germany. **ger.** gerund.

ge·rá·ni·um [dʒiréiniəm, -njəm] *n.* 〖植〗 ゼラニウム, テンジクアオイ; (G～) 風露草属.

gér·fàl·con [dʒɔ́:rfɔ:(l)kən] *n.* 〖鳥〗大ハヤブサ《特に Iceland などの》.

gèr·i·át·ric [dʒèriǽtrik] *a.* 老人病の.
◇ **gèr·i·át·rics** *n.* *pl.* 《単数扱い》 老人病学〔科〕. **gèr·i·át·rist, gèr·i·a·trí·cian** [dʒèriətríʃ(ə)n] *n.* 老人病学者〔専門医〕.

‡germ [dʒə:rm] *n.* **1** 病原菌, ばい菌, 細菌. **2** 根源, 起源. **3** 《比喩的》 芽ばえ, きざし. **4** 〖生〗 胚珠(はいしゅ); 幼芽. ***be in*** **～** 芽ばえ中である; 未発達である.

—— *vi.* 発芽する, 発生する;《比喩的》きざす.
~ **carrier** 保菌者. ~ **cell** 生殖細胞. ~ **disease** 細菌病. ~ **layer** 胚葉. ~ **plasm(a)** 胚原質, 性細胞質. ~ **warfare** 細菌戦.
◇ ~**-less** *a.* 無菌の.

gér·man [dʒə́:rmən] *a.* **1** 同(祖)父母から出た: a brother-~ 同父母から出た兄弟. a cousin-~ (実の) いとこ (first cousin). **2** = germane.

†**Gér·man** [dʒə́:rmən] *a.* **1** ドイツの, ドイツ風の; ドイツ人の; ドイツ語の. **2** ゲルマン民族の; ゲルマン語の. —— *n.* (*pl.* ~s) **1** ドイツ人. **2** ドイツ語. **3** (g~)〖米〗ゲルマン舞踊, ゲルマン舞踏会. ***High*** ~ 高地ドイツ語《現在では全ドイツの標準語》. ***Low*** ~ 低地ドイツ語《北部ドイツで用いられている方言》.
~ **band**〖米〗街頭楽隊. ~ **Democratic Republic** ドイツ民主共和国《通称 East Germany (東ドイツ). 首都 East Berlin》. ~ **measles** 風疹(ふうしん). ~ **Ocean, the** 北海 (the North Sea). ~ **sausage** ソーセージの一種《香料を入れた肉の腸詰め》. ~ **shepherd dog**《ドイツ種の》シェパード犬, 警察犬. ~ **silver** 洋銀《ニッケル・亜鉛・銅の合金》. ~ **text**〖印〗ゲルマン体黒文字, ひげ文字.

ger·mán·der [dʒə:rmǽndər] *n.*〖植〗ニガクサ属の植物; イヌノフグリ.

ger·máne [dʒə:rméin] *a.* 密接な関係がある, 適切な《に *to*》.

Ger·mán·ic [dʒə:rmǽnik] *a.* **1** ゲルマン民族[語, 語族]の; チュートン民族の. **2** ドイツの; ドイツ人の. —— *n.* ゲルマン語, チュートン語. ***East*** ~ 東部ゲルマン語《昔の Gothic 語と Burgundian 語および Vandal 語》. ***North*** ~ 北部ゲルマン語《Iceland 語と Scandinavia の諸語》. ***West*** ~ 西部ゲルマン語《High German, Low German, English, Frisian, Dutch など》.

Gér·man·ism [dʒə́:rmənìz(ə)m] *n.* **1** ドイツ魂, ドイツかたぎ; ドイツびいき. **2** ドイツ風[語法]. ◇ **-ist** *n.* ドイツ主義者; ドイツ語学者, ゲルマン語学者.

ger·má·ni·um [dʒə:rméiniəm] *n.*〖化〗ゲルマニウム《希金属元素. 記号 Ge》.

Gér·man·ize [dʒə́:rmənàiz] *vt., vi.* ドイツ風にする[なる]; ドイツ化する; ドイツ語に訳す.
◇ **Gèr·man·i·zá·tion** [dʒə̀:rmənizéiʃ(ə)n/-naiz-] *n.* ドイツ化; ドイツ語訳.

Ger·mán·o·phil(e) [dʒə:rmǽnəfail, -fil/-fil] *n.* ドイツびいき, 親独家, ドイツ崇拝家.

Gèr·ma·no·phó·bi·a [dʒə̀:rmənəfóubiə] *n.* ドイツぎらい, ドイツ恐怖症, 排独熱.

†**Gér·ma·ny** [dʒə́:rməni] *n.* ドイツ.
Federal Republic of ~ ドイツ連邦共和国《通称 West ~ (西ドイツ). 首都 Bonn》.

gér·men [dʒə́:rmin] *n.*〖植〗子房.

gér·mi·cide [dʒə́:rmisàid] *n.* 殺菌剤. —— *a.* 殺菌(性)の. ◇ **gèr·mi·cíd·al** [dʒə̀:rmisáidl] *a.*

gèr·mi·cúl·ture [dʒə̀:rmikʌ́ltʃər/ˊ ー ー ー ー] *n.* 細菌培養.

gér·mi·nal [dʒə́:rmin(ə)l] *a.* **1**〖植〗幼芽の, 子房の, 胚珠(はいしゅ)の. **2** 根源の, 原始の, 初期の.
~ **disk** 胚盤. ~ **vesicle** 胚珠, 胚胞; 卵核胞.

gér·mi·nant [dʒə́:rminənt] *a.* **1** 発芽する, 発育し始める; 生長力ある. **2** 発端の.

gér·mi·nate [dʒə́:rminèit] *vt., vi.* **1** 発芽させる[する]; 芽ばえる. **2**《比喩的》発生する[させる]; 発育させる[する]. ◇ **-na·tive** [-iv] *a.* 発芽の, 発芽力のある. **gèr·mi·ná·tion** [dʒə̀:rminéiʃ(ə)n] *n.* 発芽, 萌芽(ほうが).

gèr·on·tóc·ra·cy [dʒèrantákrəsi/-rɔntɔ́k-] *n.* 老人政治, 長老政治.

gèr·on·tól·o·gy [dʒèrantálədʒi/-rɔntɔ́l-] *n.* 老人(病)学, 長寿学.

-ger·ous [-dʒərəs]「有する」「生じる」などの意の語形成要素: denti*gerous* 歯を+有する. [√ger-]

gér·ry·man·der [gérimæ̀ndər, dʒéri-] *vt.* **1** <選挙区を> 自党に有利なように改正する. **2** 不正にごまかす. —— *n.* **1** 自党に有利な選挙区改正. **2** ごまかし.

***gér·und** [dʒérənd, -ʌnd] *n.* **1**〖文〗動名詞 (-ing 形の名詞: *Seeing* is *believing.* 見ることは信ずること; 百聞は一見にしかず). **2**〖ラテン文法〗動詞的中性名詞《動詞派生の名詞でありながら, 動詞として格支配の力を有する》. → 枠付 Gerund. (pp. 524–25)
~ **grinder** ラテン文法の教師; 学者ぶる先生.
◇ **ge·rún·di·al** [dʒirʌ́ndiəl] *a.* 動名詞の.

ge·rún·dive [dʒirʌ́ndiv] *a.* 動名詞の.
—— *n.*〖ラテン文法〗動詞状形容詞.

ges·so [dʒésou] It. *n.* せっこう (粉)《絵画・彫刻用》; せっこう下地.

gest [dʒest] *n.* **1**《中世の》武功詩[物語], 物語(詩); 冒険談. **2** 武勇, てがら.

Ge·stalt [gəʃtá:lt, ㊥⁺-ʃtælt] G. *n.*〖心〗形態, ゲシュタルト《経験の統一的全体》.
~ **psychology** ゲシュタルト心理学.

Ge·sta·po [gəstá:pou/ge-] G. *n.* ゲシュタポ《ナチスドイツの秘密国家警察》.

gés·tate [dʒésteit] *vt., vi.* **1** 懐妊する. **2** <計画を> あたためる, 創案する; <計画などが> しだいに成長する. ◇ **ges·tá·tion** [dʒestéiʃ(ə)n] *n.* 懐妊 (期間); 創案《計画などの》.

geste = gest.

gés·tic [dʒéstik] *a.* 身体の動きの《ダンスなどで》.

ges·tíc·u·lar [dʒestíkjulər] *a.* 身ぶり手ぶりの.

ges·tíc·u·late [dʒestíkjulèit] *vi.* 身ぶり手ぶりをする, 身ぶり[手まね]で話す. —— *vt.* 身ぶり手まねであらわす. [√ger-] ◇ **-la·tor** [-ər] *n.* 身ぶりや手まねで話す人. **-la·tive** [-iv], **-la·to·ry** [-lətɔ̀:ri/-lətəri-, -leit-] *a.* 身ぶりや手まねで話す.

ges·tìc·u·lá·tion [dʒestìkjuléiʃ(ə)n, ㊥⁺dʒèsti-] *n.* 興奮した身ぶり, 活発な手まね; 身ぶりや手まねで話す [あらわす] こと.

‡**gés·ture** [dʒéstʃər] *n.* **1** 身ぶり, 手まね, しぐさ: He made a friendly ~ to Betty. 彼はベティに親しげなそぶりをした. **2**《表面的・形式的な》意思表示, 外交辞令. ***fine*** ~ 雅量, 寛容.
—— *vt., vi.* =gesticulate. [√ger-]

†**get** [get] *v.* (**got** [gɑt/gɔt], 〖古〗**gat** [gæt]; **got, gót·ten** [gátn/gɔ́tn]; **gét·ting**) *vt.* **1** 得る, 入手する, 獲得する, もらう; もうける: John will ~ the prize. ジョンは賞をとるだろう. Where can I ~ information about it? どこへ行けば情報 [資料] が手にはいるか. He ~*s* $7,000 a year. 彼は1年に 7,000 ドルかせぐ. You can ~ it at a modest price. それは格安に買えます.
2 受けとる, 持つようになる, もらう: I *got* your letter only yesterday. きみの手紙は昨日ようやく受けとった. I *got* the notion that he was idle. 彼はなまけ者だと私は考えるようになった. ~ permission 許可してもらう.
3 <災いなどを> 受ける, …の目に会う; <病気に> かかる, <罰などを> くらう: He *got* a bad fall. 彼はひどくころんだ. The children *got* (the) measles. 子どもたちははしかにかかった. ~ twenty years in jail 20 年牢(ろう)に入れられる.
4 つかまえる, 捕える; と連絡がつく: *Get* the thief. どろぼうを捕えろ. Maybe, we can ~ her by telephone. 彼女と電話でうまく連絡できるかもしれない.
5 <打撃・弾丸などが> …に達する [当たる]: The blow *got* him in the mouth. 打撃は彼の口をとらえた [口に当たった].
6 の心を動かす; 首をしめる, 困らせる, おこらせる; 降参させる: Her tears *got* me. 彼女の涙には参ってしまった. The play didn't really ~ me. あの劇にはどうも感心しなかった. His keen voice ~*s* me. あの金切り声は頭にくるよ. This problem ~*s* me. この問題には参った. Now, I've *got* you. さあ参っ

G

たろう.
7 聞きとる; 理解する; 解釈する: I can't 〜 you. あなたのおっしゃることがよくわからない. Don't 〜 me wrong. 私を誤解しないでください.
8 準備する, したくする: 〜 dinner 食事のしたくをする.
9 **持って来る**, とって来る: I'll 〜 my hat. 帽子をとって来る.
10 《二重目的をとって》持って来てやる〔くれる〕, とって来てやる, とってやる: *Get* me that book. あの本をとってくれ. I'll 〜 you a highball. ハイボールを注文してあげよう.
11 **持ってゆく**, 運ぶ, 届ける, 連れてゆく, 《ある場所に》置く, すえる: *Get* the food to the boys on the rock. 岩の上の子どもたちに食料を届けろ. We *got* the car across the river. われわれは車を川の向こうへ渡した. *Get* the dog out of the room. 犬をへやから出しておくれ. I cannot 〜 the key in the hole. かぎが穴にはいらない.
12 〈動物が子を〉生む.
13 《形容詞・分詞・副詞（句）を伴って》…**の状態にする**: 〜 everything ready 万事準備を完了する. We *got* the clock go*ing*. われわれはとけいを動くようにした. I like to 〜 things *done* quickly. 私は仕事をさっさとやってしまうのが好きだ. → *vt.* ⑮.
14 《不定詞を補語として》…**させる**, …してもらう, …するように説得する: I *got* him *to* prepare for our journey. 彼にわれわれの旅行を準備させた. We could 〜 the engine *to* start properly. ようやくエンジンをちゃんと始動させることができた. I'll 〜 him *to* go with us. 彼にわれわれといっしょに行くように話しましょう.
15 《get＋目的語＋過去分詞》…**させる**, …してもらう: Where can I 〜 it repair*ed*? どこで修理してもらえるだろうか. I must 〜 my hair *cut*. 散髪をしなければならない. He *got* his wrist *broken*. 彼は手首を折ってしまった. I've *got* my clothes drench*ed*. 服をぬらしてしまった. 〈注〉最後の2文例のように主語の受動的経験をあらわすばあいには get よりも have を用いる方が正しい用法とされる.
16 《have got》**もっている** (have); 《have got to》…**しなければならない** (have to): I*'ve got* [I have] plenty of time. 時間はたっぷりある. We*'ve got to* dismiss her. 彼女を解雇しなければならない. → have.
17 に復讐(ふくしゅう)する; 殺す.
── *vi.* **1** 《形容詞・過去分詞などを補語として》…**になる**《変化・推移》; 《get＋過去分詞》…される《受動》: He is *getting* old. 彼は年をとってきた. I *got* anxious. 心配になった. We *got* married over thirty years ago. われわれは30年以上も前に結婚した. I *got* caught in the rain. 雨に降られた. They *got* hurt. 彼らは傷ついた. **2** 《to 不定詞を伴って》…するようになる; やっと…できる, どうにか…する: She *got to* like him. 彼女は彼が好きになった. I'll never 〜 *to* sleep till this pain leaves me. この痛みがとれるまでとても眠れまい. He *got to* be popular with the family. 彼はその家族の人気者となっていった. **3** 《現在分詞を伴って》…**し始める**: Let's 〜 go*ing*. そろそろ出かけよう. The business *got* pay*ing*. 事業の採算がとれ始めた. **4** 《位置をあらわすさまざまの副詞(句)・前置詞(句)と結びついて》…**に至る**, (たどり) 着く, …する, …をつくりだす: Accelerate and 〜 before that car. スピードを上げてあの車の前に出ろ. 〈注〉この用法は多くの熟語的連語をつくる.
〜 about (1) 動き回る, 旅行する, あちこち転動する: He 〜*s about* a good deal. 彼は盛んに旅をする. A car makes it easier to 〜 *about*. 車があると動き回るのに便利だ. (2)〈病人などが〉動けるようになる: He is *getting about* again. 彼は病気がなおり日常生活にもどった. (3) 流布する, 広まる, 流行する: How did the story of her marriage 〜 *about*? どうして彼女の結婚のうわさが広まったか. ***〜 above oneself*** いい気になる, うぬぼれる. ***〜 abroad*** 流布する. ***〜 across*** (1) 理解させる, のみこませる: You must 〜 *across to* him what you want. きみの望みを彼に知らせる必要がある. (2) 渡る, 越える; 越えさせる. (3)〈演説などが〉うまくゆく, 〈芝居などが〉当たる; 成功させる. ***〜 after*** をしかる, を攻撃する. ***〜 against*** 《俗》に反対する. ***〜 ahead*** (1) 進む, 進歩する. (2) 先を越す《の *of*》: Tom has *got ahead of* all the other boys in his class. トムは組の先頭を切っている. (3) 出世する: He will 〜 *ahead* in any business he goes into. 彼はどんな仕事をやっても出世するだろう. ***〜 along*** (1) やってゆく, 暮らしてゆく: We can't 〜 *along* without money. 金が無くてはやってゆけない. (2) 進歩する, はかどる: How are you *getting along with* your French? きみのフランス語の勉強ははかどっているのか. (3) 出かける, 立ち去る: It's rather late, and I think we'd better be *getting along*. 夜もふけたから帰りましょう. ***〜 along in years*** 年をとる. ***〜 along well*** [***badly***] 協調する[しない], そりが合う[合わない]. ***〜 along with*** と協調してやってゆく, と仲よくやる. ***Get along*** [***away***] ***with you!*** 行ってしまえ!; ばかを言うな! ***〜 around*** (1) 歩き回る: It is difficult for him to 〜 *around* without a cane. つえなしで歩くのは彼にはむずかしい. (2)〈うわさが〉広まる; 出回る. (3) うまく避ける, 〈人を〉欺く: How can we 〜 *around* those regulations? どのようにしたらその規則をのがれられようか. (4) 圧倒する, に打ち勝つ. ***〜 at*** (1)〈ある地点〉に着く. (2) に届く, をつかむ, を手に入れる: The baby tried to 〜 *at* the doll. 赤ん坊は人形をつかもうとして手を伸ばした. The books were locked up and I couldn't 〜 *at* them. 本だなにかぎが掛かっていたので取り出せなかった. (3) の見当をつける, を了解する: 〜 *at* the root of a problem 問題の核心をつかむ. (4) をほのめかす: I don't know what you are trying to 〜 *at*. If you have something unpleasant to say, tell it to me directly. きみがなにをほのめかしているのかわからない. 文句があるのなら直言したまえ. (5) を買収する: One of the jury had been *got at*. 陪審員のひとりが買収されていた. (6) をからかう; を攻撃する. ***〜 away*** (1) 去る, 逃げる: One of the prisoners *got away*. 囚人のひとりが逃げた. (2) 旅行に出かける: I want to 〜 *away* next Tuesday for a week. 次の火曜日から1週間旅に出たい. (3) 動かす, はがす: You can't 〜 it *away* because it's nailed. くぎづけにされているのではがせない. (4) 送る; 派遣する. ***〜 away with*** (1) を持ち逃げする. (2)〈悪事〉を罰せられずにやり遂げる, から無罪放免になる: Though he cheated in the examination, he *got away with* it. 彼は試験でカンニングをやったが罰せられなかった. ***〜 back*** (1) 帰る, もどる: When did you 〜 *back* from abroad? 外国からいつ帰ったか. (2) 取りもどす: I never lend books because it's so difficult to 〜 them *back*. ぼくは本を取り返すのがむずかしいので決して貸さないことにしている. (3)（送り）帰す: The manager promised to 〜 her *back* before dark. 支配人は暗くならないうちに彼女を帰宅させることを約束した. ***〜 back at*** [***on***] に仕返しをする. ***〜 behind*** (1) 遅れる: During my illness I *got behind* in my school work. 病気の間学校の勉強が遅れた. (2) を支持する, 後援する: If we all 〜 *behind* him, he will win the election. もしわれわれがみな彼を支持したら彼は選挙に勝つだろう. (3) の内幕を見すかす. ***〜 by*** (1) 通り抜ける: There's scarcely enough room for the car to 〜 *by*. 自動車が通れる幅がほとんどない. Please let me 〜 *by*. ちょっと通してください. (2) どうにか切り抜ける: I didn't do too well on the exam, but I think I *got by*. 試験のできは悪かったがどうやら切り抜けたようだ. ***〜 down*** (1) 降りる《から *off*》, 降ろす: John, 〜 *down off* the desk.

ジョン，机から降りなさい. Please may I ～ *down*, Mother? ママ，もう降りていい?《小児が食事を終えて食卓を離れたいとき母親に許可を求めることば》. (2) 飲みくだす. (3) 書き取る. (4) がっかりさせる: The news will ～ him *down*. このニュースは彼を失望させるだろう. **～ *down to*** に取りかかる: Now, let's ～ *down to* work. さあ仕事に取りかかろう. **～ *home*** (1) 家に着く: We *got home* late. おそくなって家に帰った. (2) 家へ連れもどす〔帰らせる〕: He's drunk; we'd better call a taxi and ～ him *home*. 彼は酔いつぶれたからタクシーを呼んで家に送り届けた方がよい. (3) ねらいが当たる，効果がある，〈皮肉などが〉通じる. **～ *his*** [***hers***] 罰を受ける: He will ～ *his* when his father hears that. それが父親に知られたら彼は罰を受けるだろう. **～ *in*** (1) (…に) はいる: He *got in* the train. 彼は列車に乗った. I forgot my key and couldn't ～ *in*. かぎを忘れたので (へやに) はいれなかった. (2) 〈船・汽車が〉 到着する: The boat *got in* on time. 船は定刻に入港した. (3) 〈作物を〉 取り入れる，仕入れる;〈借金を〉 取り立てる: Macy's has just *gotten in* a new shipment of furs. メーシー百貨店は毛皮をひと荷入荷した. (4) 家に呼び入れる: We *got* a plumber *in* to fix the pipes. われわれは水道屋を呼んでパイプを直させた. (5) 代議士に選ばれる. **～ *in on*** に加わる，…にありつく: This is your chance to ～ *in on* a good thing and make a fortune. うまい話にのって一もうけする機会だ. **～ *into*** (1) …にはいる，に乗り込む: ～ *into* a bus バスに乗る. (2)〈考えが〉…に浮かぶ: A good idea *got into* my head. (3) の仲間に加わる: I want to ～ *into* that club. そのクラブの会員になりたい. (4) 着る，はく: I can't ～ *into* these pants! They are too small. ズボンが小さすぎてはけない. (5) 〈ある状態〉になる，に陥る: ～ *into* a rage おこりだす. ～ *into* a mischief いたずらをやる. ～ *into* bad habits 悪習にそまる. **～ *in with*** と親しくなる，と交わる: Don't ～ *in with* bad boys. 不良と交わるな. **～ *it*** (1) 罰をくう. (2) 理解する. **～ *it into* one's *head that*...** …と確信するようになる. **～ *near*** に近づく: We are *getting near* Christmas. クリスマスに近くなった. **～ *next to*** に近づく，と知り合いになる: He is a very hard man to ～ *next to*. 近づきがたい男だ. **～ *nowhere*** [***somewhere***] 得るところがない〔ある〕，なんにもならない〔なにかになる〕. **～ *off*** (1) 出発する: We *got off* before daybreak. われわれは夜明け前に出発した. (2) はずす，脱ぐ: I can't ～ the ring *off* my finger. 指輪が抜けない. (3) から降りる，下車する: *Get off* at the next station. 次の駅で降りなさい. (4) …にはいらない: *Get off* the grass. 芝ふにはいるな. (5) 投函(とうかん)する: *Get* both these letters *off* right away. この2通の手紙をすぐ出しなさい. (6) 送る: ～ the children *off* to school 子どもたちを学校へやる. (7) のがれる，免れさせる: He *got off* with only a fine. 彼は罰金だけで済んだ. His youth and inexperience *got* him *off*. 年が若いのと未経験なため彼は助かった. (8) 〈冗談を〉言う，ぬかす. (9) やってのける: *Get* it *off*. それをかたづけなさい. (10) 始める《を *to*》: He couldn't ～ *off to* sleep. 寝つけなかった. (11)〖俗〗いい仲になる《と *with*》. **～ *off easy*** 軽い罰で免れる. **～ *off on the wrong foot*** 最初をしくじる，悪い出だしをする. ～ a baby ***off to sleep***(赤ん坊を)眠らせる. **～ *on*** (1) 着る，はく; かぶせる，しめる. (2) 〈乗り物に〉乗る: ～ *on* a train 列車に乗る. 〈注〉get on と get in [into]: 大きな乗り物 (船・旅客機・汽車・電車・バスなど) には *get on*, 身をかがめてはいり込むようなとき (乗用車など) には *get in* [*into*] を用いる傾向がある. (3) やってゆく，続ける: Either ～ *on* or ～ out. (仕事を) やるか手をひくかどちらかにしろ. Are you *getting on* well together? きみたちの間はうまくいっているか. (4) 成功〔出世〕する: ～ *on* in the world [in life]. (5) 年をとる，〈時が〉すすむ: His white hair shows that he is *getting on* (in years). 彼の白髪は年をとってきたことを示す. Time is *getting on*. 時が経過してゆく. (6) (先に) 進める: ～ a program *on* 計画を進める. (7) 着る. **～ *on for*** 〈年・時間などが〉に近づく: He is *getting on for* 70. 彼はそろそろ70だ. It's *getting on for* midnight. そろそろ真夜中だ. **～ *on*** a person***'s nerves*** 神経にさわる: Turn off that radio. It's *getting on* my *nerves*. ラジオを消してくれ，いらいらする. **～ *on the ball*** 抜け目なくやる，注意ぶかくする. **～ *on to*** (1) を見破る，をあばく，…のしっぽをつかむ. (2) を理解する，…がわかってくる. **～ *on toward*** → get on for. **～ *on with*** (1) をはかどらせる: How is he *getting on with* his work? 彼は仕事がはかどっているか. (2) 仲よく暮らす: The man is hard to ～ *on with*. その男はつきあいにくい男だ. **～ *out*** (1) 出る，降りる: The door was locked and I couldn't ～ *out*. ドアのかぎが掛かっていたので出られなかった. (2) 〈秘密が〉もれる: If the secret ～*s out*, there'll be trouble. 秘密がもれれば一騒動起こるだろう. (3) 取り出す，出してやる: The juggler *got out* a rabbit from his hat. 手品師は帽子からウサギを取り出した. (4) 〈ことばなどを〉口に出す: He managed to ～ *out* a few words of thanks. 彼はようやく，二，三のお礼のことばを述べた. (5) 完成する: Let's ～ this work *out*. この仕事をしとげよう. **～ *out of*** (1) から出る; 〈乗り物〉を降りる: ～ *out of* the room へやを出る. *Get out of* here! とっとと出て行け. ～ *out of* the bed on the wrong side 寝起きが悪い. ～ *out of* a car 自動車〔車〕から降りる. 〈注〉大型の乗り物では通常 get off: *get off* a bus バスを降りる. (2)〈着物〉を脱ぐ. (3) の届かないところへ行く: Don't ～ *out of* your depth. 背の立たないところへ行くな. (4) を脱する，を捨てる: ～ *out of* a bad habit 悪習をやめる. (5) をのがれる，をせずに済む《(do)*ing*》: ～ *out of* one's duties 義務をのがれる. I wish I could ～ *out of* mak*ing* a speech. 演説をしないで済めばよいが. (6) から得る，から手に入れる: How much did you ～ *out of* the deal? 取引でどれくらいもうけたか. (7) 〈秘密・告白などを〉…から聞き出す: The police *got* a confession *out of* him. 警察は彼を自白させた. **～ *over*** (1) 乗り越える: The soldiers *got over* the fence. 兵士たちはかきを乗り越えた. (2) 切り抜ける; 〈仕事を〉かたづける，済ます. (3) 克服する; 〈悲しみ・つらい経験などを〉忘れる，から回復する: She never *got over* her son's death. 彼女はむすこの死が忘れられなかった. It took me a long time to ～ *over* my cold. かぜがなかなかなおらなかった. (4) 〈距離を〉行く: The horse *got over* the distance in ten seconds. 馬はその距離を10秒で突っ走った. (5) 行く: You'd better ～ *over* on the right side of the road. 道路の右側に寄った方がよい. I'll ～ *over* to see you sometime next week. 来週きみをたずねたい. (6) 欺く，出し抜く. **～ *round*** (1) のがれる，ごまかす: No one shall ～ *round* the law. だれにも法規を守らせるぞ. (2) 丸め込む，味方にする: She knows how to ～ *round* her father. 彼女は父親を丸め込む方法を心得ている. **～ *round to*** に行き着く. ***Get set!***《競走で》用意! **～ *there*** 〖俗〗目的を達する. **～ *through*** (1) 終える，かたづける: We *got through* the work at 5. 5時に仕事を終えた. (2) の試験に受かる; を合格させる: I *got through* everything except biology. 生物学を除いてみな合格した. (3) 〈法案が〉議会を通過する; 通過させる. (4) 使い果たす: He has *got through* 150 dollars in less than a week. 彼は1週間足らずで150ドル使い果たした. **～ *through to*** に到達する; 〈手紙・電話・伝言などが〉…に通じる: Tell me when my message has *got through to* her. 伝言が彼

女に届いたら教えてくれ. ～ ***through with*** 〈仕事〉を仕上げる. ～ ***to*** (1) に着く, に届く: He must have *got to* the station by now. いまごろは駅に着いたに違いない. (2) に取りかかる, を始める: Now, let's ～ *to* work. さあ仕事に取りかかろう. ～ ***together*** (1) 集まる, 寄り合う: We all try to ～ *together* at least once a year. 少なくとも年に1度は皆で集まることにしています. (2) 相談する; 相談の結果意見が一致する. (3) 集める. ～ ***under*** 静める, 治める: The fire was soon *got under*. 火はすぐに消しとめられた. ～ ***up*** (1) 立ち上がる; 起きる, 起床する; 起こす: What time do you ～ *up*? 何時に起きますか. ～ the children *up* 子どもたちを起こす. (2) (を) 登る: ～ *up* the ladder はしごを登る. (3) 〈波・風が〉出る, 激しくなる. (4) 計画する, 用意する, 起草する: Our club is *getting up* a picnic for the first of the month. われわれのクラブはその月の1日に遠足を計画している. (5) 《すぐ使える状態に》仕立て上げる, 準備する: Have these shirts *got up*. シャツを(アイロンをかけて)着られるようにしてもらえ. (6) 〈髪などを〉整える, めかす; 〈本を〉装訂する: She was beautifully *got up*. 彼女は美しく装っていた. (7) 勉強する, 研究する, の知識をふかめる. (8) 〈勇気を〉出す. (9) 改訂する. ～ one***self up*** 装う, めかす. ～ ***up and go*** 精力, 根性, やる気. ～ ***upon*** …について話し始める. ～ ***up to*** (1) に至る: We *got up to* page 10 last lesson. 前の授業では10ページまでやった. (2) に追い付く: We soon *got up to* others. われわれはまもなく皆に追いついた.

—— *n.* **1** (動物の) 出生, 種, 子. **2** (*pl.*) 利益, かせぎ. **3** 〔スコットランド〕小児, がき; 庶子. **4** 《テニスなどで》巧みな返球.

〈注〉 get の合成語は, それぞれ別項.

類義語 手に入れる: **get** 手に入れる方法, また手に入れる意志があったかどうかを問わない.
obtain あらかじめ入手を希望したことが示される.
acquire 入手に努力した後の所有に焦点がある.
procure ある特殊な方法で(注意ぶかく)入手する.
secure ようやく手に入れたものを放さない, 確保する.
類 → **become**「…になる」

get-át-a·ble, get-át-a·ble [getǽtəbl] *a.* 達しうる, 近づきやすい, 手にはいる.

gét·a·way [gétəwèi] *n.* 〔話〕逃亡, 逃走; (キツネなどが) やぶから飛び出すこと; スタート《競争などの》. ***make*** one***'s*** ～ 逃げ出す.

Geth·sém·a·ne [geθséməni] *n.* ゲッセマネ《エルサレム付近の花園. キリスト最後の祈りの地》.

gét-out [gétàut] *n.* **1** 回避, 脱出. **2** 〔商〕採算点. ***as*** [***like***] (***all***) ～ 全く, すっかり.

gét-rich-quick [gétritʃkwík] *a.* 〔米〕一獲千金的な.

gét·ta·ble [gétəbl] *a.* 手にはいる, 得られる.

gét-to·gèth·er [gét(t)əgèðər] *n.* 〔米話〕《非公式な》会合, 懇親会.

gét-tóugh [géttʌ́f] *a.* 強気の: a ～ policy.

Gét·tys·burg [gétizbə̀ːrg] *n.* 〔米〕ゲチスバーグ《南北戦争の激戦地》. ～ **Address** 1863年11月19日 Lincoln が同地で行なった演説《民主主義精神を表現した句 Government of the people, by the people, for the people で有名》.

gét·up [gétʌ̀p] *n.* 〔話〕身なり, 装い, 体裁; 装訂.

gé·um [dʒíːəm] *n.* 〔植〕大根草属.

géw·gaw [gjúːgɔː] *a., n.* 見かけ倒しの(物), 安ぴかの(物).

géy·ser [gáizər, ㊥⁺-sər] *n.* **1** 間欠 (温) 泉. **2** [gíːzər] 〔英〕自動湯沸し装置《浴室などの》.

Ghá·na [gáːnə] *n.* ガーナ《アフリカ西部の共和国》.
◇ **Ghá·na·ian** [gáːn(ə)jən; -niən / gɑːnéiən], **Ghá·ni·an** [gáːniən] *a., n.* ガーナの; ガーナ人(の).

ghár·ry [gǽri] *n.* 〔インド〕車, (貸し) 馬車.

‡ghást·ly [gǽstli/gáːst-] *a.* **1** 青ざめた; 死人[幽霊]のような. **2** 恐ろしい, 身の毛のよだつような, ものすごい. **3** 〔俗〕ひどい, いやな. —— *ad.* **1** 青ざめて, 死人のように. **2** 恐ろしく, ものすごく. ◇ **-li·ness** *n.*

gha(u)t [gɔːt] *n.* 〔インド〕山道; (*pl.*) 山脈; 川へおりる道 [階段].

ghá·zi [gáːziː] *n.* 〔回教〕勇士《異教徒と戦った》; (G～) 勝利戦士《トルコの名誉称号》.

ghee [giː] *n.* 〔インド〕バター油.

ghér·kin [gə́ːrkin] *n.* 〔植〕キュウリの一種《熱帯アメリカ産. 酢づけ用》; そのつけ物.

ghét·to [gétou] *n.* (*pl.* **-tos, -ti** [gétiː]) **1** ユダヤ人街, ユダヤ人地区. **2** 〔米〕貧民地区, スラム街.

Ghíb·el·line [gíb(i)lin, -lìːn/-lain] *n.* 〔史〕皇帝党員《中世のイタリアで教皇党員 (Guelph) に対抗して神聖ローマ帝国皇帝の味方をした》.

‡ghost [goust] *n.* **1** 幽霊, 亡霊. **2** 霊魂《flesh の対で感情・思想・道義心が宿る》; 〔古〕生命の源. **3** やせこけた人; 青ざめた人. **4** 幻影, まぼろし, 影. **5** 《比喩的》影のようなもの, …らしいもの: a ～ of a smile かすかなほほえみ. **6** 〔光・テレビ〕ゴースト, 第2映像. **7** 〔話〕《文学作品の》代作者 (= ～ writer). **8** 《形容詞的に》黒幕の, 下働きの: a ～ hostess 女主人の後ろだて役. ***give up the*** ～ 〔古〕死ぬ. ***Holy G***～ 聖霊《三位一体の第3位》. ***lay*** [***raise***] (***a***) ～ 幽霊を引っ込ませる [あらわれさす]. ***not the*** [***a***] ～ ***of a chance*** 少しの見込みもなく. ***play*** ～ ***to*** の代作をやる. ***The*** ～ ***walks.*** 幽霊が出る; 〔劇場俗〕給料が出る.

—— *vt.* **1** 〔米話〕の代作をする. **2** に幽霊のようにあらわれる.

～ **story** 怪談. ～ **town** 〔米〕幽霊町《昔の金鉱町など住人が絶え果てた町》. ～ **word** 《誤記・誤植などでできた》幽霊語. ～**·write** [ˊ-ˊ] *vi., vt.* (の)代作をする. ～**-writ·er** 代作者.
◇ ～**·like** *a.* 幽霊のような; 無気味な.

ghóst·ly [góustli] *a.* **1** 幽霊の, 幽霊のような [出そうな]. **2** 影のような, ぼんやりとした. **3** 霊的な, 宗教上の. ***our*** ～ ***enemy*** 悪魔(the devil).
～ **adviser** [**director, father**] 聴罪司祭, 聖職者. ～ **comfort** [**counsel**] 霊的慰め《ざんげ・臨終のとき, 僧の与えることば》. ～ **hour, the** うしみつどき. ◇ **-li·ness** *n.*

ghoul [guːl] *n.* 墓をあばいて死体を食う鬼《イラン伝説》; 墓をあばく人; 残忍な人.
◇ ～**·ish** *a.* 死人を食う鬼のような; 残忍な.

G.H.Q., GHQ General Headquarters.

ghyll = gill⁴.

GI [dʒíːái] *n.* (*pl.* ～**s**, ～**'s**) 〔米俗〕**1** 官給品; (アメリカ軍) 兵士, 兵卒: a ～ Joe アメリカ兵. a ～ Jane [Jill, Joan] アメリカ婦人兵. [<*g*overnment *i*ssue] **2** トタン (板): a ～ can トタン製ちり箱. [<*g*alvanized *i*ron] ***the GI Bill of Rights*** 〔米〕復員兵援護法. —— *a.* 兵卒の; 官給の, 軍規格の: ～ haircut 兵隊刈り. ～ shoes 兵隊ぐつ. —— *v.* (～**'d**; ～**·'ing**) *vt.* 整とんする《検閲などを受けるために》. —— *vi.* 軍規を守る.

‡gí·ant [dʒáiənt] *n.* **1** 〔ギ神〕巨人, 大男. **2** 巨漢《背たけ・力などが人並み以上の》; 巨大な物. **3** 《比喩的》非凡な才能を備えた人; 巨頭: an intellectual ～ 天才. —— *a.* 巨大な, 偉大な.
～ **cactus** = saguaro. ～ **panda** 〔動〕シロクログマ. ～ **powder** ダイナマイトの一種. ～**('s) stride** 回転ぶらんこ. ～**('s) swing** 大車輪《器械体操の》.
◇ ～**·ess** *n.* 女の巨人, 大女. ～**·ism** [-ìz(ə)m] *n.* 〔医〕巨大症《特に骨格の》.

giaour [dʒauər/dʒáuə] *n.* 異端者, 不信心者《回教徒がキリスト教徒をけいべつした呼び方》.

gib¹ [gib] *n., vt.* 〔機〕凹(おう)字形くさび (で締め付ける).

gib² *n.* (去勢した) 雄ネコ.

Gib. Gibraltar.

gíb·ber [dʒíbər, ㊥⁺gíbər] *vi.* わけのわからないことを早口にしゃべる. —— *n.* わけのわからないおしゃべり.

◇ ～·ish [-bəriʃ] *n.* わけのわからない（早口の)おしゃべり, ちんぷんかんぷん.

gíb·bet [dʒíbit] *n.* 絞首台〔刑〕; さらし台. —— *vt.* 絞首刑に処する; さらしものにする. 「ア産」.

gíb·bon [gíbən] *n.* 〖動〗テナガザル《インド・東南アジ

gib·bós·i·ty [gibásiti/-bɔ́s-] *n.* 凸(とつ)状; 凸湾曲, 隆起, 突起, せむし.

gíb·bous [gíbəs] *a.* 凸状〔凸円〕の; せむしの. **～ moon, the** 〖天〗凸月《半月と満月の中間》.

gibe [dʒaib] *vi.* あざける, 愚弄(ぐろう)する《を *at*》. —— *vt.* あざける, 嘲弄(ちょうろう)する. —— *n.* あざけりのことば〔顔つき〕. ◇ **gíb·er** [dʒáibər] *n.*

gíb·lets [dʒíblits] *n. pl.* 臓物《鶏などの》.

Gi·brál·tar [dʒibrɔ́:ltər] *n.* ジブラルタル《地中海側スペイン南端の要塞(ようさい). イギリス領》; (**g～**) 堅固な要塞. ***the Strait of ～*** ジブラルタル海峡.

Gíb·son [gíbsn] *n.* マーティーニ種のカクテル. **～ girl** (1) アメリカの画家 C. D. Gibson の描いた1890年代のアメリカ少女. (2)〖空〗《海面不時着時用の》小型無電発信機.

gí·bus [dʒáibəs] *n.* オペラハット (＝～ hat).

gid [gid] *n.* 《羊・牛の》めまい病.

gíd·dy [gídi] *a.* **1** 目のくらむような; めまぐるしい, 目がまわるほど忙しい: a ～ height めまいがするほどの高いところ. **2** めまいがする, めまいを感じている: feel ～ めまいがする. **3** うわついている, 軽率な. ***play the ～ goat*** 軽薄なことをする. —— *vt.* にめまいさせる, の目をくらます. —— *vi.* めまいがする, 目がくらむ.
～-brained [⊥–⊥], **～-hèad·ed** 軽率な. **～-go-ròund** 回転木馬. **～-head** [⊥–⊥] 軽率な人. **～-paced** [⊥–⊥] 千鳥足の.
◇ **gíd·di·ly** *ad.* **gíd·di·ness** *n.*

Gíd·e·on [gídiən] *n.* 〖聖〗ギデオン《イスラエルの勇士》. ***the ～s*** 〖米〗聖書寄贈協会(＝～ society).

‡**gift** [gift] *n.* **1** 贈り物, 進物: a birthday ～ 誕生日の贈り物. **2** 贈与; 贈与権. **3** (天賦の) 才能: the ～ of tongues 語学の才. a person of many ～*s* 多才な人. ***at a ～*** ただでも: I would not have it *at a* ～. ただでもほしくない. ***by*** 〔***of***〕 ***free ～*** ただで. ***Christmas G～!*** 〖米南部〗クリスマスおめでとう. ***look a ～ horse in the mouth*** もらい物のあらを捜す《馬の口を見れば老衰を知る, から》. ***the ～ of (the) gab*** 能弁, 口達者.
—— *vt.* **1** 〈金や物を〉与える, 贈る. **2** に授ける《を *with*》: We are all ～*ed with* conscience. われわれにはすべて生まれつき良心がある. [＜give]
～·book [⊥⊥] 進物用美装本. **～ certificate** 商品券. **～ check** 贈与用の小切手, ギフトチェック. **～ coupon** 景品引換券. **～ enterprise** 景品つき売り出し. **～ tax** 贈与税. **～-wrap** [⊥⊥] *vt.* (**-pp-**) (リボンなどで) きれいに包む. **～·wràp·ping** 贈り物用包装 (紙・リボンなど).
〔類〕 → **talent**「才能」

***gíft·ed** [gíftid] *a.* 天賦の才能のある.

gig[1] [gig] *n.* **1** 《1頭だてオープン》軽2輪馬車. **2** 〖機〗毛羽だて機. **3** 船載の軽ボート《船長用の》. **～ lamps** 〖俗〗めがね. **～·man** → 別項.

gig[2] *n.* 《魚とり用の》やすの一種, 引っかけかぎ; (ラシャの) 毛羽だて機. —— *vt., vi.* (**-gg-**) 〈魚を〉やすでとる. **～ mill** (ラシャの) 毛羽だて機.

gì·gan·té·an [dʒàigæntí:ən], **gì·gan·tésque** [-tésk] ＝ gigantic.

***gi·gán·tic** [dʒaigǽntik] *a.* 巨人のような; 巨大な, ものすごく大きい. ◇ **～·ness** *n.* **-ti·cal·ly** *ad.*

gí·gan·tism [dʒáigæntìz(ə)m, –⊥–]＝giantism.

gíg·gle [gígl] *n.* くすくす笑い. —— *vi.* くすくす笑う. ◇ **gíg·gly** [-i] *a.* くすくす笑う(癖のある).

gíg·man [gígmən] *n.* (*pl.* **-men**) 自家用馬車の持ち主.

gíg·o·lo [dʒígəlòu/ʒíg-] *n.* (*pl.* **～s**) **1** 売春婦に養われている男, 男めかけ,「ひも」. **2** 男のダンサー《ダンス場で女の相手をつとめる》.

gíg·ot [dʒígət] *n.* 羊の足肉《食用》; 羊の足形のそで (leg-of-mutton sleeve). 「カ南部産」.

Gí·la [hí:lə] **～ *monster*** 〖動〗大毒トカゲ《アメリ

Gil·bér·ti·an [gilbə́:rtiən] *a.* **1** イギリスの喜歌劇作者 Gilbert (1836–1911) 流の. **2** こっけいな, とんちんかんな.

gild[1] [gild] *vt.* (**～·ed** [gíldid] *or* **gilt** [gilt]) **1** に金ぱくをかぶせる, に金めっきする; 金色に塗る: ～ a picture frame 額縁に金粉を塗る. **2** 粉飾する; のうわべを繕う. **3** 〖雅〗黄金色に輝かす. ***～ the pill*** 丸薬を金色に塗る; いやなものを見よくする. [gold と同語源] ◇ **～·er** *n.* **～·ing** *n.*

gild[2] ＝ guild.

gíld·ed [gíldid] *a.* **1** 金ぱくをかぶせた, 金めっきした. **2** 金色の. **3** 金持ちの; 上層 (階級)の, 貴族の. **G～ Chamber, the** (イギリスの) 上院. **～ spurs** ナイト (knight) の記章. **～ youth** 金持ちの若紳士, 貴公子.

gill[1] [gil] *n.* **1** (通例 *pl.*) えら. **2** 〖植〗《キノコの》ひだ, 菌褶(きんしゅう). **3** たれ肉《七面鳥などの》. **4** あご・耳の下の肉. ***rosy*** 〔***blue, green***〕 ***about the ～s*** 血色がいい〔わるい〕. ***turn red in the ～s*** 怒る. **～ net** 刺し網《漁獲用の》. 「＝0.14 *l*」.

gill[2] [dʒil] *n.* ジル《液量の単位. 4分の1パイント

gill[3] [dʒil] *n.* (または G～) 少女, 娘, 恋人. ***Every Jack has his G～.*** 若い男にはみな恋人がある. ***Jack and G～*** 若者と娘.

gill[4] [gil] *n.* 〖英〗峡谷, 渓流(けいりゅう).

gíl·lie, gíl·ly[1] [gíli] Sc. *n.* 従者《特に狩猟家の》.

gíl·ly[2] [gíli] *n.* 〖米〗**1** サーカス運搬の自動車, 小サーカス. **2** 謝肉祭の山車(だし)自動車.

gíl·ly·flòw·er [dʒíliflàuər] *n.* 〖植〗アラセイトウ.

gilt[1] [gilt] *v.* gild[1] の過去・過去分詞. —— *a.* ＝ gilded. —— *n.* 金ぱく, 金色塗り. ***take the ～ off the gingerbread*** 金ぱく〔化けの皮〕をはぐ. **～-édged** → 別項. **～ top** 〖製本〗天金.

gilt[2] *n.* 若い雌豚《子を生んでもはらんでもいない》.

gílt-édged [gíltédʒd/⊥–] *a.* **1** 金縁の. **2** 最上の, 確実な《証券など》. **～ securities** 一流証券.

gím·bals [dʒímb(ə)lz] *n. pl.* 〖海〗ジンバル, 称平環《羅針(らしん)盤などを水平に保つための装置》.

gím·crack [dʒímkræk] *a.* 安ぴかの, 見かけ倒しの. —— *n.* 安ぴか物, くだらぬ装飾品. ◇ **～·er·y** [-əri] *n.* 《集合的》安ぴか物; 《文学などの》見えすいた技巧.

gím·let [gímlit] *n.* ねじきり《先端がらせん状の, T字形の柄をもつきり》. —— *vt.* にきりで穴をあける. **～-eyed** [⊥–⊥] 鋭い目をした.

gím·mal [gím(ə)l, dʒím-/dʒím-] *n.* 《とけいなどの》動力伝達装置.

gím·mick [gímik] *n.* 〖米俗〗**1** たね《手品師・いかさま道具などの》; からくり, 仕掛け. **2** 新案物. ◇ **～·(e)ry** [-k(ə)ri] *n.* ～ の使用.

gimp [gimp] *n.* **1** 笹縁(ささべり); 飾りひも. **2** 心に針金を入れた絹のつり糸.

gím·py [gímpi] *n., a.* 〖米俗〗びっこ (の).

gin[1] [dʒin] *n.* ジン《アルコール飲料》. **～ *and tonic*** ジンにキニーネ水, レモンまたはライムを入れた飲み物. **～ block** 貨物つりの滑車を数個ささえる大型の複滑車. **～ fizz** ジンフィーズ《ジンにレモン・炭酸水などを加えたもの》. **～ mill** 〖米俗〗酒場, 飲み屋. **～-pàl·ace** 〖英〗はでに飾りたてた酒場. **～ shop** 〖英〗ジン酒場. **～ sling** ジンに氷・砂糖・香料を加えた飲料.

gin[2] *n.* **1** 綿繰り機; 三脚起重機. **2** わな. —— *vt.* (**-nn-**) **1** の種を綿繰り機にかけて除く. **2** わなにかける.

gin[3] *n.* ふたりでするトランプの一種(＝～ rummy)《持ち札10枚を組み合わせる》.

gín·ger [dʒíndʒər] *n.* **1** 〖植〗ショウガ; 《薬用・薬味・糖菓用などの》ショウガ(の根). **2** 〖話〗ピリリとしたところ, 元気: full of ～ 元気いっぱいの. **3** 《髪などの》赤黄色;〖英〗赤色. ── *vt.* **1** にショウガで香味をつける. **2** 元気づける《*up*》.
～ **ale** [**beer**] ジンジャーエール《ショウガ入り清涼飲料の一種. サイダーに似て, アルコールを含まない》. ～ **brandy** ショウガ入り強壮剤. ～·**bread** → 別項. ～ **cordial** ショウガ・レモンの皮・干しブドウ・水でつくった飲料《しばしば火酒を加える》. ～ **group**〖英: 議会〗急進派; 活動派. ～ **nut** = gingerbread nut. ～ **pop**〖話〗=～ ale. ～ **race** ショウガの根. ～·**snap**[ˊ-ˋ] ショウガ入りクッキー. ～ **wine** ショウガ酒《砂糖・レモン・干しブドウ・ショウガを混ぜた酒》.
gìn·ger·áde [dʒìndʒəréid] *n.* = ginger ale.
gín·ger·bread [dʒíndʒərbrèd] *n.* **1** ショウガ入り菓子パン. **2**《比喩的》安ぴか物〔飾り〕. ── *a.* 安っぽい, けばけばしい. ～ **nut** ショウガ入りビスケット.
gín·ger·ly [dʒíndʒərli] *ad.* 用心ぶかく, 細心の注意を凝らして. ── *a.* 用心ぶかい, 慎重な.
◇ **-li·ness** *n.*
gín·ger·y [dʒíndʒəri] *a.* **1** ショウガの; ショウガの味がする, ピリッとする, からい. **2** 赤黄色の;〖英〗《髪が》赤い. **3** おこりっぽい, 短気な.
gíng·ham [gíŋəm] *n.* **1** ギンガム《棒じままたはこうしじまの綿布》. **2**〖英話〗こうもりがさ《特にぶかっこうなもの》. 「きの.
gin·gí·val [dʒindʒáiv(ə)l, (米)+dʒíndʒəvl] *a.* 歯ぐ
gìn·gi·ví·tis [dʒìndʒiváitis] *n.*〖医〗歯肉炎.
gíng·ko, gínk·go [gíŋkou, (米)+dʒíŋ-] *n.* (*pl.* ～**es**)〖植〗イチョウ. [＜Jap.「銀杏」gingkyo が誤って gingko となった] ～ **nut** ぎんなん.
gín·gly·mus [dʒíŋgliməs, gíŋ-] *n.* (*pl.* **-mi** [-mài])〖医〗ちょうつがい関節.
gink [giŋk] *n.*〖米俗〗やつ; いけすかない野郎.
ginned [dʒind] *n.*〖俗〗酔った, へべれけの. [＜gin[1]]
gín·ner·y [dʒínəri] *n.* 綿繰り工場.
gín·seng [dʒínseŋ, (米)+-siŋ] *n.*〖植〗チョウセンニンジン. [＜Ch. 人参] 「像画.
Gio·cón·da [dʒokándə/-kɔ́n-] *n.* Mona Lisa の肖
gip [gip] *vt.* (**-pp-**) **1**〈魚の〉臓物をとる. **2** = gyp[2].
gíp·po [dʒípou] *n.*〖軍俗〗スープ, シチュー.
Gíp·py [dʒípi] *n.*〖軍俗〗エジプト兵.
gíp·sy = gypsy.
gi·ráffe [dʒiræf/-rá:f] *n.*〖動〗ジラフ《俗称キリン》; (G～)〖天〗キリン座.
gir·an·dole [dʒírəndòul] F. *n.* **1** 枝つきの飾り燭台(しょくだい). **2** 回り花火; 回り噴水. **3** さげ飾り《耳輪など》.
gír·a·sole [dʒírəsòul], **-sol** [-sàl, -sòul/-sɔl] *n.*〖鉱〗火タンパク石;〖植〗キクイモ.
gird[1] [gə:rd] *vt.* (**girt** [gə:rt] *or* **gírd·ed** [gə́:rdid]) **1** の腰を締める《帯・なわなどで》: be *girt* about *with* a rope なわで締めている. **2**〈着物を〉帯で締める;〈刀などを〉腰につる, 身につける. **3**《～ oneself の形で》装いを整える, 緊張する: ～ oneself *for* a fight 戦いに備える. **4** に授与する《を *with*》: ～ a person *with* authority 人に権力を授ける. **5**〈城などを〉囲む《で *with*》. ***～ a knight*** 騎士に帯刀させる. ***～ on*** 身につける, 腰におびる. ***～ round***〈帯などを〉巻きつけて締める. ～ (***up***) one***'s loins*** 身を引き締める, 緊褌(きんこん)一番する;《旅などに》身じたくする.
gird[2] *vi.* あざける《を *at*》. ── *n.* あざけり.
gírd·er [gə́:rdər] *n.*〖土木〗けた;〖建〗大梁(おおはり).
～ **bridge** ガード, 陸橋.
gír·dle[1] [gə́:rdl] *n.* **1** 帯, 腰帯, ベルト. **2** ガードル《コルセットの一種》. **3** 帯状の物;〖天〗黄道, 赤道;〖医〗帯(たい), 肢帯(したい), 環状骨; 輪状に樹皮をはぎとったあとの輪;〖建〗胴輪. ***have*** [***hold***] ***under*** one***'s*** ～ 服従させる, 支配する. ***put a ～ round*** 一周する;《通信線・鉄道などで》環状に囲む. ***the pelvic*** [***hip***] ～〖医〗骨盤帯. ***the shoulder*** ～〖医〗肩胛(けんこう)帯. ── *vt.* **1** 帯で巻く, に帯を締める. **2** (帯状に) 囲む, 取り巻く. **3** の樹皮を輪状にはぐ.

◇ **gír·dler** *n.* ～する物〔人〕; 帯職人.
gír·dle[2] *n.*〖スコットランド〗鉄板《菓子焼き用》.
～·**cake** [ˊ-ˋ] 鉄板で焼いた菓子.
†**girl** [gə:rl] *n.* **1** 少女, 女の子. **2** 若い女, 未婚女性; 女学生. **3**〖話〗《年齢・既婚・未婚を問わず》女;《親しい呼びかけ》きみ, ねえさん. **4** 女店員 (= sales ～); 女事務員; 女中. 〈注〉ただし business girl は日本製の語で, 職業婦人は business woman または career woman などという. **5** 愛人, 恋人. **6**〖話〗娘 (daughter).
～ ***of the period*** 当世娘《19世紀の慎みのない娘のあだ名》. ～ ***of the town*** 売春婦. ***my dear*** ～ かわいい子, おまえ《妻などに対する呼びかけ》. ***old*** ～ きみ, おまえ《女性や雌馬などに対する親しい呼びかけ》;《女学校の》古い卒業生. ***the ～s***《未婚・既婚を通じて》女ども; 一家の娘たち. ***the principal*** [***leading***] ～《劇・映画の》主役女優.
～ **Friday** 女子事務員, 女の子《小さな事務所で秘書役・雑用などをする》. ～ **friend** 女友だち. **G～ Guides**〖英〗少女団《団員は a ～ guide》. **G～ Scouts**〖米〗ガールスカウト少女団《団員は a ～ scout》. ～**s' high school** 女子高校. ～ **wife** 子どものような(若い) 細君.
◇ ～·**hood** *n.* 少女であること, 少女〔娘〕時代;《集合的, 複数扱い》少女たち.
gírl·ie [gə́:rli] *n.*《愛称》むすめ(さん), 嬢ちゃん;〖米俗〗コーラスガール. ── *a.* (半裸などの) 女性を売り物にする: a ～ show.
gírl·ish [gə́:rliʃ] *a.* **1** 少女らしい. **2** 少女のような. ◇ ～·**ly** *ad.* ～·**ness** *n.*
Gi·rónde [dʒiránd/-rɔ́:nd] *n.* (the ～) ジロンド党《フランス革命当時の穏健な共和党》.
Gi·rón·dist [dʒirándist/-rɔ́n-] *n.* ジロンド党員. ── *a.* ジロンド党の.
girt[1] [gə:rt] *v.* gird[1] の過去・過去分詞.
girt[2] *n.* 周囲の寸法; 実長測定《でこぼこ面の》. ── *vt.* **1** 帯で巻く, 帯で締める. **2** の周囲を測る.
girth [gə:rθ] *n.* **1**《馬の》腹帯. **2** 帯. **3** 胴まわり; 円筒形の物の周囲の寸法; 周囲の距離. **4** 帯げた《車両の》. **5**〖建〗胴差し. ── *vt.* **1** に腹帯を締める《*up*》. **2** の周囲の寸法を測る. ── *vi.* …の寸法がある: ～ five feet 5 フィートある. 「の物.
gís·mo, gíz·mo [gízmòu] *n.*〖米俗〗仕掛け; 例
gist [dʒist] *n.* **1** (事の) 要旨, 本質, 根本: What was the ～ of his speech? 彼の談話の要旨はなにか. **2**〖法〗《訴訟の》主要訴因.
gít·tern [gítə:rn] = cithern.
†**give** [giv] *v.* (**gave** [geiv]; **gív·en** [gív(ə)n]) *vt.* **1** 与える, くれる, (ただで) やる, 贈る: He *gave* me a handsome present. 彼は私にりっぱな贈り物をくれた. 〈注〉次のような構文をとる: I *gave* the boy a book. I *gave* a book *to* the boy. I *gave* him a book. ときに I *gave* a book *to him*.《「…に」が人称代名詞》. I *gave* it *to* the boy.《「…を」が人称代名詞》. I *gave* it *to* him《「…に」も「…を」も人称代名詞》. ただし, ときに I *gave* him it. =(英) I *gave* it him. が使われることがある. 以下は受動態: He [The boy] was *given* a book. A book was *given* (*to*) him. A book was *given* (*to*) the boy.
2〈地位・名誉・任務・許可などを〉授ける, 与える;〈祝福・奨励・あいさつなどを〉贈る, 与える: He was *given* an important post. 彼は重要な地位を与えられた. God, ～ me patience! 神よ, 私に忍耐力を与えたまえ. *G～* Aunt Mary my love. メアリおばさんによろしく.
3〈時間・機会・猶予などを〉与える: ～ one's free time to golf 暇な時間をゴルフに充てる. *G～* me a chance once more. もう一度だけ機会を与えてください. They *gave* me a week to make up my mind. 彼らは私に1週間考える猶予を与えてくれた. You'd better ～ yourself an hour to get there.

そこに行くまで1時間みておいた方がいいでしょう.
4〈打撃・苦痛・罰などを〉与える, 加える: The teacher *gave* the boy a good beating. 先生はむちで少年をさんざんに打った. The judges *gave* the culprit a year's hard labor. 裁判官は犯人に1年の重労働を宣告した.
5〈悲しみ・心配・印象・感想・喜び・希望などを〉感じさせる, 生じさせる: I *gave* my parents a lot of trouble when I was a boy. 子どものころは両親にずいぶん心配をかけた. Try to ～ her a good impression. 彼女にいい印象を与えるようにつとめなさい.
6〈形状・形式を〉付与する: Theory ～*s* shape *to* ideas. 理論によって着想がきちんとまとめあげられる.
7 渡す, 手渡す, 引き渡す: He *gave* me the letters. 彼は私に手紙を渡してくれた. The enemy *gave* ground. 敵は退却した.
8 差し出す: *G*～ me your hand. さあ握手しましょう.
9《代償として》与える, 支払う: What [How much] will you ～ for my old car? 私の中古車を幾らで引き取ってくれますか. I *gave* a good price for this stone. この宝石にはいい値を払った.
10〈病気を〉うつす: Keep off that I might not ～ you my cold. 私のかぜがうつらないように離れていなさい.
11〈証拠・例証などを〉示す, あげる, 指摘する, 提出する: The author ～*s* an instance of the tragedies induced by war. 著者は戦争の引き起こす悲劇の一例をあげている.
12〈日時を〉指示する, 指定する: They *gave* us the date of interview. 彼らは会見の日を指定してきた.
13〈温度・気圧・目方などを〉示す: The thermometer ～*s* 75°. 温度計は75°を示している.
14(外に)見せる, 示す; の兆候である: The child *gave* me a smile. 子どもは私ににっこりした. Don't ～ me a wry face. 私にしかめっつらを見せないでおくれ. High temperature ～*s* a sign of illness. 熱が高いのは病気の兆候である.
15(世間一般に)伝える, 報道する; 描写する: The newspaper ～*s* a full story of the game. 新聞は試合のことを細かく載せている. The author ～*s* every phase of human life. 作者は人生のあらゆる面を描いている.
16〈印刷物が〉収録している: The dictionary doesn't ～ this word. 辞書にこの語が載っていない.
17〈意見・理由・回答・助言・知識・情報・宣告などを〉述べる, 伝える, 表明する, 言い渡す: ～ advice 助言する. He *gave* us a brief account of the event. 彼はその事件を手短に説明してくれた. Please ～ me the reason why you did not come. 来なかった理由を言ってください. Everybody was asked to ～ his opinion. みんなが意見を求められた. The umpire *gave* him out. アンパイアは彼にアウトを宣告した.
18〈努力・注意などを〉さし向ける, 注ぐ, ささげる: *G*～ your mind *to* your trade. 自分の職業に専心しなさい. *To* this we have already *given* attention. この点はすでに論じておいた. He *gave* his life *to* charities. 彼は生涯(しょうがい)を慈善事業にささげた.
19《動作をあらわす, 主として単音節の名詞を目的語として》…**する**: ～ a kick at the dog 犬をける. *G*～ it a tug [pull], and it will open. ぐいっと引っ張れば開く. The lady *gave* a cry seeing the rat. 婦人はネズミを見て悲鳴をあげた.
20〈会などを〉催す, 開く: She *gave* a dinner *for* twenty guests. 彼女はお客を20人招いて晩餐(ばんさん)会を催した. ～ a recital 独奏会を開く.
21〈演奏・講演・授業などを〉行なう: He *gave* a special lecture on the international situation. 国際情勢について特別講演をした. He ～*s* lessons in English. あの人は英語を教えています.
22〈番組を〉提供する.
23〈番組の司会者が〉紹介する: Ladies and gentlemen, I ～ you the Governor of New York. みなさん, ニューヨーク市長の登場です.
24 供給する, 産出する, 生み出す; 〈結果などを〉生じる: Cows ～ us milk. 牛から牛乳がとれる. Land ～*s* crops. 大地は作物を生じる. ～ good results 良い結果を生む.
25〈光・音・声を〉発する: The floor ～*s* creaks when you walk on it. この床はその上を歩くときしむ. The sun ～*s* light and warmth. 太陽は熱と光を発する.
26〈失点を〉与える, 譲る, 譲歩する: I'll ～ you that point. その点は譲歩しておこう.
27《given の形で》…を仮定して, …を条件として: *Given* good weather, our ship will reach Karachi Friday evening. 天候がよければ, われわれの船は金曜の夕方カラチに入港するだろう. *Given* the supposition as fact, there will be no planet like our earth in the universe. もしこの仮定を事実とすると, 宇宙に地球のような惑星は存在しないことになる. These facts *being given*, the argument makes sense. これらの事実がほんとうなら, その議論はもっともだ.
28《give me の形で》…にしてください, …の方がよい, …がほしい; 〈電話を〉…につないでほしい: After dinner, ～ ***me*** a glass of brandy. 食後の酒はブランデーがよい. *G*～ ***me*** Bach and Mozart, not these modern composers. 現代の作曲家はやめてバッハとモーツァルトにしてください. Operator, ～ ***me*** a trunk call 941-8639. 交換手さん, 長距離電話 941-8639 番を頼みます. *G*～ ***me*** the good old times! 昔が恋しいなあ!
29《乾杯で》…を提案する: Now I ～ you United Nations. さあ国連のために乾杯したいと思いますが.
—— *vi.* **1** 与える, 惜しまずに出す, 施す: He ～*s* generously. 彼は物惜しみしない. ～ to the Red Cross 赤十字に寄付をする. **2**(力を受けて)へこむ, しなう, あく; くずれる, こわれる; (乾いて)縮む, いたむ: The branch *gave* but did not break. 枝はしなったが折れなかった. The floor *gave* under the weight of the piano. 床がピアノの重さでしなった. **3**〈寒気などが〉ゆるむ, 〈氷・霜などが〉解ける; 〈色が〉あせる: Frost is beginning to ～. 霜が解け始めた. **4** 順応する, 調子を合わせる《に *to*》. **5**〈窓が〉向く, 面する《に *on, upon, onto*》; 〈廊下が〉通じる《へ *into, onto*》: The window ～*s on* the street. 窓は街路に面する. **6**(秘密などを)打ち明ける: Okay now, ～! What happened? じゃあ言ってごらん, なにが起こったのかい.
be given to …にふける, に熱中する, …しがちである: He *is given to* drink(ing). 彼は飲酒にふけっている. ～ ***about*** 配布する, 〈うわさなどを〉流布する. ～ ***a dog a bad name*** 陰に回って人格を傷つける. ～ ***again*** もどす, 返す. ～ ***against*** a person (人)に不利な判決をくだす. ～ ***and take*** (対等の立場で)やり取りをする, 取引をする, 互いに譲り合う. ～ ***a piece of*** one'***s mind*** 思ったことを遠慮なく言う. ～ ***as good as*** one ***gets*** 巧みに応酬する, 負けずにやり返す. ～ ***away*** (1)くれてやる, ただでやる: He has *given away* all his money. 彼は自分の金をみなくれてやった. (2)見のがす, 放棄する, 見捨てる: You've *given away* a good chance of success. きみは成功の機会をむざむざ見のがした. (3)すっぱ抜く, ばらす: Don't ～ *away* my secret. ぼくの秘密をばらすな. That remark *gave away* his real intention. あのことばで彼の真意がわかった. (4)配る: The mayor came to the ceremony and *gave away* the prizes. 市長は祝典にやって来て賞を配った. (5)〈花嫁を花婿に〉引き渡す: The bride

is *given away* by her father. 花嫁は父親によって引き渡される. ～ one***self away*** 正体をあらわす. ～ ***back*** (1) 返す, もどす: *G*～ the book *back to* me. 本を返してくれ. The hill *gave back* echoes. 丘はこだまを送り返した. He *gave back* my reproaches. 彼は私の非難に抗弁した. (2) 引っ込む, 退く, へこむ. ～ a person ***best*** (人に) 負けたことを認める. ～ ***down*** 〈牛が乳を〉出す. ～ ***ear to*** に耳をかす, に聞く. ～ ***forth*** (1) 〈音・においなどを〉放つ: The fields ～ *forth* an odor of spring. 野べは春のにおいを発散する. (2)〈作品などを〉発表する, 放つ. (3)〈うわさなどを〉言いふらす. ～ a person ***his due*** (人を)正当に評価する. ～ ***in*** (1)提出する: Names of competitors must be *given in* by tomorrow. あすまでに競技者の姓名を提出のこと. Now boys, ～ *in* your examination papers. さあきみたち, 答案を出したまえ. (2) 譲歩する, 参る, 屈服する: The strikers *gave in*. 罷業(ひぎょう)者は折れた. ～ ***in to*** (譲歩して)…に応ずる, に身を任せる: ～ *in to* a demand [desire, passion] 要求 [欲望] に応ずる, [情熱] に身を任せる. He has *given in to* my views. 彼は私の見解に従った. ～ ***into*** に通じる. →*vi.* ⑤. ～ ***it*** a person ***hot*** (人を)ひどくしかる. → get it. ～ ***of*** を惜しまず与える: ～ *of* oneself 惜しまず人のために尽くす. ～ ***off*** (1) 放つ, 出す: Cheap oil ～*s off* bad odor. 安い石油は悪臭を出す. (2) 〈枝を〉出す. ～ ***on*** →*vi.* ⑤. ～ ***or take*** (少しの出入りは) あるとして: He's 60 years old, ～ *or take* a year. 彼は60歳を一つ上まわるか下まわるくらいだ. ～ ***out*** (1) 公にする: The secret was *given out* after his death. 彼の死後その秘密は公にされた. It was *given out* that…. …ということが発表された. (2) 配る: The teacher *gave out* the examination papers. 先生は試験用紙を配った. (3)＝～ off: This oil stove ～*s out* a good heat. この石油ストーブは暖かい. (4)〚野球〛アウトを宣告する. (5) 尽きる, なくなる; 参る: The fuel *gave out*. 燃料が切れた. My patience *gave out*. がまんしきれなくなった. The engine has *given out*. エンジンが参った. (6) 思い切って活動する; 感情を吐露する. ～ ***over*** (1) 引き渡す, 任せる: They *gave over* the criminal *to* law. 彼らは犯罪者を法の手に引き渡した. *G*～ it *over to* me. それを私によこし [任せ] なさい. (2) あきらめる, 断念する, 放棄する: ～ *over* an attempt [a habit, a mode of life] 企図 [習慣, 生活様式] を放棄する. (3) よす《(do)*ing*》. (4) 《受動態で》 ささげられる, (もっぱら) 使用される: The rest of the day was *given over to* sports and games. その日はそれから競技やゲームをやって過ごした. (5) やむ, しまいになる: I hope the rain will ～ *over*. いいかげんで雨はやまないかなあ. ～ one***self*** (***over*** [***up***]) ***to*** に熱中する, に没頭する: She *gave herself over to* tears. 彼女は手放しで泣きだした. The student *gave himself up to* reading for exams. 学生は試験のために読書に没頭しはじめた. ～ ***the case against*** ＝～ against. ～ ***the time of day*** 朝晩のあいさつをする. ～ ***the world for*** …のためにはいかなるものも犠牲にする, …がほしくてたまらない. ～ ***to the world*** 公にする, 出版する. ～ a person ***to understand*** [***know***] ***that***… (人に)…であることをわからせる [知らせる], …の意向を伝える. ～ one***self trouble*** 尽力する, ほねおる《について *about*》. ～ ***up*** (1) あきらめる, 見放す: The doctor *gave up* the patient. 医師はその病人を見放した. You were very late so we *gave* you *up*. きみがあまりおそいので待たないことにした. (2) 放棄する, 手放す: The enemy *gave up* the fort. 敵はとりでを放棄した. (3) 〈席などを〉譲る: ～ *up* one's seat *to* an old man in a crowded bus 込んだバスで老人に席を譲る. (4) 預ける: You should ～ *up* your overcoat before entering the library. 図書室にはいる前に外套(がいとう)を預けなければならない. (5) 提出する: ～ *up* an account [a petition] 報告 [陳情書] を提出する. (6) 引き渡す: We *gave* the thief *up to* the police. われわれはどろぼうを警察に引き渡した. (7) やめる《(do)*ing*》: He *gave up* (his) smok*ing*. 彼はたばこをやめた. ～ one***self up*** 降参する; 自首する: The thief *gave himself up*. どろぼうは自首した. ～ ***up*** a person ***for dead*** [***lost***] (人が) 死んだ [助からぬ] ものとしてあきらめる. ～ ***way*** (1) もちこたえられなくなる, くずれる, 折れる, 切れる: The bridge *gave way*. 橋が落ちた. His health *gave way* completely. 彼はすっかり健康を害した. (2) 屈服する, 譲歩する: Don't ～ *way* before a scoundrel like that. あんなやくざ相手に一歩も引くな. (3) 道を譲る: *G*～ *way to* traffic coming in from the left. 左から進入する車優先. (4)「席を譲る」,〘…に〙変わる《に *to*》: Sorrow *gave way to* smiles. 悲しみは変わって微笑になった. (5) ふける, 身を任せる: Don't ～ *way to* anger [despair, temptation, drink]. 怒り [悲嘆, 誘惑, 酒] に身を任せるな. At those words she *gave way to* tears. このことばに彼女は泣きくずれた. ～ a person ***what for*** (人を) 責める, 罰する. ***G～ you joy!*** おめでとう! ***would ～ a lot*** [***anything***] ***to*** (do) ぜひ…したい: I *would* ～ *a lot to* know where she is. 彼女の居場所をぜひ知りたい.

── *n.* **1** 《材料などの》 しなやかさ, 弾性. **2** 《精神・性格などの》 弾力性, 協調性, 順応性: There is a lot of ～ in young people. 若い人には順応性がある.

◇ **gív·er** [-ər] *n.* 贈り主, 贈与者, 寄贈者.

(類義語) 与える: **give** 最も一般的な語: *give* someone a book [permission] 人に本 [許可] を与える. **confer** 名誉になるものを与える. 与えるがわの優越は示されない丁寧な語: *confer* an honorary degree 名誉学位を与える. **grant** 求められたものに対し (正式に) 与える: *grant* a license 免許を交付する. **present** give の正式な用語: *give* one's case 申し立てをする→*present* one's case. *give* a person a watch 人にとけいを与える→*present* a person *with* a watch 人にとけいを贈る《構文上の注意》. **offer** 「自分の方から申し出て与える」こと. しばしば目下から目上へ. したがって与える人の親切心が暗示されることがある: *offer* help お助けしましょうという. **provide, supply** なければ困るもの, なければ不便なものを与える: *provide* a car for [to] a friend 友人に車を用意してやる.

gíve-and-táke [gívəntéik] *n.* **1** 対等の [公平な] 交換, 互譲, 妥協. **2** 意見の取りかわし; (会話の) やりとり, 応酬.

gíve·a·way [gívəwèi] *n.* 〘米話〙 **1** 《秘密などの》 漏洩(ろうえい), 暴露; 馬脚をあらわすこと. **2** 放棄; 譲渡. **3** 景品; 無料見本品. **4** 贈り物; (無償) 援助.
── *a.* **1** 《ラジオ・テレビのクイズ番組などの》賞品 [賞金] つきの. **2** 投げ売りの, ただみたいに安い: a ～ price 捨て値.

†**gív·en** [gív(ə)n] *v.* give の過去分詞.
── *a.* **1** 与えられた, 所定の; 一定の: at a ～ rate 一定の割合で. **2** 〘数〙 与えられた; 既知の. **3** 傾いて, ふけって《に *to*》, 親しんで: I am not ～ that way. 私はそういう傾向 [趣味, 癖] はない. He is ～ *to* music [lying]. 音楽好き [うそつき] だ. **4** 《前置詞のように用いて》…が与えられれば, …と仮定すれば: *G*～ time, it can be done. 仮に時間があればできることだ. **5** (…月…日)作成発行された《公文書が》. ～ **name** 〘米〙《姓に対する》名. →name.

Gí·za [gí:zə], **Gí·zeh** [gí:zə/-zei] *n.* ギーザ《エジプトのカイロ付近の都市. ピラミッドとスフィンクスで有名》.

gíz·mo＝gismo.

gíz·zard [gízərd] *n.* **1** 《鳥の》 砂嚢(さのう). **2** 〘俗〙《人間の》 胃; 胸, 心. ***fret*** one'***s*** ～ 〘俗〙 苦しむ,

くよくよする. ***stick in** one's* ～ 〘話〙口に合わない; 気にくわない.

Gk. Greek. **Gl** 〘化〙 glucinum.

glá·brous [gléibrəs] *a.* 毛のない; すべすべした, なめらかな.

gla·cé [glæséi/ニー] F. *a.* **1** 〘皮・布など〙つやのある, なめらかな. **2** 〘菓子など〙砂糖をまぶした, 砂糖の衣で包んだ: marrons ～ マロングラッセ.
 —— *vt.* ～にする.

glá·cial [gléiʃəl/gléisjəl, glǽsjəl] *a.* **1** 氷の(ような); 氷河の. **2** 極寒の. **3** 冷淡な, 冷ややかな. **4** 〘化〙氷のような結晶の.
 ～ **acetic acid** 〘化〙氷酢酸. ～ **epoch** [**period**], **the** 〘地〙氷河期 [時代].
 ◇ ～·**ist** *n.* 氷河研究家. ～·**ly** *ad.*

glá·ci·ate [gléiʃièit/glǽsieit, gléisi-] *vt.* **1** 氷結させる. **2** 氷河でおおう; に氷河作用を及ぼす. **3** 〈金属などを〉つや消しにする. —— *vi.* **1** 氷結する. **2** 氷河におおわれる.

glà·ci·á·tion [glèiʃiéiʃ(ə)n/glæ̀si-, glèisi-] *n.* 氷結; 氷河化 [作用].

‡**glá·cier** [gléiʃər/glǽsjə, gléisjə] *n.* 氷河.

glà·ci·ól·o·gy [glèiʃiálədʒi/glæ̀siɔ́l-] *n.* 氷河学.

glá·cis [gléisis, glǽs-/glǽsi(s)] *n.* (*pl.* ～ [-siz], ～·**es** [-sisiz]) ゆるい傾斜, 〘堡塁(ほうるい)などの〙斜堤.

†**glad** [glæd] *a.* (**glád·der**; **glád·dest**) **1** 《叙述的》うれしい, 愉快で: I was ～ *at* the news. その知らせを聞いてうれしかった. I am ～ *of* [*about*] that. それはけっこうなことだ. I am very ～ *to* see you. お目にかかってたいへんうれしゅうございます, ようこそおいでくださいました. I am ～ (*that*) you have come. おいでくださってうれしゅうございます. **2** 喜んで《…する》《*to* (do)》: I will be ～ *to* help you. 喜んでお手伝いしましょう. **3** 〘表情などが〙うれしそうな; 〘事件・知らせなどが〙喜ばしい: ～ news [tidings] うれしいたより. **4** 〘自然などが〙輝かしい, 美しい.
 give** a person **the** ～ **eye 〘俗〙人に色目を使う. ～ ***of heart*** 喜んで, いそいそと. ***I should be*** ～ ***to know that.*** 《反語的》それはぜひお聞きしたいものだ.
 —— *vt.* (**-dd-**) 〘古〙喜ばす (＝gladden).
 ～ **hand** 歓迎(の手). ～·**hànd·er** あいそのいい人; いやに親しげにする人; 人の言いなりになる人物. ～ **rags** 〘俗〙いっちょうら; 夜会服.
 ◇ ～·**den** *vt., vi.* 喜ばせる; 喜ぶ. ～·**ness** *n.* うれしさ, 喜び.

glade [gleid] *n.* 森中のあき地 [細道].

glád·i·a·tor [glǽdièitər] *n.* **1** 〘古ローマ〙剣士, 剣闘士. **2** 《比喩的》論客.
 ◇ **glàd·i·a·tó·ri·al** [glæ̀diətɔ́:riəl/-tɔ́:r-] *a.*

glàd·i·ó·la [glæ̀dióulə, ㊌ ⁺glədáiələ] ＝gladiolus.

glàd·i·ó·lus [glæ̀dióuləs] *n.* (*pl.* **-lus**, **-li** [-lai], **-lus·es**) 〘植〙グラジオラス《アヤメ科》.

‡**glád·ly** [glǽdli] *ad.* 喜んで, (自ら)進んで.

glád·some [glǽdsəm] *a.* 〘雅〙**1** 喜ばしい, うれしい. **2** うれしそうな, 喜んでいる.
 ◇ ～·**ly** *ad.* ～·**ness** *n.*

Glád·stone [glǽdstòun, -stən/-stən] *n.* **1** William E. ～, 1809–98, イギリスの政治家. **2** 軽くて細長い旅行かばん (＝～ bag). **3** 4 輪馬車の一種.

glair [glɛər] *n.* 卵の白身; 卵白状の液体; 〘卵白からつくった〙上ぐすり. —— *vt.* に卵白を塗る.
 ◇ ～·**e·ous** [glɛ́(:)riəs/glɛ́ər-], ～·**y** [-ri] *a.* 卵白質の, 卵白状の. ～·**i·ness** *n.*

glaive [gleiv] *n.* 〘古・雅〙〘幅広の〙剣, 長刀.

glám·or·ous [glǽm(ə)rəs] *a.* 魅力に富んだ, 魅惑的な. ◇ ～·**ly** *ad.*

glám·our, -or [glǽmər] *n.* **1** 魅惑, 魅力, 心を迷わす美しさ. **2** 魔力, 魔術, 魔法. ***cast a*** ～ ***over*** に魔法をかける, を魅了する. —— *vt.* 魅了する, 迷わす; に魔法をかける. ～ **girl** 魅惑的な女性. ～ **puss** [-pùs/-pus] 〘米俗〙人をひきつける人.

‡**glance**¹ [glæns/glɑ:ns] *n.* **1 ちらっと見ること, 一瞥**(いちべつ), 一見 《*at, into, over*》: take a ～ at をちらりと見る. **2** 目くばせ, 意味のある目; (意味ありげな目の)きらめき. **3** 言及; 当てこすり. **4** 〘弾丸などの衝撃後の〙それ, はね. ***at a*** ～＝***at the first*** ～ 一見して, 一目見て.
 —— *vi.* **1 ちらりと見る** 《を *at*》; ざっと目をとおす 《に *over, down*》. **2** ちょっとふれる [言及する] 《に *over*》, ほのめかす 《を *at*》. **3** 〈話が〉わきへそれる 《*off*; から *from*》. **4** 〈弾丸などが〉かすめる, それる 《*aside, off*》. **5** ぴかりと光る; 光を反射する. —— *vt.* ちらりと [ざっと] 見る.
 ～ ***down*** [***up***] ちらっと見おろす [見上げる]. ～ ***one's eye over*** [***down***] …にざっと目をとおす.

glance² *n.* 〘鉱〙輝鉱. ～ **coal** 輝炭.

glánc·ing [glǽnsiŋ/glɑ́:ns-] *a.* **1** きらめく, 輝く, ひらめく. **2** 斜めの; 〘弾丸など〙それる, かすめる.
 ◇ ～·**ly** *ad.*

gland¹ [glænd] *n.* 〘医〙腺(せん). ***lymphatic*** ～***s*** リンパ腺. ***sweat*** ～***s*** 汗腺.

gland² *n.* 〘機〙〘ピストン棒などの〙パッキング押え.

glán·ders [glǽndərz] *n. pl.* 《単数扱い》〘獣医〙鼻疽(びそ)(病) 〘おもに馬がかかる伝染病〙, 馬鼻流涎(りゅうせん)症. ◇ **glán·der·ous** [-dərəs] *a.*

glán·di·form [glǽndifɔ̀:rm] *a.* 堅果状の; 腺状の.

glán·du·lar [glǽndʒulər/-dju-], **-lous** [-ləs] *a.* 腺(せん)の(ような), 腺のある. ～ **fever** 腺熱.

glán·dule [glǽndʒu:l/-dju:l] *n.* 〘医〙小腺.

‡**glare** [glɛər] *n.* **1 ぎらぎらする光**, まぶしい光; 閃光(せんこう). **2 はなばなしさ**, けばけばしさ, どぎつさ, 目だつこと: in the full ～ of publicity 世の評判になって. **3 鋭い目つき**, 目の輝き: He looked at me with a ～. 彼は私をにらみつけた. **4** 〘米〙〘氷・刃物などの〙とぎすまされたような表面. ***the*** ～ ***of the footlights*** まぶしい脚光, はなやかな舞台.
 —— *vi.* **1 ぎらぎら輝く**, まぶしく光る; 目だつ. **2 にらみつける** 《を *at, on, upon*》. —— *vt.* 目にあらわす, の目つきをする: ～ defiance at a person 負けるものかとばかり人をにらみつける.
 —— *a.* 〘米〙なめらかに光る, 鏡のような.

glár·ing [glɛ́(:)riŋ/glɛ́ər-] *a.* **1** ぎらぎらする, まぶしく光る. **2** けばけばしい, どぎつい; 目だつ. **3** まぎれもない, 明白な: a ～ error 歴然たる失策. a ～ lie しらじらしいうそ. **4** 目をぎょろつかせる; にらみつけるような. ◇ ～·**ly** *ad.* ぎらぎらと; どぎつく; 歴然と. ～·**ness** *n.*

glár·y [glɛ́(:)ri/glɛ́əri] *a.* **1** ぎらぎらする, 輝く, まぶしい. **2** 〘米〙すべすべした, なめらかな.

Glás·gow [glǽsgou, -kou/glɑ́:s-, glǽs-] *n.* スコットランド南西部の都市.

†**glass** [glæs/glɑ:s] *n.* **1 ガラス**; ガラス状の物: a ～ paperweight, a paperweight made of ～ ガラス(製)の文鎮. **2** 《集合的》ガラス器具: table ～ 食卓用のガラス器具類. **3 コップ**, グラス; コップ 1 杯の量; (グラス 1 杯の) 酒: two cocktail ～*es* カクテルグラス 2 個. two ～*es* of cocktail カクテル 2 杯. drink a ～ of water 水を 1 杯飲む. have a ～ together いっしょに一杯やる. **4** レンズ; (*pl.*) **めがね**, 双眼鏡; 望遠鏡: Where are my ～*es*? 私のめがねはどこか. a pair of ～*es* めがね1個. **5** 鏡: look in the ～ 鏡をのぞく. **6** 晴雨計; 砂どけい, 水どけい.
 be fond of** one's* [a***] ～ 酒好きである. ***cut*** ～ 切り子ガラス. ***have had a*** ～ ***too much*** ちょっと酔っ払っている. ***ship's*** ～ 望遠鏡. ***under*** ～ ガラスのおおいの下に; 温室内に [で].
 —— *vt.* **1** にガラスをはめる; ガラスでおおう. **2** 〈鏡が〉映す, 反射する. **3** 〘雅〙《おもに ～ oneself の形で》の姿を映す: Trees ～ *themselves* in the water. 木が水に映っている. **4** 望遠鏡 [双眼鏡] で見る.
 ～ **bell** ガラス製の鐘形のおおい, ガラスぶた: under

the ～ *bell* of の保護のもとに. ～ **block**〘建〙ガラスブロック《建物の外壁・間仕切りに用いる》. **～·blòw·er** ガラス吹き(工), ガラス吹き機械. **～·blòw·ing** ガラス吹き(法). ～ **case** ガラス張りの陳列箱. ～ **cloth** ガラスみがき布, ガラス紙《研摩用》; ガラス糸織物. ～ **culture** 温室栽培. ～ **cutter** ガラス切り工; ガラス切り具. ～ **dust** ガラス粉《研摩用》. ～ **eye** 義眼; 《馬の》黒そこひ. ～ **fiber** ガラス繊維. **～·house** [ーー] (1) 温室. (2) ガラス工場; ガラス店. (3)《ガラス屋根の》写真撮影室. (4)〘空俗〙操縦士席. (5)〘英俗〙軍刑務所. ～ **jaw** ボクサーのもろいあご. ～ **laminate** 安全ガラス. **～·màk·er** ガラス製造人. **～·man** [-mən, -mæn] (*pl.* **-men**) ガラス屋, ガラスはめ職人; ガラス製造人. ～ **oven** ガラスがま. ～ **paper** 紙やすり, 研摩紙, ガラス紙. ～ **snake** ガラスヘビ《尾がガラスのようにもろい足のない北アメリカ南部産のトカゲ》. ～ **tank** ガラス溶解炉. **～·ware** [ーー] ガラス製品, ガラス器具類. ～ **wool** [**yarn**] ガラス綿[糸]. **～·work** [ーー] (1) ガラス製造業; ガラスの取付作業. (2) (通例 *pl.*) ガラス工場. (3) ガラス製品, ガラス細工. (4) 鏡仕掛けのトリック撮影. **～·wort** [ーー]〘植〙アッケシソウ.

◇ **～·ful** [-fùl] *n.* コップ1杯分《*of*》.

gláss·y [glǽsi/glɑ́:si] *a.* **1** ガラス質の. **2** ガラス状の; 透明な; 《水面など》鏡のように平らな. **3** 《目が》どんよりした, 生気のない. ◇ **-i·ly** *ad.* **-i·ness** *n.*

Glas·wé·gian [glæswí:dʒ(i)ən] *a.*, *n.* Glasgow の(市民).

Gláu·ber [gláubər] ～('*s*) ***salt***(***s***)〘化〙ボウ硝, 硫「酸ソーダ《下剤》.

gláu·ber·ite [gláub(ə)ràit] *n.*〘鉱〙石灰ボウ硝.

glau·có·ma [glɔ:kóumə] *n.*〘医〙緑内障, あおそこひ. ◇ **～·tous** [-təs] *a.*

gláu·cous [glɔ́:kəs] *a.* **1** 青緑色の, 緑灰色の. **2**〘植〙《ブドウ·スモモなどのように》白い粉のついた.

glaze [gleiz] *vt.* **1** にガラス板をはめる. **2** に上ぐすり[上塗り]をかける; につや出しをする. **3**〘料理〙にあん[衣, たれ]をかける. ～ ***in*** ガラスで囲む[おおう].
—— *vi.* **1** ガラス状になる; なめらかになる. **2** 〈目が〉どんよりする.
—— *n.* **1** 上ぐすり; 光滑面. **2**〘米:気〙《路面などの》雨氷 (= ㊊ glazed frost).
◇ **gláz·er** [gléizər] *n.* 上ぐすり工; つや出し工[機]. **gláz·y** [-zi] *a.* ガラスのような; 上ぐすりをかけたような; 《目が》どんよりとした.

glazed [gleizd] *a.* **1** ガラスをはめた, ガラスでおおった. **2** 上ぐすりをつけた, 上塗りした: ～ bricks 化粧れんが. **3** 光沢のある, なめらかな: ～ paper どうさ紙, つや出し紙. a ～ photograph 光沢写真. **4** 《目が》どんよりした. ～ **frost**〘英〙= glaze *n.* ②.

glá·zier [gléiʒər/-zjə] *n.* **1** ガラス屋; ガラス工. **2** 上ぐすり工. ***Is your father a ～?***〘笑〙前に立っては見えないよ.
～'s diamond ガラス切り(用のダイヤ).

gláz·ing [gléiziŋ] *n.* **1** ガラスはめ作業[職業]; ガラス細工. **2** 上ぐすりかけ; つや出し. **3** 上ぐすり;〘画〙上塗り材料.

***gleam** [gli:m] *n.* **1** かすかな光, 微光; 閃光(せんこう), きらめき, (一瞬の)輝き. **2** 《希望·考えなどの》ひらめき, かすかなあらわれ: a ～ of hope かすかな望み.
—— *vi.* **1** かすかに光る, きらめく, 輝く. **2** 〈考え·希望などが〉ひらめく, ほのかにあらわれる.
◇ **～·y** *a.* 輝く, 光る; かすかな, 薄明るい.

***glean** [gli:n] *vt.*, *vi.* **1** 〈落ち穂などを〉拾い集める. **2** ほねおって集める, 少しずつ集める, 収集する.
◇ **～·er** *n.* 落ち穂拾い(人), 収集家.

gléan·ing [glí:niŋ] *n.* **1** 落ち穂拾い; 拾い集めた落ち穂. **2** (*pl.*) 収集物; 集録; 落ち穂集, 選集.

glebe [gli:b] *n.* **1** 寺領地, 教会付属地. **2**〘雅〙土地, 畑, 土.

glee** [gli:] *n.* **1** 喜び, 歓喜; 陽気な騒ぎ, はしゃぎ. **2**〘楽〙無伴奏の合唱曲. ***full of ～ 大喜びで. ***in high ～*** 喜び勇んで, 大はしゃぎで.
～ **club** グリークラブ《合唱団》. **～·màid·en**〘古〙女の吟遊詩人. **～·man** [-mən]〘古〙吟遊詩人, 遍歴の詩人.

glée·ful [glí:f(u)l] *a.* 楽しい, 愉快な, 陽気な; 大喜びの, 上きげんの. ◇ **～·ly** [-fuli] *ad.* **～·ness** *n.*

gleep [gli:p] *n.*〘物〙グリープ《低エネルギーの実験用原子炉》. [<*g*raphite *l*ow *e*nergy *e*xperiment-al *p*ile]

glée·some [glí:səm] *a.* =gleeful.
◇ **～·ly** *ad.* **～·ness** *n.*

gleet [gli:t] *n.*〘医〙慢性尿道炎.

glen [glen] *n.* 谷間, 峡谷.

glen·gár·ry [glengǽri] *n.* (スコットランド高地人の)小形の縁なし帽子《谷の名 Glengarry から》.

glé·noid [glí:nɔid] *a.*〘医〙浅窩(せんか)の(ある).
～ **cavity** 関節窩.

glib [glib] *a.* (**-bb-**) **1** 口の達者な, よくしゃべる. **2** もっともらしい, まことしやかな.
◇ **～·ly** *ad.* ぺらぺらと, まことしやかに. **～·ness** *n.*

‡**glide** [glaid] *n.* **1** 滑走, すべり;〘空〙滑空. **2**〘楽·音声〙わたり《一つの音から他の音に移るとき自然に生じるつなぎの音》. **3** 滑走台, 進水台.
—— *vi.* **1** すべる, 滑走する;〘空〙滑空する. **2**〘楽〙音を切らずに続ける. **3** 〈時間などが〉流れ去る, 知らぬまに過ぎ去る《*by*》. **4** ずり落ちる, 陥る, しだいに変わる《に *into*》: ～ *into* bad habits 悪習に染まる. **——** *vt.* すべらす, 滑走させる.
～·bomb [ーー] *vt.*, *vi.* 滑空爆撃する.
類 → **slide**「すべる」

glíd·er [gláidər] *n.* **1** すべる物[人]. **2**〘空〙グライダー, 滑空機. **3**〘海〙滑走艇. **4** 《ベランダなどに置く》置きぶらんこ, 揺りいす.

glíd·ing [gláidiŋ] *a.* すべる, すべるような; 滑空の, 滑走の. **——** *n.* 滑空, 滑走.
～ **angle** 滑走角. ～ **boat** 滑走艇.
◇ **～·ly** *ad.* すべるように; 流れるように.

glim [glim] *n.*〘俗〙燈火, 明かり, ともしび, ろうそく, マッチ. ***douse the ～*** 明かりを消す.

‡**glím·mer** [glímər] *n.* **1** かすかな光, ちらちらする光: a ～ of hope かすかな望み. **2** うすうす知る[感じる]こと. **3** (*pl.*)〘俗〙目.
—— *vi.* **1** かすかに光る; 明滅する. **2** ほのかにあらわれる. ***go ～ing***〘米俗〙〈機会などが〉消えてなくなる.

glím·mer·ing [glímәriŋ] *n.* =glimmer.
—— *a.* 明滅する, ちらちらする.

‡**glimpse** [glimps] *n.* ちらりと見る[見える]こと, 一瞥(いちべつ), ひと目;〘古〙きらめき: ***by ～s*** ちらりちらりと. ***catch*** [***get, have***] ***a ～ of*** をちらりと見る. ***give*** a person ***a ～ of*** (人に)…をかいま見させる.
—— *vt.*, *vi.* ちらと見る[見える]; かすかに見える.

Glín·ka [glíŋkə] *n.* Mikhail Ivanovich [mixɑ:í:l-ivɑ́:nəvitʃ-/-nɔ-] ～, 1803-57, ロシアの作曲家.

glint [glint] *vt.*, *vi.* きらきらさせる[する], 光らせる, 光る; 反射させる[する], ぴかりとする. **——** *n.* 閃光(せんこう), きらめき, ひらめき.

glis·sáde [glisɑ́:d, -séid] *n.*〘登山〙制動滑降; 《ダンスの》グリサード, 滑歩. **——** *vi.* 制動滑降でくだる; グリサードで踊る. [<F.]

glis·sán·do [glisɑ́:ndou] *n.* (*pl.* **-di** [-di:])〘楽〙グリサンド, 滑奏法《指をすべるように迅速に動かす奏法》, 滑奏部; 滑唱法. [<It.]

***glís·ten** [glísn] *vi.* きらきら輝く, ぴかぴかする, きらめく: The dewdrops are ～*ing*. しずくがきらきら光っている. **——** *n.* 輝き, 閃光(せんこう).

glís·ter [glístər]〘古〙=glitter.

‡**glít·ter** [glítər] *n.* **1** きらめき, 輝き, 光. **2** きらびやかさ, はなやかさ, 華麗, 光彩. **——** *vi.* **1** きらめく, きらきら輝く, ぴかぴか光る. **2** 〈服装などが〉光彩を放つ, 人目を射る, けばけばしい. ***All is not gold that***

～*s*. 〖諺〗 光るもの必ずしも金ならず.

glít·ter·ing [glít(ə)riŋ] *a*. **1** きらめく, 輝く, 光る. **2** きらびやかな, 華麗な, 燦爛(さん)たる. **3** 見かけ倒しの, 上べだけの. ◇ **～·ly** *ad*.

glít·ter·y [glít(ə)ri] *a*. 光り輝く, きらめく (glittering).

glóam·ing [glóumiŋ] *n*. たそがれ, 夕暮れ, 薄暮, 薄明かり. ***in the ～ of*** one***'s life*** 晩年に.

gloat [glout] *vi*. 満足げに見る, ながめて楽しむ, 小気味よげにながめる《を *on, upon, over*》; ほくそえむ《に *over*》. ◇ **∼́·er** *n*. **∼́·ing·ly** *ad*.

glób·al [glóub(ə)l] *a*. **1** 球状の. **2** 地球の; 全世界の, 世界的な: a ～ flight 世界一周飛行. a ～ problem 世界的問題. **3** 全体的な, 総括的な.
～ peace 世界平和. **～ policy** 世界政策. **～ war** 世界戦争. ◇ **～·ly** *ad*.

gló·bate [glóubeit] *a*. 球状の.

‡**globe** [gloub] *n*. **1** 球, 球体. **2** (the ～) 地球. **3** 天体《太陽·惑星など》. **4** 地球儀, 天体儀. **5** ガラス製球状容器《金魚ばち·ランプのほやなど》: a gold-fish ～ (丸い) 金魚ばち. **6** 〖医〗 眼球.
—— *vt., vi*. 球状にする〔なる〕. [√glo(b)-]
～ amaranth 〖植〗 千日紅. **～ artichoke** 〖植〗 チョウセンアザミの一種. **∼́·fish** [∸∸] 〖魚〗 フグ. **∼́·flòw·er** 〖植〗 キンバイソウ属の植物. **∼́-tròt·ter** 〖話〗 世界観光〔漫遊〕旅行者. **∼́-tròt·ting** 世界観光〔漫遊〕旅行(の). 〔類〕 → ball「球」

gló·boid [glóubɔid] *a*. ほぼ球状の. —— *n*. 球状体.

gló·bose [glóubous, −∸] *a*. 球状の, 球形の.
◇ **glo·bós·i·ty** [globásiti/-bós-] *n*. 球状, 球形.

glób·u·lar [glábjulər/glóbju-] *a*. 球状の; 小球体から成る. **～ chart** 球面射影地図. **～ projection** 球面投影法《地図作成の》. **～ sailing** 〖海〗 大圏航法. ◇ **～·ly** *ad*. **glòb·u·lár·i·ty** [∸−lǽriti] *n*. 球状(性).

glób·ule [glábjul/glóbju:l] *n*. 小球体《特に液体の》, 小滴; 血球; 丸薬.

glób·u·lin [glábjulin/glóbju-] *n*. 〖化〗 グロブリン《単たんぱく質群》, 血球素.

glób·u·lous [glábjuləs/glóbju-] *a*. 小球状の; 滴粒状の.

glóck·en·spiel [glákənspi:l/glók-] *n*. 〖楽〗 鉄琴.

glóm·er·ate [glám(ə)rit/glóm-] *a*. 〖植·医〗 球状に集まった, 固まり合った, 密集した. —— *vt*. 球状に集める. ◇ **glòm·e·rá·tion** [∸−réiʃ(ə)n] *n*. 球状に集める〔巻く〕こと, 固まり合うこと; 集塊, 球状体.

glóm·er·ule [glámərù:l/glóm-] *n*. **1** 〖植〗 団集花序. **2** 〖医〗《じん臓などの》糸球体.

‡**gloom** [glu:m] *n*. **1** 薄暗がり, 薄暗やみ. **2** 憂うつ, 陰気; 悲しみ. ***cast a ～*** 暗影を投ずる《に *over*》.
—— *vi*. **1** 薄暗くなる; 〈空が〉曇る. **2** 陰気になる; にがい顔をする, 顔をしかめる《に *at, on*》. —— *vt*. 暗くする; 陰気にする. ◇ **∼́·ful** [-f(u)l] *a*.

‡**glóom·y** [glú:mi] *a*. **1** 薄暗い, 暗い, 暗黒の. **2** うっとうしい, 陰気な. **3** 憂うつな, 悲観的な, 希望のない. ◇ **-i·ly** *ad*. **-i·ness** *n*.
〔類〕 → sorrow「悲しみ」

Gló·ri·a [gló:riə/glɔ́:r-] *n*. **1** 《祈禱(きとう)書の中の》栄光の賛歌, 頌栄(しょうえい). **2** 後光, 光輪. **3** (g～) 絹毛〔絹綿〕の交織. **～ *in Excelsis Deo*** [-in-eksélsis-dí:ou] 〖宗〗「いと高きところに栄光神にあれ」の賛歌.

glò·ri·fi·cá·tion [glò:rifikéiʃ(ə)n/glɔ̀:r-] *n*. **1** 神の栄光をたたえること. **2** 賛美; 賞賛する〔される〕こと; 美化. **3** 〖話〗 祝祭, 祝宴.

***gló·ri·fy** [gló:rifài/glɔ́:r-] *vt*. **1** 〈神などを〉ほめたたえる; 賛美する: ～ the Creator 神の栄光をたたえる. **2** 〈人などを〉賞賛する, ほめあげる. **3** に栄光を加える; に天の栄光を授ける. **4** 〖俗〗 飾る, 美化する.
◇ **-fi·er** [-fàiər] *n*. 賛美者; 栄光を与える人.

gló·ri·ole [-riòul] *n*. 光輪, 後光; 《月などの》かさ.

‡**gló·ri·ous** [gló:riəs/glɔ́:r-] *a*. **1** はえある, 名誉かくかくたる: a ～ victory 堂々たる勝利. **2** 栄光に満ちた, 高名の: England is ～ in her poetry. イギリスはその詩歌によって令名が高い. **3** 壮麗な, こうごうしい; 華麗な. **4** すばらしい, すてきな: have a ～ time 愉快な時間を過ごす. a ～ mess《皮肉》みごとな混乱. **5** 〖話〗上きげんの, 一杯きげんの. **～ Fourth, the** 〖米〗《7月4日の》アメリカ独立記念日. **G～ Revolution, the** 名誉革命〔1688–89〕.
◇ **～·ly** *ad*. **～·ness** *n*.

‡**gló·ry** [gló:ri/glɔ́:ri] *n*. **1** 栄光, 誉れ; 賞賛. **2** (神の) 栄光; (神への) 賛美. **3** (天国の) 幸福; 天国. **4** 繁栄, 全盛. **5** 有頂天, 大得意. **6** すばらしい物; 誇りのたね, 自慢のもの: the ～*ies* of Rome ローマの偉業. **7** 後光, 光輪. ***be in*** one***'s ～*** 得意の絶頂にある, 全盛をきわめている. ***G～ (be)!*** 〖俗〗 ありがたや!, これはびっくり! ***go to ～*** 死ぬ. ***Old G～*** アメリカ国旗, 星条旗. ***send to ～*** 〖笑〗 天国へ送る, 殺す.
—— *vi*. **1** 喜ぶ; 誇りとする《を *in*; *to* (do)》. **2** 得意になる, 自慢する.
～ hole 〖俗〗 取り散らかしたへや〔引き出し, 戸だな〕.

Glos. Gloucester; Gloucestershire.

gloss[1] [glɔ:s/glɔs] *n*. **1** 光沢, つや, 《絹などの》練り; 光沢面. **2** 虚飾, 虚栄, 見え. —— *vt*. **1** につやをつける, のつやを出す, みがく. **2** の上べを飾る.
—— *vi*. つやが出る, てかてかする.
～ *over* に光沢をつける; のぼろをかくす, ごまかす.

gloss[2] *n*. **1** 注釈, 注解. **2** もっともらしい解説, こじつけ; 口実. **3** 語彙(ごい) (＝glossary). —— *vt., vi*. 注釈する, 解釈する; こじつける.

glós·sa·ry [glásəri, glɔ́:s-/glɔ́s-] *n*. 語彙, 用語解; 《専門語·特殊語などに関する》小辞典. ◇ **glós·sa·rist** *n*. 語彙編集〔注解〕者. **glos·sár·i·al** [glasé(:)riəl, glɔ:s-/glɔséər-] *a*. 語彙の, 用語上の.

glos·sá·tor [glaséitər/glɔs-] *n*. 注釈者.

glos·sí·tis [glasáitis/glɔs-] *n*. 〖医〗 舌炎.

glosso(-) 「舌」「ことば」の意の語形成要素.

glos·sóg·ra·pher [glaságrəfər/glɔsóg-] *n*. 注釈〔注解〕者.

***glóss·y** [glɔ́:si/glɔ́si] *a*. **1** 光沢のある, つやつやした, 柔らかくぴかぴかした. **2** 上べだけの, 体裁のよい; もっともらしい. ◇ **-i·ly** *ad*. **-i·ness** *n*.

glót·tal [glátl/glɔ́tl] *a*. 〖医〗 声門の; 声門で発する.
～ stop 〖音声〗 声門閉鎖音.

glót·tis [glátis/glɔ́t-] *n*. (*pl*. **-tis·es, -ti·des** [-tidì:z]) 〖医〗 声門.

glòt·to·chro·nól·o·gy [glàtokrənálədʒi/glɔ̀to-krənɔ́l-] *n*. 言語年代学.

Glóuces·ter [glástər, glɔ́:s-/glɔ́s-] *n*. グロスター《イギリス南西部の都市》; グロスター チーズ《Gloucester 州産》.

†**glove** [glʌv] *n*. (通常 *pl*.) 手袋; 《野球用》グローブ; 《ボクシング用》グラブ: Where are my ～*s*? 私の手袋はどこか. a pair of ～*s* 手袋ひとそろい. the fellow of this ～ この手袋のもう一方. ***be hand in ～ with*** と非常に親しい. ***bite*** one***'s ～*** 復讐(ふくしゅう)を誓う. ***fit like a ～*** ぴったり合う. ***handle with*** 〔***without***〕 ***～s*** 優しく〔手荒く〕扱う. ***put on the ～s*** 〖話〗 ボクシングをする. ***take off the ～s*** 本気で戦う. ***take up*** 〔***throw down***〕 ***the ～*** 挑戦(ちょうせん)に応ずる〔挑戦する〕.
—— *vt*. に手袋をはめる; に手袋として役立つ.
～ compartment 自動車内の小物入れ, グローブボックス. **～ fight** ボクシング試合. **～ sponge** 手袋状海綿.
◇ **glóv·er** [-ər] *n*. 手袋製造人; 手袋商(人).

‡**glow** [glou] *vi*. **1** (炎を出さずに)燃える, かっかっと燃える, 白熱〔赤燃〕する. **2** 光を出す; 〈夕日などが〉赤く輝く. **3** 〈目などが〉輝く, 光る. **4** 〈ほおが〉赤くなる; 〈からだなどが〉ほてる: Her face ～*ed* with joy. 彼女は喜びで顔を輝かせた. **5** 〈心が〉暖かみを感じる, 燃え立つ, 熱中する. —— *n*. **1** 白熱; (白

熱)光; 炎なく燃える物体の光: a charcoal ～ 炭火の光. **2** 真っ赤な輝き: the ～ of sunset 夕焼け. **3** 《からだ・顔の》ほてり, 《ほおの》紅潮; 《顔の》輝き. **4** 満足感; 熱中: the ～ of happiness 満ち足りた幸福感. **5** 《色彩・印象などの》鮮明さ. **6** 〘電〙グロー《ガス放電などによる, 比較的弱い光》. ***all of* [*in*] *a* ～＝*in a* ～** ほてって.
～ lamp ガス放電管. **～ switch** 〘電〙グロースイッチ《螢光(けいこう)燈の始動などに用いられる. 俗称「グロー」》. **～ watch** 夜光とけい. **∠·worm** [∠∸] 〘虫〙土ボタル《ホタルの幼虫. 土中で微光を放つ》.

glów·er [gláuər] *vi.* にらむ, にらみつける, 渋い顔をして見る《を *at, upon*》. —— *n.* にらみつけること; 渋面, ふきげんな顔.
◇ **～·ing·ly** [gláu(ə)riŋli/-əriŋ-] *ad.*

glów·ing [glóuiŋ] *a.* **1** 灼熱(しゃくねつ)の, 白熱した, 真っ赤に熱した. **2** 《石炭などが》(盛んに)燃えている. **3** 《空などが》真っ赤に燃えている. **4** 《顔が》紅潮した, ほてっている, 上気した: ～ with health 健康そうに血色のいい. **5** 《色などが》強烈な, あざやかな; 《ことば・文体が》熱のこもった. **6** 熱烈な, 熱心な.
◇ **～·ly** *ad.*

glox·ín·i·a [glɑksíniə, -njə/glɔks-] *n.* 〘植〙グロキシニア, オオイワギリソウの類.

gloze [glouz] *vt.* **1** もっともらしく説明する, 言い抜ける, 言いつくろう《*over*》. **2** にへつらう. —— *vi.* 〘古〙注釈する《に *on, upon*》. ◇ **glóz·ing·ly** *ad.*

glu·cí·num [glu:sáinəm], **glu·cín·i·um** [-síniəm] *n.* 〘化〙グルシヌム《金属元素. 記号 Gl》.

glú·cose [glú:kous] *n.* 〘化〙グルコース, ブドウ糖.
◇ **glu·cós·ic** [glu:kóusik/-kɔ́s-] *a.*

glú·co·side [glú:kəsàid] *n.* 〘化〙グルコシド, 配糖体, 糖原質.

glue [glu:] *n.* にかわ; 接着剤. —— *vt.* にかわづけにする; 密着させる, 固着させる; 〈目・耳などを〉ぴったりつける《へ *to*》. ***be* ～*d to*＝～ one*self to*** …にくっついて離れない. **～ *up*** 封をする; 密閉する.
∠·pot [∠∸] にかわなべ《にかわを溶かす二重なべ》; 〘俗〙ばか, のろま. ◇ **∠·y** [-i] *a.* にかわ(質)の; にかわのついた; ねばりつく.

glum [glʌm] *a.* (**-mm-**) ふきげんな, むっつりした, 陰気な. ◇ **～·ly** *ad.* むっつりと. **～·ness** *n.*

glu·má·ceous [glu:méiʃəs] *a.* 〘植〙穎(えい)のある.

glume [glu:m] *n.* 〘植〙穎, 穎苞(えいほう).

glúmp·y [glʌ́mpi] 〘話〙＝glum.

glut [glʌt] *n.* **1** 飽満, (欲望)充足; 満腹, 食べ過ぎ. **2** 《商品の》供給過剰, 在庫過多.
—— *vt.* (**-tt-**) **1** 満腹させる; 飽満させる, 飽き(飽き)させる. **2** 〈欲望を〉満たす. **3** 供給過多状態にする. **～ one's *eyes*** 飽き飽きするほどながめる. **～ one's *revenge*** 十分に恨みを晴らす. **～ one*self with*** を飽きるほど食う; …にたんのうする.

glú·ta·mine [glú:təmì:n, -min/-min] *n.* グルタミン.

glú·ten [glú:t(ə)n] *n.* 〘化〙グルテン, 麩質(ふしつ).
◇ **glú·te·nous** [-tənəs] *a.*

glu·té·us [glu:tí:əs] *n.* (*pl.* **-i** [-tí:ai]) 〘医〙臀(でん)筋.

glù·ti·nós·i·ty [glù:tinɑ́siti/-nɔ́s-] *n.* 粘着性.

glú·ti·nous [glú:tinəs] *a.* 粘着性の, ねばねばする, にかわ質の. **～ rice** もち米. ◇ **～·ly** *ad.*

glút·ton [glʌ́tn] *n.* **1** 大食家, 暴食家. **2** 凝り屋, 熱心家: a ～ for work [of books] 猛烈な働き手[読書家]. **3** 〘動〙クズリ(属)《アナグマに似たイタチ科の動物》. ◇ **～·ize** [-t(ə)nàiz] *vi., vt.* 大食[暴食]する. **～·y** [-t(ə)ni] *n.* 大食, 暴食.

glút·ton·ous [glʌ́t(ə)nəs] *a.* 大食いの, 暴食の, 食いしん坊な; 食い道楽の. ***be* ～ *of*** をむさぼる, に凝る. ◇ **～·ly** *ad.* むさぼって, 欲張って. **～·ness** *n.*

glýc·er·in [glís(ə)rin], **glýc·er·ine** [glís(ə)rin, -rì:n/glìsərí:n, ∸－－], **glýc·er·ol** [glísəròul, -rɑ̀l/-rɔl] *n.* 〘化〙グリセリン, リスリン.

glýc·er·in·ate [glísərinèit] *vt.* グリセリンで処理する, にグリセリンをしみ込ます.

glý·cine [gláisi:n, －－/glísin] *n.* 〘生化〙グリシン《無色で甘味のある結晶体. アミノ酸の一つ》.

glyco- 「甘い」の意の語形成要素.

glý·co·gen [gláikədʒən/glík-] *n.* 〘化〙グリコーゲン, 糖原.
◇ **glỳ·co·gén·e·sis** [∸－dʒénisis] *n.* 糖質形成. **glỳ·co·gén·ic** [∸－dʒénik] *a.* 糖を形成する.

glý·col [gláikoul, -kɑl/-kɔl, glík-] *n.* 〘化〙グリコール《グリセリンとエチルアルコールの中間物質. 自動車用不凍剤》. ◇ **gly·cól·ic** [glaikɑ́lik/gl(a)ikɔ́l-] *a.*

glỳ·co·sú·ri·a [glàikos(j)ú(:)riə, -ʃú(:)r-/glìkosjúər-] *n.* 〘医〙糖尿. ◇ **glỳ·co·súr·ic** [-rik] *a.*

glyph [glif] *n.* **1** 〘建〙たてみぞ. **2** 絵文字, 象形文字. ◇ **∠·ic** *a.*

glýph·o·graph [glífəgræf/-grɑ:f] *n.* 〘印〙ろう刻電胎板《けい線印刷物・図表・簡単な地図などに多く用いられる》. ◇ **glỳph·o·gráph·ic** [glìfəgræfik] *a.* ろう刻電胎板[術]の. **gly·phóg·ra·phy** [glifɑ́grəfi/-fɔ́g-] *n.* ろう刻電胎術.

glýp·tic [glíptik] *a.* **1** 《宝石などの》彫刻の. **2** 〘鉱〙模様のある. —— *n.* 《宝石の》彫刻.
◇ **～s** [-s] *n. pl.* 《単数扱い》《宝石の》彫刻術.

glýp·to·don(t) [glíptədɑ̀n(t)/-dɔn(t)] *n.* 〘古生〙彫歯獣《南アメリカにいたアルマジロ属の大ほ乳動物》.

glýp·to·graph [glíptəgræf/-grɑ:f] *n.* 《宝石の》彫刻; 彫刻した宝石類.
◇ **glỳp·to·gráph·ic** [∸－græfik] *a.* **glyp·tóg·ra·phy** [gliptɑ́grəfi/-tɔ́g-] *n.* 宝石彫刻術[学].

gm. gram(s); gramme(s). **G.M.** General Manager; General Motors; George Medal; Grand Marshal; Grand Master.

G-man [dʒí:mæn] *n.* (*pl.* **-men**) 〘米俗〙連邦検察局 (FBI) 所属の刑事. [＜*G*overnment *man*]

G.M.C. General Medical Council. **GMT, G.M.T.** Greenwich Mean Time.

gnar [nɑ:r] *vi.* (**-rr-**) うなる; がみがみ言う.

*__gnarl__[1] [nɑ:rl] *n.* (木の) 節, こぶ. —— *vt.* **1** にこぶ[節]をつくる. **2** ねじらす, 曲げる.

gnarl[2] ＝gnar.

gnarled [nɑ:rld], **gnárl·y** [nɑ́:rli] *a.* **1** 節[こぶ]だらけの, 節[こぶ]のある. **2** 《性質が》ひねくれた, ねじけた. **3** 《風采(ふうさい)が》ごつごつした, 武骨な.

gnash [næʃ] *vt.* **1** 〈歯を〉食いしばる, きしらせる《おこって, 苦しくて》: ～ one's teeth 歯ぎしりする. **2** にぐっとかみつく. —— *vi.* 歯ぎしりする.
◇ **∠·ing** *n.* 歯ぎしり, 歯がみ.

gnat [næt] *n.* 〘虫〙ブヨ, 〘米〙蚊. ***strain at a* ～ (*and swallow a camel*)** 〘聖〙小事にさわぎたてる(そして大事をいいかげんに引き受ける) 《マタイ伝 23:24》.

gnáth·ic [næθik] *a.* あごの: the ～ index あご指数《人類学の》.

gna·thón·ic [næθɑ́nik/-θɔ́n-] *a.* 追従(ついしょう)を言う, へつらう.

gnát·ty [næti] *a.* ブヨ[蚊]のいっぱいいる.

gnaw [nɔ:] *vt., vi.* (**～ed**; **～ed**, **～n**) **1** かじる, 食い込む, かむ《を, に *on, upon*》; しゃぶる; むしばむ《*at*》. **2** 腐食させる[する]; むしばむ《を *into*》. **3** 絶えず苦しめる; 弱らす. ◇ **∠·er** *n.* かむ人, かじるもの; 《ウサギ・ネズミなどの》齧歯(げっし)動物.

gnáw·ing [nɔ́:iŋ] *n.* **1** かむこと. **2** 絶え間ない苦痛[苦悩], 呵責(かしゃく). —— *a.* **1** かむ, かじる: ～ animals 齧歯(げっし)動物. **2** 《苦痛・不安など》食い入るような, 激しい. ◇ **～·ly** *ad.*

gneiss [nais] *n.* 〘地〙片麻岩. ◇ **∠·ic** *a.*

gnome[1] [noum], **gnó·me** [nóumi:] *n.* 金言, 格言. ◇ **gnó·mic** [nóumik, ㊥+námik] *a.* 金言[格言]の, 格言的な.

gnome[2] [noum] *n.* 《地下の宝を守るという》地の精, 小鬼, 小人. ◇ **gnóm·ish** [-iʃ] *a.* 地の精のような; ちゃめな, 気まぐれな.

gnó·mon [nóuman/-mɔn] *n.* 1《日どけいの》指針. 2〖数〗平行四辺形からその一角を含むその相似形を取り去った残りの部分.

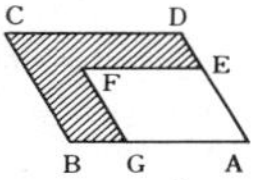

gnomon ②

◇ **gno·món·ic** [nomɑ́nik/-mɔ́n-] *a.* **gno·món·ics** *n. pl.*《単数扱い》日どけい製作法.

gnó·sis [nóusis] *n.* 霊的知識; グノーシス教 (Gnosticism).

gnós·tic [nɑ́stik/nɔ́s-] *a.* 1 知識に関する. 2 霊界の知識を有する, 霊感の. 3 (G～) グノーシス教徒の, グノーシス派の. 4〖笑〗賢い, 利口な. —— *n.* (G～) (通例 *pl.*) グノーシス派〔教徒〕.
◇ **Gnós·tic·ism** [-tisìz(ə)m] *n.*〖宗史〗グノーシス教《紀元2世紀ごろの神秘主義的異端キリスト教》.

GNP Gross National Product 国民総生産.

gnu [n(j)uː] *n.* (*pl.* **～s**, 《集合的》 **～**)〖動〗ヌー, ウシカモシカ《南アフリカ産》.

†**go** [gou] *v.* (**went** [went]; **gone** [gɔːn/gɔn, gɔːn]) [中心的意味の「行く」を, 次の3項目に大別することができる: (**a**)(目的地に) 向かう, 進む ①–⑨; (**b**)(目的地に関係なく) 進む, 進行中である ⑩–⑱; (**c**)(ある場所から) 去る, 立ち去る ⑲–⑳]

—— *vi.* **1**《ある場所・方向へ》**行く**, **向かう**, **出かける**; **達する**, **至る**: *go to* America アメリカへ行く. *go* abroad 外国へ行く. This road *goes to* London. この道はロンドンへ至る[通じている]. I need a rope that *goes* from the top window to the ground. いちばん上の窓から地面にまで届く綱がいる. He always *goes to* his brother *for* help. 彼はいつでも兄〔弟〕のところへ行って助けを求める.

2《ある目的で》行く, 出かける《go for a または go (do)ing の形で》: *go for a* walk 〔drive, swim〕散歩〔ドライブ, 泳ぎ〕に行く〔出かける〕. *go* shop*ping* 〔fish*ing*, hunt*ing*, ski*ing*, mountain-climb*ing*〕買い物〔魚つり, 猟, スキー, 山登り〕に行く. 〈注〉go に out などの副詞が伴うことがある: *go out* shop*ping* 買い物に出て行く.

3《go to＋無冠詞の名詞》…へ(特殊の目的で) 行く: *go to* bed 床につく, 寝る. *go to* school 〔church, market〕学校〔教会, 市場〕へ行く《勉強〔礼拝, 取引〕のために》. *go to* sea 船乗りになる.

4 所有に帰する, ものとなる《の *to*》: The prize *went to* his rival. 賞は競争相手の手に帰した. Victory *goes to* the strong. 強者は常に勝利を得る. *To* whom did the property *go* when he died? 彼の死後財産はだれの手に渡ったか.

5《ある場所に》納まる, 置かれる: This book *goes on* the top shelf. この本はいちばん上のたなに置くんです. Where does the piano *go*, sir? ピアノはどこにすえましょうか. My clothes won't *go into* this small suitcase. 私の衣類はこの小さなスーツケースには納まらない.

6 含まれる《に *into, in*》; 当たる《に *to*》: All that will *go into* a very few words. それはわずか数語で言い尽くせる. Five will *go* twelve times *in* sixty. 60を5で割れば12が立つ. Seven *into* fifteen *goes* twice and one over. 15 割る7は2が立って1余る. How many ounces *go to* the pound? 何オンスで1ポンドに当たるか〔なるか〕.

7《go to (do) の形で》…するに力がある, …することになる: This *goes to* prove the point. これで問題の点が証明される. the items which *go to* make up the total 全体の内訳項目.

8 使用される, 役立つ, 資する《に *to, towards, for*》: All the money *goes to* the keeping up of the asylum. 金はすべて育児院の維持に使われる. My money *goes for* food and rent. 金は食費とへや代で消えてしまう. Anything *goes*. なんでもまにあう〔けっこうだ〕. What qualities *go to* the making of a statesman? どんな資質が政治家をつくりあげることになるか.

9《努力・労苦・手段または程度について》**…までする**, **に至る**, わざわざ…までする, 訴える《に *to*》: He *went* so far as *to* say I was a coward. 彼は私をおくびょう者だとまで言った. I will *go* as high as 500 dollars. 500ドルまで出そう. He *went to* great trouble to make me comfortable. 彼は私に居ごこちよくさせようとほねをおってくれた. He *went to* great expense on it. 彼はそれに大金をかけた. Never *go to* violence. 決して暴力に訴えるな. They *went to* blows. 彼らはなぐり合いを始めた.

10《目的・目標に特に関係なく》**進む**, 進行する, 移動する, 旅する: The earth *goes* round the sun. 地球は太陽のまわりを進む〔回る〕. The train *goes* at 70 miles an hour. この列車は時速70マイルで走る. *go* by train 列車で行く. Let's talk as we *go*. 歩きながら話しましょう.

11 出て行く, 進発する, 発進する; (活動を) 始める, 取りかかる: One, two, three, *go*! いちっ, にっ, さんっ, それっ! *Go* warily if you want to discuss with him. 彼と議論しようというなら用心してかかれよ.

12 〈人が〉**動く**, **働く**, 仕事を進める; 〈機械・身体部分などが〉動く, はたらく, 運行する; 〈事柄が〉運ぶ, 進展する; 〈計画・制度などが〉行なわれる: Can't you *go* any faster in your work? 仕事をもっと速くやれないか. Is your watch *going*? きみのとけいは動いているか. The machine *goes* by electricity. この機械は電気で動く. The pulse *goes* quickly. 脈がはやい. Things never *went* so smoothly as before. ことは以前のように好都合にはゆかなかった. Everything *goes* fine. 万事好調だ. The plan will not *go*. この計画はだめだろう. The case *went* in his favor. 訴訟は彼の勝ちとなった.

13 身ぶりをする; ふるまう, 行動する: All the time he was speaking, he *went* like this. 彼は話している間じゅう, こんなぐあいでした. *Go* like this with your left foot. 左足をこういう風に動かしなさい.

14 **のびる**, 広がる; 達する: The road *goes* through the tunnel. 道はトンネルを抜ける. His land *goes* to the river. 彼の土地は川まで達している. The mountain *goes* east and west. 山は東から西へはしっている.

15 **流通している**, 世間にとおる, 一般に広まっている, 世の習いである: American dollar bills *go* anywhere. アメリカのドル紙幣はどこでも通用する. He *went* by the name of Bluebeard. 男は「青ひげ」の名でとおっていた〔知られていた〕. He is young as statesmen *go*. 彼は政治家の普通の年齢としては若い; 彼は政治家としては若いほうだ. They're good workers, as workers *go* nowadays. このごろの職人としては彼らはいい職人だ. The story *goes* that... 話によると…だそうだ; … という評判だ.

16 続く, 持ちこたえる: Ten dollars will be enough to *go* another week. 10ドルあればもう1週間もつだろう.

17 〈話・文・詩・書物などが〉…という文句になっている, …と言っている: as the saying *goes* ことわざにもあるように. Thus *goes* the Bible. 聖書にはそう書いてある.

18《補語を伴って》**…の状態である**, …するのが常だ, …となっている (be); (変じて) …の状態になる, …となる (become, turn): He *goes* hungry. 彼はいつも飢えている(＝He *is* always hungry). Some savages *go* naked. ある種の蛮人は裸で暮らしている. Beggars *go* in rags. こじきはぼろを着ている. The mare *goes* about seven months (with young). 雌馬はいま妊娠7か月ほどだ. The difference between the two *goes* deep. 二者の差異は大きい. These tomatoes will *go* half a pound each. このトマトはひとつ半ポンドぐらいの目方になろう. Ought such a terrible crime to *go* unpunished? こんな恐ろしい犯罪が大手を振ってまかり通っていていいものだろうか. I'm not quite sure how the tune *goes*. 節がどんなだったかよく覚えてない. King Lear *went* mad. リア王は気違いになった. He is *going* forty. じき40歳になる. The sea *went* high. 海はひどく波立った. Fish *goes* soon bad in hot weather. 気温が上がると魚はすぐ悪くなる〔腐る〕. The plan *went* to pieces. 計画はめちゃめちゃになった. *go to* war 戦争にはいる. *go into* debt 借金する.

19 《come の反対概念として》 **去る**, 立ち去る, (出て) 行く; 〈時間などが〉 過ぎ去る: People were coming and *going*. 人々が往来していた. Don't *go*, please! 行かないでください (=Stay here, please.); 《テレビのアナウンスで》 スイッチを切らないで〔チャンネルを他に回さないで〕ください. The train has just *gone*. 列車はちょうどいま出たところです. Be *gone*. 行っちまえ. The whole day *went* pleasantly. まる1日が楽しく過ぎた. Winter has *gone* and spring is here. 冬が過ぎ春がきた.

20 消え去る, なくなる, 消滅する, 廃止される; くずれる, こわれる, 折れる; 弱まる, 死ぬ: I wish my pain would *go*. 痛みが止まればいいのになあ. That's the way money *goes*. お金はこんな風に消えてなくなるものだ. War must〔has got to〕*go*. 戦争はやめなければならない. First the sails and then the masts *went*. まず帆が, 次に帆柱が飛ばされた. His eyesight is beginning to *go*. 彼は目が見えなくなりかけている. The dike may *go* any minute. 堤防がいまにもくずれそうだ. The fuse *went*. ヒューズが切れた. The old man *went* peacefully at 3 a.m. 老人は午前3時静かに息を引き取った. He is dead and *gone*. あの人はなくなりました.

21 売れる, 売りさばける: They *go for*〔*at*〕$3 a dozen. 1ダース3ドルで売れる. The house *went* cheap. 家は安値で売れた.

22 音をたてる, 響く, 鳴る; 〈とけいが〉打つ 《it が主語になることもある》: The door *went* bang. ドアがバタンと音をたてた〔バタンと締まった〕. Crack *went* the whip. むちがピシッと鳴った. The clock *went* eight. とけいが8時を打った. It has just *gone* six. いま6時を打ったところだ. 〈注〉これらの例の eight, six は go の目的語でなく, 補語と考えられる.

— *vt.* **1** 賭(か)ける: I'll *go* two dollars on number seven. 7番に2ドル賭けよう. I'll *go* you a shilling on it. きみを相手に1シリングそれに賭けよう. **2** に耐える, がまんする: I can't *go* his preaching. 彼の説教にがまんならない. **3** 食べる, かたづける: I could *go* a big steak right now. いまでも大きなビフテキをかたづけられる.

as times go この時勢では, このごろの世の中では. ***be going on*** → going. ***be going to*** (do) (1) 《意志》 …するつもりだ: I'*m going to* have my own way. 私の好きなように行動するつもりだ (=I will ...). You *are going to* sleep here. きみはここで寝るんだぞ (=You shall ...). (2) 《可能性・見込み》 あり〔…し〕そうだ (= be likely to): *Is* there *going to* be a business depression this year? ことしは不景気になりそうですか. (3) 《近い未来》 …しかけている, まさに…しようとしている (=be about to): I *was* (just) *going to* open the door, when there was a knock on it. 私がまさに戸をあけようとしていたときノックされた. ***Get you gone!*** とっととうせろ. ***go a-begging*** 〔***begging***〕 こじきをする; 買い手がない, 望み手がない, 売れ口がない. ***go about*** (1) 歩き回る, 外出する: He is *going about* with the daughter of the president of his company. 彼は会社の社長令嬢と出歩いている. (2) 〈うわさ・話などが〉 広まる: A story is *going about* that ... …という話が広まっている. (3) の仕事にかかる, せっせと…する, に努める: You're not *going about* it the right way. きみの仕事のやり方はまちがっている. (4) 回れ右をする; 〈船が〉針路を転ずる. ***Go about your business!*** 自分の頭のハエを追え, おせっかいはよせ (=Mind your business!). ***go after*** の獲得に努める, を追い求める, に熱をあげる. ***go against*** (1) に反抗する, に逆らう: Telling a lie *goes against* my conscience. うそをつくのは私の良心に反する. (2) 〈事業・競争などが〉…の不利に終わる, に利がない: If the war *goes against* them, ... もし彼らが敗れたら…. ***go ahead*** → ahead. ***go all lengths*** 徹底的にやる, あらゆる手段を尽くす. ***go all out*** 全力を尽くす. ***go along*** 進んでゆく, やってゆく: You'll find it easier as you *go along*. 先へ行くにつれて, やさしくなるだろう. ***go a long way*** 大いに効果がある 《に *towards*》. ***go along with*** (1) に連れ添う, …とともに行く: I'll *go along with* you as far as the post office. 郵便局までごいっしょしましょう. (2) と協力する; に賛成する. ***Go along*** (***with you***)! 行ってしまえ!; ばかなことはよせ. ***go and*** (do) (1) …しに行く: Let's *go and* join the party. さあ会に参加しよう. (2) 愚かにも〔困ったことに〕…してしまう: What a fool to *go and* do such a thing! 無分別にもそんなことをしでかすとは, なんというばかだろう. Now, you've been and *gone and* done it. さておまえはたいへんなことをしでかしたものだ. ***Go and*** (do) かってに…しろ: *Go and* be miserable! かってにみじめな目に会うがいい. ***go around*** → go round. ***go at*** に襲いかかる; に着手する: He *went at* it hammer and tongs. 彼はえらい勢いでそれに取りかかった. ***go away with*** を持ち逃げする. ***go back*** (1) (もとの場所へ) もどる, やり直す. (2) 回顧する 《を *to*》; さかのぼる: His family *goes back to* the Pilgrim Fathers. 彼の家はピルグリムファーザーズ時代にまでさかのぼる. (3) 盛りを過ぎる: These old trees are *going back*. これらの老木は弱ってくる. ***go back of*** 〘米〙 を調べる. ***go back on*** 〈約束など〉を取り消す, を撤回する; 〈人〉を裏切る. ***go bail for*** …のために保証人になる. ***go behind*** (1) の裏面を探る, を信用せずに調べる. (2) 金を失う. ***go between*** を仲介する. ***go beyond*** を超(こ)える, …にまさる, をしのぐ. ***go by*** (1) 〈月日が〉 経過する: in times *gone by* 過ぎ去った昔に. Don't let this chance *go by*. この機会をのがすな. (2) の標準による, を標準とする; …にたよる: That's a good rule to *go by*. それはよりどころになるいい基準だ. (3) 〘米〙 訪問する, 立ち寄る. ***go by train*** 〔***ship, rail, air, land, sea***〕 列車〔船, 鉄道, 空路, 陸路, 海路〕で行く. ***go by the name of*** の名でとおる, 通称…という. ***go down*** (1) 降りる, くだる, くだり坂になる, 〈値段が〉下がる; 〈船が〉沈む, 〈天体が〉 没する; 飲み込まれる: The pill won't *go down*. どうしても薬が飲み込めない. (2) 倒れる, 屈服する; 負ける. (3) 続く, 達する, 及ぶ; 記録される, 《後世に》 伝わる 《に *to*》. (4) 〈波・風などが〉 おさまる, なぐ. (5) 〘英話〙 (大学から) 帰郷する, 卒業する. (6) 納得される, 受け入れられる 《に *with*》: The play *went down* very well *with* the audience. 劇は観客に受けた. Nonsense *goes down* as truth *with* many people. くだらないことが多くの人の間で真実としてとおっている. ***go far*** (1) 大いに効果がある, 大いに貢献する. (2) 大成功する. (3) もう少しで…しそうになる《*to* (do)》. ***Go fetch!*** 《犬への命令》 取ってこい. ***go for*** (1) を取りに行く. (2) を目ざす, を得ようと努める. (3) の足しになる, …のために消費される: Giving lies will *go for* little. うそを言ってもなんの役にも立たないだろう. All the money *went for* the new house. 金はすべて新築のために費やされた. (4) 〘米〙 に賛成する, をひいきにする; 〘話〙 に投票する. (5) の値で売れる. (6) …でとおる, と思われる: material that *goes for* silk 絹の代用品. (7) 〘俗〙 に攻めかかる. ***go forth*** 出て行く; 発行される. ***go halves with*** と山分けする, と半分持ちにする.

go hard 大いに働く，がんばる: I've been *going hard* and feel exhausted. 大いに働いたために，すっかり疲れた. ***go in*** はいる，参加する; 引っ込む，<太陽が>かげる. ***go in for*** (1) を受験する; の候補に立つ: Are you *going in for* the Civil Service Examination? きみは公務員試験を受ける気か. (2) …しようと志す，に熱中する，を特に好む. (3) を支持する，に賛成する. ***go in on*** [***with***] に加わる. ***go into*** (1) …にはいる，<ドアなどが> …に通じる: The door *goes into* the garden. この戸は庭へ通じている. (2) を調査する，を研究する. (3) に参加する，に加入する: *go into* a war 参戦する. (4) <ある気持ち・状態>になる: *go into* hypochondria 憂うつ症になる. (5) <職業>につく: *go into* business 実業につく. (6) を始める: The Security Council *went into* session. 安全保障理事会が開会された. ***go it*** (1) <遊び・変わったことなどを> 盛んにやる. (2) しっかりやる: *Go it!* しっかりやれ! ***go it alone*** 独力でやる. ***go it blind*** めくらめっぽうにやる. ***go off*** (1) <物事が> 成り行く，運ぶ《well, badly などを伴って》. (2) 去る，逃げる. (3) <約束などが> 不履行に終わる; 衰微する. (4) 失神する; こと切れる，死ぬ. (5) 爆発する; 急に…する: The gun *went off* by accident. 銃が暴発した. ***go on*** (1) 進み続ける; やめない，…し続ける: *Go on* with your work. きみの仕事をやめるな. *go on* speaking 話し続ける. (2) やっていく，暮らす. (3) ふるまう: Don't *go on* like that. そんな風にふるまうな. (4) しゃべる，まくしたてる，ののしる《を *at*》. (5) <着物などが> 使用に耐える. (6) <俳優が>舞台に出る. (7) …に基づく，…にたよる: This school *goes on* public funds. この学校は公共の財源によってまかなわれている. ***Go on!*** (1) どんどんやれ! (2) ばかを言え!《反語》. ***go on a journey*** [***a trip***] 旅行に行く. ***go one better*** 一段〔一枚〕上をゆく. ***go on for*** <年齢・時刻などが> …に近づく. ***go on the stage*** (1) <役者などが> 舞台に出る〔のぼる〕. (2) 役者になる. ***go out*** (1) 出る，外出する; 海外へ行く; 社交界に出る; <女子が> 家庭を出る; 退職〔退陣〕する; ストライキをする. (2) <火が> 消える; 流失する，破壊される. (3) 失敗する; 死ぬ. ***go out of*** …から消滅する: The book *went out of* print. この本は絶版になった. It *went out of* fashion. それはすたれた. ***go out of*** one***'s mind*** [***senses***] 発狂する. ***go out to*** <心が> …に同情する; に愛着をもつ: My heart *goes out to* the unhappy. 私は不幸な人々に同情する. ***go over*** (1) を越える，を渡る. (2) を復習する; を吟味する，を視察する; を精査する: *go over* a house 家の下見をする. *go over* the engine 機関を点検する. (3) 延期される. (4) <車などが>転覆する. (5)〘米〙人気をよぶ，成功する. ***go over to***《主義などを》… にのりかえる: He *went over to* Catholic. 彼はカトリック(教)に改宗した. ***go*** one***'s own way*** 自己の道を行く，思うとおりにする. ***go partners*** パートナーになる，協同する. ***go round*** (1) 一回りするだけの長さがある: The belt won't *go round* my waist. そのベルトでは腰に回るだけない. (2) みなに行き渡る(だけある): We hadn't enough food to *go round.* みなに行き渡るだけの食物がなかった. (3) 巡歴する; <惑星などが> 運行する. (4) 回り道する; ちょっと尋ねる〔立ち寄る〕: *go round* to see a friend ちょっと友だちの所に立ち寄る《比較: *Come round to* my place. 遊びにこいよ》. ***go straight*** (1) まっすぐに行く. (2) うまくいく，好つごうにいく. (3) まじめになる. ***go*** one***'s way*** わが道を行く. ***go the way of all things*** 死ぬ. ***go through*** (1) を通過する; を経験する. (2) <本が版を> 重ねる: *go through* many editions 何版も増刷される. (3) <全部を> やり終える，全課程を終える，全部やる. (4) をくまなく調べる: Let's *go through* the argument again. もう一度この論議を検討してみよう. *go through* a person's pockets ポケットじゅうをくまなく調べる〔くまなく捜して奪う〕. ***go through with*** を終わりまでやりとおす: He is determined to *go through with* the undertaking. 彼は引き受けたことをやりぬく決心だ. ***Go to!***〘古〙まあ待て!，これ!，これこれ!《抗議・疑念・催促などをあらわす》. ***go to all lengths*** = go all lengths. ***go together*** 同行する，共存する; つりあう，調和する; 恋人どうしである. ***go to it*** 激しく攻撃する; ただちに仕事にかかる. ***go too far*** 行き過ぎる，極端にはしる. ***go to sleep*** 眠る，寝入る. ***go to the country***〘英〙総選挙をして世論をみる. ***go under*** 沈む; 屈服する，破滅する，落ちぶれる，倒産する. ***go up*** (1) 登る; 進歩する; <物価が> 上昇する，<物が> 値上がりする. (2) 爆発する，燃え上がる: The house *went up* in flames. 建物は炎に包まれて炎上した. (3) 破産する; 全敗する. (4) <建物が> 上へ伸びる，完成に近づく. ***go upon*** (1) …による，に基づく. (2) を企てる，に着手する. ***go west***〘俗〙殺される，死ぬ. ***go with*** (1) と同行する; に同意する，に従う. (2) と交際する. (3) に付属する: the land which *goes with* the house 家つきの土地. (4) と調和する，…としっくり合う: The suit *goes* well *with* the tie. この背広とネクタイはよく合う. ***go with child*** 身ごもっている. ***go without*** …なしで済ます. ***go without saying*** もちろんのことである: It *goes without saying* that … …(ということ)は言うまでもない. ***go with young*** <動物が> 子を腹に宿している. ***go wrong*** まずくいく，まずいことになる，ふつごうになる: Has anything *gone wrong with* him? 彼になにかぐあいの悪いことが起こったのか. ***Here goes!*** さあやるぞ. ***How goes the world*** [***it***] ***with you?*** 近ごろ景気はどうです; うまくいっていますか. ***let go*** 放す，手放す; 逃がす. ***let*** one***self go*** 自制を失う，夢中になる; 怒る; 身を任す，おぼれる. ***let go with*** <叫び>を発する. ***to go*** 残されている，まだ〔あと〕…ある: We have three days *to go.* まだあと3日ある. 〈注〉 to go の go は *vt.* でもあり *vi.* でもある. There are two holidays still *to go.* の go は pass, continue (経過する，続く) の意味になり *vi.*, We have one more test *to go.* の go は undergo(耐える，試練を経る) の意味になり *vt.* ***Who goes there?*** だれか《歩哨(ほしょう)の誰何(すいか)》.

—— *n.* (*pl.* **goes** [gouz]) **1** 行くこと，進行. **2** 元気，勢力. **3** 事情，現状; できごと，困ったこと，難儀. **4** 流行，型. **5** 試み，機会. **6**《仕事の》一働き; 一試合: It's your *go.* きみの番〔手〕だ. a main *go* 主要試合. **7**〘米話〙成功(したもの). **8**《酒などの》一杯;《食物の》一口. 〈注〉 go を名詞に使うのはすべてくだけた会話表現である.

all [***quite***] ***the go*** 大評判，大流行. ***a rum*** [***pretty***] ***go*** べらぼうな話，困ったこと. ***from the word 'go'*** 最初から. ***full of go*** はちきれそうな精力で. ***give it a go*** いっちょうやってみる. ***have a go at*** を試みる. ***have no go*** 気力に欠けている. ***Here's*** [***What***] ***a go!*** これは困った. ***It is a go!*** それで決まった. (***It's***) ***no go.***〘話〙もうだめだ; むだだ. ***make a go of it***〘米〙成功する，ものにする. ***near go*** 九死一生，きわどいところ. ***on the go*** 絶えず活動して;〘俗〙ほろ酔いで.

—— *a.* **1** 用意ができて. **2** うまくはたらいて: All systems are *go.* すべての制度がうまくいっている.

gó-a·head →別項. **gó-as-you-pléase** 気の向くままの，行き当たりばったりの; 規則にしばられない. **gó-be·twèen** 媒介者，周旋人，なこうど. **gó-by** →別項. **gó-cart** →別項. **gó-dèv·il** →別項. **gó-gét·ter**〘米俗〙《事業などの》やり手，手腕家，活動家. **gó-gét·ting** 敏腕の. **go-go dancer** ゴーゴーダンサー《酒場などでゴーゴー・ツイストなどを踊る》. **gó-òff** →別項. **gó-to-méet·ing**〘笑〙《着物など》よそ行きの，晴れ着の.

(類) → **advance**「前進する」

G.O., g.o. general office; general orders.
gó·a [góuə] *n.* 〖動〗カモシカの類《チベット産》.
Gó·a [góuə] *n.* ゴア《インド南西岸の旧ポルトガル領》.
goad [goud] *n.* **1** 《家畜などを追うための》突き棒. **2** 刺激物, 激励(するもの).
—— *vt.* **1** 突き棒で突く, 棒で追い立てる. **2** 刺激する, 激励する, 扇動する 《*on; to* (do)》: ～ a person *into* a fury 人をいきり立たせる. ～ a person *into* (do)*ing* 人を促して〔扇動して〕…させる. **3** 苦しめる, 悩ます.
〖類〗 → **urge**「促す」
gó·a·head [góuəhèd] *a.* 前進する; 〖話〗進取の〔的な〕, 活動的な. **——** *n.* **1** 《行動などについての》許可; 前進命令. **2** 進取の気性; 積極的な人.
‡**goal** [goul] *n.* **1** ゴール, 決勝点〔線〕. **2** ゴール《ボールを入れて得た点》, 得点. **3** =goalkeeper. **4** 目的(地); 目標. ***get*** 〔***kick, make, score***〕 ***a ～*** 1点を入れる.
***～·kèep·er** 〖球技〗ゴールキーパー, ゴール守備者. **～ line** 〖球技〗ゴールライン. **～·post** [⌐⌐] 〖球技〗ゴールポスト. **～·tènd·er** =goalkeeper.
góal·ee, góal·ie [góuli] *n.* 〖話〗=goalkeeper.
‡**goat** [gout] *n.* **1** ヤギ: a he-～, a billy ～ 雄ヤギ. a she-～, a nanny ～ 雌ヤギ. **2** (G～) 〖天〗ヤギ座. **3** 好色家; 悪玉: the sheep and the ～*s* 善人と悪人《マタイ伝 25: 32》. **4** 〖米俗〗あざけりの的, なぶり者; 身代わり. ***act*** 〔***play***〕 ***the*** (***giddy***) ***～*** ばかなまねをする, ふざける. ***get*** a person***'s ～*** 〖米俗〗(人)をおこらせる, いらだたせる. ***lose*** one***'s ～*** おこる. **～ god** 牧羊神. **～·herd** [⌐⌐] ヤギ飼い, ヤギの番人. **～s·beard** [⌐⌐] 〖植〗ヤマブキショウマ. **～·skin** [⌐⌐] ヤギ皮. **～·sùck·er** 〖鳥〗ヨタカ. **～'s wool** ありえないもの.
◇ **～·ling** *n.* 子ヤギ. **～·y** *a.* =goatish.
goat·ée [goutí:] *n.* 《人の》ヤギひげ.
góat·ish [góutiʃ] *a.* ヤギのような; みだらな.
◇ **～·ly** *ad.* **～·ness** *n.*
gob[1] [gɑb/gɔb] *n.* **1** 〖話〗《つばきなどの》固まり. **2** 《石炭の》ぼた. **3** (*pl.*) たくさん: ～*s* of money たいへんな金. **——** *vi.* (**-bb-**) 〈つばきなどを〉吐く. **～·fire** [⌐⌐] ぼた火.
gob[2] *n.* 〖米俗〗水兵.
gob[3] *n.* 〖俗〗口.
gob[4] 〖英俗〗=gab[1].
gó·báng [góubá:ŋ/goubǽŋ, ⌐−] *n.* 《日本の》五目並べ, 連珠. 〔<碁盤〕
gób·bet [gábit/gɔ́b-] *n.* **1** 小片, 一塊; 《肉の》切り身; 《食物の》一口. **2** (全文のうちの)一部分, 抜粋(部分).
gób·ble[1] [gábl/gɔ́b-] *vt.* **1** がつがつ食べる, むさぼり食う, うのみにする. **2** 〖米話〗つかみかかる, ひっとらえる. **——** *vi.* がつがつ食べる. ◇ **～r** *n.*
gób·ble[2] *vi.* 〈七面鳥が〉ゴロゴロ鳴く. **——** *n.* 《七面鳥の》鳴き声. ◇ **～r** *n.* 七面鳥の雄.
gób·ble[3] *n.* 〖ゴルフ〗ガブル《強く打ったボールが穴にはいること》.
gób·ble·dy·gòok, gób·ble·de·gòok [gábldigùk/gɔ́bldigúk] *n.* 〖米俗〗《官庁用語式の》ややこしいことば, 堅苦しい言い回し.
Gó·be·lin [gábəlin, góub-/góub-, gɔ́b-] *n., a.* **1** ゴブラン織り(の, に似た). **2** ゴブラン織りもうせん (=～ tapestry) 《装飾用》.
gobe·mouche [goubmú:ʃ/gɔ́bmu:ʃ] F. *n.* (*pl.* ～***s*** [-mú:ʃ(iz)/-mu:ʃ]) 軽信家, 「かも」.
Gó·bi [góubi] *n.* ゴビ(の砂ばく).
gób·let [gáblit/gɔ́b-] *n.* 《金属またはガラス製の取っ手のない》台付きの杯; 〖古〗《取っ手のない》酒杯.
gób·lin [gáblin/gɔ́b-] *n.* 悪鬼, 化け物.
gó·by [góubi] *n.* (*pl.* **gó·bies** [-biz], 《集合的》～) 〖魚〗ハゼ.
gó·by [góubài] *n.* **1** 気づかずに通り過ぎること. **2** 見て見ぬふりをすること, 避けて通ること. ***give the ～*** 知らぬふりをする; 追い越す.
G.O.C. General Officer Commanding.
gó·cart [góukà:rt] *n.* **1** 〖幼児の〗歩行器. **2** 小型うば車; 手押し車. **3** ゴーカート; 〖俗〗自動車.
†**god** [gɑd/gɔd] *n.* **1** (God) 〖一神教の〗神, 造物主: *God* the Father, *God* the Son, *God* the Holy Ghost (キリスト教の) 父と子と聖霊. → trinity. **2** 《多神教の》神; 男神. → goddess. **3** 神像; 偶像. **4** 神とあがめられるもの; 神のようにあがめられる人. **5** (*pl.*) 〖劇〗天井さじき〔大向こう〕の観客.
a feast for the ～s すてきなごちそう《反語的にも》. ***be with God*** 神といっしょにいる; (死んで)天国にいる. ***by God*** 神かけて, きっと. ***for God's sake*** 後生だから. ***God!*** ああ困った!, おや! ***God bless…!*** …に幸いがありますように. ***God bless me*** 〔***my life, my soul, us, you***〕***!*** さあ一大事! ***God damn you!*** こん畜生!, くたばっちまえ! ***God grant…!*** 神よ…ならしめたまえ! ***God help*** her***!*** 神さま, (彼女を)お助けください!, かわいそうに! ***God helps those who help themselves.*** 〖諺〗天は自ら助ける者を助ける. ***God knows*** (1) 神がご存じだ, 誓って(そうだ)《that+名詞節》. (2) 神のみぞ知りたまう, だれも知らぬ《疑問の名詞節》. ***God knows where*** 〔***when, why***〕… どこで〔いつ, なぜ〕…するともしれない. ***God speed you!*** 〖古〗ご成功〔ご安全〕を祈る. ***God willing*** 神のみ心にかなえば, 事情が許せば. ***little*** (***tin***) ***～*** 恐れられているこっぱ役人. ***My*** 〔***Good, Oh***〕 ***God!*** ああ困った!, けしからん! ***please God*** 神も許したまわば, うまくゆけば. ***So help me God!*** 誓って!, 確かに! ***Thank God!*** ああありがたい! ***the ～ of day*** 太陽神 (Phoebus). ***the ～ of fire*** 火の神 (Vulcan). ***the ～ of heaven*** 天の神 (Jupiter). ***the ～ of hell*** 地獄の神(Pluto). ***the ～ of love***=***the blind ～*** 愛の神 (Cupid). ***the ～ of the sea*** 海神 (Neptune). ***the ～ of this world*** 悪魔 (Satan). ***the ～ of war*** 軍神 (Mars). ***the ～ of wine*** 酒神 (Bacchus).
—— *vt.* (**-dd-**) 神としてあがめる.
～·child [⌐⌐] (*pl.* **-chil·dren**) 名づけ子. **～·dámn** (1) *int.* 畜生! (2) *a.* 《強調》全くの: no ～*damn* use からきし役に立たない. **～·dáugh·ter** 名づけ娘. **～·fà·ther** →別項. **～-fèar·ing** 神を恐れる, 信心ぶかい. **～·for·sàk·en** [㊥+⌐−⌐−] (1) 神に見捨てられた, みじめな. (2) 〖話〗荒れ果てた, 寂しい. **～-gìv·en** 神から与えられた, 天与の; 絶好の. **～·knows what** 〖俗〗いろんなもの, なんでもかんでも. **～·mòth·er** 名づけ親, 教母. →godfather. **～·pàr·ent** 名づけ親, 教父, 教母. **God's acre** 《教会付属の》墓地. **God's book** 聖書. **God's earth** 全世界. **～·send** [⌐⌐] 神のたまもの, 天の与え; 思いがけない幸運. **～·sent** [⌐⌐] 天与の: a ～*sent* rain 恵みの雨. **God's image** 人体. **Gód·mán** [-mǽn] 神人, キリスト. **～·son** [⌐⌐] 名づけ子. → godchild. **God's** (**own**) **country** 〖米〗神の国 (アメリカ). **Gód·spèed** → 別項. **God's truth** 絶対の真理.
◇ **～·hood** *n.* 神格, 神性. **～·ship** *n.* 神性; 神の位. **～·ward**(**s**) [-wərd(z)] *ad., a.* 神に向かって(の), 神へ(の).
‡**gód·dess** [gádis/gɔ́d-] *n.* **1** 女神. → god. **2** 崇拝する〔あこがれの的の〕女性; (絶世の)美女. ***the ～ of corn*** 五穀の女神 (Ceres). ***the ～ of heaven*** 天の女神 (Juno). ***the ～ of hell*** 地獄の女神 (Proserpina). ***the ～ of love*** 愛の女神 (Venus). ***the ～ of the moon*** 月の女神 (Diana). ***the ～ of war*** 戦いの女神 (Bellona). ***the ～ of wisdom*** 知恵の女神 (Minerva).
◇ **～·hood** *n.* 女神であること; 女神の性質.
go·det [godét, ㊥+góudei] F. *n.* =gusset.
go·dé·tia [godí:ʃə, -ʃiə] *n.* 〖植〗ゴデシア《月見草に

似た観賞用植物》.

gó·dèv·il [góudèvl] *n.* 〖米〗 **1** 油井内のダイナマイト爆破器. **2** 油送管内清掃器. **3** 《材木などを引き出す》そりの一種. **4** 〖鉄道〗手動車, ハンドカー.

gód·fà·ther [gádfà:ðər/gɔ́d-] *n.* 名づけ親, 教父《洗礼式で名を授け, その子の宗教教育を保証する》. ── *vt.* の名づけ親〔教父〕となる.

gód·head [gádhed/gɔ́d-] *n.* **1** 神格, 神性, 神たること. **2** (the G〜) 神, 天帝.

gód·hood [gádhud/gɔ́d-] *n.* 神性, 神格.

gód·less [gádlis/gɔ́d-] *a.* **1** 神の存在しない. **2** 神を否定する, 無神論者の; 不信心な, 不敬の. **3** 非道な, 邪悪な. ◇ 〜**·ly** *ad.* 〜**·ness** *n.*

***gód·like** [gádlàik/gɔ́d-] *a.* 神のような, こうごうしい.

gód·ly [gádli/gɔ́d-] *a.* **1** 神を敬う, 信心ぶかい, 敬けんな: the 〜 信心ぶかい人たち《しばしば反語的》. **2** 〖古〗神の, 神からたまわった; 神聖な. ◇ **gód·li·ness** *n.*

「の》.

go·dówn [goudáun/⁴—] *n.* 倉庫《インド・東アジア

Gód·spèed [gádspì:d/gɔ́dspí:d] *n.* 成功〔安全〕の祈願. ***wish*** 〔***bid***〕 a person 〜 (人の) 道中安全〔成功〕を祈る.

gód·wit [gádwit/gɔ́d-] *n.* 〖鳥〗オグロシギ.

gó·er [góər] *n.* **1** 行く人〔物〕, 進む人〔物〕. **2** 《合成語で》…へ行く〔通う〕人: a movie 〜 映画通いする人, 映画好き. ***a good*** 〔***poor***〕 〜 動きの速い〔おそい〕もの《とけい・馬など》. ***comers and*** 〜***s*** 行き来の人々《旅人・客など》.

Góe·the [géiti, gá:tə/gá:tə] *n.* Johann Wolfgang von [jóuha:n-vɔ́:lfga:ŋ-fən-] 〜 ゲーテ, 1749–1832, ドイツの詩人・劇作家・小説家・哲学者.

Góe·the·an, Góe·thi·an [gá:tiən] *a.* ゲーテ(風)の. ── *n.* ゲーテ研究家; ゲーテ崇拝者.

gó·fer [góufər] *n.* 〖英〗ゴーフル《焼き菓子》.

gó(f)·fer [gáfər, gɔ́:f-/góufə], **gó·pher** [góufər] *n.* ひだ, しわ, 縮み; ひだつけ器《アイロンなど》. ── *vt.* にひだをつける, にしわを寄せる, 縮ませる. 〜***ed edges*** 《書物の》浮き模様つき縁. ◇ 〜**·ing** [-fəriŋ] *n.*

góg·gle [gágl/gɔ́gl] *vi., vt.* 〈目玉が〉ぎょろぎょろする; 〈目玉を〉ぎょろぎょろさせる; 〈目を〉見張る. ── *n.* **1** 目玉を回すこと; ぎょろぎょろした目. **2** (*pl.*) ごみよけ〔保護〕めがね; 〖俗〗《一般的》めがね. 〜**-èyed** [⁴—⁴, ⁴—⁴] 出目の; 目のぎょろりとした.

Gogh [gou, gɔ:x/gɔx, gɔk] *n.* Vincent van 〜 [vínsənt-væn-⁴, vinsént-va:n-xɔ́:x] ゴッホ, 1853–1890, オランダの画家.

「ん.

góg·let [gáglit/gɔ́g-] *n.* 〖インド〗素焼きの水冷やしび

Gó·gol [góugal/-gɔl] *n.* Nikolai [nikalái-/-kɔ-] 〜 ゴーゴリ, 1809–52, ロシアの小説家・戯曲作家.

Goi·dél·ic [gɔidélik] *a.* ゲール (Gael) 族〔語〕の. ── *n.* ゲール語.

gó·ing [góuiŋ] *n.* **1** 行くこと, 歩行; 旅行: a safe 〜 and return 安全な往復. **2** 出発. **3** 前進; 《道路などの》状態: The 〜 was bad. 道が悪かった. **4** 《事業・計画などの》進行, 進展. **5** (通例 *pl.*) 行為, 行動.
── *a.* **1** 進行〔運転, 営業〕中の; うまく進展している, 収支の償う. **2** 出発する; 立ち去る. **3** まさに…せんとして《*to* (do)》: I was 〜 *to* say so. そう言おうと思っていたところだった. **4** 現存の, 現在ある; 手にはいる: the finest crime novelist 〜 現在最もすぐれた犯罪小説家. There is a home-made pie 〜. 手製のパイが(ごちそうに)出ます. **5** 現在行なわれている, 現行の: the 〜 rate 現行歩合.
be 〜 ***on*** (1) 〈時刻・年齢が〉…に近づいている: It's 〜 *on* four o'clock. いま4時近くだ. (2) 起こっている: What's 〜 *on* here? ここでいったいなにが起こっているのか. (3) 続いている: The party has *been* 〜 *on* all night. パーティーは一晩じゅう続いている. ***be*** 〜 ***places*** 〖米俗〗大成功をおさめている. 〜 ***away*** 〖運〗大差で. ***in*** 〜 ***order*** 故障のない状態で. ***keep*** 〜 継続させる; 維持する, 長らえさせる: *keep* a patient 〜 病人をもたせる. ***set*** 〜 運転を始める, 動き出させる; 開始する; 〈事業などを〉創立する.
〜**-away dress** 《花嫁の》新婚旅行用ドレス. 〜 **concern** 〔**business**〕 順調に動いている事業; 採算のとれている事業〔会社〕. 〜**-ó·ver** 〖米話〗徹底的調査〔試験〕; 痛烈な叱責(しっせき); 激しくむちで打つこと. 〜**s on** 〖話〗(1) 《通例悪い意味で》行動, 所業, ふるまい. (2) 出来事, 事件.

gói·ter, ㊥ **-tre** [gɔ́itər] *n.* 〖医〗甲状腺腫(こうじょうせんしゅ).

gói·tro·gen [gɔ́itrədʒ(ə)n] *n.* 〖医〗ゴイトロジェン《甲状腺腫を誘因する化合物》.

gói·trous [gɔ́itrəs] *a.* 甲状腺腫の.

Gol·cón·da [galkándə/gɔlkɔ́n-] *n.* 宝の山, 無限の財宝《インド南部の富裕な古都の名から》.

†**gold** [gould] *n.* **1** 金《金属元素. 記号 Au》, 黄金. **2** 金製品. **3** 金貨: pay in 〜 金貨で払う. **4** 金銭, 財宝: greed of 〜 金銭欲. **5** 金色, 黄金色: old 〜 古金色, 光沢のない赤黄色. **6** 金めっき; 金粉; 金糸; 金絵の具. **7** 《射的の》金的. **8** 《形容詞的に》金の, 金色の.
go off 〜 金本位制を廃止する. ***make a*** 〜 標的の中心を射抜く. ***of*** 〜 金の; すばらしい: age *of* 〜 黄金時代. voice *of* 〜 美声.
〜 **basis** 金本位基準. ⁴**·bèat·er** 金ぱく師. 〜**·beater's skin** 金ぱく師がはくの間にはさむ薄皮. 〜 **beetle** 〔**bug**〕 〖虫〗コガネムシ. 〜 **bloc** 金本位制国〔地域〕. 〜 **braid** 〖米俗〗海軍士官. 〜 **brick** 〖米話〗にせ金塊; いんちき; 〖米俗〗なまけ者. ⁴**·brìck·er** 〖米: 軍俗〗なまけ者, ずるけ者. **G**〜 **Coast** 黄金海岸《現在 Ghana 共和国》. ⁴**·dig** [⁴⁴] *vi.* 〈女が〉打算ずくで男につきまとう. 〜 **digger** 金坑掘り(人), 金鉱捜し(人), 黄金狂; 〖米俗〗男をだまして金を巻き上げる女. 〜 **dust** 砂金. 〜 **embargo** 金輸出禁止. 〜 **fever** 金鉱熱, 黄金熱. ⁴**·field** [⁴⁴] 採金地, 金鉱地. ⁴**·fílled** [㊥⁺⁴⁴] 《歯が》金を張った〔かぶせた〕. ⁴**·finch** [⁴⁴] 〖鳥〗ヒワの類; 〖英俗〗金貨, 1ポンド金貨. ⁴**·fish** [⁴⁴] 〖魚〗金魚. 〜 **foil** 金ぱく《gold leaf より厚い》. 〜 **lace** 金モール. 〜 **leaf** 金ぱく. 〜 **mine** 金坑, 金山; 宝庫. 〜 **plate** 金製食器類. ⁴**-plát·ed** 〖俗〗見かけ倒しの, まやかしの. 〜 **point** 正貨輸送点. 〜 **reserve** 金〔正貨〕準備. 〜 **rush** 新金山への殺到, 金鉱熱. ⁴**·smith** [⁴⁴] 金細工人, 飾り職人. 〜 **star** 《隊員や家族に戦死者があったことをあらわす》金星. ⁴**·stone** [⁴⁴] 砂金石, 黄玉. ⁴**·thread** [⁴⁴] 〖植〗ミツバオウレン; その根. ⁴**·tipped** [⁴⁴] 《巻きたばこなどの》金口の.

†**góld·en** [góuld(ə)n] *a.* **1** 金色の, 黄金色の. **2** 金を含む; 金を産する. **3** 貴重な; 《機会などの》絶好の; 《時代などの》隆盛な, 繁栄する. **4** 50年めの: 〜 wedding 金婚式. **5** 〖古・稀〗金(製)の.
Speech is silver, silence is 〜. 〖諺〗雄弁は銀, 沈黙は金.
〜 **age, the** 黄金時代, 最盛期; 〖神話〗黄金時代《最古の人類至福の時代》. 〜 **balls, three** (〜) **balls** 質屋 (の看板). 〜 **calf** 金の子牛《イスラエル人の偶像》; 金力(崇拝). **G**〜 **Delicious** 《アメリカ産》黄色リンゴの一種. 〜 **eagle** 〖鳥〗キンワシ, イヌワシ《頭部・頸部(けいぶ)に金色の羽をもつ》. 〜**-egg hen** 〖俗〗値打ちのもの. 〜**·eye** [⁴—⁴] 〖鳥〗ホオジロガモ. **G**〜 **Fleece** 〖ギ神〗金の羊毛《Jason が Argonauts を率いて遠征し持ち帰ったといわれるもの》. **G**〜 **Gate, the** 金門峡《San Francisco 湾の入り口》. 〜 **goose** 金の卵を生むガチョウ《童話中の》. **G**〜 **Horn, the** トルコ Istanbul の内港. 〜 **key** はなぐすり, わいろ. 〜 **mean** 中庸, 中道. 〜**-móuthed** 雄弁な, 能弁な. 〜 **number** 黄金数《西暦年数に1を足して19で割った残りの数. 復活

祭の日付を算出するのに用いる〗. ～ **opinions** 絶賛. ～ **oriole** =oriole. ～ **remedy** 妙薬. ～-**rod** [ˊーˋ]〖植〗アキノキリンソウの一種. ～ **rule**〖聖〗黄金律〖マタイ伝 7:12〗. ～ **saying** 金言. ～ **section,the** 黄金分割. **G～ State,the** California 州の別称. ～ **thumb**〖俗〗金もうけじょうず(な人).
góld·i·locks [góuldilàks/-lɔks] *n. pl.*《単複数扱い》**1**〖植〗キンポウゲの一種. **2** 金髪の人.
Góld·smith [góuldsmiθ] *n.* Oliver ～, 1728–74, イギリスの詩人・劇作家・小説家.
‡**golf** [gɑlf, gɔ:lf/gɔlf] *n.* ゴルフ. ―― *vi.* ゴルフをする (=play ～).
～ **club** ゴルフの「クラブ」《打棒》; ゴルフクラブ《団体・施設》. ～ **course** ゴルフ場. ～ **links**《ときに単数扱い》=～ course. ◇ ～**er** *n.* ゴルファー.
Gól·go·tha [gálgəθə/gɔ́l-] *n.* **1**〖聖〗ゴルゴタ《Jerusalem 付近のキリストがはりつけになった場所》. **2** (g～) 受難の地. **3** (g～) 埋葬所, 納骨堂.
Go·lí·ath [gəláiəθ] *n.* **1**〖聖〗ゴリアテ《David に殺されたペリシテ族の巨人》. **2** 巨人. **3** (g～) 移動式大起重機 (=g～ crane).
g～ beetle〖虫〗大カブトムシ《アフリカ産》.
gól·li·wog [gáliwàg/gɔ́liwɔg] *n.* 奇怪な顔の人形; お化けのような顔の人.
gól·ly [gáli/gɔ́li] *int.*〖俗〗おや!, まあ!; きっと! (=By ～!) ―― *n.* 神. [＜God 発音のなまり]
go·lósh〖英〗=galosh.
go·lúp·tious [gəlʌ́pʃəs] *a.*〖笑〗おいしい, うまい; うっとりさせるような. [＜voluptuous のなまったもの]
G.O.M. Grand Old Man《Gladstone の別称》.
gom·béen [gɑmbí:n/gɔm-] Ir. *n.* 高利貸し付け: a ～ man 高利貸し.
góm·bo =gumbo.
gom·(b)róon [gɑm(b)rú:n/gɔm-] *n.* ペルシア焼き陶器;《ロンドン Chelsea 製》模造ペルシア焼き陶器.
Go·mór·rah, -rha [gəmɔ́:rə, -márə/-mɔ́rə] *n.*〖聖〗ゴモラ《悪徳の町》. → Sodom.
-gon [-gàn/-gən]「…角形」の意の語形成要素: penta*gon* 五角形.
gón·ad [gánæd/gɔ́n-] *n.*〖医〗生殖腺(せん).
gòn·a·do·tróp·ic [gànædotrápik, gonædo-/gɔ̀nədotrɔ́p-] *a.* 生殖腺を刺激する.
Gon·court [F. gɔ̃ku:r] *n.* ゴンクール《Edmond de ～(1822–96) と Jules de ～(1830–70) フランスの作家兄弟》.
gón·do·la [gándələ/gɔ́n-] *n.* **1**《ベニスの》ゴンドラ;〖米〗平底舟. **2**〖米〗無蓋(がい)貨車 (=～ car). **3**《飛行船の》つり舟,《気球・ロープウエーの》つりかご.
gòn·do·líer [gàndəlíər/gɔ̀n-] *n.* ゴンドラの船頭.
†**gone** [gɔ:n/gɔn, gɔ:n] *v.* go の過去分詞.
―― *a.* **1** (過ぎ) 去った; なくなった; 行ってしまった: I'll not be ～ long. じきにもどって来る. **2** 死去した. **3** 見込みのない, だめな: a ～ case 見込みのない病人 [人間]. a ～ coon どうしようもないやつ. **4** 衰弱した; 気が遠くなった. **5**《矢など》的をはずれた. **6**〖米話〗ほれこんで, うつつをぬかして《に *on, upon*》. **7** 妊娠して: a woman nine months ～ 妊娠 9 か月の女. **8**《年齢が》…をこえた, …以上の: a man ～ ninety years of age 90 歳を過ぎた人.
dead and ～ 死んでしまって. ***far*** ～ (1) 大いに進んで; 深入りして. (2) (病状が) 進んで, 瀕死(ひんし)の: *far* ～ in consumption 胸をひどくやられている. (3)《肉が》腐って. ***past and*** ～ (既に) 過去の, 既往の.
～ **feeling** [**sensation**] 気の遠くなるような感じ.
◇ ～**·ness** *n.* 衰弱, 疲れ果てた状態. **gón·er** *n.*〖話〗死人; 落ちぶれた人, 敗残者, 見込みのない人.
Gón·e·ril [gánəril/gɔ́n-] *n.* ゴネリル《Shakespeare 作 *King Lear* に登場する不孝娘》.
gón·fa·lon [gánfələn/gɔ́n-] *n.* 旗, 吹き流し《中世に用いられた》.
gòn·fa·lon·íer [gànfələníər/gɔ̀n-] *n.* **1** 旗手. **2** 中世イタリア都市国家の長官.
gong [gɔ:ŋ, gɑŋ/gɔŋ] *n.* どら, さら形の鐘.
―― *vt.*〖英〗にどらをたたいて合い図をする. ***be*** ～***ed***《交通違反で》停止を命ぜられる.
gò·ni·óm·e·ter [gòuniámitər/-ɔ́m-] *n.* 角度測定器, 角度計, 分度器. ◇ **-try** *n.* 角度測定(術).
gón·na [gánə, gɔ́:nə, 弱 gənə/gɔ́nə, 弱 gənə]〖米俗〗…する積り(going to): Are ya ～ go?
gòn·o·cóc·cus [gànəkákəs/gɔ̀nəkɔ́k-] *n.* 淋菌.
gòn·or·rh(o)é·a [gànərí:ə/gɔ̀n-] *n.* 淋病(りんびょう). ◇ ～**l** *a.*
goo [gu:] *n.*〖米俗〗**1** ねばりつくもの, べたつくもの. **2** 感傷.
góo·ber [gú:bər, gúbər] *n.*〖米方・話〗落花生, ナンキン豆 (=～ pea).
†**good** [gud] *a.* (**bét·ter** [bétər]; **best** [best]) **1** よい, 優良な; 上質な, 上等の. **2**《道徳的に》善良な, 正しい, 品行のよい, 方正な; 公正な. **3 親切な**, 思いやりのある; 寛大な: ～ nature よい人柄. Will you be ～ enough to help me? すみませんが, 手を貸していただけませんか. **4** 賢明な,《子どもが》利口な; ものわかりのいい. **5 有能な**; 練達の, じょうずな: a ～ artist すぐれた画家; 絵のじょうずな人《しろうとでも》. ～ *at* all sports スポーツならなんでもこいの. **6** 効果的な, 有効な; 資格のある;《薬などが》ききめがある;《切符・券などが》通用する; 使用可能な, 役に立つ; 耐えられる, 長持ちする; 健全な, じょうぶな: ～ *for* two months 有効期間 2 か月の. ～ *for* ten dollars 10 ドルの値打ちのある. a car ～ *for* another ten years まだ 10 年使える車. **7**《運などが》めぐりあわせのいい, つごうのいい; あつらえ向きの, 好適の《に *for*》: ～ luck 好運. **8**《書物などが》ためになる; 利益になる. **9** りっぱな, 完全な; 美しい;《天候の》よく晴れた: ～ looks 美貌(ぼう). **10**《食物が》おいしい; 食べられる, 飲める, 腐っていない. **11** 心楽しい; 幸福な; 愉快な: It's ～ to be home again. またわが家に帰れて愉快だ. ～ news 吉報. have a ～ time 楽しく過ごす. **12**《数・量の上で》**十分な**, たっぷりの: two ～ hours たっぷり 2 時間. a ～ half たっぷり半分, 半分あまり. **13**《ほとんど意味なく》: her ～ man 彼女の夫. the ～ ship Arethusa アレスーサ号《船舶の名前》.
a ～ ***few*** people 少なからざる(人たち). ***a*** ～ ***many*** かなりたくさんの: *a* ～ *many* people ずいぶんたくさんの人々. ***as*** ～ ***as*** (1) に劣らない; (事実上)…も同然: It's *as* ～ *as* finished. もう終わったようなものだ. (2) おなじ分量だけ: give *as* ～ *as* one gets もらっただけ返す. ***as*** ～ ***as a play*** とてもおもしろい. **(*as*)** ～ ***as gold***《子どもなどが》ほんとによい, 行儀がよい. **(*be*)** ***as*** ～ ***as*** one'***s word*** 約束を守る. ***Be*** ～ ***enough to*** (do)= ***Be as*** ～ ***as to*** (do) どうぞ…してください. ***be*** ～ ***to*** (1) に適する: *be* ～ *to* drink 飲んで害がない, 飲むとうまい. (2) に親切である: *be* ～ *to* animals 動物に優しい. ***earn*** ～ ***money*** たっぷりかせぐ. ***feel*** ～ (1) 元気である, 好調である. (2) 安心する: I don't *feel* too ～ about it. どうも気にくわない; いささか心配だ. ***G～ afternoon!*** 今日は!, さようなら!《午後のあいさつ》. ～ ***and*** [gúdn]〖米〗非常に, 十分に: ～ *and* happy 十分楽しい. ***G～ day!*** 今日は!, さようなら! ***G～ evening!*** 今晩は!, さようなら! ～ ***for*** (1) に有益な, に適する. (2) の期間有効(の): a license ～ *for* one year 1 年間有効の免許証. (3) …だけもつ: These tires are ～ *for* another 10,000 miles. これらのタイヤはあと 1 万マイルはもつ. (4) を支払う能力がある: How much are you ～ *for*? いくらお金が出せるかね. (5) と等価値をもつ. ***G～ for you!***〖米〗でかした!; (あなたのために) それはよかった! ***G～ heavens*** [***gracious, Lord, me***]***!*** おやまあ!《驚きなどをあらわす》. ***G～ luck*** (***to you***)***!*** (1) 好運を祈る!, しっかりやれ! (2) ごきげんよう!, おだいじに!

G~ man! あっぱれ!, よくやった! ***~ men and true*** りっぱな人たち. ***G~ morning!*** お早う!, 今日は!, さようなら!《午前中のあいさつ》. ***G~ morrow!***〖古〗=G~ morning! ***G~ night!*** おやすみなさい!, さようなら!《夜別れるときのあいさつ》. ***G~ show!*** おみごと! ***had as ~***〖話〗…してもおなじだ, むしろ…した方がいいくらいだ: We *had as* ~ stay here. ここにいた方がいいくらいだ. ***have a ~ mind to*** (do) ぜひ…したいと思っている. ***have a ~ night*** 夜ぐっすり眠る. ***hold ~*** 効力がある; 該当する. ***in ~ time*** ちょうどまにあって. ***make a ~ thing out of*** を利用〔活用〕する. ***make ~*** (1) <損害などを>補償する, 償う. (2) <目的を>達成する; <約束を>履行する. (3) 実証する. (4) 維持する, 回復する. (5)〖米〗成功する. ***My ~ (man)!*** だんな!, あんた!《呼びかけ. good にはほとんど意味がない》. ***not ~ enough to*** (do) …する価値〔資格〕がない. ***Not so ~!***〖俗〗なんてひどいまちがい〔失敗〕だろう! ***take in ~ part*** 善意にとる. ***the ~***《集合的》善人たち, 善男善女.

—— *n.* **1** 善; 美徳; 美点: the highest ~ 至高善. **2** 益, 利益: public ~ 公益. What ~ is that?=What's tne ~ of that? それがなんの役に立つ? **3** 幸福. the greatest ~ of the greatest number 最大多数の最大幸福《Bentham の功利主義の原則》. **4** (*pl.*) →別項 goods.

be up to no ~ (1) 悪いことをたくらんでいる. (2)〖米〗なんの役にも立たない. ***come to ~*** よい実を結ぶ, 幸いな結果になる. ***come to no ~*** ろくなこと〔もの〕にならない. ***do*** a person ***~*** (人に) 役に立つ, (人の) ためになる; (人の) 健康によい. ***do ~ (in the world)*** 善行をする. ***do ~ to*** …のためになる; に親切を尽くす. ***for*** a person***'s ~*** (人) のために. ***for ~ (and all)*** 永久に; これを最後に. ***for the ~ of*** の(利益の)ために. ***have the ~s on***〖米〗より優位に立つ. ***It is no ~*** (do)***ing*** = ***It's not a bit of ~*** (do)***ing*** …しても無益だ. ***That's no ~.*** 無益〔むだ〕だ; だめだ. ***to the ~*** (1) 利益になって: It's all *to the* ~. けっこうなことだ. (2)〖商〗貸方に, 貸し越しとして, 純益として: We are 100 dollars *to the* ~. 100ドルもうかっている.

G~ Books, the 聖書. **~ breeding** よいしつけ, よい育ち. **†~-bý(e)** →別項. **~ cheer** 元気, 上きげん; ごちそう. **∸-con·dí·tioned** 好調の. **~ debts** 回収確実な貸し金. **~ faith** 誠実, 善意. **∸-fél·low·ship** [∸∸–∸] 飲み食いづきあい; 親睦(しんぼく). **∸-for-nòth·ing** 役に立たない(人), やくざな(人間). **G~ Friday** 受難日《キリストの受刑を記念する復活祭前の金曜日》. **∸-héart·ed** 親切な, 好意の. **∸-héart·ed·ly** 親切に. **G~ Hope** = Cape of Good Hope. **~ humor** 上きげん. **∸-hú·mored** 上きげんの, 陽気な; あいそのよい, 気さくな. **~ Joe**〖米俗〗温情ある人のよい人間. **~ legs** かっこうのよい足. **~ life**〖保険〗平均予期命数に達する見込みのある人. **∸-lóok·er**〖俗〗美人, 器量よし. **‡∸·lóok·ing** →別項. **∸·man** [-mən] (*pl.* **-men**)〖古〗(1) 一家の主人, 家長. (2) …さん《男子の敬称 gentleman より下の格》. **~ money** 良貨;〖俗〗高給. **‡∸-ná·tured** 気(だて)のよい, 温厚な, 親切な. **∸-ná·tured·ly** 穏やかに; 親切に. **G~ Neighbor Policy** 善隣政策《1933年アメリカの Roosevelt 大統領が採用》. **~ offices** あっせん, 調停. **~ old days** なつかしい昔. **~ people, the** 妖精(ようせい)たち (the fairies). **~ reading** おもしろい記事〔読み物〕. **~ saying** 金言, 名句. **~ sense** 良識, 分別. **∸-sízed** 相当な大きさの. **~ temper** 上きげん, おこらないこと. **∸-tém·pered** 優しい, 柔和な, 気だてのよい. **~ thing** (1) いいこと; 幸い, 好運: It's a ~ *thing* you are here. きみがいてくれてよかった. (2) (*pl.*) 珍味, ごちそう. (3) ぼろい仕事. (4) 警句. **~ turn** 好意; 親切. **~ use** 〔**usage**〕ことばの正用法. **∸·wife** [∸∸] (*pl.* **-wives**)〖古・スコットランド〗(1)《一家の》女主人, 主婦. (2)《女の敬称》…さん, …夫人 (Mrs.). **∸·wíll** (1) 好意, 親切, 厚情; 誠意《*to, toward*》. (2) 快諾, 喜んですること. (3)〖商〗株; 信用; 得意; のれん, 営業権. **~ word** ほめことば. **~ works** 善行.

[類] → **beautiful**「美しい」, → **kind**「親切な」

†good-bý(e) [gudbái/∸∸, –∸] *int.* さようなら!
—— [–∸] *n.* 別れのことば; いとまごい, 告別.

góod·ies [gúdiz] *n. pl.* うまいもの; あめ, 砂糖菓子, ボンボン.

góod·ish [gúdiʃ] *a.* **1** まあよい方の, 悪くない. **2**《数・量などの》かなりな, 相当の.

‡góod·lóok·ing [gúdlúkiŋ] *a.* 器量のいい, 美貌(びぼう)の, ハンサムな, スマートな: a ~ man [girl, car].

góod·ly [gúdli] *a.* **1** 上等な, りっぱな. **2** きれいな, 器量のよい. **3**《数・量・容積が》相当な, かなりの.
◇ **-li·ness** *n.*

‡góod·ness [gúdnis] *n.* **1** 善良さ, 美徳. **2** 親切, 慈愛; 友愛. **3** 善美, 優良; 卓越. **4** 美点, 長所; いいところ, 精髄. **5**《感嘆詞的に God の代用語として》おや!, なんと!
for ~' sake 後生だから. ***G~ (gracious)!*** まあたいへん!《驚き・怒りをあらわす》. ***G~ knows!*** (1) だれにもわかるものか! (2) 神かけて!, 確かだよ! ***have the ~ to*** (do) 親切にも…する;《命令形で》どうか…してください. ***in the name of ~*** 神明に誓って!; いったいぜんたい! ***My ~!*** おや!, おやおや! ***Thank ~!*** ありがたい! ***wish to ~*** ぜひ…であってほしい: I *wish to* ~ you had told me that before. 前に話しておいてくれればよかったのに.

‡goods [gudz] *n. pl.*《単数形では用いられない》**1** 品物, 商品. **2** 財産, 財貨; 動産, 所有物. **3**〖米〗布地: dry ~ 呉服物. **4**〖英〗(鉄道) 貨物 (=[米] freight). **5**〖米俗〗必要な条件〔能力, 資格〕. **6**〖俗〗犯行の動かぬ証拠; 盗品. ***a nice little bit [piece] of ~***〖話〗(生意気な) 小娘. ***get [have] the ~*** の悪いところを見つける〔知っている〕.
~ agent 運送業者. **~ station**〖英〗貨物駅 (=[米] freight depot). **~ waggon**〖英〗貨車 (=[米] freight car). **~ yard**〖英〗貨物置き場.

góod·y[1] [gúdi] *n.*《下層階級の》おかみさん《しばしば姓の前につけて用いる. goodwife の別形》;〖米俗〗《大学などの》そうじ婦.

góod·y[2] *n.* (おもに *pl.*)=goodies.

góod·y[3] *int.* すばらしい!, すてき!《子ども用語》.

góod·y[4], **góod·y-gòod·y** [gúdigùdi/-gúdi] *a.*〖話〗信心家ぶった, 道徳家ぶった, 殊勝げな.
—— *n.* 信心家〔道徳家〕ぶった人. ***talk ~*** 殊勝げなことを言う. ◇ **-i·ness** *n.*

góo·ey [gú:i] *a.*〖米俗〗**1** ねばねばする, べたべたする. **2** 感傷的な, センチな. **——** *n.* べたつくもの, 糖みつ.

goof [gu:f] *n.* (*pl.* **~s**)〖米俗〗**1** とんま(な人), まぬけ. **2** へま: make a ~ しくじる.
—— *vt.* しくじる《*up*》. **——** *vi.* なまける; 時間をつぶす, ぶらぶらする《*off, around*》.
∸·ball [∸∸] (1) 精神安定剤〔睡眠薬〕入り錠剤. (2) 無能な男. **∸-off** [∸∸] 責任を回避する男, ひきょう者. **∸-up** [∸∸] しくじりばかりする男, へまな男.
◇ **∸·er** [-ər] *n.*〖米俗〗ぼんやり者, だまされやすい人.

gó-òff [góuɔ̀:f/–∸] *n.*〖米俗〗出発, 開始, 着手, 門出. ***at one ~*** 一度で, 一気に. ***at the first ~*** 最初に.

góof·y [gú:fi] *a.*〖米俗〗まぬけな, 愚かな; ぞっこんほれこんでいる. ◇ **-i·ly** *ad.* **-i·ness** *n.*

góo·gly[1] [gú:gli] *n.*〖クリケット〗曲球の一種.

góo·gly[2] *a.*〖米俗〗《目が》ぎょろぎょろしている; 出目の; 流し目の.

góo·gol [gú:gɑl/-gɔl] *n.* 1 にゼロを 100 つけた数; 天文学的数字.

góo-gòo [gú:gù:] **~ *eyes*** うっとりした〔恋におぼれ

た] 目つき.

gook [guk, ㊊+gu:k] *n.* 〖米俗〗 **1** ごみ, どろ. **2** ねっとりした液 [ソース]. **3** ばか者. **4**《けいべつ的》アラビア人; 黄色人.

goon [gu:n] *n.* 〖米俗〗 **1** 暴漢, 暴力団 (員)《労働争議などに雇われる》. **2** ばか (者), まぬけ.

goop [gu:p] *n.* 〖米俗〗 **1** まぬけ者; 変人. **2** くだらないこと, 無意味なこと. 「の類」.

goos·án·der [gu:sǽndər] *n.* 〖鳥〗 カワアイサ《カモ

goose** [gu:s] *n.* (*pl.* **geese** [gi:s]) **1** ガチョウ, ガチョウの肉: a wild ～ カリ, ガン. **2** 雌のガチョウ. → gander. **3** まぬけ. **4** (*pl.* **góos·es**) (裁縫師の) 大火のし. ***All his geese are swans. 〖ことわざ〗 自分に関係のものはなんでも上等だという; 手前みそばかり並べる. ***cook*** a person***'s*** ～ (人) の計画 [希望, 評判] をだいなしにする. ***kill the ～ that lays the golden eggs*** 目先の利益に目がくらみ将来の大きな利益をふいにする. ***shoe the ～*** むだなことに時間をかける. ***sound on the ～*** 〖米:政〗 主義に忠実な. ***The ～ hangs*** [***honks***] ***high.*** 〖米話〗 万事好つごうだ. ***The old woman is picking her ～.*** 白雪がちらちら降っている.
—— *vt.* **1** 〖話〗 人のしりをつついて驚かす. **2** <エンジンに>ガソリンを不規則に供給する.
∼·ber·ry → 別項. **∼-club** [⊥⊥] 《不幸な人に恵むクリスマス用の》ガチョウ購入金積立会. **～ egg** (1) 〖米俗〗 ゼロ, 零点《試験・ゲームなどの》. (2) 《打たれてできた》頭のこぶ. (3) ガチョウの卵. **∼·flesh** [⊥⊥] 鳥膚《寒気・恐怖などによる》. **∼·foot** [⊥⊥] (*pl.* **-foots**) 〖植〗 アカザの類. **∼·gog** [⊥⊥] 〖英話〗 = gooseberry. **～ grass** 〖植〗 ヤエムグラ属. **∼·herd** [⊥⊥] ガチョウ飼養者. **∼-neck** [⊥⊥] (1) 〖機〗 S 字形管, がん首. (2) 〖海〗 = davit. **～ pimples, ～ skin** = gooseflesh. **～ quill** ガチョウの羽軸; ガペン. **～ step** 〖軍〗 ひざを曲げずに足をまっすぐ高くあげて進む歩調. **∼-step** [⊥⊥] (**-pp-**) ～ step で行進する.

góose·ber·ry [gú:sbèri, gú:z-, -b(ə)ri/gúzb(ə)ri] *n.* **1** 〖植〗 グースベリ, 西洋スグリ (の実). **2** グースベリ酒. ***play ～*** 《恋人どうし・若い婦人などに》付添役をする. ***play old ～ with*** をだいなしにする.
～ fool グースベリを煮てクリームと砂糖をかけたもの.

góos·er·y [gú:s(ə)ri] *n.* ガチョウ飼養場, ガチョウの群れ.

góos·(e)y, góos·ie [gú:si] *a.* **1** ガチョウのような. **2** おくびょうな; くすぐったがる. **3** ばかな, とんまな.
—— *n.* **1** ガチョウ. **2** おばかさん《子どもに対して》.

G.O.P. Grand Old Party.

gó·pher[1] [góufər] *n.* **1** 〖動〗 ジネズミ《北アメリカ産》. **2** 〖動〗 陸ガメ (の一種) (=～ tortoise)《アメリカ南部にすむ》. **3** (G～) 〖米〗 Minnesota 州人.
G～ State, the Minnesota 州の別称.

gó·pher[2] *n.* **1** Noah の箱舟をつくった木《松・モミの木の類とされている》. **2** ユクノキ属の木《アメリカ産. 黄色木材を得る》.

gó·pher[3] *n.* 〖米俗〗 **1** 熱心な人《セールスマンなど》. **2** 走り使い (の少年).

góph·er[4] [gáfər, gɔ́:f-/góuf-] 〖おもに英〗 = go(f)fer.

gó·pher·wood [góufərwùd] = gopher[2].

gó·ral [góral/gɔ́:r-] *n.* 〖動〗 ヒマラヤカモシカ.

gór·cock [gɔ́:rkàk/-kɔ̀k] *n.* 〖鳥〗 赤雷鳥の雄.

Gór·di·an [gɔ́:rdiən,-djən] *a.* Phrygia 王 Gordius [gɔ́:rdiəs, -djəs] の.
cut the ～ knot 非常手段でことを解決する.
～ knot (1) Gordius 王が結んだ結び目《これを解いたものは Asia の王となるとの託宣を聞いて Alexander 大王が切断したという》. (2) 至難なこと, 難題.

Gór·don [gɔ́:rdn] *n.* Charles George ～, 1833–1885, イギリスの将軍.

gore[1] [go:r/gɔ:] *n.* (流れ出た) 血, 血のり, 血の固まり.

gore[2] *n.* 三角形の布片, 《三角形の》まち, 《着物の》おくみ; 〖米〗 三角形の地所. —— *vt.* に～をつける.

gore[3] *vt.* 《角・きばなどで》突く, 貫く, 刺す; <岩が船側などを>突き破る.

gorge [gɔ:rdʒ] *vt.* **1** むさぼり食う. **2** の腹をいっぱいにする, 飽かせる: be ～*d with* food 満腹である.
—— *n.* **1** 谷間. **2** のど, 食道. **3** 大食, 腹いっぱいの食事; 飲み込んだ (食) 物. **4** 不快, 嫌悪(けんお): One's ～ rises in resentment. 憤慨に胸がむかつく. **5** 《川などに》詰まったじゃま物. **6** 〖築城〗 背面の入り口. ***cast*** [***heave***] ***one's ～ at*** を見て嘔吐(おうと)する; 嫌悪を感じる.

***gór·geous** [gɔ́:rdʒəs] *a.* **1** 豪華な, 絢爛(けんらん)たる, きらびやかな. **2** 〖話〗 すばらしい, すてきな, みごとな.
◇ **∼·ly** *ad.* **∼·ness** *n.*

gór·get [gɔ́:rdʒit] *n.* **1** 首よろい, 《よろいの》のど当て. **2** 《昔の婦人服の》首 [胸] おおい布, えり. **3** 《将校の礼装用の》新月形の首飾り. **4** 《鳥の》頸部(けいぶ)の斑紋(はんもん). **～ patch** 《軍服の》えり章.

Gor·gio [gɔ́:rdʒou] *n.* (*pl.* **～s**) ジプシーでない人《ジプシー用語》.

Gór·gon [gɔ́:rgən] *n.* **1** 〖ギ神〗 ゴルゴン《頭髪がへびで見る者を石に変えたという 3 人姉妹のひとり. 特に Perseus に殺された Medusa をさす》. **2** (g～) 恐ろしい女, 醜女(しこめ).
◇ **Gor·gó·ni·an** [gɔ:rgóuniən] *a.* ゴルゴンの (ような); 恐ろしい. **gór·gon·ize** [gɔ́:rgənàiz] *vt.* (にらみつけて) 石に変える.

Gòr·gon·zó·la [gɔ̀:rg(ə)nzóulə] *n.* ゴーゴンゾラ《イタリア Gorgonzola 産の柔らかいチーズ》.

gór·hen [gɔ́:rhèn] *n.* 〖鳥〗 赤雷鳥の雌 (moorhen).

go·ríl·la [gərílə] *n.* **1** 〖動〗 ゴリラ. **2** 〖俗〗 暴漢, あばれ者.

Gór·ki, -ky [gɔ́:rki] *n.* **1** Maxim [mɑːksí:m-] ～ ゴーリキー, 1868–1936, ロシアの小説家・劇作家. **2** ソ連中部の都市.

gór·mand [gɔ́:rmənd] = gourmand.

gór·mand·ize [gɔ́:rməndàiz] *vt., vi.* 大食する むさぼり食べる. ◇ **-iz·er** [-ər] *n.* 大食漢.

gorse [gɔ:rs] *n.* 〖英:植〗 ハリエニシダ (の茂み).
◇ **górs·y** [-i] *a.*

Gór·sedd [gɔ́:rseð/-sed] *n.* 《eisteddfod 大会の準備の》詩人・楽人の会.

gór·y [gó:ri/gɔ́:ri] *a.* **1** 血まみれの, 血みどろの. **2** 流血の, 残虐な. [<gore] ◇ **-i·ly** *ad.* **-i·ness** *n.*

gosh [gɑʃ/gɔʃ] *int.* えっ!, おやまあ!, きっと! (=by ～)《誓い・驚きをあらわす》. [<God]

gós·hawk [gáshɔ̀:k/gɔ́s-] *n.* 〖鳥〗 オオタカの類.

Gó·shen [góuʃ(ə)n] *n.* **1** 〖聖〗 ゴセンの地《創世記 45:10》. **2** 楽土, 豊饒(ほうじょう)の地.

gós·ling [gázliŋ/gɔ́z-] *n.* **1** ガチョウの子. **2** 青二才. [<goose]

gó-slów [góuslóu, ㊊+⊥⊥] *a.* わざとゆっくりやる; 計画的に引き延ばす. —— *n.* 怠業 (戦術).

gós·pel** [gásp(ə)l/gɔ́s-] *n.* **1** 福音; キリスト教の教理: preach the ～ キリストの教えを説く. **2** (G～) 福音書《新約聖書の Matthew, Mark, Luke, John の 4 書》; 福音文《聖餐(せいさん)式に読む福音書の一節》. **3** 真理. **4** 主義, 信条: the ～ of self-government [soap and water] 自治 [清潔] 主義. ***take a thing ***as*** [***for***] ***～*** 真実と思い込む. **～ oath** 福音書による宣誓. **～ pusher** 〖米俗〗 宣教師, 牧師. **～ side** 祭壇の北側. ↔ epistle side. **～ truth** 絶対的真理. ◇ **∼·ize** *vt.* 伝道する. **∼·(l)er** *n.* 聖餐式に福音書を読む聖職者; (福音) 伝道師: a hot ～*er* 熱狂的伝道師.

Gos·plán [gɔ:splá:n, gás-/gɔ́splæn] *n.* 《ソ連の》国家計画委員会.

gós·port [gáspɔ̀:rt/gɔ́s-] *n.* 〖空〗 機内通話管.

gós·sa·mer [gásəmər/gɔ́s-] *n.* **1** 小グモの巣 [糸]《草などにかかっているか空中に浮遊している》. **2** 軽く弱いもの; 薄いガーゼ; 薄い布, 薄い紗(しゃ); 〖米〗 薄地防水布, レーンコート(など). —— *a.* 小グモの糸のような, ふわっとした; 軽く薄い; 薄弱な.

◇ ～·y [-məri] *a.*

‡**gós·sip** [gάsip/gɔ́s-] *n.* **1** 雑談, 世間話, うわさ話; 《新聞の》閑話. **2** おしゃべりな人〔女〕, うわさ好きな人〔女〕. **3**〘古〙友人《特に女の》. **4**〘おもに英〙教父母 (godparent). —— *vi.* 雑談〔うわさ話〕をする. **～·mòn·ger** おしゃべり(な人); 金棒引き.

◇ **～·er** *n.* おしゃべり. **～·y** *a.* 話好きな, おしゃべりの; 雑談風の.

gós·sip·ing [gάsipiŋ/gɔ́s-] *a.* おしゃべりをする, 人のうわさをする. —— *n.* 雑談(会), 世間〔よもやま〕話. ◇ **～·ly** *ad.* 雑談風に. 「男, 給仕.

gos·sóon [gαsú:n/gɔs-] *n.*〘アイルランド〙若者; 下

†**got** [gαt/gɔt] *v.* get の過去・過去分詞.

Goth [gαθ, gɔ:θ/gɔθ] *n.* **1** ゴート人《3-5 世紀ごろローマ帝国に侵入し, イタリア・スペイン・フランスに王国を建設したチュートン系の民族》. **2** 野蛮人, 無法者.

Góth·am [gάtəm/góut-] *n.* **1** ゴタムの町《昔住民がみな愚か者だったと伝えられるイギリスの村》. **2** [gάθəmn góuθ-/góuθ-, gɔ́θ-]〘米〙ニューヨーク市の別称. ***a wise man of ～*** ばか者.

◇ **Góth·am·ite** [-àit] *n.* Gotham の住人; ばか者; ニューヨーク市民.

Góth·ic [gάθik/gɔ́θ-] *a.* **1**〘建〙ゴシック式の;〘印〙ゴシック体の;《文学など》ゴシック派の. **2** 中世風の; 野蛮な, やぼな. **3** ゴート族〔語〕の. —— *n.* **1**〘建〙ゴシック式;〘英:印〙ゴシック(字体)(black letter);〘米〙ぶっきり(字)体(sanserif). **2** ゴート語.

～ architecture ゴシック様式建築《12-16 世紀西ヨーロッパに行なわれた尖塔(せんとう)アーチ型様式》. **～ type** ゴシック体活字.

◇ **Góth·i·cal·ly** *ad.* **Góth·i·cism** [-sìz(ə)m] *n.* **1** ゴシック式; ゴシック趣味. **2** 野蛮, 殺風景.

***gót·ten** [gάtn/gɔ́tn] *v.* 〘おもに米〙get の過去分詞. 〈注〉イギリスでは ill-*gotten* などのように合成語だけで用いられる. 「の都市》.

Göt·ting·en [G. gœtiŋən] *n.* ゲッチンゲン《西ドイツ

gót·ùp [gάtʌ̀p/gɔ́tʌ́p] *a.* 飾りたてた; つくった, 人工的の; にせ物の, まがいの. ***hastily ～*** にわか仕立ての. **～ affair** つくりごと, 仕組んだこと.

gou·ache [gwα:ʃ, guά:ʃ] F. *n.* ゴム水彩絵の具; グワッシュ水彩画(法). 「産》.

Góu·da [gáudə] *n.* ゴーダチーズ《オランダの Gouda

gouge [gaudʒ] *n.* **1** 丸のみ;〘話〙丸のみで削ったみぞ〔穴〕. **2**〘米話〙詐欺, ぺてん; 詐欺師.

—— *vt.* **1** 丸のみで削る〔彫る〕; 〈コルクなどを〉丸く切り取る; 〈目玉を〉えぐり出す《*out*》. **2**〘話〙ぺてんにかける, 欺く. ◇ **góu·ger** *n.*

Gou·lárd [gu:lά:rd] *n.* グーラール氏液, 鉛糖水《冷あんぽう用》.

góu·lash [gú:læʃ, -lα:ʃ] *n.* **1** グーラッシュ《パプリカなどの香辛料を用いたハンガリー風のシチュー》. **2**〘トランプ〙ブリッジで 4 人の手の配り直し.

Góu·nod [gú:nou | F. guno] *n.* Charles François [F. ʃarl frɑ̃swa] ～, 1818-93, フランスの作曲家.

gourd [go:rd, guərd/guəd] *n.*〘植〙ヒョウタン; ひさご, フクベ.

gourde [guərd] *n.* Haiti 共和国の貨幣単位.

góur·mand [gúərmənd] *n.* 大食家; 食い道楽の人. ◇ **～·ism** *n.* 大食; 食い道楽.

gour·man·dise [gúərməndì:z, gó:r-/guəmɑ̃:di:z] F. *n.* 食い道楽. 「酒通.

góur·met [gúərmei] *n.* 美食家, 食い道楽, 食通,

gout [gaut] *n.* **1**〘医〙痛風. **2**〘古・雅〙《特に血の》したたり, 凝血.

goût [gu:] *n.* 味; このみ, 趣味, 鑑識(力). [<F.]

góut·y [gáuti] *a.* 痛風の; 痛風にかかった; 痛風にかかりやすい. ◇ **-i·ly** *ad.* **-i·ness** *n.*

gov., Gov. government; governor.

‡**góv·ern** [gʌ́vərn] *vt.* **1** 〈国家・国民などを〉統治する, 治める: the ～*ed* 被治者. **2** 支配する, 管理する: a ～*ing* body 管理機関; 理事会. **3** 〈決意・行動などを〉左右する; 〈運命などを〉決定する. **4** 〈激情などを〉制御する, 押える. **5** 〈法律が〉…に適用される. **6**〘文〙〈動詞・前置詞が格・目的語を〉支配する. **7**〘機〙〈機関の〉速力を調節する.

—— *vi.* 統治する; 政務を執る; 支配する, 管理する: The king reigns but does not ～. 王は君臨すれども統治せず. **～ one*self*** 自制する. [Gk. √kybern- (船の)かじ]

◇ **～·a·ble** *a.* 統治〔管理〕しうる, 支配できる; 抑制しうる. **～·ance** [-əns] *n.*〘古〙統治, 支配, 統轄, 管理, 制御, 政治. **～·ing** *a.* 統治する; 支配する; 統制する; 指導的.

góv·ern·ess [gʌ́vərnis] *n.* 女家庭教師《*to, for*》: a daily〔resident〕～ 通勤〔住み込み〕女家庭教師. ***nursery ～*** 保母. —— *vt., vi.* (の)家庭教師として勤める. **～ cart, ～ car**〘英〙向かい合いに座席のある軽便 2 輪馬車.

‡**góv·ern·ment** [gʌ́vər(n)mənt, [英]⁺gʌ́vnm-] *n.* **1** 政府, 行政府, 政庁; (G～)〘英〙内閣;〘米〙市会. **2** 統治, 行政(権); 政治; 政体. **3** 支配(権); 管理. **4** 《感情などの》支配, 制御. **5** 統治領土〔区域〕; 州, 省. **6**〘文〙支配. **7** (*pl.*)〘米〙公債証書. ***be in the ～ service*** 国家公務員である. ***form a ～***〘英〙組閣する.

G～ House〘英〙総督官邸. **～ issue, G～ Issue**〘米〙官給の. **～ man** 国家公務員. **～ office** 官庁; 官職. **～ paper**〔**securities**〕政府発行証券.

gòv·ern·mén·tal [gʌ̀vər(n)méntl/gʌ̀v(ə)nm-] *a.* 政治(上)の; 政府の, 官設の. ◇ **～·ly** [-i] *ad.*

‡**góv·er·nor** [gʌ́v(ə)nər, [米]⁺gʌ́vərn-] *n.* **1** 統治者. **2**〘米〙《州の》知事;《イギリス植民地の》総督;《要塞(ようさい)・守備隊などの》長官, 司令官;《協会・銀行などの》総裁. **3**〘英俗〙親分, 大将; 父親, おやじ. **4**〘機〙調速〔調整〕機. ***board of ～s*** 幹事会. ***Civil ～*** 民政長官. ***deputy ～*** 副総督.

～-gén·er·al 総督.

◇ **～·ship** [-ʃìp] *n.* ～ の職〔任期〕.

Gov.-Gen. Governor-General.

govt., Govt. government.

gów·an [gáuən] Sc. *n.*〘植〙ヒナギク.

gowk [gauk, [米]⁺gouk] Sc. *n.* **1** ばか者, まぬけ. **2**〘鳥〙カッコウドリ.

‡**gown** [gaun] *n.* **1** ガウン, 長上着;《婦人の夜会用》ドレス, ローブ(＝evening ～). **2**《婦人の》寝間着, 化粧着. **3** ガウン《判事・弁護士・僧・大学教授・卒業式の大学生などが着る》. **4** 古代ローマの外衣 (toga). **5** (the ～)《総称》法官, 僧侶(そうりょ);《集合的》大学の人々: town and ～ 市民と大学関係者. **6**〘英〙《集合的》《大学都市における》大学人, 大学関係者, 教授, 学生. ***arms and ～*** 戦争と平和. ***in wig and ～*** 法官の正装で. ***take the ～*** 僧〔弁護士〕となる.

—— *vt.* にガウン〔衣服〕を着せる. —— *vi.* ガウンを着る.

～s·man [-zmən] (*pl.* **-men**) 弁護士; 判事;《教授・学生など》大学関係者. → townsman.

◇ **～ed** *a.* ガウンを着た〔羽織った〕.

goy [gɔi] *n.* (*pl.* **～·im** [gɔ́iim], **～s**)《ユダヤ人から見た》異邦人, 異教徒, よそ者. [<Yiddish]

Gó·ya [gɔ́iə, gɔ́:jα:] *n.* Francisco [frænsískou-] ～, 1746-1828, スペインの画家.

G.P. General Practitioner; *Gloria Patri* (L. = Glory to the Father); Graduate in Pharmacy. **G.P.O.** General Post Office. **GPU** General Postal Union 万国郵便連盟. **G.P.U.** [dʒí:pì:jú:, géipéiú:] Russ. Gay-Pay-Oo. **Gr.** Grecian; Greece; Greek. **gr.** grain; gram; grammar; gramme; grand; great; gross. **G.R.**〘軍〙

General Reserve; *Georgius Rex* (L. =King George).

‡**grab** [græb] *v.* (**-bb-**) *vt.* **1** ひっつかむ; ひっ捕える. **2** 横領する, 横取りする, 奪う. **—— *vi.*** つかみかかる《に *at*》; 手をさっとのばす《の方へ *for*》.
—— *n.* **1** ひっつかみ, ひったくり; 横取り. **2** 〖機〗グラブ; 《浚渫(しゅんせつ)用の》つかみ機.
get* [*have*] *the* ～ *on 〖俗〗…より有利な地歩を得る, …にまさる. ***make a* ～ *at*** をひったくる, を横取りする. ***up for* ～*s*** 〖話〗(少し努力すれば) 容易に手にはいる.
～-all [⌐⌐] 〖米〗欲張り者; 〖話〗がっさい袋. **～ bag** 宝捜し〔福引き〕袋《中身の見えない袋の中に手を入れ品物を取り出す》; 〖俗〗知らぬ相手とのデート. **～ bar** 壁についた手すり.
◇ **～·ber** *n.* つかみ取る人, 欲張り(人), 強奪者.
[類] → **take**「持つ」

gráb·ble [græbl] *vi.* **1** 手探りする. **2** 四つんばいになる; 四つんばいになって捜す《を *for*》.

Grác·chi [grækai] *n.* グラックス兄弟《Gaius Gracchus [géiəs-grækəs] (153?–121 B.C.) と Tiberius Gracchus [taibíriəs-/-bíər-] (163?–133 B.C.) 古代ローマの政治家で民権を確立した》.

‡**grace** [greis] *n.* **1** 優美, 優雅; しとやかさ, 品位. **2** 《文体などの》洗練, 雅致. **3** (*pl.*) 美点, 魅力, 長所; 道徳的力: the ～ to perform a duty 義務を遂行する倫理感. **4** 好意, ひいき; 恩恵. **5** 《神の》恵み; 慈悲. **6** 《食前・食後の》感謝の祈り. **7** 特赦; (支払) 猶予 (期間): days of ～ 恩恵日, (手形) 支払猶予期間《イギリスでは3日間》. **8** 〖楽〗=～ note. **9** 《Oxford, Cambridge 大学の》評議員会の許可. **10** (G～) 閣下, 閣下夫人; 猊下(げいか)《duke, duchess, archbishop に対する敬称. His, Her, Your などを伴う》. **11** (G～) 〖ギ神〗the (three) Graces のひとり《美・優雅・喜びを象徴する3人姉妹の女神 Aglaia, Euphrosyne, Thalia》.
Act of* ～** 大赦令. ***by* (*the*) *～ of の (助) 力で, …のおかげで. ***by the* ～ *of God*** 神の恩寵(おんちょう)により《公文書などで王の名のあとに付記する》. ***fall from* ～** 神の恩寵を失う; 堕落する. ***fall out of* ～ *with*** a person (人) の好意を失う. ***give* [*grant*] *a week's* ～** 1週間猶予してやる. ***have the* ～ *to*** (do) 礼儀をわきまえて〔親切に〕…する. ***His* [*Her*] *G*～** 閣下. ***in*** a person***'s good* [*bad*] ～*s*** (人) の気に入って〔にきらわれて〕. ***in the year of* ～** 西暦…年. ***say* ～** 食前の祈りを言う. ***the state of* ～** 恩寵を被っている状態. ***with* (*a*) *bad* ～** しぶしぶ, いやいやながら. ***with* (*a*) *good* ～** 快く; 潔く.
—— *vt.* 優美にする, 飾る; に光栄を与える: ～ a meeting *with* one's presence 出席して会合に花を添える.
～ cup 《食後の》乾杯, 祝杯; 別れの杯〔乾杯〕. **～ note** 〖楽〗装飾音.

‡**gráce·ful** [gréisf(u)l] *a.* **1** 優美な, 優雅な; しとやかな, 上品な. **2** 親切な: It would be a ～ act on your part to (do) ... …していただければうれしゅうございます. ◇ ***～·ly** [-fuli] *ad.* **～·ness** *n.*

gráce·less [gréislis] *a.* **1** 品のない, 優しさのない; 無作法な, 粗野な. **2** 邪悪な, 堕落した; 〖古〗神に見放された. ◇ **～·ly** *ad.* **～·ness** *n.*

grác·ile [græs(i)l/-sail] *a.* **1** 繊細な; きゃしゃな, か弱い. **2** すらりとした, ほっそりした.
◇ **gra·cíl·i·ty** [græsíliti] *n.*

‡**grá·cious** [gréiʃəs] *a.* **1** 好意的な, 親切な, 丁寧な. **2** 恵みぶかい; 優渥(ゆうあく)な《国王・女王などについて》. **3** 上品な. ***Good* [*My*] ～*!* = *G*～ *goodness!*** あらまあ!, 南無(なむ)さん!《驚き・怒りなどをあらわす》. ◇ **～·ly** *ad.* **～·ness** *n.*

gráck·le [grækl] *n.* 〖鳥〗ムクドリの類.

grad [græd] *n.* 〖米俗〗卒業生. [<graduate]

grad. graduate(d).

grá·date [gréideit/grədéit] *vi., vt.* **1** 段階的に変わる〔変える〕; 《色の濃淡など》しだいに変わる〔変える〕; ぼける, ぼかす. **2** に段階〔等級〕をつける: Society is ～*d* into ranks. 社会は上下の階級に分けられている. [√grad-]

gra·dá·tion [greidéiʃ(ə)n/grə-] *n.* **1** 段階〔漸層〕的変化, ぼかし; 階調. **2** 階層〔等級〕づけ. **3** (通例 *pl.*) 段階, 順序. **4** 〖言〗母音転換 (ablaut)《例: drive, drove, driven》. **5** 〖修〗漸層法.
◇ **～·al** [-ʃən(ə)l] *a.* **～·al·ly** *ad.*

†**grade** [greid] *n.* **1** 等級, 品等; 程度. **2** 〖米〗《小・中・高等学校の》学級, …年級; (年級の) 課程, 生徒. **3** (the ～s) = ～ school. **4** 〖米〗《成績の》点. **5** 〖米〗《道路・鉄道などの》傾斜 (度); 斜面. **6** 〖数〗直角の100分の1. **7** 〖牧畜〗改良雑種. ***at* ～** 〖米〗同一水平面で. ***below* ～** 〖米〗標準以下の. ***make the* ～** 急坂を登りつめる; 困難を排して目的を達する. ***on the down* [*up*] ～** くだり坂〔上り坂〕で; 衰えて〔盛んで〕. ***up to the* ～** 標準にかなって, 上等品で.
—— *vt.* **1** 等級〔格〕づけする, 類別する, 〈卵などを〉選別する. **2** 〖米〗〈答案などを〉採点する. **3** 〖米〗の勾配(こうばい)をゆるくする. **4** 〈品種を〉改良する《*up*》.
—— *vi.* **1** …の等級である. **2** 等級が上がる, 昇級する. **3** しだいに変化する《に *into*》. **4** 〈母音が〉転換する. [√grad-]
～ crossing 〖米〗踏切; 平面交差《道路・鉄道などの》. **～-mark** [⌐⌐] 品質〔等級〕標示 (をする). **～ school** 〖米〗小学校《修学年限6年または8年》. **～ teacher** 〖米〗小学校教師.
[類] → **rank**「等級」

-grade [-grèid]「動き方」「歩き方」の意の語形成要素. [√grad-]

grád·er [gréidər] *n.* **1** 等級をつける人, 類別する人. **2** 採点者, 評点者. **3** 〖米〗(小学校)…学年生. **4** 〖機〗グレーダー《地ならし機》; 《農産物などの》選別機, 選果機.

grá·di·ent [gréidiənt, -djənt] *n.* 傾斜度, 勾配(こうばい); 《気圧・温度などの》傾斜〔変化〕度. **—— *a.*** **1** 傾斜している. **2** 歩行できる, 歩行性の; 〖紋〗歩行形の.

grá·di·ent·er [gréidièntər/-diəntə] *n.* 微角計《勾配測定用》.

grá·din [gréidin], **gra·díne** [grədí:n] *n.* **1** 低い階段式座席 (の一段). **2** 《ろうそく・花などを供えるための》祭壇後部のたな.

grád·ing [gréidiŋ] *n.* **1** 等級づけ, 格づけ; 評点, 成績 (点). **2** 傾斜変更, 《道路の》勾配(こうばい)緩和, 地ならし. **3** 《コンクリート材の》粒度.

‡**grád·u·al**[1] [grædʒu(ə)l, ㊕⁺-dju(ə)l] *a.* 段階的な, だんだんの, 漸次の, 漸進的の, 徐々の. [√grad-]

grád·u·al[2] *n.* 〖カトリック〗《ミサ聖祭の》昇階誦(しょう); 《合唱隊の》ミサ聖歌集.
～ psalms 都もうでの歌 (Song of Degrees)《旧約聖書詩編第120から第134までの15編をいう》.

‡**grád·u·al·ly** [-i] *ad.* しだいに, 漸次に, 徐々に.

‡**grád·u·ate** [grædʒuèit/-dju-, -dʒu-] *vi.* **1** 〖米〗卒業する《を *from*》; 〖英〗大学を卒業して称号〔学士号〕を受ける《において *at*》. 〈注〉アメリカでは大学以外の種々の学校のばあいにも用いる. **2** 資格をとる《として *as*》. **3** だんだん変わる《に *into*》. **—— *vt.*** **1** に学位を与える, 卒業させる: He *was* ～*d from* Harvard. ハーバードを卒業した. **2** に等級をつける. **3** に目盛りをつける. **4** 《蒸発などで》濃厚にする.
—— [grædʒuit, -èit/-dʒuət, -djuit] *n.* **1** (大学) 卒業生; 大学院学生 (=～ student). 〈注〉アメリカでは大学以外の卒業生にも使う. **2** 度盛り器.
—— [-dʒuit, -dʒuèit/-dʒuət, -djuit] *a.* 卒業生の; 学士号を受けた. **～ nurse** 有資格看護婦. **～ school** 大学院.
◇ **-at·ed** [-èitid] *a.* **1** 等級〔階級〕のある; 目盛りをしるした: a *graduated* ruler 目盛り定規. **2** 累進的な; 漸減的な: *graduated* taxation 累進課

税. **-a·tor** [-èitər] *n.* **1** 度盛りをする人. **2** 分度器; 目盛り器. **3** 蒸発ざら.

‡**gràd·u·á·tion** [grædʒuéiʃ(ə)n/-dju-, -dʒu-] *n.* **1** **卒業**, 学位授与; 卒業式. → commencement. **2** 等級づけ. **3** (*pl.*) 目盛り, 度盛り. **4** 〖化〗〘蒸発などによる〙濃厚化.

gra·dus [gréidəs] L. *n.* **1** 韻律辞典, 〘ラテン語詩の〙作詩入門. **2** 〖楽〗(ピアノ) 教則本.

Gráe·ae [grí:i:] *n. pl.* 〖ギ神〗グライアイ 《the Gorgons の番人の 3 人姉妹. 3 人で 1 眼 1 歯を共有していた》.

Gráe·cism =Grecism.

Graeco- =Greco-.

graf·fi·to [grəfí:tou/græf-] It. *n.* (*pl.* ***-ti*** [-ti:]) 《壁・岩などに描いた古代の》かき文字〔絵〕; 落書き.

graft[1] [græft/grɑ:ft] *n.* **1** 継ぎ木〔枝, 穂〕. **2** 〖医〗植皮 (片); 植肉 (片).

—— *vt.* **1** 継ぎ木する 《へ *in, into; on, upon*》; 〖医〗植皮〔植肉〕する. **2** 《比喩的》継ぎ木する, 接合する. —— *vi.* 継ぎ木する〔される〕. ◇ **∼·er** *n.*

graft[2] *n.* 〖米〗《政界などの》汚職, 収賄; 不正利得.

—— *vt.* 不正に入手する, 不正利得する. —— *vi.* 汚職する, 収賄する. ◇ **∼·er** *n.* 収賄者, 汚職吏.

grá·ham [gréiəm] *a.* 精麦にしない, 全麦の.

—— *n.* 全麦パン《一種の黒パン》.

grail[1] [greil] *n.* 杯, 大ざら. ***the* (*Holy*) *G∼*** 聖杯 《キリストが最後の晩餐(ばんさん)に用い, のちに十字架上のキリストの血を受けた杯. Arthur 王の円卓騎士はこれを捜し求めるのを念願とした》.

grail[2] =gradual[2].

‡**grain** [grein] *n.* **1** 穀粒; 《集合的》**穀物**, 穀類 (=㊥ corn). **2** 粒; 一粒. **3** 《おもに否定的構文》**ほんの少し**, 極微量: a ∼ of truth 一抹(いちまつ)の真実. **4** 《木・皮などの》組織, きめ, 石目, 木目. **5** 気質, 性質. **6** グレーン 《衡量の最低単位. 0.0648 g》. **7** 〖醸造〗(*pl.*) もやしかす. **8** 〖廃〗エンジムシ染料; えんじ, 紅(べに).

against the 〔one's〕 **∼** 性分に反して, 不本意で: It goes *against the* ∼ with me. それは気にくわない; それはきらいだ. ***dye in ∼*** →dye. ***in ∼*** 深紅の; 心(しん)まで染まった; 全くの, 生まれつきの: a rogue *in* ∼ 根っからの悪党. ***take … with a ∼ of salt*** 〈人の話などを〉控えめに〔割引して〕聞く.

—— *vt.* **1** 粒にする. **2** 色がさめないように染めつける; 木目状に塗る. **3** 〈皮から〉毛を取り去る.

∼ alcohol エチルアルコール. **∼ elevator** 〖米〗穀物倉庫. **∼·field** [⊥⊥] 穀物畑. **∼ leather** 毛のあるがわをおもてにして仕上げたなめし皮. **∼·sick** [⊥⊥] 〖獣医〗こぶ胃拡張 (の). **∼ side** 獣皮の毛のはえていたがわ. ◇ **∼ed** *a.* 木目のある, 木目塗りの; 《獣皮など》毛を取り除いた; 表面がざらざらした. **∼·er** *n.* **1** 木目塗り人〔へら, はけ〕. **2** 除毛器, 柔皮剤《皮なめし用》. **∼·ing** *n.* 木目塗り; 粒にすること; 〖印〗砂目立て. **∼·y** *a.* 粒状の; 粒の多い; 木目状の.

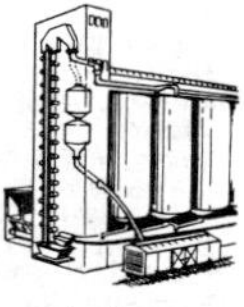

grain elevator

grains [greinz] *n. pl.* 《単数扱い》もり, やす.

Gràl·la·tó·res [grælətó:ri:z/-tɔ́:r-] *n. pl.* 〖鳥〗渉禽(しょうきん)類《サギ・シギ・ツルなど》.

◇ **gràl·la·tó·ri·al** [-tó:riəl/-tɔ́:r-] *a.*

‡**gram**[1], ㊥ **gramme** [græm] *n.* **グラム** 《重さの単位. 略 g., gm., gr.》.

∼ atom 〖化〗グラム原子《各元素の原子量に等しいだけのグラム単位の質量》. **∼-mo·léc·u·lar** 〖化〗グラム分子の. **∼ molecule** 〖化〗グラム分子.

gram[2] *n.* 〖植〗ヒヨコマメ, ブンドウ.

Gram [græm] ***∼'s method*** グラム染色法《細菌を染色して陽性と陰性に分類する法》.

-gram [-græm, 強音節の直後は -grəm] 「…書いたもの」の意の語形成要素: pro*gram* プログラム＜pro- + √graph- あらかじめ＋書く.

gram. grammar; grammatical.

grá·ma [grɑ́:mə] *n.* 牧草の一種 (=∼ grass) 《アメリカ西部および南西部に生じる》.

grám·a·ry(e) [grǽməri] *n.* 〖古〗魔術.

gra·mér·cy [grəmə́:rsi] *int.* 〖古〗ありがとう!, かたじけない!, まあまあ!, これはたいへん! 《感謝・驚きなどの発声》.

gràm·i·ná·ceous [græmịnéiʃəs/grèim-], **gra·mín·e·ous** [grəmíniəs/greim-] *a.* **1** 稲科の. **2** 草のような; 牧草の多い.

gràm·i·nív·o·rous [græmịnív(ə)rəs] *a.* 草食の; 《歯などが》草食に適した.

grám·ma [grǽmə] =grama.

grám·ma·logue [grǽməlɔ̀:g, -làg/-lɔg] *n.* 〖速記〗単一の記号であらわす語.

‡**grám·mar** [grǽmər] *n.* **1** **文法**, 語法, ことばづかい: know one's ∼ ことばづかいを心得ている. **2** 文法論〔学〕; 文法書, 文典. **3** 《学術の》原理, 初歩; 入門書, 手引き.

bad ∼ まちがった言い方. ***comparative ∼*** 比較文法〔言語学〕. ***general ∼*** 一般文法. ***generative ∼*** 生成文法. ***historical ∼*** 史的文法. ***transformation(al) ∼*** 変形文法.

∼ school (1) 〖米〗初等中学校《primary school と high school の中間》. (2) 〖英〗中等学校《おもに大学進学者のための》; 《以前ラテン語を主要学科としていた》古典文法学校.

◇ **∼·less** *a.* 文法のない; 文法を知らない.

gram·már·i·an [grəmé(:)riən/-méər-] *n.* 文法学者; 文法教師.

gram·mát·i·cal [grəmǽtịk(ə)l] *a.* 文法 (上) の, 文法にかなった.

◇ **∼·ly** *ad.* **∼·ness** *n.* 文法適合性.

gram·mát·i·cize [grəmǽtịsàiz] *vt.* 文法に合わせる. —— *vi.* 文法上の問題を論ずる.

gramme =gram[1].

grám·my [grǽmi] 〖俗〗=gramophone.

Grám-nég·a·tive [grǽmnégətiv] *a., n.* グラム陰性の (細菌).

***grám·o·phone** [grǽməfòun] *n.* **蓄音機** (=㊥ phonograph) 《元は商標名》.

Grám-pós·i·tive [grǽmpázịtiv/-pɔ́z-] *a., n.* グラム陽性の (細菌).

gramps [græmps] *n.* 〖話〗おじいさん(grandfather).

grám·pus [grǽmpəs] *n.* **1** 〖動〗サカマタ, シャチ. **2** 〖話〗息づかいの荒い人.

Gra·ná·da [grənɑ́:də] *n.* グラナダ 《スペイン南部の州; その州都》.

gràn·a·díl·la [grænədílə] *n.* 〖植〗トケイソウ科の植物; その実.

grán·a·ry [grǽnəri] *n.* **1** 穀倉. **2** 穀類の多産地. [grain と同語源]

‡**grand** [grænd] *a.* **1** **雄大な**, 広大な, 壮大な. **2** 豪壮な, 壮麗な, 豪奢(ごうしゃ)な. **3** **堂々たる**, 威厳のある, 気品の高い. **4** 高尚(こうしょう)な, けだかい. **5** 尊大な, もったいぶった, 傲慢(ごうまん)な. **6** 高位の. **7** 主要な, 重要な: the ∼ staircase 正面大階段. **8** 〖話〗すばらしい, すてきな: have a ∼ time すばらしい時を過ごす. **9** 総括的な: the ∼ total 総合計. ***do the ∼*** 着飾る; 気どる; 大きくでる. ***G∼ Army of the Republic*** (北軍側) 南北戦争従軍軍人会. ***live in ∼ style*** 豪奢な暮らしをする.

—— *n.* **1** =∼ piano. **2** 〖米俗〗1,000 ドル.

∼·aunt [⊥⊥] 大おば《祖父母の姉妹》. **G∼ Canyon** グランドキャニオン《Arizona 州北部の Colorado 川大渓谷(だいけいこく). 国立公園》. ‡**∼·child** → 別項. **∼·dad** [⊥⊥], **∼·dàd·dy** 〖話〗おじいちゃん.

∼·dàugh·ter [grǽn(d)dɔ̀:tər] 孫娘. **∼·dú·cal** [grǽn(d)d(j)ú:k(ə)l, ─∸─/-n(d)djú:-] 大公の, 大公国の, 旧帝政ロシア皇子の. **∼ duchess** 大公妃; 皇女《旧帝政ロシアの》. **∼ duchy** 大公国. **∼ duke** 大公; 皇子《旧帝政ロシアの》. †**∼·fà·ther** →別項. **∼ final(e)** 大団円. **∼ jury** →jury. **∼ larceny** 一定価格以上の窃盗《アメリカでは州により25–50ドル》. **G∼ Lodge** Freemasonsの大本部. ***∼·ma, ∼·mà(m)·ma** →別項. **∼ march** 舞踏会の初めに来客が全部参加する行進. **G∼ Master** 騎士団・秘密結社・友愛組合などの団長. **G∼ Monarch** フランス国王 Louis XIV《別称》. ‡**∼·moth·er** →別項. **∼·nèph·ew** [grǽn(d)-nèfju:/-nèvju:] おい〔めい〕のむすこ, 兄弟〔姉妹〕の男の孫. **∼·níece** [grǽn(d)ní:s/∸─] おい〔めい〕の娘, 兄弟〔姉妹〕の孫娘. **G∼ Old Man** Gladstone の別称《略 G.O.M.》. **G∼ Old Party** 〖米〗共和党の別称《略 G.O.P.》. **∼ opera** 大歌劇. ***∼·pa, ∼·pà·pa** →別項. ***∼·pàr·ent** →別項. **∼ piano** 平型ピアノ, グランドピアノ. **∼ relief** 高浮き彫り. **∼-scále** 大型の; 大がかりの, 大規模の;《努力などが》たいへんな. **G∼ Shereef** [**Sherif**] =shereef ②. **∼·sìre** [grǽn(d)sàiər] 〖古〗祖父; 祖先; 老人. **∼ slam** 《トランプなどの》圧勝. ‡**∼·son** →別項. **∼·stand** →別項. **∼ style** 荘重体《Homer, Dante, Milton などの雄渾(ゆうこん)な文体》; 豪奢(ごうしゃ)な暮らしぶり. **∼ tour** 大旅行《昔イギリスで貴族の子弟が教育の仕上げとして行なったヨーロッパ巡遊》. **∼·ùn·cle** 大おじ《祖父母の兄弟》.
◇ **∼·ness** *n.* ∼なこと; 偉業.

grán·dam [grǽndəm/-dæm], **-dame** [-deim, ㊍⁺-dəm] *n.* 〖古〗祖母, おばあちゃん; 老婆.

‡**gránd·child** [grǽn(d)tʃàild] *n.* (*pl.* **-chìl·dren**) 孫.

grande [F. grɑ̃:d] F. *a.* grand の女性形.
∼ *dame* [F. -dam] 貴婦人. **∼ *toilette*** [F. -twalɛt] 式服, 礼服.

gran·dée [grændí:] *n.* 大公《スペイン・ポルトガルの最高貴族》; 貴族, 高官.

‡**grán·deur** [grǽndʒər, ㊍⁺-dʒuər] *n.* **1** 雄大(さ), 壮大, 偉観, 荘厳. **2** 偉大, 崇高, 威風, 威光.

†**gránd·fà·ther** [grǽn(d)fà:ðər] *n.* 祖父, おじいさん; 老人. **∼('s) clock** 分銅式大どけい.
◇ **∼·ly** *a.* 祖父らしい; 優しい.

gran·díl·o·quent [grændíləkwənt] *a.* 大言壮語の, 豪語する. [√loqu-] ◇ **∼·ly** *ad.* 豪語して, 大げさに. **-quence** [-kwəns] *n.*

grán·di·ose [grǽndiòus] *a.* **1** 雄大な, 堂々とした. **2** 気負った, 誇大な, 大げさな. ◇ **∼·ly** *ad.* **gràn·di·ós·i·ty** [grændiásəti/-ɔ́s-] *n.*

***gránd·ly** [grǽndli] *ad.* **1** 雄大に, 堂々と. **2** 崇高に, 高大に. **3** もったいぶって. **4** 豪勢に, 華麗に.

***gránd·ma** [grǽnmà:, -mə], **-ma(m)·ma** [-mà:mə, -məmá:/-məmá:] *n.* 〖話〗おばあちゃん.

‡**gránd·mòth·er** [grǽn(d)mʌ̀ðər] *n.* 祖母, おばあさん. ***teach* one*'s* ∼ *to suck eggs*** 釈迦(しゃか)に説法する. ***Tell that to your* ∼.** ばかも休み休み言え!

***gránd·pa** [grǽn(d)pà:], **gránd·pà·pa** [grǽnpà:pə, -pəpà:/-pəpà:] *n.* 〖話〗おじいちゃん.

***gránd·pàr·ent** [grǽn(d)pè(:)rənt/-pέər-] *n.* 祖父, 祖母; (*pl.*) 祖父母.

grand prix [grɑ̃:prí:] F. (*pl.* ***grand(s) prix*** [-prí:(z)]) グランプリ, 大賞.

Grand Rapids *n.* アメリカ Michigan 州の都市.

‡**gránd·son** [grǽndsʌ̀n] *n.* 《男の》孫.

gránd·stand [grǽn(d)stæ̀nd] *n.* 《競技場などの》正面(特別)観覧席. **——** *a.* **1** 正面観覧席の: ∼ seats. **2** 眺望(ちょうぼう)のよくきく, ひらけた: a ∼ view 特等席からのようなながめ. **3** 観客を喜ばせるような: a ∼ catch 観客をわかせる捕球. **——** *vi.* 〖俗〗大向こうをうならせるような演技をする; スタンドプレーをする. **∼ play** 〖話〗スタンドプレー; 場当たり演技; 芝居気たっぷりの演技〔動作〕.

grange [greindʒ] *n.* **1** (G∼) 〖米〗農民共済組合, その地方支部. **2** 〖英〗《建物を含む》農場; 豪農の邸宅; 〖古〗穀倉.

gráng·er [gréindʒər] *n.* **1** 〖米〗農民共済組合員. **2** 農夫, 農場監理人.

gráng·er·ize [gréindʒəràiz] *vt.* **1** 〈本に〉他の本から切り取ったさし絵を差し込む. **2** 〈本から〉さし絵を切り取り集める; 〈本を〉つぶす.
◇ **-ism** [-dʒəriz(ə)m] *n.*

grani- 「穀粒」の意の語形成要素.

gra·níf·er·ous [grəníf(ə)rəs] *a.* 穀粒状の実を産する〔生じる〕.

‡**grán·ite** [grǽnit] *n.* 花コウ岩, 御影(みかげ)石.
***as hard as* ∼** 非常に堅い; がんこな, 強情な. ***bite on* ∼** むだな努力をする, むだぼねをおる.
G∼ City, the スコットランド Aberdeen 市の別称. **∼-mùs·cled** 〖俗〗屈強な, がんじょうな. **G∼ State, the** アメリカ New Hampshire 州の別称. **∼·ware** [∸─∸] 御影石模様の陶器, エナメル鉄器.

gra·nít·ic [grænítik] *a.* 花コウ岩の(ような), 花コウ岩でできた.

gra·nív·o·rous [grənív(ə)rəs] *a.* 《鳥類など》穀類を食べる, 穀食の.

grán·ny, -nie [grǽni] *n.* 〖話〗**1** おばあさん《親しみまたはけいべつをこめて》. **2** おせっかい屋, ぎょうぎょうしく騒ぎたてる人. **3** 〖米方〗うば, 産婆. **4** 縦結び, 逆結び(=∼'s bend [knot]).

grán·o·lith [grǽnəliθ] *n.* **1** 花コウ岩の砕片を混ぜたコンクリート敷石. **2** 花コウ岩的な火成岩の一般名称.

‡**grant** [grænt/grɑ:nt] *vt.* **1** 授ける, 付与する, 与える; 〈免許などを〉交付する; 〈許可を〉与える: ∼ a person permission to (do) 人に…することを許可する. **2** 承認する, 許可する: God did not ∼ him to see his country again. 神は彼に再び祖国にまみえることを許さなかった. She was ∼*ed* to stay out till ten. 10時まで外出を許された. The king ∼*ed* that the prisoner should be freed. 国王は囚人を釈放することを認めた. **3** 〈要求などを〉容認する, 承諾する, 聞きとどける: ∼ a request 要求をいれる. **4** 〈議論・主張・真実性などを〉承認する, 認容する; 真実を認める: I ∼ you *that* he is lazy. あの男がなまけ者であることは認めます. **5** 仮定する, 仮に…とする: This ∼*ed*, what next? それはそのとおりとして, 次はどうなりますか. **6** 〈財産などを〉(正式に)譲渡する.
God* ∼!** 願わくば! **∼*ing* [∼*ed*] *that … …と認めて(も), …と仮定して(も). ***G∼ing this*** = ***this* ∼*ed*** … そうだとして(も)…. ***Heaven* ∼ *that*** … 願わくば…であれかし! ***take*** a thing ***for* ∼*ed*** (事・物を)承認されたものと考える; 当然〔もちろん〕のこととする〔思う〕; 疑いのないことと考える.
—— *n.* **1** 許可, 認可. **2** 授与, 下付. **3** 補助金, 下賜金; 下付地. **4** 〖法〗譲渡(証書), 譲与. **∼-in-áid** (*pl.* **gránts-in-áid**) 補助金, 交付金.
類 → **give**「与える」

Grant [grænt/grɑ:nt] *n.* Ulysses Simpson ∼, 1822–85, アメリカ南北戦争における北軍総司令官・第18代大統領.

grant·ée [grænti:/grɑ:ntí:] *n.* 〖法〗被授与者, 譲受人; 《補助金・奨学金などの》受領者, 受取人.

Granth [grʌnt] *n.* Sikh 教徒の聖典.

gránt·or [grǽntər, græntɔ́:r/grɑ:ntɔ́:] *n.* 〖法〗授与者, 譲渡人.

grán·u·lar [grǽnjulər] *a.* 粒状の, 顆粒(かりゅう)状の, 小粒から成る. **∼ eyelids** 粒状眼瞼(がんけん). **∼ snow** ざらめ雪, 粒状雪.
◇ **gràn·u·lár·i·ty** [∸─lǽrəti] *n.* 粒状(性).

grán·u·late [grǽnjulèit] *vt., vi.* **1** 粒にする〔な

る]; ざらざらにする〔なる〕. **2**〖医〗〈傷などが〉肉芽が生じる. ◇ **-lat·ed** [-id] *a.* **1** 粒状の: *granulated* sugar グラニュー糖. **2**〖ガラスが〗面がでこぼこした. **-la·tor** [-ər] *n.* 粒化機. **gràn·u·lá·tion** [⌐−léiʃ(ə)n] *n.* 「の物.

grán·ule [grǽnju:l] *n.* 小粒, 細粒, 微粒; 小粒状

grán·u·lose [grǽnjulòus] *n., a.*〖化〗でんぷん粒質(の)《でんぷんの生成分で発酵により糖化する》.

grape** [greip] *n.* **1** ブドウ; ブドウのつる〔木〕: (the juice of) the ～ ブドウ酒. **2**〖獣医〗ブドウ瘡(そう)《馬の足にできる》. **3**〖軍〗= grapeshot. ***sour ～s 負け惜しみ《イソップ物語のキツネとブドウの話から》.
～ brandy ブドウ〔ブドウ酒〕を蒸留してつくったブランデー. **～ cure**〖医〗ブドウ食療法《おもに結核の》. **∠·fruit** → 別項. **～ rot**《ブドウの》痘瘡病. **∠·shot** [⌐⌐] ブドウ弾. **∠·stone** [⌐⌐] ブドウの種. **～ sugar** ブドウ糖 (dextrose). **∠·vine** → 別項. ◇ **gráp·y** [-i] *a.* ブドウの (ような);〖獣医〗《馬が》ブドウ瘡にかかった.

grápe·fruit [gréipfrù:t] *n.*〖植〗グレープフルーツ《ザボンの類のくだもの, アメリカ南部産; pomelo ともいう. 主として食前に供する》.
～ league〖野球俗〗シーズン前のオープン戦.

gráp·er·y [gréipəri] *n.* ブドウ園, ブドウ栽培温室.

grápe·vine [gréipvàin] *n.* **1** ブドウのつる〔木〕. **2**〖米〗情報の秘密伝達経路. **3**〖米〗うわさ, 流言; デマ. **4**〖スケート〗フィギュアの一種.
～ telegraph〖米〗口づて情報連絡 (経路); うわさ, 風説.

graph[1] [græf, ㊥⁺grɑ:f] *n.* グラフ, 図表, 図式.
—— *vt.* グラフで示す, 図示する.
～ paper〖米〗方眼紙, グラフ用紙.

graph[2] *n.*〖俗〗ゼラチン謄写版, コンニャク版.
—— *vt.* ゼラチン謄写版で複写する.

-graph [-græf, 強音節の直後 -græf/-grɑ:f, -græf]「書いたもの」「書く〔記録する〕もの」の意の語形成要素: photo*graph* 光で+書く →写真. tele*graph* 遠くで+書く →電信.

gráph·eme [grǽfi:m] *n.* 文字素《文字の最小単位で音素 phoneme などに対応する》.

gráph·ic [grǽfik] *a.* **1** 絵のような, 写実的な, 生き生きとした. **2** グラフ式の, 図解の, 図示の. **3** 文字の, 文字に書いた; 絵画の; 印刷の.
～ arts 筆写芸術《書・画・版画など》, グラフィックアート; 印刷芸術. **～ formula** 図解式;〖化〗構造式.

gráph·i·cal [grǽfik(ə)l] = graphic.
◇ **～·ly** *ad.* **1** 絵のように, 写実的に, 生き生きと. **2** グラフ式に, 図解で; 文字で.

gráph·ics [grǽfiks] *n.* 製図法, 図学; 図解法, グラフ〔図式〕算法.

gráph·ite [grǽfait] *n.*〖鉱〗石墨, 墨鉛.
◇ **gra·phít·ic** [græfítik, ㊥⁺grə-] *a.*

grapho-「書くこと」「描くこと」の意の語形成要素.

graph·ól·o·gy [græfɑ́lədʒi/-fɔ́l-] *n.* **1** 筆跡学, 筆跡観相法《筆跡による性格の鑑識法》. **2**〖数〗図式〔グラフ〕法.

gràph·o·má·ni·a [græ̀foméiniə] *n.* 書狂《字を書きたがる精神病》. ◇ **-ac** [-niæ̀k] *n.* 書狂患者.

gra·phón·o·my [græfɑ́nəmi/-fɔ́n-] *n.* 文字学.

gráph·o·type [grǽfətàip] *n.* 白亜とっ版(法).

-gra·phy [-grəfi] **1**「書法, 記法」「画法, 写法」の意の語形成要素: steno*graphy* 速く+書く法→速記術. **2**「…誌, …記」の意の語形成要素: bio*graphy* 生(涯)+書いたもの →伝記. geo*graphy* 地+書いたもの →地理. [√graph-]

gráp·nel [grǽpnəl] *n.* よつめいかり(=～ anchor);〖機〗《いかり形の》つかみ機, ひっかけかぎ, 鉄かぎ.

gráp·ple [grǽpl] *vt.* **1** つかむ, 握る, 捕える. **2** かぎいかりでひっかける. **——** *vi.* **1** つかみ合う, 格闘する《と with》. **2** 苦闘〔奮闘〕する《を相手に with》. **3** 取り組む: ～ *with* a problem 問題に取り組む.
—— *n.* **1**〖海〗かぎいかり; つかみ機. → grapnel. **2** つかむこと. **3** つかみ合い; 接戦. **4** 苦闘, 苦心, 奮闘. ***come to ～s with*** と取っ組む. **～l·ing iron**〔**hook**〕ひっかけかぎ, 鉄かぎ《敵船などを引き寄せる》. **～ ground** 投錨(とうびょう)地. ◇ **～r** *n.*

Grás·mere [grǽsmiər/grɑ́:s-] *n.* グラスミア《イギリス西北部 Lake District の中心》.

***grasp** [græsp/grɑ:sp] *vt.* **1 つかむ,** 握る; しっかり抱く. **2** とらえる, 手に入れる. **3 会得する,** 理解する, 把握(はあく)する. **——** *vi.* **1** しっかり握る. **2** つかもうとする, とらえようとする《を *at, for*》.
G～ all, lose all.〖ことわざ〗欲張りの丸損.
—— *n.* (通例 *sing.*) **1 つかむこと;** 握力, 把持力. **2** 所持, 保持. **3 理解**(力), 会得. **4** 手の届く距離; 理解力の及ぶ範囲; 力の及ぶ範囲, 統御(力), 権力. **5**《物の》にぎり (部分);〖海〗オールの柄.
beyond〔***within***〕**one's** ～ 手の届かない〔届く〕ところに; 力の及ばない〔及ぶ〕ところに; 理解の及ばない〔及ぶ〕. ***have a good ～ of*** をよく理解している. ***in the ～ of*** の手中に, の支配下に. ***take in*** one's ～ しっかり抱く.
◇ **∠·ing** *a.* つかむ, 握る; 欲ふかい, 強欲な.
〔類〕→ **catch**「つかむ」, → **take**「持つ」

†grass [græs/grɑ:s] *n.* **1** 草; (*pl.*) 草の葉〔茎〕. **2** 牧草; (牧) 草地. **3** 芝ふ (lawn). **4** (*sing., pl.*)〖植〗稲科植物《穀類・サトウキビなど》. **5**〖俗〗アスパラガス. **6** カーネーションの若葉. **7** 若草もえるころ, 春. **8**〖鉱山〗坑外. **9**〖英: 印〗臨時仕事. **10** 休息〔引退〕状態. **11**〖米俗〗= marijuana.
as long as ～ grows and water runs〖米〗永久に. ***be at ～*** (1) 草を食っている, 放牧されている. (2) 仕事を休んでいる;〖鉱山〗出坑している. ***be between ～ and hay***〖米〗十分おとなになりきってない, どっちつかずだ. ***be in the ～***〖米〗雑草に埋もれる. ***cut*** one's ***own ～***〖話〗自活する. ***cut the ～ from under*** a person's ***feet*** (人)のじゃまをする, (人)の揚げ足をとる. ***go to ～*** (1)〈家畜が〉牧場に行く. (2) 仕事を休む〔やめる〕; 引退〔隠居〕する. (3)〖米〗死ぬ. (4)《ボクシングなどで》打ち倒される. ***Go to ～!*** ばか言え, くたばっちまえ. ***hear the ～ grow*** 異常に敏感である. ***hunt ～*** 打ちのめされる. ***Keep off the ～!*** 芝ふに立ち入らないでください. ***let no ～ grow under*** one's ***feet*** ぐずぐずしない. ***put***〔***turn***〕***out to ～*** 放牧する; 引退させる. ***send to ～*** 牧場に放つ; なぐり倒す.
—— *vt.* **1** に草をはえさせる, 草でおおう. **2** に草を食わせる, 放牧する. **3** 草〔芝ふ, 地面〕の上に広げる《虫干しなどのため》. **4** なぐり倒す; 〈魚を〉陸にあげる; 〈鳥を〉撃ち落とす.
∠-blade [⌐⌐] 草の葉. **～ character** 草書体(漢字). **～ cloth** ラミー布. **～ court** 芝を植えたテニスコート. **∠·cùt·ter** (1) 草刈り人夫; 草〔芝〕刈り機 (lawn mower). (2)〖野球俗〗猛ゴロ. **∠-gréen** もえぎ色の. **∠-grown** [⌐⌐] 草でおおわれた, 草のはえた. **～ hand**《漢字の》草書体;〖英俗〗(印刷所の) 臨時雇い. ***∠·hòp·per**〖虫〗バッタ・イナゴ・キリギリスの類;〖米: 軍俗〗《無武装の》軽偵察(ていさつ)連絡機 (cub). **∠·land** [-lænd] 牧草地, 草原. **∠·plòt** [㊥⌐⌐] 芝ふ. **～ roots** → 別項. **∠-roots** → 別項. **～ shears** 芝刈りばさみ《芝刈り機の使えない場所に用いる》. **～ snake** 無毒ヘビの一種《ヨーロッパ産》. **～ style** 草書《日本の書道の》. **～ tree**〖植〗ユリ科の常緑低木《オーストラリア産》. **～ widow** 別居中の妻; 離婚した女. **～ widower** 別居中の夫; 離婚した男. **∠·work** [⌐⌐]〖鉱山〗坑外作業.
◇ **∠·less** *a.* 草のない. **∠·like** *a.* 草のような.

grass roots *n. pl.* **1** 草の根. **2**〖鉱山〗地表に近い土. **3** 根本, 基礎. **4**〖話〗大衆, 名もなき民; 下部組織. **5** 農牧地区;《集合的》農牧民.

gráss-roots [grǽsrù:ts/grɑ́:s-] *a.* 〖米話〗**1** 地方の. **2** 民衆の, 民衆に近い, 民衆から発した: a ～ movement 民衆運動.

***gráss·y** [grǽsi/grɑ́:si] *a.* **1** 草でおおわれた, 草深い. **2** 草のような. **3** 緑色の. ◇ **-i·ness** *n.*

***grate**[1] [greit] *n.* **1** 〚暖炉の〛火ごうし; 火床; 炉. **2** (鉄)こうし, こうし戸. —— *vt.* に～をつける.

grate[2] *vt.* **1** こする, ひっかく; きしらせる: ～ one's teeth 歯ぎしりをする. **2** すりつぶす; 〚おろし器で〛おろす. **3** 〈人を〉いらだたせる. **4** 〈ことばを〉きしるように発する. —— *vi.* **1** すれ合う, きしむ《に, にぶつかって *against, on, upon*》. **2** 神経をいらだたせる, 気分をそこなう: ～ *upon* [*on*] the ears 耳ざわりになる. ◇ **grát·er** *n.* おろし金; すりおろす人.

‡gráte·ful [gréitf(u)l] *a.* **1** 感謝して(いる), ありがたく思う, 恩に感じて: be ～ *to* a person *for* a thing 人に対し…について感謝する. **2** 感謝をあらわす, 感謝の: a ～ letter 感謝状. **3** ありがたくなる, うれしい, 好ましい: the ～ shade ここちよい日陰. ***make a ～ acknowledgment for*** …にありがたく感謝する. [√grat-]

grater

◇ ***～·ly** [-fuli] *ad.* 感謝して. **～·ness** *n.*

grát·i·cule [grǽtikjù:l] *n.* 顕微鏡の計数線; 〖測〗格線.

‡grát·i·fy [grǽtifài] *vt.* **1** 喜ばせる, 満足させる. **2** 〖古〗に報酬を与える, に祝儀をやる. [√grat-]
◇ **gràt·i·fi·cá·tion** [grætifikéiʃ(ə)n] *n.* **1** 満足させること〔もの〕, 満足のたね; 満足, 喜悦. **2** 〖古〗報酬, 祝儀. [類] → **satisfy**「満足させる」

grát·i·fy·ing [grǽtifàiiŋ] *a.* 喜ばしい, 満足な, 愉快な. ◇ **～·ly** *ad.* 満足して.

grat·in [grǽtæ̃, [英]+-tæŋ] F. *n.* グラタン《パン粉・粉チーズをかけて天火で焼く料理》.
—— *vt.* 〈料理を〉グラタンにする.

grát·ing[1] [gréitiŋ] *n.* **1** こうし, こうし戸, こうし細工; 《船の昇降口などの》こうしぶた; 《ボートの底に敷く》すのこ. **2** 〖光〗回折こうし (=diffraction ～).

grát·ing[2] *a.* **1** ギーギーと音のする, きしる, 耳ざわりな. **2** 気にさわる, いらいらさせる.
◇ **～·ly** *ad.* きしって, 耳ざわりに.

grá·tis [gréitis] *ad.* 無料で, ただで.
—— *a.* ただの, 無料の.

‡grát·i·tude [grǽtit(j)ù:d/-tju:d] *n.* 感謝, 恩を知ること; 謝意. ***in ～ for*** を感謝して. ***in token of*** one's ***～*** 感謝のしるしに. ***out of ～*** 恩返しに. ***with ～*** 感謝して. [√grat-]

gra·tú·i·tous [grət(j)ú:itəs/-tjú:-] *a.* **1** 無料の, 無償の, 無報酬の; 好意による. **2** いわれのない, 理由のない, 正当性のない: a ～ insult いわれのない侮辱. ◇ **～·ly** *ad.* 無料で, 無償で; 理由なく.

gra·tú·i·ty [grət(j)ú:iti/-tjú:-] *n.* **1** 心づけ, 祝儀, チップ. **2** 〖英: 軍〗下賜金, 給与金《除隊の際の》.

gràt·u·lá·tion [grætʃuléiʃ(ə)n/-tju-] *n.* **1** 祝賀. **2** 満足, 満悦, 喜悦.
◇ **grát·u·la·to·ry** [grǽtʃulətò:ri/-tjuleitəri] *a.*

gra·vá·men [grəvéimen] *n.* (*pl.* **～s, gra·vám·i·na** [-vǽminə/-véi-]) **1** 苦情, 不平. **2** 〚訴訟・告訴などの〛主要点. **3** 陳情書《イギリス聖職会議の下院からその上院に提出する》.

‡grave[1] [greiv] *n.* **1** 墓; 墓穴. **2** 死; 死地. **3** 〖英〗野菜貯蔵穴. **(*as*) *secret* [*silent*] *as the ～*** 沈黙しきった; 絶対秘密の. ***be brought to an early ～*** 若くして死ぬ. ***find*** one's ***～ in*** a place (ある場所) で死ぬ. ***from the cradle to the ～*** (人の) 一生にわたって. ***have one foot in the ～*** 既に片足を墓に入れている; 瀕死(ひんし)の状態である. ***in*** one's ***～*** 死んで. ***make*** a person ***turn in his ～*** (人を)成仏させない. ***Someone is walking on*** [***across, over***] ***my ～.*** どういう訳かぞっとする〚自分の墓となる所を踏まれると身震いするということから〛. ***to the ～*** 死ぬまで.
～·clothes [⌐⌐] 死者に着せる衣, 経かたびら. **～·dìg·ger** 墓掘り (人); 〖虫〗カブトムシの一種. **～·ròb·ber** 墓盗人〚形見の宝物を盗む〛. **～·stone** [⌐⌐] 墓石, 石碑. **～·yard** [⌐⌐] 墓地. **～·yard shift** 〖俗〗〚3 交替制勤務[採業]の〛夜 12 時から翌朝 8 時までの作業 (員).
◇ **～·less** *a.* 墓のない; 葬られない.

‡grave[2] [greiv] *a.* **1** 重々しい, 〚表情が〛きびしい, 沈痛な; まじめな: fall ～ きびしい顔〔態度〕になる. **2** 厳粛な, 威厳のある, 荘重な. **3** 〚問題・事態などが〛重大な, ゆゆしい, 容易ならぬ. **4** 〚色など〛じみな. **5** 低音の. [√grav-]
◇ **～·ly** *ad.* **～·ness** *n.*
[類義語] まじめな: **grave, solemn** ともに厳粛なまじめさを示すが, grave は関心と責任感が, solemn は外面的な印象が強調される: *grave* responsibilities 重大な責任. a *solemn* fool もったいぶったばか者. **sober** 酔っていない, しらふの→まじめな. **serious** 本気な, 真剣な, うわついていない: a *serious* young man まじめな若者.
[類] → **important**「重要な」

grave[3] [greiv, grɑ:v/grɑ:v] *n.* **1** 低アクセント. **2** 重アクセント記号 (=～ accent)《è などの ` 》.
—— *a.* 低アクセント (記号) の.

grave[4] [greiv] *vt.* (**～d**; **gráv·en** [-(ə)n], **～d**) **1** 彫る, 刻む, 刻み込む. **2** 〚心に〛銘ずる, 銘記する: *graven on* the mind 心に銘記された.
～ving tool 彫刻用具, 〚銅板の〛彫刻刀.
◇ **gráv·er** *n.* 彫刻師; 〚銅板の〛彫刻刀.

grave[5] *vt.* (**～d**) 〖海〗〈船底に〉付着物を取り去ってタールなどを塗る. ***～ving dock*** 乾ドック (dry dock)《船底のそうじ・修繕用の》.

gráv·el** [grǽv(ə)l] *n.* **1** じゃり, バラス. **2** 〖地〗《特に砂金を含む》砂礫(されき)層. **3** 〖医〗腎砂(じんさ), 結砂, 尿砂. ***eat ～ 地に倒れる.
—— *vt.* (**-l-**, [英]**-ll-**) **1** にじゃりを敷く〔まく〕. **2** 〈船を〉砂浜に乗り上げる. **3** 当惑させる, 困らせる; 〖米話〗おこらせる.
～-blind [⌐⌐⌐] ほとんど目の見えない, 薄盲の. → sand-blind. **～ pit** じゃり採取場. **～ road** じゃり道. **～·stone** [⌐⌐⌐] じゃり石, 小石. **～ walk** 《公園・庭園などの》じゃり道.

gráv·el·ly [grǽv(ə)li] *a.* **1** じゃりを敷いた, じゃりの(ような), 砂礫でできた〔の混じった〕. **2** きしみ音を出す: ～ voice だみ声. **3** 〖医〗尿砂 (性) の.

gráv·en [gréiv(ə)n] *v.* grave[4] の過去分詞.
—— *a.* **1** 〖古〗彫った, 彫りつけられた, 彫刻した. **2** 感銘を受けた.
～ image 〖聖〗偶像《出エジプト記 20:4》.

Grá·ven·stein [grɑ́:v(ə)nstàin, [米]+ grǽv(ə)nstì:n] *n.* グラベンスタイン種のリンゴ《赤いしま模様のある黄色リンゴ》.

Graves [grævz/grɑ:vz] *n. pl.* グラーブ白ブドウ酒《フランスのボルドー地方産》.

Graves' [greivz] **～ *disease*** 〖医〗グレーブス氏病《眼球突出性甲状腺腫》, バセドー (Basedow) 氏病.

gráv·id [grǽvid] *a.* 身重の, 妊娠した.
◇ **gra·víd·i·ty** [grəvíditi] *n.* 妊娠.

gra·vím·e·ter [grəvímitər] *n.* 比重計; 重力〔引力〕計.

gra·vím·e·try [-tri] *n.* 重量〔密度〕測定; 重力〔引力〕測定.

gráv·i·tate [grǽvitèit] *vi.* **1** 重力〔引力〕に引かれる; 沈下する, 下降する. **2** 自然に引きつけられる, 向かってゆく《へ, の方へ *to, toward*》. [√grav-]
◇ **gráv·i·ta·tive** [-tèitiv/-tət-] *a.* 重力作用を受けやすい.

gràv·i·tá·tion [grævitéiʃ(ə)n] *n.* **1** 引力(作用), 重力. **2** 沈下, 下降. **3** 傾向, 自然の動向〔成り

行き〕: the ～ of people towards suburbs 住民の郊外への移行. ***terrestrial*** ～ 地球引力. ***universal*** ～ 万有引力.
◇ ～**·al** [-ʃən(ə)l] *a.* ～**·al·ly** *ad.*

‡**gráv·i·ty** [grǽvịti] *n.* **1** 重々しさ, 沈痛(なようす); まじめさ, 真剣; 厳粛: keep one's ～ 笑わないでいる, 笑いをこらえる. **2** 重大さ; 容易ならぬこと; 危険(性). **3** 《罪の》重さ; 重罪. **4** 〘物〙重力, 引力; 重さ. **5** 沈下, 下降; 傾向. **6** 低音(性), 抑音. ***specific*** ～ 比重. [＜grave²]

grá·vure [gréivj(u)ər/grævjúə] *n.* グラビア印刷(術). [＜photogravure]

***grá·vy** [gréivi] *n.* **1** グレービー《肉ソース》. **2** 〘米俗〙不正利得; 楽に得た金. ～ **boat** 《舟形の》グレービー入れ. ～ **train** 不正利得を得られる地位.

‡**gray,** ㊥ **grey** [grei] *a.* **1** 灰色の, ネズミ色の, 鉛色の; 《顔色が》蒼白(ㅤ)の. **2** 曇った; 薄暗い. **3** しらが(まじり)の; 銀髪の, 白髪の: go ～ 白髪になる. **4** 老いた; 円熟した. **5** 古代の.
—— *n.* **1** 灰色, ネズミ色. **2** 灰色の絵の具〔動物, 衣装〕. **3** 薄やみ, 薄明: in the ～ of the morning 未明に. **4** 中間段階の, 性格がはっきりしない: in the ～ area between public and personal affairs 公務と私用のいずれにもつかないところに. ***the*** (***Scots***) ***G～s*** イギリス竜騎兵(ㅤ)第2連隊.
—— *vt., vi.* **1** 灰色にする〔なる〕. **2** 〘俗〙気が遠くなる《*out*》.
∼**·back** [∸∸] (1) 〘動〙灰色鯨《カリフォルニア産》; シギの類; カラスの一種. (2) (G～) 〘米話〙南北戦争当時の南軍の兵士. ∼**·beard** [∸∸] (1) (白ひげの)老人. (2) 《石器・土器などの》とくり. (3) 〘植〙コケの一種. ～ **diplomat** 〘俗〙軍艦. ～ **eminence** 陰の実力者,「黒幕」. **G～ Friar** フランシスコ会の修道士《灰色の衣を着た》. ～ **goose** 〘鳥〙ガンの一種. ～ **hair** 銀髪. ～ **hairs** 老境. ∼**-héad·ed** (1) 白髪の, 老いた, 老年の. (2) 老巧の《*in*》. (3) 古い, 昔からの. ∼**·hound** [∸∸] = greyhound. ∼**·lag** [∸∸] 〘鳥〙ガンの一種. ～ **mare** 亭主(ㅤ)をしりに敷く女. ～ **market** 合法的なやみ取引〔市場〕. →black market. ～ **matter** 〘医〙《脳・せき髄の》灰白質; 〘話〙脳みそ; 知力. ～ **monk** シトー会 (Cistercian) の修道士. ～ **past, the** 古代. ～ **sister** フランシスコ会の修道女. ～ **stone** 〘鉱〙灰色の火山岩. ∼**-súit·ed** 身だしなみのきちんとした; 取り澄ました. ∼**·wacke** [-wæk(ə)] 〘地〙硬砂岩.
◇ ∼**·ish** *a.* 灰色がかった, くすんだ. ∼**·ly** *ad.* 灰色に, くすんで; 陰気に. ∼**·ness** *n.* 灰色; 白髪まじり; 薄暗さ.

Gray [grei] *n.* Thomas ～, 1716-71, イギリスの詩「人.

gráy·ling [gréiliŋ] *n.* **1** 〘魚〙フカヒメマス. **2** 〘虫〙ジャノメチョウ《ヨーロッパ・アメリカ産》.

‡**graze**¹ [greiz] *vi.* 〈家畜が〉(はえている) **草を食う**; 〘笑〙食事する. —— *vt.* に**生草を食べさせる**; 放牧する, 放牧して見張る. —— *n.* 生草を食わすこと, 放牧; 牧畜. [grass と同語源]

graze² *vt.* **1** にかすめ触れる, に通りがかりに軽く触れる. **2** 〈皮膚などを〉すりむく《に触れて *against*》.
—— *vi.* **1** かすめる, 軽く触れる. **2** すりむく《に触れて *against*》. ～ ***along*** 〔***by, past***〕 をかすめ通る.
—— *n.* **1** かすること, かすめて通ること. **2** すりむき, 擦過傷.

grá·zier [gréiʒər/-zjə] *n.* 牧畜業者.
◇ ～**·y** [-ʒəri/-zjəri] *n.* 牧畜業.

gráz·ing [gréiziŋ] *n.* 放牧; 牧草(地).
～ **grounds** 牧草地, 牧場.

grà·zi·ó·so [grɑ̀ːtsióusou, grɑːtsjóu-] *ad.* 〘楽〙優雅に, 典雅に. [＜It.]

Gr. Br., Gr. Brit. Great Britain. **GRBM** Global Range Ballistic Missile. **Grc.** Greece.

grease** [griːs] *n.* **1** グリース; 獣脂; (油) 脂, 潤滑油: wool in the ～ 脱脂してない生羊毛〔羊皮〕. **2** 脱脂前の生羊毛. **3** 〘獣医〙水疵(ㅤ)病. **4** 〘俗〙わいろ; おべっか. ***in ～ = ***in pride*** 〔***prime***〕 ***of*** ～ 〈猟獣が〉あぶらが乗って, 適猟期の.
—— [griːs, griːz] *vt.* **1** にあぶらを塗る; に潤滑油を塗る〔差す〕. **2** あぶらでよごす. **3** 〘俗〙にわいろを贈る. **4** 水疵病にかからせる. ～ a person**'*s hand*** 〔***palm***〕 (人) にわいろをつかませる. ～ ***the fat pig*** よけいなことをする. ～ ***the wheels*** 金を使ってことを円滑に運ぶ. ***like*** ～***d lightning*** きわめて速く.
∼**·ball** [∸∸] 〘米俗〙メキシコ人, ラテンアメリカ人. ～ **box** 車軸のグリス箱. ∼**·bush** [∸∸] = greasewood. ～ **cup** 機械付属の潤滑油入れ. ～ **gun** 潤滑油注入器, 〘俗〙自動小銃. ～ **monkey** 〘俗〙機械工, 労働者; 飛行機〔自動車〕の(修理)工員. ∼**·paint** [∸∸] ドーラン《俳優のメーキャップ用油》; メーキャップ. ～ **trap** 下水の油脂遮止(ㅤ)装置. ∼**·wood** [∸∸] 〘植〙アカザ科低木の一種《アメリカ西部のアルカリ地帯に多い》.

gréas·er [gríːsər, gríːzər] *n.* **1** 油差し人〔器〕; 《汽船の》火夫長; 技術者. **2** (G～) 〘米俗〙《けいべつ的》メキシコ人, ラテンアメリカ人.

gréas·y [gríːsi, -zi] *a.* **1** あぶらっこい, あぶらの多い, あぶらぎった. **2** あぶらじみた, べとつく. **3** つるつるする, すべりよい. **4** おせじたらたらな, おべっかの. **5** 〘海〙《空が》荒れもようの. **6** 〘獣医〙水疵(ㅤ)病にかかった.
～ **fritillary** 〘虫〙ヒョウモンモドキ《チョウの一種》. ～ **pole** あぶら棒《あぶらを塗ってその上に登ったり歩いたりする遊戯に使う棒》. ～ **spoon** 〘俗〙(きたない)大衆食堂, めし屋.
◇ **-i·ly** *ad.* あぶらっこく, あぶらじみて, つるつる〔すべすべ〕して; おせじたらたらで. **-i·ness** *n.*

†**great** [greit] *a.* **1 大きな**, 広大な: a ～ fire 大火. **2 重大な**, 重要な; はなばなしい: ～ issues 大問題. a ～ occasion 晴れのばあい, 祝祭日. **3** たいへんな, 異常な: a ～ pain 激しい苦痛. wait a ～ while たいへん長い間待つ. **4 高度の**: ～ friends 大の仲よし. in ～ detail 事細かに. **5** 《数・量などが》多い, 大きい. **6 偉大な**, 卓越した; 《思想などが》高大な, 高貴な. **7** 地位の高い, 高位の; 高名な: Alexander the *G*～ アレクサンダー大王. **8** 〘話〙**すばらしい**, すてきな: have a ～ time 大いに楽しむ. **9** 〘話〙じょうずな《が *at*》; 熱中している《に *at, for, on*》. **10** 曾(ㅤ)…《「曾祖父母」などで》. **11** 〘方〙妊娠して《*with*》.
a ～ ***many*** 非常にたくさん(の). ***a*** ～ ***while ago*** ずっと前に. ***be*** ～ ***at*** 〔***for, on***〕 に熱心〔夢中〕である. ***be*** ～ ***in*** …にすぐれている. ***be*** ～ ***on*** に通じている, に熟達している; …する習慣がある. ***feel*** ～ 気分が爽快(ㅤ)である. ***G～ God*** 〔***Caesar, Scott***〕***!*** これは驚いた. a man ～ ***of*** heart (心) が大きい(人). ***the*** ～***est happiness of the*** ～***est number*** 最大多数の最大幸福.
—— *ad.* 〘話〙快調に: Things have been going ～ for him the last few months. ここ数か月物事が万事調子よく運んだ.
—— *n.* **1** 偉業を成し遂げた人, 偉人, 偉物. **2** 《集合的》偉人たち: England's literary ～ イギリスの文豪たち. **3** 全体. **4** (*pl.*) 〘英話〙《Oxford 大学》B.A. の学位獲得のための最終試験《～ go ともいう》. ***a*** ～ 〘米俗〙大部分. ～ ***and small*** 貴賤(ㅤ)貧富. ***in the*** ～ 総括して. ***no*** ～ 〘米俗〙たくさんでない〔なく〕.
∼**·áunt** = grandaunt. **G～ Bear, the** 〘天〙大クマ座. **G～ Britain** 大ブリテン島《England, Wales, Scotland を含むイギリス本国》. ～ **chair** ひじかけいす. ～ **circle** 大円《球の中心を通る平面と球面とが交わる線》. ～ **circle route** 大圏コース《地球上の2点を最短距離で結ぶ航路・空路》. ∼**·coat** [∸∸] 《厚地の》外套(ㅤ), オーバーコート. **G～ Dane** デンマーク種の大型の犬. ～ **fee** 〘英〙

国王が直接与えた領地. **G~ Fire, the** (1666年の)ロンドン大火. **~-gránd·chìld** [(英)ˊˊ—] (*pl.* **-chìl·dren**) 曾孫, ひ孫. **~-gránd·dàugh·ter** [(英)ˊˊˋ—]《女の》曾孫. **~-gránd·fà·ther** [(英)ˊˊˋ—] 曾祖父. **~-gránd·mòth·er** [(英)ˊˊˋ—] 曾祖母. **~-gránd·pàr·ent** [(英)ˊˊˋ—] 曾祖父〔母〕. **~-gránd·sòn** [(英)ˊˊ—]《男の》曾孫, ひ孫. **~ guns** *ad.* 〘俗〙せっせと, 精力的に. **~-héart·ed** → 別項. **~-néph·ew** = grandnephew. **~-níece** = grandniece. **G~ Plague, the** (1664–65年の)ロンドン大疫病. **G~ Plains, the** 大草原地帯《ロッキー山脈東部のカナダとアメリカにまたがる乾燥地域》. **~ primer** 〘印〙大型活字の号数の名《18ポイント》. **G~ Society, the** 偉大なる社会《アメリカの大統領 Lyndon B. Johnson の政治指針》. **~ toe**《足の》親指 (big toe). **~-ún·cle** = granduncle. **G~ Wall of China, the** 万里の長城. **G~ War, the** 第1次世界大戦《1914–18》. **G~ White Way, the** ニューヨーク市 Broadway の劇場街.

〔類〕 → **big**「大きな」

gréat·er [gréitər] *a.* 《great の比較級》 **1** より大きな. ↔lesser. **2** 大…《郊外をも含めた都市について》: *G~* New York 大ニューヨーク.

gréat-héart·ed [gréithá:rtid] *a.* **1** 心の広大な, 高潔な, 寛大な. **2** 勇敢な. ◇ **~·ness** *n.*

‡**gréat·ly** [gréitli] *ad.* **1** 大いに, 非常に; 《比較の表現に伴って》はるかに: ~ superior ずっとすぐれた. **2** 偉大に, 雄大に; 崇高に; 寛大に.

‡**gréat·ness** [gréitnis] *n.* **1** 大きいこと, 巨大, 広大, 雄大. **2** 多大, 大量. **3** 偉大(さ), 高貴; 卓越, 著名.

greave [gri:v] *n.* (通例 *pl.*)《よろいの》すね当て.

greaves [gri:vz] *n. pl.* 油かす《犬・魚の飼料》.

grebe [gri:b] *n.* 〘鳥〙カイツブリ.

Gré·cian [grí:ʃ(ə)n] *a.* ギリシア(風)の《建築・顔だちなどについて用いる語. 一般には Greek》.

—— *n.* ギリシア人; ギリシア(語)学者; 〘聖〙ギリシア化したユダヤ人《使徒行伝 6:1》.

~ bend 上体を前かがみにした婦人の歩き方《1870年ごろ流行》. **~ knot** 〘英〙ギリシア結い《婦人の髪型の》. **~ nose** ギリシア鼻《鼻柱が額から一直線になった》. → Roman nose. **~ slippers** 〘英〙東洋風のスリッパ.

Gré·cism [grí:siz(ə)m] *n.* **1** ギリシア精神, ギリシア風《芸術などの面の》; ギリシア思想. **2** ギリシア法.

Gré·cize [grí:saiz] *vt., vi.* **1** ギリシア風にする〔なる〕. **2** ギリシア語に訳す.

Grè·co-Ró·man [gri:kouróumən, grèk-] *a.* ギリシア ローマの.

†**Greece** [gri:s] *n.* ギリシア《ヨーロッパ東南部の王国》.

***greed** [gri:d] *n.* 貪欲(どんよく), 欲張り, 強欲.

‡**gréed·y** [grí:di] *a.* **1** 欲ふかな, 強欲な. **2** 切望〔渇望〕している《を *of*》: ~ *of* praise しきりに賞賛を求めている. 〈注〉ときには *for, after* が用いられる. **3** しきりに…したがっている《*to* (do)》. **4** 食いしん坊な, むさぼり食う, 飢えている.

◇ **-i·ly** *ad.* 貪欲に, むさぼって, がつがつ. **-i·ness** *n.*

‡**Greek** [gri:k] *a.* ギリシア(人)の; ギリシア語の, ギリシア風の. —— *n.* **1** ギリシア人. **2** ギリシア正教信者. **3** ギリシア語; わけのわからないことば: It's all ~ [quite a ~] to me. 全くちんぷんかんぷんだ. **4** ギリシア化したユダヤ人. **5** 〘米俗〙ギリシア文字クラブ (~-letter fraternity) 会員.

ancient* [*classical*] ~** 古代〔古典〕ギリシア語《西暦200年ごろまで》. ***modern* ~** 現代ギリシア語《西暦1500年以降》. ***When ~ meets ~, then comes the tug of war. 両雄相まみえるとき戦いは避けがたい.

~ Fathers, the ギリシア語で著述した初期キリスト教会の教父たち. **~ fire** 敵艦焼き討ち用燃焼物. **~ fret** = fret². **~ gift** ゆだんのならぬ贈り物《Troy の木馬の故事による》. **~-letter fraternity** 〘米〙ギリシア文字クラブ《ギリシア文字を団体名とした閉鎖的な学生の友交団体》. **~ (Orthodox) Church** ギリシア正教会. **~ rite** ギリシア正教の聖餐(せいさん)式.

†**green** [gri:n] *a.* **1** 緑色の, 《草など》青々とした; 緑におおわれた. **2** 若々しい, 元気あふれる: ~ old age かくしゃくたる老年. **3** 新鮮な, 新しい: a ~ memory なまなましい記憶. a ~ wound 生傷. **4** まだ青い, 熟していない; 生の; まだ調理〔乾燥, 貯蔵〕してない, 未加工の: a ~ stone 切り出したままの石. **5** 《比喩的》未熟の, 不慣れの, 無経験の: a ~ hand 新前. **6** だまされやすい; 単純な. **7** 《顔色の》青ざめた, 血の気のうせた: ~ with fear [envy] 恐怖〔ねたみ〕で顔面蒼白(そうはく)な. **8** 〘俗〙しっとに燃えた: a ~ eye しっとの目. **9** 緑の残っている; 温暖な: ~ winter 暖冬. ~ Christmas 〘米〙雪のないクリスマス. → white Christmas. **10** 青物の: ~ goods 青物類.

—— *n.* **1** 緑色. **2** 草地; 《公有・共有の》芝地. **3** 緑色顔料; 緑色物《布など》. **4** (*pl.*) 青物, 野菜(料理). **5** (*pl.*) 緑葉, 緑枝《装飾用》. **6** 青春, 活気. **7** 未熟さ; だまされやすそうなこと. **8** (the G~)《主としてアイルランドの》緑色記章; (*pl.*) 緑色党《アイルランド国民党》. **9** 芝を植えた競技場; 〘ゴルフ〙ゴルフ リンク (=putting ~). ***Do you see* [*Is there*] *any ~ in my eye?*** 私がだまされやすそうに見えるとでもいうのか〔だまされてなるものか〕. ***in the ~*** 血気盛んで.

—— *vt., vi.* **1** 緑色にする〔なる〕. **2** だます.

~·back [ˊˋ] 〘米話〙札(さつ)《裏面が緑色のドル紙幣》. **~·belt** [ˊˋ] 緑地帯《都市周辺の》. **G~ Beret** グリーンベレー《アメリカ軍特別反ゲリラ督戦隊員》. **~·blind** [ˊˋ] 緑色色盲の. **~ book** 青表紙の政府刊行物《特にイギリス領時代のインド政府の》. **~·brì·er** 〘植〙サルトリイバラ. **~ charge** 調合の不完全な火薬. **~ cheese** 生チーズ; 色つけチーズ. **~ cloth** 〘話〙賭博(とばく)台. **G~ Cloth** 〘英〙宮内庁の調度課. **~ corn** 〘米〙未熟のトウモロコシ《料理用》. **~ duck** アヒルのひな. **~ earth** 〘鉱〙緑砂. **~-eyed** [ˊˋ] 緑眼の; しっとぶかい: the ~-*eyed* monster しっと心《Shakespeare 作 *Othello* から》. **~ fat** ウミガメのあぶら《珍味とされる》. **~ feed** 青草飼料. **~·finch** [ˊˋ] 〘鳥〙カワラヒワ《ヨーロッパ産》. **~ fingers** 〘英話〙= ~ thumb. **~ fly** 油虫の一種. **~ food** 野菜. **~·gage** [ˊˋ] 〘植〙西洋スモモの一種. **~ goods** 青物類; 〘米俗〙にせ札. **~ goose** ガチョウのひな. **~·grò·cer** 〘英〙青物商(人), やお屋. **~·grò·cer·y** 〘英〙青物商(店), やお屋; 《集合的》青物, 青果類. **~·heart** [ˊˋ] 〘植〙クスの一種《南アメリカ産》, その木材《造船用》. **~·horn** [ˊˋ] 初心者, 未熟者; まぬけ, 世間知らず. **~·house** [ˊˋ] 温室. **G~ Island, the** アイルランドの別称. **~ jaundice** おうだんの一種. **~ light** 青信号《交通信号》; 〘話〙(正式)許可. **~ man** = green(s)keeper. **~ manure** 緑肥; 未熟の堆肥(たいひ). **~ meat** (1) = ~ food. (2) 〘米〙畜殺したての獣肉. **G~ Mountain State, the** アメリカ Vermont 州の別称《G~ Mountains 山脈がある》. **~ onion** 青ネギ, ワケギ. **~ peak** 〘英:鳥〙ミドリキツツキ. **~ pepper** 〘植〙ピーマン. **~·room** [ˊˋ]《昔の劇場の》俳優控え室; 《工場内の》未加工品置き場. **~·sand** [ˊˋ] 緑砂. **~(s) fee** ゴルフコース代金《ゴルフクラブ会員が払う》. **~·shank** [ˊˋ] 〘鳥〙アオアシシギ. **~·sick** → 別項. **~(s)·kèep·er** ゴルフ場の番人. **~ soap** 薬用せっけん. **~·stick fracture** 若木骨折の一種《長い骨の片側が折れて片側が曲がる. 子どもに多い》. **~·stone** [ˊˋ] 〘鉱〙緑岩, 《軟玉の別名の》緑玉. **~ stuff** 青物; 草木. **~·sward** [ˊˋ] 芝ふ. **~ table** 賭博(とばく)台.

~·tail [⁄⁀] 〖鳥〗カワゲラ. **~ tea** 緑茶. **~ thumb** 植物を育てる才能〔特技〕. **~ turtle**〖動〗ミドリガメ. **~ vitriol**〖化〗緑礬(りょくばん). **~·weed** [⁄⁀] エニシダの類《染料用植物》. **~·wood** [⁄⁀] 緑林《特に夏季の悪徒や追放者などの集まる》: go to the ~*wood* 悪徒になる. **~·yard** [⁄⁀] (1) 芝ふ. (2)〖英〗獣おり《持ち主不明の家畜を入れておく》.
◇ **~·er** *n.* 〖俗〗無経験職工《特に外国人の》.
~·ish *a.* 緑がかった. **~·ness** *n.* 緑色; 新鮮; 未熟. **~·y** *a.* 緑色がかった.

gréen·er·y [gríːnəri] *n.* **1**《集合的》青葉, 緑樹. **2** 温室.

gréen·ing [gríːniŋ] *n.* 緑色リンゴ.

Gréen·land [gríːnlənd] *n.* グリーンランド《北アメリカの北東にある大きな島. デンマーク領》.

gréen·let [gríːnlit] *n.* 〖鳥〗モズモドキ科の緑色の小鳥《アメリカ産》.

gréen·ly [gríːnli] *ad.* **1** 緑色に. **2** 新しく, みずみずしく, 新鮮に. **3** 元気よく. **4** 未熟に, 愚かに.

gréen·sick [gríːnsik] *a.* 〖医〗萎黄(いおう)病にかかった. ◇ **~·ness** *n.* 〖医〗萎黄病 (chlorosis).

Gréen·wich [grínidʒ, grén-, -nitʃ] *n.* グリニッジ《ロンドン南東部郊外の自治区. 基準子午線の基点であるグリニッジ天文台 ~ Royal Observatory の所在地》. **~ (mean) time** グリニッジ標準時《略 GMT》. **~ Village** [grénitʃ-] ニューヨーク市にある地区《芸術家の多く住む地区》.

‡**greet**[1] [griːt] *vt.* **1** に会釈する, にあいさつする. **2** 迎える, 歓迎する. **3** 〈目・耳などに〉はいる, とまる: ~ the ear 耳に聞こえる.
類 → **receive**「受け入れる」

greet[2] *vi.* 〖スコットランド〗泣く, 嘆く.

‡**gréet·ing** [gríːtiŋ] *n.* **1** あいさつ, 会釈. **2** 歓迎(の辞); (通例 *pl.*) あいさつのことば; あいさつ状. ***Christmas* 〔*Birthday*〕 *~s*** クリスマス〔誕生日〕のお祝いのことば. ***Send ~s from me to*** a person. (人)に(私から)よろしく.
~ card 賀状, 祝賀用カード.

gre·gár·i·ous [grigέ(ː)riəs/gregέər-] *a.* **1**〖動〗群居性の, 群生する;〖植〗族生する, ふさをなす. **2** 集団の, 集団を好む, 社交的な. [√greg-]
~ instinct 群居〔集団〕本能.
◇ **~·ly** *ad.* 群居して, 群れをなして.

Gre·gó·ri·an [gregóːriən, gri-/-gɔ́ːr-] *a.* ローマ法王 Gregory の. **——** *n.* グレゴリオ聖歌 (=~ chant). **~ calendar** グレゴリオ暦《1582年にグレゴリー十三世が制定した現行の太陽暦》. **~ chant** グレゴリオ聖歌《カトリック教会で歌う聖歌》.

Grég·o·ry [grégəri] ***~'s powder*** 〖薬〗グレゴリー氏粉《大黄を主とした緩下剤》.

grém·lin [grémlin] *n.* 〖軍俗〗小悪魔《第2次大戦中飛行機に事故を起こさせるといわれた》.

gre·náde [grinéid] *n.* **1** 手榴弾(しゅりゅうだん), 擲弾(てきだん). **2** 消火弾《消火用薬品入りガラスだま》.

grèn·a·díer [grènədíər] *n.* **1** 擲弾兵; (G~) イギリス近衛(このえ)歩兵第1連隊の兵士. **2**〖鳥〗ハタオリチョウ, 大キンランチョウ《南アフリカ産》.

grèn·a·díne [grènədíːn, ⁀⁀⁄] *n.* **1**《絹・毛・人絹などの》薄紗(しゃ)織物. **2** ザクロのシロップ. **3** 赤色染料. **4**〖料理〗子牛または鶏のフリカンドー.

Grésh·am [gréʃəm, ㊊⁺-səm] *n.* Sir Thomas ~, 1519?–79, イギリスの商人・財政家. **~'s law**〖経〗グレシャムの法則《「悪貨は良貨を駆逐する」》.

gres·só·ri·al [gresóːriəl/-sɔ́ːr-] *a.* 〖動〗歩行性の, 歩行に適する《鳥・こん虫などの足が》.

Grét·na Gréen [grétnə-gríːn] *n.* イギリスに近いスコットランドの村《もとイギリスからの駆け落ち者の結婚地であった》.

†**grew** [gruː] *v.* grow の過去形.

gréw·some =gruesome.

‡**grey**〖英〗=gray.

gréy·hound [gréihàund] *n.* **1** グレイハウンド《長身・やせ型・快速の猟犬》. **2** 快速船. **3** (G~)〖米〗「グレイハウンド」バス(会社・路線).

gríb·ble [gríbl] *n.* 〖動〗キクイムシ.

grid [grid] *n.* **1** こうし, 鉄ごうし; 焼き網(=gridiron). **2** グリッド, こうし《真空管の》; 蓄電池の鉛板. **3**《地図の》碁盤目. **4**〖米俗〗=gridiron.
~ condenser グリッド蓄電器. **~·ì·ron** →別項. **~ leak** 〖電〗グリッドリーク.

gríd·der [grídər] *n.* 〖米俗〗アメリカンフットボール選手.

gríd·dle [grídl] *n.* **1**《菓子焼き用の》鉄板, 焼き盤. **2**〖採鉱〗《選鉱用》ふるい. **——** *vt.* **1** 鉄板で焼く. **2** ふるいにかける, ふるう. **~·cake** [-kèik] 鉄板で焼いた菓子《ホットケーキなど》.

gride [graid] *vi.* ギシギシする, きしる; きしりながら進む《*along, through*》. **——** *vt.* ガリガリ切る. **——** *n.* きしる音, ギーギー音.

gríd·ì·ron [grídàiərn] *n.* **1** あぶりこ, 鉄きゅう, 焼き網《肉を焼くのに使う》. **2** こうし状配列;〖海〗こうし船台《ドックで船をささえるためのわく》. **3**〖劇〗(舞台天井の)はり構え. **4**〖米話〗アメリカンフットボール競技場. **5**〖鉄道〗側線; 高圧送線網.

‡**grief** [griːf] *n.* **1** (ふかい) 悲しみ, 悲嘆. **2** 悲しみのたね, 悲嘆のもと, 痛恨事. **3**〖古〗苦痛, 災難, 不幸. →動詞 grieve[1]. ***bring to ~*** ひどい目に会わせる; けがをさせる; 失敗させる. ***come to ~*** (1) 不幸な目に会う; 事故に会う;《馬・自転車から》落ちる. (2) 〈計画が〉失敗する. [√grav-]
~-strick·en 悲嘆にくれた, 悲しみにひしがれた.
類 → **sorrow**「悲しみ」

Grieg [griːg] *n.* Edvard ~ [édvɑːrd⁄], 1843–1907, ノルウェーの作曲家.

gríev·ance [gríːv(ə)ns] *n.* **1** 不平〔苦情〕のたね; 苦情〔不平〕の申し立て. **2**〖古〗悲嘆. [<grieve[1]]
~ committee 〔**machinery**〕《労働組合の》苦情処理委員〔機関〕.

‡**grieve**[1] [griːv] *vt.* 悲しませる, の心を痛ませる, 悲嘆にくれさせる. **——** *vi.* ふかく悲しむ, 心を痛める, 嘆き悲しむ《について *at, about, for, over*》. →名詞 grief.

grieve[2] *n.* 〖スコットランド〗農場管理者.

gríev·ous [gríːvəs] *a.* **1** 悲しい, 嘆かわしい: ~ news 悲しい知らせ. **2** 悲しそうな; 苦しげな: a ~ look 悲しげな顔つき. **3** 苦しい, つらい: a ~ loss つらい別れ. **4** はなはだしい, 恐るべき: a ~ fault 重大なあやまち. **5**〖古〗重い, 荷やっかいな. [<grieve[1]] ◇ **~·ly** *ad.* **~·ness** *n.*

gríf·fin[1] [grífin] *n.* **1**〖ギ神〗ワシの頭・翼・つめとシシの胴体をもつ怪獣《隠れた財宝を守るという》. **2** 厳格な監督者.

gríf·fin[2] *n.* 新来のヨーロッパ人《インド・東洋諸国の》; 新前.

gríf·fon [grífən] *n.* **1** =griffin[1]. **2** グリフォン犬《粗毛でテリヤに似た小犬》. **3**〖鳥〗大ハゲタカ.

griffin[1] ①

gríft·er [gríftər] *n.* **1**《サーカスの》わき役. **2**〖俗〗伝助賭博(でんすけとばく)師, いかさま師.

grig [grig] *n.* 〖方〗**1** コオロギ, バッタ, キリギリス. **2** 小ウナギ. **3** 足の短い鶏の一種. **4** 陽気な人. ***as merry* 〔*lively*〕 *as a ~*** 上きげんな, たいへん陽気な.

***grill** [gril] *n.* **1** 焼き網, 鉄きゅう (gridiron). **2** 焼き肉〔魚〕料理. **3** =grillroom. **4**《郵便切手の》こうし形消印. **5** =grille.
—— *vt.* **1**《肉を焼き網で》あぶる, 焼く. **2** 熱〔火〕で苦しめる. **3**〖米〗詰問する, きびしく尋問する. **4** 〈カキなどを〉なべで煮る. **——** *vi.* **1** 焼かれる, あぶられる; 酷熱にさらされる. **2** きびしい尋問を受ける.
~·room [⁄⁀] グリル《焼き肉〔魚〕料理専門の食堂》; 一品料理店.

gríl·lage [grílidʒ] *n.* 木材のわく組み《軟弱な地盤

上の建築に用いる材木を組み合わせた土台》.

grille [gril] *n.* こうし, 鉄ごうし, こうし戸; こうし窓《銀行の出納口・切符売り場などの》.
◇ **~d** *a.* こうしをはめた.

grilse [grils] *n.* (*pl.* ~, **gríls·es**)〔魚〕《海から初めて川を上ってきた》若サケ.

‡**grim** [grim] *a.* (**-mm-**) **1** きびしい, 厳格な. **2**《事実などが》冷酷な, 妥協を許さない: a ~ reality きびしい現実. **3**《決意などが》がん強な, 不屈の. **4** 気味の悪い, ぞっとするような, すごみのある. ***hold on like ~ death*** しっかりとしがみつく.
◇ **~·ly** *ad.* 厳格に, 冷酷に; がん強に, 不屈に; 恐ろしく, 気味悪く. **~·ness** *n.*

gri·máce [griméis] *n.* **1** 顔をゆがめること, しかめつら. **2** 気どった顔.
—— *vi.* しかめつらをする, 顔をくしゃくしゃにする.

gri·mál·kin [grimǽlkin, ㊥+-mɔ́:(l)kin] *n.* **1** ネコ,《特に》年寄りの雌ネコ. **2** 意地悪ばばあ.

grime [graim] *n.* よごれ, あか, ほこり, すす.
—— *vt.*《あか・ほこりで》きたなくする, よごす.

Grimm [grim] *n.* **1** Jakob ~ [já:kɑp ´/-kɔp-], 1785–1863, ドイツの言語学者. **2** Wilhelm ~ [vílhelm ´], 1786–1859, Jakob の弟《兄とともに童話の収集家・作者として有名》.
~'s law〔言〕グリムの法則《Jakob ~ が発見したゲルマン系言語の子音推移の法則》.

grím·y [gráimi] *a.* よごれた, きたない, あかじみた, すすけた. ◇ **-i·ly** *ad.* **-i·ness** *n.*

‡**grin** [grin] *n.* **1** にたにた笑い, 歯を見せて(にやりと)笑うこと. **2**《苦痛・怒り・けいべつなどで》歯をむき出すこと. ***on the*** (***broad***) ***~*** にたりと〔にやにや〕笑って.
—— *v.* (**-nn-**) *vi.* 歯を見せてにやにやする, にたりと笑う; 歯をむき出す《に向かって *at*》. —— *vt.* にたりと笑って〔歯をむき出して〕…の感情をあらわす: ~ defiance 歯をむき出して反抗の気構えを示す.
~ and bear it 苦笑いを浮かべて耐える. ***~ like a Cheshire*** [tʃéʃər] ***cat*** ただ訳もなくにやにや笑う. ***~ through a horse-collar*** 馬の首輪から首を出し歯をむき出してにらめっこする《いなかの遊戯》.

‡**grind** [graind] *v.* (**ground** [graund]) *vt.* **1**《うすで》ひく, すり砕く, 粉にする. **2** <刃物を>とぐ, みがく《といしを回して》; <レンズを>する, 削る. **3** <うすなどを>回す; <手回しオルガンを> 回して鳴らす. **4** しいたげる, 酷使する, 疲れきらせる. **5**〔話〕ほねおって教え込む: ~ Latin *into* a student 学生にラテン語を詰め込む. **6** <歯を> きしらせる.
—— *vi.* **1** 粉ひきをする, うすをひく. **2** 粉になる, ひける: This wheat ~*s* well. この小麦はひきやすい. **3** とげる, みがける. **4** <うすが> 回る;《一般的》きしむ. **5**〔話〕こつこつ働く〔勉強する〕. **6** 歯ぎしりする. **7** 腰をくねらせる《ショーの踊りなどで》.
~ (***away***) ***at*** …にこつこつ励む. ***~ down*** ひいて粉にする; すりへらす; しいたげる, 苦しめる. ***~ out*** (1) うすでひいてつくる. (2) 歯ぎしりして言う. (3)《手回しオルガンを回して》かなでる. (4) 苦労してひねり出す. (5) 押しつぶして消す: ~ *out* a cigarette butt たばこの吸いがらを足でもみ消す. ***~ the faces of the poor***〔聖〕貧民の顔をすり砕く, 貧民をしいたげる《イザヤ書 3: 15》. ***~ up*** ひいて粉にする.
—— *n.* **1**《うすで》ひくこと, すりつぶすこと; その音. **2** とぐこと, 削ること; その音. **3**〔話〕ほねおり仕事; たいくつでいやな勉強. **4**〔米話〕くそ勉強家. **5**〔英〕= steeplechase; 運動のための散歩. **6**〔米俗〕《見せ物師・行商人などの》客寄せ口上. **7** ~ (*vi.* ⑦) すること. **~·stone** →別項.

grínd·er [gráindər] *n.* **1**《うすを》ひく人; する〔とぐ〕人; 手回しオルガンを鳴らす人. **2** 粉砕〔研磨〕機, といし. **3** ひきうすの上石; 臼歯(きゅうし); (*pl.*)〔話〕歯. **4**〔英俗〕くそ勉強家; 詰め込み主義の教師〔学校〕; 家庭教師. **5** しぶくて人使いのあらい人.
◇ **~·y** [-dəri] *n.* とぎ屋の仕事場;〔英〕くつ製造器具.

grínd·ing [gráindiŋ] *n.* **1** 製粉; みがくこと. **2**《うすなどを》回すこと; きしり, 摩擦. **3**〔話〕詰め込み勉強. —— *a.* **1**《うすで》ひく, とぐ, きしる. **2**《仕事が》ほねのおれる, 飽き飽きする. **3**《苦しみなどが》きつい;《痛みなどが》激しい, じりじりとする: a ~ toothache 刺すような歯痛. **4** 圧制の, 暴政の.
~ organ 手回しオルガン. **~ poverty** 骨身を削る貧苦.

grínd·stone [gráin(d)stòun] *n.* 回転といし, 丸といし; 回転研摩盤. ***hold*** [***have, keep, put***] ***one's*** [***a person's***] ***nose to the ~*** こつこつと働く〔絶えず(人)を酷使する〕. ***with one's nose to the ~*** あくせくして; 仕事にかまけて.

grín·go [gríŋgou] *n.* (*pl.* **~s**) 外国人《スペイン系アメリカ人がアメリカ人を呼ぶけいべつ語》.

‡**grip**[1] [grip] *n.* **1** つかむこと, 把握(はあく). **2** つかみ方, 握り方;《秘密結社員の》特殊な握手法; 握力: have a strong ~ 握力が強い. **3**《武器などの》柄, 握り, 取っ手;《機械・ケーブルカーなどの》つかみ装置. **4**《比喩的》把握力, 理解力, 会得. **5** 支配力, (他人の) 注意をひきつけておく力: lose one's ~ 支配力を失う. **6**《レスリングの》つかみ合い. **7**〔米〕旅行用手さげかばん (= gripsack). **8** 急激な痛み. **9**〔米: 劇〕道具方の助手.
at ~s つかみ合って. ***come to ~s*** (1) 取っ組み合う《と *with*》. (2) こつこつ努力する《に *with*》. ***have a good ~ on*** をよくつかんで〔のみこんで〕いる.
—— *vt.* (**-pp-**,〔古〕**gript**) **1** 握る, つかむ; 締める. **2** にしがみつく: ~ the sides of the boat 船ばたにしがみつく. **3** 理解する. **4** の心をつかむ. **5** 妨げる; 閉ざす.
~ brake〔機〕つかみブレーキ. **~·sack** [´´]〔米〕旅行かばん, 手さげかばん.

grip[2] *n.*〔英方〕小みぞ, どぶ, 下水.

gripe [graip] *n.* **1** 握ること; 制御. **2** 悩み, 苦しみ. **3** (*pl.*) 腹痛. **4**〔米俗〕不平, 泣きごと. **5** 柄, 取っ手. **6** (*pl.*)〔海〕《ボートをつり柱につなぐ》つり綱. ***in the ~ of*** につかまれて, に束縛されて; に悩んで. —— *vt.* **1** つかむ, 握りしめる. **2** 苦しめる, 悩ます. **3** <腹を>ぎりぎり痛ます. **4**〔海〕<つり柱にボートを> つなぐ. —— *vi.* **1** つかみかかる《に *at*》. **2** <腹が> 差し込む. **3**〔米話〕不平を言う, こぼす《について *about*》.

grippe [grip] F. *n.*〔医〕流行性感冒, インフルエンザ.

gríp·ping [grípiŋ] *a.* 注意〔興味〕をひく.

gríp·py [grípi] *a.*〔話〕流感にかかった.

gript [gript] *v.*〔古〕grip[1] の過去・過去分詞.

gri·saille [grizéil] F. *n.* グリザイユ画法《灰色だけで描く装飾画法》; その画法で描いた絵〔絵ガラス窓〕.

Gri·sél·da [grizéldə] *n.* 忍耐強くやさしい貞女《中世騎士物語・カンタベリー物語などの女主人公》.

gri·sette [grizét] F. *n.*《フランスの》女工, 女店員.

grís·kin [grískin] *n.* **1**〔米〕チョップ肉《特に豚の》; ステーキ肉. **2**〔英〕豚の腰肉の脂肪のないところ.

grís·ly [grízli] *a.* **1** ぞっとする, 気味悪い, ものすごい. **2**〔話〕不快な, いやな. ◇ **-li·ness** *n.*

grist [grist] *n.* **1** 製粉用穀物; 一ひき分の穀物. **2** (穀物) 粉, ひき割り. **3** 醸造用麦芽. **4**〔米話〕たくさん. ***All is ~ that comes to his mill.*** 彼はなんでも利用する; 彼はころんでもただでは起きない. ***That brings ~ to the mill.*** それはもうけになる.
~·mill [´´]〔米〕製粉場, 粉ひき場.

grís·tle [grísl] *n.* 軟骨. ***in the ~*** まだ骨の固まらない, 未成熟の. ◇ **grís·tly** [-i] *a.*

grit [grit] *n.* **1**《機械などに詰まる》砂, あら砂, じゃり. **2** = gritstone. **3**〔話〕勇気, 肝っ玉. ***put*** (***a little***) ***~ in the machine*** じゃまをする,「水をさす」. —— *vi., vt.* (**-tt-**) きしる〔きしらせる〕; にギーギー音をたてさせる, ギーギー音をたてる: ~ teeth 歯ぎしりする. **~·stone** [´´] 砂岩, 砂石, 天然といし.

◇ ∼·less *a.* 「ロコシ.

grits [grits] *n. pl.* あらひき穀物;〘米〙ひき割りトウモ

grít·ty [gríti] *a.* **1** 砂だらけの, じゃりのはいった; 砂のような. **2**〘米〙勇気のある, 剛毅(ごうき)な. 「産.

grív·et [grívit] *n.* オナガザルの一種《北東アフリカ

gríz·zle[1] [grízl] *n.* 灰色; 灰色の髪〔かつら〕.

—— *vt., vi.* 灰色にする〔なる〕.

◇ ∼**d** *a.* 灰色の; 白髪混じりの, ごましお頭の.

gríz·zle[2] *vi.*〘英話〙**1** <子どもが> むずかる, ぐずる. **2** あざける, あざけり笑う.

gríz·zly [grízli] *a.* 灰色の, 灰色がかった. —— *n.*〘動〙灰色の大グマ (=∼ bear)《北アメリカ西部産》.

grm. gram(s).

‡groan [groun] *vi.* **1** うめく, うなる; うめくような音を出す. **2** うめき苦しむ; 苦しみ悩む. **3** 切望する《を *for*》. —— *vt.* (うめくような声で) 苦しげに言う《*out*》; うなって黙らせる《*down*》. ∼ ***inwardly*** 内心煩悶(はんもん)する. ∼ ***under*** oppression (圧迫・圧制) に苦しむ. ∼ ***with*** (1) で苦しむ; …がいっぱいで苦しむ. (2) …がいっぱいである: The table ∼*ed with* food. テーブルにはごちそうが山のようだった.

—— *n.* **1** うめき声, うなり声. **2** 不満の声〔罵声(ばせい)〕. **3** きしる音.

groat [grout] *n.* **1** 昔のイギリスの 4 ペンス銀貨. **2** 少額の金. ***be not worth a*** ∼ 一文の価値もない. ***don't care a*** ∼ 少しもかまわない.

groats [grouts] *n. pl.* ひき割り小麦〔カラスムギ〕.

gró·bi·an [gróubiən] *n.* いなか者.

‡gró·cer [gróusər] *n.* **食料雑貨商**; 食料品商《人》: a ∼*'s* (shop)〘英〙食料品店, 食料雑貨店.

‡gró·cer·y [gróus(ə)ri] *n.* **1** (通例 *pl.*) **食料品類**, 雑貨類. **2** 食料雑貨販売業. **3**〘米〙**食料品店**;〘米方〙居酒屋. ∼·**man** [-mən] 食料雑貨商人.

grò·ce·tér·i·a [gròusətí(:)riə/-tíər-] *n.*〘米〙セルフサービス食料雑貨店. → cafeteria.

grog [grɑg, grɔ:g/grɔg] *n.* **1** ラム酒または強い酒に水を割った飲み物, 強い酒. **2** 酒飲み会.

∼ **blossom** 飲酒のための赤鼻. ∼·**shop** [∠∠]〘英〙居酒屋, 銘酒屋.

◇ ∼·**ger·y** [-əri] *n.*〘米〙居酒屋.

grόg·gy [grági, grɔ́:gi/grɔ́gi] *a.* **1** 酒に酔った, 千鳥足の. **2** 足もとのふらふら〔ぐらぐら〕する, よろめく, グロッキーの. **3**《馬が》前足のふらついた.

◇ **-gi·ly** *ad.* **-gi·ness** *n.* 「り物の一種.

grόg·ram [grágrəm, gróug-/grɔ́g-] *n.* 絹毛交ぜ織

groin [grɔin] *n.* **1** 鼠蹊(そけい), ももの付け根. **2**〘建〙穹稜(きゅうりょう). **3**〘米〙《通例木のわくの》防波〔防砂〕堤 (groyne). —— *vt.* 穹稜にする.

∼ **point**〘建〙穹稜交差点. 「拱(きょう).

gróin·ing [-iŋ] *n.*〘建〙穹稜つくりにすること; 十字

Gró·li·er [gróuliər] *a.* グロリア式装訂 (=∼ binding)《細い金線模様の豪華なもの》.

grόm·met [grámit/grɔ́m-] *n.* **1**〘海・空〙索環, 綱輪. **2**〘機〙はと目金.

groom [gru:m, grum] *n.* **1** 馬丁, 別当;〘古〙下僕(げぼく), 侍僕. **2** 新郎, 花婿 (=bridegroom). **3**〘英〙宮内官. —— *vt.* **1** <馬の>手入れをする. **2** に身繕いさせる. **3**〘米〙仕込む, 調教する. **4**〘米〙《官職・選挙などの》候補者に推薦する; <候補者を>後援〔宣伝〕する. ∼**s·man** [-zmən] (*pl.* **-men**)《婚礼のときの》花婿の付添人〔男〕.

groove** [gru:v] *n.* **1** みぞ《敷居・レコードなどの》;《活字のしりの》くぼみ. **2 常軌**, 常道, 慣例. ***fall 〔***get***〕***into a*** ∼ 型にはまる, 癖になる. ***in the*** ∼〘米俗〙流行の, 最新の;〘米:ジャズ俗〙調子のよい演奏で; 好調で;〘野球〙ボールが本塁のまん中を通って.

—— *vt.* にみぞを彫る; にみぞをつける.

◇ **gróov·y** *a.* **1** みぞの; 型にはまった, 偏狭な. **2**〘俗〙あっというような, すてきな, 「しびれる」.

grope [group] *vi.* 手探りする, 模索する, 探る, 探りを入れる《を求めて *after, for*》. —— *vt.* 手探りで捜す. ∼ one*'s way* 手探りで進む.

gróp·ing [gróupiŋ] *a.* **1** 手探りの; 模索する. **2**《表情などが》理解したげな, 理解できないで困惑した.

◇ ∼·**ly** *ad.*

grós·beak [gróusbi:k] *n.*〘鳥〙シメ属の鳥.

gró·schen [gróuʃ(ə)n] *n.* グロッシェン《ドイツの古銀貨》;〘話〙ドイツの 10 ペニッヒ貨.

grós·grain [gróugrèin] *n.* グログランのリボン〔布〕《絹またはレーヨンのうね織り》.

‡gross [grous] *a.* **1 太った**, 大きい: a ∼ body でぶでぶのからだ. **2**《誤り・不正などが》**大きい**, ひどい, はなはだしい: a ∼ mistake とんでもないまちがい. **3 粗野な**, 荒っぽい;《趣味などが》低劣な, 下品な;《ことばなどが》みだらな;《感覚が》鈍い: a ∼ feeder 粗食家. **4 総体の**, 全体の;《重量が》風袋ぐるみの: ∼ amount 総計. ∼ area 総面積. → net. **5**《植物が》繁茂した;《霧などが》濃い.

—— *n.* **1** (*pl.* ∼) グロス《12 ダース, 144 個. 略 gr.》. **2** 総体; 総計. ***a great*** ∼ 12グロス《1,728 個》. ***a small*** ∼ 10ダース《120個》. ***by the*** ∼ 全体で, 卸で. ***in*** ∼〘法〙絶対に他から独立して. ***in*** (***the***) ∼ 全体で; だいたい; 卸で.

—— *vt.* …の総収益を上げる《費用・経費を含めて》.

∼ **average**〘商〙共同海損 (general average). ∼ **ton** 英トン《2,240 ポンド》. ∼ **weight** 総重量《net weight に対して》. ◇ ∼·**ly** *ad.* 大いに, ひどく; 大ざっぱに; 粗野に; 下品に.

grόss·ness [gróusnis] *n.* **1** 肥大, 過大. **2** 下品, 野卑, 粗野, 愚鈍. **3** 粗悪, 粗雑. **4** はなはだしさ, 途方もなさ. **5** 濃厚なこと.

grot [grɑt/grɔt]〘雅〙=grotto.

gro·tésque [grotésk] *a.* **1** グロテスク風の《絵画・彫刻などで人間・動物・植物などを空想化または誇張した模様》. **2** 怪奇な, 異様な, グロテスクな.

—— *n.* **1** グロテスク模様, グロテスク風. **2** 異様さ.

◇ ∼·**ly** *ad.* ∼·**ness** *n.* 「な言動〔性格〕.

gro·tés·quer·ie, -y [-(ə)ri] *n.* 怪奇なもの; 怪奇

Gró·ti·us [gróuʃiəs] *n.* Hugo [hjú:gou-] ∼ グロチウス, 1583–1645, オランダの法学者, 国際法の祖.

grót·to [grátou/grɔ́t-] *n.* (*pl.* ∼(**e**)**s**) **1** ほら穴, 岩屋. **2** 岩屋風の装飾べや《避暑用》.

∼ **work**《貝がらなどで装飾した》岩屋づくり.

grouch [grautʃ] *n.*〘米話〙**1** ふきげん. **2** 不平家, 気むずかし屋. —— *vi.* 不平を言う, すねる.

◇ ∼·**y** *a.*〘米話〙ふきげんな, 気むずかしい, すねた.

†ground[1] [graund] *n.* **1** (the ∼) **地面**, 土地, 大地. **2** (しばしば *pl.*) **運動場**: baseball ∼*s* 野球場. **3** (*pl.*)《建物についている》庭, 構内. **4** (しばしば *pl.*) **基礎**, **根拠**; 理由, 動機;《苦情などの》たね. **5** 地歩; 立場; 意見. **6**《話し合いの》題目, 話題. **7** 地域;《ゴールまでの》距離. **8** 海〔水〕底; 浅瀬. **9**〘鉱〙母岩. **10** (下) 地; 下塗り; 地色《織物の》; 板面《浮き彫りの》;《エッチングの防食用》地塗り. **11** (*pl.*) 沈殿物, おり,《コーヒーなどの》かす. **12**〘電〙接地, アース. **13**《形容詞的に》地上の; 地表に近い; 基礎の; 陸生の《鳥など》; 穴居する《動物》; 地表をはう《植物》.

above ∼ (1) 地上に; 露出して. (2) 存命して, 生きて. ***below*** ∼ 墓に埋められて, 死んで. ***break fresh*** 〔***new***〕∼ 処女地を開く; 新方面を開拓する. ***break*** ∼ 耕す; 着手〔起工〕する. ***classic*** ∼ 名所, 古跡. ***come*** 〔***go***〕***to the*** ∼ 敗北する; 滅びる. ***cover*** ∼ 一定距離を行く; 一定範囲にわたる;《ある程度の》仕事〔進歩〕をする. ***cover much*** ∼ <報道が>広がる; <研究が>広範囲にわたる. ***cut the*** ∼ ***from under*** a person***'s feet*** (人)の計画の裏をかく. ***down to the*** ∼ 徹底的に, 完全に. ***fall to the*** ∼ <計画などが>失敗に終わる. ***find a common*** ∼ 共通の立場を見いだす. ***forbidden*** ∼ 口にしてはならない話題. ***from the*** ∼ ***up*** 徹底的に; あらゆる点で. ***gain*** ∼ (1) 前進する. (2) 確

固たる地歩を築く，力を増す. (3) 広まる，流行する. ***get off the*** ～ 離陸する；はかどる. ***give*** ～ 退く；譲歩する. ***hold*** 〔***stand***〕 one's ～ 地歩を譲らない，所信を貫く. ***into the*** ～ 度を越して. ***lose*** ～ 退く；敗退する；衰える. ***off the*** ～ 離陸して；開始して. ***on*** one's ***own*** ～ 自分の土俵で. ***on the*** ～ その場で. ***on the*** ～ ***of*** の理由で；を口実として. ***on the*** ～ ***that...*** …という理由で. ***run into the*** ～ 〔話〕やりすぎる. ***shift*** (one's) ～ 位置〔所説〕を変える. ***suit down to the*** ～ すっかり満足させる. ***take*** ～ 〈船が〉浅瀬に乗り上げる. ***to the*** ～ (1) 地面へ，地上へ. (2) 全く，完全に：burnt *to the* ～ 焼け落ちた. ***touch*** ～ 水底に届く；〈話が〉本論にはいる.
—— *vt.* **1** 基礎づける，〈原則・信念などを〉樹立する《の上に *on, in*》. **2** に初歩を教える，に手ほどきする《について *in*》. **3** 〈武器などを〉地上に置く. **4** 〔海〕座礁させる. **5** 〔空〕〈濃霧などが〉…の飛行〔離陸〕を不可能にする. **6** 〔空〕〈気球などを〉着陸させる；〈航空要員を〉地上におろす，の飛行勤務を解く. **7** 〔電〕接地〔アース〕する. **8** 〔美〕に地色を施す.
—— *vi.* **1** 〔海〕座礁する. **2** 〈議論などが〉基づく《に *in*; *upon*》. **3** 〔野球〕ゴロでアウトになる《*out*》. ***a well-*** 〔***an ill-***〕 ～***ed theory*** 根拠の確実な〔薄弱な〕理論. ***be well*** ～***ed in*** 〈学習など〉の基礎ができている.
～ **angling** 底づり. ～ **ash** トネリコの幼木（のつえ）. ～ **aviator** 模型飛行家. ～ **bait** まきえ《水中にまいて魚を誘う》. ～ **bass** 〔楽〕基礎低音. ～ **beam** 土台，まくら木. ～ **box** ツゲ《花壇のへりの》. ～ **color** (油絵の) 基色，地色. ～ **connection** 〔電〕アース. ～**-control(led) approach** (無電による) 地上管制進入《略 GCA》. ～ **crew** (飛行機の) 地上整備員. ～ **detection** 核実験の地上観測. ～ **detector** (地電流の) 検漏器. ～ **fire** 〔軍〕地上砲火. ～ **fish** 水底にすむ魚. ～ **floor** 〔英〕 1 階；〔米俗〕最も有利な立場〔機会〕. ～ **fog** 地上に立つ霧. ～ **forces** 地上軍. ～ **game** 〔英〕《集合的》 猟の対象となるウサギ類. ～**-hog** [ㄥㄥ] **1** = woodchuck. **2** 〔英〕 aardvark. ～**-hog('s) day** 聖燭(せいしょく)節《2月2日. わが国の啓蟄(けいちつ)に相当》. ～ **ice** 水底にできる氷. ～ **ivy** 〔植〕カキドオシ. ～**-man** [-mən] 《クリケットなどの》球場管理人. ～ **marker** 〔空〕照明弾. ～ **net** トロール網. ～ **note** 〔楽〕基（礎低）音. ～ **nut** 〔植〕落花生. ～ **out** 〔野球〕ゴロをとられてアウトになること. ～ **personnel** = ～ crew. ～ **pine** 〔植〕ヒカゲノカズラ. ～ **plan** (1) ある階の平面図. (2) 概案. ～ **plane** 《透写図の》基平面. ～ **plate** (1) 根太(ねだ)，土台. (2) 〔鉄道〕《まくら木の下の》床鉄板. (3) 〔電〕アース板. ～**-plot** [ㄥㄥ] 敷地. ～ **rent** 地代. ～ **rule(s)** 行動の原則；社会の基本的ルール. ～ **sea** 《西インド諸島で不意に襲ってくる》大波. ～**-sel** →別項. ～**-sill** [-səl, -sil] 根太，土台；敷居（= groundsel²). ～**s-man** [-zmən] (*pl.* **-men**) = groundman. ～ **speed** 対地速度. ～ **staff** 〔英〕 = ～ crew. ～ **strafing** 《飛行機による》地上掃射. ～ **swell** 《大風などによる》大うねり. ～ **tackle** 〔海〕停泊要具《いかり・いかり綱など》. ～**-to-áir** 〔軍〕地対空の. ～**-to-**～ 〔軍〕地対地の. ～ **torpedo** 地雷. ～ **troops** 地上部隊. ～ **water** 地下水；坑内水. ～ **wave** 〔電〕地表波. ～ **wire** ラジオのアース線. ～**-work** →別項. ～ **zero** (原爆の) 爆心地.
◇ ～**-ed** [-id] *a.* 基礎をすえた，根拠のある.
〔類〕 → **land**「土地」

ground² [graund] *v.* grind の過去・過去分詞.
—— *a.* **1** 粉にした，ひいた. **2** すった，といだ.
～ **glass** すりガラス.

gróund·age [gráundidʒ] *n.* 〔英〕停泊料，入港税.

gróund·er [gráundər] *n.* 〔野球〕ゴロ.

gróund·ing [gráundiŋ] *n.* **1** 《ししゅう・絵・染色などの》地；地色. **2** 基礎（工事），土台. **3** 《知識の》基礎づくり；基礎知識，初歩. **4** 〔海〕座礁，船を陸へ引き上げること. **5** 〔電〕接地，アース.

gróund·less [gráundlis] *a.* 基礎〔根拠〕のない.

gróund·ling [gráundliŋ] *n.* **1** 水底魚. **2** 地をはう動物〔植物〕. **3** 《エリザベス朝時代の劇場の》平土間客；低級な観客〔読者〕；低俗な人. 「ロギク.

gróund·sel¹ [gráunsl, 英⁺gráundsl] *n.* 〔植〕ノボ

gróund·sel² *n.* 床固め，土台，根太(ねだ).

gróund·work [gráundwə̀ːrk] *n.* **1** 基礎（工事），土台；《ししゅうなどの》下地. **2** 基盤，素地；根拠. **3** 基本，原理.

‡group [gruːp] *n.* **1** 群れ；グループ，集団，団体：a ～ of girls 一団の少女. **2** 派，党派. **3** 〔米〕飛行大隊；〔米:軍〕戦術補助部隊《砲兵・工兵などの部隊》；〔英〕飛行連隊. **4** 〔美〕群像；〔数〕群；〔化〕基，団；〔動・植〕群；〔楽〕音符群. ***in a*** ～ 一固まり〔一団〕になって. ***in*** ～***s*** 群れをなして，三々五々.
—— *vi.* 群がる. —— *vt.* **1** 一団にする；分類する. **2** 配合する；〔美〕調和させる. ～ ***into*** (まとめて) …に分類する；…にまとまる.
～ **buying** 共同購入. ～ **captain** 〔英〕飛行連隊長. ～ **dynamics** 集団力学《社会心理学の一分野》. ～ **insurance** 団体保険. ～ **medicine** 集団医療. ～ **mind** 集団〔群集〕心理. ～ **therapy** 〔心〕集団療法. ～ **velocity** 〔物〕群速度. ～ **work** 集団作業〔事業〕.

grouped [gruːpt] *a.* 集まった，群れをなした；〔建〕吹き寄せの. ～ **columns** 〔建〕吹き寄せ柱，群柱.

gróup·er [grúːpər] *n.* 〔魚〕ハタ科の食用魚，メバル《西インドおよびカリフォルニア産》.

grouse¹ [graus] *n.* (*pl.* ～, ～**·es**) 〔鳥〕雷鳥の類. ***black*** 〔***white***〕 ～ 黒〔白〕雷鳥. ***hazel*** ～ エゾ雷鳥. ***spruce*** ～ カナダ雷鳥. ***willow*** ～ カラフト雷鳥. ***wood*** 〔***great***〕 ～ 大雷鳥.

grouse² *n.* 〔俗〕不平（家）. —— *vi.* 不平を言う，こぼす，ぶつぶつ言う.

grout¹ [graut] *n.* 液状しっくい，セメントのり.
—— *vt.* に～を注入する，～で仕上げる.

grout² *vt., vi.* 〈豚が〉（土を）鼻で掘り起こす.

grout³ *n.* **1** (通例 *pl.*) 《酒類などの》沈殿物，おり. **2** 〔古〕《オートミールなどの》かゆ；粗食；= groats.

‡grove [grouv] *n.* 小さな森，木立ち，林.
◇ **gróv·y** *a.* 木立ちにおおわれた.

gróv·el [grávl, grʌ́vl/grɔ́vl, grʌ́vl] *vi.* (**-l-**, 英**-ll-**) **1** 腹ばう. **2** ひれ伏す，平伏する；屈する，卑下する. **3** 卑しいことにふける. ～ ***in the dust*** 〔***dirt***〕 地にはいつくばう；平身低頭する.
◇ ～**·(l)er** *n.* 平伏する人；こびる人，卑屈者.

gróv·el·(l)ing [-iŋ] *a.* **1** はいつくばう；平伏した. **2** 卑屈な，卑しい. ◇ ～**·ly** *ad.*

†grow [grou] *v.* (**grew** [gruː]; **grown** [groun]) *vi.* **1** 成長する，育つ；はえる；生成する，生じる. **2** 大きくなる；ふえる；強くなる. **3** 成長して《…に》なる，《…に》変化する：～ *into* a woman 一人前の女になる. **4** 《補語または to-不定詞を伴って》…になる，…に変ずる：～ tall たけが高くなる. ～ pale 青白くなる. He is ～*ing to* like me. あの人は私が好きになり始めた.
—— *vt.* **1** 育てる，成長させる；はやす，栽培する. **2** 《過去分詞形で》《草木で》おおわれている：be *grown* (*over* 〔*up*〕) with ivy ツタにおおわれている.
～ ***down(ward)*** 低くなる，小さくなる. ～ ***in*** …が〔を〕増大する：～ *in* wisdom 知恵が増す. ～ *in* production 生産が増す. ～ *in* esteem いっそう尊ばれるようになる. ～ ***into one*** 一つになる. ～ ***on*** 〔***upon***〕 a person (1) 〈習慣・関心などが〉だんだんこうじてくる. (2) ますます（人）の気に入る：The book will ～ *upon* you. あなたはその本にますます興味をもつだろう. ～ ***on trees*** (1) 木になる. (2) 容易に得られる. ～ ***out*** 芽ばえる. ～ ***out of*** (1) 〈習慣など〉を

脱皮する. (2)〘大きくなって〙…が着られなくなる. ～ ***together*** 結合する; <傷が> 癒合(ゆごう)する. ～ ***up*** (1) 成人〔成長〕する. (2) 発生する. ～ ***up*** (***on***) ***one's hands*** <事業などが>手に負えなくなる.

(類義語) **育てる: grow** 植物・作物を育てる; ひげなどをはやす: *grow* corn 穀物をつくる. **raise** 主として動物・子どもを育てる: *raise* chickens 鶏を育てる. **rear** 手をかけりっぱなものに育てるという語感がある. **breed** 生み育てる→繁殖させる: *breed* racers 競走馬を生み育てる. **cultivate** 世話をして生育を助ける→栽培する, 養殖する: *cultivate* oysters カキを養殖する.

(類) → **become**「…になる」

grów·er [gróuər] *n.* **1** 栽培者. **2** 成長するもの: a quick〔slow〕～ 生長の早い〔おそい〕植物.

grów·ing [gróuiŋ] *a.* **1** 成長する; しだいに大きくなる, 増大する. **2** 発育期の; 成長に伴う. **3** 成長を促す: ～ weather 穀物〔植物〕の生長を促す天候. —— *n.* **1** 成長, 発育. **2** 生成, 発達.
～ **pains** 子どもの急激な成長に基づく手足の神経痛;《比喩的》生みの苦しみ; 青春期の悩み; 都市(など)の人口増大に伴う悩み.

‡**growl** [graul] *n.* **1**《怒りの》うなり声,《犬などがおこってゴロゴロのどを鳴らす》うなり声. **2** 不満〔不服〕の声. **3**《雷などの》ゴロゴロいう音.
—— *vi., vt.* **1** うなる, いがむ. **2** 不平を言う, がみがみ言う. **3** うなるように言う, おこって言う《*out*》. **4** <雷が>ゴロゴロ鳴る.

grówl·er [gráulər] *n.* **1** うなる人〔もの〕, がみがみ言う人. **2**〘英俗〙旧式の4輪馬車. **3** 小さい氷山. **4**〘米俗〙ビール入れ《とくりのような》. **5**〘魚〙ホウボウの類. **6**〘電〙グラウラー《電磁装置の一種》.

†**grown** [groun] *v.* grow の過去分詞.
—— *a.* **1** 成長した, 成熟した; 茂った. **2**《合成語で》…におおわれた: weed-～ 雑草におおわれた. ～ **man** 成人, おとな.

‡**grówn-up** [gróunʌ̀p] *a.* **1** 成長した, 成熟した, おとなの. **2** おとな用の: a ～ fiction 成人向け小説.
—— *n.* 成人, おとな (adult).

‡**growth** [grouθ] *n.* **1** 成長, 発育; 生成, 発達, 発展. **2** 増大, 増加, 増進. **3** 栽培, 培養. **4** 発生, 生長物, 産物;〘医〙腫瘍(しゅよう). **5** 茂み, 草木. ***full*** ～ 完全発育. ***of foreign*** 〔***home***〕～ 外国〔国内〕産の. [<grow]

groyne *n.* ＝groin ③.

*****grub*** [grʌb] *v.* (**-bb-**) *vt.* **1** 掘る; <土地を>切り開く. **2** 根こそぎにする, 掘り出す, 捜し出す《*up, out*》. **3**〘俗〙に食べさす.
—— *vi.* **1** 掘る. **2** かき分けて捜す; 熱心に捜し回る《*about*; を *for*》. **3** あくせく働く, こつこつ勉強する《*along, away*; を *on*》. **4**〘俗〙食う.
—— *n.* **1** 幼虫, 地虫. **2** 三文文士; うさんくさいやつ, だらしないやつ;〘米〙いやな仕事をこつこつやる人. **3**〘俗〙食べ物. **4**《クリケットの》ゴロ.
～ **ax**(**e**) 根掘りつるはし. ～ **hoe** 根株掘りぐわ. ～ **hook** 根株掘りかま. ∼·**stake** [ˊ-ˋ] →別項. **G～ Street** →別項. ◇ ∼·**ber** *n.* ～する人〔もの〕.

grúb·by [grʌ́bi] *a.* **1** うじむしのわいた; 地虫のついた. **2** きたない, だらしない.

grúb·stake [grʌ́bstèik] *n.*〘米話〙《発見した新鉱山の利益の分配にあずかるという条件で》探鉱者に供給する金品. —— *vt.* に～を供給する.

Grúb Street, Grúb·street [grʌ́b(-)strì:t] *n.* 三文文士街《ロンドンの Milton Street の旧名》;《集合的》三文文士たち, 三文小説.

‡**grudge** [grʌdʒ] *vt.* **1** 与えたがらない, 惜しむ: Do you ～ it me? それをくれるのがいやなのか. ～ no efforts 努力をいとわない. **2** …することを渋る, …したがらない《(do)*ing*》: I ～ *going.* 行きたくない. **3** <物を> しぶしぶ与える. **4** うらやむ; ねたむ, そねむ: ～ a person his pleasures 人が楽しむのをねたむ.
—— *vi.*〘古〙不平を言う.
—— *n.* 悪意, 敵意, 恨み, 遺恨: I bear〔owe〕him no ～. 彼に対して恨みはない.
have a ～ ***against*** に恨み〔悪意〕をもつ.

grúdg·ing [grʌ́dʒiŋ] *a.* **1** けちな, しぶしぶの, いやいやの. **2** ねたみの, 悪意〔恨み〕をもった.
◇ ～·**ly** *ad.* 不承不承に, いやいやながら.

grú·el [grú:əl/gruəl, grú:əl] *n.* **1**《牛乳または水で料理した》オートミール, かゆ. **2**〘俗〙ひどい目〔罰〕. ***give*** a person ***his*** ～ ひどく罰する; へとへとにさせる; やっつける, 殺す. ***have*** 〔***get***〕 ***one's*** ～〘俗〙こっぴどく罰せられる; やっつけられる; 殺される.
—— *vt.* (**-l-**, (英)**-ll-**)〘俗〙ひどく罰する; へとへとに疲れさす; 参らせる; やっつける, 殺す.

grú·el·(l)ing [-iŋ] *n.*〘俗〙罰, 厳罰, ひどい目, さんざんな目. —— *a.*〘俗〙へとへとにするほどの, 激しい, きびしい: have a ～ time たいへんな目に会う.

grúe·some [grú:səm] *a.* 物恐ろしい, 無気味な, ぞっとする. ◇ ～·**ly** *ad.* ～·**ness** *n.*

gruff [grʌf] *a.* **1**《音・声が》荒々しい, 耳ざわりな. **2** ぶあいそうな, ぶっきらぼうな, がさつな.
～ **voice** しわがれ声, だみ声. ◇ ∼·**ly** *ad.*

grúff·y [grʌ́fi] *a.* ＝gruff. ◇ **-i·ness** *n.*

grum [grʌm] *a.* (**-mm-**) むっつりした, 気むずかしい, ふきげんな.

‡**grúm·ble** [grʌ́mbl] *vi., vt.* **1** 不平を言う, こぼす《に(ついて) *at, about, over*》. **2** ぶつぶつ言う, つぶやく《について *over*》. **3** (低く) うなる; <砲声などが>とどろく. —— *n.* **1** 不平, ぐち. **2** ぶつぶつ言うこと〔声〕. **3**《砲声などの》とどろき. ◇ ～**r** *n.* 不平家.

grúm·bling [grʌ́mbliŋ] *a.* ぶつぶつ〔不平を〕言う. ◇ ～·**ly** *ad.*

grume [gru:m] *n.* **1** 血塊, 凝血. **2**《膿(うみ)などの》粘塊, 固まり.

grúm·met [grʌ́mit] ＝grommet.

grú·mose [grú:mous], **grú·mous** [-məs] *a.* **1**〘植〙集団顆粒(かりゅう)からなる. **2** 凝結した;《血などの》濃厚な.

grump [grʌmp] *n.* **1** 苦情ばかり言う人, 不平屋. **2** (*pl.*) ふきげん, めいった気分.
—— *vi.* 苦情を言う, こぼす; ふくれる.

grúmp·y [grʌ́mpi] *a.* 気むずかしい, ふきげんな, 意地悪い. ◇ **grúmp·i·ly** *ad.*

Grún·dy [grʌ́ndi] ***Mrs.*** ～ 世間の口, 世間《Thomas Morton 作の喜劇に登場する女性より》: What will *Mrs.* ～ say? 世間様はなんと言うでしょう. ◇ ～·**ism** [-iz(ə)m] *n.* 世間体を気にすること, 体裁づくり.

grunt [grʌnt] *vi., vt.* **1** <豚などが>ブーブーいう. **2** うなり声で〔うめくように〕いう《*out*》. **3** 不平をこぼす. —— *n.* **1**《豚などの》ブーブーいう声. **2** 不満の声. **3**〘魚〙水から出すとブーブーいう魚《イサキ科の魚など》. ◇ ∼·**er** *n.* ぶうぶう言う人; ブーブーうなる動物《特に豚》.

grúnt·ling [grʌ́ntliŋ] *n.* 小豚.

Gru·yère [gru:jéər/ˊ-ˋ] *n.* グリュイエールチーズ (＝～ cheese)《スイス産. è の上の記号はつづり字本来のもの》.

gr. wt. gross weight.

grýph·on [grífən] ＝griffin[1].

grýs·bok [gréisbɑ̀k, gráis-/gráisbɔk] *n.*〘動〙カモシカの一種《南アフリカ産》.

gs. guineas. **g.s.** grandson. **G.S., g.s.** general secretary; General Service; general staff; Girl Scouts; Grand Secretary. **G.S.A.** Girl Scouts of America. **GSO** general staff officer. **gt.** gilt; great; *gutta* (L.＝drop). **G.T.** gross ton. **g.t.** gilt top〘製本〙天金. **Gt.Br., Gt.Brit.** Great Britain. **g.t.c.** good till canceled〔countermanded〕. **gtd.** guaranteed.

guá·cha·ro [gwɑ́:tʃɑ:ròu] *n.*〘鳥〙大ヨタカ.

guá·co [gwɑ́:kou] *n.* 菊科の植物《熱帯アメリカ産の薬用植物・万能薬》.

Guà·dal·ca·nál [gwɑ̀:d(ə)lkənǽl, ㊊⁺-ná:l] *n.* ガダルカナル《南太平洋の Solomon 諸島中の一つ》.
Guà·de·lóupe [gwɑ̀:dəlú:p] *n.* グアドループ島《西インド諸島の一つ. フランス領》.
guái·a·col [gwáiəkòul, ㊊⁺-kɑ̀l] *n.* 〖化〗グアヤコール《無色の油状液体. クレオソートの成分》.
guái·a·cum, guái·o·cum [gwáiəkəm] *n.* 〖植〗ユソウボク《西インド諸島産》; その樹脂からつくった薬《リューマチ・結核などの治療用》.
Guam [gwɑ:m] *n.* グアム《南太平洋北西部マリアナ諸島中の主島. アメリカ領》.
gua·ná·co [gwɑ:ná:kou/gwə-] *n.* (*pl.* **~s**) 〖動〗ラマの類《南アメリカ Andes 山脈に野生する》.
guá·no [gwá:nou] *n.* (*pl.* **~s**) **1** グアノ, 鳥糞(ちょうふん)石《Peru 付近の島に産する海鳥の糞が堆積(たいせき)して石化したもの. 肥料に用いられる》. **2** 人造(窒素)肥料. **——** *vt.* にグアノ肥料を施す.
guar. guarantee(d).
guà·ra·ná [gwɑ̀:rəná:, ⁻⁻⁻/gwərá:nə] *n.* 〖植〗つる植物の一種《ブラジル産》; ガラナ《種子から製した薬剤・興奮性飲料》.
Guà·ra·ní [gwɑ̀:rəní:] *n.* **1** グアラニー《パラグアイの貨幣単位》. **2** グアラニー族《南アメリカのパラグアイ川以東に住む原住民》; グアラニー人〔語〕.
‡guàr·an·tée [gæ̀rəntí:] *n.* **1** 保証; 請け合い; 保証書《商品の耐用年限などの》. **2** 保証人, 引受人. **3**〖法〗被保証人. → guarantor. **4**《比喩的》保証となるもの: Wealth is no ~ of happiness. 富は幸福の保証とならない. **5** =guaranty.
—— *vt.* (**-téed**; **-tée·ing**) **1 保証する**, 請け合う《完全なこと, ほんものであること, 信用できることなどを》: a watch ~*d* for two years 2年間保証のとけい. **2** に保証を与える, に保証する: ~ a person *against* 〔*from*〕 loss 人に損害がかからないことを請け合う. **3** …することを保証〔確約〕する: ~ the carrying out of a contract =~ to carry out a contract 契約の実行を確約する. **4** …であると請け合う〔断言する〕: ~ a horse free of vice 馬が悪いところがないことを保証する.
~ fund 〖商〗保証積立準備金.
guár·an·tor [gǽrəntər, -tɔ:r/gæ̀rəntɔ́:] *n.* 〖法〗保証人. → guarantee.
guár·an·ty [gǽrənti] *n.* 〖法〗保証契約, 保証, 担保. **——** *vt.* 〖稀〗=guarantee.
‡guard [gɑ:rd] *n.* **1 警戒**, 監視; 用心; 保護. **2 護衛者**; 守衛, 番人; 〖米〗看守. **3** 歩哨(ほしょう); 衛兵; 護衛兵; (*pl.*)〖英〗近衛(このえ)隊. **4**〖米〗《列車の》ドア開閉係; 制御手; 〖英〗車掌. **5 防護物**; 危険防止器; 《刀の》つば; 《銃の》用心鉄; 炉の火よけ; とけいの鎖; 《車の》どろよけ. **6**《バスケットボールなどの》ガード. **7**《ボクシングなど》防御姿勢.
at open* ~** 〖フェンシング〗すきのある構えで. ***~ of honor 儀仗(ぎじょう)兵. ***keep* ~** 見張る. ***mount* ~** 歩哨に立つ. ***off* ~** 非番で. ***off* one's ~** 警戒を怠って, ゆだんして. ***on* ~** 当番で. ***on* one's ~** 歩哨に立って; 警戒して. ***relieve* ~** 交替して歩哨に立つ. ***run the* ~** 歩哨線を突破する. ***stand* ~** 歩哨に立つ. ***stand* ~ *over*** を守る.
—— *vt.* **1**《被害などから》**保護する**, 防護する, 守る《から, に対し *from, against*》. **2** 〈事故発生などを〉警戒する, 防止する, 監視する. **3** 抑制する, 慎む: ~ the tongue ことばづかいに気をつける. **4** に警戒装置〔処置〕を施す. **——** *vi.* **警戒する**, 用心する: ~ *against* accidents 事故の起こらぬよう気をつける.
~ boat 〖海〗巡邏(じゅんら)艇. **~ chain** 留め鎖《とけい・えり留めなどの》. **~ duty** 歩哨〔護衛〕勤務. **~·house** [⁻⁻] 〖軍〗衛兵所, 番所; 営倉, 留置所. **~·rail** [⁻⁻] 手すり; ガードレール; 〖鉄道〗補助レール《脱線防止用》. **~ ring** 留め指輪《結婚指輪が抜けないようにはめる》. **~·room** [⁻⁻] 衛兵所; 営倉. **~ ship** 警備〔監視〕艇. **~s·man** →別項. **~ tent** 衛兵詰め所〔テント〕.
◇ **~·er** *n.* 番人; 守護者. **~·less** *a.* **1** ~のない. **2** ゆだんした.

〔類義語〕 守る: **guard** 外部との隔離に力点がある. したがって protect と同義のときと, …が逃げないように〔無くならないように〕監視するばあいとがある: *guard* a prisoner 囚人を監視する. *guard* a secret 秘密保持をする. **defend** 外敵などに抵抗し, 追い払って守る: *defend* one's country 国を守る. **protect** 外力・打撃などから保護する. **preserve** 元とおなじ状態を保つために守る: *preserve* game 鳥獣を保護する.

guárd·ant [gá:rdənt] *a.* **1** 保護する. **2**〖紋〗〖動物が〗真正面向きの.
guárd·ed [gá:rdid] *a.* **1** 保護されている, 監視されている. **2** 用心ぶかい; 《ことばなどが》慎重な: be ~ *in* one's speech. ◇ **~·ly** *ad.*
‡guárd·i·an [gá:rdiən] *n.* **1 監視者**, 管理人, 保管人, 保管者. **2 保護者**; 〖法〗後見人. **3**《フランシスコ会の》修道院長. ***G~ of the poor*** 〖英〗(昔の) 貧民救済委員会. **~ angel** 守護天使; 人知れず他人を守り他人に尽くす人.
◇ **~·ship** [-ʃip] *n.* ~の責務〔地位〕; 守護, 保護: under the ~*ship* of の保護のもとに.
guárds·man [gá:rdzmən] *n.* (*pl.* **-men**) 衛兵; 〖英〗近衛(このえ)兵《特に将校》; 〖米〗州兵.
Guà·te·má·la [gwɑ̀:tįmá:lə/gwæ̀t-, gwɑ̀:t-] *n.* グアテマラ《中央アメリカの共和国》.
~ City グアテマラ市《グアテマラの首都》.
guá·va [gwá:və] *n.* 〖植〗バンジロウ《テンニンカ科の低木. アメリカ熱帯地方産》; その果実《ゼリー・ジャムの原料》.
Guày·a·quíl [gwàiəkí:l] *n.* グアヤキル《Ecuador 西部の海港》.
gua·yú·le [gwɑ:jú:lei/-li] *n.* 〖植〗シオンに似た低木《メキシコおよびテキサス産. 樹液はゴムの代用となる》.
gù·ber·na·tó·ri·al [gjùbərnətɔ́:riəl/-tɔ́:r-] *a.* 知事の, 地方長官の.
gúdg·eon[1] [gʌ́dʒ(ə)n] *n.* **1**〖魚〗キタノカマツカ《コイ科. 捕えやすく, えさに使われる》; 〖米〗メダカ科の一種. **2** えさ; おとり. **3** だまされやすい人.
gúdg·eon[2] *n.* 《船のかじの》軸受け, 壺金(つぼがね); 〖機〗軸頭, 石材接合用の金くぎ. **~ pin** 耳軸.
guél·der-ròse [géldərròuz/⁻⁻⁻] *n.* 〖植〗肝木(snowball).
Guelph, Guelf [gwelf] *n.* (中世イタリアの) 教皇党員《ローマ法王を支持して皇帝党に反対した》. → Ghibelline.
guér·don [gɔ́:rd(ə)n] *n.* 〖雅〗報酬, ほうび, 褒賞(ほうしょう). **——** *vt.* 〖雅〗にほうびを与える, に報いる.
Guérn·sey [gɔ́:rnzi] *n.* **1** イギリス海峡中の小島; 同島産の乳牛. **2** (**g~**) 毛糸編みのシャツ, ジャケツ《おもに水夫・子ども用》.
guer·ríl·la, gue·ríl·la [gərílə] *n.* **1** ゲリラ兵, 不正規兵. **2** (*pl.*) ゲリラ部隊. **3** ゲリラ戦, 遊撃戦.
~ war ゲリラ戦.
‡guess [ges] *vt.* **1 推測する**, 推定する, 推しはかる. **2** 当てずっぽうを言う. **3** (言い) 当てる, 正しく推測する; 解き当てる: ~ a riddle なぞを解き当てる. **4** 〖米〗…と思う: I ~ I can get there in time. 時間までにあちらへ着けるでしょう. I ~ so 〔not〕. そうだろう〔そうではなかろう〕. **——** *vi.* **1 推測する**, 推察する; 推定してみる《を *at*》, いろいろ考えてみる《について *about*》. **2** (正しく) 推し当てる, 言い当てる.
~ right 〔***wrong***〕 言い当てる〔当てそこなう〕. ***keep* a person *~ing*** 〖米俗〗(人に) 気をもませる.
—— *n.* **推量**; 憶測: Right! First ~. ご名答, 1回でぴったり. ***at a*** 〔***by***〕 **~** 見当で, 当てずっぽうで. ***give*** 〔***make***〕 ***a* ~** 推測〔憶測〕する.
~-rope [⁻⁻] =guest-rope. **~·work** [⁻⁻] 当て推量 (の説).
guéss·ti·mate [géstįmèit] *vt.* 〖米俗〗当て推量す

る, ざっと見積もる. [<guess+estimate]

†**guest** [gest] *n.* **1 客**, 来客, 賓客: a ～ of honor 主賓. →host¹. **2** 《旅館などの》宿泊人, 下宿人. **3** 寄生動物〔植物〕.
***paying* ～** 《個人宅の》下宿人.
∼·chàm·ber 《おもに公共建物の》来賓室, 来客室. **∼·house** [⊥⊥] 旅館, 高級下宿, 《巡礼者用の》宿坊. **～ member** 〔米〕客員. **～ night** 〔英〕《大学・クラブなどの》来賓接待の夜. **～ rite** 賓客接待の礼式. **～ room** 客間〔室〕. **∼-rope** [⊥⊥]〔海〕捕索, つかまり綱; 引き船安定綱.
(類) → **visitor**「客」

gués·ti·mate =guesstimate.

guff [gʌf] *n.* 〔米俗〕ばか話, たわごと.

guf·fáw [gʌfɔ́:] *n.* ばか笑い, 高笑い.
—— *vi.* ばか笑いする, げらげら笑う.

gúg·gle [gʌ́gl] =gurgle.

gúg·glet [gʌ́glit] =goglet.

Gui·án·a [giǽnə, giɑ́:nə/gaiǽnə] *n.* **1** ガイアナ《南アメリカ北東部地方の共和国. 元イギリス領》. **2** ギアナ《同地方のフランス・オランダ領》.

gui·chet [giʃéi/⊥—] F. *n.* 切符発売口, 切符売り場のこうし窓.

***guíd·ance** [gáid(ə)ns] *n.* **1 案内**, 手引き. **2 指導**, 補導; 指揮. ***under* a person's ～** (人)の案内〔指導〕で. ***vocational* ～** 職業補導.

†**guide** [gaid] *n.* **1 案内者**, ガイド; 指導者, 先達. **2** 指針, 手本. **3 手引き**, 道しるべ; 旅行案内; 案内書, 入門書. **4** 参照記号〔付け札〕, 該当箇所指示マーク. **5**〔軍〕嚮導(きょうどう);〔海〕嚮導艦; 偵察(ていさつ)隊員; 少女団員 (=girl ～). **6**〔機〕誘導装置;「案内」.

guide ⑥

—— *vt.* **1 案内する**, 導く; に道を教える. **2** 誘導する; の方向を定める. **3** の指針となる; に指示を与える. **4** 支配する; 管理する; 治める.
∼d missile 誘導弾.
∼·board [⊥⊥] 道案内板. ***∼·book** [⊥⊥] 旅行案内. **～ card** 見出しカード. **∼·line** [⊥⊥] (1)《岩場・洞窟(どうくつ)などでの》案内綱. (2) なぞり線《白地図・英習字などの》. (3)《将来の政策などのための》指針. **～ number** 〔写〕ガイドナンバー. **∼·post** [⊥⊥] 道しるべ. **～ rope** 張り綱; (気球の) 誘導索. **∼·way** [⊥⊥]〔機〕すべりみぞ. **～ word** 見出し語, 索引語.
◇ **guid·a·ble** *a.* 指導できる, 案内できる.
(類義語) **導く: guide** 実際の知識・経験などをもっている人が(つききりで) 導く: *guide* a traveler 旅行者を案内する. **conduct** 一本の道すじをある場所まで案内する. **lead** 先頭にたって導く, 先導する. **direct** 道を教える. 自分は従わないことが多い: Can you *direct* me to the station? 駅への道を教えていただけますか.

guí·don [gáid(ə)n] *n.* **1**〔軍〕《標識用の》小旗;〔英〕《昔の》騎兵隊旗. **2**《小旗の》旗手;〔米〕部隊旗手.

guild [gild] *n.* **1** ギルド《中世ヨーロッパの職人または商人の同業者組合》. **2** 同業者組合. **3** 組合, 協会. **∼·hàll** →別項. **∼s·man** [-zmən] ギルド組合員. **～ socialist** ギルド社会主義《20世紀の初期にイギリスに発達した産業別の組合社会主義》.

guíl·der [gíldər] *n.* **1** ギルダー《オランダの貨幣単位》, ギルダー銀貨. **2** オランダ・ドイツ・オーストリアの旧金〔銀〕貨.

guíld·hàll [gíldhɔ̀:l/⊥⊥] *n.* **1**《中世の》商人・同業組合の集会場. **2**〔英〕市役所, 町役場 (town hall); (the G～) ロンドン市会議事堂《市会や公式の宴会などが行なわれる》.

guile [gail] *n.* **1** 悪知恵, 奸智(かんち), ずるさ. **2** 悪だくみ, 奸計, 欺瞞(ぎまん). ◇ **∼·less** *a.* 悪だくみをしない, 悪意のない, 正直な, 無邪気な.

guíle·ful [gáilf(u)l] *a.* 悪知恵のある, こうかつな.
◇ **～·ly** [-fuli] *ad.*

guíl·le·mot [gílimɑ̀t/-mɔt] *n.*〔鳥〕ウミガラス, ウミバトの類.

guil·lóche [gilóuʃ] *n.*〔建〕なわ形飾り, 輪つなぎ.

guíl·lo·tìne [gílətì:n/⊥—⊥, ⊥—⊥] *n.* **1** ギロチン, 断頭台. **2**〔機〕《紙などの》裁断機;〔医〕《へんとうせんなどの》切除器. **3**〔英:議会〕討論打ち切り《議事妨害を防ぐための》.
—— [⊥—⊥] *vt.* **1** 断頭台で刑に処する; の首を切る. **2** 裁断機で切る. **3** <討論を>打ち切る.

‡**guilt** [gilt] *n.* **1**《道徳的な》**罪**, 有罪. **2** 犯罪行為. **3**〔心〕罪悪意識, 罪業意識.

guílt·less [gíltlis] *a.* **1** 無罪の, 潔白な, 身に覚えのない. **2** 知らない, 経験のない, もたない《を, の *of*》.
◇ **～·ly** *ad.* **～·ness** *n.*

‡**guílt·y** [gílti] *a.* **1 有罪の**, **罪を犯した**《の *of*》: ～ *of* murder 殺人を犯した. **2 やましい**, 罪を感じている: a ～ conscience やましい心, うしろめたさ. a ～ look 申しわけないという顔つき. **3** 過失〔欠点〕をもつ《の *of*》. **4** 犯罪性の, 邪悪な: ～ intent よこしまの意図, 犯意. ***be found* ～** 有罪の判決をうける. ***be* ～ *of*** の罪を犯した; …した覚えがある. ***not* ～** 無罪《陪審の評決で》. ***plead* ～ 〔*not* ～〕** 服罪する〔無罪を申し立てる〕.
◇ **-i·ly** *ad.* **-i·ness** *n.*

guimp(e) [gæmp, gimp] *n.* 胸飾り《ローネックの衣服の下に着るブラウスの一種》. → gimp.

***guín·ea** [gíni] *n.* **1** (G～) **ギニア**《アフリカ西海岸地方, または同地方の共和国》. **2 ギニー**《イギリスの昔の金貨で21シリングに相当. 現在はこの単位の貨幣はなく, 価格・料金などの表示に用いられるのみ》. **3**〔鳥〕ホロホロチョウ (=～ fowl).
～ corn〔植〕アズキモロコシ (durra). **～ football** 〔米俗〕小型手製爆弾. **G～ grains** 西アフリカ産ビヤクズクの種《医薬・香料用》. **～ grass**〔植〕イネ科類の牧草. **～ hen**〔鳥〕ホロホロチョウ (の雌). **G～·man** →別項. **～ pig** (1)〔動〕テンジクネズミ, 《俗称》モルモット; 《比喩的》実験材料〔台〕. (2)〔英話〕わずかの勤労でギニーの報酬を受ける人; 名目上の代表者 (figurehead). **～ worm** メジナ (糸状) 虫《熱帯産で人馬に寄生する》.

Guín·ea·man [gínimən] *n.* (*pl.* **-men**)〔史〕**1** ギニー貿易船, どれい船. **2** ギニー人.

Guín·e·ver [gwínivər], **Guín·e·vere** [-vìər] *n.*〔伝説〕Arthur 王のきさきで Lancelot の愛人.

gui·pure [gi:pjúər/⊥—] F. *n.* ギピュールレース《網目を用いない厚手のレース》.

guise [gaiz] *n.*〔古〕**1** 外観, ようす; 装い, 身なり. **2** 変装; 見せかけ, ふり; 口実. ***in* 〔*under*〕 *the* ～ *of*** の姿で; を装って; を口実として.

***gui·tár** [gitɑ́:r] *n.* **ギター.**
◇ **～·ist** [-tɑ́:rist] *n.* ギター演奏家, ギターひき.

Gui·zót [gi:zóu|F. gizo] *n.* François [F. frɑ̃swa-] ～, 1787–1874, フランスの政治家・歴史家.

gulch [gʌltʃ, gʌlʃ/gʌlʃ] *n.*〔米〕(深く狭い)峡谷《特に旧河流の跡》.

gúl·den [gúldən] =guilder.

gules [gju:lz] *n., a.*〔紋〕紅色 (の).

‡**gulf** [gʌlf] *n.* (*pl.* **～s**) **1 湾**《通例 bay より大きく, 幅の割りに奥行きが深い》. **2**〔雅〕深淵(しんえん), うず; 深い裂け目〔穴〕. **3** (越えられぬ) 隔たり《*between*》. **4**〔英〕《大学で優等コース卒業試験に落ちた》普通及第. **——** *vt.* **1** のみ込む, 巻き込む. **2**《イギリスの大学で》に普通及第の資格を与える.
G～ States, the 〔米〕メキシコ湾岸諸州《Florida, Alabama, Mississippi, Louisiana, Texas》. **G～ Stream** メキシコ湾流《暖流》. **∼·weed** [⊥⊥] ホンダワラ類の海草. ◇ **∼·y** *a.* うずまきの多い.

***gull¹** [gʌl] *n.*〔鳥〕**カモメ.**

◇ **gúl·ler·y** [gʌ́ləri] *n.* カモメの生息地.

gull² *n.* **1** だまされやすい人, まぬけ. **2**〖古〗詐欺, 〖俗〗詐欺師. —— *vt.* だます, 欺く. ～ a person ***into*** (人を)だまして…させる. ～ a person ***out of*** (人を)だまして…をとる.
◇ **～·ish** *a.* まぬけな, とんまな.

gúl·let [gʌ́lit] *n.* **1**〖医〗食道, のど. **2** 水道, 海峡; 峡谷; 河口.

gúl·li·ble [gʌ́libl] *a.* だまされやすい; お人よしの, まぬけな. ◇ **gùl·li·bíl·i·ty** [gʌ̀libíliti] *n.* だまされやすいこと〔性質〕.

gúl·ly¹ [gʌ́li] *n.* **1** 小峡谷. **2**〖英〗みぞ, 下水溝(こう). **3**〖クリケット〗打者の右後方 point と slips 間の守備位置. —— *vt.* **1** にみぞをつける〔つくる〕. **2** 〈流水が水路を〉うがつ; 〈穴を〉掘る.
～ **drain** 下水管. ～ **hole** 下水落ち口《路上の鉄ごうしぶたをした》. ～ **trap** ～ hole の防臭弁.

gúl·ly² *n.*〖スコットランド・英方〗大型ナイフ.

gulp [gʌlp] *vt., vi.* **1** ゴクゴク飲む, がぶ飲みする. **2**「のみこむ」, がまんする: ～ *down* tears〔anger〕涙〔怒り〕をおさえる. —— *n.* **1** ぐっと飲むこと. **2** 一飲みの量; 口いっぱい. ***at a*** 〔***one***〕～ 一飲みに, 一口に.

‡**gum¹** [gʌm] *n.* **1** ゴム, 粘質ゴム. **2**〖米〗弾性ゴム. →rubber. **3** ゴムの木 (=～ tree). **4**〖米〗(*pl.*) オーバーシューズ; 〖米〗チューインガム; 〖米〗ゴムのり. **5** 目やに.
—— *v.* (**-mm-**) *vt.* **1** にゴムを塗る; (ゴムで) 固める〔くっつける〕《*down, together, up*》. **2**〖米俗〗だます; だめにする《*up*》. —— *vi.* **1** ゴムを分泌する. **2** ゴム質化する; べたべたになる; くっつく. **3**〖米俗〗よけいなおしゃべりをする. ～ ***up*** 〈計画などを〉だめにする, 狂わせる.
～ **ammoniac** アンモニアゴム. ～ **arabic** アラビアゴム. ～ **boots**〖米〗ゴムぐつ. ～ **dragon** トラガカントゴム. **～·drop** [ˊˋ] キャンデーの一種《アラビアゴム・ゼラチン・砂糖などでつくる》. ～ **elastic** 弾性ゴム. **～-foot** [ˊˋ]〖米俗〗《特に私服の》警官. ～ **resin** ゴム樹脂. **～·shoe** →別項. ～ **tragacanth** トラガカントゴム. ～ **tree** →別項. **～·wood** [ˊˋ] ゴムの木; ユーカリ材.

gum² *n.* (通例 *pl.*) 歯ぐき, 歯齦(しん). **～·boil** →別項.

gum³ *n.*〖方・卑〗神 (God)《のろい・誓いに用いる》. ***By*** 〔***My***〕***～!*** 誓って!; 確かに!; これはまあ!

gúm·bo, góm·bo [gʌ́mbou] *n.* (*pl.* **～s**)〖米〗**1**〖植〗オクラ (のさや), オクラ入りスープ. **2** ねば土.

gúm·boil [gʌ́mbɔ̀il] *n.*〖医〗歯齦潰瘍(しかいよう).

gúm·ma [gʌ́mə] *n.* (*pl.* **～s**, **～·ta** [-tə])〖医〗《梅毒性の》ゴム腫(しゅ). [<L.]
◇ **～·tous** [-təs] *a.* ゴム性の, ゴム腫の.

gúm·ming [gʌ́miŋ] *n.* **1** ゴムを分泌すること; 《果樹などの》病的な樹液の分泌. **2**〖印〗《石版石への》アラビアゴム溶液の塗布.

gúm·my [gʌ́mi] *a.* **1** ゴム性〔質, 状〕の; (ゴム) 粘着性の. **2** ゴムを分泌する. **3** ゴム (質) でおおわれた. **4**《すね・かかとなどが》ふくれた, はれた.
◇ **gúm·mi·ness** *n.*

gúmp·tion [gʌ́mpʃ(ə)n] *n.*〖話〗**1** 進取の気性, 意気, 積極性. **2** 世才, 敏捷(びんしょう), 要領のよさ. **3**〖画〗絵の具調合法.

gúm·shoe [gʌ́mʃùː, [米]+ˊˋ] *n.* **1**〖米〗オーバーシューズ; ゴム底ぐつ. **2**〖米俗〗刑事, 巡査.
—— *vi.*〖米俗〗こっそり歩く, 忍び歩きする.
—— *a.* **1** 忍び歩きの. **2** こっそりやる, 秘密の.

gum tree *n.* ゴム質を分泌する木《rubber tree とは別. eucalyptus など》. ***up a*** ～ 進退窮まって.

‡**gun** [gʌn] *n.* **1** 大砲; 鉄砲, 銃; 猟銃; 〖米話〗拳銃(けんじゅう). **2** 大砲の発射, 号砲: a salute of six ～*s* 礼砲6発. **3**〖英〗狩猟隊の一員. **4**〖機〗注入器; 《殺虫剤の》噴霧器. **5**〖俗〗(形・機能が) gun のようなもの《たばこパイプなど》. **6**〖俗〗どろぼう, 殺し屋《Yiddish の gonif より転訛》. **7**〖機〗スロットル, しぼり弁 (throttle).
(***as***) ***sure as a*** ～ 確かに. ***blow great ～s*** 風が吹きすさぶ. ***butter before ～s*** 軍備より国民生活《社会福祉重視政策》. ***give*** a thing ***the*** ～〖話〗〈乗り物の〉スピードを出す. ***go great ～s***〖米俗〗さっさとやってのける. ***great*** 〔***big***〕～〖俗〗大物; 高級将校. ***jump the*** ～〖俗〗スタートを誤る; 早まる. ***son of a*** ～〖俗〗くだらないやつ; ちんぴら. ***spike*** a person***'s ～s*** (人) をうち負かす. ***stand*** 〔***stick***〕***to*** one***'s*** ～(***s***) 立場を固守する. ***zip*** ～ 手製銃.
—— *v.* (**-nn-**) *vi.* 鉄砲を撃つ; 猟をする, 猟に行く.
—— *vt.* **1** 鉄砲で撃つ. **2**〖米俗〗〈乗り物の〉スピードを急に出す.
～ ***for*** (1) 銃で…を狩る, 銃で…を殺そうとする; 追跡する. (2)〖米俗〗捜し求める; に眼(がん)づけする.
～ **barrel** 銃〔砲〕身. **～·boat** [ˊˋ] 砲艦. ～ **captain**〖海〗砲術長. ～ **carriage**〖軍〗砲架. ～ **case** (1) 猟銃袋, 銃入れ. (2)〖英〗裁判官の首巻き. **～·còt·ton** 綿火薬. ～ **deck**〖海〗砲列甲板. **～·dog** [ˊˋ]〖米〗猟犬. ～ **drill**〖軍〗操砲 (訓練). **～·fire** [ˊˋ] 砲火, 砲撃; 号砲 (で知らせる時刻). ～ **harpoon**《捕鯨砲で発射する》捕鯨もり. **～·house** [ˊˋ] 砲塔. **～·lock** [ˊˋ]《大砲などの》発射装置, 銃機. **～·man** →別項. ～ **metal** 砲金, 青銅, 暗灰色. ～ **moll**〖米俗〗《ピストルを持つ》女犯人; ピストルギャングの情婦. ～ **pit**《砲の》凹座掩体(おうざえんたい). **～·play** [ˊˋ]〖米俗〗《ピストルの》撃ち合い. ***～·pòw·der** →別項. ～ **room** (1) 銃器室. (2)〖英:海〗士官次室《少尉以下候補生会食室》. **～·rùn·ner** 銃砲火薬の密輸入者. **～·rùn·ning** 銃砲火薬の密輸入. **～·shot** →別項. **～-shy** [ˊˋ]《猟犬や馬が》銃声におびえる. **～·slìng·er**〖俗〗= gunman. **～·smith** [ˊˋ] 銃工, 銃器製作者. **～·stick** [ˊˋ]《銃の》さくじょう. **～·stock** [ˊˋ] 銃床《銃の台木》.

gún·man [gʌ́nmæ̀n, -mən] *n.* (*pl.* **-men**) **1** 銃器携帯者; 武装衛兵. **2**〖米俗〗銃器を所持する暴漢; 殺し屋. **3** 銃工, 鉄砲かじ.

gún·nel [gʌ́n(ə)l] *n.* **1**〖魚〗ギンポの一種. **2** = gunwale.

gún·ner [gʌ́nər] *n.* **1** 砲手;〖米〗《海兵隊の》下士官;〖英〗砲兵隊員;〖英:海〗掌砲長《下士官》. **2** 銃猟家. **3** 備砲…基搭載(とうさい)艦. ***chief*** ～ 砲術長. ***kiss*** 〔***marry***〕***the ～'s daughter***〖英:海〗〈水兵が〉大砲に縛りつけられてむち打たれる.

gún·ner·y [gʌ́nəri] *n.* **1** 砲術, 砲学, 射撃法, 砲撃. **2**《集合的》砲, 銃砲.
～ **Jack**〖俗〗=～ lieutenant. ～ **lieutenant** 砲術長. ～ **ship** 砲術練習艦.

gún·ning [gʌ́niŋ] *n.* 銃猟: go ～ 銃猟に行く.

gún·ny [gʌ́ni] *n.* 粗製麻布, ズック.
～ **bag** 〔**sack**〕麻袋, なんきん袋.

***gún·pòw·der** [gʌ́npàudər] *n.* 火薬, 黒色火薬.
white 〔***smokeless***〕～ 白色火薬.
G～ Plot〖英史〗火薬陰謀事件《1605 年 James I 時代に国会議事堂を火薬で爆破しようとした旧教徒の陰謀》. ～ **tea** 上質緑茶の一種.

gún·shot [gʌ́nʃɑ̀t/-ʃɔt] *n.* **1** 射撃, 砲撃, 発砲. **2** 着弾距離, 射程. **3** 発射された弾丸. ***within*** 〔***out of***〕～ 射程内〔外〕に.
—— *a.* 弾丸に撃たれた.

gún·ter [gʌ́ntər] *n.* **1** ガンター氏尺規 (=G～'s scale)《測量・航海用対数尺》. **2**〖海〗頂帆, トップマスト. ***according to G～***〖米〗正確に.
G～'s chain ガンター氏測鎖《全長 66 フィート》.

gún·wale [gʌ́n(ə)l] *n.*〖海〗舷(げん)の上縁, 船べり.
～ ***to*** 〔***down***〕船べりが水面すれすれに傾いて. ～ ***under*** 船べりが水面下に没して.

gún·yah [gʌ́njə] Austral. *n.* 原住民の小屋.

gúp·py [gʌ́pi] *n.*〖魚〗グッピー, ニジメダカ《西インド諸島産の熱帯魚》.

gùr·gi·tá·tion [gə̀:rdʒitéiʃ(ə)n] *n.* 《波のような》起伏; 沸騰(音).

gúr·gle [gə́:rgl] *vi.* **1** 〈水などが〉ドクドク流れる, ゴボゴボ音をたてる. **2** 〈人が〉ゴクゴクとのどを鳴らす; 〈鳥が〉グッグッと鳴く. —— *vt.* のどを鳴らしながら言う. —— *n.* ～する音.

gúr·gling·ly [gə́:rgliŋli] *ad.* ゴボゴボ[ドクドク]音をたてて.

gúr·goyle [gə́:rgɔil] = gargoyle.

Gúr·kha [gúərkə] *n.* グルカ族《インド・ネパールに住む勇猛な種族》.

gúr·nard [gə́:rnərd], **gúr·net** [-nit] *n.* 〔魚〕ホウボウの類.

gú·ru [gú:ru:, gúru:, ㊥⁺gərú:] *n.* (ヒンズー教の) 教師, 導師.

***gush** [gʌʃ] *n.* **1** 《水・涙・血などの》ほとばしり(出ること), 噴出; ほとばしる水〔涙, 血など〕. **2** 《感情などの》ほとばしり; 《感情の》大げさな吐露, 大げさな感情的おしゃべり. **3** 〔米話〕多量.
—— *vi.* **1** ほとばしり出る, 吹き〔わき〕出る《*out, forth*》. **2** 感情的にしゃべりまくる. —— *vt.* 勢いよくわき出させる〔吹き出す〕.
～ *about* …についてしゃべりまくる〔書きたてる〕. ～ *over* …について大げさに〔気どって〕話す.
◇ **～·y** *a.* =gushing.

gúsh·er [gʌ́ʃər] *n.* ほとばしり出るもの; 噴油井; 大げさに感情をあらわす人. *in ～s* ぞくぞくと, 大量に.

gúsh·ing [gʌ́ʃiŋ] *a.* **1** 噴出する, ほとばしり出る; 《感情などの》あふれ出る. **2** 感情をあふれ出させる, 大げさに感情表現をする.
◇ **～·ly** *ad.* **～·ness** *n.*

gús·set [gʌ́sit] *n.* **1** 《補強用》三角布, まち, おくみ; 《手袋の》当て皮. **2** よろいのわきの下の鉄片; 〔機〕控え板, 添え板. —— *vt.* に～をつける.

***gust**¹ [gʌst] *n.* **1** 突風, 一陣の風. **2** にわか雨; ぱっと燃え立つ火, さっと吹き出す煙; 突然の物音. **3** 激情, 《感情の》爆発; 激怒.
類 → **wind**「風」

gust² *n.* 〔古・雅〕味, 味覚, 風味, 好み, 嗜好(しこう). *have a ～ of* を賞味する.

gus·tá·tion [gʌstéiʃ(ə)n] *n.* 賞味, 味覚.

gús·ta·to·ry [gʌ́stətɔ̀:ri/-t(ə)ri] *a.* 〔医・生理〕味覚の, 味わいの. **～ bud** 味蕾(みらい)《舌面上にある味覚器官》. **～ nerve** 味覚神経.

Gus·tá·vus [gʌstéivəs/gustá:v-, gʌs-] *n.* ～ Adolphus [-ədɑ́lfəs/-dɔ́l-], 1594–1632, 三十年戦争に勇名をはせたスウェーデン国王.

gús·to [gʌ́stou] *n.* (*pl.* **～s**, ㊥⁺**～es**) **1** 嗜好(しこう), 好み, 楽しみ, 喜び. **2** 芸術的香気, 気品. **3** 〔古〕味, 風味. *with ～* 舌鼓を打って; うれしげに, 楽しそうに.

gúst·y [gʌ́sti] *a.* **1** 《風・雨などが》すさぶ, すさまじい, にわかの; すさまじい音をたてる. **2** 風の吹きすさぶ; あらしの激しい. **3** 《音・笑いなどが》突発的な, どっと起こった. **4** 《人が》元気いっぱいな, 豪放な. [＜gust¹]

gut [gʌt] *n.* **1** 腸; (*pl.*) 内臓; はらわた. **2** (*pl.*) 中身, 実質, (豊富な) 内容. **3** 《ラケット・バイオリンなどの》ガット, 腸線 (=catgut); 《つり糸用の》てぐす. **4** 隘路(あいろ); (狭い) 水路, 瀬戸. **5** 〔俗〕(*pl.*) 勇気, 元気, 根性. **6** 〔米俗〕=～ course.
have no ～s 根性がない; 無内容だ. *run* a person *through the ～s* (人を) いじめつける. *spill* one's *～s* 〔米俗〕あらいざらいぶちまける. *the blind ～* 盲腸. man *with plenty of ～s* 〔俗〕腹のしっかりした (男).
—— *v.* (**-tt-**) *vt.* **1** の内臓を抜き取る. **2** の中身を取り出す; 略奪する. **3** の内部を破壊する: The fire *gutted* the building. 火事で建物の内部はめちゃくちゃになってしまった. —— *vi.* 〔俗〕むさぼり食う.
～·bùck·et →別項. **～ course** 〔米俗〕単位取得の容易な科目. **～ scraper** 〔笑〕バイオリンひき.

gút·bùck·et [gʌ́tbʌ̀kit] *n.* 〔米:楽〕緩慢で憂うつなブルース. —— *a.* 〔ジャズ〕下品で原始的な.

Gú·ten·berg [gú:tnbə̀:rg] *n.* Johannes [jouhá:nəs-] ～, 1398?–1468, ドイツの活版印刷術発明者.

gút·sy [gʌ́tsi] *a.* 〔米俗〕勇敢な; 威勢のよい.

gút·ta¹ [gʌ́tə] *n.* (*pl.* **-tae** [gʌ́ti:]) **1** しずく, 滴状物, 斑点(はんてん). **2** (*pl.*) 〔建〕滴状装飾《ドリア式建築における》. [＜L.]

gút·ta² *n.* 〔化〕グッタ《グタペルカの主成分である炭水化物》. **～-pér·cha** [-pə́:rtʃə] グタペルカ《マライ群島産の熱帯の樹脂を乾燥したゴム状物質》.

gút·tate [gʌ́teit] *a.* 滴状の; 〔植・動〕斑点のある.

***gút·ter** [gʌ́tər] *n.* **1** 雨どい. **2** 《道ばたの》下水, どぶ, 水路; 《雨水などで自然に掘られた》みぞ. **3** (the ～) 貧民窟(くつ): raise [take] a child out of *the* ～ どん底生活から子どもを救いあげる. **4** 〔ボーリング〕ボールの滑走路 (alley¹) 間のみぞ. *child of the ～* 浮浪児.
—— *vt.* にみぞ〔とい〕をつける. —— *vi.* **1** 《ろうそくの》ろうが流れる. **2** みぞになって流れる.
～·bird [ˊ-ˋ] スズメ; ろくでなし. **～ child** 浮浪児, 宿なし子. **～·man** [-mən] (*pl.* **-men**) 呼び売り大道商人. **～ press** 扇情的な低級新聞, 赤新聞. **～·snipe** →別項. **～ stick** 〔印〕《書物の》ページを仕切る木.

gút·ter·ing [gʌ́təriŋ] *n.* **1** といをつけること, とい装置. **2** 《ろうのように》たれる〔流れる〕こと.

gút·ter·snipe [gʌ́tərsnàip] *n.* **1** 貧民窟(くつ)の子ども, 浮浪児; いたずらっ子. **2** ばた屋; 〔米俗〕もぐり株屋.

gút·ti·form [gʌ́tifɔ̀:rm] *a.* 滴状の.

gút·tle [gʌ́tl] *vt., vi.* むさぼり食う, 大食する.
◇ **gút·tler** *n.*

gút·tur·al [gʌ́t(ə)rəl] *a.* のどの, 咽喉(いんこう)の, のどの奥からの; 〔音声〕喉音の. —— *n.* 喉音《[g, k, ŋ] など. 現在はむしろ velar と称する》; 喉音文字.
◇ **～·ism** [-ìz(ə)m] *n.* 喉音性, 喉音癖.

gút·tur·al·ize [gʌ́t(ə)rəlàiz] *vt.* のどで発音する, 喉音化する. ◇ **gùt·tur·al·i·zá·tion** [gʌ̀t(ə)rəlizéiʃ(ə)n/-laiz-] *n.*

gút·ty [gʌ́ti] *n.* 〔ゴルフ俗〕グタペルカ (gutta-percha) のボール. → gutta².

guy¹ [gai] *n.* **1** 〔米俗〕男, やつ: a nice ～ いい人間. **2** 〔英〕奇妙な風采(ふうさい)〔服装〕の男. **3** Guy Fawkes の奇怪な像《Guy Fawkes は Gunpowder Plot の主謀者. イギリスではその像が11月5日の記念日に見せ物にされ焼かれる》. **4** 〔英俗〕逃亡: do a ～ 逃げる. give a person the ～ 人をまく.
—— *vt.* **1** の奇怪な像をつくる. **2** 〔話〕あざける, からかう. —— *vi.* 〔英俗〕からかう.

guy² *n.* 〔海〕控え綱, ささえ綱, 張り綱; 〔電〕《電柱の》支線. —— *vt.* に～を張る〔で定着する〕.

Guy·án·a [gaiǽnə] *n.* ガイアナ《南アメリカにあるイギリス連邦所属の独立国. もとのイギリス領 Guiana》.

gúz·zle [gʌ́zl] *vt., vi.* **1** がぶがぶ飲む; 〔稀〕暴食する. **2** 〈金・時を〉酒に浪費する《*away*》.
◇ **gúz·zler** [-ər] *n.* 大酒飲み, 飲んだくれ.

gybe [dʒaib] *vi.* **1** 《風向きが変わって帆が》一舷(げん)から他舷へ移る. **2** 《風向きが他の舷に移るように》進路を転ずる. —— *vt.* の進路〔向き〕を変える.

‡**gym** [dʒim] *n.* 〔話〕ジム, 体育館; 体操. [＜*gym*nasium]

gym. gymnasium; gymnastics.

gym·khá·na [dʒimká:nə] *n.* 〔英〕《元イギリス領インドの》競技場; 競技会, 運動会.

***gym·ná·si·um** [dʒimnéiziəm] *n.* (*pl.* **-ums, -a** [-ziə]) **1** 体育館, 屋内体操場. **2** (G～) [通例 gimná:zium] ギムナジウム《ドイツの大学進学コースの9年制中等学校》. **3** 《古代ギリシアの》体育館.

gým·nast [dʒímnæst] *n.* 体操教師, 体育家.

gym·nás·tic [dʒimnǽstik], **-ti·cal** [-(ə)l] *a.* 体操〔体育〕の; 〔稀〕精神鍛練の.

gym·nás·tics [-s] *n. pl.* **1**《複数扱い》体操, 運動. **2**《単数扱い》〘教科の〙体育(科), 身体訓練.
gym·nós·o·phy [dʒimnɑ́səfi/-nɔ́s-] *n.* **1** 裸行《古代インドでの裸体での修行》. **2**〘米〙裸体主義. ◇ **-phist** *n.* **1** 裸行者. **2** 裸体主義者.
gým·no·sperm [dʒímnəspə̀:rm] *n.*〘植〙裸子植物. ◇ **gỳm·no·spér·mous** [⌐−spə́:rməs] *a.*〘植〙裸子のある.
gym·nó·tus [dʒimnóutəs] *n.*〘動〙デンキウナギ.
gymp =gimp.
gyn- 母音の前での gyno- の異形.
gỳ·nae·cé·um [dʒàinisí:əm, dʒìn-, gàin-] *n.* (*pl.* **-a** [-sí:ə]) **1**〘古代ローマ・ギリシアの〙婦人室. **2** = gynoecium.
gyn(a)eco-「女性の」「雌の」の意の語形成要素.
gỳ·n(a)e·cóc·ra·cy [dʒàinikɑ́krəsi, dʒìn-, gàin/gàinikɔ́k-] *n.* 婦人政治; かかあ天下. ◇ **gy·n(a)é·co·crat** [dʒ(a)iní:kəkæ̀t, gai-] *n.* 婦人政治論者. **gy·n(a)è·co·crát·ic** [dʒ(a)ini:kəkrǽtik, gai-] *a.* 婦人政治の.
gỳn·(a)e·cól·o·gy [gàinikɑ́lədʒi, dʒìni-, /gàini-kɔ́l-] *n.* 婦人科医学. ◇ **-gist** *n.* 婦人科医. **gỳ·n(a)e·co·lóg·i·cal** [-kəlɑ́dʒik(ə)l/-lɔ́dʒ-] *a.* 婦人科医学の.
gỳn·(a)e·co·más·ti·a [dʒìnikomǽstiə, gàini-, dʒàini-] *n.*〘医〙(男性の) 乳ぶさ異常肥大.
gy·nán·drous [dʒ(a)inǽndrəs, gain-] *a.*〘植〙めしべ・おしべ合体の.
gyno- 「女性の」「雌の」の意の語形成要素 (gyn(a)eco-).
gy·nóc·ra·cy [dʒ(a)inɑ́krəsi/gainɔ́k-] =gyn(a)e-cocracy.
gy·nóe·ci·um [dʒ(a)iní:siəm/gain-] *n.* (*pl.* **-a** [-siə])〘植〙雌性器官;《集合的》めしべ.
-gy·nous [-dʒinəs]「女」の意を含む形容詞をつくる語形成要素.
gyp[1] [dʒip] *n.*〘英〙《Cambridge, Durham 大学の》用務員. **∼-room** [⌐⌐]〘英話〙《Cambridge, Durham 大学の》食器室.
gyp[2] *n.*〘米俗〙詐欺(師), ぺてん師, かたり. ***give*** a person **∼** 懲らしめる. **——** *vt.* **(-pp-)**〘米俗〙**1** だます, かたる. **2** だましとる. **∼ joint** (1) (非合法的な) 賭博(とばく)場. (2) サービス・飲食代をふんだくる店. ◇ **∼·per** *n.*〘米俗〙詐欺師, ぺてん師.
gyps [dʒips] =gypsum.
gýp·se·ous [dʒípsiəs] *a.* せっこうの, せっこうを含む, せっこう質の, せっこうのような.
gyp·síf·er·ous [dʒipsífərəs] *a.* せっこうを含む.
gyp·sóg·ra·phy [dʒipsɑ́grəfi/-sɔ́g-] *n.* せっこう彫刻(術).
gyp·sóph·i·la [dʒipsɑ́fịlə/-sɔ́f-] *n.*〘植〙コゴメナデシコ, カスミソウ.
gýp·sous [dʒípsəs] =gypseous.
gýp·sum [dʒípsəm] *n.*〘鉱〙セッコウ, ギプス.
*****gýp·sy, gíp·sy** [dʒípsi] *n.* **1** (しばしば G∼) ジプシー《インドから移住したと考えられる暗色の皮膚・黒髪をもつ種族. ヨーロッパ各地に散在流浪し, 音楽師・占いなどを業とする》. **2** (G∼)ジプシー語(Romany). **3** ジプシー風の人;〘笑〙色の浅黒い女, いたずらっぽい女. **∼ bonnet** [**hat**] 婦人用のつば広わら帽子. **∼ moth**〘虫〙マイマイガ《害虫》. **∼ rose**〘植〙松虫草. **∼ table** 三脚の軽い丸テーブル. **∼ van** [**wagon**] (ジプシーの) ほろ馬車.
◇ **∼·fied** [-fàid] *a.* ジプシー風の. **∼·ism** *n.* ジプシー趣味[風].
gý·ral [dʒáirəl/dʒáiər-] *a.* 旋回[回転]する;〘医〙大脳回転の. ◇ **∼·ly** *ad.* 旋回して.
gý·rate [dʒáireit/dʒáiər-] *a.*〘植〙うずまき状の, らせん状の. **——** [dʒairéit/dʒaiər-] *vi.* 旋回[回転]する, ぐるぐる回る.
gy·rá·tion [dʒairéiʃ(ə)n/dʒaiər-] *n.* 旋回, 回転, 旋転;〘動〙《巻き貝などの》うずまき.
◇ **∼·al** [-ʃən(ə)l] *a.* 旋回の, 旋転の.
gý·ra·to·ry [dʒáirətɔ̀:ri/dʒái(ə)rət(ə)ri] *a.* 旋回[回転]する, 旋転する. **∼ system** 回転[循環]式.
gyre [dʒaiər/dʒáiə] *n.*〘雅〙旋回, 旋転, うず. **——** *vi.*〘雅〙旋回[旋転]する.
gy·réne [dʒairí:n/dʒaiər-] *n.*〘米俗〙アメリカ海兵隊員.
gýr·fal·con =gerfalcon.
gý·ro [dʒáirou/dʒáiər-] *n.* (*pl.* **∼s**)〘話〙**1** =gyroscope. **2** =gyrocompass. **∼ horizon** 人工水平儀《動揺体上で人工的に水平面を得る装置》.
gyro-「環」「回転」の意の語形成要素.
gý·ro·còm·pass [dʒáirokʌ̀mpəs/dʒáiər-] *n.* ジャイロコンパス, 回転[こま]羅針(らしん)盤.
gý·ro·dine [dʒáirodàin/dʒáiər-] *n.*〘空〙ジャイロダイン《高速ヘリコプター》.
gý·ro·graph [dʒáirəgræ̀f/dʒáiərəgrɑ:f] *n.* 回転数測定記録器.
gý·ro·pì·lot [dʒáiropàilət/dʒáiər-] *n.*《飛行機の》自動操縦装置.
gý·ro·plane [dʒáirəplèin/dʒáiər-] =autogiro.
gý·ro·scope [dʒáirəskòup/gáiər-, dʒáiər-] *n.* **1** ジャイロスコープ, 回転儀. **2**《魚雷の》縦舵(じゅうだ)調整器. ◇ **gỳ·ro·scóp·ic** [⌐−skɑ́pik/-skɔ́pik] *a.*
gỳ·ro·stá·bi·liz·er [dʒàirostéibịlàizər/dʒàiər-] *n.* ジャイロスタビライザー, ジャイロスコープ式安定装置《船舶や飛行機の動揺を防ぐ装置》.
gý·ro·stat [dʒáirəstæ̀t/gáiər-, dʒáiər-] *n.* 回転儀[ジャイロスコープ]の一種《回転運動中の剛体の力学的性質を例示するのに用いる》.
gỳ·ro·stát·ic [dʒàirəstǽtik/gàiər-, dʒàiər-] *a.* **1** gyrostat の. **2** 剛体旋回運動論の.
◇ **∼s** *n. pl.*《単数扱い》剛体旋回運動論.
gý·ro·vague [dʒáirovèig] *n.* 修道院を歴訪する修道僧.
gý·rus [dʒáirəs/dʒáiər-] *n.* (*pl.* **-ri** [-rai])〘医〙《脳などの》回転.
gyve [dʒaiv] *n.* (通例 *pl.*)〘古・雅〙足かせ, 手かせ. **——** *vt.* に足かせ[手かせ]をはめる.

H

H, h [eitʃ] *n.* (*pl.* **H's**, ***Hs***, **h's**, ***hs*** [éitʃiz]) **1** 英語アルファベットの第8字. **2** H字形のもの: *H*-branch H字管. *H*-iron H形鉄材. ***drop*** **one's** ***h's*** [***aitches***] h 音を落として発音する《hairを 'air, house を 'ouse のように発音するロンドンなまり》.
4-H [***Four-H***] ***club*** → four.
H-bomb [⌐⌐] 水素爆弾, 水爆 (= hydrogen bomb). **H-hòur** [éitʃ-àuər]〘軍〙《極秘の》行動[攻撃]開始時刻.
H〘鉛筆〙hard;〘電〙henry;〘俗〙heroin;〘化〙hydrogen. **H., h.** harbor; hard(ness); height; high;〘野球〙hit(s); hour(s); hundred.
*****ha** [hɑ:] *int.* ほう!, まあ!, おや!《驚き・疑い・ためらい・喜び・得意などの発声》; はは!《笑う声》. **——** *vi.*「ほう!」と言う.
ha. hectare(s).
haaf [hɑ:f] *n.*《Shetland, Orkney 島沖の》深海漁場.
Hab. Habakkuk.
Ha·bák·kuk [həbǽkək, hǽbəkʌ̀k/hǽbəkək, həbǽk-] *n.* **1** ハバクク《ヘブライの預言者》. **2** ハバクク書《旧約聖書中の一書》.
Ha·bá·na [ɑ:bɑ́:nɑ:/-vɑ́:-] *n.* ハバナ《Havana のスペイン語式つづり》.
ha·ba·ne·ra [hɑ̀:bənɛ́(:)rə/-nɛ́ərə] Sp. *n.* ハバネ

ラ《キューバ起源のスペイン系ダンス》; そのダンス音楽.

ha·be·as cor·pus [héibiəs-kɔ́:rpəs] L. 〘法〙 人身保護令状, 身柄提出令状《逮捕・拘禁の合法性を審理するために人を法廷に出頭させるための令状》.
Habeas Corpus Act, the 〘英:法〙 人身保護法《Charles II が1679年に発布した法律》.

háb·er·dash·er [hǽbərdæ̀ʃər] *n.* **1** 〘米〙 男子用服飾品商人《シャツ・ネクタイ・手袋などを扱う》. **2** 〘英〙 小間物商人《ボタン・針などを扱う》.
◇ **～·y** [-i] *n.* **1** 〘米〙 男子用服飾品類〔店〕. **2** 〘英〙 小間物類〔店〕.

háb·er·geon [hǽbərdʒ(ə)n] *n.* 《中世の》短い鎖かたびら.

háb·ile [hǽbil] *a.* 巧みな.

ha·bíl·i·ment [həbíl̩imənt] *n.* (*pl.*) 服装, 装い; (通例 *pl.*) 衣服, 着衣《特定の場合などの》; 〘笑〙 ふだん着. ◇ **～·ed** [-id] *a.* 衣類を着た.

ha·bíl·i·tate [həbíl̩itèit] *vt.* **1** 〘米方〙 〈鉱山などに〉投資する. **2** 〘稀〙 に着物を着せる. —— *vi.* 資格を得る《ドイツの学制》.

‡**háb·it** [hǽbit] *n.* **1** 習慣, 癖, 習性: fall into a bad ～ 悪習に染まる. It is a ～ with him. それは彼の癖になっている. **2** 〘動・植〙 習性. **3** 気質, 気性 (＝～ of mind); 体質 (＝～ of body). **4** 《特殊職業の》着衣; 〘宗〙 法衣; 〘古〙 衣服: a monk's ～ 僧服. **5** 婦人用乗馬服 (＝riding ～).
be in* [*have*] *the* [*a*] ～ *of (do)***ing*** …する癖がある. ***break*** a person ***of a ～*** (人の)癖を直す. ***break off a ～*** 習慣を破る. ***early ～s*** 早起きの習慣. ***fall* [*get*] *into a ～ of*** (do)***ing*** …する癖がつく. ***H～ is* (*a*) *second nature.*** 〘諺〙 習慣は第二の天性である.
—— *vt.* **1** に着物を着せる: be ～*ed* in …を着ている. **2** 〘古〙 に住む. [√hab-]
[類義語] **習慣: habit** 個人的習慣, 癖: the alcohol *habit* 飲酒癖. **custom** 団体・地域社会の習慣→ 慣習. 個人的習慣のならわしとなったものも含む: It is a *custom* with him to read a chapter from the Bible before going to bed. 就寝前に聖書の一章を読むのが彼の習慣である. **practice** 習慣の「実行」に力点がある: a matter of regular *practice* きまってすること. **use** ある特定のグループのもつならわし: Once you are among foreign people *use* is the best guide. 外人社会にはいれば(彼らの)ならわしが最上の指針だ. **convention** 地域社会の成員が暗々裏に約束ごととして認めている慣習.

háb·it·a·ble [hǽbit̩əbl] *a.* 住むに適した, 住むことができる. [√hab-] ◇ **～·ness** *n.* **-bly** *ad.*
hàb·it·a·bíl·i·ty [hæ̀bit̩əbíl̩iti] *n.*

háb·it·an·cy [hǽbit̩(ə)nsi] *n.* **1** 居住. **2** 《一地域の》全住民.

háb·it·ant [hǽbit̩(ə)nt] *n.* **1** 住人, 住民, 居住者. **2** [hæbi:tɑ́:/hǽbitɔ̃:(ŋ)] カナダまたはアメリカ Louisiana 州のフランス系住民《特に農民》. [＜F.]

háb·i·tat [hǽbit̩æ̀t] *n.* **1** 《動植物の》生息地, 自生地; 産地, 本場. **2** 住居地, 住所. [√hab-]

hàb·i·tá·tion [hæ̀bit̩éiʃ(ə)n] *n.* **1** 住居地; 住宅. **2** 居住. **3** 〘英〙 Primrose League の地方支部.

‡**ha·bít·u·al** [həbítʃuəl/-tjuəl] *a.* **1** 習慣的な, 習性的な; 習癖の〔となった〕: a ～ reader 読書の習慣がついている人. **2** 常習的な, ひっきりなしの: a ～ criminal 常習犯人. **3** 平素の, いつもの, 例の: one's ～ place いつもすわる席. ◇ **～·ly** *ad.*

ha·bít·u·ate [həbítʃuèit/-tju-] *vt.* **1** 慣らす, 習慣づける《に *to*》. **2** 〘米話〙 へしばしば行く (frequent). ***be ～d to*** に慣れている. ～ one***self to*** に慣れる, の習慣をつける. ◇ **ha·bìt·u·á·tion** [−ˌ−éiʃ(ə)n] *n.*

háb·i·tude [hǽbit̩(j)ù:d/-tju:d] *n.* **1** 性向, 性質, たち; 気質; 体質. **2** 習性, 習癖.

ha·bit·u·é [həbítʃuèi, −ˌ−−ˊ/həbítjuei] F. *n.* 常客, 常連.

ha·bóob [həbú:b] *n.* 砂あらし.

***ha·chure*(*s*)** [hæʃúər, 〘米〙ˊ−] F. *n.* 《地図・グラフなどの》毛羽(けば), 線影. —— *vt.* に～をつける.

ha·ci·en·da [hɑ̀:siéndə/hæs-] Sp. *n.* **1** 《スペイン・南アメリカなどの》農家, 農場; 牧場. **2** 工場; 鉱山.

hack[1] [hæk] *vt.* **1** (たたき) 切る; めった切りにする; 〈石面などを〉荒削りする. **2** 〈土を〉耕す, 起こす《*in*》. **3** 〘フットボール〙《敵の》すねをける; 〘バスケットボール〙《敵の》腕を押える. —— *vi.* **1** 切り刻む. **2** しきりにからぜきをする: a ～*ing* cough しきりに出るからぜき. —— *n.* **1** たたき切り; 切り刻み. **2** 刻み目, 切り傷. **3** 〘フットボール〙 すねをけること. **4** 短いからぜき. **5** 大つるはし. ***take a ～ at*** いっちょう…をやってみる.
ˊ·saw → 別項. ◇ **ˊ·er** *n.*

hack[2] *n.* **1** 〘英〙 貸し馬. **2** 乗用馬《狩り・レース用と区別して》. **3** 老いぼれ馬, やくざ馬. **4** あくせく働く人; 《著述家の》下働き. **5** 金のために理想を捨てた芸術家, 売文家; 金で動く政治家 (＝political ～). **6** 〘米〙 貸し馬車; 〘俗〙 タクシー. **7** 〘俗〙 売春婦. **8** 〘米俗〙 警官, (刑務所の)看守, 夜警. **9** 〘俗〙 白人《アメリカでは男性. オーストラリアでは男・女性とも》.
—— *vi.* **1** 雇われ仕事をする; 下働きする; あくせく働く. **2** 貸し馬を使う; 〘俗〙 タクシーに乗る. **3** 《普通の速さで》馬を走らす《*along*》. —— *vt.* **1** 〈馬を〉貸す. **2** こき使う. **ˊ·man** [-mən] (*pl.* **-men**) 〘米〙《貸し馬車の》御者; 《タクシーの》運転手. **～ writer** 三文文士. **ˊ·work** [ˊˊ] つまらない仕事; 売文. ◇ **ˊ·er** *n.* 〘俗〙 くだらぬ仕事をする人, へたな人; タクシー〔バス〕の運転手.

hack[3] *n.* **1** 《れんがの》乾燥台. **2** 《牛・馬の》飼い葉台; 《タカの》えさ板. ***be at ～*** 〈訓練中の若タカが〉えさ板についている.

háck·a·more [hǽkəmɔ̀:r/-mɔ:] *n.* 〘米方〙《牛馬用の》端綱(はづな) (halter).

háck·ber·ry [hǽkbèri, -bəri] *n.* 〘植〙 エノキの一種《アメリカ産》; その実〔木材〕.

háck·er·y [hǽkəri] *n.* 《インドの》牛車.

háck·ie [hǽki] *n.* 〘俗〙 タクシーの運転手.

háck·le[1] [hǽkl] *n.* **1** 《麻などをすく》すきぐし, 麻ぐし. **2** 細糸, 生糸. **3** 鶏の首の部分のふさ; 《鶏のふさ毛でつくった》蚊ばり. ***with* one's *～s up*** 〈おん鳥・犬・男などが〉おこって, 戦う身構えで. —— *vt.* **1** 〈麻などを〉すく, こく. **2** 〈蚊ばりに〉繊毛を付ける.

háck·le[2] *vt.* めった切りにする, 寸断する.

háck·ly [hǽkli] *a.* ぎざぎざの, ざらざらの, あらい.

háck·ma·tack [hǽkmətæ̀k] *n.* 〘植〙 アメリカカラマツ (tamarack).

háck·ney [hǽkni] *n.* **1** 貸し馬〔馬車〕. **2** 乗用馬. **3** 下働き. —— *a.* **1** 賃貸し用の. **2** 雇われの. —— *vt.* **1** 〈馬・馬車などを〉貸す. **2** 貸し馬車で運ぶ. **3** 使い古す, 古くさくする.
～ carriage, ～ coach 貸し馬車.

háck·neyed [hǽknid] *a.* 使い古しの, 古くさい, 陳腐な: a ～ phrase きまり文句, 常套(じょうとう)句.

háck·saw [hǽksɔ:] *n.* 金属用のこぎり, 金のこ.

†**had** [hæd, 弱 həd, (ə)d] *v.* have の過去・過去分詞. 〈注〉特に次の仮定用法に留意: If I *had* money enough, I would buy it. 金が十分あったらそれを買うのだが《現在の事実に反対の仮定》. If I had *had* money enough, I would have bought it. もし金が十分あったらそれを買ったのだったが《過去の事実に反対の仮定》. **～ *as good*** (do) …するもよかろう, …する方が(むしろ)よい. **～ *best* [*better*]** (do) …するのがいちばんいい〔…する方がいい〕《促し・勧告・軽い命令》. → best, better. **～ *better have*** (done) …した方がよかった. **～ *like to*** (do) もう少しで…するところだった. —— *aux. v.* 過去完了形をつくるのに用いられる《～＋過去分詞》.

hád·dock [hǽdək] *n.* (*pl.* **～s,** 《集合的》 **～**) 〘魚〙 タラの類《北大西洋産》.

hade [heid] *n.* 〘地〙 偃角(えんかく)《断層面と垂直面との間の角度》. —— *vi.* 偃角をなして傾く.

Ha·dé·an [heidíːən] *a.* Hades の.

Há·des [héidiːz] *n.* 〘ギ神〙地下界, よみの世界; (h～)〘話〙地獄.

hadj, Hadj [hædʒ] *n.* (*pl.* ～**·es**) 《回教徒の》メッカ参り.

hádj·i, Hádj·i [hǽdʒiː] *n.* メッカ参りを終えた回教徒(の称号); エルサレムの聖地参りを終えた近東のキリスト教徒.

†**hád·n't** [hǽdnt] had not の短縮形.

Hád·ri·an [héidriən] *n.* ハドリアヌス(Hadrianus), 76–138, ローマ皇帝. **～'s Wall** ハドリアヌス皇帝が England と Scotland の間に設けた防備壁.

hadst [hædst, 弱 (h)ədst] *v., aux. v.* 〘古〙《主語が thou のばあいの》have の過去形.

haec·cé·i·ty [heksíːəti] *n.* 〘哲〙このものたること(thisness), 個性原理.

Háeck·el [hékəl] *n.* Ernst Heinrich [ɛ́ərnst-háinriç-] ～, 1834–1919, ドイツの生物学者・進化論者.

háe·mal, hae·mát·ic, etc. =hemal, hematic, etc.

haemo- 「血」の意の連結形.

ha·fiz [háːfiz] Ar. *n.* 回教経典 Koran を暗記した回教徒(に与えられる称号).

háf·ni·um [hǽfniəm] *n.* 〘化〙ハフニウム《金属元素. 記号 Hf》.

haft [hæft/hɑːft] *n.* 《小刀などの》柄, つか, にぎり. ―― *vt.* に～を付ける. [have と同語源]

hag[1] [hæg] *n.* **1** 醜い老婆, 邪悪な老婆, 鬼ばば. **2** 魔女, 女魔法使い. **3** =hagfish.
～**·born** [⌐⌐] ～から生まれた. ～**·fish** [⌐⌐]〘魚〙メクラウナギ. ～**·ride** →別項. ～**·rìd·den** →別項.

hag[2] *n.* 〘英方〙荒れ地の中の芝などのはえたところ; 沼沢地の堅いところ; 泥炭(でいたん)地.

Hag. Haggai.

Há·gar [héigər/-gɑː, -gə] *n.* 〘聖〙Abraham のめかけで Ishmael の母《創世記16:1》.

hág·ber·ry [hǽgbèri, -bəri] =hackberry.

Hag·ga·da(h) [həgáːdə] Heb. *n.* (*pl.* ***-doth*** [-douθ]) ユダヤ教法典 Talmud 中の伝説.

Hág·ga·i [hǽgiài, -gai/-ge(i)ai, -g(i)ai] *n.* 〘聖〙ハガイ《ヘブライの預言者》; ハガイ書《旧約聖書中の》.

hág·gard [hǽgərd] *a.* **1** やつれた, 憔悴(しょうすい)し切った; やせこけた. **2**〘狩〙《タカが》野生の, なれていない. ―― *n.* 〘狩〙野生の[なれていない]タカ.
◇ **～·ly** *ad.* **～·ness** *n.*

hág·gis [hǽgis] Sc. *n.* 羊の臓物を刻みオートミール・脂肪とともにその胃袋に詰めて煮た料理.

hág·gish [hǽgiʃ] *a.* 鬼ばばのような; 醜悪な. [<hag¹] ◇ **～·ly** *ad.*

hág·gle [hǽgl] *vi.* **1** (口うるさく)値切る: ～ *over* the price. **2** 言い争う, 押し問答する《について *about, over*》. ―― *vt.* **1** と言い争う. **2** 切り刻む. ―― *n.* **1** 値切ること. **2** 押し問答, 争論.

hagi(o)- 「神聖な, 聖徒の」の意の語形成要素.

hág·i·arch·y [hǽgiɑ̀ːrki, ⊛⁺héidʒi-] *n.* **1** 聖徒政治. **2** 聖徒の階級組織.

hàg·i·óc·ra·cy [hæ̀giɑ́krəsi, hèidʒi-/hæ̀giɔ́k-] *n.* 聖徒政治.

Hàg·i·óg·ra·pha [hæ̀giɑ́grəfə, hèidʒi-/hæ̀giɔ́g-] *n. pl.* 〘宗〙旧約聖書の第3部《ユダヤ人は旧約聖書を3部に分けた. 第1部 the Law「律法書」, 第2部 the Prophets「預言書」, 第3部 the ～「聖書」》.

hàg·i·óg·ra·pher [-grəfər] *n.* **1** 聖書作者. **2** 聖徒伝作者.

hàg·i·óg·ra·phy [-grəfi] *n.* **1** 聖徒伝, 聖徒言行録. **2** 聖徒伝研究.

hàg·i·ól·o·gy [hæ̀giɑ́lədʒi, hèidʒi-/hæ̀giɔ́l-] *n.* 聖徒伝, 聖徒録; 聖徒伝研究.

hág·rìd·den [hǽgrìdn] *a.* 悪夢に悩まされた; うなされた.

hág·ride [hǽgràid] *vt.* (**-rode** [-ròud]; **-rìd·den** [-rìdn]) (心配などで)悩ます, 苦しめる. [<hag¹]

Hague [heig] *n.* (The ～) ハーグ《オランダの行政上の首都》. 〈注〉The は文中でも大文字.

hah [hɑː] =ha.

hà·há[1] [hàháː/-⌐] *int., n.* はは!, あはは《笑い声》

há·ha[2] [háːhàː] *n.* 隠れがき《眺望をそこなわぬためその中につくったかき》.

Hái·dar·a·bad [háid(ə)rəbæ̀d, ⊛⁺hàid(ə)rəbɑ́ːd] *n.* インドの Deccan 地方の州; その州都.

Hái·fa [háifə] *n.* ハイファ《Israel 西北部の海港》.

haik, haick [haik, ⊛⁺heik] *n.* 《アラビア人が頭からからだを包む長方形の》布, 外衣. [<Ar.]

‡**hail**[1] [heil] *n.* **1** あられ, ひょう. **2** (あられのように)激しく降りかかるもの: a ～ of bullets 雨あられと飛ぶ弾丸. ―― *vi.* **1** 《it を主語として》あられが降る. **2** 〈矢・銃弾などが〉あられのように降りかかる《に *on*》. ―― *vt.* 雨あられと降らす, 浴びせかける. ～**·stone** [⌐⌐] あられ, ひょう. ～**·storm** [⌐⌐] ひょうの大降り.
◇ ～**·y** *a.* あられのような, あられまじりの.

‡**hail**[2] *vt.* **1** に大声で呼びかける; 〈タクシーなどを〉呼び止める. **2** 歓呼して迎える, にあいさつする. **3** …と呼ぶ, …と呼んで迎える: ～ her (as) queen 女王と呼んで迎える. **4** 《比喩的》歓迎する: ～ the recent advances in medicine 医薬の最近の進歩を賞賛する. ―― *vi.* 大声をあげる《あいさつ・呼び止め》.
～ a ship 船上の人に呼びかける. ***～ from*** 〈船が〉…を母港とする, …から来る; 〈人が〉…の出身である.
―― *n.* **1** 呼び声, 大声で呼ぶこと. **2** あいさつ; 歓迎; 歓呼. ***out of ～*** 声の届かないところに. ***within ～*** 声の届くところに.
―― *int.* 〘雅〙ようこそ!, 万歳!
～**·fèl·low** → 別項. **H～ Mary** =Ave Maria.

háil-fèl·low [héilfèlou] *a.* 仲のよい, 親密な間柄の(=～ well met)《と *with*》. ―― *n.* 親友.

hain't [(h)eint] 〘方〙have [has] not の短縮形. → ain't.

†**hair** [hɛər] *n.* **1** 毛, 毛髪, 頭髪; 体毛: His ～ is brown. 彼の毛は茶色だ. a clot of ～ 抜け毛の固まり. a ～ 1本の毛. three white ～*s* しらが3本. 〈注〉頭の毛全体をさすときは通常不可算的, したがって単数扱い. 個々の毛は可算的. **2** 毛織物《ラクダやアルパカなどの毛で織った》. **3** 毛状の物; 毛状針金; 《とけいなどの》ひげぜんまい; 〘植〙《葉・茎などの》毛. **4** 毛ほどの量[差, 距離], わずか: a ～'s breadth わずかの差, 間一髪. lose a race by a ～ わずかの差で競走に負ける. ***against the ～*** 性質に反して, いやいやながら. ***a ～ of the*** (***same***) ***dog that bit*** a person 毒を制する毒; 《ふつか酔いを直す》迎え酒. ***both of a ～*** おっつかっつ. ***by the turn of a ～*** やっとのことで, あぶないところで. ***comb*** a person***'s ～ for him*** (人)をひどくしかる. ***do*** one***'s ～*** 髪を結う. ***have*** a person ***where the ～ is short*** =〘英〙***get*** a person ***by the short ～s*** (人を)思いのままに支配[左右]する. ***gray ～s*** 〘古〙老年. ***get in*** a person***'s ～*** 〘米俗〙(人を)こまらす. ***keep*** one***'s ～ on*** 〘俗〙平気でいる. ***let*** [***put***] ***down*** one***'s ～*** 髪をほどく. ***let*** one***'s ～ down*** 髪をほどく; 〘俗〙打ち解ける. ***lose*** one***'s ～*** 頭がはげる; 怒る. ***make*** a person***'s ～ stand on end*** 身の毛をよだたせる. ***not turn a ～*** 平気でいる; 疲れもみせない. ***not worth a ～*** 一文の値うちもない. ***put*** [***turn***] ***up*** one***'s ～*** 髪を結い上げる; 一人前の女になる. ***split ～s*** 無用な細かい区別をする. → hair-splitting. ***tear*** one***'s ～*** 髪をかきむしる; むしょうにくやしがる, 嘆き悲しむ. ***to*** (***the turn of***) ***a ～*** 寸分たがわず, 精密に. ***without moving*** [***turning***] ***a ～*** 〘俗〙冷静に, びくともしないで.
～**·breadth** → 別項. ～**·brush** [⌐⌐] ヘアブラシ. ～**·cloth** [⌐⌐] 《特に馬・ラクダの毛で織った》毛織り布, 馬巣(ばす)織り. ～**·cùrl·ing** 〘俗〙身の毛のよだつような, ぞっとするような. ～**·cut** [⌐⌐] 散髪. ～**·do** [⌐⌐] (*pl.* **-dos**) 《婦人の》髪の結い方, 髪型; 結髪. ～**·drèss·er** 〘米〙髪結い, 美容師; 〘英〙理髪師, 調

髪師. ~́·drèss·ing 調髪(の), 理髪(の), 結髪(の). ~ dye 染毛剤, しらが染め. ~́·lace [ˊ ˋ] 〚婦人用〛 髪ひも. ~́·line [ˊ ˋ] (1) 毛筋, 頭髪のはえぎわ. (2) 《書画などの》 非常に細い線. (3) 毛綱, 馬毛のつり糸. (4) 《印刷文字の》 はね. ~́·net [ˊ ˋ] ヘアネット. **~-of-the-dog house** 〚俗〛 酒場. **~́-oil** [ˊ ˋ] 髪油. **~ pencil** 《水彩画用》 毛筆, 絵筆. **~́·piece** [ˊ ˋ] =toupee. **~́·pin** [ˊ ˋ] ヘアピン, 束髪留め. **~·pin bend** U字形曲折路. **~ powder** 髪粉 《装飾用香料入りの白い粉末. 18世紀ごろ多くかつらに振りかけた》. **~́-ràis·ing** 身の毛のよだつ〔ぞっとする〕(ような). **~ restorer** 毛はえ薬. **~́s·breadth, ~́'s-breadth** =hairbreadth. **~ seal** 〚動〛 アザラシ, アシカ. **~ shirt** 《苦行者用》 馬毛織りシャツ; 〚俗〛 懸命に働く人, 働き者. **~ singeing** 〚俗〛 (1) おどかし, 激しい叱責(しっせき). (2) はらはらさせる, あぶなっかしい. **~ slide** 《べっこうまたはセルロイド製の》 髪留め〔ばさみ〕. **~ space** 〚印〛 語間の最小間隔, 最小間隔の活字. **~́·split·ter** ささいなことにやかましい人, 細事にこだわる人, へ理屈屋. **~́·split·ting** (1) 細かい区別だてをする, 小事に拘泥(こうでい)する. (2) 細事に拘泥すること. **~́·spring** [ˊ ˋ] 〚機〛 《とけいの》 ひげぜんまい. **~́·streak** [ˊ ˋ] 〚虫〛 ミヤマカラスシジミの類. **~ stroke** 《文字や絵の》 細い線; 〚印〛 《文字の》 ひげ飾り. **~ trigger** 《銃の》 触発引き金. **~́-trìg·ger** 〚俗〛 すぐ反応を起こす: ~*-trigger* temper すぐかっとなる性質. **~ tweezers** 毛抜き. **~́·worm** [ˊ ˋ] 毛様線虫.

◇ **~́·less** *a.* 毛(髪)のない. **~́·like** *a.* 毛髪のような, 細い.

háir·breadth [héərbrèdθ] *n.* 毛1本の幅, 毛ほどの間隔 (hair's-breadth). ***by a ~*** 危機一髪のところで. ***to a ~*** 少しも違わずに. ***within a ~*** もう少しで, すんでのことで.

—— *a.* 毛幅ほどの, 間髪を入れぬ, きわどい, かろうじての: a ~ escape 九死に一生を得ること.

háir·y [hé(:)ri/héəri] *a.* **1** 毛深い, 毛の多い, 毛だらけの. **2** 毛の(ような). **3** 〚米俗〛 ぞっとさせる, 実にいやな; 貧しい; 卑しい; 古い, みんなの知っている.

~-heeled [ˊ - ˋ] 〚俗〛 無作法な, 教養のない.

◇ **-i·ness** *n.*

Hái·ti [héiti] *n.* ハイチ《西インド諸島中 Hispaniola 島にある共和国》.

Hái·ti·an [héitiən/héiʃiən] *a.* ハイチ(人)の.

—— *n.* ハイチ人〔語〕.

haj(j), Haj(j) =hadj, Hadj.

háj·(j)i, Háj·(j)i [hædʒi:] =hadji, Hadji.

hake [heik] *n.* (*pl.* **~s**, 《集合的》 **~**) **1** 〚魚〛 タラの類. **2** 《魚・チーズ・れんがなどを干す》 木製の干し台.

ha·kéem, ha·kím[1] [həkí:m] *n.* 《インドおよび回教国の》 医師, 学者.

há·kim[2] [há:ki:m] *n.* 《インドおよび回教国の》 太守, 「知事, 判事.

Hal. 〚化〛 halogen.

ha·lá·tion [heiléiʃ(ə)n, hæl-/həl-] *n.* 〚写〛 ハレー「ション.

hál·berd [hælbərd] *n.* やりおの 《15–16世紀に用いられたやりとおのとを兼ねた武器》.

◇ **hàl·berd·íer** [hælbərdíər] *n.* やりおの兵.

hál·bert [hælbərt] =halberd.

hál·cy·on [hælsiən] *n.* 〚鳥・雅〛 カワセミ 《冬至ごろ海上に巣を浮かべ孵卵(ふらん)し, 風波をしずめる力をもつと信じられた》. —— *a.* **1** 平穏な, のどかな. **2** カワセミの(ような). **~ days** (1) 冬至前後の穏やかな14日間. (2) 平穏〔太平〕の時代.

hale[1] [heil] *a.* 健全な, 達者な, 壮健な. ***~ and hearty*** 老いてますます盛んな, かくしゃくたる. [whole, heal(th) と同語源] ◇ **~́·ness** *n.* 壮健, 達者.

hale[2] *vt.* 〚古〛 **1** 乱暴に引っ張る, 引きずる. **2** 引っ張って来る〔行く〕; 《法廷などに》 引っ張り出す.

†**half** [hæf/ha:f] *n.* (*pl.* **halves** [hævz/ha:vz]) **1** 半分, 半ば: one ~ 2分の1. two hours and a half =two and a ~ hours 2時間半. **2** 〚話〛 半パイント〔マイル〕; 50セント(銀貨); 〚英〛 半学年, 1学期《1学年2期制の》; 半休日: the winter ~ 《2学期制の》 冬学期. **3** 《競技の》 前半〔後半〕戦; 〚フットボール〛 =halfback; 〚ゴルフ〛 同点. **4** 《訴訟の》 一方の当事者. ***be not the ~ of*** <話などが> これだけにとどまらない, まだ先がある: That'*s not the ~ of* the story. one'***s better ~*** 〚話〛 妻. ***by ~*** 半分だけ; 《反語》 非常に: too good *by ~* とても良すぎる. ***by halves*** 半分だけ, 不完全に: do things *by halves* 物事をいいかげんにやる, 身を入れない. ***cry halves*** 半分の分け前を要求する. ***cut in ~*** =***cut into halves*** 半分に割る. ***go halves with*** a person ***in*** a thing (人)と(物)を山分けする. ***to the halves*** 半分まで; 中途半ばに; 〚米〛 山分けに.

—— *a.* **1** 半分の, 2分の1の: a ~ share 半分の分け前. **2** 一部の; 中途半ばな, 不完全な: a ~ conviction 不確実な確信.

—— *ad.* **1** 半分, 半ば: ~ past two 2時半. **2** おおよそ, いいかげんに: ~ cooked 生煮えで. ***be ~ inclined to*** (do) …しても悪くない〔…してみようかなという〕気になっている. ***~ as many* [*much*] *again as*** の1倍半. ***~ as many* [*much*] *as*** の半分. ***~ done*** 半分やりかけの; 半熟〔生焼け, 生煮え〕の. → well done. ***~ wish*** してみたい気もする, したいとも思う. ***not ~*** (1) 少しも…でない: *not ~* bad ちっとも悪くない, 大いに良い. (2) 〚俗〛 ひどく: She did*n't ~* scream. 悲鳴をあげたのなんの(大狂乱だった).

~́-and-~́ →別項. **H~ and H~** パイプたばこの一種《商標名》. **~́·bàck** [(英) ˊ ˊ] *n.* 〚フットボール〛 中衛(手) 《forward の後方》. **~́-báked** (1) 生焼けの, 半焼けの. (2) 未完成の, 不完全な: a ~*-baked* theory. (3) 未熟な, 無経験の, 愚かな. **~́-ball** [ˊ ˋ] 〚玉突き〛 手玉の中央を突いて的玉の4分の1のところに当てるもの. **~ binding** 〚製本〛 半皮装訂. **~ blood** 片親違いの兄弟姉妹関係. **~́-blood** [ˊ ˋ] (1) 腹違い〔異父〕の兄弟姉妹. (2) 混血児 (half-breed). **~́-blóod·ed** 腹違い〔異父〕の; 混血の, 雑種の. **~́-bóiled** 半熟の, 生煮えの. **~ boot** 半長ぐつ, 編み上げぐつ. **~́-bòund** [(英) ˊ ˊ] 半皮装訂の. **~́·bred** [ˊ ˋ] (1) 雑種の. (2) 行儀の悪い, 無作法な. **~́-breed** [ˊ ˋ] (1) 混血児, 雑種; 〚米〛 北アメリカ原住民と白人との混血児. (2) 混血の, 雑種の. **~ brother** 異母〔異父〕兄弟. **~ butt** 〚玉突き〛 半長キュー 《最長のものと普通の長さのものとの中間の玉突き棒》. **~́-calf** [ˊ ˋ] 子牛半皮装訂の. **~́-caste** [-kæst/-ka:st] 混血児《特に白人とヒンズー教徒または回教徒との》. **~ cock** 《銃の》 安静段, 安全装置: go off (at) ~ *cock* 早まって発砲する; 軽率に行動する〔話す〕. **~́-cóck** <銃を> 安静段にする, 安全装置にする. **~́-cócked** 〚米〛 準備不足の; 未完成の; ばかな. **~́-cóoked** [-kúkt] 生煮え〔生焼け〕の, 半煮えの. **~ crown** 《イギリスの》 2シリング6ペンス銀貨, その金額 (=~ a crown). **~́-dead** [ˊ ˋ] 半死半生の, 瀕死(ひんし)の; 疲れ切った. **~ deck** 《船の一部または半分に張った》 半甲板. **~ dime** 〚米〛 《昔の》 5セント銀貨. **~ dollar** 50セント銀貨. **~́-dóne** やりかけの, 未完成の, 不完全な; 生煮え〔生焼け〕の, 半熟の. **~ door** 上半分の回転ドア. **~́-dóz·en** 半ダース, 六つ. **~ eagle** 《昔の》 5ドル金貨. **~́-face** [ˊ ˋ] (1) 横顔, 半面, 〚軍〛 半ば右〔左〕向き. (2) 横顔〔半面〕の. **~́-fáced** (1) 横顔〔横向き〕の, 半面の. (2) 不完全な, 中途半ばな. **~ gainer** 〚水泳〛 前逆飛び込み. **~́-hárdy** 半耐寒性の 《植物の冬期霜よけを必要とする》. **~́-héart·ed** [-há:rtid] 気乗りのしない, 本気でない, 身のはいらぬ. **~́-héart·ed·ly** 気〔身〕を入れずに, いやいやながら, 不熱心に. **~ hitch** 半〔片〕結び. **~́-hól·i·day** 半休日. **~ hose** 半くつ下 《特にひざまでの長さの》 (socks). **~́-hóur** 半時間(の), 30分(の). **~́-hóur·ly** 30分ごとに. **~ hunter**

片ガラス懐中どけい. ～ **leather** ＝～ binding. ～ **length** 〔競馬〕 半馬身; 〔競艇〕 半艇身. ～-**léngth** (1) 半身(像)の. (2) 半身像〔肖像画〕. ～ **life** 半減期〔放射性物質の原子の半数が崩壊するのに必要な時間〕. ～-**light** [́- ́-] 薄明かり(の). ～-**mást** →別項. ～ **measure** まにあわせの手段〔仕事〕. ～-**mínd·ed** 気乗りうすな. ～-**móon** (1) 半月, 半月状の物; 〔築城〕 半月堡(ほ). (2) 半月状〔形〕の. ～ **morocco** 半モロッコ皮装訂《モロッコ皮はヤギのなめし皮》. ～ **mourning** 半喪服(の期間). ～ **nelson** 〔レスリング〕 首固め: get a ～ *nelson* on を完全に押える. ～ **note** 〔楽〕 二分音符. ～-**óne** 〔ゴルフ〕 半数減点. ～-**ór·phan** 片親の子. ～-**pace** [́- ́-] 〔建〕 高座, 壇; 《階段の》 踊り場. ～ **pay** (1) 半給, 半俸(ぽう); 〔英〕《陸海軍将校の》 休職給. (2) 半給を受ける, 休職の. *～-**pen·ny,** ～-**pen·ny·worth** →別項. ～-**pínt** 半パイント《4 分の 1 クォート. 乾・液量の単位》; 〔米俗〕 ちび. ～-**príce** 半額(の・で), 半値(の・で). ～-**rát·er** 競走用小型ヨット. ～-**read** [-rèd] 半知識の, 生かじりの. ～-**róund** (1) 半円(形)の. (2) 半円, 〔建〕 半円くり形. ～-**róy·al** 12×12 インチ大の厚紙. ～-**seas-ó·ver** → 別項. ～-**shíft** 〔楽〕《バイオリン演奏などの》 第二の勘どころ. ～ **silk** 絹綿交織. ～ **sister** 異母〔異父〕 姉妹. ～ **sole** 《くつの前半分の》 半底. ～-**sòle** [㊥ ́- ́-] 〔米〕《くつに》 半張りを打つ. ～ **sovereign** 〔英〕 10 シリング金貨. ～-**stáff** 〔米〕 ＝half-mast. ～ **step** 〔楽〕 半音. ～ **tide** 半潮《潮の干と満の中間》. ～-**tím·bered** 〔建〕 木骨づくりの. ～ **time** 〔競技〕 中休み. ～-**tím·er** (1) 半日学校に出席して半日工場などで働く学童. (2) 規定時間の半分働く者. ～ **tint** 間色; 〔水彩〕 薄塗り. ～ **title** 半表題《本文の第 1 ページに印刷された書名》; 別ページ印刷の中とびら表題. ～-**tone** [́- ́-] 〔楽〕 半音 (の); 〔印・写〕 網版 (の); 〔美〕 間色 (の). ～-**track** [́- ́-] 《後輪が無限軌道の》 軍用トラック; 《録音テープの》 半幅(の). ～-**truth** [́- ́-] 半面の真理, 半面の真実. ～ **volley** 〔球技〕 ボールが地面からはね上がる瞬間に打つこと. ～-**vól·ley** ハーフボレーで打つ. ‡～-**wáy** →別項. ～-**wit** [́- ́-] うすばか, まぬけ者. ～-**wít·ted** まぬけな, うすばかの. ～-**wít·ted·ly** *ad.* 愚かに, うすばかよろしく. ～-**wóol** 綿毛交織. ～-**world** [́- ́-] (1) 半球. (2) 色町, 売笑の世界; 暗黒街. ～ **year** 半年, 6 か月; 半学年 (semester). ～-**yéar·ly** *a.*, *ad.* 半年ごとの〔に〕.
◇ ～-**ness** *n.* 中途半ぱ, 不完全, 未完成.

hálf-and-hálf [hǽf(ə)n(d)hǽf/há:f(ə)n(d)há:f] *a.* **1** 半々の, 等分の. **2** どっちつかずの.
—— *ad.* 等分に, 同量に. —— *n.* **1** 半分ずつ混合したもの; 〔米〕 牛乳とクリームの混合飲料; 〔英〕 黒ビール (porter) とエール (ale) の混合酒. **2** 《白黒の》 混血児.

hálf-mást [hǽfmǽst/há:fmá:st] *n.*, *ad.* 《弔意または遭難を示す》 半旗の位置(に): a flag at ～ 半旗, 弔旗. *at* ～ ＝～ *high* 半旗の位置に.
—— *a.* 半旗の(位置の). —— *vt.* 〈旗を〉 半旗の位置に掲げる.

***háIf·pen·ny** [héip(ə)ni] *n.* (*pl.* **hálf·pence** [-p(ə)ns], **hálf·pen·nies**) 〔英〕 **1** (*pl.* **hálf·pen·nies**) 半ペニー銅貨; (*pl.*) 〔話〕 小銭, 銅貨: three *halfpennies* 半ペニー銅貨 3 枚. **2** (*pl.* **hálf·pence**) 半ペニー(の価格): three *halfpence* 1 ペニー半《略 $1\frac{1}{2}$d.》.
receive more kicks than halfpence ほねおり損のくたびれもうけをする. ***turn up again like a bad*** ～ 用もないときによく出てくる.
—— *a.* 半ペニーの; 安っぽい, つまらない. ～ **lick** 〔俗〕《街頭などで売る》 安アイスクリーム. ～-**worth** [-wə̀:rθ] (1) 半ペニーの価だけの分量〔物〕. (2) ごく少量. 〈注〉 しばしば ha'p'orth [héipəθ] と略す.

hálf-seas-ó·ver [hǽfsì:zóuvər/há:f-] *a.* **1** 〔海〕 航海半ばの; 半道の. **2** 〔俗〕 ほろ酔いの.

‡**hálf·wáy** [hǽfwéi/há:f-] *a.* **1** 中途の, 中間の. **2** 中途半ぱの, 不十分な: ～ measures 不徹底な手段. —— *ad.* **1** 中途で〔まで〕. **2** 中途半ぱに, 不完全に. ***go*** ～ ***with*** 途中まで…に同行する. ***meet*** a person ～ 妥協する.
～ **house** 〔**inn**〕 二つの町の中間の宿屋; 妥協. ～ **line** 〔フットボール〕 中央線.

hál·i·but [hǽlibət, ㊥+hál-], **hól·i·but** [hálibət/hɔ́l-] *n.* (*pl.* ～**s**, 《集合的》 ～) 〔魚〕 ハリバ《オヒョウの類, 北方海洋産大ヒラメ》.

hál·ide [hǽlaid, héil-], **hál·id** [-lid] *n.* 〔化〕 ハロゲン化物. —— *a.* ハロゲンの.

hál·i·dom [hǽlidəm], **-dome** [-dòum] *n.* 〔古〕 神聖な場所〔物〕. ***by my*** ～ 誓って, 断じて.

hàl·i·éu·tic [hælijú:tik] *a.* 漁の, つりの.
◇ ～**s** *n. pl.* 《単数扱い》 漁法, つり論.

Hál·i·fax [hǽlifæks] *n.* **1** イギリス Yorkshire 州の都市. **2** カナダの Nova Scotia の州都. ***Go to*** ～*!* 〔米俗〕 地獄へ行け.

hál·ite [hǽlait, héil-] *n.* 〔鉱〕 岩塩.

hàl·i·tó·sis [hælitóusis] *n.* 〔医〕 悪臭呼気; 口臭.

Hál·iv·er [hǽlivər] *n.* 〔米〕 ハリバ(肝油)《halibut から製造する肝油の商標名》.

†**hall** [hɔ:l] *n.* **1** 大広間, 集会場, 娯楽室. **2** 玄関(の広間); 〔米〕 廊下. **3** 公会堂, 会館; 《組合・協会などの》 本部, 事務所: a city ～ 市役所, 市会議事堂. **4** 〔米〕《大学の》 校舎; 〔英〕 学寮. **5** 〔英〕《大学の》 講堂; 食堂, 食堂での食事. **6** 〔英〕 地主の邸宅; 《中世の》 屋形.
Liberty H～ 好きかってにふるまえる場所. ***servants'*** ～ 使用人食堂. ***the H***～ ***of Fame*** 〔米〕 栄誉の殿堂 《(1) New York 大学にある, 国民的英雄の記念館. (2) New York 市にある野球博物館の中央コート》. ***the Independence H***～ 〔米〕 独立記念館 《1776年 7 月 4 日アメリカの独立宣言がなされた建物. Philadelphia にある》.
～-**màrk** → 別項. ～-**stand** [́- ́-] 鏡・オーバー掛けつきかさ立て. ～-**way** → 別項.

hallstand

hàl·le·lú·iah, hàl·le·lú·jah [hælilú:jə] *int.*, *n.* 〔宗〕 ハレルヤ《神をたたえることば》; 神を賛美する歌. ～ **lass** 〔俗〕 救世軍女士官.

Hál·ley [hǽli] *n.* Edmund ～, 1656–1742, イギリスの天文学者. ハレー彗星(すい)の発見者.
～**'s comet** ハレー彗星.

hál·liard ＝halyard.

háll·màrk [hɔ́:lmà:rk/ ́- ́-] *n.* **1** 《金銀の》 純分検証刻印; 《一般的》 品質証明. **2** 「折り紙」, 証明. —— *vt.* に～を押す〔つける〕; 保証する.

***hal·ló, hal·lóa** [həlóu] *int.*, *n.* (*pl.* **hal·ló(e)s, hal·lóas**) もしもし!, おい!, やあ!, まあ!
—— *vi.*, *vt.* ～と呼ぶ.

hal·lóo [həlú:] *int.* もしもし!, おい!, えっ!
—— *n.* (*pl.* ～**s**) (猟犬を励ます) 掛け声; 大声の呼びかけ; 驚きの叫び声. —— *vi.*, *vt.* 大声で叫ぶ〔けしかける〕; 大声で呼ぶ. ***Do not*** ～ ***until you are out of the wood.*** 〔諺〕 安心できるまでは喜ぶな.

***hál·low**[1] [hǽlou, ㊥+-lə] *vt.* **1** 神聖なものにする, きよめる; 神にささげる. **2** (神聖なものとして) あがめる.
—— *n.* 〔古〕 聖者. [holy と同語源]

hál·low[2] *vt.*, *vi.*, *n.* ＝halloo.

hál·lowed [hǽloud, 〔祈り〕+hǽlouid/-loud] *a.* **1** 神聖な, きよめられた: a ～ ground 霊場. **2** あがめられる. ***H***～ ***be thy name.*** 〔聖〕 み名があがめられますように《マタイ伝 6:9》.

Hàl·low·éen, -é'en [hælouí:n] *n.* 万聖節 (All

Saints' Day) の前夜《10月31日》.

Hál·low·mas [hǽloumæ̀s, -məs] *n.* 〖古〗諸聖人祭, 万聖節(All Saints' Day)《11月1日》.

Hall·stát·ti·an [hɑːlstɑ́ːtiən] *a.* 〖考古〗ハルスタット期の, 初期鉄器時代の《紀元前 9-5 世紀. 遺物発見地である中部オーストリア Hallstatt の地名から》.

hal·lú·ci·nate [həlúːsɪ̀nèit] *vt.* に幻覚を起こさせる〔生じさせる〕. ◇ **hal·lù·ci·ná·tion** [‐⌐‐néiʃ(ə)n] *n.* 幻覚; 妄想(もうそう).

hal·lú·cin·o·gen [həlúːsɪnədʒèn, hæljʊsínə-] *n.* 幻覚剤. ◇ **hal·lù·ci·no·gén·ic** [həlùːsɪnədʒénik] *a.* 幻覚を生じる, 幻覚剤の.

háll·way [hɔ́ːlwèi] *n.* 〖米〗廊下; 玄関, 入り口の「広間.

halm [hɔːm/hɑːm] *n.* 《豆類・ジャガイモなどの》茎; 《穀類の, 特に脱穀後の》茎; 草の茎《家畜の寝わら・屋根ふき用》.

hál·ma [hǽlmə] *n.* 飛び将棋《256 目の盤で 2 人または 4 人でする遊戯》.

há·lo [héilou] *n.* (*pl.* ～(e)s) **1**《聖者などの頭部の》後光, 背光. **2** 栄光, 光栄. **3**《太陽・月の》かさ; 〖医〗乳頭輪. —— *vt.* 後光〔光輪〕で囲む; にかさをかぶせる. —— *vi.* 後光〔かさ〕になる.

hál·o·gen [hǽlədʒ(ə)n] *n.* 〖化〗ハロゲン, 造塩元素. ～ **acid** ハロゲン化水素酸.

hàl·o·gen·á·tion [hæ̀lədʒ(ɪ)néiʃ(ə)n] *n.* 〖化〗ハロゲン化.

hál·oid [hǽlɔid, héi-] *a.* ハロゲンの, 海塩に似た. —— *n.* 〖化〗ハロゲン塩, ハロゲン誘導体.

‡**halt**[1] [hɔːlt] *vi.* 止まる, 停止〔休止〕する: Company, ～!《号令》中隊止まれ! —— *vt.* 停止〔休止〕する, 止める.
—— *n.* **1** 停止, 休止; 休息. **2**〖英〗停車場, 停留所. ***bring to a*** ～ 止める. ***call a*** ～ 休止を命ずる. ***come to*** 〔***make***〕 ***a*** ～ 止まる.
〖類〗→ **stop**「停止する」

halt[2] *vi.* **1** ためらう, ちゅうちょする; ためらいがちに言う〔歩く〕. **2** 〈ことば・論理などが〉たゆとう, 筋がとおらない. **3**〖古〗びっこをひく. ～ ***between two opinions*** 二つの意見に迷う, 去就に迷う. —— *a.* 〖古〗びっこの. —— *n.* 〖古〗びっこ(の人).

hál·ter [hɔ́ːltər] *n.* **1**《馬の》端綱(はづな). **2** 絞首索; 絞首刑. **3** ホールター《肩と背中にひもが付いていて背中と腕の露出した婦人用運動着・夜会服》. ***come to the*** ～ 絞首刑に処せられる. —— *vt.* **1** 〈馬に〉端綱をつける《*up*》. **2** 絞首刑にする.
～**·break** [⌐‐⌐] 〈子馬を〉端綱に慣らす.

hált·ing [-ɪŋ] *a.* **1** ためらいがちの, ちゅうちょする. **2** 〈ことば・論理が〉おぼつかない, 筋のとおらない. **3** びっこをひく. ◇ ～**·ly** *ad.* ためらいがちに; びっこをひいて.

halve [hæv/hɑːv] *vt.* **1** 2 等分する, 2 分する, 山分けする. **2** 半減する. **3**〖建〗〈材木を〉重ね継ぎする《*together*》. ～ ***a hole with*** 〖ゴルフ〗と同打数でホールインする. ～ ***a match*** 〖ゴルフ〗引き分けになる.

halves [hævz/hɑːvz] *n.* half の複数形. ***by*** ～ → half. ***cry*** ～ → half. ***go*** ～ ***with*** と等分する, と割り勘にする.

hálve·sies [hǽvsiz/hɑ́ːv-] ***go*** ～ 〖俗〗費用を半「分ずつもつ.

hál·yard [hǽljərd] *n.* 〖海〗揚げ綱《帆・帆げた・旗などを上げ下げする》.

ham**[1] [hæm] *n.* **1** ハム. **2**《動物の》もも; (*pl.*) しり, 臀部(でんぶ); 〖医〗ひかがみ. ***squat on one's ～***s*** しゃがむ. ～**-and-égg·er** 〖俗〗裕福な中流家庭の人, 平凡な人;《ナイトクラブ・劇場の》金をばらまく人; 弱いボクサー. ～**·string** → 別項.

ham[2] *n.* **1**〖米俗〗《大げさに演ずる》へぼ役者, 大根役者. **2** アマチュア無線家; アマチュア. —— *vi.* 大げさに演ずる《*up*》. ～**·fàt·ter** 〖米俗〗へぼ芸人, 下回り役者. ～**-físt·ed,** ～**-hànd·ed** 〖俗〗無器用な, へまな.

ham[3] *n.* 〖史〗町(town), 村(village).

Ham [hæm] *n.* 〖聖〗Noah の次男.

hàm·a·drý·ad [hæ̀mədráiəd, -dráiæd] *n.* (*pl.* ～s, ～·es [-dìːz]) **1**〖ギ・ロ神〗木の精. **2**《インド産》毒ヘビの一種. **3**〖動〗マントヒヒ《エチオピア産》.

ha·mál [həmɑ́ːl, ㊥⁺-mɔ́ːl] *n.* **1**《東洋の》運搬人夫. **2**《インドの》下男.

Hám·burg [hǽmbəːrg] *n.* **1** ハンブルク《西ドイツ北部の州; その州都, 海港》. **2** (または h～) ハンバーグ《小さな鶏の一種》. **3** (または h～) 黒ブドウ酒の一種. ～ **steak** 〖料理〗ハンバーグステーキ.

hám·burg·er [hǽmbəːrgər] *n.* 〖米〗**1** ハンバーグステーキ (Hamburg steak). **2** ハンバーガー《ハンバーグステーキ入りサンドイッチ. bun を用いる》. **3** (ハンバーグステーキ用) ひき肉.

hames [heimz] *n. pl.* 馬のくびき《馬車馬の首輪の両側の 2 本の曲がった棒》.

Hám·ite [hǽmait] *n.* **1**〖聖〗Ham の子孫. **2** ハム族《アフリカ北東部に住む諸種族. 古代エジプト人・現代ベルベル (Berber) 人など》.

ha·mí·tes [həmáitiːz] *n.* かぎ石《化石の》.

Ham·ít·ic [hæmítik, həmítik] *a.* **1** Ham (の子孫) の. **2** ハム族の; ハム語族の. —— *n.* ハム語《ハム語族に属する言語》.

Haml. Hamlet.

hám·let [hǽmlit] *n.* **1** 小村, 寒村; 部落. **2**〖英〗《教会のない》小村落.

Hám·let [hǽmlit] *n.* ハムレット《Shakespeare 作の四大悲劇の一つ; その主人公》.

ham·mál =hamal.

hám·mam [hǽmæm] *n.* トルコぶろ(屋).

‡**hám·mer** [hǽmər] *n.* **1** ハンマー, 金づち, つち. **2** ハンマー状の物;《特に》《ピアノの》つち;《ベルの》打ち子;《競売者用》木づち;《陸上競技の》ハンマー;《銃の》撃鉄; 〖医〗《中耳の》槌骨(つちこつ). ***bring*** 〔***send***〕 ***to the*** ～ 競売に付す. ***come*** 〔***go***〕 ***under the*** ～ 競売に付される. ***gut*** ～ 呼び鐘《鉄製トライアングル》. ～ ***and sickle*** つちとかま《ソ連邦国旗》. ～ ***and tongs*** ものすごい音〔勢い〕で.
—— *vt.* **1** つちで打つ〔打ち込む〕; たたく; たたき伸ばす《*out*》; つちで打ってつくる《*out*》. **2** (苦労して) つくり上げる, くふうする《*out*》; 〈口実などを〉つくり上げる, でっち上げる. **3** 〈曲を〉ガンガンひく《ピアノで》. **4** (げんこで) さんざんになぐる; 激しく砲撃する. **5** こきおろす, 酷評する. **6**〖英〗取引所で除名処分にする.
—— *vi.* **1** たたく《を *at*》. **2** こつこつと苦心する《*away*》.
～ ***away at*** に苦心する; を (しつこく) 繰り返す. ～ a thing ***into*** a person***'s head*** (あることを人) の頭にたたき込む〔教え込む〕. ～ a thing ***into shape*** つちで打って形をつける. ～ ***out*** facts (事実を) 捜し出す. ～ ***prices*** 〖話〗ひどく値切る.
～ **beam** 〖建〗片持ち梁(ばり), 槌梁(つちばり)《壁の両側の上部から突き出し, 屋根材をささえる》. ～**·blow** [⌐‐⌐] つち打ち, 猛打. ～ **blue** 第 2 選手または小競技の代表選手に与えるリボン. ～**·cloth** [⌐‐⌐]《馬車の》御者台のおおい布. ～**·head** [⌐‐⌐] (1) ハンマーの頭部. (2)〖魚〗シュモクザメ. ～**·hèad·ed** [㊥ ⌐‐⌐‐] つち状の頭をした; 愚鈍な. ～ **lock** 〖レスリング〗相手の片腕を背中にねじ上げるわざ. ～**·man** [-mən, ㊥⁺-mæ̀n] (*pl.* **-men**) かじ屋, 鍛工, 鎚工(ついこう). ～**·smith** [⌐‐⌐] =hammerman. ～ **throw,** ～ **throwing** 〖運〗ハンマー投げ. ～**·toe** [⌐‐⌐] 足指の奇形《かぎ形に曲がる》. ◇ ～**ed** *a.* 《銀細工など》たたき出しの. ～**·ing** [-mərɪŋ] *a., n.* ハンマーで打つ (こと・音); たたき出し模様《銀細工などの》. ～**·less** *a.* つちのない;《銃の》打ち金のない.

hám·mock [hǽmək] *n.* ハンモック, つり床. ～ **chair** ズック製たたみいす; 〖話〗デッキチェア.

Hám·mond [hǽmənd] ～ ***organ*** ハモンドオルガン《2 段鍵盤電気オルガンの一種. 商標名》.

Hàm·mu·rá·bi [hɑ̀ːmʊrɑ́ːbi, hæ̀m-/hæ̀m-] *n.* ハムラビ《2100 B.C. ころのバビロン第 1 王朝 6 代めの

王で法令制定者》. **~'s code** ハムラビ法典.

hám·my[1] [hǽmi] *a.* **1** ハムのような(かおりのする). **2**《米俗》へぼ役者のような.

hám·my[2] *a.*《話》大げさにふるまう, 誇張する(した).

hám·per[1] [hǽmpər] *vt.* **1** じゃまする, 妨害する, 困らす. **2** <錠などを>くるわせる. **——** *n.* **1**《海》平常は必要物でも暴風雨などのばあいじゃまになる船具. **2** 足かせ.

hám·per[2] *n.* **1**《食料品・衣類などを入れるふたつきの》詰めかご, 大型バスケット: a picnic ~. **2**《贈り物用などの》かご詰め食料品.

Hámp·shire [hǽmpʃ(i)ər] *n.* ハンプシャー《イングランド南海岸の州. Southampton および Wight 島を含む. 略 Hants》.

Hámp·stead [hǽm(p)sted, -stid] *n.* ハムステッド《ロンドン西北区. 芸術家・文士の居住地》. **~ Heath** [-híːθ] ハムステッド遊園地.

Hámp·ton[1] [hǽmptən] *n.* アメリカ Virginia 州の都市.

Hámp·ton[2] [hǽm(p)tən] **~ Court** ハンプトン旧王宮《現在その一部は貧乏貴族の住居であり, 他は絵画陳列所などがある》.

hám·shack·le [hǽmʃækl] *vt.* **1** <牛馬などを>頭と前足とを結び付けて縛る. **2** 束縛する.

hám·ster [hǽmstər] *n.*《動》朝鮮ネズミの類《東ヨーロッパ・アジア産》.

hám·string [hǽmstriŋ] *n.*《医》《人間の》ひかがみの腱(けん);《四足獣の》飛節. **——** *vt.* (**-strung** [-strʌŋ],《稀》**-stringed**) **1** <人・馬などを>ひかがみ(飛節)の腱を切ってびっこにする; 不具にする. **2** の効果をそぐ; だいなしにする.

hám·u·lus [hǽmjuləs] *n.* (*pl.* **-li** [-lài])《医・動》かぎ状の小突起;《植》かぎ状の剛毛.

Han [hɑːn/hæn] *n.*《中国の》漢朝《206 B.C.–A.D. 220》; 漢水《中国の川》.

†**hand** [hænd] *n.* **1** 手; 上肢(じょうし), 前肢《人間・サルなどの》;《把持力を備えているばあいの動物の》後肢, 下肢;《タカなどの》「手」;《カニの》はさみ. **2** 手の形をしたもの;《特に》《とけいの》針;《バナナの》ふさ;《タバコの葉の》一束. **3** (しばしば *pl.*) 所有, 占有; 管理; 支配. **4** (通例 *pl.*) 人手, 働き手, 雇い人; 職人, 職工; 乗組員: farm ~*s* 農業労働者, 作男. factory ~*s* 工員. all ~*s* on board《海》乗組員総員. **5** 助力. **6**「手」, やり口: a dirty ~ 卑劣なやり方. clean ~*s* 潔白. **7** 腕前, 技量; 技量の持ち主: an old ~ 老練者. **8 筆跡**; 署名, 記名: write in a clear ~ はっきりした字を書く. **9**《右手・左手などの》がわ,「手」, 方向; 方面. **10** 結婚, 婚約, 誓約. **11**《トランプ》持ち札; 競技者; 一勝負. **12** ハンド《4 インチ (=手の幅). 馬の高さを測る単位》. **13**《米》拍手: a big ~ 大かっさい.

a bird in the ~ 確実に手中にある物. ***ask for a lady's*** [***her***] ~ 婦人[彼女]に結婚を申し込む. ***ask the*** ~ ***of*** を妻として求める. ***at close*** ~ すぐ近くに. ***at first*** ~ 直接に. ***at*** ~ 手近に; 近い将来に. ***at*** a person's ~*s* = ***at the*** ~(*s*) ***of*** の手から, の手にかかって. ***at second*** ~ 間接に; 他人を介して. ***be a good*** [***poor***] ~ ***at*** …がじょうず[へた]だ. ***bear a*** ~ 関与する《に *in*》; 手をかす. ***bear in*** ~ 手助けする. ***be on the mending*** ~ 回復に向かいつつある. ***by*** ~ 手で, 手製で[の]; 直筆で: made *by* ~ 手製の. be brought up *by* ~ 人工栄養[牛乳]で育てられる. ***by the*** ~(*s*) ***of*** の手により. ***change*** ~*s* 他人のものとなる, 所有者が変わる. ***close at*** ~ すぐ近くに. ***come to*** ~ 手にはいる; 見つかる, あらわれる; 到着する. ***do a*** ~***'s turn*** 最低の努力をする. ***do not lift a*** ~ なんの労も払わない《*to* (do)》. ***eat*** [***feed***] ***out of*** a person's ~ (人)の手からじかに食べる[食べさせる]; よく慣れている. ***fight*** ~ ***to*** ~ 接戦する, つかみ合う. ***force*** a person's ~ (人に) 無理じいする. ***for*** one's ***own*** ~ の利益のために. ***from*** ~ ***to*** ~ 人手から人手へ, 転々と. ***from*** ~ ***to mouth*** その日暮らしで. ***get*** one's ~ ***in*** に慣れる. ***give a*** ~ 手をかす. ***give*** one's ~ ***on*** a bargain (契約の履行)を確約する. ***give*** one's ~ ***to*** <女が> …と婚約する. ***go*** ~ ***in*** ~ ***with*** と手をとり合ってゆく; と協調する. ~ ***and foot*** 手も足も; 一生けんめいに《人に仕える》. ~ ***and*** [***in***] ***glove with*** …ときわめて親密で; の信任を得ている. ~ ***in*** [***and***] ***glove*** 親密な[に]. ~ ***in*** ~ 手をとり合って; 協力して. A person's ~ ***is out.*** (人)の手がさがっている, 練習をやめている. ~ ***of glory***《どろぼうなどの》お守り. ~ ***over*** ~ = ~ ***over fist***《綱などを》たぐって; ぐんぐん, ずんずん. win ~***s down*** 容易に(勝つ). ***H***~***s off!*** さわるべからず. ***H***~***s up!*** 手をあげろ!《降参の印として》; (賛成の方) 手を上げてください! ***have a*** ~ ***for*** …がじょうずだ. ***have a*** ~ ***in*** に加わる, に手を染める. ***have*** one's ~ ***full*** 手いっぱいだ; 多忙だ. ***have*** one's ~ ***in*** に関与している; に習熟している. ***have in*** ~ 所有する; 支配する. ***heavy on*** [***in***] ~ 手に負えない, 扱いかねる. ***hold*** one's ~ 手控える. ***hold*** ~***s*** 手をとり合う; <男女が> 仲むつまじくする. ***in*** ~ 手にして; 制御して; 着手して; 考究中の; (手元に) 用意して, 準備中で. ***in the*** ~ ***of*** = ***in*** one's ~ の手中に; …にゆだねられて. ***join*** ~ 協力する. ***keep*** one's ~ ***in*** に習熟している. ***keep*** ~***s off*** 手を触れない; 介入しない. ***keep*** one's ~***s on*** = ***keep a firm*** ~ ***on*** をしっかり掌握している. ***lay*** one's ~***s on*** に手を触れる; を祝福する《手を触れて》; つかむ; 襲撃する. ***lend a*** ~ 手をかす, 援助する. ***lift*** [***raise***] ***a*** ~ 努力する. ***lift*** [***raise***] one's ~ ***to*** [***against***]《打つように》手を振り上げる; 脅かす. ***light on*** ~ 扱いやすい. ***make a*** ~ 利益をうる; 功を奏す. ***off*** ~ (1) 準備なしに, 即座に. (2) 行き当たりばったりの. (3) 失礼な. ***off*** one's ~***s*** の手を離れて《完了して》. ***on all*** ~***s*** = ***on every*** ~ (1) 四方八方に[から]. (2) 皆から, 広く《賛成される, 求められるなど》. ***on*** ~ (1) 持ち合わせて. (2)《米》手近に; 居合わせて, 出席して. ***on*** (a person's) ~***s*** (1) (の)責任として. (2) (手元に) 売れ残って. ***on*** (***the***) ***one*** ~ 一方では. ***on the other*** ~ 他方では, これに反して. ***out of*** ~ (1) 手に余って. (2) 完了して. (3) 直ちに. ***play a good*** ~《トランプなどで》うまい手を打つ. ***play into one another's*** ~ 互いに利益を図る[気脈を通じる]. ***put*** [***lay***] one's ~ ***on*** (の場所を) 見つける, 捜し出す. ***put*** [***set***] one's ~ ***to*** を始める, を企てる. ***shake*** (one's) ~ (人と) 握手する. ***show*** one's ~ 手のうちを見せる. ***sit on*** one's ~***s*** 手をこまねいている; ほめない, 感動しない. ***strike*** ~***s*** 協力を約する; 契約を取り決める. ***take a*** ~ ***at*** [***in***] に参加する《特にトランプで》; に関係する. ***take*** a person ***by the*** ~ (人の) 手をとる; (人を) 保護してやる. ***take in*** ~ 引き受ける, 処理する, しまつをつける; <人を> 訓練する. ***throw up*** one's ~***s*** 手を上げる; ほとほと弱る, 断念する. ***tie*** a person's ~ (人)の活動を封ずる. ***tip*** one's ~ 早まって意図[計画]をもらす. ***to*** ~ 手のとどくところに, 手にはいって. ***to*** one's ~(*s*) たやすく得られるように. ***try*** one's ~ (*at*) (を)やってみる. ***turn*** one's ~ ***to*** に着手する. ***under*** [***ready to***] one's ~(*s*) 手元にある; すぐ役立つ. ***under the*** ~ ***of*** の署名つきで. ***wash*** one's ~ ***of*** …から手を引く, …とかかわりを断つ. ***win a lady's*** ~ 婦人から婚約の承諾を得る. ***with a bold*** ~ 大胆に; 傲然(ごう)と. ***with a heavy*** [***an iron***] ~ 強圧的に, きびしく. ***with a high*** ~ 尊大に, 高圧的に. ***with both*** ~***s*** 両手で; 全力を尽くして. ***with clean*** ~***s*** 悪事に手を染めずに, 清潔で.

—— *vt.* **1 手渡す**, 与える: Please ~ me the salt. 食塩をお回しください. **2** 手で導く, 手で助ける《へ *to, into*; から *out of*; の向こうへ *across, over*》. **3**《海》<帆などを>たたむ. **~ down** (後世に) 伝える; <判決を> 申し渡す. **~ in** 手渡す; <報告などを> 提出する.

∼ ***off*** 〘ラグビー〙 敵を押しやる. ∼ ***on*** 伝える; お次へ渡す. ∼ ***out*** 分与する, 配る; 金を出す. ∼ ***over*** 渡す; 譲与する. ∼ ***round*** 〔***around***〕 順々に回す, 配る. ∼ ***up*** 引き渡す.

∼ **ax**(**e**) 手おの. ***∼́·bag** [hǽn(d)bæ̀g] ハンドバッグ, 手さげかばん. ∼ **baggage** 〘米〙 手荷物. **∼́·ball** [ˊ ˋ] (1) ハンドボール《壁にボールを投げつけてはね返るボールを相手に受けさせる球技》; そのボール. (2) ハンドボール《手でボールをパスしてゴールに入れるサッカーに似た球技》; そのボール. (3) 手まり. **∼́·bàr·row** (1)《担架式の》運搬器. (2) (2 輪の) 手押し車. ∼ **basket** バスケット, 手さげかご. **∼́·bell** [ˊ ˋ] 振鈴《手で振り鳴らす鈴. おもに楽器用》. **∼́·bill** [ˊ ˋ] ビラ, 散らし, 引き札. **∼́-bomb** [ˊ ˋ] 手榴弾(りゅうだん). **∼́·book** → 別項. **∼́·bow** [ˊ ˋ] 手弓《手でひく》. **∼́·breadth** [ˊ ˋ] 一手幅《10cm強》. **∼-cán·ter** [hǽn(d)-] 〘英: 馬術〙 ゆるやかな駆け足. **∼́·car** [ˊ ˋ] 〘米: 鉄道〙 手動車, トロッコ. **∼́·cart** [ˊ ˋ] 手押し車. **∼́·clap** [ˊ ˋ] 拍手. **∼́·clasp** [ˊ ˋ] 握手. **∼́·cuff** [ˊ ˋ] (1) (通例 *pl.*) 手錠. (2) に手錠をかける. ∼ **drill** 〘機〙 ハンド〔手回し〕ドリル. **∼́·fast** → 別項. ∼ **gallop** 〘馬術〙 ゆるやかなギャロップ. ∼ **gear** 手動伝動装置; 手動式連動機. ∼ **glass** 手鏡; 柄付き虫めがね, 拡大鏡; 《苗を保護する》ガラスおおい. ∼ **grenade** 手榴弾(りゅうだん). **∼́·grip** [ˊ ˋ] (1) 強い握手. (2) 柄, 《自転車などの》ハンドル. (3) (*pl.*) つかみ合い, 組み打ち: come to ∼*grips* つかみ合う. **∼́·gun** [ˊ ˋ] 〘俗〙 ピストル. ∼ **hammer** つち, 《石工用の》金づち. **∼́·hold** [ˊ ˋ] (1) 手づかみ, 把握(はあく). (2) 手がかり, つかみどころ, つかまり場. **∼́-in-hánd** 手に手をとった; よくつりあった, 似合いの. **∼-knít·ted** 手編みの. ∼ **language** 指話《聾者(ろうしゃ)の》. **∼-lét·tered** 手で書いた, 手書きの. ∼ **lever** 《自動車などの》手動レバー. **∼́·line** [ˊ ˋ] 手づり糸《さおを使わない》. **∼́·loom** [ˊ ˋ] 手織り織機. ∼ **machine** 手動機械. ***∼-máde** [hǽn(d)méid] 手製の, 手細工の. **∼́·maid** [ˊ ˋ], **∼́·màid·en** 〘古〙 女中, 侍女, 小間使; 〘虫〙 ガの一種. **∼́-me-dòwn** → 別項. ∼ **mill** 手ひきうす; 《コーヒー豆などの》ひき器. ∼ **money** 手付け金. **∼́-off** [ˊ ˋ] (1) 〘ラグビー〙 手で相手を押しのける(こと). (2) 〘アメリカンフットボール〙 パス(ボール). ∼ **organ** 手回しオルガン. **∼́·out** [ˊ ˋ] 〘米〙 (1) (こじきに) 与えられる物《金・食物・衣類など》; 《財団などからの》寄付. (2) 商品案内〔見本〕. (3) 新聞に発表する文書; 《学会などでの》配布刷り物, 「プリント」. **∼-pícked** 〘米〙 (1) 手でえり分けた; 精選された, 粒よりの. (2) お手盛りの. **∼́·play** [ˊ ˋ] なぐり合い. **∼́·post** [ˊ ˋ] 道しるべ. ∼ **puppet** 指人形. **∼́·rail** [ˊ ˋ] 手すり, 欄干. **∼́·saw** [hǽn(d)sɔ̀:] 手のこぎり, 手のこ. **∼s·breadth, ∼'s-breadth** [ˊ ˋ] = handbreadth. **∼́·scrub** [hǽn(d)skrʌ̀b] 〘米〙 つめブラシ. **∼́·set** [hǽn(d)sèt] 《卓上電話の》 受話器. ***∼́·shake** [ˊ ˋ] 握手. **∼́·sìt·ting** なにもしていない.

hand puppet

∼s-óff → 別項. **∼́·spike** [hǽn(d)spàik] (1) 《木製の》てこ. (2) 〘軍〙 照準桿(かん). **∼́·spring** [ˊ ˋ] 〘米〙 《手を地につけてする》とんぼ返り: turn ∼*spring* とんぼ返りする. **∼́·staff** [ˊ ˋ] (*pl.* **-staves** [-steivz]) からざおの柄. **∼́·strap** [ˊ ˋ] 《電車などの》 つり皮. **∼'s turn** 手助け, 手伝い. **∼-táut, ∼-tíght** 〘海〙 《ボルト・ナットなど》 手の力の及ぶかぎり張り詰めた; 手で締めた. **∼-to-hánd** [-tə-] つかみ合いの; 白兵戦の. **∼-to-móuth** [-tə-] その日暮らしの; 《暮らしが》 余裕のない, 一時しのぎの. **∼́·wheel** [ˊ ˋ] ハンドル車. **∼́·work** [ˊ ˋ] 手細工, 手工, 手仕事. **∼́·wórked** 手づくりの. **∼́·write** [ˊ ˋ] 手書きする. ‡**∼́·wrìt·ing** → 別項. **∼́·wróught** [-rɔ́:t] = handworked.

hánd·book [hǽn(d)bùk] *n.* **1** 便覧, 手引き: a ∼ of radio ラジオ便覧. **2** 案内書〔記〕: a ∼ of Italy イタリア旅行案内. **3** 論文集. **4** 〘米〙 《競馬の》 賭(かけ)金帳. ∼ **man** 〘米〙 《競馬の》 賭業者, 馬券屋.

(**-**)**hánd·ed** [hǽndid] *a.* **1** …の手をした: left-∼ 左手ききの. heavy-∼ 無器用な; 強圧的な. **2** …の人数でする: a four-∼ game 4人でする遊戯. **3** 手のある.

Hán·del [hǽndl] *n.* George Frederick ∼ ヘンデル, 1685–1759, ドイツ生まれでイギリスに帰化した作曲家.

hánd·fast [hǽn(d)fæ̀st/-fɑ:st] *n.* 〘古〙 **1** 握手. **2** 婚約, 約束. —— *a.* **1** しっかり手を握った. **2** 約束〔婚約〕した. ◇ **∼·ing** *n.* 〘古〙 約束, 婚約.

‡**hánd·ful** [hǽn(d)fùl] *n.* **1** 一つかみ, 一握り(の量). **2** 少量, 少数: a ∼ of men わずかな人数. **3** 扱いにくい人間〔物, 仕事〕; やっかいもの.

‡**hánd·i·cap** [hǽndikæ̀p] *n.* **1** ハンディキャップ《競技で優劣均衡のため優者に負わせる余分の負担》; 不利な条件. **2** ハンディキャップつきの競技. **3** 不利益, 困難. —— *vt.* (**-pp-**) **1** にハンディキャップをつける. **2** 不利な立場におく; 妨げる. ***the ∼ped*** 身体〔精神〕障害者.
◇ **∼·per** [-ər] *n.* 《競技用》ハンディキャップ係.

***hánd·i·craft** [hǽndikræ̀ft/-krɑ:ft] *n.* **1** 手細工, 手芸, 手仕事, 手工業. **2** 手先の熟練, 手練.
∼s·man [-smən] (*pl.* **∼s·men**) 手職人, 細工師.

hánd·i·cuff [hǽndikʌ̀f] *n.* 手で打つこと; (*pl.*) なぐり合い, 打ち合い. ***come to ∼s*** なぐり合う.

hánd·ie-tàlk·ie [hǽnditɔ̀:ki] *n.* 〘米: 軍〙 **1** 携帯用小型無線電話機. 〈注〉 handy- ともつづる. **2** (H∼-T∼) 携帯用小型ラジオ通信機《商標名》.

hánd·i·ly [hǽndili] *ad.* **1** 手ぎわよく, じょうずに, 器用に. **2** 便利に, ちょうほうに, 手ごろに.

hánd·i·ness [hǽndinis] *n.* **1** 手ぎわのよさ, じょうず, 器用. **2** 便利, 手ごろ.

hánd·i·work [hǽndiwə̀:rk] *n.* **1** 手細工(品), 手工(品), 手仕事. **2** 製作, 工作. **3** しわざ.

‡**hánd·ker·chief** [hǽŋkərtʃif, -tʃi:f] *n.* (*pl.* **-chiefs** [-vz, -fs/-fs], **-chieves** [-vz]) **1** ハンカチ (=pocket ∼). **2** 首巻き (=neck ∼). ***throw the ∼ to*** にハンカチを投げる《鬼ごっこで鬼に自分を追わせるため》; に白羽の矢を立てる; 〈女〉 に気のあることを示す.

‡**hán·dle** [hǽndl] *n.* **1** 取っ手, ハンドル, 柄. **2** 手がかり, 手段, (つけこむ) 機会, 口実《の *to*》. **3** 〘話〙 肩書き《の *to*》.
fly off the ∼ 〘話〙 かっとなる. ***give a ∼ for*** の機会〔口実〕を与える. ***∼ of the face*** 〘笑〙 鼻. ***∼ to*** one's ***name*** 肩書き, 敬称《Dr., Rev. など》. ***up to the ∼*** 〘米話〙 徹底的に.
—— *vt.* **1** にさわる, (手で)扱う, 使う. **2** 取り扱う, 処理する; 〈問題を〉論ずる. **3** 〈人を〉待遇する; 指揮する. **4** 〈商品を〉扱う, 商う. —— *vi.* 扱われる: This machine ∼*s* easily. この機械の操作は簡単だ.
∼-bar [ˊ – ˋ] (しばしば *pl.*) (1) 《自転車の》ハンドル (バー). (2) 〘話〙 天神ひげ.
◇ **hán·dler** *n.* ∼する人; 《ボクシングなどの》付添人, トレーナー; 《馬の》調教師. **hán·dling** *n.* 手に触れること; 取り扱い; 処理; 操縦.

hánd-me-dòwn [hǽn(d)midàun] *n.* 〘米話〙 **1** できあいの服. **2** 古着, おさがり.

hánd·sel [hǽns(ə)l] *n.* **1** 祝い品《開店・結婚などの新発足を祝う》; お年玉《最初の月曜に渡す》. **2** 初売り; 初だめし; 試食. **3** 手付け金; 第1回払い込み. —— *vt.* (**-l-**, [英] **-ll-**) **1** に ∼ を贈る. **2** 口あけをする, 初めて使う.

hánds-óff [hǽndzɔ́:f, -ɔ̀:f/-ɔ́f, -ɔ́:f] *a.* 無干渉の:

a ～ policy 無干渉主義〔政策〕.

‡**hand·some** [hǽnsəm] *a.* **1** 風采(ふうさい)のよい, **顔だちの整った.** 〈注〉男性について用いることが多いが, 女性にも使われることがある. **2** りっぱな, 堂々とした; じょうずな: a ～ building りっぱな建物. a ～ speech みごとな演説. **3** 《金額・財産など》相当に大きな, 少なからぬ. **4** 気前のよい: a ～ gift 豪勢な贈り物. **5** 〖米俗〗適した. ***come down*** ～ 気前よく金を出す. ***H～ is that* [*as*] ～ *does.*** 〖諺〗行動のりっぱなのがりっぱな人だ, 「見目より心」.

◇ *～**·ly** *ad.* りっぱに; おうように. ～**·ness** *n.*

〖類〗→**beautiful**「美しい」

‡**hánd·wrìt·ing** [hǽndràitiŋ] *n.* 手書き, 肉筆; 筆跡, 書風. ***the ～ on the wall*** 〖聖〗災いの前兆《ダニエル書 5:5》.

‡**hánd·y** [hǽndi] *a.* **1 手ごろな**, 《船・道具など》扱いやすい. **2 便利な**, ちょうほうな. **3 じょうずな**, 手ぎわよい, 器用な, 手早い. **4 手近な**, すぐにまにあう.

—— *ad.* 〖話〗そばに, すぐ近くに.

～ **book** =handbook. ～**-dánd·y** [ˊ-ˊ-/ˊ-ˊ-] 当てっこ遊び《どちらの手に物が隠してあるかを当てる遊び》. ～ **man** 雑用をする男; 器用な男.

Hán·ford [hǽnfərd] *n.* アメリカ Washington 州南部にある原子力研究の中心地.

†**hang** [hæŋ] *v.* (**hung** [hʌŋ]) *vt.* **1 つり下げる, 掛ける**, つるす, 下げる《に *to, on*; から *from*》: ～ curtains *on* a window 窓にカーテンをつる. **2** (*p., pp.* **hanged**) 首つりにする, 絞首刑にする. **3** 〈頭・首を〉うなだれる. **4** 〈絵を〉壁に掛ける; 〈壁紙を〉張る. **5** 〈壁・へやに〉掛ける, 張る《を *with*》: ～ a wall *with* pictures 壁に絵を掛けて飾る. **6** 取り付ける《とびらを柱に, 柄を器具に》. **7** 〈付加物・条項を〉加える; 〈あだ名などを〉つける《に *on*》. **8** 〖俗〗〈打撃を〉くらわす《に *on*》. **9** ぐずつかせる; 〖米〗未決定のままにしておく. **10**「ひっかける」, 関係づける《に *on*》.

—— *vi.* **1** ぶら下がる, たれ下がる, 掛かる. **2** 宙に浮く, ただよう. **3** おおいかぶさる, 差し出る《の上に *over*》; 差し迫る《に *over*》. **4** (*p., pp.* **hanged**) 首つりにされる; 絞首刑に処される. **5** 〈戸が〉ちょうつがいで自由に動く. **6** 《…に》かかっている, 《…の》しだいである《の, に *on*》. **7** しがみつく, 寄り掛かる《に *on, onto*》. **8** ぐずぐずしている; うろつく: He *hung* by her side unwilling to leave. 彼は彼女のそばを立ち去りかねていた. **9** 迷う, ちゅうちょする: ～ *between* staying and going 行こうか行くまいか迷う. **10** そのままにする, 未決定にする: Let that matter ～ for some time. しばらく決定しないでおきましょう.

～ one***self*** 首をくくる. ～ ***about* [*around*]** まつわりつく; 〖話〗ぶらつく. ～ ***back*** しりごみする. ～ ***behind*** 遅れる. ～ ***by a hair* [*thread*]** 風前のともしび〔危機一髪〕である. ～ ***down*** たれる; 下げる; 伝わる. ～ ***fire*** 〈銃器が〉すぐ発火しない; 〈ことが〉手間どる; ぐずぐずする. ～ **one's *head*** うなだれる. ～ ***heavy*** 〈時間などが〉手持ちぶさたである. ～ ***in the balance* [*wind, doubt*]** いずれとも決着がつかない, 宙ぶらりんだ. ***H～ it* (*all*)!** なんたることだ. ～ ***on*** (1) しがみつく《に *to*》. (2) 耳をそばだてて待つ. (3) がんばる. (4) …しだいである. ***H～ on!*** (1) しっかりつかまれ. (2) ちょっと待て. ～ ***out*** (1) 〈舌が〉出る. (2) 〈看板・旗などを〉掲げる. (3) からだを乗り出す. (4) 〖俗〗住む; 泊まる; うろつく. ～ ***over*** (1) の上に張り出す; に差し迫る, を脅かす. (2) 〖俗〗〈状態などが〉あとに残る. ～ ***together*** (1) 団結する; ぴったりくっつく, 渾然(こんぜん)一体をなす. (2) 〈話などが〉つじつまが合う, 筋道がとおる. ～ ***up*** (1) 掛ける, つるす. (2) とっておく, 延ばす, ぐずつかす; 妨げる. (3) 電話を切る; 〖俗〗黙る. (4) 〖俗〗質に入れる. (5) 〖俗〗夢中になる《に *on*》. (6) 掛けで買う. (7) 〖俗〗もうける. ～ ***up with*** 〖俗〗と肩を並べる. ***I'll be ～ed if…*** 断じて…しない; 絶対に…なことはない. ***let things go ～*** ほうっておく.

—— *n.* **1** 掛かりぐあい, 下がりぐあい. **2** 〖米話〗扱い方, こつ. **3** 〖米話〗趣旨. **4** 〖話〗ちょっと. **5** 〖米俗〗銃のバランス. ***do not care a ～*** =***do not give a ～*** ちっともかまわない. ***get* [*see*] *the ～ of*** の呼吸がわかる, …のこつをのみこむ.

～**·bird** [ˊˋ] 木の枝に巣をつくる鳥《特にアメリカ産ムクドリの類》. ～**·dog** [ˊˋ] (1) こそこそした, 卑屈な, 下劣な. (2) 卑劣漢, 下等な男. ～**·man** → 別項. ～**·nail** [ˊˋ] 《指先の》ささくれ. ～**·out** [ˊˋ] 〖米〗《無頼漢などの》巣窟(そうくつ), たまり場, 寄り合い所. ～**·ò·ver** → 別項. ～**·up** → 別項.

háng·ar [hǽŋər, hǽŋgɑːr] *n.* 格納庫; 車庫; 納屋. ～ **deck** 〖空〗《航空母艦の》格納甲板.

háng·er [hǽŋər] *n.* **1** 掛ける人; 《壁紙などを》張る人. **2** 物をつるすもの; 洋服掛け, ハンガー; 《洋服の》つり輪; かぎ, 自在かぎ; つり手. **3** かぎばね《文字の》. **4** 短剣; バンドでつるす物. **5** 〖英〗急傾斜地の林. **6** つるし広告. ***paper ～*** 表具師; 〖俗〗偽造小切手, 不渡り小切手行使者.

～**-ón** [hǽŋərɑ́n/-ɔ́n] (*pl.* ～**s-ón**) 〖話〗居そうろう, 食客; 取り巻き連, 腰ぎんちゃく, 子分; 〖米〗愛着者, 《ある場所の》常連.

háng·ing [hǽŋiŋ] *n.* **1** つり下げること, ぶら下がり. **2** 首つり, 絞首刑. **3** (しばしば *pl.*) 壁掛け, 掛け布; 壁紙. **——** *a.* **1** 絞首刑に処せられるべき. **2** ぶら下がった; せり出した. **3** つり下げ用の. **4** 差し迫った. ～ **committee** 《展覧会などの》審査委員会. ～ **indention** 〖印〗段落の初行以外一様に下げる行組み. ～ **judge** 絞首刑を宣告したがる判事.

háng·man [hǽŋmən] *n.* (*pl.* **-men**) 絞首刑執行人.

háng·ò·ver [hǽŋòuvər] *n.* **1** 〖米〗残存物, 遺物. **2** ふつか酔い.

háng·up [hǽŋʌ̀p] *n.* 思いつめ, 心がかり; Marriage is her ～. 彼女の頭の中は結婚のことでいっぱいだ.

hank [hæŋk] *n.* **1** (糸の)かせ《綿糸840ヤード, 毛糸560ヤード》; 《糸・毛などの》束, 輪. **2** 〖海〗帆環《縦帆の前縁に取り付けた環》. ～ ***for*** ～ 〖海〗**2** 船並んで; 〖俗〗対等で, 五分五分で. ***in a ～*** 困却して.

hán·ker [hǽŋkər] *vi.* あこがれる, 渇望する《に, を *after*》; 切望〔熱望〕する《を *for*》.

◇ ～**·ing** [-kəriŋ] *n.* ～**·ing·ly** *ad.*

Hán·kóẃ [hǽnkáu, hǽŋ-/-ˊ, ˊˊ] *n.* ハンコウ(漢口)《中国の都市》.

hán·ky [hǽŋki] *n.* 〖小児語〗ハンカチ.

hán·ky-pán·ky [hǽŋkipǽŋki] *n.* 〖英話〗手品; ごまかし, 詐欺. ***be up to some ～*** なにか後ろ暗いことをしている.

Hán·ni·bal [hǽnib(ə)l] *n.* ハンニバル, 247-183? B.C., カルタゴの将軍.

Ha·nói [hɑːnɔ́i/hæ-] *n.* ハノイ《ベトナム社会主義共和国の首都》.

Hán·o·ver [hǽnovər] *n.* ハノーバー《ドイツ Prussia の州およびその州都》. ***the House of ～*** ハノーバー王家《George I から Victoria 女王までのイギリス王室》.

Hàn·o·vé·ri·an [hænoví(ː)riən/-víər-] *a.* ハノーバー王家の. **——** *n.* ハノーバー王家の支持者.

Hans [hæns, -z] *n.* ドイツ人〔オランダ人〕の名.

Hán·sard [hǽnsərd, -sɑːrd] *n.* イギリス国会議事録《最初の議事録の出版者 Luke ～ (1752-1828) の名から》. ◇ ～**·ize** *vt.* 〈国会議員の〉矛盾を議事録を引証して論駁(ろんばく)する.

hanse [hæns] *n.* 〖史〗**1** 《中世北ヨーロッパの》商人組合. **2** (H～) ハンザ同盟(the Hanseatic League).

Hàn·se·át·ic [hænsiǽtik, -nzi-] *a.* ハンザ同盟の. ～ **League, the** 〖史〗ハンザ同盟《中世のドイツ北部を中心とする北ヨーロッパ諸商業都市の商業的・政治的同盟》.

hán·sel =handsel.

hán·som [hǽnsəm] *n.* ハンサム型馬車 (=～ cab) 《御者台が後部にある2人乗りの1頭立て2輪馬車》.

ha'nt, han't, ha'n't [(h)eint] 〖俗〗have 〔has〕 not の短縮形.

Hants [hænts] =Hampshire. 「病院.
Hán·well [hǽnwəl] *n.* 〔ロンドンの〕ハンウェル精神
hap [hæp] *n.* 〔古〕**1** 偶然, 運; 幸運. **2** (偶然の)できごと. —— *vi.* (-pp-) 〔古〕偶然起こる, 偶然にも…する《*to* (do)》.
ha·pax le·go·me·non [hǽpæks-ligámịnàn/-ligɔ́mịnɔn] Gk.(*pl.* ***ha·pax le·go·me·na*** [-nə]) 1度だけ記録にある語句.
hàp·ház·ard [hæ̀phǽzərd / hæ̀p-] *n.* 偶然. ***at*** 〔***by***〕～ 偶然に, でたらめに. —— *a., ad.* 偶然の〔に〕, でたらめの〔に〕. ◇ **～·ly** *ad.* **～·ness** *n.*
〔類〕→ **random**「行き当たりばったりの」
háp·less [hǽplis] *a.* 恵まれない, 不しあわせな, 不運な. ◇ **～·ly** *ad.* 不幸〔不運〕にも. **～·ness** *n.*
hap·lóg·ra·phy [hæplágrəfi/-lɔ́g-] *n.* 重字脱誤《例: convivial を convial, philology を philogy とする》.
háp·loid [hǽplɔid] *a.* 半数の, 単体の; 〔生〕染色体が1対の. —— *n.* 染色体が1対の細胞〔生物〕.
hap·lól·o·gy [hæpláləd3i/-lɔ́l-] *n.* 重音節脱落〔省略〕《papa を pa と発音する類》; 音節省略《例: syllabi(fi)cation》.
háp·ly [hǽpli] *ad.* 〔古〕偶然に; おそらく, たぶん.
há·p'orth, há'·porth, há'·p'orth [héipərθ] *n.* 〔英話〕半ペニー価格だけの物; ごく少し, わずか. [＜halfpennyworth]
†**háp·pen** [hǽp(ə)n] *vi.* **1 起こる, 生じる**: Tell me what ～*ed*. なにが起こったのか話してくれ. Many pleasant things ～*ed to* me. いろんな楽しいことが私に起こった. What (has) ～*ed to* him 〔my pen〕? 彼〔私の万年筆〕はどうしたのか. **2 たまたま…する, 偶然…する**: I ～*ed to* be out 〔*to* hear it〕. たまたま留守にしていた〔それを聞いた〕. I ～ *to* be his uncle. 実は私は彼のおじでして. It (so) ～*s* that I have no money with me. ちょうど金の持ち合わせがない.
As it ～s, I have left the watch at home. たまたま〔あいにく〕(とけいを家に忘れてきた). ***～ in*** 〔***into***〕〔米話〕ひょっこり立ち寄る. ***～ on*** 〔***upon, across***〕に出くわす, を偶然見つける. ***～ what may*** 〔***will***〕どんなことがあっても. ***if anything should ～*** to me (私に) 万一のことが起こったばあいには.
◇ ‡**～·ing** *n.* (通例 *pl.*) できごと, 事件.
háp·pen·stance [hǽp(ə)nstæ̀ns] *n.* 〔米俗〕思いがけない〔偶然の〕できごと.
†**háp·pi·ly** [hǽp(i)li/-pili] *ad.* **1 しあわせに, 幸福に, 楽しく**: They lived ～ together ever after. それからずっといっしょにしあわせに暮らした. He did not die ～. 彼はしあわせな死に方をしなかった. **2 運よく, 幸いに**: *H*～, he did not die. 幸運にも彼は命を失わなかった. 〈注〉位置に注意. ①の例と比較. **3** 首尾よく, うまく. **4** ほどよく, 適切に. **5**〔古〕偶然に.
‡**háp·pi·ness** [hǽpinis] *n.* **1 幸福, 幸い, 幸運. 2** しあわせ, 満足, 愉快. **3**《評・用語などの》適切, 巧妙. ***I wish you ～.*** ご結婚おめでとう《新婚の女性に向かって》.
†**háp·py** [hǽpi] *a.* (**háp·pi·er** [-ər], **háp·pi·est** [-ist]) **1 幸運な**, 運のよい, 喜ばしい, めでたい: a ～ man 運のよい人. a ～ event めでたいこと, 慶事. by ～ accident たまたま運よく. **2 うれしい, 楽しい**, 幸福に満ちた: I am ～ *to* accept your offer. 喜んでおことばをお受けします. I am ～ *that* he has succeeded. 彼が成功してうれしい. **3 うれしげな, 楽しそうな**: a ～ look うれしげな顔つき. What makes you so ～? なんでそんなににこにこしているのか. ↔sad. **4** いかにもふさわしい, 適切な: a ～ phrase 名文句. **5**《合成語で》…を好む, …を愛する: gadget-～ Americans 機械の好きなアメリカ人.
(as) ～ as the day is long =***(as) ～ as a king*** 非常に幸福な. ***be ～ in*** …について恵まれている, 幸いにも…をもつ: I *was* once ～ *in* a daughter. ひとりの娘を恵まれたことがあった. ***H～ birthday (to you)!*** 誕生日おめでとう.
～ cabbage 衣装などにつかう〕かなりの金. **～ coat** 〔婦人用〕社交上着〔日本の「はっぴ」の形をまねたもの〕; はっぴ〔在日外人などが用いる語〕. **～ dis patch** 切腹. **～ dust** コカイン, モルヒネ. **～ ending** ハッピーエンド. **～-go-lúck·y** → 別項. **～ juice**〔俗〕酒. **～ warrior** 苦難にもめげない人.
〔類〕→ **lucky**「幸運な」
háp·py-go-lúck·y [hǽpigò(u)lʌ́ki] *a.* 行き当たりばったりの, 運まかせの; 楽天的な, のんきな. —— *ad.* 〔古〕全く偶然〔思いがけず〕に.
Háps·burg [hǽpsbəːrg] *n.* (the ～s) ハプスブルグ家《昔のオーストリア王家, 1276–1918》.
hár·am =harem.
ha·rángue [hərǽŋ] *n.* 大演説, 熱弁; 長広舌. —— *vi.* 熱弁をふるう, 大演説をぶつ. —— *vt.* に大演説を行なう.
ha·rás [ærάː, 英⁺hǽrəs] *n.* 種馬飼育場.
hár·ass [hǽrəs, 米⁺həræ̀s] *vt.* **1** 悩ます, 苦しめる; 困らせる, うるさがらせる. **2**〔軍〕〈敵を〉反復攻撃で悩ます. ◇ **～·ment** *n.* ～すること; 悩まされること, 悩みのたね.
hár·ass·ing [-iŋ] *a.* **1** 人を悩ます, 苦しめる. **2** うるさくつきまとう. ◇ **～·ly** *ad.* うるさく; つきまとって.
hár·bin·ger [hάːrbind3ər] *n.* **1** 先ぶれ(をする人), 先駆者. **2** 前ぶれ, 前兆. **3**〔史〕先発して宿舎の準備などする人. —— *vt.* の先ぶれをする; に先行する.
‡**hár·bor,** 英**-bour** [hάːrbər] *n.* **1 港. 2 避難所**, 隠れ場. **3** タンク集積所. ***give ～ to*** をかくまう. ***in ～*** 入港中で.
—— *vt.* **1** かくまう. **2**〈悪意などを〉いだく.
—— *vi.* **1** (港に) 停泊する. **2** 隠れる, ひそむ.
～ dues 入港税. **～ master** 港務所長. **～ seal**〔動〕フイリアザラシ, アザラシ.
◇ **～·er** [-bərər] *n.* **～·less** *a.*
hár·bo(u)r·age [hάːrb(ə)rid3] *n.* **1** 港湾, 停泊所. **2** 避難所, 隠れ場. **3** 避難; 保護.
†**hard** [hɑːrd] *a.* **1 堅い**, 硬(かた)い: Iron is a ～ substance. 鉄は堅い物質である. This desk is made of ～ wood. この机は堅い木材でできている. These nuts are too ～ to crack. これらのクルミは堅すぎて割れない. That cushion is a little too ～. あの座ぶとんは少し堅すぎる. ↔ soft. **2** 堅固な, じょうぶな; 《ミサイル陣地が》地下の. **3 厳とした**, ゆるがぬ; 強健な: a ～ fact 動かしがたい事実. a ～ common sense 健全な常識. **4** 厳格な, きびしい, 質実な: a ～ father きびしい父親. a ～ fare 粗食. **5 荒々しい**, 荒っぽい: ～ to touch 手ざわりのあらい. a ～ voice 荒々しい声. ～ light きつい光. **6 耐えがたい**, きつい; つらい, 《仕打ちが》ひどい; 手ごわい: a ～ winter 厳冬. a ～ frost ひどい霜. a ～ blow 強い一撃, 痛打. a ～ job 苦しい仕事. ～ words きつい〔冷酷な〕ことば. ～ feelings 悪感情, 敵意. a ～ bargain ひどい〔不公平な〕取引. lead a ～ life ひどい〔苦しい〕生活をする. a ～ fight 苦戦. **7 むずかしい**, 困難な, 扱いにくい: a ～ question 難問. a mountain ～ *to* climb 登りにくい山. This problem is ～ *to* solve. この問題は解決が困難だ〔解きにくい〕. She is ～ *to* please. 彼女はきげんがとりにくい〔気むずかしい〕. He found *it* ～ *to* give up smoking. たばこをやめるのは彼にはむずかしかった. **8**《行動が》**激しい**, 強度〔過度〕の: ～ work 勤勉. a ～ worker 勤勉家. a ～ drinker 酒豪, たいへんな飲んべえ. **9**〔米〕アルコール分が多い: ～ liquor 強い酒. → soft drink. **10**《水が》硬質の. **11** 硬音《cut, go などにおける c 字, g 字の発音. cent, gentle などにおける発音に対して》; 〔音声〕無声子音《[b, d, g] などに対し [p, t, k]》. **12**〔商〕強気の. ↔ soft.
a ～ saying きびしすぎる言い方: This is *a* ～

saying to people who have worked so much. これほど働いた人にはきびしすぎる〔残酷な〕言い方だ. ***as ∼ as brick*** 実に堅い. ***as ∼ as nails*** がんじょうな, 筋骨たくましい. ***at ∼ edge*** 真剣で. ***be ∼ on*** …につらく当たる; 〈物が人〉に耐えがたい. ***∼ and fast*** (1) しっかり固定された, 動かぬ. (2) 《規則などが》変更を許さぬ, 厳格な. ***∼ labor*** 苦役《囚人に課する》. ***∼ luck*** 不運. ***∼ of hearing*** 難聴の, 耳が遠い. ***have a ∼ time*** (***of it***) ひどい目に会う, つらい思いをする. ***in ∼ condition*** からだががんじょうで.

—— *ad.* 《hardly と共通点もあるが, 主要な用法では非常に異なる》 **1 一生けんめいに;** ほねをおって: work ∼ せっせと働く; 熱心に勉強する. think ∼ じっと考え込む. look ∼ じっと見る《を *at*》. He tried ∼ to learn the annals by heart. 彼は一生けんめいに年表を暗記しようとした. throw a stone ∼ 石を強く投げる. breathe ∼ 苦しげに〔激しく〕息をする. **2 ひどく,** 激しく, 過度に: It blows ∼. ひどく風が吹く. It rained ∼. ひどく雨が降った. **3 かたく,** しっかりと: hold on ∼ しっかりとつかんで放さない. It will freeze ∼. 堅く凍るだろう. **4** 近く; 接近して: His car followed ∼ after mine. 彼の車は私の車のすぐあとをつけてきた. ***be ∼ hit*** 痛手を受けている. ***be ∼ pressed*** 追い詰められる. ***be ∼ put to it*** 進退きわまって〔困って〕いる. ***be ∼ up*** 火の車である, 金に窮している; 《…に》乏しい《に *for*》: He's ∼ *up for* ideas. うまい考えがなく困っている. ***go ∼ with*** …にとって痛手になる: Her husband's death will *go ∼ with* her. 夫の死は彼女にとって痛手だろう. ***∼ by*** (の) すぐ近くに. ***∼ on*** 〔***upon***〕 に迫って. ***∼ run*** 金に困って, 困窮して.

—— *n.* **1** 上陸所; 揚げ場. **2** 〘俗〙 苦役; 懲役: two years' ∼ 2年の懲役.

´∼-and-fást 確定した: ∼*-and-fast* rules 厳格な規制. **´∼-as-náil** 〘俗〙 (1) 至極元気な; たくましい. (2) 非情な. **´∼·bake** [ˊ-ˋ-] 〘英〙 アーモンド入り砂糖菓子. **´∼-báked** 堅焼きの. **´∼-bìt·ten** (1) がんこな, 御しがたい, 手ごわい, 強情な. (2) 粗野な. (3) (苦い) 経験に富んだ; 海千山千の. **´∼·board** [ˊ-ˋ-] 《木材代用の》板紙. **´∼-bóiled** (1) 《卵などの》堅ゆでの; 堅くのりづけした. (2) 〘米話〙 非情な, 冷徹な, 現実的な; がんこな; 手ごわい. **´∼·bound** [ˊ-ˋ-] 《本が》堅表紙の, 上製の. **´∼·case** [ˊ-ˋ-] がんこな. **∼ cash** 現金《小切手・手形・証券などに対し》. **∼ core** 《運動・抵抗などの》中核, 中心. **´∼·córe** (1) 根幹〔基幹〕の. (2) がんこな. **´∼-còv·er** 本装訂の. **´∼-cúred** 《魚など》干物にした. **∼ currency** 〘経〙 堅い貨幣《価格の安定している貨幣》. →soft currency. **´∼-cùs·sing** 〘俗〙 がんこな, 強健な. **´∼-dríed** = ∼-cured. **´∼-drìv·ing** 活動的な, 精力的な. **´∼-éarned** ほねおって得た〔もうけた〕. **´∼-eyed** [ˊ-ˋ-] 目のしっかりした〔肥えた〕. **´∼-fáced, ´∼-fá·vored, ´∼-féa·tured** こわい顔をした, 気むずかしい顔の; 人相の悪い. **´∼-físt·ed** (1) 手の堅い, 堅いこぶしの. (2) 手ごわい, 強圧的な. (3) 握り屋の, 締まり屋の, けちな. **´∼-gráined** (1) 《木材など》目のつんだ, 堅い. (2) 《性格の》しっかりした, がんこな. **´∼·hack** [ˊ-ˋ-] 〘米:植〙 シモツケの類の低木. **´∼·hánd·ed** (1) 堅い手をした《労働したため》. (2) 圧制的な, きびしい. **∼ hat** ヘルメット, 安全帽. **´∼-hat** [ˊ-ˋ-] (1) *a.* 《仕事が》安全帽を必要とする. (2) 安全帽をかぶった労働者. **´∼·head** [ˊ-ˋ-] (1) だまされない〔抜け目のない〕人. (2) 頭のかたい人, ばか. **´∼-héad·ed** →別項. **´∼·héart·ed** → 別項. **´∼·hìt·ting** (1) 精力的な, 活動的な. (2) 強力な, 積極的な. **´∼-jáwed** がんこな, がん強な. **´∼-knòck·ing** 〘俗〙 容易に閉口しない, タフな. **∼ landing** 硬着陸. **´∼·móuthed** [-máuðd, -máuθt] (1) 《馬が》御しがたい; 《一般的》手に負えない, 強情な, がんこな. (2) ことばの荒い. **´∼·nósed** がんこな; おこりっぽい. **´∼·pan** [ˊ-ˋ-] 〘米〙 (1) 硬質地層; 《鉱山の》底盤, 底石. (2) 確かな基礎; 根底の現実. (3) 最低点; 底値. **´∼·pressed** [ˊ-ˋ-] 金〔時間〕に詰まっている; 商売のふるわない. **∼ roe** はららご, 魚卵. **∼ sell** 積極的売り込み, 強力宣伝. **´∼-sét** →別項. **´∼-shell** [ˊ-ˋ-], **´∼-shelled** [ˊ-ˋ-] (1) 殻(から)の堅い. (2) 〘米話〙 非妥協的な, がんこな. **´∼-spún** 硬(かた)紡ぎの. **´∼·stand** [ˊ-ˋ-] 《飛行場の》駐機場. **´∼·tàck** [(英) ˊ-ˊ-] 堅パン, 堅ビスケット. **´∼·top** [ˊ-ˋ-] (1) 屋根が金属製で中間に柱のない乗用車. (2) 〘俗〙 がんこ者. **´∼-úp** →別項. **‡´∼·ware** → 別項. **´∼-wèar·ing** 《布地などが》持ちのよい, 長持ちする. **´∼·wood** [ˊ-ˋ-] (1) 堅木《カシ・桜・マホガニーなど》; 堅材. (2) 堅木の: a ∼*wood* floor. **´∼-wórked** (1) 酷使された. (2) 疲れ切った; 《ことば・しゃれなど》使い古した. **‡´∼·wòrk·ing** →別項.

◇ **´∼·ness** *n.* ∼なこと; 《特に》 堅さ, 硬度, 困難, きびしさ, つらさ.

[類] → **firm**「堅い」

‡hárd·en [há:*r*dn] *vt.* **1 堅くする,** 固める. **2 強くする,** 鍛練する. **3 無情にする,** 冷酷にする. **——** *vi.* **1 堅くなる,** 固まる. **2** 強くなる. **3** 無情になる. **4** 〈相場などが〉引き締まる; 〈意見などが〉はっきりしてくる. ***∼ off*** 〈苗木などを〉だんだん寒気に当てて強くする.

◇ **∼·er** *n.* 堅くする人〔物〕; 硬化剤. **∼·ing** *n.* **1** 《セメント・油脂などの》硬化; 《鋼の》表面硬化. **2** 焼き入れ. **3** 鍛練.

hárd·ened [-d] *a.* **1** 堅く〔強く〕なった, 《態度などの》硬化した. **2** 非情の, 冷淡な: a ∼ heart かたくなな心. **∼ offender** 常習犯.

hárd-héad·ed [há:*r*dhédid] *a.* **1** 頭のかたい. **2** 冷静な, 感傷的でない; 実際的な; 抜け目のない.

◇ **∼·ly** *ad.*

hárd-héart·ed [há:*r*dhá:*r*tid] *a.* 無情な, 無慈悲な, 冷酷な. ◇ **∼·ly** *ad.* **∼·ness** *n.*

hár·di·hood [há:*r*dihùd] *n.* **1** 大胆, ずぶとさ. **2** 厚かましさ, ずうずうしさ, 厚顔.

hár·di·ly [há:*r*dili] *ad.* **1** 大胆に, 剛毅(ごうき)に. **2** 厚かましく, ずうずうしく.

hár·di·ness [há:*r*dinis] *n.* **1** 強健, 強壮, 堅固. **2** 大胆, 度胸. **3** 厚かましさ, ずうずうしさ, 厚顔.

Hárd·ing [há:*r*diŋ] *n.* Warren G. ∼, 1865–1923, アメリカ第 29 代大統領.

‡hardly → 枠付 hardly. (p. 575)

hards [hɑ:*r*dz] *n. pl.* 亜麻〔麻〕くず. ***flocks and ∼*** 繊維くず《詰め物用》.

hárd-sét [há:*r*dsét] *a.* **1** 堅くなった, 固まった. **2** 決心の堅い, 強情の. **3** 《表情などが》動かない: a ∼ smile 堅い微笑. **4** 苦境に陥った. **5** 空腹な. **6** 《卵が》抱かれた.

‡hárd·ship [há:*r*dʃip] *n.* **1** (しばしば *pl.*) **苦難,** 辛苦, 困難, 困窮. **2** 苦境; 難事. **3** 虐待, 圧制.

hárd-úp [há:*r*dʌ́p] *a.* 〘俗〙 つまって, 窮して: be ∼ *for* money 金がなく弱っている.

[類] → **suffering**「苦しみ」

‡hárd·ware [há:*r*dwɛ̀ə*r*] *n.* **1 金物,** 鉄器類. **2** 〘俗〙 火器, 銃砲. **3** ハードウエア《電子計算機の機械的設備》. → software. **4** 〘俗〙 宝石; 硬貨, にせ金; 勲章.

∼ cloth 《目の細かい亜鉛びきの》 鋼鉄金網.

∼·man [-mən] (*pl.* **-men**) 〘米〙 金物屋; 金物製造人.

‡hárd·wòrk·ing [há:*r*dwə̀:*r*kiŋ] *a.* **勤勉な,** よく働く〔勉強する〕.

‡hár·dy [há:*r*di] *a.* (**-di·er**; **-di·est**) **1 耐久力のある,** 苦痛〔艱難(かんなん)辛苦〕に耐えうる, 強健な, じょうぶな. **2** 〘園芸〙 耐寒性の. **3** 耐久力を要する: ∼ sports 激しいスポーツ. **4** 大胆な; 大胆至極な, 無鉄砲な. ***half ∼*** 〘園芸〙 半耐寒性の, 冬期霜よけを要する. **∼ annual** 露地にはえる一年生植物; 《議会・新聞などで》毎年とり上げられる問題.

Hár·dy [há:*r*di] *n.* Thomas ∼, 1840–1928, イギリスの詩人・小説家.

hardly

主要な意味は「ほとんど…しない」という準否定的なもので, scarcely, rarely, seldom など と並行し, この語義での使用度が高い. ただしときおり「ほねおって」「きびしく」の意でも用いられる.

hárd·ly [há:*r*dli] *ad.* **1** ほとんど…ない: I ～ know her. ほとんど彼女と面識がない. I'm so tired (that) I can ～ walk. 疲れてほとんど歩けない. I can ～ believe it. ほとんど信じられない. You can ～ expect me to lend you money again. ぼくからまた借金するなぞきみはほとんど期待できない. I need ～ say that I am innocent. ぼくが自分の潔白を言う必要はほとんどあるまい.

2《三人称の主語と助動詞に伴われて》…そうにもない: He can ～ have arrived yet. 彼はまだ着いてはいないだろう. He will ～ come. 来そうにもない.

3 かろうじて, やっと, するかしないうちに: We had ～ got into the building when [before] it began to rain. われわれが屋内にはいるとほとんど同時に雨が降りだした.

〈付記〉以上①-③の用法は準否定語であるので他の否定の意味を含んでいる語と併用することはできない. また副詞 ever と併用できるが, always とともには用いられない. 更に hardly [scarcely] の反意語は almost である. 別項 hard *ad.* とは大いに異なる.

4 ほねおって, 苦労して.

5 きびしく: ～ treated 過酷に扱われる.

〈付記〉上記 ④, ⑤ だけが別項 hard *ad.* と似た用法.

～ any ほとんど…ない, あまり…ない (≒ almost no): There's ～ *any* coal left. 石炭が残り少ない. *H～ any*body came to the meeting. 会に出た者はほとんどなかった. ***～ ever*** めったに…ない(≒ seldom, rarely; practically never): He ～ *ever* goes to bed before midnight. 彼が 12 時前に寝ることはめったにない. ***～ ... when [before]*** …するかしないうちに, …するやいなや. →③.

‡hare [hɛə*r*] *n.* (*pl.* ～**s**,《集合的》～) **1**〘動〙ウサギ, ノウサギ: a buck ～ 雄ウサギ. a doe ～ 雌ウサギ. **2**〘話〙おくびょう者; 無器用者. ***First catch your ～.*** まずウサギ[現物]をつかまえよ(料理はそのあと); まず第一に核心をつかめ. ***(rabbit,) ～ and hounds*** ウサギ狩り遊び《ウサギになった子どもが紙片をまき散らして逃げ, 他の子どもたちが犬になって紙片をたどって追ってつかまえる》. ***run with the ～ and hunt with the hounds*** =***hold with the ～ and run with the hounds*** (敵味方)双方に通じる, 首鼠(しゅそ)両端を持する. ***start a ～***〘話〙話題を急に転ずる, 議論をそらす. —— *vi.* (ウサギのように)すばやく走る, 疾走する. **～·bell** [⌐⌐]〘植〙イトシャジン《キキョウ科, スコットランドでは bluebell》. **～·brained** [⌐⌐] 軽率な, 気まぐれな; あさはかな, 向こう見ずな. **～·foot** [⌐⌐] (1) ウサギの足 (に似た物), 快速の人. (2)〘植〙= ～'s-foot. **～-héart·ed** おくびょうな, 気の小さい. **～·lìp** [㊟ ⌐⌐] 三つ口 (cleft lip). **～·lìpped** [㊟⌐⌐] 三つ口の. **～'s-foot** [⌐⌐]〘植〙シャグマハギ, クローバーの一種.

hár·em [hé(:)rəm/héər-] *n.* **1**《回教国の》後宮, ハレム, 婦人べや. **2**《集合的》後宮の女たち;《アザラシ・オットセイなど, 1 匹の雄を囲む》多数の雌.

hár·i·cot [hǽrịkòu] *n.* **1** 羊肉と隠元豆のシチュー. **2**〘英〙隠元豆(=～ bean). [<F.]

hark** [hɑ:*r*k] *vi., vt.* 聞く, 聞き耳を立てる《おもに命令形で》. ***～ after を追う, に従う. ***H～ away [forward, off]!*** それ行け!《猟犬へのかけ声》. ***～ back*** 〈猟犬が〉臭跡を捜しにあともどりする; 〈話などが〉元へもどる. ***～ to***〘古・雅〙に耳を傾ける. ***H～ (ye)!*** 聞け!

hárk·en = hearken.

Hár·lem [há:*r*ləm] *n.* **1** ハーレム《New York 市 Manhattan 島北東部の黒人居住地区》. **2** ハーレム川《New York》.

hár·le·quin [há:*r*lịk(w)in] *n.* **1** (H～) ハーレクィン《pantomime (無言劇) の主役で仮面をかぶり, まだら色のズボンをはき, 木剣を持つ》. **2** 道化者, ひょうきん者. —— *a.* まだらの, 雑色の, 多彩な.

hàr·le·quin·áde [hà:*r*lịk(w)inéid] *n.* **1** harlequin の登場する無言劇. **2** 道化(狂言), 茶番.

Hár·ley [há:*r*li] ***～ Street*** ハーレー街《ロンドンの一流医師の多く住む町》.

hár·lot [há:*r*lət] *n.* 売春婦, 娼婦(しょうふ).
◇ **～·ry** [-ri] *n.* 売春.

‡harm [hɑ:*r*m] *n.* **1** 害, 害悪: There is no ～ in doing so. そうしてもさしつかえない. **2** 損害, 損傷: protect from ～ 損傷[けが]から守る. ***come to ～*** うき目を見る. ***do*** a person ***～*** = ***do ～ to*** a person (人) に害を与える, の害になる, を害する. ***out of ～'s way*** 安全なところに, 無事に.
—— *vt.* 害する, そこなう, 傷つける.

hàr·mat·tán [hà:*r*mətǽn, ㊟⁺hɑ:mǽtən] *n.* 熱風《12月から2月にかけて Sahara 地方から大西洋岸に向かって吹く砂混じりの乾燥した風》.

‡hárm·ful [há:*r*mf(ụ)l] *a.* 有害な, 害を及ぼす.
◇ **～·ly** [-fụli] *ad.* 有害に. **～·ness** *n.*

‡hárm·less [há:*r*mlis] *a.* **1** 害のない, 無害な. **2** 悪意のない, 悪気のない, 無邪気な.
◇ **～·ly** *ad.* **～·ness** *n.*

har·món·ic [hɑ:*r*mánik/-mɔ́n-] *a.* **1** 調和した, 音楽的な. **2**〘楽〙和声の;〘数〙調和の;〘電〙調波の. ***simple ～ motion***〘物〙単弦運動.
—— *n.*〘楽〙倍音;〘電〙調波.
～ analysis〘物〙調和分析. **～ progression [series]**〘数〙調和数列, 調和級数. **～ quantities**〘数〙調和数. **～ tones**〘楽〙倍音.

har·món·i·ca [-ə] *n.* **1** ハーモニカ. **2** 打楽器の一種《長短のガラスまたは金属の板[棒]を並べた》.

har·món·i·cal·ly [-(ə)li] *ad.* 和声的に, 調和して.

har·món·i·con [-ən] *n.* ハーモニカ.

har·món·ics [hɑ:*r*mániks/-mɔ́n-] *n. pl.* **1**《単数扱い》〘楽〙和声学. **2** harmonic の複数形.

‡har·mó·ni·ous [hɑ:*r*móuniəs, -njəs] *a.* **1** 調和した, つりあいのよい《と with》. **2** 和合した, 仲のよい, むつまじい. **3**〘楽〙和声の. ◇ **～·ly** *ad.* **～·ness** *n.*

hár·mo·nist [há:*r*mənist] *n.* **1** 和声学者. **2** 対観研究者《福音書などの一致点を研究する》.

har·mó·ni·um [hɑ:*r*móuniəm] *n.* 足踏みオルガン.

***hár·mo·nize** [há:*r*mənàiz] *vt.* **1** 調和させる, 和合させる, 一致させる《と with》. **2**〘楽〙に和音を加える: ～ a melody. —— *vi.* **1** 調和する, 和合する, 〈配色などが〉よく映る《と with》. **2**〘楽〙諧調(かいちょう)になる, 調子が合う. ◇ **hàr·mo·ni·zá·tion** [hà:*r*mənịzéiʃ(ə)n/-naiz-] *n.*

hàr·mo·nóm·e·ter [hà:*r*mənámịtə*r*/-nɔ́m-] *n.* 「和音計.

‡hár·mo·ny [há:*r*məni] *n.* **1** 調和, 和合, 一致. **2**〘楽〙和声, 諧調(かいちょう), 協和. ↔ cacophony. **3**《四福音書の一致点を研究した》対観書.
in ～ 調和して; むつまじく《と with》. ***the ～ of the spheres*** 天体の音楽《天体の運行によって美妙な音楽が生じるといわれた》.

‡hár·ness [há:*r*nis] *n.* **1** 馬具;〘古〙よろい. **2** 装置; 仕事のしたく. **3** 日常の仕事, 職務. **4**〘空〙《落下傘の》背負い皮;〘米〙《警官・車掌などの》制服;〘俗〙《電話線工夫の》安全ベルト. ***get back into ～*** 日常の仕事にもどる. ***in ～*** 日常の仕事に携わって.

***work* [*run*] *in double* ～** 共かせぎする.
—— *vt.* **1** に馬具をつける, に引き具をつける;〖古〗によろいをつける. **2** <自然力を>(制御)利用する: ～ water power. **3** に日常の仕事をさせる.
～ bull 〖俗〗制服警官.
◇ **～·ry** [-ri] *n.* 馬具類; 馬具商.

harp [hɑːrp] *n.* **1**〖楽〗ハープ, 竪琴(たてごと). **2** (H～)〖天〗琴座 (Lyra). **3**〖俗〗アイルランド人. **——** *vi.* **1** ハープをひく. **2** 繰り返しくどくど話す《を *on, upon*》. **～ *on the same string*** おなじことをくどくど繰り返す. ◇ **´～·er, ´～·ist** *n.* ハープ奏者.

***har·póon** [hɑːrpúːn] *n.* 《捕鯨用の綱付きの》もり. **——** *vt.* にもりを打ち込む, もりで殺す.
～ gun 捕鯨砲, もりを発射する砲.

***hárp·si·chord** [hɑ́ːrpsikɔ̀ːrd] *n.* ハープシコード《16–18世紀に用いられた鍵盤楽器. ピアノの前身》.

hár·py [hɑ́ːrpi] *n.* **1** (H～)〖ギ神〗ハーピー《女面・女身に鳥の翼とつめをもった怪物》. **2** 貪欲(どんよく)な人.
～ eagle 2本の冠毛のある大ワシ《南アメリカ産》.

hár·que·bus [hɑ́ːrkwibəs] *n.*〖史〗火なわ銃.
◇ **hàr·que·bus·íer** [´‐‐‐ íər] *n.* 火なわ銃手.

hár·ri·dan [hǽrid(ə)n] *n.* 醜い老婆, 意地悪ばばあ, 鬼ばばあ.

hár·ri·er[1] [hǽriər] *n.* **1** ハリヤー犬《ウサギ狩り用の猟犬》. **2** (*pl.*) ハリヤー犬と猟師の一団. **3** cross-country の走者.

hár·ri·er[2] *n.* **1** 略奪者, 侵略者; 悩ます人. **2**〖鳥〗チュウヒ《タカの一種》.

Hár·ris [hǽris] *n.* 《スコットランドの》ハリス島.
～ tweed ハリスツイード《Harris 島産の手織りスコッチ》.

Hár·ris·burg [hǽrisbəːrg] *n.* アメリカ Pennsylvania 州の州都.

Har·ró·vi·an [həróuviən] *a.* イギリス Harrow 校の. **——** *n.* Harrow 校の在学生〔出身者〕.

hár·row[1] [hǽrou, ㊊⁺-rə] *n.* まぐわ. ***under the* ～** 苦しんで, 難渋して. **——** *vt.* **1** まぐわでならす, にまぐわをかける. **2** 苦しめる, の心を傷つける, 悩ます.

hár·row[2] *vt.*〖古〗略奪する.

Hár·row [hǽrou] *n.* ハーロウ《ロンドン市の北西部にある町. Harrow Public School の所在地》.

hár·row·ing[1] [hǽrouiŋ, ㊊⁺-rəwiŋ] *a.* 痛ましい, 悲惨な, あわれな.

hár·row·ing[2] *n.* 略奪. ***the* ～ *of Hell*** 〖古〗地獄の征服《キリストが地獄に落ちた魂を救うこと》.

hár·ry [hǽri] *vt.* **1** 略奪する, 侵略する, 蹂躙(じゅうりん)する. **2** 苦しめる, 悩ます, 困らせる.

Hár·ry [hǽri] *n.* **1** (通例 Old ～) 悪魔, 下品なやつ, ロンドンっ子. ***by the Lord* ～** 誓って, 必ず. ***play old* ～ *with*** をめちゃめちゃにする.

‡harsh [hɑːrʃ] *a.* **1** あらい, ざらざらした: a ～ cloth ざらざらした布. **2**《声・音が》荒々しい, 耳ざわりな; 目ざわりな,《色などが》どぎつい: ～ *to* the ear 耳ざわりな. **3** きびしい, 手きびしい, 荒っぽい《に対して *to*》: a ～ punishment 厳罰. She was ～ *to* her maid. 彼女は女中にきつかった.
◇ **´～·ly** *ad.* **´～·ness** *n.* 類 → **severe**「きびしい」

hárs·let [hɑ́ːrslit] ＝haslet.

hart [hɑːrt] *n.* (*pl.* **～s**,《集合的》～) 雄ジカ;《特に5歳以上の》アカシカの雄. **～ *of ten*** 角に10枝ある雄ジカ. **～ royal** 王の狩猟でかり立てられて逃げたシカ. **´～s-horn** → 別項. **´～'s-tongue** [´‐´‐]〖植〗コタニワタリ.

har·tál [hɑːrtɑ́ːl/´‐´‐] *n.* 《インド国民運動者のイギリス商品に対する》不買同盟, 同盟休業.

hárt·beest [hɑ́ːrtbiːst], **hár·te·beest** [hɑ́ːrtib-] *n.* 大カモシカ《南アフリカ産》.

Harte [hɑːrt] *n.* Francis Bret ～, 1839–1902, アメリカの短編小説家・詩人.

Hárt·ford [hɑ́ːrtfərd] *n.* アメリカ Connecticut 州の州都.

hárts·horn [hɑ́ːrtshɔ̀ːrn] *n.* **1** 雄ジカの角. **2** 鹿角(ろっかく)精《昔シカの角から採りアンモニアの原料とした》;《鹿角精から得た》アンモニア水溶液.

hár·um-scár·um [hɛ́(ː)rəmskɛ́(ː)rəm / hɛ́ərəm-skɛ́ər-] *a.*〖話〗軽率な, かるはずみな, そそっかしい, むちゃな. **——** *ad.* 軽率に, むちゃに. **——** *n.* **1** そそっかし者. **2** 軽挙, 無鉄砲.

Hár·un·al·Rásch·id [hǽruːnælrǽʃid, hɑː-rúːnɑ̀ːlrəʃíːd, -nɑːlrə-/hærúːnælræʃíːd] *n.* バグダッドの教王《「千夜一夜物語」の主人公》.

ha·rús·pex [hərʌ́speks, hǽrəspèks] *n.* (*pl.* **-pi·ces** [hərʌ́spisìːz]) 占い師《昔ローマで神にささげた動物の内臓や天然現象で占った》.

Hár·vard [hɑ́ːrvərd] *n.* ハーバード大学《アメリカ Massachusetts 州 Cambridge にあるアメリカ最古の大学. 1636年創立》. ◇ **Har·vár·di·an** [hɑːr-vɑ́ːrdiən] *a., n.* ～大学の; ～大学学生〔卒業生〕.

‡hár·vest [hɑ́ːrvist] *n.* **1** 収穫, 取り入れ. **2** 収穫期; 初秋. **3** 収穫物; 報酬, 結果: the ～ of one's mistakes あやまちの報い. ***make a long* ～ *for*** [***about***] ***a little corn*** 小さい努力で大きな結果を得る;「エビでタイをつる」. **——** *vt., vi.* 収穫する, 刈り入れる.
～ festival [**feast**] 収穫祭. **～ home** 取り入れの完了; 収穫祭; 刈り入れ祝いの歌. **～·man** [-mən] (*pl.* **-men**) (1)《収穫期の》刈り入れ人夫. (2)〖虫〗メクラグモ. **～ mite, ～ bug** 《収穫期にはびこる》ダニ. **～ month** 刈り入れ月《9月》. **～ moon** 仲秋の満月. **～ mouse**〖動〗カヤネズミ.
◇ **～·er** *n.* 収穫者〔機〕. **～·ry** [-ri] *n.* 収穫(物).

Hár·vey [hɑ́ːrvi] *n.* William ～, 1578–1657, イギリスの医師《血液循環理法の発見者》.

†has [hæz, 弱 həz, (ə)z] *v., aux. v.* have の直説法現在第三人称単数形.
´～-been [hǽzbin] (1)〖話〗かつては盛んだった人〔物〕, 過去の人〔物〕. (2)〖米俗〗昔(のこと).

há·sen·pfèf·fer [hɑ́ːz(ə)n(p)fèfər, ㊊⁺hɑ́ːs-] *n.*〖米〗塩づけのウサギの肉入りシチュー. [＜G.]

hash[1] [hæʃ] *vt.* **1** 細かく切る, 刻む《*up*》. **2** めちゃくちゃにする, だいなしにする. **～ *over*** 繰り返し論ずる; …について昔語りする. **——** *n.* **1** こま切れ肉料理, ハヤシ料理. **2**〖俗〗ごたまぜ. **3** 煮直し, 焼き直し. **4**〖米話〗食事. **5**〖米俗〗《食堂の》給仕, コック. ***make a* ～ *of*** 〖話〗をめちゃくちゃにする, をだいなしにする. ***settle*** a person***'s* ～** 〖話〗(人)をやっつける.
～ foundry〖米俗〗安飲食店; 無料給食所. **～ house**〖米俗〗安食堂. **～ mark**〖米:軍俗〗年功袖章(そでしょう). **´～-sling·er** 安飲食店の給仕〔コック〕.
◇ **´～·er** *n.* 給仕人.

hash[2] 〖米俗〗＝marijuana ②.

hásh·ish, hásh·eesh, hásch·isch [hǽʃiːʃ] *n.* ハシーシ《インド大麻の結実初期の枝先を乾燥してつくる麻酔剤》.

hás·let [hǽslit, héiz-/héiz-] *n.* 《豚・羊の》臓物.

†hás·n't [hǽznt] has not の短縮形.

hasp [hæsp/hɑːsp] *n.* **1**《戸・窓などの》掛け金, 留め金. **2**《糸の》一かせ, 束, 紡錘.
—— *vt.* の掛け金〔留め金〕をかける.

hás·sel, hás·sle [hǽsl] *n.*〖米俗〗口論, 激論; 乱戦.

hás·sock [hǽsək] *n.* **1**《祈禱(きとう)時の》ひざぶとん, 足ぶとん. **2** 腰掛け式クッション, スツール. **3** 草むら.

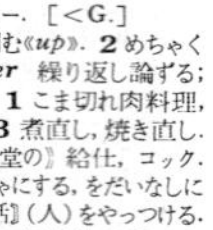
hassock ②

hast [hæst, 弱 həst, (ə)st] *v., aux. v.* 《主語が thou のばあいの》have の直説法現在第二人称単数形.

hás·tate [hǽsteit] *a.*〖植〗ほこ形〔状〕の.

‡haste [heist] *n.* **1** 急ぎ, 急速, 敏速. **2** 性急, せくこと, あわてること. ***H～ makes waste.*** 〖諺〗せいてはことをし損じる. ***in* ～ ＝ *in great*** [***hot***] **～** (1) 急いで, あわてて. (2) 急いで, あせって《*to* (do)》: be *in* ～ *to* get ahead in the world 出世しようとあせる. ***in* one*'s* ～** 急い

だあまり. ***make*** ～ 急ぐ. ***More*** ～, ***less*** [***worse***] ***speed.*** 〖諺〗急がば回れ.
—— *vt., vi.* 〖雅〗急がせる, 急ぐ.
(類義語) 急ぎ: **haste** 目的達成への性急, あわただしさがこめられる: act without *haste* あわてないで行動する. **hurry** haste とほぼ同義だが, 更に混乱・あわてふためきの意が加わる: Everything was *hurry* and confusion. てんやわんやの大騒ぎだった. **speed** 速さに力点がある. **dispatch, expedition** 仕事をかたづける手ぎわのよさ, 能率を意味する.

‡**hás·ten** [héisn] *vt.* **1** 急がせる, せかせる, せき立てる. **2** 早める, はかどらせる, 促進する.
—— *vi.* **1** 急いで行く《へ *to*》. **2** 急ぐ: I ～ *to* tell you that... 取り急ぎお知らせしますが….

‡**hást·i·ly** [héist(i)li/-tili] *ad.* **1** 急いで. **2** あわてて, 早まって.

Hás·tings [héistiŋz] *n.* **1** Warren ～, 1732–1818, 初代インド総督. **2** Sussex 州南東岸にある都市《付近にノルマンジー公 William が Harold II を打ち破った古戦場がある》.

‡**hást·y** [héisti] *a.* **1** 急ぎの, 急の, あわただしい. **2** 早まった, 軽率な: a ～ conclusion 速断, 早がてん. **3** せっかちな, 性急な, 短気な. ～ **pudding** 〖米〗トウモロコシがゆ; 〖英〗早づくりプディング《湯または牛乳の中に小麦粉を徐々に加えかき回しながら煮たもの》.

†**hat** [hæt] *n.* **1** 《ふちのある》帽子. → cap, bonnet. **2** 《法王庁枢機卿の》緋(ひ)の帽子; 枢機卿(きょう)の地位[職]. 〈注〉hat はしばしば人間やその生活のあり方を象徴する: a bad *hat* 悪いやつ.
(***as***) ***black as my*** ～ 真っ黒で. ***by this*** ～ 誓って. ***hang up*** one's ～ 長くとどまる, くつろぐ. ～ ***in hand*** 帽子を手にして; かしこまって. ***have a place to put*** one's ～ 立場を主張する. ***have*** [***throw, toss***] one's ～ ***in the ring*** 戦いに加わることを告げる. ***His*** ～ ***covers his family.*** 彼はひとり者だ. ***My*** ～! 〖俗〗あらまあ! ***pass*** [***send***] ***round the*** ～ (帽子をまわして) 寄付を請う. ***raise*** [***take off, touch***] one's [***the***] ～ 帽子をあげて [をとって, にさわって] あいさつする. ***take*** one's ～ ***off to*** にシャッポを脱ぐ. ***talk through*** one's ～ ほらを吹く; 知ったかぶりをする. ***That's an old*** ～. 〖俗〗そいつは古い手だ. ***under*** one's ～ 〖米俗〗秘密に. ***wear a different*** ～ 〖話〗異なった意見[職]をもっている.
—— *vt.* (**-tt-**) に帽子をかぶせる.
～·**band** [⌐⌐] 帽子のリボン; 帽子に巻き付けた喪章. ～·**block** [⌐⌐] 帽子の木型. ～·**box** [⌐⌐] 帽子入れ[箱]. ～·**brush** [⌐⌐] 帽子ばけ《シルクハット用》. ～·**case** [⌐⌐] =hatbox. ～·**check girl** 〖俗〗クローク係の女. ～·**peg** [⌐⌐] 帽子かけ(くぎ). ～·**pin** [⌐⌐] 《婦人帽の》留め針. ～·**rack** [⌐⌐] 帽子かけ. ～·**rail** [⌐⌐] 《壁に取り付けた》帽子かけ. ～·**stand** [⌐⌐] 帽子かけ台. ～ **tree** 《枝のある》帽子かけ. ～ **trick** 《クリケットで投手が》3人連続打者をアウトにする.
◇ ～·**less** *a.* 無帽の. ～·**ted** [-id] *a.* 帽子をかぶった.

hát·a·ble [héitəbl] *a.* 憎むべき.

‡**hatch**[1] [hætʃ] *vt.* **1** 〈卵・ひなを〉かえす, 孵化(ふか)する. **2** 〈陰謀などを〉企てる, たくらむ.
—— *vi.* **1** かえる. **2** 〈陰謀などが〉たくらまれる.
—— *n.* 孵化; 一かえりのひな. ～***es, catches, matches, and dispatches*** 《新聞の》出生・婚約・結婚・死亡通知欄.

‡**hatch**[2] *n.* **1** 〖海〗《船の》昇降口, 艙口(そう); 昇降口[艙口]のふた. **2** 《床・天井・屋根などにつくった出入り口の》上げぶた, くぐり戸, 半とびら. **3** 水門のとびら. **4** 魚梁(やな)のふた. ***Down the*** ～! 乾杯! ***under*** ～***es*** (1) 甲板下に, 非番で. (2) 監禁されて. (3) おちぶれて, 見捨てられて. (4) 葬られて, 死んで.
～·**boat** [⌐⌐] 甲板全体が艙口になっている荷船の一種; 半甲板の漁船. ～·**way** → 別項.

hatch[3] *vt.* 〈彫刻・製図・絵に〉ハッチングを施す《細いしま線をつける[引く]》; 〖建〗にあや目を引く.
—— *n.* しま線, 線影; 〖建〗あや目飾り.

hátch·el [hǽtʃəl] *n.* 麻ぐし. **——** *vt.* (**-l-**, 〖英〗**-ll-**) **1** 麻ぐしですく. **2** 〖稀〗苦しめる, 困らす.

hátch·er [hǽtʃər] *n.* **1** 卵をかえす鳥[動物]; 孵卵(ふらん)器. **2** 陰謀家.

hátch·er·y [hǽtʃəri] *n.* 孵化場, 孵卵所.

‡**hátch·et** [hǽtʃit] *n.* 手おの, ちょうな; 《北アメリカ原住民の》まさかり(tomahawk). ***bury the*** ～ 和睦(わぼく)する. ***dig*** [***take***] ***up the*** ～ 戦いを開始する. ***throw the*** ～ 〖俗〗大ぼらを吹く. ***throw the helve after the*** ～ 盗人に追い銭.
～ **face** やせてとがった顔. ～**-faced** [⌐⌐⌐] やせてとがった顔の. ～ **man** 〖俗〗争い好きの男; 人を容赦なく処分[首に]する人; 他人の名声を傷つける人; 死刑執行人; 刺客.

hátch·ing [hǽtʃiŋ] *n.* ハッチング, 《彫刻・製図・絵に》しま線[線影]をつけること; 〖建〗あや目引き.

hátch·ment [hǽtʃmənt] *n.* 〖英〗忌中[死者]の紋標《門前・墓前などに掲げる》.

hátch·way [hǽtʃwèi] *n.* **1** 〖海〗昇降口, 艙口(そう). **2** 《床・天井のあげぶたのついた》出入り口.

‡**hate** [heit] *vt.* **1** 憎む, 憎悪(ぞうお)する; ひどくきらう: We ～ injustice. われわれは不正を憎む. I don't like apples. In fact I ～ them. 私はリンゴは好きでない. いや, 大きらいなのだ. 〈注〉dislike より更に強い. **2** 遺憾に思う(regret): I ～ *to* trouble [troubl*ing*] you. ごめんどうをかけて申しわけありません. **3** きらう; …したくない《(do)*ing*; *to* (do)》: I ～*d* tell*ing* a lie, but I couldn't help it. うそはつきたくなかったが, つかざるをえなかった.
〈付記〉②, ③は成句的な口語で,「ひどくきらう」という本来の強調が形式化して一般に弱まっている.
—— *n.* 嫌悪(けんお), 憎悪(hatred). ～·**mòn·ger** 扇動家.

‡**háte·ful** [héitf(u)l] *a.* **1** 憎い, いまわしい, いやな. **2** 憎悪に満ちた. ◇ ～·**ly** [-fuli] *ad.* ～·**ness** *n.*

***hath** [hæθ, 弱 (h)əθ] *v., aux. v.* 〖古〗have の直説法現在第三人称単数形.

‡**há·tred** [héitrid] *n.* 憎しみ, 憎悪, 遺恨; 嫌悪(けんお); 〖話〗だいっきらい. ***have a*** ～ ***for*** を憎む, をきらう. ***in*** ～ ***of*** を憎悪[嫌悪]して. → 動詞 hate.

hát·ter [hǽtər] *n.* 帽子製造人; 帽子商, 帽子屋 (***as***) ***mad as a*** ～ 〖俗〗全く気が狂って, 激怒して

hat·ti [hǽti] Pers. *n.* 不変改勅令《旧トルコで Sultan が署名した改廃できないもの》. 「帽礼.

hát·ting [hǽtiŋ] *n.* **1** 製帽(業), 製帽材料. **2** 脱

háu·ber·geon [hɔ́:bərdʒ(ə)n] =habergeon.

háu·berk [hɔ́:bə:rk] *n.* 〖史〗《中世に用いられた》鎖かたびら.

‡**háugh·ty** [hɔ́:ti] *a.* 傲慢(ごうまん)な, おうへいな, 高慢な, 不遜(ふそん)な. ◇ **-ti·ly** *ad.* **-ti·ness** *n.*

***haul** [hɔ:l] *vt.* **1** (強く)引っ張る; たぐる. **2** 《貨物自動車などで》運搬する. **3** 〖海〗〈船の〉方向を変える《特に, 風上に向かって》. **——** *vi.* **1** 引っ張る《を *at, upon*》. **2** ある方向へ進む; 方針を変える. **3** 〖海〗〈船が〉方向を変える; 〈風が〉変わる.
～ ***ass*** 〖俗〗立ち去る; 急ぐ. ～ ***down*** one's ***flag*** [***colors***] 旗を巻く, 降参する. ～ ***in*** たぐり込む. ～ ***in with*** 〖海〗に近づくように船を向ける. ～ ***it*** 〖俗〗逃げる. ～ ***off*** 〖海〗退避する. ～ a person ***over the coals*** (人の) あらを捜す; きびしくしかる. ～ (***to, on***) ***the wind*** 〖海〗船首を風上に向ける. ～ ***up*** 〖海〗船首を風上に向ける; 停止する. ～ a person ***up*** (人を) とがめる, 詰問する.
—— *n.* **1** 引っ張り, 牽引(けんいん); 運搬, 輸送. **2** 輸送物[品]. **3** 運搬距離. **4** 〖漁業〗網の引き上げ; ひと網の魚獲(高). **5** 〖話〗獲得, 入手. ***long*** ～ (かなり) 長い距離[時間]: in the *long* ～ ついには, 結局 ***short*** ～ (比較的) 短い距離[時間].

H

∼·**a·bout** [⌐−⌐] 給炭船. ∼·**a·way** [⌐−⌐] 自動車運搬用トラック.
[類] → **pull**「引く」

hául·age [hɔ́:lidʒ] *n.* **1** 引っ張り; 運搬; 牽引(けんいん)力〔量〕. **2** 運賃, 貨車使用料.

haulaway

hául·er [hɔ́:lər] *n.* 引っ張る人, 荷馬車引き; 〚鉱山〛坑内石炭おけ運搬人.

hául·ier [hɔ́:ljər] 〚英〛＝hauler.

haulm [hɔ:m] 〚英〛＝halm.

haunch [hɔ:ntʃ, ㊟⁺hɑ:ntʃ] *n.* **1** (通例 *pl.*) 腰, 臀部(でんぶ). **2** 《シカ・羊の肉の》腰部〘食用〙. **3** 〚建〛ハンチ, 迫腰(せりごし). ∼ **bone** 腰骨, 無名骨.

‡**haunt** [hɔ:nt, ㊟⁺hɑ:nt] *vt.* **1** しばしば訪れる, たびたび行く. **2** 〈幽霊などが〉…に出没する, …に出る, …に取りつく: a ∼*ed* house お化け屋敷. **3** 〈想念などが〉…に絶えずつきまとう, つきまとって悩ます: I am ∼*ed* by the thought that… …という考えが頭から離れない. —— *vi.* **1** 立ち去らない; つきまとう. **2** 〈幽霊などが〉出没する.
—— *n.* **1** たびたび行く場所, 通い先: holiday ∼*s* 休日の行楽地. **2** 出没する所; 住みか, 巣窟(そうくつ). **3** 〚米〛幽霊. [home と同語源]

háunt·ing [-iŋ] *n.* **1** しばしば行くこと; 出入り. **2** 《幽霊などの》出没. —— *a.* **1** つきまとっている. **2** しばしば心に浮かぶ, 忘れられない.

Háupt·mann [háup(t)mən] *n.* Gerhart [géərhɑ:rt-] ∼, 1862–1946, ドイツの小説家・詩人・劇作家 《1912年 Nobel 文学賞受賞》. 「楽器」.

háut·boy [(h)óubɔi] *n.* 〚楽〛オーボエ (oboe) 《木管

haute école [outeikɔ́:l] F. 高等馬術の一種.

hau·teur [(h)outə́:r/ou-] F. *n.* 尊大, おうへい, 傲慢(ごうまん).

Ha·ván·a [həvǽnə] *n.* **1** ハバナ 《Cuba 共和国の首都》. **2** ハバナ葉巻き.

Háv·as [ǽvæs] *n.* アバス通信社 《フランスの旧通信社. Charles Havas が開設》.

†**have** → 枠付 have. (pp. 579–580)

háve·lock [hǽvlɑk/-lɔk] *n.* 《軍帽の後ろ半分に下げる》日おおい.

***há·ven** [héiv(ə)n] *n.* **1** 港, 停泊所. **2** 安息所, 避難所. —— *vt.* 〈船を〉避難させる.

have nation *n.* 原子兵器所有国; 持てる国.

háve-not [hǽvnɑ̀t/-nɔt] *n.* 〚話〛(通例 *pl.*) 無産者; 持たざる国; 原子兵器非所有国.
∼ **country** 持たざる国.

†**háve·n't** [hǽvnt] have not の短縮形.

há·ver [héivər] Sc. *vi.* むだ話をする, むだ口をたたく. —— *n.* (通例 *pl.*) おしゃべり, むだ口.

háv·er·sack [hǽvərsæ̀k] *n.* 《兵隊などの》雑嚢(ざつのう), 背嚢; 《旅行者用の》糧嚢.

háv·il·dar [hǽvildɑ̀:r] *n.* 《インド軍の》軍曹(ぐんそう).

háv·ing [hǽviŋ] *v.* 《have の現在分詞》 **1** 《be + ∼》…している: He *is* ∼ lunch. 彼は昼食中です. **2** 《分詞構文》…を持っているので, …を持っていれば: *H*∼ a lot of money, he can do it. 金をたくさん持っているので彼はそれをすることができる. —— *aux. v.* 《分詞構文》…してしまって, …し終わって〔終わった〕から: *H*∼ *done* it, I went out. それをやり終えたので私は外出した. —— *n.* 所有, 所持; (しばしば *pl.*) 所有物, 所持品, 財産.

háv·oc [hǽvək] *n.* 打ち〔ぶち〕こわし, 大破壊; 《自然力の》大荒れ. *cry* ∼ 乱暴をそそのかす. *make* ∼ *of* ＝*play* 〔*raise*〕 ∼ *among* 〔*with*〕 をさんざんに荒らし回る, をだいなしにする. —— *vt.* (**háv·ocked** [-t]; **háv·ock·ing**) 破壊する, さんざんに荒らす.

haw[1] [hɔ:] *n.* 〚植〛サンザシ (hawthorn); その実.
∼·**finch** → 別項

haw[2] *n.* 《犬・馬などの》瞬膜; (しばしば *pl.*) 瞬膜病.

haw[3] *int.* ほう 《牛・馬を左へ向けるときに言う》. → gee[2]. —— *vi., vt.* 左に曲がる〔向ける〕.

haw[4] *int.* えー 《話の間に口ごもって発する》.
—— *vi.* えーと言う, 口ごもる.

***Ha·wái·i** [həwáii:, -wáijə/hɑ:wá(i)i:, hə-] *n.* ハワイ (諸島) 《1959年にアメリカ50番めの州に昇格. 州都は Honolulu》; ハワイ島 《ハワイ諸島中の最大の島》.

‡**Ha·wái·ian** [həwáijən, -wáiən, ㊟⁺hɑ:-] *a.* ハワイの; ハワイ人〔語〕の. —— *n.* ハワイ人〔語〕.
∼ **Islands, the** ハワイ諸島.

háw·buck [hɔ́:bʌ̀k] *n.* いなか者, 無作法者.

háw·finch [hɔ́:fintʃ] *n.* 〚鳥〛シメ.

háw-háw [hɔ́:hɔ́:] *int., n.* はは (ha-ha[1]) 《笑い声》; 大笑い. —— *vi.* 大笑いする.

‡**hawk**[1] [hɔ:k] *n.* **1** タカ. **2** 他人を食いものにする人, 強欲漢. **3** 〚米〛強硬論者, タカ派 《国際関係について》. → dove. —— *vi.* **1** タカ狩りをする, タカをつかう. **2** 〚タカのように〛空を飛ぶ; 襲いかかる 《に *at*》.
∼-**eyed** [⌐⌐] (1) タカのような目の, 鋭い目つきの. (2) ゆだんのない. ∼·**moth** [⌐⌐] 〚虫〛スズメガの類. ∼-**nosed** [⌐⌐] かぎ鼻の. ∼(**s**)·**bill** → 別項. ∼·**weed** [⌐⌐] 〚植〛ヤナギタンポポの一種.

hawk[2] *n.* せきばらい. —— *vi.* せきばらいする; (せきばらいして) たんを吐く 《*up*》. —— *vt.* 〈たんを〉吐く.

hawk[3] *vt., vi.* **1** 呼び売りする, 売り歩く, 行商する. **2** 〈うわさ・消息などを〉触れ歩く.

hawk[4] *n.* 《左官の》こて板.

háwk·er[1] [hɔ́:kər] *n.* タカ匠, タカつかい.

háwk·er[2] *n.* 行商人, 呼び売り商人.

háwk·ing [hɔ́:kiŋ] *n.* タカ狩り.

háwk(s)·bill [hɔ́:k(s)bil] *n.* 〚動〛タイマイ (＝∼ turtle). 「事, 探偵(たんてい)」.

Háwk·shaw [hɔ́:kʃɔ̀:] *n.* (または h∼) 〚話〛刑

hawse [hɔ:z] *n.* 〚海〛**1** 船首の錨鎖孔(びょうさこう)のある部分; (*pl.*) 錨鎖孔. **2** 《停泊船の》船首からいかりまでの水平距離. ∼·**block** [⌐⌐] 〚海〛錨鎖孔蓋(がい)のせん. ∼·**hole** [⌐⌐] 〚海〛錨鎖孔.

háw·ser [hɔ́:zər] *n.* 〚海〛大索, 《船の》太綱. 「シ.

***háw·thorn** [hɔ́:θɔ̀:rn] *n.* 〚植〛サンザシ, 西洋サンザ

Háw·thorne [hɔ́:θɔ̀:rn] *n.* Nathaniel [nəθǽnjəl-] ∼, 1804–64, アメリカの小説家.

‡**hay**[1] [hei] *n.* **1** 干し草, まぐさ. **2** 〚米俗〛小銭; たばこ. ***hit the*** ∼ 〚俗〛寝る. ***make*** ∼ 干し草をつくる; めちゃくちゃに散らばらす. ***make*** ∼ ***of*** を混乱させる, をめちゃくちゃにする. ***Make*** ∼ ***while the sun shines.*** 〚諺〛善は急げ.
—— *vt.* **1** 干し草にする. **2** に干し草を与える.
—— *vi.* 干し草をつくる.
∼·**box** [⌐⌐] 干し草箱 《料理をむらすためになべごと入れる干し草を詰めた箱》. ∼·**cock** [⌐⌐] 干し草の山 《円すい形》. ∼ **fever** 〔**asthma**〕 枯れ草熱. ∼·**field** [⌐⌐] 干し草畑, 《干し草用》草刈り場. ∼·**fork** [⌐⌐] 干し草用くま手, 自動式干し草積み上げ機. ∼ **knife** 干し草切り刀. ∼·**loft** [⌐⌐] 干し草置き場 《ふつう納屋・馬小屋の屋根裏など》. ∼·**màk·er** (1) 干し草つくり(人), 乾草機. (2) 〚米俗・ボクシング〛ノックアウトパンチ. ∼·**màk·ing** 干し草つくり. ∼·**mow** [-màu/-mou, -mau] 《納屋に積まれた》干し草の山; 干し草だな. ∼·**rack** [⌐⌐] まぐさ台; 《干し草を運ぶとき荷車のまわりに取り付ける》わく, わく付き荷車. ∼·**rick** [⌐⌐] 〚英〛＝haystack. ∼·**seed** [⌐⌐] (1) 《こぼれ落ちる》干し草の種子, 干し草ごみ. (2) 〚米俗〛いなか者. ∼·**shàk·er** 〚米俗〛いなか者, 百姓. ∼·**stack** → 別項. ∼ **tedder** 干し草を広げて干す機械. ∼·**wire** → 別項.

hay[2] *n.* 〚古〛《reel に似た昔の》いなか踊り.

Háy·dn [háidn] *n.* Franz Joseph ∼ ハイドン, 1732–1809, オーストリアの作曲家.

Háy·màr·ket [héimɑ̀:rkit] *n.* (the ∼) ロンドンの West End の繁華街 《劇場地区》.

have

have の用法は二つに大別できる: (1) 完了の助動詞; (2)「持つ」「行なう」などの意の本動詞. このうち(1)は枠付 Perfect Tense に譲り, 本項ではもっぱら(2)の本動詞を扱う.

(1)助動詞としては have は米英ともに変則定形動詞に扱われる《疑問文で主語の前へ出, 否定で do を取らない》: *Have you* ever been abroad? / I *haven't* read it yet.

(2)本動詞の扱いには少し問題がある: すなわち, 米式には否定・疑問に無差別に助動詞 do を用いて have を一般動詞扱いする方法が広く行なわれており, 最近はイギリスでもその傾向が強くなってきた. しかし伝統的なイギリス英語の立場では, 大体において (a) 状態動詞の have は習慣的でなければ変則動詞, 習慣的なら一般動詞扱い, (b) 動作・過程の have は常に一般動詞扱いということができる: How many brothers *have you*? 《習慣と無関係》/ *Do you* usually *have* enough time for pleasure at weekend? 《習慣的》/ We *didn't have* much trouble solving the problem. 《過程》

下記の諸用法で, ①, ② はイギリスで伝統的にはこのような区別のあるもの, ③-⑧ は米英とも常に一般動詞扱いのもの, ⑨-⑬ は通常特別の形で用いられてこの点が問題にならないか, 文脈によりこの 2 群の境界に位置するものを示す.

本動詞の応用として have to (do)「…ねばならない」は must に欠けた過去形・完了形・助動詞との結合などを補うものとして重要である.

肯定平叙文のばあい, 口語では, 特に完了の助動詞としては I have → I've, he has → he's のような短縮を起こしやすいが, 口語でも本動詞で主語や have が多少とも強勢を受けるときは, 非短縮形が用いられる: Hè *has* a góod cámera. /Yés, I *háve*.

変化形は下記現代形のほかに次の古形がある: 第二人称単数現在形 (thou) **hast** [hæst, 弱 (h)əst], 過去形 **hadst** [hædst, 弱 (h)ədst]; 第三人称単数現在形 **hath** [hæθ, 弱 (h)əθ].

have [hæv, 弱 həv, əv; to の前でしばしば hæf] *vt.* (**had** [hæd, 弱 həd, əd]; **háv·ing** [hǽviŋ]; 直説法現在第三人称単数形 **has** [hæz, 弱həz, əz]; have not の短縮形 **háve·n't** [hǽvnt, 一部の子音の前 hǽvn], has not の短縮形 **hás·n't** [hǽznt, 一部の子音の前 hǽzn]; had not の短縮形 **hád·n't** [hǽdnt, 一部の子音の前 hǽdn])《完了の助動詞としての have については →枠付 Perfect Tense》

1 持つ, 持っている, 所有する; 〈病気に〉かかっている《「手に持つ」の意から発展して, 物・時間・属性, (肉体的, 構造的) 特質・精神〔思考〕内容などの所有や付属をあらわす. 米では一般動詞扱い; 英では従来は習慣的のばあいを除き変則動詞扱い》: What do you ～ (=㊕ What ～ you) in your hand 〔pocket〕? 手〔ポケット〕になにを持っているか〔なにがあるか〕. We don't ～ (=㊕ We ～*n't*) a house of our own. 私たちには自分の家がない. He *has* a large fortune. 彼は資産家だ. I ～ a large family to sustain. 私は大家族を養わなければならない. This house *has* a fine garden. この家にはきれいな庭がある. How many days does May ～ (=㊕ *has* May)? 5 月は何日あるか. A week *has* seven days. 1 週は 7 日ある. He *has* a bald head. 彼ははげ頭だ. Does she ～ (=㊕ *Has* she) brown eyes or blue eyes? 彼女の目は茶色か, それとも青か. You ～ a good memory. きみは記憶力がよい. I ～ an idea. 私に (いい) 考えがある. He *has* little hope. 彼はほとんど望みをもっていない. I ～ a great regard for the man who fights all alone. たったひとりで戦う男を大いに尊敬する. I ～ a headache 〔a bad cold, a problem〕. 頭痛がする〔ひどいかぜをひいている, 問題をかかえている〕.

〈付記₁〉習慣的なばあいにはイギリスでも一般動詞扱い: Do you *have* (=㊕ *Have* you) time to do it now? いまする時間があるか《特定のばあい》. /《米・英とも》Do you *have* enough time for reading? 読書の時間が十分ありますか《習慣的》. また, 過去の疑問では, 習慣的でなくてもイギリスでも Had you ...? よりも Did you have ...? になる傾向がある.

〈付記₂〉口語では have の代わりにしばしば (特に英で) have got が用いられる. 完了の「手に入れた」から, 入手の過程の感じが弱まって「いま持っている」の意になったもの. ただし過去形 had got はあまり用いられない: I'*ve got* a lot of work to do. やる仕事がうんとある. *Have* you *got* a match? マッチ持ってるかい. He *hasn't got* enough money. 彼には十分のお金がない.

〈付記₃〉米口語で前記 have got の have の脱落した got という形がある: I *got* a right to know, haven't I? ぼくにも知る権利があるからね. He *got* a nice house. 彼はいい家をもっている. You *got* 〔*Got*〕 a match? マッチ持ってるかい.

2 《have to (do) の形で》…しなければならない《英では習慣的以外のばあいは変則動詞扱い》: I ～ 〔I *had*〕 *to* see him. 私は彼に会わなければならない〔ならなかった〕. Do we often ～ *to* come? ちょいちょい来なければいけないのか《習慣; 米英共通》. Do you ～ (=㊕ *H*～ you) *to* go today? きょう行かなければならないのか《特定のばあい》. You do not 〔don't〕 ～ *to* be rich to help others. 人助けをするのに, なにも裕福である必要はない《恒常的; 米英共通》. You don't ～ (=㊕ You ～*n't*) *to* go today. きょうは行かなくて(も)いい《特定のばあい》. We have *had to* keep silent so far. いままで沈黙を守らなければならなかったのだ. We may ～ *to* stay. 私たちは行かずにいなければならないかもしれない. He will ～ *to* do it himself. 自分でやらざるをえないだろう. You can enjoy reading it away without *having to* use a dictionary. 辞書を引く必要もなく, すらすらと通読する快味を楽しめる. All you ～ *to* do is (to) wait patiently. (あなたがせねばならないすべてのことは, 気長に待つことだ→) 気長に待ちさえすればよいのだ《(to) wait patiently の to のある形は米英共通, to のない形はおもに米; ともに口語に多い》. ～ only *to* (…する必要があるだけだ→) …しさえすればよい. One *has* only *to* look at him to know exactly what he is. (彼がほんとうにどんな人物であるかを知るには, 彼をちょっと見ればよい→) 彼をちょっと見ただけで彼のほんとうの人物がわかる.

〈付記₁〉次の違いに注意: I *have to* write a letter.「手紙を書かねばならない」≒ I *have* a letter *to* write.「書く手紙がある」《もともと前者は後者から発展したもの. いまでも関係節ではその差が不明になる: the letter that I *have to* write》.

〈付記₂〉用法①のばあいと同様に, 非常に口語的な表現 have got to が, アメリカでは更に have の落ちた got to がある: I'*ve got to* go. ぜひ行かなければならない. *Have* we *got to* walk? 歩かなければいけないのか. You *got to* come. ぜひ来なさいよ.

3 経験する,〈楽しい目・つらい目に〉会う,〈授業・試験・災害などを〉受ける,〈病気に〉かかる《以下⑧まで米英とも一般動詞扱い》: We shall [We'll] ～ fine weather this afternoon. 午後は天気になるだろう. Did you ～ a good time [～ much fun]? おもしろかったですか. Where did you ～ your examination? 試験はどこで受けましたか. We didn't ～ much difficulty. さして困難はなかった. You've never *had* it so good. こんなに暮らし向きのよいときはなかった. Do you often ～ colds? よくかぜをひきますか. 〈注〉次の文では, かぜを「ひく」という動作・過程でなく,「ひいている」という状態をあらわすので, ①の用法になる: Do you *have* (＝英 *Have* you (got)) a cold? かぜをひいているのですか.

4 食べる, 飲む, とる: We ～ supper at 6. 6時に夕食をとる. Do you ～ tea or coffee for breakfast? 朝食にはお茶とコーヒー, どちらを飲みますか. I didn't ～ enough sleep last night. ゆうべはよく眠らなかった.

5 手に入れる;〈子どもを〉生む: They didn't ～ it from his own mouth. 彼らはそれを彼の口から聞いたのではない. We *had* no news of him. われわれには彼の消息がはいらなかった. When did she ～ her new baby? 彼女の今度のお産はいつだったのか. It can be *had* for the asking. 頼みさえすれば, もらえる《「手に入れる」の意では受動態が可能》.

6《動詞とおなじ形の名詞を目的語として》する, 行なう;〈夢を〉見る: Did you ～ a walk this morning? けさ散歩をしましたか. I want to ～ a talk with him. 彼と話がしたい. We *had* a good swim. たっぷりひと泳ぎした. Let me ～ [take] a look at it. ちょっと見せてください. Let me ～ a try. ちょっとやらせてみてください. Go and ～ a lie down. 行って休みなさい. I *had* a funny dream last night. ゆうべ変な夢を見た. 〈注〉give, make にも類似の用法がある.

7《have＋目的語＋過去分詞の形で》…を―してもらう, …を―させる; …を―される: I *had* a new suit *made* last month. 先月新しい洋服をつくってもらった [つくらせた]. Why don't you ～ your paper *printed*? 論文を印刷させてはどうですか. We often *had* the vase *knocked* off the table. テーブルの花びんをよく下へ落とされた. 〈注₁〉関連事項 →枠付 Voice. 〈注₂〉日本語では「洋服を新調した [つくった]」のように, 自分でつくったような表現をするが, 英語では人につくらせたときには上のようになる. ただし英語でも I built a house. (私は家を建てた) は, 自分が建築主であればよく, 必ずしも大工でなくてもよい. 〈注₃〉I *have* a new suit *made* to order. (私は注文で新調した服をもっている) の have は①の用法で, made 以下は形容句.

8《have＋目的語＋はだか不定詞の形で》…に―してもらう, …に―させる: I *had* my secretary *typewrite* the draft. 私は秘書に原稿をタイプさせた. I won't ～ you *feel* miserable. きみにみじめな思いをさせたくない.

〈付記〉③, ④, ⑥, ⑦, ⑧の用法では進行形が可能: What a good time we *are having*! すばらしく楽しいですね. He *was having* his pupils recite the poem. 彼は生徒にその詩を暗唱させていた.

9《have the … to (do) の形で》…にも―する《…は抽象名詞》: You should ～ *the patience to* wait. 気を長くして待つべきだ. He *had the goodness* [*kindness*] *to* help me all along. 彼は親切にも始めからずっと手伝ってくれた. He *had the cheek* [*impudence*] *to* call me a fool. 厚かましくも私をばか者呼ばわりした.

10《have＋目的語＋形容詞 [現在分詞, 副詞] の形で》…の状態におく, 保つ; …させる: *H*～ your nails *clean*. つめをきれいにしておきなさい. We can't afford to ～ them *idle*. 彼らをなまけさせておくわけにはいかない. We ～ our parents *coming* this evening. 今夜両親が来ます. *H*～ him *in*. 彼を入れなさい.

11 だます; 負かす: I'm afraid you've been *had*. どうやら一杯食わされたらしいですね. I *had* him there. 彼をやっつけてやった.

12《won't have の形で》…ががまんできない: I *won't* ～ such conduct. こんな行為は許せない.

13《have it (that…) の形で》(…と) 主張する, (…のように) 言う: The whole town *has it that* … …だという町じゅうのうわさである. Rumor *has it that* … …といううわさである. He will ～ *it that* he is innocent. 彼は無罪だと主張して譲るまい. as Plato *has it* プラトンの言っているように.

All* one *has to do is* …** →②. ***be had up (その筋へ) 訴えられる: If you brew beer privately, you'll *be had up*. ビールを個人で醸造すると訴えられる. ***had as good*** [***well***] (do) …するのもよかろう; …した方がよい. ***had better*** [***best***] (do) …するのがよい, した方がよい. ***had liefer*** [***rather, sooner***] … (***than*** ＿) (― するより) むしろ…したい. ***He's had it.*** あとの祭りだった, 既に事切れていた. ～ ***a thing about*** [***with***] one (物を) 身のまわりに持つ [置く], 持ち合わせる. ～ ***at*** 〈人〉に襲いかかる;〈事〉に取りかかる. ～ ***a thing back*** (物を) 返してもらう, 取りもどす. ***H～ done!*** よせ. ～ ***a person down*** (人に) 来てもらう, (お客) がある: We're *having* the Chesters *down* for a couple of days. チェスター一家が二, 三日泊まりに来る《down は「都からいなかへ」等をあらわす. → ～ up》. ～ ***got*** ＝ have. → ①, ②. ～ ***a person in*** 家に通す, 招く, 来てもらう: We ～ a housekeeper *in* once in a week. 週に1度家政婦に来てもらう. ～ ***it*** 勝つ; しかられる; 主張する; 表現する. ～ ***it*** (***all***) ***over*** …にまさる, …より有利である. ～ ***it in for*** を恨みに思う, に含むところがある. ～ ***it out***《議論の争いの》かたをつける《*with*》. ***H～ it your own way!*** かってにしろ. ～ ***nothing on*** (1) なにも着ていない. (2) …にまさるところがない. (3) 約束がない, 自由だ: I ～ *nothing on* this evening. 今夜はあいている. ～ ***a person on*** だます. ～ ***on*** 着ている, かぶって [はいて] いる, 身につけている. 〈注〉イギリスの伝統的用法では否定形・疑問形で do を使わない: She didn't *have* (＝英 *hadn't*) her usual hat *on*. 彼女はいつもの帽子をかぶっていなかった. ～ ***only to*** (do) →②. ～ ***a tooth out*** (歯を) 抜いてもらう. ～ ***one's eye on*** に気をつける, …から目を離さない. ～ ***one's sleep out*** 自然にさめるまで眠る: Let her ～ *her sleep out*. 目がさめるまで起こさぬがよい. ～ ***to do with*** → 枠付 do. ～ ***a person up*** (わざわざ) 来てもらう, 呼びつける; 上京してもらう. → ～ down. ***Let*** him ～ ***it!*** 懲らしめてやれ. ***The ayes*** ～ ***it.*** 賛成者多数. ***will*** ～ ***it that*** … → ⑬.

―― [hæv] *n.* **1** 持てる者 [国]. **2** 詐欺, ぺてん: What a ～! なんたるぺてんだ. ***～s and ～-nots*** 持てる者 [国] と持たざる者 [国].

(類義語) **持つ: have** 経験・思考その他の所有もあらわす最も一般的な語: *have* a problem 問題をかかえている. **hold** have と交換可能のことも多いが have に比べ保持力・所有の意志の強さを暗示する. たとえば have an opinion→*hold* an opinion; have control→*hold* control を比べるといずれも後者が積極的行為を示す. **own** 自分のものとして所有する. 法的な権利を伴うばあいが多い: *own* much land 多くの土地を持っている. **possess** own とほぼ等しいが, 法的な根拠を考えず, したがって *possess* wisdom (英知がある) のように have とおなじに用いられることも多い.

háy·stack [héistæ̀k] *n.* 《むね状に積み上げた》干し草の山. ***look for a needle in a* ～** 見込みのないことをする, むだな努力をする.

háy·wìre [héiwàiər] *n.* 〘米〙干し草を束ねる針金. ── *a.* 〘米俗〙**1** もつれた; ごたごたの. **2** 手に負えない, 取り乱した. ***go* ～** 興奮する, 気が狂う.

ház·ard [hǽzərd] *n.* **1** 危険, 冒険. **2** 危険要素: the many ～*s* of a big city 大都市の危険物. **3** 偶然, 運. **4** のるかそるかの試み, 賭(か け); 賭の対象. **5** さいころ遊戯の一種. **6** 〘玉突き〙突き玉を的玉に当ててどちらかをポケットに入れる突き方; 〘ゴルフ〙障害区域. ***at all* ～*s*** ぜひとも, 万難を排して. ***at* 〔*by*〕 ～** 運まかせで, でたらめに. ***at the* ～ *of*** を賭(と)して. ***losing* ～** 的玉に当たって突き玉がポケットにはいること. ***run the* ～** 一かばちかやってみる. ***winning* ～** 突き玉を当てて的玉をポケットに入れること.
── *vt.* **1** 〈推測・言明などを〉あえて行なう, 思い切ってしてみる: ～ a conjecture あえて推量してみる, 当てずっぽうを言う. **2** の危険を冒す: ～ a penalty 罰を覚悟してやってみる. **3** 〈あぶない事業などに〉乗り出す. **4** 危険にさらす, 危うくする, 賭(と)する.
〔類〕→ **danger**「危険」

ház·ard·ous [hǽzərdəs] *a.* **1** 危険な. **2** 冒険的な. **3** 一かばちかの, のるかそるかの. **～ employment** 危険職業. ◇ **～·ly** *ad.*

haze[1] [heiz] *n.* **1** かすみ, もや, 煙霧. **2** 《視力・精神の》ぼやけ, もうろう. ── *vt.* **1** にかすみ〔もや〕をかける. **2** もうろうとさせる.

haze[2] *vt.* **1** 〈大学新入生を〉いじめる, いたずらして困らす. **2** 〘海〙〈水夫を〉酷使する, 苦しめる.

***há·zel** [héizl] *n.* **1** 〘植〙ハシバミ, その実. **2** 薄茶色, 淡かっ色. ── *a.* ハシバミの, 薄茶色の.
～·nut [-nʌ̀t] ハシバミの実.

há·zi·ly [héiz(i)li/-zili] *ad.* **1** かすんで, ぼやけて. **2** ぼんやりと, もうろうとして.

Ház·litt [hǽzlit, héiz-] *n.* William ～, 1778–1830, イギリスの随筆家・批評家.

há·zy [héizi] *a.* **1** かすんだ, もやがかかった. **2** 《精神・視力が》ぼんやりした, もうろうとした. **3** 《議論・記憶などが》はっきりしない, あいまいな. **4** ほろ酔いの.
◇ **há·zi·ness** *n.*

HB, H.B. 〘鉛筆〙hard black. **Hb** 〘生化〙hemoglobin. **H.B.M.** His 〔Her〕 Britannic Majesty. **H.C.** high commissioner; House of Commons. **H.C.F., h.c.f.** highest common factor. **h.c.l.** high cost of living. **Hd., hd.** head. **hdkf.** handkerchief. **hdqrs.** headquarters.

†**he**[1] [hiː, 弱 iː, hi, i] *pron.* (*pl.* **they**) 彼が〔は〕《人称代名詞. 第三人称男性単数主格. 目的格は him, 所有格は his》. **～ *who* 〔*that*〕** …するものは(だれでも). ── [hiː] *n.* (*pl.* **hes** [hiːz]) 男; 《おもに複合語として》雄の: a ～-dog 雄犬.

he[2] [hiː] *int.* ひい!, ひひい! 《嘲笑(ちょうしょう)・おかしさの発声. しばしば he! he! と繰り返す》.

He 〘化〙helium. **H.E.** high explosive; His Eminence; His Excellency.

†**head** [hed] *n.* **1** 頭, 首《からだの首から上の部分. または頭の髪のはえている部分》: It cost him his ～. それで彼は首が飛んだ〔命を落とした〕. wash one's ～ 頭(髪)を洗う. comb one's ～ 髪にくしを入れる. **2** 頭脳, 頭のはたらき, 知力: a good ～ for figures 数字につよい頭. **3** 頂上, 上部, 上端; 《本などの》上縁; 先, 先頭; 船首; みさき, 突端; 内奥部, 水源地: the ～ of a lake (川の流入する) 湖頭. **4** 首席, 上席; 主人席; 筆頭. **5** 首領, かしら; …長《長官・校長・社長・委員長など》. **6** (*pl.* **head**) (頭)数: fifty ～ of cattle 牛50頭. **7** 1人(前): charge $2 a ～ ひとり2ドルの料金をとる. **8** 《分類などの》項目, 題目; 《新聞の》見出し. **9** 極点, 絶頂; 危機; 結論: bring a matter to a ～ ことに黒白をつける. **10** 頭の形をした物; 《木の》こずえ; 穂(先); 頭状花; 《キャベツなどの》結球. **11** 《くぎ・つちなどの》頭; 《たるの》かがみ; 《太鼓の》皮面; 《はれものの》頭; 《寝台の》まくら側. **12** 貨幣の表《肖像のある面》. ↔ tail. **13** 器械・器具の》先端部, 取り付け金具; 《テープレコーダーの》ヘッド. **14** 落差; 圧力《蒸気・水などの》: a ～ of water 水圧. **15** 〘建〙かまち石, 台石. **16** シカの角. **17** 《液体表面の》あわ; 〘英〙牛乳の表面のクリーム. **18** 〘言〙(内心構造の) 主要語 (＝～ word) 《a good friend における friend のような修飾される語》. **19** 〘話〙頭痛, ふつか酔い. **20** 《形容詞的に》先頭の; おもな: the ～ waiter 給仕がしら. **21** 〘俗〙(男)便所. **22** 〘俗〙口.
above the* ～*s of …には難解すぎて. ***at the* ～ *of*** の先頭に立って; の首位に; の上位に. ***beat* one'*s* ～** 知恵をしぼって考える. ***beat* a person'*s* ～ *off*** (人)を完敗させる. ***by a* ～** 頭だけ, 頭のぶんだけ; 〘競馬〙頭の差で. ***by the* ～** 〘海〙船首を深く水に没して; 〘俗〙少し酔って. ***by the* ～ *and ears*** ＝***by* ～ *and shoulders*** 無理に, 手荒く. ***come* 〔*draw, gather*〕 *to a* ～** 〈できものが〉寄る, うみはじめる; 時機到来する; 危機が近づく. ***come under the* ～ *of*** の項目にはいる, の部に属する. ***do on* one'*s* ～** 〘俗〙楽にやる. ***eat* one'*s* ～ *off*** 大食で働きがない. ***from* ～ *to foot* 〔*heel*〕** 頭の先からつめの先まで, 全身; すっかり. ***get a* ～** ふつか酔いをする. ***get* ～** 勢力を増す. ***get into* one'*s* ～** 〈酒が〉頭にくる. ***get* a thing *into* one'*s* ～** (ことを) 思いつく, 思いたつ. ***give* a person *his* ～** (人の) 自由にまかせる. ***go to* a person'*s* ～** 〈酒が人〉を酔わせる; 興奮させる. ***have a* ～ *on* one'*s shoulders*** 実際的手腕〔常識〕がある. ***have rocks in* one'*s* ～** 頭がおかしい. **～ *and ears*** 全身に; すっかり; 首ったけ《*in*》. **～ *and front*** おもだったもの《の *of*》. **～ *and shoulders*** 頭と肩ほど; 格段に; 〘写〙バスト. **～ *first* 〔*foremost*〕** まっさかさまに; 無鉄砲に. **～ *of hair*** (豊かな)髪の毛. **～ *on*** 船首を前にして; 真向かいに. **～ *over heels*** まっさかさまに. **～(*s*) *or tail*(*s*)** 表か裏か《貨幣を投げあげてどちらが出るかあてるとき》. ***hold* one'*s* ～ *high*** 傲慢(ごうまん)な態度をとる. ***keep* one'*s* ～** 落ち着いている. ***keep* one'*s* ～ *above ground*** 墓入りしない, 生きながらえる. ***keep* one'*s* ～ *above water*** おぼれずにいる; 借金せずにいる; 大過なくすごす. ***lay* ～*s together*** 額を集めて相談する. ***lose* one'*s* ～** (1) 首を切られる. (2) あわてる; 夢中になる. ***make* ～** 前進する. ***make* ～ *against*** …にさからって進む; をくい止める. ***make neither* ～ *nor tail of*** …がなにがなにやらわからない. ***off* 〔*out of*〕 one'*s* ～** 気違いになって, 精神錯乱して; ひどく興奮して. ***On your* ～ *be it!*** おまえに悪い報いがあるぞ. ***open* one'*s* ～** 〘米俗〙語る. ***out of* 〔*on, upon*〕 one'*s* (*own*) ～** 自分で考え出して, 自分の裁量で. ***over* a person'*s* ～** 理解できない. ***over* ～ *and ears*** 首ったけで; たくさん借金をしょって. be promoted ***over the* ～*s of*** をさしおいて〔の先に〕(昇進する). ***put a* ～ *on*** 〘米俗〙をやりこめる. ***put* ～*s together*** ＝ lay ～s together. ***put* a thing *into* 〔*out of*〕 a person'*s* ～** (人) に思いつかせる〔忘れさせる〕. ***show* one'*s* ～** あらわれる. ***Shut your* ～!** 〘俗〙黙れ. ***take* a thing *into* one'*s* ～** 思いつく; 信じ込む. ***take the* ～** 先導をする. ***talk* a person'*s* ～ *off*** 長話であきあきさせる. ***turn* a person'*s* ～** 頭を変にさせる; うぬぼれさせる. ***Two* ～*s are better than one.*** 〘ことわざ〙三人寄れば文殊の知恵.
── *vt.* **1** の**先頭に立つ**, 率いる; のかしらである: ～ the list 名簿の筆頭となる. The expedition 〔institute〕 is ～*ed* by Mr. X. 探検隊の隊長〔研究所の所長〕は X 氏である. **2** **向かわせる**, の頭を向ける, 《へ *for, towards*》: be ～*ed for*… …に向かう〔向かって進む〕. **3** さえぎる, そらす《*off*; から *from*》. **4** に対抗する. **5** に頭をつける. **6** 〈木などの〉頭のようになっ

た枝を切る. **7**〘フットボール〙頭で打つ. **8** の前へ出て進行を妨げる. —— *vi.* **1** 進行する, 向かう《へ *for, towards*》. **2** 〈川が〉源を発する. **3** 〈植物が〉頭を生じる, 結球する.

∼ ***back*** の先に回る, さえぎる. ∼ ***down*** a tree (木を) 剪定(せんてい)する. ∼ ***off*** さえぎる; 物を避けて進路を転ずる; 〘米〙目的〔方針〕を変える.

‡∼**·ache** → 別項. ∼**·band** [∠∸] はち巻き, 髪ひも. ∼**·board** [∠∸] 《寝台などの》頭板; 《牛・馬をつなぐ》囲いの頭板. ∼**·boom** [∠∸] 〘海〙第二斜檣(しゃしょう) (jib boom). ∼ **boy** 首席の生徒. ∼**·chair** [∠∸] 《理髪店などの》まくら付きいす. ∼**·cheese** [∠∸] 〘米〙豚・小牛の頭やあしのこま切れを煮てチーズ状にしたもの. ∼**·cloth** [∠∸] ずきん, ターバン. ∼ **cold** 鼻(つまり)かぜ. ∼**·dress** [∠∸] かぶり物, 冠, 頭飾り; 髪の結い方. ∼ **fast** 〘海〙船首のもやい綱. ∼**·first,** ∼**·fóre·most** [∠∸∸] (1) まっさかさまに. (2) 大急ぎで, まっしぐらに, いちもくさんに. (3) 思慮もなく, 無鉄砲に. ∼ **gate** 水門. ∼**·gear** [∠∸] かぶり物, 帽子; 頭飾り; 《おもがいなど》頭部馬具. ∼**·hùnt·er** 首狩りをする人, 首狩り人種. ∼**·hùnt·ing** 首狩り. ∼**·in-the-sánd** (追い詰められたダチョウのように) 首を砂に突っ込んだ; 現実を直視しない. ∼**·land** [-lənd] (1) みさき, 崎(さき), 突端. (2) [-lænd] 畑のすみの耕してないところ, あぜ道. ∼**·light** [∠∸] 《自動車・電車・機関車などの》ヘッドライト, 前照燈; 《船の》檣燈(しょうとう). ‡∼**·line** → 別項. ∼**·lock** [∠∸] 〘レスリング〙ヘッドロック《相手の頭を腕でかかえこむわざ》. ‡∼**·lóng** → 別項. ∼**·man** [-mən, -mæn/-mæn] (*pl.* **-men**) (1) 首領, 頭目, 酋長(しゅうちょう). (2) [-mæn, -mén] 職工長. (3) = headsman. ‡∼**·más·ter** 校長. ∼**·más·ter·ship** [-ʃip] 校長の職〔地位〕. ∼**·mís·tress** 女校長. ∼ **money** (1) 人頭税. (2) 捕虜または犯人逮捕の人数に応じて与える賞金, 犯人逮捕の賞金. ∼**·most** [∠∸] まっ先の, 先頭の. ∼**·note** [∠∸] 頭注; 〘法〙頭書. ∼ **office** 本社, 本店. ∼**·ón** [㊥ ∠∸] (1) 正面の, はち合わせの: a ∼*-on* collision 正面衝突. (2) 正面から, まともに, もろに. ∼**·phone** [∠∸] (しばしば *pl.*) 頭に掛ける受話器. ∼**·piece** [∠∸] (1) かぶと, かぶり物, 帽子; 《頭部馬具の》おもがい. (2) = headphone. (3) 〘俗〙頭, 頭脳, 知能, 知恵者. (4) 〘印〙《書物の巻頭・章頭の》花飾り. ∼**·pin** [∠∸] 〘ボーリング〙いちばん手前のピン (the No. 1 pin). ∼**·quàr·ter** (1) 本部〔本拠〕を構える. (2) 本部〔本拠〕に置く. *∼**·quár·ters** → 別項. ∼**·race** [∠∸] 《水車の》導水溝(こう). ∼**·reach** [∠∸] 〘海〙方向転換中に船が進む (距離). ∼ **register** 〘楽〙頭声声域. ∼ **resistance** 〘空〙前面抵抗. ∼**·rest** [∠∸] 《歯科医・理髪店などの》いすに付けたまくら. ∼**·room** [∠∸] 頭と天井との距離. ∼**·sail** [hédsèil, 〘海〙 héds(ə)l] 〘海〙船首の縦帆, 前帆. ∼ **sea** さか波. ∼**·set** [∠∸] = headphone. ∼**·s·man** [-zmən] (*pl.* **-men**) (1) 首切り役人, 死刑執行人. (2) 捕鯨船の指揮者. (3) 坑内の石炭運搬人. ∼**·splìt·ter** 〘俗〙頭痛. ∼**·spring** [∠∸] 源泉, 水源, 源. ∼**·stall** [∠∸] 《頭部馬具の》おもがい. ∼**·stand** [∠∸] (頭を台にしての) さかだち. ∼**·start** [∠∸] (1) (走者を有利にする) 飛び出し; 「先手」. (2) 先発の; 早手回しの, 早期の. ∼**·stock** [∠∸] 〘機〙《旋盤などの》軸受け. ∼**·stone** [∠∸] 墓石, 《墓の》笠石(かさ); 〘建〙かなめ石, すみ石, 基礎. ∼**·stream** [∠∸] 源流. ∼**·strong** [∠∸] がんこな, 片意地な, 強情な, わがままな. ∼ **voice** (1) 〘楽〙頭声, 裏声. (2) かん高い音声. ∼**·wáit·er** 給仕がしら, ボーイ長. ∼**·wà·ters** *pl.* 《川の》源流. ∼**·way** → 別項. ∼ **wind** 逆風, 向かい風. ∼ **word** 見出し語; 〘文〙(複合語・統合の) 主要語. ∼**·work** [∠∸] 頭脳労働, 頭をつかう仕事.

◇ ∼**·ship** *n.* 長たること, 首領の地位; 指導者としての権威.

‡**héad·ache** [hédèik] *n.* **1** 頭痛: have a ∼ 頭が痛い. **2** 〘話〙悩み〔頭痛〕のたね, 心配ごと: The entrance examination is a big ∼.

◇ **-ach·y** [-èiki] *a.* **1** 頭痛がする, 頭痛もちの. **2** 頭痛を起こす, 頭痛のたねとなる: a *headachy* liquor 頭にくる酒.

-héad·ed [-hédid] *suf.* 「…頭の, …頭をした」の意.

héad·er [hédər] *n.* **1** 頭目, 首領, 先導者《暴徒などの》. **2** 《くぎ・針などの》作頭機, 頭部切除機; 頭部を作成〔切除〕する人. **3** 穂摘み機. **4** 〘建〙《れんが〔石〕べいの》小口を外面に並べたれんが・石. **5** 〘話〙さかさ飛び込み, まっさかさまに落ちること: He stumbled and *took* a ∼ *into* the ditch. 彼はよろめいてみぞにまっさかさまに落ちた.

héad·i·ly [héd(i)li/-dil-] *ad.* **1** 性急に, 無鉄砲に. **2** わがままに, がんこに. → heady.

‡**héad·ing** [hédiŋ] *n.* **1** 標題, 見出し, 題字. **2** 方向, 飛行方向; 《船首の》向き. **3** 首切り; 《草木の》心(しん)摘み. **4** 〘建〙《れんが・石積みの》小口積み. **5** 〘フットボール〙ヘッディング《ボールを頭で突く》.

***héad·less** [hédlis] *a.* **1** 頭部のない. **2** 指導者〔首領〕のない. **3** 無分別な, 愚かな, 無知な.

‡**héad·line** [hédlàin] *n.* **1** (新聞の) 見出し, 標題, 《特に》第1ページの大見出し; 〘英〙放送ニュースの主要題目 (総括). **2** 《本の》上欄《題名・ページ数などを記す》. **3** 〘海〙帆げたに帆を結び付ける綱. ***capture a*** ∼ 新聞にのる; ニュースになる. —— *vt.* に見出しをつける.

∼ **catching** センセーショナルな. ∼**-hún·gry** 売名的な. ∼ **hunter** 〘俗〙特だね記者.

héad·lìn·er [hédlàinər] *n.* **1** 《新聞の》見出しを書く記者. **2** 〘米:劇〙《ポスターなどに》名を大きく書かれる役者, スター.

‡**héad·lóng** [hédlɔ́:ŋ, ∠∸/-lɔŋ] *ad.* **1** まっさかさまに, まっしぐらに, 頭をさきにして. **2** 向こう見ずに, 猛然と. —— *a.* **1** まっさかさまの; まっしぐらの. **2** 向こう見ずな: a ∼ decision. **3** けわしい.

héad·quár·ters** [hédkwɔ́:rtərz] *n.* *pl.* 《しばしば単数扱い》本部, 司令部; 本社, 本局, 本署; 《集合的》司令部員, 本部員. ***general ∼ 総司令部.

héad·way [hédwèi] *n.* **1** 前進, 進行, 進歩; 〘海〙進航速度, 船足. **2** 《発車・発船時間の》間隔. **3** 〘建〙あき高《アーチ・入り口などの床から天井までの高さ》. ***make*** 〔***gain***〕 ∼ 進行〔進航〕する, 進歩する.

héad·y [hédi] *a.* **1** 性急な, 無鉄砲の. **2** わがままの, がんこな, 強情な, 片意地な. **3** 《酒が》頭にくる, すぐに酔う. **4** 〘話〙頭のいい, 利口な. ◇ **-i·ness** *n.*

‡**heal** [hi:l] *vt.* **1** 〈病気・傷・心の痛手などを〉なおす, いやす. **2** 〈不和を〉和解させる, おさめる.
—— *vi.* なおる, いえる. ∼ ***up*** 〔***over***〕 傷が癒着(ゆちゃく)する, なおる. [health と同語源]
∼**-all** [∠∸] 万能薬. ◇ ∼**·er** *n.* 薬; 治療者《特に Christian Science の》.

héal·ing [hí:liŋ] *a.* 治療の; いやす, 回復させる. —— *n.* 治療; 回復, 癒着(ゆちゃく).

†**health** [helθ] *n.* **1** 健康 (状態), 健全: lose one's ∼ 健康を失う. good ∼ 健康. economic ∼ 経済の健全. **2** 衛生: the board of ∼ 衛生局. **3** 治療力: There is ∼ in airing oneself. 外気にあたると健康によい. **4** 《健康を祈る》乾杯. ***bill of*** ∼ 《船舶の》健康証明書. ***drink*** (***to***) a person***'s*** ∼ (人)の健康を祝して乾杯する. ***in bad*** 〔***poor***〕 ∼ 健康がすぐれない. ***in good*** ∼ 健康で. ***not…for*** one***'s*** ∼ 〘米〙もの好きで〔だてやすいきょうで〕…するのでない. ***out of*** ∼ 健康をそこねて. [hale, whole と同語源]
∼**-gìv·ing** 健康増進の, 健康回復の. ∼**·guard** [∠∸] 〘英〙検疫官. ∼ **insurance** 健康保険. ∼ **office** 衛生課, 保健課. ∼ **officer** 衛生官, 検疫官. ∼ **resort** 保養地. ∼ **visitor** 保健官〔婦〕.

***héalth·ful** [hélθf(u)l] *a.* 健康によい, 衛生的な, 健康的な, 健全な. → healthy.

◇ ～·ly [-fuli] *ad.* 健康に, 健全に. ～·ness *n.*
‡**héalth·y** [hélθi] *a.* (-i·er; -i·est) **1** 健康な, 壮健な, 達者な. **2** 《精神・態度などが》健全な, 健康的な. **3** 健康上よい, 衛生的な, 有益な: a ～ climate 健康によい気候. ◇ -i·ly *ad.* -i·ness *n.*
(類義語) 健康な〔によい〕: **healthy** 心身の健康を示す一般的な語. 積極的意味(「元気な」)と消極的意味(「病気でない」)とがある: keep one's children *healthy* during the winter 冬の間子どもを病気にかからせないでおく. **wholesome** (物・食物が) 心身の健康によい, 健全な. 人に用いられるときは精神の健康が強調される: *wholesome* air 汚れていない空気. **sound** 心身に故障がない: *sound* in mind and body. **robust** delicate の反意語で, 健康でたくましい, 多少の無理をしても参らない. **well** 壮健な, じょうぶな. 口語的で通常補語として用いるが, アメリカでは原形に限り名詞の前でも用いる: look *well* 元気そうな顔をしている. a *well* man 健康な人.
‡**heap** [hi:p] *n.* **1** 積み重ね, 堆積(たいせき), 山, 固まり. **2** 〘話〙たくさん, 多数〔量〕: a ～ of things to do やるべきことが山ほどたくさん. **3** 〘話〙《副詞的に》ずっと: He is ～*s* better. ぐっと良くなった. **4** 〘俗〙自動車《特にがたがたの》. ***a ～*** 〔***～s***〕 ***of*** 多くの, たくさんの: ～*s of* time たくさんの時間. ～*s of* times たびたび, 何度も. ***in a ～*** 一固まりになって. ***in ～s*** 山のように. ***strike*** a person ***all of a ～*** 完全にめんくらわせる, 唖然(あぜん)とさせる.
—— *vt.* **1** 積み上げる《*up, together*》. **2** 山と積む; 蓄積する. **3** やたらに与える: ～ favors *upon* a person 人にかずかずの恩恵を与える. **4** に積み上げる, にやたらに与える《を *with*》: ～ a plate *with* cherries さらにさくらんぼを山と盛る. ～ a person *with* favors 人にかずかずの恩恵を与える.
†**hear** [hiər] *v.* (**heard** [hə:rd]) *vt.* **1** 聞く, 耳にする: ～ a voice 人声が聞こえる. I *heard* him laugh [laugh*ing*]. 彼が笑うのを聞いた. He was *heard to* laugh [laugh*ing*]. 彼が笑うのが聞こえた. **2** の声を聞く, のことば〔さえずり, なき声, 作品など〕を聞く: I can't ～ you. おことばが聞き取れません. I went to the concert to ～ Beethoven. ベートーベンを聞きに音楽会へ行った. **3** に耳をかす, の言い分を聞く: *H*～ me out! 私の言うことを終わりまで聞いてください. **4** 聞き届ける, 聴許する. **5** 聞き知る, 耳にする: ～ the truth 真実を知る. ～ a rumor うわさを耳にはさむ. **6** 《知識などのために》聞く: ～ a lecture [a speech] 講義〔演説〕を聞く. **7** 〘法〙の申し立てを聞く; 審理する: ～ a witness 証人を審問する. ～ a case 訴訟を審理する.
—— *vi.* **1** 聞く, 聞くことができる; 聴覚を備えている: Can you ～? 聞こえますか. **2** 聞き耳を立てる; 好意をもって耳をかす: *H*～! *H*～! 〘英〙謹聴!, 賛成! He won't ～ *of* it. どうしても聞いてくれない. **3** たよりを聞く, 手紙をもらう《から *from*》: Have you *heard from* him of late? 最近彼から音さたがありましたか. **4** うわさ〔消息〕を聞く《の *of*》, (伝え) 聞く《について *of*》: He was never *heard of* since. それ以来彼のうわさはぷっつりと絶えた. That's the funniest thing I ever *heard of*. こんなおかしなこと, 聞いたことがない.
～ about について細かに聞く. ***～ from*** (1) →*vi.* ③. (2) から聞く: I *heard* it *from* him. それを彼から聞いた. ***～ of*** (1) →*vi.* ④. (2) に賛成する: I will not ～ *of* your going. ***～*** a person ***out*** →*vt.* ③. ***～ say*** 〔***tell***〕 ***of*** 〔***that***〕 …のことを(人が)言うのを聞く〔…というううわさを聞く〕. ***～ the grass grow*** はなはだ敏感だ. ***I ～*** 〔***that***〕 …とのこと, …だそうだ. ***make oneself heard*** 自分の意見〔主張〕を聞かせる〔聞いてもらう〕.
◇ ～·er [hí(:)rər/híərə] *n.* 聞き手; 傍聴者.
†**heard** [hə:rd] *v.* hear の過去・過去分詞.
†**héar·ing** [hí(:)riŋ/híər-] *n.* **1** 聴覚, 聴力, 聞き取り. **2** 《外国語などの》聴取(力). **3** 聞いてやる〔もらう〕こと; 聞いてもらう機会. **4** 聞こえる距離. **5** 審問, 審理, 公判: a public ～ 公聴会. ***gain*** 〔***get***〕 ***a ～*** 聞いてもらう, 発言の機会を得る. ***give*** a person ***a fair ～*** (人の)話を公平に聞いてやる. ***give*** a person ***a ～*** 言い分を聞いてやる. ***hard of ～*** 難聴の, 耳が遠い. ***in*** a person's ***～*** (人)に聞こえる所で. ***out of*** 〔***within***〕 ***～*** 聞こえない〔聞こえる〕所で.
～ aid 補聴器《特に携帯用》.
héark·en [há:rk(ə)n] *vi.* 聞き耳を立てる, 耳をかたむける, 傾聴する《に *to*》.
Hearn [hə:rn] *n.* Lafcadio ～ [læfkǽdiòu–/-ká:d-] 小泉八雲, 1850–1904, アメリカから日本に帰化したアイルランド系の作家.
héar·say [híərsèi] *n.* うわさ, 風聞, 風説. ***by*** 〔***from, on***〕 ***～*** うわさで. —— *a.* 風評〔伝聞〕による.
～ evidence 〘法〙伝聞証拠.
hearse [hə:rs] *n.* **1** 霊柩(れいきゅう)車; 葬儀用自動車〔馬車〕; 〘古〙棺架, 棺. **2** 一種のろうそく立て. **3** 墓の天蓋(てんがい). ～**·cloth** [–́–] 棺布.
Héarst·ling [há:rstliŋ] *n.* 〘米俗〙ハースト系新聞《アメリカの William R. Hearst の経営系統》.
†**heart** [hɑ:rt] *n.* **1** 心臓. **2** 胸, 胸部: clasp to one's ～ (胸に) 抱き締める. **3** 心, 心情, 感情, 気持ち, 気だて: a ～ of gold 優しい心. change of ～ 変心, 回心. **4** 愛情, 熱意, 同情心. **5** 愛する人: dear ～ 私の愛する人. **6** 勇気, 元気. **7** 勇者, すぐれた人: true English ～*s* まことのイギリス人たち. **8** 良心. **9** 記憶. **10** 中心, 核心: the ～ of the matter 事件の核心. **11** 中心部, 奥地: the ～ of the city. the ～ of Africa. **12** くだものの心(しん). **13** ハート形のもの; (*pl.*) 《トランプの》ハート札の組. **14** 地味〔収穫〕の豊かさ.
after one's ***(own) ～*** 心にかなった, 思いどおりの. ***at ～*** 心底は, 内実は. ***be of good ～*** 悲観しない. ***break*** a person's ***～*** 悲嘆にくれさせる. ***by ～*** そらで, 暗記して. ***devour*** 〔***eat***〕 one's ***～*** 悲嘆にくれる. ***do*** a person's ***～ good*** (人)をたいへん喜ばす: It *does* my ～ *good* to see you. お目にかかってうれしいです. ***find in*** one's ***～ to*** (do) …する気になる. ***from (the bottom of)*** one's ***～*** 心(の底)から. ***get to the ～ of*** の核心をつかむ. ***give*** 〔***lose***〕 one's ***～ to*** を恋する, に心を奪われる. ***go to*** a person's ***～*** 胸にこたえる. ***have a ～*** 〘話〙思いやりがある. ***have*** a thing ***at ～*** ふかく心にかける; 目ざす, 追求する. ***have*** one's ***～ in*** に熱中している. ***have*** one's ***～ in*** one's ***mouth*** 〔***boots***〕 たまげる, びっくりぎょうてんする. ***have*** one's 〔***the***〕 ***～ in the right place*** 親切心〔実意〕がある. ***have*** 〔***have not***〕 ***the ～ to*** (do) …する勇気がある〔するに忍びない〕. ***H～ alive!*** ああ, びっくりした! ***～ and hand*** 〔***soul***〕 熱心に; 全く. ***～ of oak*** (1) カシの心材. (2) 勇猛心; 勇者. ***～ to ～*** 包まず, 腹蔵なく. ***in (good) ～*** (1) 元気よく. (2) 地味が肥えて. ***in*** one's ***～ (of ～s)*** 心の奥底で, ひそかに. ***in the ～ of*** …のまん中に. ***lay to ～*** 胸に刻み込む, 真剣に考える. ***learn*** 〔***know***〕 ***by ～*** 暗記する〔している〕. ***lose ～*** がっかりする. ***near*** 〔***close to***〕 one's ***～*** たいせつな; 関心のふかい; なつかしい. ***out of ～*** (1) 元気なく. (2) 不満で《に *with*》. (3) 〈土地が〉やせて. ***pluck up ～*** 勇気を出す. ***set*** a person's ***～ at rest*** 〔***ease***〕 安心させる. ***set*** one's ***～ on*** に望みをかける; をほしがる. ***steal*** a person's ***～*** の愛情をかちとる. ***take ～*** 気を取り直す. ***take ～ of grace to*** (do) 勇気を奮い起こして(…する). ***take to ～*** 心にとめる; ふかく悲しむ. ***to*** one's ***～'s content*** 心ゆくまで, 満足のゆくまで. ***wear*** one's ***～ on*** 〔***upon***〕 one's ***sleeve*** 思うことをずけずけ言う, 感情を露骨にあらわす. ***win the ～ of*** a person = ***win*** a person's ***～*** (人)に愛される. ***with all*** one's ***～*** = ***with*** one's ***whole ～*** 真心こめて; 心から喜んで. ***with half a ～*** しぶ

しぶ, いやいや.
∼·ache [-èik] 心の痛手, 心痛, 悲嘆, 煩悶(はん). **∼·beat** [ˊ⌣ˋ] (1) 心臓の鼓動, 動悸(どき): ∼*beat* away 〘俗〙ごく近くに. (2) 情, 情緒. (3)〘俗〙恋人. ∼ **blood** = ∼'s blood. **∼·break** [ˊ⌣ˋ] 悲痛, 悲嘆, 断腸の思い. **∼·brèak·er** (1) 断腸の思いをさせるもの〔人〕, 無情な人. (2)〘女性の〙巻き毛. **∼·brèak·ing** 胸の張り裂けるような, 断腸の思いの; 〘話〙うんざりする, たいくつな. **∼·brò·ken** 悲嘆にくれた, 悲痛な思いの. **∼·burn** [ˊ⌣ˋ] (1) 胸やけ. (2) ねたみ, しっと. **∼·bùrn·ing** (しばしば *pl.*) ねたみ, しっと, 恨み, 不満, 胸のむしゃくしゃ. ∼ **cherry** 《心臓形をした》さくらんぼの一種. ∼ **disease** 心臓病. **∼·èas·ing** 心を落ち着かせる, 気を休める, ほっとさせる. ∼ **failure** 心臓まひ. **∼·felt** [ˊ⌣ˋ] 心からの, 真心からの; 心のこもった. **∼-frèe** [ˊ⌣ˋ, ˊ⌣ˊ] 恋をしていない, 情に縛られない, 未練げのない. **∼·land** [-lǽnd, -lənd] 中核〔心臓〕地域《軍事的に強固で経済的に自立している地域》. **∼·rènd·ing** 胸を引き裂くような, 悲痛な. ∼ **rot** 《木材などの》心腐れ. **∼'s blood** 生き血; 生命; 至宝. **∼-sèarch·ing** *a., n.* 自己の心〔思想, 動機〕を探る(こと). **∼s·ease, ∼'s-ease** [ˊ⌣ˋ] (1) 心の安らぎ, 心の平穏. (2)〘植〙サンシキスミレ. ∼ **service** 心からの奉仕, 献身的奉仕. **∼-shaped** [ˊ⌣ˋ] ハート形の. **∼·sick** [ˊ⌣ˋ] やるせない, 悲嘆にくれた, 意気消沈の. **∼·sore** [ˊ⌣ˋ] 心痛の, 傷心の, 悲嘆にくれた. **∼·stìr·ring** 気を引き立てる, 元気づける. **∼·strìck·en** 悲しみに打ちのめされた, 悲嘆にくれた. **∼·strings** [ˊ⌣ˋ] *pl.* 心の琴線, 情感, 情緒. **∼-struck** [ˊ⌣ˋ] = heartstricken. **∼·throb** [ˊ⌣ˋ] (1)〘話〙熱情, 感傷. (2)〘軍俗〙恋人, たいせつなもの, すばらしいもの. **∼-to-∼** [-tə-] 腹蔵ない, 打ち解けた: a ∼-*to*-∼ talk ざっくばらんの話し合い. **∼·tùg·ging**〘俗〙お涙ちょうだいの, 哀れっぽい. **∼-wàrm·ing** 心暖まる, 親切な, うれしい. **∼-whole** [ˊ⌣ˋ] (1) 恋をしていない, 純真な. (2) 真心のこもった, 専念の. **∼.wood** [ˊ⌣ˋ] 《材木の》赤身材, 心材.
〔類〕→ **mind**「心」

-héart·ed [há:rtid] *a.* 《合成語で》…の心をもった: warm-*hearted* 心の暖かい. faint-*hearted* 気の弱い.

héart·en [há:rtn] *vt.* 元気〔勇気〕づける, 励ます, 激励する《*on, up*》. —— *vi.* 元気づく《*up*》.
◇ **∼·ing** *a.* 励ましになる, 頼もしい.

‡hearth [ha:rθ] *n.* **1** いろり, 暖炉, 炉辺. **2** 炉床, 炉石. **3** 家庭. **4**〘冶〙火床.
∼·rug [ˊ⌣ˋ] 暖炉前〔炉辺〕の敷き物. **∼·side** [ˊ⌣ˋ] 炉辺, いろりばた; 家庭. **∼·stone** [ˊ⌣ˋ] (1) 炉石; 炉辺, 家庭. (2)《炉・階段などをみがく》みがき石.

‡héart·i·ly [há:rt(i)li/-til-] *ad.* **1** 心から, 熱意をもって, 熱心に, 本気に. **2** 盛んに, たくさん; 腹いっぱい.

héart·less [há:rtlis] *a.* **1** 無情な, 薄情な. **2** 勇気のない. **3** 元気のない, 熱意〔誠意〕のない.

‡héart·y [há:rti] *a.* **1** 心からの, 親切な; 熱心な. **2** 元気な, 達者な, じょうぶな; 《食欲が》盛んな. **3**《食事が》腹いっぱいの: take a ∼ meal 思うぞんぶん食う. **4** 豊富な; 《食物が》栄養のある; 《土地が》肥えた. **5**〘俗〙酔っ払った. ***hale and*** ∼ → hale.
—— *n.* **1** 元気者; 友だち. **2**〘英:学生俗〙運動選手《勉強ぎらいな》. ***My ∼ies!*** みなの衆〘水夫に対する呼びかけ〙. ◇ ***-i·ness** *n.* 誠実, 熱心.
〔類〕→ **sincere**「誠実な」

‡heat [hi:t] *n.* **1** 熱, あつさ, 暑気; 熱気; 〘物〙熱: the ∼ of the day 日盛り. **2** 熱心, 熱烈; 激怒: speak with much ∼ 熱をこめて話す. **3** 最中; 最高潮. **4** 《こしょうなどの》辛味. **5**〘米〙(1回の) 努力; 《運動競技などでの》奮闘; スピード. **6** (競技の) 1回: preliminary 〔trial〕 ∼*s* 予選. **7**〘米俗〙《警察の》捜査(地域), 追跡. **8**〘米俗〙威圧, 拷問. **9**〘製鉄〙溶解〔焼き〕作業. **10** からだの熱; 紅潮; 興奮. **11** 《雌の》さかり, 交尾期. **12**〘俗〙「はじき」. **13** 危険, 苦しみ. ***at a*** ∼ 一気に. ***atomic*** ∼ 原子熱. ***dead*** ∼ 無勝負. ***in the*** ∼ ***of*** …のまっ最中に. ***latent*** 〔***specific***〕 ∼〘物〙潜熱〔比熱〕. ***on*** 〔***in, at***〕 ∼ 《雌が》さかりがついて. ***without*** ∼ 不熱心に, お座なりに.
—— *vt.* **1** 熱する, 暖める. **2** 興奮させる, 激させる; 〘俗〙に活を入れる《*up*》. —— *vi.* 熱くなる; 興奮する.
∼ **apoplexy** 日射病. ∼ **blanket**〘米〙熱してよごれた空気のたまっているところ. ∼ **engine** 熱機関. ∼ **exchange** 熱交換. ∼ **lamp** 太陽燈. ∼ **lightning** 《夏の夜の》 音のしないいなずま. **∼·pròof** [ˊ⌣ˋ/ˊ⌣ˊ] 耐熱の. ∼ **rashes**〘米〙あせも. ∼ **ray**〘物〙熱線. **∼-spot** [ˊ⌣ˋ] (1) そばかす. (2) 温点《皮膚上の熱を感じる点》. **∼·stroke** [ˊ⌣ˋ] 日射〔熱射〕病 (sunstroke). **∼-treat** [ˊ⌣ˋ] *vt.* 〈牛乳を〉加熱殺菌する; 〈金属などを〉熱処理する. ∼ **wave** (1) 熱線の波動. (2) 熱波 (hot wave). ↔ cold wave. 「ヒーター.
◇ ***∼·er** *n.* ∼する人〔物〕; 《特に》加熱器, 暖房器,

héat·ed [hí:tid] *a.* **1** 加熱した, 熱した. **2** 激高した, たかぶった: a ∼ discussion 激論. ◇ **∼·ly** *ad.*

heath [hi:θ] *n.* **1**〘植〙ヒース《荒れ地に茂る低木類》. **2**〘英〙《ヒースのおい茂った》荒れ野, 荒れ地.
∼ **aster** = tanglefoot ②. ∼ **bell** ヒースの花. **∼·ber·ry** [hí:θbèri/-b(ə)ri]〘植〙ガンコウランの類.

‡héa·then [hí:ð(ə)n] *n.* (*pl.* **∼s**, 《集合的》∼) **1** 異教徒《キリスト教・ユダヤ教・回教信者以外のもの》; 不信心者; 未開人. **2**〘聖〙《集合的》異邦人《ユダヤ人以外のもの》.
—— *a.* 異教(徒)の; 不信心の; 〘話〙野蛮な.
◇ **∼·dom** [-dəm] *n.* 異教, 異端; 異教国; 《集合的》異教徒. **∼·ism** [-iz(ə)m] *n.* **1** 異教, 邪教, 偶像礼拝. **2** 野蛮; 蛮風 (barbarism). **∼·ize** [-àiz] *vt., vi.* 異教徒〔異端〕にする〔なる〕. **∼·ry** [-ri] *n.* **1** 異教; 異教徒であること. **2** 異教国, 《集合的》異教徒.

héa·then·ish [-iʃ] *a.* 異教(徒)の, 異教徒的な; 非キリスト教徒的な; 野蛮な. ◇ **∼·ly** *ad.*

héath·er [héðər] *n.* ヒース《スコットランドに多い植物. 紫または薄紅色の花がつく》. ***set the*** ∼ ***on fire*** 騒動を起こす. ***take to the*** ∼ 山賊になる《昔のスコットランド山地で》.
∼ **mixture** 混色織物. ∼ **tweed** 《スコッチ織りの》混色ツイード地. ◇ **∼·y** [-ðəri] *a.* = heathy.

héath·y [hí:θi] *a.* ヒースの(ような); ヒースの茂った, ヒースの茂る荒れ地の(多い).

héat·ing [hí:tiŋ] *a.* 熱する, 加熱する, 暖める.
—— *n.* **1** 加熱. **2**《建物の》暖房(装置): central ∼ 中央暖房. 「熱処理の.

heat·rón·ic [hi:tránik/-rɔ́n-] *a.* 高周波による加

heaume [houm] *n.* 中世の大形かぶと《頭部全体を包み両肩でささえる》.

‡heave [hi:v] *v.* (**∼d** [-d], 〘海〙 **hove** [houv]) *vt.* **1** 〈重い物を〉(持ち)上げる. **2** 隆起させる; ふくらます: ∼ one's chest 胸をふくらませる. **3** 〈うなり声を〉あげる, 発する; 〈ため息を〉つく: ∼ a groan うーんとうなる. **4** 〈食物を〉吐く: ∼ one's breakfast 朝食に食べたものをもどす. **5** 〈重い物を〉投げる: ∼ down the hay 干し草を投下する. **6**〘海〙(索で) 引き上げる; 〈船を〉動かす: ∼ the anchor いかりを巻き上げる. ∼ a ship about 船を急に回す. **7**〘地〙ずらす.
—— *vi.* **1** 上がる, 高くなる, 持ち上がる. **2** ふくれる; 上下する. **3** 吐く, 胸がむかつく. **4** あえぐ. **5**〘海〙引く, 引っ張る《を *at*》. **6**〘海〙〈船が〉動く.
H∼ away 〔***ho***〕***!***〘海〙よいと巻け!《いかりを巻き上げる際の掛け声》. ∼ ***down*** 〈船を〉《修理のため》傾ける; 〈船が〉傾く. ∼ ***one's gorge*** 吐き気をもよおす, もどしそうになる. ∼ ***in sight*** 〈船が〉見えてくる. ∼ ***the lead***〘海〙測鉛を投げ入れて水深を測る. ∼ ***to*** 〈船を〉止める; 〈船が〉止まる. ∼ ***up*** (1) 引き上げる, 揚錨(ようびょう)する. (2) 嘔吐(おうと)する.

—— *n.* **1** 持ち上げること; 重い物を持ち上げる努力. **2** 隆起; うねり. **3** むかつき. **4** 〖地〗水平ずれ. **5** (*pl.*)《単数扱い》馬のぜんそく.

～-hó [-hóu] 〖俗〗追い払い: give a person a ～-*ho* 人を捨てる〔やっかい払いする〕.

‡héav·en [hév(ə)n] *n.* **1** (通例 *pl.*) 天, 空: the starry ～*s* 星の輝く大空. the eye of ～ 太陽. **2** (H～) 神, 天帝. **3 天国**; 極楽; 神々, 天人. **4** 空(もよう).

By H～* [*H～s*]*! 神かけて, 誓って. ***for ～'s sake*** → sake. ***Good* [*Gracious, Great*] *～s!*** これは一大事!, おやまあ! ***go to ～*** 昇天する, 死ぬ. ***H～ be praised!*** = ***Thank H～!*** しめた! ***H～ knows.*** (1) 神のみぞ知る, だれにもわからない. (2) 神ぞ知る, 誓って. ***H～ knows...*** 《疑問詞を伴って》だれも…だかわからない: He disappeared *H～ knows where.* 彼はどこへともなく消えうせた. ***in ～*** 天国にまします; 死んで. ***in H～'s name*** いったいぜんたい. ***move ～ and earth to*** (do) → move. ***the ～ of ～s*** = ***the seventh ～*** 〖聖〗第七天国《神と天使の住む最上天》.

～-born [⌐–⌐] (1) 天に生まれた. (2) 天賦の才を与えられた. **～-dust** [⌐–⌐] 〖米俗〗コカイン, (粉末状の)麻薬. **～-gift·ed** 天授の才をもつ. **～-kìss·ing** 天に届くような, 天に達するような. **～-sent** [⌐–⌐] 天与の; タイムリーな. ◇ **～·ward** [-wərd] *ad., a.* 天の方へ(の), 天に向かって(の), 天に向かう. **～·wards** [-wərdz] *ad.* = heavenward.

‡héav·en·ly [hévnli] *a.* **1 天の**, 天上の, 天国の. ↔ earthly. **2 天国のような**, こうごうしい, 聖なる, 天来の, 至上の: ～ beauty こうごうしいほどの美しさ. ↔ earthly, earthy. **3** 〖話〗すばらしい, すてきな.

～ body 天体. **H～ City, the** 〖聖〗聖なる都, 楽園, 神々の都《黙示録21》. **～-mínd·ed** 敬けんな; 信心ぶかい. ◇ **-li·ness** *n.*

héav·er [hí:vər] *n.* **1** 揚げる人〔物〕, 荷揚げ人夫, 仲仕. **2** 〖海〗《綱などをよるのに用いる》てこ棒. **3** 〖米: 野球俗〗ピッチャー.

‡héav·i·ly [hév(i)li/-vili] *ad.* **1 重く**, ずっしりと, どっしりと, 重そうに. **2 重苦しく**, のろのろと, ものうげに, 陰気に, がっかりして. **3** こってりと, 濃密に. **4** ひどく, きつく, 激しく: ～ guarded 厳戒された. It rained ～ on. どしゃ降りが続いた.

héav·i·ness [hévinis] *n.* **1** 重いこと, 重さ, 重々しさ. **2** 重苦しさ, 不活発, けだるさ, 遅鈍, ぎごちなさ. **3** 意気消沈, 落胆, 悲しみ. **4** 濃厚, 濃密.

Héav·i·side [hévisàid] **～ *layer*** ヘビサイド層《地上約100 km の高さにある電波を反射する大気層. その発見者 Oliver Heaviside の名より》.

†héav·y [hévi] *a.* (**héav·i·er**; **héav·i·est**) **1 重い**, 重たい; 比重の大きい. **2** 《食物が》胃にもたれる, たっぷりな: a ～ breakfast トースト・コーヒー以外にいろいろのものが出る朝食. **3** 《パンが》軽くふくらまない; 《酒が》強い. **4** 《線・文字などが》太い, 太字の. **5 大量の**, 猛烈な: a ～ crop 大豊作. a ～ rain 豪雨. a ～ sound 大音響. ～ traffic 激しい交通(量). **6** 大量に…する: a ～ drinker 大酒飲み. a ～ smoker 大のたばこ好き. **7 重苦しい**, 無器用な: a ～ gait 重苦しい足どり. a ～ hand ぎごちない手(つき). **8** 生気がない, 沈んだ: feel ～ からだがだるい. a ～ heart 憂うつな心. **9** たいくつな, 《天気が》うっとうしい: a ～ book おもしろくもない本. **10** 《道が》歩きにくい, 《馬場・運動場などが》ぬれていて重い; 《地面が》耕しづらい. **11 重大な**, 困難な, 苦しい: a ～ task 重大な任務, むずかしい仕事. ～ taxes 重税. **12** ものものしい, 重大な; 〖劇〗まじめな役をする: a ～ sin 重罪. **13** 妊娠している (=～ with a child). **14** 《同位元素が》より大きい原子量の. **15** 〖軍〗重装備の. **16** 〖米〗金持ちの, ボス的な. **17** 《勾配(こうばい)などが》激しい, 急な.

～ in* [*on*] *hand 《馬が》御しにくい; 《人が》つきあいづらい. ***～ with*** …で重い, …をいっぱいに含んだ: air ～ *with* moisture 湿っぽい空気. words ～ *with* meaning 意味深長なことば. ***lie ～ on* [*upon, at*]** に重くのしかかる; を苦しめる. ***sit* [*weigh*] *～ on* [*upon*]** = lie ～ on. ***Time hangs ～ on my hands.*** 間がもてない, 所在ない.

—— *n.* **1** 重い人〔物〕. **2** 〖劇〗かたき役; その俳優. **3** (the Heavies) 重騎兵, 竜騎兵(りゅうきへい); 〖俗〗重砲. **4** (*pl.*) 重工業. **5** 〖俗〗重量級のボクサー. **6** 〖俗〗よた者. ***do the ～*** ほらを吹く, はでにやる.

～-ármed 重装備の, 重装甲の. **～ artillery** 重砲隊〔兵〕. **～ bomber** 重爆撃機. **～-brówed** [-bráud] しかめつらの; まゆ毛の濃い. **～-búy·ing** 多量〔大口〕に買う. **～-dú·ty** (1) がんじょうな, 耐久的な; 強力な. (2) 高関税の. **～ gun** 重砲. **～-hánd·ed** (1) 無器用な, ぎごちない. (2) 重圧的な, 圧制的な. **～-héad·ed** 頭の鈍い, 愚鈍な. **～-héart·ed** 心の重い, 沈んだ気持ちの, 憂うつな, ふさぎこんだ. **～ hydrogen** 〖化〗重水素. **～ industry** 重工業. **～-lád·en** (1) 荷をたくさん積んだ. (2) 《心が》ふさいだ《で *with*》. **～ metal** 〖化〗重金属《比重 5.0 以上》; 巨弾, 巨砲; 〖俗〗強敵. **～ oil** 重油. **～ spar** 〖鉱〗重晶石. **～ swell** 一見風采(ふうさい)の堂々とした人. **～ water** 〖化〗重水《重水素と酸素の化合した水》.

Heb. Hebrew; Hebrews.

héb·do·mad [hébdəmæd] *n.* 〖廃〗 **1** 七つ(の数). **2** 七つの物の集まり; 〖聖〗7 日間, 1 週.

◇ **heb·dóm·a·dal** [hebdámədl/-dɔ́m-] *a.* 1 週(ごと)の, 毎週の.

Hé·be [hí:bi] *n.* **1** 〖ギ神〗青春の女神《Olympus 山の神々の酒宴の給仕》. **2** 〖英笑〗(バーの) 給仕女.

héb·e·tate [hébitèit] *vt., vi.* 鈍くする〔なる〕.

—— *a.* 〖植〗先端の丸い.

◇ **hèb·e·tá·tion** [⌐–téiʃ(ə)n] *n.* 鈍化.

he·bét·ic [hibétik] *a.* 思春期の, 思春期に起こる.

héb·e·tude [hébit(j)ù:d/-tju:d] *n.* 愚鈍, のろま; 気づかない状態.

He·brá·ic [hi:bréiik] *a.* ヘブライ人〔語, 文化〕の.

◇ **-i·cal·ly** *ad.* ～風に.

Hé·bra·ism [hí:briiz(ə)m/-breiiz-] *n.* **1** ヘブライ人的性格; ヘブライ思想〔精神〕. **2** ユダヤ教. **3** ヘブライ語風〔語法〕.

Hé·bra·ist [hí:briist/-breiist] *n.* **1** ヘブライ語学者; ヘブライ学者. **2** ヘブライ思想の人, ヘブライ精神支持者. **3** ユダヤ教信者.

Hè·bra·ís·tic [hì:briístik/-breiís-] *a.* ヘブライ(語)風の; ヘブライ語学者の.

Hé·bra·ize [hí:brəàiz/-bre(i)aiz] *vt.* ヘブライ(語)風にする. **——** *vi.* **1** ヘブライ語を話す. **2** ヘブライ人風になる.

Hé·brew** [hí:bru:] *n.* **1 ヘブライ人**, ユダヤ人. **2** 《古代の》**ヘブライ語**, 《現代の》イスラエル語. **3** わからないことば: It's ～ to me. それは私にはちんぷんかんぷんだ. ***the Epistle to the ～s 《新約聖書中の一書》ヘブル書. **——** *a.* ヘブライ人の, ユダヤ人の; ヘブライ語の. **～ Bible, the** ヘブライ聖書《旧約》. **～ calendar** ユダヤ暦 (Jewish calendar).

◇ **～·wise** [-wàiz] *ad.* ヘブライ風の書き方で《右から左へ》.

Héb·ri·des [hébridì:z] *n.* ヘブリディーズ諸島《スコットランド北西》. ◇ **Hèb·ri·dé·an** [⌐–dí:ən], **Heb·ríd·i·an** [hibrídiən] *a.*

Héc·a·te [hékəti] *n.* 〖ギ神〗ヘカティ《天地および下界をつかさどり, 魔法を使う女神. シェイクスピアの作品では [hékit] と発音》.

héc·a·tomb [hékətòum, -tù:m] *n.* **1** 雄牛100頭のいけにえ《古代ギリシア人が神にささげた》. **2** 大虐殺.

heck[1] [hek] *n.* 〖米俗〗地獄《hell の婉曲語》.

—— *int.* ちぇっ!, 畜生! 「く部品」.

heck[2] *n.* くし形〔ふたまた〕の糸かけ《織機で縦糸を導

heck³ *n.* 〚スコットランド〛まぐさだな; やな. ***at ～ and manger*** ぜいたく〔安楽〕に.
héck·le [hékl] *vt.* **1** 〈弁士などを〉やじり倒す, やりこめる. **2** 〚麻などをすきぐしで〛すく. **——** *n.* 《麻の》すきぐし (hackle¹). ◇ **～r** *n.* やじ(を飛ばす人).
héc·tare [héktɛər/-tɑː, -tɛə] *n.* ヘクタール《面積の単位. 100アール. 10,000 m²》. [<F.]
héc·tic [héktik] *a.* **1** 熱狂的な; 興奮をさそう: have a ～ time 大騒ぎをする. **2** 疲労を生じる, 消耗性の. **3** 消耗熱の; (熱のために) 紅潮した: ～ cheeks (結核性の)紅潮したほお. **——** *n.* **1** 消耗性; 紅潮. **2** 消耗性熱病(患者). ◇ **héc·ti·cal·ly** *ad.*
hecto- 「100」の意の語形成要素.
hectog. hectogram(me).
héc·to·gram(me) [héktəgræm] *n.* ヘクトグラム「《100 g》.
héc·to·graph [héktəgræf/-grɑːf] *n., vt.* ゼラチン〔こんにゃく〕版(で複写する).
◇ **hèc·to·gráph·ic** [ˌ--græfik] *a.*
hectol. hectoliter.
héc·to·li·ter, ㊥ **-tre** [héktəliːtər] *n.* ヘクトリッ「トル《100 *l*》.
hectom. hectometer.
héc·to·me·ter, ㊥ **-tre** [héktəmiːtər] *n.* ヘクト「メートル《100 m》.
Héc·tor [héktər] *n.* **1** ヘクトール《Homer の詩 *Iliad* の中の Troy 戦争の勇者》. **2** (h～) どなる人, からいばりする人.
—— *vt., vi.* (h～) おどしつける; いじめる: ～ a person *into* (do)*ing* 人をおどしつけて…させる.
Héc·u·ba [hékjubə] *n.* ヘクバ《*Iliad* の中の Troy 王 Priam の妻. Hector の母》.
he'd [hiːd, 弱 iːd, id, hid] he had, he would の短「縮形.
héd·dles [hédlz] *n. pl.* 〚織物〛あや取り, 掛け糸.
‡**hedge** [hedʒ] *n.* **1** 生けがき, かきね; かき状のもの《人がきなど》: a dead ～ しばがき. a quickset ～ 生けがき. a ～ of stones 石がき. **2** 障壁, 障害. **3** (失敗) 防止策《*against* loss》; 両方に賭(か)けること; 〚商〛売り〔買い〕つなぎ. ***be on the ～*** どっちつかずの態度をとる. ***come down on the wrong side of the ～*** 決定を誤る. ***make a ～*** 両てんびんをかける. ***not grow on every ～*** ざらにあるものではない, どこにもというわけにゆかない. ***sit on the ～*** ひより見する. ***take a sheet off a ～*** 公然と盗む. ***take ～*** 立ち去る, 出て行く.
—— *v.* (**hedged**; **hédg·ing**) *vt.* **1** 生けがきで囲う, にかきをめぐらす. **2** 取り巻く; 身動きできなくする, 妨げる. **3** 〈かけの損を〉二またかけて防ぐ; 〈財産・投資〉を守る. **——** *vi.* **1** 生けがきをつくる. **2** 《かけで》両がけする; 逃げ道をつくっておく. **3** (財産などを) 保護する: ～ *against* inflation インフレから財産を守る. **4** 身を隠す〔ひそめる〕. ～ ***in*** 囲む; 仕切る.
***～·hog** [-hɑ̀g, -hɔ̀ːg/-(h)ɔg] (1)〚動〛ハリネズミ; 〚米〛ヤマアラシ. (2)〚米〛強固な要塞(さい), 鉄条網. (3)〚話〛おこりっぽくて意地悪な人. **～·hop** [ˊˋ] *vi.* (**-pp-**) 〚空〛超低空飛行をする; 次々と話題を変えていく. **～·hòp·ping** 〚空〛超低空飛行. ***～·row** [ˊˋ] (生けがきの) 低木の列, 生けがき. ～ **school** 青空〔野外〕学校, 貧民学校. ～ **sparrow** 〚鳥〛イワヒバリの類《イギリスの最も普通な小鳴鳥》.
◇ **hédg·er** *n.* 生けがきをつくる〔手入れする〕かきね職人; 二またをかける人.
he·dón·ic [hiːdɑ́nik/-dɔ́n-] *a.* **1** 快楽の, 享楽的な. **2** 快楽説の. ◇ **～s** *n. pl.* 《単数扱い》〚倫・心〛快楽説.
hé·don·ism [híːd(ə)nìz(ə)m] *n.* **1** 〚哲〛快楽主義〔説〕. **2** 快楽を追う生活, 享楽生活.
hé·don·ist [híːd(ə)nist] *n.* 快楽〔享楽〕主義者.
◇ **hè·do·nís·tic** [hìːd(ə)nístik] *a.* 快楽主義(者)の.
-hé·dral [-híːdrəl/-hédrəl, -híːd-] 「…個の辺〔面〕からなる」の意の形容詞をつくる語形成要素.
-hé·dron [-híːdrən/-hédrən, -híːd-] -hedral の名詞形.
hée·bie-jée·bies [híːbidʒíːbiz] *n. pl.* **1** ブルース風の踊りの一種. **2** (通例 the ～)〚俗〛いらいらすること, 極度の神経質 (jitters).
‡**heed** [hiːd] *vt., vi.* (に)気をつける, (に)注意する: He did not ～ the warning. 彼は警告を無視した.
—— *n.* 注意, 留意; 配慮, 用心. ***give*** 〔***pay***〕 ***～ to*** に気をつける. ***take ～ to*** 〔***of***〕 に用心する. ***take no ～ of*** に少しも注意しない, 無視する. ◇ **～·er** *n.*
héed·ful [híːdf(u)l] *a.* **1** 注意〔用心〕ぶかい《に *of*》. **2** 心をくばる, 思いやりがある《に *of*》.
◇ **～·ly** [-fuli] *ad.* **～·ness** *n.*
héed·less [híːdlis] *a.* **1** 不注意な《に *of*》, 軽率な. **2** 考えない, 忘れている《のことを *of*》.
◇ **～·ly** *ad.* **～·ness** *n.*
hée·haw [híːhɔ̀ː] *n.* **1** ロバの鳴き声. **2** ばか笑い.
—— *vi.* **1** 《ロバのように》いななく. **2** ばか笑いする.
‡**heel**¹ [hiːl] *n.* **1** かかと; 《動物の》足; 《馬などの》ひづめ; (*pl.*)《動物の》後ろ足. **2** 《くつ・くつ下の》かかと(部). **3** かかと状の物〔部分〕. **4** 尾部, 末端; 末期. **5** 〚米俗〛最低なやつ; 居そうろう; こそどろ; 裏切り者. ***at ～*** すぐあとから, あとについて. ***at*** 〔***on***〕 a person***'s ～s*** (人)のすぐあとについて. ***be carried with the ～s foremost*** 死体となって運び出される. ***be made to cool*** 〔***kick***〕 ***one's ～s*** 待たされる. ***bring*** a person ***to ～*** あとについてこさせる; 教え導く. ***come to ～*** あとから従う; 〈犬が〉なれている. ***down*** 〔***out***〕 ***at the ～(s)*** かかとの減ったくつをはいた; みすぼらしい; だらしない. ***have*** 〔***get***〕 ***the ～s of*** を追い越す. ***～s over head*** ＝***head over ～s*** まっさかさまに; あわてふためいて, 軽率に. ***kick up*** a person***'s ～*** (人)をなぐり倒す, やっつける. ***kick up one's ～s*** (1) はね回る. (2) 死ぬ. ***lay*** 〔***clap***〕 ***by the ～s*** 投獄する; やっつける. ***show a clean pair of ～s*** ＝***take to one's ～s***＝***show the ～s*** どんどん逃げ出す. ***throw up*** a person***'s ～s*** (人)をひっくり返す. ***to ～*** 《犬が》すぐあとについて; 服従して. ***tread on*** a person***'s ～s*** (人)のすぐあとに続く〔続いて来る〕. ***turn on one's ～*** くるりと後ろを向く. ***turn up one's ～s*** 死ぬ. ***under the ～ of*** に踏みにじられて.
—— *vt.* **1** 〈くつなどに〉かかとを付ける. **2** のすぐあとからついて行く. **3** 〚ゴルフ〛〈ボールを〉打棒のヒールで打つ. **4** 〈ダンスを〉かかとで床をけりながら踊る. **5** 〚米話〛〈闘鶏に〉けづめをつける; にピストルを持たせる. **6** 〚米俗〛〈人に〉金などを与える. **——** *vi.* かかとで踊る. ～ ***in*** (根もとに土をかけて)仮植えする. ～ ***out*** 〚ラグビー〛スクラムのときかかとでボールを押し出す.
～-and-tóe [híːləntóu] あと足のつま先が地を離れないうちに前足のかかとが地につく歩き方の. **～-and-toe walking** 〚運〛競歩. **～·ball** [ˊˋ] (つや出し) くつ墨の一種《ろうと油煙の混合物》. **～·piece** [ˊˋ] (1) くつのかかと皮. (2) 末端 (についているもの), 最後の一片. **～·plate** [ˊˋ] くつのかかとの金《摩滅を防ぐ》. **～·post** [ˊˋ] 戸のちょうつがいのついている柱; 馬屋の仕切り戸. **～·tap** [ˊˋ] (1) くつのかかと皮. (2) 杯の底の飲み残り.
◇ **～ed** [-d] *a.* **1** ～を付けた. **2** 軍資金の用意がある; 裕福な. → well-～ed. **3** 〚米俗〛《ピストルなど》武器を持っている. **～·er** *n.* **1** かかとを付ける職人. **2** 〚米話〛腰ぎんちゃく, 追従者, 子分. **～·less** *a.* ～のない.
heel² *vi., vt.* 〈船が〉傾く, 〈船を〉傾ける《*over*》.
—— *n.* 《船の》傾き: on the ～ 傾いて. ***～ing tank*** 砕氷船のバラストタンク《船を傾けて氷を割る》.
heft [heft] *n.* **1** 〚英方・米話〛重量, 目方. **2** 影響, 勢力; 重要性. **3** 〚米話〛主要部, 大部分.
—— *vt.* 持ち上げる; 持ち上げて重量を計る.
héft·y [héfti] *a.* 〚話〛**1** 重い. **2** がっしりした, たくましい. ◇ **-i·ly** *ad.* **-i·ness** *n.*
Hé·gel [héigl] *n.* Georg Wilhelm Friedrich [géiɔːrk-vílhelm-fríːdriç-] ～, 1770–1831, ドイツの哲学者.
He·gé·li·an [heigéiliən, hiːdʒíːl-/heigíːl-] *a.* ヘー

ゲル(哲学)の. —— *n.* ヘーゲル派の哲学者.

hèg·e·món·ic [hèdʒɪmánik, hìːdʒɪ-/hìːgɪmɔ́n-, hèdʒɪ-] *a.* 覇権(はけん)を握る, 支配力をもつ, 牛耳る.

he·gém·o·ny [hiːdʒéməni, hédʒɪmòuni / hiː-dʒéməni, hédʒɪ-, hégɪ-] *n.* 《特にある国家群中での一国の》(政治的) 覇権, 支配権, ヘゲモニー.

He·gí·ra [hiːdʒáirə, hédʒɪrə/hédʒɪrə, hidʒáiərə] *n.* **1** ヘジラ《Mohammed の Mecca から Medina への逃走. 西暦622年》. **2** 回教紀元《上記事件の年より始まる》. **3** (h〜) 逃走, 逃避行.

Héi·del·berg [háid(ə)lbəːrg] *n.* ハイデルベルク《ドイツ南西部の都市. 大学と古城で有名》.
〜 **man** ハイデルベルク人《1907年 Heidelberg 近くで顎骨(がっこつ)が発見された原始人》.

héif·er [héfər] *n.* 《3歳未満のまだ子を生まない》雌「牛.

Héi·fetz [háifits] *n.* Jascha [jáːʃə-] 〜, 1901– , 世界的バイオリニスト《ロシア生まれのアメリカ人》.

heigh [hei, ㊥⁺hai] *int.* おい!, もし!, ほい! 《注意・励まし・喜び・驚きなどの意をあらわす》.

héigh-hó [héihóu, ㊥⁺hái-] *int.* あーあ!, やれやれ! 《驚き・落胆・疲労などをあらわす》.

‡**height** [hait] *n.* **1** 高さ, 背たけ; 高度, 標高: at a 〜 of 3,000 meters 3,000 m の高度で. the 〜 above (the) sea level 海抜. **2** (しばしば *pl.*) 高地, 丘. **3** 〔聖〕 いと高き所, 天: Praise Him in the 〜*s.* 天のエホバをほめたたえなさい. **4** 絶頂, 極致, まっ最中: the 〜 of folly 愚の骨頂. the 〜 of summer 盛夏. **5** 卓越, 高貴. ***at its*** 〜 =***at the*** 〜 ***of*** の絶頂で; のまっ最中に. ***in*** 〜 高さ〔身長〕は. ***in the*** 〜 ***of fashion*** 流行のまっ最中.
[high と同語源]

héight·en [háitn] *vt., vi.* **1** 高める〔まる〕. **2** 増大させる〔する〕, 強める〔まる〕; きわだたせる, ひきたてる.

heil [hail] G. *int.* 万歳! (hail²).
—— *vt.* 〜と声をかける《に *to*》.

Héi·ne [háinə] *n.* Heinrich [háinriç-] 〜, 1797–1856, ドイツの詩人.

héi·nous [héinəs] *a.* 憎むべき, 悪質な: a 〜 offence 憎んでも憎みきれない罪悪. ◇ 〜**·ly** *ad.* 〜**·ness** *n.*

‡**heir** [ɛər] *n.* (*fem.* **héir·ess** [ɛ́(ː)ris/ɛ́ər-]) **1** 相続人, 跡取り: 〜 *to* a relative 親族の跡取り. 〜 *to* an estate 遺産の相続人. **2** 後継者《の *to*》; 《比喩的》《喜び・罰などを》受ける者. ***fall*** 〜 ***to a property*** 財産を相続する. ***Flesh is*** 〜 ***to many ills.*** 人間はいろいろの災いを受け継いでいる. 〜***of the body*** 直系相続人. —— *vt.* 相続する. [√her(ed)-]
〜 **apparent** 法定推定相続人. 〜**-at-láw** (*pl.* 〜**s-at-láw**) 法定相続人. 〜 **male** 男系相続人. 〜 **presumptive** 推定相続人.
◇ 〜**·less** *a.* 相続人のない. 〜**·ship** *n.* 相続権, 相続人たる資格.

héir·dom [ɛ́ərdəm] *n.* 相続; 相続資格.

héir·ess → heir.

héir·lóom [ɛ́ərlúːm, ⌐⌐/⌐–] *n.* **1** 〔法〕 法定相続動産. **2** 先祖伝来の家財〔家宝〕.

He·jí·ra =Hegira.

Hék·a·te =Hecate.

hék·tare =hectare.

hekto- =hecto-.

Hel [hel], **Hél·a** [hélɑː] *n.* 〔北欧神話〕 死者の国をつかさどる女神; 死後の世界.

†**held** [held] *v.* hold の過去・過去分詞.

Hél·en [hélɪn], **Hél·e·na** [hélinə, helíːnə] *n.* 〔ギ神〕 Sparta 王妃《絶世の美女. Troy 人 Paris に連れ去られて, Troy 戦争の因となった》.

heli- =helio-.

he·lí·a·cal [hiláiək(ə)l] *a.* 〔天〕 太陽の; 《星などが》太陽とおなじころに出没する.

hè·li·án·thus [hìːliǽnθəs] *n.* ヒマワリ(属の植物).

hél·i·cal [hélik(ə)l] *a.* らせん状の. ◇ 〜**·ly** *ad.*

hél·i·cline [héliklàin] *n.* 〔米〕 らせん状の〔曲がりくねった〕傾斜路.

helic(o)- 「らせん状の」の意の語形成要素.

hél·i·coid [hélikɔ̀id] *a.* らせん状の. —— *n.* 〔数〕 らせん体〔面〕. ◇ **hèl·i·cóid·al** [hèlikɔ́idl] *a.*

Hél·i·con [hélikàn, -kən/-kən, -kɔn] *n.* **1** 〔ギ神〕 ヘリコン山《Apollo と Muses が住んだといわれるギリシア南部の山》. **2** 詩想の源泉. **3** (h〜) 大型の吹奏楽器の一種《軍楽隊などが奏する》.

‡**hél·i·cop·ter** [hélɪkàptər, híːlɪ-/hélikɔp-] *n.* ヘリコプター. —— *vi., vt.* ヘリコプターで飛ぶ〔運ぶ〕.

heli(o)- 「太陽」の意の語形成要素.

hè·li·o·cén·tric [hìːliouséntrik], **-tri·cal** [-(ə)l] *a.* 太陽を中心とする. 〜 **theory** 太陽中心説.
◇ **-tri·cism** [-trisìz(ə)m] *n.* 太陽中心説.

hé·li·o·chrome [híːliəkròum] *n.* 天然色写真.
◇ **hè·li·o·chró·mic** [⌐––króumik] *a.*

hé·li·o·gram [híːliəgræ̀m] *n.* 日光反射信号.

hé·li·o·graph [híːliəgræ̀f/-grɑːf] *n.* **1** 回光通信機《鏡で太陽光線を反射する》. **2** 太陽を撮影する写真機. **3** 日照(時間記録)計. —— *vt.* **1** 回光通信機で通信する. **2** 太陽写真機で撮影する.
◇ **hè·li·óg·ra·pher** [hìːliágrəfər/-ɔ́g-] *n.* **hè·li·o·gráph·ic** [hìːliəgrǽfik] *a.*

hè·li·óg·ra·phy [hìːliágrəfi/-ɔ́g-] *n.* **1** 回光信号法. **2** 太陽写真(術). **3** 写真製版法.

hè·li·o·gra·vúre [hìːliougrəvjúər/híː-] *n.* グラビア《写真凹版(おうはん)術》.

hè·li·o·líth·ic [hìːlɪolíθik] *a.* 《文明が》巨石使用と太陽崇拝とを特色とする.

hè·li·ól·o·gy [hìːliálədʒi/-ɔ́l-] *n.* 太陽研究.

hè·li·óm·e·ter [hìːliámɪtər/-ɔ́m-] *n.* 〔天〕 太陽儀. ◇ **-try** *n.* 〜による測定.

Hé·li·os [híːliàs/-ɔs] *n.* 〔ギ神〕 太陽神.

hé·li·o·scope [híːliəskòup] *n.* 《目を痛めないで観測できる》太陽望遠鏡.

hé·li·o·stat [híːliəstæ̀t] *n.* ヘリオスタット, 日光反「射鏡 (装置).

hè·li·o·táx·is [hìːliotǽksis] *n.* 〔植〕 走光性. → phototaxis.

hè·li·o·thér·a·py [hìːlioθérəpi] *n.* 〔医〕 日光浴「療法.

hé·lio·trope [híːljətròup, ㊥⁺héljə-] *n.* **1** 〔植〕 ヘリオトロープ; その花のかおり; 薄紫色. **2** 日光反射器〔信号装置〕. **3** 〔鉱〕 血玉髄, 血石《石英の一種》.

hè·li·ót·ro·pism [hìːliátrəpìz(ə)m/-ɔ́t-] *n.* 〔生〕 向日性. ◇ **hè·li·o·tróp·ic** [hìːliətrápik/-trɔ́p-] *a.*

hé·li·o·type [híːliətàip] *n., vt., vi.* ヘリオタイプ版画(にする). 〈注〉 写真製版の一種.

hél·i·port [hélipɔ̀ːrt/-pɔːt] *n.* ヘリコプター発着場.

hé·li·um [híːliəm] *n.* 〔化〕 ヘリウム《希ガス元素. 記号 He》.

hé·lix [híːliks] *n.* (*pl.* **hél·i·ces** [hélisìːz], **hé·lix·es**) **1** らせん(状のもの)《コルク抜き・懐中どけいのぜんまいなど》; つる巻き線. **2** 〔医〕 耳輪. **3** 〔動〕 カタツムリ属. **4** 〔建〕 柱頭のらせん飾り. **5** 〔数〕 らせん, つる巻き線.

‡**hell** [hel] *n.* **1** 地獄; 冥土(めいど). **2** 《集合的》 地獄に落ちた人々; 悪鬼: *H*〜 is let loose. 鬼どもがおどり出た. **3** 地獄のような物〔場所, 状態〕. **4** 賭博宿(とばくやど); 魔界. **5** 《印刷人・裁縫師などの》くず箱 (= hellbox). **6** 《のろい・強意のことば》 畜生; いったいぜんたい, 断じて. ***a*** 〜 ***of*** 〔米俗〕 (1) ものすごい, ひどい: *a* 〜 *of* a life 地獄のような生活. *a* 〜 *of* a trip さんざんな旅行. *a* 〜 *of* a lot of money しこたまの金. (2) たいした: *a* 〜 *of* a speech どえらい演説. ***all (gone) to*** 〜 すっかりだめになって. ***be*** 〜 ***on*** (1) …につらく当たる, …にきびしい. (2) に害がある, を痛める. ***give*** a person 〜 (人を) ひどい目に会わせる. ***Go to*** 〜***!*** くたばってしまえ! 〜 ***for leather*** 全速力で. ***like*** 〜 やけに, 猛烈に, 夢中になって. ***Oh,*** 〜***!*** 畜生! ***play*** 〜 ***with*** をめちゃくちゃにする, をだいなしにする, を混乱させる. ***raise*** 〜 (1) どんちゃん騒ぎをする. (2) おこって大騒ぎをする. ***To*** 〜 ***with …!***

を葬れ, をやっつけろ. ***What the* ～ do you want?** いったいぜんたいなん(の用)だ?

～·bènd·er (1)〘動〙アメリカハンザキ〔サンショウウオ〕. (2)〘俗〙無鉄砲な人. **～-bént**〘米俗〙無我夢中の, 必死の. **～·box** [ˊ-ˋ]〘印〙くず活字を入れる箱. **～·broth** [-brɔ̀ːθ, -brɑ̀θ/-brɔθ, -ɔː-]《魔法使いが用いる》魔法の調合物. **～·cat** [ˊ-ˋ] 悪女, 鬼ばば, あばずれ. **～ diver**〘軍〙急降下爆撃(機);〘鳥〙カイツブリ類の水鳥. **～·fìre** [㊇ ˊ-ˋ] 地獄の火; 地獄の苦しみ. **～-for-léath·er** 向こう見ずな. **～·gra(m)·mite** → 別項. **～·hound** [ˊ-ˋ] 地獄の犬; 悪魔のような人. **～·kite** [-kàit] 冷血漢, 残酷な男. **～-ràis·er** なにかといっては騒ぎたてる人. **～ week** 新入生が上級生にいじめられる第1週《大学の fraternity で》.

he'll [hiːl, 弱 (h)il] he will, he shall の短縮形.

Hél·las [héləs/-læs] *n.*〘雅〙ヘラス《ギリシアの別称》.

hél·le·bore [hélibɔ̀ːr/-bɔː-] *n.* **1**〘植〙クリスマスローズ, その根から採った下剤. **2**〘植〙ウマノアシガタ科の植物; その根から採った殺虫剤.

Hél·lene [héliːn] *n.* ギリシア人.

Hel·lén·ic [helénik, -líːn-/-líːn-] *a.* ギリシアの, ギリシア人〔語〕の.

—— *n.* ギリシア語族; ギリシア語《特に, 現代の》.

Hél·len·ism [héliniz(ə)m] *n.* **1** ギリシア文化〔精神, 国民性, 風, 語法〕. **2** ヘレニズム《Alexander 大王以後のギリシア文化・語風》.

Hél·len·ist [hélinist] *n.* **1** ギリシア語学者, (古代)ギリシア文化研究者. **2** ギリシア語〔精神, 風〕に親しむ人. **3**〘宗〙ギリシア語を常用したユダヤ人.

Hèl·len·ís·tic [hèlinístik], **-ti·cal** [-(ə)l] *a.* **1** Hellenism〔Hellenist〕に関する. **2** ヘレニズムの《Alexander 大王以後のギリシア語・人・文化の》.

Hél·len·ize [hélinàiz] *vt., vi.* ギリシア風にする〔なる〕, ギリシア語風にする〔なる〕. ◇ **-iz·er** *n.* **Hèl·len·i·zá·tion** [hèlinizéiʃ(ə)n/-naiz-] *n.* ギリシア化.

Hél·les·pont [hélispɑ̀nt/-pɔnt] *n.* ヘレスポント《Dardanelles 海峡の古代ギリシア名》.

héll·gra(m)·mite [hélgrəmàit] *n.*〘米:虫〙ヘビトンボの幼虫.

hél·lion [héljən] *n.*〘米話〙手に負えぬ乱暴者.

héll·ish [héliʃ] *a.* 地獄の(ような); 生きたここちのしない, ぞっとする. ◇ **～·ly** *ad.* **～·ness** *n.*

†**hel·ló** [helóu, hə-, hélou, hʌ́lou, 強調 hélóu, hʌ́lóu] *int.* **1** もし, おーい; おや;〘電話〙もしもし. **2** こんちは《軽いあいさつのことば》.

—— *n.* (*pl.* **～s**) ～ということば〔あいさつ〕: Say ～ to your mother. おかあさんによろしく.

—— *vi.* ～と呼ぶ. **～ girl**〘米話〙電話交換嬢.

héll·u·va [hélәvә] *a.*〘俗〙ひどい, すごい. [<hell of a]

‡**helm**[1] [helm] *n.* **1**〘船〙かじ(の柄), 舵輪(だりん); 操舵装置, 舵機; 船の向き. **2** 支配, 指導: take the ～ of state 政権を握る. ***Down*** [***Up***] (***with the***) ***～!*** 下手〔上手〕かじ! ***Mind your ～!*** 気をつけろ!, 用心しろ! ***Starboard*** (***the***) ***～!*** 取りかじ!

—— *vt.* のかじをあやつる; 指導する.

～s·man [-zmən] (*pl.* **-men**) 舵手.

helm[2] *n.*〘古・雅〙かぶと (helmet). **——** *vt.* にかぶとをかぶせる. **～ cloud**〘英:気〙かぶと状雲《風雨の前または最中に尾根にかかる》. **～ roof** かぶと屋根.

‡**hél·met** [hélmit] *n.* **1** 鉄かぶと《兵士・消防士・労働者などの頭部保護用》. **2** ヘルメット. **3**《中世の》かぶと;《フェンシングの》面; かぶと状のもの.

hél·minth [hélminθ] *n.* 寄生虫《回虫・サナダムシなど》.

hèl·min·thí·a·sis [hèlminθáiəsis] *n.* 寄生虫病.

hel·mín·thic [helmínθik] *a.* **1**《腸内の》寄生虫の. **2** 駆虫の. **——** *n.* 虫くだし, 駆虫剤.

◇ **hèl·min·thól·o·gy** [hèlminθɑ́lədʒi/-θɔ́l-] *n.* 寄生虫学.

Hél·ot [hélət, ㊇⁺híːl-] *n.* **1** 古代スパルタのどれい. **2** (h～) どれい. ◇ **～·ism** *n.* ～の身分〔制度〕. **～·ry** *n.* どれい制度〔身分〕;《集合的》どれい.

†**help** [help] *vt.* **1** 助ける, に手助けをする, に力をかす, 救う: I can't lift this box alone. Will you please ～ me? ひとりでこの箱を持ち上げられません. 力をかしてくださいませんか. He ～*s* his parents a great deal out of his small income. 彼は乏しい収入から両親に多大の生活費の援助を行なっている. Mary ～*ed* mother *with* her chores. メアリは母親の家事の手伝いをした. You will ～ my child *to* read the book. 子どもが本を読むのを手伝ってくださいね.

2《down, in, out, over, into, out of, through, up などの副詞(句)・前置詞(句)を用いて》手伝って…させる, 助けて…させる: *H*～ me *in.* 手伝って中へ入れてください. He ～*ed* his wife *into* [*on with*] her overcoat. 彼は妻に手伝って外套(がいとう)を着せてやった. *H*～ me *out of* the difficulty. 困難から救い出してください. He ～*ed* the old man *to* his feet. 彼は老人に手をかして立ち上がらせてやった. Let me ～ you *upstairs with* your trunk. 2階へトランクを運ぶお手伝いをいたしましょう.

3 助長する, 促進する, 効果的にする: Ignorance ～*s* war. 無知は戦争を助長する. These pills will ～ digestion. この丸薬は消化を助ける.

4〈苦痛・病気などを〉和らげる, 軽減する, 楽にする;〈欠陥などを〉補う, 救う: This medicine will ～ your cough. この薬できみのせきは楽になるだろう. Some flowers will ～ an otherwise dull interior. 花を少し置けば, 花がないと単調なへやも救われる.

5 に給仕する, にすすめる《を *to*》: May I ～ you *to* some more meat? 肉をもう少しよそって差し上げましょうか. Here's a spoon to ～ the gravy with. 肉汁(にくじゅう)をかけるさじがここにあります. Will you ～ her *to* some cake? お菓子を彼女にとってやってくださいませんか.

6《can, cannot を伴って》やめる, 避ける, 抑制する, 禁ずる: It *can't* be ～*ed* なんとも仕方がない〔避けられない〕. No one *can* ～ his bad manners. 彼の無作法には手がつけられない. How *can* she ～ confess*ing* her affection to him? 彼女はどうして彼に対する愛を打ち明けずにいられようか. I *couldn't* ～ laugh*ing* at him. 彼を笑わざるをえなかった.

—— *vi.* **1** 手伝う, 助ける; 役に立つ: An agreeable person ～*s* to persuade. 感じ〔あいそ〕のよい人は説得に役立つ. **2** 給仕する: Let him ～ at table. 彼に給仕させよう.

〈付記$_1$〉help＋目的語＋不定詞: アメリカでは次に to のつかない, いわゆる「はだか不定詞(bare infinitive)」が多く使われる: He ～*ed* us *peel* the onions. 彼は(われわれが)タマネギをむくのを手伝った. しかし help を受動態で使うばあいには We were ～*ed to* get out. のように必ず to を伴う. イギリスでも両形とも用いられるが, to を伴う形が正式であると考えられている.

〈付記$_2$〉help＋不定詞: アメリカではしばしば help の次の目的語が省略される. このばあい不定詞には「to-不定詞」と「はだか不定詞」の両方がある: She had to ～ *support* her brother and sisters. 彼女は弟妹の扶養に助力しなければならなかった. The bill has been brought in to ～ *promote* education. この法案は教育の振興を促進するために提出された. I ～ *to support* the establishment. 私は施設の維持に力をかしている. これらの文では help の次に目的語 them, people が略されていると考えてよい.

cannot ～ but (do) ＝***cannot ～*** (do)***ing*** …しないではいられない, …することを避けられない: I *cannot ～ but* laugh. ＝I *cannot* ～ laugh*ing*. 笑わないではいられない. ***Every little will ～.***〘諺〙つまらぬものもそれぞれ役立つ. ***God ～ him!*** かわいそうに!;

あわれなやつ! ***Heaven* ～*s those who* ～ *themselves.*** 〖ことわざ〗天は自ら助くる者を助く. ～ one***self*** (1) 自分でなんとかする, 自助する. (2) 自分を押える: She couldn't ～ *herself.* 自分で自分がどうにもならなかった. (3)自分で食べ物を自分のさらにとる: Please ～ *yourself.* どうぞご自由に召し上がれ. ～ a person ***along*** 生活を補助する. ～ ***down*** 手伝っておろしてやる. ～ ***off with*** (1) を手伝って…を脱がせる: *H*～ the child *off with* his coat. 手伝って子どもの上着を脱がせてやりなさい. (2) を除くのを〔しまつするのを〕…に手伝う: His son's success ～*ed* him *off with* his worries. 彼のむすこの成功のおかげで彼は悩みを脱しえた. ～ a person ***on with*** (人に)手伝って…を着せてやる. →*vt.* ②. ～ ***out*** 救出する; 手助けをする. ～ a person ***over*** 乗り越え〔切り抜け〕させる. ～ ***through*** 助けて…を完成させる: Marie Curie ～*ed* her husband *through* the most wonderful discovery a scientist ever made. マリー=キュリーは夫を助けて科学者がいままでに成し遂げたもっとも驚くべき発見を完成させた. ～ one***self to*** (1) を自由に取って食べる: *H*～ *yourself to* the fruit. くだものをご自由にお取りください. (2) を着服する, を横領する; をかってに取る: They ～*ed themselves to* the farmer's apples. 彼らは農夫のリンゴをかってに奪った. ～ a person ***to*** (人を)助けて…へ導く〔を得させる〕: This clue ～*ed* me *to* the solution. この手がかりのおかげで解決できた. ～ ***up*** 助け起こす, ささえる. ***not ... more than*** one ***can*** ～ なるべく…しない: Don't sneeze *more than you can* ～. できるだけくしゃみをしないようにしなさい. Do *not* waste *more* time *than can* be ～*ed*. なるたけ時間を浪費するな. ***So* ～ *me God!*** 神も照覧あれ, 神かけて《宣誓・陳述などに添える一種の強勢語》.

—— *n.* **1** 助け, 援助, 手伝い. **2** 救う手段, 救済法; 逃げ道: There is no ～ left. 救う道がない. **3** 役立つもの, 助けになるもの: It was a great ～ to me. そのおかげで大いに助かった. **4** 手伝い, 召使: a domestic ～ お手伝いさん. a paid 〔resident〕 ～ 有給〔住み込み〕のお手伝いさん. 〈注〉近年は servant (召使)は非民主的であるという理由で, その代わりに help が使われる. 一方, 政府要員を public servant (公僕(こうぼく))と呼び, 好対照をなしている. **5** 《集合的》作業員たち《特に農場労働者》: The ～ have walked out. 作業員たちはストライキにはいった. **6** 〖話〗《食物の》一盛り (=helping). ***be of*** ～ 役に立つ. ***by the*** ～ ***of*** の助力で. ***cry for*** ～ 助けを呼ぶ. ***H*～ *wanted.*** 人を求む《求人広告の見出し・書き出し. 比較: Situation wanted. 職を求む》.

⌒·mate [-mèit], **⌒·meet** [-mi:t] (1) 協力者; 仲間. (2) 配偶者《通例妻, ときに夫》: a model ～*mate* 良妻. ◇ **⌒·a·ble** *a.*

(類義語) **助ける: help** (1) 困っている者・困難な状態を救う: Humor often *helps* a tense situation. ユーモアはしばしば緊張した場面をときほぐす. (2) 目的の実現を助ける: *help* a team to win a game チームを助けて勝たす. **aid** help とほぼ同義だが不足・欠陥を補うことによって援助する: *aid* flood victims 水害罹災(りさい)者を救援する. **assist** そばに付き添う→補助をする, 手助けする: *assist* digestion 消化を助ける.

‡hélp·er [hélpər] *n.* **助力者, 援助者;** 助手, お手伝いさん.

‡hélp·ful [hélpf(u)l] *a.* **助けになる, 役に立つ,** ちょうほうな《*to*》: a ～ comment 参考になる意見.

◇ **～·ly** [-fụli] *ad.* 役に立つように, 有用に. **～·ness** *n.*

hélp·ing [hélpiŋ] *n.* **1** 助力. **2** 《食物を》盛ること; 《食物の》一盛り: a second ～ お代わり.

—— *a.* 助けの, 援助の: give a person a ～ hand 人に援助の手を差し伸べる.

‡hélp·less [hélplis] *a.* **1 自分ではどうすることもできない,** 無力な, ふがいない. **2** 助けをもたない: a ～ orphan 寄るべのない孤児.

◇ **～·ly** *ad.* どうしようもなく, 力なく. ***～·ness** *n.*

Hél·sin·ki [hélsiŋki] *n.* ヘルシンキ《Finland の首都》.

hél·ter-skél·ter [héltərskéltər] *ad.* ろうばいして, あわてふためいて. —— *n.* ろうばい, あわてふためき. —— *a.* 混乱した, あわてふためいた.

helve [helv] *n.* 〖英〗《おの・つちなどの》柄. ***throw the* ～ *after the hatchet*** 損に損を重ねる, 損の上塗りをする. —— *vt.* に柄を付ける.

Hel·vé·tia [helví:ʃə, -ʃiə] *n.* **1** ヘルベチア《現在のスイスに当たるローマ時代の国》. **2** 〖雅〗 =Switzerland. ◇ **～n** *a., n.* ヘルベチア〔スイス〕の; ヘルベチア〔スイス〕人.

hem**[1] [hem] *n.* **1** 《布・帽子などの》へり, ふち; ヘム《特に, ほどけないように折り返して縫ったへり》, ふち縫い. **2** 境. —— *vt.* (**-mm-**) **1** のふちとりをする, にへりをつける. **2 取り囲む** 《*in, about, round, up*》. ～ ***out 締め出す(shut out).

⌒·line [⌒làin] 洋服のすそぐけの部分. **⌒·stitch** [⌒⌒] (1) 飾りへり縫い. (2) に飾りへり縫いする.

hem[2] [m̩m, hm] *int.* えへん!《ためらい, あるいは注意を引くためのせきばらい》. —— [hem] *n.* せきばらい. —— [hem] *vi.* (**-mm-**) せきばらいする; 口ごもる. ～ ***and haw*** えへんという; 口ごもる, 回答を避ける.

hé·mal [hí:m(ə)l] *a.* 血液の; 血管の.

hé·mán [hí:mæn] *n.* (*pl.* **-mén**) 〖米話〗男性的な男, 男らしい魅力のある男.

he·mát·ic [hi:mǽtik] *a.* 血(液)の. —— *n.* 〖医〗浄血〔補血〕剤.

hém·a·tin [hémətin, ㊥⁺hí:m-] *n.* 〖化〗ヘマチン《ヘモグロビン色素成分》.

hém·a·tite [hémətàit] *n.* 〖鉱〗赤鉄鉱.

◇ **hèm·a·tít·ic** [hèmətítik, ㊥⁺hì:m-] *a.*

hemat(o)- 「血」の意の語形成要素.

hèm·a·tól·o·gy [hèmətɑ́lədʒi, hì:m-/-tɔ́l-] *n.* 血液学. ◇ **hèm·a·tól·o·gist** *n.*

hè·ma·tó·ma [hì:mətóumə, hèm-] *n.* (*pl.* **～s, ～·ta** [-mətə]) 血腫(けっしゅ).

hè·ma·tú·ria [hì:mət(j)ú(:)riə/-tjúər-] *n.* 〖医〗血尿(症). ◇ **hè·ma·tú·ric** [-rik] *a.*

hemi- 「半(half)」の意の語形成要素. → semi-, demi-.

hèm·i·ál·gi·a [hèmiǽldʒiə] *n.* からだ〔頭部〕の片面が痛む症状.

hè·mi·a·nóp·si·a [hì:miənɑ́psiə/hèmiənɔ́p-] *n.* 〖医〗半盲(症).

hém·i·cy·cle [hémisàikl] *n.* 半円形(の建造物). ◇ **hèm·i·cý·clic** [⌒⌒⌒klik] *a.*

hèm·i·dèm·i·sém·i·quà·ver [hèmidèmisémikwèivər/hémi-] =semidemisemiquaver.

hèm·i·hé·dral [hèmihí:drəl] *a.* **1** 《結晶が》半光面の. **2** 半面の.

Hém·ing·way [hémiŋwèi] *n.* Ernest ～, 1899–1961, アメリカの小説家《1954年 Nobel 文学賞》.

hèm·i·plé·gi·a [hèmiplí:dʒiə] *n.* 〖医〗半身不随. ◇ **hèm·i·plé·gic** [-dʒik] *a.*

He·míp·ter·a [himíptərə] *n.* 〖生〗半翅(はんし)類. ◇ **he·míp·ter·ous** [-rəs] *a.*

‡hém·i·sphere [hémisfiər] *n.* **1** 《地球・天体の》半球: the Eastern ～ 東半球. Magdeburg ～*s* マグデブルグ半球《気圧実験の》. **2** 《思想・活動などの》範囲. [<hemi-+sphere 半+球]

hèm·i·sphér·ic [hèmisférik], **-i·cal** [-(ə)l] *a.* 半球の. ◇ **hèm·i·sphér·i·cal·ly** *ad.* 半球状に.

hém·i·stich [hémistik] *n.* 《詩の》半行, 半句; 不完全行.

hém·lock [hémlɑk/-lɔk] *n.* **1** 〖米:植〗アメリカツガ(=～ spruce). **2** 〖英:植〗毒ニンジン; それから採った毒薬.

hém·mer [hémər] *n.* へり縫いする人〔物〕; (ミシン

の) へり付け装置.
hemo- 「血」の意の語形成要素.
hè·mo·gló·bin [hìːməglóubin, ㊝ˈhèm-] *n.* 〘化〙 ヘモグロビン, 血色素.
hè·mo·phíl·i·a [hìːməfíliə, ㊝ˈhèmə-] *n.* 〘医〙 血友病.
hém·or·rhage [hém(ə)ridʒ] *n.* 〘医〙 出血: cerebral ～ 脳出血.
hém·or·rhoid [hém(ə)rɔ̀id] *n.* (通例 *pl.*) 〘医〙 痔疾(じっ) (piles). ◇ **hèm·or·rhói·dal** *a.*
hé·mo·stat [híːməstæ̀t, ㊝ˈhém-] *n.* 止血器[剤].
hè·mo·stát·ic [hìːməstǽtik, ㊝ˈhèmə-] *a.* 止血の. —— *n.* 止血剤.
hemp [hemp] *n.* **1** 〘植〙 麻, 大麻(たいま); 大麻の外皮繊維. **2** 麻酔薬 〘インド大麻よりつくった〙. **3** 〘稀〙 絞首索. **∼·seed** [ˊ-ˋ] (1) 麻の実 《小鳥のえさ》. (2) 〘俗〙 悪党.
hém·pen [hémpən] *a.* 大麻(製)の; 麻製の(ような).
hémp·y [hémpi] *a.* 麻のような.
†**hen** [hen] *n.* **1** めんどり: a ～'s egg 鶏卵. → cock. **2** 《一般的》 雌鳥; 雌魚: turkey ～ 七面鳥の雌. ～ lobster 雌のエビ. **3** 〘米俗〙女; 小心者. ***a ～ on*** 重大なことが起きようとして. ***～ and chickens*** 〘植〙 ヒナギクの類. ***like a ～ with one chicken*** 小さなことにそわそわして. ***sell*** one's ***～s on a rainy day*** 損な売り方をする.
∼·bane →別項. **∼·bit** → 別項. **∼·coop** → 別項. **～ harrier** 〘鳥〙 灰色チュウヒ 《ヨーロッパ産のワシタカの類》. **∼-hèad·ed** 〘俗〙 考えの足りない. **∼·hèart·ed** おくびょうな. **∼·house** [ˊ-ˋ] 鶏小屋. **～ party** 〘話〙 女性だけの会合. → stag party. **∼·peck** →別項. **∼·roost** [-rùːst] とや. **∼·wife** [ˊ-ˋ] (*pl.* **-wives** [ˊ-ˋ]) 〘スコットランド〙 鶏の世話をする女.
Hen. Henry.
hén·bane [hénbèin] *n.* 〘植〙 ヒヨス 《有毒植物》; それから採った毒.
hén·bit [hénbit] *n.* 〘植〙 ホトケノザ 《シソ科の植物》.
‡**hence** [hens] *ad.* **1** それ故; 《動詞を省略して》 このことから…が由来する[…が生じる]: *H*～ the name Cape of Good Hope. ここから喜望峰の名がでた. **2** いまから, 今後; 〘古〙 この場から: fifty years ～ いまから50年後.
Go ～! 出て行け! ***go ～*** 死ぬ. ***H～ with*** him ***!*** (彼)を追い払ってしまえ!, (彼)を連れて行け!
‡**hènce·fórth** [hènsfóːrθ/hénsfɔːθ], **hènce·fórward** [-fɔ́ːrwərd] *ad.* これからは, 今後, 以後.
hénch·man [héntʃmən] *n.* (*pl.* **-men**) **1** 信頼のおける部下, 側近; 追従者, 取り巻き. **2** (政治上の) 後援者. **3** 〘史〙 従者, 小姓(こしょう).
hén·coop [hénkùːp] *n.* 〘英〙 とや, 《特に鶏のひなの》 小屋.
hendeca- 「11」の意の語形成要素.
hen·déc·a·gon [hendékəgɑ̀n/-gən] *n.* 十一角[十一辺] 形.
◇ **hèn·de·cág·o·nal** [hèndikǽgən(ə)l] *a.*
hèn·dec·a·sýl·la·ble [hèndekəsíləbl/ˊ-ˊ-ˋ-] *n.* 11音節の詩句.
◇ **hèn·dec·a·syl·láb·ic** [-silǽbik] *a., n.*
hen·dí·a·dys [hendáiədis] *n.* 〘修〙 二詞一意 《bread and butter が buttered bread の意となる類》.
Hén·don [héndən] *n.* ロンドンに近い Middlesex 州の都市 《航空中心地》.
hén·e·quen, hén·e·quin [hénəkin] *n.* 〘植〙 リュウゼツランの類; その葉から採った繊維.
Hén·ley [hénli] *n.* ヘンリーボートレース大会 《1839年以来イギリスの ～-on-Thames で開かれる》.
hén·na [hénə] *n.* **1** 〘植〙 ヘンナ 《エジプト産の低木. 芳香のある白い花が咲く》. **2** ヘンナ染料; 赤かっ色.
hén·ner·y [hénəri] *n.* 養鶏場.
hén·nin [hénin] *n.* (円すい形の) 頭飾り 〘15 世紀のヨーロッパの女性が用いた〙.

hennin

hén·ny [héni] *a.* めんどりのような. —— *n.* めんどりに似たおんどり.
hén·o·the·ism [hénoθiːiz(ə)m] *n.* 単一神教.
hén·peck [hénpèk] *vt.* 〈夫を〉しりに敷く.
◇ **∼ed** [-t] *a.* 女房のしりに敷かれた, 恐妻家の.
hén·ry [hénri] *n.* 〘電〙 ヘンリー 〘誘導係数の単位. 略 H, アメリカの物理学者 J. Henry の名から〙.
Hén·ry [hénri] *n.* O. ～, 1862–1910, アメリカの短編作家 〘本名 William Sidney Porter〙.
hep[1] [hep] *a.* 〘米俗〙 よく知っている, 明るい 《に *to*》: be ～ *to* swing music スイング音楽に通じている.
—— *int.* 〘米〙 ジャズ演奏者が演奏中合いの手に入れる掛け声.
∼·cat [ˊ-ˋ] (1) ジャズの名手. (2) ジャズ通; 流行に通じている人. (3)けばけばしく着飾った女. **～ chick** 〘米俗〙 (1) スイングジャズ通. (2) きれいな娘.
hep[2] [hep] ＝hip[2].
hép·a·rin [hépərin] *n.* 〘生化〙 ヘパリン 〘おもに肝臓中にあって血液の凝固を防ぐ物質〙.
he·pát·ic [hipǽtik] *a.* **1** 肝臓の; 肝臓にきく. **2** 暗かっ色の. —— *n.* 肝臓薬.
he·pát·i·ca [hipǽtikə] *n.* 〘植〙 雪割草.
hèp·a·tí·tis [hèpətáitis] *n.* 〘医〙 肝炎.
Hép·burn [hépbəːrn, -bərn/hé(p)b-] *n.* James Curtis ～, 1815–1911, アメリカ人宣教師・医師・語学者, ヘボン式ローマ字つづりの創始者.
Hep·búrn·i·an [hepbə́ːrniən, -njən/he(p)b-] *a.* ヘボン式の. —— *n.* ヘボン式ローマ字つづり(使用者).
Hép·ple·white [hépl(h)wàit] *n.* ヘップルホワイト式家具 《18世紀末に優美な家具をつくったイギリスの家具製作者 George ～ から》.
hept(a)- 「7」の意の語形成要素.
hép·ta·chord [héptəkɔ̀ːrd] *n.* 〘楽〙 **1** 七弦琴 《古代ギリシアのたて琴の一種》. **2** 七音階.
hép·tad [héptæd] *n.* **1** 7の数; 七つ組み. **2** 〘化〙 七価原子[元素].
hép·ta·glot [héptəglɑ̀t/-glɔt] *a.* 7か国語の.
hép·ta·gon [héptəgɑ̀n/-gən] *n.* 七角[七辺]形.
◇ **hep·tág·o·nal** [heptǽgən(ə)l] *a.*
hèp·ta·hé·dron [hèptəhíːdrən/héptəhéd-] *n.* (*pl.* **-drons, -dra**) 七面体.
hep·tám·e·ter [heptǽmitər] *n.* 〘詩〙 七歩格.
hép·tarch·y [héptɑːrki] *n.* **1** 七頭政治. **2** (しばしば H～) 〘英史〙 古代イギリスの七王国 《Kent, Sussex, Wessex, Essex, Northumbria, East Anglia, Mercia をいう》. ◇ **hep·tár·chic** [heptɑ́ːrkik], **hep·tár·chi·cal** *a.*
Hép·ta·teuch [héptət(j)ùːk/-tjuːk] *n.* 〘聖〙 旧約聖書の初めの七書.
†**her** [həːr, 弱 əːr, (h)ər] *pron.* **1** 《she の目的格》彼女を[に]. **2** 《she の所有格》彼女の. **3** 〘話〙 ＝she: It's ～. それは彼女だ.
her. heir; heraldic; heraldry.
Hé·ra [híːrə, hí(ː)rə/híərə] *n.* 〘ギ神〙 ヘラ 《Zeus 神の妻で天界の女王. 女性と結婚との女神. ローマ神話の Juno に当たる》.
Hér·a·cles, -kles [hérəkliːz] ＝Hercules.
Hèr·a·clí·tus [hèrəkláitəs] *n.* ヘラクレイトス, 535?–475 B.C., ギリシアの哲学者.
‡**hér·ald** [hérəld] *n.* **1** 先ぶれ, 先駆者, 使者. **2** 告知者, 報道者, 通報者. 〈注〉 新聞紙名にしばしば用いられる. **3** 軍使; 《中世の武芸試合の》 ふれ役, 進行係; 《儀式・行列などの》 式部官. **4** 紋章官.
—— *vt.* **1** 先ぶれする, 布告する, 伝達する. **2** 予告

する, 広告する. **H～'s College** 〘英〙紋章院.
◇ **～·ship** *n.* ～の職〔任務〕.

he·rál·dic [herǽldik] *a.* **1** 伝令(官)の. **2** 紋章(学)の. ◇ **-di·cal·ly** *ad.*

hér·ald·ry [hérəldri] *n.* **1** 紋章; 紋章学. **2** 〘雅〙ぎょうぎょうしさ, 威儀; はなばなしい儀式. **3** 伝令官の職.

***herb** [(h)ə:rb/hə:b] *n.* **1** 《植物の根に対して》**草の葉**. **2** 草, 草本. **3** 香料植物《薬用・調理用. basil, thyme など》. ～ **bennet** 〘植〙大根草. ～ **doctor** 漢方医. **～-tea** [⌐⌐], **～-wa·ter** せんじ薬, 浸剤.

her·bá·ceous [hə:rbéiʃəs] *a.* **1** 草の, 草本の. **2** 葉状の, 緑色の. **3** 草のはえている.

hérb·age [(h)ə́:rbidʒ/hə́:b-] *n.* **1** 《集合的》草, 草本類; 牧草(地). **2** 〘英:法〙《他人の所有地での》放牧権.

hérb·al [(h)ə́:rb(ə)l/hə́:b-] *a.* 草の, 草でつくった.
—— *n.* 草本書, 植物誌.

hérb·al·ist [(h)ə́:rbəlist/hə́:b-] *n.* **1** 植物採集者, 植物学者. **2** 薬草商.

her·bár·i·um [hə:rbέ(:)riəm/-bέər-] *n.* (*pl.* **-ums**, **-a** [-riə]) 乾燥植物標本集; 植物標本館〔室, 箱〕.

hérb·a·ry [(h)ə́:rbəri/hə́:b-] *n.* **1** 薬草園. **2** = herbarium.

hérb·i·cide [(h)ə́:rbisàid/hə́:b-] *n.* 除草剤.

hér·bi·vore [hə́:rbivɔ̀:r/-vɔ:] *n.* 草食動物.

her·bív·o·rous [hə:rbívərəs] *a.* 草食の.

hér·bo·rist [(h)ə́:rbərist/hə́:b-] = herbalist.

hér·bo·rize [(h)ə́:rbəràiz/hə́:b-] *vi.* 植物を採集〔研究〕する.

hérb·y [(h)ə́:rbi/hə́:bi] *a.* **1** 草の; 草のような; 草本性の. **2** 草の多い.

Her·cú·le·an [hə:rkjú:liən, hə̀:rkjulí:ən] *a.* **1** Hercules の(ような). **2** (h～) 怪力の, 超人的な. **3** 《仕事などが》きわめて困難な.

Hér·cu·les [hə́:rkjulì:z] *n.* **1** 〘ギ・ロ神〙ヘラクレス《怪力の英雄. Jupiter 神の子》. **2** 怪力の人. **3** 〘天〙ヘラクレス座. ～ **beetle** 〘虫〙大カブトムシ《南アメリカ産》. **～' choice** 安易を捨てて好んで辛苦を選ぶこと. **～'-club** [-klʌ̀b] 〘植〙サンショウの一種.

‡herd [hə:rd] *n.* **1** **群れ**《牛・馬・象などの獣の》: a ～ of cattle 牛の群れ. → flock. **2** 《人間の》群衆; (the ～) 俗衆, 《けいべつ的》大衆. **3** 〘古〙牧者(= herdsman). **～*s and flocks*** 牛と羊の群れ.
—— *vt.* **1** 集める. **2** の群れを番する〔導く〕.
—— *vi.* 群がる, 集まる《*together*》.
～·book [⌐⌐] 家畜の血統書. ～ **instinct** 群集心理. ***～s·man** → 別項.

hérd·er [hə́:rdər] = herdsman.

***hérds·man** [hə́:rdzmən] *n.* (*pl.* **-men**) **1** 〘おもに英〙**牧者, 家畜番**. **2** (H～) 〘天〙牛飼い座(Boötes).

†here [hiər] *ad.* **1** ここに〔で〕, 《名詞を修飾して》ここにある〔いる〕…: *H～* is news for you. きみに聞かせたいことがある. my friend ～ ここにいる私の友人. **2** ここへ: Come ～! (ここへ) おいで. **3** このときに: *H～* the speaker paused. ここのところで話し手は休んだ. **4** 現世で. **5** 《出席をとるときの返事》はい. 〈注〉目上に対しては sir! を付す. **6** さあ: *H～*, don't cry... さあ泣かないで….
～ and now いますぐに, さっそく. ***～ and there*** あちこちに. ***～ below*** この世では. ***H～ goes!*** 〘俗〙さあ始めるぞ!, それっ! ***H～ I am.*** (1) はい(ここにいます). (2) ただいま; さあ着いた. ***H～ is something for you.*** これをあげよう. ***H～ it is.*** (1) ここにあるよ. (2) さあこれをあげる. ***H～'s to ...!*** …に乾杯!, …を祝して〔願って〕: *H～'s to* your health! ご健康を祝します《乾杯のときのことば》. ***～, there, and everywhere*** いたるところに. ***H～ we are*** at the station. さあ(駅に)着きました. ***H～ you are.*** はい, これ《相手に金・物などを差し出すとき》. ***Look ～!*** 《注意を促すとき》おい!, ねえ! ***neither ～ nor there*** 問題外; たいしたことでなく. ***this 'ere man*** 〘俗〙ここにいるこの人(= this man ～)《'ere は here の h が落ちたもの》.
—— *n.* ここ, この点; この世. ***from ～*** ここから. ***in ～*** ここに, この中に. ***near ～*** この近くに. ***out of ～*** ここから. ***the ～ and now*** 現在, 現時点. ***the ～ and the hereafter*** 現在と未来. ***up to ～*** ここまで.
～·a·bóut(s) [hì(:)rəbáut(s), ⌐⌐⌐/híərəbàut(s)] このあたりに, (この)近所に. **‡～·áf·ter** → 別項. **～·át** [hi(:)rǽt/hiərǽt] (1) ここで, この際. (2) こういうわけで. **～·awáy** [hí(:)rəwéi/híərə-] 〘米方〙この辺に. **～·bý** [hiərbái/⌐⌐] (1) これによって, この文書〔書面〕によって. (2) この結果. (3) 〘古〙この辺に. **～·in** [hi(:)rín/hiərín] (1) この中に, ここに. (2) この事実〔事情〕のうちに, これにかんがみて. **～·in·áf·ter** [hì(:)rinǽftər/hiərinɑ́:f-] 《書類などで》下文に〔では〕, 下に. **～·in·be·fóre** [hì(:)rinbifɔ́:r/hiərinbifɔ́:] 《書類などで》上に, 上文に. **～·ín·to** [hi(:)ríntu/hiərín-] この中へ; この事柄〔事件〕の中へ. **～·óf** [hi(:)rɑ́v/hiərɔ́v] (1) これの: upon the receipt ～*of* このものお受け取りの上は. (2) これについて. **～·ón** [hi(:)rɑ́n, -ɔ́:n/hiərɔ́n] = hereupon. **～·tó** [hiərtú:/hiətú:] (1) ここまで. (2) これに: attached ～*to* これに付属の. (3) これに関して. **～·to·fóre** [hiərtəfɔ́:r/híətufɔ́:] 〘古〙これまで(には), 以前に〔は〕. **～·ún·der** [hi(:)rʌ́ndər/hiərʌ́n-] (1) 下に, 下文に. (2) これにより, これに基づき. **～·un·tó** [hi(:)rʌntú:/hiərʌn-] ここまで; いままで. **～·up·ón** [hì(:)rəpɑ́n, -pɔ́:n/híərəpɔ́n] ここにおいて; これに引き続いて, すると. **～·wíth** [hiərwíð, -wíθ/⌐⌐] (1) これといっしょに; 同封して. (2) この機会に; これで.

Hé·re [hí:ri:, hí(:)ri/híəri:] = Hera.

‡here·áf·ter [hi(:)rǽftər/hiərɑ́:f-] *ad.* **1** **これからは, 今後(は)**. **2** 来世で(は).
—— *n.* **1** 将来. **2** 来世, あの世: in the ～.

he·réd·i·ta·ble [hirédit̬əbl] *a.* 相続しうる; 遺伝しうる. ◇ **he·rèd·i·ta·bíl·i·ty** [-⌐---bíləti] *n.*

hèr·e·dít·a·ment [hèrídítəmənt] *n.* 〘法〙相続財産《特に, 不動産》.

he·rèd·i·tár·i·an [hirèditέ(:)riən/-téər-] *n.* 遺伝論者.

he·réd·i·tar·y [hiréditèri/-t(ə)ri] *a.* **1** 親譲りの, 世襲の. **2** 遺伝の, 遺伝性の. [√her(ed)-]
◇ **-i·ly** *ad.* 遺伝的に, 世襲的に. **-i·ness** *n.*

he·réd·i·tism [hiréditiz(ə)m] *n.* 遺伝説.

he·réd·i·ty [hiréditi] *n.* 遺伝; 形質遺伝.

Hér·e·ford [hérifərd, ㊥⁺hə́:rf-] *n.* **1** イングランド Herefordshire の州都. **2** ヘレフォード種の食用牛《赤毛で顔が白い》.

here's [hiərz] here is の短縮形.

he·ré·si·arch [hirí:sià:rk, hérə-/herí:zi-] *n.* 異教の創始者〔首長〕.

hèr·e·si·ól·o·gy [hèrisiɑ́lədʒi/-ɔ́l-] *n.* 異教研究.

hér·e·sy [hérəsi] *n.* 異教, 異端; 異論.

hér·e·tic [hérətik] *n.* 異教徒, 異端者.
—— *a.* = heretical.

he·rét·i·cal [hirétik(ə)l] *a.* 異教の, 異端の; 異論の. ◇ **～·ly** *ad.*

hér·i·ot [hériət] *n.* 〘英:法〙借地相続税.

hér·it·a·ble [héritəbl] *a.* **1** 《不動産などが》相続できる, 譲り伝えられる. **2** 《病気などが》遺伝性の.
◇ **hèr·it·a·bíl·i·ty** [⌐---bíləti] *n.*

‡hér·it·age [héritidʒ] *n.* **1** **相続財産, 世襲財産; 遺産**. **2** 与えられたもの; 天性; 運命. ***God's ～*** 〘聖〙神の選民, イスラエル人, キリスト教徒. [√her(ed)-]

hér·i·tor [héritər] *n.* (*fem.* **hér·i·tress** [-tris]) 相続人.

her·máph·ro·dite [hə:rmǽfrədàit] *n.* **1** ヘルマフロディテ, 両性体の人〔動物〕, 雌雄同体; 〘植〙両性花. **2** 相反する二つの性質をもつもの. **3** 二檣(にしょう)帆船の一種(= ～ brig). —— *a.* 雌雄同体の.

◇ **-dit·ism** [-daitiz(ə)m] *n.* 〘生〙雌雄同体性.
her·màph·ro·dít·ic [–ˌ–díːtik] *a.* 雌雄同体の; 反対の両性質をもつ.

hèr·me·néu·tic [hə̀ːrmən(j)úːtik/-njúː-], **-ti·cal** [-(ə)l] *a.* 解釈(学)の. ◇ **hèr·me·néu·tics** *n. pl.* 《単数扱い》解釈学《特に聖書の》.

Hér·mes [hə́ːrmiːz] *n.* 〘ギ神〙ヘルメス《神々の使者. 科学・学芸・商業・弁論の神. ローマ神話の Mercury に当たる》.

her·mét·ic [həːrmétik], **-i·cal** [-(ə)l] *a.* **1** 密封した. **2** 錬金術の.
～ **art** 〔**science**〕錬金術. ～ **seal** 溶接密閉.
◇ **her·mét·i·cal·ly** *ad.* 密封して.

hér·mit [hə́ːrmit] *n.* **1** 行者, 仙人(せん); 隠遁(とん)者, 世捨て人; 独居者. **2** 《群居性のない》動物. **3** 干しブドウ・ナッツなどがはいった菓子. **4** 〘鳥〙ハチドリ.
～ **crab** 〘動〙ヤドカリ. ～ **thrush** 《北アメリカ産》ツグミの類.

hér·mit·age [hə́ːrmitidʒ] *n.* **1** 隠遁者のいおり, 人里離れた住居. **2** (H～)エルミタージュ ブドウ酒《フランス産》.

hern [həːrn] 〘古・方〙＝heron.

hér·ni·a [hə́ːrniə, -njə] *n.* (*pl.* **-as, -ae** [-niiː]) 〘医〙ヘルニア; 脱腸. [＜L.] ◇ **～l** *a.*

‡**hé·ro** [híː(ː)rou, híːr-/híər-] *n.* (*pl.* **～es**) **1** 英雄; 《尊敬の的となる》偉人, 理想的人物: one of my ～*es* 私の心酔する人物のひとり. **2** 〘神話〙半神的な勇者, 神人. **3** 《劇・小説などの》《男性の》主人公. → heroine. **4** 《一つの重大な事件などの》中心人物. ***make a ～ of*** を祭り上げる, をもてはやす. ***No man is a ～ to his valet.*** 〘諺〙英雄もその召使にはただの人. ～ **sandwich** ロールパンなどを使った中身が豊富な大型サンドイッチ. ～ **worship** 英雄崇拝. **～-wòr·ship** *vt.* 英雄崇拝する. ～ **worship(p)er** 英雄崇拝者.

Hér·od [hérəd] *n.* 〘聖〙ヘロデ王《残虐で有名なユダヤ王》. → out-Herod.

He·ród·o·tus [hiràdətəs/-rɔ́d-] *n.* ヘロドトス《紀元前5世紀ごろのギリシアの歴史家》.

‡**he·ró·ic** [hiróuik] *a.* **1** 英雄的な, 雄々しい, 勇ましい; 大胆な, 思い切った: ～ measures 思い切った手段. **2** 超人的な. **3** 〘韻〙《詩が》英雄をうたった; 《文体などが》堂々とした; 誇張した: ～ words 大言壮語. **4** 〘美〙《彫刻など》実物より大きい: a ～ statue 実物大より大きい像. —— *n.* 英雄詩(格), 史詩(格); (*pl.*) 誇大な表現〔態度, 感情〕.
～ **age, the** (1) 神人の時代《Hesiod が唱えた人間の歴史の5期のうちの一時代》. (2) 神話時代; 一国の黎明(れい)期. ～ **poetry** 英雄詩. ～ **verse** 〘韻〙英雄詩, 史詩格《英詩で強弱五音歩格》.
◇ **-i·cal** [-(ə)l] *a.* ＝heroic. **-i·cal·ly** *ad.*

he·rò·i·cóm·ic [hiròuikámik/-kɔ́m-] *a.* 《物語など》勇壮でこっけいな.

he·ró·i·fy [hiróuifài] *vt.* 英雄化する, もてはやす.

hér·o·in [hérouin] *n.* ヘロイン《モルヒネ剤・鎮静剤・麻薬》; (H～) その商標名.

‡**hér·o·ine** [hérouin] *n.* **1** 女傑, 女丈夫. **2** 《劇・小説などの》女主人公: the ～ of a novel. **3** 《神話時代の》女神人, 半神女.

hér·o·ism [hérouiz(ə)m] *n.* 英雄的資質, 勇気, 勇壮; 英雄的行為.

hér·on [hérən] *n.* (*pl.* **～s**, 《集合的》～) 〘鳥〙アオサギ, サギ類一般.
◇ **～·ry** [-ri] *n.* アオサギが群居して巣をつくる場所.

hér·pes [hə́ːrpiːz] *n.* 〘医〙ヘルペス, 疱疹(ほう).
◇ **her·pét·ic** [həːrpétik] *a.*

hèr·pe·tól·o·gy [hə̀ːrpitálədʒi/-tɔ́l-] *n.* は虫類学. ◇ **-gist** *n.* は虫類学者.

Herr [hɛər] G. *n.*(*pl.* ***Her·ren*** [hérən]) **1** 氏, 様, 君《Mr. に当たる》. **2** ドイツ紳士.

Her·ren·volk [hérənfòuk, -fɔ̀ːlk/-fɔlk] G. *n.* 支配民族, 優秀民族《ナチによるドイツ民族の呼称》.

hér·ring** [hériŋ] *n.* (*pl.* **～s**, 《集合的》～) ニシン: kippered ～ 薫製ニシン. ***dead as a ～ 全く息絶えた. ***packed as close as ～s*** すし詰めで. ***red ～*** → red. ***thick as ～s*** ひどく密集して. **～·bone** → 別項. ～ **pond** 〘笑〙大洋《特に北大西洋》.

hér·ring·bone [hériŋbòun] *n.* **1** ニシンの骨. **2** あや織り(模様). **3** 〘建〙矢はず. —— *a.* あや織り模様の, 矢はずの. —— *vt., vi.* 矢はずに縫う; スキーで開脚登行する.

†**hers** [həːrz] *pron.* 《she の所有代名詞》彼女のもの: This is ～, not mine. これは彼女ので, 私のではない. a friend of ～ 彼女の友だち. *H*～ is a unique style. 彼女のは独特の文体だ.

†**her·sélf** [həːrsélf, 弱 hərsélf] *pron.* 三人称単数女性の再帰代名詞. **1** 《再帰的に》彼女自身を〔に〕: She tired ～ out. 彼女はへとへとに疲れた. **2** 《強意的に》彼女自身: She did it ～. 彼女が自分でやったのだ. Mary ～ said that. メアリ自身が〔ほかならぬメアリでさえ〕そう言った. **3** いつもの彼女, 本来の彼女: She is not ～ today. きょうはいつもの彼女と違う.

Hért·ford·shire [háːrtfərdʃiər, -ʃər/háːf-, háːtf-] *n.* イギリス南部の州《州都 Hertford》.

Herts. Hertfordshire.

Hértz·i·an [hə́ːrtsiən, ㊥⁺hɛ́ərts-] ～ ***waves*** 〘電〙電波, 電磁波, ヘルツ波《ドイツの物理学者 H. Hertz, (1857–94) の発見による》.

he's [hiːz, 弱 iːz, (h)iz] he is; he has の短縮形.

Hé·si·od [híːsiəd, hés-/-ɔd] *n.* ヘシオドス《紀元前8世紀のギリシアの詩人》.

hés·i·tance [hézit(ə)ns], **-tan·cy** [-i] *n.* ちゅうちょ, しりごみ; 優柔不断; 疑い.

hés·i·tant [hézit(ə)nt] *a.* ためらう, ぐずぐずする; 《態度が》はっきりしない. ◇ **～·ly** *ad.* ためらって.

‡**hés·i·tate** [hézitèit] *vi.* **1** ちゅうちょする, ためらう, 決心しかねる: I ～*d to* take the offer. 申し出を受け入れることに心を決めかねた. Don't ～. ためらう〔遠慮する〕な. **2** 《恐れなどで》しりごみする, いやがる: He ～*d to* break the law. 法律を破る気にはなかなかなれなかった. **3** 《途中で》足踏みする, 立ち止まる. **4** ことばにつかえる, 口ごもる, どもる. [√her-]
◇ **-tat·er, -ta·tor** [-ər] *n.* **-tat·ing** *a.* **-tat·ing·ly** *ad.* 口ごもり.

***hès·i·tá·tion** [hèzitéiʃ(ə)n] *n.* ちゅうちょ, ためらい; 口ごもり.

hés·i·ta·tive [hézitèitiv] *a.* ためらう, ためらいがちの. ◇ **～·ly** *ad.*

Hés·per [héspər] 〘雅〙＝Hesperus.

Hes·pé·ri·an [hespíː(ː)riən/-píər-] *a.* 〘雅〙西方の, 西国の. —— *n.* 西国の人.

Hes·pér·i·des [hespéridiːz] *n. pl.* 〘ギ神〙ヘビの力を借りて Gaea から Hera への贈り物である金のリンゴの園を守る3人ないし7人の姉妹の女精.

hès·per·íd·i·um [hèspərídiəm] *n.* (*pl.* **-a**[-rídiə]) 〘植〙柑橘(かん)類.

hés·per·is [héspəris] *n.* 〘植〙花大根の一種.

Hés·per·us [héspərəs] *n.* 宵(よい)の明星, 金星 (Venus).

Hesse[1] [hes, hési/hési] *n.* ヘッセン《西ドイツ中部の州》.

Hés·se[2] [hésə] *n.* Hermann [hɛ́ərmɑːn-] ～, 1877–1962, ドイツの詩人・小説家.

Hés·si·an [héʃən/hésiən] *a.* **1** Hesse 州〔人〕の. **2** Hermann Hesse (流)の. —— *n.* **1** Hesse 人. **2** 〘米〙アメリカ独立戦争当時のイギリスのドイツ人傭兵. **3** (金ずくで働く)ならず者. **4** 一種のあらい麻布. **5** (*pl.*) ふさの付いた長ぐつの一種 (＝～ boots).
～ **fly** 〘虫〙蚊の類《幼虫は小麦の害虫》.

hest [hest] 〘古〙＝behest.

Hés·ti·a [héstiə] *n.* 〘ギ神〙炉・かまどの女神《ローマ神話の Vesta に当たる》.

het [het] *a.* 〘米俗〙興奮した,「燃えている」, おこった; 酔っ払った.

he·táe·ra [hití(ː)rə/-tíərə] *n.* (*pl.* **-rae** [-riː]) **1** 古

代ギリシアの娼婦(しょうふ), めかけ. **2** 魅力を売り物にする女. [<Gk.]

he·táe·rism [hití(ː)riz(ə)m/-tíər-] *n.* **1** 公然とめかけを囲うこと. **2** 雑婚《太古の結婚制度》.

he·tái·ra [hitáirə/-táiərə] *n.* (*pl.* **-rae** [-riː]) = hetaera. [<Gk.]

he·tái·rism [hitáiriz(ə)m/-táiər-] = hetaerism.

heter(o)- 「他の, 異なった」の意の語形成要素. ↔ homo-.

hèt·er·o·chró·mo·some [hètərokróuməsòum] *n.* 〘生〙異形染色体.

hèt·er·o·chró·mous [hètərokróuməs] *a.* 〘生〙多色の, 異色の.

hét·er·o·clite [hétərəklàit] *a.* **1** 異常の, 例外的の. **2** 〘文〙不規則変化の. —— *n.* **1** 異常物〔人〕. **2** 〘文〙不規則変化語.

hèt·er·o·cý·clic [hètərəsáiklik, ㊊+-sík-] *a.* 〘化〙複素環式の.

hét·er·o·dox [hét(ə)rədàks/-dɔks] *a.* 《神学などで》非正統説〔異説〕の, 正統でない; 異説を奉ずる. ↔ orthodox. ◇ **～·y** *n.* 非正統(説).

hét·er·o·dyne [hétərədàin] *n., a.* 〘電〙ヘテロダイン受信器; ヘテロダイン式(の).

hèt·er·o·ga·méte [hètərogəmíːt, -gǽmiːt] *n.* 異形配偶子.

hèt·er·óg·a·mous [hètərágəməs/-rɔ́g-] *a.* 〘生〙異形配偶子によって生殖する; 世代交番の; 〘植〙異性花の. ◇ **-my** [-mi] *n.*

hèt·er·o·ge·né·i·ty [hètərodʒiníːiti] *n.* 異質(性), 不均質; 異種混交; 異成分.

hèt·er·o·gé·ne·ous [hètərodʒíːniəs/hét-] *a.* 異質(性)の, 異成分の〔からなる〕. ↔ homogeneous. ◇ **～·ly** *ad.* **～·ness** *n.*

hèt·er·o·gén·e·sis [hètərodʒénisis] *n.* 〘生〙**1** 異形発生《親と異なった子が生まれること》. ↔homogenesis. **2** 世代交番《有性生殖と無性生殖が交互に行なわれること》. **3** 自然発生《無生物から生物が生まれること》.
◇ **hèt·er·o·ge·nét·ic** [-dʒinétik] *a.*

hèt·er·óg·ra·phy [hètərágrəfi/-rɔ́g-] *n.* **1** 誤ったつづり字. **2** 異音字《語・音節によって音が異なるつづり字: get, ginger の g の類》.
◇ **hèt·er·o·gráph·ic** [-rəgrǽfik] *a.*

hèt·er·o·mór·phic [hètəromɔ́ːrfik] *a.* 〘動〙《こん虫など》完全変態の; 〘生〙異形の.

hèt·er·o·mór·phism [-fiz(ə)m] *n.* **1** 《こん虫の》完全変態. **2** 同質異像. **3** 同質異鉱.

hèt·er·ón·o·my [hètəránəmi/-rɔ́n-] *n.* 他律(性). ↔ autonomy.

hét·er·o·nym [hétərənìm] *n.* 同つづり異音異義語《lead [liːd]「導く」と lead [led]「鉛」などの類》. → homonym, synonym.
◇ **hèt·er·ón·y·mous** [⊥−ránimas/-rɔ́n-] *a.*

hèt·er·o·séx·u·al [hètərosékʃuəl/hétərosék-sju-] *a.* 〘生〙**1** 異性愛の. →homosexual. **2** 他の性の. —— *n.* 異性を愛する人. ◇ **hèt·er·o·sèx·u·ál·i·ty** [-sèkʃuǽliti/-sèksju-] *n.*

hèt·er·o·táx·is [hètərotǽksis], **hét·er·o·tax·y** [hétərotæ̀ksi] *n.* 〘医〙内臓変位; 〘植〙異常布置《植物の器官》; 〘地〙地層変位.

hét·er·o·tope [hét(ə)rotòup] *n.* 異位元素. ↔ isotope.

hèt·er·o·zý·gote [hètərozáigout, ㊊+-zíg-] *n.* 〘生〙ヘテロ接合子, 異型〔異質〕接合子.

hét·man [hétmən] *n.* (*pl.* **～s**) **1** 《昔の》ポーランドの司令官. **2** コサックの首長.

heu·rís·tic [hjurístik/hjuər-] *a.* **1** 〘哲〙発見的. **2** 発見的指導の, 生徒に自分で見つけさせる. —— *n.* (通例 *pl.*) 発見的指導法.

hew [hjuː] *v.* (**hewed**; **hewn** [hjuːn], **hewed**) *vt.* **1** 切る; 切り倒す《*down*》. **2** 切り取る《*away, off, out, from*》: ～ a branch *from* the tree 木から枝を切り取る. **3** 切り刻む: ～ to pieces めった切りにする, 寸断する. **～ one's way** 進路を切り開く. —— *vi.* 《教義などに》従う, 厳守する《に *to*》.

héw·er [hjúːər] *n.* きこり; 石切り人; 採炭夫. ***～s of wood and drawers of water*** 〘聖〙卑しい仕事をする者《ヨシュア記 9:21》.

hewn [hjuːn] *v.* hew の過去分詞.

hex [heks] *vt.* 〘米話・方〙魔法にかける; 魅する; たぶらかす. —— *n.* **1** 〘方〙女魔法使い. **2** 〘米〙魔力, 呪文(じゅもん). **3** 〘米俗〙不吉(ふきつ)な人.

hex(a)- 「6」の意の語形成要素.

héx·a·chord [héksəkɔ̀ːrd] *n.* 〘楽〙六音音階.

héx·ad [héksæd] *n.* **1** 6の数, 六つ組み. **2** 〘化〙六価の元素〔基〕. ◇ **hex·ád·ic** [heksǽdik] *a.*

héx·a·glot [héksəglàt/-glɔt] *a.* 6か国語の.

héx·a·gon [héksəgàn, -gən/-gən] *n.* 〘数〙六角〔六辺〕形. ◇ **hex·ág·o·nal** [heksǽgən(ə)l] *a.*

héx·a·gram [héksəgræ̀m] *n.* 〘数〙六角〔六線〕星形.

hèx·a·hé·dron [hèksəhíːdrən/héksəhéd-] *n.* (*pl.* **-drons, -dra** [-drə]) 六面体.
◇ **-dral** [-drəl] *a.*

hex·ám·e·ter [heksǽmitər] *n.* 〘韻〙六歩格(の詩). —— *a.* 六歩格の.
◇ **hèx·a·mét·ric** [hèksəmétrik] *a.* 六歩格の.

hex·án·gu·lar [heksǽŋgjulər] *a.* 六角の.

héx·a·pla [héksəplə] *n.* 6訳対照版《特に, (旧約)聖書の》.

héx·a·pod [héksəpàd/-pɔd] *n.* **1** こん虫. **2** 六脚動物. —— *a.* 六脚の.
◇ **hex·áp·o·dus** [heksǽpədəs] *a.*

Hex·áp·o·da [heksǽpədə] *n. pl.* 〘動〙六脚類, こん虫類.

Héx·a·teuch [héksət(j)ùːk/-tjuːk] *n.* 旧約聖書の「初めの六書.

hey [hei] *int.* **1** おい!, やあ!, ちょっと!《呼びかけ》. **2** へえ!《驚き》; そいつぁいい《喜び》.
Hey for...! …はうまいぞ! ***Hey presto!*** はいっ!, あら不思議!《手品師の掛け声》.

héy·day[1] [héidèi] *int.* おやおや!《喜び・驚きの声》.

héy·day[2] *n.* 全盛期, 最盛期. ***the ～ of youth*** 血気盛り.

Hèz·e·kí·ah [hèzikáiə] *n.* 〘聖〙ヒゼキヤ《預言者 Isaiah とおなじころのユダヤの王》.

Hf 〘化〙hafnium. **hf.** half. **H.F., HF, h.f., hf** high frequency. **HG** higher grade; High German; Holy Ghost; Horse Guards. **Hg** 〘化〙*hydrargyrum* (L.=mercury). **hg.** hectogram; heliogram. **H.G.** High German; His [Her] Grace. **hgt.** height. **HH** *Herren* (G.= Gentlemen); 〘鉛筆〙double hard. **hh** heavy hydrogen. **H.H.** His [Her] Highness. **hhd** hogshead. **hhf** household furniture. **HHH** 〘鉛筆〙treble hard.

***hi** [hai] *int.* 〘話〙ごきげんよう!, こんちは!《注意を促すときまたはあいさつのときの呼びかけ》.

H.I. Hawaiian Islands.

hi·á·tus [haiéitəs] *n.* (*pl.* **～·es, ～**) **1** すきま, 割れ目; とぎれ; 休憩, 休会. **2** 脱文, 脱字. **3** 〘音声〙母音接続〔隣接〕《直接に隣り合う母音が二〔三〕重母音にならず, 別の音節に属すること: co-operate, re-enter など》. **4** 〘論〙《論証の》連鎖中断.

hi·bér·nal [haibə́ːrn(ə)l] *a.* 冬の; 寒い.

hí·ber·nate [háibərnèit] *vi.* **1** 〈動物が〉冬眠する. **2** 冬ごもりする, 越冬する; 避寒する. **3** 〈人が〉引きこもる. ◇ **-na·tor** [-ər] *n.* **hì·ber·ná·tion** [⊥−néiʃ(ə)n] *n.* 冬眠.

Hi·bér·ni·a [haibə́ːrniə] *n.* 〘雅〙ヒベルニア《アイルランドのラテン名》.

Hi·bér·ni·an [-niən] *a.* 〘雅〙アイルランドの. —— *n.* 〘雅〙アイルランド人.

Hi·bér·ni·cism [-nisìz(ə)m] *n.* **1** アイルランド流の語法. **2** アイルランド人かたぎ. **3** 矛盾した語句 (Irish bull).

hi·bís·cus [haibískəs, hib-/hib-] *n.* 〖植〗ハイビスカス《フヨウ属の植物》.

hic [hik] *int.* ういっ!《酔っ払いのしゃっくり》.

híc·cup, híc·cough [híkʌp, [米]+-kəp] *n.* しゃっくり. —— *vi.* しゃっくりする. —— *vt.* しゃっくりしながら…と言う.

hic ja·cet [hík-dʒéisit] L. (=here lies)「ここに永眠す」《墓碑銘の句. 略 H.J.》; 墓碑銘.

hick [hik] *n., a.* いなか者(の), いなかくさい; 人ずれしていない(人), 無知な(人).

híck·o·ry [hík(ə)ri] *n.* **1** 〖植〗ヒッコリー《アメリカ産, クルミ科》. **2** ヒッコリー材; ヒッコリー製のつえ. **3** 〖米〗綿織物の一種.

†**hid** [hid] *v.* hide¹ の過去・過去分詞.

hi·dal·go [hidǽlgou] Sp. *n.* (*pl.* ~*s*) (スペインの) 下級の貴族.

‡**híd·den** [hídn] *v.* hide¹ の過去分詞. —— *a.* 隠れた, 隠された, 秘められた.

†**hide¹** [haid] *v.* (**hid** [hid]; **híd·den** [hídn], **hid**) *vt.* **1** 隠す. **2** おおい隠す, おおう: The moon was *hidden* by the clouds. 月は雲に隠れた. **3** 包み隠す, 秘密にする: ~ one's feeling 感情をおもてに出さない. —— *vi.* 隠れる, 潜伏する.
~ one***self*** 隠れる. ~ ***behind bushes*** 〖俗〗逃げ隠れる, おくびょうにふるまう. ~ one***'s head*** [***face***] 頭[顔]を隠す; 恥じて隠れる. ~ one***'s light under a bushel*** 自分の才能を隠す. ~ ***out*** 〖話〗逃避する, 地下にもぐる.
~-and-séek → 別項. **~·a·way** → 別項.
~·out [⌐⌐] 〖話〗《犯罪人などの》潜伏場所.
[類義語] 隠す: **hide, conceal** ほぼ同義であるが, hide には隠す意図のないばあいも含まれる: *hidden* from the eye 人の目に触れないところに. **cover** 人の目をごまかすためにおおい隠す: a show of arrogance to *cover* one's inferiority complex 劣等感を知られたくないための傲慢(ごう)な態度. **secrete** 秘密にしたいために細心の注意をもって隠す.

***hide²** *n.* **1** 獣の皮: raw [green] ~ 生皮. **2** 〖実〗人間の皮膚. **3** 〖話〗(身の) 安全, 安楽.
have a thick ~ つらの皮が厚い. ***neither ~ nor hair*** 影も形もない; 全然…ない. ***save*** one***'s own*** ~ けがを免れる. ***take out of*** a person***'s*** ~ 〖俗〗(人)に出させる[払わせる]. ***tan*** a person***'s*** ~ 〖俗〗(人)をひっぱたく.
—— *vt.* **1** の皮をはぎ取る. **2** 〖俗〗むち打つ, なぐる.
~·bound → 別項.

hide³ *n.* 〖英史〗一家を養えるだけの土地《通例 80–120エーカー》.

híde-and-séek [háid(ə)nsí:k] *n.* **1** かくれんぼう. **2** ごまかし合い. ***play (at)*** ~ かくれんぼうをする; 逃げ回る《を相手に *with*》.

híde·a·way [háidəwèi] *n.* **1** 逃亡者. **2** 隠れ場所. **3** 〖俗〗小さな町. —— *a.* 隠れた.

híde·bound [háidbàund] *a.* **1** 偏狭な; 融通のきかない; 保守的な. **2** 《家畜が栄養失調などで》骨と皮ばかりの.

***híd·e·ous** [hídiəs] *a.* **1** 見るも恐ろしい, ぞっとする(ほどの). **2** 憎むべき, いまわしい, 卑劣な.
◇ **~·ly** *ad.* **~·ness** *n.* [類] → **ugly**「醜い」

híd·ing¹ [háidiŋ] *n.* **1** 隠す[隠れる]こと, 隠匿, 隠遁(とん). **2** 隠匿場所, 隠れが. ***be in*** ~ 人目を避けて. ***go into*** ~ 身を隠す, 潜行する.
~ **place** 隠れ場所.

híd·ing² *n.* 〖話〗むち打つこと, ひどく打つこと. ***give*** a person ***a good*** ~ 〖話〗(人を)ひどくなぐりつける.

hie [hai] *v.* (**hied**; **híe·ing, hý·ing**) 〖雅〗*vi.* 急ぐ. —— *vt.* 急がす: *Hie* thee! 急げ! He ~*d* him [himself]. 彼は急いで行った.

hí·e·mal [háiəməl] *a.* 冬の.

hier- =hiero-.

hí·er·arch [háiərɑ̀:rk] *n.* **1** 教主, 高僧. **2** 権力者.

hì·er·ár·chic [hàiərɑ́:rkik], **-chi·cal** [-(ə)l] *a.* **1** 階級組織の; 階層的. **2** 教主の; 聖職政治の.

hí·er·ar·chy [háiərɑ̀:rki] *n.* **1** 階級[階位]制度. **2** 聖職階級制度; その聖職団. **3** 天使3大区分の一つ; 《集合的》天使群; 天使の9支配階級《seraphim, cherubim, thrones, dominations, virtues, powers, principalities, archangels, angels》. **4** 《一般的》階層(組織). **5** 〖生〗《綱・目・科・属などの》分類体系.

hì·er·át·ic [hàiərǽtik] *a.* **1** 聖職者の. **2** 《書体が》僧用の; 神聖な用に供する.
~ **writing** 僧用文字《古代エジプトの象形文字をくずした草書体文字, 後に神聖文字に専用》.

hier(o)-「神聖な」「聖職の」の意の語形成要素.

hì·er·óc·ra·cy [hàiərákrəsi/-rɔ́k-] *n.* 僧職[僧侶(りょ)]政治.

hí·er·o·glyph [háiərəglìf] *n.* **1** 象形文字《特に古代エジプトの》. **2** 秘密文字. **3** 悪筆な文字.

hì·er·o·glýph·ic [hàiərəglífik, [米]+hàir-] *a.* **1** 象形文字の. **2** 解読[判読]しがたい. —— *n.* 象形文字《特に古代エジプトの》; (*pl.*) 象形文書; (*pl.*) 悪筆な文書.
◇ **-i·cal** [-(ə)l] *a.* = hieroglyphic.

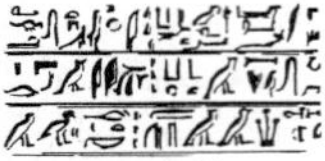
hieroglyphics

hì·er·ól·a·try [hàiərálətri/-ɔ́l-] *n.* 聖物[聖徒]崇拝.

hì·er·ól·o·gy [hàiəráladʒi/-rɔ́l-] =hagiology.

hí·er·o·phant [háiərəfæ̀nt, [米]+haiér-] *n.* (宗教上の) 秘義解説者《特に古代ギリシアの》.

hì·fa·lú·tin [hàifəlú:t(i)n/hái-] =highfalutin.

hí-fí [háifái] *a., n.* =high(-)fidelity.

híg·gle [hígl] *vi.* 値切る, 駆け引きする.

híg·gle·dy-píg·gle·dy [hígldipígldi] *a.* 〖話〗めちゃくちゃな. —— *ad.* めちゃくちゃに.
—— *n.* 混乱状態, 乱雑.

†**high** [hai] *a.* **1** 高い, 《ふつう人・動物以外について》たけの高い; 高さが…の: It is 50 feet ~. 50フィートの高さがある. a wall six feet ~ 高さ6フィートの壁. ↔low. **2** 《位置・場所が》高い, 高所の, 高く上がった: ~ up the river 川のはるか上流に. with one's head ~ 頭を高くかかげて, 昂然(こう)として. **3** 《身分・地位などが》高い, 高位の, 高貴な: a ~ official 高官. **4** 高潔な, 気高い: a ~ character 高潔な人格. **5** 気位の高い, 高慢な, 高ぶった: ~ language 大言. a ~ manner おうへいな態度. **6** 《価値・評価などが》高い, 高価な, 貴重な; 《品質などが》上等な; 高度に進んだ; 高級な, 高等な: ~ living ぜいたくな暮らし. **7** 《強度・速度・温度・程度・割合などが》高度の, 激しい, 非常な, 過激な; 怒った; 《意気が》盛んな; 〖俗〗(酔って)ごきげんの: a ~ wind 烈風. ~ words 激しいことば, 激論. in ~ spirits 大元気で. **8** 《音が》高い, 鋭い; 《色が》濃い, 赤い. **9** 《時節などが》たけなわの; 《部分が》中心的な: ~ summer 真夏, 盛夏. the ~ spot of the performance 出しものの見どころ[聞きどころ]. **10** 《肉などが》腐りかけて食べごろになった: get ~ におい出す. → 名詞 height, highness.
have a ~ opinion of を高く買う, を尊重[尊敬]する. ***~ and dry*** → *ad.* ***~ and low*** → *ad.* ***~ and mighty*** 高慢な. ***How is that for ~?*** 〖俗〗すてきじゃないか《驚嘆》. ***in ~ favor with*** …にたいへん気に入られて. ***on the ~ horse*** いばって, 気どって. ***the most H~*** 天主, 神.
—— *n.* **1** 〖話〗高いもの; 高所. **2** 〖気〗高気圧圏. **3** 《自動車の》ハイギア: shift from second into ~ セカンドからトップへギアチェンジする. **4** 〖米〗

高い水準;〘株式〙高値; 最高記録: a new ～ 新高値; 新記録. **5**〘米話〙= ～ school. **6** (the H～)〘英話〙《特にオックスフォードの》大通り. ***from on ～*** 高所から; 天から. ***on ～*** 高所に; 天に. ***the ～***〘英:学生俗〙= ～ table ②.

—— *ad.* **1** 高く: The sun is getting ～*er*. 太陽がだんだん高くなる. **2** 強く, 激しく; 大いに: The wind blows ～. 風が強く吹いている. **3** 高価に; ぜいたくに: live ～ ぜいたくに暮らす. **4** 高い調子に: sing ～. ***fly ～*** 希望に胸をふくらませている, 意気揚々としている. ***～ and dry*** (1)《船が》砂上に乗り上げて. (2) 見放されて, 干されて. ***～ and low*** 貴賤(きせん)を問わず; いたるところ: look for it ～ *and low* 方々捜す. ***play ～*** 大ばくちを打つ. ↔ play low. ***run ～*** 波が高く流れが急である;《感情・ことばなどが》激する.

～-àn·gle 高角度の; 高角(射撃)の. **～ art** 高級芸術. **～·ball** [ˊˋ]〘米〙(1) ハイボール《通例ウイスキーなどをソーダ水などで割った飲み物. 元来たけの高い glass のことでバーテンの隠語であった》. (2)信号機の急進信号; 急行列車. (3)〘野球〙フライボール. (4)敬礼. **～·bìnd·er**〘米俗〙やくざ, ごろつき; (アメリカ在住中国人の) 秘密結社員《暗殺・ゆすりなどに雇われる》. **～ birth** 名門の出. **～-blóod·ed** よい血筋をひいた, 素性のりっぱな. **～ blower** 興奮すると鼻息を荒くする馬. **～-blown** [ˊˋ] 鼻息の荒い; 意気揚揚たる. ***～·born** [-bɔ̀:rn] 名門の生まれの, 毛並みのよい. **～·boy** [ˊˋ]〘米〙(あし付き) 洋だんす (=(英) tallboy). → lowboy. **～·bred** [ˊˋ] 上流育ちの, 教養と気品をそなえた. ↔ lowbred. **～·brow** → 別項. **H～ Church** → church. **～-cláss** 高級な. **～ color** よい血色. **～-cól·ored** あざやかな色調の; きわめて鮮明な; 誇張した. **H～ Commissioner** 高等弁務官. **H～ Court** 高等裁判所. **～ day** 祭日, 祝日;〘古〙日盛り. **～·fa·lú·tin** → 別項. **～ farming** 集約農法. **～ feeding** 美食. **～ fidelity**〘電〙ハイファイ, 高忠実度. **～-fi·dél·i·ty** ハイファイ〔高忠実度〕の. **～·flí·er, ～·flý·er** [(米)⁺ˊˋ−] (1) 高く飛ぶもの, 高度飛行家. (2) 大志をいだく人; 過激論者. **～-flówn** [ˊˊ] (1)《言語・表現など》大げさな. (2) 野心的な. **～·flỳ·ing** [(英)ˊˊ−] (1) 高度飛行の. (2) 大望をいだいた. **～ frequency**〘電〙高周波. **～-fré·quen·cy**〘電〙高周波の. **～ gear** 急ピッチ: go in ～ *gear* ピッチをあげる. **H～ German** 高(地)ドイツ語. **～-gráde** 高級の, 優秀な. **～-hánd·ed** 高飛車な, 高圧的な. **～ hat** シルクハット. **～-hát** → 別項. **～-héart·ed** [-há:rtid] 高潔な, 勇敢な. **～·jack** [ˊˋ] = hijack. **～·jàck·er** = hijacker. **～-kéy**〘写〙全体に明るい調子の;〘楽〙調子が高い; 感受性の強い. **～·kìck·ing**〘俗〙生きのいい, 金使いのあらい. **～·land** [-lənd] (1) 高地. (2) (the Highlands) スコットランドの北部の高地地方. **～·land·er** (1) 高地に住む人. (2) (Highlander) スコットランド北部の高地に住む人. **～·land fling** スコットランド高地の活発な舞踊. **～-lév·el** (1) 高空からの: a ～-*level* bombing. (2) 上層の, 上級幹部の〔による〕: ～-*level* personnel. a ～-*level* investigation. **～ life** 上流の生活. **～ light** → 別項. **～-lows** [ˊˋ] *pl.*〘古〙編み上げぐつの一種. **H～ Mass**〘カトリック〙荘厳ミサ. **～-mét·tled** [-métld] 気概ある, 元気いっぱいの;《馬が》疳(かん)の強い. **～-mínd·ed** [-máindid] 高潔な; 高慢な. **～-nécked** [-nékt]《婦人服など》えりぐりの浅い. ↔ low-necked. **～ noon** 正午; 最盛時. **～-óc·tane** [ˊáktein/-ɔ́k-] 高いオクタン価の《gasoline 燃料の antiknock 性, すなわち異常爆発を防ぐ性質を高くした》; 強力な. **～-pítched** (1) 調子の高い, 感度の高い, 緊張度の高い. (2) 気位の高い. (3) 勾配(こうばい)の急な. **～-pów·ered** 高性能の. **～-prés·sure** → 別項. **～-prín·ci·pled** 高潔な主義の (持ち主の). **～-próof**《ウイスキーなど》アルコール純度の高い. **～-rànk·er** 高官《軍隊などの》. **～-rànk·ing** 高級の, 高官の. **～-rìd·ing**〘俗〙好調の. **～·road** [ˊˋ] 本道, 公道; 容易〔確実〕な道: the ～*road to* success 出世街道(かいどう). **～ school** 高等学校,〘米〙中等学校,《旧制の》4 年制中学: junior ～ *school* 中学校. senior ～ *school* 高等学校. **～ sea** 高波. **～ seas, the** *pl.* 公海, 外洋. **～-séa·soned** 香料で強く味をつけた. **～ sign**〘話〙《顔や身ぶりでの》合い図. **～-sóund·ing** [(英) ˊˋ−]《ことばが》大げさな: a ～-*sounding* title いかめしい〔ものものしい〕肩書き. **～-spéed** 高速(度)の. **～-spír·it·ed** 元気いっぱいの, 気概のある;《馬など》疳の強い. **～ spirits** 大元気, 上きげん. **～ spot** 目だつ特徴. **～ steel** 硬鋼. **H～ Street**〘英〙本通り, 本町. **～-strúng** 神経質な, 興奮しやすいたちの. **～ table** (1) 主賓の食卓. (2)〘英〙学寮 (college) の学監 (don)・教授・fellows などの食卓 (=the ～). **～·tail** [ˊˋ] 急いで逃げる, 急行する; 他人の車のすぐあとをすれすれに運転する. **～ tea**〘英〙肉の一品料理のつく夕方のティー. → low tea. **～-tén·sion**〘電〙高圧(の); 高張力(の). **～-tést** (1) 厳重なテストに耐える〔合格する〕. (2)《ガソリンなど》揮発性の高い. **～ tide** 高潮, 満潮, 絶頂. **～ time** ちょうどよい時分, しおどき: It is ～ *time* you went to bed. もう寝る時刻ですよ. **～-tóned** 調子の高い; 高尚(こうしょう)な;〘米俗〙気どった, ハイカラな. **～ treason** 国家・元首に対する反逆(罪). **～-up** [ˊˋ]〘話〙お偉方(の); 上役(の). **～ water** 高潮;《川・湖などの》最高水位. **～-water mark**《川・湖などの》高水位線〔点〕; 最高水準. **‡～·way** → 別項. **～-wroúght** (1) 凝った. (2) 興奮した.

(類義語) 高い: **high, tall** ほぼおなじだが次のような差異がある: a *high* building 地上から屋上までの高さが実際に高い建物. a *tall* building いかにも高く見える, 幅に比して背の高い建物. したがって「高山」はなだらかで高度が高いばあいがあるので a *high* mountain. **lofty** tall に近いが更に堂々とそびえているものに用いる. 比喩的に気高いもの, おうへいな心もあらわす: *lofty* aims 高尚(こうしょう)な目的. (類) → **expensive**「高価な」

hígh·brow [háibràu] *n.* **1**〘米〙知識人 (intellectual). **2** インテリぶる人. **——** *a.* 知識人向きの; 学者ぶる. ↔ lowbrow. 〈注〉日本語として使われるハイブロウと発音が異なるので注意. ◇ **～ed** *a.* **1** 額の(高くて)広い. **2** 教養の高い; インテリぶった.

hígh·er [háiər] *a.* high の比較級.
～-úp [háiərʌ́p]〘米話〙= high-up.

hígh·est [háiist] *a.* 《high の最上級》最も高い. ***at the ～*** 最高の位置に; 高くても(せいぜい). ***in the ～*** (1)〘聖〙天上に. (2) 最高度に: praise *in the* ～ ほめちぎる.

hìgh·fa·lú·tin [hàifəlú:t(i)n / hái-], **-ting** [-tn / -tiŋ] *a.*〘米俗〙大げさな. **——** *n.* 大言壮語.

hígh-hát [háihǽt] *n.*〘米俗〙いばり屋. **——** *a.* 気どった. **——** *vi., vt.* **(-tt-)**〘米俗〙(に)尊大ぶる.
◇ **～·ted** [-id] *a.* いばった; うぬぼれた.

high light, hígh·light [háilàit] *n.* 《写真・絵画などの》最も明るい光を受けた部分;《話・事件・プログラムなどの》最も興味ある部分〔場面〕; 呼び物, ハイライト. **——** *vt.* **1** 〈絵などに〉ハイライトを当てる. **2** 〈特徴などを〉目だたせる, 強調する.

‡hígh·ly [háili] *ad.* **1** 高く, 高度に, 強度に; 非常に: The stone is ～ valuable. その宝石は相当値打ちがある. a ～ paid consultant 高給の顧問. a ～ successful play たいへんな成功を収めた劇. **2** 激賞して, 推賞して: speak ～ of a person 人をほめそやす. ***think ～ of*** を尊重する.

hígh·ness [háinis] *n.* **1** 高さ, 高いこと; 高価; 尊厳. **2** (H～) 殿下: Your *H*～ 殿下《呼びかけ》.

His [Her] Royal [Imperial] *H*〜 殿下《皇族に対する敬称》.

hígh-prés·sure [háipréʃər] *a.* **1** 高圧の. **2** 高圧的な, 強制的な. **3** 強力な: 〜 salesmanship 強力な売り込み. —— *vt.* 〖話〗に高圧的態度をもってする; 強制する: The salesman 〜*d* me *into* buying the car. セールスマンにはっぱをかけられて車を買ってしまった.

hight [hait] *a.* 〖古・雅・笑〗…と呼ばれる, …と名づけられた (named).

hígh·ty-tígh·ty [háititáiti] =hoity-toity.

‡**hígh·way** [háiwèi] *n.* **1** 公道, 幹線道路, 《昔の》街道(かいどう): the king's 〜 天下の公道. → byway. **2** 《比喩的》 大道, 坦々(たんたん)たる道: a 〜 to success 出世街道. **3** 水上交通路.
〜**·man** [-mən] (*pl.* **-men** [-mən]) (1) 追いはぎ. (2) [-mæ̀n] (*pl.* [-mèn]) 〖米〗道路監視人.

H.I.H. His [Her] Imperial Highness.

hí·jack [háidʒæ̀k] *vt.* 〖米話〗 **1** 〈密輸送中の車などを〉襲い強奪する; 横領する. **2** 〈船・飛行機を〉略奪する, 乗っ取る. —— *vi.* 横領 [強盗] をはたらく. ◇ 〜**·er** *n.* 〖米話〗

híj·ra(h) [hídʒrə] =hegira.

‡**hike** [haik] *vi.* **1** 〖話〗 ハイキングする, 徒歩旅行をする. **2** 〈衣服などが〉ずり上がる; 上がる.
—— *vt.* **1** (無理に) 動かす, 引っ張る; 引っ張り上げる. **2** 〈賃銀・物価を〉引き上げる.
—— *n.* 〖話〗 **1** ハイキング; 徒歩旅行. **2** (賃銀) 引き上げ: a pay 〜 賃上げ. ***go on a*** 〜 ハイキングに出かける. ◇ ***hík·er** [háikər] *n.* 〖話〗ハイカー.

‡**hík·ing** [háikiŋ] *n.* 〖話〗 ハイキング, 徒歩旅行.

hi·lár·i·ous [hilɛ́(ː)riəs, hai-/hiléər-] *a.* 陽気な, 快活な, 浮き浮きした. ◇ 〜**·ly** *ad.* 〜**·ness** *n.*

hi·lár·i·ty [hilǽriti, ㊥⁺hail-] *n.* 愉快, 陽気; 浮かれ騒ぎ.

†**hill** [hil] *n.* **1** 丘, 小山; (*pl.*) 丘陵. **2** 盛り土, つき山. **3** 《作物の根もとの》盛り土, うね; 盛り土をした作物: a 〜 of potatoes ジャガイモの高うね. **4** (the H〜) 〖米話〗 国会議事堂 (=the Capitol H〜). ***go over the*** 〜 〖俗〗脱走する, ずらかる. 〜 ***and dale*** 《炭鉱・鉱山などで》掘り返しのためにできたでこぼこの地面. ***over the*** 〜 危機を脱して; 盛りを過ぎて, くだり坂で. ***up*** 〜 ***and down dale*** 丘を登り谷をくだって; いたるところ, くまなく, 根気よく. —— *vt.* 丘 [盛り土] で囲む; 丘にする; 盛りあげる.
〜**·man** [-mən] (*pl.* **-men**) 丘陵に住む人; インド山間部の人. ‡〜**·sìde** →別項. ‡〜**·tòp** →別項.

híll·bil·ly [hílbili] *n.* 〖米話〗 **1** 南部未開地に住む人; 山男. **2** ジャズの一種.

híl·lo, híl·loa [hílou, hilóu] =hollo, holloa.

híll·ock [hílək] *n.* 小山; 塚(つか). ◇ 〜**·y** *a.*

‡**híll·sìde** [hílsàid/ ´ ´] *n.* 丘の中腹 [側面].

‡**híll·tòp** [híltὰp/-tɔ́p, -tɔp] *n.* 丘の頂上.

híll·y [híli] *a.* 起伏の多い, 小山の多い [ような].
◇ **-i·ness** *n.*

hilt [hilt] *n.* 《刀の》つか; 《つるはしの》柄. 〜 ***to*** 〜 一騎打ちで. (***up***) ***to the*** 〜 つか元までも; 徹底的に. —— *vt.* に〜をつける.

hí·lum [háiləm] *n.* (*pl.* **-la** [-lə]) **1** 〖植〗《種子の》へそ, ほぞ. **2** 〖医〗血管・神経などが出入する門.

†**him** [him, 弱 im] *pron.* **1** 《he の目的格》 彼を [に]. **2** 〖話〗《be の補語に用いて》 =he: That's 〜. あれは彼だ. **3** 〖古・雅〗 =himself.

H.I.M. His [Her] Imperial Majesty.

Hi·má·la·yan [himáːl(ə)jən, hìməléiən/hìməléiən] *a.* ヒマラヤ (山脈) の.

Hi·má·la·yas [himáːl(ə)jəz, hìməléiəz / hìməléiəz] *n. pl.* (the 〜) ヒマラヤ山脈《インド・ネパール・中国・チベットの国境を成す世界最高の山脈》.

hi·mát·i·on [himǽtiən] *n.* (*pl.* **-a** [-tiə]) ヒマチオン《古代ギリシアの服装》.

†**him·sélf** [himsélf, im-] *pron.* 三人称単数男性の再帰代名詞. **1** 《再帰的に》 彼自身を [に]: He cut 〜. けがをした. **2** 《強意的に》 彼自身 (で): He did it 〜. 自分でそれをした. **3** いつもの彼, 本来の彼: He is not 〜 today. きょうはいつもの彼ではない. He came to 〜. 正気づいた.

‡**hind**[1] [haind] *a.* (〜**·er**; 〜**·(er·)most** [-(ər)mòust]) 後ろの, あとの. ↔ fore.
〜**·brain** [´ ´] 〖医〗後脳. 〜 **leg** 〖動〗あと足. 〜**·quár·ter** 《獣肉の》あと足と臀部(でんぶ). 〜**·sight** [´ ´] (1) ライフル銃の後部照尺. (2) 〖笑〗あと知恵. ↔ foresight. 類 → **back**「後ろの」

hind[2] *n.* 《3歳以上の》アカシカの雌.

hind[3] *n.* 〖古〗作男, いなか者.

Hind. Hindi; Hindu; Hindustan; Hindustani.

Hín·den·burg [hínd(ə)nbə̀ːrg | G. -burk] *n.* Paul von [G. pául-fɔn-, ㊥⁺pɔ́ːl-vɑn-] 〜, 1847–1934, ドイツの将軍・政治家.

‡**hínd·er**[1] [híndər] *vt.* **1** 妨げる, 妨害する: 〜 a person *from* (do)*ing* じゃまをして人に…させない. **2** のじゃまをする; 手間どらせる, 遅らせる: be 〜*ed* by a storm あらしで遅れる. —— *vi.* じゃまになる.
[<hind[1] 後ろへ引っ張る]

hínd·er[2] [háindər] *a.* 後ろの, あとの.

hínd·er·most [háindərmòust] =hindmost.

Hín·di [híndiː, ´ ´] *a.* 北部インドの; ヒンディ語の.
—— *n.* ヒンディ語.

hínd·most [háin(d)mòust] *a.* いちばん後ろ [あと] の.

Hín·doo [híndu:, ´ ´] *n., a.* (*pl.* 〜**s**) =Hindu.

hín·drance [híndrəns] *n.* **1** 妨げ, 障害. **2** 障害物, じゃまもの《*の to*》. → 動詞 hinder.

Hín·du [híndu:, ´ ´] *n.* ヒンズー人《ヒンズー教を信奉するアリアン人種に属するインド人》; 《一般的》 インド教信者; インド人. —— *a.* ヒンズー (教) の.

Hín·du·ism [hínduiz(ə)m, -du:-] *n.* ヒンズー [インド] 教.

Hìn·du·stán [hìndustǽn, -stáːn] *n.* **1** インドのペルシア名《Hindus の地の意》. **2** ヒンズスタン《インド半島のインド教地帯》.

Hìn·du·stán·i [hìndustǽni, -stáːni] *a.* ヒンズスタン (人・語) の. —— *n.* ヒンズスタン人 [語].

hinge [hindʒ] *n.* **1** ちょうつがい. **2** 要点. ***off the*** 〜***s*** ちょうつがいがはずれて; 《精神・身体の状態などが》狂って.
—— *vt.* **1** にちょうつがいをつける; ちょうつがいで止める. **2** 《…に》よって決める《に *on*》: 〜 one's action *on* future sales 将来の売れ行きで行動を決める.
—— *vi.* **1** ちょうつがいによって動く. **2** (…に) …にかかっている《に *on*》: Everything 〜*s on* his decision. すべて彼の決心で決まる.

hín·n(e)y, hín·nie [híni] *n.* 〖スコットランド〗恋人.

hín·ny [híni] *n.* 雄馬と雌ロバの雑種.

‡**hint** [hint] *n.* **1** ヒント, 暗示: a mild 〜 遠回しな暗示. **2** 注意, 心得: medical 〜*s* 医学上の心得. ***drop a*** 〜 ほのめかす. ***take a*** 〜 悟る.
—— *vt.* それとなく言う, 暗示する: He 〜*ed that* he might be late. それとなく遅れるかもしれないと言った.
—— *vi.* 暗示する, におわせる《を *at*》: He 〜*ed at* his intention. 彼はそれとなく彼の意向をほのめかした.
類 → **suggest**「暗示する」

hín·ter·land [híntərlæ̀nd] *n.* **1** 《港・海岸などの》背後地域. **2** (*pl.*) 《都市から離れた》奥地.

hip[1] [hip] *n.* **1** 臀部(でんぶ), 腰《骨盤部》, ヒップ. → waist. **2** 〖建〗くだり棟(むね). **3** 〖動〗基節. ***fall on one's*** 〜***s*** しりもちをつく. ***have*** [***catch, get, take***] a person ***on the*** 〜 (人を) 腰車に乗せる; (人を) 押えつける, (人の) 優位に立つ. ***smite*** a person 〜 ***and thigh*** 〖聖〗容赦なくやっつける.
〜 **bath** 腰湯. 〜**·bone** [´ ´] 座骨, 無名骨. 〜**deep** 腰まで. 〜 **disease** 股(こ)関節症. 〜 **flask** ポケットウイスキーびん; 〖俗〗45口径ピストル. 〜 **gout** 座骨神経痛. 〜 **joint** 股関節. 〜 **pocket** 《ズ

ボンの》しりのポケット. ～ **roof**〔建〕寄せ棟屋根. ～·**shot**［ ́– ̀–］ (1) 腰骨のはずれた. (2) びっこの, 不具の, ぶざまな.

hip roof

hip² [hip], **hep** [hep] *n.* ノバラの実.

hip³ [hip] *n.* 〔俗〕憂うつ.
—— *vt.* (**-pp-**) 〔俗〕憂うつにする.

hip⁴ *n.* 〔米俗〕 **1** スイングジャズのファン. **2** 最新流行; 情報. —— *a.* 〔米俗〕 **1** スイングジャズの. **2** 最新流行の; 情報通の.

hip⁵ *int.* かっさいの際のかけ声: *Hip*, ～, hurrah! ヒップ, ヒップ, フレー!

hipe [haip] *vt.* 〔レスリング〕〈相手を〉かかえ上げて投げを打つ. —— *n.* かかえ投げ.

hipped¹ [hipt] *a.* **1** ヒップのある. **2** 《合成語で》腰が…の: broad-～ 腰の広い. **3** 腰を痛めた《おもに家畜についていう》.

hipped² *a.* 〔米話〕とりつかれた: ～ *on* philately 切手収集に夢中の.

hipped³, **híp·pish** [hipiʃ] *a.* 〔英〕 **1** ふさいでいる: feel ～ 憂うつになる. **2** 困っている.

híp·pie [hípi] *n.* ヒッピー(族).

híp·po [hípou] *n.* (*pl.* ～**s**) 〔話〕=hippopotamus.

hippo- 「馬」の意の語形成要素: *hippo*potamus 河馬＜hippo- 馬＋potamos 川. [＜Gk.]

hìp·po·cám·pus [hìpəkǽmpəs] *n.* (*pl.* **-pi** [-pai]) **1** 〔ギ神〕海神の車を引く馬頭魚尾の怪獣. **2**〔動〕タツノオトシゴ. **3**〔医〕《脳の》海馬.

híp·po·cras [hípəkræs] *n.* 〔英〕香料入りブドウ酒.

Hip·póc·ra·tes [hipákrəti:z/-pɔ́k-] *n.* ヒポクラテス, 460?–377 B.C., Father of Medicine と呼ばれるギリシアの医学者.

Hìp·po·crát·ic [hìpəkrǽtik] ～ ***oath*** ヒポクラテスの宣誓《医学博士を受けるときに行なう》.

Híp·po·crene [hípəkri:n, hìpəkrí:ni] *n.* **1**〔ギ神〕詩泉《Muses にささげられた Helicon 山上の霊泉》. **2** 詩的霊感.

híp·po·drome [hípədròum] *n.* **1**《古代ギリシア・ローマの馬・戦車などの》競走場. **2** サーカス; 見せ物. **3**〔英俗〕寄席(よせ), 演芸場.

híp·po·griff, -gryph [hípəgrif] *n.* 〔神〕頭がワシで翼のある馬の怪物.

hip·póph·a·gy [hipáfədʒi/-pɔ́f-] *n.* 馬肉常食.

hìp·po·pót·a·mus [hìpəpátəməs/-pɔ́t-] *n.* (*pl.* **-mus·es**, **-mi** [-mài]) 〔動〕河馬.

híp·py [hípi] *a.* しりの大きい: a ～ girl.

híp·ster [hípstər] *n.* **1** スイングジャズのファン〔演奏者〕. **2** 最新流行〔情報〕通.

hír·a·ble [háirəbl/háiər-] *a.* 賃借できる; 雇いうる.

hír·cine [hə́:rsain, ㊣⁺-sin] *a.* **1** ヤギの(ような). **2** ヤギのようににおいの強い. **3** 好色の.

***hire** [haiər/háiə] *vt.* **1** 雇う. **2**《使用料を払って》借りる, 賃借りする. **3** 賃貸しする; 《損料を取って》貸し出す《*out*》. **4** に報酬を出す; にわいろを与える.
—— *vi.* 〔米俗〕雇われて働く. ～ ***on*** (***as***) (として) 雇われる. ～ (one***self***) ***out*** 雇われる《に *to*》.
—— *n.* **1** 雇用; 賃借り. **2** 借り賃, 使用料, 損料. **3** 報酬, 給料, 賃銀. ***for*** (***on***) ～ 賃貸しで; 雇われて: boat *on* ～ 貸しボート. work *for* ～ 雇われて働く. ***let out on*** ～ 賃貸しする.
～ **hand** 手伝い人; 雇い人. ～**-púr·chase** (**system**), ～ **system** 〔英〕分割払い購入方式 → instal(l)ment. ◇ **hír·er** [háirər/háiər-] *n.* 雇い主, 賃借人. 〔類〕→ **employ**「雇う」

híre·ling [háiərliŋ] *a.* 雇われて働く; 金ずくで働く. —— *n.* **1** 金ずくで働く人. **2** 借り物.

hír·sute [hə́:rsu:t/-sju:t] *a.* **1** 毛深い, 毛むくじゃらの; 毛の. **2**〔動・植〕あら毛でおおわれた.

†**his** [hiz, 弱 iz] *pron.* **1** 彼の《he の所有格》: ～ hat 彼の帽子. **2** 彼のもの《he の所有代名詞》: Your dog is bigger than ～. きみの犬は彼のより大きい. *His* is a nice house. 彼のはいい家だ.

His·pá·ni·a [hispéiniə, -njə] *n.* 〔雅〕イスパニア, スペイン (Spain). ◇ **His·pán·ic** [hispǽnik] *a.*

Hìs·pan·ió·la [hìspənjóulə] *n.* ハイチ島《Haiti と Dominica の両共和国を含む島》.

Hispano- 「イスパニア, スペイン」の意の連結形.

hís·pid [híspid] *a.* 〔動・植〕あらい堅い毛のある.

‡**hiss** [his] *vi.* **1**〈ヘビ・蒸気などが〉シューッと音をたてる. **2** しーっと不賛成をあらわす《に対して *at*》.
—— *vt.* しーっとしかる〔言う〕. ～ ***away*** [***down***, ***off***]〈弁護者・役者などを〉しーっしーっと言って追っ払う〔ののしる, 退場させる〕.
—— *n.* **1** シューッ〔シーッ〕という音〔声〕. **2**〔音〕歯擦音, スー音《[s, z]》.

hist [hist] *int.* しっ!, 静かに! —— *vt.* にしーっと言う.

hist. histology; historian; historical; history.

hís·ta·mine [hístəmi:n, -min] *n.* 〔化〕ヒスタミン《胃液分泌促進・子宮収縮・血圧低下の薬》.

his·tól·o·gy [histálədʒi/-tɔ́l-] *n.* 〔生〕組織学; 《生物の》組織構造. ◇ **-gist** *n.* 組織学者. **hìs·to·lóg·i·cal** [hìstəládʒik(ə)l/-lɔ́dʒ-] *a.* 組織学の.

‡**his·tó·ri·an** [histó:riən/-tɔ́:r-] *n.* 歴史家.

his·tó·ri·at·ed [histó:rièitid/-tɔ́:r-] *a.* (人や動物の) 絵模様のついた.

‡**his·tór·ic** [histɔ́:rik, -tár-/-tɔ́r-] *a.* **1** 歴史的に有名な〔重要な〕: the ～ scenes 史跡, 旧跡. **2** 歴史上の, 史学の(=historical). ～ **present**〔文〕歴史的現在《物語などの中で過去の事実の叙述を生き生きさせるための現在時制》. ～ **times** 有史時代.

‡**his·tór·i·cal** [histɔ́:rik(ə)l, -tár-/-tɔ́r-] *a.* 歴史(上)の, 歴史的な; 史実に基づく: a ～ event 歴史上の事件. ～ facts 歴史的事実. —— *n.* 史実に基づく小説〔映画, 劇〕. ～ **evidence** 史実. ～ **linguistics** 史的言語学. ～ **method** 歴史的研究法. ～ **novel** 歴史小説. ～ **play** 史劇. ～ **present**=historic present. ～ **science** 史学. ～ **town** 歴史的に有名な町. ◇ ～**·ly** *ad.*

his·tór·i·cism [-risiz(ə)m] *n.* **1** 歴史主義, 歴史尊重. **2** 歴史法則説, 歴史決定論.

hìs·to·ríc·i·ty [hìstərísiṭi] *n.* 史的に正しいこと; 史実性.

his·tór·i·cize [histɔ́:risàiz, -tár-/-tɔ́r-] *vt.* 歴史的にする; 史実に基づかせる. —— *vi.* 史実をつかう.

hís·to·ried [híst(ə)rid] *a.* 歴史をもつ; 由緒(ゆいしょ)ある, 歴史上有名な.

his·to·ri·ette [histò:riét/hìstəri-] F. *n.* 小話.

his·tò·ri·óg·ra·pher [histò:riágrəfər, hìstori-/hìstɔ:riɔ́g-] *n.* 修史家, 史料編集員.

his·tò·ri·óg·ra·phy [histò:riágrəfi / hìstɔ:riɔ́g-] *n.* 修史, 史料編集. ◇ **his·tò·ri·o·gráph·ic** [-riəgrǽfik], **his·tò·ri·o·gráph·i·cal** *a.*

†**hís·to·ry** [híst(ə)ri] *n.* **1** 歴史, 沿革: ancient ～ 古代史. French ～ フランス史. the ～ of this temple この寺(院)の縁起. Our school has a ～ of 80 years. わが校は80年の歴史をもつ. **2** 歴史学; 史書: study ～ 歴史を勉強する. a ～ of Italy (ある) イタリア史(の本). **3** 経歴, 由来, 変遷: one's personal ～ 履歴書. **4** 数奇な運命: a woman with a ～ 波乱に富んだ生涯(しょうがい)を送ってきた女, いわくつきの女. **5** 史劇 (historical play): Shakespeare's ～*ies*. **6** 組織的記述; 伝記; 物語. **7** 過去〔昔〕のこと: That is all ～. それはみんな昔のことだ. ***H～ repeats itself.*** 〔諺〕歴史は繰り返す. ***make*** ～ 歴史に残るほどのことをする; 歴史に残る. ***natural*** ～ 博物学.

hìs·tri·ón·ic [hìstriánik/-ɔ́n-] *a.* **1** 俳優の, 演劇〔芝居〕の; 《けいべつ的》芝居がかった. **2**〔医〕顔面筋の. —— *n.* (*pl.*) 《単数・複数扱い》演劇; 芝居がかったしぐさ.

†**hit** [hit] *v.* (**hit**; **hít·ting**) *vt.* **1** 打つ, たたく; <ボールなどを>打ち飛ばす. **2** <打撃を>加える: ～ a blow *on* the head 頭に一撃を与える. **3** 打ち当てる, に命中する: ～ the mark 的を射当てる. **4** に**打ち当たる**, <弾丸などが> …**に命中する**, にぶつかる: The ball ～ him in the eye. ボールが彼の目に当たった. **5** に行き当たる, に巡り会う: ～ the right way 正しい道に出る. **6** に達する: ～ the road 旅に出る. The landing troops ～ the beach. 上陸部隊は岸にたどりついた. **7** <考えが> …**に思い浮かぶ**: An idea ～ me. ある考えが浮かんだ. **8** 言い当てる: You've ～ it! そのとおり. **9** に適合する, に合う: ～ one's fancy 好みに投ずる. **10** に強い印象を与える. **11** に**痛手を与える, 襲う**, に災害を及ぼす, 傷つける: We were ～ by the depression. 不景気に痛めつけられた. **12** にもう一戦〔一勝負〕挑戦(ちょうせん)する《競技で》; にもう一杯〔一さら〕勧める. **13** に頼む, に求める: ～ a person for a loan 人に借金を頼む. **14** <記事が> …に載る〔出る〕: The story ～ the front page. 記事が第一面に出た. **15** <記録的数値に> 達する: The new train can ～ 150 m.p.h. 新列車は時速150マイル出せる.

—— *vi.* **1** 打つ; 〘野球〙 安打を打つ. **2** 衝突する《に *against, on, upon*》. **3** 遭遇する, ふと見いだす, 偶然思いつく《に, を *on, upon*》: ～ *upon* a good idea うまい考えが浮かぶ. **4** 攻撃する, 攻撃を始める. ***be hard*** ～ 痛手を受ける. ～ ***a likeness*** よく似せる: ～ *a likeness* in a portrait 肖像を実物そっくりに描く. ～ ***a man below the belt*** ローブローを打つ; ひきょうな行為をする. ～ ***a man when he's down*** 《ボクシングで》倒れた相手を打つ. ～ ***at*** に打ってかかる; を冷笑する. ～ ***home*** <人のことばなどが> 急所をつく. ～ a person ***in the face*** (人の) 顔を打つ〔にぶつかる〕; (人に) すぐにぴんとくる. ～ ***it*** ＝～ ***the mark*** ＝～ ***the nail on the head*** うまく言い当てる, ずばしをさす. ～ ***it off*** 折り合う, うまく一致する《と *with*》. ～ ***off*** 即席にうまく言いあらわす〔描く〕. ～ a thing ***on the nose*** 〘俗〙 言い当てる. ～ ***or miss*** (のるかそるか) 運に任せて; 当てずっぽうに, いいかげんに. ～ ***out at*** を猛烈に攻撃する. ～ ***the air*** 放送する. ～ ***the ceiling*** 激怒する. ～ ***the hay*** 〘俗〙 寝る. ～ ***the pipe*** 〘米俗〙 あへんを吸う. ～ ***the spot*** 満足させる. ～ ***up*** せき立てる.

—— *n.* **1 打撃**. **2** 的中, 命中. **3** 当たり, 成功, ヒット. **4** 適評, 名言. **5** 〘野球〙 安打. ～ ***and run*** 〘野球〙 ヒットエンドラン. ***make*** 〔***be***〕 ***a*** ～ 《投機などで》 当たる, 当たりをとる; 大いに喜ばれる.

～-and-míss 調子が良かったり悪かったりの. **～-and-rún** →別項. **～-or-míss** 行き当たりばったりの, 一かばちかの. ～ **parade** 〘米〙 ヒットパレード, 流行歌ヒット曲〔ベストセラー小説など〕の番付. 〔類〕 →**beat**「打つ」

hít-and-rún [hítnrʌ́n] *a.* **1** 〘野球〙 ヒットエンドランの; 大成功の. **2** 電撃的な, ゲリラ戦の. **3** ひき逃げの: a ～ driver. ～ **investigation** ひき逃げ捜査. ～ **raid** ゲリラ襲撃.

hitch** [hitʃ] *vt.* **1** <馬などを>つなぐ《車に》《*up*》. **2** 《かぎ・綱・輪などで》 ひっかける. **3** ぐいと引っ張る〔引き寄せる, 動かす〕; ぐいと引きあげる《*up*》. **4** 《話の中に》 取り入れる. —— *vi.* **1** からまる, ひっかかる《に *in, on, to*》. **2** 馬を車につける《*up*》. **3** ぐいぐい動く. **4** びっこを引く. **5** 〘米話〙 気が合う, 折り合う. ***be ～***ed*** 〘米俗〙 結婚する. ～ ***horses*** 〘米〙 共同する《*together*》. ～ ***up*** ぐいと引きあげる; <馬などを> 車につける; 〘米俗〙 結婚する《通例受動態》. ～ ***one's waggon to a star*** 大望をいだく.

—— *n.* **1** つなぎ; からまり, 連結(部). **2** 急激に引っ張ること〔動かすこと〕; 急停止. **3** さしさわり, 故障; まちがい. **4** びっこを引くこと. **5** 〘海〙 結索. **6** 〘米俗〙 勤務時間, 仕事; 兵役期間; 刑期. ***without a*** ～ 支障なく, すらすらと.

◇ **～·y** *a.* ぐいぐい動く, ぐいっと動く, けいれん的な.

hítch·hike [hítʃhàik] *vi.* 〘米話〙 ヒッチハイクする《通りすがりの車に無料で便乗させてもらいながら旅行する. 車を止めるのに親指を立てて合い図する》.

—— *n.* 自動車便乗旅行.

◇ **-hik·er** [-ər] *n.* **1** ～ する人. **2** 〘放送〙 番組の終わりの短いコマーシャル. **3** ツイストに似たダンス.

‡**híth·er** [híðər] *ad.* 〘古〙 ここへ, こちらへ (here).

～ ***and thither*** あちこちに.

◇ **～·most** [-mòust] *a.* 最も手前の. **～·ward(s)** [-wərd(z)] *ad.* 〘古・稀〙 ＝hither.

‡**hìth·er·tó** [hìðərtúː, ⌐⌐⌐/⌐⌐⌐, ⌐⌐⌐] *ad.* これまで(は), いままで(のところ).

Hít·ler [hítlər] *n.* Adolf [ǽdɑlf-/ǽdɔlf-] ～, 1889–1945, ドイツの総統・ナチの首領. ◇ **～·ism** [hítləriz(ə)m] *n.* ヒトラー主義《ドイツの国家社会主義》. **～·ite** [-ràit] *n.* ヒトラー主義者; ナチ (Nazi).

Hít·tite [hítait] *n.* ヒッタイト族《1900–1200 B.C. ごろの小アジアの一種族》; ヒッタイト語.

‡**hive** [haiv] *n.* **1 ミツバチの巣箱**. **2** (巣箱の) ミツバチの群れ. **3** がやがやした群集〔場所〕.

—— *v.* (**hived**; **hív·ing**) *vt.* **1** <ミツバチを> 巣箱に集める〔入れる〕. **2** <人を> 居ごこちよく泊まらせる. **3** <みつを> 巣にたくわえる; たくわえる.

—— *vi.* **1** <ミツバチが> 巣箱にすむ. **2** 群居する.

～ ***off*** (1) <巣箱のミツバチが> 分かれてよそに移る, 分封する. (2) <生産物のあるものを> 下請け工場に回す.

hives [haivz] *n. pl.* 〘医〙 じんましん; 〘英:医〙 喉頭(こうとう)炎.

H.J. *hic jacet* (L. ＝here lies ...). ***H.J.S.*** *hic jacet sepultus* (L. ＝here lies buried). **hl.** hectoliter; holy. **H.L.** House of Lords.

***h'm** [hm, m̩m] *int.* ＝hem[2].

hm. hand-made; hectometer. **H. M.** His〔Her〕 Majesty. **H.M.S.** His〔Her〕 Majesty's Service 〔Ship〕.

ho, hoa [hou] *int.* **1** ほう!, おい!, おや!《驚き・意外なうれしさ・得意・冷笑をあらわす声. または注意を促す声》. **2** 馬を止めるときのかけ声. ***Ho! ho!*** ほほう!《冷笑》. ***Westward ho!*** 〘海〙 西行き!

Ho 〘化〙 holmium. **H.O.** Head Office; Home Office.

ho·ác·tzin [hoǽktsin, wɑ́ː(t)sin/hoǽtsin] ＝ hoatzin.

hoar [hoːr/hɔː] *a.* **1** 白髪の; 老齢の. **2** (霜で) 白い, 灰色の.

—— *n.* **1** 灰白(色). **2** 白霜, 霜 (＝hoarfrost).

～·frost →別項. **～·stone** [⌐⌐] 〘英〙 有史以前の境界標石.

hoard [hoːrd/hɔːd] *n.* **1** 貯蔵物, 蓄積物; 買いだめ(品). **2** 《知識などの》 うん蓄; 《事実などの》 収集; 《不平などの》うっ積.

—— *vt.* **1** たくわえる, ため込む, 死蔵する《*up*》. **2** 胸に秘める. —— *vi.* ため込む; 《特に》 貯金する.

◇ **～·er** *n.* 貯蔵〔蓄積〕者; 買いだめ人.

hóard·ing[1] [hóːrdiŋ/hɔ́ːdiŋ] *n.* **1** 貯蔵, 蓄積, 買いだめ. **2** (*pl.*) 貯蔵物, 貯金.

hóard·ing[2] *n.* 《建築場・あき地などの》 板囲い; 広告 (掲示) 板 (billboard).

hóar·frost [hóːrfrɔ̀ːst, -fràst/hɔ́ːfrɔst] *n.* 白霜, 霜.

hóar·hound ＝horehound.

***hoarse** [hoːrs/hɔːs] *a.* しわがれた; しわがれ声の.

◇ **～·ly** *ad.* **～·ness** *n.* **hóars·en** [-(ə)n] *vi., vt.* ～にする〔なる〕.

hóar·y [hóːri/hɔ́ːri] *a.* **1** 白髪の; 灰白の. **2** 年経て気品ある; 古色蒼然(そうぜん)たる. **～-héad·ed** しらが頭の, 銀髪の. ◇ **-i·ness** *n.* 髪の白さ; 老齢; 古めかしいこと; こうごうしさ.

ho·át·zin [hoǽtsin, ㊥+wɑ́ː(t)sin] *n.* 〘鳥〙《南アメリカ産》 ヘビクイドリ.

hoax [houks] *vt.* <人を>かつぐ, にいっぱいくわせる. ～ a person ***into*** (do)***ing*** (人を) だまして…させる.

—— *n.* いっぱいくわせること; くわせもの, つくりごと.

hob[1] [hab/hɔb] *n.* **1** 暖炉内部の横だな《鉄びんなどを載せる》. **2**《輪投げなどの》的棒; 的棒遊び. **3**〖機〗ホブ《歯切り工具》. **4** =hobnail.
〜**·nail** →別項.

hob[2] *n.* 小鬼;《愚鈍な》いなか者. ***play*** 〜 いたずらする, こわす《を *with*》. ***raise*** 〜 じゃまをする, もんちゃくを起こす《に *with*》.

hób-and-nób [hábənnáb/hɔ́bənnɔ́b] *a.* 親しい.

hób·ba·de·hòy [hábədihɔ̀i/hɔ́bədihɔ́i] =hobbledehoy.

hób·ble [hábl/hɔ́bl] *vi.* **1** びっこを引いて歩く《*along, about*》. **2**《詩の》韻律が流麗でない.
—— *vt.* **1** にびっこを引かせる. **2**〈馬などの〉両足をいっしょに縛る. **3** 妨げる, のじゃまをする.
—— *n.* **1** びっこ. **2** 馬の足を縛る綱; 妨げる物. **3**〖話〗苦境, 困難. ***get into a*** 〜 困ったことになる, 苦境に陥る. 〜 **skirt** ひざのあたりをつめたタイトスカート. ◇ **hób·bler** *n.*

hób·ble·de·hòy [hábldihɔ̀i/hɔ́bldihɔ́i] *n.* 青二才, 気のきかない若者.

‡**hób·by**[1] [hábi/hɔ́bi] *n.* **1 趣味**, 道楽; おはこ, 十八番. **2** 木馬; 棒馬《馬のようにまたがって遊ぶ》. ***make a*** 〜 ***of*** を道楽にする. ***ride*** [***mount***] ***one's*** [***a***] 〜 道楽にふける; おはこを(いやになるほど)出す.
〜**·horse** [´-`] =hobby[1] ②.

hób·by[2] *n.* 〖鳥〗チゴハヤブサ.

hób·gòb·lin [hábgàblin/hɔ́bgɔ̀blin] *n.* お化け; いたずらな小鬼; いたずら小僧.

hób·nail [hábnèil/hɔ́b-] *n.* **1** くつ底に打つ頭の大きいびょうくぎ. **2** いなか者. ◇ 〜**ed** *a.*

hób·nob [hábnàb/hɔ́bnɔb] *vi.* (**-bb-**) **1** 親しく交際する, 親密になる《と *with*》. **2** 酒をくみかわす.
—— *n.* 話し友だち; 飲み友だち.

hó·bo [hóubou] *n.* (*pl.* 〜(**e**)**s**)〖米〗渡り労働者, 浮浪者, ルンペン. ◇ 〜**·dom** [-dəm] *n.* 浮浪人の世界. 〜**·ism** *n.* 浮浪者生活.

hó·boe [hóubou], **hó·boy** [hóubɔi] =oboe.

Hób·son [hábsn] 〜***'s choice*** えり好みの許されない選択, 与えられたものを取るか取らぬかの選択.

Hó Chí Mính [hóu-tʃíː-mín] *n.* ホーチミン, 1892–1969, ベトナム民主共和国の主席兼大統領で, 労働党の指導者. 〜 **Trail** ホーチミンルート.

hock[1] [hak/hɔk] *n.*《四足獣のあと足の》ひざ, 飛節;《豚などの》足部の真上の肉;《鶏の》ひざ.
—— *vt.* の飛節の腱(けん)を切る.

hock[2] 〖米俗〗*n.* 質. ***in*** 〜 入質して; 借金して; 入獄して. —— *vt.* 質入れする. 〜**·shop** [´-`]〖俗〗質屋.

hock[3] *n.* ドイツのライン地方産の白ブドウ酒.

***hóck·ey** [háki/hɔ́ki] *n.* 〖運〗**ホッケー**; ホッケーのスティック(=〜 stick).

hó·cus [hóukəs] *vt.* (〜(**s**)**ed**; 〜·(**s**)**ing**) **1** だます. **2**〈酒などに〉麻酔剤を入れる; 酒に麻酔剤を入れて眠らせる. —— *n.* 麻酔剤入りの酒.

hó·cus-pó·cus [hóukəspóukəs] *n.* **1** 奇術師の呪文(じゅもん); でたらめの文句. **2** 手品, 奇術. **3** ごまかし, ぺてん. —— *v.* (〜(**s**)**ed**; 〜·(**s**)**ing**) *vi.* 手品をつかう. —— *vt.* ぺてんにかける, だます.

hod [had/hɔd] *n.* ホッド《れんが・しっくいなどをかついで運ぶ木箱》; 石炭入れ. 〜 **carrier** ホッド運搬人. 〜**·man** [-mən] (*pl.* **-men**) (1) = 〜 carrier. (2) 下働き人. (3) 下請け専門の文士.

hod

hód·den [hádn/hɔ́dn] Sc. *n.* 無地の目のあらい毛織物.
—— *a.* 布目のあらい(服を着た); 手織りの; いなか風の.

Hodge [hadʒ/hɔdʒ] *n.* (しばしば h〜)〖英〗いなか者.

hódge·podge [hádʒpàdʒ/hɔ́dʒpɔdʒ] =hotchpotch.

Hódg·kin [hádʒkin/hɔ́dʒ-] 〜***'s disease*** ホジキン氏病《仮性白血病および悪性肉芽腫(しゅ)症. リンパ腺・ひ臓・肝臓などが肥大し, 極度の貧血を起こす》.

hò·di·ér·nal [hòudiə́ːrn(ə)l/hɔ̀d-] *a.* 今日の, 現今の(of this day).

ho·dóm·e·ter [hodámitər/hɔdɔ́m-] *n.* 路程計, 「走行距離計.

hoe [hou] *n.* くわ, 除草器. —— *vt., vi.* (**hoed**; **hóe·ing**) くわで刈る[耕す]. ***a hard*** [***long***] ***row to*** 〜〖米〗ほねのおれるうんざりする仕事.
〜**·cake** [´-`]〖米〗トウモロコシパン.

hog [hag, hɔːg, hɔg] *n.* **1** 豚; 去勢した雄豚《食用》. → pig, swine. **2**〖話〗豚のような人, 強欲者, 不潔な人. **3** 毛を切る前の若い羊. **4** 船底そうじ用ほうき. ***go the whole*** 〜〖俗〗徹底的にやる, うのみにする. 〜 ***in armor*** 風采(ふうさい)の上がらないやぼな人. ***the whole*** 〜〖俗〗全体.
—— *vt., vi.* (**-gg-**) **1**〈馬のたてがみなどを〉短く刈る. **2**〖米俗〗(豚のように)むさぼる, 欲張って分け前以上に取る. **3** 背を丸くする《豚の背のように》. **4** 両端がたれ下がる. **5**〖話〗自動車をむちゃに飛ばす.
〜**·back** [´-`]〖地〗豚背丘, 険しい山の背. 〜 **cholera** 豚コレラ. 〜**·fish** [´-`]《西インド諸島近海産の》フサカサゴ属;《北アメリカ産》ベルキナ属. 〜**·head** [´-`]〖俗〗《蒸気機関などの》機関士. 〜 **leather** 豚皮. 〜 **mane** 短く刈り込んだ馬のたてがみ. 〜**·nose snake**《北アメリカ産》無毒の小さいヘビ. 〜**s·head** → 別項. 〜**·nut** [´-`] 落花生(earthnut). 〜**·tie** [´-`]〖話〗〈動物の〉四つ足を縛る; の手足を縛る; の行動の自由を束縛する. 〜**·wash** [´-`] (1) 残菜, 豚用のえさ. (2)〖俗〗くだらない話; 駄作(ださく). 〜**·wild** 夢中な, 興奮した: go 〜*-wild* over a new jazz ジャズの新曲に夢中になる. ◇ 〜**·ling** *n.* 〖英〗子豚; 子羊.

hóg·ger·y [hágəri, hɔ́ːg-/hɔ́g-] *n.* **1** 養豚場;《集合的》豚. **2** 豚のようなふるまい.

hóg·get [hágit, hɔ́ːg-/hɔ́g-] *n.* 〖方〗2 歳の雄豚; 当歳の羊[馬].

hóg·gin [hágin, hɔ́ːg-/hɔ́g-] *n.* ふるったじゃり.

hóg·gish [hágiʃ, hɔ́ːg-/hɔ́g-] *a.* 豚のような; 不潔な, げびた; 意地きたない, 欲ふかの, がつがつした. [<hog] ◇ 〜**·ly** *ad.* 〜**·ness** *n.*

hòg·ma·náy [hàgmənéi/hɔ́gmənei] Sc. *n.* 大みそか(のお祝い・贈り物).

hógs·head [hágzhèd, hɔ́ːgz-/hɔ́gz-] *n.* **1** 大だる, 大おけ《㊥ 63–140 ガロン入り; ㊌ 100–140 ガロン入り》. **2** 液体の単位《㊥ 63 ガロン; ㊌ 52.5 ガロン》.

hoick, hoik [hɔik] *vt., vi.* 〖空〗急角度で上昇する[させる].

hoick(**s**) [hɔik(s)] *int.* 猟犬を励ます声.
—— *vt., vi.* (猟犬に)「それっ」と声をかけて励ます.

hói·den =hoyden.

hoi pol·loi [hɔ́i-pəlɔ́i / hɔi-pɔ́lɔi] Gk. (=the many) *n. pl.* 民衆, 大衆.

hoist [hɔist] *vt.* 〈旗などを〉揚げる, 引きあげる.
—— *n.* **1** 掲揚, 引きあげ. **2**《帆・旗などの》縦幅. **3** ホイスト, 昇降機;〖英〗荷物用昇降機. 〜**·hole** [´-`], 〜**·way** [´-`]《貨物などの》昇降口.

hói·ty-tói·ty [hɔ́itit́ɔiti] *a.* **1** 軽はずみな, うわついた. **2** おうへいな, いばった. —— *n.* **1** 軽はずみな[うわついた]態度. **2** おうへいな人. —— *int.* いやはや!, なあんだ!《驚嘆・けいべつをあらわす声》.

hó·key-pó·key [hóukipóuki] *n.* **1** 手品; ぺてん(hocus-pocus). **2**〖俗〗(大道で売る)アイスクリーム.

hó·kum [hóukəm] *n.* **1** でたらめ(話). **2**《劇・映画・小説などの》場当たり的な筋書き, 低俗な手; くすぐり, おどけ; お涙ちょうだい.

†**hold**[1] [hould] *v.* (**held** [held]; **held**,〖古〗**hóld-en** [hóuld(ə)n]) *vt.* **1** (手に)持っている, 保持する; つかむ, 握る; 身に引き寄せる: 〜 a book in one's hand

手に本を持っている. ～ a thing fast 物をしっかりと持っている. ～ a person fast 人をしっかり抱き締める.
2 〈陣地などを〉保守する.
3 〈地位を〉占めている; 〈権利・株・財産などを〉保有する, 保管する: ～ shares 株主である.
4 〈信念・信仰などを〉いだく, 〈学説などを〉奉ずる: ～ a firm belief 堅い信念をもつ.
5 **主張する, 考える,** 《補語を伴って》…と思う: He ～*s that*... 彼は…と主張する[と思っている]. I ～ him (to be) responsible. 私は彼に責任があると思う. ～ a person dear 人をかわいい[たいせつだ]と思う. I ～ it my duty to inform you. お知らせするのが私の義務であると思います.
6 判定する, 判決する《と *that*》; 《補語を伴って》…と評価する: ～ a person best of all the applicants ある人を応募者のなかでいちばんよいと判断する.
7 (保ち)**続ける,** やめない, 〈会話などを〉続ける, かわす: *H*～ the line. 切らないで(お待ち)ください《電話で》.
8 **とどめる,** 制する, おさえる: ～ a horse はやる馬を制する. Fear *held* him *from* acting. 恐怖から彼は行動できなかった.
9 〈会合などを〉**催す,** とり行なう, 開催する: The meeting was *held* yesterday. 会合はきのう開かれた.
10 拘留する, 留置する.
11 保留する, 売り惜しみする.
12 引き止める, 引きつける, 放さない; の注意を引きつける: ～ a person to his word 人に約束を守らせる. ～ the audience 聴衆を引きつけて放さない.
13 …に保つ《ある状態・位置に》: ～ the head straight 頭をまっすぐにしている. ～ the enemy in check 敵の進撃をはばむ. ～ a person in esteem 人を尊敬する.
14 中にもっている.
15 **収容する,** …の収容力[容量]がある: This room ～*s* more than 20 people. このへやには20人以上はいれる.
16 内に含む: Who knows what tomorrow ～*s*. あすの運命をだれが知ろう.
—— *vi.* **1** **つかまっている,** しがみついている《に *to*》: ～ *to* a party 党を離れない. **2** 保つ, 耐える: The dike *held* during the flood. その堤防は大水の間持ちこたえた. **3** **効力がある,** 〈規則が〉適用される: The rule ～*s* in all cases. この規則はあらゆるばあいに有効だ. **4** 〈天候などが〉続く, 持続する.
～ *back* (1) 引き止める, 抑制する; 出さずにおく《へ *from*》. (2) ためらう, 控える. **～ *by*** を堅く守る; に執着する. **～ *down*** (1) 押えつける; 〈音などを〉制止する. (2)【米俗】〈地位を〉保つ. **～ *forth*** (1) 述べたてる; 説教する. (2) 差し出す, 提示する. **～ *good*** 有効である; 適用される. **～ one's *hand*** 手を控える; 堪忍してやる. ***H～ hard!*** 待て!, 止まれ! **～ one's *head high*** お高くとまる. **～ *in*** (1) 抑制する; がまんする. (2) 折り合いよくする《と *with*》. **～ (*in*) one's *breath*** 息を殺す. **～ *off*** (1) 近寄らせない. (2) 遅滞する. **～ *on*** (1) すがる《に *to*》. (2) 持続する. (3)【話】《命令》待て!; 《電話で》そのままお待ちください. **～ one's *own* (*ground*)** 自己の地位を守る, 折れない, 負けない《に *against*》. **～ *open*** あけておく[おいてやる]. **～ *out*** (1) 〈手などを〉差し出す; 提出する. (2)【俗】《当然期待されているものを与えないで》押えておく. (3) 持ちこたえる; 続く. **～ *over*** (1) 延期する. (2)【米】引き続き在職する. **～ a thing *over* a person** (人)を(物で)脅かす. **～ one's *peace* [*tongue*]** 沈黙を守る. **～ *to*** …にしがみつく, を固守する. **～ *together*** 結合する[させる], 団結を続ける[続けさせる] **～ *up*** (1) ささえる. (2) 示す, 提示する. (3) 〈好天気が〉続く, もつ; 〈人が〉持ちこたえる. (4) 止める: be *held up* by the snow 雪で外出できなく[進めなく]なる. (5)【米】〈人に〉(ピストルをつきつけて)強奪する[停止を命ずる]. **～ *water*** → water. **～ *with*** に賛同する; に同意する. ***H～ your noise.*** 黙っていろ, 騒ぐな.
—— *n.* **1** 把握(はあく), つかむこと. **2** つかむところ; ささえ; 柄(え). **3** 掌握; 勢力; 理解力. **4** 保留: put a ～ *on* a library book. **5** 牢屋(ろうや). **6**【古】とりで, 要塞(ようさい); 隠れ場. **7**【楽】停留[延音]記号《⌒ または ⌣》; 間(ま), 遅れ. ***catch* [*get, lay, seize, take*] ～ *of*** をつかむ, をつかまえる. ***have a* ～ *on* [*over*]** に対して支配力[権力]がある, を捕えている. ***keep* ～ *on*** …にしっかりつかまっている; を捕えて放さない. ***let go* one's ～** 手を放す. ***lose* ～ *of*** を手放す, の手がかりを失う.
～·all [ˊ-ˋ] 旅行者用衣類入れ[袋]; がっさい袋.
～·back [ˊ-ˋ] (1) 妨害, 障害. (2) 馬のしり帯をつなぐかぎ. **～·fast** [ˊ-ˋ] (1) 把握(はあく), しっかりくっつくこと. (2) 留め金, かすがい, 取りつけ金具. **～·out** [ˊ-ˋ] (1) 忍耐, 抵抗. (2) (抵抗の)拠点. (3) 最後まで抵抗する[ねばる]人; 生存者. (4) 予備. (5) 不正の隠しカード.
～·ò·ver (1) 繰り越し(carry-over); 持ち越し品. (2) 残留者, 落第者. (3)【米俗】ふつか酔い. **～·up** [ˊ-ˋ] (1)【米話】ピストル強盗, 追いはぎ《行為》. (2) 法外な値段を請求すること. (3) 《交通などの》停滞, 妨害. 【類】→ **contain**「含む」, → **have**「持つ」
hold² [hould] *n.* 【船】船倉.
hóld·en [hóuld(ə)n] *v.* 【古】hold¹ の過去分詞.
hóld·er [hóuldər] *n.* 《しばしば合成語で》 **1** hold¹ する人; 《権利・土地・証券・記録などの》保有者: a shareholder 株主. **2** ささえる物: a penholder ペン軸. a cigarette ～ (巻きたばこ用の)パイプ.
hóld·ing [hóuldiŋ] *n.* **1** 把握(はあく); 所有. **2** (通例 *pl.*) 所有物《財産・土地など》; 持ち株.
～ company 持ち株会社.
†hole [houl] *n.* **1** 穴, 孔(あな); すきま; 破れ穴: a ～ in one's sock くつ下の破れ穴. **2** 《獣の》巣穴. **3** むさくるしい家; 地下牢(ろう). **4** 落とし穴; 窮境, 窮地. **5** 欠陥, きず, 損失: a serious ～ in a theory 理論の重大な欠陥. **6** 流れの静かで深いところ: a swimming ～. **7** 入り江. **8**【ゴルフ】穴, ホール, 得点; ティー(tee)からグリーン(green)までの区域.
a round peg* [*man*] *in a square* ～** = ***a square peg in a round* ～** 不適任者. ***be in* ～*s 穴だらけである. ***burn a* ～ *in* one's *pocket*** そばから金を使ってしまう. ***every* ～ *and corner*** すみずみまで. **～ *in one*** 【ゴルフ】ホールインワン《ティーから 1 打でホールにはいること》. **～ *in the head*** 【俗】(1) 全くいただきかねるもの. (2) 口. **～ *in the wall*** 狭苦しい住みか. ***in a* ～** 窮地に陥って. ***in the* ～**【米話】金に困って, 赤字になって. ***make a* ～ *in*** に穴をあける; 〈金などを〉大いに使い込む. ***pick* ～*s in*** …のあら捜しをする.
—— *vt.* **1** に穴をあける; に穴を掘る: ～ a wall. **2** 〈トンネル・通路を〉掘る. **3** 穴に入れる; 【ゴルフ】〈ボールを〉穴に打ち込む. —— *vi.* 穴を掘る[あける].
～ *out* 【ゴルフ】ボールをホールに打ち込む. **～ *up*** (1) 穴にはいる; 冬ごもりする. (2) 身を隠す, 潜伏する.
～-and-cór·ner, ～-in-cór·ner 【話】内密の; ひっそりした, 目だたない. **～ card** 【俗】《トランプのポーカーで》1 ラウンド伏せて配られる札. **～·proof** [ˊ-ˋ] (1) 《着物が》穴のあかない. (2) 《法律が》抜け穴のない.
hóle·y [hóuli] *a.* 穴のある; 穴だらけの.
hól·i·but [hálibət/hól-] = halibut.
†hól·i·day [hálədèi/hól-] *n.* **1** 休日, 祝[祭]日; 定休日: a legal ～ 法定公休日. a national ～ 国祭日, 大祭日. a three-day ～ 3 日間の連休. **2** (通例 *pl.*) 休暇: be away on (a) ～ 休暇をとって休んでいる. ***make a* ～ *of it*** 休業して祝う. ***make* ～** = ***take a* ～** 休みにする, 休む.
—— *a.* **1** 休日の, 休暇の. **2** 休日らしい, 楽しい. **3** 改まった, よそ行きの: ～ clothes 晴れ着.
—— *vi.* 休日を過ごす[楽しむ].
～·màk·er 【英】行楽客, 休日外出者.
hó·li·er-than-thóu [hóuliərðənðáu] *a., n.* (鼻

もちならないほど) 信心ぶった(人).
hó·li·ly [hóulili] *ad.* 神聖に; 信心ぶかく.
hó·li·ness [hóulinis] *n.* 1 神聖; 清廉潔白. 2 (H～) ローマ教皇の尊称.
hól·la [hálə/hólə, hɔːlá] ＝hollo.
‡**Hól·land** [hálənd/hól-] *n.* **1** オランダ《the Netherlands の別称》. → 形容詞 Dutch. **2** (h～) 麻布の一種. **3** (*pl.*) 《オランダ産の》ジン酒.
hòl·lan·dáise [hàləndéiz/hɔ̀l-] ～ ***sauce*** オランダソース《クリーム状のソース》.
Hól·land·er [háləndər/hól-] *n.* オランダ人[船].
hól·ler [hálər/hólə] *vi., vt.* 〖米俗〗叫ぶ, 叫び声をあげる: ～ *into* the phone 電話口で大声でどなる. —— *n.* 叫び《不平・反対などの》.
hól·lo [hálou, həlóu/hólou], **hól·loa** [hálou, həlóu/hɔlóu, ⌐–] *int.* おーい!, もしもし! —— *n.* 「おーい」という呼び声. —— *vi.* 「おーい」と叫ぶ. —— *vt.* 1 叫んで言う. 2 に「おーい」と叫びかける.
‡**hól·low** [hálou/hólou] *a.* **1** うつろの, 中空の: a ～ tree (中が) うろになった木. **2** 《声などが》うつろな, 張りのない. **3** 内実のない, むなしい; 上べだけの: ～ words 空虚なことば. a ～ victory 無価値な勝利. **4** 空腹の: feel ～ 腹がへっている. **5** へこんだ, くぼんだ, 穴のある: ～ cheeks こけたほお.
—— *n.* くぼみ; 谷間; みぞ; うつろ: the ～ of the hand 手のひら. —— *vt., vi.* うつろにする[なる]; えぐる, くり抜く《*out*》.
—— *ad.* うつろに; 〖話〗徹底的に: ring ～ うつろに響く. beat a person (all) ～ さんざんにやっつける.
～-eyed [-àid] 落ちくぼんだ目の. **～-héart·ed** 誠意のない, 偽りの. ～ **race** あっけない競争《相手が弱いので》. ～ **square** 〖軍〗中空方形陣. **～·ware** [⌐–⌐] 深い容器《bowl, pan など》. → flatware. **～-wire** [⌐–⌐] 管状線. ◇ **～·ly** *ad.* **～·ness** *n.*
Hól·lo·way [háləwèi/hól-] *n.* 〖英〗ホロウェイ刑務所《ロンドン北部の未決女囚・既決債務者を収容する刑務所》.
‡**hól·ly** [háli/hóli] *n.* 〖植〗(西洋) **ヒイラギ** 《クリスマスの飾りに用いる》.
～·hock [hálihàk, -hɔːk/hólihɔk] 〖植〗タチアオイ.
Hól·ly·wood [háliwùd/hól-] *n.* **1** ハリウッド《アメリカのロサンゼルス市内の一区. 映画製作地》. **2** アメリカ映画界[事業].
◇ **～·ish** *a.* ハリウッド的な; 《筋・話などが》大衆的な.
Hól·ly·wood·i·an [-iən] *a.* **1** ハリウッド(映画界)の. **2** ハリウッド映画風の; はで好みで内容のない.
—— *n.* ハリウッド人《映画関係者, または住人》.
holm[1] [houm] *n.* 〖英〗川べの低地; 中州; 《川・湖のなかの》小島. 〈注〉イギリスの地名に多い: Priest*holm*, Willow *Holm*.
holm[2] *n.* 〖植〗ウバメガシの類 (＝～ oak).
hól·mi·um [hóulmiəm/hól-] *n.* 〖化〗ホルミウム《記号 Ho》.
holo- 「全」の意の語形成要素.
hól·o·caine [hálәkèin/hól-] *n.* 〖化〗ホロカイン《局部麻酔薬. cocaine の代用として用いられる》.
hól·o·caust [háləkɔ̀ːst/hól-] *n.* **1** 〖宗〗《ユダヤ教の》全燔(はん)祭《いけにえを丸焼きにして供え物とする》. **2** 大虐殺; 大破壊; 大火事.
Hól·o·cene [hálәsìːn/hól-] *a.* 〖地〗現世の.
hól·o·graph [hálәgræf/hólәgrɑːf] *n.* 自筆の書類. —— *a.* (全体が) 自筆の.
hòl·o·hé·dral [hàləhíːdrəl/hɔ̀ləhéd-] *a.* 全面結晶の.
hòl·o·hé·dron [hàləhíːdrən/hɔ̀ləhéd-] *n.* 〖鉱〗全面結晶体.
hól·o·phote [háləfòut/hól-] *n.* 《燈台などの光の》全光反射装置.
hól·o·phrase [hálәfrèiz/hól-] *n.* 一語文.
ho·lóph·ra·sis [həláfrəsis/-lóf-] *n.*, (*pl.* **-ses** [-siːz]) 〖言〗**1** 一語文. **2** 多総合性, 輯合(しゅうごう)性《語が複雑な構成をなし, 1 語で 1 文になる》
◇ **hòl·o·phrás·tic** [hàləfræstik/hɔ̀l-] *a.*
hòl·o·thú·ri·an [hàləθú(ː)riən/hɔ̀ləθjúər-] *n., a.* 〖動〗ナマコ類(の).
holp [houlp] *v.* 〖古〗help の過去形.
hól·pen [hóulpən] *v.* 〖古〗help の過去分詞.
Hól·stein [hóulstain, -stiːn/hólstain] *n.* ホルスタイン種 (の牛) (＝～-Friesian)《乳牛の一種》.
hól·ster [hóulstər] *n.* (ピストルの) 皮ケース.
holt [hoult] *n.* 〖雅〗林; しば山.
hó·lus-bó·lus [hóuləsbóuləs] *ad.* いっぺんに, 一度に; (まるごと) 一飲みに.
hó·ly** [hóuli] *a.* (**-li·er**; **-li·est**) **1** 神聖な, 清浄な: ～ ground 聖地. **2** 神にささげられた; 神に身をささげた: a ～ man 聖者. **3** 聖者のような, 敬けんな, 高徳の; こうごうしい: a ～ life 信仰生活. **4** 〖話〗はなはだしい, ひどい. → sacred. —— *n.* 神聖な場所[物]. ～ ***of holies 最も神聖な場所; 《ユダヤ神殿の》至聖所; 《一般的》神聖おかすべからざる所[物, 人].
H～ Alliance 〖史〗神聖同盟. **H～ Bible** 聖書. ～ **bread** [**loaf**] 聖餐(さん)式用のパン. **H～ City** 聖都《Jerusalem, Rome, Mecca など》; 天国. **H～ Communion** 聖餐式, 聖体拝領. **H～ Cow** 神聖な伝統; 「こりゃ驚いた」. ～ **cross** キリストの十字架. **H～ Cross day** キリストの十字架を祭る日《9月14日》. ～ **day** 宗教上の祝祭日. **H～ Father** ローマ教皇[法王]. **H～ Ghost** [**Spirit**] 聖霊《三位一体の第3位》. **H～ Grail** 聖杯《アーサー王伝説の》. ～ **Joe** 〖海俗〗信心家. **H～ Land** 聖地(Palestine). **H～ Mother** 聖母マリア. **H～ Office, the** 宗教裁判所. **H～ One** イエス=キリスト; 救世主. ～ **orders** 聖職, 牧師職. ～ **place** 聖拝殿所. **H～ Roman Empire, the** 神聖ローマ帝国《962-1806》. **H～ Rood** ＝～ cross. **H～ Saturday** 復活祭前週の土曜日. **H～ Scripture** ＝the Bible. **H～ smoke** 〖俗〗「これはこれは」《驚きの叫び》. **～·stone** → 別項. ～ **terror** 〖俗〗恐ろしい人, がんこ者; 手に負えない子ども. **H～ Thursday** 昇天祭 (Ascension Day); 復活祭前週の木曜日. ～ **war** 聖戦《十字軍のごとき》. ～ **water** 《カトリック教の》聖水. **H～ Week** 復活祭の前週. **H～ Writ** 聖書 (the Bible).
Hól·yoke [hóuljouk] *n.* アメリカ Massachusetts 州の都市.
hó·ly·stone [hóulistòun] *n.* 《甲板洗いの》みがき石. —— *vt.* ～でみがく.
hóm·age [hámidʒ, ám-/hóm-] *n.* **1** 尊敬. **2** 〖史〗《封建時代の》君主に対する忠誠の誓い.
do [***pay***] ～ 敬意を表する; 参拝する《に *to*》.
hom·bre [ɔ́ːmbrei] Sp. (＝man, fellow) *n.* 〖米俗〗やつ, あいつ.
hóm·burg [hámbəːrg/hóm-] *n.* つばの狭い中折れ帽の一種.
†**home** [houm] *n.* **1** 家庭: joys of ～ 家庭生活の喜び. There is nothing like ～. わが家にまさるところはない. **2** 自宅; 住所. **3** 生家: leave ～ 生家を出る. **4** 故郷; 本国, 故国: the old ～ なつかしい生家[ふるさと]. **5** 原産地, 生息地; 本場, 発祥地: Paris is the ～ of fashions. パリは流行の本場である. **6** 休息所; 孤児院; 養老院; 収容所《生活困窮者などの》: a ～ for orphans 孤児院. **7** 根拠地. **8** 〖運〗ゴール, 決勝点; 〖野球〗本塁.
a ～ from ～ 自宅のような住居《家庭的な下宿など》. ***at ～*** (1) 在宅して; 自宅で: be *at* ～ 在宅する. Do it *at* ～. うちでやりなさい. (2) 面会日で: I am *at* ～ on Wednesdays. 私は水曜日を面会日にしている. (3) 本国[故郷]に: She left her mother well *at* ～ last year. 彼女が昨年故郷を出たとき母は元気だった. (4) 気楽に, くつろいで: feel *at* ～ のんびりする. Please make yourself *at* ～. どうぞお楽に. (5) 精通して《に *in, on, with*》. ***from ～*** 不在で; 家[本国]を離れて. ***one's long*** [***last***] ***～*** 墓, 埋葬地.
—— *a.* **1** 家庭の, わが家[自宅]の: ～ life 家庭

生活. one's ～ address 自宅の所番地《比較: office address 勤務先の住所》. **2** 故郷の, 本国の: a ～ team 地元チーム. **3** 自国の, 国産の; 国内の; 内地の: ～ affairs 国内〔内政〕事情. **4** 急所をつく, 痛手の: a ～ question 急所をつく質問. a ～ truth 胸にこたえる事実. **5**〔野球〕本塁の.

—— *ad.* **1** 家へ〔に〕, わが家へ: go ～ 家に帰る. write ～ once a week 週に一度家に手紙を書く. **2** 故郷へ; 故国へ; 本国へ. **3**《自宅・本国へ》帰って(いる): Is he ～ yet? もう帰っていますか. **4** 深く; 十分に, 効果的に; 急所へ: drive a nail ～ くぎをしっかり打ち込む. **5**〔海〕すっかり: heave the hawser ～ もやい綱をすっかり船中に引き入れる. **6**〔野球〕本塁へ: bring a runner ～ 走者を本塁へ帰す.

be on** one's **way** ～* 帰途にある. ***bring a crime* 〔*charge*〕 *～ to a person (人)が罪を犯したことを立証する. ***bring** oneself* ～ 財政的〔経済的〕に立ち直る, 地位を回復する. ***bring ～ to*** <罪などを> はっきり…に自覚させる; に十分納得させる. ***come ～ to*** に強い感銘を与える. ***get*** ～ (1) 帰り着く. (2) 的中する; 目的を達する. (3) 立ち直る. ***go*** ～ (1) 帰宅〔帰国〕する;〔話〕死ぬ. (2) 深く突く; 的中する. (3) しみじみ胸を打つ. ***hit*** 〔***strike***〕 ～ 急所をつく, 感銘させる. ***see*** a person ～ (人を)家まで送っていく. ***write ～ about***〔話〕…について特に言及する: Her cooking is really something to *write ～ about.* 彼女の料理は全くたいしたものだ.

—— *vi.* **1** 家〔根拠地, 巣〕に帰る: be *homing* from abroad 帰国の途についている. **2**《特定の場所に》住む. **3** <ミサイルなどが> 誘導される《へ *in, on*》. **4** 座標によって航行する. **——** *vt.* **1** 家に帰らせる. **2** に家をもたせる; に本拠を与える, の本拠を定める: ～ oneself 家を構える. **3** <飛行機・ミサイルなどを> 自動制御で誘導する〔着地させる〕.

～ base〔野球〕本塁. **～·bòd·y** 家庭本位主義者, マイホーム人種; 出無精の人 (stay-at-home). **～·bórn** 自国生まれの; 土着の. **～·bound** [ˊ ˋ, ㊎ˊˊ] (1) 本国行きの, 帰航の. (2) 家に閉じこもった. **～·bréd** (1) 家で育った, 世間知らずの. (2) 国産の. **～-bréw** 自家醸造の飲料. **～-bréwed** 自家醸造の《酒など》. **～·còm·ing** 帰郷;〔米〕同窓会《大学などの年に1度の》. **～ consumption** 国内消費. **H～ Counties**〔英〕ロンドンを取り巻く諸州《Middlesex, Surrey, Kent, Essex. ときには Hertford, Sussex を含める》. **～ economics** 家政学; 家庭科. **～·fèlt** [㊎ˊˊ] (1) しみじみと胸にくる. (2) 気やすく楽しい. **～ fried potatoes, ～ fries** ゆでジャガイモのからあげ. **～-grówn**《くだもの・野菜などが》わが家〔その地方, 国内〕でとれた〔とれる〕. **～ industries** 国内産業. **～·kèep·er** 家に閉じこもりきりの人. **～·kèep·ing** 家に閉じこもりきりの. ***～·land** [-lænd] 故国, 母国. **H～ Loan** 内国債. ***～·máde** (1) 自家製の. ↔ boughten. (2) 質素な. (3) 国産の. **～·màk·er** 主婦 (housewife). ***～·màk·ing** 家事, 家政(科); 家政の. **～ market** 国内市場. **H～ Office** 〔**Department**〕〔英〕内務省《内務大臣は H～ Secretary または Secretary of State for H～ Affairs》. **～·place** [ˊ ˋ] わが家, 家庭; 出生地. **～ plate**〔野球〕ホームプレート, 本塁. **～ products** 国産品. **～ range**《動物の》生息〔活動〕範囲. **‡～ room, ～·room** →別項. **～ rule** 地方自治. **～ run**〔野球〕本塁打; 本塁打による得点. ***～·sick** →別項. **～·site** [ˊ ˋ] (家の)敷地. **～·spun** →別項. **～·stead** [ˊ ˋ] 農家の家屋敷《農場その他の建物も含む》;〔米〕《移民に委譲される》自作農場. **～·stèad·er**〔米〕自作農場入植者. **～·stretch** [ˊ ˋ]〔運〕ゴール前の直線コース;〔米〕《仕事など》最後の追い込みの部分. **～·tówn** 故郷の町(の). **†～·work** →別項. **～·wòrker** 家庭の仕事の手伝い《下女・庭師など》. **◇ *～·less** [hóumlis] *a.* 家のない.

〔類〕→**house**「家」

hóme·like [hóumlàik] *a.* わが家のような, 気やすい;「家庭的な.

‡hóme·ly [hóumli] *a.* **1** 家庭的な. **2** 質素な, 平凡な. **3**《女性が》ぶきりょうな. **◇ -li·ness** *n.*

〔類〕→ **ugly**「醜い」

hó·me·o·path [hóumiəpæθ], **hò·me·óp·a·thist** [hòumiápəθist/-ɔ́p-] *n.*〔医〕同種療法医師.

hò·me·o·páth·ic [hòumiəpǽθik] *a.*〔医〕同種療法の.

hò·me·óp·a·thy [hòumiápəθi/-ɔ́p-] *n.*〔医〕同種療法《健康体に大量に用いれば患者とおなじ症状を起こす薬を, 患者には少量用いて治療する》. ↔ allopathy.

hò·me·o·stá·sis [hòumiostéisis] *n.*〔生〕動的平衡.

***hóm·er** [hóumər] *n.* **1**〔野球〕ホームラン. **2** 伝書バト (homing pigeon).

Hó·mer [hóumər] *n.* 紀元前10世紀ごろのギリシアの詩人《*Iliad, Odyssey* の作者といわれる》. (***Even***) ***～ sometimes nods.***〔諺〕弘法(こうぼう)も筆の誤り.

Ho·mér·ic [homérik] *a.* Homer (風)の; Homer 時代の. **～ laughter** 哄笑(こうしょう), 大笑い.

‡home room, hóme·room [hóumrù:m, -rùm] *n.* ホームルーム.

***hóme·sick** [hóumsìk] *a.* ホームシックの. **◇ ～·ness** *n.* 郷愁.

hóme·spun [hóumspʌ̀n] *a.* **1** ホームスパンの, 手織りの. **2** 粗野な, 平凡な. **——** *n.* **1** ホームスパン《織物の一種》. **2**〔古〕いなか者.

‡hóme·ward [hóumwə:rd] *a.* **1** 帰途の, 家へ向かう. **2** 母国へ向かう. **——** *ad.* 家〔母国〕へ向かって. **◇ ～s** *ad.* ＝homeward.

†hóme·work [hóumwə̀:rk] *n.* **1** 宿題;《家でする》予習〔復習〕: do one's ～ 宿題をする. **2** 家庭でする仕事; 家内工業.

hóme·y [hóumi]〔話〕*a.* 家庭的な, くつろげる.

hóm·i·cide [hámisàid/hɔ́m-] *n.* **1** 殺人(行為). **2** 殺人犯. [√caed-] **◇ hòm·i·cíd·al** [ˋ-sáidl] *a.* 殺人(犯)の; 殺人の傾向のある.

hòm·i·lét·ic [hàmilétik/hɔ̀m-] *a.* 説教(術)の, 教訓的な. **◇ ～s** *n. pl.*《単数扱い》説教術.

hòm·i·lét·i·cal [hàmilétik(ə)l/hɔ̀m-] *a.* ＝homiletic. **◇ ～·ly** *ad.*

hóm·i·list [hámilist/hɔ́m-] *n.* 説教師.

hóm·i·ly [hám(i)li/hɔ́mili] *n.* **1** 説教. **2** お談義.

hóm·ing [hóumiŋ] *a.* 家に帰る; 本能的に巣にもどる. **～ device**〔空〕《誘導弾などの》自動指向装置. **～ instinct** 帰還本能. **～ pigeon** 伝書バト.

hóm·i·ny [hámini/hɔ́m-] *n.*〔米〕ひき割りトウモロコシ.

ho·mo [hóumou] L. *n.* (*pl.* ***hom·i·nes*** [hámini:z/hɔ́m-])《学名》人. ***H～ sapiens*** [-séipiènz/-enz] 人類.

homo-「おなじ」の意の語形成要素. ↔ hetero-.

hò·mo·cén·tric [hòumoséntrik, ㊎ˊhàm-] *a.* 同一の中心をもつ.

ho·mòg·a·my [homágəmi/-mɔ́g-] *n.*〔生〕同子生殖;〔植〕めしべ・おしべの同期成熟. ↔ dichogamy.

hò·mo·ge·né·i·ty [hòumodʒiní:iti, hàm-/hɔ̀m-, hòum-] *n.* 同質(性), 同種(性);〔数〕同次性.

hò·mo·gé·ne·ous [hòumədʒí:niəs, hàmə-/hɔ̀mə-, hòumə-] *a.* 同質〔同種, 同性, 同原〕の, 均質の;〔数〕同次の. ↔ heterogeneous. [√gen(er)-] **◇ ～·ly** *ad.* **～·ness** *n.*

hò·mo·gén·e·sis [hòumədʒénisis, hàm-/hɔ̀m-, hòum-] *n.*〔生〕純一発生. ↔ heterogenesis.

ho·móg·e·nize [homádʒinàiz/həmɔ́dʒ-, hom-] *vt.* **1** 均質にする. **2** 単一調乳する. ***～d milk*** ホモ〔均質〕牛乳《牛乳の粒子を砕いて消化をよくした牛乳》.

hóm·o·graph [hámәgræf/hɔ́məgra:f] *n.* 同形

〔同つづり〕異義語《例: bark「ほえる」,「樹皮」》.
◇ **hòm·o·gráph·ic** [⌐−grǽfik] *a.*

ho·mól·o·gate [homáləgèit/həmɔ́l-, ho-] *vt.* 〘法〙 <記録などを> 公認〔承認〕する.

ho·mól·o·gize [homálədʒàiz/həmɔ́l-, ho-] *vi., vt.* 一致する〔させる〕, 相応する〔させる〕.

ho·mól·o·gous [homáləgəs/həmɔ́l-, ho-] *a.* **1** 同一の, 一致する, 相応する《位置・関係・価値・性質などが》. **2** 〘生〙 相同(器官)の; 〘化〙 同族の; 〘数〙 相同の.

hóm·o·logue [háməlɔ̀:g/hɔ́məlɔg] *n.* 相応するもの; 〘化〙 同族体.

ho·mól·o·gy [homálədʒi/həmɔ́l-, ho-] *n.* **1** 異体同形. **2** 〘生〙《異種器官の》相同. → analogy. **3** 〘化〙 同族関係.

hó·mo·mor·phy [hóuməmɔ̀:rfi] *n.* 〘生〙 異体同形《構造・発生の点で異なるが外形が似ていること》.

hóm·o·nym [hámənìm/hɔ́m-] *n.* **1** 同音異義語 (homophone)《teaとteeの類》; 同形異義語(homograph). **2** 同名異人〔物〕. [homo-+√onym-]

hòm·o·ným·ic [hàmənímik, hòum-/hɔ̀m-] *a.* 同音〔同形〕異義語の; 同名の. 「異義の; 同名の.

ho·món·y·mous [hománimәs/-mɔ́n-] *a.* 同音

ho·món·y·my [hománịmi/-mɔ́n-] *n.* **1** 同音〔同形〕異義. **2** 同名異人〔物〕.

hóm·o·phone [háməfòun/hɔ́m-] *n.* **1** 同音字《c と s, c と k などの類》. **2** 同音異義語 (homonym).

hòm·o·phón·ic [hàməfánik / hɔ̀məfɔ́n-], **ho·móph·o·nous** [homáfənəs/həmɔ́f-] *a.* 〘音声〙 同音(異義)の; 〘楽〙 同音の.

ho·móph·o·ny [homáfəni/həmɔ́f-] *n.* 〘音声〙 同音(性); 〘楽〙 同音(歌曲). 「同翅(どう)類の.

ho·móp·ter·ous [homáptərəs/həmɔ́p-] *a.* 〘動〙

hò·mo·séx·u·al [hòuməsékʃuəl, hàmọ-/hóumọséksjuəl] *a., n.* 同性愛の(人). →heterosexual.
◇**hò·mo·sex·u·ál·i·ty** [-sèkʃuǽlịti/-seksjuǽl-] *n.* 同性愛.

hò·mo·táx·is [hòumọtǽkis] *n.* 〘地〙 類似配列《必ずしも同時代のものとはいえぬ化石や地層の配列に見られる類似》. ◇ **hò·mo·táx·ic** [-tǽksik] *a.*

hóm·o·type [hámətàip, hóum-/hɔ́m-] *n.* 〘生〙 同範, 同型. 「モ〕接合体.

hò·mo·zý·gote [hòumọzáigout] *n.* 〘生〙 同質〔ホ

ho·mún·cle [homʌ́ŋkl], **-cule** [-mʌ́ŋkju:l] *n.* 小人, 一寸法師.

ho·mún·cu·lus [homʌ́ŋkjụləs] *n.* (*pl.* **-li** [-lài]) **1** =homuncle. **2**《解剖実験用》人体模型.
◇ **-lar** [-lər] *a.* 小人の.

hóm·y =homey.

Hon. Honorable; Honorary.

Hon·dú·ras [hand(j)ú(:)rəs/hɔndjúər-] *n.* ホンジュラス《中央アメリカの共和国. 略 Hond.》.
◇ **Hon·dú·ran** [-rən] *a., n.* 〜の(人).

hone [houn] *n.*《かみそり用》といし.
—— *vt.* といしでとぐ.

†**hón·est** [ánist/ɔ́n-] *a.* **1**《人・性格などが》**正直な**, 包み隠すことのない, 誠実な, 廉直な, 公正な, りっぱな: an 〜 servant 正直な召使い. **2**《物語・報告などが》偽りのない, 真実な. **3** 正当な手段によって得た: 〜 money 〔wealth〕. **4** ほんものの, 純正の, 混ぜ物のない: 〜 silk 本絹. **5** 〘古〙 貞節な;《目下の者について》感心な.
be 〜 with に正直にいう; と正しくつきあう. ***earn*** 〔***turn***〕 ***an 〜 penny*** 正当な手段でもうける. ***H〜 Injun*** (?) 〘俗〙 ほんとう(か), きっと(か). ***〜 to God*** 〔***goodness***〕 ほんとうに, まちがいなく. ***make an 〜 woman of*** <関係した女>を正式の妻にする. ***To be 〜 with you*** 正直に申しますと.
〜 Injun 〘話〙 正直に, ほんとうに. **H〜 John** 〘米俗〙 原子ロケット砲の一種. **〜-to-Gód** 〔**-góod·ness**〕 ほんとうの, 正真正銘の.
◇ *〜·**ly** *ad.* **1** 正直に, 偽りなく. **2** 正直に言って.
〘類〙 → **sincere**「誠実な」, → **upright**「高潔な」

‡**hón·es·ty** [ánisti/ɔ́n-] *n.* **1** 正直, 誠実, 実直, 忠実; 〘古〙 貞節. **2** 〘植〙 ルナリア《十字科植物の一種》.
H〜 is the best policy. 〘諺〙 正直は最上の策.
H〜 pays. 〘諺〙 正直に損なし.

‡**hón·ey** [hʌ́ni] *n.* **1** はちみつ; 花のみつ; みつ. **2** 甘味;《比喩的》甘い味〔もの〕: 〜 of flattery うまいおせじ. **3** かわいい人《通例夫婦・恋人どうしの呼びかけに使う》. **4** 〘話〙 りっぱなもの. (***as***) ***sweet as 〜*** みつのように甘い, きわめて優しい.
—— *a.* みつの; みつのような; 甘い.
—— *vt.* **1** みつで甘くする. **2** におせじを言う.
—— *vi.* 〘米・英古〙 甘いことばを使う; そそのかす.
〜·bee [⌐−⌐] 〘虫〙 ミツバチ. **〜·bunch** [⌐−⌐] =honey ③. **〜·comb** → 別項. **〜·dew** [⌐−⌐] (1)《木・葉・くきまたは虫から出る》みつ, 甘いしる. (2) 甘露メロン (=〜dew melon). (3) 糖みつで甘くしたたばこ. **〜 eater** ミツスイドリ. **〜·fò·gle** 〘米俗〙 口車(に乗せる), 甘言(で誘う). **〜·moon** → 別項. **〜-mouthed** [⌐−⌐] 口のうまい, 口先だけの. **〜·pot** [⌐−⌐] みつつぼ; 魅力的な人物. *〜·**sùck·le** →別項. **〜·swéet** (みつのように) 甘ったるい. **〜-tóngued** 雄弁な, 弁舌巧みな; うまいことを言う.

hón·ey·comb [hʌ́nikòum] *n.* ミツバチの巣, ハチの巣. —— *a.* ハチの巣状の. —— *vt.* **1** ハチの巣状にする, 穴だらけにする. **2** にあらゆるがわから浸透する; 危うくする《陰謀などによって》.

hón·eyed [hʌ́nid] *a.* **1** みつのいっぱいな, みつを入れた, みつで甘くした. **2**《ことばなどが》甘ったるい.
〜 carrot 〘俗〙 のどから手が出るもの, ぜひほしいもの.

hón·ey·moon [hʌ́nimù:n] *n.* **1** ハネムーン, 新婚旅行(期間); 新婚第 1 か月. **2**《比喩的》蜜月旅行(時代)《もともと敵対関係のあるものが特定の利益のために結びついている期間》: the 〜 between USA and USSR. —— *vi.* 新婚旅行をする, 新婚期を過ごす《で *at, in*》. ◇ **〜·er** *n.* 「類).

*__hón·ey·sùck·le__ [hʌ́nisʌ̀kl] *n.* 〘植〙 スイカズラ (の

hong [haŋ/hɔŋ] Ch. *n.* (中国の) 商館; 外国商社, …洋行; 倉庫.

Hóng Kóng, Hóng·kóng [háŋkáŋ/hɔŋkɔ́ŋ, ⌐⌐] *n.* ホンコン (香港)《中国大陸の東南部にある島. イギリスの直轄植民地》.

hón·ied =honeyed.

honk [hɔ:ŋk, haŋk/hɔnk] *n.* **1** ガンの鳴き声. **2** 自動車の警笛の音. —— *vi.* **1** <ガンが> 鳴く. **2** 〘話〙 (自動車の) 警笛を鳴らす.

hónk·y-tonk [hɔ́:ŋkitɔ̀:ŋk, háŋkitàŋk / hɔ́ŋkitɔŋk] *n.* 〘米俗〙 低俗なキャバレー; もぐり酒場.

Hòn·o·lú·lu [hànəlú:lə,-lú:lu:/hɔ̀nəlú:lu:] *n.* ホノルル《アメリカ Hawaii 州の州都. Oahu 島にある》.

‡**hón·or,** 〘英〙 **hón·our** [ánər/ɔ́nə] *n.* **1** 名誉, 栄誉, ほまれ; 光栄. **2** 名声, 面目, 体面; 信用: save one's 〜 体面を保つ, 人の顔をたてる. **3** 名誉を重んずる心; 自尊心; 廉恥心: a man of 〜 信義を重んずる人. **4** 節義; 《婦人の》 貞操: defend one's 〜 貞操を守る. sell one's 〜 操を売る. **5** 名誉となるもの, 誇りのたね: an 〜 to a family 一家のほまれ. **6** 敬意, 尊敬; (*pl.*) 儀礼: give 〜 to a person 人に敬意を表する. **7** (通例 *pl.*) 高位, 高官. **8** (H〜) 閣下《敬称. Your H〜, His H〜 など》. **9** 礼遇, 叙爵; 勲章, 記章. **10** (*pl.*) 褒賞(ほうしょう). **11** (*pl.*)《大学の》優等: an 〜 student 優等生. **12** (*pl.*) 〘トランプ〙 最高の役札《whist では ace, king, queen, jack; bridge では ten も加わる》; 〘ゴルフ〙 (tee から) いちばん先にボールを打つ権利.
be on one***'s 〜 to*** (do) =***be bound in honor to*** (do) 名誉にかけて…しなければならない. ***debt of 〜***《かけ・ばくちなどの》信用借り. ***do 〜 to*** a person = ***do*** a person ***〜*** (1)(人に)敬意を表する. (2) (人の)名

誉になる, (人に)面目を施す. ***do the ~s*** 主人役をつとめる《の ***of***》. ***funeral*** [***last***] ~ 葬式. ***give*** a person one's ***word of*** ~ (人に)誓う. ***have the*** ~ ***to*** (do) [***of*** (do)***ing***] …する光栄を得る, つつしんで…します: I *have the* ~ *to* inform you that… つつしんで申し上げますが…. May I *have the* ~ *of* (do)*ing*? …させていただけませんか〔…してもよろしいでしょうか〕. ~ ***bright*** 〘話〙 誓って, 確かに. ~***s of war*** 降伏した敵に与える特典. ***in*** ~ 徳義上. ***in*** ~ ***of*** に敬意を表して; を祝って. ***law*** [***code***] ***of*** ~ 社交上名誉に関する慣例《特に決闘など》. ***military*** ~***s*** 軍葬の礼. ***on*** [***upon***] ***my*** ~ 誓って, 名誉にかけて. ***point of*** ~ 名誉にかかわること, (履行しないと)体面に関すること. ***put*** a person ***on his*** ~ 名誉にかけて誓わせる〔やらせる〕. ***render the last*** ~***s*** 葬式をする, 葬儀に加わる. ***with*** ~ りっぱに; 礼をもって. ***with*** ~***s*** 《学生が》優等で: graduate *with* ~*s*.

—— *vt.* **1** 尊敬する, 尊ぶ, に敬意を表する: ~ one's parents. **2** に名誉を与える. **3** に光栄を与える《の *with*》; に授ける《を *with*》: ~ a person *with* a title [an invitation] 人に称号を授ける〔人を招待する〕. **4** 承諾する, つつしんで受ける: ~ an invitation. **5** 〘商〙〈手形を〉引き受ける, (期日に)支払う; 〈入場券・切符などを〉有効とする〔みなす〕.

~ **man,** ~**s·man** [-mæn] 〘米〙《大学の》優等卒業生. ~ **roll** (1)《小・中学校の》優等生名簿. (2) 戦没者名簿. ~**s course** 《大学の》特別優等課程《自主研究を取り入れ論文を提出する》. ~**s list** 〘英〙 国王誕生日・新年などに公表される叙爵・叙勲などの人名簿. ~ **system** 〘米〙 自主管理制度; 無監督試験制度; 〘英〙 優等試験制度.

‡**hón·or·a·ble** [ánərəbl/ɔ́n-] *a.* **1** 名誉ある, 名誉になる; 名誉をそこなわない: ~ peace 名誉ある平和. **2** 尊敬すべき, りっぱな; 恥を知る, 正しい: They were all ~ men. **3** 高貴な, 高位の. **4** (H~) 人の名前につける敬称《略 Hon.》. 〈注〉アメリカでは両院議員・州議員などの敬称; イギリスでは閣僚・高等法院裁判官・植民地行政官・女官・伯爵以下の貴族の子などに対する敬称.

the Most H~ 侯爵・Bath 勲位の人・枢密顧問官の敬称《略 Most Hon.》. ***the Right H~*** 伯爵・それ以下の貴族・枢密顧問官・ロンドン市長などの敬称《略 Rt. Hon.》. ◇ **-bly** *ad.* **1** 尊敬されるように, りっぱに. **2** 正しく, 正当に.

[類] → **upright**「高潔な」

hòn·o·rá·ri·um [ɑ̀nəré(ː)riəm/ɔ̀nəréər-] *n.* (*pl.* **-ums, -a** [-riə]) 謝礼金, 報酬金《教師・医師などに対する》.

hón·or·ar·y [ánərèri/ɔ́n(ə)rəri] *a.* 名誉(上)の; 《実権のない肩書きだけの》名誉職の; 無給の.

~ **chairman** 名誉会長. ~ **degree** 名誉学位. ~ **member** 名誉会員. ~ **secretary** 名誉幹事. ~ **treasurer** 名誉財務顧問.

hòn·or·ée [ɑ̀nəríː/ɔ̀n-] *n.* 〘米〙 主賓 (guest of honor); 受賞者.

hòn·or·íf·ic [ɑ̀nərífik/ɔ̀n-] *a.* 敬称の; 敬語(法)の. —— *n.* 敬称; 敬語.

ho·no·ris cau·sa [ɑnɔ̀ːris-káusə,-kɔ́ːzə/hɔnɔ́ː-ris-kɔ́ːsə] L. (=for the sake of honor) 名誉のために. ***doctor*** ~ 名誉博士.

hón·our, hón·our·a·ble 〘おもに英〙 =honor, honorable.

hons. honors. **Hon. Sec.** Honorary Secretary. **Hon. Treas.** Honorary Treasurer.

hooch [huːtʃ] *n.* 〘米俗〙 **1** 酒類. **2** 密造酒, 密輸入酒.

‡**hood**[1] [hud] *n.* **1** ずきん; 《外套(がいとう)などの》フード; 大学式服の背にたれる布. **2** ずきん状の物; 《タカ・馬の》頭おおい; 《タイプライターなどの》おおい; 〘米〙《自動車の》エンジンおおい; 〘英〙《自動車の》屋根; 煙突のかさ; 馬車などのほろ; 《砲塔の》天蓋(てんがい); 《昇降口・天窓などの》おおい; 〘写〙 フード《レンズ用わく》; 《毒ヘビの》かさ状頭部.

—— *vt.* に~をつける, ~でおおう.

~**·man-blind** 〘古〙 目隠し遊び (blindman's buff). ~**·mold** [⌐⌐] 〘建〙《窓の上部の》雨押え繰り形. ~**·wink** →別項. ◇ ~**·ed** [-id] *a.* **1** ずきんをかぶった. **2** ずきん形の; 〘動・植〙 帽子状の, ずきん状の冠毛のある: a ~*ed* crane ナベヅル.

hood[2] [hud, huːd] 〘米俗〙 =hoodlum.

-hood *suf.* 名詞・形容詞について「性質, 状態」「階級, 身分」「環境」「時期」などの意をあらわす: false*hood* 偽り. liveli*hood* 暮らし. knight*hood* 騎士の身分. neighbor*hood* 近隣. boy*hood* 少年期. 〈注〉通常強音節の直後では [-hud]: false*hood*. 弱音節の直後では **-hood** [-hùd]: liveli*hood*.

hóod·ie [húdi] *n.* 〘鳥〙 カンムリカラス (=~ crow).

hóod·lum [húːdləm] *n.* 〘米話〙 不良, やくざ, 愚連隊. ◇ ~**·ism** *n.* 〘米〙 やくざの行為〔やり方〕.

hóo·doo [húːduː] *n.* **1** =voodoo. **2** 〘米〙 (*pl.* ~**s**) 不吉(ふきつ)な物〔人〕《アメリカ原住民・黒人の迷信》; 不幸.

hóod·wink [húdwiŋk] *vt.* **1** だます. **2** 〈馬の目に〉おおいをする; 目隠しをする.

hóo·ey [húːi] *n.* 〘米俗〙 ばかげたこと, たわごと. —— *int.* ばかばかしい!

‡**hoof** [huːf] *n.* (*pl.* ~**s,** 〘稀〙 **hooves** [huːvz]) **1** ひづめ; 《ひづめをもった動物の》足; 〘笑〙《人間の》足. **2** 有蹄(ゆうてい)類. ***beat*** [***pad***] ***the*** ~ 〘俗〙 てくる, 歩く. ***on the*** ~ 《家畜が》生きている; ぴんぴんして. ***under the*** ~ 踏みにじられて.

—— *vi.* 〘話〙 歩く; 踊る. —— *vt.* ひづめでける; 〈人を〉追い立てる《*out*》. ~ ***it*** 踊る.

~**·beat** [⌐⌐] ひづめの音〔響き〕. ~**·pad** [⌐⌐] ひづめ当て. ~**·pick** [⌐⌐] ひづめの間にはいったものを取り出すへら. ~**·print** [⌐⌐] ひづめの跡.

◇ ~**ed** [-t] *a.* ひづめのある, ひづめ状の. ~**·er** *n.* 〘俗〙 踊り手, タップダンサー.

‡**hook** [huk] *n.* **1** かぎ, ホック; 掛けかぎ: a clothes ~ 洋服掛け. **2** かぎ針: a ~ and line つり針のついたつり糸. **3** わな. **4** かぎ状のもの; 三日月形のかま; かぎ状の地形《みさき・川の屈曲部など》; 〘動・植〙 かぎ状器官; 〘楽〙 フック《♪のひげ部分》. **5** 〘野球〙 カーブ; 〘ゴルフ〙 左曲球; 〘ボクシング〙 フック.

by ~ ***or by crook*** ぜがひでも, なんとしてでも. ***drop*** [***go***] ***off the*** ~***s*** 〘俗〙 くたばる. ***get the*** ~ 〘俗〙 首になる. ~ ***and eye*** かぎホック. ***off the*** ~ 既製(品)の,「ぶらさがりの」. ***on*** one's ***own*** ~ 〘俗〙 独力で. ***take*** [***sling***] one's ~ 〘俗〙 逃げる.

—— *vt.* **1** 《かぎのように》曲げる: ~ a finger. **2** かぎでかける, 引っ張り込む〔上げる〕《*in, on, up*》; ホックでとめる《*up*》: ~ the gas *up* ガスを引く. **3** つり針で捕える; 《比喩的》〈人を〉わなでつる. **4** 〘俗〙 くすねる, 盗む. **5** 〘ボクシング〙 にフックを入れる; 〘ゴルフ〙〈ボールを〉左曲球に打つ. **6** 〘米俗〙〈労働者を〉買収してスパイにする. **7** 〘俗〙〈人を〉つかまえる.

—— *vi.* **1** 《かぎのように》曲がる. **2** 〈衣服が〉ホックでとまる(仕組みである). **3** 〘俗〙 逃げる; 急いで出かける: ~ for home 急いで帰路につく. **4** 〘野球〙 カーブを投げる.

~ ***it*** 〘俗〙 逃げる. ~ ***up*** (1) ホックでとめる〔とまる〕. (2) 〈電話などを〉組み立てて電流を通じる. (3) 〘ラジオ〙 中継する. ~ ***up with*** と関係する; …とつなぐ.

~**-and-ladder truck** ひっかけはしご付き消防車. ~**·nose** [⌐⌐] かぎ鼻, わし鼻. ~**-nosed** [⌐⌐] かぎ鼻の, わし鼻の. ~**-up** [⌐⌐] (1) 〘電〙 接続, 中継. (2) 〘米話〙 提携, 親善. ~**·worm** [⌐⌐] 十二指腸虫 (病). ~**-wrench** [⌐⌐] かぎ頭ねじ回し.

hóok·a(h) [húkə] *n.* 水ぎせる《煙が水中を通るようにつくられている喫煙具》.

hooked [hukt, [米]+húkid] *a.* かぎ状の; かぎのついた. ~ **nose** わし鼻. ~ **rug** 〘米〙 カンバスまたは麻布の

地にしゅうしたじゅうたん. ～ **schwa** [-ʃwɑ́:]〘音声〙発音記号 [ɚ] の呼び名《本辞書の [ər] に当たる》. ◇ **hóok·ed·ness** [húkidnis] *n.* かぎ状湾曲.

hóok·er [húkər] *n.* **1** 2 本マストのオランダ漁船; 1 本マストのアイルランド〔イギリス〕漁船. **2**《一般的・けいべつ的》旧式船. **3**〘米俗〙従業員を労働スパイに巻き込もうとするスパイ機関側の工作員. **4**〘米俗〙酒を一杯やること. **5**〘俗〙おとり; 詐欺師; 売春婦. **6**〘俗〙逮捕状.

hóok·y[1] [húki] *a.* かぎ状の; かぎだらけの.

hóok·y[2] *n.*《次の成句で》***play*** ～ 学校をサボる. ～ **player** サボり学生.

hóo·li·gan [hú:ligən] *n.* よた者, 不良少年 (hoodlum). ◇ ～**·ism** *n.* 乱暴; よた者かたぎ.

hoop[1] [hup, hu:p/hu:p] *n.* **1**《たる・おけなどの金属・木・竹製の》たが, 輪;《輪回し遊びの》輪. **2**(通例 *pl.*)《スカートの》張り骨, フープスカート (=～ skirt). **3**《球技クローケーでたまを打ってくぐらせる》弓形アーチ〔小門〕;〘海〙=hank. **4** 指輪. ***go through the*** ～ (1) <犬や騎手が>輪抜け飛びをする. (2) 試練を受ける, 苦労する. ***put*** a person ***through the*** ～ (人を) 鍛える; 思い知らせる.

hoops[1] ②

—— *vt.* **1** にたがをかける. **2** 巻く, 囲む.

～ **iron**《たが用の》帯鉄. ～**·man** [-mən]〘米俗〙バスケットボール競技者. ～ **skirt** フープスカート《わくを入れてひろげたもの》.

◇ ～**ed** [-t] *a.* たがをはめた; 張り骨で広げた. ～**·er** *n.* **1** たがかけ屋. **2** =cooper ①.

hoop[2] [hu:p, ㊇+hup] *vi.* ヒーヒーと言う. ～***ing cough*** 百日ぜき.

Hóop·er [húpər, hú:p-/hú:p-] ～ ***rating***〘米: 放送〙フーパー社の測定による視聴率(順位).

hóop·la [hú:plɑ̀:] *n.* **1** 輪投げ遊び. **2** 大騒ぎ, 熱狂; 宣伝.

—— *int.* すてき!, すごい! —— *a.* すてきな.

hóo·poe [hú:pu:] *n.*〘鳥〙ヤツガシラ《ヨーロッパ産》.

hóop·ster [hú:pstər] *n.* **1**〘米俗〙バスケットボール競技者. **2** hula hoop を回す人.

hoo·ráh =hurrah.

hoo·ráy [huréi, ㊇+hu:-] =hurrah.

hóos(e)·gow [hú:sgau] *n.*〘米俗〙刑務所; 便所.

hoosh [hu:ʃ] *n.*〘俗〙濃厚スープ《探検者の食料》.

Hóo·sier [hú:ʒər] *n.* **1** Indiana 州の住民. **2**〘俗〙いなか者. ～ **State, the** Indiana 州の別称.

***hoot** [hu:t] *vi.* **1** <フクロウが> **ホーホー鳴く**. **2**〘英〙<汽笛・自動車の警笛などが> 鳴る. **3** **やじる**, はやしたてる《けいべつ・怒りをこめて》.

—— *vt.* **1** ホーホーと追う〔追い払う〕《*away, off, out*》. **2** ホーホーとやじる. **3** <けいべつ・怒りなどを>叫んであらわす. ～ ***down*** <人を> やじり倒す.

—— *n.* **1** フクロウの鳴き声, ホーホー. **2**〘英〙警笛, 汽笛. **3** やじり声, ブーブー. **4** つまらないもの;《否定文で》少しも: not care〔worth〕a ～〘米〙ちっともかまわない〔一文の値うちもない〕. ～ **owl** → owl.

◇ ～**·er** *n.* フクロウ; やじる人; 汽笛, 警笛.

hóot·en·an·ny [hú:t(ə)næ̀ni] *n.* フーテナニー, フォークソング (とダンス) の会.

hoot(s) [hu:t(s)] *int.*〘スコットランド・北英〙ふん!《不服・憤慨などをあらわす声》.

hoove [hu:v] *n.*〘獣医〙《胃がガスでふくれる家畜の》「鼓張症.

Hóo·ver [hú:vər] *n.* **1** Herbert Clark ～, 1874–1964, アメリカの政治家, 第 31 代大統領 (1929–33). **2** (h～)〘英〙電気そうじ機 (=㊇vacuum cleaner)《元来は商標名》. ～ **Dam** フーバーダム《コロラド川中流のダム. 旧名 Boulder Dam》.

Hóo·ver·ville [-vil] *n.*〘米〙失業者収容住宅地区《H. Hoover 政権下の不況時代, 失業者・浮浪者などのために都市の末端などに建てたもの》.

‡**hop**[1] [hɑp/hɔp] *v.* (**-pp-**) *vi.* **1 跳**(と)**ぶ**, 片足でとぶ,《小鳥などが足をそろえて》ぴょんととぶ: ～ about ぴょんぴょん飛び回る. **2** 小旅行をする, ちょっと行く **3**〘空話〙離陸する《*off*》; 飛行する. **4**〘話〙踊る **5** びっこをひく. **6** <酒場などを> 歩き回る,「はしご」する: nightclub ～*ping*. **7**〘野球〙<ボールが> バウンドする. —— *vt.* **1** 飛び越す; 飛び回る: ～ a fence さくを飛び越える. **2** <汽車・飛行機などに> 飛び乗る, 乗る. **3**《飛行機で》横断する. **4** <ボールなどを> 飛ばす;〘野球〙バウンドする.

～ ***a ride in a train*** 〘米俗〙汽車にただ乗りする. ～ ***it***〘俗〙さっと立ち去る. ～ ***off***〘話〙離陸する. ～ ***off*** one***'s*** bicycle (自転車) から飛び降りる. ～ (***on***) a train (汽車に) 飛び乗る. ～ ***the twig*** 〔***stick***〕〘俗〙去る, 死ぬ.

—— *n.* **1** 跳躍, 片足とび. **2**〘話〙離陸;《長距離飛行の》一航程; 飛行. **3**〘話〙ダンス (パーティー). **4**《ボールの》はずみ. ***catch on the*** ～〘俗〙高飛びしようとするところを取り押える. ～***, step*** 〔***skip***〕***, and jump*** 三段とび. ***on the*** ～〘話〙騒ぎ回って.

≈**-o'-my-thúmb** →別項. ≈**·scotch** →別項.

hop[2] *n.*〘植〙**1** ホップ; (*pl.*) その実《ビールの苦味をつけるもの》. **2** 麻薬,《特に》あへん.

—— *v.* (**-pp-**) *vt.* にホップの苦味をつける. —— *vi.* **1** ホップの実を摘む. **2** <ホップのつるが> 実をむすぶ. ～ ***up*** (1) 麻薬を飲む: *hopped-up* 麻薬を飲んだ. (2) 興奮させる. (3) のスピードを上げる.

～ **back**〔**jack**〕ホップこし. ≈**·bind,** ≈**·bine** [´ ´] ホップのつる. ～ **fly** ホップにつく油虫. ～ **garden** ホップ栽培園. ≈**·head** [´ ´]〘米俗〙麻薬常用者. ～ **pocket**《168 ポンド; 約 76 kg 入り》ホップ袋. ～ **pole**《つるをからませる》ホップの支柱;《やせて背の高い》のっぽ. ≈**·yard** [´ ´] ホップ畑.

†**hope** [houp] *n.* **1 希望**; 期待; 見込み: Don't give up ～. 望みを捨てるな. There is no ～ of success. 成功の見込みは全くない. **2** 望みをかけられている人〔物〕: He is the ～ of his family. 彼は一家の頼みの綱だ. **3**〘古〙信頼.

be in great ～***s*** (***that***...) (…) を大いに期待している. ***be past*** 〔***beyond***〕***all*** ～ 全く望みがない. ***in*** ～***s of*** を期待して. ***in the*** ～ ***that*** …ということを期待して. ***While there is life there is*** ～. 〘諺〙命あっての物種.

—— *vt.* **1 望む**, 期待する《*that; to* (do)》: I ～ (*that*) you will come soon. すぐ来ていただきたいと思います. I ～ *to* see you again. またお目にかかりたいと思います. **2**〘話〙《望ましい方向に》思う, 考える: I ～ (*that*) the rain will stop soon. 雨はじきにやんでくれるでしょう. 〈注〉悪いことには I fear か I am afraid を用いる. —— *vi.* **1 希望をもつ, 期待する**《を *for*》: ～ *for* an early spring 春が早めにくることを期待している. **2**〘古〙信ずる, 信頼する《*in*》. ～ ***against*** ～ 万一を頼む; 空頼みする. ～ ***for*** (***the***) ***best*** 楽観する; 最後まで望みを捨てない. ***I*** ～ ***not.*** そうでなければよいと思う: Won't it hurt him? — *I* ～ *not.* それでは彼が気を悪くしないだろうか. — たぶんだいじょうぶだろう.

～ **chest**〘米〙嫁入りに持っていく物を入れておく箱.

hóped-for [hóuptfɔ̀:r] *a.* 期待された, 待ち望まれた.

‡**hópe·ful** [hóupf(u̦)l] *a.* **1 望みのある**, 見込みのある, 前途有望な. **2 希望をいだいている**; 希望に満ちている, 期待にあふれた: I am ～ *that* they will be here. 彼らが来るものと期待しています. ***be*** ～ ***of*** を期待する, 望む.

—— *n.* 前途有望な人; (当選)有望の候補者; (*pl.*)〘米〙優勝をねらう選手〔チーム〕. ***young*** ～ 前途有望な若者;《反語》末が案じられる若者.

◇ ～**·ly** [-fu̦li] *ad.* **1** 有望に, 望みをかけて. **2** 望むらくは; たぶん. ～**·ness** *n.*

‡**hópe·less** [hóuplis] *a.* **望みのない**, 見込みのない; 絶

望的な, はしにも棒にもかからない, どうしようもない.
◇ *～·ly *ad.* ～·ness *n.*
(類義語) 絶望的な: **hopeless** 救いようがない. 主として状況について用いる: a *hopeless* situation [case of cancer] どうしようもない情勢 [なおる見込みのないがん(患者)]. **despairing, despondent** 人・人の行為・表情などについて用いる. desparing は理知的な判断からくる絶望. despondent は情緒的な失意状態を示す: *desparing* of finding a remedy 治療の方法がもう見つかるまいと絶望的になって. a *despondent* look 落胆してふさいだ顔. **desperate** 人および状況の両者に用いる. どう考えても望みがないので自暴自棄的にならざるをえない: a *desperate* criminal 自暴自棄の犯人.

Hó·pi [hóupi] *n.* 北アメリカ原住民の一種族《アリゾナ州北部に住み Pueblo Indians の一派》.

hóp·lite [háplait/hɔ́p-] *n.* 《古代ギリシアの》重装備歩兵.

hóp-o'-my-thúmb [hápəmaiθʌ́m/hɔ́pəmi-] *n.* こびと, 一寸法師.

hópped-úp [háptʌ́p/hɔ́pt-] *a.* 《米俗》 **1** 興奮した; 熱心な. **2** 《自動車などが》馬力を高めた. **3** 麻薬を常用する.

hóp·per[1] [hápər/hɔ́pə] *n.* **1** 片足でとぶ人; 《ぴょんぴょん》とびはねる人; ちんば. **2** 《俗》(ホテルの) ボーイ. **3** はね虫《grasshopper, leaf hopper など》. **4** ピアノの鍵盤(けんばん)の弾機. **5** ホッパー《穀物貯蔵庫・貯炭器などのじょうご状の投入口》. **6** 底開き船《浚渫(しゅんせつ)土などを海に運ぶのに用いる》. 「タンク.

hóp·per[2] *n.* **1** ホップを摘む人. **2** ホップ液をつくる

hóp·ple [hápl/hɔ́pl] *n.* 《牛・馬などの》足をしばる綱. —— *vt.* <牛・馬などの>両足を綱でしばり合わせる《動き出さないように》.

hóp·scotch [hápskɑ̀tʃ/hɔ́pskɔtʃ] *n.* ケンケン遊び《「石けり」の一種》.

hor. horizon; horizontal; horology.

Hór·ace [hɔ́:ris, hár-/hɔ́r-] *n.* ホラティウス (Horatius), 65–8 B.C., ローマの叙情詩人.

Hó·rae [hó:ri:/hɔ́:-] *n. pl.* 《ギ神》時の女神 (the Hours).

hó·ral [hó:rəl/hɔ́:r-], **hó·ra·ry** [hó:rəri/hɔ́:r-] *a.* 1 時間の; 1 時間ごとの.

Ho·rá·ti·an [hǫréiʃ(i)ən/hɔr-] *a.* Horace (風)の.

horde [ho:rd/hɔ:d] *n.* **1** 大集団, 群衆; 《野獣などの》大群. **2** 流浪の民; 遊牧民の群れ《特に中央アジア草原地方のモンゴル種族の》. —— *vi.* 群集する.

hóre·hound [hó:rhàund/hɔ́:-] *n.* 《植》ニガハッカ; その苦汁(じゅう)《せき止め薬》.

‡**ho·rí·zon** [həráizn] *n.* **1** 水平線, 地平線: above [below] the ～ 地平線より上[下]に. **2** 視界, 視野: Science gives us a new ～. 科学は新しい視野を与えてくれる. **3** 範囲, 領域《学識・思考力などの》. **4** 《地》地平層; 《天》地平.

‡**hòr·i·zón·tal** [hɔ̀:rizántl, hàr-/hɔ̀rizɔ́n-] *a.* **1** 水平の, 平らな, 横の: a ～ line 水平線. → vertical. **2** 水平[地平]線の. **3** 《機械などの》水平動の. —— *n.* 地平[水平]線; 水平位置; 水平棒.
～ **bar** 《器械体操用の》鉄棒. ～ **engine** 水平式発動機. ～ **(labor) union** 職業別組合. ～ **mobility** 《社》水平移動《レベルのおなじ階級内での転職など》. → vertical mobility. ～ **rudder** 《海・空》水平舵(だ), 昇降舵.
◇ ～·ly *ad.* 地平に; 水平に, 横に. **hòr·i·zon·tál·i·ty** [ˌ–––tǽləti] *n.* 水平.

hór·mone [hɔ́:rmoun] *n.* 《生理》ホルモン.
◇ **hor·mó·nal** [hɔ:rmóun(ə)l], **hor·món·ic** [hɔ:rmánik/-mɔ́n-] *a.*

‡**horn** [hɔ:rn] *n.* **1** 《動物の》つの(＝true ～); シカのつの. **2** 《つの状の器官》触角, 触手. **3** 角質. **4** つのの製品: a drinking ～ つの製の杯. a shoe ～ くつべら. **5** つの笛; 《楽》ホルン. **6** 《自動車などの》警笛: No ～! 警笛禁止. **7** 新月の一端; 弓の端; 《みさきなどの》先端; 支流; 《植》距(きょ). **8** 《論》(両刀論法の) つの.
be on the ～s of a dilemma ジレンマに陥って[進退きわまって]いる. *blow* one's *own* ～ 自慢話をする, ほらを吹く. *come out at the little end of the* ～ 大ぼらを吹いたあとで不首尾になる. *draw* [*haul, pull*] *in* one's ～*s* 《つのを引っ込めるように》こそこそ引っ込む, 弱音(よわね)を吐く, 軟化する. *English* ～ イングリッシュホルン. *fog* ～ 霧笛. *French* ～ フレンチホルン. *lock* ～*s* 意見を異にする, 争う《について, を *over*》. *show* one's ～*s* 本性をあらわす. *take the bull by the* ～*s* 《雄牛のつのをつかむように》大胆な処置をする. *the H*～ ホーンみさき(＝Cape H～)《南アメリカの最南端》. *the* ～ *of plenty* ＝cornucopia. *wear the* ～*s* <夫が> 不貞の妻をもつ.
—— *vt.* **1** つので突く. **2** «に»つのをはやす. —— *vi.* 《米俗》出しゃばる, 干渉する «*in*».
～·**beam** [ˊˋ] 《植》シデ属《シラカバ科の落葉樹》; その木材. ～·**bill** [ˊˋ] 《鳥》サイチョウ. ～·**blende** [-blènd] 《鉱》角閃(かくせん)石. ～·**blòw·ing** 大宣伝; 大ぼら. ～·**book** [ˊˋ] 文字板《昔の子どもの学習用具の一つ》; 初級入門書. ～·**mád** 《古》狂わんばかりにおこっている. ～·**pipe** [ˊˋ] (1) 《両端につのがついた》木製の笛. (2) 活発な舞踊(曲). ～ **pout** 《魚》ナマズの類《アメリカ東部産. Sacramento Cat ともいう》.
～·**rìmmed** 《めがねが》べっ甲縁(ぶち)の, セルロイド縁の《金縁, 縁なしなどに対し》. ～·**stone** [ˊˋ] 《鉱》角石(かくせき). ～·**swòg·gle** [-swàgl/-swɔ̀gl] 《米俗》だます. ～·**work** [ˊˋ] (1) つの細工(品). (2) 《築城》角堡(かくほう). ～·**wort** [-wə̀:rt] 《植》キンギョモ.
◇ ～·**ful** [-fùl] *n.* つの容器 1 杯の量.

horned [hɔ:rnd, 《おもに雅》hɔ:rnid] *a.* つの状の; つののある. ～ **horse** つの馬. ～ **moon, the** 《雅》新月. ～ **owl** 《鳥》ミミズク. ～ **toad** 《動》ツノトカゲ.

hór·net [hɔ́:rnit] *n.* **1** 《虫》スズメバチの類. **2** 《比喩的》うるさい人. *bring a* ～*s' nest about* one's *ears* めんどうごとを招き寄せる; 多くの人を敵にまわす.

hórn·y [hɔ́:rni] *a.* **1** つののある. **2** つの状の; 角質の. **3** つののように硬化した: ～ hands 荒れた手.
◇ **-i·ness** *n.*

horol. horologe; horology.

hór·o·loge [hɔ́:rəlòudʒ, hár-/hɔ́rəlɔdʒ] *n.* とけい (timepiece).

ho·ról·o·gy [horálədʒi, hɔ:r-/hɔrɔ́l-] *n.* とけい学; とけい製作術. ◇ **-gist, -ger** [-dʒər] *n.* とけい師, とけい学者. **hòr·o·lóg·ic** [hɔ̀:rəládʒik, hàr-/hɔ̀rəlɔ́dʒ-], **hòr·o·lóg·i·cal** *a.*

hór·o·scope [hɔ́:rəskòup, hár-/hɔ́r-] *n.* **1** 星占い; 誕生時の星位観測. **2** 《星占い用》十二宮図, 天宮図. *cast a* ～ 星占いをする.

ho·rós·co·py [horáskəpi, hɔ:r-/hɔrɔ́s-] *n.* 占星術; 《人の誕生時の》天体の配置; 天宮図.
◇ **hòr·o·scóp·i·cal** [hɔ̀:rəskápik(ə)l, hàr-/hɔ̀rəskɔ́p-] *a.*

hor·rén·dous [hɔ:réndəs, har-/hɔr-] *a.* 身の毛をよだたせる, 身ぶるいさせる, 恐ろしい. ◇ ～·**ly** *ad.*

hór·rent [hɔ́:rənt, hár-/hɔ́r-] *a.* **1** こわ毛のようにさかだった. **2** 《稀》＝horrendous.

‡**hór·ri·ble** [hɔ́:rəbl, hár-/hɔ́r-] *a.* **1** 恐ろしい, ぞっとする, ものすごい: a ～ sight 恐ろしい光景. **2** ひどい, いやな. [√hor(r)-]
◇ ～·**ness** *n.* -**bly** *ad.* 恐ろしく, ものすごく.

‡**hór·rid** [hɔ́:rid, hár-/hɔ́r-] *a.* **1** 恐ろしい: a ～ look 恐ろしい顔つき. **2** 《話》ひどく不快な, ひどい: ～ weather いやな天気. [√hor(r)-]
◇ ～·**ly** *ad.* ～·**ness** *n.* 「ごい.

hor·ríf·ic [hɔ:rífik, har-/hɔr-] *a.* 恐ろしい, ものす

hòr·ri·fi·cá·tion [hɔ̀:rifikéiʃ(ə)n, hàr-/hɔ̀r-] *n.*

1 恐怖, 戦慄(せんりつ). 2 嫌悪(けんお).

*__hór·ri·fy__ [hɔ́:rifài, hár-/hɔ́r-] *vt.* **1 ぞっとさせる,** 震え上がらせる. **2**〖俗〗に嫌悪(けんお)〔反感〕を感じさせる. ◇ **~·ing** *a.* ぞっとするような;〖話〗あきれるような.

hor·rìp·i·lá·tion [hɔ:rìpiléiʃ(ə)n, har-/hɔr-] *n.* 《寒さ・恐れなどから》身の毛がよだつこと; 鳥膚(goose-flesh).

‡**hór·ror** [hɔ́:rər, hár-/hɔ́r-] *n.* **1 恐怖,** 戦慄(せんりつ): shrink back in ~ ぞっとしてしりごみする. **2** 戦慄すべきこと, 惨事, 残虐(行為): the ~*s* of war 戦争の惨事. **3 嫌悪**(けんお), 憎悪. **4** ぞっとするほどいやなこと〔もの〕: That necktie is a ~. **5**〖医〗《病気の》悪寒(おかん).

Chamber of H~s 恐怖のへや《原義はロンドン Madame Tussaud の犯罪者のろう人形などを陳列したへや》. ***have a ~ of*** が大きらいだ. ***the ~s*** 恐怖; 憂うつ; アルコール中毒の震えの発作. 〔√hor(r)-〕

~-strìck·en, ~-struck [⌐⌐] 恐怖に襲われた.

hors [ɔ:r/(h)ɔ:] F. (=outside) *ad., prep.* …の外; …の他. ~ ***concours*** [-kɔ̃:kúər] 《出品物など参考品で》審査外の, 無審査の. ~ ***de combat*** [⌐ dəkámba:t/-kɔ̃:(m)-] 戦闘力を失った; 《艦船が》撃破された. ~ ***d'oeuvre*** [-dɔ́:rvr] オードブル《前菜》.

†**horse** [hɔ:rs] *n.* (*pl.* **~s,** 《集合的》 **~**) **1 馬;** 雄馬. → colt (雄の子馬), foal (子馬), gelding (去勢馬), mare (雌馬), pony (小馬), stallion (種馬), steed (軍馬). **2** 《集合的》騎兵: a thousand ~ 騎兵1,000騎. **3** 《体操用の》木馬; 脚立(きゃたつ); 干し物かけ台 (=clotheshorse). **4**〖鉱〗中石(なかいし)《鉱脈中の岩》. **5**〖学生俗〗とらの巻. **6** 《形容詞的に》(同種のうちで) 大きな, 大形の. **7**〖俗〗男, やつ; ばかな〔がんこな〕やつ.

back the wrong ~ 判断を誤る; 誤って支持する. ***dark ~*** ダークホース; 予想外の有力な競争相手. ***eat like a ~*** 馬食する, 大いに食う; よく働く. ***flog a dead ~*** 済んだことをむし返す; むだぼねをおる. ***from the ~'s mouth*** いちばん確かな筋から. ***hold*** one's ***~s*** がまんする, 気長に待つ. ~ ***and foot*** 歩兵と騎兵; 全力をあげて. ~ ***and*** ~ 〖米俗〗五分五分で. ~ ***of another color*** 全く別な事柄. ***light*** ~ 《集合的》軽騎兵. ***look a gift ~ in the mouth*** もらった贈物にけちをつける. ***mount*** 〔***ride***〕 ***the high ~*** いばる, おうへいなふるまいをする. ***on*** one's ***high ~*** いばって. ***pay for a dead ~*** むだ金を使う. ***play ~ with*** をそっけなく扱う, に木で鼻をくくったような態度をとる. ***put the cart before the ~*** 本末を転倒する. ***rocking ~*** 揺り木馬《子ども用》. ***spur a willing ~*** 不必要な刺激を与える. ***take ~*** 馬で行く; 〈雌馬が〉交尾する. ***talk ~*** 大ぼらを吹く. ***the flying ~*** =Pegasus. ***To ~!*** 《号令》乗馬! ***work for a dead ~*** 既に前金をもらっている (金にならない) 仕事をする. ***work like a ~*** 忠実に働く.

—— *vt.* **1** に馬を供給する; 〈馬車に〉馬をつける. **2** 馬に乗せる; 馬で運ぶ. **3** 背負う. **4** むち打つ. **5**〖話〗酷使する. **6**〖話〗《舞台で》あばれ回る. **7**〖俗〗ひどくからかう. **——** *vi.* **1** 馬に乗る; 馬で行く. **2** ふざける, ばか騒ぎする 《*around*》.

~-and-búg·gy 馬車時代の, 時代遅れの. ~ **artillery** 騎砲兵. ‡**~·back** → 別項. ~ **bean**〖植〗ソラマメ. ~ **block** 乗馬用踏み台. ~ **box**〖英〗馬匹(ばひつ)貨車; 教会の長いす. **~·boy** [⌐⌐] 馬丁. **~·brèak·er** 調馬師. **~·car** [⌐⌐]〖米〗鉄道馬車; 馬匹運搬車. ~ **chestnut**〖植〗セイヨウトチノキ; その実. **~·cloth** [⌐⌐] 馬に着せる衣. ~ **collar** (1) 馬の首輪. (2)〖米:運〗ゼロ敗. ~ **coper** 馬商人, 博労(ばくろう). ~ **doctor**〖俗〗馬医, 獣医; 蹄鉄(ていてつ)工. **~-faced** [⌐⌐] 馬づらの. **~·fèath·ers** *pl.*〖俗〗ナンセンス, でたらめ. **~·flesh** [⌐⌐] 馬肉, 桜肉; 《集合的》馬匹. **~·fly** [⌐⌐] ウマバエ. ~ **foot**〖植〗フキ;〖動〗カブトガニ. ~ **gear** 馬具; 馬力装置. **H~ Guards** イギリス近衛(このえ)騎兵; 《ロンドン Whitehall にある》近衛騎兵連隊司令部. **~·hair** [⌐⌐] 馬の毛《たてがみ・尾の》; 馬の毛の織布. **~·hide** [⌐⌐] 馬の皮; 馬のなめし皮. **~·hoof** [⌐⌐]〖植〗カントウ. ~ **latitudes** 北緯〔南緯〕30° 辺の無風帯. **~·laugh** [⌐⌐] ばか笑い (をする). **~·leech** [⌐⌐] (1) ウマヒル. (2) 貪欲(どんよく)な人. (3)〖古〗獣医. ~ **mackerel**〖魚〗アジ; マグロ. ‡**~·man** → 別項. ~ **marine** (1) 《架空の》馬に乗った水兵. (2) 全く専門外の人, 不適任者: Tell that to the ~ *marines!* でたらめ言うな! ~ **master** 調馬師; 貸し馬〔馬車〕屋. ~ **mushroom** 食用キノコの一種. ~ **opera**〖米俗〗《映画の》西部劇. ~ **parlor**〖俗〗馬券売り場. **~·play** [⌐⌐] ばか騒ぎ, 乱暴な遊び. **~·pond** [⌐⌐] 馬に水をやったり洗ったりする池. **~·pów·er** [㊥ ⌐⌐⌐]〖機〗馬力《1秒に 75 kg を 1 m の高さに揚げる力の単位. 略 HP, H.P., hp., h.p.》. *~ **race** 〔**racing**〕 競馬. **~·ràd·ish**〖植〗西洋ワサビ. ~ **sense**〖米話〗常識, 俗識, 生活の知恵. **~·shift** [⌐⌐]〖俗〗ナンセンス, たわけ. ***~·shoe** → 別項. ~ **show** 馬術ショー. **~·tail** [⌐⌐] (1) 馬の尾. (2) 《女性の髪型》ポニーテール (ponytail). (3) 古トルコの軍旗. (4)〖植〗トクサ. ~ **trade** 〔**trading**〕〖米〗相手がしろうとと見抜くと駄馬を売りつける悪質な取引; 詐欺. **~-trade** [⌐⌐] いんちきな取引をする. ~ **trader** (1) 博労(ばくろう). (2) 詐欺師. **~·weed** [⌐⌐]〖植〗ヒメムカシヨモギ. **~·whip** [⌐⌐] (1) 《馬に用いる》むち. (2) 〈馬を〉むちで打つ; に懲罰を加える. **~·wòm·an** (*pl.* **-wòm·en**) 女流騎手, 女乗馬者.

‡**hórse·back** [hɔ́:rsbæ̀k] *n.* **1 馬の背.** **2** =hogback. ***on ~*** 馬に乗って. **——** *ad.* **馬に乗って:** ride ~ 馬に乗る.

‡**hórse·man** [hɔ́:rsmən] *n.* (*pl.* **-men**) **乗馬者,** 騎手; 馬術家, 乗馬の達人. ◇ **~·ship** *n.* 馬術.

***hórse·shoe** [hɔ́:rʃʃù:, hɔ́:rsʃù:] *n.* **1 蹄鉄**(ていてつ); 蹄鉄形の物. **2** カブトガニ(=~ crab). **3** (*pl.*) 《単数扱い》〖遊戯〗蹄鉄投げ. **——** *vt.* に蹄鉄をつける.

hórs·y [hɔ́:rsi] *a.* **1** 馬の(ような); 馬についての. **2** 馬好きな, 競馬狂の. **3**〖俗〗ばかでかい.
◇ **-i·ness** *n.* 馬好き, 競馬狂.

hort. horticultural; horticulture.

hor·tá·tion [hɔ:rtéiʃ(ə)n] *n.* 忠告, 奨励.

hór·ta·tive [hɔ́:rtətiv], **-to·ry** [hɔ́:rtətɔ̀:ri/-t(ə)ri] *a.* 忠告〔奨励〕的な. 〔√hort-〕
◇ **hór·ta·tive·ly** *ad.*

hór·ti·cul·ture [hɔ́:rtikʌ̀ltʃər] *n.* 園芸術〔学〕.
◇ **hòr·ti·cúl·tur·al** [⌐⌐⌐tʃ(ə)rəl] *a.* **hòr·ti·cúl·tur·ist** [-tʃ(ə)rist] *n.* 園芸家.

hor·tus sic·cus [hɔ́:rtəs-síkəs] L. (=dry garden) 《押し葉式》植物標本.

Hos. Hosea.

ho·sán·na [hozǽnə] *int.*〖聖〗ホサナ《神をたたえる声. マタイ伝 21: 9 など》.

hose [houz] *n.* (*pl.* **hose, hós·es,**〖古〗**hós·en** [hóuz(ə)n]) **1** (*pl.* **hose**) 長くつ下 (stockings). **2** (*pl.* **hoses**) ホース, 蛇管(じゃかん): a ~ cart 《消防車の》ホース運搬車. **3**〖廃〗昔の男子用のぴったりしたズボン. **——** *vt.* に水をかける.
~·man [-mən, ㊥⁺-mæ̀n] (*pl.* **-men**) 消防車のホース係. **~-tops** [⌐⌐] *pl.*〖スコットランド〗足底のない長くつ下.

Ho·sé·a [hozí:ə/-zíə] *n.*〖聖〗ヘブライの預言者; ホセア書.

hó·sier [hóuʒər/-ziə, -ʒə] *n.* くつ下業者; メリヤス業者.

hó·sier·y [hóuʒ(ə)ri] *n.* **1** くつ下〔メリヤス〕類. **2** くつ下〔メリヤス〕業; くつ下〔メリヤス〕製造工場.

hós·pice [háspis/hɔ́s-] *n.* **1** 《修道院などの参拝者・旅人用の》宿泊所. **2** 《病人・貧困者などの》収容施設.

***hós·pi·ta·ble** [háspitəbl/hɔ́s-, hɔspít-] *a.* **1** 好意をもって迎える, あいそのよい, 手厚くもてなす. **2** 好意的な: ~ *to* new ideas 新思想を受け入れる. → 名詞 hospitality. [√hospit-] ◇ **-bly** *ad.*

†**hós·pi·tal** [háspitl, ⁻⁻–/hɔ́s-] *n.* **1** 病院; 動物病院; 《人形などの》修理屋: a doll [violin] ~. **2** 《養育院など》 慈善施設. **3** 公立学校《ロンドンの Christ's H~ のように固有名詞としてだけ》. **4** 〔史〕 《Knights Hospitalers の建てた》 救護所.
be in (***a***) ~ 入院している. ***be out of*** (***the***) ~ 退院している. ***enter*** (***a***) [***go to***] ~ 入院する. 〈注〉「入院」「退院」のばあいの冠詞の使用はアメリカに多い. ***walk the*** ~(***s***) 病院で実習する. [√hospit-]
~ **fever** 発疹(ほっしん)チフス. **H~ Saturday** [**Sunday**] 病院募金土曜日 [日曜日] 《土曜は街頭で日曜は教会で行なう》.

hós·pi·tal·er [háspit(ə)lər/hɔ́s-] *n.* **1** 慈善宗教団員. **2** ロンドンの病院所属牧師. **3** (H~) Knights Hospitalers の一員. ***Knights H~s*** 慈善騎士団 《十字軍の負傷者を看病し, 巡礼者を援護するために 1048 年にエルサレムに創設された騎士団》.

‡**hòs·pi·tál·i·ty** [hàspitǽliti/hɔ̀s-] *n.* **1** 歓待, 手厚いもてなし: He showed boundless ~ to me. 彼は下へもおかぬ歓待ぶりを見せた. **2** (*pl.*) 親切. **3** 好意的な受け入れ: Afford me the ~ of your columns. 貴紙にご掲載いただければ幸甚(こうじん)に存じます. → 形容詞 hospitable.

hós·pi·tal·ize [háspit(ə)làiz/hɔ́s-] *vt.* 入院させる. ◇ **hòs·pi·tal·i·zá·tion** [⁻⁻–––lizéiʃ(ə)n/-laiz-] *n.* 入院(加療).

hós·pi·tal·ler =hospitaler.

hós·po·dar [háspədɑ̀ːr/hɔ́s-] *n.* 君主, 太守.

‡**host**[1] [houst] *n.* (*fem.* **hóst·ess** [hóustis]) **1** 《宴会などの》 主人(役): be [act as] ~ at a party パーティーで主人役をつとめる. → guest. **2** 《旅館などの》 あるじ, 亭主 (landlord). **3** 〔生〕 《寄生動植物の》 宿主(しゅくしゅ).
reckon [***count***] ***without*** one***'s*** ~ 大事な点を見落として結論を出す[計画を立てる]. [√host-]

host[2] *n.* **1** 大ぜい, 多数: a ~ of sympathizers 多くの同調者. a ~ of plans 幾多の計画. **2** 〔古〕 大軍, 軍勢. ***a*** ~ ***in oneself*** 一騎当千の士. ~(***s***) ***of heaven*** 天使の群れ. ***Lord*** [***God***] ***of*** ~***s*** 万軍の主 (Jehovah). [√host-]

Host [houst] *n.* (または h~) 〔宗〕 聖餐(せいさん)式のパン 《キリストの身体とみなされる》.

hós·tage [hástidʒ/hɔ́s-] *n.* 人質; 担保. ***be held in*** ~ 人質にされる. ***give*** ~***s to fortune*** 《妻子・財宝など》 いつ失うか知れないものをかかえる. —— *vt.* ~として与える. ◇ **~-ship** *n.* 人質の身分.

‡**hós·tel** [hást(ə)l/hɔ́s-] *n.* **1** ホステル, 宿舎 (=youth ~) 《徒歩・自転車旅行などの青年男女用》. **2** 〔英〕 大学寄宿舎. **3** 〔英古〕 宿屋.
—— *vi., vt.* ホステル旅行する. [√hospit-]

hós·tel·(l)er [hást(ə)lər/hɔ́s-] *n.* ホステル利用者; ホステル経営者.

hós·tel·ry [hást(ə)lri/hɔ́s-] *n.* ホステル; 〔古〕 旅館.

‡**hóst·ess** [hóustis] *n.* **1** 《宴会などの》 女主人(役). **2** 旅館のおかみ. **3** 《旅客機の》 スチュワーデス (=air ~). → stewardess. **4** 《バー・キャバレー・ダンスホールなどの》 ホステス, 接客係の女性. **5** 《職業的》 ダンスパートナー, ダンサー. —— *vt.* に~の役をつとめる.

‡**hós·tile** [hást(i)l/hɔ́stail] *a.* **1** 敵意ある, 敵対心に燃えた《に *to*》. **2** 反対の, 好意的でない《に *to*》: ~ to reform 改革に反対の. **3** 冷淡な, 性(しょう)が合わない《に *to*》. **4** 敵の, 敵軍の: ~ land 敵地. [√host-] ◇ **~·ly** *ad.*

***hos·tíl·i·ty** [hastíliti/hɔs-] *n.* **1** 敵意, 敵対心. **2** 敵対行為. **3** (*pl.*) 戦争行為, 交戦 (状態): open ~*ities* 戦端を開く. **4** 《計画などへの》 反対, 抵抗.

hós·tler [háslər, ás-/ɔ́s-] *n.* 〔古〕 《旅館の》 馬丁.

†**hot** [hat/hɔt] *a.* (**-tt-**) **1** 熱い, 暑い, 高温の: a ~ day. ~ coffee. **2** (からだが) ほてる, 熱い; 高熱の: I'm ~ with fever. Digging potatoes is a ~ job. ジャガイモを掘るとからだが熱くなる. **3** 《性格が》 おこりっぽい, 熱烈な: a ~ temper おこりっぽい気質. **4** 激しい, 強烈な: a ~ battle 激戦. **5** 《味が》 ひりひりする, からい; 《色彩・においなどが》 強烈な: a ~ smell. **6** 《料理などが》 熱い, できたての. **7** 新しい, ほやほやの: ~ news 最新のニュース. **8** 熱烈な, 熱した; 情欲に燃えた: ~ for reform 改革に熱心である. **9** すぐあとに迫っている; 〔遊戯〕 《解答・隠した品物に》 近い, もう少しである: be ~ on a person's heels 人のすぐあとを追っている. **10** (高圧) 電流の通じた, 放射能のある: a ~ wire 高圧(電)線. ~ dusts 放射能を帯びたちり. **11** 〔米俗〕 ハイカラな. **12** 〔米俗〕 《ジャズ音楽が》 即興曲を入れた; 熱狂的な: ~ jazz. ↔ sweet. **13** 〔俗〕 盗んだ (ばかりの); 不正手段で手に入れた. **14** 〔俗〕 《技量などが》 すばらしい, すぐれた, 人気のある: one of the *hottest* attractions 呼び物の一つ. **15** 《自動車・エンジンが》 高速の, 《エンジンが》 高馬力の: a ~ new jet plane.
blow ~ ***and cold*** 気迷う, 逡巡(しゅんじゅん)する. ***get*** ~ 興奮する, おこる; 熱中する. ***get into*** ~ ***water*** 〔俗〕 難儀する. ***give it*** a person ~ 〔話〕 (人を) ひどくしかりつける. ~ ***and heavy*** [***strong***] こっぴどく; 猛烈に. ~ ***and*** ~ できたての, 熱いほやほやの. ***in*** ~ ***blood*** かっとなって. ***make it*** [***a place***] ***too*** ~ ***for*** a person ***to hold*** 《迫害などで》 いたたまれないようにする. ***not so*** ~ あまり役に立たない.
—— *ad.* 熱く; 激しく; おこって. —— *vt.* (**-tt-**) **1** 暖める, 熱くする《*up*》. **2** 活気づける.
~ **air** 〔俗〕 だぼら, 自慢話. **⁓-air** [⁻⁻] 熱気 [熱風] の 《暖房器から送られる》. ~ **atom** 放射性原子. **⁓·bed** [⁻⁻] 〔農〕 温床; 《悪習などの》 温床: a ~*bed* of vices 悪の温床. ~ **blast** 〔冶〕 溶鉱炉に吹き込む熱風. **⁓-blóod·ed** (1) 熱血の, すぐにかっとなる. (2) 情熱的な, 色情の強い. **⁓·box** [⁻⁻] 〔米〕 《鉄道車両などの》 過熱した軸受け箱. **⁓-bráined** =hotheaded. ~ **cake** ホットケーキ: sell like ~ *cakes* 飛ぶように売れる. ~ **corner** 〔野球〕 三塁. ~ **cross bun** = cross bun. ~ **dog** 〔米俗〕 ホットドッグ. **⁓-eyed** [⁻⁻] 血まなこになった, 興奮した. **⁓·foot** [⁻⁻] 〔米話〕 (1) *ad., vi.* 大急ぎで(行く). (2) はやい歩み; 走る人, メッセンジャー. **⁓·head** [⁻⁻] 性急な人, せっかち. **⁓·héad·ed** せっかちな, 性急な, 激(げき)しやすい. **⁓·house** [⁻⁻] (1) 温室. (2) 陶器乾燥室. (3) 〔俗〕 トルコぶろ, 売春宿. ~ **laboratory** 強[高] 放射能研究室. ~ **line** 直結(電話) 線; (H~ Line) 米ソ直通テレタイプ 《偶発戦争防止のため1962年開設》. ~ **money** 〔俗〕 不正の金. ~ **plate** 料理用鉄板; 電気[ガス]ヒーター 《料理用》; 食物用保温器. ~ **pot** 〔英〕 牛[羊]肉とジャガイモの蒸し焼き料理. ~ **potato** 〔俗〕 難問題. **⁓-press** [⁻⁻] (1) 《紙・布などを》 温圧によってつやを出す. (2) 温圧つや出し器. ~ **pursuit** 《犯人や敵の》 国境を越えての追撃. ~ **rod** 〔米俗〕 《強力なエンジンにつけ替えた》 改装ぼろ自動車. ~ **rodder** ~ rod の搭乗(とうじょう)者; 向こう見ずな青年. ~ **seat** [**chair**] 〔俗〕 電気いす; 窮地, むずかしい地位. **⁓-short** [⁻⁻] 熱にもろい. **⁓·shot** [⁻⁻] 〔俗〕 (1) 大成功をおさめた(人), ゆくとして可ならざるはない(人); はでな(演技者). (2) 急行する; 急行列車; パトロールカー; 消防隊. ~ **spot** (1) 紛争場. (2) 電気いす. (3) いかがわしいナイトクラブ, 売春宿. ~ **spring** 温泉. **⁓·spur** [⁻⁻] 気短な人, 無鉄砲な人間. ~ **stuff** 〔俗〕 元気者, 精力家; 情熱家; 《作品などが》 センセーショナルな. **⁓-tém·pered** おこりっぽい, かんしゃくもちの. ~ **war** 激戦, 本格的戦争. → cold war. ~ **water** お湯; 〔話〕 困難, 難儀. **~-water bag** [**bottle**] 湯たんぽ. **~-water**

heating 温水暖房. ～ **well** (1) 温泉. (2)《蒸気機関の》湯槽(ゆ).
◇ ～**·ly** *ad.* 熱く; 激しく; かんかんにおこって.
～**·ness** *n.*

Hótch·kiss [hátʃkis/hɔ́tʃ-] *n.* 機関銃の一種《その発明者 B. B. ～ の名による》. ～ **paper-fastener** ペーパーとじ器, ホッチキス (stapler).

hótch·pot [hátʃpàt/hɔ́tʃpɔt] *n.*〘英:法〙財産併合.

hótch·potch [hátʃpàtʃ/hɔ́tʃpɔtʃ] *n.* **1**《肉・野菜・貝類などの》ごった煮. **2** ＝hotchpot.

†**ho·tél** [houtél/(h)ou-] *n.* ホテル, 旅館: run a ～ ホテルを経営する. put up [stay, stop] at a ～ ホテルに宿泊する. ***temperance*** ～ 酒類を扱わないホテル.
—— *vt.* (**-l-, -ll-**) ホテルに泊まる《通例 ～ it の形で》. [√hospit-]
～**·kèep·er** ホテル経営者. ～**·kèep·ing** ホテル経営(業). ～**·man** [-mən, -mæ̀n] ＝hotelkeeper.

hôtel [outél] F. *n.* **1** ホテル. **2** 公館; 公立施設. **3** 邸宅. ～ ***des Invalides*** [-de(i)zævalí:d]《パリにある昔の》傷兵病院. ～ ***de ville*** [-daví:l] 市役所. ～ ***Dieu*** [-djé:, ㊥⁺-djé:r, -djʌ́] (市立) 病院.

hò·tel·íer [hòutəlíər, ɔ:teljéi/hotéliei, -liə] *n.* ＝hotelkeeper. [<F.]

Hót·ten·tot [hátntàt/hɔ́tntɔt] *n.* **1**《南アフリカの》ホッテントット人 [語]. **2** 未開人; 知能程度の低い人.

hóu·dah ＝howdah.

hough〘英〙＝hock[1].

‡**hound** [haund] *n.* **1** 猟犬《語頭に blood-, deer-, fox- を付すことが多い》;〘古・雅〙犬. **2** 卑劣な男. **3**〘俗〙熱中者. **4**《ウサギ追い鬼ごっこの》鬼. → hare and hounds. ***follow the*** ～***s*** ＝***ride to*** ～***s*** 馬に乗って猟犬のあとを追って狩りをする. ***the*** ～***s*** (キツネ狩りの) 猟犬の一群.
—— *vt.* **1** 猟犬で狩る. **2** 追跡する, 追いまわす; 追い立てる, 迫害する: ～ a person to death 人をいじめ殺す. **3** 激励する; けしかける《に *at, on*》.
～**·fish** [⌐⌐] ＝dogfish. ～**'s-tongue** [⌐⌐]〘植〙オオルリソウの一種.

†**hour** [auər/áuə] *n.* **1** 1時間; 小1時間, しばらく; 1時間の行程 [距離]: 1800 ～*s* 午後6時《24時間制の言い方で18 hundred hours と読む》. **2** 時刻, 刻限: the early ～*s* of the morning 朝の早い時刻. **3** (the ～) いまの時刻, 現在, 当今; 正時(しょうじ)《正1時, 正2時のように, はしたのつかない時刻》: the man of *the* ～ 時の人. every ～ on *the* ～ 毎正時に. every ～ five minutes after *the* ～ 毎正時5分過ぎに. **4**《…する, …の》とき, 時期, おり: What is your dinner ～? あなたのお夕食の時間は何時ですか. What ～ do you open? 開店は何時ですか. in the ～ of need 必要の際に. **5** (*pl.*) 勤務 [執務, 勉強] 時間: after ～*s* 勤めが終わってから. The doctor's ～*s* are from 10 to 4. 診療時間は10時から4時までです. **6** (平常の) 起床・就床などの時間: keep late ～*s* 夜おそく寝る. **7** 最期, 死期: His ～ has come. 臨終がきた. **8**《学校の授業の》1時限. **9**〘天〙経度間の15度. **10**〘カトリック〙1日7回の時課《定時の祈り》: a book of ～*s* 聖務日課表. **11**〘ギ神〙(the H～s) 時の女神 (Horae).
at all ～***s*** いつでも. ***at the eleventh*** ～ きわどいときに. ***business*** ～ 営業時間. ***by the*** ～ 時間ぎめで, 1時間幾らで《雇用・支払いなど》. ***for*** ～***s together*** 何時間もぶっ続けに. ***in a good*** [***happy***] ～ 運よく, 幸いにも. ***in an evil*** ～ 不幸にも. ***in the*** ～ ***of need*** まさかというときに. ***keep bad*** [***late***] ～***s*** (夜ふかしをして) 朝寝坊をする. ***keep good*** [***early, regular***] ～***s*** 早寝早起きをする; 早く帰宅をする. ***office*** ～ 執務時間. ***of the*** ～ 刻下の, 目下(もっか)の. ***out of*** ～***s*** (勤務) 時間外に. ***school*** ～***s*** 授業時間. ***take*** ～***s over*** に何時間もかける. ***the small*** ～***s*** (夜半すぎ) 1時・2時・3時ごろ, うしみつどき. ***to an*** ～ ちょうど, かっきり.
～**·glass** [⌐⌐] 砂どけい, 水どけい. ～ **hand** とけいの短針. → minute hand.

hóu·ri [hú(:)ri, háuri/húəri] *n.* **1**〘回教〙極楽の天女. **2** 妖艶(ようえん)な女.

hóur·ly [áuərli] *a.* **1** 1時間の; 毎時の. **2** たびたびの. —— *ad.* **1** 1時間ごとに, 毎時. **2** 絶えず.

†**house[1]** [haus] *n.* (*pl.* **hóus·es** [háuziz]) **1** 家, 家屋, 住宅: An Englishman's ～ is his castle.〘諺〙イギリス人の家は城である《私生活に他人の侵入を許さない》. **2** 邸, 屋形: the White *H*～ ホワイトハウス, アメリカ大統領官邸. **3** 議会, 議事堂;《議会の》定員数;《集合的》議員: both *H*～*s* 上院と下院, 両院. the upper [lower] ～ 上院 [下院]. **4** 会場, 集会場, 会館; 劇場, 演奏会場;《集合的》観衆, 聴衆: a full ～ 満場の入場者. a poor ～ ばらばらのお客. **5** 小屋, 倉庫;〘米〙商社, 商店; (the H～)〘俗〙ロンドン株式取引所. **6** 宿屋, 旅館. **7**《大学の》寄宿舎;《集合的》寄宿生;〘英〙《大学内の》カレッジ; (the H～) Oxford 大学の Christ Church College. **8** 貧民院; 養育院. **9**〘宗〙会堂, 寺院; 修道院 (＝religious ～). **10** 一家, 家族, 家系: the ～ of Hapsburg ハプスブルク家. the Imperial [Royal] ～ 皇室 [王室]. **11**〘占星〙宮, 宿.
as safe as ～***s*** [***a house***] 全く安全. ***bring down the*** ～〘話〙満場のかっさいを博する. ***clean*** ～ 家を整理する;「大そうじする」, 悪条件を一掃する. ***dress the*** ～ 劇場を実際以上に込んでいるように見せる《無料招待者などを入れて》. ***enter the H***～ 議員になる. ～ ***and home***《強意的》家庭. ～ ***of call*** 得意先; 旅館. ～ ***of cards*** 子どもがトランプでたてた家; あぶなっかしい計画. ～ ***of God*** ＝～ ***of worship*** 教会 (堂). ～ ***of ill fame*** 売春宿. ***keep a good*** ～ ぜいたくに暮らす; 客をよくもてなす. ***keep*** ～ 世帯をもつ; 家事を切り回す. ***keep open*** ～ だれでも来客を歓待する. ***keep the*** ～ 家にこもる. ***like a*** ～ ***on fire*** [***afire***]〘俗〙すみやかに, どしどしと. ***make a H***～〘英〙《下院で出席議員が定足数になり》議会を成立させる. ***on the*** ～《費用など》会社もちで; 無料の. ***play*** ～ ままごとをする. ***put*** [***set***] ***one's*** ～ ***in order***《身のまわりの》整理をする; 自分の頭のハエを追う, 自分の行ないを正す. ***the H***～ ***of Commons***〘英〙下院. ***the H***～ ***of Councilors*** 参議院. ***the H***～ ***of Lords***〘英〙上院. ***the H***～ ***of Peers*** 貴族院. ***the H***～ ***of Representatives*** (1) 衆議院. (2)〘米〙下院. ↔ Senate. ***the H***～***s of Parliament*** 国会議事堂.
～ **agent**〘英〙家屋[不動産]周旋業者. ～**·boat** [⌐⌐]《住居用の》屋根船;《ベッド付きの》ヨット. ～**·boy** [⌐⌐]《家・ホテルの》下働き (＝houseman). ～**·brèak·er** (1) 家宅侵入者; (白昼) 強盗. → burglar. (2)〘英〙家屋とりこわし人. ～**·brèak·ing** (1) 家宅侵入, 押し込み強盗. (2) 家屋とりこわし. ～**·broke** [⌐⌐], ～**·brò·ken**《犬・ネコなどが》家に飼い慣らされた. ～**·bug** [⌐⌐] ナンキンムシ. ～**-bùild·er** 建築請負師, 大工. ～ **cat** 飼いネコ. ～ **cleaning** 大そうじ; 一掃. ～**·coat** [⌐⌐] 女性の家着《直線裁ちのものが多い》. ～ **dinner**《クラブなどで会員・客などのために催す》宴会. ～ **dog** 番犬. ～**·dress** [⌐⌐] 家庭着, 仕事着. ～ **duty** 家屋税. ～**·fà·ther** 舎監. ～**-finding agency** 家屋周旋業. ～ **flag**〘海〙《商船が掲げる》社旗. ～ **flannel**《床ぞうきん用》あらいフランネル. ～**·fly** [⌐⌐] イエバエ. ‡～**·hold** → 別項. ～**·hòld·er** 世帯主, 戸主. ～**·keep** [⌐⌐]〘米俗〙家庭をもつ, 家事にいそしむ. ‡～**·kèep·er** → 別項. ～**·kèep·ing** 家事, 家政, 家計. ～**·leek** [⌐⌐]〘植〙弁慶草科の草. *～**·maid** [⌐⌐] 家事手伝いの女, お手伝いさん. ～**·maid's knee**〘医〙女中ひざ《ひざの皮下の炎症, 膝蓋(しつがい)前滑液囊炎》. ～**·man** [-mən, -mæ̀n] ＝ houseboy. ～ **manager** 劇場支配人. ～**·màs·ter** 主

人; 《イギリスの public school などの》舎監. **～·mate** [ˊˋ] 同居人. **～·mìs·tress** 女主人; 女舎監. **～·mòth·er** 寮母. **～·mouse** [ˊˋ] (*pl.* **-mice**) ハツカネズミ. **～ organ** 《商社の》社報. **～-pár·lor·maid** [-mèid] 給仕女, 小間使. **～ party** 別荘などに客を招待して行なう宴会; その招待客. **～ physician** 《病院などの》住み込み内科医. **～·plant** [ˊˋ] 室内に置かれるはち植えの植物. **～-proud** [ˊˋ] 家〔家政〕自慢の. **～·ráis·ing** 《いなかで家の普請に隣人総出の》棟(むね)上げ. **～·room** [ˊˋ] 家の収容力; 物の置き場所: I would not give it ～*room*. 場所をとるのでそんな物はほしくない. **～ surgeon** 《病院などの》住み込み外科医. **～-to-～** 軒並みの, 戸別(訪問)の. **～·top** [ˊˋ] 屋根, 屋根の頂: proclaim upon [from] the ～*tops* 世間に言いふらす. **H～ Un-American Activities Committee, the** 下院非米活動調査委員会《略: HUAC》. **～·wares** [ˊˋ] *pl.* 家庭用品《台所用品など》. **～·wàrm·ing** 新居開きの祝い. ***～·wife** → 別項. ***～·work** [ˊˋ]家事.

(類義語) 家: **house** 構造物をいう. ただ the *House* of Hapsburg(ハプスブルク家)のように家柄を示すばあいがある. **home** 家の中に住む家族の結びつきをあらわす. しかし今日ではしだいに house の同義語になり「個人住宅」の訳語が当てはまるばあいが多い: The real-estate firm has built many stores and *homes*. 不動産会社はたくさんの商店と個人住宅を建築した. **residence** 主として高級住宅に使われる. **dwelling** 住みか. 主として詩語.

***house**² [hauz] *v.* (**housed**; **hóus·ing**) *vt.* **1** に住居を与える; 家に入れる; 泊める, 宿らせる; かくまう, 収容する. **2** おおう; 風雨から守る; 格納する; (貯)蔵する. **3** 《建》はめる, 差し込む《受け口などに》. —— *vi.* 宿る, 住む; 安全なところにはいる.

hóuse·ful [háusfùl] *n.* 家いっぱい.

‡**hóuse·hold** [háus(h)òuld] *n.* **1** 家族, 世帯; 一家《雇い人を含めて》: two ～*s* 2 世帯. **2** (the H～) 《英》王室. ***the Imperial* [*Royal*] *H～*** 皇室, 王室《所属職員も含む》. —— *a.* 家族の, 一世帯の, 家事の: ～ affairs 家事, 家政. ～ goods 家庭用品.
～ arts 家政(学). **～ effects** 家財. → personal effects. **～ gods** 一家の守り神; 家事必需品. **H～ troops** 《英》近衛(このえ)隊. **～ word** 日常使っていることば〔ことわざ〕. ◇ **hóuse·hòld·er** *n.* 家長, 世帯主; 家をもっている人.

‡**hóuse·kèep·er** [háuskì:pər] *n.* **1** 主婦: a good ～ 家政のうまい婦人. **2** 家政婦, 女中がしら. **3** 家屋管理人.

***hóuse·wife** [háuswàif] *n.* (*pl.* **-wives** [-wàivz]) **1** 主婦. **2** [hʌ́zif] (*pl.* **-wives** [hʌ́zifs, -vz]) 針箱. ◇ **～·ly** [háuswàifli] *a.* 主婦らしい; 倹約な. **～·ry** [háuswàif(ə)ri, hʌ́zifri/háuswif(ə)ri, hʌ́zifri] *n.* 家政, 家事.

hóus·ing¹ [háuziŋ] *n.* **1** 住宅; 収容所; 《集合的》住宅: ～ development [estate] 団地(の集団住宅). **2** 住宅供給, 住宅事情: the ～ problem 住宅問題. ～ shortage 住宅難. **3** 《機》架構.
～ project 住宅計画; 集団住宅, (公営)団地《特に低所得者向きの》.

hóus·ing² *n.* 馬衣, くら敷き (horsecloth); (通例 (*pl.*) 馬飾り.

Hóus·ton [hjú:stən] *n.* アメリカ Texas 州の都市.

Hou·ýhn·hnm [hu:ínəm, hwínəm/húi(h)n(ə)m, huínəm] *n.* 《Swift 作 *Gulliver's Travels* の中の》人間の知性を備えた馬.

hove [houv] *v.* heave の過去・過去分詞.

hóv·el [hʌ́v(ə)l/hɔ́v-, hʌ́v-] *n.* **1** あばらや. **2** (物置き) 小屋, 家畜小屋. —— *vt.* 小屋に入れる.

hóv·el·(l)er [-ər] *n.* 無免許水先案内人; 海難救助者.

‡**hóv·er** [hʌ́vər/hɔ́v-, hʌ́v-] *vi.* **1** 〈こん虫・鳥・ヘリコプターなどが〉空中に舞う, 宙に浮かぶ. **2** うろつく, 徘徊(はいかい)する《*about*》: ～ *about* うろつく. ～ *about* a person 人について離れない. **3** ためらう, 迷う: ～ between life and death 生死の間をさまよう. —— *n.* **1** 宙に舞うこと. **2** 徘徊. **3** ためらい, 迷い.
H～·craft, ～·craft [hʌ́vərkræ̀ft/hɔ́vəkrɑ:ft] ホバークラフト《高圧空気を噴射して機体を地上〔水上〕に浮かせて飛ぶ乗り物》. **～·plane** [ˊˋˋ] 《英》=helicopter.

†**how** → 枠付 how.

how·bé·it [haubí:it/ˋˋˊ, ˋˊˋ] *ad.* 《古》とはいえ, しかしながら. —— *conj.* …だけれども.

hów·dah [háudə] *n.* 象かご《象の背に取り付ける座席. 通常天蓋(てんがい)付き》.

hów-do-you-dó, hów-d'ye-dó, hów-de-dó [háud(ə)jədú:, háud(i)dú:] *n.* 《話》困り事; 苦しい立場: Here's a pretty ～. これは困った.

how·é'er [hauéər] however の短縮形.

†**how·év·er** → 枠付 however. (p. 611)

hów·itz·er [háuitsər] *n.* 《軍》曲射砲.

how

おもな用法は where, when などと同様に疑問副詞であるが, 次の特徴がある: (1) where, when などと違って, 関係詞としての用法は事実上ない. (2) how だけで動詞を修飾する用法と, *how* high, *how* fast のように形容詞・副詞を修飾するばあいがある. (3) what と同様に感嘆文を構成する.

how [hau] *ad.* **1** どのように, どう(いう風に), どんな方法〔仕方〕で: **a)** 《普通の疑問文で》: *How* do you spell the word? その語はどうつづるか. *How* did they escape? 彼らはどのようにしてのがれたか. *How* was she dressed then? そのときどんな服装をしていたか. *How* is your father? おとうさまはお元気ですか. *How* is the weather? 天気はどうか. 〈注〉*How ...?* は反語的にも用いられる: *How* do [should] I know? 私がどうして知っていようか〔知っているわけがない〕. **b)** 《to 不定詞とともに, または従属節を導いて》: He knows ～ *to write*. 彼は書き方を心得ている. Tell me ～ *she did it*. 彼女がどのようにそれをしたのか, 話してください. It is a mystery ～ *he did it*. =*How he did it*, is a mystery. 彼がそれをどのようにしてやったかはなぞだ. I have no idea (as to) ～ *he won*. 彼がどうやって勝ったのか全くわからない. *How* do you think *she sang*? 彼女がどんな風に歌ったと思いますか.

〈付記〉how と what: 日本語で普通は「どう」であらわされるばあいにも, 英語では how でなく what のばあいがある: I don't know *what* to do. (なにをしたら→) どうしてよいかわからない. *What* do you think? どう思うか. 〈注〉How do you think? はこれとは意味が異なり, たとえば, 次のような省略文に用いられる: How did you do it? —*How do you think* (I did it)? どういう風にやったのか. —どういう風に (やったの) だと思うかね?

2 《直後に形容詞・副詞を従えて》どのくらい; いかに: ～ large [deep, fast, high, wide] どのくらい大きい〔深い, 速い, 高い, 広い〕. *How* far is it from here to your school? ここからあなたの学校まで(距離が) どのくらいありますか. *How* many matches do you want? マッチが何本お入り用ですか. *How* old is he? 彼は何歳ですか. *How* long will you stay here? どのくらいここに滞在されますか. *How* often does the train come? 列車は(どのくらいひんぱんに→) どのくらいの間隔で来ますか. *How* much is it? どれだけか; 値段は幾らか. *How* soon will it be ready? (どのくらい早く→) いつできるか. *How* much taller is he than you? 彼はきみよりどれだけ背が高いか. *How* much longer will it take? あとどれだけ時間がかかるか《この2例のように比較級の前には much が挿入(そうにゅう)される》. I wonder ～ old he is. 彼は何歳だろうか. *How* tall do you think I am? 私の背たけはどのくらいだと思うか《この2例のように, 形容詞・副詞を伴っても従属節での主語・動詞の語順は平叙文におなじ. → ①, **b**》.

〈付記〉形容詞・副詞を how と引き離すと, 文をなさないか, または①の用法になって意味が変わってしまう: *How long* did he live? 彼はどのくらい長く〔何歳まで〕生きたか. ≒*How* did he live *long*? 彼はどのようにして長生きしたか.

3《感嘆文》なんと〔どんなに〕…(だろう): *How* beautiful (it is)! なんときれいなことでしょう《名詞の補語があるときは通常 what を用いる: *What* a beautiful picture (it is)!「なんときれいな絵でしょう」なお, もし how が使いたければ *How* beautiful a picture it is! とする》. *How* fast it runs! それはなんと速く走ることでしょう. *How* it blows! なんてひどい風だろう. *How* I wish I had been there! (そこにおればよかったと, どんなに思うことか→) 居合わせなかったのが, 返すがえすも残念だ. *How* kind of you (to do so)! (そうしてくださって) どうもご親切さま; ありがとう《比較: It is kind of you.》. 〈注〉①, ②の疑問文のばあいと主語・述語の位置を比較せよ.

4 どういう経緯(いきさつ)で, どういう理由で; なぜ: *How* (=Why) is it that he is absent? 彼が欠席しているのはなぜか (≒Why is he absent?). *How* is that? それはどういうわけか; そうしたらどんなものだろうか. → 成句.

all you know ～〖俗〗きみにできる限り. ***and*** ～〖米俗〗非常に. ***Here's*** ～***!***《乾杯の辞》ご健康を祝す! ***How about …?*** …についてどう考えるか, …についてはどうか: *How about* going out for a walk? 散歩に行きませんか. *How about* a drink? 一杯いかがですか. It's all right with me. *How* [What] *about* you? 私はかまわない. きみの方はどうか. ***How are you?*** お元気ですか《あいさつのことば》. 〈注〉これに対する応答は Fine, thank you; and (how are) you? ***How came*** a person ***to*** (do)***?*** どういう風にして…するようになったか: *How came* you to know that? どうしてそれを知っているのか (=*How* did you come to…?). ***How come …?***《…の部分は節》〖米話〗…するのはどうしたわけか: *How come* he knows? 彼はどうして知っているのか. ***How comes it?*** どうしてそうなのか. ***How do you do?*** (1) 初めまして《初対面のあいさつ. 応答もこれを繰り返す》. (2) 今日は. 〈注〉会話体では ***Howd'ye-do?*** [háudidú:]. ***How do you like…?*** …はお気に召しましたか: *How do you like* living in Japan? 日本での住みごこちはいかがですか. ***How ever …?*** いったいどのように〔どうして〕…: *How ever* did he repair it? いったい彼はどのようにしてそれを直したのですか. ***How goes it?*** ごきげんいかがですか. ***How is it that…?*** → ④. ***How now?***〖古〗《驚きをあらわして》どうしたのですか. ***How's that?*** それはどういうわけか; そうしたらどんなものか; そういう考えはどうか; 《クリケットで》アウトか否か. ***How say you?*** あなたのお考えはどうですか. ***How so?*** =***How is it so?*** どうしてそうなのですか. ***How then?*** これはどうしたことだ. ***How would you like it?*** お好きでしょうか, お気に召しますか. ***no matter*** ～ いかに…でも (however): *No matter* ～ tired you are [you may be], you must do it now. どんなに疲れていてもあなたはいまそれをしなければなりません.

——— *conj.* **1**《that の代わりに名詞節を導く: 古い用法》… ということ: She told him ～ God was almighty. 彼女は彼に神が全能であることを教えた.

2 どのようにでも: Do it ～ you can. どのようにでもやってみなさい.

——— *n.* 方法: the ～ and the why of it その方法と理由.

however

二つのおもな用法がある: (1)「いかに…しても」. (2)「しかし」: (1) は譲歩の副詞節を導く点で ever に終わる他の一連の語 whenever, whatever などの一用法と共通点をもっている.

how·év·er [hauévər] *ad.* **1**《程度》どれほど…でも〔しても〕: *H*～ carefully I (may) write, I sometimes make mistakes. いくら注意して書いても私はまちがえることがある. *H*～ loudly he cried, he could not make himself heard. どんなに大声で叫んでも彼の声はとどかなかった. *H*～ talented a man may be, he will not succeed in life unless he is hard-working. 人はいかに才能があっても勤勉でなければ世の中で成功しない. We shall never succeed, ～ hard [much] we try. いかに努力しても成功はしないだろう.

〈付記〉形容詞・副詞は however の直後にくる点に注意. たとえば最初の例文で *H*～ I (may)write *carefully*, … のような語順には通常ならない.

2《仕方》どのように: *H*～ we do it, the result will be the same. どういう風にやってみても, 結果はおなじことだろう.

〈付記〉上記 ①, ② の用法では how*ever*=*no matter* how のように, ever を no matter で置き換えることができ, 譲歩を示す副詞節を導く. この点 whenever, wherever《以上三つを「複合関係副詞」(complex relative adverb) という》, および whatever, whoever [whomever], whichever とも共通. ただし when*ever*=at *any* time when のように, however 以外の語には any の意味を含んだ重要な用法もある.

3〖英話〗いったいどうして(=How ever…?): *H*～ did you catch the bird? あなたはいったいどのようにしてその鳥を捕えたのですか. 〈注〉正式には2語で how ever. 同様に whatever, wherever 等が可能. ただし ①, ② との違いに注意.

——— *conj.* けれども; しかしながら; ところが (still; nevertheless):《通例, 文の途中に挿入(そうにゅう)され, その文と前文とをつなぐ役目をする》Later, ～, he made up his mind to marry the farmer's daughter. しかし, 後に彼はその農夫の娘と結婚することに決めた. 《終わりにくるばあい》I hate concerts. I will go to this one, ～. 私は音楽会はきらいだが, しかし今回のへは行く. 《前にくるばあい》We were very late for dinner; ～, there was plenty left for us. 私たちは食事にとても遅れたが, それでも十分食物が残っていた.

〈付記〉however と but: 元来 but の方は文中の節や語句を結ぶものである: He worked hard, *but* he failed.「彼は一生けんめいに勉強したが失敗した」しかし実際には, 特に文語調の文体以外では, however に代わって文頭に But が用いられることが珍しくない.

‡howl [haul] *vi.* **1** 〈犬・オオカミなどが〉ほえる, 遠ぼえする. **2** 〈風が〉うなる. **3** 〈人が〉泣きわめく, 怒号する, 嘲笑(ちょうしょう)する: ～ with laughter 腹をかかえて笑う. ―― *vt.* **1** わめきながら言う《*out, away*》. **2** どなり散らして黙らせる《*down*》.
―― *n.* **1** ほえ声; うめき声, わめき声: give a ～ of rage おこってどなる. **2** 〘電〙 ハウリング《異状な帰還などで増幅器中に起こるうなり声のような雑音》.

hówl·er [háulər] *n.* **1** ほえる動物; わめく人; 《葬式に雇われる》泣き男. **2** 〘俗〙 大まちがい, 大失敗. **3** 〘動〙 ホエザル (howling monkey) 《南アメリカ産》.

hówl·et [háulit] *n.* 〘英方〙 フクロウ (owlet).

hówl·ing [háuliŋ] *a.* **1** ほえる; 泣きわめく. **2** 荒涼とした, 寂しい. **3** 〘俗〙 途方もない, とんでもない.
～ monkey ＝howler ③. ◇ **～·ly** *ad.*

hòw·so·év·er [hàusoévər] *ad.* 〘古〙 ＝however.

hoy[1] [hɔi] *int.* ほい!, おーい!《呼びかけまたは注意を促す声; 船・家畜などを呼ぶ声》.

hoy[2] *n.* 1本マストの小型帆船; (大きな) 平底の荷船.

hóy·den, hói·den [hɔ́idn] *n.* おてんば娘.
―― *a.* おてんばの. ―― *vi.* おてんばにふるまう.
◇ **～·ish** [hɔ́id(ə)niʃ] *a.*

Hoyle [hɔil] *n.* トランプ遊びに関する本 《著者は Edmund ～, 1672–1769》. ***according to ～*** ルールどおりに, 公正に.

HP, H.P., hp., h.p. high pressure; horsepower. **h.p.** half-pay; hire-purchase; hot-press. **H.Q., Hq.** Headquarters. **hr.** hour(s). **h-r** high resistance. **Hr.** *Herr.* **H.R.** Home Rule; House of Representatives. **H.R.H.** His [Her] Royal Highness. **H.R.I.P.** *hic requiescit in pace* (L. = here rests in peace). **hrnar.** hereinafter. **H.S.** high school; high speed; Home Secretary; Honorary Secretary; Hospital Saturday [Sunday]; house surgeon. **h.s.** *hoc sensu* (L. =in this sense); *hora somni* (L. = at bed time). **H.S.H.** His [Her] Serene Highness. **ht.** heat; height. **h.t.** high-tension. **hts.** heights. **HUAC** House Un-American Activities Committee.

hub[1] [hʌb] *n.* **1** 轂(こしき)《車輪の中心部》. **2** 中心; 中枢; 〘米〙 (the H～) Boston 市《別称》. ***from ～ to tire*** 〘米話〙 全く, 完全に. ***the ～ of the universe*** 万物の中心; 世界の中心都市. ***up to the ～*** 深くはまり込んで, 抜き差しならない.

hub[2], **húb·by** [hʌ́bi] *n.* 〘俗〙 夫, ハズ《husband の「略」》.

húb·(b)a-húb·(b)a [hʌ́bəhʌ́bə] *int.* 〘米:軍俗〙 すてき!, いいぞ!《賞賛をあらわす声》.

húb·ble [hʌ́bl] *n.* 〘米〙 小さなこぶ. ◇ **-bly** *a.*

húb·ble-bùb·ble [hʌ́blbʌ̀bl] *n.* **1** ぶつぶつあわだつ音. **2** 水ぎせるの一種. **3** がやがやする話し声; ぺちゃくちゃしゃべること.

húb·bub [hʌ́bʌb] *n.* **1** がやがやいう騒音; 鬨(とき)の声; 騒音. **2** 騒ぎ, 騒動.

húb·by [hʌ́bi] ＝hub[2].

hú·bris [hjú:bris] *n.* 傲慢(ごうまん); 自己過信; 傲慢「に基づく暴力」.

húck·a·back [hʌ́kəbæk] *n.* ハッカバック織り《じょうぶな麻布または綿布のタオル地》.

húck·le [hʌ́kl] *n.* 〘稀〙 しり, 腰, 大腿(だいたい)部.
～·backed [-bækt] せむしの. **～·bone** [-bòun] 〘医〙 無名骨, 座骨; 《四足獣の》距骨.

húck·le·ber·ry [hʌ́klbèri/-b(ə)ri] *n.* 〘植〙 《北アメリカ産》コケモモの類; その実.

húck·ster [hʌ́kstər] *n.* **1** 呼び売りする商人; 《野菜などの》行商人. **2** 金ずくで動く人. **3** 〘米俗〙 広告〔宣伝〕屋. ―― *vi.* **1** 呼び売りする, 行商する. **2** 値切る (higgle). **3** 広告する, 宣伝する.
◇ **～·y** [-st(ə)ri] *n.* 行商, 呼び売り.

húd·dle [hʌ́dl] *vt.* **1** ごちゃごちゃに積み重ねる〔集める〕; やたらに詰め込む 《*together, up*; の形に *into*》. **2** 〈からだを〉すり寄せる, 丸める《*up*》. **3** ぞんざいにやる《*over, up, through*》. **4** 〈着物を〉急いでひっかける〔着る〕《*on*》. ―― *vi.* 群がる, 込み合う, 押し合う 《*up, together*》; 〘米:フットボール〙《次の作戦の指示を受けるために選手たちが》スクラム線の後方に集合する. **～ one*self* up** ＝***be ～d up*** からだを丸くする, 身を縮める.
―― *n.* **1** (ごたごたな) 寄せ集め. **2** 乱雑, 混雑, 込み合い. **3** 〘米:フットボール〙 集合《次の作戦の指示を受けるための》. **4** 〘米俗〙 密談, 秘密相談会.
all in a ～ 乱雑に. ***go into a ～*** 〘米俗〙 密談する. **～ *upon* ～** 一固まりになって.

Hù·di·brás·tic [hjù:dibræstik] *a.* (17世紀イギリス詩人 Samuel Butler 作の風刺詩) Hudibras [hjú:dibræs] 風の; 風刺的な.

Húd·son [hʌ́dsn] *n.* **1** Henry ～, 1576?–1611?, ハドソン湾を発見したイギリスの航海家. **2** (the ～) ハドソン川《アメリカ New York 州東部の川》.
～ Bay ハドソン湾 《Canada 北東部の湾》. **～ seal** 〘米〙 模造アザラシ皮.

‡hue[1] [hju:] *n.* **1** 色合い, 色調; 色: a blackish [faint, rich] ～ 黒ずんだ〔淡い, 豊かな〕色合い. a series of colors ranging in ～ from dark red to light blue 濃い赤から薄い青に至る種々の色合いの色. **2** 《意見などの》色合い, 傾向. **3** 〘古〙 顔色; ようす, 姿.

hue[2] *n.* 《追跡の》叫び声《次の成句にのみ用いられる》. ***～ and cry*** (1) 《非難の》叫び声. (2) 〘英史〙 《警官などの》犯人追跡の叫び声; 犯人逮捕伝達書; 罪状・人相書きなど犯罪者についての公報. ***raise a ～ and cry*** 「どろぼう, どろぼう」と叫ぶ.

huff [hʌf] *n.* **1** 立腹, 憤慨. **2** 〘チェス〙 相手のこまを取ること. ***in a ～*** 立腹して, むっとして. ***take ～*** ＝***get into a ～*** むっとする, 憤慨する. ―― *vt.* **1** おこらせる. **2** おどす, どなりつける. ―― *vi.* おこる, むっとする.
～ a person ***into*** silence (人を) おどして(黙ら)せる. ～ a person ***out of***... (人を)おどして…を奪う〔…から追い出す〕. ～ a person ***to pieces*** ひどくいじめる.

húff-duff [hʌ́fdʌ̀f] *n.* 〘米:海俗〙 高周波対潜探知機, ハフダフ探知機.

húff·ish [hʌ́fiʃ] *a.* **1** ふきげんな. **2** いばりちらす, 高慢な. ◇ **～·ly** *ad.* **～·ness** *n.*

húff·y [hʌ́fi] *a.* **1** おこりっぽい, ぷりぷりする. **2** おこった, ふきげんな. ◇ **-i·ly** *ad.* **-i·ness** *n.*

‡hug [hʌg] *v.* (**-gg-**) *vt.* **1** (愛情をもって) 抱き締める; 〈クマが〉前足でかかえ込む. **2** 〈偏見などを〉いだく, に固執する. **3** 〘海〙 〈岸の〉近くを航行する: ～ the shore.
―― *vi.* 寄り合う; すり寄る. **～ one*self*** 喜ぶ《を *on, over*》. **～ *one's chains*** 束縛に甘んずる.
―― *n.* 抱き締めること, 抱擁; 〘レスリング〙 抱き込み.

‡huge [hju:dʒ, ㊥⁺ju:dʒ] *a.* 巨大な; ばく大な.
◇ **～·ly** *ad.* 巨大に; 非常に. **～·ness** *n.*

〔類義語〕 **巨大な: huge** かさ・形・量などが非常に大きい: a *huge* building 巨大なビル. **enormous** 一般の標準よりもずいぶん大きい: an *enormous* watermelon 巨大なスイカ. **immense** 計測したらたいへんなものになるだろうという予想, 特に広がりが暗示される: an *immense* land 広大な土地. なお huge, enormous, immense とも比喩的に用いられる: a *huge* success 大成功. *enormous* curiosity たいへんな好奇心. *immense* joy 大きな喜び.

húge·ous [hjú:dʒəs] 〘笑〙 ＝huge.

húg·ger-mùg·ger [hʌ́gərmʌ̀gər] *n.* **1** 乱雑, 混乱. **2** 〘古〙 秘密: in ～ こっそり. ―― *a., ad.* **1** 乱雑な〔に〕. **2** 秘密の〔に〕.
―― *vt.* 隠す, もみ消す. ―― *vi.* こそこそやる; こそこそ相談する.

húg·ger·y [hʌ́gəri] *n.* 〘英〙 《弁護士などの》仕事を得るため人に取り入る運動.

Hú·go [hjú:gou] *n.* Victor ～ ユーゴー, 1802–85, フランスの詩人・小説家・劇作家.

Hú·gue·not [hjú:gənɑ̀t/-nɔt] *n.* ユグノー教徒《16–17世紀ごろのフランスの新教徒》.
◇ **~·ism** *n.* ユグノー教義.

huh [hʌ̃, hʌ] *int.* 〘米〙はあ!, ふん!《質問・聞き返しの声, または驚き・けいべつをあらわす声》.

hú·la [hú:lə] *n.* 《ハワイの》フラダンス. **~ hoop** フラフープ《プラスチック製の大きな輪. 腰をフラダンスのように動かして回す》; その遊び. **~-hú·la** =hula.

hulk [hʌlk] *n.* **1** 廃船《倉庫代わりに用いる》;《特製の》倉庫船. **2** (*pl.*)〘史〙牢獄(ごく)船. **3**〘古〙大きくて扱いにくい船. **4** ずうたいの大きい男; かさばる物.

húlk·ing [hʌ́lkiŋ], **húlk·y** [hʌ́lki] *a.* ぶかっこうな; 大きくてしまつに困る.

hull[1] [hʌl] *n.* **1** へた, さや, 外皮. **2** おおい; (*pl.*) 衣服. **——** *vt.* のへたをとる, のさや〔皮〕をむく.

hull[2] *n.* 〘海〙船体;〘空〙(水上機の) 胴体, (硬式飛行船の) ガス袋. **~ *down*** 船体が見えないほど遠く沖合いに. **——** *vt.* の船体を貫く《水雷などで》.

húl·la·ba·lòo [hʌ́ləbəlù:/⌐−−⌐] *n.* 大騒ぎ, 喧噪(けんそう).

***hul·ló, hul·lóa** [həlóu/hʌ́lóu, −⌐] *int.* 〘おもに英〙**1** やあ!, ちょっと!《呼びかけ》. **2** もしもし!《電話の》. 〈注〉アメリカでは hello, hollow の方が優勢.

‡hum[1] [hʌm] *v.* (**-mm-**) *vi.* **1** 〈ハチ・こま・扇風機などが〉ブンブンいう. **2** 《ちゅうちょ・困惑・不満などのため》口ごもる, もぐもぐ言う. **3 鼻歌をうたう. 4** 〈工場などが〉忙しく〔景気よく〕動いている;〈場所が〉にぎわう, ごったがえす. **——** *vt.* **1** 口の中で言う. **2** 〈歌の節などを〉ハミングする, 鼻歌でうたう. **3** に歌をうたってやる: ~ a baby to sleep 子どもを歌で寝かしつける. **~ *and haw*** 口ごもる; ためらう. ***make things* ~** 〘話〙活気をつける.
—— *n.* **1** ブンブン(いう音): the ~ of bees. **2** 遠くの雑音, がやがや: the ~ of the traffic. **3** 《ちゅうちょ・不満などをあらわす》ふーん. **4** 鼻歌, 口を開かずに歌うこと, ハミング. **5** ハム《ラジオの低いうなり》.
—— *int.* ふーん《疑い・驚き・不同意などをあらわす》.

hum[2] *n.* 〘俗〙詐欺, ぺてん (=humbug).

‡hú·man [hjú:mən, ㊊⁺jú:mən] *a.* **1 人間の,** 人の: ~ frailty 人間の弱さ. ~ rights 人権. **2 人間的な,** 人間らしい, 人間にありがちの: ~ errors 人にはつきもののあやまち. **3** 同情的な (=humane): a ~ understanding. ***more* [*less*] *than* ~** 普通の人間以上〔以下〕で. **——** *n.* **人間** (= ~ being); (the ~) 人類. [√hum-]
~ affairs 人事. **~ being** [**creature**] 人間. **~ body** 人体. **~ engineering** (1) 人間工学. (2) 人間管理. **~·kind** [-káind] 人類, 人間 (mankind). **~ life** 人の生命. **~ milk** 母乳. **~ nature** 人性, 人間性. **~ race, the** 人類. **~ relations** 人間関係(研究).
◇ **~·ness** *n.* 人間性, 人間味; 人間としての資格.

‡hu·máne [hju:méin, ㊊⁺ju:-] *a.* **1 慈悲ぶかい,** 人情のある, 親切な: a man of ~ character 情けある人. **2** 高雅な, 優雅な. **3** 教養的な, 人文(学)的な. **~ killer** 無痛畜殺機. **H~ Society** (1)〘英〙投身者救助会. (2) (h~ society) 動物愛護会. **~ studies** 人文学科.
◇ **~·ly** *ad.* **~·ness** *n.* 「間学.

hu·mán·ics [hju:mǽniks] *n. pl.* 《単数扱い》人

hú·man·ism [hjú:məniz(ə)m] *n.* **1** 人文主義《特に 15–16 世紀のルネッサンス期を特徴づける人間性の尊重の思潮》. **2** (または H~) 人文学, 古典学《特に 14–16 世紀ごろの西ヨーロッパにおけるギリシア・ローマの古典文学研究》. **3** 人間性 (human nature). **4** 人道主義 (humanitarianism).

hú·man·ist [hjú:mənist] *n.* **1** 人間性研究学者. **2** (または H~) 人文学者, 古典学者《特にルネッサンスごろの》. ◇ **hù·man·ís·tic** [hjù:mənístik] *a.* 人文主義(者)の; 人文研究(者)の.

hu·màn·i·tár·i·an [hju:mæ̀nitɛ́(:)riən/-téər-] *n.* **1** 人道主義者, 博愛主義者. **2**〘宗〙キリスト人間論者. **——** *a.* **1** 人道〔博愛〕主義の, 人間尊重の. **2** キリストを神性と認めず人間であると主張する.
◇ **~·ism** [-ìz(ə)m] *n.* **1** 人道〔博愛〕主義. **2**〘宗〙キリスト人間論.

‡hu·mán·i·ty [hju:mǽniti] *n.* **1 人類**: for the benefit of ~ 人類のために. **2 人間性, 人道**; (*pl.*) 人間の属性, 人間らしさ. **3 人間愛,** 博愛, 慈愛, 人情. **4** (通例 *pl.*) 慈善行為. **5** (*pl.*) (ギリシア・ラテンの) 古典文学. **6** (*pl.*) 人文学《哲学・文学など》.
a crime against* ~** 非人道的犯罪. ***Religion of H~ 人道教. ***with* ~** 優しい心をもって, 優しく.

hú·man·ize [hjú:mənàiz] *vt.* **1** に人間性を与える; 情けぶかくする; 教化する. **2** 人間化する.
—— *vi.* 人間的になる; 情けぶかくなる. **~*d milk*** 母乳に似るように加工した牛乳. ◇ **hù·man·i·zá·tion** [hjù:mənizéiʃ(ə)n/-naiz-] *n.*

hú·man·kínd [hjú:mənkáind] *n.* 人類, 人間 (mankind).

hú·man·ly [hjú:mənli] *ad.* **1** 人間らしく, 人間的に. **2** 人間的判断で. **3** 人間の力によって: I have done everything ~ possible. (人間が) やってできることはすべてやり尽くした. **~ *speaking*** 人間の立場では; 人知の限りでは.

‡húm·ble [hʌ́mbl, ㊊⁺ʌ́mbl] *a.* (**-bler** [-ər]; **-blest** [-ist]) **1** 《身分などが》**卑しい,** 下賤(げせん)の: ~ birth 卑しい生まれ. a ~ position 低い地位. **2** つまらない, そまつな; 小さな: a ~ cottage そまつな家. **3 けんそんな,** へりくだった, つつましやかな: a ~ request 控えめな要求.
eat* ~ *pie 甘んじて屈辱を受ける; 平あやまりにあやまる. ***in a* ~ *measure*** 及ばずながら. ***in my* ~ *opinion*** 卑見〔私見〕を申し上げると. ***Your* ~ *servant*** 敬具《公式の手紙の結びの文句》.
—— *vt.* 卑しめる; の高慢の鼻を折る. **~ one*self*** けんそんする, へりくだる. → 名詞 humility. [√hum-]
~ plant 〘植〙ネムリソウ.
◇ **~·ness** *n.* けんそん, 卑下; 卑しい身分; そまつ.
***húm·bly** *ad.* けんそんして, へりくだって.

húm·ble·bee [hʌ́mblbi:] =bumblebee.

húm·bug [hʌ́mbʌ̀g] *n.* **1** だますこと, 詐欺. **2** ぺてん師, ほら吹き, 詐欺師. **3** 糖菓の一種. **——** *v.* (**-gg-**) *vt.* 欺く, だます. **——** *vi.* いかさまをやる《のことで *about*》. ~ a person ***into*** (do)***ing*** (人を)だまして…させる. ~ a person ***out of*** his rights (人を) だまして (権利) を奪う.
—— *int.* ばかな!, くだらない!

húm·bùg·ger·y [hʌ́mbʌ̀gəri] *n.* 詐欺, ぺてん.

hum·díng·er [hʌmdíŋər] *n.* 〘米俗〙すばらしい〔注目すべき〕人〔物〕.

húm·drum [hʌ́mdrʌ̀m] *a.* 単調な, 飽き飽きさせる.
—— *n.* **1** 平凡, 単調, たいくつ. **2** たいくつなおしゃべり〔人間〕. **——** *vi.* (**-mm-**) 月並みにやっていく.

hu·méc·tant [hju:méktənt] *a., n.* 湿気を与える(物質).

hú·mer·al [hjú:mərəl] *a.* **1** 肩の. **2** 上膊(じょうはく)骨〔部〕の; 上膊〔上腕〕の. 「上膊骨.

hú·mer·us [hjú:mərəs] *n.* (*pl.* **-i** [-mərài]) 〘医〙

hú·mid [hjú:mid] *a.* 湿気のある, 湿度の高い; じめじめした. [√um-] ◇ **~·ly** *ad.* **~·ness** *n.*

hu·míd·i·fy [hju:mídifài] *vt.* 湿らす, ぬらす.
◇ **-fi·er** [-ər] *n.* 給湿機. **hu·mìd·i·fi·cá·tion** [hju:mìdifikéiʃ(ə)n] *n.* 「節機.

hu·míd·i·stat [hju:mídistæ̀t] *n.* 湿度 (自動) 調

hu·míd·i·ty [hju:míditi] *n.* 湿度, 湿気.

hú·mi·dor [hjú:midɔ̀:r] *n.* たばこなどに適当な湿度を保たせるための容器〔貯蔵室〕.

hu·míl·i·ate [hju:mílièit] *vt.* に恥をかかせる, の面目を失わせる. [√hum-]

hu·míl·i·a·ting [hju:mílièitiŋ] *a.* 不面目な, 屈辱的な. ◇ **~·ly** *ad.*

hu·mìl·i·á·tion [hjumiliéiʃ(ə)n] *n.* はずかしめる〔られる〕こと；不面目，屈辱，屈服，屈従．

‡**hu·míl·i·ty** [hju:míləti] *n.* けんそん，謙譲；(*pl.*) けんそんな行為．［humble と同語源．√hum-］

Húm·ism [hjú:miz(ə)m] *n.* 18世紀のイギリスの哲学者 David Hume の哲学；(認識論的) 懐疑論．

húm·mel [hʌ́m(ə)l] Sc. *a.* 《牛・シカなど》角のない．

húm·mer [hʌ́mər] *n.* **1** ブンブンいうもの；鼻歌をうたう人． **2**〘俗〙精力家；速いもの；すばらしいもの．

húm·ming [hʌ́miŋ] *a.* **1** ブンブンいう；鼻歌まじりの． **2**〘話〙《商売など》活発な，張り切った：a ～ city 活気のある町． **3**〘話〙手ひどい；《酒など》あわだつ，強い． —— *n.* ブンブンいう音；鼻歌，ハミング． **～-bird** [ˊ ─ ˋ]〘鳥〙ハチドリ． **～-top** [ˊ ─ ˋ] うなりごま．

húm·mock [hʌ́mək] *n.* 小さな丘(hillock)；(氷原上の)氷丘． ◇ **～·y** *a.* 小丘の多い；小丘のような．

‡**hú·mor,** [英] **-mour** [hjú:mər, [米]⁺jú:-] *n.* **1 ユーモア**，おかしみ；ユーモアを解すること〔力〕(＝sense of ～)：a story full of ～ ユーモアに富んだ話． **2** (*pl.*) おもしろいところ，おかしい点． **3** ユーモアのある文章〔ことば〕：cheap ～ だじゃれ． **4**《一時的の》**気分**，きげん；気まぐれ，移り気：when the ～ takes me 気が向けば． **5**《中世医学で》体液：cardinal ～*s* 四体液《blood, phlegm, choler, melancholy の4種．昔はその配合で人の体質・気質が定まるものと考えられた》． **6** 気質，気性．
comedy of ～s 気質喜劇《人間の気質を誇張した喜劇．17世紀初頭にイギリスで流行》． ***Every man has his ～.***〘諺〙十人十色《人の気性はさまざま》． ***in a good*** 〔***an ill***〕 ～ 上きげん〔ふきげん〕で． ***in no ～ for*** をする気がなくて． ***in the ～ for*** をする気になって． ***out of ～*** ふきげんで． ***please*** a person***'s ～*** (人)のきげんをとる．
—— *vt.* **1** のきげんをとる，〈人・気質・趣味などを〉満足させる：～ a child 子どもをあやす． **2** に調子を合わせる；うまく扱う．［√um-］
◇ **～·less** *a.* おもしろみのない，つまらない．
[類] → **mood**「気分」，→ **wit**「機知」

hú·mor·al [hjú:mərəl] *a.*〘医〙体液の，体液による． **～ pathology** 体液病理学． ◇ **～·ism** *n.* 体液病理学． **～·ist** *n.* 体液病理学者．

hù·mor·ésque [hjù:mərésk] *n.*〘楽〙ユーモレスク，飄逸(ひょういつ)曲．

hú·mour〘英〙＝humor.

-hú·mo(u)red [hjú:mərd, [米]⁺jú:-] *a.* …きげんの，きげんが…の：good-*humored* 上きげんの．ill-*humored* ふきげんの．〈注〉-ly をつけて副詞を派生する：good-*humoredly* 上きげんで．

‡**hú·mo(u)r·ist** [hjú:mərist, [米]⁺jú:-] *n.* **1 ユーモアを解する人**，こっけい家． **2** ユーモア作家〔俳優〕．

hù·mo(u)r·ís·tic [hjù:məristik, [米]⁺jù:-] *a.* こっけいな；ユーモア作家風の．

‡**hú·mo(u)r·ous** [hjú:mərəs, [米]⁺jú:-] *a.* **1 ユーモラスな**，こっけいな． **2** ユーモアを解する，ユーモアに富む．
◇ **～·ly** *ad.* **～·ness** *n.*

hú·mo(u)r·some [hjú:mərsəm, [米]⁺jú:-] *a.* **1** 気まぐれな，移り気な． **2** 気短な，気むずかしい．

hump [hʌmp] *n.* **1**《せむし・ラクダの背の》こぶ，隆肉． **2** 円丘；〘鉄道〙操車場の傾斜地《重力で車両の切り離しなどをするのに使用》． **3** 難関，危機． **4**〘英俗〙(the ～) 意気消沈，かんしゃく：It gives me *the* ～. 腹が立つ． **5** (the H～) ヒマラヤ山脈《第2次世界大戦中連合軍空軍の使用した語》．
live on one***'s ～*** 自給自足の生活をする《ラクダにたとえて》． ***over the ～***〘俗〙危機を乗り越えて．
—— *vt.* **1**〈背を〉丸くする；ねこ背にする《*up*》． **2** 落胆させる，がっかりさせる． **3**〘オーストラリア〙背負う；背に載せて運ぶ． **4**〈貨車を〉傾斜した操車場で仕分ける． ～ one***self***〘米俗〙努力する，精を出す．
—— *vi.* **1** こぶになる，隆起する． **2** 精を出す，がんばる；急ぐ．
～·back [ˊ ˋ] (1) せむし(の人)，ねこ背． (2)〘動〙座頭鯨． **～·backed** [ˊ ˋ] せむしの，ねこ背の．
◇ **～ed** [-t] *a.* こぶのある；背を丸くした．

humph [(h)mmm, (m)mm, hə̃h, hʌmf] *int.* ふふん！《疑惑・不満・けいべつなどをあらわす声》．

húmp·ty-dúmp·ty [hʌ́mptidʌ́mpti] *n.* ずんぐりむっくりの人，ころぶと起き上がれない人．

húmp·y[1] [hʌ́mpi] *a.* こぶのある；こぶだらけの；ねこ背の． ◇ **-i·ness** *n.*

húmp·y[2] Austral. *n.* 原住民の小屋．

hú·mus [hjú:məs] *n.* 腐植土．［√hum-］

Hun [hʌn] *n.* **1** フン族《4-5 世紀ごろヨーロッパを侵略したアジアの遊牧民》；〘中国史〙匈奴(きょうど)． **2** 野蛮人，文明破壊者． **3**《けいべつ的》《第1次または第2次大戦のときの》ドイツ人〔兵〕．

hunch [hʌntʃ] *n.* **1** こぶ，隆肉． **2**《パンなどの》厚切れ，固まり． **3**〘米俗〙予感，直感：I have a ～ that… なにか…の虫の知らせがする． —— *vt.* **1**〈背などを〉弓なりに曲げる《*up*》． **2**〘俗〙ひじで突く；に情報を与える． —— *vi.* **1** からだを突き出す，乗り出す． **2** うずくまる《*up*》．
～·back [ˊ ˋ] せむし． **～·backed** [ˊ ˋ] せむしの．
◇ **～·y** [-i] *a.* せむしの．

†**hún·dred** [hʌ́ndrid, [米]⁺-dərd] *a.* **1 100の**，100個の．〈注〉通例 a, an, one, または three, four などの数詞がつく． **2** 多数の：He has a ～ things to do. なすべきことがたくさんある． ***a ～ and one*** 多数の． ***not a ～ miles away***〘笑〙すぐ近くに．
—— *n.* (*pl.* **～s**,《数詞のあとでは》～) **1 100**, 100個；100人；100歳：live to a ～ 100歳まで生きる． **2** 100の記号《アラビア数字または C》． **3** (*pl.*) **何百**，多数：～*s* of people 何百という人々． **4**〘英史〙村落；小行政区画《county または shire の構成単位》．
a great (***long***) ～ 120. ***a ～ to one*** 100対1の割り；十中八九(で)． ***a*** (***one***) ***～ per cent*** 100%に，完全に，遺憾なく． ***by ～s*** 何百と；たくさんに． ***～s*** (***and ～s***) ***of*** 数百の，たくさんの． ***～s and thousands***《ケーキを飾るためにふりかける》あられ砂糖． ***～s of thousands of*** 数十万の，無数の． ***in the ～*** 100につき，100分の． ***like a ～ of bricks***〘俗〙猛烈な重さで，ものすごい勢いで．
H～ Days (1) (Napoleon の) 百日天下《1815年3月20日-6月28日》． (2) 百日議会《1933年3月9日-6月16日．Roosevelt が New Deal の重要法案を可決した》． **～-per·cént**〘米話〙全面的(に)，徹底的(に)，完全(に)：I ～*-percent* agree with you. あなたと全く同意見です． **～-per·cént·er** 徹底主義者，(猛烈な)愛国主義者． **～-weight** → 別項． **H～ Years' War, the** 百年戦争《1337-1453に起こった英仏戦争》．
◇ **～·fold** [ˊ ─ ˋ] *n., a., ad.* **1** 100倍；100倍の〔に〕． **2** 100重；100重の〔に〕．

hún·dredth [hʌ́ndridθ] *n., a.* 第100(番めの)；100分の1(の)． ◇ **～·ly** *ad.* 100番めに．

húnd·red·weight [hʌ́ndrədwèit] *n.* (*pl.* **～s**,《数詞のあとでは》～) 重さの単位《略 cwt．アメリカでは100ポンド．イギリスでは112ポンド》．

‡**hung** [hʌŋ] *v.* hang の過去・過去分詞．
be ～ on に熱中して． ***be ～ over*** ふつか酔い(気分)で． ***～ up*** 一頓挫(とんざ)して，にっちもさっちもいかなくなって；〘野球〙〈走者が〉塁間にはさまれて．

Hung. Hungarian; Hungary.

Hun·gár·i·an [hʌŋgé(:)riən/-géər-] *a.* ハンガリーの，ハンガリー人〔語〕の． —— *n.* ハンガリー人〔語〕．

Hún·ga·ry [hʌ́ŋgəri] *n.* ハンガリー《中部ヨーロッパの人民共和国．首都 Budapest》．

hún·ger** [hʌ́ŋgər] *n.* **1 空腹**，ひもじさ；飢え，飢餓；ききん：die of ～ 餓死する． **2**《比喩的》**渇望**，**熱望**：～ for fame 名誉欲． ***H～ is the best sauce.〘諺〙空腹にまずいものなし．
—— *vi.* **1** 腹がへる，飢える；飢え死にしそうになる． **2**

熱望する《を *for, after*》. ── *vt.* 飢えさせる; 飢えさせて…させる: 〜 a person *into* submission 飢えさせて屈服させる. 〜 a garrison *out of* a place 守備隊を兵糧(ひょうろう)攻めにして明け渡させる.

〜 march 《失業者などの》飢餓行進. **〜 strike** ハンスト《抗議のための断食》. **〜-strike** [ˊ-ˋ] ハンストを行なう.

†**hún·gry** [hʌ́ŋgri] *a.* (**hún·gri·er**; **hún·gri·est**) **1** 空腹な, 飢えた: I am 〜. 私はおなかがすいた. a 〜 look ひもじそうな顔つき. **2** 渇望して, ひどくほしがって: be 〜 *for* [*after*] knowledge 知識を渇望する. **3** 不毛の, 乏しい: 〜 land やせた土地. **4** 食欲を起こさせる: 〜 work 腹のへる仕事. ***as 〜 as a hunter*** [***hawk***] 腹がぺこぺこで. ***feel 〜*** 空腹を覚える. ***go 〜*** 食べないでいる; 腹がへる; 飢えている.

H〜 Forties, the 〘英史〙飢餓40年代《1840–49年の大ききん時代》. ◇ **-gri·ness** *n.* **-gri·ly** *ad.* ひもじそうに, がつがつして, むさぼるように; 渇望して.

(類義語) **空腹の: hungry** 空腹の. 比喩的に用いて「…をしきりにほしがる」: *hungry* for [after] information 情報をほしがって. **starved** hungry の強意: be *starved* to death 飢え死にする. **famished** starved と同意だが, 長期間にわたる飢えや貧困が暗示される. しかし口語では starved, famished とも「腹ぺこ」の意で hungry と同義に用いられる: I was simply *famished* [*starved*] after the hike. ハイキングのあとで腹ぺこだった.

hunk [hʌŋk] *n.* 〘話〙 **1** 隆肉. **2** 《パンなどの》大きな固まり, 厚切れ.

hún·ker [hʌ́ŋkər] *vi.* しゃがむ《*down*》.

Hún·ker [hʌ́ŋkər] *n.* 〘米〙 **1** 1845–48 年のニューヨークの民主党員の中の保守系メンバー. **2** 保守的な人, 旧弊ながんこ者 (old fogy).

hún·kers [hʌ́ŋkərz] *n. pl.* 〘英〙しり《次の句にのみ用いられる》. ***on one's 〜*** しゃがんで, うずくまって.

hunks [hʌŋks] *n.* (*pl.* 〜) 守銭奴(しゅせんど), 欲張り (miser).

húnk·y[1] [hʌ́ŋki] *a.* 〘米俗〙 **1** 申し分ない, すばらしい. **2** 互角の, 勝負なしの.

〜-dó·ry [-dɔ́:ri/-dɔ̀:ri] =hunky[1] ①.

húnk·y[2] *n.* 〘米俗〙《けいべつ的》外国生まれの未熟練労働者《ハンガリー系の移住民などをいう》.

Hún·nish [hʌ́niʃ] *a.* **1** Hun 族の (ような), 匈奴(きょうど)の. **2** 野蛮な, 破壊的. **3** 《けいべつ的》ドイツ人 [兵] の.

†**hunt** [hʌnt] *vt.* **1** 狩る, 狩猟する: 〜 big game 大物狩りをする. **2** 〈獲物のいる地域を〉狩る: 〜 the woods. **3** 〈馬・犬などを〉狩猟に使う. **4** 追跡する; 迫害する: They 〜*ed* cats away. ネコを追い払った. **5** 捜す, 捜し出す《*up, out*》: 〜 *up* words in a dictionary. **6** 〈場所を〉捜し回る, 調べる: 〜 the town for a house 家を捜して町を歩き回る.

── *vi.* **1** 狩りをする. **2** 捜し求める《を *after, for*》. **3** 〈機械が〉不規則に動く.

〜 down 追い詰める, 追跡して捕える; 迫害する. ***〜 out*** 狩り出す; 捜し出す; 追い出す. ***〜 the slipper*** スリッパ捜しをする《室内遊戯》.

── *n.* **1** 狩り, 狩猟: go on a 〜 狩りに行く. **2** 狩猟隊. **3** 狩猟地(区). **4** 探求, 捜索: be on a 〜 捜している《を *for*》.

have a 〜 for を捜し求める; の猟をする.

〜 and peck 《タイプの》拾い打ち, 我流の打ち方《touch system によらない》. **〜·a·way** [ˊ-ˋ] 〘オーストラリア〙牧羊犬(の). **〜 ball** 狩猟者たちの催す舞踏会.

‡**húnt·er** [hʌ́ntər] *n.* **1** 狩人(かりうど), 猟師, ハンター. **2** 猟犬, 猟馬. **3** 探求家; 財産目当ての結婚を望む人: a fortune 〜. **4** 狩猟者用の両蓋(りょうぶた)懐中どけい (=〜 watch). **5** (the H〜) 〘天〙オリオン星座.

‡**húnt·ing** [hʌ́ntiŋ] *n.* **1** 狩猟; キツネ狩り. **2** 追求; 探求: a house 〜 貸家捜し. **3** 〘電〙乱調《同位相電動機に起こる周期的な回転むら》. **〜 box** 狩猟小屋. **〜 cap** ハンチング, 鳥打ち帽. **〜 crop** 狩猟用むち. **〜 ground** 狩猟場; あさり場: happy 〜 *ground*(*s*) 《北アメリカ原住民の》天国, 極楽; 《ほしいものの》よいあさり場. **〜 horn** 狩猟用のらっぱ. **〜 watch** 両蓋懐中どけい.

Húnt·ing·don·shire [hʌ́ntiŋdənʃìər, -ʃər] *n.* イギリス中東部の州《略 Hunts》.

Hún·ting·ton [hʌ́ntiŋtən] *n.* アメリカ West Virginia 州の都市.

húnt·ress [hʌ́ntris] *n.* 女の狩人(かりうど).

Hunts [hʌnts] =Huntingdonshire.

húnts·man [hʌ́ntsmən] *n.* (*pl.* **-men**) 〘英〙 **1** 狩人; 猟師. **2** 《キツネ狩りの》猟犬係.

◇ **〜·ship** *n.* 狩猟術.

húr·dle [hə́:rdl] *n.* **1** 《競走・競馬の》障害物, ハードル. **2** (the 〜s) 障害物競走. **3** 障害, 困難. **4** 透垣(すいがい), 編みがき, すのこ. **5** 〘史〙罪人を刑場に送るそり.

── *vt.* **1** 〈ハードルを〉飛び越す. **2** 〈障害・困難などを〉克服する. **3** にかきねをする《*off*》.

── *vi.* ハードルを飛び越す.

〜 race ハードル競走, 障害物競走.

◇ **húr·dler** *n.* **1** ハードル選手. **2** 透垣をつくる人.

húr·dy·gur·dy [hə́:rdigə̀:rdi] *n.* 手回しオルガン (barrel organ); 《手回しの》弦琴.

‡**hurl** [hə:rl] *vt., vi.* **1** 投げつける, 強く投げる《に *at*》; 〘野球〙〈ボールを〉投球する. **2** 〈悪口などを〉浴びせる《に *at*》. **3** 投げ倒す. ── *n.* 投げつけること.

◇ **〜·er** *n.* 投げる人; 〘野球〙投手.

(類) → **throw**「投げる」

húrl·ing [hə́:rliŋ] *n.* **1** 投げること. **2** ハーリング《アイルランド式ホッケー》.

Húrl·ing·ham [hə́:rliŋəm] *n.* イギリスのポロ競技本部《Middlesex 州 Fulham にある》

húrl·y-bùrl·y [hə́:rlibə̀:rli] *n.* 大騒動, 混乱

── *a.* 大騒ぎの, ごった返しの.

Húr·on [hjú(:)rən/hjúər-] *n.* ヒューロン湖《北アメリカ五大湖の一つ. アメリカの Michigan 州とカナダの Ontario 州との間にある》.

‡**hur·ráh** [hurɔ́:, -rá:/-rá:], **hur·ráy** [huréi] *int.* 万歳!, フレー! ── *n.* 万歳の声, 歓声: *H〜* for the King! 国王万歳! ── *vi.* 万歳を唱える, 歓声をあげる. ── *vt.* 歓声をあげて迎える [はやす].

〜's nest 〘米俗〙混乱.

húr·ri·cane [hə́:rikèin/hʌ́rikən, -k(e)in] *n.* **1** ハリケーン《熱帯性の旋風》; 大暴風. → cyclone, typhoon. **2** 《感情などの》激発: a 〜 of applause あらしのようなかっさい. **3** (H〜) イギリス軍戦闘機の一種《第 2 次世界大戦に使用された》.

〜 bird =frigate bird. **〜 deck** 〘おもに米〙《内海航路用》客船の最上甲板. **〜 lamp** ハリケーンランプ《燈油を用いる》. (類) → **storm**「あらし」

húr·ried [hə́:rid/hʌ́rid] *a.* **1** 《人が》大急ぎの, あわただしい. **2** 《仕事などが》ぞんざいな; 《食事など》急いで済ませた. ◇ **〜·ness** *n.*

‡**húr·ried·ly** [hə́:ridli/hʌ́rid-] *ad.* 大急ぎで, 大あわてで, せかされて.

†**húr·ry** [hə́:ri, hʌ́ri/hʌ́ri] *n.* **1** 大急ぎ, あわて急ぐこと: Everything was 〜 and excitement. てんやわんやの大騒ぎだった. **2** 切望《*for*; *to* (do)》. **3** 《否定文・疑問文で》急ぐ必要: Is there any 〜? なにか急ぐ必要でもあるのか. **4** 〘楽〙《弦楽器の》トレモロ; 《太鼓の》連打.

in a 〜 (1) 急いで: He left *in a 〜*. 彼は急いで出て行った. I am *in a* 〜 to go. 急いで行かなければならない; 早く行きたいのです. Don't be *in a* 〜. あわてるな. (2) 〘話〙喜んで. (3) 〘話〙容易に. ***in one's 〜*** 急ぐあまりに, 急いだために. ***in no 〜*** ゆっくりかまえて; 容易に…せずに《*to* (do)》: I am *in no* 〜 for it. 別にそれを急いでおりません.

— *v.* (**húr·ried**; **húr·ry·ing**) *vt.* 急がせる, せきたてる; せきたてて行かせる《*along, away*》, せきたてて出す《*out*》. — *vi.* 急ぐ; あせる, あわてる: Don't ～. ゆっくりやれ. **～ away** [**off**] 急いで立ち去る[去らせる]. **～ back** 急いでもどる; じきにまた来る. **～ on with** を急いで行なう. **～ over** をあわてて済ます. **～ up** 急ぐ《しばしば命令形で》; 急がせる.
～-scúr·ry → 別項. **～-up** [ˊ-ˋ-] 急ぎの.
◇ **～·ing·ly** *ad.* 急いで, あわてて.
[類] → **haste**「急ぎ」

húr·ry-scúr·ry, -skúr·ry [hə́:riskə́:ri/hʌ́riskʌ́ri] *ad.* あわてふためいて. — *a.* 大あわての. — *n.* 大あわて; 混乱. — *vi.* あわててする[走る].

hurst [hə:rst] *n.* 森; 森のある丘; 砂丘, 砂州.

†**hurt** [hə:rt] *v.* (**hurt**) *vt.* **1** 傷つける, にけがをさせる: be seriously ～ 重傷を負う. **2** に痛みを感じさせる[与える]: My head ～s me. 頭が痛い. **3** 〈感情を〉傷つける; 〈人を〉不快にさせる. **4** 《比喩的》傷つける, 害する. — *vi.* **1** 苦痛を与える. **2** 痛む: My finger still ～s. 指がまだ痛い. ***feel ～*** 不快に思う. ***get ～*** = ～ one***self*** けがをする, 負傷する. ***It ～s.*** 〔話〕痛い. ***It won't ～ me*** [***you***] ***to*** help him. (彼に助力)してもいいよ[してくれてもいいだろう].
— *n.* **1** けが, 傷. **2** 害, 損害. **3** 《精神的》苦痛: intend no ～ to a person's feelings 人の感情を害するつもりはない. ***do ～ to*** を傷つける; をそこなう.
◇ **～·less** *a.* 無害な; 傷を受けない.
[類義語] **傷つける, そこなう: hurt** 身体・心を傷つける. **injure** 健康・名誉・感情などの「棄損」に力点がある. **damage** 損害による価値の消失を強調する. **impair** 効力・質・価値などを低める: Bad weather often *impairs* scenic beauty. 悪天候はしばしば風景美をそこなう.

húrt·er [hə́:rtər] *n.* **1** 《車軸の先端の》車どめ. **2** 砲車の車輪どめ《発砲するとき振動で車輪が動くのを防ぐ物》.

húrt·ful [hə́:rtf(u̇)l] *a.* 有害な, 傷つける.
◇ **～·ly** [-fu̇li] *ad.* 有害に. **～·ness** *n.*

húr·tle [hə́:rtl] *vi.* **1** 突き当たる《に *against*》. **2** ドシンと音をたてる. **3** 音をたてて行く; 突進する.
— *vt.* **1** ひどく投げる, 投げつける. **2** ぶつける, 衝突させる. — *n.* **1** 衝突(音). **2** 〔雅〕投げること.

†**hús·band** [hʌ́zbənd] *n.* **1** 夫, 良人. **2** 〔古〕節約家: a bad ～ 〔古〕経済のへたな人, 浪費者. ***ship's ～*** 船舶管理人.
— *vt.* **1** 節約する, 節約して使う: ～ one's strength 力を控えめに出す. **2** 〔雅・笑〕に夫をもたせる. **3** 〔古〕耕す, 栽培する.
～·man [-bən(d)mən] (*pl.* **-men**) 〔古〕百姓, 農夫. **～'s tea** 〔笑〕薄くて冷たい茶.
◇ **～·age** [-idʒ] *n.* 〔海〕船舶管理手数料. **～·like** [-làik] *a.* 夫らしい.

hús·band·ry [hʌ́zbəndri] *n.* **1** 耕作, 農業. **2** 節約, やりくり. **3** 〔古〕家事, 家政. ***good*** [***bad***] ***～*** じょうず[へた]な家政の切り回し.

‡**hush** [hʌʃ] *int.* しーっ!《沈黙を求める合い図》.
— *n.* **1** 沈黙, 静けさ: in the ～ of night. **2** もみ消し: policy of ～ もみ消し政策.
— *vt.* **1** 静かにさせる, 沈黙させる: All nature is ～*ed.* あたり一面静まりかえっている. **2** の口止めをする; 〈事件などを〉もみ消す《*up*》: ～ *up* a scandal. **3** 〈怒り・恐れなどを〉なだめる. **4** 〈子どもを〉寝かしつける: ～ a baby to sleep.
— *vi.* 静かになる, 黙る.
～ boat イギリス製の擬装軍艦, おとり船《第1次世界大戦中のもの》. **～-hush** → 別項. **～ money** 口止め料. **～ ship** = ～ boat.
◇ **～ed** [-t] *a.* 静まり返った; 秘密の: talk in ～*ed* tones 小声でないしょ話をする.

húsh·a·by [hʌ́ʃəbài] *int.* ねんねんよう.
— *vt.* 子もり歌をうたって寝かす.

húsh-hush [hʌ́ʃhʌ̀ʃ, ㊕ˊ-ˋ-] *n., a.* 〔俗〕極秘(の).
— *vt.* 〈報道の発表などを〉伏せておく; 極秘にする.

***husk** [hʌsk] *n.* **1** さや, から; 〔米〕トウモロコシの皮. **2** かす, 廃物. **3** 家畜の気管支炎. — *vt.* **1** の皮をはぐ, のさや[から]をとる. **2** しゃがれ声で言う[歌う]《*out*》. — *vi.* しゃがれ声になる. ◇ **～·er** *n.*

húsk·ing [hʌ́skiŋ] *n.* 〔米〕トウモロコシの皮むき; そのための集まり (= ～ bee).

húsk·y [hʌ́ski] *a.* **1** から[さや]の; からの多い. **2** しゃがれ声の; 《歌手・話し手などの声が》ハスキーな: a ～ voice かすれた声. **3** 〔米話〕がっしりした. — *n.* 〔米話〕がっしりした人.
◇ **húsk·i·ly** *ad.* **húsk·i·ness** *n.*

Hús·ky [hʌ́ski] *n.* **1** エスキモー人[語] (Eskimo). **2** (または h～) エスキモー犬 (Eskimo dog).

hus·sár [huzɑ́:r] *n.* 軽騎兵.

hús·sif [hʌ́zif] *n.* 針箱 (housewife).

hús·sy [hʌ́si, -zi] *n.* おてんば娘, あばずれ女.

hús·tings [hʌ́stiŋz] *n. pl.* 《通例単数扱い》**1** 〔米〕政見発表演説会場. **2** 〔英史〕国会議員候補の指名の行なわれた演壇; 〔英〕選挙手続き.

***hús·tle** [hʌ́sl] *vt.* **1** 〈人などを〉手荒く押す, 押しやる《に *against*》; 押し込む《へ *into*》; 押し出す《*out*》. **2** 無理に…させる《*into* (do)*ing*》. **3** 〔話〕〈仕事などを〉さっさとやってのける《*up*》.
— *vi.* **1** 強く押す. **2** 押し進む; 急ぐ: He ～*d* through the crowd. 彼は人込みを押し分けて進んで行った. **3** 〔米話〕精力的に働く.
— *n.* **1** 押し合い. **2** 一騒ぎ. **3** 〔米話〕精力的活動, ハッスル.

hús·tler [hʌ́slər] *n.* **1** 手荒く押す人 **2** 〔米俗〕活動家. **3** 〔俗〕詐欺師; 売春婦.

hús·tling [hʌ́sliŋ] *a.* 元気旺盛(おう)な, 活動的な.

‡**hut** [hʌt] *n.* **1** 小屋, あばらや: an Alpine ～ 登山小屋. **2** 〔軍〕仮兵舎. — *vt., vi.* (**-tt-**) 小屋に住ませる[住む]. **～ circle** 〔考古〕《有史前の住居跡を示す》環状の石または土.

hutch [hʌtʃ] *n.* **1** 動物小屋, おり. **2** 小屋; 〔米方〕漁夫小屋. **3** 箱; 《穀物などの》貯蔵箱. **4** 《パン屋の》こねおけ. **5** 〔採鉱〕洗鉱槽(そう), 鉱石運搬車.
— *vt.* **1** 貯蔵する; 〔古〕箱に収める. **2** 洗鉱槽で洗う.

hút·ment [hʌ́tmənt] *n.* 仮事務所; 〔軍〕仮兵舎(に宿泊すること).

hüt·te [G. hýtə] G. *n.* ヒュッテ, 山小屋.

hút·ting [hʌ́tiŋ] *n.* 兵営建設資材.

huz·zá [huzɑ́:, ㊕ˊhʌ-] *int.* = hurrah.

húz·zy [hʌ́zi] = hussy.

hwan [(h)wɑ:n] *n.* (*pl.* ～) ファン《韓国(かんこく)の旧貨幣単位で won² の前身》.

Hwáng Hái [hwɑ́ŋ-hái, hwǽŋ-] *n.* 黄海 (the Yellow Sea).

Hwáng Hó [hwǽŋ-hóu, ㊕ˊhwɑ́:ŋ-] *n.* 黄河(the Yellow River).

H.W.M. high-water mark.

hý·a·cinth [háiəsìnθ] *n.* **1** 〔植〕ヒヤシンス, ヒヤシンスの花[球根]. **2** ヒヤシンス色《青味がかったスミレ色》. **3** 〔鉱〕赤かっ色のジルコン, 風信子石.
◇ **hỳ·a·cín·thine** [hàiəsínθin, -θain/-θain] *a.* ～の(ような), ～色の; ～で飾られた.

Hý·a·des [háiədì:z], **Hý·a·ds** [háiədz, háiædz] *n. pl.* **1** 〔ギ神〕Atlas の七人娘で兄弟の死を悲しんだあまり星に化した女精たち. **2** 〔天〕ヒアデス星団《雄牛座中の群星》.

hy·áe·na = hyena.

hý·a·line [háiəlin] *a.* ガラスのような, 透明な.
— *n.* **1** 〔生化〕ヒアリン層. **2** 《眼球の》硝子(しょうし)体膜. **3** 〔雅〕鏡のような海, 澄みきった空.

hý·a·lite [háiəlàit] *n.* 〔鉱〕玉滴石《opal の一種》.

hyalo- 「ガラス」「透明な」の意の語形成要素.

hý·a·loid [háiəlɔ̀id] *a.* 〔医〕ガラス状の.
— *n.* 《眼球の》硝子体膜.

hý·a·lo·plasm [háiəlọplæz(ə)m] *n.* 透明質.
hý·brid [háibrid] *n.* **1** 《動植物の》雑種; 混血児; 混成物. **2** 〘言〙 混成語 《例: short*age* で short は本来英語. -age はフランス語の接尾辞》. **——** *a.* 雑種の; 混成の. ◇ **~·ism, hy·bríd·i·ty** [haibrídịti] *n.* 雑種性; 交配; 混種, 混成.
hý·brid·ize [háibridàiz] *vt.* の雑種をつくる; 掛け合わせる. **——** *vi.* 雑種ができる; 混成語をつくる.
◇ **hỳ·brid·i·zá·tion** [hàibrịdịzéiʃ(ə)n/-daiz-] *n.* 交雑, 雑種繁殖; 〘言〙 混成.
hyd. hydraulic(s); hydrographic; hydrostatic(s).
hý·da·tid [háidətid] *n.* **1** 〘動〙 《サナダムシの》 胞虫. **2** 〘医〙 水胞 《サナダムシの幼虫によって人または動物の体内にできる》.
Hyde [haid] *n.* ハイド氏 (＝Mr. ～). → Jekyll.
Hýde Párk [háid-pɑ́:*r*k] *n.* **1** ロンドンにある有名な公園. **2** New York 州の村 《Franklin D. Roosevelt の墓地がある》.
hý·dra [háidrə] *n.* (*pl.* **-dras, -drae** [-dri:]) **1** (H～) 〘ギ神〙 ヒドラ 《九つの頭をもつヘビ. 一つの頭を切るとその跡に二つの頭がはえるという怪物》. **2** 根絶しがたい災害. **3** 〘動〙 ヒドラ 《ヘビの一種》. **4** (H～) 〘天〙 ウミヘビ座. **~-héad·ed** 《Hydra のように》頭の多い; 根絶しがたい.
hy·drác·id [haidræ̀sid] *n.* 〘化〙 水素酸.
hy·drán·gea [haidréindʒə, ㊊⁺-drǽndʒ(i)ə] *n.* 〘植〙 アジサイ.
hý·drant [háidrənt] *n.* 《通例路上の》 消火栓(せん); 給水栓. [√hydr-]
hý·dranth [háidrænθ/-drənθ] *n.* 〘動〙 芽体.
hý·drate [háidreit, -rit] *n.* 〘化〙 水化物, 含水化合物. **——** [-dreit] *vt., vi.* 水酸化〔水和〕させる〔する〕.
◇ **hy·drá·tion** [haidréiʃ(ə)n] *n.* 〘化〙 水和 (作用): 《繊維素の》 水解.
hy·dráu·lic [haidrɔ́:lik] *a.* **1** 水力の, 水圧の; 油圧の. **2** 水力学の. **3** 水硬性の.
~ cement 水硬セメント 《ふつうにセメントと称するもの》. **~ crane** 水圧起重機. **~ lift** 水圧リフト 《自動車の給油・修理などに用いる》. **~ modulus** 《セメントの》 水硬率. **~ press** 水圧機. **~ ram** 水圧ポンプ. ◇ **-li·cal·ly** *ad.*
hy·dráu·lics [-s] *n. pl.* 《単数扱い》 水力学.
hý·dra·zide [háidrəzàid/-zid] *n.* 〘化〙 ヒドラジッド 《結核治療剤》.
hý·dri·a [háidriə] *n.* (*pl.* **-ae** [drii:]) 《古代ギリシア・ローマ時代の》 水がめ.
hý·dric [háidrik] *a.* **1** 〘化〙 水素の; 水素を含有する. **2** 湿った環境の〔に適した〕.
「化物.
hý·dride [háidràid], **-drid** [-drid] *n.* 〘化〙 水素
hỳ·dri·ód·ic [hàidriɑ́dik/-ɔ́d-] **~ *acid*** 〘化〙 ヨウ化水素酸; その水溶液.
hý·dro [háidrou] *n.* (*pl.* **~s**) **1** 水力電気 (発電所). **2** 〘話〙 水上飛行機 (＝hydroairplane). **3** 〘英話〙 水治療院 (＝hydropathic).
hydro- 「水」「水素の」の意の語形成要素. [√hydr-]
hỳ·dro·aír·plane [hàidroέə*r*plèin], **hỳ·dro·aér·o·plane** [-έ(:)rəplèin/-έərə-] *n.* 水上飛行機.
「湖沼生物学.
hỳ·dro·bi·ól·o·gy [-baiɑ́lədʒi/-ɔ́l-] *n.* 水生物学;
hỳ·dro·bí·plane [-báiplèin] *n.* 複葉水上機.
hỳ·dro·bró·mic [-bróumik] *a.* 〘化〙 臭化水素の.
~ acid 臭化水素酸.
hỳ·dro·cár·bon [hàidrọkɑ́:*r*bən / hái-] *n.* 〘化〙 炭化水素. **~ black** 油煙, すす.
hỳ·dro·céph·a·lus [-séfələs] *n.* 〘医〙 脳水腫(しゅ).
hỳ·dro·chló·ric [hàidrọkló:rik/háidrọklɔ́rik] *a.* 〘化〙 塩化水素の. **~ acid** 塩酸, 塩化水素酸.
hỳ·dro·cy·án·ic [hàidrosaiǽnik/hái-] *a.* 〘化〙 シアン化水素の. **~ acid** 青酸, シアン化水素酸.
hỳ·dro·dy·nám·ic [-dainǽmik] *a.* 水力の, 水圧の; 動水力学の.
hỳ·dro·dy·nám·ics [-s] *n. pl.* 《単数扱い》 水力学, 流体力学.
hỳ·dro·e·léc·tric [hàidrọiléktrik/hái-] *a.* 水力電気の. ◇ **hỳ·dro·e·lèc·tríc·i·ty** [hàidroilèktrísịti] *n.* 水力電気.
「遠心脱水機.
hỳ·dro·ex·trác·tor [hàidrọikstrǽktə*r*/hái-] *n.*
hỳ·dro·flu·ór·ic [hàidrọflu:ɔ́:rik, -ɑ́rik/háidrọflu:ɔ́rik] *a.* 〘化〙 フッ化水素の. **~ acid** フッ化水素酸.
hý·dro·foil [háidrọfɔ̀il] *n.* 水中翼船.
‡hý·dro·gen [háidrịdʒ(ə)n] *n.* 〘化〙 水素 《記号 H》. [√hydr-] **~ bomb** 水素爆弾 (H-bomb). **~ chloride** 塩化水素. **~ peroxide** 過酸化水素. **~ sulfide** 硫化水素.

hydrofoil

hý·dro·gen·ate [háidrədʒənèit/haidrɔ́dʒ-], **-ize** [-dʒənàiz] *vt.* 〘化〙 水素と化合させる, に水素を添加する; 水素で処理する.
◇ **hỳ·dro·gen·á·tion** [hàidrədʒənéiʃ(ə)n] *n.*
hy·dróg·e·nous [haidrɑ́dʒịnəs/-drɔ́dʒ-] *a.* 水素の; 水素を含む.
「計; 水位図
hý·dro·graph [háidrọgræf/-grɑ:f] *n.* 自記水位
hy·dróg·ra·phy [haidrɑ́grəfi/-drɔ́g-] *n.* 水路学, 水路測定 (術); 水界地理学 《海洋・河川・湖沼などの研究》. ◇ **-pher** [-fə*r*] *n.* 水路学者 〔測量家〕, 水界地理学者. **hỳ·dro·gráph·ic** [hàidrọgrǽfik], **hỳ·dro·gráph·i·cal** *a.*
hý·droid [háidrɔid] *n., a.* 〘動〙 ヒドロ虫 (の).
hỳ·dro·ki·nét·ics [hàidrokinétiks, -kai-] *n. pl.* 《単数扱い》 液体 〔流体〕 動力学.
hy·dról·o·gy [haidrɑ́lədʒi/-drɔ́l-] *n.* 水文 〔水理〕 学 《水の性質・分布・法則などの研究》.
◇ **-gist** *n.* 水文 〔水理〕 学者. **hỳ·dro·lóg·ic** [hàidrəlɑ́dʒik/-lɔ́dʒ-] *a.*
hy·dról·y·sis [haidrɑ́lịsis/-drɔ́l-] *n.* 〘化〙 加水分解. ◇ **hỳ·dro·lýt·ic** [hàidrəlítik] *a.*
hý·dro·lyze [háidrəlàiz] *vt.* 〘化〙 加水分解する.
◇ **-lyz·a·ble** *a.*
hỳ·dro·má·ni·a [hàidrọméiniə, -njə] *n.* 〘医〙 病的渇感, 入水(じゅ)狂, 溺死(でき)狂.
hỳ·dro·me·chán·ics [hàidrọmikǽniks / hái-] *n. pl.* 《単数扱い》 〘物〙 流体 〔液体〕 力学.
hý·dro·mel [háidrəmèl] *n.* はちみつ水液 《発酵しないもの》. → mead².
hy·dróm·e·try [haidrɑ́mịtri/-drɔ́m-] *n.* 液体比重測定(法); 水速 〔水量〕 測定.
◇ **-ter** [-tə*r*] *n.* 液体比重計, 浮きばかり. **hỳ·dro·mét·ric** [hàidrọmétric], **hỳ·dro·mét·ri·cal** *a.*
hỳ·dro·páth·ic [hàidrəpǽθik], **-i·cal** [-(ə)l] *a.* 水治療法の. **——** *n.* 〘英〙 水治療院, 湯治旅館.
hy·dróp·a·thy [haidrɑ́pəθi/-drɔ́p-] *n.* 〘医〙 水治療法 《鉱泉を浴びたり飲んだりする治療法》.
◇ **-thist** *n.* 水治療法医 〔家〕.
「狂犬.
hý·dro·phobe [háidrəfòub] *n.* 〘医〙 恐水病患者;
hỳ·dro·phó·bi·a [hàidrəfóubiə] *n.* 〘医〙 狂犬病, 恐水病 (rabies). ◇ **-bic** [-fóubik] *a.*
hý·dro·phone [háidrəfòun] *n.* **1** 水中聴音機 《潜水艦発見用など》. **2** 漏水検査器. **3** 〘医〙 含水聴診器.
hý·dro·phyte [-fàit] *n.* 水生植物, 湿地植物.
hy·dróp·ic [haidrɑ́pik/-drɔ́p-] ＝dropsical.
hý·dro·plane [háidrọplèin] *n.* **1** 水上飛行機, 滑走艇. **2** 《潜水艦を昇降させる》 水平舵(だ).
—— *vi.* **1** ～で旅する. **2** ～のように水上を滑走する.
hỳ·dro·pón·ics [hàidrəpɑ́niks/-pɔ́n-] *n. pl.* 《単数扱い》 〘農〙 水耕法, 清浄栽培 《栄養素溶液で野菜を栽培する》. ◇ **-ic** *a.*

hý·drops [háidrɑps/-drɔp-], **hý·drop·sy** [-psi] *n.* 〖医〗水腫(すいしゅ)病.

hỳ·dro·qui·nóne [hàidrọkwinóun/hái-] *n.* 〖化〗ハイドロキノン《写真現像剤》.

hý·dro·scope [háidrəskòup] *n.* 水中めがね.

hý·dro·sphere [háidrəsfiər] *n.* 《地球の》水界; 《大気圏内の》水.

hý·dro·stat [háidrọstæ̀t] *n.* **1** 《ボイラーの》防爆装置. **2** 漏水検出器.

hỳ·dro·stát·ic [hàidrọstǽtik], **-i·cal** [-(ə)l] *a.* 液体〔流体〕静力学の. ～ **press** 水圧機.
◇ **hỳ·dro·stát·i·cal·ly** *ad.*

hỳ·dro·stát·ics [-stǽtiks] *n. pl.* 《単数扱い》静水力学, 液体〔流体〕静力学.

hỳ·dro·thèr·a·péu·tics [hàidrọθèrəpjú:tiks/hái-] ＝hydrotherapy.

hỳ·dro·thér·a·py [hàidrọθérəpi/hái-] *n.* 〖医〗水治療法 (hydropathy).

hỳ·dro·thér·mal [-θɔ́:rm(ə)l] *a.* 熱水(作用)の.

hỳ·dro·thó·rax [hàidrọθɔ́:ræks/-θɔ́:r-] *n.* 〖医〗胸水, ろく膜水腫(すいしゅ).

hy·drót·ro·pism [haidrɑ́trəpiz(ə)m/-drɔ́t-] *n.* 〖植〗屈水性. ***positive*** 〔***negative***〕 ～ 向水〔背水〕性.
◇ **hỳ·dro·tróp·ic** [hàidrọtrɑ́pik/-trɔ́p-] *a.*

hý·drous [háidrəs] *a.* 〖化・鉱〗含水の.

hy·dróx·ide [haidrɑ́ksaid, -sid/-drɔ́ksaid], **-id** [-sid] *n.* 〖化〗水酸化物.

hy·dróx·yl [haidrɑ́ksil/-drɔ́k-] *n.* 〖化〗水酸基.

Hỳ·dro·zó·a [hàidrəzóuə] *n. pl.* 〖動〗ヒドロ虫類.
◇ **～n** *a., n.* ヒドロ虫類の(虫).

hy·é·na, hy·áe·na [haií:nə] *n.* **1** 〖動〗ハイエナ《アジア・アフリカ産. 死肉〔腐肉〕を食う》. **2** 残忍な人, 貪欲(どんよく)な人; 裏切り者.
◇ **hy·é·nic** [-nik], **hy·é·nine** [-nain, -nin] *a.*

hyeto- 「雨」の意の語形成要素.

hý·e·to·graph [háiitəgræ̀f, haiétə-/háiitəgrɑ:f] *n.* 雨量図 (isohyetal map).

hỳ·e·tól·o·gy [hàiitɑ́lədʒi/-tɔ́l-] *n.* 雨学.

Hy·gé·ia [haidʒí:ə] *n.* 〖ギ神〗健康の女神; 《擬人的》健康.

hy·gé·ian [haidʒí:ən] *a.* 健康〔衛生〕の; (H～) 健康の女神の.

hý·giene [háidʒi:n, ㊥⁺háidʒii:n] *n.* 健康〔摂生〕法, 衛生学.

***hỳ·gi·én·ic** [hàidʒiénik/haidʒí:nik], **-i·cal** [-(ə)l] *a.* 衛生(上)の, 保健上の; 衛生学の.
◇ **hỳ·gi·én·i·cal·ly** *ad.* 衛生的に.

hỳ·gi·én·ics [-s] *n. pl.* 《単数扱い》衛生学.

hý·gi·en·ist [háidʒiənist/-dʒi:n-] *n.* 衛生学者.

hygro- 「湿気」「液体」の意の語形成要素.

hy·gról·o·gy [haigrɑ́lədʒi/-grɔ́l-] *n.* 湿度学.

hy·gróm·e·ter [haigrɑ́mịtər/-grɔ́m-] *n.* 湿度計. ◇ **-try** [-tri] *n.* 湿度測定(法). **hỳ·gro·mét·ric** [hàigrọmétrik] *a.* ～の.

hý·gro·scope [háigrəskòup] *n.* 〖物〗検湿器, 湿度計.

hỳ·gro·scóp·ic [hàigrəskɑ́pik/-skɔ́p-] *a.* 湿度計の, 検湿器の. ◇ **-i·cal·ly** *ad.*

Hýk·sos [híksous, -sɑs/-sɔs] *n. pl.* ヒクソス王朝 (Shepherd Kings) 《1700–1580 B.C. にエジプトに君臨した諸王》.

hý·la [háilə] *n.* 〖動〗キノボリアマガエル.

hỳ·lo·zó·ism [hàilọzóuiz(ə)m] *n.* 〖哲〗物活論, 万物有生論《物質もみな生命のあるものとする説》.
◇ **-ic** [-zóuik] *a.* **-ist** *n.* 物活論者.

Hý·men [háimən/-men] *n.* **1** 〖ギ・ロ神〗婚姻の神. **2** (h～) 結婚. **3** (h～) 〖医〗処女膜.

hỳ·me·né·al [hàimənί:əl/-me-] *a.* 婚姻の.
—— *n.* 祝婚歌; (*pl.*) 結婚式.

Hỳ·me·nóp·ter·a [hàimịnɑ́ptərə/-nɔ́p-] *n. pl.* 〖動〗膜翅(まくし)類. ◇ **-ous** *a.*

‡**hymn** [him] *n.* 賛美歌, 聖歌; 賛歌: a national ～ 国歌. —— *vt.* 賛美歌で賛美する; 賛美歌で表現する. —— *vi.* 賛美歌をうたう. **～·book** [∠∸] 賛美歌集.

hým·nal [hímnəl] *n.* 賛美歌集 (hymnbook).
—— *a.* 賛美歌の, 聖歌の.

hým·na·ry [hímnəri] ＝hymnal.

hým·nist [hímnist] *n.* 賛美歌作者.

hým·no·dy [hímnədi] *n.* **1** 《集合的》賛美歌. **2** 賛美歌をうたうこと. **3** 賛美歌研究.
◇ **-dist** *n.* 賛美歌学者〔作者〕.

hym·nóg·ra·pher [himnɑ́grəfər/-nɔ́g-] *n.* ＝ hymnist; 賛美歌研究家.

hym·nól·o·gy [himnɑ́lədʒi/-nɔ́l-] *n.* **1** 賛美歌学. **2** 《集合的》賛美歌. **3** 賛美歌作成.
◇ **-gist** *n.* 賛美歌作者〔学者〕.

hý·oid [háiɔid] *a.* 〖医〗舌骨の; U 字形の.
—— *n.* 舌骨 (＝～ bone).

hý·os·cine [háiəsi:n, -sin/-sain] *n.* 〖化〗ヒオスシン《瞳孔(どうこう)散大薬》.

hỳ·os·cý·a·mine [hàiəsáiəmi:n, -min/-min] *n.* 〖化〗ヒオスシアミン《瞳孔散大薬・鎮静剤》.

hyp [hip] *n.* (しばしば *pl.*) 憂うつ(＝hypochondria).

hyp. hypotenuse; hypothesis; hypothetical.

hy·páe·thral ＝hypethral.

hy·pál·la·ge [hipǽlədʒi, hai-/haipǽləgi, -lədʒi] *n.* 〖修〗代換法《her face's beauty→her beauty's face の類》.

hyper- 「越えて, 過度の」「極度の」の意の語形成要素.

hỳ·per·ác·id [hàipərǽsid/hái-] *a.* 〖医〗胃酸過多の. ◇ **hỳ·per·a·cíd·i·ty** [hàipərəsídịti] *n.* 胃酸過多(症).

hỳ·per·ác·tive [-ǽktiv] *a.* (きわめて)旺盛(おうせい)な〔活発な〕.

hy·pér·ba·ton [haipɔ́:rbətɑ̀n/-tɔn] *n.* (*pl.* **-ta** [-bətə]) 〖修〗転置法《ある語を強調するため, その語を正常の位置から移すこと: *What* is wanting? → Wanting is *what*?》.

hy·pér·bo·la [haipɔ́:rbələ] *n.* 〖数〗双曲線.

hy·pér·bo·le [haipɔ́:rbəli:, -li/-li] *n.* 〖修〗誇張(法), 誇張語句.

hỳ·per·ból·ic [hàipərbɑ́lik/-bɔ́l-], **-i·cal** [-(ə)l] *a.* **1** 〖数〗双曲線の. **2** 誇張法の; 誇張した, 大げさな. ◇ **hỳ·per·ból·i·cal·ly** *ad.*

Hỳ·per·bó·re·an [hàipərbó:riən/-bɔ:rí:ən] *n.* 〖ギ神〗北方のとこ春の国の住人. —— *a.* **1** ～の. **2** (ときに h～) 北極の; 非常に寒い.

hỳ·per·cor·réct [-kərékt] *a.* **1** (小事に) やかましい. **2** 正確すぎる《Whom does she think she is? の whom の類で, who のほうが正用》.

hỳ·per·crín·ism [-kríniz(ə)m] *n.* 内分泌腺(せん)分泌過多.

hỳ·per·crít·ic [hàipərkrítik/hái-] *n.* 酷評家.
◇ **-i·cism** [-tịsiz(ə)m] *n.* 酷評, あら捜し.

hỳ·per·crít·i·cal [-krítik(ə)l] *a.* 酷評の.
◇ **-i·cal·ly** *ad.*

hỳ·per·es·thé·si·a [hàipərịsθí:ʒiə, -ʒə/-siə] *n.* 〖医〗知覚過敏(症).

Hy·pé·ri·on [haipí(:)riən/-píər-] *n.* 〖ギ神〗ヒュペリオン《Uranus と Gaea の子で Helios, Selene, Eos の父. のちに Apollo と混同された》.

hỳ·per·mét·ric [hàipərmétrik], **-ri·cal** [-(ə)l] *a.* 〖韻〗音節過剰の; 字余りの.

hỳ·per·me·tró·pi·a [hàipərmitróupiə] *n.* 〖医〗遠視. ↔ myopia.
◇ **hỳ·per·me·tróp·ic** [-trɑ́pik/-trɔ́p-] *a.*

hý·per·on [háipərɑ̀n/-ɔn] *n.* 〖物〗重核子.

hỳ·per·ó·pi·a [hàipəróupiə] *n.* ＝hypermetropia. ◇ **hỳ·per·ó·pic** [-rɑ́pik/-rɔ́p-] *a.* ＝hypermetropic.

hỳ·per·phýs·i·cal [hàipərfízik(ə)l/hái-] *a.* 超物質的な, 非物質的な; 超自然的な.

hỳ·per·sén·si·tive [hàipərsénsịtiv/hái-] *a.* 〖医〗

過敏症の. ◇ ~·**ness** *n.* **hỳ·per·sèn·si·tív·i·ty** [-sènsitívịti] *n.* 過敏症.

hỳ·per·són·ic [hàipərsánik/háipəsɔ́n-] *a.* 〖物〗音速の 5 倍またはそれ以上の. → supersonic. 「石.

hý·per·sthene [háipərsθi:n] *n.* 〖鉱〗紫蘇(しそ)輝

hỳ·per·tén·sion [hàipərténʃ(ə)n/hái-] *n.* **1** 〖医〗高血圧(症). **2** 過度の緊張.

hỳ·per·tén·sive [hàipərténsiv/hái-] *a.* 高血圧の. —— *n.* 高血圧患者.

hy·pér·tro·phy [haipə́:rtrəfi] *n.* 〖生〗(異常) 肥大, 異常発達. ↔ atrophy. —— *vt., vi.* (異常に) 肥大させる〔する〕. ◇ **-phied** [-d], **hỳ·per·tróph·ic** [ˊ–trάfik/-trɔ́f-] *a.* 肥大性の, 異常発達の.

hy·pé·thral [hipí:θrəl, hai-] *a.* 《古代ギリシア・ローマの建築で》屋根のない, 青天井の.

***hý·phen** [háif(ə)n] *n.* ハイフン, 連字符《-》. —— *vt.* ハイフンでつなぐ〔分ける〕.

hý·phen·ate [háifənèit] *vt.* ハイフンでつなぐ〔分ける〕. —— *n.* 外国系アメリカ人.

hý·phen·at·ed [-id] *a.* ハイフンでつないだ. ~ **Americans** 〖米〗外国系アメリカ人《French-Americans フランス系アメリカ人, Spanish-Americans スペイン系アメリカ人など》.

hỳ·phen·á·tion [hàifənéiʃ(ə)n] *n.* ハイフンでつなぐ〔分ける〕こと.

hý·phe·nize [háifənàiz] *vt.* =hyphenate.

hypno- 「睡眠」の意の語形成要素.

hỳp·no·a·nál·y·sis [hìpnoənǽlịsis] *n.* 催眠状態による精神分析.

hyp·nól·o·gy [hipnάlədʒi/-nɔ́l-] *n.* 催眠学.

Hýp·nos [hípnαs/-nɔs, -nəs] *n.* 〖ギ神〗眠りの神.

hyp·nó·sis [hipnóusis] *n.* 催眠, 催眠状態〔現象〕; 催眠術. 「法.

hỳp·no·thér·a·py [hìpnoθérəpi] *n.* 催眠(術)療

hyp·nót·ic [hipnάtik/-nɔ́t-] *a.* **1** 催眠術の. **2** 催眠術にかかりやすい. **3** 催眠術的; 眠りを誘う. —— *n.* **1** 催眠薬. **2** 催眠術にすぐかかる人; 催眠状態の人. ◇ **-i·cal·ly** [-(ə)li] *ad.* 催眠(術)的に.

hýp·no·tism [hípnətìz(ə)m] *n.* **1** 催眠術〔法〕; 催眠状態. **2** 《人をひきつける》暗示力, 魅力. ◇ **-tist** *n.* 催眠術師.

hýp·no·tize [-tàiz] *vt.* **1** に催眠術をかける. **2** 《驚きなどで》動けなくする, くぎ付けにする; 魅了する. —— *vi.* 催眠術を行なう; 催眠術ができる. ◇ **-tiz·er** [-ər] *n.* 催眠術師. **hỳp·no·ti·zá·tion** [hìpnətịzéiʃ(ə)n/-taiz-] *n.*

Hýp·nus [hípnəs] =Hypnos.

hý·po[1] [háipou] *n.* (*pl.* **~s**) ハイポ, チオ硫酸ナトリウム《写真現像用定着剤. hyposulfite の略》.

hý·po[2] *n.* 〖俗〗=hypodermic needle [injection].

hypo- 「下に」「以下, より少ない」「〖化〗次亜」の意の語形成要素.

hý·po·blast [háipoblæ̀st/-blα:st] *n.* 〖生〗内はい葉. ◇ **hỳ·po·blás·tic** [ˊ–blǽstik] *a.*

hýp·o·caust [hípəkɔ̀:st, háipo-/háipo-] *n.* 《古代ローマの》床下〔壁内〕暖房.

hỳ·po·chló·rite [hàipoklɔ́:rait/-klɔ́:r-] *n.* 〖化〗次亜塩素酸塩. 「酸.

hỳ·po·chló·rous [-rəs] ~ ***acid*** 〖化〗次亜塩素

hỳ·po·chón·dri·a [hàipokάndriə, hìp-/-kɔ́n-] *n.* 〖医〗ヒポコンデリー, 憂うつ症.

hỳ·po·chón·dri·ac [-driæ̀k] *a.* ヒポコンデリーの. —— *n.* ヒポコンデリー患者.

hỳ·po·chon·drí·a·cal [hàipokαndráiək(ə)l, hìp-/-kɔn-] *a.* =hypochondriac. ◇ ~·**ly** *ad.*

hỳ·po·chon·drí·a·sis [-dráiəsis] 〖医〗=hypochondria.

hỳ·po·co·rís·tic [hàipokorístik, hìp-] *a.* 〖文〗愛称の, 親愛をあらわす. 「はい軸.

hỳ·po·cót·yl [hàipokάtl, ˊ–ˊ–/ˊ–kɔ́til] *n.* 〖植〗

hýp·o·crise [hípəkràiz] *vi.* ねこをかぶる.

hy·póc·ri·sy [hipάkrisi/-pɔ́k-] *n.* 偽善.

hýp·o·crite [hípəkrit] *n.* 偽善者, ねこかぶり. ***play the ~*** ねこをかぶる.

hỳp·o·crít·i·cal [hìpəkrítik(ə)l] *a.* 偽善の, 偽善的な. ◇ ~·**ly** [-i] *ad.*

hỳ·po·dér·mic [hàipədə́:rmik] *a.* 〖医〗皮下の. —— *n.* 皮下注射, 皮下注射器〔液〕. ~ **injection** 皮下注射. ~ **needle** [**syringe**] 皮下注射針〔器〕. ◇ **-mi·cal·ly** *ad.* 皮下に.

hỳ·po·dér·mis [hàipədə́:rmis] *n.* 〖動〗表皮; 〖植〗下皮(層).

hỳ·po·gás·tric [hàipogǽstrik] *a.* 〖医〗下腹部の.

hỳ·po·phós·phite [-fάsfait/-fɔ́s-] *n.* 〖化〗次亜燐酸(りんさん)塩.

hỳ·po·phos·phór·ic [-fαsfɔ́:rik, -fάrik/-fɔsfɔ́r-ik] *a.* 〖化〗次燐酸の. ~ **acid** 次燐酸.

hỳ·po·phós·pho·rous [-fάsf(ə)rəs/-fɔ́s-] *a.* 〖化〗次亜燐酸の. ~ **acid** 次亜燐酸.

hy·póph·y·sis [haipάfịsis/-pɔ́f-] *n.* (*pl.* **-ses** [-si:z]) 〖医〗脳下垂体.

hý·po·spràу [háipospréi] *n.* 〖医〗スプレー式皮下注射器《針を使わない》.

hy·pós·ta·sis [haipάstəsis, hi-/-pɔ́s-] *n.* (*pl.* **-ses** [-si:z]) **1** 〖哲〗本質, 実体, 実在. **2** 〖宗〗三位一体の一つ; (キリストにおける) 神性人性合体. **3** 〖医〗沈下性うっ血《循環の欠陥による》.

hỳ·po·stát·ic [hàipostǽtik, hìp-] *a.* **1** 本質の, 実体の. **2** 〖宗〗(キリストの) 神性と人性を別個とする; 人性化する. **3** 〖医〗沈下性うっ血の. ~ **union** (キリストの) 神性と人性との合体.

hy·pós·ta·tize [haipάstətàiz, hi-/-pɔ́s-] *vt.* **1** 〖哲〗〈観念を〉実体化する. **2** 〖宗〗人性化する. ◇ **hy·pòs·ta·ti·zá·tion** [–ˊ–tịzéiʃ(ə)n/-taiz-] *n.*

hý·po·style [háipostàil, ㊥⁺híp-] *a.* 〖建〗多柱建築の. 「亜硫酸塩.

hỳ·po·súl·fite, -phite [hàiposʌ́lfait] *n.* 〖化〗次

hỳ·po·súl·fu·rous [hàiposʌ́lfərəs, -sʌlfjú(:)rəs/-fjúərəs] *a.* 〖化〗次亜硫酸の. ~ **acid** 次亜硫酸.

hỳ·po·táx·is [hàipotǽksis, ㊥⁺hìp-] *n.* 〖文〗従属. → parataxis. ◇ **hỳ·po·tác·tic** [-tǽktik] *a.*

hỳ·po·tén·sion [hàipoténʃ(ə)n, hìp-] *n.* 低血圧. ◇ **hỳ·po·tén·sive** [-ténsiv] *a., n.* 低血圧の(人).

hy·pót·e·nuse [haipάt(ị)n(j)ù:s, -n(j)ù:z/-pɔ́t(ị)-nju:z, -s] *n.* 〖数〗直角三角形の斜辺.

hy·póth·ec [haipάθik/-pɔ́θek] *n.* 〖法〗抵当権. ~ **bank** 勧業銀行.

hy·póth·e·cate [haipάθịkeit/-pɔ́θ-] *vt.* 抵当〔担保〕に入れる. ◇ **hy·pòth·e·cá·tion** [–ˊ–kéiʃ(ə)n] *n.*

hy·póth·e·nuse [haipάθ(ị)n(j)u:s, -z/-pɔ́θ(ị)nju:z, -s] =hypotenuse.

hỳ·po·thér·mi·a [hàipoθə́:rmiə] *n.* **1** 低(体)温. **2** 人工体温低下《心臓手術のためなどの》. ◇ **hỳ·po·thér·mal** *a.* 低(体)温の.

***hy·póth·e·sis** [haipάθịsis/-pɔ́θ-] *n.* (*pl.* **-ses** [-si:z]) 仮説, 仮定; 前提. [hypo-+√the-[2]] 〔類〕→ **theory** 「理論」

hy·póth·e·size [-sàiz] *vt.* 仮定〔仮説〕する. —— *vi.* 仮定〔仮説〕を設ける.

hỳ·po·thét·ic [hàipoθétik], **-i·cal** [-(ə)l] *a.* **1** 仮定〔仮説〕の, 憶説の. → categorical. **2** 《人が》仮定を好む. ◇ **hỳ·po·thét·i·cal·ly** *ad.* 仮に, 仮定的に.

hỳ·po·tón·ic [hàipotάnik/-tɔ́n-] *a.* **1** 〖医〗低調の, 弱い; 低血圧の. **2** 〖化〗《液体が》低圧力の. ◇ **hỳ·po·to·níc·i·ty** [-tənísịti] *n.*

hyp·sóg·ra·phy [hipsάgrəfi/-sɔ́g-] *n.* 測高(法); 測高低図式.

hyp·sóm·e·ter [hipsάmịtər/-sɔ́m-] *n.* 測高計. ◇ **-try** [-tri] *n.* 測高法.

hý·rax [háiræks/háiər-] *n.* (*pl.* **-rax·es**, **-ra·ces**

[-rəsìːz]) 〔動〕イワタヌキ《アフリカ・アジアにすむ》.
hý·son [háisn] *n.* ヒーチュン茶《中国産緑茶》.
hý·spy [háispài] *n.* 〔英〕隠れんぼの一種 (I-spy).
hýs·sop [hísəp] *n.* **1** 〔植〕ヒソップソウ, ヤナギハッカ《昔薬用に用いた芳香のある草》. **2** 〔聖〕祓(はら)い木《ユダヤ人が儀式に用いた. 出エジプト記 12:22》.
hỳs·ter·éc·to·my [histəréktəmi] *n.* 〔医〕子宮切除(術).
hỳs·ter·é·sis [hìstəríːsis] *n.* 〔物〕〔磁気・電気の〕ヒステリシス, 履歴現象.
hys·té·ri·a [histí(ː)riə/-tíər-] *n.* **1** 〔医〕ヒステリー. **2** 《一般的》病的興奮.
hys·tér·ic [histérik] *n.* **1** ヒステリー患者. **2** 《通例 *pl.*》ヒステリーの発作, 狂乱.
—— *a.* = hysterical.
hys·tér·i·cal [histérik(ə)l] *a.* **1** ヒステリーの. **2** ヒステリックな, 病的に興奮した. ◇ **~·ly** *ad.*
hystero- 「子宮」「ヒステリー」の意の語形成要素《母音の前では hyster-》.
hýs·ter·oid [hístərɔ̀id] *a.* ヒステリーに似た.
hỳs·ter·ól·o·gy [hìstərálədʒi/-rɔ́l-] *n.* 〔医〕子宮学.
hys·ter·on prot·er·on [hístəràn-prátəràn/-rɔn-prɔ́tərɔn] Gk. **1** 〔修〕倒置(法)《例: I was *bred* and *born* in Italy》. **2** 〔論〕倒逆論法《証明されるべき結論を前提とする論法》.
hỳs·ter·ót·o·my [hìstərátəmi/-rɔ́t-] *n.* 〔医〕子宮切開(術); 帝王切開(術).

I

I, i [ai] *n.* (*pl.* **I's**, ***Is***, **i's**, ***is*** [-z]) **1** 英語アルファベットの第9字. **2** ローマ数字の1. **3** I 字形 (のもの).
I-spý 隠れんぼう (hide-and-seek).
†**I** [ai] *pron.* (*pl.* **we** [wiː, wi]) 私が〔は〕《人称代名詞. 第一人称単数主格》. —— *n.* (*pl.* **I's**) (the I) 〔哲〕自我, われ.
I 〔化〕iodine.
I. Idaho; *Iesus* (L. = Jesus); Island(s). **i.** *id* (L. = that); intransitive; island. **Ia.** Iowa. **I.A.A.F.** International Amateur Athletic Federation 国際アマチュア競技連盟. **I.A.E.A.** International Atomic Energy Agency 国際原子力機関.
I·á·go [iáːgou] *n.* Shakespeare の作 *Othello* の登場人物《悪役》.
í·amb [áiæm(b)] = iambus.
i·ám·bic [aiǽmbik] *a.* 〔韻〕短長格の, 弱強格の. —— *n.* = iambus.
i·ám·bus [aiǽmbəs] *n.* (*pl.* **-bi** [-bai], **-bus·es**) 〔韻〕短長格《⏑ ‒》; 弱強格《× ´》.
iár·o·vize [jáːrəvàiz] = jarovize.
i·à·tro·gén·ic [aiætrodʒénik] *a.* 治療によって生じる: ~ disease 医原病《医師の不注意に基づく病気》.
ib. *ibidem.*
I·bé·ri·a [aibí(ː)riə/-bíər-] *n.* イベリア《ヨーロッパ西南部, スペインとポルトガルのある半島》.
◇ **~n** *a., n.* イベリア(人)の; (古代)イベリア人〔語〕.
í·bex [áibeks] *n.* (*pl.* **~·es** [-iz], ㊎⁺ **íb·i·ces** [íbisìːz, áibi-]; 《集合的》~) 〔動〕野生ヤギ.
ibid. [íbid, áibid] *ibidem.*
i·bi·dem [ibáidem] L. (= in the same place) *ad.* おなじ場所に, 同書〔章, 節〕に《略 *ib., ibid.*》.
-i·bíl·i·ty [-əbíliti] *suf.* → -bility.
í·bis [áibis] *n.* (*pl.* **~·es** [-iz], 《集合的》~) 〔鳥〕トキ.
-i·ble [-ible, -əble] *suf.* 「…できる」「…される」「…しやすい」の意: aud*ible* 聞こえる < √audi- 聞く. leg*ible* 読みうる, 読みやすい < √leg- 読む.
IBM, I.B.M. International Business Machines《会社名》.
ib·n [íbən] *pref.* 「むすこ」の意: *ibn*-Saud. [< Ar.]
Ib·sen [íbsn] *n.* Henrik ~, 1828–1906, ノルウェーの劇作家・詩人. ◇ **~·ism** [-ìz(ə)m] *n.* イプセン主義《社会の因習的偏見を問題劇の手法で打破する》. **Ib·sé·ni·an** [ibsíːniən] *a.* イプセン的; イプセン主義の.
i.c. in charge; *inter cibos* (L. = between meals). **i/c** in charge of. **I.C.** *Iesus Christus* (L. = Jesus Christ). **IC** integrated circuit.
-ic [-ik] *suf.* **1** 名詞または語根から形容詞をつくり, 「…の」「…的」「…性の」などの意をあらわす: poet*ic* 詩の, 詩的な. romant*ic* ロマンチックな. **2** 形容詞兼名詞の接尾辞: mag*ic* 魔術(的). publ*ic* 公共(の). **3** 名詞をつくる: mus*ic* 芸術の神 Muses の技→音楽. 〈注〉このばあい形容詞は -ical の接尾辞をとる: mus*ical* 音楽的. **4** 〔化〕「…を(高度に)含む」の意: carbon*ic* 炭素を含む.
I.C.A., ICA International Cooperation and Administration 〔米〕国際協力局.
-i·cal [-ik(ə)l] *suf.* 接尾辞 -ic とおなじく形容詞をつくる: poet*ical* = poet*ic*. 〈注〉ときに二つの接尾辞の間に意味の差を生じる: econom*ical* 経済的な, 経済になる; econom*ic* 経済上の, 経済に関する.
-i·cal·ly [-ik(ə)li] *suf.* -ic, -ical で終わる形容詞の副詞語尾.
Ic·a·rus [íkərəs, ái-] *n.* 〔ギ神〕イカルス《Daedalus のむすこ. 父子はろう付けの翼で飛んだが, Icarus は太陽に接近しすぎて, ろうがとけて海に落ちた》.
◇ **I·cár·i·an** [iké(ː)riən, ai-/-kéəri-] *a.* **1** ~ の(ような). **2** 無鉄砲な, 向こう見ずの.
ICBM intercontinental ballistic missile 大陸間弾道弾. **ICC, I.C.C.** International Chamber of Commerce; Interstate Commerce Commission.
†**ice** [ais] *n.* **1** 氷. **2** 〔米〕氷菓子; 〔英話〕アイスクリーム (= ~ cream). **3** 冷淡; よそよそしさ. **4** 氷に似たもの; 《特に》砂糖衣; 〔俗〕ダイヤモンド. ***break the ~*** 打ち解ける; 口を切る. ***break through the ~*** 氷の割れ目に落ちる. ***cut no*** 〔***little***〕 ***~*** (***with***) 〔俗〕(に対して) 効果があがらない. ***get*** 〔***find***〕 ***one's ~ legs*** スケートができるようになる. ***on ~*** 〔米〕(1) 冷蔵〔冷凍〕庫に入って. (2) 将来にそなえて. (3) たな上げして; 秘密にして. (4) 必勝のはずの. (5) 入獄して. ***on thin ~*** 薄氷を踏むように, 危険な状態にあって. ***put on ~*** 保留する; 〈問題を〉未決にしておく.
—— *vt.* **1** 氷で冷やす. **2** 氷でおおう. **3** 凍らす. **4** 〈菓子などに〉糖衣をきせる.
~ **age** 〔地〕氷河時代. ~ **ax(e)** 《登山用》砕氷おの, ピッケル. ~ **bag** 氷嚢(ひょうのう). *~**·berg** [-bɜ̀ːrg] 氷山; 冷淡な人. ~**·blink** [⌐⌐] 《水平線上に生じる》氷原の照り返し. ~**·boat** [⌐⌐] 氷上船; 砕氷船. ~**·bound** [⌐⌐] 氷に閉ざされた. *~**·box** [⌐⌐] 冷蔵庫. ~**·brèak·er** 砕氷船; 〔話〕道をひらく人. ~ **cap** 《高山の山頂などの》万年雪. ~**-cóld** 氷のように冷たい; 冷淡な. ⁑~**cream** アイスクリーム. ~**-cream cone** アイスクリームを入れるコーン《円すい形のウエハース》. ~**-cream social** 茶話(さわ)会. ~**-cream soda** (アイス)クリームソーダ. ~**·fall** [⌐⌐] 氷河の滝状地点. ~ **field** 《極地の》氷原. ~**·fish** [⌐⌐] 〔魚〕白魚. ~ **floe** 《海上の》氷原, 浮氷. ~ **foot** 雪原末端《海と接する地点》; 氷河の末端. ~**-frée** 不凍の. ~**-free port** 不凍港. ~ **hockey** 〔運〕

アイスホッケー. ~·**house**[⌐⌐] 氷室(ひむろ); エスキモーの家. →igloo. **Ice·land** →別項. ~·**lìn·ing**《砕氷船などの》対氷保護外板. ~-**locked** [⌐⌐] =ice-bound. ~ **machine** 製氷機. ~·**man** [-mæ̀n, -mən] (*pl.* **-men**) 氷屋, 氷配達人. ~ **needles** 霜柱. ~ **pack** 浮氷群;〘米〙氷嚢. ~ **pail**《シャンペン酒などを冷やす》氷おけ. ~ **pick** 氷割り用きり. ~ **plant**〘植〙松葉菊の一種. ~·**quake** [⌐⌐] 大氷塊の崩壊のために起こる震動. ~ **rain** みぞれ. ~ **rink** (屋内) スケート場. ~ **sheet** 大氷原. ~ **show** アイスショー《氷上演技》. ~ **skate** (通例 *pl.*) アイススケート金具〔ぐつ〕. ~-**skate** [⌐⌐] アイススケートをする. ~-**skàt·ing** アイススケート. ~ **tongs** 氷ばさみ. ~-**up** [⌐⌐] *n.*, *vi.*〘空〙機体に氷が張る (こと). ~ **water**〘米〙氷の溶けた水; 氷で冷やした水 (㊥= ~d water). ~ **wool** = eis wool.

◇ ~**d** [aist] *a.* 氷で冷やした; 砂糖衣をかけた. ~·**less** *a.* 氷のない. ~·**like** *a.* 氷のような.

Ice. Iceland; Icelandic. **Icel.** Icelandic.

Ice·land[áislənd] *n.* アイスランド《北大西洋 Greenland 島と Norway の間にある共和国》. ~ **moss**〘植〙《食用》アイスランドゴケ. ~ **poppy**〘植〙《北極地方産》ヒナゲシ. ~ **spar**〘鉱〙氷州石《方解石の一種》. ◇ ~·**er** [-lændər, -ləndər] *n.* アイスランド人. **Ice·lán·dic** [aislǽndik] *a.*, *n.* アイスランドの; アイスランド語.

I.C.F.T.U. International Confederation of Free Trade Unions 国際自由労連.

ich·néu·mon [ikn(j)úːmən/-njúː-] *n.* **1**〘動〙ネコイタチ《アジア・アフリカ産. ワニの卵を食う》. **2**〘虫〙ヒメバチ.

ich·nóg·ra·phy [iknágrəfi/-nɔ́g-] *n.* 平面図法.

ích·no·lite [íknəlàit] *n.* 足跡化石.

í·chor [áikɔːr, ㊥⁺-kər] *n.* **1**〘ギ神〙神の体内の血管を流れているという霊液. **2**〘医〙膿漿(のうしょう).

ích·thy·ic [íkθiik] *a.* 魚の, 魚類の.

ichthyo-「魚」の意の語形成要素.

ích·thy·o·col [íkθiəkɑ̀l/-k(ə)l] *n.* 魚膠(にかわ).

ìch·thy·óg·ra·phy [ìkθiágrəfi/-ɔ́g-] *n.* 魚類誌.

ích·thy·oid [íkθiɔ̀id] *a.* 魚の形をした.

ích·thy·ol [íkθiòul, -ɑ̀l/-ɔl] *n.*〘薬〙イヒチオール.

ích·thy·o·lite [íkθiəlàit] *n.* 魚の化石.

ìch·thy·ól·o·gy [ìkθiálədʒi/-ɔ́l-] *n.* 魚類学. ◇ **-gist** [-dʒist] *n.* 魚類学者〔研究者〕.

ìch·thy·óph·a·gi [ìkθiáfədʒì/-ɔ́f-] *n.* 魚食. ◇ **-gist** [-dʒist] *n.* 魚食家. **-gous** [-gəs] *a.* 魚を常食とする.

ích·thy·o·saur [íkθiəsɔ̀ːr] *n.*〘古生〙魚竜(ぎょりゅう).

ìch·thy·o·sáu·rus [ìkθiəsɔ́ːrəs] *n.* (*pl.* **-ri** [-rai]) = ichthyosaur.

ìch·thy·ó·sis [ìkθióusis] *n.*〘医〙魚鱗癬(ぎょりんせん). ◇ **ìch·thy·ót·ic** [-átik/-ɔ́tik] *a.*

-í·cian [-íʃ(ə)n] *suf.*「…を学んだ人」「…にひいでた人」の意で, おもに -ic(s) で終わる名詞・形容詞につく: mus*ician* 音楽家. mathemat*ician* 数学者.

***í·ci·cle** [áisikl, áisikl] *n.* つらら.

íc·ing [áisiŋ] *n.* **1** 菓子の糖衣. **2**〘空〙飛行機の翼にできる氷の被覆. ~ **sugar**〘英〙粉砂糖.

ICJ International Court of Justice 国際司法裁判所.

í·con [áikɑn/-kɔn] *n.* (*pl.* ~**s**, ~·**es** [-kəniːz]) **1** 肖像, 図像, 彫像. **2**〘ギリシア正教会〙聖像《絵画・モザイク・彫刻などの》.

i·cón·ic [aikánik/-kɔ́n-] *a.* **1** 像の, 肖像の. **2** 図像的, 写像的. **3**〘美〙伝統的な, 因習的な《特に聖像の表現など》.

i·cón·o·clasm [aikánəklæ̀z(ə)m/-kɔ́n-] *n.* 偶像破壊 (主義), 因習打破.

i·cón·o·clast [aikánəklæ̀st/aikɔ́nə-] *n.* 偶像破壊主義者, 因習打破主義者. ◇ **i·còn·o·clás·tic** [⌐⌐-klǽstik] *a.* 偶像破壊 (主義) の.

i·cón·o·dule [aikánəd(j)ùːl/-kɔ́nədjuːl] *n.* 偶像崇拝〔尊重〕者. ◇ **-du·ly** [-i] *n.* 偶像崇拝〔尊重〕.

ì·co·nóg·ra·phy [àikənágrəfi/-kɔnɔ́g-] *n.* **1** 肖像〔図像, 彫像〕による象徴表現. **2** 図像学. ◇ **i·còn·o·gráph·ic** [aikɑ̀nəgrǽfik/-kɔnə-] *a.*

ì·co·nól·a·try [àikənálətri/-nɔ́l-] *n.* 偶像崇拝.

ì·co·nól·o·gy [àikənálədʒi/-nɔ́l-] *n.* 肖像〔図像, 彫像〕研究. ◇ **-gist** *n.* **i·còn·o·lóg·i·cal** [aikɑ̀nəládʒik(ə)l/-kɔ̀nəlɔ́dʒ-] *a.*

i·cón·o·scope [aikánəskòup/-kɔ́n-] *n.* アイコノスコープ《テレビ送像管の一種. orthicon より古い》.

ì·co·sa·hé·dron [àikosəhíːdrən/áikəsəhéd-] *n.*〘数〙二十面体.

-ics [-iks] *suf.* -ic ③の名詞の複数形《ただし, 多くは単数として扱われる》: polit*ics* 政治 <Gk. polit- 都市 (を治める術).

ic·tér·ic [iktérik] *a.* 黄疸(おうだん)の.

íc·ter·us [íktərəs] *n.*〘医〙黄疸.

íc·tus [íktəs] *n.* (*pl.* ~, ~·**es**) **1**〘韻〙強音, 揚音. **2**〘医〙発作症状; 脈搏(みゃくはく). ~ **solis** [-sóulis] 日射病.

‡í·cy [áisi] *a.* **1** 氷の (ような), 冷たい. **2** 冷ややかな, 冷淡な. ◇ **í·ci·ly** [áis(i)li] *ad.* **í·ci·ness** *n.*

id [id] *n.* **1**〘生〙細胞原形質の単位, 遺伝素質. **2**〘精神分析〙個人の本能的衝動.

I'd [aid] I would, I should, I had の短縮形.

Id., Ida. Idaho. **id.** *idem*; identification. **I.D.** Intelligence Department; Interior Department. **IDA** International Development Association 国際開発機関.

I·da·ho [áidəhòu, ㊥⁺ -di-] *n.* アイダホ《アメリカ北西部の州. 略 I., Id., Ida.》. ◇ ~·**an** [-ən] *a.*, *n.* ~の; ~州の人.

íd·dy-úmp·ty [ídiʌ́mpti] *n.*〘俗〙**1**《モールス信号の》トン・ツー. **2** 電信技手;〘軍〙通信兵.

-ide [-àid, -id] *suf.*〘化〙「…化物」の意: ozon*ide*. 〈注〉強音節の直後では [-aid, -id]: brom*ide*.

†i·dé·a [aidíːə/-díə]《リズムにより [áidiə] とも発音される》*n.* **1** 考え, 観念, 心象, 概念: the ~s of good and bad 善悪の観念. an abstract ~ 抽象観念. I can't bear the ~. そんなことを考えるだけでもたまらない. **2** 認識, 理解: I got a general ~ of the book. 私はどういう本かほぼわかった. I don't have the vaguest ~ of it. そのことは全然見当もつかない. You have no ~ how anxious I am. 私がどんなに気をもんでいるかあなたは全然わかっていない. **3** 意識, 知識: I had no ~ (that) he was there. 彼が来ていたとは少しも知らなかった. He has some ~ of chemistry. 彼は化学は多少心得ている. **4** 意見, 見解, 理想 (像): I have a poor ~ of his abilities. 私は彼の力量をあまり買わない. This is my ~ of a gentleman. 私の考えている紳士のあるべき姿はこういうのだ. **5** 着想, 計画, 意図: I began learning French with the ~ of going to Paris some day. いつかパリへ行くつもりでフランス語を習い始めた. What a good ~! なんといういい思いつきだ. a man of ~s 着想の豊かな人. **6** 単なる思いつき, 想像, 空想. **7** 考え方: the young ~ 若い人の考え. **8** 思想: Eastern ~s 東洋思想. **9**《プラトン哲学の》イデア, 形相;《カント哲学の》純粋理性概念.

at the merest* [*bare*] ~ *of を考えただけでも. ***form an ~ of*** を心に描く. ***full of ~s*** 機略縦横だ, 機略に富んだ. ***get ~s into* one's *head*** 妄想(もうそう)をいだく. ***give* a person *an ~ of*** (人に) …をわからせる. ***have no ~ of*** …がどんなものか少しも知らない〔わからない〕. ***the big ~***〘米〙計画, もくろみ. ***The ~!*** なんだ!, まあひどい! ***What an ~!*** まああきれた. ***What's the big ~?***《反語》計画はなん

I

だ，どんなばかなことをもくろんでいるのか.

～ man アイディアマン《企業内などで創意を提供する人》. **～·mòn·ger** 創意を売る人.

◇ **～·less** *a.* 思想〔考え〕のない.

(類義語) **考え，観念**: **idea** まだ実現されていないものまたは種々の可能性のあるものを具体的に頭の中で描いた(理想の)姿: his *idea* of democracy 民主主義のあるべき姿についての彼の見解. The *idea* of his arrival frightened me. 彼が来るという考えが私をこわがらせた. **concept** 多くは既に存在するものについての概念·定義: a *concept* of "family" 家族という概念. **conception** concept に類似するが概念の内容そのものよりも，概念を頭に描く行為が強調される. したがって have a clear 〔vague〕 *conception* of... (…について明確な〔ばく然たる〕概念をいだく), a *conception* of Nature as animate (生きているものとしての自然の概念)のように形容詞 clear や as 句などがはいる余地が生じる. **notion** ばく然たる概念，個人的見解. 偏見である可能性も認めている: my *notion* of man 人類についての私観. **thought** 思考を経て得られた考え. 判断: All his *thought* went into his book. 彼の思想のすべてが彼の本の中に書き込まれた.

‡i·dé·al [aidí:(ə)l/-díəl, -dí:(ə)l] *a.* **1 理想の**，理想的，申し分のない. **2** 理想主義の. **3** 観念的な. **4** 空想的な，想像上の. ↔ real. **——** *n.* **理想**，典型〔模範〕(的なもの); (現実性のない) 観念.

i·dé·al·ism [aidí:(ə)liz(ə)m/-díəl-, -dí:əl-] *n.* **1** 理想主義. ↔realism. **2**〔哲〕観念論，唯心論.

‡i·dé·al·ist [-ist] *n.* **理想家**; 観念〔唯心〕論者.

ì·de·al·ís·tic [àidi:əlístik, ─ ─ ─ ─/aidìə-] *a.* **1** 理想的な. **2** 理想主義の; 観念〔唯心〕論的な.

◇ **-ti·cal·ly** [-(ə)li] *ad.* 理想的に(は).

ì·de·ál·i·ty [àidiǽləti] *n.* **1** 理想的なこと; (*pl.*) 理想的なもの. **2** 想像力. **3**〔哲〕観念性.

i·dé·al·ize [aidí:əlàiz/-díəl-] *vt., vi.* 理想化する，の理想を描く. ◇ **i·dè·al·i·zá·tion** [aidì:əlizéiʃ(ə)n, -laiz-/-dìəl-, -dì:əl-] *n.* 理想化(されたもの).

i·dé·al·ly [aidí:əli/-díəli, -dí:əli] *ad.* **1** 理想的に(は). **2** 観念的に.

i·dé·ate [aidí:eit] *vt., vi.* 想像〔空想〕する.

ì·de·á·tion [àidiéiʃ(ə)n] *n.* 観念形成.

◇ **～·al** [-ʃən(ə)l] *a.* **～·al·ly** *ad.*

i·dée fixe [i:de(i)fí:ks] F. 固定観念; (一つの事への) 熱中.

i·dem [áidem] L. (= the same) *n., a.* **1** 同一著者(の). **2**〔米〕同一(の)，前述におなじ; 同語〔同書〕(の). **～ *quod*** …におなじ.

i·dén·tic [aidéntik] *a.* **1** 同文の. **2** = identical. **～ note**〔外交〕同文通牒(つうちょう).

‡i·dén·ti·cal [aidéntik(ə)l] *a.* **1 同一の**: the ～ man 同一人物. **2** 一致する《と *with*》. **3** 同様の，よく似た: replace the broken dish with an ～ one 割れたさらをそれとそっくりおなじさらで補う. **～ equation**〔数〕恒等式. **～ twins** 一卵性双生児. ◇ **～·ly** [-k(ə)li] *ad.* 全くおなじに.

(類) → **same**「おなじ」

i·dèn·ti·fi·cá·tion [aidèntifikéiʃ(ə)n] *n.* **1** 同一視. **2**《本人なりとの》認定;《同一人物なりとの》確認，判定;《死体·罪人などの》検証，判定，身元確認; 同定. **3** 証明書〔物件〕. **～ card** 〔**papers**〕身分証明書. **～ disk** 〔**tag**〕〔軍〕認識票. **～ plate** 登録番号札《自動車などの》.

‡i·dén·ti·fy [aidéntifài] *vt.* **1 同一視する**，おなじ物として扱う《～ A *with* B, ～ A *and* B》; 一つとみなす《と *with*》: ～ a character in a story *with* oneself 自分が作中の人物になったような気がする. **2**《本人·そのもの自体であることを》**確認する**; 〈人の姓名·身元，物の名称·分類·所属などを〉知る，認知〔判定〕する; の身元を明らかにする; 鑑定する: ～ handwriting 筆跡(がだれのものか)を鑑定する. The corpse has not yet been ～*ied*. 遺体の身元はまだ判明しない. Do you ～ this body *as* that of your husband? この遺体をご主人のものとお認めになりますか. **——** *vi.* 一体となる，一体感を持つ《と *with*》. **～ one*self with*** と行動〔思想〕をともにする; と提携する; の味方になる.

◇ **-fi·a·ble** [-fàiəbl] *a.* **-fi·er** [-fàiər] *n.*

(類) → **recognize**「認知する」

i·dén·ti·ty [aidéntəti] *n.* **1** 同一性，同一であること. **2** 身元，正体;《その物の》本質，独自性. **3**〔数〕恒等式. ***doubt*** one's ***own*** ～ われとわが身を疑う. ***establish*** 〔***prove***〕 a person's ～ (人)の身元を明らかにする. ***false*** ～ 偽名; 人違い. ***mistaken*** ～ 人違い.

ideo- idea の意の語形成要素.

íd·e·o·gram [ídiəgræ̀m, ái-], **-graph** [-græf/-grɑ:f] *n.* 表意文字《漢字·エジプト文字など》.

ìd·e·óg·ra·phy [ìdiágrəfi, àidi-/-ɔ́g-] *n.* 表意文字(の使用); 表意文字学. ◇ **ìd·e·o·gráph·ic** [ìdiəgrǽfik, àid-], **ìd·e·o·gráph·i·cal** *a.*

ì·de·ól·o·gy [àidiálədʒi, ìdi-/-ɔ́l-] *n.* **1**〔哲〕観念学〔論〕. **2**〔社〕観念形態，イデオロギー. **3** 空論.

◇ **-gist** [-dʒist] *n.* 観念論者; 空論家. **ì·de·o·lóg·i·cal** [-əládʒik(ə)l/-lɔ́dʒ-] *a.*

ides [aidz] *n. pl.*〔古ローマ〕nones から8日め《3·5·7·10月の15日，その他の月の13日》.

id est [id-ést/─ ─] L. (= that is) すなわち《略 i.e., *i.e.*》.

idio-「固有の」「〔医〕自発性の」の意の語形成要素.

íd·i·o·cy [ídiəsi] *n.* 白痴; 白痴的行為.

ìd·io·glós·sia [ìdiəglásiə, àid-/-glɔ́s-] *n.* 新造言語症《ことばが病的にゆがめられて，他人に理解されない状態》.

íd·i·o·lect [ídiəlèkt] *n.*〔言〕個人言語(習慣).

‡íd·i·om [ídiəm] *n.* **1 熟語**，慣用句. **2**《ある民族の》固有語，通語，言語; 地域〔階級〕方言. **3**《言語の》特質;《音楽·美術の》特色: the ～ of Bach バッハの特色.

I～ Neutral 一種の国際語.

ìd·i·o·mát·ic [ìdiəmǽtik], **-i·cal** [-(ə)l] *a.* **1** 慣用的な，熟語的な: an ～ phrase 慣用句. **2** いかにもその国語らしい: ～ English 英語らしい英語，熟した英語. **3** 独特のスタイルの，特色をもった: ～ composers 独特なスタイルの作曲家. ◇ **ìd·i·o·mát·i·cal·ly** *ad.* 慣用的に; 慣用句を用いて.

ìd·i·o·mól·o·gy [ìdiəmálədʒi/-mɔ́l-] *n.* 慣用句研究.

ìd·i·o·mór·phic [ìdiəmɔ́:rfik] *a.* 独特の形をした;《岩石などが》独特の結晶構造をもつ.

ìd·i·óp·a·thy [ìdiápəθi/-ɔ́p-] *n.*〔医〕特発性疾患.

íd·i·o·phone [ídiəfòun] *n.* 硬質楽器《ガラス·金属などそれ自体で共鳴する材料を用いた》. 「質.

ìd·i·o·plásm [ìdiəplǽz(ə)m/─ ─ ─ ─] *n.*〔生〕遺伝

ìd·i·o·sýn·cra·sy [ìdiəsíŋkrəsi, ㊥+ -sín-] *n.* **1** 特異性，個性; 特徴;《著者などの》特有表現(法)，筆癖. **2**〔医〕特異体質.

ìd·i·o·syn·crát·ic [ìdiəsiŋkrǽtik] *a.* 特有の; 風変わりな; 特異(体)質の. ◇ **-i·cal·ly** *ad.*

‡íd·i·ot [ídiət] *n.* **1** あほう，大ばか者. **2**〔心〕**白痴**《I.Q. 20–25 以下で，知能程度が2歳を越えない》. **～ card** 〔**board**〕文字板《テレビ出演者がせりふを忘れたときのための》. **～ savant**〔心〕特殊技能をもつ白痴.

ìd·i·ót·ic [ìdiátik/-ɔ́t-] *a.* あほうの; 白痴の.

◇ **-i·cal·ly** [-(ə)li] *ad.*

íd·i·ot·ism [ídiətiz(ə)m] *n.* **1** 愚言，愚行. **2**〔古〕= idiom.

‡í·dle [áidl] *a.* (**í·dler**; **í·dlest**) **1 なまけものの**，怠惰な. **2 なにもしていない**，なまけている，遊んでいる，用のない. **3** 使用されないでいる，むだな: ～ hours

無益な時間. **4** 無益な, 役に立たない: It is ～ to suggest anything to him. 彼になにを提案してもむだである. **5** 根拠のない: ～ rumors 根のないうわさ. ***have** one's **hands** ～* 手がすいている. ***lie** ～* 何事もしないでいる; <金が> 遊んでいる. ***run** ～* <機械が> 空転する.

—— *vi.* **1** なまけている, のらくらしている. **2** 〘機〙 から回りする.

—— *vt.* **1** <時を> ぶらぶら (なまけて) 過ごす: ～ away one's time 時をむだに過ごす. **2** 〘機〙 から回りさせる. **3** <人を> ひまにさせる《ストライキなどが》. **～ bread** 徒食. **～ rich, the** 有閑階級. **～ talk** むだ話. **～ wheel** [**pulley**] 〘機〙 遊び車.

◇ **í·dly** [áidli] *ad.* なまけて; いたずらに, 無益に.

(類義語) 怠惰な: **idle** 仕事を休んでいること. 必ずしもなまけているとは限らない, 気分転換などのため必要上休んでいるのも idle である: *idle* machines 動いていない機械. **indolent** 仕事のおそい, 腰の重い. 非難の意もあるが仕事の能力まで否定していない. **lazy** 仕事に対する能力まで否定する非難の意がある: incurably *lazy* 度しがたいほど怠惰で.

‡í·dle·ness [áidlnis] *n.* **1** 怠惰, 無為. **2** 無益.

í·dler [áidlər] *n.* **1** なまけ者; 役立たず. **2** 〘鉄道〙 空車; 〘機〙 アイドラー, 遊び車 (idle wheel). **3** 〘海〙 当直外員.

I·do [í:dou] *n.* イド語《エスペラント語を修正した国際語》. ◇ **～·ist** *n.* イド語使用〔賛成〕者.

‡í·dol [áidl] *n.* **1** 偶像, 神像; 邪神像. **2** 崇拝〔溺愛(できあい)〕する対象. **3** 幻像. **4** 〘論〙 (先入的) 謬見(びゅうけん). ***make an ～ of*** を崇拝する; を溺愛する.

i·dól·a·ter [aidálətər/-dɔ́l-] *n.* (*fem.* **i·dól·a·tress** [-tris]) 偶像崇拝者, 崇拝者.

i·dól·a·trous [aidálətrəs/-dɔ́l-] *a.* 偶像崇拝の; 盲目的に崇拝する.

◇ **～·ly** *ad* **～·ness** *n.* 偶像崇拝.

i·dól·a·try [aidálətri/-dɔ́l-] *n.* **1** 偶像崇拝. **2** 盲目的崇拝, 心酔. ◇ **-trize** [-tràiz] *vt., vi.*

í·dol·ism [áid(ə)lìz(ə)m] *n.* 偶像崇拝; 盲目的崇拝.

í·dol·ize [áid(ə)làiz] *vt.* 偶像化する; 盲目的にあがめる, に心酔する. —— *vi.* 偶像崇拝する.

◇ **ì·dol·i·zá·tion** [àid(ə)lizéiʃ(ə)n/-laiz-] *n.*

i·dó·lum [aidóuləm] *n.* (*pl.* **-la** [-lə]) **1** 概念, 観念. **2** (*pl.*) 〘論〙 先入的謬見(びゅうけん)《Francis Bacon の指摘する, 認識を妨げる四つの偶像》.

í·dyl, í·dyll [áidl/ídil, áid-] *n.* **1** 田園詩, 牧歌. **2** 田園風景. ◇ **í·dyl·(l)ist** [áid(i)list] *n.* 田園詩人. **í·dyl·(l)ize** [áid(i)làiz] *vt.* ～(風) にする.

i·dýl·lic [aidílik] *a.* 田園詩 (風) の, 牧歌調の.

◇ **-li·cal·ly** *ad.*

-ie = -y³.

i.e., ie [áií:, ðǽt-íz] *id est* (= that is). [<L.]

IE, I.E. Indo-European.

-i·er *suf.* **1** 職業・地位をあらわす名詞をつくる: cour*ier* 急使 <√cur(r)- 走る. **2** -y に終わる動詞から「…する人」の意の名詞をつくる: suppl*ier* 供給者.

†if → 枠付 if. (pp. 624-625)

IF, i.f. intermediate frequency.

IFC International Finance Corporation; International Freighting Corporation. **IFF** identification of friend or foe.

if·fy [ífi] *a.* 〘話〙 疑わしい: an ～ question あやふやな問題.

I.F.S. Irish Free State. **I.G.** Indo-Germanic; Inspector General.

íg·loo, íg·lu [íglu:] *n.* (*pl.* **～s**) エスキモー人の雪の小屋; (アザラシの) 空気穴.

ign. ignition.

íg·ne·ous [ígniəs] *a.* 〘地〙 火成の; 火の (ような): ～ rock 火成岩.

ig·nés·cent [ignésnt] *a., n.* 打つ〔たたく〕と火花が出る (物質); 燃焼性の (物質).

ig·nis fat·u·us [ígnis-fǽtʃuəs/-tju-] L. (*pl.* ***ig·nes fat·u·i*** [ígni:z-fǽtʃuài/-tjuai]) **1** 鬼火, きつね火. **2** 惑わすもの; そら頼み (の対象).

ig·nít·a·ble, ig·nít·i·ble [ignáitəbl] *a.* 可燃性の, 発火性の, 引火性の.

◇ **ig·nìt·a·bíl·i·ty** [ignàitəbíliti] *n.*

ig·níte [ignáit] *vt., vi.* (に)点火する, 発火させる〔する〕; 極限まで熱する.

◇ **ig·nít·er** [-ər] *n.* 点火者〔器〕.

ig·ní·tion [igníʃ(ə)n] *n.* **1** 点火, 発火, 燃焼; 〘化〙 強熱. **2** 〘機〙 点火 (装置).

***ig·nó·ble** [ignóubl] *a.* **1** 品性低劣な, 下品な. **2** (生まれ・地位の) 卑しい. ⇔ noble. [√(g)no-]

◇ **～·ness** *n.* **-bly** *ad.* 下品に, 卑しく. **ìg·no·bíl·i·ty** [ìgnobíliti] *n.* 下劣.

ìg·no·mín·i·ous [ìgnəmíniəs] *a.* 不面目な, 恥ずべき. [√nomin-] ◇ **～·ly** *ad.* **～·ness** *n.*

íg·no·min·y [ígnəmìni] *n.* 不面目, 恥辱; 醜態.

ìg·no·rá·mus [ìgnəréiməs] (= we do not know) *n.* 無学〔無知〕な人. [<L.]

‡íg·no·rance [ígnərəns] *n.* 無知, 無学; 《物事を》知らずにいること. ***I～ is bliss.*** 〘諺〙 知らぬが仏. ***in ～ of*** を知らないで: We kept him *in* ～ *of* the case. その件については彼に知らせないでおいた.

‡íg·no·rant [ígnərənt] *a.* **1** 無知な, 無学な. **2** 知らない《を *of*; *that*》: He is ～ *of* his own defects [*that* he is wrong]. 彼は自分の欠点に〔自分がまちがっていることに〕気がつかない. be blissfully ～ 知らぬが仏でいる. [√(g)no-]

◇ **～·ly** *ad.* 無知〔無学〕で; 知らずに.

‡ig·nóre [ignó:r/-nɔ́:] *vt.* **1** 《意識的に》無視する, 黙殺する. **2** 〘法〙《証拠不十分として》却下する.

(類) → **neglect**「無視する」

ig·no·tum per ig·no·ti·us [ignóutəm-pə:r-ignóuʃ(i)əs] L. (= the obscure by means of the more obscure) 難(かた)きをさらに難きによる(説明).

Ig·o·rót [ìgəróut, i:-], **Ig·or·ró·te** [-róuti] *n.* イゴロート人《フィリピン諸島に住むマライ種族》; イゴロート語.

i·guá·na [igwá:nə] *n.* 〘動〙 イグワナ《西インド・熱帯産大トカゲ》.

i·guán·o·don [igwǽnədàn/igwá:nədɔn] *n.* 〘古生〙 禽竜(きんりゅう)《太古の恐竜》.

I.G.Y. International Geophysical Year 国際地球観測年.

ihp, i.h.p. indicated horsepower. **ihp-hr** indicated horsepower hour. **IHS, I.H.S.** Jesus をあらわす記号《IHΣOTΣ (Gk. = Jesus) の略》.

ike [aik] = iconoscope.

Ike [aik] *n.* Dwight D. Eisenhower の愛称.

í·kon = icon.

Il 〘化〙 illinium.

il- *pref.* **1** in-¹ の l の前での異形: *il*lumine <in-+lumine (√luc-) 光を当てる. *il*lusion 幻想 <in-+√lud- に向かって+戯れる→だます. **2** in-² の l の前での異形: *il*legal <in-+legal 非+合法的. *il*literate 文盲の <in-+literate 文字知識の+ない.

Il Duce [il-dú:tʃi/i:l-dú:tʃei] It. (= the leader) 総統《ファシスト党首 Mussolini の称号》.

íl·e·um [íliəm] *n.* 〘医〙 回腸.

◇ **íl·e·ac** [íliæk] *a.* 回腸の.

íl·e·us [íliəs] *n.* 〘医〙 腸閉塞(へいそく).

í·lex [áileks] *n.* 〘植〙 西洋ヒイラギ.

íl·i·ac [íliæk] *a.* 〘医〙 腸骨の.

Il·i·ad [íliəd] *n.* **1** イリアド《ギリシアの詩人 Homer の作といわれる Troy 戦争をうたった叙事詩》. **2** 長い詩〔物語〕. **3** 打ち続く不幸〔苦しみ〕.

íl·i·um [íliəm] *n.* (*pl.* **íl·i·a** [íliə]) 〘医〙 腸骨.

ilk [ilk] *a.* 〘スコットランド・古〙 おなじ (same).

—— *n.* 〘俗〙 家族, 同類: he and all his ～ 彼と彼の全家族. ***of that*** **～** 〘俗〙 同族の, 同種の; 〘スコットランド〙《家族名・地名が》同名の: Ross of that ～ = Ross of Ross.

I

if

従位接続詞 if には大別して二つの重要な用法がある: (1)「(もし)…ならば」《仮定・条件の副詞節を導く》; (2)「…かどうか」《名詞節を導く》(≒whether).

(1) は更に (a)《直説法》 Come *if* you *can*.「来られれば来なさい」と (b)《仮定法》 The gathering will be large *if* the weather *be* good.「天候良好のおりは盛会なるべし」/*If* I *were* you, I would avoid it.「私があなたなら, それを避けるところだが」の二つに分かれ, (b) は(特にあとのばあいは) 動詞仮定法の用法中重要部分をなす. (a), (b) ともに *if*- 節は主節に先だつばあいと主節よりあとにくるばあいがあるが, どちらかというと前者の方が多い.

(2) の「…かどうか」《名詞節》の if はだいたい whether とおなじであるが, 一般に whether より軽く, また後者にしばしば伴う or not がつくことは, if のばあいめったにない. なお whether には「…であろうとなかろうと」という副詞節を率いる用法があるが, if にはこの用法がなく, 意味の多少とも近いものを無理にさがせば even *if* であろう.

if [if] *conj.* **A)** 《仮定・条件》(もし)…なら(ば); (仮に)…すれば; …すると: **1**《実状を知らずにする仮定 1: 現在・未来》 *If* you are tired, you should have a rest. 疲れているなら, 一休みする方がいい. *If* you ask him, he will help you. 彼に頼めば手を貸してくれる. I can come at six *if* (it is) necessary. 必要なら6時に参れます. Come *if* you like. よければおいでなさい. *If* he treats me well, I shall be grateful. もし親切にしてくれるなら恩に着ます. 〈注〉未来の仮定についても *if*- 節中では will, shall を使う必要がない. If I *shall* see him, I'll tell him that… 「彼に会ったら…と話しておきましょう」は慣用的でない. ただし下記③のばあいは別.

2《実状を知らずにする仮定 2: 過去》 *If* he had fair warning, he has nothing to complain of. ちゃんと警告を受けたものなら, 文句を言う筋合いではない. *If* it was raining, I think he did not go out. 雨が降っていたら, 彼は外出しなかったと思う. 〈注〉ここでは話者は雨が降っていたかどうかを知らないのである. 下記⑤との違いに注意.

3《現在の意志; 相手の意向: if…will》 He can do it *if* he *will*. 彼は望めばそれをできる. I shall be glad to go *if* you *will* come with me. 同道してくださるなら喜んで参りましょう. *If* it'*ll* suit you, I'll meet you at the lobby. ごつごうがおよろしければロビーで会いましょう. 〈注〉 if you will は相手の意向を聞く丁寧な表現. will を would にすると更に丁寧になる. →⑦.

4《事実に反すると知りながらする仮定 1: 現在・未来に関して》 *If* he *knew*, he would tell you of course. 彼は, もし知っていれば, もちろん話してくれるところです. She could do it better *if* she *had* more time. もっと時間があれば, もっとうまくできるところです. Would he come *if* we *asked* him to? 頼んだら来るだろうか. I should [would] come *if* I *could*. 行かれれば参るところですが. *If* I *could* be of service to you, I should be so happy. お役に立つことができれば, しあわせですが. *If* I *were* you, I should [would] not hesitate. 私があなたなら, ためらったりしません. *If* he *were* here, he would praise us. 彼がここにいたら, ほめてくれるところだが. 〈注〉今日の口語では if I [he, she, it] were のばあいは一般に were の代わりに was が好んで用いられる. ただし If I were you は成句的になっていて, 固定の度合いが強い.

5《事実に反すると知りながらする仮定 2: 過去に関して》 *If* I *had known*, I shouldn't [wouldn't] have done it. もし知っていたなら, それをしなかっただろう. *If* she *had seen* it [*If* she *had been* there], she would have fainted. もしそれを見ていたら〔その場に居合わせたら〕気絶したことだろう. He would be more successful now *if* he *had had* more time to study then. 当時もっと勉強する時間があったら, 今日もっと成功しているだろう. 〈注〉このように条件節が仮定法過去完了でも, 帰結が現在または未来に関係していれば, 主節は過去時制でよい.

6《可能性の少ない未来の事象》《if…should の形で》万一…ならば; 《if… were to (do) の形で》仮に…と(仮定)すれば: *If* it *should* rain tomorrow, I shall not come. あす万一雨が降れば参りません. *If* anything *should* happen to me, don't worry. 万一私になにかが起こっても心配するな. *If* that building *should* burn, the loss would be very great. 万一あの建物が焼けたら損害はたいしたものになるだろう. What would happen *if* the earth *were to* stop its rotating motion? もし地球が自転を止めたらどんなことになるだろう. *If* you *were to* be hanged tomorrow, what would you do? 仮にあす絞首刑ということになったら, どうする.

7《if…would の形で》仮に…しようと思えば, 仮に…してくれれば: *If* you *would* be happy, be good. 幸福を欲するならば善良であれ. *If* they *would* sell their farm, a great many people would wish to buy it. もし彼らが畑を売る気ならば非常に多くの人がそれを買いたがるだろう. I should be very much obliged *if* you *would* help me. ご助力いただけたら幸い至極に存じますが《③の if you will を更に丁寧に言ったもの》.

〈付記₁〉 should はひょっとしたら起こるかもしれないことに, were to は可能性のいかんを問わず純粋に仮定するばあいに用いる.

〈付記₂〉**if の省略** ④-⑦において接続詞 if を略し主語と述語が倒置されるばあいがある: *If I were* you →*Were I* you; *If I had* much money → *Had I* much money; *If I had been* staying there→ *Had I been* staying there; *If he had seen* me →*Had he seen* me; *If they should* leave me → *Should they* leave me; *If I were* to live in Paris → *Were I* to live in Paris.

〈付記₃〉④-⑦の文が間接話法で従属節になったばあいには, その時制は伝達部たる主節の時制が変わっても変化しない. **→ as if.**

8 …すると(いつでも): *If* you mix yellow and blue, you get green. 黄と青を混ぜると緑になる (≒whenever).

9《it is [was] とともに》…する〔した〕のは──である〔あった〕: *If* I punish him, *it is* because I truly love him [*it is* for his own sake]. 私が彼を罰するのは彼を真に愛するからだ〔彼自身のためなのだ〕. 〈注〉 If と it is を除いても意味はあまり変わらない《一種の強調構文》.

10《譲歩 1: 完全な節とともに》仮に〔たとえ〕…しても; …だが (≒even if, though) 《*if*-節の法は, 話者が事実を認めたり, 事実とは関係なく仮定したりするばあいには直説法, 事実とは反対のことを仮定するばあいは仮定法》: *If* he is poor, he is a good chap. 彼は貧乏かもわからんがいいやつだ. *If* you've succeeded, don't forget you are a fool. なるほど成功したかもしらんが自分がばかなことを忘れるな. *If* he proves to be rich, you need not respect him. 彼が金持ちだとわかっても尊敬する必要はない. I am not surprised *if* it happens. そんなことになっても不思議はない. Don't blame him *if* he should fail. 彼が失敗しても非難するな. *If* he *did* say that, I am sure he didn't intend to hurt your feeling. 彼がそう言ったにせよ, きみの感情を害するつもりで言ったのではないのは確かだ. *If* she *had racked* her brains for a week she couldn't have thought of anything better. 1週間頭をしぼって考えたにせよ, 彼女はこれ以上適当なものが考えられなかっただろう. *If* his master *be* a beggar, a dog will guard his sleep as if he were a prince. よしや主人がこじきであれ, 犬は主人が王侯であるかのように主人が眠る番をする. 〈注〉 if＋仮定法現在は最後の例文のように, 譲歩を意味するばあい以外はとんど使われない.

11 《譲歩2: 省略構文 (ellipsis) の節とともに》 His kindness, *if* a little obtrusive, was perfect. 彼の親切は, 多少押しつけがましいにせよ完ぺきだった. It's worth seeing *if* only for curiosity. それは好奇心の点だけでも見る価値がある. Most, *if* not all, of them are young. 彼らは, すべてとはいわなくとも, 大部分若い.

12 《帰結を略した感嘆文》 **a)** 《希望をあらわす》 …しさえすれば 《if only の形をとることが多く, 事実に反するか, 可能性があるかによって仮定法, 直説法を使い分ける》: *If* only he arrives in time! 彼が時間どおりに来てくれたら 《来る可能性が残されている》. *If* only you *could have seen* it! きみがそれを見てさえいたなら 《実際には見ていない》. *If* I only *knew*! 知らないのが残念. **b)** 《驚き・訴え: if...not》 《直説法に限られる》: Well, *if* I have*n't* left my false teeth at home! おやおや, 入れ歯を家に置き忘れてしまった. And *if* he did*n't* try to knock me down! やつはぼくをなぐり倒そうとさえしたんだぜ. Why, *if* it is*n't* you! まあ, だれかと思ったら, あなただったんですか 《思いがけぬ人に出会って》.

B) 《間接疑問文を導く》 …かどうか(＝whether): Do you know *if* Mr. Smith is at home? スミスさんはご在宅でしょうか(ご存じですか). She asked *if* that was enough. それで十分かどうか彼女は聞いた. I wanted to know *if* you would come with me. いっしょに来てくださるかどうか知りたかったのです. ***as if*** あたかも…のごとく: She looks *as if* she saw a ghost. 彼女はまるで幽霊でも見えるかのような表情をしている. 〈注₁〉 as if の動詞の時制は主文の動詞の時制に支配されない 《法は常に時制に優先するという原則による》. 上例の過去形は, She *looked* as if she *saw* a ghost. なお She *looked* as if she *had seen* a ghost. の現在形は She *looks* as if she *had seen* a ghost. 彼女はまるで幽霊を見たような表情をしている. 〈注₂〉 as if は as though とともに主文を省略して感嘆文にすることがある: *As if* you didn't know that! きみにはよくわかっているくせに. ***if a*** 確かに, 少なくとも: He is seventy *if a* day. 彼はどう見ても70歳だ. We have walked 20 miles, *if a* yard. 20マイルは確かに歩いた. ***if any*** いくらかでもあれば; たとえあるとしても: Correct the errors, *if any*. 誤りあらば正せ. There is little, *if any*, hope. たとえあるとしても希望はほとんどない. ***if anything*** どちらかといえば, まあ: Today, Mother is worse, *if anything*. きょう母はどちらかといえば悪い方である. ***if I may ask*** こんなことを聞いては失礼かもしれませんが: How old are you *if I may ask*? 失礼ですがお年は? ***if necessary*** [***possible***] 必要なら[できたら]: Come tomorrow *if* (it is) *necessary*. 必要ならあす来い. Do so, *if possible*. できたらそうしてください. ***if you please*** [***will***] (1) どうぞ, なにとぞ: Come in, *if you please*. どうぞおはいりください. (2) ごめんをこうむって: I'll sit down, *if you please*. ごめんください, 腰をおろします. (3) 《皮肉》 あきれた話だが, 驚いたことには: And now, *if you please*, she wants it for herself. あきれた話だが, 今度は彼女は自分でほしいんだ. ***if you will*** 《挿入句として》 そう言いたければ: He is stupid, *if you will*. そう言いたければ, 彼をあほうと言える. ***what if*** (1) もし…したらどうしよう 《たいへんだ》: *What if* you should die! きみが死んだらどうしよう. (2) たとえ…してもなんのその, たいしたことはない (＝What does it matter *if* [though] ...): *What if* I fail? たとえ失敗したって, それがなんだ [かまわないじゃないか].

—— *n.* 仮定, 条件: There are too many *ifs* in his theory. 彼の理論には仮定が多すぎる.

†**ill** [il] *a.* (**worse** [wəːrs]; **worst** [wəːrst]) **1** 《叙述的に》 **病気の**; 不健康な; 気分が悪い: be ～ in bed 病気で寝ている. The sight made me ～. その光景を見ると気分が悪くなった. 〈注〉 名詞の前ではsickを用いる: a *sick* person 病人. **2** 悪い; けしからぬ, あるまじき; 邪悪な; 有害な. **3** 逆運の; (縁起の)悪い, 不幸な. **4** 敵意をもつ, 不親切な; ふきげんな, 気むずかしい. **5** へたな, まずい.
be taken ～ ＝ ***fall*** ～ 病気にかかる. ***do*** a person ***an ～ turn*** (人に) あだをする. ***Ill news runs apace.*** 〘諺〙 悪事千里を走る. ***Ill weeds grow apace.*** 〘諺〙 雑草は茂りやすい. ***It's an ～ wind that blows nobody any good.*** 〘諺〙 どんな悪い風もだれかの得になる→甲の損は乙の得. ***take*** a thing ***in ～ part*** (物事を) 悪くとる, (物事に) おこる.

—— *ad.* (**worse**; **worst**) **1** 悪く: speak ～ of a person 人のことを悪く言う, 人の悪口を言う. **2** ふつごうに, まずく, 不運に. **3** ひどく, 不親切に, 邪険に, ふきげんに. **4** ほとんど…しない; かろうじて…する: I can ～ afford the expense. 費用は出しかねる. ***go ～ with*** a person (人) につごう悪くゆく, (人) にひどいことになる. ～ ***at ease*** 落ち着かない. ～ ***become*** a person (人に) 似つかわしくない. ***Ill got, ～ spent.*** 〘諺〙 悪銭身につかず. ～ ***off*** 困って. ***take*** a thing ～ (物事を) 悪くとる, おこる. ***think ～ of*** を悪く思う. ***use*** a person ～ (人を) 虐待[冷遇]する.

—— *n.* **1** 悪, 邪悪, 罪悪. **2** (通例 *pl.*) 災難, 不幸. ***do*** ～ 悪事をはたらく. ***for good or*** ～ よかれあしかれ.

～-ad·vísed 無分別な, あさはかな, 思慮のない. **～-ad·vís·ed·ly** [-zidli] 無分別に. **～-af·féct·ed** 好感をもたぬ, 不服な. **～-as·sórt·ed** とり合わせのまずい[悪い], 不ぞろいの, 玉石混交の. **～-at·éase** 居ごこちの悪い, ぐあいの悪い. **～-bé·ing** 悪い状態, 不幸. ↔ well-being. **～-bód·ing** 不吉な, 縁起の悪い. **～-bréd** 育ちの悪い, 下品な. **～-bréed·ing** 育ちの悪さ, 無作法. **～-con·dí·tioned** たちの悪い; (からだの調子など) ぐあいのよくない, 悪条件の. **～-con·síd·ered** 不適当な, 不賢明な. **～-de·fíned** はっきりしない. **～-dis·pósed** 悪意をいだいた, 意地の悪い. ～ **fame** 汚名, 悪評. **～-fámed** 悪名高い, 評判の悪い. **～-fát·ed** 運の悪い, 不幸な. **～-fá·vored** (容貌の) 醜い; 不快な. **～-fóund·ed** 正しい根拠[理由]のない. **～-gót·ten** 不正手段で入手した. **～-gróund·ed** ＝ ill-founded. ～ **health** 不健康. ～ **humor** ふきげん. **～-hú·mored** ふきげんな. **～-in·fórmed** よく知らない. ↔well-informed. **～-júdged** 思慮のない, 判断を誤った. **～-lóok·ing** [㊥ ⊥⊥–] 醜い; 無気味な, 人相の悪い. **～-mán·nered** 行儀の悪い. **～-mátched** ふつりあいな. **～-mát·ed** ＝ ill-matched. ～ **nature** 意地悪. **～-ná·tured** ひねくれた, 意地悪な. ～ **news** 凶報. **～-ó·mened** 縁起が悪い, 不吉な. **～-sórt·ed** ＝ill-matched. **～-spént** 浪費された. **～-stárred** 星まわりの悪い,

I

不幸な. ～ **success** 不成功. **～-súit·ed** 不似合いな. ～ **temper** ふきげん. **～-tém·pered** おこりっぽい, ふきげんの, 気短な. **～-tímed** 折りの悪い, 時機を失した. **～-tréat** 冷遇する,虐待する. **～-tréat·ment** 冷遇, 虐待. **～-ú·sage** *n.* = ill-use. **～-úse** (1) [iljú:z] *vt.* 虐待する. (2) [íljú:s] *n.* 虐待. ～ **will** 悪意.

(類義語) **病気の: ill, sick** イギリスでは sick には嘔吐(おうと)を伴うとされているが, アメリカではそのような意味の差がなく, ただ sick の方がより一般的に用いられる. しかし, 米英ともに, (1) 名詞の前では, sick のみを用いる: a *sick* person「病人」というが, an *ill* person とはいわない. (2) 集合的に「病人(たち)」には, the *sick* のみが用いられ, the *ill* は用いられない. (3) 熟語では一方のみが使われて, 相互交換ができない: *sick* at heart 心がふさいで, 悲しんで, いやになって《ill at heart とはいわない》. **diseased** 病気にかかった, 治療を要する: the *diseased* part 患部. **indisposed** 比較的軽い, 一時的な病気. **ailing** 主として長いわずらい.

(類) →**ugly**「醜い」

†**I'll** [ail] I will, I shall の短縮形.

Ill. Illinois. **ill.** illumination; illustrated; illustration.

il·lá·tion [iléiʃ(ə)n] *n.* 〔論〕推論, 推定.

íl·la·tive [ílətiv/iléitiv] *a.* 推論の, 推定の.
◇ **～·ly** *ad.*

il·láud·a·ble [ilɔ́:dəbl] *a.* 賞賛に価しない.

il·lé·gal [ilí:g(ə)l] *a.* 不法の, 非合法的. ↔ legal.
◇ **～·ize** [-àiz] *vt.* 違法とする〔定める〕. **～·ly** *ad.*

ìl·le·gál·i·ty [ìli:gǽləti] *n.* 違法, 非合法; 不法行為.

il·lég·i·ble [ilédʒəbl] *a.* 読みにくい; 読みえない, 不明瞭(ふめいりょう)な.
◇ **-bly** *ad.* **il·lèg·i·bíl·i·ty** [ilèdʒəbíləti] *n.*

ìl·le·gít·i·mate [ìlidʒítəmit] *a.* **1** 不法の, 違法の. **2** 庶出の: an ～ child 庶子. **3** 不合理な. —— *n.* 庶子. —— [-mèit] *vt.* 違法と認める, 庶子と認める. ↔ legitimate.
◇ **～·ly** [-mitli] *ad.* 不法に. **ìl·le·gít·i·ma·cy** [-məsi] *n.* 違法, 不合理; 庶出.

ìl·le·gìt·i·má·tion [ìlidʒìtəméiʃ(ə)n] *n.* 違法化; 庶子認知.

il·líb·er·al [ilíb(ə)rəl] *a.* **1** けちな. **2** 偏狭な; 教養の低い. ⇔ liberal. ◇ **～·ly** *ad.* **il·lìb·er·ál·i·ty** [ilìbərǽləti] *n.* けち; 偏狭.

il·líc·it [ilísit] *a.* 禁制の, 不法の: ～ sale 密売.
◇ **～·ly** *ad.* **～·ness** *n.*

il·lím·it·a·ble [ilímitəbl] *a.* 無限の, 際限のない.
◇ **-bly** *ad.* **il·lìm·it·a·bíl·i·ty** [ilìmitəbíləti] *n.* 広大無辺.

il·lín·i·um [ilíniəm] *n.* 〔化〕イリニウム《金属元素. 現在の promethium》.

Il·li·nóis [ìlənɔ́i, ㊟⁺ -nɔ́iz] *n.* **1** イリノイ《アメリカ中西部の州. 略 Ill.》. **2** (the ～) 同州を流れる川.
◇ **～·an** [-nɔ́iən, ㊟⁺-nɔ́iz-] *a., n.* ～ 州の(人).

il·lít·er·ate [ilít(ə)rit] *a.* 文盲の; 無学の, 無教育の, 教養の低い. —— *n.* 文盲者; 無学もの.
◇ **-a·cy** [-t(ə)rəsi] *n.* **1** 文盲; 無学. **2** 《無学による》ことばの誤り.

‡**íll·ness** [ílnis] *n.* 病気, 不快; 発病: a sudden ～ 急病. He is liable to ～. 彼は病気にかかりやすい.

il·lóg·ic [ilɑ́dʒik/-lɔ́dʒ-] *n.* 不合理(性), 矛盾.

il·lóg·i·cal [ilɑ́dʒik(ə)l/-lɔ́dʒ-] *a.* 非論理的, 不合理な, 筋のとおらない. ◇ **～·ly** *ad.* **il·lòg·i·cál·i·ty** [ilɑ̀dʒikǽləti/ilɔ̀dʒ-] *n.* = illogic.

il·lúme [ilú:m/iljú:m] 〔雅〕= illuminate.

il·lú·mi·nant [ilú:minənt/iljú:-] *a.* 光を発する. —— *n.* 発光体.

‡**il·lú·mi·nate** [ilú:minèit/il(j)ú:-] *vt.* **1** 照明する, 照らす; 〔おもに英〕(彩色)電球で飾る. **2** <問題などを>解明する. **3** 啓発する, 啓蒙(けいもう)する. **4** <写本を>彩色插画(さしえ)で飾る. [√luc-]
◇ **il·lú·mi·nat·ing** *a.* **1** 照明の, 照らしだす. **2** 解明する, 説明的な, 啓蒙的な. **il·lú·mi·na·tive** [-nèitiv/-nət-] *a.* 照らす; 啓蒙的; 《写本が》彩飾の. **il·lú·mi·na·tor** [-nèitər] *n.* 照明する人, 照明器; 啓蒙家; 写本彩飾人.

il·lù·mi·ná·ti [ilù:minéitai, -nɑ́:ti:/-nɑ́:ti:] *n. pl.* **1** (自称) 哲人. **2** (I～)《中世ドイツにあった》自然神教と共和主義を奉じた秘密結社.

*__il·lù·mi·ná·tion__ [ilù:minéiʃ(ə)n/il(j)ú:-] *n.* **1** 照明, イルミネーション. **2** 啓蒙(けいもう), 解明. **3** 《写本の》彩飾.

il·lú·mine [ilú:min/il(j)ú:-] *vt.* **1** 明るくする. **2** 晴れ晴れさせる《気分など》. **3** 啓蒙する.
◇ **il·lú·mi·nism** [-nìz(ə)m] *n.* **1** 啓蒙主義. **2** Illuminati の教説.

il·lù·mi·nóm·e·ter [ilù:minɑ́mitər/iljù:minɔ́m-] *n.* 照度計.

‡**il·lú·sion** [ilú:ʒən] *n.* **1** 幻影, 迷妄(めいもう). **2** 〔心〕錯覚. **3** (透明な) チュール《婦人用ベール》. [√lud-]
◇ **～·al** [-ʒən(ə)l] *a.* 幻想の, 錯覚の. **～·ism** [-ʒənìz(ə)m] *n.* 迷妄説《現世は幻なりという説》. **～·ist** *n.* 迷妄論者, 幻想家; 奇術師.

il·lú·sive [ilú:siv] *a.* **1** 幻影のような. **2** (人を)迷わす, 錯覚を起こさせる. ◇ **～·ly** *ad.* **～·ness** *n.*

il·lú·so·ry [ilú:s(ə)ri] *a.* 幻影の, 錯覚的; 人を迷わす. ◇ **-ri·ly** *ad.* 迷わすように.

‡**íl·lus·trate** [íləstrèit, ㊟⁺ ilʌ́streit] *vt.* **1** 実例〔図解〕で説明する. **2** <本などに>さし絵を入れる: an ～*d* book 絵入りの本, 絵本. —— *vi.* 実例で〔具体的に〕説明する: Let me ～. 例をあげてみよう. To ～, ... たとえば…. [√luc-]

íl·lus·trat·ed [-id] *a.* さしえの入った, 絵入りの. —— *n.* 〔英〕絵〔写真〕入り雑誌, 「グラフ」.

‡**il·lus·trá·tion** [ìləstréiʃ(ə)n] *n.* **1** さし絵; 図解. **2** 例解, 実例, 例証. *by way of* ～ 実例として. *in* ～ *of* の例証として. (類) → **instance**「例」

il·lús·tra·tive [ilʌ́strətiv, íləstrèitiv, ilʌ́strèitiv/íləstreitiv] *a.* 解明する, 例証となる《*of*》.
◇ **～·ly** *ad.* 例証的に.

íl·lus·tra·tor [íləstrèitər, ㊟⁺ ilʌ́s-] *n.* さし絵画家; 図解(説明)者.

*__il·lús·tri·ous__ [ilʌ́striəs] *a.* **1** すぐれた, 著名な. **2** 《行為などが》輝かしい. ◇ **～·ly** *ad.* 有名に, りっぱに. **～·ness** *n.* 著名; 卓越.

il·lú·vi·al [ilú:viəl] *a.* 〔地〕集積の.

il·lú·vi·ate [ilú:vièit] *vi.* 〔地〕集積する.
◇ **il·lù·vi·á·tion** [-ˌ-viéiʃ(ə)n] *n.*

ILO, I.L.O. International Labor Organization.

†**I'm** [aim] I am の短縮形.

im- *pref.* **1** in-¹ の p,b,m の前の異形: *im*bibe <in- + √bib- 飲み + 込む. *im*part 分与する, 与える. <in- + part に対し + 分ける. **2** in-² の p,b,m の前の異形: *im*moral <in- + moral 非 + 道徳的. *im*possible <in- + possible 不 + 可能な.

‡**ím·age** [ímidʒ] *n.* **1** 《視覚・鏡などに映じた》像, 姿, かたち: God created man in his own ～. 神はそのかたちのごとくに人をつくりたまえり. **2** 《造形された》似姿; 画像, 肖像; 彫像, 聖像《仏像・キリスト像など》, 偶像. **3** 生き写し, よく似た人〔物〕: He is the ～ of his father. 父親とうり二つだ. **4** 《心中の》映像, 残像; 〔心〕心像, 表象, 観念. **5** 〔光〕映像. **6** 〔修〕比喩(ひゆ)《直喩・隠喩》, イメージ; 描写. **7** 象徴, 典型, 化身. —— *vt.* **1** の像を描く. **2** の影を映す. **3** 生きているように描写する. **4** 想像する. [√im-]

ím·age·ry [ímidʒ(ə)ri] *n.* **1** 心に描く像. **2** 《集合的》像, 彫像. **3** 〔修〕比喩(法).

‡**im·ág·i·na·ble** [imǽdʒ(i)nəbl] *a.* 想像できる, 考えつくことのできる: every ～ means ありとあらゆる手段. the best thing ～ 考えうる最良のもの.

◇ **-bly** *ad.* 想像できるように.

‡**im·ág·i·nar·y** [imǽdʒinèri/-n(ə)ri] *a.* **1** 想像上の, 仮想の. **2** 〖数〗虚(数)の: an ～ number 虚数. ◇ **-i·ly** *ad.* 想像上.

‡**im·àg·i·ná·tion** [imæ̀dʒinéiʃ(ə)n] *n.* **1** 想像(力), 創作力, 空想; 問題解決の能力, 創意. **2** 想像〔空想〕の産物.

***im·ág·i·na·tive** [imǽdʒinèitiv/-nətiv] *a.* **1** 想像力に富む, 着想の大胆な. **2** 想像力による. **3** 現実に存在しない, 虚構の. ◇ **～·ly** *ad.* **～·ness** *n.*

‡**im·ág·ine** [imǽdʒin] *vt.* **1** 想像する, 心に描く; 仮定する. **2** 推測する, 推察する, 思う: I cannot ～ who the man is. その男はだれだか見当がつかない. I ～ he is out of his mind. 気が狂っているのだろうと思う. **3** 〖古〗もくろむ, たくらむ: ～ mischief 悪事をたくらむ.

—— *vi.* 想像をめぐらす《について *of*》; 見当をつける. ***Just ～!*** まあ考えてもごらん (おかしいではないか).

ím·ag·ism [ímidʒiz(ə)m] *n.* 写象主義《具体的描写によって明確な映像を提示しようとする, 1912年ごろに起こった詩風》. ◇ **-ist** *n.* 写象派の詩人.

i·má·go [iméigou] *n.* (*pl.* **～es**, ㊕ **～s**; **i·mág·i·nes** [imǽdʒinì:z/-méi-]) 〖動〗成虫.

i·mám, i·máum [imá:m] *n.* **1** 回教の導師. **2** (I～) 回教国の宗教的元首の称号.

im·bál·ance [imbǽləns] *n.* 不均衡, ふつりあい.

im·bálm ＝embalm.

ím·be·cile [ímbis(i)l/-si:l, -sail] *a.* **1** 低能な; ばかばかしい. **2** 〖稀〗虚弱な. —— *n.* 低能者, 低能《IQ 25 から 50 までで, 知能程度が 7–8 歳》.

◇ **～·ly** *ad.* 愚かに.

ìm·be·cíl·i·ty [ìmbisíliti] *n.* **1** 低能; ばかばかしさ; 愚かな言動. **2** 〖稀〗虚弱.

im·béd *vt.* (**-dd-**) ＝embed.

im·bíbe [imbáib] *vt.* **1** 飲む, 飲み込む. **2** <湿気・水分などを> 吸収する; <養分などを> 摂取する; <思想などを> 同化する. —— *vi.* 酒を飲む. [√bib-]

◇ **ìm·bi·bí·tion** [ìmbibíʃ(ə)n] *n.* 吸収; 同化.

ím·bri·cate [ímbrikèit] *vt., vi.* うろこ〔かわら〕状に重ねる〔重なる〕. —— [-kit, -kèit] *a.* うろこ〔かわら〕状に並んだ. ◇ **ìm·bri·cá·tion** *n.*

im·bró·glio [imbróuljou/-liou] *n.* (*pl.* **～s**) 物事のもつれ; 《時局の》紛糾. [<It.]

im·brúe [imbrú:] *vt.* (**im·brúed**; **im·brú·ing**) 《血などで》よごす, 染める.

im·brúte [imbrú:t] *vt., vi.* 野獣のようにする〔なる〕, 残忍にする〔なる〕. ◇ **～·ment** *n.*

im·búe [imbjú:] *vt.* (**im·búed**; **im·bú·ing**) **1** に吹き込む, に植え付ける《思想などを》《を *with*》: He is ～*d with* classicism. 彼は古典主義にかぶれている. a man ～*d with* his importance しょっている男. **2** にしみ込ませる《色などを》《を *with*》. [√bib-]

IMCO Inter-Governmental Maritime Consultative Organization 政府間海事協議機構.

I.M.F. International Monetary Fund 国際通貨基金. **imit.** imitated; imitation; imitative.

ím·i·ta·ble [ímitəbl] *a.* 模倣できる.

◇ **ìm·i·ta·bíl·i·ty** [ìmitəbíliti] *n.*

‡**ím·i·tate** [ímitèit] *vt.* **1** 模倣する, まねる; (模範として) 見習う. **2** 模造する. **3** <虫などが> …に似る: ～ its surroundings 環境に似てくる. [√im-]

◇ **-tat·ed** [-id] *a.* まねた; 模造した; にせの. **-ta·tor** [-ər] *n.* 模倣者, 模造〔偽造〕者.

〔類義語〕 **まねる: imitate** 「模倣する」「ほんものとは違う」というけいべつの念があることが多い. **mimic, mock** ことば・動作・表情などを嘲笑(ちょう)的にまねる. **copy** そのままそっくりまねる. **simulate** 外見をおなじように見せる.

‡**ìm·i·tá·tion** [ìmitéiʃ(ə)n] *n.* **1** 模倣, まね; 見習うこと. **2** 模造(品), にせ物. **3** 《形容詞的に》模造の, 人造の: ～ pearls 人造真珠. ***give an ～ of*** …のまねをする. ***in ～ of*** をまねて, …にならって; を手本として. ◇ **～·al** [-ʃən(ə)l] *a.*

ím·i·ta·tive [ímitèitiv] *a.* **1** 模倣の, 模倣的の, まねのうまい. **2** まねた, 模造の, 偽作の. **3** 〖言〗擬声の: Bang and whiz are ～ words. bang や whiz という語は擬声語である. ***be ～ of*** をまねる.

～ **arts** 模倣芸術《絵画や彫刻のこと》. ～ **music** 擬声音楽. ◇ **～·ly** *ad.*

im·mác·u·late [imǽkjulit] *a.* **1** 無垢(むく)の; 純潔な; 非の打ちどころのない. **2** 〖生〗斑点(はん)のない. **I～ Conception** 〖宗〗《聖母マリアの》処女懐胎.

◇ **～·ly** *ad.* **-la·cy** [-ləsi] *n.* 純潔; 無きず, 欠点のないこと.

ím·ma·nent [ímənənt] *a.* **1** 内在的. **2** 〖宗〗《神が宇宙に内在するという》(宇宙) 内在の. [√man-[1]]

◇ **-nence, -nen·cy** *n.* 内在(性); 〖宗〗(宇宙) 内在論.

Im·mán·u·el [imǽnjuəl] *n.* 救世主, キリスト.

ìm·ma·té·ri·al [ìmətí(:)riəl/-tíər-] *a.* **1** 非物質的な, 実体のない; 精神的な. **2** とるに足らない, ささいな. ◇ **～·ize** *vt.* 実体をなくする, 無形にする.

ìm·ma·tè·ri·ál·i·ty [ìmətì(:)riǽliti/ímətiər-] *n.*

ìm·ma·té·ri·al·ism [ìmətí(:)riəlìz(ə)m/-tíər-] *n.* 非唯物論, 唯心論. ◇ **-ist** *n.*

ìm·ma·túre [ìmət(j)úər/-tjúə] *a.* 未熟の, 未成年の, 未完成の. ◇ **-tú·ri·ty** [-t(j)ú(:)riti/-tjúər-] *n.*

***im·méas·ur·a·ble** [iméʒ(ə)rəbl] *a.* 測りえない, 広大無辺の; 広大な. ◇ **-bly** *ad.* **im·mèas·ur·a·bíl·i·ty** [imèʒ(ə)rəbíliti] *n.*

‡**im·mé·di·ate** [imí:diit/-djət] *a.* **1** 直接の: an ～ cause 直接の原因. ↔ mediate. **2** 隣接した, すぐ近くの: ～ neighbors すぐ隣の人々. **3** すぐさまの, 即座の, 即時の: an ～ reply 即答. **4** 緊急の, 緊迫した. **5** 目下の, 当面の; 《時間的に》近い: the ～ future 近い将来. our ～ plans われわれの当面の計画. **6** 〖商〗即時の: ～ delivery 即時配達. ～ payment 即時払い. [√medi-]

◇ **im·mé·di·a·cy** [-diəsi] *n.* 即時, 緊急(性), 緊迫; 近接, 直接, じか. 〔類〕→ **near**「近い」

‡**im·mé·di·ate·ly** [imí:diitli/-djət-] *ad.* **1** 直ちに, すぐさま. **2** すぐ接して. —— *conj.* …するやいなや (as soon as).

im·méd·i·ca·ble [imédikəbl] *a.* 不治の; 取り返しのつかない.

ìm·me·mó·ri·al [ìmimó:riəl/-mɔ́:r-] *a.* 記憶にのこらないほど昔の, ずっと昔の, 太古の. ***from time ～*** 大昔から.

‡**im·ménse** [iméns] *a.* **1** ばくだいな, 無限の; 広大な; 巨大な. **2** 〖俗〗すばらしい. [√mens-]

◇ * **～·ly** *ad.* 大いに, 無限に; 〖俗〗非常に.

〔類〕→ **huge**「巨大な」

im·mén·si·ty [-siti] *n.* 広大, 無限; (*pl.*) ばくだいなもの.

im·mérge [imɔ́:rdʒ] ＝immerse.

im·mérse [imɔ́:rs] *vt.* **1** 《液に》浸す, 突っ込む; 〖宗〗浸礼を施す《全身を水に浸す》. **2** 没頭させる. ***be ～d in*** ＝～ ***oneself in*** に熱中する, …にふける.

im·mér·sion [imɔ́:rʃ(ə)n] *n.* **1** 浸水; 〖宗〗浸礼. **2** 熱中, 没頭. **3** 〖天〗潜入《一天体が他の天体の陰に隠れること》. [√merg-]

ìm·me·thód·i·cal [ìmiθádik(ə)l/-θɔ́d-] *a.* 非方法的な, 秩序のない, 雑然とした.

***ím·mi·grant** [ímigrənt, ㊇[+]-grænt] *a.* (他国から) 移住する, 移入する. →emigrant.

—— *n.* (入国) 移住者.

ím·mi·grate [ímigrèit] *vi., vt.* (他国から) 移住する〔させる〕《に *in*》. [√migr-]

ìm·mi·grá·tion [ìmigréiʃ(ə)n] *n.* 入国, 入植, 移住; (入国) 移民団, 《集合的》移住者.

ím·mi·nent [íminənt] *a.* **1** 差し迫った, 緊迫した: A storm seems ～. いまにもあらしになりそうだ. **2** 突き出ている. [√min-[2] 上に＋突き出ている]

◇ ～·ly *ad.* **-nence** [-nəns], **-nen·cy** *n.* 急迫, 緊迫(性).
im·mís·ci·ble [imísəbl] *a.* 混合できない《*with*》. ◇ **-bly** *ad.* **im·mìs·ci·bíl·i·ty** *n.*
im·mís·sion [imíʃ(ə)n] *n.* 注入すること, 注射.
im·mít·i·ga·ble [imítigəbl] *a.* なだめられない, 緩和できない, 軽減できない. ◇ **-bly** *ad.*
im·míx [immíks/imíks] *vt.* 混ぜる.
◇ ～·**ture** [-tʃər] *n.* 混合; 関与《*in*》.
im·mó·bile [imóub(i)l, -bi:l/-bail, -bi:l] *a.* 不動の, 固定した. ◇ **ìm·mo·bíl·i·ty** [imobíliti] *n.* 動かない〔動かしがたい〕こと; 不動(性), 固定(性).
im·mó·bi·lize [imóub(i)làiz] *vt.* 動かなくする; <軍隊・艦隊の>移動を不可能にする; <貨幣の>流通をとめる. ◇ **im·mò·bi·li·zá·tion** [imòubilizéiʃ(ə)n, -laiz-] *n.*
im·mód·er·ate [imád(ə)rit/imɔ́d-] *a.* 不節制な; 過度の, 行き過ぎの, 法外な.
◇ ～·**ly** *ad.* ～·**ness** *n.*
im·mòd·er·á·tion [imàdəréiʃ(ə)n/ímɔ̀dər-] *n.* 不節制, 行き過ぎ; 不行跡.
im·mód·est [imádist/-mɔ́d-] *a.* **1** 不謹慎な; みだらな. **2** 無遠慮な, 生意気な, 出過ぎた.
◇ ～·**ly** *ad.* 遠慮会釈なく. ～·**y** *n.* 不謹慎, みだらな行為; 無遠慮.
ím·mo·late [íməlèit] *vt.* 神に供するために殺す; 犠牲にする. ◇ **-la·tor** [-ər] *n.* **ìm·mo·lá·tion** [iməléiʃ(ə)n] *n.* いけにえをささげること; いけにえ, 犠牲.
***im·mór·al** [imɔ́:rəl, -már-/imɔ́rəl] *a.* 不道徳な; ふしだらな. ◇ ～·**ly** *ad.*
ìm·mo·rál·i·ty [ìmərǽliti] *n.* 不道徳(行為); ふしだら, 乱行.
‡**im·mór·tal** [imɔ́:rtl] *a.* **1** 不死の. **2** 不朽の, 不滅の; 永遠の. —— *n.* **1** 不死の人; (*pl.*) 神々. **2** 不朽の人. ↔ mortal. ◇ ～·**ly** *ad.* **1** 永遠に, 不朽に. **2**〘俗〙限りなく, 非常に.
ìm·mor·tál·i·ty [ìmɔ:rtǽliti] *n.* 不死, 不滅, 不朽(性).
im·mór·tal·ize [imɔ́:rt(ə)làiz] *vt.* 不滅〔不朽〕にする; 永遠に伝える. ◇ **im·mòr·tal·i·zá·tion** [imɔ̀:rtəlizéiʃ(ə)n/-laiz-] *n.*
ìm·mor·télle [imɔ:rtél] *n.*〘植〙《ムギワラギク・カイザイクなど》不凋(ちょう)花.
im·mó·tile [immóut(i)l/-tail] *a.* 自動力のない, 動けない.
im·móv·a·ble [imú:vəbl] *a.* **1** 不動の. **2** ものに動じない, 確固とした. **3**〘法〙不動(産)の. —— *n.* (通例 *pl.*)〘法〙不動産.
◇ ～·**ness** *n.* **-bly** *ad.* 冷静に; 確固として. **im·mòv·a·bíl·i·ty** [imù:vəbíliti] *n.*
im·múne [imjú:n] *a.* 免疫の, 免れている《から *from*, に対し *to*》: an ～ body 免疫体.
—— *n.* 免疫者.
im·mú·ni·ty [imjú:niti] *n.* **1** 免疫(性)《に対する *from*》. **2**《責任・義務などの》免除《の *from*》.
ím·mu·nize [ímjunàiz] *vt.* 免疫にする《に対して *against*》.
◇ **ìm·mu·ni·zá·tion** [ìmjunizéiʃ(ə)n,-naiz-] *n.*
ìm·mu·nól·o·gy [ìmjunálədʒi/-nɔ́l-] *n.* 免疫学.
◇ **-gist** *n.* 免疫学者.
im·múre [imjúər] *vt.* 閉じ込める, 監禁する. ～ one*self* 閉じこもる. ◇ ～·**ment** *n.* 監禁, 幽閉.
im·mú·ta·ble [imjú:təbl] *a.* 不変の, 変わらない.
◇ ～·**ness** *n.* **-bly** *ad.* **im·mù·ta·bíl·i·ty** [imjù:təbíliti] *n.*
imp[1] [imp] *n.* 小鬼; いたずら小僧;〘古〙子ども.
imp[2] *vt.* **1** <タカのいたんだ羽に>継ぎ羽をする. **2**〘稀〙補強する.
imp. imperative; imperfect; imperial; implement; import; imported; importer; impression; *imprimatur*; imprint.
ím·pact [ímpækt] *n.* 衝撃, 衝突; 影響《への *on*, *upon*》: the ～ of Hegel *on* modern philosophy 現代哲学へのヘーゲルの影響. —— [impǽkt] *vt.* **1** 詰め込む, 密着させる《に *in*, *into*》. **2** に衝突する, にぶち当たる. **3** に強烈な影響〔印象〕を与える. —— *vi* 激突する, 打ち当たる. [in-＋√pa(n)g-]
◇ ～·**ful** [impǽktf(u)l] *a.* 強烈な印象を与える: an ～*ful* picture. **impác·tion** [impǽkʃ(ə)n] *n.* ぎゅっと押し込むこと.
im·pác·ted [impǽktid] *a.* ぎっしり詰まった, すきまのない;《新歯が乳歯のためにあご骨の中に》埋伏した.
im·pác·tive [-tiv] *a.* **1** 衝撃による. **2** 衝撃的な, 強烈な.
im·páir [impéər] *vt.* 悪くする, <価値などを>そこなう, 弱める: Overwork often ～*s* a person's health. 過労はしばしば健康を害する. [√pejor-より悪い] ◇ ～·**ment** *n.* 損傷, 棄損.
(類) →**hurt**「傷つける」
im·pále [impéil] *vt.* **1** <くし・棒などに>突き刺す, 突き通す; くし刺しの刑に処す. **2** 動きのとれぬようにする. **3**〘紋〙二つの紋を合わせ紋にする.
◇ ～·**ment** *n.*
im·pál·pa·ble [impǽlpəbl] *a.* **1** 触れてもわからない. **2** 感知できない, それとわからない. **3**《粉末が》細かい. ◇ **-bly** *ad.* **im·pàl·pa·bíl·i·ty** [impælpəbíliti, ㊥⁺ impæl-] *n.*
im·pán·el [impǽn(ə)l] *vt.* (**-l-**, ㊥ **-ll-**)〘法〙陪審名簿に記帳する; <陪審員を>名簿から選ぶ.
◇ ～·**ment** *n.*
im·pár·a·dise [impǽrədàis] *vt.* 楽園〔天国〕に入れる; 楽園化する.
im·pár·i·ty [impǽriti] *n.* 不均等, 不同.
im·párk [impá:rk] *vt.* 園内に囲い込む; 土地を囲い公園〔猟園〕にする.
◇ **ìm·par·ká·tion** [ìmpa:rkéiʃ(ə)n] *n.*
im·párt [impá:rt] *vt.* 分け与える; 報知する: ～ a secret 秘密をおしえる. [√part-] ◇ ～·**ment, ìm·par·tá·tion** [ìmpa:rtéiʃ(ə)n] *n.* 分与; 通達.
im·pár·tial [impá:rʃ(ə)l] *a.* 公平な, 偏見のない. ↔ partial. ◇ ～·**ly** *ad.* **ìm·par·ti·ál·i·ty** [ìmpa:rʃ(i)ǽliti/ímpà:ʃiǽl-] *n.*
im·párt·i·ble [impá:rtəbl] *a.* 分割できない.
◇ **-bly** *ad.*
im·páss·a·ble [impǽsəbl/-pá:s-] *a.* 通行できない: a road ～ *to* vehicles 乗り物の通れない道.
◇ ～·**ness** *n.* **-bly** *ad.* 通れないように. **im·pàss·a·bíl·i·ty** [impæ̀səbíliti, ìmpæs-/ímpà:sə-] *n.* 通行不能.
im·passe [impǽs, ⁓/æmpá:s] F. *n.* **1** 行き詰まり, 袋小路. **2** 難局: a political ～ 政治的難局.
im·pás·si·ble [impǽsibl] *a.* 感覚のない, 痛みを感じない; 無感情の. ◇ ～·**ness** *n.* **im·pàs·si·bíl·i·ty** [impæ̀sibíliti] *n.*
im·pás·sion [impǽʃ(ə)n] *vt.* ふかく感動させる.
◇ ～**ed** *a.* 感激した; 感動のあふれる.
im·pás·sive [impǽsiv] *a.* 無感動の, 冷静な, 無感覚の. ◇ ～·**ly** *ad.* 平気で. ～·**ness** *n.* **ìm·pas·sív·i·ty** [ìmpæsíviti] *n.*
im·páste [impéist] *vt.* **1** にのりを塗る; のりで封ずる. **2** のり状にする. **3** <絵の具などを>厚く塗る.
im·pás·to [impǽstou] *n.*〘画〙絵の具の厚塗り; 厚く塗った絵の具.
im·pá·tience** [impéiʃ(ə)ns] *n.* **1** 短気; 忍耐心〔しんぼう〕のなさ; 気むずかしさ. **2** 性急さ, せっかち; あせり. **3** もどかしさ, 気のはやり: His ～ to go home was visible. 帰りたくてむずむずしているのが目に見えた. ***restrain one***'s*** ～ じっとしんぼうする.
‡**im·pá·tient** [-ʃ(ə)nt] *a.* **1** がまんできない《に *with*》. **2** 気短な, せっかちな, じれている; 落ち着かない, じっとしていられない. **3** しきりに…したがる, …したくてもどかしがる《*to* (do)》: He is ～ *to* go. 彼は(早く)行きたくて仕方がない. ≒ inpatient.
be ～ ***for*** …がほしくてたまらない; が待ち遠しくて困

る. ***be ～ of*** …にがまんできない; 〈解釈など〉を許さない. [√pati-]
◇ **～·ly** *ad.* 気短に, いらいらして.

im·páv·id [impǽvid] *a.* 恐れを知らぬ, 勇敢な. ◇ **～·ly** *ad.*

im·páwn [impɔ́:n] *vt.* **1** 入質する, 担保に入れる. **2** 誓う.

im·péach [impí:tʃ] *vt.* **1** 〈役職者などを〉弾劾する; 告訴する《のかどで *of, with*》. **2** に異議を申し立てる: ～ a witness 証人の信頼性に対して異議申し立てをする. **3** 非難する; 問題にする.
◇ **～·a·ble** [-əbl] *a.* 弾劾すべき, 非難しうる. **～·ment** *n.* 弾劾, 告訴; 異議申し立て; 非難.

im·péarl [impə́:rl] *vt.* **1** (真珠のような) 玉にする. **2** 真珠のようにする. **3** 真珠で飾る.

im·péc·ca·ble [impékəbl] *a.* **1** 罪〔過失〕を犯すことのない. **2** 欠点のない, 非難の余地ない; 完ぺきな. **——** *n.* 非の打ちどころのない人. ◇ **-bly** *ad.* **im·pèc·ca·bíl·i·ty** [impèkəbíləti, ìmpek-] *n.*

im·péc·cant [impékənt] *a.* 罪を犯していない, 潔白な.

ìm·pe·cú·ni·ous [ìmpikjú:niəs] *a.* 無一文の, 貧乏な. ◇ **～·ly** *ad.* **ìm·pe·cù·ni·ós·i·ty** [ìmpikjù:niɑ́səti/ímpikjù:niɔ́s-] *n.*

im·péd·ance [impí:d(ə)ns] *n.* 〘電〙インピーダンス《交流における電圧の電流に対する比》.

im·péde [impí:d] *vt.* じゃまする, 妨害する. [√ped-]

im·pé·di·ent [impí:diənt] *a.* 妨げとなる. ↔ expedient. **——** *n.* 障害物.

im·péd·i·ment [impédəmənt] *n.* **1** 障害, 妨害. **2** 身体的障害: an ～ in speech 言語障害, どもり. **3** (*pl.*) =impedimenta. ◇ **im·pèd·i·mén·tal** [impèdəméntl] *a.* 障害となる.

ìm·ped·i·mén·ta [ìmpedəméntə, impèd-] *n. pl.* じゃま物; 手荷物; 〘軍〙こうり.

im·péd·i·tive [impédətiv] *a.* 障害となる傾向がある.

im·pél [impél] *vt.* (-ll-) **1** 推進する. **2** 促す, しいる: Rain ～*led* me to hurry. 雨のため急がざるをえなかった. [√pel(l)-] ◇ **～·lent** [-pélənt] *a., n.* 推進させる; 推進力. **～·ler** *n.* 推進する人〔物〕; 〘機〙《うずまきポンプなどの》羽根車.

im·pénd [impénd] *vi.* **1** 〈危険・破滅などが〉さしかかる《に *over*》. **2** おおいかぶさる《に *over*》; たれかかる. [√pend-] ◇ **～·ence** [-əns], **～·en·cy** *n.* 切迫(した状態). **～·ent** *a.* =impending.

im·pénd·ing [-iŋ] *a.* **1** 切迫した, 差し迫る. **2** おおいかぶさる; たれ下がる.

im·pén·e·tra·ble [impénətrəbl] *a.* **1** 突き通せない. **2** 洞察(どうさつ)できぬ, 不可解な. **3** 《他人の考えなどを》受けつけない, がんこな: a mind ～ *to* [*by*] any ideas どんな考えも受けつけない人, わからずやの人. **4** 〘物〙不可入の. ◇ **-bly** *ad.* 計り知れないほどに; がんこにも. **im·pèn·e·tra·bíl·i·ty** [-ˌ---bíləti, ㊊⁺ ìmpen-] *n.*

im·pén·i·tent [impénət(ə)nt] *a.* 改心しない, 頑迷(がんめい)な. **——** *n.* 悔い改めない人, 強情な人.
◇ **～·ly** *ad.* **im·pén·i·tence** [-t(ə)ns], **-ten·cy** *n.* 改心しないこと, 頑迷.

im·pèr·a·tí·val [impèrətáiv(ə)l] *a.* 〘文〙命令法の.

***im·pér·a·tive** [impérətiv] *a.* **1** 命令的な; 厳然たる. **2** 〘文〙命令法の. **3** 差し迫った, 緊要な, 緊急な; 肝要な. **——** *n.* **1** 命令. **2** 〘文〙命令法; 動詞の命令形. **～ idea** [**conception**] 強迫観念. **～ mood** 〘文〙命令法.
◇ **～·ly** *ad.* 命令的に, うむを言わさず. **～·ness** *n.*

ìm·pe·rá·tor [ìmpəréitər/-rɑ́:tɔ:, -réi-] *n.* 《古代ローマの》皇帝 (emperor); (戦勝) 将軍. [<L.]
◇ **im·pèr·a·tó·ri·al** [impèrətɔ́:riəl, ìmper-/-tɔ́:r-] *a.* ～ の〔にふさわしい〕.

ìm·per·cép·ti·ble [ìmpərséptəbl] *a.* 感知できない, 気づかないくらいの, 微細な. ◇ **～·ness** *n.* **-bly** *ad.* 気づかないくらいに, かすかに. **ìm·per·cèp·ti·bíl·i·ty** [ìmpərsèptəbíləti/ím-] *n.*

ím·per·ence [ímpərəns] 〘英俗〙=impudence.

imperf. imperfect.

‡**im·pér·fect** [impə́:rfikt] *a.* **1** 不完全な, 不備な, 欠陥のある, 未完成の. **2** 〘文〙未完了 (時制) の. **——** *n.* 〘文〙未完了時制.
◇ **～·ly** *ad.* 不完全に. **～·ness** *n.*

***ìm·per·féc·tion** [ìmpərfékʃ(ə)n] *n.* **1** 不完全(性). **2** 欠陥, 欠点.

im·pér·fo·rate [impə́:rfərit] *a.* 《切手など》ミシン目のない.

‡**im·pé·ri·al** [impí(ː)riəl/-píər-] *a.* **1** 帝国の; イギリス帝国の. **2** 皇帝の. **3** 最高の権力をもつ, 至高の. **4** 荘厳な, 堂々たる. **5** 《商品などが》優秀な. **6** イギリス度量衡法による. **——** *n.* **1** ナポレオン三世ひげ. **2** 《洋紙の判》インペリアル判《アメリカでは23×31インチ; イギリスでは22×30インチ》. **3** 旧帝政ロシアの金貨. **4** 〘商〙優秀品, 特大品.

imperial ①

His* [*Her*] *I～ Highness 殿下《皇族の尊称》. ***His I～ Majesty*** 皇帝〔天皇〕陛下. **I～ City** ローマ市の別称. **～ eagle** 〘動〙カタシロワシ. **～ edict** 勅令, 勅命. **～ gallon** イギリスガロン《4.546 *l*》. **～ preference** イギリス帝国内特恵関税. **I～ Valley** カリフォルニア州東南部の農業地帯《メキシコに接し海面より低く以前は砂ばくであった》. ◇ **～·ly** *ad.* 帝王のように, 威厳をもって.

im·pé·ri·al·ism [-ìz(ə)m] *n.* **1** 帝国主義, 領土拡張主義. **2** 帝政. ◇ **-ist** *n.* **1** 帝国〔領土拡張〕主義者. **2** 皇帝支持者.

im·pè·ri·al·ís·tic [impì(ː)riəlístik/-pìər-] *a.* **1** 帝国主義の〔的な〕. **2** 帝政の. ◇ **-ti·cal·ly** *ad.*

im·pér·il [impérəl] *vt.* (-l-, ㊎ -ll-) 危険にさらす.

im·pé·ri·ous [impí(ː)riəs/-píər-] *a.* **1** 権勢的な, 独裁的な, おうへいな. **2** 《必要が》緊急の.
◇ **～·ly** *ad.* **～·ness** *n.*

im·pèr·ish·a·bíl·i·ty [impèriʃəbíləti, ㊊⁺ ìmper-] *n.* 不滅, 恒久性.

im·pér·ish·a·ble [impériʃəbl] *a.* 不滅の, 永続的な. ◇ **～·ness** *n.* **-bly** *ad.* 永久に.

im·pe·ri·um [impí(ː)riəm/-píər-] L. *n.* 支配(権), 主権; 〘法〙司法権. **～ *in imperio*** [-riòu/-ou] 主権内の (他の) 主権.

im·pér·ma·nent [impə́:rmənənt] *a.* 長続きしない, 一時的な. ◇ **～·ly** *ad.* **-nence, -nen·cy** *n.* 永続性のないこと, 無常.

im·pér·me·a·ble [impə́:rmiəbl] *a.* しみ通らない, 不浸透 (性) の. ◇ **im·pèr·me·a·bíl·i·ty** [impə̀rmiəbíləti, ㊊⁺ ìmpə:r-] *n.*

ìm·per·mís·si·ble [ìmpərmísəbl] *a.* 許せない.

impers. impersonal.

***im·pér·son·al** [impə́:rs(ə)n(ə)l] *a.* **1** (特定の) 個人に関係のない, 一般的な. **2** 人格をもたない, 非人格的な. **3** 〘文〙非人称の. **～ verb** 非人称動詞.
◇ **～·ly** *ad.* 非個人〔無人格〕的に. **im·pèr·son·ál·i·ty** [impə̀:rs(ə)nǽləti, ㊊⁺ìmpə:r-] *n.*

im·pér·son·ate [impə́:rsənèit] *vt.* **1** の役を演ずる, に扮(ふん)する; のものまねをする. **2** 擬人化する, 人格化する. **——** *a.* 体現された, 人格化された.
◇ **-a·tor** [-ər] *n.* 役に扮する人, 俳優; 声帯模写(をする人). **im·pèr·son·á·tion** [impə̀:rsənéiʃ(ə)n, ㊊⁺ ìmpə:r-] *n.*

***im·pér·ti·nence** [impə́:rt(ə)nəns], **-nen·cy** [-nənsi] *n.* **1** 生意気, 厚かましさ, ぶしつけ, でしゃばり. **2** 無関係; 筋違い; 不適切, 不調和.

im·pér·ti·nent [impə́:rt(ə)nənt] *a.* **1** 生意気な, ぶしつけな, 厚かましい. **2** 無関係の; 不適切な. **3**

ばからしい. ◇ ～·ly *ad.*

ìm·per·tùrb·a·bíl·i·ty[ìmpərtə̀:rbəbíliti/ím-], **ìm·per·tur·bá·tion** [ìmpə:rtərbéiʃ(ə)n] *n.* 沈着, 泰然自若, 冷静.

ìm·per·túrb·a·ble [ìmpərtə́:rbəbl] *a.* ものに動じない, 平然とした, 平気な. ◇ **-bly** *ad.*

im·pér·vi·ous [impə́:rviəs] *a.* **1** 《空気・水・光・熱など》通さない《を *to*》. **2** 感じない, 鈍感な《を, に *to*》: ～ *to* reason 道理がわからない. [per-＋√vi-] ◇ ～·ly *ad.* ～·ness *n.*

ìm·pe·tí·go [ìmpitáigou] *n.* 〖医〗 膿痂疹(のうかしん), 膿「疱疹(のうほうしん)」.

ím·pe·trate [ímpitrèit] *vt.* 頼み込む; せがんで得る. ◇ **-tra·tive** [-trèitiv] *a.*

im·pét·u·ous [impétʃuəs/-tjuəs] *a.* **1** 性急な, せっかちな; 衝動的な. **2** 《性格・あらしなどが》強い, 激しい. [√pet-] ◇ ～·ly *ad.* ～·ness *n.* **im·pèt·u·ós·i·ty** [-pètʃuásiti, ìmpetʃ-/impètjuɔ́-] *n.* 性急(な動作), 激烈(な行動). 〖類〗→**wild**「奔放な」

ím·pe·tus** [ímpitəs] *n.* **1** (動いている物体の) 勢い, 推進力, 運動量, はずみ. **2** (精神的な) 起動力, 誘因, 刺激. ***give an ～ to を刺激〔促進〕する. [√pet-]

impf. imperfect. **imp. gal.** imperial gallon.

ím·pi [ímpi] *n.* (*pl.* ～(e)s [-z]) 南アフリカの Kaffir 族戦士の大部隊.

im·pí·e·ty [impáiiti] *n.* **1** 不信仰, 不敬けん; 不孝. **2** 不敬な行ない.

im·píg·no·rate [impígnərèit] *vt.* 抵当として預ける〔与える〕; 誓う.

im·pínge [impíndʒ] *vi.* **1** 突き当たる, 衝突する《に *on, upon, against*》. **2** 侵害する《を *on, upon*》. [√pa(n)g-] ◇ ～·**ment** *n.* 衝突; 侵害.

im·píng·ent [-ənt] *a.* 突き当たる, 衝撃を与える.

ím·pi·ous [ímpiəs] *a.* **1** 不敬けんな, 不信仰な. **2** 邪悪な. ↔ pious. ◇ ～·ly *ad.*

ímp·ish [ímpiʃ] *a.* 小鬼の(ような), いたずらっぽい, ちゃめな. ◇ ～·ly *ad.* ～·ness *n.*

im·plá·ca·ble [impléikəbl, -plǽk-] *a.* なだめがたい; 和解しにくい; 執念ぶかい; 手ごわい. [√plac-] ◇ ～·ness *n.* **-bly** *ad.* **im·plà·ca·bíl·i·ty**[implèikəbíliti, -plæk-, ìmplei-/-læk-] *n.*

ìm·pla·cén·tal [ìmpləséntl] *a.* 〖動〗 胎盤のない《単孔・有袋類など》.

im·plánt [implǽnt/-plá:nt] *vt.* **1** 植え付ける, 教え込む: ～ an idea *in* a person 人にある考えを吹き込む. **2** 〈種などを〉植え込む. **3** 差し込む, 食い込ませる; 〖医〗 移植する.
—— *n.* 〖医〗 移植組織片; 《がんの治療などでラジウムなどの放射物質を入れる》挿入(そうにゅう)管. ◇ ～·**er** *n.* **ìm·plan·tá·tion** [ìmplæntéiʃ(ə)n/ìmpla:n-] *n.*

im·pláu·si·ble [implɔ́:zəbl] *a.* ほんとうとは思えない, 信じ〔受け入れ〕がたい. ◇ **-bly** *ad.*

im·pléad[implí:d]*vt.* 告訴する, 告発する; とがめる.

‡**ím·ple·ment** [ímplimənt] *n.* **1** 道具, 器具: agricultural ～*s* 農具. kitchen ～*s* 台所用具. **2** 手段. **3** 〖スコットランド: 法〗 履行. —— [-mènt] *vt.* **1** に道具を供給する〔備える〕. **2** 〈計画などを〉実施する. **3** 〈要求・条件を〉満たす. [√ple(n)-] ◇ **ìm·ple·mén·tal** [ìmpliméntl] *a.* 器具の; 手段となる, 助け〔力〕となる. 〖類〗 →**tool**「道具」

ìm·ple·men·tá·tion [ìmplimentéiʃ(ə)n] *n.* **1** 履行, 遂行. **2** 〖稀〗《器具などの》補充.

im·plé·tion [implí:ʃ(ə)n] *n.* 満たすこと; 充満の状態; 充満している物.

ím·pli·cate [ímplikèit] *vt.* **1** 巻き込む, 連座させる, 関係させる. **2** の意味を(暗に) 含む, 含蓄する. **3** からみ合わせる, もつれさせる《と *with*》. ***be ～d in*** a crime (犯罪) にかかわり合っている. —— [-kit] *n.* 包含されたもの. [√plec-. imply と同語源]

ìm·pli·cá·tion [ìmplikéiʃ(ə)n] *n.* **1** 関係, 関与, かかり合い. **2** 含意, 含蓄, 含み, 暗示. **3** もつれ, 紛糾. ***by ～*** 暗に, それとなく. [√plec-]

ím·pli·ca·tive [ímplikèitiv/implíkə-], **ím·pli·ca·to·ry** [ímplikətɔ̀:ri/-keit(ə)ri] *a.* 含蓄的; 関連のある. ◇ **ím·pli·ca·tive·ly** *ad.*

im·plíc·it [implísit] *a.* **1** 暗黙の, それとなしの, 言わず語らずの: ～ agreement 暗黙の同意. ↔explicit. **2** 内在する, 事実上含まれている《*in*》. **3** 絶対の; 是非を問わない: ～ obedience 絶対服従, 盲従. [imply と同語源] **～ consent** 〔**assent**〕 黙諾. **～ faith** 盲信《教会の信条をそのまま受け入れる》. ◇ ～·ly *ad.* **1** それとなく. **2** 絶対的に. ～·**ness** *n.*

im·plíed [impláid] *a.* 含蓄の, 暗示的; 暗黙の; 含みのある. ◇ **im·plí·ed·ly** [-pláiidli, -pláid-] *ad.* 暗に, それとなく.

im·plóde [implóud] *vi.* 内破する. → explode. —— *vt.* 〖音声〗 内破的に発音する.

‡**im·plóre** [implɔ́:r/-plɔ́:] *vt.* **1** (求め) 哀願〔嘆願〕する: ～ forgiveness ゆるしを懇願する. **2** 〈人に〉哀願する: ～ a person *to* go 人に行ってくれとひたすらに頼む.
◇ **ìm·plo·rá·tion** [ìmplo:réiʃ(ə)n/-plɔ:r-] *n.* 嘆願, 哀願. **im·plór·a·to·ry** [implɔ́:rətɔ̀:ri/-plɔ́:rət(ə)ri] *a.* 〖類〗 →**beg**「頼む」

im·plór·ing [implɔ́:riŋ/-plɔ́:r-] *a.* 哀願(的)の. ◇ ～·ly *ad.* ～·ness *n.*

im·pló·sion [implóuʒ(ə)n] *n.* 〖音声〗 内破.

im·pló·sive [implóusiv] *a.* 〖音声〗 内破の. —— *n.* 内破音. → explosive.

im·plú·vi·um [implú:viəm] *n.* 《古代ローマ建築の》中庭.

‡**im·plý** [implái] *vt.* **1** 含蓄する, ほのめかす, それとなく言う, 暗示する. **2** 意味する: Silence often ～*ies* consent. 沈黙はしばしば同意を意味する. **3** (当然のこととして) 包含する, 伴う. → 名詞 implication. [in-＋√plec- 内に＋含む] 〖類〗 → **suggest**「暗示する」

im·pól·der [impóuldər] *vt.* 〖英〗 埋め立てる.

im·pól·i·cy [impálisi/-pɔ́l-] *n.* 不得策.

***ìm·po·líte** [ìmpəláit] *a.* 無礼な, 無作法な, 礼儀知らずの. ◇ ～·ly *ad.* ～·ness *n.*

im·pól·i·tic [impálitik/-pɔ́l-] *a.* 不得策の, 思慮のない, へたな. ◇ ～·ly *ad.*

im·pón·der·a·ble [impánd(ə)rəbl/-pɔ́n-] *a.* **1** 重さのない, ごく軽い. **2** 計量〔評価〕できない; 計り知れない. —— *n.* 《熱・光など》不可量物.
◇ **im·pòn·der·a·bíl·i·ty** [impɑ̀ndərəbíliti, ìmpɑn-/-pɔ́n-] *n.*

‡**im·pórt** [impɔ́:rt/impɔ́:t] *vt.* **1** 輸入する: ～ sugar *from* Cuba キューバから砂糖を輸入する. ↔ export. **2** もって来る; 〈感情などを〉介入させる, こめる. **3** の意味を含む, 意味する, あらわす: Clouds ～ rain. 雲は雨を意味する. **4** 〖古〗 に重要である, に重大関係がある; の責任である: It ～s us to know … …を知ることはわれわれにはたいせつだ. —— *v.i.* 重要である, 重要な関係がある.
◇ ～·**a·ble** [-əbl] *a.* 輸入できる. ～·**ed** [-id] *a.* 輸入された: ～*ed* whiskey 輸入ウイスキー. ～·**er** *n.* 輸入業者. **im·pòrt·a·bíl·i·ty** [-ˌ-ˊ-bíliti] *n.* 輸入しうること.
—— [ímpɔ:rt/ímpɔ:t] *n.* **1** 輸入; (通例 *pl.*) 輸入品. **2** 意味, 含み: the ～ of his remarks 彼のことばの趣旨. **3** 重要さ: a matter of great ～ 重大な事物. [in-＋√port- 内へ＋運ぶ]
～ duties 輸入税.

‡**im·pór·tance** [impɔ́:rt(ə)ns] *n.* **1** 重要性, 重大性: a matter of great 〔no〕 ～ 重大な〔とるに足らない〕こと. **2** 重要地位, 貫禄(かんろく): a man of ～ 重要人物, 有力者. **3** 尊大さ. ***attach ～ to*** を重要視する. ***be conscious of*** one***'s own ～*** うぬぼれている. ***be of ～*** 重大〔重要, 有力〕である. ***with an air of ～*** もったいぶって.

†**im·pór·tant** [-t(ə)nt] *a.* **1** 重要な, 大事な《に

to》: facts ～ *to* a fair decision 公平な判決のために重要な事実. **2** 有力な, 偉い. **3** もったいぶった. ***assume an ～ air*** もったいぶる. ***very ～ person*** 重要人物, お偉方《略 VIP》.

(類義語) **重要な: important** 最も一般的な語で「重い含みがある; 重要な結果をもたらす」というのが原義. **material** 本質的部分を構成する, 実質上欠かせない: a point *material* to one's argument 議論の重要点. **grave** 容易ならぬ, ゆゆしい: a *grave* question 重大問題. **momentous** important とほぼ同義だが「有意義な, 注目に価する」という意味合いがこもる: a *momentous* day in history 歴史に記憶されるべき日.

ìm·por·tá·tion [impɔːrtéiʃ(ə)n/-pɔː-] *n.* 輸入(品).

im·pór·tu·nate [impɔ́ːrtʃụnit/-tjụ-] *a.* しつこい, 催促がましい. ◇ **～·ly** *ad.*

ìm·por·túne [impərtjúːn, impɔ́ːrtʃən/impɔ́ːtjuːn] *vt.* **1** にうるさくせがむ: He ～*d* me *for* money. 私に金をくれとしきりにせがんだ. **2** 求める. —— *a.* = importunate.

ìm·por·tú·ni·ty [ìmpərtjúːnịti/ìmpɔː-] *n.* 執拗(しつよう)にせがむこと; (*pl.*) うるさく催促〔要求〕すること.

‡**im·póse** [impóuz] *vt.* **1** 〈義務・税金・罰などを〉**負わせる**, 課する, 賦課する《に *on, upon*》: ～ a tax *on* an article 品物に課税する. **2** **押しつける**, しいる《に *on, upon*》: ～ respect 尊敬の念を起こさせる. ～ silence *on* a person 人を沈黙させる. **3** 〈にせ物などを〉つかませる: ～ a false article *upon* a person 人ににせ物をつかませる. **4** 〖古〗置く; 〖印〗整版する; 〖宗〗按手(あんしゅ)する.

—— *vi.* **1** つけこむ, 乗じる, だます《に, を *on, upon*》: He has ～*d on* your good nature. 彼はきみの人のよさにつけこんだね. **2** 〖稀〗威圧する, 感服させる. **～ *oneself on*** a person (人)の迷惑もかまわず押しかける〔長居する〕; (人)に自分を売り込む. [in-+√pon- 上に+置く] ◇ **im·pós·er** *n.*

im·pós·ing [impóuziŋ] *a.* 威圧するような, 堂々たる, りっぱな, 人目をひく. ◇ **～·ly** *ad.* **～·ness** *n.*

ìm·po·sí·tion [ìmpəzíʃ(ə)n] *n.* **1** 《税・罰などを》課すること, 税. **2** 負担, 重荷; 生徒の罰仕事《俗に impo, impot と略す》. **3** 《人のよさに》つけこむこと; 詐欺. **4** 置くこと; 〖印〗整版; 〖宗〗按手(あんしゅ). → 動詞 impose.

ìm·pos·si·bíl·i·ty [ìmpɑsịbílịti, impɑ̀s-/impɔ́s-, ìmpɔs-] *n.* **1** 不可能(性). **2** 不可能事, ありえないこと.

‡**im·pós·si·ble** [impɑ́səbl/-pɔ́s-] *a.* **1** **不可能な**, ありえない: It is ～ *for* him *to* get there by five o'clock 〔*that* he should have done it〕. 5時までにそこへ着くことはできない〔彼がそんなことをしたということはありえない〕. **2** 信じがたい: an ～ story とても考えられない話. **3** 実現できない; 実用にならない. **4** 耐えられない, 許しがたい; がまんできない: an ～ situation 放置できない状況. an ～ fellow 鼻持ちならぬやつ. You are ～. きみはめちゃだよ. ***next to*** ～ ほとんど〔まず〕不可能な. ◇ **-bly** *ad.* ありうべくもなく: not *impossibly* ことによったら.

ím·post[1] [ímpoust] *n.* **1** 税, 関税. **2** 〖競馬〗斤量《騎手をも含めた馬の負い荷》. —— *vt.* 輸入品目別に…の関税を決める.

ím·post[2] *n.* 〖建〗せりもと, 台輪《アーチを壁または円柱にのせる部分》.

im·pós·tor [impɑ́stər/-pɔ́s-] *n.* 詐欺漢, 山師; 他人の名をかたって詐欺をはたらく人. [impose と同語源]

im·pós·ture [-tʃər] *n.* 詐欺, ぺてん.

ím·po·tence [ímpət(ə)ns], **-ten·cy** [-si] *n.* 無能(力), 無気力; 虚弱, 老衰; 〖医〗陰萎(いんい).

ím·po·tent [ímpət(ə)nt] *a.* 無能力の, 無気力な; 虚弱の; 〖医〗陰萎の. ◇ **～·ly** *ad.*

im·póund [impáund] *vt.* **1** 〈家畜などを〉囲いの中に追い込む. **2** 〈人を〉閉じ込める, 拘置する. **3** 〈証拠物件などを〉押収する. **4** 〈水などを〉ためる《貯水池に》. [√pon-]

im·póv·er·ish [impɑ́vəriʃ/-pɔ́v-] *vt.* **1** 貧乏にする. **2** 虚弱にする, 無力にする. **3** 〈土地などを〉やせさせる, 不毛にする. [比較 poverty] ◇ **～ed** [-t] *a.* **～·ment** *n.* 貧乏になる〔する〕こと; 窮乏; 《土地の》不毛.

im·pów·er [impáuər] = empower.

im·prác·ti·ca·ble [impræ̀ktịkəbl] *a.* **1** 実行不可能な; 使いものにならない: an ～ plan 実行不可能な計画. ≒ impractical. **2** 《道など》通れない. **3** (強情で)手に負えない. ◇ **～·ness** *n.* **-bly** *ad.* 実行できないように; 使えないほどに; 手に負えないほどに. **im·pràc·ti·ca·bíl·i·ty** [impræ̀ktịkəbílịti, ㊊+ ìmpræk-] *n.* 実行不可能なこと.

im·prác·ti·cal [impræ̀ktịk(ə)l] *a.* 〖米〗非実用的な; 実用にはほど遠い; 実際にうとい: an ～ plan 非実際的な計画.

ím·pre·cate [ímprịkèit] *vt.* 〈災い・不幸などを〉祈り求める: ～ evil *upon* a person 人に災いあれとのろう. [√prec-] ◇ **-ca·tor** [-ər] *n.* **-ca·to·ry** [-kətɔ̀ːri/-keitəri] *a.* **ìm·pre·cá·tion** [ìmprikéiʃ(ə)n] *n.* のろい; 《人に災難などを》祈り求めること.

ìm·pre·císe [ìmprisáis] *a.* 不正確な, ぼんやりした. ◇ **ìm·pre·cí·sion** [-síʒ(ə)n] *n.*

ím·preg [ímpreg] *n.* 合成樹脂浸透ベニヤ.

im·prég·na·ble[1] [imprégnəbl] *a.* 難攻不落の; 《信念など》確固とした. ◇ **-bly** *ad.* **im·prèg·na·bíl·i·ty** [imprègnəbílịti, ㊊+ ìmpreg-] *n.* 難攻不落; 堅固.

im·prég·na·ble[2] *a.* 受胎可能な.

im·prég·nate [imprégneit/ímpreg-, ─⌐─] *vt.* **1** に妊娠〔受胎〕させる; 〖生〗に受精させる. **2** に充満させる, に含有させる《を *with*》. **3** 〈人に〉吹き込む, に印象づける, に注ぎ込む《を *with*》: be ～*d with* false principles 誤った主義を教え込まれている. **4** 〈水が〉…にしみ込む. —— [imprégnit] *a.* **1** 妊娠している: ～ *with* a child 子種を宿した. **2** しみ込んだ, 飽和した: water ～ *with* disease germs 病菌の充満した水.

◇ **ìm·preg·ná·tion** [ìmpregnéiʃ(ə)n] *n.* 妊娠, 受精; 飽和, 充満; 注入, 鼓吹.

im·pré·sa [impréizə] *n.* 紋章(に記した題銘).

ìm·pre·sá·ri·o [ìmprisɑ́ːriòu/-pre-, -pri-] *n.* (*pl.* **～s**) 《歌劇団などの》興行師, 《一座の》監督.

ìm·pre·scríp·ti·ble [ìmpriskríptəbl] *a.* 〖法〗時効によっても消滅できない; 絶対的な.

‡**im·préss**[1] [imprés] *vt.* (**～ed**, 〖古〗**im·prést**) **1** に**感銘を与える**, に印象づける, 感動させる: His firmness ～*ed* me. = I was ～*ed* by his firmness. 彼の決意の堅さには感銘を受けた. **2** **印象づける**, 記憶させる, 理解させる: We must ～ *upon* the children that... われわれは子どもたちに…ということをしっかり教えなければならない. **3** 押印する, 刻印する: ～ a seal 判を押す. He ～*es* his personality upon everything he does. することなすことに彼は彼らしい味を出す. **4** に印をつける, に跡を残す: ～ a surface *with* a mark 表面に印をつける.

be favorably 〔***unfavorably***〕 **～*ed*** 好〔悪〕印象を受ける. ***be ～ed by*** 〔***with***〕 に感動する, …にふかい感銘を受ける. **～ *a kiss upon*** に接吻(せっぷん)する. **～ *motion upon*** に運動を起こさせる.

—— [ímpres] *n.* **1** 押印, 刻印. **2** 特徴. **3** 印象, 感銘. **4** 影響. [<in-+press]

◇ **～·i·ble** [-əbl] *a.* 感じやすい, 感受性の強い. **im·prèss·i·bíl·i·ty** [imprèsịbíliti, ㊊+ ìmpres-] *n.* 感受性(の強さ).

im·préss[2] [imprés] *vt.* **1** 公務〔兵役〕に徴用〔徴発〕する. **2** 〈他人の議論を〉引っ張ってくる, 援用する, 〈援助を〉求めてくる. ◇ **～·ment** *n.* 徴兵, 徴用, 徴発.

‡**im·prés·sion** [impréʃ(ə)n] *n.* **1** 印象, 感銘, 感想; 感じ, 感覚印象; ぼんやりとした感じ, 気持ち: the first ～ 第一印象. **2** 影響, 効果. **3** 押印, 刻印, 《押しつけてできた》跡. **4** 1回の発行分〔部数〕: the first ～ 第1刷. **5** 歯型. **6** 物まね, 声帯模写. ***be under the ～ that...*** …と思っている. ***do ～s of*** actors (俳優) の物まねをする. ***have an ～ that...*** …のような気がする. ***make an ～ on*** に印象を与える, を感動させる.
◇ **～·ism** [-ìz(ə)m] *n.* 〘芸術〙 印象派〔主義〕. **～·ist** *n.* 印象派の芸術家. **im·près·sion·ís·tic** [-⌐--ístik] *a.* 印象派〔主義〕の; 印象的な.

im·prés·sion·a·ble [impréʃ(ə)nəbl] *a.* 感じやすい, 感受性の強い. ◇ **im·près·sion·a·bíl·i·ty** [-⌐---bíləti] *n.* 感受性, 敏感.

***im·prés·sive** [imprésiv] *a.* 印象に残る, 感動を与える: an ～ ceremony 感銘ふかい式典.
◇ ***～·ly** *ad.* ***～·ness** *n.*

ím·prest [ímprest] *n.* 前渡し金《特に公共事業などに対する》. **～ fund** 前渡し資金. **～ system** 〘経〙 定額資金前渡し制度.

im·pri·ma·tur [ìmprimé́itər] L. (＝Let it be printed) *n.* 出版認可.

im·pri·mis [impráimis] L. (＝in the first place) *ad.* 最初に.

‡**im·prínt** [imprínt] *vt.* **1** 〈印・記号・文字などを〉押す; 印刷する. **2** 〈紙などに〉押印する《を *with*》. **3** に感銘を与える: ～ a person's mind *with* fear 人の心に恐怖を与える. **4** 銘記させる, 感銘させる《に *on, in*》. **5** 〈特質・特徴などを〉刻印する, 与える. **6** 〈口づけを〉与える. —— [ímprint] *n.* **1** 押印; 跡, 痕跡(こんせき). **2** 印象; 面影. **3** 〘印〙 奥付け《出版社名・住所・発行年月日など》. ◇ **～·er** *n.*

‡**im·prís·on** [imprízn] *vt.* 投獄する, 収容する, 監禁する. ◇ **～·ment** *n.*

im·prób·a·ble [imprábəbl/-prɔ́b-] *a.* ありそうもない, ほんとうらしくない: an ～ story. ◇ **-bly** *ad.* ほんとうらしくなく: not *improbably* ことによると. **im·pròb·a·bíl·i·ty** [imprɑ̀bəbíləti, ìmprɑb-/imprɔ̀b-] *n.* ありそうもないこと.

im·pró·bi·ty [impróubəti, -prɑ́b-/-próu-, -prɔ́b-] *n.* 不正直; 悪行.

im·prómp·tu [imprɑ́mpt(j)u:/imprɔ́mptju:] *ad.* 即興で; 即席で, 準備なしに. —— *a.* 即席の. —— *n.* 〘楽〙 即興曲; ぶっつけ本番《演説・演奏など》.

im·próp·er [imprɑ́pər/-prɔ́p-] *a.* **1** 不適当な, 不相応な. **2** 正しくない, 誤った: ～ inferences まちがった推論. **3** 《服装などが》その場にふさわしくない. **4** 失礼な: an ～ conduct 礼儀をわきまえぬ行為. **5** 道にはずれた, 不道徳な.
～ fraction 〘数〙 仮分数. ◇ **～·ly** *ad.*

im·pró·pri·ate [impróuprièit] *vt.* 〈教会の財産などを〉俗人の保管に移す. —— [-priit, ㊀⁺-prièit] *a.* 俗人の保管に移った. ◇ **-a·tor** [-ər] *n.* 《教会財産などを》保管する俗人. **im·prò·pri·á·tion** [impròupriéiʃ(ə)n] *n.* ～すること; ～した財産.

ìm·pro·prí·e·ty [ìmprəpráiəti] *n.* **1** 不適当, 不相応; 誤り. **2** 無作法, 下品. **3** 不道徳, 不品行.

im·próv·a·ble [imprú:vəbl] *a.* **1** 改善〔改良〕できる. **2** 利用しうる; 耕作に適した.
◇ **～·ness** *n.* **-bly** *ad.* 改善〔改良〕できるように. **im·pròv·a·bíl·i·ty** [-⌐--bíləti] *n.*

‡**im·próve** [imprú:v] *vt.* **1** 改良する, 改善する; 向上させる. **2** よくする; の外観をよくする, よく見せる: That dress ～*s* her greatly. あの着物を着ると彼女はずっと美しくなる. **3** 〈機会・時間を〉利用する, むだにしない: ～ (the) time 時を活用する. **4** 〘米〙 の価値を高める《土地を開発・耕作によって, 建物を改造によって》. —— *vi.* **1** よくなる, 好転する: Business 〔The weather, The patient, The prisoner〕 has ～*d*. 景気が〔天候が, 患者の病勢が, 囚人の行状が〕よくなった〔好転した〕. **2** 改まる, 進歩する: Your English has ～*d*. きみの英語は上達してきた.
～ an acquaintance 面識を得る. ***～ away*** a good quality 改良しようとして (良い性質を) 失う. ***～ one's health*** 健康を増進させる. ***～ in*** health (健康) がよくなる. ***～ oneself in*** に上達する: ～ one*self in* French フランス語がじょうずになる. ***～ on*** 〔***upon***〕 a person (人) にまさる. ***～ on*** 〔***upon***〕 a thing (物) を改良する. ***～ on a person's ideas*** (人) のアイディアを練り上げる. ***～ the occasion*** 機会を利用する; 機会を利用して説教する. ***～ upon a tale*** 話につけたしをする.
◇ **im·próv·er** *n.* **1** ～する人〔物〕; (ただ働きの) 見習徒弟. **2** 《婦人服の》腰当て.
[類] →**reform**「改良する」

‡**im·próve·ment** [imprú:vmənt] *n.* **1** 改良, 改善《*on*》. **2** 改良したところ, 改善点; 改良〔改善〕した物: My new car is a great ～ on my old one. 新車は前の車よりはるかに上等だ. **3** 向上, 進歩, 上達《*in*》. **4** 《時間などの》利用, 活用.

im·próv·i·dent [imprɑ́vəd(ə)nt/-prɔ́v-] *a.* **1** 先見の明がない, 思慮のない. **2** 不用意な; 浪費的な, 不経済な. ↔provident.
◇ **～·ly** *ad.* 先見の明なく. **-dence** *n.* 《将来に対して》思慮のないこと, 軽率; 不用意, 浪費.

ìm·pro·vi·sá·tion [ìmprəvaizéiʃ(ə)n, -prɑvə-/-prəvai-, -prɔvə-] *n.* 《作詩・作曲・演奏などを》即興でやること; 即興作. ◇ **～·al** *a.*

im·próv·i·sa·tor [imprɑ́vəzèitər, ímprəvaiz-/imprɔ́vəz-] *n.* 即興詩人〔演奏家〕. ◇ **im·pròv·i·sa·tó·ri·al** [imprɑ̀vəzətó:riəl/-prɔ̀vəzətɔ́:r-], **ìm·pro·vís·a·to·ry** [ìmprəváizətò:ri, -víz-/-víz-ət(ə)ri] *a.* 即興の, 即席の.

***ím·pro·vise** [ímprəvàiz, ㊀⁺ ⌐--⌐] *vt., vi.* **1** 即席でやる〔つくる〕. **2** 即興演奏をする. ◇ **-vis·er** *n.*

im·pro(v)·vi·sa·to·re [ì:mprovì:za:tó:rei/imprɔ̀vizətɔ́:ri] It. *n.* (*pl.* ***-ri*** [-ri:/-ri]; *fem.* ***im-pro(v)·vi·sa·tri·ce*** [-trítʃei]) ＝improvisator.

im·prú·dent [imprú:d(ə)nt] *a.* 軽率な, あさはかな, 無分別の. ↔ prudent. ◇ **～·ly** *ad.* うかつにも. **-dence** *n.* 軽率 (な行動), 不謹慎, 無分別.

ím·pu·dence [ímpjəd(ə)ns] *n.* 厚顔, ずうずうしさ; 生意気 (な言動). ***Such ～!*** なんてずうずうしい! ***have the ～ to*** (do) 厚かましくも…する.

‡**ím·pu·dent** [-d(ə)nt] *a.* 厚顔無恥の, 厚かましい, ずうずうしい, 生意気な. [in-＋√pud- 恥じ＋ない]
◇ **～·ly** *ad.* 「醜行.

ìm·pu·díc·i·ty [ìmpjədísəti] *n.* 破廉恥; 不謹慎,

im·púgn [impjú:n] *vt.* 非難する, 論難する. [√pugn-] ◇ **～·a·ble** *a.* **～·ment** *n.*

im·pú·is·sant [impjú:əsnt] *a.* 無能な; 無気力な, 虚弱な. [√pot-] ◇ **-ance** *n.*

‡**ím·pulse** [ímpʌls] *n.* **1** 推進 (力); 衝撃; 刺激. **2** (心の) 衝動, はずみ: a man of ～ 衝動的な人. **3** 〘電〙 衝撃電波; 〘力学〙 瞬間力, 力積; 〘生理〙 衝動. →動詞 impel. ***from*** 〔***on***〕 ***～*** 衝動的に. ***give an ～ to*** を促進する. ***on the ～ of the moment*** その場のはずみ〔できごころ〕で. ***under the ～ of*** …にかられて. **～ buying** 衝動買い.

im·púl·sion [impʌ́lʃ(ə)n] *n.* 衝撃, 刺激; 衝動, はずみ.

im·púl·sive [-siv] *a.* 衝動的な; 感情にはしる〔はしった〕. ◇ **～·ly** *ad.* 感情にかられて. **～·ness** *n.* 衝動 (性). [類] →**spontaneous**「ひとりでの」

im·pú·ni·ty [impjú:nəti] *n.* 無罰; 無難, 無事. ***with ～*** 無難に: do a thing *with* ～ 非難を受けることなくことをする; 無事にことを行なう; …しても罰〔非難, 損害〕を受けない. [√pun-]

im·púre [impjúər] *a.* **1** 不純な, よごれた; 不純物を含む. **2** 汚れた, 潔白でない, 罪のある.

◇ ～·ly *ad.* ～·ness *n.*

im·pú·ri·ty [impjú(:)riti/-pjúər-] *n.* **1** 不純, 罪の汚れ. **2** 不純物; 不純な行為.

im·pút·a·ble [impjú:təbl] *a.* 負わせうる, 転嫁しうる《*to*》. ◇ ～·ness *n.* -bly *ad.* **im·pùt·a·bíl·i·ty** [−⌐−bíliti] *n.*

ìm·pu·tá·tion [ìmpjutéiʃ(ə)n] *n.* 《責任・罪などを》負わせること; 非難; 汚名.

im·pút·a·tive [impjú:tətiv] *a.* 負わされた, 転嫁された. ◇ ～·ly *ad.*

im·púte [impjú:t] *vt.* 負わす, 転嫁する: He ～s his fault *to* his wife. 彼は自分の過失を妻のせいにしている. [√put-]

ìm·pu·trés·ci·ble [ìmpju:trésəbl] *a.* 分解しない, 腐らない.

†**in** → 枠付 in.

in-[1] *pref.* **1**「内に, 内へ」の意味をあらわす英語系の接頭辞: *in*come 収入. *in*land 内陸. **2** in, into, on, upon, against, towards などの意をあらわすラテン語の接頭辞: *in*clude 含む <in-+√claud- 内に+閉じる. *in*duce 勧誘する <in-+√duc- の方へ+導く. 〈注₁〉l の前では il- (*il*luminate); b, m, p の前では im- (*im*bibe, *im*minent, *im*pose); r の前では ir- (*ir*rigate) となる. 〈注₂〉しばしばフランス語を通じて, あるいはその影響で en- (*en*dorse), em- (*em*barrass) となる. in-, en- が並び行なわれることもある: *in*close=*en*close.

in-[2] *pref.* 「不, 非, 無」の否定的な意味をあらわす: *in*capacity 無能力, 非力. *in*convenient 不便な. 〈注〉l の前では il- (*il*literate); b, m, p の前では im- (*im*balance, *im*material, *im*possible); r の前では ir- (*ir*responsible) となる.

In 〘化〙 indium. **in.** inch(es).

ìn·a·bíl·i·ty [ìnəbíliti] *n.* 無能, 無力; …しえないこと《*to* (do)》.

in ab·sen·ti·a [in-əbsénʃiə, in-æb-] L. (=in absence) 不在状態で, 不在中に.

ìn·ac·cés·si·ble [ìnəksésəbl, ìnæk-] *a.* 近づき〔達し, 得〕がたい《に *to*》; 近寄せない《を *to*》. ◇ ～·ness *n.* -bly *ad.* **ìn·ac·cès·si·bíl·i·ty** [ìnəksèsəbíliti/ín-] *n.*

in·ác·cu·rate [inækjurit] *a.* 不正確な, 不精密な; 的確でない, まちがいのある. ◇ ～·ly *ad.* -ra·cy [-rəsi] *n.*

in·ác·tion [inækʃ(ə)n] *n.* 不活動, 不活発; 怠惰, 無精; 休息, 休止.

in·ác·ti·vate [inæktivèit] *vt.* **1** 不活発にする. **2** 〘生化〙〈血清などを〉不活性化する. ◇ **in·àc·ti·vá·tion** [−⌐−véiʃ(ə)n] *n.*

in·ác·tive [inæktiv] *a.* **1** 活動していない, 休止している. **2** 不活動〔活発〕の, 活気がない, 怠惰な, のろい. **3** 〘物〙放射能のない; 〘光〙不旋光性の. **4** 〘軍〙現役でない. ◇ ～·ly *ad.* **ìn·ac·tív·i·ty** [ìnæktíviti] *n.*

ìn·a·dápt·a·ble [ìnədæptəbl] *a.* 適応〔適合〕できない. ◇ **ìn·a·dàpt·a·bíl·i·ty** [ìnədæptəbíliti/ín-] *n.* 不適応〔適合〕性.

***in·ád·e·quate** [inædikwit] *a.* **1** 不適当な, 不十分な. **2** 無力な《に *to*》. ◇ ～·ly *ad.* ～·ness *n.* -qua·cy [-kwəsi] *n.*

ìn·ad·mís·si·ble [ìnədmísəbl] *a.* **1** 許しがたい, 承認しがたい. **2** 許可〔採用〕しがたい. ◇ **ìn·ad·mìs·si·bíl·i·ty** [ìnədmìsibíliti/ín-] *n.*

ìn·ad·vért·ent [ìnədvə́:rt(ə)nt] *a.* **1** 不注意な; 怠慢な. **2** 不注意による, うっかりやった, 故意でない. ◇ ～·ly *ad.* -ence, -en·cy *n.*

ìn·ad·vís·a·ble [ìnədváizəbl] *a.* 勧められない, 得策でない; 賢明でない, 愚かな. ◇ -bly *ad.* **ìn·ad·vìs·a·bíl·i·ty** [ìnədvàizəbíliti/ín-] *n.*

in·ál·ien·a·ble [inéiljənəbl] *a.* **1** (他人に) 譲渡できない. **2** (人から) 奪えない: The people have the ～ right to choose their public officials. 国民は公務員を選定する, 各人に固有の権利を有する. ◇ -bly *ad.* **in·àl·ien·a·bíl·i·ty** [inèiljənəbíliti, ㊎+inei-] *n.*

in·ál·ter·a·ble [inɔ́:lt(ə)rəbl] *a.* 変更できない. ◇ -bly *ad.* **in·àl·ter·a·bíl·i·ty** [−⌐−−bíliti] *n.* 不変性.

in·am·o·ra·ta [inæmərá:tə, ìnæmə-] It. *n.* (女性の) 愛人, 情婦; 恋する女.

in·am·o·ra·to [-rá:tou] It. *n.* (*pl.* ～*s*) (男性の) 愛人, 情夫; 恋している男.

ín-and-ín [ínəndín] *a.*, *ad.* 同種〔同族〕交配の〔で〕: ～ breeding《数代にわたる》同種交配. marry ～ 幾代も近親結婚する.

in·áne [inéin] *a.* **1** うつろな, 空虚な. **2** 愚かな, ばかげた. ***the*** ～ 無限の空間, 空虚. —— *n.* **1** 虚空(こくう). **2** 愚かしさ. ◇ ～·ly *ad.*

in·án·i·mate [inænimit] *a.* **1** 生命のない, 無生物の; 死んだ. **2** 活気のない, 生気のない. **3** 非情の. ◇ ～·ly *ad.* **in·à·ni·má·tion** [−⌐−méiʃ(ə)n] *n.*

ìn·a·ní·tion [ìnəníʃ(ə)n] *n.* **1** 〘医〙栄養失調. **2** 空虚, うつろ.

in·án·i·ty [inæniti] *n.* **1** 空虚さ, むなしさ, くだらなさ. **2** 愚かな言動.

ìn·ap·péas·a·ble [ìnəpí:zəbl] *a.* なだめにくい; 和らげえない.

in·áp·pe·tence [inæpit(ə)ns] *n.* 食欲不振; 欲望欠如.

in·áp·pli·ca·ble [inæplikəbl] *a.* 適用〔応用〕できない《に *to*》. ◇ -bly *ad.* **in·àp·pli·ca·bíl·i·ty** [inæplikəbíliti, ㊎+inæp-] *n.* 適用不可能(性).

in·áp·po·site [inæpəzit] *a.* 見当違いの, 不適切〔不適当〕な. ◇ ～·ly *ad.*

I

in

(1) 前置詞にも副詞にも用いられ, いわゆる前置詞的副詞 (prepositional adverb) の重要なものの一つ. → 枠付 Prepositional adverb. 各動詞との結合はそれぞれの動詞を参照.
(2) 前置詞のばあい in は場所を規定し, into は方向を示すが, 前者が後者に近づくこともある.

in [in] *prep.* **1**《場所・位置》…の中に, …に; …(の中)で: There are some pencils *in* the box. 箱に鉛筆がはいっている. We live *in* Tokyo [the suburbs, a small house]. 私たちは東京〔郊外, 小さな家〕に住んでいる. The children are playing *in* the yard. 子どもたちは庭で遊んでいる. He is out *in* the hall. 彼は廊下に出ている. have a stick *in* one's hand 手に棒〔木の枝, ステッキ〕を持っている. with a cigaret *in* one's mouth たばこをくわえて. a candle *in* a candlestick 燭台(しょくだい)のろうそく. sit *in* [on] a chair いすに腰掛ける. *in* the street 〘英〙街路で (=㊎ on the street). *in* the west 西部に〔で〕. The sun rises *in* the east and sets *in* the west. 太陽は東からのぼり, 西に沈む. *in* the first chapter 第1章に〔で〕. *in* a speech 談話〔演説〕のなかに〔で〕.

〈付記〉**in** と **at** 場所については, 比較的広い場所〔地域〕の前には in, 比較的狭い場所〔地点〕の前には at を用いる傾向がある: *in* Japan, *in* Tokyo; *at* Kanda, *at* the hotel, *at* that shop. ただし, 客観的広さにかかわらず,「…の中に」の意味が強いときには in が, 単に位置・地点を示すときには at が用いられる: The plane will land *at* Chicago. 飛行機はシカゴに着陸します. There was a large crowd *in*

the store. 店はたいへんな人込みであった.
2《動作の方向》…の中に (≒into): put one's hands *in* one's pockets ポケットに両手を入れる. dip a pen *in* the ink インクにペンを浸す.
3《状態・環境》…で: *in* good health 健康で. *in* good order 整とんされて. *in* trouble 困って, もめて, かかり合いになって. *in* good [bad] temper よい[悪い]きげんで. be *in* good [low] spirits 元気がいい[ない]. *in* despair 絶望して. *in* the dark 暗がりに. *in* that case そのばあいには.
4《所属・職業・従事》…に, に所属[従事]して; …を対象として: hold a seat *in* the cabinet 内閣に列する. *in* society 社交界に. be *in* school 在学中である. *in* class 授業中で. *in* trade 商売して. *in* business 実業に従事して. *in* search of truth 真実を求めて. *in* pursuit of …を追跡して. be engaged *in* …に従事している. succeed [fail] *in* an examination 試験に合格[失敗]する. deal [trade] *in* fruit くだものを商う.
5《服装》…を着て, …をつけて, …をかぶって, …をはいて: He came *in* a brown suit [white hat]. 彼は茶色の服を着て[白い帽子をかぶって]来た. *in* black shoes 黒ぐつをはいて. *in* spectacles めがねをかけて. dress *in* velvet ビロードの服を着て. *in* green 緑色の服で. *in* mourning 喪服を着て, 喪に服して. *in* uniform 制服[ユニホーム]を着て.
6《時1》…に, …のうちに: *in* his absence 彼のいないところで[いないうちに]. *in* June 6月に. *in* (the) winter 冬に. *in* 1963 1963年に. *in* the twentieth century 20世紀に. *in* those days そのころは, 当時は.
〈付記〉**in, at, on** in はある長さ, ある期間を示し, at は時の一点を, on はある特定の日, またはある特定の日の朝とか晩について用いられる: *in* the morning, *in* April, *in* (the) summer; *at* six, *at* daybreak, *at* noon, *at* the beginning of this lesson; *on* Sunday, *on* the 20th day, *on* Saturday morning. ただし「夜分に」は *at* night といい, *in* the night は「夜中に」を意味する.
7《時2》…の終わりに, …たてば: *in* a week 1週間で[たって]. be back *in* a few days 数日[二, 三日]でもどる. *in* a moment [an instant, a minute, a second] すぐに.
〈付記〉**in** と **after** *in* three days では3日めが含まれるが *after* three days では3日めを含まない. I shall be free *after* three o'clock. では3時にはまだ仕事中だが I'll be with you *in* an hour. では1時間後には既に会っている. このような関係から in は未来に, after は過去に用いられることが多くなる.
8《時3》〚米〛…間のうちで, …間 (at any time during): the coldest day *in* twenty years 20年ぶりの寒い日. I have not seen him *in* [for] months. 私は彼には何か月も会っていない《〚英〛では for のみ》.
9《全体との比較・割合・単位》…の中で, …につき: the highest mountain *in* the world 世界じゅうでいちばん高い山. be sold *in* dozen ダース単位で売られる. There are eight *in* all. 全部で八つある. nine *in* ten 十中八九まで. not one *in* ten 十中一つもない.
10《範囲・限定・部位など》…の範囲内に; …の点で: *in* his sight 彼が見えるところで, 彼の視界内に. *in* one's power 能力の限りでは, 勢力範囲に. *in* my opinion 私の意見[見るところ]では. blind *in* one eye 片目. a wound *in* the head 頭部の傷. a foot *in* length 長さ1フィート. five *in* number 数が5. equal *in* strength 力が等しい. vary *in* size いろいろな大きさがある. *in* all respects すべての点において. difference *in* [of] climate between the two countries 2国間の気候の差.
11《所有形容詞を伴って, 局面をあらわし》…の点で: analyze Japan *in its* political aspect (日本をその政治面において→) 日本の政治面を分析する. 〈注〉⑩ の特殊なばあいである.
12《性格・能力・才能・資格・本質・同格的関係》…に, …の性格[本質, 身の内]に; …という: He has something of the artist *in* his nature. 彼には多少芸術家はだのところがある. There is some good *in* him. 彼には多少とりえがある. I did not think he had it *in* him. 彼にそんなことができようと思わなかった. *In* him I have a true friend. (私は彼という真の友をもっている →) 彼は私の真の友だ. You have done us a great favor *in* encouraging us. 励ましてくださったのは大きな恩恵です.
13《道具・材料・言語など》…で, をもって: paint *in* oils 油絵の具で描く. print *in* color(s) 色刷りにする. write *in* ink [pencil] インク[鉛筆]で書く. write *in* English 英語で書く. It was done *in* wood. それは木でつくられていた. carved *in* marble [ivory] 大理石[象げ]に彫られた. a statue *in* bronze 青銅の像.
14《方法・形式》…で, をもって: Do it (*in*) this way. このようにやれ. write *in* a concise style 簡潔な文体で書く. *in* a manner 〚古〛いくぶんか, ある意味で. *in* like manner 同様に.
15《配置・形状・順序など》…をなして, …になって: *in* a row 一列に, 連続的に. *in* rows 列をなして, 幾列にも. *in* groups 群をなして. hair *in* curls 巻き毛にした髪. sit *in* a circle 輪になってすわる. grow *in* clusters 固まってはえる. scatter *in* flakes ひらひらと散る. lie *in* a heap 山のように積み重ねてある. adverbs *in* -ly ly 語尾の副詞.
16《理由・目的》…のために, …の目的で: cry out *in* alarm 驚いて大声を出す. rejoice *in* one's recovery 回復を喜ぶ. speak *in* reply 返答する. *in* a person's defense 人を弁護して. shake hands *in* farewell お別れの握手をする.
17《in (do)ing の形で》…する点で, …するので; …しながら: The proposal is acceptable *in* be*ing* practicable. その提案は実行可能なので受諾できる《⑫ 最後の用例の「同格的関係」と密接な関係がある》. *in* so *saying* そう言いながら.
be in it 加わっている, 関係[参加]している. ***be in it up to the neck*** 深入りしている. ***be not in it*** はるかに劣る. ***in that*** …という点で, …の理由で: *In that* he disobeyed, he was a traitor. 服従しなかったという点で彼は反逆者であった. ***not one in ten*** → ⑨.
—— *ad.* **1** 中へ[に], 内へ[に]: He went *in*. 彼は中にはいった. Come *in*. おはいりなさい. He put it *in*. 彼はそれを(中へ)入れた.
2 中に, 内に; 在宅して: The train is *in*. 列車が着いた. Who is *in* next? 次はだれの(打つ)番か. Summer is *in*. 夏になった. Is he *in*? 彼は在宅ですか?
3 流行して, 盛りで: Short skirts are *in*. 短いスカートが流行している. Oysters are *in*. 牡蠣(かき)のシーズンだ.
4 局に当たって, 政権を握って.
5〚火が〛燃えて.
be in for に出会う運命にある: We *were in for* a surprise. 驚くべきことがわれわれを待ち受けていた. ***~ and out*** 出たりはいったり; 見えつ隠れつ. ***In with*** … …を中へ入れろ.
—— *a.* 内部の; はいって来る: an *in* patient 入院患者 (=an inpatient). the *in* party 与党. the *in* side 《球技の》打撃側. an *in* train 到着列車.
—— *n.* (通常 *pl.*) **1** 与党; 《球技の》打撃側.
2〚野球〛インカーブ.
know (all) the ins and outs of の裏も表も[一部始終を]知っている.

ìn·ap·pré·ci·a·ble [ìnəpríːʃiəbl/-ʃ(i)əbl] *a.* 感知しにくい; 微々たる, わずかな.
◇ **-bly** *ad.* 感知できないほどに; わずかに.

ìn·ap·pré·ci·a·tive [ìnəpríːʃièitiv/-ʃiətiv] *a.* **1** 評価する目のない, 鑑識力のない; 認識不足の《について *of*》. **2** 高く評価しない, ありがたがらない《を *of*》.
◇ **～·ness** *n.* **ìn·ap·prè·ci·á·tion** *n.*

ìn·ap·pre·hén·si·ble [ìnæprihénsəbl/inæpri-] *a.* 不可解の, 理解できない, がてんのいかない.

ìn·ap·pre·hén·sion [ìnæprihénʃ(ə)n] *n.* 不可解, 無理解.

ìn·ap·pre·hén·sive [ìnæprihénsiv] *a.* 理解に欠ける; 気づいていない《に *of*》.

ìn·ap·próach·a·ble [ìnəpróutʃəbl] *a.* **1** 近づきがたい; 打ち解けない. **2** 及ぶもののない, 比べもののない.

ìn·ap·pró·pri·ate [ìnəpróupriit] *a.* 不適当な, ふさわしくない. ◇ **～·ly** *ad.* **～·ness** *n.*

in·ápt [inǽpt] *a.* **1** 不適当な, 不相応な《*for*》. **2** へたな《*at*》. ◇ **～·ly** *ad.* **～·ness** *n.*

in·ápt·i·tude [inǽptit(j)ùːd/-tjuːd] *n.* **1** 不適当〔適切〕; 不似合い. **2** 不手ぎわ, まずさ; 無能.

in·árch [ináːrtʃ] *vt.* 〘園芸〙〈枝を〉寄せ継ぎする.

in·árm [ináːrm] *vt.* 〘雅〙抱き締める.

***ìn·ar·tíc·u·late** [ìnaːrtíkjulit] *a.* **1**《人が》**はっきり口がきけない**, 発音が不明瞭(ふめいりょう)な: He was ～ with rage. 怒りのあまり彼のことばは聞き分けられなかった. **2** **あいまいな**, 意見〔主張〕を言明しない. **3** 〘言〙非分節的な. **4** 〘医〙関節のない.
◇ **～·ly** *ad.* **～·ness** *n.*

in ar·tic·u·lo mor·tis [in-aːrtíkjulòu-mɔ́ːr-tis/-lou-] L. (＝in the moment of death) 死にぎわに, 臨終に.

in·àr·ti·fí·cial [inàːrtifíʃ(ə)l] *a.* **1** 人工を加えない, 自然のままの; 素朴(そぼく)な. **2** 非芸術的な.
◇ **～·ly** *ad.*

ìn·ar·tís·tic [ìnaːrtístik] *a.* **1** 非芸術〔美術〕的な. **2** 芸術を解しない; 趣味のない. ◇ **-ti·cal** *a.* ＝inartistic. **-ti·cal·ly** [-(ə)li] *ad.*

ìn·as·múch [ìnəzmʌ́tʃ] **～ *as*** …だから (because, since, seeing that...); 〘古〙の限りは (in so far as). 〔類〕→**because**「…なので」

ìn·at·tén·tion [ìnətènʃ(ə)n] *n.* **1** 不注意, ゆだん, 怠慢. **2** むとんじゃく; ぶあいそう. ***with ～*** うっかりと, 注意を怠って.

ìn·at·tén·tive [ìnəténtiv] *a.* **1** 不注意な, 怠慢な; 気をつけていない. **2** むとんじゃくな, ぶあいそうな.
◇ **～·ly** *ad.* **～·ness** *n.*

in·áu·di·ble [inɔ́ːdibl] *a.* 聞き取れない, 聞こえない. ◇ **-bly** *ad.* 聞こえないように〔ほどに〕. **in·àu·di·bíl·i·ty** [inɔ̀ːdibíliti, (米)⁺ìnɔː-] *n.* 聴取不能.

in·áu·gu·ral [inɔ́ːgjurəl] *a.* 就任(式)の; 開始〔開会〕の. **——** *n.* 《大統領などの》就任演説.
～ address 就任演説; 開会式辞. **～ ceremony** 就任式; 開会式. **～ lecture**《教授の》就任初(公開)講義.

in·áu·gu·rate [inɔ́ːgjurèit, (米)⁺-gə-] *vt.* **1**《就任式を行なって》就任させる: be ～*d* as President 大統領に就任する. **2** の開場〔開通, 完成, 除幕〕の式典を行なう; 開館〔開通, 開講, 開業〕する; 始める: ～ an exhibition 展覧会を開会する. **3**〈新時代などを〉開く: ～ a new era.
◇ **-ra·tor** [-ər] *n.* 叙任者, 就任させる人; 開始者, 創始者. **-ra·to·ry** [-rətɔ̀ːri/-rət(ə)ri, -reitəri] *a.*

in·àu·gu·rá·tion [inɔ̀ːgjuréiʃ(ə)n, (米)⁺-gə-] *n.* **1** 就任(式). **2** 開場〔開館, 開通, 開業, 開講, 落成, 除幕〕式. **3** 開始, 開業, 発会.
I～ Day 〘米〙大統領就任式日《選挙の翌年の1月20日. ただし1934年以前は3月4日》.

ìn·aus·pí·cious [ìnɔːspíʃəs] *a.* **1** 不吉な, 縁起の悪い. **2** 不幸〔不運〕な. ◇ **～·ly** *ad.* **～·ness** *n.*

ín·bè·ing [ínbìːiŋ] *n.* 内在; 内的性質.

ìn·be·twéen [ìnbitwíːn] *a.* 中間的な: ～ weather 暖かくも寒くもない天候. **——** *n.* 中間物; 仲介者 (go-between).

ín·board [ínbɔ̀ːrd/-bɔːd] *a., ad.* 〘海〙船内の〔に〕, 艇内の〔に〕; 〘機〙内側の.

in·bórn [inbɔ́ːrn/ˊˊ] *a.* 生得の, 天賦の, 生まれつきの. ↔ acquired.

ín·bóund [ínbáund] *a.* 本国行きの, 帰航の. ↔ outbound.

in·bréathe [inbríːð/ˊˊ] *vt.* 吸い込む; 吹き込む.

in·bréd [inbréd/ˊˊ] *a.* **1** 生まれつきの, 生得の. **2** 同種繁殖の, 近親交配の.

in·bréed [inbríːd/ˊˊ] *vt.* **1** 同種繁殖させる. **2**〈感情・思想などを〉内部に生じさせる.
◇ **～·ing** *n.* 同種繁殖, 近親繁殖.

inc. inclosure; including; inclusive; income; incorporated; increase.

In·ca [íŋkə] *n.* インカ人《スペイン人征服以前のペルーの支配種族》; インカ国王.
～ Empire, the インカ帝国.

in·cál·cu·la·ble [inkǽlkjuləbl] *a.* **1** 数えきれない, 無数〔無量〕の. **2** 見積もり〔予想〕できない; 頼みにならない. ◇ **-bly** *ad.* **in·càl·cu·la·bíl·i·ty** [inkæ̀lkjuləbíliti, (米)⁺ìnkæl-] *n.*

In·can [íŋkən] *a.* インカの, インカ人〔帝国, 文化〕の. **——** *n.* インカ人.

ìn·can·désce [ìnkəndés, -kæn-] *vt., vi.* 白熱させる〔する〕.

ìn·can·dés·cent [ìnkəndésnt/-kæn-] *a.* 白熱の; 白熱光を発する; きらめく, 輝く. [√cand-]
～ lamp 白熱燈. ◇ **-cence** *n.* 白熱.

ìn·can·tá·tion [ìnkæntéiʃ(ə)n] *n.* 呪文(じゅもん)(を唱えること); まじない, 魔法. [√cant-] ◇ **in·cán·ta·to·ry** [inkǽntətɔ̀ːri/-t(ə)ri] *a.* 呪文〔まじない〕の.

‡in·cá·pa·ble [inkéipəbl] *a.* **1** …する力がない, …ができない: ～ *of* telling a lie うそをつくことができない. ～ *of* pity 情けを知らない. **2** 無能〔無力〕な, 役に立たない: ～ workers. **3** …されえない: The case is ～ *of* swift decision. この問題は早急には決定できない. **4** 〘法〙資格のない《の *of*》. ***drunk and ～*** 酔いつぶれて (incapably drunk). ◇ **-bly** *ad.* **in·cà·pa·bíl·i·ty** [inkèipəbíliti, (米)⁺ìnkei-] *n.*

ìn·ca·pá·cious [ìnkəpéiʃəs] *a.* **1** 容量の乏しい; 狭い. **2** (知的に) 無能な.

ìn·ca·pác·i·tate [ìnkəpǽsitèit] *vt.* **1** 無能力にする, できなくする; 不適当にする: His poor health ～*d* him *for* 〔*from*〕 work 〔working〕. 健康がすぐれないため彼は仕事ができなくなった. **2** 〘法〙から資格を奪う. ◇ **ìn·ca·pàc·i·tá·tion** [ìnkəpæ̀sitéiʃ(ə)n/ín-] *n.* 能力〔資格〕喪失.

ìn·ca·pác·i·ty [ìnkəpǽsiti] *n.* **1** 無能, 無力《*for* work, *for* (do)*ing*, *to* (do)》. **2** 〘法〙無能力, 無資格.

in·cár·cer·ate [inkáːrsərèit] *vt.* **1** 監禁〔幽閉〕する, 投獄する. **2** 閉塞(へいそく)する.
◇ **in·càr·cer·á·tion** [inkàːrsəréiʃ(ə)n] *n.*

in·cár·na·dine [inkáːrnədàin, (米)⁺-din] 〘雅〙 *n., a.* 肉色(の), 深紅色(の). **——** *vt.* 朱(あけ)に染める.

in·cár·nate [inkáːrnit, -neit] *a.* **1** 肉体を備えた; 人の姿をした: an ～ fiend, a devil ～ 悪魔の化身, 大悪人. **2**《観念・抽象的なものが》具体化した: Liberty ～ 自由の権化. **3** ＝incarnadine.
—— [inkáːrneit/ˊ——, —ˊ—] *vt.* **1** 肉体化する, の化身となる; 人間の姿であらわす. **2** 具体化する, **3** 代表する. [√carn-]

ìn·car·ná·tion [ìnkaːrnéiʃ(ə)n] *n.* **1** 肉体を与えること, 人間の姿をとること; (the I～)《キリストにおける》神の顕現. **2** 化身, 権化: the ～ of health 健康の権化. **3** 具体化, 実現. **4** 〘医〙肉芽発生.

in·cáse [inkéis] *vt.* ＝encase. ◇ **～·ment** *n.*

in·cáu·tious [inkɔ́ːʃəs] *a.* 不注意な, 不用意な, 軽率な. ◇ **～·ly** *ad.* **～·ness** *n.*

in·cén·di·a·rism [inséndiəriz(ə)m] *n.* 放火, 付け火.

in·cén·di·ar·y [inséndièri/-diəri] *a.* 1 火事を惹起(じゃっき)する: an ～ bomb 焼夷(しょうい)弾. 2 放火の: an ～ fire 付け火. ── *n.* 1 放火犯人; 扇動者. 2 焼夷(爆)弾. [√cand-]

ín·cense[1] [ínsens] *n.* 1 香(こう), 香煙, 香のかおり; 《一般的》芳香: burn ～ 香をたく. 2 おせじ, おべっか. ── *vt.* 1 に香を供える, 香をたく. 2 に芳香をたきしめる. ── *vi.* 焼香する. [√cand-]
～ burner 香炉. 「[√cand-]

in·cénse[2] [inséns] *vt.* 激高させる, ひどくおこらせる.

ín·cen·so·ry [ínsènsəri] *n.* 香炉.

in·cén·tive [inséntiv] *a.* 刺激的な, 奨励する《を *to*》. ── *n.* 刺激, 動機《*to*》; そそのかし: an ～ *to* increased production 生産増強を促すもの. [√cand-] **～ articles** [**goods**] 報償物資. **～ wage system** 奨励賃銀制.

in·cépt [insépt] *vt.* 1 〖生〗摂取する. 2 〖古〗始める. ── *vi.* 1 〖英〗《Cambridge 大学で》master あるいは doctor の学位を取る. 2 役〔職〕につく. ◇ **in·cép·tor** [-ər] *n.* ～する人.

in·cép·tion [insépʃ(ə)n] *n.* 1 開始, 初め, 発端. 2 〖英〗《大学, 特に Cambridge 大学での》学位取得. ***at the*** (***very***) ***～ of*** の初めに当たって.

in·cép·tive [inséptiv] *a.* 初めの, 開始の, 発端の; 〖文〗起動(相)の. ── *n.* 〖文〗起動動詞 (= ～ verb)《動作の開始を示す》. [√cap-]

in·cér·ti·tude [insə́:rtit(j)ù:d/-tju:d] *n.* 1 不確実, 不確か. 2 懸念.

‡in·cés·sant [insésnt] *a.* 絶え間ない, やむことのない, ひっきりなしの: an ～ noise 絶え間ない騒音. [cease と同語源] ◇ **～·ly** *ad.* **～·ness** *n.*
(類) →**continual**「しょっちゅうの」

ín·cest [ínsest] *n.* 近親相姦(そうかん), 乱倫.

in·cés·tu·ous [inséstʃuəs/-tjuəs] *a.* 近親相姦の(罪を犯した). ◇ **～·ly** *ad.* **～·ness** *n.*

†inch[1] [intʃ] *n.* 1 インチ《12分の1フィート. 2.54cm. 記号 ″》: She is five feet six ～*es* (tall). 彼女は5フィート6インチの背たけがある. an ～ of rain [snow] 1インチの雨量〔積雪〕. 2 (*pl.*) 身長, 背たけ: a man of your ～*es* あなたぐらいの背たけの人. 3 わずか, 少量: Don't yield an ～. 少しも譲るな. ***an ～ of cold steel*** 短剣の一突き. ***by ～es*** = ***～ by ～*** 少しずつ, しだいに. ***every ～*** 完全に, 徹頭徹尾; すみからすみまで: He is *every* ～ a gentleman. どう見ても紳士だ. He knows *every* ～ of this town. 彼はこの町はすみからすみまで知っている. ***gather up*** one's ***～es*** まっすぐに立ち上がる. ***not*** (…) ***an ～*** 少しも…しない. ***to an ～*** 一寸一分まで, 寸分たがわず, 厳密に. ***within an ～ of*** …のすぐそばまで, ほとんど…するところまで: *within an* ～ *of* his life あわや生命を失わんとするところまで.
── *vt., vi.* 少しずつ動かす〔動く〕《*along* など》: He ～*ed* himself [his way] towards the door. 彼はドアの方へにじり寄った.
∠·mèal → 別項. **∠·worm** →別項.

inch[2] Sc. *n.* 小島.

-ínch·er [-íntʃər] *n.* …インチのもの: a sixteen-～ 16インチ砲.

ínch·mèal [íntʃmì:l/∠∠] *ad.* 少しずつ, じりじりと. ***by ～*** じりじりと.

in·chó·ate [inkóuit/ínkoueit] *a.* 1 始めたばかりの. 2 未完の, 未整理の. ── [ínkoèit] *vt.* 〖稀〗始める, 創始する. ◇ **ìn·cho·á·tion** [ìnkouéiʃ(ə)n] *n.* 初め, 着手, 端緒.

in·chó·a·tive [inkóuətiv, ínkouèitiv] *a.* 初めの, 発端の; 〖文〗起動の《動作の開始を示す》. ── *n.* 〖文〗起動動詞 (= ～ verb). → inceptive.

ínch·worm [íntʃwə̀:rm] *n.* 〖虫〗尺取虫.

ín·ci·dence [ínsid(ə)ns] *n.* 1《事件の発生の》範囲, 率, 頻度(ひんど); 《事件の》影響 (範囲): a high ～ of disease 高い罹病(りびょう)率. 2《事件の》発生: The ～ of murder that Sunday afternoon shocked the village. その日曜の午後発生した殺人事件は村人に衝撃を与えた. 3《光線などの》落下; 《線が他の線と交わる》角度; 〖物〗投射〔入射〕(角); 〖空〗仰角《胴体基準線に対する主翼の角度》. 4《税などの》負担 (範囲): What is the ～ of the tax? その税はだれにかかるのか. ***angle of ～*** 〖物〗投射角, 入射角; 〖空〗仰角. [√cad-]
～ indicator 入射計.

‡ín·ci·dent [ínsid(ə)nt] *a.* 1 (付随的に) 生じがちの, 起こりがちの; 付随する《に *to*》: dangers ～ *to* travel 旅にありがちの危険. 2 〖法〗付帯の《に *to*》. 3 〖数〗投射〔入射〕の: rays of light ～ *upon* a mirror 鏡に投ずる光線.
── *n.* 1 事件, できごと; 付随事件, 小事件. 2 事変《宣戦布告なき戦いまたは暴動など》; 〖英〗爆撃《第2次世界大戦中の》: a border ～ 国境紛争. 3《劇・小説などの中の》挿話(そうわ). 4 〖法〗財産に付帯する権利〔義務〕. ***daily ～*** 日常のできごと. ***without ～*** 何事もなく, 無事に.
[in- + √cad- 上に＋落ちる→降りかかる]
(類) → **accident**「できごと」

ìn·ci·dén·tal [ìnsidéntl] *a.* 1 付随して起こる, ありがちな: dangers ～ *to* a soldier's life 軍人の生活に起こりがちな危険. 2 付帯的, 主要でない; 臨時の, 偶発の. **～ expenses** 臨時費. **～ image** 残像. **～ music** 《劇・映画などの》付随音楽. **～ remark** ふと言ったこと.

***ìn·ci·dén·tal·ly** [ìnsidént(ə)li] *ad.* 1 ついでながら, ちなみに言うと. 2 付随的に. 3 偶然に.

in·cín·er·ate [insínərèit] *vt.* 焼いて灰にする, 焼却する; 〖化〗灰化する.
◇ **-a·tor** [-ər] *n.* 《ごみなどの》焼却炉〔装置〕; 火葬炉. **in·cìn·er·á·tion** [insìnəréiʃ(ə)n] *n.*

in·cíp·i·ent [insípiənt] *a.* 発端の, きざしを見せた; 初期の, 最初の. [√cap-] ◇ **～·ly** *ad.* **-ence, -en·cy** *n.* 《病気などの》初期; 発端, 始まり.

in·císe [insáiz] *vt.* に切り込む, に刻み込む, に彫りを施す: an ～*d* leaf 《ぎざぎざのある》鋭浅裂葉.

in·cí·sion [insíʒ(ə)n] *n.* 切り〔彫り〕込み; 切れ目をつけること; 切り傷; 〖医〗切開; 〖動〗欠刻; 〖植〗鋭浅裂. [√caed-]

in·ci·sive [insáisiv, ㊎⁺-ziv] *a.* 1 《ことば・批評などが》単刀直入の; 鋭い, 辛らつな. 2 《刃物などが》鋭利な. 3 = incisory. ◇ **～·ly** *ad.* **～·ness** *n.*

in·cí·sor [insáizər] *n.* 〖医〗門歯. ◇ **～·y** *a.*

ìn·ci·tá·tion [ìnsaitéiʃ(ə)n] *n.* 刺激, 扇動, そそのかし, 誘因.

in·cíte [insáit] *vt.* 刺激する, 扇動する, そそのかす《*to*; *to* (do)》. [√ci-] ◇ **～·ment** *n.*

ìn·ci·víl·i·ty [ìnsivíliti] *n.* 無礼, 無作法(な行為).

ín·ci·vism [ínsivìz(ə)m] *n.* 公徳心のないこと; 愛国心の欠如.

incl. inclosure; including; inclusive.

ín·clèar·ing [ínklì(:)riŋ/-klìər-] *n.* 〖英:商〗《集合的》《交換所を通じる》受け入れ手形.

in·clém·ent [inklémənt] *a.* 1《天候の》荒れもようの, 険悪な; 《気候の》きびしい, 冷寒の. 2《性格的に》無慈悲な, 無情な. ◇ **-en·cy** *n.*

in·clín·a·ble [inkláinəbl] *a.* 1 …の傾向がある; …したがる《*to*; *to* (do)》: ～ *to* dissipation 浪費の癖がある. 2 好意を寄せている, 有利な《に *to*》. 3《置き台など》傾けることができる, 傾斜自在の.

‡ìn·cli·ná·tion [ìnklinéiʃ(ə)n] *n.* 1 傾き, 傾斜, 勾配(こうばい); 斜面. 2 傾向, 性向, 性癖; 体質: an ～ *to* grow fat [*to* stoutness] 太りやすい体質. 3 好み, 嗜好(しこう); 意向, 気持ち: an ～ *for* study 勉強好き. ***against*** a person's ～ 人の気に逆らって. 4 〖数〗傾角, 傾度, 伏角.

‡in·clíne [inkláin] *vt.* 1 傾ける, 傾斜させる: an ～*d* plane 斜面. 2 <からだを> 曲げる; <頭を> 下げる;

〈耳を〉傾ける: ～ one's ear to に耳をかす. **3** の気を向ける, …する気にさせる《*to* (do)》.
— *vi.* **1** 傾く, 傾斜する. **2** …に近づく: ～ *toward* [*to*] purple 紫色に近い. **3** 心が傾く, 気が向く, …したいと思う; …する傾向がある, …しがちである: ～ *to* luxury ぜいたくになりがちである. ～ *to* believe 信じたい気持ちだ, 信用しがちだ. ～ one's *steps to* [*towards*] の方へおもむく.
— [–⊥, ⊥–] *n.* **1** 傾斜, 勾配(ほ). **2** 斜面, 坂. [√clin-]
◇ **in·clí·na·to·ry** [inkláinətɔ̀:ri/-nətəri] *a.*

in·clíned [inkláind] *a.* **1** …したいと思う, …する気がある《*to* (do)》: I am [feel] ～ *to* see him. 彼に会いたい気がする. **2** 傾いて, 傾斜して. ～ **plane** (1) 水平面と交わる急斜面. (2) 急勾配の線路, インクライン.

ìn·cli·nóm·e·ter [ìnklinámitər/-nɔ́m-] *n.* 〚空〛 傾斜計; 測斜器.

in·clóse =enclose.

in·cló·sure =enclosure.

‡**in·clúde** [inklú:d] *vt.* **1** 含む, 包含する: ～*d* angle 夾角(きょう). **2** 含める, 勘定に入れる, …の中に数える. ↔ exclude. *all charges* ～*d* 諸掛かりを含めいっさいで. *postage* ～*d* 郵送料ともで. [√claud-] 〔類〕 → **contain**「含む」

***in·clúd·ing** [inklú:diŋ] *prep.* …を含めて, …を込めて, …とも: There are seven of us ～ myself. 私も入れて7人おります.

in·clú·sion [inklú:ʒ(ə)n] *n.* **1** 包含, 包括, 算入. **2** 〚論〛 包摂. **3** 〚鉱〛 含有物. →動詞 include.

in·clú·sive [inklú:siv] *a.* **1** 含めて, 入れて《を *of*》: five ～ *of* the driver 運転手も入れて5人. (from) April 1st to May 3rd ～ 4月1日から5月3日まで〚5月3日を含めて〛. **2** いっさいを含んだ, すべてを込めた. ↔ exclusive.
～ **terms** 食費その他いっさいを含んだ宿泊料.
◇ ～**·ly** *ad.* 含めて, 勘定に入れて. ～**·ness** *n.*

in·cóg [inkág/-kɔ́g] 〚話〛 =incognito.

in·cóg·i·ta·ble [inkádʒitəbl/-kɔ́dʒ-] *a.* 考えられない, 想像を絶する.

in·cóg·i·tant [-tənt] *a.* 思考力のない; 無思慮な.

in·cóg·ni·to [inkágnitòu/-kɔ́g-] *a.*, *ad.* 人に知られない (で), お忍びの [で], 匿名 [変名] の [で]: travel ～ 身分を隠して旅行する.
— *n.* (*pl.* ～**s**) 変名(者), 匿名(者), 微行(者). *drop* one's ～ 身分を名のる [打ち明ける].

in·cóg·ni·zant [inkágniz(ə)nt, -káni-/-kɔ́gni-] *a.* 認知 [意識] できない, 気づかない《に, を *of*》.
◇ **-zance** *n.*

ìn·co·hér·ent [ìnkohí(:)r(ə)nt/-híər-] *a.* **1** 《談話・議論などの》 支離滅裂な, つじつまが合わない, 筋道がたたない. **2** 粘着力がない. ◇ ～**·ly** *ad.* **-ence, -en·cy** *n.* 支離滅裂; 筋道のたたない考え [ことば].

ìn·co·hé·sive [ìnkohí:siv] *a.* 粘着 [結合] しない.

ìn·com·bús·ti·ble [ìnkəmbʌ́stəbl] *a.*, *n.* 不燃性の (物質). ◇ **ìn·com·bùs·ti·bíl·i·ty** [ìnkəmbʌ̀stəbíliti/ín-] *n.*

‡**ín·come** [ínkʌm/-kəm, -kʌm] *n.* 収入 《おもに定期の》, 所得: live beyond [within] one's ～ 収入以上 [以内] の生活をする. ↔ outgo. *earned* [*unearned*] ～ 勤労 [不労] 所得. *net* ～ 実収入. ～ **tax** 所得税.

ín·còm·er [ínkʌ̀mər] *n.* **1** 入来者; 新加入者; 移住者. **2** ちん入者. **3** 後継者.

ín·còm·ing [ínkʌ̀miŋ] *n.* **1** 入来, 到来, 到着. **2** (通例 *pl.*) 収入, 所得: ～*s* and outgoings 収入と支出. **—** *a.* **1** はいって来る: ～ profits 上がり, 利益金. **2** やがて来る, この次の: the ～ mayor 後継市長. ↔outgoing.

ìn·com·mén·su·ra·ble [ìnkəménʃ(ə)rəbl] *a.* **1** おなじ標準で計れない, けた違いの《と *with*》. **2** 〚数〛 通約できない. **—** *n.* おなじ標準で計れない物; 通約できない数 [量]. ◇ **-bly** *ad.* **ìn·com·mèn·su·ra·bíl·i·ty** [ìnkəmènʃ(ə)rəbíliti/ín-] *n.* おなじ標準で計れないこと; 〚数〛 不通約性.

ìn·com·mén·su·rate [ìnkəménʃ(ə)rit] *a.* **1** ふつりあいの, 不相応の《と *with*; に *to*》. **2** =incommensurable. ◇ ～**·ly** *ad.* ～**·ness** *n.*

ìn·com·móde [ìnkəmóud] *vt.* **1** 不便を感じさせる, 迷惑をかける. **2** じゃまする, 妨げる.

ìn·com·mó·di·ous [ìnkəmóudiəs] *a.* **1** 不便な, 楽でない. **2** 《へやなどが》 狭苦しい.
◇ ～**·ly** *ad.* ～**·ness** *n.*

ìn·com·mód·i·ty [ìnkəmáditi/-mɔ́d-] *n.* (おもに *pl.*) 不便, ふつごう; 狭苦しさ.

ìn·com·mú·ni·ca·ble [ìnkəmjú:nikəbl] *a.* **1** 伝達することができない, ことばに表現しえない. **2** = incommunicative. ◇ **-bly** *ad.* **ìn·com·mù·ni·ca·bíl·i·ty** [ìnkəmjù:nikəbíliti/ín-] *n.*

ìn·com·mù·ni·cá·do [ìnkəmjù:niká:dou] *a.* 〚米〛 《外部との》 通信[連絡]を絶たれた [禁じられた]. *hold* a prisoner ～ (囚人を) 独房に監禁する.

ìn·com·mú·ni·ca·tive [ìnkəmjú:nikèitiv/-kətiv] *a.* 無口の, 話しぎらいの, 口の重い; 打ち解けない.
◇ ～**·ly** *ad.*

ìn·com·mút·a·ble [ìnkəmjú:təbl] *a.* **1** 取り替えられない, 交換できない. **2** 不変の. ◇ **-bly** *ad.*

ìn·com·páct [ìnkəmpǽkt] *a.* 引き締まっていない, 緻密(ちっ)でない, 散漫な.

in·cóm·pa·ra·ble [inkámp(ə)rəbl/-kɔ́m-] *a.* **1** 無比 [無類] の, 並ぶもののない. **2** 比べものにならない《と *with*, *to*》. ◇ **-bly** *ad.*

ìn·com·pát·i·ble [ìnkəmpǽtəbl] *a.* **1** 両立しない, 相反する, 矛盾する《と *with*》. **2** 《人が》 そり [性格] が合わない. **—** *n.* (通例 *pl.*) 両立できない人 [事, 物]. ◇ **-bly** *ad.* **ìn·com·pàt·i·bíl·i·ty** [ìnkəmpæ̀təbíliti/ín-] *n.* 不一致.

in·cóm·pe·tent [inkámpit(ə)nt/-kɔ́m-] *a.* **1** 無 (能) 力な; 力の不十分な; 不適当な: an ～ teacher 無能教師. **2** 〚法〛 無資格の, 無能力な. **—** *n.* **1** 無能力者, 不適格者. **2** 〚法〛 無資格者, 禁治産者.
◇ ～**·ly** *ad.* **-tence** [-t(ə)ns], **-ten·cy** [-t(ə)nsi] *n.* 無能力; 不適当; 〚法〛 無資格, 禁治産.

ìn·com·pléte [ìnkəmplí:t] *a.* 不完全な, 不十分な, 不備な; 未完成の. ～ **verb** 不完全動詞.
◇ ～**·ly** *ad.* ～**·ness** *n.*

ìn·com·plé·tion [ìnkəmplí:ʃ(ə)n] *n.* 不完全, 未完成; 不十分, 不備.

ìn·com·plí·ant [ìnkəmpláiənt] *a.* 従わない, 承知しない, 強情な. ◇ ～**·ly** *ad.*

ìn·com·pre·hén·si·ble [ìnkamprihénsəbl, inkàm-/inkɔ̀m-] *a.* **1** 理解できない, 不可解な. **2** 〚古〛 無限の.
◇ **-bly** *ad.* **ìn·com·pre·hèn·si·bíl·i·ty** [ìnkamprihènsəbíliti, inkàm-/inkɔ̀mprihensə-] *n.*

ìn·com·pre·hén·sive [ìnkamprihénsiv, inkàm-/inkɔ̀m-] *a.* **1** 理解力のない. **2** 包括的でない, 範囲の狭い.

ìn·com·préss·i·ble [ìnkəmprésəbl] *a.* 圧縮 [圧搾] できない. ◇ **ìn·com·prèss·i·bíl·i·ty** [ìnkəmprèsəbíliti/ín-] *n.*

ìn·com·pút·a·ble [ìnkəmpjú:təbl] *a.* 数えきれない, 計算しきれない.

ìn·con·céiv·a·ble [ìnkənsí:vəbl] *a.* 考えられない, 思いもよらない, 信じられない. ◇ **-bly** *ad.* **ìn·con·cèiv·a·bíl·i·ty** [ìnkənsì:vəbíliti/ín-] *n.*

ìn·con·clú·sive [ìnkənklú:siv] *a.* 《論証・証明・実験などが》 結論的でない, 決定的でない; 説得的でない. ◇ ～**·ly** *ad.* ～**·ness** *n.*

ìn·con·dén·sa·ble, -si·ble [ìnkəndénsəbl] *a.* 凝縮 [凝結] できない.

in·cón·dite [inkándit/-kɔ́n-] *a.* 《文学作品などの》 構成のへたな, ぎこちない; 粗雑な, 仕上げ不十分の.

ìn·con·fórm·i·ty [ìnkənfɔ́:rmịti] *n.* 不一致, 不適合《との *with;* への *to*》.

in·cón·gru·ent [inkáŋgruənt/-kɔ́ŋ-] = incongruous.

in·cón·gru·ous [inkáŋgruəs/-kɔ́ŋ-] *a.* **1** 一致しない, 調和しない, ふつりあいの; 両立しない, つじつまの合わない《と *with, to*》. **2**〘数〙不等の. [√gru-]
◇ **〜·ly** *ad.* **〜·ness** *n.* **ìn·con·grú·i·ty** [-ˊ-grú:ịti] *n.* 不似合い; ふつりあい; 不調和なもの.

ìn·con·séc·u·tive [ìnkənsékjụtiv] *a.* **1** 前後一貫しない〔連絡しない〕. **2** 連続しない.
◇ **〜·ly** *ad.* **〜·ness** *n.*

in·cón·se·quent [inkánsịkwènt/-kɔ́nsịkwənt] *a.* **1** (前後) 矛盾した, 筋のとおらない. **2** 関係のない, 見当違いの, ピントがはずれている. **3** 場違いの, 調子はずれの.
◇ **〜·ly** *ad.* **-quence** [-kwèns/-kwəns] *n.*

ìn·con·se·quén·ti·a [ìnkɑnsịkwénʃiə/-kɔn-] *n. pl.* 些事(さじ).

ìn·con·se·quén·tial [ìnkɑnsịkwénʃ(ə)l/inkɔ̀n-] *a.* **1** 重要でない, とるに足らない. **2** 筋のとおらない, 論理的でない. ◇ **〜·ly** *ad.* **ìn·con·se·quèn·ti·ál·i·ty** [-kwènʃiǽlịti] *n.*

ìn·con·síd·er·a·ble [ìnkənsíd(ə)rəbl] *a.* **1** 少ない, 乏しい, わずかな: be 〜 in number 数が少ない. **2** 重要でない, とるに足らない, つまらない.
◇ **〜·ness** *n.* **-bly** *ad.*

ìn·con·síd·er·ate [ìnkənsíd(ə)rit] *a.* **1** 思いやりのない《に対して *of*》. **2** 分別〔思慮〕のない, 考えのあさい. ◇ **〜·ly** *ad.* **〜·ness** *n.*

ìn·con·síst·ent [ìnkənsíst(ə)nt] *a.* **1** 両立しない, 調和しない《と *with*》. **2** つじつまの合わない: an 〜 story 前後矛盾した話. **3** 終始一貫しない, 無節操な, 変わりやすい: All kids are 〜 at that age. あの年ごろの子どもは気まぐれだ.
◇ **〜·ly** *ad.* **-en·cy** *n.* 不調和; 無定見; 矛盾.

ìn·con·sól·a·ble [ìnkənsóuləbl] *a.* 慰めようもない, ひどく沈んだ. ◇ **-bly** *ad.*

in·cón·so·nant [inkánsənənt/-kɔ́n-] *a.* **1** 不調和の, 一致しない《と *with, to*》. **2**《音が》不協和の: be 〜 *to* the ear 耳ざわりである, 聞き苦しい.
◇ **〜·ly** *ad.* **-nance** *n.*

ìn·con·spíc·u·ous [ìnkənspíkjuəs] *a.* **1** 目だたない, 注意をひかない, 著しくない. **2**〘植〙花が小さく淡色の. ◇ **〜·ly** *ad.* **〜·ness** *n.*

in·cón·stant [inkánst(ə)nt/-kɔ́n-] *a.* **1** 変わりやすい, 不定の: 〜 winds 変わりやすい風. **2** 移り気の, うわ気の. ◇ **〜·ly** *ad.* **-stan·cy** [-st(ə)nsi] *n.*

ìn·con·súm·a·ble [ìnkənsú:məbl/-sjú:-] *a.* **1** 使いきれない, 消費できない;〘経〙消耗品でない. **2** 焼き尽くすことのできない. ◇ **-bly** *ad.*

ìn·con·tést·a·ble [ìnkəntéstəbl] *a.* 議論の余地のない, 疑いない, 明白な. ◇ **-bly** *ad.* **ìn·con·tèst·a·bíl·i·ty** [-tèstəbílịti/ín-] *n.*

in·cón·ti·nence [inkántịnəns/-kɔ́n-], **-nen·cy** [-i] *n.* **1** 自制心のないこと; 不節制; 淫乱(いんらん). **2**〘医〙《大小便の》失禁: nocturnal 〜 夜尿症.
〜 ***of speech*** 〔***tongue***〕 多弁.

in·cón·ti·nent[1] [-nənt] *a.* **1** 自制心のない; 不節制の; 淫乱の. **2** 押える〔控える, 慎む〕ことができない: 〜 *of* speech おしゃべりな. 〜 *of* secrets 秘密を守れない. **3** 押えられない, 押しとどめられない: an 〜 flow of speech とどまることを知らぬことば. **4**〘医〙《大小便の》失禁の. ◇ **〜·ly** *ad.*

in·cón·ti·nent[2] *ad.*〘古〙直ちに.
◇ **〜·ly** *ad.* =incontinent[2].

ìn·con·tról·la·ble [ìnkəntróuləbl] *a.* 抑制できない.

ìn·con·tro·vért·i·ble [ìnkɑntrəvə́:rtəbl/ínkɔn-] *a.* 議論の余地のない, 争えない, 疑いのない: 〜 evidence 明白な証拠. ◇ **-bly** *ad.*

‡**ìn·con·vén·ience** [ìnkənví:njəns] *n.* **1** 不便, 不自由. **2** 迷惑, ふつごう, 不愉快. **3** 不便〔不自由, 迷惑〕なもの〔事柄〕. ***at*** 〜 不便を忍んで; 万障繰り合わせて. ***cause*** 〔***occasion***〕 a person 〜 = ***put*** a person ***to*** 〜 (人に) 不便を与える, (人に) 迷惑をかける. ***give much*** 〜 ***to*** に非常な不便を与える. ***suffer much*** 〜 大いに不自由を感じる.
—— *vt.* に不便を感じさせる; に迷惑をかける. 〜 one***self*** 不自由をする, 苦労する: Don't 〜 *yourself* for my sake. どうぞ私にはおかまいなく.

‡**ìn·con·vén·ient** [-ví:njənt] *a.* **1** 不便な, 不自由な. **2** つごうが悪い, 迷惑な: If (it is) not 〜 *to* you, we will meet tomorrow. ご迷惑でなければ, あす会いましょう. ◇ **〜·ly** *ad.* 不便に.

ìn·con·vért·i·ble [ìnkənvə́:rtəbl] *a.* 兌換(だかん)不能の; 引き替えられない, 交換できない: an 〜 note 不換紙幣. ◇ **-bly** *ad.* **ìn·con·vèrt·i·bíl·i·ty** [-və̀:rtəbílịti/in-] *n.*

ìn·con·vín·ci·ble [ìnkənvínsəbl] *a.* 納得させることのできない, 理屈に服さない, わからず屋の.

incor., incorp. incorporated.

in·cór·po·rate[1] [inkɔ́:rpərèit] *vt.* **1** 合同させる, 統合する: 〜 one bank *with* another ある銀行を他の銀行に合併する. **2** 編入する; 〈人を〉団体に加入させる: The village was 〜*d into* the city. 村は市に併合された. **3** 取り入れる: 〜 a person's idea *in* the plan 人の考えを計画に織り込む. **4** 混ぜる, 混合する. **5** 法人組織にする;〘米〙(有限責任) 会社にする, 株式会社にする. **6** 具体化する.
—— *vi.* **1** 合同する, 統合する, 混じる: The firm 〜*d with* others. その商社は他と合併した. **2** 法人組織〔会社〕になる.
—— [-p(ə)rit] *a.* 合同した, 統合された; 法人〔会社〕組織の. [√corpor-]
◇ **-ra·tive** [-rèitiv] *a.* 合体の〔する〕. **-ra·tor** [-rèitər] *n.* 合同者; 法人〔会社〕設立者.

in·cór·po·rate[2] [-p(ə)rit] *a.* 形のない; 霊的な.

***in·cór·po·rat·ed** [inkɔ́:rpərèitid] *a.*〘米〙**1** 法人組織の; 合同した. **2** 株式会社の, 有限責任の《Inc. として会社名のあとにつける. イギリスの Ltd. に当たる》.

in·còr·po·rá·tion [inkɔ̀:rpəréiʃ(ə)n] *n.* **1** 合体, 合併, 編入. **2** 混成. **3** 法人組織〔団体〕, 会社 (設立).

ìn·cor·pó·re·al [ìnkɔ:rpɔ́:riəl/-pɔ́:r-] *a.* **1** 実体〔形体〕のない; 非物質的な. **2** 霊的な. **3**〘法〙無体の. [√corpor-] ◇ **〜·ly** *ad.* **ìn·cor·po·ré·i·ty** [ìnkɔ:rpərí:ịti/inkɔ̀:-] *n.*

***ìn·cor·réct** [ìnkərékt] *a.* **1** 正しくない, まちがいの. **2** 適当でない; 正式でない. ◇ **〜·ly** *ad.* **〜·ness** *n.*

in·cór·ri·gi·ble [inkɔ́:ridʒəbl, -kár-/-kɔ́r-] *a.* 矯正(きょうせい)〔感化〕しにくい; 手に負えない, 救いようのない; 常習の; 〈髪などが〉くせのある. —— *n.* 手に負えない人; 常習者. ◇ **-bly** *ad.* **in·còr·ri·gi·bíl·i·ty** [-ˊ---bílịti] *n.*

ìn·cor·rúpt [ìnkərʌ́pt] *a.* **1** 清廉な, 正直な. **2** 買収できない. **3**《文書などが》あやまち〔改ざん〕のない;《言語など》純粋な. **4** 腐敗していない.

ìn·cor·rúpt·i·ble [ìnkərʌ́ptəbl] *a.* 清廉な; 買収できない. ◇ **-bly** *ad.* **ìn·cor·rùpt·i·bíl·i·ty** [-rʌ̀ptəbílịti/ín-] *n.*

ìn·cor·rúp·tion [ìnkərʌ́pʃ(ə)n] *n.*〘古〙清廉.

incr. increased; increasing.

‡**in·créase** [inkrí:s] *vt.* **1** 増す, ふやす, 拡大する. **2** 〈質などを〉強める, 増進させる: 〜 one's efforts いっそう努力する. —— *vi.* **1** ふえる, 増す. **2** 強まる, 増進する: 〜 in power 〔number, wages〕 権力〔数, 賃銀〕が増す. ↔ decrease, diminish.
—— [ˊ-] *n.* **1** 増加, 増大, 増進. **2** 増加額〔量〕; 増加物. **3**《土地の》産物. **4** 利子, 利益.
be on the 〜 増加〔増大〕しつつある. [√cre(sc)-]
◇ **in·créas·a·ble** [inkrí:səbl] *a.*

〔類義語〕 増す: **increase** 徐々に増大する〔さ

せる〕. **augment** 既にある程度大きくなっていたものが〔を〕更に増大する〔させる〕. **enlarge** 広さを増す, 拡大する〔させる〕: *enlarge* a house 家を増築する. **multiply** 倍加する. 自動詞には生物が繁殖する意がある.

in·créas·ing [-iŋ] *a.* 増大する. ◇ **~·ly** *ad.* **1** ますます, いよいよ. **2** ふえて, 増加して.

‡**in·créd·i·ble** [inkrédəbl] *a.* **1** 信用できない. **2** 〖話〗うそのような, 信じがたいほどの, とてつもない; すばらしい: an ~ cost 度はずれな費用.
◇ **-bly** *ad.* **in·crèd·i·bíl·i·ty** [inkrèdịbíləti, ⊛+ìnkred-] *n.*

in·créd·u·lous [inkrédʒụləs/-krédjụ-] *a.* **1** 容易に信じない, 疑いぶかい《を *of*》. **2** 疑いを含んだ: an ~ look 疑うような目つき. ◇ **~·ly** *ad.* **ìn·cre·dú·li·ty** [ìnkrịd(j)ú:lịti/-djú:-] *n.* 疑い, 不信(の念).

ín·cre·ment [ínkrịmənt, íŋk-] *n.* **1** 増加, 増大, 増進; 増額; 〖物・数〗増量. **2** 利益, 利潤: unearned ~ 《土地などの》自然増価. ↔decrement. [√cre(sc)-] ◇ **ìn·cre·mén·tal** [⊥−méntl] *a.*

in·crés·cent [inkrésnt] *a.* 増大する; 《月が》満ちる. ↔ decrescent.

in·crím·i·nate [inkrímịnèit] *vt.* **1** に罪を負わせる, 有罪にする. **2** 罪におとしいれる. ~ one*self* (自ら) 罪に陥る. [crime と同語源]
◇ **-na·to·ry** [-nətɔ̀:ri/-nət(ə)ri] *a.* **in·crìm·i·ná·tion** [−⊥−néiʃ(ə)n] *n.*

in·crúst [inkrʌ́st] *vt.* **1** に皮をかぶせる; の表面をおおう: be ~*ed with* rust さびでおおわれる. **2** 《宝石などで》外装する, 飾る: be ~*ed with* precious stones 宝石をちりばめて〔はめ込んで〕ある.
—— *vi.* 外皮を生じる〔となる〕.

ìn·crus·tá·tion [ìnkrʌstéiʃ(ə)n] *n.* **1** 皮をかぶせること. **2** 外皮, かさぶた; 湯あか. **3** はめ込み細工, 象眼.

ín·cu·bate [ínkjụbèit, íŋk-] *vt.* **1** 〈卵を〉抱く, かえす. **2** 〈細菌などを〉培養する. **3** 〈早産児などを〉保温する. **4** 〈考えなどを〉生み出す, 創出する.
—— *vi.* **1** 〈鳥が〉卵を抱く, 巣につく. **2** 〈卵が〉かえる. **3** 考えめぐらす. **4** 〖医〗〈病気が〉潜伏する.
◇ **-ba·tive** [-iv], **-ba·to·ry** [-bətɔ̀:ri/-beitəri] *a.* 卵をかえす; 潜伏期の.

ìn·cu·bá·tion [ìnkjụbéiʃ(ə)n, ìŋk-] *n.* **1** 《卵を》抱くこと. **2** 思案, もくろみ. **3** 〖医〗《病菌の》潜伏; 潜伏期間. [√cu(m)b-]

ín·cu·ba·tor [ínkjụbèitər, íŋk-] *n.* 孵卵(ふらん)器; 細菌培養器; (早産児) 保育器, 育児箱.

ín·cu·bus [ínkjụbəs, íŋk-] *n.* (*pl.* **-bi** [-bai], **-bus·es**) **1** 《眠っている女を襲うという》夢魔. **2** 悪夢; 心の重荷, 心配事. [√cu(m)b-]

in·cúl·cate [inkʌ́lkeit, ⊥−⊥/⊥−−, −⊥−] *vt.* **1** 〈思想・知識などを〉教え込む, たたき込む, 説き聞かせる《に *in, into, on, upon*》. **2** に教え込む《を *with*》.
◇ **-ca·tor** [-ər] *n.* **ìn·cul·cá·tion** [⊥−kéiʃ(ə)n] *n.*

in·cúl·pate [inkʌ́lpeit, ⊥−⊥/⊥−−, −⊥−] *vt.* **1** 告発する; 非難する, とがめる. **2** に罪を負わせる; 連座させる. [√culp-]
◇ **ìn·cul·pá·tion** [ìnkʌlpéiʃ(ə)n] *n.* **in·cúl·pa·to·ry** [inkʌ́lpətɔ̀:ri/-t(ə)ri] *a.*

in·cúm·ben·cy [inkʌ́mbənsi] *n.* 負担, 義務; 《特に牧師の》在職, 在任.

in·cúm·bent [inkʌ́mbənt] *a.* **1** 寄り掛かっている, もたれている《に *on*》. **2** 義務としてかかっている: It is ~ *on* me to do it. それをするのは私の義務である. **3** 現職〔在職〕の. **4** 張り出している《岩など》.
—— *n.* **1** 在職〔現職〕者. **2** 聖職禄(ろく)を有する牧師. [√cu(m)b-] ◇ **~·ly** *ad.*

in·cúm·ber =encumber.

ìn·cu·náb·u·la [ìnkjunǽbjụlə] *n. pl.* (*sing.* **-lum** [-ləm]) **1** 初期刊本《活字発明時代の, 特に1500年以前の印刷本》. **2** 初期, 黎明(れいめい)期.

‡**in·cúr** [inkə́:r] *vt.* (**-rr-**) にぶつかる, 〈危害・負債・損失などを〉被る; (わが身に) 招く: ~ debts 借金をしょい込む. ~ displeasure 不興を被る. [√cur(r)-]
◇ **~·ment** *n.*

in·cúr·a·ble [inkjú(:)rəbl/-kjúər-] *a.* 《病気・悪習などが》不治の, 直らない; 矯正(きょうせい)できない. —— *n.* 不治の病気にかかった人; 救いがたい人. ◇ **~·ness** *n.* **-bly** *ad.* **in·cùr·a·bíl·i·ty** [−⊥−bíləti] *n.*

in·cú·ri·ous [inkjú(:)riəs/-kjúər-] *a.* **1** 好奇心のない; うかつな; 無関心な. **2** おもしろみのない, 興味のない. ***not*** ~ なかなか興味ぶかい.
◇ **~·ly** *ad.* **ìn·cu·ri·ós·i·ty** [ìnkjuriásịti/inkjùəriɔ́s-] *n.*

in·cúr·rence [inkə́:rəns/-kʌ́r-] *n.* incur すること.

in·cúr·rent [-rənt] *a.* 流入する; 流入用の.

in·cúr·sion [inkə́:rʒ(ə)n, -ʃ(ə)n/-ʃ(ə)n] *n.* **1** 侵入, 侵略; 来寇(らいこう), 襲撃. **2** 《川水などの》流入. ***make ~s into*** [***on***] に侵入する, を襲撃する.

in·cúr·sive [inkə́:rsiv] *a.* **1** 侵入する, 侵略の, 襲撃の. **2** 《川水などの》流入する. [√cur(r)-]

in·cúr·vate [inkə́:rvit, -veit/-veit] *a.* 湾曲した; 内側へ曲がった. —— [inkə́:rveit, ⊥−⊥/⊥−−] *vt.* 湾曲させる; 内側へ曲げる.
◇ **ìn·cur·vá·tion** [ìnkə:rvéiʃ(ə)n] *n.*

ín·curve [ínkə̀:rv] *n.* 湾曲, 内曲; 〖野球〗内曲球, インカーブ. —— [inkə́:rv/⊥⊥] *vt.* ～させる.

ín·cus [íŋkəs] *n.* (*pl.* **in·cú·des** [inkjú:di:z]) 〖医〗砧骨(ちんこつ)《中耳の三つの小骨のまん中の骨》. [<L.]

in·cúse [inkjú:z] *n., a.* 《貨幣などの》打ち出し模様(の).

Ind [ind, aind] 〖古・雅〗=India; Indies.

Ind. India(n); Indiana; Indies. **ind.** independent; index; indicative; indigo; industrial.

in·débt [indét] *vt.* に借金を負わせる; に恩を被らせる.

in·débt·ed [-id] *a.* **1** 借金して《に *to*》. **2** 恩を被って. ***be ~ to*** a person ***for*** …について(人)に恩がある: I *am* ~ *to* you *for* your kindness. ご親切ありがとうございました. ***I should be greatly ~ if you would…*** …してくださればしあわせに存じます.
◇ **~·ness** *n.* 負債〔恩〕を受けること; 負債額.

in·dé·cen·cy [indí:snsi] *n.* **1** 無作法, 不体裁, 不謹慎. **2** 下品, みだら, わいせつ. **3** みだらな言行.

in·dé·cent [indí:snt] *a.* **1** 穏当でない, 無作法な, 見苦しい. **2** 下品な, みだらな, わいせつな.
◇ **~·ly** *ad.*

ìn·de·cíd·u·ous [ìndisídʒuəs/-djuəs] *a.* 〖植〗落葉しない; 常緑の.

ìn·de·cí·pher·a·ble [ìndisáif(ə)rəbl] *a.* 判読〔解読〕しにくい.

ìn·de·cí·sion [ìndisíʒ(ə)n] *n.* 不決断, 優柔不断.

ìn·de·cí·sive [ìndisáisiv] *a.* **1** 決着のつかない; どっちともつかずの. **2** 不決断の, 優柔不断の. **3** 《輪郭などが》あいまいな, はっきりしない.
◇ **~·ly** *ad.* **~·ness** *n.*

ìn·de·clín·a·ble [ìndikláinəbl] *a.* 〖文〗語尾変化しない. —— *n.* 〖文〗不変化詞《前置詞・接続詞など語尾変化をしない品詞》.

in·déc·o·rous [indékərəs, ⊛+ìndikó:rəs] *a.* 礼儀を欠いた, 無作法な; 不体裁な.
◇ **~·ly** *ad.* **~·ness** *n.*

ìn·de·có·rum [ìndikó:rəm/-kɔ́:r-] *n.* 無作法, 無礼(な行ない).

†**in·déed** [indí:d, 強調的 +⊥⊥] *ad.* **1** 《強調》実に, ほんとうに: He was, ~, a remarkable man. 彼は実にすぐれた人だった. I am ~ very glad. ほんとうにうれしい. Are you thirsty?—Yes, ~. のどがかわいている?—ええ, かわいている. Who is this Mr. Smith?—Who is he, ~! このスミスさんという人はだれですか. —ほんとうにだれでしょうね《同感》; だれだとは驚くね《反語的》. **2** 《譲歩》なるほど, いかにも: I may, ~, be wrong. なるほど私の方がまちがってい

るかもしれない. *I*～ he is young, but he is prudent. なるほど彼は若いには若いが行き届いている. **3** 《接続詞的》それどころか, その上: He is a good fellow. *I*～, a trustworthy one. 彼はいいやつだ. その上信頼できるやつだ.

—— *int.* へーえ!, まさか!《驚き・疑い・皮肉などをあらわす》: I have lived in New York.—*I*～? ニューヨークに住んだことがあるんです. — おや, そうですか. She has married a rich heir. —*I*～! 彼女は金持ちのむすこと結婚したよ. —まさか!

indef. indefinite.

ìn·de·fát·i·ga·ble [ìndifǽtigəbl] *a.* 疲れを知らない, 根気強い. ◇ **-bly** *ad.* **ìn·de·fàt·i·ga·bíl·i·ty** [-fæ̀tigəbíl̩iti/ín-] *n.*

ìn·de·féa·si·ble [ìndifí:zəbl] *a.* 取り消せない, 破棄できない, 無効にできない. ◇ **-bly** *ad.* **ìn·de·fèa·si·bíl·i·ty** [-fì:zəbíl̩iti/ín-] *n.*

ìn·de·féct·i·ble [ìndiféktəbl] *a.* **1** 腐朽〔腐敗〕しない, 長持ちする. **2** 失敗しない, 欠点のない, 完ぺきの.

ìn·de·fén·si·ble [ìndifénsəbl] *a.* **1** 弁護の余地のない, 釈明できない: an ～ lie 言い訳のたたないうそ. an ～ argument 押し通せない議論. **2** 防護しきれない, 防御できない. ◇ **-bly** *ad.* **ìn·de·fèn·si·bíl·i·ty** [-fènsəbíl̩iti/ín-] *n.*

ìn·de·fín·a·ble [ìndifáinəbl] *a.* 定義できない; 明瞭(めいりょう)に示しえない, (なんとも) 言いようもない. ◇ **-bly** *ad.*

***in·déf·i·nite** [indéf̩init] *a.* **1** 不明確な, 明瞭でない, ばく然とした, ぼんやりした: an ～ answer あいまいな返事. **2**《数・量・大きさなどの》不定の, きまっていない: for an ～ period 無期限に. **3**〔文〕不定の. ↔ definite. ～ **article**〔文〕不定冠詞《a, an》. ～ **integral**〔数〕不定積分. ～ **pronoun**〔文〕不定代名詞《some, any など》. ～ **tense**〔文〕不定時制《完了・継続を示さないもの》.

◇ ***～·ly** *ad.* ばく然と; 無期限に. **～·ness** *n.* 不明瞭, 不明確, 不定.

ìn·de·hís·cent [ìndihísnt] *a.*〔植〕《果実が成熟しても》裂開しない. ◇ **-cence** *n.*

in·dél·i·ble [indél̩ibl] *a.* 消すことのできない; ぬぐい去ることのできない; 忘れられない. ◇ **-bly** *ad.* **in·dèl·i·bíl·i·ty** [indèlibíl̩iti, ㊥⁺ ìndel-] *n.*

in·dél·i·ca·cy [indél̩ikəsi] *n.* **1** 粗野; ぶしつけ. **2** 下品, 野卑; 下品な言行.

in·dél·i·cate [indél̩ikit] *a.* **1** 粗野な, きめのあらい; ぶしつけな. **2** 下品な, わいせつな. ◇ **～·ly** *ad.*

in·dém·ni·fy [indémn̩ifài] *vt.* **1** に償う, に弁償する: ～ a person *for* expenses 人に出費を弁償する. **2** に保障を与える, 保護する: ～ a person *against* 〔*from*〕 loss 人に損害の賠償を保証する. **3**〔法〕に法律的保証を与える, 免責する: ～ a person *for* an action 行為を罰しないことを保証する. [√damn-]

◇ **in·dèm·ni·fi·cá·tion** [indèmn̩if̩ikéiʃ(ə)n] *n.* 保障, 保証; 補償 (金).

in·dèm·ni·tée [indèmn̩ití:] *n.* 被賠償〔被補償〕者.

in·dém·ni·tor [indémn̩itər] *n.* 賠償〔補償〕者.

in·dém·ni·ty [indémn̩iti] *n.* **1** 賠償〔補償〕(金); 《戦勝国に払う》賠償金. **2** 免責, 赦免. **3**〔法〕損害〔損失〕の保障. **claim ～ for** に対し賠償を要求する.

in·dém·on·stra·ble [indémənstrəbl, ìndimʌ́n-/indémən-, ìndimɔ́n-] *a.* 証明できない.

in·dént [indént] *vt.* **1** のへりにぎざぎざをつける; のこぎりの歯のようにする. **2** にくぼみ〔へこみ〕をつける, 引っ込ませる; 〈海岸線を〉細かく湾入させる. **3** 〈新しい節の1行めの頭を〉引っ込める. **4** のこぎりの歯状に切り離す《1枚の紙に正副2通に作成した契約書など》; 〈契約書などを〉正副2通に書く. **5** 2枚続き注文書で注文する; 発注する. **6** 〈見習い人を〉契約する, 雇う. **7** 〈模様などを〉押しつける, 押す.

—— *vi.* **1** 引っ込む, くぼむ. **2** 2枚続き注文書で注文する《を *for*》. **3** 契約を結ぶ. **4**〔英〕徴発する.

—— [–́–, ́––] *n.* **1** ぎざぎざ. **2** くぼみ, へこみ; くぼ地. **3**《2枚続きに作成した》契約書. **4**〔おもに英〕《糧食などの》徴発 (書). **5** 注文書《特に海外からの》. **6**〔印〕引っ込め, 字下がり. [√dent-]

in·den·tá·tion [ìndentéiʃ(ə)n] *n.* **1** 刻み目〔ぎざぎざ〕をつけること; ぎざぎざ, 刻み目. **2** へこみ, 引っ込み; 《海岸線などの》湾入, 入り江. **3**〔印〕=indention.

in·dén·tion [indénʃ(ə)n] *n.* **1**〔印〕字下がり《新しい節の1行めの頭を引っ込めて書く〔印刷する〕こと》; (そのためできた) 空白部分, スペース. **2** へこみ, くぼみ; 湾入.

in·dén·ture [indéntʃər] *n.* **1**《正副2通に書いて, ぎざぎざ目に切り離した》契約書, 証書; (*pl.*) 年季奉公契約書, 年季証文. **2** ぎざぎざをつけること; ぎざぎざ, 刻み目. ***take up*** 〔***be out of***〕 **one's ～s** 年季奉公を終わり契約書を取りもどす, 年季が明ける. **——** *vt.* 年季奉公に受け入れる〔雇う〕; 契約書で約定する.

‡ìn·de·pénd·ence [ìndipéndəns] *n.* **1** 独立, 自立, 自主《*of, on*》. **2** 独立心, 自立精神. **3** 独立して安楽に暮らせるだけの収入〔資産〕. ***declare ～*** 独立を宣言する. ***the Declaration of I～***《アメリカの》独立宣言. **I～ Day, the**〔米〕独立記念日《7月4日》. **I～ Hall, the**〔米〕独立記念館《Philadelphia にあり, 自由の鐘を保存する》.

ìn·de·pénd·en·cy [-dənsi] *n.* **1** 独立. **2** 独立国. **3** (I～)〔宗〕組合教会主義〔制〕.

‡ìn·de·pénd·ent [ìndipéndənt] *a.* **1** 独立した, 自主の: an ～ state 独立国. ↔ dependent. **2** 独立の精神の強い, 自尊心の強い. **3** 自力の, 自由な, 独自の: ～ research 自由研究. **4** 自活できる, 一本立ちの. **5**《財産が》働かないで暮らせるだけの: an ～ income 楽に暮らせる収入. **6** 党派に拘束されない. **7** (I～)〔宗〕組合教会派の. ～ ***of*** から独立して, に関係なく. ***live ～*** 自活する.

—— *n.* **1**《思想・行動において》独立した人; 無所属の人, 中立議員. **2** (I～) 組合教会派の人.

～ **clause**〔文〕独立節, 主節.

◇ ***～·ly** *ad.* **1** 独立して; 気ままに, 自由に. **2** 無関係に, 別個に《と *of*》: He wrote it ～*ly of* other men's help. 彼は他の人々に手伝ってもらわないでそれを書いた.

ìn·de·scríb·a·ble [ìndiskráibəbl] *a.* 名状しがたい, 言うに言われぬ; ばく然とした. ◇ **-bly** *ad.* **ìn·de·scrìb·a·bíl·i·ty** [-skràibəbíl̩iti/ín-] *n.*

ìn·de·strúct·i·ble [ìndistrʌ́ktəbl] *a.* 不滅な, 破壊することのできない. ◇ **-bly** *ad.* **ìn·de·strùct·i·bíl·i·ty** [-strʌ̀ktibíl̩iti/ín-] *n.*

ìn·de·tér·mi·na·ble [ìnditə́:rminəbl] *a.* **1** 決定しにくい; 解決のつかぬ. **2** 確定〔確認〕しがたい. ◇ **-bly** *ad.*

ìn·de·tér·mi·nate [ìnditə́:rm̩init] *a.* **1** 確かでない, 不確定の; 限りがない; 輪郭のぼんやりした, ばく然とした. **2** 優柔不断の, ぐずぐずした. **3**〔音声〕あいまいな; 〔数〕《量が》不定の. ～ **vowel** あいまい母音《ago の a[ə] など》. ◇ **～·ly** *ad.* **-na·cy** [-nəsi] *n.* ～であること: *indeterminacy* principle〔物〕不確定性原理.

ìn·de·tèr·mi·ná·tion [ìnditə̀:rm̩inéiʃ(ə)n] *n.* **1** 不(確)定, 不決定. **2** 不決断, 優柔不断.

ìn·de·tér·min·ism [ìnditə́:rm̩iniz(ə)m] *n.*〔哲〕非決定論, 非定命論, 自由意志論. ◇ **-ist** *n.*

ín·dex [índeks] *n.* (*pl.* **～·es, ín·di·ces** [índ̩isì:z]) **1** 索引, 見出し. **2** 指示 (するもの); 《計器などの》指針, 目盛り. **3** 人さし指. **4**《比喩的》兆候, 指標, 指針. **5**〔印〕指じるし《☞》. **6**〔数〕指数; 《対数の》指標. **7** (the I～)〔カトリック〕禁書目録.

uncomfortable (***discomfort***) ～〘気〙不快指数.
—— *vt.* **1** に索引を付ける; 索引に載せる. **2** に指数を付ける, 指数で示す. **3** 表示する. **4** <本を>禁書とする. ～ ***out*** 指摘する. [√dic-]
～ **card** インデックスカード, 索引カード. ～ **error** 〘測〙指示誤差. ～ **expurgatorius** [ekspə̀ːrgətóːriəs/-tɔ́ːr-]〘カトリック〙《書物の》削除箇所一覧表. ～ **finger** 人さし指. ～ **number** 〘数〙指数; 〘経〙《物価・賃銀などの》指数.

†**In·di·a** [índiə, -djə] *n.* **インド**《イギリス連邦所属のアジアの共和国》.
～ **cotton** インドさらさ. ～ **ink** 墨 (Chinese ink). ～**·man** [-mən] (*pl.* **-men**)〘史〙《東インド商会の》インド貿易船. ～ **paper** インディア紙《薄くて強い上質の印刷用紙》. ～ **proof** インディア紙の試刷. ～ **rubber** 弾性ゴム; 消しゴム.

†**In·di·an** [índiən, -djən] *a.* **1 インドの**, インド人の; インド共和国の. **2** (アメリカン) **インディアンの**; 西インドの. **3** トウモロコシの: ～ meal トウモロコシ粉.
—— *n.* **1 インド人**. **2** (アメリカン) **インディアン**; アメリカ土語. **3** インドに住むヨーロッパ人《特にイギリス人》. **4**〘米話〙トウモロコシ. **5**〘天〙インディアン座. ***blanket*** ～〘米〙未開化のアメリカ人. ***Red*** ～ アメリカンインディアン, アメリカ原住民.
～ **agent** (**agency**)〘米〙アメリカ原住民管理官 (管理官出張所). ～ **bread** = cassava. ～ **club** 体操用こん棒. ～ **corn** 〘英〙トウモロコシ. ～ **file** 1列縦隊. ～ **gift** 〘米話〙返礼目当ての贈り物. ～ **giver** 返礼目当ての贈り物をする人. ～ **ink** = India ink. ～ **lilac** 〘植〙サルスベリ; センダン. ～ **mutiny, the** = mutiny ②. ～ **National Congress** インド国民会議《1885年に結成》. ～ **Ocean, the** インド洋. ～ **pudding**〘米〙トウモロコシ粉プディング. ～ **red** インド赤《ベンガラの一種の顔料》. ～ **summer** (晩秋または初冬の) 小春びより. ～ **Territory, the** もとアメリカでインディアン保護のため特設した准州《いまの Oklahoma の東部地方》. ～ **weed** たばこ.

In·di·án·a [ìndiǽnə] *n.* インディアナ《アメリカ中部の州. 略 Ind.》. ◇ **In·di·án·i·an** [ìndiǽniən, -njən] *a., n.* インディアナ州の(人). → Hoosier.

In·di·an·áp·o·lis [ìndiənǽp(ə)lis/ìn-] *n.* アメリカ Indiana 州の州都.

In·di·an·ize [índiənàiz, índjə-] *vt.* インド (人) 化する. ◇ **In·di·a·ni·zá·tion** [ìndiənizéiʃ(ə)n/-naiz-] *n.*

In·dic [índik] *a.* インド (語族) の.

indic. indicating; indicative; indicator.

ín·di·cant [índikənt] *a.* 指示 (表示) する.
—— *n.* 指示 (表示) 物.

‡**ín·di·cate** [índikèit] *vt.* **1** さし示す, 示す: ～ a place on a map 地図上のある地点をさし示す. **2** 表示する, 指示する; の兆候である: The thermometer ～*s* temperature. 温度計は気温を示す. Fever ～*s* illness. 熱は病気のしるし. **3**《身ぶりなどで》暗示する; 簡単に述べる: ～ assent《身ぶり・ことばなどで》同意の旨をあらわす. **4**〘医〙<兆候などが> ある手当の必要を示す (を必要とする). ***be*** ～***d*** 望ましい, 必要だ (be called for). ～***d horse power*** 指示馬力《略 i.h.p. 公称馬力 (nominal horse power) に対する》. [in-+√dic-]

ìn·di·cá·tion [ìndikéiʃ(ə)n] *n.* **1** 指示, 指摘. **2** 表示; 暗示. **3** しるし, 兆候;《温度計などの》(表示) 度数. **4** 望ましい処置 (手当). ***give*** ～ ***of*** の兆候を示す. ***There is every*** ～ that the prices will fall. (物価下落の) 兆候が顕著である.

in·díc·a·tive [indíkətiv] *a.* **1**〘文〙直説法の, 叙実法の: the ～ mood 直説法. **2** [㊥⁺índikèitiv] あらわす, 表示する《を *of*》: Her behavior was ～ *of* mental disorder. 彼女の行動は心の乱れを示していた. **——** [indíkətiv] *n.*〘文〙直説法.

ín·di·ca·tor [índikèitər] *n.* indicate する人 (物); 尺度;《特に》指示計器; 標識;〘化〙反応指示薬《リトマス試薬など》. ◇ **in·di·ca·to·ry** [índikətɔ̀ːri/indíkət(ə)ri] *a.* 指示 (表示) する《を *of*》.

in·di·ces [índisìːz] *n.* index の複数形.

in·dí·ci·a [indíʃiə/-siə] *n. pl.* (*sing.* **-um** [-ʃiəm/-siəm]) しるし;〘米〙《料金別納郵便などの》証印.

in·dí·cial [indíʃ(ə)l] *a.* **1** 表示の; 表示する《を *of*》. **2** 索引 (指標) の; 指じるし (☞) の.

in·díct [indáit] *vt.*〘法〙起訴(告発)する: ～ a person for (on a charge of) forgery 人を文書偽造で起訴する. ◇ ～**·er**, ～**·or** [-ər] *n.* 起訴者.
ìn·dict·ée [ìndaitíː, ㊥⁺–⁻–] *n.* 被起訴者.

in·díct·a·ble [indáitəbl] *a.* **1** 起訴 (告発) できる. **2**《罪などが》起訴の原因となるような.

in·díct·ment [indáitmənt] *n.*〘法〙起訴, 告発; 起訴 (告発) 状. ***be under*** ～ ***for*** …のかどで起訴されている. ***bring in an*** ～ 起訴する.

‡**In·dies** [índiz, -diːz] *n. pl.* **1** (the ～) **インド諸国**《インド・インドシナ・東インド諸島の旧総称名》. **2** 東インド諸島 (=the East ～). **3** 西インド諸島 (= the West ～).

‡**in·díf·fer·ence** [indíf(ə)rəns], **-en·cy** [-rənsi] *n.* **1 無関心**, むとんじゃく, 冷淡《に対して *to, toward*; について *as to, about*》. **2** 重要でないこと, とるに足りないこと: It is a matter of ～ *to* me. それは私にとってどうでもよいことだ. ***with*** ～ むとんじゃくに, 冷淡に.

‡**in·díf·fer·ent** [indíf(ə)rənt] *a.* **1 無関心な**, むとんじゃくな, 冷淡な: ～ *to* politics 政治に無関心で. **2 たいしたことでもない**, 重要でない, どうでもよい. **3** 平凡な, 良くも悪くもない: ～ success まずまずの成功. **4** まずい, へたな: an ～ meal まずい食事. **5** 片寄らない, 公平な. **——** *n.*《特に政治・宗教に》無関心の人, 中立の人. [<in-+different 変わりない; どうでもよい] ◇ ～**·ly** *ad.*

in·díf·fer·ent·ism [-ìz(ə)m] *n.* 無関心主義; 〘宗〙信教無差別論. ◇ **-ist** *n.*

ín·di·gence [índidʒ(ə)ns] *n.* 貧乏, 貧困, 不如意.

ín·di·gene [índidʒìːn] *n.* 土着民, 原住民, 土人; 土地固有の動植物.

in·díg·e·nous [indídʒinəs] *a.* **1** 土着の, 在来の, 土地固有の: ～ *to* Canada カナダ土着の. **2** 生まれつきに備わっている, 生得の, 内在する《に *to*》. [in(di)-+√gen(er)- 内に+生まれた] ◇ ～**·ly** *ad.*

ín·di·gent [índidʒ(ə)nt] *a.* **1** 生活の資を欠く, 貧乏な. **2** 欠いている《を *of*》. ◇ ～**·ly** *ad.*

ìn·di·gést·ed [ìndidʒéstid, ìndai-] *a.* **1** 消化されない. **2**《考えなどが》不消化の, 粗雑な, 未熟な.

ìn·di·gést·i·ble [-dʒéstəbl] *a.* **1** 不消化の, こなれにくい. **2**《考えなどが》理解しにくい;《学説などが》受け入れにくい. **3** 受けつけがたい, 不愉快な.
◇ **-bly** *ad.* **ìn·di·gèst·i·bíl·i·ty** [-dʒèstəbíliti/ìn-] *n.*

ìn·di·gés·tion [ìndidʒéstʃ(ə)n, ìndai-] *n.* **1** 不消化; 消化不良, 胃弱. **2**《考えの》未熟.

ìn·di·gés·tive [-dʒéstiv] *a.* 消化不良の; 胃弱の.

***in·díg·nant** [indígnənt] *a.* **憤慨した**, おこった《を *at*; について *over*; に対して *with*》. [√dign-]
◇ ～**·ly** *ad.*

‡**ìn·dig·ná·tion** [ìndignéiʃ(ə)n] *n.* **憤慨**, 怒り; 義憤. ***in*** ～ 憤慨して. ～ **meeting** 抗議集会.

in·díg·ni·ty [indígniti] *n.* **1** 侮辱, けいべつ, 冷遇. **2**〘古〙不名誉 (な行為). ***put an*** ～ ***upon*** a person = ***subject*** a person ***to*** ～ (人) に侮辱を加える.

ín·di·go [índigòu] *n.* (*pl.* ～**(e)s**) **1** あい《染料》; あい色. **2**〘植〙インドアイ. **3**〘化〙インジゴ.
～ **bird** (**bunting**)〘鳥〙ウソの類《北アメリカ産》. ～ **blue** 〘化〙インジゴ青; あい色. ～**-blúe** あい色の.

～ **white** 〖化〗インジゴホワイト. ◇ **in·di·gót·ic** [ìndigátik/-gɔ́t-] *a.* あい色の〔に似た〕.

in·díg·o·tin [indígətin, ìndigóu-/índigə-] *n.* 〖化〗インジゴチン, 藍青(らんせい).

‡**in·di·réct** [ìndirékt, -dair-] *a.* **1 間接の**; 二次的な. **2** 遠回りの, 回り道をした. **3** 遠回しの; 率直でない. ⇔ direct.
～ **aggression** 間接侵略; (対外) 放送戦, 宣伝. ～ **lighting** 間接照明. ～ **narration** 〔**speech, discourse**〕〖文〗間接話法《例: He said *that he would come.*》. ～ **object** 〖文〗間接目的語《例: He gave *me* a watch. の me》.
◇ ～·**ly** *ad.* ～·**ness** *n.*

ìn·di·réc·tion [-rékʃ(ə)n] *n.* **1** 遠回し. **2** 間接手段, 回り道. **3** 不正手段, 術策, 不正直, 偽り. ***by*** ～ 遠回しに, 回りくどく.

ìn·dis·cérn·i·ble [ìndizə́:rnəbl, -sə́:r-] *a.* 見分けにくい, 識別しがたい; 知覚しがたい. ◇ **-bly** *ad.*

in·dís·ci·pline [indísiplin] *n.* 規律のないこと, 無秩序, 乱脈.

ìn·dis·créet [ìndiskrí:t] *a.* 無分別な, 思慮のない, 軽率な. ◇ ～·**ly** *ad.*

ìn·dis·créte [ìndiskrí:t] *a.* 個々に分かれていない, 連続した, 密着した.

ìn·dis·cré·tion [ìndiskréʃ(ə)n] *n.* **1** 無分別, 無思慮, 軽率, 不謹慎. **2** 無分別〔軽はずみ〕な行為. ***have the*** ～ ***to*** (do) うかつ〔無分別〕にも…する.

ìn·dis·crím·i·nate [ìndiskríminit] *a.* **1** 《人・態度などが》差別をしない; 見境のない, 無差別の: ～ *in* one's friendships だれともつきあう. **2** 無差別的な, 全般に及ぶ: ～ bombing 無差別爆撃.
◇ ～·**ly** *ad.* ～·**ness** *n.*

ìn·dis·crím·i·nat·ing [ìndiskrímineìtiŋ] *a.* **1** 無差別の. **2** 無分別の. ◇ ～·**ly** *ad.*

ìn·dis·crìm·i·ná·tion [-krìminéiʃ(ə)n] *n.* **1** 無差別. **2** 無差別待遇. **3** 無分別.

‡**ìn·dis·pén·sa·ble** [ìndispénsəbl] *a.* **1 欠くことのできない**, なくてはならない, 絶対必要な, 緊要な《*to, for*》. **2** 《約束・義務など》怠る〔避ける〕ことのできない. ◇ ～·**ness** *n.* **-bly** *ad.* 必ず, ぜひとも. **ìn·dis·pèn·sa·bíl·i·ty** [ìndispènsəbíliti/ín-] *n.*
〔類〕→ **necessary**「必要な」

ìn·dis·póse [ìndispóuz] *vt.* **1** 不適当にする, 不向きにする, 不能にする. **2** のからだのぐあいを悪くする, の調子を狂わす. **3** に…する気をなくさせる《*to* (do)》.

ìn·dis·pósed [-d] *a.* **1** 気分がすぐれない, かげんが悪い: be ～ with a cold かぜで気分が悪い. **2** …する気が起こらない, 気が向かない《*to* (do); *toward(s)*》.
〔類〕→ **ill**「病気の」

ìn·dis·po·sí·tion [ìndispəzíʃ(ə)n] *n.* **1** 気分がすぐれないこと, かげんが悪いこと. **2** …する気が起こらないこと, 気が向かないこと.

ìn·dis·pú·ta·ble [ìndispjú:təbl, indíspjut-] *a.* 議論の余地のない, 明白な. ◇ **-bly** *ad.* **ìn·dis·pù·ta·bíl·i·ty** [ìndispjù:təbíliti/ín-] *n.*

ìn·dis·sól·u·ble [ìndisáljubl, indís(ə)ljubl/ìn-disɔ́l-] *a.* **1** 溶解〔分解〕できない. **2** こわれることのない, いつも変わらない, 永久不変の.
◇ **-bly** *ad.* **ìn·dis·sòl·u·bíl·i·ty** [ìndisàljubíl-iti/índisɔ̀l-] *n.*

ìn·dis·tínct [ìndistíŋkt] *a.* はっきりしない, 不明瞭(ふめいりょう)な, ぼんやりした. ◇ ～·**ly** *ad.* ～·**ness** *n.*

ìn·dis·tínc·tive [-tíŋktiv] *a.* **1** 《他と異なる》特色のない; 目だたない. **2** 識別できない; 差別〔区別〕のつかない. ◇ ～·**ly** *ad.*

ìn·dis·tín·guish·a·ble [-tíŋgwiʃəbl] *a.* 見分けられない, 区別〔判別〕できない. ◇ **-bly** *ad.*

in·díte [indáit] *vt.* 〈詩文などを〉書きつづる; 〈手紙などを〉書く. ◇ ～·**ment** *n.* 「記号 In》.

ín·di·um [índiəm] *n.* 〖化〗インジウム《金属元素.

ìn·di·vért·i·ble [ìndivə́:rtəbl, -dai-] *a.* わきへそらすことのできない, 転じさせられない. ◇ **-bly** *ad.*

‡**ìn·di·víd·u·al** [indivídʒuəl/-djuəl, -dʒu-] *a.* **1 個々の**, 各個の: each ～ person 各個人. **2 個人の**, 個人的な: ～ difference 〔variation〕個人差. **3 独特の**, 特有の: an ～ style of speaking 独特の話し方. **4** 1 人用の, 1 人前の. **5** 単一の, 独立の, 離れた. **6** それぞれが異なった: a set of ～ coffee cups 一つ一つ違うコーヒーカップの組み合わせセット. —— *n.* **1** 個人. **2** 個体, 個物, 《物の》一単位. **3** 〖俗〗人: a disagreeable ～ いやなやつ.
〔divide と同語源〕〔類〕→ **private**「個人の」

ìn·di·víd·u·al·ism [-ìz(ə)m] *n.* **1** 個人主義. **2** 個性; 個癖. **3** 利己主義.

ìn·di·víd·u·al·ist [-ist] *n.* **1** 個人主義者; 孤独主義者. **2** 利己主義者. —— *a.* =individualistic. ◇ **ìn·di·vìd·u·al·ís·tic** [ìndividʒuəlís-tik/índividjuəl-, -dʒu-] *a.*

ìn·di·vìd·u·ál·i·ty [ìndividʒuǽliti/-dju-, -dʒu-] *n.* **1** 個性; (*pl.*) (個人的) 特質〔特性, 好み〕. **2** 個性的な人物; 特色ある存在. **3** 個体, 個人, 単一体. **4** 私益《公益に対し》.
〔類〕→ **character**「性格」

ìn·di·víd·u·al·ize [ìndivídʒuəlàiz/-dju-, -dʒu-] *vt.* **1** 個々に扱う; 個々に列挙〔特記〕する; 個々に考慮する. **2** 個性〔個別〕化する; に個性を発揮させる; に別々の特色を与える. —— *vi.* **1** 個別〔特殊〕化する. **2** 個々に考慮する. ◇ **ìn·di·vìd·u·al·i·zá·tion** [ìndividʒuəlizéiʃ(ə)n, -laiz-/-dju-, -dʒu-] *n.* 個性化; 差別, 区別; 特記.

ìn·di·víd·u·al·ly [ìndivídʒuəli/-vídju-, -dʒu-] *ad.* **1** 個人個人に〔で〕, ひとりひとり; 一つ一つ: The teacher helps us ～. 先生はひとりひとり世話をしてくれる. **2** 単独に〔で〕; 別々に. **3** 個人として: *I* ～ I like him. 私個人としては彼が好きだ. **4** (他と区別して) はっきりと.

ìn·di·víd·u·ate [ìndivídʒuèit/-vídju-] *vt.* =individualize. ◇ **ìn·di·vìd·u·á·tion** [⌐-⌐-éi-ʃ(ə)n] *n.* 個別化; 個性付与.

ìn·di·vís·i·ble [ìndivízəbl] *a.* **1** 分割できない, 不可分の. **2** 〖数〗割り切れない. —— *n.* 分割できないもの; 極少量. ◇ **-bly** *ad.* **ìn·di·vìs·i·bíl·i·ty** [-vìzibíliti/ín-] *n.*

Indo-「インド」の意の連結形.

In·do-Ár·y·an [índoέ(:)riən/-έər-] *n., a.* インドアリアン人〔語〕(の). 「インドシナ.

In·do-Chí·na, In·do·chí·na [índotʃáinə] *n.*

In·do-Chi·nése [índotʃainí:z] *a.* インドシナの, インドシナ人〔語〕の.
—— *n.* (*pl.* ～) インドシナ人〔語〕.

in·dóc·ile [indás(i)l/-dóusail] *a.* 教えがたい, 御しにくい, 言うことをきかない, 従順でない. → docile.
◇ **ìn·do·cíl·i·ty** [ìndosíliti] *n.*

in·dóc·tri·nate [indáktrinèit/-dɔ́k-] *vt.* **1** に教え込む, に吹き込む《信仰・主義・学説などを》《を *in, with*》: ～ a person *in* a principle 人に主義を教え込む. ～ a person *with* an idea 人にある考えを植え付ける. **2** に学識を授ける.
◇ **in·dòc·tri·ná·tion** [–⌐–néiʃ(ə)n] *n.*

In·do-Eu·ro·pé·an [ìndojù(:)rəpí:ən/-jùərə-] *n., a.* インドヨーロッパ語族 (の). 「European.

In·do-Ger·mán·ic [ìndodʒə:rmǽnik] = Indo-

ín·do·lent [índələnt] *a.* **1** 労を惜しむ, 無精な, 怠惰な, なまけ者の. **2** 〖医〗《腫瘍(しゅよう)など》無痛 (性) の. [in-+√dol- 苦しまない]
◇ ～·**ly** *ad.* **-lence** *n.* 無精; 〖医〗無痛.
〔類〕→ **idle**「怠惰な」

in·dóm·i·ta·ble [indámitəbl/-dɔ́m-] *a.* 屈しない, 不撓(ふとう)不屈の, 負けん気の. ◇ **-bly** *ad.*

In·do·né·sia [ìndoní:ʃə, -ʒə] *n.* インドネシア《東南アジアの共和国. 首都 Djakarta》. ◇ ～**n** [-n] *a., n.* インドネシアの; インドネシア人〔語〕(の).

‡**ín·door** [índò:r/-dɔ:] *a.* 室内の, 屋内の: ～ games 室内遊戯. ↔ outdoor.
～ **relief** 〔英〕《救済院での貧民などの》院内救助.
‡**ín·dóors** [índó:rz/-dɔ́:z] *ad.* 室内で〔に〕, 屋内で〔に〕: stay 〔keep〕 ～ 家にとどまる〔に閉じこもる〕.
in·dórse =endorse.
ín·draft, ín·draught [índræft/-drɑ:ft] *n.* 引き込み, 吸入; 《空気・水などの》流入; 内に向かう気流〔水流〕.
ín·dráwn [índrɔ́:n] *a.* 1 引っ込み思案の: an ～ man. 2 息を吸い込んでの, 吸気の.
in·dú·bi·ta·ble [ind(j)ú:bitəbl/-djú:-] *a.* 疑う余地のない, 確かな, 明らかな. ◇ **～·ness** *n.* **-bly** *ad.*
induc. induction.
‡**in·dúce** [ind(j)ú:s/-djú:s] *vt.* 1 誘う, 勧誘する, 説いて〔勧めて〕…させる《*to*; *to* (do)》: Nothing shall ～ me *to* go. どんなことがあっても私は行かない. ～ a person *to* a doctrine 人をある主義〔教義〕を奉ずるようにしむける. 2 引き起こす, 生ぜしめる, 誘発する, 招く: The medicine ～*s* sleep. その薬は睡眠を誘う. 3 〔論〕帰納する. ↔ deduce. 4 〔電〕〈電気・磁気などを〉誘導する. **～*d current*** 誘導電流. [√duc-] ◇ **in·dúc·i·ble** [-əbl] *a.* ～できる.
〔類〕→ **urge**「促す」
in·dúce·ment [-mənt] *n.* 1 誘引, 誘導; 勧誘, 奨励. 2 誘因, 刺激; 動機《*to*》: Reward is an ～ *to* effort. 一つには報酬があるから努力するのだ. ***on any ～*** どんな誘いがあっても.
in·dúct [indʌ́kt] *vt.* 1 導き入れる, 案内する; 《席に》つかせる. 2 (正式に) 就任させる《職・役に》. 3 入門させる, に手ほどきする《へ, の *to*》. 4 〔米〕兵役につかせる. 5 〔電〕誘導する. [√duc-]
in·dúct·ance [indʌ́kt(ə)ns] *n.* 〔電〕インダクタンス, 自己誘導〔感応〕係数.
in·dùc·tée [indʌktí:/⏑−⏑] *n.* 〔米〕徴募兵; 就任者.
in·dúc·tile [indʌ́kt(i)l/-tail] *a.* 引き伸ばされない, 曲がらない, 柔軟性のない.
in·dúc·tion [indʌ́kʃ(ə)n] *n.* 1 誘導, 導入; 誘発. 2 〔論〕帰納 (法); 帰納的結論. → deduction. 3 就任式《特に聖職の》. 4 《文学作品などの》導入部; 〔古〕序論. 5 〔米〕募兵. 6 〔電〕誘導. →動詞 induce. ～ **accelerator** ベータトロン (betatron)《磁気誘導による電子加速装置》. ～ **coil** 誘導コイル, 感応コイル. ～ **heating** 誘導加熱. ～ **motor** 誘導電動機.
in·dúc·tive [indʌ́ktiv] *a.* 1 帰納的: ～ reasoning 〔inference〕 帰納的推理. the ～ method 帰納法. → deductive. 2 〔電〕誘導性の. 3 誘導〔誘引〕する《を *to*》. 4 緒言の, 前提の.
◇ **～·ly** *ad.* 帰納的に; 誘導的に. **～·ness** *n.*
ìn·duc·tív·i·ty [⏑−tíviti] *n.* 誘導性〔力〕; 〔電〕誘導率.
ìn·duc·tóm·e·ter [ìndʌktámitər/-tɔ́m-] *n.* 〔電〕可変誘導器.
in·dúc·tor [indʌ́ktər] *n.* 1 〔電〕誘導子; 〔化〕誘導質, 感応物質. 2 聖職授与者, 職を授ける人.
in·dúe =endue.
‡**in·dúlge** [indʌ́ldʒ] *vt.* 1 〈欲望などを〉満足させる, 満たす. 2 甘やかす, 気ままにさせる. 3 〈人などを〉喜ばせる, 楽しませる: ～ the company *with* a song 一同に歌をうたって聞かせる. 4 に恵む, に与える《を *with*》. 5 〔商〕〈人・手形などに〉支払〔実行〕延期を許す.
—— *vi.* 1 ふける, おぼれる《に *in*》; 楽しむ, ほしいままにする《を *in*》: ～ *in* pleasures 快楽にふける. ～ *in* a glass of wine ブドウ酒を味わって楽しむ. 2 思い切って買う《を *in*》: ～ *in* a new suit 服を奮発して新調する. 3 〔話〕(存分に) 飲む: Will you ～? 〔俗〕一杯どうですか. ～ **one*self* in** …にふける. ～ **one*self with*** を飲む, を食べる.
◇ **in·dúlg·ing·ly** *ad.*
*__in·dúl·gence__ [indʌ́ldʒ(ə)ns], **-gen·cy** [-dʒ(ə)nsi] *n.* 1 甘やかし, 気ままにさせること, 寛大. 2 気ままにすること, ふけること, 耽溺(たんでき); 放縦(ほうじゅう); 道楽《*in*》. 3 恩恵, 特権. 4 〔商〕支払猶予. 5 〔カトリック〕免罪; 免罪符. 6 〔英史〕信教の自由. ***the Declaration of I～*** 信教自由令《1672年と1678年に発布》.
in·dúl·gent [-dʒ(ə)nt] *a.* 気ままにさせる, 甘い, 寛容な: an ～ mother 甘い母親. ～ *to* others 他人に寛大な. ◇ **～·ly** *ad.* 寛大に, 甘やかして.
ín·du·rate [índ(j)urèit/-djuər-] *vt., vi.* 1 固める〔まる〕, 堅くする〔なる〕. 2 無感覚にする〔なる〕, がんこにする〔なる〕: an ～*d* heart かたくなになった心. 3 慣れさせる. **——** [-rit] *a.* 1 固まった, 硬化した. 2 無感覚になった. [√dur-]
◇ **-ra·tive** [-rèitiv] *a.* 硬化性の; がんこな.
ìn·du·rá·tion [ìnd(j)uréiʃ(ə)n/-djuər-] *n.* 1 硬化, 硬変. 2 がんこ, 不人情.
In·dus [índəs] *n.* 1 (the ～) インダス川《インド北西部》. 2 〔天〕インディアン座.
‡**in·dús·tri·al** [indʌ́striəl] *a.* 1 工業(上)の, 工業用の: ～ alcohol 工業用アルコール. 2 産業(上)の, 産業用の. 3 工業〔産業〕に従事する; 工業〔産業〕労働者の. ***the I～ Workers of the World*** 世界産業労働組合《略 I.W.W. 第1次大戦後解散》. **——** *n.* 1 産業労働者. 2 製造業者, 産業〔企業〕家. 3 (*pl.*) 産業株. 4 工業生産品.
～ **arts** 工芸. ～ **disease** 職業病. ～ **design** 工業デザイン. ～ **designer** 工業デザイナー. ～ **engineering** 生産管理工学. ～ **exhibition** 勧業〔産業〕博覧会. ～ **(life) insurance** 簡易(生命)保険. ～ **maintenance** 失業者救済制度. ～ **park** 工場団地. ～ **psychology** 産業心理学. ～ **relations** 労資関係; 産業と地域社会との関係 (の調整). **I～ Revolution, the** 〔史〕産業革命《18–19 世紀におけるイギリスに起こった社会的経済的大変革》. ～ **school** 実業学校, 授産学校《不良児の矯正を目的とする》. ～ **television** 〔TV〕工業用テレビ. ～ **union(ism)** 産業別労働組合 (主義).
◇ **～·ly** *ad.* 工業〔産業〕的に; 工業〔産業〕上.
in·dús·tri·al·ism [indʌ́striəliz(ə)m] *n.* 産業〔工業〕主義; 産業組織.
in·dús·tri·al·ist [-ist] *n.* 1 産業〔工業〕主義者. 2 産業労働者; 工業家, 実業家.
in·dús·tri·al·ize [indʌ́striəlàiz] *vt.* 工業〔産業〕化する, 産業主義化する. ◇ **in·dùs·tri·al·i·zá·tion** [indʌ̀striəlizéiʃ(ə)n/-laiz-] *n.*
‡**in·dús·tri·ous** [indʌ́striəs] *a.* 勤勉な, よく働く; 熱心な. ≒ industrial. ◇ **～·ly** *ad.*
‡**ín·dus·try** [índəstri] *n.* 1 工業, 産業; 《工業・産業の一部門をさす》…業: manufacturing ～ 製造業, 工業. the automobile ～ 自動車工業. the tourist ～ 観光事業. → 形容詞 industrial. 2 《集合的》産業〔工業〕経営者, 産業界. 3 勤勉. →形容詞 industrious. ***Poverty is a stranger to ～.*** 〔諺〕かせぐに追いつく貧乏なし.
in·dwéll [indwél/⏑⏑] *vt., vi.* (**-dwélt** [-dwélt]) (の)内に住む, (の)内に宿る; 〈主義・精神が〉内在する. ◇ **～·ing** [-iŋ] *a.* 内に住む〔宿る〕, 内在の.
-ine [-in] *suf.* 1 [-ain, -in, -i:n]「…の (ような)」「の性質の」などの意の形容詞語尾: crystall*ine* 水晶のような <crystal. 2 女性名詞語尾: hero*ine* 女主人公<hero. 3 ギリシア語・ラテン語・フランス語起源の名詞の語尾: fam*ine* 飢饉(ききん) <√fam-. rout*ine* 慣例<route 道. 4 〔化〕塩基および元素名語尾: brom*ine* 臭素.
in·é·bri·ate [iní:brièit] *vt.* 酔わせる, 酩酊(めいてい)させる. **——** [-briit] *a.* 酔った. **——** [-briit] *n.* 酔っ払い; のんだくれ.
◇ **in·è·bri·á·tion** [-ì:briéiʃ(ə)n] *n.*

ìn·e·brí·e·ty [ìnibráiəti] *n.* 酩酊(めいてい).
in·éd·i·ble [inédibl] *a.* 食べられない，食用に適しない. ◇ **in·èd·i·bíl·i·ty** [inèdibíliti, ㊐ˈined-] *n.*
in·éd·it·ed [inéditid] *a.* **1** 未刊の. **2** ＝unedited.
in·éf·fa·ble [inéfəbl] *a.* **1** 言うに言われない，言語に絶した. **2** 言ってはならない，口にするのもおそれおおい. [√fa-] ◇ **-bly** *ad.*
ìn·ef·fáce·a·ble [ìniféisəbl] *a.* 消すことのできない，ぬぐい去れない. ◇ **-bly** *ad.* **ìn·ef·fàce·a·bíl·i·ty** [ìnifèisəbíliti/ìn-] *n.*
ìn·ef·féc·tive [ìniféktiv] *a.* **1** 効果のない，ききめのない，無効の. **2** 《人が》無力な，役に立たない. **3** 《芸術品などが》感銘のうすい.
◇ **~·ly** *ad.* **~·ness** *n.*
ìn·ef·féc·tu·al [ìnifékt∫u(ə)l/-tjuəl] *a.* **1** 効果のない，ききめのない. **2** むだな，役に立たない；無力な. ◇ **~·ly** *ad.* **~·ness** *n.* **ìn·ef·fèc·tu·ál·i·ty** [ìnifèkt∫uǽliti/-tju-] *n.* 類 → **vain**「無益の」
ìn·ef·fi·cá·cious [ìnefikéi∫əs] *a.* 《薬など》効力のない，ききめのない. ◇ **~·ly** *ad.*
in·éf·fi·ca·cy [inéfikəsi] *n.* 無効力，無効果.
ìn·ef·fí·cien·cy [ìnifí∫(ə)nsi] *n.* **1** 非〔低〕能率，無効力. **2** 無能(力).
ìn·ef·fí·cient [-∫(ə)nt] *a.* **1** 非能率的な，無効力な. **2** 無能な，役に立たない. ◇ **~·ly** *ad.*
ìn·e·lás·tic [ìnilǽstik] *a.* **1** 弾力(性)のない；伸縮性のない. **2** 融通性のない，適応性のない.
◇ **ìn·e·las·tíc·i·ty** [ˌ--tísiti] *n.*
in·él·e·gance [inéligəns], **-gan·cy** [-gənsi] *n.* **1** 優美でないこと，無風流，粗野. **2** 優美でない言行〔文体〕.
in·él·e·gant [-gənt] *a.* 優美でない，無風流な，洗練されていない，粗野な，俗悪な. ◇ **~·ly** *ad.*
in·él·i·gi·ble [inélidʒəbl] *a.* 選ばれる資格のない，不適格〔不適任〕な. —— *n.* 選ばれる資格のない人，不適格〔不適任〕者. ◇ **-bly** *ad.* **in·èl·i·gi·bíl·i·ty** [inèlidʒəbíliti, ㊐ˈinel-] *n.*
ìn·e·lúc·ta·ble [ìnilʌ́ktəbl] *a.* 不可避の，免れえない，不可抗力の. ◇ **-bly** *ad.* [√luct-]
ìn·e·nár·ra·ble [ìninǽrəbl/inénərəbl] *a.* 物語れない；描写しようもない.
in·épt [inépt] *a.* **1** 不適当な，適切でない. **2** 場所はずれの，的はずれの. **3** 《言説などが》不条理な，筋のとおらない. [<in-＋apt] ◇ **~·ly** *ad.*
in·épt·i·tude [inéptit(j)ù:d/-tju:d] *n.* **1** 不適当；不条理，ばかげたこと. **2** 愚かな言行.
in·é·qua·ble [iní:kwəbl] *a.* 均等でない，一様でない；不平等な.
ìn·e·quál·i·ty [ìnikwɑ́liti/-kwɔ́l-] *n.* **1** 不平等，不均衡；不同，差：the ~ between the rich and the poor 貧富の差. **2** 《表面の》でこぼこ，起伏. **3** 不適当，無能：one's ~ to a task 仕事に耐える力のないこと. **4** 〘数〙不等(式)；〘天〙均差.
in·è·qui·lát·er·al [inì:kwilǽt(ə)rəl] *a.* 〘数〙不等辺の：an ~ triangle 不等辺三角形.
in·éq·ui·ta·ble [inékwitəbl] *a.* **1** 不公平な，片寄った. **2** 不公正な，不正な. ◇ **-bly** *ad.*
類 → **unjust**「公正でない」
in·éq·ui·ty [inékwiti] *n.* **1** 不公平，不公正. **2** 不公平〔不公正〕な事情または処置.
ìn·e·rád·i·ca·ble [ìnirǽdikəbl] *a.* 《悪弊など》根絶しがたい. ◇ **-bly** *ad.*
ìn·e·rás·a·ble [ìniréisəbl] *a.* 削除〔消去〕できない. ◇ **-bly** *ad.*
in·ér·ra·ble [inérəbl, inə́:rəbl] *a.* まちがう〔誤る〕ことのない. ◇ **-bly** *ad.* **in·èr·ra·bíl·i·ty** [inèrəbíliti, inə̀:r-] *n.* 「とっぴでない.
ìn·er·rát·ic [ìnirǽtik] *a.* 浮動しない，落ち着いた，
in·ér·rant [inérənt, inə́:r-] ＝inerrable.
in·ért [inə́:rt] *a.* **1** 動作の鈍い，不活発な，無精な. **2** 〘物〙自動〔抵抗〕力のない. **3** 〘化〙不活性の，化学変化しない. [<in-＋art 術〔力〕のない]
~ gases 不活〔不動〕性気体.
◇ **~·ly** *ad.* **~·ness** *n.*
in·ér·tia [inə́:r∫ə/-∫iə] *n.* **1** 不活発，不活動，ものぐさ，緩慢，無精. **2** 〘物〙慣性，惰性，惰力. **3** 〘医〙無力. ***Newton's Law of I~*** ニュートンの慣性の法則. **~ test** 〘工〙慣性試験.
◇ **~l** [-∫(ə)l] *a.* ~の：~*l* system 〘物〙慣性座標系. ~*l* guidance system 慣性航法，自力航海《ジャイロスコープ・電算機などで軌道を修正する》.
ìn·es·cáp·a·ble [ìniskéipəbl] *a.* 避けられない，のがれられない. →inevitable. ◇ **-bly** *ad.*
in es·se [in-ési] L. (＝in being) 実在して；現在して；現実に. → *in posse.*
ìn·es·sén·tial [ìnisén∫(ə)l/ìn-] *a.* 本質的でない，重要でない. —— *n.* 本質的でないもの，重要でないもの，なくてもよいもの.
in·és·ti·ma·ble [inéstiməbl] *a.* **1** 評価しがたい. **2** 《利益などの》計り知れない(ほど大きい)；この上もなく大きい：an ~ service for the public 社会への貴重な貢献. ◇ **-bly** *ad.*
‡in·év·i·ta·ble [inévitəbl] *a.* **1** 避けられない，免れられない；やむをえない. **2** 《論理上》必然の：an ~ conclusion 必然の帰結. **3** 《話の筋などが》抜き差しならない，もっともな. **4** 相変わらずの，お決まりの：a Japanese with his ~ camera 例によってカメラをぶらさげている日本人. ***the ~*** 避けられないこと，必然の運命. **~ hour, the** 免れられない時，死期.
◇ **in·èv·i·ta·bíl·i·ty** [inèvitəbíliti, ㊐ˈinev-] *n.* 避けがたいこと，必然性.
***in·év·i·ta·bly** [inévitəbli] *ad.* 不可避的に，必然的に，どうしても；やむをえず.
ìn·ex·áct [ìnigzǽkt] *a.* 不正確な，厳密でない，精密でない. ◇ **~·ly** *ad.* **~·ness** *n.*
ìn·ex·áct·i·tude [ìnigzǽktit(j)ù:d/-tju:d] *n.* 不正確，厳密〔精密〕でないこと.
ìn·ex·cús·a·ble [ìnikskjú:zəbl] *a.* 許されない，釈明の余地のない，言い訳のたたない. ◇ **-bly** *ad.*
in·éx·e·cut·a·ble [inéksikjù:təbl] *a.* 実行〔執行〕しがたい. 「発.
ìn·ex·ér·tion [ìnigzə́:r∫(ə)n] *n.* 努力欠如；不活
ìn·ex·háust·i·ble [ìnigzɔ́:stəbl] *a.* **1** 無尽蔵の，使い切れない，豊富な. **2** 疲れを知らない，不撓(とう)不屈の，根気のよい. ◇ **-bly** *ad.* **ìn·ex·hàust·i·bíl·i·ty** [ˌ-ˌ-bíliti/ìn-] *n.*
ìn·ex·ís·tent [ìnigzístənt] *a.* 存在しない.
in·éx·o·ra·ble [inéks(ə)rəbl] *a.* **1** どうしても聞き入れない，情け容赦のない. **2** 《事実などが》冷厳な，曲げられない. [√or-] ◇ **-bly** *ad.* **in·èx·o·ra·bíl·i·ty** [inèks(ə)rəbíliti] *n.* 無情，冷酷.
ìn·ex·pé·di·ence [ìnikspí:diəns], **-en·cy** [-i] *n.* 不得策，不適当.
ìn·ex·pé·di·ent [-ənt] *a.* 不得策な，不適当な.
◇ **~·ly** *ad.*
***ìn·ex·pén·sive** [ìnikspénsiv] *a.* 費用のかからない，(値段の)安い. ◇ **~·ly** *ad.* **~·ness** *n.*
類 → **cheap**「安い」
ìn·ex·pé·ri·ence [ìnikspí(:)riəns/-píər-] *n.* 無経験，不慣れ，未熟.
◇ **~d** [-t] *a.* 無経験な，不慣れな《について *in*》.
ìn·ex·pért [ìnikspə́:rt/ìneks-] *a.* しろうとの(ような)，未熟な，へたな. ◇ **~·ly** *ad.* **~·ness** *n.*
in·éx·pi·a·ble [inékspiəbl] *a.* **1** 《罪悪など》償い〔あがない〕がたい. **2** 《怒り・憎しみなど》なだめがたい，執念ぶかい. ◇ **-bly** *ad.*
***in·éx·pli·ca·ble** [inéksplikəbl] *a.* 不可解な，説明されえない，がてんのいかない.
◇ **~·ness** *n.* **-bly** *ad.* **in·èx·pli·ca·bíl·i·ty** [-ˌ--bíliti] *n.*
ìn·ex·plíc·it [ìnikspl ísit] *a.* 《ことばなどの》あいま

いな, ぼんやりした, はっきりしない, 明示的でない.
◇ ～·ly *ad.* ～·ness *n.*

ìn·ex·pló·sive [ìnikspló usiv] *a.* 爆発しない, 不爆発性の.

ìn·ex·préss·i·ble [ìniksprésəbl] *a.* ことばに言いあらわせない, 言うに言われぬ; 非常な.
—— *n.* (*pl.*) 〖古〗ズボン. ◇ **-bly** *ad.*

ìn·ex·prés·sive [ìniksprésiv] *a.* **1** 無表情の; 口数の少ない, むっつりした. **2** 〖古〗言うに言われぬ.
◇ ～·ly *ad.* ～·ness *n.*

ìn·ex·púg·na·ble [ìnikspʌ́gnəbl] *a.* **1** 難攻不落の, 征服されない. **2** 《議論などで》論破できない.
◇ **-bly** *ad.*

ìn·ex·púng·i·ble [ìnikspʌ́ndʒəbl] *a.* 《記憶・においなどが》消すことのできない.

ìn·ex·tén·si·ble [ìniksténsəbl] *a.* 伸びない, 広げられない.
◇ **ìn·ex·tèn·si·bíl·i·ty** [-tènsəbíləti/ín-] *n.*

in ex·ten·so [in-iksténsou] L. (=at full length) 完全のまま, 省略せずに; 詳しく, 十分に.

ìn·ex·tín·guish·a·ble [ìnikstíŋgwiʃəbl] *a.* 消されない; 《怒りなどが》押えられない.

in ex·tre·mis [ín-ikstrí:mis] L. (=in extremity) 臨終に; 絶体絶命の状態で.

in·éx·tri·ca·ble [inékstrikəbl] *a.* **1** (もつれて)ほどけない. **2** 《問題が》解けない, 解決できない. **3** 《迷路などが》脱出できない: in ～ difficulties どうにものがれられない困難に陥って. ◇ **-bly** *ad.*

inf. infantry; infinitive; infirmary; information; *infra* (L. =below).

in·fál·li·bil·ism [infǽləbilìz(ə)m] *n.* 〖カトリック〗教皇不可謬説(ふかびゅうせつ). ◇ **-ist** *n.*

in·fál·li·ble [infǽləbl] *a.* 絶対にあやまちを犯さない, 絶対にまちがい〔誤り〕のない, 絶対確実な. [√fall-]
◇ **-bly** *ad.* まちがいなく, 絶対確実に. **in·fàl·li·bíl·i·ty** [infæ̀ləbíləti, [米]⁺ìnfæl-] *n.*

ín·fa·mous [ínfəməs] *a.* **1** 評判の悪い, 悪名高い. **2** 不名誉の, 恥ずべき; 汚らわしい. **3** 〖法〗公民権を剥奪(はくだつ)された. **4** 〖話〗ひどい, 最低の: an ～ house ひどい家. [√fa-]
～ **crime** 破廉恥罪. ◇ ～·ly *ad.*

ín·fa·my [ínfəmi] *n.* **1** 不名誉, 悪名. **2** 破廉恥行為, 醜行. **3** 〖法〗公民権喪失. [√fa-]

‡ín·fan·cy [ínfənsi] *n.* **1** 幼少, 幼稚. **2** 《集合的》幼児. **3** 幼年期. **4** 初期, 揺籃(ようらん)期, 未発達期. **5** 〖法〗未成年. *in* one's [*its*] ～ 子どものころに; 初期に; 幼稚で.

‡ín·fant [ínfənt] *n.* **1** 《7歳未満の》幼児. **2** 〖法〗《21歳未満の》未成年〔丁年〕者. **3** 初心者, 新前.
—— *a.* **1** 幼児の. **2** 幼稚な, 幼年(期)の. **3** 初期の, 未発達の. **4** 〖法〗未成年〔丁年〕の. [√fa-]
～**(s') school** 〖英〗《7 歳未満の》幼児学校.

in·fán·ta [infǽntə] *n.* 《スペイン・ポルトガルの》王女, 内親王.

in·fán·te [infǽntei/-ti] *n.* 《スペイン・ポルトガルの》王子, 親王.

in·fán·ti·cide [infǽntəsàid] *n.* 幼児殺し(の行為・罪・犯人).
◇ **in·fàn·ti·cíd·al** [infæ̀ntəsáidl, [米]⁺–́–̀–] *a.*

ín·fan·tile [ínfəntàil, [米]⁺-til] *a.* **1** 幼児の; 幼稚な, 子どもの(ような), あどけない. **2** 初期の, 未発達期の. ～ **paralysis** 〖医〗小児まひ.

in·fán·ti·lism [infǽntəlìz(ə)m] *n.* 〖医〗発育不全, 幼児型症《体格・知能がおとなになっても子どもの状態にある病気》.

ín·fan·tine [ínfəntàin, [米]⁺-tin] =infantile.

ín·fan·try [ínf(ə)ntri] *n.* 《集合的》歩兵, 歩兵隊. ***mounted*** ～ 騎馬歩兵. ～**·man** [-mən] (*pl.* **-men**) 歩兵. ～ **regiment** 歩兵連隊.

in·fát·u·ate [infǽtʃuèit/-tju-, -tʃu-] *vt.* に理性を失わせる; 迷わせる, 夢中にさせる, ぼーっとさせる. ***be*** ～***d with*** a woman (女)にのぼせている〔迷っている〕. —́— [-tʃuit/-tjuit, -tʃu-] *a., n.* 夢中になっている(人), のぼせている(人).

in·fát·u·at·ed [infǽtʃuèitid/-tju-, -tʃu-] *a.* 迷った; 夢中になった, のぼせあがった. ◇ ～·ly *ad.*

in·fàt·u·á·tion [infæ̀tʃuéiʃ(ə)n/-tju-, -tʃu-] *n.* **1** のぼせ, 夢中; 溺愛(できあい): modern ～ with speed 現代のスピード狂. **2** 思いあがり, 有頂天. **3** 有頂天〔夢中〕にさせるもの: Stamp collecting is his latest ～. 最近彼は切手集めに夢中だ.

in·féa·si·ble [infí:zəbl] *a.* 実行できない.
◇ ～·ness *n.* **in·fèa·si·bíl·i·ty** [–̀–bíləti] *n.*

‡in·féct [infékt] *vt.* **1** に感染させる, に病菌を伝染させる: He is ～*ed with* diphtheria. 彼はジフテリアにかかっている. **2** に混入する《病毒・病菌を》: ～ water *with* cholera コレラ菌を水に混入する. **3** 悪風に染まらせる, かぶれさせる. **4** に影響を及ぼす, 感化する: His courage ～*ed* the others. 彼の勇気が他の者にものりうつった. **5** 〈病気が〉襲う: the ～*ed* area 伝染病流行地域. —— *vi.* 感染する.
be ～***ed with*** に感染している〔かぶれている〕. [√fac-]

in·féc·tion [infékʃ(ə)n] *n.* **1** 伝染, 感染. **2** 伝染病(毒). **3** (悪)影響, (悪)感化, 《世間に与える》害毒. ***by*** ～ 伝染によって.

in·féc·tious [infékʃəs] *a.* **1** 伝染する, 伝染性の; 伝染の原因〔媒介〕となる: an ～ disease 伝染病. **2** (人に)うつりやすい: an ～ laugh 人をつり込むような笑い. ～ **hospital** 伝染病院.
◇ ～·ly *ad.* ～·ness *n.* 伝染性.

in·féc·tive [inféktiv] =infectious.

in·fé·cund [infí:kənd, -fék-] *a.* 実を結ばない; 多産でない, 不毛の.
◇ **in·fe·cún·di·ty** [ìnfikʌ́ndəti] *n.*

ìn·fe·líc·i·tous [ìnfilísətəs] *a.* **1** 不幸な; 不運な. **2** 《ことばづかいなどが》適切でない, 妥当でない.
◇ ～·ly *ad.* **-ty** [-ti] *n.* 不幸, 不運; 不適切〔適当〕; 不適切な行動〔表現〕.

ín·felt [ínfèlt] *a.* 心で感じられた, 心の内部で経験された.

in·fér [infə́:r] *v.* (**-rr-**) *vt.* **1** 推論する《から *from*》; 結論する《と *that*》: From what you say, I ～ *that*... きみの言うところから私は…と推論する. **2** 〈事実・状況などが〉推論させる, の意味を含む: His silence ～*s* consent. あの人が黙っているのは同意のあらわれだ. —— *vi.* 推論する. [√fer-]
◇ **in·fér·a·ble** [-fə́:rəbl] *a.* 推理〔推論〕できる《から *from*》.

ín·fer·ence [ínf(ə)rəns] *n.* **1** 推論, 推測, 推理. **2** 結論, 断定. ***make*** [***draw***] ***an*** ～ 結論をくだす.

ìn·fer·én·tial [ìnfərénʃ(ə)l] *a.* 推論による, 推断した; 推理の. ◇ ～·ly *ad.*

‡in·fé·ri·or [infí(:)riər/-fíər-] *a.* **1** 《地位・等級が》下の方の, 下位〔下級, 下層〕の: ～ classes 下層階級. **2** 《質・程度などが》劣った, 劣等の, 粗悪な. **3** 〖植〗《がく・子房が》下位〔下生〕の; 〖天〗軌道が地球と太陽の間にある; 〖印〗下付きの《H_2, D_n の $_2$, $_n$ など》. ⇔ superior. 〈注〉語尾の -ior はラテン語の比較級をあらわす. ***be*** ～ ***to***... …よりも下位〔下級〕である, 劣っている: His position *is* ～ *to* mine. 彼の地位は私のより低い. —— *n.* 目下〔下級〕の者; 劣等なもの. ～ **court (of law)** 下級裁判所. ～ **goods** 〖経〗劣等財, 下級財《収入が増せば消費量が減るようなもの. マーガリン・サッカリンなどの代用品》.
～ **planet** 〖天〗内惑星《水星・金星》.

***in·fè·ri·ór·i·ty** [infì(:)riɔ́:rəti, -ár-/-fìəriɔ́r-] *n.* **1** 下位, 下級. **2** 劣等, 劣勢: a feeling [sense] of ～ 劣等感. **3** 粗悪. ⇔ superiority.
～ **complex** 〖心〗劣等複合, 劣等感.

in·fér·nal [infə́:rn(ə)l] *a.* **1** 地獄の. **2** 地獄のような. **3** 極悪非道の, 悪鬼のような. **4** 〖話〗ひどい, いまいましい. ～ **machine** 擬装爆破装置. ◇ ～·ly *ad.* **ìn·fer·nál·i·ty** [–̀–nǽləti] *n.* 極悪非道.

in·fér·no [infə́:rnou] *n.* (*pl.* ～**s**) **1** 地獄; 地獄のような光景. **2** (the I～) 地獄編《Dante 作の「神曲」(*Divina Commedia*) の第1部》. [<It.]

in·fér·tile [infə́:rt(i)l/-tail] *a.* **1** 《土地の》不毛の, やせた. **2** 生殖力のない: ～ eggs 無精卵.
◇ **ìn·fer·tíl·i·ty** [ìnfə:rtíləti] *n.*

in·fést [inféstt] *vt.* **1** 〈害虫・盗賊などが〉荒らす, 横行する, に はびこる, に出没する: clothes ～*ed with* lice シラミのぞろぞろいる着物. **2** 〈心配ごとなどが〉…にからみつく. *be* ～*ed with*... …がはびこっている.

ìn·fes·tá·tion [ìnfestéiʃ(ə)n] *n.* **1** 《害虫・盗賊などの》跳梁(ちょうりょう), 横行, 出没. **2** 侵略, 来襲.

ín·fi·del [ínfid(ə)l] *a., n.* **1** 不信心の(人). **2** 異端の(人), 異教徒, 《特に》非キリスト教徒.

ìn·fi·dél·i·ty [ìnfidéləti] *n.* **1** 不信心, 無信仰. **2** 不誠, 背信. **3** 不忠, 不義. **4** 《夫婦間の》不貞.

***ín·field** [ínfi:ld] *n.* **1** 農家のまわりの農地. **2** 〔野球〕内野; 内野陣; 《集合的》内野手. → outfield. ～ **fly** [**hit**] 内野フライ〔安打〕.
◇ **～·er** *n.* 内野手《一・二・三塁手および遊撃手》.

ín·fìght·ing [ínfàitiŋ] *n.* **1** 〔ボクシング〕接近戦. **2** 乱闘, 乱戦. **3** 《ライバル間の》目に見えない争い.

in·fíl·trate [infíltreit/ínfil-] *vt.* **1** 〈液体を〉しみ込ませる《に *into*》. **2** 〈液体が〉…にしみ込む, に浸潤する. **3** にしみ込ませる《を *with*》. **4** 〔軍〕に潜入する, に浸透する; 〈兵力を〉侵入させる《に *into, through*》. —— *vi.* しみ込む; 入り込む. *be* ～*d with* が浸透している. [比較 filter]
◇ **in·fíl·tra·tive** [infíltrətiv] *a.*

ìn·fil·trá·tion [ìnfiltréiʃ(ə)n] *n.* **1** 浸透, 浸入. **2** 〔軍〕浸透, 潜入: ～ operations 浸透作戦. **3** 〔医〕浸潤. ～ **gallery** 地下水収集管.

infin. infinitive.

‡**ín·fi·nite** [ínfinit] *a.* **1** 無限の, 無数〔無量〕の. **2** ばく大の. **3** 〔文〕不定形の《人称・数などの限定を受けない形, すなわち infinitive, participle, gerund》. ⟷ finite. —— *n.* **1** (the ～) 無限(の空間). **2** (the I～) 造物主, 神. *an* ～ *of* 無限の, ばく大な. ◇ **～·ly** *ad.* 無限に, 果てしなく; 非常に.

ìn·fin·i·tés·i·mal [ìnfinitésim(ə)l] *a.* 微小の, 極微の; 〔数〕無限小の. —— *n.* 極微量; 〔数〕無限小. ～ **calculus** 〔数〕微積分学. ◇ **～·ly** *ad.*

ìn·fin·i·tí·val [ìnfinitáiv(ə)l/infìn-] *a.* 〔文〕不定詞の.

‡**in·fín·i·tive** [infínitiv] *n.* 〔文〕不定詞. —— *a.* 〔文〕不定形の, 不定詞の. → 枠付 Infinitive. (pp. 647–649)

in·fín·i·tude [infínit(j)ù:d/-tju:d] *n.* **1** 無限, 無窮. **2** 無限の数〔量〕: the ～ of mercy 無限の慈悲. *an* ～ *of*... 数限りない….

in·fín·i·ty [infíniti] *n.* **1** 無限, 無窮. **2** 無限の量〔数〕; 無限の空間〔時間〕. **3** 〔数〕無限大《記号 ∞》. *to* ～ 無限に.

in·fírm [infə́:rm] *a.* **1** 弱い, もろい. **2** 《からだ・健康が》虚弱な, 弱った: ～ *with* age 老衰した. **3** 堅固でない: ～ *of* purpose 意志の薄弱な. **4** 《立論などが》薄弱な. ◇ **～·ly** *ad.* 弱々しく. **～·ness** *n.* [類] → **weak**「弱い」

ìn·fir·már·i·an [ìnfərmé(:)riən/-méər-] *n.* 看護人《宗教団体の施療所の》.

in·fír·ma·ry [infə́:rm(ə)ri] *n.* 病院, 《特に学校などの》付属病院〔病室〕, 診療所〔室〕.

***in·fír·mi·ty** [infə́:rmiti] *n.* **1** 虚弱, 衰弱, 病弱. **2** 病気, 疾患: ～*ies* of (old) age 老衰からくる諸病. **3** 意志薄弱. **4** 悪癖, 欠点, 弱点.

ín·fix[1] [ínfiks] *n.* 〔文〕挿入(そうにゅう)辞《ラテン語の vic-「勝つ」の語根が不完了形で vinc- となるばあいの n など. vic- から *victor, conviction* が, vinc- から in*vinc*ible が生じる》.

in·fíx[2] [infíks] *vt.* **1** 差し〔はめ〕込む; 固定する. **2** 〈習慣などを〉植えつける; 〈事実・観念などを〉覚え込ませる, 印象づける. **3** 〔文〕挿入(そうにゅう)辞として加える, 挿入する. [<fix]

infl. influence(d).

in fla·gran·te de·lic·to [in-fləgrǽnti-dilíktou] L. (=in the very act of committing the offense) (犯罪の) 現行中, 現行犯で.

‡**in·fláme** [infléim] *vt.* **1** に火をつける, 燃やす. **2** 赤く燃やす〔染める〕: The setting sun ～*s* the sky. 沈む太陽が空を赤く染める. **3** 〈感情などを〉たきつける, 刺激する: His desire was ～*d*. 彼の欲望はあおりたてられた. **4** 〈人を〉興奮させる, おこらせる: ～*d with* anger 怒りに燃えて. **5** 〔医〕に炎症を起こさせる: ～*d* eyes 充血した目. —— *vi.* **1** 火がつく, 燃え上がる. **2** 〈感情などが〉激する, 怒る. **3** 〔医〕炎症を起こす, はれ上がる.

in·flám·ma·ble [inflǽməbl] *a.* **1** 燃え〔引火し〕やすい: Paper is ～. 紙は燃えやすい. **2** おこりやすい, 興奮〔熱狂〕しやすい: ～ temper 激しやすい気質. —— *n.* 可燃物. ◇ **～·ness** *n.* **-bly** *ad.* **in·flàm·ma·bíl·i·ty** [–⌒–bíliti] *n.*

ìn·flam·má·tion [ìnfləméiʃ(ə)n] *n.* **1** 燃焼, 点火. **2** 激高. **3** 〔医〕炎症: ～ of the lungs 肺炎.

in·flám·ma·to·ry [inflǽmətò:ri/-t(ə)ri] *a.* **1** 扇情的な, 興奮させる, 激高させる. **2** 〔医〕炎症性の.

in·fláte [infléit] *vt.* **1** 《空気・ガスなどで》ふくらませる: ～ a balloon 気球をふくらます. ⟷ deflate. **2** 〔経〕〈通貨を〉膨張させる; 〈物価・株価などを〉つり上げる《不当に》: ～ the paper currency 紙幣を乱発する. ⟷ deflate. **3** 得意がらせる: be ～*d with* pride 慢心している. **4** 誇張する: ～*d* language [style] 大げさな言語〔文体〕. [√fla-] —— *vi.* 膨張する. ◇ **in·flát·a·ble** *a.*

in·flá·tion [infléiʃ(ə)n] *n.* **1** 膨張. **2** 〔経〕インフレーション, 通貨膨張; 《物価・株価などの》暴騰. ⟷ deflation. **3** 慢心; 誇張. ◇ **～·ar·y** [-nèri/-nəri] *a.* インフレーションの〔を引き起こす〕: ～*ary* policy インフレ政策. **～·ism** *n.* インフレ政策, 通貨膨張論. **～·ist** *n.* 通貨膨張論者.

in·fléct [inflékt] *vt.* **1** 曲げる, 折る《通常, 内側へ》. **2** 〈声の〉調子を上げ下げする. **3** 〔文〕屈折〔語形変化〕させる. —— *vi.* ～する. ◇ **-fléc·tive** *a.*

in·fléc·tion [inflékʃ(ə)n] *n.* **1** 曲げる〔曲がる〕こと, 屈折, 屈曲, 湾曲. **2** 声調変化, 《声の》抑揚. **3** 〔文〕屈折, 語形変化《動詞の活用, 名詞・代名詞・形容詞の曲用》; 変化形, 屈折形. [√flec-]
◇ **～·al** *a.* 屈折する, 屈曲する; 抑揚の; 〔文〕語尾変化の: an ～*al* language 屈折語.

in·fléx·i·ble [infléksəbl] *a.* **1** 曲がらない; 堅い. **2** 《法律など》曲げる〔変更する〕ことは許されない: an ～ rule 変更できない規則. **3** がんこな, 剛直な: an ～ will 確固とした意志. ◇ **-bly** *ad.* **in·flèx·i·bíl·i·ty** [–⌒–bíliti, ㊕⁺ín-] *n.*

in·fléx·ion 〔英〕=inflection.

‡**in·flíct** [inflíkt] *vt.* **1** 〈打撃・傷・苦痛などを〉与える, 加える《に *on*》: He ～*ed* a blow *on* me. 彼は私に一撃を加えた. **2** 〈刑罰などを〉科する《に *on*》: The judge ～*ed* the death penalty *on* the criminal. 判事は犯人に死刑を科した. **3** 〈いやなものを〉負わせる, 押しつける《に *on*》. ～ *oneself* [*one's company*] *on* …のやっかいになる, …にやっかいをかける. [√flig-] ◇ **～·a·ble** [-əbl] *a.*

in·flíc·tion [inflíkʃ(ə)n] *n.* **1** 〈苦痛・罰などを〉加えること, 科すること. **2** 刑罰, 処罰. **3** 《負わされた》やっかい, 迷惑, 重荷.

ìn·flo·rés·cent [ìnflorésnt/-flɔ:-] *a.* 開花している. ◇ **-cence** *n.* 開花; 《集合的》花; 〔植〕花序.

ín·flow [ínflòu] *n.* 流れ込むこと, 流入; 流入物.

‡**ín·flu·ence** [ínfluəns] *n.* **1** 影響, 作用, 効果; 感化(力). **2** 勢力, 権勢; 人を左右する力; 説得力. **3** 影響力のある人〔物〕, 勢力家, 有力者. **4** 〔電〕誘導, 感応. **5** 〔占星〕感応力《天体から発する霊気によって人の性格・運命が影響されるという》. *have* ～ *on* [*upon*] に影響を及ぼす. *have* ～ *over* [*with*] に対し勢力がある, …にはばがきく. *through the* ～ *of* …のおかげで, の尽力で. *under the* ～ *of*

の影響を受けて: *under the* ～ *of* alcohol 酒の勢いで. ***use*** [***exercise***] one's ～ ***for*** …のために尽力する. —— *vt.* **1** に**影響を及ぼす**, 感化する. **2** 左右する, 動かす《～ a person *to* (do)》. **3** 買収する, に贈賄する. [√flu-]
～ **peddler** (肩書きなどを利用して) 顔のきく人.
[類] → **power**「権力」 「支流.
ín·flu·ent [ínfluənt] *a.* 流れ〔注ぎ〕込む. —— *n.*
ìn·flu·én·tial [ìnfluénʃ(ə)l] *a.* **1** 影響力のある; 動機となる. **2** 有力な, 勢力のある: ～ sources 有力筋. ◇ ～**·ly** *ad.* 「感《〘話〙 flu》.
‡**ìn·flu·én·za** [ìnfluénzə] *n.* 〘医〙 **インフルエンザ**, 流
ín·flux [ínflʌ̀ks] *n.* **1**《川などが》流れ込むこと, 流入. ↔ efflux. **2**《川の》流入点, 合流点, 河口. **3**《人・物の》 殺到, 到来, 入来: an ～ of customers お客の殺到, 千客万来.
ín·fo [ínfou] *n.* 〘俗〙 情報. [<*info*rmation]
‡**in·fórm** [infɔ́ːrm] *vt.* **1** に**知らせる**, に告げる, に報知する《を *of*; *that*》: ～ a person *of* a thing 人にことを知らせる. **2** に教え込む, に吹き込む: ～ a person *with* new life 人に新しい生命を吹き込む. —— *vi.* 密告する, 告発する《を *against*》.
be ～ed that… …と聞いている. ***be well-～ed*** 情報に通じている; 知識を十分もっている. ↔ ill-informed. ～ ***oneself of*** …について情報〔知識〕を得る. ◇ ～**ed** *a.* **1** 情報通の, 消息に通じた: I will keep you ～*ed.* 逐次ご連絡申し上げます. **2** 知識〔見聞〕の広い: an ～*ed* mind 博識の人.

文法要説…(**10**)

Infinitive (不定詞)

動詞 be をとって考えてみると, その変化形 am は主語が I であって, 複数の we でも三人称の he や they でもないことを予想し, また時制は現在である. be という形は(命令法のばあいを除けば), I want to be a scholar. では学者になるのは I であり, He wants to be a scholar. ではそれが he であって, be 自体はある特定の主語と結びついていない. また I used to go there. は過去の習慣を示し, I intend to go there. は未来について意図を語っているのであって, go 自体はある特定の時制に結ばれていない. 特定の主語の人称・数によっても, 特定の時制によっても制限されていない動詞の形で, 命令形としても用いられるものを, **不定詞** (infinitive) と称する. 主語をとらず, 時制の変化をしないので, 不定詞は命令文以外では文の述語動詞とはならない.

不定詞は, 本来動詞であるから, 目的語をとったり, 副詞要素によって修飾されることができる. しかし, 不定詞そのものは, 文の中において名詞・形容詞・副詞のごとくはたらく.

不定詞は動詞の原形 (いちばん元の形) とされ, 動詞を辞書中に求めるばあいは, 不定詞の形で検索する. 原形の前に to がついたばあい, これを **toつき不定詞** (to-infinitive) と称し, to の先行しない原形を**はだか不定詞** (bare infinitive) と呼ぶ.

不定詞には六つの形態がある.

	能　動　態		受　動　態
	不　定　形	進　行　形	
単 純 形	(to) speak	(to) be speaking	(to) be spoken
完 了 形	(to) have spoken	(to) have been speaking	(to) have been spoken

不定詞の意味上の主語

不定詞は特定の主語と結びついていないことを, その特質の一つとするが, 動詞は動作や状態を示す語であるから, その動作・状態の主体が考えられる. たとえば I want *to read* that book. (私はあの本を読みたい) では, だれが本を読むのかといえば, 文の主語である I が読むのである. それに対し, I want *you to read* that book. (私はきみがあの本を読むことを望む; 私はきみにあの本を読んでもらいたい) では, 読むのは文の述語動詞の主語 I ではなく, その目的語 you である. 不定詞の意味上の主語について, 次に要点を掲げる.

1) 他動詞の目的語としての不定詞

I want *to go.* (私は行きたい) では, 不定詞 go の意味上の主語は文の主語と等しい. これに反し, I want you *to go.* (私はきみが行くことを望む→きみに行ってもらいたい) では, 不定詞の意味上の主語は you の方である. これは I want △ (私は△を欲する) に you to go が目的語として加えられたものといえる. I persuaded him *to go.* (私は彼に行くように説得した) においても, him が不定詞の意味上の主語である. これは I persuaded him of △ に, △＝him to go を加えたもので, 不定詞の前では前置詞 of は省略され, 重複した him の一つが消えたものと考えることができる: I persuaded him (of)＋(him) to go.

ただし, I promised him *to take* him with me. (私は彼にいっしょに連れて行ってやると約束した) では, 不定詞の意味上の主語は I であって, 主文中の him ではなく, それに反して I told him *to take* the child with him. (私は彼に子どもを連れて行ってやれと命じた) では, 不定詞の意味上の主語は述語動詞の目的語 him で, 文の主語の I ではない.

これらの例からわかるように, 文中の述語動詞によって, あるいは主語＝不定詞の意味上の主語であったり, あるいは述語動詞の目的語 = 不定詞の意味上の主語であったりする.

2) その他のばあいの意味上の主語

a) 文の主語が不定詞の意味上の主語:

I want something *to read.* 私はなにか読むものがほしい. He is willing *to go* alone. 彼はひとりで行くことに賛成です.

b) 上のような文において意味上の主語を文の主語以外のものにしたいときには "for＋名詞・代名詞" を不定詞の前に置く:

I want something **for children** *to read.* なにか子どもが読むものがほしい. He is willing **for her** *to go* alone. 彼は彼女がひとりで行くことに賛成です.

c) 主語が特定のものでなく, 一般的の意味のときには, 不定詞だけで足りる:

To master English is difficult.＝It is difficult *to master* English. 英語に上達するのはむずかしい. *To marry* young is not altogether bad. 若くて結婚するのはそう悪くはない.

このおなじ構文で意味上の主語を特定にするために

は "for＋名詞・代名詞" を不定詞の前に置く:

For a Japanese *to master* English is difficult. ＝It is difficult *for a Japanese* to master English. 日本人が英語に上達するのはむずかしい.

For girls *to marry* young is not altogether bad. 女の子が若くて結婚するのはそう悪いことではない.

「toつき不定詞」の用法

名詞・形容詞・副詞のはたらきをする.

1）名詞的用法

「…すること」の意をあらわし, 名詞とおなじように用いられる. したがってその用法も主語・目的語・補語に分かれる.

a）主語として:

To master English is not easy. 英語を修得することは容易でない. このばあい, 主語となるべき「to 不定詞」をあとへ回し, その代わりに形式主語として "it" を文頭に置くことが多い: *It* is not easy *to master* English.

b）目的語として:

I want *to read* that book. 私はその本を読みたい. I want *you to read* that book. 私はきみにその本を読んでもらいたい.

〈注$_1$〉第 2 の文例では you が to read の意味上の主語であるが, 同時に述語動詞 want の目的語になっている. この形を特に**不定詞つき対格** (accusative with infinitive) と呼んでいる《対格とは直接目的語の格のことである. → **枠付** Case》.

〈注$_2$〉He makes *it* a rule *to take* a walk every morning. (彼は毎朝散歩することにしている)においては, it は形式目的語で to take 以下が意味上の目的語である《←彼はそれを習慣にしている, 毎朝散歩することを》.

toつき不定詞が know, show や,「教える, 示す」の意の tell などの動詞の目的語となるばあいは疑問詞を伴う (learn, teach についても, しばしばおなじ):

I don't know *how to read* this word. 私はこの語の読み方を知らない. I don't know *in what words to thank* you. どんなことばであなたに感謝していいかわからない; お礼の申しようもありません.

〈注〉to つき不定詞が疑問詞を伴うとき, 前置詞 "of" の目的語になることがある: He had his choice of *what to do with the money*. その金をどう使うかは彼の自由であった.

c）補語として:

To see is *to believe*. 見ることは信ずることである, 百聞一見にしかず. My task is *to teach* oral English. 私のつとめは話しことばの英語を教えることだ.

以上は, 不完全自動詞における主格補語である. 以下の例文では, 不定詞は不完全他動詞における目的格補語で, him はそれぞれ前述の不定詞つき対格である:

I thought him *to be* a great man. 私は彼を偉人だと思っていた. I found him *to be* a great liar. 私は彼が大うそつきだとわかった.

2）形容詞的用法

「…すべき」「…するための」の意で, 名詞・代名詞のあとについてそれを修飾する:

He has no friend *to help* him. 彼は彼を助けるべき友をもたない; 彼には自分を助けてくれる友がない. I want something *to read*. 私は読むべきなにかを欲する; なにか読むものがほしい.

This is the way *to do* it properly. これがそれを正しくするための方法だ; これが正しいやり方だ. He seems *to be* honest. 彼は正直そうにみえる.

第 1 の例文では, to help は先行の friend を修飾し, friend は to help の意味上の主語になっているが, 第 2 の例文では to read は something を修飾し, something は to read の意味上の目的語の関係にある. 第 3 の例文では to do... は the way を修飾し, 後者は前者の副詞的目的語となっている. 最後の例文では to be 以下が形容詞として不完全自動詞 seem の補語となっている.

〈注$_1$〉前置詞の目的語になる関係代名詞を省いて不定詞で直接に名詞を修飾するばあいには, その前置詞を不定詞のあとへもってくる: (I want a knife *with which* I can sharpen pencils.→) I want a knife *to sharpen* pencils *with*. 鉛筆を削るナイフがほしい. How he wished for a friend *to open* his mind *to*! 彼は心を打ち明ける相手になってもらえる友人をいかに望んだことか.

〈注$_2$〉名詞の前に置かれる不定詞には次のようなものがある: a *never-to-be-forgotten* sight 決して忘れられない光景. these *not-to-be-avoided* expenses これらの避けられぬ費用.

3）副詞的用法

a）動詞の修飾

「…するために」「…して(その結果)—する」「…するとは」「…して」などの意で, 目的・結果・原因・判断の根拠・条件などを示す:

He went *to see* his friend. 《目的》彼は友人に会うために出かけた. The boy grew up *to be* a fine youth. 《結果》少年は成長して(その結果)りっぱな若者になった. I rejoice *to hear* of your recovery. 《原因》あなたのご回復を聞いてうれしく思います. He must be crazy *to talk* like that. 《判断の根拠》あんな風に言うとは彼は気が狂っているに違いない. *To tell* the truth, the prospect isn't bright. 《条件》ほんとうのところを言えば, 前途は明るくないんです.

b）形容詞を修飾

形容詞について「…するのに」「…して」など目的または原因を示す:

Japanese is not *easy to learn*. 日本語は学ぶのに容易でない. What is *good to eat* is good for you. (食べるのによいものはあなたのためによい→) おいしいものはからだにもよい. I am *glad to see* you. 私はあなたに会えてうれしい.

〈注〉この用法では最後に前置詞が残るばあいが多い: He is *difficult to deal with*. 彼は扱いにくい. The smock is *better to move around in*. スモック〔上っ張り〕の方が《他の着物より》動き回るのに便利だ. —in は in the smock (スモックを着て) の in である.

c）副詞の修飾

Your hair is *so* long *as to touch* the floor. あなたの髪は床に届くほど長い. He is rich *enough to buy* a car. 彼は車を買うだけの財力をもっている. I am *too* poor *to buy* such a thing. 私はこんなものも買えないほど貧乏だ.

「はだか不定詞」の用法

次のようなばあいに to のない, はだか不定詞が用いられる.

1）助動詞のあと

will, shall, can, may, must, do などのあとで:

I shall *go*. 私は行きます. You must *walk*. きみは歩かねばならない. I do *like* it. 実際それが好きだ《do は強調》.

〈注〉dare と need のあとにははだか不定詞が用いられたり, to つき不定詞が用いられたりする. → dare, need.

2）I saw him *run*. などのばあい

see, hear, feel, watch, smell, notice, observe などの「知覚動詞」のあとに用いて目的格補語となるとき:

We saw him *cross* the street. われわれは彼が道を横切るのを見た. We heard him *sing* a song. われわれは彼が歌をうたうのを聞いた.

〈注〉ただし受動態の構文になれば to をつける: He was seen *to cross* the street. 彼は道を横切るのを見られた.

3) 使役動詞のあと

let, make, bid, have などの使役動詞のあと:

Let him *come*. 彼に来させなさい. He made me *laugh*. 彼は私を笑わせた. I had him *mend* my shoes. 私は彼にくつを直させた.

〈注₁〉この用法の不定詞は目的格補語として形容詞相当とふつう解釈される. しかし「目的語+不定詞」を目的語と解することもできる.

〈注₂〉このばあいも受動態になれば to をつける: I was made *to laugh*. 私は笑わされた.

4) help のあとに:

She helped (to) *raise* money. 彼女は基金調達に助力した.

これは She helped *them* (to) raise money. のごとく help の次にその目的語があるべきものの省略形. なお, to のない形はおもに米, to のある形は米英共通.

5) ある種の慣用句のあとに:

You *had better go* to bed. きみはもう寝た方がいい. I *cannot but laugh*. 私は笑わざるをえない (=I cannot help laughing.). He does *nothing but laugh*. 彼は笑ってばかりいる《but の代わりに except, save も用いられる》. I *had rather go* now than *wait* another day. 私はもう1日待つよりはいま行った方がましだ.

6) 不定詞が幾つか並ぶとき

通常2番め以下の to を省く:

I must learn to speak, *read*, and *write* English. 私は英語を話し, 読み, 書くことを覚えねばならない.

7) アメリカで be 動詞の次に:

What I've got to do is *go* and *see* him. 私がしなければならないことは彼に会いに行くことだ. All he does is *complain*. 彼は不平しか言わない.

〈注〉toつき不定詞なら米英共通.

単純形不定詞と完了形不定詞

単純形不定詞は述語動詞の時からみて同時または未来をあらわし, 完了形不定詞は既に完了していることを示す.

1) 条件をあらわす不定詞のばあい:

I am happy *to see* you. あなたに会えてうれしい《現在「会って」いる》. I am happy *to have had* this talk with you. あなたとこの話ができたのはうれしい《話は終わっている》.

2) 判断の動詞の次に

seem, be thought などの推断の意の動詞のあとに用いられたばあい:

He *seems to be* diligent. 彼は勤勉であるようにみえる (=It *seems* that he *is* diligent.). He *seemed to be* diligent. 彼は勤勉であるようにみえた (=It *seemed* he *was* diligent). He *seems to have been* diligent. 彼は勤勉であったようにみえる (=It *seems* he *has been* [*was*] diligent. 《現在完了または過去》). He *seemed to have been* diligent. 彼は勤勉であったようにみえた (=It *seemed* he *had been* diligent. 《過去完了》).

3) 希望・期待の動詞の次に

(would) like, wish, hope, expect など未来の観念の意の動詞のあとに用いられたばあい:

He *hopes to succeed*. 彼は成功することを望んでいる《to succeed は未来を示す》. He *hoped to succeed*. 彼は成功することを望んでいた《to succeed は過去からみての未来を示す. その後成功したか否かについては明らかでない》. He *hoped to have succeeded*. 彼は成功することを望んでいた《to have succeeded は成功しなかったことを暗示する. 完了不定詞はしばしば非実現をあらわす》.

4) 他動詞に伴うばあい:

He ordered the troops *to attack*. 彼は部隊に攻撃を命じた《to attack は未来を示す》. I suppose him *to be guilty*. 私は彼を有罪と考える《to be guilty は現在を示す》. We know him *to have been a partisan*. 彼は党人であったことをわれわれは知っている《to have been a partisan は過去を示す》. I found him *to have aged* shockingly. 彼はあきれるほど年を取ったと私は思った《to have aged は過去完了に相当》. We expect them *to have finished* by the time we arrive. われわれが到着するときまでにはそれらは終わっているだろう《to have finished は未来完了に相当》.

独立不定詞 (absolute infinitive)

文全体を修飾し, 文中の他の部分に対して独立した立場にある不定詞で, 条件または譲歩をあらわすもの:

To be frank with you, he doesn't care much for your plan. 率直に言えば, 彼はきみの計画にあまり感心していない《to be frank... の意味上の主語は文の主語 he ではなく, この文の話者である》. *To tell the truth*, I can't agree with him. 実を言えば, 私は彼に同意できない. ほかに, to return to the subject 本題に帰って; to begin with まず第一に; to do one justice 公平に言えば; to be sure 確かに; to make matters worse かてて加えて, など.

〈注〉上記の特定の成句を除き, 不定詞の主語と主文の主語が一致しないばあいを**懸垂不定詞** (dangling infinitive) と呼び正規な英語ではないとされている: *To get there*, a detour was made. そこに着くために迂回(うかい)路がつくられた《detour が「着く」のではない》.

分離不定詞 (split infinitive)

I want to master English. (英語に上達したい) という文に really (ほんとうに) という副詞を挿入(そうにゅう)して,「(ほんとうに上達すること) を望んでいる」という意味関係を伝えたいばあい, I want *really* to master English. と副詞を to の前に置くか, I want to master English *really*. とするのが正用法で, I want to *really* master English. とするのは to と不定詞を切り離すので, 一般に分離不定詞 (split infinitive) と呼ばれ禁じられている. しかし I want *really* to master English. とすると, really が先行の want にかかり,「…ことをほんとうに望んでいる」(=I really want to...) と解されるおそれもあるので, ときには I want to *really* master English. のようにすることもある.

代不定詞 (pro-infinitive)

おなじ動詞の繰り返しを避けるために, 2度めの「toつき不定詞」の to のみを動詞の代わりに用いたもの:

Will you be back soon? —I shall try *to*. あなたはすぐもどってきますか. —そう努めます.

特 殊 用 法

1) be+ toつき不定詞

予定・義務・必然・可能などの意をあらわす:

We *are to have* an examination tomorrow. われわれはあす試験があることになっている. Tell him that he *is to come* at once. 彼にすぐ来るべきだと言え. Not a sound *was to be* heard. 物音一つ聞こえなかった.

2) have+ toつき不定詞

義務・必要などの意をあらわす:

You *have to do* it at once. きみはそれをすぐしなければならない. You *do not have to go* there. きみはそこへ行く必要がない. You *have only to go* there. きみはそこへ行きさえすればよい.

〈注₁〉口語ではよく have got to の形が使われる: I'*ve got to do* it. 私はそれをしなければならない.

〈注₂〉have to は通常 [hǽf-tə, həf-tə], has to は [hǽs-tə, həs-tə] と発音される.

〈注₃〉詳細は → 枠付 have.

‡in·fór·mal [infɔ́ːrml] *a.* 1 非公式の, 略式の: ～ proceedings 略式手続き. 2 儀式ばらない, くつろいだ: an ～ visit. 3 〖ことばの〗くだけた日常会話的な, 口語体の. ◇ **～·ly** [-m(ə)li] *ad.* **ìn·for·mál·i·ty** [infɔːrmǽliti] *n.* ～なこと〔行為〕.

in·fórm·ant [infɔ́ːrmənt] *n.* 1 情報提供者, 通知者; 密告者. 2〖言〗インフォーマント, 被調査者《特定言語をありのままに発音・発話し, 言語分析に役立つ資料を提供する》.

‡ìn·for·má·tion [infərméiʃ(ə)n] *n.* 1 **情報, 知らせ**; 報知, 通知; 報道, 消息, 教示《*about, on*》. 2 **知識**, 見聞; 資料. 3〖法〗告訴, 告発. 4 案内〔受付〕係. ***ask for*** **～** 問い合わせる, 照会する. ***confidential*** **～** 秘密情報. ***for your*** **～** ご参考までに. ***lay*** **〔*lodge*〕** ***an*** **～** ***against*** を密告〔告発〕する. **～ bureau** 情報局〔部〕. **～ desk** 受付; 案内所. **～ office**《駅などの》案内所〔係〕. **～ theory** 情報理論.

◇ **ìn·for·má·tion·al** [-ʃən(ə)l] *a.* 情報の, 報告の; 情報を提供する.

(類義語) **知識**: **information** 報告・伝聞・読書などによって得た知識のもとになる情報. 整理されていないことが多い. **knowledge** 自分のものとなっている知識. 整理, 体系化されているばあいも多い: a *knowledge* of chemistry 化学の心得. **acquaintance** 実物を何度も見聞したり, 考察したりしたための詳しい知識. familiarity に近い. **know-how** ことを行なうにあたっての技術上の知識.

in·fórm·a·tive [infɔ́ːrmətiv] *a.* 1 情報を提供する, 消息を知らせる. 2 知識を与える, 教育的な, 有益な. ◇ **～·ly** *ad.*

in·fórm·a·to·ry [-tòːri/-t(ə)ri] ＝informative.

in·fórm·er [infɔ́ːrmər] ＝informant.

in·fórm·ing [infɔ́ːrmiŋ] *a.* 教育的な; 《情報・知識源として》益のある, 役に立つ. ◇ **～·ly** *ad.*

in·fra [ínfrə] L. (＝below) *ad.* 下に, 下方に《略 inf.》: See ～ p. 30. 下の30ページを見よ. ↔ *supra*. **～ *dig*** [-díg] (L. ＝below dignity)〖おもに英〗品格を損じる. ***vide*** **～** 下を見よ, 先の方を見よ《略v.i.》.

infra- *pref.*「下に」「下方に」の意.

in·fráct [infrǽkt] *vt.* 〖米〗〈法律などに〉違反する, 犯す: ～ neutrality 中立を犯す. [√fra(n)g-]
◇ **in·frác·tor** [-ər] *n.* 違反者. **in·frác·tion** [infrǽkʃ(ə)n] *n.* 違反.

in·frán·gi·ble [infrǽndʒibl] *a.* 1 破壊できない. 2 犯すことのできない. [√fra(n)g-]
◇ **-bly** *ad.* **in·fràn·gi·bíl·i·ty** *n.*

ìn·fra·hú·man [infrəhjúːmən] *a.* 人間以下の.

ìn·fra·réd [infrəréd/ín-] *a.* 〖物〗赤外(線)の. **～ film** 赤外線フイルム. **～ rays** 赤外線.

ìn·fra·són·ic [infrəsánik/-sɔ́n-] *a.* 《音波が》可聴周波以下の.

ín·fra·strùc·ture [ínfrəstrʌktʃər] *n.* 1 下部組織〔機構, 構造〕. 2 NATO 機構内の永久基地.

in·fré·quent [infríːkwənt] *a.* まれな, たまの, めったにない. ◇ **～·ly** *ad.* ～に: not ～*ly* しばしば. **-quence** [-kwəns], **-quen·cy** *n.*

in·frínge [infríndʒ] *vt.* 〈法などを〉犯す, 破る, に違反する. **——** *vi.* 侵害する《を *on, upon*》: ～ *on* a person's privacy 人のプライバシーを侵す. [√fra(n)g-] ◇ **～·ment** *n.* 違反; 侵害: constitute an ～*ment* of を侵害する.

in·frúc·tu·ous [infrʌ́ktʃuəs/-tjuəs] *a.* 実を結ばない, 益のない.

ìn·fun·díb·u·lum [infʌndíbjuləm] *n.* (*pl.* **-la** [-lə]) じょうご, じょうご状の物.
◇ **-lar** [-lər] *a.* 〖植〗じょうご状の.

in·fú·ri·ate [infjú(ː)rièit/-fjúər-] *vt.* おこらせる, 激怒させる. ***be*** **～*d at*** に憤激する.
◇ **in·fù·ri·á·tion** [-ˌriéiʃ(ə)n] *n.*
(類) → **irritate**「おこらせる」

in·fúse [infjúːz] *vt.* 1 注入する: ～ new patriotism *into* the young generation 若い世代に新しい愛国心を吹き込む. 2 に吹き込む, に鼓吹する《を *with*》: ～ a person *with* ardor 人に熱意をいだかせる. 3〈茶・薬などを〉せんじる, 振り出す. [√fu(n)d-]
◇ **in·fús·er** *n.* 注入者〔器〕; 鼓吹者.

in·fú·si·ble [infjúːzəbl] *a.* 溶けない, 不溶解性の.
◇ **in·fù·si·bíl·i·ty** [-ˌ-bíliti] *n.*

in·fú·sion [infjúːʒ(ə)n] *n.* 1 注入, 吹き込み. 2 注入物. 3 振り出し液, せんじ出し〔じる〕.

ìn·fu·só·ri·a [infjusóːriə/-fjuːzɔ́ː-] *n. pl.* 〖動〗滴虫類《原生動物の一種》. ◇ **～n** *n., a.*

-ing [-iŋ] *suf.* 動名詞・現在分詞をつくる.

ín·gath·er·ing [íngæð(ə)riŋ] *n.* 刈り入れ, 収穫.

in·gém·i·nate [indʒéminèit] *vt.* 繰り返す, 反復する. ◇ **in·gèm·i·ná·tion** [-ˌ-néiʃ(ə)n] *n.*

‡in·gén·ious [indʒíːnjəs] *a.* 1 (発明の)**才能がある**, 利口な, 器用な. 2《発明・着想などが》**巧妙な**, 思いつきのよい. [√gen(er)-] ◇ **～·ly** *ad.* **～·ness** *n.*
(類) → **clever**「利口な」

in·gé·nue [ǽndʒənùː/ǽnʒeinjúː|F. ɛ̃ʒeny] F. *n.* 無邪気な娘; その役を演ずる女優.

ìn·ge·nú·i·ty [indʒin(j)úːiti/-njúː-] *n.* (発明の)才能, 利発, 器用, 巧妙. [√gen(er)-]

‡in·gén·u·ous [indʒénjuəs] *a.* 1 **率直な**, 誠実な; 飾り気のない. 2 **純真な**, 無邪気な. [√gen(er)-]
◇ **～·ly** *ad.* **～·ness** *n.*

in·gést [indʒést] *vt.* 〈食物を〉摂取する.
◇ **in·gés·tion** [-tʃ(ə)n] *n.* **in·gés·tive** [-tiv] *a.*

in·gés·ta [indʒéstə] *n. pl.* 摂取物.

ín·gle [íŋgl] *n.* 〖英方〗炉, 炉火
～·nook [ˊ-ˌ-] 炉すみ, 炉辺 (chimney corner).
～·side [ˊ-ˌ-] 炉辺 (fireside).

inglenook

in·gló·ri·ous [ingló:riəs/-glɔ́ːr-] *a.* 1 不名誉な, 面目ない, 恥ずべき. 2 無名の, 世に知られない.
◇ **～·ly** *ad.*

ín·goal [íngòul] *n.* 〖ラグビー〗本陣.

ín·gò·ing [íngòuiŋ] *a.* はいって来る, 新来の: an ～ tenant 新借家〔借地〕人. **——** *n.* 入来.

ín·got [íŋgət] *n.* 〖冶〗インゴット, 鋳塊.

in·gráft [ingrǽft/-gráːft] ＝engraft.

in·gráin [ingréin, ˊˊ/ˊˊ] *a.* 1 生染めの, 地染めの. 2《悪習などが》ふかくしみ込んだ, 根深い; 生まれつきの: ～ vices 身にしみついた悪徳. **——** [-ˊ/ˊˊ] *vt.* 1 に染料をしみ込ませる, 生染め〔地染め〕にする. 2〈考えなどを〉ふかくしみ込ませる, 植え込む. **——** [ˊˊ/ˊˊ] *n.* 生染めの織り糸〔毛織物, カーペット〕.

in·gráined [ingréind, ˊˊ/ˊˊ] *a.* 1 ふかくしみ込んだ, 根深い. 2 生まれつきの, 持ちまえの, ねっからの: an ～ liar 常習的なうそつき. an ～ rogue 全くの悪党. 3 染まっている: ～ *with* dyes 染料のしみ込んでいる. ◇ **～·ly** *ad.*

ín·grate [íngreit/-ˊ] *n.* 恩知らずの人. **——** *a.* 〖古〗恩を知らない, 恩を忘れた.

in·grá·ti·ate [ingréiʃièit] *vt.* 《～ oneself の形で》ごきげんをとる, 歓心をかう《の *with*》. [√grat-]
◇ **in·grà·ti·á·tion** [-ˌ-éiʃ(ə)n] *n.* 人に取り入ること, 迎合.

in·grá·ti·at·ing [ingréiʃièitiŋ] *a.* ごきげんとりの, 気に入られようとする〔努める〕: an ～ manner.
◇ **～·ly** *ad.*

in·grát·i·tude [ingrǽtitjùːd] *n.* 恩を知らないこと, 「忘恩.

ìn·gra·vés·cent [ingrəvésnt] *a.* 〖医〗悪化する, 昂進(こう)する. ◇ **-cence** *n.*

in·gré·di·ent [ingríːdiənt] *n.* (おもに the ～s) **1** 成分, 要素, 原料; 《料理の》材料; 〘化〙《混合物の》成分. **2** 要因: *the* ～*s* of political success 政治的成功の因子. [√grad-] 〔類〕→ **element**「要素」

ín·gress [íngres] *n.* **1** はいること, 入来, 進入. **2** 入り口. **3** 入場権, 入場の自由. ⇔ egress.

in·grés·sive [ingrésiv] *a.* **1** はいる, 進入の. **2** 〘文〙起動の. ↔terminate.

ín·group [íngrùːp] *n.* 〘社〙われわれ集団. ↔ outgroup.

ín·gròw·ing [íngròuiŋ] *a.* 内部に向かって伸びる《特につめが肉に食い込んで伸びる》.

ín·grown [íngròun,-gróun] *a.* 内部に向かって伸びた; 《つめが》肉の中に食い込んだ.

ín·growth [íngròuθ] *n.* 内部に向かって伸びること; 《つめが》肉の中に食い込むこと.

ín·gui·nal [íŋgwin(ə)l] *a.* 〘医〙鼠蹊(そけい)(部)の.

in·gúlf [ingʌ́lf] ＝engulf.

in·gúr·gi·tate [ingə́ːrdʒitèit] *vt., vi.* **1** むしゃむしゃ食う; がぶ飲みする. **2** 〈深み・うずまきなどが〉飲み込む; 巻き込む. ◇ **in·gùr·gi·tá·tion** [−⌒−téiʃ(ə)n] *n.*

‡**in·háb·it** [inhǽbit] *vt., vi.* (に)住む, (に)居住する, (に)生息する; (に)宿る. [√hab-]
◇ **～·a·ble** *a.* 住むに適する. **in·hàb·i·tá·tion** [inhæbitéiʃ(ə)n] *n.* 居住, 生息; 住所, 住居.

in·háb·it·an·cy [inhǽbit(ə)nsi] *n.* 住民であること; 居住(すること).

‡**in·háb·it·ant** [inhǽbit(ə)nt] *n.* **1** 住民, 居住者. **2** 《ある特定の場所の》生息動物.

***in·háb·it·ed** [inhǽbitid] *a.* 人の住んでいる: be thickly ～人口が多い. an ～ island 住民のいる島.

in·hál·ant [inhéilənt] *a.* 吸入する, 吸い込む; 吸入用の. —— *n.* 吸入剤〔器〕.

ìn·ha·lá·tion [ìnhəléiʃ(ə)n] *n.* **1** 吸い込むこと, 吸入. **2** 吸入剤〔物〕.

ín·ha·la·tor [ínhəlèitər/ín(h)ə-] *n.* 吸入器.

***in·hále** [inhéil] *vt., vi.* **1** (空気などを) 吸い込む, 吸入する. **2** (たばこの煙を) 吸う, 吸い込む. ⇔ exhale. ◇ **in·hál·er** *n.* 吸入者; 吸入器; 呼吸用マスク; 空気濾過(ろか)器.

ìn·har·món·ic [ìnhɑːrmɑ́nik/-mɔ́n-], **-i·cal** [-(ə)l] *a.* 調和しない, 不協和(音)の.

ìn·har·mó·ni·ous [-móuniəs] *a.* **1** 調和しない, 不協和な. **2** 円満でない, しっくり合わない.
◇ **～·ly** *ad.*

in·hére [inhíər] *vi.* **1** 内属する; 〈性質などが〉生まれつき備わる, もともとある: Generosity ～*s in* him. 気前のよさは彼に本来備わっている. **2** 〈権利などが〉本来賦与されている《に *in*》. **3** 〈意味などが〉包含されている《に *in*》.

in·hér·ence [inhí(ː)r(ə)ns/-híər-], **-en·cy** [-i] *n.* 《性質などの》内在, 固有性; 天賦.

‡**in·hér·ent** [inhí(ː)r(ə)nt/-híər-] *a.* 本来備わっている, 固有の, 本来の, 内属の, 生まれつきの, 持ちまえの; 先天的な《に *in*》. [√her-] ◇ **～·ly** *ad.*

‡**in·hér·it** [inhérit] *vt.* **1** 〈財産・権利などを〉相続する. **2** 〈親の体格・性格を〉受け継ぐ《遺伝によって》: ～*ed* character 〘生〙遺伝形質. **3** 分け前としてもらう〔受ける〕. **4** のあとを相続する: ～ one's father 父のあとを継ぐ. —— *vi.* 財産〔権利義務〕を相続する: ～ *from* one's father 父のあとを継ぐ.

in·hér·it·a·ble [-əbl] *a.* **1** 相続者になれる. **2** 伝えられる, 遺伝する. ◇ **-bly** *ad.* 遺伝〔相続〕によって. **in·hèr·i·ta·bíl·i·ty** [−⌒−−bíliti] *n.*

‡**in·hér·it·ance** [inhérit(ə)ns] *n.* **1** 〘法〙相続, 継承: ～ tax 相続税. **2** 相続財産, 遺産; 継承物. **3** 遺伝質; 天賦の才. ***by*** ～ 相続により: receive property *by* ～ 相続により財産が自分のものとなる.

in·hér·i·tor [inhéritər] *n.* (*fem.* **-tress** [-tris], **-trix** [-triks]) (遺産) 相続人, 後継者.

in·hé·sion [inhíːʒ(ə)n] ＝inherence.

in·híb·it [inhíbit] *vt.* **1** 押える, 抑止する, 抑制する; 妨げる. **2** 禁ずる, 禁止する《*from* (do)*ing*》. **3** 〘宗〙〈聖職者の〉教権を禁止する. [√hab-]

ìn·hi·bí·tion [ìn(h)ibíʃ(ə)n] *n.* **1** 抑制, 抑圧; 禁止. **2** 〘心〙抑制, 抑圧. ↔facilitation. **3** 〘宗〙教権停止(命令). **4** 〘英:法〙訴訟進行停止令状.

in·híb·i·tive [inhíbitiv], **-to·ry** [-bitɔ̀ːri/-t(ə)ri] *a.* 抑制する, 禁止する, 禁止の, 禁止的な.

in·hós·pi·ta·ble [inhɑ́spitəbl/-hɔ́s-] *a.* **1** ぶあいそうな, 客あしらい〔もてなし〕の悪い, 親切でない. **2** 《気候が》きびしい; 《土地が》荒涼とした.
◇ **～·ness** *n.* **-bly** *ad.*

ìn·hos·pi·tál·i·ty [ìnhɑspitǽliti/ínhɔs-] *n.* ぶあいそう, もてなしの悪いこと, 冷遇, 不親切.

in·hú·man [inhjúːmən] *a.* **1** 人間的でない, 不人情な, 無情な, 残忍な. **2** 人間でない; 人間と違う.
◇ **～·ly** *ad.*

ìn·hu·máne [ìnhjuːméin] *a.* **1** 無情な, 思いやりのない, 薄情な. **2** 非人道的な, 残酷な.
◇ **～·ly** *ad.*

ìn·hu·mán·i·ty [ìnhjuːmǽniti] *n.* 人間的でないこと, 不人情, 無情, 無慈悲; 残忍行為.

ìn·hu·má·tion [ìnhjuːméiʃ(ə)n] *n.* 埋葬, 土葬.

in·húme [inhjúːm] *vt.* 〈死体を〉土の中に埋める, 葬る, 土葬にする.

in·ím·i·cal [inímik(ə)l] *a.* **1** 敵対する, 敵意をもつ, 相反目する《に *to*》. **2** 反する, 不利な, 有害な: Insincerity is ～ *to* success. 不誠実は成功の妨げとなる. [＜in-＋amical. √am-] ◇ **～·ly** *ad.*

in·ím·i·ta·ble [inímitəbl] *a.* 模倣をゆるさない, まねのできない; 無比の, 独特の.
◇ **～·ness** *n.* **-bly** *ad.*

in·íq·ui·tous [iníkwitəs] *a.* 公正でない, 不正な; 邪悪な, 非道な. ◇ **～·ly** *ad.*

in·íq·ui·ty [iníkwiti] *n.* **1** 不公正, 不正, 邪悪. **2** 不正行為; 邪悪行為; 罪. [√equ-]

init. initial; *initio.*

‡**in·í·tial** [iníʃ(ə)l] *a.* **1** 初めの, 皮切りの; 初期の. **2** 語頭の; かしら字の. —— *n.* かしら文字; (*pl.*) 姓名のかしら文字《George Bernard Shaw の G.B.S. など》. —— *vt.* (**-l-**, 〘英〙**-ll-**) にかしら文字で署名する; 〈外交文書に〉仮調印する. [in-¹＋√i- はいる]
～ expenditure 創業費. **～ letter** かしら文字. **～ signature** 仮調印. **～ stage(s)** 初期.
◇ **～·ly** *ad.*

***in·í·ti·ate** [iníʃièit] *vt.* **1** 始める, 開始する; 創始する, 創設する. **2** 入門させる, に手ほどきする: ～ a person *into* mysteries 秘法を伝授する. **3** 加入〔入会〕させる: ～ a person *into* a club クラブに入会させる. **4** 《発議権によって》提案する.
—— [iníʃiit, -ʃièit] *a.* **1** 手ほどきされた, 入門を許された; 伝授された. **2** 始められた, 始まった. —— *n.* 新入者, 入門〔入会〕者; 伝授を受けた人. [√i-] 〔類〕→ **begin**「始める」

in·ì·ti·á·tion [iniʃiéiʃ(ə)n] *n.* **1** 開始, 着手; 創始, 創設. **2** 手ほどき; 奥義伝授. **3** 加入, 入会(式). **～ ceremony** 入会式. **～ fee** 〘米〙入会金 (＝〘英〙entrance fee).

‡**in·í·ti·a·tive** [iníʃièitiv, -ʃiətiv] *n.* **1** 発議, 発起, 首唱. **2** 創始, 率先. **3** (通例 the ～) 議案提出権, 発議権. **4** 創意, 進取(の心), 率先の精神, 企業心. **5** 〘軍〙先制. ***have the*** ～ 率先〔発議〕権がある. ***on one's own*** ～ 自ら進んで, 自発的に. ***take the*** ～ 率先してする, 先手を打つ, イニシアチブをとる. —— *a.* **1** 始めの, 創始の. **2** 率先の; 進取的な. →動詞 initiate. ◇ **～·ly** *ad.*

in·í·ti·a·tor [iníʃièitər] *n.* **1** 発起人, 首唱者; 創始者. **2** 伝授者; 教導者. **3** 《本爆発させるための》起爆薬.

in·í·ti·a·to·ry [iníʃiətɔ̀ːri/-t(ə)ri] *a.* 初めの; 初歩の, 手ほどきの; 入会〔入門, 入党〕の. ◇ **-ri·ly** *ad.*

in·i·ti·o [iníʃiou] L. (=in the beginning) *ad.* 最初に; 巻首に.

***in·jéct** [indʒékt] *vt.* **1** 注射する, 注入する. **2** さしはさむ, 入れる: ～ a remark *into* a conversation 話に一言(ひと)口を入れる. [√jac-¹]

in·jéc·tion [indʒékʃ(ə)n] *n.* **1** 注射, 注入, 注射液. **2** 浣腸(かんちょう), 浣腸薬〔液〕.

in·jéct·or [indʒéktər] *n.* **1** 注射〔注水〕器; 注射をする人. **2**〘機〙インゼクタ, 噴射式給水機. **3**《かみそり替え刃などの》さし込み器.

ìn·ju·dí·cious [ìndʒu:díʃəs] *a.* 分別〔思慮〕のない, 賢明でない, あさはかな. ◇ **～ly** *ad.* **～ness** *n.*

In·jun [índʒ(ə)n] *n.*〘俗〙=Indian.

in·júnct [indʒʌ́ŋkt] *vt.*〘話〙禁止する, 抑止する.

in·júnc·tion [indʒʌ́ŋkʃ(ə)n] *n.* **1** 命令, 指令, さしず, 訓令; 戒告. **2**〘法〙《裁判所の》強制〔禁止〕命令. ***lay ～s upon*** a person ***to*** (do) (人)に…するように命ずる. [√ju(n)g-]

‡**ín·jure** [índʒər] *vt.* **1** 傷つける, …にけがをさせる, …に損傷〔損害〕を与える. **2**〈感情·名誉などを〉そこなう, 害する, 傷つける. **3** …の感情〔名誉〕を傷つける. ***be ～d*** けがをする; 感情を傷つけられる. [√jur-]
◇ **～d** *a.* **1** 傷ついた: the ～*d* 負傷者. **2** 感情〔名誉〕を傷つけられた: an ～*d* look〔air〕感情をそこねた顔つき〔態度〕. 〔類〕→ **hurt**「傷つける」

in·jú·ri·ous [indʒú(:)riəs/-dʒúər-] *a.* **1** 有害な, 害になりそうな: ～ *to* health 健康に害がある. **2** 傷つける, 中傷的な. ◇ **～ly** *ad.* **～ness** *n.*

‡**ín·ju·ry** [índʒ(ə)ri] *n.* **1 傷害**, けが, 危害: suffer ～*ies* to the head 頭にけがをする. **2 損傷**, 損害. **3**《名誉·感情などを》傷つけること, 侮辱, 非礼: an ～ *to* my pride 私の自尊心を傷つける行為. **4**〘法〙違法行為, 権利の侵害. ***be an ～ to*** …を傷つける. ***do*** a person ***an ～*** (人に) 害を与える. ***inflict ～ on*** …に傷を負わせる.

‡**in·jús·tice** [indʒʌ́stis] *n.* **1**《道義的な》不正, 不義, 不公平. **2**《法律的な》不正, 不法; 不正〔不法〕行為, 非行. ***do*** a person ***an ～*** (1) (人に) 不正をはたらく. (2) (人を) 不当に扱う; (人の) 価値を見誤る; (人の) 真価を認めない〔発揮させない〕. (3) (人を) 誤解する. ***remedy ～*** 不正を正す.

†**ink** [iŋk] *n.*《筆記用·印刷用の》**インク, 墨, 墨汁**(ぼくじゅう);《イカの出す》墨. ***(as) black as ～*** 真っ黒な. ***China*** 〔***Chinese, India, Indian***〕 ***～*** 墨. ***invisible*** 〔***sympathetic***〕 ***～*** あぶり出しインク. ***write in ～*** インクで書く. ***write with pen and ～*** ペンで書く. —— *vt.* **1** インクで書く. **2** …にインクをつける, インクでよごす. **～ *in*** 〔***over***〕〈鉛筆書きの下図などを〉インクでなぞる.
～-bag [ˊ-ˋ]《イカの》墨袋. **～ bottle** インクびん. **～ darkness** 真っ暗やみ. **～ fingers** インクでよごれた指. **～·fish** [ˊ-ˋ] イカ (cuttlefish). **～·hòld·er** インク入れ;《万年筆の》インクだめ. **～·horn** [ˊ-ˋ]《角製の》インク入れ〔つぼ〕. **～ knife** 印刷インク用へら. **～-pad** [ˊ-ˋ] スタンプ, 印肉 (= inking pad). **～·pot** [ˊ-ˋ]〘英〙インクつぼ (=～ bottle). **～·slìng·er**〘俗〙三文文士, どんどん書きなぐる人. **～·stand** [ˊ-ˋ] インクスタンド. **～·stone** [ˊ-ˋ] すずり;〘化〙緑礬(りょくばん)(copperas). **～·well** [ˊ-ˋ]〘米〙インクつぼ.
◇ **～·er** *n.*〘印〙墨ローラー, 印肉棒;〘電信〙印字機. **～·ing** *n.*《製図の》墨入れ;〘電信〙現字.

ínk·ling [íŋkliŋ] *n.* **1** ほのめかし, 暗示. **2** うすうす知ること; わずかの知識. ***get*** 〔***have***〕 ***an ～ of*** …をうすうす気づく; …を少しばかり知っている. ***give*** a person ***an ～ of*** (人に) …をそれとなくにおわせる, (人に) …をほのめかす.

ínk·y [íŋki] *a.* **1** インクの; インクのような, 黒い: ～ darkness 真っ暗やみ. **2** インクでよごれた: ～ fingers. ◇ **ínk·i·ness** [-nis] *n.*

in·láce =enlace.

in·láid [inléid, ˊˊ/ˋˊ] *a.* **1** 象眼による, はめ込まれた: an ～ design 象眼模様. **2** 象眼〔はめ込み〕細工の: ～ work 象眼細工. **3** ちりばめられた《…を *with*》: ～ *with* mother-of-pearl 螺鈿(らでん)細工の.

‡**ín·land¹** [ínlənd] *a.* **1 奥地の**, 内地の, 海岸〔国境〕に遠い. **2**〘おもに英〙**国内の**, 国内で営まれる (domestic). **3** 国内に限られた, 国内で振り出され支払われる. —— *n.* 奥地, 内地, 国内.
～ bill (of exchange) 内国かわせ手形. **～ duty** 内国税. **～ mails**〘英〙内国郵便(=㊟ domestic mails). **～ revenue**〘英〙内国税収入 (=㊟ internal revenue). **～ sea** 内海. **I～ Sea, the**《日本の》瀬戸内海. **～ transport**〔**transportation**〕国内輸送. ◇ **～·er** *n.* 内地〔奥地〕人.

‡**ín·lànd²** [ínlæ̀nd, ínlənd/inlǽnd, ˊˊ] *ad.* **1** 奥地へ, 内地へ. **2** 国内に.

in-law [ínlɔ̀:] *n.* (通例 *pl.*)〘話〙姻戚(いんせき). 〈注〉son-*in-law*, cousin-*in-law* などの総称.

in·láy [inléi, ˊˊ/ˋˊ] *vt.* (**in·láid** [-d]) **1** 象眼で飾る, …にはめ込み細工を施す: ～ a wooden box *with* ivory 木箱に象げを象眼する. ～ a floor 床を寄せ木細工にする. **2** ちりばめる, はめ込む;〈ページ·カット·図版などを〉はさみ込む. **3**〘園芸〙〈継ぎ穂を〉台木に差し込む.
—— [ínlèi/ˊ-] *n.* **1** 象眼 (細工). **2**〘医〙虫歯の穴埋め, インレー;〘園芸〙芽継ぎ.

ín·lày·er [ínlèiər] *n.* **1** 象眼師. **2** 内層.

ín·let [ínlèt] *n.* **1** 入り江. **2** 引き入れ口, 入り口. **3** はめ込み〔差し込み〕物, 挿入(そうにゅう)物, 象眼物.

in loc. cit. *in loco citato.*

in lo·co [in-lóukou] L. (=in place) あるべき所に.

in lo·co ci·ta·to [in-lóukou-saitéitou] L. (=in the place cited) 前掲書〔論文〕に.

in lo·co pa·ren·tis [in-lóukou-pəréntis] L. (=in the place of a parent) 親の代理〔資格〕で.

ín·ly [ínli] *ad.*〘雅〙**1** 内に, 内心に. **2** ふかく, 親しく.

ín·lỳ·ing [ínlàiiŋ] *a.* 内部にある. ↔ outlying.

ín·màr·riage [ínmæ̀ridʒ] *n.* 同族結婚 (endogamy).

ín·mate [ínmeit] *n.* **1** 同居人, 同宿人. **2**《施設などの》収容者;《病院·養護院などの》入院者;《監獄などの》入獄者, 在監者. **3** 居住者.

in me·di·as res [in-mí:diæs-rí:z/-diæs-] L. (=in the middle of things) 事件のまっただ中に; 事件の中ほどから.

in mem. *in memoriam.*

in me·mo·ri·am [in-mimó:riæm/-mɔ́:riæm] L. (=in memory of)《なき人》の記念に, …の霊にささげて: *In Memoriam A.H.H.*「A.H.H. の記念に」《イギリスの詩人 Tennyson がなき友 Arthur Henry Hallam をいたんだ哀詩》.

ín·most [ínmòust, -məst] *a.* 最も奥の, 最も奥深い; ふかく心に秘めた, 心底の: ～ thoughts 心にふかく秘めた考え.

‡**inn** [in] *n.* **1 宿屋, 旅館**《ホテルより旧式で小さい》. **2** 酒場, 飲み屋, 居酒屋. **3**〘古〙住居, 住所. **4**〘英〙法学生宿舎. ***the Inns of Court*** 法学協会《弁護士免許の権能をもつ4協会. the Inner Temple, the Middle Temple, Lincoln's Inn, Gray's Inn》.

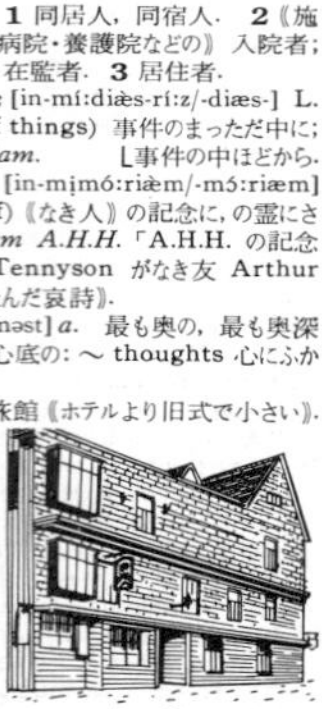

inn ①

***ínn·kèep·er** 宿屋の主人.

ín·nards [ínərdz] *n. pl.*〘米話〙胃腸, おなか; 内臓;《物の》内部.

***in·náte** [inéit, innéit/ínéit, ˊ-] *a.* **1 生得の**, 生来の, 天性の. **2**〘哲〙本有的な. [√(g)na-]
◇ **～ly** *ad.* **～ness** *n.*

‡ín·ner [ínər] *a.* **1** 内の, 内部の, 奥の: the ～ tube《自転車などの》ゴムチューブ. ↔ outer. **2** 内奥の, 精神の, 霊の: one's ～ thoughts 心の奥の考え. **3** より親しい, 内密の: the ～ circle of one's friends とくに親密な友人仲間. —— *n.* 標的の内圏《中心と外圏との間の部分》; 内圏に命中したたま〔矢〕.
I～ City ペキン (北京) の城内. **～ court** 中庭.
～-di·réct·ed 内部指向的な《他人の価値基準によらないで行動する》. ↔other-directed. **～ life** 内的生活, 精神生活. **～ man, the** (1)《肉体に対して》心, 霊魂. (2)〔笑〕胃袋, 食欲: refresh 〔satisfy, warm〕 *the ～ man* 腹を満たす, 腹ごしらえをする. **I～ Mongolia** 内モンゴル. **～ part** 〔**voice**〕〔楽〕中間音部《混声合唱ではアルトとテナー, 男性合唱では第 2 テナーと第 1 ベース》.
～-spring [⌐–⌐] 《マットレスなど》ばね入りの.
～ square 入りずみ定規.

ín·ner·most [ínərmòust, -məst] *a.* =inmost. —— *n.* 最も奥深い部分.

in·nér·vate [inə́:rveit, ínərvèit/ínə:veit, inə́:-] *vt.* **1** 神経によって刺激する, に神経刺激を与える. **2** に神経を通じる〔分布する〕. ［比較 nerve］

ìn·ner·vá·tion [ìnərvéiʃ(ə)n/ìnə:-] *n.* 〔医〕神経分布;〔生〕神経感応, 神経刺激伝達.

***ín·ning** [íniŋ] *n.* **1**《野球・クリケットなどで》イニング, 攻撃の番: the top 〔first half〕 of the fifth ～ 5 回の表. **2** 活動〔活躍〕の機会;《個人の》在任〔在職〕期間;《政党の》政権担当期間: The Democrats will have their ～*s*. 民主党が政権をとるだろう. **3** 得意〔幸運〕時代: have a long ～*s*〔英〕幸運が続く, 長寿に恵まれる. **4**《沼沢地などの》埋め立て, 土地改良; (*pl.*) 埋め立て地, 干拓地. 〈注〉①, ②, ③の意味ではイギリスでは *pl.* で単数扱い.

‡ín·no·cence [ínəsns], **-cen·cy** [-i] *n.* **1** 無垢(むく), 清浄, 純潔. **2** 潔白, 無罪. **3** 無害. **4** 無邪気, 天真らんまん. **5** 無知; お人よし. **6**〔米:植〕トキワナズナ; コリンソウ.

‡ín·no·cent [ínəsnt] *a.* **1** 無垢な, 清浄な, 純潔な. **2**《法律的に》潔白な, 無罪の: ～ of crime. **3** 無邪気な, 天真らんまんな, あどけない. **4** お人よしの, (頭の) 単純な; 無知な. **5**《遊び・食物などが》無害の, 毒にならない. **6**〔俗〕《…の》無い: windows ～ *of* glass ガラスのはいっていない窓. —— *n.* **1** 罪のない人, 潔白な人. **2** 無邪気な子ども. **3** お人よし, ばか. ***the massacre of the ～s***〔英:政俗〕議案握りつぶし《閉会まぎわで時間がないため》. ［√noc-］
(Holy) I～s' Day, the〔聖〕12月28日《Herod 王の命令でエルサレムじゅうの幼児が虐殺された記念の日》. ◇ **～·ly** *ad.*

in·nóc·u·ous [inákjuəs/inɔ́k-] *a.* 無害の, 無毒の. ［√noc-］ ◇ **～·ly** *ad.* **～·ness** *n.*

in·nóm·i·nate [inámịnit/inɔ́m-] *a.* 無名の, 匿名の. ［√nomin-］
～ bone, the〔医〕無名骨, 座骨 (hipbone).

ín·no·vate [ínọvèit] *vi.* 革新する, 一新する, 刷新する《を *in, on*》: ～ *on* religious forms 宗教儀式を一新する. —— *vt.* 〈新しい事物を〉初めて取り入れる: ～ a computer system. ［√nov-］
◇ **-va·tor** [-ər] *n.* 革新者. **-va·tive** [-vèitiv], **-va·to·ry** [-vətɔ̀:ri, -vèitəri/-veit(ə)ri] *a.* 刷新〔革新〕的な.

***ìn·no·vá·tion** [ìnọvéiʃ(ə)n] *n.* **1** 革新, 一新, 刷新: make ～*s* いろいろの改革を行なう. **2** 新式な事物; 新考案物; 新制度. ◇ **～·al** [-ʃən(ə)l] *a.*

in·nóx·ious [inákʃəs/inɔ́k-] *a.* 無害の, 無毒の. ［√noc-］ ◇ **～·ly** *ad.* **～·ness** *n.*

ìn·nu·én·do [ìnjuéndou] *n.* (*pl.* **～es**) ほのめかし, 当てこすり, 風刺.

‡in·nú·mer·a·ble [in(j)ú:m(ə)rəbl/injú:-] *a.* 数えきれない (ほどの), 無数の. ◇ **-bly** *ad.*
〔類〕→ **many**「たくさんの」

ìn·nu·trí·tion [ìn(j)utríʃ(ə)n/ìnju-] *n.* 栄養不良.
◇ **ìn·nu·trí·tious** [-ʃ(ə)s] *a.* 栄養の少ない.

in·ob·sérv·ance [inəbzə́:rv(ə)ns] *n.* **1** 不注意, 怠慢. **2**《法規などの》不履行, 違反.

in·óc·u·late [inákjụlèit/inɔ́k-] *vt.* **1**《予防のため》〈病菌を〉接種する, 植えつける; 〈バクテリアを〉土壌(どじょう)に入れる: ～ virus *on* 〔*into*〕 a person 人に病原菌を接種する. **2** に接種する: ～ a person *with* virus 人に病菌を接種する. be ～*d against* typhoid チフスの予防注射を受ける. **3** に植えつける, にしみ込ませる《を *with*》: ～ a person *with* an idea 人に思想を植えつける. **4**〔廃〕継ぎ穂〔木〕する. —— *vi.* 接種する.
—— *n.* 接種用物質. ［√ocul-］
◇ **-la·tive** [-iv] *a.* **-la·tor** [-ər] *n.*

in·òc·u·lá·tion [inàkjụléiʃ(ə)n/inɔ̀k-] *n.* **1**〔医〕接種, 種痘. **2**《思想などを》植えつけること, 感化. **3** 芽継ぎ. **4**〔農〕土壌(どじょう)の改良.

in·ó·dor·ous [inóudərəs] *a.* においのない.

in·of·fén·sive [inəfénsiv] *a.* **1** 害にならない, あたりさわりのない. **2** 悪気のない, 不快を感じさせない, 気にならない. ◇ **～·ly** *ad.* **～·ness** *n.*

in·of·fí·cious [inəfíʃəs] *a.* **1** 役のない, 職のない. **2**〔法〕道徳上の義務を果たさない.

in·óp·er·a·ble [ináp(ə)rəbl/inɔ́p-] *a.* 外科手術できない: an ～ cancer 手術不可能ながん.

in·óp·er·a·tive [ináp(ə)rèitiv, -rətiv/inɔ́p(ə)rətiv] *a.* **1** 作用しない, はたらかない. **2** 効力〔効果, ききめ〕がない. ◇ **～·ness** *n.*

in·op·por·túne [ìnapərt(j)ú:n, inàp-/inɔ́pətju:n] *a.* 時機の悪い, 時宜を得ない, おりあしく起こった〔来た〕: an ～ remark 場所柄をわきまえない発言.
◇ **～·ly** *ad.* **～·ness** *n.*

in·ór·di·nate [inɔ́:rd(ị)nit] *a.* **1** 過度な, 法外な, 行き過ぎの: a story of ～ length とてつもなく長い話. **2** 常軌を逸した, 無節制な: an ～ life じだらくな生活. ◇ **-na·cy** [-d(ị)nəsi] *n.* 過度〔法外〕なこと; 過度〔法外〕な行為.

ìn·or·gán·ic [ìnɔ:rgǽnik] *a.* **1** 生活機能のない. **2**《政治・社会などの》有機的組織〔体制〕を欠いた. **3**〔化〕無機の: ～ matter 無機物.
◇ **-i·cal·ly** [-(ə)li] *ad.*

in·ós·cu·late [ináskjụlèit/inɔ́s-] *vi., vt.* **1** 〈血管など〉接合する〔させる〕. **2** 〈繊維など〉結合する〔させる〕; 混じる, 混ぜる. **3** 合体する〔させる〕.
◇ **in·òs·cu·lá·tion** [–⌐–léiʃ(ə)n] *n.*

in·ó·si·tol [inóusịtòul, -tàl/-tɔl] *n.* イノシット, イノーシトル, 筋肉糖《ビタミン B 複合体の一つ》.

ín·pà·tient [ínpèiʃ(ə)nt] *n.* 入院患者. → outpatient. ≒ *im*patient.

in per·pet·u·um [ìn-pə:rpétjuəm] L. (=forever) 永遠に.

in per·so·nam [-pərsóunəm] L. (=against a person)〔法〕《訴訟で》対人の. → *in rem.*

in pos·se [in-pási/-pɔ́si] L. (=in possibility) 可能的に, 潜在的に. → *in esse.*

in·póur [inpɔ́:r/-pɔ́:] *vi., vt.* (に)流入〔注入〕する.

in pro·pri·a per·so·na [in-próupriə-pə:rsóunə] L. (=in one's own person) 本人自ら, 自身で.

ín·put [ínpùt] *n.* **1**〔経〕《資本の》投入 (量). **2**〔電〕入力. **3**〔電算機〕コード化して電算機に入れる情報〔記憶〕. **4**《技術的問題を解決するための》手持ちデータ, 情報. ↔ output. —— *vt., vi.*〔電算機〕(情報などを) 電算機に入れる〔入れて処理する〕.

ín·quest [ínkwest] *n.* **1**〔法〕《陪審員の前での》審理, 査問. **2**《検死官の行なう》検死, 検分. **3**《集合的》査問陪審員, 検死官. ***the Great*** 〔***Last***〕 ***I～*** 最後の審判(the Last Judgment). ***the grand ～ of the nation***〔英〕下院.

in·quí·et [inkwáiət] *a.* 動揺した; 不安な.

in·quí·e·tude [inkwáiịt(j)ù:d/-tju:d] *n.* 不安, 動

揺, 落ち着けないこと; (*pl.*) 心配.

ín·qui·line [ínkwịlàin] *n., a.* 〘動〙 他の巣を利用する〔に寄生する〕(動物).

‡in·quíre [inkwáiər] *vt.* **尋ねる**, 問う: ～ a person's name 人の名をきく. ── *vi.* 尋ねる: ～ *of* a person *about* a matter 人にあることを尋ねる.
*～ **after*** の健康〔安否〕を尋ねる, を見舞う. *～ **for*** (1) の安否〔在否〕を問う. (2) 〈物〉を求める. (3) に面会を求める. *～ **into*** 〈事件など〉を調査する. *～ **out*** 尋ね出す, 調べ出す. [√quer-]
〔類〕 → **ask**「尋ねる」

in·quír·er [inkwáirər/-kwáiərə] *n.* 質問者, 問い合わせ人; 調査者, 研究者.

in·quír·ing [inkwáiriŋ/-kwáiər-] *a.* **1** 問い合わせの. **2** 詮索(せんさく)好きな, 好奇心に満ちた. **3** もの問いたげな, 不審そうな: an ～ look けげんな顔つき.
◇ **～·ly** *ad.*

‡in·quír·y [inkwáiri, ínkwəri/inkwáiəri] *n.* **1** 問い合わせ, 照会, 質問: a letter of ～ 照会状. **2** 調査, 審理. **3** 研究, 探究. ***court of ～*** 〘軍〙 査問会議. ***make ～ies*** 質問する, 問い合わせる《について *about*》; 調べる《を *into*》. ***on ～*** 尋ねて〔調べて〕みると. ***writ of ～*** 調査命令書.
～ agency 興信所. **～ office** 案内所.

ìn·qui·sí·tion [ìnkwịzíʃ(ə)n] *n.* **1** 《厳格な》尋問, 調査. **2** 《陪審・公的機関の》調査, 審理, 取り調べ; 調査 (報告) 書. **3** (the I～) 〘カトリック史〙 異端者尋問所, 宗教裁判所. ◇ **～·al** *a.*

***in·quís·i·tive** [inkwízịtiv] *a.* **好奇心の強い**, 詮索(せんさく)好きな, 根掘り葉掘り聞こう〔知ろう〕とする: be ～ *about* other people's affairs 他人のことをしきりに聞きたがる. ── *n.* 好奇心の強い人. [√quer-]
◇ **～·ly** *ad.* **～·ness** *n.*

in·quís·i·tor [inkwízịtər] *n.* **1** 取り調べ人, 尋問者, 調査者, 検察者. **2** (I～) 〘カトリック〙 異端尋問所〔宗教裁判所〕裁判官. ***the Grand I～*** 宗教裁判所長.

in·quìs·i·tó·ri·al [inkwìzịtó:riəl/-tɔ́:r-] *a.* **1** きびしく取り調べる, うるさく聞く, 詮索(せんさく)好きな. **2** 尋問者〔調査者〕の. ◇ **～·ly** *ad.*

in re [in-rí:] L. (＝in the matter of) に関しては.

in rem [-rém] L. (＝against the thing) 〘法〙《訴訟で》対物の. → *in personam.*

I.N.R.I. *Iesus Nazarenus, Rex Iudaeorum* (L.＝Jesus of Nazareth, King of the Jews) ユダヤ人の王ナザレのイエス.

ín·road [ínròud] *n.* **1** 侵入, 来襲, 襲撃《への *into*》. **2** 侵食, 侵害, 蚕食: the ～*s* of the sea 海水の浸食作用. ***make ～s into*** [***on, upon***] に侵入する; に食い込む.

ín·rush [ínrʌ̀ʃ] *n.* 突入, 乱入; 流入: ～ of tourists 観光客の殺到.

INS, I.N.S. International News Service 〘米〙 国際通信社. **ins.** inches; inscribed; inspector; insulated; insurance.

in·sál·i·vate [insǽlịvèit] *vt.* 〈食物に〉 唾液(だえき)を混ぜる《よくかんで》. ◇ **in·sàl·i·vá·tion** *n.*

ìn·sa·lú·bri·ous [ìnsəlú:briəs] *a.* 《気候・土地などが》健康によくない, からだに悪い.
◇ **-ty** [-brịti] *n.* 不健康, 不衛生. 「不健康な.

in·sál·u·tar·y [insǽljụtèri/-t(ə)ri] *a.* 不健全な,

‡in·sáne [inséin] *a.* (**in·sán·er**; **in·sán·est**) **1** **気が違った**, 狂気の: He went ～. 彼は気が狂った. **2** 精神異常者のための: an ～ asylum [hospital] 精神病院. **3** ばかげた, 愚かな. ⇔ sane.
◇ **～·ly** *ad.* **～·ness** *n.*

in·sán·i·tar·y [insǽnịtèri/-t(ə)ri] *a.* 非衛生的な, 不潔な; 健康によくない. 「[環境].

in·sàn·i·tá·tion [insæ̀nịtéiʃ(ə)n] *n.* 非衛生状態

in·sán·i·ty [insǽnịti] *n.* **1** 精神異常〔錯乱〕, 狂気. **2** 狂気のさた. ***～ of grandeur*** 誇大妄想狂.

in·sá·ti·a·ble [inséiʃ(i)əbl] *a.* 飽くことを知らない; 貪欲(どんよく)な. ***be ～ of*** …がほしくてたまらない. [√sat-] ◇ **-bly** *ad.* **in·sà·ti·a·bíl·i·ty** [insèiʃ(i)əbílịti] *n.*

in·sá·ti·ate [inséiʃiit] ＝insatiable.

***in·scríbe** [inskráib] *vt.* **1** 〈語句・文字を〉 **しるす**, 彫る, 書く《に *in, on*》: ～ a name *on* a tombstone 墓石に名を刻む. **2** にしるす, に彫る, に書く《を *with*》: ～ a tombstone *with* a name 墓石に名を刻む. **3** に献呈の辞をしるす, 贈る: ～ a book *to* a friend 書物を友人に献呈する. **4** 〈心に〉銘記する. **5** 〈人の名を〉登録する《名簿などに》; 〘英〙 〈株主の名などを〉登録する: ～*d* stocks 登録公債〔株式〕《証書を発行しないで単に株主の名を登録したもの》. **6** 〘数〙 内接させる: an ～*d* circle 内接円. [√scrib-]

‡in·scríp·tion [inskrípʃ(ə)n] *n.* **1** 銘, 碑文; 《貨幣などの》銘刻. **2** 《本の》題辞. **3** 〘英〙 公債〔株式〕の登録; (*pl.*) 登録公債〔株式〕. → 動詞 inscribe. ◇ **～·al** *a.* 銘の, 銘刻の; 題辞の.

in·scríp·tive [inskríptiv] ＝inscriptional.

in·scrú·ta·ble [inskrú:təbl] *a.* 計り知れない, 不可思議な, なぞめいた (mysterious).
◇ **-bly** *ad.* **in·scrù·ta·bíl·i·ty** [-ˌ-bílịti] *n.* 不可解; 不思議〔不可解〕な事物.

‡ín·sect [ínsekt] *n.* **1** 〘動〙 こん虫; 《一般的》 虫. **2** 虫けら同然の人間. ── *a.* **1** こん虫の(ための). **2** 卑しい. [in-[1]＋√sec- 切れ目の＋はいっている]
～ powder 除虫粉.

ìn·sec·tár·i·um [ìnsektέ(:)riəm/-téər-] *n.* (*pl.* **-a** [-riə]) こん虫飼育所, こん虫館. → aquarium.

in·séc·ti·cide [inséktịsàid] *n.* 殺虫剤.
◇ **in·sèc·ti·cíd·al** [-ˌ-sáidl] *a.* 殺虫の.

in·séc·ti·vore [inséktịvò:r/-vɔ:] *n.* 食虫動物〔植物〕.

ìn·sec·tív·o·rous [ìnsektívərəs] *a.* こん虫を食う, 食虫の; 食虫動物〔植物〕の.

ìn·sec·tól·o·gy [-tálədʒi/-tɔ́l-] *n.* (実用) こん虫学. → entomology.

ìn·se·cúre [ìnsikjúər] *a.* (**-cúr·er**; **-cúr·est**) **1** 不安定な, 確かでない; あぶなっかしい, くずれ落ちそうな. **2** 不安な, 心配な, 確信のない. ◇ **～·ly** *ad.*
〔類〕 → **uncertain**「不確かな」

ìn·se·cú·ri·ty [-kjú(:)rịti/-kjúər-] *n.* **1** 不安定, 危険性; 不安定 (な物・事). **2** 不安, 心配; 疑惑.

in·sém·i·nate [inséminèit] *vt.* **1** (種として) まく; 植え付ける. **2** に種をまく. **3** に受胎させる; に人工授精させる. [√semin-]
◇ **in·sèm·i·ná·tion** [-ˌ-néiʃ(ə)n] *n.* 種つけ, 種まき; 受胎: artificial *insemination* 人工授精.

in·sén·sate [insénseit, -sit] *a.* **1** 感覚〔知覚〕のない, 生命のない. **2** 無情〔非情〕な, 残忍な. **3** 判断力のない, 非常識な: an ～ ambition ばかげた野心. ◇ **～·ly** *ad.*

***in·sén·si·ble** [insénsəbl] *a.* **1** **無感覚の**; 意識を失った, 人事不省の: fall down ～ 気を失って倒れる. **2** **感じが鈍い**, 感じない, 無神経の, むとんじゃくな: ～ *of* one's danger 危険を感じない. ～ *to* shame 恥ずかしい気持ちのない. **3** (気がつかない〔目に見えない〕ほど) **わずかな**: by ～ degrees わずかずつ.
◇ **-bly** *ad.* 気がつかぬほどに, ごくわずか(に), 徐々に. **in·sèn·si·bíl·i·ty** [-ˌ-bílịti] *n.*

in·sén·si·tive [insénsịtiv] *a.* **1** 感覚のない, 感覚の鈍い, 感受性のない. **2** 感情の鈍い, 冷淡な《に *to*》. **3** 影響を受けない: ～ *to* light 非感光性の.
◇ **～·ness** *n.* **in·sèn·si·tív·i·ty** [-ˌ-tívịti] *n.*

in·sén·ti·ent [insénʃ(i)ənt] *a.* **1** 感覚〔知覚〕のない. **2** 非情の. **3** 生命をもたない, 生気のない.

in·sép·a·ra·ble [insép(ə)rəbl] *a.* 分離できない, 不可分な, 切り離せない, 離れられない《から *from*》. ── *n.* (*pl.*) 離れられない親友, 分けられない物〔人〕.

◇ **-bly** *ad.* **in·sèp·a·ra·bíl·i·ty** [–ᅩ––bíləti] *n.* 不可分なこと, 分離できないこと.

‡**in·sért** [insə́:rt] *vt.* **1** 差し込む, 入れる, はさむ, はめる, 挿入(そうにゅう)する《に *in, into, between*》. **2 書き入れる**; <新聞記事などを> 掲載する《に *in, into*》.
— [ínsə:rt] *n.* 挿入物; 《新聞などの》折り込み《広告ビラなど》; 〖映・テレビ〗挿入字幕. [√ser-]

in·sér·tion [insə́:rʃ(ə)n] *n.* **1** 挿入, 差し込み. **2** 挿入語句, 書き入れ. **3** 挿入物, 折り込みビラ; 縫い箔(はく). **4** 〖医〗癒着(ゆちゃく).

in-sérv·ice [insə́:rvis, ᅩᅩ–/ᅩᅩ–] *a.* 現職の, 在職中の, 職務中の.

in·sét [insét/ᅩᅩ] *vt.* (**-sét**; **-sét·ting**) 差し込む, 挿入(そうにゅう)する. — [ᅩᅩ/ᅩ–] *n.* **1** 挿入, 差し込み. **2** 《書物の》差し込み紙, 差し込み画〔図, 写真〕. **3** 《縫い込んだ》継ぎ切れ. **4** 流入.

in·sév·er·a·ble [insév(ə)rəbl] *a.* 分かちがたい; 緊密な.

ín·shoot [ínʃù:t] *n.* 〖野球〗インシュート《打者のがわへ食い込んでくるボール》. ↔ outshoot.

ín·shòre [ínʃɔ̀:r/ínʃɔ́:] *a.* 海岸近くの, 沿岸の, 近海の. ↔ offshore. — *ad.* 海岸に近く〔向かって〕. ~ *of* …より海岸寄りに.
~ **fishing** 沿岸〔近海〕漁業.

in·shríne [inʃráin] =enshrine.

†**ín·síde** [ínsáid, ᅩᅩ, –ᅩ/ᅩᅩ, ᅩ–, –ᅩ] *n.* **1** 内側, 内面, 内部, 中: the ~ of a box 箱の中. the door bolted on the ~ 内側から錠をかけられたドア. ↔ outside. **2** 家並み寄り《歩道の, 車道から遠いがわ》; 《競技場の》内側走路. **3** 《バスなどの》車内席 (の乗客). **4** 内情; 《事件などの》内幕. **5** (*pl.*) 内心, 腹のうち. **6** (通例 *pl.*) 〖話〗おなか, 腹. ***from*** ~ 内部〔内側〕から. ~ ***out*** (1) 裏返しに: turn a thing ~ *out* 物を裏返しにする. (2) すっかり: know a thing ~ *out* ものをなにからなにまで知っている. ***man on the*** ~ 内部者, 仲間《特に特権的な集団の》. ***the*** ~ ***of a week*** 〖英話〗週のうち《月曜から金曜まで》.
— *a.* **1 内側の**, 内面の. **2 内々の**, 内部に限られた, 公表されない, 秘密の: ~ information 内部〔秘密〕情報. **3** 内情に通じた; 《犯罪など》内部の者のした: The robbery was an ~ job. 盗みは内部の者のしわざだった. **4** 内勤の: an ~ man 内勤の者. ***be*** ~ ***on a matter*** ことの情報に通じている. ***have*** [***get, be on***] ***the*** ~ ***track*** 〖話〗走路の内側を走る; 有利な地位にある.
— *ad.* **1 内部に**〔へ〕, 内側に〔へ〕, 内面に〔へ〕. **2** 屋内で: play ~ on rainy days 雨の日は屋内で遊ぶ. **3 心の中で**: know ~ that he is lying 彼がうそをついていると内心知っている. *I*~, he is very honest. 根はとても正直だ. ~ ***and out*** [insaid-ənd-áut] 外も内も; 表も裏も. ~ ***of*** (1) の中に: ~ *of* a room へやの中に. (2) …以内に: ~ *of* a week [a mile] 1 週間〔1 マイル〕以内に. ***Walk*** ~**!** 〖話〗おはいり!
— *prep.* **1** …の内側に, …の内部に. **2** …以内に: ~ an hour 1 時間以内に. ***get right*** ~ ***a part*** 〖劇〗すっかり劇中人物になりきる.
~ **fighting** 〖ボクシング〗接近戦. ~ **track** 《競走の》内側走路; 《比喩的》有利な立場.

in·síd·er [insáidər/ín-] *n.* **1** 内部〔部内〕の人; 会員; 有利な地位にある人. **2** 消息通, 内部事情に明るい人. ⇔ outsider.

in·síd·i·ous [insídiəs] *a.* **1** 人をおとしいれる, 悪だくみの, 陰険な: ~ wiles 悪だくみ. **2** こうかつな, ずるい, ゆだんのならない. **3** 《病気など》いつのまにか進む〔悪化する〕, 潜行性の: ~ approach of age 知らぬまに寄る年波. [√sed- 内にすわる→待ち伏せる]
◇ ~**·ly** *ad.* ~**·ness** *n.*

ín·sight [ínsàit] *n.* **1** 洞察(どうさつ) (力), 看破力, 明察, 眼識. **2** 見識, 一応の理解〔知識〕. ***a man of*** ~ 洞察力のある人. ***gain*** [***get, have***] ***an*** ~ ***into*** を洞察する, を見抜く; に一応通じる〔通じている〕. ◇ ~**·ful** [-f(u)l] *a.* 洞察に満ちた.

in·síg·ni·a [insígniə] *n. pl.* **1** 記章, 標章, 標識. **2** 《特別な》しるし: ~ of mourning 喪のしるし. ***armorial*** ~ 紋章. ***family*** ~ 家紋.

ìn·sig·níf·i·cance [ìnsignífikəns], **-can·cy** [-i] *n.* **1** 無意味, 無価値. **2** とるに足らないもの, ささいなこと, つまらないこと. **3** 卑しい身分.

‡**ìn·sig·níf·i·cant** [-kənt] *a.* **1 無意味な, とるに足らない, 無価値な**: an ~ talk くだらない話. an ~ sum ごく少額. **2** 《身分などが》卑しい.
◇ ~**·ly** *ad.*

ìn·sin·cére [ìnsinsíər] *a.* 不(誠)実な, 誠意のない, まじめでない, 偽りの. ◇ ~**·ly** *ad.*

ìn·sin·cér·i·ty [ìnsinsérəti] *n.* 不誠意, 不まじめ, 偽善; 不誠意な言動.

in·sín·u·ate [insínjuèit] *vt.* **1** それとなく心に吹き込む, 巧みに心にいだかせる: ~ doubt 疑惑を吹き込む. **2** それとなくほのめかす, 婉曲(えんきょく)に言う, 当てこすって言う《*that*》. **3** 《~ oneself の形で》こっそりはいり込む: ~ *oneself into* a person's favor 人にうまく取り入る. [√sinu-]
◇ **-a·tive** [-iv] *a.* **1** 婉曲な, 当てこすりの. **2** うまく取り入る, こびるような. **-a·tor** [-ər] *n.*
〔類〕→ **suggest**「暗示する」

in·sín·u·at·ing [insínjuèitiŋ] *a.* **1** ほのめかす; 当てこする. **2** うまく取り入る, こびへつらうような: an ~ voice ねこなで声. ◇ ~**·ly** *ad.*

in·sìn·u·á·tion [insìnjuéiʃ(ə)n] *n.* **1** ほのめかし, 風刺, 当てこすり. **2** こっそりはいり込むこと, うまく取り入ること. ***by*** ~ 婉曲(えんきょく)に.

in·síp·id [insípid] *a.* **1** 《飲食物が》味のない, 風味のない, おいしくない. **2** 《話・物語などが》味気ない, つまらない, たいくつな, 活気のない. [√sap- 味]
◇ ~**·ly** *ad.* ~**·ness** *n.* **ìn·si·píd·i·ty** [ìnsipídəti] *n.*

in·síp·i·ence [insípiəns] *n.* 〖古〗暗愚, 愚鈍.

‡**in·síst** [insíst] *vi.* **言い張る**, (あくまで) **主張する**, 固執する, 執拗(しつよう)に言う, 強調する, 強要する: He ~*s on* that point. 彼はその点を強調する. I ~*ed on* my innocence. 自分の無罪を主張した. He ~*ed on* going. 彼は是が非でも行くと言い張った. He ~*ed that* the earth is round. 彼は地球は丸いと言い張った. [in-[1]+√sist- 上に+立って(動かない)]

in·síst·ent [insíst(ə)nt] *a.* **1** 主張する, 言い張る, しつこくせがむ《について *on*》. **2** 注意をひく, 目だつ, 著しい. ◇ ~**·ly** *ad.* しつこく, がんこに, あくまで. **-ence, -en·cy** *n.* 主張, 強調, 固執; 強要.

in si·tu [in-sáit(j)u:/-tju:] L. (=in the place) もとあった場所に, その場所に〔で〕.

in·snáre [insnéər] =ensnare.

ìn·so·brí·e·ty [ìnsəbráiəti] *n.* 不節制, 暴飲, 大酒.

in·só·cia·ble [insóuʃəbl] 〖稀〗=unsociable.

ìn·so·fár [ìnsoufá:r] *ad.* そのかぎりにおいて. ~ ***as*** …するかぎりにおいて (in so far as).

ín·so·late [ínsolèit] *vt.* 日光に当てる〔さらす〕.

ìn·so·lá·tion [ìnsoléiʃ(ə)n] *n.* **1** 日光にさらすこと, 日干し; 日光浴《特に療法として》. **2** 〖医〗日射病. **3** 〖気〗《地表面への》日射. [√sol-[4]]

ín·sole [ínsòul] *n.* くつの内底〔敷き皮〕.

ín·so·lent [íns(ə)lənt] *a.* 無礼な, おうへいな, 不遜(ふそん)な, 傲慢(ごうまん)な. → proud. [√sol-[3]]
◇ ~**·ly** *ad.* **-lence** *n.* 無礼, おうへい; 無礼〔おうへい〕な言動.

in·sól·u·ble [insáljubl/-sɔ́l-] *a.* **1** 《物質が水などに》溶けない, 溶解しない. **2** 《問題などが》解けない, 解決できない; 説明できない. ◇ **-bly** *ad.* **in·sòl·u·bíl·i·ty** [–ᅩ–bíləti, ㊟+ ᅩ––bíləti] *n.*

in·sólv·a·ble [insálvəbl/-sɔ́l-] =insoluble.

in·sól·vent [insálv(ə)nt/-sɔ́l-] *a.* 支払いできない,

破産の. —— *n.* 支払不能者, 破産者.
◇ **-ven·cy** [-v(ə)nsi] *n.* 〚法〛破産, 支払不能.

in·sóm·ni·a [insάmniə/-sɔ́m-] *n.* 〚医〛不眠(症). [√somn-] ◇ **～c** [-niæk] *a.*, *n.* 不眠症の(人). **-ous** [-niəs] *a.*

ìn·so·múch [insọmʌ́tʃ] *ad.* **1** 《あとに that を伴って》…ほどに, …の程度まで (to such an extent that). **2** 《あとに as を伴って》…であるから, …だから, …ので (inasmuch as).

in·sou·ci·ance [insúːsiəns] F. *n.* 無関心, むとんじゃく, のんき.

in·sou·ci·ant [-ənt] F. *a.* 無関心な, むとんじゃくな, のんきな. ◇ **～·ly** *ad.*

in·spán [inspǽn] *vt.* (**-nn-**) 〈牛・馬を〉車につなぐ.

‡**in·spéct** [inspékt] *vt.* **1** (念入りに)**調べる**, **検査する**, 調査〔点検, 視察, 見学〕する. **2** 検閲〔査閲〕する. [√spec- 見る] ◇ **in·spéc·tive** *a.*

in·spéc·tion [inspékʃ(ə)n] *n.* **1** 検査, 調査, 視察, 点検. **2** 検閲, 査閲. ***aerial*** ～ 空中査察. ***bottom*** ～ 船底検査. ***medical*** ～ 健康診断, 検疫. ～ **car** 検査車《レールの異状を調べる》. ～ **trip** 視察旅行.
◇ **～·al** *a.*

inspection car

‡**in·spéc·tor** [inspéktər] *n.* (*fem.* **-tress** [-tris]) **1 検査者**〔官〕, 調査者〔官〕, 視察者. **2** 検閲〔査閲〕官; 視学(官) (=school ～). **3** 警部. ～ ***of hull*** 船体検査官. ～ **general** 〚米: 軍〛検閲総監; 監察長官.
◇ **～·ship, ～·ate** [-t(ə)rit] *n.* ～の職. **-to·ral** [-t(ə)rəl], **ìn·spec·tó·rị·al** [ìnspektɔ́ːriəl/-tɔ́ːr-] *a.*

‡**ìn·spi·rá·tion** [ìnspəréiʃ(ə)n] *n.* **1 インスピレーション**, **霊感**; 霊感によって得た着想. **2** 刺激〔激励〕となるもの. **3** 暗示, 教示, 感化. **4** 〚宗〛神威. **5** 息を吸い込むこと; 吸気. ↔ expiration. ***derive*** 〔***draw, get***〕 ～ ***from*** から霊感を受ける.
◇ **～·ism** *n.* 霊感説. **～·ist** *n.* 霊感論者.

ìn·spi·rá·tion·al [-ʃən(ə)l] *a.* 霊感の, 霊感を与える, 霊感を受けた. ◇ **～·ly** *ad.*

ín·spi·ra·tor [ínspərèitər] *n.* 〚機〛注水機《蒸気機関により水を吸い上げボイラーに送り込む装置》.

in·spír·a·to·ry [inspáirətɔ̀ːri/-páiərət(ə)ri] *a.* 吸気の, 吸入の.

‡**in·spíre** [inspáiər] *vt.* **1** に**霊感を与える**, に考えを吹き込む, に示唆する, の心にはたらきかける: be ～*d* to (do) …するように霊感〔示唆〕を受ける. **2** に**吹き込む**, の心に感ぜしめる《を *with*》: ～ a person *with* courage 人を勇気づける. ～ a person *with* respect 人に尊敬の念をいだかせる. **3** に**生気を与える**, 元気づける, 奮い立たせる: Opposition ～*d* him *to* a greater effort. 反対に会って彼はいちだんと奮い立って努力した. **4** 〈感情・思想などを〉吹き込む, いだかせる, 起こさせる: ～ confidence *into* 〔*in*〕 a person 人に信頼感をもたせる. **5** 示唆する, 暗示する: the events that ～*d* this work この作品を生み出す動機となった事件. **6** 〈息・空気を〉吸い込む. —— *vi.* **1** 霊感を与える. **2** 息を吸い込む. [in-＋√spir- 息を吹き込む]

in·spíred [-d] *a.* **1** 霊感を受けた; 霊感を受けて制作された〔書かれた〕. **2** …の念を吹き込まれた: awe-～ 畏敬(いけい)の念をいだいた. **3** (他人の・その筋の)内意を受けた: an ～ article 《新聞の》御用記事.

in·spír·ing [inspáiəriŋ] *a.* **1** 霊感を与える. **2** 勇気づける, 鼓舞〔鼓吹〕する: an ～ sight 勇ましい光景. **3** 《合成語で》…の感情を吹き込む〔起こさせる〕: awe-～ 畏敬の念を感じさせる. ◇ **～·ly** *ad.*

in·spír·it [inspírit] *vt.* 元気〔勇気〕づける, に生気を与える, の気を引き立たせる. ◇ **～·ing** *a.* 元気〔勇気〕づけるような.

in·spís·sate [inspíseit] *vt.*, *vi.* 濃くする〔なる〕. **～*d gloom*** 濃い憂愁.
◇ **in·spis·sá·tion** [inspiséiʃ(ə)n] *n.* 濃化.

Inst. Institute; Institution. **inst.** instant (=of the present month); instrument; instrumental.

ìn·sta·bíl·i·ty [ìnstəbílịti] *n.* 不安定(性), 不確定, 変わりやすさ. →形容詞 unstable.

in·stá·ble [instéibl] =unstable.

‡**in·stáll** [instɔ́ːl] *vt.* **1 すえつける**, 備え〔取り〕付ける, 設備する, 装置する. **2** 席につかせる, すわらせる: We ～*ed* ourselves in the easy chair. 私たちは安楽いすに席を占めた. **3** (正式に)**就任させる**. [＜stall 場所. 参考 √sta-]

ìn·stal·lá·tion [ìnstəléiʃ(ə)n] *n.* **1** すえつけ, 備え〔取り〕付け. **2** 装備, 設備, 装置. **3** 就任(式), 任命, 任官.

in·stál(l)·ment** [instɔ́ːlmənt] *n.* **1 分割払い**; その金《月賦・年賦などの1回分》: pay *in* 〔*by*〕 monthly ～*s* of $20 20ドルの月賦で払う. **2** 《双書・連載物など出版物の》1回分. **3** =installation. ***in 〔***by***〕 **～*s*** 分割払いで. ***on the*** ～ ***plan*** 〚米〛分割払い販売法で (=㊥ on the hire-purchase system). ***sell on*** ～ 分割払い〔月賦〕で売る.

‡**ín·stance** [ínstəns] *n.* **1 実例**, 例証, 例. **2** 事実, 場合. **3** 要求, たっての依頼; 勧め, 提議. →動詞 insist. **4** 〚法〛訴訟(手続き). 〈注〉example は代表的な例などで人や物をさすが, instance は個別的事例・実例などで常に事柄をさす.
at the ～ ***of*** の依頼により, の提議〔発起〕で. ***cite*** 〔***give, produce, quote, take***〕 ***an*** ～ 例を引く. ***for*** ～ たとえば. ***in an*** ～ ***where…*** …するばあいには. ***in the first*** ～ (1) 第1審で. (2) まず第一に. ***in the last*** ～ (1) 終審で. (2) 最後に. ***in this*** ～ このばあい(には).
—— *vt.* **1** 例に引く. **2** 例によって示す. —— *vi.* 〚稀〛例をあげる.
[in-¹＋√sta- そこに＋立っている→眼前の事態]
〔類義語〕 例: **instance** 幾つかの例の一つ. 他にもおなじくらい適当な例があることを暗示する: an *instance* of kind act 親切な行為の一例. **example** 典型的な例. これにまさる例の数少ないことを示す: New York is an *example* of a busy seaport. ニューヨーク港は繁華な港の好例だ. **case** 実際に存在する〔存在した〕具体例: Take the *case* of Tom. トムのばあいを考えてみよ. a similar *case* 似た例. **illustration** 理解をたすけるための実例. **precedence** 先例: follow a *precedence* 先例に従う.

ín·stan·cy [ínstənsi] *n.* 緊急, 逼迫(ひっぱく), 切迫.

‡**ín·stant** [ínstənt] *a.* **1 即時の**, すぐの: ～ death 即死. **2** 緊急の, 差し迫った: ～ need 緊急必要事. **3** その場の, 即席(料理用)の: ～ coffee インスタント コーヒー. **4** 今月の 《略 inst.》: the 15th inst. 本月15日. → *proximo, ultimo*.
—— *n.* **1 瞬時**, 《…の》際: at the ～ of contact 接触の際. **2** 〚俗〛インスタント食品. ***for an*** ～ ちょっとの間, 瞬時. ***in an*** ～ たちまち, またたく間に. ***on the*** ～ たちどころに, 直ちに. ***the*** ～ (***that***) he saw her (彼が彼女を見る)や否や (=as soon as he saw her). ***this*** 〔***that***〕 ～ たったいま〔すぐその場で〕.
[in-＋√sta- そこに＋立っている→即刻の]

in·stàn·ta·né·i·ty [instæ̀nt(ə)níːịti] *n.* すばやさ, 瞬間的なこと.

ìn·stan·tá·ne·ous [ìnst(ə)ntéiniəs] *a.* **1** 即時の, 即刻の, 即時に生じる: ～ effect 即効. **2** その瞬間の, 目下の: ～ death 即死. an ～ photograph 早どり写真. the ～ center of rotation 〚物〛回転の瞬時中心. ◇ **～·ly** *ad.* **～·ness** *n.* 「刻.

in·stán·ter [instǽntər] *ad.* 〚おもに笑〛直ちに, 即

‡**ín·stant·ly** [ínstəntli] *ad.* **直ちに**, たちどころに: I'll

be ready ～. すぐに用意ができます.
—— *conj.* …するや否や (as soon as).

in·státe [instéit] *vt.* 〈人を〉つかせる《職・地位に》, 任ずる. ～ a person ***in*** [***to, into***] ***his rights*** (人に) その権利を認める.
◇ **～·ment** *n.* 任命, 就任.

in sta·tu quo [in-stéitju:-kwóu, ㊍+ -stætʃu:-] L. (=in the state in which anything is [was]) 現状で, 現状維持で. 「復, 復興.

ìn·stau·rá·tion [instɔ:réiʃ(ə)n] *n.* 〘古〙復旧, 回

†**in·stéad** [instéd] *ad.* **その代わりに**, それよりも: Give me this ～. 代わりにこれをくれ. He did not look annoyed at all. *I*～ he was very obliging. 迷惑したようすは少しも見せなかった. そして〔それどころか〕たいへん親切にしてくれた.
～ ***of*** の代わりに, …しないで: I gave him advice ～ *of* money. 金の代わりに忠告を与えた. You must work ～ *of* idl*ing* away your time. 時間をむだにしないで努力すべきだ. He thanked me ～ *of* gett*ing* angry. 彼はおこるどころか, 私に礼を言った. She put it in the drawer ～ *of* on the desk. 机の上に置かずに引き出しに入れた.

ín·step [ínstèp] *n.* **1** 足の甲. 〈注〉「手の甲」は back of the hand. **2**《くつ・くつ下の》足の甲に相当するところ.

ín·sti·gate [ínstịgèit] *vt.* **1**〈人を〉そそのかす, けしかける, 促す, 扇動する: ～ a person to (do) 人をそそのかして…させる. **2**〈事件を〉誘発する, 助長する. [√sti(n)g- つつく]
◇ **-ga·tive** [-iv] *a.* 扇動する, そそのかす. **-ga·tor** [-ər] *n.* 扇動者, 教唆者.

ìn·sti·gá·tion [ìnstịgéiʃ(ə)n] *n.* 刺激, そそのかし, けしかけ, 扇動. ***at the ～ of*** …にそそのかされて, …におだてられて.

***in·stíl(l)** [instíl] *vt.* (-ll-) **1** しみ込ます, 注入する, 少しずつ教え込む: ～ *into* the minds of the masses the importance of … 大衆に…の重要性を教え込む. **2** (一滴ずつ) たらす. → implant, inculcate. [√still-] ◇ **in·stíl(l)·ment** *n.* =instillation.

ìn·stil·lá·tion [ìnstịléiʃ(ə)n] *n.* **1** 注入すること, 教え込むこと. **2** 一滴ずつたらすこと; 滴下物.

‡**ín·stinct** [ínstiŋkt] *n.* **1** 本能; 勘, 直感. **2** 天性, 天分《の *for*》: an ～ *for* art 芸術的天分. ***act on*** ～ 本能のままにふるまう. ***by*** [***from***] ～ 本能で, 本能的に; 直感的に, 勘で.
—— [-ˊ] *a.* みなぎっている, いっぱいの《で *with*》: a picture ～ *with* life and beauty 生気と美しさに満ちている絵. [in-+√sti(n)g- つつきやる]

***in·stínc·tive** [instíŋktiv] *a.* **1** 本能的な; 直感〔直覚〕的の. **2** 天性の. ◇ ***～·ly** *ad.*
(類) → **spontaneous**「ひとりでの」

in·stínc·tu·al [instíŋktʃ(u)əl] *a.* =instinctive.

‡**ín·sti·tute** [ínstịt(j)ù:t/-tju:t] *vt.* **1** 設ける; 〈政府などを〉設立する; 〈規則・慣例を〉制定する; 実施する: ～ a new course 新講座を開設する. ～ laws 法律を施行する. **2**〈調査などを〉始める, 〈訴訟を〉起こす: ～ a suit *against* a person 人を相手どって訴える. **3** 任ずる, 就任させる; 〘宗〙に聖職を授ける.
—— *n.* **1** 会, 協会, 学会; その建物, 会館. **2** 研究所; 《おもに理工系の》大学, 専門学校: Massachusetts *I*～ of Technology マサチューセッツ工科大学. **3** (短期の) 講習会〔講座〕: an adult ～ 成人講座. **4** 規則, 慣習, 原理; (*pl.*) (法律の) 原理の摘要, 《初学者のための》法律教科書.

‡**ìn·sti·tú·tion** [ìnstịt(j)ú:ʃ(ə)n/-tju:-] *n.* **1** (公共) 施設, (公共) 機関《公共的・教育的・宗教的目的の学校・病院・教会・慈善団体など》; その建物: the highest ～*s* of learning 最高学府. **2**《確立された》制度, 慣例, 慣習: the ～ of marriage 結婚の制度. **3**〘話〙名物, 評判の人〔物〕. **4** 設立, 制度. **5**〘宗〙聖職任命; 《キリストによる》聖餐(せいさん)式の制定. ***charitable*** ～ 慈善団体〔院〕. ***public*** ～ 公共団体. [√sta- 立てる, 設立する]
◇ **～·ar·y** [-nèri/-nəri] *a.* ～ の〔に関する〕.

ìn·sti·tú·tion·al [-ʃən(ə)l] *a.* **1** (公共) 施設の, (公共) 機関の, 公共団体の, 会の: old people in need of ～ care 公共機関による援助を必要とする老人. **2** 制度上の, 制度的な. **3** 聖職授任の. **4** 〘米〙《社会事業・教育活動のために》組織された. **5** 〘米: 広告〙《販売増加よりは》声価を得るための.
◇ **～·ism** [-ìz(ə)m] *n.* 《社会事業団体などの》制度尊重主義. **～·ly** *ad.*

ìn·sti·tú·tion·al·ize [-ʃən(ə)làiz, -ʃnəl-] *vt.* **1** 制度化する, 規定する. **2** 公共団体にする. **3**〈精神病者・少年犯罪者などを〉収容する《公共施設・特殊施設に》.

ín·sti·tu·tor [ínstịt(j)ù:tər/-tju:-] *n.* 設立者, 制定者; 〘米〙《監督教会の》聖職授任者.

instr. instructor; instrument; instrumental.

‡**in·strúct** [instrʌ́kt] *vt.* **1**〈人を〉**教える**, 教育〔教授〕する, 訓練する: ～ students *in* English 学生に英語を教える. **2** にさしずする, に指令する, に命令する《*to* (do)》: He ～*ed* them *to* start at once [how to do the job]. 彼は彼らにすぐ出発するように〔仕事のやり方を〕さしずした. **3** に知らせる, に通知〔通告〕する《と *that*》. **4**〈判事が陪審員に〉事件の問題点を説明する《陪審員のために》. [√stru-]
(類) → **teach**「教える」

‡**in·strúc·tion** [instrʌ́kʃ(ə)n] *n.* **1** 訓練, 教授, 教育: give [receive] ～ 教授する〔を受ける〕. **2** 教訓, 教え. **3** (しばしば *pl.*) さしず, 指令, 訓示, 命令: give a person ～*s* to do… …するように人にさしずする. ***mail*** ～ 通信教育.
◇ **～·al** [-ʃən(ə)l] *a.* 教育 (上) の, 教授の.

‡**in·strúc·tive** [instrʌ́ktiv] *a.* **教訓的な**, 教訓に富んだ, ためになる, 啓発的な: an ～ book 有益な本.
◇ **～·ly** *ad.* **～·ness** *n.*

***in·strúc·tor** [instrʌ́ktər] *n.* (*fem.* **-tress** [-tris]) **1** 教師, 教授者, 教官, 指導者《についての *in*》. **2** 〘米〙(大学) 講師《assistant professor の下に位する. tutor の上位. 略 instr.》: ～ *in* history 歴史担当講師. ◇ **～·ship** *n.* ～ の地位〔職〕.
in·struc·tó·ri·al [ˊ–tó:riəl/-tɔ́:r-] *a.*

‡**ín·stru·ment** [ínstrụmənt] *n.* **1**《おもに精巧な仕事・学術用の》**器械**, **器具**: medical ～*s* 医療器械. drawing ～*s* 製図器具. **2** (*pl.*)《飛行機などの》計器. **3** **楽器**: a stringed [wind] ～ 弦〔管〕楽器. **4** 手段, 方便; 媒介 (者): be the ～ of a person's death 人を死に至らせる. **5** 機関; 《他人の》手先, ロボット. **6**〘法〙証書, 証券, 文書. —— *vt.* **1** に器械を装置する. **2** 楽器用に編曲する. [in-+√stru- (作る)道具]
～ **board** 《自動車などの》計器盤. ～ **flying** [**landing**]〘空〙計器飛行〔着陸〕《計器のみによる飛行〔着陸〕》. (類) → **tool**「道具」

ìn·stru·mén·tal [ìnstrụméntl] *a.* **1** 器械の, 器械を用いる: ～ errors in measurement 測定上の器械誤差. **2**《叙述的に》**有効である**, 手段になる, 役に立つ, 助けになる: He was ～ *in* finding a job for his friend. 彼は友人の就職に力があった. **3**〘楽〙楽器の. → vocal. **4**〘文〙助格の.
—— *n.*〘文〙助格 (=～ case)《前置詞 with, by であらわされるような手段・方法・材料などを示す格. 現代英語にはない》.
～ **drawing** 用器画. ～ **music** 器楽. ◇ **～·ist** *n.* 器楽家. **～·ly** *ad.* 器械で, 器械的に; 楽器で.

ìn·stru·men·tál·i·ty [-mentǽlịti] *n.* 助け, 媒介, 手段; あっせん. ***by*** [***through***] ***the ～ of*** の助けで, の力を借りて; …のあっせんで.

ìn·stru·men·tá·tion [ìnstrụmentéiʃ(ə)n] *n.* **1**〘楽〙器楽編成法. **2** 器械〔器具〕使用. **3** 手段, 方便.

ìn·sub·ór·di·nate [ìnsəbɔ́:rd(i)nit] *a.* **1** 服従しない, 従順でない, 言うことをきかない. **2** 下位でない.
—— *n.* 従順でない人, 反抗者. ◇ **～·ly** *ad.*
in·sub·òr·di·ná·tion [-ɔ̀:rd(i)néiʃ(ə)n/ín-] *n.*

ìn·sub·stán·tial [ìnsəbstǽnʃ(ə)l] *a.* **1** 実体[実質]のない, 非現実的な: The tentative plan is ～. その試案は非現実的である. **2** 堅固でない, もろい. ◇ **ìn·sub·stàn·ti·ál·i·ty** [-stænʃiǽliti/ín-]*n.*

in·súf·fer·a·ble [insʌ́f(ə)rəbl] *a.* がまんできない, 耐えがたい, いやでならない: an ～ person しゃくにさわる人. ◇ **～·ness** *n.* **-bly** *ad.*

***ìn·suf·fí·cient** [ìnsəfíʃ(ə)nt] *a.* 不十分な, 不足な, 不適当な. ◇ **～·ly** *ad.* **ìn·suf·fí·cien·cy** *n.* 不十分, 不足; 不適当; 〘生〙機能不全.

in·súf·flate [insʌ́fleit, ínsəflèit/ínsʌfleit] *vt.* 〘医〙<空気・薬品などを> 体内に吹き込む[吹き入れる], 吹き込んで治療する. ◇ **-fla·tor** [-ər] *n.* 吹き入れ器; 指紋現出器《粉末を吹きかける》.

ín·su·lar [íns(j)ulər/-sju-] *a.* **1** 島の, 島のような. **2** 島にある[に住んでいる]. **3** 島民の, 島民的な. **4** 島国根性の, 偏狭な: ～ prejudices 島国的偏見. **5** 孤立する, 点在する: an ～ fortress 孤立した要塞(ようさい). [√insul-] ◇ **～·ism** [-ləriz(ə)m] *n.* **～·ize** *vt.* 島国化する, 島に閉じ込める. **～·ly** *ad.* **ìn·su·lár·i·ty** [ㅗ-lǽriti] *n.* 島国根性, 偏狭.

ín·su·late [íns(j)ulèit/-sju-] *vt.* **1** 孤立させる, 隔離する. **2** 〘物・電〙絶縁する. [√insul-]

ín·su·lat·ed [íns(j)ulèitid/-sju-] *a.* **1** 隔離された, 孤立した: an ～ life 孤独の生活. **2** 〘物・電〙絶縁された: an ～ wire 絶縁線. **～ cargo compartment** 〘海〙隔離艙(そう).

ìn·su·lá·tion [ìns(j)uléiʃ(ə)n/-sju-] *n.* **1** 隔離, 孤立. **2** 〘物・電〙絶縁; 絶縁物, 絶縁材, がいし.

ín·su·la·tor [íns(j)ulèitər/-sju-] *n.* **1** 隔離物[人]. **2** 〘物・電〙絶縁物[材], がいし.

ín·su·lin [íns(j)ulin/-sju-] *n.* 〘生化〙インシュリン《すい臓ホルモン; 糖尿病の特効薬》.

‡ín·sult [ínsʌlt] *n.* 侮辱, 無礼《への *to*》.
—— [-ㅗ] *vt.* 侮辱する, に無礼をはたらく. [√sal(i)-] 〔類〕→ **offend**「感情を害する」

in·súlt·ing [insʌ́ltiŋ] *a.* 侮辱的な, 無礼な, (人を) はずかしめる. ◇ **～·ly** *ad.*

in·sú·per·a·ble [insú:p(ə)rəbl/-sjú:-] *a.* 《困難・反対などが》乗り越えられない, 克服できない, 打ち勝てない. [√super-] ◇ **-bly** *ad.* **in·sù·per·a·bíl·i·ty** [-ㅗ(-)-bíliti] *n.*

ìn·sup·pórt·a·ble [ìnsəpɔ́:rtəbl/-pɔ́:t-] *a.* ささえきれない, 耐えられない, がまんしきれない.
◇ **-bly** *ad.* 耐えられないほどに.

ìn·sup·préss·i·ble [ìnsəprésəbl] *a.* 押えきれない, 抑制できない.

in·súr·a·ble [inʃú(:)rəbl/-ʃúər-] *a.* 保険にかけられる, 保険の対象となる. **～ interest** 被保険利益. **～ property** 被保険財産. **～ value** 被保険価格. ◇ **in·sùr·a·bíl·i·ty** [-ㅗ-bíliti] *n.*

‡in·súr·ance [inʃú(:)rəns/-ʃúər-] *n.* **1** 保険 (契約): take out an ～ 保険にはいる, 保険をかける. **2** 保険金額; 保険の掛け金. **3** 保証, 請け合い. 〈注〉 assurance はイギリスで多く使われ, アメリカでは insurance が用いられる.
accident ～ 傷害保険. ***endowment*** ～ 養老保険. ***life*** ～ 生命保険. ***marine*** ～ 海上保険.
～ company 保険会社. **～ policy** 保険証書.

in·súr·ant [-rənt] *n.* 保険契約者.

‡in·súre [inʃúər] *vt.* **1** <保険会社が> …の保険を契約する, …の保険を引き受ける: The insurance company will ～ your property *against* fire. 保険会社はあなたの財産に火災保険を引き受ける. **2** <保険契約者が> …に保険をつける, …の保険契約をする: ～ oneself [one's life] *for* 1,000,000 yen 100万円の生命保険にはいる. **3** 保証する, 請け合う; 確実にする: His industry ～*s* his success in life. あの人は勤勉だから世の中できっと成功する. ***the*** **～*d*** 被保険者. [<sure] ◇ **in·súr·er** [inʃú(:)rər/-ʃúər-] *n.* 保険業者; 保証人.

in·súr·gent [insə́:rdʒ(ə)nt] *a.* **1** 暴動[反乱]を起こした, むほんした; 反徒の. **2** 《波などの》荒れ狂う, さかまく, 打ち寄せる.
—— *n.* 反乱者, 暴徒; 〘米〙《政党内の》反対党員, (*pl.*) 反対派. [√surg-]
◇ **-gence, -gen·cy** *n.* 暴動, 反乱, むほん.

ìn·sur·móunt·a·ble [ìnsərmáuntəbl] *a.* 乗り越えられない, 克服できない. ◇ **-bly** *ad.*

ìn·sur·réc·tion [ìnsərékʃ(ə)n] *n.* 反乱, 暴動, 蜂起(ほうき). → rebellion. [√surg-]
◇ **～·ist** *n.* 反徒, 暴徒, 反乱扇動者.

ìn·sur·réc·tion·al [-ʃən(ə)l], **-a·ry** [-ʃənèri/-ʃ(ə)nəri] *a.* **1** 反乱[暴動]の. **2** 反乱を起こしがちな.

ìn·sus·cép·ti·ble [ìnsəséptəbl] *a.* **1** 無感覚の, 無神経な, 感じない, (心を) 動かされない: ～ *to* pain 苦痛を感じない. ～ *of* flattery おせじに左右されない. **2** 《治療・証明などを》受けつけない, 許さない: a serious disease ～ *of* medical treatment 医療のきかない重症. ◇ **-bly** *ad.* **ìn·sus·cèp·ti·bíl·i·ty** [-sèptəbíliti/ín-] *n.* 無感覚, 感受性のないこと.

ín·swept [ínswèpt] *a.* 《飛行機の翼などの》先端の「細くなった.

int. interest; interim; interior; interjection; internal; international; interpreter; intransitive.

in·táct [intǽkt] *a.* **1** 手を触れられてない, 手をつけないままの. **2** そこなわれていない; 完全な: remain ～ そっくりそのままで残る. **3** 《意見などが》そのままの, 変わっていない. ***keep*** [***leave***] a thing ～ (物を) そっくりそのままにしておく. [√ta(n)g- 触れる]
◇ **～·ness** *n.* 〔類〕→ **complete**「完全な」

in·tágl·iat·ed [intǽljeitid] *a.* 彫り込みにした.

in·tágl·io [intǽljou, -tá:l- / -tá:liou, -ljou] *n.* (*pl.* **～s, in·tá·gli** [-tá:lji:]) **1** 沈み彫り, 彫り込み模様. →relief, relievo. **2** 沈み彫り宝石. →cameo.
—— *vt.* 沈み彫り[彫り込み]にする. [<It.]

ín·take [íntèik] *n.* **1** 《水・空気などの》取り入れ口; 《炭坑などの》通風孔. ↔ outlet. **2** 取り入れ; 吸収[摂取]量; 吸収[摂取]物. **3** 収入, 売上高. **4** 採用人員[人数]. **5** くびれて細い部分. **6** 〘英方〙《沼地・湿地などの》埋め立て地.

in·tán·gi·ble [intǽndʒəbl] *a.* **1** 手に触れられない, 感知できない. **2** つかみがたい, 不可解の. **3** 無形の: tangible and ～ losses 有形無形の損失.
—— *n.* 手に触れられないもの. [√ta(n)g- 触れる]
◇ **-bly** *ad.* 手に触れられないほど; 不可解に. **in·tàn·gi·bíl·i·ty** [-ㅗ-bíliti] *n.* 手に触れられないこと[もの]; 不可解.

in·tár·si·a [intá:rsiə] *n.* 象眼 (細工).

ín·te·ger [íntidʒər] *n.* **1** 〘数〙整数. → fraction. **2** 完全体, 完全なもの.

in·te·ger vi·tae [íntidʒər-váiti:] L. (= whole in life) 完全な生活をおくる, 潔白な《Horace の句より》.

***ín·te·gral** [íntigrəl] *a.* **1** 完全な, 完全体の; 欠けるところのない. **2** 《全体を構成するのに》欠くことのできない, 絶対必要な; 構成要素としての. **3** 〘数〙整数の; 積分の. → differential.
—— *n.* **1** 全体. **2** 〘数〙積分.
～ calculus 積分学. ◇ **～·ly** *ad.*

ìn·te·grál·i·ty [ìntigrǽliti] *n.* **1** 完全 (性). **2** 不可欠性, 絶対必要性.

ín·te·grand [íntigrənd] *n.* 〘数〙被積分関数.

ín·te·grant [íntigrənt] *n., a.* 構成要素 (の), 成分 (の), 一部分 (を成す).

ín·te·grate [íntigrèit] *vt.* **1** <各要素・部分を> まとめて完全にする, 統合する. **2** <部分・要素が> (集まって) 構成する. **3** の統計を示す; の平均値を出す.

4〖数〗積分する. 5〖米〗の人種的差別待遇を撤廃する. ↔ segregate. —— *vi.*〖米〗〈学校組織などが〉人種差別撤廃を行なう.
—— [-grit] *a.* 各部分がまとまった, 完全になった.
◇ **-gra·tive** [-grèitiv/-grət-, -greit-] *a.* **-gra·tor** [-grèitər] *n.* 1〖数〗積分器, 求積器. 2 完成する人〔もの〕.

ín·te·grat·ed [-grèitid] *a.* 1 統合された, 完全な. 2〖心〗《人格の》円満な, 融和がとれた. 3〖経〗一貫生産の. 4〖社〗人種的無差別待遇の.
～ **circuit**〖電子工学〗集積回路.

ìn·te·grá·tion [ìntigréiʃ(ə)n] *n.* 1 完全, 完成. 2 統合, 組織. 3〖数〗積分(法). →differentiation. 4〖心〗《人格の》円満, 融和. 5 人種差別撤廃. ↔ segregation. ～ ***by parts*** 部分積分法. ～ **constant**〖数〗積分常数.
◇ ～**·ist** *n.* 人種差別撤廃運動〔賛成〕者.

in·tég·ri·ty [intégriti] *n.* 1 完全, 無欠; 無傷, 保全. 2 誠実, 正直, 高潔: a man of ～ 誠実な人. → honesty. ***territorial*** ～ 領土保全.

in·tég·u·ment [intégjumənt] *n.* 《動植物の》外皮. ◇ **in·tèg·u·mén·ta·ry** [–˗–mént(ə)ri] *a.*

ín·tel·lect** [ínt(i)lèkt] *n.* 1 **知力, 知性,** 理知, 知能. 2《複数形で, または単数形で集合的に》識者, 知識人, インテリ. ***a man of ～ 知性のある人. [inter-+√leg-[1] 選びとる→把握する]

ìn·tel·léc·tion [ìnt(i)lékʃ(ə)n] *n.* 1 思惟(しい), 思考; 知的作用, 理解. 2《思考の結果の》概念, 観念.

ìn·tel·léc·tive [-tiv] *a.* 1 知力の, 知能の. 2 知性〔理解力〕のある, 聰明(そうめい)な.

‡in·tel·léc·tual [int(i)léktʃu(ə)l/-tju(ə)l,-tʃu(ə)l] *a.* 1 **知的な,** 知力の: the ～ faculties〔powers〕知的能力. 2 知能的, 知力を要する, 頭脳を使う: ～ occupations〔pursuits〕知能的な仕事. 3 知力のすぐれた, 聰明(そうめい)な: an ～ face 理知的な顔.
—— *n.* **知識人,** インテリ. ***the*** ～***s*** 知識階級.
◇ ～**·ize** [-àiz] *vt., vi.* 1 知的にする. 2 考える, 思惟(しい)する. *～**·ly** [-i] *ad.* **ìn·tel·lèc·tu·ál·i·ty** [˗–˗tʃuǽliti/˗–˗tju-, -tʃu-] *n.* 知性, 知能.
(類) → **intelligent**「頭のよい」

ìn·tel·léc·tual·ism [ìnt(i)léktʃuəlìzəm/-tjuəl-, -tʃu-] *n.* 1 知性主義; 知性尊重〔偏重〕. 2〖哲〗主知説〔主義〕;〖文芸〗主知主義.
◇ **-ist** *n.* 主知主義者.

‡in·tél·li·gence [intélidʒ(ə)ns] *n.* 1 **知性,** 理知; 理解力, 知能: a man of much〔ordinary〕～ すぐれた〔普通の〕知能の人. 2 (すぐれた)知性, 知能; 聰明(そうめい). 3 **情報,** 《特に軍に関する機密的な》諜報(ちょうほう). 〈注〉 information は情報の提供で service の意が強い. intelligence は必ずしも他人に伝えなくてもよい. 4 (しばしば I～) 知性的存在《特に霊として》; 天使. ***exchange a look of*** ～ 意味ありげに目くばせをかわす. ***the Supreme I***～ 神, 上帝.
～ **department**〔**bureau**〕《特に軍の》情報部, 情報局. ～ **office** 情報局;〖米〗職業紹介所. ～ **officer** 情報係将校. ～ **quotient**〖心〗知能指数《精神年齢を生活年齢で割り 100 倍した数. 略 IQ, I.Q.》. ～ **service** 情報機関. ～ **test** 知能検査. ◇ **-genc·er** *n.* 情報提供者; スパイ.

‡in·tél·li·gent [intélidʒ(ə)nt] *a.* 1 **知的な,** 知性を備えた, 知能のある, 理解力のすぐれた, 利口な: an ～ child 頭のいい子. 2 理解力を示す, 頭のよさを示す: an ～ reply 良い〔気のきいた〕答え. 3〖稀〗知識のある《について *of*》. [√leg-[1]] ◇ ～**·ly** *ad.*
(類義語) **頭のよい: intelligent** 生まれつき頭のよい《動物にも用いられる》: an *intelligent* young man 頭のよい青年. an *intelligent* dog 利口な犬. **intellectual** 教育・読書・知的訓練などによって理知的な: the *intellectual* class 知識階級.
(類) → **clever**「利口な」, → **wise**「賢い」

in·tèl·li·gén·tial [intèlidʒénʃ(ə)l] *a.* 1 知性の, 理解力の. 2 知的な, 頭のよい. 3 情報を与える.

in·tèl·li·gént·si·a, -zi·a [intèlidʒéntsiə, -gén-] *n.* 《集合的》インテリゲンチャ, 知識階級, 精神〔頭脳〕労働者. [＜Russ.]

in·tél·li·gi·ble [intélidʒəbl] *a.* 1 理解できる, わかりやすい, 明白な: ～ *to* the beginners 初心者にわかる. 2〖哲〗知性だけで知ることができる. → sensible. ◇ **-bly** *ad.* **in·tèl·li·gi·bíl·i·ty** [–˗–bíliti] *n.* 1 理解しやすいこと, 明白. 2 (*pl.*) わかりやすいこと, 明白なこと.

in·tém·er·ate [intémərit] *a.*〖稀〗完全無欠の, 純粋な, 汚れない.

in·tém·per·ance [intémp(ə)rəns] *n.* 1 不節制, 過度. 2 暴飲, 飲み過ぎ. 3《ことば・行動の》放縦(ほうじゅう), 過度, 極端.

in·tém·per·ate [-p(ə)rit] *a.* 1 適度を欠く, 過度の; 節制を欠く, 極端の, 放縦な: an ～ language 暴言. 2 暴飲する, 飲み過ぎの. 3《天候などが》きびしい, 激しい: an ～ wind 烈風. ◇ ～**·ly** *ad.*

‡in·ténd [inténd] *vt.* 1 **…するつもりである,** …しようと思う《*to* (do), (do)*ing*》: I ～ *to* go there. = I ～ *going* there. そこに行くつもりだ. I ～*ed to* have come. 来るつもりだった(実は, 来られなかった). 2 **意図する,** 企てる, 故意にする: Was this ～*ed*? これは故意にやったのか. He ～*ed* no harm. 悪意はなかったのだ. 3《ある目的に》**向けようとする, 予定する,** …させようとする: This is ～*ed for* you. あなたへの贈り物です. I ～ him *to* go〔*that* he *shall* go〕. 私は彼を行かせるつもりだ. He ～*s* his son *for*〔*to be*〕a scholar. = He ～*s that* his son *shall* be a scholar. むすこを学者にするつもりだ. 4 言おうとする, 意味する, 《…を目当てに》言う〔する〕《を目当てに *for*》: What do you ～ by these words? どういう意味でそう言うのか. His remark was ～*ed for* me〔*for* a joke〕. 彼のことばは私に向けて〔私にあてつけて〕言ったのだった〔冗談のつもりだったのだ〕.
—— *vi.* 目的〔計画〕をもつ.
[in-[1]+√tend- 向かう →志す]
(類義語) **意図する: intend** 心の中に予定する. mean より計画的である: No offense was *intended*. いかなる犯罪も企てられなかった. **mean** intend の口語的表現だが「…するつもりでいる」「本気で…しようと思っている」という主観の表現に力点がある: He *means* to go away. ほんとうに行く気でいる(裏に He is not pretending.「行くふりをしているのではない」という示唆がある). **design** ある結果を意図する. 特定な目的が強調される: a scholarship *designed* for medical students 医学生のために設けられた奨学金. **purpose** もくろむ. 意図が強調され実現が困難なものにも用いられる: *purpose* an interview with President 大統領との会見をもくろむ.

in·ténd·ant [inténdənt] *n.* 監督者〔官〕.
◇ **-an·cy** *n.* 1 ～の職〔身分, 地位〕. 2《集合的》監督官.

in·ténd·ed [inténdid] *a.* 1 企てられた, 意図された; 故意の: produce the ～ effect 所期の効果をもたらす. 2 婚約した, いいなずけの: an ～ wife やがて妻となるべき人. —— *n.* 婚約者, いいなずけ.

in·ténd·ment [inténdmənt] *n.*〖法〗真意.

in·tén·er·ate [inténərèit] *vt.*〖古〗和らげる.

‡in·ténse [inténs] *a.* 1 **強度の,** 烈しい, 猛烈な: an ～ light 強烈な光. ～ cold〔heat〕極寒〔酷暑〕. 2《感情などが》高ぶった, 強烈な: ～ anxiety つのった不安. ～ love 熱愛. 3 **張りつめた,** 緊張した, 努力的な, 熱のこもった: an ～ face 真剣な顔. ～ study 打ち込んだ研究. ～ in one's application 勉強に熱心な. 4《性格が》感情的な: an ～ person 熱情的な人. 5〖写〗濃い, 明暗の強い. [比較 tense[1]] ◇ ～**·ly** *ad.*

in·tén·si·fy [inténsifài] *vt.* **1** 強める，激しくする，激烈にする． **2** 増大する． **3** 〔写〕 増感する． —— *vi.* 強く〔激しく〕なる．
◇ **-fi·er** [-ər] *n.* 強めるもの，激化するもの；〔写〕 増感剤〔液〕． **in·tèn·si·fi·cá·tion** [−ˌ−−fikéiʃ(ə)n] *n.* **1** 強化，激化． **2** 〔写〕 増度，補力．

in·tén·sion [inténʃ(ə)n] *n.* **1** 《精神の》緊張，努力． **2** 強さ，強烈〔激烈〕さ，強度． **3** 〔論〕 内包 ↔ extension. **4** 〔経〕 集約的経営．

‡**in·tén·si·ty** [inténsiti] *n.* **1** 強烈さ，激烈さ：gather ～ 激しさを増す． **2** 緊張，集中，熱烈さ． **3** 強度；濃度． **4** 〔写〕 明暗度：～ of illumination 照明度． ***with*** (***great***) **～** 熱心に． [＜intense]

in·tén·sive [inténsiv] *a.* **1** 集中的な，徹底的な：～ training 集中訓練． ～ fire 集中砲火． ↔ extensive. **2** 激しい，猛烈な． **3** 〔文〕 強意の． **4** 〔論〕 内包的な． **5** 〔経〕 集約的な：～ agriculture 集約農業． **6** 〔医〕 漸進的な：～ inoculation 漸進的接種． ***make an ～ study of*** を集中的に〔短期間に〕勉強する；を精力的に研究する． —— *n.* 〔文〕 強意語《例：*awfully* cold, *extremely* good》． **～ adverb** 〔文〕 強意副詞． **～ reading** 精読．
◇ **～·ly** *ad.*

‡**in·tént** [intént] *n.* **1** 意向，意志；もくろみ，計画：criminal ～ 〔法〕 犯意． **2** 〔古〕 意味，趣旨．
to 〔***for***〕 ***all ～s and purposes*** どの点から見ても，事実上． ***with good*** 〔***evil, malicious***〕 **～** 善意〔悪意〕をもって． ***with ～ to*** kill (殺害) の目的で．
—— *a.* **1** 集中した，《視線・注意など》じっと注がれた：an ～ look 一心に見つめるまなざし． **2** 専心している，《…に》余念がない，熱中している《に *on*》；熱望している：be ～ *on* one's job 仕事に没頭している． be ～ *on* beautiful scenery 美観に見とれる． ～ *on* revenge 復讐(ふくしゅう)に燃えている． **3** 熱心な：an ～ person 熱心な人． [in-¹＋√tend- に向かった]
◇ **～·ly** *ad.* 熱心に，一心(不乱)に，もっぱら．
〔類〕 → **purpose**「目的」

‡**in·tén·tion** [inténʃ(ə)n] *n.* **1** 意向，意志，目的． **2** (*pl.*) 〔話〕 結婚の意志． **3** 〔古〕 意味，趣旨． **4** 〔論〕 概念，観念． **5** 〔医〕 癒合(ゆごう)．
by ～ 故意に． ***first ～*** (1) (*pl.*) 〔哲〕 一次概念《直接認識によるもの：「石」「木」「鳥」など》． (2) 〔医〕 直接癒合． ***have no ～ of*** (do)***ing*** …しようとする意志がない． ***heal by*** (***the***) ***first ～*** 〈傷が〉うまずに癒合する． ***second ～*** (1) (*pl.*) 〔哲〕 二次概念《間接認識による概念：「差異」「同一」「種類」など》． (2) 〔医〕 間接癒合《肉芽ができてから傷がなおること》． ***with good ～s*** 善意で，誠意をもって：Hell is paved *with good ～s*. 〔諺〕 地獄への道は善意で敷かれている，改心しようと心がけていながら地獄に落ちて行く者が多い． ***without ～*** なにげなしに． ***with the ～ of*** (do)***ing*** …するつもりで． [＜intend]
〔類〕 → **purpose**「目的」

in·tén·tion·al [inténʃən(ə)l] *a.* 意図的な，計画的な，わざとする〔した〕，故意にする〔した〕． ◇ ***～·ly** *ad.*

in·tér [intə́ːr] *vt.* (**-rr-**) (地中に)埋める，埋葬する． [√terr-]

in·ter [íntər] L. (＝between, among) *prep.* …の間に，…の中に．

inter- *pref.* 「中，間，相互」の意《名詞・形容詞・動詞などと結合する》：*inter*act 幕あい；互いに影響し合う． *inter*collegiate 大学間の，大学対抗の． *inter*depend お互いに依存する．

ìn·ter·áct¹ [ìntərǽkt] *vi.* 相互に作用〔影響〕する．
◇ **-ác·tion** [-ǽkʃ(ə)n] *n.* 相互作用〔影響〕．
-ác·tive [-iv] *a.* 相互に作用〔影響〕し合う．

ín·ter·act² [íntərækt] *n.* 幕あい；幕あい狂言．

in·ter al·i·a [íntər-éiliə] L. (＝among other things) なかんずく，中でも；他のものの間に．

ìn·ter-Al·líed [ìntərəláid, -ælaid] *a.* 《第1次世界大戦の》連合国間の．

ìn·ter-A·mér·i·can [ìntərəmérikən] *a.* 北・南アメリカ諸国間の．

ìn·ter·blénd [ìntərblénd] *vt., vi.* 混合させる〔する〕．

ìn·ter·bòr·ough [ìntərbə̀ːrou, -bə̀ːrə/-bʌ́rə] *a.* 自治町村 (borough) 間の． —— *n.* 都市間交通《地下鉄・バスなど》．

ìn·ter·bréed [ìntərbríːd/ìn-] *vt., vi.* 異種交配させる〔する〕，雑種繁殖する．

in·tér·ca·lar·y [intə́ːrkəlèri/-ləri] *a.* 間に入れた，挿入(そうにゅう)した． **～ year** 〔**month, day**〕 閏年(うるうどし) (leap year) 〔閏月，閏日〕．

in·tér·ca·late [intə́ːrkəlèit] *vt.* **1** 間に加える，插入する． **2** に閏を入れる． ◇ **in·tèr·ca·lá·tion** [intə̀ːrkəléiʃ(ə)n] *n.* ～すること，插入物．

ìn·ter·céde [ìntərsíːd] *vi.* 仲にはいる，仲裁する，とりなす：I ～*d with* A *for* 〔*on behalf of*〕 B. 私は B のために A にとりなしてやった． [√ced-]

ìn·ter·cél·lu·lar [-séljulər] *a.* 細胞の間の．

ìn·ter·cépt [ìntərsépt] *vt.* **1** 途中で押える〔奪う，捕える〕，横取りする：～ a radio message 無電を傍受する． **2** 〈光・熱などを〉阻止する，さえぎる，妨害する，遮断(しゃだん)する． **3** 〔軍〕 〈戦闘機が敵機を〉要撃する． **4** 〔数〕 2点〔2線〕間にはさみとる． [√cap-]
◇ **-cép·tive** *a.* 妨害する，阻止する，さえぎる．
-cép·tor [-ər] *n.* **1** 妨害者〔物〕，阻止する人〔物〕，途中で捕える人． **2** 〔軍〕 要撃機．

ìn·ter·cép·tion [-sépʃ(ə)n] *n.* **1** 途中で押えること． **2** 《通信の》傍受． **3** さえぎり，阻止，妨害． **4** 〔軍〕 要撃．

ìn·ter·cés·sion [-séʃ(ə)n] *n.* 仲裁，とりなし，調停：make an ～ *to* A *for* B B のために A にとりなしする． through his ～ 彼のとりなしによって． ***on ～ of*** の仲裁により． [＜intercede]

ìn·ter·cés·sor [-sésər] *n.* とりなす人，仲裁〔調停〕者． ◇ **-so·ry** [-sésəri] *a.* とりなす，仲裁〔調停〕の． **ìn·ter·ces·só·ri·al** [-sesóːriəl/-sɔ́ːr-] *a.* とりなす(人の)，調停〔仲裁〕(者)の．

ìn·ter·chánge [-tʃéindʒ] *vt.* **1** 〈物を〉やり取りする，交換する：～ letters 手紙を交換する． **2** 入れ替える，置き換える，交替させる《と *with*》：～ work *with* play 仕事と遊びを交互に行なう． —— *vi.* **1** 交換する． **2** 入れ替わる，交替する《と *with*》． —— [íntərtʃèindʒ/ˌ−−ˊ] *n.* **1** 交換，交替，交易：the ～ of commodities 〔personnel〕 物資〔人事〕交流． **2** 立体交差，インターチェンジ．
〔類〕 → **exchange**「交換する」

ìn·ter·chánge·a·ble [ìntərtʃéindʒəbl] *a.* 交換可能の，交替〔取り替え〕できる． ◇ **-bly** *ad.* **ìn·ter·chàng·e·a·bíl·i·ty** [-tʃèindʒəbíliti/ìn-] *n.*

ìn·ter·cláss [ìntərklǽs/ìntəkláːs] *a.* **1** クラス対抗の，クラスの間の． **2** 階級間の．

ìn·ter·cól·lege [ìntərkɑ́lidʒ/ìntəkɔ́lidʒ] ＝ intercollegiate.

ìn·ter·col·lé·gi·ate [ìntərkəlíːdʒiit/ìn-] *a.* 大学間で行なわれる，大学対抗〔連合〕の．

ìn·ter·co·ló·ni·al [-kəlóuniəl] *a.* 植民地間の，植民地相互間の．

ìn·ter·co·lùm·ni·á·tion [-kəlʌ̀mniéiʃ(ə)n] *n.* 「柱間；列柱の配列様式．

ín·ter·com [íntərkɑ̀m/-kɔm] *n.* 〔俗〕 ＝intercommunication system.

ìn·ter·com·mú·ni·cate [ìntərkəmjúːnikèit] *vi.* **1** 互いに情報〔意見〕を交換する，互いに行き来する． **2** 〈へやなどが〉互いに通じる，連絡している． —— *vt.* 〈情報・意見などを〉交換する，通じ合う．

ìn·ter·com·mù·ni·cá·tion [ìntərkəmjùːnikéiʃ(ə)n/ìntə-] *n.* **1** 情報〔意見〕の交換；相互通報〔通話〕． **2** 相互の連絡〔交通〕，往来；交際． **3** 交通路． **～ system** 《航空機内・ビル内などの》連絡用通話装置．

ìn·ter·com·mún·ion [ìntərkəmjúːnjən] *n.* 交感；親交，交際；相互の交通．

ìn·ter·com·mú·ni·ty [-kəmjúːnịti] *n.* **1** 共通性. **2** 共有, 共同使用.

ìn·ter·con·fés·sion·al [-kənféʃən(ə)l] *a.* 〔宗〕異宗派教会間の.

ìn·ter·con·néct [ìntərkənékt/ìn-] *vt., vi.* 互いに連絡〔連結〕させる〔する〕.
◇ **-néc·tion** [-nékʃ(ə)n] *n.* 相互連絡〔連結〕.

ìn·ter·còn·ti·nén·tal [ìntərkàntịnéntl/ìntəkɔ̀n-] *a.* 大陸間の, 大陸を結ぶ. **～ ballistic missile** 大陸間弾道弾《略 ICBM, I.C.B.M.》.

ìn·ter·cós·tal [intərkástl/intəkɔ́s-] *a.* 〔医〕ろっ骨間の.

‡ín·ter·course [íntərkɔ̀ːrs/-kɔːs] *n.* **1** 《人間の》交際, 交渉, 行き来: social ～ 社交. **2** 《国家間の》交通, 取引: commercial ～ 通商. diplomatic ～ 外交. **3** 霊的交通《神と人との》. **4** 性交 (=sexual ～). ***have*** 〔***hold***〕 **～ *with*** と交際する.

ìn·ter·cróp [ìntərkráp/-krɔ́p] *vt., vi.* **(-pp-)** 〔農〕間作する.

ìn·ter·cróss [ìntərkrɔ́ːs/-krɔ́s] *vt., vi.* **1** 《相互に》交差させる〔する〕. **2** 異種交配させる〔する〕.
—— *n.* **1** 雑種. **2** 異種交配.

ìn·ter·cúr·rent [ìntərkə́ːrənt/-kʌ́r-] *a.* **1** 《時間的・空間的に》間にくる, 間をはしる. **2** 〔医〕併発の: an ～ disease 余病. ◇ **-rence** *n.*

ìn·ter·cút [ìntərkʌ́t] *vt., vi.* (に)別種のカットを插入(そうにゅう)する《遠景に大写しを, ニュースに漫画による説明などを》. **——** [⌐―⌐/⌐――] *n.* 插入カット.

ìn·ter·de·nòm·i·ná·tion·al [ìntərdinàmịnéiʃən(ə)l/ìntədinɔ̀m-] *a.* 諸宗派間の.

ìn·ter·de·pàrt·mén·tal [ìntərdipàːrtméntl/ìn-] *a.* 各省〔部, 局〕間の; 《大学の》専攻科間の.

ìn·ter·de·pénd [ìntərdipénd] *vi.* 互いに依頼〔依存〕し合う.

ìn·ter·de·pénd·ent [ìntərdipéndənt] *a.* 互いに依頼〔依存〕し合う, 相互扶助の.
◇ **～·ly** *ad.* **-ence** *n.* 相互依存.

ìn·ter·díct [-díkt] *vt.* **1** 禁ずる, 禁制する, 制止する. → forbid. **2** 〔カトリック〕〈役職などを〉禁止する. **3** …しないようにする, 制止する.
◇ **-díc·to·ry** [-əri] *a.* 禁止の, 禁令の, 停止した.
—— [íntərdikt/⌐――] *n.* **1** 禁止, 禁令, 制止, 停止命令. **2** 〔カトリック〕聖職〔職権〕停止. [√dic-]

ìn·ter·díc·tion [ìntərdíkʃ(ə)n] *n.* **1** 禁止, 禁令, 制止, 停止命令. **2** 禁治産宣告. **3** 〔法〕貿易禁止.

ìn·ter·díg·i·tate [-dídʒịtèit] *vt.* 〈指などを〉組み合わせる.

ìn·ter·dís·ci·pli·nar·y [-dísịplinèri/-nəri] *a.* 二つ以上の学問領域が関係〔提携〕する: an ～ course 総合コース.

‡ín·ter·est [ínt(ə)rist] *n.* **1** 関心, 興味, 感興, 興趣: take a fresh ～ *in* life 人生に新しい感興をおぼえる. **2** 関心事, 興味の対象, 趣味: His greatest ～ in life is music. 彼の人生最大の楽しみは音楽だ. **3** 関与, 参加, 関係: have an ～ in the profits 利益の分け前にあずかる. **4** 重要性, 関心をよぶ性質, おもしろみ: a question of great ～ 重要な問題. The book is of no ～. この本は全くつまらない. **5** (しばしば *pl.*) 利益; 利害関係; 私利: It is to your ～ to go. 行った方がきみのためになる. **6** 利権, 権益, 勢力, 支配力: French ～*s* in Algeria アルジェリアにおけるフランスの権益. **7** 権利, 所有権; 株: have an ～ in an estate 土地に利権をもっている. **8** …事業; 《集合的》…事業関係者, …派, …側: the shipping ～ 海運業. the banking ～ 銀行業者. the conservative ～ 保守派. the landed ～ 地主側. **9** 利子, 利息: at 5% ～ 5分の利で.
annual **～** 年利. ***at*** **～** 利子をつけて. ***buy an*** **～ *in*** の株を買う. ***compound*** **～** 複利. ***daily*** **～** 日歩. ***feel*** 〔***take***〕 〔***an***〕 **～ *in*** に興味〔関心〕をもつ. ***have*** **～ *with*** に勢力がある. ***in the*** **～*s of*** …のためを図って, …のために. ***know*** one***'s own*** **～** 私利に抜け目がない. ***look after*** one***'s own*** **～*s*** 自己の利益を図る. ***make*** **～ *with*** a person (人)に運動する, に勢力をふるう. a matter ***of*** ～ 興味がある(事); 重要な(事). ***simple*** **～** 単利. ***through*** **～ *with*** a person (人)のつてで. ***use*** one***'s*** **～ *with*** に尽力する. ***with*** **～** (1) 興味をもって. (2) 利息をつけて: return a blow 〔kiss〕 *with* ～ おまけをつけて殴打〔キス〕を返す.
—— [㊀⁺ ínt(ə)rèst] *vt.* **1** に興味を起こさせる, の関心をひく: You ～ me. なるほど, ではお話をうかがいましょう《相手の切り出した話題が自分に重要と思われたとき》. **2** 関係させる, 関与させる; 引き込む, 巻き込む《事件・事業などに》. ***be*** **～*ed in*** に興味がある; に関係している: I *am* much ～*ed in* this country. この国に大いに興味がある. ***be*** **～*ed to*** (do) (1) …したい, …したい気がする. (2) …しておもしろい, …するのが楽しい. **～ one*self in*** に関係する, に奔走する. ***the person*** **～*ed*** 関係者.
～s equalization tax 利子平衡税.

‡ín·ter·est·ed [ínt(ə)rịstid, ㊀⁺ -rèstid] *a.* **1** 興味をもっている: an ～ look 興味をそそられた顔つき. **2** 利害関係をもっている: ～ parties 利害関係のある人, 当事者. **3** 私利に動かされた, 私心のある.
～ motive 不純な〔個人的利害による〕動機.
◇ **～·ly** *ad.* 興味をもって; 自己の利益を考えて.

†ín·ter·est·ing [ínt(ə)rịstiŋ] *a.* 《物が》興味のある, おもしろい, (人に) 興味を起こさせる: an ～ book おもしろい本. I found the study ～. その研究(論文)はおもしろかった. → amusing, diverting. ***in an*** **～ *condition*** 〔***situation, state***〕 妊娠して.
◇ **～·ly** *ad.* おもしろく.

〔類義語〕 **おもしろい: interesting** 興味ぶかい. 以下の語に比べ知的関心の度合いが高い. **amusing** interesting のように積極的な知的関心はなく, 受け身の楽しさを示す.「慰み」の対象の域をこえることはなく受け取るがわの心の余裕を示唆する. 思わず微笑を誘う: The baby's attempts to talk were *amusing*. 赤ん坊の話そうとするしぐさは見ていても楽しかった. **diverting** 一時的に心の緊張を解きほぐす. 永続的な興味はむしろ否定する: Badminton is a *diverting* game. バドミントンを (仕事の合い間に) するのは気晴らしになる. **entertaining** 楽しみを与える人, もてなす人の存在が示唆される: We spent an *entertaining* evening at the theater. 劇場で楽しい夕べを過ごした. **pleasing** 自分の判断基準に照らして「好ましい楽しさのある」「心をなごませる」: a *pleasing* account of the wedding 結婚の楽しい物語. **absorbing** 夢中にさせるほどおもしろい: an *absorbing* detective story 楽しくてたまらない探偵(たんてい)小説. **funny** おもしろさが一風変わって, 奇妙な, おどけた, こっけいな: a *funny* fellow おかしなやつ. **comic, comical** 喜劇の要素を含んで, 人を楽しく笑わせるようにおもしろい. comical の方がより一般的な語: a *comic* book 漫画本. a *comical* mistake 全くこっけいな勘違い.

ín·ter·face [íntərfèis] *n.* 共有〔接触〕領域: the ～ of chemistry and physics 化学と物理の共通領域. ◇ **ìn·ter·fá·cial** [⌐–féiʃ(ə)l] *a.*

ín·ter·fáith [ìntərféiθ] *a.* 宗派を超越した.

‡ìn·ter·fére [ìntərfíər] *vi.* **1** 干渉する, 口出しする: ～ *with* a person *in* his affairs 他人のことに干渉して人のじゃまをする. Don't ～ *with* 〔*in*〕 what does not concern you. きみに関係ないことに口を出すな. **2** 手出しする, じゃまをする, 妨げる《に, を *with*》: Some has ～*d with* the clock. だれかがとけいに手を触れた. ～ *with* a person's plan 人の計画に支障をきたす. **3** 〈利害などが〉衝突する, 対立

する《と *with*》. 4〖物〗〈光波・音波などが〉干渉する. 5〖米:野球・フットボール〗(不法に) 妨害する. 6 仲裁する, 調停する. [inter-+√fer- 間に+はいる]
◇ **-fér·ing** [-fí(ː)riŋ/-fíər-] *a.* 干渉〔妨害〕する; おせっかいな.

ìn·ter·fér·ence [ìntərfí(ː)rəns/-fíər-] *n.* 1 干渉, 口出し《*in*》; 妨害, じゃま《*with*》. 2〖物〗《音波・電波などの》干渉;《電気通信の》混信, 妨害, 混信者. 3〖米:野球・フットボール〗妨害.

ìn·ter·fer·óm·e·ter [ìntərfirámitər/-fiərɔ́m-] *n.*〖物〗干渉計.

ìn·ter·flów [ìntərflóu] *vi.* 合流する; 混合する.
—— [ˊ-ˋ-/ˋ--] *n.* 合流, 混合. 「合流する.

ìn·ter·flú·ent [ìntərflúːənt, (英)+ intə́ːfluənt] *a.*

ìn·ter·fóld [ìntərfóuld] *vt.* 折り込む〔合わせる〕.

ìn·ter·fúse [ìntərfjúːz] *vt.* 1 混ぜ合わせる. 2 の間に流し込む; にしみ込ませる. —— *vi.* 混合する.
◇ **-fú·sion** [-fjúːʒ(ə)n] *n.* 混合, 浸透.

ìn·ter·glá·cial [ìntərgléiʃəl/ìntəgléisjəl] *a.*〖地〗(二つの) 氷河期間の, 間氷期の.

ín·ter·grade [íntərgrèid] *n.* 中間段階.
—— [ˋ-ˊ] *vt.* 〈動植物の種などが〉少しずつまじり合う, 段階的に変化する. ◇ **ìn·ter·gra·dá·tion** [ˋ-greidéiʃ(ə)n/-grə-] *n.*

ìn·ter·gróup [ìntərgrúːp] *a.*〖社〗グループ〔集団〕間の: ～ relationship.

ín·ter·im [íntərim] *n.* 1 中間期, 合い間; 当座の間. 2 仮の取り決め, 仮協定. 3 (the I～)〖宗史〗仮勅令《宗教改革当時神聖ローマ帝国皇帝 Charles V が発布した》. ***in the*** ～ その間に.
—— *a.* 中間の, 当座の, 臨時の, 仮の: an ～ report 中間報告. —— *ad.*〖稀〗そのうちに.
～ **certificate** 仮証書. ～ **dividend** 仮〔中間〕配当.

‡**in·té·ri·or** [intí(ː)riər/-tíər-] *a.* 1 **内の, 内側の,** 内部の, 奥の. ↔ exterior. 2 **奥地の,** 内陸の, 海岸〔国境〕から遠い. 3 内国の, 国内の. 4 屋内の, 室内の. 5 内的な, 精神的な. 6 内々の, 秘密の.
—— *n.* 1 **内側,** 内部. 2 **奥地,** 内陸. 3 内政, 内務. 4 屋内, 室内;〖美〗室内画〔写真〕. 5 (the ～) 内心, 本性. 6〖話〗おなか, 腹. ***the Department*** [***Secretary***] ***of the I***～〖米〗内務省〔長官〕(= (英) Home Office [Secretary]). [in-¹+√terior-]
～ **angle** 内角. ～ **decoration** [**decorator**] 室内装飾〔装飾家〕. ～ **monolog(ue)**〖文学〗内的独白《「意識の流れ」の手法に用いる》.
◇ ～**·ly** *ad.*

interj. interjection.

ìn·ter·já·cent [ìntərdʒéisnt] *a.* 間に横たわる, 介在する. [√jac-²]

ìn·ter·jéct [ìntərdʒékt] *vt.* 〈ことばを〉急にさしはさむ, 投げ入れる, 間に入れる: ～ a question 急に質問を投げかける. [√jac-¹]

ìn·ter·jéc·tion [-dʒékʃ(ə)n] *n.* 1 不意の叫び声〔発声〕. 2〖文〗間投詞, 感嘆詞《ah!, alas!, eh!, lo!, heavens!, good-by! など》.

ìn·ter·jéc·tion·al [-dʒékʃən(ə)l] *a.*《突然の》叫び声の;〖文〗間投詞の, 感嘆詞の. ◇ ～**·ly** *ad.*

ìn·ter·jéc·to·ry [-dʒékt(ə)ri] *a.* 1〖文〗間投詞の. 2 急に叫んだ.

ìn·ter·knít [ìntərnít] *vt.* (-tt-) 編み合わせる.

ìn·ter·láce [-léis] *vt., vi.* 組み合わせる〔合わさる〕, からみ合わせる〔合う〕, 織り交ぜる〔交じる〕.

ín·ter·làn·guage [íntərlæ̀ŋgwidʒ] *n.* 国際語.

ìn·ter·lárd [ìntərláːrd] *vt.* 1 にまぜる, にまぜ込む: ～ one's speech *with* Latin 演説にラテン語をまぜる. 2〈物が〉…にまじり込む. 3〈肉片に〉脂肪をはさむ.

ìn·ter·láy [-léi] *vt.* (**-láid** [-léid]) の間に入れる.

ín·ter·leaf [íntərlìːf] *n.* (*pl.* **-leaves**)《本などの間の》とじ込み紙, 挿入(そうにゅう)紙《主として白紙》.

ìn·ter·léave [ìntərlíːv] *vt.* 〈本などに〉挿入紙〔白紙〕をとじ込む〔差し込む〕.

ìn·ter·lí·brar·y [-láibrèri/-brəri] *a.* 図書館相互間の. ～ **loan** 図書館どうしが本を融通し合って貸し出しする制度.

ìn·ter·líne¹ [-láin] *vt.* 1〈語などを〉行間に書き込む. 2 の行間に書き込む. 「れる.

ìn·ter·líne² *vt.* 〈衣類の〉表と裏の間に心(しん)を入

ìn·ter·lín·e·ar [-líniər] *a.* 1《本などの》行間に書き込んだ. 2 2か国語〔異本〕の本文を1行おきに印刷した〔書いた〕.

ìn·ter·lín·e·ate [ìntərlínièit] *vt.* 行間に書き込む. ◇ **ìn·ter·lìn·e·á·tion** [-lìniéiʃ(ə)n/ín-] *n.*

ìn·ter·lín·gua [-líŋgwə] *n.* 1 = interlanguage. 2 (I～) インターリングァ《科学者用につくられた人工の国際語》. ◇ **-gual** [-gwəl] *a.* (2) 言語間の.

ìn·ter·línk [-líŋk] *vt.* つなぎ合わせる, 連結する.

ìn·ter·lóck [-lák/-lɔ́k] *vt., vi.* 連結させる〔する〕, からみ合わせる〔合う〕, 抱き合わせる〔合う〕, 連動させる〔する〕. ～***ing device*** 連動装置. ～***ing director*** 兼任重役. ～***ing signal***〖鉄道〗連動式信号機.

ìn·ter·lo·cú·tion [ìntərlokjúːʃ(ə)n] *n.* 1 対話, 問答, 会談, 会話. 2〖法〗中間判決.

ìn·ter·lóc·u·tor [-lákjutər/-lɔ́k-] *n.* (*fem.* **-tress** [-tris], **-trice** [-tris], **-trix** [-triks]) 1 対話〔対談〕者, 会談者. 2 黒人楽団の司会者. [√loqu-]

ìn·ter·lóc·u·to·ry [-lákjutɔ̀ːri/-lɔ́kjut(ə)ri] *a.* 1 対話〔対談〕の, 問答〔対話〕体の. 2 対話〔対談〕中にはさむ: ～ wit 対話中にはさむ機知. 3〖法〗中間の: an ～ judgment [decree] 中間判決. → final.

ìn·ter·lópe [ìntərlóup] *vi.* 1 他人のことに立ち入る, おせっかいする. → intrude. 2 もぐり営業をする.
◇ **ín·ter·lop·er** [íntərlòupər] *n.*

ín·ter·lude [íntərlùːd] *n.* 1 幕あい狂言〔演劇〕;〖史〗間劇, 喜劇. 2〖楽〗間奏曲. 3 合い間のできごと; 合い間. [√lud-]

ìn·ter·lú·nar [ìntərlúːnər] *a.*〖天〗月の見えない期間の《かけ月・新月間の約4日間の》.

ìn·ter·már·riage [-mǽridʒ] *n.* 1 異種族〔氏族, 階級〕間の結婚. 2 近親結婚. 3〖法〗結婚.

ìn·ter·már·ry [ìntərmǽri/ín-] *vi.* 1 異種族〔氏族, 階級〕間で結婚する. 2 近親結婚をする. 3 (互いに) 結婚する.

ìn·ter·méd·dle [ìntərmédl] *vi.* 干渉する, 差し出がましいことをする, おせっかいする《に *with, in*》.

ìn·ter·mé·di·a·cy [-míːdiəsi] *n.* 介在; 仲介.

ìn·ter·mé·di·ar·y [ìntərmíːdièri/-djəri] *a.* 1 媒介の, 仲介〔仲裁〕の. 2 中継の.
—— *n.* 1 仲介者〔物〕, 媒介者〔物〕, 仲裁者. 2 仲介, 媒介. 3 中間段階. ***through the*** ～ ***of*** を介して, の手を経て. [√medi-]

ìn·ter·mé·di·ate [-míːdiit/-djət] *a.* 中間の, 介在する, 間に起こる. —— *n.* 1 中間物. 2 仲裁〔仲介〕者. [√medi-]
～ **form**〖英〗中間学級. ～ **range ballistic missile** 中距離弾道弾《略 IRBM》. ◇ ～**·ly** *ad.*
—— [-míːdièit] *vi.* 仲介〔仲裁〕する, 調停する.
◇ **-a·tor** [-èitər] *n.* 仲介〔媒介〕者; 調停〔仲裁〕者.

ìn·ter·mè·di·á·tion [ìntərmìːdiéiʃ(ə)n] *n.* 仲介, 仲立ち, 媒介; 調停.

ìn·ter·mé·di·um [-míːdiəm] *n.* (*pl.* **-a** [-diə], **-ums**) 中間〔仲介, 媒介〕物.

in·tér·ment [intə́ːrmənt] *n.* 埋葬, 土葬.

ìn·ter·méz·zo [ìntərmétsou, -médzou] *n.* (*pl.* **-zos, -zi** [-métsiː, -dziː])《幕あいの》間(あい)狂言;〖楽〗間奏曲. [<It.] 「の移住.

ìn·ter·mi·grá·tion [ìntərmaigréiʃ(ə)n] *n.* 相互

in·tér·mi·na·ble [intə́ːrminəbl] *a.* 果てしなく続

く, 無限の, とめどない. ◇ **~·ness** *n.* **-bly** *ad.*

ìn·ter·mín·gle [ìntərmíŋgl] *vt., vi.* まぜる, まじる, 混合する《と with》.

ìn·ter·mís·sion [-míʃ(ə)n] *n.* **1** 合い間, 中断, 中止. **2**〔米〕《学校の》休憩時間, 《芝居の》幕あい, 《試合などの》休み時間, 中休み: during ~ 幕あいに. ***without (an)*** ~ 休みなく, 間断なく.

ìn·ter·mít [ìntərmít] *vt., vi.* **(-tt-)** **1** しばらく止める〔止まる〕. **2** 中断〔中止, 中絶〕させる〔する〕. **3** <病熱・痛みなどが> 断続する; 〘医〙<脈が> 結滞する. [inter-+√mit(t)- 中に+おく→間をおく]

ìn·ter·mít·tent [-mít(ə)nt] *a.* ときどき中断〔休止〕する, 断続する, 間欠性の. —— *n.* 〘医〙間欠熱. **~ current** 断続電流. **~ fever** 〘医〙間欠熱. **~ spring** 間欠泉.
◇ **~·ly** *ad.* 断続〔間欠〕的に, ときおり. **-tence** *n.*

ìn·ter·míx [-míks] *vt., vi.* まぜる, まじる, 混合させる〔する〕. ◇ **~·ture** [-tʃər] *n.* 混合(物).

ìn·ter·món·tane [-mántein/-mɔ́n-], **ìn·ter·móun·tain** [-máunt(i)n/-tin] *a.* 山間の.

ìn·ter·mú·ral [-mú(:)rəl/-mjúər-] *a.* **1** 壁にはさまれた. **2** 都市間の; 団体間の: an ~ track meet 都市対抗競技会.

ín·tern[1] [íntə:rn, ㊥⁺ー⁄] *n.* インターン, 《国家試験前の》病院住み込み実習〔見習〕医 (=interne).
—— *vi.* インターンになる〔として勤める〕.
◇ **~·ship** *n.* インターンの身分〔期間, 職, 地位〕.

in·térn[2] [intə́:rn] *vt.* 《交戦国の捕虜・船などを一定区域に》抑留〔拘禁〕する.

‡in·tér·nal [intə́:rn(ə)l] *a.* **1** 内部の, 内の: ~ organs 内臓. ↔ external. **2** 内面的, 精神的, 本質的. **3** 国内の, 内国の: ~ politics 国内政治. —— *n.* (*pl.*) **1** 《事物の》本質. **2** 内臓, はらわた. **~-combustion engine** 内燃機関. **~ ear** 内耳. **~ medicine** 内科学. **~ revenue** 〔米〕内国税収入 (=㊥ inland revenue). **I~ Revenue Service** アメリカ国税局. **~ world** 《意識の》内面的世界. ◇ **-ize** [-àiz] *vt.* 内化する; <社会的なものを> 体得する; 主観化する. **~·ly** *ad.* 内部に, 内面的に, 国内で. **ìn·ter·nál·i·ty** [ìntərnǽləti] *n.* 内在(性).

internat. international.

‡ìn·ter·ná·tion·al [ìntərnǽʃ(ə)n(ə)l] *a.* **1** 国際(上)の, 国際的(な), 万国の: an ~ conference 国際会議. **2** 国際間で定められた. —— *n.* **1** 国際競技出場者. **2** (I~) 国際労働者同盟, インターナショナル(=I~ Working Men's Association). ***the First I~*** 第一インターナショナル《Marx を中心にロンドンで組織. 1864–74》. ***the Second I~*** 第二インターナショナル《パリで組織. 1889–1914》. ***the Third I~ = Red I~*** 第三インターナショナル《モスクワで組織. 1919–43. Communist I~. 略して Comintern ともいう》.
I~ Astronautical Federation 国際宇宙旅行連盟. **I~ Bank for Reconstruction and Development** 国際復興開発銀行. **~ candle** 国際燭光(しょっこう)《1909 年フランス・イギリス・アメリカで定めた光度を測る単位》. **~ code** 国際信号簿. **I~ Court of Justice** 国際司法裁判所. **~ date line** 日付変更線. **~ exchange** 国際かわせ, 外国かわせ. **I~ Geophysical Year** 国際地球観測年《略 IGY》. **I~ Labor Organization** 《国連の》国際労働機構《略 ILO》. **~ law** 国際(公)法. **I~ Monetary Fund** 国際通貨基金《略 IMF》. **~ monetary system** 国際通貨制度. **~ official record** 〘運〙公認世界記録. **I~ Phonetic Association** 国際音声学協会《1886年設立. 略 IPA》. **I~ Postal Union** 万国郵便同盟. **I~ Whale Fishing Control Treaty** 国際捕鯨取り締まり条約. **I~ Working Men's Association** 国際労働者同盟.
◇ **~·ism** [-ìz(ə)m] *n.* 国際(協調)主義; 国際性. **~·ist** *n.* 国際主義者; 国際法学者. **~·ly** *ad.* 国際間に〔で〕; 国際的に. **ìn·ter·nà·tion·ál·i·ty** [-næ̀ʃənǽləti] *n.*

In·ter·na·tio·nale [ìntərnæ̀ʃənǽl, -ná:l/-næʃəná:l] F. *n.* (the ~, *L'*~) インターナショナルの歌《労働者・共産主義者の間で歌われる革命歌》.

ìn·ter·ná·tion·al·ize [ìntərnǽʃ(ə)n(ə)làiz] *vt.* **1** 国際化する, 国際的にする. **2** 国際管理のもとにおく. ◇ **ìn·ter·nà·tion·al·i·zá·tion** [-næ̀ʃ(ə)nəli-zéiʃ(ə)n, -laiz-/-ln-] *n.*

ín·terne *n.* = intern[1].

ìn·ter·né·cine [ìntərní:sin, -sain/-sain] *a.* 《仲間どうしが》互いに殺し合う, 共倒れの; 破滅的な.

ìn·tern·ée [ìntərní:/-tə:-] *n.* 被抑留〔収容〕者.

in·tér·nist [intə́:rnist] *n.* 内科医.

in·térn·ment [intə́:rnmənt] *n.* **1** 病院住み込み〔インターン〕実習. **2** 抑留, 拘禁. **~ camp** 〔英〕捕虜〔敵国市民〕収容所 (=㊥ detention camp).

in·ter nos [ìntər-nóus] L. (=between〔among〕ourselves) 私たちの間に〔で〕, ここだけの話だけれど.

ìn·ter·nún·ci·o [ìntərnʌ́nʃiòu] *n.* (*pl.* **~s**) ローマ教皇代理使節《nuncio の下の位》.

ìn·ter·ò·ce·án·ic [ìntəròuʃiǽnik/ìn-] *a.* 大洋間の, 二つの大洋をつなぐ.

ìn·ter·óf·fice [ìntərɔ́:fis/-ɔ́f-] *a.* オフィス〔部局〕間の, 社内間の.

ìn·ter·pàr·lia·mén·ta·ry [ìntərpà:ləmént(ə)-ri] *a.* 議会間の. **I~ Union, the** 列国議会同盟.

ìn·ter·pél·late [ìntərpéleit, intə́:rpilèit/intə́:-peleit] *vt.* に質問する, に説明を求める《議会で政府の政策などについて議員が大臣に》. ◇ **ìn·ter·pél·lant** [ìntərpélənt], **ìn·ter·pel·lá·tor** [ìntərpe-léitər, intə́:rpilèitər/intə́:peleitə] *n.* **ìn·ter·pel·lá·tion** [ìntərpeléiʃ(ə)n, intə́:rpi-/intə̀:pe-] *n.*

ìn·ter·pén·e·trate [ìntərpénitrèit] *vt., vi.* **1** にしみとおる, に浸透する. **2** 互いに貫通する, 互いに突き通す. ◇ **-tra·tive** [-trèitiv/-trətiv] *a.* **ìn·ter·pèn·e·trá·tion** [ìntərpènitréiʃ(ə)n/ìn-] *n.*

ìn·ter·pér·son·al [-pə́:rs(ə)n(ə)l, -snəl] *a.* (人の) 相互間の; (人の) 相互関係(について)の.

ín·ter·phone [íntərfòun] *n.* 《社内・校内など同一建物内の》内部電話(装置), インターホン; 《飛行機・戦車間などの》内部電話(装置).

ìn·ter·plán·e·tar·y [ìntərplǽnitèri/-t(ə)ri] *a.* 〘天〙惑星間の. **~ monitoring platform** 惑星間空間観測衛星.

ín·ter·plày [íntərplèi/⁄ー⁄] *n.* 相互作用.
—— [ˌー⁄/⁄ー⁄] *vi.* 相互に作用〔影響〕する.

ìn·ter·pléad [ìntərplí:d] *vi.* 〘法〙権利者確認手続きをする. ◇ **~·er** *n.*

in·tér·po·late [intə́:rpəlèit] *vt.* **1** <写本の本文などに> 書き込む, に語句を付け加えて修正する, 改ざんする. **2** <改ざん語句を> 挿入(そうにゅう)する. **3** <付加物・異物を> 間にはさむ. **4** 〘数〙<級数に> 中間項を入れる, 補間する. ◇ **-la·tor** [-ər] *n.* **in·tèr·po·lá·tion** [intə̀:rpəléiʃ(ə)n] *n.* **1** 書き入れ(文句), 改ざん. **2** 〘数〙補間法, 内挿法.

ìn·ter·póse [ìntərpóuz] *vt.* **1** 間におく〔はさむ〕. **2** <じゃま・妨害などを> さしはさむ, しかける. **3** <異議などを> さしはさむ, <批評などを> 横合いから言う. **4** <仲裁などを> 中に立って行なう. **5** 〘映〙<画面を> 重ね写して入れ替える.
—— *vi.* **1** 仲裁する, 中にはいる: ~ between two disputants ふたりの論争者の中にはいって仲裁する. **2** 干渉する. **3** じゃまをする, さえぎる.
~ one***self*** 立ちふさがる. [<pose]
◇ **-pós·al** [-póuzl] *n.* = interposition.

ìn·ter·po·sí·tion [ìntərpəzíʃ(ə)n/intə́:-] *n.* **1** 間に入れること; 間に入れたもの. **2** 仲裁, 調停. **3** 干渉.

文法要説…(11)

Interrogative (疑問詞)

疑問をあらわす次の 7 語を**疑問詞** (interrogative)という: **what**「なに」, **which**「どれ」, **who**「だれ」, **when**「いつ」, **where**「どこで」, **why**「なぜ」, **how**「いかに」. このうち how を除いてはみな wh- で始まっている.

品詞別には (1) **疑問代名詞** (interrogative pronoun): what, which, who; (2) **疑問形容詞** (interrogative adjective): what, which; (3) **疑問副詞** (interrogative adverb): when, where, why, how となり, そのうち what と which は (1) と (2) を兼ねている. これらのうち how を除いた 6 語は, みな同時に関係詞としての役割も兼ねている. → **枠付** Relative および what など各項.

これらの語の疑問詞としての共通な特徴として, 最初に注意すべきたいせつな点は, これらがいずれも yes や no では答えられない, いわゆる**特殊疑問文** (special question) を導くことである:

特殊疑問文: *What* did you buy?—I bought a book. なにを買いましたか. —本を買いました. (yes, no で答えられない)

一般疑問文: Did you buy the book?—Yes, I did. 本を買いましたか. —はい, 買いました. (yes, no で答えられる)

日本語のがわでは一般疑問文に相当する「本を買いましたか」も特殊疑問文に相当する「なにを買いましたか」も全くおなじ構文であるのに対し, 英語では上例のように語順が変わる. このことは以下に述べることについても重要である.

1) 品詞別の機能

疑問代名詞は主語・目的語および補語として用いられる《ただし who は格変化する: 所有格 whose, 目的格 who(m)》: *Who* said so? だれがそう言ったか. *What* [*Who*] is that? あれはなに [だれ] か. *Who(m)* did you talk to? だれに話しましたか.

疑問形容詞＋名詞は機能の上で疑問代名詞に相当する: *Which book* [What] do you want? どの本 [なに] がほしいのですか.

疑問代名詞 who の所有格 whose は一方において代名詞 (おもに動詞 be の補語) としての役割をもつと同時に, 他方では疑問形容詞としての役割ももっている: *Whose* (book) is this? これはだれの(本)ですか.

疑問副詞は時・所・理由・方法を問うための副詞として用いられる.

2) 語順の総原則

疑問詞は, それに導かれた特殊疑問文 [節] の文頭 [節頭] に立つ:

Where do you live? あなたはどこに住んでいますか.

I remember *when* he came. 私は彼がいつ来たかをおぼえている.

3) 疑問文での主語と動詞

a) 疑問詞自体 (疑問代名詞, または疑問形容詞＋名詞) が主語のときには, 原則 2) により当然これが文頭に立つ. このばあい倒置は起こらず, 助動詞 do も用いられない:

What happened? なにが起こったか.

Who [*Whose son*] *won?* だれ [だれのむすこ] が勝ったのか.

Which (*boy*) *came?* どちら (の少年) が来たか.

b) 疑問詞が主語でないばあいには, 主語と動詞の間に一般疑問文と同様の倒置が起こる:

Who *is he*? 彼はだれか. (補語)

Whose *is this*? これはだれのか. (補語)

When *did she* come? 彼女はいつ来たか. (副詞)

Whose daughter *did he* marry? 彼はだれの娘と結婚したか. (目的語)

4) 節中の語順

疑問詞に率いられる従属節中の主語と動詞は倒置を起こさず, 平叙文の語順をとる:

I know how kind *he is*. 私は彼がどんなに親切だか知っている.

Tell me where *you got* it. どこでそれを手に入れたか, 教えてください.

When *he wrote* it, is a riddle. 彼がそれをいつ書いたかはなぞだ.

〈注₁〉 節を導く疑問詞にはそれ自体接続の力があるので, "I know *that how* kind he is." のように前に that があらわれることはない. もっとも次のように疑問詞に導かれた節が一要素《主語》となって, 更に新しい節を生じるばあいは別である: I know *that* how kind he is, is the most important point here. ここでは彼がどんなに親切かということが問題の核心であることを, 私は承知している.

〈注₂〉 このばあいの where, when は接続詞のばあいと位置が似ているので, 区別に注意を要する.

5) do you think などが挿入(そうにゅう)されるばあい

原則 2) と 4) は do you think などが挿入されるばあいにも守られる:

How do you think *I did* it? 私がそれをどういう風にやったと思いますか.

Who shall I say *wants* to speak to him? 《電話の取り次ぎで》 (どなたが彼に話したがっているのだと伝えましょうか→) どなたでいらっしゃいましょうか.

すなわち原則 2) で疑問詞は文頭に立ち, 原則 4) で節中の主語 (第 2 例では疑問詞自体) と動詞は平叙文の語順をとっている. ここでこれらの例文はそれぞれ how, who に対する答えを期待する特殊疑問文であることを想起せねばならない. ここでは do you think や shall I say が主節だが, 原則 2) を守るためには, これらは疑問詞の次に挿入するほかない. これに対し

Do you know *how* I did it? 私がそれをどういう風にやったか知っていますか.

では, 特殊疑問は how に率いられる従属節に吸収され, 文全体としてはそれを知っているかいないかを問う, すなわち yes か no で答えられる疑問文なので, 疑問詞でなく主節が文頭にきている. "Do you think how I did it?" では英語にならないが, 仮にそういうことが言えたとしても, あることを思うか思わないかの問いになるので, 的をはずれるわけである.

ただし会話では原則 3) の形式の普通の疑問文のあとに do you think や I wonder をつけることがある:

Which is better, *do you think*? どっちがいいと思いますか.

How much *is it, I wonder*? 幾らでしょうね.

〈注〉 How do you think I did it? と一見おなじ構文の How do you know (that) he is rich? 「彼が金持ちだとどうしてわかるか」 では, How は主節の do you know にかかっており, 従属節の he is rich とは関係がない. それに対し, 前の文では How は I did it にかかり, do you think は挿入的であ

る《ただし Why do you think I did it? ではこの二つの修飾関係がともに起こりうる. → 枠付 why *ad.* A) の ②》.

6) 不定詞とともに

疑問をあらわす従属節を圧縮省略して, 疑問詞＋toつき不定詞であらわしうるばあいがある:

I don't know *what to do.* どうしたらよいのかわからない.

We asked them *which* way *to go.* 私たちは彼らにどちらへ行くべきかを尋ねた.

He told me *how to make* it. 彼は私に (それをどうしてつくるべきか →) そのつくり方を教えてくれた.

〈注〉たとえば I don't know *what to do.* は論理的には I don't know *what* I am *to do.* の短縮したものとみることができる.

7) 問い返しの疑問詞

会話で, たとえば相手が I was born in Tokyo.「私は東京で生まれた」と言ったとき, in Tokyo が聞き取れなかったとすると, You were born *where?*「どこで生まれたダって?」と問い返すことができる. つまり相手の発言そのままの構文を用いて不明の箇所に疑問詞を入れるのである. ただし I was born の次が場所を示したのか時を示したのかさえわからなかったばあいには You were born *what?*「『生まれた』の次になんと言ったっけ?」と言える.

8) God knows, I don't know などとの結合

I don't know [God knows] *where* he is gone. 彼がどこへ行ってしまったのか, 私は知らない〔神のみぞ知る, だれも知らない〕. は上記 4) の一つのばあいにすぎず, I don't know where..., God knows where... は, もちろんそれぞれ完結した文としての機能を保っている. また, お茶をつぐときなどに言う Say *when.* (いつやめればいいか, 言ってください) も, *Say when* I should stop. などの省略形と考えることができ, やはり一つの文をなしている.

ところが, この省略構文からの発展と見られる次のような用法がある: He is gone *God knows where.* 彼はどこへともなく行ってしまった.

このばあい, God knows where はもはや完結した文としての機能を失って, 文の1要素(ここでは somewhere などの副詞と等価) になっている. 同様に

If this project is ever completed *Heaven* [*Goodness, nobody*] *knows when,* it will be of great help to us all. この計画が, いつのことやら全く見当もつかないが, ともかく完成すれば, われわれ全体に非常な便益をもたらすだろう《sometime などと等価》.

The task was barely carried out with the help of *I don't know how many* men. その任務は, 数知れぬ人手を借りて, やっとどうやら達成された《innumerable などと等価》.

---

‡in·tér·pret [intə́:rprit] *vt.* **1 解釈する**, 解明する, 説明する. **2** 解する, 判断する: ～ a person's remark *as* a mere threat 人のことばを単なるおどかしと解する. **3** の**通訳をする**. **4**〘劇・楽〙《自分の解釈で》演出〔演奏〕する; 〈役柄を〉演ずる. —— *vi.* **1** 通訳する: ～ between two persons ふたりの間の通訳をする. **2** 説明する.
◇ **～·a·ble** [-əbl] *a.* 解釈〔説明, 通訳〕できる, 判断できる. **-pre·tive** [-iv] *a.*

in·tèr·pre·tá·tion** [intə̀:rpritéiʃ(ə)n] *n.* **1** 解釈, 説明. **2** 理解, 判断. **3** 通訳. **4**《自己の解釈に基づく》演出; 《楽曲の》演奏. ***put* one's *own* ～ *on を自分流に解釈する.

in·tér·pre·ta·tive [intə́:rpritèitiv/-tətiv] *a.* **1** 解釈の(ための), 説明の. **2** 通訳の.

‡in·tér·pret·er [intə́:rpritər] *n.* (*fem.* **in·tér·pre·tress** [-pritris]) **1** 解釈者, 説明者. **2** 通訳(者).

ìn·ter·rá·cial [ìntərréiʃəl] *a.* 人種間の.

ìn·ter·rég·num [-régnəm] *n.* (*pl.* **-nums, -na** [-nə]) **1**《皇帝の退位・崩御後などの》空位期間. **2**《内閣更迭などのための》政治空白期間. **3** 空白, 停止.

ìn·ter·re·lát·ed [-riléitid] *a.* 相互に密接な関係のある.

ìn·ter·re·lá·tion [ìntərriléiʃ(ə)n] *n.* 相互関係.
◇ **～·ship** *n.* 相互関係(性).

ín·ter·rex [íntərrèks] *n.* (*pl.* **ìn·ter·ré·ges** [ìntərrí:dʒi:z]) 空位期間の統治者.

interrog. interrogation; interrogative.

in·tér·ro·gate [intérəgèit] *vt.* **1** 〈人に〉尋ねる, 聞きただす, 質問する. **2** 尋問〔審問〕する: ～ the witness 証人を審問する. [√rog-]
◇ **-ga·tor** [-ər] *n.* 質問者, 尋問〔審問〕者.
類 → **ask**「尋ねる」

in·tèr·ro·gá·tion [intèrəgéiʃ(ə)n] *n.* **1** 質問, 尋問, 審問. **2** 疑問. **3**〘文〙＝～ mark.
～ mark [note, point] 疑問符《?》.

***ìn·ter·róg·a·tive** [ìntərágətiv/-rɔ́g-] *a.* **1 質問の**, 疑問(形)の: an ～ adverb [pronoun] 疑問副詞〔代名詞〕《where, what など》. **2 不審そうな**, ものを尋ねたいような. —— *n.*〘文〙疑問詞. →枠付 Interrogative (pp. 664–665). ◇ **～·ly** *ad.*

ìn·ter·róg·a·to·ry [ìntərágətɔ̀:ri/-rɔ́gət(ə)ri] *a.* **1** 不審そうな, なにか尋ねたそうな. **2** 質問をあらわす. —— *n.* **1** 質問, 尋問. **2** (*pl.*)〘法〙尋問書.

‡ìn·ter·rúpt [ìntərʌ́pt] *vt.* **1 さえぎる, 中断する**, じゃまする, の話の腰を折る: May I ～ you a while? ちょっとお話のおじゃましてもいいですか. **2** 〈交通などを〉妨害する, 遮断(しゃだん)する, 不通にする: The traffic was ～*ed* by the flood. 交通は洪水(こうずい)で止まってしまった. —— *vi.* じゃまする, 中断する: Please don't ～. どうか, 最後まで話させてください. [√ru(m)p-]
◇ **～·er** *n.* **1** 妨害者〔物〕. **2**〘電〙断続器, 遮断器.

ìn·ter·rúpt·ed [ìntərʌ́ptid] *a.* 中断された, とぎれた, さえぎられた; 《交通などが》不通になった.
◇ **～·ly** *ad.*

ìn·ter·rúp·tion [ìntərʌ́pʃ(ə)n] *n.* **1** 中断, じゃま, 妨害. **2**《交通の》不通. **3** 妨害物. ***If you will excuse my* ～, ...** お話の途中を失礼ですが, ... ***without* ～** ひっきりなしに, 絶え間なく.

ìn·ter·scho·lás·tic [ìntərskəlǽstik] *a.* 各学校間(対抗)の.

ín·ter se [íntər-sí:] L. (＝between [among] themselves) 彼らだけの間で, お互いに, 秘密で.

ìn·ter·séct [ìntərsékt] *vt.* (互いに) 横切る, (互いに) 横断する, と交差する. —— *vi.* 交差する, 交わる: The roads ～ at right angles. 道は直角に交わる.

ìn·ter·séc·tion [ìntərsékʃ(ə)n] *n.* **1** 交差, 横断; 交差点. **2**〘数〙交わり, 交点, 交線. ◇ **～·al** *a.*

ín·ter·sès·sion [íntərsèʃ(ə)n] *n.* 学期と学期との間.

ìn·ter·séx·u·al [ìntərsékʃuəl/-sju-] *n.* **1** 異性間の. **2**〘植〙両性の (性質をもった).

ín·ter·spàce [íntərspèis/ ́ - ́] *n.* 空間, 《場所・時間の》すきま; 《できごとの》合い間.
—— [ìntərspéis/ ̀ - ́] *vt.* **1** のあいだに合い間〔空間, すきま〕をおく. **2** のあいだの空所を占める.

ìn·ter·spérse [ìntərspə́:rs] *vt.* にまき散らす, に点在させる, に点々と配する: ～ one's speech *with* touches of humor [*with* flowery expressions] ユーモア〔美辞麗句〕を交えて演説に花を添える.
◇ **-spér·sion** [-spə́:rʃ(ə)n, ㊥⁺ -ʒ(ə)n] *n.* 点在〔散在, 点綴(てんてい)〕すること, まき散らすこと.

ìn·ter·státe [ìntərstéit/ín-] *a.*〘米〙州と州の間の: ～ commerce 州の間の取引.

ìn·ter·stél·lar [-stélər] *a.* 星と星の間の.

in·tér·stice [intə́:rstis] *n.* すきま, 間隙(かんげき); 割れ

目，裂け目.

ìn·ter·stí·tial [ìntərstíʃ(ə)l] *a.* **1** すきま〔割れ目，裂け目〕の. **2**〖医〗間質の.

ìn·ter·tèr·ri·tó·ri·al [-tèritɔ́:riəl/-tɔ́:r-] *n.* 二つの領土〔区域〕にまたがる: ～ laws.

ìn·ter·téx·ture [-tékstʃər] *n.* **1** 織り〔編み〕合わせ. **2** 織り〔編み〕合わせた物.

ìn·ter·tríb·al [-tráib(ə)l] *a.* 種族間の.

ìn·ter·tróp·i·cal [-trápik(ə)l/-trɔ́p-] *a.* 熱帯間の.

ìn·ter·twíne [-twáin] *vt., vi.* より〔からみ〕合わせる〔合う〕，織り〔編み〕合わせる，もつれ合う《と *with*》. ◇ **～·ment** *n.*

ìn·ter·twíst [-twíst] *vt., vi.* より〔ねじり〕合わせる〔合う〕，からみ合わせる〔合う〕.

ìn·ter·ù·ni·vér·si·ty [ìntərjù:nivə́:rsiti/ìn-] *a.* 大学間の.

ìn·ter·úr·ban [ìntərə́:rbən] *a.* 都市間の: an ～ railway 都市間連絡鉄道. —— *n.*〖米〗都市間連絡電車.

‡**ín·ter·val** [íntərv(ə)l] *n.* **1**《空間・時間の》間隔，隔たり: after an ～ of five years 5 年の間をおいて. **2** 合い間;《演劇の》幕あい，休憩時間;《発作などの》休止（期): in the ～*s* of one's business 仕事の合い間に. **3**《程度・質・量などの》差，隔たり. **4**〖楽〗音程.
at ～s ときどき，おりおり; とびとびに，ここかしこに. ***at ～s of*** six feet〔three hours〕(6 フィート〔3 時間〕) おきに. ***at long*** 〔***short***〕 ***～s*** たまに〔しばしば〕. ***at regular*** 〔***irregular***〕 ***～s*** 一定〔不規則〕の間をおいて. ***without ～*** のべつに.

ín·ter·vale [-vèil] *n.*〖米〗川沿い〔山間〕低地.

ìn·ter·vár·si·ty [ìntərvá:rsiti] ＝interuniversity.

‡**ìn·ter·véne** [ìntərví:n] *vi.* **1** 間にはいる，はさまる，間に起こる: the period that ～*d between* A and B AとBとの間にはさまった時期. **2**（間にはいって）じゃまをする. **3**（間にはいって）調停する《の間を *between*》; 干渉する《に *in*》. **4**〖法〗〈第三者が〉訴訟に参加する. ***if nothing ～s*** 支障が起こらなければ. [√ven-]

ìn·ter·vén·tion [-vénʃ(ə)n] *n.* 介入，仲裁，調停; 干渉. ***on*** 〔***through***〕 ***the ～ of*** の仲裁〔調停〕で. ◇ **～·ist** *n.*（内政）干渉論者〔主義者〕.

‡**ín·ter·view** [íntərvjù:] *n.* **1** 会見; 会談，対談. **2** 面接，面会. **3**《記者などの行なう》インタビュー，訪問，会見; 会見〔訪問〕記. ***ask for an ～ with*** …との会見を求める. ***have*** 〔***hold***〕 ***an ～ with*** と会見する. —— *vt.* と会見する，と面接する. [＜view] ◇ **～·ée** [-í:] *n.* 被会見者. **～·er** *n.* **1** 会見者，訪問記者. **2**（玄関の）のぞき穴.

in·ter vi·vos [ìntər-váivous, -ví:v-] L. (＝between〔among〕the living) 生存者の間で.

ìn·ter·vo·cál·ic [ìntərvokǽlik] *a.*〖音声〗母音間の.

ìn·ter·vólve [ìntərválv/-vɔ́lv] *vt.* 互いに巻き〔からみ〕合わせる.

ìn·ter·wár [-wɔ́:r] *a.* 両大戦間の.

ìn·ter·wéave [-wí:v] *vt.* （**-wóve** [-wóuv], **-wéaved**; **-wó·ven** [-wóuv(ə)n], **-wóve**, **-wéaved**) **1** 織り合わせる〔込む〕，織りまぜる. **2**《比喩的》織りまぜる; 関連づける: ～ truth *with* fiction 真実と虚構をないまぜる. ◇ **-wó·ven** *a.* **1** 織り合わせた〔込んだ〕，織りまぜた. **2** 関連した.

ìn·ter·wínd [-wáind] *vt., vi.* (**-wóund** [-wáund]) からみ〔巻き〕合わせる〔合う〕.

ìn·ter·wórk [ìntərwə́:rk] *v.* （**-wórked** *or* **-wróught** [-rɔ́:t]) *vt.* 織り込む，入れ込む. —— *vi.* 相互に作用する.

ìn·ter·zón·al [-zóun(ə)l] *a.* 地域〔地帯〕間の.

ìn·ter·zóne [-zóun] ＝interzonal.

in·tés·ta·cy [intéstəsi] *n.* 遺言なしの死亡.

in·tés·tate [intésteit, -tit/-teit] *a.* 遺言（書）のない: die ～ 遺言をのこさず死亡する. —— *n.* 遺言をのこさない死亡者. [√test-]

in·tés·ti·nal [intéstin(ə)l] *a.* 腸の，腸内の. **～ catarrh** 腸カタル. **～ fortitude** 勇気. **～ worms** 回虫. ◇ **～·ly** *ad.*

in·tés·tine [intéstin] *a.* 国内の，内部の: an ～ war 内乱. —— *n.*（通例 *pl.*)〖医〗腸: the large〔small〕～ 大腸〔小腸〕.

in·thrál(l) [inθrɔ́:l] ＝enthral(l).

in·thróne [inθróun] ＝enthrone.

ín·ti·ma·cy [íntiməsi] *n.* **1** 親密，親交，懇意《との *with*》. **2**《男女の》ねんごろ，情交. **3** 親しめるふんい気: the ～ of the room へやの居ごこちのよさ. ***be on terms of ～*** 親しい間柄である.

‡**ín·ti·mate** [íntimit] *a.* **1** 親密な，親しい，懇意の: an ～ friend 親友. ～ friendship 親交. **2**《知識が》ふかい，詳しい; 精通している《に *with*》. **3** 奥ふかい，本質的: the ～ structure of an organism 有機体の本質的構造. **4** 内心の，心の奥底の: ～ beliefs ひそかなる確信. **5** 私事の，個人的な: the ～ details of one's life 私生活上の細かいこと. **6**《男女関係において》ねんごろな，不義の間柄の. ***be on ～ terms with*** と親しい，と懇意である. —— *n.* 親友.
—— [íntimèit] *vt.* **1** ほのめかす，暗示する. **2** 公表する《*that*》.
◇ ***～·ly** [-mitli] *ad.* 親密に; 密接に; 内心（から).
〔類〕→ **familiar**「親しい」，**suggest**「暗示する」

ìn·ti·má·tion [ìntiméiʃ(ə)n] *n.* **1** 暗示，ほのめかし. **2** 通告，通達.

in·tím·i·date [intímidèit] *vt.* おどす，こわがらせる，脅迫する，威嚇する. ～ a person ***into*** (人を) おどして…させる. ◇ **-da·tor** [-ər] *n.* 脅迫〔威嚇〕者.
in·tìm·i·dá·tion [intìmidéiʃ(ə)n] *n.* おどかし，脅迫，威嚇.

ín·ti·mist [íntimist] *a.*《小説などが》個人の心理をえぐり出した. —— *n.* 心理描写作家.

in·tím·i·ty [intímiti] *n.* **1** 親密，親交. **2** 秘密.

in·tínc·tion [intíŋkʃ(ə)n] *n.*〖宗〗聖餐(せいさん)のパンを信者に渡す前にブドウ酒に浸すこと.

in·tí·tle [intáitl] ＝entitle.

in·tít·ule [intítju:l] *vt.* 〈法案などに〉題名〔標題〕をつける《おもに受動態で》.

†**into** → 枠付 into. (p. 667)

ín·toed [íntòud] *a.* 足指が内方に曲がった.

in·tól·er·a·ble [intálərəbl/-tɔ́l-] *a.* 耐えられない，しんぼう〔がまん〕できない. ◇ **～·ness** *n.* **-bly** *ad.*
in·tòl·er·a·bíl·i·ty [-⌣̀⌣⌣-bíliti] *n.*

in·tól·er·ance [intálərəns/-tɔ́l-] *n.* **1** 不寛容，狭量，偏狭. **2** 忍耐心のないこと: ～ of heat 高温に弱いこと. **3** 過敏症，アレルギー症.

in·tól·er·ant [-ənt] *a.* **1** 寛容でない，狭量〔偏狭〕な;《宗教上》異説をいれない. **2** 耐えがたい，がまん〔しんぼう〕できない《を *of*》: He is ～ *of* excesses. 彼は過激なことには耐えられない. —— *n.* ～な人 ◇ **～·ly** *ad.*

in·tómb [intú:m] ＝entomb.

ín·to·nate [íntonèit] ＝intone.

ìn·to·ná·tion [ìntonéiʃ(ə)n] *n.* **1**《詩編などの》詠唱，吟唱. **2**〖音声〗イントネーション，抑揚，音調，語調. **3**〖楽〗発声（法). **4**〖楽〗グレゴリオ聖歌の歌い始め（文句).

in·tóne [intóun] *vt., vi.* **1** 〈詩編などを〉詠唱する，吟唱する. **2**〖音声〗に抑揚〔音調〕をつける.

in·tór·sion [intɔ́:rʃ(ə)n] *n.*《軸・茎などの》ねじれ.

in·tórt [intɔ́:rt] *vt.* ねじる，の軸をねじる.

in to·to [in-tóutou] L. (＝in all) 全部，そっくり.

In·tóur·ist [intú(:)rist/-túərist] *n.* ソ連の外人観光局.

ín·town [íntàun, ⌣́-] *a.* 町なかの: an ～ motel.

in·tóx·i·cant [intάksįkənt/-tɔ́k-] *n.* 酔わせるもの, アルコール飲料, 麻薬. —— *a.* 酔わせる.

in·tóx·i·cate [intάksįkèit/-tɔ́k-] *vt.* **1** 酔わせる. **2** 興奮させる, 夢中にさせる, 有頂天にさせる. ***be ~d with*** [***by***] success (成功) に酔っている. ◇ **-cat·ed** [-id] *a.* 酔った, 夢中になった, 有頂天になった. **in·tòx·i·cá·tion** [–⌒–kéiʃ(ə)n] *n.* 酔い, 興奮, 有頂天; 〖医〗 中毒.

in·tóx·i·cat·ing [intάksįkèitiŋ/-tɔ́k-] *a.* 酔わせる, 夢中〔有頂天〕にさせる. ~ **liquors** 酒類. ◇ **~·ly** *ad.*

intr. intransitive.

intra- *pref.*「内に, 内部に, 内方に」の意: *intra*mural <intra-＋mur-＋-al 壁の＋内の→校内の. *intra*-trade 域内貿易. *intra*-party 党内の.

ìn·tra·cár·di·ac [ìntrəkά:rdiæk] *a.* 心臓内の.

in·trác·ta·ble [intrǽktəbl] *a.* 手に負えない, 扱いにくい, しまつが悪い, 言うことをきかない. →unruly. [√trah-] ◇ **~·ness** *n.* **-bly** *ad.* **in·tràc·ta·bíl·i·ty** [–⌒–bíləti, ㊥⁺ ìntræk-] *n.*

in·trá·dos [intréidɑs/-dɔs] *n.* 〖建〗《アーチの》内側面, 内弧面. ↔ extrados.

ìn·tra·mú·ral [ìntrəmjú(:)rəl/íntrəmjúər-] *a.* **1** 同一市内の, 大学内の, 教会内の, 一建物内の. ↔extramural. **2** 〖医〗《器官の》壁内の.

intrans. intransitive.

in·trán·si·gent [intrǽnsįdʒ(ə)nt] *a.*, *n.* 非妥協的な(人). [in-²＋trans-＋√ag-] ◇ **-gence, -gen·cy** *n.* 非妥協的態度.

in·trán·si·tive [intrǽnsįtiv] *a.* 〖文〗自動(詞)の. → transitive. —— *n.* 〖文〗自動詞 (＝~ verb) 《動作が他のものに及ばないもの, 目的語を伴わない動詞: Birds *sing*. The sun *shines*. Your knife *cuts* well. His father *is* kind.》. 〈注〉cut のように一つの動詞が自動詞・他動詞の両方に用いられるばあいがある. ◇ **~·ly** *ad.* 自動詞として, 自動詞的に.

ín·trant [íntrənt] ＝entrant.

ìn·tra·státe [ìntrəstéit] *a.* 〖米〗州内の.

ìn·tra·vé·nous [ìntrəví:nəs] *a.* 〖医〗 静脈内の, 静脈注射の: an ~ injection 静脈注射.

ín·tray [íntrèi] *n.* 《書類の》未決箱. → out-tray.

in·trénch [intréntʃ] ＝entrench.

in·trép·id [intrépid] *a.* 恐れを知らない, 勇気のある, 大胆不敵の. [in-²＋√trepid- 震え＋ない] ◇ **~·ly** *ad.* **ìn·tre·píd·i·ty** [ìntrįpídįti] *n.* 勇気, 剛勇.

ín·tri·ca·cy [íntrįkəsi] *n.* **1** こみいっていること, 複雑さ, 煩雑, 錯雑. **2** (*pl.*) 複雑なもの〔こと〕: the ~*ies* of business 事務の複雑さ〔煩雑さ〕.

***ín·tri·cate** [íntrįkit] *a.* **1** 錯綜(さくそう)した, もつれた. **2** こみいった, 複雑な; 煩雑な: an ~ machine 複雑な機械. [√tric-] ◇ **~·ly** *ad.*

ín·tri·g(u)ant [íntrįgənt] *n.* (*fem.* **~e** [ìntrįgǽnt/-gά:nt]) 陰謀〔権謀〕者, 密通者. [<F.]

in·trígue [intrí:g, ㊥⁺⌒–] *n.* **1** 陰謀. **2** 密通, 不義. **3** 《劇・小説などの》筋, 仕組み (plot). —— *v.* [–⌒] *vi.* **1** 陰謀を企てる, 術策をめぐらす《に対して *against*, *with*》. **2** 密通する, 不義をする《と *with*》. —— *vt.* **1** 当惑させる. **2** 《策略で》手に入れる, 実現する. **3** の好奇心〔興味〕をそそる《フランス語からとった新聞用語》. ~ a person *into* (人の) 興味をそそって…させる.

in·trín·sic [intrínsik], **-si·cal** [-(ə)l] *a.* **1** もともと身に備わっている, 内在的な, 固有の. **2** 本質的の, 真実の: the ~ value of a coin 貨幣の真正価値. ↔ extrinsic. [√sequ-] ◇ **in·trín·si·cal·ly** *ad.*

intro-「中へ」の意: *intro*duce <intro-＋√duc- 中へ＋導く → 導き入れる.

intro(d). introduction; introductory.

†ìn·tro·dúce [ìntrəd(j)ú:s/-djú:s] *vt.* **1 中へ入れる,** 導き入れる; 差し込む, はめ込む: ~ a person *into* a room 人をへやへ通す. ~ a key *into* a lock かぎを錠へ差し込む. ~ a figure *into* a design ある形を図案に織り込む. **2 採り入れる;** (初めて) **輸入する,** 移入する, 伝える; 採用する: ~ a new fashion 新流行を紹介する. Potatoes were ~*d into* Europe from America. ジャガイモはアメリカからヨーロッパへ輸入された. ~ a new concept *in* mathematics 数学に新しい概念を導入する. **3** 〈人を〉**紹介する,** 近づきにする: Allow me to ~ my brother *to* you. 弟をご紹介いたします. May I ~ myself? My name is X. 失礼ですが, 私は X と申す者です. どうぞよろしく. **4** 手引きする, に初めて経験させる: ~ a

into

in が前置詞・副詞両用に用いられるのに対して into はもっぱら前置詞として用いられ, またおなじく前置詞としても, in が原則として場所を, ときに方向を示すのに対し, into はもっぱら方向を示す. 類似のものに onto があるが, into に比べて使用度ははるかに低い.

ín·to [母音の前 íntu, íntə; 子音の前 íntə; 主として文尾 íntu:] *prep.* **1** 《内部への運動・動作》の中へ〔に〕, …へ〔に〕, まで: Put the cake ~ the oven. ケーキを天火に入れなさい. We went ~ the house. 屋内にはいった. They danced far ~ the night. 彼らは夜おそくまで踊った. I fear I shall get ~ difficulties. めんどうなことになるのではなかろうか. You need not go ~ details. 詳細は述べる必要はない. The police are looking ~ the antecedents of the suspect. 警察は容疑者の身元を調べている.

〈付記₁〉 **into** と **in** in は「…の内に, の中で」の意味で単に場所をあらわし, 運動の方向をあらわさないのが普通だが, break, cast, dip, divide, fall, lay, part, put, split, throw, thrust などのように動詞自体に運動の意味が込められているときには into を使わずに in を用いることがある: put the letter *in* an envelope 手紙を封筒に入れる. He threw the book *in* the fire. 彼は本を火中に投げ込んだ. break a cup *in* pieces コップを砕く. He fell *in* the water. 彼は水の中に落ちた.

〈付記₂〉 into と in to とを混同してはならない: They went *in to* see him. 彼らは彼に会いにはいった. Send this *in to* the secretary. これを書記に提出しなさい. 〈注〉Send this *into* the secretary. は誤り. なお, ここでは 2 例とも in は副詞.

2 《状態の変化・結果》(…を——) に (する), (…が——) に (なる); …の状態に(する〔なる〕): The girl turned ~ a swan. 少女は白鳥に変わった. Heat changes water ~ steam. 熱は水を水蒸気に変える. The mill makes wheat ~ flour. この工場は小麦を粉にする. Put your impression ~ shape. 印象をはっきりした形にまとめなさい. Those words scared him ~ silence. これらのことばを聞いて彼はこわくなって黙ってしまった. He poked the fire ~ a blaze. 彼は火をかき立てて起こした. She burst ~ tears. 彼女はわっと泣きだした.

3 〖数〗 割る; 掛ける: Dividing 3 ~ 9 goes [gives] 3 times. 9÷3＝3. 7 (multiplied) ~ 3 is 21. 7×3＝21.

〈付記〉 into を用いた成句は→ 該当名詞・動詞.

person *to* chess 人にチェスの手ほどきをする. **5** <話などを> (前おきをつけて) 始める, <論文などに> 序文をつける: ~ a subject *with* a long preface 主題に長い序説をつける. **6** <議案・話題などを> 提出する, もち出す. **7** 〘文〙<接続詞が節を> 導く. ***be ~d to society*** 社交界に登場〔デビュー〕する《特に, 若い娘が》. ~ one*self* 名のりをあげる, 自己紹介する. [intro-+√duc-]
◇ **-dúc·er** [-ər] *n.* 紹介者, 《文明などの》輸入者; 提出者.

(類義語) 紹介する: **introduce**「紹介する」の意の普通の語: Let me *introduce* Mr. A to you. A 氏をご紹介します. **present** やや堅苦しい正式の語. ときには, 目上の人に紹介するという意を含む: Now, let me *present* the famous magician, Mr. X. さあみなさん, 有名な奇術師X氏をご紹介します《観客を目上の者として扱っている》.

‡**ìn·tro·dúc·tion** [ìntrədʌ́kʃ(ə)n] *n.* **1** 採り入れ, 導入; 伝来, 初輸入: the ~ of Christianity *into* Japan キリスト教の日本伝来. **2** 紹介, ひろう. **3** 序言, はしがき. **4** 入門 (書), 手引き, 概論: an ~ to (the study of) electricity 電気学入門. **5** 〘楽〙序曲, 前奏曲. **6** 差し込み, 挿入(そうにゅう)《への *into*》. ***letter of ~*** 紹介状. ***make an ~*** 人を紹介する.

ìn·tro·dúc·to·ry [-dʌ́kt(ə)ri] *a.* **1** 紹介の: an ~ offer (商品) 宣伝のための特別提供. **2** 前おきの, 序言の: ~ remarks 緒言. **3** 予備〔準備〕的な. **4** 入門的な, 初歩の. ◇ **-ri·ly** [-rịli] *ad.*

in·tró·it [intróuit/íntrɔit] *n.* **1** (I~) 〘カトリック〙入祭文, 入進唱. **2** 〘イギリス国教〙聖餐(せいさん)式の前にうたわれる歌.

ìn·tro·mís·sion [ìntrọmíʃ(ə)n] *n.* **1** 挿入(そうにゅう), 差し込み. **2** 入場〔加入〕許可.

ìn·tro·mít [-mít] *vt.* (-tt-) はいらせる, 差し込む, 挿入する. [√mit(t)-]
◇ **~·tent** [-(ə)nt] *a.* はいれる, 差し込みのできる.

in·trórse [intrɔ́:rs] *a.* 〘植〙内向きの. ↔ extrorse.

ìn·tro·spéct [ìntrọspékt] *vi.* 内省する, 内観する, 自己分析する. [√spec-]
◇ **ìn·tro·spéc·tion** [-spékʃ(ə)n] *n.*

ìn·tro·spéc·tive [-spéktiv] *a.* 内省的な, 反省的な, 自己観察〔分析〕的な. ◇ **~·ly** *ad.*

ìn·tro·vér·si·ble [ìntrọvə́:rsịbl] *a.* 内に向けることができる.

ìn·tro·vér·sion [-və́:rʃ(ə)n, ㊍⁺-ʒən] *n.* **1** 〘心〙内向 (性), 内省. **2** 内へ向ける〔曲げる〕こと. ↔ extroversion.

ìn·tro·vér·sive [ìntrọvə́:rsiv] *a.* 内向 (性) の, 内省 (的) な.

ín·tro·vert [íntrọvə̀:rt] *a.* 内向的〔内省的〕な. —— *n.* 〘心〙内省的〔内向的〕な人; 〘話〙内気な人. —— *v.* [ìntrọvə́:rt] *vt.* **1** 内に転ずる. **2** <心などを> 内に向ける, 内向させる: ~ one's anger 怒りを内向させる. **3** 〘動〙内転させる. —— *vi.* 内省にふける; 内省的(性格) になる. ⇔ extrovert. [√vert-]
◇ **ìn·tro·vér·tive** [-tiv] *a.*

‡**in·trúde** [intrú:d] *vt.* **1** 押し込む, 押し入れる: The thought ~*d* itself *into* my mind. その考えが私の心を襲った. ~ oneself *into* an affair 事件に割り込む〔干渉する〕. ↔extrude. **2** 押しつける, しいる: ~ one's views *upon* others 自分の見解を他人に押しつける. **3** 〘地〙貫入させる. —— *vi.* **1** 押し入る, 侵入する《へ *into*》. **2** 干渉する, くちばしを入れる: ~ *into* a person's affairs 人のことにくちばしを入れる. **3** じゃまをする, 乱す: ~ *upon* a person's privacy 人のプライバシーを侵す. ***I hope I am not ~d**ing.* おじゃまではないでしょうか. ~ one*self* ***upon*** a person (1) (人) に自分の意見を押しつける. (2) (人) のじゃまをする. [√trud-]
◇ ***in·trúd·er** *n.* 侵入者; じゃま者, 妨害者; 〘軍〙侵入機.

in·trú·sion [intrú:ʒ(ə)n] *n.* **1** 押し入り, 侵入, 乱入. **2** 干渉, じゃま: an undesirable ~ *upon* one's privacy 私生活への好ましくない立ち入り. **3** 押しつけ, 強制. **4** 〘法〙不法侵入占有. **5** 〘地〙〘岩脈の〙貫入. [<intrude]

in·trú·sive [intrú:siv] *a.* **1** 侵入的な. **2** 差し出がましい, 出過ぎた, 押しつけがましい. **3** ついてまわる, じゃまになる: ~ memories of a lost love 頭について離れない失恋の思い出. **4** 〘地〙貫入の: ~ rocks 貫入岩. ◇ **~·ly** *ad.*

in·trúst [intrʌ́st] =entrust.

ín·tu·it [ínt(j)uit, int(j)ú:it/-tj-] *vt., vi.* 直観する, 本能的に気づく.

ìn·tu·í·tion [ìnt(j)uíʃ(ə)n/-tju-, -tju:-] *n.* 直観, 直覚, 直覚的知識〔真理〕. [√tu-]

ìn·tu·í·tion·al [-ʃən(ə)l] *a.* 直観の, 直観的, 直覚の. ◇ **~·ly** *ad.*

ìn·tu·í·tion·al·ism [-ʃən(ə)lìz(ə)m] *n.* **1** 〘哲〙直覚説, 直観論《真理は直観により認識されるとする》. **2** 〘米〙=intuitionism ①.
◇ **-ist** *n.* 直観論者.

ìn·tu·í·tion·ism [-ʃənìz(ə)m] *n.* **1** 〘心〙直覚説《外界の事物の認識は直覚によるとする説》. **2** 〘英〙=intuitionalism ①. ◇ **-ist** *n.* 直覚〔直観〕論者.

in·tú·i·tive [int(j)ú:itiv/-tjú:-] *a.* **1** 直覚〔直観〕的な. **2** 直覚による: ~ knowledge 直観的知識.
◇ **~·ly** *ad.* **~·ness** *n.*

in·tú·i·tiv·ism [-ìz(ə)m] =intuitionism.

ìn·tu·mésce [ìnt(j)u:més/-tju:-] *vi.* **1** はれる, ふくれる, 膨張する. **2** あわだつ. [√tum-]

ìn·tu·més·cent [ìnt(j)u:mésnt/-tju:-] *a.* はれ〔ふくれ〕あがった, 膨張した, 膨大になった.
◇ **-cence** *n.* 膨張, 肥大; 膨張物, はれもの.

ìn·tus·sus·cépt [ìntə(s)səsépt] *vt.* <食物・思想などを> 摂取する, 受け入れる.
◇ **-cép·tion** [-sépʃ(ə)n] *n.*

in·twíne [intwáin] =entwine.

in·twíst [intwíst] =entwist.

in·únc·tion [inʌ́ŋkʃ(ə)n] *n.* **1** 塗油. **2** 《皮膚に》軟膏(なんこう)をすり込むこと; 軟膏, 塗り薬.

in·ún·dant [inʌ́ndənt] *a.* あふれる; 《数・力などで》圧倒的な.

ín·un·date [ínəndèit, -nʌn-, ㊍⁺ inʌ́ndeit] *vt.* **1** <場所を> 水浸しにする, 一面におおう《で *with*》: The fields were ~*d with* water. 田畑は一面に冠水した. **2** 《比喩的》あふれさせる, いっぱいにする《で *with*》: People ~*d* the newspaper office *with* letters of protest. 人々は新聞社へ抗議の投書を続々と書き送った; 新聞社には抗議の投書が殺到した. ***be ~d with*** requests (要求) で忙殺される, …に (要求) が殺到する. [√und-]
◇ **ìn·un·dá·tion** [ìnəndéiʃ(ə)n, -nʌn-] *n.* **1** 氾濫(はんらん), 洪水(こうずい); 浸水, 冠水. **2** 横溢(おういつ), 充満; 殺到.

ìn·ur·báne [ìnə:rbéin] *a.* 〘稀〙粗野な, 下品な, 無作法な. ◇ **ìn·ur·bán·i·ty** [-bǽnịti] *n.*

in·úre [injúər] *vt.* 慣らす《に *to*》: be ~*d to* hardships 困難に慣れている. —— *vi.* 〘法〙発効する, 有効になる; 〘米〙役立つ《に *to*》. ~ one*self* ***to*** に身を慣らす. ◇ **~·ment** *n.* 慣れ.

in·úrn [inə́:rn] *vt.* **1** 骨つぼに納める, 納骨する. **2** 「埋葬する.

in·ú·tile [injú:t(i)l] *a.* 役に立たない, 無益の.

ìn·u·tíl·i·ty [ìnjutílịti] *n.* **1** 無益, 役に立たないこと. **2** 役立たない人〔物〕.

inv. invented; inventor; invoice.

in va·cu·o [in-vǽkjuòu/-ou] L. (=in a vacuum) 真空内に, 空(くう)で.

‡**in·váde** [invéid] *vt.* **1** に侵入する, に侵攻する, <他国を> 侵略する. **2** になだれ込む, に押し寄せる: be ~*d* by a crowd of visitors 客攻めに会う. **3** <病

気が〉冒す,〈感情などが〉襲う. **4** 〈法・権利などを〉犯す, 侵害する: ～ a person's privacy 人のプライバシーを侵害する. [√vad-]

◇ ***in·vád·er** *n.* 侵略〔侵入, 侵害〕者.

‡ín·va·lid[1] [ínvəlid/-li:d, -lid] *a.* **1** 病弱な, 虚弱な. **2** 病人(向き)の: an ～ diet 病人向きの食事. **3** 《物が》こわれかかった, がたぴしの. **——** *n.* **1** 病人, 病弱者. **2** 傷病兵. → patient.
—— [ínvəlid/ìnvəlí:d, ＿＿＿] *vt., vi.* **1** 病弱にする〔なる〕. **2** 病弱者として取り扱う〔取り扱われる〕. ***be ～ed home*** 傷病兵として送還される. ***be ～ed out of the army*** 傷病兵として現役を免除される. [√val-] ◇ **～·ism** [-iz(ə)m] *n.* 虚弱, 病弱, 病身《特に神経病で》.

in·vál·id[2] [invǽlid] *a.* **1** 効力のない, 無価値の. **2** 〔法〕無効な. [√val-] ◇ **～·ly** *ad.*

in·vál·i·date [invǽlidèit] *vt.* 無効〔失効〕にする. ◇ **in·vàl·i·dá·tion** [–ˌ–déiʃ(ə)n] *n.*

ìn·va·líd·i·ty [ìnvəlídiṭi] *n.* **1** 無効, 無価値. **2** 〔稀〕病弱.

in·vál·u·a·ble [invǽljuḅl, -vǽljuə-] *a.* **1** この上なく貴重な, はかり知れないほど価値のある. **2** 非常にちょうほうな. ◇ **-bly** *ad.*

〔類〕→ **valuable**「貴重な」

in·vár [inváːr] *n.* (または I～) インバール, アンバー, 不変鋼《はがねとニッケルの合金. 膨張係数が微小》.

in·vár·i·a·ble [invé(ː)riəbl/-véər-] *a.* **1** (一定)不変の, 変えられない. **2** 〔数〕一定の, 定数の. ◇ **～·ness** *n.* **in·vàr·i·a·bíl·i·ty** [invè(ː)riəbíliṭi/-vèər-] *n.* 不変(性), 一定不変.

‡in·vár·i·a·bly [invé(ː)riəbli/-véər-] *ad.* 変わることなく, いつも, 必ず, きまって.

in·vár·i·ant [invé(ː)riənt/-véər-] *a.* ＝invariable. **——** *n.* 不変項〔者〕; 〔数〕定数, 不変系〔式〕, 不変数〔量〕. ◇ **～·ly** *ad.*

in·vá·sion [invéiʒ(ə)n] *n.* **1** 侵略, 侵攻, 侵入, 襲来. **2** 《権利などの》侵害, 侵犯: ～ of another's privacy 他人のプライバシーの侵害. [<invade]

in·vá·sive [invéisiv] *a.* 侵略的な, 侵攻する, 侵入する, 侵害する.

in·véc·tive [invéktiv] *n., a.* **1** 猛烈な非難(の), 痛罵(つうば)(の). **2** 毒舌(の). [√veh-]

in·véigh [invéi] *vi.* 口を窮めてののしる, 猛烈に非難する, 痛罵(つうば)する《を *against*》. [invective と同語源]

in·véi·gle [inví:gl, -véigl] *vt.* だます, すかす, そそのかす, つり込む, 誘惑する: ～ a person *into* a place 人をだまして連れ込む. ～ a person *into doing* 人をそそのかして…させる. ～ a person *out of* a thing 人をだまして物を巻き上げる. ◇ **～·ment** *n.* **～r** *n.*

‡in·vént [invént] *vt.* **1** 発明する, 考案〔創案〕する. **2** 〈うそなどを〉でっちあげる, ねつ造する: ～ an excuse for being late 遅刻の言い訳をつくりあげる. [√ven-]

〔類義語〕 **発明する: invent** 発明する. これまでなかったものをつくりだす意から「でっちあげる」という悪い意味も生じる: *invent* an excuse 言い訳を考え出す. **devise** 考案する. 考案の妙に重点があり, 多くは良い意味に用いられる. **contrive** ある効果・結果をねらってくふうする. 悪い意味では「たくらむ」となる. **originate** 創案する. 発案した最初の人であることが強調される. 上記3語に比べ主語が人でないことの方が多い(「…の原因となる, 引き起こす」).

‡in·vén·tion [invénʃ(ə)n] *n.* **1** 発明, 案出, 考案: make an ～ 発明する. **2** 発明〔くふう〕の才, 案出力. **3** 発明品. **4** つくりごと〔話〕, こしらえごと: a pure ～ of the newspaper 全くの新聞のねつ造(記事). **5** 〔古〕発見. ***Necessity is the mother of ～.*** 〔ことわざ〕必要は発明の母. ***the I～ of the Cross*** 〔宗〕聖十字架発見の記念日《紀元 326 年 5 月 3 日 Constantine 大帝の母 St. Helena が Jerusalem で十字架を発見したのを記念する日》.

in·vén·tive [invéntiv] *a.* 発明の(才のある), 創意のある, くふう力のある. ◇ **～·ness** *n.*

‡in·vén·tor [invéntər] *n.* (*fem.* **-tress** [-tris]) 発明者〔家〕, 考案者〔家〕.

ín·ven·to·ry [ínvəntɔ̀:ri/-tri] *n.* **1** 《財産・商品・物品などの》明細目録. **2** 目録記入の品目. **3** 〔米〕たな卸し表, 在庫品検査.
—— *vt.* 〈財産・商品などを〉目録に記入する, の目録をつくる, の在庫品調べをする.

ìn·ve·rác·i·ty [ìnvərǽsiṭi] *n.* 虚偽, 不誠実.

In·ver·néss [ìnvərnés] *n.* **1** スコットランドの町名. **2** (i～)インバネス, 二重まわし, とんび(＝～[ínvənes-] cape [coat, cloak])《長くてゆったりしたそでなしの, ケープ付き外套》.

inverness ②

in·vérse [invə́ːrs/ˊˊ,–ˊ| 付加語 ˊˊ/ˊ–] *a.* **1** 《順序・関係・位置などが》逆の, 正反対の. **2** 〔数〕逆の: ～ proportion 〔数〕反〔逆〕比例. ～ ratio 反〔逆〕比.
—— *n.* 正反対, 逆, あべこべ, 転倒. [<invert]
◇ **～·ly** *ad.*

***in·vér·sion** [invə́ːrʃ(ə)n, ㊖⁺ -ʒ(ə)n] *n.* **1** 転倒, 逆, さかさま, 正反対. **2** 正反対になったもの. **3** 〔文〕《語順の》転倒, 倒置(法). → 枠付 Inversion (p. 670). **4** 〔音声〕反転. **5** 〔数〕反転, 転位. **6** 〔化〕転化. **7** 〔楽〕転回. **8** 〔医〕倒錯: sexual ～ 性的倒錯《同性愛》.

in·vér·sive [invə́ːrsiv] *a.* 逆の, さかさまの, 正反対の.

in·vért [invə́ːrt] *vt.* **1** 《上下・順序・方向などについて》逆にする, 反対にする. **2** 〔楽〕転回する. **3** 〔音声〕〈舌を〉反転する. **4** 〔化〕転化する.
—— [ˊ–] *n.* **1** 〔心〕性欲倒錯者. **2** 〔建〕逆アーチ. **3** 〔化〕転化. **——** [ˊ–] *a.* 〔化〕転化した: ～ soap 逆性せっけん. [√vert-]

in·vért·ase [invə́ːrteis] *n.* 〔生化〕インベルターゼ, 蔗糖(しょとう)酵素.

in·vér·te·brate [invə́ːrṭibrit, -brèit] *a.* **1** 脊椎(せきつい)のない, 背骨のない. **2** 気骨〔いくじ〕のない.
—— *n.* **1** 〔動〕無脊椎動物. **2** 気骨のない人.

in·vért·ed [invə́ːrtid] *a.* **1** さかさになった, 逆の. **2** 〔音声〕反転〔倒舌〕の. **3** 〔心〕性欲倒錯の.
～ **arch** 〔建〕逆アーチ. ～ **commas** 引用符 (quotation marks). ～ **consonant** 〔音声〕倒舌子音《舌先を上後方に巻いて発音する. アメリカ英語における r-coloring など》.

in·vért·er [invə́ːrtər] *n.* 〔電〕逆用回転変流機, インバーター.

‡in·vést [invést] *vt.* **1** 投資する: ～ one's money *in* stocks 株式に投資する. **2** 〈金を〉支出する, 費やす; 〈時間・努力などを〉ささげる, 費やす《に *in*》: ～ large sums *in* books 本に大金をかける. ～ a lot of time *in* trying to help the poor 貧しい人人を助けようと多くの時間をさく. **3** 任せる, 与える《に *in*》: ～ the management of a bank *in* a person 銀行の管理を人に託す. **4** に着せる; 包む: ～ oneself *in* [*with*] a coat 服を着用する. Darkness ～*s* the earth at night. 夜にはやみが地上を包む. Spring ～*s* trees *with* green leaves. 春は木々を緑の葉でおおう. **5** 《官職・位階・権力・性質などを》に授ける, に与える《を *with*》: ～ a person *with* full authority 人に全権を与える. ～ a subject *with* interest 話題をおもしろくする. **6** 〔軍〕包囲(攻撃)する.
—— *vi.* **1** 投資〔出資〕する《に *in*》. **2** 〔話〕金を投ずる, 買う, 奮発する《に,を *in*》: ～ *in* a new car 新しい自動車を買い込む. [√vest-]
◇ **in·vés·tor** [-ər] *n.* **1** 投資者. **2** 授与者, 叙任者. **3** 包囲者.

‡**in·vés·ti·gate** [invéstigèit] *vt.* **調査する, 研究する**, 取り調べる, 審査する: The police ~*d* the cause of the accident. 警察は事故原因を調べた. — *vi.* 調査[研究, 審査]する《を *into*》. [vestige と同語源. 跡を＋たどる]

‡**in·vès·ti·gá·tion** [invèstigéiʃ(ə)n] *n.* **1 調査**, 研究, 取り調べ, 審査. **2** 調査報告, 研究論文. ***make ~ into*** を調査[研究]する. ***under ~*** 調査中の. ***upon ~*** 調べてみると.

in·vés·ti·ga·tive [invéstigèitiv] *a.* **1** 調査の, 取り調べの, 研究の, 審査の. **2** 研究的な[好きな].

in·vés·ti·ga·tor [-gèitər] *n.* 調査[研究]者, 取り調べ者, 審査官. ◇**in·vés·ti·ga·to·ry** [-gətɔ̀:ri/-geit(ə)ri] *a.* 調査[研究]に携わる.

in·vés·ti·ture [invéstitʃər] *n.* **1**《称号などの》授与, 《官職などの》叙任(式), 任官(式), 授爵(式): ~ *with* a title 称号の授与. **2**〔古〕着物, 衣類. [<invest]

文法要説…(12)

Inversion (転倒, 語順転倒)

英語の文では主語と述語動詞とが S(ubject)＋V(erb) の順序で配置されるのが, 基本的な語順であるとすることができる. しかし, V＋S の語順も実際にはしばしばあらわれ, これを**転倒, 語順転倒** (inversion) と称する. 「倒置(法)」という訳語も用いられる.

転倒は次の四つのばあいに行なわれる: (1) 疑問文・感嘆文など文の種類を明らかにするため. (2) 文法的習慣として行なわれる. (3) 強調を行なうため. (4) 修辞上の理由で文の均整をとるため.

転倒を行なうとき, (1) "助動詞＋動詞" では, 助動詞だけ主語の前に出る: Hardly *could he* believe what he saw. 彼は目の前の光景が信じられなかった. (2) be 以外の動詞のときには, do を主語の前におき, そのことによって転倒を行なう: Little *did* he imagine that he was much talked of. 自分がそんなに評判になっているとは彼は想像もしていなかった. (3) 動詞が be のばあいには be が主語の前に出る: So *am* I. 私もそうです.

1) 文の種類を明らかにするため

a) 疑問文: *Are you* getting well? たっしゃですか. What *is it* like? それはどんなですか.

b) 感嘆文: How happy *was the boy* who won the prize! 入賞した少年はどんなに喜んだことか. 〈注〉ただし感嘆文では, この語順は比較的まれで, 主語が短ければ通常は S＋V: How happy *he was*! 彼はどんなに喜んだことか.

c) 祈願文: *May God* bless you! 神様のお恵みがありますように.

〈注〉転倒の生じないばあいもある: God bless you!

d)「条件」をあらわす副詞節: *Had he* seen it, he would have been astonished. それを見たら, 彼はびっくりぎょうてんしたことだろう.

〈注〉次の用法は V＋S ではないが, 副詞節中の語順に関する関連事項として注目を要する: *Rich as he is*, he is industrious. 彼は金持ちだがよく働く. *Do what he may*, he will not succeed. なにをやっても成功しないだろう. これらは Though he is rich; Whatever he may do の意であるが, 本来は Be he rich as he is, ... ＝Let him be rich as he is, ... (彼があのように金持ちであるとしても…); Do he what he may, ... ＝ Let him do what he may, ... (彼がなしうることをなんでもするとしても…) の意.

2) 文法的習慣として行なわれるばあい

a) There is [are] ...; Here is [are] ... などの構文: There *are two books* on the desk. 机の上に本が 2 冊ある. There *stands a shrine* on the hilltop. 丘の頂上に神社がある. Here *lies the difficulty*. ここにその困難がある. There *lived* once *a great king*. 昔ひとりの偉い王様がありました. There *comes the bus*! ほらバスが来た《ただし There *it comes*!》. There *was born a child* to them. 彼らに子どもが生まれた.

b) neither, so の次で「私[彼, 彼ら]も同様に」という意味に使われるとき: I am not at all happy. —Neither *am I*. 私はちっとも幸福ではない. —私も. I think he will come. —So *do I*. 彼は来ると思う. —ぼくもそう思う. 〈注〉これに対し, So *I do* [*am*]. は, Indeed I do [am]. ということ: Are you in a hurry? —So *I am*. きみは急いでいるかい. —急いでいるとも. I am in a hurry. —So *am I*. ぼくは急いでいる. —ぼくもだ. I think he is a poet. —So *he is*. 彼は詩人だと思う. —そうだとも. She is an early-riser. —So *is her brother*. 彼女は早起きだ. —彼女の兄もそうだ.

c) 否定文の連続を示す[暗示する] nor の次で: I said I had not seen it, nor *had I*. それを見なかったと言ったが, 実際見なかったのだ (＝and (indeed) I had not (seen it)). Nor *will I* deny that ... また…ということも否定しない.

d)《the＋比較級》の構文中で (ただし, S＋V の語順も用いられる): The more we knew about it, the more *were we* convinced that we were right. それについて知れば知るほど, 私たちは自分が正しいと確信したのであった.

3) 強調のために行なわれるばあい

強調しようとする語句を文頭におくので, 述語動詞がそれに引きつけられて主語の前に出ることがある:

Such *was the case*. 事態はそういうありさまだった. Especially interesting *is the sight of* the old cathedral from the other side of the river. 対岸からの古寺院のながめは特におもしろい《次の語気に似ている:「特におもしろいのが, 対岸からの古寺院のながめである」》. Only on one point *are we* agreed. ただ一つの点でわれわれの意見が一致している. So angry *was he* that he could not speak. ひどくおこって彼は口がきけなかった. Blessed *are the poor* in spirit; for theirs is the kingdom of heaven. 幸いなるかな心の貧しき者, 天国はその人のものなればなり. Fools *are we* all that serve them. 彼らに仕えているわれわれはみなばか者だ. Never *did I* dream of such a happy result. そのような幸福な結果を私は夢想だにしなかった. Thus, and only thus, *will you* succeed. ただこうすることによってのみきみは成功するであろう. On *went her old brown jacket*; on *went her brown hat*. 彼女はぱっと勢いよくかっ色のジャケツを引っかけ, 次にぱっと帽子をかぶった.

4) 修辞上, 文の均整をとるために行なわれるばあい

When I got to the town, *down came the rain* with a clap of thunder. 町にはいったとき雷がゴロゴロと鳴ったと思うと雨が降り出した. Her hair was almost pure auburn. With it *went dark beautiful eyes*. 彼女の髪は純粋な赤かっ色であった. それに黒い美しい目をもっていた. In the house just opposite ours, *dwelt three spinsters*. われわれの向かい側の家には 3 人のオールドミスが住んでいた.

in·vést·ment [invéstmənt, ㊇⁺ -vésm-] *n.* **1** 投資, 出資; 投資額: a solid ～ 確実安全な投資. **2** 投資対象物. **3** 着せること; 衣類. **4** 授与, 叙任, 任命, 授爵. **5** 〘軍〙 包囲. ***make an ～ in*** に投資する. [<invest]
～ buying 投資的買い入れ. **～ operation** 投資運用. **～ trust** 投資信託.

in·vét·er·a·cy [invét(ə)rəsi] *n.* **1** 常習, 執念ぶかさ, 病みつき. **2** 《病気などの》がんこ; 根ぶかいこと.

in·vét·er·ate [invét(ə)rit] *a.* **1** 《人が》凝り固まった, 常習的, 病みつきの, 執念ぶかい: an ～ gambler ばくちにふけっている人, 救いようのないかけごと好き. **2** 《病気・習慣などが》常習的になった, 慢性の, 根ぶかい: an ～ disease 持病. an ～ habit 常習. → chronic. [√veter-] ◇ **～·ly** *ad.*

in·víd·i·ous [invídiəs] *a.* **1** ねたみをかうような, しっと心を起こさせる: an ～ position ねたみをかうような地位. **2** 不快を催させる, いまいましい, 気にさわる: ～ remarks しゃくにさわることば. **3** 差別だてをする, 不公平な: ～ rules 不公平な規則. [√vid-. envy と同語源] ◇ **～·ly** *ad.* **～·ness** *n.*

in·víg·i·late [invídʒilèit] *vi.* 〘英〙 試験監督をする《筆記試験で》. ◇ **-la·tor** [-ər] *n.* **in·vìg·i·lá·tion** [–⌣–léiʃ(ə)n] *n.*

in·víg·or·ant [invígərənt] *n.* 強壮剤.

in·víg·or·ate [invígərèit] *vt.* **1** 元気〔活気〕づける, 鼓舞激励する. **2** 強壮にする. [<vigor] ◇ **-a·tive** [-iv] *a.* 元気づける, 鼓舞する, 激励する. **-a·tor** [-ər] *n.* 元気〔活気〕づける人〔もの〕; 強壮剤, 刺激物. **in·vìg·or·á·tion** [invìgəréiʃ(ə)n] *n.*

in·víg·or·at·ing [invígərèitiŋ] *a.* 元気〔活気〕づける, 気分を引き立たせる, 爽快(そうかい)な: an ～ climate さわやかな気候.

in·vín·ci·ble [invínsəbl] *a.* **1** 征服されない, 不敗の, 無敵の. **2** 《困難などが》克服できない, 手の施しようもない: ～ ignorance どうしようもない無知. [√vi(n)c-] **I～ Armada, the** 無敵艦隊《1588年スペインがイギリスに差し向けた》. ◇ **-bly** *ad.* **in·vìn·ci·bíl·i·ty** [invìnsibíliti, ㊇⁺ ìnvin-] *n.* 無敵, 征服不可能.

in·ví·o·la·ble [inváiələbl] *a.* 不可侵の, 犯すことのできない, 神聖な: The gods are ～. 神は神聖で犯すことができない. ◇ **-bly** *ad.* **in·vì·o·la·bíl·i·ty** [invàiələbíliti, ㊇⁺ ìnvai-] *n.* 神聖, 不可侵(性).

in·ví·o·late [inváiəlit, ㊇⁺ -lèit] *a.* **1** 犯されていない, 汚れていない, 神聖な. **2** 《約束などが》守られている: keep one's promise ～ 約束を堅く守っている. ◇ **-la·cy** [-ləsi] *n.* 侵犯されていないこと, 守られていること.

‡**in·vís·i·ble** [invízəbl] *a.* **1** 目に見えない: Germs are ～ *to* the naked eye. 細菌は肉眼では見えない. **2** 目に見えないほど小さい; はっきりと見えない: ～ differences 気がつかないほどの差異. **3** 顔を見せない, 姿をあらわさない, 隠れた: He remains ～ when out of spirits. 気分がすぐれないと面会謝絶だ. **4** 無体の, 精神的な. —— *n.* **1** 目に見えないもの. **2** (the ～) 霊界; (the I～) 神.
～ cap 隠れ帽《かぶれば姿が見えなくなるという伝説の帽子》. **I～ Empire, the** 不可視帝国《Ku Klux Klan の別称》. **～ exports and imports** 貿易外勘定 (=～ trade). **～ glass** 無反射ガラス. **～ green** 濃緑《黒色と区別しがたい緑》. **～ ink** あぶり出しインク. **～ mender** かけはぎを職とする人. **～ mending** かけはぎ《繕ったあとがわからない縫い方》. **～ supply** 市場外在荷《穀物などの農産物》. **～ trade** 無形貿易《運賃・保険・観光などによる外貨国際収入》.
◇ **～·ness** *n.* **-bly** *ad.* 目に見えないように〔ほどに〕. **in·vìs·i·bíl·i·ty** [invìzibíliti, ㊇⁺ ìnviz-] *n.*

†**ìn·vi·tá·tion** [ìnvitéiʃ(ə)n] *n.* **1** 招待, 案内, 勧誘. **2** 招待〔案内, 勧誘〕状 (=～ card, letter of ～): send out ～*s* 招待状を出す. **3** 誘い, いざない, 魅力; 挑発(ちょうはつ). **4** 提唱, 提案. ***accept*** [***decline***] ***an ～ to*** …への招待に応ずる〔を断わる〕. ***at the ～ of*** の招待によって. ***by ～ of*** の招きで.

†**in·víte** [inváit] *vt.* **1** 招く, 招待する《に *to*》: ～ a person *to* dinner. **2** 勧誘する: ～ a person *to* join the parade 人にパレードに加わるように勧める. **3** 〈注意・興味などを〉さそう, ひきつける: The book ～*s* interest. **4** 〈危険などを〉招来する, 引き起こす: The bill ～*d* much discussion. その法案は多くの論議をかもした. ～ laughter 笑いをさそう. **5** (礼を尽くして) 請う, 求める, 頼む: ～ a person's opinion 人の意見を求める.
—— [⌐–/–⌐] *n.* 〘話〙 招待(状).

in·vít·ing [inváitiŋ] *a.* 心をひきつける, 誘惑的な, むら気を起こさせる. ◇ **～·ly** *ad.*

ìn·vo·cá·tion [invəkéiʃ(ə)n] *n.* **1** 神への祈り, 祈願. **2** 詩神 Muse の霊感を求める祈り《詩のはじめの》. **3** 《悪魔を呼ぶ》呪文(じゅもん). **4** 《法の》発動. [<invoke] ◇ **in·vóc·a·to·ry** [invákətɔ̀:ri/-vɔ́kət(ə)ri] *a.* 祈りの.

ín·voice [ínvɔis] *n.* 〘商〙 インボイス, 送り状, 仕切り状; 《送り状に記載の》送り荷. —— *vt.* **1** の送り状をつくる, 送り状に記載する. **2** に送り状を提出する《の *for*》. **～ book** 送り状控え帳.

in·vóke [invóuk] *vt.* **1** 〈神・仏に〉加護を祈り求める, 祈る, 祈願する. **2** 〈悪霊・悪魔などを〉呪文(じゅもん)で呼び出す. **3** 〈援助などを〉懇願〔切願〕する, 請う. **4** 〈法を〉援用する, 発動する. [√voc-]

ín·vo·lu·cre [ínvəlù:kər] *n.* **1** 〘植〙 総包. **2** 〘医〙 包皮.

in·vól·un·tar·y [inválənteri/-vɔ́lənt(ə)ri] *a.* **1** 自由意志からでない, 無意識の, 故意でない: an ～ movement of fear 思わずする恐怖の身ぶり. **2** 不本意の, いやいやながらの: give ～ consent 不本意ながら同意する. **3** 過失の, 偶然の. **4** 〘医〙 不随意の. → voluntary. **～ homicide** 過失致死(罪). **～ muscles** 不随意筋. **～ servitude** 強制労働. ◇ **-i·ly** [-rili] *ad.* 思わず知らず, 心ならずも. **-i·ness** *n.* 無意識, 不本意, 偶然.
〘類〙 → **spontaneous**「ひとりでの」

ín·vo·lute [ínvəlù:t] *a.* **1** 入り込んだ, 複雑な. **2** 〘動〙《貝がらなどの》らせん状の, うずまきの; 〘植〙《葉など》内巻きの. —— *n.* 〘数〙 伸開線. [√volu-] ◇ **-lut·ed** [-id] *a.* =involute ②.

ìn·vo·lú·tion [ìnvəlú:ʃ(ə)n] *n.* **1** 内巻き, 巻き込み, 回旋. **2** 複雑, 紛糾. **3** 〘数〙 累乗(法). **4** 〘文〙 複雑構文. **5** 〘生〙 退化. **6** 〘医〙 退縮.

‡**in·vólve** [inválv/-vɔ́lv] *vt.* **1** 巻き込む, 包む, からめ込む: Clouds ～*d* the mountain top. 雲が山頂を包んだ. **2** 巻き添えにする, おとしいれる: get ～*d in* a trouble いざこざに巻き込まれる, 迷惑する. be ～*d in* debt 借金で首がまわらなくなる. **3** (必然的に) 伴う, 包含する: expenses ～*d* 必要経費. To accept the appointment would ～ living in London. この任命を受諾すればどうしてもロンドンに住まなければならなくなる. **4** 没頭させる, 熱中させる《主として受動態で》: *be ～d in* working out [*with*] a puzzle なぞを解くのに夢中だ. **5** 〘数〙 累乗する. ***become ～d in*** **one's *speech*** ことばがもつれてしまう, 話がしどろもどろになる. ***be ～d in***=～ one***self in*** に巻き込まれる, に連座する; で動きがとれなくなる; に包まれる. ***be ～d in doubt*** 疑問に包まれている. ***get ～d with*** …にからまる; …にからまって困る: *get ～d with* one's fishing line つり糸がからまって困る. [√volu-]

in·vólve·ment [inválvmənt/-vɔ́lv-] *n.* **1** 巻き添え, 巻き込み, 連座. **2** 困却, 難儀, (財政) 困難. **3** 包含.

invt. inventory.

in·vúl·ner·a·ble [invʌ́ln(ə)rəbl] *a.* **1** 傷つくこと

のない，不死身の． 2 打ち破れない，絶対不敗の． 3《議論など》反駁(はんばく)できない． ◇ **-bly** *ad.* **in·vùl·ner·a·bíl·i·ty** [invʌ̀ln(ə)rəbíləti, ⊛⁺ invʌl-] *n.*

‡**ín·ward** [ínwərd] *a.* 1 内の(方の)，内部の，内部への: an ～ room 奥のへや． ↔outward. 2 内奥の，本質的な: the ～ nature of a thing 物の真底の性質． 3 内的な，精神的な，霊的な: ～ peace 心の平静． 4 心の内の，秘密な，個人的な． 5 からだの内部の;《声などが腹の中で言うように》低い． 6 内陸の． 7〔商〕輸入の． ── *ad.* 1 内部へ，中へ;〔稀〕内部に，中に． 2 心の中で，ひそかに．
── *n.* 1 内部; 内心． 2 (*pl.*)〔話〕《食べ物としての》臓物; おなか． 3 (*pl.*)〔英〕輸入品; 輸入税．
◇ **～·ly** *ad.* 1 内に，内へ; 内部で． 2 心の中で，ひそかに． 3 内々に，小声で． **～·ness** *n.* 内的なこと，真意，本質; 精神的なこと，霊性; 親密．

ín·wards [ínwərdz] *ad.* ＝inward.

in·wéave [inwíːv/ínwíːv] *vt.* (**-wóve** [-wóuv], **-wéaved**; **-wó·ven** [-wóuvn]) 1 織り交ぜる〔合わせる〕． 2 に織り込む．

in·wráp [inrǽp] ＝enwrap.

in·wréathe [inríːð] ＝enwreathe.

in·wróught [inrɔ́ːt/⊥⊥] *a.* 1《模様などが》織り〔縫い〕込んだ: ～ *in* 〔*on*〕 a fabric 布地に織り込んだ． 2《布などが》模様をつけた，縫い込んだ，ししゅうした: ～ *with* beads ビーズを縫い付けた． 3 密接に結び合わされた〔関連した〕《が *with*》．

I·o¹ [áiou] *n.* 〔ギ神〕イオ《Zeus に愛され Hera に憎まれた女性》．

Io²〔化〕ionium. **Io.** Iowa. **IOC** International Olympic Committee 国際オリンピック委員会．

i·ód·ic [aiádik/-ɔ́d-] *a.* 〔化〕ヨウ素の，ヨードの．
～ acid ヨウ素酸．

í·o·did [áiədid], **-dide** [-dàid] *n.* ヨウ化物．

í·o·din [áiədin], **-dine** [-dàin, -din, 〔化〕 -diːn/ -diːn] *n.* 〔化〕ヨウ素《記号 I》，ヨード，ヨードチンキ． ***tincture of*** ～ ヨードチンキ．

í·o·dism [áiədìz(ə)m] *n.* 〔医〕ヨード中毒(症)．

í·o·dize [áiədàiz] *vt.* ヨウ化する，にヨウ素を加える，ヨウ素で処理する． 「ドホルム．

i·ó·do·form [aióudəfɔ̀ːrm, -ád-/-ɔ́d-] *n.* 〔化〕ヨー

í·on [áiən, áiɑn/-ən, -ɔn] *n.* 〔物〕イオン． ***negative*** ～ 陰イオン (anion). ***positive*** ～ 陽イオン (cation). **～ propulsion** イオン推進《宇宙ロケットの》．

-ion *suf.* 動作・状態をあらわす名詞をつくる: commun*ion* [kəmjúːnjən] ＜commune 交歓(する)． allus*ion* [əlúːʒ(ə)n] ＜allude 言及(する)． fus*ion* [fjúːʒ(ə)n]＜fuse 融合(する)．〈注₁〉-tion, -ation ならびに -cion, -xion の語尾にも -ion が含まれている．〈注₂〉音価は，上例のごとく，直前の子音によって多少異なる．

I·ó·ni·a [aióuniə, -njə] *n.* イオニア《小アジア西海岸地方．古代ギリシア植民地》．

I·ó·ni·an [-n] *a.* イオニア(人)の;〔建〕イオニア式の．
── *n.* イオニア人．

i·ón·ic [aiánik/-ɔ́n-] *a.* 〔物〕イオンの．

I·ón·ic [aiánik/-ɔ́n-] *a.* イオニア(人)の;〔建〕イオニア式の;〔韻〕イオニア脚韻の．
～ architecture イオニア式建築． **～ dialect** イオニア語． **～ foot** イオニア詩脚《長長短短あるいは短短長長格》． **～ order**〔建〕イオニア式．

i·ó·ni·um [aióuniəm] *n.* 〔化〕イオニウム《トリウムの同位元素．記号 Io》．

í·on·ize [áiənàiz] *vt., vi.* イオン化する，電離する．
◇ **ì·on·i·zá·tion** [àiənizéiʃ(ə)n/-naiz-] *n.*

i·ón·o·sphere [aiánəsfìər, -óun-/-ɔ́n-] *n.* 〔物〕電離層《成層圏の上部で無線電波を反射させる層》．

-ior¹ [-iər] *suf.* ラテン語系の形容詞の比較級語尾: jun*ior* (より)年下の． sen*ior* (より)年上の． infer*ior* (より)下の． super*ior* (より)上の．

-ior², ⊛ **-io(u)r** [-jər, -iər] *suf.*「…する人」をあらわす: sav*ior*, ⊛ sav*iour* [séivjər] 救い主 ＜save. warr*ior* [wɔ́ːriər, wár-/wɔ́r-] 戦士 ＜war.〈注〉このように米英とも -ior のばあいと，英だけ -iour となるばあいとがある．

i·ó·ta [aióutə] *n.* 1 ギリシア語アルファベットの第 9 字《Ι, ι, ローマ字の I, i に相当》． 2 少々，微少;《否定文で》少しも…(ない)，みじんも…(ない): there is *not* an ～ of …が少しもない．

IOU, I.O.U. [áiòujúː/⊥⊥⊥] *n.* (*pl.* **～s, ～'s**)《金銭の》略式借用書． [＜I owe you]

-ious [-(j)əs, -iəs] *suf.* 形容詞をつくる: consc*ious*, nutrit*ious*, prec*ious*, fur*ious*.〈注〉元来はラテン語からの形容詞接尾辞 -ous であって，その前の i は √sci-「知る」, √preci-, preti-「値」, √furi-「狂気する」におけるように語幹の最終母音であったが，ときには単に発音を良くするために添えられる: √nutrit-「養分を与えられた」→ nutrit*ious*. 「略 Ia.」

I·o·wa [áiəwə/áiouə] *n.* アイオワ《アメリカ中部の州．

IPA [áipìːéi/⊥⊥⊥] International Phonetic Alphabet [Association] 国際音標文字〔音声学協会〕． **IPBM** interplanetary ballistic missile 遊星間弾道兵器．

íp·e·cac [ípikæ̀k], **íp·e·càc·u·án·ha** [ípikæ̀kjuǽnə/ìpikækju-] *n.* 吐根《南アメリカ産アカネ科植物の根．吐剤・下剤用》． 「独断(的な言辞)．

ip·se dix·it [ípsi-díksit] L. (＝he himself said)

ip·sis·si·ma ver·ba [ipsísimə-vɔ́ːrbə] L. (＝the very words) まさにそのとおりのことば．

ip·so fac·to [ípsou-fǽktou] L. (＝by that very fact) 事実上，まさにその事実によって．

ip·so ju·re [-dʒú(ː)ri/-dʒúəri] L. (＝by law itself) 法律そのものによって．

IQ, I.Q. intelligence quotient 知能指数．

i.q. *idem quod* (L. ＝the same as).

ir- *pref.* 接頭辞 in¹·² が r 音の前にあらわれるときの異形: *ir*rational 非合理的な ＜rational 合理的な． *ir*radiate に向かって放射する，照射する ＜radiate 放射する．

Ir〔化〕iridium. **Ir.** Ireland; Irish.

í·ra·cund [áirəkʌ̀nd/áiərə-] *a.* おこりっぽい．

i·rá·de [iráːdi] *n.* 《トルコ皇帝の》勅令．

I·rák, I·rá·ki ＝Iraq, Iraqi.

I·rán [airǽn, iːráːn/i(ə)ráːn] *n.* イラン《中東の王国．1935 年 3 月以前はペルシア．首都 Teheran》．
the Plateau of ～ イラン高原．

I·rá·ni·an [airéiniən/ir-, air-] *a.* イランの; イラン語の; イラン人の． ── *n.* イラン人; イラン語．

I·ráq, I·rák [iːráːk/ir-] *n.* イラク《中東の共和国．首都 Baghdad》．

I·rá·qi, I·rá·ki [-i] *a.* イラクの; イラク人〔語〕の．
── *n.* (*pl.* **～s**) イラク人; イラク語．

i·rás·ci·ble [airǽsibl, irǽs-/irǽs-] *a.* おこりやすい，短気な，かんしゃくもちの． ◇ **-bly** *ad.* **i·ràs·ci·bíl·i·ty** [-⊥-bíləti] *n.* 短気，かんしゃく．

í·rate [áireit, -⊥/-⊥] *a.* おこった，腹を立てた: an ～ reply.

IRBM intermediate range ballistic missile.
IRC International Red Cross 国際赤十字．

ire [aiər] *n.* 〔雅〕怒り，憤怒． ◇ **～·ful** *a.*

Ire. Ireland.

‡**Ire·land** [áiərlənd] *n.* アイルランド《アイルランド共和国と北アイルランド》． ***the Republic of*** ～ アイルランド共和国《もとは Eire「エール」, Irish Free State「アイルランド自由国」と呼んだ．首都 Dublin》．

I·ré·ne [airíːniː/-ni] *n.* 〔ギ神〕平和の女神．

i·rén·ic [airénik, -ríːn-], **-i·cal** [-(ə)l] *a.* 平和的な，平和主義の，協調的な． ◇ **i·rén·ic(s)** *n.* キリスト教会諸派の和解・協調を研究する神学． → polemics.

i·rén·i·con ＝eirenicon.

ì·ri·dá·ceous [àiridéiʃəs, ìr-/àiər-] *a.* 〔植〕アヤメ

科の，アヤメ属の.

ìr·i·dés·cence [ìr̩idésns] *n.* にじ色，真珠色《見る角度によって色が変わる》. [比較 iris]

ìr·i·dés·cent [-snt] *a.* にじ色の，真珠色の.

i·ríd·i·um [airídiəm, ir-] *a.* 〖化〗イリジウム《金属元素. 記号 Ir》.

í·ris [áiris/áiər-] *n.* (*pl.* ～·**es**, **ír·i·des** [íridi:z, áir-/áiər-]) **1** にじ; (I～)〖ギ神〗にじの女神《神神の使者》. **2** にじ色. **3**〖植〗ダッチアイリス; アヤメ属の植物《アヤメ・イチハツ・カキツバタなど》; その花. **4**〖医〗《眼球の》虹彩(こうさい). **5**〖鉱〗にじ色水晶.
～ in [**out**]〖映〗絞り開き[閉じ].

‡I·rish [áiriʃ/ái(ə)riʃ] *a.* **アイルランドの**，エール(共和国)の; アイルランド人[語]の. ——*n.* **1** アイルランド語. **2** (the ～)《集合的》アイルランド人. ***get*** **one's** ～ ***up***〖英話・方〗かんしゃくを起こす.
～ bull = bull³. **～ daisy**〖植〗タンポポ (dandelion). **～ Free State, the** アイルランド自由国《アイルランド共和国のもとの名》. → Eire. **～ moss**〖植〗コトジツノマタ (carrageen)《食用海そう》. **～ point** [**lace**] アイルランド風手編みレース. **～ potato** ジャガイモ《sweet potato と区別して》. **～ Renaissance, the** アイルランド文芸復興《19世紀末に Yeats, Synge などが中心となって起こした》. **～ Republic, the** アイルランド共和国. **～ Sea, the** アイルランド海《アイルランドとイングランドの間にある》. **～ setter** [**terrier, wolfhound**] アイルランド種のセッター[テリア，ウルフハウンド]犬. **～ stew** アイルランドシチュー《羊肉[牛肉]にタマネギ・ジャガイモ・ニンジンを入れたシチュー》.
◇ **～·ism** [-ìz(ə)m] *n.* アイルランド風; アイルランドなまり[語法]. **～·ize** [-àiz] *vt.* アイルランド化[風に]する. **～·ry** [-ri] *n.*《集合的》アイルランド人; アイルランドかたぎ.

I·rish·man [áiriʃmən/ái(ə)r-] *n.* (*pl.* **-men**; *fem.* **-wòm·an** [-wùmən], *pl.* **-wòm·en** [-wìmin]) アイルランド人.

i·rí·tis [airáitis] *n.*〖医〗虹彩(こうさい)炎.

irk [ə:rk] *vt.* たいくつさせる，疲れさせる，閉口させる: It ～*s* me to wait so long. こう長く待たされるとうんざりする.

írk·some [ə́:rksəm] *a.* **1** 飽き飽きする，うんざりする: ～ hours たいくつな時間. **2** いやな，めんどうな，困った: ～ restrictions うるさい制限.
◇ **～·ly** *ad.* **～·ness** *n.*

‡í·ron [áiərn] *n.* **1** 鉄《金属元素. 記号 Fe》→ pig iron, cast iron, steel, wrought iron. **2** 鉄製の器具;《特に》**アイロン**，火のし，こて (=smoothing ～);〖ゴルフ〗鉄頭のクラブ，アイアン; 焼き金; 焼き印; (*pl.*) 足[手]かせ; (*pl.*) あぶみ;《捕鯨用》もり; (*pl.*) 奇形矯正(きょうせい)用足当て;〖俗〗ピストル,〖古〗剣. **3**〖薬〗鉄剤. **4** (鉄のような) 強さ[堅さ]; 厳酷: a heart of ～ 鉄石の心.

1 2 3 4 5 6 7 8 9

iron ②: *1* driving iron, *2* midiron, *3* mid-mashie, *4* mashie iron, *5* mashie, *6* mashie niblick, *7* pitcher, *8* pitching niblick, *9* niblick.

as hard as ～ 鉄のように堅い; 非常に厳格な. ***cast*** ～ 鋳鉄. ***have*** (***too***) ***many*** ～***s in the fire*** 一度にいろいろの仕事に手を出し過ぎる. ***in*** ～***s*** 足かせ[手かせ]をはめられて; 捕われの身になって. ～ ***in the fire***〖話〗関心の対象; 解決すべき問題. ***man of*** ～ 意志の強い人，冷酷な人. ***muscles of*** ～ 筋金入りの筋肉. ***pig*** ～ 銑鉄. ***rule with a rod of*** ～ 圧制を行なう. ***Strike while the*** ～ ***is hot.***〖ことわざ〗好機を逸するな. ***The*** ～ ***entered into his soul.***〖聖〗虐待されて苦しんだ. ***will of*** ～ 鉄のような意志. ***wrought*** ～ 錬鉄.
——*a.* **1** 鉄の，鉄製の: an ～ hat 鉄かぶと. **2** (鉄のように) 堅い[強い]: an ～ will 鉄石の心. **3** 残酷な，無情な.
——*vt.* **1** にアイロンをかける. **2** に足[手]かせをかける. **3** に鉄を張る[かぶせる，打つ]，装甲する.
——*vi.* アイロンをかける. **～ out** (1) アイロンをかけて伸ばす. (2)〖米〗<見解の相違などを> 解消する，折り合わす; <ことを> 円滑にする; <障害を> 除く. (3) <価格の> 変動を押える. (4)〖俗〗射殺する，「消す」.
～ age, the (1)〖神話〗黒鉄時代《golden age, silver age, bronze age に続く世界の最後で最悪の時代》. (2)《人類の》堕落時代，末世. (3) (I～ Age)〖考古〗鉄器時代《Stone Age, Bronze Age に続く時代》. **～·bark** [⌐–⌐] ユーカリ樹《堅い良材となる》. **～ board** アイロン台. **～·bóund** [⊛⌐––] (1) 鉄張りの. (2) 堅い，動かしがたい，きびしい. (3)《海岸などが》岩の多い. **I～ Chancellor, the** 鉄血宰相《ドイツのビスマルクのあだ名》. **～·clád** [⊛⌐––] (1) 鉄板をきせた，装甲の. (2)〖米〗きびしい. (3) 甲鉄艦. **I～ Cross**《プロシア・オーストリアの》鉄十字勲章. **～ curtain, the** 鉄のカーテン. **I～ Duke, the** イギリスの将軍 Wellington のあだ名. **～-físt·ed** 鉄拳(てっけん)の; 強圧的な. **～·fòund·ry** 鋳鉄所，製鉄所. **～ gray** 鉄灰色. **～-gráy** 鉄灰色の. **～ hand** 圧制. **～-hánd·ed** 圧制的な. **～-héart·ed** 無情な，冷酷な. **～ horse**〖話〗機関車; 自転車. **～ lung** 鉄の肺《小児まひ患者などに用いる呼吸補助器》. **～ man**〖米俗〗ドル (銀貨). **～·màs·ter** 鉄器製造業者. **～ mold**《布などについた》鉄さびまたはインクのよごれ，しみ. **～·mòn·ger**〖英〗金物屋. **～·mòn·ger·y**〖英〗(1) 鉄器類，金物. (2) 金物商[店]. **～ pyrites** 黄鉄鉱. **～ ration**〖軍〗非常携帯口糧. **～ rule** 冷酷な政治. **～ sand** 砂鉄. **～·side** [⌐–⌐] (1) がんばり屋，剛の者. (2) (*pl.*)《単数扱い》甲鉄船. **I～·sides** *pl.* Cromwell が率いた鉄騎兵;《単数扱い》Cromwell のあだ名. **～·smith** 鉄工所の職人，製鉄職人; かじ屋. **～·stone** [⌐–⌐] 鉄鉱石，鉄鉱. **～·ware** [⌐–⌐] 鉄器，金物. **～·wílled** 意志の強固な. **～·wood** [⌐–⌐] 硬質材[の樹木]. **～·work** [⌐–⌐]《構造物の》鉄の部分; 鉄製品. **～·wòrk·er** 製鉄職人; 鉄骨組み立て職人. **～·works** [⌐–⌐]《単数・複数扱い》製鉄所，鉄工所.
◇ **～·ing** [-iŋ] *n.* アイロンかけ; アイロンをかける衣類: an ～*ing* board 火のし台.

i·rón·ic [airánik/airɔ́n-], **i·rón·i·cal** [-nik(ə)l] *a.* 反語の，皮肉な，風刺的な.

***i·rón·i·cal·ly** [-nik(ə)li] *ad.* **1** 皮肉に，風刺的に. **2** 皮肉なことに.

í·ro·nist [áirənist/áiər-] *n.* 皮肉屋.

‡í·ro·ny¹ [áirəni/áiər-] *n.* **1** 風刺，皮肉，当てこすり: a bitter ～ 辛らつな当てこすり. an ～ of fate [circumstances] 運命の皮肉[いたずら]. **2**〖修〗反語法《事実と反対のことばを用いる表現法. たとえば「とてもひどいお天気だ」という意味で "This is a nice, pleasant sort of weather."》. **3**《運命などの》予想に反した成り行き. ***by a curious*** ～ ***of fate*** 不思議な運命の巡り合わせで. ***Socratic*** ～ ソクラテス的反語法《質問によって相手の無知を暴露する論法》.

í·ron·y² [áiərni] *a.* 鉄のような; 鉄を含有している.

Ir·o·quois [írəkwɔ̀i, -kwɔ̀iz] *n.* (*pl.* ～) イロコイ人《ニューヨーク州に住んでいた北アメリカ原住民》.
◇ **Ir·o·quói·an** [ìrəkwɔ́iən] *a.* イロコイ族[語]の.

ir·rá·di·ant [iréidiənt] *a.*《月などが》光り輝く，まばゆい. ◇ **-ance, -an·cy** *n.* 輝き，光輝，発光.

ir·rá·di·ate [iréidièit] *vt.* **1** 照らす，輝かす，明るくする．**2** <ことを> 明らかにする; <人を> 啓蒙(けいもう)する．**3** <光・輝きなどを> 出す，放射する．**4** <X 線などを> 照射する，X 線で治療する．**5** <物を> 照射する．—— *vi.* 光る，光を出す．[in-¹+√radi-]
◇ **-at·ed** [-id] *a.* 照射された．**-a·tive** [-èitiv] *a.*

ir·ra·di·á·tion [ìreidiéiʃ(ə)n, irèidi-] *n.* **1** 光を出すこと，発光; 光輝．**2** 放射，照射，放熱．**3** 〘物〙光滲(こうしん)《暗い背景のばあい照らし出された物が実物より大きく見える現象》．**4** 啓蒙(けいもう)，啓発．**5** レントゲン療法．

***ir·rá·tion·al** [iræʃən(ə)l] *a.* **1** 不合理な; 理性的でない，分別のない．**2** 〘数〙無理(数)の，不尽(根数)の．⇔ rational. —— *n.* 無理数．
～ **number** [**root**] 無理数[根].
◇ ～**·ize** *vt.* 不合理にする．～**·ly** *ad.* **ir·rà·tion·ál·i·ty** [iræʃənǽləti] *n.* 分別のないこと; 不合理．

Ir·ra·wád·dy [ìrəwádi/-wɔ́di] *n.* (the ～) イラワジ川《ビルマ中部からベンガル湾に注ぐ》．

ìr·re·cláim·a·ble [ìrikléiməbl] *a.* **1** 取り返しのつかない，回復できない．**2** 改心の見込みのない．**3** 開墾[埋め立て]のできない．◇ **-bly** *ad.*

ir·réc·on·cil·a·ble [irékənsàiləbl] *a.* **1** 和解[調和]できない，折り合いのつかない: ～ *to* [*with*] a person 人と折り合えない．**2** 一致しない，相いれない．—— *n.* 和解[調和，和合]できない人．
◇ **-bly** *ad.* **ir·rèc·on·cìl·a·bíl·i·ty** [irèkənsàiləbíləti/-sailə-] *n.* 和解不能．

ìr·re·cóv·er·a·ble [ìrikʌ́v(ə)rəbl] *a.* 取り返しのつかない，回復[挽回]しがたい．◇ **-bly** *ad.*

ìr·re·cú·sa·ble [-kjú:zəbl] *a.* 反対[拒否]できない．

ìr·re·déem·a·ble [ìridí:məbl] *a.* **1** 買いもどしのできない．**2** 《紙幣など》兌換(だかん)できない．**3** 改心の見込みのない，望みのない: an ～ criminal 改心の望みのない犯人．◇ **-bly** *ad.*

ìr·re·dén·tism [ìridéntiz(ə)m] *n.* イタリア民族統一[回復]主義《1878 年イタリアに起こった運動》．
◇ **-tist** *n.*

ìr·re·dú·ci·ble [ìrid(j)ú:səbl/-djú:-] *a.* **1** 減じられない．**2** 還元できない，帰しえない，復しえない《へ *to*》．**3** 〘数〙約されない．**4** 〘医〙整復できない．
～ **minimum, the** 最小限．◇ **-bly** *ad.*

ir·réf·ra·ga·ble [iréfrəgəbl] *a.* 《証拠など》論駁(ろんばく)できない，否定しがたい，争うことができない．[√fra(n)g-] ◇ **-bly** *ad.*

ìr·re·frán·gi·ble [ìrifrǽndʒəbl] *a.* **1** 《法律・規則など》犯すことのできない．**2** 〘光〙《光など》屈折しない．[√fra(n)g-] ◇ **-bly** *ad.*

ir·réf·u·ta·ble [iréfjutəbl, ìrifjú:t-] *a.* 反論[答弁]できない．◇ **-bly** *ad.* **ir·rèf·u·ta·bíl·i·ty** [irèfjutəbíləti, ìrifjù:tə-/iréfju-, ìrifù:-] *n.* 《議論など》反論[答弁]できないこと．

irreg. irregular; irregularly.

‡ir·rég·u·lar [irégjulər] *a.* **1** 不規則な，変則な，異常な: at ～ intervals 不規則な間隔をおいて．**2** 不法な; 不正な．**3** 規律のない; だらしない．**4** むらのある，ふぞろいな; でこぼこした．**5** 正規でない: ～ troops 不正規軍．**6** 〘文〙不規則変化の: ～ verbs 不規則動詞．⇔ regular.
—— *n.* (通例 *pl.*) 不正規兵．
～ **bound** 〘野球〙不規則バウンド．～ **liner** [**service**] 不定期船[航路]．◇ ～**·ly** *ad.*

〔類義語〕 変則的な: **irregular** 不規則な．「ふぞろい・乱れ・一様でないこと」を示し通常非難の意はこめられない: *irregular* breathing 不規則な呼吸．an *irregular* pattern ふぞろいな模様．**abnormal** 正常でない，異常な．非難の意がこめられるときがある: *abnormal* lack of emotion 普通でない感情の欠如．**exceptional** 例外的な．非難の意はなく，むしろ賞賛の意のこもるときがある: a man of *exceptional* talent まれにみる才人．また abnormal という語にこもる蔑視(べっし)の念を避けるために用いることもある: a school for *exceptional* (=abnormal) children 精薄児学校．

ir·règ·u·lár·i·ty [irègjulǽrəti, ireg-] *n.* **1** 不規則(性)，変則．**2** ふぞろい; でこぼこ; 不規則な物．**3** 不正[不法]行為．

ir·rél·a·tive [irélətiv] *a.* 関係[縁故]のない《に *to*》; 見当違いの．◇ ～**·ly** *ad.*

ir·rél·e·vant [iréləvənt] *a.* **1** 無関係の《に *to*》．**2** 筋違いの，ピントはずれの，適切でない: ～ remarks 要領を得ないことば．◇ ～**·ly** *ad.* **-vance, -vancy** *n.* 不適切，見当はずれ; 見当はずれの話．「い．

ìr·re·líev·a·ble [ìrilí:vəbl] *a.* 救済[軽減]できな

ìr·re·lí·gion [ìrilídʒ(ə)n] *n.* 無宗教[信仰]．

ìr·re·lí·gious [ìrilídʒəs] *a.* 無宗教[信仰]の．
◇ ～**·ly** *ad.*

ìr·re·mé·di·a·ble [ìrimí:diəbl] *a.* 《病気が》不治の; 《悪弊などが》直すことのできない; 《失策などが》取り返しのつかない．◇ **-bly** *ad.*

ìr·re·mís·si·ble [ìrimísəbl, ìrri-] *a.* 許しがたい; 免れえない．◇ **-bly** *ad.*

ìr·re·móv·a·ble [ìrimú:vəbl] *a.* 動かせない，移せない; 取り除けない; 免職できない．◇ **-bly** *ad.*
ìr·re·mòv·a·bíl·i·ty [⌐—⌐—bíləti/ír-] *n.*

ir·rép·a·ra·ble [irép(ə)rəbl] *a.* 直せない; 挽回(ばんかい)できない，取り返しのつかない，あがなうことのできない．
◇ **-bly** *ad.*

ìr·re·pláce·a·ble [ìripléisəbl] *a.* 置き換えられない，取り替えられない，かけがえのない，代わりのない．

ìr·re·préss·i·ble [ìriprésəbl] *a.* 制止できない，押えられない．◇ **-bly** *ad.* **ìr·re·prèss·i·bíl·i·ty** [⌐—⌐—bíləti/ír-] *n.*

ìr·re·próach·a·ble [ìripróutʃəbl] *a.* 責められない，非のうちどころのない，申し分のない．◇ **-bly** *ad.*
ìr·re·pròach·a·bíl·i·ty [⌐—⌐—bíləti/ír-] *n.*

ìr·re·síst·i·ble [ìrizístəbl] *a.* **1** 抵抗できない; 反駁(はんばく)しようもない: the ～ advance of the enemy 抵抗できない敵の進軍．～ proofs いやおうもない証拠．an ～ force 〘法〙不可抗力．**2** 押えようもない，禁じえない: ～ impulse 押えきれない衝動．**3** 非常に魅力がある; 入手せずにはいられない．**4** 耐えられない，克服できない: ～ heat 酷暑．
◇ **-bly** *ad.* **ìr·re·sìst·i·bíl·i·ty** [⌐—⌐—bíləti/ír-] *n.* 抵抗できないこと，逆らえないこと; 魅力．

ìr·re·só·lu·ble [ìrizáljubl, irézəl-/irézəl-] *a.* 解決できない，説明できない．

ir·rés·o·lute [irézəlù:t] *a.* 決断力のない，ぐずぐずした，優柔不断の．◇ ～**·ly** *ad.* **ir·rès·o·lú·tion** [irèzəlú:ʃən, ìrez-/irèz-] *n.* 優柔不断; 無定見．

ìr·re·sólv·a·ble [ìrizálvəbl/-zɔ́l-] *a.* 分解[分離，解決]できない．

ìr·re·spéc·tive [ìrispéktiv] *a.* かかわりない，関係ない《に *of*》．～ *of* に関係なく; を顧みず: The posts were filled ～ *of* age [nationality]. 持ち場は年齢[国籍]にかかわりなく振り当てられた．◇ ～**·ly** *ad.*

ìr·re·spír·a·ble [ìrispáirəbl, iréspir-/íríspáiər-, iréspir-] *a.* 〘医〙呼吸できない．

ìr·re·spón·si·ble [ìrispánsəbl/-pɔ́n-] *a.* 責任のない，無責任な《について *for*》．
◇ **-bly** *ad.* **ìr·re·spòn·si·bíl·i·ty** [ìrispànsəbíləti/ìrispɔ̀n-] *n.* 無責任．

ìr·re·spón·sive [ìrispánsiv/-pɔ́n-] *a.* 反応のない，手ごたえのない，感応しない《に *to*》．

ìr·re·tén·tion [ìritén∫(ə)n] *n.* **1** がまん[保持]できないこと．**2** 〘医〙《尿の》失禁．

ìr·re·tén·tive [-téntiv] *a.* 保持できない．

ìr·re·tráce·a·ble [ìritréisəbl] *a.* 引き返せない，取り返しのつかない: an ～ step 引きもどせない一歩; 取り返しのつかない行為．◇ **-bly** *ad.*

ìr·re·tríev·a·ble [ìritrí:vəbl] *a.* 回復[挽回]できない，取りもどせない，取り返しのつかない．

◇ **-bly** *ad.*

ir·rév·er·ent [irév(ə)rənt] *a.* 不敬な，非礼の，不遜(そん)な，軽薄な.
◇ **～·ly** *ad.* **-ence** *n.* 不敬，非礼; 不敬な言行.

ìr·re·vérs·i·ble [irivə́:rsəbl] *a.* **1** 逆にできない，逆転できない;〘物·化〙非可逆の. **2** 取り消しできない. **3**《法律など》破棄できない. ◇ **-bly** *ad.* **ìr·re·vèrs·i·bíl·i·ty** [ˌ-ˌ-bíləti/ír-] *n.*

ir·rév·o·ca·ble [irévəkəbl] *a.* **1** 呼びもどせない. **2** 取り消せない，変更できない，決定的な. ◇ **-bly** *ad.* **ir·rèv·o·ca·bíl·i·ty** [-ˌ---bíləti] *n.*

ír·ri·ga·ble [írigəbl] *a.* 灌漑(かんがい)できる.

‡**ír·ri·gate** [írigèit] *vt.* **1** に水を注ぐ; に灌漑(かんがい)する. **2**〘医〙〈傷口などを〉洗浄〔灌注〕する.
◇ **-ga·tor** [-ər] *n.* 灌漑者〔車〕;〘医〙灌注〔洗浄〕器. **-ga·tive** [-gèitiv/-gət-] *a.*

***ìr·ri·gá·tion** [ìrigéiʃ(ə)n] *n.* **1** 水を注ぐこと; 灌漑. **2**〘医〙《傷口などを》洗うこと，灌注（法）.

ír·ri·ta·ble [írətəbl] *a.* **1** 短気な，おこりっぽい，いらいらする. **2** 神経過敏な，興奮性の. ◇ **～·ness** *n.* **-bly** *ad.* **ìr·ri·ta·bíl·i·ty** [ìrətəbíləti] *n.*

ír·ri·tan·cy [írit(ə)nsi] *n.* **1** いらだたしさ，じれったさ. **2** 困惑，怒り.

ír·ri·tant [írit(ə)nt] *a.* 刺激の，刺激性の.
── *n.* 刺激物〔剤〕.

‡**ír·ri·tate** [íritèit] *vt.* **1** いらいらさせる，おこらせる，じりじりさせる. **2** 刺激する，興奮させる. **3** に炎症を起こさせる. ◇ **-ta·tive** [-iv] *a.* 刺激する，刺激性の.
(類義語) おこらせる: **irritate** しゃくにさわらせる，いらいらさせる. 軽い短期間の怒り. **exasperate** 自制心のきかない程度まで irritate する. 頭にこさせる，怒り心頭に発させる. **infuriate** exasperate に似ているが怒りの気持ちよりも怒ったさまの激しさに焦点がある. 烈火のごとく怒らせる，かっとさせる. **provoke** 挑発(ちょうはつ)的言動・刺激などで立腹させる: *provoke* a dog until it bites 犬がかむまでいじめる.

***ír·ri·tat·ing** [-iŋ] *a.* **1** いらいらさせる，じりじりさせる，おこらせる. **2** うるさい. ◇ **～·ly** *ad.*

ìr·ri·tá·tion [ìritéiʃ(ə)n] *n.* **1** いらだたせること. **2** いらだち，焦燥; 立腹. **3**〘医〙刺激. **4** 刺激物.

ir·rúp·tion [irʌ́pʃ(ə)n] *n.* 突入; 侵入，乱入，ちん入. ≒ eruption. [in-¹+√ru(m)p-]
◇ **-tive** *a.* 突入する; 侵入〔乱入，ちん入〕する.

Ir·tísh, -týsh [iərtíʃ/ə:tíʃ] *n.* (the ～) Ob 川に注ぐ西シベリアの川.

Ir·ving [ə́:rviŋ] *n.* Washington ～, 1783–1859, アメリカの随筆家・短編小説家.

†**is** [iz, 短縮形では z《有声音の次》，s《無声音の次》] *vi., aux. v.* be の直説法現在第三人称単数形.

Is. Isaiah; Island. **is.** island. **Isa.** Isaiah.

I·saac [áizək] *n.*〘聖〙イサク《Abraham と Sarah の子，Jacob と Esau の父. 創世記 17: 12》.

I·sái·ah [aizéiə, -záiə] *n.* **1**〘聖〙イザヤ《ヘブライの偉大な預言者》. **2**〘聖〙《旧約聖書の》イザヤ書.

ís·chi·um [ískiəm] *n.* (*pl.* **-a** [-kiə])〘医〙座骨.
◇ **ís·chi·al** [-əl], **ìs·chi·ád·ic** [iskiǽdik], **ìs·chi·át·ik** [-ǽtik] *a.* 座骨（神経）の.

-ise〘英〙= -ize.

-ish [-iʃ] *suf.*《名詞から形容詞を派生する》**1**「…に属する」: Brit*ish* ブリテンの ＜Britain. Span*ish* スペインの ＜Spain. **2**「…の性質の; …のような，…らしい」: fool*ish* ばかな ＜fool. baby*ish* 赤ちゃんのような ＜baby. **3**「…の傾向のある，…を愛好する」: freak*ish* 気まぐれな ＜freak 気まぐれ. book*ish* 本好きの，学究的な ＜book. **4**「…ころの」: dinner*ish* 食事どきの. 5: 30-*ish* 5 時 30 分ごろの《副詞的に「…ころに」とも用いる》. **5**《形容詞につけて》「少し…な」「…気味の」の意をあらわす: old*ish* やや年とった. redd*ish* 赤みがかった.

Ish·ma·el [íʃmiəl/-mei(ə)l, -miəl] *n.* **1**〘聖〙イシマエル《Abraham が侍女 Hagar に生ませた子. いまの Arabia の先祖と伝えられる. 創世記 16: 11》. **2** 宿なし; 社会の敵.
◇ **～·ite** [-àit] *n.* ～ の子孫; 宿なし; 社会の敵.

í·sin·glass [áiziŋglæs/-glɑ:s] *n.* **1** にべ《一種のゼラチン》. **2**〘鉱〙雲母.

I·sis [áisis] *n.* イシス《エジプト神話で豊穣(ほうじょう)・多産の女神》.

isl. island; isle.

Is·lam [ísləm, islɑ́:m/ízlɑ:m, -læm, -ləm] *n.* **1** 回教，イスラム教，マホメット教. **2**《集合的》回教徒. **3** 回教国.
◇ **～·ism** [ísləmìz(ə)m/íz-] *n.* 回教. **～·ite** [ísləmàit/íz-] *n.* 回教徒.

Is·lám·a·bad [islɑ́:mɑ:bɑ̀:d] *n.* イスラマバド《Pakistan の首都》.

Is·lám·ic [islǽmik, -lɑ́:m-/izlǽmik], **Is·lam·ít·ic** [ìsləmítik/iz-] *a.* **1** 回教の，イスラム教の. **2** 回教徒の.

†**ís·land** [áilənd] *n.* **1** 島. **2** 島に似た〔孤立した〕もの;《特に》孤立した丘. **3**〘米〙大草原中の森林地;（街路上の）安全地帯;〘生理・医〙（細胞の）島《周囲の組織と大きさ・構造などが異なる細胞群》;〘海〙アイランド《航空母艦の艦橋・砲台・煙突などをとりまとめた右舷の構造物》. ***the I～ of Saints*** 聖人島《アイルランドの別称》. ***the I～ of the Blessed***〘ギ神〙極楽島《善人が死後移り住むといわれる大洋の極西部にある想像上の島》.
── *vt.* **1** 島にする. **2** に島を点在させる; に島のように点々と置く《を *with*》. **3** 孤立させる，隔離する. **～ country** 島国. **～ platform**〘鉄道〙上下線共通プラットホーム. ◇ ***～·er** *n.* 島民.

‡**ísle** [ail] *n.* **1**〘雅〙島，小島. **2** (I～) …島《固有名詞として》: the *I～* of Man マン島. the British *I～s* イギリス諸島. [√insul-]

ís·let [áilit] *n.* 小島; 小島の形をしたもの.

isls. islands; isles.

ism [íz(ə)m] *n.* イズム，主義，学説.

-ism *suf.*《抽象名詞をつくる》 **1**「状態・行動・行為・特性」を示す: barbar*ism* 野蛮(状態). patriot*ism* 愛国心,愛国的行為. American*ism* アメリカ風. **2**「主義，説，…教」の意: social*ism* 社会主義. Marx*ism* マルクス学説〔主義〕. atom*ism* 原子論〔説〕. Buddh*ism* 仏教. 〈注〉通常弱音節の次にくるので，発音は **-ism** [-iz(ə)m] すなわち [-ìz(ə)m/-iz(ə)m]: **át·om·*ism*** [ǽtəmiz(ə)m]. ただし強音節の直後では米英とも強勢がない: **Búd·dh*ism*** [búdiz(ə)m], **thé·*ism*** [θí:iz(ə)m].

†**is·n't** [íznt] is not の短縮形.

iso-「同，等」の意で，おもに学術用語に用いる語形成要素《母音の前では is- となる》.

I.S.O.〘英〙Imperial Service Order 文官勲功章.

í·so·bar [áisəbɑ̀:r] *n.* **1**〘気〙等圧線. **2**〘物・化〙同重元素.

ì·so·bár·ic [àisəbǽrik] *a.* 等圧（線）の; 同重核の: an ～ line 等圧線. ～ isotope 同重同位元素.

í·so·bath [áisəbæθ] *n.* 等深線.
◇ **ì·so·báth·ic** [àisəbǽθik] *a.* 等深（線）の.

í·so·cheim [áisəkàim] *n.*〘気〙等寒線，《冬の》等温線.

ì·so·chro·mát·ic [àisəkromǽtik] *a.* **1**〘光〙同一色の. **2**〘写〙整色性の (orthochromatic).

i·sóch·ro·nal [aisɑ́krən(ə)l/-sɔ́k-], **i·sóch·ro·nous** [-nəs] *a.* 等時（性）の.

i·sóch·ro·ny [-ni] *n.* 等時性; 同時発生.

ì·so·clí·nal [àisəkláin(ə)l], **ì·so·clín·ic** [-klínik] *a.* **1** 等傾斜の. **2**〘電〙等伏角の: an ～ line 等伏角線.

i·sóc·ra·cy [aisɑ́krəsi/-sɔ́k-] *n.* 万民平等参政権，権力平等主義. ◇ **ì·so·crát·ic** [àisəkrǽtik] *a.*

ì·so·dy·nám·ic [àisədainǽmik], **-i·cal** [-mik(ə)l] *a.* **1** 等力の. **2** 等磁力の: an ～ line 等磁力線.

—— *n.* 〖物〗 等磁力線.

í·so·gloss [áisoglɔ̀:s, -glɑ̀s/-glɔs] *n.* 〖言〗 等語線《一特定の言語特徴を示す地域を囲む線. 方言区域設定に用いる》.

ì·so·gón·ic [àisogánik/-gɔ́nik] *a.* 〖電〗 等偏角の: an ～ line 等偏角線.

ì·so·hý·et [-háiət] *n.* 〖気〗 等雨量線.
◇ **～·al** *a.* ～の: an ～*al* map 雨量図.

‡í·so·late [áisəlèit, ㊊⁺ ís-] *vt.* **1 孤立させる, 隔離する**: an ～*d* house 離れ家. **2** 分離する, 別に取り出す. **3** 〖医〗 ‹伝染病患者を› 隔離する; 〖電〗 絶縁する. ～ *oneself from all society* 交際を絶って独居する. [√insul-] ◇ **í·so·la·tor** [-ər] *n.* ～する人〔もの〕; 〖電〗 絶縁体 (insulator).

***ì·so·lá·tion** [àisəléiʃ(ə)n] *n.* **1 孤立**(化), 孤独. **2 隔離**, 分離; 〖化〗 遊離; 〖電〗 絶縁.
～ **hospital** 隔離病院. ～ **ward** 隔離病棟(びょう).
◇ **～·ism** [-ìz(ə)m] *n.* 孤立主義, 鎖国主義; 〖米〗 モンロー主義. **～·ist** *n.* 孤立主義者.

í·so·mer [áisəmər] *n.* 〖化〗 (同質) 異性体.
◇ **ì·so·mér·ic** [àisomérik] *a.* **i·sóm·er·ism** [aisáməriz(ə)m/-sɔ́m-] *n.*

i·sóm·er·ous [aisámərəs/-sɔ́m-] *a.* **1** 〖植〗 《花・葉などの》 等数の. **2** 同数の部分〔しるし〕からなっている. **3** 〖化〗 同質異性の.

ì·so·mét·ric [àisométrik], **-ri·cal** [-rik(ə)l] *a.* 等大の; 同容積の; 等長の.

ì·so·mór·phic [àisomɔ́:rfik] *a.* 同形の, 同一構造の.

ì·so·mór·phism [-fiz(ə)m] *n.* 〖生・化〗 同形異質〔異種〕; 〖言〗 構造同一性. ◇ **-phous** [-fəs] *a.*

ì·so·óc·tane [àisoáktein/-ɔ́k-] *n.* 〖化〗 イソオクタン《ガソリンの耐爆性判定の標準として使用される》.

í·so·pod [áisəpɑ̀d/-pɔd] *a.*, *n.* 〖動〗 等脚類(の).

i·sós·ce·les [aisásili:z/-sɔ́s-] *a.* 〖数〗 二等辺の: an ～ triangle 二等辺三角形.

ì·so·séis·mal [àisosáizm(ə)l, ㊊⁺ -sáis-], **-mic** [-mik] *n.*, *a.* 等震線 (の).

i·sós·ta·sy [aisástəsi/-sɔ́s-] *n.* 〖地〗 地殻(かく)平衡. ◇ **ì·so·stát·ic** [àisostǽtik] *a.* 地殻均衡(説)の.

í·so·therm [áisoθə̀:rm] *n.* 〖気〗 等温線.

ì·so·thér·mal [àisoθə́:rm(ə)l] *a.*, *n.* 等温線(の); 等温の.

í·so·tope [áisotòup] *n.* 〖物〗同位元素, アイソトープ. ↔heterotope. ～ **therapy** アイソトープ療法.

ì·so·tóp·ic [àisotápik/-tɔ́p-] *a.* 同位(元素)の.

í·so·tron [áisotrɑ̀n/-trɔn] *n.* 〖物〗 アイソトロン《同位元素電磁分離器の一種》.
～ **separator** 同位元素分離器.

ì·so·tróp·ic [àisotrápik/-trɔ́p-], **i·sót·ro·pus** [aisátrəpəs/-sɔ́t-] *a.* 〖物・化〗 等方性の, 均等性の.

í·so·type [áisotàip] *n.* 絵グラフ《人・生産物などを同形の略図であらわしたもの. 略図1個が一定数をあらわす》; 同形像統計図. ◇ **ì·so·týp·ic** *a.*

Is·ra·el [ízriəl/ízrei(ə)l, -riəl] *n.* **1** 〖聖〗 ヤコブの別称. **2** 《集合的》 ユダヤ人, イスラエル人, 神の選民. **3** イスラエル《中東の共和国. 首都 Jerusalem》. **4** イスラエル王国《紀元前 10–8 世紀ころパレスチナにあった》.

Is·ráe·li [izréili] *a.* イスラエル共和国 (民) の.
—— *n.* イスラエル共和国民.

Is·ra·el·ite [ízriəlàit] *a.*, *n.* イスラエル人 (の), イスラエルの子孫 (の), ユダヤ人 (の). ◇ **-it·ish** [-làitiʃ] *a.* イスラエル〔ユダヤ〕の.

Is·séi [isséi] *n.* (*pl.* ～) 〖米〗 一世《アメリカ移住の日本人》.

ís·su·ance [íʃu:əns, -ʃu-, ㊊⁺ísju:-] *n.* **1** 発行, 発布. **2** 発給, 給与.

‡ís·sue [íʃu:, -ʃu, ㊊⁺ísju:] *vt.* **1** ‹命令・法律などを› **出す, 発する**, 発布する. **2** ‹紙幣・書物などを› **発行する**, 出版する. **3** 〖軍〗 ‹食糧・衣服などを› 支給する, 給与する. **4** 〖商〗 ‹手形を› 振り出す.
—— *vi.* **1 出る**, 発する, あらわれる: ～ forth for battle 戦闘に出撃する. **2 由来する, 生じる** 《から *from*》: ～ *from* a good family いい家柄の生まれである. **3** 生じる, 結果する: a reaction which ～*s* from the stimulus 刺激から生まれる反応. **4** 《…に》 結果する, 《…の》 結末となる 《に, の *in*》. **5** 《本になって》 発行される. **6** 〖法〗 《子孫として》生まれる 《から *from*》.
—— *n.* **1** 出ること, 流出(物): an ～ of blood from the wound 傷口からの出血. **2 発行**; 発行物; 発行部数; …刷; …号: the second ～ 第2刷. the May ～ of a magazine 雑誌の5月号. **3** 《手形の》 振り出し. **4** 出口; はけ口; 河口. **5 論争**; 論争〔係争〕点; 問題. **6 結果**, 結末; 結果として生じるもの, 所産. **7** 〖法〗 子, 子孫: die without ～ 子をもたずに死ぬ.
abide the ～ 結末〔成り行き〕を待つ. ***at*** ～ (1) 論争〔係争〕中で〔の〕: the question *at* ～ 係争〔問題〕点. (2) 意見が相違して: They are *at* ～ *with* each other. 互いに意見が合わない. ***bring*** a campaign ***to a successful*** ～ (戦いを) 成功させる. ***face the*** ～ 事実を事実と認めてそれに対処する. ***have no*** ～ 子どもがない. ***in the*** ～ 結局は, 要するに. ***join*** ～ 意見が対立する, 論争する; 〖法〗 争点を決定する. ***make an*** ～ ***of*** を問題にする. ***raise a new*** ～ 新しい論点を持ち出す〔論争を起こす〕. ***take*** ～ ***with*** と争う, に異議を唱える. [ex- + √i-]
◇ **～·less** *a.* 子ども〔子孫〕のない; 結果のない; 争点のない. **ís·su·a·ble** [-əbl] *a.* 発行できる; 〖法〗 訴訟上の争点となる. **ís·su·er** [-ər] *n.* 発行人; 振出人. 〖類〗 → **question**「問題」, →**result**「結果」

-ist [-ist] *suf.* 「…する人, …を職とする人」「…主義者, …を信奉する人」の意: antagon*ist* 反対者. botan*ist* 植物学(専攻)者. liberal*ist* 自由主義者. 〈注〉-ism と違って, 米英とも常に強勢がない.

Is·tan·búl [istɑ:nbú:l, -tɑ:m-/-tæn-, -tɑ:n-] *n.* イスタンブール《トルコの都市. 旧名 Constantinople》.

ísth·mi·an [ísmiən/ís(θ)miən] *a.* **1** 地峡の. **2** (I～) パナマ地峡の; コリント地峡の. **3** (I～) コリント地区競技の. —— *n.* 地峡の住人. **I～ games** コリント地峡競技《Olympian, Pythian, Nemean games とともに古代ギリシアの四大祭事》.

ísth·mus [ísməs] *n.* (*pl.* **～·es**, **ísth·mi** [-mai]) **1** 地峡. **2** 〖植・医・動〗 峡部, 峡.

ís·tle [ístli] *n.* イストレ《熱帯アメリカ植物の繊維. 網・敷き物などの原料》.

Is·tri·an [ístriən] *a.* イストリア (人) の《Istria はイタリア東北の半島》.

†it → 枠付 it. (p. 677)

It. Italian; Italy. **ital.** italic(s). **Ital.** Italian; Italic; Italy.

‡I·tál·ian [itǽljən] *a.* **1 イタリアの**; イタリア人の. **2** イタリア語〔風〕の. —— *n.* **1 イタリア人**. **2 イタリア語**. ～ **cloth** 綿毛交織裏地の一種. ～ **hand (-writing)** イタリア書体《標準草書体》. →Gothic. ～ **iron** イタリア火のし. ～ **warehouse** 〔**warehouseman**〕 《マカロニ・オリーブ油など》 イタリア特産食料品店〔商〕. ◇ **～·ism** [-ìz(ə)m] *n.* イタリアかたぎ, イタリア風〔魂〕; イタリアなまり. **～·ist** *n.* イタリア(語) 研究家. **～·ize** [-àiz] *vt.*, *vi.* イタリア風にする〔なる〕, イタリア化する.

***i·tál·ic** [itǽlik] *a.* **1** 〖印〗 **イタリック体の**. **2** (I～) 古代イタリア人の. **3** (I～) 〖言〗 イタリック語系の.
—— *n.* (おもに *pl.*) イタリック体文字《強調・外来語などのために用いる》.

I·tál·i·cism [itǽlisiz(ə)m] *n.* イタリア風《特にことばづかいの》.

***i·tál·i·cize** [-sàiz] *vt.* ‹活字を› **イタリック体にする**; 《イタリック体を示すために原稿で》 に下線を引く.
—— *vi.* イタリック体を使う. ◇ **i·tàl·i·ci·zá·tion** *n.*

‡It·a·ly [ít(ə)li] *n.* **イタリア** 《南ヨーロッパの共和国. 首都 Rome》.

ITC International Trade Charter.

itch [itʃ] *n.* **1** かゆいこと; (the ～) ひぜん, かいせん. **2** むずむずするようなものほしさ, 切望. ***have an ～ for*** …がほしくてたまらない.
—— *vi.* **1** かゆい, むずがゆい. **2** 〈シャツなどが〉ちくちくする. **3** 《…したくて》むずむずする《*to* (do)》; ほしくてたまらない: ～ *for* [*after*] honor 名誉にあこがれる. **——** *vt.* **1** かゆい感じを与える, かゆがらせる. **2** 不愉快にする: His remark ～*ed* me. 彼のことばに私はむっとした. ***be ～ing for*** …がほしくてむずむずしている, …がしたくてたまらない. one'***s fingers ～ to*** (do) …したくて手がむずむずする. ***have an ～ing palm*** 金銭欲がふかい. **～ mite** かいせんの虫.

it

大きく分けて, 前に既に述べられた物・事をさす基本的な用法と, 強調構文も含めて文中のあとの要素を代表する用法と, 天候などの非人称用法との三つを区別することができる. いずれのばあいにも自然な日本語では訳に出てこないのが普通だが, 第1のばあいに用いようと思えば用いられる「それ」という訳は,「これ」に対する指示的な「それ」(that) と区別せねばならない. 事実, 文脈によっては「これ」とか「あれ」とか訳した方が自然なことさえある.

所有格 its「その」にも日本語との対応上大きな問題がある. 日本語の「その」には次の二つの非常に違った用法があるのにわれわれは案外無意識である: (1)《指示:「この」に対する》「その本」*that* book; 《言及: 既に述べられた》「その家」 *the* house. (2)《所有:「私の」と並行する》「Brown 氏とその家族」 Mr. Brown and *his* family. 「日本とその文化」 Japan and ***its*** [*her*] culture. its が(2)に属することは特に明瞭に認識する必要がある. なお *its* と it's との区別というつづり字上の問題もある.

また, 複数 they [them] にとかく「彼ら」という日本語がつきまとっているせいか, これに出会ったときに, つい it の複数でもあることを忘れて, 近所に物の複数と人の複数があるとき後者に結びつける傾向のあることも警戒を要する.

it [it] *pron.* (所有格 **its** [its], 目的格 **it**; *pl.* 主格 **they**, 所有格 **their**, 目的格 **them**; it is, it has の短縮形 **it's** [its])

1 《第三人称中性の人称代名詞》 それ《一般に既に述べた物・事をさす. また幼児・動物など性別の明示を必要としないか, それが不明のばあいの生物などをさして用いる》: What's that book? —*It*'s a dictionary. あの本はなんですか. —(それは) 辞書です《複数は What are those books?—*They* are dictionaries.》. Mother took the baby and gave *it* suck. 母親は赤ん坊を抱いて乳をふくませた. The dog came wagging *its* [his] tail. 犬が尾を振り振りやって来た. 〈注$_1$〉 it は特定のものをさす名詞の代わりには用いるが, どれでもかまわぬ一つのものをさす名詞の代わりには one を用いる. 〈注$_2$〉 its は his とおなじく所有格で the dog's の代わり.「そ(れ)の」と訳せるが,「この」「あの」に対する指示的な「その」(that) や the に相当する「その」との差に注意. 本項冒頭前書き参照. 〈注$_3$〉 dog はしばしば he [his, him] で受けられる. 一般に動物にはしばしば he [his, him], she [her] が用いられる.

2 《非人称の it: 単数のみ》《天気・時間・距離, ばく然と状況または不定のものをさす. このばあいの it は日本語に訳さない》: *It* was very fine yesterday. 昨日はとてもよい天気だった. *It* is raining. 雨が降っている. *It* is warm for this time of the year. 今時分にしては暖かい. What time is *it*? —*It* is half past ten. いま何時ですか. —10時半だ. *It* is (now) five years since he died. 彼が死んでから(もう) 5 年になる. *It* is fifteen minutes' walk from here to the station. ここから駅まで歩いて15分で行ける. *It* is all over with him. 彼は万事休す. How is *it* with your children? 子どもさんたちはいかがですか. *It* says in the papers... 新聞に…と出ている. Who is there? —*It* is I. 《ドアの外からのノック・足音などを聞いて》どなたですか. —私です. 〈注〉 *It* is I. は口語では *It*'s me. というのがむしろ普通であるが, he, she のばあいは *It*'s he [she]. のほうが, むしろ普通である. また *It*'s the boys. などのように *It* is のあとに複数名詞がくることもある.

3 《口語においてある種の動詞または前置詞のあとに無意味な形式上の目的語として置かれる》: They fought *it* out. 彼らは戦い抜いた. I gave *it* hot. 私はひどくやっつけた. He will lord *it* over us. 彼はいばりちらすだろう. foot *it* 歩く. go *it* 大いにやる. bus *it* バスで行く. have a hard time of *it* ひどい目に会う. There is no help for *it* but to do so. そうするより仕方がない.

4 《予備の it: 形式主語または形式目的語として, あとにある語・句・節を代表する》 **a)** 《形式主語》: *It* is no use *crying over spilt milk*. 〘諺〙こぼれたミルクのことで泣くのはむだだ, 覆水盆に返らず《動名詞》. *It* is wrong *to tell a lie*. うそをつくのは悪い《不定詞》. *It* is true *that he has failed*. 彼が失敗したというのはほんとうだ《節》. **b)** 《形式目的語》: I make *it* a rule *to take a walk* every morning. 私は毎朝散歩することにしている《不定詞》. I think *it* natural *that he should pass the examination*. 彼が試験に合格するのは当然だと思う《節》.

5 《前に出た句や節などを代表する》: I tried *to get up*, but found *it* impossible. 私は起き上がろうとしたが起きられなかった《句》. *He is an honest man*; I know *it* quite well. 彼は正直な男だ, 私はそれをよく知っている《節》.

6 《It is X that... などの構文で文中の特定部分 X を強調する》: *It* was he *who* [*that*] broke the vase yesterday. きのう花びんをこわしたのは彼だった. *It* was the vase *which* [*that*] he broke yesterday. きのう彼がこわしたのは花びんだった. *It* was yesterday *that* he broke the vase. 彼が花びんをこわしたのはきのうだった. *It* was to Mary *that* George was married. ジョージが結婚したのはメアリとだった. *It* was in this book *that* I read about his discovery. 私が彼の発見について読んだのはこの本(の中)でだった. 〈注〉 最後の2例について, ときおり that の代わりに whom, which を用い, これに前置詞が伴う構文がある: *It* was Mary *to whom* George was married. ジョージが結婚した相手はメアリだった. *It* was this book *in which* I read about his discovery. 私が彼の発見について読んだのはこの本だった.

be with it 〘俗〙 本腰を入れている, わかっている. ***get with it*** 〘俗〙 本腰を入れる,「まじめにやる」. ***It is said that***... ということだ, といううわさだ. ***That's it.*** そのとおり!; それ(が問題) なんですよ!

—— *n.* **1** (鬼ごっこの) 鬼. **2** 〘話〙 理想, 完全, まさにそのもの: In her new dress she really was *it*. 新調のドレスを着た彼女はまさに天下一品だった. 〈注〉 通常斜体で書き補語に用い, 特に強勢を置いて読む. **3** 〘俗〙 性的魅力, イット.

ítch·y [ítʃi] *a.* 1 かゆい; ひぜんにかかった. 2 ほしくてむずむずする. ◇ **-i·ness** *n.*

-ite[1] [-àit] *suf.* 1「ある土地・民族・主義などに属する人(の)」「…の信奉者(の)」の意: Brooklyn*ite* ブルックリンの住人(の). Israel*ite* (古代) イスラエル人(の). 2「鉱物・化石・爆薬・塩類・製品・身体部分」などの意: ammon*ite* 菊石. dynam*ite* ダイナマイト. som*ite* 体節 <√som- 身体.

-ite[2] *suf.* 形容詞・名詞・動詞をつくる《本来はラテンの過去分詞》: oppos*ite* 反対の <oppose. exquis*ite* すばらしい<ex-+√quer-捜し+出す. pol*ite* 洗練された<√poli- みがく. appet*ite* 食欲, 欲望<ad-+√pet- 求める. un*ite* 統一する <√un- 一つ.

‡**í·tem** [áitəm/-tem, -təm] *n.* 1 項目, 箇条, 条項, 品目, 細目: sixty ～*s* on the list 表の上の60品目. ～*s* of business 営業品目. 2《新聞などの》記事, 一項目: local ～*s* 地方記事. 3〘俗〙話〔うわさ〕のたね. **～ by ～** 項目別に, 逐条的に. ***state ～s of an account*** 勘定の内訳をする. —— *vt.* 箇条書きにする. —— [áitem/-tem, -təm] *ad.* 同様に, 更にまた《項目を次々に数えるとき》.

í·tem·ize [áitịmàiz] *vt.* 〘おもに米〙箇条書きにする, 項目別にする, 明細に記す. ***an ～d account*** [***bill***] 明細精算書.

ít·er·ant [ítərənt] *a.* 繰り返しの.

ít·er·ate [ítərèit] *vt.* 《もう一度または何度も》繰り返して言う〔する〕. [√i-]
◇ **ìt·er·á·tion** [ìtəréiʃ(ə)n] *n.* 繰り返し, 反復.

ít·er·a·tive [ítərèitiv/-rət-, -reit-] *a.* 1 繰り返し言う, 反復の; くどい. 2〘文〙《動詞が》反復(相)の.

Ith·a·ca [íθəkə, ㊥⁺ íθikə] *n.* イタカ《ギリシア西方のイオニア諸島中の一島. Ulysses の故郷》.

I·thú·ri·el [iθjú(:)riəl/iθjúər-] *n.* Milton 作 *Paradise Lost* の天使《Satan の正体を暴露した》.

i·tín·er·a·cy [aitínərəsi, itín-], **i·tín·er·an·cy** [-rənsi] *n.* 1 巡回, 巡歴, 遍歴. 2 巡回説教〔判事〕団. 3 勤務地不定職務.

i·tín·er·ant [-rənt] *a.* 巡回する, 巡歴する, 遍歴する. —— *n.* 1 巡回者, 巡回説教者〔判事〕. 2 旅芸人, 旅商人, 旅の見せ物師. [√i-]
～ library 移動〔巡回〕図書館. **～ peddler** 旅商人, 行商人.

i·tín·er·ar·y [-rèri/-rəri] *n.* 1 旅程; 旅行日程計画(書). 2 旅行記. 3 旅行案内書. —— *a.* 1 巡回〔巡歴〕する. 2 旅行の, 旅程の. [√i-]

i·tín·er·ate [-rèit] *vi.* 1 巡回〔巡歴〕する. 2 巡回説教〔裁判〕する. ◇ **i·tìn·er·á·tion** [aitìnəréiʃ(ə)n, itìn-] *n.* =itinerancy.

-í·tion [-íʃ(ə)n] *suf.* 「動作・状態」をあらわす《元来は -tion とおなじで, その前の i は先行の語幹に属することもある》: exped*ition* 遠征, 敏速 <√ex-+√ped- 足が+自由な. nutr*ition* 栄養 <√nutri-.

-í·tious [-íʃ(ə)s] *suf.* 1 -ition の語尾をもつ名詞に対応する形容詞をつくる: exped*itious* 敏速な < exped*ition*. nutr*itious* 栄養に富む <nutr*ition*. 2 -tion の語尾をもつ名詞, その他の名詞から形容詞をつくる: fict*itious* 架空の<fic*tion* 仮構. advent*itious* 外来の <advent 到来.

-í·tis [-áitis] *suf.* 「炎症」の意: bronch*itis* 気管支炎 <bronchia. gastr*itis* 胃炎 <√gastr- 胃.

-i·tive [-ịtiv] *suf.* 形容詞・名詞をつくる《元来はラテン語の -it に終わる過去分詞に形容詞語尾 -ive をつけたもの》: pos*itive* 肯定的, 積極的 <posit- 置かれた. infin*itive* 不定形 <in-+finit- 非+限定の.

ít'll [ítl]〘話〙it will, it shall の短縮形.

ITO International Trade Organization《国際連合》国際貿易機構. 「枠付 it.

†**its** [its] *pron.* 《it の所有格》**それの, その**, あれの. →

‡**it's** [its]〘話〙it is, it has の短縮形.

‡**it·sélf** [itsélf] *pron.* (*pl.* **them·sélves**) 1《再帰用法》**それ自身を**〔に〕, 自分を〔に〕: The fox hid ～ behind a tree. キツネは木の後ろに身を隠した. 2《強意用法》**そのもの** (まで), …さえ: The well ～ was empty. 井戸さえからだった. → -self.
by ～ それだけで, 《ほかと離れて》ひとりで. ***in ～*** 本来, 元来, 本質的に. ***of ～*** ひとりでに, 自然に.

I.T.T.C. International Telephone and Telegraph Corporation. **I.T.U.** International Telecommunication Union《国連》国際電気通信同盟.

ít·ty-bít·ty [ítibíti] *a.* 〘小児語〙ちっちゃな.

-i·ty [-ịti] *suf.* 「状態・性格」の意をあらわす抽象名詞をつくる(=-ty[2]): advers*ity* 逆境<adverse. chast*ity* 清純<chaste. major*ity* 過半数 <major.

-i·um [-iəm] *suf.* ラテン語系中性名詞語尾: med*ium* 中, 中間. 〈注〉金属元素の名称中に特にしばしば用いられる: irid*ium*, rad*ium*.

I·van [áiv(ə)n] *n.* 男性の名. **～ Ivanovi(t)ch** [ivá:n-ivá:nɑvitʃ/-nɔ-] 典型的なロシア人. →John Bull.

‡**I've** [aiv]〘話〙I have の短縮形.

-ive [-iv] *suf.* 「…の性質を有する, …の傾向がある」などの意の形容詞・名詞をつくる: attract*ive* 人をひきつける <attract. mass*ive* 大量の, どっしりした < mass. offens*ive* 攻撃的な, 攻撃 <offense.

í·vied [áivid] *a.* ツタでおおわれた. [<ivy]

‡**í·vo·ry** [áiv(ə)ri] *n.* 1 **象げ**, 《象・カバなどの》きば. 2 象げ製品; 玉突きの玉; ピアノのキー; さいころ. 3 象げ色. 4〘俗〙歯. ***black ～*** アフリカ黒人どれい. ***fossil ～*** マンモスのきば(の化石). ***show*** one's ***～ies*** 〘俗〙歯をむき出す. ***vegetable ～*** 植物象げ《南アメリカ産のゾウゲヤシの実, またはその実のはい乳. 象げの代用としてボタンなどをつくる》. ***wash*** one's ***～ies*** 〘俗〙酒を飲む.
～ black 象げを焼いてつくった黒色顔料. **I～ Coast, the** 象げ海岸《西アフリカ, ガーナ西方, リベリアと黄金海岸との間》; コートジボアール《西アフリカの共和国》. **～ nut** ゾウゲヤシの実. **～ palm**〘植〙ゾウゲヤシ. **～ paper** アイボリーペーパー《画家用上質厚紙》. **～ raider** [**hunter**]〘俗〙《象げの塔を襲う産業界からの》有能卒業生のスカウト. **～ tower** 象げの塔《実社会から隔離した思索の世界, 特に大学》. **～-tów·ered** 高踏的な, 非実用〔非日常〕的な. **～·type** [-tàip] アイボリータイプ《天然色効果をねらった昔の重ね印刷技術》. **～ white** 乳白色の.

í·vy** [áivi] *n.* 1〘植〙ツタ. 2 (Ivy)〘米〙=Ivy League. ***the English ～ ツタ. ***the poison ～*** ツタウルシ. —— *vt.* ツタでおおう.
Ivy League, the〘米〙伝統ある東部大学(の)《特に Yale, Harvard, Princeton, Columbia, Dartmouth, Cornell, Pennsylvania, Brown 大学》: an *Ivy League* suit アイビーリーグ スーツ. **Ivy Leaguer** Ivy League 出身者. **～ vine**〘植〙ノブドウの類《アメリカ産》.

I.W. Isle of Wight. **IWA** International Whaling Agreement 国際捕鯨協定.

i·wís [iwís] *ad.* 〘古〙確かに, きっと (certainly).

I.W.W., IWW Industrial Workers of the World 世界労連, 世界産業労働者組合. **I.X., IX** Jesus Christ.

-ix [-iks] *suf.* -or の男性名詞に対する女性名詞: inherit*or* → inheritr*ix*. → -ess[1]. 「原産》.

íx·i·a [íksiə] *n.* 〘植〙イキシア《イチハツ科. 南アフリカ

Ix·í·on [iksáiən] *n.* 〘ギ神〙国王イクシオン.
～'s wheel Hera の愛を求めたためイクシオンが縛りつけられた永遠に回転する火の車.

íz·ard [ízərd] *n.* 〘動〙カモシカの類《ピレネー山脈産》.

-i·zá·tion [-ịzéiʃ(ə)n, -aiz-] *suf.* -ize で終わる動詞の名詞をつくる: civil*ization* <civil*ize*. real*ization* <real*ize*. 〈注〉発音はアメリカでは [-ịzéiʃ(ə)n] が, イギリスでは [-aizéiʃ(ə)n] が優勢である. ただし -ization で終わる見出し語の発音表記で [,] でなく [/] を用いて [-ịzéiʃ(ə)n/-aiz-] となっているものは [-ịzéiʃ(ə)n, -aiz-/-aiz-] の意であり, イギリスでは [-ịzéiʃ(ə)n] の存

在が疑わしいことを示す.

-ize, -ise [-àiz] *suf.* 「…にする, …化させる〔する〕, …になる」の意の動詞をつくる: organ*ize* <organ. real*ize* <real. dramat*ize* <√drama(t)- Gk. 劇. bapt*ize* 洗礼を授ける <√bapt- Gk. 水につける. 〈注₁〉アメリカでは主として -ize, イギリスでは -ise も用いる. ただし chastise, supervise などは米英ともに-ise が用いられる. 〈注₂〉発音は通常 [-àiz/-aiz]: **ór·gan*ize*** [ɔ́:rgənàiz] で, 派生語で特に発音を示してないものはみなこの法則に従う. ただし bapt*ize* [bæptáiz] のようなものもある.

Iz·vés·tia [izvéstjə, ㊇⁺ -tʃə] *n.* イズベスチヤ《ソ連の政府機関紙. 「報道」の意》. [<Russ.]

íz·zard [ízərd] *n.* 〘古・方〙 ゼッド (z) の字. ***from A to ～*** A から Z まで, 初めから終わりまで, 一から十まで.

íz·zat [ízət] *n.* 〘インド〙 体面, 名声, 名誉

íz·zer [ízər] *n.* 〘米〙 機敏で精力的な人.

J

J, j [dʒei] *n.* (*pl.* **J's, *J*s, j's, *j*s** [-z]) **1** 英語アルファベットの第10字. **2** 10番め(のもの). **3** J 字形のもの; J 記号で表記されるもの: a *J* pen J 字印のある幅広のペン先.

J 〘物〙 joule. **J.** James; Journal; Judge; Justice. **Ja.** James; January. **J. A.** Joint Agent; Judge Advocate.

já·al-goat [dʒéiəlgòut] *n.* 〘動〙 ヤールヤギ《アラビア・エチオピア産》.

jab [dʒæb] *vt.* (**-bb-**) **1** 《鋭利なもので》突く, 突き刺す. **2** 〘ボクシング〙 に ジャブを出す, すばやく突く. **——** *n.* **1** 急な突き. **2** 〘ボクシング〙 ジャブ. **3** 〘軍〙 二度突き《突き刺した銃剣を抜かずに更にもういちど突き刺すこと》.

jáb·ber [dʒǽbər] *vi., vt.* べちゃくちゃおしゃべりする, 早口にしゃべる; <サルなどが>キャッキャッと鳴く. **——** *n.* (訳のわからない) 早口のおしゃべり.
～**·wock** [-wɑ̀k/-wɔk], ～**·wòck·y** [-wɑ̀ki/-wɔ̀ki] 〘米〙 意味のないことば, 訳のわからないたわごと; 隠語. 〈注〉しばしば形容詞的に用いられる.

jab·ot [ʒæbóu/ㄥ—] F. *n.* **1** 《婦人服の》 レース胸飾り. **2** 〘史〙 《男子用の》 シャツ胸部ひだ飾り.

jabot ②

J.A.C. Junior Association of Commerce.

jàc·a·rán·da [dʒæ̀kərǽndə] *n.* 〘植〙 ノウゼンカズラ科の植物《熱帯アメリカ産》; その木材.

já·cinth [dʒéisinθ, dʒǽs-] *n.* **1** 〘鉱〙 ヒヤシンス(宝)石. **2** 赤みを帯びたオレンジ色.

jack [dʒæk] *n.* **1** (または J～) 《一般的》 男, やつ: every *J*～; every man ～ どんなやつも, だれもかれも. **2** (J～) 《見知らぬ人への呼びかけ》 きみ; 相棒. **3** (しばしば J～) 水兵, 水夫 (=〘俗〙 J～-Tar). **4** 労働者, 使用人. **5** 木材切り出し人夫. **6** 〘オーストラリア〙 巡査. **7** 《トランプの》 ジャック. **8** 押し上げ万力, ジャッキ《重い物を押し上げる機械装置》. **9** くつ脱ぎ器 (=bootjack). **10** 焼きぐしまわし. **11** 〘電〙 《プラグの》 差し込み口. **12** とけいの鐘を打つ人形. **13** 《bowling の的に使う》 小球. **14** 《特に jackstones で用いる》 丸い小石, 金属性小玉; (*pl.*) 《単数扱い》 =jackstones. **15** =jackknife. **16** 〘海〙 《国籍を示す小形の》 船首旗 (=～ staff). **17** 〘米〙 夜間の漁猟用かがり火〔閃光(せんこう)燈〕(= jacklight). **18** リンゴブランデー (=applejack). **19** 《動物, 特にロバの》 雄. **20** サケの雄の幼魚, カマスの幼魚. **21** =jackass; jack rabbit; jacksnipe. **22** 〘米俗〙 お金. **23** こん棒. **24** 機関車. ***before you could*** [***can***] ***say J～ Robinson*** あっという間もなく, またたく間に, いきなり. ***cheap J～*** 行商人. ***Every J～ has his Gill*** [***Jill***]. 〘諺〙 われなべにとじぶた, 似たもの夫婦. ***every man J～*** だれもかれも. ***J～ and Gill*** [***Jill***] 若い男と女. ***J～ at a pinch*** 《急場しのぎの》 臨時雇いの人; 《特に》 結婚式・告別式に臨時につとめる牧師. ***J～ in office*** いばっている下級役人. ***J～ of all trades and master of none.*** 〘諺〙 多芸は無芸. ***not a J～*** 〘俗〙 どれ一つとして…でない. ***the Union J～*** イギリス国旗. ***yellow ～*** [***J～***] 黄熱病 (yellow fever). **——** *vt.* **1** ジャッキで持ち上げる〔起こす〕《*up*》. **2** <価格・賃銀などを>引き上げる, 上げる《*up*》. **——** *vi.* 〘米〙 《たいまつ〔閃光燈〕で》 夜づり〔夜猟〕する.
～ ***up*** (1) <質・程度を> 高める; 支持する; <量を> ふやす. (2) <計画・仕事などを> 投げ出す. (3) <人を> 叱責(しっせき)する, に気合いを入れる. (4) 個人教授する.
∼-a-dán·dy しゃれ者. **∼·ass** [ㄥㄥ] 雄ロバ; ばか者, まぬけ. **∼·boot** [ㄥㄥ] 《ひざの上まで届く》 長ぐつ. **∼·daw** [ㄥㄥ] 〘鳥〙 小形のカラス《ヨーロッパ産》; おしゃべり. **J～ Frost** 霜, 厳冬《擬人化した呼称》. **∼·hàmmer** 小型砕石ドリル. **∼-in-a-box** →別項. **J∼-in-the-green** [-grì:n] 〘英〙 青葉の中のジャック《May Day「5月祭」で遊戯として青葉に囲まれた屋台に入れられた男の子》. **∼-in-the-púl·pit** (*pl.* **∼-in-the-púl·pits, ∼s-in-the-púl·pit**) 〘植〙 マムシグサ《北アメリカ産》. **J～ Johnson** = Black Maria ②. **J～ Ketch** 〘英〙 絞首刑執行人. **∼·knife** → 別項. ～ **ladder** 綱ばしご. **∼·leg** [ㄥㄥ] (1) 未熟な(人); 不正直な (人), いかさま (師). (2) まにあわせの. **∼·light** [ㄥㄥ] 夜づり〔夜猟〕用の燈火. **∼-of-áll-trades** [㊇ㄥ—ㄥ—] よろず屋, なんでも屋. **∼-o'-làn·tern** [-əlæ̀ntərn] (*pl.* **∼-o' -làn·terns**) (しばしば J～) きつね火, 鬼火 (will-o'-the-wisp); 〘米〙 カボチャちょうちん. ～ **plane** あらかんな, 粗扱(かんな). **∼·pot,** ～ **pot** →別項. **∼·púd·ding** (ときに J～) 〘古〙 道化師. ～ **rabbit** 耳とあと足の特に長い北アメリカ産のウサギ. **∼·screw** [ㄥㄥ] ねじジャッキ. **∼·snipe** [ㄥㄥ] 〘鳥〙 コシギ《ヨーロッパ産》; 〘鳥〙 アメリカクサシギ. ～ **staff** 〘海〙 船首〔艦首〕の旗ざお. **∼·stone** [ㄥㄥ] (1) (*pl.*) 《単数扱い》 小石〔お手玉〕遊び. (2) 《小石・お手玉遊びの》 石または金属製の玉. **∼·straw** →別項. **∼·tár** (しばしば J～-Tar) 〘俗〙 水兵さん, 水夫さん《愛称》. ～ **towel** 巻きタオル (roller towel) 《両端を縫い合わせ巻き軸にかける. 手ふき用》.

jáck·al [dʒǽkɔ:l] *n.* **1** 〘動〙 ジャッカル《キツネとオオカミとの中間型, 山犬の類. 北アフリカ産》. **2** 他人のためにつまらない仕事をする人, 下働き(人). **——** *vi.* お先棒となる, 下働きする.

jáck·a·napes [dʒǽkənèips] *n.* **1** 生意気なやつ; しゃれ者. **2** 生意気ないたずらっ子. **3** 〘古〙 サル.

jàck·a·róo [dʒæ̀kərú:] *n.* 〘オーストラリア・英俗〙 《牧羊場の》 新しい雇い人. **——** *vi.* ～として働く.

‡jáck·et [dʒǽkit] *n.* **1** (そで付きの短い) **上着**, ジャケット《男子・女子とも用いる》; 背広の上着. **2** 上着の上につけるもの: life ～ 救命袋. **3** 《本の》 **カバー**; 《仮とじ本の》 表紙. 〈注〉日本語でいう本の「カバー」を jacket といい, 英語の cover は「表紙」の意. **4** 〘米〙 《文書を入れる》 紙表紙, (保存) 封筒. **5** 《レコードを入れる》 ジャケット. **6** 《銃弾の》 金属外皮; 《蒸気かんなどの熱の放散を防ぐ》 包被(材). **7** ジャガ

イモの皮; 《犬・ネコなど動物の》毛皮, 外皮. ***dinner* ～** 略式夜会服 (=㊇ tuxedo). ***dust* a person's ～** 〔話〕(人)をぶんなぐる. ***potatoes boiled in their* ～*s*** 皮のついたまま煮たジャガイモ. —— *vt.* **1** に～を着せる, ～でおおう. **2** 〔話〕ぶんなぐる.

jáck-in-a-box [dʒǽk(i)nəbɑ̀ks/-bɔks] *n.* **1** 〔植〕ハスノハギリ科の植物《熱帯産》. **2** = jack-in-the-box.

jáck-in-the-box [-(i)nðə-] *n.* **1** びっくり箱. **2** 仕掛け花火の一種. **3** 〔機〕差動装置.

jáck·knife [dʒǽknàif] *n.* **1** ジャックナイフ《大型折りたたみナイフ》, 海軍ナイフ. **2** 〔米:水泳〕ジャックナイフ型飛び込み. —— *vt.* ジャックナイフで突く〔刺す〕. —— *vi.* 〔水泳〕《からだを》腰から折り曲げて手指を足指に触れて水に飛び込む.

jáck·pot, jack pot [dʒǽkpɑ̀t/-pɔt] *n.* **1** 〔トランプ〕ポーカーの積み立て掛け金《競技者のひとりが2枚のジャックまたはそれ以上のよい札を手に入れるまで積み立てる》. **2** 〔米話〕大当たり: hit the ～ 大当たりをとる, 大成功する. **3** 積み立て賞金, 共同資金.

Jáck·son [dʒǽksn] *n.* **1** Andrew ～, 1767–1845, アメリカ第7代大統領. **2** Thomas Jonathan ～, 1824–63, アメリカ南北戦争の南軍の将軍. **3** アメリカ Mississippi 州の州都.

Jack·só·ni·an [dʒæksóuniən] *a., n.* Andrew Jackson の(支持者).

Jáck·son·ville [dʒǽksnvil] *n.* アメリカ Florida 州の都市.

jáck·straw [dʒǽkstrɔ̀:] *n.* **1** わら人形. **2** つまらぬ人物. **3** わら〔木, 象げなど〕の小片《遊戯用》; (*pl.*)《単数扱い》山くずし, 積みこま遊び《木片・骨片を乱雑に積み上げ, 1片ずつ他を動かさずに抜き取る遊び》.

Já·cob [dʒéikəb, ㊇⁺-kəp] *n.* 〔聖〕ヤコブ《イスラエル人の祖》. **～'s ladder** (1) 〔聖〕ヤコブのはしご《ヤコブが夢にみた地上から天まで届くはしご》; 〔海〕なわ〔綱〕ばしご. (2) =～'s-ladder. **～'s-lád·der** 〔植〕ハナシノブ. **～'s staff** 《測量器の》支架, 測高器.

Jàc·o·bé·an [dʒæ̀kəbí:ən] *a.* **1** 〔英史〕James I の(時代の)《1603–25》. **2** 〔家具〕暗かっ色の. —— *n.* James I 時代の文人・政治家.

Jác·o·bin [dʒǽkəbin] *n.* **1** 〔仏史〕ジャコバン党員《1789年フランス革命時代の過激共和主義党員》. **2** 過激政治家. **3** 〔宗史〕フランス ドミニコ会士. **4** (j～) 〔鳥〕ジャコバン種のドバト《首にずきん状の羽毛がある》. ◇ **～·ism** [-iz(ə)m] *n.* ジャコバン党主義; 過激政治. **Jàc·o·bín·i·c** [dʒæ̀kəbínik], **Jàc·o·bín·i·cal** *a.* ジャコバン党の(主義の); 過激の.

Jác·o·bite [dʒǽkəbàit] *n.* 〔英史〕James II 擁護党員.
◇ **Jàc·o·bít·ic** [dʒæ̀kəbítik], **Jàc·o·bít·i·cal** *a.*

ja·có·bus [dʒəkóubəs] *n.* James I 時代の金貨.

jác·o·net [dʒǽkənèt] *n.* **1** 薄織り白綿布《インド産》. **2** 片面つや出し染色綿布.

Jac·quárd [dʒəkɑ́:rd/dʒǽkɑ:d] **～ *loom*** ジャカード織り機《フランスの発明家 Jacquard, 1752–1834, の考案》.

Jac·que·rie [F. ʒakri] F. *n.* **1** 《1358年の》北フランス農民暴動. **2** (しばしば *j*～)《一般的》農民暴動〔反乱〕.

jàc·ti·tá·tion [dʒæ̀ktitéiʃ(ə)n] *n.* **1** 自慢, からいばり. **2** 〔法〕結婚詐欺訴訟. **3** 〔医〕からだをもがくこと《熱病などで》.

jác·u·late [dʒǽkjulèit] *vt.* 〈やりなどを〉投げる.

jád·der [dʒǽdər] *n.* 〔英方〕石切り職人.

jade[1] [dʒeid] *n.* **1** 〔鉱〕ヒスイ, 玉(ぎょく)《硬玉・軟玉の双方》. **2** ヒスイ色, 硬玉色. —— *a.* **1** ヒスイの. **2** 緑色の.

jade[2] *n.* **1** 馬, 駑馬(どば), やせ馬. **2** あばずれ女; 《けいべつ的》女. —— *vt., vi.* 疲れさせる, 疲れる.
◇ **jád·ed** [-id] *a.* **1** ぐったり疲れた; あきあきした. **2** あばずれの.

jáde·ite [dʒéidàit] *n.* 〔鉱〕硬玉, ヒスイ. →nephrite.

jáe·ger[1] [jéigər] *n.* 《下着用の》純毛織物の一種.

jáe·ger[2] *n.* **1** 〔鳥〕トウゾクカモメ. **2** 猟師. **3** 《旧ドイツ・オーストリア軍の》狙撃(そげき)兵.

jag[1] [dʒæg] *n.* **1** 《のこぎりの歯のような》ぎざぎざ; 《岩石などの》鋭いかど. **2** かぎ裂き. —— *vt.* (**-gg-**) **1** 〈布などを〉かぎ裂きにする. **2** にぎざぎざをつける.

jag[2] *n.* **1** 〔話〕《干し草・たきぎなどの》少量の荷. **2** 〔俗〕《多量の》酒; 酔い; 酒盛り, ばか騒ぎ. ***have a* ～ *on*** に酔う.

J.A.G. Judge Advocate General.

jä·ger, já·ger =jaeger[2].

***jág·ged** [dʒǽgid] *a.* **1** ぎざぎざの(ある): a ～ rock ぎざぎざの岩. →rough. **2** かぎ裂きの(ある); 破れた, ぼろぼろの. ◇ **～·ly** *ad.* **～·ness** *n.*

jág·ger·y [dʒǽgəri] *n.* 《東インド産》粗糖.

jág·gy [dʒǽgi] =jagged.

jág·uar [dʒǽgwɑ:r, -gjuɑ̀:r/-gjuə, -gwə] *n.* 〔動〕ジャガー《中央・南アメリカ産. ヒョウより大きく黄に黒の斑点がある》.

Jah [jɑ:/dʒɑ:, jɑ:], **Jáh·ve(h)** [jɑ́:vei] =Jehovah.

jài a·lái [hài-ɑ:lái/hái-] *n.* ハイアライ《ラテンアメリカで盛んなハンドボールに似たゲーム》. [<Sp.]

‡**jail** [dʒeil] *n.* 刑務所, 牢獄(ろうごく), 監獄; 拘置所, 留置所. 〈注〉イギリスでは gaol とつづる. ***break* ～** 脱獄する. ***detention* ～** 留置所. ***in* ～** 入獄して. ***police* ～** 警察留置所. —— *vt.* 投獄する.
∠·bait [∠∸] 〔米俗〕屈したら刑務所行きになる誘惑; (未成年の)美少女. **∠·bird** [∠∸] 〔話〕囚人; 前科者, 常習犯; 悪漢. **∠·break** [∠∸] 〔米話〕脱獄. **∠·brèak·er** 脱獄囚. **～ delivery** 暴力による囚人解放. **∠·house** [∠∸] 〔米〕刑務所.

***jáil·er, -or** [dʒéilər] *n.* (刑務所の)看守, 獄吏(=㊇ gaoler).

Jain [dʒain], **Jái·na** [dʒáinə] *a.* ジャイナ教(徒)の. —— *n.* ジャイナ教徒.
◇ **Jáin·ism** [dʒáiniz(ə)m] *n.* 〔宗〕ジャイナ教《仏教とバラモン教に似た教義をもつインドの一宗派》.

Ja·kár·ta =Djakarta.

jake [dʒeik] *a.* 〔米俗〕申し分のない, 満足な: Everything is ～ *with* me. おれは万事けっこう.

JAL [dʒæl] Japan Air Lines.

jál·ap [dʒǽləp] *n.* ヤラッパ《メキシコ産のつる草の根を干してつくった下剤》.

ja·lóp·y, jal·lóp·y, ja·lóp·py [dʒəlɑ́pi/-lɔ́pi] *n.* 〔米俗〕ぼろ自動車〔飛行機〕; 旧式機械.

jal·ou·sie [ʒǽluzì:/∠−−] F. *n.* 板すだれ (Venetian blind); よろい戸(louver).

‡**jam**[1] [dʒæm] *v.* (**-mm-**) *vt.* **1** 押し込む, 詰め込む: ～ a thing *into* a box 物を箱に押し入れる. The ship was *jammed* between two rocks. 船はふたつの岩の間に押し込まれてしまった. **2** 〈指などを〉押しつぶす, はさむ: He got his hand *jammed in* the door. 彼は手を戸口にはさまれてしまった. **3** 押しつける《に *on*》; 押し通す《を *through*》: ～ one's foot *on* the brake ブレーキを踏む. ～ one's hat on 帽子を目深にかぶる. ～ a bill *through* Congress 法案を無理やり議会を通過させる. **4** 〈場所に〉詰めかける, 〈場所を〉いっぱいにふさぐ: Crowds *jammed* the doors. 群衆が戸口に詰め寄った. The theater was *jammed with* people. 劇場は人でぎっしりいっぱいだった. **5** 動かなくする《機械の一部をつかえさせて》. **6** 〈放送・信号などを〉妨害する《周波数の近い電波の作用で》. **7** 〈帆船を〉風に向かって前進させる.

—— *vi.* **1** 押し入る, しゃにむに割り込む《へ *into*》. **2** (詰まって)動きがとれなくなる. **3** 〈機械などが〉動かなくなる《機械が詰まったり, ひっかかったりして》. **4** 〔俗〕ジャズ演奏中に即興的に曲を変えて活気づける.
—— *n.* **1** 立て込み, 混雑, 雑踏: a traffic ～ 車両の混雑, 交通まひ. **2** 《機械の》故障, 停止. **3** 〔米俗〕困難, 窮地: get into a ～ 困ったことになる.

~-páck →別項. ~ **session**〘米俗〙(1) 即興ジャズ演奏会; 寄り合いバンドのジャズ演奏. (2) 楽しみのためのジャズ演奏会.

‡**jam²** *n.* **1** ジャム. **2**〘英俗〙うまい物; 楽しい〔楽な〕こと. ***real*** ~〘俗〙すてきなごちそう.
—— *vt.* (**-mm-**) **1** にジャムをつける: *jammed* bread ジャムを塗ったパン. **2** ジャムにする: *jammed* fruit ジャムにしたくだもの.
~ **jar**〔**pot**〕ジャムつぼ, ジャムのびん.

Jam. Jamaica; James.

Ja·mái·ca [dʒəméikə] *n.* **1** ジャマイカ《西インド諸島にあるイギリス連邦所属の国. 首都 Kingston》. **2**《ジャマイカ原産の》ラム酒.
◇ ~**n** *a., n.* ジャマイカ(人)の; ジャマイカ人.

jamb(e) [dʒæm] *n.* **1** (*pl.*)《壁炉の両わきの》抱き石. **2**〘建〙《ドアなどの両側の》 助柱, わき柱; 抱き.

jàm·bo·rée [dʒæmbərí:] *n.* **1**《特に全国的・国際的な》ボーイスカウトの大会. → camporee. **2**〘米俗〙底抜け騒ぎ; 騒がしい宴会. **3** 余興つき大会《政党・スポーツ連盟などの》.

James [dʒeimz] *n.* **1**〘聖〙ヤコブ《キリストのでしふたりの名》; 《新約聖書の》 ヤコブ書. **2** イギリス王 James I《在位 1603–25》; James II《在位 1685–1688》. **3** Henry ~, 1843–1916, アメリカの小説家. **4** William ~, 1842–1910, H. James の兄; アメリカの心理学者・哲学者《プラグマチズムの主唱者》.

jám·my [dʒǽmi] *a.*《ジャムのように》べたつく.

jám·pàck [dʒǽmpǽk] *vt.* **1** 詰め込む, 押し入れる: We tried to ~ ourselves *into* the car. 車に無理に乗り込もうとしてみた. **2** にいっぱいに詰める; ぎゅうぎゅう詰めにする《を *with*》.
◇ ~**ed** [-t] *a.*〘米話〙ぎっしり詰まった.

Jan. January.

Jane [dʒein] *n.*〘米俗〙**1** 娘, 女. **2** =marijuana.

Ján(e)·ite [dʒéinàit] *n.*《イギリスの女流作家》Jane Austen の作品礼賛者.

ján·gle [dʒǽŋgl] *n.* **1** 騒がしさ, 騒音; 耳ざわりな音, 《鐘などの》乱調子. **2** 口論, けんか. —— *vt.* 〈鈴などを〉ジャンジャン鳴らす. —— *vi.* **1** ジャンジャン鳴る; やかましい音をたてる. **2** 口論〔けんか〕する.

ján·i·tor [dʒǽnitər] *n.* (*fem.* **-tress** [-tris]) **1**〘米〙《事務所・学校・アパートなどの》管理人, 小使. **2** 守衛, 門衛; 玄関番.
◇ **jàn·i·tó·ri·al** [dʒænitó:riəl/-tɔ́:r-] *a.*

ján·i·zar·y [dʒǽnizèri/-zəri], **ján·is·sar·y** [-sèri/-səri] *n.* **1** (または J~)〘史〙もとトルコの近衛(このえ)兵; 《一般的》トルコ兵. **2** 圧制者の手先.

Ján·sen·ism [dʒǽns(ə)nìz(ə)m] *n.*〘宗〙ヤンセン派の教義《オランダ系のカトリック神学者で, ベルギー Ypres の僧正 C. Jansen, 1585–1638, の教義. 神恩は絶対であり, 人生の罪悪は免れがたいとする》.
◇ **-ist** *n.* ヤンセン派の人.

†**Ján·u·ar·y** [dʒǽnjuèri/-(ə)ri] *n.* 1月《略 Jan.》.

Já·nus [dʒéinəs] *n.*〘ロ神〙ヤヌス《古代ローマの両面神. 頭の前後に顔がある. 戸口・門の守護神》.
~**-faced** [-fèist] (1) 顔の二つある, 両面の: a ~*-faced* foreign policy 両面外交. (2) 裏表のある, 人を欺く.

Jap [dʒæp] *n.* 日本人《けいべつ的のため避けること》.

Jap. Japan(ese). 〈注〉使用を避ける. →Jpn.

ja·pán [dʒəpǽn, [米]⁺dʒæ-] *n.* **1** 漆. **2** 漆器. **3** 日本風の細工物. —— *vt.* (**-nn-**) **1** に漆を塗る. **2** 黒塗りにする, に黒つやをだす.

†**Ja·pán** [dʒəpǽn, [米]⁺dʒæ-] *n.* 日本. ***the Bank of*** ~ 日本銀行. ***the Sea of*** ~ 日本海.
~ **Alps, the** = ~**'s Alps** 日本アルプス. ~ **Current**〔**Stream**〕**, the** 黒潮, 日本海流.

†**Jàp·a·nése** [dʒæpəní:z, ⌐–⌐/⌐–⌐, ⌐–⌐] *a.* 日本の; 日本人〔語〕の. ***of*** ~ ***make*** 日本製の.
—— *n.* (*pl.* ~) **1** 日本人: a second-generation ~ 二世日本人(Nisei). **2** 日本語. 〈注〉無冠詞: teach *Japanese*. ただし *the Japanese* language は冠詞あり.
~ **beetle**〘虫〙マメコガネ《日本からアメリカに渡った農作物の害虫》. ~ **cedar**〘植〙スギ. ~ **encephalitis** [-ènsefəláitis/-kef-] 日本脳炎. ~ **ivy**〘植〙ツタ(Boston ivy). ~ **lantern** 岐阜(ぎふ)ちょうちん. ~ **loquat**〘植〙ビワ. ~ **paper** 和紙 (Japan paper). ~ **persimmon** 柿(かき). ~ **quince**〘植〙ボケ. ~ **river fever** ツツガムシ病. ~ **vellum** [-véləm] 鳥の子(紙).

Jàp·a·nésque [dʒæpənésk] *a.* 日本式〔風〕の.
—— *n.*《意匠など》日本風のもの.

Ja·pán·ism [dʒəpǽniz(ə)m] *n.* **1** 日本(風物)愛好. **2** 日本人かたぎ; 日本的慣習.

Jáp·a·nize [dʒǽpənàiz] *vt.* 日本風にする.
—— *vi.* 日本化する, 日本風になる.

Ja·pán·nish [dʒəpǽniʃ] *a.* =Japanesque.

Japano(-) Japan の連結形・語形成要素: the ~-Chinese War 日清(にっしん)戦争 (the Sino-Japanese War). 〈注〉「日米」のばあいは Japanese American, Japan-America, U.S.-Japan などという.

Jàp·a·nól·o·gy [dʒæpənálədʒi/-nɔ́l-] *n.* 日本研究, 日本学.

Ja·pán·o·phile [dʒəpǽnəfàil] *n.* 親日家, 日本びいきの人.

jape [dʒeip] *n.* 冗談. —— *vi.* 冗談を言う.
◇ **jáp·er·y** [dʒéip(ə)ri] *n.* しゃれ; 冗談.

Já·pheth [dʒéifiθ/-feθ] *n.*〘聖〙ヤペテ《Noah の第3子》.

Ja·phét·ic [dʒəfétik, dʒei-] *a.* **1**〘聖〙ヤペテの. **2**〘廃・言〙アーリア系の(Aryan), インドヨーロッパ系の(Indo-European). → Hamitic, Semitic.

ja·pón·i·ca [dʒəpánikə/-pɔ́n-] *n.*〘植〙《日本産の》ツバキ; ナシ; ボケ.

Jáp·o·nism [dʒǽpənìz(ə)m] = Japanism.

‡**jar¹** [dʒɑ:r] *n.* **1**《広口の》つぼ, びん《筒形または広口の》, かめ, ジャー. **2** 1つぼ〔びん, かめ〕の量.
◇ ~**·ful** [-fùl] *n.*《つぼ・びん・かめ》1杯の量.

jar²** *n.* **1**《神経にさわる》耳ざわりな音, きしる音. **2** 衝撃, 激しい震動, 激動. **3**《精神的な》衝撃, ショック: The news gave me a ~. そのニュースは私に衝撃を与えた. **4**《意見などの》衝突; 不和, けんか. ***be at (***a***) ~ 仲たがいしている.
—— *v.* (**-rr-**) *vi.* **1**《耳・神経・感情などに》さわる《に *on, upon*》. **2** 耳ざわりな音をだす, きしる. **3**《きしるような音をたてて》ぶつかる《に *upon, against*》. **4** ガタガタ揺れる, 震動する. **5**〈意見などが〉調和しない, 一致しない《と *with*》. —— *vt.* **1** きしらせる, 《ギーギー・ガタガタ》震動させる. **2**《打撃や悪いニュースで》ぎくりとさせる.

jar³ *n.*〘古〙ドアなどの回転. ***on the*** 〔***a***〕 ~《戸が》半ば開いて. → ajar.

jàr·di·níere [dʒɑ̀:rd(i)níər/ʒɑ̀:dinjéə] *n.*《装飾用の》植木台; 植木ばち. [<F.]

jár·gon¹ [dʒɑ́:rgən, [米]⁺-gɑn] *n.* **1** わけのわからないことば〔話〕, ちんぷんかんぷん; 《けいべつ的》たわごと: a baby's ~ 赤ん坊のしゃべるちんぷんかんぷん. **2**《職業的な》特殊用語, 通語, 符丁; 専門語だらけの話. **3** なまりことば; 《pidgin English のような簡略化された》くずれたことば; いろいろの国語を混合した話. **4** 小鳥のさえずり. —— *vi.* ~で話す.

jár·gon² [dʒɑ́:rgən, [米]⁺-gɑn], **jar·góon** [dʒɑ:rgú:n] *a.*〘鉱〙《セイロン産》ジルコンの変種. 一種.

jàr·go·nélle [dʒɑ̀:rgənél] *n.*〘植〙早できのナシの

jár·gon·ize [dʒɑ́:rgənàiz] *vi.* jargon¹ ①–③ を使う〔で話す〕. —— *vt.* jargon¹ ①–③ に翻訳する.

jarl [dʒɑ:rl] *n.*〘史〙《北ヨーロッパ古代の》貴族, 族長.

jár·o·vize [já:rəvàiz] =vernalize. [<Russ.]

jár·ring [dʒɑ́:riŋ] *n.* **1** きしり. **2** 衝撃, 激動, 震動. **3**《利害などの》衝突, あつれき; 不和. **4** 不調和.
—— *a.* **1** きしる; 耳ざわりな. **2** 不調和の. **3** あつ

れきの; 不和の. ◇ ～·ly *ad.*
jár·vey [dʒáːrvi] *n.* 1《アイルランドの》2 輪馬車の御者. 2〖英話〗つじ馬車の御者.
Jas. James.
jás·min(e) [dʒǽsmin, dʒǽz-] *n.* 1〖植〗ジャスミン. 2 ジャスミン香水.
Já·son [dʒéisn] *n.*〖ギ神〗Argonauts 一行を率いて金羊毛 (Golden Fleece) を得て帰ったギリシアの英雄. → Argonaut.
jás·per [dʒǽspər] *n.* 1〖鉱〗ジャスパ, 碧玉(へきぎょく).
Já·ta·ka [dʒáːtəkə] *n.* ジャータカ, 本生(ほんじょう)経《釈迦(しゃか)の前生を物語った仏教説話集》. [<Sans.]
já·to [dʒéitou] *n.* (*pl.* ～s)〖空〗噴射式離陸 (補助ロケット). [<*j*et-*a*ssisted-*t*ake-*o*ff]
jáun·dice [dʒɔ́ːndis, ㊥⁺dʒáːn-] *n.* 1〖医〗黄疸(おうだん). 2《比喩的》ひがみ, 偏見. —— *vt.* 1 黄疸にかからせる. 2《比喩的》ひがませる.
◇ ～**d** [-t] *a.* 1 黄疸にかかっている, 黄疸の. 2 ひがんだ; しっとに燃えた: a ～*d* view 偏見, ひが目.
jaunt [dʒɔːnt, ㊥⁺dʒaːnt] *n.* 遊山(ゆさん)旅行, 遠足. —— *vi.* (楽しい) 小旅行に出る; 遠足に行く.
～***ing car***《アイルランドの》2 輪馬車.
jáun·ty [dʒɔ́ːnti, ㊥⁺dʒáːn-] *a.* 1 陽気な, 快活な, 意気揚々とした: walk with ～ steps 軽い足どりで歩く. 2 いきな, 気どった: a ～ little hat スマートなかわいい帽子. ◇ **-ti·ly** *ad.* **-ti·ness** *n.*
Jav. Javanese.
Já·va [dʒáːvə] *n.* 1 ジャワ《インドネシア共和国の主島》. 2 ジャワ産のコーヒー;〖米俗〗コーヒー. 3 黒色大型の鶏. ～ **cotton** =kapok. ～ **man**〖人類〗ジャワ人《1891 年ジャワで発掘された化石の原始人》.
Já·van [-n] *a.* ジャワの. —— *n.* (*pl.* ～) ジャワ人「(原住民).
Jàv·a·nése [dʒæ̀vəníːz/dʒàːv-] *a.* ジャワ (島) の; ジャワ人[語]の. —— *n.* (*pl.* ～) ジャワ (島) 人; ジャワ語.
jáve·lin [dʒǽvlin] *n.* 投げやり (dart).
～ **formation**《爆撃機などの》縦列飛行編隊《必ずしも同一高度でない》. ～ **throw** [**throwing**]〖運〗やり投げ.
J
‡**jaw** [dʒɔː] *n.* 1 あご《上あご・下あご》. 2 (*pl.*)《上下顎骨(がっこつ)と歯を含めた》口部. 3 (*pl.*) 入り口《危険な場所・谷・通路などの》;《はさみ道具の》あご部. 4〖俗〗おしゃべり; 小言, 長談義. ***Hold*** [***Stop***] ***your*** ～! 黙れ! ***into*** [***out of***] ***the*** ～***s of death*** 死地に陥って [を脱して].
—— *vi.*〖俗〗おしゃべりする; くどくど小言を言う.
—— *vt.*〖俗〗に小言を言う.
～·**bone** [⌐⌐] (1) 顎骨(がっこつ);《特に》下顎骨. (2)〖米俗〗おしゃべり; おべっか, おだて. (3)〖米俗〗信用 (credit): on ～*bone* 信用貸しで, 掛けで. (4) 信用を得る [広める]. ～·**brèak·er**〖俗〗(1)《舌をかむような》発音しにくいことば. (2) 堅いキャンデー.
～·**brèak·ing** 発音しにくい,「舌をかむような」.
jay [dʒei] *n.* 1〖鳥〗カシドリ, カケス. 2〖俗〗おしゃべり屋 (chatterbox). 3〖俗〗まぬけ. ～·**walk** →別項.
jáy·cée [dʒéisíː] *n.* junior chamber of commerce の会員. [<*j*unior-*c*hamber]
jáy·gée [dʒéidʒíː] *n.* = Lieutenant Junior Grade. [<*j*unior *g*rade]
jáy·hàwk·er [dʒéihɔ̀ːkər] *n.* 1 (J～) アメリカの Kansas 州人のあだ名. 2〖米俗〗略奪者, 土匪(どひ);《特に》《南北戦争時代の Kansas 州などでの》ゲリラ隊員.「その一員.
jáy·vée [dʒéivíː] *n.* = junior varsity; (通例 *pl.*)
jáy·walk [dʒéiwɔ̀ːk] *vi.*〖米話〗交通規則 [信号] を無視して街路を横断する. ◇ ～·**er** *n.*
jazz [dʒæz] *n.* 1 ジャズ音楽 [ダンス]. 2 喧噪(けんそう), 狂騒; 活気; 大ぼら. 3《詩・劇の中の》にぎやかな喜劇要素. —— *a.* 1 ジャズの: ～ music ジャズ音楽. 2 ジャズ式の, 喧噪な. 3《色彩の》まだらな.
—— *vi., vt.* 1 ジャズを演奏する [踊る]. 2 ジャズ風に編曲する. 3 興奮する [させる], はしゃぐ [がせる], 勢いよくやる. ～ ***up***〖俗〗(1) ジャズ式にやる [演奏する]. (2) 活気づける, にぎやかにする. (3) ほめあげる.
～ **band** ジャズバンド. ～ **combo** 小編成のスイングバンド. ～ **singer** ジャズシンガー.
jázz·y [dʒǽzi] *a.* 1 ジャズ的な. 2〖米俗〗狂騒的な; 活発な; はでな, けばけばしい. ◇ **-i·ly** *ad.*
J.C. Jesus Christ; Julius Caesar. **J.C.D.** *Juris Civilis Doctor* (L. = Doctor of Civil Law). **JCS** joint chiefs of staff. **jct.** junction. **Je.** June.
‡**jéal·ous** [dʒéləs] *a.* 1《性質が》しっとぶかい, ねたみの強い: a ～ husband やきもちやきの夫. 2 うらやましくて, 羨望(せんぼう)して: be ～ *of* a winner 勝利者をそねむ. 3《物を失う [傷つけ] まいとして》ゆだんがない, 後生大事にして: be ～ *of* one's rights 権利を守ることに抜け目がない. 4〖聖〗不信仰 [他教] を許さない: a ～ God 一筋の信仰を求める神.
◇ ～·**ly** *ad.* ねたんで; ゆだんなく.
‡**jéal·ous·y** [dʒéləsi] *n.* 1 しっと, そねみ, ねたみ, やきもち: burning with ～ しっとにもえて. Don't show ～ of another's success. 他人の成功をねたむな. 2 厳重な警戒, ゆだんのない注意, 警戒心. ***race*** ～***ies*** 人種間のそねみ.
jean [dʒiːn, dʒein/dʒein] *n.* 1 じょうぶな細あや織り綿布, ジーン布. →denim. 〈注〉jeans ともいい, 単数扱い. 2 (*pl.*) ジーン布製のズボン [上っ張り], ジーパン《運動・作業用》, 作業ズボン (=blue ～s). 3 (*pl.*)〖米俗〗ズボン (trousers).
Jeanne d'Arc [F. ʒaːndark] =Joan of Arc.
jee [dʒiː] *n., v., int.* =gee[1,2].
jeep [dʒiːp] *n.*〖米〗ジープ《小型の強力自動車》. —— *vi., vt.* ジープで行く [運ぶ].
～ **carrier**〖米: 軍〗船団護送対潜空母.
jéep·ers [dʒíːpərz] *int.*〖米〗あれっ!, おお!, ぎょっ!《軽い驚きなどをあらわす》. 〈注〉Jesus の婉曲語.
jeer[1] [dʒiər] *n.* 冷笑, あざけり; からかい, 冷やかし.
—— *vi.* あざける, 冷やかす《を *at*》: He was ～*ed* (*at*) by his audience. 彼は聴衆にやじられた.
—— *vt.* あざける; からかって追い払う [追い出す]《*off, out*》: They ～*ed* him *off* the stand. 彼らは彼をやじって演壇から追い払った.
jeer[2] *n.* (通例 *pl.*)〖海〗《下層帆げたの》索具.
jéer·ing·ly [dʒí(ː)riŋli/dʒíər-] *ad.* ばかにして, からかうように.
Jéf·fer·son [dʒéfərsn] *n.* Thomas ～, 1743–1826, アメリカ第 3 代の大統領.
Jèf·fer·só·ni·an [dʒèfərsóuniən] *a.* Jefferson 流 (民主主義) の. —— *n.* Jefferson (流の民主主義) の崇拝者.
je·hád =jihad.
Je·hó·vah [dʒihóuvə] *n.*〖聖〗全能の神 (the Almighty); エホバ《旧約聖書の神の名》.
Jé·hu [dʒíːhjuː] *n.* 1〖聖〗《イスラエルの王》エヒュー. 2 (j～)〖笑〗じょうずな御者;《一般的》御者.
je·júne [dʒidʒúːn] *a.* 1 栄養に乏しい;《土地などが》やせた, 不毛な. 2《内容・実質の》乏しい, 貧弱な. 3 無味乾燥な (dry). 4 予備知識のない: ～ attempts 当てずっぽうの試み. 5 (精神的に) 未熟な: ～ behavior 子どもっぽい行動.「空腸.
je·jú·num [dʒidʒúːnəm] *n.* (*pl.* **-na** [-nə])〖医〗
Jé·kyll [dʒíːkl, dʒékl/-kil] *n.* ジーキル博士 (R.L. Stevenson の作品 *The Strange Case of Dr. Jekyll & Mr. Hyde* 中の人物). (***Dr.***) ～ ***and*** (***Mr.***) ***Hyde*** 二重人格者 (的な).
jell [dʒel] *n.* =jelly. —— *vi., vt.*〖米話〗1 = jelly. 2 〈計画・意見など〉固まる [める], 定まる [める]; 成功する. 3〖米俗〗身を固める, 結婚する.
jél·li·fy [dʒélifài] *vi., vt.*〖米〗ゼリー状になる [する]. ◇ **jèl·li·fi·cá·tion** [dʒèlifikéiʃ(ə)n] *n.*
‡**jél·ly** [dʒéli] *n.* 1 ゼリー, 寒天;《菓子》ゼリー. 2 ゼ

リー状のもの. **beat** a person **to a** ～ (人を)さんざんに打ちのめす. —— *a.* ゼリーでできた, ゼリーのはいった, ゼリーを塗った: a ～ doughnut ゼリーのはいったドーナツ. —— *vi., vt.* ゼリー状になる〔する〕.
～·bean [⊿ー⊿] ゼリービーンズ《菓子》. **～·fish** →別項. **～·graph** [⊿ー⊿] こんにゃく版.
◇ **jél·lied** [-d] *a.* ゼリー状になった; ゼリーを塗った; 《顔などが》ぶよぶよした.

jél·ly·fish [dʒélifìʃ] *n.* (*pl.* ～(·**es**)) **1**〘動〙クラゲ. **2**〘米話〙背骨〔気骨〕のない人間.

jém·a·dar [dʒémədàːr] *n.* **1**《インドの》官吏. **2**《インドの》召使がしら. **3**《旧インド軍の》原住民士官.

je·mí·mas [dʒimáiməz] *n. pl.*〘英話〙深ゴムぐつ.

jém·my [dʒémi] *n.*〘英〙=jimmy;〘英俗〙《食用の》羊の頭.

Jé·na [jéinə] *n.* イエナ《東ドイツの都市》.
～ glass イエナガラス《亜鉛・ホウ素などを含む》.

je ne sais quoi [F. ʒənsekwa, ㊥+ʒənəsei-kwáː] F. (=I know not what) 名状しがたいもの.

Jén·ghiz 〔**Jén·ghis**〕 **Khán** =Genghis Khan.

jén·net [dʒénit] *n.* **1** スペイン種の小馬. **2** 雌ロバ.

jén·ny [dʒéni] *n.* **1** 紡績機 (=spinning ～). **2** 移動式起重機. **3**〘玉突き〙クッション近くの的玉を経て同じ側のポケットに送る突き方. **4** ロバの雌 (～ass). ↔ jackass. **5**《一般的》雌: a ～ wren 雌のミソサザイ.

jéop·ard [dʒépərd] =jeopardize.

jéop·ard·ize[dʒépərdàiz] *vt.* 危険にさらす, 危うくする, 危地におとしいれる.

jéop·ar·dy [dʒépərdi] *n.* 危険; 危難: He was often *in* ～ of his life. 彼はしばしば生命の危険に陥った. place commercial interests *in* ～ 通商上の利益を危険にさらす.

Jéph·thah [dʒéfθə] *n.* 〘聖〙エフタ《イスラエルの士師. 旧約聖書士師記 11–14》.

Jer. Jeremiah; Jeremy; Jerome; Jersey.

jer·bó·a [dʒərbóuə] *n.*〘動〙《アフリカ産》トビネズミ.

je·réed, jer·réed [dʒeríːd, dʒə-] *n.* 馬上やり投げ競技; 《トルコ・アラビア・イラン騎兵の》投げやり.

jèr·e·mí·ad [dʒèrimáiəd] *n.* **1** 恨み言, 泣き言; 悲嘆. **2** 哀れな話.

Jèr·e·mí·ah [dʒèrimáiə] *n.* 〘聖〙 **1** エレミア《ヘブライの預言者》. **2** エレミア記.

Jér·i·cho [dʒérikòu] *n.* 〘聖〙エリコ《パレスチナ地方にあった古都》. ***Go to ～!*** うせろ!; くたばっちまえ!

je·ríd [dʒeríːd, dʒə-] =jereed.

***jerk**[1] [dʒəːrk] *n.* **1** 急激な動き, 急に引く〔押す, 突く, ひねる, 投げる〕こと: pull with a ～ ぐいと引く. give the rope a ～ なわをぐいと引く. move with ～*s* 〈自動車などが〉ガクンガクンと動く. **2** (*pl.*)《筋肉・器官の》けいれん; (the ～s)《宗教的感動などから起こる》顔面・手足の無意識のひきつり. **3** (*pl.*)〘英話〙体操. **4**〘米俗〙世間知らず, ばか者. **5**〘米俗〙小旅行; 絞首刑. **6**《重量あげの》ジャーク.
—— *vt.* **1** 急に動かす〔ゆする, 引く, 押す, 投げるなど〕. **2** 投げ出す〔吐き出す〕ように言う: ～ out orders てきぱきと命令をくだす. —— *vi.* 急に動く; ガクンと進む: The door ～*ed* open. とびらがぐいと開いた. ～ over a stone 〈車が〉ガクンと石の上を通る. **～ *along*** ガタガタと進む〔進ませる〕. **～ one*self free*** 振り切って離れる. **～ *off*** 引き離す; もぎ取る. **～ *out*** 〈ことばを〉投げ出すように発する; ぶっきらぼうに言う. **～ *up*** 〈顔などを〉急にもたげる.
⊿·wà·ter →別項.

jerk[2] *n.* 切り干し肉; 《特に》干し牛肉.
—— *vt.* 〈肉を〉細長く切って日に当てて干す《保存のため》: ～*ed* beef 乾燥牛肉.

jér·kin [dʒə́ːrkin] *n.* 《男子用》短い上着《通例皮製. 16–17世紀ごろ用いられた》; 《婦人用》短い胴着.

jér·kin·head [dʒə́ːrkinhèd] *n.*〘建〙部分的に角棟(かどむね)になった屋根.

jerkinhead

jérk·wà·ter [dʒə́ːrk-wɔ̀ːtər, ㊥+-wàtər] *n.*〘米話〙支線の列車. —— *a.* **1** 支線の. **2** いなかの; ちゃちな: a ～ town 小さな町.

jérk·y[1] [dʒə́ːrki] *a.* **1** けいれん的な, びくっとする. **2** 急に動く. **3** 《文章など》気まぐれな.
—— *n.*〘米〙がた馬車. ◇ **-i·ly** *ad.* **-i·ness** *n.*

jerk·y[2] *n.* 干し肉 (jerked beef).

Jèr·o·bó·am [dʒèrəbóuəm] *n.* **1**〘聖〙ヤラベアム《イスラエル最初の王. 列王紀上 11–12》. **2** (j～)〘英〙大形の酒びん; 室内便器.

Je·róme [dʒəróum, dʒérəm/dʒérəm] *n.* Saint ～, 340?–420?, ラテン語訳の聖書を完成した学僧. →Vulgate.

jer·réed, jer·ríd =jereed.

jér·ry[1] [dʒéri] *n.*〘英俗〙 **1** 室内便器 (chamber pot). **2** 安ビヤホール (= ～ shop).

jér·ry[2] *n.* =jerry-builder. —— *a.* 安普請の.
～-build [-bìld] (1) 〈家を〉安普請する. (2) 安普請の家を建てる. **～-bùild·er** たたき大工; 安普請大工. **～-bùild·ing** 安普請. **～-built** [-bìlt] 安普請の.

Jér·ry [dʒéri] *n.*〘英俗〙ドイツ兵〔人〕.

jér·ry·mànd·er =gerrymander.

Jér·sey [dʒə́ːrzi] *n.* **1** イギリス海峡の最大の島. **2**〘米〙=New Jersey. **3** ジャージー種乳牛 (=～ cow)《Jersey 島原産》. **4** (j～) ジャージー《柔らかい伸縮性のある毛織り服地》; 婦人用メリヤス製毛糸編みの下着; 毛織りの運動用シャツ, とっくり首のセーター. —— *a.* **1** ジャージー島産の. **2** (j～) メリヤスの, 毛編みの.

Je·rú·sa·lem [dʒərúːsələm] *n.* **1** エルサレム《パレスチナの古都. キリスト教徒・ユダヤ人の聖都. 現在イスラエル共和国の首都》. **2** ロバ(=～ pony).
～ artichoke〘植〙キクイモ. **～ cross** エルサレム十字架《縦横軸の先端に横棒のあるもの》.

Jes. Jesus.

Jés·per·sen [jéspərsn] *n.* Otto [átou-/ɔ́t-] ～, 1860–1943, デンマークの言語学者・英語学者.

jess [dʒes] *n.* (通例 *pl.*)〘タカ狩り〙タカの足ひも.
—— *vt.* に足ひもを付ける.

jés·sa·min(e) [dʒésəmin] =jasmin(e).

Jés·se [dʒési] *n.* **1**〘聖〙エサイ《David 王の父》. **2**〘米話〙きびしく人をしかること. ***give*** a person ～ (人を)しかる. **～ tree**〘聖〙系図の木(= tree of ～)《キリストの先祖からの系図を示した樹枝》. **～ window** エサイ系図をあらわした焼きつけガラス窓.

‡jest [dʒest] *n.* **1 戯れ, 冗談**, おどけ: a mere matter of ～ ほんの冗談ごと. speak half in ～, half in earnest 半分は冗談半分は本気で言う. **2** からかい, 冷やかし. **3** からかいの的, 物笑い (のたね).
a dry ～ まじめな顔をして言う冗談. ***an off-hand ～*** 当意即妙のしゃれ. ***be a standing ～*** いつも物笑いのたねになる. ***drop a ～*** しゃれを言う. ***in ～*** 冗談に, ふざけて. ***make a ～ of*** をからかう. ***say by way of ～*** 冗談に言う. ***speak ～ to*** に冗談を言う.
—— *vi.* **1** ふざける, 冗談を言う; おどける: ～ *at* a person 人を冷やかす. **2** からかう, ちゃかす《を *with*》.
—— *vt.* からかう, 物笑いにする.
⊿·book [⊿⊿] こっけい本, 笑い話集.

jést·er [dʒéstər] *n.* **1** ふざけ好き, おどけ者, 冗談を言う人. **2** 道化師《特に中世王侯・貴族おかかえの》.

jést·ing [dʒéstiŋ] *n.* こっけい, ふざけ; おどけ. —— *a.* **1** 冗談の; こっけいな. **2** 冗談の好きな. **3** くだらない (trivial). ◇ **～·ly** *ad.* おどけて, ふざけて.

Jé·su [dʒíːzuː, -suː/-zjuː] *n.*〘雅〙= Jesus《特に呼びかけに用いる》.

J

Jés·u·it [dʒéʒuit/dʒézju-] *n.* **1**〖カトリック〗《1534年イグナチウス=ロヨラが創設した》イエズス会の会員〔信徒〕. **2** 陰険な人, 偽善者; 陰謀家, 策略家; 詭弁(きべん)者. **~s' bark**〖植〗《キニーネを採る》キナ皮 (cinchona).
◇ **~·ism** [-iz(ə)m], **~·ry** [-ri] *n.* **1** イエズス会の教義. **2** 陰謀, ずるさ, 陰険さ; 詭弁. **Jès·u·ít·ic** [dʒèʒuítik/-zju-], **Jès·u·ít·i·cal** *a.* **1** イエズス会の(教義の). **2** 陰険な, ずるい; 詭弁的な.

‡**Jé·sus** [dʒí:zəs] *n.* イエス, イエス=キリスト (=~ Christ)《「救い主」の意》. ***Society of*** **~** イエズス会. →Jesuit.

‡**jet**¹ [dʒet] *n.* **1**《ガス・蒸気・水などの》噴出, 射出; 噴出物: The fountain sends up a ~ of water 5 meters high. その噴水は5mの高さまで水を吹き上げる. **2** 噴出口, 吹き出し口, 筒口. **3** ジェット飛行機 (=~ plane, ~ airplane); ジェットエンジン, 噴射推進機関 (= ~ engine).
—— *vt., vi.* (**-tt-**) **1** 噴出させる〔する〕, 吹き出す〔出る〕. **2** ジェット機で飛ぶ〔運ぶ〕. —— *a.* **1** 噴出する: a ~ nozzle 噴出口. **2** ジェット機〔エンジン〕の: ~ exhaust ジェットエンジンの排気ガス. **3** ジェット機による: a ~ trip ジェット機の旅.
~ fighter ジェット戦闘機. **~ liner** ジェット旅客機. **~ pilot** ジェットパイロット. **~-pro·pélled** ジェット推進式の. **~ propeller** ジェット式推進機. **~ propulsion**《ロケット式の》噴射反動推進《略 JP》. **~ stream** (1) ジェット気流. (2) ロケットエンジンの排気.

jet² *n.* **1**〖鉱〗黒玉. **2**《真黒色石炭》貝褐(ばっ)炭. **3** 漆黒, 黒玉色. —— *a.* **1** 漆黒の. **2** 黒玉の. **~-bláck** 漆黒の, 真っ黒な. ◇ **jét·ty** [dʒéti] *a.* 黒玉質の, 黒玉色の, 黒玉のような; 漆黒の.

JETRO Japan External Trade Organization 日本貿易振興会, ジェトロ.

jét·sam [dʒétsəm] *n.* 〖海〗投げ荷《難破などの際船体軽減のため海中に投棄された貨物》; 海岸に漂着した投げ荷. →flotsam.

jét·ti·son [dʒétịsn] *n.* 荷を投棄すること; 投げ荷 (jetsam). —— *vt.* **1**〈荷を〉海中に投げる《船体を軽くするため》;〖軍〗〈爆弾・貨物・装備などを〉投棄する《航空機などが行動の自由のため》. **2**《一般的》〈不用物などを〉捨てる, 放棄する.

jét·ton [dʒétn] *n.* 数とり札《トランプなどで得点を数えるための》.

jét·ty¹ [dʒéti] *n.* **1** 防波堤; 突堤. **2** 桟橋(さんばし), 岸壁. **3**〖建〗建物の張り出し, 突出部.

jét·ty² *a.* →jet².

jeu [F. ʒø, ㊥⁺ʒə:] F. *n.* **1** 戯れ, 遊び; かけ事. **2**〖楽〗音栓(おんせん). **~ *de mots*** [F. ʒødmo] しゃれ, 地口. **~ *d'esprit*** [F. -dɛspri] 警句; 秀句.

jeu·nesse do·rée [F. ʒœnɛs dore] *n.* F. しゃれた金持ちの若者.

***Jew** [dʒu:] *n.* (*fem.* **Jéw·ess** [dʒú:is]) ユダヤ人, ヘブライ人; ユダヤ教信者.
~-bàit·ing《組織的な》ユダヤ人迫害. **jéw·fish** →別項. **~'s-ear** [´-`]〖植〗キクラゲ. **~'s harp, ~s' harp** 口琴, びやぼん《歯でくわえ指ではじいて鳴らす一種の楽器》.

‡**jéw·el** [dʒú:əl] *n.* **1** 宝石, 宝玉: cut and uncut ~*s* みがいた宝石とみがかない宝石. **2** 宝石入りの装身具: a ring set with a ~ 宝石入りの指輪. **3** 貴重品〔物〕; 大事な人, 至宝 (の人): add another ~ to his crown of glory 彼の名誉にいちだんの光彩を添える. **4**《星など》宝石に似たもの. **5**《とけい・精密機械のベアリング用の》石: a watch of 17 ~*s* 17石の腕どけい. ***a ~ of a...*** 宝石のような…, 貴重な…: She is *a* ~ *of a* servant. 彼女は世にもまれなすばらしい召使だ.
—— *vt.* (**-l-**, ㊥**-ll-**) **1** 宝石で飾る, に宝玉をちりばめる: a sky ~*ed* with stars 星をちりばめた空. **2**〈腕どけいなどに〉石を入れる.
~ box〔**case**〕宝石箱. **~·weed** [´-`]〖植〗ホウセンカの一種.
◇ **~·(l)ed** [-d] *a.* 宝石入りの, 宝石で飾った.

***jéw·el·(l)er** [dʒú:əl(l)ər] *n.* **1** 宝石職人; 宝石商. **2** 精密科学器具商(人).

***jéw·el·ry, jéw·el·ler·y** [dʒú:əlri] *n.* **1**《集合的》宝石類; (宝石入り) 装身具《指輪・首飾り・腕輪など》. **2** 宝石細工〔装飾〕.

jéw·fish [dʒú:fìʃ] *n.* 〖魚〗スズキ科の大魚; 暖海の大魚類.

Jéw·ish [dʒú:iʃ] *a.* **1** ユダヤ人の. **2** ユダヤ人風の, ユダヤ人特有の; ユダヤ人らしい. —— *n.* =Yiddish. **~ calendar** ユダヤ暦《天地創造を紀元前3761年とする》.

Jéw·ry [dʒú:ri/dʒúəri] *n.* **1**《集合的》ユダヤ人; ユダヤ民族. **2** ユダヤ人居住地, ユダヤ人街(ghetto); ユダヤ人社会. **3** =Judea.

Jéz·e·bel [dʒézịbl] *n.* **1**〖聖〗イゼベル《イスラエル王アハブの放らつな妃》. **2** 淫婦(いんぷ), 妖婦(ようふ).
painted **~** 厚化粧の女; 顔を塗り立てたばあさん.

JFK John Fitzgerald Kennedy. →Kennedy.

jib¹ [dʒib] *n.* **1**〖海〗船首三角帆. **2**〖機〗起重機の腕. ***cut of*** **one's ~**〖話〗風采(ふうさい), 身なり.
—— *v.* (**-bb-**) *vt.*〖海〗〈帆を〉舷側(げんそく)から舷側へ回す. —— *vi.*〈帆が〉くるりと回る.
~ boom〖海〗第二斜檣(しゃしょう). **~ crane** ジブクレーン. **~ door** すさり戸《壁と同平面に取り付けてペンキ塗りなどして戸に見えないようにしてある》.

jib² *vi.* (**-bb-**) **1**〈馬などが〉横にそれたりあとずさりする. **2** 二の足を踏む, しりごみする; ぴたりと止まる. **~ *at*** …にいや気を示す; に対してしりごみする. —— *n.* 前へ進もうとしない馬. ◇ **~·ber** [-ər] *n.* あとずさりする馬, 癖のあるあばれ馬; ためらう人.

jibe¹ [dʒaib] *vi., vt.* 〖米: 海〗=jib¹, gybe.

jibe² =gibe.

jibe³ *vi.* 〖米話〗合う, 一致する《と *with*》: His words and actions do not ~. 彼の言行は一致しない.

jiff [dʒif], **jíf·fy** [dʒífi] *n.* 〖話〗瞬間, ちょっとの間: Wait a ~. ちょっと待て. ***in a*** **~** すぐに, たちまち.

jig [dʒig] *n.* **1** ジグ《はやい軽快な三拍子のダンス》; ジグ舞曲. **2**〖釣り〗分銅針. **3**〖機〗ジグ;〖採鉱〗ふるい, 選鉱機〔夫〕. **4**〖俗・方〗戯れ, いたずら. **5**〖卑〗黒人. ***in ~ time*** 迅速に. ***The ~ is up.***〖俗〗勝負はついた; もうだめだ.
—— *vi., vt.* (**-gg-**) **1** ジグを踊る, 活発にはね回る. **2** 急激に上下前後に動く〔動かす〕. **3**〈鉱石を〉選鉱する《ジグに入れて水中で》. **~·saw** →別項.

jíg·a·boo [dʒígəbù:] *n.* 〖卑〗黒人.

jíg·a·ma·ree [dʒígəməri:, `-´-´] *n.* 〖米俗〗《名のつけようのない》新しい考案物.

jíg·ger¹ [dʒígər] *n.* **1** ジグ (jig) を踊る人. **2**〖米〗液体計量用小形コップ《容量1オンス半》. **3**〖米話〗仕掛け; しろもの《名称がはっきりわからないときに使う語》. **4** 玉突き棒の台, キューかけ. **5**〖釣り〗分銅針. **6** 頭の小さい鉄製のゴルフ棒. **7**〖海〗補助帆; 小型漁船. **8**〖採鉱〗選鉱機〔夫〕. **9** 機械ろくろ. **10**〖電〗振動変成器.
~ mast〖海〗《4本マスト船の》船尾マスト.

jíg·ger² *n.* 〖米〗ダニの一種 (chigger);〖虫〗《西インド・南アメリカの》スナノミ (chigoe).

jíg·gered [dʒígərd] *a.* 〖俗〗damned などの代用語. ***I'm ~ if...!*** …してたまるものか! ***Well, I'm ~!*** そんなことがあってたまるものか!, まさか!

jíg·gers [dʒígərz] *int.* 〖俗〗注意しろ!

jíg·ger·y-pó·ker·y [dʒígəripóukəri] *n.* 〖英話〗ぺてん, ごまかし.

jíg·gle [dʒígl] *vi., vt.* 軽く引く; 軽く揺れる〔ゆすぶる〕. —— *n.* ゆすぶり.

jíg·saw [dʒígsɔ̀:] *n.* 〖米〗機械糸のこ. →fretsaw. —— *vt.* ~で切る. **~ puzzle** はめ絵 (picture puzzle)《玩具の一種》.

ji·hád [dʒihɑ́:d] *n.* **1**《回教徒の》回教擁護の聖戦, 異教徒征伐. **2**《主義・政策などについて》擁護運動《*for*》; 撲滅運動《*against*》: a ～ *for* temperance 禁酒運動.

jill [dʒil] *n.* (または J～) 若い娘; 女; 愛人. →jack.

jilt [dʒilt] *vt.* 〈愛人を〉振り捨てる. —— *n.* 男をもてあそぶ女. ◇ **～·er** *n.*

Jím Crów [dʒím-króu] *n.* 〖米話〗 **1** 人種差別, 黒人差別待遇. **2**《けいべつ的》黒人, ニグロ. **3** (jim crow) 〖機〗ジンクロ《レール曲げ機》. ***jump*** ～ 〖米〗黒人の踊りをする. ◇ **Jím Crów·ism** [-iz(ə)m] *n.* 〖米〗人種差別主義; 黒人差別待遇.

Jím-Crów [dʒímkróu] *a.* 〖米話〗黒人を差別する; 黒人専用の. —— *vt.* (jim-crow) 〈黒人を〉差別待遇する. ～ **car** 黒人専用車. ～ **laws** 黒人〔人種〕差別法. ～ **school** 黒人学校.

jím-dán·dy [dʒímdǽndi] *a.*, *n.* 〖話〗すばらしい(もの).

jím·jams [dʒímdʒæ̀mz] *n. pl.* 〖俗〗 **1** アルコール中毒症 (delirium tremens);《身体の》震え. **2** いらいらする気分: He gives me the ～. あいつにはぞっとする.

jím·my [dʒími] *n.* 《強盗が使う》組み立て金てこ, 小形金てこ. —— *vt.* **1** 〈窓・戸などを〉金てこでこじあける. **2** (こじあけて) 押し入れる《へ *into*》.

jimp [dʒimp] *a.* 〖スコットランド・北英〗きちんとした, さっぱりした; いきな, 気のきいた; ほっそりした.

jím·son, J～ [dʒímsn] ～ ***weed*** 〖米〗朝鮮朝顔.

Jín·ghis Khán [dʒíŋgiz-kɑ́:n, dʒíŋgiz-] ＝Genghis Khan.

***jín·gle** [dʒíŋgl] *n.* **1** チリンチリン, チャリン, リンリン《鈴・硬貨・かぎなど金属の鳴る音》; その音をたてるもの. **2** 同音の韻律的反復; 同音の反復で調子のよい語句. **3**《イギリスの Cornwall 地方・アイルランド・オーストラリアの》1頭引き2輪ほろ馬車.
—— *vi.*, *vt.* **1** リンリン〔チリンチリン, チャリン〕と鳴る〔鳴らす〕. **2** チリンチリン鳴らしながら進む. **3**〈語句が〉調子よく響く. **4** の韻を合わせる, 押韻する.
～ **bell** (1)〖海〗機関室のベル《船橋からの指令を伝える》. (2) そりの鈴.
◇ **jín·gly** [-i] *a.* チンチン鳴る, リンリンいう.

jín·go [dʒíŋgou] *n.* (*pl.* **～es**) 対外強硬論者, 主戦論者; 盲目的愛国者 (chauvinist). ***by*** (***the living***) ～***!*** 誓って!, 断じて!, ほんとに! 〈注〉jingo は Jesus の婉曲(えんきょく)語で, 強勢的表現.
—— *a.* 対外強硬の, 主戦論の; 猪突(ちょとつ)的な.
◇ **～·ism** [-iz(ə)m] *n.* 強硬外交政策, 主戦論. **～·ist** *n.*, *a.* **jìn·go·ís·tic** [dʒìŋgouístik] *a.*

jink [dʒiŋk] *vi.*, *n.* 〖俗〗 **1** さっと身をかわす (こと) (dodge); だます (こと). **2**〈飛行機が〉対空砲火をうまく避ける (こと).

jinks [dʒiŋks] *n. pl.* 騒ぎ; 戯れ. ***high*** ～ 底抜け騒ぎ, どんちゃん騒ぎ.

jinn [dʒin] *n.* **1** jinnee, jinni の複数形. **2** ＝ jinnee, jinni《複数形は jinns》.

jin·née, jin·ní [dʒiní:] *n.* (*pl.* **jinn** [dʒin]) 〖回教神話〗霊魔, 神霊.

jinx [dʒiŋks] *n.* 〖米俗〗縁起の悪い人〔物〕, 悪運: break〔smash〕the ～ 連敗のあとに勝つ《競技で》. 〈注〉日本語のジンクスとの違いに注意. → saying.
—— *vt.* **1** に不幸をもたらす, にけちをつける. **2**〈効果・おもしろみを〉そぐ.

JIS Japanese Industrial Standard 日本工業規格.

jít·ney [dʒítni] *n.* 〖米俗〗 **1** 5セント貨 (nickel). **2** 安い小型乗合バス《乗車賃がもと5セント》(＝～ bus). —— *vi.*, *vt.* ～ ② で行く〔運ぶ〕. —— *a.* **1** 5セントの. **2** 安物の, 低級の.

jít·ter [dʒítər] *vi.* 〖米俗〗いらいらする, 神経質にふるまう; びくびくする. —— *n.* (*pl.*) いらいら, びくびく: have the ～*s* ひどくいらいら〔びくびく〕する. give the ～*s* いらいら〔びくびく〕させる.

jít·ter·bug [dʒítərbʌ̀g] *n.* 〖俗〗 **1** ジャズに合わせて激しく熱狂的に踊る人; ジャズ狂. **2** ひどく神経質な人. **3** (二拍子の) 熱狂的なダンス《なまってジルバという》. —— *vi.* (**-gg-**) (ジャズに合わせて) 熱狂的に踊る; ジルバを踊る.

jít·ter·y [dʒítəri] *a.* 〖米俗〗いらいらする, 神経過敏な; びくびくしている.

jive [dʒaiv] *n.* 〖米俗〗 **1** スイング曲. **2** ジャズ狂・芸能人・麻薬患者の隠語. **3** たわごと, おしゃべり.
—— *vi.* **1** スイング曲を演奏する. **2** スイング〔ジルバ〕を踊る. —— *vt.* **1**〈人を〉だます, からかう. **2** に隠語を話す.

JJ. Judges; Justices. **Jl.** July. **Jno.** John. **Jo.** Joel; John; Joseph; Josephine.

jo[1] [dʒou] *n.* (*pl.* **joes**) 〖スコットランド〗愛人, 恋人.

jo[2] 〖米俗〗＝coffee.

Jóan of Arc [dʒóun-əv-ɑ́:rk, ㊊⁺dʒouǽn-] *n.* ジャンヌダルク (Jeanne d'Arc), 1412–31, 百年戦争のとき国難を救ったフランスの聖女.

‡**job**[1] [dʒɑb/dʒɔb] *n.* **1** 仕事; 用事. **2** なすべきこと, 役目, 義務: It is your ～ to be on time. きみは時間を守らなければいけない. **3** 請負仕事. **4** 〖米〗職, 勤め口: get a ～ as a teacher 教師の職につく. lose one's ～ 職を失う. 〈注〉position は job より正式の語. **5** 〖話〗事, 事件, 事態: a bad ～ 困ったこと. That's a good ～. そりゃよかった. **6**《製造・加工中の》製品;《完成した》製品; 成果. **7** 仕事場,《建築などの》現場. **8** (公職利用の) 不徳行為, 汚職; 不正《特に人事の》. **9** 〖俗〗盗み; 悪事. **10** (*pl.*) 見切り品. **11** 〖米俗〗大損害.
do a ～ ***on*** 〖米俗〗をぶちこわす, をやっつける, をなぐる. ***do the*** ～ ***for*** a person ＝ ***do*** a person***'s*** ～ ***for*** him 〖俗〗(人)をやっつける, 殺す. ***fit for the*** ～ 役に立つ; 好適の. ***give up ... as a bad*** ～ …を望みなしとあきらめる. ***have a hard*** ～ ***to*** (do) …するのにほねがおれる. ***make a bad*** ～ ***of*** を仕損じる. ***make a good*** ～ ***of*** をうまくやってのける. ***make a good*** ～ ***of it*** りっぱにやり遂げる, うまく成功する. ***make the best of a bad*** ～ 事態をなんとか収拾する. ***odd*** ～***s*** 半ぱ仕事. ***on the*** ～ (1)〖話〗忙しく働いて; 仕事に従事して (いる間に). (2)〖俗〗ゆだんなく. ***out of a*** ～ 失業して. ***pay*** a person ***by the*** ～ 出来高で払う.
—— *v.* (**-bb-**) *vi.* **1** 手間〔請負〕仕事をする. **2**《株式・商品の》仲買いをする. **3** 公職を利用して私利を図る, 汚職する. —— *vt.* **1**〈大きい仕事を〉分けて下請け〔賃仕事〕に出す《*out*》. **2**〈株式・商品などを〉仲買いする. **3**〈馬・馬車などを〉賃貸借する. **4**〈公職を〉利用して不正を行なう. **5**〈人を〉追い出す. **6**〈人から〉奪う《を *of*》. ～ a person ***into a post*** 権力を利用して (人を) ある地位につかせる. ～ ***off*** もうけて売りはなす;〈人を〉追い払う, 追い出す.
—— *a.* 手間仕事の, 臨時雇いの.
～ **analysis**《作業の内容・施設・従業員の資格・危険度などを調べる》仕事の分析. **～-hòld·er** 定職のある人; 〖米〗公務員, 政府職員. ～ **jumper** 転々と職を変える人. ～ **lot** こみで安く売る品. **～·màs·ter** 〖英〗貸し馬〔馬車〕屋の主人. ～ **printer**《ちらし・ポスターなど》端物(はもの)専門の印刷屋. ～ **title** 役職名. ～ **work** 手間〔賃〕仕事, 賃請け仕事;《名刺・ちらしなどの》端物印刷.
◇ **～·less** *a.* 失業した, 仕事のない.
〔類〕→ **position**「職」, → **work**「仕事」

job[2] *n.* 刺す〔突く〕こと. —— *v.* (**-bb-**) *vt.* **1** 刺す. **2**〈馬を〉はみで痛める. —— *vi.* 突く《をめがけて *at*》. →jab.

Job [dʒoub] *n.* 〖聖〗ヨブ《旧約聖書ヨブ記中の主要人物》; ヨブ記《苦難が精神上の幸運になることを教える》. (***as***) ***patient as*** ～ きわめて忍耐強い. (***as***) ***poor as*** ～ 非常に貧しい.
～'s comforter ヨブの友人のように慰めるふりをし

て人の心をめいらせる人; 陰うつな慰安者. **~'s tears** 〘植〙 (1) ハトムギ. (2) ジュズダマの実.

jo·bá·tion [dʒobéiʃ(ə)n] *n.* 〘英話〙 長たらしい小言,「お説教」.

jób·ber [dʒábər/dʒɔ́bə] *n.* **1** 手間賃仕事をする人; 《臨時の》はした仕事をする人. **2** 卸し屋, 仲買人. **3** 〘英〙 (取引所の場内) 株式仲買人. **4** 公職による不正利得者; 政商. **5** 貸し馬屋.

jób·ber·y [dʒábəri/dʒɔ́b-] *n.* **1** 公職利用の不正利得; 利権仲立ち. **2** 汚職, 収賄.

joc. jocose; jocular.

Jo·cás·ta [dʒokǽstə] *n.* 〘ギ神〙 ヨカスタ 《Oedipus の実母, のち誤ってその妃となる》.

Jock [dʒak/dʒɔk] *n.* **1** 〘軍俗〙 スコットランド兵. **2** (j~) 〘俗〙 =jockey.

jóck·ey [dʒáki/dʒɔ́ki] *n.* **1** 競馬の騎手. **2** 〘英〙 下っぱ, 若者. **3** 《トラック・エレベーターなどの》 運転手, 運転係. **4** 《使用しない車の》駐車係. **5** 《乗馬の》 くら当て. **6** 詐欺師. ***disk*** **~** 〘米〙 ディスクジョッキー 《レコード音楽を中心に話題をいろいろに取り上げてプログラムを進行させるアナウンサー》.
—— *vt.* **1** 〈馬に〉 騎手として乗る; の騎手をつとめる; 〈飛行機などを〉 操縦する. **2** 〈人を〉うまく扱う 〔あやつる〕. **3** だます, 欺く. **4** だまして…させる: ~ a person *into* (do)*ing*. **——** *vi.* **1** 騎手をつとめる. **2** うまく立ちまわる, 駆け引きする 《を得ようと *for*》. ~ a person ***into an office*** (人を) 権力・威光を用いて地位につける. ~ a person ***out of*** (人から) …を奪いとる. **~ club** 競馬クラブ.

jóck·o [dʒákou/dʒɔ́k-] *n.* (*pl.* **~s**) =chimpanzee.

jóck·strap [dʒákstræ̀p/dʒɔ́k-] =supporter ③.

jo·cóse [dʒokóus] *a.* **1** こっけいな, おどけた. **2** 冗談の, ふざけた. [joke と同語源] ◇ **~·ly** *ad.*

jo·cós·i·ty [dʒokásịti/-kɔ́s-] *n.* おもしろおかしさ, 冗談; (*pl.*) おどけた言行.

jóc·u·lar [dʒákjụlər/dʒɔ́k-] *a.* 冗談の, ひょうきんな, ちゃめな, おかしい, こっけいな: ~ remarks.

jòc·u·lár·i·ty [dʒàkjụlǽrịti/dʒɔ̀k-] *n.* おもしろおかしさ, 冗談; ひょうきんな言行.

***jóc·und** [dʒákənd/dʒɔ́k-] *a.* 陽気な, 快活な, 楽しい. ◇ **~·ly** *ad.*

jo·cún·di·ty [dʒokʌ́ndịti] *n.* 快活, 楽しさ.

jódh·purs [dʒádpərz/dʒɔ́dpuəz] *n. pl.* 乗馬ズボン 《ひざから下が細くなって密着する》.

.Jód·rell Bánk [dʒóudrəl-bǽŋk/dʒɔ́d-] *n.* イギリスのジョドレルバンク天文台 (の所在地); 世界一の電波望遠鏡.

joe[1] [dʒou] =jo[1].

joe[2] 〘米俗〙 =coffee.

Joe [dʒou] *n.* **1** やあ, きみ 《名前を知らない人に対する呼びかけ》. **2** (joe) 〘米俗〙 やつ (guy). **3** (joe) 〘米俗〙 アメリカ兵 〔人〕. **4** (joe) 〘英俗〙 4 ペニー銅貨. ***Not for ~!*** 〘俗〙 断じて…でない 〔しない〕!, いやだ! **~ Blow, ~ Doakes** [ˊ-dóuks] 〘俗〙 並みの人, 平均的市民. **~ College** 典型的大学生. **~ Miller** 古くさい冗談, (陳腐な) だじゃれ.

Jó·el [dʒóuəl] *n.* 〘聖〙 ヨエル 《ヘブライの預言者》; ヨエル書.

jòe-pýe [dʒòupái] **~ *weed*** 〘植〙 ヒヨドリバナ.

jó·ey [dʒóui] *n.* **1** 〘英俗〙 3 ペンス貨 《もと 4 ペンス貨》. **2** 〘オーストラリア〙 動物の子; カンガルーの子.

jog[1] [dʒag/dʒɔg] *v.* (**-gg-**) *vt.* **1** 〈物を〉 揺り動かす; ぐいっと引く 〔押す〕. **2** 《注意を促すため》 ちょっと押す 〔突く〕: ~ one's elbow 人のひじをそっと突く. **3** 〈記憶を〉 呼び起こす: ~ a person's memory. **4** 〘印〙 紙をゆすってそろえる. **——** *vi.* **1** とぼとぼ歩く; 《馬・馬車などに》 揺られて行く 《*on, along*》. **2** 出かける. **3** 〈事が〉 どうやら運んでいく; 〈人が〉 なんとかやっていく 《*on, along*》: Matters are *jogging along* somehow. **——** *n.* **1** 軽く揺れること; ちょっと押す 〔突く〕 こと. **2** とぼとぼ行くこと, 馬の徐行. **~ trot** (1) とぼとぼ歩き; 〘馬術〙 短節の早足歩調. (2) 単調なやり方 〔しきたり, 暮らし〕.

jog[2] *n.* 〘米〙 《面・線の》 ふぞろい, ぎざぎざ, でこぼこ.

jóg·gle[1] [dʒágl/dʒɔ́gl] *vt., vi.* ゆすぶる; ぐらぐらする, 揺れる: ~ *on* 〔*along*〕 揺れながら進む.
—— *n.* 軽い揺れ, 軽く揺れること.

jóg·gle[2] *n.* 〘建〙 ほぞ, だぼ; かみ合わせ.
—— *vt.* かみ合わせる, だぼでつなぐ.

Jo·hán·ne·an [dʒohǽniən], **Jo·hán·nine** [-hǽn(a)in] *a.* 〘聖〙 使徒ヨハネの; ヨハネ伝の.

Jo·hán·nes·burg [dʒohǽnisbə:rg, ㊇+jo-] *n.* ヨハネスバーグ 《南アフリカ共和国第一の都市》.

Jo·hán·nis·ber·ger [dʒohǽnisbə:rgər, jo-/jo-] *n.* ドイツ Johannisberg 産の良質の白ブドウ酒.

John [dʒan/dʒɔn] *n.* **1** 〘聖〙 洗礼者ヨハネ; (St. ~) 聖ヨハネ; ヨハネ伝 《新約聖書中の四福音書の一つ》; ヨハネ書. **2** (ときに j~) 男, やつ. **3** 〘おもにオーストラリア〙 巡査. **4** 〘俗〙 便所.
~ Bull 典型的イギリス人, ジョンブル. **~ Bullish** イギリス人風の. **~ Bullism** イギリス人かたぎ, イギリス人らしい言行. **~ Chinaman** (典型的) 中国人. **~ Company** 《1857 年までインドを支配した》 旧東インド会社 (East India Company). **~ Doe** 〘英: 法〙 不動産回復訴訟などにおける原告の仮の名; 《取引・訴訟などにおける》 一方の仮の名; 名もない 〔並みの〕 人. **~ F. Kennedy International Airport** ニューヨーク国際空港 《ロングアイランドの南西部にある》. **~ Hancock** 〘米話〙 自筆の署名 《アメリカの独立宣言に最初に署名した人名から》. **~ the Baptist** 〘聖〙 洗礼者ヨハネ 《キリストの出現を預言しキリストに洗礼を施した. マタイ伝 3:1》.

jóhn·ny [dʒáni/dʒɔ́ni] *n.* **1** やつ, 野郎, 男. → Jack. **2** 〘俗〙 にやけた男, しゃれ男, めかしや. **3** 〘英〙 《特にロンドン社交界の》 遊び人, 道楽者 (man about town). **4** (男子用) 公衆便所. **5** 〘オーストラリア〙 巡査. **6** 《入院患者が用いる》 そで付き短上着.
~·cake [ˊ-ˊ] 〘米〙 トウモロコシ粉のパン 〔ケーキ〕. **~ collar** 小さな立ちえり 《ブラウスなどの》. **J~-come-láte·ly** [-kʌ̀mléitli] (*pl.* **Jóhn·nies-come-láte·ly, J~-come-láte·lies**) 〘俗〙 新前, 新参者. **J~-júmp-up** [-dʒʌ́mpʌ̀p] 〘米〙 野生サンシキスミレ, スミレ. **J~-on-the-spót** [-ànðəspát/-ɔnðəspɔ́t] 〘話〙 待ってましたという風になんでもする人, 腰の軽い人. **J~ Raw** 新前, 新兵. **J~ Reb** 《アメリカ南北戦争時代の》 南軍の兵士.

Jóhn o' Gróat's (House) [dʒán-ə-gróuts (-hàus), -grɔ́:ts/dʒɔ́n-ə-gróuts] *n.* Britain 島の最北端. ***from ~ to Land's End*** イギリスの果てから果てまで.

Jóhn·son [dʒánsn/dʒɔ́n-] *n.* **1** Lyndon Baines ~, 1908– , アメリカ第36代の大統領. **2** Samuel ~, 1709–84, イギリスの文学者・辞書編集家.

Jòhn·son·ése [dʒànsní:z/dʒɔ̀n-] *n.* Samuel Johnson 流の文体 《大げさでラテン語の多い》.

John·só·ni·an [dʒansóuniən/dʒɔn-] *a.* Samuel Johnson の; 《文体など》 Johnson 風の, 荘重な.
—— *n.* Johnson 学者; Johnson 崇拝 〔模倣〕 者.

joie de vivre [F. ʒwadvi:vr] F. (=joy of living) 生きる喜び.

†join [dʒɔin] *vt.* **1** 結合する, 連結する, 接合する: ~ two things end to end 二つのものを縦につなぐ. ~ strength of body *with* strength of mind 肉体の力と心の力とを結び合わせる. **2** といっしょになる, と落ち合う, と合流する: I'll ~ you later. あとであなたがたといっしょになりましょう. **3** に加わる, に加入する, の会員になる: ~ a society 会にはいる (≒ *belong to* a society 会にはいっている, 会の会員である). **4** 〈軍隊に〉はいる; 〈船に〉 乗り込む; 〈所属の部隊・船に〉 帰る 〔もどる〕. **5** に隣接する. **6** 〈戦いを〉 交える.
—— *vi.* **1** 合する, 会う, 接する: The two roads ~ *at* this place. 二つの道路はこの所で合する. **2** 結びつく, いっしょになる 《と *with*; に *to*》. **3** 仲間に

なる, 加わる《*in* (do)*ing*》: Tom ～*ed with* me *in* the undertaking. トムは私と共同でその仕事をやった. Let's all ～ *in*. さあみんなも加わろう.
～ forces with と協力する. ***～ hands with*** と手を握り合う; と提携する. ***～ issue*** →issue. ***～ the colors*** 入隊する. ***～ the*** (***great***) ***majority*** 死ぬ. ***～ up*** 〔話〕入隊する (enlist).
―― *n.* 接合, 合流; 接合〔合流〕点. [√ju(n)g-]
〔類〕 → **meet**「会う」

jóin·der [dʒɔ́indər] *n.* **1**〔法〕共同訴訟, 連合訴訟; 訴訟受理. **2**《争点の》合一.

jóin·er [dʒɔ́inər] *n.* **1**〔英〕建具屋, さしもの師 (=㊍ carpenter). **2** 接合物〔者〕. **3**〔米話〕顔のひろい人, いろいろの会に入会している人; 入会狂.
◇ **～·y** [-nəri] *n.* さしもの細工, 建具類; さしもの業, 建具職.

‡joint [dʒɔint] *n.* **1** 合わせ目, 接合箇所; 接合(法); 全体を形づくる各部分. **2**〔医〕関節. **3**〔植〕《枝や葉の》付け根, 節. **4**〔建〕《木材の》仕口(しぐち), 継ぎ木. **5**〔電〕接続(箇所). **6**〔地〕《岩石の》割れ目, 節理. **7**〔工〕目地(めじ), 継ぎ手, 継ぎ目. **8**《肉屋で関節のところから切り分けた》骨つき肉. **9**〔米俗〕《一般的》(人の集まる) 場所, ホテル. **10**〔米俗〕もぐり酒場, ばくち宿, あへんくつ; marijuana 入りたばこ.
out of ～ (1) 関節がはずれて, 脱臼(だっきゅう)して. (2) ぐあいが悪くて, 調子が狂って. (3) 不つりあいで 《と *with*》. ***put*** a person***'s nose out of ～*** →nose.
―― *a.* **1** 共同の, 共通の; 〔法〕連帯の. **2** 協同の, 協力の; 合同の. **3** 共同名義の; 連帯の. ***during their ～ lives*** ふたり〔全部〕が生きている間.
―― *vt.* **1** 接合する, 継ぎ合わせる. **2** 継ぎ目〔節〕のところで分ける. **3** <肉を> 関節のところから大切り身に切る. **4**〔建〕<継ぎ目を> しっくいで塗る. ***～ing rule*** 目地(めじ)定規. [√ju(n)g-]
～ author 共著者. **J～ Chiefs of Staff**〔米〕統合参謀本部(長会議)《略 JCS》. **～ committee** (of the Houses) 議会の両院合同委員会. **～ conspiracy** 共同謀議. **～ doll** 手足が動くようにつくられた人形. **～ offense** 共犯. **～ ownership** 共有権. **～ resolution** (両院の)共同決議. **～ responsibility** 〔**liability**〕 連帯責任. **～ return**《夫婦の収入を合わせた》所得税総合申告書. **～ session** 合同会議. **～ stock** 株式(組織); 合資. **～-stock company**〔英〕株式会社; 〔米〕合資会社. **～-stock corporation**〔米〕株式会社. **～ stool** 組み立ていす.

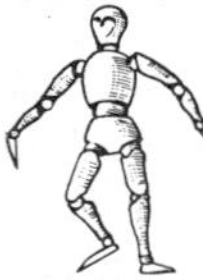
joint doll

◇ **∠·ed** [-id] *a.* 節のある, 継ぎ目のある; 関節のある. **∠·er** *n.* 接合道具; 接合者; そばとりかんな; 目地ごて. **∠·less** *a.* **∠·ly** *ad.* 連合して, 共同して; 連帯的に.

jóint·ress [dʒɔ́intris] *n.* 〔法〕寡婦財産を有する「婦人.

jóin·ture [dʒɔ́intʃər] *n.* 〔法〕寡婦財産《夫の死後妻の終身所有となるよう結婚の際定められる》.
―― *vt.* <妻に> 寡婦財産を設定する.

joist [dʒɔist] *n.* 〔建〕梁(はり); 根太(ねだ).
―― *vt.* に～をつける. ◇ **∠·ed** [-id] *a.*

†joke [dʒouk] *n.* **1** 冗談, 戯れ: have a ～ *with* …と冗談をかわす. **2** 笑い事, 冗談事; ささいなこと: It is no ～. 笑い事じゃない. **3** 物笑いのたね: He is the ～ of the whole town. 彼は町じゅうの笑い者だ. **4** おかしい状況, こっけいな事態.
crack 〔***cut, make***〕 ***a heavy ～*** ひどい冗談をとばす. ***for a ～*** 冗談のつもりで: It was meant *for a* ～. 冗談のつもりだった. ***in ～*** 冗談に. ***play a ～ on*** a person (人) をからかう, 冷やかす. ***practical ～*** 悪ふざけ, いたずら《ことばだけでなく, 実際の行為により人をからかう》. ***see a ～*** しゃれがわかる. ***take a ～*** からかわれておこらない, 冗談を笑って受ける. ***turn a matter into a ～*** 事をちゃかす.
―― *vi.* 冗談を言う; ふざける; いたずらをする: You are *joking*. ご冗談でしょう. ―― *vt.* からかう, 笑いぐさにする: ～ a person *on* 〔*about*〕… 人の…をからかう. ***joking apart*** 〔***aside***〕 冗談はさておき.
◇ **jók·ing·ly** [-iŋli] *ad.* 冗談に. **jók·y** [-i] *a.* 冗談好きの.

jók·er [dʒóukər] *n.* **1** 冗談を言う人; ちゃめ, ふざけ屋. **2**〔俗〕やつ, 男, 人 (fellow). **3**〔トランプ〕ジョーカー《番外の札. 通例最高の切り札に用いる》. **4**〔米〕べてん条項《法案・契約書などをはねぬきにさせる目的でひそかに入れておく》; べてん, 策略.

jól·li·er [dʒáliər/dʒɔ́l-] *n.* おだてる人; からかう人.
―― *a.* jolly の比較級.

jól·li·fy [dʒálifài/dʒɔ́l-] *vt., vi.* 陽気にする, 楽しくやる; 一杯きげんになる. ◇ **jòl·li·fi·cá·tion** [dʒàlifikéiʃ(ə)n/dʒɔ̀l-] *n.* 「かれ騒ぎ, 酒宴.

jól·li·ty [dʒáliti/dʒɔ́l-] *n.* **1** 陽気, 楽しさ. **2** 浮

‡jól·ly [dʒáli/dʒɔ́li] *a.* **1 陽気な**, 明るい. **2 楽しい**, 愉快な. **3** (酒で) 上きげんの, 一杯きげんの. **4**〔英話〕すてきな; どえらい, 大きな; 《反語的》たいそうな: ～ weather 上天気. a ～ fool あきれたばか者. What a ～ mess I am in! たいへんな窮地に陥ったものだ, えらいことになったわい. **5**〔英話〕親切な: So ～ of you to do it! ほんとによく気がついてしてくださいました.
―― *n.* **1**〔英俗〕海兵. **2** 楽しい集会. **3** 冗談. **4**〔米話〕《なにか目的を達するための》うれしがらせ. **5** =～ boat. ―― *ad.* 〔英話〕とても, 大いに: You ～ well know it. きみもわかりきっていることだ. ―― *vt.* **1**〔話〕うれしがらせる《*along, up*》. **2** からかう.
～ boat〔海〕《船舶付属の》小ボート. **～ dog** 飲み仲間. **～ god, the** 酒神バッカス (Bacchus). **～ Roger, the** 海賊旗《黒地に白の頭蓋(ずがい)骨と2本の大腿(だいたい)骨を交わらせた図柄の旗》.
◇ **jól·li·ly** *ad.* 陽気に, 愉快に, 愉快そうに.

jolt [dʒoult] *vi.* **1** がたがた揺れる, がたつく. **2** がたがた揺れながら進む〔揺られて行く〕《*along*》: The car ～*ed* across the rough ground. 車がでこぼこの土地をがたがた揺れて横切って行った.
―― *vt.* ゆする, がたがたさせる, に激しい動揺を与える: The wagon ～*ed* us when it went over the rock. 馬車は石の上を通ったとき私たちをがたがたゆすぶった. ―― *n.* 《馬車などの》がたつき, 動揺: stop with a ～ 激しく揺れて止まる; がたんと揺れて止まる.
◇ **∠·y** [-i] *a.* がたがた揺れる, 動揺の激しい.

jólt·er·head [dʒóultərhèd] *n.* 愚か者, ばか(者).

Jó·nah [dʒóunə] *n.* **1**〔聖〕ヨナ《ヘブライの預言者》; ヨナ書. **2** 凶変〔不幸〕をもたらす人.

Jó·nas [dʒóunəs] =Jonah.

Jón·a·than [dʒánəθ(ə)n/dʒɔ́n-] *n.* **1**〔古〕アメリカ人《特に New Englandの住民》; 旧式な典型的アメリカ人 (=Brother ～). →Uncle Sam. **2**〔聖〕ヨナタン《Saul の長子で David の友》. **3**〔米〕紅玉《秋リンゴ》.

Jones [dʒounz] *n.* **1** Daniel ～, 1881–1967, イギリスの音声学者. **2**《成句で》: keep up with the ～*es* [dʒóunziz] 世間の人たちに遅れをとらない.

jon·gleur [dʒáŋglər/ʒɔ̃ːŋgləː] F. *n.* (フランス中世の) 吟遊楽人 (minstrel).

jón·quil [dʒáŋkwil, dʒán-/dʒɔ́ŋ-] *n.* **1**〔植〕キズイセン. **2** 淡黄色.

Jón·son [dʒánsn/dʒɔ́n-] *n.* Ben(jamin) ～, 1573?–1637, イギリスの劇作家・詩人.

Jór·dan [dʒɔ́ːrdn] *n.* **1** ヨルダン王国; 《パレスチナ地方の》ヨルダン川. **2** (j～)〔卑〕便器, しびん (chamber pot). **～ almond**《スペイン産》アーモンド, ハタンキョウ《製菓用》.

J

Jor·dá·ni·an [dʒɔːrdéiniən, -njən] *n.* ヨルダン人. —— *a.* ヨルダン人の.
jó·rum [dʒɔ́ːrəm/dʒɔ́ːr-] *n.* 《飲料, 特に punch を入れる》大きな杯; その1杯の量.
Jos. Joseph; Josephine; Josiah.
Jó·seph [dʒóuzịf] *n.* **1** 〘聖〙ヨセフ《ヤコブの子. エジプトの太守》; ヨセフ《聖母マリアの夫》. **2** 志操堅固な男, 女ぎらい. **3** (j〜) 《18世紀の》婦人用乗馬マント.
Jó·se·phine [dʒóuzịfiːn] *n.* Napoleon I の最初のきさき.
josh [dʒɑʃ/dʒɔʃ] *n.* 〘米俗〙からかい, 悪意のない冗談. —— *vt., vi.* からかう, かつぐ; (に)悪意のない冗談を言う.
Josh. Joshua.
Jósh·u·a [dʒɑ́ʃuə/dʒɔ́ʃwə, -ʃuə] *n.* 〘聖〙ヨシュア《モーセの後継者. イスラエル民族の指導者》; ヨシュア記《略 Josh.》.
jós·kin [dʒɑ́skịn/dʒɔ́s-] *n.* 〘俗〙いなか者; 武骨者.
joss [dʒɑs / dʒɔs] *n.* 《中国人が祭る》偶像. 〜 **house** 《中国の》寺, 霊廟(びょう). 〜 **stick** 線香.
jóss·er [dʒɑ́sər/dʒɔ́s-] *n.* 〘英俗〙**1** のろま, ばか者. **2** やつ, 男.
jós·tle [dʒɑ́sl/dʒɔ́sl] *vt.* 押す, 突く; 押しのける《*away*; から *from, out of*》. —— *vi.* **1** 押し合う; 押して進む. **2** ぶつかる《と *with*》; 突き当たる《に *against*》. 〜 **one's *way*** 押し分けて進む. 〜 ***with*** a person ***for*** a thing (物)を(人)と奪い合う.
—— *n.* 押し合い; 突き当たること.
jot [dʒɑt/dʒɔt] *n.* 少量, ほんのわずか, 少し. ***not a*** 〜 ちっとも…ない. —— *vt.* (**-tt-**) ざっと書きとめる, ノート〔メモ〕する《*down*》: The clerk 〜*ted down* the order. 書記はその命令をすばやく書きとめた. ◇ 〜**·ting** *n.* ざっと書きとめること; 控え, メモ.
jó·ta [hóutɑː] *n.* ホタ《スペインの三拍子の踊り》; その曲.
joule [dʒaul, dʒuːl] *n.* 〘物〙ジュール《エネルギーの絶対単位. = 10^7 エルグ. イギリスの物理学者 J.P. Joule, 1818–89, の名から》.
jounce [dʒauns] *n.* 震動, 動揺, がたがた. —— *vt., vi.* がたがたゆする〔揺れる〕, 動揺させる〔する〕.
jour. journal; journalist; journeyman.
‡**journal** [dʒə́ːrn(ə)l] *n.* **1** 新聞, 日刊新聞: a college 〜 大学新聞. a trade 〜 貿易新聞. **2** 雑誌; 定期刊行物《学会刊行物など》: a monthly 〜 月刊雑誌. a home 〜 家庭雑誌. **3** 日誌, 日記 (diary). **4** 議会日誌, 議事録: the *J*〜*s* 国会議事録. **5** 〘海〙航海日誌. **6** 〘簿記〙仕訳帳. **7** 〘機〙《軸の首部》ジャーナル. [√di-]
jòur·nal·ése [dʒəːrn(ə)líːz] *n.* 新聞ことば, 新聞口調; 新聞雑誌文体.
‡**jóur·nal·ism** [dʒə́ːrn(ə)liz(ə)m] *n.* **1** ジャーナリズム, 新聞雑誌業; 新聞雑誌編集, 新聞雑誌寄稿執筆: enter 〜 新聞雑誌記者または業者になる. follow 〜 as a profession 職業としてジャーナリズムに従事する. **2** 新聞雑誌(業)界. **3** 《集合的》新聞雑誌. **4** 新聞雑誌的な文体.
***jóur·nal·ist** [dʒə́ːrn(ə)list] *n.* **1** ジャーナリスト, 新聞雑誌記者, 新聞人; 新聞雑誌業者; 新聞雑誌寄稿家. **2** 日記をつける人.
jòur·nal·ís·tic [dʒəːrn(ə)lístik] *a.* **1** ジャーナリズム(的)の, 新聞雑誌(的)の, 新聞雑誌特有の. **2** 新聞雑誌記者(風)の, 記者かたぎの.
jóur·nal·ize [dʒə́ːrn(ə)làiz] *vt.* **1** 日記につける. **2** 〘簿記〙仕訳する, 仕訳帳に記入する. —— *vi.* **1** 新聞雑誌業〔ジャーナリズム〕に従事する; 新聞雑誌に寄稿する. **2** 日記をつける.
‡**jóur·ney** [dʒə́ːrni] *n.* **1** 旅行. **2** 旅程, 行程: It is a two days' 〜 from here. ここから2日の行程だ. **3** (*pl.*) 行ったり来たり, 往復: The bus goes ten 〜*s* a day. バスは1日10往復する.
break* one's** 〜 旅を中断する; 途中下車する, 旅行の途中…に立ち寄る《に *at*》. ***go 〔***start, set out***〕 ***on a*** 〜 旅行に出かける. ***I wish you a pleasant*** 〜. 道中ご無事を祈る, 行ってらっしゃい, さようなら. **one's** 〜**'*s end*** 旅路の果て; 人生行路の終わり. ***make*** 〔***take, undertake***〕 ***a*** 〜 旅行する.
—— *vi.* 旅行する. [√di-]
(類義語) 旅: **journey** voyage に対し主として陸の長旅. いろいろな土地の歴訪が暗示され, 帰路は必ずしも考えられていない. そのため多くの比喩的表現がある: a *journey* into higher mathematics 高等数学への旅. **travel** 乗り物の旅. 「一定速度で移動すること」に重点がある. **trip**「旅行」をあらわす最もよく用いられる口語. 一般には短期間のものが多い. **voyage** 海の長旅.
jóur·ney·man [dʒə́ːrnimən] *n.* (*pl.* **-men**) **1** 《年季をすました一人前の》職人. →apprentice. **2** 〘古〙日雇い職人.
jóur·ney·work [dʒə́ːrniwə̀ːrk] *n.* **1** 日雇い仕事; (職人の)手間仕事. **2** (つまらぬ)下積み仕事.
joust [dʒʌst, dʒaust/dʒaust] *n.* 《騎士などの》馬上やり試合; (*pl.*) 馬上やり試合大会. —— *vi.* 〜をする.
Jove [dʒouv] *n.* 〘ロ神〙= Jupiter. ***By*** 〜! 《強意・驚き・賛成などをあらわす》全く!; とんでもない!; 神かけて!, 誓って!
jó·vial [dʒóuvjəl, -viəl] *a.* **1** 陽気な, 快活な. **2** (J〜) Jove 神の; 木星の(もとに生まれた).
◇ 〜**·ly** [-i] *ad.*
jò·vi·ál·i·ty [dʒòuviǽlịti] *n.* 陽気, 楽しさ, 快活; (*pl.*) 陽気な行為〔ことば〕.
Jó·vi·an [dʒóuviən] *a.* **1** Jove 神の(ような); 威風堂々とした. **2** 木星の.
jowl [dʒaul] *n.* **1** あご, 《特に》下あご; あご骨. **2** ほお. **3** 《人・豚などの》のどのたれ肉. **4** 魚の頭部.
†**joy** [dʒɔi] *n.* **1** 喜び, 歓喜. **2** 喜びの状態, 幸福. **3** 喜びを与えるもの, 喜びのたね: A thing of beauty is a 〜 forever. 美しいものは永遠の喜びである《Keats のことば》. the 〜*s* and sorrows of life 人生の喜びと悲しみ. dance ***for*** 〔***with***〕 〜 喜んで(こおどりする). ***in*** **one's** 〜 喜びのあまり. ***I wish you*** 〜. おめでとう (=I congratulate you). ***to the*** 〜 ***of*** が喜んだことには. ***with*** 〜 喜んで.
—— *vi., vt.* 〘おもに雅〙喜ぶ; 喜ばせる.
〜 **bells** 《教会の》祝いの鐘. 〜 **ride** 〘話〙おもしろ半分のドライブ《特に向こうみずなスピードを出して乱暴に運転したり無断で人の車を乗り回すこと》. 〜**-ride** [ㄥㄥ] おもしろ半分に自動車を乗り回す. 〜 **stick** 〘俗〙《飛行機の》操縦桿(かん).
(類) → **pleasure**「喜び」
jóy·ance [dʒɔ́iəns] *n.* 〘古〙= joy.
Joyce [dʒɔis] *n.* James 〜, 1882–1941, アイルランドの小説家・詩人.
Jóyc·e·an [dʒɔ́isiən] *n.* Joyce 研究者〔愛好者, 模倣者〕. —— *a.* ジョイス的〔の〕《文体など》.
‡**jóy·ful** [dʒɔ́if(ụ)l] *a.* **1** 楽しい, うれしい, 喜ばしい: 〜 news よい知らせ. **2** 《人・心が》楽しい, 喜びに満ちている. **3** 喜ばしげな, 楽しさに満ちた: a 〜 look うれしそうな顔つき. ***be*** 〜 ***of*** をうれしがる.
◇ 〜**·ly** [-fụli] *ad.* 〜**·ness** *n.*
jóy·less [dʒɔ́ilis] *a.* **1** 喜びのない, うれしくない, 悲しい: a 〜 smile 寂しそうな微笑. **2** 楽しくない, つまらない. ◇ 〜**·ly** *ad.*
‡**jóy·ous** [dʒɔ́iəs] *a.* **1** 楽しい, 喜ばしげな, 楽しさに満ちた. **2** 《人・心が》楽しい, 明るい. **3** おもしろい; 《話が》こっけいな, きわどい. ◇ *〜**·ly** *ad.* 〜**·ness** *n.*
JP jet propulsion. **J.P.** Justice of the Peace.
Jpn Japan, Japanese《正式略記》. **Jr., jr., Jr, jr** [dʒúːnjər] junior. **JST** Japanese Standard Time. **Ju.** June.
jú·bi·lant [dʒúːb(ị)lənt] *a.* **1** 歓喜に満ちた, いかにも楽しげな. **2** 歓呼する, 歓声をあげる. 〜 ***over*** を歓喜して. ◇ **-lance, -lan·cy** *n.*

jú·bi·late [dʒú:b(ɪ)lèit] *vi.* **1** 歓喜する; 歓声をあげる, 歓呼する. **2** jubilee を祝う.

Ju·bi·la·te [dʒùbɪléiti/-lá:ti] L. *n.* **1** 〘聖〙 詩編第100編, その楽曲. **2** 復活祭後の第 3 日曜日. **3** (*j*～) 歓喜の歌, 凱歌(がいか). 「〔声〕; 祝祭.

jù·bi·lá·tion [dʒù:bɪléiʃ(ə)n] *n.* 喜び, 歓喜; 歓呼

jú·bi·lee [dʒú:b(ɪ)lì:] *n.* **1** 〘ユダヤ史〙 50年節《ユダヤ民族が約束の地 Canaan にはいった年から起算して50年ごとの年》; 〘カトリック〙 大赦の年. **2** 50〔25〕年祭. **3** 佳節, 祝祭. **4** 歓喜. **5** 〘米〙《前途の幸福を歌う》黒人民謡. ***the Diamond J～*** 60〔75〕年祭《特に 1897 年の Victoria 女王即位の 60 年祭》. ***the golden*** 〔***silver***〕 ～ 50〔25〕年祭.

Jud. Judg(e)ment; Judges; judicial; Judith.

Ju·dáe·a ＝Judea.

Jú·dah [dʒú:də] *n.* **1** 〘聖〙 ユダ《ヤコブの子. Judas (ユダ)とは別》. **2** 《ユダを祖とする》ユダ族; ユダ王国《パレスチナの古代王国》.

Ju·dá·ic [dʒu:déiik] *a.* ユダヤの; ユダヤ民族の; ユダヤ人(風)の. →Jewish.

Ju·dá·i·ca [dʒu:déiikə] *n.* ユダヤの文物〔風習〕.

Jú·da·ism [dʒú:diìz(ə)m/-deiiz-] *n.* **1** 《旧約聖書のモーセと預言者たちの教えを基とした》ユダヤ教, ユダヤ教義; ユダヤ教信奉. **2** ユダヤ風, ユダヤ人気風. **3** ユダヤ主義.

Jú·da·ist [-ist] *n.* **1** ユダヤ教徒; ユダヤ主義者. **2** 初期のユダヤ人キリスト教信者.

Jú·da·ize [-àiz] *vt.* **1** ユダヤ化する, ユダヤ風にする. **2** ユダヤ教徒にする; ユダヤ教式にする. —— *vi.* **1** ユダヤ人風になる, ユダヤ人の風習に従う. **2** ユダヤ教を奉ずる.

Jú·das [dʒú:dəs] *n.* **1** 〘聖〙ユダ《金欲のためにキリストを売ったイスカリオテのユダ》; ユダ《イスカリオテのユダとは別人のキリストのでし》. **2** 裏切り者, むほん人. **3** (j～) 《戸・壁などの》のぞき穴 (＝～ window, ～ hole). **～-còl·ored** 《ユダの毛髪にちなんで》赤色の. **～ kiss** 裏切り, うわべだけの好意. **～ tree** 〘植〙 ハナズオウ《ユダが首をくくったということから》.

Jude [dʒu:d] *n.* 〘聖〙 ユダの書《新約聖書の一書》.

Ju·dé·a [dʒu:dí:ə/-díə] *n.* ユダヤ《パレスチナ南部にあった古代ローマ領》.

Ju·dé·an [dʒu:dí:ən] *a.* ユダヤの, ユダヤ民族の. —— *n.* ユダヤ人.

Ju·den·het·ze [jú:d(ə)nhètsə] G. *n.* 《組織的な》ユダヤ人迫害.

Judg. Judges.

‡**judge** [dʒʌdʒ] *n.* **1** **裁判官**, 判事. **2** 《討議・競技などの》**審判**, 審査員. **3** 神《最高絶対の審判者としての》. **4** **鑑定家**, 目きき: a good ～ of poetry 詩のよしあしがよくわかる人. **5** 〘ユダヤ史〙士師, 裁き人; (J～s)《単数扱い》〘聖〙 士師記《旧約聖書の一書》. ***as grave as a*** ～ きわめていかめしい. ***be a good*** 〔***no***〕 ～ ***of*** の鑑定がうまい〔できない〕.

—— *vt.* **1** 〈事件・人を〉**裁く**, 裁判する, に判決をくだす. **2** 審判〔審査〕する; 鑑定する. **3** **判断する**, 批判〔非難〕する: ～ a person 〔the distance〕 人柄〔距離〕を判断する. ～ which is 〔whether it is〕 true どちらがほんとうか〔それがほんとうかどうか〕を判断する. **4** …と思う〔判断する〕: ～ him (*to* be) 〔～ *that* he is〕 an honest man 彼を〔彼は〕正直者だと考える. —— *vi.* **1** 裁判する, 判事をつとめる. **2** 判定する, 判断する《を *of*; から *from*》. ～ ***between*** の間に立って裁く. ～ ***by*** …で判断する: ～ a book *by* its thickness 本を厚さで評価する. ～ ***by appearances*** 外見で判断する. ***judging from*** …から考えて〔察すると〕. [√judic-]

～ advocate 〘軍〙 法務官. **J～ Advocate General** 〘米：軍〙法務局長; 〘英〙 陸〔海〕軍法務総監. **⁓-made** [⁓⁓] 〘法〙裁判官制定の, 裁判官のくだした判決例による: the ～*-made* law 判例法. ◇ **⁓·ship** [-ʃip] *n.* 裁判〔審判〕官の地位〔職, 任期〕.

judg(e)·mát·ic [dʒʌdʒmǽtik], **-i·cal** [-(ə)l] *a.* 〘話〙 賢明な, 思慮分別のある. ◇ **judg(e)·mát·i·cal·ly** *ad.*

‡**júdg·ment,** [英]**júdge·ment** [dʒʌ́dʒmənt] *n.* **1** 裁判, 審判. **2** 判決; (判決の結果の) 判決確定債務; (債務)判決書. **3** 判断, 判定; 鑑定; 批判, 非難: form a ～ 判断をくだす《について *on*, *of*》. **4** 判断〔批判〕力, 見識, 思慮分別. **5** 意見, 見解. **6** (the J～) 〘神学〙 最後の審判 (＝the Last J～). **7** 〘聖〙 正義, 公正. **8** 《神の裁きとしての》天罰: His misfortunes were a ～ *upon* him for his wickedness. 彼の不幸は悪事の天罰だった.

in my ～ 私の考えでは. ***pass*** 〔***give***〕 ～ ***on*** 〔***upon***〕 に判決をくだす. ***sit in*** ～ 裁判する; 判断をくだす, 批判する《について *on*, *upon*》. ***the Day of J～*** ＝Judgment Day. ***the J～ of Paris*** 〘ギ神〙 パリスの審判《Paris が Aphrodite, Athena, Hera の三女神によって争われていたリンゴを Aphrodite に授けた》. ***the Last J～*** 最後の審判.

～ creditor 〘法〙 判決確定債権者. **J～ Day** 〘宗〙 最後の審判の日. **～ debt** 判決確定債務. **～ seat** 判事席; 法廷.

jú·di·ca·to·ry [dʒú:dikətò:ri/-t(ə)ri] *a.* 司法の; 裁判(上)の. —— *n.* 司法, 司法行政; 裁判所.

jú·di·ca·ture [dʒú:dikətʃər] *n.* **1** 司法〔裁判〕権. **2** 裁判官の権威〔職, 任期〕. **3** 裁判所〔官〕の管轄区. **4** 裁判〔司法〕事務. **5** 裁判所. **6** 《集合的》司法当局, 裁判官〔所〕. ***the Supreme Court of J～*** 〘英〙 最高法院《High Court of Justice「高等法院」と Court of Appeal「控訴院」とから成る》. [√judic-]

ju·dí·cial [dʒu:díʃ(ə)l] *a.* **1** 司法の, 裁判(上)の. **2** 裁判官〔所〕の, 裁判による. **3** 裁判官にふさわしい. **4** 判断力のある, 妥当な, 公正な: a ～ mind. **5** 天罰の. ***take*** 〔***bring***〕 ～ ***proceedings against*** a person (人)に対し訴訟手続きをする, (人)を訴える. [√judic-]

～ murder 法の殺人《不当な死刑宣告》. **～ police** 司法警察. **～ precedent** 判(決)例. **～ review** (裁判所の) 合憲性審査権《立法・行政上の》. **～ separation** 裁判による夫婦の別居《limited divorce ともいう》. ◇ **～·ly** *ad.*

ju·dí·ci·ar·y [dʒu:díʃièri, -ʃəri/-ʃiəri] *n.* **1** 司法部. **2** 司法制度. **3** 《集合的》司法官, 裁判官. —— *a.* 司法の; 裁判所の; 裁判官の: ～ proceedings 裁判手続き.

ju·dí·cious [dʒu:díʃəs] *a.* (判断の) 妥当な, 分別のある, 慎重な; 賢明な: a ～ selection 妥当な選択. ～ use of money 賢い金の使い方. [√judic-] ◇ **～·ly** *ad.* **～·ness** *n.* [類] → **wise**「賢い」

Jú·dith [dʒú:diθ] *n.* ジュディス《ユダヤの寡婦. 敵国 Assyria の将を殺してユダヤ国民を危難から救った》.

ju·do [dʒú:dou] J. ＝*jujitsu*.

jug[1] [dʒʌg] *n.* **1** 〘米〙《コルクふたの付いた細口の取っ手付きの》陶器製水差し. **2** 〘英〙《広口の取っ手付きの》水差し(＝[米] pitcher[1]). **3** ～ 1 杯の量. **4** 〘俗〙 刑務所. ***in*** ～ 〘俗〙 刑務所にはいって. 〈注〉日本語での「ジョッキ」は jug に由来するが, 意味が変化した. →mug.

—— *vt.* **(-gg-)** **1** つぼに入れる《通例受動態で》. **2** 〈肉を〉つぼに入れて煮る. **3** 〘俗〙 刑務所に入れる.

jug[2] *n.* 《nightingale などの》鳴き声. —— *vi.* **(-gg-)** 〈nightingale などが〉ジャッジャッと鳴く.

jú·gal [dʒú:g(ə)l] *a.* ほお骨の; ほおの. —— *n.* 〘医〙 ほお骨 (＝～ bone).

jú·gate [dʒú:git, -geit/-geit] *a.* 〘生〙 対になった; 〘植〙 対になった小葉のある.

Júg·ger·naut [dʒʌ́gərnɔ̀:t] *n.* **1** 〘インド神話〙 クリシュナ神像《この像をのせた山車(だし)にひき殺されると極楽往生ができるという迷信がある》. **2** (通例 j～) 人を犠牲にするもの《風習・制度・思想・迷信・戦争

など》; 不可抗力.

júg·gins [dʒʌ́ginz] *n.* 〘英俗〙まぬけ.

júg·gle [dʒʌ́gl] *vi.* **1** 手品を使う. **2** だます, ごまかす. —— *vt.* **1** 〈玉・刃物などを〉手品に使う. **2** 手品で変える《に *into*》. **3** 〈計算・事実などを〉ごまかす. **4** 〈物を〉だまして取る《*away*》. ～ a person ***into*** (do)***ing*** (人を) だまして…させる. ～ a person ***out of*** (人を) だまして …を巻き上げる. ～ ***with*** a person [a fact] (人)をだます; (事実) を偽る.
—— *n.* **1** 手品. **2** ごまかし, 詐欺.

júg·gler [dʒʌ́glər] *n.* **1** 奇術師, 手品師, 曲芸師. **2**《比喩的》手品師; 名人: a ～ ***with*** words ことばの手品師, 詭弁(きべん)家. a ～ ***in*** statistics 統計の名手. **3** 詐欺師.
◇ **～·y** [-gləri] *n.* **1** 奇術, 手品; 曲芸. **2** 詐欺.

júg·head [dʒʌ́ghèd] *n.* 〘米方〙ばか, とんま.

Jú·go·sláv, Jú·go-Sláv =Yugoslav.

Jú·go·slá·vi·a, Jú·go-Slá·vi·a =Yugoslavia.

júg·u·lar [dʒʌ́gjulər] *n.* 〘医〙頸(けい)静脈 (= ～ vein). —— *a.* **1** 首の, のどの; 〘医〙頸静脈の. **2** 〘魚〙のどに腹びれのある.

jú·gu·late [dʒú:gjulèit/dʒʌ́gju-] *vt.* **1** 〘医〙〈病状の悪化を〉荒療治でくい止める. **2** 〘稀〙のどを切って殺す.

‡**juice** [dʒu:s] *n.* **1**《果実・野菜・肉などの》ジュース, しる, 液: extract ～ from lemons レモンからジュースを絞る. a pear full of ～ 水けの多いナシ. **2** 精髄, 本質, エキス (essence); 精力, 活力: a man full of ～ エネルギッシュな人. **3** 分泌液: gastric ～ 胃液. **4** (*pl.*) 体液. **5** 〘米俗〙ガソリン, 軽油《動力源となる液体》; 電気. ***fruit*** **～** 果汁(かじゅう). ***stew in*** one's ***own*** **～** →stew. ***suck up*** [***squeeze***] ***all the*** **～** ***from the poor*** 貧乏人のしるをことごとく吸いとる.
—— *vt.* 〘話〙 **1** のしるを採る. **2** にしるを加える. **～ *up*** 活気づける. ◇ **～·less** [dʒú:slis] *a.*

júi·cer [dʒú:sər] *n.* **1**《くだものなどの》ジューサー, 絞り器. **2**《劇場・テレビなどの》舞台電気[照明]係.

***júic·y** [dʒú:si] *a.* **1** しるの多い, 水分の多い. **2** 雨降りの. **3**《パイプなどが》湿気の多い. **4** 〘美〙《色彩などが》うるおいのある. **5** 〘話〙おもしろい, 興味のある. **6** 活気のある, 元気な. **7** 〘俗〙《女が》魅力たっぷりの. **8** 実入りのよい, もうかる. ～ **plum** 魅力のあるもの. ◇ **júic·i·ness** *n.*

ju·jit·su [dʒu:dʒítsu:] J. *n.* 柔術, 柔道.

jú·ju [dʒú:dʒu:] *n.* **1**《西アフリカ原住民の》物神(ぶっしん), お守り, 護符. **2**《護符などの》効験, 魔力. →charm.

jú·jube [dʒú:dʒu:b] *n.* 〘植〙ナツメの木[実]; ナツメゼリー.

juke [dʒu:k] *n.* =jukebox. **～·box** [ˊ-ˋ] 〘米話〙ジュークボックス, 自動電蓄《硬貨を入れて好きなレコードをかける》. ～ **house** 〘米方〙(1) =～ joint. (2) 淫売(いんばい)屋. ～ **joint** 〘米俗〙(jukebox のある) 酒場, 小さな飲み屋; (下等な) ダンスホール.

Jukes [dʒu:ks] *n.* (*pl.* ～, **～·es**) **1** (the ～) ジューク家《New York 州に実在した一家の仮の名で貧困・病気・犯罪などの悪質の特徴が何代も続いた》. **2** まぬけ.

Jul. July.

jú·lep [dʒú:lip/-lep, -lip] *n.* **1** 〘米〙清涼飲料《ウイスキーまたはブランデーに砂糖・ハッカなどを加え氷で冷やしたもの》. **2**《薬を飲みよくする》砂糖水.

Júl·ian [dʒú:ljən] *a.* Julius Caesar の.
～ **calendar** 旧太陽暦《Julius Caesar が定めた》.

ju·li·enne [dʒù:lién] F. *n.* 細かく刻んだ野菜のはいった肉スープ. —— *a.* 《野菜など》千切りの, みじん切りにした.

Jú·liet [dʒú:ljət] *n.* シェイクスピアの劇 *Romeo and Juliet* の女主人公.

†**Ju·lý** [dʒulái] *n.* 7月《略 Jul., Jy.》.

júm·bal *n.* =jumble *n.* ③.

júm·ble [dʒʌ́mbl] *vt.* ごたまぜにする; 乱雑にする, ごたごたにする《*up, together*》. —— *vi.* ごたまぜになる, ごたごたになる; 入り乱れる, ごったがえして騒ぐ.
—— *n.* **1** ごちゃまぜ, 寄せ集め. **2** 乱雑, 混乱: Things are all in a ～. なにもかも乱雑になっている. **3** 薄い輪形のクッキー. ～ **sale** 〘英〙《慈善バザーなどの》雑貨廉売市, がらくた市 (= rummage sale). ～ **shop** 〘英〙よろず廉価品店, 雑貨店.
◇ **júm·bly** [-bli] *a.* 混乱した, ごたごたの, ごちゃごちゃの.

júm·bo [dʒʌ́mbou] *n.* (*pl.* **～s**) **1** 〘話〙象. **2** 巨漢; 巨獣, 大きいぶかっこうな物. **3** 大成功者.
—— *a.* **1** でっかい, ばかに大きい. **2** 特大の《商売上大きさを示す分類語》. ～ **size** 特大(形).

júm·buck [dʒʌ́mbʌ̀k] *n.* 〘オーストラリア〙羊《原住民の土語より》.

†**jump** [dʒʌmp] *vi.* **1** とぶ, はねる, とび上がる: ～ ***into*** a train 汽車に飛び乗る. ～ ***on*** a bus バスに飛び乗る. ～ ***on to*** the stage 舞台の上にとび上がる. **2** 障害物を飛び越す; チェッカーで相手のこまを飛び越えて取る. **3** どきん〔ぎょっ〕とする; 〈心臓が〉ぎくりとする: The news made him ～. その知らせでびっくりした. **4**《副詞句を伴って》勢いよく〔急に〕…する: He ～***ed into*** the discussion right away. 彼はすぐに勢いよく議論を始めた. **5** 〈話題が〉飛躍する: ～ from one subject to another 次々と話題が急速に変わる. **6** 〈物価が〉急騰[暴騰]する. **7** 一致する《*together*》, 調和する《と *with*》: This doesn't ～ ***with*** his former statement. これは彼の以前の言と一致しない. **8** 〘映〙画面が切れて飛ぶ.
—— *vt.* **1** 飛び越える: ～ a stream 流れを飛び越す. ～ the third grade 3年級を飛び越す. **2** 〈馬を〉とび上がらせる, 飛び越えさせる: ～ a horse over a fence. **3** 〈獲物を〉とびたたせる. **4** 〈子どもを〉はね上がらせる: ～ a baby in one's knees 赤ん坊をひざの上であやす. **5** 〈心臓を〉飛び上がらせる; 〈人・神経を〉ぎくりとさせる: ～ the nerves. **6** 〈物価を〉上げる. **7** 〈人を〉急に昇進させる, 特進させる. **8** 〈汽車が線路を〉はずれる, 脱線する; 〈プレーヤーの針がみぞを〉飛び出す. **9** 〈本の一部を〉飛ばして読む: ～ pages in reading. **10** より先に飛び出す: ～ the red light 赤信号を無視して飛び出す. **11** 〘米俗〙〈汽車などに〉飛び乗る; から飛び降りる. **12** 〈ジャガイモなどを〉軽揚げする《通例過去分詞で》. **13** にそっと進み寄る. **14** 〘米俗〙突然去る, 逃げる: ～ a town 町からそこそこに立ち去る. **15** 〘米俗〙急に襲う, に飛びかかる. **16** 横取りする. **17** 〘新聞〙〈記事の続きを〉あとのページに送り込みにする.
～ *aboard* (に)飛び乗る; 決心を固めて開始する《活動などを》. **～ *about*** 踊り回る. **～ *a claim*** 他人の地所・鉱業権などを横取りする. **～ *all over*** a person (人)をひどく非難する, やりこめる. **～ *a question on*** に質問を投げかける. **～ *aside*** 飛びのく. **～ *at*** 〈招待・申し出など〉に飛びつく, に喜んで応ずる. **～ *down*** (…から) 飛び降りる. **～ *down*** a person***'s throat*** 〘俗〙《議論で》閉口させる, やりこめる. **～ *for joy*** こおどりして喜ぶ. ～ a person ***into*** (do)***ing*** (人を) だまして…させる. **～ *off*** (1) (…から)飛び降りる. (2) 出かける; 〘軍〙攻撃を始める. **～ *on*** [***upon***] に飛びかかる; 猛烈に攻撃する; 激しく非難する. **～ *out of*** one***'s skin*** 驚いて〔喜んで〕とび上がる. **～ *over the broomstick*** →broomstick. **～ *the gun*** 〘俗〙《競走などで》合い図前にスタートする; 早まった行動をする. **～ *the queue*** 〘英〙順番を無視して列の前に出る. **～ *the track*** [***rails***] 〈車両が〉脱線する. **～ *to*** [***at***] ***a conclusion*** 早がてんする. **～ *to*** one***'s feet*** とびたつ, とび上がる. **～ *up*** (1) 急いで立ち上がる. (2) 〈価格などが〉急騰する.
—— *n.* **1** 跳躍, 飛躍, とび上がること. **2** ぎくりとすること. **3** 急騰; 《株式の》吹き値. **4** 急転, 急な移り変わり. **5** 《チェッカーで》相手のこまを飛び越えて取ること. **6** 落下傘(さん)降下. **7**《通例飛行機による》短い旅行. **8** (通例 the ～s)《アルコール中毒症などの》神経的震え, ひきつり, びくびくすること. **9**〖米俗〗《時間・距離などにおける》先発, 有利な着手〔開始, 出発〕. ***all of a ～***〖話〗びくびくして. ***at a ～*** 一足飛びに. ***broad*** 〔***long***〕 ***～*** 幅とび. ***from the ～*** 初めから. ***get*** 〔***have***〕 ***the ～ on***〖米俗〗を出し抜く,《早く始めて》…にまさる. ***give*** a person ***the ～s***〖俗〗(人を)ぎょっとさせる. ***high ～*** 高とび. ***on the ～***〖米話〗あちこちかけ回って常に忙しく. ***pole ～*** 棒高とび. ***running high ～*** 走り高とび.
～ area〖軍〗落下傘部隊の着陸地. **～ ball**〖バスケットボール〗《試合の開始・再開のときの》ジャンプボール. **～ line**《新聞・雑誌などで》記事の続きページの指示. **～·màs·ter**〖軍〗落下傘降下係将校. **～-off** [ˊˋ] *n.* 飛び降り(地点);《競走などの》出発(点). **～ rope** なわとび. **～ seat**《自動車などの》折りたたみ座席. **～ suit** 落下傘降下用服; それに似せた女性着.

júmp·er¹ [dʒʌ́mpər] *n.* **1** 跳躍者; 跳躍選手. **2**《礼拝中跳舞する》Wales のメソジスト教徒. **3**《ノミなどの》はねる虫. **4** ドリル, たがね;〖海〗檣間(しょう)維持索;〖電〗《回路の切断部を臨時につなぐ》つなぎ線. **5**〖米〗《子どもが滑走遊びに用いる》簡単なそり. **6**〖英〗《客車の》検札係. **7**《配達トラックの》小荷物配達係の少年.

júmp·er² *n.* **1** ジャンパー, 作業用上着. **2** ジャンパードレス, ジャンパースカート (＝～ dress)《婦人・子ども用そでなしワンピース》. **3** ゆるい婦人用上着. **4** (*pl.*) 子どものいたずら着, ロンパース.

júmp·ing [dʒʌ́mpiŋ] *n.*, *a.* 跳躍(する).
～ bean 燈台草科植物の種子《メキシコ産. 中の虫の動きで種子が踊り動く》. **～ jack**《糸を引いて動かす》踊り人形. **～-off place**〖米〗(1) 人里離れた場所, 文化〔世界, 地〕の果て. (2)《可能の》限界, 極限,《最後の》どたんば. (3) 出発点. **～ rope** なわとび用のなわ.

júmp·y [dʒʌ́mpi] *a.* **1** とびはねる; 変動しやすい. **2** びくびくする, けいれん性の; 神経質の, 興奮しやすい. **3** 神経にさわる.

Jun. June; Junior. **Junc.** junction.

jún·co [dʒʌ́ŋkou] *n.* (*pl.* **～s**)〖鳥〗アトリ科の一種《北アメリカ産》.

júnc·tion [dʒʌ́ŋkʃ(ə)n] *n.* **1** 接合, 連合, 連接; 連絡. **2** 接合〔接続〕点, 連接箇所. **3**《川の》合流点. **4** 連絡〔乗り換え〕駅. **5**〖言〗ジャンクション, 連結《Jespersen の理論において a barking dog におけるような限定修飾関係》. → nexus. [√ju(n)g-]
～ circuit〖電〗中継回路, 中継線. **～ line**〖鉄道〗中継線.

júnc·ture [dʒʌ́ŋktʃər] *n.* **1** 接合, 連結. **2** 合わせ目, 接合点. **3** 時点, 時期, 場合. **4** 危機, 急場: reach a ～ 重大な局面に至る. **5**〖言〗連接《おなじ音素の連続でありながら音素の断続の差によって意味の相違が生じること. たとえば a name と an aim》.
at this ～ この(重大)時点に; この際. [√ju(n)g-]

†**June** [dʒu:n] *n.* 6 月《略 Jun., Je.》. **～ beetle** 〔**bug**〕〖虫〗《ヨーロッパ・北アメリカ産》コガネムシの一種. **～ bride** 6 月の花嫁《6 月は結婚が多い》.

Jung [juŋ] *n.* Carl Gustav ～ [kɑ́:rl-gústa:fˊ] 1875–1961, スイスの心理学者.
◇ **～·i·an** [-iən] *a.*, *n.* ユング理論の(支持者).

‡**jún·gle** [dʒʌ́ŋgl] *n.* **1**《インドなどの》ジャングル, 叢林(そう)(地), 密林湿地(帯). **2**〖米俗〗浮浪労働者の宿泊所. **3**〖俗〗《ロンドン株式取引所》西アフリカ鉱業株市場.
～ fever ジャングル熱《悪性マラリア》. **～ fowl**〖鳥〗《アジア・インド産》野性の鶏. **～·gým** ジャングルジム《児童園などの鉄骨運動施設》.
◇ **jún·gly** [-li] *a.* ジャングルの, 密林の(ような).

†**jún·ior** [dʒú:njər] *a.* **1** 年下の, 年少の; 若い方の《ふたり同名のばあい名前のあとに jun. または jr. と略してつける: John Smith, jr. むすこの方のジョン＝スミス, ジョン＝スミス二世》. ↔ senior. **2** 後輩の, 後進の, 下級の. ↔ senior. **3**〖米〗senior の下の学年の《大学・高校の 3 年生; 短大の 1 年生の》. **4**〖法〗後順位の.
—— *n.* **1** 年下の者, 年少者: Jack is my ～ *by* two years. ＝Jack is two years my ～. ジャックはぼくより二つ年下だ. **2** 父と同名のむすこ. **3** 少年, 少女;《服装》ジュニア向きのサイズ. **4** 後輩, 下級者. **5**〖米〗《4 年制大学の》3 年生;《短大の》1 年生. → senior, sophomore, freshman. [√ju(ve)n-]
～ college〖米〗短期大学《2 年制, ときに 1 年制の》. **～ high school**〖米〗下級高等学校《日本の中学校にあたる》. **J～ League**〖米〗女子青年連盟《若い上流婦人からなる社会福祉に貢献する文化団体》. **～ miss**〖米〗(10 代の) 若い婦人. **～ varsity**〖米〗大学運動部の補欠チーム.
◇ **jun·iór·i·ty** [dʒu:njɔ́:riti/dʒù:niɔ́r-] *n.*

jú·ni·per [dʒú:nipər] *n.* 〖植〗ネズの類.
common ～〖植〗ネズ.

***junk¹** [dʒʌŋk] *n.* **1**〖俗〗がらくた, くず物; 古鉄. **2** 固まり, 厚片. **3**〖海〗塩づけ牛肉. **4** 古綱の断片. **5**《マッコウクジラの》頭部脂肪組織. **6**〖米俗〗ヘロイン, 麻薬. **——** *vt.* 〖俗〗《くずとして》投げ捨てる.
～ jewel〖米俗〗安物服飾品. **～ mail**〖話〗《広告などの》じゃま物になる郵便物. **～·man** [-mæn/-mən] (*pl.* **-men**) くず物屋. **～·yard** [ˊˋ] がらくた置き〔捨て〕場.

junk² *n.* ジャンク《中国の平底帆船》.

Jun·ker [júŋkər] G. *n.* (*pl.* **～(*s*)**)《ドイツ貴族の》貴公子; (*pl.*) ユンケル党員《19世紀中ごろのプロシアの特権貴族党員》.

jún·ket [dʒʌ́ŋkit] *n.* **1** 凝乳製食品. **2** 宴会, ごちそう, 飲み食い. **3**〖米〗ピクニック, 遊山(さん)旅行. **4**〖米〗《けいべつ的》官費旅行. **——** *vi.* **1** 宴会する, 飲み食いする; ピクニックに行く, 遊山旅行する. **2**〖米〗官費旅行する. **——** *vt.* にごちそうする, もてなす.

júnk·ie [dʒʌ́ŋki] *n.* 〖話〗麻薬中毒患者.

Jú·no [dʒú:nou] *n.* **1**〖ロ神〗ジュノー, ユーノー《Jupiter の妻. 結婚をつかさどる女神》. **2** 気品ある美人. ◇ **Jù·no·ésque** [dʒù:noésk] *a.* 《婦人が》気品高い.

junr. junior.

jún·ta [dʒʌ́ntə] *n.* **1**〖スペイン〗《スペイン・イタリア・南アメリカなどの》議会, 会議. **2** ＝junto.

jún·to [dʒʌ́ntou] *n.* (*pl.* **～s**)《特に政治上の》秘密結社, 徒党; 陰謀団.

Jú·pi·ter** [dʒú:pitər] *n.* **1**〖ロ神〗ジュピター, ユピテル《古代ローマの最高の神》. **2**〖天〗木星: ～ has more than one moon. 木星には衛星がいくつもある《無冠詞に注意》. →Jove. ***By ～!〖古〗＝By Jove!
～ Symphony Mozart の交響曲第41番.

jú·ral [dʒú(:)rəl/dʒúər-] *a.* **1** 法律上の, 法制の. **2** 権利義務に関する.

Ju·rás·sic [dʒuræ̃sik/dʒuər-] *a.* 〖地〗ジュラ紀〔系〕の. **——** *n.* ジュラ紀〔系〕.

jú·rat [dʒú(:)ræt/dʒúər-] *n.* **1** 口供証明書. **2**〖英〗《Channel Islands の》終身治安判事;《イギリス Cinque Ports の》市政参与官.

ju·ríd·i·cal [dʒurídik(ə)l/dʒuər-] *a.* **1** 裁判上の, 司法上の. **2** 法律上の. **～ days** 裁判開廷日. **～ person** 法人. ◇ **～·ly** *ad.*

jù·ris·con·súlt [dʒù(:)riskənsʌ́lt,-kɑ́nsʌlt/dʒúəriskənsʌlt] *n.* 法律学者, 民法学者.

jù·ris·díc·tion [dʒù(:)risdíkʃ(ə)n/dʒùər-] *n.* **1** 裁判〔司法〕権. **2** 管轄権; 支配(権). **3** 管轄区域, 管区. ***fall beyond*** 〔***within***〕 ***the ～ of*** の管轄外〔内〕である. ***have ～ over*** を管轄する. [√jur- ＋ √dic-]

jù·ris·díc·tion·al [-ʃən(ə)l] *a.* **1** 司法〔裁判〕権

の. **2** 管轄権の. **3** 管轄区の. ◇ **~·ly** *ad.*

jù·ris·prú·dence [dʒù(:)rísprú:d(ə)ns/dʒúəris-prù:-] *n.* **1** 法律学, 法理学. **2** 法律の体系, 法制; 一国の法律. **3** 法律に精通すること.
***medical* ~** 法医学.

jù·ris·prú·dent [-d(ə)nt] *a.* 法律学に精通した. **——** *n.* 法律〔法理〕学者.

jù·ris·pru·dén·tial [dʒù(:)rispru:dénʃ(ə)l/dʒùər-] *a.* 法律学の, 法律学上の.

jú·rist [dʒú(:)rist/dʒúər-] *n.* **1** 法学者, 法理学者; 法律著述家; 法学生. **2**〘米〙法律専門家《裁判官・弁護士など》. [√jur-]

ju·rís·tic [dʒurístik/dʒuər-], **-ti·cal** [-(ə)l] *a.* **1** 法律(上)の; 法学の. **2** 法学者の, 法学徒の.
◇ **ju·rís·ti·cal·ly** *ad.*

jú·ror [dʒú(:)rər/dʒúərə] *n.* **1** 陪審員. **2** 宣誓者. **3**《コンクール・展示会などの》審査員.

‡**jú·ry**[1] [dʒú(:)ri/dʒúəri] *n.* 《集合的》 **1 陪審員**《法廷で事実の審理判決をして裁判所に答申する》. **2 審査員**《コンクールの》. ***common* 〔*petty, trial*〕 ~** 普通陪審, 小陪審《12人で構成. 公判に立ち会う》. ***grand* ~** 大陪審《12–23 人で構成. 予審に立ち会う》. **~ *of matrons*** 婦人陪審《被告の妊娠の有無を判定する》. ***on a* ~** 陪審員として. ***special* ~** 特別陪審《特別の資格あるものから選任される》. [√jur-]
~ box 陪審員席. **~-fìx·er**〘米俗〙陪審員買収者. **~·man** [-mən] (*pl.* **-men**) 陪審員. **~ room** 陪審員が答申を協議するへや.

jú·ry[2] *a.* 〘海〙仮の, 応急の, まにあわせの.

jus [dʒʌs] L. *n.* **1** 法, 法律. **2** 権利.
~ *civile* [ˊsịváili:] 市民法. **~ *criminale*** [-krìmịnéili] 刑法. **~ *divinum*** [-dịváinəm] 神法. **~ *gentium*** [-dʒénʃiəm] 万民法. **~ *in re*** [-in-rí:] 物権. **~ *naturale*** [-nætʃụréili,-tjụ-/-tjụ-] 自然法. **~ *non scriptum*** 不文法. **~ *scriptum*** [-skríptəm] 成文法.

jús·sive [dʒʌ́siv] *a.* 〘文〙命令をあらわす, 命令の.

†**just**[1] [dʒʌst] *a.* **1** 正しい, 公正な, 公明正大な: ~ in one's dealings やり方が正しい. **2**《行為などが》正当な, 至当な. **3**《報酬・要求・非難などが》もっともな, 当然な. **4**《意見・感情などが》十分根拠のある, 無理のない. **5**《値段・均衡・配合などが》適正な. **6**《はかり・計量・数字・報告などが》正確な, 実際どおりの. **7**〘聖〙義にかなった.
—— [dʒʌst, 弱 dʒəst, ㊟⁺dʒist] *ad.* **1 正確に**, まさに, ちょうど: That is ~ the point. そこがまさしく問題点だ. ~ then ちょうどそのとき. **2**《完了形とともに用いて》**たったいま**, …したばかり: He has ~ left. いま出ていったところです. **3**《しばしば only とともに》**やっと**, ようやく, ちょっとのところで: I was ~ saved from drowning. あわやおぼれるところを助けられた. **4** ただ, 単に; もっぱら: He is ~ an ordinary man. 普通の人間にすぎない. I have come ~ to see you. きみの顔を見にだけ寄ったんだよ. **5**《命令形とともに用い,「促し」の意をあらわす》まあちょっと, どうぞ: *J*~ feel it. まあ手ざわりをためしてみてください. *J*~ leave it there. ああそこへ置いとけばいいよ. **6**〘話〙全く, ほんとに: *J*~ awful! 全くひどいものだ. I'm ~ starving. 全く腹ぺこだ. **7**〘話〙《否定疑問形とともに》全く, ほんとに: Didn't they beat us ~? こてんこてんに負けちゃった. You remember? — Don't I, ~! 覚えていますか. —覚えているもいないもない; よーっく覚えてますとも.
~ *about*〘米話〙まずまず, どうやら; 《強意的》ちょうど: *J*~ *about* right! まずまずよさそうだ; なかなかよさそうだ. **~ *as*** ちょうど…のように; ちょうど…のとき. **~ *as it is*** そのとおりで; そのままで. **~ *as you please*** ご随意に. **~ *because*** もっぱら…だから, …だからこそ: I came ~ *because* I was asked to. 頼まれたからこそ来たんだよ. **~ *like*** まるで…のように. **~ *now*** (1) ちょうどいま: I am busy ~ *now*. (2)《過去形とともに》たったいま, いましがた: He came ~ *now*. **~ *so*** 全くそのとおり. ***only* ~ *enough*** ようやく足りるぐらい: The road is *only* ~ *enough* for a car to pass. 道は車がやっと通れるぐらいの広さだ. 〔類〕→ **upright**「高潔な」

just[2] [dʒʌst] =joust.

‡**jús·tice** [dʒʌ́stis] *n.* **1 正義**, **公正**, 公平, 公明正大: a sense of ~ 正義感. **2 正当**(性), 妥当, 穏当; 条理, 当否: inquire into the ~ *of* a claim 要求の条理〔当否〕を審理する. **3** (当然の)報い, 応報; 処罰: providential ~ 天罰. **4 司法**, **裁判**: give oneself up to ~ 自首する. **5** 司法官, 裁判官; 治安判事: Chief *J*~〘米〙最高裁判所長官. **6** (J~) 正義の女神.
administer* ~** 法を行なう. ***bring* a person *to* ~** (人を) 裁判して処罰する. ***court of* ~** 裁判所, 法廷. ***do* one*self* ~** 自分の真価〔技量〕を十分に発揮する. ***do* ~ *to の正当な取り扱いをする; の真価を正しく認める〔示す, あらわす〕: It is impossible to *do* ~ *to* the subject in a short article. 短い論文では正当にその問題を取り扱うことはできない. The portrait does not *do* him ~. その肖像画は実物どおりでない〔実物に劣る〕. He *did* ~ *to* the good dinner. ごちそうを十分味わった. ***in* ~ *to*** a person =***to do*** a person **~** (人を) 公平に評すれば. **~ *of the peace*** 治安判事《略 J.P.》. ***with* ~** 公平に; 正当に: complain *with* ~ こぼすのも無理はない. [√jur-]
◇ **~·ship** [-ʃip] *n.* 判事の職〔任務, 任期〕.

jus·tí·ci·a·ble [dʒʌstíʃiəbl] *a.* 裁判に付せられるべき: a ~ case.

jus·tí·ci·ar [-ʃiər] *n.* 〘英史〙《ノルマン王朝およびプランタジネット (Plantagenet) 王朝初期の》最高司法官; 高等裁判所判事.

jus·tí·ci·ar·y [-ʃièri/-ʃiəri] *n.* **1** 司法官. **2** = justiciar. **——** *a.* 司法上の.

jús·ti·fi·a·ble [dʒʌ́stịfàiəbl] *a.* **1** 正当と認められる, 正当視できる, 当を得ている. **2** 弁明のできる, 言い訳のたつ, もっともな. **~ homicide**《正当防衛などによる》正当と認められる殺人. ◇ **-bly** *ad.*
jùs·ti·fì·a·bíl·i·ty [ˊ-ˊ-bíḷiti/dʒʌ́s-] *n.*

jùs·ti·fi·cá·tion [dʒʌ̀stịfịkéiʃ(ə)n] *n.* **1** 正しいとすること, 正当化; (正当な) 根拠, 理由; 正当化する事実〔もの〕. **2** (正当であるとする) 釈明, 弁明, 弁護; 弁明の理由, 主張. **3**〘法〙《被告側の》弁明, 申し開き. **4**〘聖〙義とする〔される〕こと. **5**〘印〙《活字の行間の》整とん, 整版. ***in* ~ *of*** を正当とするために, を理由として; を弁護して. [<justify]

jús·ti·fi·ca·tive [dʒʌ́stịfịkèitiv, ㊟⁺dʒʌstíf-], **jus·tí·fi·ca·to·ry** [dʒʌstífịkətò:ri, dʒʌ́stịfịkèitəri/dʒʌ́stịfịkeitəri] *a.* 正当とする; 弁解〔弁明〕の.

‡**jús·ti·fy** [dʒʌ́stịfài] *vt.* **1** 〈行為・主張などを〉**正しいとする**, **正当化する**, の正当なことを証明する; の正しい理由となる: The fine quality ~*ies* the high cost. 質がいいから値段が高いのも当然だ. The result ~*ied* our expectations. 結果はわれわれの期待を裏切らなかった. **2** 正しいと弁明〔主張, 容認〕する. **3**〘宗〙〈神が罪ある人を〉正しいとする, の罪をゆるす. **4**〘印〙の行間を整える, 整版する. ***be* ~*ied in*** (do)***ing*** …するのは正当〔もっとも〕だ, …してもさしつかえない. **~ one*self*** 自分の行為〔主張〕を弁明する; 身のあかしをたてる. ***The end* ~*ies the means.*** 〘諺〙目的は手段を選ばず, うそも方便.
—— *vi.* **1**〘法〙十分な根拠を示す. **2**〘印〙整版する; 行がきちんとおさまる. [√jur-]
◇ **-fi·er** [-ər] *n.* **1** 弁明〔弁解〕者. **2**〘印〙《植字用の》込め物; 整版者.

Jus·tín·i·an [dʒʌstíniən] *n.* ユスティニアヌス (Justinianus), 483–565, 東ローマ帝国の皇帝, 在位 527–565. **~ Code** ユスティニアヌス法典.

jús·tle [dʒʌ́sl] =jostle.
***júst·ly** [dʒʌ́stli] *ad.* **1** 正しく, 公正に, 正当に: deal ～ with a person 人を公正に扱う. **2** 当然(に), 妥当に: He ～ remarked that… 彼が…と言ったのは正しい. **3** 正確に, 厳密に.
júst·ness [-nis] *n.* **1** 正しさ, 公正, 正当. **2** 正確.
***jut** [dʒʌt] *vi.* (**-tt-**) 突き出る, 張り出す《*out, forth*》. —— *n.* 突出(部); 突端.
jute [dʒu:t] *n.* 〘植〙黄麻, ツナソ, インド麻; その繊維; ジュート《帆布・なんきん袋などの材料》.
Jute [dʒu:t] *n.* ジュート人; (*pl.*) ジュート族《5-6世紀にイギリスに侵入したゲルマン民族》.
Jút·land [dʒʌ́tlənd] *n.* ユトランド半島〔地方〕《ドイツ北部の半島. デンマークがその大部分を占める》.
juv. juvenile.
jù·ve·nés·cent [dʒù:vịnésnt] *a.* **1** 青少年期の; 若々しい. **2** 若返る. [ju(ve)n-]
◇ **-cence** *n.* 若さ, 青春; 若返り.
jú·ve·nile [dʒú:vịn(ị)l, -nail/-nail] *a.* **1** 若い, 年少の, 少年少女の. **2** 子どもらしい. **3** 少年少女向きの, 児童用の. —— *n.* **1** 少年少女. **2** 児童〔少年少女〕向きの読み物. **3** 〘劇〙子役. [√ju(ve)n-]
～ **court** 少年審判所. ～ **delinquency** 少年犯罪. ～ **delinquent** 非行少年. ～ **literature** 児童文学. ～ **officer** 少年補導(警)官. ～ **part** 〔**role**〕子役. 〔類〕 → **young**「若い」
jù·ve·ní·li·a [dʒù:vịníliə] *n. pl.* 《ある作家の》少年時代の作品(集).
jù·ve·níl·i·ty [dʒù:vịníləti] *n.* **1** 年少, 若年; 若々しさ. **2** 《集合的》少年少女. **3** (*pl.*) 若々しい言行〔性質〕.
jùx·ta·póse [dʒʌ̀kstəpóuz/ˊ——, ˋ—ˊ] *vt.* 並べて置く, 並置〔並列〕する.
jùx·ta·po·sí·tion [dʒʌ̀kstəpəzíʃ(ə)n] *n.* 並置, 並列; 相接してあらわれること. ◇ **～·al** *a.*
J.X. *Jesus Christus* (L. =Jesus Christ).
Jy. July.

K

K, k [kei] *n.* (*pl.* **K's, *Ks*, k's, *ks*** [-z]) **1** 英語アルファベットの第11字. **2** K 字形のもの. **3** 〘話〙1,000《電算機関係者の用語》.
K-9 corps 訓練犬の群. **K ration** 〘米：軍〙携帯口糧. **K-2** 世界第 2 の高峰《Kashmir 地方》.
K 〘数〙constant; 〘気〙cumulus; 〘化〙kalium. **K.** King; Knight; 〘楽〙Köchel. **K., k.** 〘電〙capacity; karat (=carat); kilogram; 〘チェス〙king; knot; kope(c)k; krone.
Káa·ba [ká:(ə)bə] *n.* Mecca にある回教寺院内の神殿.
káb·(b)a·la =cabala.
Ká·bul [ká:bul/kɔ́:b(u)l] *n.* カブール《Afghanistan の首都》.
ká(ch)·cha =kutcha.
ká·di =cadi.
Káf·fir [kǽfər] *n.* **1** カフィル人《南アフリカの Bantu 族の一種族. Cape of Good Hope, Natal などに住む》; 《一般的》同地方の原住民. **2** カフィル語. **3** (*pl.*) 《ロンドン取引所で》南アフリカ鉱山株. **4** (k～) モロコシの一種. **5** =Kafir.
Káf·ir [kǽfər] *n.* **1** カフィルスタン人《東北アフガニスタンの Kafiristan [kà:fịristá:n] の住人》. **2** =Kaffir.
káf·tan =caftan.
kái·ak =kayak.
kail =kale.
kái·nite [káinait, kéi-] *n.* カイナイト《岩塩中のカリ塩》.
kái·ser [káizər] *n.* **1** (the ～) カイゼル《ドイツ皇帝; オーストリア皇帝》. **2** 〘史〙神聖ローマ帝国皇帝. **3** 《一般的》皇帝. →Caesar, czar.
◇ **～·dom** *n.* ～の地位; ～が統治する地域.
～·ism [-zərìz(ə)m] *n.* 皇帝独裁(主義).
kà·la-a·zár [kà:la:a:zá:r] *n.* 〘医〙カラアザール《東洋熱帯地のマラリア性伝染病》.
kale [keil] *n.* **1** 〘植〙チリメンキャベツ《結球しない種》; 〘スコットランド〙キャベツ類の野菜. **2** キャベツスープ; 野菜スープ. **3** 〘米俗〙かね, 現金. **～·yard** →別項.
ka·léi·do·scope [kəláidəskòup] *n.* 万華(まんげ)鏡. ***the ～ of life*** 人生万華鏡.
◇ **ka·lèi·do·scóp·ic** [-ˋ-skápik/-skɔ́p-], **ka·lèi·do·scóp·ic·al** *a.* 万華鏡のような; さまざまに変化する; 多様な.
kál·ends =calends.
Kà·le·vá·la [kà:livá:lə] *n.* カレワラ《フィンランドの民族的叙事詩》.
kále·yard [kéiljà:rd] *n.* 菜園.
～ **school** 菜園派《方言を盛んに用いてスコットランド農民の日常生活を描いた19世紀末の作家の一派》.
ká·li·um [kéiliəm] *n.* 〘化〙カリウム, カリ《金属元素. 記号 K》. →potassium.
kál·mi·a [kǽlmiə] *n.* 〘植〙アメリカシャクナゲ.
ká·long [ká:laŋ/-lɔŋ] *n.* 〘動〙《マライ産》大コウモリ.
Kal·pa [kǽlpə] Sans. *n.* 〘ヒンズー教〙劫(こう)《43億2000万年》.
kál·so·mine [kǽlsəmàin] =calcimine.
ká·ma [ká:mə] Sans. *n.* **1** 愛; 情欲. **2** (K～) 〘インド神話〙カーマ《愛の神》.
Kam·chát·ka [kæmtʃǽtkə] *n.* カムチャツカ半島.
Kam·pá·la [ka:mpá:la:] *n.* カンパラ《Uganda の首都》.
Kan., Kans. Kansas.
Ka·nák·a [kənǽkə, kǽnəkə] *n.* カナカ人《ハワイ・南洋諸島の原住民》.
***kàn·ga·róo** [kæ̀ŋgərú:] *n.* (*pl.* **～s**, 《集合的》～) **1** 〘動〙カンガルー. **2** (*pl.*) 〘英俗〙西オーストラリア鉱山株. ～ **closure** カンガルー式〔一足飛び〕討論終結法《委員長がある修正案だけを選んで討議し他を除外すること》. ～ **court** 〘米話〙私的裁判, 人民裁判, つるし上げ. ～ **rat** 〘動〙カンガルーネズミ《アメリカ西部・メキシコ産》.
Kán·san [kǽnzən] *a., n.* Kansas 州の(人).
Kán·sas [kǽnzəs] *n.* カンサス《アメリカ中部の州》.
～ **City** カンサス州の都市.
Kant [kænt] *n.* Immanuel ～, 1724-1804, ドイツの哲学者. ◇ **ˊ·i·an** [-iən] *a., n.* カント(哲学)の; カント学派の(人). **ˊ·ism** *n.* カント哲学. **ˊ·ist** *n.* カント学派の人.
kà·o·li·áng [kà:oliǽŋ] *n.* 〘植〙コウリャン.
ká·o·lin(e) [kéiəlin] *n.* **1** 高陵土, 陶土. **2** 〘化〙カオリン《含水ケイ酸アルミニウム》.
Ka·pell·meis·ter [ka:pélmàistər/kæpélmài-] G. *n.* 〘楽〙楽長, 指揮者《聖歌隊・オーケストラの》.
ká·pok [kéipak/-pɔk] *n.* カポック, パンヤ (Java cotton)《まくら・救命袋などの詰め物》.
káp·pa [kǽpə] *n.* ギリシア語アルファベットの第10字《K, κ. ローマ字の K, k に当たる》.
ka·pút(t) [ka:pút, kə-, -pú:t] *a.* 〘話〙だめになって, やっつけられて.
Ka·rá·chi [kərá:tʃi] *n.* カラチ《パキスタンの都市》.
kár·a·kul(e) =caracul.
kár·at =carat.
ka·ra·te [kərá:ti] J. *n.* 空手(からて).
Kar·ma [ká:rmə, ㊥⁺ká:r-] Sans. *n.* **1** 〘仏教〙カルマ, 業(ごう), 因果応報, 因縁. **2** 宿命.
ka·róss [kərás/-rɔ́s] *n.* 《南アフリカ原住民の》そでなし毛皮外套(がいとう).
ka(r)·róo [kərú:, ㊥⁺kærú:] *n.* (*pl.* **～s**) 《南アフリカの》乾燥高原.

kár·tel [ká:rtl] *n.* 《南アフリカで牛車に備えつける》木製の寝床, 木床.
kár·y·o·plasm [kǽriəplæ̀z(ə)m] *n.* 〖生〗核質.
Kás·bah[kǽzbɑ:, -bə] *n.* Algiers の原住民地区.
Kash·mír [kæʃmíər] *n.* カシミール(地方)《1947年以来インドとパキスタンが領土権を争っている》.
kàt·a·bát·ic [kæ̀təbǽtik] *a.* 〖気〗《風・気流が》下降する, 下降気流による. ↔anabatic.
Kàt·man·dú [kɑ̀:tmɑ:ndú:] *n.* カトマンズ《Nepal の首都》.
ká·ty·did [kéitidìd] *n.* 〖虫〗キリギリスの一種《アメリカ産》.
káu·ri, -ry [káuri] *n.* 〖植〗ナギモドキ《ニュージーランド産の針葉樹》; その材木; その樹脂《ワニス製造用》.
ká·va [ká:vɑ:] *n.* カーワ《ポリネシア産の低木》; その根からつくる酒.
ka·váss [kəvá:s] *n.* 《トルコの外国人旅行者の》護衛官; 《トルコの》武装警官.
káy·ak [káiæk] *n.* **1** カヤック《エスキモー人の皮張りの小舟》. **2** 〖運〗カヤック《固定席のカヌーの一種》.
káy·ó [kéióu] *n., vt.* 〖ボクシング〗ノックアウト(する) [<*k*nock *o*ut]
Kà·zak·stán [kɑ̀:zɑ:kstá:n] *n.* カザフ《西アジアにあるソ連邦の一共和国》.
ka·zóo [kəzú:] *n.* カズー笛. ***tootle one's own*** ～ ほらを吹く.
K.B. King's Bench; Knight Bachelor. **K.B.E.** Knight Commander of the British Empire. **kc, kc.** kilocycle(s). **K.C.** King's Counsel; Knights of Columbus. **K.C.B.** Knight Commander of the Bath. **K.C.M.G.** Knight Commander of St. Michael and St. George. **K.C.V.O.** Knight Commander of the Royal Victorian Order.
ké·a [kéiɑ:, kí:ə/kéiə] *n.* 〖鳥〗ケアインコ《ニュージーランド産のオウムの一種》.
Keats [ki:ts] *n.* John ～ キーツ, 1795-1821, イギリスの詩人.
keck [kek] *vi.* **1** 吐き気を催す, むかつく《に *at*》. **2** 嫌悪(けんお)する《を *of*》.
kedge [kedʒ] *vt., vi.* 〈船を〉投げたいかりの綱をたぐって動かす; 〈船が〉いかりの使用により動く. —— *n.* 《船を動かすための》小錨(こいかり) (= ～ anchor).
kédg·er·èe, kédj·er·èe [kédʒərì:, ⌐-⌐/⌐--] *n.* ケジャリー《米・卵・ネギ・豆などを材料とするインド料理. ヨーロッパでは魚・卵・米などでつくる》.
keel [ki:l] *n.* **1** 〖造船〗竜骨(りゅうこつ), キール. **2** 平底船, 石炭運送船; 〖雅〗船. **3** 〖空〗《飛行船の》竜骨; 〖植〗《花の》竜骨弁; 〖動〗《鳥の》竜骨突起.
false ～ 〖造船〗仮キール, 副竜骨. ***lay*** (***down***) ***the*** ～ 竜骨をすえる, 船を起工する. ***on an even*** ～ 安定して, 穏やかに.
—— *vi.* 〈船が〉転覆する《*over*》. —— *vt.* 〈船を〉転覆させる《*over*》. ～ ***over*** 〖米俗〗卒倒する.
⌐·blocks [⌐⌐] *pl.* 〖造船〗竜骨台. **⌐·boat** [⌐⌐] 〖米〗平底船. **⌐·haul** [-hɔ̀:l] 綱に縛って船底をくぐらせる《懲罰の一種》; きびしく叱責(しっせき)する. **～ line** 〖海〗首尾線. ◇ **⌐·less** *a.* 竜骨のない.
kéel·age [kí:lidʒ] *n.* 入港税, 停泊税.
kéel·son [kélsn, kí:l-] *n.* 〖造船〗内竜骨(りゅうこつ).
‡**keen**[1] [ki:n] *a.* **1 鋭い**, 鋭利な: a ～ blade よく切れる刃. **2** 《風が》身を切るような; 《比喩的》骨にしみる, 痛烈な: a ～ wind **膚**を刺すような風. a ～ satire 辛らつな風刺. **3** 《光・音・声・においなどの》強烈な, 激しい, 鮮明な. **4** 《競争・苦痛・食欲などが》激烈な, きびしい. **5** 《知力・感覚・感情などが》**鋭敏な**, 明敏な, 敏感な: Bears are ～ of scent. クマは臭覚が鋭い. **6** 《人が》**熱心な**, (熱心に)…したがっている《*about, for, on*; *to* (do)》: She is ～ *on* tennis. 彼女はテニスに熱心だ. **7** 〖米俗〗はつらつとした; きれいな, すてきな. ～ ***as mustard*** とても熱心な, 熱中して.
⌐-édged 刃の鋭い. **⌐-éyed** 眼力の鋭い. **⌐-sét** 飢えている; 渇望〔切望〕している《*for*》.
◇ *****⌐·ly** *ad.* **⌐·ness** *n.*
[類] → **eager**「しきりに…したがる」, → **sharp**「鋭い」
keen[2] Ir. *n.* (死者に対する) 悲しみの泣き声. —— *vi., vt.* 悲しんで泣く.
◇ **⌐·er** [kí:nər] *n.* 《葬式に雇われる》泣き女[男].
†**keep** [ki:p] *v.* (**kept** [kept]) *vt.* **1 保つ, とっておく**, 持っている, 保持する, 保有する; 保存する: I want to ～ this with me. これを手元に置いておきたい. *K*～ that in mind. そのことを覚えていなさい〔忘れないようにしなさい〕. We will ～ these for another day. もう1日これをとっておきましょう《捨てないで; 他に売らないで》. You may ～ the book. その本とっておいていいですよ《差し上げましょう; いつまでもご自由にお使いなさい》. ～ meat 肉を(腐らないように)保存する.
2 《補語を伴って》…**の状態に保つ**, …**にしておく**: *K*～ your hands *clean*. 手をいつもきれいにしていなさい. *K*～ the fire *burning*. 火を消すな. I am sorry to have *kept* you *waiting*. お待たせしてすみません. I was *kept waiting*. 待たされてしまった. Why do you ～ him *at a distance*? なぜ彼を遠ざけるのか〔彼によそよそしくするのか〕. *K*～ the cat *in* [*away*]. ネコを出すな〔遠ざけておけ〕.
3 養う, 扶養する; 〈下宿人・使用人などを〉おく: He has a large family to ～. 彼は大家族を養わねばならない. I ～ a lodger in my house. 私は家に下宿人をひとりおいている. Her father pays for her rent and board but she ～*s* herself in clothes. 彼女は父親に下宿料と食費を出してもらっているが衣料費は自分でまかなっている.
4 〈友人と〉交わる; 〈交際を〉する: She ～*s* rough company. 彼女はがらの悪い連中とつきあっている. Don't ～ company with him 〔～ him company〕. 彼とつきあうな.
5 〈動物を〉飼う: ～ a dog 〔cat〕 犬〔ネコ〕を飼う. ～ pigs 〔bees, hens〕 豚〔ミツバチ, 鶏〕を飼う.
6 〈商品を〉**備えておく, 扱う**: "Do you sell cigarettes here?" "I'm sorry, but we don't ～ them." 「たばこをここで売っていますか」「おあいにくさまですが扱っておりません」.
7 の番をする, 維持する; 防御する, 守る; 経営する; 〈場所を〉**離れない**: Henry ～*s* goal. ヘンリーはゴールを守備する. The army ～*s* the bridge. 軍隊がその橋を守っている. ～ a person *from* harm 人を害から守る. Now his son ～*s* the shop 〔inn〕. いまでは彼のむすこが店〔宿〕を経営している. The housewife ～*s* house. 主婦は家政を行なう. So long as the big lorry ～*s* the middle of the road, we can't possibly pass it. あの大きなトラックが道の中央を走っているかぎりあれを追い越せない.
8 〈状態・動作を〉**持続する**, 保つ; 〈習慣などを〉守り続ける, 維持する; 〈祭式などを〉守る, 祝う: ～ silence 沈黙を守る. ～ step 歩み続ける. ～ watch 見張りを続ける. ～ Christmas クリスマスを祝う.
9 〈約束・時間などを〉**守る, たがえない**: ～ a promise 〔one's word〕 約束を履行する. ～ an appointment 会合の約束を守る; 約束の時間に遅れない. ～ early hours (いつも)朝早く起きる. ～ good time 〈とけいが〉時間が正確である.
10 引きとめる, に手間どらす; 遠ざける, 渡さない, 与えない《(*away*) *from*》; 妨げる, に…させない《*from* (do)*ing*》: I won't ～ you long. お手間はとらせません. Extra work *kept* me at the office until 10 o'clock. 臨時の仕事で10時まで事務所に引き止められた. *K*～ children *away from* the fire. 子どもを火に近づけるな. They ～ money *from* their children. 彼らは子どもたちに金を与えない. What *kept* you *from* joining us? どうしてわれわれに加われなかったのか. His father's death *kept* him *from*

going abroad. 父親が死んだので彼は海外に出られなかった.
11 (他に) 知らせない, 秘密にしておく: Can you ～ a secret? きみは秘密を守れるか. You had better ～ your own counsel. きみの考えを明かさない方がよい. She says everything that comes into her head and can't ～ a thing back. 彼女は頭に浮かんだことをみなしゃべって心にしまっておけない.
12 〈日記・帳簿などを〉(継続的に) **つける**, 記入する: ～ a diary [books, accounts, records] 日記 [帳簿, 勘定, 記録] をつける.
—— *vi.* **1** 《補語を伴って》…**の状態にある**, …の位置にある [いる]; …し続ける, しょっちゅう…する《(do)-*ing*》: ～ indoors 家に閉じこもっている. I hope you are ～*ing* well. お達者でおられるでしょうね. *K*～ cool, boys! いいか, かっとするな. *K*～ left 左側通行〖掲示〗. *K*～ straight on. このままままっすぐ進め. We'd got to ～ stand*ing* all the way from Tokyo to Yokohama. 東京から横浜まで立っていなければならなかった. My shoe lace ～*s* com*ing* undone. くつのひもがほどけてばかりいる. **2 離れている** 《から *from*》; …せずにいる, を慎む《*from* (do)*ing*》: He ～*s from* his parents' house. 彼は両親の家に寄りつかない. He ～*s from* talk*ing* about it. 彼はそれについて触れるのを避けている. I couldn't ～ *from* laugh*ing*. 笑わざるをえなかった. **3 もつ, 腐らない**: The sausage will ～ till tomorrow morning. ソーセージはあすの朝までもつだろう. The news will ～. このニュースはもつだろう《いま発表しなくとも古くならない》. **4** 滞在する, 泊まっている: Where do you ～? どこに泊まっているのか. **5** 開いている, 営業している: School ～*s* till four o'clock. 学校は4時までである. **6**〖クリケット〗捕手をつとめる.
～ at を続けてやる: *K*～ *at* it. がんばれ, あきらめるな. **～** a person **at** (人に) …を続けてやらせる: *K*～ him *at* the experiment. 彼に実験を続けさせろ. **～** a person **away** (人を) 近づけぬ, 遠ざける: What *kept* you *away* yesterday? なぜきのう来られなかったのか. **～ away (from)** (に) 近寄らぬ, (を) 避ける. **～ … away (from)** (に) 近寄せない. → *vt.* ②, ⑩. **～ back** (1) 隠しておく. (2) 控える, 制する: The police had to ～ the crowd *back*. 警官は群衆を制しなければならなかった. (3) 引っ込んでいる: Hey, boys! Why do you ～ *back*? Come up here! おい, きみたち, なぜ引っ込んでいるんだ. 出てこいよ. **～ one's bed** 病気で寝ている. **～ (a person) company, ～ company with** → *vt.* ④. **～ down** (1) 押える: He *kept down* the base emotion. 彼はその卑しい感情を押えた. (2) 〈経費を〉切り詰める: We must ～ *down* expenses. われわれは消費を押えなければならない. (3) 〈食物などを〉受けつける: He couldn't ～ his food *down*. 彼は食べた物を吐いてしまった. **～ (…) from** → *vt.* ⑩, *vi.* ②. **～** a person [thing] **going** (1) (人を) がんばりとおさせる, (物を) もたせる, 続かせる: ～ the conversation *going* 話をとぎらさない. Will $ 200 ～ you *going* until payday? 200ドルで次の給料日までやっていけるか. (2) (人の) 命をつなぐ: The doctors managed to ～ him *going*. 医師たちはようやく彼の命をもたせた. (3) (人に) 与える《を *with*》; (人に) こと欠かせない《に *with, in*》. **～ one's house [room]** 家 [へや] に閉じこもる. **～ in** (1) 〈感情などを〉抑制する: I couldn't just ～ my anger *in*. なんとも怒りを押えられなかった. (2) 閉じ込める; 《罰として》居残らせる: We were *kept in* by the rain. 雨のために外出できなかった. The boy was *kept in* after school. 少年は放課後残された. (3) 引きこもる. (4) 燃やし続ける, 燃え続ける: Shall we ～ the fire *in* or let it out? 火をそのままにしますか, それとも消しますか. **～ in with** と仲たがいしない, と友好を続ける. **～ it up** どしどしやる. **～ off** (1) に近づかない, こちらに来ない: *K*～ *off* the grass. 芝ふにはいるべからず. If the rain ～*s off*… もし雨が降らないならば…. (2) 近づけない, 追い払う: *K*～ your hands *off*! 触れるべからず; 手を離して! We made a fire to ～ *off* tigers. トラを近づけないために火をたいた. **～ on** (1) 進み続ける: *K*～ straight *on* till you see a tall building on your right. 右手に高い建物が見えるまでまっすぐ行きなさい. (2) 〈着物などを〉身につけたままでいる: *K*～ your hat *on*. 帽子をかぶったままでけっこうです. (3) 雇っておく: Although her servant was very old, she *kept* him *on*. 召使は年をとっていたが彼女は彼を解雇しなかった. **～ on at** 〈人〉を執拗(しつよう)に悩ませる, …にがみがみ小言を言う. **～ on** (do)*ing* …し続ける: It *kept on* rain*ing*. 雨が降り続いた. **～ out** (1) 中に入れない: Shut the windows and ～ *out* the cold. 窓を締めてへやを冷やさないようにしなさい. Shall I ～ him *out of* school? 彼に学校を休ませましょうか. (2) はいらない: He *kept out* last night. 彼は昨夜一晩じゅう帰らなかった. *K*～ *out of* mischief. 悪さをするな. **～ time** (1) 〈とけいが〉時を刻む; 合っている. (2) 拍子を保つ; 拍子をとる. **～ to one's bed** 床を離れられない, 寝たままである. **～ under** 抑制する, 押えつける: The fire was so big that the firemen could not ～ it *under*. 火勢があまり強くて消防士たちは消せなかった. That boy needs ～*ing under*. あの子どもは押える必要がある. **～ up** (1) 上昇し続ける: Prices still ～ *up*. 物価は上昇し続けている. (2) 好調を保つ, 衰えない: Their courage *kept up* wonderfully. 彼らの勇気は感心するほど衰えなかった. If the weather will only ～ *up*, … 天候がこの調子で続くなら…. (3) 維持する, 《手入れをして》保存する: ～ *up* a large house 大きな家を維持する. (4) 続ける, やめない: Why don't you ～ *up* your good old customs? なぜきみたちのよい習慣を続けないのか. Are you still ～*ing up* morning exercises? まだきみは朝の体操を続けていますか. (5) 起こしておく. **～ up on [with]** …について情報を得ている, 知らされている. **～ up with** …についてゆく: He could not ～ *up with* his class. 彼はクラスの者についてゆけなかった. **～ up with the Joneses** → Jones.
—— *n.* **1** 天主閣, 本丸, とりで, 城. **2** 糧食, 食物, 飼料, 生活費: work for one's ～ 生きるために働く. **3** 保存, 維持. **earn one's ～** (1) 生活費をかせぐ, ひとり立ちをする. (2) 雇って[飼って]やるだけの価値がある: The servant doesn't *earn his* ～. 召使は雇っておくだけの働きがない. **for ～s** 永久に. **in good [bad] ～** 手入れが行き届いている [いない]. **～-sake** → 別項.

(類義語) **保存する: keep** 最も一般的な語.「自分のものとして手元に置く」という意味で用いられることが多い: *Keep* it for yourself. 自分用にとっておきなさい《返さなくてけっこうです》. **retain** 失われる [奪われる] おそれがあるものを持ち続ける: *retain* one's position among rivals 好敵手たちの間で自分の地位を維持する. **detain** 保留する, 動こうとするものを現在の状態・位置に引き止めておく: *detain* prices 価格を抑制する. **reserve** 将来のために取っておく: *reserve* one's energy for tomorrow あすのため精力をたくわえておく. **preserve** 損傷・危害・忘却などを防ぐために保存する. 食品を加工保存する意味もある: *preserve* old customs 旧習を保存する. *preserve* fish in salt 魚を塩づけにする.

⁑kéep·er [kíːpər] *n.* **1 番人**, 看守; 《猟場などの》見回り人; 《狂人の》付添人. **2** 管理人, 保管者; 経営者. **3 飼い主**; 持ち主. **4** 《球技の》守備者; (タイムの) 記録係. **5** 留め装置《車の制輪子など》; 留め金; 留め指輪《結婚指輪が落ちないようにもう一

K

つはめる》;(戸の)かんぬき穴. 6 貯蔵に耐えるくだもの: a good ～ 長く貯蔵できるくだもの.
K～ of the Exchange and Mint 〔英〕造幣局長. ***K～ of the Great Seal*** 〔英〕国璽尚書(しょうしょ)《現在の Lord Chancellor に当たる》. ***K～ of the Privy Seal*** 〔英〕玉璽官, 皇室出納長官.

kéep·ing [kíːpiŋ] *n.* 1 維持, 保持; 保有; 保存, 貯蔵. 2《習慣・規則などの》遵守;《儀式などの》実施, 執行. 3 保守, 保管, 管理; 経営; 看守. 4 扶養; 飼育; 食糧, 飼料. 5 保留, 留置; (*pl.*) 保留物. 6 一致, 調和, 相応. ***have the ～ of*** を預かっている. ***in*** a person***'s ～*** (人)の手に保管されて. ***in ～ with*** と一致〔調和〕して, …とつりあって. ***out of ～ with*** と不調和で, …とつりあわずに.
～ **room** 〔米〕居間 (sitting room).

kéep·sake [kíːpsèik] *n.* 1 形見, 記念品. 2《19世紀初めに流行した》贈答用装飾本.
—— *a.* 1 贈答本的な. 2 きざな.

kées·hond [kéishɑ̀nd/-hɔnd] *n.* むく犬の一種《オランダ産》.

keg [keg] *n.* 1 小たる《通例10ガロン以下》. 2 くぎの重量単位《100ポンド》.

Kél·ler [kélər] *n.* Helen ～, 1880-1968, アメリカの女流著述家《聾唖(ろうあ)盲の三重苦とたたかいながら平和・社会運動に活躍》.

ké·loid [kíːlɔid] *n., a.* ケロイド(状の).

kelp [kelp] *n.* 《大きなかっ色の》海そう; 海そう灰, ケルプ《ヨードをとる》.

kél·pie, kél·py [kélpi] Sc. *n.* 水魔《馬の姿であらわれ, 旅人などを水死させて喜ぶという水の精》.

kél·son [kélsn] ＝keelson.

Kelt [kelt], **Kélt·ic** [kéltik] ＝Celt, Celtic.

kél·ter [kéltər] ＝kilter.

kemp [kemp] *n.* 《羊毛中からよりのけた》粗毛.

ken[1] [ken] *n.* 1 視界, 眼界. 2 知識の範囲. ***beyond*** 〔***out of***〕 one***'s ～*** 視界外に, 目のとどかないところに; 知識〔理解〕の及ばないところに. ***in*** one***'s ～*** 視界内に, 目に見えるところに. —— *vt., vi.* (**-nn-**) 1 〔スコットランド〕知る, 認める. 2 〔古〕認める.

ken[2] *n.* 〔俗〕《盗賊などの》巣窟(そうくつ), 隠れが.

Ken. Kentucky.

Kén·ne·dy [kénidi] *n.* John Fitzgerald ～, 1917-63, アメリカの第35代大統領.
～ **round** ケネディーラウンド《GATT 税率を一率に引き下げることを主張した路線》.

kén·nel[1] [kén(ə)l] *n.* 1 犬小屋; (通例 *pl.*) 犬の飼育場; キツネなどの穴. 2《犬小屋のような》掘っ建て小屋; (ばくちなどの)宿. 3 猟犬の群れ. —— *v.* (**-l-**, ㊥**-ll-**) *vt.* 犬小屋に入れる. —— *vi.* 犬小屋に宿る; 巣窟(そうくつ)に潜む.

kén·nel[2] *n.* みぞ, 下水溝(こう).

ké·no [kíːnou] *n.* 〔米〕賭博(とばく)の一種.

Kent [kent] *n.* ケント《イングランド東南部の州》.

Ként·ish [kéntiʃ] *a.* Kent 州の. ～ **fire** 長い拍手[やじ]. ～**·man** [-mən] Medway (川以西の)ケント人《東部地方の Man of Kent (東部ケント人)に対して》. ～ **rag** ケント石《Kent 産の堅い石灰石》.

ként·ledge [kéntlidʒ] *n.* 〔海〕バラス用の銑鉄.

Ken·túck·y [kəntʌ́ki/ken-] *n.* ケンタッキー《アメリカ中東部の州》. ◇ **-i·an** [-ən] *a., n.* ～州(生まれ)の; ～人.

Kén·ya [kénjə, kíːnjə] *n.* ケニア《東アフリカのイギリス連邦所属共和国》.

kép·i [képi] *n.* ケピ帽《頂が偏平のフランスの軍帽》.

†**kept** [kept] *v.* keep の過去・過去分詞. —— *a.* 1 維持された: a well-～ garden 手入れの行き届いた庭園. 2 金銭上の援助を受けている: a ～ mistress〔woman〕めかけ. the ～ press 御用新聞.

ke·rám·ics [kiræ̀miks] ＝ceramics.

kér·a·tin [kérətin] *n.* 〔化〕ケラチン, 角素.

kér·a·tose [kérətòus] *a.* 角素の.

kerb, kérb·stone 〔英〕＝curb ③, curbstone.

kér·chief [kə́ːrtʃif] *n.* 1 (婦人の) ずきん, ネッカチーフ; えり巻き. 2〔雅〕ハンカチ (＝handkerchief).
◇ ～**ed** [-t] *a.* ずきんをつけた.

kerchief ①

kerf [kəːrf] *n.* 1《おのなどで切った》切り目, 《のこぎりの》引き目; 《切られた幹枝の》木口. 2 切断.

kér·mes [kə́ːrmiːz/-mis] *n.* 1〔虫〕エンジムシ (の雌). 2 えんじ, 洋紅《鮮紅色の硫化アンチモン》. 3〔化〕無定形三硫化アンチモン.

kér·mess, kér·mis [kə́ːrmis] *n.* 1《オランダなどで行なわれる年1回のにぎやかな》祭りの市. 2〔米〕慈善市, バザー.

kern [kəːrn] *n.* 〔印〕《*f, y* などの》活字体の上下に突き出た部分.

kern(e) [kəːrn] *n.* 1 (古アイルランドの) 軽歩兵隊. 2《アイルランド・高地スコットランドで》兵士. 3 アイルランド農夫.

kér·nel [kə́ːrn(ə)l] *n.* 1《果実の》核, 仁(じん), しん; 《米・麦などの》粒. 2《物の》中心部; 《問題などの》核心, 心髄, 要点. ◇ ～**(l)ed** [-d] *a.* 核〔仁〕のある.

kér·o·sene [kérəsìːn, ⌐-⌐] *n.* 燈油.

Kér·ry [kéri] *n.* 黒色の小型の乳牛《アイルランドの Kerry 州原産》. ～ **blue** 《アイルランド原産の》青みがかった灰色のテリヤ犬.

kér·sey [kə́ːrzi] *n.* カージー織り《あらいウール》; (*pl.*) カージー製ズボン.

kés·trel [késtrəl] *n.* 〔鳥〕マグソダカ, チョウゲンボウ.

ketch [ketʃ] *n.* 〔海〕2本マスト帆船の一種.

kétch·up [kétʃəp] *n.* ケチャップ《トマトソース》.

ké·tone [kíːtoun] *n.* 〔化〕ケトン.

‡**két·tle** [kétl] *n.* 1 かま, 湯わかし, やかん; 〔米方〕ブリキおけ. 2〔地〕なべ穴 (＝～ hole)《氷河の底の出口のない大穴》. ***a pretty*** 〔***nice, fine***〕 ***～ of fish*** ごたごた, てんやわんや, 困ったこと.
～**·drum** [⌐-⌐] (1)〔楽〕ケトルドラム《かま型太鼓》. (2)《19世紀に流行した》午後のお茶の会. ～**·drùm·mer** ケトルドラム奏者. ～ **holder** なべつかみ《熱さを防ぐ布など》.

kév·el [kévl] *n.* 〔海〕大型綱留め.

Kew [kjuː] *n.* キュー《ロンドン西郊外の地名》.
～ **Gardens** 国立キュー植物園.

kéw·pie [kjúːpi] *n.* 1 キューピー人形. 2 (K～) その商標名. → Cupid.

‡**key**[1] [kiː] *n.* (*pl.* ～**s**) 1 かぎ: a ～ *to* a door ドアのかぎ. 2《問題・事件などの》解決の手がかり, 秘訣(ひけつ); 《暗号・なぞなどの》解法《*to*》: a ～ *to* a puzzle なぞを解く手がかり. a ～ *to* one's success 成功の秘訣. 3 解答書, とらの巻; 《外国書の》直訳本. 4 要所, 関所; 重要な人〔物〕《*to, of*》. 5《とけいの》ねじ巻き; ねじまわし, くさび栓(せん); 《タイプライター・ピアノなどの》キー, 《電信機の》電鍵(でんけん). 6〔楽〕《長・短の》調. 7《感情・表現・色の》調子, 様式, 基調. 8〔建〕くさび, 栓; 《しっくいの》はみ出し. 9〔動・植〕種族識別検索表.
get 〔***have***〕 ***the ～ of the street*** 〔笑〕夜締め出しをくう; 宿なしになる. ***hold the ～ of*** ＝***hold the ～s to*** …のかぎ〔急所〕をにぎる. ***lay*** 〔***put***〕 ***the ～ under the door*** 家をたたむ. ***the gold ～*** 黄金鍵章(けんしょう). ***the golden*** 〔***silver***〕 ***～*** わいろ(の金). ***the power of the ～s*** 教皇権. ***under lock and ～*** 厳重に保管されて.
—— *a.* 主要な, 重要な: the ～ industries of Japan 日本の主要〔基本〕産業.
—— *vt.* 1 にかぎをかける, かぎで締める; 栓で締める《*in, on*》. 2 にかぎをつける. 3〔楽〕の調子を合わせる; 〈話などの〉調子を合わせる. 4 〈広告の場所を〉符丁で示す《新聞・雑誌のレイアウトで》. ～ ***down*** の調子を下げる. ～ ***up*** (1) の調子を上げる. (2) の気分をあおる, 緊張させる. (3) 〈申し込み・要求の〉調子を強める.
~́·board [∸∸] 鍵盤《ピアノ・タイプライターなどの》.
~ bugle 有鍵らっぱの一種. **~ fruit** =samara.
~́·hole [∸∸] かぎ穴; 栓穴: look through [listen at] the ~*hole* かぎ穴からのぞき込む〔そっと盗み聞きする〕. **~·hole peeker**〘俗〙おせっかい屋; ゴシップ記者. **~·hole reporter**〘俗〙ゴシップ記者.
~ industries 基幹産業《炭鉱業・鉄鋼業など》.
~́·man [-mæn, -mən] (*pl.* **-men**)〘おもに米〙(1) 企業の中心人物, 立て役者. (2) 電信技手. **~ map** 輪郭地図. **~ money**〘英〙《借家人が支払う》保証金, 手付け金. **~·note** →別項. **~·nòt·er**〘米〙政党の方針を演説する人. **~ pattern** さや形《短い直線が直角に交わる装飾的図案. 卍はその一例》. **~ punch**《電子計算機のカードの》穿孔(せんこう)機. **~́·punch** [∸∸]〈パンチカード・テープに〉穿孔をあける. **~ puncher** キーパンチャー《key punch 操作者》. **~ ring**《多くのかぎを通しておく》かぎ輪. **~ signature**〘楽〙調子記号. **~́·smith** [∸∸] かぎ屋; 合いかぎ製造機使い. **~ station**〘ラジオ・テレビ〙キーステーション, 親局《番組制作などの中枢》. **~́·stone** → 別項. **~́·stroke** [∸∸]《タイプライター・キーパンチなどの》キー打ち: She can do 3,000 ~*strokes* an hour. 彼女は1時間3,000字を打つ. **~́·way** [∸∸] かぎ受けみぞ. **~ word** かぎ語, 中心語, キーワード.
◇ **~ed** [-d] *a.* **1** かぎのかかる〔かかった〕. **2** 鍵盤のある. **3** くさび〔栓〕のある; かなめ石で締めた. **4** 弦を締めた. **~́·less** *a.* かぎのない;《懐中どけいが》りゅうず巻きの.
key² *n.* 砂州; サンゴ礁.
kéy·note [kíːnòut] *n.* **1**〘楽〙主調音, 基音. **2**《比喩的》主旨, 基調. ***give the ~ to*** の大方針を定める. ***strike*** [***sound***] ***the ~ of*** の基調に触れる〔を探る〕. —— *vt.* **1**〘楽〙の主音を示す. **2**〈政党・政策・会議などの〉基本政策〔方針〕を述べる.
~ speech〘米〙《政党・会議などの》基本方針演説.
kéy·stone [kíːstòun] *n.* **1**〘建〙《アーチの頂上の》かなめ石, くさび石. **2**(話の) 主旨, 要旨; 根本原理.
K~ State, the〘米〙Pennsylvania 州の別称.
Key West *n.* キーウェスト《Florida 州に所属するアメリカ本土最南端の都市とその島》.
kg. kilogram(me). **K.G.** Knight of the Garter.
khád·dar [káːdər, kʌ́d-/kǽdə] *n.* カダール織り《インドの手織り綿布》.
khá·ki [káːki, kǽki] *a.* カーキ色の, 黄かっ色の.
—— *n.* **1** カーキ色服地; カーキ(軍)服. **2** カーキ服の兵士. ***get into ~*** 陸軍にはいる.
~ election《ボーア戦争・第1次世界大戦当時》戦争熱を利用して多数の票を得ようとした政略選挙.
~ trousers〘俗〙軍服; 軍人.
khá·lif [kéilif, kǽl-/kɑːlíːf], **kha·lí·fa** [kəlíːfə/kɑː-] =caliph.
khál·i·fat(e) =caliphate.
khám·sin [kǽmsin, kæmsíːn] *n.* カムシン風《3月から5月にかけてサハラ砂ばくからエジプトに吹く熱風》.
khan¹ [kɑːn, ㊥⁺kæn] *n.* 汗(かん)《中世紀のタタール・モンゴル・中国の主権者の称号. いまは中央アジア地方の統治者・高官の称号》.
◇ **~́·ate** [-eit/-it] *n.* 汗の領土〔領民〕; 汗の位.
khan² *n.* 隊商の宿舎.
khe·díve [kədíːv] *n.* トルコのエジプト総督《1867年から1914年までの》.
khi [kai] *n.* ギリシア語アルファベットの第22字《X, χ. ラテン文字では ch と翻字する》.
Khrúsh·chev [krúːʃtʃev/krúʃtʃɔːf] *n.* Nikita [nikíːtə-] ~, 1894– , ソ連の元共産党指導者・首相.
Ki. Kings.
Kiáng·sí [kjǽŋsíː] *n.* チャンシー (江西)《中国南部の省》.
Kiáng·sú [kjǽŋsúː] *n.* チャンスー (江蘇)《中国東部の省》.
Kiáo·chów [kjáutʃáu] *n.* チャオチョウ (膠州)《中国山東省》.

kíb·ble [kíbl] *vt.* (粒状に) 粉砕する. —— *n.* (粉砕された) 粒.
kib·bútz [kibúts, -búːts] *n.* (*pl.* **kib·but·zím** [-butsíːm]) キブツ《イスラエルの集団主義社会》.
◇ **Kib·búts·nik** [-nik] *n.* ~ の住民.
kibe [kaib] *n.*〘医〙あかぎれ, 霜焼け. ***tread on*** a person'***s ~s***(人) の感情を害する.
Kí·béi [kíːbéi] *n.* 帰米日系アメリカ人《おもに日本で教育を受けた二世》. [<J.]
kíb·itz [kíbits] *vi.* 〘米話〙おせっかいをする; (勝負事に) 口を出す, 助言する. ◇ **~·er** *n.*〘米話〙勝負事に口出しをする人; おせっかい屋.
kí·bosh [káibɑʃ, kibáʃ/káibɔʃ] *n.* 〘俗〙たわごと. ***put the ~ on*** をやっつける, …にとどめを刺す.
‡kick [kik] *vt.* **1** ける, けとばす. **2**〘フットボール〙〈ボールを〉ゴールにけって入れる. **3**〈銃が肩などを〉反動して打つ. **4**〘米俗〙〈申し込みを〉ける;〈求婚者などを〉はねつける;〈雇い人を〉たたき出す《*out*》.
—— *vi.* **1** けりつける《に *at*》. **2**〈銃が〉はね返る, 反動する. **3**〘話〙反対〔反抗〕する; 苦情を言う, あら捜しをする. **4**〘クリケット〙〈ボールが〉はね上がる《*up*》. **5**〘俗〙くたばる, 死ぬ.
~ about (1) うろつき回る;〈物が〉散らばっている. (2) をけ散らす, をひどい目に会わす. (3) …について不平を言う〔批評する〕. ***~ against*** [***at***] (1) に向かってける, …にけりかかる. (2) に反抗する. ***~ against the prick*** [***goad***]〈牛が〉(おこって) 突き棒をける; むだに反抗して傷つく. ***~ a man when he's down*** 弱みにつけこんでひどいことをする. ***~ around***〘俗〙(1) さまよう, うろつく. (2) を議論する; を考えめぐらす; を楽しむ. (3) をひどい目に会わす. ***~ back***〘話〙(1) け返す; 仕返しする. (2) 急にはね返る. (3)〈賃銀・盗品などの一部を〉返す, 親方に納める; リベートする.
~ downstairs 階下へけりおろす; けって追い出す.
~ down the ladder 出世の助けとなったものを振り捨てる. ***~*** one'***s heels***〘俗〙踊る; 宙づりになる, 絞首刑になる; 長く待たされる. ***~ in*** (1) け破ってはいる, 押し入る; 金庫破りをする. (2)〘俗〙死ぬ. (3)〘米俗〙割り前を払う; わいろを出す. (4)〘米俗〙白状する. ***~*** a person ***in the pants***〘米俗〙(人を) ひどくしかりとばす. ***~*** a person ***in the teeth***〘米俗〙打ちのめす. ***~ off*** (1) けとばす;〈くつを〉けって脱ぐ. (2)〘フットボール〙キックオフする;〘俗〙始める, 出発する. (3) 立ち去る; 死ぬ. ***~ out*** (1) けって追い出す; くびにする. (2)〘フットボール〙ボールを側線外にけり出す. ***~ over the traces***〈馬が〉引き皮をけりのける;《比喩的》手がつけられなくなる;〈人が〉言うことをきかなくなる. ***~ the bucket***〘俗〙死ぬ. ***~ the wind*** [***clouds***]〘俗〙首つりになる. ***~ up a row*** [***dust, fuss, shindy***]〘俗〙騒動を起こす. ***~ up*** one'***s heels***〘米俗〙(1) 存分に浮かれ騒ぐ. (2) 死ぬ. ***~ upstairs***〘笑〙名目の昇進で追っ払う, 祭り上げる, たな上げする.
—— *n.* **1** けること, けとばし. **2**《銃の》はね返り, 反動. **3**〘俗〙反対, 反抗, 拒絶;〘米俗〙苦情. **4**〘米俗〙解雇. **5**〘フットボール〙キック. **6**〘米俗〙《ウイスキーなどの》刺激; (愉快な) 興奮, スリル; 楽しみ. **7**〘英俗〙6ペンス. **8**〘俗〙元気, 活力. ***free ~***〘フットボール〙フリーキック《相手方の反則で味方に許される》. ***get a ~ out of*** を刺激的に感じる, をおもしろがる. ***get more ~s than halfpence*** 親切を受けるどころかひどい目に会う. ***get*** [***give***] ***the ~*** 解雇される〔する〕. ***have no ~ left***〘俗〙もう反発力がない, 力が尽きた. ***penalty ~***〘フットボール〙ペナルティーキック《味方の反則で相手方に許される》.
~́·back [∸∸]〘米話〙(1) (荒っぽい) 返答. (2) (盗品の) 返却; (支払金の) 一部返却, リベート. (3) (賃銀の) 上前をはねること, ぴんはね. **~́·ball** [∸∸] キックボール《野球に似た子どもの球技》. **~́·down** [∸∸]《自動車で》低い方へのギアチェンジ. **~́·òff** [-ɔ̀ːf/∸∸]〘フットボール〙キックオフ;〘話〙始まり, 発端. **~́·up**

[ˊ-ˋ]〖話〗騒ぎ, 騒動.

kíck·er [kíkər] *n.* **1** ける人, けり手; ける癖のある馬. **2**〖米俗〗けなす人, しつこい反対〔反抗〕者; 脱党者. **3**〖米俗〗興奮〔刺激〕を与えるもの《カクテルなど》. **4**〖米俗〗《ボートの》低馬力エンジン. **5**《契約などの》不当条項〔部分〕. **6**《コンクリート柱の》台座.

kíck·ing-strap [-iŋstræp] *n.* **1** け止め皮《馬車馬のけるのを止める》. **2** (*pl.*) 兵士のかばんの皮ひも.

kíck·shaw [kíkʃɔː] *n.* **1**《けいべつ的》凝った料理, 珍味. **2** 見かけ倒し; くだらないもの.

‡**kid**¹ [kid] *n.* **1** 子ヤギ; カモシカの子. **2** 子ヤギの皮, キッド; 子ヤギの肉. **3** (*pl.*) キッドの手袋〔くつ〕. **4**〖話〗子ども. **5**〖米俗〗《ボクサーなどの》新進. **6**〖俗〗からかい; ごまかし, ぺてん.

—— *a.* **1** キッド製の. **2** 年下の: my ～ brother 弟. ***handle with ～ gloves*** 丁重に扱う〔もてなす〕. ***in*** 〔***with***〕 ***～ gloves*** 上品に; なまぬるい手段で.

—— *vt., vi.* (**-dd-**) **1** 〈ヤギが〉子を生む. **2**〖俗〗だます, かつぐ. **3** からかう: No *kidding*! 冗談言うな. ***～ the pants off***〖米俗〗ばか笑いさせる.

～-glove [ˊ-ˋ, ˊ-ˊ] 上品過ぎる; 荒仕事をしない; 手ぬるい. **～ gloves** キッドの手袋; しゃれ者; 上流社会人; 高級ギャング. **～·nap** →別項. **～·skin** [ˊ-ˋ] 子ヤギの皮, キッド皮. **～ stuff** 子どもっぽいふるまい; 子どもだましの物. **～·vid** [ˊ-ˋ]〖俗〗子ども向きテレビ番組.

kid² *n.*〖海〗《船員の食糧を入れる》小おけ.

Kíd·der·min·ster [kídərminstər] *n.* **1** イギリス Worcestershire の都市. **2** ～ 製の二重織りじゅうたん (=～ carpet).

kíd·dy, kíd·die [kídi] *n.* 子ヤギ;〖俗〗子ども.

kíd·nap [kídnæp] *vt.* (**-p(p)-**) 〈子どもなどを〉さらう, かどわかす, 誘拐(ゆうかい)する.

◇ **～·(p)er** *n.* 人さらい, 誘拐者.

kíd·ney [kídni] *n.* **1**〖医〗じん臓;《食品としての羊・豚の》じん臓. **2** 性質, 気質: a man of my own ～ 私とおなじ気質の人.

～ basin〖医〗膿汁(のうじゅう)盆. **～ bean**〖植〗隠元豆; その実. **～ potato** 卵形のジャガイモ. **～-shaped** [ˊ-ˊ-ˋ] じん臓形の, 隠元豆形の.

kíe·sel·guhr [kíːzlgùər] *n.* ケイソウ土.

Ki·év [kiːév, kíːef/kíːef] *n.* キエフ《ソ連邦ウクライナ共和国の首都》.

kif [kif] *n.*〖米俗〗=marijuana.

kike [kaik] *n.*〖米俗〗《けいべつ的》ユダヤ人.

kil. kilderkin; kilometer(s).

kíl·der·kin [kíldərkin] *n.*《16-18ガロン入りの》中だる; 中だる 1 杯の液量.

Kìl·i·man·já·ro [kilimaːndʒáːrou/kilimən-] *n.* Tanzania にあるアフリカ第一の高山.

†**kill**¹ [kil] *vt.* **1** 殺す, 殺害する; 〈酒・苦労が〉…の寿命を縮める: He was ～*ed* in a traffic accident. 交通事故で死んだ. **2** 畜殺する; 射止める; 枯らす. **3** 〈時間を〉つぶす: ～ time 暇をつぶす. **4** 〈効果を〉弱める; 〈風・病などの〉勢いをそぐ, しずめる; 〈ばねの〉弾力性を消す; 〈色を〉中和する; 〈音を〉消す; 〈エンジンなどを〉止める; 〈電気の〉回路を断つ. **5** 〈感情などを〉抑圧する; 〈愛情・希望などを〉失わせる. **6** 〈議案などを〉否決する, つぶす; 悪評してやっつける: ～ a play 芝居を酷評して不成功に終わらせる. **7**〖印・編集〗削る, 除く. **8**〖テニス〗打ち返せないように強打する. **9**〖話〗圧倒する, 悩殺する. **10**〖話〗〈飲食物を〉平らげる.

—— *vi.* **1** 殺生(せっしょう)をする, 命をとる. **2** 自殺する, 死ぬ; 枯れる. **3** (畜殺してある量の) 肉〔血〕がとれる: The ox ～*ed* well. あの牛は肉がたくさんとれた. ***dressed*** 〔***got up***〕 ***to ～*** ほれぼれするような身なりで. **～ one*self*** 自殺する. ***～ by inches*** なぶり殺しにする. ***～ down*** 殺す, 枯死させる. ***～ off*** 〔***out***〕 絶滅させる. ***～ or cure*** 一かばちか. ***～ two birds with one stone*** 一石で二鳥を得る, 一挙両得をする. ～ a person ***with kindness*** 親切が過ぎてひどい目に会わす, ひいきの引き倒しをする.

—— *n.* 《特に獲物を》しとめること;《狩猟の》獲物.

～-and-run war ゲリラ戦. **～-joy** →別項. **～·time** →別項.

kill² *n.*〖米方〗水路, 川, 入り江.

kíll·deer [kíldiər], **-dee** [-diː] *n.*〖鳥〗《北アメリカ産》千鳥の一種.

kíll·er [kílər] *n.* **1** 殺人者, 殺し屋, 殺人鬼. **2** 殺す人〔動物, 物, 器械〕. ***humane ～*** 無痛畜殺機. **～ whale**〖動〗シャチ, サカマタ.

kíl·lick [kílik] *n.* 小さないかり《小舟用》.

kíll·ing [kíliŋ] *a.* **1** 殺す, 致死の; (植物を) 枯らすような. **2** 死ぬほどひどい, ほねのおれる. **3** 悩殺的な; おかしくてたまらない. —— *n.* **1** 殺害, 畜殺, 屠殺(とさつ); (狩猟の) 獲物. **2**〖話〗大もうけ, 大成功.

kíll-joy [kíldʒɔ̀i] *n.* 興味をそぐ人; 興ざまし; 陰気な人物.

kíll·time [kíltàim] *a., n.* 暇つぶしの(仕事).

kiln [kil, kiln/kiln] *n.* 《陶器などを焼く》かま, 炉: a brick ～ れんががま. —— *vt.* かまで焼く.

～-dry [-drài] かまでかわかす.

kíl·o [kílou, kíː-/kíːlou] *n.* (*pl.* **～s**) キロ《kilogram, kilometer, kiloliter などの略》.

kilo- 「1,000」の意の語形成要素.

kíl·o·cỳ·cle [kíləsàikl] *n.*〖電〗キロサイクル.

‡**kíl·o·gram,** ㊥ **-gramme** [-græm] *n.* キログラム.

kíl·o·gram·mé·ter, ㊥ **-tre** [-græmmíːtər] *n.* キログラムメートル《仕事の単位. 1 kg の重さのものを 1 m の高さに上げる仕事の量》.

kíl·o·lì·ter, ㊥ **-tre** [kíləlìːtər] *n.* キロリットル.

‡**kíl·o·mè·ter,** ㊥ **-tre** [kíləmìːtər, ㊥⁺ kilámitər] *n.* キロメートル.

kìl·o·mét·ric [kìləmétrik], **-ri·cal** [-(ə)l] *a.* キロメートルの; キロメートルで測った.

kíl·o·ton [kílətʌ̀n] *n.* 1,000トン; TNT 1,000トン分の爆発力. → megaton.

kíl·o·volt [kíləvòult] *n.*〖電〗キロボルト.

kíl·o·watt [kíləwɑ̀t/-wɔt] *n.*〖電〗キロワット.

kíl·o·watt-hóur [kíləwɑ̀táuər/-wɔt-] *n.*〖電〗キロワット時《1 時間 1 キロワットの電力》.

kilt [kilt] *n.* キルト《スコットランド高地で用いられる男子用の短いスカート》.

—— *vt.* はしょる, からげる; にひだをとる.

kíl·ter [kíltər] *n.*〖米方〗(心身の) 良好状態, 好調; 秩序. ***in ～*** 好調で, ぐあいよく. ***out of ～*** 不調で, 元気なく.

kílt·ie [kílti] *n.* kilt をはいた人; スコットランド高地「の兵士.

****ki·mo·no*** [kimóunə, -nou/-nou] J. *n.* (*pl.* **～s** [-z]) **1**《日本の》着物, 和服. **2** キモノ《日本の着物に似せた婦人・子どもの室内着》.

kin [kin] *n.* **1**《集合的》親族, 親戚(しんせき). **2** 血族関係, 同種族: near of ～ 近親で. next of ～ 最近親(で). **3** 同質, 同類. **4**〖古〗一族, 家門: He comes of a good ～. 彼は家柄がよい. ***of ～*** 親類の; 同種の. —— *a.*《叙述的に》**1** 親類で, 血族で. **2** 同質で, 同類で. ***be ～ to*** の親類である; に近い, に似ている. ***more ～ than kind*** 親戚ではあるが親密でない. **～(s)·folk** →別項. ***～s·man** →別項. **～s·wòm·an** →別項.

◇ **～·less** *a.* 親類〔縁者〕のない. **～·ship** [-ʃip] *n.* **1** 親族〔血族〕関係, 親戚であること. **2** 類似, (性質の) 近似.

-kin [-kin] *suf.* 「小」の意: lamb*kin* 小羊.

kín·chin [kíntʃin] *n.*〖英俗〗子ども.

～ lay 使い歩きの子どもから金銭を奪うこと.

†**kind**¹ [kaind] *n.* **1** 種類: What ～ of man is he? 彼はどんな人ですか. a book of the best ～ 最良種の本. This 〔That〕 ～ of thing is often difficult to handle. この〔その〕種のもの〔こと〕は往々に

して扱いにくいものだ. We need a different ～ of test. 別種の検査が必要だ. two ～s of fruit 2 種類のくだもの. three ～s of magazine(s) 3 種類の雑誌《性質の異なる》(≒ three magazines 雑誌 3 銘柄, 雑誌 3 冊). **2** 種族《動植物などの類・種・族・属》: the human ～ 人類. **3**《類別の基礎となる》**性質**, 本質: differ in degree but not *in* ～ 程度は違うが本質はおなじだ. **4** 現品《現金に対して》; 天然の産物. **5**〖古〗自然; (本来の) やり方, ようす: the law of ～ 自然の法則. **6**〖宗〗聖餐(せいさん)の一品《パンまたはブドウ酒》.

after one***'s*** ～ その流儀で: They act *after their* ～*s*. 彼らは彼らなりの流儀で行動する. ***a*** ～ ***of*** … の一種, 一種の…, ある種の…; …のようなもの; つまらない: He is *a* ～ *of* stockbroker. 株屋のようなことをしている; たかが知れた株屋だ. ***all*** ～***(s) of*** あらゆる種類の. ***differ in*** ～ 性質が違う. ***in a*** ～ ある程度, いくぶん; いわば. ***in*** ～ (1)《支払いを金銭でなく》品物で: taxes paid *in* ～ 税の物納. (2) おなじもので, おなじやり方で: repay a person's insolence *in* ～ 無礼をもって無礼に報いる. ～ ***of*** 〖話〗ちょっと, やや《形容詞または動詞を伴って》: He is ～ *of* cross this morning. けさはちょっとごきげんななめ. I ～ *of* began to understand. なんだかわかり始めた. ***nothing of the*** ～ 決して…ではない, …とは似ても似つかない. ***of a*** ～ (1) おなじ種類の, 同一種の. (2) 一種の, 名ばかりの, いんちきの: coffee *of a* ～ (コーヒーとはいえない) へんてこなコーヒー. ***something of the*** ～ まあそんなようなもの. ***these*** [***those***] ～ ***of men*** 〖話〗この[あの] ような人々 (=men of this [that] ～). 〈注〉今日では通例 this [that] *kind* of (man) または these [those] *kinds* of (men) のごとくする.

†**kind**² *a.* **1 親切な**, 心が優しい, 思いやりのある, 情けぶかい《に *to*》: She was very ～ *to* us. 彼女は私たちにとても優しくしてくれた. It is very [so] ～ *of* you to (do). ご親切に…してくださってありがとう. It's ～ *of* you to say so. おほめ[励まし] のおことば, 恐れ入ります. Yours is a beautiful handwriting. —Thank you. You are very ～. あなたの筆跡はみごとですね. —いやどうも, 恐縮です. **2**《手紙の中で》心のこもった: Please give my ～ regards to your mother. おかあさまによろしく. **3**《牛・馬などが》扱いやすい, すなおな. **4**〖古〗愛情のこもった.

be cruel to be ～ 心を鬼にする. ***Be so*** ～ ***as to*** (do) = ***Be*** ～ ***enough to*** (do) どうか…してください. ***with*** ～ ***regards*** 敬具《手紙の結び文句》.

～·**héart·ed** 心の優しい, 親切な, 情けぶかい.

(類義語) 親切な: **kind** 最も一般的な語. **good** 口語で kind の代わりに用いられる: How *good* of you! どうもご親切さま. **thoughtful, considerate** 他人の立場・気持ちなどに対し思いやりのある: He is not *considerate*, only polite. 彼は別に思いやりがあるのではなく礼儀正しいだけです. **obliging** 好意的によく世話をして[めんどうをみて]くれる: He is very *obliging* and offered to do anything in his power. 彼はとても親切で自分の力でできることならなんでもしようと言った. **benign, benignant** 主として目上の人が温情のある: a *benign* ruler 優しい支配者.

kínd·a, kind o' [káində], **kínd·er** [káindər] *ad.* 〖俗〗いくぶん (kind of).

kín·der·gàr·ten [kíndərgɑ̀ːrtn] *n.* 幼稚園.
◇ **-t(e)n·er** *n.* (幼稚) 園児; (幼稚園の) 保母.

‡**kín·dle** [kíndl] *vt.* **1** に**火をつける**, 燃やす, たきつける. **2** 明るくする, 輝かせる. **3** 〈情熱などを〉燃え立たせる, かき立てる, あおる.
—— *vi.* **1** 火がつく, 燃え上がる. **2** 〈顔などが〉ほてる, 熱くなる, 輝く; きらきらする. **3** 興奮する, 激する《に *at*》. ◇ **kin·dling** *n.* **1** 点火, 発火; 興奮. **2** (通例 *pl.*)〖米〗《木切れなどの》たきつけ.

kínd·less [káindlis] *a.* 〖古・雅〗不親切な; 不自然な; 非道な.

‡**kínd·ly** [káindli] *a.* (**-li·er** [-ər]; **-li·est** [-ist]) **1 優しい, 思いやりのある, 情けぶかい**. **2**《気候などが》温和な, ここちよい. **3**《地味などが》快適な,《…に》向く. **4**〖古〗天然[自然]の; 生来の; 土着[はえ抜き]の.
—— *ad.* **1 親切に**, 優しく. **2**《命令形などとともに》**どうぞ**《…してください》: *K*～ give me your address. どうぞおところをお教えください. Will [Would] you ～ tell me …? …を教えてくださいませんか. **3** 快く, 喜んで. **4** 心から: Thank you ～. どうもありがとうございます. **5** 自然に, 無理なく. ***take*** (***it***) ～ 快く受ける; 善意に解する. ***take*** ～ ***to*** を自然に好む; …になじむ. ◇ ‡**-li·ness** *n.* 親切, 温情; 親切な行為; 《気候などの》温和.

†**kínd·ness** [káin(d)nis] *n.* **1 親切**, 優しさ; 思いやり. **2 親切な行為** [態度], 世話: He has done me many ～*es*. 彼は私にいろいろと親切に世話してくれた. **3**〖古・稀〗愛情, 友情, 好意. ***do a*** ～ 親切にする: Will you *do* me *a* ～? お願いがあるのですが. ***have a*** ～ ***for*** a person (人) に好意を寄せる, …がなんとなく好き. ***have the*** ～ ***to*** (do) 親切にも…する.

kind o' =kinda.

‡**kín·dred** [kíndrid] *n.* **1**《集合的》**親族**, **親戚**(しんせき): All her ～ are living in the country. 彼女の親類はみないなかに住んでいる. **2** 血縁, 血族関係, 親戚関係, 〖稀〗姻戚関係. **3** 一族, 同族. **4** 類似, 同種. —— *a.* **1** 血縁の, 親戚関係の. **2** 類似の, 同性質の《と *with*》.

kine [kain] *n. pl.* 〖方・雅〗雌牛, 牛.

kín·e·ma [kíṇimə], **kìn·e·mát·o·graph** [kìṇimǽtəgræf / kài-, kìn-] = cinema, cinematograph.

kìn·e·mát·ic [kìṇimǽtik/kài-, kìn-], **-i·cal** [-(ə)l] *a.* 〖物〗運動学の, 運動学上の.
◇ **kìn·e·mát·i·cal·ly** *ad.*

kìn·e·mát·ics [-mǽtiks] *n. pl.* 《単数扱い》〖物〗運動学.

kín·e·scope [kíṇiskòup/káiṇi-, kíṇi-] *n.* 〖テレビ〗キネスコープ《ブラウン管》; (K～) その商標名.
—— *vt.* ～ に撮(と)る.

kìn·es·thét·ic [kìṇisθétik/kài-] *a.* (筋肉) 運動感覚の.

ki·nét·ic [kinétik, kai-] *a.* **1** 運動の[による], 運動学上の. **2** 活動力のある, 活動的な: a man of ～ energy 活動的な人.
～ **energy** 〖物〗運動のエネルギー.

kín·folk(s) [kínfòuk(s)] 〖話・方〗=kinsfolk.

†**king** [kiŋ] *n.* **1** 王, 国王, 君主; (K～) 神, キリスト. **2**〖トランプ〗キング;〖チェス〗王将: check the ～ 王をつめる. **3** 大立て者, 大勢力家: an oil ～ 石油王. **4** (K～s)〖聖〗列王紀. —— *vi., vt.* 王になる [する], (に)君臨する, 統治する; 王者のようにふるまう.

K～ ***at Arms*** = ***K***～ ***of Arms*** イギリス紋章院長. ～ ***it over*** に王者のようにふるまう: ～ *it over* one's associates 仲間に対して王様気どりの態度で臨む. ***K***～ ***of K***～***s*** 上帝, 神, キリスト; 王者中の王, 皇帝《昔東方諸国の王の称号》. ***the*** ～ ***of beasts*** 百獣の王《ライオン》. ***the*** ～ ***of birds*** 鳥の王様《ワシ》. ***the*** ～ ***of day*** 太陽. ***the*** ～ ***of heaven*** 天の主たる神, キリスト. ***the*** ～ ***of terrors*** 〖聖〗死《ヨブ記18:14》. ***the K***～ ***of the Castle*** お山の大将《子どもの遊戯》. ***the*** ～ ***of the forest*** 森の王《カシの木》. ***the*** ～ ***of the hill*** [***mountain***] お山の大将《子どもの遊戯》. ***the*** ～ ***of the jungle*** ジャングルの王《トラ》.

～·**bird** [ーー]〖鳥〗《北アメリカ産》ヒタキの類; 極楽鳥の一種. ～·**bolt** [ーー]〖機〗心(しん)ボルト;〖建〗真ボルト. **K**～ **Charles's spaniel** 黒かっ色の愛がん用小犬. ～ **cobra**〖動〗キングコブラ《インド産の猛毒ヘビ》. ～ **crab** タラバガニ; カブトガニ. ～·**craft** [ーー] 治国策; 王道. ～·**cup** [ーー]〖植〗キン

K

ボウゲ (buttercup); 〔英:植〕リュウキンカ属の一種. **K~-Em·per·or** イギリス王兼インド皇帝〘昔の呼び名〙. **~·fish** [́ ̀] (1) 北アメリカ産大形食用魚〘数種ある〙. (2)〔話〕大立て者, 巨頭. **~·fish·er**〔鳥〕カワセミ. **K~ James Version** 欽定(きんてい)英訳聖書 (Authorized Version). **K~ Log** 名ばかりの王〘イソップ物語から〙. **~·màk·er** 国王擁立者; (Kingmaker)〔英史〕Warwick 伯〘Henry Ⅵ および Edward Ⅳ を押し立てた実力者〙. **~·pin** [́ ̀] (1)〔ボーリング〕中央の柱; 前面頂点の木柱;〔機〕中心ピン. (2)〔米俗〕親玉, かしら; 大物, 主要人物, 幹部. (3)〔米俗〕(列車の) 車掌. **~ post**〔建〕キングポスト, 真束(しんづか). **K~'s Advocate** 国王顧問弁護士. **K~'s Bench**〔英〕高等法院裁判所の一部. **K~'s Counsel**〔英〕勅選弁護士. **K~'s** [**Queen's**] **English, the** 純正英語; 標準英語〘特にイギリスの〙. **~'s evil** るいれき (scrofula). **~'s highway** (天下の) 公道, 国道. **~-size**(**d**) [́ ̀]〔話〕キングサイズの, 特大の, 大型の. **~ snake** 無毒の大ヘビ〘アメリカ産〙. **~'s peg** シャンパンとブランデーの混合酒. **~'s ransom** 王が捕虜になったときの身のしろ金; 大金. **K~ Stork** 暴君〘イソップ物語から〙. **~'s weather** 王様びより, 日本晴れ〘式典当日の晴天をさす〙. **~ truss**〔建〕真束で組んだけた組み. ◇ **~·ship** *n.* **1** 王の身分; 王位, 王権. **2** 王としての器, 王の尊厳.

‡**kíng·dom** [kíŋdəm] *n.* **1** 王国; 王土, 王領. **2** 王政. **3**〔宗〕神政; 神の国: Thy ~ come.〔聖〕み国を来たらせたまえ. **4**〔博物〕…界: the animal [vegetable, mineral] ~ 動物〔植物, 鉱物〕界. ***come into*** one's ~ 権力〔勢力〕を得る. ***the ~ of heaven*** 天国.

~ come〔俗〕来世, 天国: go to ~ *come* 死ぬ.

kíng·let [kíŋlit] *n.* **1** 小王, 小国の王. **2**〔鳥〕キクイタダキ.

kíng·ly [kíŋli] *a.* 王の, 王者の; 王者にふさわしい, 王らしい; 堂々たる, 威厳のある. ◇ **-li·ness** *n.*

Kíng·ston [kíŋstən, kíŋz-] *n.* キングストン〘Jamaica の首都〙.

kink [kiŋk] *n.* **1**〘針金・鎖・糸などの〙ねじれ, よれ. **2** 心のねじれ, えこじ; 風変わり. **3**〘背や首の筋肉の〙引きつり, けいれん. **4** 欠陥, 欠点. **——** *vi., vt.* ねじれる, ねじる, よれる, よる, もつれる, もつれさせる.

◇ **~·y** [-i] *a.* **1** ねじれた, よれた. **2**〔米話〕ひねくれた; 変わり者の.

kín·ka·jou [kíŋkədʒù:] *n.*〔動〕アライグマの類〘中央・南アメリカ産〙.

kí·no [kí:nou] *n.* キノ〘水溶性の樹脂. 薬剤・皮なめし用〙.

kíns·folk [kínzfòuk] *n. pl.* 親戚(しんせき), 親類, 身寄り.

kín·sha·sa [kinʃɑ:sɑ:] *n.* キンシャサ〘Democratic Republic of the Congo の首都〙.

***kíns·man** [kínzmən] *n.* (*pl.* **-men**) **1** 血族者, 血縁者. **2** 血族〔親戚〕の男.

kíns·wòm·an [kínzwùmən] *n.* (*pl.* **-wòm·en**) 血族〔親戚〕の女.

ki·ósk, ki·ósque [kiɑ́sk, káiɑsk/kí:ɔsk] *n.* **1**〘トルコなどの〙あずま屋, 亭(ちん). **2** キオスク風の簡易建物〘新聞売り場・音楽堂・地下鉄入り口など〙.

kip[1] [kip] *n.* 幼獣〔小獣〕の皮; キップなめし皮.

kip[2] *n.*〔俗〕下宿, 宿; 寝床.

kip[3] *n.* キップ〘Laos の貨幣単位〙.

Kíp·ling [kípliŋ] *n.* Rudyard [rʌ́djərd-] ~, 1865–1936, イギリスの作家・詩人.

kíp·per [kípər] *n.* **1** 産卵期またはその後の雄サケ〔マス〕. **2** ニシン〔サケ〕の薫製干物. **3**〔俗〕人, やつ. **——** *vt.*〈サケ・ニシンを〉薫製にする.

Kir·ghíz [kiərgí:z/kɑ́:giz] *n.* (*pl.* ~) **1** キルギス人〘中央アジアのキルギス地方に住むモンゴル系種族〙. **2** キルギス語.

~ Soviet Socialist Republic キルギス ソビエト社会主義共和国.

kirk [kə:rk] *n.*〔スコットランド〕教会. ***the K~*** (***of Scotland***) スコットランド教会. **~·man** [-mən] (*pl.* **-men**) スコットランド教会員. **~ session** 教会会議〘スコットランド教会の最下級法院〙.

kír·mess = kermess.

kirsch·was·ser [kíərʃvɑ̀:sər] G. *n.* 桜桃酒.

kír·tle [kɑ́:rtl] *n.* **1**〘中世の〙婦人用のゆるい上着. **2**〔古〕〘男子用〙短い上着.

kís·met [kízmet, kís-] *n.* 運命, 天命.

‡**kiss** [kis] *n.* **1** キス, 接吻(せっぷん), 口づけ. **2**〘微風が花・髪などに〙軽く触れること, 軽くゆすぶること. **3** 軽い接触;〔玉突き〕キス. **4** 卵白と粉砂糖をつかった焼き菓子. **5**〔小児語〕〘乳・茶などに浮かんだ〙あわ. ***blow a ~ to*** に接吻を送る〘遠くから手で〙.

—— *vt., vi.* **1** (に)接吻する, (に)口づけする. **2** 接吻であらわす; キスして…する: ~ good-bye 別れのキスをする. She ~*ed* the baby's tears away. 彼女は赤ちゃんにキスして涙をぬぐってやった〔きげんを直してやった〕. **3**〈微風・波が〉…に軽く触れる;〈玉突きの玉・自動車が互いに〉軽く接触する.

~ *and be friends* 接吻して仲直りする. **~ *away*** 接吻してぬぐいとる. **~** a person [place, thing] ***good-by***(***e***) (人に) 別れの接吻をする; (場所を) 去る; (物を) 手放す. **~ *hands*** [***the hand***] of a sovereign (帝王の) 手に接吻する〘大臣などの新任の儀式〙. **~** one's ***hand to*** に投げキスをする. **~ *of death*** 死の接吻, 危険な関係〔行為〕, 自殺行為. **~ *off***〔米俗〕くびにする;〈恋の相手を〉すてる; 断わる. **~ *the Bible*** [***the book***] 聖書に接吻して宣誓する. **~ *the dust*** (1) 屈服する, 屈辱を受ける. (2) 決闘で倒れる, 殺される. **~ *the ground*** 平伏する; 屈辱をなめる. **~ *the rod*** すなおに処罰を受ける.

~-in-the-ríng 接吻遊戯〘男女が輪をつくり, 輪外の鬼がひとりの異性の前にハンカチを落とすと, 落とされた者は鬼を追いかけつかまえたところでキスする〙.

~-me-quick [㊥ ́ ̀ ̀] (1) 野生サンシキスミレ. (2) 前額にたらした巻き毛. (3) 後頭部にかぶる縁なし帽子. **~-off** [́ ̀]〔米俗〕(1) お払い箱, 見限り: give the ~-*off* お払い箱にする. (2) 死. ◇ **~·er** [kísər] *n.* キスする人;〔俗〕顔; 口; (*pl.*) くちびる.

kíss·ing [kísiŋ] *a., n.* キスする(こと). ***be ~ kind*** キスするほどに親しい.

~ bug セアカサシガメの類のこん虫〘人のくちびるやほおを刺して血を吸う〙. **~ crust**〘焼くときほかのパンに密着してできた〙パンの皮の柔らかい部分. **~ gate**〔英方〕小開き門〘ひとりずつしか通れない〙. **~ kin** [**cousin**] 遠いけれどもキスをかわすぐらいの親類.

kit[1] [kit] *n.* **1** おけ, たらい; びく;〔英〕物入れ, 買い物かご. **2**〔軍〕装具, 背嚢(はいのう);〔英〕服装, 装備. **3**〘職人の〙道具箱〔袋〕; 道具一式;〘旅行などの〙用品一式. **4**〔話〕一そろい;《通例 the whole を冠する》全部, 皆. ***the whole ~ and caboodle*** だれもかれもみな, いっさいがっさい. **~ bag** = valise.

kit[2] *n.*〔稀〕〘昔のダンス教師用〙小バイオリン.

kit[3] *n.* 子ネコ. [< kitten]

Kít-cat [kítkæt] *n.* **1**〔英史〕キットキャットクラブ〘1703 年ロンドンに設立された Whig 党員のクラブ〙; そのクラブ員. **2** (k~) 半身より小さい両手を含む肖像画.

†**kítch·en** [kítʃin] *n.* 台所, 調理場, 炊事場, 厨房(ちゅうぼう). **~ cabinet**〔米話〕〘大統領・知事などの内内の相談相手となる〙私設顧問団. **~ garden** (家庭) 菜園. **~ knife** 包丁. **~ maid** 台所の女中〘料理番の下働き〙. **~ midden**〔考古〕貝づか. **~ physic**〔笑〕〘病人用〙滋養物, ごちそう. **~ police**〔米軍〕炊事勤務; 炊事兵. **~ range** (炊事用) かまど, レンジ. **~ stuff** 料理の材料〘特に野菜など〙; 台所の残り物. **~ unit** 流し・戸だな・引き出しを兼ねた台所設備. **~·ware** [́ ̀ ̀] 台所用品.

K

◇ ～·er *n.* 1 料理人;《特に寺院の》炊事夫. 2 〖英〗料理用ストーブ. 「易台所, 小台所.
kìtch·en·ét(te) [kìtʃinét] *n.* 《アパートなどの》簡
‡**kite** [kait] *n.* 1 凧(たこ). 2 〖鳥〗トビ. 3 他人をくいものにする人, ぺてん師, 強欲な人. 4 (*pl.*) 〖海〗《微風のときだけ張る》軽帆. 5 〖商俗〗融通手形, から手形, なれあい手形. ***fly*** [***send up***] ***a*** ～ (1) 凧を揚げる. (2) 世論を探る. (3) 融通手形を振り出す.
—— *vi., vt.* 〖話〗トビのように飛ぶ〔飛ばす〕; 〖商〗なれあい手形で金をつくる, から手形を出す.
～ **balloon** [**sausage**] ソーセージ形係留気球.
kith [kiθ] *n.* ＝kin. 《いまは次の用法だけ》～ ***and kin*** 親戚(しんせき)知人, 親類縁者.
‡**kít·ten** [kítn] *n.* 子ネコ; おてんば娘. —— *vi., vt.* 〈ネコが〉子を生む; 〈子を〉生む.
◇ ～·**ish** *a.* 子ネコのような; おてんばの.
kít·ti·wake [kítiwèik] *n.* 〖鳥〗ミツユビカモメ.
kít·tle [kítl] *a.* 扱いにくい, やっかいな. ～ **cattle** 手に負えない牛〔人, 物〕. 「〖俗〗若い娘.
kít·ty[1] [kíti] *n.* 1 〖小児語〗子ネコ; にゃんこ. 2
kít·ty[2] *n.* 〖トランプ〗 1 《ポーカーなどの》総かけ金. 2 積み金, 寄せ金《card game で各人が得た金の一部を出して席料などの資金にする》.
kí·wi [kí:wi] *n.* 1 〖鳥〗キウイ, 無翼鳥 (apteryx). 2 〖俗〗《飛行機に乗らない》地上勤務員. 3 (K～) 〖話〗ニュージーランド人.
K.K.K., KKK Ku-Klux-Klan. **kl.** kiloliter(s).
Klan [klæn] *n.* ＝Ku-Klux-Klan; その支部.
Kláns·man [klǽnzmən] *n.* (*pl.* **-men**) Ku-Klux-Klan の団員. 「ション.
kláx·on [klǽksn] *n.* (自動車の) 電気警笛, クラク
kléen·ex [klí:neks] *n.* クリネックス《薄葉紙 (tissue paper) の一種. 商標名》.
klèp·to·má·ni·a [klèptəméiniə] *n.* 病的盗癖, 窃盗病. ◇ **-ac** [-æk] *n.* 窃盗狂〔患者〕.
klieg [kli:g] ～ ***eyes*** 映画撮影の強度の照明による目の病気. ～ ***light*** 映画撮影用アーク燈.
KLM *Koninklijke Luchtvaart Maatschappij* (Du. ＝Royal Dutch Airlines).
Klón·dike [klándaik/klɔ́n-] ～ ***Region*** クロンダイク地区《カナダの北西地方》.
kloof [klu:f] *n.* 《南アフリカの》峡谷. [＜Du.]
klýs·tron [klístran, kláistrən/kláistrɔn, -trən] *n.* 〖物〗クライストロン《極超短波の発生・増幅などに用いられる真空管》.
km. kilometer(s); kingdom. **km/sec** kilometer per second. **kn.** kronen.
knack [næk] *n.* 1 《練習の結果得た》技巧, 巧妙なやり方, うまいくふう; 《仕方の》呼吸, こつ. 2 《指先を》パチンとはじく音; 《手品師などの》わざ.
◇ ～·**y** *a.* こつを心得た, 巧妙な.
knáck·er [nǽkər] *n.* 1 〖英〗廃馬畜殺業者. 2 廃屋・廃船などの買い入れ人.
knáck·wurst [nákwə:rst/nǽk-] *n.* ソーセージの一種《太くて香辛料がきいている》.
knag [næg] *n.* 1 木の節, 木こぶ. 2 《物を掛ける》木くぎ. ◇ ～·**gy** *a.* 節だらけの; でこぼこの.
knap[1] [næp] *vt.* (**-pp-**) 〖古〗 1 ポキンと折る; 《木づちなどで》打ち砕く; たたく. 2 かむ.
◇ ～·**per** *n.* ～する人; 破砕器, 石割りづち.
knap[2] *n.* 〖方〗頂上; 丘, 小山.
knáp·sack [nǽpsæk] *n.* 《軍人または旅行者などの》背嚢(はいのう), 背負い袋.
knáp·weed [nǽpwi:d] *n.* 〖植〗矢車菊属の一種.
knar [na:r] *n.* 木の節〔こぶ〕.
‡**knave** [neiv] *n.* 1 悪漢, ならず者. 2 〖トランプ〗ジャック. 3 〖古〗男の子; 下男; 身分の低い男.
kná·ver·y [néiv(ə)ri] *n.* ふらちな〔不正〕行為; ごまかし, 不正.
knáv·ish [néiviʃ] *a.* ならず者の(ような); 不正な, ふらちな. ◇ ～·**ly** *ad.*

knead [ni:d] *vt.* 1 〈粉・土などを〉こねる, 練る; 〈パン・陶器などを〉こねてつくる. 2 混合する, 鍛接する. 3 〈筋肉を〉もむ. 4 〈人格を〉みがく, 陶冶(とうや)する.
‡**knee** [ni:] *n.* 1 ひざ, ひざがしら, 膝(しつ)関節; 《衣服の》ひざ. 2 《馬・犬などの》腕骨; 《鳥の》脛骨(けいこつ). 3 ひざ状のもの; 肘材(ちゅうざい); 腕木; 〖建〗隅材(すみざい).
at one***'s mother's*** ～ 母のひざ元で, 子どものときに. ***bend*** [***bow***] ***the*** ～ ***to*** [***before***] …にひざを折って嘆願する; に屈従する. ***be on*** one***'s*** ～***s*** ひざまずいている. ***bring*** a person ***to his*** ～***s*** (人を) ひざまずかせる〔屈従させる〕. ***fall*** [***go*** (***down***)] ***on*** one***'s*** ～***s*** ひざまずく; 伏し拝む. ***get*** ～ ***to*** ～ ***with*** …とひざを交えて話し合う. ***give*** [***offer***] ***a*** ～ ***to*** 《ボクシング試合などで》ひざを貸して休ませる; に介添えする. ***on the*** ～***s of the gods*** 人力の及ばない; 未決定の. ***rise on the*** ～***s*** ひざで立つ. ***sit*** ～ ***to*** ～ ひざを接してすわる.
—— *v.* (～**d**) *vt.* 1 にひざで触れる. 2 肘材で接合する, に肘材を当てる. 3 〖話〗〈ズボンの〉ひざをだぶだぶにする. —— *vi.* ひざを屈する; ひざまずく.
～ **action** 前輪上下動装置《自動車の前輪の左右が別々に上下できる装置》. ～ **breeches** 半ズボン. ～·**cap** [⌐⌐] 〖医〗膝蓋(しつがい)骨《ひざざら》; ひざ当て. ～-**déep** (1) ひざまでの深さの, ひざを没するような: stand ～*-deep* in water 水にひざまでつかる. (2) 〖稀〗熱中して, 深くはまって. ～-**hígh** ひざまでの高さの. ～·**hole** [⌐⌐] (机の下などの) 両ひざを入れる空所. ～·**hole table** [**desk**] 両そで机. ～·**pad** [⌐⌐] ひざ当て. ～·**pan** [⌐⌐] 〖医〗膝蓋骨. ～ **swell** 〖楽〗《オルガンの》ひざ板, 増音器.
‡**kneel** [ni:l] *vi.* (**knelt** [nelt] *or* **kneeled**) ひざまずく. ～ ***down*** ひざまずく; 屈服する. ～ ***to*** の前にひざまずく〔ひざを屈する〕; を拝む. ～ ***up*** ひざをついて起き上がる.
knell [nel] *n.* 1 鐘声; 《特に》死者を弔う鐘の音, 弔鐘. 2 不吉(ふきつ)な前兆, 凶兆 《*of*》.
—— *vt.* 〖古〗の弔鐘を鳴らす; 〈凶事を〉知らせる.
—— *vi.* 弔鐘が鳴る; 不吉に響く.
‡**knelt** [nelt] *v.* kneel の過去・過去分詞.
†**knew** [n(j)u:/nju:] *v.* know の過去形.
Knick·er·bock·er [níkərbàkər/-bɔk-] *n.* 1 ニューヨークに初めて移住したオランダ人の子孫; ニューヨーク人. 2 (k～s) ゆるい半ズボン《ひざ下でくくる》.
knick·ers [níkərz] *n. pl.* 1 〖話〗＝knickerbockers. 2 婦人用ブルマー.
knick·knack [níknæk] *n.* 装飾的小物, 細かい装身具, 小間物; (装飾的) 骨董(こっとう)品.
◇ ～·**er·y** [-əri] *n.* 《集合的》小装飾品類.
†**knife** [naif] *n.* (*pl.* **knives** [naivz]) 1 ナイフ, 小刀; 包丁 (＝ kitchen ～). 2 手術刀, メス; (the ～) 外科手術. 3 切断機の刃. 4 〖雅〗刀, 短剣.
a ～ ***and fork*** 食卓用ナイフとフォーク; 食事. ***before*** one ***can say*** ～ 〖話〗あっという間に; 突然. ***be*** [***go***] ***under the*** ～ 〖話〗手術を受けている〔受ける〕. ***get*** one***'s*** ～ ***into*** に対して恨みを示す; に悪口を浴びせる. ***have the*** ～ ***out for*** をねらう, をやり玉にあげる. ～ ***and pistol man*** 〖俗〗殺し屋. ～ ***in the teeth*** 敵意. ***play a good*** [***capital***] ～ ***and fork*** たらふく食う. ***war to the*** ～ 血戦.
—— *v.* (～**d**) *vt.* 1 ナイフで切る; 短刀で刺す〔刺し殺す〕. 2 〖米俗〗にひきょうな手段で勝とうとする.
—— *vi.* 切って進む: The ship ～*d* through the heavy seas. 船は荒海を分け進んだ.
～·**board** [⌐⌐] (1) ナイフとぎ台. (2) 〖英話〗《旧式のバスの屋上に縦に設けられた》背中合わせの座席.
～-**edge** [⌐⌐] (1) ナイフの刃; 鋭利なもの. (2) 〖機〗刃形, ナイフエッジ《はかりなどの支点となるくさび形の刃》. (3) 〖登山〗やせ尾根. ～ **grinder** とぎ屋, とぎ師. ～ **machine** ナイフ研摩機. ～ **rest** 《食卓用の》ナイフ置き. ～ **switch** 〖電〗ナイフスイッチ《刃形の部分を差し込むスイッチ》.

K

‡**knight** [nait] *n.* **1**《中世の》騎士, 武士《良家の子弟で国王・諸侯に仕え武勇義侠(ぎょう)を重んじ婦人を敬愛した》. **2**《近世イギリスの》**ナイト爵**, 勲爵士《Sir の称号を許され, baronet の次に位する栄爵》. **3**〖古ローマ〗騎兵隊員, 騎士;〖古ギリシア〗アテネの第2階級市民. **4**〖英〗州選出代議士 (=K～ of the shire). **5**〖チェス〗ナイト.
～ of the air 飛行家. ***～ of the brush*** 画家. ***～ of the cue*** 撞球(どうきゅう)家. ***～ of the needle*** [***thimble***] 裁縫師. ***～ of the pen*** [***quill***] 文士. ***～ of the road*** 追いはぎ. ***～ of the rueful countenance*** 憂愁の騎士 (Don Quixote). ***K～s of Columbus*** アメリカ カトリック慈善会《1882 年創立》. ***K～s of Pythias*** ピシアス慈善会《1864 年アメリカで創立された秘密結社》. ***K～s of the Round Table*** 円卓騎士団.
—— *vt.* にナイト爵位を授ける.
～ bachelor 最下級の勲爵士. **～ banneret**《昔の》旗印騎士. **～ commander** 上級勲爵士. **～-ér·rant** [-érənt] (*pl.* **～s-ér·rant**)《中世の》武者修行者; 義侠の士. **～-ér·rant·ry** 武者修行; 義侠 (の行為). **K～s Templars** (1) テンプル騎士団《聖地巡礼保護のため結成された僧兵団, 1118–1312》. (2)〖米〗秘密結社《テンプル騎士団の後継者と自称する》.
◇ **～·age** [-idʒ] *n.* **1**《集合的》騎士団; 勲爵士団. **2** 勲爵士名簿. **～·hood** [-hùd] *n.* **1** 騎士の身分; 騎士道; 騎士かたぎ;《集合的》騎士. **2** ナイトの爵位, 勲爵士であること;《集合的》勲爵士たち.
knight·ly [náitli] *a.* **1** 騎士の; 騎士らしい; 義侠的な. **2** 勲爵士の.
—— *ad.* 〖古・雅〗騎士らしく; 義侠的に.
‡**knit** [nit] *v.* (**～** *or* **～·ted** [nítid]; **～·ting**) *vt.* **1** **編む**: ～ socks くつ下を編む. ～ goods 編んだもの, メリヤス類. **2** 密着させる, 接合する; 組み合わせる: a well-*knit* frame 引き締まった体格. **3**《愛情・相互の利益などで》結びつける. **4** <まゆ・額を> **ひそめる**; <筋肉などを> 引き締める.
—— *vi.* **1** 編み物をする. **2** 密着する, 接合する, 組み合う: A broken bone ～*s*. 折れた骨が癒着(ちゃく)する. **3** <まゆ・額などが> 八の字をよせる.
～ in 編み込む; まぜ編みする. ***～ up*** (1) 編み繕う. (2) 結合する, 密着する. (3) <議論などを>終結する.
◇ **～·ter** *n.* **1** 編む人, 編み物師, メリヤス工. **2** 編み物機械, メリヤス機械.

K

knít·ting [nítiŋ] *n.* **1** 編むこと; 編み糸細工; 編み物; メリヤス. **2** 接合, 密着.
～ machine 編み物機械, メリヤス機械. **～ needle** 編み針, かがり針, メリヤス編み針.
†**knives** [naivz] *n.* knife の複数形.
knob** [nɑb/nɔb] *n.* **1** こぶ, 節(ふし); 円形の固まり. **2**《戸・引き出しなどの》取っ手, 握り;《旗ざおなどの》玉飾り. **3**《石炭・砂糖などの》小塊. **4**〖俗〗頭;〖米〗小さな丸い丘; (*pl.*) 丘陵地帯. ***with ～s on〖俗〗おまけに; 更に悪いことには. —— *v.* (**-bb-**) *vt.* に～をつける. —— *vi.* こぶができる. **～·kèr·rie** [-kèri] 頭にこぶのついた投げ棒《南アフリカ Kafir 族の武器》. **～·stick** [⌐⌐] (1) こぶ頭のついたこん棒 [つえ]. (2) =knobkerrie. (3)〖英俗〗スト妨害者, スト破り. ◇ **knób·bed** [-d] *a.* ～のある.
knób·by [nábi/nɔ́bi] *a.* **1** 節[こぶ]の多い; こぶ状の; でこぼこの; 丘の多い. **2**〖俗〗流行の, ハイカラな, 上品な. **3** 困難な, 複雑な: ～ problems 困難な問題. ◇ **-bi·ness** *n.* 節[こぶ]の多いこと.
†**knock** [nɑk/nɔk] *vi.* **1** 打つ, たたく《を *at, on*》: ～ *at* a door 戸をたたく. **2** 打ち当たる, ぶつかる: ～ *into* a table テーブルにぶつかる. **3** <内燃機関が>ノッキングを起こす《故障などのためカタカタいう》. **4**〖米話〗あら捜しをする. —— *vt.* **1** 打つ, たたく: ～ a person senseless 人をなぐって気絶させる. **2** <戸を> たたく. **3** たたき落とす《*down, off*》. **4** ぶつける, 衝突させる. **5**〖俗〗びっくりさせる, あっといわせる: That ～*s* me! 驚いたなあ. **6**〖米話〗やっつける, けなす.
～ about [***around***]〖話〗(1) <波・風が船を> もむ, 翻弄(ほんろう)する. (2) <人を> こづき回す, 虐待する. (3) ぶらつく, うろつく; 駆け回る. ***～ against*** (1) …にぶつける [ぶつかる], に突き当たる. (2) に出会う, …にばったり会う. ***～ at an open door***《たやすいことに》むだぼねをおる. ***～ away*** 打ちたたいてはずす. ***～ down*** (1) 打ち倒す. (2) 取りこわす, 解体する; <議論を> くつがえす. (3)〖競売〗せり落とす. (4)〖話〗<司会者が人を> 指名する: ～ *down* a person *for* a song 人に歌を指名する. (5)〖話〗<価を> 値切りたおす. (6)〖米俗〗<車掌が運賃を> 着服する, 盗む. (7)〖米俗〗紹介する. ***～ for admittance*** 入れてくれと戸をたたく. ～ a person***'s hat off*** びっくりぎょうてんさせる. ***～ head*** おじぎする. ～ a person***'s head off***〖俗〗苦もなく負かす. ***～ heads*** 双方をたしなめる. ***～ home*** <くぎなどを> しっかり打ち込む; <論旨などを> 徹底的にのみこませる. ***～ in*** (1) 打ち込む, たたき込む. (2)〖英:大学〗門限後に門をたたいて入れてもらう. ***～ into a cocked hat***〖話〗<議論・計画を> たたきつぶす. ～ something ***into the head*** よくよく教え込む. ～ a person ***into the middle of next week*** ひどい目に会わせる. ***～ off*** (1) たたいて払いのける. (2)〖話〗<仕事を> やめる. (3)〖話〗<速力・値を> 減ずる, 下げる. (4)〖話〗早く [いいかげんに] 仕上げる; <詩を> 即席につくる. (5)〖俗〗殺す; 死ぬ. (6) に盗みをはたらく: ～ *off* a store 店を襲う. ～ a person ***on the head*** (1) (人の) 頭をなぐる; 気絶させる; 殺す. (2) <計画などを> ぶちこわす. ***～ out*** (1) たたき出す, たたき落とす. (2)〖ボクシング〗ノックアウトする. (3) 疲れさす, 参らせる. (4) 打ち負かす. (5)〖野球〗<投手を> ノックアウトする. (6)〖話〗急いで考え出す, 急いでし終える. (7)〖競売〗《ぐるになって》安く落とす; せり落とし品の利益を仲間で分配する. (8)〖英:大学〗門限後門をたたいて出る. ***～ out of the box***〖野球〗<投手を> 打ちまくって退かせる;《一般的》参らせる. ***～ over***〖俗〗(1) はり倒す, ひっくり返す. (2) 参る; 往生する. ***～ the bottom out of*** の底を打ち抜く; <計画・学説など>を根底からくつがえす. ***～ the breath out of*** a person***'s body*** (人) をあっといわせる. ***～ their heads together*** 強引な手段でけんかをやめさせる. ***～ (the) spots out of*** を完全にやっつける, …にまさる. ***～ together*** (1) 激しくぶつける [ぶつかる]. (2) 急ごしらえする. ***～ under*** 降参する《に *to*》. ***～ up*** (1) 打ち上げる, 突き上げる. (2) <人を> 戸をたたいて起こす. (3)〖クリケット〗<点数を> 得点する. (4)〖英話〗へとへとになる [する]. (5) 急造する. (6) 衝突する, 出くわす《と *with*》. (7)〖製本〗《紙の》端をそろえる. (8)〖米俗〗妊娠させる.
—— *n.* **1** ノック, 戸をたたくこと [音]: There is a ～ at the door. ノックの音がする; だれか来ているよ. **2** 殴打, 打撃. **3**〖野球〗ノック《守備練習のための打球》;〖クリケット〗打撃番. **4** ノッキング《内燃機関の不調でエンジンがカタカタいうこと》. **5** 悪評. ***get the ～***〖話〗お払い箱になる; <俳優などが> 見捨てられる. ***take the ～*** 打撃を受ける;〖俗〗金に詰まる.
<注> knock の合成語はそれぞれ別項.
[類] → **beat**「打つ」
knóck·a·bout [nɑ́kəbàut/nɔ́k-] *a.* **1** 乱打の; 騒々しい;《芝居が》どたばた調の. **2** うろつき回る, 放浪の. **3**《着物など》荒仕事用の.
—— *n.* **1** どたばた芝居 (の役者); 騒々しい音楽演奏者. **2**〖海〗一種の小型帆船. **3** 乱暴に扱える物, ふだん用《着物・自動車など》.
knóck·down [nɑ́kdàun/nɔ́k-] *a.* **1** 打ち倒すような, 圧倒的な. **2** 取りはずし [組み立て] の容易な. **3**《価格が》最低の. —— *n.* **1** 打ち倒すこと; 圧倒的なもの. **2**〖俗〗強い酒. **3** なぐり合い, 乱闘. **4** 取りこわしのできる物《家具など》. **5**〖米俗〗紹介

《への *to*》. 6 割引: a ～ of 15 percent.
～ **export** ノックダウン輸出.

knócked-dówn [náktdáun/nɔ́kt-] *a.* (組立て可能の) 部品から成る: ～ furniture 組立て式家具.

knóck·er [nákər/nɔ́k-] *n.* 1 (戸を) たたく人. 2 ノッカー《屋内の人に来訪を告げる玄関に取り付けた金具》. 3〘米俗〙こきおろし屋, 不平家. ***up to the ～***〘俗〙完全に, 申し分なく.

knóck-knee [nákni:/nɔ́k-] *n.* 1 内曲がりのひざ, X 字脚. 2 (*pl.*) 内ワニ足.
◇ **knóck-knéed** [-ní:d] *a.* 1 内ワニ足の. 2 よろよろの, 弱々しい.

knóck-me-down [-mi:dàun] *a.* 猛烈な, 圧倒的な.

knóck-off [-ɔ̀:f / -ɔf, -ɔ:f] *n.* (仕事の) 打ち切り; 退社.

knóck-on [-àn, -ɔ̀:n/-ɔn] *a.* 衝突による《核分裂した素粒子などが》.

knóck·out [nákàut/nɔ́k-] *a.* 1〘ボクシング〙ノックアウトの; 圧倒的な. 2〘競売〙ぐるになってせり落とす. 3〘運〙失格制の. —— *n.* 1〘ボクシング〙ノックアウト《略 K.O.》. 2〘米俗〙決定的な大打撃; とんだ災難. 3〘米俗〙すてきな人〔物〕, すごい美人; 大当たり. 4〘競売〙ぐるになってせり落とすこと. ***technical ～***〘ボクシング〙技倒《略 T.K.O., TKO》.

knóck·up [nákʌ̀p/nɔ́k-] *n.* 軽い練習《特にクリケットの試合開始前にする》.

knóck·wurst [nákwə:rst/nɔ́k-] = knackwurst.

knoll[1] [noul] *n.* 小山, 丸い丘, つか.

knoll[2] *n.*〘英古〙鐘の音. —— *vt.* 1〈鐘を〉鳴らす. 2〈時を〉鐘で知らせる; 鐘で呼び寄せる. —— *vi.*〈鐘が〉鳴る.

knop [nap/nɔp] *n.* 1 丸い取っ手 (knob). 2〘建〙つぼみ形装飾, 化粧がしら《花・葉などの浮き彫りのある柱頭》.

knot**[1] [nat/nɔt] *n.* 1 **結び目**, 結び; 《外科手術の縫合糸の》結節. 2《装飾用の》結びひも; チョウ結び. 3 **群れ**, 小集団; 一派《*of*》. 4 **縁**, きずな. 5 **こぶ**, 贅肉(ぜいにく), いぼ;〘医〙結節; 《草木の》節(ふし), こぶ; 《板・木材の》節(穴); 《樹木の》こぶ病. 6 紛糾; 難問, 難事. 7《問題の》要点, 骨子; 《物語・劇の》筋のもつれ, やま. 8〘海〙ノット《1 時間に 1 海里走る速度》; 《誤用》海里《6,080 フィート》; 測程線の結節. 9〘英〙《荷物を運ぶため肩や頭に当てる》当て物. ***cut the ～ 英断をもって難関を処理する. ***in ～s*** 三三五々. ***～ in a play*** 芝居のやま. ***make* 〔*loosen*〕 *a ～*** 結び目をつくる〔ほどく〕. ***running ～*** 引き結び. ***seek a ～ in a rush* 〔*bulrush*〕** (節のない燈心草に節を捜す→) むだ騒ぎをする. ***tie the ～*** 縁組みする. ***tie* a person *(up) in* 〔*into*〕 *～s*** (人を) 苦境におとしいれる.
—— *v.* (-tt-) *vt.* 1 結ぶ, に結び目をつくる; 結び付ける. 2〈まゆを〉ひそめる. 3 もつれさす. 4 結んでふさにする. 5 に節をつくる. —— *vi.* 1 こぶ〔節〕ができる. 2 結ばれる. 3 結び目をつくる. 4 一団をなす; 小さく集まる.
～·grass [ˊˌ]〘植〙道柳, 庭柳. **～·head** [ˊˌ] のろま. **～·hole** [ˊˌ] 節穴. **～·work** [ˊˌ] 組み糸飾り, 結びひも細工; 編み物細工. ◇ **～·ted** [-id] *a.* 1 節のある; 結び目のある. 2 もつれた; 困難な.

knot[2] *n.*〘鳥〙シギの類.

knót·ty [náti/nɔ́ti] *a.* 1 節〔こぶ〕の多い; 結び目のある. 2 紛糾した, 困難な. ◇ **-ti·ness** *n.*

knout [naut] *n.* 《昔ロシアで刑具として用いられた皮を編んでつくった》笞(しもと). —— *vt.* 笞で打つ.

†**know** [nou] *v.* (**knew** [n(j)u:/nju:]; **known** [noun]) *vt.* 1 **知っている, 知る**; …がわかる, …がわかっている: Everybody ～s the fact. = The fact is *known to* everybody. みんながその事実を知っている. How do you come to ～ all this? どうしてこうしたことをご存じなのですか. We *knew* that they were innocent. 彼らが無罪であることがわれわれにはわかっていた. I don't ～ whether he is here (or not). 彼がここにいるかどうか知らない. I ～ him (to be) honest. 彼が正直だということはわかっている. I have never *known* him lose his temper. 彼がかんしゃくを起こしたのを私はついぞ見たことがない.
2 と知り合いである: I've *known* him since I was a child. 子どものときから彼を知っている.
3 に精通している, 心得ている; 覚えている: He ～*s* the law. 彼は法律に通じている. I ～ the value of time. 私は時間がたいせつなことを心得ている. The actor ～*s* his lines. 俳優はせりふを覚えている.
4 (二者を) **識別できる**, 区別できる; 見て(それと)わかる: I ～ a gentleman when I see him. 紳士は見ればわかる. I've been introduced to her, but I'm afraid I might not ～ her again. 彼女に紹介されたが, 今度会うとき (顔が) わかるかしら. They are so alike that you hardly ～ one *from* the other. 両者はとてもよく似ているのでほとんど区別できない.
5 の経験がある, 体験している: a man who has *known* poverty and sorrow 貧困と悲しみを経験した人. He has *known* better days. 彼にもましな時代があった.
6〘聖・法〙と性的交渉をもつ, 〈女を〉知る: Adam *knew* Eve. アダムはその妻イブを知った.
—— *vi.* 知っている, 知る: "You have nobody to count upon." "Yes, I ～." 「きみはだれも当てにできない」「はい, わかっています」. I like it as you ～. ご承知のとおり私はそれが好きだ. "Is he still single?" "Oh, don't you ～?" 「彼はまだ独身ですか」「おや, 知らないんですか」. As far as I ～, he will be away for three months. 私の知っているかぎりでは彼は 3 か月ほど旅に出る.
all* one *～s (1) できるだけのこと; 全力. (2)《副詞用法》できるだけ; 全力を尽くして. ***don't you ～*** 《軽い末尾句・挿入句として》ほんとに, 全く: It's such a bore, *don't you* ～. 全くたいくつな仕事なんですよ. ***God* 〔*Heaven*〕 *～s*** … (1) (神がご存じだ→) 誓って, 確かに, ほんとに: *God* 〔*Heaven*〕 ～*s* that it is true. 神に誓ってほんとうだ. (2) (神のみがご存じだ→) だれも知らない, かもしれない: *God* 〔*Heaven*〕 ～*s* where he went. どこへ行ったかだれも知らない. ***have known*** a person (do) (人が) …するのを見たことがある〔知っている〕: *Have* you ever *known* him *sing* a song? 彼が歌うのを聞いたことがあるか. ***～ oneself*** おのれを知っている. ***～ about*** …について知っている《know a thing が直接 (経験) の知識であるに対し, know *about* 〔*of*〕 a thing は間接的, 観念的知識》: I *knew about* that last week. 先週そのことが伝えられた. ～ *about* misery 悲惨について知っている. 〈注〉know misery 悲惨を経験する. ***～ a hawk from a handsaw*** 判断力がある, ばかではない. ***～ all about*** …のことを全部知っている. ***～ a thing or two* = *～ how many beans make five* = *～ the ropes* = *～ what's what*** 物事を心得ている, 常識がある. ***～ better than*** … するほどばかではない: You ought to ～ *better than* to expect too much of him. 彼にあまり期待しない方が賢明というものだ. ***～ better than that*** そんなばかなことはしない, もっと分別がある. ***～ B from a bull's foot* = *～ black from white* = *～ chalk from cheese* = *～ on which side* one*'s bread is buttered*** 理解力がある, ばかでない. ～ a person ***by name*** (人の) 名前を知っている《知己ではないが》. ～ a person ***by sight*** (人の) 顔は知っている《名前は知らないが》. ～ a person ***for*** (人が) …であると知っている〔わかる〕: I ～ him *for* a German. あの人がドイツ人だと私にはわかる. ***～ for certain*** 確実に知っている. ***～ A from B*** (A) と (B) とを区別〔識別〕できる. ***～ of*** (…のあること) を知って〔聞いて〕いる: I ～ *of* a shop where you can get things

K

cheaper. 品物がもっと安く手にはいる店を知っている. This is the best method I ～ *of*. これが私の知る最良の方法だ. ～ one's ***onion*** [***stuff***] 仕事に精通する. ～ one's ***own business*** 自分の仕事をよく知っている; よけいな手出しを慎む. ～ ***the time of day*** 〚話〛話がわかる, 抜かりない, 世間を知っている. ～ a person ***to speak to*** 会えば話しかける程度に面識がある. ～ ***what*** one ***is about*** 万事に抜け目がない. ***let*** a person ～ 知らせる: Drop us a line and *let* us ～ how things are going. 一筆書いてようすを知らせてください. ***make oneself known*** 名をなのる; 有名になる. ***nobody*** ～***s what*** [***where, why, how, when***] なに〔どこ, なぜ, どうして, いつ〕かだれも知らない: *Nobody* ～*s what* may happen. なにが起こるかだれにもわからない. He has gone *nobody* [*God*] ～*s where*. どこかへ行ってしまった. ***Not if I*** ～ ***it!*** 〚話〛そんなことだれがするものか. ***not*** ～ ***from nothing*** 〚俗〛全く無知である. (***not***...) ***that I*** ～ ***of*** 〚話〛私の知るところでは (…ではない). ***There is no*** ～***ing*** ... …を知ることができない: *There is no* ～*ing* what troubles we shall have. どんなめんどうが起こるか知れたものでない. ***You*** ～, ... ＝..., ***you*** ～ (ご承知のとおり) …ですからね.
—— *n.* 熟知《主として次の用法》. ***be in the*** ～ 〚話〛事情〔消息〕をよく知っている, 内情に明るい.
〈注〉know の合成語はそれぞれ別項.
◇ ∸**·er** *n.* **1** 知っている人, 理解する人. **2**〚哲〛認識我.

knów·a·ble [nóuəbl] *a.* **1** 知ることのできる, 認識できる. **2** 知りやすい, 近づきやすい.
—— *n.* (*pl.*) 知りうること.

knów-all [nóuɔ̀:l] *n.* 〚話〛物知り; 物知りぶる人.

knów-how [nóuhàu] *n.* 〚話〛《やり方についての》知識, 技術; 能力; 方法, こつ.
[類] → **information**「知識」

knów·ing [nóuiŋ] *a.* **1** 物を知る, 認識の. **2** よく知っている, 利口な. **3** 承知の上での, 故意の. **4** 如才のない, 抜け目のない; 知ったかぶりの: a ～ look 心得た顔つき. **5**〚話〛センスのある, いきな: a ～ hat 気のきいた帽子.
—— *n.* 知ること.
◇ ～**·ly** *ad.* **1** 知って, 知っていながら. **2** 心得顔に; 知ったかぶりをして.

knów-it-all [nóuitɔ̀:l] *a., n.* 〚話〛物知り顔する(人).

‡**knówl·edge** [nálidʒ/nɔ́l-] *n.* **1 知識**: man's ～ *of* nature 自然に関する人間の知識. every branch of ～ あらゆる知識の分野. the ～ of the world 世間(について)の知識, 世間を知っていること. the ～ that... …だということを知っていること. **2 学識**, 学問; 精通, 熟知; 見聞: a good ～ *of* physics 物理学に関するふかい学識. **3** 認識; 理解: ～ of good and bad 善悪のわきまえ. **4** 経験: ～ of life 人生経験. **5** 報知, 消息: I had no ～ of it. そんなこと少しも聞いていなかった. **6**〚古〛異性についての経験, 性交.
A little ～ ***is a dangerous thing.*** 〚諺〛生兵法(なまびょうほう)は大けがのもと. ***come to*** a person's ～ (人)に知られる. ***general*** ～ → general. ***have some*** [***no***] ～ ***of*** 多少知っている〔全然知らない〕. ***It is common*** ～ ***that***... …ということは周知の事実だ. ***of common*** ～ 一般に知られている, だれでも知っている. ***to*** one's ～ (人)の知るかぎりでは. ***to*** (***the best of***) ***my*** ～ 私の知っているかぎりでは. ***without the*** ～ ***of*** a person (人)に知られずに.
[類] → **information**「知識」

knówl·edge·a·ble [-əbl] *a.* 〚話〛**1** 知識を備えている. **2** 物知りの, 情報通の. **3** 洞察(どうさつ)力のある. 見通しを有する.

†**known** [noun] *v.* know の過去分詞. —— *a.* 知られている; 名前の知られた; 既知の. ***make*** ～ 知らせる, 公表する.

knów-nòth·ing [nóunʌ̀θiŋ] *n.* **1** なにも知らない人, 無学な人. **2** 不可知論者. **3** (K～-N～)〚米史〛アメリカ党員《American Party は1853–56年に盛んだった秘密結社で, アメリカ生まれの市民以外の者を締め出そうとし, その党員は常に党に関しては無知を装った》. —— *a.* **1** なにも知らない, なにもわからない. **2** 不可知論的な.
◇ ～**·ism** *n.* 不可知論; (Know-Nothingism) アメリカ党主義, ほおかぶり主義.

Knox [nɑks/nɔks] *n.* John ～, 1505?–72, スコットランドの宗教改革者・政治家・歴史家.

Knóx·ville [nɑ́ksvil/nɔ́ks-] *n.* アメリカ Tennessee 州の都市.

knt. knight.

knúck·le [nʌ́kl] *n.* **1** 指の関節, 指の付け根. **2** (通例 the ～s) げんこつ. **3** 《小牛・豚の》ひざ関節の肉《スープ用》. **4**〚機〛つぼがね, ひじがね. **5** (*pl.*) ＝～-duster. ***get*** [***give***] ***a rap on*** [***over***] ***the*** ～***s*** けんつくをくう〔くわせる〕. ***near the*** ～ 〚話〛きわどい, 下品になりそうな.
—— *vt., vi.* **1** 指関節で打つ〔押す, さわる〕, げんこつでコツンと打つ. **2** (おはじきをするとき) 指関節を地につける. **3** こぶしを握る. ～ ***down*** (1) 精力的に働く. (2) 落ち着いてかかる《に *to*》. (3) 屈服する. ～ ***under*** 〚俗〛(1) 屈服〔降参〕する《に *to*》. (2) 懸命に働く.
～ **ball** 〚野球〛ナックルボール《おそくて不規則に変化する投球》. ～**·bone** [∸-∸] 指関節の骨; 《羊などの》一端がこぶになった指骨. ～**-dùst·er** 《格闘用の》指にはめる金属片 (＝brass ～s). ～**·head** [∸-∸] とんま. ～ **joint** ナックル継ぎ手.

knur, knurr [nə:r] *n.* **1** (木の)節(ふし), こぶ; 堅いこぶ. **2** 《球戯用》木球.

knurl [nə:rl] *n.* 節, こぶ, 隆起.
◇ ～**ed** [-d], ∸**·y** *a.* 節の多い, こぶだらけの.

knuckle joint

knut [kənʌ́t/nʌt] *n.* 〚英〛しゃれ者, おしゃれ.

KO [kéióu] *n., vt.* 〚ボクシング〛ノックアウト(する). [＜*k*nock *o*ut]

K.O., k.o. knockout.

kó·a [kóuə] *n.* 〚植〛《ハワイ産》アカシアの一種.

ko·á·la [koá:lə] *n.* 〚動〛コアラ, キノボリフクログマ《オーストラリア産》.

kó·bold [kóubɑld, -bould/kɔ́bould] *n.* 〚ドイツ伝説〛小鬼, 小妖魔(ようま); 《鉱山などに住むといわれる》地の精, 地霊.

Koch [G. kɔx, ㊥⁺ kouk] *n.* Robert ～, 1843–1910, ドイツの細菌学者・医学者.

Köch·el [G. kœçəl] ～ (***number***) ケッヘル(番号)《Mozart の作品に年代順につけた番号. 略 K.》.

Kó·da·chrome [kóudəkròum] *n.* コダクローム《コダック製カラーフイルムの商標名》.

Kó·dak [kóudæk] *n.* コダック《アメリカ Eastman Kodak 会社製のカメラおよび写真材料の商標名》; (k～)《ロールフイルム使用の》小型写真機.
—— *vt.* (k～) コダックで撮影する; 《比喩的》手短に描写〔記述〕する.

K. of C. Knights of Columbus.

Kòh-i-nóor [kòuinúər/∸-∸] *n.* **1** 《イギリス王室所蔵の》有名なインド産大ダイヤモンド. **2** (k～) 極上品, 絶品.

kohl [koul] *n.* 化粧墨《通例アンチモニーの粉末. アラビア婦人などがまぶたの縁を黒く染めるのに用いる》.

kóhl·ra·bi [kóulrà:bi, -rá:-/-rá:-] *n.* (*pl.* ～**es**) 〚植〛カブラタマナ《カブ形キャベツ. 英では牛の飼料》.

Kói·ne [kɔ́ini, -ni:, kɔinéi/kɔ́ini:] *n.* コイネー《Attica 時代末期からビザンチン期に至る共通ギリシア語》.

kó·la [kóulə] *n.* 〚植〛コーラの木 (＝cola)《アフリカ産》コーラの実 (＝～ nut); 《興奮剤, 強壮剤》; コーラの実から採った飲料.

ko·lín·sky [kəlínski/kɔ-] *n.* 〚動〛シベリアテン; その毛皮.

kol·khoz [kɑlkɔ́:z, -xɔ́:z/kɔlhɔ́:z, -kɔ́:z] Russ. *n.* コルホーズ《ソ連の集団農場》.
Kòm·in·térn =Comintern.
kò·mi·tá(d)·ji [kòumịtá:dʒi, kàm-/kɔ̀mịtǽdʒi] *n.* 義勇隊《バルカン諸国の》.
Kom·so·mol [kámsọmɔ̀:l/kɔ́m-] Russ. *n.* 《ソ連の》青年共産同盟.
kó·na [kóunə, -nɑ:] *n.* ハワイの冬の南西風.
kón·a·kry =Conakry.
kóo·doo =kudu.
kook [kuk] *n.* 〘米俗〙変わり者; いやなやつ.
◇ **∼·y** *a., n.* 変わった(やつ).
kóor·bash =kurbash.
kó·pe(c)k [kóupek] *n.* コペイカ《ソ連の銅貨・貨幣単位. 100分の1ルーブル》.
kóp·je [kápi/kɔ́pi] *n.* 〘南アフリカ〙小丘, 小山.
Ko·rán [korá:n, -rǽn/kɔrá:n] *n.* (the ∼) コーラン《回教の経典》. ◇ **∼·ic** [korǽnik, kə-/kɔ-] *a.*
‡**Ko·ré·a** [koríːə/kəríə] *n.* 朝鮮. ***People's Democratic Republic of ∼*** 朝鮮民主々義人民共和国《通称 North ∼. 首都 Pyongyang》. ***Republic of ∼*** 大韓(だいかん)民国, 韓国《通称 South ∼. 首都 Seoul》.
◇ **∼n** [-n] *a., n.* ∼の; ∼人〔語〕(の).
kó·sher [kóuʃər] *a.* **1** 〘ユダヤ教〙《食物・食器・飲食店などが》おきてにかなった: ∼ food 清浄食品. **2** 〘米俗〙適当な, しかるべき, 本物の. ***keep ∼*** 〘ユダヤ教〙おきてにかなった食物をとる.
—— *n.* 清浄な食物; おきてにかなった飲食店.
—— *vt.* 〈食物を〉おきてに従ってつくる.
ko·tów [koutáu, ⌐⌐], **ków·tów** [káutáu] *n.* 叩頭(こうとう)《頭を地につけて平伏する中国流の礼》.
—— *vi.* 叩頭する; 追従(ついしょう)する. [<Ch.]
kót·wal [kóutwɑ̀:l/kɔ́t-] *n.* (インド都市の) 警察署長; 都市長官. [<Hind.]
kóu·mis(s), kóu·myss =kumiss.
kóur·bash, kóor·bash =kurbash.
K.P. kitchen police; Knight of St. Patrick. **kr.** kreutzer; krona; krone. **Kr** 〘化〙krypton.
kraal [krɑ:l] *n.* **1** 《南アフリカ原住民のかきで囲った》部落. **2** 《家畜を入れる》おり; 《かきで囲んだ》小屋. **——** *vt.* 〈羊・牛などを〉おりで囲う.
kraft [krӕft/krɑ:ft] *n.* クラフト紙 (= ∼ paper)《セメント袋などに用いる》.
krait [krait] *n.* 毒ヘビの一種《ベンガル・ボルネオ産》.
krá·ken [krá:k(ə)n, ㊊⁺kréi-] *n.* ノルウェーの沖合いにあらわれるという伝説的な海の怪物.
krém·lin [krémlin] *n.* **1** 《ロシア都市の》城郭. **2** (the K∼) クレムリン宮殿《Moscow にあり, ソ連邦共産党および政府諸機関がある》; ソ連政府.
kré·o·sote =creosote.
kréut·zer, kréu·zer [krɔ́itsər] *n.* 昔南ドイツおよびオーストリアで使われた銅貨. [<G.]
Krieg·spiel [krí:gspì:l] G. *n.* 兵棋《将校の戦術指導のために応用される盤上戦争遊戯》.
Kríl·i·um [krílliəm] *n.* クリリウム《土壌改良剤. 商標名》.
「皮.
krím·mer [krímər] *n.* クリミア地方産の子羊の毛
kris [kri:z] =creese.
Krísh·na [kríʃnə] *n.* 〘インド神話〙クリシュナ神《Vishnu の第8化身》.
◇ **∼·ism** *n.* クリシュナ崇拝.
Kríss Krín·gle [krís-kríŋgl] *n.* サンタクロース.
kro·més·ky [krouméski, ㊊⁺⌐⌐—] *n.* 〘料理〙クロムスキー《ロシア式コロッケ》.
kró·na [króunə] *n.* **1** (*pl.* **-nor** [-nɔ:r]) クローナ《スウェーデンの貨幣単位》; クローナ銀貨. **2** (*pl.* **-nur** [-nər]) クローナ《アイスランドの貨幣単位》; その銅貨.
kró·ne [króunə] *n.* **1** (*pl.* **-ner** [-nər]) クローネ《デンマーク・ノルウェーの貨幣単位》; クローネ銀貨. **2** (*pl.* **-nen** [-nən]) クローネ《昔のドイツの10マルク金貨, 昔のオーストリアの銀貨》.
Kroo, Kr(o)u [kru:] *n.* クルー人《Liberia の海岸に住む黒人の一種族》.
Króo·man [krú:mən] (*pl.* **-men**)=Kroo.
K.R.R. King's Royal Rifles.
krúl·ler =cruller.
krýp·ton [kríptɑn/-tən] *n.* 〘化〙クリプトン《希ガス元素. 記号 Kr》.
Kshát·ri·ya [kʃǽtrijə/kʃá:t-] *n.* クシャトリア《インド四姓の第2階級, 貴族と武士》.
Kt. Knight. **K.T.** Knight of the Order of the Thistle; Knights Templars.
Kuá·la Lúm·pur [kwá:lə-lúmpuər, ㊊⁺-lum-púər] *n.* クアラルンプール《Malaysia の首都》.
Kú·blai Khán [kú:blai-ká:n] *n.* フビライ汗, 1216?–94, 元第1代の皇帝.
kú·dos [kjú:dɑs/-dɔs] *n.* 〘話〙名声, 栄誉.
kú·du [kú:du:] *n.* 〘動〙《南アフリカ産》シマカモシカ.
Kú-Klùx [kjú:klʌks/⌐⌐] =Ku-Klux-Klan.
Kú-Klúx-Klán [kjú:klʌ́ksklǽn/⌐—⌐] *n.* 3K団《略 K.K.K., KKK》. 〈注〉3K団とは (1) 南北戦争後黒人や北部人を威圧するため南部の白人が組織した秘密結社. (2) 1915年アメリカ生まれの白人新教徒によって結成された秘密結社で, 黒人・ユダヤ人・カトリック教徒・外人を排斥する.
kuk·ri [kúkri] Hind. *n.* クックリ刀《インド Gurkha 族の用いる広幅の短剣》.
ku·lák [ku:lá:k/kú:lӕk] *n.* (*pl.* **ku·lá·ki** [-i]) **1** 《革命前のロシアで》握り屋の商人; 村の高利貸し. **2** 《革命後機械を所有し人を雇用した》富農.
Kul·tur [kultúər, ㊊⁺⌐—] G. *n.* 文化; 精神文化; «けいべつ的» ドイツ文化. **∼·*kampf*** [G. kultú:r-kampf] 文化闘争《1873–80 年にドイツ帝国政府とローマカトリック教会との間に起こった紛争》.
kú·miss, kú·mys [kú:mis] *n.* **1** 乳酒《馬乳またはラクダの乳からつくった酒. タタール人の飲料》. **2** 牛乳酒《多少のアルコールを含み, 欧米でつくられる》.
küm·mel [kím(ə)l/kúm-, kím-] G. *n.* キュンメル酒《カミン (cumin) などで味をつけたリキュール》.
kúm·quat [kʌ́mkwɑt/-kwɔt] *n.* 〘植〙キンカン.
Kuo·min·tang [kwóumintǽŋ] Ch. *n.* 国民党《1912年孫文によって結成された》.
kúr·bash [kúərbӕʃ] *n.* 皮むち《トルコ・エジプトなどの昔の刑具》. ***under the ∼*** 強制労働で.
—— *vt.* 皮むちで打つ.
Kurd [kə:rd, ㊊⁺kuərd] *n.* クルド人《Kurdistan 地方に住む回教徒の遊牧民》.
◇ **∼·ish** *a., n.* クルド人の; クルド語.
Kùr·dis·tán [kə̀:rdistǽn/-tá:n] *n.* クルディスタン《トルコ・イラン・イラクにわたる高原地帯》.
「島.
Kú·ril(e) [kú:ril/kurí:l] ***the ∼ Islands*** 千島列
Kur·saal [kúərzɑ:l, -sɑ:l] G. *n.* (*pl.* ***Kur·sä·le*** [-zeilə, -seilə]) 娯楽館《海水浴場・温泉場などの》.
kútch·a [kʌ́tʃə] *a.* 〘インド〙**1** 粗末な; まにあわせの. **2** 《れんがが》天日で乾燥した.
Ku·wáit, -wéit [kuwéit, ㊊⁺-wáit] *n.* クウェート《アラビア半島の国》.
kvass [kvɑ:s, kvӕs] *n.* クワス (quass)《ライムギなどからつくるロシアの飲料》.
kw. kilowatt. **K.W.H.,kw-hr.** kilowatt-hour.
Ky. Kentucky.
ký·an·ize [káiənàiz] *vt.* 〈木材に〉防腐剤として昇こう水を注入する.
ky·át [ki:á:t] *n.* キアート《ビルマの貨幣単位》.
ký·mo·graph [káiməgrӕf/-grɑ̀:f] *n.* カイモグラフ《脈搏・発音などの波動曲線記録装置》.
Kyr·i·e e·le·i·son [kírii:-ịléiịsn/kírii-, káiəri-] Gk. 〘宗〙**1** 連禱(れんとう)《「主よあわれみたまえ」の祈りの文句. ギリシア教・カトリック教ではミサの冒頭句, イギリス国教派では十誡(じっかい)に対する応唱句》. **2** 同上につけた音楽.

K

L

L, l [el] *n.* (*pl.* **L's, *Ls*, l's, *ls*** [-z]) **1** 英語アルファベットの第12字. **2** ローマ数字の 50: LX = 60. LVI = 56. **3** (L)〖米俗〗高架鉄道 (elevated railroad, el): an *L* station 高架線駅. **4** L字形のもの;〖機〗L 字形管;〖建〗L 字形翼,《家屋の》そで.

L. Lady; Lake; Latin; Law; Liberal; *libra* (L. = pound); Lira(s); London; Lord. **l.** land; latitude; leaf; league; left; length; *libra*; line; liter. **£** *libra*.

la[1] [lɑ:] *n.* 〖楽〗ラ《長音階の第六音》.

la[2] [lɔ:, [米]+ lɑ:] *int.* 〖古・方〗見よ!, そら!, おや!《驚き・強意の発声》.

La〖化〗lanthanum. **La.** Louisiana. **L.A.** Law Agent; Legislative Assembly; Library Association.

láa·ger [lɑ́:gər]〖南アフリカ〗*n.* 《車両を配置して防壁とする》車陣, 野営地. **——** *vi.* 車陣に野営する. **——** *vt.* 車陣に並べる〔配置する〕.

lab [læb]〖米話〗= laboratory.

Lab. Labor; Laborite; Labrador.

làb·e·fác·tion [læbifǽkʃ(ə)n] *n.* 《精神・秩序の》衰微, 動揺, 没落.

‡lá·bel [léibl] *n.* **1** ラベル, 張り札〔紙〕, 付け札, 付箋(ふせん). **2**《のりつきの》切手. **3**《人・団体・思想などの特色を示す》レッテル, 呼び名, 符丁. **4**〖建〗《入り口や窓の上方の》雨押え石 (dripstone).
—— *vt.* (-l-, [英] -ll-) **1** に ～ を張る〔つける〕. **2** に…とラベルを張る: The bottle was ～*ed* poison. びんには「毒薬」と張り紙してあった. **3**《比喩的》にレッテルを張る, に名称をつける, 分類する《と *as*》.

lá·bi·a [léibiə] *n.* labium の複数形.

lá·bi·al [léibiəl] *a.* **1** くちびるの; 唇状(しんじょう)の. **2**〖音声〗唇音の. **——** *n.* 〖音声〗唇音《[p, b, m, f, v] など》; 円唇母音.

lá·bi·ate [léibièit, -biit] *a.* 〖植〗唇状の, 唇形の. **——** *n.* シソ科植物.

lá·bile [léib(i)l/-bail] *a.* 〖物・化〗不安定な, 変化を起こしやすい.

labio-「くちびる」の意の語形成要素.

là·bi·o·dén·tal [lèibiodéntl/léi-] *a.* 〖音声〗唇(しん)歯音の. **——** *n.* 唇歯音《[f, v] など》.

là·bi·o·vél·ar [-ví:lər] *a.* 〖音声〗両唇口蓋(こうがい)帆の. **——** *n.* 両唇口蓋帆音《[w] など》.

lá·bi·um [léibiəm] *n.* (*pl.* **-a** [-biə]) **1** くちびる. **2** (*pl.*)〖医〗陰唇(いんしん). **3**〖動〗《こん虫・甲殻類などの》下唇;〖植〗《唇形花冠の》下唇弁. →labrum.

‡lá·bor, [英] -bour [léibər] *n.* **1** 労働, 勤労. **2**《集合的》労働者,《特に》筋肉労働者; 労働〔勤労〕階級: ～ and management 労使. **3** 苦心, ほねおり, 努力. **4** (ほねのおれる) 仕事, 苦役; (*pl.*) 浮き世のつとめ: His ～*s* are over. この世のつとめ〔一生〕を終えた. **5** (L～)〖英〗労働党. **6** 生みの苦しみ, 陣痛; 出産. ***hard*** **～**《罪人の》苦役, 重労働, 懲役. ***in*** **～** 分娩(ぶんべん)中で;《比喩的》生みの苦しみをして. **～ *and capital*** 労働者と資本家, 労資. **～ *of Hercules*** きわめてほねのおれる仕事. **～ *of love*** (報酬を望まずに) 好んでする仕事.
—— *vi.* **1** (精出して) 働く, 労働する. **2** ほねおる, 努める《*to* (do)》: ～ *for* peace 平和の実現のために努力する. **3** 苦しむ, 悩む, 難儀する. **4** ほねおって進む; <船が> ひどく揺れる. **5** 生みの苦しみをする.
—— *vt.* **1** 詳細に論ずる〔論じ過ぎる〕: ～ the point. **2** によけいな負担を負わせる, 苦しめる: ～ the reader with unnecessary detail 不必要に詳述して読者を飽きさせる. **3**〖古〗苦心してつくる. **4**〖古〗耕す. **～ *after*** wealth (富) を得ようと努力する. **～ *at a task*** 仕事に精出して働く. **～ *for*** breath (呼吸) に難儀する. **～ *in*** 〔***through***〕 a rough sea (荒海) を難航する. **～ *under*** に悩む, に苦しむ: He is ～*ing under* misconception. 彼は誤解している. **～ one's *way*** 困難を冒して進む.
～ content〖経〗《商品のコストのうち, 原料価格に対し》加工〔労働〕価値. **L～ Day**〖米〗労働者の日《9月の第1月曜日でヨーロッパの May Day に当たる》. **L～ Department, the**〖米〗労働省. **L～ Exchange**〖英〗(公立) 職業紹介所. **～ market** 労働市場. **L～ Minister, the** 労働大臣. **L～ Ministry, the** 労働省. **～ pains** 出産の苦しみ, 陣痛. **L～ Party, the**〖英〗労働党. **～-sàv·ing** 労働節約の. **～ turnover** 労働者異動《やめた者の代わりに雇われた労働者の比率》. **～ union**〖米〗労働組合.

‡láb·o·ra·to·ry [lǽb(ə)rətɔ̀:ri/ləbɔ́rət(ə)ri, lǽb(ə)rə-] *n.* **1** 実験室, 試験室; 研究所〔室〕: a chemical ～ 化学実験室〔研究所〕. a hygienic ～ 衛生試験所. **2** 製薬所;〖軍〗火薬製造所. **3** 実験《教科課程として》: a course with two lectures and one ～ 講義2実験1の科目 ***language*** **～** 語学演習室,「(ランゲージ) ラボ」. **～ school** 実験学校《教育実習・公開授業用の大学付属小〔中〕学校》.

‡lá·bor·er, [英] lá·bour·er [léibərər] *n.* 労働者, 人夫: a day ～ 日雇い労働者.

la·bó·ri·ous [ləbɔ́:riəs/-bɔ́:r-] *a.* **1** ほねのおれる, 労力を要する, 困難な. **2** よく働く, 勤勉な. **3**《文体などが》苦心のあとの見える, 念入りな; 不自然な.
◇ **～·ly** *ad.* ほねおって, 苦心して. **～·ness** *n.*

lá·bour〖英〗= labor.

lá·bo(u)red [léibərd] *a.* **1** 念入りの, 苦心してつくった. **2** 不自然な, こじつけた: a ～ style《念を入れ過ぎた》ぎごちない文章. a ～ compliment わざとらしいおせじ. **3** ほねのおれる, 困難な; のろい: ～ breathing 苦しい呼吸.

lá·bo(u)r·ing [léibəriŋ] *a.* **1** 労働に従事する: the ～ classes 労働階級. **2** ほねをおる; 悩む. **3** 陣痛に苦しむ;《胸が》動悸(どうき)のする. **4**《船が》揺れる. ***take the*** **～ *oar*** 最もほねのおれる役を引き受ける.

lá·bo(u)r·ism [léibəriz(ə)m] *n.* **1** 労働党の政策〔主義〕. **2** 労働 (者) 尊重.

là·bo(u)r·ís·tic [lèibərístik] *a.* **1** 労働党の. **2** 労働者尊重の.

lá·bo(u)r·ite [léibəràit] *n.* (または L～)〖英〗労働党員.

Láb·ra·dor [lǽbrədɔ̀:r] *n.* ラブラドル半島《北アメリカ北東部 Hudson 湾と大西洋との間》.
～ Current ラブラドル寒流. **～ dog** ラブラドル犬《猟犬》.

láb·ra·dor·ite [lǽbrədɔ:ràit, [米]+ ⌣ー⌣ー] *n.* 〖鉱〗曹灰(そうかい)長石.

lá·brum [léibrəm, [米]+ lǽbrəm] *n.* (*pl.* **-bra** [-brə])〖動〗《こん虫などの》上唇(じょうしん). → labium.

la·búr·num [ləbə́:rnəm] *n.* 〖植〗キングサリ.

láb·y·rinth [lǽbərinθ] *n.* **1** 迷宮; 迷路; (L～)〖ギ神〗Crete 王 Minos が Minotaur を閉じ込めるために Daedalus に命じてつくらせた迷宮. **2** 入り組んだ事物, もつれた事情. **3**〖医〗内耳.
◇ **làb·y·rín·thi·an** [læbərínθiən], **làb·y·rín·thic** [-θik], **làb·y·rín·thine** [-θin/-θain] *a.* 迷宮の (ような); 入り組んだ, もつれた.

lac[1] [læk] *n.* **1** ラック《南アジア地方のカイガラムシが木の枝に分泌して生じる樹脂状物質. ワニスや赤色染料の原料》. **2** ラック塗りの器具.
～ insect〖虫〗カイガラムシ.

lac² *n.* 〖インド〗 **1** 10万; 10万ルピー. **2** 多数.

‡lace [leis] *n.* **1** 《くつ・ゲートル・コルセットなどの》ひも, 組みひも, 打ちひも: a boot ～ くつひも. **2** レース. **3** 《金・銀の》モール; 縁飾り. **4** 《コーヒーなどに混ぜた》少量のブランデー〔ジン〕.
— *vt.* **1** ひもで縛る〔締める〕《*up*》. **2** にひもを通す. **3** 織り混ぜる, 織り込む; 編み合わせる. **4** レース〔モール〕で飾る. **5** にしま目をつける. **6** に加味する《を *with*》: ～ coffee *with* spirits コーヒーにアルコール分を加える. **7** 打つ, むち打つ. **—** *vi.* **1** ひもで結ぶ〔締まる〕, ひもがついている. **2** (コルセットで) 腰を締める. **3** ひもで打つ, 打撃を加える; 非難する.
～ a person's ***coat*** 〔***jacket***〕 (人) をむちで打つ. ～ ***into*** 〖話〗を打つ; を攻撃する, を非難する, をこきおろす. ～ ***up*** one's ***shoes*** くつひもを締める. ～ one's ***waist in*** 腰を締める.
～ **glass** レース模様のガラス器. ～ **pillow** 編み台《手編みレースの》. ∠**·wing** → 別項. ∠**·work** [∠∸] レース (細工); レース状すかし細工.
◇ ～**d** [-t] *a.* ひものついた; レースで飾った; アルコールを加味した.

Làc·e·dáe·mon [læsidí:mən] *n.* ラケダイモン《Sparta の別称》.
◇ **Làc·e·dae·mó·ni·an** [-dimóuniən] *a.*

lác·er·a·ble [lǽsərəbl] *a.* 引き裂くことができる, 裂けやすい.

lác·er·ate [lǽsərèit] *vt.* **1** 〈筋肉・四肢(しし)などを〉引き裂く, 切り離す. **2** 〈心などを〉傷つける, 苦しめる. **—** [-rèit, -rit/-rit] *a.* 裂けた (＝ ～d).
◇ **làc·er·á·tion** [læsəréiʃ(ə)n] *n.* **1** 引き裂き; 裂傷, 裂け口. **2** 苦悩.

la·cér·ti·an [ləsə́:rʃiən] ＝lacertilian.

là·cer·tíl·i·an [læsərtíliən] *a., n.* 〖動〗トカゲの類 (の).

láce·wing [léiswiŋ] *n.* 〖虫〗クサカゲロウ.

lách·es [lǽtʃiz/léi-] *n.* 〖法〗(義務) 怠慢 (罪).

Lách·e·sis [lǽkisis] *n.* 〖ギ神〗ラケシス《運命の三女神 (Fates) のうちの一神》.

lachrym- 「涙」の意の語形成要素.

lách·ry·mal [lǽkrim(ə)l] *a.* 涙の; 涙を出す; 泣きだしそうな. **—** *n.* **1** 涙つぼ (lachrymatory). **2** (*pl.*) 涙腺(るいせん). ～ **bone** 涙骨. ～ **duct** 〔**glands, sac**〕 涙管〔涙腺, 涙嚢(るいのう)〕. ～ **vase** 涙つぼ.

lách·ry·ma·to·ry [lǽkrimətò:ri/-t(ə)ri] *n.* 涙つぼ《古代ローマ人の墓の中に見いだされる細首の小びん. 葬送者の涙を入れたという》. **—** *a.* 涙の, 涙を催す. ～ **gas** 催涙ガス. ～ **shell** 催涙弾.

lách·ry·mose [lǽkrimòus] *a.* **1** 涙もろい, 涙をたたえた. **2** 涙を催させる, 悲しい.

lác·ing [léisiŋ] *n.* **1** ひもで締めること; レースで飾ること. **2** ひも類; レース. **3** 縁飾り; 金〔銀〕モール. **4** 色縞(いろじま). **5** 《コーヒーなどに入れた》少量の酒類. **6** むち打ち.

la·cín·i·ate [ləsínièit, -niit] *a.* **1** 縁にぎざぎざのある. **2** 〖動・植〗ぎざぎざ〔切り込み〕のある, 細長い裂片のある.

‡lack [læk] *n.* **1** 不足, 欠乏; 払底, 無いこと: *L*～ *of* rest made her tired. 休みなしのため彼女は疲れた. **2** 不足物. ***for*** 〔***by, from, through***〕 ～ ***of*** が欠乏〔不足〕のため. have 〔there is〕 ***no*** ～ ***of*** …には事欠かない. ***supply the*** ～ 不足品〔必要品〕を補充する.
— *vi.* **1** 欠けている, 足りない: Money is ～*ing* for the plan. その計画には資金が足りない. **2** 乏しい《に *in*》. **—** *vt.* 欠いている: A desert ～*s* water. 砂ばくには水がない. ～ courage 勇気に欠けている. ***be*** ～***ing in*** に不足している, を欠いている: He *is* ～*ing in* intelligence. 彼は頭が悪い.
∠**·lùs·ter** → 別項.

làck·a·dái·si·cal [lækədéizik(ə)l] *a.* **1** 物思わしげな, 悲嘆にくれた. **2** 気抜けした. **3** 感傷的な; 思わせぶりな, 気どった. ◇ ～**·ly** *ad.* ～**·ness** *n.*

láck·a·day [lǽkədèi] *int.* 〖古〗ああ悲しい!, まあ! (alas). →alack.

láck·er ＝lacquer.

láck·ey [lǽki] *n.* **1** 《おしきせを着た》従僕(じゅうぼく). **2** へつらう人, お追従(ついしょう)者. **—** *vt., vi.* (～**ed**; ～**·ing**) (に) しもべとして仕える; (に)へつらう.

láck·lùs·ter, ㊥ **-tre** [lǽklʌ̀stər] *a.* **1** 光沢のない, どんよりとした. **2** 活気のない.

La·có·ni·a [ləkóuniə] *n.* ラコニア《古代ギリシアの南部にあった国. 首都は Sparta》.

la·cón·ic [ləkánik/-kɔ́n-] *a.* 簡潔な, 簡明な; 口数の少ない. ◇ **-i·cism** [-nisìz(ə)m] *n.* ＝ laconism.

la·cón·i·cal [-(ə)l] *a.* ＝ laconic. ◇ ～**·ly** *ad.*

lác·o·nism [lǽkənìz(ə)m] *n.* (語句の) 簡潔; 簡潔な語句, 警句.

lác·quer [lǽkər] *n.* ラッカー《塗料》; 漆 (＝Japanese ～); 《集合的》漆器(＝～ ware). **—** *vt.* にラッカー〔漆〕を塗る. ◇ ～**·er** [-kərər] *n.* 塗り物師.

lác·quey ＝lackey.

lác·ri·mal, lác·ry·mal [lǽkrim(ə)l] ＝lachrymal.

la·crósse [ləkrɔ́:s/-krɔ́s] *n.* ラクロッス《ホッケーに似た打球技. もと北アメリカ原住民から起こり, いまはカナダの国技》.

lact- 「乳, 牛乳」の意の語形成要素.

lác·ta·ry [lǽktəri] *a.* 乳の (ような). **—** *n.* 搾乳場.

lác·tase [lǽkteis] *n.* 〖化〗ラクターゼ《酵素の一種》.

lác·tate [-teit] *vi.* 乳を出す; 授乳する. **—** *n.* 〖化〗乳酸塩. ◇ **lac·tá·tion** [læktéiʃ(ə)n] *n.* 乳汁(にゅうじゅう)分泌; 哺乳(ほにゅう)(期).

lác·te·al [lǽktiəl] *a.* 乳の; 乳状の; 〖医〗乳糜(にゅうび)をいれる. **—** *n.* 〖医〗乳糜管. ～ **gland** 〖医〗乳腺.

lác·te·ous [-tiəs] *a.* 乳の (ような); 乳状の.

lac·tés·cence [læktésns] *n.* **1** 乳汁(にゅうじゅう)状; 乳汁色. **2** 〖植〗乳汁液分泌.
◇ **-cent** *a.* 乳汁状の; 乳液を分泌する.

lác·tic [lǽktik] *a.* 〖化〗乳〔乳汁〕の; 乳汁からとれる. ～ **acid** 乳酸.

lac·tíf·er·ous [læktífərəs] *a.* 乳汁を出す〔送る〕; 〖植〗乳状液を生じる.

làc·to·ba·cíl·lus [læktobəsíləs] *n.* (*pl.* **-li** [-sílai]) 乳酸菌.

làc·to·flá·vin [læktofléivin] ＝riboflavin.

lac·tóm·e·ter [læktámitər/-tɔ́m-] *n.* 検乳器, 乳汁比重〔濃度〕計.

lác·to·scope [lǽktoskòup] *n.* 検乳器.

lác·tose [lǽktous] *n.* 〖化〗乳糖, ラクトーゼ.

la·cú·na [ləkjú:nə] *n.* (*pl.* **-nae** [-ni:], **-nas**) **1** 空白, 空隙(くうげき). **2** 脱文, 脱落. **3** 小孔, くぼみ. **4** 〖植〗細胞間の空隙; 〖医〗隔窩(かくか).

la·cús·trine [ləkʌ́strin/-train] *a.* 湖の, 湖上の, 湖上生活の: ～ dwellings 湖上家屋.
～ **age** 湖上生活時代.

lác·y [léisi] *a.* レース (状) の; レース製の.

‡lad [læd] *n.* **1** 若者, 少年. → lass. **2** 〖話〗《一般的》男; 《親しんで》やつ, 仲間 (chap) 《米語用法では文学的な表現》. **3** 〖スコットランド〗愛人.
◇ **lád·die** [lǽdi] *n.* 若者, 少年; 《呼びかけ》きみ.

‡lád·der [lǽdər] *n.* **1** はしご. **2** 《比喩的》出世の手づる〔手段, 方便〕; 社会的地位: a rung of a ～ はしごの1段 (分の横木). be in the higher rungs of the (social) ～ 社会の上層部に属する. **3** はしご状の物; 《編み物の》縦のほころび; 〖英〗《くつ下の》「伝線」(＝ ㊥ run). ***get*** one's ***foot on the*** ～ 着手する. ***kick down the*** ～ 出世の踏み台となったものを捨てる.
— *vt.* **1** はしごでのぼる: ～ a wall 壁をのぼる. **2** にはしごを付ける. **3** 〖英〗〈くつ下を〉「伝線させる」.
— *vi.* **1** 出世する《まで *to*》. **2** 〈くつ下が〉「伝線する」. ～ **back** 背もたれに横桟(さん)がたくさんあるいす. ～ **truck** はしご (消防) 車.

‡lade [leid] *vt.* (**lád·ed** [léidid]; **lád·en** [léidn]) **1** 積み込む, 積載する. **2** に積む, に積み込む; に背負

わす《を *with*》. **3**《比喩的》に負わせる: be ～*n with* responsibility 責任を負わされる. **4**《ひしゃくなどで》すくい入れる, くみ出す.

lád·en [léidn] *a.* **1** 積載している: a fully ～ ship 積み荷満載の船. **2** いっぱい背負っている: trees ～ *with* fruit 実が鈴なりになっている木. **3**《背負って》苦しんでいる: a mind ～ *with* sins 罪に苦しむ心.

lá-di-dá [lá:didá:] *a.* 〖古・俗〗めかした, 気どった, いばった. —— *n.* 〖俗〗気どり屋, いばり屋.

lád·ing [léidiŋ] *n.* **1**《荷の》積み込み, 積載, 船積み. **2** 船荷, 積み荷, 貨物. ***bill of*** ～ 船荷証券.

lá·dle [léidl] *n.* ひしゃく, しゃくし: a soup ～ スープしゃもじ. —— *vt.* **1** ひしゃくでくむ〔すくう〕; くみ出す《*out*》. **2**〖話〗無差別に与える, 気前よく与える《*out*》: ～ *out* praise やたらにほめる.
◇ **～·ful** [-fùl] *n.* ひしゃく 1 杯.

†**lá·dy** [léidi] *n.* (*pl.* **lá·dies**) **1** 婦人, 淑女, 教養〔身分〕ある婦人, 貴婦人: She is quite a ～. 全く貴婦人だ; どことなく気品がある. → gentleman. **2** (L～)〖英〗レディー《侯・伯・子・男爵・baronet および knight の夫人, および公・侯・伯爵の令嬢に対する敬称》. **3** 婦人, 奥さん, お嬢さん《一般に女性に対する敬称》; (*pl.*)《呼びかけ》ご婦人方, みなさま. **4** (*pl.*)《単数扱い》婦人便所 (=ladies' room). **5** 女領主; 主婦; 妻. **6**《騎士道で愛の対象となる》貴婦人; 恋人. **7** (L～) 聖母マリア. **8**《形容詞的に》女流の, 雌の: a ～ reporter 婦人記者.
extra 〔***walking***〕 ～ 端役(はやく)女優. ***Ladies and gentlemen!*** (紳士淑女の) みなさん! ～ ***of easy virtue*** うわ気女. ～ ***of pleasure*** 売春婦. ～ ***of the bed chamber*** 女官. ～ ***of the house*** 主婦. ***L～ of the Lake*** 湖上の美女《Arthurian 伝説にでる Vivian のこと》. ***my*** ～ (1)《呼びかけ》奥さま, お嬢さま. (2)〖俗〗私の家内. ***my young*** ～〖俗〗私のいいなずけ. ***Our L～*** 聖母マリア. ***our L～ with the Lamp*** = Florence Nightingale. ***our Sovereign L～***〖古・雅〗女王. ***the first*** ～〖米〗大統領〔州知事〕夫人. ***young*** ～《呼びかけ》お嬢さん. ***your good*** ～〖古・方〗奥様, ご令閨(れいけい)〔令室〕.
ladies' chain lancer に似た 4 組み舞踊の一つ. **ladies' gallery**〖英: 下院〗婦人傍聴席. **ladies'** 〔**～'s**〕 **man** 婦人をちやほやする男; 女たらし; 女にもてる男; 好んで婦人と交際する男. **～·bird, ～·bug** 〔⊥—⊥〕〖虫〗テントウムシ. **L～ Bountiful** 婦人慈善家. **L～ Chapel** 聖母堂, マリア堂《大教会堂に付属する》. **L～ Day** 受胎告知日《3月25日. 天使 Gabriel がキリスト降誕を聖母マリアに告げた記念日》; 4期支払日の一つ. **～·fìn·ger** 指状のカステラ風の菓子. **～-in-wáit·ing** (*pl.* **～s-in-wáit·ing**) 女官. **～-kìll·er** 〖俗〗色男, 女たらし. **～·love** 〔⊥—⊥〕意中の婦人, 恋人; 情婦. **L～ Mayoress**《市長を Lord Mayor という都市の》市長婦人. **～'s companion** 婦人の手さげ袋. **～'s maid** 小間使, 腰元, 侍女. **～('s)-slìp·per**〖植〗アツモリソウの類. **～('s)-smock** 〔⊥—⊥〕〖植〗タネツケバナの類の草.
◇ **～·kin** [-kin] *n.* 小貴婦人;《愛称》お嬢さん.

lá·dy·hood [léidihùd] *n.* **1** 貴婦人〔淑女〕であること, 貴婦人〔淑女〕の身分〔品格〕. **2**《集合的》貴婦人〔淑女〕たち.

lá·dy·like [léidilàik] *a.* **1** 貴婦人らしい, 上品な, 貞淑な. **2**《男が》めめしい.

lá·dy·ship [léidiʃip] *n.* **1** 貴婦人の身分〔品位〕. **2** (しばしば L～) Lady の尊称をもつ婦人に対する敬称: your 〔her〕 *L～* 令夫人, ご令嬢.

Là·fay·étte [lɑ̀:fiét/-fai-] *n.* Marquis de ～, 1757–1834, フランスの軍人・政治家.

lag[1] [læg] *vi.* (**-gg-**) **1** あとになる, 遅れる《*behind*》. **2** のろのろ歩く, ぐずぐずする. **3**〖玉突き〗《順番をきめるため》玉を突く. —— *n.* 遅延;〖物〗《流れ・運動の》遅れ; 遅滞量. ***time*** ～ 時間のずれ. ***the*** ～ ***of the tide*** 遅潮時間.

lag[2] *n.* **1** おけ板, たる板. **2**《ボイラーなどの》外被.

lag[3] *vt.* (**-gg-**) 投獄する; 逮捕する. —— *n.* **1** 囚徒, 囚人. **2** 服役期間.

lág·an [lǽgən] *n.* 〖法〗浮標付き投げ荷.

lá·ger [lá:gər, ⊛⁺ lɔ́:gər] *n.* ラーガービール (=～ beer)《低温で 6 週ないし 6 か月貯蔵したもの. ale よりも弱い》.

lág·gard [lǽgərd] *a.* 遅れた; ぐずぐずした; 知恵〔発展〕のおそい. —— *n.* のろま; あとまで残っている者.

lág·ging[1] [lǽgiŋ] *a., n.* 遅れる (こと), のろい (こと).
◇ **～·ly** *ad.* のろのろと, ぐずぐず.

lág·ging[2] *n.* 《ボイラー・管など保温のための》外被;〖建〗型枠(かたわく).

la·gniáppe, la·gnáppe [lænjǽp, ⊛⁺ lǽnjæp] *n.* 〖米〗《買った客に与える》景品.

la·góon, la·gúne [ləgú:n] *n.* 潟(かた), 鹹水(かんすい)湖;《川・湖などに通じる》沼, 池; 礁湖《環礁に囲まれた水面》. **L～ Islands** ニューヨーク港内にある小島.

Lá·gos [lá:gəs] *n.* ラゴス《Nigeria の首都》.

La Guár·dia [lə-gwá:rdiə, ⊛⁺-gá:r-] **～ *Airport*** ニューヨーク市の国際空港.

lá·ic [léiik] *n.* 《聖職者に対して》平信者, 俗人 (layman). —— *a.* 俗人の; 世俗の, 現世の.
◇ **lá·i·cal** *a.* = laic.

†**laid** [leid] *v.* lay[1]の過去・過去分詞. —— *a.* 横たえられた. ～ ***up*** (1) たくわえられて, 別にとってあって. (2) (病気で) 床について: be ～ *up with* a cold かぜで伏せっている. (3)《船が》ドックにはいって.
～ **paper** すき目のある紙. ～ **rope** より合わせ綱.

†**lain** [lein] *v.* lie[1] の過去分詞.

lair [lɛər] *n.* **1** 野獣の巣〔穴〕. **2**《市場へ送る途中家畜を入れる》小屋, 囲い. **3**《人の》休み場所, 寝床; よく行く所. —— *vi.* 〈獣が〉巣で寝る.
—— *vt.* **1** の穴〔すみか〕となる. **2** ～に入れる.

laird [lɛərd] Sc. *n.* 地主, 領主.

lais·ser-al·ler [léiseiǽlei] F. *n.* (自由) 放任; 「放縦(ほうじゅう).

lais·sez-faire [lèseifέər/léisei-] F. *n.* 放任主義, 無干渉主義〔政策〕; 自由競争主義《政府の商工業に対する》.

lá·i·ty [léiiti] *n.* (the ～)《集合的》平信徒, 俗人《聖職者に対し》; しろうと《専門家に対して》. [laic と同語源]

†**lake**[1] [leik] *n.* **1** 湖, 湖水; (公園などの) 池, 泉水. **2** (the L～) = the L～ District. ***the Great L～s*** アメリカとカナダの境の五大湖《Superior, Huron, Michigan, Erie, Ontario》.
L～ District 〔**Country**〕**, the** 湖水地方《イングランド北西部》. **～ dweller** 湖上生活者《特に有史以前の》. **～ dwelling** 湖上生活〔住居〕. **L～ poets** 湖畔詩人《Lake District に住んでいた Wordsworth, Coleridge, Southey など》. **L～ school, the** 湖畔 (詩人) 派. **～·side** 〔⊥⊥〕湖畔. **L～ State, the** アメリカ Michigan 州の別称. **～ trout**〖魚〗《北アメリカ湖水産》マスの一種.

lake[2] *n.* レーキ《深紅色の顔料》; 深紅色.

láke·let [léiklit] *n.* 小湖.

lakh [læk/lɑ:k, læk] =lac[2].

lák·y [léiki] *a.* 湖の〔ような〕: 水色の.

Lál·lan [lǽlən] *a., n.* スコットランド低地の (方言).

lal·lá·tion [læléiʃ(ə)n] *n.* l 音化 (lambdacism)《r 音を l 音のようにする不完全な発音》.

lam[1] [læm] *v.* (**-mm-**) *vi.* 〖俗〗なぐる《*out*; を *into*》. —— *vt.* 〖俗〗なぐる.

lam[2] *vi.* (**-mm-**)〖俗〗急いで逃げる, ずらかる. —— *n.* 〖米俗〗逃亡, 逃げ回り. ***be on the*** ～ 逃げ回っている; 動き回っている. ***take it on the*** ～ あわてて逃げ出す.

Lam. Lamentations.

lá·ma[1] [lá:mə] *n.* ラマ僧. ***Grand*** 〔***Dalai***〕 ***L～*** 大ラマ, ダライラマ. ◇ **～·ism** [-ìz(ə)m] *n.* ラマ教.

L

～·ist, ～·ite [-àit] *n.* ラマ教徒.
lá·ma² ＝llama.
La·márck [ləmɑ́:rk | F. lamark] *n.* Jean de [F. ʒɑ̃ də-] ～, 1744–1829, フランスの生物学者・進化論者. ◇ **～·i·an** [-iən] *a., n.* ラマルク学説の; ラマルク学徒. **～·ism** *n.* ラマルクの進化説.
lá·ma·ser·y [lɑ́:məsèri/-səri] *n.* ラマ寺院.
‡**lamb** [læm] *n.* **1** 子羊. **2** 子羊の肉; 子羊の皮. **3** 柔和な人, 無邪気な人. **4** 教会の年少信徒. **5** だまされやすい人, 無経験の投資家. ***like a ～*** おとなしく, 従順に. ***my ～*** 坊や. ***the L～ (of God)*** キリスト. ***wolf* [*fox*] *in ～'s skin*** ねこかぶり, 偽善者. —— *vi.* 子羊を生む. —— *vt.* 〈子羊を〉生む.
～·skin [⌐⌐] (毛のついた) 子羊の皮; 子羊のなめし皮; 羊皮紙. **～'s wool** 子羊の毛.
◇ **～·ing** [lǽmiŋ] *n.* (羊の) 出産の世話. **～·like** *a.* 小羊のような; おとなしい, 優しい.
Lamb [læm] *n.* Charles ～, 1775–1834, イギリスの随筆家・批評家《筆名は Elia》.
lam·báste [læmbéist] *vt.* 〘俗・方〙ぶんなぐる; しかる.
lámb·da [lǽmdə] *n.* ギリシア語アルファベットの第11字《Λ, λ. ローマ字の L, l に当たる》.
lámb·da·cism [-sìz(ə)m] *n.* **1** l音化 (lallation). **2** l音不完全発音; l音乱用.
lámb·doid [lǽmdɔid] *a.* 三角形の.
lám·ben·cy [lǽmbənsi] *n.* **1** 柔らかな光, ただよう薄光. **2** 《機知などの》軽妙さ.
lám·bent [-bənt] *a.* **1** 《炎・光が》柔らかに光る, ゆらめく. **2** 《機知などが》軽妙な. ◇ **～·ly** *ad.*
Lám·beth [lǽmbiθ, -beθ] *n.* ロンドン南部の自治区. **～ Palace** Canterbury 大僧正の公邸.
lámb·kin [lǽmkin], **lamb·ling** [-liŋ] *n.* **1** 子羊. **2** 愛児, よい子.
lám·bre·quin [lǽmbərkin, -brəkin] *n.* 《窓・戸口などの》たれ飾り; 《つぼの》へり飾り.
‡**lame** [leim] *a.* **1** びっこの, ちんばの. **2** 不具 [無能力] の; 《背中などが》かたくこった. **3** 不完全な, 不十分な; なっていない: a ～ excuse まずい言い訳. **4** 〘雅〙調子が合わない: ～ meter 悪詩. ***be ～ of* [*in*] *a leg*** 片足がびっこだ. ***go* [*walk*] *～*** びっこをひく. —— *vt., vi.* **1** ちんば [不具] にする [なる]. **2** 不完全 [不十分] なものにする [なる].
～-brained [⌐⌐] 愚かな, 鈍い. **～ duck** 〘話〙(1) 不具者, 無能者; 廃物. (2) 《債務不履行により》除名された株式取引所員. (3) 〘米〙次期のための選挙に落選して最後の任期をつとめている議員.
◇ **～·ly** *ad.* びっこをひいて; おぼつかなく. **～·ness** *n.* ちんば; 不完全.
la·mé [læméi] F. *n.* ラメ, 金襴(きんらん)《金銀糸織物》.
la·mél·la [ləmélə] *n.* (*pl.* **-lae** [-li:], **-las**) **1** 薄板, 薄片, 薄層, 薄葉. **2** 〘植〙(キノコのかさの裏の) ひだ. ◇ **la·mél·lar** [-lər], **lám·el·late** [lǽməlèit, -lit/-lit] *a.*
‡**la·mént** [ləmént] *vi.* 悲しむ, 嘆く, いたむ, 悔やむ《を *for, over*》. —— *vt.* 嘆く; いたむ. ***the late ～ed*** 故人, 《特に》亡夫. —— *n.* **1** 嘆き, 悲嘆, 悔やみ. **2** 悲歌, 哀歌, 挽歌(ばんか).
lám·en·ta·ble [lǽməntəbl] *a.* **1** 悲しむべき, 嘆かわしい. **2** 〘稀〙悲しげな, 哀れっぽい. **3** 《けいべつ的》みじめな, 貧弱な, つまらない.
◇ **～·ness** *n.* **-bly** *ad.* 嘆かわしく; みじめに.
làm·en·tá·tion [læməntéiʃ(ə)n] *n.* **1** 悲嘆, 哀悼. **2** 悲嘆の声, 号泣. **3** (L～s) 〘聖〙エレミヤ哀歌《旧約聖書中の一書》.
lá·mi·a [léimiə] *n.* **1** 〘ギ神〙上半身が女体で下半身がヘビの怪物《小児の生き血を吸うという》. **2** 妖婦(ようふ), 魔女.
lám·i·na [lǽminə] *n.* (*pl.* **-nae** [-ni:], **-nas**) 薄板, 薄片, 薄膜; 〘植〙葉片. ◇ **～·ble** *a.* 薄片にできる.
lám·i·nal [lǽmin(ə)l], **-nar** [-nər] *a.* 薄片状の, 薄板 [薄片] から成る.
lám·i·nate [lǽminèit] *vt.* **1** 〈金属を〉薄板にする, 薄はくにする. **2** 薄層 [薄葉] に裂く [切る]. **3** に薄板をかぶせる. **4** 〈ベニヤ板などを〉層板を重ね合わせてつくる. —— *vi.* 薄板 [薄片] となる.
—— [-nèit, -nit/-nit] *a.* 薄板 [薄片] 状の; 薄板 [薄片] から成る: ～ wood 集成材《薄板を重ねて接着した強い板》. ◇ **-nat·ed** [-nèitid] *a.* 薄片になった.
làm·i·ná·tion [læminéiʃ(ə)n] *n.* **1** 薄片 [薄板] にすること. **2** 薄片状 (の物); 〘空〙層板; 〘電〙電動子用軟鉄板.
lám·i·nose [lǽminòus] *a.* 薄片状の.
Lám·mas [lǽməs] *n.* 〘英〙初穂祭, 収穫祭 (＝～ Day)《昔 8 月 1 日に行なわれた》. ***latter ～*** 決して来ることのない日.
†**lamp** [læmp] *n.* **1** 明かり, ランプ: an electric ～ 電燈. an oil [㊥ a kerosene] ～ 石油ランプ. a spirit ～ アルコールランプ. a desk [floor] ～ 机上 [床上] スタンド. **2** 精神的光明, 知識の泉. **3** 〘雅〙たいまつ; 太陽, 月, 星. **4** (*pl.*) 目 (eyes).
hand* [*pass*] *on the ～ 人知 [文化] を伝える. ***～ of heaven*** 天体; 太陽, 月. ***smell of the ～*** 《文章が》夜ふけまで苦心して書いたあとが見える.
～ base 《電球の》口金. **～·black** [⌐⌐] 油煙, 煤煙(ばいえん), すす; 《煤煙から製造した》黒色顔料. **～ bulb** 電球. **～ burner** ランプの火口(ひぐち). **～ chimney** ランプのほや. **～ cord** 電燈のコード. **～ holder** ソケット. **～ hour** 電燈時《1 燈に要する 1 時間の電流》. **～ house** ランプハウス《映写機・引き伸ばし機などの光源のはいっている部分》. **～·light** [⌐⌐] 燈火, ランプの明かり. **～·lìght·er** 《街燈の》点燈夫; 点燈用具: like a ～*lighter* 急いで, 速く. **～·post** [⌐⌐] 街燈柱. **～·shade** [⌐⌐] 照明器具のかさ. **～·wick** [⌐⌐] ランプの心(しん), 燈心.
lám·pas¹ [lǽmpəs/-pəz] *n.* 《馬の》口蓋腫(こうがいしゅ).
lám·pas² [lǽmpəs] *n.* 模様絹布.
lám·pi·on [lǽmpiən] *n.* 装飾用豆ランプ.
lam·póon [læmpú:n] *n.* 風刺文 [詩]. —— *vt.* (詩・文で) 風刺する. ◇ **～·er, ～·ist** *n.* 風刺文作者.
lám·prey [lǽmpri] *n.* (*pl.* **～s**) 〘魚〙《鋭い吸い口をもつ》ヤツメウナギの一種.
lán·ac [lǽnæk] *n.* 〘空〙レーダー着陸装置.
la·ná·i [lɑ:nɑ́:i] *n.* (*pl.* **～s**) (ハワイ風建築の) ベランダ; ベランダ付き建物.
Lán·ca·shire [lǽŋkəʃiər, -ʃər] *n.* ランカシャー《イングランド北西部の州. 工業地帯》.
Lán·cas·ter [lǽŋkəstər] *n.* **1** 〘英史〙ランカスター王家, 1399–1461. **2** Lancashire の州都.
Lan·cás·tri·an [læŋkǽstriən] *a.* **1** Lancashire の. **2** 〘英史〙Lancaster 王家 (出) の; 赤バラ党の. —— *n.* 〘英史〙Lancaster 王家の人; 赤バラ党員《Wars of the Roses の際ランカスター家を助けた》. →Yorkist.
‡**lance** [læns/lɑ:ns] *n.* **1** やり. **2** 《魚を突く》やす. **3** (*pl.*) 槍(そう)騎兵. **4** 〘医〙＝lancet. ***break a ～ with*** と試合 [議論] する. —— *vt.* **1** やりで突く. **2** 〘医〙ランセットで切開する.
～ corporal, ～-jack [⌐⌐] 〘英: 軍〙伍長(ごちょう)代理, 兵長. **～·fish** [⌐⌐] 〘魚〙イナカゴ. **～ sergeant** 〘英: 軍〙軍曹(ぐんそう)勤務伍長. **～·wood** [⌐⌐] 強い弾性のある木材の一種《熱帯アメリカ産. やりの柄・弓・つりざおなどに用いる》; その原木.
lánce·let [lǽnslit/lɑ́:ns-] *n.* 〘動〙ナメクジウオ (amphioxus).
Lánce·lot [lǽnsələt, -lɑ̀t/lɑ́:nslət] *n.* 〘伝説〙アーサー王物語の円卓騎士中第一の勇士.
lánce·o·late [lǽnsiəlit, -lèit/lɑ́:n-], **lán·ce·o·lat·ed** [-lèitid] *a.* 〘生〙やり先状の; 《葉が》披針(ひしん)形の, 先が細くとがった.
lánc·er [lǽnsər/lɑ́:ns-] *n.* **1** やり使い; 槍(そう)騎兵. **2** (*pl.*) 4 人組みで踊るダンスの一種; その曲.
lán·cet [lǽnsit/lɑ́:n-] *n.* **1** 〘医〙《外科手術用》ラ

L

ンセット, 刺胳(しらく)針. **2**〘建〙鋭尖(えいせん)窓 (= ～ window).

～ **arch** 鋭尖アーチ.

lancet ②

†**land** [lænd] *n.* **1** 陸, 陸地: *L*～ was sighted from the crow's nest. マストの上から陸地が見えた. **2** 土地, 地面: buy ～ 土地を買う. arable ～ 耕地. barren ～ 不毛の地. waste ～ 荒れ地. **3** 所有地; (*pl.*) 地所. **4** 国土, 国. **5** 領土; 地方, 田園: Go to the ～. 土〔田園〕に帰れ. **6** 領域, …の世界. **7** 国民: The ～ was in a turmoil.

by ～ 陸路で. ***clear the*** ～ 沖に出る. ***go*** 〔***work***〕 ***on the*** ～ 農夫になる〔である〕. ***lay*** 〔***shut in***〕 ***the*** ～〘海〙陸地を見失う. ***make*** (***the***) ～ = ***sight the*** ～ 陸地の見える所へ来る. ***see how the*** ～ ***lies*** 前もって調査する; 形勢をみる, 事情をうかがう. ***set*** (***the***) ～ 陸地の方位を測る. ***the*** ～ ***of bondage***〘聖〙エジプト. ***the*** ～ ***of cakes*** スコットランド. ***the*** ～ ***of Nod***〘聖〙 (1) カインが住んだ地《創世記 4:16》. (2) 眠り(の国). ***the L***～ ***of Promise***〘聖〙約束の地《カナンの地. 創世記 12:7, 13:15》. ***the L***～ ***of Regrets*** インド. ***the L***～ ***of the Leal*** 天国. ***the*** ～ ***of the living*** 現世. ***the L***～ ***of the Midnight Sun*** ノルウェー. ***the L***～ ***of the Rising Sun*** 日本. ***the L***～ ***of the Rose*** 〔***Shamrock, Thistle***〕 イングランド〔アイルランド, スコットランド〕. ***on*** ～ ***or at sea*** 全世界いたるところで.

—— *vt.* **1** 上陸させる, 陸揚げする. **2** 着陸させる; 下車〔下船〕させる: The train will ～ you in Denver tomorrow morning. この列車で行けばあすの朝デンバーに着きます. **3** 〈ボールなどをある地点に〉落とす; 〈人を悪い状態に〉陥らせる: That ～*ed* me in great difficulties. 私はそれでたいへん困ったことになった. **4** 〈魚を〉陸〔船中〕に引き上げる, つり上げる. **5**〘話〙手に入れる, 獲得する: ～ a prize 賞品を手に入れる. **6**〘話〙〈打撃などを〉与える: ～ a person a blow on the nose 鼻に一撃をくらわす.

—— *vi.* **1** 上陸する, 着陸する; 着水する《に *on*》; 下船する, 下車する《から *from*》. **2** 飛び降りる; 落ちる《の上に *on*》; 遭遇する《に *on*》; 陥る《に *in*》; 到着する《に *at*》. ～ ***on*** one***'s ear*** ぶち倒される. ～ ***on*** one***'s feet*** 無事に窮地を脱する.

～ **agent**〘米〙土地売買周旋業者, 土地ブローカー;〘英〙土地管理〔差配〕人. ～ **bank** 土地抵当銀行. ～ **breeze** 陸軟風《陸から海へ吹く微風》. → sea breeze. **～·fall** → 別項. **～·gràb·ber** 土地横領人;〘アイルランド〙追い立てられた小作人の土地を買う〔借りる〕人. ～ **grant**〘米〙《大学・鉄道のための政府の》無償払い下げ土地. **～·grave** [ˊˉ]《中世ドイツの》伯爵;《帝政ドイツの》領主. **～·gra·vine** [-grəviːn]《中世ドイツの》伯爵夫人, 領主夫人; 女伯爵. **～·hòld·er** 地主; 借地人 (tenant). **～·jòb·ber**〘英〙地所仲買人, 土地投機師. ***～·là·dy** → 別項. ～ **law** (通例 *pl.*) 土地法. **～·locked** [ˊˉ] 陸地に囲まれた;《魚などが》陸封された《海から断たれた》. ‡**～·lord** → 別項. **～·lùb·ber**《けいべつ的》新前水夫; おか者. **～·man** = landsman. **～·mark** [ˊˉ] 境界標;《航海者などの手引きとなる》陸標, 目標; 画期的な事件: the ～*marks* of history 史上の画期的事件. ～ **mine**〘軍〙地雷. ～ **office**〘米〙国有地管理局. **～-office business**〘米俗〙人気のある商売. **～·òwn·er** 土地所有者, 地主. **～·òwn·ing** (1) 土地所有. (2) 地主の: ～*owning* classes 地主階級. ～ **patent** 土地権利書. ～ **plane** 陸上飛行機. → seaplane. **～-póor** 土地をたくさんもちながら現金(収入)に乏しい. ～ **power** 地上兵力; 大陸軍国. ～ **rail**〘鳥〙クイナ. ～ **reform** 土地改革. ～ **rover**《イギリス製のジープに似た》農工業用四輪駆動自動車. ‡**～·scape** → 別項. **L～'s End** England の Cornwall の西端の小村《イギリスの最西端》. ～ **service** 陸軍兵役. ～ **shark**《上陸した水夫を食いものにする》波止場詐欺師. **～·sick** [ˊˉ]〘海〙《船が》陸地に近づき過ぎて行動困難な; 陸地にあこがれる. **～·slide** [ˊˉ] 地すべり, 山くずれ;〘米〙《選挙における》圧倒的勝利. **～·slip** [ˊˉ]〘英〙地すべり (= landslide). **～s·man** [-zmən] (*pl.* **-men**) 陸上生活者; 新前水夫. → seaman. **～·swell** [ˊˉ] 海岸近くの波のうねり. ～ **tax** 地租. ～ **wind** 陸風《陸から海へ吹く風》.

◇ **～·less** *a.* 土地のない, 土地〔不動産〕を所有しない, 陸地のない. **～·ward** [-wərd] *a., ad.* 陸の方の〔へ〕; 陸に近い. **～·wards** *ad.* = landward.

(類義語) 土地: **land** sea に対応することば. 人間の使用・生活を考えるばあいと (arable *land* 耕地), 考えないばあい (go by *land* 陸路を行く) とがある. 生まれた land は故国 (one's native *land*) になる. **ground** 人間の生活・活動をささえる地面: till the *ground* 土地を耕す. a hunting *ground* 狩り場. picnic *grounds* 遊山(ゆさん)地. **soil** 土壌(どじょう), 表土. 比喩的には「国土」. **earth**「天体」に対応することば. だから地球それ自体のときもあるし, 地球を構成する主成分の土のときもある. いずれにせよ land, ground に比べ所有権の問題は考えられない. つまり He owns a lot of *land*. It is his *ground*. といえるがこれらを earth に置き換えることはできない.

lán·dau [lændɔː] *n.* ランドー馬車《ほろが前後から掛かる2人乗り4輪馬車》; ランドー型自動車.

làn·dau·lét(te) [lændɔːlét] *n.* 小型ランドー馬車〔自動車〕.

lánd·ed [lændid] *a.* **1** 土地を所有している, 地所もちの: ～ classes 地主階級. **2** 地所の, 地所からなる: ～ property 〔estate〕 地所, 所有地, 不動産. **3** 陸揚げされた. ～ **interest**《集合的》地主(側). ～ **proprietor** 地主.

lánd·fall [lændfɔːl] *n.* **1**〘海〙(航海後初めての) 陸地発見〔到着〕; その陸地. **2**〘空〙着陸. **3** (金持ちの親類などの死亡による) 突然の土地所有権獲得. **4** = landslide.

‡**lánd·ing** [lændiŋ] *n.* **1** 上陸, 陸揚げ. **2** 上陸場; 荷揚げ場; 波止場. **3**《飛行機の》着陸; 着地; 到着. **4**《旅客の》下船, 下車. **5**〘建〙階段を上がった〔下った〕ところの床; 階段の踊り場, 中休み段. ***forced*** ～ 不時着. ***make*** 〔***effect***〕 ***a*** ～ 上陸〔着陸〕する.

～ **area** 着陸区域; 上陸地域. ～ **charges** 貨物陸揚げ料, 水揚げ賃. ～ **craft** 上陸用舟艇. ～ **field** 飛行場. ～ **force** (敵前)上陸部隊. ～ **gear**〘空〙着陸装置. ～ **net** たも, たも網《つった魚を陸に揚げる網》. ～ **party**〘英〙上陸部隊. ～ **place** 上陸場, 陸揚げ場, 波止場;《階段の》踊り場. ～ **stage** 浮き桟橋(さんばし). ～ **strip** 滑走路.

***lánd·là·dy** [læn(d)lèidi] *n.* **1**《旅館・下宿・アパートなどの》女主人, おかみ. **2** 女家主;〘稀〙女地主. → landlord.

‡**lánd·lord** [læn(d)lɔ̀ːrd] *n.* **1** 地主, 家主. **2**《下宿屋・旅館の》主人, 亭主(ていしゅ). → landlady.

◇ **～·ism** [-iz(ə)m] *n.* 地主であること; 地主かたぎ. **～·ly** *a.* 地主の.

land·óc·ra·cy [lændákrəsi/-ɔ́k-] *n.*〘笑〙大地主階級.

lánd·o·crat [lændəkræt] *n.* 地主階級の人.

‡**lánd·scape** [læn(d)skèip] *n.* **1** 風景, けしき; ながめ, 見晴らし. **2** 風景画; 風景画法. → seascape.

—— *vt., vi.* (に)造園工事をする; 緑化する.

～ **architecture** 風致都市計画法. ～ **gardener** 庭師, 造園家. ～ **gardening** 造園術. ～

painter 風景画家. ◇ **-scap·er** *n.* 〘話〙造園家. **-scap·ist** *n.* 風景画家.

Land·sturm [lɑ́:nt-ʃtùərm/lǽnd-stuəm] G. *n.* 〘軍〙国民総動員; 国民軍.

Land·wehr [lɑ́:ntvèər/lǽnd-] G. *n.* 〘軍〙後備軍.

‡**lane** [lein] *n.* **1** 《かきね・家などの間の》細道, 小路, 路地; 狭いいなか道. **2** 《人の列の間の》通路. **3** 《汽船・飛行機などの》規定航路. **4** 車線《自動車が1列で進むように仕切られた通路》. **5** 〘運〙《短距離競走の》コース; 《ボーリングの》レーン. ***blind* ～** 袋小路, 行き詰まり. ***It is a long* ～ *that has no turning.*** 〘諺〙待てば海路のひよりあり.
　～ route 大洋航路線. 〔類〕→ **road**「道」

lang. language.

Lang·lauf [G. lɑ́ŋlauf] G. *n.* 〘スキー〙長距離レース.

láng·ley [lǽŋli] *n.* 〘物〙太陽輻射(ふくしゃ)の単位《1 cm² につき 1 cal.》.

láng·sýne [lǽŋsáin, ㊍⁺ -záin] *ad.* 〘スコットランド〙昔, 久しい以前に (long ago). ── *n.* その昔, 往時.

†**lán·guage** [lǽŋgwidʒ] *n.* **1** 言語, ことば: *L*～ is an exclusive possession of man. 言語は人間だけの所有物だ. **2** 国語, 《ある国家・民族の》…語: He speaks five ～*s.* 彼は5か国語を話す. the French ～ フランス語. 〈注〉単に French というより堅い表現. 後者は無冠詞の点にも注意: He speaks *French* [*English*]. **3** ことばづかい, 言い回し; 文体: strong ～ 激しいことば. **4** 術語, 専門語. **5** 《広い意味で》言語以外の「ことば」, 伝達手段: sign ～ 身ぶりことば. **6** 語学; 言語学. ***dead* [*living*] ～** 死[現代]語. ***fine* ～** 美しく飾った言い回し, はなやかな文体. ***gesture* ～** 身ぶりことば. ***long* ～** 《符号・暗号に対して》普通につづったことば. ***spoken* [*written*] ～** 口[文]語; 口頭[書記]言語. ***the* ～ *of flowers*** 花ことば. ***the* ～ *of the eyes*** 目ことば《目で心を知らせる》. ***use* (*bad*) ～ *to*** 〘話〙…をののしる. [√lingu-] **～ master** 語学教師.

　〔類義語〕ことば: **language** ことばの社会的制度面を強調する. speech を行なうために使用される記号・音声などの体系. 言語: the English *language* 英語. **speech** ことばの個人的行為面を強調する. language を使用しての感情・意志・思想の表現・伝達行為 (特に口頭の言語行為): freedom of *speech* 言論の自由. He couldn't understand the *speech* of the natives because it was in a foreign *language*. 彼は原住民のことばが外国語であるのでわからなかった.

langue d'oc [F. lɑ̃gdɔk] F. オック語《中世フランス南部のロマンス語. 現在のプロバンス語》.

langue d'o·il [F. lɑ̃gdɔil, ㊍⁺ lɑ:ŋdɔ́i(ə)l] F. オイル語《中世フランス北部のロマンス語. 現在のフランス語のもと》.

lán·guid [lǽŋgwid] *a.* **1** 《人が》だるい, ものうい, 力のない; 無感動な, 気乗りしてない. **2** 《物が》つまらない, 興味をわかせない. **3** 《市況などが》活気がない, 沈滞した; 《活動などが》はかどらない, 遅々とした. ***be* ～ *about*** について熱意がない. ◇ **～·ly** *ad.*

‡**lán·guish** [lǽŋgwiʃ] *vi.* **1** 元気がなくなる, 弱る, 衰える, しおれる, だらける. **2** やつれる, 思いに悩む. **3** あこがれる, 恋いこがれる《を *for*》. **4** 悩ましげなそぶりをする. **5** 苦しい生活をおくる: ～ in poverty 貧困に苦しむ. ～ in a dungeon 獄中に苦痛の日をおくる.
　◇ **～·ing** *a.* **1** しだいに弱りゆく; 思い悩んでいる, 恋いこがれている. **2** ぐずぐずした, 長びく: a ～*ing* illness いつまでもはっきりしない病気. **～·ment** *n.* 衰弱; 無気力; 倦怠(けんたい); 憔悴(しょうすい); 思い悩み; あこがれ.

lán·guor [lǽŋgər] *n.* **1** だるさ, 倦怠. **2** 無気力, 沈滞. **3** うっとうしさ. **4** 思い煩い, 恋の悩み.

lán·guor·ous [lǽŋg(ə)rəs] *a.* **1** だるい, ものうい, ものうげな, 疲れた. **2** 思いやつれた; 恋に悩む. **3** うっとうしい, たいくつな, 飽き飽きする. ◇ **～·ly** *ad.*

lan·gúr [lʌŋgúər] *n.* 〘動〙《インド産》ヤセザル.

lán·iard =lanyard.

lán·i·tal [lǽniṭ(ə)l] *n.* 人造羊毛《カゼインからつくる》.

lank [læŋk] *a.* **1** やせた, ひょろ長い: a tall ～ boy 背の高いひょろ長い男の子. **2** 《草・髪などが》長く柔らかい, ちぢれてない. ◇ **∠·ly** *ad.* **∠·ness** *n.*

lánk·y [lǽŋki] *a.* やせ気味の, ひょろ長い.
　◇ **-i·ly** *ad.* **-i·ness** *n.*

lán·o·lin(e) [lǽnəlin, -lì:n] *n.* ラノリン, 羊毛脂.

Lán·sing [lǽnsiŋ] *n.* アメリカ Michigan 州の都市.

láns·que·net [lǽnskənèt] *n.* **1** トランプ遊びの一種. **2** 《16–17世紀ごろの》ドイツの雇い兵.

‡**lán·tern** [lǽntərn] *n.* **1** カンテラ, ちょうちん; とうろう: a paper ～ ちょうちん. **2** 幻燈. **3** 《燈台の》燈火室. **4** 〘建〙頂塔, 明かり窓. **5** 〘史〙街燈柱《フランス革命当時貴族をこれにつるして処刑した》. ***dark* ～** 龕燈(がんどう)ぢょうちん. ***the Feast of L*～** 《中国の》上元節; 《日本の》お盆祭り.
　～ fly 〘虫〙ビワハゴロモ. **～-jawed** [-dʒɔ̀:d] ひょろ長いあごの, やせ顔の. **～ jaws** ひょろ長いあご; やせ顔. **～ procession** [**parade**] ちょうちん行列. **～ slide** 幻燈のスライド.

lán·tha·num [lǽnθənəm] *n.* 〘化〙ランタン《希土類元素. 記号 La》.

lán·yard [lǽnjərd] *n.* **1** 〘海〙締めづな. **2** 〘軍〙(大砲発射用の) 引きなわ.

La·óc·o·ön [leiɑ́kəwɑ̀n, -koɑ̀n/-ɔ́koɔn] *n.* 〘ギ神〙ラオコーン《Troy の Apollo 神殿の司祭. 女神 Athena の怒りにふれ, むすこととともにウミヘビに巻き殺された》.

Là·od·i·cé·an [lèiọdisí:ən, leiɑ̀d-/lèiọdisíən] *a., n.* 《宗教・政治などに》冷淡な(人), 熱のない(人).

Lá·os [lɑ́:ous, léi-/lauz, -s] *n.* ラオス《東南アジアの国》.
　◇ **La·ó·tian** [leióuʃən/láuʃiən] *n.* ラオス人[語].

Láo·tsé, Láo·tzú [láudzʌ́/lɑ́:outséi] *n.* 老子, 604–531 B.C., 中国の哲学者.

‡**lap**¹ [læp] *n.* **1** ひざ《すわって腰からひざがしらまでの部分》. → knee. **2** 《スカート・衣服の》ひざ部. **3** 《子どもをのせる》母のひざ, はぐくみ育てるところ. **4** 〘雅〙山ふところ; 山間のくぼ地. **5** 《衣服・くらなどの》たれさがり, へり. **6** 《上着などの》重なり合った部分, 重なり. **7** 〘運〙一周, ラップ: ～ time ラップタイム. **8** 《糸の》一巻き. **9** 〘建〙羽掛(はがかり). **10** 〘古〙耳たぶ. ***Everything falls into* a person's ～.** なんでも思うようになる. ***in Fortune's* ～ = *in the* ～ *of Fortune*** 好運に恵まれて. ***in the* ～ *of gods*** 人の力の及ばないところに. ***in the* ～ *of luxury*** ぜいたくのしほうだいをして. ***on* [*in*] *one's* ～** ひざに: She held a child *on* [*in*] *her* ～. 彼女は赤ん坊をひざにのせていた. ── *v.* (**-pp-**) *vt.* **1** ひざに抱く; 大事にする. **2** 包む, 囲む. **3** 巻き付ける, まとう《に *round*》; 重ねる, かぶせる《に *over*》. **4** の上に部分的に重なる. **5** の上に部分的にのる. **6** 〘運〙1周以上抜く. ── *vi.* **1** 折り重なる; 折り返る, まくれる. **2** かぶさる, おおいかかる. **3** はみ出る. ***be lapped in luxury*** ぜいたくざんまいに暮らす. **～ *over*** を重ねる; に重なりかかる.
　∠·board [∠∠] ひざにのせるテーブル代用板. **∠·dog** [∠∠] 《ひざにのせられる》愛がん用の小犬. **～ joint** 〘建〙重ね継ぎ. **～ robe** ひざかけ毛布. **∠·streak** [∠∠] *a., n.* 重ね張りの(ボート).
　◇ **∠·ful** [-fùl] *n.* ひざいっぱい(分).

‡**lap**² *n.* **1** なめること; なめる音. **2** 《岸・船べりを洗う》波の音. **3** 犬の流動食. **4** 薄い飲料. **5** 〘米俗〙《ウイスキーなどの》一飲み. ── *vt., vi.* (**-pp-**) **1** (液体・流動物を) なめる, 舌でぺろぺろ食べる, なめ尽くす《*up*》. **2** 〈おせじ・話などを〉(なめるように) 熱心に聞く, 受け入れる《*up*》. **3** 〈波が〉ひたひたと打ち寄せる: ～ *against* the shore 岸を洗う.

làp·a·rót·o·my [læ̀pərɑ́təmi/-rɔ́t-] *n.* 開腹手術.

La Páz [lə-pɑ́:s/lɑ:-pǽz] *n.* ラパス《Boliviaの首都》.

la·pél [ləpél] *n.* (通例 *pl.*) えりの折り返し, 折りえり.

La Pe·róuse [lɑ́:-pe(i)rú:z] **～ *Strait*** 宗谷(そうや)海峡.

láp·i·dar·y [lǽpidèri/-dəri] *n.* **1** 宝石細工師. **2** 宝石商; 宝石鑑識家. **3** 宝石鑑《書物》.
— *a.* **1** 石の, 石に関係のある; 石細工の. **2** 宝石の, 宝石細工の. **3** 石に刻んだ; 碑銘の〔に適する〕. **~ style** 〘修〙 碑銘体, 簡潔体.
láp·i·date [lǽpidèit] *vt.* に石を投げつける; 投石して殺す. ◇ **làp·i·dá·tion** [ˌ-ˌ-déiʃ(ə)n] *n.*
la·píd·i·fy [ləpídifài] *vt., vi.* 石にする〔なる〕.
◇ **lap·ì·di·fi·cá·tion** [-ˌ-fikéiʃ(ə)n] *n.* 石化;
la·píl·li [ləpílai] *n. pl.* 〘地〙 火山礫(れき). L化石.
láp·in [lǽpin] *n.* 〘動〙 ウサギ; その毛皮.
la·pis la·zu·li [lǽpis-lǽzjulài/ˌ-ˌ-ˌ--] L. *n.* **1** 〘鉱〙 ルリ. **2** 青色顔料. **3** ルリ色, 青金色.
Láp·land [lǽplænd] *n.* ラップランド《Scandinavia 半島の最北部の地域》. ◇ **~·er** *n.* ラップランド人.
Lapp [læp] *n.* ラップランド人, ラップ語.
láp·pet [lǽpit] *n.* **1** 《衣服などの》たれ, たれさがった部分, たれひだ; 折りえり; 《帽子などの》耳おおい. **2** 《七面鳥などの》肉垂; 耳たぶ.
Láp·pish [lǽpiʃ] *a., n.* ラップランド(人)の; ラップ語.
‡**lapse** [læps] *n.* **1** 《時の》経過, 流れ, 推移: after the ~ of time 時を経て. with the ~ of time 時のたつにつれ. **2** 《記憶の》誤り; 失策, うっかりしたあやまち: a ~ of the pen [tongue] 書き〔言い〕そこない. **3** 正道からそれること, 堕落; 背教: a ~ from virtue 背徳. a ~ into crime 罪への転落. **4** 《習慣などの》衰退, 廃止. **5** 〘法〙《権利の》消滅, 喪失; 《遺産の》失効.
— *vi.* **1** 〈時が〉 経過する, いつしか過ぎ去る 《*away*》. **2** 少しずつ移り変わる; 知らぬまに陥る 《へ *into*》: ~ *from* good ways *into* bad 行ないがだんだん悪くなる. ~ *into* idleness なまけ癖がつく. **3** 道を踏みはずす, 心得違いする; しくじる, あやまつ. **4** 低下する, 退歩する, 堕落する 《へ *into*》. **5** 〘法〙〈権利・財産などが〉 消滅する, 無効になる; 人手に渡る 《へ *to*》. [√lab-] **~ rate** 〘気〙 気温減率《高度に比例して気温が下がること》. ◇ **~d** [-t] *a.*
láp·sus [lǽpsəs] *n.* **1** 誤り, まちがい. **2** 〘医〙 下垂, 脱垂. **~ calami** [-kǽləmài/-mai] 書きそこない. **~ linguae** [-líŋgwi:/-gwai] 言いそこない, 失言.
La·pú·tan [ləpjú:tən] *n.* ラピュータ (Laputa) 島住民《Swift 作 *Gulliver's Travels* にでてくる浮き島の住民. とんでもない空想的計画にふけっている》.
— *a.* 空想的な, 途方もない.
láp·wing [lǽpwìŋ] *n.* 〘鳥〙 タゲリ.
LARA Licensed Agency for Relief of Asia ララ《公認アジア救済機関》.
lár·board [lá:rbərd, ㊥⁺ -bò:rd] *n.* 〘海〙 左舷(げん). **—** *a.* 左舷(側)の. 〈注〉現在では port を
lár·ce·ner [lá:rs(ə)nər] *n.* 窃盗犯人. L用いる.
lár·ce·nous [lá:rs(i)nəs] *a.* 窃盗の, 盗みをする, 手癖の悪い. ◇ **~·ly** *ad.*
lár·ce·ny [lá:rs(ə)ni] *n.* 〘法〙 窃盗罪〔犯〕. ***petty*** 〔***grand***〕 **~** 軽〔重〕窃盗罪.
larch [la:rtʃ] *n.* 〘植〙 カラマツ; カラマツ材.
lard [la:rd] *n.* ラード《豚の脂肪からとったもの》: ~ oil ラード油. **—** *vt.* **1** にラードを塗る. **2** 〈肉などに〉ベーコンの小片をはさむ《風味を増すために》. **3** 〈文章・談話などを〉飾る, 潤色する 《で *with*》. **4** 〘俗〙 太らせる. ◇ **∠·like** [-làik] *a.* =lardaceous.
∠·y *a.* ラード質の, 脂肪の多い.
lar·dá·ceous [la:rdéiʃəs] *a.* **1** ラード(状)の. **2** 〘医〙 臘様(ろう)の, 臘様変質の.
lárd·er [lá:rdər] *n.* 食料品(貯蔵)室; 貯蔵食料.
lár·don [lá:rd(ə)n], **lar·dóon** [la:rdú:n] *n.* ベーコンや豚肉の細片《風味を増すため, 肉の間にはさむ》.
lár·dy-dár·dy [lá:rdidá:rdi] *a.* 〘英俗〙 きざな, にやけた.
lá·res [léiri:z, lé(:)r-/léər-] *n. pl.* (*sing.* **lar** [la:r]) 〘古ローマ〙 ラール神《家庭の守護神》. ***~ and penates*** [pinéiti:z] 家庭守護の神々; 家宝, 家財.

†**large** [la:rdʒ] *a.* **1** 大きい: a ~ house 大きな家. ~ of limb 手足の大きい. ↔ small. **2** 広い, 広々とした: a ~ field 広大な畑. **3** 大規模な; 《権力などが》広範な; 《思想などが》遠大な: ~ ideas 遠大な思想. **4** 豊かな, 広大な, 多量な: a ~ income 多額の収入. a ~ population [family, audience] 大人口〔大家族, 多数の聴衆〕. **5** 度量の広い, 寛大な: a ~ tolerance 寛容. **6** 〘古〙 放胆な, 豪放な. **7** 〘古〙《風が》強い, 激しい. ***on the ~ side*** かなり大きい方(の), どちらかと言えば大きい方(の).
— *n.* 《熟語にだけ用いられる》. ***at ~*** (1) 自由で; とらわれないで: The culprit is still *at* ~. 犯人はまだ逮捕されない. (2) 詳細に, 十分に: talk [write] *at* ~ 詳しく話す〔書く〕. (3) 全体として; 広く, 一般に: people *at* ~ 一般人民. (4) 確としたあてもなく, 漫然と: an ambassador *at* ~ 移動大使. (5) 未定に: leave the matter *at* ~ 事件を未決定のままにしておく. (6) 〘米〙 全州〔全郡〕から選出される: a congressman *at* ~ 全州選出議員. ***in (the) ~*** 大規模に, 大じかけに; 一般に.
— *ad.* **1** 大きく. **2** 詳細に. **3** 誇大に, 自慢して: talk ~ 大言壮語する. **4** 〘海〙 順風を受けて.
∠·héart·ed, ∠·mínd·ed 心の大きい, 度量の広い, 寛大な; 情けぶかい, 博愛の. **∠-scále** 大規模の; 《地図など》大きな縮尺の.
◇ **∠·ness** *n.* 大きさ, 広大; 寛大.
〔類〕 → **big**「大きな」, **broad**「広い」
‡**lárge·ly** [lá:rdʒli] *ad.* **1** 大いに, 十分に. **2** 大部分, 主として: His success was ~ due to luck. 彼の成功は大部分幸運によるものだった. **3** 大規模に, 広範囲にわたって. **4** 豊富に, 気前よく.
lár·gess(e) [lá:rdʒis/-dʒes] *n.* **1** 気前のよさ, 惜しげなく金品を与えること. **2** 《多額の》贈り物, 《多分の》祝儀. **3** 〘古〙 慈悲心, 思いやり.
lar·ghét·to [la:rgétou] *a., ad.* 〘楽〙 ややおそい〔おそく〕. **—** *n.* (*pl.* **~s**) ややおそい曲. [<It.]
lárg·ish [lá:rdʒiʃ] *a.* やや大きい.
lár·go [lá:rgou] *a., ad.* 〘楽〙 きわめておそい〔おそく〕. **—** *n.* (*pl.* **~s**) ラルゴ, きわめておそい曲. [<It.]
lár·i·at [lǽriət] *n.* 《牛馬の》つなぎなわ; =lasso.
‡**lark**[1] [la:rk] *n.* 〘鳥〙 ヒバリ. ***as happy as a ~*** 非常に楽しい. ***If the sky fall, we shall catch ~s.*** 〘諺〙 空が落ちたらヒバリがつかまるさ《取り越し苦労は無用》. ***rise with the ~*** 早起きする.
∠·spur → 別項.
lark[2] *n.* 〘話〙 いたずら, ふざけ, 冗談; 愉快なこと. ***for a ~*** 戯れに, 冗談に. ***have a ~*** いたずらする. ***up to one's ~*** 戯れに夢中で. ***What a ~!*** こいつはおもしろい! **—** *vi.* 戯れる, ふざける. **—** *vt.* **1** からかう, にいたずらする. **2** 〈かきなどを〉飛び越す《特に馬で》.
◇ **∠·some** [-səm] *a.* 浮かれた.
lárk·spur [lá:rkspə̀:r] *n.* 〘植〙 ヒエンソウ.
lárk·y [lá:rki] *a.* ふざけた, 浮かれた. 「油皮ぐつ.
lár·ri·gan [lǽrigən] *n.* 〘米〙《きこり・猟師などがはく》
lár·ri·kin [lǽrikìn] *n.* ならず者, 不良少年.
lár·rup [lǽrəp] *vt.* (**~ed**; **~·ing**) 〘話〙 打つ, 打ちのめす.
lár·ry [lǽri] *n.* 〘俗〙 斜面で車を押し上げるための小型トラック. **—** *a.* 〘俗〙 二流の.
lár·va [lá:rvə] *n.* (*pl.* **-vae** [-vi:]) 〘動〙 幼虫; 幼態動物《オタマジャクシなど》. ◇ **~l** [-v(ə)l] *a.* 幼虫の.
la·rýn·gal [ləríŋg(ə)l], **la·rýn·ge·al** [ləríndʒiəl/lærindʒí:əl] *a.* 喉頭(こう)の; 喉頭治療用の.
— *n.* 〘音声〙 喉頭音, 声門音.
làr·yn·gí·tis [lærindʒáitis] *n.* 〘医〙 喉頭炎.
la·rýn·go·scope [ləríŋgəskòup] *n.* 〘医〙 喉頭鏡.
làr·yn·gót·o·my [læriŋgátəmi/-gɔ́t-] *n.* 〘医〙 喉頭切開術.
lár·ynx [lǽriŋks] *n.* (*pl.* **lar·ýn·ges** [ləríndʒi:z]) 〘医〙 喉頭. 「インド人水夫.
lás·car [lǽskər] *n.* 〘インド〙 (外国船乗り組みの) 東

las·cív·i·ous [ləsíviəs, ㊎⁺ læ-] *a.* **1** 好色の, みだらな. **2** 挑発(ちょうはつ)的な, 誘惑的な. ◇ **～·ly** *ad.*

lá·ser [léizər] *n.* 〖物〗レーザー《光の増幅装置》. [<*l*ight *a*mplification by *s*timulated *e*mission of *r*adiation] →maser.

‡**lash**¹ [læʃ] *n.* **1** むちひも, むちのしなやかな部分. **2** むちの一打ち; (the ～) むち打ちの刑: receive 50 ～*es* むちを50受ける. **3** 痛烈なことば, 非難, 皮肉. **4** 《波・風・雨の》衝撃, ぶつかり: the ～ of waves *against* the rock 岩を打つ波. **5** 《動物が》尾を振ること. **6** まつ毛 (=eyelash). ***under the ～*** 体刑を受けて. ***under the ～es*** 痛烈な非難を受けて.

—— *vt.* **1** むち打つ, 打ちすえる. **2** に打ち当たる, にぶつかる. **3** ののしる, しかりつける, 皮肉る: He ～*ed* the students *with* harsh criticism. 彼は学生に激しい非難を浴びせた. **4** 激しく動かす; <動物が尾を> 激しく振る. **5** ヒューッと投げる, 投げつける. —— *vi.* **1** むち打つ《を目がけて *at*》. **2** 激しくののしる《*out*》: ～ *out at* a person 人に暴言を浴びせる. **3** <雨・涙などが> 降り注ぐ. ～ one*self into a fury* 激怒する. ***～ out*** (1) 強く打つ. (2) 暴言を吐く. (3) <馬が> けとばす, あばれる.

lash² *vt.* (綱・なわで) 縛る, 結ぶ.

lásh·er [læʃər] *n.* **1** 《発電用の》排水口; 排水口の下の水のうず. **2** むちで打つ人; 非難者, 叱責(しっせき)者. **3** 〖海〗締め綱, 繋索(けいさく).

lásh·ing [læʃiŋ] *n.* **1** むち打ち. **2** 痛罵(つうば), 叱責. **3** 縛ること; 縛り綱, 繋索. **4** (*pl.*) 〖英俗〗たくさん《*of*》: There are ～*s* of room. 余地がたっぷりある.

Lás·ki [læski] *n.* Harold J. ～, 1893–1950, イギリスの社会主義者・経済学者.

‡**lass** [læs] *n.* **1** 若い女, 少女; 《特に未婚の》女; 恋人 (sweetheart). → lad. **2** 〖スコットランド〗女中.

lás·sie [læsi] *n.* 〖スコットランド〗少女, 小娘; 恋人.

lás·si·tude [læsit(j)ù:d/-tju:d] *n.* けだるさ, 倦怠(けんたい); 気乗り薄.

lás·so [læsou, læsú:] *n.* (*pl.* ～(**e**)**s**) 投げなわ, 輪なわ《野生馬などを捕えるための引き結び輪のある長いなわ》. —— *vt.* 投げなわで捕える.

†**last**¹ [læst/lɑ:st] *a.* 《本来は late の最上級》 **1** 《順序の上で》**最後の**, 終わりの: the ～ carriage of a train 列車のいちばん後ろの車両. the tenth and the ～ volume 第10巻すなわち最終巻. **2** 《時間的に》最後の, 最終の: the ～ day of the vacation 休暇の最後の日. **3** 臨終の; 死別の, 告別の: in one's ～ hours 死に臨んで. pay one's ～ respects to a person 人に告別する. **4** 《行為・仕事などが》最後に残った: one's ～ dollar 最後の1ドル. **5** 《無冠詞で》**すぐ前の, この前の**, 先…, 昨…, 去…: ～ month 先月. ～ year 昨年, 去年. ～ Monday この前の月曜日に. ～ evening [night] 昨夕[昨夜]. → next. 〈注〉 *last* day, *last* morning とはいわず yesterday, yesterday morning という. また *last* evening はアメリカ用法であり, イギリス用法では yesterday evening という. **6** 《前置詞＋the last の形で》**最近[過去]…の間(に)**: I have been teaching *for the* ～ three years. この3年間教職についている. *for the* ～ month (or so) この1か月 (かそこら) 《month の前に one のつかぬ点に注意. 次例も同様》. He wrote [has written] two books *during the* ～ year. 彼はここ1年の間に本を2冊書いた《無冠詞の (during) last year「昨年 (じゅうに)」とは異なる. なお, このばあい口語では He wrote... の方が He has written... よりも好まれる》. *in the* ～ fortnight 最近2週間に. 〈注〉 past にも同様の用法がある. **7** **最近の**; 最新 (流行) の: the ～ thing in hats 最新流行の帽子. **8** **最も…しそうもない** [したくない], 最も不適当[不相応]な: He is the ～ man to succeed in the attempt. あの男はやってみてもおよそ成功しそうもない. He is the ～ man I want to see. 私は彼だけは会いたくない. You are the ～ to criticize. きみには批評する資格がない. 〈注〉 次のようなばあいもある: She was the *last* to arrive. 彼女がいちばんあとから到着した. **9** 《結論・決定・提案などが》最後的な, 決定的な: my ～ price ぎりぎりの値段《これ以上まけられない》. **10** 非常な: of ～ importance きわめて重要な.

for the ～ time それを最後に: see a thing *for the* ～ *time* 見納めをする. ***in** one's **～ moment(s)*** 死にぎわに, 臨終に. ***in the ～ place*** 最後に, おしまいに. ***～ thing at night*** 夜おそくなって. ***put the ～ hand to*** を仕上げる. ***the ～ but one [two]*** 最後から2[3]番め. ***the ～ word*** (1) 最後のことば, 結論; 決定的なことば, 最終決定. (2) 〖話〗最新のもの: *the* ～ *word* in hats 最新流行の帽子. ***to the ～ man*** 最後のひとりまで, 徹底的に.

—— *ad.* **1** **最後に**, いちばん終わりに. **2** **この前**, 最近(は): since we met ～ この前に会ってから. ***first and ～*** みなひっくるめて, すべてで. ***～ but not least*** 最後だが決して軽んじられない; 最後にいま一つたいせつなことを言うが. ***～ of all*** 最後に.

—— *n.* **1** **最後**; 最後の物[者]. **2** 終わり, 結末, 終末; 臨終, 死. **3** 《手紙・情報など》最近のもの. **4** 最後のうわさ[姿, ようす]. **5** 〖米〗週末, 月末. ***at ～*** ついに. ***at long ～*** 待ちに待ったあげく, やっとのことで. ***breathe** one's **～*** 息を引きとる, 死ぬ. ***I shall never hear the ～ of it.*** いつまでたっても話のきりがつかない. ***look** one's **～*** 見納めをする. ***see [hear] the ～ of*** の見[聞き]納めをする. ***the night before ～*** おとといの晩. ***to [till] the ～*** 最後まで; 死ぬまで. **～ day, the** 最後の審判日, 世の終わりの日. **～ days [times], the** 《人間の》死期, 《世界の》末期. **～-dìtch** → 別項. **L～ Judgment** 最後の審判《神が世の終わりに人類にくだす》. **～-mén·tioned** 最後にあげた[言った]. **～-mín·ute** [⌐mínit] 最後の瞬間での, どたん場での. **～-námed** 最後に名をあげた; 〖俗〗有名な. **～ offices** 葬式, 葬儀.

◇ **～·ly** *ad.* 最後に; ついに, 結局.

(類義語) **最後の: last** 連続するもののなかで末尾の. したがって時との関連では「いちばん最近の」. **final** もうこれ以上続かない, 最終の: a *final* decision 最終決定. **ultimate** (頭の中で考え) 達しうる限りの, 究極の: *ultimate* truths 究極の真理.

†**last**² *vi.* **1** **続く**, 持続する: The storm ～*ed* three days. あらしは3日続いた. **2** **長持ちする**, (じょうぶで) 持ちがいい; 《数量的に》長続きする, 十分である: These socks will ～ long. このくつ下は長くはけますよ. The supplies will not ～ *for* two months. 買い置きの品[食品]は2か月分には足りなかろう. This will ～ me a lifetime. これは一生使えよう. **3** 元気が続く, へこたれない; 命が続く. —— *vt.* …より長持ちする, …より長く生きる《*out*》: This coat will ～ the winter *out*. この外套(がいとう)は冬が終わるまでもつだろう. They ～*ed* the famine *out*. 彼らはききんの間も生命を全うした. ***～ out*** 持ちこたえる.

(類) → **continue**「持続する」

last³ *n.* 《製靴(せいか)用の》くつ型. ***stick to** one's **～*** 自己の本分を守る, よけいな口出しをしない. —— *vt.* くつ型に合わせる.

last⁴ *n.* ラスト《重量の単位. 通例 4,000 ポンド》.

lást-dìtch [læs(t)ditʃ/lɑ́:s(t)ditʃ, ⌐⌐] *a.* 〖米話〗どたん場の, ぎりぎりの; 最後までがんばる, がん強な.
◇ **lást-dítch·er** *n.* 最後までがんばる人.

lás·tex [læsteks] *n.* ラステックス《ゴム乳状液を細い糸にして, 綿糸をからませた織物》; (L～) その商標名.

‡**lást·ing** [læstiŋ/lɑ́:st-] *a.* **永続する**, 長持ちする; 永遠の: a ～ peace 永久平和. —— *n.* **1** 永続. **2** じょうぶなラシャの一種. ◇ **～·ly** *ad.* 永続して, 永遠に; 持ちがよく.

Lat. Latin. **lat.** latitude.

Làt·a·kí·a [lætəkí:ə, ㊎⁺ lɑ̀:tɑ:kí:ɑ:] *n.* ラタキア《シリアの海港》; ラタキアたばこ《トルコ産の優秀品》.

‡**latch** [lætʃ] *n.* **掛けがね**, かんぬき. ***off the ～*** 掛けが

ねをはずして. ***on the*** ～ (錠をおろさないで) 掛けがねだけかけて. —— *vt.* に掛けがねをかける. ～ ***onto***〘俗〙…にしがみつく; を手に入れる; を理解する.
～-**key** → 別項. ～-**string** → 別項.

látch·et [lætʃit] *n.* 〘古〙くつひも.

látch·key [lætʃkiː] *n.* 掛けがねのかぎ, 表戸のかぎ《戸の外から掛けがねをはずすのに用いられる》.
～ **voter** 《けいべつ的》下宿住まいの投票〔有権〕者.

látch·string [lætʃstriŋ] *n.* (外から引っ張ってあける) 掛けがねのひも. ***hang out*** [***draw in***] ***the*** ～ ***for***〘米〙に家の自由出入りを許す〔許さぬ〕.

†**late** [leit] *a.* (**lát·er** [léitər], **lát·ter** [lætər]; **lát·est** [léitist], **last** [læst/lɑːst]) **1** 遅れた, 遅刻した, おそい; 季節遅れの, おくての: be ～ *for* the train 汽車に乗り遅れる. ～ marriage 晩婚. ～ fruits おくてのくだもの. **2** 《時刻が》おそい; 日暮れに近い; 夜ふけの: It's getting ～. おそくなってきた. **3** 終わりに近い, 末期〔後期〕の: ～ summer 晩夏. ～ Latin 後期ラテン語. be in one's ～ thirties〔～ teens〕30代の終わり〔ハイティーン〕である《「ハイティーン」は和製英語》. **4 この前の, 最近の**, 近ごろの, このごろの: the ～ typhoon この前の台風. **5 先の, 故…**, 物故した: the ～ Dr. A 故 A 博士. my ～ mother なくなった母. ***It is never too*** ～ ***to mend.*** 〘ﾞ〙改めるのにおそいということはない, 改むるにはばかるなかれ. ***keep*** ～ ***hours*** 夜ふかし朝寝をする. ***of*** ～ 近ごろ, 最近 (=lately). ***of*** ～ ***years*** ここ数年, 近年. ***the*** ～ ***period of*** one's ***life*** 晩年.
—— *ad.* (**lát·er**; **lát·est**, **last**) **1 おそく**, 遅れて: ripen ～ 実りがおそい. arrive ～ 遅れて着く. We arrived an hour〔one train〕～. 1時間〔1列車〕遅れて到着した. come ～ to work 仕事に遅れて来る. ↔ in time. **2** 《時刻が》**おそくなって**, 日暮れて; 夜ふけて. ↔ early. **3 おそくまで**, 夜ふけるまで: stay ～ 夜ふかしする. **4** 前に, 以前は. **5**〘雅〙近ごろ(=lately): It lasted as ～ as the last century. つい前世紀までも続いた.
Better ～ ***than never.*** 〘ﾞ〙おそくともしないよりはまし. ***early and*** ～ 朝から晩まで. ***early or*** ～ 早晩, いつかは. ～ ***in the day*** その日おそく; 時期に遅れて, 好機を逸して. ***stay*** [***sit*** (***up***)] (***till***) ～ 夜ふかしをする. ***too*** ～ まにあわずに, 手遅れになって.
～ **book** 遅刻簿. ～-**còm·er** 遅参者; 最近あらわれたもの. ～ **fee** 《電報などの》時間外特別料金; 《登録などの》遅滞料. ◇ ～-**ness** *n.* おそいこと, 遅刻.

la·téen [lætíːn/lə-] *a.* 《地中海の小帆船用の》大三角帆の. —— *n.* 大三角帆: a ～ sail 大三角帆船. ～-**rigged** [-rigd] 大三角帆を張った.

‡**láte·ly** [léitli] *ad.* 近ごろ, 最近: I haven't seen him ～. このごろ彼に会っていない. It is *only* ～ that I saw her. 彼女に会ったのはほんの最近だ. 〈注〉通例否定文・疑問文に完了時制とともに, または only といっしょに用いる.

lát·en [léitn] *vt., vi.* おそくする〔なる〕.

lá·ten·cy [léit(ə)nsi] *n.* 潜在, 潜伏. ～ **period** 「潜伏期.

lá·tent [léit(ə)nt] *a.* 隠れた, 潜伏した, 潜在的(な): ～ period 《病気の》潜伏期. a person's ～ capacities 人の潜在能力. ～ **heat**〘物〙潜熱.
◇ ～-**ly** *ad.*

†**lát·er** [léitər] *a.* 《late の比較級》**もっとおそい**〔あとの〕: in one's ～ life 晩年に. ↔ earlier.
—— *ad.* **あとで**, 後ほど: You can do it ～. あとでもできる; あと回しにしてもよい. three hours ～ 3時間後に. ～ ***on*** もっとあとで, 追って. ***See*** [***I will see***] ***you*** ～ (***on***). また後ほど(お目にかかります), さようなら. ***sooner or*** ～ おそかれ早かれ, いつかは.

lát·er·al [læt(ə)rəl] *a.* **1** 側面の〔からの, への〕. **2**〘生〙側生の;〘音声〙側音の.
—— *n.* **1** 側部, 側面部. **2**〘植〙側生枝〔芽〕;〘鉱山〙横坑;〘音声〙側音《[l] の音》. [√lat(er)-]
～ **branch** 傍系《兄弟姉妹の子孫》. ～ **pass**《フットボール》ラテラルパス《ゴールの線に平行するパス》.

Lát·er·an [lætərən] *n.* **1** ラテラン宮《ローマ市にあり, 中世にはローマ教皇の宮殿. 現在は博物館》. **2** (the ～) ラテラン聖堂《ラテラン宮の一部. カトリック教では最高位の教会堂》.

lát·er·ite [lætəràit] *n.* 〘鉱〙ラテライト, 紅土.

‡**lát·est** [léitist] *a.* 《late の最上級》**1 最新の**, 最近の: the ～ fashion 最新流行. the ～ news 最新のニュース. **2** いちばんあとの, 最後の. → last.
at (***the***) ～ おそくとも. ***the*** ～ 最新のもの; 最新のニュース. ***the*** ～ ***thing*** 最新発明品, 新奇なもの.
—— *ad.* いちばんおそく.

lá·tex [léiteks] *n.* (*pl.* ～-**es**, **lát·i·ces** [lætisìːz])〘植〙(ゴムの木などの) 乳液; 生ゴム.

lath [læθ/lɑːθ] *n.* (*pl.* ～**s** [lɑːðs])〘建〙木摺(ｷｽﾞﾘ), 木舞(ｺﾏｲ)《しっくいの下地などに用いる薄い木片》. ***as thin as a*** ～ やせこけて. ～ ***painted to look like iron*** 虚勢を張っているおくびょう者. —— *vt.* に木舞をつける. ～-**and-plaster shed** 掘っ建て小屋. ～-**work** [ˊ ˋ] *n.* 木摺打ち (=lathing).
◇ ～-**ing** *n.* 木摺(打ち); 《集合的》木摺 (=～s).

lathe [leið] *n.* 〘機〙旋盤; 《陶工用》ろくろ.
—— *vt.* 旋盤で工作する〔削る〕.

láth·er[1] [læðər/lɑ́ːð-] *n.* せっけんのあわ; 《馬などの》あわ汗. ***in a*** ～ 汗みどろになって. —— *vt.* **1** にせっけんを塗る. **2**〘話〙打つ, ぶんなぐる. —— *vi.* 〈せっけんが〉あわだつ; 〈馬が〉汗まみれになる.
◇ ～-**y** [-ðəri] *a.*

láth·er[2] [læθər/lɑ́ːθ-] *n.* 木摺(ｷｽﾞﾘ)職人. [＜lath]

lá·thi [lɑ́ːti] *n.* 〘インド〙木に鉄をかぶせたこん棒《特に巡査の警棒として用いられる》. 「細った.

láth·y [læθi/lɑ́ːθi] *a.* 木摺(ｷｽﾞﾘ)のような; 細長い; やせ

‡**Lát·in** [læt(i)n/-tin] *a.* **1 ラテン語の**, ラテン語系の; ラテン系の. **2** ラテン系民族の, ラテン人の. **3** 古代ローマ人の. **4** ラティウム (Latium) の; ラティウム人の. **5** ローマカトリック教の.
—— *n.* **1 ラテン語**. **2** ラテン系人; ラテン人, 古代ローマ人. **3** ローマカトリック教徒.
classical ～ 古典ラテン語《75 B.C.–A.D. 175》. ***late*** ～ 後期ラテン語《175–600》. ***medieval*** [***middle***] ～ 中世ラテン語《600–1500》. ***modern*** [***new***] ～ 近代ラテン語《1500以後》. ***monks'*** [***dog***] ～ 中世の変則ラテン語. ***old*** ～ 古代ラテン語《classical ～ 以前》. ***pig*** ～ ピッグラテン《子どもが遊びに使う一種の隠語. 語の最初の子音を最後に移して -ay をつける: pig→ig*pay*》. ***vulgar*** [***low***] ～ 卑俗ラテン語《古典時代以後の民間用語》.
～ **America** ラテンアメリカ《ラテン系言語のスペイン語・ポルトガル語が話される中央・南アメリカ, メキシコ, 西インド諸島の大部分》. ～ **American** ラテンアメリカ人. ～-**A·mér·i·can** *a., n.* ラテンアメリカ(人)の; ラテンアメリカ人. ～ **Church, the** ローマカトリック教会, 天主教会. ～ **cross** 横棒が縦棒より短く上部についている十字架. ～ **peoples** [**races**], **the** ラテン民族《フランス・イタリア・スペイン・ポルトガルなどのラテン語系言語を話す諸民族》. ～ **Quarter, the** ラテン区《パリの学生街》. ～ **school**〘米古〙ラテン語学校《ラテン語教育を主とした大学予備学校》.

Latin cross

◇ ～-**ism** [-iz(ə)m] *n.* ラテン語風〔語法〕. ～-**ist** *n.* ラテン語学者.

La·tín·ic [lətínik] *a.* ラテン語〔民族, 国家〕の.

La·tín·i·ty [lætíniti, lə-] *n.* ラテン語使用; ラテン語法〔語風〕.

Lát·in·ize [læt(i)nàiz/-tin-] *vt.* **1** ラテン語に訳す; ラテン語風にする. **2** ラテン〔古代ローマ〕風にする. **3** ローマカトリック化する. —— *vi.* ラテン語を用いる.

lát·ish [léitiʃ] *a.* ややおそい, 遅れ気味の. —— *ad.* ややおそく.

‡lát·i·tude [lǽtit(j)ù:d/-tju:d] *n.* **1 緯度.** →longitude. **2** ある緯度の所; (*pl.*)《緯度からみた》地方, 地帯: at 70° north ～ = in ～ 70° north 北緯70°の所に. the high ～s 高緯度〔極地〕地方. the low ～s 低緯度〔熱帯〕地方. the cold ～s 寒帯地方. **3**《見解・思想・行動などの》**幅,** (許容) **範囲,** 余裕《許された》;《写真の露出の》寛容度: allow a person ～ of action 人に行動の自由を許す. **4**〘笑〙横幅. **5**〘稀〙範囲, 程度. **6**〘天〙黄緯. ***out of*** one**'*s*** **～*s*** 本領外で. [√lat(er)-]

◇ **làt·i·tú·di·nal** [lætit(j)ú:din(ə)l/-tjú:-] *a.* 緯度の; 緯度の方向の.

làt·i·tù·di·nár·i·an [lætit(j)ù:d(i)né(:)riən/lætitjù:dinέər-] *a.* 《信仰・思想などに関して》寛容な, 自由主義的な; 教義〔形式〕にとらわれない. **——** *n.* **1** 自由主義者; 自由宗教派の人. **2** 広教派の人.

◇ **～·ism** [-iz(ə)m] *n.* 自由主義.

làt·i·tú·di·nous [lætit(j)ú:d(i)nəs/-tjú:-] *a.* 幅の広い; 偏狭でない: a ～ outlook 幅広い視野.

Lá·ti·um [léiʃiəm] *n.* ラチウム《いまのローマの東南にあった古代の地方》.

la·trine [lətrí:n] *n.* 便所《特に兵舎・工場などの》.

lát·ten [lǽtn] *n.* **1**〘古〙一種の黄銅. **2** ブリキ;《一般的》薄い金属板.

‡lát·ter [lǽtər] *a.* 《late の比較級》 **1 あとの方の,** 終わりの方の, 末の: the ～ half 後半. the ～ part of the week 週末に近いころ. the ～ crop 二番刈り. **2** (the ～)《二者のうち》**後者の:** I prefer the ～ proposition. 《二つのうち》あとの提案の方がいい. I know both John and Bill, and I prefer the ～. ジョンもビルも知っているが私は後者〔ビル〕の方が好きだ. ↔ the former. **3 近ごろの,** 昨今の: in these ～ days 近来は, 当今は. **4**〘古・雅〙最後の: one's ～ end 最期, 死.

～-day [-dèi, ㊍⁺ -déi] 近代の, 現代の, 当世の; 末期の. **L～-day Saint** モルモン (Mormon) 教徒.

◇ **～·most** *a.* 最後の.

lát·ter·ly [-li] *ad.* **1** 最近. **2** のちに.

lát·tice [lǽtis] *n.* **1** こうし, 組みこうし; こうしづくりのもの; こうし窓 (= ～ window). **2** こうし形紋章. **——** *vt.* にこうしをつける; こうし模様にする.

～ bridge こうし橋. **～·work** [⁄-⁄] こうし細工, こうし模様.

◇ **lát·tic·ing** *n.* こうしづくり〔細工〕.

Lát·vi·a [lǽtviə] *n.* ラトビア《バルト海に面したソ連邦の一共和国. 正式名は the Latvian Soviet Socialist Republic》.

Lát·vi·an [lǽtviən] *a., n.* ラトビアの; ラトビア人(の); レット語(の).

laud [lɔ:d] *vt.* ほめたたえる, 賛美する, 賞賛する. **——** *n.* **1** 賞賛, 賛美. **2** (*pl.*) 賛課《カトリック教会で行なう第1祈禱》. **3** 賛歌.

◇ **～·er** *n.* ほめたたえる人.

láud·a·ble [lɔ́:dəbl] *a.* 賞賛に価する; 見上げた, 感心な. ◇ **-bly** *ad.* **làud·a·bíl·i·ty** [lɔ̀:dəbíliti] *n.*

láud·a·num [lɔ́:d(ə)nəm/lɔ́dnəm, lɔ́:d-] *n.* あへんチンキ; あへん剤.

lau·dá·tion [lɔ:déiʃ(ə)n] *n.* 賛美, 賞賛.

láud·a·tive [lɔ́:dətiv] = laudatory.

láud·a·to·ry [lɔ́:dətɔ̀:ri/-t(ə)ri] *a.* 賛美の, 賞賛の.

†laugh [læf/lɑ:f] *vi.* **1** (声をたてて) **笑う,** 哄笑(こうしょう)する. → smile. **2** おもしろがる, 満足する, 浮かれる. **3 嘲笑(ちょうしょう)する,** あざける《を *at*》. →下記 ～ *at.* **4**《草木・自然物が》ほほえむ, 生き生きしている.

—— *vt.* **1**《同族目的語とともに》…な笑いをする: ～ a bitter laugh 苦笑いする. **2** 笑いながら表現する: ～ a reply 笑って答える. ～ one's approval 笑いながら同意する. **3** 笑って…させる: ～ a person back *into* good humor 笑って人のきげんを取りもどす.

He ～s best who ～s last. 〘諺〙うっかり他人を笑うな, 早まって喜ぶな. **～ *at*** (1) を聞いて〔見て〕笑う: He ～*ed at* my joke〔*at* the cartoon〕. (2) をあざ笑う; を一笑に付する, をものともしない: He ～*ed at* me〔my proposal〕. 彼は私のことを笑った〔私の申し出を一笑に付した〕. 〈注〉受動態が可能: I *was* ～*ed at.* 私は笑われた. **～ *away*** 〈悲しみ・心労などを〉笑って晴らす; 〈時を〉笑って過ごす. **～ *down*** 笑ってやめさせる, 笑って黙らせる. **～** one**'*s head off*** 笑いころげる. **～ *in*** a person**'*s face*** 面と向かって(人)をあざける. **～ *in*** 〔***up***〕 one**'*s sleeve*** (腹の中で) ひそかに笑う. **～ *off*** 笑って避ける, 一笑に付する. **～ *on the wrong*** 〔***other***〕 ***side of the*** 〔one**'*s***〕 ***mouth*** 笑顔が急に泣き顔になる, 急にしょげる. **～ *out*** 吹き出して笑う. **～** a person ***out of*** his habit (人の習慣) をあざけってやめさせる. **～ *out of court*** 笑って問題にしない. **～ *over*** …のことを考えて笑う; 笑いながら…を論ずる.

—— *n.* 笑い; 笑い声; 笑い方. ***burst*** 〔***break***〕 ***into a*** **～** わっと笑い出す. ***have a good*** 〔***hearty***〕 **～** 大笑いする. ***have the last*** **～** 最後に笑う, 負けていたものが最後の勝利を得る. ***have*** 〔***get***〕 ***the*** **～ *of*** (1) を笑う. (2) を笑い返してやる. (3) を出し抜く, を負かす. ***have the*** **～ *on*** one**'*s side*** (1) こちらが笑う番になる; 笑い返してやる. (2) 優位に立つ. ***join in the*** **～** 〈冷やかされた者が〉皆といっしょになって笑う. ***raise a*** **～** (人を) 笑わせる, (人を) おもしろがらせる.

láugh·a·ble [lǽfəbl/lɑ́:f-] *a.* おかしい, おもしろい.

◇ **～·ness** *n.* **-bly** *ad.*

láugh·ing [lǽfiŋ/lɑ́:f-] *a.* **1** 笑っている, 笑っているような; うれしそうな: a ～ child 笑い声をたてている子ども. a ～ stream ほがらかにざわめいている流れ. **2** 笑わせる, おかしな; 笑って済ませるような: It's no ～ matter. 笑い事ではない.

～ gas 〘化〙笑気, 亜酸化窒素. **～ jackass** 〘鳥〙ワライカワセミ《オーストラリア産》. **～·stock** [⁄-⁄] 笑いぐさ, 物笑いのたね: make a ～*stock of* a person 人を笑いものにする.

◇ **～·ly** *ad.* 笑って, 笑いながら.

‡láugh·ter [lǽftər/lɑ́:f-] *n.* **笑い; 笑い声.** ***burst*** 〔***break out***〕 ***into*** (***fits of***) **～** 吹き出す. ***roar with*** **～** 爆笑する.

launce [lɑ:ns/lɔ:ns] *n.* 〘魚〙イカナゴ.

‡launch¹ [lɔ:ntʃ, lɑ:ntʃ] *vt.* **1** 〈新造船を〉**進水させる. 2 進発させる;** 〈ボートを〉水面におろす; 〈飛行機を〉飛び立たせる, 発進させる; 〈ロケット・水雷を〉発射する. **3 乗り出させる,** 独立させる: He ～*ed* his son *in* the world. 彼はむすこを世の中に出した. **4** 〈事業などを〉**始める,** 起こす. **5 投げつける;** 〈非難などを〉浴びせる, 放つ; 〈攻撃を〉加える, 開始する.

—— *vi.* **1** 乗り出す, 着手する《*forth, out*; に *into*》. **2** 船出する《*out*》. **3** むちゃをやる, 金を荒使いする《*out*》. **～ (*out*) *into*** を始める, をやりだす: ～ (*out*) *into* an argument 議論を始める. ～ *into* business 商売を始める.

—— *n.* 進水; 進水台. [lance「投げる」と同語源]

～ pad = launching pad. **～ window** 打ち上げ最大時間幅《この時間をはずれると人工衛星を予定時間に軌道にのせることが不可能になる》.

◇ **～·er** *n.* 〘軍〙発射筒; 発射機; カタパルト; ロケット発射台.

launch² *n.* **1** ランチ, 汽艇. **2 艦載大型ボート.**

láunch·ing [lɔ́:ntʃiŋ, lɑ́:ntʃ-] *n.* 《新造船の》進水(式); 《艦載機の》発進; 《ロケットなどの》発射.

～ pad 《ロケット・ミサイルの》発射台. **～ platform** = ～ pad. **～ tube** 魚雷発射管. **～ ways** 進水台.

láun·der [lɔ́:ndər, lɑ́:n-] *vt.* 洗たくする. **——** *vi.* 《副詞を伴って》洗たくがきく: This cloth ～*s* well. この生地は洗たくがきく. ◇ **～·er** [-dərər] *n.* 洗たく男〔機〕. **láun·dress** [-dris] *n.* 洗たく女.

làun·de·rétte [lɔ̀:ndərét] = Laundromat.

Láun·dro·mat [lɔ́:ndrəmæt, lɑ́:n-] *n.* 《小銭を

入れて動かす》洗たく機(賃貸し店)《商標名》.

‡**láun·dry** [lɔ́:ndri, lɑ́:n-] *n.* **1** 洗たく. **2** 洗たく物. **3** 洗たく屋; 洗たく室〔場〕. [√lau-]
~·**man** [-mən] (*pl.* **-men**) 洗たく屋. ~ **tray** 洗たく槽(そう). ~·**wòm·an** (*pl.* **-wòm·en**) 洗たく女.

láu·re·ate [lɔ́:riit] *a.* **1** 月桂(げっけい)冠をいただいた. **2** 桂冠を受ける価値ある, 栄誉ある. **3** ゲッケイジュでつくった. —— *n.* **1** 桂冠をいただいた人; 桂冠詩人. **2** 受賞者. ***poet*** ~ 桂冠詩人.
◇ ~·**ship** [-ʃip] *n.* 桂冠詩人の地位〔職〕.

‡**láu·rel** [lɔ́:rəl, lár-/lɔ́r(ə)l] *n.* **1**〔植〕ゲッケイジュ, ローレル. **2**〔植〕ゲッケイジュ類似の低木;〔米〕アメリカシャクナゲ. **3** 月桂冠; (*pl.*) 勝利, 栄誉, 名誉. ***look to*** one***'s*** ~***s*** 名誉を失わないように心がける. ***rest on*** one***'s*** ~***s*** 栄誉に安んずる; 小成に甘んずる. ***win*** 〔***gain, reap***〕~***s*** 名誉を得る, 賞賛を博する. —— *vt.* に月桂冠をいただかせる; に栄誉を与える.
◇ ~(**l**)**ed** [-d] *a.* 月桂冠をいただいた, 栄誉を得た.

láu·rence [lɔ́:rəns, lár-/lɔ́r-] *n.* かげろう, 逃げ水.

lá·va [lɑ́:və, ㊖⁺ lǽvə] *n.* 溶岩, 火山岩; (*pl.*) 火山岩層. ~ **bed** 溶岩層. ~ **field** 溶岩原.

la·vá·bo [ləvéibou] *n.* (*pl.* ~**es**)〔カトリック〕**1** 洗手式《ミサで司祭が手を洗う式》. **2**《洗手式に用いる》手ふき, 手洗いばち.

làv·a·líer(e) [lævəlíər/lɑ̀:væljɛ́ə] *n.* 首飾り《鎖に宝石をつった婦人用のもの》. [<F.]

láv·a·to·ry [lǽvətɔ̀:ri/-t(ə)ri] *n.* 洗面所, 化粧室; 洗面台;〔婉〕便所. [√lau-]

lave [leiv] *vt.*〔雅〕洗う; 浸す; <流れが岸べを> 洗う. —— *vi.* 水浴する.

láv·en·der [lǽvindər] *n.* **1**〔植〕ラベンダー《芳香のあるシソ科の植物》; ラベンダーの乾燥した花または茎《衣服の虫よけ用》. **2** ラベンダー色《薄紫・フジ色》. ***lay*** (***up***) ***in*** ~《比喩的》(あとで使うために) たいせつに保存する;〔俗〕質に入れる.
~ **water** ラベンダー香水.

lá·ver[1] [léivər] *n.*〔宗〕(しんちゅうの大きな) 洗盤《ユダヤの僧が洗浄・沐浴(もくよく)に用いた》.

lá·ver[2] *n.*〔植〕アサクサノリ, アオサ.

láv·er·ock [lǽv(ə)rək/-rɔk] *n.*〔雅〕ヒバリ.

‡**láv·ish** [lǽviʃ] *a.* **1** 物惜しみしない, 気前のよい: ~ *of* money = ~ *in giving* 気前よく金を与える. **2** あり余るほどの, 多量な;《消費などが》むやみな: ~ expenditure 浪費. **3** 金めの, ぜいたくな.
—— *vt.* **1** <金・愛情などを> 惜しまずに与える, 惜しまない: ~ affection *on* a child 子に限りなく愛情を注ぐ. **2** 浪費する: ~ one's money *upon* one's pleasure 〔*in* self-indulgence〕道楽に金を湯水のごとく使う.
◇ ~·**er** *n.* 浪費者. ~·**ly** *ad.* 惜しげなく, 気前よく; みだりに. ~·**ment** *n.* ~·**ness** *n.*

‡**law**[1] [lɔ:] *n.* **1** 法律, 法, 法令, 法規, 法制, 法典: the ~ of the land 国法. **2** 法学, 法律学. **3** 法律業, 法曹(ほうそう)界, 弁護士業. **4** 訴訟, 起訴. **5**《宗教上の》戒律, 律法. **6**《道徳・慣習上の》慣例, ならわし. **7**《科学・技術・芸術・哲学上の》法則, 原則, 定律. **8**《競技の》規則, 規定. **9**《弱い競技者に与えられる》先進距離, 先発時間;《一般的》余裕, 猶予: give a person five minutes' ~ 人に5分間の余裕を与える. **10** (the ~)〔米話〕警察(官). ***be a*** ~ ***unto*** one***self*** 自分の思うとおりにする, 慣例を無視する. ***be at*** ~ 裁判中である. ***be bred to the*** ~ 弁護士になるための教育を受ける. ***be good*** 〔***bad***〕~ <意見・判決などが> 法律にかなう〔違法である〕. ***by*** ~ 法律的に. ***common*** ~ 普通法, 不文法. ***follow the*** ~ 弁護士になる. ***give*** (***the***) ~ ***to*** を牛耳る, を意に従わせる. ***go to*** ~ ***with*** 〔***against***〕= ***have*** 〔***take***〕***the*** ~ ***of*** を起訴する. ~ ***and order*** 安寧秩序. ~***s of honor*** 礼儀作法; 決闘の作法. ***lay down the*** ~ 独断的なことを言う, 命令的に言う. ***Necessity knows no*** ~.〔諺〕必要に法則はない. ***practice*** ~ 弁護士を開業している. ***read*** 〔***study, go in for***〕~ 法律を研究する. ***take the*** ~ ***into*** one***'s own hands***《法律によらないで》自分かってに制裁を加える. ***the*** ~ ***of arms*** 武人の作法. ***the*** ~ ***of mortality*** 生者(しょうじゃ)必滅の定則. ***the Law of Moses***〔聖〕モーセの律法. ***the*** ~ ***of nations*** 国際(公)法. ***the*** ~ ***of the jungle*** 弱肉強食. ***the*** ~***s of motion*** 運動の3法則. ***the*** ~(***s***) ***of nature*** 自然の法則. ***the*** ~***s of the Medes and Persians*** 変えがたい法則.
~-**a·bìd·ing** 法律を守る, 遵法の: ~-*abiding* people 法律をよく守る良民. ~-**brèak·er** 法律違反者. ~-**brèak·ing** 法律違反(の). ~-**court** [⌐⌐] 法廷. ~-**gìv·er** 立法者. ~-**màk·er** 立法者. ~-**màk·ing** 立法(の). ~ **officer** 司法官;〔英:法〕法務次官, 検事総長. ~-**suit** [-sù:t/-sjù:t] 訴訟, 告訴: bring in 〔enter〕a ~*suit* against a person 人に対して訴訟を起こす.
〔類〕→ **theory**「理論」

law[2], **laws** [lɔ:z] *int.*〔卑〕へえっ!, おやっ!, たいへん!《驚き》. [<Lord]

‡**láw·ful** [lɔ́:f(u)l] *a.* **1** 合法の, 適法の, 法律によって許される. **2** 正当な, 妥当な. **3** 法定の, 法律の認める: a ~ child 嫡出子. **4** 法律に従って行動する, 遵法の. ~ **age** 〔**years**〕, **the** 法定年齢, 成年. ~ **money, the** 法定貨幣.
◇ ~·**ly** [-fuli] *ad.* ~·**ness** *n.*
〔類義語〕合法的な: **lawful** 一般的な語: a *lawful* husband 法律の認める夫. **legal**「法律に違反しない」という消極的な価値をあらわす: A *legal* act is not always a right one. 合法的な行為必ずしも正しい行為ではない. **legitimate** 法律上のみならず慣習上・道徳上認められる. 正統な.

láw·less [lɔ́:lis] *a.* **1** 法律の (行なわれ) ない, 法律を守らない. **2** 不法な, 非合法的な. **3** 無法な, しまつにおえない, 放縦(ほうじゅう)な. ◇ ~·**ly** *ad.* ~·**ness** *n.*

‡**lawn**[1] [lɔ:n] *n.* **1** 芝ふ, 芝地: Keep off the ~. 芝ふにはいるべからず. **2**〔古〕林間のあき地.
~ **mower** [⌐mòu-] 芝刈り機. ~ **party**〔米〕園遊会. ~ **tennis** ローンテニス;《一般的》庭球.

lawn[2] *n.* **1** 寒冷紗(しゃ), ローン《薄地のリンネル布または上質のもめん布地》. **2** イギリス国教の主教(bishop) の地位〔職〕. ~ **sleeves** ローン製のそで《bishop の衣服の》; bishop の職.

láwn·y[1] [lɔ́:ni] *a.* 芝ふの (ような);〔稀〕芝ふの多い.

láwn·y[2] *a.* ローン (織り) のような, ローンでつくった.

Láw·rence [lɔ́:rəns, lár-/lɔ́r-] *n.* D.H. ~, 1885–1930, イギリスの小説家・詩人.

laws = law².

‡**láw·yer** [lɔ́:jər] *n.* **1** 法律家; 弁護士. 〈注〉「弁護士」の意には lawyer, counselor, barrister, solicitor, attorney, advocate などがある. **2** 法律学者.

lax [læks] *a.* **1**《綱などが》ゆるんだ, たるんだ. ↔ tense¹. **2**《精神・徳性などが》弛緩(しかん)した, だらしない, 締まりがない. **3**《考えなどが》あいまいな, 不明確な. **4**《処置・方策などが》手ぬるい. **5**《腹が》下痢して;《人が》腹がゆるんで. **6**〔音声〕ゆるんだ. ↔ tense¹. [√lax-] ◇ ~·**ly** *ad.*

lax·á·tion [lækséiʃ(ə)n] *n.* **1** ゆるみ, 弛緩. **2** 便通.

láx·a·tive [lǽksətiv] *a.* 通じをつける. —— *n.* 下剤, 緩下剤.

láx·i·ty [lǽksiti] *n.* **1** ゆるいこと, 弛緩(しかん). **2** ふしだら, 放縦(ほうじゅう). **3**《文などの》あいまいさ. **4** 下痢.

†**lay**[1] [lei] *v.* (**laid** [leid])《lie¹ の過去形 lay⁴ とは別》 *vt.* **1** 横たえる, 寝かす, 伏せる: ~ a child to sleep 子どもを寝かせつける.
2《寝かすように》置く, すえる: ~ one's head *on* a pillow 頭をまくらに当てる. ~ a book *on* a shelf 本をたなに置く.
3 敷設する, 設ける, 平らに敷く: ~ a pipeline パイプラインを敷設する. ～ a superhighway 高速道路を建設する.
4 〈れんがなどを〉積み重ねる, 築く: ～ the foundations 基礎をつくる.
5 〈卵を〉**生む**《鳥が地面に卵を生み落とすことから》.
6 〈わなを〉仕かける; 〈伏兵を〉配置する: ～ a trap わなをかける, おとしいれようとする《に, を *for*》.
7 〈計画を〉用意する, 案出する; 〈陰謀を〉たくらむ: ～ a scheme 計画を立てる. ～ a conspiracy 陰謀を企てる.
8 横に倒す, 打ち倒す《*down*》: The crops were *laid* by high winds. 強風で作物がなぎ倒された.
9 押える, しずめる, 落ち着かせる: ～ the dust ほこりをしずめる. ～ doubts 疑念を押える. ～ a ghost 幽霊を出ないようにする.
10 **(上に) かぶせる**, (上に) 塗り付ける: ～ embroidery *on* a cloth 布にししゅうをする. ～ paint ペンキを塗る.
11 にかぶせる, にかける, に塗る: ～ a ground 地塗りをする. ～ the floor *with* a carpet 床にじゅうたんを敷く.
12 〈食卓に〉布をかぶせる; 〈布を〉食卓に広げる: ～ the table = ～ the cloth テーブル〔食事〕の用意をする.
13 〈重荷・義務・税金などを〉**のせる, 負わせる**: ～ a burden〔duty〕*on* a person 人に重荷〔義務〕を負わせる. ～ a heavy tax *on* income 所得に重税を課する.
14 〈罪を〉背負わす, 帰する, なすりつける: ～ blame *on* a person 責めを人になすりつける. ～ an accusation *against* a person 人を責める.
15 提出する, 提示する, 申し立てる: ～ a case *before* the commission 問題を委員会へ提出する. ～ claim *to* the estate 財産の所有権を主張する.
16 〈損害の額を〉決める, 幾らと決定する.
17 〈賭金(かけきん)を〉出す, かける: ～ a wager かけをする. ～ heavy odds〔ten dollars〕*on* a horse〔*that*…〕馬に〔…ということに〕たっぷり〔10ドル〕かける.
18 〈手付け金を〉置く, 払う《に *on*》.
19 〈劇・小説の場面を〉おく: The scene of the novel is *laid* in Chicago. 小説の舞台はシカゴになっている.
20 置く, あてがう, 加える: ～ a dog *on* the scent 猟犬に臭跡をたどらせる, 犬に獲物の居場所をかぎあてさせる. ～ blows *on* a person 人に打撃を加える.
21 《目的補語とともに》(…**の状態に**) **おく**, に負わす: ～ one's chest bare 胸をあらわにする. ～ the land fallow 土地を休閑させる. ～ a person under obligation〔in debt〕人に義務〔借金〕を負わす.
22 〈糸・綱などを〉よる, なう; 〈なわなどを〉編む.
23 〈銃砲の〉照準〔ねらい〕をつける.
24 〖海〗〈船を〉動かす, 沖に出す; のかじをとる.
—— *vi.* **1** 卵を生む. **2** かけをする; 保証する: You may ～ *to* that. まちがいなしだ. **3** 専心従事する《に *to*》. **4** 打ちまくる, なぐる《*about*; を *at, on*》. **5** 〖俗〗=lie. **6** 〖海〗特定の位置につく〔方向をとる〕: ～ aloft 檣上(しょうじょう)につく.
～ ***about*** one (1) 四方八方に打ちまくる, 激しく戦う. (2) 開始する, とりかかる. ～ ***a course*** 目ざす方向に一直線に進行する; 計画に向かって進む. ～ ***a fire*** (たきぎを積んで) 火を起こす用意をする. ～ ***aft*** 〖海〗後退する. ～ ***an information against*** を告発する. ～ ***apart*** 〖古〗かたづける; 省く. ～ ***aside*** (1) のけておく, とっておく; たくわえる. (2) 捨てる, 放棄する. (3) 〈病気などが人を〉働けなくする. ～ ***asleep*** 眠らせる; ゆだんさせる. ～ ***at*** に打ってかかる, を攻撃する. ～ ***away*** (1) とっておく; 保留する. (2)〖米〗葬る, 埋める. ～ ***bare*** 裸にする; 暴露する, もらす. ～ ***before*** 〈事実などを〉…に説明する. ～ one***'s bones*** 埋葬される, 死ぬ. ～ ***by*** (1) = ～ aside. (2)〖海〗= ～ to (1). ～ ***down*** (1) 下に置く, おろす; 〈ペンなどを〉おく. (2) 〈酒を〉貯蔵する. (3) 〈鉄道・道路などを〉敷設する; 起工する. (4) 〈計画を〉立案する. (5) 主張する, 述べる. (6) 規定する; 〈規定を〉定める. (7) やめる; 放棄する: ～ *down* one's arms 武器をすてる, 降参する. ～ *down* an office 職を辞する. ～ *down* one's life 一命をなげうつ. (8) 支払う; 賭(か)ける. (9) 〈畑に〉植える, まく: ～ *down* a field *in* grass 畑に牧草をつくる. (10) 書きしるす, 記入する《に *on*》. ～ one***self down*** 横になる, 寝る. ～ ***eyes on*** に目をつける, を見つける. ～ ***fast*** 拘束する, 監禁する. ～ ***field to field*** 所有地〔財産〕を次々にふやす. ～ ***for*** 〖話〗を待ち伏せする. ～ ***great store on*** を大いに重んずる. ～ ***hands on*** (1) を捕える, をつかむ; を襲う. (2) 〖宗〗を牧師〔僧正〕に任ずる. ～ ***heads together*** 協議する. ～ ***hold of*** 〔***on***〕をつかむ, を捕える. ～ ***in*** (1) 買い込む; たくわえる. (2)〖俗〗食べる. (3)〖園芸〗浅く仮植えする; 手入れする. (4) 打ちのめす. ～ ***in for*** を手に入れようともくろむ. ～ ***into*** 〖俗〗を打ちのめす; をしかる. ～ ***it on*** (1) ぶんなぐる. (2) 過度にやる. (3) おせじを言う. ～ ***it on thick*** = ～ ***it on with a trowel*** むやみにほめる, おせじをたらたら言う. ～ ***low*** 倒す; へこませる, やっつける. ～ ***off*** (1) とって〔しまって〕おく. (2)〖海〗《岸・他船から》離す, 離れる. (3) 〈仕事を〉やめる, よす; 〖米俗〗休む. (4) 一時解雇する, 帰休させる. (5) 目星をつける, 区分する. (6) 〖米〗〈外套などを〉脱ぐ. ～ ***on*** (1) 〈絵の具などを〉塗る. (2) 〈打撃を〉加える. (3) 〈ガス・水道などを〉引く. (4) 〈税などを〉課す, 負わす. (5) 〈命令などを〉くだす, 発する. (6) 〈犬に獲物の〉跡をつけさす. (7) 打つ. ～ ***on the table*** 〈審議を〉無期延期する. ～ ***open*** (1) 開く; あらわにする; 暴露する. (2) 切開する. ～ one***self open to*** 〈攻撃など〉に身をさらす, 〈非難など〉を招く. ～ ***out*** (1) 費やす, 投資する. (2) 設計する, 地どりする. (3) 〈衣服などを〉広げる; 陳列する. (4) の入棺の用意をする. (5)〖俗〗殺す; 打ちのめす. ～ one***self out for*** 〔***to*** (do)〕〖話〗…にほねをおる; の準備をする, …する覚悟でいる. ～ ***over*** (1) 塗る. (2)〖米〗延期する. (3)〖米〗途中下車する. (4)〖米俗〗…にまさる. ～ ***siege to*** を包囲する; …にしつこくねだる. ～ ***(the) odds*** 有利な条件を与える. ～ ***to*** (1)〖海〗(船首を風上に向けて) 停船させる〔する〕; 〈船を〉ドック〔安全な場所〕に入れる. (2) 〈過失などを〉…に帰する: ～ a fault *to* a person's charge = ～ a fault *to*〔*at*〕a person's door 過失(の責任)を人になすりつける. (3) 激しく攻撃する. (4) 努力する. ～ ***to heart*** 心にとめる; ひどく気にかける. ～ ***to rest*** 〔***sleep***〕休ませる, 眠らせる; 葬る. ～ ***up*** (1) たくわえる; 使わずにとっておく. (2) 〈病が人を〉働けなくする, 引きこもらせる, 床につかせる《通例受動態》. (3)〖海〗係船する.
—— *n.* **1** 地形, 地勢; 状態, 位置, 方向. **2**〖俗〗仕事, 職業. **3** (利益の) 配分. **4**〖海〗なわのより方. ***the ～ of the land*** 地形; 事態, 形勢.
～·by 〔´ˋ〕(駐車用に) 道路の広げられた部分. **～ day**〖商〗船積み〔陸揚げ〕期間《この期間中は滞船料免除》; 〖海〗停泊日. **～ figure**《美術家や洋裁店が衣服を掛けるのに用いる》人体模型, 人台, モデル人形; 飾り物的存在, でくのぼう, ロボット. **～·off** 〔´ˋ〕〖米〗《操業短縮による》一時解雇(期間), 帰休; (競技の間の) 休憩. **～·out** → 別項. **～·ȯver** 途中下車, 一時的滞在. **～·shaft** 〔´ˋ〕〖機〗副軸. **～·stall** 〔´ˋ〕〖英〗ごみ捨て場. **～·up** 〔´ˋ〕(1)〖バスケットボール〗片手でかごのすぐそばからボールを入れること. (2) 合板製作.

lay[2] *a.* **1** 俗人の《聖職者に対して》. **2** 専門家でない, 門外漢の, しろうとの. **3**〖トランプ〗切り札でない, 平札の.
～ brother〔**sister**〕平修道士〔修道女〕《僧務を免ぜられ労働する》. **～·man** → 別項. **～ reader** 僧に代わって礼拝式の司会を行なう平信徒.

lay[3] *n.* **1** 物語短詩, 歌物語. **2** 歌; 鳥のさえずり.

lay⁴ *v.* lie¹ の過去形.

‡**láy·er** [léiər, lɛər] *n.* **1** 層, 重ね. **2** (一回の) 塗布, 塗り. **3** 置く〔積む, 敷く〕人; 計画者. **4**〘競馬〙賭(か)ける人. **5** 産卵鶏. **6**〘園芸〙取り木; カキ養殖場. —— *vt.* 取り木する. [<lay¹]
～ **cake**〘米〙レヤーケーキ《カステラの層の間にジャム・クリームなどを入れたもの》.
◇ ～**ed** [-d] *a.* 層のある, 層となった.

lay·étte [leiét] *n.* うぶ着類一式.

láy·ing [léiiŋ] *n.* **1** 積むこと; 置くこと; 敷設. **2**《なわなどの》より. **3** 下塗り, 木摺(ず)塗り. **4**《砲の》照準. **5**《鶏の一定期間の》産卵数.

láy·man [léimən] *n.* (*pl.* **-men**) **1**《聖職者に対して》俗人, 平信徒. **2** しろうと, 門外漢.

láy·out [léiàut] *n.* **1** 地どり, 設計, 計画. **2**《書物・新聞などの》割り付け, レイアウト. **3**〘米〙形勢, 事態. **4**〘米〙屋敷, 施設. **5**〘米〙一式の道具; (テーブル上の) 食器一そろい; 賭博(と)用具. **6**〘米俗〙広げられたもの, 陳列; 並べられたごちそう.

láz·ar [léizər, lǽz-/lǽz-] *n.*〘古〙病気のこじき《特にらい患者の》.

làz·a·rét(te) [læ̀zərét] *n.* **1** 避病院; らい病院. **2** 検疫所〔船〕. **3**〘海〙《船尾の》食料貯蔵室.

làz·a·rét·to [-rétou] *n.* (*pl.* ～**s**) = lazaret(te).

Láz·a·rus [lǽz(ə)rəs] *n.*〘聖〙**1** ベタニアのラザロ《イエスの奇跡によって死からよみがえった. ヨハネ伝11: 1》; ラザロ《はれものに苦しんだこじき. ルカ伝 16: 19》. **2** (しばしば l～) こじき《特にらい病の》.

laze [leiz] *vi.* なまける. —— *vt.* 〈時を〉のらくら過ごす. —— *n.* のらくら過ごすこと. [<lazy]

†**lá·zy** [léizi] *a.* **1** 怠惰な, なまけ者の, 無精な. **2** 活気のない, だるそうな. **3** のろのろした.
～·**bones** [ˊ-ˋ]《一般に単数扱い》〘話〙なまけ者. (L)～ **Susan** 回転式食卓〔本だな〕. ～ **tongs** 無精やっとこ《遠方のものをはさむ》.
◇ **lá·zi·ly** [-li] *ad.* のらくらして. **lá·zi·ness** [-nis] *n.* 怠惰, 無精.
〔類〕→ **idle**「怠惰な」

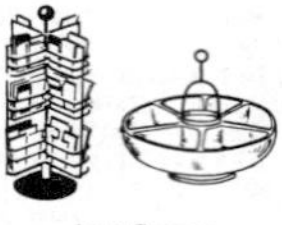
lazy Susans

laz·za·ro·ne [læ̀zəróunei] It. *n.* (*pl.* ***-ni*** [-niː]) 《Naples の》こじき, 宿なし.

lb. *libra* (= pound)《[paund] と読む. 複数形は lbs.》. **L.B.** Bachelor of Letters; Bachelor of Literature. **L/C, l.c.** letter of credit. **L.C.**〘米〙landing craft; Library of Congress;〘英〙Lord Chamberlain; Lord Chancellor; Lower Canada. **l.c.** *loco citato* (L. = in the place cited); lower case. **L.C.C.** London County Council. **L.C.D., l.c.d.** lowest common denominator. **L.C.J.** Lord Chief Justice. **L.C.M., l.c.m.** lowest [least] common multiple. **Ld.** Limited; Lord. **L.D.** Lady Day; Doctor of Letters. **ldg.** landing; leading; loading. **ldry.** laundry. **£E, LE** pounds Egyptian.

lea [liː] *n.*〘雅〙草地, 草原, 牧草地.

leach [liːtʃ] *vt.* **1** 〈水を〉こす. **2** 〈可溶物を〉こしてとる. **3** 水でさらす. —— *vi.* **1** こされる. **2** 溶解する. —— *n.* **1** こすこと. **2** こした液〔灰〕. **3** ろ過器, こしがめ. ◇ ～·**y** *a.*《土壌など》多孔質の.

†**lead**¹ [liːd] *v.* (**led** [led]) *vt.* **1** 導く, 案内する, 連れて行く. **2** の手を引いて導く, 〈馬などを〉(綱で)引く: ～ a blind man by the hand 盲人の手を引いてやる. **3** 率いる, に率先する; 〈行列・人々の〉先頭に立って行く; の一番〔トップ〕である, リードする: Iowa ～*s* the nation in corn production. アイオワ州はアメリカ第1番のトウモロコシの産地である. **4** 指導する; 指揮する; 感化する. **5** 引き入れる, 誘い込む. **6** の気を誘う, 誘って…する気にならせる: What *led* you to think so? どうしてそう思うようになったか. **7** 〈ひも・水などを〉引く, 通す; 移す. **8** 〈道路が人を〉至らせる, 連れて行く: This road will ～ you to the station. この道を行けば駅に出ます. **9** 〈生活を〉おくる, たてる; 〈生活を〉おくらせる: ～ a happy life 幸福に暮らす. ～ a person a wretched life 人にみじめな暮らしをさせる. **10** 〈オーケストラを〉指揮する;〘トランプ〙の最初の札を出す.
—— *vi.* **1** 案内する, 先導する. **2** 率いる; 指揮する. **3** 他をしのぐ, リードする. **4** 〈道・戸口などが〉達する, 通じる. **5**《(…に)》導く, 《(…の)》原因となる, 結局《…と》なる《に, の, と *to*》: Idleness ～*s to* no good. 遊んでばかりいてはろくなことにならない. **6** 〈馬が〉引かれていく. **7**〘トランプ〙まっ先に札を出す;〘楽〙指揮者になる;〘法〙主席弁護人になる《の *for*》.
～ a person ***a chase*** [***dance***] 思わせぶりをして(人を) さんざん悩ませる. ～ ***away*** 連れ去る; ほかへ誘う, わき道へ引きずり込む. ～ a person ***by the nose*** (人を) 思うままに動かす. ～ a person ***captive*** (人を) 捕虜にして連れ去る, 捕虜にする. ～ ***in*** to (に) 連れ込む. ～ ***off*** (先にたって) 始める, 皮切りをする; 〈婦人を〉ダンスの相手に誘う. ～ ***on*** 誘う, つり込む, …するように仕向ける《*to* (do)》; 思わせぶりして誘う〔じらす〕. ～ ***out*** 引き出す; 誘い出す. ～ ***the van*** 先鋒(ぽう)となる. ～ ***the way*** 先頭に立って行く, 道案内をする. ～ a woman ***to the altar*** (女と) 結婚する. ～ ***up*** 先鞭(べん)をつける. ～ ***up to*** しだいに…に導く; 話を…へもっていく.
—— *n.* **1** 先導, 指導; 率先, さきがけ; 首位, 統率力. **2** 手引き, 案内, さしず, 心得; 手本. **3**〘運〙リード, 優勢; 勝ち越し距離〔時間〕: have a ～ of one length 一馬〔艇〕身リードする. **4**〘話〙糸口, 手がかり. **5** 主役; 主演俳優. **6**《犬の》引きひも. **7** 水車の導水溝(こう); 氷原中の水路, 通路. **8**〘トランプ〙先手 (の権利). **9**《記事の》書き出し, 冒頭文. **10**〘電〙導線, 進み; アンテナの引込線. **11**〘ボクシング〙相手に加える打撃. **12** 動く標的に銃を動かす動作. **13**〘俗〙誘い, 誘惑.
follow the ～ ***of*** の手本に従う, の例にならう. ***gain the*** ～ ***in a race*** 競走で先頭に出る. ***give*** a person ***a*** ～ (人に) 手本を示す, 範を示して励ます. ***have a long*** ～ ***on*** をはるかにリードする. ***take the*** ～ 先頭に立つ, 率先する, 牛耳る《において *in*》.
～**-in** [㊌ ˊˊ] (1)〘電〙引込線 (= ～-in wire)《空中線を受信機に連結する線》. (2) 引き込みの. ～**-òff** [㊌ ˊˊ]《仕事・ゲームの》開始; 《ボクシングの》第一撃;〘野球〙一番打者. ～**-óff** *a.* 先頭をきる: a ～*-off* batter〘野球〙先頭打者. ～ **time** リードタイム《製品の計画から完成までの時間》.
〔類〕→ **guide**「導く」

‡**lead**² [led] *n.* **1**〘化〙鉛《金属元素. 記号 Pb》. **2** 測鉛, 測錘. **3** (*pl.*) 屋根用鉛板, 鉛板ぶき屋根; 窓ガラスの鉛わく. **4**〘印〙さし鉛, インテル. **5** 黒鉛, 鉛筆の心(しん); 赤鉛, 鉛丹 (= red ～). **6** (鉛の) 弾丸. **7**〘古〙鉛製の容器.
as dull as ～〘俗〙大まぬけな. ***as heavy as*** ～ とても重い. ***black*** ～ 黒鉛. ***cast*** [***heave***] ***the*** ～《測鉛を投げて》水深を測る. ***ounce of*** ～ 弾丸. ***swing the*** ～〘英:軍俗〙仮病をつかう; 職務をさぼる. ***white*** ～ 鉛白, おしろい.
—— *vt.* **1** 鉛でおおう〔ふく〕. **2** に鉛わくをつける; に鉛を詰める. **3**〘印〙にさし鉛〔インテル〕を入れる.
～ **line** 測鉛線. ～ **pencil**《普通の》鉛筆. ～ **poisoning** 鉛中毒. ～**s·man** [-zmən] (*pl.* **-men**)〘海〙測鉛手. ◇ ～·**y** *a.* 鉛のような.

léad·en [lédn] *a.* **1** 鉛 (製) の. **2**《空など》鉛色の; 《色が》鈍い; 《刃物が》鈍い: a ～ sword なまくら刀. **3** 重い; 重苦しい: ～ limbs 鉛のように重い手足. **4** だるい, 活気のない. —— *vt.* 重く〔鈍く〕する. ～**-éyed** どんよりとした目の, 眠そうな目をした. ～**·héart·ed** 無情な, 無慈悲な; 無気力な.

◇ ～·ly *ad.* ～·ness *n.*

Léad·en·hall [lédnhɔ̀:l] *n.* ロンドンの鳥獣肉類「市場.

†**léad·er** [lí:dər] *n.* **1** 先導者, 指導者, リーダー; 首領, 党首, 隊長. **2**〔楽〕指揮者; 第1バイオリン〔コルネット〕首席奏者; 第1ソプラノの歌手. **3** 主席弁護人. **4**《引き馬の》先頭馬; 先頭艦. **5**《新聞の》論説, 社説. **6** リーダー《巻きフイルム・録音テープの巻き取り用先端部》. **7** 導管, 水道管, たて樋(とい); 導火線. **8**《大鉱脈に続く》導脈. **9**〔機〕主軸, 主動部. **10**〔医〕腱(けん), 筋. **11**〔植〕若枝. **12** はりす《つり糸の針をつける部分》; やなに魚を導く網. **13**〔印〕リーダー《目次の部分などに用いられて視線を導く点線またはダッシュ》.
～ **writer**《新聞の》論説員.

lèad·er·étte [lì:d(ə)rét] *n.* 短い社説.

‡**léad·er·ship** [lí:dərʃip] *n.* **1** 指導, 指揮; 指導力, 統率力. **2** 指導〔指揮〕者の地位〔任務〕.

‡**léad·ing**¹ [lí:diŋ] *n.* **1** 指導, 指揮, 統率. **2** 統率力; 指導的手腕: a man of light and ～ 大指導者. ── *a.* **1** 指導的, 一流の, 卓抜の. **2** 主要な, おもな; 主役の. **3** 有力な, 勢力のある. **4** 指導〔先導〕する; 先頭に立つ.
～ **article** (1)〔英:新聞〕社説, 論説. (2)〔商〕客寄せの特価品. ～ **case**〔法〕主要判例. ～ **edge** プロペラの前側の端. ～ **lady**〔**man**〕主役女優〔男優〕. ～ **light** (1)〔海〕導燈. (2) 指導的会員; 大家. ～ **question**〔法〕誘導尋問. ～ **screw** 親ねじ. ～ **staff** 牛の鼻輪についた棒. ～ **strings** 手引きなわ《幼児の歩行練習用》; 指導; 束縛: in ～ *strings* まだひとり立ちできない; 束縛されている.
〔類〕→ chief「主要な」

léad·ing² [lédiŋ] *n.* **1** 鉛のおおい; 《集合的》鉛細工; 鉛のわく. **2**〔印〕インテル.

†**leaf**¹ [li:f] *n.* (*pl.* **leaves** [li:vz]) **1** 葉; 《集合的》群葉; 《商品としてのたばこ・茶の》葉. **2** 花びら. **3**《本の紙の》**1**枚, 1葉《2ページ》: turn over a ～ ページをめくる. **4** 金属の薄片, はく. **5** (折り戸の) 片方のとびら; テーブルの自在板; はね橋. **6**〔建〕葉飾り. ***come into*** ～ 葉が出る, 葉が出始める. ***in*** ～ 葉が出て, 青葉になって. ***take a*** ～ ***from*** 〔***out of***〕 a person***'s book*** (人)の例にならう, (人)をまねる. ***the fall of the*** ～ 落葉時, 秋. ***turn over a new*** ～ ページを繰る; 心を入れ替える, 新生活を始める.
── *vi.* **1** 葉が出る. **2** ページをさっとめくる: ～ through a book 本をぱらぱらとめくってみる. ── *vt.*〔米〕<書物の>ページをめくる.
～ **bridge** はね橋. ～ **bud**〔植〕葉芽. ～ **fall** 落葉. ～ **gold** 金ぱく. ～ **lard**〔**fat**〕ラードの一種《豚のじん臓の周囲の脂肪からつくる》. ∠·**stalk** [-stɔ̀:k]〔植〕葉柄.
◇ ∠·**less** *a.* 葉のない; 《木・枝が》葉の落ちた. ∠·**like** *a.* 葉のような.

leaf² *n.*〔英:軍俗〕賜暇 (leave).

léaf·age [lí:fidʒ] *n.* 《集合的》木の葉 (foliage).

léaf·let [lí:flit] *n.* **1** 小葉;〔植〕小葉片《複葉の1片》; 若葉. **2** 一枚刷りの印刷物, 折り込み印刷物; 引き札, 散らし広告.

‡**léaf·y** [lí:fi] *a.* **1** 葉の茂った, 葉の多い. **2** 葉でできた: a ～ shade 葉陰, 樹陰. ◇ -**i·ness** *n.*

‡**league**¹ [li:g] *n.* **1** 連盟, リーグ; 盟約; 競技連盟. **2**《集合的》連盟参加者〔団体, 国〕. ***in*** ～ ***with*** と結んで, と連盟して. ***the L***～ (***of Nations***) 国際連盟《1919–46》.
── *vt.* 同盟〔連盟, 盟約〕させる; 団結させる.

league² *n.* リーグ《距離の単位. 英米では約3マイル》; 面積の単位《1平方リーグ》.

léa·guer¹ [lí:gər] *n.* 連盟加入者〔団体, 国〕;〔野球〕リーグに属する選手.

léa·guer² *n.*〔古〕攻囲; 包囲陣.

Leah [lí:ə/liə] *n.*〔聖〕ヤコブの最初の妻.

leak** [li:k] *n.* **1** 漏れ; 《秘密などの》漏洩(えい): a ～ in a boiler ボイラーの水漏れ. **2** 漏れ口, 漏れ穴: stop〔plug〕a ～ 漏れ口をふさぐ. **3** 漏れ水, 漏出ガス〔蒸気〕; 漏出量. **4**〔電〕漏電(箇所). ***spring 〔***start***〕 ***a*** ～ 漏れ口ができる, 漏り始める.
── *vi.* 漏る, 漏れ出る《*out*》; <秘密などが> もれる《*out*》. ── *vt.* 漏らす: This camera ～*s* light. このカメラは光が漏れる. ◇ ∠·**age** [lí:kidʒ] *n.* 漏れること; 《秘密などの》漏洩; 漏出量;〔商〕漏損.

léak·y [lí:ki] *a.* **1**《容器などが》漏れやすい, 漏り穴のある. **2** 小便を漏らしやすい. **3**〔話〕秘密をもらしがちな. ～ **memory** 忘れやすい〔たよりにならない〕記憶. ～ **vessel** 秘密を守れない人, 口の軽い人.
◇ -**i·ness** *n.* 漏れやすいこと.

leal [li:l] Sc. *a.*〔雅〕忠実な, 誠実な. ***the land of the*** ～ 天国.

‡**lean**¹ [li:n] *v.* (**leaned** [li:nd, lent] *or* **leant** [lent]) *vi.* **1** もたれる, 寄りかかる《に *against, on, over*》: ～ *against* the wall 壁にもたれかかる. **2** 傾く, 曲がる, のめる: The tower ～*s to* the south. 塔が南に傾いている. **3** 上体を曲げる; そり返る《*back*》; かがむ《の上に *over*》. **4** たよる, もたれかかる《に *on, upon*》: ～ *on* others for help 他人の助力にすがる. **5**《精神的に》傾く, 傾向がある, 好意をもつ: He ～*s to*〔*towards*〕socialism. 社会主義に傾いている.
── *vt.* **1** もたれさせる, 寄りかからせる: ～ one's umbrella *against* the wall かさを壁に立てかける. **2** 傾ける, 曲げる.
～ ***back*** そり身になる, そり返る. ～ ***forward*** 前かがみになる. ～ ***out*** of the window(窓から) 上体を乗り出す. ～ ***over*** a book (本)の上にかがみ込む〔かぶさる〕. ～ ***over backward*** そり返る;〔米話〕《行き過ぎを是正するために》極端に逆の態度をとる.
── *n.* 傾き, 傾斜; 片寄り, 曲がり.
∠-**to** [∠∸] (1) *n.* (*pl.* ∠-**tos**) さしかけ小屋〔屋根〕. (2) *a.* さしかけの《屋根の斜面が片側だけにある》.

***lean**² *a.* **1** やせた; 脂肪の少ない, 《肉が》赤身の. ↔ fat. **2** 内容の乏しい, 貧弱な; 栄養分の少ない: a ～ diet 粗食. **3** (地味の) やせた, 収穫の少ない; 不作の. **4** 利益のない, 割りの合わない. ── *n.* **1** 脂肪のない肉, 赤身. **2** もうからない仕事. ◇ ∠·**ness** *n.*

Le·án·der [liǽndər/li-, li:-] *n.*〔ギリシア伝説〕恋人Heroに会うため毎夜Hellespontを泳ぎ渡った男.

léan·ing [lí:niŋ] *n.* **1** 傾斜. **2** 傾向, 性癖; 好み, 偏向《への *to, towards*》. ── *a.* 傾斜した.

leant [lent] *v.* lean¹ の過去・過去分詞.

‡**leap** [li:p] *v.* (**leaped** [li:pt, lept], **leapt** [lept, li:pt]) *vi.* とびはねる, とぶ, おどる, はね上がる《現在では通例 jump を用いる》: ～ *for*〔*with*〕joy こおどりして喜ぶ. ～ *to* a conclusion 一足飛びに結論を出す. ── *vt.* **1** とび越える. **2** とび越えさせる《馬に呼びかけるときはしばしば [lep] と発音する》.
～ ***at*** …にとびつく; …にとびつくように乗じる, に喜んで応ずる. ～ ***out of*** one***'s skin*** 喜びでとび立つ; 驚きで度を失う. ～ ***over*** とび越す. ～ ***to*** one***'s feet*** 急に立ち上がる. ～ ***to the eye*** すぐ目につく. ***Look before you*** ～.〔ことわざ〕実行する前に熟考せよ; ころばぬ先のつえ.
── *n.* **1** 跳躍; 飛躍; 一とびの距離〔高さ〕. **2** とび越えるべきもの〔所〕; とびきる所. **3**《比喩的》飛躍, 急変. ***a*** ～ ***in the dark*** 向こう見ずの行動, 暴挙. ***by*** ～***s and bounds*** とんとん拍子に; 急速に. ***with a*** ～ 一足飛びに.
～ **day** 閏日(うるうび)《2月29日》. ∠·**frog** [∠∸] (1) カエル〔カワズ〕とび, 馬とび《人の背をとび越える遊戯》. (2) カエルとび〔馬とび〕をする. (3)〔米俗〕出し抜く. ～ **year** 閏年. → common year. ～-**year proposal** 婦人からの結婚申し込み《閏年に限り許される》.

Lear [liər] *n.* リア《Shakespeare 作 *King Lear* の「主人公》.

†**learn** [lə:rn] *v.* (**learned** [-d] *or* **learnt** [-t]) *vt.* **1** 学ぶ, 習う, 教わる: ～ French フランス語を学ぶ.

2 覚える, 記憶する: ～ a poem 詩を暗記する. 3 聞く, 知る: ～ the truth 真実を知る. I ～*ed* (*from* the newspaper) *that*… …ということを(新聞で)知った. I ～*ed* it *from* [*of*] him *that*… …ということを彼から聞いた. 4 体得する: ～ patience 忍耐心を身につける. 5 …できるようになる《*to* (do)》: ～ *to* be more tolerant より寛容にふるまえるようになる. 6 〖俗〗教える: I'll ～ him a thing or two. あいつに一つ二つ教えてやろう.

—— *vi.* 1 学ぶ, 習う, 教わる, 覚える: Some boys ～ slowly. 物覚えの悪い子もいる. 2 耳にする, (聞いて) 知る: ～ *of* an accident 事故があったと聞く.

I have* [*am*] *yet to* ～** (これから知らねばならない→) まだ知らない〔わからない〕. **～ *a lesson (1) 学科を勉強する. (2) (経験によって) 教訓を得る. **～ *by heart* [*rote*]** 暗記する: ～ a poem *by heart* 詩を暗記する. **～ *to one's cost*** 痛い目に会って知る〔わかる〕, こりる.

◇ **～·er** *n.* 学習者, 初学者: an English ～*er* 英語の学習者.

(類義語) 学ぶ: **learn** 経験・学習によって身につける: *learn* English 英語を理解し使えるようになる. **study** 組織的に本質・理論などを研究する: *study* English 英語の文法・単語などを学習する.

‡**léarn·ed** [lə́ːrnid] *a.* 《learn の過去・過去分詞と発音が異なる》 1 学問のある, 博学〔博識〕な: a ～ man 学者. He is ～ *in* the way of the world. 彼は世事に通じている. 2 学問的な, 学究的な, 学者の: a ～ book 学問的な本. a ～ society 学会.

be* ～ *in に造詣(ぞうけい)がふかい, に通じている. ***my* ～ *friend* [*brother*]** 〖英〗博学なる友, 貴下《下院議員・弁護士どうしの敬称》. ***the* ～** 《集合的》学者(たち). **～ professions, the** 学問的職業《古くは神学・法学・医学の三つ》. ◇ **～·ly** *ad.*

‡**léarn·ing** [lə́ːrniŋ] *n.* 1 学問, 学識, 知識, 博識. 2 学ぶこと, 学習. ***a man of* ～** 博識の士, 学者.

(類義語) 学識: **learning** 研究・勉強によって得られた知識: a man of *learning* 学問のある人. **erudition** 博識, うん蓄. 主として文科系の知識に用いられる. **lore** ある特殊な分野についての専門的知識: gypsy *lore* ジプシーについての知識. **scholarship** (大学などにおける資格と結びついた) 専門家になるための知識.

***learnt** [ləːrnt] *v.* learn の過去・過去分詞.

lease [liːs] *n.* 1 賃貸借契約, 借地〔借家〕契約. 2 借用権; 賃貸借期間. 3 借地〔借家〕証書. 4 借地〔家〕, 貸し地〔家〕.

a* ～ *of life 寿命. ***hold by* [*on*] ～** 賃借契約で借りている. ***put out to* ～** 賃貸しする. ***take a new* ～ *of life*** (病気が全快して) 再び元気になる, 寿命が延びる. ***take on* ～** 賃借りする.

—— *vt., vi.* 賃借り〔賃貸し〕する: a ～*d* territory 租借地. ～ at a low rental 低料金で賃貸しする.

～·back [⌐⌐] 不動産の売り渡し人が買い主からその不動産を賃借りすること. **～·hold** [⌐⌐] (1) 賃借りした, 租借の. (2) 借地; 借地権. **～·hòld·er** 借地人. **～·lénd** =lend-～.

leash [liːʃ] *n.* 1 《犬などをつなぐ》皮ひも, 綱. 2 《犬などのつながれた》3頭1組み; 《一般的》3, 3個: a ～ of days 3日. 3 《機織りの》あや. ***hold* [*have*] *in* ～** 〈犬などを〉つないでおく; 《一般的》束縛〔制御〕する. ***strain at the* ～** 〈犬が〉のがれようとして皮ひもを引っ張る; 《比喩的》自由になりたいともがく.

—— *vt.* 皮ひも〔綱〕でつなぐ.

léas·ing [líːziŋ/líːs-, líːz-] *n.* 〖聖〗うそ, 虚偽.

‡**least** [liːst] *a.* 《little の最上級》 1 いちばん小さい. 2 最も少ない. 3 最も価値の乏しい, 最もつまらない. ↔ most.

—— *ad.* 最も少なく〔小さく〕. **～ *of all*** 最も…でない, とりわけ…しない: *L*～ *of all* do I want to hurt you. おまえを害したいとはさらさら思わない. That is ～ important *of all*. それは重要性が最小だ. ***not the* ～** (1) 最小の…もない: I have*n't* got *the* ～ appetite today. きょうは少しも食欲がない. (2) 少なからぬ: There is *not the* ～ danger. 少なからぬ危険がある.

—— *n.* 最少, 最少量〔額〕. ***at* (*the*) ～** 少なくとも, せめて: a monthly income of *at* ～ $1,000 最低 1,000 ドルの月収. ***not in the* ～** 少しも…ない. ***L*～ *said, soonest mended.* = *The* ～ *said, the soonest mended.*** 〖諺〗口数は少ないほどよい (=The less said, the better.). ***to say the* ～ *of it*** 控えめに言っても, 少なくとも.

～ common denominator 〖数〗最小公分母《略 L. C. D.》. **～ common multiple** 〖数〗最小公倍数《略 L. C. M.》. ◇ **～·ways, ～·wise** [⌐⌐] *ad.* 〖話〗少なくとも (=at ～).

‡**léath·er** [léðər] *n.* 1 なめし皮, 皮. 2 皮製品; 皮ひも, あぶみ皮; (the ～) 〖俗〗《クリケット・フットボールなどの》ボール, 《玉突きの》キューの先端. 3 (*pl.*) 皮製半ズボン, 皮きゃはん. 4 〖英俗〗人の皮膚.

～ and prunella 〖俗〗とるに足りないもの, つまらないもの. ***lose* ～** 皮膚をすりむく. ***Morocco* ～** モロッコ皮《ヤギの皮で皮の極上品》. ***patent* ～** エナメル皮. **(*There is*) *nothing like* ～.** 自分の商う品物がいちばんよい; てまえみそ.

—— *vt.* 1 なめし皮にする. 2 に皮をつける〔張る〕. 3 〖話〗皮ひもで打つ.

～·back [⌐⌐⌐] 〖動〗オサガメ《ウミガメの一種》. **～·head** [⌐⌐⌐] 〖俗〗ばか, まぬけ. **～·jàck·et** 〖魚〗硬皮魚類; 〖英: 動〗ガガンボの幼虫. **～·lunged** [⌐⌐⌐] 〖俗〗息の強い. **～·neck** [⌐⌐⌐] 〖米俗〗海兵隊員; 荒っぽい男. **～·ware** [⌐⌐⌐] 皮具. **～·wood** [⌐⌐⌐] 〖植〗ジンチョウゲ科の低木《アメリカ産》.

lèath·er·ét(te) [lèðərét] *n.* 模造皮, 「レザー」.

léath·ern [léðərn] *a.* 皮(製)の; 皮質の.

léath·er·oid [léðərɔ̀id] *n.* 人造〔模造〕皮《製本用などのレザー》.

léath·er·y [léð(ə)ri] *a.* 皮に似た, 皮質〔皮色〕の; (皮のように) 堅い.

†**leave**¹ [liːv] *v.* (**left** [left]) *vt.* 1 (あとに) 残す, 残してゆく, 置いておく: ～ a puppy alone 子犬をひとりぼっちで残しておく. Three from seven ～*s* four. 7引く3は4. She *left* a note for her husband. 彼女は夫にメモを残していった. Always ～ things where you can find them again. すぐ見つかる場所に物を置いておきなさい. He *left* his card on me. 彼は(訪問のしるしに) 名刺を置いていった. To be *left* till called for. 郵便局留め置き.

2 置き忘れる: Be careful not to ～ your umbrella. かさを置き忘れないように注意しなさい.

3 置き去りにする, 捨てる, 〈人を〉のこして死ぬ: She has *left* three sons. 彼女は3人のむすこをのこして死んだ. The family was *left* badly off. 一家は(主人に死なれて) 生活に困るようになった.

4 〈遺産などを〉のこす, のこして死ぬ: The businessman *left* his wife £10,000 by (his) will. 実業家は妻に遺言で1万ポンド与えた.

5 託する, 預ける《に *with*》; 任せる, ゆだねる《に *to*》: She *left* word *with* her servant that she should not be back until evening. 彼女は晩まで帰れないと召使に言い残した. I am prepared to ～ it *with* you as my security. 私はそれを担保としてあなたに預けるつもりです. I ～ the matter *to* your discretion. 私はそのことをきみの裁量に任せる. It may be safely *left to* his judgment. それは彼の判断に任せてまちがいなかろう. Much has been *left to* guesswork. 推量に任せられた部分が多い. *L*～ the matter to me to fix up. そのことの処置は私に任せなさい.

6 去る, あとにする, から出発する: I *left* home at eight. 私は8時に家を出た. He *left* New York for

L

London 彼はニューヨークをたってロンドンへ向かった. We *left* the station on the right. 駅を右側に見て通過した, 駅の左側を通った. The cook threatened to ～ us. 料理人はやめてしまうとおどした.

7 退く, 脱退する, 〈学校などを〉よす, 〈初・中等学校を〉卒業する: The boy had to ～ school. 少年は学校をやめなければならなかった.

8 〈行為などを〉**やめる**, 中止する《(do)*ing*》: He *left* drink*ing* for nearly two years. 彼は2年近く酒を飲まなかった. Just ～ complain*ing*. こぼすのはやめてくれ. He *left* law to study music. 彼は法律をやめて音楽を学んだ.

9《目的補語を伴って》…**のままにしておく**, …のままに残す, (結果として) …の状態にさせる: Who *left* that door *open*? だれがドアをあけっ放しにしたのか. *L*～ nothing *undone*. なにものも最後までやり遂げよ. You had better ～ it *untouched*. それに触れない方がよい. He *left* me *in the dark* about what was going on behind the scenes. 舞台裏で進行している事柄を彼は私に知らせなかった. *L*～ it as it is. そのままにしておけ. The insult *left* me *speechless*. この侮辱を受けてことばも出なかった. Any instigation *left* me *cold*. どんなそそのかしにも感興がわかなかった. A nervous breakdown *left* him *a wreck*. 神経衰弱のために彼は廃人となってしまった.

10 自由に…させる, …することを許す《*to* (do)》: *L*～ him *to* do as he likes. 彼には好きなとおりにさせておけ. They *left* it *to* perish. 彼らはそれが腐るのにまかせておいた. 〈注〉leave と let の違い: 形について let は to のない「はだか不定詞」が続く: I *let* him go. これに対し leave のあとには to のついた不定詞がくるのが普通である. ただし, 米語においては to のない不定詞がくることがある: I *left* him (to) have it. 私は彼に自由に持たせておいた.

—— *vi.* **1 去る, 出発する**, たつ, 立ち去る: The train ～*s* at six. 汽車は6時に出る. I am ～*ving for* Europe tomorrow. 明日ヨーロッパへたちます. It is time for us to ～. もう辞去〔おいとま〕しなければならない時間だ. 〈注〉*leave* Tokyo 東京を出発する《他動詞》≒ *leave for* Tokyo 東京へ(向かって)出発する《自動詞》. **2** 辞する, やめる, よす.

be left with... 結果として…の状態をもつ: I *was left with* utter confusion. それで私はただもうまごつくばかりだった. ***be nicely left*** だまされる, 一杯食わされる. ***be well*** 〔***badly***〕 ***left*** 十分な遺産をもらう〔もらわない〕. ***get left*** 見捨てられる; 負かされる, 当てがはずれる. ***I*** (***will***) ～ ***it*** 〔***that***〕 ***to you, sir.*** あなたにお任せします; 勘定はおぼしめしでけっこうです. ～ things ***about*** (かたづけないで) 放っておく, 放置する. ～ ***alone*** 構わずにおく, 干渉しない, そっとしておく; ふれない: I should ～ that question *alone* if I were you. もしぼくがきみだったならその問題をそっとしておくだろう. ～ a person ***alone to*** (do) (人に) 構わないでさせておく, (人を) 信用してやらせておく. ～ ***behind*** あとに残す; 置き忘れる; 追い越す: The car *left* the wheels far *behind*. 自動車は自転車をはるかに追い越した. He was *left behind* in the race. 彼はその競走でずっと遅れてしまった. ～ a person ***cold*** 〔***cool***〕 (人に) さして興味〔刺激〕も起こさせない《冷静のまま》. ～ ***go*** 〖卑〗手放す. ～ ***hold of*** を手放す. ～ ***in the air*** 未定の状態にしておく. ～ ***in the lurch*** ＝～ ***stranded*** 困っているのを見捨てる. ～ ***it at that*** 〖話〗そのくらいでやめておく. ～ ***no stones unturned*** 八方手を尽くす, あらゆる手段を尽くす. ～ ***nothing*** 〔***much***〕 ***to be desired*** 申し分がない〔遺憾な点が多い〕: The weather ～ *nothing to be desired.* お天気は申し分なかった. ～ ***off*** (1) やめる; やむ: It's time to ～ *off* work. 仕事をやめる時間だ. *L*～ *off* bit*ing* your nails. つめをかむのはよせ《動名詞》. Where did we ～ *off* the book last time? この前は本のどこまでやりましたか. Has the rain *left off* yet? もう雨はやんだか. Scientists begin where their predecessors *left off*. 科学者は先人がやめたところから始める. (2) 脱ぐ, もう着ない: We ～ *off* our winter underwear when the warm weather comes. 気候が暖かくなるとわれわれは冬の下着を脱ぐ. ～ ***out*** (1) 出しっ放しにしておく, 出たままにしておく. (2) 落とす, 抜かす, 省く: ～ *out* a letter 1字抜かす. (3) 考えない, 考慮しない, 忘れる, 無視する: ～ *out* a possibility ある可能性を見落とす. ～ (***out***) ***in the cold*** 〈人を〉外の冷たいところに放置する; 〈人を〉冷遇する《通常受動態》. ～ ***over*** (1) 残す, 余す. (2) 繰り延べる, 延期する. ～ ***room for*** の余地がある. ～ ***severely alone*** つとめて干渉〔関係〕しない. ～ a person ***the bag to hold*** 困難に際して(人を)見捨てる, (人に) 責任を負わせる. ～ a person ***to*** him***self*** 〔***to*** his ***own devices***〕 好きなようにさせておく, 放任する: The children were *left* very much *to themselves* during the holidays. 子どもたちは休暇の間かなり放任されていた. ～ ***well*** (***enough***) ***alone*** (現に良いものは) そのままにしておく; 欲を出し過ぎない. ～ ***word with*** …にことづける: Please ～ *word with* my secretary if you have any important news. なにか重大な知らせがあるなら秘書にことづけてください. ***Take it, or*** ～ ***it.*** (承知するともしないとも) ごかってに.

—— *n.* 〖玉突き〗(前の人が残した) 玉の位置.

〔類〕 → **let**「…させておく」

***leave²** *n.* **1 許可**, 許し: He asked ～ to go back to London. 彼はロンドンへ帰る許可を請うた. You have my ～ to do what you like. きみは好きなとおりにしていいよ. **2 休暇**, 賜暇; 休暇期間: In case you give me ～, I will start at once. 休暇をくだされぱすぐ出発します. We have only two ～*s* in three years. 3年に2度の休暇しかない. **3** 告別, いとまごい (＝ ～-taking).

a ticket of ～ 〖英〗仮出獄許可証. ***by*** 〔***with***〕 ***your*** ～ ご免をこうむって, 失礼ですが. ***get*** one's ～ 免職になる. ***have*** 〔***go on***〕 ～ 休暇をとる. ***I beg*** ～ ***to*** (do) つつしんで…します《手紙の文句》. ～ ***of absence*** 休み, 欠席許可: Grant me ～ *of absence* for a week. 1週間の欠席をお許しください. May I have ～ *of absence* until January next? この一月までお暇をいただけないでしょうか. ***neither with your*** ～ ***nor by your*** ～ きみの気に入ろうが気に入るまいが. ***on*** ～ 休暇で. ***take French*** ～ 中途(無断)退席する; いとまごいなしで出る. ***take*** (one's) ～ ***of*** …にいとまごいする: She *took her* ～ *of* me at the door and took a cab. 彼女は戸口で私に別れを告げてタクシーに乗った. ***take*** ～ ***of*** one's ***senses*** 気が狂う. ***take*** ～ ***to*** (do) かってながら…する. ***without a 'with your*** ～***' or 'by your*** ～***'*** 〖話〗許可なしに, 断わりもしないで. ***without*** ～ 無断で. **～-tàk·ing** いとまごい.

leave³ *vi.* 葉を出す, 葉が出る.

-leaved [-líːvd] *a.* **1** …の葉のある: a four-～ clover 四つ葉のクローバー. **2** …枚からなる: a two-～ screen 二枚びょうぶ.

léav·en [lév(ə)n] *n.* **1 酵母**, 発酵素, パンだね. **2** かもし出す力; 影響〔感化〕を与えるもの. **3**《不和・革命などの》気運, 動き. **4** …の気味: a ～ of vanity いくらかの見え. ***the old*** ～ 改められない古い習慣. **——** *vt.* **1** 発酵させる. **2** に影響を及ぼす: severity ～*ed* with sweetness 一抹(いちまつ)の優しみのこもった厳格さ.

◇ **～·ing** *n.* 発酵させるもの; 酵母でつくったもの.

†**leaves** [liːvz] *n.* leaf の複数形.

léav·ings [líːviŋz] *n.* *pl.* 残り物〔かす〕, くず.

Léb·a·non [lébənən] *n.* レバノン《地中海東岸, Palestine の北方にある共和国》.

Le·bens·raum [léibənsràum] G. *n.* 生活圏《ナチス ドイツが主張した理念》.

léch·er [létʃər] *n.* 好色家.
◇ **~·y** [létʃəri] *n.* 好色, 色欲.

léch·er·ous [létʃ(ə)rəs] *a.* 好色な, みだらな; 挑発(ちょう)的な. ◇ **~·ly** *ad.* **~·ness** *n.*

léc·i·thin [lésiθin] *n.* 〖医〗レシチン《神経細胞・卵黄中に含まれる脂肪類似の化合物》.

léc·tern [léktərn] *n.* **1**《教会の》聖書台〔机〕. **2** 書見台《講演〔講義〕者が原稿・書物を載せる台》.

lectern ①

léc·tion [lékʃ(ə)n] *n.* 《教会で朗読する》聖句.
◇ **~·ar·y** [-èri/-əri] *n.* 聖句集.

‡**léc·ture** [léktʃər] *n.* **1** **講義**, 講演, 講話 《*on*》. **2** 説諭, 訓戒, 小言. ***read*** a person ***a*** **~** (人に)お説教をする, (人を)叱責(しっせき)する.
—— *vt.* **1** に講義〔講演〕する《について *on*》. **2** に訓戒する, に小言をいう. **——** *vi.* 講義〔講演〕をする. [√leg-¹] **~ theater** 階段教室.
◇ **~·ship** [-ʃip] *n.* 講師の職〔地位〕.

***léc·tur·er** [léktʃ(ə)rər] *n.* **1** **講演者**; 《大学の》**講師**. **2** 訓戒者.

‡**led** [led] *v.* lead¹ の過去・過去分詞.

Lé·da [líːdə] *n.* 〖ギ神〗レダ《白鳥の姿をした Zeus によって子 Helen をはらむ》.

***ledge** [ledʒ] *n.* **1** (壁から突き出た) たな; 出っ張り. **2** 岩だな; 暗礁. **3**〖鉱山〗鉱脈.
◇ **~d** *a.* たなのついた; 出っ張りのある.

lédg·er [lédʒər] *n.* **1**〖簿記〗原簿, 台帳, 元帳. **2** 《墓の》平石, 台石; 〖建〗《足場の》布丸太.
~ bait 固定えさ, 底えさ. **~ board** (かき・へいなどの) 上部の水平な部分, 《階段の》手すり. **~ line** 底えさを付けたつり糸; 〖楽〗加線.

lee [liː] *n.* **1**〖海〗風下(かざしも), 風下側. ↔ windward. **2** (風下の) 物陰, 陰. **3** 保護. ***on*** 〔***under***〕 ***the*** **~** 風下に. ***under the*** **~** ***of*** の陰に隠れて.
—— *a.* 風下の: the ~ side 風下. the ~ shore 風下側の海岸.
∠·board [∠∠]〖海〗側板, せかせ《風下に流されないように平底船の舷に取り付けた板》. **∠·way** →別項.

Lee [liː] *n.* Robert Edward ~, 1807–70, アメリカ南北戦争の南軍の将軍.

leech¹ [liːtʃ] *n.* **1**〖動〗ヒル《特に医療用の》. **2** 他人の金をしぼり取る人, 吸血鬼, 高利貸し. **3**〖古〗医師, 治療者. ***stick like a*** **~** へばりついて離れない.
—— *vt.* にヒルをつけて血を取る; 〖古〗治療する.
◇ **∠·like** *a.* (ヒルのように) 吸い付いた; しつこい.

leech² *n.* 〖海〗帆縁.

leek [liːk] *n.* 〖植〗ニラ. ***eat the*** **~** 屈辱を忍ぶ. ***not worth a*** **~** 一文の価値もない.

leer [liər] *n.* **1** 横目, 流し目. **2** 色目. **3** いやらしい目つき; 意地悪い目つき. **——** *vi.* 横目で見る, 色目をつかう, 意地悪くにらむ《を, に *at*, *upon*》.
~ one's ***eye at*** に色目をつかう.

léer·y [lí(ː)ri/líəri] *a.* **1** いやな目つきの. **2**〖俗〗抜け目のない, こうかつな. **3**〖俗〗疑いぶかい, 用心ぶかい 《に *of*》. ***a*** **~** ***old bird*** こうかつな男, 食えないやつ.

lees [liːz] *n. pl.* 《ブドウ酒などの》おり, かす. ***drain*** 〔***drink***〕 (***the cup***) ***to the*** **~** 杯を飲み干す; 辛酸をなめ尽くす. **~** ***of society*** 社会のくず, 人生の底辺. ***the*** **~** ***of life*** 悲惨な余生, 味気ない余生.

lée·ward [líːwərd, 〖海〗lúːərd] *a.* 〖海〗風下の, 風下にある. **——** *ad.* 風下に, 風下の方へ.
—— *n.* 風下. ↔ windward. ***on the*** **~** ***of*** の風下のがわに. ***to*** **~** 風下に向かって.

lée·way [líːwèi] *n.* **1**〖海〗風圧《船・航空機が進みながら風下に押し流されること》; 風圧差, 風圧角《船首の方向と航路との角度》. **2** 時間の損失, 遅れ. **3**〖話〗《空間・時間・金の》余裕; 自由な活動の余地. ***have*** **~** 風下が広い; 活動の余地がある. ***make up*** **~** 苦境を切り抜ける; 遅れを取りもどす.

†**left¹** [left] *a.* **1** **左の**, 左方の, 左側の: the ~ bank of a river 川の左岸《下流に向かって》. ↔ right. **2** 左派の: the ~ wing 左翼, 革新派. ***marry with the*** **~** ***hand*** 身分の低い女と結婚する. ***on the*** **~** ***hand of*** の左方に.
—— *ad.* 左に, 左方〔左側〕に. ***Eyes*** **~*!*** 〖軍〗かしら左! ***L~ turn!*** 左向け左! ***L~ wheel!*** 左へ回れ!
—— *n.* **1** 左, 左方, 左側: You will find the house *on* your ~. 家は左側にあります. **2** (通例 the L~) 急進党, 革新党. **3** 《ボクシングの》左手; 《野球・軍隊の》左翼; 〖米〗《船の》左舷(げん). ***Keep to the*** **~.** 左側通行. ***on the*** **~** ***of*** の左 (側) に. ***over the*** **~** 〖俗〗逆に言えば, しりの方から. ***to the*** **~** ***of*** の左の方に (当たって).
~ field(er) 〖野球〗左翼 (手). ***∠-hánd** → 別項. **∠-hánd·ed** → 別項. **∠-hánd·er** 左ききの人; 《ボクシングなどで》左手の打撃; 不意打ち. **~ wing** 《政治の》左翼, 左派; 〖野球〗左翼手. **∠-wing** [∠∠, ∠∠] 左翼〔左派〕の. **∠·wíng·er** [㊥ ∠∠−] 左派の人.
◇ **∠·ish** *a.* 左よりの. **∠·ism** [-iz(ə)m] *n.* 左翼主義, 急進主義. **∠·most** [-mòust] *a.* いちばん左の.

‡**left²** *v.* leave¹ の過去・過去分詞. **~ *on base*** 〖野球〗残塁. **∠-lúg·gage** 〖英〗預けた手荷物: a *~-luggage* office 手荷物預かり所. **∠-òff** → 別項. **∠·ò·ver** → 別項.

***léft-hánd** [léfthǽnd] *a.* **左手の**; 左 (側) の; 左巻きの. ◇ **~·er** *n.* 左ききの人.

léft-hánd·ed [-hǽndid] *a.* **1** 左ききの, ぎっちょの. **2** 無器用な. **3** 疑わしい, いかがわしい, 誠意のない: a ~ compliment 《実はけなしているようにも思われる》いいかげんなおせじ. **4** 《結婚が》身分違いの. **5** 《ねじなど》左巻きの. **6**〖古〗不吉(ふきつ)な.
◇ **~·ly** *ad.* **~·ness** *n.*

léft·ist [-ist] *n.* 左派〔左翼, 急進派〕の人; 左翼政党員. **——** *a.* 左派の, 急進派の.

léft·ments [léftmənts] *n. pl.* 残り(物), かす.

léft-òff [-ɔ̀ːf/-ɔ̀f, -ɔ̀ːf] *a.* 捨てた, やめた; 不用になった: ~ clothes 着なくなった着物.

léft·ò·ver [-òuvər] *n.* 残り(物); 残飯. **——** *a.* 残りの.

léft·ward [-wərd] *a.*, *ad.* 左の方の〔に〕, 左側の〔に〕.

léft·wards [-wərdz] *ad.* = leftward.

léft·y [léfti] *n.* 左ききの人; 左腕投手; 左派の人.

†**leg** [leg] *n.* **1** **脚**, すね《通例腰からくるぶしまでの部分. 広義では foot も含む》; 《食用にする動物の》足. **2** 《机・コンパスなどの》あし; 《機械などの》支柱, あし; 三角形の斜辺. **3** 《衣服の》脚部, すそ. **4** 義足: a wooden ~ 木製義足. **5**〖クリケット〗打者の左後方のフィールド; その守備者. **6**〖海〗一間切りの進程《船がジグザグの進路をとるばあいの直線の一区切り》. **7** 《旅程の》一区切り, 一行程: the last ~ of a trip. **8**〖運〗《2・3 回めに勝負の決まるばあいの》先勝. **9**〖英〗詐欺師 (= blackleg). **10**〖古〗《右足を後ろにひいてする》会釈.
as fast as one's ***~s would carry*** one 全速力で. ***be all ~s*** (***and wings***) 成長し過ぎる. ***change the*** **~** <馬が> 歩調を変える. ***fall on*** one's ***~s*** (1) <ネコが> 高所から落ちてうまく立つ. (2) うまく切り抜ける. ***feel*** 〔***find***〕 one's ***~s*** 歩けるようになる. ***get a*** **~** ***in*** 〖俗〗の信用を得る, に取り入る. ***get*** **~** (***up***) ***on*** one's ***hind ~s*** <馬が> おこって後ろ足で立ち上がる; 〖笑〗<人が> 激怒する. ***get*** 〔***be***〕 ***on*** one's ***~s*** (1) 《演説をするため》立ち上がる. (2) (回復して) 歩けるようになる. (3) 繁盛する. (4) 待たされてぶらぶらする. ***give*** a person ***a*** **~** ***up*** (人を) 助けて馬などに乗せる; (人を) 助けて障害を切り抜けさせる. ***hang a*** **~** しりごみする. ***have ~s*** <馬・船・競走者が> 快速力

をもつ; 忍耐力がある. ***have not a*** ~ ***to stand on*** 〖話〗(議論の) 根拠がない. ***have the*** ~***s of*** …より速く走れる[速い]. ***in high*** ~***s*** 大元気で, 大得意で. ***keep*** one's ~***s*** 倒れない. ~ ***before wicket*** 〖クリケット〗打者が足でボールを受けとめること. ***make a*** ~ 〖古〗《片足を後ろへひいて》おじぎする. ***on*** one's ***last*** ~***s*** 〖話〗死にかけて, 疲れ果てて. ***pull*** [***set***] one's ***best*** ~ ***foremost*** 全速力で行く; 全力を尽くす. ***pull*** [***draw***] a person's ~ 〖話〗(人を) ごまかす, からかう. ***run off*** one's ~***s*** (仕事・職務が) 忙しくて疲れる. ***set*** a person ***on his*** ~***s*** (***again***) (1)(人を) 立ち上がらせる. (2) 援助して独立させる. (3) 健康を回復させる. ***shake a*** ~ 〖俗〗急ぐ, 踊る. ***show a*** ~ 〖俗〗あらわれる; 起床する. ***stand on*** one's ***own*** ~***s*** 独立[自立]する. ***stretch*** one's ~***s*** 《長くすわったあとに》散歩する. ***take to*** one's ~***s*** 逃げ去る. ***The boat is on the other*** ~. 見当[お門]違いだ; 責任は向こうにある. ***try it on the other*** ~ 〖俗〗奥の手を出す. ***walk*** a person ***off*** his ~***s*** (人を) 歩き疲れさせる.

— *vi.* (-gg-) 〖話〗歩く, 走る. ~ ***it*** 〖話〗一生けんめいに歩く; 走る, 逃げ出す. ~ ***up*** 〈人を〉助けて馬などに乗せる.

~ **bail** 脱走: give ~ *bail* 〖俗〗脱走する, 脱獄する. ~ **bye** 〖クリケット〗ボールが打者のからだに当ったばあいの得点. ~**·horn** → 別項. ~**·man** [-mæ̀n] (*pl.* **-men**) (1)〖米話・新聞〗取材記者; 《情報・資料を集める》助手; 〖俗〗新聞記者. (2)〖俗〗郵便配達人. ~**-of-mút·ton** 羊脚形の, 三角形の《帆・そでなど》. ~**-pull** [-ˊ-] 悪ふざけ, かつぐこと. ~ **rest** 《病人用の》足掛け. ~ **show** 〖話〗脚線美を見せるレビュー. ~**·work** [-ˊ-] 〖米話〗歩行; 《新聞記者などの》歩き回り, とび回り.

leg. legal; legate; legato; legend; legislative; legislature.

lég·a·cy [légəsi] *n.* **1** 遺産; 祖先伝来の品[宝]. **2** 遺贈. ~ **duty** 遺産税. ~ **hunter** 遺産目当てに人のきげんをとる人. [√leg-³]

‡lé·gal [líːg(ə)l] *a.* **1** 法律(上)の. **2** 法定の, 法律の要求[指定]する. **3** 合法の, 適法の, 正当な. → lawful, legitimate. ↔ illegal. **4** 〖宗〗福音よりもモーセの律法を守る主義の. [√leg-²]

~ **aid** 《費用を負担できない困窮者のための》無料弁護[訴訟]. ~ **blood** 準血族. ~ **holiday** 法定休日. ~ **person** 法人. ~ **reserve** 法定準備金. ~ **separation** 法定別居. ~ **tender** 法貨. ◇ ~**·ist** *n.* 法律尊重主義者, 形式主義者; 〖宗〗律法主義者. *~**·ly** [-i] *ad.* 法律的に; 合法的に. 類 → **lawful**「合法的な」

lé·gal·ism [-iz(ə)m] *n.* **1** 《極端な》法律尊重主義, 形式主義, お役所式. **2** 〖宗〗律法主義.

le·gál·i·ty [ligǽləti] *n.* **1** 適法, 合法(性). **2** 遵法主義. **3** 〖宗〗律法尊重主義.

lé·gal·ize [líːg(ə)làiz] *vt.* 法律上正当と認める, 公認する; 適法[合法]化する. ◇ **lè·gal·i·zá·tion** [lìːgəlizéiʃ(ə)n/-laiz-] *n.* 適法化, 合法化; 公認, 認可.

le·gáte¹ [ligéit] *vt.* 遺産として譲る. ◇ **le·gá·tor** [-ər] *n.* 遺贈者, 遺言者. **lèg·a·tée** [lègətíː] *n.* 遺産受取人.

lég·ate² [légit] *n.* **1** ローマ法王の遺外使節. **2** 《一般的》使節; 大使. **3** 〖古ローマ〗副官; 地方総督.

le·gá·tion [ligéiʃ(ə)n] *n.* **1** 公使館. **2** 《集合的》公使館員. **3** 公使の職[地位]. **4** 公使[使節]の派遣. [√leg-³]

le·gá·to [ligáːtou/le-] *a., ad.* 〖楽〗《音を切らないで》なめらかな[に]. ↔ staccato. [<It.]

‡lég·end [lédʒ(ə)nd] *n.* **1** 伝説, 言い伝え; 伝説文学. **2** 〖史〗聖徒伝, 聖徒物語(集). **3** 《メダル・貨幣などの》銘. **4** 《写真・插図の》説明; 《図表などの》凡例(はんれい). [√leg-¹] ◇ ~**·ist** *n.* 伝説収集家; 聖徒伝作者. ~**·ize** [-àiz] *vt.* 伝説化する. ~**·ry** [-ri] *n.* 《集合的》伝説集, 古伝集, 昔話集.

lég·end·ar·y [lédʒ(ə)ndèri/-d(ə)ri] *a.* **1** 伝説(上)の; 伝説的な. **2** 信じがたい, 途方もない. — *n.* **1** 伝説集; 聖徒伝. **2** 伝説編集者.

lég·er [lédʒər] ~ ***line*** 〖楽〗加線 (= ledger line).

lèg·er·de·máin [lèdʒərdiméin/lédʒədə-] *n.* **1** 手品; 手先の早わざ. **2** ごまかし, ぺてん; 詭弁(きべん).

-lég·ged [-légid, -légd] *a.* **1** …本足のある: three-~ 3本足の. **2** 足の…な: long-~ 足の長い. thick-~ 足の太い.

lég·ging [légiŋ] *n.* (通例 *pl.*) すね当て; 《小児用》レギンス.

lég·gy [légi] *a.* **1** 足のひょろ長い; 〖植〗茎[軸]のひょろ長い. **2** 足をあらわにする[見せる].

~ **peeler** 〖俗〗ストリッパー.

lég·horn [légəːrn, léghɔ̀ːrn/léghɔːn] *n.* **1** 麦わらさなだの一種; その帽子. **2** (または L~) [légərn, léghɔ̀ːrn/legóːn] レグホン《鶏の一種》.

lég·i·ble [lédʒəbl] *a.* **1** 《筆跡・印刷が》読みやすい, 判読できる. **2** 《人の内心などが》はっきり読み取れる, 明瞭(めいりょう)な. [√leg-¹] ◇ **-bly** *ad.* **lèg·i·bíl·i·ty** [lèdʒəbíləti] *n.* 読みやすさ.

‡lé·gion [líːdʒ(ə)n] *n.* **1** 〖古ローマ〗軍団《300–700人の騎兵を含む 3,000–6,000 名からなる歩兵隊》. **2** 軍勢, 軍団, 軍隊. **3** 多数, 大ぜい: a ~ of people 大ぜいの群衆. **4** 〖生〗属《分類上の一単位》.

foreign ~ 外人部隊《特にフランス陸軍中の》. ***L~ of Honor*** レジオン ドヌール勲位[勲章]《ナポレオン一世が制定したもの》. ***L~ of Merit*** 〖米:軍〗勲功章《特に戦功のあった軍人に与えられる》. ***the British*** [***American***] ***L~*** イギリス[アメリカ]在郷軍人会. ***Their name is L~.*** 〖聖〗その数無数《マルコ伝 5:9》. [√leg-¹]

lé·gion·ar·y [líːdʒ(ə)nèri/-nəri] *a.* **1** 古代ローマ軍団の; 軍隊の. **2** 多数の. — *n.* 古代ローマの軍団兵.

lè·gion·náire [lìːdʒənɛ́ər] *n.* (しばしば L~) アメリカ在郷軍人会員; 軍団の兵.

lég·is·late [lédʒislèit] *vi.* 法律を制定する, 立法する. — *vt.* **1** 法律をつくって規制する. **2** 法律をつくって…にする: ~ a person *out of* [*into*] office 法律をつくって退官[任官]させる.

‡lèg·is·lá·tion [lèdʒisléiʃ(ə)n] *n.* **1** 立法, 法律制定. **2** 法律, 法令. [√leg-²+√lat-]

lég·is·la·tive [lédʒislèitiv/-lət-] *a.* **1** 立法の; 立法権のある: ~ power 立法権. a ~ body 立法府. the ~ assembly 立法会議; 〖英〗下院. **2** 立法[法律]による: a ~ remedy 新法制定による改善. — *n.* 立法権; 立法府. ◇ ~**·ly** *ad.* 立法上.

lég·is·la·tor [-lèitər] *n.* 法律制定者, 立法官; 立法府[国会]議員.

lèg·is·la·tó·ri·al [lèdʒislətóːriəl/-tɔ́ːr-] *a.* 立法の, 法律制定者の.

lég·is·la·ture [lédʒislèitʃər] *n.* 立法府, 立法機関; 〖米〗議会《特に州議会》.

lé·gist [líːdʒist] *n.* 法律学者; 法律に通じた人.

le·gít [lidʒít] *a.* 〖米俗〗= legitimate.

— *n.* = legitimate drama.

le·gít·i·ma·cy [lidʒítəməsi] *n.* **1** 合法, 適法, 正当(性). **2** 正統, 正系, 嫡出.

le·gít·i·mate [lidʒítəmit] *a.* **1** 合法の, 適法の, 正当な. **2** 道理にかなった, 筋のとおった. **3** 嫡出の; 正統[正系]の: a ~ son 嫡出子. **4** 本格の, ほんものの, 純正の: a ~ drama 本格劇. → farce, melodrama. — [lidʒítəmèit] *vt.* **1** 合法[適法]と認める[宣言する]; 合法[正当]化する. **2** 正統とする, 嫡出と認める. ↔ illegitimate. [√leg-²]

◇ ~**·ly** [-mitli] *ad.* **-ma·tize** [-mətàiz] *vt.* = legitimate. **le·gìt·i·má·tion** [lidʒìtəméiʃ(ə)n] *n.* 類 → **lawful**「合法的な」

le·gít·i·mism [lidʒítəmìz(ə)m] *n.* 正統[王統]主義《フランスのブルボン王家を擁護する》.

◇ **-mist** *n.* 正統[王統]主義者.

le·gít·i·mize [-màiz] *vt.* = legitimate.
◇ **le·gìt·i·mi·zá·tion** [lidʒitįmįzéiʃ(ə)n/-maiz-] *n.* = legitimation.
lég·ume [légju:m, ㊗⁺ ligjú:m], **le·gú·men** [ligjú:mən] *n.* 豆科の植物;《豆の》さや;《食料としての》豆類.
le·gú·min(e) [ligjú:min, ㊗⁺le-] *n.* 〘化〙レグミン《豆科植物種子中のたんぱく質》.
le·gú·mi·nous [ligjú:mįnəs] *a.* 豆を生じる; 豆「科の.
Le Há·vre [ləhá:vər, -vrə] *n.* ルアーブル《北フランス セーヌ河口の港都》.
lei [lei, léii:/léii:] Hawaiian *n.* (*pl.* ～) レイ《首に掛ける花輪. しばしば送迎の際旅客の首に掛ける》. ***Lei Day*** ハワイの May Day.
Léib·nitz [láibnits|G. láip-] *n.* Gottfried Wilhelm von [gɔ́:tfri:t-vilhelm-fən-] ～, 1646–1716, ドイツの哲学者.
Léi·ca [láikə] *n.* ライカ《ドイツ製カメラ. 商標名》.
Léices·ter [léstər] *n.* **1** イギリス中部の州. **2** レスター種の羊.
Léip·zig [láipsig, -sik/-zig|G. láiptsiç] *n.* ライプチヒ《東ドイツの都市. 出版業の中心地》.
léis·ter [lí:stər] *n.* 《魚を突く》やす. —— *vt.* やすで突く.
‡**léi·sure** [lí:ʒər/léʒə] *n.* **1** 暇, 余暇, レジャー; ゆうゆう自適, 無為, 安逸. **2** 手すきな時, つごうのよい時. ***a life of*** ～ 安逸な生活. ***at*** ～ (1) 暇で, 用事がなくて. (2) ゆっくりと. ***at*** one***'s*** ～ 暇なとき, つごうのよいおり. ***have no*** ～ ***for*** [***to*** (do)] の暇がない. ***wait*** one***'s*** ～ つごうのつくまで待つ.
—— *a.* **1** 暇な, 用事のない: ～ hours 余暇. **2** 暇の多い, 有閑な: the ～ class 有閑階級. [√lic-]
◇ **～d** *a.* 暇のある, 有閑の. **～·ful** [-f(u)l] *a.* **～·less** *a.*
léi·sure·ly [lí:ʒərli/léʒ-] *a.* ゆっくりした, のんびりした, 悠然(ゆうぜん)とした, 気の長い. —— *ad.* ゆったりと, 急がずあせらずに. ◇ **-li·ness** *n.*
leit·mo·tif, ·tiv [láitmoti:f, ㊗⁺ ⏑ー⏑ー] G. *n.* **1** 〘楽〙ライトモチーフ, 主題旋律. **2** 中心思想, 主目的.
lém·an [lémən] *n.* 〘古〙恋人; 情夫, 情婦.
lém·ma [lémə] *n.* (*pl.* **～s**, **～·ta** [-tə]) **1** 〘論·数〙補助定理, 補題. **2** 論旨; 題目, テーマ. **3** (注釈などの) 見出し語.
lém·ming [lémiŋ] *n.* 〘動〙タビネズミ《北極産》.
‡**lém·on**¹ [lémən] *n.* **1** レモン, レモンの木. **2** レモン色, 淡黄色. **3** 〘米俗〙不快な物〔事〕, つまらない物, まずい物; 〘俗〙あいきょうのない女. ***hand*** a person ***a*** ～ 〘俗〙《取引で》人をだます. ***The answer is a*** ～. (そんな愚問に) 返事は不要.
—— *a.* レモンの, レモン入りの; レモン色の.
～ **drop** レモンドロップ. ～ **kali** レモンカリ水, ラムネ. ～ **squash** レモンスカッシュ (= ㊥ lemonade). ～ **squeezer** レモン絞り器.
◇ **～·y** *a.* レモンの味〔かおり〕のある.
lém·on² *n.* 〘魚〙ヒラメの一種 (= lemonsole).
lèm·on·áde [lèmənéid] *n.* **1** レモンジュース《甘味入り》. **2** 〘英〙レモネード; ラムネ.
lém·on·sole [lémənsòul] = lemon².
lem·pí·ra [lempí:rɑ:, -pírə] *n.* レンピラ《Honduras の貨幣単位》.
lé·mur [lí:mər] *n.* 〘動〙キツネザル.
Lé·na [lí:nə/léinə] *n.* レナ川《シベリア中東部》.
†**lend** [lend] *v.* (**lent** [lent]) *vt.* **1** 貸す, 貸与する; 《利子を取って》貸し付ける; 賃貸しする. ↔ borrow. **2** 〈助力などを〉与える, 提供する; 〈威厳・美などを〉添える, 加える《に *to*》: ～ assistance 手をかす, 援助する. ～ one's aid *to* a cause ある主義〔目的〕に加勢する. ～ dignity 気品を添える. —— *vi.* 貸し付けを行なう.
～ ***a*** (***helping***) ***hand*** 助ける, 手をかす《について *in*, *at*》. ～ ***an ear*** [one***'s ear***(***s***)] ***to*** に耳をかす, を傾聴する. ～ ***money at interests*** 利子を取って金を貸す. ～ ***out*** 〈書物を〉貸し出す. ～ it***self to*** の役をする, に適する: A fork doesn't ～ *itself to* the purpose of a corkscrew. フォークはコルク抜きの代わりにはならない. ～ one***self to*** に役立つ, に適する; に尽力する; あえて…する: Don't ～ *yourself to* such a scheme. そんな計画に手を出すな.
～-léase 〘米〙武器貸与 (の): the *L～-lease* Act 〘米〙武器貸与法《1941年成立》.
◇ **～·a·ble** *a.* 貸すことのできる: ～*able* money. **～·er** *n.* 貸し主, 貸し方; 金貸し業者.
lénd·ing [léndiŋ] *n.* **1** 貸すこと, 貸し出し. **2** 貸与物; (*pl.*) 借り着. ～ **library** 貸し本屋.
‡**length** [leŋ(k)θ] *n.* **1** 長さ, たけ; 長短. → breadth, thickness. **2** 《時間の》長さ, 期間; 《談話・記述などの》長さ; 〘音声〙《母音・音節の》長さ, 量. **3** 距離, 範囲, 程度, 度合い. **4** 〘ボートレース〙1 艇身; 〘競馬〙1馬身. **5** 〘クリケット〙投球距離; 〘弓術〙射程. **6** 《合成語で》…の長さの: an ankle-～ gown くるぶしまで届く長さのガウン. → 形容詞 long.
a ～ ***of*** rope 1本の (綱). ***at arm's*** ～ (1) 腕だけの距離に. (2) 遠ざけて: keep a person *at arm's* ～ 人を近づけない, 人に近寄らぬ. ***at full*** ～ (1) からだを十分に伸ばして, 大の字なりに. (2) 十分に, 詳細に. ***at*** ～ (1) ついに, やっと(at last). (2) 長いこと, くどくどしく; 十分に. ***at some*** [***great***] ～ (1) 相当〔非常に〕長く. (2) かなり〔たいへん〕詳しく. ***come to that*** ～ そこまで行く, それほどまでにする. ***go all*** ～ = ***go to great*** ～(***s***) [***to any*** ～] 徹底的にする, どんなことでもやりかねない. ***go the*** ～ ***of*** (do)***ing*** …までもする, …するほど極端にはしる. ***go the whole*** ～ ***of*** (1) 存分に…する. (2) 残らず言う. ***in*** ～ 長さにおいて, 長さは. → in breadth. ***know*** [***get, have***] ***the*** ～ ***of*** a person***'s foot*** (人) の性質をのみこむ, 弱点を知る. one***'s*** ～ ***of days*** 寿命, 長命. ***measure*** one***'s*** (***own***) ～ 大の字なりに倒れる. ***of some*** ～ 相当長い. ***over the*** ～ ***and breadth of*** の全体にわたって, を残すところなく. ***win by a*** ～ 1艇身〔1馬身〕の差で勝つ.
◇ **～·ways** [⏑⏑] *ad.* 縦に. **～·wise** [⏑⏑] *ad.*, *a.* 縦に (の).
‡**léngth·en** [léŋ(k)θ(ə)n] *vt.*, *vi.* 長くする〔なる〕, 延ばす, 延びる. ～ ***out*** 引き延ばす; 長くなる. ***The shadows*** ～. 夕やみが迫る; だんだん年老いてくる, 死期が近づく.
◇ **～ed** [-d] *a.* 延びた: a ～*ed* stay 長逗留(ながとうりゅう).
léngth·y [léŋ(k)θi] *a.* 長い; 《演説・文体など》長たらしい; くどくどしい, 口数の多い.
◇ **-i·ly** *ad.* 長く, 長たらしく. **-i·ness** *n.*
lé·ni·ence [lí:niəns, -njəns], **-en·cy** [-ənsi] *n.* 寛大, 情けぶかさ; あわれみ, 慈悲.
lé·ni·ent [-ənt] *a.* **1** 寛大な, 情けぶかい, 慈悲ぶかい. **2** 《法律などが》ゆるい; 《罰などが》軽い. ◇ **～·ly** *ad.*
Lén·in [lénin] *n.* Nikolai [nikɑlái-/-kɔ-] ～, 1870–1924, ロシアの革命指導者. ◇ **～·ism** [-iz(ə)m] *n.* レーニン主義. **～·ist** *n.*, *a.* レーニン主義者; レーニン主義の. **～·ite** [-àit] *n.*, *a.* = Leninist.
Lén·in·grad [léningræ̀d, -grɑ̀:d] *n.* レニングラード《ソ連北西部の都市. 旧称 St. Petersburg, 一時は Petrograd》.
lé·nis [lí:nis] *n.* (*pl.* **lé·nes** [-ni:z]) 〘音声〙軟音《発音するとき筋肉の緊張が比較的に弱い》.
—— *a.* 軟音の. ↔ fortis. [<L.]
lén·i·tive [léņitiv] *a.* **1** 緩和する, 鎮痛性の. **2** 緩下剤の. —— *n.* 〘医〙**1** 鎮痛〔緩和〕剤. **2** 緩下剤.
lén·i·ty [léņiti] *n.* 寛大; 寛大な処置.
lé·no [lí:nou] *n.* 《窓掛け・ベールなどに用いる》一種の紗(しゃ)織物.
‡**lens** [lenz] *n.* (*pl.* **～·es**) レンズ; 〘医〙《眼球の》水晶体. **～·man** [-mən] (*pl.* **-men** [-men]) = photographer.

†**lent** [lent] *v.* lend の過去・過去分詞.

Lent [lent] *n.* **1**〘宗〙四旬節《Ash Wednesday から Easter Eveまでの40日間. キリストの苦難をしのんで, 断食・ざんげを行なう》. **2** (*pl.*)〘英〙Cambridge 大学春季ボートレース.
~ lily =〘英〙daffodil. **~ term, the**〘英〙春学期《クリスマス休暇に始まり Easter に終わる》.

Lént·en, lént·en [lént(ə)n] *a.* **1** 四旬節の〔に行なわれる〕. **2** 肉抜きの; 質素な; 《顔つきなど》陰気な. **~ fare** 精進料理.

lén·tic [léntik] *a.* 静かな流れ〔よどみ〕の〔に住む〕.

len·tíc·u·lar [lentíkjulər], **lén·ti·form** [léntifɔ:rm] *a.* **1** レンズ状の. **2** 両面凸(とつ)状の. **3** レンズマメ状の. **4**《眼球の》水晶体の.

len·tí·go [lentáigou] *n.* (*pl.* **-tíg·i·nes** [-tídʒini:z]) そばかす. ◇ **len·tíg·i·nous** [-tídʒinəs] *a.*

lén·til [lént(i)l] *n.* 〘植〙レンズマメ, 扁豆(へんず).

lén·tisk [léntisk] *n.* 〘植〙乳香樹 (mastic).

lén·to [léntou] *a., ad.* 〘楽〙おそい; おそく. [<It.]

lén·toid [léntɔid] *a.* レンズ形の.

l'en·voi, ·voy [lénvɔi, −´] F. *n.* 《詩・文などの》結句, 跋(ばつ).

Lé·o [lí:ou] *n.* 〘天〙シシ座; シシ宮.

Lè·o·nár·do da Vín·ci → da Vinci.

Lé·o·nid [lí:ənid] *n.* 〘天〙シシ座の流星群.

lé·o·nine [lí:ənàin] *a.* **1** シシの; シシのような, 勇猛な. **2** (L~) ローマ教皇 Leo の.

léop·ard [lépərd] *n.* 〘動〙ヒョウ. ***American ~*** アメリカヒョウ (jaguar). ***Can the ~ change his spots?*** 性格はなかなか変わらぬもの《三つ子の魂百までも》. ***hunting ~*** チータ (Cheetah). ***snow ~*** 〘動〙白ヒョウ. ◇ **~·ess** *n.* 〘動〙雌ヒョウ.

Lé·o·pold·ville [lí:əpoldvil] *n.* レオポルドビル《Kinshasa の旧称》.

lé·o·tard [lí:ətà:rd] *n.* レオタード《舞踏家・軽わざ師のタイツ. 脚部がないのが普通》. → tights.

lép·er [lépər] *n.* らい病患者. **~ colony** らい患者収容所. **~ house** らい病院.

le·píd·o·lite [lipíd(ə)làit, ㊎⁺ lépido-] *n.* 〘鉱〙リシア雲母, ウロコ雲母.

lèp·i·dóp·ter·ous [lèpidápt(ə)rəs/-dɔ́p-] *a.* 〘動〙《チョウ・ガなど》鱗翅(りんし)類の.

lép·i·dote [lépidòut] *a.* 〘植〙鱗片(りんぺん)でおおわれた.

lép·o·rine [lépəràin, -rin] *a.* ウサギの(ような).

lép·ra [léprə] *n.* らい病 (leprosy).

lép·re·chaun [léprəkɔ̀:n] Ir. *n.* 小妖精(ようせい), 妖魔.

lèp·ro·sár·i·um [lèprəsέ(:)riəm/-séər-] *n.* らい病院.

lép·ro·sy [léprəsi] *n.* 〘医〙らい病 (Hansen's disease).

lep·rót·ic [leprátik/-rɔ́t-] *a.* らい病の〔にかかった〕.

lép·rous [léprəs] *a.* **1** らい病の〔にかかった〕. **2** かさでおおわれた; 不潔な. ◇ **~·ly** *ad.*

le roi le veu(l)t, le roi s'a·vi·se·ra F. [→ *roi.*

Lés·bi·an [lézbiən] *a.* **1** Lesbos 島の. **2**《女性間の》同性愛の. —— *n.* (l~) 同性愛にふける女. ◇ **~·ism** *n.* 《女性間の》同性愛(関係).

lése-máj·es·ty [lí:zmǽdʒisti] *n.* 〘法〙不敬罪, 大逆罪.

lé·sion [lí:ʒ(ə)n] *n.* **1** 傷害, 損害; 精神的傷害. **2** 〘医〙(組織・機能) 障害; 病巣.

Le·só·tho [lesóuθou, -sú:tu:/ləsóutou] *n.* レソト《南アフリカの王国》.

‡**less** [les] *a.* 《little の比較級》 **1 もっと少ない**, より少ない《量または数において》: Eat ~ meat but more vegetable. 肉を減らし野菜をもっとたくさん食べなさい. spend ~ time at work *than* at play 仕事よりも遊びに多くの時間をかける. ↔more. 〈注〉数のばあいは fewer を用いるのが原則であるが, しばしば less も用いられる《特に数詞を伴うばあい》: *Fewer* Japanese learn Chinese than English. 日本人で中国語を習う人は英語を習う人より少ない. I have two *less* children than you. 私はあなたより子どもがふたり少ない. → **枠付** few, 〈付記₀〉. **2 いっそう小さい**, より小さい, 劣っている《大きさ・重さ・価値などにおいて》: of ~ magnitude 大きさにおいて劣っている. **3** さほど重要でない; 身分の低い.
—— *ad.* **より少なく**, もっと少なく, …ほどでなく: He is ~ clever *than* his elder brother. 彼は兄ほど利口でない. He was ~ hurt *than* frightened. 不快を感じたというよりむしろ恐ろしかった. ~ than promising 有望というほどにいかない, 見込薄の.
More haste, ~ speed.〘諺〙急がば回れ. ***more or ~*** 多かれ少なかれ, 多少, いくぶん. ***no ~ a person than*** the king ほかならぬ(王その人). ***no ~... than*** に劣らず, と同様に…: He is *no* ~ clever *than* his elder brother. 兄に劣らぬくらい利口だ. ***none the ~ = not the ~ = no ~*** やはり, それでもなお: He had some faults, but was loved *none the* ~ [was *not* loved *the* ~]. 彼には欠点があったが, しかしやっぱりかわいがられた. ***nothing ~ than*** (1) 全くもって…: *nothing* ~ *than* monstrous 全く奇怪だ. (2) 少なくとも…: I will accept *nothing* ~ *than* fifty dollars. 50ドル以下の額では承知できません; 少なくとも50ドルはいただかねばなりません. (3) …にほかならない: He is *nothing* ~ *than* an impostor. 彼は全く山師だ. (4)〘古〙全然…しない: We expected *nothing* ~ *than* an attack. よもや攻撃があろうとは思わなかった. ***still* [*much*] *~***《否定語句のあとで》 まして〔いわんや, なおさら〕…でない: I do*n't* ever suggest that he is negligent, *still* ~ that he is dishonest. 私は彼が怠慢だなどと言うのではない, ましてや不正直だなどと言っているのではない.
—— *n.* より少ない量〔数, 額〕: I shall see you *in ~ than* a week. 1週間たたないうちにお目にかかります. *L~ than* ten meters is not enough. 10メートル以下では足りない. He is ~ of a fool *than* he looks. 彼は見かけほどのばかではない.
in ~ than no time たちまち, 直ちに. ***L~ of your nonsense!*** ばかも休み休み言いなさい. ***little ~ than...*** …とほとんどおなじくらい(多い). ***no ~ than*** (1) と同様の, …にほかならない: It is *no* ~ *than* a fraud. 詐欺行為も同然だ. (2)《数・量が》ちょうど…だけ, …も (as many [much] as): He has *no* ~ *than* 10 children. 子どもが 10 人もある. ***not ~ than*** 少なくとも…は, …にまさるとも劣らない: He has *not* ~ *than* 10 children. 少なくとも子どもが10人はある. ***the ~*** 小さい方のもの, 劣った者.
—— *prep.* …だけ減じて, …だけ足りないで: two months ~ three days 2か月に3日足りない.

-less [-lis] *suf.* **1** 名詞につけて「…のない」または「無限の; 無数の」の意の形容詞をつくる: end*less* 限りない. home*less* 家のない. number*less* 数え切れない. price*less* (価のつけられないほど) 高価な. **2** 動詞につけて「…できない, …しない」の意の形容詞をつくる: resist*less* 抵抗しえない. cease*less* 休みない. **3**〘稀〙「…なく」の意の副詞をつくる: doubt*less* 疑いもなく.

les·sée [lesí:] *n.* 〘法〙賃借人, 借地人, 借家人. ↔ lessor.

‡**léss·en** [lésn] *vt.* **1** 小さくする; 少なくする, 減らす. **2** 軽んずる, けなす. —— *vi.* 小さくなる; 少なくなる, 減る.

Lés·seps [lésəps/leséps, ´−] *n.* Ferdinand M. de ~, 1805–94, フランスの外交官で Suez 運河開設発起者.

léss·er [lésər] *a.* 《little の二重比較級. 限定的用法のみ》 より小さい〔少ない〕, 小さい〔少ない〕方の, 小…; 劣る方の: a ~ evil まだましな悪. ↔ greater. **L~ Asia** 小アジア. **~ powers** 弱小国家.

†**lés·son** [lésn] *n.* **1 学課**, 課業. **2**《教科書中の》課. **3** (しばしば *pl.*) **授業**, けいこ, 練習. **4 教訓**, 訓戒; みせしめ: learn the ~*s* of the past 過去の経験〔教訓〕に学ぶ. It served as a ~ *to* him. それは彼に教訓となった. **5**〘宗〙日課《朝夕読む聖書中の

一部分》: the first ～ 第 1 日課《旧約から読むもの》. the second ～ 第 2 日課《新約から読むもの》. ***be a ～ to*** の戒めとなる. ***give*** [***teach***] ***a*** ～ [～***s***] ***in*** を教える. ***hear*** a person ***his*** ～ (人の) 学課の復習を聞いてやる. ***read*** a person ***a*** ～ (人に)訓戒する, お説教する. ***take*** [***have***] ～***s in*** を習う, を教わる. ***teach*** a person ***a*** ～ (人を) 戒める, (人を) 懲らしめる.

—— *vt.* に訓戒する; に教える《を *in*》. [√leg-[1]]

lés·sor [lésɔːr/–ˊ, ˊˊ] *n.* 賃貸人, 貸し主, 貸地〔貸家〕人. ↔ lessee.

‡**lest** [lest] *conj.* **1** …しないように, …するといけないから (for fear that): Be careful ～ you (*should*) fall from the tree. 木から落ちないように気をつけろ. **2** 《fear, afraid などのあとで》…ではないかと, …しはせぬかと (that): I fear ～ he (*should*) die. 彼が死にはしないかと心配だ. There was danger ～ the secret (*should*) leak out. 秘密がもれるおそれがあった. 〈注〉lest で導かれる節中では, 主節の時制にかかわらず, アメリカではしばしば仮定法現在を, イギリスでは should を用いるが, might, would を用いることもある. 主節が現在時制のとき lest のあとに shall を用いるのは古文体.

†**let**[1] [let] *v.* (～; ～·**ting**) *vt.* **1** 《～ ＋目的語＋はだか不定詞》…させる, …させてやる: I ～ them talk away. 彼らにかってにしゃべらせておいた. She wanted to go out, but her father wouldn't ～ her (go out). 彼女は外出したがったが父親は許さなかった. *Let* me go. 行かせてください; 放してください. Please ～ me know what to do. なにをすべきか教えてください. *Let*'s [*Let* us] start at once, shall we? すぐ出発しましょう《勧誘》. Don't ～'s start yet! まだ出発するのはよしましょう《Let's の否定》. *Let* him try his best. 彼に最善を尽くさせよ. *Let* there be light. 〔聖〕光あれ. *Let* there be no mistake about it. これについては誤解がないように (=There should be no mistake about it.). *Let* the two lines be parallel. 2 線は平行するとせよ. 〈注₁〉let は「許容」を, make は「強制」をあらわす: She *wanted* to go, and her father *let* her (go). と She *did not want* to go, but her father *made* her go. を比較. 〈注₂〉let のあとには to のつかない不定詞が用いられるが, 受動態の構文では to を伴う不定詞が用いられることもある: I was *let* (to) see him. しかし, このばあいはむしろ be allowed to (do) が使われる. 〈注₃〉Let's と Let us:「…しよう」の意味では現今は Let us は一般に文語的で, 口語では次のように意味が分かれることが多い: *Let's* go. さあ行こう. *Let us* go. 私たちに行かせてください. **2** 行かせる, 通す: They ～ him through the gate. 彼は門を通してもらった. 〈注〉let のあとに go, come などの動詞が省略されたもの. **3 貸す, 賃貸しする**: They ～ their house for the winter. 彼らは冬の間家を人に貸す. This house is to be ～. この家貸します. a house to ～ 貸家. **4** 〈液体・空気・声などを〉こぼす, 出す, もらす: ～ a sigh 嘆声をもらす. **5** 〈仕事を〉出す, 請け負わせる《特に入札によって》: ～ a contract 請負仕事を出す.

—— *vi.* **1** 貸される, 借り手がある: The apartment ～*s* for $100 per week. このへやの貸し料は週100ドルだ. The house ～*s* well. この家は借り手が多い. **2** 〈仕事が〉《請負師に》割り当てられる.

～ ***alone*** (1) かまわない, 放任する: *Let* me *alone.* ほうっておいてください. (2) …は言うまでもなく (= to say nothing of, not to mention): I've no time for a weekend trip, ～ *alone* the money it would require. 週末旅行のための金はおろか, その時間もない. ～ ***be*** うっちゃっておく, かまわない: *Let* bygones *be* bygones. 過去は問うな, 済んだことは水に流せ. Please ～ me *be* for this afternoon. きょうの午後はぼくにかまわんでください. ～ ***blood*** 《手術で》血をとる. ～ ***down*** (1) (取り) 降ろす, 下げる: She ～ *down* her hair. 彼女は髪をおろした. Please ～ the window *down*. どうぞ窓を締めてください. (2) 見捨てる, 失望させる: He will never ～ you *down*. 彼はどこまでもたよりになる男だ. (3) テンポをゆるめる, 力を抜く: We can't ～ *down* in our efforts. 努力の手をゆるめてはならない. ～ a person ***down easily*** [***gently***] ショックを与えないように高慢の鼻をくじく. ～ ***drive*** ねらい撃ちする, 攻撃する《を目がけて *at*》: He ～ *drive with* his fist. 彼はげんこつを突き出した. He ～ *drive at* the dog *with* a stone. 彼は犬に向かって石をねらい撃ちに投げた. ～ ***drop*** (1) (ふと) もらす: She ～ *drop* a hint. 彼女はヒントをもらした. (2) やめにする, 切り上げる: Shall we ～ the matter *drop*? もうこのことはこれきりにしましょうか. ～ ***fall*** 落とす, こぼす; うっかり口をすべらせる. ～ ***fly*** 投げる, 浴びせる, 発射する: He picked up a stone and ～ *fly* at the dog. 彼は石を拾って犬に投げつけた. He ～ *fly* a torrent of abuses. 彼は悪口を浴びせた. ～ ***go*** (1) 解放〔放免〕する, 大目にみる. (2) 手放す, 放す《を *of*》: Don't ～ *go* the rope. 綱を放すな. *Let go of* my hand. 手を放してくれ. ～ one***self go*** 屈する, 感情におぼれる; こらえきれずに…し始める. ～ a person ***have it*** (人に) 危害を加える. ～ ***in*** (1) 入れる: *Let* him *in*. 彼を中に入れろ. (2) 〈光・水・空気などを〉通す: Windows ～ *in* light and air. 窓は光と空気を入れる. These shoes ～ (*in*) water. このくつは水がしみ込む. (3) だます, 困難におとしいれる《*for*》: I was ～ *in for* ten dollars. 10ドルだまし取られた. be ～ *in for* a speech スピーチをやらなければならない立場になる. ～ one***self in*** はいる: I ～ *myself in* with a latchkey. かぎで錠をあけて屋内〔室内〕にはいった. ～ one***self in for*** (1) の目に会う. (2) …にかかり合いになる, に陥る. ～ ***in on*** と秘密を分かち合う, に秘密を打ち明ける. ～ ***into*** (1) に入れる, に入会させる. (2) に引きずり込む, を知らす: She has been ～ *into* the secret. 彼女は秘密を知らされている. (3) …にはめ込む: ～ a window *into* a wall 壁へ窓をはめ込む. ～ ***it go at that*** そのままにする, それ以上追及〔言及〕しない: I don't agree with all you say but we'll ～ *it go at that*. きみの言にはことごとくは賛成しないが, そのくらいにしておこう. ～ ***loose*** (1) 放す, 放免する, つながないでおく: Don't ～ your dog *loose*. 犬を放し飼いにするな. (2) 〈怒りなどを〉表に出す, ぶちまける. ～ one***self loose*** 遠慮なく言う, 思う存分にやる. ***Let me see*** さてと, そうですね: *Let me see*— where did I leave my hat? ええと, 帽子をどこに置いたっけ. ～ ***off*** (1) 発射〔発砲〕する, 放つ: Who ～ *off* that gun? だれが銃を発射したのだ. (2) 放免する: They ～ him *off* with a fine. 彼は罰金で放免された. (3) 〈流れ・炎などを〉絶やす, 消す. ～ ***on*** (1) 口外する, 口をすべらす: He knew the news but he didn't ～ *on*. 彼は知らせを知っていたがだれにも口外しなかった. (2) ふりをする《*that*》. ～ ***out*** (1) 流出させる, こぼす: He ～ the air *out* of the tires. 彼はタイヤの空気を抜いた. *Let* the water *out* of the bath tub. ふろおけの水を落とせ. (2) もらす, 口外する: ～ *out* a secret 秘密をもらす. (3) 延ばす, 広げる, 〈着物などを〉大きくする: My trousers need to be ～ *out* round the waist. ズボンの腰まわりを広げる必要がある. (4) 貸す, 賃貸しする. (5) 〈学校などが〉休暇になる, 終わる. ～ ***out at*** (1) 蹴(け)る: Be careful! That horse has a habit of ～*ting out at* people. 気をつけろ, その馬は人を蹴るくせがある. (2) ののしる. ～ ***pass*** 見のがす. ～ ***slide*** 解き放す, うっちゃっておく. ～ ***slip*** 〈機会を〉のがす; 〈犬などを〉解き放す. ～ ***through*** 通過させる, 通す. ～ ***up*** (1) ゆるめる, ゆるむ. (2) 〈雨などが〉やむ: Will the rain never ～ *up*? 雨は全然やまな

いだろうか. (3) やめる, よす. (4) 大目にみる《を *on*》. ～ ***well* [*enough*] *alone*** (既によいものはそのままにしておく→) あまり高望みしない; よけいな干渉はしない.
—— *n.* 〖英話〗貸すこと, 賃貸: I cannot get a ～ for the room. へやの借り手が見つからない.
〈注〉 let の合成語はそれぞれ別項.
(類義語) …させておく: **let** permit および allow に対する口語的で軽い表現. **permit, allow** 許可を与える権限を示唆している. permit は正式に許可を与える, 積極的に許す. allow はあまり望ましくないものをしぶしぶ許すばあいが多い: *permit* one's son to apply to the firm for a job むすこが会社に就職を志望することを許す. As teachers were absent attending the meeting, the children were *allowed* to idle away their time. 教師たちは会合に出て不在だったので子どもたちは時間を空費することが許された. **leave** 放任・非干渉を示す: *leave* a person to determine his own fate 人に自分の運命を決めさせる.

let[2] *vt.* (**lét·ted** [létid] *or* **let; lét·ting**) 〖古〗じゃまする, 妨害する. ～ ***and hinder*** 妨害する.
—— *n.* 障害, 故障; 〖球技〗レット《ネットに触れてはいったサーブ球》. ***without* ～ *or hindrance*** = ***without* ～ *or injury*** なんの故障もなく, 異状なく.

-let [-lit] *suf.* 「小…」の意: book*let* 小冊. stream*let* 小川.

lét·down [létdàun/⌐⌐] *n.* **1** 《速度・生産・売り上げなどの》減少; 減退, ゆるみ. **2** 〖話〗失望, 落胆. **3** 侮辱.

lé·thal [líːθ(ə)l] *a.* 死をもたらす, 致死の, 致命的な. ～ **ashes** 死の灰. ～ **chamber** 無痛畜殺室《ガスを用いて殺す》. ～ **dose** 《薬の》致死量. ～ **weapon** 凶器. ◇ ～**·ly** *ad.* **le·thál·i·ty** [liːθǽliti] *n.* 致命的なこと.

le·thár·gic [liθάːrdʒik], **-gi·cal** [-(ə)l] *a.* **1** 昏睡(こんすい)の, 昏睡状態の; 嗜眠(しみん)性の. **2** 無気力な, 不活発な, だるい; 鈍感な.

léth·ar·gy [léθərdʒi] *n.* **1** 〖医〗昏睡(状態). **2** 無感覚; 無気力, 不活発.

Lé·the [líːθi, -θiː] *n.* **1** 〖ギ神〗レーテ, 忘却の川《冥土(めいど)の川で, その水を飲めば過去のいっさいを忘れるという》. **2** 忘却. ◇ **Le·thé·an** [liːθíːən] *a.* 忘却の川の; 過去を忘れさせる.

Lé·to [líːtou] *n.* 〖ギ神〗レト《Zeus の愛人. Apollo や Artemis の母親》.

lét·off [létɔ̀ːf] *n.* **1** 〖話〗あふれ出る元気. **2** 《罰を》「免れること.

†**let's** [lets, ㊐[+] les] let us の短縮形. → let[1] *vt.* ①.

Lett [let] *n.* **1** レット人《バルト海沿岸に住む種族》. **2** レット語 (= Lettish).
◇ **Lét·tish** *n., a.* レット人〔語〕(の).

†**lét·ter**[1] [létər] *n.* **1** 字, 文字: a capital [small] ～ 大〔小〕文字. **2** 〖印〗《活字の》字体, 書体. **3** 手紙, 書状, 書簡. **4** 《内容・精神に対して》字句, 字義, 文字どおりの意味: the ～ of the law 法文の字義. **5** (*pl.*) 読み書きの初歩: teach a child his ～*s* 子どもに「いろは」を教える. **6** (*pl.*) 文学; 学問; 教養; 文筆業. **7** (*pl.*) 証書, 免状, 免許状, …証〔状〕. ***in* ～ *and in spirit*** 形式内容ともに. ～ ***of advice*** 〖商〗送荷通知状, 手形振り出し報知状. ～ ***of attorney*** 委任状. ～ ***of credit*** 〖商〗信用状. ～***s of administration*** 〖商〗遺産管理状. ～***s of business*** 《皇帝の》僧官会議召集状. ～(***s***) ***of credence*** 信任状, 推薦状. ～***s of marque*** 敵船拿捕(だほ)許可状. ～***s of orders*** 〖宗〗聖職就任状. ***man of* ～*s*** 文学者, 著述家; 学者. ***the republic* [*commonwealth*] *of* ～*s*** 文壇の人々, 文学者社会. ***to the* ～** 文字どおりに, 厳密に. ***win* one's ～** 〖米:学生〗選手になる《ジャケツに校名のかしら文字を入れてもらう》.
—— *vt.* **1** に文字を入れる〔印する〕; に標題を入れる. **2** 文字で分類する. —— *vi.* 選手をつとめる, 選手として活躍する.
～ **balance** 手紙ばかり. ～ **book** 信書控え帳. ～**-bound** [⌐—⌐] 字句〔字義〕にとらわれた. ～ **box** 〖おもに英〗郵便箱, 郵便受け(=㊐ mail box). ～ **card** 〖英〗封緘(ふうかん)はがき. ～ **carrier** 〖米〗郵便集配人. ～ **case** 懐中書簡入れ. ～ **drop** 郵便差し入れ口. ～ **file** 書状ファイル〔ばさみ〕. ～ **founder** 活字鋳造者. ～ **foundry** 活字鋳造所. ～**·head** [⌐—⌐] 書簡紙上部の印刷文句《会社名・所在地など》; それが刷り込んである書簡用紙. ～**·man** [-mæ̀n] (大学の) スポーツ選手. ～ **paper** 便箋(びんせん), 書簡用紙. ～**-pér·fect** (1) せりふ〔学科〕を完全に暗記している. (2) 《文書・校正刷りなど》完全な, 正確な. ～**·press** [⌐—⌐] (1) 印刷字句. (2) 本文《さし絵に対して》. (3) 書状複写器. ～**s patent** 〖英〗特許状〔証〕. ～**·weight** [⌐—⌐] 手紙ばかり; 文鎮. ～ **writer** (1) 手紙を書く人. (2) 書簡文範,「手紙の書き方」. (3) 書状複写器.
◇ ～**·gram** [-græ̀m] *n.* 間送電報《普通電報よりあと回しになる低料金の電報. 普通は長文のもの》. ～**·less** *a.* 無学の, 無教育の.

lét·ter[2] *n.* 貸し主, 賃貸人. [<let[1]]

lét·tered [létərd] *a.* **1** 学問〔教育〕のある; 文学に通じた. **2** 文字を印した, 文字入りの.

lét·ter·ing [létəriŋ] *n.* **1** 文字を書く〔刻む, 印刷する〕こと; 文字配置〔意匠〕, レタリング. **2** 《書いた・印刷した・刻んだ》文字, 銘.

*__lét·tuce__ [létis] *n.* **1** 〖植〗レタス, チシャ. **2** 〖米俗〗札(さつ).

lét·up [létʌ̀p] *n.* 〖米俗〗休止, 中止, 中絶.

lé·u [léu], **ley** [lei] *n.* (*pl.* **lei** [lei]) レウ《Rumania の貨幣単位》.

léu·cin [lúːsin/ljúː-], **léu·cine** [-siːn] *n.* 〖化〗ロイシン, リューシン.

léu·cite [lúːsait/ljúː-] *n.* 白リュウ石.

léu·co·cyte [lúːkəsàit/ljúː-] *n.* 〖医〗白血球.

léu·co·tome [lúːkətòum/ljúː-] *n.* 〖医〗脳葉切除用メス.

leu·cót·o·my, leu·kót·o·my [luːkάtəmi/ljuːkɔ́t-] *n.* 〖医〗前頭葉白質切除術, 脳葉切除.

leu·kaé·mi·a, leu·ké·mi·a [luːkíːmiə/ljuː-] *n.* 〖医〗白血病《白血球が異常に増加する》.

lèu·ko·pé·ni·a [lùːkəpíːniə/ljùː-] *n.* 〖医〗白血球減少症.

lev [lef] *n.* (*pl.* **lév·a** [lévə]) レフ《Bulgaria の貨幣単位. 100 stotinki に等しい》.

Lev. Leviticus.

le·vánt [livǽnt] *vi.* 〖英俗〗《かけの負け金・借金などを払わないで》ずらかる, 行くえをくらます.

Le·vánt [livǽnt] *n.* **1** (the ～) レバント《東部地中海付近の諸島および沿岸諸国. 特にシリア・レバノン・イスラエル》. **2** (l～) ヤギ皮製モロッコ皮革 (= ～ morocco).

le·vánt·er[1] [livǽntər] *n.* **1** 《地中海上を吹く》強い東風. **2** (L～) レバント人.

le·vánt·er[2] *n.* 逃亡者. → levant.

Le·ván·tine [livǽntin, lév(ə)ntàin / lév(ə)ntain, -tin] *a.* レバントの. —— *n.* レバント人〔船〕.

lév·ee[1] [lévi] *n.* 〖米〗**1** 《アメリカ南部の》堤防, 土手. **2** 畔(くろ). **3** 波止場. —— *vt.* に ～ を築く.

lév·ee[2] [lévi, ㊐[+]ləvíː] *n.* **1** 〖米〗大統領の接見(会). **2** 〖英〗午後の接見《君主または代理者が昼過ぎに男子だけに行なう》. **3** 〖古〗《君主の》朝の引見.

‡**lév·el** [lévl] *n.* **1** 水平, 水準; 水平線〔面〕, 平面. **2** 平坦(へいたん)地, 平原. **3** 《水平面の》高さ, 高度. **4** 同一水準〔水平〕, 同高, 同位, 同格. **5** 《地位・品質・程度などの》標準, 水準: rise to a higher ～ いちだん高いレベルに達する. **6** 水準器, 水ばかり. **7** 〖鉱山〗水平坑道. ***bring a surface to a* ～** ある面を水平にする. ***dead* ～** 全く高低のない水平面, 平坦地; 単調. ***find* one's (*own*) ～** それ相応の地位

を得る, しかるべき場所に落ち着く: Water *finds its* ～. 水は低きにつく. *one's* ～ *best* 最善, 最高, 最大努力. *on a* ～ *with* と同一水準〔高さ〕で; と対等で. *on the* ～ 〖話〗公平に〔な〕, 正直に〔な〕; 信頼できる. *out of* ～ 平らでない, 起伏のある. *sea* ～ =*the* ～ *of the sea* (標準) 海面.

—— *a.* 1 **水平の**; 平らな, 平坦な. 2 **同水準の, 同高の**, 同等〔同位〕の《と *with, to*》; 互角の: a ～ race 互角の競走. 3 〖話〗《気分などが》高低のない, むらのない, 平静な; 公平な: a ～ head 分別のある〔落ち着いた〕頭脳. 4 〖楽・音声〗平調の. *do one's* ～ *best* 〖話〗全力を尽くす. *one* ～ *spoonful of* 「すり切り」さじ1杯分の.

—— *v.* (-l-, ㊥ -ll-) *vt.* 1 **水平にする**, 平らにする, 平らにならす: ～ ground 地ならしをする. 2 平等にする; <色塗りなどを> 一様にする; <差別を> ならす, 除く. 3 水平におく; <視線などを> 向ける《に *at*》; <銃を> 構える《をねらって *at*》; <風刺・非難などを> 浴びせる《に *at, against*》. 4 (地面に) 倒す, つぶす: ～ trees to make way for the highway ハイウエーを通すために木を倒す. 5 なぐり倒す. 6 〖音声〗単音化する. 7 水準測量する. —— *vi.* 1 照準する, ねらう《を *at*》. 2 心を向ける《に *at*》. 3 高低測量をする. ～ *down* 〔*up*〕標準を下げる〔上げる〕; 均一に下げる〔上げる〕. ～ *off* 平ら〔一様〕にする〔なる〕; <物価などが> 横ばい状態になる, 安定する; 〖空〗《着陸直前に》水平飛行の体勢にはいる. ～ *to* 〔*with*〕 *the ground* = ～ *in the dust* <建物などを> 倒す, くずす. ～ *with* 〖米俗〗に真実を打ち明ける, に隠しだてしない.

—— *ad.* 1 水平に, 平らに; まっすぐに, 一直線に. 2 おなじ高さに《と *with*》. 3 互角に, 優劣なく《と *with*》.

～ **crossing** 〖英: 鉄道〗平面交差, 踏切 (=㊥ grade crossing). ～**-héad·ed** 〖話〗穏健な, 分別のある.

◇ ～·(l)**er** *n.* 1 水平にする人〔物〕. 2 水平〔階級打破〕運動者, 平等主義者. 3 水準測量者.

lév·el·(l)ing [lévliŋ] *n.* 1 平らにすること, 地ならし. 2 水平〔階級打破〕運動. 3 水準測量, 高低測量. 4 《語形変化の》単一化.

～ **rod** 〔**staff**〕水準照尺, 標尺.

***lév·er** [lévər, lí:vər/lí:və] *n.* 〖機〗てこ, レバー.

—— *vi., vt.* 《しばしば *along, out, over, up* などを伴って》てこで動かす, (に) てこを使う: ～ *up* a manhole lid マンホールのふたをこじあける. [√lev-]

◇ ～·**age** [lév(ə)ridʒ, lí:v-/lí:v-] *n.* 1 てこの作用; てこ装置; てこ比. 2 《目的を遂げるための》手段, てこ入れ; 権力機構.

lév·er·et [lév(ə)rit] *n.* 子ウサギ, 当歳のウサギ.

lév·i·a·ble [léviəbl] *a.* 1 徴収できる, 賦課できる. 2 《貨物など》課税すべき. [<levy]

le·ví·a·than [liváiəθən] *n.* 1 〖聖〗巨大な海獣《ヨブ記 41:1–8》. 2 巨大なもの; 《特に》巨船.

lév·i·gate [lévigèit] *vt.* 1 すりつぶす, 粉にする; (むらのない) のり状にする, なめらかにする. 2 〖化〗水簸(すいひ)にする. ◇ **lèv·i·gá·tion** [lèvigéiʃ(ə)n] *n.*

lév·in [lévin] *n.* 〖雅〗電光, いなずま.

lév·i·rate [lévirèit, lí:virit/lí:virit] *n.* 嫂婚(そうこん)のおきて《夫と死別した女を夫の兄弟もしくは近親者が妻に迎えるという古代ユダヤの習わし》.

Lé·vi's [lí:vaiz] *n. pl.* 〖米〗商標名. 《縫い目を金具で補強した》厚地の青デニムの作業ズボン. → blue jeans.

Levit. Leviticus.

lév·i·tate [lévitèit] *vi.* 《心霊現象などで》空中に浮かぶ. —— *vt.* <からだを> 空中に浮かす. [√lev-]

◇ **lèv·i·tá·tion** [lèvitéiʃ(ə)n] *n.* 空中浮揚.

Lé·vite [lí:vait] *n.* 〖ユダヤ史〗1 レビ族の人, レビ人《特に神殿で祭司を補佐した》. 2 〖俗〗ユダヤ人.

Le·vít·i·cal [livítik(ə)l] *a.* 〖聖〗レビ人の; レビ記の, レビ記中の律法の〔に定められた〕.

Le·vít·i·cus [livítikəs] *n.* 〖聖〗レビ記《旧約聖書の一編. 略 Lev., Levit.》.

lév·i·ty [léviti] *n.* 1 軽はずみ, 軽率, 浮薄; 気まぐれ; はしたなさ. 2 軽さ. [√lev-]

lév·u·lose [lévjulòus/lí:v-] *n.* 〖化〗果糖 (fructose).

lév·y [lévi] *vt.* 1 <税などを> 徴収する, 取り立てる, 課する, 割り当てる. 2 <兵隊などを> 徴集する, 召集する. 3 <戦争などを> 始める, 行なう: ～ war 戦争を始める《に対し *upon, against*》. 4 〖法〗差し押える. —— *vi.* 1 徴税〔課税〕する. 2 財産を押収する.

—— *n.* 1 徴税, 賦課, 割り当て; 徴収額. 2 徴集, 召集; 徴募兵数, 召集人員. *capital* ～ 資本課税. ～ *in mass* 〖軍〗国民軍召集. [√lev-]

lewd [lu:d] *a.* 1 好色な, 色欲におぼれやすい. 2 色っぽい, 挑発(ちょうはつ)的な. 3 《ことばなどが》みだらな, わいせつな. ◇ ～**·ly** *ad.* ～**·ness** *n.*

léw·is [lú:is] *n.* つりくさび.

Léw·is [lúis, lú:is] *n.* Sinclair ～, 1885–1951, アメリカの小説家.

Lewis gun *n.* ルイス式軽機関銃 (= Lewis machine gun, Lewis automatic).

Léw·i·sham [lúiʃəm, lú:i-] *n.* Thames 川南岸にあるロンドン自治区の一つ《中流住宅地》.

léw·is·ite [lú:isàit, ㊥+ lúi-] *n.* ルイサイト《糜爛(びらん)性毒ガス》.

lex [leks] L. *n.* (*pl.* ***le·ges*** [lí:dʒi:z]) 〖ローマ法〗法, 法律.

lex. lexicon.

léx·i·cal [léksik(ə)l] *a.* 1 語彙(ごい)の, 語句の. 2 辞書 (編集) の.

lexicog. lexicographer; lexicographical; lexicography.

lèx·i·cóg·ra·pher [lèksikágrəfər/-kóg-] *n.* 辞典編集者.

lèx·i·co·gráph·ic [lèksikogræfik], **-i·cal** [-(ə)l] *a.* 辞書編集の.

lèx·i·cóg·ra·phy [lèksikágrəfi/-kɔg-] *n.* 辞書編集 (法).

léx·i·con [léksikən] *n.* 1 辞書; 語彙(ごい)集《特にギリシア・ラテン・ヘブライ語などの》; 専門語〔術語〕集. 2 明細目録: an unparalleled ～ of human relations 人間関係の比類のない記録.

Léx·ing·ton [léksiŋtən] *n.* アメリカ Massachusetts 州東部にある小都市《1775年4月19日独立戦争の最初の銃火がかわされた》.

ley[1] [lei] *n.* 牧草地.

ley[2] =leu.

Léy·den [láidn] *n.* オランダの都市. ～ **jar** 〖電〗ライデンびん《1745年 Leyden で発明された蓄電器》.

Léy·te [léit(e)i] *n.* レイテ島《フィリピン諸島中の小島. 太平洋戦争では日本・アメリカ海軍の決戦場》.

LF 〖電〗low frequency 低周波. **lf.** left field(er).

L.G. Life Guards; Low German. **l.g.** 〖フットボール〗left guard. **LH, L.H., l.h.** 〖楽〗left hand 左手 (使用). **lh, l.h., lhb, l.h.b.** 〖フットボール〗left halfback.

Lhá·sa [lá:sə] *n.* ラサ《チベットの首都. ラマ教聖都》.

L.H.D. *Litterarum Humaniorum Doctor* (L. = Doctor of the Humanities).

li [li:] *n.* (*pl.* ～) 里《中国の距離の単位. 約2分の1 km》.

L.I. Light Infantry; Long Island. **Li** 〖化〗lithium.

lì·a·bíl·i·ty [làiəbíliti] *n.* 1 責任, 義務: ～ *for* military service 兵役の義務. 2 (通例 *pl.*) 債務, 負債. ↔ assets. 3 不利になる事柄〔条項〕: Poor handwriting is a ～. 字がへただと損をする. ↔ asset. 4 陥りやすいこと, 傾向 《への *to*》; …しやすい性向《*to* (do)》: ～ *to* disease 病気にかかりやすい体質. *limited* 〔*unlimited*〕 ～ 有限〔無限〕責任. ～ **insurance** 責任保険.

‡**lí·a·ble** [láiəbl] *a.* 1 **責任を負うべき**, 支弁する〔支払う〕責任がある: You are ～ *for* the damage. 損害賠償の責任はあなたにある. 2 課せられるべき, 免れ

ない《を to》: ～ to income-tax 所得税を支払うべき, 所得税課税の. ～ to military service 兵役義務を負う. **3** …する義務〔責任〕がある, …することを免れない《to (do)》: be ～ to pay a debt 債務を弁済する義務を負う. **4 ややもすると…する,** (とかく)…しやすい, …しがちの《to (do)》: All men are ～ to make mistakes. 人間はみなあやまちを犯しがちだ. be ～ to catch cold かぜをひきやすい. difficulties ～ to occur しばしば起こる障害. 〈注〉主として, 悪い〔好ましくない〕ことが起こりやすいときに用いられる. **5** 陥りやすい, かかりやすい, 免れがたい《に to》: ～ to rheumatism リューマチにかかりやすい. rule ～ to exceptions 例外を許容する規則. plan ～ to modifications 変更を見越しての計画. **6**〘米〙…しそうである (likely): He is ～ to go. あの人はたぶん行くだろう. [√lig- 縛る]

li·áise [liéiz] *vi.* 〘軍俗〙連絡将校の役目をする; 連絡をつける《と with》.

li·ai·son [líːəzɑ̀n, liːéi-/liːéizɔn] F. *n.* **1**〘軍〙連絡; 共同動作. **2** 私通, 密通. **3**〘音声〙連結《フランス語で語尾の黙音の子音字が次の語の頭母音と連結して発音されること》;〘楽〙弧線. **4**〘料理〙つなぎ《スープ・ソースなどを濃くするもの. 卵黄・クリーム・バター・粉など》.
～ officer 連絡将校《同盟軍の外国部隊との》.

li·á·na [liɑ́ːnə, liǽnə] *n.* 熱帯産のつる植物.

Liáo·túng [ljáutúŋ] *n.* リヤオトン (遼東)《中国東北部の半島名》.

Liáo·yáng [ljáujɑ́ːŋ] *n.* リヤオヤン (遼陽)《中国東北部の都市》.

‡lí·ar [láiər] *n.* うそつき. [< lie²]

Lí·as [láiəs] *n.* 〘地〙**1** 黒ジュラ統. **2** (l～) 青色石灰岩《イギリス南西部産》.

Lib. Liberal. **lib.** *liber* (L. = book); librarian; library.

li·bá·tion [laibéiʃ(ə)n] *n.* **1** 献酒《酒を地面に注ぎ, または飲んで神を祭ること》. **2** 神酒, おみき. **3**〘笑〙酒盛り; 酒.

lí·bel [láib(ə)l] *n.* **1**〘法〙(文書による) 名誉毀損(罪), 中傷文, 誹毀(ひき)文. **2** 侮辱〔不名誉〕となるもの: This photograph is a ～ *on* her. この写真では彼女が泣く.
bring an action of ～ against を名誉損傷で訴える. —— *vt.* (-l-, ㊥ -ll-) **1** 誹毀〔中傷〕する;〘法〙…の誹毀文を公表する. **2**〘俗〙〈人の品性・容貌(ようぼう)などを〉誤り伝える, 正しくあらわさない.
◇ **～·(l)ant** [-ənt] *n.* 〘法〙《教会裁判所・海事裁判所における》告訴〔出訴〕人, 原告; = libeller. **～·(l)er** *n.* 誹毀〔中傷〕者. **～·(l)ous** [-əs] *a.* 中傷的な, 侮辱する; 好んで人を中傷する. **lì·bel·(l)ée** [làib(ə)líː] *n.* 《教会〔海事〕裁判所における》被告人.

‡líb·e·ral [líb(ə)rəl] *a.* **1 自由主義の,** 自由を尊ぶ; 《宗教・政治に関して》改進的な, 前向きな. → conservative. **2**《王政・貴族主義に対し》民主制の, 代議制の. **3** 寛大な, 度量の大きい, 寛容な, (偏見に) とらわれない《に対し with》. ↔ illiberal. **4**《解釈などが》大まかな, 字義にこだわらない: a ～ translation 意訳, 自由訳. **5 おうような,** けちけちしない, 物惜しみしない: ～ *of* 〔*with*〕 one's money 金離れのいい. ～ *in* giving 気前がいい. ↔ illiberal. **6** 豊富な, たくさんな: a ～ table たっぷりなごちそう. **7** 自由人〔紳士〕にふさわしい, 《職業的に対し》教養的な: ～ education 高等普通教育.
—— *n.* **自由主義者,** 改進主義者; (L～)〘おもに英〙自由党員. [√liber- 自由な]
～ arts (現代の大学の) 教養科目《人文学・社会科学・自然科学・語学などの諸学科》; (中世の) 学芸《文法・論理学・修辞学・算術・幾何学・音楽・天文学の7科》. **L～ Party, the**〘英〙自由党.
◇ **～·ly** *ad.* ～に;〘話〙ざっと: ～*ly* speaking 大まかに言って.
(類義語) **進歩的な: liberal** 因習にしばられない. 新しいものに対し偏見にとらわれず自由な考え方をするという点で進歩的. **progressive** 常に前進・改善を目ざし停滞・復帰を悪と考える点で進歩的. **advanced** 世間一般より進んでいる: He believes himself to be very *advanced* in his views. 彼は自分のものの考え方がたいへんに進んでいると信じている. **radical** 急進的な, 過激な. 現存する諸制度・慣習を認めず revolutionary (革命的) にかなり近い.

líb·er·al·ism [líb(ə)rəliz(ə)m] *n.* 自由主義.

líb·er·al·ist [-ist] *n.* 自由主義者. —— *a.* 自由主義の. ◇ **lìb·er·al·ís·tic** [lìb(ə)rəlístik] *a.*

lìb·er·ál·i·ty [lìbərǽləti] *n.* **1** 気前のよさ, 物惜しみしないこと. **2** 贈り物, 施し(物). **3** 寛容, 広大な度量. (類) → **tolerance**「寛容」

líb·er·al·ize [líb(ə)rəlàiz] *vt.* **1** 自由主義化する; 〈貿易などを〉自由化する. **2** 寛大にする.
—— *vi.* **1** 自由になる. **2** 寛大になる.
◇ **lìb·er·al·i·zá·tion** [lìbərəlizéiʃ(ə)n/-laiz-] *n.*

líb·er·ate [líbərèit] *vt.* **1** 自由にする, 解放する; 釈放〔放免〕する《から from》. **2**〘化〙遊離させる;〘物〙〈力を〉作用させる. **3**〘米:軍俗〙盗む.
◇ **lìb·er·á·tion** [lìbəréiʃ(ə)n] *n.*

líb·er·a·tor [líbərèitər] *n.* **1** 解放者, 釈放者. **2** (L～)《第2次世界大戦に使用された爆撃機》B-24の愛称.

Li·bé·ri·a [laibí(ː)riə/-bíər-] *n.* リベリア《アフリカ西部の共和国. 首都 Monrovia》.

lìb·er·tár·i·an [lìbərtέ(ː)riən/-tέər-] *n.* **1** 絶対自由主義者《思想・行動の自由を主張する》. **2** 自由意志論者. ↔ necessitarian. —— *a.* ～の.

líb·er·tin·age [líbərtinidʒ] *n.* 自由行動《特に宗教上・性的の》.

líb·er·tine [líbərtìːn/-tain] *n.* **1** 放蕩(ほうとう)者, 道楽者. **2**〘宗〙自由思想家, 無信仰者.

lí·ber·tin·ism [-tiniz(ə)m] *n.* **1** 放蕩, 道楽. **2**〘宗〙自由思想.

‡líb·er·ty [líbərti] *n.* **1** 自由, 自立; …する自由《to (do)》. **2** 解放, 釈放, 放免. **3** …する権利《to (do)》. **4** 気まま, 度を越した自由; 無遠慮, 無礼. **5** (*pl.*) 特権, 特典. **6**〘哲〙意志の自由. **7**〘海〙《短期の》上陸許可. **8**〘米〙自由地域《保安官の権能外の地区》; 特別許可区域《囚人が出入りを許されている区域》. ***at ～*** (1) 束縛されずに; 自由で. (2) 自由に…してよい: You are *at* ～ to use it. かってに使ってよい. (3)《物が》使用されずに, あいて. (4)《人が》用がなくて, 暇で. ***～ of conscience*** 信教の自由. ***～ of the press*** 〔***speech***〕出版〔言論〕の自由. ***set at ～*** 解放する, 放免する. ***take ～ies with*** (1) …とあまりなれなれしくする, に無礼なことをする. (2) 〈規則など〉をかって気ままに扱う. ***take the ～ of*** (do)***ing*** 〔***to*** (do)〕無礼を省みず…する, 失礼にも…する. [√liber- 自由な]
L～ Bell〘米〙自由の鐘《Philadelphia にあるアメリカ独立宣言のとき鳴らした有名な鐘》. **～ cap** 自由の帽子 (= cap of ～)《古代ローマでどれいを解放するときに与えた三角ずきん. いまでは自由の表象》. **L～ Island** 自由の女神のあるニューヨーク港入り口の小島. **L～ ship**〘米〙戦時標準型輸送船.

li·bíd·i·nous [libídinəs] *a.* **1** 肉欲的な, 好色な, みだらな. **2** libido の.

li·bí·do [libáidou, -bíː-] *n.* **1**〘精神分析〙リビドー《人間行為の隠れた動機となっている根本的欲望》. **2** 生命力, 本能. **3** 性的衝動.
◇ **li·bíd·i·nal** [libíd(ə)nəl] *a.*

lí·bra [láibrə] *n.* (*pl.* **-brae** [-briː]) **1** ポンド《重量の単位. 略 lb., lb》. **2** ポンド《英貨の単位. 略 £》.

Lí·bra [láibrə] *n.* 〘天〙てんびん座; てんびん宮.

‡li·brár·i·an [laibrέ(ː)riən/-brέər-] *n.* 図書館員, 司書. ◇ **～·ship** [-ʃip] *n.* ～の職〔地位〕.

†lí·brar·y [láibrèri/-brəri] *n.* **1** 図書館, 図書室. **2**《個人所有の》**蔵書**; 文庫, 書庫; 書斎. **3** …双

書, …文庫. **4** 貸し本屋 (= circulating ～). **5** 《レコード・テープなどの》収集; 〘電算機〙標準プログラムの収集. ***the L～ of Congress*** 〘米〙国会図書館. ***walking*** ～ 生き字引き, 物知り.

～ **binding** 布装訂(本). → edition binding. ～ **edition** 特製版; 同一著者の同一装訂本. ～ **science** 図書館学. ～ **steps** 書庫用はしご.

lí·brate [láibreit/-ˊ] *vi.* 《はかりのように左右に》振れ動く, 震える; つりあう.

◇ **li·brá·tion** [laibréiʃ(ə)n] *n.* 振動; 〘天〙《特に月の》秤動(ひょうどう); つりあい, 均衡. 「詞作者.

li·brét·tist [librétist] *n.* 《歌劇の》台本作者, 歌

li·brét·to [librétou] *n.* (*pl.* **-tos, -ti** [-ti:]) **1** 《歌劇の》台本, 歌詞. **2** 歌詞を印刷した本. [<It.]

Lì·bre·víl·le [li:brəví:l] *n.* リブラビル《Gabon の首都》.

Líb·y·a [líbiə] *n.* **1** エジプト以西のアフリカ北部地方の旧称. **2** リビア《アフリカ北部の王国》.

Líb·y·an [líbiən] *a.* リビアの. —— *n.* リビア人; バーバリ (Berber) 語《古代リビアの》.

lice [lais] *n.* louse の複数形.

‡**lí·cense, lí·cence** [láis(ə)ns] *n.* **1 免許**, 認可; 官許, 特許: ～ to practice medicine 医師開業免許. **2 許可証**, 認可〔免許〕証, 鑑札, 免許〔特許〕状; 《大学の》修了証書: a driver's ～ 運転免許証. **3** 《文芸・音楽・美術などの》破格, 型破り. **4** 気まま, 放縦(ほうじゅう), 奔放. ***marriage*** ～ 結婚許可(証). ***poetic*** ～ 詩的許容《詩的効果のために許される文法・韻律の破格的用法》. ***special*** ～ 結婚特別許可証. ***under*** ～ 免許を受けて. —— *vt.* **1** に～①, ②を与える. **2** の出版〔興行〕を許可する. [√lic-] ～ **plate** (自動車などの) 番号札.

◇ **lí·cens·er** [-ər] *n.* 免許を与える人, 許可者, 検閲官《法律語では licensor》.

lí·censed, lí·cenced [láis(ə)nst] *a.* **1** 認可〔許可〕された, 免許〔鑑札〕を受けている. **2** 世間の認めた: a ～ satirist 天下御免の皮肉屋.

～ **house** 酒類販売許可店; 貸し座敷, 女郎屋.

～ **victualer** [-vítlər] 〘英〙酒類販売免許を受けた宿屋〔居酒屋〕の主人.

lì·cen·sée, -cée [làis(ə)nsí:] *n.* 免許された人, 鑑札を受けた人; 酒類免許販売人.

lí·cen·sor [láis(ə)nsər] 〘法〙 = licenser.

li·cén·ti·ate [laisénʃiit, ㊥+ -ʃièit] *n.* **1** 開業有資格者. **2** 学士号《ヨーロッパの大学の, bachelor と doctor の間の学位》. **3** 《特に長老教会の》未就任の有資格牧師. ***a ～ in medicine*** 〔***dental surgery***〕医師〔歯科医師〕開業有資格者.

li·cén·tious [laisénʃəs] *a.* **1** 放蕩(ほうとう)な, 不身持ちな, みだらな. **2** 気ままな, 放縦(ほうじゅう)な. **3** 〘稀〙《文体の》規則無視の, 破格な. ◇ **～·ly** *ad.* **～·ness** *n.*

lich, lych [litʃ] *n.* 〘英古〙死体. **～ gate, ～-gate** [ˊˊ] 屋根付きの墓地門《ここで棺をおろして僧侶の到着を待つ》.

lí·chee = litchi.

lí·chen [láikin, -kən] *n.* **1** 〘植〙地衣類の植物. **2** 〘医〙苔癬(たいせん). —— *vt.* ～でおおう.

◇ **～·ous** [-əs] *a.* 地衣の (ような), 地衣の多い; 〘医〙苔癬の〔にかかった〕.

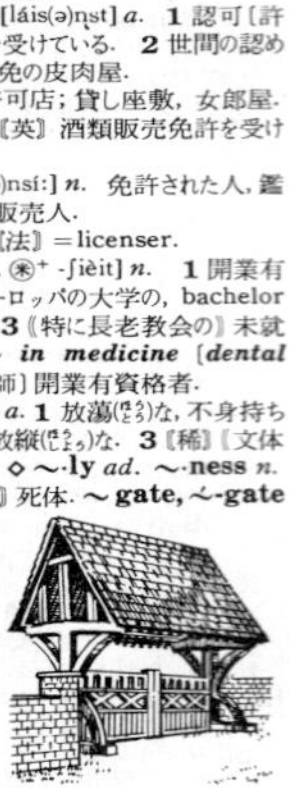

lich gate

líc·it [lísit] *a.* 適法〔合法〕の, 正当な. [√lic-]

◇ **～·ly** *ad.*

‡**lick** [lik] *vt.* **1** 《舌で》**なめる**. **2** 〈波・炎などが〉なめる, かすめる, 軽く触れる. **3** 〘話〙なぐる, 打つ. **4** 〘話〙やっつける; に勝つ, にまさる. —— *vi.* **1** なめるように広がる; 揺らめく. **2** 〘話〙速力を出す, 急ぐ. **3** 〘話〙勝つ.

～ ***a fault out of*** a person なぐって(人)の欠点をなおす. ～ ***creation*** 〔***everything***〕どんなものにもまさる. ～ ***into shape*** 〘話〙一人前にする, (ひとかどに)仕上げる《クマが生まれた子をなめてきれいにしてやるところから》. ～ ***one's lips*** 〔***chops***〕舌なめずりする, 舌鼓を打つ; 《ごちそうを見て》よだれをたらす. ～ ***off*** 〔***away***〕なめてとる; なめ尽くす. ～ a ***person's shoes*** 〔***boots***〕= ～ a ***person's spittle*** (人)にこびる, へつらう. ～ ***the dust*** 倒される; 屈服する; 殺される. ～ ***up*** なめ尽くす. ***run away as hard as*** one ***can*** ～ いちもくさんに走り去る. ***This ～s me.*** これには参った; これはなんのことだかさっぱりわからない.

—— *n.* **1** なめること, 一なめ. **2** 一なめ分; 少量. **3** 一塗り (分). **4** 〘米〙地表露出塩; その所在場所《動物がなめに行く》(=salt ～). **5** 〘話〙強打. **6** 〘話〙速力, 速さ. **7** 〘米話〙一ほねおり, 一仕事. **8** 〘俗〙ジャズの装飾楽節. **9** (しばしば *pl.*) 〘俗〙機会. ***at a great ～ = (at) full ～*** 全速力で. ***give a ～ and a promise*** いいかげんに仕上げる; おざなりにする.

～·spìt·tle おべっかつかい.

lick·er·ish [lik(ə)riʃ] *a.* 〘古〙**1** うまいもの好きの, 美食を好む. **2** がつがつした, むさぼる. **3** 好色の, 淫蕩(いんとう)な.

lick·e·ty-split [líkətisplít] *ad.* 〘米俗〙全速力で.

lick·ing [líkiŋ] *n.* **1** なめること, 一なめ. **2** 〘俗〙むち打ち. **3** 〘俗〙負かすこと. ***give*** a person ***a good*** ～ (人を)さんざんに打つ.

líc·o·rice [líkəris] *n.* 甘草; 乾燥した甘草の根またはそのエキス《薬用, 香味料》.

líc·tor [líktər] *n.* 〘古ローマ〙リクトル《fasces を持って上長官に従い, 罪人の捕縛を役目とした官吏》.

‡**lid** [lid] *n.* **1** ふた. **2** まぶた (= eyelid). **3** 〘植〙果蓋(かがい); 〘貝〙ふた; 〘魚〙えらぶた. **4** 〘話〙制限; 《酒類販売などに対する警察の》取り締まり. **5** 〘俗〙帽子; 《本の》表紙. ***blow the ～ off*** 公衆の目にさらす, 暴露する. ***flip*** one's ～ 〘俗〙はめをはずして笑う; かんしゃくを爆発させる. ***put the ～ on*** (1) 〘米〙〈計画などを〉押えつけてしまう, 押しつぶす; 厳重に取り締まる. (2) 〘英俗〙他を押える, 何ものにもまさる. ***with the ～ off*** 恐ろしいものを見せつけて.

◇ **～·less** *a.* ふたのない; まぶたのない; 〘雅〙まんじりともしない, 警戒を怠らぬ (vigilant).

Lí·do [lí:dou] *n.* **1** リド《イタリアのベニス近くの高級な行楽地》. **2** 〘英〙屋外水泳プール.

†**lie**[1] [lai] *vi.* (**lay** [lei]; **lain** [lein]; **lý·ing** [láiiŋ]) **1** 〈人・動物などが〉**横たわる**, 横になる〔なっている〕; 伏す, 寝る《*down*》; 〈鳥が〉うずくまる, すくむ.

2 もたれる, 寄りかかる《に *against*》.

3 〈人・死体が〉葬られている, (地下に) 眠っている.

4 〈物が〉横たわる, 寝ている: the book *lying* on the table テーブルに載っている本. Snow *lay* on the ground. 雪が地面に積もっていた.

5 〈けしきなどが〉広がっている; 〈道が〉のびている, 通じている《…から―まで *between*; を通って *through*; のそばを *by*; に沿って *along*》.

6 《…に》**ある**, 位置する, 位する: Where does the park ～? 公園はどちらの方ですか?

7 〈原因・理由・本質・力などが〉《…に》ある, 存する, 見いだされる: The remedy ～*s in* education. それを救う道は教育にある.

8 じっとしている: money *lying* at the bank 銀行にねむっている金. *Let it* ～. そのままにしておけ; 手をつけるな.

9 《補語を伴って》…**の状態にある**: ～ waste 荒れ果てている. It ～*s* heavy *on* his conscience. それは彼の良心の重荷になっている〔を苦しめている〕. ～ in prison 入獄している. ～ under a charge 告発を受けている; 非難されている. 「する.

10 〈船が〉停泊する; 〈軍隊が〉野営する; 〘古〙宿泊

11 〘法〙〈訴訟などが〉提起されている; 〈主張などが〉成立する, 認められる: Objections will not ～. 異議は成り立つまい.

as far as in me ～*s* = *as far as* ～*s in me* 私の力の及ぶ限り. ***Let sleeping dogs*** ～. 〚ﾞﾞ〛やぶへびを出すな; めんどうの起こらぬようそっとしておけ. ～ ***about*** (そこらに) 散らばっている. ～ ***along*** 〚海〛船が (横風を受けて) 傾く. ～ ***along the land*** 〔***shore***〕〚海〛海岸に沿って航行する. ～ ***asleep*** 横になって眠っている. ～ ***at*** a person***'s door*** 〈責任が〉…にある: The fault ～*s at your door.* 責任はきみにある (= The fault ～*s with you*). ～ ***at*** a person***'s heart*** (人)の心にかかる; (人)に慕われている. ～ ***at the mercy of*** の思うままになる. ～ ***back against*** …にもたれる. ～ ***by*** (1) 手元にある〔控えてある〕; 使われないでいる. (2) 休む, 引っ込んでいる. ～ ***close*** (1) 隠れている. (2) 寄り固まる. ～ ***down*** (1) 横になる; 〈犬が〉伏せをする. (2) 屈服する: ～ *down* under a defeat 敗北を甘受する. ～ ***down on the job*** 〚話〛いいかげんにする. ～ ***in*** (1) お産の床につく, 産院にはいる. (2) …にある, に存する: All their hopes ～ *in* him. 彼らの望みは彼一身に集まっている. ～ ***in ruins*** 〔***the dust***〕〈建物などが〉廃虚になっている, 倒壊している. ～ ***in the way*** じゃまになる, 妨害する. ～ ***low*** 〚話〛隠れる; 意見を述べないでいる. ～ ***off*** (1) 〚海〛海岸〔他船〕から離れている. (2) しばらく休息する. ～ ***on*** 〔***upon***〕 (1) の義務〔責任〕である: It ～*s upon* them to prove. 証明することは彼らの責任である. (2) …による, …しだいである. (3) …にのしかかる, の重荷となる: The food ～*s* (heavy) *on* the stomach. その食物は胃にもたれる. ～ ***on*** one***'s face*** 〔***back***〕 うつぶせ〔あおむけ〕に倒れる〔寝る〕. ～ ***on*** a person***'s hand***(***s***) (1) 売れずに〔使われずに〕ある. (2) 〈時間が〉持て余される: Time ～*s* heavy *on my hands.* ～ ***on the bed*** one ***has made*** 自業自得である. ～ ***on the head of*** の責任である. ～ ***open*** 開いてある; (人目に)さらされている. ～ ***out of*** one***'s money*** 支払いを受けていない. ～ ***over*** 延期となる; 〈手形が〉支払われずにいる. ～ ***to*** (1) 〚海〛《船首を風上に向けて》ほとんど停船する. (2) に全力を集中する. ～ ***under*** を受ける, の目に会う. ～ ***up*** (1) 病床につく. (2) 活動をやめる, 引きこもる, 引退する. (3)〚海〛〈船が〉ドックにつながれる. ～ ***with*** (1) の義務である: It ～*s* entirely *with* you to watch over this child. この子の番をするのは全くあなたの役目ですよ. (2) の決定することである: It ～*s with* you to do it. そうするのもしないのもあなたの自由だ. (3) と同衾(ﾄﾞｳｷﾝ)する; 〚古〛と同宿する. ***take*** an insult ***lying down*** (侮辱)を甘んじて受ける.

—— *n.* **1** 位置, 方向, 向き. **2** 状態, 形勢. **3** 動物のすみか, 巣, 穴. **4** 〚ゴルフ〛ボールの位置. ***the*** ～ ***of the land*** 地勢.

∠-a·bed [∠-∸] 朝寝坊《人》. **∠-by** [∠∸] 〚英〛高速道路の待避車線; 線路の路肩. **∠-down**[∠∸] うたた寝, ひと休み.

‡**lie²** *n.* **1** うそ, 虚言. **2** 偽りの行ない, 詐欺. **3** 誤った慣習〔信念〕. ***act a*** ～ 《口でなく》行為で欺く. ***direct*** ～ ずうずうしいうそ. ***give*** a person ***the*** ～ (人)の言うことをうそだときめつける; (人に) 虚言を責める. ***give the*** ～ ***to*** (1) …のことばがうそだと主張する; の虚偽を責める. (2) の虚偽を証明する. ～ (***made***) ***out of*** (***the***) ***whole cloth*** = ～ ***with a latchet*** 真っ赤なうそ. ***tell a*** ～ うそをつく. ***white*** ～ 善意から出た〔方便の〕うそ.

—— *vi., vt.* (**lied** [laid]; **lý·ing** [láiiŋ]) **1** うそをつく. **2** 欺く, 目をくらます, 惑わす; 〈計器などが〉狂っている. **3** うそをついて…する; うそをついて奪う: ～ away a person's reputation うそを言って人の評判を傷つける. ～ ***in*** one***'s teeth*** 〔***throat***〕 ひどい〔真っ赤な〕うそをつく. ～ a person ***into*** (人を) 欺いて…におとしいれる. ～ one***self into*** 〔***out of***〕 a scrape うそをついて (窮地)に陥る〔を脱する〕. ～ a person ***out of*** (人を) 欺いて…を奪う.

～ **detector** うそ発見器.

〈付記〉 **lie** 対「うそ(をつく)」: 英語の lie は常に意図的な欺瞞(ｷﾞﾏﾝ)の含みをもつ. したがって You are *lying.* とか You are a *liar*! などの表現は, 多少誇張すれば, 「真っ赤なうそだ」とか「このぺてん師め」といった語気をもち, 相手の誠意をまっこうから疑う挑発(ﾁｮｳﾊﾂ)的なものと解すべきばあいが多い. a white (little) *lie*「悪意のない (ちょっとした) うそ」 のような表現がわざわざできているのも, この事実を裏書きする.

一方, 日本語では別に敵意をもたずに相手の言を誤りだとする意見の表明として「うそだ」「うそですよ」などがしばしば用いられる. これに相当する英語の表現として次のようなものがある: That's not true. うそだ; それは事実に反する. You are wrong. それは〔きみの考えは〕違う. You don't mean it. まさか (本気じゃあるまい); うそでしょう. You flatter me. これは恐縮; おじょうずなこと; うそばっかり《ほめられて, てれるとき》.

Líech·ten·stein [líkt(ə)nstàin] *n.* リヒテンシュタイン《オーストリアとスイスにはさまれた公国》.

lied [li:d | G. li:t] G. *n.* (*pl.* ***lied·er*** [lí:dər]) 〚楽〛リード, 歌曲.

líe·der·kranz [lí:dərkrà:nts/-krənts] *n.* **1** 強い香味をもつチーズの一種; (L～) その商標名. **2** 〚米〛ドイツ系アメリカ人の男声合唱団. [＜G.]

lief [li:f] *ad.* (**∠·er**; **∠·est**) 喜んで, 快く, 進んで (willingly). 《おもに次の用法で》 ***would*** 〔***had***〕 ***as*** ～ …(***as*** ___) (—— するくらいなら) …したっていい; (——するくらいなら) …する方がましだ: I *would as* ～ go hungry *as* eat that nasty mess. あんないやな物を食べるよりいっそ食べない方がいい. ***would*** 〔***had***〕 ～***er…than***___ ——するくらいなら…する方がましだ: I *would* ～*er* die *than* do it. そんなことをするくらいなら死んだ方がましだ.

liege [li:dʒ] *n.* **1** 君主, 王侯. **2** 臣下, 家臣. ***His Majesty's*** ～***s*** 陛下の臣下. ***my*** ～ ! 《呼びかけ》わが君, 殿. ***the*** ～***s*** 臣下, 家来. —— *a.* **1** 君臣関係の. **2** 君主の, 至上の. **3** 臣下の. **4** 忠実な.

～ **lord** 君主, 大名. ～ **man, ∠·man** [-mən] (*pl.* (**-**)**men**) 臣下, 家来, 忠臣, 忠実な部下.

lien [li:n, lí:ən/liən, lí:ən] *n.* 〚法〛留置権, 先取特権《に対する *on*》.

lieu [lu:/lju:] ***in*** ～ ***of*** の代わりに (instead of).

Lieut. Lieutenant. **Lieut. Col.** Lieutenant Colonel.

‡**lieu·tén·ant** [〚陸軍・海軍〛lu:ténənt/〚陸軍〛lefténənt, 〚海軍〛letén-] *n.* **1** 〚陸軍〛**中尉, 少尉**; 〚英〛中尉: first ～ 〚米〛中尉. second ～ 〚米・英〛少尉. **2** 〚海軍〛**大尉, 中尉**; 〚英〛大尉: ～ senior 〔junior〕 grade 〚米〛大〔中〕尉. sub～ 〚英〛中尉. **3** 上官代理, 副官 (deputy). [√loc- + √ten- 代理]

～ **colonel** 陸軍中佐. ～ **commander** 海軍少佐. ～ **general** 陸軍中将. ～ **governor** 〚米〛《州の》副知事; 〚英〛《植民地の》副総督, 総督代理.

◇ **-an·cy** [-ənsi] *n.* ～の職〔地位, 任期〕.

†**life** [laif] *n.* (*pl.* **lives** [laivz]) **1** **生命**, いのち, 人命, 一命: How many *lives* were saved? 何人助かったか.

2 生存, 存命: the struggle for ～ 生存競争.

3 《集合的》 生物, 生き物: The waters swarm with ～. 海や川には生物がたくさんすんでいる. There seems (to be) no ～ on the moon. 月には生物が存在しないらしい.

4 寿命, 一生: live out one's ～ 天寿を全うする. He was 〔will stay〕 single all his ～. 彼は一生(を通じて) 独身だった〔でいるだろう〕. → ⑥.

5 《無生物の》寿命, 耐久期間: the ～ of a popular novel 人気小説の寿命.

6 生まれてから現在〔問題の時〕までの期間: I have lived here all my ～. 私は生まれてからずっと当地に住んでいます. He had never been ill in his ～. そのときまでかつて病気したことがなかった. 〈注〉「一生」と訳すと誤りになる. → ④.

7 生活(状態), 暮らし: a simple ～ 簡易生活. lead a dismal [happy] ～ わびしい[幸福な]日々を送る.
8 人生, 実生活; 世間, 世の中: Such is ～. 人生とはそういうものだ. get on in ～ 出世する.
9 伝記, 一代記, 言行録: Boswell's '*L*～ of Johnson' ボズウェルの「ジョンソン伝」.
10 実物, ほんもの, 原形; 実物大のもの: draw from [after] the ～ 実物どおりに写す, 写生する.
11 活気, 元気; 活力, 健康の源泉: full of ～ 元気いっぱいの; 《人・場所などが》活気[生気]に満ちた. The child is all ～. 子どもは元気いっぱいだ.
12 〖宗〗救い; 新生, 再生, 更生.
13 被保険者: a good [bad] ～ 平均余命まで生きる見込みのある[乏しい]人.
14 《物の》生きのよさ; 新鮮な香気.
15 《野球などの》生還; 〖トランプ〗やり直し.
16 〖古〗《呼びかけ》いとしい人[物].
as I have* ～** 確かに. ***as large* [*big*] *as* ～** (1) 実物大の, 等身大の. (2) 〖笑〗紛れもなく, 自身で: Here he is, *as large as* ～. そら, ご本人が見えた. ***bring* [*come*] *to* ～** 蘇生(そせい)させる[する]. ***escape with* ～ *and limb たいしたけがもなく逃げる. ***expectation of* ～** 〖保険〗平均余命. ***for* ～** (1) 終身(の), 一生(の). (2) 命が助かるように, 命がけで, 一生けんめいに. ***for* one's *～ = for dear* [*very*] ～** 必死になって, 命からがら. ***for the* ～ *of* one** 〖話〗《通例否定文で》どうしても《…ない》. ***give* ～ *to*** に生気を添える. ***have the time of* one's ～** 〖俗〗いままでになくおもしろい思いを味わう. ***in* ～** (1) 存命中は, この世で. (2) 全く, 全然: I own nothing *in* ～. 財産は皆無. ***matter of* ～ *and death*** 死活問題. ***not on your* ～** 〖話〗決して…ない, 確かに…ない. ***see* [*learn*] ～** 世間を見る[知る]. ***still* ～** 〖画〗静物. ***take* ～** 殺す. ***take* one's ～ *in* one's *hands*** それと知りつつ死の危険を冒す. ***the* ～ *of the world to come = the other* [*future, eternal, everlasting*] ～** あの世, 来世, 永遠の生活. ***this* ～** この世, 現世. ***to the* ～** 生き写しに, 寸分違わず. ***true to* ～** 現実的に, 実生活に即して; 真に迫って. ***upon* [*'pon*] one's ～** (1) 命にかけて; 誓って, 必ず. (2) おやおや. ***with all the pleasure*(*s*) *in* ～** この上もなく喜んで. ***with* ～ *and spirit*** きびきびと. **～-and-déath** 死活にかかわる, きわめて重大な. **～ annuity** 終身年金. **～ belt** 救命(浮)帯. **～·blood** [ˊ-ˋ] (1) 生き血; 活力[生気]のもと. (2) くちびる[まぶた]のけいれん. **～·boat** [ˊ-ˋ] 救命艇[船]. **～ buoy** 救命浮き袋. **～ cycle** 〖生〗生活環《ある個体が生じてから次の世代が生じるまでに起こる一連の形態の変化》. **～ estate** 生涯(しょうがい)不動産《世襲できないもの》. **～ expectancy** 平均余命(=expectation of ～). **～-gìv·ing** *a*. 生命[活力]を与える, 活気[元気]づける. **～·guard** [ˊ-ˋ] (1) 〖米〗《水泳場などの》見張り人, 救助員. (2) 〖英〗《機関車前面の》救命器. **L～ Guard** 〖英〗近衛(このえ)兵, (*pl.*) 近衛兵連隊. **L～ Guardsman** 〖英〗近衛兵. **～ history** 〖生〗生活史. **～ insurance** 〖米〗生命保険. **～ interest** 生涯権. **～ jacket** 〖英〗救命チョッキ. **～ line** (1) 救命索. (2) 《潜水夫の》命綱. (3) 頼みの綱. (4) 《手相の》生命線. (5) 《孤立した地域への》補給路. **～·long** [ˊ-ˋ] 生涯の, 終生[終身]の. **～ member** 終身会員[社員]. **～ net** 《消防用の》救命網. **～ office** 生命保険会社(事務所). **～-or-déath** =～-and-death. **～ peer** 一代貴族. **～ preserver** 《救命チョッキなど》救命用具; 〖英〗《護身用》仕込みづえ. **～ raft** 遭難救助用非常いかだ. **～·sàv·er** (1) 人命救助者, 〖米〗《特に》水難救助員. (2) 〖話〗苦境から救ってくれる人[物], 「地獄で会った仏」. **～·sàv·ing** 救命の; 〖米〗水難救助の. **～·saving station** 水難救助所. **～ sentence** 終身刑. ***～-síze*(*d*)** 実物[等身]大の. **～ span** 《生物体の》寿命. **～·spring** [ˊ-ˋ] 生命の源泉. **～ strings** 命の綱, 玉の緒. **～ table** 〖統計〗生命表. **～ tenant** 〖法〗生涯不動産権者. **～ test** 耐久試験. ‡**～·time** →別項. **～·wórk** 一生の仕事[事業].

***lífe·less** [láiflis] *a*. **1** 生命のない; 生物の住んでいない: a ～ planet 生命のない惑星. **2** 生命を失った, 死んだ. **3** 気絶した. **4** 活気[生気]のない; 気力のない; 《話などが》気の抜けた, つまらない. ***fall* ～** 死ぬ, 気絶する.
◇ **～·ly** *ad*. 死んだように, 生気なく. **～·ness** *n*.

lífe·like [láiflàik] *a*. 生きているような; 《肖像画など》真に迫った, 実物そっくりの.

líf·er [láifər] *n*. 〖俗〗終身受刑者; 終身懲役の宣告.

‡**lífe·time** [láiftàim] *n*. 一生, 生涯(しょうがい); 生存時代. **——** *a*. 生涯の, 終生の.

†**lift** [lift] *vt*. **1** 持ち上げる, 上げる, 揚げる, 掲げる, 抱き上げる《*up*》. **2** <手などを> 上に上げる, 振り上げる; <目・顔などを> 上に向ける, もたげる; <声を> 高める. **3** 向上させる, 高尚(こうしょう)にする. **4** の社会的地位を向上させる; 出世させる, 昇級させる. **5** <バリケード・障害などを> 取り除く, 一掃する; <包囲などを> 撤去する, <法廷が禁令などを> 解く. **6** <負債を> 払う; <質物・貨物などを> 請け出す. **7** 〖話〗<人の文章を> 盗む, 剽窃(ひょうせつ)する. **8** 〖俗〗盗む, 万引きする. **9** 〖農〗掘り出す. **10** 〖ゴルフ〗拾い上げる, 打ち上げる. **11** <顔の> しわを取る.
—— *vi*. **1** 上がる, 高まる. **2** <雲が> 晴れあがる, 消える; <雨などが> あがる, やむ. **3** <床などが> ふくれあがる. **4** 持ち上げようとする, 引っ張り上げる《を *at*》. **5** <星などが> 地平線上に浮かぶ[見えてくる]. **6** 船が波に乗る.
～ *a* [one's] *hand against* を打つ, を攻撃する; を打つぞとおどす. **～ *a hand to*** (do) …するのにちょっとほねをおる. **～ one's *face*** (1) 顔を上げる. (2) 顔のしわを伸ばす; 化粧する. **～ one*self from*** poverty (貧困)から身を起こす. **～ one's *hand*** 手を上げる; (手を上げて) 誓う. **～ one's *hat*** 帽子をちょっと上げてあいさつする. **～ *up a cry*** [one's *voice*] 叫ぶ; 訴える. **～ (*up*) one's *hands*** 手を上げて祈る[誓う]. **～ (*up*) one's *head*** (1) 元気づく, 誇り[自尊心]をいだく. (2) 頭角をあらわす. **～ *up* one's *heart*** 祈る. **～ *up* one's *heel against*** …にけりかかる. **～ *up* one's *horn*** いばる, 傲慢(ごうまん)な挙動をする; 野心をいだく.
—— *n*. **1** 上げる[上がる]こと; 1回で持ち上げる[上がる]量[距離, 程度]. **2** 精神高揚: Those words gave me quite a ～. これらのことばで大いに元気がでた. **3** 昇進, 出世. **4** 傲慢な態度. **5** 助力, 手伝い. **6** 地面の隆起. **7** 〖英〗エレベーター(=㊎ elevator); 起重機; リフト: a ski ～. **8** (くつの) かかと皮の1枚. **9** 〖空〗上昇力, 揚力. **10** 空輸; 空輸物[客]. **11** 自動車に乗せること. **12** 〖海〗帆げたつりづな; 〖鉱〗坑内用揚水ポンプ. ***give*** a person ***a* ～** (人を)車に乗せてやる, 車で連れて行く; (人に)手伝う. **～ bridge** 昇開橋. **～·man** [-mən] (*pl*.**-men**) 〖英〗エレベーター運転士 (= ㊎ elevator operator). **～-off** [-ɔ̀ːf] 《ヘリコプター・ロケットなどの》離昇, 離陸. **～ pump** 吸い上げポンプ. **～ truck** 積載用荷車. → forklift, fork truck.
◇ **～·er** *n*. 持ち上げる人[物]; 〖俗〗どろぼう, 万引きする人. **～·ing** *n*. 持ち上げること: weight ～*ing* 〖競技〗重量あげ.
類 → **raise**「掲げる」

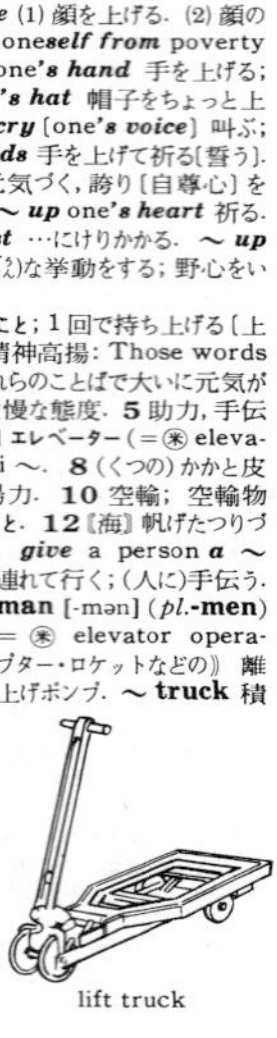
lift truck

líg·a·ment [lígəmənt] *n*. ひも, 帯; 〖医〗靱帯(じんたい). [√lig-]

lí·gate [láigeit] *vt.* 縛る, くくる; 〖医〗<血管などを>結紮(けっさつ)する. ◇ **li·gá·tion** [laigéiʃ(ə)n] *n.*

líg·a·ture [lígətʃ(u)ər] *n.* **1** ひも, なわ, 帯. **2** 〖医〗結紮(けっさつ)糸. **3** 〖印〗連字, 合字 《æ, fi など》. **4** 〖楽〗連結線, 結合線 《⌒》. —— *vt.* 縛る, くくる; 結紮する. [√lig-]

lí·ger [láigər] *n.* ライガー 《ライオンの雄とトラの雌との交配種》. [＜*lion*＋*tiger*]

†**light**¹ [lait] *n.* **1** 光, 光線; 明るさ, 輝き. **2** 日光, 日中, 白昼: Summer has more hours of ～. 夏は日中の時間が長い. **3** 発光体, 光源; 太陽. **4** 燈火, 明かり; たいまつ, かがり火, のろし; 燈台; 交通信号 (＝traffic ～). **5** 明かり取り, 窓口, 窓, ガラス屋根. **6** 照明, 照射, 闡明(せんめい): throw ～ on a mystery 神秘に光を投ずる, なぞを明らかにする. **7** 示現, 暴露: come to ～ 明るみに出る, 判明する. **8** 様相, 姿, 見地, 視角: see in a favorable ～ 好意的に見る. **9** 《精神的な》光明, 開明, 啓蒙(けいもう), 教化. **10** (*pl.*) 知能, 知力; 判断, 考え. **11** 知識, 情報, (*pl.*) 物事の説明になる事情: We need more ～ on this subject. この問題についてはもっと知る必要がある. **12** 賢人, 「かがみ」, 先覚者, 指導者: the ～*s* of antiquity 古代の聖賢. **13** 〖雅〗視力, 視覚. **14** (*pl.*) 〖俗〗目. **15** 《陰に対して》光; 光を受けている部分. **16** (*pl.*) 《舞台の》脚光. **17** 点火物, マッチ, 付け木. **18** マッチの火: May I have a ～, please? (たばこの) 火をいただけませんか. **19** 〖法〗採光権. **20** 〖宗〗霊光, 光 《*of*》; 〖聖〗栄光, 福祉.

according to one'***s*** ～ 自己の見識〔見解〕に従って. ***at the first*** ～ 夜明けとともに. ***before*** ～ 未明に. ***before the*** ～***s*** 脚光を浴びて, 舞台に出て. ***between the*** ～***s*** たそがれに. ***between two*** ～***s*** 〖俗〗夜中に; やみに紛れて. ***bring to*** ～ 明るみに出す, 暴露する. ***by the*** ～ ***of nature*** 直覚によって, 自然に. ***get a*** ～ 火を借りる; 〖俗〗信用を得る. ***get in*** a person'***s*** ～ (人) の明かり先に立ちふさがる; (人) のじゃまになる. ***get out of the*** ～ 光をさえぎらない; じゃまをしないようにする. ***give*** ～ ***upon*** 〔***on***〕 を明らかにする. ***in a good*** 〔***bad***〕 ～ 引き立つ〔不利に見える〕立場に: place oneself *in a good* ～ 引き立つ立場に自分をおく. ***in the*** ～ ***of*** (1) に照らして, を考えれば. (2) の姿で: appear *in the* ～ *of* a knave ならず者に見える. ～ ***and shade*** 明暗, 著しい対照. ～ ***of*** one'***s countenance*** 愛顧, 寵愛(ちょうあい), 好意. ～ ***of*** one'***s eye***(***s***) お気に入りの人; たいせつな物. ～***s out*** 〖軍〗消燈らっぱ. ***see the*** ～ (1) 日の目を見る, 世に出る, 出版される (＝ see the ～ of the day). (2) 理解する, 認める. ***shed*** ～ ***upon*** 〔***on***〕 を明らかにする, の説明を助ける. ***shining*** ～***s*** 大家〔権威者〕たち. ***stand in*** a person'***s*** ～ (人) の明かり先に立ちふさがる, (人) の陰になる; (人) の幸福〔利益〕のじゃまになる〔をする〕. ***stand in*** one'***s own*** ～ 《無思慮な行為によって》自己をおとしいれる, 自ら不利を招く. ***strike a*** ～ 《マッチで》火をつける. ***view in a new*** ～ 新たに見直す. ***view in its true*** ～ その真相を見きわめる〔知る〕.

—— *a.* **1** 明るい. **2** 《色が》薄い, 淡い, 白みがかった: ～ blue 淡青色. a ～ evening まだ日のある夕方. a ～ complexion 色白. **3** 〖音声〗明るい 《light, file の [l] など. battle, cold などの暗い l に対する》. ⇔ dark.

—— *v.* (**líght·ed** [láitid] *or* **lit** [lit]) *vt.* **1** に明かりをつける, に点火する, ともす; たきつける; <火を>燃やす. **2** 明るくする, 照らす, 照明する. **3** 晴れ晴れさせる, 活気づける. **4** 明かりをつけて案内する: ～ a person through the dark streets 明かりをつけて夜道を案内する. —— *vi.* **1** 火がつく, ともる 《*up*》. **2** 明るくなる, 輝く. **3** 生き生きする, 晴れ晴れする. ***light up*** (1) 明るくする〔なる〕. (2) 陽気になる〔する〕. (3) 〖話〗たばこに火をつける.

～ **ball** 〔**bomb**〕 〖軍〗発光〔照明〕弾. ～ **due** 〔**duty**〕 燈台税. **～·fast** [´ ´] 《特に日光に当たっても》色のあせない. ‡**～·house** → 別項. **～-out** [´ ´] 消燈号音 〔らっぱ〕. ～ **plot** 舞台照明法. **～·proof** [´ ´] 光を通さない. ～ **quantum** 〖物〗光量子. **～·ship** [´ ´] 燈船, 燈台船. ～ **signal** 燈火信号. ～ **tracer** 曳光(えいこう)弾. ～ **trap** 誘蛾(ゆうが)燈. ～ **wave** 〖物〗光波. **～·wood** [´ ´] 燃えやすい木; たきつけ用の木. **～-yéar** 〖天〗光年 《光が1年間に進む距離. 略 lt-yr》.

◇ **～·ing** *n.* **1** 照明 (法). **2** 点火. **～·less** *a.* 光のない, 暗い. **～·ness** *n.* 明るいこと; 明るさ; 色の薄い〔淡い〕こと.

†**light**² *a.* **1** 軽い, 軽量の: ～ as a feather 羽毛のように軽い. **2** 軽快な, 敏捷(びんしょう)な, すばしこい: with a ～ step 足どりも軽く. ～ of foot 足が軽い〔速い〕. **3** 軽装の, 軽装備の: a ～ boat 積み荷の軽い船. ～ cavalry 軽騎兵. **4** 重荷にならない, 手軽な, 楽にできる, 容易な: a ～ task 楽な仕事. **5** 軽微な, 弱い, わずかな: a ～ rain 小降り. a ～ sleep 浅い眠り. a ～ loss 軽微な損害. **6** 《食事が》もたれない, あっさりした: a ～ meal 軽食. **7** 力のはいっていない, 柔らかい: a ～ blow 手かげんした打撃. a ～ touch 柔らかい手の触れ方; 軽い筆致. **8** 《酒・ビールが》弱い. **9** 《罰などが》重くない, きびしくない: a ～ punishment 軽い罰. ～ expense わずかな出費. **10** 《悲しみなどが》ふかくない: Sorrows sit ～ on him. 彼は不幸もたいして苦にしない. **11** 肩のこらない, 娯楽本位の: ～ reading 軽い読み物. **12** 気軽な, 屈託のない, 快活な: in ～ spirits 浮き浮きして. **13** 軽々しい, うわついている, 移り気な; 《女が》しりが軽い, 不品行な. **14** 《容姿などが》重々しくない, すらりとした, 優美な; 《しゃれなどが》軽妙な. **15** 《パンが》やんわりふくらんだ; 《土などが》ぼろぼろした, 砕けやすい. **16** 法定量目に足りない: a ～ coin 量目不足の貨幣. **17** めまいがする, ふらふらする: She gets ～ *on* one martini. あの女はマーティーニ1杯でふらふらになる.

as ～ ***as down*** 綿毛のように軽い, 非常に軽い. ***give*** ～ ***weight*** 目方をごまかす. ***have a*** ～ ***hand***〔***touch***〕 手先が器用である; 手腕がある. ～ ***in hand*** 御しやすい; 扱いやすい. ～ ***in the head*** (1) 頭が単純な, ばかな. (2) めまいがして. ～ ***of ear*** 信じやすい. ～ ***of fingers*** 手癖が悪い. ～ ***of heel*** 〔***feet***〕 足が速い. ***make*** ～ ***of*** をさげすむ; 無視する. ***with a*** ～ ***heart*** 気軽に, いそいそと; 軽率に.

—— *ad.* **1** 軽く, 軽快に. **2** 軽装で: travel ～ 手軽に旅する. **3** 目ざめやすく: sleep ～ あさく眠る. **4** 容易に, 簡単に. ***L～ come, ～ go.*** 〖諺〗得やすいものは失いやすい; あぶく銭は身につかぬ.

～·ármed 〖軍〗軽装備の. ～ **eater** 少食家. ～ **engine** 《列車を引いていない》から機関車. **～·face** [´ ´] 〖印〗細活字(の). **～-fín·gered** 手先の器用な; 手癖の悪い. **～-foot** [´ ´] 〖雅〗＝ ～-footed. **～-fóot·ed** 足の速い. **～-hánd·ed** [㊥´ ´ ´] (1) 手先の器用な, 手ぎわのよい. (2) 手持ち物が少ない. **～-héad·ed** (1) 頭のへんな, ふらふらする. (2) 考えのない, 軽率な; 気の変わりやすい. **～-héad·ed·ly** 軽率に, 軽々しく. **～·héart·ed** 心配〔苦労〕のない, 気楽な; 快活な, 陽気な. **～·héart·ed·ly** 気楽に; 快活に. ～ **heavyweight** ライト ヘビー級のボクシング選手〔レスラー〕. **～·hòrse·man** [-hɔ̀ːrsmən] (*pl.* **-men**) 軽騎兵. ～ **infantry** 軽装備の歩兵隊. **～-lèg·ged** 足の速い. **～-mínd·ed** 軽率〔軽薄〕な; 移り気な. **～-o'-lóve** [-əlʌ́v] うわ気女. ～ **railway**(**s**) 〖英〗軽便鉄道. ～ **running** から運転. **～-skirts** [´ ´] 《単数扱い》うわ気女. ～ **sleeper** 目ざめやすい人. **～·weight** [´ ´] (1) 標準重量以下の人〔物〕. (2) 〖ボクシング〗ライト級選手. (3) 〖米話〗つまらない人. ～ **wind** そよ風; 風力1の風.

light³ *v.* (**líght·ed** [-id] *or* **lit**) *vi.* **1** 〖稀〗《馬などから》降りる. **2** <鳥が>とまる, 降りる. **3** <光などが>ふりかかる; <運命などが>落ちかかる: The choice ～*ed* upon him. 彼が選ばれた. **4** ふと出会う, ふと見つける: ～ *on* an interesting fact おもしろい事実をたまたま発見する. **5**〖俗〗飛びかかる, 攻めかかる《に *on*》. ── *vt.* 〈綱などを〉引く.

～ *into*〖俗〗(1) を攻撃する. (2) をしかる. **～ *on* one's *feet* [*legs*]**〖落ちたとき〗両足で立つ;〖話〗窮地を脱する, うまくやる; 仕事を見つける. **～ *out***〖俗〗急いで立ち去る, ずらかる.

líght·en[1] [láitn] *vt.* **1** 明るくする, 照らす. **2** 明白にする, わかりやすくする. **3** の色を明るくする, の影を薄くする. **4** 〈顔・目を〉晴れやかにする, 輝かす. **5**〖古〗啓発する. ── *vi.* **1** 光る, 輝く. **2** 明るくなる, 晴れる; 〈顔色が〉さえる: His face ～*ed*. 彼の顔は明るくなった. **3** いな光りがする, ぴかと光る《*out, forth*》: It is thundering and ～*ing* ゴロゴロぴかぴか.

‡**líght·en**[2] *vt.* **1** 〈荷を〉軽くする; 〈積み荷を〉減らす; の荷を軽くする: ～ a ship *of* her cargo 積み荷をおろして船を軽くする. **2** 緩和〔軽減〕する, 和らげる. **3** 元気づける, 慰める, 喜ばせる. ── *vi.* **1** 〈荷が〉軽くなる. **2** 〈心が〉軽くなる, 楽になる.

***líght·er**[1] [láitər] *n.* **1** 明かりをつける人, 点燈夫. **2** ライター, 点燈〔点火〕器: snap on a ～ ライターを点火する. **3** たきつけ, 付け木.

líght·er[2] *n.* はしけ. ── *vt.* 〈貨物を〉はしけで運搬する. **～·man** [-mən] (*pl.* **-men**) はしけの船頭. ◇ **～·age** [láitəridʒ] *n.* はしけ賃, はしけ運搬.

líght·er-than-àir [láitərðənèər/-éə] *a.*〖空〗空気よりも軽い《気球・飛行船など》.

‡**líght·house** [láithàus] *n.* 燈台. **～ keeper** 燈台もり.

líght·ish [láitiʃ] *a.* **1** 明るみを帯びた. **2** やや軽い, かろやかな.

‡**líght·ly** [láitli] *ad.* **1** 軽く, そっと: push ～ 軽く押す. **2** 柔らかに, 温和に. **3** かろやかに, 敏捷(びんしょう)に, 軽快に. **4** もったいぶらずに: talk ～ なにげなく話す. **5** 軽々しく, 軽率に; 軽んじて. **6** 陽気に, 快活に; 平気で. **7** たやすく, 容易に. **8** 薄く, 浅く. **9** あっさりと, 少しばかり: a ～ fried fish あっさりと揚げた魚. ***L～ come, ～ go.*** ＝Light come, light go. → light[2] *ad.* can*not* do ～ かるがるしくは (…でき) ない: an offer *not* to be refused ～ よく考えた上でないと拒絶できない申し出. ***think ～ of*** 重大には考えない, 軽く考える.

líght·ness [láitnis] *n.* **1** 軽いこと. **2** 敏捷, 機敏. **3** 手ぎわのよさ, 巧妙. **4** 陽気, 快活, 軽快. **5** 軽率; 不身持ち, うわ気. **6** 温和. **7** 柔らかさ; 消化しやすさ.

‡**líght·ning** [láitniŋ] *n.* **1** いなずま, 電光: a flash of ～ 電光. **2** 下等のウイスキー. ***at* [*with*] *～ speed*** たちまち. ***forked ～*** 叉状(さじょう)電光. ***like ～*** 電光石火に, たちまち. **～ arrester** 避雷器; アレスター. **～ bug**〖米〗ホタル. **～ conductor** 避雷針. **～ rod** 避雷針;〖米俗〗ジェット戦闘機; 人の代わりに攻撃の矢面に立つ人. **～ strike [operation]** 電撃的ストライキ〔作戦〕.

lights [laits] *n. pl.*《特に羊・豚などの》肺臓《犬・ネコなどの食物》.

líght·some[1] [láitsəm] *a.* **1** 軽快な; 敏捷(びんしょう)な. **2**《姿など》すらりとした, 優美な. **3** 快活な; (性質の) 明るい. **4** 軽薄な.

líght·some[2] *a.* 光る, 輝く; 明るく照明された, 明るい.

líg·ne·ous [lígniəs] *a.* 木のような, 木質の; 木製の.

líg·ni·fy [lígnifài] *vi., vt.* 木質化する. ◇ **lìg·ni·fi·cá·tion** [lìgnifikéiʃ(ə)n] *n.*

líg·nin [lígnin] *n.*〖化〗木質素, リグニン.

líg·nite [lígnait] *n.* 亜炭, かっ炭.

líg·nose [lígnous] *n.*〖化〗木質素.

líg·num ví·tae [lígnəm-váiti, -ti:] *n.*〖植〗グアヤック樹《熱帯産》; その木材《堅木》.

líg·u·late [lígjulèit, -lit/-lit] *a.*〖植〗舌状の.

líg·ule [lígju:l] *n.*〖植〗小舌, 舌状片.

lík·a·ble [láikəbl] *a.* 好ましい; 好かれる, 好感のもてる. ◇ **～·ness** *n.*

†**like**[1] [laik] *vt.* **1** 好む, 愛好する: I ～ green tea. 私は緑茶が好きだ. I ～ this picture. この絵は気に入った; この絵はいいね. I don't ～ that. あれは感心しないな. I ～ my coffee hot. コーヒーは熱いのが好きだ. **2** …するのが好きだ《*to* (do); (do)*ing*》: I don't ～ *to* distrust people. 人を疑うのは好きじゃない. I don't ～ women *to* smoke. 女がたばこを吸うのは好かない. I ～ *to* enjoy Saturday evenings, but I don't ～ stay*ing* up late. 土曜の夜はゆっくり楽しむのは好きだが, 夜ふかしは好まない. I don't ～ him behav*ing* like that. 私は彼があゝいう行動をするのは気にくわない. 〈注〉 ～ a person to (do) は〖米〗.
3《should [would] ～》望む, 欲する; …したい《*to* (do)》: I *should* ～ time to consider it. それをよく考える時間がいただきたいものです. *Would* you ～ coffee? コーヒーを召し上がりますか. I *should* [*would*] ～ *to* go. 行きたいものですね. *Would* you ～ me *to* go with you? あなたは私にいっしょに行ってほしいとお考えですか; 私がお供しましょうか. 〈注₁〉 should [would] like… は丁重な, 遠慮がちな表現. 〈注₂〉 口語ではしばしば I'd like… となる. 〈注₃〉 to だけ残して動詞不定詞が省略されることがある: Yes, I'*d like to.* ええ, そうしたいものです.
4《反語的》…はいいと思うね: I ～ your impudence. その生意気が気に入った; ずうずうしいところはかえってごあいきょうだ. I ～ that. これは驚いた!, そいつはたいしたもんだ!
5 〈食物が人の〉体質〔健康〕に適する: I ～ oysters, but they don't ～ me. カキは好きなんですが, どうも性に合いません.
6〖古〗《it を主語として非人称構文で》…の好みに合う: It ～*s* me not. 私には気に入らない.
7《目的語なしに自動詞的に》好む, 望む: Do as you ～. 好きなようにしなさい. Come whenever you ～. いつでも好きなときに来なさい.
How do you ～ …? (1) …はどうですか, 好きかきらいか. (2) …をどうしましょうか: *How do you* ～ your tea? — I ～ my tea iced. お茶はどうしましょう. — 氷で冷やしてください. ***if you ～*** (1) よろしかったら, そうしたいなら, いやでなければ: You will come, *if you* ～. よろしかったらいらっしゃい. (2) そう言いたければ, …とも言えよう: I am shy *if you* ～. 《shy に強勢があれば》はにかみ屋と言いたいなら言ってもよい (だが, 人間ぎらいと言うのではない); 《I に強勢をおいて》(他人はいざ知らず) とにかく私ははにかみ屋だ. ***I should ～ to see you do it.*** (きみがそれをするのを見たいもんだ→) きみにはそれはできそうもない.
── *n.* (通例 *pl.*) 好み, 嗜好(しこう): ～*s* and dislikes 好ききらい.

(類義語) 好む: **like, love** ほぼ同様に用いられるが love の方が強意: I *like* [*love*] music. 音楽が好きだ〔を愛する〕. **be fond of** like の口語的表現. like にはやや価値判断的なものが含まれているのに反し, 全く個人的好みをあらわす.「…に目がない」. **enjoy** 楽しむ, おもしろく味わう. like との比較: I shall *enjoy* it because I *like* it very much. (元来) 好きなのだから, 楽しく味わえることでしょう. **fancy** なんとなくよいと思う, 自分の趣味と一致し心がそそられる. やや感傷的な表現: The girls *fancied* the looks of those Teddy boys. 娘たちはこれらテディーボーイたちの顔が好きだった.

†**like**[2] *a.* (**more like; most like;**〖おもに雅〗**lík·er; lík·est**)《しばしば目的語を伴う. 前置詞とも解されることがある》**1** (に)似た, …のような: stars ～ diamonds ダイヤモンドのような星. The brothers are *as* ～ *as two peas.* あの兄弟は実によく似ている, ウリ二つだ.
2《限定的に名詞の前で》同様な, 類似の, 等しい: I

cannot cite a ～ instance. 似たような例を思いつかない. a ～ sum 同額. ～ figures〚数〛相似形. ～ quantities〚数〛等量.
3 **の特徴をあらわす**, …らしい, …にふさわしい: It was just ～ him to take the biggest one. いちばん大きいのを取ったのはいかにも彼らしい.
4 …**になりそう**, 《～ (do)*ing* の形で》…しそうである: It looks ～ rain. 雨になりそうだ. The rain looks ～ last*ing*. 長雨になりそうだ.
5〚古〛《to 不定詞を伴って》…しそうだ; 《完了形の不定詞を伴って》…するところであった: He is ～ *to* succeed. 彼は成功するだろう. He was ～ *to* have drowned. おぼれ死ぬところだった. → likely.
6〚古〛たぶん…だ: It is ～ we shall see him no more. たぶんもう彼には会えまい. → likely.
as ～ as cheese and chalk 月とスッポン. ***feel ～*** (do)***ing*** …したい気がする, …したい気持ちだ: I *feel* ～ going to bed. そろそろ休みたいな. ***in ～ manner*** 同様に. ***L～ father, ～ son.***〚諺〛この親にしてこの子あり, かえるの子はかえる. ***L～ master, ～ man.***〚諺〛主人が主人なら, 家来も家来; この主人にしてこの家来. ***～ nothing on earth*** 非常に珍しい, きわだった. ***nothing ～*** (1) に及ぶものはない: There is *nothing* ～ doing so. そうするのがいちばんよい. (2) 少しも…らしくない, 全く違う: She is *nothing* ～ so pretty as you are. 彼女は美しさではあなたの足元にも及ばない. ***something ～*** (1)…らしいもの. (2) およそ, 約: *something* ～ 10 pounds 10ポンドほど. (3)〚俗〛《like に強勢をおいて》すばらしいもの: This is *something* ～ a present. これはすばらしいプレゼントだ. This is *something* ～. これはすごい. ***What is*** he ***～?*** (その人) はどういう人柄ですか. ***What*** does he ***look ～?*** どんな容貌(ぼう)〔姿〕の人ですか.
—— *prep.* …**のように**, …と同様〔同程度〕に, …らしく: I cannot do it ～ you. きみのようにはできない. He works ～ a beaver. ビーバーのように〔あくせくと〕働く. ～ ***a book***〚米俗〛注意ぶかく; ためらわずに; 完全に. ***～ anything*** 〔***blazes, crazy, the devil, mad***〕〚話〛猛烈に, 激しく.
—— *ad.* **1** …らしく, …然と: He breathed heavy ～. 苦しそうに息をした. He seemed so friendly ～. いかにも親切そうに見えた. **2**〚話〛たぶん, おそらく. **3**〚俗〛いわば, あたかも.
(***as***) ***～ as not***〚話〛たぶん, おそらく, 十中八九. ***～ as***〚古・方〛あたかも…のように. ***very ～*** = ***～ enough*** 《挿入的》おそらく, おおかた.
—— *conj.*〚英俗・米話〛 **1** …のように (as), …と同様に: It was just ～ you said. ちょうどきみの言ったとおりだった. 〈注〉このように like を as の意味で用いる用法は本来正しくないものとされていたが, 実際にはくだけた口語 (特に米話) において, しばしば用いられる. **2** あたかも…のように (as if): I felt ～ I should die. 死ぬのかと思った.
—— *n.* **1** 似た物〔こと〕: I shall never do the ～ again. こんなこと断然二度としません. **2** 似た人, 同様な人; 同輩, 同類: Mix with your ～. 同等の者と交われ. **3** 符合物; 匹敵する人〔物〕. **4**〚ゴルフ〛同数打《相手とおなじ打数になる一打》.
...and the ～ そのほか同様なもの, …など. ***do the ～*** おなじことをする, 同様にする. ***give*** 〔***return***〕 ***～ for ～*** 恩を返す; しっぺい返しする. ***L～ cures ～.***〚諺〛毒をもって毒を制する. ***L～ draws to*** 〔***attracts***〕 ***～.***〚諺〛同気相求む. ***L～ for ～.***〚諺〛恩には恩, 恨みには恨み. ***... or the ～*** …またはそのほか同様のもの; …など. ***the ～*** (***of it***) そんなこと〔物〕: I have never heard *the* ～ (*of it*). そんなこと聞いたことがない. ***the ～s of me***〚俗〛《卑下して》われわれども, てまえども, 私ふぜいの者. ***the ～s of you***〚俗〛あなたのような (偉い) 方々.
—— *vi.* 《～ + to 不定詞の形で》…しそうになる: She ～*d to* have had a fit. もう少しで卒中になるところだった. 〈注〉like to が一種の副詞 (sort of, kind of) になり, その次に来る動詞が述語動詞になることがある: The poor kid *like to* froze. かわいそうにその子はこごえそうになった.
～-mínd·ed 同心の, 同志の; 同趣味の.

-like [-làik] *suf.* 名詞につけて「…のような, …らしい」「…に向いた, …の性質の」の意の形容詞をつくる: God-～ 神のごとき. woman-～ 女らしい. war-～ 戦闘的な.

líke·a·ble = likable.

líke·li·hood [láiklihùd] *n.* ありそうなこと, 見込み (probability): There is a strong 〔no〕 ～ of his succeeding. 彼は成功しそうだ〔成功しそうもない〕. ***in all ～*** たぶん, 十中八九.

‡**líke·ly** [láikli] *a.* (**líke·li·er, more like·ly**; **líke·li·est, most like·ly**) **1** **ありそうな**, 可能と思われる; ほんとうらしい: a ～ story もっともらしい話. a ～ source of infection 病気伝染の源泉と考えられるもの. **2** …**しそうな**, …らしい: He is ～ *to* come. あの人はたぶん来るでしょう. It is ～ *to* rain. 雨が降りそうです. It is not ～ *that* he will come. あの人は来そうもない. a thing not ～ *to* happen 起こりそうもない事柄. **3**《反語的》まさかあるまい, とてもほんとうではあるまいと思われる: A ～ story! まさかそんなことが. **4** **有望な**, 頼もしい: a ～ young man 前途有望な若者. **5** 適当な, あつらえ向きの: a ～ place to fish 〔build on〕 魚つり〔家を建てる〕にはあつらえ向きの場所. **6**〚米古〛好ましい, 器量のいい: a fine ～ girl 器量よしの娘.
—— *ad.* 《しばしば very, quite, most とともに》おそらく(は), たぶん. ***as ～ as not*** あるいは…かもしれない, おそらくは. ***～ enough*** まあおそらく.
[類] → **probable**「ありうる」

lík·en [láik(ə)n] *vt.* **1** たとえる, なぞらえる《に *to*》: Life is often ～*ed to* a voyage. 人生はよく航海にたとえられる. **2**〚稀〛似させる.

‡**líke·ness** [láiknis] *n.* **1** **似ていること**, 類似《*to*》. **2** **似顔**, **画像**, 肖像, 写真. **3** よく似た人〔物〕. **4** **見せかけ**, 外観; 姿. ***assume the ～ of*** の物まねをする. ***in the ～ of*** と見せて, と偽って: an enemy *in the* ～ *of* a friend 味方と見せかけた敵.

‡**líke·wise** [láikwàiz] *ad.* **1** **おなじく**, 同様に. **2** 更に, なおその上 (also, too).

‡**lík·ing** [láikiŋ] *n.* **好み**, 愛好, 嗜好(しこう), 趣味. ***have a ～ for*** が好きである. ***Is it your ～?*** お気に入りましたか. (***much***) ***to*** one'***s ～*** (とても) 気に入って〔入った〕: food *to my* ～ 私の好きな食べ物. ***on*** (***the***) ***～***《ためした上で》気に入ったら; 見習いの. ***take a ～ for*** 〔***to***〕 が好きになる.

‡**lí·lac** [láilək] *n.* **1**〚植〛**リラ**, ライラック, ムラサキハシドイ. **2** **薄紫色**. **——** *a.* **薄紫の**, フジ色の.

lìl·i·á·ceous [lìliéiʃəs] *a.* ユリの (ような);〚植〛ユリ科の.

líl·ied [lílid] *a.* **1** ユリのような; 色の白い. **2** ユリの多い; ユリで飾った.

Líl·li·put [lílipʌ̀t, -pət] *n.* 小人国《Swift 作 *Gulliver's Travels* 中の想像の国》.

Lìl·li·pú·tian [lìlipjú:ʃ(ə)n] *a.* 小人国の; 非常に小さい. **——** *n.* Lilliput の人; 小人.

lilt [lilt] *vi., vt.* **1** 調子よく歌う, 快活〔陽気〕に歌う. **2** 軽快に動く. **——** *n.* **1** 陽気で快活な調子〔歌曲, 節〕. **2** 軽快な動作.

†**líl·y** [líli] *n.* **1** **ユリ**; ユリの花. **2**《ユリの花のように》純潔な人; 純白な物. **3**《形容詞的に》ユリのような: her ～ hand 真っ白な手. **4**〚史〛(しばしば *pl.*)《フランス王家の》ユリの紋章 (*fleur-de-lis*). ***～ of the valley***〚植〛スズラン. ***the lilies and roses*** ユリとバラのように美しい顔色, 美貌(ぼう). ***tiger ～*** オニユリ. ***water ～*** スイレン.
～-lìv·ered [(米)⁺ ˊ-ˋ-ˉ] おくびょうな. **～ pad** 水に浮かんだスイレンなどの葉. **～-whíte** [(米)⁺ ˊ-ˉ] (1) ユリのように白い, 純白な. (2) 欠点のない, 無実の.

~-white movement, the 〘米方〙〘黒人排斥の〙全白人運動. ◇ ~-like *a.* ユリのような.

lí·ma [láimə] ~ ***bean*** 〘植〙アオイマメ, リママメ〘特に北アメリカでつくられる白隠元に似た豆〙.

Lí·ma [lí:mə] *n.* リマ〘Peru の首都〙.

‡limb[1] [lim] *n.* **1** 〘人・動物の〙手足, 四肢(しし)の一つ, 腕, 脚; 〘鳥の〙翼. **2** 大枝. **3** 分かれ枝, 分出部; 突出部; (十字架の) 4 本の手: a ~ of a river 支流. a ~ of the sea 入り江. **4** 子, 子孫; 〘俗〙わんぱく小僧. **5** 子分, 手先.
escape with life and ~ たいしたけがもしないでのがれる. ~ ***from*** ~ ばらばらに. ~ ***of the devil*** [***of Satan***] 悪魔の手先〘わんぱく〔いたずら〕小僧など〙. ~ ***of the law*** [***the bar***] 法律の手先〘法律家・警官など〙. His ~***s sank from under*** him. (彼は)足がふらふらっとした, (彼は)腰が抜けた. ***out on a*** ~ 〘米俗〙ひどくあぶない〔不利益な〕立場に.
—— *vt.* の手足をばらばらにする, 解体する.

limb[2] *n.* **1** 〘天〙〘太陽・月の〙へり, 端. **2** 〘四分儀などの〙目盛り縁, 分度弧. **3** 〘植〙葉辺.

lím·bate [límbeit] *a.* 〘生〙へりのある, 〘花などが〙別色のへりのある.

-límbed [-límd] *a.* …の肢(し)〔枝, 翼〕のある: strong-~ 手足のじょうぶな.

lím·ber[1] [límbər] *a.* **1** しなやかな, 柔軟な. **2** 軽快な, すばしこい. —— *vt.* 柔軟にする《*up*》. —— *vi.* からだをしなやかにする, 予備運動をする《*up*》.
◇ ~·ly *ad.* ~·ness *n.*

lím·ber[2] *n.* 〘軍〙〘砲車の〙前車. —— *vt.* 〈砲車に〉前車をつなぐ《*up*》.

lím·ber[3] *n.* (通例 *pl.*) 〘海〙(船底の両側の)汚水路.

lím·bo [límbou] *n.* (*pl.* ~s) **1** (しばしば L~) 地獄の辺土〘地獄と天国の間にある. キリスト降誕以前に地上にあった正しい人または洗礼を受けない小児の霊魂が住む所〙. **2** 人〔物〕が世から忘れられている状態; 忘れられた物の所在; 忘却. **3** 拘留所, 刑務所; 監禁. ***descend into*** ~ 忘却される.

Lím·burg·er [límbə:rgər] *n.* かおりと味の強い柔らかいチーズ〘ベルギー Limbourg 産〙.

‡lime[1] [laim] *n.* **1** 石灰. **2** 〘稀〙鳥もち. ***caustic*** [***quick***] ~ 生石灰. ***slaked*** ~ 消石灰. —— *vt.* **1** 石灰で消毒する, に石灰をまく; 石灰水に浸す. **2** に鳥もちを塗る. **3** 鳥もちで捕える; わなにかける.
~ **burner** 石灰焼き, 石灰製造人. ~·**kiln** [⌐⌐] 石灰(製造)がま. ~·**light** → 別項. ~·**stone** [⌐⌐] 石灰石. ~ **twig** 鳥もちを塗った枝; わな. ~·**wà·ter** 石灰水.

lime[2] *n.* 〘植〙シナノキ (linden).

lime[3] *n.* ライム果〘レモンに似た小さい酸味の強い果実〙: ~ juice ライムジュース〘清涼飲料水〙.
~-**jùic·er** [⌐⌐–] 〘米俗〙= limey.

Líme·house [láimhàus] *n.* ロンドンの East End の一地区〘きたないので有名. 中国人が多いので Chinatown ともいう〙.

líme·light [láimlàit] *n.* **1** 石灰光〘石灰の棒またはたまを酸水素炎に当てるとき生じる強烈な白光〙; 灰光燈〘舞台照明用〙. **2** 灰光燈で照らされた舞台; 人目につく立場. ***be fond of the*** ~ 人目をひく〔評判される〕ことを好む. ***in the*** ~ 衆目の的となって, 目だって.

lí·men [láimen] *n.* (*pl.* ~s, **lím·e·na** [límịnə]) 〘心〙閾(いき), 識閾〘意識の限界〙.

lím·er·ick [límərik] *n.* 五行俗謡〘弱弱強調の5行からなる戯詩〙.

lím·ey [láimi] *n.* (*pl.* ~s) 〘米俗〙イギリス水兵; イギリス人.

‡lím·it [límit] *n.* **1** (しばしば *pl.*) 限界(線), 限度, 極限. **2** 境界(線); 管内, 区域, 範囲. **3** 制限, 抑制. **4** 〘商〙さし値. **5** 〘かけの〙最大額. **6** 〘数〙極限. **7** (the ~) 〘俗〙(忍耐の) 限度, しまつに負えないもの: That's the ~ もうがまんができない.
at [***within***] ***your*** ~***s*** おさし値で〔おさし値以内で〕. ***go to any*** ~ どんなことでもする. ***inferior*** [***superior***] ~ 最小〔最大〕限度; 最近〔最遠〕期限. ***know no*** ~***s*** 限界をもたない, きりがない. ***off*** [***on***] ~***s*** 〘米〙立ち入り禁止〔自由〕. ***out of all*** ~***s*** 法外に. ***set*** ~ ***to*** を制限する. ***to the*** ~ 〘米〙極端に. ***to the utmost*** ~ 極度まで. ***within*** ~***s*** 適度に. ***within the*** ~***s of*** の範囲内に. ***without*** ~ 無制限に, 限りなく.
—— *vt.* 制限〔限定〕する, に限界〔境界〕をつける, 限る: Please ~ your questions *to* 20 words. 質問は20語以内におさえてください. The conversation was ~*ed to* everyday affairs. 話題は日常雑事の範囲を出なかった. [√lim-]
~ **man** 最大のハンディキャップをもつ競技者.
◇ ~·**less** *a.* 無限の; 無制限の; 無期限の, 広大な. ~·**less·ly** *ad.* 無限に, 際限なく.

lìm·i·tár·ian [lìmịté(:)riən/-téər-] *n.* 一部の人間だけが救済されるという説をもつ人.

lím·i·tar·y [límịtèri/-təri] *a.* **1** 限界の; 制限する. **2** 制限される.

‡lìm·i·tá·tion [lìmịtéiʃ(ə)n] *n.* **1** 限定, 制限, 規制: a ~ on imports 輸入制限. **2** (しばしば *pl.*) 限界: He knows his ~*s* as a writer. 彼は作家としての自分の才能の限界を知っている. **3** 〘法〙〘出訴権・法律効力などの〙期限.

lím·i·ta·tive [límịtèitiv/-tət-] *a.* 制限する, 規制する.

***lím·it·ed** [límitid] *a.* **1** 限られた, 有限の. **2** 狭い, わずかの. **3** 〘米〙〘列車・バスなど〙乗客数制限の, 特別の: a ~ express (train) 特急.
—— *n.* 〘米〙特別(急行)列車〔バス〕.
~ **edition** 限定版. ~ (**liability**) **company** 〘英〙有限責任会社〘社名のあとに limited または略字 Ltd., Ld. を付記する〙. ~ **monarchy** 立憲君主政体. ~ **partnership** 合資会社. ~ **war** 局地〔限定〕戦.

lím·it·ing [límitiŋ] *a.* 制限する.
~ **adjective** 〘文〙制限的形容詞〘名詞を限定するだけの this, some など〙.

lím·i·trophe [límịtròuf] *a.* 国境地方の.

limn [lim] *vt.* 〘古〙〈絵を〉描く; (ことばで) 描写する.

lím·ner [límnər] *n.* 画家, 《特に》肖像画家.

lim·nét·ic [limnétik] *a.* 湖沼にすむ.

lim·nól·o·gy [limnálədʒi/-nɔ́l-] *n.* 湖沼学; 湖沼生物学; 陸水学.
◇ **lìm·no·lóg·i·cal** [lìmnəládʒik(ə)l/-lɔ́dʒ-] *a.*

lí·mo·nite [láimənàit] *n.* 〘鉱〙カッ鉄鉱.

lím·ou·sine [límụzì:n, ㊥+ ⌐–⌐] *n.* **1** 箱型自動車〘運転手台の上に屋根の突き出ている〙; 〘運転台と客席の間にガラス仕切りのある〙大型自動車. **2** 空港旅客送迎用小型バス.

‡limp[1] [limp] *vi.* **1** びっこをひく; のろのろ進む〘特に船が故障で〙: ~ back *to* port 故障で港に引き返す. **2** 〈詩歌が〉韻律〔抑揚〕が乱れる, 腰折れになる.
—— *n.* **1** びっこをひくこと: have a bad ~ ひどくびっこをひく. **2** 〘詩の〙腰折れ.
◇ ~·**ing** *a.* びっこをひく.

limp[2] *a.* **1** 〘身体などが〙ぐにゃぐにゃした, へなへなした. **2** 〘性格などが〙柔軟な, 気力のない. **3** 疲れた. **4** 〘製本〙〘表紙などが〙柔軟な. ***feel as*** ~ ***as a doll*** [***rag***] すっかり力が抜けてしまった, 疲れ切っている. ~ ***with the heat*** 暑さにへとへと.

lím·pet [límpit] *n.* **1** 〘貝〙カサガイ, ヨメガカサ. **2** いすにかじりついている役人.

lím·pid [límpid] *a.* **1** 〘水・空気などが〙澄んだ, 透明な. **2** 〘文体などが〙明快な. **3** 〘心境などが〙澄みきった, 静かな. ◇ ~·**ly** *ad.* ~·**ness** *n.* **lim·píd·i·ty** [limpídịti] *n.*

límp·kin [límpkin] *n.* 〘鳥〙ツルモドキ科の鳥〘アメリカ南東部・中央アメリカ・西インド諸島などにすむ〙.

lím·y [láimi] *a.* **1** 石灰質の, 石灰を含んだ. **2** 鳥もちを塗った; ねばねばする. [＜lime]

lin. lineal; linear.

lín·age [láinidʒ] *n.* **1** 一列整列. **2** 〔印刷物の〕行数; 〔原稿の〕行数払い(稿料).

línch·pin [líntʃpìn] *n.* 《車の》輪止め, 軸くさび.

Lín·coln [líŋkən] *n.* **1** Abraham ～, 1809–65, アメリカ第16代の大統領. **2** アメリカ Nebraska 州の都市.

Lín·coln·shire [líŋkənʃìər, -ʃər] *n.* イングランド「東部の州.

lín·dane [líndèin] *n.* 〘化〙リンデン《殺虫剤の一種》.

Línd·bergh [lín(d)bəːrg] *n.* Charles Augustus ～, 1902– , 初めて大西洋の無着陸飛行に成功したアメリカの飛行家.

lín·den [líndən] *n.* 〘植〙シナノキ, ボダイジュ.

†**line**[1] [lain] *n.* **1** 線, 筋, 《特に》直線; 描線, 画線; 《スタート・ゴールなどを示す運動競技用の》ライン; 《テレビの》走査線. **2** 《自然物にあらわれた》筋, 線, しま; 《人体の》筋, しわ, 《特に》手筋; 《人工物の》線, 筋; 縫い目. **3** (しばしば *pl.*) 輪郭, 外形. **4** 《字の》行; 一筆, 短信; 《詩の》一行, 詩句, (*pl.*) 短詩; (*pl.*) 罰課《生徒に罰として清書させる古典詩》; (*pl.*) 《芝居の》せりふ; 結婚認可証. **5** 境界, 限界, 境界線. **6** (the ～) 赤道. **7** 血筋, 血統, 家系; 系列. **8** 列, 並び, 行列; 《兵士の》2列横隊: a ～ of trees 立ち並んだ樹木. **9** 《戦闘の》前線, 戦線, (*pl.*) 塹壕(ざんごう), 塁壁; 防御線; 戦列, 前線〔戦列〕部隊, 戦列艦; (the ～) 常備軍《補充兵力などに対し》: the Maginot ～ マジノ線. **10** 《運輸機関の》線; 道路, 軌道, 航路; 交通機関運営会社: the Tokaido ～ 東海道線. the Japan Air *L*～*s* 日本航空. **11** 道筋, 進路, 方向. **12** (*pl.*) 傾向, 方針, 主義. **13** 好きな道, 趣味, 専門, 得手. **14** 商売, 職業. **15** 《商品の》口, 手; 在荷, 仕入れ品. **16** (*pl.*) 運命, 境遇: hard ～*s* 不幸, 苦難. **17** ひも, 綱, なわ, 糸; つり糸; 測量用テープ; (*pl.*) 〘米〙手綱. **18** 針金, パイプライン; 電線, 電信〔電話〕線, (*pl.*) 電信〔電話〕ケーブル. **19** 〘数〙直線; 〘楽〙楽譜の線; 〘海〙船体線図. **20** ライン《尺度の単位, 12分の1インチ》.

a full* ～ *of winter wear (冬物)一式. ***all along the*** ～ 全線にわたる〔わたって〕; いたるところに. ***be in the*** dry goods ～ (呉服) 商である. ***below the*** ～ 標準以下の. ***bring*** 〔***come, get***〕 ***into*** ～ 一列にする〔並ぶ〕; 同意させる〔する〕; 協力させる〔する〕《と *with*》. ***by*** (***rule and***) ～ 正確に. ***cross the*** ～ 赤道を横切る. ***draw the*** ～ 限度を定める, 限度とする《に, を *at*》; 区別をたてる《の間に *between*》. ***draw up in*** 〔***into***〕 ～ 横隊に並ぶ. ***drop*** 〔***send***〕 ***a*** ～ 〔***a few*** ～***s***〕 一筆書き送る. ***form into*** ～ 整列する. ***get*** 〔***have***〕 ***a*** ～ ***on*** 〘米話〙 …について知識を得る〔がある〕. ***give*** a person ～ ***enough*** (人を) 一時自由にさせておく, (人を) 言いなりにさせておく《針にかかった魚にしばらくつり糸を繰り出してやるように》. ***go on wrong*** ～***s*** 方針を誤る. ***go over the*** ～ 限度を越える. ***go up in*** 〔***on***〕 one's ～***s*** せりふを忘れる. ***have good*** ～***s in*** one's ***face*** 顔だちが整っている. ***hit the*** ～ 〘フットボール〙ボールを持って敵側のラインを通り抜けようとする; 大胆〔勇敢〕にことを試みる. ***hold the*** ～ (1) 現状を保つ, 退かない. (2) 電話を切らないで待つ: *Hold the* ～, please. 〘電話〙少々お待ちください. ***in a direct*** ～ 直系の. ***in*** ～ (1) 整列して. (2) 調和〔一致〕して《と *with*》. (3) 準備を終えて. ***in*** 〔***out of***〕 one's ～ 性に合って〔合わないで〕; 得意で〔不得意で〕. ***in*** ～ ***of duty*** 職務で〔中〕: die *in* ～ *of duty* 殉職する. ***keep the*** ～ ***on*** を抑制する, を御する. ***keep to*** 〔***take***〕 one's ***own*** ～ 自分の進路を行く; 自己の方針を守る. ***know when*** 〔***where***〕 ***to draw the*** ～ 身のほどを知っている, むちゃなことをしない. ***lay it on the*** ～ (1) 支払う. (2) 打ち明けて話す《と *with*》. ～ ***of beauty*** S状曲線, 曲線美. ～ ***of fire*** 弾道. ～ ***of flow*** 流線. ～ ***of force*** 力線; 磁力線. ～ ***of fortune*** 《手相の》運命線. ～ ***of life*** 《手相の》生命線, 寿命の緒《運命の女神の与える》. ～ ***upon*** ～ 着々と; 諄々(じゅんじゅん)と. ***on a*** ～ 平均して. ***on the*** ～ (1) 《壁にかけた絵などが観覧者の》目の高さに. (2) どっちつかずで. ***out of*** ～ 一列でない, 列を乱して; 一致していない; 〘俗〙出過ぎた, 生意気な. ***read between the*** ～***s*** 言外の意味を読みとる. ***straight as a*** ～ 一直線に. ***take a strong*** ～ 強硬方針〔手段〕をとる. ***the direct*** ～ 直系. ***the*** ～***s of the palm*** 手相. ***the male*** 〔***female***〕 ～ 男〔女〕系. ***throw a good*** ～ つりがじょうずである. ***toe the*** ～ 〘話〙方針に従う. ***wet*** one's ～ つり糸をたれる. ***wheel into*** ～ 〘軍〙横隊になる. ***with all his*** ～***s*** 一族もろともに.

—— *vt.* **1** に線を引く: ～ paper 紙にけいを引く. **2** 線で仕切る《*off, out, in*》. **3** に輪郭をつける, の輪郭を描く. **4** 《文章などで》…のだいたいを描く《*out*》. **5** 一列に並べる, 整列させる. **6** に並べる《を *with*》: ～ a road *with* houses 道沿いに家を建てる. **7** に沿って並ぶ: Trees ～*d* the street. 樹木が道路に並んで立っていた. **8** 〈要員などを〉確保する《*up*》: ～ (*up*) a chairman for the meeting 会合の座長を予約する. **9** 〈顔に〉しわをよせる. **10** 〈目に〉アイラインをつける.

—— *vi.* 並ぶ, 整列する《*up*》. ～ ***out*** (1) 《賛美歌などをあとについて歌わせるため》行を追って読む. (2) 〘野球〙ライナーの安打を放つ; ライナーを野手に取られてアウトになる. (3) 行なう, 演ずる; 〈歌を〉うたう. ～ ***through*** 棒を引いて消す, 抹殺(まっさつ)する. ～ ***up*** (1) 一列に並ぶ. (2) 整列させる. (3) 〈機械などを〉整とんする. (4) 〘運〙勢ぞろいする, 各部署につく.

～ **abreast** 〔**ahead**〕 〘海軍〙横〔縦〕陣. ～ **drawing** 線画《ペン画・鉛筆画など》. ～ **drive** 〘野球〙ライナー. ～ **engraving** 線彫り(画); すじ彫り銅版画. ∠**-fish** [∠∠] つる魚. → net fish, trawl fish. ∠**·man** [-mən] (*pl.* **-men**) 《電信・電話の》架線工夫; 《鉄道の》保線工夫; 〘測〙測線手; 〘アメリカンフットボール〙前衛. ～ **officer** 〘軍〙戦列将校. → staff officer. ～ **shooter** 〘英俗〙自慢屋. ∠**s·man** [-zmən] (*pl.* **-men**) 〘軍〙常備〔戦列〕歩兵; 保線工夫; 〘測〙標尺がかり; 〘球技〙線審; 〘フットボール〙前衛 (= lineman). ∠**-up**, ∠**-up** [∠∠] (1) 〘球技〙ラインナップ, 選手の配置; 陣容, 〘野球〙打順. (2) 整列; 整列した人々. (3) 《ある共同の目的のために集まった人々の》構成, 陣容: the ～*-up* of a new cabinet 新内閣の顔ぶれ.

◇ ～**d** *a.* 線〔けい〕を引いた. **lín(e)·a·ble** [láinəbl] *a.* 一線に並べられる.

line[2] *vt.* **1** 〈着物などに〉裏を付ける; に裏打ちする: ～ a coat *with* fur コートに毛皮の裏を付ける. **2** 〈さいふ・胃などを〉満たす: ～ one's pocket 〔purse〕 well ふところを肥やす. a library ～*d* with bookcases ずらりと本だなの並んだ書斎.

line[3] *vt.* 〈獣が〉交尾する.

lín·e·age[1] [líniidʒ] *n.* 血統, 系統; 系図: a man of good ～ 家柄のよい人.

líne·age[2] = linage.

lín·e·al [líniəl] *a.* **1** 直系の, 正統の, 嫡流の. → collateral. **2** 先祖からの, 伝承された. **3** = linear ①. ～ **ascendant** 〔**descendant**〕 直系尊属〔卑属〕, 先祖〔子孫〕. ～ **promotion** 《官吏など》年功順の昇進. ◇ ～**·ly** [líniəli] *ad.*

lín·e·a·ment [líniəmənt] *n.* (通例 *pl.*) **1** 《顔の》輪郭, 容貌(ようぼう), 顔だち, 人相; 《からだの》外形, 体形. **2** 特徴.

lín·e·ar [líniər] *a.* **1** 線の, 直線の; 線状の. **2** 〘数・物〙一次の, 線形の: a ～ differential equation 線形微分方程式. **3** 〘植・動〙糸状の, 細長い. ～ **accelerator** 〘原子物理〙直線加速装置. ～ **equation** 一次方程式. ～ **expansion** 線膨張. ～ **measure** 尺度. ～ **perspective** (線による) 透視画法. ～ **space** 線形空間.

◇ ~·**ly** *ad.* **lìn·e·ár·i·ty** [liniǽriti] *n.*
lín·e·ate [líniit, -èit], **-at·ed** [-èitid] *a.* 線のある.
lìn·e·á·tion [lìniéiʃ(ə)n] *n.* 線を引くこと, 線で区切ること; 輪郭; 線の配列.
‡**lín·en** [línin] *n.* **1 亜麻布, リンネル;** (*pl.*) リンネル類. **2**《集合的》リンネル〔キャラコ〕製品《シャツ・カラー・敷布など》. ***wash*** **one's** ***dirty*** **~** ***in public*** [***at home***] 内輪の恥を外へ出す〔出さない〕.
—— *a.* 亜麻の, リンネル製の; リンネルのように白い. **~·dràp·er** リンネル商人, シャツ類販売商. **~ paper** リンネル紙. **~ shower**〔米〕(新婦への) リンネル製品の贈り物. **~ wedding** 亜麻婚式《結婚12年めの祝い》.
***lín·er**[1] [láinər] *n.* **1**《大洋航海の》**定期船; 定期航空機** (= airliner). **2 戦列艦. 3 線を引く人〔道具〕;** アイシャドー用筆. **4**〔野球〕ライナー (line drive).
lín·er[2] *n.* **1** 裏を付ける人. **2** 裏に当てる物;〔機〕《摩滅止めの》きせ金, 敷きがね; レコードのジャケット.
líne·y = liny.
ling[1] [liŋ] *n.*〔魚〕タラに似た食用魚.
ling[2] *n.*〔植〕ヒース (heather) の一種.
-ling [-liŋ] *suf.* **1**《しばしばけいべつ的》名詞につけて指小辞をつくる: duck*ling* アヒルの子. lord*ling* 小君主. **2** 名詞・形容詞・副詞・動詞につけて「…に属する〔関係ある〕人・物」の意の名詞をつくる: hire*ling* 雇い人, 金で働く人. young*ling* 若者, 若造. under*ling* 下級者. shave*ling* (頭をそった) 坊主.
‡**lín·ger** [líŋgər] *vi.* **1** (ぐずぐず) **長居する,** 去りかねる: ~ awhile after the party 会が終わったあともしばらく立ち去らない. **2** <冬・疑念などが> 長くとどまる, なかなか消えない; <習慣が> 残存する, なかなかすたれない; <病気・戦争が> 長引く; <病人が> 細々と生きながらえる. **3**《ぐずぐずして》手間どる, 暇がかかる: ~ *over* a meal [a pipe] いつまでも食べている〔パイプをくゆらせている〕. ~ *in* discharging one's duty なかなか義務を果たさない. **4** ぐずぐずためらう, …することに心を決しかねる《*to* (do)》: ~ *to* bid her good night お休みなさいといつまでも言い切れない. **5** あたりをぶらつく《*about*》; ぶらぶら歩く: ~ home ぶらぶら家へ帰る. —— *vt.* **1** 長引かせる. **2** <時を> だらだら過ごす《*away, out*》. **~** ***on*** <病人が>長くわずらい続ける. **~** ***on*** [***round***] ***a subject*** いつまでも一つことを問題にしている. **~** ***out*** **one's** ***life*** いたずらに生き延びる.
lín·ge·rie [lǽnʒəri:] *n.* リンネル製品; 婦人用はだ着類, ランジェリー. [<F.]
líng·er·ing [líŋgəriŋ] *a.* **1** 長引く, ぐずつく: a ~ illness 長わずらい. **2** 残り惜しそうな, ためらいがちな. ◇ **~·ly** *ad.*
lín·go [líŋgou] *n.* (*pl.* **~es**)〔話〕**1**《けいべつ的》ちんぷんかんぷん《外国語・専門語・方言など》. **2** 個人特有のことば.
lín·gua [líŋgwə] *n.* (*pl.* **-guae** [-gwi:]) **1** 舌;《動物の》舌状器官. **2** 言語. [<L.]
~ franca [-frǽŋkə] (*pl.* **linguae francae** [-si:], **lingua francas**) (1) (しばしば L~ F~) 東部地中海沿岸地方で用いられるイタリア語・フランス語・ギリシア語・スペイン語の混合語. (2) 混合語, 混成国際語《pidgin English など》. [<It.]
lín·gual [líŋgwəl] *a.* **1** 舌の;〔音声〕舌音の. **2** ことばの, 言語の. —— *n.* 舌音, 舌音字《t, d, th, s, n, l, r》. [√lingu-] ◇ **~·ly** *ad.*
lín·gua·phone [líŋgwəfòun] *n.* リンガフォン《語学自習用レコード》; (L~) 商標名.
lín·gui·form [líŋgwifɔ̀:rm] *a.* 舌状の.
lín·guist [líŋgwist] *n.* **1** (言)語学者. **2** 諸外国語に通じた人; 外国語のじょうずな人. [√lingu-]
lin·guís·tic [liŋgwístik], **-ti·cal** [-(ə)l] *a.* 語学(上)の; 言語研究の, 言語学の. ◇ **lin·guís·ti·cal·ly** *ad.*
lin·guís·tics [liŋgwístiks] *n. pl.* 《単数扱い》言語学. [√lingu-]
lín·gu·late [líŋgjulèit/-lit] *a.* 舌状の.
lín·i·ment [línimənt] *n.* 塗布薬.
lín·ing** [láiniŋ] *n.* **1 裏打ち, 裏を付けること;**《服などの》裏, 裏張り. **2** 裏, 裏地. **3**《さいふ・胃などの》中身, 内容. **4** 内面, 内層. **5**《帆の》当て布;《炉・軸受けなどの》内張り, 裏張り;〔製本〕背張り;《汽罐の》汽套(きとう);〔建〕はめ. **6** (*pl.*)〔英方〕下着;《特に》ズボン下. ***Every cloud has a silver **~.**〔ことわざ〕どの雲も向こう側は銀白だ, 苦あれば楽あり,「苦は楽のたね」.
‡**link**[1] [liŋk] *n.* **1 鎖の輪,** 環: a ~ in a chain. **2** 輪状の物〔形〕: a ~ of hair 一巻きの毛. **3** ひも穴;《編み物の》目. **4** つながったもの;《ひも状につながったソーセージの》一節; (*pl.*) 鎖付きのカフスボタン. **5** 連結する人〔物〕; きずな; 連結部, 連鎖部. **6**〔測量の単位〕リンク《100 分の 1 chain, 7.92 インチ》. **7**〔機〕リンク, 連接棒; 連動装置;〔化〕連鎖. **8**〔議論・研究などの〕(主要) 段階. ***missing*** **~** 1 連鎖中の欠けた 1 環;《進化論で》人間と類人猿(えん)との中間の仮想動物.
—— *vt.* **1 つなぐ, 連結する,** 結合する《*together*, A *to* B, A *and* B, A *with* B》: two towns ~*ed* by a canal 運河で結ばれた2都市. **2** <手を> つなぐ; <腕を> 組む. —— *vi.* **1** つながる, 連結する, 組み合う《*up*》. **2** 腕を組み合わせて行く, 手を取り合って行く. **~*ed verse***《日本の》連歌(れんが). **~ *up with*** と同盟する. ◇ **~·age** [-idʒ] *n.* 連合; 連鎖; 結合.
link[2] *n.* たいまつ (torch). **~·boy** [ˊ-ˋ] たいまつ持ちの少年《昔雇われて暗い道を案内した》. **~·man** [-mən] (*pl.* **-men**) たいまつ持ち.
Línk [líŋk] **~ *trainer*** 地上飛行練習装置《発明者のアメリカ人 Edward Link の名から》.
links [liŋks] *n. pl.* **1**《しばしば単数扱い》ゴルフ場, ゴルフリンク. **2**〔スコットランド〕海岸の砂原.
linn [lin] Sc. *n.* 滝; 滝つぼ; 渓谷(けいこく), 絶壁.
Linn. Linnaean; Linnaeus.
Lin·náe·us [liní:əs] *n.* Carolus [kǽrələs-] ~ リンネ, 1707–78, スウェーデンの植物学者.
◇ **-an** [-ən] *a.* リンネの; リンネ式動植物分類法の.
lin·net [línit] *n.*〔鳥〕ベニヒワ.
lí·no [láinou] *n.* **1** = linotype. **2**〔おもに英〕= linoleum. **~-cut** [láinəkʌ̀t] リノリウム印刻画.
lino. linotype.
lin·ó·le·um [linóuliəm, -ljəm] *n.* リノリウム《床の敷き物》.
lín·o·type [láinətàip] *n.* ライノタイプ, 自動鋳造植字機; (L~) 商標名. —— *vi., vt.* ~ で打つ.
lín·sang [línsæŋ] *n.*〔動〕ジャコウネコ《南洋産》.
lín·seed [línsi:d] *n.* 亜麻仁(あまに), 亜麻の種子.
~ cake 亜麻仁かす. **~ meal** 亜麻仁粉. **~ oil** 亜麻仁油.
lín·sey [línzi] *n.* (*pl.* **~s**) = linsey-woolsey.
lín·sey-wóol·sey [-wúlzi] *n.* 麻と毛〔綿と毛〕の交織.
lín·stock [línstɑ̀k/-stɔk] *n.*〔史〕(火なわ銃の) 火なわざお.
lint [lint] *n.* **1** リント布《包帯用の柔らかい綿布》. **2** 糸毛羽, ほつれ糸, 糸くず;《一般的》ふわふわした〔細かい〕綿ぼこり. **3** 綿花繊維.
lín·tel [líntl] *n.*〔建〕まぐさ《窓・戸口などの上部の横木》; まぐさ石. ◇ **~(l)ed** *a.* まぐさ(石)のある.
lín·ter [líntər] *n.*〔米〕**1** (*pl.*) リンター《糸繰りのあとに実について残っている短い繊維》. **2** リンター採集機. **3**《布の》毛羽取り機.
lín·ty [línti] *a.* 糸毛羽のついた, 糸くずだらけの; 糸毛羽のような. ***get*** **~** 綿ぼこりがつく.
lín·y [láini] *a.* **1** 線の; 線のような. **2** 線を引いた; 線〔筋〕の多い; しわだらけの;〔美〕線を使い過ぎた.
†**lí·on** [láiən] *n.* **1**〔動〕**ライオン,** シシ. 〈注〉ライオンはイギリス王室の紋章で Great Britain の象徴. **2** 勇猛な人. **3** 有名人, 名物男, 人気者: the ~ of the day 当代の名士〔花形〕. **4** ライオンズクラブの一員. **5**〔英〕呼び物; (*pl.*) 名物, 名所. **6** (L~)〔天〕シ

シ座；シシ宮 (Leo). **7**〘紋〙シシ印〔紋〕. **8**《シシを刻んだ》金貨.

beard the ~ in his den 強敵に身を捨てて迫る；虎穴(こけつ)に入る. ***like a ~*** 勇猛に. ***~ and unicorn*** イギリス王室の紋章を奉持する動物. ***~ in the way*** 〔***path***〕前途に横たわる難関《特に想像上の》. ***make a ~ of*** a person (人)をもてはやす，(人)に大騒ぎをする. ***put*** 〔***run***〕 one's ***head in*** 〔***into***〕 ***the ~'s mouth*** 進んで危地にはいる，大冒険をする. ***see*** 〔***show***〕 ***the ~s*** 名所を見物〔案内〕する. ***the British L~*** イギリス (国民). ***twist the ~'s tail*** <アメリカの新聞記者が> イギリスの悪口を言う〔書く〕.

~·hèart·ed 勇猛な. **~-hùnt·er** シシ猟者；名士〔流行児〕のあとを追い回す人，名士病患者. **L~s' Club** ライオンズクラブ《1917年創設の国際的社会奉仕会》. **~'s provider** 手下，おべっか者. **~'s share** シシの〔最大の〕分け前，最良部分；うまいしる；大部分. **~'s skin** から元気.

◇ **~·ess** [-is] *n.* 雌ジシ. **~·et** [-it] *n.* 子ジシ.

lí·on·ize [láiənàiz] *vt.* **1** もてはやす，祭り上げる，名士扱いにする. **2**〘英〙<場所・名物を> 見物する；<名物を>案内する，見せる. —— *vi.*〘英〙名所見物する.

‡lip [lip] *n.* **1** くちびる: the upper 〔lower, under〕 ~ 上〔下〕くちびる. **2** (*pl.*) 口《ことばの器官としての》，ことば: pass one's ~*s* 口からもれる；うっかり口に出る. **3**〘俗〙小生意気なことば: Don't give me any of your ~. 生意気言うな. **4**《食器・つぼ・鉢・くぼみ・傷口・砲口などの》ふち，へり；《食器・つぼなどの》注(つ)ぎ口；《刃物の》刃. **5** 唇(しん)状物；〘楽〙《管楽器の》唇管；〘植〙唇弁；〘動〙唇状器官.

be on everyone's ~ だれの口にものぼる，よく口にされる. ***bite*** one's ***~s*** 怒り〔苦しみ〕をおさえる；笑いをこらえる. ***button*** one's ***lip***〘俗〙口をつぐんでいる，《秘密などを》もらさない. ***carry*** 〔***keep***〕 ***a stiff upper ~***〘話〙困難にあってびくともしない，じっとこらえる；強情である. ***curl the*** 〔one's〕 ***~*** 《けいべつして》口をゆがめる. ***escape*** one's ***~s*** 口からもれる，うっかり口外される. ***hang*** one's ***~*** べそをかく. ***hang on the ~s of*** a person (人)の言うことを傾聴する. ***lick*** 〔***smack***〕 one's ***~s*** (うまいので) くちびるをなめる；(食べたくて) 舌なめずりする. ***make*** (***up***) ***a ~*** 《不平・侮辱のため》口をとがらす. ***None of your ~!*** 生意気言うな!，でしゃばるな! ***part with dry ~s*** キスしないで別れる. ***put*** 〔***lay***〕 one's ***finger to*** one's ***~s*** くちびるに指を当てる《だまっていろとの合い図》. ***shoot out the ~***〘聖〙《けいべつ・不興のため》口をとがらす. ***steeped to the ~s in*** a person <悪徳・罪などが> (人)の身にすっかりしみ込んで.

—— *v.* (**-pp-**) *vt.* **1** にくちびるを当てる. **2**〘ゴルフ〙<ホールのふちの向こうへ> ボールを当てる. **3** ささやく. **4** <水・波が岸を>ピチャピチャ洗う. **5**〘雅〙に接吻(せっぷん)する. —— *vi.* **1**《管楽器を奏するとき》くちびるを使う〔正しく当てる〕. **2** <水が> ピチャピチャ音をたてる.

~-dèep 口先ばかりの，うわべだけの. **~ language** 視話《聾(ろう)者がくちびるの動きで行なう》. **~ microphone** 雑音防止式戸外録音用マイクロホン《話す人の口先に出す》. **~-read** [⌐⌐] 視話する，読唇術で解する. **~ reading** 読唇術《聾者などの》. **~-ròund·ing**〘音声〙円唇化. **~-salve** [-sæv/-sɑːv] くちびる (につける) 軟膏(なんこう)；おべっか. **~ service** 口先だけの好意〔忠勤，信心〕，からせじ. **~-stick** [⌐⌐] (棒状の) 口紅，棒紅.

lí·pase [láipeis] *n.*〘化〙脂肪分解酵素.

lí·quate [láikwèit] *vt.* **1** <金属を> 溶かす. **2**〘冶〙溶解して分離〔析出〕する《*out*》.

◇ **li·quá·tion** [laikwéiʃ(ə)n/li-] *n.*〘冶〙絞り吹き.

lìq·ue·fác·tion [lìkwifǽkʃ(ə)n] *n.* 液化，溶解: ~ of coal 石炭液化.

lìq·ue·fác·tive [-fǽktiv] *a.* 液化(性)の，溶解性

líq·ue·fy [líkwifài] *vt., vi.* 溶解させる〔する〕；液化させる〔する〕: ~*ied* petroleum gas 液化石油ガス《プロパンなどの. 略 LPG》. [√liqu-] ◇ **-fi·a·ble** [-əbl] *a.* **-fi·er** [-ər] *n.* 液化ガス発生器.

li·qués·cent [likwésnt] *a.* 液化しやすい.

◇ **-cence** *n.* 液化 (状態).

li·quéur [likəː*r*/-kjúə] *n.* リキュール《甘味と芳香のある強い酒. おもに食後に小さいグラスで飲む》. [<F.]

‡líq·uid [líkwid] *a.* **1** 液体の，流動体の；流動する: ~ food 流動食. → fluid, gaseous; solid. **2**《音・詩・運動など》流れるような，よどみない，流暢(りゅうちょう)な. **3**《空気などが》澄んだ，透きとおった；《目が》うるんだ: ~ eyes 涙ぐんだ目. **4** 流動的な，動きやすい，不安定な；融通のきく: ~ principles ぐらつく原則. **5**〘経〙現金に替えやすい，換金の容易な. **6**〘音声〙流音の《[l, r] など》.

—— *n.* **1** 液体，流(動)体. → fluid, gas; solid. **2**〘音声〙流音，流音文字《[l, r]. ときに [m, n, ŋ] を含む》；口蓋化(こうがいか)音《スペイン語の ñ, ll のごとき》. [√liqu-] **~ air** 液体空気. **~ assets**〘商〙流動資産. **~ capital** 流動資本. **~-còoled**《機関が》水冷式の. **~ fire**〘軍〙液火《火炎放射器から放射する燃焼液体》. **~ measure** 液量《gill, pint, quart, gallon など》. → dry measure. **~ oxygen** 液体酸素.

líq·ui·date [líkwidèit] *vt.* **1** <損害・負債額を> 清算する，支払う，弁償する. **2** <会社などを> 整理〔解散〕する. **3** 廃止する，一掃する. **4**〘話〙《政治的に》粛正する；〘俗〙(殺して) 始末してしまう，ばらす. **5** 現金に替える. —— *vi.* 清算する；整理する；破産する. [√liqu-] ◇ **-da·tor** [-ər] *n.* 清算人.

lìq·ui·dá·tion [lìkwidéiʃ(ə)n] *n.* **1**《負債の》弁済，償還. **2**《破産者の》清算，整理: go into ~ <会社が> 破産する. **3** 廃止，一掃.

li·quíd·i·ty [likwídịti] *n.* **1** 流動性. **2** 流暢(りゅうちょう).

líq·uid·ize [líkwidàiz] *vt.*〘稀〙**1** 液化する. **2** 流動化する；<声などを> 流麗にする；活発にする: a thought that ~*s* the imagination 想像力を刺激する思想.

‡líq·uor [líkər] *n.* **1** 強い蒸留酒《ビール・ブドウ酒に対し brandy, whisky など》；《一般的》アルコール飲料，酒. **2** 液(体)；分泌液；《各種工業用の》溶液. **3** 煮じる，せんじじる. **4** [ときに ㊥láikwɔː]〘薬〙《薬物の》溶液；〘米〙水薬.

be in ~ = be (***the***) ***worse for ~***〘俗〙酒に酔っている. ***intoxicating ~***《一般的》酒. ***malt ~*** ビール類. ***spirituous ~***(***s***) 蒸留酒，火酒. ***take*** 〔***have***〕 ***a ~*** (***up***)〘俗〙一杯ひっかける. ***vinous ~*** ブドウ酒.

—— *vt.* **1** 溶液に浸す；<皮製品に> 油を塗る. **2** に酒を飲ませる〔おごる〕《*up*》. —— *vi.*〘俗〙酒を痛飲する《*up*》. ***be ~ed up*** 酒に酔っている.

~ traffic 酒類販売. **~-up** [líkərʌ̀p]〘俗〙飲酒，「一杯」.

líq·uo·rice [lík(ə)ris, ㊥⁺ -riʃ] = licorice.

líq·uor·ish [lík(ə)riʃ] *a.* **1** 酒好きな. **2**〘古〙= lickerish.

lí·ra [lí(ː)rə/líərə] *n.* (*pl.* **lí·re** [lí(ː)rei/líəri], **~s**) リラ《イタリアの貨幣単位. = 100 centesimi》；1リラ銀貨.

Lís·bon [lízbən] *n.* リスボン《Portugal の首都. 原語は Lisboa》.

lisle [lail] *n.* ライル糸《堅よりのもめん糸》；ライル糸編み物類《くつ下・手袋など》.

lisp [lisp] *vt.* **1** <幼児などが (誤まって) 摩擦歯音を> 歯間音に発音する《[s, z] を [θ, ð] のように》. **2** 回らぬ舌で話す《*out*》. —— *vi.* 摩擦歯音の代わりに歯間音を発音する.

—— *n.* **1** 歯間音誤用《摩擦歯音の代わりに》. **2** 舌足らずの発音，舌もつれ. **3**《葉・流水などの》サラサラいう音: with a ~ サラサラと (音をたてて).

◇ **~·er** *n.* **~·ing** *n., a.* **~·ing·ly** *ad.*

lís·som(**e**) [lísəm] *a.* 柔軟な，しなやかな；敏捷(びんしょう)な. ◇ **~·ness** *n.*

‡list¹ [list] *n.* **1** 目録，表，一覧表，明細書. **2** 名簿；

価格表.
close the* ～** 募集を打ち切る. ***draw up a* ～** 目録を作成する. ***first on the* ～** いの一番の〔で〕; 首席の〔で〕: He has passed *first on the* ～. 彼は一番で及第した. ***free* ～** 《劇場などの》優待者名簿; 免税品目録. ***lead* 〔*head*〕 *the* ～** 首位にある. **～ *price 表記価格, カタログ記載価格; 標準価格《実際価格に対し》. ***make a* ～ *of*** を表につくる. ***on the active* 〔*reserved, retired*〕 ～** 現役〔予備役, 退役〕で. ***on* 〔*in*〕 *the* ～** 表に載って. ***on the sick* ～** 病気で, 病気休養中.
—— *vt.* **1** 目録につくる, 一覧表にする. **2** 目録〔名簿〕に載せる; <株を> 上場する. **3** 兵籍に入れる, 兵隊にとる. —— *vi.* **1** 表に載る: This radio ～*s* at $ 25. このラジオはカタログに25ドルと出ている. **2** 〔稀〕兵籍にはいる.
◇ **～·ed** *a.* **1** 《株などが》上場された: ～*ed* securities. **2** 表に載って〔出て〕いる; 《電話番号・電話加入者の氏名が》電話帳に載っている.

list² *n.* **1** ふち, へり; 織りふち, 《織物の》耳; へり地. **2** 《一般的》細い切れ地; 細い木片; 《動物の》色しま; 《髪・ひげの》分け目. **3** 〔米〕うね, あぜ. **4** (*pl.*) 矢来(やらい), 闘技場, 試合場; 競争場裏. ***enter the* ～*s against*** との試合に出場する; に挑戦(ちょうせん)する, の挑戦に応ずる. —— *vt.* **1** に ～ をつける. **2** から木片をそぎとる.

list³ *n.* 《船・建物などが》傾く〔かしぐ〕こと, 傾斜. —— *vi., vt.* 傾く, かしぐ; 傾かせる, かしがせる.

list⁴ *vt.* (**list** *or* **líst·ed**; 直説法現在第三人称単数形 **list** *or* **líst·eth**) 〔古〕 **1** …の気に入る: He shall do what him ～*eth*. 彼の気のままにさせろ. **2** 望む, 欲する: Let him do what he ～*eth*. 彼の気の向くままにさせよ. ***The wind bloweth where it* ～*eth*.** 〔聖〕風は欲するがままに吹く《ヨハネ伝 3:8》.

list⁵ *vt.* 〔古〕聞く. —— *vi.* 〔古〕傾聴する (listen) 《を *to*》.

†**lís·ten** [lísn] *vi.* **1 耳を傾ける,** 傾聴する 《に *to*》: *L*～ *to* me. 私の言うことを聞いてください. <注> 不定詞または現在分詞をあとにつけることができる: I *listened* to her *sing* 〔*singing*〕. 彼女が歌うのを聞いた. **2 耳をかす, 従う** 《に *to*》: ～ *to* reason 道理に服する. **3** 〔米話〕聞こえる; …のように聞こえる (sound): It ～*ed* very well. それはすてきな話だった.
～ *for* を聞きとろうと耳を澄ます: ～ *for* a footstep 足音が聞こえてくるかと耳をそばだてる. **～ *in*** (1) 《ラジオなどを》聴取する; 《電話などを》盗聴する. (2) <正規学生以外の人が> 聴講する. <注> 「ラジオを聞く」はアメリカでは *listen to* the radio, イギリスでは *listen in to* the radio.

‡**lís·ten·er** [lísnər] *n.* **1 聞き手,** 傾聴者: a good ～ 聞きじょうず. **2** 〔おもに米〕(ラジオの) 聴取者. **3** 〔俗〕耳. **～-ín** (*pl.* **～s-ín**) 〔おもに英〕ラジオ聴取者. **～ research** 聴取者調査.

lís·ten·ing [lísniŋ] *n.* 傾聴; 〔軍〕聴音; 《情報などの》聴取, 聞き込み. —— *a.* **1** 傾聴する. **2** 一生けんめい聞いている; 注意ぶかい.
～ post 〔軍〕聴音哨(しょう) 《物音で敵情を偵察する》; 《一般的》情報聞き込み所; 敵国の情報が得られる中立国の都市(など).

líst·er [lístər] *n.* 〔米〕あぜつくり機《しばしば種まき装置のついている耕作機》.

Lís·ter·ism [lístəriz(ə)m] *n.* 《石炭酸による》リスター消毒法《発明家 Joseph Lister の名から》.

lís·ter·ize [-ràiz] *vt.* <傷に> リスター消毒法を施す.

líst·less [lístlis] *a.* **1** 気〔熱〕のない; 無関心〔冷淡〕な. **2** ぼんやりした, だらけた, 無精な, ものうげな.
◇ **～·ly** *ad.* **～·ness** *n.*

Liszt [list] *n.* Franz ～ [frá:nts-], 1811-86, ハンガリーの作曲家・ピアニスト.

‡**lit¹** [lit] *v.* light¹˒³ の過去・過去分詞.

lit² *n.* リトアニアの旧貨幣単位.

lit. liter; literal(ly); literary; literature.

lít·a·ny [lít(ə)ni] *n.* **1** 〔宗〕連禱(れんとう) 《司祭の祈願に信徒が唱和するもの》. **2** 《一般的》連続. ***the L*～** 《イギリス国教》祈禱書中の連禱.

lí·tas [lí:tɑ:s] *n.* (*pl.* **-tai** [-tei], **-tu** [-tu:]) = lit².

lí·tchi [lí:tʃi:] *n.* 〔植〕《中国原産の》レイシ(の実).

***lí·ter,** ㊥ **-tre** [lí:tər] *n.* リットル 《= 1,000 cc》.

lít·er·a·cy [lít(ə)rəsi] *n.* **1** 読み書きの能力, 識字(率). **2** 《受けた》教育, 教養.

***lít·e·ral** [lít(ə)rəl] *a.* **1 文字の,** 文字の上の; 文字であらわされた: a ～ error 誤字. **2 文字どおりの,** 語句に忠実な: a ～ translation 逐語訳, 直訳. **3** 《人・性質などが》字句に拘泥(こうでい)する, 字義にこだわる, 想像力のはたらかない, 融通のきかない, 味気のない. **4** 《文字・ことばどおりに》厳密な, 正確な; ほんとうの, 全くの: the ～ truth 正真正銘の事実. a ～ flood of books 文字どおりの本の洪水(こうずい).
in the* ～ *sense* 〔*meaning*〕 *of the word 文字どおりの意味で, 《意図をくまずに》字義どおりに; 《比喩的でなく》本義において.
◇ **～·ism** [-iz(ə)m] *n.* **1** 字句にこだわること; 直訳(主義). **2** 〔美〕写実主義. **～·ist** *n.* literalism の人.

lít·er·a·lize [lít(ə)rəlàiz] *vt.* <比喩などを>字義どおりにとる.

‡**lít·e·ral·ly** [lít(ə)rəli] *ad.* **1 字義どおり;** 逐語的に. **2** 全く, ほんとうに, 事実上.

‡**lít·er·ar·y** [lít(ə)rèri/-rəri] *a.* **1 文学の,** 文芸の, 文筆の; 学問の. **2** 文学に通じた; 文学趣味の. **3** 文学に携わる, 著述を業としている. **4** 文語の. → colloquial.
～ columns 文芸欄. **～ man** 文学者; 学者. **～ property** 版権, 著作権. **～ pursuit** 文筆業. **～ society** 文学界〔会〕. **～ works** 文学作品, 著作.
◇ **-i·ly** *ad.* 文学上; 学問上. **-i·ness** *n.*

lít·er·ate [lítərit] *a.* **1** 読み書きができる; 教育〔教養〕がある. **2** 学問(上)の. —— *n.* **1** 読み書きできる人, 識字者; 学問〔教育〕ある人. **2** 〔イギリス国教〕学位なしで聖職就任を許された人.

lit·e·ra·ti [lìtəréitai, -rá:ti/-rá:ti] L. *n. pl.* 文学者たち; 学者たち.

lit·e·ra·tim [lìtəréitim/-rá:t-] L., *ad.* 一字一字, 逐字的に, 原文どおりに.

‡**lít·er·a·ture** [lít(ə)ritʃər, ㊥⁺ -tʃùər] *n.* **1 文学,** 文芸: study (Japanese) ～ (日本)文学を研究する. **2** 文学の研究; 作家生活, 著述: take to ～ 文学に身を投ずる. **3 文献** 《特殊の科学・芸術などに関するもの》; 参考文献; 生み出された著作物全体: the ～ *on* sports スポーツに関する文献. the ～ *of* a nation 〔period〕ある民族〔時期〕の文筆所産. **4** 〔古〕学問, 学識. **5** 〔話〕《広告用などの》案内, 印刷物.
***light* ～** 軽文学. ***polite* ～** 純文学. ***professional* ～** 専門(学術)文献. ***yellow-covered* ～** 〔俗〕黄表紙〔通俗〕文学.

-lith 「石」の意の語形成要素.

líth·arge [líθɑ:rdʒ] *n.* 〔化〕リサージ, 一酸化鉛《密陀(みつだ)僧》.

lithe [laið] *a.* しなやかな, 柔軟な. ◇ **～·ly** *ad.* **～·ness** *n.* **～·some** *a.* しなやかな; 軽快な.

líth·i·a [líθiə] *n.* 〔化〕酸化リチウム.

líth·ic [líθik] *a.* **1** 石の. **2** 〔医〕結石の, 膀胱(ぼうこう)結石の; 〔化〕リチウムの.

líth·i·um [líθiəm] *n.* 〔化〕リチウム《金属元素. 記号 Li》.

líth·o [líθou/lái-] *n.* (*pl.* **～s**) = lithograph(y). —— *a.* = lithographic. —— *vt.* (**～ed**; **～·ing**) 石版印刷する.

lith(o)- 「石」の意の語形成要素.

líth·o·graph [líθəgræf/-grɑ:f] *n.* 石版 (画). —— *vt.* 石版で印刷する.
◇ **li·thóg·ra·pher** [liθágrəfər/-θɔ́g-] *n.* 石版工.

lìth·o·gráph·ic [lìθəgræfik] *a.* 石版 (印刷) の: a ～ slate 〔stone〕石版石. **～ paper** 石版用紙.
◇ **-i·cal** *a.* **-i·cal·ly** *ad.*

li·thóg·ra·phy [liθágrəfi/-θɔ́g-] *n.* 石版印刷(術).

li·thól·o·gy [liθáləd3i/-θɔ́l-] *n.* 岩石学;〘医〙結石学.
líth·o·print [líθəprìnt] *vt.* = lithograph. —— *n.* 石版刷り.
líth·o·sphere [líθəsfìər] *n.*〘地〙岩石圏,地殻(ちかく).
li·thót·o·my [liθátəmi/-θɔ́t-] *n.* 〘医〙《膀胱結石の》切石術.
Lìth·u·á·ni·a [lìθ(j)uéiniə] *n.* リトアニア《Baltic 海に臨むソ連邦の一共和国》.
◇ **～n** [-n] *a., n.* リトアニアの, リトアニア人〔語〕(の).
Lit. Hum. *litterae humaniores.*
lít·i·ga·ble [lítigəbl] *a.* 法廷で抗争できる.
lít·i·gant [lítigənt] *a.* 訴訟に関係している. —— *n.* 訴訟当事者, 訴訟関係者《原告または被告》.
lít·i·gate [lítigèit] *vt.* **1** 法廷に持ち出す, 法廷で争う. **2**《一般的》論争する. —— *vi.* 訴訟する.
◇ **lìt·i·gá·tion** [lìtigéiʃ(ə)n] *n.* 訴訟, 起訴.
li·tí·gious [litídʒ(i)əs] *a.* **1** 訴訟(上)の, 訴訟すべき. **2** 訴訟好きな; 論争好きな.
lít·mus [lítməs] *n.* 〘化〙リトマス《青色染料》.
～ paper リトマス試験紙.
lít·o·ral = littoral.
lí·to·tes [láitətì:z] *n.* 〘修〙緩叙法《反対語の否定を用いて強い肯定をあらわす言い方: very good の代わりに not bad, great の代わりに no small》.
lí·tre〘英〙= liter.
Litt. B. *Litterarum Baccalureus* (L. = bachelor of Literature). **Litt. D.** *Litterarum Doctor* (L = Doctor of Literature).
lít·ter [lítər] *n.* **1** 散らかったがらくた; 残り物, くず. **2** 乱雑, 混乱. **3** 散った木の葉. **4**《森などの》朽ち葉層. **5**《動物の》寝わら. **6**《犬・豚などの》一腹の子. **7**《植物の》敷きわら; 馬屋肥. **8**《けが人用の》担架, つり台. ***in a* ～** 乱雑になって. ***in* ～**《犬・豚などが》子をはらんで.
—— *vt.* **1** <物を> 散らかす, ばらまく. **2** <場所を> 散らかす, よごす《で *with*》. **3** に散らかっている《*up*》: Dirty clothes *～ed up* the room. よごれた着物がへやじゅうに散らかっていた. **4** <動物に> 寝わらを敷いてやる. **5** <動物が子を> 生む. **6** <わらを> 敷く《動物・植物のために》. **7** <床などを> わらでおおう.
—— *vi.* <動物が> 子を生む;〘稀〙<家畜が> (敷きわらの上に) 寝る.
～·bug [ˊ-ˋ]《道路・公園などに規則を無視して》ごみ・廃物などを捨てる人: Don't be a *～bug.* ごみを捨てないでください. **～·mate** [ˊ-ˋ]《犬・豚などの》同腹の子.
lit·te·rae hu·ma·ni·o·res [lítərì:-hju:mæ̀nió:rì:z/lítəri:-hju:mèiniɔ́:ri:z] L. (= the humanities) 人文学《特に Oxford, Cambridge 大学の古典学科. またその B. A. 学位を得る試験の名称》.
lit·té·ra·teur [litərətə́:r] F. *n.* 文人, 文学者.
lít·ter·y [lítəri] *a.* **1** 寝わら (だらけ) の. **2** 乱雑な, 取り散らかした. ◇ **-i·ness** *n.*
†**lít·tle** → 枠付 little. (p. 742)
Little America *n.* (アメリカの) 南極探検基地.
Little Bear *n.* (the ～)〘天〙小グマ座.
Little Dipper *n.* (the ～)〘天〙小北斗星《小グマ座の七星》.
Little Englander *n.* Little Englandism を唱える人.
Little Englandism *n.* ブリテン独立主義《昔の植民地を切り離しイギリス諸島の利益のみを考え他は自給自足させる》.
lít·tle·go [lítlgòu] *n.* 〘英話〙予備試験《Cambridge 大学で B.A. の学位を取るための最初の試験》.
lít·tle·neck [-nèk] *n.* 〘貝〙小粒のハマグリ.
lít·tle·ness [-nis] *n.* 小さいこと; 狭量, 偏狭, あさましさ.
Little Rhody *n.* Rhode Island 州の別称.
Little Rock *n.* アメリカ Arkansas 州の州都.
Little Russia *n.* 小ロシア《ウクライナ(Ukraine) を中心としたソ連の南西地区》.
little theater *n.* 小劇場; 小劇場向きの演劇.
lít·to·ral [lítərəl] *a.* **1** 沿岸の, 海岸〔湖岸〕の. **2**〘生〙岸べにすむ, 水辺に生じる. —— *n.* 岸沿いの地方, 沿海地. **L～ Province, the** 沿海州.
li·túr·gi·cal [litə́:rdʒik(ə)l] *a.* **1** 礼拝式の; 礼拝式典礼の定めによる. **2** 礼拝式典礼学の.
◇ **～·ly** *ad.*
lít·ur·gy [lítərdʒi] *n.* 礼拝式; 祈禱(きとう)式文. ***the* ～** 祈禱書.
†**live**¹ [liv] *vi.* **1 生きる**, 生きている, 生存する; 生きながらえる: Few men ～ to be ninety. 90歳まで長生きする人は少ない. **2 住む**, 居住する. 〈注〉 I *live* in Tokyo. は「東京に住んでいる」に相当し, live は継続的な状態を示す. I *am living* in Tokyo. と進行形を用いると「目下のところ東京に住んでいる」という含みをもち, 一時的な状態を示す. **3 生活する**, 生活〔暮らし〕をたてる: ～ on a modest income わずかな収入で暮らす. **4** 人生を十分に生きる, 人生を享受する. **5 存続する**, 消えうせない: His memory *～s.* 彼の名はいまも記憶されている. This will ～ long in my memory. このことは私の記憶に長くとどまるでしょう.
—— *vt.* **1**《同族目的語を伴い》…の生き方〔生活〕をする: ～ a peaceful life 平和な暮らしをする. **2** 実生活で実現する: ～ one's ideal 理想を実践する.
(as sure) as I* ～** 確かに. ***～ a lie 虚偽の生活をする. ***L～ and let* ～.**〘諺〙世の中は持ちつ持たれつ. ***～ a part***〘劇〙役〔人物〕になりきる. ***～ by*** (1) …のそばに住む. (2) で生計をたてる: ～ *by* the pen 〔*by* one's finger's ends〕 文筆で〔手先の仕事で〕食っていく. ***～ down*** <汚名などを> 年月をかけてそそぐ; <悲しみなどを> 忘れるようになる. ***～ free from care*** 気苦労のない生活をする. ***～ from hand to mouth*** その日暮らしをする. ***～ high* 〔*well*〕= *～ high on the hog*** ぜいたくに暮らす. ***～ in*** 住み込みで働く. → live out. ***～ in a small way*** 質素に暮らす. ***～ it up***〘話〙豪勢に暮らす. ***～ it* (*with*)** (に)ついて行く, (に) おくれをとらない《競争で》. ***～ off*** に寄食する; を食いものにする. ***～ on* 〔*upon*〕** (1) を食べて生きている, を常食とする: We ～ *on* rice. われわれは米を常食とする. (2) で生活する; …のやっかいになって暮らす: ～ *on* one's salary 〔*on* a friend〕月給で〔友人の世話になって〕暮らす. ***～ on air*** なにも食わずにいる,「かすみ」を食って生きている. ***～ out*** 通勤する. → live in. ***～ single*** 独身で暮らす. ***～ to oneself*** 孤独で暮らす; 利己的に生活する. ***～ up to*** <理想・標準> に応じて生活〔行動〕する; <主義・主張> を実践する; <宣言・約束など> を守る. ***～ well*** (1) 裕福に暮らす. (2) 正しい生活をする. ***～ with*** と同居する; の家に寄宿〔寄食〕する. ***where* one *～s***〘米俗〙急所に. **～·long** → 別項.
◇ **lív(e)·a·ble** [lívəbl] *a.* **1** 住むに適する, 住みよい. **2** ともに暮らすことのできる. **3**《人生が》生きがいのある.
〔類義語〕 **住む:** **live** 生活をする. したがって Where do you *live*?, the house to *live* in のように居住地・家に関するが, そうでないばあいがある: We *live* with my wife's parents. われわれ (若夫婦) は妻の両親と住んでいます. **reside** 長期間生活の根拠地を置く, 居住する: He *resides* in Boston. 彼はボストンに住んでいる. **stay** 一時的に滞在する: Now we *stay* in my parents' house. 現在一時的に両親の家に逗留(とうりゅう)しています. **dwell** 住んでいる状態, 住んでいる家屋が意識されている: *dwell* in happiness 幸福に包まれて住んでいる. He *dwells* in a very modern house. 彼はたいへんモダンな家に住んでいる.
‡**live**² [laiv] *a.* **1 生きている**; 生きているときの: a ～ animal. ～ weight《動物の》生体重量. **2 生き生きしている**, はつらつとした, 活気のある; 抜け目のない;〘おもに米〙活動的な: a ～ person 活動家. **3**《火・

炭などが〗燃えている; おこっている; 〖色が〗輝く, 明るい. **4** 新鮮な; 未使用の, 有効な; 使用準備完了の, 〖弾丸が〗火薬が装塡(そう)してある: ～ air きれいな空気. a ～ match まだすってないマッチ. a ～ shell 実弾. a ～ cartridge 実包. **5** 〖水が〗流れている. **6** 〖機械が〗運転する, はたらく: a ～ axle 活軸. **7** 〖電線などが〗電流が通じている; 〖電気器具が〗作動している: a ～ wire〔microphone〕「生きている」電線〔マイク〕. ↔dead. **8** 〖テレビ・ラジオ放送が〗なまの, 現場中継の. **9**〖岩石などが〗自然のままの. **10** 〖米〗現代的な, 新しい: ～ ideas 新思想. **11** 〖米〗刻下の, 当面の: a ～ question 目下の問題. 〈注〉live は限定的に用いられ名詞の前におかれ, alive は叙述的に使われる: a *live* fish 生き魚. The fish is still *alive*. 魚はまだ生きている.

～ one 金離れのよい人; 金をたかるのによい「かも」. **～ bait** 〖つりの〗生きえ. **～ camera** 実況〔現場中継〕放送用カメラ. **～ load** 〖機〗活荷重. **～ oak** 〖植〗カシの一種〖アメリカ南部産〗. **～ parking** 運転手が乗ったままの駐車. **～ rail** 送電レール. **～ steam** 〖ボイラーの〗なま蒸気. **～·stock** [⌐⌐] 家畜. **～·stock farming** 牧畜(業). **～ wire** 電流の通じた針金; 〖米俗〗活動家.

-lived [-láivd, -làivd / -lívd, -láivd, -laivd] *a.* …の命ある: long-*lived* 長命の; 永続的な. short-*lived* 短命の; 一時的な.

little

(1)「小さい」という形容詞と, (2)「少し(の)」という量をあらわす形容詞・副詞・(代)名詞がある. 後者のばあい前に a がつけば肯定的, つかなければ準否定語的となる点, 形容詞・(代)名詞としての few に似ているが, 後者が次に複数「可算名詞」(countable) を従えるのに対し, little は常に単数の物質名詞, 抽象名詞など, 量の大小を問う「不可算名詞」(uncountable) を従える.
なお比較級 less, lesser および最上級 least は別項で扱ってある.

lit·tle [lítl] *a.* (**less** [les], **lés·ser** [lésər]; **least** [li:st]. ただし①, ②では通常 smaller, smallest を代用)

1 《可算名詞とともに》 小さな, 小さい; 幼い; かわいい (↔big, great): a ～ woman 小柄の女. a ～ cottage 小さないなか家. the ～ finger 小指. the ～ Joneses ジョーンズ家の子どもたち. my〔his〕～ ones 私の〔彼の〕子どもたち. ～ man 《呼びかけ》坊や. ～ rabbits ウサギの子. ～ Ned ネッド少年. Bless your ～ heart! まあ, かわいそうに. the *L*～ Bear 〖天〗小グマ座.

2 《可算名詞とともに》 ささいな; くだらない: a ～ thing ささいなこと. a ～ man with a ～ mind 量見の狭い男. his ～ ways 彼の幼稚なやり方. So that's your ～ game. そんな手にのるものか.

3 《不可算名詞とともに 1: a がつかず, 否定的に》 少し〔少量〕しか…ない (↔ much): There is ～ salt left in the pot. つぼの中には塩が少ししか残っていない《比較: There are *few* potatoes...》. There is ～ hope of his recovery. 彼が回復する見込みはほとんどない. He has very ～ knowledge of chemistry. 彼は化学のことはほとんど知らない. He takes very ～ pains with his work. 彼はちっとも仕事に精を出さない. 〈注〉little は量をあらわし, 次に不可算名詞がくるのが常であるが, *little pains* のように形の上では複数形の名詞が続くこともある.

4 《不可算名詞とともに 2: a がついて肯定的に》 少し(は)…(ある); いくらか(の): There is *a* ～ oil in the bottle. びんの中にいくらかの油がはいっている《比較: There *are* a few pills... いくらかの錠剤がある》. There is *a* ～ hope of his success. 彼が成功する見込みはいくらかある. *a* ～ cake いくらかの菓子. Will you have *a* ～ wine (=some wine)? ブドウ酒を(いくらか)いかがですか. go *a* ～ way 少し行く. Please wait *a* ～ while. ちょっとの間待っていてください. *a* ～ while〔time〕ago 少し前に.

but* ～** ほとんどない. ***not a* ～** 少なからぬ; 多量の (≒much): We have *not a* ～ snow here in winter. 当地では冬多量の雪が降る. ***no* ～** 少なからぬ. **～ *or no ほとんどない. ***only a* ～** 少しだけの: I have *only a* ～ money. お金が少ししかない. ***what* ～ ... =*the* ～ ... *that*** なけなしの…: He gave me *what* ～ money he had. 彼は私になけなしの金をくれた. ***the* ～** とるに足らぬ人; なけなしのもの.

—— *ad.* (**less** [les]; **least** [li:st]) **1** 《a がつかず否定的に》 少ししか…ない; ほとんど…ない(↔much): I slept ～ last night. 私は昨夜少ししか眠らなかった. ～ known writers 無名の作家たち.

2 《dream, imagine, know, think などの動詞の前におかれて》全く…ない: He ～ *knew* what trouble he was going to have. 彼は行く手にどんな災いがあるかを全然知らなかった. *L*～ did I *dream* that I should never see him again. 彼にもう二度と会えなくなろうとは夢にも思わなかった. I ～〔*least*〕*expected* you to come so early. きみがこんなに早く来るとは思わなかった.

3 《a がついて肯定的に》少し(は)ある: She speaks French *a* ～. 彼女は少し(は)フランス語を話す. He is *a* ～ better this morning. 彼はけさはいくらか(からだの)ぐあいがよくなりました. *a* ～ larger than ... …より少し大きい《比較: much larger than... …よりはるかに大きい》. *a* ～ too small 少し小さすぎる《比較: much too small あまり小さすぎる》.

～ *better than*... …と同然: He was ～ *better than* a beggar. 彼はこじき同然であった. **～ *less than*** とほとんどおなじくらい (=nearly): She saved ～ *less than* 1,000 dollars. 彼女は 1,000 ドル近くもためた. **～ *more than*** a pound (1 ポンド) そこそこ. **～ *short of*...** ほとんど…. ***not a* ～** 少なからず; たいそう: She was *not a* ～ disappointed at the news. 彼女はその知らせを聞いて少なからず失望した《比較: not at all; not a bit; not in the least 全然…ない》. ***only a* ～** 少しだけ: sleep *only a* ～ 少ししか眠らない. only a ～ different 少ししか違わない.

—— *n., pron.* **1** 《a がつかず否定的に》 少ししか(…)ない (↔ much): He has seen ～ of life. 彼は世間知らずだ (世間を少ししか見ていない). *L*～ is known about the island. その島のことはほとんど知られていない. I got but ～ out of it. それからはほとんどうるところがなかった. He gives me ～ of his company. 彼はめったに私とつきあってくれない.

2 《a がついて肯定的に》 少し (は), いくらか (≒some): He knows *a* ～ of everything. 彼はなんでも少しずつ知っている.

in* ～** 小規模に. **～ *by* ～** 少しずつ; しだいに. **～, *if anything* =～ *or nothing ほとんどない. ***make* ～ *of*** を軽んずる. ***not a* ～** 少なからぬ量〔物, 事〕, 相当の量 (のもの): *Not a* ～ has been said about this. これについては, ずいぶんいろいろのことが言われてきた. ***only a* ～** 少しだけ (の物・事). ***what* ～** なけなしのもの (=the little that): He did *what* ～ he could. 彼は(わずかながら)できるだけのことをした.

〖類〗→ **small**「小さな」

‡líve·li·hood [láivlihùd] *n.* 生計, 暮らし. ***earn*** [***gain, get, make***] ***a*** ～ 生計をたてる. ***pick up*** [***eke out***] ***a scanty*** ～ 乏しい生活をする, 細々と暮らす.

líve·long [lívlɔ̀:ŋ/-lɔŋ] *a.* 《時をあらわす語につけて》まる…, …じゅう: the ～ day まる一日, 一日じゅう, 終日. the ～ night 夜どおし.

‡líve·ly [láivli] *a.* **1 生き生きした, 生気にあふれた,** 元気のある, きびきびした, 活発な, 陽気な: a ～ child 元気な子. ～ music にぎやかな音楽. **2**《感情などが》躍動的な, 激しい: ～ interest 強烈な興味. ～ imagination たくましい想像力. **3**《描写が》生彩ある;《色彩が》あざやかな, 明るい. **4**《機会・時が》多事多端な, 多忙な, はらはらさせるような: have a ～ time (of it) 大活躍する; あぶない思いをする. **5**《そよ風・空気が》さわやかな. **6**《酒が》きらきら輝く. **7**《ボールが》よくはずむ;《船が》軽く波に踊る: a ～ ball 〘野球〙打つとよく飛ぶボール. ***be*** ～ ***with*** the crowd (群衆) で活気に満ちている. ***make it*** [***things***] ～ ***for*** a person (人) を困らせる.

—— *ad.* 元気に, 活発に.

◇ **-li·ly** *ad.* **-li·ness** *n.* ～なこと;〘軍俗〙猛射.

lív·en [láiv(ə)n] *vt., vi.* 陽気にする〔なる〕, 活気づける, 活気づく《*up*》: ～ *up* the party 会を活気づける. ◇ **～·er** *n.* 陽気にするもの, 活気づけるもの;《酒の》一杯.

‡lív·er[1] [lívər] *n.* **1**〘医〙肝臓; レバー《食料としての肝臓》. **2** 赤かっ色. ***hot*** ～ 多情, かんしゃくもち. ***white*** [***lily***] ～ おくびょう. **～-còl·ored** 肝臓色〔茶かっ色〕の. ～ **complaint** 肝臓の病気. ～ **extract** 肝臓エキス《貧血症の薬》. ～ **oil** 肝油. ～ **spot** (顔の) 淡かっ色のあざ《肝臓の疾患による》. ～ **wing** 〘笑〙右腕. **～·wort** →別項. **～·wurst** [-wə̀:rst] 肝臓ソーセージ.

lív·er[2] *n.* **1** 生活者; …風(ふう)に生きる人: a fast [loose] ～ 放蕩(ほうとう)者. a good ～ 有徳者; 美食家. a hearty ～ 大食家. **2** 住人, 居住者.

-lív·ered [-lívərd] *a.* 肝臓が…の: white-*livered* おくびょうな.

lív·er·ish [lívəriʃ] *a.* **1** 肝臓病の. **2** 気むずかしい, かんしゃくもちの.

Lív·er·pool [lívərpù:l] *n.* イギリス Lancashire 州の港市.

Lìv·er·púd·li·an [lìvərpʌ́dliən] *a.* Liverpool の. **——** *n.* Liverpool 市民.

lív·er·wort [lívərwə̀:rt] *n.* 〘植〙ゼニゴケ.

lív·er·y[1] [lívəri] *n.* **1** そろいの衣服, 定服,《召使などの》しきせ,《組合員などの》制服: a ～ servant しきせ〔制服〕着用の下男. **2**《樹木・鳥などの》装い;《四季の》装い: the green ～ of summer 夏の緑の風景. **3**《馬の》定食糧;《馬の》飼育; 貸し馬〔馬車〕業,〘米〙貸し馬, 貸し馬車屋. **4**〘法〙交付, 譲与. **5** 同業組合員《昔は業種別に制服を着ていた》; 同業組合 (= ～ company); 組合の特権.

at ～《馬が》飼料つきで飼養されて. ***in*** ～ しきせ〔制服〕を着て. ～ ***of grief*** [***woe***] 喪服. ***out of*** ～ 平服で. ***take up*** one's ～ 主どりをする; 同業組合員になる. ***the L***～ ロンドン自由市民.

[delivery と同語源.「支給物」]

～ **company** ロンドン市同業組合の一つ. ～ **cupboard** 戸に穴のある戸だな《はい帳の一種》. **～·man** [-mən] (*pl.* **-men**) (1)《ロンドンの》同業組合の一員. (2) 貸し馬車屋. (3) しきせ〔制服〕着用の召使. ～ **stable** 貸し馬屋, 貸し馬車屋; 馬預かり所. ◇ **lív·er·ied** [-d] *a.* そろいの服装をした, しきせを着た.

lív·er·y[2] *a.* 肝臓に似た; 肝臓病の.

***lives**[1] [laivz] *n.* life の複数形.

***lives**[2] [livz] *v.* live[1]の直説法現在第三人称単数形.

líve·stock [láivstɑ̀k/-stɔk] *n.* 家畜.

lív·id [lívid] *a.* **1** 青黒い, 土色の, 鉛色の; 青黒いあざのできた. **2**〘英話〙激怒した. [√liv-] ◇ **～·ly** *ad.* **～·ness** *n.* **li·víd·i·ty** [livíditi] *n.* 土色, 鉛色.

‡lív·ing [líviŋ] *a.* **1 生きている:** all ～ things あらゆる生物, 生きとし生けるもの. ↔ dead. **2 現代の,** 現存の: ～ languages 現代語. ～ English 現代英語. **3 生き生きした,** 活気のある, 勢いのよい: a ～ interest 強い関心. ～ faith 烈々たる信仰. **4**《水が》流れている;《石炭などが》燃えている;《岩石などが》自然のままの. **5**《肖像などが》生き写しの. **6 生活に関する,** 生計の: ～ conditions 生活状態. 〈注〉叙述的にも限定的にも用いられる: The animal is *living.* その動物は生きている. a *living* animal 生きている動物. → live[2], alive.

in the land of the ～ 現存して, 生きて. ***the*** ～ 存命中の人々. ***within*** ～ ***memory*** 現に生きている人々の記憶にある.

—— *n.* **1 生活,** 生き方, 暮らし方: plain ～ and high thinking 質素な暮らし高雅な思索. **2 生計,** 生活費: *L*～ is expensive here. ここの生活は金がかかる. **3** 牧師の祿(ろく). ***be fond of good*** ～ 美食が好き. ***earn*** [***make***] ***a*** [one's] ～ 生計をたてる. ***style*** [***rate***] ***of*** ～ 暮らし方.

～ **cost** 生計費 (= cost of ～). ～ **death** 生きがいのない悲惨な生活. ～ **in**《雇い人などの》住み込み. ～ **necessaries** 生活必需品. **～-óut** 通勤. ～ **picture** 活人画. **‡～ room** →別項. ～ **standard** 生活水準 (= standard of ～). ～ **wage** (通例 *pl.*) 最低生活賃金.

‡living room *n.* 居間 (= [英]sitting room, parlor).

Lív·ing·stone [líviŋstən] *n.* David ～, 1813–73, スコットランドの伝道師・アフリカ探検家.

Li·vó·nia [livóuniə, -njə] *n.* Baltic 海に面する地方.

lí·vre [lí:vər] *n.* リーブル《昔のフランスの貨幣単位》; その銀貨.

Lív·y [lívi] *n.* リビウス, 59 B.C.–A.D. 17, 古代ローマの歴史家《ラテン名 Titus Livius [tàitəs-líviəs]》.

líz·ard [lízərd] *n.* **1**〘動〙トカゲ; トカゲの類: a house ～ ヤモリ. **2**《盛り場の》遊び人, のらくら者 (= lounge ～).

Líz·zie [lízi] *n.* いなかくさい女 (の子); フォード自動車.

L.J. Lord Justice.

'll [-l] will [shall] の短縮形《I'*ll*; he'*ll*; that'*ll* など》.

LL. Late Latin; Low Latin. **ll.** lines; *loco laudato* (L = in the place cited).

llá·ma, lá·ma [lɑ́:mə] *n.* (*pl.* **～s**, ～)〘動〙ラマ, アメリカラクダ; ラマの毛.

lla·nér·o [ljɑ:néirou, lɑ:né(:)r-/ljɑ:néər-] *n.* (*pl.* **～s**) llano の住民.

llá·no [lɑ́:nou] *n.* (*pl.* **～s**)《Amazon 川以北の樹木のない》大草原.

LL.B. *Legum Baccalaureus* (L. = Bachelor of Laws). **LL.D.** *Legum Doctor* (L. = Doctor of Laws). **LL. JJ.** Lords Justices.

Llóyd Géorge [lɔ́id-dʒɔ́:rdʒ] *n.* David ～, 1863–1945, イギリスの政治家・首相《在位1916–22》.

Lloyd's [lɔidz] *n.* ロイド船級協会《ロンドンの船主と保険業者の組合》. ***A 1 at*** ～ ロイド船級協会A第1級 (船);《一般的》第一級 (の).

～ **agent** ロイド代理人. ～ **list** ロイド海報. ～ **register** ロイド船名録〔登録簿〕.

LM lunar module. **L.M.** Licentiate in Midwifery; Lord Mayor. **L.M.S.(R.)** London Midland & Scottish (Railway). **L.N.E.[W.] R.** London & North-Eastern [-Western] Railway.

‡lo [lou] *int.* 見よ!, そら!, あれ! ***L～ and behold!*** こはそもいかに!, あら不思議や!

Lo [lou] *n.* 〘米俗〙アメリカ インディアン (the Indian).

loach [loutʃ] *n.* 〘魚〙ドジョウ.

‡load [loud] *n.* **1 積み荷,** 荷;《一般的》負っているもの, のせているもの: the ～ of fruit on a tree 木になっているくだもの. **2**《車などの》一積み分の荷, 1荷: two truck-～*s* of vegetables トラック2台分の野

菜. **3** 〔精神的な〕重荷, 負担; 心配; a ～ of responsibility 責任の重み. **4**〔機・電〕荷重; 負荷. **5**〔火薬の〕装塡(そう); 装弾. **6** (通例 *pl.*)〔話〕たくさん: He has ～*s* of money. 彼は金をうなるほど持っている. **7**〔米俗〕酔うに十分な量の酒.
dead [***live*** [laiv]] ～ 静〔動〕荷重. ***get a ～ of*** に注意を払う, に注目する. ***have a ～ on***〔俗〕酔っている. ***take a ～ off one's mind*** 心の重荷をおろす.
── *vt.* **1** <荷を> **積み込む,** <人を>乗せる; <乗り物が乗客・荷を> 乗せる: ～ the freight [children] *into* the car 貨車に荷を積み込む〔車に子どもを乗車させる〕. The tanker is ～*ing* oil. タンカーが油を積み入れている. **2** <車・船などに> **荷を積む;** <バスなどに>乗客を乗せる: ～ a train 列車に荷を積む〔乗客を乗せる〕. ～ a plane *with* cargo 飛行機に荷を積む. **3** にたくさんのせる; にやたらに詰め込む《を *with*》: air ～*ed with* oxygen 酸素を多量に含んだ空気. **4** にむやみに与える《を *with*》: ～ a person *with* gifts 人を贈り物ぜめにする. ～ a person *with* praise やたらにほめる. **5** <銃に> **弾丸を込める;**〔話〕《受動態で》<人が> 銃に弾丸を込めている: I *was* not ～*ed*. **6** に重くのしかかる; に圧力を加える: ～ a spring バネを押し曲げる. **7** 混ぜ物〔鉛〕を入れて重くする; <酒に> 混ぜ物をする. **8** <純保険料に> 付加する. ── *vi.* **1** 荷を積む, 人を乗せる; 荷をいっぱいに積む《*up*》: The bus ～*s* at the left door. バスは左とびらから人を乗せる. **2** 乗り込む《に *into*》. **3** 《荷などで》いっぱいになる《で *with*》: The ship ～*ed with* people only in 15 minutes. 船はたった15分間で満員になった. **4** 満腹する《*up*》. **5** 装塡する. ***～ for*** <船が> …行きの積み荷をのせる. ***～ up*** いっぱいになる; たらふく食べる〔飲む〕.
～ line〔海〕満載喫水線. **～ shedding** 電力平均分配(法). **～·star** →別項. **～·stone** →別項.

lóad·ed [lóudid] *a.* **1** 荷を積んだ, 荷を満載した. **2** いっぱいにのせた〔詰めた〕《を *with*》: a table ～ *with* food ごちそうを山盛りした食卓. a ～ talk たっぷり聞きでのある話. **3**《銃が》弾薬を装塡した;《カメラが》フイルムを込めた. **4**《酒などが》混ぜ物をした. **5**〔電〕装荷を施された. **6**〔俗〕酔った. **7**〔俗〕お金がどっさりある. **～ antenna** 装荷アンテナ. **～ cane** 仕込みづえ《頭部に鉛を詰めたもの》. **～ dice** いんちきさいころ《鉛を詰めた》.

lóad·er [lóudər] *n.* **1** 荷を積む人; 積み込み機. **2**《銃砲の》装塡(そう)者〔係〕;〔軍〕《合成語として》…装塡装置の銃砲: a single ～ 単装砲.

lóad·ing [lóudiŋ] *n.* **1** 荷積み, 船積み, 荷役; 船荷, 荷. **2**〔電〕装荷. **3**《弾薬の》装塡, 装薬. **4** 付加保険料.

lóad·star = lodestar.

lóad·stone [lóudstòun] *n.* **1** 天然磁石. **2** 吸引力のあるもの; 人をひきつけるもの.

‡**loaf**[1] [louf] *n.* (*pl.* **loaves** [louvz]) **1**《一定の形に焼き上げたパンの》固まり, パンの一固まり: a brown ～ 黒パン一固まり. two *loaves* of bread 二固まりのパン. → slice, roll. **2**《棒状の》砂糖の固まり;《一般的》《食パンのような形の》固まり: meat ～ ひき肉を食パン状に固めた料理. **3**〔英〕《キャベツ・レタスの》玉. **4**〔俗〕頭脳: Use your ～. 頭を使え. ***Half a ～ is better than no bread.***〔諺〕半分でもないよりはよい. ***loaves and fishes*** 私利, 現世の利得.
～ cake〔米〕棒状の大きいケーキ.

loaf[2] *vi.* **1** のらくらする, ぶらぶらうろつく. **2** 遊び暮らす. ── *vt.* <時を> なまけて過ごす《*away*》.

lóaf·er [lóufər] *n.* **1** のらくら者, なまけ者; 浮浪人. **2**《moccasin に似た》つっかけぐつ.

loam [loum] *n.* **1** 壌土(じょう)《砂・粘土・有機物の混ざったもの. 肥沃な土壌をなす》. **2** ローム《砂・粘土・わらなどの混合物で鋳型・しっくいなどをつくる》; 型土(かた). **3**〔古〕大地. ◇ **～·y** *a.*

‡**loan** [loun] *n.* **1** 貸し付け, 貸与《金または物の》. **2** 貸付金; 借款; 公債. **3** 貸借物. **4** 借用語, 外来語 (= ～ word). ***ask*** [***apply***] ***for a*** [***the***] ***～ of*** a hundred dollars (100ドル)の借金を申し込む. ***have the ～ of*** を借りる. ***issue a ～*** 公債を発行する. ***on ～*** 貸し付けて, 借り入れて. ***public*** [***government***] ***～*** 公〔国〕債. ***raise a ～*** 借款する.
── *vt.*〔おもに米〕**貸す,** 貸与する; <金を> 利貸しする. ── *vi.*〔米〕貸す《*out*》. [lend と同語源]
～ collection 美術品を借り集めて催す展覧会. **～ office** 金融会社; 質屋; 国〔公〕債申込み所. **～ shark**〔米俗〕高利貸し.

loath [louθ] *a.* きらって, いやがって: I am ～ *to* punish you. あなたを罰するのは気がすすまない. I am ～ *for* you to go. あなたに行ってもらいたくない. ***nothing ～*** いやどころか喜んで: He was *nothing* ～ to sing again. 喜んでまた歌った.

loathe [louð] *vt.* ひどくきらう, 忌みきらう: I ～ wine. 酒は大きらいだ. He ～*s* being praised. ほめられるのをひどくいやがる.

lóath·ing [lóuðiŋ] *n.* いやがること, 嫌悪(けんお), 大きらい: be filled with ～ いやでたまらない.

lóath·ly [lóuðli] *a.*〔稀〕= loathsome.
── [lóuθli/lóuðli] *ad.* いやいやながら, しぶしぶと.

lóath·some [lóuðsəm] *a.* **1** 忌まわしい, いやな. **2**《肉体的に》気持ちを悪くさせる, 胸をむかむかさせる. ◇ **～·ly** *ad.* **～·ness** *n.*

loaves [louvz] *n.* loaf[1] の複数形.

lob[1] [lab/lɔb] *vt., vi.* (**-bb-**) **1**〔テニス〕《ボールを》ゆるく高く打ち込む;〔クリケット〕低く下手投げする. **2** のろのろ歩く. ── *n.* **1**〔テニス〕ロビング;〔クリケット〕低い下手投げのボール. **2**〔方〕無器用者.

lob[2] = lobworm.

ló·bar [lóubər] *a.* 耳たぶの; 肺(葉)の.

ló·bate [lóubeit], **ló·bat·ed** [-id] *a.* **1**《葉などが》裂片のある. **2** 裂片の(形の).

lo·bá·tion [lobéiʃ(ə)n] *n.* **1** 裂片のあること;〔生〕分裂形成. **2** 裂片.

***lób·by** [lábi/lɔ́bi] *n.* **1**《ホテル・劇場の》ロビー,《入り口の》広間, 広い廊下《控え室・休憩室・応接間などに使用》. **2**〔米〕《議会に出入りする》圧力団体, 陳情者連, 院外団. **3**〔英〕《議員が院外者と会う》下院の控え室 (= the ～ of the House of Commons);〔英〕投票者控え廊下 (= division ～).
── *vt.* **1**〔米〕<議員に> 運動しかける;〔英〕<議員から> 情報を得る. **2** <議案を> 裏面工作をして通過させる: ～ a bill through. ── *vi.* 議会にはたらきかける; 陳情〔反対〕運動する.
◇ **～·ism** [-biiz(ə)m] *n.*〔米〕院外運動, 議案通過〔反対〕運動. **～·ist** *n.*〔米〕院外運動員.

lobe [loub] *n.* **1** 丸い突出部; 耳たぶ. **2**〔植〕裂片, 弁. **3**〔医〕葉(よう): the ～*s* of the lungs 肺葉. **4**〔空〕《係留気球の》安定袋. **5**〔機〕ローブ, 突出部. ◇ **～·less** *a.*

lo·béc·to·my [lobéktəmi] *n.*〔医〕《甲状腺・肺臓などの》切除術.

lobed [loubd] *a.* **1** = lobate. **2** 葉状の.

lo·bé·lia [lobí:ljə] *n.*〔植〕ロベリア《サワギキョウ属》.

lób·lol·ly [láblali/lɔ́blɔli] *n.* **1** 松の一種《アメリカ南部産》. **2**〔米方〕ぬかるみ, 沼地. **3**〔英方〕濃いかゆ.

ló·bo [lóubou] *n.* (*pl.* ～**s**)〔動〕大きい灰色のオオカミ《アメリカ西部産》.

lo·bót·o·my [lobátəmi/-bɔ́t-] *n.*〔医〕脳葉切除術, 脳切截(せつ)術.

lób·scouse [lábskàus/lɔ́b-] *n.* 肉・野菜・ビスケットなどのシチュー《船員の料理》.

lób·ster [lábstər/lɔ́b-] *n.* **1**〔動〕ウミザリガニ《大きい食用のエビ》;〔料理〕ロブスター. **2**〔古・俗〕イギリス兵《その軍服が赤いため》. **3**〔米俗〕赤ら顔の人; まぬけ. ***(as) red as a ～*** (顔の)真っ赤な. ***spring*** [***spiny***] ***～*** イセエビ.
～ alley〔米俗〕ニューヨークの劇場街. **～-eyed**

[ㄥ−ㄥ] 目の突き出た, 出目の. ～ **joint** 《パイプなどの》自在接合部. ～ **pot** エビ取り用のかご.

lób·ule [lábju:l/lɔ́b-] *n.* 耳たぶ; 〖医〗小葉; 〖植〗小裂片.

◇ **lób·u·lar** [lábjulər/lɔ́b-] *a.* ～のある; ～形の.

lób·worm [lábwə̀:rm/lɔ́b-] *n.* 〖虫〗ゴカイの類.

‡**ló·cal** [lóuk(ə)l] *a.* **1** 空間の, 場所の: ～ situation 空間的位置. **2** (特定の) 地方の, 土地の, 地区の; 一地方特有の: a ～ paper 地方新聞. a ～ custom 土地の風習. a ～ movie theater 近所の映画館. **3** 局所の, 局部の: ～ pain 局部的痛み《全身的に対し》. **4** 〖鉄道〗小区間を走る, 各駅停車の: a ～ train 区間列車, (各駅停車) 普通列車. **5** 〖英〗同一区内の, 市内郵便の《封筒の表示》. 〈注〉local は「全域・全国」に対し「特定地域の, 地方的」の意であり, 首都に対する「地方の, いなかの」の意の provincial と異なる.

—— *n.* **1** 地方住人〔住民〕. **2** 地方弁護士; 地方開業医; 地方説教師. **3** 《新聞の》地方記事. **4** 〖米〗区間列車, (各駅停車) 普通列車. **5** 〖米〗労働組合支部; 地方野球団. **6** (*pl.*) 〖英〗地方施行試験. [√loc-] ～ **color** 地方色; 《絵の》部分的色彩. ～ **examination** 〖英〗地方試験《大学本部の監督のもとに地方で行なう》. ～ **government** 地方自治(体). ～ **name** 地名; 地方的名称. ～ **option** 地方選択権《地方住民がその土地における酒類販売の可否を決められる権利》. ～ **tax payer** 〖米〗地方税納付者. ～ **time** 地方時. ～ **veto** 《地方住民の》酒類販売拒否権.

◇ ～·**ly** *ad.* 地方的に; 局部的に.

lo·cále [loukǽl/loukɑ́:l] *n.* 場所, (事件の) 現場.

ló·cal·ism [lóuk(ə)lìz(ə)m] *n.* **1** 地方的であること; 地方色. **2** 地方なまり, 方言. **3** 郷土偏愛, 地方第一主義〔根性〕; 偏狭(心).

lo·cál·i·ty [loukǽliti] *n.* **1** 場所, 所在: have the bump of ～ 場所についての記憶がよい. **2** 近辺, 付近. **3** 所在地; 《事件などの》現場; 産地. **4** 《風習などの》地方性. ***the sense of*** ～ 〖心〗場所の感覚.

ló·cal·ize [lóuk(ə)làiz] *vt.* **1** 地方化する; 地方分権化する; 〈軍隊などを〉分置する. **2** 地域化する, 一地方にとどめる; 局地化する, 局限する. **3** 〈注意などを〉集中する《に *upon*》. **4** に地方性〔色〕を与える. **5** 〈伝説などの〉起源の場所を突き止める.

◇ **lò·cal·i·zá·tion** [lòuk(ə)lizéiʃ(ə)n, -laiz-] *n.* 地方分権, 地方化; 局限; 位置測定.

Lo·cár·no [loukɑ́:rnou] *n.* ロカルノ《スイス南部の都会》. ***the Pact of*** ～ ロカルノ協定 (= ～ Pact [Treaty])《1925年 Locarno でイギリス・イタリア・ドイツ・フランス・ベルギーの間に締結された安全保障条約》. ***the spirit of*** ～ ロカルノ精神《特に独仏間の宿怨放棄を意味する》.

‡**ló·cate** [lóukeit, loukéit/loukéit] *vt.* **1** の位置を…に定める, 〈店・事務所などを〉…に置く, 《受動態で》…に位置する: The hotel *is* centrally ～*d* in Rome. ホテルはローマの中心部にある. **2** の位置を突き止める, 捜し出す: ～ a leak in a pipe パイプの漏水箇所を発見する. **3** 〖米〗〈土地の〉権利を主張する; 〈土地を〉測定する. —— *vi.* 〖米〗居住する《に *in*》. [√loc-]

‡**lo·cá·tion** [loukéiʃ(ə)n] *n.* **1** 場所, 位置, 所在: a good ～ for a new school 学校新設に好適な場所. a house in a fine ～ 位置のいい家. **2** 1区画の土地, 地域: a mining ～ 炭鉱地帯. **3** あり場所の発見; 位置の選定; 路線設定. **4** 〖映〗ロケーション, 野外撮影 (地). **5** 《土地・家屋の》貸借. ***on*** ～ ロケーション中 (で).

lóc·a·tive [lákətiv/lɔ́k-] *a.* 〖文〗処格の, 位置を示す. —— *n.* 処格, 位置格(= ～ case).

ló·ca·tor [lóukeitər, loukéi-/loukéi-] *n.* 〖米〗**1** 土地〔鉱区〕境界設定者. **2** 電波探知機; 聴音機.

loc. cit. [láksít/lɔ́k-] *loco citato*.

loch [lak, lax/lɔk, lɔx] Sc. *n.* 湖, 入り江, 潟(かた).

ló·ci [lóusai] *n.* locus の複数形.

‡**lock**[1] [lak/lɔk] *n.* **1** 錠: open a ～ with a key かぎで錠をあける. **2** 輪止め; 〖機〗気閘(きこう); 銃機. **3** 《運河などの》水門. **4** 《レスリングの》ロック, 固め. **5** 《車の》混雑. **6** 留置場; 〖英〗性病病院. ***keep*** a thing ***under*** ～ ***and key*** 厳重に錠をかけておく. ～, ***stock, and barrel*** 〖話〗(銃の各部すべて→) 完全に, いっさいがっさい, 全部. ***on*** [***off***] ***the*** ～ 錠をかけて〔かけずに〕.

—— *vt.* **1** に錠をおろす, 締める: ～ the door 入り口に錠をかける. **2** 〈物を〉しまい込む; 閉じ込める. **3** 抱き締める, に組みつく. **4** 固着させる; 輪止めする. **5** に水門を設ける; に水門を通過させる. —— *vi.* **1** 〈戸などが〉錠がかかる, 締まる. **2** 動かなくなる, 固着する. **3** 組み〔からみ〕合う. **4** 〈船が〉水門を通過する. ～ ***away*** しまい込む. ～ ***horns*** 〖米〗角突き合う, 互いに戦う. ～ ***in*** 閉じ込める. ～ ***into place*** 〈ギアなどが〉かかる. ～ ***off*** 〈水路を〉仕切る. ～ ***out*** 締め出す; 工場を閉鎖する. ～ ***the stable door after the steed is stolen*** 〖ことわざ〗馬が盗まれたあとで馬小屋に錠をかける; あとの祭り. ～ ***up*** (1) 錠をおろす; 閉鎖する. (2) 監禁する; しまい込む. (3) 〈資本を〉固定させる. ～ **gate** 水門, 閘. **L～ Hospital** 〖英〗性病病院. ～·**jaw** → 別項. ～·**kèep·er** 水門監視人. ～·**out** → 別項. ～**s·man** [-smən] (*pl.* **-men**) 水門番, 関もり. ～·**smith** [ㄥㄥ] 錠前師〔屋〕. ～·**stitch** [ㄥㄥ] ミシン縫い, 本ミシン, 二重縫い. ～·**up** →別項. ◇ ～·**less** *a.*

lock[2] *n.* **1** 《髪の》ふさ, 巻き毛; (*pl.*) 〖雅〗頭髪. **2** 《羊毛・綿花の》ふさ. **3** 《乾草などの》少量, 一握り.

lóck·age [lákidʒ/lɔ́k-] *n.* **1** 水門の構築〔使用, 開閉〕. **2** 《船の》水門通過(税). **3** 閘程(こうてい)《水門の内外の水面の水位差》.

Locke [lak/lɔk] *n.* John ～, 1632–1704, イギリスの哲学者.

◇ **Lóck·i·an** [-iən] *n., a.* ロック哲学派の (人).

lóck·er** [lákər/lɔ́k-] *n.* **1** ロッカー《かぎのかかる戸だな》. **2** 〖海〗《水夫各自の服・武器などを入れる》戸だな; 格納所. **3** 錠をおろす人〔物〕, 税関の倉番. ***go to [***be in***] ***Davy Jones's*** ～ 海で水死する. ***have not a shot in the*** ～ 懐中無一文; ちっとも見込みがない. ***laid in the*** ～***s*** 死んで.

～ **room** 《特に体育場・クラブの》ロッカー室.

lóck·et [lákit/lɔ́k-] *n.* ロケット《写真・形見の品などを入れて首飾りなどに付ける小さい容器》.

Lóck·heed [lákhì:d/lɔ́k-] *n.* 〖米〗ロッキード《飛行機製造会社名》; その会社製の飛行機.

lóck·jaw [lákdʒɔ̀:/lɔ́k-] *n.* 〖医〗破傷風 (tetanus) の一種; 牙関(がかん)緊急《trismus の俗称》.

lóck·out [lákàut/lɔ́kaut] *n.* ロックアウト《労働者に対する使用者側の工場閉鎖》. —— *vt.* 〈労働者に〉工場閉鎖をくわす.

lóck·up [lákʌ̀p/lɔ́kʌp] *n.* **1** 〖俗〗刑務所, 留置所. **2** 《資本の》固定; 固定資本. **3** 閉門時間, 門限. —— *a.* 錠のかかる, 錠のおりる.

ló·co[1] [lóukou] *n.* (*pl.* ～**s**) 〖米: 植〗ロコソウ(=locoweed)《有害な豆科植物》; ロコソウ中毒による家畜の脳病 (= ～ disease). —— *a.* 〖米俗〗気の狂った, 頭の変な. —— *vt.* (～**ed**; ～·**ing**) ロコソウ中毒にかからせる; 〖米俗〗の頭を変にする.

～·**weed** [ㄥ−ㄥ] 〖米: 植〗ロコソウ.

◇ ～**ed** [lóukoud] *a.* 〖米俗〗気の狂った.

ló·co[2] *n.* = locomotive engine.

lo·co ci·ta·to [lóukou-sitéitou, -sai-] L. (= in the place cited) 上記引用書〔論文〕中《略 *loc. cit.* または *l.c.*》.

lò·co·mó·bile [lòukəmóubil/-bail] *n.* 自動推進車〔機関〕; 〖米〗自動車. —— *a.* 移動する〔できる〕.

lò·co·mó·tion [lòukəmóuʃ(ə)n] *n.* **1** 移動, 運動; 移動〔運動〕力, 運転力. **2** 旅行. **3** 交通機関.

‡**lò·co·mó·tive** [lòukəmóutiv/ㄥ−ㄥ−] *n.* **1** 《列

車の」機関車. **2** (*pl.*)〘俗〙脚(あし). **——** *a.* **1** 移動〔運動〕する, 運動性の. **2**〘笑〙旅行(好き)の: a ~ person. [√ioc-+√mo(u)-]

~ engine 機関車. **~ engineer**〘米〙機関士. **~ organ** 移動器官《脚など》. **~ tender** 炭水車.

lò·co·mó·tor [lòukəmóutər] *a.* 移動の, 転位の, 運動の; 運転の. **——** [㊥ ́— — ̀ —] *n.* **1** 運動〔運転〕力のあるもの; 移動発動機. **2**〘笑〙旅行好きの人. **~ ataxia**〘医〙運動失調.

lóc·u·lus [lákjuləs/lɔ́k-] *n.* (*pl.* **-li** [-lài]) **1** 古墳内の死体室. **2**〘動・医・植〙室, 胞, 房.

ló·cum té·nens [lóukəm-tí:nenz, ㊥⁺-nenz] *n.* 代理(人); 代理牧師; 代診. [<L.]

ló·cus [lóukəs] *n.* (*pl.* **ló·ci** [lóusai]) **1** 場所, 所在地. **2**〘数〙軌跡. **~ *classicus*** [-klǽsikəs] (標準的)名句, 典拠のある句. **~ *in quo*** [-in-kwóu]《事件の》現場. **~ *sigilli*** [-sidʒílai] 印章押印箇所.

***ló·cust** [lóukəst] *n.* **1**〘虫〙イナゴ, バッタ;〘米〙セミ. **2**〘植〙イナゴマメの木〔実〕; ハリエンジュ; ニセアカシア. **3** 貪欲(どんよく)な人; 破壊的な人.

lo·cú·tion [lokjú:ʃ(ə)n] *n.* **1** 話し方, ことばづかい. **2** 言い回し, 慣用語法. [√loqu-]　「どの》談話室.

lóc·u·to·ry [lákjutò:ri/lɔ́kjut(ə)ri] *n.*《修道院な

lode [loud] *n.* **1** 鉱脈. **2**〘英方〙水路, 水道.

lóde·star [lóudstà:r] *n.* **1** 道しるべとなる星;《特に》北極星. **2** 指導原理, 指標; 中心目標; 注目の的.

lóde·stone = loadstone.

‡lodge [ladʒ/lɔdʒ] *n.* **1** 小屋; 猟小屋, 山小屋; 番小屋, 門番小屋, 門衛所;《北アメリカ原住民の》テント小屋. **2**《秘密結社の》集会所, 支部;《集合的》支部会員. **3**〘英〙Cambridge 大学の学部長公舎. **4**《動物, 特に beaver の》巣.

—— *vi.* **1** 宿泊する, 泊まる; 下宿する: ~ *with* [*at*] a person's 人の家に下宿する. **2**《弾丸などが体内に》とどまる, はいる; <矢などが> 突き刺さる. **3** <作物が> 倒れる.

—— *vt.* **1** 宿泊させる; 下宿させる. **2** 屋根の下へ入れる, かくまう, 保護する. **3** <弾丸などを> 撃ち込む; <矢などを> 突き立てる: ~ a bullet *in* a person's heart 人の心臓に弾丸を撃ち込む. **4**《保管・安全のために》依託する, <権能などを>ゆだねる《に *in, with*》: ~ money *in* a bank [*with* a person] 金を銀行に〔人に〕預ける. **5** <情報を> 提供する: ~ an information *against* a person 人を密告する. **6** <訴状・申告書を> 提出する; <苦情などを> 申し立てる: ~ a complaint *with* a person 人に苦情を言う. **7** <獲物を巣へ> 追い込む. **8** <風雨などが作物を> 倒す. **~ *out***〘鉄道〙乗務員が到着駅の宿舎で泊まる.

lódg·er [ládʒər/lɔ́dʒ-] *n.* 宿泊〔下宿〕人, 同居人, 間借り人: take in ~*s* 下宿人をおく.

‡lódg·ing [ládʒiŋ/lɔ́dʒ-] *n.* **1** (*pl.*) 下宿, 貸し間, 下宿屋: live in ~*s* 下宿住まいする. **2** 宿泊所,《一時の》住所. **3** 宿泊 (の便): ask for a night's ~ 一夜の宿を頼む. 〈注〉「下宿・貸し間」のばあいは一へやでも通例複数形が用いられる. ただし下宿の設備・宿泊の行為などは複数としない. ***board and ~*** まかないつきの下宿: furnish *board and ~* まかないつきで下宿させる. ***change* one's ~*s*** 下宿を替える. ***dry ~*** まかないなしの下宿. ***take* (*up*) one's ~*s*** 下宿する. **~ house** 下宿屋: a common ~ *house*《食事なしの》宿泊だけの宿.

lódg·ment, ㊥ lódge·ment [ládʒmənt/lɔ́dʒ-] *n.* **1** 宿泊《宿泊すること, または宿泊させること》; 宿泊所. **2**〘軍〙占領;《占領後応急的に設けた》拠点, 足がかり. **3**〘法〙《担保などを》預けること, 供託; 預金. **4**《土砂の》堆積(たいせき). ***effect* [*find, make*] *a ~*** 陣地を占領する, 足がかりを設営する.

ló·ess [lóuis] *n.* 〘地〙ロス, レス, 黄土《ミシシッピ川・ライン川流域・中国北部などの》.

***loft** [lɔ:ft/lɔft] *n.* **1** 屋根裏《物置き用》;《干し草などをたくわえる馬屋・納屋の》2 階;《教会・講堂などの》上階, さじき;〘米〙《商館・倉庫・工場などの》最上階. **2** ハト小屋; ハトの群れ. **3**〘ゴルフ〙《ボールを上げ打ちするための》クラブの鉄頭の後方傾斜;《ボールの》上げ打ち.

—— *vt.* **1** 屋根裏にたくわえる. **2** ハト小屋に入れる; <ハトを> 飼う. **3** <ゴルフ棒に> 傾斜をつける; <ボールを> 高く打ち上げる; <障害を> ボールを高く打ち上げて越す. **——** *vi.* **1**〘ゴルフ〙ボールを高く打ち上げる. **2** (ボールのように) 高く飛ぶ.

◇ **~·er** *n.*〘ゴルフ〙ロフター《打ち上げ用のアイアン》.

‡lóft·y [lɔ́:fti/lɔ́fti] *a.* (**-i·er**; **-i·est**) **1** 高い, そびえ立つ: a ~ peak 高峰. **2** 位の高い, 高位の. **3** 高尚(こうしょう)な, 高遠な. **4** 高慢な, えらそうな: ~ contempt [disdain] しり目にかけること. [lift と同語源] ◇ **-i·ly** *ad.* 高く; 高尚に; 高慢に, 尊大に. **-i·ness** *n.* 類 → high「高い」

‡log [lɔ:g, lag/lɔg] *n.* **1** 丸太. **2** 鈍重な人, のろま. **3**〘海〙測程器《航海の速度・距離を測る》. **4** 航海〔航空〕日誌; 旅行日記; 工程日誌. **5**《仕立屋・日雇い職人の》労働時間表.

(*as*) ***easy as rolling off a ~***〘米〙《丸太をころがすように》全く容易な. ***heave* [*throw*] *the ~*** 測程器で船の速さを測る. ***in the ~*** 丸太のままで. ***King L~*** 無能の王様《イソップ物語》. ***sleep like a ~*** 死んだように眠る.

—— *v.* (**-gg-**) *vt.* **1** 丸太に切る; の木を切り倒す, の木を丸太にする. **2** に丸太を敷く. **3**〘海〙航海日誌に記入する; <船が…ノットの速度を> 出す, <…ノットで> 走る. **——** *vi.* 木を切り倒して丸太をつくる.

~·book [́ ̀] 航海〔航空〕日誌;《飛行機の》航程表. **~ cabin** 丸太小屋. **~ house** = ~ cabin. **~·jam** [́ ̀] 川に流されて 1 か所に固まった丸太;〘米俗〙混雑, 行き詰まり; 封鎖. **~·roll** → 別項. **~·wood** [́ ̀]〘植〙ロッグウッド《豆科の小高木》. ◇ **~·like** *a.* 丸太形の.

log., log logarithm(ic).

lóg·an [lágən/lɔ́gən] *n.* ゆるぎ石 (= ~ stone)《大きな重い石で手で触れると揺らぐ》.

ló·gan·ber·ry [lóugənbèri/-b(ə)ri] *n.*〘植〙ローガンベリー《raspberry と blackberry との雑種》.

lóg·a·rithm [lɔ́:gəriðəm, lág-, -θ(ə)m/lɔ́g-] *n.*〘数〙対数《略 log., log》. ***common ~s*** 常用対数. ***natural ~s*** 自然対数. ***table of ~s*** 対数表.

lòg·a·ríth·mic [lɔ̀:gəríðmik, làg-, -ríθ-/lɔ̀g-] *a.* 対数の. **~ scale** 対数目盛り, 計算尺. **~ table** 対数表. ◇ **-mi·cal** *a.* **-mi·cal·ly** *ad.*

loge [louʒ] F. *n.*《劇場のさじき, もしくは舞台両側の》ボックス席, 仕切り席, ます.

lóg·ger [lɔ́:gər, lág-/lɔ́gə] *n.*〘米〙**1** きこり. **2** 丸太運搬トラクター; 丸太積み込み機械.

lóg·ger·head [lɔ́:gərhèd, lág-/lɔ́g-] *n.* **1** ばか者, まぬけ. **2** もり綱を巻く捕鯨船尾の円柱;《ボートの》綱掛け柱. **3**〘工〙鉄球棒《一方の端に鉄球の付いている棒. 球を熱してタールなどを溶かすに用いる》. **4**〘動〙《大西洋産》アカウミガメ (= ~ turtle);〘鳥〙《北アメリカ産》モズの一種 (= ~ shrike). ***at ~s with*** と争って, と不和で. [元来 log と関係あり. 丸太頭 → ばか]

log·gi·a [ládʒ(i)ə, lɔ́:dʒ-/lɔ́dʒ-] It. *n.* (*pl.* **~s**; ***log·gie*** [-dʒe])〘建〙開き廊, 涼み廊下.

lóg·ging [lɔ́:giŋ, lág-/lɔ́g-] *n.* 木材切り出し; 伐採搬出; 伐木量. [<log]

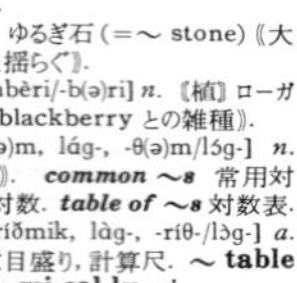
loggia

‡lóg·ic [ládʒik/lɔ́dʒ-] *n.* **1** 論理, 論法. **2** 条理, 理屈. **3** 論理学(書). **4** 理詰め, 説得力; いやおう言わさぬ力: the irresistible ~ of facts 事実という

不可抗力. ***deductive*** [***inductive***] ～ 演繹(えんえき)[帰納]論理学. ***symbolic*** ～ 記号論理学(＝mathematical ～). [√log-]

lóg·i·cal [ládʒik(ə)l/lɔ́dʒ-] *a.* **1** 論理学(上)の, 論理(上)の. **2** 論理的な, 論理にかなう; 論理を守る[尊ぶ]: a ～ argument 筋のとおった議論. a ～ mind 論理的な精神. **3** 論理上当然な: ～ result 必然的結果. ～ **positivism** [**empiricism**] 〘哲〙論理的実証主義.
◇ ～·**ly** *ad.* 論理上; 論理的に. ～·**ness** *n.* **lòg·i·cál·i·ty** [∸—kǽləti] *n.* 論理性, 論理的妥当性; 論理[推論]の適正(性).

-lóg·i·cal [-ládʒik(ə)l/-lɔ́dʒ-] *suf.* -logy で終わる語の形容詞: philo*logical* 文献学の <philo*logy*.

lo·gí·cian [lodʒíʃ(ə)n] *n.* 論理学者, 論法家.

ló·gie [lóugi] *n.* 亜鉛製装飾物; 《芝居で使う亜鉛製の》にせ物の宝石.

lóg·i·on [lágiàn/lɔ́giən] *n.* (*pl.* **lóg·i·a** [lágiə/lɔ́g-]) 《福音書に採録されていない》キリストの言; 名言, 格言.

-lo·gist [-lədʒist] *suf.* -logy の語尾をもつ語から「…学者, …研究家」の意の名詞をつくる: anthropo*logist* 人類学者 <anthropo*logy*. philo*logist* 文献学者 <philo*logy*.

lo·gís·tic[1] [lodʒístik] *a.* 兵站(へいたん)術[学]の.
◇ ～**s** *n. pl.* 《単数扱い》〘軍〙兵站術[学].

lo·gís·tic[2] *n.* 論理計算 (symbolic logic).

logo- 「ことば」の意の語形成要素. [√log-]

lóg·o·gram [lɔ́:gəgræ̀m, lág-/lɔ́g-] *n.* **1** 語標, 略符《dollar を $ で, and を & で示すたぐい》. **2** 速記用略字. **3** 文字判じ物.

lóg·o·graph [lɔ́:gəgræ̀:f, lág-, -grà:f/lɔ́gəgrɑ:f] ＝ logogram; 〘印〙＝ logotype.

lo·góg·ra·pher [logágrəfər/ləgɔ́g-] *n.* **1** 《古代の》伝説集録散文史家. **2** (職業的)演説起草者.

lóg·o·griph [lɔ́:gəgrìf, lág-/lɔ́g-] *n.* **1** 転綴(てんてつ)語句 (anagram). **2** 文字判じ物.

lo·góm·a·chy [logáməki/ləgɔ́m-] *n.* **1** ことば争い, 口げんか, 舌戦. **2** 〘米〙字合わせ遊び.

lóg·os [lágɑs/lɔ́gɔs] *n.* **1** (しばしば L～) 〘哲〙《宇宙の》理法, 理性. **2** (L～) 〘宗〙神のことば (the Word); キリスト; 三位一体の第 2 位. [√log-]

lóg·o·type [lɔ́:gətàip, lág-/lɔ́g-] *n.* 〘印〙合体活字《the, and など 1 語または 1 音節を一つに鋳造した活字. ただし ligature とは別》.

lóg·roll [lɔ́:gròul, lág-/lɔ́g-] *vt.* 〘おもに米〙<議案を> 結託[協力]して通過させる. —— *vi.* **1** 議案を結託[協力]して通過させる; 結託する. **2** 助け合う; (仲間どうしで) ほめ合う. **3** 丸太ころがしに加わる.
◇ ～·**ing** *n.* **1** 《協力して行なう》丸太ころがし. **2** 結託, 協力; 仲間ぼめ. **3** 丸太乗り.

-logue [-lɔ:g, -lag/-ləg] 「ことば」の意の語形成要素: mono*logue* ひとりぜりふ, 独白. [√log-]

ló·gy [lóugi] *a.* 〘米〙《動作が》のろい, ぐずな; 《頭の》鈍い.

-lo·gy [-lədʒi] **1** 「…学, …論」などの意の語形成要素: theo*logy* 神学 <theo- 神＋-logy 学問. **2** 「ことば・談話」の意の語形成要素: eu*logy* 賛辞 <eu- よく＋-logy 言うこと. [√log-]

Ló·hen·grin [lóuəngrìn, -grì:n] *n.* ローエングリン《ドイツの伝説の騎士. Wagner の歌劇の主人公》.

loin [lɔin] *n.* **1** (*pl.*) 腰《聖書では肉体的力ないしは生殖力の宿るところとされる》. **2** 《牛などの》腰肉. ***a fruit*** [***child***] ***of*** one'***s*** ～***s*** 自分に生まれた子. ***gird up*** one'***s*** ～***s*** 奮発する, 大奮発をする. ***sprung from*** a person'***s*** ～***s*** …の子として生まれた. ∼·**cloth** [∸∸] 腰布, 腰巻き, 下帯, ふんどし.

loir [lɔ́iər, ㊋+ lwɑ:r] *n.* 〘動〙ヤマネの類.

Loire [lwɑ:r] *n.* (the ～) ロアール川《ビスケー湾に注ぐフランス一の大河》.

‡**lói·ter** [lɔ́itər] *vi.* **1** 《ある場所で》**ぶらぶらする,** 暇どる, 「油を売る」: ～ on one's way 道草を食う. **2** ぶらぶら歩く, のろのろ動く, 休み休み行く 《*about, along*》. **3** のろのろ時を過ごす, のらくら暮らす, のらくら働く. —— *vt.* <時間を> **のらくら過ごす** 《*away*》.
◇ ～·**er** [-tərər] *n.* ～·**ing·ly** [-təriŋli] *ad.* ぶらぶらと, ぐずぐずして.

Ló·ki [lóuki] *n.* 〘北欧神話〙破壊・災難の神.

Lo·lí·ta [loli:tə] *n.* ソ連生まれのアメリカの作家 V. Nabokov の小説の題名《その主人公の名から》.

loll [lal/lɔl] *vi.* **1** (ぐったり) 寄りかかる: ～ *in* [*on*] a chair いすに寄る. ～ *against* a wall 壁に身をもたせる. **2** のらくらする, ぶらぶらなまける 《*about*》. **3** <犬の舌などが> だらりとたれる 《*out*》. —— *vt.* **1** <舌を> だらりとたらす 《*out*》; <手・頭を>ぐったりもたれさす. **2** <時を> のらくら過ごす 《*away*》.

lòl·la·pa·lóo·za, -sa [lὰləpəlú:zə/lɔ̀l-] *n.* 〘米俗〙りっぱな人; すばらしい物[事].

Lól·lard [lálərd/lɔ́l-] *n.* 〘英史〙14–15 世紀のJohn Wycliffe 派の徒. ◇ ～·**ism** [-ìz(ə)m], ～·**ry** [-ri] *n.* ウィックリフ主義《改革を唱道し異端視された》.

lól·li·pop, lól·ly·pop [lálipὰp/lɔ́lipɔp] *n.* (棒の先につけた堅い) おしゃぶりあめ.

lól·lop [láləp/lɔ́l-] *vi.* 〘英話〙ばたばた[よたよた]歩く《*along*》. —— *n.* ばたばた[よたよた]歩き.

Lóm·bard [lámbərd, lʌ́m-, -bɑ:rd/lɔ́m-] *n.* **1** ロンバルド族《6世紀にイタリアを征服したゲルマン系の一族》. **2** Lombardy 人. **3** 金融家, 銀行家. —— *a.* Lombardy (人)の. ***It's all*** ～ ***Street to a China orange.*** (それは) まずまちがいない, ほぼ確かである. ～ **Street** 銀行が多く有名なロンドンのまち; イギリスの金融界.

Lom·bár·dic [lambá:rdik, lʌm-/lɔm-] *a.* Lombardy (人)の; 〘美・建〙Lombardy 風の.

Lóm·bar·dy [lámbərdi, lʌ́m-/lɔ́m-] *n.* ロンバルディー《昔ロンバルド族が定住していたイタリア北部の州》. ～ **poplar** 〘植〙西洋箱柳.

Lo·mé [lɔ:méi] *n.* ロメ《Togo の首都》.

Ló·mond [lóumənd] ***Loch*** ～ スコットランド西部の湖の名.

lon., long. longitude. **Lon(d).** London.

‡**Lón·don** [lʌ́ndən] *n.* **1** **ロンドン**《イギリスの首都》. **2** Jack ～, 1876–1916, アメリカの作家. ***City of*** ～ → the City. ***the*** ～ ***County Council*** 大ロンドン市会《略. L.C.C.》.
～ **broil** あぶり焼き薄ステーキ. ～ **particular** 〘話〙ロンドン特有の濃霧. ～ **pride** 〘植〙ヒカゲユキノシタ. ～ **smoke** くすんだ灰色.
◇ ～·**er** *n.* ロンドン人[っ子]. ～·**ism** [-ìz(ə)m] *n.* ロンドン風[なまり, 口調]. ～·**ize** [-àiz] *vt.* ロンドン風にする.

Lòn·don·dér·ry [lʌ̀ndəndéri] *n.* 北アイルランドの州; その州都.

‡**lone** [loun] *a.* **1** **ひとりぼっちの,** 連れのない, 孤独な: a ～ traveler ひとり旅の人. **2** **孤立している,** 人里離れた: a ～ pine 一本松. a ～ house 一軒家. **3** 〘雅〙心寂しい, 心細い. **4** 〘笑〙配偶者のない, 独身の, 寡婦の. ***play a*** ～ ***hand*** 独力で仕事をやる. [<alone] ～ **flight** 単独飛行. **L～ Star State, the** アメリカ Texas 州の別称. ～ **wolf** 「一匹おおかみ」; 孤立主義者; 《パーティーで》相手のない人; 独身者; 単独犯.

†**lóne·ly** [lóunli] *a.* **1** **孤独の,** ひとりぼっちの, 連れのない. **2** 《物が》孤独の, 孤立の: a ～ tree 一本立ちの木. **3** 人里離れた, 人通りの少ない: a ～ road 人影の見えぬ道. **4** 《人または状況が》**心寂しい,** 心もとない: feel ～ 心細い. a ～ life わびしい暮らし. **5** 心もとながる: a ～ heart 寂しがり屋の人. **6** 〘話〙《副詞的に和訳して》ひとりきりで: sip a ～ cocktail ひとりぼっちでカクテルを飲む.
◇ *-**li·ness** *n.* 寂しさ, 心細さ; 孤独, 孤立
[類] → **alone** 「ひとりで」

lón·er [lóunər] *n.* 〘米俗〙孤立主義者, 「一匹おおかみ」.

***lóne·some** [lóunsəm] *a.* (**-som·er**; **-som·est**) **1** 寂しい, わびしい, 心細い. **2** 寂しさをさそう: a ～ road 寂しい道. —— *n.* ひとり《次の語句で》: be on one's ～ ただひとりでいる. by one's ～ ひとりで. ◇ **～·ly** *ad.* **～·ness** *n.*

†**long**[1] [lɔːŋ/lɔŋ] *a.* (**lóng·er** [lɔ́ːŋgər, láŋ-/lɔ́ŋgə]; **lóng·est** [lɔ́ːŋgist, láŋ-/lɔ́ŋgist]) **1**《空間的に》**長い, たけが長い**, 奥行きが長い: a ～ distance 長距離. a garden ～*er* than it is wide 幅より奥行きのある庭. take the ～ way home 遠い方の道を通って帰宅する. **2 長さ…の**, たけ[奥行き]が…ある: be five feet ～ 長さ5フィートある. How ～ is it? 長さは幾らあるか. **3**《時間的に》**長い, 長く続く**; 長時間かかる, 長ったらしい: The days are getting ～*er*. 日が長くなっていく. a ～ story 長い物語, 話せば長い話, こみいった話. a ～ farewell 長々と続く別れのあいさつ. **4**《時間的に》**たっぷりの**;《一般的》**多量の**, 多数の, 大きな: two ～ hours 延々2時間, 2時間も, 2時間たっぷり. a ～ figure 大きな数. **5** たっぷりもっている《を *on*》: be ～ *on* brains 知恵が豊かである. **6** 通常以上に大きな: ～ hundred 120. **7** 遠くまで及ぶ, 遠くからの: a ～ view 遠景. **8**〘音声〙長音(節)の. **9**〘商〙強気の. **10** 可能性の少ない: a ～ chance. **11**《飲料が》ソーダ入りの.
at ～ weapons 接戦しないで. ***be a ～ time*** [***while***] (***in***) (do)***ing*** …するに時間[手間]がかかる. ***be ～ on*** →⑤. ***Don't be ～*** ぐずぐずするな, 早くしなさいよ. ***have a ～ tongue*** おしゃべりである. ***in the ～ run*** 結局, 最後には. ***make a ～ neck*** [***arm***] 首[腕]をのばす. ***pull a ～ face*** 憂うつな顔をする, がっかりしたようすを見せる. ***take ～ views*** [***a ～ view***] (***of life***) 遠い将来のことを考える. ***take the ～est way round*** いちばん遠道[回り道]をする.
—— *ad.* **1 長く, 久しく**; ずっと. **2** …じゅう: all day [night] ～ 終日[終夜]. ***any ～er*** もはや, これ以上. ***as*** [***so***] ***～ as*** …するかぎりは, …の間は. ***at*** (***the***) ***～est*** (せいぜい) 長くとも. ***～ after*** …のずっとのちに; …ののちずっと長く. ***～ ago*** いまからずっと以前[昔]に. 〈注〉I said, "I saw this man *long ago.*" → I said that I had seen that man *long before*. ***～ before*** (1) ずっと以前に; …するずっと前に. (2) …するまでには長く[長い]: It was ～ *before* he came. 彼が来るまで手間どった, よほどたってから彼は来た.
—— *n.* **1 長い間**, 長時間. **2**〘英話〙(the ～) 暑中休暇. **3**〘音声〙長母音, 長音節;〘楽〙二全音符の2倍の長さ. **4** (*pl.*)〘商〙強気. ***before ～*** 遠からず, まもなく. ***for ～*** 久しく: He has been away *for* so ～. こんなに長い間こちらへ来ない. 〈注〉このように so がつくことがある. ***take ～*** 長時間を要する: It will not *take* ～ to get there. そこへ行くのに長くかかるまい. ***The ～ and the short of it is that...*** 要するに[つまるところ]…である.
∠-a·wàit·ed 待望の. **L～ Beach** ロングビーチ《アメリカ California 州ロサンゼルス市近郊にある海水浴場》. **～ bill** たくさんたまった勘定; 長期手形. **∠·bill** [∠∸]〘鳥〙くちばしの長い鳥;《特に》シギ. **∠·boat** [∠∸]《帆船積載の》大型艇. **∠·bow** [∠∸] 大弓, 長弓: draw the ～*bow* 大ぼらを吹く. **∠·cloth** [∠∸]《薄くて軽い》上質綿布. **～ clothes** うぶ着, おむつ: in ～ *clothes* うぶ着を着て; 幼稚で. **∠-dàt·ed** 長期の《手形・債券など》. **∠-dís·tance** → 別項. **～ dozen** 13. **∠-dráwn**(**-óut**) 長く引いた, 引き伸ばした; 長く続く, 長い. **∠-éared** (1) 長い耳をもった. (2) ロバのような; 愚鈍な. **～ ears** 早耳; ロバ; ばか. **～ face** 陰気くさい顔. **∠-fáced** 顔の長い; 悲しそうな, 憂うつな. **～ family** (子どもの多い) 大家族. **～ figure** 高価. **～ finger** 中指. **～ firm**〘英〙いんちき会社. **～ green**〘米俗〙(ドル) 紙幣. **～ hair**〘米俗〙インテリ; 旧式な人[物]; 古典音楽. **∠·hair** [∠∸]〘米話〙(1) 髪を長くした芸術家,《特に》古典音楽の作曲[演奏, 愛好]家. (2) 古典音楽を愛好する;《音楽が》古典的な; インテリのような. **∠-haired** [∠∸, ∸∸] *a.* = longhair ②. **∠·hand** [∠∸] 普通の書き方. → shorthand. **～ head** 賢明な人; 先見の明. **∠-héad·ed** (1) 長頭の. (2) 頭のよい, 先見の明ある. **～ hit**〘野球〙長打. **∠·horn** [∠∸] 長角牛;《敵機探知用の》聴音機. **～ hours** 夜の11時, 12時《とけいが時を長く打つ時間》. → small hours. **L～ Island** アメリカ New York 州東南部の島. **～ john**〘米俗〙長い下着. **～ jump** 幅飛び. **∠-líved** [-láivd/-lívd, -láivd] 長命の; 永続する. **～ memory** 強い記憶力. **～ off**〘クリケット〙投手の左後方の野手. **～ on**〘クリケット〙投手の右後方の野手. **～-playing record**《レコードの》LP 盤, 長時間レコード. → EP, SP. **～ price** 高値. **∠-ránge** 長距離に達する; 長期にわたる; 遠大な: a ～-*range* gun 長距離砲. a ～-*range* plan 長期計画. **～ run** 長期興行. **∠·shore** [∠∸] 沿岸の: ～*shore* fishery 沿海漁業. **∠·shòre·man** [-ʃɔ̀ːrmən/-ʃɔ̀ː-] (*pl.* **-men**) (1) 仲仕, 波止場人夫. (2) 沿岸漁夫《魚・貝・海そうを採る》. **～ shot** (1)〘映〙ロングショット. (2)〘米俗〙一かばちかの計画[商売]; ありそうもないこと: not by a ～ *shot* 全然…ない. (3)〘米話〙《競馬で》勝ちめのない馬. **～ shot chance** あぶない賭(かけ); 思いがけない好機. **～ sight** 遠視; 先見の明. **∠-síght·ed** 遠見のきく, 先見の明ある. **∠-stánd·ing** 長く続く[続いた], 長年の, 積年の. **～ stop**〘クリケット〙ロングストップ《wicketkeeper のすぐ後方で守備する役》. **∠-súf·fer·ing** しんぼう強い[強さ]. **～ suit** (1)〘トランプ〙同種の札が4枚以上そろったばあいの1組み. (2) 有利な立場; 長所. **∠-térm** 長期の: a ～-*term* contract 長期契約. **L～ Tom**〘俗〙長距離砲. **～ tongue** 多弁, おしゃべり. **∠-tongued** [-tʌŋd] おしゃべりの. **～ train** 長距離列車. **～ vacation**〘英〙《大学・法廷などの》暑中休暇. **∠-wínd·ed** 息の長い;《人が》長談義の,《話が》長たらしい.
◇ **∠·ways** [∠∸], **∠·wise** [∠∸] *ad.* 縦に, 長く, 長さで.

‡**long**[2] *vi.* **1 切望する**, 熱望する《を *for*; することを *to* (do)》. **2 あこがれる**, 慕う: ～ *for* home 故郷をなつかしむ. 「の方の[に].

-long [-lɔːŋ/-lɔŋ] *suf.* -ling[2] の変形: side*long* わき

long. longitude.

lón·gan [láŋgən/lɔ́ŋ-] *n.*〘植〙リュウガン (肉).

lóng-dís·tance [lɔ́ːŋdíst(ə)ns/lɔ́ŋ-] *a.* **1**〘米〙長距離の: a ～ (telephone) call 長距離電話. a ～ flight [race] 長距離飛行[競走]. a ～ cruise 遠洋航海. **2** 長期にわたる《天気予報など》.
—— *n.* 長距離電話交換局[手].

longe = lunge[2].

lón·ge·ron [lándʒərən/lɔ́n-] *n.* (通例 *pl.*)《飛行機胴体の》縦通材.

lon·gé·val [landʒíːvəl/lɔn-] *a.* 長命の.

lon·gév·i·ty [landʒévịti/lɔn-] *n.* 長命, 長寿; 寿命, 生命. [√aev-]

Lóng·fèl·low [lɔ́ːŋfèlou/lɔ́ŋ-] *n.* Henry Wadsworth [wádzwəːrθ-/wɔ́d-] ～, 1807-82, アメリカの詩人.

lóng·ie [lɔ́ːŋi/lɔ́ŋi] *n.* **1** (*pl.*)《婦人用などの》長い下着. **2** 長編映画.

‡**lóng·ing** [lɔ́ːŋiŋ/lɔ́ŋiŋ] *n.* **あこがれ, 切望, 熱望**《*for*》. —— *a.* あこがれ[切望]の, あこがれ[切望]をこめた. [<long[2]] ◇ **～·ly** *ad.* 「ち長い.

lóng·ish [lɔ́ːŋiʃ/lɔ́ŋiʃ] *a.* 長めの, やや長い, こころもち長い.

***lón·gi·tude** [lándʒịt(j)ùːd/lɔ́ndʒịtjuːd] *n.* **1 経度**, 経線《略 lon(g).》: twenty degrees fifteen minutes of east ～ 東経 20°15′. → latitude. **2**〘天〙黄経(= celestial ～). **3**〘笑〙長さ. [<long]

lòn·gi·tú·di·nal [lὰndʒịt(j)úːd(ị)n(ə)l / lɔ̀ndʒitjúːdi̥-] *a.* **1** 経度の, 経線の. **2** 縦の. **～ wave** 〘物〙縦波. ↔ transverse wave. ◇ **～·ly** *ad.* **1** 経度(の上で)は. **2** 縦に; 長さ(において)は.

longue ha·leine [F. lɔ̃ːgalɛn] F. 長期の努力: a work *of* [*de*] ～ 長い努力を要する仕事.

lon·gueur [lɔːŋgə́ːr/lɔ̃ː(ŋ)-] F. *n.* 《書物・映画・演劇の》長たらしさ, だれ場.

loo [luː] *n.* (*pl.* **～s**) トランプ遊びの一種. —— *vt.* (**～ed**; **～·ing**) に罰金を科する《ルー遊びで》.

lóo·by [lúːbi] *n.* 大男; のろま, 武骨者; まぬけ.

Loo·chóo [luːtʃúː] *n.* 琉球(りゅうきゅう). 〈注〉アメリカでは Ryukyu.

◇ **～·an** [-ən] *a.*, *n.* 琉球(人)の; 琉球人.

lóo·fah [lúːfə/-fɑː, -fə] *n.* 〘植〙ヘチマ.

lóo·ie, lóo·ey [lúːi] *n.* 〘米: 陸軍俗〙中尉, 少尉. [< lieutenant]

†**look** [luk] *vi.* **1 見る**《を *at*》, 注意して見る, 目を向ける: *L～ at* the man [me]! あの人[私(の顔)]をごらん. ～ through the papers 書類に目をとおす; 書類の中を捜す. 〈注〉look at は現在分詞(ときに不定詞)をともなうことができる: They *looked at* him *swimming* [*swim*]. 彼らは彼が泳ぐのを見た. **2** 考えてみる, 考察する, 検討する, 調べる: a way of *～ing* at things 物の見方. ～ deeper もっとふかく検討する.

3《補語を伴って》…**に見える**, …であるように見える[思われる], …のようす[顔つき]をしている: He *～ed* pale. 彼は顔色が青く見えた, 彼は顔色が青かった. He came in, *～ing* anxious. 心配そうな顔つきではいってきた. The idea *～s* good. その考えはよさそうだ. He *～ed* every inch a king. どう見ても王者らしい風格であった. 〈注〉look と補語の間に to be を入れることもある《おもに〘米話〙》: They *look* (to be) happy. 彼らは楽しそうに見える.

4〈家などが〉…の方向に面している, …に面する;〈状況・事態が〉…の方へ傾く: Which way does the house ～? その家はどっち向きですか. It *～s to* the east. 東向きです. Conditions ～ toward war. 情勢は戦争含みである.

5 予期する, 期待する《を *for*; することを *to* (do)》: I had *～ed to* find a stern master. 会ったらきびしい主人だろうと覚悟していた.

—— *vt.* **1**〈感情・意志などを〉目つきで示す[知らせる]: He *～ed* his thanks. 彼は感謝の目つきをした. He *～ed* a query at me. 彼は私の方をもの問いたげに見た. **2** じっと見つめる; じっと見つめて[にらんで]…させる: He *～ed* me full in the face [straight in the eyes]. 彼は真正面から私を見すえた. He *～ed* her *into* silence. 彼はじっとにらんで彼女を沈黙させた. **3**《疑問の名詞節を伴って》を調べてみる: *L～* what time it is. 何時だか見てごらん.

L～! そら!, ほら! **～ one*self*** 平常の健康に見える: He *～s himself* again. 彼は回復したようだ. **～ *about*** (1) (の) まわりを見回す: ～ *about* one 自分の周囲を見回す. (2) 警戒する; 見回して捜す《を *for*》. **～ *after*** (1) を世話する, に気をつける: ～ *after* young people 若い人のめんどうをみる. (2) を見張る: ～ *after* one's rights 自分の権利を守る. ～ *after* a shop 店番をする. (3) を捜す, を求める. (4) を見送る. **～ one's *age*** 年齢相応に見える. **～ *ahead*** 前方[進行方向]を見る; 将来のことを考える. **～ *as if*** (あたかも) のように見える: It *～s as if* they were afraid. 彼らはこわがっているかのようだ. You ～ *as if* you slept badly. よく眠れなかったようですね. It *～s* to me *as if* my skirt is too long. スカートが長過ぎるように思われるけど. **～ *at*** (1) を見る: What sort of a man is he to ～ *at*? 見たところどんな人物ですか. (2) を考察する; 《will [would] not とともに》を見ようともしない, を問題にしない: He *will not* ～ *at* such a foolish proposal. 彼はそんなばかげた提案を問題にしない. **～ *away*** 目をそらす. **～ *back*** (1) 振り返る; 回顧する: ～ *back* upon the past 過去を顧みる. (2) しりごむ; 進歩しない: never ～ *back* ためらわない. **～ *blue*** 憂うつそうである. **～ *down*** (1) 見おろす. (2) に目をとおす: ～ *down* a list. (3) 目つきで押えつける. (4) 〘商〙下落する. **～ *down* one's *nose*** 見くだす, えらぶる; さげすむ《を *at*》. **～ *down on*** をけいべつする, をさげすむ. ↔ ～ up to. **～ *for*** を捜す, を求める; を待ち受ける. **～ *forward to*** a thing [(do)*ing*] を期待する, を楽しみに待つ. ***L～ here*** あのね; まあ聞きなさい. **～ *in*** (1) のぞきこむ. (2) ちょっと訪問する《を *on*》: Please ～ *in on* us, if you come this way. こちらにおいでの節はお立ち寄りください. (3) テレビを見る. **～ *into*** を調べる, を研究する. **～ *like*** (1) …のように見える, …であるように見える: He *～s like* a philosopher. 哲学者のような風采(ふうさい)だ. He doesn't ～ *like* working. 働いているようには見えない. Do you think it's true? — It *～s like* it. ほんとうだと思うか. —そうらしいね. 〈注〉口語で (it) looks like が it looks as if, it seems (that) のような意味に用いられることがある: *Looks like* you are wrong. どうもきみがまちがってるみたいだね《it の略された構文》. (2) …になりそうだ, …しそうに見える: It *～s like* rain [raining]. 雨になりそうだ. Nothing *～ed* like happening. 何事も起こりそうには見えなかった. **～ *off*** から目を離す. **～ *on*** [***upon***] (1) 見物[傍観]する. → onlooker. (2) 本を他人といっしょに読む《と *with*》. (3) に向いている: The room *～s on* the garden. へやは庭に面している. **～ *on* A *as* B** AをBとみなす: ～ *on* him *as* a genius 彼を天才とみなす. **～ *out*** (1) 外を見る. (2) 注意する,《命令文で》気をつけろ. (3) 捜す《を *for*》; 期待する《を *for*》. (4) 見晴らす《を *on*, *over*》. (5) を捜し出す. **～ *over*** (1) (に)ざっと目をとおす; (を)調査する, (を)吟味する. (2) (を)大目に見る (=overlook). (3) …越しに見る. **～ *over* one's *shoulders at*** (1) 振り返って肩越しに…を見る. (2) を気にする, を意識する. **～ *round*** 見回す; 考慮する. **～ *sharp*** 用心する;《命令文で》気をつけろ, てきぱきやれ. **～ *small*** はにかむ. **～ *the part*** いかにも役に似つかわしい, はまり役である. **～ *through*** (1) (を)通して見る; (を)見破る. (2) (を)じっと見る; (を)十分(に)調査する. (3) (を)通して見える: His greed *～s through* his eyes. 彼の貪欲(どんよく)が目にあらわれている. **～ *to*** (1) の方を見る, の方に面する. (2) に注意する, に気をつける; の世話をする. (3) を期待する, を当てにする: ～ *to* a person *for* help 人の助けを当てにする. I ～ *to* you to help me. あなたが助けてくださるものと思っています. **～ *to it that*** …するように注意[配慮]する. → see to it that… **～ *toward*(*s*)** (1) の方に向いている; に傾く. (2) 〘話〙…のために乾杯する. **～ *up*** (1) 見上げる. (2)《物価などが》上昇する; 好転する. (3)〈ことば・解答などを〉捜す: ～ *up* a word in a dictionary 辞書でことばを調べる. (4) 調べる: ～ *up* a time-table 時刻表を調べる. (5) を訪問する. **～** a person ***up and down*** (人を)じろじろ見る. **～ *up to*** を見上げる; を尊敬する. ↔ ～ down on. ***L～ you*** [***here***]***!*** 気をつけろ!, おい! ***to ～ at*** a person 〘話〙(人)のようすから判断すると.

—— *n.* **1 目つき, 顔つき**: a vacant ～ ぼんやりした目つき. **2** 容貌(ようぼう), 器量. **3 外観, ようす**: ～ of the sky 空もよう. Things are taking on an ugly ～. 事態が険悪なようすになってきた. **4 見ること**: have a good ～ とっくりと見る. (***good***) **～*s*** 美貌, よい目鼻だち: She has *～s* but no money. あの女は器量はいいがお金はない. ***have*** [***give, take***] ***a ～ at*** を(ちょっと) 見る. ***have a ～ of*** に似ている: She *has a* ～ *of* her mother.

～-ìn [㊇ ˊ ˊ] (1) ちらっと見ること. (2) 短い訪問, 立ち寄り: make a *～-in on* a person [*at* a person's home]. (3) 勝利の見込み, 勝ち目: have a *～-in* 勝ちそうだ. ***～·òut*** → 別項. **～-sée** [㊇ ˊ ˊ]

〖俗〗ざっと見る〔調べる〕こと;〖俗〗望遠鏡.
[類] → **see**「見る」, → **seem**「…と思われる」

lóok·er [lúkər] *n.* **1** 見る人. **2**〖米俗〗好男子, 美人. **~-ón** [⌐–⌐/⌐–⌐] *n.* (*pl.* **~s-ón**) 見物人, 傍観者: *L~s-on* see most of the game.〖諺〗おか目八目.

lóok·ing [lúkiŋ] *a.* 《合成語で》…に見える: angry-~ おこったような顔つきの. good-~ 顔だちのよい. **——** *n.* 見ること.
~ glass 姿見. **~-in** [⌐–⌐] テレビの視聴.

*__lóok·òut__ [lúkàut/⌐–⌐] *n.* **1** 見張り, 警戒, 用心. **2** 見張り人; 見張り所, 望楼(= ~ post). **3** 眺望(ちょう), 見晴らし. **4** 見込み, 前途: The ~ is rather grim. 前途はかなり暗い. **5**〖話〗自分の仕事〔関心事〕: That's not my (own) ~. おれの知ったことじゃない. 〈注〉② 以外では通例単数で用いられる.
be on the ~ (for) (を)見張っている, (を)警戒している: *be on the ~ for* robbers 盗賊に備えている. *be on the ~ for* bargains 掘り出し物を捜している. ***keep a good*** 〔***sharp***〕 ***~*** ゆだんなく見張る, 警戒する《を *for*》.
L~ Mountain アメリカ東部の山系にある高峰《南北戦争の古戦場》. **~ post** 見張り所, 望楼.

‡**loom**[1] [lu:m] *n.* **1** 機(はた), 織機. **2** 織機技術. **3** 《ボートの》オールの柄.

loom[2] *vi.* **1** ぼんやり見える; ぼうっと浮き出る: ~ *up* through the fog 霧のなかに浮き出る. **2** 〈心配・恐怖のたねが〉気味悪く迫る: dangers ~*ing* ahead 行く手に迫る危険. **~ *large*** 大きく浮かび出る, 目の前に迫っている. **——** *n.* ぼんやりとあらわれ出ること.

loom[3] *n.* 〖英方〗 **1** =loon[2]. **2** ウミガラス類の鳥.

loon[1] [lu:n] *n.* なまけ者, まぬけ, ばか; やくざ者; いなか者; 若者.

loon[2] *n.* 〖鳥〗アビ.

lóon·y [lú:ni] *a.* 〖俗〗気の違った, キ印の. **——** *n.* 〖俗〗気違い, 狂人. [<lunatic]

‡**loop** [lu:p] *n.* **1** 《糸・ひもなどでつくった》輪, 輪穴. **2** 《旗などのさおを通す》乳(ち); 《織物の》耳. **3** 輪状の物; 〖鉄道〗側線《本線から分かれて再び本線と合する》, 環状線《都市などを取り巻く》; 〖電〗環線. **4** 〖スケート〗結び型, ループ. **5**〖数〗自閉線. **6**〖空〗宙返り飛行. **7**〖物〗《振幅の》腹. **8** 《川などの》湾曲. **9** (the L~) Chicago 市の環状線; 《それに囲まれた》ビジネスセンター地区.
—— *vt.* **1** 輪にする. **2** に輪〔耳〕をつける. **3** 《輪で》締める, くくる《*up*》, 結ぶ《*together*》. **——** *vi.* 輪(状)になる. **~ *the loop*** 〖空〗宙返りをする; 《オートバイ・自転車などで》宙乗りをする.
⌐-hole → 別項. **~ line** 環状線, 環線.

lóop·er [lú:pər] *n.* **1** 輪をつくる人〔物〕. **2** 尺取虫. **3** 《ミシンなどの》糸の輪をつくる装置.

lóop·hole [lú:phòul] *n.* **1** 銃眼, はざま; のぞき穴; 空気抜き. **2** 逃げ道, 抜け穴; 《法律などの》抜け道. **——** *vt.* に~をつける.

lóop·y [lú:pi] *a.* **1** 輪(loop)の多い. **2**〖俗〗気の狂った.

‡**loose** [lu:s] *a.* **1** 結ばれていない, ほどけた, 離れた〔れる〕, はずれた〔れる〕: ~ hair 束ねてない髪, 乱れ髪. come 〔get〕 ~ ほぐれる, 離れる. ↔fast[1]. **2** 包装してない, 箱〔びん, かん〕入りになっていない, ばらばらの: ~ coffee 量り売りのコーヒー. ~ coins ばら銭, 小銭. **3** 固定してない, ぐらぐら動く: ~ teeth ぐらぐら動く歯. **4** 《衣服などが》ゆるい, 窮屈でない, ゆったりした. **5** 《布地が》目のあらい, ざっくりした; 《土などが》ぼろぼろした. **6** 《表現・ことば・思考などが》大まかな, 雑な, 不正確な. **7** 《人・性格が》ずぼらな, 締まりのない: a ~ thinker 考えが緻密(ちみつ)でない人. a ~ tongue おしゃべり好き. **8** 不品行な, 身持ちの悪い. **9** 《腸が》ゆるんでいる: have ~ bowels 下痢している. **10** 《筋肉が》ぐにゃぐにゃの; 《骨格が》がっちりしていない. **11** 自由な, 解き放たれた. **12**〖化〗遊離した. **13**〖話〗使用されていない, 用途の決まってない: ~ funds 用途未定の資金. **14** 《クリケット》すき〔欠点〕のある. 〈注〉発音を lose [lu:z] と混同しないこと.
at a ~ end = ***at ~ ends*** (1) 〈問題が〉未解決の状態で. (2) 〈人が〉途方にくれて; 仕事〔すること〕がなくて, ぶらぶらして. ***be on a ~ pulley*** 働いていない, ぶらぶらしている. ***break ~*** 脱出する: The dog *broke ~*. つないでおいた犬が逃げた. ***cast ~*** → cast. ***cut ~*** → cut. ***get ~*** 逃げる. ***in ~ order***〖軍〗散開隊形で. ***let*** 〔***turn***〕 ***~*** 放す, 逃がす: *let ~* one's anger かんしゃくを起こす. ***play fast and ~*** → fast. ***shake oneself ~*** 身を振り放す. ***sit ~ to*** …にむとんじゃくである. ***with a ~ rein*** 手綱をゆるめて; 自由に任せて. ***work ~*** 〈ねじなどが〉ゆるむ, ぐらぐらになる.
—— *ad.* = loosely.
—— *n.* **1** 解放; 放任. **2** 《弾丸などの》発射. ***give (a) ~ to*** 〈感情・空想などの〉おもむくままにする. ***on the ~*** (1) 解き放たれて; 〈囚人などが〉逃げ出して. (2) 浮かれ騒いで; 身持ちの悪い.
—— *vt.* **1** 解く, ほどく; ゆるめる. **2** 解き放つ, 自由にする. **3** 〈鉄砲・矢などを〉放つ《*off*》. **——** *vi.* **1** ゆるむ. **2** 鉄砲を放つ. **3** 赦免する. **4** 出帆する. **~ *one's hold of*** の手をゆるめる; を手放す.
⌐-bód·ied ゆるい, 《衣服など》ゆったりした. **~ bowels** 下痢. **~ box** 放し飼い馬屋. **~ end** (1) 《綱・敷き物などの》固定していない端; 留め金(など)がはずれた部分: tack down a ~ *end* on the carpet カーペットの浮いた部分を留める. (2) 《仕事などで》未解決の部分. (3) → at a ~ end. **~ fish** 道楽者. **⌐-fít·ting** 《衣服が》ゆるい, ゆったりとした. **~ foot**〖俗〗(1)うろつく. (2) のらくら者. **⌐-jóint·ed** (1) 関節〔継ぎ目〕のゆるい; 自在に動く; 組み立てのゆるんだ. (2) 筋骨のひ弱な. **⌐-leaf** [⌐–⌐] 《帳簿などの》ページの抜き差し自在な, ルースリーフ式の. **⌐-leaf binder** ルースリーフ式ノート. **⌐-límbed** 手足が自在に動く, 運動が達者な. **⌐-mínd·ed** 頭の散漫な, 心に締まりのない. **~ morals** 不品行: a woman of ~ *morals* 身持ちの悪い女. **⌐-prín·ci·pled** 無節操な. **⌐-strife** → 別項.
◇ **⌐·ness** *n.* **1** ゆるみ, たるみ. **2** 不正確, 粗雑, 散漫. **3** 不身持ち, 放蕩(とう). **4** 下痢.

lóose·ly [lú:sli] *ad.* **1** ばらばらに, だらりと, ゆるく, だらしなく. **2** ばく然と, 大ざっぱに, 不正確に. **3** だらしなく, 締まりなく; 不品行に, 不身持ちに.

‡**lóos·en** [lú:sn] *vt.* **1** 解く, 離す, 放つ; ばらばらにする. **2** ゆるめる, ゆるくする: You had better ~ your collar. カラーをゆるめた方がよい《首を楽にしてくつろぐ》. **3** の手をゆるめる; 〈抑制などを〉緩和する, 寛大にする. **4** に通じをつける. **——** *vi.* **1** ばらばらになる, ほぐれる. **2** ゆるむ, たるむ. **~ *up***〖米俗〗気楽にする, くつろぐ. ◇ **~·er** *n.* ゆるめる人〔物〕.

lóose·strife [lú:sstràif] *n.* 〖植〗ミソハギ; トラノオ.

loot [lu:t] *n.* **1** 略奪物, 戦利品. **2** 略奪(行為): soldiers *on* the ~ 略奪兵士. **3** 《官吏の》不正利得. **——** *vt.* **1** ぶんどる, 略奪する. **2** から略奪する. **3** から不正利得を得る. **——** *vi.* 略奪する; 不正利得する. ◇ **⌐·er** *n.* 略奪者. **⌐·ing** *n.* 略奪.

lop[1] [lap/lɔp] *v.* **(-pp-)** *vt.* **1** 〈木の〉枝を切る; 〈枝を〉刈り込む《*off*》. **2** 〈首・手足などを〉切り取る《*off, away*》. **——** *vi.* **1** 枝を切る. **2** 切りつける《に *at*》. **——** *n.* **1** 枝おろし, 刈り込み. **2** 切り枝, 小枝. ◇ **⌐·pings** *n. pl.* おろした枝.

lop[2] *vi.* **(-pp-)** **1** (だらりと)たれる, ぶら下がる. **2** ぐったり寄りかかる〔寝る〕. **3** のらくらする《*about*》. **4** 〈動物が〉はねる. **——** *a.* ぶら下がる. **——** *n.* 耳のたれたウサギ.
~ ear たれ耳のウサギ; (*pl.*) たれ耳. **⌐-eared** [⌐–⌐] 《ウサギなどが》たれ耳の. **⌐·síd·ed** → 別項.

lop[3] *vi.* **(-pp-)** 〈水が〉波だつ. **——** *n.* 波だち.

lope [loup] *vi., vt.* はねる; ぴょんぴょん走る《*along*》; 〈馬などが〉ゆるく駆ける, 〈馬などを〉ゆるく駆けさせる; 〈人が〉大またで走る〔歩く〕. **——** *n.* 跳躍; 大またで走る〔歩く〕こと.
lóp·síd·ed [lápsáidid/lɔ́p-] *a.* 一方に傾いた; 左右不均衡の, 不つりあいの. ～ **trade** 片貿易.
◇ ～**·ly** *ad.* ～**·ness** *n.*
loq. *loquitur.*
lo·quá·cious [lokwéiʃəs] *a.* おしゃべりな, 騒々しい; 《鳥・水音などの》やかましい. [√loqu- 話す]
◇ ～**·ly** *ad.*
lo·quác·i·ty [lokwǽsiti] *n.* 多弁, おしゃべり; 喧噪.
ló·quat [lóukwæt, ㊥⁺ -kwɑt] *n.* 〖植〗ビワ.
loq·ui·tur [lákwitər / lɔ́k-] L. (=he [she] speaks) *vi.* <だれだれは> 言う《話者の名を書いて舞台指示に用いる. 略 loq.》.
lor, lor' [lo:r/lɔ:] *int.* 〖英俗〗おや!, へえ! [<Lord]
ló·ral [ló:rəl/lɔ́:rəl] *a.* 〖生〗目先の. → lore².
ló·ran [ló:ræn/lɔ́:r-] *n.* (または L～) ローラン《二つの受信電波による船・飛行機の自位置測定装置》. [<*Lo*ng *Ra*nge *N*avigation]
lór·cha [lɔ́:rʃə/lɔ́:tʃə] *n.* 西洋形船体の中国船.
‡**lord** [lɔ:rd] *n.* **1 支配者, 君主**; 〖史〗領主; 主人. **2** 〖英〗**貴族**; 上院議員《アメリカでは senator》; (L～) 卿(きょう)《イギリスの侯・伯・子・男爵と公・侯爵の子息, 伯爵の長子および archbishop, bishop などの尊称》. → 熟語中の my Lord. **3** (通例 the L～) 神; (通例 our L～) 主(しゅ), キリスト. **4** 〖雅・笑〗夫, 亭主(ていしゅ). **5** 大家, 王者. **6** 〖占星〗司星.
act the ～ 殿様〔大尽〕ぶる. ***drunk as a*** ～ 泥酔(でいすい)して. **(*Good*)** ***L～!*** おお!, まあ!《驚きの声》. ***in the year of our L～*** 1969 西暦 (1969) 年に. → Anno Domini. ***live like a*** ～ 王侯のように〔ぜいたくに〕暮らす. ～ ***and master*** 〖雅・笑〗夫, 亭主. ***L～ bless me*** [***my soul, us, you***] ***!*** =***L～ have mercy*** (***upon us***) ***!*** おお!, まあ!《驚きの声》. ***L～ in waiting*** 〖英〗女王つき侍従. ***L～ of hosts*** 万軍の主《Jehovah のこと》. ***L～ of the Bedchamber*** 〖英〗国王つき侍従. ～***s of creation*** 万物の霊長, 人間; 〖笑〗男. ***my L～!*** [milɔ́:rd] 閣下!, 猊下(げいか)!《侯爵以下の貴族, bishop, Lord Mayor および高等法院判事に対する呼びかけ. 発音に注意》. ***swear like a*** ～ むやみに誓言する. ***take it as easy as a L～ Mayor*** 〖英俗〗のんき窮まる態度をとる. ***treat like a*** ～ 殿様扱いする, たいそうもてなす.
—— *vi.* 主人としてふるまう; 主人ぶる, いばりちらす.
—— *vt.* 貴族に叙する; 殿様扱いにする. ～ ***it over*** に君臨する〔いばる〕.
L～ Chamberlain 〖英〗宮内大臣. **L～ Chief Justice** 〖英〗主席裁判官. **L～ Haw Haw** ホーホー卿《第2次大戦中ドイツからイギリス向けに謀略放送をした William Joyce の仮名》. **L～ (High) Chancellor** 大法官《略 L.H.C., L.C.》. **L～ Lieutenant** アイルランド総督《1922年まで》; 《イングランドの》州知事. **L～ Mayor** 〖英〗大都市の市長. **L～'s day** 日曜日《主の日》. **L～'s Prayer, the** 〖聖〗主の祈り《マタイ伝 6 : 9-13》. ～**s spiritual** 〖英〗僧職〔貴族〕の上院議員たち. **L～'s Supper** 主の晩餐(ばんさん); 聖餐式. **L～'s table** 聖餐台.
lórd·ling [lɔ́:rdliŋ] *n.* **1** 小君主, 小貴族, へぼ貴族. **2** 若い君主, 小公子.
lórd·ly [lɔ́:rdli] *a.* **1** 貴族らしい, 威厳のある, 気高い; 堂々とした, 豪勢な. **2** 傲慢(ごうまん)な, 尊大な. **3** 貴族の. **——** *ad.* 貴族らしく. ◇ **-li·ness** *n.*
lor·dó·sis [lɔ:rdóusis] *n.* 〖医〗せき柱前湾症.
Lord's [lɔ:rdz] ～ ***Cricket Ground*** ロンドンのクリケット競技場.
lórd·ship [lɔ́:rdʃip] *n.* **1** 貴族〔君主〕たること. **2** 統治権, 支配《に対する *over*》. **3** 領地. **4** 《呼びかけ》閣下: your [his] ～ 閣下《イギリスなどで貴族や裁判官に対して用いる. ふざけて普通人・動物にも》.
lore¹ [lo:r/lɔ:] *n.* **1** (伝承的) 知識, 民間伝承《特殊な人々または特殊な題目についての》. → folklore. **2** 学問, 知識, 博学. **3** 〖古〗教授, 教訓. ***bird*** ～ 鳥類雑話; 鳥類学. ***ghost*** ～ 怪談集; 幽霊学.
[類] → **learning**「学識」
lore² *n.* 〖動〗目先《鳥などの目とくちばしの部分》.
Lór·e·lei [lɔ́:rəlài] *n.* ローレライ《ドイツの伝説で, ライン川の岩頭にあらわれ, 美しい歌声で船人を誘惑し破船させたという魔女》. [<G.]
lor·gnétte [lɔ:rnjét] *n.* **1** 長柄付きのめがね. **2** オペラグラス.
lór·i·keet [lɔ́:riki:t, lár-, ⌐⌐⌐/lɔ́riki:t] *n.* 〖鳥〗lory の類の小インコ; ヒインコ.
ló·ris [ló:ris/lɔ́:ris] *n.* (*pl.* ～) 〖動〗ロリス, ノロマザル.
lorn [lɔ:rn] *a.* 〖雅・笑〗**1** 捨てられた, 寄るべのない, 孤独の. **2** 寂しい, 荒れ果てた. ◇ ～**·ness** *n.*
Lor·ráine [loréin/lɔr-] *n.* ロレーヌ地方《フランスの北東部》.
‡**lór·ry** [lɔ́:ri, lári/lɔ́ri] *n.* **1** 〖英〗**貨物自動車**, トラック (=㊥ truck¹). **2** 《鉄道の無蓋無側板の》貨車. **3** 《鉱山鉄道の》トロッコ: a coal-～ 石炭トロッコ. **4** 4 輪の荷馬車. **——** *vt.* ～ で運ぶ.
～ **hop** 〖英俗〗《lorry ① を利用する》ただ乗り旅行.
ló·ry [ló:ri/lɔ́:ri] *n.* 〖鳥〗ヒインコ.
Los Al·a·mos [lɔ:s-ǽləmòus/lɔs-] *n.* アメリカ New Mexico 州北部の町《原子力研究の中心地》.
Los An·ge·les [lɔ:s-ǽndʒiləs, -li:z, -ǽŋgil-/lɔs-] *n.* ロサンゼルス《アメリカ California 州南西部の大工業都市》.
†**lose** [lu:z] *v.* (**lost** [lɔ:st/lɔst, lɔ:st]) *vt.* **1 失う**, 見失う, 置き忘れる. **2** なくす, 喪失する; <時間・労力などを> 浪費する, 損する: ～ life 命を落とす. ～ one's reason 理性を失う, かっとする. **3** <とけいが…だけ> **遅れる**: My watch ～*s* ten minutes a day. ぼくのとけいは 1 日に10分遅れる. **4 捕えそこなう**; <汽車などに> 乗り遅れる; <機会を> 逸する; <ことばなどを> 聞きもらす, 見落とす; <賞品などを> 取りそこなう; <戦い・競技の> 勝ちを得そこなう: ～ a game 勝負に負ける. **5** の記憶を失う: I've just *lost* his name. あの人の名を度忘れしてしまった. **6** <恐怖などの感情を>脱する: ～ one's fear こわくなくなる. **7** 《～ one-self の形または受動態で》われを忘れる: ～ one*self* in a book 本に没頭する. *be lost* in conjectures あれこれと夢中になって想像をはたらかす. **8** 《二重の目的語をとって》<人に…を> 失わす: That mistake *lost* him his job. その失策で彼は仕事をなくした.
—— *vi.* **1 減少する**, 失うところがある, **減退する**: ～ in beauty 美しさが衰える. ～ in value 価値が低下する. **2 損する**, 損害を受ける: ～ heavily ひどく損する. I have not *lost* by it. このことで別に損もしなかった. a classic that ～*s* in translation 翻訳では真価が失われる古典. **3 負ける**, 遅れをとる; 失敗する: I *lost* (*to* him). 私は (彼に) 負けた.
～ one***self*** (1) 道に迷う (=～ one's way, get [be] *lost*). (2) 没頭する, 夢中になる《に *in*》. → *vt.* ⑦.
～ ***a patient*** <医者が> 患者をひとりなくす; 患者をひとり死なせる. ～ one***'s character*** 世評を失う. ～ ***in the telling*** 事実より話の方が小さい. 〈注〉 not を伴って次のように用いる: A story does *not lose in the telling.* 話はとかく誇大になる. ～ ***out*** 〖話〗負ける《に *to*》; 不成功に終わる. ～ one***'s*** [***the***] ***place*** 地位を失う; 《本の》読んでいたところがわからなくなる. ～ ***way*** 〖海〗速度を減ずる. ～ one***'s way*** 道を失う, 道に迷う. ***stand to*** ～ ***nothing*** なにも失うおそれはない.
〈注〉 過去分詞 lost を含む成句は別項.
◇ **lós·a·ble** [lú:zəbl] *a.* 失いやすい.
lós·er [lú:zər] *n.* **1** 損失者, 遺失者. **2** 〖話〗前科者; 失敗者. **3** 《競技の》敗者; 《競馬の》負け馬. **4** 〖玉突き〗=losing hazard. → hazard. **5** 《俗》全くつまらないもの〔人〕. ***good*** [***bad***] ～ 負けっぷりのよい〔悪い〕人. ***L～s are always in the wrong.*** 〖諺〗勝てば官軍負ければ賊. ***You shall not be the*** ～ ***by it.*** そのことでご損はかけません.

lós·ing [lúːziŋ] *a.* **1** 負ける, 損をする: the ～ side 敗者側. **2** 敗北になる, 負けになるべき: a ～ game 勝ちめのない勝負. **——** *n.* 失敗, 喪失; (*pl.*) 《投機などの》 損失.

‡loss [lɔːs/lɔs, lɔːs] *n.* **1 失うこと, 紛失, 喪失**: the ～ of health [opportunities] 健康 [機会] の喪失. **2 損失,** 損害; 損失物, 損失額: suffer great ～*es* 大損害を受ける. a total ～ 全くの損失. **3** 減少, 減損, 減り, めり. **4** 消耗, 消費, 浪費. **5 失敗, 敗北. 6** 死亡; 死傷者: the ～ of life 人命の損失(数). → 動詞 lose. ***at a*** **～** (1) 困って, 途方にくれて: I was *at a* ～ what to do. 私はどうしてよいか当惑した. be *at a* ～ for a topic 話題が見つからなくて当惑する. (2) 損をして: sell *at a* ～ 損をして売る. ***be no*** **～** なんの損害 [損失] にもならない: He *is no* ～. 彼がいなくなってもなんの痛いこともない. ***without*** **～** ***of time*** 時を移さず, 直ちに. **～ leader** 〖商〗 客寄せのための特売品, 目玉商品.

†lost [lɔːst/lɔst, lɔːst] *v.* lose の過去・過去分詞. **——** *a.* **1 失われた,** 紛失した; 行くえ不明の. **2** 負けた《戦いなど》; 取りそこなった《賞品など》. **3** 浪費された, 空費した《時間など》: ～ labor むだなほねおり. **4 道に迷った**: a ～ child まい子. **5** 途方にくれた. **6** 没頭した, われを忘れた《に *in*》; 感じない《を *to*》. **7** 死んだ, 滅んだ.
be (***get***) **～** (1) 失われる; 行くえ不明になる; <人が> 死ぬ. (2) 没頭する, 夢中になる. ***be*** **～** ***in*** thought (もの思い)に没頭して[ふけって]いる. ***be*** **～** ***on*** …にききめがない: The advice *was* ～ *on* him. その忠告は彼にはきかなかった. ***be*** **～** ***to*** (1) (もはや)…を感じない, の影響を受けない: He *is* ～ *to* all sense of duty. 彼は義務感が全くない. (2) …にとって失われる, …から逸脱する: The opportunity *was* ～ *to* him. 彼は機会をつかみそこねた. The ship *was* ～ *to* sight. 船は見えなくなった. ***get*** [***be***] **～** (1) 紛失する, なくなる. (2) 道に迷う; 途方にくれる. (3) 夢中になる, 没頭する. ***give up for*** **～** 死んだものとあきらめる. ***the*** **～** ***and the found*** 遺失物取扱所.
～ cause 破れた [破れるにきまっている] 主義 [主張]. **L～ Generation** 失われた世代 《第 1 次大戦後の不安定な社会で生きる目的を失った世代. Hemingway, Fitzgerald などがこの時代に属する》. **～ motion** 〖機〗 から動き. **～ river** 末無し川 《途中で砂ばく・地下水脈に吸い込まれる》. **～ soul** 地獄に落ちた [救われない] 魂.

†lot [lɑt/lɔt] *n.* **1** 《一本一本の》 くじ: draw ～*s* くじを引く. **2** くじ引き, 抽選: decide by ～ くじで決める. **3** くじで割り当てられたもの. **4** 《一般的》 **分け前. 5** 1 区画の土地; 地所, 敷地; 〖米〗 撮影所: a vacant ～ あき地. **6** 《商品・競売品などの》 一山, 一組み, 一口. **7** 《人などの》 一群, 人々. **8 運,** 運命. **9** (しばしば *pl.*) 〖話〗 **たくさん,** どっさり; (the ～) 全部. **10** 〖話〗 やつ, しろもの: a bad ～ 悪いやつ.
a **～** ***of*** = **～*s*** ***of*** = **～*s*** ***and*** **～*s*** ***of*** = ***a good*** [***great***] **～** ***of*** 〖話〗 たくさん(の). 〈注〉 *lots* [*a lot*] *of* books, *lots* [*a lot*] *of* money のごとく数・量ともに多いばあいに用いられる. また of のない副詞的な用法もある: I like him quite *a lot.* 彼が大好きだ. Thanks *a lot.* どうもありがとう. *a lot* better ずっとよい. ***by*** [***in***] **～*s*** 別々に分けて 《商品を売るなど》. ***cast*** [***throw***] ***in*** **one's** **～** ***with*** と運命をともにする. ***cast*** **～*s*** 采(さい)を投げてことを決める. ***house and*** **～** 〖米〗 家屋敷. ***It falls to*** **one's** **～** [***It falls to*** one ***as*** **one's** **～**] ***to*** (do) …する巡り合わせになる. ***the*** **～** 〖話〗 全部.
—— *v.* (**-tt-**) *vt.* **1** のくじを引く, くじによって…を割り当てる. **2** 割り当てる. **3** <土地などを> 区分けする. **——** *vi.* くじ引きする. **～** ***on*** [***upon***] 〖米〗 を当てにする; を見込む. **～** ***out*** <商品などを> 区分けする, 別別にする. 〔類〕 → **many** 「たくさんの」

loth = loath.

Lo·thár·i·o [loθέ(ː)riòu/-θάːr-, -θέər-] *n.* (*pl.* **～s**) 女たらし, 道楽者 《Nicholas Rowe の *The Fair Penitent* 中の人物の名から》. 「小説家.

Lo·ti [F. lɔti] *n.* Pierre ～, 1850–1923, フランスの

ló·tic [lóutik] *a.* 流水の; 流れに住む.

ló·tion [lóuʃ(ə)n] *n.* **1** ローション, 化粧水. **2** 洗浄. **3** 〖俗〗 酒. [√lau-]

ló·tos = lotus.

lót·ta [lάtə, -ti/lɔ́tə] *a.* 〖米俗〗 たくさんの. [<a lot of]

lót·ter·y [lάtəri/lɔ́t-] *n.* **1** 富くじ, 福引き. **2** 巡り合わせ, 運. **3** カルタ遊びの一種. [<lot]
～ ticket 富くじ札. **～ wheel** 回転式抽選器.

lót·to [lάtou/lɔ́t-] *n.* トランプ遊びの一種.

ló·tus [lóutəs] *n.* **1** 〖植〗 ハス. **2** 〖ギ神〗 その実を食べれば浮き世の苦しみを忘れて夢ごこちの楽しい気分になるという伝説の木; その実. **3** 〖建〗 れんげ模様.
～-èat·er 〖ギ神〗 ～の実を食べて浮き世の苦しみを忘れた人; 安逸をむさぼる人. **～ land** 逸楽の国.

‡loud [laud] *a.* **1** 《音・声が》 **騒がしい, 大きい. 2** 《人が》 **大声の,** 声の大きな; 《物が》 音が大きい, 大音の. **3** 声高の, うるさい, 激しい: be ～ *in* praises 声を大にして賞賛する. be ～ *in* demands うるさく要求する. **4** 押しつけがましい, 厚かましい; げびた. **5** 《色・衣服が》 けばけばしい, どぎつい: ～ clothes はでな衣服. **——** *ad.* **大声で**: Don't talk so ～. そんなに大声を出すな. **L～!** 〖米〗 《聴衆が講演者に向かって》 もっと声を大きく!
∠-háil·er 強力拡声器. **∠-móuthed** [-máuðd, -máuθt, ㊥⁺ ∠∸] 声高の, 大声で話す, やかましい. ***∠-spéak·er** 拡声器; 〖米俗〗 口やかましい女. **∠-spó·ken** 声の大きい.
◇ **∠·en** *vi., vt.* ～になる[する]. **∠·ish** *a.* やや声が高い[騒々しい]; けばけばしい. **∠·ness** *n.* 大声, 騒々しさ; けばけばしさ.

†lóud·ly [láudli] *ad.* **大声に,** 声高に; 騒々しく; 目だって, はでに.

lough [lɑk, lɑx/lɔk, lɔx] Ir. *n.* 湖; 入り江.

Lóu·is [lúːi, lui, lúːis, luis] = *louis d'or.*

lou·is d'or [lùidɔ́ːr/lúːidɔ́ː] F. ルイドール貨 《革命前のフランス金貨》.

Lòu·i·si·án·a [lùiziǽnə, luìːzi-/luːìːzi-, luìːzi-] *n.* ルイジアナ《アメリカ南部の州》.
～ Purchase, the ルイジアナ購入地 《アメリカがフランスから 1803 年に買い入れた土地で Mississippi川からRocky山脈へ, メキシコ湾からカナダへ及ぶ》. ◇ **～n** *n.* = Louisianian. **Lòu·i·si·án·i·an** [-ǽniən] *a., n.* ルイジアナの (人).

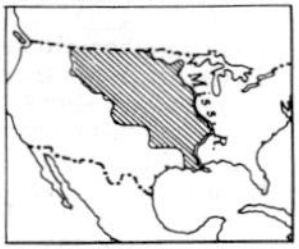

Louisiana Purchase

Lóu·is·ville [lúːi(s)vil] *n.* アメリカ Kentucky 州の都市.

***lounge** [laundʒ] *vi.* **1 ぶらぶらする,** ぶらぶら時を過ごす, なまけ暮らす. **2** ぶらぶら歩く 《*about, along*》. **3** ぐったり横たわる [もたれかかる]. **——** *vt.* <時を> なまけて過ごす 《*away*》. **——** *n.* **1** ぶらぶら歩き. **2** 《ホテルなどの》 ロビー, 休憩室, 談話室 (= ～ hall). **3** 寝いす, 安楽いす 《一端に頭部をのせるようになっているソファー》. **4** 〖英〗 背広服 (= ～ suit).
～ lizard 〖俗〗 のらくら者 (lizard) 《生活を補助してくれる女を探してうろつき回る》.
◇ **lóung·er** *n.* ぶらぶら歩きをする人, のらくら者. **lóung·y** *a.*

lour [lauər/láuə] *vi., n.* = lower³.
◇ **∠·ing, ∠·y** *a.* = lowering².

louse [laus] *n.* (*pl.* **lice** [lais]) **1** シラミ. **2** 《鳥・魚・植物につく》 寄生虫. **3** 〖俗〗 下劣なやつ. **——** *vt.* 〖米俗〗 いためる, だめにする 《*up*》.

lóus·y [láuzi] *a.* **1** シラミがたかった, 不潔な. **2**〖話〗ひどい, みじめな, なってない, くだらない; いんちきな: do a ～ job へたな仕事をする. What ～ weather! なんていやな天気だ! **3**〖俗〗…が十分ある: ～ *with* money 金をたっぷり持った. ***be ～ at*** …がへたである. ***feel ～***〖俗〗気がめいる, くさる, 自分が情けなく思う.

lout [laut] *n.* 武骨者, 野人, いなか者. **——** *vt.* いなか者扱いにする, ばかにする.

lóut·ish [láutiʃ] *a.* 無器用な, 無作法な.
◇ **～·ly** *ad.* **～·ness** *n.*

lóu·ver, -vre [lú:vər] *n.* **1** 屋根窓; しろこやぐら《採光・通風用》. **2** (しばしば *pl.*)《窓の》よろい板 (= ～ board); よろい窓. **3**《自動車の》放熱孔. **4**〖空〗風穴.

Lóu·vre [lú:vr(ə), -vər] *n.* (the ～) ルーブル美術館《在パリ. もとは王宮》.

***lóv·a·ble** [lʌ́vəbl] *a.* **愛らしい**, あいきょうのある.
◇ **～·ness** *n.* **-bly** *ad.*

lóv·age [lʌ́vidʒ] *n.* 〖植〗マルバトウキの一種《薬草》.

†**love** [lʌv] *n.* **1 愛**, 愛情, 好意《に対する *for, of, to, toward(s)*》: ～ *of* truth 真理愛. **2 恋愛**, 恋; 慕情; 色情. **3**《神の》慈愛;《神への》敬慕. **4** 愛人, 恋人《多くは女性》. → sweetheart, lover. **5** (L～) 恋愛の神, キューピッド. **6 好み**, 愛好, 嗜好(しこう). **7**〖話〗愉快な人; きれいな〔かわいい〕もの: What ～*s of* tea cups! なんてきれいなお茶わんだこと. **8**〖テニス〗零点.

fall* [*be*] *in ～ with を恋する〔恋している〕, …にほれる〔ほれている〕. ***for ～*** 好きで, 好意ずくで; ただで, 無料で;《勝負など》かけないで. ***for ～ or money***《否定とともに》どうしても: You can*not* get it *for ～ or money*. どんな方法を尽くしても手にはいりません. ***for the ～ of*** …のために, …のゆえに. ***for the ～ of Heaven*** 後生だから. **(*Give*) *my ～ to*** …によろしく(お伝えください). ***have a ～ of*** を好む. ***～ all***〖テニス〗零対零. ***make ～*** 愛情行為を行なう; 性交する. ***make ～ to*** …をくどく. ***out of ～*** 愛の心から; 好きゆえに. ***out of ～ with*** …がきらいで. ***send one's ～ to*** …によろしくと伝える. ***There is no ～ lost between*** them. (彼ら) の間には初めからなんの愛情もない.

—— *vt.* **1 愛する**; 恋する, にほれている. **2 愛好する**, (非常に) 好む. 〈注〉口語文で love は like very much の意味に用いられる. また I'd *love* to go. などの形は多く女性が用いる. **——** *vi.* 恋愛している, 恋している. ***Lord ～ you!*** おやまあ《他人のまちがいなどに対して》. ***L～ me, ～ my dog.***〖諺〗坊主憎けりゃけさまで憎い.

～ affair 恋愛事件, 情事. **～ apple**〖古〗トマト. **∠·bird** [∠∸] (1)〖鳥〗ボタンインコ. (2)〖話〗やたらと仲のいい夫婦. **～ child** 私生児. **～ feast** 愛餐(さん)《初期キリスト教徒が友愛のしるしに行なった会食》; それをまねした宗教的儀式. **～ game**〖テニス〗ゼロ敗, 完勝《敗者がポイントを一つも上げないこと》. **∠-in-a-míst**〖植〗黒種草. **∠-in-í·dle·ness**〖植〗(野生の) サンシキスミレ. **～ knot** 恋結び, 縁結び《愛のしるしとしてリボンに結びをつくったもの》. **～ letter** 恋文. **∠-lies-bléed·ing** [-làiz-]〖植〗ヒモ鶏頭, 葉鶏頭. **∠·lock** [∠∸] (1)《婦人が額にたらした》あいきょう毛. (2) 昔上流社会の男性が首・肩にたれ下げた髪. **∠·lorn** [∠∸] 恋人に見捨てられた, 失恋した; 恋に悩む. **∠·màk·ing** (女に) 言い寄ること; 恋のてくだ; 愛のいとなみ. **～ match** 恋愛結婚. **∠-phìl·ter, ∠-pò·tion** ほれ薬, 媚薬(びやく). **～ scene** ラブシーン, ぬれ場. **～ seat** ロマンスシート《2人用腰掛け》. **～ set**〖テニス〗ポイントを一つも上げえなかったセット. **∠-sick** [∠∸] 恋わずらいの, 恋に悩む. **∠·sìck·ness** 恋わずらい. **～ song** 恋歌. **～ story** 恋愛小説〔物語〕. **∠-tò·ken** 愛の記念品, 愛のしるしの贈り物.
◇ **∠·a·ble** = lovable. 類 → **like**「好む」

Lóve·lace [lʌ́vleis, ㊟⁺ -lis] *n.* 道楽者《小説 *Clarissa Harlowe* 中の人物の名から》.

lóve·less [lʌ́vlis] *a.* **1** 愛情のない, そっけない. **2** かわいげのない, 人好きのしない. ◇ **～·ly** *ad.*

†**lóve·ly** [lʌ́vli] *a.* **1 かわいらしい, 美しい**, すばらしく美しい. **2**〖話〗**すてきな, 愉快な**: have a ～ time 楽しい思いをする. **3**〖米〗人柄が好ましい, あいきょうのある: a ～ woman いいお方. 〈注〉「美しい女性」の意もある. **4** (精神的に) すぐれた: a ～ character 美しい人柄. **——** *n.*〖話〗美人, 美少女.
—— *ad.* **1** かわいらしく. **2**〖話〗すてきに.
◇ **lóve·li·ness** *n.* 類 → **beautiful**「美しい」

‡**lóv·er** [lʌ́vər] *n.* **1 恋する人**, 愛する人《単数では通常男性.「恋をしている男」》. **2**《女性から見て》愛人, 恋人; 求婚者, 許婚者. **3** (*pl.*) 恋人同士《しばしば肉体関係のある》: a pair of ～*s* 相思のふたり. **4 愛好者, 賛美者, 嗜好(しこう)者**: a ～ of music 音楽好き. **～'s knot** = love knot.
◇ **～·ly** *a., ad.* 恋人(どうし)のような〔ように〕.

‡**lóv·ing** [lʌ́viŋ] *a.* **1 愛情をいだいている**, 愛している, 愛情のふかい. **2** 愛情を示す, 愛情をこめた: ～ glances かわいくてたまらぬという目つき. **3** 忠実な, 忠誠の: our ～ subjects 忠愛なる朕が臣民. ***Your ～ friend*** あなたの親友より《手紙の結句》.
～ cup むつみの杯《宴会で飲み回す大杯. いまは優勝杯に転用》. **～-kínd·ness**《主として神の》慈愛, 仁愛, 情け. ◇ ***～·ly** *ad.* 愛情をこめて.

†**low**¹ [lou] *a.* **1 低い**《高度・温度・緯度・評価などについて》: ～ temperature 低温. a ～ voice 低い声. ～ marks 低い点〔成績〕. ↔ high. **2**《身分・生まれが》卑しい, 下層の: a man of ～ birth 生まれの卑しい人物. **3** 低級の, 下品な; わいせつな: a ～ talk げびた話. **4**《生物などが》下等の, 未発達の. **5**《価格が》安い;《数量・力・含有量などが》少ない, わずかな;《さいふの中が》乏しい. **6**《気分が》**沈んだ, 元気のない**;《からだが》弱い: be in ～ spirits 元気がない. **7** ひれ伏した; 死んだ: Many were ～ after the battle. 戦いのあとには死者が多かった. **8**《水などが》浅い; 潮がひいた, 干潮の. **9**《彫りが》浅い. **10**《ドレスの》えりぐりが深い. **11**《食物が》そまつな, 栄養価の低い: a ～ diet 粗食. **12** 低音の. **13**〖音声〗舌の位置が低い. **14**〖宗〗低教会派の. **15**《しばしば比較級で》近年の, 後期の. ***be in ～ water*** 金に困っている. ***be ～ in one's pocket*** ふところがさびしい. ***feel ～*** 気分が沈む. ***have a ～ opinion of*** を軽んずる. ***The glass is ～.*** 水銀柱が下がっている.
—— *ad.* **1** 低く. **2** 低音で; 小声で: talk ～ 声をひそめて話す. **3** 元気なく. **4** 卑しく. **5** 安く; 安値で. **6** 粗食をして. **7** 水〔地〕平線近く; 赤道近く. **8** 近年に.
aim ～ 低いところをねらう. ***bring ～*** 減らす, 衰えさす; 落ちぶれさす. ***fall ～*** 堕落する. ***high and ～*** → high *ad.* ***lay ～*** 倒す; 殺す. ***lie ～*** (1) うずくまる; 死んでいる. (2)〖俗〗潜んでいる; じっと好機を待っている. ***～ down*** ずっと下に. ***play it ～ (down) upon*** を冷遇する. ***play ～*** 小額のかけをする. ↔ play high. ***run ～*** 欠乏する.
—— *n.* **1** 低いもの. **2**《自動車の》ロー (ギア), 低速ギア (= ～ gear). **3**〖気〗低圧部. **4**〖トランプ〗最下点の切り札. **5**〖米〗低い数字〔水準〕. ***all-time* [*new*] ～** いままでの最低 (水準).
～ blow〖ボクシング〗ローブロー《規定以下の身体部分に打撃を加える反則》;《一般的》きたない行為. **∠·bórn** 素性の卑しい. **∠·boy** [∠∸]〖米〗足の短いたんす. → highboy. **∠·bréd** 育ちの悪い, 態度に品のない. ↔ highbred. **∠·brow** → 別項. **∠-browed** [∠∸] (1) 額の狭い. (2) 教養の低い. (3) 突出した《岩など》; 入り口の低い《建物が》. **Low Church** 低教会派《英国国教のうちで儀式を比較的軽視する》. **Low Churchism** 低教会主義. **Low Churchman** 低教会主義の人. **～ comedy**

低級喜劇, 茶番. **∼-cóst** 安価な, 値の安い. **Low Countries** いまのベネルックス (Benelux) の総称. **∼-dówn** → 別項. **∼-flý·ing** 低空飛行の. **∼-fré·quen·cy** 〘電〙低周波の. **∼ gear** 低速ギア. **∼-ín·come** 低額所得の: a ∼*-income* bracket 低額所得層. **∼-kéy, ∼-kéyed** 加減された, 調子の弱い, ひかえめの. ***∼·land** → 別項. **Low Latin** 非古典ラテン語《卑俗ラテン語・後期ラテン語・中世ラテン語》. **∼·life** (*pl.* **-lifes**) 〘俗〙低級な人間. **∼-lý·ing** 低い, 低地の. **Low Mass** 読唱ミサ《合唱・音楽を伴わない》. **∼-mínd·ed** 卑劣な; 粗野な. **∼-nécked** 《婦人服の》えりぐりの大きい. **∼-núm·bered** 若い番号の. **∼-pítched** 調子の低い, 低調の; 傾斜のゆるい. **∼ point** 《努力・意欲・成績などの》底, 底辺, スランプ. **∼-prés·sure** 低圧の; 低調な; のんきな. **∼ relief** 薄浮き彫り. **∼ shoe** 〘米〙短ぐつ. **∼-spír·it·ed** 意気消沈した, 元気のない. **Low Sunday** 復活祭(Easter)後の最初の日曜日. **∼ tea** 〘米〙手軽な夕食. → high tea. **∼ tide** 干潮(時); 最低点. **∼ water** 《河川・湖水の》低水〔干潮〕時. **∼-water mark** 干潮標; 《比喩的》最低(度), どん底.

low² *vi.* 〈牛が〉モーと鳴く (moo). —— *vt.* うなるように言う《*forth*》. —— *n.* 牛の鳴く声.
◇ **∼·ing** *n.* 牛の鳴き声.

lów·brow [lóubràu] *n.* 知性〔教養〕の低い人. —— *a.* 知性の乏しい, 教養の低い; 教養の低い人に適した. ↔ highbrow.

lów-dówn [lóudáun/ˊ—] *a.* 非常に低い; 〘話〙卑しい, 下劣な: ∼ tricks 卑劣なやり方. ***play it*** **∼** 卑劣なまねをする《に *on, upon*》.
—— [ˊˊ/ˊ—] *n.* (the ∼) 〘米俗〙実情, 内幕. ***get the ∼ on*** の内幕を知る.

Lów·ell [lóuəl] *n.* James Russel ∼, 1819–91, アメリカの詩人・評論家・外交家.

‡lów·er¹ [lóuər] *vt.* **1** 下げる, おろす, 低くする: ∼ a boat ボートをおろす. ∼ one's voice 声を低くする. ∼ prices 値段を下げる. **2** 〈旗などを〉引きおろす; 〈水位などを〉下げる. **3** 押える; 〈誇りなどを〉へこます, くじく. **4** 〈体力を〉消耗する, 弱らす. **5** 〈食物を〉飲みくだす. —— *vi.* **1** 下がる, 低くなる; 安くなる: The prices ∼*ed*. 値段が下がった. **2** 〘海〙ボート〔帆〕をおろす. **∼ one*self*** (1) 品位を落とす. (2) 我(が)を折る.

‡lów·er² *a.* 《low¹ の比較級》下部の, 下の方の; 下級の, 下等の, 劣等の. ↔ upper.
∼ animals 下等動物. **L∼ California** California 湾と太平洋の間の半島をいう《メキシコ領》. **L∼ Canada** カナダ Quebec 州の旧称. **∼ case** 〘印〙小文字盤: in ∼ *case* 小文字で. **∼-case** 〘校正〙小文字に改める《略 l.c.》; 小文字(盤)の; 〘俗〙二流の, ぱっとしない. **L∼ Chamber** 〔**House**〕下院. → Upper House. **∼ classes** 〔**orders**〕下層階級. **∼ deck** 下甲板; 〘英〙《集合的》水兵. **L∼ Empire, the** 東ローマ帝国. **∼ world, the** 現世; 地獄.

lów·er³ [láuər] *vi.* **1** 顔をしかめる, ふきげんな顔をする《に *at, on, upon*》. **2** 〈空が〉曇る, 荒れもようになる. —— *n.* **1** しかめっつら, 渋面. **2** しぐれもよう.
〈注〉lour ともつづる.

lów·er·ing¹ [lóuəriŋ] *a.* **1** 卑しい, 下劣な. **2** 体力を弱める. —— *n.* 低下, 低減.

lów·er·ing² [láu(ə)riŋ/láuər-] *a.* 《顔つきなどが》陰うつな; 《空などが》荒れもようの.
◇ **∼·ly** *ad.* 陰うつに, ふきげんに; 険悪になって.

lów·er·most [lóuərmòust] *a.* 最も低い, 最下の, どん底の.

lów·er·y [láu(ə)ri/láuəri] *a.* = lowering².

lów·est [lóuist] *a.* 《low¹ の最上級》最下の, 最低の. ***at the ∼*** 最低でも, 少なくとも. **∼ common denominator** 〘数〙最小公分母《略 L. C. D.》. **∼ common multiple** 最小公倍数《略 L.C.M.》. **∼ gear** = first speed.

lów·land** [lóulænd, -lənd/-lənd] *n.* (おもに *pl.*) 低地. ***the L∼s スコットランド東南部の低地地方. —— *a.* 低地の; (L∼) スコットランド低地の.
◇ **∼·er** *n.* 低地住人.

lów·ly [lóuli] *a.* **1** 《身分・地位などの》低い, 卑賤(せん)の, 卑しい. **2** 卑下する, けんそんな. —— *ad.* **1** 《地位が》低く. **2** 卑下して, けんそんして.
◇ **lów·li·ness** *n.*

lox [lɑks/lɔks], **lóx·y·gen** [lɑ́ksidʒ(ə)n/lɔ́k-] *n.* 〘物〙液体酸素 (liquid oxygen).

lòx·o·dróm·ic [lɑ̀ksədrɑ́mik/lɔ̀ksədrɔ́mik] *a.* 等斜航法の; 等斜曲線の. ◇ **∼s** *n. pl.* 《単数扱い》等斜航法.

‡lóy·al [lɔ́iəl, ㊥⁺ lɔ́:jəl] *a.* **1** 《国家・君主などに》忠誠な, 忠義な《に *to*》. **2** 《約束・義務などに》誠実な, 忠実な. **3** 正直な, 高潔な. —— *n.* 忠臣, 愛国者; 誠実な人. ◇ **∼·ism** [-iz(ə)m] *n.* 忠誠; 忠義. **∼·ly** *ad.*
〔類〕→ **sincere**「誠実な」

lóy·al·ist [-ist] *n.* 忠誠〔忠実〕な人; (L∼)〘英史〙王〔保守〕党員; 〘米史〙《独立戦争のときの》英国党員; 《スペイン内乱のときの》国王支持者, 反フランコ将軍派.

‡lóy·al·ty [-ti] *n.* (*pl.* **-ties**) **1** 忠義, 忠節. **2** 忠誠, 誠実, 忠実.

Loy·ó·la [lɔióulə, lɔ:jóu-/lɔióu-, lɔ́iə-] *n.* Ignatius [ignéiʃəs] ∼, 1491–1556, スペインの軍人・僧侶・聖者で, Jesuit 会の創設者.

lóz·enge [lɑ́zindʒ/lɔ́z-] *n.* **1** ひし形, ひし形をしたもの. **2** ひし形の紋. **3** ひし形の窓ガラス; 《宝石の》ひし形小面. **4** ひし形菓子《キャンデー・ドロップなど》; 〘医〙《ひし形の》錠剤.

LP [élpí:] *n.* (*pl.* **LPs, Lp's**) 《レコードの》エルピー盤. [<*L*ong-*P*laying record]

L.P. Labour Party; Lord Provost. **l.p.** large paper; long primer; low pressure. **LPG** liquefied petroleum gas. **L.S.** Linnaean Society; *locus sigilli* (L. = the place of the seal). **L.S.D., l.s.d.** = £.s.d.; Lightermen, Stevedores & Dockers.

LSD [élesdí:] *n.* **1** 《アメリカ海軍大型上陸用舟艇. [<*L*anding *S*hip *D*eck] **2** 幻覚を起こす透明な結晶体 (=LSD–25). [<lysergic acid diethylamide]

L.s.d., £.s.d. [élesdí:] *n.* **1** ポンド・シリング・ペンス《<L. *librae, solidi, denarii* = pounds, shillings, pence》. **2** 金銭, 黄金, 富, 財. ***a matter of ∼*** 金銭の問題.

LST Landing Ship (for) Tanks 戦車揚陸船. **l.s.t.** local standard time 地方標準時. **L.S.W.R.** London & South-Western Railway.

'lt wilt の短縮形.

Lt. Lieutenant. **l.t., l tn.** long ton. **Lt-Col.** Lieutenant Colonel. **Lt-Com.** Lieutenant Commander. **Ltd., ltd.** [límitid] limited. **Lt-Gen.** Lieutenant General. **Lt-Gov.** Lieutenant Governor. **Lu** 〘化〙lutetium.

lúb·ber [lʌ́bər] *n.* **1** 《ずうたいの大きい》武骨者, 無器用者, 「うどの大木」. **2** 新参水夫.
∼'s hole 〘海〙檣楼(しょうろう)昇降口. **∼'s line** 〔**point**〕《羅針盤の船首の方向を示す》基線.

lúb·ber·ly [lʌ́bərli] *a.* **1** 武骨な, 無器用な, のろまな. **2** 新参水夫らしい; (一人前の) 水夫らしからぬ. —— *ad.* 武骨に; 新前水夫らしく. ◇ **-li·ness** *n.*

lube [lu:b] *n.* 潤滑油 (= ∼ oil).

lú·bri·ca·ble [lú:brikəbl] *a.* なめらかにすることができる; 注油〔塗油〕できる; つや出しをすることができる.

lú·bri·cant [lú:brikənt] *a.* なめらかにする.

—— *n.* なめらかにするもの; 潤滑油, 潤滑剤.

lú·bri·cate [lú:brikèit] *vt.* **1** なめらかにする. **2** に油を塗る, に注油する. **3** 〘写〙 につや出しを塗る. **4** 〘俗〙 に酒をすすめる《話を円滑にするため》; にそでの下を使う. —— *vi.* **1** 潤滑剤の用をする. **2** 〘俗〙 酔う. **~*ting oil*** 潤滑油. ◇ **-ca·tive** [-iv] *a.*

lù·bri·cá·tion [lù:brikéiʃ(ə)n] *n.* なめらかにすること; 潤滑, 減摩, 注油, 給油.

lú·bri·ca·tor [lú:brikèitər] *n.* **1** なめらかにする物〔人〕. **2** 潤滑装置; 給油〔注油〕器. **3** 〘写〙 つや出し.

lu·bríc·i·ty [lu:brísiti] *n.* **1** なめらかさ, すべすべしていること. **2** とらえどころのなさ, 不確か; 言い抜けのうまさ; ごまかし. **3** みだらさ; 猥雑(わいざつ)さ. **4** lubricate できること.

lú·bri·cous [lú:brikəs] *a.* **1** なめらかな, すべすべした. **2** とらえどころのない, 変幻自在の; ごまかしのうまい, ごまかした. **3** みだらな.

Lú·can [lú:kən] *a.* 聖ルカ (St. Luke) の.

Lúc·ca [lú:kkɑ:] *n.* ルッカ《イタリアの都市》.
~ oil 《同市で製造される》上等のオリーブ油.

luce [lu:s] *n.* 〘魚〙 カワカマス《特に成長したものをいう》.

lú·cent [lú:snt] *a.* **1** 輝く, 光る. **2** 透明な. [√luc-]
◇ **lú·cen·cy** *n.* 光輝; 透明 (性).

lu·cérne [lu:sə́:rn] *n.* 〘植〙 紫ウマゴヤシ (alfalfa).

lú·cid [lú:sid] *a.* **1** (頭脳) 明晰(めいせき)な, 理解力のすぐれた; 〘医〙 正気の. **2** 明快な, わかりやすい: a ~ style 明澄な文体. **3** 透き通った, 透明な: a ~ stream 澄んだ流れ. **4** 〘天〙 肉眼で見える; 〘植・動〙 なめらかな. **5** 〘雅〙 輝く, 光る. [√luc-]
~ interval 〘医〙 狂人の平静期《正気にもどった期間》. ◇ **~·ly** *ad.* **~·ness** *n.*

lu·cíd·i·ty [lu:síditi] *n.* **1** 明るさ, 光明, 光輝. **2** 透明, 明澄. **3** 明瞭(めいりょう), 明晰. **4** 正気; 《狂人の》平静.

Lú·ci·fer [lú:sifər] *n.* **1** 明けの明星, 金星. **2** 〘宗〙 魔王, サタン. **3** (l~) 黄リンマッチ (= l~ match).
as proud as **~** (魔王のように) 傲慢(ごうまん)な.

lu·cíf·er·in [lu:síferin] *n.* 《ホタルなどの》発光素.

lu·cíf·er·ous [lu:sífərəs] *a.* **1** 光る, 輝く. **2** 光を与える; 啓発する. [√luc-+√fer-]

lu·cíf·u·gal [lu:sífjugəl], **lu·cíf·u·gous** [-gəs] *a.* 〘生〙 光をきらう, 背日性の.

Lu·cí·na [lu:sáinə] *n.* **1** 〘ロ神〙 出産をつかさどる女神. **2** 産婆. **3** 〘雅〙 月.

Lú·cite [lú:sait] *n.* 透明合成樹脂《商標名. 反射鏡・飛行機の窓・店の飾り窓などに使われる》.

‡**luck** [lʌk] *n.* **1** 運, めぐり合わせ: good ~ 幸運. bad [ill, hard] ~ 不運. **2** 幸運: wish a person ~ 人に幸運を祈る. **3** 〘古〙 幸運をもたらす物《酒杯など》.
as ~ would have it 幸運にも, 不運にも《意味に応じて luck の前に good, ill を用いるばあいもある》. ***by*** (***good***) **~** 幸運にも. ***down on*** one's **~** 運が悪くなって. ***for*** **~** 縁起を祝って. ***Good ~*** (***to you***)***!*** 幸運を祈ります; ごきげんよう! ***have no ~*** 運が悪い: He *had no* ~ finding work. 職を捜してもいい運にめぐり合わさなかった. ***have the ~ to*** win 幸いにも (勝つ) ことができる. ***in*** [***out of, off***] **~** 運よく〔悪く〕. ***Just my ~!*** またも失敗か! ***L~ favored me, and*** I won. 幸運にも (私は勝った). ***try*** one's **~** 一かばちかやってみる. ***with*** one's **~** 運がいいから〔悪いから〕. ***worse*** **~** 《挿入(そうにゅう)句として》あいにく.

‡**lúck·i·ly** [lʌ́k(i)li/-kili] *ad.* 運よく, 幸運に(も).

lúck·less [lʌ́klis] *a.* 不運の, 不幸な; 恵まれない, 思わしくない. ◇ **~·ness** *n.*

†**lúck·y** [lʌ́ki] *a.* **1** 幸運な, 運のよい: He is ~ at cards. あの人はトランプではついている. **2** 好運をもたらす; 縁起のいい, さい先のよい. **3** 時宜を得た, うまい. **4** 〘俗〙 ちょうほうな, 便利な. —— *n.* 〘俗〙 逃亡.
cut [***make***] one's **~** 逃亡する.
~ bag [㊎ **dip**] 《慈善市などの》福袋《おけを用いれば ~ tub》; 〘海〙 遺失物入れ. **~ dog** [**beggar**] 果報者, 運のいいやつ《くだけた祝詞として用いられる》. **~ guess** [**hit, shot**] まぐれ当たり. **~ money** [**coin**] 縁起のために持っている小銭.
◇ **lúck·i·ness** *n.* 好運, しあわせ.

(類義語) **幸運な: lucky** 口語的表現. その場の偶然的幸運をあらわし lucky でないばあいの確率がはるかに高かったことを示唆する: By a *lucky* chance I escaped death. 九死に一生を得た. **fortunate** やや堅苦しい表現. その場の幸運のほか四囲の状況が恵まれていたことを示す: I was *fortunate* enough to pass the examination. 試験に合格して幸運だったと思います《8分どおり合格する自信があったとしてもこう言ってさしつかえない》. **happy** その幸運によってもたらされた幸福な, または好つごうな結果に焦点がある: a *happy* choice of members 幸運なメンバーの選択《そのために好結果が得られたことを示す》.

Lucr. Lucretius.

lú·cra·tive [lú:krətiv] *a.* **1** 有利な, もうかる: a ~ job 金になる仕事. **2** 〘法〙 無償で得た.
◇ **~·ly** *ad.* **~·ness** *n.*

lú·cre [lú:kər] *n.* 利益, もうけ. ***filthy ~*** 不正利得.

Lu·cré·tia [lu:krí:ʃə, -ʃiə] *n.* **1** ルクレチア《ローマ伝説中の貞婦の名》. **2** 貞婦のかがみ, 節婦.

Lu·cré·tius [lu:krí:ʃəs, -ʃiəs] *n.* ルクレティウス, 96?–55 B.C., ローマの詩人・哲学者.
◇ **-tian** [-ʃən] *a.*

lú·cu·brate [lú:kjubrèit, ㊎⁺ -ku-] *vi.* **1** (燈下で) 夜おそくまで勉学する, 研鑽(けんさん)を積む; ふかく研究する; 瞑想(めいそう)する. **2** 労作を生み出す. [√luc-]

lù·cu·brá·tion [lù:kjubréiʃ(ə)n, ㊎⁺ -ku-] *n.* **1** 《燈下の》勉強; 《深夜の》瞑想. **2** (通例 *pl.*) 苦心の作, 労作.

lú·cu·lent [lú:kjulənt] *a.* 〘稀〙 **1** 《説明などが》明瞭(めいりょう)な, 明白な; 説得的な. **2** 光る, 輝く.

Lu·cúl·lus [lu:kʌ́ləs] *n.* ルクルス《富とぜいたくな生活で有名なローマの執政官・将軍・富豪》.
◇ **-li·an** [-liən] *a.* 富んだ, ぜいたくな; 豪勢な.

lu·cus a non lu·cen·do [lú:kəs-ei-nàn-lu:séndou/-nɔn-] L. **1** 意義の矛盾した語源《ラテン語 lucus「森」の語源は non lucendo「光らざる」に由来するという説》. **2** 途方もない憶説; つじつまの合わないこと. 「長に対し」.

Lud [lʌd] *n.* 〘英〙 = lord. ***My ~*** 判官閣下《裁判

Lú·den·dorff [lú:dndɔ̀:rf] *n.* Erich von [éiriç-fən-] ~, 1865–1937, 第1次世界大戦中のドイツの将軍.

lú·di·crous [lú:dikrəs] *a.* 笑うべき; こっけいな; ばかげた. [√lud-] ◇ **~·ly** *ad.* **~·ness** *n.*

lú·do [lú:dou] *n.* 一種のさいころ遊び.

lú·es [lú:i:z] *n.* 疫病; 梅毒. [<L.]

luff [lʌf] *n.* **1** 〘海〙 詰め開き《船を風上に向けて進めること》. **2** 船首の湾曲部; 縦帆の前縁. ***keep the ~*** 風上に向かって走り続ける. —— *vi.* 船首を風上に向ける. —— *vt.* 〘ヨット〙 〈相手の〉 風上に出る.

Luft·waf·fe [lúftvà:fə] G. *n.* 《ナチス時代の》ドイツ空軍.

lug¹ [lʌg] *v.* (**-gg-**) *vt.* **1** 力を入れて引く, ぐっと引く, 引きずる: ~ along 引っ張ってゆく, 無理に連れてゆく. ~ about 引きずり回る. **2** 〈関係のない話題などを〉持ち込む《*in*》. —— *vi.* **1** 引っ張ろうとする《を *at*》. **2** 重そうに動く.
—— *n.* **1** 強く引くこと, ぐっと引っ張ること. **2** (強制的な) 政治献金.

lug² *n.* **1** 〘スコットランド〙 耳, 耳たぶ. **2** 耳形の物; 柄, 取っ手, つまみ. **3** 〘工〙 突起, 突出部. **4** 〘俗〙 のろま, なまけ者; 平凡な男. **5** (*pl.*) 〘米俗〙 気どり (airs). **~ bolt** 耳付きボルト. **~ nut** 自動車車輪用大形ナット.

lug³ **1** = lugsail. **2** = lugworm.

luge [lu:ʒ] F. *n.* 《スイス式》トボガンそり.
—— *vi.* そりですべる.

‡**lúg·gage** [lʌ́gidʒ] *n.* **1**〔英〕《集合的》**手荷物**, 旅行荷物(= [米] baggage). **2**〔米〕旅行かばん: a ～ store かばん店. **3** 赤かっ色. —— *a.* 赤かっ色の.
～ **van**〔英〕手荷物車 (= [米] baggage car).

lúg·ger [lʌ́gər] *n.* 《lugsail のある》小型帆船.

lúg·sail [lʌ́gsèil,〔海〕-sl] *n.*〔海〕ラグスル《一種の四角形の帆》.

lu·gú·bri·ous [lu:g(j)ú:briəs] *a.* 悲しそうな, 哀れを誘う, 痛ましい. ◇ ～**·ly** *ad.* ～**·ness** *n.*

lúg·worm [lʌ́gwə̀:rm] *n.* 《つりえ用の》ゴカイ.

Luke [lu:k] *n.* 《新約聖書の》ルカ伝. ***St.*** ～ 聖ルカ《使徒 Paul の友人であった医師》.

lúke·wárm [lú:kwɔ́:rm/⌐—] *a.* **1** なまぬるい, 微温の. **2** 熱のない, 気乗り薄な, 冷淡な: a ～ support いいかげんな支持. —— *n.* 冷淡な人.
◇ ～**·ly** *ad.* ～**·ness** *n.*

‡**lull** [lʌl] *n.* **1** 小やみ, なぎ: a ～ in the storm あらしの小やみ. **2** 一時的静けさ;《病気の》小康. **3** 耳にここちよい音: the ～ of falling waters 滝のさざめき. —— *vt.* **1** <小児などを> **なだめる**, あやす: ～ a baby to sleep 子どもを(あやして)寝つかせる. **2** <あらし・痛みなどを> しずめる, 和らげる. **3** <人・心を> 安心させる,「ねむらせる」. —— *vi.* しずまる.

***lúll·a·by** [lʌ́ləbài] *n.* **1 子もり歌**. **2** 眠りを誘うような歌〔物音〕; そよ風の音. —— *vt.* 子もり歌をうたって寝かしつける.

lú·lu [lú:lu:] *n.* 〔米俗〕すばらしい人〔物〕; 秀逸, 免除特典. —— *a.* すばらしい.

lum·bá·go [lʌmbéigou] *n.* (*pl.* ～**s**)〔医〕腰痛.
◇ **lum·bá·gi·nous** [lʌmbéidʒinəs] *a.*

lúm·bar [lʌ́mbər] *a.* 腰の, 腰部の. —— *n.* 腰動脈〔静脈〕, 腰神経, 腰椎(ようつい)(骨).

‡**lúm·ber**[1] [lʌ́mbər] *n.* **1**〔米・カナダ〕**材木**, **製材** (= [英] timber)《丸太・はり・板など》. **2** がらくた《古い家庭用品・家具などの》.
—— *vt.* **1**〔米・カナダ〕の材木を切り出す. **2** 乱雑に積み上げる. **3** <へや・場所などを> ふさぐ《*up*》: Don't ～ *up* my shelf *with* your rubbish. がらくたで私のたなをふさがないでよ. —— *vi.* **1** 材木を切り出す. **2** 場所をふさぐ.
～**·jack** [-dʒæ̀k] (1) 材木切り出し人, 製材労働者. (2)《皮または毛織りの》短い上着. ～**·man** [-mən] (*pl.* **-men**)= lumberjack①; 材木商(人). ～**·mill** [-mil] 製材所. ～ **room** がらくた置き場, 物置きべや. ～**·yard** [-jɑ̀:rd]〔米〕材木置き場, 木場. ◇ ～**·er** [-bərər] *n.* 材木切り出し人; 製材業者.

lúm·ber[2] *vi.* ドシンドシンと歩く, のっしのっしと歩く; <戦車などが> ゴーゴーと進む《*along, past, by, up*》.

lúm·ber·ing[1] [lʌ́mb(ə)riŋ] *n.* 製材(業).

lúm·ber·ing[2] *a.* **1** ドシンドシンと(重そうに)進む. **2** (重たくて)扱いにくい; 膨大な.
◇ ～**·ly** *ad.* ドシンドシンと.

lú·men [lú:min, -men] *n.* (*pl.* **lú·mi·na** [lú:minə])〔物〕ルーメン《光束の単位》.

lú·mi·nant [lú:minənt] *a.* 光を発する.
—— *n.* 発光体.

lú·mi·nar·y [lú:minèri/-nəri] *n.* **1**《太陽・月など》発光体. **2** 燈火. **3** 啓発者, 有知識者, 権威者, 指導者. **4** 有名人. [√luc-]

lù·mi·nés·cent [lù:minésnt] *a.* 発光性の: ～ creatures 発光生物. [√luc-]
◇ **-cence** *n.*〔物〕発光;《熱を伴わない》冷光.

lù·mi·níf·er·ous [lù:minífərəs] *a.* 発光性の; 光を発する〔伝える〕.

lù·mi·nós·i·ty [lù:minásiti/-nɔ́s-] *n.* **1** 光明, 光力, 光度. **2** 発光体〔物〕; 輝点.

‡**lú·mi·nous** [lú:minəs] *a.* **1 光を発する**, 光る, 輝く, 明るい. **2** 明瞭(めいりょう)な, 明晰(めいせき)な. **3** 啓発的な. [√luc-] ～ **body** 発光体. ～ **energy** 光. ～ **flux** 光度. ～ **paint** 発光塗料.
◇ ～**·ly** *ad.* ～**·ness** *n.*

lúm·me [lʌ́mi] *int.*〔俗〕おや!, まあ!《驚きまたは語勢を強めるときの発声》.

lúm·mox [lʌ́məks] *n.*〔米話〕無器用者, のろま, へまをする人.

‡**lump**[1] [lʌmp] *n.* **1** 固まり, 一片: The articles were piled in a great ～. 品物は大きな山に積まれていた. **2** こぶ, はれもの, 突起: I got a ～ on my head. 頭にこぶをつくった. **3** 大多数, 大ぜい, たくさん. **4**〔話〕ずんぐりどっしりした人; のろま.
all of a ～ (1) 一固まりになって. (2) 一面に腫(は)れて. ***a*** ～ ***of clay*** 〔***earth***〕一塊の土;〔聖〕人間. ***a*** ～ ***of selfishness*** 利己心の固まり. ***a*** ～ ***of sugar*** 角砂糖1個. ***by*** 〔***in***〕***the*** ～ (1) ひっくるめて, ひとからげにして. (2) 全体として見れば. ***feel a*** ～ ***in*** ***one's*** 〔***the***〕***throat*** (感動して) のどが詰まる, 胸がいっぱいになる. ***get*** 〔***take***〕***one's*** ～***s*** ひどい目に会う.
—— *a.* 一固まりの, 一まとめの: a ～ sum 総計金額; 一括払い.
—— *vt.* **1** 一まとめにする, いっしょにする, 一括する. **2** 一様に取り扱う; ひっくるめて言う《*together; with, in with*》. **3** 一固まりにする, 固める: ～ dough 練り粉をまとめる. **4** に固まりをつくる, ふくらませる. **5** <ある金額を> 全部かける《に *on*》. —— *vi.* **1** 一固まりになる. **2** 重たげに動く《*along*》; どしんと腰をおろす《*down*》.

lump[2] *vt.*〔話〕がまんする, 忍ぶ. ～ ***it*** がまんする.

lump[3] = lumpfish.

lúm·pen [lúmpən, lʌ́m-] *a.* 仲間はずれの, 社会的地位を失った.

lúmp·er [lʌ́mpər] *n.* **1** 波止場人足, 沖仲仕. **2** 小請負人, 中継ぎ人. **3**《物事を》総括的にまとめる〔分類する〕人.

lúmp·fish [lʌ́mpfiʃ] *n.* (*pl.* ～(**es**))〔魚〕ホウボウの類《大西洋産》.

lúmp·ing [lʌ́mpiŋ] *a.* 〔話〕**1** かさばった, でっかい; 重い. **2** ひっくるめた, 十ぱひとからげの. **3** たくさんの.

lúmp·ish [lʌ́mpiʃ] *a.* **1** ずんぐりして重い, 鈍重な. **2** うすのろの, 気のきかない. ◇ ～**·ly** *ad.* ～**·ness** *n.*

lúmp·y [lʌ́mpi] *a.* **1** 固まり(だらけ)の, ごろごろした;《ソースなどが》ごってりした. **2** 突起のある,《表面が》でこぼこした. **3**《海が》波だっている. **4** 鈍重な, 武骨な. **5**〔俗〕酔っ払った.

Lú·na [lú:nə] *n.*〔ロ神〕月の女神; 月. ～ **moth,** **l**～ **moth**〔虫〕ガの一種《アメリカ産》.

lú·na·cy [lú:nəsi] *n.* **1** 精神異常, 狂気. **2** 気違いじみた行為, 愚行. → lunatic.

lú·nar [lú:nər] *a.* **1** 月の, 太陰の; 太陰暦の. **2** 月に似た; 三日月形の. **3** 月の影響による. **4**《光などが》青ざめた;〔医〕半月状骨の. **5** 銀の. [√luc-]
～ **calendar** 太陰暦. ～ **distance** 月距《月から太陽または星までの距離》. ～ **eclipse**〔天〕月食. ～ **module** 月着陸船《宇宙船本体から切り離される》. ～ **month** 太陰月《新月から次の新月までの期間で約 29 日 12 時間. 俗には 4 週間》. ～ **year** 太陰年《約 354 日 8 時間》.

lu·nár·i·an [lu:nέ(:)riən/-nέər-] *n.* 月世界の住人; 月に特別知識のある学者〔航海者〕. —— *a.* 月の, 月に住む.

lú·nate [lú:nèit], **lú·nat·ed** [-id] *a.* 新月〔半月〕状の.

‡**lú·na·tic** [lú:nətik] *a.* **1** 狂気の, 発狂した, 精神異常の. **2**《行動などが》狂気ざたの, ばかげた. **3** 精神病者のための: a ～ asylum 精神病院. —— *n.* 狂人, 精神異常者; 変人. [√luc- 月の影響を受けた]
～ **fringe**〔米話〕《政党・宗教運動などの少数の》熱狂的支持派; 取り巻き連中.

lu·ná·tion [lu:néiʃ(ə)n] *n.* 太陰月(lunar month)《新月から次の新月までの期間》.

†**lunch** [lʌntʃ] *n.* **1** 昼食;〔英〕《dinner を昼にするばあい》朝食と dinner の間にとる軽食. **2**〔米〕《時間を問わず》軽食, ランチ: a ～ box 弁当箱. **3**〔米〕簡易食堂.

— *vi.* ランチを食べる. — *vt.* にランチを供する. **∼·còunt·er**〘米〙《料理店の》ランチ用の台; 簡易食堂. **∼·room** [⌐⌐] 簡易食堂. ***∼·time** [⌐⌐] 昼食時.

‡lúnch·eon [lʌ́ntʃən] *n.* **1**《正式な》**午餐**(ごさん): a ∼ party 午餐会. **2** = lunch. **3**《労働者の》午前の弁当. **4**〘米〙おそい夜食. — *vi.* 昼食をとる. **∼ bar** = snack bar.

lùnch·eon·étte [lʌ̀ntʃ(ə)nét] *n.* 簡易食堂.

lùn·che·té·ri·a [lʌ̀ntʃití(ː)riə/-tíər-] *n.* 〘米〙セルフサービス簡易食堂. [< *lunch*+cafe*teria*]

lune [luːn] *n.* **1**〘数〙弓形, 半月形. **2**〘稀〙半月形〔新月形〕の物. **3** 月. **4** (*pl.*) 狂的発作.

lu·nétte [luːnét] *n.* 新月形の物;〘築城〙眼鏡堡(ほ);〘建〙弓形明かり取り(窓); 半蹄鉄(ていてつ); ルネット《絵画または彫刻で装飾した丸屋根または天井の半(円)形》; 凹凸(おうとつ)両面レンズ;《とけいの》平面ガラスぶた; 断頭台の首穴.

‡lung [lʌŋ] *n.* 肺, 肺臓. ***at the top of** one's* **∼s** 声を限りに. ***have good*** **∼s** 大きい声をしている. **∼s *of London*** ロンドン市内および付近のあき地〔広場, 公園〕. **∼s *of oak*** = lungwort. ***try*** *one's* **∼s** 声をいっぱいに張り上げる. **∼ attack** 〔**disease, trouble**〕肺病. **∼ fever** 肺炎. **∼·fish** [⌐⌐] 肺魚. **∼-pòw·er** (1) 発声力, 声量. (2)《都市内の》緑地, 公園. **∼·wort** →別項.

lunge[1] [lʌndʒ] *n.* **1**《フェンシングなどの》突き. **2** 突進, 突っ込み. — *vi.* **1** 突く《*out*; を目がけて *at*》; 〈馬が〉ける《*out*》. **2** 突進する. — *vt.* 〈武器などを〉突き出す.

lunge[2], **longe** [lʌndʒ] *n.* 《馬に円周上を走らせるための》調馬綱; 円形(調)馬場. — *vt.* 〈馬を〉調教する.

lunged [lʌŋd] *a.* 肺のある, 肺のような.

lúng·er [lʌ́ŋər] *n.* 〘米俗〙肺病患者.

lún·gi [lʌ́ŋgi] *n.* 〘インド〙腰布.

lúng·wort [lʌ́ŋwəːrt] *n.* 〘植〙紫科の植物《浜弁慶草・カブトゴケなど》.

lù·ni·só·lar [lùːnisóulər] *a.* 太陽と月との; 日と月の引力による.

lún·kah [lʌ́ŋkə] *n.* 《インド製の》葉巻きたばこ.

lúnk·head [lʌ́ŋkhèd] *n.* 〘米俗〙血のめぐりの悪い人, ばか.

lú·nu·la [lúːnjulə] *n.* (*pl.* **-lae** [-liː]) 新月形の物〔模様〕; つめ半月;〘数〙弓形 (lune);〘天〙衛星.

lún·y [lúːni] *n., a.* = loony.

Lu·pín [F. lypɛ̃] *n.* Arsène [F. arsɛn] ∼ アルセーヌ=ルパン《フランスの Lebruh 作の探偵(たんてい)小説の主人公》.

lú·pin, lú·pine[1] [lúːpin] *n.* ルピナス; ハウチワマメ; (*pl.*) その種子.

lú·pine[2] [lúːpain] *a.* **1** オオカミの; オオカミのような. **2** がつがつした, 恐ろしい.

lú·pous [lúːpəs] *a.* 〘医〙狼瘡(ろうそう)様〔性〕の.

lú·pus [lúːpəs] *n.* **1**〘医〙狼瘡. **2** (L∼)〘天〙オオカミ座.

lurch[1] [ləːrtʃ] *n.* **1**《船などの》突然の傾斜;《歩行者の》よろめき, 千鳥足. **2**〘米〙傾き, 傾向, 癖, 好み: She has a natural ∼ for learning. 彼女は生まれつき学問が好きだ. ***give a* ∼ *to*** をぐいと傾斜させる. — *vi.* 〈船が〉突然一方に傾く, かしぐ; 〈人が〉よろめく, よろめきながら歩く.

lurch[2] *n.* 《競技などの》大敗, 大差. ***leave in the* ∼** 困難な境遇に置き去りにする, 見殺しにする.

lurch[3]〘古〙*vt.* だます. — *vi.* 潜む; 徘徊(はいかい)する. — *n.* 潜伏; 監視.

lúrch·er [lə́ːrtʃər] *n.* 〘古〙**1** 小盗賊, こそどろ. **2** 詐欺師, スパイ. **3**《密猟者の使う》一種の猟犬.

‡lure [luər/ljuə] *n.* **1 魅力**, 人をひきつけるもの: the ∼ of adventure 冒険の魅力. **2** にせ餌(え); おとり《タカ使いがタカを呼び返すのに使う》. — *vt.* **1 誘惑する**, おびき寄せる, 誘い出す《*away*》, 呼び入れる《へ *into*》. **2** おとりでつる. → bait, decoy.

lú·rid [lú(ː)rid/lúərid] *a.* **1**《空などが》燃えるように赤い;《色が》けばけばしい. **2**《物語・犯罪などが》身の毛のよだつような, ぞっとする. **3** ぞっとさせる顔色の; 青ざめた. ***cast a* ∼ *light on*** をものすごく見せる.

‡lurk [ləːrk] *vi.* **1 潜む**, 待ち伏せする《*about*; に *in, under*》. **2** 忍んで行く, 潜行する《*about, along, out*》. **3** 潜在する: Some suspicion ∼*ed* in his mind. 疑念が彼の心に潜んでいた.

— *n.* 潜伏; 密行;〘俗〙詐欺. ***on the* ∼** こっそりようすをうかがって. ◇ **∼·er** *n.*

lúrk·ing [lə́ːrkiŋ] *a.* **1** 潜んでいる. **2** 潜伏(用)の: a ∼*ing* place 潜伏所. ◇ **∼·ly** *ad.* こっそり, 潜んで.

Lu·sá·ka [luːsáːkə] *n.* ルサカ《Zambia の首都》.

lús·cious [lʌ́ʃəs] *a.* **1** 美味な, うまい; かおりのいい. **2** 快美な, 快適な. **3** 美々しい, ぜいたくな. **4** 甘ったるい;《表現が》しつこい. **5**《女性が》悩殺的な.
◇ **∼·ly** *ad.* **∼·ness** *n.*

lush[1] [lʌʃ] *a.* **1**《植物などが》青々と茂った, みずみずしい. **2** 青草の多い, 植物のおい茂った. **3** 豊富な.

lush[2] *n.* 〘俗〙**1** 酒; 酒宴. **2** 酔っ払い, 酔漢.
— *vi.* 酒を飲む. — *vt.* **1** 〈酒を〉飲む. **2** に酒を飲ませる〔おごる〕. ◇ **∼·y** *a.* 酔っ払った.

Lù·si·tá·ni·a [lùːsitéiniə] *n.* **1** ルシタニア《イベリア半島中いまのポルトガルに当たる地域》;〘雅〙ポルトガル. **2** ルシタニア号《1915年5月アイルランド沖でドイツ潜水艦に撃沈されたイギリスの汽船》.

‡lust [lʌst] *n.* **1** (強い) **欲望**, 渇望《*of, after, for*》: a ∼ *for* power 権力欲. **2** 肉欲, 色欲, 官能的欲求;〘宗〙ぼんのう. — *vi.* **1 切望する**, 熱望する《を *after, for*》. **2** 色情を起こす〔いだく〕.

‡lús·ter[1], [英] **-tre**[1] [lʌ́stər] *n.* **1** 光沢, つや. **2** 栄光, 誉れ. **3**《光沢をつける》上ぐすり. **4** 光沢のある織物. **5** シャンデリア, 燭台(しょくだい). ***add* ∼ *to*** に光彩〔栄光〕を添える. ***shed*** 〔***throw***〕 **∼ *on*** に光輝を与える. — *vt.* に∼をつける. — *vi.* つやが出る; 光る. ◇ **lús·tered** [-d] *a.* 光沢のある.

lús·ter[2], [英] **-tre**[2] = lustrum.

lúst·ful [lʌ́stf(u)l] *a.* **1** 好色の, みだらな. **2** 元気〔強壮〕な. ◇ **∼·ly** [-fuli] *ad.* **∼·ness** *n.*

lúst·i·ly [lʌ́stili] *ad.* 元気に, 活発に; 盛んに.
◇ **-ness** *n.* 強壮.

lús·tra [lʌ́strə] *n.* lustrum の複数形.

lús·tral [lʌ́strəl] *a.* **1** 清めの, 払いの. **2** 5年ごとの, 5年に1度の.

lús·trate [lʌ́streit] *vt.* 清める, 清浄にする.
◇ **lus·trá·tion** [lʌstréiʃ(ə)n] *n.*

lús·tre〘英〙= luster[1, 2].

lús·tring [lʌ́striŋ] *n.* 織物のつや出し工程.

lús·trous [lʌ́strəs] *a.* **1** 光沢ある, 輝く, ぴかぴかする. **2** 輝かしい, すばらしい.
◇ **∼·ly** *ad.* つやつやと, 輝いて.

lús·trum [lʌ́strəm] *n.* (*pl.* **∼s, lús·tra** [-trə]) **1**《古代ローマで5年ごとに行なった》大はらい. **2** 5年間.

lúst·y [lʌ́sti] *a.* **1** 強健な, がっちりした. **2** 元気な, はつらつたる: ∼ cheers 活発な声援. **3**《食事などが》豊かな, たっぷりした.

lu·sus na·tu·rae [lúːsəs-nət(j)ú(ː)riː / -tjúəriː] L. (= a jest of nature)〘生〙異形, 奇形物.

lú·ta·nist [lúːt(ə)nist] *n.* リュート奏者.

lute[1] [luːt] *n.* リュート《14–17世紀のギターに似た弦楽器》. — *vi.* リュートをひく. **∼·string** [⌐⌐] →別項.

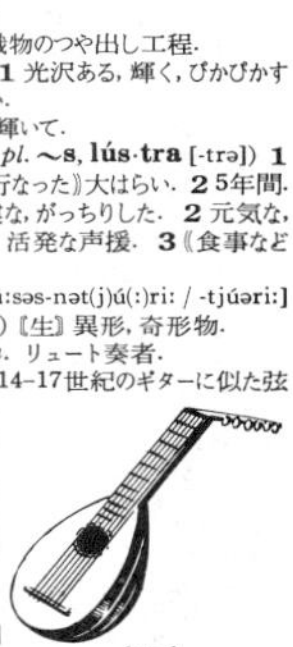
lute[1]

lute[2] *n.* 〘化〙封泥(ふうでい), パテの一種《空気や水漏れを防ぐため管の継ぎ目に塗る一種の粘土》.
— *vt.* に ∼ を塗る.

lu·té·ci·um [luːtíːʃiəm] = lutetium.

lú·te·in [lúːtiin] *n.* 〘化〙ルチン《血清・卵黄などの黄

色素》.
lú·te·ous [lú:tiəs] *a.* 〘生〙ダイダイ色〔赤色〕がかった黄色の.
lúte·string [lú:tstrìŋ] *n.* つやのある絹糸〔リボン〕.
Lu·té·tia [lu:tí:ʃə] *n.* ルテチア《Paris の古名》.
◇ **～n** [-ʃən] *a.* ルテチアの; パリの.
lu·té·ti·um [lu:tí:ʃiəm] *n.* 〘化〙ルテチウム《希土類元素. 記号 Lu》.
Luth. Lutheran.
Lú·ther [lú:θər] *n.* Martin ～, 1483–1546, 宗教改革を最初に唱えたドイツの神学者.
◇ **～·ism** [-θərìz(ə)m] *n.* = Lutheranism.
Lú·ther·an [lú:θərən] *a.* ルーテルの; ルーテル教会の. ── *n.* ルーテル派教会の信者.
◇ **～·ism** *n.* ルーテル教会の教義〔信条〕.
lút·ist [lú:tist] *n.* **1** = lutanist. **2** リュートの製造人.
lux [lʌks] *n.* (*pl.* **lúx·es** [lʌ́ksiz], **lú·ces** [lú:si:z]) 〘光〙ルクス《照明度の国際単位》. [√luc-]
Lux. Luxemburg.
lúx·ate [lʌ́kseit] *vt.* 〈関節などを〉はずす, 脱臼(だっきゅう)させる. ◇ **lux·á·tion** [lʌkséiʃ(ə)n] *n.*
luxe [luks, lʌks] F. *n.* 豪華, 豪奢(ごうしゃ), ぜいたく: articles *de luxe* ぜいたく品. → *de luxe*.
Lúx·em·burg [lʌ́ks(ə)mbə:rg] *n.* ルクセンブルク大公国《ベルギー・ドイツ・フランスの間の大公国》; ルクセンブルク市《大公国の首都》; ルクセンブルク地方.
lux·ú·ri·ant [lʌgʒú(:)riənt, lʌkʃú(:)r- / lʌgzjúər-, lʌksjúər-] *a.* **1** 繁茂した, うっそうと茂った. **2** 豊富な, 満ちあふれるばかりの. **3**《土地が》多産の, 肥えた. **4**《想像力などが》豊かな. **5**《意匠・装飾などが》絢爛(けんらん)たる, 豪華な.
◇ **-ance, -an·cy** *n.* 繁茂, 豊富; 華美, 華麗.
lux·ú·ri·ate [-rièit] *vi.* **1** 〈植物が〉繁茂する, はびこる. **2** ぜいたくに暮らす, 安楽にくつろぐ. **3** ふける, 耽溺(たんでき)する《に *in*》; 楽しむ, 好む《を *on*》: ～ *in* opulence 富の安逸にふける. ～ *in* description 長々と描写する. ～ *on* choice wines 美酒をたしなむ.
‡**lux·ú·ri·ous** [lʌgʒú(:)riəs, lʌkʃú(:)r- / lʌgzjúər-, lʌksjúər-] *a.* **1** ぜいたくな, 豪奢(ごうしゃ)な, りっぱな. **2** ぜいたくを好む, はで好きの. **3** 安逸を好む; (官能的) 快楽を求める, 放縦(ほうじゅう)な. ◇ **～·ly** *ad.* **～·ness** *n.*
‡**lúx·u·ry** [lʌ́kʃ(ə)ri] *n.* **1** ぜいたく, 豪奢, おごり: live in ～ ぜいたくに暮らす. **2** (しばしば *pl.*) ぜいたく品.
～ tax 奢侈(しゃし)税.
Lu·zón [lu:zán/-zɔ́n] *n.* ルソン島《フィリピン諸島の主島》.
LXX Septuagint《Version of the Bible》.
-ly [-li, -i] *suf.* **1** 形容詞・副詞をつくる: slow*ly* ゆっくりと. bright*ly* 輝かしく. **2** 名詞につけて「…ごとの」「毎…の」の意の形容詞・副詞をつくる: hour*ly* 1時間ごとの〔に〕. month*ly* 毎月(の). **3** 名詞につけて「…らしい」「…にふさわしい」の意の形容詞をつくる: man*ly* 男らしい, 勇敢な. love*ly* かわいらしい.
〈注〉発音は (1) [-l] 以外の音に終わる語につくときは [-li]: slow*ly* [slóuli], love*ly* [lʌ́vli]. (2) [-l] 音に終わる語につくときには通常 [-i]: usual [jú:ʒu(ə)l] → usual*ly* [jú:ʒu(ə)li]; lawful [lɔ́:f(u̩)l] → lawful*ly* [lɔ́:fu̩li]. ただし少数の例外あり: whol*ly* [hóul(l)i], sole*ly* [sóul(l)i].
ly·cán·thro·py [laikǽnθrəpi] *n.* **1**《みこが》オオカミに化けたり人を化けさせる魔術. **2**〘医〙狼狂(ろうきょう).
ly·cée [li:séi/⌐—] F. *n.* リセー《フランスの国立高等中学校. フランスの中等教育の中核》.
ly·cé·um [laisí:əm] *n.* **1** 学院, 学会, 講堂. **2**〘米〙文化講座; 文化運動 (団体). **3** (L～)《アリストテレスが哲学を教えた》アテネの学園; アリストテレス学派, その門弟. **4** = *lycée*. [<L.]
lych =lich.
lých·nis [líknis] *n.* 〘植〙センノウ属.
Lý·ci·a [líʃiə/-siə, -ʃiə] *n.* リュキア, リシア《古代の小アジア南西部の一地方》.
lý·co·pod [láikəpɑ̀d/-pɔd], **lỳ·co·pó·di·um** [làikəpóudiəm] *n.* ヒカゲノカズラ属の植物.
Ly·cúr·gus [laikə́:rgəs] *n.* リュクルゴス《古代スパルタの立法者》.
lýdd·ite [lídait] *n.* リダイト《強力な爆薬の一種》.
Lýd·i·a [lídiə] *n.* リディア《小アジアの小国》.
Lýd·i·an [lídiən] *a.* **1** リディア(人)の; リディア語の. **2** 官能的な, 肉感的な; 甘美な, 歓楽的な, 柔弱な. ── *n.* リディア人〔語〕.
～ stone ケイバン岩, 試金石.
lye [lai] *n.* 灰汁(あく); 《洗たく用》アルカリ液.
lý·ing¹ [láiiŋ] *v.* lie¹ の現在分詞. ── *a.* 横たわっている. ── *n.* 横たわること, 横臥(おうが); 横たわる場所. *take ～ down* 無条件降伏する.
～-ín 産の床につくこと; お産, 分娩(ぶんべん). **～-in hospital** 産科病院. **～-in state**《遺骸の》安置.
lý·ing² *v.* lie² の現在分詞. ── *a.* **1** うそを言う. **2** 虚偽の: a ～ rumor 根も葉もないうわさ. ── *n.* うそをつくこと, 虚言, 虚偽.
◇ **～·ly** *ad.* うそをついて, 偽って.
lýke·wake [láikwèik] *n.* 通夜.
Lýl·y [líli] *n.* John ～, 1554–1606, イギリスの著述家・劇作家.
lymph [limf, [米]+ limpf] *n.* **1**〘医〙リンパ, リンパ液. **2**〘医〙苗液; 血清; 痘苗 (= vaccine ～). **3**〘雅〙清水, 清純な水. **～ gland**〘医〙リンパ腺(せん).
lym·phát·ic [limfǽtik] *a.* **1** リンパ(液)の, リンパを分泌する: a ～ gland リンパ腺. **2** リンパ性の; 《筋肉など》軟弱な; 《皮膚の》青白い. **3**《性質が》粘液質の, 鈍重な: a ～ temperament 粘液質. ── *n.*〘医〙リンパ腺; リンパ管.
lým·pho·cyte [límfəsàit] *n.* リンパ球〔細胞〕.
lýmph·oid [límfɔid] *a.* リンパ(性)の.
lyn·cé·an [linsí:ən] *a.* **1** ヤマネコの; ヤマネコのような. **2** ヤマネコのような目をした, 眼光の鋭い.
lynch [lintʃ] *n.* 私刑, リンチ. ── *vt.* 私刑に処する, に制裁を加える. **～ law** 私刑《Lynch's law ともいう. アメリカ Virginia 州で Charles Lynch がかってに人に刑罰を加えたことから》.
◇ **～·er** *n.* **～·ing** *n.* 私刑(を加えること).
Lynd [lind] *n.* Robert ～, 1879–1949, イギリスの随筆家・批評家.
lynx [liŋks] *n.* (*pl.* **～·es**, 《集合的》～) **1**〘動〙ヤマネコ. **2** ヤマネコの毛皮. **3** (L～)〘天〙ヤマネコ座.
～-eyed [⌐⌐] 目の鋭い, 目のよくきく.
Lý·on [láiən] *n.* スコットランド紋章院長官《Lyon King of Arms ともいう》.
lỳ·on·náise [làiənéiz] *a.*〘米〙リヨン風の《ジャガイモなどを薄く切ったタマネギといっしょに料理する》.
Lý·ons [láiənz] *n.* **1** リヨン《フランス東南部の都市》. **2** ロンドンの連鎖式簡易食堂喫茶(きっさ)店.
Lý·ra [láirə/láiərə] *n.*〘天〙琴座.
lý·rate [láireit, -rit/láiər-], **lý·rat·ed** [-id] *a.* たて琴のような, たて琴状の.
lyre [laiər/láiə] *n.* **1** (古代ギリシアの) たて琴《ふつう7弦》. **2** (the ～) 叙情詩. **3** (L～)〘天〙= Lyra. **4**〘楽〙《吹奏楽隊用の》譜架.
～-bird [-bə:rd]〘鳥〙琴鳥《オーストラリア産. 雄の尾がたて琴状になっている》.

lyre ①

lýr·ic [lírik] *n.* **1** 叙情詩. → epic. **2**〘話〙歌詞. ── *a.* **1** 叙情詩の, 叙情の: a ～ poem〔poet〕叙情詩〔詩人〕. **2** 叙情的な, 情調的な. **3** 歌唱による: a ～ drama 歌劇. **4**〘古〙lyre に合わせて歌う.
lýr·i·cal [lírik(ə)l] *a.* = lyric. ◇ **～·ly** *ad.*
lýr·i·cism [lírisìz(ə)m] *n.* **1** 叙情詩体; 《用語・表現の》叙情詩風. **2** 叙情味; 高揚した感情.
lýr·i·cist [lírisist] *n.* 叙情詩人.
lýr·ist [láirist, lír-/láiər-] *n.* **1** たて琴弾奏者. **2**

[lírist] = lyricist.
Ly·sén·ko·ism [lisénkouìz(ə)m, lwi-] *n.* ルイセンコ学説《ソ連の T. D. Lysenko が唱えた遺伝学説》.
lý·sin[1] [láisin] *n.* 〘生化〙 リシン, 細胞溶解素.
lý·sin[2] = lysine.
lý·sine [láisi:n, -sin] *n.* 〘生化〙 リジン《アミノ酸の一種》.
lý·sis [láisis] *n.* 〘医〙 病勢減退, 消散; 〘生化〙 リシンによる細胞溶解.
-ly·sis [-lisis] *suf.* 「分解」の意の名詞語尾: anal*ysis* 分解, 分析 <ana- ばらばらに + -lysis 解くこと. electro*lysis* 電気分解. [√ly- Gk. 解く]
lý·sol [láisɑl, -sɔ:l/-sɔl] *n.* 〘医〙 リゾール《消毒薬》.
-lyte [-làit] *suf.* 「分解物」の意の名詞語尾: electrolyte 電解物.
lýt·ic [lítik] *a.* lysis の〔を示す〕.
Lýt·ton [lítn] *n.* **1** Baron E. G. ～, 1803–73, イギリスの小説家・劇作家・政治家. **2** Earl of ～, 1831–91, 前者の子でイギリスの詩人・劇作家・外交家《筆名 Owen Meredith》.
-lyze [-làiz] *suf.* -lysis に対応する他動詞をつくる語尾: ana*lyze* 分解する, 分析する.

M

M, m [em] *n.* (*pl.* **M's, *Ms*, m's, *ms*** [-z]) **1** 英語アルファベットの第 13 字. **2** 連続したものの第 13 番め(のもの). **3** ローマ数字の 1,000 : MCMLXV =1965. **4** 〘印〙 =em. **5** M 字形のもの.
M-day [´⌒] 〘米〙 動員日, 戦闘開始の日: the *M-day* plans 動員計画《<mobilization-day》.
M'- =Mac-: *M'*Donald.
M. Majesty; Manitoba; markka; Marquis; Marshal; Master; Medicine; Medium; Member; *meridies* (L. =noon); Militia; Monday; *Monsieur*. **m.** male; manual; mark(s); married; masculine; mass; medium; meridian; meter(s); middle; midnight; mile(s); mill; minim; minute(s); mix; moderate; modification; modulus; molar; month; moon; morning; mountain.
'm[1] [-m] = am.
'm[2] [-(ə)m] = ma'am: Yes'*m*. No'*m*.
ma [mɑ:] *n.* 〘話〙 かあちゃん. → pa[1].
Ma 〘化〙 masurium. **mA** 〘電〙 milliampere(s). **M. A.** *Magister Artium* (L. =Master of Arts); mental age; Military Academy. **MAAG** Military Assistance Advisory Group.
‡**ma'am** [mæm, mɑ:m, məm, m] *n.* **1** 〘話〙 奥様《女中が女主人に, 店員が女客に対する呼びかけ》; 先生《女教師への呼びかけ》: Is Jack present?—Yes, ～. —ジャックはいますか. —はい, います. 先生. **2** [mæm] 〘英〙 女王〔王女〕に対する尊称. [<madam] **～ school** 〘米〙 女性経営の小学校.
Maas [mɑ:s] *n.* (the ～) =Meuse《Meuse 川のオランダ名》.
mac [mæk] 〘俗〙 = mackintosh.
Mac[1] [mæk] *n.* 〘米俗〙 おい, きみ《名前を知らない男への呼びかけ》.
Mac[2] *n.* 〘笑〙 スコットランド人; アイルランド人.
Mac- *pref.* 元来は 'son of' 「…のむすこ」の意で, スコットランドまたはアイルランド系の姓につく《Mc-, M^c-, M' とも書く》: *Mac*Donald [məkdɑ́n(ə)ld/-dɔ́n-]. *Mc*Kinley [məkínli].
Mac. 〘宗〙 Maccabees.
ma·cá·bre [məkɑ́:br(ə), -bər], **-ber** [-bər] *a.* **1** 気味の悪い, ものすごい. **2** 死の舞踏の. ***danse*** [dɑ̃:(n)s-] ***macabre*** 死の舞踏.
ma·cá·co [məkéikou] *n.* (*pl.* **～s**) 〘動〙 キツネザル.
mac·ád·am [məkǽdəm] *n.* 割り石舗道; 割り石, 砕石. **——** *a.* 砕石を敷いた.
mac·ád·am·ize [-àiz] *vt.* に砕石を敷く, 砕石舗道にする. ◇ **mac·àd·a·mi·zá·tion** [–⌒–mizéiʃ(ə)n/-maiz-] *n.*
Ma·cáo [məkáu, ㊥+ -kɑ́:ou] *n.* マカオ《南支那海に臨む中国の港. ポルトガル領》.
ma·cáque [məkɑ́:k] *n.* 〘動〙 短尾サル《アジア・アフリカ・東インド諸島産》.
màc·a·ró·ni [mækəróuni] *n.* (*pl.* **～(e)s**) **1** マカロニ《イタリア産の管状うどん》. **2** 〘史〙《18世紀イギリスの》イタリアかぶれのしゃれ者.
～ cheese マカロニにチーズの粉をかけて焼いた料理.
màc·a·rón·ic [mækərɑ́nik/-rɔ́n-], **-i·cal** [-(ə)l] *a.* **1** マカロニの. **2** ごたまぜの, 寄せ集めの. **3** いろいろの言語の混じった; 《ラテン語・ラテン語尾を現代語に混ぜた》雅俗混交体(狂詩)の.
—— *n.* (*pl.*) ごたまぜ, 寄せ集め; 雅俗混交体狂詩.
màc·a·róon [mækərú:n] *n.* マコロン《卵白・砂糖・アーモンドなどでつくる小形の菓子》.
Mac·Ar·thur [məkɑ́:rθər] *n.* Douglas ～, 1880–1964, アメリカの陸軍元帥《1945–51年の間日本占領連合国軍最高司令官》.
ma·cárt·ney [məkɑ́:rtni] *n.* 〘鳥〙 キジの一種.
Ma·cás·sar [məkǽsər] *n.* **1** マカッサル《東インド諸島中の Celebes 島の港市》. **2** (m～) マカッサル香油 (=m～ oil)《頭髪用植物油》.
Ma·cáu·lay [məkɔ́:li] *n.* Thomas Babington ～, 1800–59, イギリスの歴史家・評論家・政治家.
ma·cáw[1] [məkɔ́:] *n.* 〘鳥〙 コンゴウインコ《中央アメリカ産》.
ma·cáw[2] *n.* 〘植〙 マコーヤシ (=～ palm)《アメリカ産》.
Mac·béth [mækbéθ, mək-] *n.* Shakespeare 作の四大悲劇の一つ; その主人公.
Macc. Maccabees 〘聖書経典外〙 マカベ書.
mác·ca·boy [mǽkəbɔ̀i], **mác·ca·baw** [-bɔ̀:] *n.* マコーバかぎたばこ《西インド Macouba 産》.
Mac·Dón·ald [məkdɑ́n(ə)ld/-dɔ́n-] *n.* James Ramsay ～, 1866–1937, イギリスの政治家・労働党首領; 首相《1923–24, 1929–35》.
mace[1] [meis] *n.* **1** 〘史〙《先端にかぎくぎのある》一種のほこ. **2** 権標《イギリスの市長・大学総長などが持つほこ状の職権の表象》; (the M～) イギリス下院議長の職杖(しょくじょう). **3** 権標捧持(ほうじ)者 (=～ bearer). **4** 《昔用いられた》玉ころがしの突き棒. **5** 〘米〙 皮製のコップ.

mace[1]② (ceremonial mace)

mace[2] *n.* ニクズクの外皮を乾燥した香料.
Maced. Macedonia(n).
ma·cé·doine [mæseidwɑ́:n] F. *n.* **1** 野菜〔くだもの〕をゼリーで固めた料理. **2** ごたまぜ.
Màc·e·dó·ni·a [mæsidóuniə, -njə] *n.* **1** マケドニア《昔のギリシアの北部地方. アレクサンダー大王の故郷》. **2** ユーゴスラビアの一共和国. ◇ **～n** *a., n.* マケドニアの; マケドニア人.
mác·er [méisər] *n.* **1** =mace[1] ③. **2** 〘スコットランド〙 儀仗(ぎじょう)兵.
mác·er·ate [mǽsərèit] *vt.* **1** 水〔湯〕に浸して柔らかにする, ふやかす. **2** やせさせる; やつれさせる: be ～*d* with cares 心配でやせる. **3** 〈鉄鉱を〉空気にさらす《溶解準備として》.
—— *vi.* **1** 浸溶する. **2** やつれる, 衰える.
◇ **mác·er·at·er, -a·tor** [-ər] *n.* ～するもの; パル

M

ブ製造機. **màc·er·á·tion** [mæsəréiʃ(ə)n] *n.*
mach [mɑ:k/mæk, mɑ:k] ＝Mach ②.
Mach [mɑ:k | G. max] *n.* **1** Ernst ～ [éərnst ⁻́], 1838–1916, オーストリアの物理学者. **2** (または m～) 〘物〙マッハ (＝～ number). **～ meter** 〘物〙マッハ計《超音速計器》. **～ number** 〘物〙マッハ数《物体の速度の音速 (時速約 1,200km) に対する比》.
mach. machine; machinery; machinist.
ma·ché·te [mɑ:tʃéitei, məʃét(i)/mətʃéiti] *n.* なた《中央・南アメリカ原住民が農具・武器として用いる》.
Màch·i·a·vél·li [mækiəvéli, mɑ̀:kjɑ:vélli:] *n.* Niccolo di Bernardo [nì:kkɔló:-di:-bɛərná:r-dɔ:-] ～, 1469–1527, イタリアの政治家・外交家・著作家《目的のためには手段を選ばない策謀政策を唱道した》. ◇ **-lism** [-véliz(ə)m] *n.* マキアベリ主義. **-list** *n.* マキアベリ主義者; 策謀家.
Màch·i·a·vél·(l)i·an [mækiəvéliən] *a.* **1** マキアベリ (主義) の; 権謀術数の. **2** 陰険な, ずるがしこい. **——** *n.* 策謀家.
ma·chíc·o·late [mətʃíkəlèit/mæ-, mə-] *vt.* 〘築城〙に狭間(はざま)を設ける. ◇ **-lat·ed** [-id] *a.* 狭間をつけた.
ma·chìc·o·lá·tion [mətʃìkəléiʃ(ə)n, ㊥⁺ mætʃik-], **mà·chi·cóu·lis** [mɑ̀:ʃikú:li:] *n.* 〘築城〙狭間, 突き出し[外郭]狭間《中世に城壁外側に設け, ここから敵の頭上に石・火・熱湯を落とし防御した》.
machin. machinery.
mách·i·nate [mækinèit] *vt.* 〈政府転覆などを〉たくらむ, もくろむ. **——** *vi.* 陰謀をめぐらす. ◇ **-na·tor** [-ər] *n.* 陰謀家, 策士.
màch·i·ná·tion [mækinéiʃ(ə)n] *n.* 陰謀, 策謀; たくらみ.
‡**ma·chíne** [məʃí:n] *n.* **1** 機械; 機械装置. **2** 自動[自転]車; 飛行機; ミシン (＝sewing ～); タイプライター; 印刷機械; 〘米俗〙蒸気ポンプ. **3** 機構; 機関; からくり: the social ～ 社会機構. **4** 〘米〙政党機構; 政党をあやつるボスたち. **5** 無感情で機械的に働く人. **6** 《昔の》舞台のからくり; 〘文学〙すべてを解決させる超自然力 (の導入). → *deus ex machina*. **——** *vt.* 機械にかける [で加工する]; 印刷機にかける; にミシンをかける. **——** *vi.* 加工される. **M～ Age, the** 機械 (文明) 時代. **～ cotton** カタン糸. **～ gun** 機関銃. **～-gun** [–⁻́⁻́] 機関銃で撃つ [掃射する]. **～-hóurs** 機械の運転時間. **～ language** 《電子計算機の》機械言語. **～-made** [–⁻́⁻́] 機械製の; 型にはまった, 紋切り型の. **～·man** [-mən, ㊥⁺-mæn] (*pl.* **-men**) 機械工; 〘印〙印刷工. **～ pistol** 〘米〙自動ピストル; 小形軽機関銃. **～ room** 〘英〙印刷室 (＝㊥ pressroom). **～-sewed** [–⁻́⁻́] ミシン縫いの. **～ shop** 機械工場. **～ tool** 工作機械. **～ word** ～ language 中の語. **～ work** 機械仕上げ. →handwork.
ma·chíne·like [məʃí:nlàik] *a.* 機械のような.
‡**ma·chín·er·y** [məʃí:n(ə)ri] *n.* **1** 《不可算的に集合的な意味をあらわす》機械 (類): install ～ in a factory 工場に機械を設置する. **2** 機械装置: the ～ of a watch とけいの機構. **3** 《政治・政府などの》機関, 機構. **4** 《劇・小説などの》仕組み, 趣向; からくり.
ma·chín·ist [məʃí:nist] *n.* **1** 機械工; 機械設計技師; (ミシン) 修理工. **2** 機械運転手; 〘米: 海軍〙機関兵曹(へいそう)長《その助手は machinist's mate》. **3** 《劇場の》道具方. **4** 《アメリカ政党の》幹部員; 幹部制支持者.
mác·in·tosh ＝mackintosh.
mack [mæk] 〘俗〙＝mackintosh.
Mac·kén·zie [məkénzi] *n.* (the ～) カナダ北西部の川《北極海に注ぐ》.
máck·er·el [mæk(ə)rəl] *n.* 〘魚〙サバ. **～ breeze** [**gale**] サバ漁によい強風. **～ pike** 〘魚〙サンマ. **～ sky** 《白い小雲の点在する》さば雲空.
máck·i·naw [mækinɔ̀:] *n.* **1** 〘米〙一種の平底船 (＝～ boat). **2** 〘米〙こうしじま毛布(＝～ blanket); それでつくったダブルの短いベルトつき上着. **3** 麦わら帽子.
「布; 防水外套(がいとう).
máck·in·tosh [mækintɑ̀ʃ/-tɔʃ] *n.* ゴム引き防水
máck·le [mækl] *n.* 〘印〙かすれ《2 重刷りなどによる》. **——** *vt.* 2 重刷りにする; 刷りそこなう. **——** *vi.* かすれる.
má·cle [mækl] *n.* 〘鉱〙双晶; 黒点《鉱物標本の》.
Mac-Ma·hon [F. makmaɔ̃, ㊥⁺ məkmá:(ə)n] *n.* Count de ～, 1808–93, フランスの陸軍元帥, 大統領《1873–79》.
Mac·míl·lan [mækmílən, mək-] *n.* Harold ～, 1894– , イギリスの政治家, 首相《1957–63》.
Ma·cón [mɑ:kɔ̃:/⁻́–, –⁻́] *n.* 《フランス産》ブドウ酒.
ma·cón·o·chie [məkánəki/-kɔ́n-] *n.* 〘英〙《軍隊用》かん詰めシチュー.
mac·ra·mé [mækrəmèi/məkrá:mi] F. *n.* 節糸飾り; マクラメレース.
「模に.
mác·ro [mækrou] *a.* 巨大な: on a ～ scale 大規
macro- 「長」「大」の意の語形成要素. ↔ micro-.
mác·ro·cosm [mækrəkɑ̀z(ə)m/-kɔz-] *n.* **1** 大宇宙, 大世界. ↔ microcosm. **2** 全範囲, 全域. **3** 《小さなものと同形の》拡大物, 拡張. ◇ **màc·ro·cós·mic** [⁻̀–kázmik/-kɔ́z-] *a.*
mác·ro·graph [mækrəgræf/-grɑ:f] *n.* 《見たままの大きさの》肉眼図; 拡大図.
ma·cróg·ra·phy [məkrágrəfi/-krɔ́g-] *n.* **1** 肉眼検査. ↔ micrography. **2** 異常大書《精神異常により字を大きく書くこと》.
mac·róm·e·ter [məkrámitər/-rɔ́m-] *n.* 測遠器.
màc·ro·mól·e·cule [mækrəmálikjù:l/mækrəmɔ́likju:l] *n.* 〘化〙高分子.
má·cron [méikrən, -rɑn, mæk-/mækrɔn] *n.* 《母音の》長音符《例: cāme, bē》.
màc·ro·phýs·ics [mækrəfíziks] *n. pl.* 《単数扱い》巨視的物理学.
màc·ro·scóp·ic [mækrəskápik/-skɔ́p-], **-i·cal** [-(ə)l] *a.* **1** 肉眼で見える. **2** 〘物・数〙巨視的な. ◇ **mà·cro·scóp·i·cal·ly** *ad.*
「子.
mác·ro·spore [mækrəspɔ̀:r/-spɔ:] *n.* 〘植〙大胞
mác·u·la [mækjulə] *n.* (*pl.* **-lae** [-li:]) 《太陽の》黒点; 《鉱物の》斑点(はんてん), きず; 《皮膚の》あざ. ◇ **～r** [-lər], **-late** [-lit] *a.*
「る, よごす.
mác·u·late [mækjulèit] *vt.* に斑点 [汚点] をつけ
màc·u·lá·tion [mækjuléiʃ(ə)n] *n.* 斑点 [汚点] をつけること [があること]; 斑点, 汚点.
mác·ule [mækju:l] **1** ＝macula. **2** ＝mackle.
Má·cy [méisi] *n.* メーシー《New York の世界一を誇る百貨店》.
‡**mad** [mæd] *a.* (**-dd-**) **1** 狂気の, 気違いの. **2** 《犬が》狂犬病にかかった; 《動物が》狂暴な. **3** 熱狂した, 夢中になった, 熱を上げている《に *for, after, about, on*》: He is ～ *about* her. 彼は彼女に首ったけだ. **4** 向こう見ずの, 無謀な, ばかげた: ～ efforts 無謀な努力. **5** 〘米話〙おこった《に *at, about*》: Don't be ～ *at* me. 私のことをおこらないで. **6** 《態度などが》気違いじみた, 激しい; 《雨・風などが》狂ったような, 猛烈な: ～ haste あわてふためき. **7** はしゃいだ, 大浮かれの: have a ～ time 浮かれ騒ぐ. **(*as*) ～ *as a hatter*** [***a March hare***] 全く狂暴な, 気違いじみた. ***drive*** [***send***] a person **～** (人を) 発狂させる; いたく立腹させる. ***go*** [***run***] **～** 気が狂う. ***hopping* ～** 烈火のごとく怒った. ***like* ～** 狂ったように; 猛烈に: run *like* ～ 死にもの狂いに走る. **——** *vt., vi.* (**-dd-**) 〘米話〙おこらせる, おこる; 〘古〙発狂させる [する]. **——** *n.* 立腹. ***have a* ～ *on*** 〘米話〙…におこる. **～ apple** 〘植〙ナス. **⁓-bráined** 激しやすい, 向こう見ずな. **⁓-cap** [⁻́⁻́] 向こう見ずな(人); 《特に》おてんば娘. **⁓-dòc·tor** 精神病専門医《mad doctor

は「気の狂った医者」). ～ **dog** 狂犬. ∠**-house** [∠⊥] 精神病院. ∠**-man** [-mən, [米]⁺ -mæn] (*pl.* **-men**) 狂人. ～ **money** 〖俗〗女性が所持する小額の金《デートで相手にはぐれたとき家までたどりつくための》; 緊急用小金, へそくり. ∠**-wòm·an** (*pl.* **-wòm·en**) 狂女. ∠**-wort** [∠⊥] →別項.
◇ ∠**·ly** *ad.* 狂気のように; ばかげて; 猛烈に.

Mad. Madam.

Màd·a·gás·can [mædəgǽskən] *a., n.* Madagascar (人)の; Madagascar 人.

Màd·a·gás·car [-kər] *n.* マダガスカル《アフリカ東海岸沖の島; 共和国》.

‡**mád·am** [mǽdəm] *n.* **1** (*pl.* **mes·dámes** [meidáːm, -dǽm/méidæm]) 奥様《呼びかけの敬称. 未婚の婦人に対しても用いられる》. **2** (*pl.* **～s**) 〖米俗〗主婦, おかみ.

ma·dame** [mǽdəm] F. *n.* (*pl.* ***mes·dames [meidáːm, -dǽm/méidæm]) **1** 奥様, …夫人《フランスで既婚婦人に対する呼びかけ・敬称. 略 Mme., (*pl.*) Mmes.》. **2** (M～) 〖フランス史〗王女.

mád·den [mǽdn] *vt., vi.* **1** 激しく興奮させる〔する〕; 激怒させる〔する〕. **2** 発狂させる〔する〕.

mád·den·ing [mǽdniŋ] *a.* **1** 気を狂わすような; 腹の立つ,「頭にくる」. **2** 荒れ狂う; 激烈な.
◇ **～·ly** *ad.*

mád·der [mǽdər] *n.* **1** 〖植〗アカネ属の植物. **2** 〖染料〗あかね色; 人造あかね染料.
～ **lake** 濃いあかね色.

mád·ding [mǽdiŋ] *a.* 狂気の, 狂乱の; 狂暴な: far from the ～ crowd はるか俗世間を離れて.

†**made** [meid] *v.* make の過去・過去分詞.
—— *a.* **1** つくられた, こしらえた; でっちあげた: a ～ story つくり話. **2** 人工的な: ～ fur 模造毛皮. **3** 成功した,(既に)成功確実な: a ～ man 成功者. **4** 《合成語で》…つくりの, …製の; からだつきが…の: a Swiss-～ watch スイス製のとけい. hand-～ 手製の. ready-～ 既製の. slightly-～ きゃしゃなからだの, やせ形の.
～ **dish** 取り合わせ料理. ～ **gravy** いろいろの材料でつくった肉じる. ∠**-ò·ver** つくり直された, 改修された. ∠**-to-méas·ure,** ∠**-to-ór·der** 注文でつくった, あつらえの. ↔ ready-made. ∠**-úp** →別項.

Ma·déi·ra [mədí(ː)rə/-díərə] *n.* **1** マデーラ《アフリカ北西方モロッコ沖のポルトガル領の島》; (または m～) 同島産の白ブドウ酒. **2** マホガニー材 (＝～ wood). ～ **cake** カステラの一種.

Màd·e·lé·ni·an [mæ̀d(ə)líːniən, -njən] ＝Magdalenian.

ma·de·moi·selle [mæ̀dəm(w)əzél] F. *n.* (*pl.* ***mes·de·moi·selles*** [mèidə-]) **1** …嬢, 令嬢《英語の Miss に当たる. 略 Mlle, (*pl.*) Mlles》. **2** フランス婦人の家庭教師.

máde-úp [méidʌ́p|付加語 ∠⊥/∠−] *a.* **1** つくった, こしらえた, 人工的な: a ～ story つくり話. **2** でき上がった, 完成した: a ～ tie 結びネクタイ. **3** 決心した, 腹を決めた. **4** 化粧した.

má·di·a [máːdiə/méi-] *n.* ヒマワリに似た菊科の植物. ～ **oil** ～の種油《オリーブ油の代用品》.

Mád·i·son[1] [mǽdisn] ～ ***Avenue*** (1) New York 市のアメリカ広告業中心地. (2) 〖俗〗広告宣伝業; マスコミを信条とする考え方. ～ ***Square Garden*** New York のスポーツセンター.

Mád·i·son[2] *n.* アメリカ Wisconsin 州の都市.

Madm. Madam.

‡**mád·ness** [mǽdnis] *n.* **1** 狂気, 精神錯乱. **2** 熱狂; 激怒. **3** 狂気のさた, 愚行.
canine ～ 恐水病. ***love to*** ～ 熱愛する.

Ma·dón·na [mədánə/-dɔ́nə] *n.* 聖母マリア; マリア像. ～ **lily** 白ユリ.

Ma·drás [mədrǽs, -dráːs, [米]⁺ mǽdrəs] *n.* **1** マドラス《インド東南部の州; その州都》. **2** (m～) マドラスもめん《一種のうね織り綿布》.

mád·re·pòre [mǽdripɔ̀ːr/mæ̀dripɔ́ː] *n.* 〖動〗緑石《サンゴの一種》.

Ma·dríd [mədríd] *n.* マドリード《スペインの首都》.

mád·ri·gal [mǽdrig(ə)l] *n.* **1** 叙情短詩; 牧歌; 恋歌. **2** 〖楽〗マドリガル《無伴奏の合唱曲》; 歌曲, 合唱曲. ◇ **～·ist** *n.* マドリガル作曲者〔歌手〕.

Ma·dú·ra [mɑːdúːrɑː] *n.* マズラ《マライ群島 Java 島北東の一島, インドネシア共和国の一部》.

mád·wort [mǽdwə̀ːrt] *n.* 〖植〗油菜科の雑草.

Mae·cé·nas [misíːnəs, [米]⁺ -næs] *n.* **1** Gaius Cilnius [géiəs-sílniəs-/gái-] ～ メーケーナス, 70?–8 B.C., ローマの政治家で, Horace や Virgil の友人・後援者. **2** 《文学・美術の》保護者.

máel·strom [méilstrəm/-stroum] *n.* **1** 大うずまき; (the M～) ノルウェー西海岸の大うずまき. **2** 《比喩的》うずまき; 大混乱.

máe·nad [míːnæd] *n.* 〖ギ・ロ神〗酒神バッカスに奉仕する女 (bacchante); 熱狂する女.

mà·es·tó·so [mɑ̀ːestóusou, -zou, mais-] *a., ad.* 〖楽〗荘厳な〔に〕. [＜It.]

ma·es·tro [máistrou, mɑːés-] It. *n.* (*pl.* ***-tros, -tri*** [-triː]) **1** 巨匠, 大家; 大音楽家, 大作曲家, 名指揮者. **2** 《巨匠, 特に音楽家に対する敬称》…氏: *M*～ Toscanini トスカニーニ氏.

Máe·ter·linck [méitərlìŋk] *n.* Maurice ～ メーテルリンク, 1862–1949, ベルギーの劇作家・詩人・哲人《1911 年ノーベル文学賞受賞》.

Máe Wést [méi-wést] *n.* 〖英:空〗海上救命チョッキ; 〖米:軍俗〗双塔戦車; (パラシュートの) 中央絞り《落下速度を増す装置》. 〈注〉この名の肉体女優による. 豊かな乳ぶさからの連想.

Má(f)·fi·a [máːfiɑː/mɑːfíːə] *n.* **1** マフィア団《法律と秩序を無視し暴力をふるったイタリアのシシリー島民の秘密結社. 現在でも島民中にはその風習が残っている》. **2** 《一般的》犯罪人の秘密結社.

máf·fick [mǽfik] *vi.* 〖英話〗お祭り騒ぎをする.

mag [mæg] *n.* **1** 〖英俗〗半ペニー (貨). **2** ＝magneto.

mag. magazine; magnetism; magnitude.

‡**màg·a·zíne** [mæ̀gəzíːn, [米]⁺∠−⊥] *n.* **1** 雑誌. **2** 兵器庫; 弾薬〔火薬〕庫. **3** 食糧庫; たくわえ. **4** 《連発銃の》弾倉; 《ストーブの》燃料室. **5** 〖写〗フイルム取りわく, マガジン. **6** 資源地, 宝庫.
～ **gun** 〔**rifle, pistol**〕連発銃. ～ **stove** 燃料自給ストーブ. ◇ **～·dom** [-dəm] *n.* 雑誌界.

Mág·da·la [mǽgdələ] *n.* 〖聖〗マグダラ《Palestine 北部の町. マグダラのマリアの生地》.

Mág·da·len [mǽgdəlin], **Mág·da·lene** [mǽgdəliːn, mæ̀gdəlíːni] *n.* **1** (the ～) 〖聖〗マグダラのマリア (＝Mary Magdalene)《ルカ伝 7:37, 8:2》. **2** (または m～) 更生した娼婦(しょうふ); 売春婦更生所.
Magdalen College [mɔ́ːdlin-] イギリス オックスフォード大学の学寮. **Magdalene College** [mɔ́ːdlin-] イギリスケンブリッジ大学の学寮. ～ **home** 〔**hospital**〕売春婦更生所.

Màg·da·lé·ni·an [mæ̀gdəlíːniən] *a.* 〖考古〗マグダレニアン期の《旧石器時代後期の最後》.
～ **culture, the** マグダレニアン〔マドレーヌ〕文化《フランスの La Madeleine の遺跡に由来》.

Mág·de·burg [mǽgdəbə̀ːrg] *n.* マグデブルグ《東ドイツ中部 Elbe 川岸の商工業都市》.

mage [meidʒ] *n.* 〖古〗魔法使い, 奇術師; 博学の人.

Ma·gél·lan [mədʒélən/-gél-] *n.* Ferdinand [fə́ːrdinənd-] ～ マゼラン, 1480?–1521, ポルトガルの航海家. ***the Strait of*** ～《南アメリカ南端の》マゼラン海峡《1520 年発見》.

ma·gén·ta [mədʒéntə] *n., a.* 赤色アニリン染料; 赤紫色 (の).

mág·got [mǽgət] *n.* **1** 《虫の》うじ. **2** 気まぐれ; 空想, 妄想(もう). ***have a*** ～ ***in*** one's ***head*** 〔***brain***〕気まぐれな考えをいだく; 妄想をいだく. ***when the*** ～

bites 気の向いたときに.
◇ ～·y *a.* うじだらけの; 〘おもに英〙 気まぐれな.
Má·gi [méidʒai] *n. pl.* (*sing.* **-gus** [méigəs]) **1** 〘聖〙《キリストの降誕を感知して礼拝に来た》東方の3人の博士《マタイ伝 2: 1-12》. **2**《古代ペルシアの》マギ僧族.
Má·gi·an [méidʒiən] *a.*《古代ペルシアの》マギ僧族の. —— *n.* マギ僧; 魔術師. ◇ **～·ism** *n.* マギ教.
‡**mág·ic** [mǽdʒik] *a.* **1 魔法の**; 奇術の: ～ arts 魔術. **2** 魔法のような, 不思議な: ～ beauty 心を奪うような美しさ. —— *n.* **1 魔法**, 魔術. **2 奇術**. **3** 魅力, 不思議な力: the ～ of music 音楽の魅力. ***black*** ～ (有害な) 魔術《悪魔の力による》. ***like*** ～ 不思議に (速く). ***natural*** ～ 神力によらない魔術, 奇術. ***play*** ～ 手品をする. ***white*** ～ (無害な) 魔術《悪魔の力によらない》. ～ **carpet** (空を飛ぶ) 魔法のじゅうたん. ～ **eye** マジックアイ《ラジオなどの同調位置を示す》. ～ **glass** 〔**mirror**〕 魔法の鏡《未来・遠方のできごとを映す》. ～ **lantern** 幻燈. ～ **square** 魔法陣《数の和が縦・横・斜めとも同一の数列表》. ～ **wand** 魔法のつえ.
mág·i·cal [mǽdʒik(ə)l] *a.* ＝magic.
◇ **～·ly** *ad.* 魔法のように, 不思議に.
‡**ma·gí·cian** [mədʒíʃ(ə)n] *n.* **1 魔法使い**, 魔術師. **2** 奇術〔手品〕師. ***the M～ of the North*** Sir Walter Scott の別称.
màg·i·co-re·lí·gious [mædʒikorilídʒəs] *a.* 呪術(じゅっ)宗教の《雨ごいなど超自然力の助けを請う》.
ma·gílp [məgílp] ＝megilp.
Má·gi·not [mǽʒinòu] *n.* André ～, 1877-1932, フランスの陸軍大臣. ～ **line** マジノ線《第2次大戦当時フランス東国境にあった対独防衛のための要塞》. **～-mínd·ed** 守勢の, 防御一方の.
màg·is·té·ri·al [mædʒistí(:)riəl/-tíər-] *a.* **1** magistrate の. **2** 権威のある, いかめしい, 厳然たる. **3** おうへいな; 《意見など》高圧的な. **4** 公平な. ◇ **～·ly** *ad.*
mág·is·tra·cy [mǽdʒistrəsi] *n.* **1** magistrate の職〔任期, 管轄区域〕. **2**《集合的》＝magistrate.
mág·is·tral [mǽdʒistrəl/mədʒís-] *a.* **1** 教師の. **2** magistrate の. **3** 権威のある; もったいぶった, おうへいな; 独断的な. **4** 〘薬〙 特別に調合した. → officinal. ～ **method**《学校教師としての》教授法. ～ **staff** 教職員.
‡**mág·is·trate** [mǽdʒistrèit, -trit] *n.* **1**《行政・司法を兼ねる》行政長官, 治安官. **2** 治安判事 (justice of the peace)《軽犯罪を判決し, ふつう名誉職. 有給の者は police ～ 警察〔有給〕判事と呼ばれる》. ***civil*** ～ 文官. ***the chief*** 〔***first***〕 ～ 元首, 大統領. ◇ **～·ship** *n.* ～の職〔地位, 任期〕. **-tra·ture** [-trèitʃər/-trətʃə] *n.* ＝magistracy.
mág·ma [mǽgmə, ㊍⁺ méig-] *n.* (*pl.* **～s**, **～·ta** [-tə])《鉱物・有機物質の》軟塊; 〘地〙 マグマ, 岩漿(がんしょう). ～ **chamber** 地表下のマグマのたまり.
◇ **mag·mát·ic** [mægmǽtik] *a.*
magn. magnetism; magneto.
Mág·na C(h)ár·ta [mǽgnə-ká:rtə] *n.* **1** (the ～) 〘英史〙 マグナカルタ, 大憲章《1215年イギリスの John 王が承認した人民の自由勅許状. イギリス憲法の基礎となった》. **2**《一般的》国民の権利・自由を保護する律令. [＜L.]
mag·na cum lau·de [mǽgnə-kʌm-lɔ́:di] L. (＝with high honors) 優等で. → (*summa*) *cum laude*.
mag·ná·li·um [mægnéiliəm] *n.* 〘化〙 マグナリウム《アルミニウムとマグネシウムの合金》.
mag·nán·i·mous [mægnǽniməs] *a.* 度量の大きい, 雅量に富む; 寛大な. [√mag(n)-＋√anim-]
◇ **～·ly** *ad.* **màg·na·ním·i·ty** [mægnənímiti] *n.* 度量, 雅量, 寛大, 太っ腹.
〔類〕 → **tolerance**「寛容」
mág·nate [mǽgneit] *n.* **1** 大立て者, 有力者. **2** 大資本家, 大事業家; …王: an oil ～ 石油王. **3** 貴人; 高官. [√mag(n)-]
mag·né·sia [mægní:ʃə, ㊍⁺ -ʒə] *n.* 〘化〙 マグネシア, 苦土(くど); 酸化マグネシウム. ***carbonate of*** ～ 炭酸マグネシア (＝～ alba). ◇ **～n** *a.*
mag·né·si·um [mægní:ʃiəm, -ʒiəm/-zjəm] *n.* 〘化〙 マグネシウム《金属元素. 記号 Mg》.
～ **carbonate** 〔**chloride**〕 炭酸〔塩化〕マグネシウム. ～ **light** マグネシウム光《夜間撮影用》. ～ **sulfate** 硫酸マグネシウム, しゃり塩《下剤》.
‡**mág·net** [mǽgnit] *n.* **1 磁石**, **磁鉄**: a bar ～ 棒磁石. a horseshoe 〔U〕 ～ 馬蹄(ばてい)形〔U字形〕磁石. **2** 人の心を引きつける人〔物〕. ***natural*** ～ 天然磁石. ***permanent*** ～ 永久磁石.
*__mag·nét·ic__ [mægnétik] *a.* **1 磁石の**, **磁気の**; 磁気を帯びた. **2 人の心を引きつける**: a ～ personality 魅力ある人物. **3** 催眠力のある, 催眠術の.
～ **battery** 磁電池. ～ **body** 磁性体. ～ **declination** 磁気偏角. ～ **detector** 磁気検波器. ～ **field** 磁界, 磁場. ～ **fluid** 磁液. ～ **force** 磁気力. ～ **induction** 磁気誘導〔感応〕. ～ **iron** 磁鉄鉱. ～ **meridian** 磁北線, 磁気子午線. ～ **mine** 磁気機雷《海底に敷設》. ～ **needle** 磁針. ～ **north** 磁北. ～ **pole** 磁極. ～ **recording** 磁気録音. ～ **storm** 磁気あらし. ～ **tape recorder** テープレコーダー, 磁気録音機. 「学.
mag·nét·ics [mægnétiks] *n. pl.*《単数扱い》磁気
mág·net·ism [mǽgnitiz(ə)m] *n.* **1** 磁気, 磁性, 磁気作用, 磁力. **2** 磁気学. **3** 引力, 魅力. **4** 催眠術. ***induced*** ～ 誘導〔感応〕磁気. ***terrestrial*** ～ 地磁気.
◇ **-ist** *n.* 磁気学者; 催眠術を行なう人.
mág·net·ite [mǽgnitàit] *n.* 〘鉱〙 磁鉄鉱.
mág·net·ize [mǽgnitàiz] *vt.* **1** 磁化〔励磁〕する. **2** 引きつける, 魅了する. —— *vi.* 磁気を帯びる.
◇ **màg·net·i·zá·tion** [mægnitizéiʃ(ə)n/-taiz-] *n.*
mag·né·to [mægní:tou] *n.* (*pl.* **～s**) 〘電〙 マグネト発電機《おもに内燃機関点火用の小型磁石発電機》. ～ **system**《電話の》磁石式.
magneto- magnet, magnetic の意の語形成要素: *magneto*chemistry 磁気化学.
mag·nè·to·béll [mægnì:tobél/-ní:-] *n.* 磁石ベル.
mag·nè·to·e·léc·tric [mægnì:toiléktrik/-ní:-], **-tri·cal** [-(ə)l] *a.* 磁電気の. ◇ **mag·nè·to·e·lèc·tríc·i·ty** [-ilèktrísiti] *n.* 磁電気 (学).
mag·né·to·gram [mægní:togræ̀m] *n.* 磁力記録. 「機.
mag·né·to·graph [-græ̀f/-grɑ:f] *n.* 磁力記録
màg·ne·tóm·e·ter [mægnitámitər/-tɔ́m-] *n.* 磁力〔磁気〕計. ◇ **-try** [-tri] *n.* 磁気測定.
mág·ne·ton [mǽgnitàn/-tən] *n.* 〘物〙 磁子.
mag·né·to·scope [mægní:toskòup, ㊍⁺ -néto-] *n.* 磁力〔磁気〕検出機.
mag·nè·to·tél·e·phone [mægnì:totélifòun/-ní:-] *n.* 磁石式電話機.
mág·ne·tron [mǽgnitràn/-trən] *n.* マグネトロン, 磁電管《短波用真空管の一種》.
magni-「大」の意の語形成要素: *magni*fy. ↔ micro-. [√mag(n)-]
mág·ni·fi·a·ble [mǽgnifàiəbl] *a.* 拡大できる.
mag·níf·ic [mægnífik], **-i·cal** [-(ə)l] *a.* 〘古〙 荘厳な, 崇高な; 堂々とした, すばらしい; 大げさな.
Mag·níf·i·cat [mægnífikæt] *n.* 〘聖〙 聖母マリアの頌歌(しょうか)《ルカ伝 1: 46-55. 晩禱(ばんとう) (Vespers) に唱える》; (m～)《一般的》頌歌.
correct ～ おこがましくも人をとがめだてする. ***correct*** ～ ***before*** one ***has learnt Te Deum*** がらにもないことを企てる. ***sing*** ～ ***at matins*** 時はずれのことをする; 場所柄をわきまえない.
màg·ni·fi·cá·tion [mægnifikéiʃ(ə)n] *n.* **1** 拡

大; 拡大図. 2〘光〙倍率. 3 称賛. 4 誇張.

*mag·níf·i·cence [mægnífisns] n. 壮大, 荘厳, 偉観. *in* ～ 壮大に.

‡mag·níf·i·cent [mægnífisnt] a. 1 壮大な, 荘厳な, 壮麗な: a ～ spectacle 壮観. 2 堂々たる, りっぱな: a ～ manner どっしりした態度. 3 たいした, 膨大な: a ～ inheritance 大遺産. 4〘話〙すてきな, すばらしい: a ～ opportunity. [√mag(n)-] ◇ *～·ly ad. りっぱに; すばらしく.

mag·níf·i·co [mægnífikòu] n. (pl. ～es)《昔のベニスの》貴族;《一般的》高官, 大立て者.

‡mág·ni·fy [mǽgnifài] vt. 1 拡大する; 大きく見せる. 2 誇張する. 3〘古〙賛美する. 4〘稀〙増大する. ～ one*self against* に対していばる〔尊大ぶる〕. *～ing glass* 拡大鏡, 虫めがね. *～ing power* 倍率. [√mag(n)-] ◇ -fi·er [-ər] n. 拡大する物〔人〕; 拡大鏡〔レンズ〕, 虫めがね.

mag·níl·o·quence [mægníləkwəns] n. 大言壮語, ほら; 誇張したことば〔文体〕. [√loqu-]

mag·níl·o·quent [-kwənt] a. 大言壮語する, ほらふきの, 誇大な. ◇ ～·ly ad.

mág·ni·tude [mǽgnit(j)ù:d/-tju:d] n. 1 大きさ; 量. 2 重大(性), 重要さ: an affair of ～ 重大事件. 3 偉大さ, 高潔. 4〘天〙《恒星の》光度, 等級. 5〘物〙マグニチュード《地震の規模指数. 記号 M.》. *of the first* ～ 最重要の; 一流の; 一等星の. [√mag(n)-]

mag·nó·li·a [mægnóuliə, -ljə] n. 1〘植〙モクレン・泰山木類の植物; その花. 2 鉛 7・アンチモン 2・スズ 1 の割合の合金 (=～ metal).

M～ State, the Mississippi 州の別称.

mág·num [mǽgnəm] n. 1 大酒びん《約 2.3 *l* 入り》; その量. 2 (M～) 大型連発ピストル. 3〘医〙手首骨.

mag·num o·pus [mǽgnəm-óupəs] L. (=a great work) 1《文学上の》大作, 傑作;《特に芸術家の》主要作品. 2 大事業. → opus.

ma·gót [məgóu, mǽgət] n. 1 陶製〔象げ製〕人形《中国・日本産の》. 2〘動〙オナシザル.

mág·pie [mǽgpài] n. 1〘鳥〙カササギ; ハトの一種. 2〘英俗〙僧正, 監督. 3 おしゃべり. 4〘英俗〙半ペニー. 5〘英: 軍俗〙標的の外側から 2 番めの区画(に命中した弾丸).

M. Agr.〘米〙Master of Agriculture.

mágs·man [mǽgzmən] n. (pl. -men) 1 雑誌寄稿家. 2〘俗〙ぽん引き, 詐欺師.

mág·uey [mǽgwei] n.〘植〙リュウゼツラン.

Má·gus [méigəs] n. Magi の単数形.

Mág·yar [mǽgja:r] n. マジャール人〔語〕; ハンガリー人〔語〕. —— a. マジャール人〔語〕の.

Ma·há·bhá·ra·ta [məhá:bá:rətə], -tam, -tum [-bá:rətəm] n. マハーバーラタ《古代インド 2 大叙事詩の一つ》.

Ma·há·má·ya [məhá:má:jə] n. =maya ②.

Ma·hán·ism [məhǽniz(ə)m] n. 大海軍主義《アメリカ提督 A.T. Mahan [-məhǽn] の名から》.

mà·ha·rá·ja(h) [mà:hərá:dʒə/mà:(h)ə-] n.《インドの》回教君主; その位.

mà·ha·rá·nee, -ni [-rá:ni:] n. maharaja(h) の「奥方.

ma·hát·ma [məhǽtmə, -há:t-] n.《インドの》大聖, 超人; (M～) インドで貴人の名に添える敬称.

Mà·ha·yá·na [mà:həjá:nə] n.〘仏教〙大乗.

Máh·di [má:di] n.〘回教〙救世主《この世の終末の前にあらわれるという》.

◇ Máh·dism [-z(ə)m] n. Mahdi 降臨の信仰.

mah-jóng(g) [ma:dʒɔ́:ŋ, -dʒáŋ/má:dʒɔ́ŋ] n. マージャン. [<Ch. 麻雀]

máhl·stick [má:lstik, mɔ́:l-] =maulstick.

ma·hóg·a·ny [məhágəni/-hɔ́g-] n. 1〘植〙マホガニー; マホガニー材. 2 赤かっ色. 3〘英話〙食卓. *be under the* ～ (食卓の下に) 酔って倒れる, 泥酔(でいすい)している. *have* one*'s legs under* a person*'s* ～ (人)といっしょに食事する. *put* 〔*stretch*〕 one*'s legs under* a person*'s* ～ (人)のもてなしを受ける. *with* one*'s knees under the* ～ 食卓について.

Ma·hóm·et [məhámit/-hɔ́m-] =Mohammed.

Ma·hóm·e·tan [məhámit(ə)n/-hɔ́m-] a., n. = Mohammedan. ◇ ～·ism n. =Mohammedanism.

ma·hóut [məháut] n.《インドの》象使い.

Mah·rát·ta [mərǽtə] n. マラタ人《インド西部・中部に住む民族》.

Má·ia [méijə, máiə] n.〘ギ神〙アトランタの 7 人の娘の長女でヘルメスの母;〘ロ神〙地の女神《5 月の May は彼女にちなむ》.

‡maid [meid] n. 1 少女, おとめ. 2 女中, お手伝い; 侍女; 女給. 3 未婚の女性, 独身女《old ～ の形でのみ用いる. オールドミスは和製英語》. 4〘古〙処女. *～ in waiting* 女官, 侍女. *～ of all work* [mèidəvɔ́:lwə:rk] 雑役をする女中. *～ of honor* 女王〔王女〕の侍女;〘米〙新婦の付添役《未婚の女性》. → best man. *the M～ of Orleans* オルレアンの少女 (Joan of Arc).

M～ Marian《モリスダンスの》5 月姫; ロビンフッドの恋人. ∠·sèrv·ant 女中. ～'s sickness =green-sickness.

◇ ∠·hood [-hùd] n. =maidenhood.

mai·dan [maidá:n] Hind. n.《インドの》練兵場;《市場・散歩に使われる》広場.

‡máid·en [méidn] n. 1 少女; 処女; 未婚の女. 2 (the M～)〘史〙《昔スコットランドで使われた》断頭台. 3 =～ horse; ～ race. —— a.《限定用法のみ》1 少女の; 未婚女性用の; 処女の. 2 初めての: a ～ flight 処女飛行. 3 まだためしたことのない, 新参の: a ～ soldier 戦闘未経験の兵士.

～ assize 判例のない裁判. ～·hair [∠-∠]〘植〙アジアンタム《ハコネシダ・クジャクシダ・ホウライシダなどのシダ類》. ～·hair tree〘植〙イチョウ. ～ horse〘競馬〙未勝利馬. ～ name 結婚前の姓. ～ race〘競馬〙新馬戦. ～ speech《議会などでの》処女演説. ～ stakes 初出走馬にかけた金. ～ sword 新刀. ～ voyage 処女航海.

◇ ～·head [-hèd] n.《-head は -hood の双生接尾辞》1 = maidenhood. 2〘医〙処女膜.

～·hood [-hùd] n. 処女性; 処女時代; 清新, 純潔. ～·ish a. 処女じみた〔ぶった〕. ～·like a., ad. 処女らしい〔らしく〕, 慎みぶかい〔く〕, しとやかな〔に〕. ～·ly a. 1 処女(時代)の: ～*ly* years. 2 = maidenlike.

ma·iéu·tic [meijú:tik], -ti·cal [-(ə)l] a.〘哲〙(ソクラテスの) 産婆術〔問答法〕の《人の心中のばく然とした考えを問答によって引き出し, 明確に意識させる》; 人の考えを引き出すような.

mái·gre [méigər] a.〘カトリック〙肉なしの, 精進料理の; 断食(日)の.

‡mail[1] [meil] n. 1〘おもに米〙郵便物(の配達): I had a lot of ～ this morning. けさはたくさんの郵便がきた. All the ～s were robbed. 郵便物はみな盗まれた. The morning ～ is late. 朝の配達はおそい. 〈注〉イギリスでは外国行き郵便だけに用い, 国内郵便は post. 2 郵便 (制度). 3 郵便車〔船〕;〘古〙郵便袋. *by* ～〘米〙郵便で. *first-*〔*second-*〕*class* ～ 第 1〔第 2〕種郵便.

—— vt.〘米〙郵送する; 投函(とうかん)する (=㊥ post).

∠·bag [∠-∠] 郵便袋; 郵便配達かばん. 〈注〉イギリスでは postman's bag または delivery pouch. ～ boat 郵(便)船. *∠·box [∠-∠]〘米〙郵便箱, ポスト;《個人の》郵便受け (=㊥ letter box). ～ car《鉄道の》郵便車. ～ carrier〘米〙=mailman. ～ cart 郵便車;〘英〙うば車の一種. ～ catcher〘米〙列車進行中行嚢(こうのう)を郵便車に積み込む装置. ～ chute [-ʃù:t] メイルシュート, 郵便落とし《ビルの上層の階から階下の箱に落とす装置》. ～ clerk〘米〙

郵便局事務員. ~ **coach** 《昔の》郵便馬車; 郵便車 (=~ cart). ~ **drop** (1) (郵便箱の) 差し入れ口. (2) (秘密通信の) あて先. **∠·man** [-mæ̀n] (*pl.* **-men**) 〔米〕郵便集配人, 郵便配達 (人). ~ **matter** 郵便物. ~ **order** 通信販売 (制の). **~-order house** 通信販売店. **∠·plane** [∠∠] 郵便 (飛行) 機. ~ **train** 郵便列車.

◇ **∠·a·ble** *a.* 郵送できる. **∠·er** *n.* **1** =mailing machine; =mail boat. **2** 郵送袋《露出済みのカラーフイルムを現像に送るためなどの》. **3** 郵送者.

mail² *n.* 鎖かたびら, よろい. —— *vt.* に ~ を着せる. **∠·clad** [∠∠] 鎖かたびらを着た.

mailed¹ [meild] *a.* **1** よろいを着た, 装甲の. **2** 〔動〕堅いうろこでおおわれた; 《鳥の胸が》鎖状の模様になっている. ~ **fist** 武力, 腕力.

mailed² mail¹ の過去・過去分詞.

máil·ing [méiliŋ] *n.* 郵送. ~ **list** 郵送先名簿. ~ **machine** 郵便物処理機《量目をはかり, 消印を押し, あて名を印刷したりする》. ~ **table** 郵便物区分台. ~ **tube** (新聞・雑誌などを郵送するための) 厚紙筒.

mail·lót [mɑːjóu] *n.* 《ダンス・体操用》タイツ; 婦人の水着《ワンピースで肩ひもなし》.

***maim** [meim] *vt.* **1** 《手・足を切って》不具にする, 傷つける. **2** だいなしにする; 役に立たなくする.

◇ **~ed** [-d] *a.* 不具の, 傷ついた.

‡**main¹** [mein] *a.* **1** 主要な, おもな; (第一に) 重要な. **2** 《力・努力などについて》最大の, 精いっぱいの: by ~ force [strength] 全力を尽くして. **3** 〔文〕主要な: the ~ clause 主節. ***for the ~ part*** 大部分は; 概して. ***have an eye for*** [***to***] ***the ~ chance*** 絶好の機会をねらう; 虎視眈々(こしたんたん)としている.

—— *n.* **1** 《水道・ガスなどの》本管: a supply (water) ~ 給水本管. **2** 〔雅〕大海原(うなばら). **3** 主要部分; 要点. **4** 力. **5** 〔古〕(the M~) = Spanish M~. ***in*** [***for***] ***the ~*** だいたいは, 概して. ***turn on the ~*** わっと泣きだす. ***with might and ~*** 全力を尽くして.

~ **body** (1) 主力《軍などの》. (2) 〔海〕船体. ~ **boom** 〔海〕mainsail のすそを張る円材. ~ **brace** 〔海〕main yard を回すために取り付けた索: splice the ~ *brace* 船員に酒を特配する; 一杯ひっかける. ~ **chance** 絶好の機会. ~ **deck** 〔海〕正甲板. ~ **drag** (市の) 中央通り. ~ **event** 〔米〕主要試合. ~ **force** 〔軍〕主力. ~ **hold** 〔海〕大船倉, 中部船倉. ‡ **∠·land** →別項. ~ **line** 《鉄道などの》幹線, 本線. **∠·line** [∠∠, ∠∠] 〔俗〕静脈にヘロイン (など) を打つ. **∠·mast** [-mæ̀st/-mɑːst | 〔海〕-məst] 〔海〕大檣(たいしょう)《船のいちばん大きいマスト》. **~·mast man** 大檣係. ~ **office** 本社, 本店. ~ **plot** 《劇などの》本筋. ~ **rigging** 〔海〕大檣索具. ~ **royal** 〔海〕大檣のローヤル (帆). **∠·sail** [-sèil | 〔海〕-sl] 〔海〕大檣帆, 主帆. ~ **sea** 大海. **∠·sheet** [∠∠] 〔海〕大檣帆操縦索. **∠·spring** [∠∠] (1) 《とけいなどの》主ぜんまい. (2) 主動機, 主因. **∠·stay** [∠∠] (1) 〔海〕大檣の支索. (2) 頼みの綱, 大黒柱; おもな生業. **∠·stream** →別項. **M~ Street** 〔米〕本町通り; 《比喩的》地方都会の典型的社会. **∠·top** [∠∠] 〔海〕大檣楼. **∠·top·gál·lant** [mèintəgǽlənt, -tɑ̀p-/-tɔp-] 〔海〕大檣の上檣, その帆, または帆げた. **∠·top·gál·lant·mast** [-mæ̀st/-mɑːst | 〔海〕-məst] 〔海〕大檣の上檣. **∠·tóp·mast** [mèintɑ́pmæ̀st/-tɔ́p- | 〔海〕-məst] 〔海〕大檣の中檣《lower mainmast の上に付ける》. **∠·tóp·sail** [mèintɑ́psèil/-tɔ́p- | 〔海〕-sl] 〔海〕大檣の中檣帆《mainsail の上に付ける》. ~ **yard** 〔海〕大檣下げた.

〔類〕→ **chief**「主要な」

main² *n.* **1** 闘鶏試合. **2** 唱え数《勝負事でさいころを投げる前に投げ手の唱える 5 から 9 までの数》.

Main [mein, main] *n.* マイン川《ドイツ西部から流れライン川の支流に合する》.

Maine [mein] *n.* メーン州《アメリカ北東部の州》. ***from ~ to California*** アメリカ全土を通じて.

◇ **Máin·er** [méinər] *n.* メーン州の人.

‡**máin·land** [méinlæ̀nd, -lənd] *n.* 大陸, 本土《付近の島・半島に対して》. ◇ **~·er** *n.* 本土の住民.

‡**máin·ly** [méinli] *ad.* **1** おもに, 主として. **2** たいがい, 大部分は, だいたいは.

máin·stream [méinstriːm] *n.* 主流《比喩的にも用いて》: the ~ of history 歴史の主流. —— *a.* スイングジャズの《ディキシーとモダンジャズとの間》.

‡**main·táin** [meintéin, mən-] *vt.* **1** (持ち) 続ける, 維持する, 保つ: ~ friendly relations 友だち関係を保つ. ~ a speed of 50 miles an hour 1 時間 50 マイルの速度を続ける. **2** 続行する, 続ける: ~ war 戦争を継続する. **3** 〈権利・主張などを〉擁護する, 守る: ~ one's rights 自分の権利を擁護する. **4** 補修維持する, 保守する: ~ the house 家の手入れを怠らない. **5** 扶養する, 保育する: ~ one's family 家族を養う. ~ a son at the university 大学のむすこに仕送りする. **6** 主張する; 断言する, 言明する: ~ one's innocence =~ *that* one is innocent 自分の無罪を主張する. ~ one***self*** 自活する. ~ one***'s ground*** (***against***) (に対して) 一歩も退かぬ. [√man(u)- + √ten-] ◇ **~·a·ble** *a.* ~ できる. 〔類〕→ **support**「支持する」

máin·te·nance** [méintənəns] *n.* **1** 維持, 保つこと: *M~* of quiet is necessary in a hospital. 病院では静粛にしていなければならない. **2** (補修) 維持, 保守, 保存: cost of ~ 維持費. **3** 扶養; 生計, 生活費; 生活必需品: His small income provides only a ~. 彼の少ない収入では生活するのがやっとだ. **4** 主張; 擁護. **5** 〔法〕不法援助《訴訟当事者に局外者が与える》. ***~ of membership 〔労働〕組合員継続協定. ***~ of way*** 〔鉄道〕保線. ***the separate ~*** 別居手当.

~ **area** 整備地域, 兵站(へいたん)地帯. ~ **department** 〔鉄道〕保全課. ~ **man** 保守係. ~ **order** 〔法〕扶養命令《別れた妻を扶養すべしとする》. ~ **shop** 整備工場.

mai·so(n)·nette [mèizənét, ㊊⁺ -zoun-] F. *n.* **1** 小さい家. **2** 〔英〕住宅アパート《住宅の一部を貸すもの. ときに二つの階にわたる》.

maî·tre [méitr(ə), métr(ə)] F. *n.* =master. ***~ d'hô·tel*** [-doutél] (1) 給仕人がしら; ホテルの支配人; 家令, 召使がしら. (2) ソースの一種《バター・パセリ・レモンジュース入り》.

maize [meiz] *n.* **1** 〔英〕トウモロコシ; その実. 〈注〉アメリカでは corn という. **2** トウモロコシの色, 薄黄色.

Maj. Major. **maj.** majority.

‡**ma·jés·tic** [mədʒéstik], **-ti·cal** [-(ə)l] *a.* 荘厳な, 威厳のある, 雄大な, 堂々とした. [√mag(n)-]

◇ **ma·jés·ti·cal·ly** *ad.*

‡**máj·es·ty** [mǽdʒisti] *n.* **1** 威厳; 荘厳: ~ of bearing 堂々たるふるまい. **2** 権威: the ~ of the law 法の権威. **3** 主権. **4** 王; 《集合的》皇族; (M~) 陛下. **5** 〔美〕光輪に囲まれて王座にあるキリスト〔マリア, 神〕の像; 堂々たる威風.

His [***Her***] (***Imperial***) ***M~*** 皇帝〔皇后〕陛下《略 H.I.M., H.M.》. ***Their*** (***Imperial***) ***M~i·es*** 両陛下. ***Your M~*** 陛下《呼びかけ》. [√mag(n)-]

Maj. Gen. Major General.

ma·jól·i·ca [mədʒɑ́likə, -jɑ́l-/-jɔ́l-, -dʒɔ́l-] *n.* マジョリカ焼き《イタリア産の色彩豊かな陶器》; マジョリカ風の焼き物.

ma·jóng(g) =mah-jong.

‡**má·jor** [méidʒər] *a.* **1** 《二つのなかの》大きい方の, より多い, 大部分の; より重要な. ↔ minor. **2** 主要な, 重要な, 一流の: a ~ poet 一流の詩人. **3** 成年〔丁年〕に達した. **4** 〔英〕《学校などの同姓者

の中の》年長の: Smith ～ 兄〔年長〕の方のスミス. **5**〘楽〙長調の. **6**〘米:大学〙《科目など》専攻の: a ～ field of study 専攻分野.
the ～s ＝～ leagues.
—— *n.* **1** 陸軍少佐;〘英:軍俗〙曹長(そうちょう). **2** 成年者. **3**〘米:大学〙専攻科目; 専攻生: take history as one's ～ 歴史学を専攻する. a politics ～ 政治学専攻生. **4**〘楽〙長調;〘論〙大前提. **5** (能力・地位の) 大物, 有力者; 強大組織.
—— *vi.* 〘米:大学〙専攻する《を *in*》: I ～*ed in* economics. 私は経済学を専攻した. [√mag(n)-]
～ angle〘数〙優角. **～ axis**〘数〙長円の長軸. **～-dó·mo** →別項. **～ general** 陸軍少将. **～ interval**〘楽〙長音程. **～ key** 〔**mode**〕〘楽〙長調. **～ league**〘米:野球〙大リーグ《National League と American League との二つがある》. → minor league. **～ leaguer**〘米〙大リーグの選手. **～ part** 大部分, 過半数. **～ premise**〘論〙大前提. **～ scale**〘楽〙長音階. **～ suit**〘トランプ〙得点の大きい組み札《ハートまたはスペード》. **～ term**〘論〙大名辞.
◇ **～·ship** *n.* 陸軍少佐の職〔地位〕.

má·jor-dó·mo [méidʒərdóumou] *n.* (*pl.* ～s) **1**《王家・貴族・大家の》家老, 家令, 執事長. **2**〘笑〙召使がしら.

mà·jor·étte [mèidʒərét] *n.* バトンガール (＝drum 「～)《行進や応援団などの》.

ma·jòr·i·tár·i·an [mədʒɔ̀ːriténrian/-téər-] *a., n.* 多数決主義の(信奉者): ～ principle 多数決の原則. ◇ **～·ism** *n.* 多数決主義.

‡**ma·jór·i·ty** [mədʒɔ́ːriti, -dʒár-/-dʒɔ́r-] *n.* **1** 大部分, 大多数: the ～ of mankind 人類の大多数. The ～ in council are against it. 会議で大多数が反対である《通例複数扱い》. **2** 多数党, 多数派. ↔minority. **3**《全投票数の》**過半数.** → plurality. **4 得票差, 勝ち越し票数**: He was elected by a ～ of 2,000. 2,000 票の差で当選した. **5** 成年, 丁年: attain one's ～ 成年に達する. **6** 陸軍少佐の位〔職〕. → 形容詞 major. ***join*** 〔***go over to***〕 ***the ～*** なき人の数にはいる, 死ぬ.

ma·jús·cule [mədʒʌ́skjuːl/mǽdʒəs-] *n., a.* 〘古写本〙大文字 (の), かしら文字 (の).

†**make** [meik] *v.* (**made** [meid]) *vt.* **1 つくる, つくり出す; 創造〔創作〕する, 製造する**: God *made* man. 神が人類をつくった. *M*～ roads before you build. (家を) 建てる前に道をつくれ. Training has *made* my character. 訓練によって私の性格ができた. I *made* him a new suit. ＝I *made* a new suit *for* him. 彼に洋服を新調してやった. Wine is *made* from grapes. ブドウ酒はブドウを原料としてつくる. Glass is *made* into bottles. ガラスは加工されてびんになる. I am not *made* that way. 私はそんな風につくられていない (→そんな人間ではない).
2 整える, 仕立て(上げ)る, 《すぐ使えるように》用意する, 作成する, 設ける: She *made* coffee 〔tea〕 for all of us. 彼女はわれわれ全部にコーヒー〔お茶〕をいれてくれた. We *made* a fire for the night. 夜を過ごすために火をたいた. Will you please ～ room for me? 私のために場所をあけてくださいますか. I *made* myself a cup of tea. 私は茶を自分でいれた. ～ the cards トランプを切る. ～ hay 干し草をつくる. ～ a hawk タカを仕立てる〔慣らす〕. ～ one's own life 生活方針を定める. ～ a bill 勘定書きをつくる〔作成する〕. ～ a rule 規則を設ける.
3《行為・状態をあらわす名詞を伴って》**行なう, する**: ～ an answer 返事をする. ～ amends 償う. ～ an appointment 会う約束をする《時・場所を決めて》. ～ a contract 契約をする. ～ a bow 頭を下げる. ～ a change 変更を行なう, 変える. ～ a curtsy おじぎをする《片足を後ろに引き, 少しひざを曲げてする婦人のおじぎ》. ～ a bad start 出発を誤る. ～ a choice 選択する. ～ a decision 決定〔決議, 裁決〕をする. ～ a demand 要求を出す. ～ a discovery 発見をする. ～ an effort 努力する. ～ an excuse 言い訳を言う, 弁解する. ～ a gesture 身ぶり〔所作〕をする. ～ a guess 当て推量をする. ～ haste 急ぐ. ～ a journey 旅をする. ～ a living 生活する. ～ love (to) (に) 求愛をする; (に)接吻(せっぷん)〔抱擁など〕をする. ～ mischief いたずらをする. ～ a mistake まちがいをする. ～ a move 行動する; 手段をとる; 出かける. ～ a pause 休止する. ～ a present 贈り物をする. ～ progress 進歩〔前進〕する. ～ a request 要求〔依頼〕する. ～ a response 応答する. ～ a search 捜索を行なう. ～ a speech 演説する.
〈注₁〉③の成句は単一の動詞で言い替えが可能である: to *make* an answer ≒to answer, to *make* efforts〔*make* an effort〕≒to endeavor, to *make* haste ≒to hurry. ただし *make* a(n)... のように目的語の名詞が可算名詞扱いのばあいには, 具体性が強くなる. たとえば to journey は単に一般に「旅する」だが, to *make* a journey〔two journeys〕は「1回〔2回〕旅をする」のように具体的な事例となり, 事例の単複も区別できる.
〈注₂〉この種の「する」に当たる動詞は make が最も主要で, 類似の機能をもつ動詞に give, have がある: *give* an answer, *have* a talk. もちろん do もあるが, 成句形成上 make ほど広範でない: *do* work, *do* one's duty.
4 構成する, …に〔と〕なる; (総計) …となる, (総計)…である: Good health and faith ～*s* a happy life. 健康と信仰があれば幸福になれる. One swallow does not ～ a summer. 〘ことわざ〙つばめ一羽で夏にならない, 「一斑(いっぱん)を見て全豹(ぜんぴょう)を判じてはならぬ」. Four members ～ a quorum. 4人が定足数だ. Iced Coke ～*s* an excellent refresher in summer. 冷えたコーラは夏のすばらしい清涼飲料になる. She will ～ (him) a good wife. 彼女は (彼の) よい妻になるだろう《him は間接目的語, すなわち for him の意》. We shall be very happy if you ～ one of our party. いっしょに参加されたらとても幸いです. Two and two ～(*s*) four. 2＋2＝4. One more shot ～*s* a score. あと1発で20(点)になる. That ～*s* the third time he has failed. 彼の失敗はこれで3度めだ. 〈注〉④の用法は一見①その他と同様に普通の他動詞のようであるが, 意味の上では⑦a) の用法が自動詞化したものと考える方がいっそう自然なことが多い. たとえば She will *make* (herself) a good wife. の目的語 herself が表面に出ず, make が自動詞化して become に近づき, a good wife は補語というわけである.
5 生じさせる, つくり出す, 引き起こす;《音などを》**たてる**: It ～*s* a great difference (to me). それは (私には) 大きな相違だ. It ～*s* no difference (which side may win). (どちらが勝っても) おなじことだ. It doesn't ～ (good) sense. そんなことをしても (さして) 意味をなさない. She's always *making* trouble for her friends. 彼女はいつでも友だちに迷惑を引き起こしている. The punner ～*s* a big noise. 打ち固め器は大きな音をたてる.
6 手に入れる, 獲得する, こしらえる: He ～*s* $10,000 a year. 彼の年収は1万ドルだ. ～ money 金もうけをする. ～ a fortune 身代をつくる. ～ friends 〔enemies〕友だち〔敵〕をつくる. ～ good marks at school 学校で好成績を得る.
7《目的語と補語を伴って》(…を—に) **する: a)**《名詞(相当句)補語》: He *made* her his wife. 彼は彼女を妻にした. He thinks to ～ one of his son a banker. 彼はむすこのひとりを銀行家にしようと考えている. **b)**《形容詞 (相当句) 補語》 The news *made* her happy. 知らせを受けて彼女はうれしくなった. Why don't you ～ yourself useful? 人助けしたらどうですか. I took pains to ～ myself understood. 自分の言っていることをわかってもらうた

M

めに苦労した. His words *made* me serious. 彼のことばを聞いて私はまじめになった. *M*～ yourself at home〔comfortable〕. おくつろぎください.

8《目的語とともに補語を伴って》…とみなす, …と思う, 推定する: I ～ him an American. 彼はアメリカ人だと思う. How far do you ～ it from here to the mountain? ここから山までどのくらいあると思いますか. What time do you ～ it? 何時でしょう(= What time is it?). I *made* his profit one million dollars to say the least. 少なくとも彼の収益は100万ドルとふんだ.

9《目的語とはだか不定詞を伴って》…させる: I'll ～ him go there whether he wants to or not. 彼が好むと好まざるとにかまわず彼にそこに行かす. The spring shower ～*s* the grass grow. 春の雨は草を育てる. His jokes *made* us all laugh. 彼の冗談はわれわれ皆を笑わせた. 〈注$_1$〉この make には強制の意味があるときもないときもある. 〈注$_2$〉受動形には to がつく: I *was made to* do my duty. 義務をやらされた. I *was made to* drink. いやいや飲まされた.

10〈道・距離を〉行く, 進む: The boat *made* 20 nautical miles in half an hour. ボートは半時間で20海里進んだ. He *made* his way home. 彼は家路についた.

11 に立ち寄る, に到着する: We'll ～ Boston on the way to New York. ニューヨークへの途上ボストンに寄るだろう. ～ port 入港する.

12 やり遂げる: Now, he challenges the bar for the third time. Oh, he *made* it! さあ, 3回めのバーに挑戦(ちょうせん)します. あっ, 飛び越えました. 「う.

13 にまにあう, に追いつく: ～ a train 汽車にまにあ

14 食べる: ～ a good dinner 十分よい食事をする.

15〖電〗〈電流を〉通ずる, (の回路を) 閉じる.

16〖トランプ〗得点する, 勝つ. 「得る.

17 の地位を得る; 〈チームなどに〉入団する, 地位を

18 発見する, 確認する: ～ a ship coming on 近づく船を発見する.

—— *vi.* **1** 向かう, 進む; さす: He *made* toward(s) the door. 彼はドアの方へと進んだ. **2** …しようとする《*to* (do)》: As I *made to* leave the tent, I heard a sound again. テントを出ようとしたときまた音を聞いた. **3** ふるまう: He *made* as though to strike me. 彼は私をぶつようなかっこうをした. **4**〈潮が〉満ちる, 差す, 引く;《大きさ・強さが》増す: The tide is *making* fast. 潮がどんどん差している. **5** できる, つくられる; 熟する. **6** きく, 効力がある《に *for, against, with*》. **7** 続く, 《…に》達する: The forest ～*s* up to the snow line. 森林は雪線まで達している. **8** つくられる, 製造される: Nails are *making* in this factory. この工場ではくぎがつくられている. **9**《make＋形容詞》…する, ふるまう: ～ *free* なれなれしくする. ～ *merry* 陽気にふるまう. ～ *ready* to depart 出発の用意をする. 〈注$_1$〉これらは再帰目的語が省かれたもので, 多くの動詞句をつくる. 〈注$_2$〉名詞〔形容詞〕を用いた成句で, ここに記載されていないものは該当名詞〔形容詞〕を参照のこと.

～ ***a dead set*** 屈せず従事する, しゃにむに攻める. ～ ***a dent in*** …にへこみをつくる, をへこませる; を弱める; … に印象を与える. ～ ***a fool of*** をばかにする, をかつぐ. ～ ***after*** を追跡する, を追う. ～ ***against*** に逆らう, と衝突する, …につごうが悪い. ～ ***a good price*** よい値で売れる. ～ ***an example of*** をみせしめにする. ～ ***a plaything of*** をおもちゃ〔玩弄(がんろう)物〕にする. ～ ***as if*** 〔***as though***〕 → *vi.* ③. ～ ***at*** に向かって進む, に襲いかかる: The angry woman *made at* me with her umbrella. おこった女はかさで私をたたこうとした. ～ ***away*** 急に去る. ～ ***away with*** (1) を持ち去る, を盗む. (2) を滅ぼす, を殺す. (3) を使い果たす. ～ ***away with oneself*** 自殺する. ～ ***back*** 帰る. ～ ***believe*** ふりをする, 仮定する《*that, to be*》: Let's ～ *believe that* we're Red Indians. さあ, (ぼくらがインディアンだというつもりになろう→) インディアンごっこをしよう. ～ ***bold to*** → bold. ～ ***do and amend*** 新品を買わずに済ます《修理などをして》. ～ ***do with*** 〈代用品など〉で済ます: We'll have to ～ *do with* cold meat for dinner. 晩のごちそうを冷肉で済まさねばならない. ～ ***felt*** 〈力・影響などを〉表面化する, 及ぼす: ～ one's power *felt* 目に物見せる. The influence *made* itself *felt*. 影響があらわれた. ～ ***for*** (1) に向かって進む: The frigate *made for* the open sea. フリゲート艦は外洋に向かって進んだ. (2) を襲う: The dog *made for* the stranger. 犬はその見慣れぬ人に襲いかかった. (3) に寄与する: This ～*s for* efficiency. こうすると能率があがる. ～ ***free*** → *vi.* ⑨. ～ a thing ***from*** …から(物を) つくる《材料・原料が変形するばあい》. → *vt.* ①. ～ ***fun of*** をからかう. ～ ***in*** …にはいる. ～ a thing ***into*** …にする, に仕立てる: ～ a story *into* a play 小説を劇に脚色する. ～ ***it*** 時間にまにあう; うまくやってのける. → *vt.* ⑫, ⑬. ～ ***it do*** まにあわせる. ～ ***it good upon*** を無理じいに納得させる. ～ ***it hot for***《迫害などで》…をいたたまれなくさせる. ～ ***it known that*** …ということを通知する〔公表する〕. ～ ***it pay*** 割りに合うようにする. ～ ***it so***〖海〗定刻の時鐘を打たせる. ～ ***it to*** a place (ある場所)にたどりつく. ～ ***it up to*** him(彼)に弁償する. ～ ***known*** 公表する. ～ ***light*** 〔***little***〕 ***of*** を軽視する, を軽んずる. ～ ***merry*** → *vi.* ⑨. ～ ***much of*** を重(要)視する, を重んずる. ～ ***nothing of*** (1) をなんとも思わない: He ～*s nothing of* being laughed at. 彼は笑われてもなんとも思わない. (2) が少しもわからない: I can ～ *nothing of* his words. 彼の言うことがさっぱりわからない. ～ ___ ***of***… (1) …で──をつくる《材料が変質しないばあい》: We ～ bottles (out) *of* glass. びんはガラスでつくる. (2) 人を──にする〔仕立てる, 変える〕: Most fathers have once thought of *making* great men *of* their sons. たいがいの父親は自分のむすこを偉い人間にしようと一度は考えた. ～ a friend *of* an enemy 敵を味方にする. (3) …を──と思う: What do you ～ *of* this? これをどう考えますか. (4) …を──扱いする. 〈注〉成句に多い. → ～ a fool of, etc. ～ ***off*** (急いで) 去る, 逃走する. ～ ***off with*** を持ち逃げする, を持ち去る: The cashier *made off with* all the money in the safe. 会計係は金庫のあり金全部を持ち逃げした. Someone has *made off with* my umbrella. だれかが私のかさを持ち去った. ～ ***or mar*** 〔***break***〕 のるかそるか, だめにするか成功させるか. ～ ***out*** (1) 理解する: I can't ～ *out* what it's all about! なにがなにやらちんぷんかんぷんだ. What a queer fellow he is! I can't ～ him *out* at all. なんと変わった男だろう. 私には彼が全くわからない. (2) 見分ける, 見つける, 判読する: You can ～ it *out* with a telescope. 望遠鏡で見ればわかるでしょう. We couldn't ～ *out* the inscription on the gravestone. 墓碑銘が判読できなかった. (3) 書きあげる〔込む〕, 作成する, 起草する: ～ *out* a cheque for $ 100. 100ドル小切手を振り出す. ～ *out* a list of names 人名簿をつくる. (4) 立証する: How do you ～ that *out*? どうしてそういうことになるのか. (5) …のように言う, ほのめかす: He *made out* that I was a liar. ＝He *made* me *out* to be a liar. 彼は私がうそつきだと言った. He ～*s* himself *out* to be as clever as anybody. 彼は自分がだれにも劣らず利口なようなことを言う. He's not so good a student as some teachers ～ *out* (＝ ～ him *out* to be). 彼は先生たちが言うほどできのよい学生ではない. (6) 〈一部の金などを〉こしらえる; つくりあげる (＝～ up). (7) 結果が…となる: I hope your affairs are *making out* well. ことがうまく運ぶとよいですがね. (8) どうにかこうにかやってゆく(get on). ～ … ***out of*** ___ ── を用いて…をつくる《材料》. ～ ***over*** (1) を譲る, を寄

贈する《*to*》. (2) 変更する, つくり直す: ～ *over* an old dress 古いドレスをつくり直す. **～ *ready*** → *vi.* ⑨. **～ *sport of*** a person (人)を玩弄物にする. **～ *through with*** を成就する. **～ *toward*(*s*)** に向かって進む. **～ *up*** (1)《up は口語的に「完全度」や「応急的処置」を強調する副詞で, 除去可能なばあいが多い》つくりあげる, 作製する; 調合する; でっちあげる; <着物を> 仕立てる; <小包などを> まとめる: Enumerate the qualities that ～ *up* Hamlet's character. ハムレットの性格をつくりあげている性質を数えあげよ. We'd got to ～ *up* a bed on the floor for the unexpected guest. 思いがけない客のために床にベッドをつくらなければならなかった. The butcher was *making up* the butter into half-pound packages. 肉屋のおやじはバターを半ポンドの包みに分けていた. The whole story is *made up*. 話はまるまるうそだ. ～ *up* a timetable 時間表を作成する. Customers' own materials *made up*. お客さまお手持ちの布お仕立てします. (2) *vi.* <布地が> 仕立てられる: This material is too narrow to ～ *up* well. この布切れは幅が狭すぎてうまく仕立てられない. (3) 補う, 埋め合わせる; (補って) 完全にする: ～ *up* sleep 睡眠不足をとりもどす. We still need $200 to ～*up* the sum we've been asked for. 要求されている額を満たすにはまだ200ドル不足だ. (4) 化粧する, メーキャップをする, 扮装(ふんそう)する: Wipe your tears away and ～ *up* your pretty little face, darling. ねえ, 涙をふいてかわいらしいお顔に化粧をしたまえ. Nowadays, girls ～ *up* in their early teens. 近ごろの女の子はローティーン時代から化粧をする. She is heavily *made up*. 彼女は厚化粧をしている. ～ (oneself) *up* for the part of Hamlet ハムレットの役に扮する. (5) 納まりをつける, 取り決める; 仲裁する. (6) *vi.* 仲直りをする: Let's kiss and ～ *up*. キスして仲直りしよう. (7) 決算する. (8)〖印〗<ページなどを> まとめる;〖鉄道〗<車両を> 連結する. **～ *up for*** をとりもどす, を埋め合わせる: We hurried on to ～ *up for* lost time. むだにした時間をとりもどすために急いだ. **～ *up the fire*** 火をついで絶やさない. **～ *up to*** (1) に接近する. (2) に取り入る; に求愛する. (3) に弁償する《*for*》: How can I ～ *up to* you *for* the loss I caused to you? きみにかけた損害をどうしたら償えるだろうか. **～ *up with*** と仲直りする: Why don't you ～ *up with* her? 彼女と仲直りすべきだよ. **～ *with*** と一致する, と合同する.

—— *n.* **1** 製作, 製造, …製: goods of foreign [home] ～ 外国[国産]製品. of Japanese [American] ～ 日本[アメリカ]製の. Is this your own ～? これはきみが自分でつくったものか. **2** つくり, 組み立て; 構造, 体格; 型, 式, 種類: a man of sturdy ～ がんじょうな体格の人. cars of all ～*s* いろいろな種類の車. **3** 性格, 気質: one's mental ～ 気質. **4** 生産高, 出来高. **5**〖電〗回路の接続. → break. ***a ～ and amend*** ひまな時期《水夫の俗語より》. ***on the ～*** 《金・地位・愛人などを》得ようと努めて.

(類義語) つくる: **make** 最も一般的な適用範囲の広い語. 非物質的なものも目的語としてとる: *make* friends 友人をつくる. *make* one's character 人格を形成する. **form, shape** 外から形・構成を与える. 両者は交換可能だが構成に重点があるときは form を, 特定な外形に重点があるときは shape を用いる: *form* [*shape*] clay into a cup 粘土を茶わんにつくる. *form* [*shape*] a plan 案をまとめあげる. *form* a cabinet 組閣する. *shape* a shoe on a last くつ型でくつを形づくる. **fashion** 上の2語に近いがある意図を念頭において形づくる. 形成過程に重点がある: The teacher *fashioned* the student into a fine pianist. 師はでしをりっぱなピアニストに仕立てあげた. **construct, fabricate** (設計・計画などに合わせて) 組み立ててつくる. fabricate には「人為的につくる」という意味が加わる: *construct* a building ビルを建築する. **manufacture** 機械を用いて製造する. 作業工程, 来たるべき製品の販売などが示唆される.

máke·bate [méikbèit] *n.* **1**〖植〗ハナシノブ. **2**〖英・古〗けんかを扇動する人.

máke-be·lìeve [méikbịlìːv] *n.* **1** 見せかけ, ごまかし. **2**《子どもの》…ごっこ. **3** ふりをする人.
—— *a.* 偽りの, ふりをした: ～ sleep たぬき寝入り.

máke-do [méikdùː] *a., n.* まにあわせの(物), 代用の(物).

máke·fast [méikfæst/-fɑːst] *n.*〖海〗係留物.

máke-game [méikgèim] *n.* お笑いぐさ.

máke-or-bréak [méikərbréik] *a.* 一かばちかの.

máke-peace [méikpìːs] ＝peacemaker.

‡**mák·er** [méikər] *n.* **1 製作者, 製造業者,** メーカー. **2**《一般的》つくる人: a trouble ～ よく事件を起こす人. **3** (the [our] M～) 造物主, 神. **4**〖商〗約束手形振出人. **5**〖古〗詩人.
go to [***meet***] ***one's M～*** 死ぬ.
～-úp (*pl.* **mák·ers-úp**)〖印〗整版工.

máke·shift [méikʃift] *n.* **1** 当座しのぎの手段, やりくり策. **2** まにあわせの品, 代用品.
—— *a.* まにあわせの, やりくりの.

‡**máke-up** [méikʌ̀p] *n.* **1 組み立て, 仕上げ; 構成, 組織:** the ～ of a sentence 文の構造. **2 体質, 性質:** a nervous ～ 心配性. **3**《女・俳優などの》**メーキャップ, 化粧, 扮装**(ふんそう)**; 化粧用具; 化粧品.** **4**〖印〗《ページなどの》整版, 組み版;《新聞の》大組み. **5** 見せかけ, 虚構, つくりごと. **6**〖米〗追[再]試験.

máke·weight [méikwèit] *n.* **1** 目方を増すための添加物; 調節物. **2** 埋めくさ; 価値のない人[物]. **3** 平衡錘.

mák·ing [méikiŋ] *n.* **1** つくること, 製造, 生産; 製造過程. **2** 発達[発展]過程, 形成: the ～ of English 英語の成り立ち. **3** 組み立て, 構造. **4** 1回の製造高. **5** 材料, 原料; (*pl.*) 巻きたばこをつくる材料《紙とたばこ》. **6** (*pl.*) 要素, 素質: He has the ～*s* of an artist in him. 彼には芸術家の素地がある. **7** (成功の) 要因: This misfortune was the ～ of him. この不運が彼の今日ある原因となった. **8** (*pl.*) もうけ, 利益. ***in the ～*** 製造中の; 発生[発達]中の; 完成前の: a beautician *in the* ～ 美容師の卵. ***of one's own ～*** 自分がつくり出した; 自分が招き寄せた, 自業自得の.

Ma·lác·ca [məlǽkə] *n.* マラッカ《Malaysia 連邦の一州; その州都》. ***the Strait of ～*** マラッカ海峡. **～ cane** トウ製ステッキの一種.

mal- *pref.*「悪」「非」などの意: *mal*adroit 無器用な.

Mál·a·chi [mǽləkài] *n.*〖聖〗マラキ《ヘブライの預言者》; マラキ書《旧約聖書中の預言書》.

mál·a·chite [mǽləkàit] *n.*〖鉱〗クジャク石.

mál·a·co·derm [mǽləkədəːrm] *n.* 軟皮動物《特にイソギンチャク》. **——** *a.* 軟皮の.

màl·a·cól·o·gy [mæ̀ləkɑ́lədʒi/-kɔ́l-] *n.* 軟体動物学.

màl·ad·ap·tá·tion [mæ̀lædæptéiʃ(ə)n] *a.* 不適合, 不適応.

màl·a·dápt·ed [mæ̀lədǽptid] *a.* 不適合な, 場違いの.

màl·a·dáp·tive [mæ̀lədǽptiv] *a.* 適合性のない.

màl·ad·júst·ed [mæ̀lədʒʌ́stid/mǽl-] *a.* **1** 調節[調整]の悪い. **2** 環境に適応しない: a ～ child 不適応児.

màl·ad·júst·ment [-ədʒʌ́stmənt] *n.* 調節[調整]不良;《環境に対する》不適応.

màl·ad·mín·is·ter [mæ̀lədmínịstər/mǽl-] *vt.* の統治[経営]をやりそこなう; の処理を誤る.

màl·ad·mìn·is·trá·tion [-ədmìnịstréiʃ(ə)n] *n.* **1** 失政, 悪政. **2** 経営の失敗, 不始末.

màl·a·dróit [-ədrɔ́it] *a.* 無器用な, 不手ぎわの; 気のきかない. [＜adroit] ◇ **～·ly** *ad.* **～·ness** *n.*

mál·a·dy [mǽlədi] *n.* **1** 病気, 持病, 煩い. **2**〘社会の〙病弊, 弊害.

ma·la fi·de [mǽlə-fáidi, méilə-/méilə-] L. (= in bad faith) 不誠実な〔に〕, 悪意をもって〔の〕. → *bona fide.* 「悪意.

ma·la fi·des [-fáidi:z] L. (=bad faith) 不誠実,

Mál·a·ga [mǽləgə] *n.* **1** マラガ〘スペイン南部の海港〙. **2**〘同地方産の〙マラガ(白)ブドウ酒; マラガブドウ. 〈注〉地名としては a の 上の ′ はつづり字の一部.

Màl·a·gás·y [mæləgǽsi] *a.* Madagascar の. —— *n.* (*pl.* ～, **-ies**) マダガスカル人; マダガスカル語〘オーストロネシア系〙. ～ **Republic** マダガスカル共和国〘アフリカ東海岸沖の島〙.

ma·la·gue·ña [mæləgéinjə] Sp. *n.* マラゲーニア〘スペイン Málaga 地方の歌曲・舞踊〙.

mal·áise [mæléiz] *n.* 不快, 気分のすぐれないこと; 不安. [<F.] 「犬.

má·la·mute [mɑ́:ləmjù:t/mǽl-] *n.* エスキモー種の

mál·a·pert [mǽləpə̀:rt] *a., n.*〘古〙無遠慮な(人).

màl·ap·pór·tioned [mæləpɔ́:rʃ(ə)nd/mæl-əpɔ́:-] *a.*〘州・選挙区が〙議員の割り当ての少ない.

Mál·a·prop [mǽləpràp/-prɔp] *n.* Mrs. ～ マラプロップ夫人〘R.B. Sheridan の劇 *The Rivals* の中の一人物, ことばの誤用・混用で有名な老婦人〙; (m ～) = malapropism.

màl·a·próp·i·an [mæləprɑ́piən,-próup-/-prɔ́p-] *a.* 途方もないことばの誤用の; 見当違いの.

mál·a·prop·ism [mǽləprɑpìz(ə)m/-prɔp-] *n.* ことばの誤用〔混用〕; こっけいに誤用されたことば; Malaprop 風のことばづかい.

mal·ap·ro·pos [mæ̀læprəpóu/ˊˊ−−−] F. *a.* 見当違いの, 不適当な; 時機を得ない. —— *ad.* 的をはずれて, 見当違いに; おりあしく. —— *n.* 不適当なもの〔言行〕, お門違いのこと; 時機を得ないこと.

***ma·lár·i·a** [məlέ(:)riə/-lέər-] *n.*〘医〙**マラリア**;〘沼沢地の〙毒気, 毒気のある空気.

ma·lár·i·al [məlέ(:)riəl/-lέər-], **-an** [-ən], **-ous** [-əs] *a.* マラリアの. ～ **fever** マラリア熱.

ma·lár·k(e)y [məlɑ́:rki] *n.*〘米話〙ばかげた話, ばかげたこと. 「和国.

Ma·lá·wi [mɑ:lɑ́:wi/mə-] *n.* アフリカ南東部の共

Ma·láy [məléi, ㊎⁺ méilei], **Ma·láy·an** [-ən] *n.* マライ人〔語〕. —— *a.* マライの; マライ人〔語〕の.
Malay Archipelago, the =Malaysia. ～ **fowl** 鶏の一種.

Ma·láy·a [məléiə] *n.* マラヤ, マライ半島.

Ma·láy·sia [məléiʒə, -ʃə/-ziə] *n.* マライ群島; マレーシア(連邦). ***The Federation of*** ～ マレーシア連邦. 「の; マライ人(の).

Ma·láy·sian [məléiʒ(ə)n, -ʃ(ə)n] *a., n.* マライ群島

mál·còn·for·má·tion [mæ̀lkɑ̀nfɔ:rméiʃ(ə)n/-kɔ̀n-] *n.* 形状不整, ぶかっこう.

mál·con·tènt [mǽlkəntènt] *a.* 不平をいだいた, 不満な; 反抗的な. —— *n.* 不平家〔分子〕;〘政府の主流派に対して〙反主流派; (政治的)扇動者.

mal de mer [mǽldəmέər] F. 船酔い.

Mál·dive [mǽldaiv/mɔ́:ldiv] ～ ***Islands*** モルジブ〘インド洋上の国〙.

‡**male** [meil] *a.* **1 男性の**, 男の; 雄の. → female. **2** 男らしい. **3**〘植〙おしべのみでめしべのない. —— *n.* 男, 雄; 雄性植物. ～ **fern**〘植〙ヨーロッパ産シダの一種〘駆虫剤〙. ～ **hemp**=fimble. ～ **screw** 雄ねじ. ～ **tank**〘軍〙重戦車.

Ma·lé [mɑ́:li:] *n.* マーレ〘Maldive Islands の首都〙. 〈注〉見出し語の é のアクセントは実際につづる

male- *pref.*「悪(あ)しく」「悪」の意. 「もの.

màl·e·díc·tion [mæ̀lədíkʃ(ə)n] *n.* のろい; 悪口. ↔ benediction. [√dic-] ◇ **-to·ry** [-t(ə)ri] *a.*

màl·e·fác·tion [mæ̀ləfǽkʃ(ə)n] *n.* 非行, 悪事, 犯罪.

mál·e·fac·tor [mǽləfæ̀ktər] *n.* (*fem.* **-tress** [-tris]) 非行者, 悪人, 犯人; 害を及ぼす人間. ↔ benefactor. [male- + √fac-]

ma·léf·ic [məléfik] *a.* **1** 有害な, 災いを生じる. **2** 悪事を行なう. —— *n.*〘占星〙凶星, 悪星. [male- + √fac-]

ma·léf·i·cent [məléfəsnt] *a.* **1** 有害な《に *to*》. **2** 悪事を行なう, 罪を犯す. ↔ beneficent. ◇ **-cence** [-sns] *n.* **1** 有害, 害毒. **2** 悪行, 悪事, 非行.

Ma·lén·kov [mɑ:lénkɔ:f] *n.* G.M. ～, 1901– ソ連の政治家; 首相(1953–55). 「だ心.

ma·lév·o·lence [məlévələns] *n.* 悪意, 悪心, あ

ma·lév·o·lent [-lənt] *a.* **1** 悪意のある, 意地悪な, 他人の不幸を喜ぶ. ↔ benevolent. **2**〘占星〙不吉(きっ)な. [male- + √vol-] ◇ ～**·ly** *ad.*

màl·féa·sance [mælfí:zns] *n.* 不正〔不法〕行為〘特に官公吏の〙; 悪事. [male- + √fac-]

màl·féa·sant [-znt] *a.* 悪事を行なう, 不法の. —— *n.* 不正〔不法〕行為者, 犯罪者.

màl·for·má·tion [mæ̀lfɔ:rméiʃ(ə)n/mæ̀l-] *n.* 奇形, ぶかっこう(なもの).

mal·fórmed [mælfɔ́:rmd/mæ̀l-] *a.* 奇形の, 不具の; ぶかっこうな. ～ **character** 異常性格.

mál·fúnc·tion [mǽlfʌ́ŋkʃ(ə)n, mæ̀l-] *n.* 機能不全, 障害, 故障. —— *vi.* 〈機能が〉うまくはたらかない.

Má·li [mɑ́:li:] *n.* マリ (=the Republic of ～)〘アフリカ西部の共和国〙. —— *a.* マリ共和国の, マリ(風)の.

mál·ic [mǽlik, méilik] *a.* リンゴの, リンゴから採った. ～ **acid**〘化〙リンゴ酸.

‡**mál·ice** [mǽlis] *n.* **悪意, 敵意**, 恨み;〘法〙犯意. ***bear*** ～ ***to*** [***against***] に対して敵意〔恨み〕をいだく. ～ **aforethought** [**prepense**]〘法〙殺意.

ma·lí·cious [məlíʃəs] *a.* **1** 悪意のある, 意地悪な. **2**〘法〙犯意ある. ◇ ～**·ly** *ad.* ～**·ness** *n.* 類 → **bad**「悪い」

ma·lígn [məláin] *a.* **1** 悪意のある, 意地の悪い. **2** 有害な;〘医〙〘病気など〙悪性の. ⇔ benign. —— *vt.* **1** 悪く言う, 中傷する. **2** に害〔損傷〕を及ぼす: His face ～*s* him. 彼は顔で損している, 彼は顔に似合わないよい人だ. ◇ ～**·er** *n.* 悪口を言う人, 誹謗(ひぼう)者, 中傷者. ～**·ly** *ad.* 悪意をもって; 有害に.

ma·líg·nant [məlígnənt] *a.* **1** 悪意〔敵意〕のある, 憎しみをいだく. **2** 有害な;〘医〙〘病気など〙悪性の. **3**〘占星〙不吉(きっ)な. ⇔ benignant. —— *n.* 悪意をいだく人;〘英史〙王党員. ◇ ～**·ly** *ad.* **-nance** [-nəns], **-nan·cy** *n.*

ma·líg·ni·ty [məlígnəti] *n.* **1** 悪意, 怨恨(えんこん), 害心. **2** (通例 *pl.*) 悪意のしわざ〔ことば〕. **3**〘病気の〙悪性, 不治.

ma·líne [məlí:n/mæhlí:n] = *malines* ①.

ma·lines [məlí:n/mælí:n] F. *n.* **1** マリーヌ〘ベルギー産の堅くて薄い絹製網地〙. **2** =Mechlin.

ma·lín·ger [məlíŋgər] *vi.* 〈兵士などが〉仮病を使う. ◇ ～**·er** [-gərər] *n.* ～**·y** [-gəri] *n.*

má·lism [méiliz(ə)m] *n.* 悪世説〘この世は悪であるという説〙.

mál·i·son [mǽləzn, ㊎⁺ -ləsn] *n.*〘古〙のろい, 呪詛.

mál·kin [mɔ́:(l)kin, ㊎⁺ mǽl-] *n.*〘英方〙**1** あばずれ女; 下賤(げせん)な女; 女中. **2** かかし; 醜い人形. **3** 長柄付きぞうきん. **4** ウサギ; ネコ.

mall [mɔ:l] *n.* **1** 木陰道, 木陰の散歩道. **2**〘史〙ペルメル(pall-mall)球戯; その競技場; ペルメル用の木づち. ***the M***～ [mæl]〘英〙ロンドンの St. James 公園の木陰の多い散歩道.

mál·lard [mǽlərd] *n.*〘鳥〙マガモ; その肉.

mál·le·a·ble [mǽliəbl] *a.* **1** 打ち伸ばしのできる, 展性のある, 鍛えられる: ～ iron 可鍛鉄. **2** 順応性のある, 従順な.

◇ **màl·le·a·bíl·i·ty** [mæliəbíliti] *n.* 《金属の》展性, 可鍛性; 順応(性), 従順(性).

mál·le·ate [mǽlièit] *vt.* 〈金属を〉ハンマーでたたき出す.

mál·lee [mǽli] *n.* 《南オーストラリア産》ユーカリ樹; その森林.

mál·let [mǽlit] *n.* 木づち; 《croquet, polo の》打球づち.

mál·le·us [mǽliəs] *n.* (*pl.* **mál·le·i** [-liài]) 〘医〙《中耳の》槌骨(つち).

mál·low [mǽlou] *n.* 〘植〙ゼニアオイ科の植物.

malm [mɑːm] *n.* 柔らかい白亜岩, 白ジュラ石灰岩; 白亜土; 白亜れんが: the ～ epoch 〔series〕〘地〙白ジュラ紀〔統〕.

màl·mai·són [mælməzɔ́ː, mælméiz(ə)n/mælméizɔ̃ː(ŋ)] *n.* 〘植〙カーネーションの園芸種.

málm·sey [mɑ́ːmzi] *n.* 《ギリシア原産の》強い甘口白ブドウ酒.

màl·nu·trí·tion [mæln(j)uːtríʃ(ə)n/-njuː-] *n.* 栄養失調〔不良〕(物).

mal·ó·dor·ant [mælóudərənt] *a.*, *n.* 悪臭のある

mal·ó·dor·ous [mælóudərəs] *a.* 悪臭のある, 臭気のある. ◇ **～·ly** *ad.* **～·ness** *n.*

mal·ó·do(u)r [mælóudər] *n.* 悪臭.

màl·po·sí·tion [mælpəzíʃ(ə)n/mǽl-] *n.* 位置の悪いこと; 〘医〙《胎児の》異常位, 変位.

mal·prác·tice [mælprǽktis/mǽl-] *n.* **1** 《医師の未熟・怠慢による》不当処置, 誤った治療. **2** 《職責上の》失態, 不正〔不法〕行為. **3** 非行.

malt [mɔːlt] *n.* **1** 麦芽, 麦もやし. **2** ビール; エール. **3** ウイスキー. —— *vt.* **1** に麦芽を混ぜる. **2** 〈酒などを〉麦芽でつくる. **3** 麦芽にする. ***～ed milk*** 麦芽乳粉《粉ミルクと麦芽でつくった水に溶ける粉末》; モールト入りミルク《麦芽乳粉を加えた牛乳. ふつうアイスクリームなどを加える》. ***～ed milk set*** (アルコールを飲まず, 牛乳を飲んでいる)子どもたち,「ローティーン」《和製英語》の子どもたち.
～ **extract** 麦芽エキス. **～·horse** [ˊ ˊ] 〘廃〙麦芽をひく鈍重な馬; 鈍物, 鈍感. **～·house** [ˊ ˊ] 麦芽製造〔貯蔵〕所. ～ **kiln** 麦芽乾燥かまど. ～ **liquor** 麦芽で醸造した酒《ビールなど》. **～·man** [-mən] (*pl.* **-men**) 麦芽製造人. ～ **sugar** 麦芽糖. **～·worm** [ˊ ˊ] 〘古〙大酒家.
◇ **～·ing** *n.* 麦芽製造(法), 麦芽製造所. **～·y** *a.* 芽の; 〘俗〙(ビールなどで)酔った.

Mál·ta [mɔ́ːltə] *n.* マルタ島; マルタ《地中海の国》.
～ **fever** マルタ熱《同島近海にはやる間欠熱》.

Mal·tése [mɔːltíːz/ˊ ˊ] *a.* マルタ(人)の.
—— *n.* (*pl.* ～) マルタ人〔語〕.
～ **cat** マルタ島産の飼いネコの一種. ～ **cross** マルタ十字. ～ **dog** マルタ犬《スパニエルの一種》.

mál·tha [mǽlθə] *n.* マルサ《アスファルトの一種》.

Mál·thus [mǽlθəs] *n.* Thomas Robert ～, 1766–1834, イギリスの経済学者《「人口論」の著者》.

Mal·thú·si·an [mælθ(j)úːziən, [米]⁺-ʒən] *a.* マルサス(主義)の. —— *n.* マルサス主義者.
◇ **～·ism** *n.* マルサス主義, マルサスの人口論.

mált·ose [mɔ́ːltous] *n.* 〘化〙麦芽糖.

mal·tréat [mæltríːt] *vt.* 虐待する, 酷使する; 冷遇する. ◇ **～·ment** *n.*

mált·ster [mɔ́ːltstər] *n.* 麦芽製造〔販売〕人.

mal·vá·ceous [mælvéiʃəs] *a.* 〘植〙ゼニアオイ科の.

màl·ver·sá·tion [mælvərséiʃ(ə)n] *n.* 《官吏の》不正行為; 公金不正費消; 汚職, 背任, 職権乱用.

mal·voi·sie [mǽlvəzi] F. 〘古〙＝malmsey.

mam [mæm] 〘俗〙＝mamma¹.

‡**má·ma** [mɑ́ːmə/məmɑ́ː] ＝mamma¹.

mám·bo [mɑ́ːmbòu/mǽm-] *n.* マンボ《ラテンアメリカ系のリズムをもつ舞曲》. —— *vi.* マンボを踊る.

mám·e·lon [mǽmilən] *n.* すりばち山.

mám·e·luke [mǽmilùːk] *n.* **1** 《回教国の》どれい. **2** (M～) 武士階級の一員《もとコーカサス地方のどれいであったが, 1254年エジプトを支配した》.

ma·míl·la ＝mammilla.

‡**mám·ma**¹ [mɑ́ːmə/məmɑ́ː] *n.* **1** 〘小児語〙おかあさん. **2** 〘米俗〙魅力たっぷりの女〔あねご〕.

mám·ma² [mǽmə] *n.* (*pl.* **-mae** [-miː]) 《ほ乳動物の》乳ぶさ.

***mám·mal** [mǽm(ə)l] *n.* ほ乳動物.

Mam·má·li·a [mæméiliə, -ljə] *n. pl.* 〘動〙ほ乳類. ◇ **m～n** [-n] *n.*, *a.* ほ乳動物(の).

mam·mál·o·gy [mæmǽlədʒi] *n.* ほ乳動物学.
◇ **-gist** *n.* **màm·ma·lóg·i·cal** [mæməlɑ́dʒik(ə)l/-lɔ́dʒ-] *a.*

mám·ma·ry [mǽməri] *a.* 乳ぶさの: ～ cancer 乳がん. ～ glands 乳せん.

mam·mée [mæmíː, ˊ ˊ, [米]⁺ mæméi] *n.* 〘植〙マミー《アメリカ産の熱帯果樹. オトギリソウ科》; その実.

mám·mer [mǽmər] *vi.* 〘英方〙口ごもる; ためらう.

mam·míf·er·ous [mæmífərəs] *a.* 乳ぶさのある; ＝mammalian.

mam·míl·la [mæmílə] *n.* (*pl.* **-lae** [-liː]) 〘医〙乳頭.

mám·mon [mǽmən] *n.* **1** 〘聖〙富, 財《マタイ伝 6: 24》. **2** (M～) 富〔黄金〕の神.
the ～ of unrighteousness 悪銭.
◇ **～·ish** *a.* M～ の; 拝金〔黄金万能〕主義の.

mám·mon·ism [-ìz(ə)m] *n.* 拝金〔黄金万能〕主義; 俗心. ◇ **-ist, -ite** [-àit] *n.* 拝金主義者.

***mám·moth** [mǽməθ] *n.* マンモス《古生代の巨象》.
—— *a.* マンモスのような, 巨大な. **M～ Cave** アメリカ Kentucky 州にある石灰岩の洞穴(どう).

mám·my [mǽmi] *n.* **1** 〘小児語〙かあちゃん. **2** 〘米方〙《白人の子もりをする》黒人のうば〔ばあや〕. **3** 《けいべつ的》黒人女. ～ **chair** 《岸からボートへ人をあげおろしする》リフト.

†**man** [mæn] *n.* (*pl.* **men** [men]) **1** 男: *Man* is stronger than woman. 男性は女性より強い. *men* and women 男女(とも), 人々. → woman.
2 成年の男子: He is no longer a boy, but a ～. 彼はもう子どもではなくて, おとなだ. *men* and women and children おとなと子ども, 老若男女(ろうにゃくなんにょ).
3 男らしい男; 男らしさ: He is every inch a ～. どう見ても男らしい男だ. play the ～ 男らしくふるまう.
4 《単数無冠詞》人間, 人, 人類 (＝mankind): *Man* is mortal. 人間はいつかは死ぬ. 〈注〉*Man* hopes for peace, but *he* prepares for war. におけるように, man は性別に関係なく「人」を意味するが, 代名詞には he を用いる. 人間ではなく男性一般を示すには men が原則的に用いられる.
5 《a, any, every, no などとともに》(だれでも)人《性別に関係なく》: *No* ～ knows. だれも知らない. 〈注〉不定代名詞的用法.
6 (通例 *pl.*) 部下, 兵士; 水夫: officers and *men* 将校と兵.
7 召使, 下男; 〘史〙家来; (しばしば *pl.*) 労働者, 従業員: masters and *men* 主人と下男. The *men* are on a strike. 従業員はスト中である.
8 夫: ～ and wife 夫婦.
9 《所有代名詞または the とともに》あつらえ向きの人, 望む相手: He is *the* ～ for the job. 彼はその仕事にうってつけの人間だ.
10 《呼びかけ》おい, きみ: Cheer up, ～! おい元気を出せ. 〈注〉俗語では女性に対しても用いられる.
11 《大学の》在校生; 出身者.
12 《チェスなどの》こま.
as one* 〔*a*〕 ～** (1) 一個の人間として. (2) ひとりのように, いっせいに, 異口同音に. ***Be a ～! ＝***Play the ～!*** 男らしくしろ!, 勇気を出せ! ***be one's own ～*** 他人の支配を受けない; 分別〔気力〕を失わないでいる. ***between ～ and ～*** 男どうしの(間で). ***make a ～ of*** を一人前の男に仕立てる. ***～ about town*** 遊び人, プレイボーイ, 通人; 《ロンドン社交界の》だて男. ***～ and boy*** 《副詞的》子どものときから. ***～ for* 〔*to*〕 ～** 一対一では; ひとりひとり比べると.

M

～ ***Friday*** 忠僕(ちゅうぼく) 《*Robinson Crusoe* から》. ～ ***in the moon*** 人の顔に似た月面の斑点(はんてん),「月の中のウサギ」; 架空の人物. ～ ***in*** [***on***] ***the street*** 世間一般の人, 《専門家でない》普通人. ～ ***of affairs*** 事務[実務]家. ～ ***of all work*** なんでも屋. ～ ***of Galilee*** ガリラヤの人《イエス=キリストのこと》. ～ ***of God*** 牧師; 聖人. ～ ***of*** (***his***) ***hands*** 手先の器用な人. ～ ***of his word*** 約束を守る人. ～ ***of honor*** 信義を重んずる人, 紳士. ～ ***of letters*** 文学者. ～ ***of mark*** 有名人; 重要人物. ～ ***of*** [***among***] ***men*** 男の中の男. ～ ***of rank*** 高位の人. ～ ***of the world*** 世慣れた人; 俗物. ～ ***on his way*** 売り出し中の人物, 有望な人. ～ ***on horseback*** 軍閥の実力者. (***my***) ***little*** ～ 坊や《男の子への呼びかけ》. ***my*** ～ おい《目下の者に対する呼びかけ》. ***no*** ～***'s*** ～ 独立の人. ***old*** ～ きみ《呼びかけ》. ***the inner*** ～ 霊魂; 〔笑〕胃袋. ***the*** ～ 主人《黒人が白人の主人を呼ぶとき》. ***the outer*** ～ 肉体; 外観. ***to a*** ～ 最後のひとりまで, ひとり残らず.
— *vt.* (-nn-) **1** に人[兵]を配置する, <地位などに>(人を)配する: ～ a ship *with* sailors 船に船員を乗り組ます. **2** <人が>…の任務につく. **3** 元気づける, 励ます: ～ oneself 勇気を奮い起こす. **4** <タカなどを>人にならす. ～ ***it out*** 男らしくふるまう, りっぱにやりとおす. ～ ***the side*** [***yards***] 〔海〕登舷(とうげん)礼を行なう. ～ ***up*** 人力を供給する.
～-at-árms (*pl.* **mén-at-árms**) 《中世の》兵士, 騎馬のよろい武者. **～-child** [⌐⌐] (*pl.* **mén-chìl·dren**) 男の子. **～-dáy** 1人1日の仕事の量. → ～-hour. **～-èat·er** (1) 人食い, 食人種; 人食い動物《サメ・トラ・ライオンなど》. (2) かみつく馬. (3) 〔米〕サンショウウオ. ～ **engine** 〔鉱山〕坑内昇降機. **～-god** [⌐⌐] (*pl.* **mén-gods** [⌐⌐]) 神人. **～·hàn·dle** →別項. **～-hàt·er** 人間ぎらい; 男ぎらい. **～·hole** → 別項. **～-hòur** 人時(にんじ), 延べ時間《1人1時間の仕事の量》: 80 ～*-hours* 80人時. the ～*-hour* system 人時制度《人時を原価計算基準とする》. **～·hunt** [⌐⌐] 犯人[逃亡者]追跡. **～·hùnt·er** 犯人追跡者. **‡～·kínd** → 別項. **～-made** [⌐⌐] 人造の, 人工の; 合成の. **～-made moon** [**satellite**] 人工衛星. **～-made moon station** 人工衛星基地. **～-míl·li·ner** (*pl.* **mén-míl·li·ners**) 婦人服・帽子製造[販売]人《男子の》; くだらない仕事にあくせくする人. **～-mìn·ute** (*pl.* **～-mìn·utes**) 労働者1人1分間の仕事の量. → ～-hour. **～-of-wár** (*pl.* **mén-of-wár**) 軍艦. **～·pòw·er** (1) 人力; 動員可能人力, 人的資源. (2) 〔機〕人力《工率の単位, 約10分の1馬力》. **～·rope** [⌐⌐] 〔海〕手すり綱. **～·sèrv·ant** (*pl.* **mén·sèrv·ants**) 下男. → maidservant. **～-sized** [⌐⌐] (1) おとなの型の. (2) 〔米俗〕大きな; 〔米俗〕《仕事などが》ほねのおれる, 困難な. **～-slàugh·ter** 殺人; 〔法〕故殺(罪). 〈注〉murder よりも軽い罪. **～·sláy·er** 殺人者. **～-tái·lored** *a.* 《婦人服が》男子服に似せた. **～-the-bàr·ri·cáde** 危急存亡の: ～*-the-barricade* emergency 非常事態. **～-to-～** →別項. **～-trap** [⌐⌐] 《特に侵入者などを捕える》わな; 人命に危険な場所; 《賭博場など》誘惑の場所; 男を誘惑する女. **～·year** [⌐⌐, ⌐⌐] (*pl.* **～-years**) 労働者1人1年間の仕事の量. → ～-hour.

Man [mæn] ***Isle of*** ～ マン島《イングランドとアイルランドの間にある島》. →形容詞 Manx.

-man [-mən, -mæ̀n] (*pl.* **-men** [-mən, -mèn]) 語形成要素. **1**「…国人」「…の住人」: English*man* [-mən] イギリス人. country*man* [-mən] いなか者. **2**「職業が…の人」: business*man* [-mæ̀n] 実業家. post*man* [-mən] 郵便集配人. clergy*man* [-mən] 牧師. **3**「…船」: merchant*man* [-mən] 商船. India*man* インド貿易船. 〈注〉単数で [-mən] と発音されるばあいは複数でも [-mən], 単数で [-mæ̀n] と発音されるばあいは複数で [-mèn] となるのが普通.

mán·a·cle [mǽnəkl] *n.* (通例 *pl.*) **1** 手かせ, 手錠. **2** 束縛, 拘束. — *vi.* **1** に手かせ[手錠]をかける. **2** 束縛する. [√man(u)-]

‡mán·age [mǽnidʒ] *vt.* **1** (手で)扱う, 動かす; <乗り物などを>操縦[運転]する: ～ a tool 道具を使う. ～ a boat efficiently じょうずにボートをあやつる. **2** <人を>あやつる, 服従させる: He is ～*d* by his wife. 彼は妻の言いなりになっている. **3** <馬などを>調教する, うまく御する. **4** <事務を>**処理する, 管理する**; <事業などを>経営する: ～ a household 一家を切り盛りする. **5** <困難なことを>**やり遂げる, 実現する**: Somehow we must ～ the suppression of our baser instincts. どうにかして下等な本能を押えなければならない. **6 どうにかして…する**; 《反語的》うまうまと…しでかす《*to* (do)》: I ～*d to* get there in time. なんとか遅れないで先方へ着くことができた. He ～*d to* lose everything. よせばいいのになんのかのとすっかりなくしてしまった. **7** 《can, be able to とともに》かたづける, 食べてしまう: *Can* you ～ another slice of cake? ケーキもう一切れ食べられますか.
— *vi.* **1** 処理する, 管理[経営]する. **2** (なんとか)うまくやっていく: ～ on one's income 収入で暮らしをたてる. ～ ***without*** …なしでやっていく: She will have to ～ *without* help. 彼女は自力でなんとかやっていかなくてはなりますまい. [√man(u)-]

mán·age·a·ble [mǽnidʒəbl] *a.* **1** 扱いやすい, 御しやすい. **2** 従順な. **3** 管理しやすい, 処理しやすい. ◇ **～·ness** *n.* **-bly** *ad.* **màn·age·a·bíl·i·ty** [⌐−−bíləti] *n.*

‡mán·age·ment [mǽnidʒmənt] *n.* **1** 取り扱い, 処理, 操縦; 統御. **2 管理, 経営**; 支配, 取り締まり. **3** 経営[支配]力, 経営の手腕. **4** やりくり; 駆け引き, 術策. **5** 運用, 利用, 使用. **6** (the ～) 《集合的》**経営者(側)**, 経営陣. ↔ labor.
◇ **màn·age·mént·al** [mæ̀nidʒméntl] *a.*

‡mán·ag·er [mǽnidʒər] *n.* (*fem.* **mán·ag·er·ess** [-dʒ(ə)ris, 英+ -rés]) **1 支配人, 経営[管理]者**; 部長; 監督; 幹事; 理事: a sales ～ 販売部長. a stage ～ 舞台監督. **2** 《家計などを》切り回す[やりくりする]人: My wife is a bad [poor] ～. 私の家内は家政がへただ. **3** 〔英: 議会〕両院間の交渉委員. ◇ **～·ship** *n.* ～の地位[職, 任期].

màn·a·gé·ri·al [mæ̀nədʒí(ː)riəl/-dʒíər-] *a.* manager の; 管理[経営, 処理](上)の: the ～ class 管理者層. ◇ **～·ly** *ad.*

mán·ag·ing [mǽnidʒiŋ] *a.* **1** 管理[経営, 支配, 処理]する; 首脳の: a ～ director 専務取締役. a ～ partner 業務執行社員. a ～ editor 編集部長[主筆]. **2** 経営のじょうずな, やりくりのうまい. **3** おせっかいな, のさばりたがる: a ～ woman 自分でなんでも切り回そうとする女. **4** 倹約な, けちな.
— *n.* manage すること.

Ma·ná·gua [məná:gwə] *n.* マナグア《中央アメリカ Nicaragua の首都. Nicaragua 西部の湖》.

mán·a·kin [mǽnəkin] *n.* **1** 〔鳥〕小鳥の一種《中央・南アメリカ産エンジャクの類》. **2** ＝manikin ①.

ma·ña·na [mənjá:nə, ma:njá:na:] Sp. *n.* 明日, あす. — *ad.* 明日に; (いつか)そのうちに. ***hasta*** ～ [há:stə-mənjá:nə, á:sta:-ma:njá:na:] また明日; 近いうちにまた《別れのことば》.

Mán·a·slu [mǽnəslu:] *n.* マナスル《ネパール ヒマラヤの高峰. 世界第8位》.

màn·a·tée [mæ̀nətí:] *n.* 〔動〕海牛《大きさ3–4mに達する水生草食ほ乳動物》. → dugong.

ma·náv·el·ins, ma·náv·il·ins [mənǽvəlinz] *n. pl.* 〔海俗〕いろいろな道具(類); (食物の)残り物.

Mán·ches·ter [mǽntʃèstər, -tʃis-] *n.* イギリス Lancashire 州の商工業都市. ～ **department** 綿布類売り場. ～ **goods** 〔英〕綿布類. ～ **Guar-**

dian, the マンチェスター市の進歩自由主義的新聞. **～ School, the** マンチェスター学派《1830年代イギリスで自由貿易主義を唱えた政治家・経済学者の一派》. ◇ **～·ism** *n.* 自由貿易主義.

mán·chet [mǽntʃit] *n.* 〘古・英俗〙食パンの一種.

màn·chi·néel [mæ̀ntʃiní:l] *n.* 〘植〙熱帯アメリカ産の有毒樹木《高燈台科》.

Màn·ch(o)u·kuó [mæ̀ntʃu:kwóu, ─ˊkou/ˊ─kwóu] *n.* 満州国《1932–45》.

Man·chú [mæntʃú:] *n.* (*pl.* **～s**) 満州人〔語〕. **──** *a.* 満州人〔語〕の.

Man·chú·ri·a [mæntʃú(:)riə/-tʃúər-] *n.* 満州. ◇ **～n** *a., n.* 満州の; 満州人.

mán·ci·ple [mǽnsipl] *n.* 《大学・僧院などの》食料品買い出し係; まかない係.

Man·cú·ni·an [mæŋkjú:niən] *a., n.* Manchester の(住民).

-man·cy [-mænsi]「…占い」の意の語形成要素: chiro*mancy* 手相術.

màn·da·ca·rú [mɑ̀:ndəkərú:] *n.* 〘植〙樹状サボテン.

Mán·da·lày [mǽndəlèi, ˊ─ˊ/ˊ─ˊ] *n.* 中央ビルマの都市.

man·dá·mus [mændéiməs] *n.* **1**〘英: 法〙《上級裁判所から下級裁判所などへの》命令書. **2**《昔業務の執行を命じた》勅書. **──** *vt.* に命令書を発する.

mán·da·rin [mǽndərin] *n.* **1**《中国の清朝(しんちょう)時代の》役人, 官吏. **2** (M～) 官話《標準中国語; ペキン語》. **3**《時代遅れの》高官, 要人. **4** 中国服を着た首振り人形. **5**〘植〙《中国原産の》ミカンの一種 (= ～ orange). **6** ミカン製のリキュール酒. **7** ダイダイ色 (の染料). **～ duck** オシドリ.

mán·da·tar·y [mǽndətèri/-t(ə)ri] *n.* **1**《国際連盟の》委任統治国. **2**〘法〙委任を受けた国〔人〕, 代理国〔人〕. **3** 命令を受けた人.

mán·date [mǽndeit, -dit] *n.* **1** 命令, 指令. **2**《選挙民から議員・大統領への》要求, 指示. **3**《選挙による》代表権; 選出. **4** 委託;《政治的な》使命, 責任. **5** 委任統治 (領). **6**《ローマ法王からの》聖職授任命令. **7** = mandamus. **──** [mǽndeit, [米]+ ─ˊ] *vt.* 委任統治領にする: a ～*d* territory 委任統治領. [√mand-]

◇ **man·dá·tor** [mændéitər] *n.*

mán·da·to·ry [mǽndətɔ̀:ri/-t(ə)ri] *a.* **1** 命令〔指令〕の. **2** 委任〔委託〕の; 委任に基づく; 委任を受けた: a ～ power 委任統治国. ～ rule〔administration〕委任統治. **3** 絶対必要の, 強制の;〘法〙必須(ひっす)の. **──** *n.*, = mandatary.

mán·di·ble [mǽndibl] *n.* 《ほ乳動物・魚の》あご;《特に》下あご;《鳥の》上〔下〕のくちばし;《こん虫の》上あご, そしゃく口. ◇ **man·díb·u·lar** [mændíbjulər] *a.*

man·díb·u·late [mændíbjulit] *a., n.* mandible をもつ(こん虫).

man·dó·la [mændóulə], **-dó·ra** [-dɔ́:rə, -dɔ́:rə] *n.*〘楽〙マンドーラ《大形マンドリン》. [＜It.]

mán·do·lin [mǽnd(ə)lin, [米]+ˊ─ˊ], **màn·do·líne** [mæ̀nd(ə)lí:n] *n.*〘楽〙マンドリン.
◇ **mán·do·lin·ist** *n.* マンドリン奏者.

man·drág·o·ra [mændrǽgərə] = mandrake.

mán·drake [mǽndrik, -dreik] *n.* 〘植〙マンダラゲ《根は有毒. 麻酔剤となる》;〘米〙= May apple.

mán·drel [mǽndrəl], **mán·dril** [-dril] *n.* 〘機〙心棒, 心軸;《旋盤の》静軸;〘鉱山〙つるはし;〘冶〙《鋳造用の》心金(しんがね).

mán·drill [mǽndril] *n.* 〘動〙マンドリル《西アフリカ産大ヒヒ》.

mán·du·cate [mǽndʒukèit/-dju-] *vt.* 〘稀〙そしゃくする, かむ, 食う. → chew. ◇ **-ca·to·ry** [-kətɔ̀:ri/-kətəri] *a.* 〘稀〙そしゃくの, そしゃくに適する. **màn·du·cá·tion** [ˊ─kéiʃ(ə)n] *n.*

man·dý·as [mɑ:nðí:əs, -dí:-, mǽndi-] *n.* (*pl.* **～·es**) 短い黒マント《特にギリシア教会の僧侶の》.

mane [mein] *n.* 《ライオンなどの》たてがみ;《たてがみのように長く伸ばした》頭髪. ***make neither ～ nor tail of*** …がとんとわからない.
◇ **～d** *a.* たてがみのある: a ～*d* wolf《南アメリカ産の》大ギツネ. **～·less** *a.*

***ma·nège*, ma·négé** [mænέ:ʒ, -néiʒ/-néiʒ] F. *n.* 馬術; 馬術練習所; 調教馬の歩調.

má·nent [mɑ́:nənt] *vi.* 退場せず《舞台ト書き》.

má·nes [méini:z, [米]+ mɑ́:neiz] *n. pl.* **1** (しばしば M～)〘古ローマ〙死者たちの霊魂; 地獄の諸神. **2** 祖先の霊.

Ma·nét [mənéi, F. manε] *n.* Edouard [F. edwa:r] ～ マネー, 1832–83, フランスの印象派画家.

ma·néu·ver, [英] **ma·nóeu·vre** [mənú:vər] *n.* **1**〘軍〙《軍隊・艦隊の》作戦 (的) 行動; (*pl.*) 大演習, 機動演習. **2** 策略; 巧妙な処置.
── *vi.* **1** 演習を行なう. **2** 策略を用いる.
── *vt.* **1** 演習させる, 機動する. **2** 策略で動かす〔…させる〕. **～ *into*** 策略で…へ引き込む〔…させる〕. **～ *out of*** 策略で…から引き出す〔…させない〕. **～ one's *way into*** 策略を用いて…にはいり込む.

ma·nèu·ver·a·bíl·i·ty [mənù:v(ə)rəbíliti] *n.* 機動性.

mán·ey [méini] *a.* たてがみのような. [＜mane]

mán·ful [mǽnf(u)l] *a.* 男らしい, 雄々しい, 果断な. ◇ **～·ly** [-fuli] *ad.* **～·ness** *n.*

mán·ga·nate [mǽŋgənèit] *n.* マンガン酸塩.

mán·ga·nese [mǽŋgəni:s, -ni:z, ˊ─ˊ/-z] *n.* 〘化〙マンガン《金属元素. 記号 Mn》. ***black ～*** 酸化マンガン. **～ steel** マンガン鋼.

man·gán·ic [mæŋgǽnik] *a.* 〘化〙マンガンの, マンガンを含んだ〔に似た, から採れた〕.

mange [meindʒ] *n.* かいせん《家畜の皮膚を冒す. ときには人にも伝染する》.

mán·gel (-wúr·zel) [mǽŋgl(wə́:rzl)] *n.* 〘植〙テンサイの一種《飼料》.

mán·ger [méindʒər] *n.* **1** まぐさ〔飼い葉〕おけ. **2**〘海〙《船首の水よけの》仕切り. ***dog in the ～*** 〘話〙(自分がいりもしないのに人にものを与えない) 意地悪者《飼い葉が食えない犬が, 牛にもそれを食べさせまいとして, 飼い葉おけの中でがんばったというイソップ物語から》. **～ board**〘海〙船首水よけ板.

manger ①

mán·gle¹ [mǽŋgl] *vt.* **1** めった切りにする, ずたずたに切る. **2** 〈ことば・文章などを〉めちゃくちゃにする, だいなしにする《誤った発音, 誤植などにより》.
◇ **mán·gler** *n.* ～する人; 肉切り器, ひき肉器.

mán·gle² *n.* 《洗たく物仕上げ用の》圧搾ローラー. **──** *vt.* ～にかける.

mán·go [mǽŋgou] *n.* (*pl.* **～(e)s**) 〘植〙マンゴー; その果実; ウリのつけ物の一種. **～ trick** マンゴーの木がたちまち成長して実を結ぶように見せるインドの魔術.

mán·gold(-wúr·zel) [mǽŋgəld(wə́:rzl)] = mangel(-wurzel).

mán·go·nel [mǽŋgənèl] *n.* 《中世の戦闘用》投石機.

mán·go·steen [mǽŋgəsti:n] *n.* 〘植〙マンゴスチン《インド産の果樹》; その果実.

mán·grove [mǽŋgrouv] *n.* 〘植〙紅樹林, マングローブ《熱帯の海べ・川岸・沼地に生じる森林》.

mán·gy [méindʒi] *a.* かいせんにかかった; きたない, 不潔な;〘話〙卑劣な. ◇ **-gi·ly** *ad.* **-gi·ness** *n.*

mán·hàn·dle [mǽnhæ̀ndl] *vt.* **1** 人力で動かす〔運転する〕. **2** 手荒く扱う, ひどい目に会わせる.

Man·hát·tan [mænhǽt(ə)n] *n.* **1** マンハッタン《ニューヨーク市の主要な商業地区》. **2** マンハッタン《ウイスキーとベルモットに苦味を加えてつくるカクテル》. **～ District** 原子力研究のアメリカ陸軍の統合機関. **～ Island** マンハッタン地区のある島. **～ Project** マンハッタン計画《第2次世界大戦中の

原爆製造計画の暗号》.
◇ **～·ite** [-àit] *n.* マンハッタン生まれの人〔の住人〕.
mán·hole [mǽnhòul] *n.* **1** マンホール《上・下水道管・線渠(せん)などに修繕・そうじなどのため人がはいれるように路面などに設けた鉄のふたをしてある穴》; くぐり穴. **2** 〘鉄道〙《トンネル内の》待避孔.
‡**mán·hood** [mǽnhud] *n.* **1** (男子の) **成年**, 壮年, おとな. **2** 《集合的》(一国の)成年男子全体. **3 男であること**; 男らしさ. **4 人間であること**; 人格.
má·ni·a [méiniə] *n.* **1** 〘医〙 躁病(そう). **2** 熱中, 熱狂; …熱, …狂, マニア: a ～ for dancing ダンス熱. the baseball ～ 野球狂《状態》. → maniac.
-má·ni·a [-méiniə] *suf.* **1** 「…狂」: klepto*mania* 窃盗病. **2** 「熱狂的性癖, 心酔」: biblio*mania* 書物狂, 蔵書癖. Anglo*mania* 親英熱. [√man-²]
má·ni·ac [méiniæk] *a.* 気の狂った, 狂気の, 狂乱の. —— *n.* 狂人; …狂の人: a baseball ～ 野球狂. [√man-²]
-má·ni·ac [-méiniæk] -mania で終わる名詞から形容詞・名詞をつくる語形成要素: Anglo*maniac* イギリス心酔者 (の).
ma·ní·a·cal [mənáiək(ə)l] *a.* ＝maniac. ◇ **～·ly** *ad.*
mán·ic [mǽnik, ㊙⁺méin-] *a.* 〘医〙 躁病の.
～-de·pres·sive *a., n.* 〘医〙躁鬱(そううつ)病の(患者): ～*-depressive* psychosis 躁鬱病.
Màn·i·ch(a)é·an [mæ̀nikí:ən] *a., n.* マニ教 (徒) の; マニ教徒.
Mán·i·ch(a)e·ism [mǽniki:iz(ə)m] *n.* マニ教《善悪二元論のペルシアの宗教. 3-5 世紀に栄えた》.
Mán·i·chee [mǽniki:] *n.* マニ教徒.
mán·i·chord [mǽnikɔ̀:rd] *n.* 有鍵(けん)楽器.
mán·i·cure [mǽnikjùər] *n.* マニキュア, 美爪(そう)術: a ～ parlor 美爪院. —— *vt., vi.* (に)マニキュアをする; 〈手・つめを〉手入れする. [√man(u)-＋√cur-] ◇ **-cur·ist** [-kjù(:)rist/-kjuərist] *n.* 美爪術師.
‡**mán·i·fest** [mǽnifèst] *a.* **明白な**, はっきりした: a ～ error 明らかな誤り.
—— *vt.* **1 明らかにする**; 明示する; 表にあらわす. **2** 証明する; 〘商〙 積み荷目録に記載する. **3** 《～ oneself の形で》あらわれる, 明らかになる. —— *vi.* **1** 〈幽霊などが〉あらわれる. **2** 《集会などで》意見を発表する. —— *n.* 〘商〙 積み荷目録〔送り状〕. [√man(u)-]
◇ **～·ly** *ad.* はっきりと, 明白に. **màn·i·fés·ta·tive** [ˌ---féstətiv] *a.* 明示〔表明〕する.
〔類〕 → **evident**「明白な」
màn·i·fes·tá·tion [mæ̀nifestéiʃ(ə)n] *n.* **1** 表示, 表明, 明示; あらわれ. **2** 示威. **3** 政見発表.
màn·i·fés·to [mæ̀niféstou] *n.* (*pl.* **～es**) 《国家・団体などの》宣言書, 声明書; 布告文; 公示, 公布. —— *vi., vt.* 声明する.
‡**mán·i·fold** [mǽnifòuld] *a.* **1 種々の**, いろいろの, 雑多な. **2** 多くの部分から成る, 複雑な; 用途の広い. —— *n.* **1** 多様性. **2** 写し, 複写. **3** 〘機〙 多岐管. —— *vt., vi.* 《複写で》多数の写しをつくる. [＜many＋fold]
～ paper 複写紙. **～ writer** 複写器.
◇ **～·er** *n.* 複写する人; 複写器. **～·ly** *ad.* **～·ness** *n.* 〔類〕 → **many**「たくさんの」
mán·i·kin [mǽnikin] *n.* **1** 小人, 一寸法師. **2** 人体解剖模型. **3** ＝mannequin.
Ma·níl·(l)a [mənílə] *n.* **1** マニラ《フィリピン共和国の都市》. **2** (しばしば m～) マニラ麻; マニラ紙; マニラ葉巻き (＝～ cheroot).
～ hemp マニラ麻《*abacá* の葉からつくる繊維》.
～ paper マニラ紙《マニラ麻製またはその模造品》.
～ rope 《マニラ麻製の強い綱》.
mán·i·oc [mǽniɑ̀k, méin-/mǽniɔk] *n.* 〘植〙 キャッサバ属の植物, タピオカ《熱帯植物》; 《その根から採れる》でんぷん.
mán·i·ple [mǽnipl] *n.* **1** 《カトリック僧が左腕につける》腕帛(わん). **2** 小隊《古代ローマの軍隊編制の区分単位. 60人または120人から成る》.
ma·níp·u·late [mənípjulèit] *vt.* **1** (手で) 扱う; 操縦する, (巧みに) 扱う: ～ an apparatus 器械装置を操作する. **2** 〈市場・市価などを〉巧みに操作する, あやつる; に小細工をする; 〈帳簿面などを〉ごまかす: ～ figures 数字を手かげんする. —— *vi.* 手で扱う; 巧みに扱う; 操縦する; 処理する. [√man(u)-]
◇ **-lat·a·ble** *a.* **-la·tive** [-lèitiv/-lət-], **-la·to·ry** [-lətɔ̀:ri/-lət(ə)ri] *a.* **1** ものを扱う, 手先の. **2** 巧みに扱う. **3** 細工を施した, ごまかしの.
ma·nìp·u·lá·tion [mənìpjuléiʃ(ə)n] *n.* **1** (巧妙な) 取り扱い, 操作. **2** 《市価などを》操作すること, あおること. **3** 小細工, ごまかし. **4** 〘医〙 触診.
ma·níp·u·la·tor [mənípjulèitər] *n.* **1** (手で) 扱う人, 操縦者. **2** 巧みに扱う人; あやつる人; 相場師. **3** ごまかし屋, 改ざん者. **4** ＝master-slave ～. **5** 身体摩擦器. **6** 〘写〙 板架, 保板器.
mán·it [mǽnit] *n.* ＝man-minute.
mán·i·to [mǽnitòu], **-t(o)u** [-tù:] *n.* 北アメリカインディアンの一族の神《自然界を支配するという》.
Màn·i·tó·ba [mæ̀nitóubə] *n.* カナダの州.
‡**man·kínd** [mænkáind] *n.* **1** 《集合的. 通例単数扱いで, 前に形容詞がなければ無冠詞》 **人類, 人間**, 人: promote the welfare of ～ 人類の福祉を増進する. The whole ～ should realize that it is in danger. 人類全体が, 自分が危険にさらされていることを自覚すべきだ. **2** [mǽnkaind] 男性, 男.
mán·like [mǽnlàik] *a.* 人間らしい; 男らしい; 《女が》男まさりの. ◇ **～·ness** *n.*
‡**mán·ly** [mǽnli] *a.* **1 男らしい**, 大胆な, 雄々しい. **2** 男のための: ～ sports 男性のスポーツ. **3** 男みたいな, 男まさりの. ◇ **-li·ness** *n.*
Mann [mæn, mɑ:n] *n.* Thomas ～ トーマス=マン, 1875–1955, ドイツの小説家・評論家《1929年 Nobel 文学賞受賞》.
mán·na [mǽnə] *n.* **1** 〘聖〙 マナ《昔イスラエル人が荒野で神から与えられた食物. 出エジプト記 16: 14–36》. **2** 天の恵み; 心のかて. **3** 非常においしい物, 甘露. **4** マナ蜜(みつ)《manna ash などから採った甘い液. 下剤》. **～ ash** 〘植〙 マナの木《南ヨーロッパ・小アジア産トネリコ類, 甘い液を分泌する》. **～-cròup** [㊕ ˌ-ˊ-] 《ロシア産》小麦の粗粉.
mán·ne·quin [mǽnikin] *n.* **1** 《ファッションショーなどの》マネキン, モデル. **2** 《洋裁店などで用いる》モデル人形.
†**mán·ner** [mǽnər] *n.* **1** 仕方, やり方, 方法: his ～ of speaking 彼の話しぶり. *in* a graceful ～ 優雅に. **2** 態度, ようす; りっぱな態度. **3** (*pl.*) **行儀, 作法**, 方式にかなった作法: He has no ～*s*. 彼は行儀が悪い, 行儀・作法をわきまえていない. **4** (*pl.*) **風習**, ならわし: a comedy of ～*s* 風俗喜劇. **5** 《芸術などの》様式, 手法; 作風: a picture in the ～ of Picasso ピカソ風の絵画. **6** 特徴, 癖; マンネリズム. **7** 〘古〙 種類: What ～ of man is he? 彼はいったいどんな人か. 〈注〉この意味では語尾に s をつけずに複数として扱われる: All *manner* of things were happening. いろいろのことが起こっていた.
after the ～ of …にならって; …流の. ***after this ～*** こういう風に. ***all ～ of*** あらゆる種類の. ***by all ～ of means*** どうしても. ***by no ～ of means*** 決して…ない (by no means). ***develop a ～ of one's own*** 一派を開く. ***do*** [***make***] ***one's ～s*** おじぎ〔あいさつ〕をする. ***in a ～*** 〘古〙 ある意味で; いくぶんか. ***in a ～ of speaking*** 〘古〙 いわば. ***in like ～*** 同様に. ***in that ～*** そのように. ***in this*** [***such a, what***] ***～*** こんな〔そんな, どんな〕風に. ***to the ～ born*** 生まれついての; 生来…に適している: He is a soldier *to the ～ born*. 彼は生来の軍人だ.
[√man(u)- (手の) 扱い方]
◇ **～ed** *a.* **1** 癖のある, 型にはまった. **2** 気どった.

3《形容詞を伴って》 行儀の…な: well-[ill-]～*ed* 行儀のよい〔悪い〕. ～**·less** *a.* 無作法な.
[類] → **method**「方法」

mán·ner·ism [mǽnərìz(ə)m] *n.* マンネリズム《特に文学・美術などで手法上の新奇さだけを求める傾向》; 癖《動作・話し方などにあらわれる》.
◇ **-ist** *n.* マンネリズムに陥った人〔作家, 芸術家〕; 一風変わった癖のある人.

màn·ner·ís·tic [mæ̀nərístik] *a.* 型にはまった, マンネリズムの(傾向のある), 習慣的; 癖のある.
◇ **-ti·cal·ly** *ad.*

mán·ner·ly [mǽnərli] *a.* 行儀のよい, 礼儀正しい, 丁寧な. —— *ad.* 礼儀正しく, 丁寧に.
◇ **-li·ness** *n.*

Mánn·heim [mǽnhaim] *n.* マンハイム《西ドイツライン河畔の商業都市》.

mán·ni·kin ＝manikin.

mán·nish [mǽniʃ] *a.* 1《女が》男のような. → womanish. 2《子どもが》おとなぶった.
◇ ～**·ly** *ad.* ～**·ness** *n.*

mán·nite [mǽnait], **mán·ni·tol** [mǽnitòul, ㊧⁺ -tɑ̀l] *n.* 〘化〙マニトール, 甘露糖, マナ糖 (＝～ sugar). ◇ **man·nít·ic** [mənítik] *a.*

ma·nóeu·vre 〘英〙＝maneuver.

ma·nóm·e·ter [mənɑ́mitər/-nɔ́m-] *n.* 圧力〔血圧〕計. ◇ **màn·o·mét·ric** [mæ̀nəmétrik], **màn·o·mét·ri·cal** *a.* 圧力計の〔ではかった〕.

ma non trop·po [mɑ:-nɑn-trɑ́pou/-nɔn-trɔ́p-] It. 〘楽〙しかし過度にならないように.

mán·or [mǽnər] *n.* 1〘英史〙荘園(しょうえん), 領地; 荘園主の屋敷. 2〘米〙永代借地. ***capital*** ～ 直隷領地. ***lord of the*** ～ 領主.
～ **house** 〔**seat**〕《荘園の》領主邸.

ma·nó·ri·al [mənɔ́:riəl/-nɔ́:r-] *a.* 荘園の, 領地の; 荘園付属の: a ～ court 領主裁判所. ◇ ～**·ly** *ad.*

mán·o·stat [mǽnəstæ̀t] *n.* 〘物〙《圧力差を利用した》ガス定流量装置.

man·qué [mɑ̃:kéi, ㊧⁺ mɑ:ŋ-] F. *a.* 《名詞のあとにつけて》 できそこないの: a poet ～ なりそこないの詩人.

mán·sard [mǽnsɑ:rd/-səd] *n.* 〘建〙マンサード屋根, 二重勾配(こうばい)の屋根 (＝～ roof); そのような屋根裏べや.

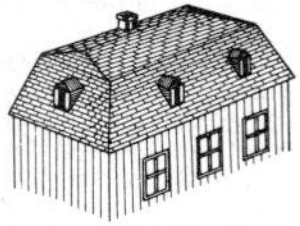
mansard

manse [mæns] *n.* 牧師館《特にスコットランド長老教会の》. ***sons of the*** ～ 貧乏だが教育ある人たち.

Máns·field [mǽnzfì:ld, mǽns-/mǽns-] *n.* Katherine ～, 1888–1923, イギリスの女流作家.

‡**mán·sion** [mǽnʃ(ə)n] *n.* 1 大邸宅, 屋形. 2 (おもに *pl.*)〘英〙アパート (＝㊧ apartment house). 3〘天〙宿(しゅく).
～ **house** 《荘園の》領主邸; 〘米〙大きな家; (the M～ House)〘英〙ロンドン市長官邸.

mán·sue·tude [mǽnswit(j)ù:d/-tju:d] *n.* 〘古〙温和, 柔和. 「[＜Sp.]

mán·ta [mǽntə] *n.* 外套(がいとう); 《馬などの》おおい.

man·teau [mǽntou, —⌐|F. mɑ̃to] F. *n.* (*pl.* ～***s*** [mǽntouz, —⌐], ～***x*** [F. mɑ̃to]) マント, 外套.

mán·tel [mǽntl] *n.* 暖炉の前飾り; 暖炉だな (mantelpiece). ～ **board** 暖炉だな, 炉だな板. ⁑～**·piece** → 別項. ～**·shelf** [⌐—⌐] (*pl.* **-shelves** [-ʃèlvz]) 暖炉だな. ～**·tree** [⌐—⌐] 炉額(ろびたい)《fireplace の口の上端の横木》.

mán·tel·et [mǽntlit] *n.* 1 短いマント, ケープ. 2〘軍〙《携帯用》弾丸よけのたて; 着弾監視所.

‡**mán·tel·piece** [mǽntlpì:s] *n.* 1 暖炉の前飾り. 2 暖炉だな.

man·tíl·la [mæntílə] *n.* 1 大型スカーフ《スペイン・メキシコなどの婦人が頭と肩をおおう. 絹またはレース製》. 2《婦人用》小型マント〔ケープ〕.

mantilla ①

mán·tis [mǽntis] *n.* (*pl.* **-tis·es, -tes** [-ti:z]) 〘虫〙カマキリ (＝praying ～).

man·tís·sa [mæntísə] *n.* 〘数〙《対数の》仮数. → characteristic.

‡**mán·tle** [mǽntl] *n.* 1 マント. 2 おおい, 包むもの. 3《ガス燈の》マントル; 《水車の》とい; 〘動〙《貝類の》外套(がいとう)膜. 4 ＝mantel. ***widow's*** ～ 未亡人服《一生未亡人をとおす誓いとして着る》.
—— *vt.* おおう, 包む, 隠す. —— *vi.* 1 〈顔の紅潮などが〉一面に広がる. 2 赤面する, 顔が赤くなる. 3〈液体が〉上皮(うわかわ)を生じる; 〈酒などの表面が〉あわ〔かす〕でおおわれる. 4〈鳥が〉交互に片方の足を上げそのがわの翼を広げる《足を休ませるため》.

mánt·let ＝mantelet.

mán·to·mán [mǽntəmǽn] *a.* 男どうしの, 直接の: a ～ talk. ～ **defense** 〘運〙マンツーマンディフェンス《バスケットボールなどでひとりの競技者が守るべき相手をひとりにしぼる防御法》.

mán·tu·a [mǽntʃuə, -tuə/-t(j)uə] *n.* 〘史〙《17–18 世紀ごろヨーロッパで流行した》婦人用 mantle 風のゆったりした上着.

Mán·tu·a [mǽntʃuə, -tuə/-t(j)uə] *n.* マントバ《イタリア北部の州》.

mán·u·al** [mǽnjuəl] *a.* 1 手の; 手でする〔動かす〕; 手でつくる, 手細工の: ～ labor 手仕事, 筋肉労働. 2《本などが》小型の: a ～ text 小型教科書〔聖句集〕. 3〘法〙現に所有の: ～ occupation 事実上の占有. ***sign ～ 署名. —— *n.* 1 小冊, 手引き, 便覧: a ～ for students 学生用参考書. 2 執銃教練. 3 手押し消火ポンプ; 〘楽〙《オルガンの》鍵盤(けんばん). 4〘史〙聖礼典式次第書. [√man(u)-]
～ **alphabet** 《聾者(ろうしゃ)が使う》指話文字. ～ **exercise** 〘軍〙執銃教練. ～ **training** 手工(科). ～ **worker** 筋肉〔肉体〕労働者.
◇ ～**·ly** *ad.* 手(先)で; 手細工で; 筋肉労働で.

mán·u·code [mǽnjukòud] *n.* 〘鳥〙極楽鳥の一種《オーストラリア・ニューギニア産》.

manuf. manufactory; manufacture(d); manufacturer; manufacturing.

màn·u·fác·to·ry [mæ̀njufǽkt(ə)ri] *n.* 製造〔製作〕所, 工場 (factory).

‡**màn·u·fác·ture** [mæ̀njufǽktʃər] *vt.* 1 製造する《特に, 大規模に》: ～*d* goods 製品. 2〈材料を〉製品化する: ～ iron *into* wares 鉄で器物をつくる. 3〈話などを〉でっちあげる: ～ an excuse 口実をつくる. 4〈文芸作品を〉乱作する, 機械的につくる.
—— *n.* 1《大規模な》製造; 製造(工)業: of home [foreign] ～ 国産〔外国製〕の. 2 製品: silk ～*s* 絹製品. 3《文芸作品などの》乱作.
◇ **màn·u·fác·tur·al** [-tʃərəl] *a.* 製造(業)の.
[類] → **make**「つくる」

‡**màn·u·fác·tur·er** [mæ̀njufǽktʃ(ə)rər] *n.* 1 製造(業)者, 生産者; 工場主. 2 製作者.
～**'s agent** 〘商〙競合しない数社の製品を製造業者と契約して, ある地域の一手販売を行なう業者.

màn·u·fác·tur·ing [mæ̀njufǽktʃ(ə)riŋ] *a.* 製造(業)の, 製造業に従事する: a ～ industry (製造)工業. a ～ town 工業都市. —— *n.* 製造(工業).

màn·u·mís·sion [mæ̀njumíʃ(ə)n] *n.* 《農奴・どれいの》解放; 釈放状.

màn·u·mít [mæ̀njumít] *vt.* (**-tt-**) 〈農奴・どれいを〉解放〔釈放〕する. ◇ ～**·ter** *n.*

màn·u·mó·tive [mæ̀njumóutiv] *a.* 手で運転する, 手動の.

M

mán·u·mò·tor [mǽnjumòutər] *n.* 手動車.

*__ma·núre__ [mən(j)úər/-njúə] *n.* こやし, 肥料; 下肥. ***barnyard*** [***farmyard***] ～ 厩肥(きゅうひ), 堆肥(たいひ). ***chemical*** ～ 化学肥料. ***complete*** [***general, normal***] ～ 完全肥料. ***liquid*** ～ 水肥.
—— *vt.* に肥料を施す.
◇ **ma·núr·er** [-n(j)ú(:)rər/-njúər-] *n.*

mán·u·script [mǽnjuskript] *n.* **1** 原稿《手書きの, またはタイプしたもの. 略 MS, (*pl.*) MSS》. **2** 手書き《印刷に対して》. **3** 写本, 手写本.
in ～ 原稿(のまま)で, まだ印刷されないで.
—— *a.* **1** 原稿の. **2** 手書きの;《正式印刷に対し》タイプされた. **3** 写本の. [√man(u)-＋√scrib-]

mán·ward(s) [mǽnwərd(z)] *ad., a.* 人間の方に(向けられた).

mán·wise [mǽnwàiz] *ad.* 人間的に.

Manx [mæŋks] *a.* マン島 (Isle of Man) の; マン島人[語]の. —— *n.* **1**《集合的》マン島人. **2** マン島語. **3** マン島ネコ (＝～ cat).
～·man [-mən, ㊍⁺ -mæ̀n] (*pl.* **-men**) マン島人.

†**mán·y** → 枠付 many.

mán·y-héad·ed [ménihédid] *a.* 多頭の. ***the*** ～ ***beast*** [***monster***] (1) 民衆, 群衆. (2)＝hydra ①.

mán·y-mínd·ed [-máindid] *a.* 移り気の.

mán·y·plies [-plàiz] *n. pl.* 《単数扱い》 重弁胃《反芻(はんすう)動物の第三胃》.

many

many「多数(の)」は, 意味の上からは few「少数(の)」と対比され, 用法の上では, 数と関係して常に複数扱いである点から, 単数扱いの much「多量(の)」と対比される: *many* books [men]/*much* water. ただし比較級と最上級は many も much も共通である. また形容詞的, 名詞的の両用法がある点では few, much, little とも共通している: *more* books [water], *most* of the men [water]; *Many* (people) came., *Much* (work) was done.

なお many に対して「多く(の)」という訳を機械的につけると, ときにより意味上の誤解が起こるので注意. →〈付記₁〉.

比較級 more, 最上級 most はそれぞれ別項で詳説.

mán·y [méni] (**more** [mɔːr / mɔː]; **most** [moust]) *a., n., pron.* 多数(の), たくさんの(人・物), 大ぜいの(人), 多くの(人・物): There are ～ flowers in the garden. 庭には花がたくさんある. We didn't [did not] buy ～ books. 本はあまり何冊も買わなかった. How ～ pencils do you want? 鉛筆が何本ほしいのか. *M*～ a student likes music.《文語的; 単数扱い》＝*M*～ students like music. 音楽の好きな学生がたくさんいる. So ～ men, so ～ minds.〚諺〛(人の考え方は)十人十色. Take as ～ sheets as you want. 何枚でもほしいだけ取りなさい. He gave her as ～ roses as there were years in her age. 彼は彼女に(彼女の)年の数だけのバラの花を与えた. Did ～ come? 大ぜい来たか. *M*～ of them thought that he was insane. 彼らの中には彼が気が狂っていると思っている者がたくさんいた. →〈付記₁〉,〈付記₂〉. He has five brothers, and I have just as ～. 彼には男の兄弟が 5 人あるが, 私にも同数ある. Are there ～ children there? — No, not ～. そこには子どもが大ぜいいるか. —いやあまり(大ぜい)いない. There are three too ～. 三つ多すぎる. 〈注〉否定文・疑問文および so, as, too の次では口語でも many が用いられるが, 一般の肯定平叙文のばあい, 口語では many の代わりに a lot of が好んで用いられる: There are *a lot of* flowers in the garden.

a good ～ かなり多数の. ***a great*** ～ 非常に多数の. (***just***) ***as*** ～ → 上記例文. ***as*** ～ ***again*** (数が) 2 倍の: We have ten tickets, but we shall need *as* ～ *again*. 券は 10 枚あるが, その倍必要だろう. ***as*** ～***…as***___ … と同数の——. → 上記例文. ***as*** ～ ***as***… 《多いことを強調して》…ほども, …だけ: He reads *as* ～ *as* twenty books every week. 彼は毎週20冊も本を読む. ***be one too*** ～ 一つだけ多すぎる; よけいなものだ, 不必要だ; じゃまものだ. ***be one too*** ～ ***for***… …の手に負えない. ***how*** ～ 幾つの, 何人の. → 上記例文. ～ ***a time*** (***and oft***) 〚雅〛幾たびも. ***not*** ～ あまり多くない;〚俗〛少しの. ***so*** ～ (1) 同数の: The lamps shone like *so* ～ stars. 燈火は(みなそれぞれ)星のように輝いていた. (2) 幾つ幾つの: If you are told to wait *so* ～ minutes, you have to. 何分待てと言われたら, そうしなければならない. ***the*** ～ 一般大衆; 庶民; 多数者. ↔ the few.

〈付記₁〉 **many** [**much**] と **most** many, much を常に「多くの」とばかり訳していると誤解が起こる. 日本語の「多くの」には, しばしば「大部分の」「たいていの」の含みがあるが, そのばあいに相当する英語はむしろ most であり, many [much] は単に「多数[多量]」にすぎない: *Many* students [*Many* of our students] know French. (フランス語を知っている学生が[当校の学生にはフランス語を知っている者が] たくさんいる)《知らない者もたくさんいるかもしれない》 ≒ *Most* students [*Most* of our students] know French. (たいていの学生は[当校の学生は大部分]フランス語を知っている). I know *many* of them. (彼らの中で私が知っている者がたくさんいる) ≒I know *most* of them. (私は彼らを大部分知っている).
Much of the water in this tank is frozen. (このタンクの水には, 凍った部分がだいぶある) ≒*Most* of the water in this tank is frozen. (このタンクの水は大部分凍っている).

〈付記₂〉(代) 名詞のばあい "many of students" "much of water" とはならない (of がなければ正常な形容詞的用法). many of, much of [more of, most of; some of; few of, any of] の次には, 代名詞は直接続くが, 名詞には the, these, my などがつく: *Many of us* [*you, them*] are still too young. *Many of these* [*those*] are not good enough. *Many of the* students [*my* classmates, *these* boys] are good swimmers. *Much of it* [*this, that*] depends on your effort. *Much of the* time [*that* money, *our* energy] was wasted. I am sorry I have taken up so *much of your* time. Let's get some *more of them.* I have solved *most* [*some,* (*a*) *few*] *of the* problems. *any of various* organized sports.

〈付記₃〉 many は複数, much は単数: *many* pencils《可算名詞》. *much* money《不可算名詞》.

(類義語) たくさんの: **many** 最も一般的な語. 強調形は a great many. **numerous** ほぼ a great many に等しくやや形式的な語: *numerous* visits たび重なる訪問. **innumerable** 数えきれない, ばく大な: the *innumerable* stars in the sky 空の無数の星. **manifold** 多様な, 複雑な: *manifold* duties 雑多な任務. **plentiful** 豊富な. 〈注〉**a lot of, lots of, plenty of** は口語的なくだけた表現. plenty of には「十分な, たっぷりの」の含みがある.

mán·y-síd·ed [ménisáidid] *a.* **1** 多方面にわたる; 多才の, 多芸の. **2** 〘数〙 多辺の.

màn·za·ní·ta [mænzəníːtə] *n.* 〘植〙 マンザニタ《アメリカ西部産. ウワウルシ〔クロコケモモ〕科の常緑樹》.

Máo·ri [máuri, mɑ́ː(ə)ri] *n.*, *a.* マオリ人《New Zealand の原住民》; マオリ語(の), マオリ人の.

Mao Tse-tung [máu-tsetúŋ, ㊇⁺-tsə-] *n.* 毛沢東, 1893–1976, 中華人民共和国の指導者.

†map [mæp] *n.* **1** 地図; 天体図. **2** 図解; 説明図. → atlas, chart. **3** 〘俗〙 顔.
off the ～ 〘話〙 (地図から) 消えうせた, 存在しなくなった; 重要でない, 問題にならない. ***on the*** ～ 〘話〙 重要な. ***put…on the*** ～ 〘話〙 有名にする. ***wipe …off the*** ～ …を絶滅させる; 〘米俗〙 …を殺す.
—— *vt.* **(-pp-) 1** の地図をつくる; 地図であらわす. **2** 図表で示す; 配置する. ～ ***out*** (地図に) 細かに示す; 配置する; (詳細に) 計画する.
◇ **～·less** *a.* **～·like** *a.* (地) 図のような. **～·per, ～·pist** *n.* 製図者.

‡má·ple [méipl] *n.* 〘植〙 **カエデ属の植物**, モミジ・カエデ材. ～ **leaf** カエデの葉《カナダの標章》. ～ **sirup** 〔**syrup**〕 カエデ糖蜜(みつ). ～ **sugar** カエデ糖.

ma·quís [mɑkíː, mækíː/⌐—] *n.* (*pl.* ～) **1** 《地中海沿岸の》かん木地帯. **2** (しばしば M～) マキ団《第2次世界大戦中のフランスの反独ゲリラ隊》. [<F.]

mà·qui·sárd [mɑ̀ːkizɑ́ːr] *n.* (しばしば M～) マキ団の一員. [<F.]

‡mar [mɑːr] *vt.* **(-rr-) 1** **傷つける**; そこなう: a painting ～*red* by cracks ひびで傷物になった油絵. **2** だいなしにする; 醜くする: The power lines ～ the pastoral landscape. 電線で田園風景がつや消しだ. ***make or*** ～ 成功または失敗させる. —— *n.* **1** 損傷, 損害. **2** 欠点; 故障《*to*》. **～·plot** → 別項.

Mar. March. **mar.** married.

már·a·bou [mǽrəbùː] *n.* **1** 〘鳥〙 《西アフリカ産》コウヅルの一種; その羽毛 《婦人帽などの装飾用》. **2** 純白の生絹; その織物.

már·a·bout [mǽrəbùːt] *n.* **1** 回教の道士, 隠者. **2** その廟(びょう)〔墓〕.

ma·rá·ca [mərɑ́ːkə, ㊇⁺ -rǽkə] *n.* 〘楽〙 マラカス《ラテンアメリカ音楽などのリズム楽器. 振って鳴らす》.

màr·a·schí·no [mæ̀rəskíːnou] *n.* 《黒さくらんぼでつくる》リキュール酒. [<It.] ～ **cherries** maraschino で味つけしたさくらんぼ.

ma·rás·mus [mərǽzməs] *n.* 〘医〙 《特に幼児の》やつれ, 消耗, 衰弱. ◇ **-mic** *a.*

Ma·rat [F. mara] *n.* J.P. ～ マラー, 1743–93, フランス革命の指導者.

***Már·a·thon** [mǽrəθɑ̀n, -θən/-θ(ə)n] *n.* **1** マラトン平野《Athens 北東にある古戦場》. **2** (m～) **マラソン競走** (＝～ race) 《標準距離 42.195 km》; 《一般的》長距離競走, 忍耐力を要する競争.

ma·ráud [mərɔ́ːd] *vi.* 略奪のため徘徊(はいかい)する; **襲撃略奪する**《を *on*》. —— *vt.* 略奪する, 荒らす. **～*ing hordes*** 匪賊(ひぞく). —— *n.* 《略奪のための》襲撃; 略奪. ◇ **～·er** *n.* 略奪者.

màr·a·vé·di [mæ̀rəvéidi] *n.* (*pl.* **～s**) 〘史〙 昔のスペインの金貨〔銅貨〕. ***not worth a*** ～ びた一文の値うちもない.

‡már·ble [mɑ́ːrbl] *n.* **1** **大理石**. **2** (*pl.*) **大理石の彫刻**. **3** 《子どもが遊びに用いる》**はじき玉**; (*pl.*) 《単数扱い》おはじき遊び: play ～*s* おはじきをする. **4** 大理石に似たもの. **5** (*pl.*) 〘米俗〙 推理力, 才能. ***as cold*** 〔***hard***〕 ***as*** ～ 大理石のように冷たい〔堅い〕; 冷酷な. —— *a.* **1** 大理石(製)の; 大理石のような. **2** 堅い; (白く) なめらかな: a ～ brow 白いひたい. **3** 冷酷な: a ～ heart. —— *vt.* に大理石模様をつける《せっけん・本の縁など》. ～ **cake** 《濃淡まだら模様を配した》マーブルケーキ. **～-edged** [-èdʒd] 〘製本〙 マーブル縁 (墨流し模様) の. **～·héart·ed** 冷酷な. ◇ **～d** *a.* 大理石模様の. **már·bly** *a.* 大理石の (ような); 堅い; 冷淡な.

már·ble·ize [mɑ́ːrblàiz] *vt.* ＝marble.

marc [mɑːrk] *n.* 《くだもの, 特にブドウの》しぼりかす.

Már·can [mɑ́ːrkən] *a.* St. Mark の.

mar·cán·do [mɑːrkɑ́ːndou] ＝marcato.

már·ca·site [mɑ́ːrkəsàit] *n* 〘鉱〙 白鉄鉱.

mar·cá·to [mɑːrkɑ́ːtou] *a.* , *ad.* 〘楽〙 強調した〔して〕, 明瞭(めいりょう)な〔に〕, はっきりと. [<It.]

mar·cél [mɑːrsél] *n.* マーセルウエーブ (＝～ wave) 《髪の連続波形ウエーブ》. —— *vt.* 〈髪に〉 マーセルウエーブをかける.

mar·cél·la [mɑːrsélə] *n.* あや織り綿布〔麻布〕.

‡march¹ [mɑːrtʃ] *n.* **1** **行進**, **行軍**; 行進距離: a forced ～ 強行軍. one day's ～ 1 日の行程. **2** 〘軍〙 《行進の》歩調. **3** 〘楽〙 **行進曲**. **4** 長途のつらい旅〔行路〕. **5** (the ～) **進展**, **進行**; 発達: the ～ of the events 情勢の進展. **6** 社会〔国民〕運動《募金などの》: the *M*～ of Dimes 〘米〙 小児まひ患者救護募金運動.
be on the ～ 行進〔進行〕中である. ***dead*** 〔***funeral***〕 ～ 葬送行進曲. ***double*** ～ 駆け足. ***in*** ～ 〘軍〙 行進中で. ***line of*** ～ 行進路. ～***ing orders*** 〘軍〙 出発命令; 〘米〙 解雇通知. ***send*** an army ***on the*** ～ (軍を) 出撃させる, 出兵させる. ***steal a*** ～ ***on*** 〔***upon***〕 を出し抜く; に忍び寄る.
—— *vi.* **1** 〘軍〙 《隊列を組んで》**行進する**: ～ past 分列行進する. **2** 〈事件などが〉 **進展する**: The work is ～*ing* on. 仕事がどんどん進んでいる. —— *vt.* **1** **行進させる**. **2** (無理に) 歩かせる, 連行する 《*off*, *on*》: ～ the thief *off* 〔*away*〕 to the jail どろぼうを留置所に引っ張って行く. ～ ***off*** 進み去る, 出発する. ***start*** ～***ing*** 行進しはじめる; 行動を開始する. ～ **out** 〘軍〙 突撃, 出撃. ～ **past** 〘軍〙 分列式.

march² *n.* **1** (通例 *pl.*) 境界; 境界地方. **2** 辺境; (辺境の) 帰属不明の土地. ***riding the*** ～ 〘史〙 《都市などの》境界検分. ***the Marches*** 〘英史〙 イングランドとスコットランドまたはウェールズとの境界地方. —— *vi.* 境を接する 《と *with*, *upon*》.

†March [mɑːrtʃ] *n.* **3 月** (略 Mar.).
～ **hare** 3 月の交尾期のウサギ: as mad as a ～ *hare* 気違いじみた, 狂暴な.

már·chion·ess [mɑ́ːrʃənis, ㊇⁺ mɑ̀ːrʃənés] *n.* **1** 侯爵夫人〔未亡人〕; 女侯爵. → marquis. **2** ナシの一種.

márch·pane [mɑ́ːrtʃpèin], **már·zi·pan** [mɑ́ːrzipæn, ㊇⁺ -tsipɑ̀ːn] *n.* 砂糖・卵白・クルミ・アーモンド・小麦粉などを材料としてつくる菓子.

mar·có·ni [mɑːrkóuni] *n.* 無線電信. **～·gram** [-græm] (マルコニー式) 無線電信《radiogram の旧称》. **～·graph** [-græf/-grɑːf] 無線電信機.

Mar·có·ni [mɑːrkóuni] *n.* Guglielmo [guljélmɔː-] ～, 1874–1937, イタリアの電気学者, 無線電信発明者《1909年 Nobel 物理学賞受賞》.

Már·co Pó·lo [mɑ́ːrkou-póulou] *n.* マルコ=ポーロ, 1254?–1324?, アジアを旅行し, その著書「東方見聞録」で日本を紹介したイタリアの商人.

Már·cus Au·ré·li·us [mɑ́ːrkəs-ɔːríːliəs] *n.* マルクス=アウレリウス, 121–180, ローマ皇帝, ストア哲学者.

Mar·di gras [mɑ́ːrdi-grɑ́ː] F. ざんげ火曜日, 食肉火曜日 (Shrove Tuesday) 《謝肉祭最終日》.

mare¹ [mɛər] *n.* 雌馬; 《ロバ・ラバなど馬類の》雌.
Money makes the ～ ***(to) go.*** 〘諺〙 地獄のさたも金しだい. ***shank(s)*** ～ ひざくりげ, 徒歩(旅行). ***The gray*** ～ ***is the better horse.*** 〘諺〙 かかあ天下. ***Whose*** ～***'s dead?*** 〘俗〙 どうしたんだ. ***win the*** ～ ***or lose the halter*** 一かばちかやってみる.
～'s nest (1) 架空の発見, 実はくだらない発見. (2) 乱雑状態. **～'s tail** (1) 〘植〙 スギナモ; 〘植〙 ＝horsetail. (2) 〘気〙 馬尾雲 《一種の巻雲》.

má·re² [mé(ː)ri/méəri] *n.* **1** 海. **2** 月の海.

～ **clausum** [-klɔ́:səm] 領海. **M～ Island** アメリカ San Francisco 湾北部にある島《アメリカ海軍基地》. ～ **liberum** [-líbərəm/-láib-] 公海.

ma·rém·ma [mərémə] *n.* (*pl.* **-me** [-mi:]) 不健康な海岸の湿地《特にイタリア西部の》.

Ma·rén·go [məréŋgou] *n.* マレンゴ《イタリア北西部の村. ナポレオンが1800年にオーストリア軍に大勝した地》. ── *a.* (しばしば m～)〖料理〗《トマト・オリーブ・ブドウ酒・キノコなどでつくったソース》マレンゴの.

marg. margin(al).

mar·gár·ic [mɑ:rgǽrik, ㊟⁺-gɑ́:r-] *a.* 真珠酸の. ～ **acid**〖化〗マルガリン酸, 真珠酸.

már·ga·rìn(e) [mɑ́:rdʒəri:n, -rin/mɑ̀:dʒərí:n, -gə-, ∸−−] *n.* 人造バター, マーガリン.

már·gay [mɑ́:rgei] *n.*〖動〗《中央・南アメリカ産》トラネコ.

marge¹ [mɑ:rdʒ]〖雅〗=margin ①.

marge²〖英話〗=margarine.

már·gent [mɑ́:rdʒ(ə)nt]〖古〗=margin.

‡már·gin [mɑ́:rdʒin] *n.* **1** へり, ふち; 《湖などの》岸. **2**《ページの》欄外, 余白: notes written in the ～ 余白の書き込み. **3**《能力・状態などの》限界: on the ～ of subsistence 食うや食わず(の生活)で. the ～ of endurance [sanity] 忍耐[正気]の限界. allow a ～ *for* error 誤りを見込んでおく. **4**《時間・経費などの》**余裕**, 余地: allow a ～ of 15 minutes in catching a train 汽車に乗るのに15分のゆとりをみておく. **5**〖商〗**もうけ**, **利ざや**, 原価と売価との差: a fair ～ of profit 相当のもうけ. **6**〖株式〗証拠金. **7** 差, 開き《得票などの》. ***buying on*** ～ 思わく買い. ***by a narrow*** ～ 間一髪で, かろうじて. ***go near the*** ～《道徳的に》きわどいところまで行く.

── *vt.* **1** にへりをつける. **2** 余白に書き込む; に傍注をつける. **3**〖株式〗の証拠金を払う.

már·gin·al [mɑ́:rdʒin(ə)l] *a.* **1** へり[ふち]の; 欄外[余白]の: ～ notes 傍注. **2**《能力・状態などの》限界の, 最低の;〖商〗かろうじて収支が見合う: ～ ability 最低の能力. ～ subsistence 食うや食わずの生活. **3** 辺境の; 周辺の. ～ **land**〖経〗《収支が償えないほどの》耕作限界地. ～ **man** 二つの文化の中間にあっていずれにも属さない人間. ～ **profits** 生産費がやっと出る程度の利潤. ～ **sea**〖法〗領海. ～ **utility**〖経〗限界効用. ◇ **～·ly** *ad.* へり[ふち]に; 欄外に; 周辺に; 限界すれすれに, 最低度に.

màr·gi·ná·li·a [mɑ̀:rdʒinéiliə, -ljə] *n. pl.* 欄外の注[書き込み], 傍注.

már·gi·nate [mɑ́:rdʒinèit/-nit] *a.* ふち[へり]のついた. ── [-nèit] *vt.* にふち[へり]をつける.

◇ **már·gin·at·ed** [-nèitid] *a.* **màr·gin·á·tion** [∸−néiʃ(ə)n] *n.*

már·grave [mɑ́:rgreiv] *n.*〖史〗《神聖ローマ帝国の》侯爵; 辺境伯《イギリスの Marquis に当たる》; 辺境地の太守.

már·gra·vine [mɑ́:rgrəvì:n] *n.* margrave の夫人.

màr·gue·ríte [mɑ̀:rgərí:t] *n.*〖植〗マーガレット《ヒナギクの一種》. [<F.]

Ma·rí·a [məráiə, -rí:ə] *n.* ～ Theresa [-tirí:zə] マリア=テレサ, 1717–80, ハンガリーおよびボヘミアの女王.

mar·i·age à la mode [F. marjaːʒ alamɔd] F. 当世風の結婚《利害本位などの》.

ma·ri·age de con·ve·nance [F. marjaːʒ dəkɔ̃vnɑ̃:s] F. 政略[便宜]結婚, 打算的結婚.

Már·i·an [mé(:)riən, mǽr-/méər-, mǽr-] *a.* **1** 聖母マリアの. **2**《イングランドまたはスコットランドの》女王 Mary の. **3**〖ローマ史〗Marius (党) の.

── *n.* **1** 聖母マリア崇拝者. **2**《スコットランド女王》メリー派の人. **3**〖ローマ史〗マリウス党員.

Mà·ri·án·a [mè(:)riǽnə, mæ̀r-/mɑ̀:riɑ́:nə] ***the*** ～ ***Islands*** マリアナ諸島《現在はアメリカの信託統治領》.

Màr·i·ánne [mè(:)riǽn/mèər-] *n.* フランス共和国の擬人化.

Ma·ríe [mərí:, mɑ́:ri, ㊟⁺mǽri] *n.* ～ Antoinette [-æ̀ntwənét], 1755–93, フランス王ルイ十六世の皇后.

már·i·gold [mǽrigòuld] *n.*〖植〗マリーゴールド, キンセンカ《センジュギク属》.

már·i·graph [mǽrigræ̀f/-grɑ:f] *n.* 自動干潮記録計.

mà·ri·juá·na, -huá·na [mɑ̀:ri(h)wɑ́:nə, mæ̀r-] *n.* **1**《インド産の》麻. **2** マリファナ《その乾燥した葉と花から採る麻酔薬. 喫煙用》.

ma·rím·ba [mərímbə] *n.* マリンバ《木琴の一種》. → xylophone.

ma·rí·na [mərí:nə, ㊟⁺ -ráinə] *n.* 《ヨット・モーターボート用》ドック, 波止場.

màr·i·náde [mæ̀rinéid] *n.* マリネー《肉や魚に味をつけるため酢・油・ブドウ酒・香料でつくる一種の「たれ」》; マリネーにつけた肉[魚]. ── [∸∸∸/∸−−−] *vt.* 〈肉・魚などを〉マリネーにつける.

már·i·nate [mǽrinèit] *vt.* 〈肉・魚などを〉マリネーにつける. ◇ **màr·i·ná·tion** [∸−néiʃ(ə)n] *n.*

‡ma·ríne [mərí:n] *a.* **1 海の**, 海洋の; 海に生存する[産する]: ～ vegetation 海草類. **2** 海上の; 海事の; 海運の; 海軍の. **3 船舶の.** ── *n.* **1** (the M～s)〖米〗**海兵隊**; (または M～)〖米〗海兵隊員; 軍艦乗り組みの陸兵[海兵]. **2**《集合的》《一国の》**船舶**; 海軍; 《フランスなどの》海軍省. **3** 海[船]の絵. **4**〖俗〗あきびん. ***blue*** [***red***] ***～s*** 海兵隊砲兵[歩兵]. ***horse*** ～〖笑〗《ありえないことのたとえ》騎馬水兵; 場違いの人, 不適任者. ***mercantile*** ～ 商船隊, 海運力. ***Royal M～s*** イギリス海兵隊. ***Tell that*** [***it***] ***to the*** (***horse***) ***～s.***〖話〗そいつはまゆつばものだ, うそをつけ.

～ **cable** 海底電線. **M～ Corps** [-kɔ̀:rz/-kɔ:z]〖米〗海兵隊. ～ **court** 海員審判所. ～ **force** 陸戦隊. ～ **glue** 防水塗料[にかわ]. ～ **insurance** 海上保険. ～ **laboratory** 臨海実験所. ～ **painter** 海洋画家. ～ **plants** 海草. ～ **policy** 海上保険証券. ～ **products** 海産物. ～ **soap** 海水用せっけん. ～ **store**〖英〗古船具店; (*pl.*) 古い船具類. ～ **supplies** 航海[船舶]用品. ～ **transportation** 海運.

már·i·ner** [mǽrinər] *n.* **船員**, 海員, 水夫. ***master ～ 船長《商船・漁船の》. **～'s card** 海図. **～'s compass** 羅針(ん)儀. **～'s needle** 羅針.

Màr·i·ól·a·try [mè(:)riɑ́lətri/mèəriɔ́l-] *n.* 過度の聖母マリア崇拝《非難的な用語》; 女性崇拝.

màr·i·o·nétte [mæ̀riənét] *n.* マリオネット, あやつり人形. → puppet. [<F.]

Màr·i·pó·sa [mæ̀ripóusə, ㊟⁺-zə] ～ ***lily*** [***tulip***]〖植〗チョウユリ《ユリ科》.

már·ish [mǽriʃ] *n., a.*〖古・雅〗沼地(の).

már·i·tal [mǽritl] *a.* **1** 婚姻の; 夫婦間の. **2**〖古〗夫の. ～ **portion** 結婚持参金. ～ **status** 配偶者の有無. ◇ **～·ly** *ad.* 夫として; 夫婦として.

már·i·time [mǽritàim] *a.* **1** 海事の; 海運の, 海上貿易の; 航海の: ～ affairs 海事. **2** 海岸の; 海べにある[住む]: a ～ city 沿岸都市. **3** 船乗り特有の. ～ **association** 海事協会. ～ **insurance** 海上保険. ～ **law** 海(事)法. ～ **nation** 海国(民). **M～ Provinces**《カナダの》沿海州.

Már·i·us [mé(:)riəs/méər-] *n.* Gaius [géiəs-/gái-] ～, 155?–86 B.C., ローマの将軍. 執政官.

már·jo·ram [mɑ́:rdʒ(ə)rəm] *n.*〖植〗マヨラナ《ハッカに似たかおりの高い植物. 薬用・調味料用》.

†mark¹ [mɑ:rk] *n.* **1 記号**, **目印**, 符号; 刻印: punctuation ～*s* 句読(くとう)点. **2 標的**, **的**(まと); ねらい, 標準; 限界: a ～ for pilots 水先案内(者)の目標. boundary ～*s* 境界標. **3**《あざけりなどの》的, 対象: an easy ～ だまされやすい人. **4 痕跡**(こんせき), 跡; 傷跡; しみ, 《茶わんの》茶しぶ: Who made these dirty ～*s* on my new suit? だれがぼくの新しい服にこのしみをつけたのか. birth ～ あざ; 母斑(ぼはん). **5 印象**; **感化**: leave one's ～ on one's

students 学生に影響を与える. **6** **評点, 点数**: full ～*s* 満点. get 100 ～*s* for English 英語で 100 点をとる. **7** 付け札, 記章, 標章: a ～ of rank 階級章. a price ～ 正札. **8** **しるし, 特徴**, あらわれ: bow as a ～ of respect 尊敬のしるしとして頭を下げる. ～*s* of old age on a face 顔にあらわれた老い. **9** 重要性; 名声, 著名: a man of no ～ 名もない人. **10**〔運〕出発点 (の線); 〔ラグビー〕ボールをける権利を示すために地面にしるすかかとの印; 〔ボクシング〕みずおち; 〔ボーリング〕1 球または 2 球でピンを全部倒すこと. **11** ×印《無筆の人が署名代わりに書く》. **12**〔海〕測標. **13**《武器・戦車・飛行機などの》型; その型を示す記号. **14**〔史〕国境地方, 辺境. **15**《中世ゲルマンの》マルク共同体 (の共有地).
above [***below***] ***the*** ～ 標準以上〔以下〕で. ***beside*** [***wide of***] ***the*** ～ 的をはずれて; 見当違いで. ***beyond the*** ～ 度を越して. ***cut the*** ～ 〈矢が〉的まで達しない. ***get off the*** ～ スタートする; ことを開始する. (***God***) ***bless*** [***save***] ***the*** ～! これは失礼; おやまあ, あきれた《驚き・あざけりなどをあらわす》. ***good*** ～《生徒などにつける》善行点; 美点. ***have a*** ～ ***on***… が好きである. ***hit*** [***miss***] ***the*** ～ 的に当たる〔をはずれる〕; 成功〔失敗〕する. ***make*** one's ～ 成果をあげる; 野心をとげる; 名声を得る. ***man of*** ～ 著名な人. ～ ***of mouth*** 馬の年齢がわかる門歯のくぼみ〔老化〕. ***miss the*** ～ 見当がはずれる; 失敗する. ***On*** (***your***) ～(***s***)! 〔運〕位置について!: *On your* ～! Get set! Go! ***overshoot the*** ～ 度を過ごす. ***private*** ～ 符丁. ***short of the*** ～ 的に達せずに. ***toe the*** ～《競走前に》足指で出発線を踏む; 〔話〕規則〔慣習〕に従う; 責任を果たす. ***up to the*** ～ 標準に達して; 《からだのぐあいが》上々で.
—— *vt.* **1** **に記号〔印〕をつける**; に跡〔汚点〕を残す: a face ～*ed* with smallpox あばた顔. **2** 記録する: The teacher ～*ed* them absent. 先生は彼らに欠席の印をつけた. **3**〈答案を〉**採点する**. **4** の限界を定める, 区分する; 明示する. **5** **特徴づける**, 目だたせる: the qualities that ～ a great leader 偉大な指導者の特色をなす資質. **6** **に注目する**, 注意を払う; 〈変化などに〉気づく: *M*～ my words. いいか, よく聞け. **7** 選定する; 運命づける《として *as*, *for*》: ～ a man *for* death ある人を死ぬべき者と定める. **8**〔商〕に正札をつける. **9**〔競技〕《フットボールなどで》〈相手を〉マークする, 妨害する.
—— *vi.* **1**《鉛筆などで》印をつける. **2** (批判的に) 注意する. **3** 競技の点を記録する. ～ ***down*** (1) 書きつける. (2) の値を下げる. ～ ***off***《境界線などで》区分する; とっておく. ～ ***out*** 区画する; 設計する; 線を引いて消す. ～ ***out for*** に予定する, に選び出す. ～ ***time*** (1)〔軍〕足踏みする; 〈物事が〉進行しない. (2) 待つ, 手控える. ～ ***up*** (1) 高い正札をつける, 値を上げる. (2) 書き加える.
～·down [⌐⌐] 《定価の》値下げ(幅). **～s·man** →別項. ～ **tooth** 馬の門歯《年齢のわかるくぼみがある》. **～·up** [⌐⌐] (1)《売価のうちの》販売者取得分. (2) 値上げ(額). (3)〔印〕活字〔組み〕指定.

mark² *n.* マルク《もとのドイツの貨幣単位. 1924年 Reichsmark に, 1948 年現行の Deutschemark に改められた》.

Mark [mɑːrk] *n.* 〔聖〕St. ～ 聖マルコ《キリストのでしのひとり》; マルコ伝《新約聖書中の一書》.

***marked** [mɑːrkt] *a.* **1** 記号〔印〕のついた. **2** 明瞭(めいりょう)な; 目につく: a ～ difference 著しい違い. **3** 著名な. **4** 注意されている: a ～ man 注意人物; 〔米〕前科者. **5**〔言〕有標の.
◇ **márk·ed·ly** [mɑ́ːrkidli] *ad.* 著しく, きわだって; 明らかに. **márk·ed·ness** [-kidnis] *n.*

márk·er [mɑ́ːrkər] *n.* **1** 印〔記号〕をつける人; 印〔記号〕をつける道具〔インク〕; 《テニスコートなどで用いる》白線引き器. **2** 標識, 目印; (本の) しおり; 里程標; 墓標. **3**《競技の》得点記録係; 得点標. **4**〔英〕照明弾《空爆目標を決めるための》.
not a ～ ***to*** [***on***] 〔米俗〕と比較にならない.

‡már·ket [mɑ́ːrkit] *n.* **1** 市場(いちば); 市(いち); 市日 (＝～ day). **2** 市場に集まった人々. **3** 市場(しじょう), 取引先, 販路, 需要: find ～*s* for new manufactures 新製品に市場を見つける. **4**《特定商品の》**売買**, 取引: the ～ *in* cotton 綿取引. **5** 売買の好機: lose one's ～ 商機を失う, 売りそこなう. **6** **市況, 相場**(＝～ price). **7**〔米〕食料品店: a meat ～ 肉屋.
at the ～ 市価で; いちばんいい値で. ***be in the*** ～ ***for*** 〈人が〉…の買い方に出る, を買おうとしている. ***be on*** [***in***] ***the*** ～ 売り物に出る. ***bring*** one's ***eggs*** [***hogs***] ***to the wrong*** [***a bad***] ～ 見込み違いをする. ***bring to*** ～ 売り物に出す. ***come into the*** ～ 売り物に出る. ***engross*** [***forestall***] ***the*** ～ 株〔商品〕を買い占める. ***find a*** ～ 販路を見つける, はけ口ができる. ***go to*** ～《市場へ》買い物に行く; 〔話〕やってみる, 企てる. ***hold the*** ～ 市場を左右する. ***make a*** ～ 〔株式〕景気をあおる. ***make a*** [***one's***] ～ ***of*** を使って利益を得る. ***play the*** ～ 〔米〕相場をやる. ***put*** [***place***] ***on the*** ～＝bring to ～. ***raise the*** ～ ***on*** 〔話〕に高い値をふっかける. ***rig the*** ～〔俗〕(人為的に) 相場をあやつる.
—— *vi.* 市場で取引する. —— *vt.* **1** 市場へ運ぶ; 市場に出す, 売りに出す. **2** (市場で) 売りさばく.
～ **basket** 買い物かご. ～ **bell** 市場の開始ベル. ～ **boat** (1) 魚を船団から市場へ運ぶ船; 商品を市場へ運ぶ船. (2) 船に物資を補給する小船. ～ **cross** 《中世の》市場の十字架. ～ **day** 市日. ～ **garden(er)** 〔英〕市場向け野菜〔果樹〕園(主). ～ **order** 現在の市場値での売り買い指示. ～ **overt** 公開市場. *～ **place**, ～·**place** [⌐⌐⌐] 市場(の広場); 商業の中心地. ～ **price** [**rate**, **value**] 市場価格, 市価, 時価. ～ **research** 市場調査《新製品を売り出す前の》. ～ **town**〔英〕市の立つ町; 《中世の》特許によって市が設けられる町.
◇ **～·er** *n.* 〔米〕市場へ行く人; 市場商人.

már·ket·a·ble [mɑ́ːrkitəbl] *a.* **1** 市場向きの; 売れ口のある, 需要のある. **2** 売買上の.
◇ **màr·ket·a·bíl·i·ty** [⌐⌐⌐bíləti] *n.* 「り方.

màr·ket·éer [mɑ̀ːrkətíər] *n.* 〔米〕市場商人; 売

már·ket·ing [mɑ́ːrkitiŋ] *n.* **1**《市場での》売買: do one's ～ 買い物をする. go ～ 買い物に行く. **2** マーケティング《商品・サービスを生産者から消費者へ円滑に流通させるための企業活動》.
～ **research** 市場調査 (market research).

már·khor [mɑ́ːrkɔːr] *n.* 野生ヤギ. 《ヒマラヤ産》

márk·ing [mɑ́ːrkiŋ] *n.* **1** 印〔記号〕をつけること, 採点. **2** 印; 《鳥の羽・獣皮の》斑点(はんてん), 模様.
—— *a.* 特徴づける, 目だたせる.
～ **gauge**〔建〕けい引き. ～ **ink** 不変色インク. ～ **iron** 焼き金〔印〕.

márk·ka [mɑ́ːrkkɑː] *n.* (*pl.* **-kaa** [-kɑː], **-kas** [-z]) マルカ《Finland の貨幣単位. 記号 M, MK》.

márks·man [mɑ́ːrksmən] *n.* (*pl.* **-men**) 射手, 射撃の名手; 狙撃(そげき)兵.
◇ **～·ship** *n.* 射撃術; 射撃の腕前.

Márk Táp·ley [mɑ́ːrk-tǽpli] *n.* きわめて陽気な人《Dickens の小説 *Martin Chuzzlewit* のなかの人物の名から》.

Márk Twáin [mɑ́ːrk-twéin] *n.* 1835–1910, アメリカの作家《本名は Samuel Langhorne Clemens》.

marl¹ [mɑːrl] *n.* **1** 泥灰(でいかい), 泥灰土《肥料またはセメント原料》; 泥灰れんが. **2**〔雅〕土. ***the burning*** ～ 焦熱地獄の責め苦. —— *vt.* に泥灰土をまく〔入れる〕. **～·pit** [⌐⌐] 泥灰土採取場. **～·stone** [⌐⌐]〔地〕泥灰岩. ◇ **～·y** *a.*

marl² *vt.* 〔海〕〈細綱を〉巻く. → marline.

mar·lá·ceous [mɑːrléiʃəs] *a.* 泥灰質の.

Márl·bor·ough [mɔ́ːlb(ə)rə,㊎⁺mɑ́ːrl-] *n.* Duke of ～, 1650–1722, イギリスの将軍・政治家.
～ House ロンドンのイギリス王室の宮殿《もと Marlborough 公邸宅》.
már·lin [mɑ́ːrlin] *n.* 〖魚〗マカジキの類.
már·lin(e) [mɑ́ːrlin] *n.* 〖海〗まとい綱, 細綱.
～·spike [∸–∸] 〖海〗綱通し(針)《綱のよりを解くのに用いる針状の鉄器》. **～·spike seamanship** ロープ扱いの技術.
márl·ite [mɑ́ːrlait] *n.* 泥灰土の一種.
◇ **mar·lít·ic** [mɑːrlítik] *a.*
Már·lowe [mɑ́ːrlou] *n.* Christopher ～, 1564–93, イギリスの劇作家・詩人.
marm [mɑːrm] 〖俗〗= ma'am.
***már·ma·lade** [mɑ́ːrmələ̀id, ㊎⁺ ∸–∸] *n.* マーマレード《オレンジ・レモンなどでつくるゼリー状のジャム》.
Már·ma·ra, Már·mo·ra [mɑ́ːrmərə] ***the Sea of ～*** マルモラ海《ヨーロッパと小アジアとの間の小海》.
már·ma·tite [mɑ́ːrmətàit] *n.* 鉄閃(せん)亜鉛鉱.
már·mo·lite [mɑ́ːrməlàit] *n.* 白温石.
mar·mó·re·al [mɑːrmóːriəl/-mɔ́ːr-], **-an** [-riən] *a.* 〖雅〗大理石の; 大理石のような《なめらかな, 白い, 冷たい, の比喩》.
már·mo·set [mɑ́ːrməzèt] *n.* 〖動〗《中央・南アメリカ産》キヌザル.
már·mot [mɑ́ːrmət] *n.* **1** 〖動〗マーモット《woodchuckを含む欧米産数種の穴居・冬眠性の齧歯(げっし)類動物の総称》. 〈注〉日本でいうモルモット (guinea pig)とは別. **2** 水泳帽の一種.
Marne [mɑːrn] *n.* マルヌ川《フランス北東部の川. Seine 川に合流》.
már·o·cain [mǽrəkèin, ㊎⁺ ∸–∸] *n.* マロケーン《絹または毛の婦人服地の一種》.
ma·róon[1] [mərúːn] *n.* (西インド諸島・オランダ領ギアナの山中に住む) 黒人《もとは脱走どれい》; 孤島に捨てられた人. **——** *vt.* 置き去りにする, 孤立させる. **——** *vi.* **1** ぶらつく, のらくらする; 〖米〗キャンプ旅行をする. **2** 〈どれいが〉逃亡する.
◇ **～·er** *n.* 海賊; 島流しの人.
ma·róon[2] *a.* クリ色の, えび茶色の. **——** *n.* **1** クリ色, えび茶色. **2** 〖英〗花火の一種《特に警報用》.
már·plot [mɑ́ːrplɑ̀t/-plɔt] *n.* おせっかいをして事をだいなしにする人.
Marq. Marquis.
Mar·quánd [mɑːrkwɑ́ːnd/mɑ́ːkwənd] *n.* J. P. ～, 1893–1960, アメリカの小説家.
marque [mɑːrk] *n.* 《敵国商船に対する》捕獲許可; 捕獲許可状を与えられた船. ***letters of ～*** (***and reprisal***) 敵船捕獲許可状.
mar·quée [mɑːrkíː] *n.* **1** 〖英〗大天幕《野外パーティー・サーカスなどの》. **2** 〖米〗《劇場・ホテルなどの》入り口のひさし. **3** 大向こう, 観客.

marquee ②

már·quess = marquis.
már·que·try, -te·rie [mɑ́ːrkitri] *n.* 《家具の装飾の》寄せ木細工.
már·quis [mɑ́ːrkwis] *n.* 侯爵, …侯; 侯爵の長子の敬称. → marchioness. ◇ **～·ate** [-kwizèit, -sèit/-zit] *n.* 侯爵の身分〔地位〕; 侯爵領.
mar·quise [mɑːrkíːz] F. *n.* **1** 侯爵夫人〔未亡人〕; 《イギリス以外の》女侯爵. **2** 《長い卵形・多面体の》宝石; その石をはめた指輪 (＝～ ring).
màr·qui·sétte [mɑ̀ːrkizét, -kwi-] *n.* マーキゼット《カーテン・婦人服などに用いる薄地の織物》.
már·quoise [mɑ́ːrkɔiz] **～ *scale*** 平行線を引く器具.
már·ram [mǽrəm] *n.* 浜草《海べの砂地にはえる砂防用稲科植物》.

‡**már·riage** [mǽridʒ] *n.* **1** 結婚; 結婚生活, 夫婦関係. **2** 結婚式. **3** (密接な) 結合 (＝union): the ～ of form and content 形式と内容の融合. **4** 〖トランプ〗おなじ組みの King と Queen のそろい (カード). one's uncle ***by*** ～ 義理の (おじ). ***civil*** ～ 登記〔略式〕結婚《教会儀式によらず役所に届け出て成立する結婚》. ***common-law*** ～ 合意〔自由〕結婚. ***companionate*** ～ 友愛〔試験〕結婚. ***give*** 〔***take, ask***〕 a person ***in*** ～ 人を嫁〔婿〕にやる〔もらう, 所望する〕. ***left-handed*** ～ 身分違いの結婚. ～ ***of convenience*** 金〔地位〕目当ての結婚. ***mixed*** ～ 異人種〔異教徒〕との結婚. ***regular*** ～ 教会結婚.
～ articles 《財産・相続などについて結婚前に取り決める》結婚約定書. **～ bed** 夫婦のちぎり. **～ favor** 結婚式でつけるリボン, 花章. **～ license** 結婚許可証. **～ lines** 〖英〗結婚証明書. **～ portion** 持参金 (dowry). **～ services** 結婚式《教会での》. **～ settlement** 婚姻財産契約.
már·riage·a·ble [mǽridʒəbl] *a.* **1** 婚期の: a ～ daughter 年ごろの娘. ～ age 婚期. **2** 結婚相手としてふさわしい〔望ましい〕. ◇ **～·ness** *n.* **màr·riage·a·bíl·i·ty** [∸–––bíləti] *n.* 結婚適齢.
‡**már·ried** [mǽrid] *a.* **1** 結婚した, 既婚の: a ～ woman 既婚婦人. **2** 夫婦(間)の: ～ life 結婚生活. ～ love 夫婦愛. **3** 堅く結びついた. ***get*** ～ 結婚する. **——** *n.* 《通常合成語で複数に用いて》既婚者. **～ print** 〖英〗録音ずみ映画フイルム.
mar·ron gla·cé [mærɔ̃ːglæséi/∸–∸–] F. マロングラッセ《砂糖づけのクリ》.
mar·ron·nier [mæ̀rənjéi] F. *n.* 〖植〗マロニエ, 「西洋トチノキ.
már·row[1] [mǽrou, ㊎⁺ mǽrə] *n.* **1** 〖医〗髄, 骨髄. **2** 精髄, 心髄, 精華, 粋. **3** 真意, 本旨. **4** 勇気, 気力. **5** 栄養のある食物. **6** 〖米〗カボチャの一種; 〖英〗ナタウリ (＝vegetable ～)《西洋カボチャの一種》. ***pith and*** ～ 心髄. ***spinal*** ～ せき髄. ***to the*** ～ 骨の髄まで; きっすいの. **～·bone** → 別項. **～·fat** [∸–∸] 大粒のエンドウの一種.
◇ **～·less** *a.* 髄のない, ぐんにゃりした. **～·y** *a.* 髄の多い; 《弁論・文章など》力のこもった; 豊かな.
már·row[2] *n.* 〖英方〗相棒, 連れ; 生き写し《*of*》.
már·row·bone [mǽrəbòun] *n.* **1** 髄骨; 脛部(けいぶ)牛骨《髄を食べる》. **2** (*pl.*) 〖笑〗ひざ; 〖俗〗げんこ; ＝crossbones. ***bring*** a person ***to his*** **～*s*** (人を) 打ちのめす, 屈服させる. ***get*** 〔***go***〕 ***down on*** one's **～*s*** ひざまずく. ***ride in the*** ～ ***coach*** 〔***stage***〕 〖俗〗ひざくりげで行く, 徒歩で行く.
†**már·ry**[1] [mǽri] *vt.* **1** と結婚する: Susan ～*ied* Edd. スーザンはエッドと結婚した. **2** 〈親が〉結婚させる, 縁づける: Her father ～*ied* Susan *off* to Edd. 父親はスーザンをエッドにとつがせた. **3** 〈牧師が〉…の結婚式を行なう: The minister ～*ied* Susan and Edd. → 名詞 marriage. **4** 堅く結合させる, 合体させる: Common interests ～ the two countries. 共通利害で2国は結ばれている. **5** 〖海〗〈綱などを〉ない合わせる. **——** *vi.* 結婚する, とつぐ. ～ ***for love*** 恋愛結婚する. ～ ***for money*** 金目当ての結婚をする. **～*ing income*** 結婚するに足る収入. **～*ing man*** 〖話〗結婚希望の男. ～ ***into the purple*** 高貴の家と姻戚(いんせき)になる. ～ ***up*** 夫婦〔いいなずけ〕にする. ～ ***with the left hand*** 身分の低い女と結婚する.
már·ry[2] *int.* 〖古〗まあ! これは! 《驚き・怒り・断言などをあらわす》. ***M～ come up*** 〔***come out, go up***〕. やっ, これは!; なんだと!; とんだことだ!; まああきれた.
‡**Mars** [mɑːrz] *n.* **1** 〖天〗火星: the size of ～ 火星の大きさ《無冠詞に注意》. **2** 〖ロ神〗マルス《いくさの神》; 戦争; 勇士.
Mar·sá·la [mɑːrsɑ́ːlə] *n.* マルサラ白ブドウ酒《Sicily 島 Marsala 産》. [＜It.]
Mar·seil·laise [mɑ̀ːrsəléiz] F. *n.* (*La* ～) ラマ

ルセイエーズ《フランス国歌》.

Mar·séilles [mɑːrséilz] *n.* **1** マルセーユ《フランス地中海岸の港市》. **2** (m〜) マルセーユ織り(綿布).

mar·sél·la =marcella.

‡**marsh** [mɑːrʃ] *n.* 湿地, 沼地; 草地.
〜 gas 沼気, メタン. **〜 hawk** 〘鳥〙チュウヒの類のタカ. **〜·màl·low** →別項. **〜 marigold** 〘植〙リュウキンカ・エンコウソウの類.

‡**már·shal** [máːrʃ(ə)l] *n.* **1** (陸軍) 元帥《フランスなどの》; 陸軍最高官. →field 〜, provost 〜. **2** 〘米〙裁判所執行官《任務は sheriff とおなじ》; 警察官〔署長〕; 消防署長〔主任〕(=fire 〜). **3** 〘英〙司法秘書官. **4** 式典係, 儀式進行係; 式部官.
—— *v.* (**-l-**, [英] **-ll-**) *vt.* **1** 整列させる, 集合させる. **2** 〈事実・証拠などを〉並べる, 列挙する: 〜 facts. **3** 〘米〙〈力などを〉結集する. **4** 案内する, 導く. **5** 〈紋章を〉紋地に配列する. **——** *vi.* 整列〔集合〕する. **〜*ing yard*** 〘鉄道〙操車場.
◇ **〜·cy, 〜·ship** *n.* 〜の地位.

Már·shall¹ [máːrʃ(ə)l] ***the 〜 Islands*** マーシャル諸島《太平洋のアメリカの信託統治下にあるサンゴ島の諸島. もと日本委任統治領》.

Már·shall² ***the 〜 Plan*** マーシャル プラン《アメリカの国務長官 G.C. Marshall, 1880–1959, の提案になるヨーロッパ復興計画》.

mársh·màl·low [máːrʃmæ̀lou] *n.* **1** 〘植〙ウスベニタチアオイ. **2** マシマロ《もと ① の根で, 現在ではでんぷん・シロップ・砂糖・ゼラチンなどでつくる菓子》.

***mársh·y** [máːrʃi] *a.* **1** 湿地〔沼地〕の; 沼地の多い; 沼のような. **2** 沼沢に生じる: 〜 vegetation 湿原植物. ◇ **-i·ness** *n.*

mar·sú·pi·al [mɑːrsúːpiəl/-sjúː-] *a.* 〘動〙有袋類の; 袋(状)の. **——** *n.* 有袋動物《カンガルーなど》.

mar·sú·pi·um [mɑːrsúːpiəm/-sjúː-] *n.* (*pl.* **-a** [-piə]) 《有袋動物の》育児袋. 「期市(いち).

mart [mɑːrt] *n.* **1** 市場; 商業中心地. **2** 〘古〙定

Mart. Martial. 「円形砲塔.

mar·tél·lo [mɑːrtélou] **〜 *tower*** 《昔の》海岸の

már·ten [máːrt(i)n/-tin] *n.* 〘動〙テン; テンの毛皮.

Már·tha [máːrθə] *n.* 〘聖〙マルタ《ラザロの姉妹》.

már·tial [máːrʃ(ə)l] *a.* **1** 戦争の. **2** 好戦的な; 勇敢な; 軍人らしい. **3** 軍事の, 陸海軍の: court 〜 軍法会議. **4** (M〜) 軍神 Mars の. **5** (M〜) 〘稀〙火星の. [<Mars] **〜 law** 戒厳令. **〜 music** 軍楽. **〜 rule** 軍政. ◇ **〜·ism** *n.* 尚武(の精神). **〜·ize** [-ʃəlàiz] *vt.* に戦備を整えさす; の士気を鼓舞する. **〜·ly** [-ʃəli] *ad.* 勇ましく, 勇敢に.

Már·ti·an [máːrʃiən] *a.* **1** 軍神マルスの. **2** 火星の. **——** *n.* 火星人.

már·tin [máːrt(i)n/-tin] *n.* 〘鳥〙イワツバメ.

Már·tin [máːrt(i)n/-tin] *n.* St. 〜 聖マルタン, 316?–400?, フランスの Tours の僧正.
St. 〜's day 聖マルタンの祝日《11月11日》. ***St. 〜's summer*** 〘英〙小春びより.

màr·ti·nét [mɑ̀ːrt(ə)nét] *n.* 訓練のきびしい人, 規律家《特に軍人》. ◇ **〜·ish** *a.* **〜·ism** *n.*

már·tin·gale [máːrt(i)ngèil] *n.* **1** むながい《馬具》. **2** 〘海〙第二斜檣(しょう) (jib boom)を固定する支索. **3** 《トランプで》倍がけ《負けるたびにばあいによっては勝てるという考えでかけ金を倍にしていく》.

mar·tí·ni [mɑːrtíːni] *n.* (または M〜) マーティーニ《カクテルの一種. ジンとベルモットでつくる》.

Màr·ti·níque [mɑ̀ːrt(i)níːk] *n.* マルチニーク島《西インド諸島中のフランス領》. 「→ Martin.

Már·tin·mas [máːrtinməs] =St. Martin's day.

márt·let [máːrtlit] *n.* 〘鳥〙イワツバメ; 〘紋〙足なし鳥《分家第 4 子の紋章》.

‡**már·tyr** [máːrtər] *n.* **1** 殉教者; 《主義・運動などの》犠牲者 《*to*》: a 〜 *to* a cause ある主義〔目的〕に一身をささげた人. **2** 絶えず苦しむ人: He was a lifelong 〜 *to* rheumatism. 彼は一生リューマチに苦しんだ. ***die a 〜 in the cause of*** に身をささげて死ぬ. ***make a 〜 of*** を犠牲にする. ***make a 〜 of oneself*** 《評判などのために》殉教者ぶる.
—— *vt.* 《信仰・主義のために》殺す, 迫害する.
◇ **〜·dom** [-dəm] *n.* 殉教, 殉死; 苦痛; 献身.

már·tyr·ize [máːrtəràiz] *vt.* =martyr.
—— *vi.* 殉教する. ◇ **màr·tyr·i·zá·tion** [mɑ̀ːrtərizéiʃ(ə)n/-raiz-] *n.* 「者崇拝.

màr·tyr·ól·a·try [mɑ̀ːrtərálətri/-rɔ́l-] *n.* 殉教

màr·tyr·ól·o·gy [mɑ̀ːrtərálədʒi/-rɔ́l-] *n.* 殉教史.

már·tyr·y [máːrtəri] *n.* 殉教者の墓所〔礼拝堂〕.

‡**már·vel** [máːrv(ə)l] *n.* **1** 驚異, 驚くべきこと〔物, 人〕: a 〜 of beauty 絶世の美人. a 〜 of learning 驚くべき学者. 〜*s* of science 科学の驚異. **2** 〘古〙驚異の感.
—— *v.* (**-l-**, [英] **-ll-**) *vi.* 驚く《に *at*》: I 〜 *at* your courage. きみの勇気には恐れ入る. **——** *vt.* 《clause を目的語として》 **1** に奇異を感じる, に好奇心をいだく: Children 〜 *what* the stars can be. 子どもは星はいったいなになのかと不思議がる. **2** に感嘆する: He 〜*ed that* they had escaped. よく助かったと驚いた. **〜-of-Pe·rú** [-əvpərúː] 〘植〙オシロイバナ.

‡**már·vel·(l)ous** [máːrv(ə)ləs] *a.* **1** 不思議な, 驚くべき. **2** 信じられない. **3** 〘話〙すばらしい. ***the 〜*** 怪異, うそのようなできごと. [√mir-]
◇ ***〜·ly** *ad.* 不思議に; すばらしく. **〜·ness** *n.*
[類] → **wonderful**「驚くべき」

Marx [mɑːrks] *n.* Karl 〜, 1818–83, ドイツの社会主義者《「資本論」の著者》.

Márx·i·an [-iən] =Marxist.

Márx·ism [-iz(ə)m] *n.* マルクス主義《Marx の歴史・経済・社会学説》. 「者.

Márx·ist [-ist] *a., n.* マルクス主義の; マルクス主義

Már·y¹ [mé(ː)ri/méəri] *n.* **1** 〘聖〙聖母マリア. **2** 〜 Stuart, 1546–67, Scotland の女王《いとこの Queen Elizabeth の殺害を企てて処刑された》.

Már·y² 〘米俗〙=marijuana ②.

Már·y·land [mériland, [英]⁺ méərilænd] *n.* メリーランド《アメリカ東部の州. 略 Md.》.
◇ **〜·er** *n.* 〜(州)人. 「pane.

már·zi·pàn [máːrzipæ̀n, [英]⁺-tsipàːn] =march-

-mas [-məs]「…祭, …祝(日)」の意の語形成要素: Christ*mas* クリスマス《キリスト誕生の祝日》.

mas., masc. masculine. 「染め剤》.

mas·cár·a [mæskǽrə/-káːrə] *n.* マスカラ《まつげ

más·cot [mǽskət, [英]⁺ -kɑt] *n.* マスコット, 幸運をもたらす物〔人, 動物〕; 福の神.

‡**más·cu·line** [mǽskjulin, [英]⁺máːs-] *a.* **1** 男性の, 男の; 男らしい. **2** 〘文〙男性の. → feminine.
—— *n.* 〘文〙男性. **〜 ending** 〘韻〙男性行末《詩の行の終わりの音節にアクセントのあるもの》. **〜 gender** 〘文〙男性. **〜 rhyme** 男性韻《強勢のある 1 音節だけの押韻》.
◇ **〜·ly** *ad.* **〜·ness** *n.* **-lin·ize** [-àiz] *vt.* 〘医〙〈女性を〉男性化する. **màs·cu·lín·i·ty** [mæ̀skjulíniti] *n.* 男らしさ, 男性味, 剛毅(ごうき).

Máse·field [méisfiːld, [英]⁺ méiz-] *n.* John 〜, 1878–1967, イギリスの詩人・脚本家・小説家.

má·ser [méizər] *n.* 〘電〙メーザー《増幅装置》.
[<*m*icrowave *a*mplification by *s*timulated *e*mission of *r*adiation] →laser.

Más·e·ru [mǽzəruː] *n.* マセル《Lesotho の首都》.

mash**¹ [mæʃ] *n.* **1** すりつぶした物, ひきくだいた物. **2** ふすま・ひき割りなどを湯でといた家畜の飼料. **3** もやしじる《ビールの原料》. **4** 〘英俗〙マッシュポテト. **5** ごたまぜ. ***all to (a) 〜 ぐたぐた〔どろどろ〕になるまで.
—— *vt.* **1** つぶす, こねる, つきまぜる: 〜*ed* potatoes マッシュポテト. **2** 〈もやしに〉湯をまぜる.
〜 tub もやしじるをつくるおけ. ◇ **〜·er** *n.* すりつぶす道具; ジャガイモつぶし(=potato 〜er).

mash² *vt.* ほれさせる. ***be 〜ed on*** …にほれている.

—— *n.* ほれられた人. ◇ ∼·**er** *n.* 女たらし, 色事師.

másh·ie, másh·y[1] [mǽʃi] *n.* 〖ゴルフ〗マシー《鉄頭クラブの一種. 別称5番アイアン》.
∼ **iron** マシーアイアン 《別称4番アイアン》. ∼ **niblick** 6番アイアン.

másh·y[2] *a.* すりつぶした, どろどろの, こねまぜた.

más·jid [mʌ́sdʒid, [米]+ mǽs-] *n.* 回教の寺院.

‡**mask** [mæsk/mɑːsk] *n.* **1** 面; **覆面**, 仮面: Halloween ∼*s*. **2** 防毒面(=gas ∼); 死面(=death ∼); 水中マスク(=swim ∼). **3** 仮面をつけた人; 仮面舞踏会; 仮面劇. **4** 見せかけ, 口実《を隠すための *for*》. **5** 〖築城〗遮蔽(しゃへい)物. ***put on*** [***wear, assume***] ***a*** ∼ 仮面をかぶる; 正体を隠す. ***throw off*** [***put off, drop***] ***the*** ∼ 仮面をぬぐ; 正体をあらわす. ***under the*** ∼ ***of*** の仮面をかぶって, に見せかけて.
—— *vt.* **1** に仮面をかぶせる, 仮面でおおう. **2** おおう, 隠す: Smile ∼*ed* his disappointment. 微笑に落胆が隠れていた. **3** 〖軍〗遮蔽する; 監視して敵の行動を妨げる; <味方の砲火を> 妨害する.
—— *vi.* 仮面をつける; 変装する.
∼***ing tape*** マスキングテープ《塗料を吹きつけたりするときなど他の部分を保護するための粘着テープ》.
∼ **ball** 仮面舞踏会.
◇ ∼**ed** [-t] *a.* **1** 仮面をつけた, 変装した: a ∼*ed* ball 仮面舞踊会. **2** 隠れた; 不明の. **3** 〖軍〗遮蔽(しゃへい)された. **4** 〖植〗仮面状の. ∼·**er** *n.* ∼·**ing** *n.* 仮装; 〖音響〗マスキング [遮蔽] 効果.

más·lin [mǽzlin] *n.* 〖英方〗 **1** 小麦とライムギでつくったパン. **2** ごたまぜ.

más·och·ism [mǽzəkìz(ə)m, mǽs-/mǽs-] *n.* **1** マゾヒズム, 被虐性淫乱(いんらん)症. → sadism. **2** 《一般的》自己虐待(傾向). ◇ **más·och·ist** *n.* マゾヒスト. **màs·och·ís·tic** [∸–ístik] *a.*

‡**má·son** [méisn] *n.* **1** 石工; れんが職人. **2** (M∼) 秘密共済組合員(=Freemason).
—— *vt.* 石づくり[石細工]にする; れんがで築造する.
∼·**work** [∸–∸] =masonry.

Má·son-Díx·on [méisndíksn] ∼(***'s***) ***line*** 〖米〗メーソン ディクソン線 《Maryland 州と Pennsylvania 州との境. 昔アメリカ南部と北部の境界線とみなされていた》.

ma·són·ic [məsɑ́nik/-sɔ́n-] *a.* (または M∼) Freemason の. ∼ **lodge** 同組合員集会所.

Má·son·ite [méisənàit] *n.* 《パルプを圧してつくった》絶縁材, 繊維板《商標名》.

Má·son jar [méisn-dʒɑ̀ːr] *n.* 《せんつきの》つけもの「用ガラスびん.

má·son·ry [méisnri] *n.* **1** 石工術[職]; 石[れんが]工事, 石造建築. **2** (M∼) 秘密共済組合(の主義・制度)(=Freemasonry).

masque [mæsk/mɑːsk] *n.* **1** 《16–17世紀にイギリスで行なわれた》仮面劇(の脚本). **2** 仮装舞踏会.

más·quer =masker.

màs·quer·áde [mæ̀skəréid] *n.* **1** 仮装[仮面]舞踏会; 仮装. **2** (虚偽の)よそおい; 虚構, 口実.
—— *vi.* **1** 仮装[仮面]舞踏会に行く[参加する]. **2** 仮装[変装]する; よそおう: ∼ *as* Othello オセロに扮(ふん)する. ∼ *as* a patriot 愛国者だと触れ込む. ◇ **-ád·er** *n.* 仮装舞踏会参加者.

‡**mass**[1] [mæs] *n.* **1** 固まり: a ∼ of iron 鉄塊. a ∼ of red in a picture 絵のなかの赤の広がり. **2** **集まり**, 集団, 一団: a ∼ of troop 一団の兵士. **3** **多量**, 多数, たくさん: a ∼ of letters 手紙の山. **4** (the ∼) 大部分, 主要部: the ∼ of people 大半の人々. **5** (the ∼es) **一般大衆**; 勤労者[下層]階級. **6** かさ; 大きさ; 〖物〗質量. **7** 練り薬. ***be a*** ∼ ***of*** …だらけ: He *is a* ∼ *of* bruises. 彼は打ち傷だらけだ. ***in a*** ∼ 一まとめにして, 一固まりになって. ***in the*** ∼ 全体で; 全体的にいって, 概して.
—— *vt., vi.* 一固まりにする[なる]; 一団に集める[集まる]. ∼ ***in*** 〖美〗<色彩・形などを> おおまかに配置する《全体的効果をねらって》.
∼ **communication** マスコミ, 大量[大衆]伝達(手段)《新聞・ラジオ・テレビなど》. ∼ **(communication) media** マスメディア, 報道[言論]機関《新聞・テレビ・ラジオなど》. ∼ **defect** 〖物〗質量欠損. ∼ **energy** 〖物〗質量エネルギー. ∼ **game** 〖体操〗集団競技. ∼ **man** 大衆社会を構成する個人, 個性を失った人間. ∼ **meeting** (政治的な)国民[民衆]大会. ∼ **movement** 大量移動; 〖社〗大衆運動. ∼ **number** 〖物〗質量数 《原子核を構成する核子の数》. ∼ **observation** 〖英〗世論調査. ∼**-pro·dùce** 大量生産する. ∼**-pro·dùced** 量産された. ∼ **production** 大量生産. ∼ **psychology** 群集心理(学). ∼ **society** 大衆社会. ∼ **spectrograph** 〖物〗質量分光器.

mass[2] *n.* (または M∼) ミサ《カトリック教の聖餐(せいさん)式》; ミサの儀式[曲, 書]: go to ∼ ミサに参列する. ***by the*** ∼ 誓って; 確かに. ***conventual*** ∼ 修道院の守護聖人を祝うためのミサ. ***high*** [***solemn***] ∼ 《焼香・奏楽のある》大ミサ. ***low*** [***private***] ∼ 《焼香・奏楽のない》読唱ミサ. ∼ ***for the dead*** 死者のミサ, 追善. ***read*** [***say***] ∼ ミサを行なう.
∼ **bell** ミサの鐘. ∼ **book** ミサ書, 祈禱(きとう)書. ∼ **day** ミサ日. ∼ **priest** ミサ司式司祭; 俗僧.

Mass. Massachusetts.

más·sa [mǽsə] 〖米俗〗=master.

Màs·sa·chú·setts [mæ̀sətʃúːsits, [米]+ -zits] *n.* マサチューセッツ《アメリカ北東部の州》.

más·sa·cre [mǽsəkər] *n.* 大虐殺.
—— *vt.* (∼**d**; **-cring** [-k(ə)riŋ]) **1** 大量虐殺する, 皆殺しにする. **2** 〖俗〗完敗させる, やっつける.

mas·ságe [məsɑ́ːʒ/mǽsɑːʒ] *n.* マッサージ, あんま.
—— *vt.* にあんま[もみ療治]を施す.
◇ **-ság·er** [-ər], **-ság·ist** [-ist] *n.* マッサージ師.

mas·sé [mæséi] F. *n.* 〖玉突き〗マッセー(=∼ shot)《キューを垂直に立てて突く》.

Màs·se·nét [mæ̀s(ə)néi/∸––| F. masnɛ] *n.* Jules [F. ʒyl-] ∼, 1842–1912, フランスの(歌劇)作曲家.

mas·séur [mæsə́ːr] *n.* (*fem.* **-séuse** [-sə́ːz]) マッサージ師. [<F.]

más·sif [mǽsif/-siːf] *n.* 山塊; 《特に》(フランスの) 中央山塊.

Mas·síne [mɑsíːn, mæ-] *n.* Léonide [leiɔːníːd-] ∼, 1896– , ロシア生まれのアメリカの舞踊家・振り付け師.

‡**más·sive** [mǽsiv] *a.* **1** かさばった, 大きい; どっしりした, 重い: a ∼ pillar 太いどっしりした柱. **2** がんじょうな, 力強い; 《顔だち・精神が》しっかりした; 〖心〗容積感のある: a man of ∼ character 重厚な性格の人. **3** 大量の; 《薬などが》定量以上の. **4** 〖地〗塊状の. **5** 〖医〗《病気が》組織の広範囲に及ぶ.
◇ ∼·**ly** *ad.* ∼·**ness** *n.*

máss·y [mǽsi] *a.* 〖雅〗=massive.
◇ **-i·ness** *n.* =massiveness.

‡**mast**[1] [mæst/mɑːst] *n.* **1** 〖海〗マスト, 帆柱. **2** 柱, さお; 《飛行船の》係留柱[塔](=mooring ∼). ***at the*** ∼ 上甲板大檣(だいしょう)の下で. [***afore***] ***before the*** ∼ 〖海〗平水夫として. ***spend a*** ∼ マストを失う[吹き飛ばされる]. —— *vt.* <船に> マストを立てる; <帆を> あげる. ∼·**head** →別項. ∼ **house** マスト製作所.

mast[2] *n.* 《集合的》カシワ・ブナ・クリなどの実《豚の「飼料》.

más·ta·ba(h) [mǽstəbə] *n.* **1** 《古代エジプトの》石室(せきしつ)墳墓. **2** 《回教国の》固定された石の長いす.

-mást·ed [-mǽstid/-mɑ́ːs-] *a.* …マストの: three-*masted* 3本マストの.

‡**más·ter** [mǽstər/mɑ́ːs-] *n.* **1** 主人, 主君, 雇い主; 所有者, 持ち主, 飼い主. **2** 長; 家長; 船長; 校長. **3** 〖英〗**先生**, 教師: the head *master* of a school 校長先生. **4** (the M∼) 主イエス=キリスト. **5** **大家**, **名人**, 巨匠; 大家の作品《一堂に集められた絵画など》; 通暁者; 達人, 熟達者; 腕の

よい職人: He was a ～ with a bow. 弓をとっては名人だった. a ～ of five languages 5か国語の大家. **6** (M～) 《召使などが年少者を呼ぶときの敬称》…さん; ぼっちゃん, 若だんな: young *M*～ George ジョージぼっちゃん. **7** 〖スコットランド〗《子爵・男爵の長子の敬称》若殿, 御曹司(おんぞうし). **8** 勝利者, 征服者. **9** (M～) 修士 (の学位): *M*～ of Arts 文学修士《略 M.A., A.M.》. *M*～ of Science 理学修士《略 M.S., M. Sc.》. **10** 〖法〗 判事補佐官. **11** 《合成語において形容詞的に》主人の, 親方の; 達人の, すぐれた; 主たる, 支配的な: a ～ carpenter 棟梁(とうりょう). a ～ plan 総合基本計画.
be ～ of (1) を所有する; を支配する, を自由にできる. (2) に精通している. ***be ～ of oneself*** 自制する; おのれを失わぬ, 落ち着いている. ***be one's own ～*** 思うとおりにできる, 他の掣肘(せいちゅう)を受けぬ; 独立不羈(ふき)である. ***Like ～, like man.*** 〖諺〗この主人にしてこの家来あり, 「勇将のもとに弱卒なし」. ***make oneself ～ of*** に精通する, に熟達する. ***～ and man*** 主人と雇い人, 主従. ***～ of ceremonies*** → ceremony. ***M～ of the Horse*** 〖英〗主馬頭(しゅめのかみ). ***the old ～s*** 13世紀から17世紀の大画家たち (の作品). ***past*** [***passed***] ～ → past *a.* ④.
—— *vt.* **1 支配** [征服] する, の主となる. **2** <激情などを> 押える, こらえる: ～ one's anger. **3** に熟達する, に精通する: ～ English.
—— *pref.* 《動詞と結びついて》長 [主] となって…する: ～-plan a new city 新都市計画を指導する.
～-at-arms (*pl.* **～s-at-arms**) 〖英:海軍〗先任衛兵伍長(ごちょう), 一等警査. **～ builder** 建築請負師; すぐれた建築家. **～ carpenter** 《大工の》棟梁. **～ clock** 《電気どけいの》親どけい. **～ hand** 名手, 名人. **～ key** 親かぎ; 難問の解決法. **～ mariner** 船長. **～ mason** 石工 (れんが職) の親方; 秘密共済組合 (Freemason) の第3級会員. **～-mind** →別項. ‡**～-piece** [ˊ−ˋ] 傑作, 名作. **～ policy** 《保険の》親証券. **～ race** 支配者民族《ナチスなどが考えた》. **～'s degree** 修士学位《master's とも略される》. **～ sergeant** 〖米〗陸軍曹長(そうちょう). **～-slave manipulator** マジックハンド《放射性物質など人体に危険を及ぼす物を扱うとき用いる》. **～-stroke** [ˊ−ˋ] (1) 神技, すばらしい腕前; 巧妙なわざ. (2) 大成功, 大でき. (3) 〖美〗主線. **～ touch** 名人の一筆 [手ぎわ]. **～-work** [ˊ−ˋ] = masterpiece.

(類義語) 習得する: **master** 自由に駆使できるほどに習得する, しっかりと身につける: *master* a foreign language 外国語を習得する. **acquire** 努力の結果習得する.

-mást·er [-mǽstər/-mɑ́:s-] *n.* …本マストの船: a four-*master* 4本マスト船.

más·ter·dom [mǽstərdəm/mɑ́:s-] *n.* **1** 支配 (権), 管理 (権). **2** 〖英〗学校教師の身分 [職]. **3** 修士の学位.

más·ter·ful [mǽstərf(u)l/mɑ́:s-] *a.* **1** 腕の確かな, 老練の, 巧妙な, 有力な. **2** 主人かぜを吹かす, おうへいな. **～ speech** 名演説.
◇ **～·ly** *ad.* **～·ness** *n.*

más·ter·hood [mǽstərhùd/mɑ́:s-] = mastership.

más·ter·ly [mǽstərli/mɑ́:s-] *a., ad.* **1** 名人の (ように), みごとな [に], 巧妙な [に]. **2** 〖古〗 = masterful.

más·ter·mind [mǽstərmàind/mɑ́:s-] *n.* 主導者, 指導者; 首領. —— *vt.* <計画の> 采配(さいはい)をふるう, 指導する.

más·ter·ship [mǽstərʃìp/mɑ́:s-] *n.* **1** master の職 [地位, 権威]. **2** 熟達, 精通, 手腕. **3** 統御 (力), 支配 (力).

más·ter·y** [mǽst(ə)ri/mɑ́:s-] *n.* **1 支配** (力), 統御 (力); 征服. **2** 首位, 優勢, 優勝. **3 熟達**, すぐれた技能; 専門的知識, 精通《*of*》. ***gain [***get, obtain***] ***the ～ of*** を支配する; に熟達 [精通] する.

mást·head [mǽsthèd/mɑ́:st-] *n.* **1** 〖海〗マストの先, 檣頭(しょうとう); マストの先の見張り番. **2** 〖米〗発行人欄《新聞・雑誌の名称・発行人・編集者・所在地などを記載する》. —— *vt.* <帆・旗などを> マストの先に掲げる; <水夫を> マストの先に登らせる《罰として》.

más·tic [mǽstik] *n.* **1** 乳香《乳香樹脂の硬化したもの. 香料・薬品用》. **2** 乳香樹. **3** 乳香酒《乳香でかおりをつけた一種のブドウ酒》. **4** しっくいの一種. **5** 淡黄色. —— *a.* 粘着する, 粘質の.

más·ti·ca·ble [mǽstikəbl] *a.* そしゃくできる.
◇ **màs·ti·ca·bíl·i·ty** [ˋ−−bíləti] *n.*

más·ti·cate [mǽstikèit] *vt.* **1** そしゃくする. **2** <ゴムなどを> どろどろにする.
◇ **màs·ti·cá·tion** [mæ̀stikéiʃ(ə)n] *n.*

más·ti·ca·tor [mǽstikèitər] *n.* そしゃくする者 [物]; 粉砕器, ひき肉器, 砕革器, (*pl.*) 〖笑〗歯.

más·ti·ca·to·ry [mǽstikətɔ̀:ri/-keit(ə)ri] *a.* そしゃくの; そしゃくに適した. —— *n.* 《チューインガム・たばこなど》かみ物.

más·tiff [mǽstif] *n.* (耳のたれた) 大型猛犬の一種.

mas·tí·tis [mæstáitis] *n.* 〖医〗乳腺(にゅうせん)炎.

más·to·don [mǽstədɑ̀n/-dən] *n.* 〖古生〗マストドン《第三紀に生存した巨象》.

más·toid [mǽstɔid] *n.* 乳頭状の, 乳頭突起の.
—— *n.* 〖医〗乳様突起.

màs·toid·í·tis [mæ̀stɔidáitis] *n.* 〖医〗乳様突起炎.

màs·tur·bá·tion [mæ̀stərbéiʃ(ə)n] *n.* 手淫(しゅいん).

ma·sú·ri·um [məsú(:)riəm, məz-/məsjúər-] *n.* 〖化〗マスリウム (technetium).

‡**mat**[1] [mæt] *n.* **1** マット, ござ, むしろ, 畳; 《玄関の》くつぬぐい (=doormat); 《浴場の》足ふき (=bath ～). **2** 《さら・花びんなどの》下敷き. **3** 《レスリング・体操用の》マット. **4** 《砂糖などを入れる》シュロ袋, かます. **5** 《髪・雑草などの》束, もつれ: a ～ of hair [weeds]. **6** 《荷づくり用の》詰め物.
be on the ～ 批判される; 審問 [調査] を受ける. ***go to the ～*** 激しく論争する《と *with*》. ***leave*** a person ***on the ～*** (人に) 玄関払いをくわす.
—— *v.* (**-tt-**) *vt.* **1** にマットを敷く; マットでおおう. **2** もつれさす. —— *vi.* もつれる.
～ board マット《額縁に入れる絵の台にする厚紙》.

mat[2] *a.* 光沢のない, つや消しの, くすんだ.
—— *n.* つや消し; 《額の》つや消し金縁.
—— *vt.* (**-tt-**) つや消しにする, 曇らせる.

mat. matin; *matinée*; maturity.

mát·a·dor [mǽtədɔ̀:r] *n.* **1** (刺殺役の) 闘牛士. **2** 〖トランプ〗切り札の一種. **3** (M～) 〖米〗無人飛行機の一種. [<Sp.]

‡**match**[1] [mætʃ] *n.* **1** マッチ: a box of ～*es* マッチ1箱. a safety ～ 安全マッチ. **2** 〖古〗火なわ, 導火線. ***make ～ of*** をこっぱみじんにする. ***strike*** [***light***] ***a ～*** マッチをする.
～·book [ˊˋ] 紙マッチ《厚紙製二つ折りのはぎとり式》. **～·box** [ˊˋ] マッチ箱. **～ boy** [**girl**] マッチ売りの少年 [少女]. **～·fòld·er** = matchbook. **～·lock** [ˊˋ] 火なわ銃. **～·màk·er** マッチ製造人. **～·màk·ing** (1) マッチ製造. (2) *a.* マッチを製造する. **～·wood** [ˊˋ] マッチの軸木.

‡**match**[2] *n.* **1 試合**, 競技: play a ～ 試合をする. **2 組み合わせ**: be a bad ～ つりあわない, 似合わない. **3 縁組み, 結婚**; その相手. **4 相手**, 《力などが》互角の人, 好敵手. **5** 対の一方; 好一対の人 [物].
be a ～ for (1) の好敵手である, に匹敵する: A boy *is* not *a ～ for* a man. 子どもはしょせんおとなにかなわない. (2) …とつりあう: Her hat *is a ～ for* her coat. 彼女の帽子はオーバーと似合っている. ***make a good ～*** (1) 好一対である. (2) よい縁組みをする, 得になる相手と結婚する. ***make a ～*** なこうどをする. ***make a ～ of it*** 結婚する. ***meet more than one's ～*** 強敵に出会う.

—— *vt.* 1 に匹敵する: No one can ～ him in strength. 力ではだれも彼にかなわない. 2 につりあう: His looks ～ his character. 彼の顔つきは性格をそのままにあらわしている. 3 **組み合わせる,** 配合する: ～ a color 配色する. ～ one's gloves *to* one's shoes くつに似合う手袋にする. 4 結婚させる《に *to*; と *with*》: a well-～*ed* pair 似合いの夫婦. 5 取り組ませる, 競争〔対抗〕させる《と *against, with*》.
—— *vi.* つりあう: The rugs and the wall-paper ～. 敷き物と壁紙が調和する. He ～*s* well. 彼は(彼女の)結婚相手としてつりあう. ***Let beggars ～ with beggars.*** 〔諺〕われなべにとじぶた. **～ coins** 硬貨を投げ合って物事を決める.
～·board [⌐⌐] 〔建〕核矧(さね)〔つぎ〕板《床材などのように互いにはめ込むもの》. **～·bòard·ing** 矧板張り〔はめ〕. **～ joint** 〔建〕核矧《ほぞとみぞとを組み合わせる接合法》. **～·màk·er** (1) なこうど. (2) 競技の組み合わせを決める人. **～·màk·ing** (1) 結婚媒介, 縁結び. (2) 競技の組み合わせ. **～ play** 〔ゴルフ〕得点競技《双方の勝ちえたホール数により得点を計算する》. → medal play. **～ point** 〔運〕決勝の1点. ◇ **～·a·ble** *a.* 匹敵できる, 対等の; つりあった, 似合う. **～·er** *n.*
〔類義語〕 **試合: match** 競技者〔チーム〕どうしの組み合わせ→試合. **competition** 能力・技術などを競うこと→試合. **contest** competition とほぼおなじだが腕比べより, 賞などを得ようとして争う努力に重点がある.
mátch·et [mǽtʃit] ＝machete.
mátch·less [mǽtʃlis] *a.* 無比の, 無双の, 無敵の. ◇ **～·ly** *ad.* 比類なく, ずばぬけて.
‡**mate**[1] [meit] *n.* 1 相手; 《特に》連れ合い, 妻, 夫: a faithful ～ to him 彼の貞節な妻. 2 一組み〔一つがい〕の片方: Where is the ～ to this glove? この手袋の片一方はどこにあるか. 3 《労働者などの》仲間, 相棒: Hand me the glass, ～. 兄弟, コップをよこしな. →playmate, classmate, roommate. 4 助手; 〔海〕《商船の》航海士《船長を補佐する》; 〔米〕兵曹(へいそう): the cook's ～.
go ～s with の仲間になる.
—— *vt., vi.* 1 仲間にする〔となる〕; 連れ添わせる; 連れ添う. 2 つがわせる, つがう《と *with*》: Birds ～ in (the) spring. 鳥は春つがう.
mate[2] *n.* 〔チェス〕王手詰め, 詰め (＝checkmate): give (the) ～ 王手詰めにする《を *to*》.
—— *vt.* 王手詰めにする.
***ma·té,* má·te**[3] [má:tei, mǽtei] *n.* 《南アメリカ産》マテ茶(の木); マテ茶器.
mate·las·sé [mà:tlɑ:séi] F. *n.* 絹毛交織布の一種. —— *a.* 《絹布など》浮き模様のある.
máte·lot [mǽtlou] *n.* 〔海俗〕水夫, マドロス.
mát·e·lote [mǽt(ə)lòut] *n.* 魚肉とタマネギ・マツタケなどの野菜を入れブドウ酒で調味したシチュー.
má·ter [méitər, ㊨⁺ má:tər] *n.* 1 〔英: 学生俗〕おふくろ (mother). 2 〔医〕脳膜.
ma·ter do·lo·ro·sa [méitər-dòulərόusə, ㊨⁺ má:tər-] L. (＝the mother in sorrow). 悲しみの聖母《十字架の下で悲嘆にくれるマリア像》.
ma·ter·fa·mil·i·as [mèitərfəmíliæs/⌐⌐⌐⌐⌐⌐] L. *n.* (一家の)主婦; 母親.
‡**ma·té·ri·al** [mətí(:)riəl/-tíər-] *a.* 1 **物質の,** 物的な; 具体的, 有形の: ～ civilization 物質文明. 2 肉体の, 官能的な: ～ comforts〔pleasure〕肉体的快楽. ↔ spiritual. 3 世俗的な, 卑俗な. 4 〔論・哲〕実質的な. → formal. 5 **重要な**: Is this point ～ to your argument? この点はきみの議論にとって肝要か. a ～ factor 重要な要因.
—— *n.* 1 (しばしば *pl.*) 材料; 《洋服の》生地: building ～*s* 建築材料. 2 **要素, 題材**: ～ *for* thought 思考内容. 3 (*pl.*) 用具: writing ～*s* 筆記用具. ***printed ～*** 印刷物. ***raw ～s*** 原料.
～ needs 生理的要求(物). **～ noun** 〔文〕物質名詞. **～ world, the** 物質〔有形〕世界.
◇ **～·ism** [-iz(ə)m] *n.* 〔哲〕唯物主義; 唯物論. → spiritualism. **～·ist** [-ist] *n.* 唯物論者.
〔類〕 →**important**「重要な」, →**substance**「物質」
ma·tè·ri·al·ís·tic [mətì(:)riəlístik/-tìər-] *a.* 唯物論の, 唯物主義的な. ◇ **-ti·cal·ly** *ad.*
ma·tè·ri·ál·i·ty [mətì(:)riǽləti/-tìər-] *n.* 1 物質性, 有形; 具体性. ↔ spirituality. 2 重要(性).
ma·tè·ri·al·i·zá·tion [mətì(:)riələzéiʃ(ə)n,-laiz-/-tìər-] *n.* 1 物質化, 形体化, 具体化. 2 〔霊の〕体現, 具現. 3 《計画などの》実現, 現実(化).
ma·té·ri·al·ize [mətí(:)riəlàiz/-tíər-] *vt.* 1 物質化する, に形体を与える, 実体化する. 2 〈霊を〉体現させる. 3 〈計画・願望などを〉実現する.
—— *vi.* 1 物質的になる. 2 有形化する, 体現する. 3 〈願望・計画が〉実現する, 事実となる.
ma·té·ri·al·ly [-riəli] *ad.* 1 物質的に, 具体的に. 2 実質上, 内容的に. 3 大いに, 著しく.
ma·te·ri·a me·di·ca [mətí(:)riə-médikə/-tíər-] L. 1 薬物, 薬剤. 2 薬物学.
ma·té·ri·el [mətì(:)riél/-tìər-] F. *n.* 1 (物質的)材料, 設備. 2 軍需品《馬匹・兵器・弾薬・糧食など》. → *personnel.*
ma·tér·nal [mətə́:rn(ə)l] *a.* 1 母の, 母としての, 母らしい: ～ love 母性愛. 2 母方の; 母から受けた: one's ～ aunt 母方のおば. → paternal.
◇ **～·ly** *ad.*
ma·tér·ni·ty [mətə́:rnəti] *n.* 1 母であること, 母性; 母親らしさ. 2 産科病院 (＝～ hospital). 3 《形容詞的に》妊〔産〕婦(用)の: ～ clothes マタニティー(ドレス).
～ bag 〔英〕《慈善の》出産用品袋. **～ benefit** 出産手当. **～ center** 妊婦相談所. **～ hospital** 産科病院. **～ leave** 出産休暇. **～ nurse** 助産婦. **～ ward** 分娩(ぶんべん)室 (＝㊨ delivery room).
máte·y [méiti] *a.* 〔英話〕打ち解けた, 親しい《と *with*》. —— *n.* 仲間, 友だち. [＜mate]
math [mæθ] *n.* 〔話〕数学: a ～ teacher 数学の先生. [＜*math*ematics]
math. mathematical; mathematician; mathematics.
‡**màth·e·mát·ic** [mæ̀θəmǽtik], **-i·cal** [-(ə)l] *a.* 1 **数学(上)の,** 数理的な. 2 非常に正確な, 厳密な. **mathematical instruments** 製図器械《コンパス・定規など》. ◇ **màth·e·mát·i·cal·ly** *ad.*
‡**màth·e·ma·tí·cian** [mæ̀θəmətíʃ(ə)n] *n.* 数学者.
‡**màth·e·mát·ics** [mæ̀θəmǽtiks] *n. pl.* 《単数扱い》数学. ***applied*** 〔***mixed***〕 ***～*** 応用数学. ***pure ～*** 純正数学.
mát·in [mǽtin] *n.* 1 (*pl.*)《単数扱い》〔イギリス国教〕朝の礼拝, 朝の祈禱(きとう). 〈注〉しばしば mattins とつづる. 2 〔カトリック〕《聖務日課の》朝の勤め, 朝の祈り. 3 (しばしば *pl.*) 〔雅〕《鳥の》朝の歌〔さえずり〕. —— *a.* 朝の, あしたの; 朝の礼拝の.
mát·in·al [mǽtin(ə)l] *a.* 朝の; 朝の祈りの.
***mat·i·née,* màt·i·née** [mæ̀t(ə)néi/⌐⌐⌐⌐] F. *n.* 1 《演劇・演奏会などの》昼興行, マチネー. 2 婦人のふだん着の一種. **～ idol** 女性に人気のある二枚目俳優. **～ race** 入場無料で賞金の出ない競馬.
mát·ing [méitiŋ] *n.* 〔動〕交配.
～ season (鳥の) 交尾期.
Ma·tisse [F. matis] *n.* Henri [F. ɑ̃ri] ～, 1869–1954, フランスの後期印象派の画家.
mát·lo(w) ＝matelot.
mát·rass [mǽtrəs] *n.* 〔化〕長首卵形のびん《蒸留用》.
matri-「母」の意の語形成要素.
má·tri·arch [méitriɑ̀:rk] *n.* 1 女家長. → patriarch. 2 家長の妻; 品のよい老婦人.
◇ **mà·tri·ár·chal** [⌐⌐ɑ́:rk(ə)l] *a.* 女家長(制)の.
má·tri·arch·y [méitriɑ̀:ki] *n.* 女家長〔族長〕制.

má·tri·ces *n.* matrix の複数形.
má·tri·cide [méitrịsàid, ㊊⁺ mǽt-] *n.* 母親殺し《行為・罪》; 母親殺し(犯人). ◇ **mà·tri·cíd·al** [ㇼ–sáidl] *a.* 母殺しの. 「志願者.
ma·tríc·u·lant [mətríkjụlənt] *n.* 《大学の》入学
ma·tríc·u·late [mətríkjụlèit] *vt.* ⟨ に入学を許可する《特に大学で》. —— *vi.* 入学する. —— [-lit] *n.* 入学を許された人.
◇ **ma·trìc·u·lá·tion** [mətrìkjụléiʃ(ə)n] *n.* 大学入学許可; 入学(式); 入学試験.
mà·tri·lát·er·al [mèitrịlǽtərəl, mæ̀t-] *a.* 母方の.
mà·tri·lín·e·al [mèitrịlíniəl, mæ̀t-] *a.* 母系の: a ～ society 母系社会.
mát·ri·lin·y [mǽtrịlìni, méit-, -làini] *n.* 母系の先祖をたどること.
mát·ri·lo·cal [-lòuk(ə)l] *a.* 〖民族〗夫が妻の家族と住む, 婿入りの.
màt·ri·mó·ni·al [mæ̀trịmóuniəl, -njəl] *a.* 結婚の; 夫婦の: a ～ agency 結婚紹介所.
◇ **～·ly** *ad.* 結婚によって; 夫婦として; 結婚に関して; 結婚の慣例〔法律〕によれば.
mát·ri·mo·ny [mǽtrịmòuni/-m(ə)ni] *n.* **1** 結婚; 結婚生活. **2**《トランプで》キングとクイーンを組み合わせる遊び. ***enter into* ～** 結婚する.
má·trix [méitriks, mǽt-] *n.* (*pl.* **-tri·ces** [-trịsì:z], **-trix·es** [-triksiz]) **1** 母体, 基盤. **2**〖医〗子宮. **3**〖生〗細胞間質. **4**〖鉱〗母岩, 脈石. **5**〖印〗字母; 母型, 紙型; 模型, 鋳型; 刻印機. **6**〖数・物〗マトリックス, 行列. ***the ～ of a nail*** 〖医〗爪母(そうぼ).
má·tron [méitrən] *n.* **1**《品位のある年長の》既婚婦人, 刀自(とじ). **2** 寮母; 保母; 家政婦; 看護婦長; 《女子従業員の》女監督: a police ～《刑務所の》女囚監督. **～ *of honor*** 花嫁付き添いの既婚婦人. → maid of honor. ◇ **～·age** [-idʒ] *n.* ～であること; 《集合的》～たち. **～·al** [-(ə)l] *a.* ～の. **～·ship** *n.* ～であること; ～の職〔地位, 任務〕.
má·tron·ly [-li] *a.* matron らしい; 《婦人が》貫禄(かんろく)〔威厳〕のある, 落ち着いた; でっぷりした. —— *ad.* matron らしく, 落ち着いて. ◇ **-li·ness** *n.*
màt·ro·ným·ic [mæ̀trənímik] = metronymic.
MATS Military Air Transport Service. **Matt.** Matthew; Matthias.
mát·ted[1] [mǽtid] *a.* **1** マットを敷いた, 畳敷きの: a ～ floor. **2** からみ合った: ～ hair もつれ髪.
mát·ted[2] *a.* つや消しの, 曇った, くすんだ.
†**mát·ter** [mǽtər] *n.* **1** 物質: solid ～ 固体. → mind, spirit. **2** (特殊な) 物質; 物体: vegetable ～ 植物質. coloring ～ 着色料, 染材. a foreign ～ 異物. **3**《論議・著述などの》題材, 主題, 内容. **4** (関心・考察の) 問題, 事柄: money ～*s* 金銭問題. a ～ for regret 残念なこと. a ～ of time 時間の問題: a ～ of life and death 死活(の)問題. **5** 事件; (*pl.*) 事態: a serious ～ 重大事. That is how ～*s* stand. 事態はかくのごとくである. **6** (the ～) 支障, 故障, 事故: What is the ～ with you? きみはどうしたのだ. **7** … 物《印刷・出版・郵便などの》: printed ～ 印刷物. first-class ～ 第1種郵便物. **8**〖哲〗質料; 〖論〗命題の本質. → form. **9**〖医〗うみ.
a ～ of (1) …の問題. →④. (2) …の範囲; 数…: He will arrive in *a ～ of* minutes. あと何分かで到着する. (3) およそ: a ～ of five miles〔dollars〕約5マイル〔ドル〕. ***a ～ of course*** 当然のこと. ***as a ～ of fact*** 実際のところ. ***for that ～*** そのことならば. ***in the ～ of*** に関しては. ***It is* 〔*makes*〕 *no ～ whether … or….*** (…のいずれにしても) たいした問題でない, どうでもよい. ***no ～*** 全く問題ではない, なんでもない, 心配ない. ***no ～ what* 〔*when, where, which, who, how*〕** たとえなに〔いつ, どこで, どれ, だれ, いかに〕…でも: *No ～ how* hard he may try, … 彼がどんなに精いっぱい試みても …. 〈注〉口語では may try の代わりに tries ともいう. ***There is nothing the ～ with*** him. = ***Nothing is the ～ with*** him. (彼) はどうもしない. ***There is something the ～ (with)*** (…には) なにか故障〔さわり〕がある; (…は) どこかおかしい. ***What ～?*** それがどうしたのか (いっこうかまわない).
—— *vi.* **1** 重要である《通例否定または疑問で》: It ～*s* little *to* me. 私にはたいした関係がない. **2** 〈傷が〉うむ. ***What does it ～?*** それがどうしたというのか; かまわないじゃないか.
～-of-córse (1) 自然の, 当然の, むろんの. (2) 平然とした, 落ち着きはらった. **～-of-fáct** →別項.
[類] → **substance**「物質」
Mát·ter·horn [mǽtərhɔ̀:rn] *n.* スイスとイタリアの国境にあるアルプス山脈中の高峰《4,508 m》.
mát·ter-of-fáct [mǽt(ə)rə(v)fǽkt] *a.* **1** 事務的な, ドライな, 割り切った. **2** 平凡な, 無味乾燥な; 情味のない. ◇ **～·ly** *ad.*
mát·ter·y [mǽtəri] *a.* うみでいっぱいの; うみのような.
Mát·thew [mǽθju:] *n.* 〖聖〗St. ～ 聖マタイ《キリストの十二でしのひとり》; マタイ伝《新約聖書中の》.
Mat·thí·as [məθáiəs] *n.* 〖聖〗マッテヤ《Judas Iscariot の代わりにキリストの十二でしのひとりとなった. 使徒行伝 1:23–26》. 「〔畳, むしろ〕類.
mát·ting [mǽtiŋ] *n.* マット材料; 《集合的》マット
mát·tins [mǽtinz] = matin①. 「農具》.
mát·tock [mǽtək] *n.* つるはし《一端だけがとがった
mát·toid [mǽtɔid] *n.* 《狂人に近い》精神〔性格〕異常者.
***mát·tress** [mǽtrịs] *n.* **1** 《綿・わら・毛などを詰めた》マットレス, 床(とこ), 寝台の敷きぶとん. **2**〖工〗《堤防などの水の浸食を防ぐ》あじろ床, 沈床.
mát·u·rate [mǽtʃurèit, -tju-/-tju(ə)r-] *vi., vt.* **1** 熟する, 熟成する; 《比喩的》成熟する. **2**〖医〗化膿(かのう)する〔させる〕. [√matur-]
◇ **màt·u·rá·tion** [ㇼ–réiʃ(ə)n] *n.*
mát·u·rà·tive [mǽtʃurèitiv, -t(j)u-/mətjúərətiv] *a.* 〖医〗化膿を促す. —— *n.* 化膿剤, 吸い出し.
‡**ma·túre** [mət(j)úər, -tʃúər/-tjúə] *a.* **1** 熟した, 成熟した; よく成育〔発達〕した; 《酒など》熟成した: a ～ woman 一人前に成人した女性. **2** 熟慮した, 賢明な. **3**《手形などが》支払期日のきた (due).
—— *vt.* **1** 熟させる; 熟成〔発達〕させる. **2** (熟慮の上) 仕上げる: ～ a plan 計画を練りあげる. **3** 化膿(かのう)させる. —— *vi.* **1** 成熟する. **2** 仕上がる. **3** 〈手形などが〉支払期日に達する. [√matur-]
～ age 分別盛りの年齢. ◇ **～·ly** *ad.*
[類] → **ripe**「熟した」
***ma·tú·ri·ty** [mət(j)ú(:)rịti, -tʃú(:)r-/-tjúər-] *n.* **1** 成熟, 熟成; 完全な発達〔発育〕; 円熟, 完成. **2** 手形満期(日). **3**〖医〗化膿(かのう).
ma·tú·ti·nal [mət(j)ú:tin(ə)l/mæ̀tju:tái-] *a.* **1** 朝の, 早朝の, 夜明けの. **2** 早い (early). ◇ **～·ly** *ad.*
má·ty [méiti] *a.* 人づきあいのいい, 人好きのする; 親密な. —— *n.* 《インド人の》下僕(げぼく), 下働き.
mát·zo(h) [má:tsou] *n.* (*pl.* **-zoth** [-θ], **-zo(h)s** [-s]) パンだねを入れないパン《ユダヤ人が過越(すぎこし)の祭りに食べる大形のクラッカー》.
maud [mɔ:d] *n.* 《スコットランドの羊飼いの着る》ネズミ色のこうしじま毛織り肩掛け (plaid); それに似せた旅行用ひざ掛け.
máud·lin [mɔ́:dlin] *a.* **1** 涙もろい, めめしい; ぐちっぽい. **2** (酒に酔って) 泣き上戸の.
—— *n.* 涙もろさ; ぐちっぽさ.
Maugham [mɔ:m] *n.* William Somerset ～ [-sʌ́mərsitㇼ, ˏsèt-], 1874–1965, イギリスの小説家.
máu·gre, -ger [mɔ́:gər] *prep.* 〖古〗…にもかかわ
Máu·i [máui] *n.* マウイ島《ハワイ諸島の一》. 」らず.
maul [mɔ:l] *n.* 木製の大づち. ***～ and wedges*** 〖米〗きこり用諸道具; いっさいがっさい(の所有物).
—— *vt.* **1** 〈木を〉打ち割る. **2** たたきのめす, ⟨ に打

撲を与える; 手荒く扱う. **3** 酷評する.
mául·ey [mɔ́:li] *n.* 〔俗〕こぶし; 手.
mául·stick [mɔ́:lstik] *n.* 《画家が絵筆を持つ手のささえとして他方の手に持つ》腕木.
Máu Máu [máu-máu] *n.* マウマウ団(員)《東アフリカのケニアからのヨーロッパ人放逐を目的とする原住民の抵抗団体》.
maund [mɔ:nd] *n.* インド・トルコ・イランなどの重さの「単位《9.5–36.3kg》.
máun·der [mɔ́:ndər] *vi.* **1** つぶやく, ぶつぶつ話す; だらだら話す; たわいないことを話す. **2** ぼんやりさまよい歩く《*along*》; ぐずぐずする《*about*》.
máun·dy [mɔ́:ndi] *n.* 〔宗〕洗足式《貧民の足を洗って物を贈るカトリック教国の儀式》; 〔英〕《洗足木曜日に王室が実施する》貧民救済金の分配.
～ money 〔**coins**〕〔英〕足洗いの日に王室から贈られる貧民救済金. **M～ Thursday** 洗足木曜日《復活祭直前の木曜日》.
Máu·pas·sant [móupəsɑ̀:nt | F. mopɑsɑ̃] *n.* Guy de [F. gi də-] ～, 1850–93, フランスの小説家.
Màu·re·tá·ni·a [mɔ̀:ritéiniə, -njə/mɔ́r-] *n.* モーリタニア《北西アフリカの古代王国. 現在の Morocco と Algeria の一部とに当たる》. → Mauritania.
Mau·riac [F. mɔrjak] *n.* François [F. frɑ̃swa] ～, 1885– , フランスの小説家・劇作家.
Màu·ri·tá·ni·a [mɔ̀:ritéiniə, -njə] *n.* **1** モーリタニア(=Islamic Republic of ～)《西アフリカの回教共和国. 1960 年フランス共同体の一員として独立》. **2** =Mauretania.
Máu·rois [mɔ́:rwɑ:, –ˊ/mɔ́:rwɑ:, –ˊ] *n.* André [ǽndri-, ɑ́:ndrei-] ～, 1885–1967, フランスの小説家・批評家.
Máu·ser [máuzər] *n.* モーゼル銃《発明者 Peter「Paul ～ の名から》.
màu·so·lé·um [mɔ̀:səlí:əm] *n.* (*pl.* **-ums**, **-a** [-lí:ə]) **1** 壮大な墓所; 霊廟(れいびょう), 御陵. **2** 陰気で大きな建物〔へや〕.
mau·vaise honte [móuveizɔ̃́:(n)t] F. **1** きまりの悪さ, ばつの悪さ. **2** 極端な遠慮, 誤った羞恥(しゅうち). **3** 偽りのはにかみ.
mau·vais quart d'heure [móuveiká:r-dǝ́:r] F. ひどい目, 不愉快なひととき; あいにくのばあい.
mau·vais su·jet [móuveisú:ʒei] F. 悪者, ろくでなし, やくざ.
mauve [mouv] *n., a.* 紅紫染料の一種《コールタールから採るアニリン染料》; 紅紫色(の), フジ色(の).
máv·er·ick [mǽv(ə)rik] *n.* **1** 〔米〕所有主の焼き印の押してない子牛《特に離乳したばかりの》; 1年子の動物 (yearling). **2** 不正手段で手に入れた物. **3** 〔話〕《政治家など》無所属の人; 異端者, 反対者. —— *vt.* 〔米〕不正手段で獲得する. —— *vi.* さまよう.
má·vis [méivis] *n.* 〔雅・鳥〕ツグミの類.
ma·vóur·neen, -nin [məvúərni:n] Ir. *n.* かわいい人. 〈注〉人名のあとにつける: Erin *mavourneen* かわいいエリン.
maw [mɔ:] *n.* **1** 反芻(はんすう)動物の第4胃; 《鳥の》餌袋(えぶくろ); 《魚の》気胞; 〔笑〕人間の胃. **2** 《肉食動物の》のど; 口. **3** 危険のふち, ならく, 深淵(しんえん).
∼·seed [ˊ–] ケシ粒. **∼·worm** [ˊ–] 〔動〕回虫; (Mawworm) 偽善者.
máwk·ish [mɔ́:kiʃ] *a.* **1** 吐き気を催させるような, 胸のむかつく. **2** めそめそした, 涙もろい.
◇ **～·ly** *ad.* **～·ness** *n.*
max. maximum.
max·íl·la [mæksílə] *n.* (*pl.* **-lae** [-síli:], **-las**) 〔医〕あご骨, 上あご; 〔動〕小あご, 小えら.
máx·il·lar·y [mǽksilèri, mæksílə-/mæksílə-] *a.* あごの; あご骨の; 小あごの. —— *n.* あご骨.
***máx·im** [mǽksim] *n.* **1** 格言, 金言. **2** 格率; 処世の指針. 〔類〕→ **saying**「ことわざ」
Máx·im [mǽksim] *n.* (水冷式) マキシム速射機関銃 (=～ gun).
máx·i·ma [mǽksimə] *n.* maximum の複数形.
máx·i·mal [-m(ə)l] *a.* 最大値の; 最大の, 最高の.
máx·i·mal·ist [mǽksim(ə)list] *n.* 自分の要求の最大限度を主張して妥協しない人; (M～) 昔のロシアの社会主義者の過激派.
máx·i·min [mǽksimin] *n.* 〔ゲーム理論〕最少利得最大化の理論.
máx·i·mize [mǽksimàiz] *vt.* **1** 極限まで増加〔拡大, 強化〕する. **2** 極度に重要〔重大〕視する. ⇔ minimize. —— *vi.* 〈教義・責務などを〉できるだけ広く解釈する. ◇ **màx·i·mi·zá·tion** [mæksimizéiʃ(ə)n/-maiz-] *n.*
‡máx·i·mum [mǽksiməm] *n.* (*pl.* **-ma** [-simə], **-mums**) 最大, 最大限(度), 最大量〔数, 積〕; 〔数〕極大: the rainfall ～ 最大降雨量. ↔ minimum. —— *a.* 最大の, 最高の. [√mag(n)-]
～ dose 〔医〕極量. **～ thermometer** 最高温度計. **～ value** 〔数〕極大値.
†may → 枠付 may. (p. 785)
†May [mei] *n.* **1** 5月. **2** 〔雅〕人生の春, 青春. **3** 5月祭(=～ Day). **4** (m～)〔植〕サンザシ(の花). **5** (*pl.*)《Cambridge 大学の》5月試験; 5月競漕(きょうそう). ***Queen of (the)*** **～** =May queen.
—— *vi.* (m～) **1** 5月祭を祝う. **2** (春) 花を摘む.
～ apple 〔米: 植〕ミヤオソウ《ポドヒルム属》; その果実《5月に卵形黄色の実を結ぶ》. **～ beetle** 〔**bug**〕〔虫〕コガネムシの一種. **～ bush** 〔植〕サンザシの類 (=hawthorn, ～ tree). ***～ Day** 5月祭《5月1日》; 労働祭, メーデー. **∼-day** [ˊ–] May Day の. **∼·day** [ˊ–]〔電〕救難信号. **～ dew** 5月(1日)の朝露《麻布を漂白したり美顔を保つのに効果があるといわれた》. **∼·fair** [ˊ–] メイフェア《London の Hyde Park 東方の上流住宅地》; ロンドン社交界. ***∼·flòw·er** 5月に咲く花. 〈注〉イギリスではサンザシ, アメリカではイワナシ. **∼·flòw·er, the** メイフラワー号《1620年 Pilgrim Fathers がイギリスからアメリカ大陸へ渡った船の名》. **m∼·fly** [ˊ–]〔虫〕カゲロウの一種. **～ game** (*pl.*) 5月祭の遊戯; 《一般的》お祭り騒ぎ, ふざけ. **～ meetings** 5月会議《5月に London で開かれる宗教・慈善などの例会》. * **∼·pole, m∼·pole** [ˊ–]《5月祭を祝って周囲で踊るため花やリボンで飾る》5月柱. **m∼·pop** → 別項. **～ queen** 5月姫《花の冠をかぶる5月祭の女王に選ばれる少女》. **m∼·thorn** [ˊ–] =hawthorn. **∼·tide** [ˊ–], **∼·time** [ˊ–] 5月(の季節). **m～ tree** 〔植〕サンザシ. **～ Week, ∼-week** [ˊ–]〔英〕Cambridge 大学のボートレースが行なわれる5月下旬または6月上旬の週.
má·ya [mɑ́:jə] *n.* 〔ヒンズー教〕**1** 幻, 幻影; 偽りの世. **2** (M～) 幻影の女神 (Mahamaya).
Má·ya [mɑ́:jə] *n.* マヤ人《中央アメリカの土人》; マヤ語. ◇ **～n** [-ən] *a., n.* マヤの; マヤ人〔語〕(の).
†máy·be [méibi, -bi:] *ad.* ことによると, たぶん: Will he come?—*M～* (, or ～ not). 彼は来るのか. —来るかもしれない(し, 来ないかもしれない). Let's ask somebody else, ～ Tom. だれかほかの人に頼もう, トムにでも. *M～* you'll have better luck next time. たぶん今度は幸運が向いてきますよ《今回は残念でした》. [<(it) may be]
〔類〕→ **perhaps**「あるいは」
máy·est [méiist]〔古〕=may《主語が thou のとき》.
máy·hap [méihæp] *ad.* 〔古〕=perhaps.
máy·hem [méihem, ㊊⁺ méiəm] *n.* 〔法〕他人のからだの一部《手・足・目・歯など》に与える傷害; 故意の傷害罪. 「摘み.
Máy·ing [méiiŋ] *n.* (または m～) 5月祭; 5月の花
may·n't [meint]〔話〕may not の短縮形.
mày·on·náise [mèiənéiz, méiənèiz] *n.* マヨネーズ《卵黄・植物油・酢・レモンなどでつくるソース. サラダ・魚・冷肉などにかける》; 同上で調味した料理.
‡máy·or [méiər, mɛər/mɛə] *n.* 市長. ***Lord M～*** 〔英〕ロンドンその他大都市の市長. ***lord ～'s fool***

〖英俗〗ぜいたくな生活をする人. ***Lord M～'s Show*** 〖英〗ロンドン市長就任ひろう行列.
◇ ～·**ship** [-ʃip] *n.* =mayoralty. ～·**al** [méiərəl, mɛ́(:)r-/mɛ́ər-] *a.* 市長の. 「職〔任期〕.
máy·or·al·ty [méiərəlti, mɛ́(:)r/mɛ́ər-] *n.* 市長の
máy·or·ess [méiəris, mɛ́(:)r-/mɛ́ər-] *n.* 〖米〗女市長; 〖英〗市長夫人 (=Lady M～).
máy·pop [méipɑp/-pɔp] *n.* 〖植〗トケイソウの一種; その実.
mayst [meist] 〖古〗=may《主語が thou のばあい》.
màz·a·ríne [mæ̀zərí:n, ㊙⁺ ˊ-ˉ-ˋ] *a.* 濃いあい色の. —— *n.* 濃いあい色; 濃いあい色の服.
～ **robe, the** ロンドン市参事会員の制服.
Máz·da [mǽzdə] *n.* **1** ペルシア神学の善神, 《暗黒に対する》光明. **2** 白熱電燈《商標》.
◇ **Máz·da·ism** [-dəiz(ə)m] *n.* =Zoroastrianism.

may

may の主要な用法に「…してもよい」《許可》と「…かもしれない」《可能性》がある. 結合 may not には特に注意を要する. He *may not* know.「彼は知らないかもしれない」では He *may not-*know.「彼が知らないということがありうる」で, not は know を打ち消し, may 自体は肯定されるが, You *may not* come.「来てはならない」(ふつう must not) では You *may-not* come.「来ることが許されない」で, not は may を打ち消している. may not の結合は大部分第 1 の用法に用いられるが, ともかく同語順でも全く違った結合関係を生じる事実は注目に価する. 同様の現象が二つの must not にもあらわれる: 《平叙》 You *mustn't* go. (行かないことが必要だ→) 行ってはならない. 《疑問》 *Mustn't* I go? (行くことが必要でないのか→) 行かねば済むまい.

変化形は, 下記の現代形のほかに, 次の古形がある: 第二人称単数現在形 (thou) **mayst** [meist], **máy·est** [méiist], 過去形 **míght·est** [máitist].

may [mei] *aux. v.* (過去 **might** [mait]; may not の短縮形 **mayn't** [meint], might not の短縮形 **míght·n't** [máitnt]) 《否定の短縮形 mayn't はあまり用いられない; 過去形 might は別項で詳説》.

1 《可能性》 (…することがありうる→) かもしれない: The rains ～ yet come. 雨はまだ降るかもしれない. He ～ die. 彼は死ぬかもしれない. He ～ not like it. 彼はそれが好きでないかもしれない. That ～ or ～ not be true. それはほんとうかもしれないし, ほんとうでないかもしれない. They ～ 〔～ not〕 be able to come. 彼らは来られる〔来られない〕かもしれない. It ～ *have been* true. ほんとうであったかもしれない. He ～ *have said* so. 彼はそう言ったかもしれない. He ～ *not have been* so rude as they assert he was. 彼らが断言するほどには彼は無作法でなかったかもしれない.

〈注₁〉 may not は通常は「(…し)ないかもしれない」《否定の可能性》. ただし次記 ② 参照. なお cannot と比較: He *cannot* like it. 彼はそれが好きではありえない〔好きなはずがない〕.

〈注₂〉「may＋動詞原形」において「可能性」がよりうすくなれば may → might となる(→ 枠付 might).

〈注₃〉 may have done 〔been〕 (現在助動詞＋完了形) は現在から過去の事実を普通に推定し, might have done 〔been〕 は過去の事実とは違った可能性を考えるか, または過去の事実をもっとためらって「ひょっとしたら」という気持ちで推定する (→ 枠付 might).

2 《許可》 してもよい 《否定は must not》: You ～ leave the room. 退出してよろしい. You ～ go wherever you like. どこへでも好きな所へ行ってよい. *May* I smoke? —Yes, you ～. 〔No, you must not.〕 たばこを吸ってよいですか. —よろしい〔いけない〕.

〈注〉 今日では Can 〔*May*〕 I smoke? —Yes, you can. 〔No, you can't.〕 の形が多く用いられる. 否定は No, you *may not.* もあるが, may not の形はおもに「(…し)ないかもしれない」の意に用いるので「してはならない」は, まれとはいえないが, ひんぱんではない.

3 《容認》 …してもさしつかえない, …するのももっともだ 《否定は cannot》: You ～ call him a scholar, but you cannot call him a genius. 彼を学者と呼んでよいが天才とは言えない. →下記成句 ～ well.

4 《疑問詞とともに不確実をあらわす》 いったい (なに, だれ, どうして…) だろうか: I wonder what ～ be the cause. その原因はいったいなんだろう. Who ～ you be? どなたでしたかしら. How old ～ she be? 彼女はいったい幾つだろう. 〈注〉 第 1 例のように「ask 〔doubt, wonder, think〕＋疑問詞節」の形が多い.

5 《能力》 できる (=can): Gather roses while you ～. 摘める間にばらの花を摘め(若いときは二度とない).

6 《目的をあらわす副詞節の中で》 …するために, できるように: Great men often give their lives (so) that people ～ prosper. 偉人はしばしば (人人が栄えられるように→) 世人の繁栄のために命を投げ出す. 〈注〉 so のない形は文語的. so のある形では, 特に米語では may の代わりにしばしば will, can が用いられる.

7 《可能をあらわす主節に従う名詞節中で》: It is possible that he ～ come tomorrow. 彼はあるいはあす来るかもしれない.

8 《譲歩》(たとえ)…であろうとも: However tired you ～ be, you must do it. どんなに疲れていようときみはそれをしなければならない. Wherever 〔No matter where〕 you ～ go, I'll follow you. きみがどこに行こうと, ぼくはついてゆく. do what you ～ きみがなにをしようと. come what ～ どんなことがあろうと.

9 《希望・祈願》 願わくは…ならんことを: *May* you succeed! ご成功を祈る. *May* Heaven protect thee! 願わくは天なんじを守らんことを. *May* he rest in peace! 彼の霊の安らかに眠らんことを; なむあみだぶつ. *May* the present moment be the worst of our lives! 現在が最悪のときでありますように. 〈注₁〉 三人称において may を省略するばあいが多い. そのばあい三人称単数 s をとらず, be 動詞なら原形 be がくる点に注意: God *forgive* me! 神よ, ゆるしたまえ. 〈注₂〉 希望をあらわす主節に伴われることがある: *I hope* I *may* live to see the day. その日をまのあたり見るまで生き延びられるように.

as best one ～ できるだけ, どうかこうか. ***as the case*** ～ ***be*** ばあいしだいで, そのときの実情に従って: Ask your wife or husband *as the case* ～ *be.* あなたの奥さんなら奥さん, ご主人ならご主人に〔あなたが男性なら奥さんに, 女性ならご主人に〕聞いてごらんなさい. ***be that as it*** ～ とはいっても, それはともかく. ～ ***as well*** …したら〔した方が〕よい, しても悪くない: You ～ *as well* begin at once. すぐに始めるといい. We ～ *as well* stay here. ここにとどまっていても悪くない. 〈注〉 これらは *may as well* begin *as not* (begin), *may as well* stay *as not* (stay) の省略で, 原意は「…してもしなくともおなじこと」ということ. いわれる状況によって許可にも婉曲な命令にもなる.
～ ***well*** …するのももっともだ: He ～ *well* ask that. 彼がそう尋ねるのももっともだ.

***maze** [meiz] *n*. **1** 迷路, 迷宮; 迷路遊び. **2** 紛糾, 混乱. **3** 当惑, 困却: be in a ～ 途方にくれている.
—— *vt*. 迷わす, ろうばいさせる: 茫然(ぼう)とさせる.

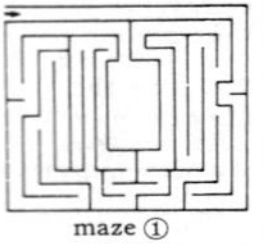

maze ①

ma·zú·ma [məzú:mə] *n*. 〖米俗〗金銭, お金(money).
ma·zúr·ka, ma·zóur·ka [məzə́:rkə, ㊕⁺-zúər-] *n*. マズルカ《ポーランドの軽快なダンス》; 《三拍子の》マズルカ舞曲.
ma·zút [məzú:t] *n*. 燃料油.
má·zy [méizi] *a*. **1** 迷宮のような. **2** 《道などが》曲がりくねった, 入り組んだ, 複雑な. [＜maze]
◇ **má·zi·ly** *ad*.
M.B. *Medicinae Baccalaureus* (L. ＝Bachelor of Medicine). **M.B.S., MBS** Mutual Broadcasting Service. **Mc-** ＝Mac-. **M.C.** Master of Ceremonies; Member of Congress.
Mc·Cár·thy·ism [məkɑ́:rθiìz(ə)m] *n*. マッカーシー主義, 極端な反共運動《アメリカ上院議員 J. R. McCarthy, 1908–57, の名から》.
Mc·Cóy [məkɔ́i] *n*. (the ～) 〖米俗〗本人, 本物 (＝the real ～). **——** *a*. 〖俗〗すてきな, 一流の.
Mc·In·tosh [mǽkintɑ̀ʃ/-tɔʃ] *n*. 《アメリカ産》紅色リンゴの一種.
Mc·Kín·ley [məkínli] ***Mount*** ～ マッキンレー山《Alaska にある北アメリカの最高峰》.
Md 〖化〗mendelevium. **Md.** Maryland. **M/D, M/d** month's date (＝months after date) 日付後…月. **M.D.** *Medicinae Doctor* (L. ＝Doctor of Medicine). **MDR** Minimum Daily Requirement. **Mdlle.** *Mademoiselle*. **Mdm., Mdme.** *Madame*. **mdse.** merchandise.
†**me** [mi:, 弱 mi] *pron*. **1** 《I の目的格》私を; 私に〔へ〕. **2** 〖古・雅〗《再帰用法》私自身を (myself). **3** 《口語のある種の構文で主格 I の代わりに》: It's *me*. 私ですよ《口語では It's *I*. よりも普通》. **4** 《口語のある種の構文で所有格 my の代わりに》: Did you hear about *me* getting promoted? ぼくが昇進した話を聞いたかい. **5** 《間投句中に》: Ah (Dear) *me*! ああ!, おや!, まあ!
Me 〖化〗methyl. **ME.** Middle English. **Me.** Maine. **M.E.** Master of Engineering; Mechanical [Military, Mining] Engineer; Methodist Episcopal; Middle English; Most Excellent; 〖米〗Movie Editor 映画欄担当記者.
méa·con [mí:kən] *vt*. ＜自動操縦装置などに＞ 誤った信号を送る. [＜*mis*lead bea*con*]
mead¹ [mi:d] 〖雅〗＝meadow.
mead² *n*. はちみつ酒.
‡**méad·ow** [médou] *n*. **1** 草地, 牧草地. **2** 川べの未開墾の低地. **3** 森林限界に接する草地. ***floating*** ～ 川の水がときどき氾濫(はん)する低地の草原. ***salt*** ～ 海水がときどき浸入する低地の草原.
～ **clover** 〖植〗アカツメクサ. ～ **foxtail** 〖植〗《牧草》オオスズメノテッポウ. ～ **grass** 〖植〗イチゴツナギ. ～ **lark** 〖米:鳥〗ノヒバリ. ～ **mushroom** ハラタケ《アメリカの最も普通の食用キノコ》. ～**·sweet** [ˊ-ˋ-] 〖植〗シモツケ属の低木; シモツケソウ属の草.
◇ ～**·y** [-i] *a*. 牧草地の; 草地の多い, 草地性の.
méa·ger, ㊕ **méa·gre** [mí:gər] *a*. **1** やせた. **2** 貧弱な; 不十分な, 乏しい, 無味乾燥な: a ～ salary 安月給. ◇ ～**·ly** *ad*. ～**·ness** *n*.
†**meal**¹ [mi:l] *n*. 食事; 食事時間; 1 度の食物: three ～*s* a day 1 日 3 食. → breakfast, lunch, dinner, supper. 〈注〉「きみは食事をしたか」のばあい, Did you have your *meal*? よりも Did you have your breakfast [lunch, supper]? のように言うのが普通. ***at*** ～***s*** 食事どきに. ***eat*** [***have, take***] ***a*** ～ 食事をする. ***eat between*** ～***s*** 間食する. ***make a*** (***hearty***) ～ ***of*** をたらふく食う, を平らげる. ***square*** [***light***] ～ 正式の〔軽い〕食事.
—— *vi*. 食事をする.
～ **stop** 《バス旅行の》食事のための停車(時間). ～ **ticket** (1) 食券. (2) 〖俗〗《けいべつ的》養ってくれる人. (3) 〖俗〗生活に必要なもの, 生活手段: A radio announcer's voice is his ～ *ticket*. アナウンサーにとって声は財産だ. ～**·time** [ˊ-ˋ-] 食事時間.
meal² *n*. 《トウモロコシなどの》あらびきにした粉; 〖米〗ひき割り; 〖スコットランド・アイルランド〗＝oatmeal.
méa·lie [mí:li] *n*. (通例 *pl*.) トウモロコシ.
méal·y [mí:li] *a*. **1** ひき割り状の, 粉末(状)の; ぼろぼろした. **2** 粉をふいた, 粉だらけの. **3** 《馬など》斑点(はん)のある. **4** 《顔色の》青白い. **5** 〖話〗＝ ～-mouthed.
～**-bug** [ˊ-ˋ-] 〖虫〗イボタムシ《ブドウの害虫》.
～**-mouthed** [-màuðd, -máuθt] 口先のうまい, あたらずさわらずの話をする; 遠回しに言う.
†**mean**¹ [mi:n] *vt*. (**meant** [ment]) **1** ＜語・文などが＞ 意味する; ＜人が＞ …のことを意味する, …のことを言おうとする: What does this word ～? このことばはどういう意味ですか. What do you ～ by that? そうおっしゃるのはどういう意味ですか. I'm not talking of you, I ～ John. あなたのことを言ってるのではありません, ジョンのことなのです.
2 本気で考えている, まじめに言う: I love you, I ～ it. きみが好きなのだ, うそじゃない. You don't ～ it! まさか, 本気じゃあるまい.
3 《ある人・目的のために》意図する, 予定する, 計画する, しつらえる: He *meant* that remark *for* you. 彼のあのことばはあなたを目当てにしたものだった. This present is *meant* for you. この贈り物はあなたに差し上げるものです. She was *meant* for an actress. 彼女は生まれつきの女優だった; 女優として育てられた.
4 《名詞または不定詞を目的語として》 …するつもり, …する意志をもつ: He ～*s* no harm. なにも悪意などいだいてはいない. I ～ him no harm. 彼を害する心底なんかない. He didn't ～ *to* do it. そんなことするつもりはなかったのだ; 意識的にやったわけではない. I ～ them to obey me. ＝I ～ to be obeyed. 彼らには私の言うことに従ってもらいます. 〈注〉I didn't *mean* to hurt you.「あなたを傷つけるつもりではなかった」のばあいは, mean は intend とほぼおなじ意味であるが, やや軽い気持ち.
5 《比喩的》意味する; の価値をもつ, に等しい; という結果を生じる, …ということになる: His mother ～*s* the world *to* him. 彼にとっては母親がこの世にもかえられないほどたいせつだ. This bonus ～*s* that we can at last take a long trip. このボーナスのお陰でとうとう長旅ができることになった.
～ ***business*** 本気である; ほんとうにやるつもりである. ～ ***mischief*** 悪心をいだく; 悪事をたくらむ. ～ ***well*** [***ill***] 善意である〔悪意をいだいている〕. ～ ***well by*** [***to***] に対して好意を寄せる. ***You don't*** ～ ***to say so!*** まさか!, ご冗談でしょ!
〔類〕→ intend「意図する」
‡**mean**² *a*. **1** 並みの, 平凡な, 劣った: ～ intelligence 凡庸な知力. no ～ scholar 非凡な学者. **2** 《価値・地位の》卑しい, 低い, とるに足らぬ: of ～ birth 卑賤(せん)の生まれの. **3** みすぼらしい, 見るもあわれな: ～ appearance 貧弱な風采(さい). **4** 下品な, 品の悪い. **5** 卑劣な; さもしい: a ～ trick ひきょうな策略. ～ *about* money＝～ *over* money matters 金のことにけちな. **6** 〖米話〗意地の悪い: Don't be so ～! そう意地悪するなよ. **7** 〖米話〗いやな, めんどうな: ～ business うんざりする仕事. a ～ horse 癖の悪い馬. **8** 〖米話〗気分が悪い. **9** 〖俗〗(いやになっちゃうほど) うまい: He throws a ～ curve. 彼はすごいカーブ (ボール) を投げる. ***feel*** ～ 恥ずかしく思う: *feel* ～ *for* being stingy 金惜しみして肩身がせまい

思いをする. ***have a ～ opinion of*** を軽んずる; さげすむ. **～-spír·it·ed** (心の) 卑劣な, さもしい; 寛大でない, けちな. ◇ **～-ness** *n.* 卑しさ; 卑しい行為.

*__mean__³ *a.* **1 中間の**, あいだの: take a ～ course 中道を歩む. **2 平均の**: ～ reaction time 平均反応時間. —— *n.* **1** (*pl.*) = means. **2 中間**, 中庸: golden [happy] ～ 中庸の徳. **3**〖数〗**平均**(値), 中数 (項);〖論〗中名辞;〖楽〗中音部: arithmetical ～ 算術平均. geometrical ～ 幾何平均.

～ proportional〖数〗比例中項. **～ sea level** 平均海面. ‡**～·time** →別項.

me·án·der [miǽndər] *n.* **1** (*pl.*)《川の》曲がりくねり; 曲がりくねった道; 迷路. **2** そぞろ歩き; (通例 *pl.*) 回り道の旅. **3** 雷文(らいもん); 卍(まんじ)つなぎ(模様). —— *vi.* **1** ゆるく曲がりくねって流れる; 紆余(うよ)曲折する. **2** そぞろ歩きをする《*along*》. **3** 漫談する.

me·án·der·ing [miǽnd(ə)riŋ] *n.* **1** 曲がりくねり; 曲がりくねった道. **2** そぞろ歩き. **3** 漫談, とりとめのない話. —— *a.* **1** 曲がりくねった. **2** そぞろ歩きの. **3**《話が》とりとめのない.

◇ **～·ly** *ad.* 曲がりくねって; あてどもなく.

me·án·drous [-drəs] = meandering.

méan·ie [míːni] *n.*〖話〗**1** 下劣なやつ; けちんぼ. **2** 毒舌をふるう不公平な批評家; おこりっぽい男. **3**《芝居・文学作品などの》悪役.

‡**méan·ing** [míːniŋ] *n.* **1**《ことばなどの》**意味**: What's the ～ of this? これはどういう意味か; これはどういうことなんだ. Seasickness has no personal ～ for me. 私は船酔いということを知らない. **2** 意義, 目的: the ～ of life 人生の意義. ***with ～*** 意味深長に, 意味ありげに.

—— *a.* **1** 意味ありげな. **2**《合成語で》…するつもりの: well-～ 善意の. ill-～ 悪意の.

◇ **～·ly** [-li] *ad.* 意味ありげに; わざと.

(類義語) **意味: meaning** 最も一般的で適用範囲の広い語. 意味を与え, また受け取るものとしての人間の存在が暗示されている: the *meaning* of a glance 一瞥(いちべつ)の意味するもの. the *meaning* of life 人生の意味. **sense** 語・句などが受け取る人間とは関係なくもっている意味, また「採り上げる価値のある意味」: the *sense* of a word 語義. There is little *sense* in what he says. 彼の言うことはおよそばかばかしい. **significance** あからさまに表現されていない隠れた意味, ちょっととらえがたい重要な意味: A familiar sight now broke upon her with a new *significance*. いまやなじんだながめも新しい意味を帯びて彼女に迫った. **purport** 書物・話などの趣旨. 行動の目的・意図を示すばあいもある: the *purport* of one's visit 訪問の意図.

méan·ing·ful [-f(u̦)l] *a.* 意味深長な; 意味のある. ◇ **～·ly** [-fu̦li] *ad.* 「◇ **～·ly** *ad.*

méan·ing·less [-lis] *a.* 意味のない, 無意味な.

méan·ly [míːnli] *ad.* **1** 卑しく, 卑劣に. **2** 下品に; 見苦しく. **3** けちけちして; 貧弱に, みすぼらしく. ***think ～ of*** をけいべつする.

‡**means** [miːnz] [元来は mean³ の複数形] *n.pl.* **1**《単・複数扱い》**手段**, 方法; 機関: He used every ～ imaginable. 彼はあらゆる手段を用いた. ～ of communication 通信 [伝達] 機関. **2**《複数扱い》**資力**, 財産, 収入: as far as one's ～ allow 資力の許すかぎり. a man of ～ 資産家.

by all ～ (1) あらゆる手段を尽くして, 必ず. (2)《承諾の返事》よろしいとも (certainly). ***by any ～*** どうしても. ***by fair ～*** 正当な手段で. ***by ～ of*** によって. ***by no ～*** 決して…でない [しない]. ***by some ～ or other*** どうにかして. ***live within*** [***beyond, above***] ***one's ～*** 身分相応 [不相応] の暮らしをする.

～ test〖英〗《失業救済を受ける者の》収入 [家計] 調査.

‡**meant** [ment] *v.* mean¹ の過去・過去分詞.

‡**méan·time** [míːntàim] *n.* **その間**. ***in the ～*** [***meanwhile***] その間に, そうこうしているうちに; 差し当たって, 当分は; (一方) 話変わって.

—— *ad.* **1 その間に**; とかくするうちに. **2** 他方, 一方; (一方) 話変わって.

‡**méan·while** [míːn(h)wàil] = meantime.

méan·y [míːni] = meanie.

méa·sled [míːzld] *a.* はしかの, はしかにかかった.

méa·sles [míːzlz] *n. pl.*《おもに単数扱い》**1**〖医〗はしか, 麻疹(ましん); 風疹 (= German ～). **2**〖獣医〗包虫症.

méa·sly [míːzli] *a.* **1** はしかの, はしかにかかった. **2**〖獣医〗包虫症にかかった. **3**〖俗〗やくざな, 下劣な. **4**〖俗〗ちっぽけな. **5**〖俗〗なってない, へたくそな.

‡**méas·ure** [méʒər] *vt.* **1 量る**, 計量 [測定, 測量] する; の寸法を測る: I was ～*d* for a new suit. 服を新調するので寸法をとってもらった. **2** <人物・能力などを> 測定する, 考量する, 評価する, 判定する; (評定) 比較する《と *with*》: ～ oneself *with* another 人と力比べをする. **3 の程度を示す**, のものさしになる: Her sacrifices ～ the degree of her love. 彼女の払った犠牲を見れば愛情のふかさが推しはかれる. **4 つりあわせる**, 適応させる《に *to*》: ～ one's speech *to* one's listeners' reactions 聴衆の反応によって講演をかげんする. **5**〖雅〗踏破する, 進む, 行く: ～ thirty miles a day 1日 30マイル踏破する.

—— *vi.* **1** 測る, 測定する. **2 計って…になる**, …の長さ [幅, 重さなど] がある: This book ～*s* six inches by four. この本は縦 6 インチ横 4 インチある. ***～ back***《自動詞的に》じわじわ後退する. ***～ one's length*** (***on the ground***) 大の字に倒れる. ***～ off*** 量って取り分ける; 区分けする. ***～ out*** 量り分ける; 量って与える, 割り当てる. ***～ one's strength with*** [***against***] と力を比べる. ***～ swords with*** と刀の長さを比べる《決闘の前に》; と戦う. ***～ up to***〖米〗<標準・理想・期待など> にかなう: He ～*s up to* his new position. 彼は新しい地位にふさわしい. ～ a person ***with one's eye*** (人を) じろじろ見る. ～ ***one's words*** ことばを控えめにする.

—— *n.* **1 寸法**, **分量**; 大きさ, 重さ, 長さ, ます目: His waist ～ is 26 inches. 彼の胴まわりは 26 インチである. **2**《メートル・インチ・グラム・クォートなど》度量単位; 度量法: metric ～ メートル法. angular ～ 角度. dry ～ 乾量. square [cubic] ～ 面 [体] 積. **3 ます, ものさし**, 巻き尺, 度量衡器. **4**《器具による》分量: a ～ of sugar 砂糖 1 杯 [1 目盛り]. heaped ～ 山盛り. **5 限度**, **程度**; 標準, 適度: the ～ of his intelligence 彼の知能の程度. a civilized sense of ～ 洗練された節度感覚. **6** 法案, 条令. **7** (通例 *pl.*) **手段**, 方策; 処置: take the necessary ～*s* 必要な処置をとる. **8**〖数〗約数: greatest common ～〖数〗最大公約数《略 G.C.M》. **9** 韻律;〖楽〗拍子; 小節;〖古〗舞踏. **10** (*pl.*) 地層. **11**〖印〗《行・ページなどの》幅. ***above*** [***beyond, out of***] ***～*** 過度に, 非常に. ***adopt*** [***take***] ***～s*** 手段をとる. ***fill up the ～*** 山盛りにする. ***for good ～*** おまけに. ***give full*** [***good***] ***～*** 量りをたっぷりにする. ***give short ～*** 量りを少なくする. ***give*** [***show***] ***the ～ of*** の程度を示す. ***have hard ～s*** ひどいしうちを受ける. ***have*** a person***'s ～ to an inch*** (人) の器量 [人物] をすっかり見抜く. ***in a great*** [***large***] ***～*** 大いに, 大部分. ***in a*** [***some***] ***～*** 多少, いくらか. ***keep ～***(***s***) 中庸を守る. ***keep ～s with*** に寛大にする. ***know no ～*** 限度を知らない. ***made to ～*** 寸法に合わせてつくった《洋服など》. → ready-made. ***～ for ～*** しっぺい返し (tit for tat). ***sell by the ～*** 量り売りする. ***set ～s to*** を制限する. ***take*** a person***'s ～*** (人) の寸法を測る; (人) の人物を見る. ***take the ～ of*** a person***'s foot*** (人) の人物 [力量] を見きわめる. ***tread a ～***〖古〗ダンスをする. ***without*** [***within, in***] ***～*** 過度 [適度] に.

◇ ～·less *a.* 測り知れない，無限の. **méas·ur·a·ble** [-ʒ(ə)rəbl] *a.* 測れる；適度の，ほどよい，ある程度の. **méas·ur·a·bly** [-ʒ(ə)rəbli] *ad.* 1 目に見えて. 2 適度に，多少，ある程度まで. **méas·ur·er** [-ʒərər] *n.*

méas·ured [méʒərd] *a.* 1 測った；正確に測った：a ～ mile 1 マイルきっかり. 2 考慮した，とっくり考えた：～ words 慎重なことば. 3 (ゆっくりと) 規則正しい，拍子のそろった：with ～ steps 足どり正しく. 4 韻をふんだ，韻律の. ◇ **～·ly** *ad.*

‡**méas·ure·ment** [méʒərmənt] *n.* 1 測量，測定；測定法，度量法. 2 寸法，大きさ，広さ，長さ，深さ，厚さ. 3 (通例 *pl.*) 胸・腰まわりなどの寸法. ***inside*** [***outside***] ～ 内〔外〕のり. [√mens-]
～ goods 容積計算貨物. **～ ton** 容積トン.

méas·ur·ing [méʒ(ə)riŋ] measure の動名詞・現在分詞. **～ chain** [**line**] チェーン，測鎖. **～ cup** 目盛りコップ，計量カップ. **～ rule** ものさし. **～ worm** 〖虫〗尺取虫.

†**meat** [mi:t] *n.* 1 肉《食用の動物の》：butcher's ～ 牛・豚・羊の肉. → flesh. 2《カニ・貝・卵・果実などの》食べられる部分，身：crab-～ カニの身. the ～ of a walnut クルミの中身. 3《本などの》内容，中身：This book is full of ～. この本は内容が充実している. 4〖話〗好きなこと，楽しみ，趣味. 5〖古〗食物：～ and drink 飲食物. 6〖古〗食事：say grace before ～ 食前の祈りをする.
as full of errors ***as an egg is of*** ～ (まちがい) だらけ. ***be*** ～ ***and drink to*** …にとって大きな楽しみである. ***green*** ～ 野菜. ***inside*** ～ 臓物. ***One man's ～ is another man's poison.*** 〖諺〗甲の薬は乙の毒. ***strong*** ～ かたい肉；難解な教え. → milk for babes.
∽·ball [∸∸] (1) 肉だんご，ミートボール. (2)〖米俗〗まぬけ. **～ chopper** [**grinder**] ひき肉機. **～ fly** 〖虫〗ニクバエ (flesh fly). **∽·head** [∸∸]〖米俗〗ばか，まぬけ. **～ maggot** 〖虫〗うじ，ニクバエの幼虫. **∽·man** [-mæn] (*pl.* **-men**) 肉屋. **～ offering** 〖聖〗《古代ユダヤの麦粉と油でつくった》供え物. **～ pie** 肉入りパイ. **～ safe**〖英〗はい帳，ネズミ入らず. **～ screen** 照り返し《焼き肉用の火熱反射板》. **～ tea**〖英〗肉料理つきのお茶 (high tea).
◇ **∽·less** *a.* (食事が)肉のない. **∽·y** *a.* 1 肉の多い，肉のような. 2 内容の充実した，(簡潔で) 要領を得た.

me·á·tus [miéitəs] *n.* (*pl.* **-tus·es, -tus**) 〖医〗管，導管. ***the urethral*** ～ 尿道.

mec [mek] *n.*〖米俗〗機械工兵. [<*mechanic*]

Méc·ca [mékə] *n.* 1 メッカ《Riyadh とともにサウジアラビアの首都. Mohammed の誕生地；回教の霊地》. 2 (または m～) あこがれの〔行ってみたい〕所；あこがれの的；《主義・信仰・学問などの》発祥地：Paris, the [a] ～ of the world's art lovers 世界じゅうの芸術愛好者が一度は行きたいと願うパリ.

mech. mechanical; mechanics; mechanism.

‡**me·chán·ic** [mikǽnik] *n.* 機械工；機械修理工；〖古〗職工，職人. **——** *a.*〖古〗＝mechanical.

‡**me·chán·i·cal** [mikǽnik(ə)l] *a.* 1 機械の；機械で動く〔でつくられた〕. 2《比喩的》機械的な，無意識の，無感情な：Her reading is very ～. 彼女の読み方には感情がこもっていない. 3 機械学の，力学の. 4〖古〗職人〔職工〕の；手仕事の.
～ aptitude 機械いじりの才. **～ drawing** 製図，図面，用器画. **～ engineering** 機械工学. **～ heart** 人工心臓. **～ pencil** シャープペンシル. **～ power** 機械力；(*pl.*) 単純機械類《てこ・滑車・くさびなど》. **～ transport** 〖英：軍〗自動車隊《略 M.T.》. ◇* **～·ly** *ad.* 機械で；機械的に；無感情に.

mèch·a·ní·cian [mèkəníʃ(ə)n] *n.* 機械技師；機械工；機械学者.

me·chán·ics [mikǽniks] *n. pl.* 1《単数扱い》機械学；力学：applied ～ 応用力学. quantum [statistical] ～ 量子〔統計〕力学. 2《複数扱い》機械的な部分；テクニック，技巧，技術.

‡**méch·a·nism** [mékəniz(ə)m] *n.* 1 機械 (装置)，機構，仕組み，からくり：the ～ of a clock とけいの機械. the ～ of government 行政機構. 2〖哲〗宇宙機械観〔論〕. → vitalism. 3〖芸術〗《絵画・音楽などの》手法，技法，技巧，テクニック. 4〖心〗《思考・行動などを決定する》心理過程；《心の》機構：defense ～ 自己防衛機構.

méch·a·nist [mékənist] *n.* 1 機械技師〔学者〕(mechanician). 2〖哲〗機械論者. → mentalist.

mèch·a·nís·tic [mèkənístik] *a.* 機械学的な，機械作用の；機械論的な；機械論者の.

méch·a·nize [mékənàiz] *vt.* 機械化する，機械仕掛けにする；機動化する. ***～d unit*** 機械化部隊.
◇ **mèch·a·ni·zá·tion** [∸–nizéiʃ(ə)n, -naiz-] *n.*

Méch·lin [méklin] *n.* メクリン レース (＝ ～ lace)《ベルギー産の模様入りレース》.

Mechs [meks] *n.*〖軍俗〗＝Mechanized Force.

me·có·ni·um [mikóuniəm] *n.* かにくそ，かにばば，胎便《新生児の最初の排出物》.

Med. Medieval. **med.** medical; medicine; medieval; medium. **M.Ed.** Master of Education.

‡**méd·al** [médl] *n.* 1 メダル，賞牌(しょうはい)，記念碑，記章，勲章. 2 古貨幣，古銭. ***Distinguished Service M～***〖米〗殊勲章《戦功のあった軍人に与えられる》. ***M～ for Freedom***〖米〗外国人功労章《他国の市民・軍人に授与される》. ***M～ for Merit***〖米〗功労章《一般市民に授与される》. ***M～ of Honor***〖米〗名誉勲章《戦闘の殊勲に対し大統領が親授する最高勲章》. ***the reverse of the ～*** 問題の他の半面〔裏面〕；盾(たて)の反面.
～ play 〖ゴルフ〗打数競技《1 コースの打数が最も少ないものから順位を定める》. → match play.
◇ **méd·al(l)ed** [-d] *a.* メダルを受けた；記章をつけた.

méd·al·et [méd(ə)lèt, ㊍⁺ -lit] *n.* 小メダル.

me·dál·lion [midǽljən] *n.* 1 大メダル，大賞牌(しょうはい). 2 ロケット《肖像などを入れて首から胸に鎖でさげる》；《肖像画などの》円形の浮き彫り. 3〖建〗円形浮き彫り装飾.

méd·al·(l)ist [méd(ə)list] *n.* 1 メダル製作〔意匠，彫刻〕家. 2 メダル受領者；メダル収集家.

‡**méd·dle** [médl] *vi.* 1 よけいな世話をやく，干渉する，手を出す，おせっかいする《に *with, in*》：My grandma is always ～*ling* (*with* us, *in* our affairs). 私の祖母はいつも(私たちに，私たちのことに) おせっかいばかりしている. 2 いじくる，ひねくりまわす《を *with*》. ***neither make nor ～***〖俗〗いっさい干渉〔関係〕しない. [√misc-]
◇ **～r** [-ər] *n.* おせっかいな〔よけいな世話をやく〕人.

méd·dle·some [-səm] *a.* 世話好きな，おせっかいな. ◇ **～·ness** *n.*

Mede [mi:d] *n.* メデア人.

Me·dé·a [mi:dí:ə/-díə, -dí:ə] *n.*〖ギ神〗メデア《Jason の Golden Fleece 獲得を助けた女魔法使い》.

***mé·di·a**[1] [mí:diə] *n.* medium の複数形.

mé·di·a[2] *n.* (*pl.* **-ae** [-dii:]) 〖医〗血管の中膜；〖音声〗有声破裂(子)音.

Mé·di·a [mí:diə] *n.* メジア《カスピ海の南にあった古代王国》.

mé·di·a·cy [mí:diəsi] *n.* 1〖論・哲〗介在；媒介. 2 霊媒.

mè·di·áe·val ＝medieval.

mè·di·áe·val·ize ＝medievalize.

mé·di·al [mí:diəl] *a.* 1 中間の；〖音声〗語中の《語頭・語末に対し》：a ～ vowel 語中母音. 2 中庸の，並みの. 3 平均の. [√medi-] ◇ **～·ly** *ad.*

mé·di·an [mí:diən] *a.* 1 中央〔中間〕の. 2〖医〗正中の. **——** *n.* 1〖医〗正中動脈〔静脈〕；中間神経. 2〖数〗メジアン《中央値》，中位数，中点，中線. 3 ＝～ strip. [√medi-]
～ point 重心. **～ strip** (道路の) 中央分離帯.

Mé·di·an [míːdiən, -djən] *a.* Media の, メジア人〔語〕の. —— *n.* メジア人.

median strip

mé·di·ate[míːdièit] *vi.* 間に立つ, とりなす, 取り結ぶ: ～ *between* labor and management 労資の間を調停する.
—— *vt.* **1** 調停によって取り決める: ～ peace 和平を調停成立させる. **2** の仲立ち〔媒介〕をつとめる; 調停仲裁する. **3** 〈贈り物などを〉取り次ぐ.
—— [míːdiit] *a.* **1** 中間の; 中間に立つ, 仲介の. **2** 仲介による, 間接の. ↔ immediate. [√medi-]
◇ **～·ly** [-itli] *ad.*

mè·di·á·tion [mìːdiéiʃ(ə)n] *n.* 仲立ち, 仲介; とりなし, 和解(工作); 〔法〕調停. *through* a person*'s* ～ (人) の仲介で.

mé·di·a·tize [míːdiətàiz] *vt.* 〈公国を〉隷属させる; 〈大国が小国を〉併合する.

mé·di·a·tor [míːdièitər] *n.*(*fem.* **mé·di·a·tress** [-èitris]) mediate する人; (M～) キリスト.

mè·di·a·tó·ri·al [mìːdiətóːriəl/-tɔ́ːr-] *a.* 仲裁〔調停〕の, とりなしの. ◇ **～·ly** *ad.*

mé·di·a·to·ry [míːdiətòːri/-t(ə)ri] *a.* 仲裁〔調停〕の, とりなしの.

mé·di·a·trice [míːdièitris], **mè·di·á·trix** [mìːdiéitriks] *n.* (*pl.* **mè·di·a·trí·ces** [mìːdiətráisiːz, mìːdiéitrisìːz]) mediator の女性形.

méd·ic[1] [médik/míːdik] *n.* 〔植〕ウマゴヤシ属の植物《ムラサキウマゴヤシなど》.

méd·ic[2] [médik] *n.* 〔米話〕医者; 医学生; 〔軍〕軍医, 衛生兵.

méd·i·ca·ble [médikəbl] *a.* 治療できる.

‡**méd·i·cal** [médik(ə)l] *a.* **1** 医学の, 医術〔医療〕の; 医薬の. **2** 内科の. → surgical. *under* ～ *treatment* 治療中. —— *n.* 〔話〕**1** 医者; 医学生 (＝～ student). **2** ＝～ examination. [√med-]
～ **advertisement** 薬の効能書き. ～ **art** 医術. ～ **case** 内科の患者. ～ **college** 医科大学. ～ **compound** 薬剤. ～ **corps** 軍医部. ～ **department** 医学部. ～ **electronics** 医用電子工学. ～ **examination** 身体検査, 健康診断. ～ **examiner** 《死因を調べる》検死官. ～ **fertilization** 人工授精. ～ **jurisprudence** 法医学. ～ **man** 医師. ～ **record** 診療記録, カルテ. ～ **science** 医学. ～ **ward** 内科病棟(びょう).
◇ **～·ly** *ad.* 医学上; 医学〔医術, 医薬〕で.

me·díc·a·ment [mịdíkəmənt, médik-] *n.* 薬, 薬剤, 医薬.

Méd·i·care [médịkèər] *n.* (または m～) 〔米〕(国民) 医療保障. [＜*medi*cal *care*]

méd·i·cate [médịkèit] *vt.* **1** 薬で治療する, に投薬する. **2** に薬物を混ぜる〔含ませる〕. *～d bath* 薬湯. *～d soap* 薬用せっけん. ◇ **-ca·tive** [-kèitiv/-kət-, -keit-] *a.* 薬として効果のある, 治療力のある.

mèd·i·cá·tion [mèdịkéiʃ(ə)n] *n.* **1** 薬物治療; 薬物処理. **2** 医薬, 薬物. 「家の.

Mèd·i·cé·an [mèdịsíːən/-tʃíːən, -síː-] *a.* Medici

Méd·i·ci [médịtʃiː] *n.* メディチ家 《イタリア Florence の名家. 15–16 世紀に政・財界を手中に収め, また文芸・美術の保護に貢献し, 同市をルネッサンスの一大中心地とした》.

me·díc·i·nal [mịdísịn(ə)l] *a.* **1** 医薬の, 薬の: ～ properties 薬の成分. ～ substances 薬物. **2** 薬用の, 薬効のある, 治療力のある, 病気をなおす. ～ **herb** 薬草. ◇ **～·ly** *ad.* 薬として; 医薬で.

‡**méd·i·cine** [méd(ị)s(ị)n] *n.* **1** 薬, 内服薬. → drug. **2** 医学, 医術: clinical ～ 臨床医学. **3** 内科 (治療). → surgery. **4** 《アメリカインディアンの》魔法, まじない; 呪物(じゅ). **5** 〔俗〕酒. *domestic* ～ しろうと療治; 家庭薬. *patent* ～ 売薬, 特効薬. *practice* ～ 医業を営む, 開業している. *take one's* ～ 苦い薬をのむ, いやなことをがまんする. *take* ～*(s)* 薬をのむ. *the virtue of* ～ 薬の効能.
—— *vt.* 〔古〕に薬を与える. [√med-]
～ **ball** メジシンボール《運動用の皮製の重いボール》. ～ **chest** 薬箱. ～ **dance** 《病魔を追い払うための》まじない踊り. ～ **man** 《アメリカインディアンなどの》まじない師. 「生.

méd·i·co [médịkòu] *n.* (*pl.* **～s**) 〔話〕医者; 医学

medico-「医学」の意の語形成要素.

méd·i·co·bo·tán·i·cal [médịkobətǽnik(ə)l] *a.* 薬用植物学の. 「の.

méd·i·co·gal·ván·ic [-gælvǽnik] *a.* 電気療法

mèd·i·co·lé·gal [mèdịkolíːg(ə)l] *a.* 医事法規の.

‡**mè·di·é·val** [mìːdiíːv(ə)l, mèd-] *a.* 中世の, 中古の; 中世風の. → ancient, modern. [√medi-＋√æv-] **M～ Latin** → Latin.
◇ **～·ize** [-àiz] *vt., vi.* 中世風にする〔なる〕. **～·ly** [-vəli] *ad.* 中世風に.

mè·di·é·val·ism [-iz(ə)m] *n.* **1** 中世風〔式〕; 中世精神〔思想〕. **2** 中世趣味; 中世研究.
◇ **-ist** *n.* 中世研究家; 中世賛美者〔愛好家〕.

Me·dí·na [mịdíːnə] *n.* メジナ《アラビア西部の都市. Mohammed の逃亡地; その墓がある》.

mé·di·o·cre [míːdiòukər, ⌐—⌐—] *a.* **1** 並みの, 尋常の, 普通の. **2** 平凡な; 二流の. [√medi- 中(等)] ◇ **mè·di·óc·ri·ty** [mìːdiɑ́krịti/-ɔ́k-] *n.* **1** 平凡, 凡庸; 普通, 並み. **2** 平凡な人物, 凡人.

Medit. Mediterranean (Sea).

‡**méd·i·tate** [médịtèit] *vt.* **1** 思いめぐらす, 熟考する. **2** 計画する, もくろむ, 企てる: ～ revenge 復讐(ふくしゅう)をたくらむ. —— *vi.* 瞑想(めいそう)する, 黙想する《について *on, upon*》. [√med-]
◇ **-ta·tor** [-ər] *n.* 黙想する人, 瞑想者, 思索家; 考案者, 計画者. 〔類〕→ **think**「考える」

mèd·i·tá·tion [mèdịtéiʃ(ə)n] *n.* 瞑想(めいそう), 黙想; 沈思, 熟慮; 考察; (*pl.*) 瞑想録.

méd·i·ta·tive [médịtèitiv/-tətiv] *a.* 黙想にふける, 瞑想的. ◇ **～·ly** *ad.*

‡**Mèd·i·ter·rá·ne·an** [mèdịtəréiniən, -njən] *a.* 地中海の; (m～) 陸に囲まれた. —— *n.* 地中海 (＝the ～ Sea). [√medi-＋√terr-]
～ **fever** ＝Malta fever. ～ **race, the** 地中海沿岸に住むコーカサス人種.

‡**mé·di·um** [míːdiəm, -djəm] *n.* (*pl.* **-ums, -a** [-diə]) **1** 中間, 中位: happy ～ 中庸. **2** 媒介(物), 媒体; 手段: Radio is a ～ of mass 〔public〕 communication. ラジオは報道機関である. mass *media* マスメディア, 報道機関《新聞・テレビ・ラジオなど》. **3** 生活環境. **4** みこ, 霊媒. **5** 〔画〕溶材《水・油など》. **6** 〔生〕培養基 (＝culture ～); 〔論〕中名辞. *by* 〔*through*〕 *the* ～ *of* の媒介で, によって. *in the* ～ 中距離撮影で. ～ *of circulation* 通貨. —— *a.* 中位の, 並みの: a man of ～ height 中ぜいの人. cook over ～ heat 中火で煮る. [√medi-] ～ **frequency** 〔電〕中間周波数《略 MF》. **～-sized** 中型の, 中判の, 並み型の. ～ **wave** 〔電〕中波.

mè·di·um·ís·tic [mìːdiəmístik] *a.* 霊媒の.

méd·lar [médlər] *n.* 〔植〕セイヨウカリン; その実. *Japan(ese)* ～ ビワ (loquat).

méd·ley [médli] *n.* **1** 寄せ集め, 種々雑多の混合物; (雑多な人の) 寄り集まり. **2** 〔楽〕混成曲; メドレー, 吹き寄せ. **3** 雑録. **4** 〔古〕乱戦.
—— *a.* **1** 寄せ集めの, 種々さまざまの. **2** 混合した.
—— *vt.* 混合する, ごたまぜにする. [√misc-]
～ **relay** メドレー競走〔競泳〕.

Mé·doc, *Mé·doc* [méidɑk, midɑ́k/médɔk, midɔ́k] *n.* 《フランスのメドック産》赤ブドウ酒の一種.

Méd·res·co [médreskòu] *n.* 〘英〙補聴器の一種.
me·dúl·la [midʌ́lə/med-, mid-] *n.* (*pl.* **-lae** [-liː]) 〘医〙骨髄, 髄質; 延髄; 〘植〙木髄. [<L.] **~ oblongata** [-ɑ̀blɔːŋgɑ́ːtə, -géitə/-ɔ̀blɔŋ-] 〘医〙延髄. **~ spinalis** [-spainǽlis] せき髄.
◇ **~·ry** [-ri] *a.* ~の.
Me·dú·sa [mid(j)úːsə,-zə/-djúː-] *n.* **1** 〘ギ神〙魔女 Gorgons のひとり. **2** (m~) (*pl.* **-sas, -sae** [-siː, -ziː]) 〘動〙クラゲ (jellyfish).
meed [miːd] *n.* **1** 〘雅〙報酬, 褒賞(ほうしょう); 贈り物. **2** 当然受けるべき報酬; 分け前.
‡**meek** [miːk] *a.* **1** 柔和な, おとなしい, 従順な. **2** 優しすぎる, いくじのない. ***(as) ~ as a lamb [Moses]*** すこぶるおとなしい.
◇ **~·ly** *ad.* **~·ness** *n.* 〔類〕→ **gentle**「穏やかな」
méer·kat [míərkæ̀t] *n.* マングース類《小肉食動物. 南アフリカ産》.
méer·schaum [míərʃəm, ㊥⁺ -ʃɔːm] *n.* **1** 〘鉱〙海泡(かいほう)石. **2** 海泡石製の(喫煙)パイプ.
†**meet**[1] [miːt] *v.* (**met** [met]) *vt.* **1** に出会う, に会う; と行きかう, とすれちがう, と顔を合わせる: turn aside to avoid ~*ing* a person 人と顔を合わせたくないのでそっぽを向く. **2** 初めて会う《紹介されて》, と知り合いになる: *M*~ my wife. 妻を紹介しよう. I have already *met* Dr. Eaton. イートン先生にはもう紹介していただきました. **3** と落ち合う, 出迎える, の到着を待つ: *M*~ me in St. Louis. セントルイスでお会いしましょう. I'll ~ your train. きみの列車の到着を待とう. **4** <運命・死などに> 巡り会う, 経験する: ~ hostility 敵対を受ける. **5** <敵・困難などに> 立ち向かう, に処する, に対抗する: ~ a danger calmly 危険に平然と直面する. When does Waseda ~ Keio (in baseball)? (野球の) 早慶戦はいつか. **6** <注文・要求・必要などに> 応ずる, <義務・条件などを> 満たす: ~ obligations 義務を果たす. **7** 支払う: ~ bills 手形を支払う. ~ debts 借金を返す. ~ expenses 出費を引き受ける. **8** <道・川などが> …に行き当たる, に達する, に合する, …と一つになる. **9** にぶつかる, に衝突する: The two cars *met* each other head-on. 車は正面衝突した. **10** の前に姿をあらわす: A peculiar sight *met* our eyes. 奇妙な情景が目に触れた.
—— *vi.* **1** 会う, 出会う: We seldom ~ now. このごろはめったに会わない. **2** 会見〔会談〕する. **3** <人・会が> 会合する: The society ~*s* every Friday at 8 p.m. 会合は毎週金曜午後8時からある. **4** 知り合いになる. **5** 合意する, 意見が一致する; 合致する. **6** 対戦する, 交戦する. **7** <幾つかの線・道などが> 一つになる, 交わる. **8** <性質などが> 一体になっている; 相合する: Many virtues ~ in him. 彼はいろいろの徳をそなえている.
make both ends ~ 収支を合わせる. ***~ halfway*** (1) (半分) 譲歩する, 歩み寄る, 妥協する. (2) 相手の出方を見越して先手をうつ. ***~ the case*** 適する, あつらえ向きである. ***~ the eye*** [a person***'s eyes***] 目に触れる. ***~ together*** 寄り集まる. ***~ up with*** 〘米話〙に追いつく; に出会う. ***~ with*** (1) <変事など> に遭遇する; を経験する: ~ *with* an accident 事故に会う. (2) を得る: The plan *met with* approval. その計画は賛成を得た. ***Well met!*** 〘古〙ようこそ (いらっしゃいました).
—— *n.* **1** 会合, 集合: an athletic ~ 運動会. **2** 集まった人々. **3** 会合の場所.
〔類義語〕**会う: meet** 出会う. see と比較して「顔を合わせる」という行為だけが強調され用務の観念は伴わない: We *met* at the front door but passed each other without exchanging words. われわれは入り口で出会ったがことばをかわさずに過ぎた. **see** 用務などのために会う: *See* your doctor. 医者に見てもらいなさい. **encounter** 突然出くわす, 遭遇する. **join** 合する; 人と「落ち合う」: The two roads *join* at this place. 二つの道路はこの地点で合する. I'll *join* you later. あとでみなさんといっしょになりましょう.
〔類〕→ **visit**「訪問する」
meet[2] *a.* 〘古〙適当な, ふさわしい: It is ~ that you *should* do it. 貴君がそれを行なうのが至当だ.
◇ **~·ly** *ad.* 適当に; 相当に.
‡**méet·ing** [míːtiŋ] *n.* **1** 出会い, 遭遇, 面会: a chance ~ on the street 通りでの偶然の出会い. **2** 会合, 集会, 集合, 会衆: a medical ~ 医学会. address a ~ 会衆にあいさつする. **3** 試合, 競技, 勝負. **4** 遭遇; 会戦; 決闘. **5** 交差, 交流; 接点; 《川・道路の》合流点: the ~ of two roads. **6** (M~) 《クエーカー教徒の》礼拝会; 礼拝堂(=~ house). ***call a ~*** 会を招集する. ***hold a ~*** 会を催す. ***marry out of ~*** 〘米話〙宗派以外の者と結婚する. ***open a ~*** 開会の辞を述べる. ***speak in ~*** 〘米〙《公式に》意見を発表する. **~ house** 〘米〙《クエーカー教徒の》礼拝堂, 教会; 〘英〙非国教徒の礼拝堂. **~ place** 会場, 集会所; 合流点.
mega-「大」「〘物〙100万倍の」の意の語形成要素《母音の前では meg-》.
még·a·buck [mégəbʌ̀k] *n.* 〘米俗〙100万ドル.
mèg·a·ce·phál·ic [mègəsifǽlik], **mèg·a·céph·a·lous** [-séfələs] *a.* 巨大な頭の.
még·a·cit·y [mégəsìti] *n.* 100万都市《人口100万(以上)の都市》.
még·a·cu·rie [-kjù(ː)ri/-kjuəri] *n.* 〘物〙メガキュリー《100万キュリー. 放射能単位. 略 MCi, Mc》.
még·a·cỳ·cle [mégəsàikl] *n.* 〘電〙メガサイクル《100万サイクル. 略 mc, mc., m.c.》.
még·a·lith [mégəliθ] *n.* 〘考古〙《有史以前の》巨石. ◇ **mèg·a·líth·ic** [mègəlíθik] *a.* 巨石の.
megalo-「巨大な」の意の語形成要素.
mèg·a·lo·má·ni·a [mègəloméiniə/még-] *n.* 誇大妄想(もうそう)狂.
◇ **~c** [-niæk] *a., n.* 誇大妄想狂(患者)(の).
mèg·a·lóp·o·lis [mègəlɑ́pəlis/-lɔ́p-] *n.* メガロポリス, 巨大〔巨帯〕都市《数個の都市とその周辺地域から成る》. [√poli-] ◇ **mèg·a·lo·pól·i·tan** [-lopɑ́lit(ə)n/-pɔ́l-] *a., n.* メガロポリスの(住人).
még·a·lo·saur [mégəlosɔ̀ːr] *n.* 〘古生〙巨竜(きょりゅう).
mèg·a·lo·sáu·rus [mègəlosɔ́ːrəs/még-] *n.* 〘古生〙斑竜(はんりゅう).
még·a·me·ter, ㊥ **-tre** [mégəmìːtər] *n.* 100万メートル.
még·a·phone [mégəfòun] *n.* メガホン, 拡声器.
—— *vt., vi.* メガホンで伝える.
még·a·scope [mégəskòup] *n.* 〘稀〙引き伸ばしカメラ.
mèg·a·thé·ri·um [mègəθí(ː)riəm/-θíər-] *n.* 〘古生〙大懶獣(だいらんじゅう).
még·a·ton [mégətʌ̀n] *n.* メガトン《原子兵器の爆発力の単位. 1メガトンは TNT 100万トンの爆発力に相当》. ◇ **mèg·a·tón·ic** [ˌ—tɑ́nik/-tɔ́n-] *a.*
még·a·volt [mégəvòult] *n.* 〘電〙メガボルト《100万ボルト. 略 Mv》.
még·a·watt [mégəwɑ̀t/-wɔt] *n.* 〘電〙メガワット《100万ワット. 略 Mw》.
még·ger [mégər] *n.* 〘電〙メガー《電気の絶縁抵抗を計る装置. メグオーム計》→ megohm.
me·gílp [məgílp] *n.* 《アマニ油にテレビンなどを混ぜた》油絵用の油.
még·ohm [mégòum] *n.* 〘電〙メグオーム《電気抵抗の単位. 100万オーム》.
mé·grim [míːgrim] *n.* **1** (*pl.*) 憂うつ. **2** 〘古〙気まぐれ. **3** 〘古〙偏頭痛.
mei·ó·sis [maióusis] *n.* (*pl.* **-ses** [-siːz]) **1** = litotes. **2** 〘生〙《細胞核の》減数分裂.
◇ **mei·ót·ic** [-ɑ́tik/-ɔ́t-] *a.*
Meis·ter·sing·er [máistərsìŋər] G. *n.* 《14–16世紀のドイツ諸都市の詩や音楽を愛好する》職人詩楽振興組合員.
Mék·ka =Mecca.
Mé·kóng [méikɑ́ŋ,mækɔ́ːŋ/méikɔŋ] *n.* メコン川

《チベット東部に発し，タイ・ラオスを経て南ベトナムで南シナ海に注ぐ大河》.
～ Delta メコンデルタ《メコン川河口の三角州》.

mél·a·mine [méləmi:n] *n.* **1**〘化〙メラミン《石灰窒素からつくる物質. メラミン樹脂の原料》. **2** メラミン樹脂(＝～ resin); メラミン樹脂プラスチック.

mèl·an·chó·li·a [mèlənkóuliə] *n.* 憂うつ病.
◇ **～c** [-liæ̀k] *n.* 憂うつ病患者.

mèl·an·chól·ic [mèlənkálik/-kɔ́l-] *a.* 憂うつな，憂うつ病の. **——** *n.* 憂うつ病患者.

‡**mél·an·chol·y** [mélənkàli/-kəli] *n.* **憂うつ**，ふさぎ込み; 憂うつ病. **——** *a.* **1** 憂うつな，物思いに沈んだ: ～ mood 憂うつな気分. **2** 悲しい，陰気な. 〔類〕→ **sad**「悲しい」，→ **sorrow**「悲しみ」

Mèl·a·né·sia [mèləní:ʃ(i)ə, -ʒ(i)ə/-ziə] *n.* メラネシア《大洋州中部の群島》.
◇ **～n** *a., n.* メラネシア人〔語〕(の).

mé·lange [meilɑ́:ʒ] F. *n.* **1** 混合物，ごたまぜ. **2** 雑録; 論(文)集. 「ラニン過多の.

me·lán·ic [mìlǽnik] *a.* **1** メラニンの(多い). **2** メ

mél·a·nin [mélənin] *n.* メラニン，黒色素.

mél·a·nism [méləniz(ə)m] *n.* メラニン含有; メラニン過多. 「melan-」.

melano-「黒い」の意の語形成要素《母音の前では

Mél·ba [mélbə] **～ *toast***〘米〙薄切りのかりかりに焼いたトースト. 「ア Victoria 州の州都》.

Mél·bourne [mélbərn] *n.* メルボルン《オーストラリ

meld[1] [meld] *vt., vi.*〘トランプ〙(手札を) 示して得点を宣告する. **——** *n.* 得点の宣言; 得点になる札の組み合わせ.

meld[2] *vt., vi.*〘米〙混ぜる，混ざる; 合併する.

me·lée[1], ***mê·lée*** [meiléi, ⏊—/mé(i)lei] F. *n.* 混戦，乱闘; 激論.

me·lée[2] [meiléi, ⏊—] *n.* それぞれ 0.25 カラット以下のダイヤモンドの一群.

mél·ic [mélik] *a.* 歌うための，歌曲の. 「薬》.

mél·i·nite [mélinàit] *n.*〘化〙メリニット《強力な爆

mél·io·ra·ble [mí:ljərəbl] *a.* 改良〔改善〕可能の.

'**mél·io·rate** [mí:ljərèit, -liə-] *vt., vi.* 改良〔改善〕する; 改まる. [√melior-] ◇ **-ra·tive** [-rèitiv] *a.* 改善的な，改善する. **mèl·io·rá·tion** [⏊—réiʃ(ə)n] *n.*

mél·io·rism [mí:ljəriz(ə)m] *n.*〘哲〙(世界) 改善論《世界はよくなってゆくかまたは人間の努力で改善可能だという説》. ◇ **-rist** *n.* 改善論者. **mèl·io·rís·tic** [⏊—rístik] *a.* ～の.

mèl·iór·i·ty [mì:ljɔ́:riti/-ljɔ́r-] *n.* 優秀，優越.

mell [mel]〘英方〙*vt.* 混ぜる. **——** *vi.* おせっかい

mél·ler [mélər]〘俗〙＝melodrama. 」をする.

mel·líf·er·ous [milífərəs] *a.* **1** みつを生じる. **2**《ことば・音楽などが》甘美な.

mel·líf·lu·ent [məlífluənt/mel-], **-ous** [-fluəs] *a.*《ことば・声・音楽などが》(みつのように) 甘い，甘美な; なめらかな. [√flu-]
◇ **-ence** *n.* 甘美; 流暢(りゅうちょう)，なめらかさ.

‡**mél·low** [mélou, -lə] *a.* **1**《くだものが》**熟して甘い，甘美な**. **2**《ブドウ酒が》芳醇(ほうじゅん)な. **3**《調子・声・色などが》柔らかく豊かな: the ～ colors of the roofs in a Swiss village スイスの村の屋根の美しい色合い. **4**《土質が》肥えた，ローム質の. **5**《人格が》円熟した. **6**〘俗〙(酔って) 上きげんの.
—— *vt., vi.* ～にする，～になる.
◇ **～·ly** *ad.* **～·ness** *n.* 〔類〕→ **ripe**「熟した」

me·lód·ic [milɑ́dik/-lɔ́d-] *a.* **1** 旋律の，主旋律の. **2** 調子の美しい. ◇ **～s** *n. pl.*《単数扱い》〘楽〙旋律学. **-i·cal·ly** [-(ə)li] *ad.*

me·ló·di·on, -de·on [milóudiən] *n.* **1** リードオルガン (reed organ). **2** アコーディオンの一種.

***me·ló·di·ous** [milóudiəs] *a.* **旋律の美しい**，調子のよい; 音楽的な. ◇ **～·ly** *ad.* **～·ness** *n.*

mél·o·dist [mélədist] *n.* 声楽家;《旋律にすぐれた》作曲家.

mél·o·dize [mélədàiz] *vt.* の調子を美しくする，旋律(的)にする. **——** *vi.* 旋律をつくる，作曲する.

mél·o·drà·ma [mélədrɑ̀:mə, ㊊+ -dræ̀mə] *n.* メロドラマ，通俗劇《性格描写より芝居じみた事件・筋に重きをおく》.

mèl·o·dra·mát·ic [mèlədrəmǽtik] *a.* メロドラマ風の; 芝居がかった，いやに感傷的な.
◇ **～s** *n. pl.*《単数扱い》芝居がかった態度〔ことば〕. **-i·cal·ly** [-(ə)li] *ad.*

mèl·o·drám·a·tist [mèlədrǽmətist] *n.* メロドラマ作者; 芝居がかった行動をとる人.

mèl·o·drám·a·tize [-tàiz] *vt.* メロドラマ風にする.

‡**mél·o·dy** [mélədi] *n.* **1**〘楽〙**メロディー**，旋律. **2** 諧調(かいちょう)，美しい調べ. **3** 歌曲，ふし，調べ.

mèl·o·má·ni·a [mèləméiniə, -njə] *n.* 音楽狂.

***mél·on** [mélən] *n.* **1**〘植〙**メロン**; マクワウリの類. **2**〘米俗〙(株式の) 余剰利益: cut a ～〘米俗〙利益〔配当，利権〕などを分ける. ***water* ～** スイカ.
～-cùt·ting〘米俗〙利益の配分. **～ seed**《New Jersey 付近の沼沢地で使われる》狩り用小船.

Mel·póm·e·ne [melpɑ́mini/-pɔ́m-] *n.*〘ギ神〙メルポメネ《悲劇の女神. Nine Muses の一神》.

‡**melt** [melt] *v.* (**～·ed** [méltid]; **～·ed, mól·ten** [móult(ə)n]) *vi.* **1 溶ける**，溶解する: The cake ～*s* in the mouth. この菓子は口の中で溶ける. **2** 徐々に消える〔見えなくなる〕;しだいに変わる: The fog ～*ed* away. 霧は薄れていった. The clouds ～*ed* into rain. 雲は雨になった. **3** あわれみの情がわく;〈感情・心などが〉和らぐ;〈勇気・決心などが〉弱くなる: Her heart ～*ed* with pity. 彼女の心はあわれみの情でほぐれた. **4**〘話〙うだるほど暑い: I'm simply ～*ing*. 暑くてとろけそうだ. **——** *vt.* **1 溶かす**，溶解する; 融合させる: The sun ～*s* snow. 太陽が雪を解かす. **2**〈心・感情を〉**和らげる**: Pity ～*ed* her heart. あわれみの情が彼女の心を和らげた. **3**〘英俗〙〈金を〉浪費する;〈小切手などを〉現金にする. **～ *away*** (1) 溶けて消える，溶かしてなくす; しだいに消え去る〔なくなる〕: Her money seemed to ～ *away* in Paris. パリでお金がいつのまにかなくなりそうだった. (2) うっとりする〔させる〕. **～ *down*** 鋳つぶす;〘俗〙〈財産を〉現金に換える. **～ *into tears*** 泣きくずれる.
—— *n.* 融解; 溶解した金属;《金属の》1 回の融解量. ***on the* ～** 融解中の.
◇ **～·age** *n.* 融解(量); 融解物.

mélt·ing [méltiŋ] *n.* 融解，溶解.
—— *a.* **1** 溶ける，溶けかかった: ～ snow. **2**《くだものが》溶けるばかりに柔らかい;《声が》優しい，《音が》柔らかい. **3**《ことば・光景が》涙をさそう，ほろりとさせる. **4** 感傷的な: a ～ mood 泣きたい気持ち. **5**《太陽などが》物を溶かしてしまうほどに熱い，かっかと燃える. **～ point** 融解点.

melting pot *n.* **1** るつぼ. **2** 人種の入りまじった国〔場所〕《Land of Opportunity などとともにアメリカの別称として使われる》. ***go into the* ～** 改造〔変革〕される. ***put* 〔*cast*〕 *into the* ～** つくり直す，全くやり直す.

mél·ton [mélt(ə)n] *n.* メルトン《毛織物の一種》.

Mél·ton Mów·bray [mélton-móubri] **～ *pie***〘英〙《イングランド Leicestershire の町 Melton Mowbray 名産の》肉パイ. 「リカの小説家.

Mél·ville [mélvil] *n.* Herman ～, 1819–91, アメ

mem. member; *memento* (L. ＝remember); memoir; memorandum; memorial.

†**mém·ber** [mémbər] *n.* **1**《団体・社会などの》**一員**; 会員，団員，議員: Every ～ of the family came to her wedding. 家族みなが彼女の結婚式に出席した. **2** 構成している部分;〘古〙身体の一部《特に手足》. **3** 政党支部. **4**〘数〙項，辺;〘文〙節，句;〘建〙構材. ***M～ of Christ*** キリスト教徒. ***M～ of Congress***〘米〙国会議員，《特に》下院議員《略 M.C.》. ***M～ of Parliament***〘英〙下

院議員《略 M.P.》. *unruly* ~〘聖〙しまつにおえない器官《舌のこと. ヤコブ書 3:5–8》.

‡**mém·ber·ship** [mémbərʃìp] *n.* **1** 会員資格, 会員〔構成員〕たること: a ~ card 会員証. **2** 会員数: The club has a ~ of 8. クラブ会員は 8 人だ.

mém·brane [mémbrein] *n.* **1**〘医〙薄膜, 膜皮, 膜. **2** 羊皮紙; 文書の 1 葉. ***mucous*** ~ 粘膜.
◇ **mèm·bra·ná·ceous** [mèmbrənéiʃəs], **mem·brá·ne·ous** [membréiniəs], **mem·brá·nous** [membréinəs, ㊥⁺ mémbrənəs] *a.* 膜〔薄膜質〕の.

me·mén·to [miméntou] *n.* (*pl.* ~(**e**)**s**) **1** 思い出の品, 記念品, 形見. **2** 警告するもの. **3**〘笑〙記憶; 夢ごこち.

me·men·to mo·ri [miméntou-mó:rai/-mɔ́:r-] L. (=Remember you must die.) 死の象徴《頭蓋骨など》; 死の警告.

mém·o [mémou/mí:m-, mém-] *n.* (*pl.* ~**s**) メモ, 覚書. [<*memo*randum]

mém·oir [mémwɑ:r] *n.* **1** 伝記, 実録;《故人の》言行録. **2** (*pl.*) 思い出の記, 回顧録, 自叙伝. **3** 論文, 研究報告; (*pl.*) 紀要, 学会誌.

mé·moire [memwá:r] F. *n.* 《外交上の》覚書.

mém·oir·ist [mémwɑ:rist] *n.* 回顧録執筆者.

mèm·o·ra·bíl·i·a [mèm(ə)rəbíliə] *n.pl.* 記憶すべき事件; 重要記事;《大人物の》言行録. [<L.]

mém·o·ra·ble [mém(ə)rəbl] *a.* **1** 記憶すべき, 忘れられない. **2** 記念すべき, 重大な. **3** 記憶しやすい. ◇ **-bly** [-bli] *ad.* **mèm·o·ra·bíl·i·ty** [mèm(ə)rəbíliti] *n.* ~なこと; 記憶すべき人物〔事件〕.

mèm·o·rán·dum** [mèmərǽndəm] *n.* (*pl.* **-dums, -da** [-də]) **1** 備忘録, 控え, メモ: make a ~ of an event 事件のメモをとる. **2**〘外交〙覚書;〘商〙覚書送り状《これには memorandum と印刷してある》. **3**〘法〙《会社の》定款;《取引の》摘要. ***interoffice ~ (社内) 連絡通信. [√mem-]

‡**me·mó·ri·al** [mimó:riəl/-mɔ́:r-] *a.* **1** 記念の; 追悼の: a ~ service 追悼式. **2** 記憶の.
— *n.* **1** 記念物, 記念碑〔館〕; 記念日: a ~ to the dead 慰霊碑. **2** (*pl.*)《歴史の》記録, 年代記. **3** 陳情〔請願〕書. **4**〘外交〙覚書. [√mem-]
M~ Day〘米〙戦死者追悼の日(Decoration Day)《5 月 30 日. ただし南部諸州では 4 月 26 日, 5 月 10 日, または 6 月 3 日》. ~ **park**〘米〙墓地. ~ **service** 追悼式, 法要. ~ **tablet**《故人追悼の》記念牌(はい)《教会の壁にはめ込む》; 位牌.
◇ ~**·ist** *n.* 陳情者, 建議者.

‡**me·mó·ri·al·ize** [mimó:riəlàiz/-mɔ́:r-] *vt.* **1** 記念する; の記念式を行なう. **2** に請願書を提出〔建議〕する, に陳情する. ◇ **me·mò·ri·al·i·zá·tion** [–⊥–əlizéiʃ(ə)n/-lai-] *n.*

me·mo·ri·a tech·ni·ca [mimó:riə-téknikə/-mɔ́:r-] L. (=artificial memory) 記憶術〔法〕.

mém·o·ried [mém(ə)rid] *a.* **1** 思い出に満ちている: a quiet, ~ town 静かな思い出の多い町. **2**《合成語で》記憶(力)が…の: a short-~ person 物忘れの早い人.

me·mo·ri·ter [mimó:ritər/-mɔ́r-] L. *ad.* 記憶によって, そらんじて (by heart). — *a.* 記憶を必要とする: a ~ course 暗記科目.

‡**mém·o·rize** [méməràiz] *vt.* 記憶する, 暗記する;〘古〙記録する.
◇ **mèm·o·ri·zá·tion** [mèmərizéiʃ(ə)n/-raiz-] *n.*

‡**mém·o·ry** [mém(ə)ri] *n.* **1** 記憶, 記憶力: have a bad ~ 物覚えが悪い. **2**《個々の》思い出: one's earliest ~*ies* ごく幼いころの思い出. **3** 追憶, 追悼. **4** 形見, 記念(物). **5**〘電算機〙記憶装置〔容量〕. ***bear*** [***have, keep***] ***in*** ~ 覚えている. ***beyond*** [***within***] ***the ~ of men*** 人類の記憶にない〔ある〕, 有史以前〔以後〕の. ***come to*** one***'s*** ~ 胸に浮かぶ, 思い出される. ***commit to*** ~ 暗記する. ***from*** ~ 記憶によって, そらで. ***have a good*** [***poor***] ~ ***for*** dates (日付に関して) 記憶力がよい〔悪い〕. ***if my ~ serves me*** [***doesn't fail me***] 私の記憶に誤りがなければ; たしか. ***in ~ of*** の記念に, を忘れないために. ***of beloved*** [***blessed, happy, glorious***] ~ 故…《死んだ王侯・名士などに対する頌徳(しょうとく)の詞》. ***to the best of my*** ~ 自分の記憶しているかぎり. ***to the ~ of*** の霊にささげて. ***within living*** ~ いまも人々の記憶に残って.
~ **verse** 聖書中の暗記を必要とする(詞)句《日曜学校などで》.

Mém·phis [mémfis] *n.* アメリカ Tennessee 州の都市.

mém·sà·hib [mémsɑ̀:(h)ib] *n.* 〘インド〙奥様《インド人がヨーロッパの既婚婦人に対して用いる敬称》.

†**men** [men] *n.* man の複数形.
~**·folk**(**s**) →別項. ~**'s room** 男子便所.

‡**mén·ace** [ménis] *vt., vi.* おどす, 脅迫する.
— *n.* 脅迫, おどし, 威嚇: a ~ *to* world peace 世界平和への脅威. ◇ **mén·ac·ing·ly** *ad.* 脅かすように; 険悪に, 差し迫って.

mé·nad =maenad.

me·náge, *mé·nage* [mənɑ́:ʒ, mein-/me(i)n-] F. *n.* 家事, 家政; 家庭, 世帯.

me·nág·e·rie [minǽdʒəri, ㊥⁺ -nǽʒ-] *n.* 《サーカスなどが引き連れる》動物群; 動物の見せ物; (巡回)動物園. [<F.]

Mén·ci·us [ménʃiəs, -siəs] *n.* 孟子(もうし), 372?–289? B.C.

Mén·cken [méŋkin] *n.* H. L. ~, 1880–1956, アメリカの評論家.

‡**mend** [mend] *vt.* **1** 修繕する, 繕う: ~ shoes [a tear] くつ〔破れ〕を手入れする. **2** 改善する; <素行などを> 改める: ~ matters 事態を改善する. ~ a fault 欠点を直す. **3** <歩みを> 速める; 増す: ~ one's pace. — *vi.* **1** <事態・天候などが> よくなる, 改まる, 直る, 快方に向かう: The patient is ~*ing* nicely. 病人は快方に向かいつつある. **2** 改心する: It's never too late to ~. 改めるのにおそすぎることはない. ***Least said, soonest ~ed.*** 〘諺〙口は災いのもと《口数は少ないほどよい》. ~ ***one's fences*** 地盤の手入れをする. ~ ***or end*** 改善するか廃止するか; 殺すか治療するか. ~ ***the fire*** 消えそうな火をおこす, 燃料を足す. ~ ***one's ways*** 行ないを改める.
— *n.* 修繕(部分); 改良; 快方. ***be on the*** ~《病気・事態などが》よくなりつつある.
◇ ~**·a·ble** *a.* ~できる. ~**·er** *n.* 修繕者, 修理者; 訂正者. ~**·ing** *n.* 修繕; (*pl.*) 繕い糸;〘稀〙直し物, 破損品; 修繕箇所.
(類義語) 直す: **mend** 最も一般的な語. 非物質的なものも目的語にとり, improve「改善する」の意をもつ: You had better *mend* your manners. もう少し行儀よくした方がよい. **repair** mend に比べ大がかりで, 技術を要するばあいが多い: *repair* an old run-down house 古いぼろ家を修繕する. **restore** 元の状態へ修復する, 復元する. **fix** 口語としてよく用いられる. 「本来の機能を発揮するようにきちんと取り付ける, 調節する」という意: *fix* a leak 屋根の雨漏りを直す.

men·dá·cious [mendéiʃəs] *a.* **1** 虚偽の; 人を欺く: a ~ report 虚報. **2** よくうそをつく.
◇ **men·dác·i·ty** [-dǽsiti] *n.* 虚偽, うそ; 虚言癖.

Mén·del [méndl] *n.* Gregor Johann [grégər-jóuhɑ:n-] ~, 1822–84, オーストリアの生物学者・遺伝学者. ~**'s law** メンデルの(遺伝の)法則.

Men·dé·li·an [mendí:liən] *a.* Mendel (の法則)の. — *n.* メンデル学派の人.

mèn·de·lé·vi·um [mènd(ə)lí:viəm, -léiv-] *n.* 〘化〙メンデレビウム《放射性元素. 記号 Md, Mv》.

Mén·del·ism [ménd(ə)liz(ə)m] *n.* 〘生〙Mendel の遺伝学説.

Mén·dels·sohn [méndlsn, -sòun] *n.* Felix [fí:liks-] ~ メンデルスゾーン, 1809–47, ドイツの作曲家.

mén·di·can·cy [méndikənsi], **men·díc·i·ty** [mendísįti] *n.* 物もらい, こじき生活, 托鉢(たく).

mén·di·cant [méndikənt] *a.* こじきをする, 托鉢(たく)をする: a ～ friar 托鉢修道会士. ～ orders 托鉢修道会. —— *n.* こじき, 物もらい; 托鉢僧.

Mèn·e·lá·us [mènįléiəs] *n.* 〖ギ神〗 スパルタの王《Troy 戦争の原因となった Helen の夫》.

mén·folk(s) [ménfòuk(s)] *n. pl.* 〖話〗 男たち.

M. Eng. Master of Engineering.

men·há·den [menhéidn] *n.* (*pl.* ～) 〖魚〗 ニシンの一種《肥料または採油用》.

mén·hir [ménhiər] *n.* 〖考古〗 メンヒル《有史前の石碑・墓標・記念碑などに使われた巨大立石》.

mé·ni·al [mí:niəl, -njəl] *a.* 卑しい, 下賤(げせん)の, 召使の. —— *n.* 召使, 下男, 下女, 奉公人.
◇ ～**·ly** *ad.* 卑しく; 召使として.

me·nín·ges [mįníndʒi:z] *n. pl.* (*sing.* **mé·ninx** [mí:niŋks]) 〖医〗 脳膜, 髄膜. ◇ **me·nín·ge·al** [mįníndʒiəl] *a.* 脳膜の. 「膜炎.

mèn·in·gí·tis [mènindʒáitis] *n.* 〖医〗 脳膜炎, 髄

me·nís·cus [mįnískəs] *n.* (*pl.* **-ci** [-nís(k)ai], **-cus·es**) 新月形(の物); 凹凸(おうとつ)レンズ; 〖物〗 メニスカス《円筒内の液体の凹〔凸〕面》; 〖数〗 新月図形.

Mén·non·ite [ménənàit] *n.* メノ(Menno) 派教徒《簡素を尊ぶキリスト教の一派》. 「年期.

mén·o·pause [ménəpɔ̀:z] *n.* 月経閉止(期); 更

me·nór·ah [mįnɔ́:rə/-nɔ́:r-] *n.* 九手〔七手〕燭台(しょくだい).

menorah

mén·sal[1] [méns(ə)l] *a.* 食卓(用)の.

mén·sal[2] *a.* 毎月の.

mense [mens] *n.* 思慮, 分別. —— *vt.* りっぱにする, 飾る. ◇ ～**·ful** [-f(u)l] *a.*

mén·ses [ménsi:z] *n. pl.* 月経.

Mén·she·vik [ménʃəvik] *n.* (*pl.* ～**s**, **Mèn·she·ví·ki** [mènʃəví:ki]) (または m～) 《旧ロシア社会民主党の少数派》 メンシェビキ党員.
—— *a.* (または m～) メンシェビキの. → Bolshevik.

mens sa·na in cor·po·re sa·no [menzséinə-in-kɔ́:rpəri:-séinou] L. (=A sound mind in a sound body.) 〖ことわざ〗 健全な精神は健全な身体に(宿る).

mén·stru·al [ménstruəl] *a.* **1** 月経の. **2** 〖天〗 月1度の, 月々の.

mén·stru·ate [ménstruèit] *vi.* 月経がある. 「間.
◇ **mèn·stru·á·tion** [⁻-éiʃ(ə)n] *n.* 月経; その期

mén·stru·ous [ménstruəs] *a.* 月経の(ある).

mén·stru·um [ménstruəm] *n.* (*pl.* **-ums**, **-a** [-struə]) 溶媒, 溶剤.

mén·su·ra·ble [ménʃurəbl, [米]⁺ -surə-] *a.* **1** 測定できる. **2** 限りある. **3** 定量の. **4** 〖楽〗 定律(式)の. ◇ **mèn·su·ra·bíl·i·ty** [⁻--bílįti] *n.* 測れること, 可測性.

mén·su·ral [ménʃurəl, [米]⁺ -sur-] *a.* 度量に関する, 寸法上の; 〖楽〗 =mensurable ④.

mèn·su·rá·tion [mènʃuréiʃ(ə)n, -sur-/-sju(ə)r-] *n.* 測定, 測量, 計量; 〖数〗 測定法, 求積法.

-ment [-mənt] *suf.* **1** 動詞につけて「動作」「結果」「状態」「手段」「場所」などをあらわす名詞をつくる: achieve*ment* 完成<achieve. abridg*ment* 要約 <abridge. refresh*ment* 飲食物 <refresh 元気を回復させる. encamp*ment* 宿営地 <encamp. **2** ラテン語の動詞語幹につけて「結果」「手段」などをあらわす名詞をつくる: frag*ment* 断片 <√fra(n)g-.

‡**mén·tal**[1] [méntl] *a.* **1** 心の, 精神の: ～ disorder 精神障害. ↔physical. **2** 理知の, 知的の, 知能の: a ～ weakness 精神薄弱. **3** 心〔頭〕で行なう, そらでする: ～ arithmetic 暗算. **4** 精神病の〔についての〕: a ～ specialist 精神病専門医. **5** 〖話〗 精神薄弱の, 気違いの. ***make a ～ note of*** を記憶しておく. —— *n.* 〖話〗 精神病患者.
[mind と同語源. √ment-]
～ **age** 〖心〗 精神〔知能〕年齢. ～ **deficiency** 低能. ～ **disease** 精神病. ～ **faculties** 知能, 知力. ～ **healing** 精神療法. ～ **home** 精神病患者収容所. ～ **hospital** 精神病院. ～ **hygiene** 精神衛生法. ～ **patient** 精神病患者. ～ **reservation** 意中留保. ～ **telepathy** 読心術. ～ **test** 知能検査.
◇ ～**·ly** *ad.* 心の中で; 精神的に; 知性上.

mén·tal[2] *a.* 〖医〗 あごの(genial[2]).

mén·tal·ism [mént(ə)liz(ə)m] *n.* 〖哲〗 唯心論; 〖心〗 メンタリズム. → materialism, mechanism.
◇ **-ist** *n.* **mèn·ta·lís·tic** [⁻-lístik] *a.*

men·tál·i·ty [mentǽlįti] *n.* **1** 精神力, 心力, 知力: She is of average ～. 彼女は普通の知力の持ち主だ. **2** 心性, 心理, 精神状態: childish ～ 子どもっぽい心理状態. 「態.

men·tá·tion [mentéiʃ(ə)n] *n.* 精神作用; 心理状

mén·thene [ménθi:n] *n.* 〖化〗 メンテン《ハッカ油から採れる油状の無色の炭化水素》.

mén·thol [ménθoul, -θɑl, -θɔ:l/-θɔl] *n.* 〖化〗 メントール, ハッカ脳. ◇ **mén·tho·lat·ed** [-θəlèitid] *a.* メントールを含んだ〔しみ込ませた〕.

mén·ti·cide [méntįsàid] *n.* (計画的) 精神破壊《尋問・拷問・洗脳などによる》.

‡**mén·tion** [ménʃ(ə)n] *vt.* 言う, に言及する, 話に出す: the book I ～*ed* the other day 先日お話した本. He was ～*ed* in the newspaper. 新聞に彼の名が出ていた. He ～*ed* to me that he had seen you. 彼はきみに会ったと言っていた. I shall ～ it to him. 彼に話しておきましょう. ***Don't ～ it.*** どういたしまして(=[米] You are welcome.). ***not to ～*** ... … は言うまでもなく, … はもちろん: He knows French, *not to* ～ English. 彼は英語はもちろんフランス語も知っている. ***worth ～ing*** 特に言うに価する. —— *n.* 記載, 言及, 名をあげること: He made no ～ of your request. 彼はきみの頼みについてなにも言わなかった. ***at the ～ of*** の話がでると. ***honorable ～*** 《等外・選外の》 褒状(ほうじょう). ***make ～ of*** に言及する, …のことを述べる. [√ment- 心覚え]
◇ ～**·a·ble** *a.*

Mén·tor [méntər/-tɔ:] *n.* **1** 〖ギ神〗 Odysseus が Troy 戦争に出陣するとき自分の子ども Telemachus を託した良指導者. **2** (m～) (忠実で賢明な) 指導者, (信頼できる) 助言者.

***mén·u** [mén(j)u:, méin-/ménju:] *n.* **1** 献立表, メニュー. **2** 献立, 料理; ごちそう.

me·ów [miáu, mjau] *n.* ニャー《ネコの鳴き声》.
—— *vi.* ニャーと鳴く.

Mèph·is·tóph·e·les [mèfįstɑ́fįli:z/-tɔ́f-] *n.* メフィストフェレス《ドイツ伝説の悪魔. Faust がこれに霊を売ったと伝えられる》; (悪魔のような) 極悪人, 誘惑者. ◇ **Mèph·is·to·phé·le·an, -li·an** [-təfí:liən] *a.* 悪魔のような, 冷酷な, 陰険な, こうかつな.

me·phí·tis [mefáitis] *n.* 《地から発する》 毒気, 悪臭. ◇ **me·phít·ic** [mefítik], **me·phít·i·cal** *a.* 悪臭のある; 毒気のある, 有毒な.

mer. meridian; meridional.

mér·can·tile [mə́:rk(ə)ntil, -tàil/-tail] *a.* **1** 商業の; 商人の; 貿易の: a ～ nation 貿易立国. **2** 〖経〗 重商主義の: ～ theory 重商主義. [√merc-]
～ **agency** 商業興信所. ～ **law** 商法. ～ **marine** 商船隊. ～ **paper** 商業手形. ～ **system** 重商主義. ◇ **-til·ism** [-tiliz(ə)m, -tail-] *n.* 重商主義, 商業本位; 商人かたぎ. **-til·ist** *n.*

Mer·cá·tor [mə:rkéitər/-tɔ:, -tə] *n.* Gerhardus [dʒərhɑ́:rdəs-] ～, 1512–94, ベルギーの数学者・地理学者. ～**'s projection** メルカトール(式投射)図

法《地球の表面を長方形であらわす地図作製法》.

mér·ce·nar·y [mə́ːrs(i)nèri/-n(ə)ri] *a.* **1** 報酬目当ての, 金銭ずくの. **2** 雇われた; 雇兵の.
—— *n.* 外国人雇兵; 金ずくで働く人. [√merc-]
◇ **-i·ly** *ad.* 金銭ずくで, 欲得で.

mér·cer [mə́ːrsər] *n.* 〘英〙 呉服商人, 《特に》 絹物商人.
◇ **~·y** [-səri] *n.* 〘英〙 呉服類; 織物, 絹物; 呉服店.

mér·cer·ize [mə́ːrsəràiz] *vt.* マーセル法で処理する《かせいアルカリで綿糸または綿布を処理して絹のような光沢を与える》. **~*d cotton*** ガス糸. ◇ **mèr·cer·i·zá·tion** [mə̀ːrsərizéiʃ(ə)n/-raiz-] *n.* マーセル法.

‡**mér·chan·dise** [mə́ːrtʃ(ə)ndàiz, ㊉⁺-dàis] *n.* 《集合的》 商品; 在庫品. ***general* ~** 雑貨.
—— [-dàiz] *vi., vt.* **1** 取引をする; 〈商品を〉 扱う. **2** の販売を促進する《広告宣伝》. [√merc-]
◇ **-dis·er** [-dàizər] *n.* 商人. **-dis·ing** [-dàiziŋ] *n., a.* 取引(の), 販売(の); 販売促進(の).

†**mér·chant** [mə́ːrtʃ(ə)nt] *n.* **1** 商人; 〘おもに英〙 卸売商人; 〘米〙 小売商人. **2** 貿易商人. **3** 〘俗〙 やつ; …狂: a speed ~ スピード狂. **4** 《形容詞的に》商人〔商売〕の; 商船の. **~ *of death*** 死の商人《戦争を食いものにする者》. [√merc-]
~·man [-mən] (*pl.* **-men**) 商船, 〘古〙 商人. **~ marine** 〔**fleet**〕 《集合的》《一国の》商船隊. **~ prince** 豪商. **~ seaman** 商船船員, 海員. **~ service** 海上貿易, 海運業; 《一国の》 全商船. **~ ship** 〔**vessel**〕 商船. **~ tailor** 生地販売もする洋服屋.
「需要のある.

mér·chant·a·ble [mə́ːrtʃəntəbl] *a.* 売買できる,

Mér·ci·a [mə́ːrʃiə, ㊉⁺-ʃə] *n.* イギリス中部の古代王国. ◇ **~n** *a., n.* ~の; ~ 人〔語〕(の).

***mér·ci·ful** [mə́ːrsif(u)l] *a.* 慈悲ぶかい, 情けぶかい. ◇ **~·ly** [-fuli] *ad.* **~·ness** *n.*

***mér·ci·less** [mə́ːrsilis] *a.* 無慈悲な, 無情な, 残酷な. ◇ **~·ly** *ad.* **~·ness** *n.*

mér·cu·rate [mə́ːrkjurèit] *vt.* に水銀を化合させる; 水銀で処理する.

mer·cú·ri·al [məːrkjú(ː)riəl/-kjúər-] *a.* **1** 水銀の, 水銀による〔を含んだ〕, 水銀剤の. **2** 機敏な, 円転滑脱な; 心の変わりやすい: a ~ nature 移り気な性質. **3** (M~) 〘ロ神〙 マーキュリー神の. **4** 〘天〙 水星の. **——** *n.* 水銀剤. **~ ointment** 水銀軟膏(なんこう). ◇ **~·ism** *n.* 水銀中毒. **~·ly** *ad.* 水銀(剤)で; 敏活〔陽気, 快活〕に, 気軽に.

mer·cù·ri·ál·i·ty [məːrkjù(ː)riǽliti/-kjùər-] *n.* 快活; 移り気; 興奮性; 機知に富むこと.

mer·cú·ri·al·ize [məːrkjú(ː)riəlàiz/-kjúər-] *vt.* **1** 〘医〙 水銀剤で治療する; 〘写〙 水銀蒸気にあてる. **2** 活発〔敏捷(びんしょう), 快活〕にする.

Mer·cú·ri·an [məːrkjú(ː)riən/-kjúər-] *a.* 水星の; Mercury 神の.

mer·cú·ric [məːrkjú(ː)rik/-kjúər-] *a.* **1** 水銀の, 水銀を含んだ. **2** 〘化〙 第二水銀の.
~ chloride 塩化第二水銀, 昇こう.

mér·cu·rize [mə́ːrkjuràiz] *vt.* 〘化〙 水銀と化合させる, 水銀で処理する.

mer·cú·ro·chrome [məːrkjú(ː)rəkròum/məː-kjúər-] *n.* 〘薬〙 マーキュロクローム, 赤チン.

mér·cu·rous [mə́ːrkjurəs] *a.* 水銀の, 水銀を含む; 〘化〙 第一水銀の.
~ chloride 塩化第一水銀, 甘こう.

‡**mér·cu·ry** [mə́ːrkjuri, ㊉⁺-k(ə)ri] *n.* **1** 〘化〙 水銀《記号 Hg》. **2** 水銀柱; 寒暖計, 晴雨計. **3** (M~) 〘ロ神〙 マーキュリー神《神々の使者. 商人・盗賊・雄弁の神》. → Hermes. **4** (M~) 〘天〙 水星: *M~* is the nearest planet to the sun. 水星は太陽にいちばん近い惑星だ《無冠詞に注意》. **5** 活気: He has no ~ in him. 彼には少しも活気がない. **6** 〘笑〙 使者; (M~) 報道者《新聞・雑誌の名称に用いられる》. **7** 〘植〙 ヤマアイの類. **8** (M~) アメリカの1人乗り宇宙船《Atlas ロケットで打ち上げる》. ***The ~ is rising.*** 温度〔景気〕が上昇している; ますます上きげんになって〔興奮して〕くる.
~ barometer 水銀柱気圧計. **~-vapor lamp** 水銀燈, 人工太陽燈.

‡**mér·cy** [mə́ːrsi] *n.* **1** 慈悲, あわれみ: The jury brought in a verdict of guilty, with a recommendation to ~. 陪審員は寛大な刑を勧告して有罪の答申をした. **2** ありがたいこと, 幸運: What a ~ that they escaped! 彼らがのがれえたのは全くの幸運だ. **3** 思いのままにする力.
at the ~ of …のなすがままに, に左右されて. ***for ~ = for ~'s sake*** 後生だから. ***have ~ on*** 〔***upon***〕 …にあわれみをかける. ***in ~*** 免じて 《に *to*》. ***leave to the tender ~ies of*** 《反語》 …の手でひどい目に会わす. ***M~*** (***on us***)***!*** おや!, まあ! ***show ~ to*** に慈悲をたれる. ***That's a ~!*** そいつはありがたい! ***throw oneself on a person's ~*** (人)の慈悲を請う〔にすがる〕. ***without ~*** 容赦なく.
~ killing 安楽死(術) (euthanasia). **~ seat** 〘ユダヤ教〙 約櫃(やく)のふた; 神の御座. **~ stroke** 《死にきれないでいる人への》 とどめの一撃〔一刀〕.

‡**mere**[1] [miər] *a.* (**mér·er** [mí(ː)rər/-míər-]; **mér·est** [mí(ː)rist/míər-]) **1** ほんの, たったの, 単なる: a ~ child ほんの子ども. a ~ halfpenny たったの半ペニー. The cut was the *merest* scratch. 傷は全くのかすり傷にすぎなかった. **2** 全くの, 他のなにものでもない, まじり気のない: It's ~ chance. 全くの偶然だ. That is the ~ folly. それこそ愚の骨頂だ.

mere[2] *n.* 〘古・雅・英方〙 湖, 池; 沼地.

Mér·e·dith [méridiθ] *n.* George ~, 1828–1909, イギリスの詩人・小説家.

‡**mére·ly** [míərli] *ad.* 単に, ただ; 全く. ***not ~ ...but*** (***also***) …のみならずまた.
「レンゲ(を踊る).

me·rén·gue [məréŋgei] *n., vi.* 《ダンスの一種》 メ

mèr·e·trí·cious [mèritríʃəs] *a.* **1** 〘装飾・文体などの〙 俗悪な, けばけばしい. **2** 見せかけだけの, 誠実みのない. **3** 売春婦のような; みだらな. 「類」.

mer·gán·ser [məːrgǽnsər] *n.* 〘鳥〙 アイサ《カモの

***merge** [məːrdʒ] *vt.* **1** 合併する, 合体させる 《に *in, into*》: The two conservative parties were ~*d in* the new government. これら二つの保守政党が合同して新政府をつくった. **2** しだいに…に変える: Fear was gradually ~*d into* curiosity. 恐れは少しずつ好奇心に転じた. **3** 〘古〙 没入させる; のみ込む.
—— *vi.* **1** 合併される, 〈会社が〉 合併する 《に *in, into*》. **2** しだいに変わって…になる: Twilight ~*d into* darkness. 薄明がふかまって闇(やみ)となった. **3** 〘古〙 没入する; のみ込まれる. [√merg-]
◇ **mér·gence** [-dʒ(ə)ns] *n.*

mérg·er [mə́ːrdʒər] *n.* 《会社などの》 合併, 合同; 〘法〙 《権利の》 混同.

mér·i·da [méridə] *n.* 日焼け; キツネ色.

me·ríd·i·an [mirídiən] *n.* **1** 子午線, 経線. → longitude. **2** 《太陽・星が達する》 最高点; 《幸福などの》 絶頂, 全盛期: the ~ of life 壮年期. **3** 《特定の》 場所, 環境: designed for the ~ of suburbia 郊外地帯を目当ての; 郊外の住民の趣味にかなった. ***first*** 〔***prime***〕 **~** 本初子午線《経度零度の線》. **——** *a.* **1** 子午線の; 正午の. **2** 絶頂の, 盛りの. [√medi- + √di- 中 + 日 → 正午]

me·ríd·i·o·nal [mirídiən(ə)l] *a.* **1** 子午線の. **2** 南の, 南部の《特にフランスの》; 南ヨーロッパの.
—— *n.* 南ヨーロッパ人《特に, 南フランス人》.

me·ríngue [məræ̃ŋ] *n.* メレンゲ《卵白をかきまぜて固め, 砂糖を加えたもの》; メレンゲ菓子. [<F.]

me·rí·no [məríːnou] *n.* (*pl.* **~s**) **1** メリノ羊 (= ~ sheep); メリノ毛織物, メリノ糸. **2** 《形容詞的に》 メリノ羊毛製の. [<Sp.]

mér·i·stem [méristèm] *n.* 〘植〙 分裂組織.

‡**mér·it** [mérit] *n.* **1** 長所, すぐれた点: Frankness

is one of his ～*s*. 率直さは彼の長所の一つだ. the ～*s* or demerits of a thing 物の長所短所. **2** (通例 *pl.*) 功績, てがら. **3** (通例 *pl.*) 功罪, 理非(曲直): consider [judge] the case on its ～*s* 事柄を是々非々の立場に立って考える. ***make a ～ of*** ＜自分の行為など＞をてがら顔する. ***on one's own ～s*** 真価によって, 実力で. ***Order of M～*** 〖英〗メリット勲章[位]. **——** *vt.* ＿に価する: He ～*s* praise. あの人はほめられる値うちがある.
～ system 実績[実力]本位の任用・昇進制度.
[類] → **worth**「価値」

mér·it·ed [méritid] *a.* 価する, 当然の, 相応の.
◇ **～·ly** *ad.*

mèr·i·tóc·ra·cy [mèritɑ́krәsi/-tɔ́k-] *n.* 実力社会. ◇ **mér·i·to·crat** [méritәkræt] *n.* 実力社会の実力者.

mèr·i·tó·ri·ous [mèri̧tɔ́:riәs/-tɔ́:r-] *a.* 功績ある, 価値高い, りっぱな, 称賛すべき.
◇ **～·ly** *ad.* **～·ness** *n.*

merl(e)¹ [mә:*r*l] *n.* 〖古・雅〗ツグミの類.

merle² *a., n.* 《犬の斑紋が》青灰色(の).

mér·lin [mә́:*r*lin] *n.* 〖鳥〗コチョウゲンボウ《小ハヤブサの一種》. 「使いの老人で予言者.

Mér·lin [mә́:*r*lin] *n.* Arthur 王物語に出る魔法

mér·lon [mә́:*r*lәn] *n.* 〖築城〗銃眼の間の壁部.

mér·maid [mә́:*r*mèid] *n.* **1** 《女性の》人魚. **2** 水泳のじょうずな女;〖米〗女子水泳選手.

mér·man [mә́:*r*mæ̀n] *n.* (*pl.* **-men** [-men]) **1** 《男性の》人魚. **2** 水泳のじょうずな男;〖米〗男子水泳選手.

mèr·o·blás·tic [mèrәblǽstik] *a.* 〖生〗《卵割が》部分割の. 「欠面の.

mèr·o·hé·dral [mèrәhí:drәl/-héd-] *a.* 《結晶が》

-mer·ous [-mәrәs] *suf.* 〖植〗「…(の部分)に分かれた」の意.

Mèr·o·vín·gi·an [mèrәvíndʒiәn] *a., n.* 《486–751 年間のフランク王朝》メロビンガ王朝の(王).

‡**mér·ri·ly** [méri̧li] *ad.* 楽しく, 陽気に.

***mér·ri·ment** [mérimәnt] *n.* **1** 浮かれ騒ぎ, 歓楽. **2** おもしろいこと, 楽しみ.

†**mér·ry** [méri] *a.* **1** 陽気な, 愉快な: a ～ laugh 陽気な笑い. **2** お祭り騒ぎの, 浮かれた. **3** 〖話〗一杯きげんの. **4** 〖古〗楽しい. ***(as) ～ as a cricket*** はなはだ陽気な. ***I wish you a ～ Christmas.*** = ***A ～ Christmas (to you)!*** クリスマスおめでとう. ***make ～*** 浮かれ[陽気に]騒ぐ. ***make ～ of*** ＿をからかう. ***make ～ over*** ＿をからかう.
～-án·drew [-ǽndru:] 道化師. **～ dancers** 北極光. **～ England** 楽しいイギリス《昔からのイギリスの別称》. **～-go-down** [-dàun] 〖俗〗強いビール. **～-go-ròund** (1) 回転木馬, メリーゴーラウンド. (2) 急旋回;《仕事・社交などの》めまぐるしい動き;〖俗〗飲み騒ぎ. **～-go-round in space** 宇宙メリーゴーラウンド《二つの人工衛星が結ばれたまま回転しながら飛行すること》. **～·màk·er** 浮かれ騒ぐ人. **～·màk·ing** (1) 浮かれ騒ぐこと, 歓楽. (2) 浮かれ騒ぐ, 陽気な. **～·men** [-mәn] 従者, 供回り. **M～ Monarch** イギリス王 Charles II のこと. **～·thought** [⌐-⌐] 《鳥の胸の》叉骨(さこつ)(wishbone). ◇ **mér·ri·ness** *n.* 陽気, 愉快.

Mér·sey [mә́:*r*zi] *n.* マージー川《イングランド西部を流れる. 河口に Liverpool がある》.

mé·sa [méisә] *n.* 台地, 平頂山《周囲が絶壁をなし頂上が卓状の岩層地形》. 「との結婚.

mé·sal·li·ance [mezǽliәns] F. *n.* 身分の低い者

mes·cál [meskǽl] *n.* **1** メスカル酒《メキシコ人愛用のリュウゼツラン酒》. **2** 〖植〗リュウゼツラン; サボテンの一種. **～ buttons** リュウゼツランの頭部《インディアンが幻覚剤として使う》.

més·ca·line [méskәli:n, ㊥⁺ meskǽli:n] *n.* メスカリン《mescal から採れる甘味アルカロイド. 興奮剤》.

mes·dames [meidɑ́:m, -dǽm/méidæm] F. *n.* *madame*, madam の複数形.

mes·de·moi·selles [mèid(ә)m(w)әzél] F. *n.* *mademoiselle* の複数形.

me·séems [mi:sí:mz, mis-/mis-] *vi.* (**me·séemed** [mi:sí:md/mis-]) 〖古〗思うに. 〈注₁〉非人称動詞で it seems to me の古形. 主語 it は省略される. 〈注₂〉過去分詞は用いられない.

me·sèm·bri·án·the·mum [mi̧zèmbriǽnθi̧mәm] *n.* 〖植〗松葉菊. 「膜.

més·en·ter·y [més(ә)ntèri/-t(ә)ri] *n.* 〖医〗腸間

mesh [meʃ] *n.* **1** 網の目(状のもの): a net with half-inch ～*es* 半インチ目の網. **2** (*pl.*) 網(糸);《つかまえる》わな: be entangled in the ～*es* of the political intrigue 政界の策謀の網にひっかかる. ***in ～*** 《歯車が》かみ合って. **——** *vt., vi.* 網[わな]にかける[かかる]; ＜歯車を＞かみ合わす, ＜歯車が＞かみ合う. **⌐·work** [⌐⌐] 網細工; 網. ◇ **⌐·y** *a.* 網の目状の; からまった.

mé·si·al [mí:ziәl] *a.* 中央の, 中間の: the ～ plane 正中面. ◇ **～·ly** *ad.*

més·ic [mézik, mí:z-, més-, mí:s-] *a.* 適度に湿度のある環境の[に適応する].

mes·mér·ic [mesmérik, mez-/mez-] *a.* 催眠術の. ◇ **-i·cal·ly** [-(ә)li] *ad.*

més·mer·ism [mésm(ә)rìz(ә)m, méz-/méz-] *n.* 催眠術; 催眠状態. ◇ **-ist** *n.* 催眠術師.

més·mer·ize [mésm(ә)ràiz, méz-/méz-] *vt.* **1** ＿に催眠術をかける. **2** 魅する, 魅惑する; 感化する.
◇ **mès·mer·i·zá·tion** [⌐-m(ә)ri̧zéiʃ(ә)n/-raiz-] *n.* 催眠術(をかけること); 催眠状態.

mesne [mi:n] *a.* 〖法〗中間の. **～ process** 《訴訟の》中間手続き. 「前では mes-」.

meso-「中央, 中間」の意の語形成要素《母音の

més·o·blast [mésәblæst, mézo̧-, mí:zo̧-/méso̧-blɑ:st] = mesoderm.

més·o·carp [-kɑ̀:*r*p] *n.* 〖植〗中果皮.

més·o·derm [-dә̀:*r*m] *n.* 〖動〗中胚葉(はいよう).

Mès·o·líth·ic [mèso̧líθik, ㊥⁺ mèz-, mì:z-] *a.* 〖考古〗中石器時代の.

més·o·morph [mésәmɔ̀:*r*f, ㊥⁺ méz-, mí:z-] *n.* **1** 〖植〗中生植物. **2** 〖心〗筋骨体質の人, 中等大の体格の人.

més·on [mésɑn, mí:s-/mí:zɔn, mésɔn] *n.* **1** [㊥⁺ méz-, mí:z-] 〖物〗中間子. **2** 縦行面《からだを中央から左右平等に縦断した面》.

Mès·o·po·tá·mi·a [mès(ә)pәtéimiә] *n.* **1** メソポタミア《西南アジア Tigris, Euphrates 両河の流域にあった古代王国》. **2** Iraq の古名.
◇ **～n** *n., a.* メソポタミアの(人).

mès·o·thó·rax [mèsәθɔ́:ræks, mèz-, mì:z-/mès-o̧θɔ́:r-] *n.* 〖虫〗中胸. 「meson.

més·o·tron [mésәtrɑ̀n, méz-, mí:z-/méso̧trɔn] =

Mès·o·zó·a [mèsәzóuә, ㊥⁺mèzә-, mì:zә-] *n. pl.* 〖動〗中生動物.

Mès·o·zó·ic [-zóuik] *n., a.* 〖地〗中生代(の).

Més·pot [méspɑ̀t/-pɔt] 〖俗〗= Mesopotamia.

més·quit(e) [méski:t, −⌐] *n.* 〖植〗《アメリカ南西部産》豆科の低木.

‡**mess** [mes] *n.* **1** 乱雑(状態), ごたごた, 不潔: The room was in a complete ～. へやはよごれほうだいだった. **2** 困った状態, 困ったこと: We are in a ～. われわれは困惑しきっている. **3** よごれ物, 不潔物, くずの山: The workmen cleaned up the ～ before they left. 職人たちは立ち去らないうちによごれ物をかたづけた. a ～ of papers 書類のくずの山. **4** 《軍隊で》食卓をともにする仲間; その食事, 会食; 会食室. **5** 一さらの(流動性)食物; まずそうな[まずい]食物;《猟犬などの》混合食. **6** 〖話〗物事に定見のない人; へまばかりして暮らす人. ***at ～*** 会食中で. ***get into a ～*** へまをやる; 困ったことになる; 混乱す

る. ***in a*** ～ (1) よごれて; 取り散らかして: The room was *in a* ～. へやは散らかっていた. (2) 紛糾して; 困惑して. ***lose the number of*** **one's** ～ 〘俗〙死ぬ, 殺される. ***make a*** ～ ***of*** をめちゃくちゃにする, をだいなしにする. ***make a*** ～ ***of it*** へまをする. ～ ***of pottage*** 〘聖〙一杯のあつもの, 眼前の小利《創世記 25:29-34》.

—— *vt.* **1** よごす; 取り散らす; だいなしにする《*up*》. **2** に給食する〘軍隊などで〙. **——** *vi.* **1** むちゃなことをする; しくじる. **2** 会食する《*together, with*》. ～ ***about*** [***around***] (1) …によけいなおせっかいをする. (2) むだな努力をする. (3) をぐずぐずやる. (4) ぶらぶらする, なまける. ～ ***in*** [***with***] = ～ about [around] (1). ～ **deck** 〘海〙下甲板《下級乗組員の居間兼食堂がある》. ～ **hall** 《軍隊・工場などの》食堂. ～ **jacket** 〘軍〙《準儀礼的なときに用いる》短い上着. ～ **kit** [**gear**] 携帯用食器セット. **∼·mate** [∸∸] 食事をともにする人, 《船または陸海軍での》会食仲間. **∼·room** [∸∸] = mess hall. ～ **table** 共同食卓. **∼·tin** [∸∸] 飯盒(はんごう).

‡**més·sage** [mésidʒ] *n.* **1** 知らせ, ことづて, 伝言: Here's a ～ to you. あなたへの伝言〔連絡〕です. **2** 通信, 書信, 電報: Wireless ～*s* told us that the ship was sinking. 船は沈みつつあるという無電だった. **3** 〘米〙《大統領の》教書: the President's ～ to Congress. **4** 《神・預言者の》お告げ, 神託. **5** 教訓, 訴え: the ～ of H. G. Wells to his age ウェルズの彼の時代への呼びかけ. **6** 《商業放送の》「お知らせ」, コマーシャル. **7** 《使者の》用件, 使命: go *on* a ～ 使いに行く. ***leave a*** ～ 伝言を頼んでおく, ことづけていく《に *with*》.

—— *vt.* **1** 通報する, 知らせる. **2** に通知する; に指示を与える. [mission と同語源]

mès·sa·líne [mèsəlí:n, ∸–∸] *n.* しゅす状のあや織り絹布. [<F.]

mes·sei·gneurs [mèse(i)njə́:rz/-njə́:] F. *n.* *monseigneur* の複数形.

‡**més·sen·ger** [més(i)ndʒər] *n.* **1** 使者. **2** 《文書・小包などの》配達人. **3** 〘古〙先ぶれ; 前兆. **4** 〘海〙補助索; 凧(たこ)のうなり紙.

～ **boy** 使い走りをする少年.

Mes·sí·ah [misáiə] *n.* **1** 救世主, キリスト. **2** 《国家・民族などの》救済主.

◇ **Mès·si·án·ic** [mèsiǽnik] *a.* ～ の; 救世主的.

mes·sieurs [məsjə́:r, m(e)isjə́:r(z)/mesjə́:] F. *n.* *pl.* **1** *monsieur* の複数形《略 MM.》. **2** [mésərz] …様《Mr. の複数形. 略 Messrs.》.

Mes·sí·na [məsí:nə, me-] *n.* メッシナ《イタリアの Sicily 島北東部の港市》.

Messrs. [mésərz] *messieurs* の略.

més·suage [méswidʒ] *n.* 〘法〙家屋敷《付属の建物や近くの畑なども含む》.

méss·y [mési] *a.* きたない, 不潔な, むさくるしい, 取り散らした. [<mess] ◇ **-i·ly** *ad.* **-i·ness** *n.*

mes·tí·zo [mestí:zou] *n.* (*pl.* ～(**e**)**s**; *fem.* **mes·tí·za** [mestí:zə]) 《スペイン人とアメリカ原住民との》混血児.

†**met** [met] *v.* meet の過去・過去分詞.

Met [met] Metropolitan Opera (House) 《ニューヨークにある》. ⌈metropolitan.

met. metaphor; metaphysics; metrological;

meta- *pref.* 「後の」「に従って」「ともに」「間」「変化, 変換」などの意《母音の前では met-, 気息音の前では meth- となる》.

me·táb·a·sis [mətǽbəsis/met-] *n.* (*pl.* **-ses** [-si:z]) **1** 〘医〙症変, 転移. **2** 〘修〙主題転移.

mèt·a·bi·ó·sis [mètəbaióusis] *n.* 変態共生.

mèt·a·ból·ic [-bálik/-bɔ́l-] *a.* **1** 〘生〙(新陳)代謝(たいしゃ)の, 代謝作用の, 物質交替の. **2** 変形の, 変化の.

me·táb·o·lism [mətǽb(ə)liz(ə)m, met-/met-], **me·táb·o·ly** [-tǽbəli] *n.* 〘生〙新陳代謝, 物質交替.

me·táb·o·lize [mətǽb(ə)làiz, met-/met-] *vt.* **1** 新陳代謝させる, 物質交替させる. **2** 変形させる.

mèt·a·cár·pus [mètəká:rpəs] *n.* (*pl.* **-pi** [-pai]) 〘医〙掌部; 《特に》中手骨, 掌骨.

◇ **-pal** [-p(ə)l] *a., n.* 掌部の; 掌骨, 中手骨.

mét·a·cèn·ter, ㊕**-tre** [métəsèntər] *n.* 〘物〙浮力の傾心, 傾きの中心.

◇ **mèt·a·cén·tric** [∸–∸trik] *a.*

mèt·a·chró·ma·tism [mètəkróumətìz(ə)m] *n.* 体色変化《特に温度変化による》.

mèt·a·gál·ax·y [mètəgǽləksi/∸–∸––] *n.* 〘天〙《諸銀河全部を含めた》全銀河系; 全宇宙.

mét·age [mí:tidʒ] *n.* 《特に公の機関で行なう穀類・石炭などの積み荷の》検量; 検量税.

mèt·a·gén·e·sis [mètədʒénisis] *n.* 〘生〙純正世代交番. ◇ **mèt·a·ge·nét·ic** [-dʒinétik] *a.*

‡**mét·al** [métl] *n.* **1** 金属; 金属元素, 《各種の》金属: in ～ 金属製の. An alloy is a mixture of two or more ～*s*. 合金は二つまたはそれ以上の金属の混合物である. **2** 鋳鉄; 溶解ガラス. **3** 〘英〙敷きじゃり(= road ～). **4** (*pl.*) 〘英〙レール, 軌条: The train left [ran off] the ～*s*. 列車は脱線した. **5** 《軍艦の》総砲数. **6** 気質, 気性 (mettle): He is (made) of true ～. 彼は堅実な男だ. ***base*** ～***s*** 卑金属. ***heavy*** ～***s*** 重金属. ***light*** ～***s*** 軽金属. ***pig*** ～ 金属塊. ***precious*** ～***s*** 貴金属. ***sheet*** ～ 板金. ***type*** ～ 活字(合)金. **——** *vt.* (**-l-**, ㊕ **-ll-**) **1** に金属をかぶせる. **2** 〘英〙<道路に> じゃりを敷く. **∼·work** [-wə̀:rk] 金属細工(品). **∼·wòrk·er** 金属細工師. **∼·wòrk·ing** 金属細工術.

mét·a·lan·guage [métəlæ̀ŋgwidʒ] *n.* メタ言語, 言語分析用言語, 記号体系分析用記号体系.

mèt·a·lin·guís·tics [mètəliŋgwístiks] *n.* *pl.* 《単数扱い》〘言〙後段言語学《言語の言語以外の文化面との関係を扱う部門》.

metal(l). metallurgical; metallurgy.

me·tál·lic [mitǽlik] *a.* 金属の, 金属性[質]の: ～ luster 金属光沢. ◇ **-li·cal·ly** [-(ə)li] *ad.*

mèt·al·líf·er·ous [mèt(ə)lífərəs] *a.* 金属を含む[産する].

mét·al·line [mét(ə)lin, -làin/-lain]) *a.* 金属(質)の; 金属(塩)を含む.

mét·al·(l)ize [mét(ə)làiz] *vt.* **1** 金属化する, に金属をかぶせる. **2** <ゴムを> 硬化する.

◇ **mèt·al·(l)i·zá·tion** [mèt(ə)lizéiʃ(ə)n/-laiz-] *n.*

me·tál·lo·graph [mitǽləgræ̀f/-grɑ:f] *n.* 金属用顕微鏡.

mèt·al·lóg·ra·phy [mètəlágrəfi/-lɔ́g-] *n.* **1** 金相学, 金属組織学. **2** 金属版印刷.

mét·al·loid [métəlɔ̀id] *a.* **1** 金属のような; 〘化〙非金属の. **2** 類金属性の, 両性金属の.

—— *n.* **1** 〘化〙非金属. **2** 類金属, 両性金属.

mèt·al·lúr·gic [mètələ́:rdʒik] *a.* 冶金(やきん)学の, 冶金術の. ◇ **-gi·cal** [-(ə)l] *a.* **-gi·cal·ly** *ad.*

mét·al·lur·gy [mét(ə)lə̀:rdʒi, ㊕⁺ metǽlədʒi] *n.* 冶金(やきん)(学), 冶金(やきん)術. ◇ **-gist** *n.* 冶金(やきん)家, 冶金(やきん)学者.

mét·a·mer [métəmər] *n.* 〘化〙異性体.

mét·a·mere [métəmiər] *n.* 〘動〙体節.

mèt·a·mér·ic [mètəmérik] *a.* 〘化〙異性(体)の; 〘動〙体節の. ⌈〘動〙体節性.

me·tám·er·ism [mitǽməriz(ə)m] *n.* 〘化〙異性;

mèt·a·mór·phic [mètəmɔ́:rfik] *a.* **1** 変形の, 変性の, 変態の. **2** 〘地〙変成の. ◇ **-phism** [-fiz(ə)m] *n.* 変形, 変性, 変態; 〘地〙(岩石の)変成作用.

mèt·a·mór·phose [-fouz, ㊕⁺ -fous] *vt.* **1** 変形[変態]させる, 変性[変質]する. **2** 〘地〙変成させる《へ *to, into*》.

mèt·a·mór·pho·sis [mètəmɔ́:rfəsis] *n.* (*pl.* **-ses** [-si:z]) 変形, 変態; 変性, 変質.

mèt·a·nál·y·sis [mètənǽlịsis] *n.* (*pl.* **-ses** [-siːz]) 〘言〙異分析 《2 語の切れ目を誤ること. 例: ME *an* ekename 追加の名, あだ名> Mod E a *nic*kname》. 「physics.

metaph. metaphor(ical); metaphysical; meta-

mét·a·phor [métəfər, ㊥⁺-fɔːr] *n.* 〘修〙隠喩(いんゆ), 暗喩. →simile. 〈注〉 "He has a heart *of stone*." は metaphor. "He has a heart *like stone*." は simile. ***mixed* ～** 混喩.

mèt·a·phór·i·cal [mètəfɔ́ːrik(ə)l, -fár-/-fɔ́r-] *a.* 比喩(ひゆ)的な, 隠喩的な. ◇ **～·ly** [-k(ə)li] *ad.* 隠喩で: ～*ly* speaking たとえて言えば.

mét·a·phrase [métəfrèiz] *n.* 直訳, 逐語訳. —— *vt.* 直訳する, 逐語訳する. ◇ **mét·a·phrast** [métəfræst] *n.* 翻案家, 脚色家《文学作品の形式を変える》. **mèt·a·phrás·tic** [mètəfrǽstik] *a.*

mèt·a·phýs·i·cal [mètəfízik(ə)l] *a.* **1** 形而(けいじ)上学の, 純粋哲学の. **2** (きわめて) 抽象的な, 純理的な; 微細にわたる; 空論的な. **3** 実体のない, 超自然的な. ～ **poet** 〔**poetry**〕 形而上詩人 〔詩風〕 《17 世紀のイギリスの》. ◇ **～·ly** *ad.*

mèt·a·phýs·ics [-fíziks] *n. pl.* 《単数扱い》 **1** 形而上学, 実在論; 宇宙哲学. 〈注〉 Aristotle の著作で physics のあとで論ぜられたところから *meta-physics* (→ meta-) とよばれる. **2** 抽象論, 空論. ◇ **-i·cist** [-fízisist], **mèt·a·phy·sí·cian** [-fịzíʃ(ə)n] *n.* 形而上学者, 純正哲学者; 〘俗〙精神療法を行なう人.

mét·a·plasm [métəplæz(ə)m] *n.* 〘生〙後形質《原形質中に含まれている成形要素》; 〘言〙語形変異. ◇ **mèt·a·plás·mic** [mètəplǽzmik] *a.*

mèt·a·pól·i·tics [mètəpálịtiks/-pɔ́l-] *n. pl.* 《単数扱い》 政治哲学; 《けいべつ的》 空論政治学. ◇ **mèt·a·po·lít·i·cal** [-pəlítịk(ə)l] *a.* **mèt·a·pòl·i·tí·cian** [-pàlịtíʃ(ə)n/-pɔ̀l-] *n.*

mèt·a·psý·chic [mètəsáikik] *a.* 心霊研究の. ◇ **～s** [-s] *n. pl.* 《単数扱い》 心霊研究.

me·tás·ta·sis [mịtǽstəsis] *n.* (*pl.* **-ses** [-sìːz]) **1** 転位, 変位, 変形. **2** 〘医〙《患部の》転移. **3** 〘生〙新陳代謝(たいしゃ). **4** 〘修〙《話題の》急転換.

mèt·a·tár·sus [mètətáːrsəs] *n.* (*pl.* **-si** [-sai]) 〘医・動〙中 (足) 骨 《足根骨 (tarsus) と指骨 (phalanges) の中間部. 5 本の骨を含む》. ◇ **-sal** [-s(ə)l] *n., a.* 中 (足) 骨 (の).

me·táth·e·sis [mətǽθəsis] *n.* (*pl.* **-ses** [-sìːz]) 〘言〙音位〔字位〕転換《例: OE b*ri*d> Mod E b*ir*d》; 〘医〙患部の転移; 〘化〙置換, 複分解. [√the-]

mé·ta·yage [mè(i)təjáːʒ/méteјaːʒ] F. *n.* 折半小作制度, 分益農法. 「による小作人.

mé·ta·yer [mè(i)təjéi/météјei] F. *n.* *métayage*

Mèt·a·zó·a [mètəzóuə] *n. pl.* 〘動〙後生動物《多細胞動物》. ◇ **～n** *a.*

mete[1] [miːt] *vt.* **1** <刑罰・報酬などを>割り当てる, 与える《*out*》. **2** 〘古〙計る, 測定する. **～·wand** [ˊˋ], **～·yard** [ˊˋ] 測量桿(かん), 計量〔評価〕基準.

mete[2] *n.* 境界, 境界標石. ***～s and bounds*** 〘法〙境界, 区画; 限界.

mèt·em·pír·i·cal [mètempírik(ə)l] *a.* 経験を超越した, 先験的の. ◇ **～·ly** *ad.*

mèt·em·pír·ics [mètempíriks] *n. pl.* 《単数扱い》 超経験論, 先験哲学. ◇ **-i·cist** [-pírisist] *n.* 超経験論者.

mèt·em·psy·chó·sis [mètəmsaikóusis, mət-èmpsik-/mètempsik-] *n.* (*pl.* **-ses** [-siːz]) (霊魂の) 転生, 輪廻(りんね).

***mé·te·or** [míːtiər/-tjə, -tiə] *n.* **1** 流星; 隕石(いんせき). **2** 《にじ・つむじ風・ひょうなど》 大気中に起こる一時的現象; 大気現象.

meteor. meteorological; meteorology.

mè·te·ór·ic [mìːtiɔ́ːrik, -ár-/-ɔ́r-] *a.* **1** 流星の. **2** 流星のように輝く, 一時的にはなばなしい: a ～ fame ぱっと上がった (一時の) 名声. **3** 大気の, 気象上の. ～ **iron** 隕鉄. ～ **ring** 隕星環《太陽のまわりに見える環》. ～ **shower** 流星雨《雨のように見える多数の流星》. ～ **stone** 隕石.

mé·te·or·ite [míːtiəràit], **mé·te·or·o·lite** [-tiərəlàit] *n.* 隕石(いんせき). ◇ **mè·te·or·ít·ic** [mìːtiərítik] *a.*

mè·te·or·ít·ics [mìːtiərítiks] *n. pl.* 《単数扱い》 流星学. 「象記録器.

mé·te·or·o·graph [míːtiərəgræf/-grɑːf] *n.* 気

mé·te·or·oid [míːtiərɔ̀id] *n.* 〘天〙流〔隕〕星体.

***mè·te·or·o·lóg·ic** [mìːtiərəládʒik/-lɔ́dʒ-], **-i·cal** [-(ə)l] *a.* 気象の, 気象学上の. ～ **observatory** 気象台. ～ **optics** 気象光学. ～ **report** 天気予報, 気象通報. ～ **station** 測候所. ◇ **mè·te·or·o·lóg·i·cal·ly** *ad.*

mè·te·or·ól·o·gy [mìːtiərálədʒi/-rɔ́l-] *n.* 気象学; 《一地方の》 気象状態. ◇ **-gist** [-dʒist] *n.* 気象学者.

‡**mé·ter**[1], ㊥ **-tre** [míːtər] *n.* **1** メートル《長さの単位》. **2** 〘韻〙韻律, 格調. **3** 〘楽〙拍子, 節. ◇ **～·age** [-təridʒ] *n.* メートル数.

mé·ter[2] *n.* **1** 計量器, 《ガス・水道などの》 メーター. **2** 計量員. —— *vt.* メーターで計る; 計量する. ◇ **～·age** [míːtəridʒ] *n.* 計量器で計ること, 測定; メーター使用料.

-me·ter[1] [-mịtər] 「計器」または作詩法の「脚数」の意の語形成要素: baro*meter* 重量＋計器>晴雨計. penta*meter* 5＋脚>五脚格.

-mè·ter[2] [-mìːtər] メートル法の「メートル」の意の語形成要素: milli*meter* ミリメートル.

mé·tered [míːtərd] ～ ***mail*** 〘米〙料金別納郵便.

meth- ＝meta-.

Meth. Methodist. 「リル酸.

mèth·a·crýl·ic [mèθəkrílik] ～ ***acid*** 〘化〙メタク

méth·a·don [méθədàn/-dɔn], **-done** [-dòun/-dɔn] *n.* 〘医〙メタドン《鎮痛剤》.

méth·ane [méθein] *n.* 〘化〙メタン, 沼気. 「ール.

méth·a·nol [méθənòul, -nàl/-nɔl] *n.* 〘化〙メタノ

me·thég·lin [mịθéglin] *n.* はちみつ酒の一種.

me·thínks [miθíŋks] *vi.* (**me·thóught** [-θɔ́ːt]) 〘古〙私には思われる, 思うに (it seems to me). 〈注1〉 非人称動詞で, 主語 it は省略される. 〈注2〉 過去分詞は用いられない. → meseems.

‡**méth·od** [méθəd] *n.* **1** 方法: a teaching ～ 教授法. a ～ of learning English 英語学習法. **2** 《物事を行なう》 順序, 《思考などの》 筋道; 順序〔規律〕正しさ, 秩序整然: He works with ～. 彼は順序よく仕事をする. a man of ～ きちょうめんな人. **3** 〘生〙分類法. **4** (M～) ソビエトの俳優・演出家 Stanislavski の演出論. ***There is ～ in his madness.*** 気違いのわりには筋道がたっている《Shakespeare 作 *Hamlet* の中の Polonius のせりふ》. —— *a.* (M～) ～ ④の: a *M*～ actor 個性をよく出す俳優. [meta-＋√hod-] ◇ **～·ize** [-dàiz] *vt.* 方式化する, 組織だてる, 順序だてる. **～·less** *a.* 方法のない, 行き当たりばったりの.

(類義語) 方法: **method** きちんと順序をふんだ組織的方法, 方式, 計画: the best *method* to learn English 英語を学ぶ最良の方法. **mode** 社会的慣習または個人的習慣として定まったやり方, 流儀: a *mode* of life 生活様式. **manner** mode と全く同義に使われるほか, 習慣として固定されていない一回限りのやり方にも用いる: in this *manner* こういう風に. **fashion** 個性的で特異な方法: He does everything after his own *fashion*. 彼はすべてのものを彼独自の方法でやる. **way** 上の4 語のいずれにも代わることのできる最も一般的な口語: the best *way* to learn English. a peculiar *way* of life. in this *way*. He does everything after his own *way*.

me·thód·ic [mɪθádik/-θɔ́d-], **-i·cal** [-(ə)l] *a.* **1** 方法の, 方法的な, 組織的な. **2** 筋道のたった; きちょうめんな, 丹念な. ◇ **me·thód·i·cal·ly** *ad.*

Méth·od·ism [méθədiz(ə)m] *n.* **1** メソジスト派《キリスト教新教の一派》. **2** (m～) 一定の方式に従うこと, 方式拘泥(こうでい); 規則正しいこと.

Méth·od·ist [méθədist] *n.* **1**〖宗〗メソジスト教徒. **2** (m～)《けいべつ的》厳格な宗教的見解をもっている人. **3** (m～) 形式にこだわる人. —— *a.* メソジスト教派〔教徒〕の. ◇ **Mèth·od·ís·tic** [mèθədístik] *a.* メソジスト教派の; (m～) 秩序ある, 厳格な.

mèth·od·ól·o·gy [mèθədálədʒi/-dɔ́l-] *n.* 方法論; 方法. ◇ **mèth·od·o·lóg·i·cal** [mèθədəládʒikəl/-lɔ́dʒi-] *a.*

me·thóught [miθɔ́:t] *v.* methinks の過去形.

Me·thú·se·lah [mɪθjú:z(ə)lə] *n.* **1**〖聖〗メトセラ《ノアの洪水以前のユダヤの族長で 969 歳まで生きたという人. 創世記 5 : 27》. **2** 長命者. ***as old as*** ～ 非常に長命な.

méth·yl [méθɪl] *n.*〖化〗メチル, 木精. ～ **alcohol** メチルアルコール. ◇ **meth·ýl·ic** [miθílik] *a.*

méth·y·late [méθɪlèit] *n.*〖化〗メチレート《メチルアルコールの誘導体》. —— *vt.* **1** <アルコールに> メチルを混ぜる. **2** にメチルアルコールを混ぜる.
～d spirit 変性アルコール.
◇ **mèth·yl·á·tion** [mèθɪléiʃ(ə)n] *n.*〖化〗メチル化.

méth·yl·ene [méθɪlì:n] *n.*〖化〗メチレン.

me·tíc·u·lous [mɪtíkjʊləs] *a.* 小さいことに気を使いすぎる, こせこせした, 小心な《について *about*》.
◇ **～·ly** *ad.* 小心翼々として, こせこせと.

mé·tier [me(i)tjéi, ⌐–/⌐–] F. *n.* **1** 職業, 商売. **2** 専門; 特技, おはこ.

mé·tis [meití:s/mí:tis] F. *n.* (*fem.* ***mé·tisse*** [meití:s/metí:s]) 混血児《特に, カナダでは白人とアメリカンインディアンの; アメリカでは 8 分の1黒人の血のはいった》.

mé·tol [mí:toul, -tɑl/-tɔl] *n.*〖化〗メトール《写真現 「像剤》.

me·tón·y·my [mɪtánɪmi/-tɔ́n-] *n.*〖修〗換喩(かんゆ), 転喩《一語に意味上関係ある他語を代用する修辞法. horse racing「競馬」の意に the turf「芝ふ」を用いるなど》. → synecdoche. [meta-＋√onym-]
◇ **mèt·o·ným·ic** [mètənímɪk], **mèt·o·ným·i·cal** *a.* **mèt·o·ným·i·cal·ly** *ad.*

mé-tóo [mí:tú:] *a.*「バスに乗り遅れるな」精神の,「おれだって」主義の, 他人の成功を模倣する.
◇ **～·ism** *n.* 模倣主義. **～·er, ～·ist** *n.*

mét·o·pe [métəpi:/-toup] *n.*〖建〗《ドリア式建築の triglyph の間にある四角な》小間壁.

mét·ra·zol [métrəzòul, -zɑ̀l/-zɔl] *n.*〖医〗メトラゾール《強心剤》; (M～) その商標名.

‡**mé·tre** [mí:tər] *n.*〖英〗＝meter¹.

***mét·ric** [métrik] *a.* **1** メートル(法)の. **2**＝metrical. ～ **system** メートル法. ～ **ton** メートルトン《1,000 kg》. 「測量の.

mét·ri·cal [métrik(ə)l] *a.* **1** 韻律の, 韻文の. **2**

me·trí·cian [metríʃ(ə)n, mɪ-], **mét·rist** [métrist, ㊇⁺mí:t-] *n.* 韻律学者; 作詩家. 「詩法.

mét·rics [métriks] *n. pl.*《単数扱い》韻律学; 作

mét·ri·fy [métrɪfài] *vt.* に韻律をつける, 詩で表現する. 「的》地下鉄.

Mét·ro [métrou] *n.*《パリの》地下鉄; (m～)《一般

me·tról·o·gy [mɪtrálədʒi/-trɔ́l-] *n.* 度量衡 (学).
◇ **mèt·ro·lóg·i·cal** [mètrəládʒɪk(ə)l/-lɔ́dʒ-] *a.*

mét·ro·nome [métrənòum] *n.*〖楽〗メトロノーム.
◇ **mèt·ro·nóm·ic** [mètrənámik/-nɔ́m-] *a.*

mè·tro·ným·ic [mì:trənímik, mèt-/mèt-] *a., n.* 母系を示す (名前). → patronymic.

‡**me·tróp·o·lis** [mɪtráp(ə)lis/-trɔ́p-] *n.* (*pl.* **-lis·es, -leis** [-lì:s]) **1**《国・地方などの》首都;《活動の》中心地. **2**《一般的》大都市. **3**《特にギリシア史などで植民地に対して》本国, 母都. **4**〖宗〗大司教管区. ***the M～***〖英〗ロンドン. [√poli-]

mèt·ro·pól·i·tan [mètrəpálɪt(ə)n/-pɔ́l-] *a.* **1** 首都の; 大都会(風)の. **2**《植民地に対し》本国の, 母国の. **3** 大司教管区の. —— *n.* **1** 首都居住者. **2** 都会人; 都会風の人. **3**〖宗〗大司教. **M～ boroughs**〖英〗首都自治区《the City とともにロンドンを構成する28の自治区》. **M～ Museum of Art, the** メトロポリタン美術館《ニューヨーク市セントラルパークわきにあるアメリカ最大の美術館》.

-me·try [-mɪtri]「…測定法〔学, 術〕」の意の語形成要素: geo*metry* (地面積＋測定→) 幾何学. psycho*metry* 精神測定.

mét·tle [métl] *n.* **1** 気性, 気質. **2** 気概, 血気, 勇気: a man of ～ 気概のある人. ***on*** 〔***upon***〕 one's ～ 奮発して. ***put*** 〔***set***〕 a person ***to*** 〔***on, upon***〕 ***his*** ～ (人を)奮起させる. ◇ **～d, ～·some** *a.* 元気のある, 威勢のよい, 気性の激しい: a ～ horse.

me·um [mí:əm] L. (＝mine) *pron.* 私のもの. ～ ***et tuum*** [-et-tú:əm] 私のものときみのもの; 自他の所有権.

meu·nière [mənjéər] F. *a.* ムニエルの《粉をまぶして両面をバターで焼いた》: sole ～ ヒラメのムニエル.

Meuse [mju:z] *n.* ムーズ川《フランス北東部からベルギー・オランダを通り北海に注ぐ》.

mew¹ [mju:] *n.* ニャー《ネコの鳴き声》; カモメの鳴き声. —— *vi.* ニャーと鳴く.

mew² *n.*〖鳥〗カモメ (＝sea ～).

mew³ *vt.* **1** <タカを> かごに入れる; 閉じ込める《*up*》. **2** <タカが羽毛を> 脱ぐ; <シカが角を> 落とす. —— *vi.* <タカなどが> 羽毛を脱ぐ; <シカが> 角を落とす. —— *n.* **1** 羽毛の抜け替わり. **2**《羽毛の抜け替わりのとき入れる》タカのかご. **3** 隠れが, 隠棲(いんせい)の所.

mewl [mju:l] *vi.* **1** ＝mew¹. **2**《幼児が》泣き声を発する. —— *n.* (弱い) 泣き声.

mews [mju:z] *n. pl.*《単数扱い》〖英〗《中庭または小道のまわりにある》馬屋;《馬屋のある》袋小路.

Mex [meks] *n.*〖米俗〗メキシコ人.

Mex. Mexican; Mexico. 「シコ人.

***Méx·i·can** [méksikən] *a., n.* メキシコ (人) の; メキ

‡**Méx·i·co** [méksikòu] *n.* メキシコ《北アメリカの共和国》. ～ **City** メキシコシチー《メキシコの首都》.

méz·za·nine [mézəni:n, -nin/-ni:n] *n.* **1**〖建〗中二階. **2**〖米: 劇〗2 階正面さじき《特に前の数列》;〖英〗奈落(ならく)《舞台の下》.

méz·zo [métsou, médzou, ㊇⁺mézou] *ad., a.* (*fem.* **méz·za** [métsə, mé(d)zə])〖楽〗半ば (の). **～-brow** [⌐–⌐] *a., n.* 普通程度の知能〔教養〕の (ある人). → highbrow, lowbrow. ～ **forte**〖楽〗やや強く, 中強《略 mf.》. ～ **piano**〖楽〗やや弱く, 中弱《略 mp.》. **～-re·lie·vo** (*pl.* **-vos**) 中浮き彫り, 半肉彫り. **～-so·prán·o** (*pl.* **-os**)〖楽〗メゾソプラノ (歌手); 次高音(部).

méz·zo·tint [métsotɪnt, médzo-, ㊇⁺mézo-] *n.* **1** メゾチント彫法. **2** メゾチント版.
—— *vt.* メゾチント版に彫る.

mf. mezzo forte; microfarad; millifarad. **MF** Middle French 中世フランス語《1400–1600年》; medium frequency. **mfd.** manufactured. **mfg.** manufacturing. **M.F.N.** Most Favored Nation 最恵国. **mfr.** (*pl.* **mfrs.**) manufacturer. **Mg**〖化〗magnesium. **mg.** milligram(s). **Mgr.** Manager; *Monseigneur*; *Monsignor*. **MHG** Middle High German 中世高地ドイツ語《1100–1500年》. **M.H.R.** Member of the House of Representatives.

mi [mi:] *n.*〖楽〗ミ《全音階の第三音》; ホ音.

mi. mile(s); mill(s). **M.I.** Military Intelligence.

Mi·ám·i [maiǽmi] *n.* マイアミ《アメリカ Florida 州の避寒地》. ～ **Beach** マイアミビーチ《Miami から Biscayne Bay をへだてたところにある町》.
◇ **～·an** *n.* マイアミの住人.

mi·áow [miáu, mjau] ＝mew¹.
mi·ás·ma [maiǽzmə, mi-] *n.* (*pl.* **～s, ～·ta** [-mətə])《沼から発生する》毒気. **◇ mi·ás·mal** [-(ə)l], **mì·as·mát·ic** [màiəzmǽtik, miəz-/miəz-] *a.* 毒気の: *miasmatic* fever マラリア熱.
Mic. Micah.
mí·ca [máikə] *n.* [鉱] 雲母, きらら. 「を含んだ.
mi·cá·ceous [maikéiʃəs] *a.* 雲母(状)の; 雲母
Mí·cah [máikə] *n.* [聖] **1** ミカ《ヘブライの預言者》. **2** ミカ書《旧約聖書中の一書》.
Mi·cáw·ber [mikɔ́:bər] *n.* Dickens 作 *David Copperfield* 中の人物《徹底的な楽天家》.
◇ ～·ish *a.* **～·ism** [-rìz(ə)m] *n.* たなぼた主義.
‡**mice** [mais] *n.* mouse の複数形.
Mich. Michaelmas; Michigan.
Mí·chael [máikl] *n.* [宗] (天使長) ミカエル.
Mích·ael·mas [míklməs] *n.* [宗] ミカエル祭《9月29日. イギリスでは四季支払日の一つ》.
～ daisy [英] ＝aster ①.
Mì·chel·án·ge·lo [màik(ə)lǽndʒilòu, [米]⁺mìk-] *n.* ミケランジェロ, 1475–1564, イタリアの彫刻家・画家・建築家・詩人.
Mích·i·gan [míʃigən] *n.* アメリカ中北部の州《略 Mich.》. ***Lake ～*** ミシガン湖《北アメリカ五大湖の一つ》. **～ bankroll** 小額紙幣; にせ札.
◇ Mích·i·gan·ite [-àit], **Mìch·i·gán·der** [miʃigǽndər] *n.* ミシガン人.
Mick [mik] *n.* [米俗]《けいべつ的》アイルランド人.
Mick·ey [míki] *n.* [米俗] 麻酔薬入りの酒(＝～ Finn). **m～ mouse** 見かけ倒しの, 安っぽい《漫画 Mickey Mouse から》.
míck·le [míkl] *a.* [古・スコットランド] たくさんの. **——** *ad.* たくさん(に). **——** *n.* 多量. ***Many a little* (*pickle*) *makes a ～.*** [諺] ちりも積もれば
mí·cra [máikrə] *n.* micron の複数形. └山となる.
mí·cri·fy [máikrifài] *vt.* 小さくする.
micro- **1**「小, 微」の意の語形成要素《母音の前では micr-》: *micro*cosm 小宇宙. *micro*scope 顕微鏡. ↔ macro-. **2**「100万分の1」の意: *micro*second マイクロセカンド《100万分の1秒》.
mì·cro·a·nál·y·sis [màikroənǽlisis] *n.* [化] 微量分析. 「てんびん.
mì·cro·bál·ance [màikrobǽləns] *n.* [化] 微量
***mí·crobe** [máikroub] *n.* 細菌, 微生物. **～ bomb** (**warfare**) 細菌弾(戦). [micro-＋√bi-]
mi·cró·bi·al [maikróubiəl], **mi·cró·bi·an** [-biən], **mi·cró·bic** [-króubik, [米]⁺-krɑ́b-] *a.* 微生物(細菌)による.
mì·cro·bi·ól·o·gy [màikrobaiɑ́lədʒi/máikrobaiɔ́l-] *n.* 微生物学; 細菌学.
mí·cro·card [máikrokɑ̀:rd] *n.* マイクロカード《書籍・雑誌・新聞などを縮写したカード》.
mì·cro·ce·phál·ic [màikrosifǽlik, -sef-, [英]⁺-krokef-], **mì·cro·céph·a·lous** [-séfələs/-kéf-, -séf-] *a.* [医] 異常小頭の.
mì·cro·chém·is·try [-kémistri] *n.* 微量化学.
mì·cro·chro·nóm·e·ter [màikrokrənɑ́mitər/-nɔ́m-] *n.* 秒どけい.
mì·cro·clí·mate [màikrokláimit] *n.* 微気象《一局部の気象》. **◇ mì·cro·clì·ma·tól·o·gy** [-klàimətɑ́lədʒi/-tɔ́l-] *n.* 微気象学.
mì·cro·cóc·cus [màikrokɑ́kəs/-kɔ́k-] *n.* (*pl.* **-ci** [-kɑ́ksai/-kɔ́k-]) 球状細菌.
mí·cro·còp·y [máikrokɑ̀pi/-kɔ̀pi] *n.*《microfilm による》縮小複写(物).
mí·cro·cosm [máikrəkɑ̀z(ə)m/-kɔz-] *n.* **1** 小宇宙, 小世界. ↔ macrocosm. **2**《宇宙の縮図としての》人間. **3** 縮図.
mì·cro·cós·mic [màikrokɑ́zmik/-kɔ́z-] *a.* 小世界の, 小宇宙の. **～ salt** [化] リン酸塩.
mì·cro·crýs·tal·line [màikrokríst(ə)lin,-làin] *a.* [鉱] 微晶質の.
mì·cro·cú·rie [màikrokjú(:)ri/-kjúəri] *n.* [物] マイクロキュリー《放射能単位キュリーの100万分の1》.
mì·cro·dis·séc·tion [-disékʃ(ə)n] *n.* 顕微解剖.
mì·cro·e·léc·trode [màikrouiléktroud] *n.* 顕微電極.
mì·cro·él·e·ment [-élimənt] *n.* [植] 微量元素.
mì·cro·fár·ad [-fǽrəd] *n.* [電] マイクロファラド《電気容量の実用単位. 100万分の1ファラド》.
mí·cro·film [máikrəfìlm] *n.* マイクロフイルム. **——** *vt., vi.* ～に撮(と)る.
mí·cro·gram, [英] **-gramme** [máikrogrǽm] *n.* マイクログラム《100万分の1グラム》.
mí·cro·graph [máikrəgrǽf/-grɑ:f] *n.* **1** 細字(用具). **2** 顕微鏡写真. **3** 微動拡大測定器. **◇ mi·cróg·ra·phy** [maikrɑ́grəfi/-krɔ́g-] *n.* **1** 細書き術. **2** 顕微鏡製図; 顕微鏡検査. ↔ macrography.
mí·cro·groove [máikrogrù:v] *n.* **1** 長時間(LP盤)レコード用の狭いみぞ. **2** 狭いみぞのレコード.
mì·cro·in·jéc·tion [màikrouindʒékʃ(ə)n] *n.* 顕微注射.
mi·cról·o·gy [maikrɑ́lədʒi/-krɔ́l-] *n.* **1** 微物研究. **2** 細かいことに気を使うこと.
mi·cróm·e·ter [maikrɑ́mitər/-krɔ́m-] *n.* **1** 測微計. **2** [機] マイクロメータ, 測微カリパス(＝～caliper(s)).
mí·cron [máikrɑn/-krɔn] *n.* (*pl.* **mí·crons, mí·cra** [-krə]) ミクロン《1m の100万分の1. 記号 μ》.
mí·cro·nèe·dle [máikronì:dl] *n.* 顕微針.
Mì·cro·né·sia [màikrəní:ʒə, -ʃə/-ʃə] *n.* ミクロネシア《大洋州の一部. Mariana, Caroline, Marshall 諸島を含む》. **◇ ～n** *a., n.* ミクロネシア(人, 語)の; ミクロネシア人(語).
mí·cron·ize [máikrənàiz] *vt.* 微粉にする.
◇ mì·cron·i·zá·tion *n.* 微粉化.
mì·cro·nú·tri·ent [màikron(j)ú:triənt/-njú:-] *n.* [生] 微量栄養素《生物に必要な無機塩類など》.
mì·cro·ór·gan·ism [màikroɔ́:rgəniz(ə)m/mái-] *n.* 微生物.
‡**mí·cro·phone** [máikrəfòun] *n.* マイクロホン.
◇ mì·cro·phón·ic [⌐−fɑ́nik/-fɔ́n-] *a.*
mì·cro·phó·to·graph [màikrofóutəgrǽf/-grɑ:f] *n.* 顕微鏡写真. 「クテリア.
mí·cro·phyte [máikrəfàit] *n.* [植] 微小植物, バ
mí·cro·print [máikrəprint] *n.* 縮小写真印画.
mí·cro·rèad·er [-rì:dər] *n.* マイクロリーダー《マイクロフイルムを拡大投写する装置》.
‡**mí·cro·scope** [máikrəskòup] *n.* 顕微鏡.
mì·cro·scóp·ic [màikrəskɑ́pik/-skɔ́p-], **-i·cal** [-(ə)l] *a.* 顕微鏡の(作用による); きわめて小さい.
◇ mì·cro·scóp·i·cal·ly *ad.* 顕微鏡を用いて; 極端に小さく.
mi·crós·co·py [maikrɑ́skəpi, máikrəskòupi/maikrɔ́skəpi] *n.* **1** 顕微鏡使用(法). **2** 顕微鏡検査. [√scep-] **◇ -pist** [-pist] *n.* 顕微鏡に熟練した人.
mí·cro·sèc·ond [máikrəsèkənd] *n.* マイクロセカンド《100万分の1秒. 記号 μ sec.》. 「切片.
mì·cro·séc·tion [màikrosékʃ(ə)n] *n.* 検鏡用薄
mí·cro·sèism [máikrəsàiz(ə)m/⌐−⌐−] *n.* [地] 微弱な地殻(ちかく)震動. **◇ mì·cro·séis·mic** [⌐−sáizmik], **mì·cro·séis·mi·cal** *a.*
mì·cro·séis·mo·graph [màikrəsáizməgrǽf/-grɑ:f] *n.* 微震計.
mì·cro·seis·móm·e·try [màikrəsaizmɑ́mitri/-mɔ́m-] *n.* 微震測定法. 「の》微粒体.
mí·cro·some [máikrəsòum] *n.* [生]《細胞質内
mì·cro·spéc·tro·scope [màikrospéktrəskòup] *n.* 顕微分光器. 「子.
mí·cro·spore [máikrəspɔ̀:r/-spɔ:] *n.* [植] 小胞
mí·cro·tome [máikrətòum] *n.* ミクロトーム《検鏡用薄片切断器》.

mí·cro·watt [máikrəwɑ̀t/-wɔt] *n.* 〘電〙 マイクロワット《100万分の1ワット》.
mí·cro·wave [máikrəwèiv] *n.* 〘電〙 マイクロ波《波長 1m 以下》.
mìc·tu·rí·tion [miktʃuríʃ(ə)n/-tjuər-] *n.* 〘医〙 排尿; 尿意ひんぱん.
mid[1] [mid] *a.* 中央の, まん中の, 中間の: ～-Atlantic 中部大西洋(の). in ～ air 中空に, 空中に. in ～ career [course] 中途で. **～-àf·ter·nóon** 昼下がり《ほぼ 2: 30 p.m. – 3: 30 p.m.》. **～·brain** [⊿⊥] 〘医〙 中脳. **～·cón·ti·nent** 大陸中央部. ***～·day** [⊿⊥, ⊥⊿] 正午(の), 真昼(の): at ～*day* 正午に. a ～*day* meal 昼食. **～-Eu·ro·pé·an** [⊿⊥—⊥—] 中部ヨーロッパの. **～·gut** [⊿⊥] 〘生〙《幼虫の》中部栄養管. **～·hèav·en** [⊿⊥—, ⊥⊿—] 中空, 中天; 子午線. **～·ì·ron** 〘ゴルフ〙 中距離用クラブ (number 2 iron). **～·land** → 別項. **～·leg** [⊿⊥] 足の中央部 (の, まで); こん虫の中足. **M～-Lent Sunday** 四旬節の第4日曜日. → Mothering Sunday. **～·mòrn·ing** 午前の遅い時刻《アメリカでは 10: 30 a.m. – 11: 30 a.m., イギリスでは 10: 00 a.m. – 11: 30 a.m. のころ》. **～·most** [⊿⊥] まん中の[に]. **‡～·night** → 別項. **～·nóon** 真昼, 正午. **～ off** 〘クリケット〙 投手の左側にいる野手. **～ on** 〘クリケット〙 投手の右側にいる野手. **～·point** [⊿⊥] 《線の》中央点; 《経過・活動の》中間点: in the ～*point* of negotiations 交渉中で. **～·rib** [⊿⊥] 〘植〙 (葉の) 主脈. **～·riff** (1) 〘医〙 横隔膜. (2) 胴体; 〘服飾〙 胴部分(の), 胴あきの《水着など》. **～·sea** [⊿⊥] 海のまん中, 外洋. **～·sèc·tion** (1) 断面; 中央部. (2) 〘俗〙 みぞおち. **～·ship** [⊿⊥] 船の中央 (の). **～·shìp·man** [-mən] (*pl.* **-men**) 〘米〙 海軍兵学校生徒; 〘英〙 海軍見習士官. **～·ships** [⊿⊥] 船の中央に. **～·stream** [⊿⊥, ⊥⊿] 中流, 流れの中ほど. ***～·súm·mer** →別項. **～·tèrm** [㊥⊥⊿] (1) 中間の《学期・大統領任期などの》: ～*term* election 〘米〙 中間選挙《上下両院の議員および州知事の選挙》. (2) (しばしば *pl.*) 中間試験. **～·town** [⊿⊥] 下町と山手の中間地区 (の, で). **～-Vic·tó·ri·an** ビクトリア朝中期の (作家, 趣味をもつ人)《謹厳・保守を特色とする》. **‡～·wáy** → 別項. **～·week** [⊿⊥] 週の中ごろ [水曜日] (の). **～·wéek·ly** 週の中ごろの [に]. **M～·wést** アメリカ中西部 (の). **M～·wést·ern·er** アメリカ中西部人. **～·wife** → 別項. **～·wín·ter** 中冬, 真冬(の); 冬至. **～-year** [⊿⊥] (1) 1年の中ごろ(の). (2) =midterm ②.
mid[2], **'mid** = amid. **mid.** middle; midshipman.
mid·áir [midέər, ⊥⊿] *n.* 中空, 空中 (=mid air).
Mí·das [máidəs/-dæs, -dəs] *n.* **1** 〘ギ神〙 ミダス《手に触れる物をみな黄金に変えたという Phrygia の王》. **2** 大金持ち.
míd·den [mídn] *n.* **1** 〘古・方〙 堆肥(たいひ); ごみの山. **2** 〘英: 考古〙 貝づか.
†míd·dle [mídl] *a.* **1** まん中の, 中央の, 中間の. **2** 中位の, 中流の, 中等の, 並みの. **3** 中世の.
—— *n.* **1** 中央, まん中; 中間部; 中途. **2** 《人体の》胴, 腰: fifty inches (a)round the ～ 胴まわり 50インチ. **3** 中間物, 媒介物, 仲裁者. **4** 〘論〙 中名辞, 媒辞; 〘文〙《ギリシア語などの動詞の》中間態; (通例 *pl.*) 〘商〙 中級品. ***at the ～ of*** …の半ばに, の途中に. ***in the ～ of*** …のまん中に; …のさなかに, の最中に: be *in the ～ of* dinner 食事の最中である. ***of ～ size*** 中位 [並み] の大きさの.
—— *vi., vt.* 〘フットボール〙 (ボールを) 左翼 [右翼] から前衛中央に送る; 〘海〙 (帆などを) 中央からたたむ [折る].
～ age 中年, 壮年《およそ40歳から65歳まで》. **‡～-aged** [-éidʒd] 中年の. **M～ Ages, the** 〘史〙 中世(紀). **M～ America** 中央アメリカ《アメリカ合衆国と南アメリカとの間のラテンアメリカ地域》. **～ article** 〘英〙 中間読み物《新聞雑誌などで社説と評論との間に掲載する随筆など》. **M～ Atlantic States, the** New York, New Jersey, Pennsylvania の3州. **～·brèak·er** うねわけ耕うん機. **～ brow** 並みの知性 (人). **～ classes** 中流 [中産] 階級. **～ distance** [**ground**] 〘画〙 中景《絵の前景と背景の中間に相当する部分》; 〘運〙 中距離《880ヤードから1マイル未満》. **～ ear** 〘医〙 中耳. **～ earth** 〘雅〙 地球. **M～ East** 中東《イギリスではエジプトからイランまで; アメリカでは地中海東岸からインドまでの一帯の地域をいう》. **M～ English** 中世英語《約 1150–1500 年》. → Old English, Modern English. **～ finger** 中指. **～ height** 中ぜい. **M～ Kingdom** [**Empire**], **the** 中期古代エジプト王国; 中華民国. **～ life** 中年; 中産階級. **～·man** [-mæ̀n] (*pl.* **-men**) 仲買人; 周旋屋; なこうど; 中庸をえらぶ人. **～ management** 中間経営管理 (者たち)《部局長級の》. → executive. **～·most** [⊥—⊿] まん中の (midmost). **～-of-the-róad** 中庸の. **～-of-the-róad·er** 穏健な政策を唱える人, 中道主義者. **～ passage** 中央航路《アフリカ西岸と西インド諸島を結ぶ》. **～ school** (私立) 中等高等学校《小学高学年を含む》. **～-sized** [⊥—⊿] 中型の, 中ぜいの. **M～ States, the** 〘米〙 中部諸州. **～ term** 〘論〙 中名辞; 〘数〙 中項. **～ voice** 〘文〙 中間態《ギリシア語などの動詞の》. **～ watch** 〘海〙 夜半直《午前0時から4時までの当直》. **～·weight** [⊥—⊿] 平均体重の人 (の); 〘ボクシング〙 ミドル級(の)《66.7–72.6kg, アマチュアでは 71–75kg》. 〘レスリング〙 ミドル級 (の)《アマ・プロともに 78–87kg》. **M～ West, the** 〘米〙 中西部《アルゲニー山脈の西, ロッキー山脈の東, およびオハイオ川とミズーリ・カンザス両州の南端より北の地域》. **M～ Westerner** アメリカ中西部の人.
míd·dling [mídliŋ] *a.* **1** 中等の, 並みの, 普通の; 《大きさが》中ぐらいの: Her cooking is only ～. 彼女の料理はまあまあだ. **2** 〘話〙 かなりの. **3** 〘話・方〙 かなり元気な. —— *ad.* 〘話・方〙 かなりに, 相当に. —— *n.* **1** (*pl.*) 中等品, 並み品. **2** (*pl.*) 小麦の粗粉.
míd·dy [mídi] *n.* **1** 〘話〙 =midshipman. **2** 〘米〙《婦人・子ども用》セーラー服 (=～ blouse).
midge [midʒ] *n.* **1** 蚊, ブヨ. **2** こびと, ちび.
mídg·et [mídʒit] *n.* **1** ちび, 一寸法師. **2** 極小型の物. **3** 《形容詞的に》小型の: a ～ lamp 豆ランプ.
mi·di·nette [mìd(i)nét] F. *n.* 〘俗〙《パリの》女店員, 《特に》(服飾店の) 針子.
míd·ì·ron [mídàiərn] *n.* 〘ゴルフ〙 2番アイアン.
míd·land [mídlənd] *n.* **1** 内地, 内陸, 中部地方; (the M～s) イングランド中部地方. **2** (M～) イングランド中部地方方言; アメリカ中部地方方言.
M～ Sea, the 〘雅〙 地中海.
‡míd·night [mídnàit] *n.* **1** 真夜中, 夜の12時. **2** 真っ暗やみ, 暗黒. ***burn the ～ oil*** 夜遅くまで勉強する. **～ sun** 《極地の夏の》夜半の太陽.
◇ **～·ly** *a., ad.*
‡midst[1] [midst, mitst] *n.* **1** 中央, まん中. **2** 最中. ***from*** [***out of***] ***the ～ of*** の (まっただ) 中から. ***in*** our ～ (われわれ) のなか [間] に. ***in*** [***into***] ***the ～ of*** (1) の (まっただ) 中に [へ], …に囲まれた中に [へ]. (2) の最中に.
—— *ad.* 中に, まん中に. ***first, ～, and last*** 終始一貫して, 徹頭徹尾. —— *prep.* 〘雅〙 =amid.
midst[2], **'midst** [midst, mitst] =amid(st).
***míd·súm·mer** [mídsʌ́mər/⊥⊿—] *n.* 真夏, 盛夏; 夏至(げし)のころ. **～ daisy** フランス菊. **M～ Day** バプテスマのヨハネ祭日《6月24日, イギリスでは四季支払日の一つ》. **～ madness** 狂乱, 大たわけ. **M～ Night's Dream, a** 「真夏の夜の夢」《Shakespeare 作の喜劇》.
‡míd·wáy [mídwéi, ⊥⊿/⊥⊥, ⊥—] *a., ad.* 中途の

〔で〕, 半途の〔で〕. ── [(米)⸗⸗] *n.* **1** 中間地. **2** 〘米〙《博覧会などの》仲店式の娯楽場.

Míd·way [mídwèi] *n.* **1** ミッドウェー諸島《ハワイの北西》. **2** シカゴの空港.

míd·wife [mídwàif] *n.* (*pl.* **-wives** [-wàivz]) **1** 助産婦, 産婆. **2** 世話役, 発起人.
◇ **~·ry** [-f(ə)ri] *n.* 助産術; 産科学.

mien [mi:n] *n.* 態度; 風采(ふうさい).

miff [mif] *n.* 〘俗〙むかっぱら; 小ぜりあい. ***in a* ~** むっとして. ── *vi.* 〘俗〙むっとする《に *at, with*》. ── *vt.* むっとさせる.

míf·fy [mífi] *a.* おこりっぽい, すぐむっとする.

MIG [mig] *n.* ミグ《ソ連製ジェット戦闘機》.

†**might**[1] → 枠付 might.

‡**might**[2] [mait] *n.* **1** 力, 勢力; 権力, 実力; 腕力; 兵力. **2** 優勢. ***M~ is right.*** 〘諺〙力は正義. ***with all* one's *~ = with ~ and main*** 全力を尽くして, 一生けんめいに. ◇ **~·less** *a.* 無力な.
(類) → **power**「力」

míght·i·ly [máit(i)li/-tili] *ad.* **1** 強力に, 強く, 激しく. **2** 〘話〙大いに, 非常に.

míght·i·ness [máitinis] *n.* **1** 強力, 偉大. **2** (M~) 閣下. ***his high ~***《高慢な人に対して皮肉に》閣下.

‡**míght·y** [máiti] *a.* **1** 強力な. **2** 偉大な, 巨大な. **3** 〘話〙たいした; 非常な; すばらしい.
high and ~ はなはだ高慢な. ***make a ~ bother*** 非常にやっかいなことをしでかす.
── *ad.* 〘話〙大いに: be ~ pleased ひどく喜ぶ.
(類) → **strong**「強い」

mí·gnon [mínjɑn/mí:njɔ:] *a.* 小さくて優美な, かわいい. [<F.]

mì·gnon·étte [mìnjənét] *n.* **1** 〘植〙モクセイソウ. **2** 灰緑色.

mí·graine [máigrein, migréin/mí:grein] *n.* 偏頭「痛.

mí·grant [máigrənt] *a.* 移住する, 移住性の.
── *n.* 移住者〔物〕; 渡り鳥.

‡**mí·grate** [máigreit/⸗⸗, ⸗⸗] *vi.* **1** 移住する. **2**

might[1]

助動詞 may の過去形. 直説法では通常もっぱら時制の一致に伴って用いられ, 仮定法では should, would, could と並んで must とおなじように人称・時制による語形変化を伴わずに使われる. 下記用法中①-⑤は直説法, ⑥および⑦は仮定法である.

might [mait] *aux. v.* (might not の短縮形 **míght·n't** [máitnt]; 二人称単数〘古〙(thou) **míght·est** [máitist])

1《可能性》: I thought it ~ be true. ほんとうかもしれないと考えた (<I thought, "It *may* be true.").

2《許可》: I asked if I ~ come in. はいってよいかどうか問うた (<I asked, "*May* I come in?").

3《目的をあらわす副詞節の中で》: We worked hard so that we ~ succeed. われわれは成功するために働いた (<We work hard so that we *may* succeed.).

4《不確実》: I wondered what it ~ be. それがいったいなにかしらといぶかった (<I wonder what it *may* be.).

5《可能》: I thought one ~ see that at a glance. 一目瞭然(りょうぜん)であると考えた (<I thought, "One *may* see that at a glance.").

〈付記〉直説法の might は「may の過去形」といっても, もっぱら時の呼応によって従属節の中で用いられるものである. 実際の過去における推量や許可については,「かもしれなかった」は may [might] have +過去分詞で,「してもよかった」は was (were) allowed to であらわす. これらの意味で might を使うのは古い用法で, 現在はまれである.

6《仮定法の might +動詞の原形》《may の婉曲(えんきょく)的な, やわらげた言い回しとして用いられる. 特に「暗に非難」したり,「恨み言」を言ったり,「依頼」の意をあらわしたりするばあいに用いられる》: It ~ be true. ひょっとするとほんとうかもしれない. *M~* I ask your name? お名前をうかがってもよろしいでしょうか. How old ~ she be? 彼女はいったい幾つかしら. 《以上の例はすべて might→may に置き換えることが可能である》. I wish I ~ tell you. きみに言えるといいのだが (残念ながら言えない). I would go if I ~. 行ってよいのなら行くのだが. 《この2例は I must not [cannot] tell you; I must not [cannot] go という事実があり, その事実に反したことを望んだり, 述べたりしているので仮定法過去として might が用いられている》. You ~ help me. 助けてくれてもよさそうなものを《恨み言》. He ~ at least apologize. 彼は少なくとも謝罪すべきだ《非難》. You ~ call at the baker's. パン屋へ寄ってください《軽い命令, 依頼》.

7《仮定法の might have +過去分詞》《実現はしなかったが十分に考えられうる過去における可能性, 過去の事件についての「恨み言, 非難」を表現する》: I ~ *have been* a rich man! (なろうと思えば) 金持ちになれたものを. Often I dream about what I ~ *have been*. よく私は自分が (なったかもしれないものについて →) ああもなったろう, こうもなれたろうと夢想するのです. They ~ *have come* to meet us. 彼らは私たちに会いに来てもよかったのに. You ~ *have brushed* the dirt off your shoes at the entrance. 入り口でくつのどろをぬぐって来るべきだった.

〈付記〉**may have done** [**been**] と **might have done** [**been**] の違い: may have done [been] は過去の事実を知らずに普通に推量するばあいに用いる: He *may have said* so. あるいはそう言ったかもしれない. It *may have been* true. ほんとうであったかもしれない. might have done [been] は過去の実情とは違った条件を仮定して別の可能性を推量するか, 過去について自信がなくて遠慮ぶかく推量するばあいに用いる: He *might have said* so if he had been told about it. そのことについて知らされていたら, そう言ったかもしれない (そうは言わなかったが). It *might have been* true. ひょっとしたら〔事情が違えば〕それもほんとうでありえたであろう.

~ as well …しなさい《軽い命令》; ねえ…してったら《ねだり調子》: You ~ *as well* begin at once. すぐお始めになった方がよいでしょう; すぐ始めなさい.

~ (just) as well ___ as (not)* …** …するのは──するのも同然; …するくらいなら, いっそ──した方がましだ; むしろ──すべきだ. You ~ *just as well* say that white is black *as* say that he is an honest man. 彼が正直だと言うのは黒を白と言うのも同然だ. You ~ *as well* throw money away *as* spend it in gambling. ばくちに金を費やすほどなら捨てた方がましだ. You ~ *as well* part with them *as* not. きみはむしろ彼らと別れるべきだ. 〈注〉しばしば as(not) 以下が省略される: Our holidays are ruined by the weather; we ~ *just as well* have stayed at home! 天候で休日がだいなしになってしまった. このくらいなら家にとどまっていてもおなじことだった. ***as ~ have been expected 予想どおり, 案の定《挿入句として》.

《鳥・魚が定期的に》移住する. [√migr-]
◇ **mí·grat·ing** [-iŋ] *a.* 移住〔移動〕する. **mí·gra·tor** [-ər] *n.* 移住者; 渡り鳥.

***mi·grá·tion** [maigréiʃ(ə)n] *n.* **1** 移住, 移転. **2** 《鳥などの》移動, 渡り. **3** 移住者〔動物〕の群れ.

***mí·gra·to·ry** [máigrətò:ri/-t(ə)ri] *a.* **1** 移住〔移動〕する. **2** 放浪性の. ～ **bird** 渡り鳥.

mike[1] [maik] *n.* 【話】マイク (microphone).
～ **fright** 【話】マイク恐怖症《マイクの前でのおじけ》.

mike[2] *vi., n.* 【英俗】なまける(こと). ***on the*** ～ のらくらして.

mil [mil] *n.* **1** 【電】ミル《1,000分の1インチ. 電線の直径などの測定の単位》. **2** 【薬】=milliliter.

mil., milit. military; militia.

mi·lá·di, mi·lá·dy [miléidi] *n.* 奥様, 夫人《my lady のなまりで, ヨーロッパ大陸人がイギリス婦人に呼びかける語》.

míl·age =mileage.

Mi·lán [milǽn, ㊍⁺mílən] *n.* ミラノ《イタリア北部の都市》.

Mìl·a·nése [milənl:z] *n.* (*pl.* ～) ミラノ人.
—— *a.* ミラノ(人)の.

milch [miltʃ] *a.* 《牛などが》乳の出る.
～ **cow** 乳牛; 《比喩的》ドル箱.

‡**mild** [maild] *a.* **1** (態度の) **穏やかな, 優しい, 親切な; 寛大な.** **2** 《気候などが》**温和な, 暖かい,** のどかな. **3** 《味など》やわらかい; 《酒・たばこなど》甘口の. **4** 《病気・罰・心配など》軽い: a ～ case (of flu) 軽症(の流感). ～ regret 軽い後悔. **～-spó·ken** もの言いの優しい. ～ **steel** 軟鋼. ◇ **～·en** *vi., vt.* ～になる[する]. **～·ly** *ad.* **～·ness** *n.* 温厚; 温暖.
類 → **gentle**「穏やかな」, → **soft**「やわらかな」

míl·dew [míld(j)ù:/-dju:] *n.* **1** かび. **2** 【植】うどん粉病〔菌〕, べと病. —— *vi.* かびを生じる, かびがはえる. —— *vt.* にかびをはやす.
◇ **～·y** *a.* かびのはえた, かび臭い.

†**mile** [mail] *n.* **1** マイル《約1.609km》. **2** かなりの隔たり, 相当の距離. a ***100-mile*** misunderstanding とんでもない(誤解). be ～***s*** easier はるかに(やさしい). ***not 100*** ～***s from*** の近くで, …とはそう遠くはない. **～·post** [⌐⌐] 里程標. **～·stone** [⌐⌐] 里程標, 一里づか; 《人生・歴史などの》画期的な事件.

míle·age [máilidʒ] *n.* **1** マイル数, 里程; 《旅行の》総マイル数, 旅程. **2** 《マイル当たりの》運賃. **3** 【米】《マイル数計算による》旅費手当. **4** 一定の燃量による自動車の走行距離: This car delivers less ～. この車は燃費を食う.
～ **ticket** マイル制とじ込み切符《クーポン式》.

míl·er [máilər] *n.* 【話】1マイル競走者[馬].

Mi·lé·sian [mili:ʒ(ə)n, -ʃ(ə)n/mailí:ziən] *a., n.* **1** アイルランドの; アイルランド人. **2** 《ギリシアの》ミレートス (Miletus) の; ミレートスの住民.

míl·foil [mílfɔ̀il] *n.* 【植】西洋ノコギリソウ.

míl·i·ar·y [mílièri, -ljəri/-liəri] *a.* **1** アワ粒状の. **2** 【医】粟粒発疹(ぞくりゅうほっしん)の. ～ **fever** 粟粒熱. ～ **gland** [**tuberculosis**] 粟粒腺(せん) [結核].

mi·liéu [mi:ljə́:, -lju:/mí:ljə:] *n.* (*pl.* ～**s** [-z], ～**x** [-(z)]) 環境. [<F.]

míl·i·tant [mílit(ə)nt] *a.* **1** 好戦的な, 戦闘的な. **2** 交戦中の. —— *n.* 好戦的な人; 闘士.
◇ **～·ly** *ad.* **míl·i·tan·cy** [-si] *n.* 闘争精神, 好戦性; 交戦状態.

míl·i·ta·rism [mílitəriz(ə)m] *n.* **1** 軍国主義. **2** 軍国的精神.

míl·i·ta·rist [-rist] *n.* **1** 軍国主義者. **2** 軍事専門家〔研究家〕. ◇ **mìl·i·ta·rís·tic** [⌐−−rís-tik] *a.* 軍国主義的; 軍国主義者の.

míl·i·ta·rize [mílitəràiz] *vt.* **1** 軍国〔軍隊〕化する; に軍備をほどこす. **2** に軍国主義を鼓吹する; に軍事教育を実施する.
◇ **mìl·i·ta·ri·zá·tion** [militərizéiʃ(ə)n,-raiz-] *n.*

‡**míl·i·tar·y** [mílitèri/-t(ə)ri] *a.* **1 軍の, 軍隊の, 軍事の,** 軍用の; 軍人の; 軍人にふさわしい〔のような〕. → civil. **2 陸軍の.** →naval. **3** 好戦的な, 戦闘的な.
M～ Knights of Windsor 【英】ウィンザー騎士団《殊勲退役軍人の貧困者の小団体. 特別手当を支給され, Windsor 宮内に居住させられる》.
—— *n.* (the ～) 《集合的》軍人; 軍隊, 軍部.
～ **academy** 陸軍士官学校. ～ **affairs** 軍事. ～ **age** 徴兵年齢. ～ **arts** 武芸. ～ **attaché** 《大使〔公使〕館付き》陸軍武官. ～ **band** 軍楽隊. **M～ Cross** 【英】戦功十字勲章. ～ **forces** 軍勢, 兵力. ～ **government** 《占領地の》軍政. ～ **hospital** 陸軍病院. ～ **intelligence** 軍事上の機密情報; 軍事情報部〔局〕. ～ **law** 軍法. ～ **man** 軍人. ～ **march** 軍隊行進曲. ～ **police** 憲兵隊《略: M.P., MP》. ～ **powers** 兵力. ～ **prestige** 武威. ～ **review** 観兵式. ～ **science** 軍学, 兵学. ～ **service** 兵役; 陸軍; 【史】《中世の借地人の》軍役; (*pl.*)戦功, 武勲. ～ **top** 《軍艦の》戦闘檣楼(しょうろう). ～ **training** 軍隊〔軍事〕教育, 教練. ～ **uniform** 軍服.
◇ **míl·i·tar·i·ly** *ad.*

míl·i·tate [mílitèit] *vi.* 作用する, 影響する. ～ ***against*** に不利にはたらく; を妨げる. ～ ***in favor of*** の役に立つ.

mi·lí·tia [miliʃə] *n.* **1** 民兵, 市民軍; 義勇軍. **2** 【米】国民軍《18歳から45歳までの男子》.
～·man [-mən] (*pl.* **-men**) 国民兵; 民兵.

†**milk** [milk] *n.* **1** 乳; 母乳, 牛乳. **2** 乳液状のもの《樹液など》, 乳剤. ***as like as*** ～ ***to*** ～ そっくりそのとおり, うり二つ. ***blue*** ～ 水をわった牛乳; 《ばい菌のため》青くなった牛乳; 脱脂乳. ***condensed*** [***Swiss***] ～ 練乳. ***cow's*** ～ 牛乳. ***dried*** ～ 粉乳. ***goat's*** ～ ヤギ乳. ***human*** ～ 人乳. ***land of*** ～ ***and honey*** 【聖】実りの豊かな土地《民数記 16:13》. ～ ***and honey*** 乳とみつ; 繁栄. ～ ***and roses*** (膚などが) 桜色の. ～ ***and water*** 水をわった牛乳; 気の抜けた講義; ふやけた感傷. ～ ***for babes*** 【聖】《書物・教理などの》子ども向きのもの《コリント前書 3:2》. → meat. ～ ***of almonds*** 【薬】扁桃(へんとう)乳. ～ ***of human kindness*** 優しい人情. ～ ***of lime*** [***sulfur***] 石灰〔イオウ〕乳. ～ ***of magnesia*** 【薬】マグネシウム乳剤《下剤・制酸剤》. ***mother's*** ～ 母乳. ***skim***(***med***) ～ 脱脂乳. ***spilt*** ～ 取り返しのつかないこと(もの): cry over *spilt* ～ 取り返しのつかないことを嘆く. ***whole*** ～ 全乳.
—— *vt.* **1** の乳をしぼる. **2** 【話】搾取する, しぼりとる, 食いものにする. **3** 〈植物などの〉しるをしぼりとる; 〈ヘビなどの〉毒液をしぼりとる. **4** 〈人から〉奪う: ～ a person *of* all his savings 人のためた金をしぼりとる. **5** 〈人から〉情報を聞き出す. **6** 【俗】〈電信・電話を〉盗聴する. —— *vi.* 乳が出る: The cows are ～*ing* well. 牛の乳の出ぐあいがよい.
～***ing stool*** 搾乳用いす《3本あし》. ～ ***the bull*** [***ram***] 見込みのない仕事をする.
～-and-wá·ter [-(d)-] 水っぽい; 弱い, 気の抜けた; 感傷的な. ～ **bar** ミルクバー《牛乳・サンドイッチなどを売る店》. ～ **chocolate** ミルクチョコレート. ～ **diet** 牛乳食. ～ **fever** 《産婦の》乳熱. ～ **float** 【英】牛乳配達(馬)車. ～ **glass** 乳白ガラス. ～ **leg** 【医】《産後に起こる》白股腫(はくこしゅ). **～-lív·ered** [⌐⌐−, ⌐⌐−] おくびょうな. **～·maid** [⌐⌐] 搾乳婦; 酪農場で働く女. **～·man** [-mæ̀n/-mən] (*pl.* **-men**) 牛乳屋, 牛乳配達人; 搾乳者, 乳しぼり. ～ **powder** 粉乳. ～ **pudding** 【英】ミルク入りプディング. ～ **punch** 酒にミルクをわった飲み物. ～ **ranch** 【米】酪農場. ～ **run** 【米:軍俗】毎日繰り返す偵察(ていさつ)飛行. ～ **shake** ミルクセーキ. **～·shed** [⌐⌐] 都市に牛乳を供給する近郊酪農地. ～ **sickness** 毒草を食べた牛の乳を飲んだために起きる病気. ～ **snake** 《北アメリカ東部産》小ヘビの一種. **～·sop** [⌐⌐] 弱虫, いくじなし. ～ **sugar** 乳糖 (lactose).

～ toast《熱いミルクに浸したバターつき》ミルクトースト. **～-toast**[ーー]〖米〗(1) 活気のない, おくびょうな; 生ぬるい. (2) 気の弱い人 (milquetoast). **～ tooth**〖医〗乳歯. **～ train**〖俗〗早朝の近距離列車. **～ vetch**〖植〗ゲンゲ (科の草). **～ walk** 牛乳配達区域. **～·weed** [ーー]〖植〗トウワタ属の植物. **～ white** 乳白色. **～·wood** [ーー] 乳汁(にゅうじゅう)を分泌する種々の熱帯植物. **～·wort** [ーー]〖植〗ヒメハギ (科の草)《昔牛の乳量を増すと信じられた》.
◇ **～·er** *n.* 搾乳人〔器〕; 乳牛. **～·ing** *n.* 搾乳 (の1回分の量).

***mílk·y** [mílki] *a.* **1** 乳状の, 乳白色の. **2** 乳を出す. **3** 乳を混ぜた. **4** 柔弱な, 柔和な.
M～ Way, the 銀河, 天の川.
◇ **mílk·i·ness** *n.* 乳状 (性); 不透明, 柔弱.

‡mill[1] [mil] *n.* **1** ひきうす, 製粉機; 粉砕機: a coffee ～ コーヒーひき. **2** 水車小屋 (=water ～); 風車小屋 (=windmill); 製粉所, 水車場. **3** 工場, 製作〔製造〕所; 製材所: a paper ～ 製紙工場. → sawmill. **4**《各種の》製作機: a rolling ～ 圧延機. **5** ぞんざい〔不親切〕な仕事をするところ. **6**〖俗〗単調な仕事. **7**〖俗〗ボクシング (試合); なぐり合い. **8** 硬貨のふちのぎざぎざ. ***draw water to one's ～*** わが田に水を引く, 抜け目なく立ち回る. ***No ～, no meal.***〖諺〗まかぬ種ははえぬ. ***The ～s of God grind slowly.***〖諺〗天の報いもときには遅れる, 天網恢々(かいかい)疎にして漏らさず. ***through the ～*** 苦しい体験をして; 鍛えられて.
—— *vt.* **1** ひきうすでひく, ひきつぶす, 粉にする. **2** 機械にかける, 機械で型をつける〔仕上げる〕; <材木などを> 挽(ひ)く; <布地を> 縮充する. **3** <チョコレートを> かきまわしてあわだたせる. **4** <硬貨に> ぎざぎざをつける. **5**〖俗〗(げんこで) なぐる; やっつける.
—— *vi.* **1** <家畜などが> 群れをなしてぐるぐる回る《*about, around*》. **2**〖俗〗(げんこで) なぐり合う.
～·board [ーー] 表紙用厚紙. **～·dam** [ーー] 水車用のせき. **～ hand** 製粉工; 職工, 紡績工. **～·pond** [ーー] (水車用) 貯水池: smooth as a ～*pond*《海面が》鏡のように静かな. **～·race, ～·run** [ーー] 水車用流水〔みぞ〕. **～-rún** (1) 工場から出たての. (2) 普通の, 平凡な. **～·stone** → 別項. **～·stream** [ーー] 水車用水の流れ. **～ wheel** 水車. **～·work** [ーー] 木工製品《ドア・窓わくなど》; 水車場〔製造所〕の作業. **～·wright** [ーー] 水車大工;《工場の》機械工.

mill[2] *n.*〖米〗ミル《1ドルの1,000分の1》.

mìl·le·nár·i·an [mìlinέ(:)riən/-nέər-] *a.* 至福一千年の. **——** *n.* 至福一千年の到来を信ずる人.
◇ **～·ism** *n.* 至福千年説(の信仰).

míl·le·nar·y [mílinèri/milénəri, mílin-] *a.* **1** 1,000年の; 1,000の. **2** 至福一千年の. **——** *n.* **1** 1,000年間; 1,000年祭. **2** 至福一千年説信仰者.

mil·lén·ni·um [miléniəm] *n.* (*pl.* **-ums**, **-a** [-niə]) **1** 1,000年の期間, 1,000年期. **2**〖聖〗至福一千年《キリストが再臨して地上を統治するという1,000年間. 黙示録20: 1–5》. **3** 黄金時代.
◇ **-al** [-niəl] *a.* 1,000年の; 至福一千年の.

míl·le·pede [mílipi:d] *n.*〖動〗ヤスデ.

míl·le·pore [mílipò:r/-pɔ:] *n.*〖動〗アナサンゴモドキ.

‡míll·er [mílər] *n.* **1** 粉屋, 水車屋; 製粉業者. **2** 羽に粉のあるガ. ***Every ～ draws water to his own mill.***〖諺〗我田引水. ***Too much water drowned the ～.***〖諺〗過ぎたるはなお及ばざるがごとし. **～'s-thúmb**〖魚〗カジカの類.

míll·er·ite [míləràit] *n.*〖鉱〗針(しん)ニッケル鉱.

mil·lés·i·mal [milésim(ə)l] *n., a.* 1,000分の1(の).

míl·let [mílit] *n.*〖植〗キビ.

milli-「1,000分の1」の意の語形成要素.

mìl·li·ám·pere [miliǽmpiər/-pεə] *n.*〖電〗ミリアンペア.

míl·liard [míljərd, -jɑ:rd/-jɑ:d] *n.* **1**〖英〗10億. **2** 10億フラン.

míl·li·bar [míləbɑ̀:r] *n.*〖気〗ミリバール.

míl·li·far·ad [míləfærəd] *n.*〖電〗1,000分の1ファラド.

míl·li·gram, ㊄-gramme [míləgræm] *n.* ミリグラム.

míl·li·lì·ter, ㊄-tre [míləlì:tər] *n.* ミリリットル.

míl·li·mè·ter, ㊄-tre [-mì:tər] *n.* ミリメートル.

míl·li·mì·cron [míləmàikrɑn/-krɔn] *n.* ミリミクロン《100万分の 1mm. 記号 mμ》.

míl·li·ner [mílənər] *n.*《通例女の》婦人帽子屋.
◇ **～·y** [-nèri/-n(ə)ri] *n.* 婦人帽子類; 婦人帽子製造販売業.

míll·ing [míliŋ] *n.* **1** ひきうすでひくこと, 製粉. **2**《金属面の》平削り, フライス削り;《毛織物の》縮充. **3**《貨幣のふちに》ぎざぎざをつけること, ぎざぎざ. **4**〖俗〗むち打ち. **～ machine** フライス盤.

†míl·lion [míljən] *n.* **1** 100万. **2** 100万ドル〔ポンドなど〕. **3** 多数, 無数. **4** (the ～) 大衆.
—— *a.* 100万の; 多数の.
◇ **～·fold** [-fòuld] *a., ad.* 100万倍の〔に〕. **～th** [-θ] *n., a.* 100万番め (の); 100万分の1 (の).

‡mìl·lion·áire [mìljənέər] *n.* 百万長者, 大富豪.

mìl·lion·óc·ra·cy [mìljənɑ́krəsi/-nɔ́k-] *n.* 財閥〔富豪〕政治.

míl·li·pede = millepede.

Mills [milz] **～ *grenade*** 卵形手榴弾(しゅりゅうだん)《発明者の名から》.

míll·stone [mílstòun] *n.* **1** 石うす. **2** ひきつぶすもの. **3**〖聖〗重荷《マタイ伝18: 6》. ***between the upper and the nether ～*** 窮地に陥って. ***～ around the neck*** 重荷, ありがた迷惑. ***see far into*** 〔***through***〕 ***a ～***《通例皮肉に》物事を見抜く力がある, 目から鼻に抜ける.

mi·lór(d) [milɔ́:r(d)] *n.* 閣下, だんな《my lord のなまり. フランス人がイギリスの貴族・紳士に呼びかける語》; イギリス紳士.

mílque·toast [mílktòust] *n.* ひどいおくびょう者.

míl·reis [mílrèis] *n.* (*pl.* ～) ミルレイス《ブラジルの旧銀貨; 昔のポルトガル金貨》.

milt[1] [milt] *n.*〖医〗ひ臓.

milt[2] *n.* 魚精, 白子(しらこ). **——** *a.* 産卵期の.
—— *vt.* <魚卵を> 受精させる.
◇ **～·er** *n.* 産卵期の雄魚.

Míl·ton [mílt(ə)n] *n.* John ～, 1608–74, イギリスの詩人《*Paradise Lost*「失楽園」の作者》.

Mil·tón·ic [miltɑ́nik/-tɔ́n-], **Mil·tó·ni·an** [-tóuniən] *a.* ミルトン (詩風) の;《文体が》荘重な.

mim., mimeo. mimeograph.

mime [maim] *n.* **1**《古代ギリシア・ローマの》身ぶり道化芝居; その役者. **2** 道化師; ものまね師.
—— *vt.* まねる. **——** *vi.* 身ぶり狂言をする.

mím·e·o·graph [mímiəgræf/-grɑ:f] *n., vt.* 謄写版 (で印刷する), タイプ印刷 (する).

mi·mé·sis [mimí:sis, maim-] *n.* **1**〖修〗模写. **2**〖生〗擬態.

mi·mét·ic [mimétik, ㊊+mai-] *a.* **1** まねの, 模倣の. **2**〖生〗擬態の;〖医〗疑似の;〖鉱〗類似の. **3** 見せかけの, まがいの. ◇ **-i·cal·ly** *ad.*

mím·ic [mímik] *a.* **1** まねてつくった, にせの, 模擬の: ～ tears そら涙. a ～ battle 模擬戦. **2** ものまねをする〔好む〕, 模倣性の: a ～ habit 模倣の習慣. **3**〖生〗擬態の: ～ coloration 擬態色.
—— *n.* **1** ものまねのうまい人; 道化役者. **2** 模写物, にせ物〔者〕. **——** *vt.* (**-icked**; **-ick·ing**) **1** のまねをする: Apes ～ men. サルは人のまねをする. **2** のさるまねをする, の模倣にはしる. **3** まねしてからかう. **4** 模写する, にそっくりである.
◇ **mím·ick·er** *n.* 〔類〕 → **imitate**「まねる」

mím·ic·ry [mímikri] *n.* **1** まね, 模倣. **2** 模倣品, 模造物. **3**〖生〗擬態.

mím-mém [mímmém] *n.* (反復) 模倣記憶法. [<*mimicry-memorization*]

mi·mó·sa [mimóusə/-zə] *n.*〖植〗オジギソウ, ネムリグサの類.

min. mineralogy; minimum; mining; minor.

mí·na[1] [máinə] n. (pl **-nae** [-niː], **-nas**) **1** 古代ギリシアの貨幣の単位《1 talent の 6 分の 1》. **2** 古代ギリシアの量目の単位《約 1 ポンド》.

mí·na[2] = myna(h).

mi·ná·cious [minéiʃəs] = minatory.

mí·nah [míːnɑː], **mi·nár** [minɑ́ːr] n. 燈台; 小塔.

mìn·a·rét [mìnərét, ⁻⁻ˊ/ˊ⁻⁻] n.《回教寺院の》尖塔(せんとう).

mín·a·to·ry [mínətòːri/-t(ə)ri] a. 脅迫的な, おどかしの. [√min-[3]]

minaret

mince [mins] vt. **1** 〈肉などを〉細かく切る, こま切れにする. **2** 〈ことば・表現を〉やわらかにする, 控える. **3** 〈物事を〉控えめに言う, 遠回しに言う. **4** 気どって行なう〔言う〕. —— *vi.* **1** 気どって歩く, 小刻みに歩く. **2** 気どってふるまう; 気どって話をする. ***not ~ matters*** [***words***] 飾らずに言う, 遠慮なく言う: He *~d no words* to attack [correct] me. 彼は歯に衣(きぬ)着せず私を攻撃〔私の誤りを指摘〕した. —— *n.* = mincemeat.
◇ **mínc·ing** *a.* 《ことばづかい・態度が》きざな, 気どった. **mínc·ing·ly** *ad.*

mínce·meat [mínsmiːt] n. ミンスミート《干しブドウ・リンゴ・砂糖・香料などをひき肉に混ぜたものでパイの中に詰める》. ***make ~ of*** を切りさいなむ, をさんざんにやっつける.

†**mind** [maind] n. **1** 心, 精神《物質・肉体に対して》. **2** 知性, 理知《感情・意志に対して》: a person of weak ~ 知力の弱い人. **3** 意見, 考え: to my ~ 私の思うところでは. **4** 意向, 意欲, 望み; 好み. **5** 気持ち, 感情: a turn of ~ 気だて, 気質. a frame [state] of ~ 気分, 気構え. **6** 記憶, 回想: keep in ~ 忘れない. **7** 正気, 正常な心の状態: I wonder if he is of sound ~. 彼は気が確かなのかな. **8**《精神の所有者としての》人, 人物: one of the greatest ~s of the time 当代一流の人物. ***absence of ~*** 放心(状態). ***after*** one's ***~*** 望みどおりの[に]. ***apply*** [***bend***] ***the ~ to*** に心を用いる, に苦心する. ***A sound ~ in a sound body.***〖諺〗健全な精神は健全な肉体に宿る. ***awake to*** one's ***full ~*** 正気に返る, 目がさめる. ***bear*** [***have, keep***] ***in ~*** 心にとめる, 覚えている. ***be in two*** [***twenty***] ***~s*** 考えがぐらついている《について *about*》. ***be of a ~ to*** (do) …したい気がする. ***be of a*** [***one***] ***~ with*** と同意見である. ***be of your ~*** きみと同意見である. ***be*** [***go, pass***] ***out of ~*** 忘れられる. ***be out of*** one's ***~*** 正気でない, 気分が荒れている. ***be to*** a person's ***~*** (人)の好みに合う. ***bring*** [***call***] ***to ~*** 思い起こさせる. ***change*** one's ***~*** 意見〔気持ち〕を変える. ***cross*** [***come into, enter***] one's ***~*** 心に浮かぶ. ***dawn on*** a person's ***~*** (人)にしだいにわかってくる. ***give*** a person ***a bit*** [***piece***] ***of*** one's ***~*** (人に)遠慮なく言って聞かせる〔直言する〕. ***give*** one's (***whole***) ***~ to*** に専念する. ***go out of*** one's ***~*** 発狂する. ***have a great*** [***good***] ***~ to*** (do) 大いに…する気がある. ***have a ~ of*** one's ***own*** 自分の意見をもっている, 定見がある. ***have a ~ to*** (do) …する気がある, …したいと思う. ***have half a ~ to*** (do) …しようかとも思っている, …することに気がないでもない. ***have no*** [***little***] ***~ to*** (do) …する気が全く〔ほとんど〕ない. ***have*** a thing ***upon*** one's ***~*** 気にかけている, 心配している. ***in*** one's ***~*** の考えでは. ***in*** one's ***right*** [***sound***] ***~*** 正気で. ***keep an open ~*** 決定せずにいる. ***keep*** [***have, set***] one's ***~ on*** に留意する, に専念する. ***know*** one's ***own ~*** 意向〔気持ち〕がはっきり決まっている. ***lose*** one's ***~*** 発狂する. ***make up*** one's ***~*** 決心する. ***off*** a person's ***~*** 心を離れて, 忘れられて. ***on*** one's ***~*** 心〔気〕にかかって. ***open*** one's ***~ to*** 心〔考え〕を…に打ち明ける. ***Out of sight, out of ~.***〖諺〗去る者は日々にうとし. ***pass*** [***go***] ***out of ~*** 忘れられる. ***presence of ~*** 冷静, 沈着. ***put*** a person ***in ~ of*** (人に)…を思い出させる. ***put*** a person ***in the ~ for*** (do)***ing*** (人に)…する気を起こさせる. ***read*** a person's ***~*** (人)の気持ち〔考え〕を読み取る. ***rush upon*** a person's ***~*** 突然心に浮かんでくる. ***So many men, so many ~s.***〖諺〗十人十色. ***take*** one's ***~ off*** …から注意をそらせる. ***time out of ~*** 太古, 大昔. ***turn*** one's ***~ to*** に注意〔考え〕を向ける. ***weigh on*** a person's ***~*** 心に(重く)かかる. ***with*** a thing ***in ~*** を意中において.

—— *vt.* **1** に注意を払う, に用心する; 心にとめる: *M~* your language. ことばづかいに気をつけなさい. *M~* my words. 私の言うことをしっかり聞きなさい. **2** のことばに注意する, の言うことに従う: Never ~ him. あの人の言うことなど気にするな. **3** のめんどうをみる, の世話をする: ~ a baby 赤ちゃんの番をする. **4** に気をくばる, 配慮する: *M~* you are not late. 遅れないように気をつけなさい. **5** 気にかける, 心配する: I don't ~ what people say. 人の言うことなど気にかけない. **6** いやがる, 迷惑がる, に反対する《おもに否定・疑問・条件の文において》: Would you ~ (do)*ing*? …してくださいますか? If you don't ~, … ご迷惑でなければ, …; よろしければ, …. Do you ~ my smok*ing* [me smok*ing*, *if* I smoke]? たばこをすってもご迷惑じゃないでしょうか; たばこをすってもよろしゅうございますか《この種の疑問に「さあ, どうぞ」と答えるには, 通例次のような否定的表現を用いて, I don't mind の意である: *Not* at all. Certainly [Of course] *not*.》. I shouldn't ~ a cup of tea. お茶 1 杯いただいてもけっこうですな. Will you have another cup of tea? — I don't ~ if I do. お茶もう 1 杯いかが? — いただきましょう. **7**〖古・卑〗覚えている, 忘れないでいる. **8**〖古〗思い出させる (remind).

—— *vi.* 《おもに命令文で》**1** 気をつける, 注意する, 用心する. **2** 気にする, 心配する: Never ~! 心配しなさんな. ***M~ out!***〖俗〗気をつけろ!, そこをどけ! ***M~ you!*** いいかよく聞けよ. ***M~ your eye!***〖俗〗気をつけろ! ***M~ your own business.*** 自分の頭のハエを追え; 人のことに口を出すな.

~ cure 精神療法. **~ reader** 読心術家. **~ reading** 読心術. **~'s eye, the** 心眼, 想像力, 記憶. ◇ **∠·er** *n.*〖おもに英〗世話人, 番人 (tender[2]): a baby-*~er*.

〔類義語〕 心: **mind** ものを考える主体としての心. body の反意語として精神, 注意力; heart の反意語として知性: speak one's *mind* 自分の考えを述べる. **heart** mind の反意語として心情, 感情, 情愛: My *heart* is full. 胸がいっぱいです, 感慨無量です. **soul** 魂, 霊魂. 人間と動物を区別するもので昔は不死と考えられていた. 倫理感, 崇高なものに対する情熱, 人間的感情をつかさどる心: put one's whole *soul* into one's work 仕事に全精神を打ち込む. **spirit** body, flesh の反意語としての心. mind, heart, soul のすべてを含める広義の精神. 更に人間にのみ所属するものとは限らず, 超自然的存在を仮定したばあいにも spirit となる: evil *spirits* 悪魔.
〔類〕→ **care**「心配する」

mínd·ed [máindid] *a.* **1** …する気がある, …したがっている《*to* do》. **2** 心持ちである, 性向である: If you are so ~, …そういうお気持ちなら…, その気でしたら…. commercially ~ 商人的気質の; 商業方面に通じている. **3**《合成語で》…の心の, …の気質の, …の性格の; … に関心をもった, … に興味をもつ: absent-~ ぼんやりした, うかつな. high-~ 心の高潔な. air-~ 航空思想をもつ, 航空に関心を寄せる.

a stage-～ girl 舞台にあこがれる娘.

mínd·ful [máindf(u)l] *a.* 心にとめている, 忘れていない, 気をつけている《を *of*》: be ～ *of* one's health [responsibilities] 自分の健康〔責任〕に心をくばる. ◇ **～·ly** [-fuli] *ad.* **～·ness** *n.*

mínd·less [máindlis] *a.* **1** 不注意な, 心をとめない: be ～ *of* all dangers どんな危険もかまわない. **2** 無分別な, 愚かな. ◇ **～·ly** *ad.* **～·ness** *n.*

†**mine**[1] [main] *pron.* 《一人称単数の所有代名詞》 **1 私のもの**; 私の所有物: The game was ～. 勝負は私のものだった〔勝った〕. This signature is not ～. この署名は私のではない. your country and ～ あなたの国と私の国. What is ～ is yours. 私の物はあなたの物《どうぞ自由に使ってください》. *M*～ is broken English. ぼくのは我流英語だ. **2 私の家族の者たち**: He is kind to me and ～. 私にも家族の者たちにも親切にしてくれる.

〈付記₁〉 **a friend of mine** と **my friend** 前者は相手にとって新しい知識となるばあい, またはそうであるものとして述べるばあいに用いられ, また, of mine はしばしば省略される: *A friend* (*of mine*) is coming to see me this evening. (ある友人が今晩来ることになっています). 後者はただひとりしかいない友人をさすか, あるいは前後関係からそのときの状況によってきまっている特定の友人をさすばあいに用いられる. またその友人がそばにいるときは, 必ず後者が用いられる: This is my friend, Mr. ….

〈付記₂〉 **a friend of mine** と **one of my friends** 前者は単に「私のある友人」で, 数が単数であることは積極的には意識されない《〈付記₁〉の例参照》. なおこの of は同格関係をあらわす《a friend *who is* mine》. 後者は, そのほかにも友人があることと, その中の「ひとり」という数を積極的に示す《*two* of my friends などと対比》: *One of my friends* disagreed, but the rest agreed with me. 友人のうち, ひとりだけ反対の意見を出したものがあったが, 他は同意見だった.

—— *a.* 〔古・雅〕 私の (my) 《母音または h で始まる語の前; 呼びかけの語のあとに》: ～ eyes 私の目. ～ heart わが心. Lady ～! もしご婦人.

***mine**[2] *n.* **1** 鉱山, 鉱坑, 鉱床. **2**《比喩的》**豊かな資源**: This book is a ～ of information. この本は知識の宝庫だ. **3**〔軍〕坑道, 雷坑. **4**〔軍〕地雷, 機雷, 水雷. **5** 秘密の計略.

acoustic ～ 音響機雷《敵船のエンジンの音波で爆発する》. ***aerial*** ～ 空中機雷. ***antenna*** ～ 触角機雷. ***charge a*** ～ 地雷〔水雷〕を装塡(そうてん)する. ***floating*** [***drifting, surface***] ～ 浮遊機雷. ***land*** ～ 地雷; 飛行機から地上に落とす機雷《パラシュートつき》. ***lay a*** ～ 地雷〔水雷〕を敷設する; 転覆を企てる《の *for*》. ***magnetic*** ～ 磁気機雷. ***moored*** ～ 係留機雷. ***spring a*** ～ ***on*** に不意打ちをくわせる, を奇襲する. ***strike a*** ～ 地雷〔機雷〕に触れる. ***submarine*** ～ 敷設機雷. ***work a*** ～ 鉱山を採掘する.

—— *vi.* **1** 採鉱する; 採掘する. **2** 坑道を掘る. **3**〔軍〕雷坑を掘る; 地雷〔機雷〕を敷設する. **——** *vt.* **1** から採鉱する. **2**〈鉱石を〉採掘する. **3** の下に坑道を掘る; の下に穴をあける. **4** の土台を掘りくずす〔蚕食する〕; 徐々に侵す. **5**《徐々にもしくは隠密裏(おんみつり)に》破壊する, 転覆する. **6**〔軍〕に地雷〔機雷〕を敷設する, 地雷〔機雷〕で破壊する.

～ captain 鉱山監督. **～ detector** 地雷探知器. **～ field** 鉱石埋蔵地;〔軍〕地雷〔機雷〕原, 機雷敷設水域. **～ layer** 機雷敷設艦. **～ sweeper** 掃海艇. **～ thrower**〔軍〕迫撃砲. **～ water** 坑内水.

***mín·er** [máinər] *n.* **1** 坑夫. **2**〔軍〕地雷工兵.

‡**mín·er·al** [mín(ə)rəl] *n.* **1** 鉱物, 無機物: Coal and iron ore are ～*s*. 石炭と鉄鉱は鉱物である. We need various vitamin(e)s and ～*s*. いろいろなビタミンと無機質〔ミネラル〕が必要だ. **2**〔話〕鉱石. **3** (*pl.*)〔英話〕鉱泉水, 炭酸水, 清涼飲料.

—— *a.* 鉱物の, 鉱物を含む; 無機の.

～ acid 無機酸. **～ detector** 鉱石検波器. **～ jelly** ワセリン. **～ kingdom, the** 鉱物界. **～ oil** 鉱油《石油など》. **～ pitch** アスファルト. **～ right** 採掘権. **～ salt** 無機酸塩; 岩塩. **～ spring** 鉱泉. **～ vein** 鉱脈. **～ water** 鉱水, 鉱泉; 炭酸水. **～ wool** 鉱物綿《建築用詰め材, 絶縁体などに用いる》.

mín·er·al·ize [mín(ə)rəlàiz] *vt.* **1** 鉱物状にする; 化石化する. **2** に鉱物〔無機物〕を含ませる. **——** *vi.* **1** 鉱物採集をする. **2** 鉱物化する.
◇ **-iz·er** *n.* **1**〔化〕鉱化剤;〔地〕鉄床形成ガス. **2** 探鉱者. **mìn·er·al·i·zá·tion** [mìn(ə)rəlizéiʃ(ə)n/-laiz-] *n.* 鉱化(作用).

mìn·er·ál·o·gy [mìnərǽlədʒi] *n.* 鉱物学.
◇ **-gist** *n.* 鉱物学者. **mìn·er·a·lóg·i·cal** [mìnərəlɑ́dʒik(ə)l/-lɔ́dʒ-] *a.* 鉱物学(上・的)の.

Mi·nér·va [minə́:rvə] *n.* **1**〔ロ神〕ミネルバ《技芸・武勇・知恵の女神. ギリシア神話の Athena に相当》. **2** 知恵のすぐれた女.

mi·ne·stro·ne [mìnistróuni] It. *n.* ミネストローネ《そうめん類・野菜などを入れた肉スープ》.

mín·e·ver ＝miniver.

‡**mín·gle** [míŋgl] *vt.* **1**〈二つ以上のものを〉**混ぜる**, 混合する: two rivers that join and ～ their waters 合流する二つの川. **2** に混ぜ合わせる: joy ～*d with* pain 苦痛の入り混ざった喜び. **3** 混ぜ合わせてつくる. **4**〈人を〉いっしょに集める, つきあわせる. **——** *vi.* **1 混じる**, 混合する《と *with*》. **2 交わる**, いっしょになる, 交際する《と *with*》. **3** 参加する《に *in*》: ～ *in* the game 競技に加わる. **～*d feelings*** 万感. **～ *tears*** もらい泣きする. **～ *with the crowd*** 群衆に加わる; 群衆のなかに消える.
～-mán·gle ごたまぜ. ◇ **～·ment** *n.*
[類] → **mix**「混ぜる」

mín·gy [míndʒi] *a.*〔話〕けちな; 卑しい.

mín·i [míni] *a.* (非常に) 小さな, 小型の: a ～-skirt ミニスカート.

‡**mín·i·a·ture** [míni(ə)tʃər, -tʃuər/-njətʃə, -ni(ə)-tʃə] *n.* **1** 模型, 縮小型, 縮図. **2** 細密画;《中世稿本の》彩飾. **3** 細密画法. ***in*** ～ (1) 縮図で[の]; 小規模に [の], 小型で [の]. (2) 細密画で [の]; 微細に [の]. **——** *a.* **小型の**; 縮図の.
—— *vt.* 細密画に描く, 縮写する. [√min-[1]]
～ camera 小型カメラ《35mm またはそれ以下のフィルムを用いる》. **～ railway** [**train**] 豆鉄道〔汽車〕《遊園地などの》. ◇ **mín·i·a·tur·ist** [-tʃərist, -tʃur-/-tjuər-, -tʃər-] *n.* 細密画家.

mín·i·a·tur·ize [míni(ə)tʃəràiz/-njətjuər-, -tʃər-] *vt.* 小型化する. ◇ **mìn·i·a·tur·i·zá·tion** [mìniətʃərizéiʃ(ə)n/mìnjətʃəraiz-] *n.*

mín·i·càm [míni kæm], **mín·i·càm·er·a** [-kæm(ə)rə] ＝miniature camera.

mín·i·fy [mínifài] *vt.* **1** 小さくする, 削減する. **2** 最少〔最小〕化する.

mín·i·kin [mínikin] *n.* 小さい人〔物〕.
—— *a.* ちっぽけな; きゃしゃな; 気どった.

mín·im [mínim] *n.* **1** ミニム《液量の最小単位. 1ドラムの60分の1》. **2**〔楽〕二分音符. **3** 微量, 微小物.

mín·i·ma [mínimə] *n.* minimum の複数形.

mín·i·mal [mínim(ə)l] *a.* **1** 最小 (限度) の; 極微の. **2** ほんの少しの. ◇ **～·ist** *n.* 暫定的に要求の最小限度に甘んずる人, 最小限要求者.

mín·i·max [mínimæks] *n.*〔ゲーム理論〕予想される最大限の損失を最小限にとどめる手.

mín·i·mize [minimàiz] *vt.* **1** 最小(限度)にする. **2** 最小限に評価する; 軽視する.
◇ **mìn·i·mi·zá·tion** [mìnimizéiʃ(ə)n/-maiz-] *n.*

‡**mín·i·mum** [mínịməm] *n.* (*pl.* **-ma** [mínịmə], **-mums**) **1** 最小, 最小〔最低〕限度. **2**〔数〕極小. —— *a.* 最小〔最低〕限度の: ～ thermometer 最低温度計. ～ wage 最低賃銀. ↔ maximum. [√min-¹]

mín·i·mus [mínịməs] *a.*〔英〕〘学校で3人の同名者中の〙最年少の: George ～ 最年少のジョージ.

***min·ing** [máiniŋ] *n.* **1** 鉱業, 採鉱, 採炭. **2** 地雷〔機雷〕敷設. ～ **academy** 鉱山専門学校. ～ **engineer** 採鉱技師. ～ **industry** 鉱業.

mín·ion [mínjən] *n.* **1** 子分, 手先, お先棒. **2** 《けいべつ的》お気に入り, 寵愛(ちょうあい)者. **3**〔印〕ミニオン〘活字の大きさ, 約7ポイント〙. ***a ～ of fortune*** 好運児. ***the ～s of the law***〘警官・看守など〙法律の手先. —— *a.* 小さい, かわいらしい.

mín·ish [mínịʃ] *vt., vi.*〔古・稀〕小さくする〔なる〕; 減らす, 減る.

mín·i·skirt [mínịskəːrt] *n.* ミニスカート. →mini.

‡**mín·is·ter** [mínistər] *n.* **1** 聖職者, 牧師〘イングランドでは非国教派, スコットランドではスコットランド教会または他の新教諸派の牧師をいう〙. **2** 大臣, 閣僚〘ヨーロッパ・日本などの〙. → secretary. **3** 公使; 国使, 外交使節. **4**〔古〕召使, 家来. **5**〔稀〕代行者; 手先. ～ ***without portfolio*** (*pl.* ～***s without portfolios***) 無任所大臣. ***the Prime M～*** 総理大臣, 首相.
—— *vi.* **1** 仕える, 奉仕する《に *to*》; 世話をする, めんどうをみる《の *to*》: ～ *to* the wants of a sick man 病人の用を足してやる. **2** 力を貸す, 助ける《に, を *to*》. **3** 役に立つ, 貢献する《に *to*》: ～ *to* one's vanity 虚栄心を満足させる. **4** 牧師として働く.
—— *vt.* **1** 〈祭り・儀式などを〉執行する. **2**〔古〕与える, 供給する. ～ ***to*** a person***'s ambition*** (人)の野心の達成を助ける〔達成の具となる〕. [√min-¹]
～ **resident** 弁理公使.

mìn·is·té·ri·al [mìnịstí(ː)riəl/-stíər-] *a.* **1** 大臣の; 内閣の; 政府与党の; 行政上の: a ～ change 内閣の更迭〔改造〕. the ～ party 政府与党. **2** 聖職者の, 牧師の. **3** 代理の, 補佐的な. **4** 役に立つ, 奉仕の, 貢献する《に *to*》. ◇ **～ist** *n.* 与党議員.

mín·is·trant [mínistrənt] *a.* 奉仕する, 補佐する. —— *n.* 奉仕者, 助力者.

mìn·is·trá·tion [mìnịstréiʃ(ə)n] *n.* **1** 牧師のつとめ. **2** 奉仕; 援助: ～ *to* the poor 救貧.

‡**mín·is·try** [mínistri] *n.* **1** 聖職, 牧師としての任務〔聖務〕. **2**《集合的》牧師(たち), 聖職者. **3**〘大臣に統轄される〙省: the Education *M～* 文部省. **4** 大臣の職務〔任期〕. **5** (the ～) 内閣; 《集合的》諸大臣. **6** 公使団. **7** 奉仕, 補佐.

mín·i·um [míniəm] *n.* **1**〔化〕鉛丹. **2** 朱色.

mín·i·ver [mínịvər] *n.* 白毛皮〘中世の服飾用〙.

mink [miŋk] *n.* **1**〔動〕ミンク. **2** ミンクの毛皮. ～ **coat** ミンクの毛皮の外套(がいとう); ぜいたく〔高級〕品: have a ～ *coat* ぜいたくに暮らす.

Minn. Minnesota.

Mìn·ne·áp·o·lis [mìniǽp(ə)lis] *n.* アメリカ Minnesota 州の都市.

Mín·ne·sing·er [mínisìŋər] *n.*《ドイツ中世の》吟唱詩人, 恋愛歌人. [＜G.]

Mìn·ne·só·ta [mìnịsóutə] *n.* アメリカ中西部の州. ◇ **～n** [-sóutn] *a., n.* ミネソタの; ミネソタ州の人.

Mín·nie [míni] *n.*〔軍俗〕迫撃砲(trench mortar).

mín·now [mínou] *n.* **1**〔魚〕ウグイ・ハヤの類. **2** 小魚. ***a Triton among the ～s*** ざこの中のエビ, 鶏群中の一鶴(いっかく). ***throw out a ～ to catch a whale*** エビでタイをつる.

Mi·nó·an [minóuən] *a.*《紀元前3000–1100年ごろ Crete 島を中心に栄えた》クレタ文明の. → Minos.

‡**mí·nor** [máinər] *a.* **1** より小さい, 小さい方の; より少ない方の: a ～ share 小さい方の分け前. **2** (比較的) 重要でない, より重要でない; 二流の; 深刻でない: a ～ illness 軽い病気. a ～ question 小さな問題. ～ poets 二流詩人. **3** 年の若い方の〘同姓同名のふたりについて〙: Jackson ～ 年下の方のジャクソン. **4** 未成年の. **5**〔楽〕短音階の, 短調の: ～ scale 短音階. A ～ イ短調. **6**〔米〕〘大学の〙準専攻科目の. ⇔ major. ***in a ～ key***〔楽〕短調で; 低い調子で; 陰気な気分で.
—— *n.* **1** 未成年者. **2**〔論〕小名辞; 小前提. **3**〔楽〕短調, 短音階. **4** (M～)〘カトリック〙フランシスコ会の修道士. **5**〔米〕〘大学の〙準専攻科目.
—— *vi.* 準専攻とする《を *in*》. [√min¹-]
～ **confinement** 軽禁固. ～ **fine** 科料. ～ **league, the**〔米: 野球〕マイナーリーグ. ～ **party**〔政〕小党. ～ **planet** 小惑星. ～ **premise**〔論〕小前提. **M～ Prophets, the**〔聖〕小預言者. ～ **sentence**〔文〕短文〘主部と述部(のいずれか)を欠いた文: Good morning!, Thank you! など〙. ～ **suit** 小札〘ブリッジでダイヤまたはクラブの組み札〙. ～ **term** 名辞〘三段論法で結論の主語となる語〙.

Mi·nór·ca [mịnɔ́ːrkə] *n.* **1** ミノルカ〘地中海西部の島〙. **2** ミノルカ鶏.

Mí·nor·ite [máinəràit] *n.* フランシスコ派の修道士.

‡**mi·nór·i·ty** [mịnɔ́ːrịti, -nár-, main-/mainɔ́r-, mịn-] *n.* **1** 少数者群, 少数派, 少数党; 少数民族: the opinion of the ～ 少数意見. **2** 少数(であること). **3** 未成年(期). → majority.
～ **problem** 少数民族問題.

Mí·nos [máinəs, -nɑs/-nɔs] *n.*〔ギ神〕ミノス〘Crete 島の王〙.

Mín·o·taur [mínətɔːr/máinə-] *n.*〔ギ神〕ミノタウロス〘人身牛頭の怪物〙.

mín·ster [mínstər] *n.*〔おもに英〕**1** 修道院付属の教会堂. **2** 大寺院.

***mín·strel** [mínstrəl] *n.* **1**〘中世の〙吟遊詩人〔楽人〕, 吟唱詩人. **2**〔雅〕詩人, 楽人. **3** 旅音楽師. **4** (*pl.*) 旅演芸団 (＝Negro [nigger] ～s)〘黒人に扮(ふん)して黒人の歌をうたう〙. [√min-¹]
～ **show** 民謡舞踊大会. ◇ **～·sy** [-si] *n.* 吟遊詩人〔楽人〕の芸; (吟遊詩人〔楽人〕たちの) 詩, 民謡; 詩歌 (poetry);《集合的》吟遊詩人〔楽人〕.

mint¹ [mint] *n.* **1**〔植〕ハッカ. **2** ハッカ入りの菓子. ～ **julep** ハッカ酒. ～ **sauce** ミントソース〘酢・砂糖・ハッカでつくる小羊肉の焼き料理用〙.

mint² *n.* **1** 造幣局. **2** 巨額, 大量: a ～ of money 巨額の金. **3** 源泉, 本源. ***in ～ state*** [***condition***]〘書籍・切手・貨幣など〙真新しい, つくりたての.
—— *vt.* **1** 鋳造する. **2** つくり出す. **～·mark** [ˊ ˋ] 貨幣の刻印. **～·màs·ter** 造幣局長官.

mint·age [míntidʒ] *n.* **1** 貨幣鋳造; 鋳造貨幣. **2** 鋳貨料. **3** 造幣刻印.

mín·u·end [mínjuènd] *n.*〔数〕被減数. → subtrahend.

mìn·u·ét [mìnjuét] *n.* **1** メヌエット〘三拍子のゆるやかな舞踏〙. **2** メヌエット舞曲.

‡**mí·nus** [máinəs] *prep.* **1**〔数〕マイナスの, …を引いた, …だけ少ない: 7 ～ 3 leaves 4. 7から3を引いて残り4〘7−3=4〙. ↔plus. **2**〔話〕…を失って, …のない: a book ～ its cover 表紙のとれた本.
—— *a.* **1** マイナスの; 負の: a ～ quantity 負の量〔数〕. **2**〔話〕欠けている, ない: The profits were ～. 収益はゼロだった. **3** 劣った. —— *n.* (*pl.* **～es**) **1** ＝～ sign. **2** 負数. **3** 不足. [√min-¹]
～ **sign** 負符, マイナス符号〘−〙.

mi·nús·cule [minʌ́skjuːl] *n.* **1**〔印〕小文字〘大文字・かしら文字に対し〙. **2** 7世紀に発達した行書式の小文字.

†**mín·ute**¹ [mínit] *n.* **1**〘時間の〙分. **2** 少しの間, しばらく; 瞬間: Just [Wait] a ～. ちょっと待ってくれ. **3**〔英〕覚書, 記録. **4** (*pl.*) 議事録 (＝～ book). **5** 草稿. **6**〘角度の〙分 (＝ ～ of arc). ***any ～*** いますぐにも: He'll turn up *any* ～. 彼はすぐにも来るでしょう. ***at the last ～*** ぎりぎりの時間に, まぎわに. ***be on the ～s*** 議事録に載っている. ***in a few ～s*** 数分間で; 直ちに. ***in a ～*** すぐ

に. ***make*** [***take***] ***a ～ of*** の覚書をつくる, の記録をとる. ***the ～*** (***that***) ... …と同時に, …するやいなや. ***this ～*** いますぐ (に). ***to the ～*** 1 分もたがえず, きっかり時間どおりに. ***up to the ～*** 最新の (up-to-date).

—— *vt.* **1** の時間を精密に測る. **2** の下書きをする. **3** 書き留める, 覚え書きする《*down*》. **4** 議事録に書き残す. **——** *a.* すぐできる, 即製の: a ～ pudding. [√min-¹]

～ bell [**gun**] 分時鐘 [砲]《人の死を知らせて1分おきに鳴る》. **～ book** 控え帳; 議事録. **～ glass** 1 分砂どけい. → hour glass. **～ hand** (とけいの) 分針, 長針. **M～·man** → 別項. **～ steak** 薄肉ステーキ《すぐ焼ける》.

◇ **～·ly** *a., ad.* 1 分ごとの [に], 毎分 (の).

mi·núte² [mịn(j)úːt, main-/-njúːt] *a.* **1** 極微な, 微小な; 細かい. **2** ささいな, つまらない. **3** くわしい, 精密な, 厳密な. **4** 細心の《注意など》. [√min¹-]

◇ **～·ly** *ad.* 細かく, 詳細に. **～·ness** *n.*

[類] → **small**「小さな」

Mín·ute·man [mínitmæ̀n] *n.* (*pl.* **-men**) (または m～) **1**〘米史〙《独立戦争当時即刻応召できる準備をした》緊急応召兵. **2** 防共ゲリラ隊員. **3** ミニットマン《大陸間弾道兵器の一種》.

mi·nú·ti·a [min(j)úːʃiə/mainjúː-, min-] *n.* (*pl.* **-ae** [-ʃiiː]) **1** ささいな点, 細目. **2** (*pl.*) ささいなこと.

minx [miŋks] *n.* おてんば娘; あばずれ女.

Mí·o·cene [máiəsiːn] *n., a.*〘地〙第三紀中新世 [中新統] (の).

mi·ó·sis [maióusis] *n.* **1**〘医〙瞳孔(どう)縮小, 縮瞳症. **2**〘生〙=meiosis.

mi·ót·ic [maiɑ́tik/-ɔ́t-] *a.* miosis ① の. **——** *n.* 瞳孔縮小剤.

mir [miər] Russ. *n.* ミール《旧ロシアの原始村落共産体》.

‡**mír·a·cle** [mírəkl, ㊥⁺mírikl] *n.* **1** 奇跡. **2** 驚異; 不思議な物 [事, 人]; すばらしい例. **3** キリストにかかわる奇跡. **4** 奇跡劇 (=～ play)《キリストまたは聖徒にかかわる奇跡を題材とする中世の宗教劇》. [√mir-] ***to a ～*** 奇跡的に, 不思議なほどりっぱに. ***work*** [***do***] ***a ～*** 奇跡を行なう. **～ man** 奇跡を行なう (という) 人; 不可能とされることを行なう人. **～ monger** 奇跡を行なうと自称する山師.

mi·rác·u·lous [mịrǽkjụləs] *a.* **1** 奇跡的な, 不思議な, 超自然的な. **2** 驚異的な;《薬が》驚くほどきく. ◇ **～·ly** *ad.* [類] → **wonderful**「驚くべき」

mi·ráge [mịrɑ́ːʒ/mírɑːʒ, ─ˊ] *n.* **1** しんきろう. **2** 妄想(もう), はかない夢. [√mir-]

mire [maiər/máiə] *n.* **1** ぬかるみ, どろ; どろ沼. **2**《比喩的》どろ沼のようなところ; 汚辱. ***drag through the ～*** はずかしめる, 汚す. ***find oneself in the ～*** 苦境に陥る, 行き詰まる. ***in the ～*** 苦境にあって.

—— *vt.* **1** ぬかるみに落ち込ませる. **2** 窮地に追い込む. **3** どろでよごす. **——** *vi.* ぬかるみにはまる; 苦境に陥る.

mirk =murk.

‡**mír·ror** [mírər] *n.* **1** 鏡; 反射鏡. **2** ありのままに写し [描き] 出すもの. **3** 模範, 手本: a ～ of chivalry 騎士道のかがみ. **——** *vt.* **1** 映す, 反射する, 反映させる. **2** にそっくりである. [√mir-]

‡**mirth** [məːrθ] *n.* 陽気, よろこび; 歓楽; 笑い. [merry と同語源]

mírth·ful [mə́ːrθf(ụ)l] *a.* 陽気な, にぎやかな, 愉快な. ◇ **～·ly** *ad.* **～·ness** *n.*

mírth·less [mə́ːrθlis] *a.* 楽しくない, 陰気な, 悲しそうな. ◇ **～·ly** *ad.* **～·ness** *n.*

MIRV [məːrv] multiple independently targetable re-entry vehicle 多核弾頭各個誘導ミサイル.

mír·y [máiri/máiəri] *a.* **1** どろ深い, どろまみれの. **2** きたない, 不潔な. [<mire] ◇ **mír·i·ness** *n.*

mis- *pref.*「誤って, 悪く」の意, または否定の意をあらわし, 動詞・形容詞・副詞・名詞などにつく: *mis*print 誤植. *mis*trust 不信. *mis*fire 不発.

MIS Management Information System 経営情報システム. **Mis.** Missouri.

mìs·ad·vén·ture [mìsədvéntʃər/mís-] *n.* **1** 不運なできごと, 災難, 奇禍. **2** 不運, 不幸. ***by ～*** 誤って, 運悪く. ***homicide*** [***death***] ***by ～***〘法〙過失殺人.

mìs·ad·víse [mìsədváiz/mís-] *vt.* に誤った忠告をする, に悪い助言をする.

mis·áimed [miséimd] *a.* 見当違いの.

mìs·al·lý [mìsəlái/mís-] *vt.* 誤って結びつける;《特に》にふつりあいな [身分違いの] 結婚をさせる.

◇ **-lí·ance** [-əns] *n.*

mís·an·thrope [mís(ə)nθròup, míz-], **mis·án·throp·ist** [misǽnθrəpist, miz-] *n.* 人間ぎらいの人, 厭世(えんせい)家. [√anthrop-]

mìs·an·thróp·ic [mìs(ə)nθrɑ́pik, mìz-/-rɔ́p-], **-i·cal** [-(ə)l] *a.* 人間ぎらいの.

◇ **mìs·an·thróp·i·cal·ly** *ad.*

mis·án·thro·py [misǽnθrəpi, miz-] *n.* 人間ぎらい. → philanthropy. [miso-+√anthrop-]

mìs·ap·plý [mìsəplái/mís-] *vt.* の適用を誤る; 悪用 [乱用] する. ◇ **-plíed** [-d] *a.* **mìs·ap·pli·cá·tion** [misæplịkéiʃ(ə)n/mísæp-] *n.*

mìs·ap·pre·hénd [misæprihénd/mísæp-] *vt.* 思い違いをする, 誤解する. ◇ **-hén·sion** [-hénʃ(ə)n] *n.* **-hén·sive** [-hénsiv] *a.* 誤解しやすい.

mìs·ap·pró·pri·ate [misəpróuprièit/mís-] *vt.* **1** 誤用する. **2** 〈他人の金銭を〉横領 [着服] する.

◇ **mìs·ap·prò·pri·á·tion** [-əpròupriéiʃ(ə)n] *n.*

mìs·ar·ránge [mìsəréindʒ/mís-] *vt.* の配列を誤る. ◇ **～·ment** *n.*

mìs·be·cóme [mìsbikʌ́m/mís-] *vt.* (**-cáme** [-kéim]; **-cóme**) に似合わない, にふさわしくない, に適しない. ◇ **mìs·be·cóm·ing** [-iŋ] *a.* 似合わない, 適しない.

mìs·be·gót·ten [mìsbigɑ́tn/mísbigɔ́tn] *a.* 私生児の, 庶出の.

mìs·be·háve [mìsbihéiv/mís-] *vi.* 無作法をする, 不品行である, 不正を行なう. **～ one*self*** 無作法にふるまう. ◇ **～d** [-d] *a.* 不品行な; 無作法な. **mìs·be·háv·io(u)r** [-héivjər] *n.*

mìs·be·líef [mìsbịlíːf/mís-] *n.* **1** まちがった考え [信念, 信仰]. **2** 異端信仰.

mìs·be·líeve [-bịlíːv] *vi.* **1** 誤り信ずる. **2** 異教を信仰する. **——** *vt.* 信じない, 疑う.

◇ **mìs·be·líev·er** [-ər] *n.* 誤った信仰をもつ人; 異教徒. **mìs·be·líev·ing** *a.* 異端の.

mìs·be·séem [mìsbisíːm/mís-] = misbecome.

mìs·be·stów [mìsbistóu/mís-] *vt.* 不当に授ける: ～ one's affections 愛情を注ぐ相手を誤る.

mis·bírth [misbə́ːrθ/mís-] =miscarriage ③.

mis·bránd [misbrǽnd/mís-] *vt.* **1** に誤った印 [ラベル] をつける. **2** ににせの商標をつける.

misc. miscellaneous; miscellany.

mis·cál·cu·late [miskǽlkjụlèit/mís-] *vt., vi.* 誤算する,(の)見込み違いをする. ◇ **mìs·cal·cu·lá·tion** [miskælkjụléiʃ(ə)n/mískæl-] *n.*

mis·cáll [miskɔ́ːl] *vt.* **1** 誤った名前で呼ぶ, 誤称する. **2**〘英方〙の悪口を言う.

mis·cár·riage [miskǽridʒ] *n.* **1** 失敗. **2**《手紙などの》配達違い, 不着. **3** 流産. **～ *of justice*** 誤審.

mis·cár·ry [miskǽri] *vi.* **1** 〈計画などが〉失敗する. **2** 〈手紙などが〉届かない. **3** 〈女が〉流産する.

mis·cást [miskǽst/-kɑ́ːst] *vt.* **1** 〈芝居・映画に〉不適な配役を行なう. **2** 〈俳優に〉不適な役をあてがう. **3** 〈役を〉まちがってあてがう《に *to*》.

mìs·ce·ge·ná·tion [mìsidʒịnéiʃ(ə)n] *n.*《特に白人と黒人の》種族混合 [雑婚].

◇ **mìs·ce·ge·nét·ic** [-nétik] *a.*

mìs·cel·lá·ne·a [mìsịléiniə] *n. pl.* 《単数扱い》雑録, 雑集.

***mìs·cel·lá·ne·ous** [misịléiniəs, -njəs] *a.* **1** 種種雑多の, 異種混合の, 寄せ集めの: ～ articles 雑

記, 雑録. **2** 多方面にわたる. [√misc-]
〜 goods 雑貨. ◇ **〜·ly** *ad.* **〜·ness** *n.*
mís·cel·là·ny [mísilèini/miséləni, mísilə-] *n.* **1** 寄せ集め, ごたまぜ. **2** 雑集, 雑録. **3** (*pl.*)《一冊になった》文集. ◇ **-nist** [-st] *n.* 雑文家, 雑報〔雑録〕記者.
mis·chánce [mistʃǽns/-tʃáːns] *n.* 不運, 不幸, 災難. ***by* 〜** 不運〔不幸〕にも.
‡**mís·chief** [místʃif] *n.* (*pl.* **〜s**) **1** 害悪, 害. **2** 悪影響; 損害, 危害. **3** 害悪の原因. **4** 困る点; 故障, 病気の箇所: The 〜 of it is that... 困る点は…だ. **5** いたずら, わるふざけ, ちゃめけ. **6** いたずらっ子, いたずら者. **7** (the 〜)〔俗〕《疑問詞に続いて》いったいぜんたい: What *the* 〜 did you do? いったいぜんたいなんてことをしでかしたんだい. ***do*** a person ***a* 〜** (人に) 危害を加える. ***do*** much **〜 *to*** に (大きな) 損害を与える. ***go* [*get*] *into* 〜** いたずらを始める. ***make* 〜 *between*** の仲を裂く, に水をさす. ***mean* 〜** 害意をいだく, 胸に一物もっている. ***One* 〜 *comes on the neck of another.*** 〔諺〕泣きつらにはち. ***out of* (*pure*) 〜** (ほんの) いたずら半分に. ***play the* 〜 *with*** を害す, をめちゃめちゃにする. ***up to* 〜** いたずらをもくろんで: He is *up to* 〜 again. またなにかよからぬことをたくらんでいる. ***work* 〜** 災いをもたらす; いたずらをする. [mis-+chief<√capit-悪い+結果] **〜-màk·er** 仲を裂く者. **〜-màk·ing** *a., n.* 仲を裂く(こと).
***mís·chie·vous** [místʃivəs] *a.* **1** 有害な. **2** いたずら好きの, わんぱくな. **3** 胸に一物をふくむような; なにか一癖ありげな. ◇ **〜·ly** *ad.* **〜·ness** *n.*
mis·chóose [mistʃúːz] *v.* (**-chóse** [-tʃouz]; **-chó·sen** [-tʃóuzn]) *vt., vi.* 誤って選ぶ, (の)選定を誤る.
mís·ci·ble [mísibl] *a.* 混和しやすい《と *with*》.
◇ **mìs·ci·bíl·i·ty** [⌐−bíliti] *n.* 混和性.
mis·cól·o(u)r [miskʌ́lər] *vt.* **1** に誤った〔不適当な〕色をつける. **2** 誤り伝える.
mìs·con·céive [mìskənsíːv/mís-] *vt.* 誤解する.
—— *vi.* 思い違いをする《について *of*》.
◇ **mìs·con·cép·tion** [-sépʃ(ə)n] *n.*
mis·cón·duct [miskándʌkt/-kɔ́n-] *n.* **1** 不当な行為, 不行跡. **2**《官吏などの》不法行為, 職権乱用. **3** 不義, 姦通(かんつう). **4** 誤った処置.
—— [mìskəndʌ́kt/mís-] *vt.* の処置を誤る: 〜 one's business affairs 商売をやりそこなう. 〜 one***self*** 不品行をする; 姦通する《と *with*》.
mìs·con·strúc·tion [mìskənstrʌ́kʃ(ə)n/mís-] *n.* 意味の取り違え, 誤解.
mìs·con·strúe [mìskənstrúː, miskánstruː/mís-kənstrúː] *vt.* の意味を取り違える, 誤解する.
mis·cóp·y [miskápi/-kɔ́pi] *vt.* 写しまちがえる.
—— *n.* 写し違い; まちがいのある複写.
mis·cóunt [miskáunt/mís-] *vt., vi.* 誤算する, 数え違える. **——** *n.* 誤算.
mís·cre·ant [mískriənt] *a.* **1** 極悪の, 下劣な. **2** 〔古〕異端の, 不信心の. **——** *n.* **1** 極悪人. **2** 〔古〕異端者, 不信心者. ◇ **-ance, -an·cy** *n.*
mìs·cre·áte [mìskriéit/mís-] *vt., vi.* つくりそこなう, みにくくつくる. **——** [⌐−⌐/⌐−−] *a.* =miscreated. ◇ **mìs·cre·á·tion** [mìskriéiʃ(ə)n/mís-] *n.*
mìs·cre·át·ed [mìskriéitid/mís-] *a.* できそこないの, 奇怪な形の.
mis·cúe [miskjúː/⌐⌐] *vi.* **1**〔玉突き〕玉を突きそこなう. **2**〔劇〕せりふのきっかけに応じそこなう. **3**〔話〕まちがう. **——** *n.* 突きそこない;〔運〕失策, ミス.
mis·dáte [misdéit/mís-] *vt.* の日付を誤る.
—— *n.* まちがった日付.
mis·déal [-díːl] *n.* 〔トランプ〕札の配りそこない.
—— *vi., vt.* (**-dealt** [-délt]) (札を) 配りそこなう.
mis·déed [misdíːd/⌐⌐] *n.* 悪行, 犯罪.
mìs·de·méan [mìsdimíːn] *vt.* 〔稀〕《通例次の用法だけ》. 〜 one***self*** 不品行である, 身持ちが悪い.
mìs·de·méan·o(u)r [mìsdimíːnər/mís-] *n.* 悪行, 不品行;〔法〕軽罪.
◇ **-ant** [-ənt] *n.* 不品行な人;〔法〕軽犯罪者.
mìs·di·réct [mìsdirékt/mís-] *vt.* **1** に誤ったさしずをする. **2** のねらいを誤る; 〈手紙に〉名あてを書き誤る. **3** に場所〔道順〕をまちがって教える.
◇ **mìs·di·réc·tion** [-rékʃ(ə)n] *n.*
mis·dó [misdúː/⌐⌐] *vt.* (**-díd** [-díd]; **-dóne** [-dʌ́n]) やりそこなう. **——** *vi.* 悪事を行なう.
◇ **〜·er** *n.* 犯人, 非行者. **〜·ing** *n.* 非行, 悪事.
mis·dóubt [misdáut/⌐⌐] *vt., vi.* 〔古〕疑う, 懸念する. **——** *n.*疑い, 疑念.
mise en scène [miːzɑ̃ːsén, -séin/⌐−séin] F. **1**《劇の》演出. **2** 舞台装置. **3**《事件などの》背景, 周囲の状況.
mis·em·plóy [mìsimplɔ́i/mís-] *vt., vi.* 誤って用いる, 悪用する. ◇ **〜·ment** *n.*
mis·én·try [miséntri/⌐⌐−] *n.* (帳簿の) 誤記.
‡**mí·ser** [máizər] *n.* **1** けちんぼ, しみったれ, 守銭奴. **2**〔古〕みじめな人.
‡**mís·er·a·ble** [míz(ə)rəbl] *a.* **1** みじめな, 悲惨な, あわれな: 〜 from cold and hunger 寒さと飢えに困って. **2** みすぼらしい, 貧弱な, 乏しい. **3**《生活などが》つらい, 苦しい;〔話〕からだのぐあいが悪い;《天気が》いやな. **4** 卑しい, 劣った, へたな. **——** *n.* 不幸な人, 困窮者. ◇ **-bly** *ad.* みじめに; ひどく.
Mi·se·re·re [mìzəré(ː)ri, -rí(ː)ri/-ríəri] L. *n.* **1** 〔聖〕ミゼレレの祈り《詩編 51》; その曲. **2** (m〜) 哀願. **3** (m〜)〔建〕=misericord(e) ③.
mì·ser·i·córd(e) [mìzərikɔ́ːrd, mizérikɔːrd/mi-zérikɔːd] *n.* **1** 特免《修道院の戒律で禁じられている飲食物・衣料を特に許されること》; 免戒室《特免の飲食物をとるへや》. **2** とどめを刺すための短剣《中世の騎士が用いた》. **3** 教会の聖職席の折りたたみいすの裏側にとりつけた持ち送り《起立しているときからだのささえの役をする》.
mí·ser·ly [máizərli] *a.* けちな, 欲ふかい. → miser.
◇ **-li·ness** *n.* 貪欲(どんよく), けち.
‡**mís·er·y** [míz(ə)ri] *n.* **1** 不幸; 精神的苦痛: 〜*ies* of mankind 人類の不幸. **2** 悲惨な境遇, 貧困; みじめさ: living in 〜 and want 非常に困窮して. **3** 肉体的苦痛. ***M〜 loves company.*** 〔諺〕同病相あわれむ. (類) → **suffering**「苦しみ」
mìs·es·téem [mìsistíːm/mís-] *vt.* 〈尊敬すべき人を〉十分に尊敬しない, 見くびる.
mis·és·ti·mate [miséstimèit/mís-] *vt.* の評価を誤る. ◇ **mis·ès·ti·má·tion** *n.*
mis·féa·sance [misfíːz(ə)ns] *n.* 〔法〕不法行為, 職権乱用; 過失.
mis·fíre [misfáiər/mís-] *vi.* **1** 〈銃などが〉不発になる; 〈内燃機関が〉点火しない. **2** 的はずれである, 失敗に終わる: His criticism completely 〜*d*. 彼の批評は全く見当違いだった. **——** *n.* **1** 不発; 不点火, 不着火. **2** 見当違い, 失敗.
mis·fít [misfít, ⌐−] *n.* **1** 合わない物《着物・くつなど》. **2** 環境にうまく順応しない人, 不適任〔不適合〕者: a 〜 *in* one's job 仕事に合わない人物.
—— [−⌐] *vt., vi.* (**-tt-**) **1** 合わせそこなう. **2** 合わない; に適しない. 「こなう.
mis·fórm [misfɔ́ːrm/⌐⌐] *vt., vi.* つくり〔でき〕そ
‡**mis·fór·tune** [misfɔ́ːrtʃ(ə)n] *n.* **1** 不運, 不幸. **2** 不幸なできごと, 災難. ***have the* 〜 *to*** (do) 不幸にも…する. ***M〜s never come single.* = *One* 〜 *rides upon another's back.*** 〔諺〕不幸は続くもの, 弱り目にたたり目.
mis·gíve [misgív] *v.* (**-gáve** [-géiv]; **-gív·en** [-gív(ə)n]) *vt.* に疑いを起こさせる, に懸念を感じさせる: His heart *misgave* him. 彼は不安になった.
—— *vi.* 心配する.
◇ **mis·gív·ing** *n.* (しばしば *pl.*) 疑い, 不安, 懸念.
mis·góv·ern [misgʌ́vərn/mís-] *vt.* の統治を誤る,

にに悪政を行なう. ◇ **~·ment** *n.* 失政, 悪政.

mis·gúide [misgáid/ ⁻ ⁻́] *vt.* 誤った指導をする《おもに過去分詞で》. ◇ **mis·gúid·ance** [-(ə)ns] *n.*

mis·gúid·ed [-id] *a.* **1** 誤って導かれた. **2** 心得違いした. ◇ **~·ly** *ad.*

mis·hán·dle [mishǽndl/mís-] *vt.* **1** 誤って取り扱う; の処置を誤る. **2** 虐待する.

mís·hap [míshæp, ⁻ ⁻́] *n.* 不運(なできごと), 災難. ***without ~*** 無事に.

mis·héar [mishíər/ ⁻ ⁻́] *vt.* (**-héard** [-hə́:rd]) 聞き違える.

mísh·mash [míʃmæʃ] *n.* ごたまぜ.

mìs·in·fórm [misinfɔ́:rm/mís-] *vt.* に誤り伝える, に誤解させる, にまちがって教える《を *of*》. ◇ **mìs·in·for·má·tion** [-fɔ:rméiʃ(ə)n] *n.* 誤伝, 誤報.

mìs·in·tér·pret [mìsintə́:rprit/mís-] *vt.* 誤訳〔誤釈〕する; 誤解する.

◇ **mìs·in·tèr·pre·tá·tion** [-tə̀:rpritéiʃ(ə)n] *n.*

mis·júdge [misdʒʌ́dʒ/ ⁻ ⁻́] *vt., vi.* **1** の判断〔審判〕を誤る; 誤審する. **2** 見そこなう; 見くびる.

◇ **mis·júdg·ment,** ㊥ **mís·júdge·ment** *n.*

mis·knów [misnóu] *vt.* 理解しそこなう: ~ a problem 問題をとり違える.

mis·lá·bel [misléibl/mís-] *vt.* にまちがった表示札をつける.

mis·láy [misléi] *vt.* (**-láid** [-léid]) **1** まちがった所に置く; へたに置く. **2** 置き忘れる.

mis·léad [mislí:d] *vt.* (**-léd** [-léd]) **1** 誤り導く. **2** に誤解させる; に判断を誤らせる. **3** 悪事に誘う.

mis·léad·ing [mislí:diŋ] *a.* **1** 誤りへ導く, 誤解を起こしやすい, まぎらわしい. **2** 道を踏み誤らせるような, 悪に導く. ◇ **~·ly** *ad.*

mis·líke [misláik] *vt.* **1** きらう. **2**〘古〙の気にさわる.

mis·mán·age [mismǽnidʒ/mís-] *vt.* の処置〔管理〕を誤る, やりそこなう. ◇ **~·ment** *n.*

mis·már·riage [-mǽridʒ] *n.* ふつりあいの〔不幸な〕結婚.

mis·mátch [mismǽtʃ/ ⁻ ⁻́] *vt.* の組み合わせを誤る; にふつりあいな縁組みをさせる. —— *n.* 不適当な組み合わせ〔縁組み〕.

mis·máte [misméit/ ⁻ ⁻́] *vt., vi.* の組み合わせを誤る; にふつりあいな結婚をさせる, ふつりあいな結婚をする.

mis·móve [mismú:v/mís-] *n.* **1**《ゲームなどの》まちがった手; 禁手. **2** 誤った処置〔行動〕.

mis·náme [misnéim/ ⁻ ⁻́] *vt.* まちがった名で呼ぶ, 誤称する.

mis·nó·mer [misnóumər/mís-] *n.* **1** 誤った名; 不適当な呼称. **2** 呼び誤り. **3**《法律文書中の》人名誤記.

miso-「きらい, きらう」の意の語形成要素《母音の前では mis-》.

mi·sóg·a·my [miságəmi, mais-/-sɔ́g-] *n.* 結婚ぎらい. ◇ **-mist** *n.* 結婚ぎらいの人.

mi·sóg·y·ny [misádʒini, mais-/-sɔ́dʒ-] *n.* 女ぎらい(の態度). ↔ philogyny. ◇ **-nist** [-st] *n.* 女ぎらい(の人). **-nous** [-dʒinəs] *a.* 女ぎらいの.

mi·sól·o·gy [misáladʒi, mais-/-sɔ́l-] *n.* 理論ぎらい. ◇ **-gist** *n.*

mìs·o·né·ism [mìsoní:iz(ə)m, màiso-] *n.* 新しものぎらい, 旧守主義.

mis·pláce [mispléis/ ⁻ ⁻́] *vt.* **1** 置き違える. **2**〈信用・愛情などを〉誤って〔不当に〕与える《に *on*》. **3**〘話〙置き忘れる. ◇ **~·ment** *n.* 置き違い; 見当違い.

mis·pláy [mispléi/ ⁻ ⁻́] *n.*《競技・演奏などの》しそこない. —— *vt., vi.* しそこなう, やりそこなう.

mis·prínt [misprínt, ⁻ ⁻́/ ⁻ ⁻́] *n.*〘印〙誤植, ミスプリント. —— [⁻ ⁻́] *vt.* 誤植する.

mis·prí·sion¹ [mispríʒ(ə)n] *n.*〘法〙**1**《特に官吏の》非行, 怠慢. **2** 犯罪隠匿. ***~ of felony*** 重罪隠匿罪.

mis·prí·sion² *n.*〘古〙けいべつ, 軽視.

mis·príze [mispráiz] *vt.* 見くびる, けいべつする.

mìs·pro·nóunce [mìsprənáuns/mís-] *vt., vi.* 誤って発音する.

◇ **mìs·pro·nùn·ci·á·tion** [-nʌ̀nsiéiʃ(ə)n] *n.*

mis·quóte [miskwóut/mís-] *vt.* まちがって引用する. ◇ **mìs·quo·tá·tion** [miskwotéiʃ(ə)n/mis-] *n.*

mis·réad [misrí:d/ ⁻ ⁻́] *vt.* (**-réad** [-réd]) **1** 読み違える. **2** の解釈を誤る.

mis·réck·on [misrék(ə)n/ ⁻ ⁻́ ⁻] *vt.* 数え違える. —— *vi.* 計算違いする;《比喩的》誤算する.

mìs·re·mém·ber [mìsrimémbər/mís-] *vt., vi.* **1** まちがって記憶する. **2**〘方〙覚えそこなう.

mìs·re·pórt [mìsripɔ́:rt/mísripɔ̀:t] *vt.* まちがって報告する; ゆがめて伝える. —— *n.* 誤報; 虚報.

mìs·rep·re·sént [mìsreprizént/mísrèp-] *vt.* **1** 誤り伝える; 不正確に述べる; 偽って言う. **2** の誤った印象を与える. **3** の代表の任を果たさない.

◇ **~·er** *n.*

mìs·rep·re·sen·tá·tion [mìsreprizentéiʃ(ə)n/mísrèp-] *n.* **1** 誤伝, 誤説, 虚説; 不正確な叙述. **2**〘法〙不真実表示, 偽りの陳述.

mis·rúle [misrú:l/ ⁻ ⁻́] *n.* **1** 失政, 悪政. **2** 無秩序, 混乱. —— *vt.* に悪政を行なう, の統治を誤る. ***the Lord*** 〔***Abbot, Master***〕 ***of M~***〘英史〙クリスマスの宴会の司会者. ◇ **mis·rúl·er** [-ər] *n.*

†**miss**¹ [mis] *n.* (*pl.* **míss·es** [mísiz]) **1** (M~) …嬢《未婚の女子の姓または姓名の前につける敬称》: *M~* (Kate) Smith (ケート) スミス嬢. the *Misses* Hill and Joyce ヒル嬢とジョイス嬢. the *Misses* Smith =〘話〙the *M~* Smiths スミス姉妹. 〈注〉misses [mísiz] と Mrs. は同音異語. ただし Mrs. には the がつくことがない. **2** 娘, 未婚婦人《イギリスではけいべつ的に》: She's a saucy ~. 生意気な娘だ. **3**〘米〙お嬢さん《おもに女店員・給仕などが用いる呼びかけのことば》: Hey, young *M~*! お嬢さん! **4** (*pl.*)《単・複数扱い》お嬢様向き衣服《8-20歳の女子用》. **5** 美人コンテストの優勝者: *Miss* Japan ミス日本. **M~ Nancy** めめしい男.

‡**miss**² *vt.* **1**〈目標を〉**打ち当てそこなう, はずす**: ~ one's aim 撃ち損じる. ~ the point 要点を逸する. **2**〈ねらったものを〉**取り逃がす**, 捕えそこなう: ~ a catch 捕球しそこなう. **3**〈賞品などを〉獲得しそこなう;〈機会を〉逸する;〈汽車などに〉乗り遅れる;〈人に〉会いそこねる;〈催し物などを〉見そこなう;〈会合などに〉出席しそこなう;〈授業に〉出そこなう, 欠席する: ~ the bus バスに乗り遅れる; 機会を逸する. I have *~ed* so much school this year. ことしは学校をうんと休んでしまった. **4** 見そこなう, 聞きそこなう, 理解しそこなう; に気づかない: You can't ~ the house. その家なら必ず目にはいりますよ. **5** 書き〔言い〕落とす《*out*》. **6** …しそこなう: He just *~ed* being killed. もう少しで命をなくすところだった. **7**〈約束・義務などを〉守れない, 果たせない, 怠る. **8** …のない〔いない〕のに気づく: I *~ed* several books. 本が二, 三冊足りないのに気がついた; 二, 三冊見つからなかった. **9** …がないのを不便に思う; …がいないのを寂しく思う; なつかしがる, 恋しがる: I ~ you badly. あなたがいなくてとても寂しい. —— *vi.* **1**〈弾丸などが〉的をはずれる. **2** 機会をのがす. **3** 失敗する.

~ fire 〈銃が〉発火しそこなう, 弾丸が出ない;《比喩的》失敗する. ***~ one's footing*** 足を踏みはずす. ***~ one's tip*** しくじる. ***~ one's way*** 道に迷う. ***You have not ~ed much.*** 見そこなってもたいして損はしませんでしたよ; たいしたことじゃありませんでした.

—— *n.* **1** 射そこない; はずれ玉. **2** やりそこない, 失敗. **3** 脱漏, 脱落. ***A ~ is as good as a mile.***〘諺〙少しでも失敗は失敗, いずれの失敗も五十歩百歩. ***give*** a person ***a ~*** (人を) わざと避ける. ***there is no ~ of*** …がなくてもいっこうに残念で〔さしつかえ〕ない.

Miss. Mississippi.

mís·sa [mísə] *n.*〘宗〙ミサ. [<L.] **M~ Solem·nis** [-solémnis] 荘厳ミサ曲《Beethoven 作》.

mís·sal [mís(ə)l] *n.*〘カトリック〙ミサ典書.

mis·sáy [misséi/ ⁻ ⁻́] *vt., vi.* (**-sáid** [-séd])〘古〙

1 の悪口を言う. 2 言い違える. 「大ツグミ.
mís·sel [mís(ə)l/míz-, mís-] *n.* 〖鳥〗〖ヨーロッパ産〗
mis·shápe [misʃéip/ˊˊ] *vt.* (**-sháped**; **-sháped**, **-sháp·en**) ぶかっこうにする, 奇形にする, つくりそこなう. ◇ **mis·sháp·en** [-(ə)n] *a.* ぶかっこうな, 奇形の, できそこないの.
‡mís·sile [mísl, -sil/-sail] *n.* 1 ミサイル, 弾道兵器 (=ballistic ～); 誘導弾 (=guided ～). 2 《矢・弾丸・石など》 飛び道具.
—— *a.* 投げる〔発射する〕ことのできる.
～·man [-mən] (*pl.* **-men**) ミサイル関係者 〖製作者・操作者など〗. **～ payload** ミサイル弾頭.
mìs·sil·éer [mìsilíər/-sail-] *n.* ミサイル関係者.
mís·sil(e)·ry [mís(ə)lri/mísail(ə)ri] *n.* 1 《集合的》 ミサイル. 2 ミサイルの実験〔研究〕.
‡míss·ing [mísiŋ] *a.* 1 欠けている, 不足した; 紛失した: a book with two pages ～ 2ページ抜けている本. 2 行くえ不明の; 生死不明の: the list of the ～ 行くえ不明者名簿. **～ link** 系列完成上欠けているもの; 人類と類人猿(るいじんえん)をつなぐ仮想の動物.
‡mís·sion [míʃ(ə)n] *n.* 1 (使節の)任務, 職務; 《一般的》 使命, 天職: *on* a ～ 使命〔任務〕を帯びて. 2 (特命による) 派遣. 3 使節(団); 〖米〗 大〔公〕使館: a trade ～ to South America 南アメリカへの貿易使節団. 4 伝道, 布教; (*pl.*) 伝道事業. 5 宣教師会, 布教団; 伝道区. 6 《特殊地域に設けた》 社会救済施設; 隣保団 (settlement). 7 〖米: 軍〗 《単機または編隊による》 作戦行動〔任務〕. ***follow the sacred ～*** 宣教師として働く. ***foreign*** 〔***home***〕 ***～s*** 国外〔国内〕伝道. ***trade*** 〔***economic***〕 ***～*** 貿易〔経済〕使節団. —— *vt.* 1 派遣する 《使節として》. 2 に使命を託す. [√mit(t)-]
～ furniture 家具の一種 〖質素で重く黒っぽい〗. **～ school** ミッションスクール, 伝道学校; 宣教師養成所. ◇ **～·er** *n.* 教区伝道師.
‡mís·sion·ar·y [míʃənèri/-nəri] *a.* 伝道(者)の.
—— *n.* 1 宣教師, 伝道師. 2 〖主義の〗 宣伝者. 3 使節, 大使. **～ salesman** 〖米〗宣伝普及販売員.
mís·sis [mísiz, -sis/-siz] *n.* 1 〖話・方〗 奥さん 《女中などの用語》. 2 (the ～) 〖笑〗 《自身のまたは他人の》 女房, 細君.
míss·ish [mísiʃ] *a.* 気どった, つんとすました.
Mìs·sis·síp·pi [mìsisípi] *n.* 1 ミシシッピ川 《北アメリカ第一の大河》. 2 ミシシッピ 《アメリカ中南部の州》. ◇ **～·an** [-ən] *a., n.* ミシシッピ川〔州〕の; ミシシッピ州人. 「られた. [√mit(t)-]
mís·sive [mísiv] *n.* 文書, 書状. —— *a.* 〖古〗 送
Mis·sóu·ri [mizú(ː)ri, -rə/-zúəri] *n.* 1 ミズーリ川 《ミシシッピ川の支流》. 2 ミズーリ 《アメリカ中部の州》. ***from M～*** 〖米俗〗 疑いぶかい, 証拠を見るまで信じない. ◇ **～·an** [-ən] *a., n.* ミズーリ州の(人).
mis·spéak [misspíːk/ˊˊ] *vt., vi.* (**-spóke** [-spóuk]; **-spó·ken** [-spóuk(ə)n]) まちがって話す; まちがって発音する.
mis·spéll [misspél/ˊˊ] *vt.* (**-spélled** [-spélt, -spéld] *or* **-spélt** [-spélt]) のつづりをまちがえる, まちがえてつづる. ◇ **～·ing** *n.* つづりの誤り, 誤ったつづり.
mis·spénd [misspénd/ˊˊ] *vt.* (**-spént** [-spént]) の使い方を誤る; 浪費する.
mis·státe [misstéit/ˊˊ] *vt.* 誤って述べる; 偽って述べる. ◇ **～·ment** *n.* 誤った陳述; 偽りの申し立て.
mis·stép [misstép/ˊˊ] *n.* 1 踏み誤り. 2 過失.
—— *vi.* 1 踏み誤る; 踏み違える. 2 まちがいを犯す.
mís·sus [mísəz, -siz, -səs, -sis/-səs] =missis.
míss·y [mísi] *n.* 〖話〗 若い娘; 《呼びかけ》 娘さん.
‡mist [mist] *n.* 1 かすみ, もや, (薄い) 霧. →fog[1], haze[1]. 2 《目の》 かすみ, (鏡などの) くもり: a ～ of tears 目をかすませる涙. 3 《判断などを》 くもらせるもの: A ～ of prejudice spoiled his judgment. 偏見のくもりが彼の判断を狂わせた. ***in a ～*** 当惑して, 思い迷って. ***throw a ～ before*** a person's ***eyes*** (人) の目をくらませる.
—— *vi.* 《it を主語として》 かすみ〔霧〕がかかる; 霧雨が降る. —— *vt.* 1 かすみでおおう. 2 〈鏡面などを〉 くもらせる; ぼんやりさせる: eyes ～*ed with* tears 涙でかすんだ目. **～ *over*** 霧にかくれる; 〈鏡などが〉 くもる: The scene ～*ed* over. そのけしきは一面かすみにおおわれた.
◇ **～·ful** [-f(u)l] *a.* 霧深い; もうもうとした.
†mis·táke [mistéik] *n.* 1 誤り, まちがい: There is no ～ about it. それは確かだ, まちがいない. 2 思い違い, 勘違い, 誤解.
and no ～ 〖話〗 《前のことばを強めて》 確かに, まちがいなく: She is innocent, *and no* ～! 彼女には罪がない, 絶対に! ***beyond ～*** まちがいなく. ***by ～*** 誤って, まちがって; うっかりして. ***in ～ for*** …とまちがって, と取り違えて. ***make a ～*** まちがいをする, 思い違いする. ***Make no ～,*** you'll have to come here again. いいかね, (きっとまた来るんだよ).
—— *vt.* (**-took** [-túk]; **-ták·en** [-téik(ə)n]) 1 〈道・家・時間などを〉 まちがえる, 取り違える. 2 …と思い違いする: He *mistook* the cloud *for* an island. 雲を島と取り違えた. That teacher is often *mistaken for* a student. あの先生はよく学生とまちがえられる. 3 〈ことばなどを〉 誤解する, 取り違える; 〈人の〉 ことばを誤解する: I hate being *mistaken*. 言ったことが誤解されるのはやりきれない.
◇ **mis·ták·a·ble** *a.* まちがいやすい, 誤りやすい; 誤解されやすい. 〔類〕 → error「誤り」
‡mis·ták·en [mistéik(ə)n] *v.* mistake の過去分詞.
—— *a.* 1 《考え・知識などが》 誤った, 《考えが》 まちがった: a ～ idea. 2 《人などが》 誤っている, 誤解している, 勘違いした: You are ～. きみは思い違いしている. That is Mr. Smith, ***or I am ～.*** (あれはスミス氏だ) そうでなけりゃ私はたいへんなまちがいをしているのだ; まちがいなく (スミス氏だ). **～ identity** 人違い. **～ kindness** 押しつけがましい親切, ありがた迷惑. ◇ **～·ly** *ad.* 誤って; 誤解して. **～·ness** *n.*
mis·táught [mistɔ́ːt/ˊˊ] *a.* まちがって教えられた.
mis·téach [mistíːtʃ/ˊˊ] *vt.* (**-táught** [-tɔ́ːt]) まちがって教える.
mís·ter [místər] *n.* 1 (M～) …氏, …さん, …君, …殿 《男子の姓・姓名または官職名の前につける. 通例 Mr. と略す》: *Mr.* Smith, *Mr.* John Smith (ジョン) スミス氏. *Mr.* President 大統領 (閣下). 2 〖米話・英卑〗 《呼びかけとして》 だんな, もし: Good morning, ～. おはよう, だんな. 3 Mr. 以外に敬称をもたない人, 平民. —— *vt.* 〖話〗 に～と呼びかける; (名を言わずに) ～ と呼ぶ. [master の変形]
mis·thínk [misθíŋk/mís-] 〖古〗 *vi., vt.* 考え違いをする; よく思わない.
mis·tíme [mistáim/ˊˊ] *vt.* 1 の拍子〔調子〕を取り違える. 2 悪い時機に行なう, の時機を誤る.
◇ **～d** *a.* 時機を失した. ↔timely. 「装飾用》.
mís·tle·toe [mísltòu] *n.* 〖植〗 ヤドリギ 《クリスマス
mis·tóok [mistúk] *v.* mistake の過去形.
mís·tral [místrəl, mistrɑ́ːl] *n.* 南フランスに吹く乾燥した寒い北西風.
mìs·trans·láte [mìstrænsléit, -trænz-/mís-] *vt.* 誤訳する. ◇ **-lá·tion** [-léiʃ(ə)n] *n.*
mis·tréat [mistríːt] *vt.* 虐待する, 酷使する.
◇ **～·ment** *n.* 虐待, 酷使.
‡mís·tress [místris] *n.* 1 女主人, 主婦. →master. 2 女支配者; 女王にたとえられるもの: Great Britain, the ～ of the seas 海の支配者イギリス. 3 女学者, 女性の名人: ～ of cooking 料理の名手. 4 〖英〗女教師: a dancing ～ ダンス教師. 5 〖雅〗 愛する婦人, 恋人. 6 情婦, めかけ. 7 (M～) …夫人, …の奥さん 《通例 Mrs. と略し [mísiz] と発音する》. →Mrs. 8 〖古・方〗 =madam, miss[1] 《呼びかけ》. ***be one's own ～*** 自由の身である. ***be the ～ of*** を支配する, に君臨する. ***M～ of the***

Robes〖英〗女官長《女王の衣装管理者の意》. ***the ~ of the night*** 夜の女王; 月. ***the M~ of the Seas*** 海の女王《イギリスの別称》. ***the M~ of the world*** 世界の女王《ローマの別称》.
◇ **~·ship** *n.* ~であること, ~の貫禄(かんろく).

mis·trí·al [mistráiəl/mís-] *n.*〖法〗**1** 誤審;《手続きの誤りによる》無効審理. **2**《陪審員の不答申による》未決定審理.

mis·trúst [mistrʌ́st/ˊˊ] *n.* 不信用, 疑惑.
—— *vt., vi.* 信用しない, 疑う, 怪しむ.
◇ **~·ful** [-f(u̧)l] *a.* 疑いぶかい, 信用しない《を *of*》. **~·ful·ly** *ad.*

‡**míst·y** [místi] *a.* **1** かすみのかかった, 霧の立ちこめた. **2** ぼんやりした, あいまいな: a ~ idea あいまいな概念. **3** 涙でかすんだ. ◇ **-i·ly** *ad.* **-i·ness** *n.*

‡**mìs·un·der·stánd** [mìsʌndərstǽnd/mís-] *vt.* (**-stóod** [-stúd]) 誤解する, 考え違いする: I am *misunderstood*. 私は誤解されている. ◇***~·ing** *n.* **1** 誤解, 考え違い: through a ~*ing* 思い違いから. **2** 意見の相違, 不和.

mis·ús·age [misjú:sidʒ, -jú:z-/mís-] *n.* **1** 誤用. **2** 虐待, 酷使.

mis·úse [misjú:z/ˊˊ] *vt.* **1** 誤用する. **2** 酷使〔虐待〕する. —— [-jú:s] *n.* **1** 誤用. **2** 虐待.

M.I.T. Massachusetts Institute of Technology マサチューセッツ工科大学.

mite [mait] *n.* **1** 小銭(こぜに); 小額貨幣;〖英俗〗2分の1 farthing. **2** 少額ながら篤志の寄付. **3**〖話〗ごく小さなもの, ちび. **4** ダニ, チーズ虫. ***a ~ of a***… ちっぽけな…. ***not a ~***〖話〗少しも…ない. ***the widow's ~***〖聖〗貧者の一燈《マルコ伝12:42》.

mí·ter, ㊕ -tre [máitər] *n.* **1** 司教冠《カトリック教会の bishop や abbot が儀式のときにかぶる》; 監督〔司教〕の職〔位〕. **2**《古代ユダヤの》大司教のかぶりもの. **3**〖木工〗斜め継ぎ (=~ joint)《額縁の四すみのような継ぎ方》.
—— *vt.* **1** に司教冠を与える; 司教の位につける. **2** 斜め継ぎにする.
~ box 斜め継ぎ箱《斜め継ぎを容易にするため角度のついたみぞがありその中でのこぎりをひく》.

miter ①

~ gear マイター歯車《軸が直交し力を直角に伝える》. **~ joint** 斜め継ぎ.

Míth·ra [míθrə], **-ras** [-ræs] *n.*〖ペルシア神話〗ミトラ《光の神》. ◇ **Mith·rá·i·cism** [miθréiisìz(ə)m], **Míth·ra·ism** [míθrəìz(ə)m] *n.* ~神教. **Míth·ra·ist** *n.* ~神教徒.

míth·ri·dà·tize [míθridèitaiz, ˌ‐ˊ‐/miθrídət-] *vt.* の耐毒性を養う《毒の量を少しずつ増して》.
◇ **míth·ri·dà·tism** [-tiz(ə)m/-dətiz(ə)m] *n.* 耐毒性.

mít·i·ga·ble [mítịgəbl] *a.* 緩和できる.

mít·i·gate [mítịgèit] *vt.* **1** 和らげる, なだめる, しずめる. **2** <刑罰などを> 軽くする, 軽減する. —— *vi.* 和らぐ. ◇ **-ga·tor** [-ər] *n.* 緩和する人〔物〕. **-ga·to·ry** [-gətò:ri/-geitəri] *a.* 緩和の, 軽減の.

mìt·i·gá·tion [mìtịgéiʃ(ə)n] *n.* **1** 鎮静. **2** 和らげるもの. **3** 緩和, 軽減.

mít·i·ga·tive [mítịgèitiv] *a.* 緩和させる. —— *n.* 鎮静〔緩和〕剤.

mi·tó·sis [mitóusis] *n.* (*pl.* **-ses** [-si:z])〖生〗《細胞の》有糸分裂, 間接核分裂. → amitosis.

mi·tót·ic [mitɑ́tik, mai-/-tɔ́t-] *a.* 有糸分裂の, 間接核分裂の.

mi·trail·leuse [mì:treijə́:z/mìtraiə́:z] F. *n.* 機関銃. ◇ ***-leur*** [-jə́:r/-ə́:] F. *n.* 機関銃兵.

mí·tral [máitrəl] *a.* 司教冠の, 僧帽状の.
~ valve〖医〗《心臓の》僧帽弁.

mí·tre =miter.

***mitt** [mit] *n.* **1**《野球用》ミット. **2**《指先がなく前腕をおおう》長手袋. **3** =mitten ①. **4**〖俗〗手.

mít·ten [mítn] *n.* **1**《親指以外の指が分かれていない》二また手袋. **2** =mitt ②. **3** (*pl.*) ボクシング用グローブ. ***get the ~***〖話〗恋人にふられる; お払い箱になる. ***give the ~ to***〖話〗…にひじ鉄砲をくわせる, <恋人を> ふる. ***handle without ~s*** 容赦なく取り扱う.

mít·ti·mus [mítịməs] *n.* **1**〖法〗収監令状. **2**〖法〗訴訟記録移送令状. **3**〖話〗解雇, 免職.

mítz·vah [mítsvɑ:] *n.* (*pl.* **-voth** [-vouθ])〖ユダヤ教〗**1** 戒律. **2** 善行, 徳行.

‡**mix** [miks] *v.* (**mixed** [-t] *or* **mixt**) *vt.* **1** <二つ以上のものを> 混ぜる, 混合〔混和〕する: ~ water *in* 〔*with*〕 whisky 水をウイスキーに〔水にウイスキーを〕混ぜる. **2** 混ぜてつくる: ~ a salad サラダをつくる. ~ a poison 毒を調合する. **3** <人々を> 交わらせる, 交際させる: They ~*ed* the boys with the girls in the school. その学校では男女の生徒を交際させた. **4** 交配させる, 雑種をつくる.
—— *vi.* **1** 混ざる, 混合する《*in*; と *with*》: Oil does not ~ *with* water. 油は水と混ざらない. **2** 雑種になる; 仲がいい: The couple do not ~ well. あの夫婦は折り合わない. **3** 立ち混ざる: ~ *in* society 社交界に出入りする. **4** 交際する, 親しくする《と *with*》: He does not ~ well. 彼は人づきあいがよくない. ***be ~ed up*** = **~** one***self up*** (1)《悪事・悪友に》荷担する, 掛かり合う《に *in*; *with*》. (2) 困りきった; 精神不安定の. ***~ it up***〖俗〗やおちょうをやる. ***~ it with*** と戦う. ***~ up*** (1) よく混ぜ合わせる;〖ボクシング〗激しく打ち合う. (2) <ふたり以上の人・二つ以上の物を> 取り違える, 混同する.
—— *n.* **1** 混合(物); 混合比: a ~ of two to one 2対1の混ぜ合わせ. **2** (料理の) 素(もと), ミックス《水や火を加えるだけででき上がる》: a cake ~ ケーキの素. **3** 混乱, ごたごた. [<mixt]
~-ín 戦闘, もみあい, いさかい. **~-up** 混乱; 混戦.
◇ **~·ing** *n.*

(類義語) **混ぜる: mix** 最も一般的な語: *mix* fruit juices 果汁(かじゅう)を混ぜる. **blend** 特殊な効果を生むように配合比に心をくばりながら混ぜる: *blend* whiskys ウイスキーを調合する. **mingle** 各要素がそのままの形で残るように混ぜる: *mingle* voices 合唱する.

mixed [mikst] *a.* **1** 混ざった, 混合した, 混成した. **2** ごたまぜの, 種々雑多の: a ~ company いろんな種類の人々の集まり. **3** 異宗教間の; 異種族間の; 寄り合い世帯の. **4** 男女混合の;〖楽〗混声の: a ~ school 男女共学の学校. **5** 頭の混乱した; 酔った. ***be ~ up*** ごたごたになっている, 混乱している; (頭が) 混乱する. ***have ~ feelings*** 万感こもごも胸に迫る; うれしいような悲しいような気がする. [√misc-]
~ blessing ちょっと困ったところのある幸い. **~ brigade** 混成旅団. **~ chorus** 混声合唱. **~ doubles**〖テニス〗混合ダブルス. **~ marriage** 異民族〔異宗教徒〕間の結婚, 雑婚. **~ motives** 不純な動機. **~ number**〖数〗帯分数. **~ residence** 雑居. **~ train** (貨客) 混合列車.
◇ **~·ness** *n.*

míx·er [míksər] *n.* **1** 混合者〔機〕;《特に》ミキサー《料理用の》; 音量調整係〔装置〕《ラジオ・テレビの》. **2**〖米〗交際家: a good 〔bad〕 ~ つきあいのいい〔へたな〕人. **3**〖米俗〗親睦(しんぼく)会.

mix·ól·o·gy [miksɑ́lədʒi/-sɔ́l-] *n.*〖笑〗カクテル技術. ◇ **-gist** *n.* カクテルの名手; バーテン.

mixt [mikst] *v.* mix の過去・過去分詞.

‡**míx·ture** [míkstʃər] *n.* **1** 混合, 結合;《種々のコーヒーなどの》取り合わせ, 調合. **2**《薬・たばこなど》混合物;《気分などの》まざった状態;〖化〗混合物: a smoking ~ 混合たばこ. a ~ *of* sand *and* 〔*with*〕 cement 砂とセメントの混合物. (with) a ~

of sorrow and satisfaction 悲しみと満足のまざったような気持ち(で): Air is not a compound, but a ～ of gases. 空気は幾つかの気体の化合物でなく混合物である. **3** 交織: a heather ～ 混色の毛織物の一種.

míz·zen, míz·en [mízn] *n.* 〘海〙 **1** 後マストの縦帆 (＝～-sail). **2** ＝mizzenmast.
～·mast [ˊ-ˋ] 〘海〙《2本・3本マスト船の》後マスト. **～·yard** [ˊ-ˋ] 〘海〙後マストの帆桁(ほげた).

míz·zle[1] [mízl] *n.* 〘方〙こぬか雨, 霧雨. —— *vi.* 〘方〙霧雨が降る. ◇ **míz·zly** [-i] *a.*

míz·zle[2] *vi.* 〘俗〙逃げる, 姿をくらます.

mk. mark. **mkt.** market. **ML, ML., M.L.** Medieval [Middle] Latin. **ml.** mail; milliliter(s). **M.L.A.** Modern Language Association. **MLD** minimum lethal dose 最少致死量. **MLG** Middle Low German. ***Mlle.*** *Mademoiselle.* ***Mlles.*** *Mesdemoiselles.* ***MM.*** *Messieurs.* **mm.** millimeter(s). ***Mme.*** *Madame.* ***Mmes.*** *Mesdames.* **Mn.** 〘化〙 manganese.

mné·me [níːmi] *n.* 〘心〙記憶素[基]《精神内で記憶の核となるもの》.

mne·món·ic [niːmánik/-mɔ́n-] *a.* **1** 記憶の. **2** 記憶を助ける, 記憶増進の. **3** 記憶術の.
◇ **～s** *n. pl.* 《単数扱い》記憶術.

mo [mou] *n.* 〘俗〙＝moment: Wait half a ～. ちょっと待ってくれ.

-mo [-mou] *suf.* 書籍の大きさを示す「…折り」の意: duodeci*mo* 12折り.

Mo 〘化〙 molybdenum. **Mo.** Missouri; Monday. **mo.** month. **M.O., m.o.** money order.

mó·a [móuə] *n.* 〘鳥〙モア《絶滅した New Zealand 産のダチョウに似た巨鳥》.

‡**moan** [moun] *n.* **1** うめき声, うなり声;《波・風の》うなり. **2** 嘆き, 悲嘆. ***make** one's* ～ 〘古〙不平を言う, かこつ. —— *vi.* **1** うめく, うなる. **2** 不平をこぼす. **3** 〈風などが〉うなり声を上げる. —— *vt.* **1** うなって言う. **2** 嘆く, いたむ: ～ one's lost child.
◇ **ˊ～·ful** [-f(u)l] *a.* うめき声をたてる, 悲しげな.

***moat** [mout] *n.* 《町や城のまわりの》堀(ほり).
—— *vt.* に堀を巡らす, 堀で囲む.

‡**mob** [mab/mɔb] *n.* **1** 群衆; 烏合(うごう)の衆, 暴徒. **2** (the ～) 大衆, 民衆, 下層民. **3** 〘俗〙団, 組み《盗賊・やくざなどの》. ***the swell*** **～** 紳士風のすり仲間; 羽織ごろ. —— *vt.* (**-bb-**) にどっと押し寄せる, 群れをなして襲う.
～ extra 〘映〙群衆エキストラ役. **～ law** [**rule**] 暴民政治; 私刑. **～ psychology** 群集心理. **ˊ～s·man** [-zmən] (*pl.* **-men**) 〘話〙紳士風のすり. ◇ **ˊ～·bish** *a.* 暴徒のような; 無秩序の; 騒々しい.

mób·cap [mábkæp/mɔ́b-] *n.* 《18–19 世紀ごろの》婦人用室内帽.

mó·bile [móub(i)l, -biːl/-bail, -biːl] *a.* **1** 動き[動かし]やすい, 動かすことのできる. **2** 移動性の; 流動性の. **3** (心などの) 転換のはやい, 移り気な; 多方面な, 融通のきく. **4** 《顔などが》変化に富む, 表情の豊かな. **5** 〘軍〙機動性に富む: a ～ unit 機動部隊. **6** 〘美〙《抽象派彫刻で金属片などをつるして運動の表現とする》モビールの. —— *n.* **1** 〘米話〙自動車; 〘機〙可動部. **2** 〘美〙モビール作品, 動く彫刻. [√mo(u)-] **～ home** トレーラー住宅《ハイウエーを移動して好みの場所で住宅・事務所とする》. **～ oil** [**gas**] 自動車用ガソリン. **～ station** 移動局《ラジオ・テレビの》.

Mo·bíle [mobíːl, móubiːl] *n.* アメリカ Alabama 州の都市.

mo·bíl·i·ty [mobíləti] *n.* **1** 動かしやすいこと, 可動性, 移動性. **2** 《住所・職業などにおける》流動(性). **3** 心の変わりやすさ; 移り気. **4** 《部隊・艦隊などの》機動性.

mò·bi·li·zá·tion [mòub(i)lizéiʃ(ə)n, -laiz-] *n.* **1** 〘軍〙動員. **2** 《富などの》運用, 流通. ***industrial*** **～** 産業動員. **～ orders** 動員令.

mó·bi·lize [móub(i)làiz] *vt.* **1** 〘軍〙〈軍隊・艦隊を〉動員する. **2** 〈産業・資源などを〉戦時体制にする. **3** 〈力などを〉振り起こす, 発揮する; 〈富などを〉運用する. —— *vi.* 動員される.

mob·óc·ra·cy [mabákrəsi/mɔbɔ́k-] *n.* 暴民政治; 《支配階級としての》暴民.

mób·ster [mábstər/mɔ́b-] *n.* ギャングのひとり.

móc·ca·sin [mákəsn, -zn/mɔ́kəsin] *n.* **1** 《北アメリカ原住民の用いた》シカなどの柔らかい一枚皮でつくったくつ. **2** 毒ヘビの一種.
～ flower 〘植〙アツモリソウの類.

mó·cha [móukə, ㊥+mɔ́kə] *n.* **1** モカコーヒー《アラビア原産》. **2** 《形容詞的に》コーヒーで味をつけた. **3** 手袋用アラビアヤギのなめし皮.

mo·chí·la [moutʃíːlə] *n.* 皮の鞍枠(くら)おおい.

‡**mock** [mak, mɔːk/mɔk] *vt.* **1** あざける, ばかにする, からかう. **2** まねてあざける. **3** まねる, 模倣する (mimic). **4** ものともせぬ, 無視する. **5** 欺く, 失望させる; むだぼねをおらせる: The problem ～*ed* all our efforts to solve it. その問題はいくら解こうとしても歯が立たなかった. —— *vi.* あざける, ばかにする《を *at*》.
～ *up* 実験用の模型をつくる.
—— *n.* **1** あざけり. **2** 嘲笑(ちょうしょう)の的, 笑いぐさ, なぶりもの. **3** ものまね. ***make a ～ of*** [***at***] をあざける, を冷やかす.
—— *a.* **1** まがいの, にせの, まねの: ～ modesty 上べだけのけんそん. **2** 模擬の: a ～ battle 模擬戦. ***with ～ seriousness*** まじめくさったふりをして.
～ auction 《さくらを使う》いかさませり; ＝Dutch auction. **～ battle** 模擬戦. **ˊ～-he·ró·ic** → 別項. **～ majesty** からいばり. **～ moon** 幻月. **～ orange** 〘植〙バイカウツギ属の植物. **～ sun** 幻日 (parhelion). **～ trial** 模擬裁判. **～ turtle soup** まがいのスッポンスープ. **ˊ～-up** [ˊ-ˋ] 実験・教授用の実物大模型. ◇ **ˊ～·er** *n.* あざける人; まねる人; 〘鳥〙モノマネドリ. 〖類〗→ **imitate**「まねる」

mock·á·do [məkáːdou] *n.* (*pl.* **～es**) ビロード織り《16–17世紀に流行》.

móck·er·y [mákəri, mɔ́ːk-/mɔ́k-] *n.* **1** あざけり, 冷笑, 冷やかし. **2** 冷笑の的, 笑いもの, 笑いぐさ. **3** ぶかっこうなまね, まねごと; にせ物. **4** 軽視, 無視: The unfair trial was a ～ of Justice. 不公平な裁判は法をないがしろにするものだった. **5** ほねおり損. ***make a ～ of*** をあざ笑う, をばか[なぶりもの]にする.

móck-he·ró·ic [mákhiróuik, mɔ́ːk-/mɔ́k-] *a.* 英雄詩をまねた[ちゃかした]; 英雄気どりの.
—— *n.* 英雄詩体のこっけい詩.

***móck·ing** [mákiŋ, mɔ́ːk-/mɔ́k-] *v.* mock の現在分詞. —— *a.* **1** あざけるような. **2** ものまねする.
～·bird [ˊ-ˋ] 〘鳥〙《北アメリカ南部・メキシコ産》モノマネドリ. ◇ ***～·ly** *ad.* あざけるように; あざけって, 愚弄(ぐろう)して.

mod [mad/mɔd] *n.* (ときに Mod) モズ《Edward 朝の服装・風習を超近代的にまねたりして社会に超然とした態度をとるティーンエージャー》. → Teddy boy.

mod. moderate; 〘楽〙 moderato; modern.

mód·al [móudl] *a.* **1** 形の, 様式の, 形態(上)の. **2** 〘楽〙旋法の. **3** 〘文〙叙法 (mood) の; 様態をあらわす. **4** 〘論〙様式の. [√mod-]
～ auxiliary 〘文〙補助動詞《may, can, must, would, should など》. ◇ **～·ism** *n.* 〘宗〙《三位(さんみ)は一神の3形態であるとする》三位様式説. **～·ist** *n.* 三位様式論者. **～·ly** *ad.*

mo·dál·i·ty [modǽləti] *n.* **1** 様式[形態]を有すること. **2** 〘論〙様相. **3** 〘文〙叙法; 様態.

‡**mode** [moud] *n.* **1** 様式, 形式; あり方, あらわれ方: a ～ of energy エネルギーの一形態. **2** やり方, 方法, 流儀: the ～ of living 生活様式. **3** 流行, モード, はやり. **4** 〘文〙＝mood[2]. **5** 〘楽〙旋法, 音階; 〘論〙様式, 論式; 〘哲〙様相, 様態. ***be all the*** **～** 大流行している. ***in ～*** 流行して, はやりの. ***major***

〔*minor*〕 ～〖楽〗長〔短〕音階. ***out of*** ～ 流行遅れで, すたれて. 〔√mod-〕 類 → **method**「方法」

Mod. E., Mod E Modern English.

‡**mód·el** [mádl/mɔ́dl] *n.* **1** 模型, ひな型: a working ～ 機械の運転模型. **2** 模範, お手本: a ～ of what a man ought to be 模範とすべき人物. **3** モデル《絵画・彫刻・広告写真などの》. **4** (衣装の) マネキン. **5**〖英俗〗そっくりの人〔物〕, 生き写し: a perfect ～ of one's father〔mother〕. **6** 形式, 設計: a ～ change モデルチェンジ《自動車などの》. **7** 方式, 方法. ***after***〔***on***〕***the*** ～ ***of*** を規範として. ***stand*** ～ モデル台に立つ.
—— *v.* (**-l-**, 英**-ll-**) *vt.* **1** の形をつくる; の型をつくる《粘土などで》: a beautifully ～*ed* figure 形の美しい姿. **2** 設計する. **3** の模型をつくる. **4** 模倣する;《…に》ならってつくる《に *after, on*》. **5** <衣装の> マネキンをつとめる. —— *vi.* **1** 模型をつくる. **2**《粘土などで》型をつくる; 型を描く. **3** モデルになる; マネキンとして立つ. ～ one***self on***〔***upon, after***〕を手本にしてまねる.
—— *a.* **1** 模型の, ひな型の: a ～ plane 模型飛行機. **2** 模範の, 理想的な: a ～ school 模範校. a ～ wife 妻の模範. 〔√mod-〕 **M～ T** T 型エンジン《初期のエンジン》; 初期の (もの), 旧式な (もの).
◇ **～·(l)er** *n.* **～·(l)ing** *n.* 模型製作; 造形; 立体的表現,《彫刻の》肉づき; つくり.

‡**mód·er·ate** [mád(ə)rit/mɔ́d-] *a.* **1** 控えめの, 穏やかな, 穏健な: be ～ in drinking 酒を適度に飲む. a ～ drinker 酒を適度に飲む人. **2** ころあいの, 適当な: a ～ price 手ごろな値段. **3** 並みの, たいしたこともない: a ～ success まあまあの成功.
—— *n.* 穏健な人; 温和主義者;《政治の》中道者.
—— [-rèit] *vt.* **1** かげんする, 穏やかにする, 和らげる; 軽減する, 調節する: ～ the sharpness of one's words. **2** <討論などを> 司会する. —— *vi.* **1** ゆるむ, 和らぐ, 静まる. **2** 司会する. 〔√mod-〕
◇* **～·ly** *ad.* 控えめに, ほどよく, 適度に; 中位に. **～·ness** *n.* 中庸を得ていること. **mód·er·a·tism** *n.* 穏健主義《特に政治・宗教上の》. **mód·er·a·tist** *n.* 穏健主義者.

mòd·er·á·tion [màdəréiʃ(ə)n/mɔ̀d-] *n.* **1** 節制, 抑制. **2** 中庸, 適度; 穏健. **3** 緩和, 軽減. **4** (*pl.*)《Oxford 大学の》B.A. の一次試験. **5**《長老派教会の》牧師任命. ***in*** ～ 適度に, 中庸をたもって.

mò·de·rá·to [màdərá:tou/mɔ̀d-] *ad.* 〖楽〗中位の速さで. —— *n.* 中途半ぱな人〔物〕. 〔<It.〕

mód·er·a·tor [mádərèitər/mɔ́d-] *n.* **1** 調停者, 仲裁者; 調節器. **2**《討論会などの》司会者; 座長. **3**《長老派教会の》大会議長. **4**〖英〗《Oxford 大学で》B.A. の一次試験委員;《Cambridge 大学で》数学優等試験の監督官. **5**〖物〗減速体《原子炉中の中性子の》. **～ lamp** 石油調節燈.
◇ **～·ship** *n.*

‡**mód·ern** [mádərn,《特に付加語で》-dn/mɔ́d-] *a.* **1** 現代の, 現今の (contemporary): ～ city life 現代の都市生活. **2** 近代の, 中世以降の. **3** 現代式の, 新式の, モダンな (up-to-date): ～ viewpoints 現代的な見地. —— *n.* (通例 *pl.*) **1** 現代人; 新しい思想の人. **2**〖印〗活字体の一種.
～ English 近代英語《1500年ごろ以降の英語》. **～ history** 近代史《ルネッサンス以後》. **～ jazz** モダンジャズ. **～ language(s)** 近代語. → classical language(s). **～ school**〖英〗近代学校《古典に重きをおかず, 自然科学・高等数学・現代語に主力をそそぐ中等学校》. **～ times** 現代.
◇ **～·ly** *ad.* 類 → **new**「新しい」

mód·ern·ism [mádərnìz(ə)m/mɔ́d-] *n.* **1** 現代風 (の態度), 近代主義, 近代思想, 近代的方法. **2** 現代〔近代〕語法. **3** (M～)〖宗〗近代主義《カトリック教会内の近代的神学思潮》.
◇ **-ist** [-ist] *n.* 現代主義者, 現代的な人; (M～)〖宗〗現代主義者. → fundamentalism.

mòd·ern·ís·tic [màdərnístik/mɔ̀d-] *a.* 現代の; 現代的な; 現代主義 (者) の.

mod·ér·ni·ty [madə́:rnịti, mod-/mɔd-, mod-] *n.* **1** 現代性, 当世風. **2** 現代的なもの.

mó·dern·ize [mádərnàiz/mɔ́d-] *vt., vi.* 現代〔近代〕化する; 現代〔近代〕的になる.
◇ **mòd·er·ni·zá·tion** [-nịzéiʃ(ə)n, -naiz-] *n.*

‡**mód·est** [mádist/mɔ́d-] *a.* **1** けんそんな, 慎みぶかい, 控えめの, 遠慮がちな: be ～ in one's speech ことばに慎みぶかい. **2** 貞淑な, おとなしい, 上品な. **3** 適度の, 穏当な: a ～ little house 質素な小さい家. **4** じみな. **5**《要求などが》内輪な, 節度ある. 〔√mod-〕 ◇ * **～·ly** *ad.* 慎みぶかく; 控えめに, 適度に.

‡**mód·es·ty** [mádịsti/mɔ́d-] *n.* **1** けんそん, 慎みぶかさ. **2** 遠慮, 内気: false ～ ねこかぶり. **3** しとやかさ, 貞淑. **4** じみなこと, 中庸.

mód·i·cum [mádikəm/mɔ́d-] *n.* 少量, 僅少(きんしょう); 「少額.

mòd·i·fi·cá·tion [màdịfịkéiʃ(ə)n/mɔ̀d-] *n.* **1** 変更, 修正. **2** かげん, 和らげること, 節減. **3** 変形, 変態. **4**〖文〗修飾. **5**〖言〗umlaut 母音変化.

mód·i·fi·ca·to·ry [mádịfikèitəri/mɔ́d-] *a.* 修正〔変更〕の; 修飾〔限定〕する.

‡**mód·i·fy** [mádịfài/mɔ́d-] *vt.* **1** 修正〔変更〕する: ～ one's opinions 意見を修正する. **2** 和らげる, 節減する, 制限する: ～ one's tone ことばの調子をかげんする. **3**〖文〗修飾する: Adjectives ～ nouns. 形容詞は名詞を修飾する. **4** <母音を> umlaut によって変化させる. 〔√mod-〕 ◇ **-fi·a·ble** [-əbl] *a.* 修正〔変更〕できる; 修飾〔限定〕できる. **-fi·er** [-ər] *n.* 修正する人〔もの〕;〖文〗修飾語句.

mo·díl·lion [modíljən] *n.*〖建〗軒持ち送り.

mód·ish [móudiʃ] *a.* 流行の, 当世風の.
◇ **～·ly** *ad.* **～·ness** *n.*

mo·díste [modí:st] *n.* ドレスメーカー, 婦人服〔帽子〕の製作〔販売〕者. 「modulus の.

mód·u·lar [mádʒụlər/mɔ́djụ-] *a.* module の;

mód·u·late [mádʒụlèit/mɔ́djụ-] *vt., vi.* **1** 調節〔調整〕する; 和らげる, かげんする. **2** (声の) 調子を変える. **3**〖楽〗転調する. **4**〖電〗(高周波を) 変調する. 〔√mod-〕 ◇ **mód·u·la·tor** [-ər] *n.* 調節する人〔もの〕;〖電〗変調器;〖楽〗音階図.

mòd·u·lá·tion [màdʒụléiʃ(ə)n/mɔ̀djụ-] *n.* **1** 調節, 調整. **2**〖楽〗転調,《音・リズムなどの》抑揚. **3**〖電〗変調: ～ frequency 変調周波数.

mód·ule [mádʒu:l/mɔ́dju:l] *n.* **1** モデュール, 基本単位〔構成, 区画〕《自由に互いに交換可能なもの》. **2**〖建〗モデュール《建築物の各部割合測定の単位》. **3**《宇宙船の部分》…船: the lunar ～ 月着陸船. the service ～ 機械船. 〔√mod-〕

mód·u·lus [mádʒụləs/mɔ́djụ-] *n.* (*pl.* **-li** [-lài]) **1**〖物〗率, 係数. **2**〖数〗《整数論の》法.

mo·dus [móudəs] L. *n.* 様式, 方法. ～ ***operandi*** [móudəs-àpərǽndai/mɔ́dəs-ɔ̀pərǽndi:] 活動方式〔方法〕; 運用法. ～ ***vivendi*** [móudəs-vivéndai, 英+mɔ́dəs-vivéndi:] (1) 生活様式. (2) 暫定協定.

Mó·gul [móugʌl, ―́] *n.* **1** ムガル人《モンゴル人. 特に16世紀にインドを征服したモンゴル人とその子孫》. **2** (m～) 大立て者, 重要人物. **3** 機関車の一種.

mó·hair [móuhɛər] *n.* **1** モヘア《アンゴラヤギの毛》; モヘア織り. **2** モヘア織りの模造品.

Mo·hám·med [mohǽmid/-med, -mid] *n.* マホメット, 570?–632, 回教の祖《Mahomet ともつづる》.

Mo·hám·med·an [-(ə)n] *a.* マホメットの, 回教の. —— *n.* 回教徒. ◇ **～·ism** *n.* マホメット教, 回教. **～·ize** *vt.* 回教化する.

Mo·há·ve [mohá:vi] *n.* モハベ族《コロラド川沿岸に住んでいた北アメリカ原住民の一族》.

Mó·hawk [móuhɔ:k] *n.* (*pl.* ～(**s**)) **1** モーホーク族《もと New York 州に住んでいた北アメリカ原住民》. **2** モーホーク語. **3** スケートのすべり方の一種.

Mo·hí·can [mohíːkən/móuikən] *n.* モヒカン族《Hudson 川上流に住んでいた北アメリカ原住民》.
Mó·hock [móuhɑk, -hɔːk/-hɔk] *n.* 〘史〙モーホク《18世紀のはじめ夜のロンドンを荒らした貴族ギャング》.
mó·hur [móuhər] *n.* 昔のインドの金貨.
mói·dore [mɔ́idoːr/-dɔː] *n.* 昔のポルトガルの金貨.
mói·e·ty [mɔ́iəti, ㊥⁺mɔ́ːjə-] *n.* **1**〘法〙半分, 一半. **2** 分け前, 一部分.
moil [mɔil] *vi.* こつこつ〔せっせと〕働く. ***toil and ~*** あくせく働く. **——** *n.* **1** ほねおり仕事. **2** めんどう, ごたごた.
moire [mwɑːr] F. *n.* 波紋織りの一種《通例絹布》.
moi·ré [mwɑːréi/⁻⁻] F. *a.* 波紋(模様)のある, 雲紋のある. **——** *n.* **1** 波紋模様. **2** =*moire.*
‡**moist** [mɔist] *a.* **1** 湿気のある, じめじめした: a ~ wind from the sea. **2** 雨の多い: a ~ season. **3** 涙ぐんだ: eyes ~ with tears 涙ぐんだ目. **4**〘医〙分泌物の多い. **~ colors** 水彩絵の具.
móis·ten** [mɔ́isn] *vt., vi.* 湿らせる, 湿る; ぬらす, ぬれる. **~ *at* one's *eyes 涙ぐむ. **~ one's *lips*** 酒を飲む.
‡**móis·ture** [mɔ́istʃər] *n.* 湿気, 水分; 《空気中の》水蒸気, 凝結した水滴. ◇ **~·less** *a.*
Mo·já·ve [mohɑ́ːvi] =Mohave. **~** 〔**Mohave**〕 **Desert**《南カリフォルニアにある》モハーベ砂ばく.
moke [mouk] *n.* 〘俗〙 **1** ロバ. **2** まぬけ. **3**〘米〙黒人.
mol =mole⁴.
mol. molecular; molecule.
mó·lar¹ [móulər] *a.* **1** かみ砕く. **2** 臼歯(きゅうし)の. **——** *n.* 臼歯.
mó·lar² *a.* 〘物〙質量の; 〘化〙グラム分子の.
mo·lás·ses [məlǽsiz] *n. pl.* 《単数扱い》糖みつ.
‡**mold**¹ [mould] *n.* **1** 型, 鋳型, 流し型; 台型《くつ屋などの》; 型板《石工などの》. **2** 型に流してつくったもの《鋳物・ゼリー・プディングなど》: a ~ of jelly. **3**《比喩的》形, 姿; 人体. **4** 特性, 特質, 性格: a man of a gentle ~ 優しい人. be cast *in* a heroic ~ 英雄はだの人である. **5**〘建〙刳形(くりがた). **——** *vt.* **1** 型に入れる; 型に入れてつくる: ~ wax *into* candle ろうを型に入れてろうそくにつくる. ~ candles from wax 型を用いてろうをろうそくにつくる. **2** こねてつくる. **3** ‹人格を› 陶冶(とうや)する, ‹人物・性格を› 形成する. **~ *upon*** 〔***on***〕 …のひな型に合わせる. [model と同語源] **~·board** [⁻⁻] すきの刃; ブルドーザーの土押し板. ◇ **~·er** *n.* 造形人〔する物〕; 鋳造工; 〘印〙《複製用》電気板.
mold² *n.* **1** かび. **2** かび菌. **——** *vt.* かびでおおう, かびさせる. **——** *vi.* かびでおおわれる, かびがはえる.
mold³ *n.* **1**《有機物の多い》沃土(よくど), 耕土. **2**〘古・雅〙土地, 大地.
Mol·dá·vi·an [mɑldéiviən, -vjən/mɔl-] **~ *S.S. R.*** モルダビア《ソ連邦内の共和国の一つ》.
móld·er¹ [móuldər] *vi.* **1** 朽ちる, くずれる. **2** なすこともなく時を過ごす. **——** *vt.* 朽ちさせる.
móld·er² → mold¹.
móld·ing [móuldiŋ] *n.* **1** mold¹ すること. **2** mold¹ されたもの; 《特に》〘建〙装飾用刳形(くりがた); じゃばら《間接照明・絵の掛け金隠しなどに利用される》. **~ board** こね板《パン・うどん用》. **~ loft** 現図場《造船所で実物大の設計図を鉄板に描くへや》.
móld·y [móuldi] *a.* **1** かびた. **2** 古くさい, 陳腐な. ◇ **-i·ness** *n.*
mole¹ [moul] *n.* ほくろ, あざ.
‡**mole**² *n.* 〘動〙モグラ, モグラモチ. (***as***) ***blind as a ~*** 完全に盲で. **~ cricket**〘虫〙ケラ. **~·hill** [⁻⁻] (1) モグラづか: make a mountain out of a ~*hill* 針小棒大に言う, 大げさに言う. (2) 小さなもの; 小さな困難〔障害〕. **~ plow** 水はけ地下溝(こう)用すき. **~ rat**〘動〙大モグラネズミ. **~ shrew**〘動〙ヒミズモグラ. **~·skin** [⁻⁻] (1) モグラの皮. (2) あや織り綿布の一種. (3) (*pl.*) あや織り綿布製のズボン.
mole³ *n.* **1** 防波堤, 突堤. **2** 防波堤で囲まれた港.
mole⁴, **mol** [moul] *n.* 〘化〙モル, グラム分子.
mo·léc·u·lar [məlékjulər] *a.* 分子の; 分子から成る. **~ film**〘化〙分子膜. **~ formula**〘化〙分子式. **~ weight**〘化〙分子量. ◇ **~·ly** *ad.* **mo·lèc·u·lár·i·ty** [–⁻–lǽrəti] *n.* 分子状〔性〕.
mól·e·cule [mɑ́ləkjùːl/mɔ́l-] *n.* **1**〘化・物〙分子. **2** 微分子. [√mol-]
mo·lést [məlést] *vt.* **1** 苦しめる, 悩ます; ‹に迷惑をかける; じゃまする. **2** ‹にうるさく言い寄る. [√mol-]
◇ **mò·les·tá·tion** [mòulestéiʃ(ə)n] *n.*
Mo·lière [mòuliéər/mɔ́lieə] *n.* モリエール, 1622–1673, フランスの喜劇作家・役者. 〈注〉つづり字中 è の上の記号は実際に書くもの.
Mo·líne [molíːn] *n.* アメリカ Illinois 州の都市.
moll [mɑl, mɔːl/mɔl] *n.* 〘俗〙《ギャングの》情婦 (=gun ~); 売春婦.
mol·lés·cent [məlésnt] *a.* 柔らかくなる〔する〕.
mól·li·fy [mɑ́ləfài/mɔ́l-] *vt.* **1** 和らげる. **2** 静める, なだめる. **3** ‹要求などを› 軽減する. [√moll-]
◇ **mòl·li·fi·cá·tion** [⁻–fəkéiʃ(ə)n] *n.*
mól·lusc, -lusk [mɑ́ləsk/mɔ́l-] *n.* 〘動〙軟体動物. [√moll-]
Mol·lús·ca [məlʌ́skə/mɔl-] *n. pl.* 〘動〙軟体動物類.
mol·lús·can [məlʌ́skən/mɔl-, məl-], **mol·lús·cous** [-kəs] *a.* 軟体動物の〔に似た〕.
mol·lús·coid [-kɔid] *a., n.* 軟体動物のような; 擬軟体動物.
mól·ly [mɑ́li, mɔ́ːli/mɔ́li] =mollycoddle.
mól·ly·cod·dle [mɑ́likɑ̀dl/mɔ́likɔdl] *n.* めめしい男, いくじなし. **——** *vt.* 大事にしすぎる, 甘やかす.
Mó·loch [móulɑk/-lɔk] *n.* **1** モロク《セム族の神. 子どもを人身御供(ひとみごくう)としてささげた》. **2** 犠牲を要求するもの. **3** (m~)《オーストラリア産》トカゲの一種.
Mó·lo·tov [mɔ́ːlətɔːf, mɑ́lətɑ̀f/mɔ́lətɔf] *n.* Vyacheslav Mikhailovich ~ [vjɑ̀ːtʃeslɑ́ːf-mixɑ́ilɑvitʃ-/-lɔvitʃ-], 1880– , ソ連の政治家; 外相《1939–56》. **~ breadbasket**〘俗〙親子焼夷(しょうい)弾. **~ cocktail**〘俗〙《対戦車用》火炎びん.
molt [moult] *vt.* ‹鳥・ヘビなどが羽毛・皮などを›脱ぐ, 落とす. **——** *vi.* **1** ‹鳥・ヘビなどが› 羽毛〔皮〕を脱ぐ. **2** ‹羽毛が› はえ〔抜け〕変わる. **——** *n.* **1** 抜け変わり, 脱皮; その時期. **2** 脱げた羽毛〔皮〕.
mól·ten [móult(ə)n] *v.* melt の過去分詞. **——** *a.* **1** 溶解した, 溶けた. **2**《像などが》鋳造した.
mól·to [móultou/mɔ́l-] *ad.* 〘楽〙非常に. [<It.]
mol. wt. molecular weight.
mó·ly [móuli] *n.* **1**〘ギ神〙白い花と黒い根をもつ魔法の草. **2**〘植〙キバナノギョウジャニンニク.
mo·lýb·de·nite [məlíbdənàit/mɔl-] *n.* 〘鉱〙輝水鉛鉱, モリブデン鉱.
mo·lýb·de·num [məlíbdənəm/mɔl-] *n.* 〘化〙モリブデン《金属元素. 記号 Mo》.
‡**mom** [mɑm/mɔm] *n.* 〘米話〙かあちゃん (mamma).
†**mó·ment** [móumənt] *n.* **1** 瞬間: Just 〔Wait〕 a ~, please. ちょっとお待ちください. **2**《ある特別の》とき, 機会; (*pl.*) おり, 際: seize the ~ チャンスをつかむ. in leisure ~*s* 暇なおりに. **3** 重要性: affairs of great ~ 重大事件. **4**〘哲〙契機, 要素. **5**〘物〙モーメント, 力率, 能率; 〘機〙モーメント, 回転偶力. ***at a ~'s notice*** 即座に. (***at***) ***any ~*** いつなんどきでも, いまにも: She will turn up *any* ~. 彼女はいまにもあらわれるだろう. ***at ~s*** ときどき, おりおり. ***at the last ~*** いよいよというときに. ***at the*** (***very***) ***~*** ちょうどそのとき, いま. ***critical ~*** 危機. ***for a ~*** ちょっとの間, 当座だけ. ***for the ~*** さしあたり, いまは. ***in a ~*** たちまち, 瞬間に. ***in a ~ of anger*** 腹立ちまぎれに. ***in the ~ of danger*** いざというときに. ***of little ~*** ささいな. ***of no ~*** 重要でない, つまらぬ. ***of the ~*** 目下の, 現在の: the man *of the* ~ 時の人. the book *of the* ~ 目下評判の本.

***One* ～. =*Half a* ～.** ちょっとお待ちください (=Just a ～). ***the* (*very*) ～**《接続詞的》…するとたんに; ちょうどそのとき: She went away *the* ～ he came home. 彼女は彼が帰宅したとたん出て行った. ***this* ～** たったいま; いますぐ. ***to the very* ～** 分秒もたがえず, 時間どおりに. ***upon* [*on*] *the* ～** その場で (on the spot). [√mo(u)-]
◇ **～·al** [móumәntl] *a.* 〘機〙モーメントの.

‡**mó·men·tar·y** [móumәntèri/-t(ә)ri] *a.* **1** 瞬間の, つかのまの; はかない: a ～ joy つかのまの喜び. **2** いまかいまかの: in ～ expectation いまかいまかと待ちもうけて. ◇ **-i·ly** *ad.* **1** ちょっと, しばらく. **2** 時々刻々; いまかいまかと. **-i·ness** *n.*

mó·ment·ly [móumәntli] *ad.* **1** いまかいまかと, 刻々. **2** ほんのしばらく; 直ちに.

mo·mén·tous [moméntәs] *a.* 重大な, ゆゆしい. ◇ **～·ly** *ad.* **～·ness** *n.*
(類) → **important**「重要な」

mo·mén·tum [moméntәm] *n.* (*pl.* **-ta** [-tә], **-tums**) **1**〘物〙運動量. **2** 惰性, はずみ, 勢い.

móm·ism [mámiz(ә)m/mɔ́m-] *n.* 〘米〙女家長主義; 過度の母性愛. 「monetary.

Mon. Monday; *Monsignor.* **mon.** monastery;

món·a·chal [mánәk(ә)l/mɔ́n-] *a.* =monastic.
◇ **-chism** [-kìz(ә)m] *n.* =monasticism.

mon·ác·id [manǽsid/mɔn-] *a.* 〘化〙一酸の.

Món·a·co [mánәkòu/mɔ́n-] *n.* モナコ《南ヨーロッパの公国; その首都》.

món·ad [mánæd, móun-/mɔ́n-, móun-] *n.* **1** 単位, 単一体. **2**〘生〙単細胞生物. **3**〘化〙一価元素. **4**〘哲〙モナド, 単子《Leibniz の唱えた実在の窮極の単位》. ◇ **～·ism** *n.* モナド論, 単子[元]論. **mo·nád·ic** [mɔnǽdik, ma-/mɔ-, mo-] *a.*

mòn·a·dél·phous [mànәdélfәs/mɔ̀n-] *a.* 〘植〙単体雄ずいの.

Mó·na Lí·za [móunә-líːzә, ㊎⁺mánә-] *n.* モナリザ (La Gioconda)《ダビンチの描いた婦人像》.

mo·nán·drous [mәnǽndrәs/mɔn-] *a.* **1** 一夫制の. **2**〘植〙単雄ずいの.

mo·nán·dry [-dri] *n.* **1** 一夫制. **2**〘植〙単雄ずい.

‡**món·arch** [mánәrk/mɔ́n-] *n.* **1** 君主, 独裁統治者. **2** 王に比すべき人 [もの], 大立て者. **3**〘虫〙オオカバマダラ (チョウ). [mono-+√arch-]

mo·nár·chal [mәnáːrk(ә)l], **-chi·al** [-kiәl] *a.* 君主, 帝王; 君主らしい, 君主にふさわしい.

mo·nár·chic [mәnáːrkik], **-chi·cal** [-(ә)l] *a.* 君主の; 君主国 [政治] の; 君主制を支持する.

món·arch·ism [mánәrkìz(ә)m/mɔ́n-] *n.* 君主主義, 君主制. ◇ **-ist** *n.* 君主制主義者.

‡**món·arch·y** [mánәrki/mɔ́n-] *n.* **1** 君主政治[政体]. **2** 君主国. ↔ republic. ***absolute* [*despotic*] ～** 専制君主制. ***constitutional* ～** 立憲君主国 [政体]. [mono-+√arch-]

mòn·as·té·ri·al [mànәstí(ː)riәl/mɔ̀nәstíәr-] *a.* 僧院の, 修道院の. 「院; 〘稀〙尼僧院.

món·as·ter·y [mánәstèri/mɔ́nәst(ә)ri] *n.* 修道

mo·nás·tic [mәnǽstik], **-ti·cal** [-(ә)l] *a.* **1** 修道院の; 修道僧の. **2** 修道院的な; 禁欲的な; 隠遁(いんとん)的な. **——** *n.* 修道僧. ◇ **mo·nás·ti·cism** [-tisìz(ә)m] *n.* 修道院生活; 修道院制度.

mon·áu·ral [manɔ́ːrәl/mɔn-] *a.* モノラルの, 単聴の《レコード・テープレコーダーなどについて》; 片耳 (用) の. → binaural.

†**Món·day** [mándi, -dei] *n.* 月曜日. ◇ **～·ish** [-iʃ] *a.* 〘話〙月曜日気分の, 働く気のしない.

monde [F. mɔ̃ːd] F. *n.* **1** 流行社会, 上流社会. **2** 社会, 世間 (の人々).

mon Dieu [mɔ̃ːdjǿː] F. おやまあ.

Mo·nél [mounél] *n.* モネルメタル (=～ metal)《ニッケル・銅の合金. 酸に強い》.

Mo·nét [mounéi] *n.* Claude [klɔ́ːd-] ～, 1840–1926, フランスの印象派画家.

món·e·tar·y [mánitèri, mán-/mʌ́nit(ә)ri] *a.* **1** 貨幣の, 金銭 (上) の: a ～ unit 貨幣単位. **2** 金融の, 財政 (上) の: ～ difficulties 財政困難.
◇ **-ri·ly** *ad.*

món·e·tize [-tàiz] *vt.* **1** 貨幣に鋳造する. **2** 貨幣 [通貨] と定める.
◇ **mòn·e·ti·zá·tion** [ˌ–tizéiʃ(ә)n/-taiz-] *n.*

†**món·ey** [mʌ́ni] *n.* (*pl.* **món·eys, món·ies**) **1** 金(かね), 金銭, 通貨, 貨幣. →currency, coin, bill, bank note. **2** 財産, 資産, 富. **3** (*pl.*)〘法・古〙金額. **4**〘経〙交換の媒介物, 貨物貨幣《南洋の原住民の貝がらなど》.
be made of* ～** うなるほどお金をもっている. ***cheap at* [*for*] *the* ～** その値段にしては安い. ***coin* ～**〘俗〙どしどし金をもうける. ***covered* ～**〘米〙国庫預金. ***for* ～** 金のために, 金銭ずくで;〘商〙直取引で. ***for one's* ～** (1)〘話〙…の考え[気持ち]では. (2)〘俗〙おあつらえ向きの, 気に入った. ***hard* ～** 硬貨. ***in the* ～**〘俗〙(1) 金持ちで[となって]. (2) 入賞して. ***keep* a person *in* ～** (人)に金を用立てる. ***lose* ～** 損をする《に *over*》. ***lucky* ～** お守り銭. ***make* [*earn*] ～** 金をもうける. ***marry* ～** 金持ちと結婚する. **～ *of account 計算貨幣《通貨として発行されない. イギリスの guinea, アメリカの mill など》. ***paper* ～**〘米〙紙幣. ***put* ～ *into*** に投資する. ***put* ～ *on*** に賭(か)ける. ***ready* ～** 即金. ***sink* ～** むだ金を使う. ***small* ～** 小銭. ***There is* ～ *in it.*** いいもうけ口[仕事]だ. ***throw good* ～ *after bad*** どろぼうに追い銭. ***Time is* ～.**〘諺〙時は金なり. ***What's the* ～?** いくらですか? ***white* ～** (にせ) 銀貨.
～·bags [ˊ––ˋ]《単数・複数扱い》〘話〙富; 金持ち. **～ bill** 財政法案. **～ box** 貯金 [献金] 箱. **～ changer** 両替屋. **～ down** 即金. **～·grùb·ber** 守銭奴, 金もうけする人. **～·grùb·bing** 蓄財(熱). **～·heart** [ˊ––ˋ] 資金源. **～·lènd·er** 金貸し. **～·màk·er** もうけ仕事; 金もうけする人. **～·màk·ing** 金もうけ. **～·man** [-mæn] (*pl.* **-men**) 財政家, 資本家. **～ market** 金融市場. **～·mòn·ger** 金貸し. **～ order** 郵便かわせ. **～ player** 大ばくち打ち; 不利な条件で実力を発揮する人. **～ rates** 金利. **～·spìn·ner** (1)〘動〙クモの一種《からだをはうと金持ちになるという》. (2) 投機・高利貸しで大金をもうけた人. **～'s worth** 金に相当するもの, 価値のあるもの: get one's ～*'s worth* 代金に見合う収穫をあげる, 買い得をする; 元を取る. **～·wort** [ˊ––ˋ]〘植〙黄色の花をつける多年草つる草《小ナスの類》.
◇ **～·less** *a.* 金のない.

món·eyed [mʌ́nid] *a.* **1** 金持ちの. **2** 金銭(上)の.

món·ger [mʌ́ŋgәr] *n.*《おもに合成語として用いる》**1**〘英〙…商人, …屋: a fish*monger* 魚屋. **2** つまらないことに憂(う)き身をやつす人: a scandal ～ 金棒引き.

Món·gol [máŋgәl, -gal/mɔ́ŋgɔl] *n., a.* **1** モンゴル人; モンゴル人の. **2** =Mongolian.

Mon·gó·li·a [maŋgóuliә, -ljә/mɔŋ-] *n.* モンゴル《アジア中東部の広大な地域》.

Mon·gó·li·an [-n] *n.* **1** モンゴル人; モンゴル語. **2**〘人類〙モンゴル人種に属する人; その言語. **——** *a.* モンゴル (人種) の, モンゴルの. ***the* ～ *People's Republic*** モンゴル人民共和国.

Món·gol·ism [máŋgәliz(ә)m/mɔ́ŋ-] *n.* 〘医〙モンゴリズム, モウコ症《先天性白痴の一種で目鼻だちがモンゴル人種に似ている》.

Món·gol·oid [máŋgәlɔ̀id/mɔ́ŋ-] *a.* モンゴル人に似た; モンゴル人種の特徴をもった. **——** *n.* モンゴル人種に属する人. **～ idiocy** =Mongolism.

món·goos(e) [máŋguːs, mʌ́ŋ-/mɔ́ŋ-, mʌ́ŋ-] *n.* (*pl.* **-goos·es**)〘動〙《インド産》マングース.

món·grel [mʌ́ŋgrәl, máŋ-/mʌ́ŋ-] *n.* **1**《動植物の》雑種;《特に》雑種犬. **2**《けいべつ的》合いの子. **——** *a.* 雑種の; 混血の.

món·ies [mʌ́niz] *n.* money の複数形.
món·i·ker, -ick·er [mánikər/mɔ́n-] *n.* 〘俗〙名前; あだ名.
món·ism [mániz(ə)m/mɔ́n-] *n.* 〘哲〙一元論. ↔ pluralism. ◇ **món·ist** *n.* 一元論者. **mo·nís·tic** [mounístik/mən-], **mo·nís·ti·cal** *a.*
mo·ní·tion [moniʃ(ə)n] *n.* **1** 忠告, 警告. **2** 告知, 布告. **3** 〘法〙召喚(状). **4** 〘宗〙《bishop の発する》戒告状.
‡**món·i·tor** [mánitər/mɔ́n-] *n.* **1** 忠告者, 勧告者, モニター; 監督者《風紀問題などについて》. **2** 《学校の》級長, クラス委員. **3** 警告〔注意〕を与えるもの; 《ガスもれ・放射能などの》危険物探知装置. **4** 〘ラジオ・テレビ〙モニター〔監視〕装置《音質・映像などを調整する》. **5** 外国放送聴取係; 公電傍受係. **6** 〘軍〙低舷(ｹﾞﾝ)甲鉄艦《回転砲塔をもつ》. **7** 《ポンプなどの》自由回転筒先. **8** 大トカゲ《南アジア・アフリカ・オーストラリア産》.
— *vt., vi.* **1** 監視する, 見張る. **2** 〘ラジオ・テレビ〙モニターで調整する. **3** 〈放送を〉モニターする. **4** 〈外国放送を〉聴取〔傍受〕する. [√mon-]
◇ **~·ship** *n.* 監督者の役〔任務, 任期〕. **mòn·i·tó·ri·al** [ㅗ–tɔ́:riəl/-tɔ́:r-] *a.* ~の; 勧告の, 警告の.
món·i·to·ry [mánitɔ̀:ri/mɔ́nitəri] *a.* 勧告の, 訓戒の. — *n.* 《司教・教皇の発する》戒告状.
‡**monk** [mʌŋk] *n.* 修道僧, 道士.
~'s cloth バスケット織りの厚手もめん.
mónk·er·y [mʌ́ŋkəri] *n.* **1** 《ときにけいべつ的》修道院生活. **2** 《集合的》修道僧. **3** 修道院.
†**món·key** [mʌ́ŋki] *n.* (*pl.* **~s**) **1** 〘動〙サル〘狭義では小型で尾のあるもの〙. **2** いたずらっ子; 人まね〔さるまね〕のうまい人: You little ~! このいたずらっ子め! **3** 《くい打ち機の》落としつち (ram); 《ガラス製造用》小型るつぼ; 《首長の》円形陶製木入れ. **4** 《鉱山の》小通路. **5** はんだ用化学薬品. **6** 〘米俗〙麻薬常用者. **7** 〘英俗〙500 ポンド. **8** 〘俗〙気分, きげん. **9** 〘話〙モンキーダンス. ***get* one's ~ *up*** = ***get a ~ on* one's *back*** 〘英俗〙腹を立てる. ***have a ~ on* one's *back*** 麻薬を常用する. ***make a ~ (out) of*** …をばかにする. ***~ with a long tail*** 〘俗〙抵当. ***put* a person's *~ up*** 〘英俗〙(人)をおこらせる.
— *vi.* 〘話〙**1** 人まね〔物まね〕をする. **2** いたずらする, ちょっかいを出す, いじくる《を, に *with, around*》: Stop ~*ing* about *with* those tools! その器具をいじくるのをやめろ! — *vt.* のまねをする; ばかにする.
~ block 〘海〙転環つきの 1 枚滑車. **~ bread** 〘植〙バオバブ (baobab) の実〔木〕. **~ business** 〘米俗〙(1) いんちき, ごまかし. (2) いたずら, いやがらせ. **~ cut** 〘植〙ウツボカズラの類. **~ engine** くい打ち機. **~ flower** 〘植〙ホオズキ(の一種). **~ jacket** = pea jacket. **~ jar** 《南方で水を冷やすための》水がめ. **~ meat** 〘米: 軍俗〙かん詰め牛肉. **~ nut** 〘英〙= peanut. **~ pot** 木質状の果皮をつける南アメリカ産の大樹. **~ puzzle** 〘植〙チリスギ. **~ rope** 《木夫の》安全綱. **~'s allowance** ありがた迷惑; 虐待. **~·shine** [ㅗ–ㅗ] 〘米俗〙悪ふざけ. **~ suit** 〘俗〙制服; 夜会服. **~ wrench** モンキーレンチ《自在スパナの一種》.
◇ **~·ish** *a.* サルのような; いたずらな.
Món-Khmér [móunkméər] *n., a.* 《ビルマ・カンボジアの》モン クメール語族 (の).
mónk·hood [mʌ́ŋkhùd] *n.* **1** 修道士の身分. **2** 《集合的》修道士.
mónk·ish [mʌ́ŋkiʃ] *a.* 《通例けいべつ的》坊主くさい; 修道僧の.
mónks·hood, mónk's-hood [mʌ́ŋkshùd] *n.* 〘植〙トリカブトの類.
mono-, mon- 「一」「単」の意の語形成要素.
mòn·o·bás·ic [mànəbéisik/mɔ̀n-] *a.* 〘化〙一塩基の.
món·o·chord [mánəkɔ̀:rd/mɔ́n-] *n.* 〘楽〙一弦琴; 一弦音程測定器.
mòn·o·chro·mát·ic [mànəkromǽtik/mɔ̀n-] *a.* 単色の, 一色の.
món·o·chrome [mánəkròum/mɔ́n-] *n.* 単色画(法). ***in* ~** 単色で. [√chrom-]
món·o·cle [mánəkl/mɔ́nɔ-] *n.* 片めがね.
◇ **~d** *a.* 単眼鏡をかけた.
mòn·o·clí·nal [mànəkláin(ə)l/mɔ̀n-] *a.* 〘地〙《地層が》単斜の, 一方に傾いた.
mòn·o·clín·ic [mànəklínik/mɔ̀n-] *a.* 〘鉱〙《結晶が》単斜晶系の.
mòn·o·còt·y·lé·don [mànəkàt(i)lí:d(ə)n/mɔ̀nəkɔ̀t-] *n.* 〘植〙単子葉植物. ◇ **~·ous** *a.*
mo·nóc·ra·cy [monákrəsi/-nɔ́k-] *n.* 独裁政治.
món·o·crat [mánəkræt/mɔ́n-] *n.* 独裁主義者; 〘米史〙独裁者《Federalist のあだ名》. [√crat-]
◇ **mòn·o·crát·ic** [ㅗ–krǽtik] *a.* 独裁政治の.
mo·nóc·u·lar [mənákjulər/mɔnɔ́k-] *a.* 単眼(用)の.
món·o·cùl·ture [mánəkʌ̀ltʃər/mɔ́n-] *n.* 〘農〙単一栽培, 単式農法.
mo·nód·ic [mənádik/-nɔ́d-], **-i·cal** [-(ə)l] *a.* monody の.
món·o·drà·ma [mánədrà:mə, -drǽmə/mɔ́n-] *n.* ひとり芝居《登場人物がひとり》.
món·o·dy [mánədi/mɔ́n-] *n.* **1** 《ギリシア悲劇の》独唱部〔歌〕; 《悲劇独唱部の》哀歌. **2** 追悼の詩. **3** 〘楽〙単声部曲, 独唱歌. ◇ **-dist** *n.* ~の作家.
mo·nóe·cious [məní:ʃəs/mən-] *a.* **1** 〘植〙雌雄同株(ﾄﾞｳｼｭ)の. **2** 〘動〙雌雄同体の.
món·o·fil [mánəfil/mɔ́n-] = monofilament.
mòn·o·fíl·a·ment [mànəfíləmənt/mɔ̀n-] *n., a.* 1 本の太い合成繊維 (の), (よらない) 単繊維 (の): a ~ line 人造つり糸.
mo·nóg·a·my [mənágəmi/mɔnɔ́g-] *n.* 一夫一妻制; 〘動〙一雌一雄制. → polygamy. [√gam-]
◇ **-mist** *n.* 一夫一妻主義者. **-mous** [-məs] *a.*
mòn·o·gén·e·sis [mànədʒénisis/mɔ̀n-] *n.* **1** 《人類もしくは全生物の》一元発生説. **2** 〘生〙同態発生. **3** = monogenism.
◇ **mòn·o·ge·nét·ic** [mànədʒinétik/mɔ̀n-] *a.*
mo·nóg·e·nism [mənádʒiniz(ə)m/-nɔ́dʒ-] *n.* 人類一元説.
mo·nóg·e·ny [mənádʒini/-nɔ́dʒ-] *n.* **1** = monogenesis. **2** = monogenism.
món·o·glot [mánəglàt/mɔ́nəglɔt] *a., n.* 一言語〔国語〕だけを話す (人). →polyglot.
mo·nóg·o·ny [mənágəni/-nɔ́g-] *n.* 無性生殖.
món·o·gram [mánəgræ̀m/mɔ́n-] *n.* 組み合わせ文字《氏名のかしら文字などの》.
◇ **mòn·o·gram·mát·ic** [ㅗ–grəmǽtik] *a.*

monogram

món·o·graph [mánəgræ̀f/mɔ́nəgra:f] *n.* 専攻論文, モノグラフ.
◇ **mòn·o·gráph·ic** [mànəgrǽfik/mɔ̀n-] *a.*
mo·nóg·ra·pher [mənágrəfər/mɔnɔ́g-], **-phist** [-fist] *n.* 専攻論文執筆者.
mo·nóg·y·ny [mənádʒini/mɔnɔ́dʒ-] *n.* 一妻主義〔制〕. ◇ **-nous** [-nəs] *a.*
mo·nól·a·try [mənálətri/mɔnɔ́l-] *n.* 一神崇拝.
món·o·lith [mánəliθ/mɔ́n-] *n.* 一本〔一枚〕石; 一本〔一枚〕石の柱〔碑〕. [mono-+√lith-]
◇ **mòn·o·líth·ic** [mànəlíθik/mɔ̀n-] *a.*
món·o·logue, -log [mánəlɔ̀:g, -làg/mɔ́nələg] *n.* **1** ひとり語り; ひとり談義; 会話のひとり占め. **2** 独白形式の詩. **3** 独白, ひとりぜりふ. **4** 《登場人物がひとりの》ひとり芝居, モノローグ劇. [√log-]
◇ **mo·nól·o·gist** [mənálədʒist/mɔnɔ́l-], **món·o·logu·ist** [mánəlɔ̀:gist/mɔ́nələgist] *n.* 話を独占する人; 《劇の》独白者. **mo·nól·o·gize** [mənálə-

dʒàiz/mɔnɔ́lə-] *vi.* ひとりごとを言う, 独白する; 話を独占する.

mòn·o·má·ni·a [mànəméiniə, -njə/mɔ́n-] *n.* 一事に熱狂すること; 〘医〙 偏執狂.
◇ **mòn·o·má·ni·ac** [-méiniæk] *n.* 一事に熱狂する人; 〘医〙 偏執狂者. **mòn·o·ma·ní·a·cal** [-mənáiək(ə)l] *a.* 偏執狂的.

món·o·mark [mánəmɑ̀:rk/mɔ́n-] *n.* 〘英〙《発信者・製作者・所有者などをあらわす》組み合わせ記号.

mòn·o·me·tál·lic [mànəmitǽlik/mɔ̀n-] *a.* 一金属を使用する; 〘経〙《貨幣の》単本位制の.

mòn·o·mét·al·lism [mànəmétəlizəm/mɔ̀n-] *n.* 〘経〙《貨幣の》単本位制.
◇ **-list** [-təlist] *n.* 〘経〙 単本位制論者.

mo·nó·mi·al [monóumiəl/mɔn-] *a., n.* 1 〘数〙 単項の; 単項式. 2 〘生〙 名称が一語から成る; 一語から成る名称.

mòn·o·mo·léc·u·lar [mànəməlékjulər/mɔ̀n-] *a.* 〘物・化〙 単分子の; 一分子の厚さの.

mòn·o·phó·bi·a [mànəfóubiə/mɔ̀nə-] *n.* 〘医〙 孤独恐怖症.

mòn·o·phón·ic [-fánik/-fɔ́nik] 〘楽〙 =monodic.

món·oph·thong [mánəfθɔ:ŋ/mɔ́nəfθɔŋ] *n.* 〘音声〙 単母音. → diphthong. ◇ **~·ize** [-θɔ:ŋ(g)àiz/-θɔŋgaiz] *vt.* 〈二重母音を〉単母音に発音する; 単母音化する. **mòn·oph·thón·gal** [⌐—⌐g(ə)l] *a.*

món·o·plane [mánəplèin/mɔ́n-] *n.* 〘空〙 単葉飛行機.

mo·nóp·o·lism [mənáp(ə)lìz(ə)m/-nɔ́p-] *n.* 独占〔専売〕制度; 独占主義.

mo·nóp·o·list [-list] *n.* 独占 (論) 者; 専売 (論) 者. ◇ **mo·nòp·o·lís·tic** [-⌐-lístik] *a.* 独占主義(者)の; 独占的; 専売の.

mo·nóp·o·lize [mənáp(ə)làiz/-nɔ́p-] *vt.* の専売権を得る; 独占する. ~ ***the conversation*** 《相手には話させないで》会話をひとり占めする.
◇ **-liz·er** [-ər] *n.* 独占する人. **mo·nòp·o·li·zá·tion** [-⌐-lizéiʃ(ə)n/-laiz-] *n.* 独占, 専売.

‡**mo·nóp·o·ly** [mənáp(ə)li/-nɔ́p-] *n.* **1 独占, 専売**; 独占〔専売〕権. 2 独占事業; 専売品: a government ~ 政府の独占事業〔専売品〕. 3 専売〔独占〕会社, 一手販売会社. ***make a ~ of*** を独占する.

món·o·rail [mánərèil/mɔ́n-] *n.* モノレール.

món·o·sỳl·la·ble [mánəsìləbl/mɔ́n-] *n.* 単音節語. ***answer in ~s*** ただ 'yes' とか 'no' としか答えない; そっけなく返事をする. ◇ **mòn·o·syl·láb·ic** [⌐-silǽbik] *a.* 単音節(語)の. **mòn·o·sýl·la·bism** [⌐-síləbìz(ə)m] *n.* 単音節語使用 (傾向).

món·o·the·ìsm [mánəθi:ìz(ə)m/mɔ́n-] *n.* 一神教, 一神論. ◇ **-ist** [-θi:ist] *n.* 一神教信者, 一神論者. **mòn·o·the·ís·tic** [⌐--ístik] *a.*

món·o·tint [mánətìnt/mɔ́n-] *n.* 単色 (画).

món·o·tone [mánətòun/mɔ́n-] *n.* 単調 (音), 一本調子; 《比喩的》単調, 無変化. —— *a.* =monotonous. —— *vt.* 単調に読む〔話す, 歌う〕.

mòn·o·tón·ic [mànətánik/mɔ̀nətɔ́n-] *ad.* 単調な声の, 一本調子の: a ~ delivery of a lecture 変化のない口調で行なわれる講義.

‡**mo·nót·o·nous** [mənát(ə)nəs/-nɔ́t-] *a.* 1 《音・声が》**単調な**. 2 一本調子の, 変化のない. 3 たいくつな. ◇ **~·ly** *ad.*

mo·nót·o·ny [-t(ə)ni] *n.* 1 単音, 単調. 2 《一般的》単調さ, 無変化; たいくつ.

mòn·o·trém·a·tous [mànətrémətəs/mɔ̀n-] *a.* 〘動〙 単孔類の.

món·o·treme [mánətrì:m/mɔ́n-] *n.* 〘動〙 単孔類の動物《カモノハシなど》.

món·o·type [mánətàip/mɔ́n-] *n.* 1 〘印〙 モノタイプ, 自動鋳植機. 2 〘生〙 単型. —— *vt.* モノタイプで打つ〔組む〕.
◇ **mòn·o·týp·ic** [⌐-típik] *a.* 〘生〙 単型の.

mòn·o·vá·lent [mànəvéilənt/mɔ́nəvèil-] *a.* 1 〘化〙 一価の. 2 〘生〙 特定の病菌だけに抵抗できる.
◇ **mòn·o·vá·lence, -len·cy** *n.*

mon·ó·vu·lar [manóuvjulər/mɔn-] *a.* 〘医〙 一卵性の. →biovular. ~ **twins** 一卵性双生児.

mon·óx·ide [manáksaid, mən-/mɔnɔ́k-] *n.* 〘化〙 一酸化物.

Mon·róe [mənróu] *n.* James ~, 1758–1831, アメリカ第5代大統領. ~ **Doctrine, the** モンロー主義《ヨーロッパ諸国がアメリカ大陸へ介入するのを排撃した外交上の中立政策》. ◇ **~·ism** *n.* モンロー主義.

Mon·ró·vi·a [mənróuviə] *n.* モンロビア《Liberia の首都》.

Mons. *Monsieur.*

Mon·sei·gneur [mànseinjə́:r/mɔ̀nsen-] F. *n.* (*pl.* ***Mes·sei·gneurs*** [mèseinjə́:rz/-senjə́:]) 閣下, 猊正《王族・大主教などを呼ぶ敬称》.

‡***mon·sieur*** [məsjə́:(r)] F. *n.* (*pl.* ***mes·sieurs*** [me(i)sjə́:(r), məs-/mes-]) 1 …様, …さん《Mr. に当たる敬称. 略 M., (*pl.*) MM.》. 2 あなた《Sir に当たる呼びかけ》. 〈注〉複数形を英語の Mr. の複数に用いるばあいには [mésərz] と発音し, 通常 Messrs. と書く. → Messrs., *messieurs*.

Monsig. *Monsignor.*

Mon·si·gnor [mansí:njər/mɔn-] It. *n.* (*pl.* **~s**, ***Mon·sig·no·ri*** [⌐-njɔ́:ri/-njɔ́:ri]) 猊下(げいか) 《高位の聖職者に対する敬称》; この称号を有する人.

mon·sóon [mansú:n/mɔn-] *n.* 1 モンスーン《南アジアで夏は南西から冬は北東から吹く季節風》; 《一般的》季節風. 2 《モンスーンの吹く》雨季.

‡**món·ster** [mánstər/mɔ́n-] *n.* 1 **怪物**; 変化(へんげ). 2 (怪物のような)巨大な人〔動植物〕: a ~ of a bee 化け物のように大きなハチ. 3 極悪非道の人: a ~ of cruelty 残忍至極の人でなし.
—— *a.* 巨大な: a ~ tree 巨木. [√monstr-]

món·strance [mánstrəns/mɔ́n-] *n.* 〘カトリック〙 聖体顕示台.

mon·strós·i·ty [manstrásiti/mɔnstrɔ́s-] *n.* 1 奇怪さ, 怪異. 2 怪物, 巨大なもの. 3 極悪非道; ひどい行為.

‡**món·strous** [mánstrəs/mɔ́n-] *a.* 1 **怪物のような**; 異形の. 2 **巨大な**, とてつもなく大きな. 3 **恐ろしい**, ぞっとするような; もってのほかの. 4 **途方もない**, あきれた.
—— *ad.* 〘古・俗〙 非常に, すこぶる. [<monster]
◇ **~·ly** *ad.* **~·ness** *n.*

Mont. Montana.

mon·táge [mantá:ʒ/mɔn-] *n.* 1 合成画法; 混成画. 2 合成写真. 3 〘映〙 モンタージュ《関連する思想の流れを描出するために数画面を急速に連続させる技法》; 《一般的》フイルムの編集.

Mon·táigne [mantéin/mɔn-] *n.* Michel de [miʃéldə-] ~ モンテーニュ, 1533–92, フランスの随筆家・哲学者.

Mon·tán·a [mantǽnə/mɔn-] *n.* モンタナ《アメリカ合衆国の北西部の州》. ◇ **~n** *a., n.* ~州の (人).

mon·táne [mantéin/mɔn-], **mon·tán·ic** [-tǽnik] *a.* 1 山の (多い). 2 山〔山地〕に住む.

Mont Blanc [F. mɔ̃blɑ̃, [米]⁺mant-blǽŋk] *n.* モンブラン《フランスとイタリア国境にあるアルプス最高峰》.

mont·bré·ti·a [mantbrí:ʃiə, -ʃə/mɔnbrí:-] *n.* 〘植〙 アヤメ科植物の一種.

mont-de-pié·té [mɔ̃:dəpjeitéi/-píətei] F. *n.* 公益質屋.

món·te [mánti/mɔ́n-] *n.* モンテ《スペイン起源のトランプ賭博》.

Mòn·te Cár·lo [mànti-kɑ́:rlou/mɔ̀n-] *n.* モンテカルロ《Monaco の都市》.

Mòn·te·né·gro [màntiní:grou/mɔ̀n-] *n.* Yugoslavia の南西部の地方《もと王国》.
◇ **-grin** *a., n.* Montenegro の (人).

Mòn·tes·quíeu [mɑ̀ntəskjú:/mɔ̀ntes-] *n.* Charles ~ モンテスキュー, 1689–1755, フランスの政治思想家.

Mòn·te·vi·déo [màntịvidéiou, -vídiòu/mɔ̀ntịvidéiou] *n.* モンテビデオ《Uruguay の首都》.

Mont·góm·er·y [mantgʌ́m(ə)ri/mən(t)-] *n.* アメリカ Alabama 州の州都.

†**month** [mʌnθ] *n.* **1** 月《時の区分》; (約) 4 週間. **2** 妊娠の月: She is in her eighth ～. 妊娠8か月だ. ***calendar ～*** 暦月. ***in a ～ of Sundays*** 長い間; «never とともに» 決して … ない. ***lunar ～*** 太陰暦《29日12時44分. 俗に 4 週間》. ***～ after ～*** 毎月毎月. ***～ by ～*** 月々, 毎月. ***…～s after date***〔手形〕日付後…月払い. ***…～s after sight***〔手形〕一覧後…月払い. ***the ～ after next*** [***before last***] さらい月〔先々月〕. ***this day ～*** =〔米〕***this day next*** [***last***] ～ 来月〔先月〕のきょう. ***this*** [***last, next***] ～ 今月〔先月, 来月〕.
～-books [⌐⌐]〔米〕《Book-of-the-Month Club の》月刊推薦図書. ***… ～s' date***〔手形〕… 月払い. **～'s mind** 月忌み《死後1か月めの法事》.

mónth·ling [mʌ́nθliŋ] *n.* 生後1か月児; ひと月続くもの.

‡**mónth·ly** [mʌ́nθli] *a.* **1** 毎月の, 月1回の, 月ぎめの: a ～ salary 月給. **2** ひと月間の: a ～ season ticket 有効期間1か月の定期券. **——** *ad.* 月に1回, 月々. **——** *n.* **1** 月刊刊行物. **2** (*pl.*) 月経 (menses). **～ nurse** 出産後1か月間付き添う看護婦. **～ payment** 毎月払い, 月賦. **～ rose**〔植〕コウシンバラ.

món·ti·cule [mántikjù:l/mɔ́n-] *n.* **1** 小山, 小丘. **2** 側火山, 火山丘. **3**〔動〕小突起.
◇ **mon·tíc·u·late** [mantíkjụlit/mɔn-], **mon·tíc·u·lous** [-ləs] *a.* ～(状)の.

Mònt·re·ál [màntriɔ́:l, mʌ̀n-/mɔ̀n-] *n.* モントリオール《カナダの都市》.

‡**món·u·ment** [mánjụmənt/mɔ́n-] *n.* **1** 記念碑, 記念建造物: a ～ in the church to the late rector 教会にある前牧師の記念像. **2** (歴史的)記念物, 遺跡: an ancient ～ 昔の記念物. **3** 墓. **4** (記念碑のように) 永久的価値ある業績, 不滅の作品: a ～ of learning 学問の不滅の記念碑. **5**〔古〕昔の記録, 古文書. **6**〔米〕境界標識. ***natural ～*** 天然記念物. ***the M～*** ロンドン大火記念塔《1666年のロンドン大火災を記念し 1671–77年に Wren が建立した円塔》. [√mon-]

mòn·u·mén·tal [mànjụméntl/mɔ̀n-] *a.* **1** 記念碑の, 記念建造物の: a ～ inscription 銘文. **2** (後世まで)記念となる, 不滅の, 堂々たる: a ～ work 不朽の大作. **3**〔話〕非常に大きな;《悪い意味で》途方もない, ひどい: ～ stupidities 途方もない愚行. **4**〔美〕実物大以上の. **～ mason** 石碑工, 墓石工. ◇ **～·ize** [-(ə)làiz] *vt.* 永久に伝える, 記念する. **～·ly** *ad.*

-mo·ny [-mòuni/-məni] *suf.* 状態・動作・結果などを示す: matri*mony* (母の＋状態→) 結婚.

moo [mu:] *vi.* 〈牛が〉モウと鳴く. **——** *n.*《牛の》鳴き声;〔米俗〕牛, 牛肉.

mooch [mu:tʃ] *vt.*〔俗〕うろつく, こそこそ歩く«*about, along*». **——** *vi.*〔俗〕盗む; せがんで手に入れる: ～ a cigarette たばこを1本たかる. **——** *n.* ぶらぶら歩き; on the ～ ぶらついて.
◇ **～·er** [-ər] *n.* こそどろ; こじき.

‡**mood**¹ [mu:d] *n.* **1** (一時的の) **気分, 気持ち**; きげん: people in a holiday ～ 休日気分の人たち. **2**《世間一般の》ムード, 風潮. **3** (*pl.*) ふきげん, 憂うつ;〔古〕怒り. ***in a merry*** [***pessimistic***] ***～*** 陽気〔悲観的〕な気分で. ***in a ～ for*** a thing = ***in the ～ to*** (do) …する気になって. ***in no ～*** 気が向かないで, その気になれないで «*for, to* (do)». ***man of ～s*** よく気の変わる人, むら気な人. [√mod-]
〔類義語〕**気分: mood, humor** 一時的の気分. 多くのばあい両語は交換可能であるが, mood は特定個人の気持ちにとどまらずその場全体のふんい気になっているときに用い, humor はまわりのふんい気とは関係なく特定個人の気まぐれであるときが多い. したがって please a person's *humor*「人のきげんをとる」とはいうが please a person's *mood* とはいわない. **disposition** 心の傾き→…したい気分 (=mood, humor): be in a *disposition* [*mood, humor*] to sing 歌でもうたいたいような気分である. **temper** 強い感情に支配された気分で「ふきげん」などが主. 気分に左右された態度が示唆される (ぷりぷりしているなど): He found his boss in a pleasant *temper*. 彼の上司はばかにきげんがよかった. **vein** 気まぐれ. mood, humor に似ているがやがて別の気持ちに変わるだろうということが示唆される: Ask his permission while he is in a good *vein*. 彼のきげんのよいときをねらって許可を求めなさい.

mood² *n.* **1**〔文〕法, 叙法. → 枠付 Mood (p. 819). **2**〔論〕論式, 方式. **3**〔楽〕音階.

móod·y [mú:di] *a.* **1** むら気の, 移り気の. **2** ふきげんな, 気むずかしい, ふさぎこんだ.
◇ **-i·ly** *ad.* **-i·ness** *n.*

móol·a(h) [mú:lə] *n.*〔米俗〕かね (money).

móol·vee, -vie [mú:lvi] *n.* **1** 回教の法学者. **2** 学者, 先生《特に, インド回教徒間で用いる敬称》.

†**moon** [mu:n] *n.* **1** 月《天体の》; 月の光: land on *the* ～ 月面に着陸する. What *a* beautiful ～! なんときれいな月でしょう. **2** 衛星 (satellite): an artificial ～ 人工衛星. Jupiter has twelve ～*s*. 木星には衛星が12ある. **3** 月《陰暦の》, 1か月;〔雅〕=month. **4** 月形のもの.
aim at the ～ 高望みをする, 途方もない野心をいだく. ***bay the ～*** (月に向かってほえる→) むだなことをする. ***below the ～*** 月下の; この世の, 浮き世の. ***beyond the ～*** 手の届かない (所に); とてつもなく. ***cry for the ～*** (月を求めて泣く→) 無理な願いごとをする. ***know no more than the man in the ～*** 全く知らない. ***new*** [***half, full, old***] ***～*** 新月〔半月, 満月, 残月〕. ***once in a blue ～*** ごくまれに, めったに…ない. ***shoot the ～***〔英俗〕夜逃げをする. ***the harvest ～*** 中秋の名月. ***the man in the moon*** 月面の斑点(はん), 月中の人《日本の「月の中のウサギ」に当たる》. ***the old ～ in the new ～'s arm*** 新月の弦の部分に月の暗黒面がかすかに見えるもの.
—— *vi.*〔話〕**1** ぼんやり見つめる; 当てもなくうろつく «*about, around*». **2** ぼんやり考える «*about*».
—— *vt.* 〈時を〉ぼんやり過ごす «*away*».
～·beam [⌐⌐] 月光. **～-blind** [⌐⌐]《馬が》月盲症の, 鳥目の. **～ blindness**《馬の》月盲症, 鳥目. **～·calf** [⌐⌐] (*pl.* **-calves**) (先天的)白痴. **～·eye** [⌐⌐]〔獣医〕《馬の》月盲症にかかった目. **～-eyed** [⌐⌐] (1)《馬が》月盲症の, 鳥目の. (2)《感嘆・恐怖のため》目を見開いた. **～-faced** [⌐⌐] 丸顔の. **～·fish** [⌐⌐]〔魚〕マンボウ・マンダイの類. ‡**～·light** →別項. **～·lit** [⌐⌐] 月に照らされた, 月明かりの. **～ month** 陰暦. **～·rise** [⌐⌐] 月の出; その時刻. **～·scape** [⌐⌐]《望遠鏡で見られる》月の表面. **～·set** [⌐⌐] 月の入り. **～·shine** [⌐⌐] (1) 月光. (2) たわごと, つまらない話〔考え〕. (3)〔米話〕密造酒, 密輸入酒. (4) 月夜〔月光〕の; つまらない. **～·shìn·er**〔米話〕(1) 酒類密造〔密輸入〕者. (2) 夜間不正なことをする人. **～·shìn·y** (1) 月明かりの, 月に照らされた. (2) 空想的な. **～·shot** [⌐⌐] 月への打ち上げ (用衛星). **～·stone** [⌐⌐]〔鉱〕月長石. **～·struck** [⌐⌐] 気の狂った《占星学では狂気は月の影響によるとされた》. **～·wàtch·er** 人工衛星の観測者. ◇ **～·ish** *a.* 月のような; 移り気の. **～·less** *a.* 月のない. **～·y** *a.* **1** 月の; 月明かりの. **2** ぼんやりした; 気が変になった.

‡**móon·light** [mú:nlàit] *n.* 月光. ***by ～*** 月光で, 月に照らされて. ***in the*** [***under***] ***～*** 月光下に〔の〕.
—— *a.* **1** 月光の. **2** 月夜に起こる〔行なう〕: ～

flit(ting) 夜逃げ. —— *vi.* 副業〔内職〕をする,「アルバイト」をする. **M～ Sonata, the** 月光の曲《Beethoven 作ピアノ奏鳴曲》. ◇ **～·er** *n.* 本職のほかに内職を掛け持ちする人. **～·ing** *n.* 夜のアルバイト《昼間の勤務とは別の》.

:moor[1] [muər] *n.* 〘英〙 **1**《ヒースなどの茂る》荒れ野, 荒れ地. **2**《雷鳥などの》狩猟場.
～·cock [´‐] 〘鳥〙赤雷鳥の雄. **～·fowl** [´‐] 〘鳥〙《イギリス産》赤雷鳥. **～·hen** [´‐] 〘鳥〙赤雷鳥の雌; バン・クイナの類. **～·land** [-lənd] 〘英〙荒れ野, 荒れ地. **～·stone** [´‐] 花コウ岩の一種.

***moor**[2] *vt.* 〈船・飛行船などを〉 **係留する**, つなぐ; 〈船を〉停泊させる. —— *vi.* 船をつなぐ, 停泊する.
◇ **～·age** [múəridʒ] *n.* 《船などの》係留; 係留所; 係留料. **～·ing** *n.* 係留, 停泊; (通例 *pl.*) 係留装置〔設備〕; (*pl.*) 係留所〔地〕: a *～ing* mast 〔tower〕《飛行船の》係留塔.

Moor [muər] *n.* **1**《アフリカ北西部に住む》ムーア人. **2** 8 世紀にスペインを侵略し定住したムーア人.
◇ **Móor·ish** [mú(:)riʃ/múər-] *a.* ムーア人〔式〕の.

moose [mu:s] *n.* (*pl.* ～) 〘動〙オオジカ.

moot [mu:t] *n.* **1** 〘英史〙《村・町などの公民の討議のための》寄り合い, 集会. **2** 討論, 討議;《法学生などの》模擬裁判. —— *a.* 未決定の, 議論の余地のある. —— *vt.* 〈問題を〉討議にかける, 論ずる.
～ court 模擬法廷. **～ hall** 集会所. **～ point** 論点, 議論の焦点.

mop[1] [mɑp/mɔp] *n.* **1** 長柄付きぞうきん, モップ. **2** モップに似たもの;《毛髪などの》ぼさぼさした固まり. ***be ～s and brooms*** 〘俗〙だいぶ酔っている.
—— *vt.* (**-pp-**) **1** モップでふく〔洗う〕, ぞうきんでふく. **2** 〈顔などを〉ふく; 〈涙・汗などを〉ぬぐいとる: ～ one's brow *with* a handkerchief ハンカチで額をふく. ***mopping up*** 〘軍〙掃討. **～ *the floor with*** 〘俗〙を手ひどくやっつける, を打ちのめす. **～ *up*** ぬぐいとる; 〘俗〙〈利益などを〉吸い取る; 〘俗〙〈仕事などを〉かたづける; 〘軍〙掃討する: ～ *up* the remnants 残敵を掃討する.
～·board [´‐] 〘米:建〙《へやの壁の下部の》幅木 (baseboard). **～·head** [´‐] むしゃくしゃの頭(の人). **～·stick** [´‐] モップの柄.

mop[2] *vi.* (**-pp-**) 顔をしかめる, 口をゆがめる. —— *n.* しかめ顔, 渋面. ***～s and mows*** しかめっつら.

mope [moup] *vi., vt.* **1** しょんぼりする〔させる〕; (の) 気をくさらせる. **2** のろのろ歩く, ぶらぶらする《*along, about*》. —— *n.* **1** ふさぎ屋, 陰気な人. **2** (*pl.*) 憂うつ: be in the ～*s* ふさいでいる.
◇ **móp·(e)y** [móupi] *a.* =mopish.

móp·ish [móupiʃ] *a.* ふさぎ込んだ, 憂い顔の, 気抜けした. ◇ **～·ly** *ad.* **～·ness** *n.*

文法要説…(13)

Mood (叙法)

「文」を口に発し, 紙に記するときには, 人は何事かを断定したり, 命令したり, 想像 (仮定・願望) したりする. そのような心の態度が動詞の形態にあらわれているばあい, これを **叙法** (mood) という. (「気分, ふんい気」の意味の mood と同語源で,「あり方」特に「心のあり方」の意味である): This book *is* interesting. この本はおもしろい《判断, 断定, 言明: 直説法》. *Be* honest. 正直であれ《命令, 指示: 命令法》. Long *live* the King! (国王が長く生きることを! →) 国王万歳《願望: 仮定法》. → 枠付 Sentence.

英語には **直説法** (indicative mood), **仮定法** (subjunctive mood), **命令法** (imperative mood) の 3 叙法がある. 直説法については → 枠付 Tense. 仮定法については → 枠付 Subjunctive Mood.

時制との関係

1) 叙法と時制

叙法も時制も, 動詞が文の主要要素として述語動詞になるためには, 必ずこれに伴うものであって, 動詞の形態の上にいっしょにあらわれる. たとえば動詞 be の変化形の一つである am は, 主語が第一人称単数であることのほかに, 更に叙法が直説法 (仮定法・命令法ならば be), 時制が現在 (過去ならば was, were) であることを示している.

2) 現在時制と叙法

過去の古い英語は別として, 現代の英語では, 直説法と仮定法との間に動詞の語形上の差はきわめて少ない. 現在時制では, 第三人称単数の主語をもつ動詞の語尾の -s の有無だけが, 直説法と仮定法とを区別するにすぎない (したがって, いわゆる「三・単・現の s」は, 厳密には「三・単・直・現の s」であるはずである). ただ be 動詞だけが直説法現在で I *am*, you *are*, he [she, it] *is*, we *are*… であるに対し, 仮定法現在は I *be*, you *be*, he [she, it] *be*, we *be*… と, 形態上の差異を示す.

したがって, 仮定法であることを明瞭(めいりょう)に示すことがむずかしいばあいも生じ, may などの助動詞がその欠を補う. May you succeed! (あなたが成功することを望む→ご成功を!) の may は, 語順と相まって succeed が事実に関することではなく, 願望されていることを表示する.

3) 過去時制と叙法

過去時制においては, 直説法と仮定法との間で, 動詞の語形の差を示すものは I [he, she, it] *was*《直説法》, I [he, she, it] *were* 《仮定法》以外に, 存在しない. したがって, 一般のばあいには動詞の語形そのものによるよりも, 意味内容からは現在のことについて語っているのに, 形態には過去形が用いられているとき, 仮定法過去だと断定されることになる:

It is time children *went* to bed. 子どもたちは(もう)寝るべき時間だ. I wish you *were* here! (あなたは現在ここにいないが) ここにいてくださったらと思います.

その結果, 仮定法の過去の were と直説法の過去の was も, しばしば混用される:

I wish he *was* [*were*] here. 彼がここにいればいいのになあ.

命　令　法

1) 語形

いわゆる動詞の原形 (＝はだか不定詞) とおなじ形が用いられる. 時制は現在しかない.

〈注〉 Be gone! (行ってしまえ), Have done! (やめよ), Have done with… (…をやめてしまえ, 早く終わってしまえ) は, 本来命令法の現在完了時制であるが, いまでは特殊な慣用的表現で, 一般的には命令法には現在時制以外にないといってよい.

2) 条件・仮定を示す命令法

命令法のあとに and を置いて(ときには and なしで), 平叙文を続けると, 命令法は「…すれば」と条件・仮定を示すことができる:

Come to my office any time, *and* I'll be glad to give you the information you want. いつでも事務所においでになればお尋ねのことをお教えします.

móp·pet [mápit/mɔ́p-] *n.* **1**〖話〗布切れでつくった人形. **2** チン《犬の一種》. **3**〖古・廃〗赤ちゃん; お嬢ちゃん《愛称》.

móp·ping-úp [mápiŋʌ́p/mɔ́p-] *a.* **1** 仕上げの. **2** 掃討する.

mo·quétte [moukét/mɔ-] *n.* モケット織り《厚地で毛羽のあるじゅうたん地》.

Mor. Morocco. **mor.** morocco.

mó·ra [mɔ́:rə/mɔ́:rə] *n.* (*pl.* **-rae** [ri:], **-ras**)〖韻〗モーラ, 拍.

mo·ra [mɔ́:rə] It. *n.* イタリア式の拳(けん)《相手が手を振り上げた瞬間に指の数を言い当てる遊び》.

mo·ráine [moréin/mɔr-] *n.*〖地〗《氷河による》堆石(たいせき). ◇ **mo·ráin·al** [-n(ə)l] *a.*

‡**mór·al** [mɔ́:rəl, már-/mɔ́r-] *a.* **1 道徳(上)の,** 倫理(上)の, 道徳〔倫理〕に関する: a ～ question 徳義上の問題. a ～ obligation 道徳的義務. **2** 徳育的な, 訓戒〔教育〕的な: a ～ play 教訓劇. **3** 倫理感を有する: A baby is not a ～ being. 赤ん坊には是非の判断はつかない. **4 道徳を守る,** 良心的な: a ～ man 品行方正な人. ↔ immoral. **5**《物質的, 肉体的に対し》**精神的な,** 心の, 無形の;《名目上に対し》実質的な: a ～ support 精神的支援. a ～ victory 精神的勝利, 実質的勝利. **6**《具体的な証拠よりもむしろ》観察〔経験〕に基づく, 蓋然(がいぜん)的な: ～ evidence 蓋然的証拠. ～ impossibility ありえないこと. **7** 蓋然性の高い, 公算の大きい: a ～ certainty まずまちがいのないこと.

— *n.* **1**《寓話・事件などに含まれた》**教訓,** 訓言, 寓意(ぐうい); 寓話劇: And the ～ of this story is that a young girl should not speak to strange men. で, この話の教訓は若い女の子は見ず知らずの男の人と口をきくべきではないということです. **2** (*pl.*) 修身, 倫理学. **3** (*pl.*) 品行, 身持ち: a person of loose ～*s* 身持ちの悪い人. **4**〖稀〗=morale. **5**〖俗〗生き写し, うり二つ: He is the very ～ of his father. 彼は父親に生き写しだ. ***draw the*** ～《たとえ話などの》教訓を引き出す〔読み取る, 説明する〕. ***point a*** ～《例をあげて》教訓を強調する.

～ **agent** 〔**being**〕 道徳的行為者, 人間. ～ **character** 品格, 人格. ～ **code** 道徳律. ～ **courage**《誘惑・圧迫に抗する》道徳〔精神〕的勇気. ～ **culture** 徳育. ～ **defeat** 精神的敗北《力の上で勝利を得ても道徳・精神面での敗北》; 実質上の敗北《名目上は勝利でありながら》; きわどい勝利《ほとんど敗北ともいうべき勝利》. ～ **faculty** 善悪識別の能力. ～ **judgment** 倫理的判断. ～ **philosophy** 〔**science**〕 倫理学, 道徳哲学. ～ **principle** 道義. **M**～ **Rearmament** (**Movement**) 道徳再武装運動《略 MRA》. ～ **sense** 道義心, 良心. ～ **standards** 道徳的基準. ～ **theology**〖宗〗倫理〔実践〕神学. ～ **tone** 気品. ～ **turpitude** 不道徳的行為, 堕落. ～ **virtue** 徳《単に virtue というにおなじ》;《宗教によらないで到達できる》自然道徳.

◇ ～**·ism** [-iz(ə)m] *n.* **1** 道徳主義, 道義. **2** 格言, 訓言. ～**·ly** *a.* **1** 道徳上〔的に〕; 正しく. **2** 実際に (virtually).

mo·ràle [mɔrǽl/mɔrá:l] *n.*《特に軍隊の》士気, 風紀: boost the ～ 士気を高める.

mór·al·ist [mɔ́:rəlist, már-/mɔ́r-] *n.* **1** 倫理学者〔教師〕; 徳育家. **2** 倫理的生活をする人. ◇ **mòr·al·ís·tic** [⏊–ístik] *a.* 教訓的な; 道徳主義の.

***mo·rál·i·ty** [mɔ:rǽləti, mər-/mər-] *n.* **1 道徳(性),** 道義(性);《個人または特定の社会の》徳性, 倫理性: public ～ 社会道徳. **2** 善悪, 正邪. **3** 品行, 行状;《男女間の》風儀: doubtful ～ いかがわしい行状. **4** 倫理学. **5** 教訓, 寓意(ぐうい). **6**〖英史〗《16世紀ごろの》教訓劇 (=～ play)《善悪諸徳が擬人化されて登場する勧善懲悪劇》.

mór·al·ize [mɔ́:rəlàiz, már-/mɔ́r-] *vi.* **1** 説教する; 道徳的な反省をする《について *on, upon*》. **2** 教訓になる. — *vt.* **1** 道徳的に解釈する; から教訓を引き出す. **2** 教化する, に道を説く.

◇ **mòr·al·i·zá·tion** [⏊–əlizéiʃ(ə)n/-laiz-] *n.* **1** 教化, 徳化. **2** 説教, 説法. **3** 道徳的解釈.

mo·ráss [mɔrǽs] *n.* **1** 沼地, 湿地; どろ土. **2**《比喩的》どろ沼のような状態, 困窮, 停滞; 堕落.

mòr·a·tó·ri·um [mɔ̀:rətó:riəm, màr-/mɔ̀rətɔ́:r-] *n.* (*pl.* **-a** [-riə], **-ums**) **1**〖法〗モラトリアム, 支払猶予(令); 支払猶予期間. **2** 一時停止: a ～ *on* the testing of atomic bombs 原爆実験(一時)停止.

mór·a·to·ry [mɔ́:rətɔ̀:ri, már-/mɔ́rət(ə)ri] *a.* 支払猶予の.

Mo·rá·vi·a [mɔréiviə] *n.* モラビア《チェコスロバキアの一地方》.

◇ ～**n** *a., n.* **1** モラビア(人)の; モラビア人〔語〕. **2**〖宗〗モラビア教(徒)の; モラビア教徒.

mó·ray [mɔ́:rei, –⏊/mɔ:réi] *n.*〖魚〗ウツボ科の魚.

***mór·bid** [mɔ́:rbid] *a.* **1 病的な,** 不健全な, 陰気な: a ～ interest 病的な(激しい)興味. **2 病気の,** 病気に関する. **3**〖米〗気味の悪い, ぞっとするような. ～ **anatomy** 病理解剖学.

◇ ～**·ly** *ad.* ～**·ness** *n.*

mor·bi·dez·za [mɔ:rbidétsə] It. *n.*〖画〗《皮膚の彩色の》真に迫った美しさ〔柔らかさ〕.

mor·bíd·i·ty [mɔ:rbíditi] *n.* **1** 病的なこと〔状態〕, 不健全性. **2**《一地方の》罹病(りびょう)率〔数〕; 病気の流行.

mor·bíf·ic [mɔ:rbífik], **-i·cal** [-(ə)l] *a.* 病気を起こす, 病原となる: ～ microbes 病原菌.

mor·ceau [mɔ:rsóu] F. *n.* (*pl.* ～**x** [-z]) 小片;《詩・音楽などの》1節, 抜粋.

mor·dá·cious [mɔ:rdéiʃəs] *a.* かみつく; 激しい; 痛烈な. [√mord-]

mór·dant [mɔ́:rd(ə)nt] *a.* **1** 刺すような, 辛らつな, 皮肉な. **2**《痛みが》激しい;《味が》ひりひりする. **3**《酸が》腐食性のある, 組織を破壊する. **4**《染色・エッチングで》色を留める, 媒染の. — *n.*〖染〗媒染剤, 色留め料;〖印〗金属腐食剤; 金ぱく粘着剤. [√mord-] ◇ ～**·ly** *ad.* **mór·dan·cy** *n.* 辛らつさ, 皮肉, 毒舌; 腐食性.

†**more** [mɔ:r/mɔ:] *a.* 《much または many の比較級》 **1**《数・量などが》**もっと〔より〕多い, もっと大きい:** He has ～ ability 〔books〕 than his brother. 彼は兄〔弟〕よりも才能に恵まれている〔蔵書がたくさんある〕. Don't ask for ～ money than you deserve. 当然もらってよい金額以上の金を請求するな. ～ than ten men 10人をこえる人《「10人」は除外される. すなわち11人またはそれ以上の意》. ten or ～ men = ten men or ～ 10人(またはそれ)以上の人《「10人」が含まれる. すなわち at least ten men とほぼ同義. なお, あとの形 ten men or *more* の more は代名詞的用法》. ↔ less. 〈注₁〉日本語では *more than* ten と ten *or more* の区別が文脈にまかされ, ともに「10人以上」であらわされることが多い. 〈注₂〉more than については下記成句の用法にも注意. **2** これ以上の, 余分の, つけたりの: Give me a little ～ money. もう少し(余分に)お金をください. one word ～ もう一言だけ. *M*～ discussion seems pointless. これ以上議論をやってもむだだろう.

— *pron.* **より多い数〔量, 度合いなど〕;** それ以上の物〔事, 人〕: Here are many men, but there are still ～ over there. ここに大ぜいいるが, あちらにはもっと大ぜいいる. *M*～ is meant than meets the ear. 言外に意味がある. I hope to see ～ of you. もっとしげしげ〔また〕お会いしたいものです.

— *ad.* 《much の比較級》 **1 より多く,** 更に大きく: I miss Mother ～ than anybody else. だれよりもお母さんが恋しい. **2** 更に, その上, もっと. **3**《主として2音節以上の形容詞・副詞につけて比較級をつくり》もっと…, 更に…: ～ earnestly もっと熱心に. 〈注〉次のばあいに注意: *more* beautiful flowers (1) もっと美しい花《more は副詞》. (2) もっと多くの美しい花《more は形容詞》. **4**《二つの形容詞・副詞を比較して》むしろ: She is ～ kind than wise. 彼女は賢明というよりむしろ心が優しい. ***all the* ～** ますます, なおさら. ***and* ～** そのほかいろいろ: He called me savage, brutal, *and* ～. 彼は私を野蛮だとか残忍だとかいろいろ言った. ***and no* ～** …にすぎない, それだけのことだ. **(*and*) *what is* ～** その上, おまけに. ***little* ～ *than*** …にすぎない. ***many* ～** もっとたくさん(の). **～ *and* ～** いよいよ, ますます. **～ *or less*** 多かれ少なかれ, いくぶん, おおよそ;《否定語のあとに用いて》少しも…(ない). **～ *than*** (1)…より多くの, …より以上に. →*a* ①, *ad.* ①. (2) …だけではない, …して余りある: His performance is ～ *than* satisfactory. 彼の働きは及第点以上だ. He has ～ *than* fulfilled his duty. 彼は義務を十二分に果たした. **～…*than*___** ―― というよりむしろ…. → *ad.* ④. **～ *than all*** ことに, とりわけ. **～ *than ever*** いよいよ, ますます. **～ *than one*** 一つ〔ひとり〕ならず《意味は複数でも動詞は単数》: *M～ than one person has* heard the voice. その声を聞いた人はひとりにとどまらない. ***neither* ～ *nor less than*** …以上でも以下でもない, ちょうど; …にほかならない. ***no* ～** (1) もはや〔それ以上〕…(で)ない. (2)〘俗〙死んで, 亡(な)くなって. (3)《否定文〔節〕のあとで》…もまた――(で)ない: If you will not go there, *no* ～ will I. きみが行かないならぼくだって行かない. ***no* ～ *than*** (1) …に過ぎない. (2) …でないと同様――でない: A whale is *no* ～ a fish *than* a horse is. 鯨は馬と同様魚じゃない. ***none the* ～** それでもなお, やはりおなじように; …だからといってそれ以上に――しはしない. ***not any* ～ *than*** ＝no ～ than. ***not* ～ *than*** …より多くない, …をこえない; 多くても…; せいぜい…: *not* ～ *than* 100 たかだか 100; 100 までの. ***once* ～** もう一度. ***…or* ～** 少なくとも…(の), …またはそれ以上(の). → *a.* ①. ***still* ～** なおさら, まして. ***the* ～ … *because*** 〔***for, as***〕___ ―― だからなおさら…. ***The* ～, *the better.*** (多ければ) 多いほどいい. ***The* ～, *the merrier.*** 〘諺〙人が多いほど楽しい. ***the* ～…, *the* ～ ___** …すればするほどますます――: *The* ～ I know him, *the* ～ I like him. 私は彼を知れば知るほど好きになる.

More [mɔːr/mɔː] *n.* Sir Thomas ～, 1478–1535, イギリスの人文学者・政治家《*Utopia* の著者》.

mo·réen [məríːn/mɔː-, ⸗⸗] *n.* モリーン《カーテンなどに用いる厚手のじょうぶな毛織物, 綿毛交織地》.

mo·rél [mərél/mɔr-] *n.* 〘植〙アミガサダケ; イヌホオズキ. 「なおまた.

‡**more·ó·ver** [mɔːróuvər/mɔːr-] *ad.* その上, 更に,

mó·res [móːriːz/mɔ́ːr-] *n. pl.* 〘社〙社会的慣習, しきたり. 「築・装飾など》.

Mo·résque [mərésk/mɔːr-] *a.* Moor 式の《建

Mór·gan [mɔ́ːrgən] *n.* モルガン種の馬.

mòr·ga·nát·ic [mɔ̀ːrgənǽtik] *a.* 貴賤(きせん)相婚の. **～ marriage** 貴賤相婚《貴族と平民婦人との結婚. 妻子は夫の位階財産を継承できない》.
◇ **-i·cal·ly** [-k(ə)li] *ad.*

morgue [mɔːrg] *n.* **1**《身元不明の死体の引き取り人を求めるための》死体公示所. **2**《新聞社などの》参考資料室, 調査部.

morgue [mɔːrg] F. *n.* 尊大, 傲慢(ごうまん). **～ *anglaise*** [-ɑːŋgléiz/-ɑ̃ːg-] イギリス人特有の傲慢.

mór·i·bund [mɔ́ːribʌ̀nd, mɑ́r-/mɔ́r-] *a.* **1** 死にかかった. **2** 消滅しかけた. [√mor-²] ◇ **～·ly** *ad.*

mó·ri·on [móːriɑ̀n/mɔ́riən] *n.* 〘史〙面ぼおのないかぶとの一種.

Mór·mon [mɔ́ːrmən] *n.* モルモン教徒. ***the Book of* ～** モルモン教の聖典. ◇ **～·ism** *n.* モルモン教《アメリカ キリスト教の一宗派. 元一夫多妻を唱えた》.

‡**morn** [mɔːrn] *n.* 〘雅〙朝, あした: at ～ and (at) even 朝な夕な. *from* ～ *till* night 朝から晩まで, 一日じゅう.

†**mórn·ing** [mɔ́ːrniŋ] *n.* **1** 朝; 午前, 昼前: *in* the ～ 朝; 昼前に. *on* the ～ of April 1st 4月1日の朝. **2**〘雅〙暁(dawn). **3**《比喩的》暁, 初期: the ～ of life 人生の朝, 青年時代. ***from* ～ *till*** 〔***to***〕 ***evening*** 〔***night***〕 朝から夕〔夜〕まで, 終日. ***Good* ～!** おはよう. ***of a* ～＝*of* ～*s*** よく〔いつも〕朝のうちに. ***this*** 〔***tomorrow, yesterday***〕 **～** 今朝〔明朝, 昨朝〕.
～ after (*pl.* **～s after**)〘米俗〙ふつか酔い; 後悔. **～ assembly** 朝礼. **～ call** 朝の訪問《実際には午後にも行なう》. **～ coat** モーニング(コート). **～ dress** モーニング;《婦人の》室内着. **～ gift** 新婚の際に夫が新婦に贈る財産《morganatic marriage のばあい》. **～ glory**〘植〙朝顔. **～ land**〘雅〙東洋. **～ paper** 朝刊(新聞). **～ performance**《劇場の》マチネー, 昼興行. **～ room**〘英〙居間. **～ session**〘株式〙前場. **～ sickness**〘医〙朝の吐き気《妊娠初期のつわり》. **～ star, the** 明けの明星《金星》. **～ tide**〘雅〙朝, 朝方. **～ watch** 朝の当直《4時から8時まで》.

Mó·ro [móːrou/mɔ́ːr-] *n.* (*pl.* **～s**) モロ族《フィリピン諸島南部の回教マライ族》; モロ語.

Mo·róc·co [mərɑ́kou/-rɔ́k-] *n.* **1** モロッコ《アフリカ北西岸の王国》. **2** (m～) (*pl.* **～s**) モロッコ皮《ヤギのなめし皮》. ◇ **Mo·róc·can** [-kən] *a., n.* モロッコ(人)の; モロッコ人.

mó·ron [móːrɑn/mɔ́ːrɔn] *n.* **1**〘心〙魯鈍(ろどん)《知能が 8–12歳程度の成人》. **2**〘話〙《一般的》低能, ばか. ◇ **～·ism, mo·rón·i·ty** [mərɑ́niti/mɔː-rɔ́n-] *n.* 低能. **mo·rón·ic** [-nik] *a.*

mo·róse [məróus] *a.* 気むずかしい, ふきげんな.
◇ **～·ly** *ad.* **～·ness** *n.*

morph [mɔːrf] *n.* 形態. → morpheme, allo-morph.

morph. morphology.

mór·pheme [mɔ́ːrfiːm] *n.* 〘文〙形態素《アメリカ言語学では意味をもつ最小の言語単位. ヨーロッパ大陸系の言語学では文法関係を示す要素》.
◇ **mor·phé·mic** [mɔːrfíːmik] *a.* 形態(素)の. **mor·phé·mics** *n. pl.*《単数扱い》形態論.

Mór·phe·us [mɔ́ːrfiəs, -fjuːs] *n.* **1**〘ギ神〙夢の神. **2**〘話〙眠り. ***in the arms of* ～** 眠って.

mór·phi·a [mɔ́ːrfiə] ＝morphine.

mór·phine [mɔ́ːrfiːn] *n.* 〘化〙モルヒネ.

mór·phin·ism [-finiz(ə)m] *n.* 〘医〙モルヒネ中毒.

mòr·phi·(n)o·má·ni·a [mɔ̀ːrfi(n)oméiniə] *n.* 〘医〙モルヒネ狂. ◇ **-ac** [-æk] *n.* モルヒネ中毒患者.

mor·phól·o·gy [mɔːrfɑ́lədʒi/-fɔ́l-] *n.* **1**〘生〙形態学. **2**〘言〙形態論, 語形論. **3** 形態, 構造.
◇ **-gist** *n.* 形態学者. **mòr·pho·lógic** [mɔ̀ːrfəlɑ́dʒik/-lɔ́dʒ-], **-i·cal** [-(ə)l] *a.* 形態学(上)の.

mór·ra [mɔ́ːrə] ＝*mora*.

mór·ris [mɔ́ːris, mɑ́r-/mɔ́r-] *n.* 〘英〙モリスダンス (＝～ dance)《Robin Hood 伝説中の人物に扮して踊る》.

Mór·ris [mɔ́ːris, mɑ́r-/mɔ́r-] **～ *chair*** モリス式安楽いす《背部の傾斜を自由に調節できる. 考案者の名から》. **～ *tube*** モリス式挿入(そうにゅう)銃身《射撃練習用. 発明者 R. Morris の名をとる》.

mór·row [mɔ́ːrou, mɑ́r-/mɔ́r-] *n.* **1**〘雅〙翌日: Take no thought for the ～. 〘聖〙あすのことを思いわずらうな《マタイ伝 6:3》. **2**〘古〙朝. **3**《事件の》直後. ***on the* ～ *of*** …のすぐあとに.

morse[1] [mɔːrs] *n.* 〘動〙セイウチ.

morse[2] *n.* 法衣(ほうえ)の留め金.

Morse [mɔːrs] *n.* **1** Samuel F.B. ～, 1791–1872, 電信機を発明したアメリカ人. **2** モールス式電信符号 (＝～ alphabet, ～ code).

***mór·sel** [mɔ́ːrs(ə)l] *n.* **1**《食物の》一口. **2** 一片, 断片. **3** 少量. **――** *vt.* **1** 細かく分ける. **2**

分けて配る《out》. [√mord-]
mort[1] [mɔ́ːrt] n. 1〖狩〗獲物の死を知らせる角笛の音. 2〖廃〗死.
mort[2] n.〖英方〗たくさん, 多数《の of》.
mòr·ta·dél·la [mɔ̀ːrtədélə] n. モルタデラ〖香料入りのソーセージ〗.
‡**mór·tal** [mɔ́ːrtl] a. 1 **死を免れぬ運命の**: Man is ～. 人間はいつかは死ぬもの. ↔ immortal. 2 **人間の**, 現身(うつせみ)の: ～ knowledge 人間の知識. this ～ life この人の世. 3《けが・病気などが》**致命的の**, 一命にかかわる: a ～ wound 致命傷. a ～ combat 死闘《一方が倒れるまで続く》. 4 臨終の, 断末魔の: the ～ hour 臨終. 5《敵など》生かしておけない: a ～ enemy [foe] 不倶戴天(ふぐたいてん)の敵. 6《強意的》(死ぬほど) 恐ろしい, とんでもない, たいへんな; うんざりするほどの: ～ fear 息の根のとまりそうな恐ろしさ. The lecture lasted two ～ hours. 講義はだらだらと2時間も続いた. 7《any, every, no を強めて》考えられうる, 可能な: It's *no* ～ good to anyone. だれのためにもこれっぽちも役立たない. ***in a ～ fright*** [***funk***] すっかりおびえきって. ***in a ～ hurry*** ひどくあわてて. ***in ～ fear*** ひどく恐れて. ***not a ～ man*** ただのひとりも…ない.
—— *ad.*〖方〗ひどく, 非常に: so ～ cold.
—— *n.* 1 **人間**, 死を免れぬもの. 2〖笑〗やつ, 人: a jolly ～ おもしろいやつ. [√mor-[2]]
～ **agony** 断末魔の苦しみ. ～ **disease** 死病. ～ **place** 急所. ～ **remains** 死骸(しがい). ～ **sin** (地獄行きの) 大罪. ～ **weapon** 凶器.
◇ ～**·ly** *ad.* 1 致命的に; ひどく, 激しく. 2 人間として.
mor·tál·i·ty [mɔːrtǽləti] n. 1 死すべき運命 [性質]. 2 死亡率; 死亡者数: a ～ table《保険の》死亡率統計表. 3《戦争・疫病などによる》大量死. 4《集合的》人類. 5《計画などの》挫折(ざせつ), 中絶.
***mór·tar**[1] [mɔ́ːrtər] n. **モルタル**, しっくい, とろ.
—— *vt.* にモルタルを塗る, モルタルで接合する.
～**·board** [́ー ̀] (1) モルタルの練り台 [こて板]. (2)《大学の式服用の》角帽.
mór·tar[2] n. 1 うす, 乳ばち. 2〖軍〗臼砲(きゅうほう)《砲身が短く高角度の, 弾道が大きく湾曲する大砲》.
—— *vt.* 臼砲で攻撃する.
mórt·gage [mɔ́ːrgidʒ] n.〖法〗1 抵当(権): lend money *on* ～ 抵当を取って金を貸す. 2 抵当証書. ***place a ～ on*** に抵当権を設定する. —— *vt.* 1 抵当に入れる: The house is ～*d for* $1,000. この家は1,000ドルの抵当にはいっている. 2〈生命・名誉などを〉投げ出す, かける《に to》. ◇ **mòrt·ga·gée** [mɔ̀ːrgidʒíː/-gədʒ-] n.〖法〗抵当権者. **mórt·gag·er** [mɔ́ːrgidʒər], **mórt·ga·gor** [mɔ́ːrgidʒər, mɔ̀ːrgidʒɔ́ːr/mɔ̀ːgədʒɔ́ː] n.〖法〗抵当権設定者.
mór·tice = mortise.
mor·tí·cian [mɔːrtíʃ(ə)n] n.〖米〗葬儀屋.
mor·tíf·er·ous [mɔːrtífərəs] a. 致命的な.
mòr·ti·fi·cá·tion [mɔ̀ːrtəfikéiʃ(ə)n] n. 1 屈辱, 無念. 2 苦行, 難業; 禁欲. 3〖医〗壊疽(えそ), 脱疽.
mór·ti·fy [mɔ́ːrtəfài] vt. 1 に屈辱を与える, の誇り [気持ち] を傷つける; くやしがらせる. 2〈感情・情欲などを〉抑圧する, 克服する. 3 脱疽(だっそ)にかからせる. —— *vi.* 1 苦行する. 2 脱疽にかかる. [√mor-[2]]
◇ ～**·ing** a. 1 屈辱的な, 誇りを傷つける. 2 しゃくにさわる, くやしい. 3 苦行の, 禁欲の.
mór·tise, -tice [mɔ́ːrtis] n.〖建〗ほぞ穴.
—— *vt.* 1 にほぞ穴をあける. 2 ほぞつぎする, 接合する. ～ ***and tenon joint*** ほぞつぎ.
mórt·main [mɔ́ːrtmein] n.〖法〗死手《法人による不動産の永代所有》.
mór·tu·ar·y [mɔ́ːrtʃuèri/-tju(ə)ri] n. 1 死体仮置き場. 2 = morgue. —— *a.* 1 埋葬の; 弔いの. 2 死の.
mos. months.
***mo·sá·ic** [mouzéiik] n. 1 **モザイク**, はめ細工, 寄せ木細工. 2 モザイク画 [模様]. —— *a.* モザイクの, 寄せ集めの: a ～ tile. ～ **disease**〖植〗モザイク病《植物の伝染病》. ～ **gold** (1) 硫化第二スズ. (2) = ormolu. ◇ **-i·cal·ly** *ad.*
Mo·sá·ic [mouzéiik] a. モーセの.
～ **law, the** モーセの律法.
Mós·cow [máskau, -kou/mɔ́skou] n. モスクワ《ソ連邦の首都》.
mo·sélle [mouzél] n.《フランス Moselle 川流域産の》モゼルブドウ酒.
Mó·ses [móuziz, -zis/-ziz] n. 1〖聖〗モーセ《ヘブライの指導者・立法者》. 2《一般的》指導者.
mó·sey [móuzi] vi.〖米俗〗1 ぶらつく, うろつく; 足を引きずって歩く《along, about》. 2 立ち去る; ずらかる, 逃走する.
Mós·lem [mázləm/mɔ́zlem] n. (*pl.* ～**s**,《集合的》～) 回教徒. —— *a.* 回教徒の.
mosque [mɑsk/mɔsk] n. 回教寺院.
‡**mos·quí·to** [məskíːtou] n. (*pl.* ～**(e)s**) 1〖虫〗蚊. 2〖英〗モスキート機《イギリス空軍の軽爆撃機》.
～ **boat**〖米〗高速魚雷艇. ～**-craft** [ーー ́ー]《水雷艇などのような》小艦艇. ～**-cùr·tain,** ～ **net** かや. ～ **fleet** 小艦艇の船隊《水雷艇などの》. ～ **hawk** (1)〖虫〗トンボ. (2)〖鳥〗ヨタカの類.
‡**moss** [mɔːs, mɑs/mɔs] n. 1〖植〗**コケ**; コケに似た地衣. 2〖スコットランド〗沼, 泥炭(でいたん)地. ***A rolling stone gathers no ～.***〖諺〗転石こけむさず.
—— *vt.* コケでおおう.
～ **agate**〖鉱〗コケメノウ. ～**·back** [́ー ̀]〖米俗〗《背にコケがはえた》老魚; 頭の古い人, 極端な保守家. ～**-grown** [́ー ̀] コケのはえた; 古風な, 時代おくれの. ～ **rose**〖植〗コケバラ. ～**·tròop·er** 17世紀にイングランド・スコットランド国境の沼沢地を荒らした盗賊;《一般的》略奪者.
móss·y [mɔ́ːsi, mási/mɔ́si] a. 1 コケのはえた. 2 コケのような. ◇ **-i·ness** n.
†**most** [moust] a.《many, much の最上級》1《量・数・程度・額などが》**最も大きい**, 最大 [最高] の, 最多の: the ～ votes 最大得票. ↔ least.〈注〉ふつう the を伴う. 2《無冠詞で》**たいていの**: ～ people たいがいの人たち. in ～ cases たいがいは.〈注₁〉most ≒ almost (→ almost〈付記〉).〈注₂〉次のばあいに注意: *most* beautiful flowers (1) たいていの美しい花《本来の用法》; (2) 非常に美しい花《*ad.* ③ の複数》≒ the *most* beautiful flowers 最も美しい花《*ad.* ②》.
—— *n.* 1 **最大量** [数], 最大限度 [額]: This is the ～ I can do. これが精いっぱいのところです. 2《無冠詞で》大部分: He did ～ of the work. その仕事のほとんどを彼がやった. *M*～ of his writing is rubbish. 彼の作品は大部分が駄作(ださく)だ. *M*～ of the windows are broken. 窓のたいがいはガラスがこわれている. 3《無冠詞で》**たいていの人々**: a subject ～ find (to be) too difficult たいがいの人がとてもむずかしいと考える学科. ***at*** (***the***) ～ 多くても, せいぜい. ***for the ～ part*** たいていは, 多くは, 多くのばあい. ***make the ～ of*** をできるかぎり利用 [活用] する; できるだけ良く見せる [言う].
—— *ad.*《much の最上級》1 **最も**, 最も多く: What pleased me ～ was her graceful manners. いちばん気に入ったのは彼女のしとやかな作法だった. 2《通例 the を冠して 2 音節以上の形容詞・副詞に前置して最上級をつくる》**最も…**, 最大限に…: the ～ formidable enemy 最も恐るべき敵. 3《the を冠せずに》**きわめて…**, 至極…: a ～ beautiful woman すごく美しい婦人. an argument ～ convincing 非常に説得力のある議論. 4《almost の略》〖方・俗〗ほとんど: It appeals to ～ everybody. ほぼだれにも気に入られる. ***one of the ～ beautiful sights*** 最も (美しいけしき) のひとつ;《感情的に》とっても (美しいながめ).
-most [-mòust, -məst] *suf.*「最も…」の意の形容詞をつくる: in*most* いちばん奥の. top*most* 頂点の.

utmost いちばん外の, 最大限の ＜out＋-most.

‡**móst·ly** [móustli] *ad.* **1** 大部分は, たいていは, 通常は: These articles here are ～ made in Japan. ここにある品物は大部分日本製です. We are ～ out on Sundays. 日曜にはたいてい外出しています. **2** おもに, 主として. → almost.

mó·sy ＝mosey.

mot [mou] F. *n.* (*pl.* ～*s* [-(z)/-z]) 語; 名言, 警句. ～ *à* ～ [F. motamo] 一言一言(に), 逐語的に. ～ *juste* [F. moʒyst] 適語, 名言.

mote[1] [mout] *n.* ちり, 微片. ～ ***and beam*** ちりとうつばり, 人の小過失と自分の大過失. ～ ***in another's eye*** 人の目のちり, 他人のわずかな欠点《マタイ伝 7:3》. ～ **spoon** 茶わんの茶の葉をすくい出すのに用いる穴のあいた小さじ.

mote[2] 〘古〙＝may, might[1].

mo·tél [moutél] *n.* 〘米〙 モーテル (tourist court)《自動車旅行者用のホテル》. [＜*motor*＋*hotel*]

mo·tét [motét] *n.* 〘楽〙 モテット《聖書の詩句などに曲をつけた無伴奏合唱用聖歌》.

‡**moth** [mɔθ, mɑθ/mɔθ] *n.* (*pl.* ～*s* [-ðz, -θs]) 〘虫〙 **1** 蛾(が). **2** シミ (＝clothes ～). ～ **ball,** ∼́·**ball** →別項. ∼́-**èat·en** シミの食った; 古びた, 時代おくれの. ∼́·**proof** [∠-∸] (1) 虫のつかない; 防虫剤を塗った. (2) 防虫式にする.

◇ ∼́·**y** *a.* 蛾〔シミ〕の多い; 虫〔シミ〕に食われた.

moth ball, móth·ball [mɔ́:θbɔ̀:l, mɑ́θ-/mɔ́θ-] *n.* 防虫剤の玉《玉ナフタリンなど》. ***in*** ～*s* (1) 退蔵して, しまいこんで. (2) 〘米話〙《艦船などを》予備役に入れて: a ～ fleet 〘米話〙 予備艦隊. —— *vt.* 〘米話〙 **1** (防虫剤とともに) しまいこむ. **2** 予備役にする: a ～*ed* ship 予備艦船.

†**móth·er**[1] [mʌ́ðər] *n.* **1** 母: the ～ of two children ふたりの子の母. She is now a ～. 彼女も母親になった. **2** 実母; 義母, 養母, 継母. **3** 母のような人; おばさん《Mrs. に相当する親愛語》. **4** 教母, 女子修道院長. **5** (the ～) 母性愛. **6**《比喩的》生みの親, 出どころ, 根源, 産地: Necessity is the ～ of invention. 〘ことわざ〙 必要は発明の母.

—— *a.* **1** 母の; 母としての; 母のような: ～ love 母性愛. **2** 生国の, 本国の. ***every*** ～'*s* ***son*** ＝everybody. ***God's M***～ ＝ ***the M***～ ***of God*** 聖母マリア. ***meet*** one'***s*** ～ 〘俗〙 生まれる: He wished he had never *met his* ～. 生まれてこなければよかったと思った.

—— *vt.* **1** の母となる, の母と名のる. **2** 母として〔のように〕世話する〔育てる〕. **3** 〈作品・思想などを〉生み出す; の作者である, の作者と名のる.

M～ **Carey's chicken** 〔**goose**〕 ウミツバメ〔ウミスズメ〕. ～ **church** 一地方の最古の教会または本山; (M～ Church)《擬人的》教会. ～ **country** 母国; 《植民地から見て》本国. ～ **earth**《擬人的》大地. **M**～ **Goose** イギリス古来の童謡集 (もとは M～ Goose's Melodies, 今日では M～ Goose's Nursery Rhymes) の伝説的作者. **M**～ **Hubbard** 有名な子もり歌の女主人公; すその長いだぶだぶの婦人用ガウン. ～-**in-láw** [mʌ́ðərinlɔ̀:] (*pl.* ～**s-in-láw**) 義母, しゅうとめ. ～·**land** [-lænd] 母国; 先祖の地, 祖国. ～ **lode** 〘鉱山〙 主脈. ～-**ná·ked** (生まれたままの) すっ裸の. ～-**of-péarl** 真珠層, 真珠母, 青貝. ～'**s boy** 甘ったれ; めめしい男. **M**～'**s Day** 〘米・カナダ〙 母の日《5 月の第2日曜日》. ～'**s helper** 家政婦; 子もり. ～ **ship** 母艦. ～'**s son** 男, むすこ. **M**～ **State, the** アメリカ Virginia 州の別称. ～ **superior** 尼僧院長. ～ **tongue** 母国語. ～ **wit** 生まれつきの知恵; 常識. ～·**wort** [∠-∸] 〘植〙 メハジキ; ヨモギ. ◇ ～·**hood** *n.* **1** 母であること, 母性(愛), 母権. **2**《集合的》母. ～·**less** *a.* 母のない. ～·**like** *a., ad.* 母の; 母らしい, 優しい; 母らしく.

móth·er[2] *n.* 酢母, 種酢 (＝～ of vinegar).

móth·er·ing [mʌ́ðəriŋ] *n.* 〘英〙 やぶ入り, 里帰り. **M**～ **Sunday** やぶ入り日曜日 (Mid-Lent Sunday)《四旬節の第 4 日曜》.

móth·er·ly [mʌ́ðərli] *a.* **1** 母の. **2** 母らしい; 優しい. ◇ -**li·ness** *n.*

mo·tíf [motí:f] *n.* **1**《美術・文学・音楽の》主題, 作意. **2**《壁・紙などの》意匠の主要素. **3**《一般的》主旨, 特色. [＜F.]

mó·tile [móut(i)l/-t(a)il] *a.* 〘生〙 動ける, 自動力のある. ◇ **mo·tíl·i·ty** [motíləti] *n.* 〘生〙 運動性, 自動〔運動〕力.

‡**mó·tion** [móuʃ(ə)n] *n.* **1** 運動, 活動; 《機械などの》運転. **2** 移動; 《天体などの》運行. **3** (*pl.*) 動作, 挙動, 身ぶり: If you watch my ～*s* carefully you will see how the trick is performed. 私の動作をよく見てくだされば手品のやり方がわかります. **4** 動議, 発議, 提議, 提案: make a ～ that the issue be put to vote 投票に付する動議を出す. **5** 〘法〙 命令, 裁定; 申請. **6** 便通; (*pl.*) 排出物. **7** 〘機〙 メカニズム, 装置; 《とけいなどの歯車の》仕掛け. **8** 〘楽〙 旋律の変化. ***go through the*** ～*s* ***of*** の身ぶり〔しぐさ〕をする. ***have a*** ～ 便通がある. ***in*** ～ 動いて, 運動〔運転〕中の. ***laws of*** ～ 〘物〙 運動の法則. ***make a*** ～ 〔～*s*〕 身ぶりで合い図する. → ④. ***of*** one'***s own*** ～ 自らの発意で; 進んで. ***on the*** ～ ***of*** の動議に基づいて. ***put*** 〔***set***〕 ***in*** ～ 動かす, 運転させる.

—— *vt.* に身ぶりで合い図〔指示〕する: He ～*ed* me *to* the seat. 私に席につけと身ぶりで示した. —— *vi.* 身ぶりで合い図する《に *to*》. ～ a person ***away*** 立ち去れと(人に) 合い図する. ～ (***to***) a person ***to*** (do) …するようにと(人に)身ぶりで示す. [√mo(u)-]

*～ **picture** 映画; (*pl.*) 映画製作, 映画産業. ～ **sickness** 吐き気, めまい. ◇ ～·**al** [-ʃən(ə)l] *a.* 運動の; 運動による, 運動を起こす.

‡**mó·tion·less** [móuʃ(ə)nlis] *a.* 動かない, (じっと) 静止した: stand ～ 身動き一つせずに立っている.

mó·ti·vate [móutəvèit] *vt.* **1** に動機を与える, 刺激する, 誘導する. **2** の動機となる, 誘発する, 引き起こす.

mò·ti·vá·tion [mòutəvéiʃ(ə)n] *n.* 動機づけ〔を与えること〕; 刺激, 誘導. ～ **research** 消費動向調査.

‡**mó·tive** [móutiv] *n.* **1** 動機; 動因, 行為の原因: the ～ of a crime 犯罪の動機. **2**《芸術作品の》主題, 題材. ***from*** 〔***through***〕 ***mercenary*** ～ 欲得ずくで. ***of*** 〔***from***〕 one'***s own*** ～ 自ら進んで, 自分の意志で. ***ulterior*** ～ 底意, 思わく.

—— *a.* 運動〔行動〕のきっかけとなる, 動機となる; 運動の. —— *vt.* **1** に動機〔刺激〕を与える, 誘導する (motivate). **2** 〈芸術作品の〉主題となる. [√mo(u)-] ～ **power** 動力; 原動〔起動〕力.

◇ ～·**less** *a.* 動機のない; 理由のない.

mo·tív·i·ty [motívəti] *n.* 原動力, 動力.

mót·ley [mɑ́tli/mɔ́t-] *a.* **1** 雑色の, まだらの. **2** 雑多な, ごたまぜの. **3** 雑色の服を着た. —— *n.* **1** 雑色. **2**《道化師の着る》雑色の服. **3** ごたまぜ. ***wear*** (***the***) ～ 道化役をする.

‡**mó·tor** [móutər] *n.* **1** モーター, 発動機, 内燃機関; 電動機. **2** 自動車; モーターボート. **3** (*pl.*) 自動車株. **4** 原動力, 動かすもの. **5** 運動筋肉〔神経〕.

—— *a.* **1** 原動の, 発動の, 動かす. **2** 原動〔発動〕機の; 自動車用の. **3** 運動の; 運動神経〔筋肉〕の.

—— *vi.* 自動車に乗る〔で行く〕, 自動車旅行する: ～ back 車で帰る. —— *vt.* 自動車で運ぶ: ～ one's son to school 子どもを学校へ車で送る. [√mo(u)-] ～ **bicycle,** ～·**bike** [∠-∸] オートバイ, モーターバイク. ～·**boat** [∠-∸] モーターボート, 発動機船. ～·**bòat·ing** モーターボート乗り遊び; 〘電〙 モータボーチング《ポコポコ音の出る回路の発振》. *～ **bus** バス, 乗合自動車. ～·**cab** [∠-∸] タクシー. ～·**cade** → 別項. ‡～·**car** →別項.

～ **coach** ＝〘米〙～ bus. ～ **court**〘米〙モーテル (motel). *～·**cỳ·cle** オートバイ, 自動自転車. ～·**cỳ·clist** オートバイに乗る人. ～-**drív·en** *a.* モーターで動く. ～·**drome** [⌐‐⌐] 自動車〔オートバイ〕競走場. ～ **dynamo** 電動発動機. ～ **generator** 電動発動機. ～ **guide**《自動車旅行用》道路案内. ～ **hotel** 〔**inn, lodge**〕＝～ court. ～ **lorry**〘おもに英〙貨物自動車. ～·**man** [-mən] (*pl.* -**men**) (1)〘米・カナダ〙《電車などの》運転手. (2) モーター係. ～ **nerve** 運動神経. ～ **pool** モータープール《自動車を多数駐車待機させておき, 必要に応じて配車する施設》. ～ **scooter** スクーター. ～ **ship** 発動機船, 《特に》ディーゼル船《略 MS. → steamship》. ～ **spirit** ガソリン. ～ **torpedo boat** 高速魚雷艇 (＝ ㊍ mosquito boat, PT boat; ㊕ E-boat). ～ **truck**〘米〙トラック, 貨物自動車. ～ **van**〘英〙有蓋(ゆうがい)トラック. ～ **vehicle** 自動車両〔類〕《自動車・バス・トラックなどの総称》. ～·**way** [⌐‐⌐]〘英〙自動車道路, 高速道路.

◇ ～·**dom** *n.* 自動車業界. ～·**ing** *n.* 自動車運転 (術), ドライブ. *～·**ist** [móutərist] *n.* (自家用) 自動車運転者. **mó·to·ry** [-təri] *a.* ＝motorial.

mò·to·rí·tis [mòutəráitis] *n.* 〘米俗〙自動車熱.

mó·tor·cade [móutərkèid] *n.* 〘米〙自動車行列.

‡**mó·tor·car** [móutərkɑ̀:r] *n.* **1**〘おもに英〙自動車. **2**〘米〙《鉄道の》動力つき車両.

mó·tored [móutərd] *a.* 発動機〔モーター〕装備の: a bi*motored* airplane 双発 (飛行) 機.

mo·tó·ri·al [motó:riəl/-tɔ́:r-] *a.* 運動の, 運動を起こす; 運動神経の.

mó·tor·ize [móutəràiz] *vt.* **1** に動力設備をつける. **2** 自動車化する《馬車・馬の使用をやめて》.

◇ **mò·tor·i·zá·tion** [mòutərizéiʃ(ə)n/-raiz-] *n.*

motte [mɑt/mɔt] *n.*〘米方〙《草原地帯の》叢林(そうりん).

mót·tle [mɑ́tl/mɔ́tl] *vt.* に斑点(はんてん)をつける, ぶちにする, まだらにする. —— *n.* 《大理石などの》斑点, ぶち, まだら. ◇ ～**d** *a.* ぶちの, まだらの.

‡**mót·to** [mɑ́tou/mɔ́t-] *n.* (*pl.* ～(**e**)**s**) **1** モットー, 標語, 座右銘. **2** 金言, 格言. **3**《楯(たて)・紋章にしるした》題銘. **4**《巻頭・章頭などに引用した》題句, 題詞. **5**〘楽〙反復楽句. 〔類〕→ **saying**「ことわざ」

mouch *vi., vt.* ＝mooch.

moue [mu:] F. *n.* ふくれっつら.

móuf·(f)lon [mú:flɑn/-lɔn] *n.* 〘動〙野生の羊《南ヨーロッパ産》.

mou·jík ＝muzhik.

mould〘英〙＝mold.

mou·lín [mu:lǽ:] *n.* 氷河の縦穴. [<F.]

moult〘英〙＝molt.

‡**mound**[1] [maund] *n.* **1** 土塁; 土手, 堤. **2** つか; つき山. **3** 小丘, 小山. **4**〘野球〙ピッチャーズマウンド (＝ pitcher's ～)《地面のやや高くなっている投手板の周辺》. ***take the*** ～〘野球〙投手板を踏む, プレートに立つ. —— *vt.* **1** につき山〔土手〕を築く; 土塁によって保護する〔囲む〕. **2** 土塁〔つき山, 土手〕に盛る; 盛り上げる.

M～ Builders 北アメリカ五大湖からフロリダ地域に住み土墳 (Indian ～s) をつくった原始インディアンの種族. ～**s·man** [-zmən] (*pl.* -**men**)〘米俗〙投手.

mound[2] *n.* 《王冠などの》宝珠.

‡**mount**[1] [maunt] *vt.* **1** <山・階段などを>登る, 上がる; <台・舞台などへ> 上がる. **2** <馬・いすに> 乗る, またがる: ～ a horse. **3** <人を> 乗せる《馬・高い所などに》; <人に> 乗馬を与える; 騎兵にする: be ～*ed* on stilts 竹馬に乗っている. **4** すえつける, 装着する; <宝石などを> 台にはめ込む, ちりばめる; <写真などを> 台紙に張る; <水彩画・地図などを> 表装する, 裏打ちする; <検鏡物を> スライドガラスに載せる; <砲台・軍艦などが砲を>備える, <砲架・軍艦・陣地に>設置する, 搭載(とうさい)する《砲を》《を *with*》: a ship ～*ed* with eight cannons 砲を 8 門備えている軍艦. **5** 装置する, 用意する; <動植物標本・検鏡物などを> 作製する, <動物を>はく製標本にする, <こん虫を> 標本にする; <砲を> 砲口を上方に向け発砲態勢にする; <織機(はた)に> 糸をかける. **6** <劇の> 背景・小道具などを準備する, <劇などを> 上演する. **7** <攻撃などを> 開始する, しかける. **8** <衣服を> 身につける, 着て見せる. —— *vi.* **1** 登る, 上がる. **2** 馬に乗る. **3** <物価などが> 上がる; <血が> 顔へのぼる. **4** <数・借金などが> かさむ《*up*》: ～ *up* to... 合計して…になる, かさんで…になる.

be well 〔***poorly***〕～***ed*** 良い〔悪い〕馬に乗っている. ～ ***guard*** 歩哨(ほしょう)に立つ, 張り番をする. ～ ***guard over*** を見張る, を守る. ～ ***the throne*** 玉座につく. —— *n.* **1** 乗 (用) 馬, 乗り物. **2** 台座, 台紙; 《指輪などの》台; 〘軍〙砲架; 《顕微鏡の》検鏡板, スライド. [√mont-] ◇ ～·**a·ble** *a.*

‡**mount**[2] *n.* **1** 山, 丘; 《通例 Mt. と略して山名を伴う》…山: *M*～ 〔*Mt.*〕Everest エベレスト山. **2**〘手相〙宮《手のひらの肉の隆起》. ***the Sermon on the M***～〘聖〙山上の垂訓《マタイ伝5:7》.

M～ Vernon George Washington の旧居住地・墓地《Virginia 州 Potomac 河畔にある》.

†**móun·tain** [máunt(i)n/-tin] *n.* **1** 山. **2** (*pl.*) 山脈, 連山. **3 山積み**, 多数, 多量: a ～ of difficulties 山積する困難. **4** (the M～)〘史〙山岳党《フランス革命当時の議会の過激派. 議場で高い席を占めていたのでこの名がある》. **5**《形容詞的に用いて》山の, 山のように大きな; 山に住む, 山にはえる; 《副詞的に》山のように: ～-high 山のように高い〔高く〕. ***a*** ～ ***of*** 多量〔多数〕の: *a* ～ *of* rubbish ごみの山. *a* ～ *of* flesh 巨漢. ***a*** ～ ***of a...*** 山のような…: *a* ～ *of a* wave 山のような波. ***Mahomet and the*** ～ うそがばれても平気でいる人間《マホメットが山を呼び寄せてみせると言いながら山が動かないのを見て自分の方から出かけて行った故事から》. ***make a*** ～ (***out***) ***of a molehill*** 針小を棒大にする. ***remove*** ～***s*** 奇跡を行なう. ***the*** ～ ***in labor*** 大山鳴動してねずみ一匹; 労多くして功少なし. [√mont-]

～ **ash**〘植〙ナナカマドの類. ～ **cat**〘動〙アメリカライオン(cougar); ヤマネコ (bobcat). ～ **chain** 〔**range**〕山脈, 連山. ～ **deer**〘動〙カモシカ. ～ **dew**〘話〙スコッチウイスキー;〘俗〙密造ウイスキー. ～ **goat**〘動〙ロッキーヤギ. ～ **gun** 山砲. ～-**hígh**《波などが》山のような. ～ **laurel**〘米:植〙アメリカシャクナゲ, カルミア. ～ **leather** 石綿の一種. ～ **lion**〘米:動〙アメリカライオン. ～ **sheep**〘動〙ロッキー羊. ～ **sickness** 高山病, 山酔い. ‡～·**side** → 別項. ～ **system** 山系. **M～** (**Standard**) **Time**〘米〙山地標準時. ～·**top** [⌐‐⌐] 山頂(の). ～ **wind** 夕方山から谷に吹く風, 山おろし. ～ **wine** マラガ白ブドウ酒.

◇ ～·**y** [-i] *a.* 山の多い; 山地に住む.

mòun·tain·éer [màunt(i)níər/-tin-] *n.* **1** 山国の人. **2** 登山家. —— *vi.* 登山する.

*__mòun·tain·éer·ing__ [-ní(:)riŋ/-níər-] *n.* 登山.

‡**móun·tain·ous** [máunt(i)nəs/-tin-] *a.* **1** 山の多い, 山地の: a ～ district 山岳地方. **2** 山のような, 巨大な: ～ waves 大波.

‡**móun·tain·side** [máunt(i)nsàid/-tin-] *n.* 山腹, 山ぎわ.

móun·te·bank [máuntibæŋk] *n.* **1** 大道売薬者. **2** いかさま師, 山師. —— *vi.* 山師をやる.

◇ ～·**er·y** [-əri] *n.* 山師的行為.

móunt·ed [máuntid] *a.* **1** 馬に乗った: a ～ bandit 馬賊. **2**《輸送車・タンク・馬などを備えた》機動 (性) の. **3** すえつけた; 台紙に張った; はめ込んだ: ～ gems ちりばめた宝石. ～ **infantry** 騎乗歩兵《移動に馬を用いる》. ～ **police**《集合的》騎馬巡査.

móunt·ing [máuntiŋ] *n.* **1** 乗ること, 乗馬. **2** すえつけ, 装備. **3** 表装, 台紙 (にはること), マウンティング; (宝石用の) 台. **4** つくり, 細工.

Móunt·y, Móunt·ie [máunti] *n.*〘話〙《カナダの》騎馬警察官.

‡mourn [mɔːrn/mɔːn] *vi.* **1** 悲しむ, 嘆く《を, について *for, over*》: The mother ～*ed for* a dead child [*over* the child's death]. 母親は死んだ子のことで[子どもの死を]嘆き悲しんだ. **2** 弔う, いたむ, 哀悼する. **3** 喪に服する. **——** *vt.* **1** 嘆く, 悲しむ. **2** 〈死者・死を〉いたむ, 哀悼する: ～ the loss of one's mother 母の死をいたむ. **3** 嘆いて言う.

móurn·er [mɔ́ːrnər/mɔ́ːnə] *n.* **1** 悲しみ嘆く人; 哀悼者. **2** 会葬者; 泣き男. **3**〖米〗ざんげ者: ～s' bench ざんげ者席《教会で悔い改めて救いを求める者のすわる最前列の席》. ***the chief*** ～ 喪主.

‡móurn·ful [mɔ́ːrnf(u)l/mɔ́ːn-] *a.* **1** 悲しみに沈んだ. **2** 陰気な, 物寂しい. **3** いたましい, 悲しみを催させる: a ～ occasion 悲しみの際.

◇ **～·ly** [-fuli] *ad.* 〔類〕→ **sad**「悲しい」

móurn·ing** [mɔ́ːrniŋ/mɔ́ːn-] *n.* **1** 嘆き, 悲しみ; 哀悼. **2** 喪, 服喪すること; 忌中. **3** 喪服, 喪章, 喪旗. ***be in ～ (1) 喪に服している, 喪服を着ている. (2) 〈目が〉ふちが黒ずんでいる《なぐられたあと》; 〈つめが〉あかがたまっている. ***be out of*** ～ 喪があけている. ***deep*** [***half***] ～ 正式[略式]喪服. ***go into*** [***put on, take to***] ～ 喪に服する. ***leave off*** ～ 喪を終える, 喪があける. ***put into*** ～ 喪に服させる, 喪服を着せる. **——** *a.* 悲しみの, 哀悼の; 喪服の, 喪章の. ～ **badge** [**band**] 喪章. ～ **border** 黒わく《死亡通知などの》. ～ **card** 喪中黒わくカード. ～ **cloak**〖虫〗キベリタテハ《タテハチョウの一種》. ～ **coach** 霊柩(きゅう)車. ～ **dove**〖鳥〗北アメリカ産ジュズカケバト《悲しげな声で鳴く》. ～ **paper** 黒わくの便箋(せん). ～ **ring** 形見の指輪. ～ **stuff** 喪服地. ◇ **～·ly** *ad.* 悲しんで, 悲しそうに.

†mouse [maus] *n.* (*pl.* **mice** [mais]) **1**〖動〗ハツカネズミ. **2** おくびょう者. **3** かわいい子, いい子《女子に対する愛称》. **4**〖俗〗黒あざ《なぐられた目のまわりの》. **5**《sash window の》分銅, おもり. **6**《形容詞的》ネズミ色の (= ～ color). **(*as*) *drunk as a* (*drowned*)** ～ へべれけに酔っ払って. **(*as*) *poor as a church*** ～ ひどく貧しい. ***field*** ～ ノネズミ. ***house*** ～ イエネズミ. ***like a drowned*** ～ みじめなようすで. ～ ***and man*** 生きとし生けるもの. ***play like a cat with a*** ～ いじめ抜く, なぶりものにする. ～ **color** ネズミ色. **～-ear** [⌐⌐]〖植〗ヤナギタンポポの類; ワスレナグサの類. **～·hole** [⌐⌐] ネズミの穴; 狭い出入り口. **～·tail** [⌐⌐]〖植〗キンポウゲ科の植物. **～·trap** [⌐⌐] ネズミとり(器).

—— *v.* [mauz] *vt.* **1** 捜し出す, かり立てる. **2**《ネコがネズミを扱うように》なぶりものにする, 引き裂く. **3**〖海〗〈かぎの先を〉細なわでくくる. **——** *vi.* **1** 〈ネコなどが〉ネズミをとる. **2** あさって歩く《*about*》; ねらう《を *after, for*》. ◇ **～·like** *a.* ～のような.

móus·er [máuzər] *n.* **1**《ネコなど》ネズミをとる動物: a good ～ よくネズミをとるネコ. **2** こそこそ詮索(せんさく)する人, うろつく人;〖俗〗でか;〖米俗〗堕落者.

móus·ie [máusi] *n.* 小ネズミ.

móus·ing [máuziŋ] *n.*〖海〗かぎの先と軸をくくり合わせた細なわ.

mousse [muːs] *n.* ムース《あわ立てクリーム・卵・ゼラチンなどに砂糖・香料を加えて凍らせたデザート. 甘味を加えない肉・魚入りのもある》. [<F.]

mousse·line[1] [muːslíːn/⌐—] F. *n.* **1** あわ立てクリーム入りオランダ風ソース. **2** ふわふわした料理《裏ごしなどの》. ***pommes*** ～ マッシュポテト.

mousse·line[2] F. *n.* = muslin. ～ ***de laine*** [-dəlé(i)n] メリンス, 唐(から)ちりめん. ～ ***de soie*** [-dəswáː] 絹メリンス.

mous·táche = mustache.

móus·y [máusi, ㊟+-zi] *a.* **1** ネズミの多い. **2** ネズミのように静かな[おくびょうな]: a ～ tread 忍び足. **3**《色が》くすんだ. ◇ **-i·ly** *ad.* **-i·ness** *n.*

†mouth [mauθ] *n.* (*pl.* **～s** [mauðz],《所有格》**～'s** [mauθs]) **1** 口: keep one's ～ shut 黙っている. **2** (通例 *pl.*) (養い) 口, 人, 動物: many ～s to feed 大ぜいの扶養家族. a useless ～ ごくつぶし. **3** 口に似た物[部分]《河口・銃口・出入り口・びんの口・管楽器の吹き口など》: at the ～ of a river 河口に. **4** 発言, 人の口, うわさ. **5** 口調, なまり: *in* [*with*] a French ～ フランスなまりで. **6** 口答え, 生意気な言いぐさ. **7** しかめつら: make ～*s at* a person 人に向かって顔をしかめる. **8** 口あたり, 味. ***be all*** ～《人が》大ぶろしきである, 口ばっかりである. ***by word of*** ～ 口頭で, 口伝えで. ***down in*** [***at***] ***the*** ～〖話〗がっかりして, 意気阻喪して. ***fix* one's** ～ ***for*** の準備をする, の覚悟をきめる. ***from hand to*** ～ その日暮らしで. ***from*** ～ ***to*** ～ 口から口へ語り伝えて. ***give*** ～ 〈犬などが〉ほえる. ***give*** ～ ***to*** を口に出す, を語る. ***have a big*** ～ 大声で話す; 大口をたたく; ずけずけ言う. ***have a foul*** ～ (1) 口ぎたない, 口が悪い. (2)《深酒のあとで》口がねばねばする. ***in everyone's*** ～ 世間のうわさとなって. ***laugh on the wrong side of* one's** ～ 泣き笑いをする, べそをかく. ***make a*** ～ [～***s***] 口をゆがめる, しかめつらをする. ***make a pretty*** ～ (口をすぼめて) 気どる. ***make* a person's** ～ ***water*** (人) によだれを流させる; (人) をうらやましがらせる. ***open* one's** ～ ***too wide*** 途方もない値段をふっかける, 過大な要求をする. ***put words into* a person's** ～ (人) に言うべきことばを教え込む; (人) の口をかりて言わせる, (人) が言ったことにする. ***sound strange in* a person's** ～ (人) が言うと変に聞こえる. ***stop the*** ～ 口止めする. ***take the words out of another's*** ～ 他人の言おうとすることを先に言う. ***with full*** [***open***] ～ 大声で. ***with one*** ～ 異口同音に.

～-fìll·ing 大げさな, 誇大な. ～ **friend** 口先だけの友. ～ **organ**〖楽〗ハーモニカ; 牧笛 (Panpipe). **～·piece** [⌐⌐] (1)《楽器の》吹き口;《管・パイプなどの》口金, 吸い口;《電話の》送話口. (2) 代弁者;〖俗〗刑事弁護士. (3)《馬の》はみ, くつわ. **～-wà·ter·ing** よだれを流させる, うまそうな.

—— *v.* [mauð] *vt.* **1**《口を大きく動かして》大声に言う; 演説口調で[晴れがましく]言う; どなる. **2** 〈人を〉非難する. **3** 〈物を〉口へ入れる, くわえる, なめる. **4** 〈馬を〉はみになれさせる. ～ ***it***〖闘鶏〗くちばしでつつき合う. **——** *vi.* **1** 口をもぐもぐさせる; しかめつらをする. **2** 大声で[演説口調で]話す. **3** 〈河口から川が〉注ぐ《に *in, into*》.

◇ **～·er** [-ðər] *n.* 大言壮語する人. **～·y** [-ði, ㊟+-θi] *a.* 大言壮語する; おしゃべりの.

móuth·ful** [máuθfùl] *n.* **1** 一口 (分), 口いっぱい (分). **2** わずかな食物; 少量. **3**〖米話〗発音しにくい長い語. **4**〖米俗〗言いたいだけのこと; 言い分, もっともなこと; 重大なこと: say a ～. ***make a ～ ***of*** を一口に飲む.

***móv·a·ble** [múːvəbl] *a.* **1** 動く, 動かせる; 移動できる, 可動 (性) の. **2**《祭日など》年によって日の変わる[不定の]: ～ feasts 移動祝祭日. **3**〖法〗動産の. →real. **——** *n.* **1** 動かせるもの. **2** (通例 *pl.*) 家具, 家財. **3** (*pl.*) 動産. ～ **property** 動産. ◇ **-bly** *ad.* **mòv·a·bíl·i·ty** [mùːvəbíliti] *n.* 可動性.

†move [muːv] *vt.* **1** 動かす, 移動する, 移す: ～ troops 部隊を移動する. ～ a piece〖チェス〗こまを進める. ～ house 居を移す, 引っ越す. **2** 始動する, 進行[運転]させる: ～*d* by electricity 電気で動く. **3** 揺り動かす, ゆする. **4** 感動させる, の心を動かす, 刺激する; の決意を動揺させる; …する気に誘う《*to* (do)》: ～ a person *to* anger [laughter] 人を怒らせる[笑わせる]. be ～*d to* tears [action] 感動して涙を流す[行動に移る]. Nothing will ～ him. どんなことがあっても彼の決心は変わらない. What ～*d* you *to* do this? どういう気持ちでこんなことをしたのか. **5**〖古〗〈感情を〉ゆする, 引き起こす. **6** 〈商品を〉動かす, 売りさばく. **7** へ提訴する: ～ a court 裁判所へ訴え出る. **8** 〈決議を〉提案する,

の動議を出す; …と提議する《*that*》: ～ *that* the case be adjourned for a week 審議の1週間延期を提議する. **9**〘医〙〈腸に〉通じをつける: ～ the bowels 便通をつける.
—— *vi.* **1** 動く, 身動きする, 〈機械などが〉回転〔運転〕する: It was calm and not a leaf ～*d.* 風もなく木の葉一枚動かなかった. **2** 行動する, 活動する; 動き回る: ～ *in* society 社交界に出入りしている. **3 移動する; 引っ越す;** 居を移す, 〘話〙立ち去る, 出かける: ～ *into* a new house 新居にはいる. It's time to be *moving.* そろそろ出かける時間だ. **4**〈商品が〉動く, さばける: The article is *moving* slowly. その品物はなかなかさばけない. **5**〈事件が〉進展する. **6**〈草木が〉伸びる, 芽を出す. **7** 提案する, 申請する, 要求する《を *for*》. **8**〈腸が〉便通がつく.
be* [*feel*] ～*d to (do) …したい気がする. **～ *about*** 動き回る; 住所を転々と変える. **～ *aside*** わきに寄せる〔寄る〕, 退ける, 退く. **～ *away*** 立ち去る, 転居する. **～ *back*** 引っ込む; 引っ込ませる. **～** a person**'*s blood*** (人) を激怒させる. **～ *down* [*up*]** 繰り下げる〔上げる〕; 格下げする〔格上げする〕. **～ *for*** の動議を出す, を申請する. **～ *heaven and earth to*** (do) あらゆる手を尽くして…する. **～ *in*** はいってくる, 介入する; 引っ越してくる. **～ *in high society*** 上流社会に出入りする. **～ *in on*** を襲撃する. **～ *off*** 立ち去る; 〘俗〙死亡する. **～ *on*** どんどん進む〔進ませる〕: *M～ on!* 止まるな!, 進め! 《交通巡査の指示》. **～ *out*** 引っ越して行く. **～ *up to*** に昇進する〔させる〕.
—— *n.* **1** 動き, 動作, 運動. **2** 行動, 処置: What's our next ～? われわれは次にどういう行動をとるのですか. **3** 移動; 転居. **4** 進行, 推移. **5**〘チェス〙こまの動き, 手番: a ～ in chess. ***first* ～** 先手. ***get a* ～ *on***〘俗〙出発する; 急ぐ, すばやくやる. ***know* [*be up to*] *every* ～ (*on the board*)** = ***know a* ～ *or two*** 手を心得ている, 抜け目がない. ***make a* ～** (1) 動く, 活動する. (2) 行動する, 手段をとる. (3) 立ち去る, 出かける; (食事を終えて) 立ち上がる. (4)〘チェス〙こまを動かす. ***on the* ～** 絶えず動いている, 活動している; 移動中; 〈ことが〉進行中. ***the* ～**〘チェス〙詰め手. [√mo(u)-]
◇ **～·less** *a.* 動かない, 静止した.
〔類〕→ **advance**「前進する」

móve·a·ble = movable.

‡móve·ment [múːvmənt] *n.* **1 動き,** 運動, 活動. **2** 動作, 身ぶり; (*pl.*) 物腰, 態度: her graceful ～*s* 彼女のしとやかな物腰. **3** (おもに *pl.*) 行動, 動静. **4**《特定の目的のための》**運動**: the antislavery ～ どれい廃止運動. **5**《時代の》動向, 趨勢(すうせい); 《事件・物語などの》進展, 変転, 波乱: a play that lacks ～ 変化の乏しい劇. **6**《市況・物価などの》動向, 変動: price ～*s.* **7** 移転, 転位; 移住, 転居; 〘兵〙《部隊・艦船の》移動. **8**《植物の》生長, 発芽. **9**《機械の》運転; 運転〔機械〕装置, からくり. **10**《絵画・彫刻などの》動き, 動的効果. **11**〘楽〙拍子, 速度, リズム; 楽章: the first ～ of a symphony 交響曲の第一楽章. **12** 便通; 排出物: have a ～ 通じがある. ***in the* ～** 風潮〔時勢〕に乗って.

móv·er [múːvər] *n.* **1** 動かす人〔物〕, 動く人〔物〕. **2** 発動機. **3** 発案者; 動議提出者, 提案者. **4**〘米〙引っ越し荷物運送屋. ***the first* [*prime*] ～** 主唱者, 発起人; 発動機, 原動力.

†móv·ie [múːvi] *n.* (通例 *pl.*)〘米話〙映画. ***the* ～*s*** (1)《集合的》映画; 映画の上映: go to *the* ～*s* 映画を見に行く. (2) 映画産業. **～ fan** 映画ファン. **～ fiend**〘米俗〙映画狂. **～·gò·ing** 映画見物(の): the ～*going* public 映画観客層. **～ house**〘話〙映画館. **～·land** [⊥-⊥] 映画製作地《特にハリウッドのこと》; 映画産業. **～ theater** 映画館. **～ tone**〘米話〙発声映画.

móv·ing [múːviŋ] *a.* **1** 動く, 活動する; 移動する: a ～ age 進展する時代. **2** 動かす, かり立てる, 動機となる: a ～ spirit 推進力となる人. **3** 感動させる, 心をうつ: a ～ story 感動的な〔哀れな〕話.
—— *n.* **1** 動く〔動かす〕こと, 動き. **2** 扇動. **3** 感動. **～ *of the waters*** 騒ぎ, 興奮; 《事件進行中の》変化, 妨害. **～ picture** 映画. **～ staircase** [**stairway**] エスカレーター. ◇ **～·ly** *ad.*

***mow**[1] [mou] *v.* (**～ed**; **～ed, mown** [moun]) *vt.* **1**〈草・麦などを〉刈る, 刈り取る; 〈野などの〉草を刈る. **2**〈群衆・軍隊などを〉なぎ倒す《銃火で》, 掃討する《*down, off*》. **——** *vi.* 草刈りをする.
◇ ***～·er** [móuər] *n.* 草を刈る人; 草刈り機.

mow[2] [mau/mou] *n.* **1** 干し草〔穀物〕の山. **2**《納屋の中の》干し草〔穀物〕置き場.

mow[3], **mowe** [mau, ㊣⁺mou] *n.* 〘古〙しかめつら: make mops and ～*s* しかめつらをする. **——** *vi.* しかめつらをする: mop and ～ 顔をしかめる.

mów·ing [móuiŋ] *n.* **1** 草刈り. **2** (一定時の) 草の刈り入れ量. **3**〘米〙牧草地. **～ machine** 草刈り機.

mown [moun] *v.* mow[1] の過去分詞. **——** *a.* **1** 刈り取られた. **2** なぎ倒された.

móx·a [máksə/mɔ́k-] *n.* もぐさ. **～ cautery** 灸(きゅう).

móx·ie [máksi/mɔ́k-] *n.* 〘俗〙活力, 元気, 勇気, 「気骨.

Moz·ár·ab [mouzǽrəb] *n.* 〘スペイン史〙アラビア人支配下で許容されていたキリスト教徒. ◇ **～·ic** [-ik] *a.*

Mó·zart [móuzaːrt, -tsaːrt/-tsaːt] *n.* Wolfgang Amadeus [wúlfgæŋ-æmədéiəs-] ～, 1756–91, オーストリアの作曲家.

MP, M.P. Member of Parliament; Metropolitan Police; Military Police; Mounted Police. **m.p.** melting point. **mph, m.p.h.** miles per hour.

MQ [émkjúː] *n.* 〘写〙メトールハイドロキノン現像薬 (=*MQ* developer). [＜*m*etol＋*q*uinol]

MR, M.R. motivation research 消費動向調査.

†Mr., Mr [místər] **1** (*pl.* **Messrs.** [mésərz]) …様, …さん, …氏, …君, …殿《男子の姓・姓名・職名の前につける敬称》: *Mr.* (John) Smith (ジョン=)スミス様. *Mr.* and Mrs. Miller ミラー夫妻. *Mr.* President 大統領〔学長, 社長〕(殿). *Mr.* Speaker 議長 (殿). 〈注1〉既婚婦人があらたまって「主人」「宅」「うちの人」というとき, たとえば彼女が Mrs. Smith ならば, Mr. Smith という: *Mr.* Smith is now in France. 主人はいまフランスに行っております. 〈注2〉Mr., Mrs., Dr., Mt. などにはピリオドのない形が併用される. **2** 代表的な男性, …の典型: *Mr.* America ミスターアメリカ. *Mr.* Baseball 野球の名手. [＜mister]

MRA Moral Rearmament. **MRBM** medium range ballistic missile 中距離弾道ミサイル. **M.R.C.P.** Member of the Royal College of Physicians. **M.R.C.S.** Member of the Royal College of Surgeons.

†Mrs., Mrs [mísiz, ㊣⁺-sis] **1** (*pl.* **Mmes.**) …夫人, …の奥様, …様, …さん《既婚婦人の姓またはその夫の姓名の前につける》: *Mrs.* (John) Smith (ジョン=)スミス氏夫人《法律関係では *Mrs.* Mary Smith メアリ=スミス夫人のごとくする》. Dr. and *Mrs.* Smith スミス博士夫妻. 〈注〉夫が他人の前で「家内」という意味で Mrs.... という. たとえばスミス氏は「家内」の意で *Mrs.* Smith という. **2** 典型的既婚婦人: *Mrs.* Homemaker 理想的な主婦. [＜mistress]

Ms., ms. Manuscript. **M.S.** Master of Science; Master in Surgery. **m.s.**... months after sight 〘商〙一覧後…月払い; modification of the stem of. **MSA, M.S.A.** Mutual Security Act. **M. Sc.** Master of Science. **Msgr.** *Monsignor.* **M/Sgt.** Master Sergeant.

m'sieur [məsjə́ːr] = *monsieur.*

m.s.l. mean sea-level. **Mss., mss.** Manuscripts. **MST** Mountain Standard Time.
†**Mt.** [maunt] (*pl.* **Mts.**) =mount².
mt. mountain. **M.T.** Metric Ton; Mountain Time. **M.T.B.** motor torpedo boat. **mth.** month. **mtn.** mountain. **Mt. Rev.** Most Reverend.
mu [mju:, [米]⁺mu:] *n.* ギリシア語アルファベットの第12字《M, μ. ローマ字の M, m に当たる》.
†**much** → 枠付 much.

much

不定の数量をあらわす語の中で much「多量(の); 多く」は反意語 little とともにもっぱら量の語(物質名詞・抽象名詞などの「不可算名詞」)に関係している. some などと違って数・量兼用にはならない: *much* water / *some* water, *some* children. なお「量の語」というのは (*much*) furniture や (*much*) fruit のように, 数えられるけれども習慣として量的に扱われるものも含む.

三つの用法: 形容詞・(代)名詞・副詞のうち, あとの二つは必ずしも区別が明瞭(ﾒｲﾘｮｳ)でなく, また理解・運営上も区別を要しないばあいがある. たとえば study *much* は「多くのことを勉強する」(名詞的) にしろ「大いに勉強する」(副詞的) にしろ, 結局おなじことである. 成句にも品詞間に共通のものがかなりある. これらの意味で本項の熟語は最後にまとめて示した.

much [mʌtʃ] *a.* (**more** [mɔ:*r*/mɔ:]; **most** [moust]) 《物質名詞・抽象名詞など不可算名詞の前について》 多量の; たくさんの: This ore contains (very) ～ gold. この鉱石は(非常に)多量の金を含んでいる. Did your cow give ～ milk today? お宅の牛はきょう乳をたくさん出しましたか. There is ～ truth in what he says. 彼の言うことには多大の真理がある. There is ～ talk of their opening a new business. 彼らが新しい事業を始めるというううわさがしきりにたっている. *M*～ effort has been wasted. 努力に多大のむだが出た. I don't have [haven't (got)] ～ money today. きょうはあまりお金を持っていない. He attached too ～ importance to these figures. 彼はこの数字を重要視しすぎた. How ～ information can you get from this dictionary? この辞書からどれだけの情報が得られるか. A new-born baby is said to contain as ～ water as a watermelon. 新生児はスイカと同程度の水分を含むといわれている. Don't eat so ～ meat, but eat *more* fruit instead. そんなに肉を食べずに, もっとくだものをお食べなさい 《種類を問わずにくだものを総括的に考えるとき, fruit は物質名詞扱い: *much* fruit たくさんのくだもの》. There isn't ～ furniture in my house. うちには家具はあまりたくさんない《furniture は (集合的に) 物質名詞扱いで, many furnitures とはいわない》.

〈付記〉 口語のばあい肯定平叙文では much よりも a lot of, a great deal of などが好んで用いられる: I have *a lot of* money.「お金をたくさん持っている」There is *a great deal of* truth in what he says.「彼の言うことには多大の真理がある」ただし as *much*, how *much*, so *much*, too *much* のばあい, 否定文・疑問文のばあい, および比較級 *more* のばあいは別.

—— *n., pron.* 多量(のもの); たいしたもの: There doesn't seem to be very ～ (of it) left. (それは)あまりたくさんは残っていないらしい. There is ～ to be said on both sides. 両方に相当の言い分がある《論争などで》. *M*～ has been said, but little done, about this. このことについて議論は盛んに行なわれてきたが, 実行はほとんどなされなかった (←多くのことが言われたが, ほとんどなにもなされなかった). This is not ～, but I hope you will like it. たいしたものではありませんが, お気に召せば幸いです. I don't see ～ of you these days. 近ごろあまりお見受けしませんね. *M*～ of what he says is true. 彼の言っていることには真実の部分がたくさんある (≒*Most* of what he says is true. 彼の言っていることは大部分真実だ). 〈注〉 much は「多量」であって,「大半」(most) の含みはない.「…の多くは」という日本語は後者の意味にとられやすい. → 枠付 many 〈付記₁〉.

—— *ad.* (**more**; **most**) **1** 大いに, 非常に: I like it very ～. 私はそれがたいそう好きだ. She talks too ～. 彼女はしゃべりすぎる. Thank you very ～. ほんとうにありがとう. You don't work so [as] ～ as you used to (do). きみは以前ほど働かないね. This hat is ～ too large for me. この帽子は私にはあんまり[ひどく]大きすぎる《比較: a bit too large ちょっと大きすぎる》. He fed his bird ～ too ～. 彼は鳥にあまりにもえさをやりすぎた《比較: He fed his bird a little too ～. 少しえさをやりすぎた》.

2 《形容詞・副詞の比較級・最上級を強めて》 ずっと, はるかに: This train is [runs] ～ fast*er*. この列車の方がずっと速い[速く走る]. I feel ～ *better* today. きょうは(前より)ずっと気分がよくなった. a ～ *more* beautiful flower もっとずっと美しい花. ～ the *best* 抜群の. 〈注〉 これらの much は口語でも用いられる. ただし比較級のばあい, *a lot* better のように非常に口語的な言い方もある.

3 《過去分詞の強調》 非常に: Democracy is ～ talked about these days. 当今は民主主義ということばがしきりに世人の口にのぼる. I shall be (very) ～ obliged if you will help me. ご助力くださらば幸い(至極)に存じます. She was ～ surprised. 彼女はたいへん驚いた. 〈注〉 最後の例では口語では very が優勢になり始めている. pleased, delighted, excited など, 形容詞化の強いものはいっそうその傾向が強い.

4 ほとんど, だいたい: ～ the same 似たり寄ったりの[で]. ～ of a size ほぼおなじ大きさで.

as ～ (ちょうど) それだけ: I thought *as* ～. そんなことだと思った. ***as ～ again*** (*as*...) 《量が》(…の) 2倍の. ***as ～ as***... …とおなじだけ; …だけの; 《強調的に》…(ほど)も: Take *as* ～ (of it) *as* you like. (それを)ほしいだけ取りなさい. He earns *as* ～ *as* a million yen a month. 彼は月に100万円もかせぐ. ***be too ～ for*** a person (人)の手に負えない. ***half as ～ again*** (*as*...) 《量が》(…の) 1倍半. ***half as ～*** (*as*...) 《量が》(…の) 半分. ***make*** [***think***] ***～ of*** を重んずる; たいせつにする; もてはやす. ***～ less*** 《否定的語句のあとで》 まして《…ない》; なおさら《…ない》. ***～ more*** 《肯定的語句のあとで》 まして(や), いわんや. ***～ too*** → *ad.* ①. ***not ～ of a*** 大した…でない (≒not a good): He is *not* ～ *of a* scholar. 彼はたいした学者ではない. ***not say ～ for*** 《話》を高く評価しない, を重んじない. ***not so ～ as***... …さえしない: He did*n't so* ～ *as* greet us. 彼は私たちにあいさつさえしなかった. ***not so ～*** A ***as*** B (A) というよりもむしろ (B). ***so ～ for***... …はこれだけにしておく. ***that ～*** それだけ(の); そのくらい(は): I know *that* ～. そのくらい知ってるよ. ***this ～*** これだけ(の); このくらい(は): Leave *this* ～ space at the end. 終わりにこのくらいの余白を残しなさい. ***twice*** [***three times***] ***as ～*** (*as*...) 《量が》(…の) 2倍[3倍]の. ***without so ～ as***... …さえもしないで.

múch·ly [mʌ́tʃli] *ad.* 〖笑〗大いに, 非常に.
múch·ness [mʌ́tʃnis] *n.* 〖話〗たくさん, どっさり. ***be much of a*** ～ 似たり寄ったりだ, とても似ている.
mu·cíf·er·ous [mjuːsíf(ə)rəs] *a.* 粘液を分泌する〔含む〕.
mú·ci·lage [mjúːsilidʒ] *n.* **1** 《植物の分泌する》粘液. **2** 〖米〗ゴムのり (gum).
◇ **mù·ci·lág·i·nous** [⌐–lǽdʒinəs] *a.* 粘液を分泌する; 粘液質の, ねばねばした.
mú·cin [mjúːsin] *n.* 〖生化〗ムチン, 粘液素.
muck [mʌk] *n.* **1** 牛〔馬〕ふん, 堆肥(たいひ), 肥やし. **2** 汚物《湿ってべっとりしたもの. 痰(たん)の固まり, ぬれぞうきんなど》. **3** 〖英話〗くだらぬもの, がらくた. **4** 乱雑, 不潔. **5** 〖鉱山〗廃石, くず《じゃま物になる岩石》. ***be all of*** 〔***in***〕 ***a*** ～ どろだらけになっている. ***make a*** ～ ***of*** をきたなくする, をめちゃめちゃにする; をしくじる.
—— *vt., vi.* **1** に肥料を与える, に肥やしをかける. **2** きたなくする, よごす. **3** 〖俗〗へまをする; 混乱させる, だいなしにする《*up*》. ～ ***about*** 〖英俗〗うろつきまわる; ぶらぶらする, なまける. ～ **rake** 肥やしくまで; 醜聞あさり. ∼́·**rake** →別項. ∼́·**worm** [⌐⌐] くそ虫, うじ; 守銭奴; 浮浪児.
múck·er¹ [mʌ́kər] *n.* 〖英俗〗ひどくころぶこと, とんだ災難. ***come a*** ～ 〖英俗〗ひどくころぶ; 失敗する. ***go a*** ～ 〖英俗〗(1) やたらに金を使う《に *on, over*》. (2) ＝come a ～.
múck·er² *n.* **1** 〖米俗〗ぶしつけ者, 礼儀知らず; へまなやつ. **2** 《鉱山などの》廃石〔くず〕選別人夫.
múck·le [mʌ́kl] ＝mickle.
múck·rake [mʌ́krèik] *vi., vt.* (の)醜聞〔汚職〕をあばく. ◇ **-ràk·er** [-ər] *n.*
múck·y [mʌ́ki] *a.* **1** 肥やしの (ような). **2** きたない, いやな. ◇ **múck·i·ness** *n.*
mu·cós·i·ty [mjuːkɑ́siti/-kɔ́s-] *n.* 粘(液)性.
mú·cous [mjúːkəs] *a.* **1** 粘液(性)の, ねばねばした. **2** 粘液を分泌する. ～ **cough** たんの出るせき. ～ **gland** 粘液腺(せん). ～ **membrane** 粘膜.
mú·cus [mjúːkəs] *n.* **1** 《動物の》粘液. **2** 《植物の》やに.
‡**mud** [mʌd] *n.* **1** どろ, ぬかるみ: be covered with ～ どろまみれになる. **2** つまらぬ物: His name is ～. 彼の評判は地に落ちている. **3** 悪口, 中傷. ***consider*** a person ***as*** ～ 〔***as the*** ～ ***beneath*** one***'s feet***〕(人を) 頭からばかにする. ***fling*** 〔***sling, throw***〕 ～ ***at*** の顔にどろをぬる; をけなす, の悪口を言う. ***His name is*** ～. 彼は信用が落ちた. ***stick in the*** ～ ぬかるみにはまり込む; 《比喩的》ぐずつく, 行き詰まる.
—— *vt.* どろだらけにする, よごす. —— *vi.* どろにもぐる〔隠れる〕.
～ **bath** どろぶろ《リューマチなどにきくという》. ∼́·**cap** [⌐⌐] どろでおおう. ∼́·**cat** [⌐⌐] 〖魚〗《アメリカ産》大ナマズ. ～ **dauber** 〖虫〗ジガバチ. ∼́·**fish** [⌐⌐] (*pl.* **-fish·es**, 《集合的》**-fish**) どろの中にいる魚《ドジョウ・ハゼなど》. ～ **flat** 干潟(ひがた). ∼́·**guard** [⌐⌐] 《自動車などの》どろよけ. ～ **hen** 〖鳥〗バン, クイナ. ∼́·**lark** [⌐⌐] 干潟のどろの中をあさるばた屋; 浮浪児. ∼́·**pie** [⌐⌐] 《子どものつくる》どろまんじゅう. ～ **puppy** 〖米: 動〗イモリ; サンショウウオ. ∼́·**sill** [⌐⌐] 土中に埋める建物の土台(材); 下積みの人間. ∼́·**slìng·er** (政治的)中傷者. ∼́·**slìng·ing** (政治的) どろ試合. ∼́·**stone** [⌐⌐] 泥岩(でいがん). ～ **turtle** 〖米: 動〗ドロガメ, 淡水カメ. ～ **volcano** 〖地〗泥火山.
múd·der [mʌ́dər] *n.* 〖競馬〗重(おも)馬場のじょうずな馬.
múd·dle [mʌ́dl] *vt.* **1** かき混ぜる, いっしょくたにする《*up, together*》. **2** の中をかきまわす: ～ a drawer 引き出しの中をかきまわす. **3** 〈計画などを〉めちゃめちゃにする, だいなしにする: a (piece of) business ～*d* at the start 出だしをやりそこなった事業. **4** の頭〔気分〕を混乱させる, まごつかせる; もうろうとさせる《酒などで》. **5** 〈水などを〉(かき立てて) 濁らせる, どろだらけにする. **6** 〈カクテルなどを〉混ぜ合わせてつくる, 調合する. **7** 浪費する《*away*》. —— *vi.* **1** まごつく, へまをやる. **2** (酔って) 頭がもうろうとなる. **3** 〖古〗どろにまみれる. ～ ***about*** うろつく, ぶらつく; だらしなく動く. ～ ***on*** 〔***along***〕 どうにか続けてやっていく. ～ ***through*** 〖英〗どうにか切り抜ける, お茶を濁す.
—— *n.* **1** 混乱状態, 乱雑さ. **2** 当惑 (状態), 茫然(ぼうぜん)自失のありさま. ***in a*** ～ (1) 雑然と; 混乱して. (2) 当惑して. ***make a*** ～ ***of*** をやりそこなう, をめちゃめちゃにする.
～·**head** [⌐–⌐] まぬけ, とんま. ～·**héad·ed** とんまな, まぬけな. ◇ ～·**dom** *n.* 混乱状態. **múd·dler** *n.* **1** マドラー《カクテルなどの飲み物の攪拌(かくはん)棒》. **2** ～する人 (物).
‡**múd·dy** [mʌ́di] *a.* **1** どろの, どろだらけの, ぬかるみの: a ～ road どろんこ道. ～ water どろ水. **2** 《色・音などの》くすんだ, 濁った. **3** (頭が) ぼんやりした, 混乱した. **4** 《思考・表現・文体・情勢などが》不明瞭(ふめいりょう)な, あいまいな: ～ thinking はっきりしない思考.
—— *vt., vi.* (**-died; -dy·ing**) **1** どろだらけにする〔なる〕; 濁す, 濁る. **2** ぼんやりさせる, の頭を混乱させる. ◇ **múd·di·ly** *ad.* **múd·di·ness** *n.*
mu·éz·zin [mjuːézin/muː-] *n.* 祈禱(きとう)時告知者《回教において寺院の尖塔(せんとう)から告知する》.
muff¹ [mʌf] *n.* マフ《両端から手を入れて暖める毛皮製筒状手首おおい》. ***ear*** ～***s*** 耳おおい《防寒用》.
muff² *n.* **1** 不手ぎわ, へま. **2** 無器用者; まぬけ. **3** 〖球技〗ボールの受けそこない, 落球. ***make a*** ～ ***of oneself*** ばかなことをして笑い者になる. ***make a*** ～ ***of it*** へまをやる. —— *vt., vi.* **1** へまをする, しくじる. **2** 〈ボールを〉受けそこなう. ◇ ～**ed** *a.*
mùf·fe·tée [mʌ̀fitíː] *n.* 〖英〗毛糸の手首おおい.
***múf·fin** [mʌ́fin] *n.* マフィン《トウモロコシ粉などを加えて軽焼きにしたもの. 熱いのを食べる》.
～ **pan** マフィンの焼き型.
mùf·fin·éer [mʌ̀finíər] *n.* **1** 《muffin をさめないようにする》ふたつきさら. **2** マフィン用薬味入れ.
***múf·fle¹** [mʌ́fl] *vt.* **1** 《保温または隠すために》包む, 包み込む; 《衣服・外套・えり巻きなどで》くるむ《*up*》: ～ oneself *up* 《外套・えり巻きなどで》身をくるむ. ～*d* in silk 絹を身にまとって. **2** 〈太鼓・馬のひづめなどを〉包んで音を鈍くする, 消音する; の声をおさえる: ～ one's mouth 口をおおう. —— *n.* **1** 消音器, 消音装置. **2** 弱い音, こもった音. **3** 〖冶・化〗マッフル炉, 間接加熱室, 烙室(らくしつ). **4** ボクシングのグラブ; 狂人用手袋.
◇ ～**d** *a.* (おおわれて) よく聞こえない: a ～*d* voice.
múf·fle² *n.* 《ほ乳動物などの》鼻づら, 鼻口部.
***múf·fler** [mʌ́flər] *n.* **1** マフラー, 首巻き. **2** 消音器, マフラー《自動車・ピアノなどの》. **3** 厚手袋; ボクシング用グラブ.
múf·ti [mʌ́fti] *n.* **1** 〖俗〗《特に制服を着る軍人の》平服, 私服, 通常服: in ～ 平服で. ↔ uniform. **2** 回教法典の説明者.
***mug** [mʌg] *n.* **1** 筒型茶わん, ジョッキ, 取っ手のあるコップ: a shaving ～ ひげそり用コップ. **2** ジョッキ1杯の量: drink a ～ of beer. **3** 一種の清涼飲料. **4** 〖俗〗口; 顔; しかめつら; 〖米俗〗人相書き, 手配写真. **5** 〖英俗〗まぬけ, あほう; 無器用者; くそ勉強家. **6** 試験.
—— *v.* (**-gg-**) *vi.* 〖俗〗 **1** くそ勉強をする《の *at*》; 詰め込み勉強する《*up*》. **2** しかめつらをする; 《演技で》誇張して演ずる. —— *vt.* **1** の人相書きをつくる, の手配写真を写す〔つくる〕. **2** くそ勉強で詰め込む《*up*》. **3** 〖俗〗背後から襲って首を絞める. ～ ***up*** おしろいを塗りたくる.
∼́·**house** [⌐⌐] ビヤホール, 酒場. ∼́·**up** [⌐⌐]「お茶」, お茶うけ. ∼́·**wort** →別項.
múg·ger¹ [mʌ́gər] *n.* **1** 背後から襲いかかる追いはぎ. **2** 〖英〗やたらに顔面を動かす役者, 演技を誇張し過ぎる役者.

múg·ger², -gar, -gur [mʌ́gər] *n.* 〖動〗《インド産》ワニの一種.
múg·gins [mʌ́ginz] *n.* **1** まぬけ. **2** ドミノ遊びの一種.
múg·gy [mʌ́gi] *a.* 蒸し暑い, 暑苦しい.
◇ **múg·gi·ness** *n.*
múg·wort [mʌ́gwɑ̀ːrt] *n.* 〖植〗ヨモギ属の植物.
múg·wump [mʌ́gwʌ̀mp] *n.* 〖米〗 **1** 党派に超然としている政治家《1884 年自党から推薦した大統領候補 J. G. Blaine に反対した共和党員のこと》. **2** 〖笑〗大立て者, ボス. —— *vi.* への立場をとる.
Mu·hám·mad [muhǽməd] =Mohammed.
mú·jik =muzhik.
Muk·dén [mukdén, múkdən/múkdən] *n.* 奉天《中国の都市シェンヤン(瀋陽)の旧名》.
mu·lát·to [m(j)ulǽtou/mju-] *n.* (*pl.* **~es**) 白人と黒人の第 1 代混血児;《一般的》白黒混血児. → quadroon, octoroon. —— *a.* **1** 白黒混血児の. **2** 黄かっ色の.
múl·ber·ry [mʌ́lbèri/-b(ə)ri] *n.* **1** 〖植〗桑(の実). **2** 暗赤紫色《桑の実の色》.
~ **bush** (子どもの) 遊戯の一種.
mulch [mʌltʃ] *n.* 根おおい《木の根を保護する敷きわらなど》. —— *vt.* に根おおいをする.
mulct [mʌlkt] *n.* 罰金, 科料. —— *vt.* **1** から不正な手段で奪う, から巻き上げる《を *of*》: ~ a person *of* his money. **2** から罰金をとる, の科料を科する: ~ a person (*in*) 10 dollars 10ドルの罰金をとる.
‡**mule**¹ [mjuːl] *n.* **1** 〖動〗ラバ《雄ロバと雌馬の子》. →hinny. **2** ばか, のろま. **3** 片意地者, 強情者: (as) obstinate [stubborn] as a ~ ひどく強情な. **4** 雑種《特にカナリアとウソとの合いの子》. **5** 《運河での》曳航(えい)機. **6** ミュール精紡機. **7** スイングから出た踊りの一種. **8** つっかけスリッパ. —— *a.* 《動植物が》雑種の. ~ **driver** [**skinner**] = muleteer. ◇ **múl·ish** [-iʃ] *a.* ラバのような; 強情な, 片意地な.
mule² *vi.* =mewl.
mù·le·téer [mjùːlitíər] *n.* ラバ追い.
múl·ey [mjúːli, múli, múːli] *a.* 《牛が》角のない. —— *n.* 牛.
mull¹ [mʌl] *vt.* **1** 砕く, (うすで) ひく. **2** <刃などを> 鈍らせる. **3** 失敗する, やりそこなう. **4** <頭を> 混乱させる. **5** くよくよ考える: ~ how to pay one's taxes どうして税を払ったらいいかとあれこれ考える. ~ a book over 読んだ本のことを考える. —— *vi.* **1** くよくよ考える, 熟考する《を *over*》. **2** ぐずぐず過ごす. —— *n.* 不手ぎわ, 失敗. ***make a ~ of*** やりそこなう, だいなしにする.
mull² *vt.* <ブドウ酒などを> 香料や砂糖などを入れて暖める.
mull³ *n.* みさき.
mull⁴ *n.* 薄手のモスリン.
múl·la(h) [mʌ́lə, ㊗⁺múlə] *n.* 回教の律法学者・神学者《敬称》; (トルコの) 地方判事.
múl·lein, múl·len [mʌ́lin] *n.* 〖植〗モウズイカ属の植物.
múll·er [mʌ́lər] *n.* **1** 《絵の具・粉薬などの》すり棒. **2** 研摩機.
múl·let¹ [mʌ́lit] *n.* (*pl.* **~s**, 《集合的》**~**) 〖魚〗ボラ科の魚.
múl·let² *n.* 星形の紋.
múl·ley = muley.
múl·li·gan [mʌ́ligən] *n.* **1** 〖米俗〗肉と野菜のごった煮 [シチュー]. **2** 〖ゴルフ〗ノーカウントにしてもらう打ちそこない.
mùl·li·ga·táw·ny [mʌ̀ligətɔ́ːni] *n.* 《東インドの》カレー入りスープ.
múl·li·grubs [mʌ́ligrʌ̀bz] *n. pl.* 《単数扱い》〖俗〗意気消沈, ふさぎ; 腹痛.
múl·lion [mʌ́ljən] *n.* 〖建〗ムリオン, 組子《窓の縦仕切り》. —— *vt.* ~で仕切る.
◇ **~ed** [-d] *a.* ~のある.
múl·lock [mʌ́lək] *n.* **1** 〖オーストラリア〗《金鉱の》廃石. **2** 〖方〗がらくた, かす.
mul·tán·gu·lar [mʌltǽŋgjulər] *a.* 多角の.
multi- 「多い」「多数の」の意の語形成要素.
mùl·ti·cél·lu·lar [mʌ̀ltiséljulər] *a.* 多細胞の.
múl·ti·chàn·nel [mʌ́ltitʃǽn(ə)l / ∸−∸−] ~ ***radiophone*** 多通路無線電話.
múl·ti·cò·lo(u)red [mʌ́ltikʌ̀lərd] *a.* 多色の.
mùl·ti·dís·ci·pli·nar·y [mʌ̀ltidísiplinèri/-nəri] *a.* 多くの学問領域にわたる: a ~ approach to literature.
mùl·ti·fác·et·ed [mʌ̀ltifǽsitid] *a.* 多面体の; 多くの面をもった, 多才な: a ~ problem 多岐にわたる問題.
mùl·ti·fár·i·ous [mʌ̀ltifé(ː)riəs/-féər-] *a.* 多種多様の, 雑多の; 多方面の, 多方面にわたる.
múl·ti·fid [mʌ́ltifid] *a.* 〖動・植〗多弁の, 多裂の: a ~ leaf.
mùl·ti·fló·rous [mʌ̀ltiflɔ́ːrəs] *a.* 〖植〗多花の.
múl·ti·fold [mʌ́ltifòuld] *a.* =manifold.
múl·ti·form [mʌ́ltifɔ̀ːrm] *a.* いろいろな形をした, 多様の. ↔ uniform.
◇ **mùl·ti·fór·mi·ty** [mʌ̀ltifɔ́ːrmiti] *n.*
múl·ti·graph [mʌ́ltigræ̀f/-grɑːf] *n.* 小形輪転印刷機《主としてタイプ印書の謄写用》; (M~) その商標名. —— *vt.* ~で印刷する.
mùl·ti·lát·er·al [mʌ̀ltilǽt(ə)rəl/mʌ́l-] *a.* **1** 多辺の. **2** 多辺的, 多数国参加の: a ~ agreement 多辺的条約.
mùl·ti·lín·e·al [-líniəl] *a.* 多線の.
mùl·ti·líng·ual [mʌ̀ltilíŋgwəl] *a.* 多数の国語を話す [で書かれた]. —— *n.* ~の人.
mul·tíl·o·quence [mʌltíləkwəns] *n.* 多弁.
mùl·ti·mìl·lion·áire [mʌ̀ltimiljənέər/mʌ́l-] *n.* 千万長者, 大富豪.
mùl·ti·nó·mi·al [mʌ̀ltinóumiəl] *a.* 〖数〗多項の. —— *n.* 〖数〗多項式.
mùl·ti·nóm·i·nal [-nɑ́min(ə)l/-nɔ́m-] *a.* 多名の, 名の多い.
mùl·ti·ór·bi·tal [mʌ̀ltiɔ́ːrbitl] *a.* 多軌道の: a ~ flight 多軌道飛行.
mul·típ·a·rous [mʌltípərəs] *a.* **1** 一度に多数の子を生む, 多産の. **2** 〖植〗《集散花が》側生軸の多い.
mùl·ti·pár·tite [mʌ̀ltipɑ́ːrtait] *a.* **1** 多くの部分に分かれた. **2** 《協定などが》多数国参加の.
múl·ti·ped [mʌ́ltipèd], **-pede** [-pìːd] *a.*, *n.* 〖動〗多足の; 〖稀〗多足動物.
múl·ti·phase [mʌ́ltifèiz] *a.* 〖電〗多相の.
múl·ti·plane [-plèin] *n.* 多葉飛行機. —— *a.* 多葉式の.
múl·ti·ple [mʌ́ltipl] *a.* **1** 多数の, 多様な, 数々の. **2** 複式 [複合] の. **3** 〖数〗倍数の; 〖植〗集合性の. —— *n.* 〖数〗倍数, 倍量. ***common ~*** 公倍数. ***least common ~*** 最小公倍数《略 L.C.M.》.
~ **agriculture** 多角農業. ~ **choice system** 多項式選択法, マルバツ式試験. ~ **cropping** 〖農〗多毛作, 輪作. ~ **fruit** =collective fruit. ~ **personality** 〖心〗複重 [多重] 人格. ~ **shop** 〖英〗連鎖店 (=㊗ chain store). ~ **telegram(s)** 同文電報. ~ **voting** 〖英〗複式投票.
múl·ti·plex [mʌ́ltiplèks] *a.* **1** 多様の, 複合の. **2** 〖電〗《同一回路による》多重送信の: ~ telegraphy 多重電信.
~ **broadcasting system** 多重式放送《同一周波数で複数番組を同時放送する方式》.
múl·ti·pli·a·ble [mʌ́ltiplàiəbl], **-pli·ca·ble** [-plikəb(ə)l] *a.* 乗じることのできる; 増加できる.
mùl·ti·pli·cánd [mʌ̀ltiplikǽnd] *n.* 〖数〗被乗数, 実. → multiplier.
***mùl·ti·pli·cá·tion** [mʌ̀ltiplikéiʃ(ə)n] *n.* **1** 増加, 増殖. **2** 〖数〗乗法, 掛け算. ↔ division.
~ **table** 掛け算の九九表.
múl·ti·pli·cà·tive [mʌ́ltiplikèitiv/mʌ̀ltiplíkət-] *a.* **1** 増加する, 増殖力のある. **2** 乗法の, 掛け算の; 〖文〗倍数詞の. —— *n.* 〖文〗倍数詞.

múl·ti·pli·ca·tor [mʌ́ltiplikèitər] *n.* **1** 〖数〗乗数法. **2** 〖電・物〗倍率器.

mùl·ti·plíc·i·ty [mʌ̀ltiplísiti] *n.* 多数, 多様; 重「複.

múl·ti·pli·er [mʌ́ltiplàiər] *n.* **1** 増殖〔増加〕させる人〔もの〕. **2** 〖数〗乗数, 法. → multiplicand. **3** 〖電・物〗倍率器.

‡**múl·ti·ply** [mʌ́ltiplài] *vt., vi.* **1** 増す, 増加させる〔する〕, 繁殖させる〔する〕: Rabbits ~ rapidly. ウサギは繁殖が早い. **2** 〖数〗乗じる, 掛ける: ~ five by four 5を4倍する. 〈注〉形容詞 multipli(c)able. [√mult-+√plec-] 〖類〗→ **increase**「増す」

mùl·ti·pó·lar [mʌ̀ltipóulər] *a.* 〖電〗多極の.

mùl·ti·púr·pose [mʌ̀ltipə́:rpəs] *a.* 多目的の.

múl·ti·rá·cial [mʌ́ltiréiʃ(ə)l] *a.* 多民族の.

múl·ti·sèat·er [-sì:tər] *n.* 多座飛行機.

múl·ti·shift [-ʃift] *a.* 《作業など》数回交替制の.

múl·ti·stage [-stèidʒ] *a.* 《ロケットが》多段式の.

múl·ti·sto·ry [-stɔ̀:ri/-stɔ:ri] *a.* 多層の. 「管の.

mùl·ti·tú·bu·lar [mʌ̀ltit(j)ú:bjulər/-tjú:-] *a.* 多

‡**múl·ti·tude** [mʌ́ltit(j)ù:d/-tju:d] *n.* **1** 多数; 数の多いこと. **2** 群衆, 群集; (the ~) 大衆. ***a ~ of*** 多数〔大ぜい〕の. ***In the ~ of counselors there is wisdom.*** 〖諺〗三人寄れば文殊の知恵. [√mult-]

mùl·ti·tú·di·nous [mʌ̀ltit(j)ú:d(i)nəs/-tjú:-] *a.* 多数の, 種々雑多の; 多くの項目〔部分, 要素〕からなる. ◇ **~·ly** *ad.* **~·ness** *n.*

mùl·ti·vá·lent [mʌ̀ltivéilənt, mʌltívə-] *a.* 〖化〗多原子価の. ◇ **-lence** [-ləns] *n.*

mùl·ti·vér·si·ty [mʌ̀ltivə́:rsiti] *n.* 分散大型大学, 「蛸(たこ)の足」大学《校舎が各地にある大学》.

mùl·ti·ví·ta·min [mʌ̀ltiváitəmin/-vít-, -váit-] *a.* 総合ビタミンの: a ~ capsule 総合ビタミン錠.

mul·tív·o·cal [mʌltívək(ə)l] *a.* 多義の, (意味の)あいまいな.

mùl·ti·vól·ume [mʌ̀ltiváljum/-vɔ́l-] *a.* 巻数の多い: a ~ encyclopedia.

mul·tóc·u·lar [mʌltákjulər/-tɔ́k-] *a.* 多眼の.

mul·tum in par·vo [mʌ́ltəm-in-pá:rvou/ múl-, mʌ́l-] L. (=much in little; a great deal in a small space) 小型で内容豊富.

mum[1] [mʌm] *a.* 無言の, ものを言わない. ***be ~ as a mouse*** 少しも口をきかない. —— *n.* 沈黙, 無言. ***Mum's the word!*** 他言するな, これはないしょだぞ. —— *int.* 黙れ!, しっ! —— *vi.* **(-mm-) 1** 無言劇を演ずる; 《クリスマスシーズンに浮かれて》仮装する. **2** 黙れ〔しっ〕! と言う.

mum[2] *n.* 強いビールの一種.

mum[3] *n.* **1** 〖話〗おかあさん. **2** 〖英〗=mummy[2].

mum[4] 〖話〗=chrysanthemum.

***múm·ble** [mʌ́mbl] *vi., vt.* **1** もぐもぐ言う, ぶつぶつ言う. **2** もぐもぐかむ. —— *n.* 低くはっきりしないことば, つぶやき. ◇ **múm·bling·ly** *ad.* もぐもぐと.

Múm·bo Júm·bo [mʌ́mbou-dʒʌ́mbou] *n.* **1** 西アフリカ黒人守護神. **2** (m~ j~) ばかげた偶像; 迷信的. **3** (m~ j~) わけのわからないことば.

múm·mer [mʌ́mər] *n.* **1** 〖史〗無言劇の俳優. **2** 《けいべつ的》役者.

múm·mer·y [mʌ́məri] *n.* **1** 無言劇. **2** 《けいべつ的》もったいぶった儀式, 虚礼.

múm·mi·fy [mʌ́mifài] *vt., vi.* ミイラにする〔なる〕; かわかして保存する, 干からびさせる, 干からびる. ◇**mùm·mi·fi·cá·tion** [ㅗ–fikéiʃ(ə)n] *n.* ミイラ化.

‡**múm·my**[1] [mʌ́mi] *n.* **1** ミイラ. **2** 干からびた死体〔物〕. **3** やせこけた人. **4** かっ色絵の具. ***beat to a ~*** 打ちのめす, 袋だたきにする. —— *vt.* ミイラにする. **~ cloth** ミイラを包む布; 〖米〗絹〔綿〕毛交織クレープ地. **~ wheat** エジプト小麦.

múm·my[2] *n.* 〖小児語〗かあちゃん.

mump [mʌmp] *vi.* **1** ふくれっつらをする, すねる; ねだる. **2** もらい物して歩く, こじきする.

mumps [mʌmps] *n. pl.* 《単数扱い》 **1** 流行性耳下腺(せん)炎, おたふくかぜ. **2** ふくれっつら, ふきげん.

mun. municipal.

munch [mʌntʃ] *vt.* むしゃむしゃ〔ポリポリ〕食う. —— *vi.* むしゃむしゃ〔ポリポリ〕としきりに食う《*away*》.

Mun·chau·sen [mʌntʃɔ́:z(ə)n] *n.* **1** Baron von [-fən-] ~, 1720–97, ドイツの軍人・冒険家〖ドイツ人 Rudolph Raspe [G. rú:dɔlf-ráspə] が英語で書いた途方もない冒険談の主人公とされた〗. **2** 大ぼらふき.

mún·dane [mʌ́ndein] *a.* **1** 現世の, 浮き世の, 世俗的な: ~ affairs 俗事. **2** 世界の, 宇宙の.

mún·di·fy [mʌ́ndifài] *vt.* **1** 〈傷口などを〉消毒する, 洗浄する. **2** 〈人を〉清める《罪などから》《から *of*》.

mún·go [mʌ́ŋgou] *n.* 再製ウール〔羊毛〕. →shoddy.

Mú·nich [mjú:nik] *n.* **1** ミュンヘン《ドイツ Bavaria の都市》. **2** 屈辱的な宥和(ゆうわ)政策《Munich Pact から》. **~ Pact** ミュンヘン協定《1938年ドイツ・イタリア・フランス・イギリス間で調印. イギリス・フランスがドイツ・イタリアに大幅に譲歩した》.

‡**mu·níc·i·pal** [mju:nísip(ə)l] *a.* **1** 市の, 都の, 自治都市の, 市政〔市制〕の, 市営の; 地方自治の. **2** 内政の. **~ debt** 〔**loan**〕市債. **~ government** 市政, 市当局. **~ law** 国内法. ◇ **~·ly** *ad.* 市政〔市制〕上.

mu·níc·i·pal·ism [-iz(ə)m] *n.* 市制; 地方自治主義. ◇ **mu·níc·i·pal·ist** *n.* 《市・町などの》自治制主義者; 市政当局者; 市政通.

mù·nic·i·pál·i·ty [mjù:nisipǽliti, mju:nìs-] *n.* **1** 《市・町など》自治体. **2** 市〔町〕当局; 《集合的》市民, 町民.

mu·níc·i·pal·ize [mju:nísip(ə)làiz] *vt.* **1** に市制をしく. **2** 市有〔市営〕にする. ◇ **mu·nìc·i·pal·i·zá·tion** [–ㅗ–pəlizéiʃ(ə)n/ -laiz-] *n.* 自治制施行; 市有, 市営.

mu·níf·i·cent [mju:nífisnt] *a.* 気前のよい, おうような; 慈善心に富む. ◇ **-cence** *n.*

mú·ni·ment [mjú:nimənt] *n.* **1** (*pl.*) 〖法〗《不動産などの権利を証明する》証書. **2** 防御, 保護. **~ room** 〖英〗(城・教会・大学などの)記録保管〔陳列〕室.

***mu·ní·tion** [mju:níʃ(ə)n] *n.* (通例 *pl.*) **1** 軍需品, 《特に》弾薬: ~*s* of war 軍需品. **2** 必需品, 資金: ~*s* for a political campaign 政治運動の資金. —— *vt.* に軍需品を供給する.

Muntz [mʌnts] **~ *metal*** マンツメタル《銅と亜鉛の合金》.

mú·ral [mjú(:)rəl/mjúər-] *a.* **1** 壁の, 壁の上〔中〕の. **2** 壁のような. **3** 険しい. —— *n.* 壁画 (=~ painting).

‡**múr·der** [mə́:rdər] *n.* 殺人; 〖法〗故殺, 謀殺. ***cry (blue) ~*** 大げさな叫び声〔悲鳴〕をあげる《「たいへんだ!」「人殺し!」など》. ***get away with ~*** 〖米俗〗悪いことをしても罰せられない. ***~ in the first*** 〔***second***〕 ***degree*** 〖米〗第一〔第二〕級謀殺《通例第一級は死刑, 第二級は有期刑》. ***M~ will out.*** 〖諺〗悪事は必ず露見する. ***The ~ is out.*** 〖話〗秘密がばれた, なぞが解けた. —— *vt.* **1** 〈人を〉殺害する, 虐殺する; 〖法〗謀殺する. **2** だいなしにする, だめにする: ~ Mozart モーツァルトをへたに演奏する. ***~ the King's English*** へたな英語を使う.

‡**múr·der·er** [mə́:rdərər] *n.* (*fem.* **múr·der·ess** [-dəris]) 人殺し; 殺人犯人.

múr·der·ous [mə́:rd(ə)rəs] *a.* **1** 殺人の; 殺人用の: a ~ weapon 凶器. **2** 凶悪な, 残虐な. **3** 殺人的な, ものすごい. ◇ **~·ly** *ad.* 「閉する《*up*》.

mure [mjuər] *vt.* **1** 壁で囲む. **2** 閉じ込める, 幽

mú·rex [mjú(:)reks/mjúər-] *n.* (*pl.* **mú·ric·es** [-risì:z], **mú·rex·es**) **1** 〖貝〗《熱帯産》骨貝, アッキガイ. **2** 《骨貝から採る》紫色染料. 「物.

mú·ri·ate [mjú(:)rièit, -riit/mjúər-] *n.* 〖化〗塩化

mù·ri·át·ic [mjù(:)riǽtik/mjùər-] *a.* 塩化水素の. ～ **acid** 塩酸 (hydrochloric acid).

mú·rine [mjú(:)rain, -rin/mjúərain] *a.,n.*〘動〙ネズミ科の (動物). 「陰うつ.

murk [məːrk] *a.*〘雅〙暗い, 陰気な. —— *n.* 暗黒,

múrk·y [mə́ːrki] *a.* **1** 陰気な, 憂うつな. **2** 暗い, ほの暗い. ◇ **-i·ly** *ad.* **-i·ness** *n.*

‡**múr·mur** [mə́ːrmər] *n.* **1** つぶやき, ささやき: a ～ of conversation from the next room. **2** (小声の) 不平: without a ～ 文句も言わずに. **3**《きぬずれ・木の葉・小川などの》サラサラいう音, ざわめき. **4**〘医〙《聴診器に聞こえる》雑音.
—— *vi., vt.* **1** つぶやく, ささやく, ざわめく: a ～*ing* brook サラサラ流れている小川. **2** 不平を言う, こぼす《について *at, against*》.

múr·mur·ous [mə́ːrmərəs] *a.* **1** ささやく, 低音の; ざわめく. **2** ぶつぶつ言う.

múr·phy [mə́ːrfi] *n.* **1** 白ジャガイモ. **2**《封筒に入れた紙片を紙幣と見せかける》遊戯, いたずら.
—— *vt.* だます, かつぐ.
M～ bed マーフィベッド《使わないときは専用戸だなに収まる》.

Murphy bed

múr·rain [mə́ːrin/mʌ́r-] *n.* **1** 家畜の伝染病《特に牛の》. **2**〘古〙疫病.

múr·rey [mə́ːri/mʌ́ri] *n.* 深〔濃〕赤紫色.

múr·ther [mə́ːrðər]〘廃・方〙= murder.

mus. museum; music; musical; musician.

mùs·ca·dél [mʌ̀skədél] = muscatel.

mús·ca·dine [mʌ́skədin, -dàin/-dain] *n.*《アメリカ南部産の》ブドウの一種. 「= muscatel ①.

mús·cat [mʌ́skət] *n.* **1**〘植〙マスカットブドウ. **2**

Mús·cat [mʌ́skət] *n.* マスカット《マスカットオーマンの首都》. ～ ***and Oman*** マスカットオーマン《アラビア半島南端の回教君主国》.

mùs·ca·tél [mʌ̀skətél] *n.* **1** マスカットからつくったブドウ酒. **2** = muscat ①; 干しブドウ.

‡**mús·cle** [mʌ́sl] *n.* **1** 筋肉, 筋: Physical exercises develop ～. 体操は筋肉を発達させる. **2** 腕力: It takes a great deal of ～ to lift this weight. この重量をあげるにはよほどの腕力がいる. **3** 圧力, 強制: put ～ into foreign policies 強圧外交政策をやる. **4** 真髄, 主要部分: pare an article down without cutting the ～ from it 記事の精神を生かして削除する. **5** あぶらのない肉 (lean meat). ***not move a*** ～ 顔の筋一つ動かさない, びくともしない.
—— *vt.* **1** 〈道を〉無理じいに進む: ～ one's way into... …に無理に割ってはいる. **2** 〈に筋肉をつける, の筋肉を発達させる. **3** 強力にする; 手ごわくする.
—— *vi.*〘米話〙腕ずくで通る《*through*》; 割り込む, なわ張りを荒らす《*in*》.
～ **beach** ボディービルで鍛えた筋肉を見せ合う浜. ～**-bound** [⌐–⌐] (運動過度で) 筋肉が硬直した. ～**-man** [-mən] (*pl.* **-men**)〘米俗〙レスリング選手; 暴力団員. ～ **plasma**〘生理〙筋漿(きんしょう). ～ **sense**〘生理〙筋覚. ◇ ～**-dom** *n.*〘米俗〙競技界. ～**-less** *a.* 筋肉のない, 弱々しい.

-mús·cled [-d] *a.* 筋肉が…の.

mus·cól·o·gy [mʌskɑ́lədʒi/-kɔ́l-] *n.* コケ学.

mùs·co·vá·do [mʌ̀skəvéidou/-vɑ́ː-] *n.* 黒砂糖.

Mús·co·vite [mʌ́skəvàit] *n.* **1** Moscow の住人, モスクワっ子;〘古〙ロシア人. **2** (m～)〘鉱〙白雲母.
—— *a.* モスクワの, モスクワっ子の;〘古〙ロシア(人)の.

Mùs·co·vít·ic [mʌ̀skəvítik] *a.* ロシア帝国 (時代) の. 「musk duck.

Mús·co·vy [mʌ́skəvi] *n.*〘古〙ロシア. ～ **duck** =

mús·cu·lar [mʌ́skjulər] *a.* **1** 筋肉の. **2** 筋肉質の, 筋肉の盛り上がった. **3** たくましい, 精力的な; 力仕事の: a ～ style 力強い文体.
～ **Christianity** 筋肉的キリスト教《強健な身体と快活な精神を尊ぶ》. ～ **strength** 腕力.
◇ ～**·ly** *ad.* **mùs·cu·lár·i·ty** [mʌ̀skjulǽriti] *n.* (筋骨の) たくましさ, 強壮. 「織.

mús·cu·la·ture [mʌ́skjulətʃər] *n.*〘医〙筋肉組

Mus. D. Doctor of Music.

‡**muse** [mjuːz] *vi.* **1** 瞑想(めいそう)する, 物思いにふける《について *on, upon, over*》: ～ *over* memories of the past 昔の思い出にふける. **2** つくづくながめる《を *on*》. **3** 感慨を込めて語る. —— *vt.* 思いめぐらす.
◇ ～**·ful** [-ful] *a.*〘古〙物思いにふける, 黙想的な.

Muse [mjuːz] *n.* **1**〘ギ神〙ミューズの神《文芸・学術をつかさどる女神》. **2** (または m～) 詩的霊感, 詩想, 詩心. **3** (m～) 詩人. ***the*** ～***s*** ミューズの神神《九女神》; 文芸, 美文学. 「館 (経営) 学.

mù·se·ól·o·gy [mjùːziɑ́lədʒi/-ɔ́l-] *n.* 博物〔美術〕

mu·sétte [mjuːzét] *n.* **1** 小風笛; 風笛曲《牧歌調の曲》. **2**〘軍〙《肩から掛ける》小雑嚢(ざつのう) (= ～ bag).

‡**mu·sé·um** [mjuːzíːəm, -zíəm] *n.* 美術館, 博物館. [< Muse ミューズ (女神) の屋形]
～ **piece** 博物館もの, ぽんこつ; 珍品.

mush[1] [mʌʃ] *n.* **1**〘米〙トウモロコシのかゆ. **2** かゆ状のもの. **3**〘話〙安っぽい感傷; 哀れっぽいことば, たわごと. ***make a*** ～ ***of***〘話〙をだいなしにする, をめちゃくちゃにする. —— *vt., vi.*〘米方〙かゆにする; 砕く; くずになる. ～***ed potato*** マッシュトポテト《すりつぶしたジャガイモ》. ◇ ～**·y** *a.* かゆ状の, 柔らかな;〘話〙感傷的な, 涙もろい.

mush[2] *vi.*〘米・カナダ〙犬ぞりを連れて雪中徒歩旅行をする. —— *n.* 雪中徒歩旅行. —— *int.* 行け!, 進め!《犬ぞりの犬を追い立てる叫び》.

mush[3] *n.*〘英俗〙**1** こうもりがさ. **2** 貸し馬車屋.

***músh·room** [mʌ́ʃruːm, -rum] *n.* **1**〘植〙キノコ; 西洋マツタケ. **2** キノコ状の物;〘話〙キノコ形婦人帽. **3**《形容詞的に》キノコのような; 生成〔成長〕のはやい;《名声などが》にわかの: ～ cloud キノコ雲, 原子雲. a ～ town 新興都市. a ～ millionaire にわか成金. —— *vi.* **1** キノコ狩りをする. **2** キノコ状になる. **3** 急に生じる, みるみる成長する; 〈火・煙などが〉燃え広がる. **4** 〈弾丸が〉先端がひしゃげる.

†**mú·sic** [mjúːzik] *n.* **1** 音楽, 楽曲: play ～ 演奏する. **2**《集合的》(音楽) 作品;《集合的》作品〔楽曲〕集; 楽譜: read ～ 楽譜を読む. **3** 快い音, 音楽的響き: the ～ of birds 鳥の歌. **4** 音感, 音楽鑑賞力: He has no ～ in him. 彼には音楽が理解できない. **5**〘古〙楽隊, 合唱隊. **6**〘狩〙猟犬のほえ声. **7**〘米〙大論争, 大騒ぎ. ***absolute*** ～ 絶対音楽. ***color*** ～ (色) 彩楽《色彩と形をリズムをつけて変化させ映写する》. ***concrete*** ～ 具象音楽, ムジークコンクレート. ***electronic*** ～ 電子音楽. ***face the*** ～〘話〙進んで難局に当たる. ***rough*** ～《いやがらせの》大騒ぎ. ***set*** a poem ***to*** ～ (詩に) 曲をつける. ***sheet*** ～ 楽譜. →score. ***the M～ of the Spheres*** 天上の音楽《天体の運行につれて起こると Pythagoras 学派の人々が想像した》. [< Muse]
～**-book** [⌐–⌐] 楽譜, 楽曲. ～ **box**〘米〙オルゴール (=[英] musical box). ～ **case** 楽譜入れ〔ばさみ〕. ～ **hall** 音楽堂;〘英〙演芸館, 寄席(よせ). ～ **paper** 五線紙. ～ **school** 音楽学校. ～ **stand** 楽譜台. ～ **stool** ピアノ用腰掛け.

‡**mú·si·cal** [mjúːzik(ə)l] *a.* **1** 音楽の. **2** 音楽的な. **3** 音楽にたんのうな; 音楽好きの, 音楽を解する. **4** 音楽を伴う. —— *n.* **1** 音楽 (喜) 劇, 音楽映画, ミュージカル. **2** = musicale. ***be of a*** ～ ***turn*** 音楽の才能〔趣味〕がある.
～ **box**〘英〙= music box. ～ **chairs** いす取り遊び. ～ **comedy** 音楽 (喜) 劇. ～ **composer** 作曲家. ～ **director** 楽長, 指揮者. ～ **film** 音楽映

画. ～ **instrument** 楽器. ～ **intervals** 音程. ～ **performance** 演奏. ～ **scale(s)** 音階. ～ **soiree** 音楽の夕べ.
◇ ～**·ly** [-i] *ad.* 音楽上; 音楽的に; 調子よく.

mù·si·cále [mjù:zikǽl] *n.* 〖米〗〘社交の催しの一部としての〙音楽プログラム, 音楽会. 「的才能.

mù·si·cál·i·ty [mjù:zikǽliti] *n.* 音楽性; 音楽

‡**mu·sí·cian** [mju:zíʃ(ə)n] *n.* **1** 音楽家, 楽士. **2** 作曲家. **3** 音楽のじょうずな人.
◇ ～**·ship** *n.* 音楽技能〔技術〕.

mù·si·cól·o·gy [mjù:zikɑ́lədʒi/-kɔ́l-] *n.* 音楽学《音楽理論・音楽史などの研究》. ◇ **-gist** *n.*

mù·si·cóm·e·dy [mjù:zikɑ́midi/-kɔ́m-] *n.* 〖米俗〗喜歌劇.

mú·si·co·thér·a·py [mjú:zikoθérəpi] *n.* 〘精神病などの〙音楽療法.

mús·ing [mjú:ziŋ] *a.* 物思いにふけった, 夢みごこちの. —— *n.* 沈思, 黙想. ◇ ～**·ly** *ad.*

musk [mʌsk] *n.* **1** じゃこう (のかおり). **2**〖動〗ジャコウジカ. **3**〖植〗じゃこうの芳香を発する種々の植物. ～ **deer**〖動〗ジャコウジカ. ～ **duck**〖鳥〗カモの一種《オーストラリア産. 交尾期にじゃこうのにおいを出す》;《南アメリカ原産》ジャコウガモ. ～ **mallow**〖植〗ジャコウアオイ. ～**·mèl·on**〖植〗マスクメロン. ～ **ox**〖動〗《北アメリカの不毛地にすむ》ジャコウウシ. ～ **plant**〖植〗ジャコウミゾホウズキ. ～**·rat** [⌐ ⌐]〖動〗ジャコウネズミ. ～ **rose**〖植〗ジャコウバラ. ～ **tree** 〔**wood**〕〖植〗ジャコウノキ; その材.

mús·keg [mʌ́skeg] *n.* (北アメリカの) 沼沢地.

mús·kel·lunge [mʌ́skəlʌ̀ndʒ] *n.* (*pl.* ～) 〖米: 魚〗大カマスの一種.

mús·ket [mʌ́skit] *n.* 《旧式な》小銃. ～ **shot** 小銃弾; 小銃射程. 「小銃士.

mùs·ket·éer [mʌ̀skitíər] *n.* 〖史〗マスケット銃兵,

mús·ket·ry [mʌ́skitri] *n.* **1** 《集合的》小銃; 小銃部隊. **2** 小銃射撃 (術). 「おりのする.

músk·y[1] [mʌ́ski] *a.* じゃこうの (ような), じゃこうのか

músk·y[2] ＝muskellunge.

Mús·lim, -lem [mʌ́zlim] ＝Moslem.

mús·lin [mʌ́zlin] *n.* **1** モスリン, 新モス; メリンス. **2**〖米〗キャラコ. **3**〖俗〗女性. **4**〖海俗〗帆. *a bit of* ～ 女, 女の子. ～ **delaine** [-dəléin] ＝ *mousseline de laine.* 「ズミ; その毛皮.

mús·quash [mʌ́skwɑʃ/-kwɔʃ] *n.* 〖動〗ジャコウネ

muss [mʌs] 〖米話〗*vt.* めちゃくちゃにする, きたなくする, 〈着物などを〉しわくちゃにする《*up*》. —— *n.* 乱雑, めちゃくちゃ; しわくちゃ.

mús·sel [mʌ́sl] *n.* 〖貝〗イガイの類.

mús·si·tate [mʌ́sitèit] *vi.* 〖廃〗つぶやく, ぶつぶつ言う. ◇ **mùs·si·tá·tion** *n.*

Mùs·so·lí·ni [mù:səlí:ni, mùs-/mùs-] *n.* Benito [bəní:tou] ～, 1883–1945, イタリアの独裁政治家.

Mús·sul·man [mʌ́slmən] *n.* (*pl.* ～**s**) 回教徒. —— *a.* 回教徒の.

múss·y [mʌ́si] *a.* 〖話〗混乱した, 乱雑な, 乱れた.
◇ **-i·ly** *ad.* **-i·ness** *n.*

†**must**[1] → 枠付 must. (p. 833)

must[2] [mʌst] *n.* 《発酵前の》ブドウ液; 新ブドウ酒.

must[3] *n.* **1** 《雄の象などの》さかりがついてあばれる状態. **2** さかりのついた象. —— *a.* さかりのついた; 狂暴な.

must[4] *n.* かび; かび臭いこと. —— *vi.* かびる.

must[5] *n.* じゃこう粉. —— *vt.* 〈髪に〉～をふりかける.

mús·tache [mʌ́stæʃ, məstǽʃ/məstɑ́:ʃ, mus-] *n.* 口ひげ; 《動物の口辺の》ひげ. 「tache.

mus·tá·chio [məstɑ́:ʃou] *n.* (*pl.* ～**s**) ＝mus-

mús·tang [mʌ́stæŋ] *n.* **1** 《アメリカ平原の》半野生の馬. **2**〖米: 軍俗〗兵から任官した海軍士官. **3** (M～) フォード製乗用車の一種《商標名》.

mús·tard [mʌ́stərd] *n.* からし, からし粉;〖植〗カラシナ. ***English*** 〔***French***〕 ～ 水〔酢〕入りからし. ***grain of*** ～ (***seed***) 一粒のカラシナ種, 大きな発展力をひめている小さなもの《マタイ伝13: 31》. ～ ***and cress*** カラシナとオランダガラシのサラダ. ***wild*** ～〖植〗タガラシ. ～ **gas** イペリット《毒ガス》. ～ **greens** 〖米〗カラシナの葉. ～ **oil** からし油. ～ **plaster** からしどろ《軟膏の一種》. ～ **pot** 食卓用からしつぼ.

mús·ter [mʌ́stər] *n.* **1** 召集; 点呼, 査閲. **2** 集合. **3** 集合人員; 点呼名簿. **4**〖稀・商〗見本. ***pass*** ～ 検閲を通過する, 合格する.
—— *vt.* **1** 召集する. **2** 〈勇気・力などを〉呼び起こす, 奮い起こす《*up*》. ～ ***in*** 〔***out***〕〖米〗入営〔除隊〕させる. —— *vi.* 集まる, 応召する.
～ **master**〖史〗《艦船の》検閲官. ～ **roll** 〔**book**〕兵員名簿, 点呼簿, 船員名簿.

múst·n't [mʌ́snt] must not の短縮形.

mús·ty [mʌ́sti] *a.* **1** かびた, かび臭い. **2** 古くさい, 陳腐な. **3** 無気力な, 無感動の. ～ **rice** 黄変米.
◇ **-ti·ness** *n.*

mú·ta·ble [mjú:təbl] *a.* **1** 変わりやすい, 無常の. **2** 移り気な.
◇ **-bly** *ad.* **mù·ta·bíl·i·ty** [mjù:təbíliti] *n.*

mú·tant [mjú:t(ə)nt] *n.* 〖生〗突然変異体.
—— *a.* 突然変異の〔による〕.

mú·tate [mjú:teit/⌐⌐] *vt., vi.* **1** 変化する. **2** 〖生〗変種を生じる. **3**〖言〗母音変異をする, ウムラウト変化する.

mu·tá·tion [mju:téiʃ(ə)n] *n.* **1** 変化, 変転, 変形. **2**〖言〗母音変異, ウムラウト (変化). **3**〖生〗突然変異, 変種. **4** 声変わり. **5**〖楽〗《バイオリンなどで》手の位置を変えること. **6** 《世の》移り変わり, 盛衰. [√mut-] ◇ ～**·al** [-ʃən(ə)l] *a.*

mu·ta·tis mu·tan·dis [mju:téitis-mju:tǽndis, ㊥ *mu:tá:tis-mu:-] L. (＝necessary changes having been made) 必要な変更を加えて.

mutch [mʌtʃ] *n.* 〖スコットランド〗《婦人・子ども用》ずきんの一種.

‡**mute** [mju:t] *a.* **1** 無言の, 口をきかぬ. **2** おしの, 口のきけぬ. **3**〖音声〗発音しない, 黙字〔黙音〕の《knot の k, climb の b など》. **4** ことばにあらわされない: a ～ appeal 無言の訴え. **5**〖法〗黙秘権を行使する. ***stand*** ～〖法〗黙秘権を行使する. —— *n.* **1** おし. **2**〖音声〗黙字, 黙音. **3**〖楽〗弱音器. **4**〖英古〗(雇われた) 葬式のお供. **5** だんまり役者. **6** 黙秘権を行使している容疑者. —— *vt.* 〖楽〗の音を消す; に弱音器をつける. ◇ ～**·ly** *ad.* 無言で, おしのように; 音をたてずに. ～**·ness** *n.*

mút·ed [mjú:tid] *a.* **1** 《声・音が》低い, ささやくような. **2**〖楽〗弱音の.

mú·ti·late [mjú:t(i)lèit] *vt.* **1** の手足を切断する, かたわにする. **2** 〈文章などを〉部分的に削る, 骨抜き〔不完全〕にする. ◇ **-la·tor** [-ər] *n.* 《手足などの》切断者, 棄損者. **mù·ti·lá·tion** [⌐–léiʃ(ə)n] *n.* 《手足などの》切断; 棄損; 不完全.

mù·ti·néer [mjù:t(i)níər] *n.* 暴徒; 反抗者《特に軍隊内の》. —— *vi.* 暴動を起こす; 反抗する.

mú·ti·nous [mjú:t(i)nəs] *a.* **1** 暴動を起こした; 暴動の. **2** 暴動を起こしがちな, 反抗的な.
◇ ～**·ly** *ad.* 反抗的に.

mú·ti·ny [mjú:t(i)ni] *n.* **1** 暴動, 反抗;〖軍〗上官抵抗. **2** (the M～) 〖インド史〗1857 年に起きた Bengal 原住民の暴動 (＝the Indian M～).
—— *vi.* 暴動を起こす《に反抗して *against*》.

mút·ism [mjú:tiz(ə)m] *n.* **1** おし (の状態); 沈黙. **2**〖心〗緘黙(かんもく)症. 「まぬけ.

mutt [mʌt] *n.* 〖米俗〗**1** 雑種犬, のら犬. **2** あほう,

‡**mút·ter** [mʌ́tər] *n.* つぶやき; ぐち, 不平.
—— *vi.* つぶやく; 不平を言う《について *at, against*》.
—— *vt.* ささやく; ぶつぶつ言う.

‡**mút·ton** [mʌ́tn] *n.* 羊肉. (***as***) ***dead as*** ～ 全く死んで. ***eat*** one***'s*** ～ ***with*** と食事をともにする. ***leg-of-***～ ***sleeve*** 羊の足形のそで《ひじまでがぴったりしていて肩の方へふくらむ》. ***to return to our*** ～***s***

さて本論にたちもどって.
〜·chop [⊿–⊿] (1) 羊のあばら肉, 羊の肉片. (2) (*pl.*) 上を細く下を広く刈りそろえたほおひげ (= muttonchop whiskers). **〜 fist** 〚俗〛 手のごつごつした人. **〜 ham** 羊肉ハム. **〜·head** [⊿–⊿] 〚話〛 まぬけ. ◇ **〜·y** *a.* 羊肉の (ような).

must

must には過去形・未来形・完了形および動名詞がなく, それぞれの形に had to; will [shall] have to; have had to; having to を代用する. しかし引用の従属節中の must は主節が過去でも had to [would have to, should have to] に変える必要はない: I *think* that I *must* go. → I *thought* that I *must* go. すなわち, must は would や should とおなじく, 仮定法(過去) のごとくふるまい, 時の呼応に関しては主節の時制の影響を受けない. 仮定法帰結節についても同様のことがいえる. →〈付記$_1$〉.

must の二つの語義「ねばならぬ」と「違いない」のうち, 現在時制では用いられる動詞の種類に傾向の差が見られるが, 結局は文脈による判断が重要である. →下記⑤の〈注〉.

must [mʌst, 弱 məst, 一部の子音の前 məs] *aux. v.* (must not の短縮形 **múst·n't** [mʌ́snt,—部の子音の前 mʌ́sn])

1 《差し迫った, または将来の義務・必要》…(せ)ねばならぬ: You 〜 do as you are told. 命じられたとおりにしなければならぬ. One 〜 eat to live. 人は生きるために食べなければならぬ. *M*〜 you go so soon?—Yes, I 〜. [No, I don't have to.; No, I needn't.] もう行かないといけないのですか. —ええ, 行かなければなりません [いいえ, その必要はありません]. →〈付記$_2$〉. She said she 〜 have a new hat for holidays. 彼女は休日用の帽子が必要だと言った. You 〜 be patient to help him. 彼の力になってやるには忍耐力が必要だ. You 〜 practice hard before you can swim well. うまく (泳ぐことのできる前には→) 泳げるようになるには, うんと練習しなければならない; うんと練習しなければ泳ぎはうまくならない. I 〜 be going now. もうおいとましなければなりません. You 〜 excuse the way I look. (あなたは私の外観をゆるさねばならない→) こんなかっこうでごめんなさい.

〈注$_1$〉一度用いた動詞はしばしば略される: I do but *sing* because I *must*. 歌わなければならないからただ歌うだけです. Well, *go* if you *must*. まあ, 行かなきゃならんのなら行きたまえ.

〈注$_2$〉動詞が go のとき, 方向を示す副詞句があれば, 初めから略されることがある: We *must* (*go*) away. 出かけなくてはならない. I *must* (*go*) down to the sea again. また海へ行かなければならぬ.

2 《主語の主張, 強い意志》ぜひ…したい, …せねば承知しない: I 〜 ask your name, sir. ぜひお名前をうかがいたいものです. He 〜 always have his own way. 彼はいつも思いどおりにしなければ承知しない.

3 《notを伴って平叙文などで》…してはいけない《禁止》: You 〜 *not* tell a lie. うそをついてはいけない. You 〜*n't* gape before your betters. 目上の人の前であくびをしてはならない.

4 《notを伴って疑問文で》…しなくてよいのか, …する必要はないのか: *Mustn't* we go? 行かなくてよいのか《行かなければなるまい》. 〈注$_1$〉比較: Can't we go? 行ってはならないのか《行ってもよかろう》. 〈注$_2$〉must not は用法 ③ と用法 ④ では別の結合をしている. ③: We *mustn't* go. では We *must not*-go.「(行かないことが必要である→)行ってはならない」であって not は動詞を否定し, must 自体は肯定. ④: *Mustn't* we go? では *Must-not* we go?「行く必要はないのか」で否定は must を (または節 we must go 全体を) 否定する.

5 《論理的必然性, 強い想像》(…する)に違いない: It 〜 be true. ほんとうに違いない. If he did that, he 〜 have been mad. もし彼がそれをやったのなら, 彼は正気でなかったに違いない. Judging from his attitude, he 〜 know them very well. 彼の態度から見て, 彼は彼らをよく知っているに違いない. You 〜 have caught the ball if you had run. もし走ったらきみはボールを捕えたであろうに (must = would surely). →〈付記$_1$〉. Don't bet on horse races: you 〜 lose in the long run. 競馬に金をかけてはいけない, 最後は損をするにきまっている.

〈注$_1$〉反意「…のはずはない」は cannot. →〈付記$_2$〉.

〈注$_2$〉must が「…に違いない」の意味のばあいに用いられる動詞は, 現在時制では, be (…ing), have, know など, 状態動詞が多い. 「ねばならぬ」の方は動作動詞・状態動詞とも用いられる. ただし区別には文脈の考慮もたいせつ.

6 《過去の不慮のできごとについて》困ったことに, 皮肉なことに: The baby 〜 catch measles, just when we were ready to go away for the holidays! 一家そろって休日を過ごしに行こうとするとき, 赤ん坊がはしかにかかるとは (なんの因果か).

〈付記$_1$〉 **must have done [been] の形について:** この形は, may have done, can(not) have done などとともに, 現在助動詞 + 完了形の役割を果たす一方, might have done, could have done などとともに過去助動詞 + 完了形の役割をも果たす:《現在助動詞相当》 He *must have been* a clever boy. 彼は利口な子どもであったに違いない《比較: He *may have been* a clever boy. 彼は利口な子どもであったかもしれない》. 《過去助動詞相当》 He *must have done* it if he had been told to. 彼はしろと言われればやったに違いない《比較: He *might have done* it if he had been told to. 彼はしろと言われればやったかもしれない》. すなわち, 前書きで述べた時の呼応のばあいのほか, must は仮定法の帰結節中でも仮定法 (過去) の助動詞と同様にふるまう.

〈付記$_2$〉 **must と他の助動詞との関係:** must「…しなければならぬ, …する必要がある」の反対は do not have to [have not to], need not [do not need to]「…しないでよい, …する必要がない」《≒ must not …してはならない》. must「…するに違いない」の反対は cannot「…するはずがない, …しないに違いない」. must not「…してはならぬ」の反対は may「…してもよい」: May I …? —No, you *must* not [may not]. 「…してよいか」—「いや, いけない」. 〈注〉may not には「…しないかもしれない」の意もある.

〈付記$_3$〉 **must と have (got) to:** 口語では「しなければならない」の意味では must よりも一般に have (got) to が好んで用いられる.

〈付記$_4$〉 **needs must; must needs:** must の強調形として使われるが, needs must は今日では古風な言い方であり, must needs は気どった言い方とされる. needs は副詞.

—— *a.* 必要な, 必須(ひっす)の, 必読の, 必修の: a 〜 book 必読書.

—— *n.* 必要なもの, 必須物, 必読書: English is a 〜. 英語は必修課目だ. This law is a 〜. この法律は必要だ. The new edition is a 〜 for those who study the subject. この新版はこの問題の研究者にとって必読書だ.

‡**mú·tu·al** [mjú:tʃuəl, ㊥⁺-tju(ə)l] *a.* **1** 互いの, 相互に関係のある: ～ aid 相互扶助. ～ respect お互いの尊敬. **2** 共同の, 共通の: our ～ friend われわれの共通の友人. 〈注〉正しくは our common friend. ***by ～ consent*** 双方の合意に基づいて. [√mut-]
～(-aid) society 共済組合. **～ insurance** 相互保険. ◇ *~·ly *ad.* **mù·tu·ál·i·ty** [⌐–ǽləti] *n.* 相互関係, 相関; 相互依存.
mú·tu·al·ism [mjú:tʃuəliz(ə)m, ㊥⁺-tju(ə)l-] *n.* **1**〘倫〙相互扶助論〔主義〕. **2**〘生〙相利共生.
◇ **-ist** *n.* 相互扶助論者;〘生〙共生動物.
mú·tule [mjú:tʃu:l/-tju:l] *n.*〘建〙ドリア式軒飾り.
múu·muu [mú:mù:] *n.* ムームー《ハワイの婦人服》.
Mú·zak [mjú:zæk] *n.* 営業用背景音楽《ラジオ・電話線で契約店に流される》.
mu·zhík, -zjík [mu:ʒí:k, -ʒík, ⌐–/mú:ʒik] *n.* 《帝政時代の》ロシア農民.
muzz [mʌz] *vt.*〘英俗〙頭をぼーっとさせる《飲酒などで》. —— *vi.* くそ勉強する, 詰め込む.
múz·zle [mʌ́zl] *n.* **1**《動物の》鼻口部, 鼻づら. **2**《動物の口につける》口輪, 口網. **3** 銃口, 砲口. —— *vt.* **1** に口輪をはめる. **2** 口止めする.
～-lòad·er 口装銃〔砲〕, 先込め銃〔砲〕. **～-lòad·ing** 口装の, 先込めの.
múz·zy [mʌ́zi] *a.*〘話〙**1** 頭のかすんだ, 元気のない. **2** 酔ってぼんやりした.
MVD [émvì:dí:] Ministerstvo Vnutrennikh Del ソ連内務省《秘密警察を所管》.
M.W. Most Worshipful; Most Worthy. **Mw** 「megawatt.
†**my** [mai] *pron.* 《I の所有格》私の, ぼくの. 〈注₁〉次のような用法に注意: *my* train 私の(乗っている〔いた〕)列車. *My* brakes didn't work. 私の車のブレーキがはたらかなかった. The moonlight poured through *my* window. へやの窓から月光が降りそそいだ. *my* Tom うちのトム, 私のむすこのトム; (私の夫の)トム; 私のだいじなトム. 〈注₂〉my friend, a friend of mine, one of my friends については → mine. 〈注₃〉弱形として [mə(i)/mi] の発音もある. イギリスでは舞台で [mi] の発音が, my に強勢がないとき, しばしば用いられる. アメリカの発音 [məi] は母音の前, [mə] は子音の前に起こる.
—— *int.*〘話〙おや!, まあ!《驚きをあらわす》. ***Oh my!*** = ***My eye!*** = ***My goodness!*** おやまあ!, これはどうも! 「チ.
my·ál·gi·a [maiǽldʒiə] *n.*〘医〙筋痛, 筋肉リューマ
mý·all [máiɔ:l] *n.*〘植〙《オーストラリア産》アカシア.
my·cé·li·um [maisí:liəm] *n.* (*pl.* **-a** [-liə]) 菌糸.
Mỳ·ce·náe·an [màisiní:ən] *a.* **1** ギリシアの古代都市ミケーネ (Mycenae [maisí:ni:]) の. **2** ミケーネ文化の.
my·cól·o·gy [maikɑ́lədʒi/-kɔ́l-] *n.* 菌類学.
◇ **-gist** *n.* 菌類学者. 「て生じる》.
my·có·sis [maikóusis] *n.* 菌症《菌類の寄生によっ
mỳ·e·lí·tis [màiəláitis] *n.*〘医〙せき髄炎.
mý·na(h), mí·na [máinə] *n.* 九官鳥.
Myn·héer [mainhéər/-híər] *n.* **1** Mr., Sir に当たるオランダの敬語. **2** (m～)〘話〙オランダ人.
mỳ·o·cár·di·um [màiəkɑ́:rdiəm] *n.* (*pl.* **-a** [-diə]) 心筋.
my·ó·pi·a [maióupiə], **mý·o·py** [máiəpi] *n.* 〘医〙近視眼. ↔ hypermetropia. ◇ **mý·ope** [máiòup] *n.* 近視眼の人. **my·óp·ic** [maiɑ́pik/-ɔ́p-] *a.* 近視眼の.
my·ó·sis [maióusis] *n.*〘医〙瞳孔(どうこう)縮小, 縮瞳症. ◇ **my·ót·ic** [maiɑ́tik/-ɔ́t-] *a.*
mỳ·o·só·tis [màiəsóutis] *n.*〘植〙ワスレナグサ属; 《特に》ワスレナグサ.
my·ót·ic = miotic.
myri(a)- 「1 万」の意の語形成要素.
mýr·i·ad [míriəd] *n.* **1** 1 万. **2** 無数, 巨万; 無数の人〔物〕: a ～ of stars 無数の星. —— *a.* **1** 1 万の. **2** 無数の. **～-mìnd·ed** 才気縦横の: ～-*minded* Shakespeare あらゆることに通じていたシェイクスピア.
mýr·i·a·gram(me) [míriəgræ̀m] *n.* 10,000 g.
mýr·i·a·lì·ter, -tre [-lì:tər] *n.* 10,000 *l.*
mýr·i·a·mè·ter, -tre [-mì:tər] *n.* 10,000 m.
mýr·i·a·pod [míriəpɑ̀d/-pɔd] *n.*〘動〙多足類の動物. —— *a.* 多足類の.
Mýr·mi·don [mə́:rmədɑ̀n, -dən/-dən, -dɔn] *n.* **1**〘ギ神〙Achilles に従って Troy 戦争に加わった勇士. **2** (m～)《命令を忠実に遂行する》子分, 手下. ***m～s of the law*** 《けいべつ的》法の手先《執達吏・巡査など》.
myrrh [mə:r] *n.* ミルラ, 没薬(もつやく)《香料・薬剤にするアラビア・東アフリカ産の樹脂》.
mýr·tle [mə́:rtl] *n.*〘植〙**1** 天人花の類. **2**〘米〙ツルニチニチソウ.
～ berry 天人花の実. **～ wax** しろやまももろう.
†**my·sélf** [maisélf, məsélf, ㊥⁺mi-] *pron.* (*pl.* **our·sélves**) **1** 《I, me の強意形または再帰形》私自身: I bored ～ to death by her rigmarole. 彼女のくだらない長話にうんざりした《再帰形》. I did it ～. 自分でやったのだ. I ～ saw it. ぼくはこの目で見た《強意形》. **2** 《前置詞の目的語》私自身: I live by ～. ひとり暮らしです. I was beside ～. 気が気でなかった. **3** 正常な〔いつもの〕私: I'm not ～ today. きょうはからだのぐあいが変だ. → oneself.
mýs·ta·gogue [místəgɔ̀:g, -gɑ̀g/-gɔg] *n.* 秘法伝授家. ◇ **-go·gy** [-gòudʒi] *n.* 秘法伝授. **mỳs·ta·góg·ic** [mistəgɑ́dʒik/-gɔ́dʒ-], **mỳs·ta·góg·i·cal** *a.* 秘法〔奥義〕伝授の, 神秘説明の.
‡**mys·té·ri·ous** [mistí(:)riəs/-tíər-] *a.* **1** 神秘な, 不思議な. **2** 原因不明の, 説明できない: a ～ murder なぞの殺人事件. **3** わけのありそうな, あやしげな: a ～ smile. ◇ *~·ly *ad.* **～·ness** *n.*
‡**mýs·ter·y**[1] [míst(ə)ri] *n.* **1** 神秘, 不思議; 秘密; あいまい: be wrapped in ～ 神秘に包まれている. **2** (しばしば *pl.*) 秘伝, 秘訣(ひけつ), 極意(ごくい): the ～*ies* of performing tricks 手品の極意. **3**《古代ギリシア・ローマなどの異教の》秘法, 神秘儀式. **4** 聖餐(せいさん)式〔礼〕; (*pl.*) 聖餐物; 聖跡, 秘蹟(ひせき). **5** 怪奇〔探偵(たんてい)〕小説; 霊験記. ***make a ～ of*** を秘密にする, を神秘化する.
～ clock 一見機械装置の見えないとけい. **～ play** 《キリストの生死を題材とした》奇跡劇. → miracle play. **～ ship** = Q-boat. **～ story** 探偵〔怪奇, 推理〕小説, ミステリー. **～ voice**〘ラジオ〙かげの声.
mýs·ter·y[2] *n.*〘古〙**1** 職業, 手わざ. **2** 職業組合: ***the art and ～ of*** の技術と手芸《年季奉公契約証文の句》. 「=mystical.
mýs·tic [místik] *n.* 神秘家, 神秘主義者. —— *a.*
mýs·ti·cal [místik(ə)l] *a.* **1** 神秘的な, 超自然的な. **2** 神秘説の; 神秘的経験による; 霊感の; 秘法の. **3** 象徴的, 精神的意義のある. ◇ **～·ly** *ad.*
mýs·ti·cism [místəsiz(ə)m] *n.* **1** 神秘教; 神秘説〔主義〕; 秘密. **2** はかり知れない考え.
mýs·ti·cize [místəsàiz] *vt.* 神秘化する, 神秘的に解釈する. —— *vi.* 神秘的な事柄を論ずる〔書く〕.
mýs·ti·fy [místəfài] *vt.* **1** 神秘化する, 不可解にする. **2** けむにまく, 迷わせる, だます.
◇ **～·ing·ly** *ad.* 人を迷わせるように, けむにまくように. **mỳs·ti·fi·cá·tion** [mìstəfikéiʃ(ə)n] *n.*
mys·tíque [mistí:k] *n.* **1** 神秘(性). **2**《職業・学芸上の》秘法, 秘技. **3**《哲学者・作家などの》不思議な独自性, 神秘の世界.
‡**myth** [miθ] *n.* **1** 神話, 伝説: the Greek ～*s* ギリシア神話. **2** つくり話. **3** 架空の人〔事物〕. **4** 「神話」《社会一般の習性的な, しかし根拠薄弱な考え方》.
myth. mythological; mythology.
mýth·ic [míθik], **-i·cal** [-(ə)l] *a.* **1** 神話(的)の. **2** 架空の, 想像上の: a ～ animal 実在しない動物.
◇ **mýth·i·cal·ly** *ad.*

mýth·i·cize [míθisàiz] *vt.* 神話化する, 神秘的に解釈する. ◇ **-cism** [-sìz(ə)m] *n.* 1 神秘的解釈. 2 神秘主義, 神秘説. **-cist** *n.* 神秘主義者.
mýth·i·fy [míθifài] *vt.* 〈人・場所などについて〉神話をつくる; 神話化する. ◇ **mỳth·i·fi·cá·tion** [mìθifikéiʃ(ə)n] *n.*
my·thóg·ra·pher [miθágrəfər/-θɔ́g-] *n.* 神話作家.
my·thóg·ra·phy [miθágrəfi/-θɔ́g-] *n.* 神話集; 神話芸術《特に造形美術による》.
mỳth·o·lóg·i·cal [mìθəládʒik(ə)l/-lɔ́dʒ-] *a.* 1 神話の; 神話学の. 2 伝説上の; 架空の.
◇ **~·ly** *ad.*
my·thól·o·gize [miθálədʒàiz/-θɔ́l-] *vi.* 神話を語る〔つくる〕; 神話について書く〔説明する〕. —— *vt.* 神話にする; 神話的に解釈する.
my·thól·o·gy [miθálədʒi/-θɔ́l-] *n.* 1《集合的》神話. 2 神話学. 3 神話集.
◇ **-gist** *n.* 神話学者, 神話作者.
mỳth·o·pé·ic, mỳth·o·póe·ic [mìθəpí:ik] *a.* 1 神話をつくりだす. 2 神話時代の.
mỳx·e·dé·ma, mỳx·oe·dé·ma [mìksidí:mə] *n.* 〘医〙粘液水腫(しゅ).
myx·ò·ma·tó·sis [miksòumətóusis, mìksəmə-/mìksəmə-] *n.* 〘医〙(多発性) 粘液腫症.

N

N, n [en] *n.* (*pl.* **N's, Ns, n's, ns** [-z]) 1 英語アルファベットの第14字. 2〘数〙不定整数〔量〕. 3〘印〙=en. 4 N 字形 (のもの). ***to the nth*** (1)〘数〙n 次まで. (2) 極度に; とことんまで. **N-rays**〘物〙N 線《1903 年 R. Blondlot 発見の超紫外線》.
N〘チェス〙knight;〘化〙nitrogen; North(ern). **N.** Nationalist; Navy; New; Noon;〘化〙Normal; Norse; North(ern); November. **n.** *natus* (L. =born); nephew; neuter; neutron; new; nominative; noon;〘化〙normal; north(ern); noun; number. **Na**〘化〙natrium (=sodium). **N.A.** National Academy; National Army; North America. **NAA** National Aeronautic Association. **N.A.A.C.P., NAACP** National Association for the Advancement of Colored People. **N.A.A.F.I., Naafi** Navy, Army and Air Forces Institute(s). **NAAU** National Amateur Athletic Union. **NAB** naval air base. **N.A.B.** National Association of Broadcasters.
nab [næb] *vt.* (**-bb-**)〘話〙1 ひっつかむ; ひったくる. 2〈犯人などを〉捕える, (現行中に)取り押える.
ná·bob [néibɑb/-bɔb] *n.* 1〘英〙《18–19 世紀ごろのインド帰りの》富豪, 成金. 2《一般的》大金持ち. 3〘史〙《Mogul 帝国時代の》インド太守.
◇ **~·er·y** [néibàbəri, neibáb-/néibɔbəri] *n.* 大尽ぶり. **~·ish** *a.* 大尽ぶった.
Ná·both [néibɑθ/-bɔθ] *n.*〘聖〙ナボテ《イスラエル王のほしがったブドウ園の持ち主. 列王紀上 21》.
~'s vineyard 是が非でもほしい物, 羨望(せんぼう)の的.
NACA National Advisory Committee for Aeronautics 全米航空諮問委員会.
na·célle [nəsél/næs-] *n.*〘空〙1 ナセル《飛行船・飛行機の客室・機関室》. 2《気球の》つりかご.
ná·cre [néikər] *n.* 真珠母〔層〕(mother-of-pearl); 螺鈿(らでん). ◇ **~d** [-d] *a.* 真珠層のある.
ná·cre·ous [néikriəs] *a.* 1 真珠母〔層〕の. 2 真珠光沢の; ぴかぴか光る. **~ cloud** 真珠母雲《成層圏にあらわれる成分不明の光る雲》.
ná·dir [néidər, -diər] *n.* 1〘天〙天底, 蹠点(せきてん). ↔zenith. 2 最下点, どん底. ***at the ~ of*** のどん底に. ◇ **~·al** [-dərəl] *a.*
nae [nei]〘スコットランド〙=no, not.
náe·vus [ní:vəs] *n.* (*pl.* **-vi** [-vai]) =nevus.
nag[1] [næg] *n.* 1 駑馬(どば), おいぼれ馬; 《一般的》馬. 2 小馬.
nag[2] *v.* (**-gg-**) *vi.* 1 小言〔苦情〕をうるさく言う《に *at*》. 2 悩ます《を *at*》. —— *vt.* 小言〔苦情〕たらたらでうるさがらせる. ~ a person ***into*** (do)***ing*** (人に) うるさく小言をいって…させる.
—— *n.* うるさい小言〔苦情〕(を言う女).
◇ **~·ger** *n.* がみがみ女.
nág·ging [nægiŋ] *a., n.* 1 がみがみ言う(こと), 口うるさい(こと). 2《不安・疑問などが》つきまとって離れない(こと). ◇ **~·ly** *ad.*
nág·gish [nægiʃ] *a.* 小言を言う, こうるさい.
Nah. Nahum.
Ná·hum [néiəm, néihʌm/-həm] *n.*〘聖〙ナホム《ヘブライの預言者》; 《旧約聖書の》ナホム書.
nái·ad [néiæd, náiæd/nái-] *n.* (*pl.* **~s, nái·a·des** [-ədì:z]) 1 (または N~)〘ギ・ロ神〙水の精《川・湖・泉などに宿る. 若い女性の姿》. 2 水泳の達者な若い女.
na·ïf, na·íf [nɑ:í:f] F. *a.* =*naïve.*
‡**nail** [neil] *n.* 1《人の手足の指の》**つめ**; 《鳥獣の》けづめ: cut〔pare〕one's ~*s* つめを切る. → claw, talon. 2 **くぎ; びょう**: drive a ~ くぎを打つ. 3 巻きたばこ (=coffin ~); 酒. 4〘古〙ネール《尺度の単位. 2. 25 インチ, 5. 715 cm》.
a ~ in one's ***coffin*** 命とり(のたね)《巻きたばこ・酒など》. (***as***) ***hard as ~s*** がんじょうな; がんこで冷酷な. (***as***) ***right as ~s*** 全く正しい, まさにそのとおり. ***deaf as a ~*** かなつんぼ. ***fight tooth and ~*** あらゆる手段を尽くしてたたかう. ***hit the ~ on the head*** そのものずばりを言う, ずばしをさす; うまいことを言う. ***~s in mourning*** あかのたまった指のつめ. ***One ~ drives out another.***〘諺〙毒をもって毒を制す. ***on the ~*** (1) 目下問題になっている, 討議中の. (2) 即座に, その場で: pay *on the* ~ 即金払いする. ***to the ~*** 徹底して, あくまで.
—— *vt.* 1 **くぎで打ちつける, びょうでとめる**: ~ a lid *on* 〔*to*〕the box 箱をくぎ付けにする. 2 くぎ打ちにして包装する《*up*》: ~ goods *up* in a box 商品を箱に入れてくぎ付けにする. 3 にくぎを打ち込む. 4〘話〙〈人を〉くぎ付けにする, 引き止める《その場に》; 野球でアウトにする. 5〘話〙つかまえる, ひっ捕える; 《悪事の最中に》取り押える. 6〈うそなどを〉見破る. 7〘俗〙なぐる.
~ a lie to the counter 〔***barn door***〕 虚偽をあばく. ***~*** one***'s colors to the mast*** 態度を鮮明にする; 一大決心をする. ***~ down*** (1) 打ちつける; 〈人を〉動けなくする: ~ *down* a person *to* a promise 人を約束で縛る. (2) 決定的〔不動〕なものにする. ***~ed-up*** くぎ付けの; 無細工な. ***~*** one***'s eyes on*** に目をすえる. ***~ it*** (1) ごまかし〔うそ〕を看破する. (2) うまくやる. ***~ up*** 〈ドア・窓を〉くぎ付けにする; 〈絵などを〉くぎ〔びょう〕でとめる《壁などに》.
~ biter〘俗〙神経質な人間; スリルを感じさせるもの. **~·bit·ing** つめをかむ癖; 欲求不満; 不安, やきもき; 行き詰まり, 失敗. **~·brush** [́ ̀] つめブラシ. **~ clipper** つめ切り. **~ file** つめみがき〔やすり〕. **~·head** [́ ̀] くぎの頭;〘建〙《ノルマン建築などの》釘頭(ていとう)装飾. **~ polish**〔**varnish, enamel**〕マニキュア用エナメル. **~ puller** くぎ抜き. **~ scissors**〔**nippers**〕つめ切りばさみ. **~ set**《くぎの頭を打ち込む》くぎじめ.
náil·er [néilər] *n.* 1 くぎ製造者. 2 くぎを打つ人.

N

3〘話〙すばらしい人間〔物〕;〘競技などの〙名人: a ～ at golf ゴルフの名手. 4〘俗〙〘仕事などの〙熱心家《の *on, to*》. ◇ ～·y [-əri] *n.* くぎ製造所.

náil·ing [néiliŋ] *a.* 1 くぎ打ちの. 2〘俗〙すてきな. —— *ad.* すばらしく: a ～ good day すばらしい日.

náin·sook [néinsuk, ㊥⁺nǽn-] *n.* ネーンスーク《下着類・小児用の薄い綿布》.

Nai·ró·bi [nairóubi/nài(ə)r-] *n.* ナイロビ《Kenya の首都》.

náis·sance [néisns] *n.* 誕生; 創始.

na·ïve, na·íve [nɑːíːv] F. *a.* 1 純真な, 天真らんまんな. 2 あどけなさ過ぎる, 愚直な. [√(g)na- 生まれたままの] ◇ ～·ly *ad.*

na·ïve·té, na·ï·ve·te [nɑːiːvtéi, —ˊ—/—ˊ—] F. *n.* 1 天真らんまん, 無邪気, 素朴(そぼく). 2 純真な行為〔ことば〕.

na·ïve·ty, na·íve·ty [nɑːíːvti] = *naïveté.*

‡**ná·ked** [néikid] *a.* 1 裸の, 裸身の: go ～ 〈野蛮人などが〉裸でいる. swim ～ 裸で泳ぐ. 2 被覆(ひふく)のない, むきだしの: a ～ electric wire 裸電線. a ～ sword 抜き身の剣. 3 葉〔草木〕におおわれていない, 不毛の: a ～ tree 葉の落ちた木. a ～ hill 草木のはえていない丘. 4 おおわれていない; 守られていない: ～ *to* invaders 侵入者の前にさらされている. 5 赤裸々の, 隠してない: the ～ truth ありのままの真実. 6《…を》失った,《…を》持っていない《を *of*》: a tree ～ *of* leaves 落葉した木. a room ～ *of* furniture 家具のはいっていないへや. 7〘法〙証拠のない: a ～ promise いいかげんな約束. **～ contract** 無約因契約. **～ debenture**〘英〙無担保社債. **～ eye** 肉眼: see a star with the ～ *eye.* ↔armed eyes. **～ heart** まごころ. ◇ ～·ly *ad.*

ná·ked·ize [néikidàiz] *vi., vt.* 裸になる〔する〕.

ná·ked·ness [néikidnis] *n.* 裸; ありのまま; 無資力. ***～ of the land***〘聖〙《国の》無防備状態《創世記 42:9》.

NAM, N.A.M. National Association of Manufacturers.

nám·a·ble, náme·a·ble [néiməbl] *a.* 1 名づけられる. 2 姓名を明らかにできる〔かくす必要のない〕. 3 人前で名を言ってもさしつかえない. 4 指名できる.

nám·by-pám·by [nǽmbipǽmbi] *a.* 感傷ったらしい, お涙ちょうだい式の; にやけた. —— *n.* 1 感傷的な人〔話, 文, 詩〕. 2 甘ったるい感傷.

†**name** [neim] *n.* 1 名, 姓名, 名前;《物の》名称. 〈注〉John Fitzgerald Kennedy においては, アメリカ式には公式文書などでは John が first name, Fitzgerald が middle name, Kennedy が last name と呼ばれる. イギリス式では(またアメリカ式でも) John と Fitzgerald が given〔personal, Christian〕name または forename で, Kennedy が family name または surname. 2 名声, 声望; 評判: seek ～ and fortune 名声と富とを求める. a bad ～ 悪評. 3 有名人, 名士: She is a ～ in show business. 芸能界では名が通っている. one of the great ～*s* of the age 当代の著名人のひとり. 4《実質に対し》名目: king in ～ only 名ばかりの王. 5 家名, 一門, 氏族: the proudest ～*s* in England イギリスの最上流の名門. 6 (通例 *pl.*) 悪名: call a person (bad) ～*s* 人をうそつき・ぬすっとなどとののしる; 人の悪口を言う. 7《形容詞的に》有名な, 一流の: a ～ writer 一流作家. a ～ brand of tomato juice トマトジュースの銘柄品.

by ～ (1) …という名の: a man, John Smith *by* ～ ジョン=スミスという名の人. (2) 名ざしで, 名をあげて: He was called upon *by* ～ to answer. 名ざしで答弁を求められた. (3)《面識はなく》名前だけで: I know the man *by* ～. その人の名は聞いて知っています. (4)《顔の見覚えばかりでなく》名前によって(も): The teacher knows all the pupils *by* (their) ～(*s*). 先生は生徒全部の名を知っている. ***by*** 〔***under***〕 ***the ～ of*** という名前で, と名のって: a young man *by the* ～ *of* John Smith ジョン=スミスという名の若い男. ***call*** a person (***bad***) ***～s*** →⑥. ***get*** 〔***make***〕 ***oneself a ～*** 名声を得る, 名をあげる. ***Give a dog a bad ～ and hang him.***〘諺〙悪名をたてたら浮かばれない. ***Give it a ～.*** = ***Put a ～ to it.***《飲み物を供するときなど》なにがいいか言ってください. ***give*** one's ***～*** 名前を言う. ***have the ～ for*** bravery (勇者) の誉れが高い, (勇敢だ) という評判である. ***I'll do it, or my ～ is not Smith.*** 私の名にかけて必ずやります. ***in ～ (only)*** 名の上だけの; 名義上だけ. ***in*** one's ***own ～*** 自分の名義で;《職責などを離れて》個人として; 自分自身で, 独立して. ***in the ～ of*** = ***in*** a person's ***～*** (1) の名において; の名義で; の代理として; の名をかりて; の権威によって: The shares are *in my* ～. 株は私名義になっている. I am speaking *in the* ～ *of* Mr. Smith. スミス氏の代理として申し上げているのです. (2) に訴えて: *in the* ～ *of* law 法の名において, 法に基づき. murder *in the* ～ *of* mercy 慈悲と称して行なわれた殺人, 慈悲を動機とする殺人. (3)《強調的》いったいぜんたい: *In the* ～ *of* mercy, stop screaming! お願いだから大きな声を出すのはやめてくれ. What *in the* ～ *of* goodness〔fortune〕are you doing? いったいぜんたいなにをしているんだ. ***make a ～ for oneself*** 有名(人)になる. ***send in*** one's ***～*** (1) 〈訪客が〉刺を通じる, 名を告げる. (2)《コンクールなどに》参加を申し込む. ***to*** one's ***～*** 自分の所有の: I haven't a penny *to my* ～. びた一文も持っていない.

—— *vt.* 1 に名をつける, 命名する: ～ a baby. 2 指名する, 任命する: ～ a person *for*〔*to*〕an office 人を役職につける. 3《不完全他動詞として》…と名をつける, …に指名〔任命〕する: He was ～*d* Jack. 彼はジャックと命名された. ～ a person mayor 人を市長に任命する. 4 の名を言う, の名を思い出す: I know his face, but I cannot ～ him. その人の顔は知っているが, 名はわからない. 5 告発する: ～ a person *as* the thief 人を窃盗犯として訴える. 6 〈人・日時・値などを〉指定する; 〈例などを〉指摘する, あげる: *N*～ it. 飲みたいものを言いなさい《酒などおごるとき》. ～ one's price 幾らほしいと言う.

㊥ ***～ for*** = ***～ after*** の名をとって命名する: He was ～*d for*〔*after*〕his uncle. 彼はおじの名をとって名づけられた. ***～ the day*** 〈婦人が〉結婚の日を決める. ***not be ～d on*** 〔***in***〕 ***the same day with*** = ***not to be ～d in the same breath with*** とは同日の談ではない, と比べものにならない.

～**·board** [ˊˊ]《地名・建物などの》標示板;《船体などに書かれた》名称. ～**·child** [ˊˊ] ある人にちなんで名づけられた子ども. **～ day** (1) 命名日. (2) 聖名祝日《当人と同名の聖徒の日》. (3)〘株式〙受け渡し日. ～**-drop** [ˊˊ]〘俗〙有名人の名をあげて自分の友人だと触れ回る. ～**-dròp·per** name-drop する人. ～**-dròp·ping** name-drop すること. **～ father** 名親. **～ part**〘劇〙題名の主役《劇 *Othello* 中の Othello の役のごとき》. ～**·plate** [ˊˊ] 名札; 表札. ～**·sake** →別項. **～ story** 書名の物語《短編集などの書名として採用された短編の題名》. **～ tag** 名札. **～ tape** 名札テープ《個人所有物にはる》. ◇ **nám·er** *n.* 命名者; 指名者.

náme·a·ble = namable.

náme-càll·ing [néimkɔ̀ːliŋ] *n.*〘米話〙悪口; 罵倒(ばとう). —— *a.* 悪口の, 口ぎたない, どろ試合的.

***náme·less** [néimlis] *a.* 1 名のない. 2 世に知られない, 無名の. 3《人が》名を明かさない, 匿名の: a well-known person who shall be ～ 名は言わないがある名士. 4《作品が》匿名の; 作者名不明の. 5 名状しがたい: a ～ charm 一種不思議な魅力. 6 言うに忍びない: a ～ crime 言語道断の罪悪. 7 庶出の, 私生の.

‡**náme·ly** [néimli] *ad.* すなわち, 言い替えれば: Two girls were absent, ～, Nancy and Susie. ふたりの少女, すなわちナンシーとスージーが欠席した.

náme·sake [néimsèik] *n.* 1 同名者. 2 人の名をもらった人, 他人の名にあやかって名づけられた人.
nance [næns], **nán·cy** [nǽnsi] *n.* 〘俗〙めめしい男; 同性愛の対象となる男.
nan·kéen [nænkíːn/næŋ-], **-kín** [-kín] *n.* 1 なんきんもめん. 2 (*pl.*) なんきんもめん製のズボン. 3 鈍黄色.
Nan·kíng [nænkíŋ, ⌐⌐] *n.* ナンキン(南京)《中国東部の都市》.
nán·ny [nǽni] *n.* 1〘英話〙乳母(うば). 2〘話〙雌ヤギ(=〜 goat).
Nantes [nænts] *n.* ナント《フランス西部の都市》. ***Edict of 〜*** 〘史〙ナント勅令《1598年フランス王Henri IV が発布した新教徒に寛大な条令》.
‡**nap**[1] [næp] *n.* うたた寝, (しばしの)まどろみ, 居眠り. ***take* [*have*] *a 〜*** 昼寝する; 居眠りする.
—— *v.* (**-pp-**) *vi.* 1 うたた寝する. 2 ゆだんする, ぼんやりする. —— *vt.* うたた寝して過ごす《*away*》. ***catch* a person *〜ping*** (人の)ゆだんに乗じる, 不意を襲う. 〔類〕→ **sleep**「眠る」
nap[2] *n.* 《ラシャ・メリヤスなどの》けば; 《植物などの》けば. —— *vt.* (**-pp-**) にけばを立てる.
nap[3] *n.* 〘俗〙ナポレオン《切り札を申し出て, 5枚の手札でするトランプ遊び》. ***go 〜*** ナポレオンで5回全勝をねらう; 大冒険をやってみる.
ná·palm [néipɑːm] *n.* 〘化〙ナパーム《ガソリンのゼリー化剤》; 〘米: 軍〙ナパーム爆弾《強烈な油脂焼夷(しょうい)弾》.
nape [neip, ㊟⁺næp] *n.* うなじ, えり首, 首筋 (=〜 of the neck).
ná·per·y [néip(ə)ri] *n.* 《テーブル掛け・ナプキンなど》家庭用リンネル類.
náph·tha [nǽpθə, nǽfθə] *n.* 〘化〙ナフサ, 揮発油; 石油.
náph·tha·lene, náph·tha·line [nǽfθəlìːn, nǽpθ-], **-lin** [-lin] *n.* 〘化〙ナフタリン.
náph·thol [nǽfθɔːl, nǽpθ-, -θoul/-θɔl] *n.* 〘化〙ナフトール《染料の原料. 防腐剤》.
‡**náp·kin** [nǽpkin] *n.* 1 ナプキン. 2 細長い〔四角い〕リンネル〔もめん〕の布; 小型のタオル. 3〘おもに英〙おむつ(=㊟ diaper). ***lay up* [*hide*] *in a 〜*** 〘聖〙使用しないでしまっておく, 持ち腐れにする《ルカ伝 19:20》. ***sanitary 〜*** 一種の月経帯. ***table 〜*** 《食卓用》ナプキン. **〜 ring** ナプキンリング《各自のナプキンを区別するために巻いてはさんでおく輪》.
Ná·ples [néiplz] *n.* ナポリ《イタリア南部の港市》.
Na·pó·leon [nəpóuljən, -liən] *n.* 1 〜 Bonaparte [-bóunəpɑ̀ːrt/-pɑːt], ナポレオン一世, 1769–1821; ナポレオン三世, 1808–1873. 2 Louis 〜, ルイ=ナポレオン《ナポレオン一世のおい. のちにナポレオン三世と称する》.
◇ **Na·pò·le·ón·ic** [nəpòuliánik/-ɔ́nik] *a.* ナポレオン一世(時代)の; ナポレオン一世のような〔風の〕.
na·pó·leon [nəpóuljən, -liən] *n.* 1 昔の20フランフランス金貨. 2 = nap³. 3 一種の長ぐつ. 4〘米〙クリーム・ジャムなどをはさんだ練り菓子.
na·póo [nəpúː/nɑːpúː] *int.* 〘英: 軍俗廃〙だめだ!, やられた!, しまった!
náp·per[1] [nǽpər] *n.* けばを立てる人; けば立て機.
náp·per[2] *n.* うたた寝する人.
náp·py[1] [nǽpi] *a.* 1〘英〙《酒が》強い, 頭にくる. 2〘スコットランド〙酔っ払った. —— *n.* 酒, 《特に》ビール.
náp·py[2] *n.* 小ざら.
náp·py[3] *a.* けばだった, けばのついた. [<nap²]
náp·py[4] *n.* 〘英話〙おしめ, おむつ.
nár·ce·ine [nɑ́ːrsiːìn, ㊟⁺-siin] *n.* 〘化〙ナルセイン《麻酔性アルカロイドの一種》.
nar·cís·sism [nɑːrsísiz(ə)m], **nár·cism** [nɑ́ːrsìz(ə)m] *n.* 〘精神分析〙自己陶酔症.
◇ **nar·cís·sist** *n.* 自己陶酔者. **nàr·cis·sís·tic** [nɑ̀ːrsisístik] *a.*
***Nar·cís·sus** [nɑːrsísəs] *n.* 1〘ギ神〙ナーシサス《水に映る自分の姿に恋し水死してスイセンの花に化した美青年》. 2 (n〜) (*pl.* 〜, 〜·**es**, **nar·cís·si** [-sai]) 〘植〙スイセン.
nàr·co·a·nál·y·sis [nɑ̀ːrkoənǽlisis] *n.* 〘心〙麻酔分析《一種の精神療法》.
nár·co·lep·sy [nɑ́ːrkəlèpsi] *n.* 〘医〙嗜眠(しみん)発作.
nar·có·sis [nɑːrkóusis] *n.* 1 麻酔状態; 催眠状態. 2 昏睡(こんすい)状態.
nàr·co·sýn·the·sis [nɑ̀ːrkosínθisis] *n.* 〘心〙麻酔精神療法.
nar·cót·ic [nɑːrkátik/-kɔ́t-] *a.* 1 麻酔(性)の, 催眠性の. 2 麻酔剤(使用)の. 3 麻酔剤中毒患者用の. —— *n.* 1 麻酔剤. 2 麻酔剤中毒患者.
nár·co·tine [nɑ́ːrkətiːn] *n.* 〘化〙ナルコチン《あへんアルカロイドの一種》.
nár·co·tism [nɑ́ːrkətìz(ə)m] *n.* 1 麻酔剤中毒. 2 麻酔作用〔状態〕. 3 はなはだしい嗜眠(しみん)性.
nár·co·tize [nɑ́ːrkətàiz] *vt.* 麻酔させる. ◇ **nàr·co·ti·zá·tion** [nɑ̀ːrkətizéiʃ(ə)n/-taiz-] *n.* 麻酔.
nard [nɑːrd] *n.* 1〘植〙甘松. 2 甘松香《鎮痛剤》.
ná·res [néiriːz] *n. pl.* (*sing.* **nár·is** [néiris]) 〘医〙鼻孔.
nár·g(h)i·le [nɑ́ːrgili] *n.* 水ぎせる (hookah).
nark [nɑːrk] *n.* 〘英俗〙警察の手先,「いぬ」,「おとり」. —— *vi.* 〘英俗〙警察に密告する. —— *vt.* 〘英俗〙悩ます. ***feel 〜ed at*** に気をもむ. ***N〜 it.*** 〘英俗〙やめろ, 静かにしろ.
nar·ráte [nærέit, ㊟⁺⌐—] *vt., vi.* 物語る, 述べる. 〔類〕→ **speak**「話す」
‡**nar·rá·tion** [nærέiʃ(ə)n] *n.* 1 叙述, 語(かた)り. 2 物語, 話. 3〘文〙話法. → 枠付 Narration. (p.838)
‡**nár·ra·tive** [nǽrətiv] *a.* 1 物語の: a 〜 poem 物語詩. 2 物語風の, 説話風の: in 〜 form 物語の形式で. 3 話術の: 〜 skill 巧みな話術.
—— *n.* 1 物語, 話. 2 物語体; 説話文学. 3 説話(法), 話術. ◇ **〜·ly** *ad.* 〔類〕→ **story**「物語」
***nar·rá·tor, nar·rát·er** [nærέitər, ㊟⁺⌐——] *n.* (*fem.* **-tress** [-tris]) 語り手, 物語る人.
‡**nár·row** [nǽrou, ㊟⁺nǽrə] *a.* (〜·**er**; 〜·**est**) 1 幅の狭い: a 〜 bridge 狭い橋. ↔wide, broad. 2 《面積・広さに関して》狭苦しい, 窮屈な: a 〜 bed 身動きもできないようなベッド. 〜 quarters 狭苦しい住まい. 〈注〉「狭い」が単に「小さい」の意のときには small を用いることが多い: a *small* room 狭いへや. 3 《地域・範囲の》限られた: have only a 〜 circle of a few friends 狭い交友範囲に限られている. 4 心の狭い, 狭量な: a 〜 mind 偏狭な心. a 〜 man 了見の狭い人. 5 乏しい, 窮屈な; 窮乏した, 金に困った: 〜 means 乏しい資力. in 〜 circumstances 窮乏して. 6 やっとの, きわどい: a 〜 victory 辛勝. 7 精密な, 厳密な: a 〜 inspection. 8 狭義の: a 〜 sense of the term その語の狭義. 9〘英〙けちな: 〜 *with* one's money 金銭にしぶい. 10〘音声〙狭窄(きょうさく)音の; 緊張音の (tense). 11《家畜の飼料が》たんぱく質分が高い. ***have a 〜 escape*** かろうじて免れる, 九死に一生を得る. ***in a 〜 sense*** 狭義で.
—— *n.* (通例 *pl.*) 海峡; 山あい; 道の狭い所, 隘路(あいろ). ***the N〜s*** (1) ニューヨーク港に通じる海峡《Staten Island と Long Island との間》. (2) ダーダネルス海峡. —— *vt.* 1 狭くする. 2 制限する. 3 偏狭にする. —— *vi.* 狭くなる: This is where the road 〜*s*. ここで道路が狭くなる. **〜 *down*** の要点をしぼる, の数をしぼる《に *to*》.
〜 cloth 小幅もの. **〜 escape** 危機一髪の脱出. **〜-gáuge** [-géidʒ/-geidʒ] 〘鉄道〙狭軌の; 〘話〙心の狭い. **〜 goods** 《リボンなど》細幅もの. **〜 market** 閑散市場. **〜-mínd·ed** →別項. **〜 notation** [**transcription**] 〘音声〙精密表記(法). **〜 squeak** 間一髪. **〜 vowels** 〘音声〙狭母音 《i, u など口腔(こうこう)内の声の通路の狭い母音》. **〜 way, the** 〘聖〙狭くて困難な道, 正義.
◇ **〜·ly** *ad.* 1 注意ぶかく, 精密に. 2 限定して, 窮屈に. 3 かろうじて. **〜·ness** *n.* 狭さ; 窮乏; 狭量.

N

文法要説…(14)

Narration (話法)

他人のことば・思ったことを――また，自分の他の機会に言ったこと・思ったことを――話者〔筆者〕が聴者〔読者〕に伝達する方式を**話法** (narration) という．元のことばをそのままに伝達する形式を**直接話法** (direct narration) といい，読者が元のことばの内容を自分のことばに直して伝達する方式を**間接話法** (indirect narration) という：

《直接話法》 He said, "I am too busy."「忙しくてだめだ」と彼は言った．

《間接話法》 He said that he was too busy. 彼は忙しくてだめだと言った．

上例中の said のようにことばを直接・間接に伝達する動詞を**伝達動詞** (reporting verb) といい，伝達動詞を含む he said の部分を**伝達部** (reporting clause) と称する．直接話法で伝達されることば ("…" の部分) は**被伝達部** (reported speech) という．

直接話法と間接話法の中間に位する，**描出話法** (represented speech) などの名で呼ばれる表現形式があり，特に小説でひんぱんに用いられる．伝達部は消去され，文脈によって理解される．形式は，構文は直接話法に，人称・時制などは間接話法に近いことが多い: He said that he had no idea. *How did he know?* 彼は，全くわからないと言った．知ってるわけがないじゃないか(というわけである)《<He said, "How do I know?"》．

以下，本項の記事は次の順に配列した:「直接話法を間接話法に変える方法」――「描出話法」――「直接話法の語順と句読(くとう)法の詳細」．最後の記事は，おもに伝達部が挿入(そうにゅう)的に用いられるときの注意を示したもので，文学作品の読解力を高めることのほかに，会話部分の多い日記や簡単な随筆を自分で書くときの助けとなることを目的としている．

直接話法を間接話法に変える方法

伝達部が文頭に立つばあいだけについて述べる．

(1) まず伝達動詞の次のコンマと引用符(quotation marks) を除く． (2) 被伝達部が平叙文のばあいには伝達動詞のあとに接続詞の that を置く《ただしこの that は省略されることがある》． (3) that の次は(固有名詞・固有形容詞でないかぎり) 小文字で始まる． (4) 以下 文中の種々の要素および構文に従って次の考慮が必要になる．

1) 人称

被伝達部中の人称代名詞の人称は，その内容に従って，すべて話者《伝達者》の立場から見たものに変えられる．

a) 伝達部の主語が二人称のとき " " 内の主語は: *I*→you. *we*《話者自身を含まぬ》→you. *we*《話者自身を含む》→we. *you*→I, we, he, she, it, they. *he, she, it*→I, he, she, it. 例:

You say, "*I* am happy." → You say (that) *you* are happy.

You said (to me), "*You* are pretty." → You said (that) *I* was pretty.

You said (to her), "*You* are pretty." → You said (that) *she* was pretty.

b) 伝達部の主語が三人称のとき，" "内の主語は: *I*→he, she. *we*《話者を含まぬ》→they, you. *we*《話者を含む》→we. *he, she, it* → I, you, he, she, it. *they* → we, you, they. 例:

He said, "*I* like summer." → He said (that) *he* liked summer.

He said (to her), "*You* are pretty." → He said (that) *she* was pretty.

She said, "*We* are young."→She said (that) *they* were young. 《"we" が聴者も話者も含まぬとき》

She said, "*We* are young."→She said (that) *you* were young. 《"we" が聴者だけ含んで話者を含まぬとき》

She said, "*We* are young."→ She said (that) *we* were young. 《"we" が話者を含むとき》

〈注〉 間接話法での they, you, we などの内容が文脈からだけでは不明瞭(ふめいりょう)なばあいには，実際にはこれを補う種々のくふうが行なわれる．たとえば they の代わりに: She said (that) *she and her brother* were young.

c) 伝達部の主語が一人称のとき，もともと聴者に(またはひとりごととして自分自身に)向かって発したことばを伝達するには人称の変化は起こらない．その他のばあいには: *I* → I. *you* → he, she, they. *he, she, they* → he, she, they, you. 例:

I said (to him), "*You* are very tall."→I said (that) *he* was very tall.

I said (to him), "*She* resembles *your* mother."→ I said (that) *you* resembled *his* mother. 《"she" が聴者になったとき》

2) 時制

伝達動詞の時制によって被伝達部の時制が変化することがある．規則は次のとおり:

a) 伝達部の時制が現在・現在完了・未来・未来完了のいずれかのばあいには，被伝達部の時制は変化しない:

He *says*, "I *am* 〔*was, have been*〕 sick." → He *says* (that) he *is* 〔*was, has been*〕 sick.

I *have said*, "I always *welcome* it." → I *have said* (that) I always *welcome* it.

b) 伝達動詞が，過去または過去完了のばあいには，被伝達部の時制は次のように変化する．このような主節の動詞と従属節の動詞の間における時制の連関を「時の呼応」「時制の照応」(sequence of tenses) などと呼ぶ:

《直接話法》	《間接話法》
現　在	過　去
現在完了	過去完了
過　去	過去完了
過去完了	過去完了のまま
will, shall	would, should
can, may	could, might
must	must のまま

〈付記₁〉 間接話法において，被伝達部の動詞は過去完了より前にさかのぼることはない．

〈付記₂〉 must は変化しない: He *said*, "I *must* go." → He *said* (that) he *must* go. 同様に should「べきである」なども変化しない．後者はもともと仮定法なので．→ d).

〈付記₃〉 will, shall は，上記のように時制が変化するほか，現在形の用法に従って，人称の変化により交換される: My father said, "I *shall* be back on Monday." → My father said (that) he *would* be back on Monday. ただし，もとの will, shall が，時制だけ変えて，そのまま保存されることもある: She asked him if he *should* be sorry. (<*Shall* you be sorry?)

〈付記₄〉 伝達動詞が被伝達部の動詞に吸収されることがある: She *said* to me, "*Thank* you very much." → She *thanked* me very much.

c) 話者が被伝達部を不変の真理・習慣的事実・歴史上の事実などをあらわすと認めているばあいには，その部分の動詞の時制は変化しない:

Our teacher said to us, "The earth *is* round." → Our teacher told us that the earth *is* round.

My friend said, "I *get* up at six every morning." → My friend said (that) he *gets* up at six every morning.

He said, "The French Revolution *broke* out in 1789." → He said (that) the French Revolution *broke* out in 1789.

〈注〉話者が被伝達部の陳述に疑いをもっているか，その真偽を問題とせずにともかく言ったままを伝達するばあいは普通の法則に従う: He *said* that the earth *was* slightly flatter than a perfect sphere. 彼は，地球は完全な球体よりもいくぶん偏平だという趣旨のことを言った《私はどうだか知らないが》.

d) 仮定法は伝達部の時制の影響を受けない:

He said (to me), "I wish I *could* help you." → He said that he wished he *could* help me. 彼は，お手伝いしたいのはやまやまですがと言った.

They said, "It *could* [*might*] be true." → They said (that) it *could* [*might*] be true. ひょっとしたらほんとうかもしれないと言った.

I said to him, "You *should* have seen it." → I told him that he *should* have seen it. 私は彼に，それを見ておくとよかったのにと言った.

〈付記〉伝達動詞が被伝達部中の動詞に吸収されることがある: He *said*, "I *move* that the provision be revised." → He *moved* that the provision be revised. 彼は規定を改正すべきだと動議した.

3）場所と時の副詞・形容詞

被伝達部中の場所や時をあらわす副詞・形容詞は，現在それを伝達している場所や時と異なるばあいは次のように変化する:

this →that. these →those. here → there. now →then. ago →before. today → that day. yesterday → the day before [the previous day]. tomorrow → the day after [the following day, the next day]. last week →the week before [the previous week]. next year → the following year.

4）疑問文

被伝達部が疑問文のばあいには疑問符（?）を除き，伝達動詞を ask, inquire, demand, wonder などに変え，原則として語順を「主語＋動詞」に改める.

a) 特殊疑問文: who, which, what, when, where, how などの疑問詞で始まる疑問文のばあいには，疑問詞をそのままの位置に残して連結詞とする:

I *said to* him, "*Where* are you staying?" → I *asked* him *where* he was staying.

〈注〉詳細は →枠付 Interrogative 4).

b) 一般疑問文: 疑問詞で始まらない疑問文のばあいには，平叙文のばあいの接続詞 that の位置に if または whether を連結詞として用い，疑問文を平叙文に直して，伝達動詞 ask などの目的語とする:

He *said to* me, "*Did* you *see* my dog?" →He *asked* me *if* I *had seen* his dog.

5）命令文

被伝達部が命令文のばあいは伝達動詞を tell, ask, order, request, beg, command, forbid などに変え，被伝達部の動詞を不定詞に改める. このばあい通常は接続詞 that を用いないが，伝達動詞の種類によっては that- 節を用いることもできる:

The policeman *said to* me, "*Wait* a moment." → The policeman *told* me *to wait* a moment.

The nurse *said to* us, "*Wait* a moment, please." → The nurse *asked* us *to wait* a moment.

The doctor *said to* me, "*Don't smoke.*" → The doctor *ordered* [*advised*] me *not to smoke*. または The doctor *ordered* [*advised*] *that I should not smoke*. または The doctor *forbade* me *to smoke*.

6）感嘆文・祈願文

被伝達部が感嘆文や祈願文のばあいには感嘆符(!)を除き，伝達動詞を被伝達部の内容によって cry, exclaim, shout, sigh, pray, wish などに変え，ばあいによっては適当な修飾語句を加えて，平叙文の形にする. 接続詞 that は被伝達文によって用いられたり用いられなかったりする:

He *said*, "*How* happy I am!" →He *cried* [*said loudly*] that he was *very* happy.

They *said*, "God save the King!"（彼らは「神様が国王をお守りくださいますように」と言った）→ They *prayed* God to [that God might] save the King.（彼らは神様が王様を守るように祈った）.

描 出 話 法

描出話法は一見「地の文」のごとく，伝達部を欠くが，この伝達部は文脈から理解される. 形式は大体において構文の点では直接話法に近く，人称・時制や時・場所の副詞・形容詞などの点では間接話法に近い.

1）伝達部が，前にある普通の間接話法から理解されるばあい

He told them that he wanted to make an appointment with them. *Were they free the following afternoon?* 彼は彼らに日を決めて会いたいと言った. 翌日暇だろうか（と問うのであった）.

すなわち直接話法 "Are you free tomorrow afternoon?" he said. と，間接話法 He asked (them) if they were free the following afternoon. との中間であって，伝達部 he said や He asked (them) は，前の He told them から理解される.

2）伝達部の暗示がもっと間接のばあい

He hesitated. *He certainly liked that sort of job, but could he really do it? What if he should fail?* 彼はためらった. おれは確かにこういう仕事が好きだ. しかしほんとうに自分にそれができるだろうか. もし失敗したらどうしよう.

直接話法なら次のようになる: He thought, "*I* certainly *like this* sort of job, but *can I* really do it? What if *I* should fail?"

3）地の文との区別が困難なばあい

He shook his head. *He was too busy*. 彼は首を横に振った. 忙しくてだめなのだ（というわけである）.

この例では「彼」なる人物は口に出して "I am too busy." と言ったかもしれないし，また単に頭を横に振ったことから，無言のうちにその意味が伝わったのかもしれない《*He meant that* he was too busy. など》. 後者のばあい，物語の作者が地の文で行なう説明との差は紙一重になる. このようなあいまいさが，この話法の微妙な文体的効果の一つをなしている.

直接話法の語順と句読法の詳細

伝達部（he said など）の位置には，文頭・文末・文中の三つのばあいがあり，それによって句読点および伝達部自体の主語と動詞の語順が変化することがある.

1）伝達部の位置と句読点

a) 伝達部が文頭に立つときには伝達部の次にコンマ（,）を打ち，被伝達部全体をそのまま引用符（" "）に入れればよい:

I am happy. →He said, "I am happy." /Are you busy? → She asked, "Are you busy?"

b) 伝達部が文末につくとき:

(1) 被伝達部の文末の終止符（.）はコンマ（,）に変わる:

Yes, please, thank you. → "Yes, please, thank you," I said.

(2) 疑問符 (?) および感嘆符 (!) はそのまま:

Do you like it ? →"Do you like it ?" he asked. /What a kind man ! → "What a kind man !" she exclaimed.

c) 伝達部が被伝達部の途中に挿入されるとき:

(1) 被伝達部が二つ以上の文からなり, 最初の文の終わりに伝達部を挿入するとき, この部分に対してはb)の規則がそのまま当てはまり, 伝達部をいったん終止符で終わらせたのち, 再び " " を用いて被伝達部の残りを大文字で始める:

I'm afraid I can't come. My mother is sick. → "I'm afraid I can't come," he said. "*My* mother is sick."

You like it ? Well, I don't. → "You like it ?" she said. "*W*ell, I don't."

逆に言えば挿入された伝達部(he said. など)に見られる終止符は, その直前の " " 内の末尾が本来被伝達部中の文末であることを示す.

(2) 伝達部が被伝達部の文の途中に挿入されるときには, 伝達部の直前にある " の内側も, 伝達部の文末もともにコンマ (,) で仕切られ, 被伝達部の残りは " の次に小文字で始められる:

My friend is a good doctor. → "My friend," he said, "*i*s a good doctor."

This is not much, but I hope you'll like it." → "This is not much," she said, "*b*ut I hope you'll like it."

〈注〉第 2 の例のように, 分割された被伝達部の前半がもともとコンマで終わっていれば, このコンマはもちろんそのまま残る.

2) 伝達部の倒置

伝達部が文頭のときには一般に倒置を起こさないが, 伝達部の主語が名詞, 特に名詞句のばあい, 文末または文中に置かれるとしばしば倒置される《動詞が say のばあいに特に多い》:

"Thank you," *said the old man.* / "I know," *said my friend*, "that you did your best."

〈注〉伝達部の主語が人称代名詞のときには, 正置になることが多い: "Thank you," *he said.* / "I know," *she said*, "that you did your best."

---

nár·row-mínd·ed [nǽroumáindid] *a.* 心の狭い, 狭量な. ◇ **～·ly** *ad.* **～·ness** *n.*

nár·w(h)al [nɑ́ːr(h)wəl/nɑ́ːwəl], **nár·whale** [-(h)wèil] *n.* 〖動〗一角《イルカの一種》.

nár·y [néəri/né(ː)ri] *a.* 〖米方・話〗いささかの…もない: There's ～ doubt. これっぱかりもまちがいない.

NAS National Academy of Sciences; naval air station. **NASA** [nǽsə, néisə] National Aeronautics and Space Administration アメリカ航空宇宙局.

ná·sal [néiz(ə)l] *a.* **1** 鼻の. **2** 鼻声の, 鼻にかかる. **3**〖音声〗鼻音の, 通鼻音の. **——** *n.* **1** 鼻音《[m, n, ŋ] など》; 鼻音字《m, n, ng など》. **2**《かぶとの》鼻当て. ◇**na·sál·i·ty** [neizǽləti] *n.* 鼻声; 鼻音性.

ná·sal·ize [néiz(ə)làiz] *vi., vt.* 鼻にかけて言う〔発音する〕; 〖音声〗鼻音化する. ◇ **nà·sal·i·zá·tion** [nèiz(ə)lizéiʃ(ə)n, -zəlaiz-] *n.* 鼻音化.

nás·cent [nǽsnt] *a.* **1** 発生しようとする, 発生期の, 初期の. **2**〖化〗発生期の. [√(g)na-]

◇ **nás·cence, nás·cen·cy** *n.* 発生, 起源.

Násh·ville [nǽʃvil] *n.* アメリカ Tennessee 州の都市.

nas·túr·tium [næstə́ːrʃəm, nə-] *n.* 〖植〗ノウゼン「ハレン; その花.

‡nás·ty [nǽsti/nɑ́ːs-] *a.* **1 不快な**, いやな: ～ weather ひどい天気. →lousy. 〈注〉disagreeable, unpleasant の口語的強意表現. **2** 胸の悪くなるような《味・においなどが》: ～ medicine 飲みにくい薬. **3** 不潔な, よごれた, きたない. **4 手におえない**, 性質〔癖〕の悪い, 困りものの: a ～ dog たちの悪い犬. ～ children 悪たれっ子. **5** 扱いにくい, 悪質の, 危険な: a ～ cut ひどい切り傷. **6** 意地の悪い, 卑劣な: turn ～ 意地悪くする, ぷんぷん当たる. a ～ piece of work きたない行為, 悪だくみ; 〖話〗いやな人物. **7**《ことばなどが》みだらな, 悪趣味の, げびた. ***a ～ one*** 猛烈な一撃《酷評・拒絶など》.

◇ **nás·ti·ly** *ad.* **nás·ti·ness** *n.*

nat. national; native; natural; naturalist.

ná·tal [néitl] *a.* **1** 生まれの, 誕生の, 出生にまつわる. **2**〖雅〗故郷の.

na·tál·i·ty [neitǽləti/nət-] *n.* 出生(率). [√(g)na-]

ná·tant [néit(ə)nt] *a.* 泳ぐ; 浮かぶ, 漂う; 〖植〗《水草の葉など》水に浮かぶ. ◇ **～·ly** *ad.*

na·tá·tion [neitéiʃ(ə)n] *n.* 水泳(術).

nà·ta·tó·ri·al [nèitətɔ́ːriəl/-tɔ́ːr-], **ná·ta·to·ry** [néitətɔ̀ːri/-tət(ə)ri] *a.* 水泳の, 遊泳の; 泳ぐに適した; 泳ぐ習性のある: ～ birds 水鳥.

nà·ta·tó·ri·um [nèitətɔ́ːriəm / -tɔ́ːr-] *n.* (*pl.* **-ums, -a** [-riə]) 水泳場, 《特に屋内の》プール.

natch [nætʃ] *ad.* 〖俗〗「もち」, もちろん. [＜naturally]

ná·tes [néitiːz] *n. pl.* 〖医〗しり, 臀部(でんぶ).

náthe·less [néiθlis], **náth·less** [nǽθlis] *ad.* 〖古〗＝nevertheless.

—— *prep.* 〖古〗＝notwithstanding.

†ná·tion [néiʃ(ə)n] *n.* **1**《集合的》**国民**〖政府のもとに統一された people のこと〗: the British ～ イギリス国民. **2 国家** (state): Western ～*s* 西洋諸国. **3** (the ～s) 世界諸国民, 全人類. **4** 民族, 種族 (race): the Jewish ～ ユダヤ民族. **5**〖米〗《北アメリカ原住民の》種族. ***the United N～s*** 国際連合. **——** *ad.* 非常に: a ～ long time 非常な長時間. **～-státe** 一民族からなる国家.

(類義語) 国民: nation 政府・法律・制度・慣習などを共通とする人間集団: the French *nation* フランス国民. ときに state (国家) と対立する概念のときもあり, state は現実の政治形態であるのに比べ nation はいつでも state の形をとりうる潜在的背景. state は滅びても nation は滅びないと考える. **race** 人類〔民族〕学的概念による分類. 人種, 民族: the Germanic *race* ゲルマン民族. **people** nation とほぼ同義だが制度より文化・慣習の共通性が強調される. 前にくる形容詞によって集団の大小が大きく変化する: the French *people* フランス国民. Negro *people* ニグロたち. Ohio *people* オハイオの州民.

‡ná·tion·al [nǽʃən(ə)l, -ʃnəl] *a.* **1 国民の**, 全国民の. **2 国家の**: a ～ holiday 国の祝日. ～ interests 国益. **3** 国有の, 国営の, 国立の: the ～ railways 国有鉄道. **4 全国的**, 国全体にわたる: ～ hookup 全国(中継)放送. **5 その国固有の**: ～ customs 民族的習俗. **6** 愛国的; 民族(主義)的. ***on a ～ basis*** →basis. **——** *n.* 国民の一員; (*pl.*) 同胞, 同国人《特に海外居住の》.

～ affairs (1) 国務, 国事. (2) 国内問題. **～ anthem** 国歌. **N～ Assembly, the** フランス下院; 〖史〗《フランスの》国民議会. **～ bank** 国立銀行; 〖米〗全米銀行《連邦政府認可》. **N～ Convention**〖米〗《政党の》全国大会. **～ debt** 国債. **～ flag** 国旗. **N～ Guard**〖米〗州軍《非常時には大統領の命令で召集される国防軍》. **～ holiday** 国の祝祭日, 国定休日. **～ income** 国民総所得. **N～ Insurance**〖英〗国家保険制度. **N～ Labor Relations Board** アメリカ労働関係委員会. **N～ League**〖米〗ナショナルリーグ《2大プロ野球連盟の一》. **N～ Liberation Front** 民族解放戦線《略 NLF》. **～ monument**〖米〗(政府指定の) 天然記念物《自然美・歴史的遺跡など》. **～ park** 国立公園. **N～ Socialism**《ドイ

ツの》国家社会主義. → Nazism. **N～ Socialist German Workers' Party** ドイツ国家社会主義労働者党. → Nazi. ◇ **～·ly** *ad.* 国民〔国家〕として; 全国的に; 挙国一致して; 公共の立場から.

ná·tion·al·ism [nǽʃən(ə)liz(ə)m, -ʃnəl-] *n.* **1** 愛国心; 国家主義, ナショナリズム. → internationalism. **2** 民族自決主義; 《特にアイルランドの》独立〔自治〕主義. **3** 産業国営主義.

ná·tion·al·ist [-ist] *n.* **1** 国家主義者, ナショナリズム信奉者. **2** 民族自決主義者; 《特に》アイルランド自治論者. **3** 《中国の》国民党員. **——** *a.* **1** 国家主義(者)の. **2** 《中国の》国民党の.
N～ China 中華民国, 国府《台湾》.

nà·tion·al·ís·tic [næ̀ʃən(ə)lístik] *a.* 国家主義(者)の; 国家主義的な. ◇ **-ti·cal·ly** [-(ə)li] *ad.*

‡**nà·tion·ál·i·ty** [næ̀ʃənǽləti] *n.* **1** 国籍; 船籍: What is your ～? どこの国のお方ですか. the ～ of a plane 飛行機の国籍. people of all ～*ties* いろいろの国の人たち. a ship of an unidentified ～ 国籍不明の船. **2** 国民, 国家: various ～*ties* of the Americas アメリカ大陸の諸国民. **3** 国家的独立〔自立性〕. **4** 国民性; 国民的感情.

ná·tion·al·ize [nǽʃən(ə)làiz] *vt.* **1** 〈事業などを〉国有〔国営〕化する. **2** 全国に普及させる, 国中に及ぼす. **3** 国家的にする; 国風に化する. **4** 一国民にする, 独立国家とする. **5** 帰化させる. ◇ **nà·tion·al·i·zá·tion** [næ̀ʃən(ə)ləzéiʃ(ə)n, -laiz-] *n.*

ná·tion·hood [néiʃ(ə)nhùd] *n.* 国民であること〔の身分〕, 独立国の地位: achieve ～ 民族の自主独立を達成する.

ná·tion·wide [-wàid] *a.* 全国的な, 全国にわたる: arouse ～ interest 全国的な関心を呼び起こす.

‡**ná·tive** [néitiv] *a.* **1** 出生の, 出生地の, 本国の, 自国の: one's ～ place 出生地. one's ～ country 母国, 本国. **2** 土産の, その土地で生まれた〔産出する〕; …原産の: a ～ Bostonian はえぬきのボストン子. ～ pottery 土産の焼き物. Tobacco is ～ *to* America. たばこはアメリカの原産(物)である. **3** 《通例白人・白人移民から見て》土着の, 土人の; 土着人の: ～ inhabitants 原住〔土着〕民. ～ customs 土着民の習俗. the ～ quarter of Algiers アルジェの土着人居住地域. **4** 生まれながらの, 生まれつきの, 生得の: ～ grace 生まれながらのしとやかさ. **5** 出生地に基づく; ある言語を自国語として用いる: one's ～ language 母国語. a ～ teacher of English 英語を母国語とする英語の教師. **6** 生まれたままの, 自然のままの: ～ beauty 自然の美しさ, 本来の美しさ. **7** 自然産出の: ～ copper 自然銅. ～ diamond 天然ダイヤ. ～ salt 天然塩.
go ～ 〈白人が〉原地人とおなじ生活をする《未開地で》. ***～ and foreign*** 国内外の.
—— *n.* **1** 原住民, 土着の人. **2** …生まれの人: a ～ of Ohio オハイオ生まれの人. **3** 原産の動〔植〕物. **4** イギリス産の牡蠣(かき)《おもに養殖》. [√(g)na-]
～-bórn その土地〔国〕生まれの, はえぬきの. **～ language** 〔**tongue**〕(1) 自国〔母国〕語. (2) その土地のことば. **～ son** 〖米俗〗自州出身の人間〔代議士〕. **～ speaker** 問題の言語を母国語とする人: a ～ *speaker* of English 英語を母国語として育った人《イギリス人・アメリカ人など》.
◇ **～·ly** *ad.* 生まれながらに, 天然に.

ná·tiv·ism [néitivìz(ə)m] *n.* **1** 原住民保護主義. **2** 〖哲〗生得論.

ná·tiv·ist [néitivist] *n.* nativism 信奉者.
◇ **nà·tiv·ís·tic** [nèitivístik] *a.*

na·tív·i·ty [neitívəti, nət-/nət-] *n.* **1** 出生, 誕生. **2** (the N～) キリスト降誕; 降誕祭, クリスマス. **3** 〖美〗キリスト降誕の図. **4** 聖母マリア誕生祭《9月8日》; 聖ヨハネ誕生祭《6月24日》. **5** 〖占星〗天宮図 (horoscope). [√(g)na-]

NATO [néitou] North Atlantic Treaty Organization 北大西洋条約機構.

ná·tri·um [néitriəm] *n.* 〖化〗ナトリウム《金属元素. 英語では通常 sodium という. 記号 Na》.

ná·tron [néitrɑn/-trən, -trɔn] *n.* 天然炭酸ソーダ.

nát·ter [nǽtər] *vi.* 〖英〗ぶつぶつ言う; 〖オーストラリア〗しゃべる.

nát·ter·jack [nǽtərdʒæ̀k] *n.* ヒキガエル.

nát·ty [nǽti] *a.* こぎれいな, さっぱりした.
◇ **-ti·ly** *ad.* **-ti·ness** *n.*

‡**nát·u·ral** [nǽtʃ(ə)rəl] *a.* **1** 自然の, 自然界の, 自然(界)に関する: a ～ phenomenon 自然現象. **2** 天然の, 人工によらない, 人工を加えない: ～ rubber 天然ゴム. **3** 自然発生的な: a ～ death (事故などによらない) 自然死. **4** 生まれつきの, 天与の: a ～ gift 天与の才. **5** 自然のままの, そのものの, 生地(きじ)のままの, 気どらない: a ～ pose 自然なポーズ. **6** 常態の, 通常の: as is ～ *to* him いかにも彼らしく, いつもの彼らしく. **7** 《論理上》自然な, 当然な, もっともな: a common and ～ mistake だれでも犯す無理からぬ誤り. It is ～ that he should be indignant. 彼が憤慨するのももっともだ. only ～ きわめて当然, 当然というほかない. **8** 《絵などが》自然〔本物〕そのままの, 真に迫った, 生き写しの: a ～ likeness 生き写し. **9** 《子が》嫡出でない, 私生の: a ～ child 私生児, 庶子. **10** 〖楽〗本位の. ***come ～ to*** にとってたやすい〔容易である〕. **——** *n.* **1** 生まれつき向いた人, あつらえ向きの人〔物〕. **2** 生来の白痴. **3** 〖楽〗本位記号 (= ～ sign)《♮》; 《ピアノ・オルガンの》白鍵(はっけん) (white key). **4** 〖トランプ〗すぐ勝ちになる2枚札. **5** まちがいなしの成功《トランプの21より》.
～ aids 〖馬術〗手綱以外の馬に意志を伝える手段《手・脚など》. **～-bórn** (1) 生まれつきの, 生得の. (2) =native-born. **～ bridge** 天然橋. **～ childbirth** 自然(無痛)分娩(ぶんべん)法. **～ gas** 天然ガス. **～ guardian** 〖法〗親, 肉親. **～ history** 博物学〔誌〕《動植物学・鉱物学など》. **～ law** 〖法〗自然法. **～ life** 天寿, 寿命. **～ man, the** 自然人《特に未開人》. **～ philosophy** 自然科学, 《特に》物理学.

natural bridge

～ premium 自然保険(料)《年齢に従って掛け金が変わる生命保険》. **～ resources** 天然資源. **～ science** 自然科学. **～ selection** 自然淘汰(とうた), 適者生存. **～ system** 〖植〗自然分類《形態類似による》. **～ world, the** 自然界. **～ year, the** 自然年《365日5時間48分46秒》.
◇ **～·ness** *n.* 自然. 〔類〕→ **normal**「正常な」

nát·u·ral·ism [nǽtʃ(ə)rəliz(ə)m] *n.* **1** 〖文学・芸術〗自然主義《classicism, romanticism, symbolism などに対する》. **2** 自然主義, 本能主義《人為的な自己抑制をしない状態・生き方・思想》. **3** 〖哲〗自然主義; 〖神〗自然論.

***nát·u·ral·ist** [-ist] *n.* **1** 博物学者. **2** 《文学の》自然主義者. **3** 愛がん動物商人. **4** はく製師.

nàt·u·ral·ís·tic [næ̀tʃ(ə)rəlístik] *a.* **1** 自然の(ままの). **2** 〖文学・芸術〗自然主義の, 写実的な. **3** 博物学(者)の.

***nát·u·ral·ize** [nǽtʃ(ə)rəlàiz] *vt.* **1** 帰化させる. **2** 〈外国語・外国の習慣などを〉移入する, とり入れる: "Chauffeur" is a French word that has been ～*d* in English. 「ショウファー」はフランス語の英語化したものだ. **3** 〈植物などを〉移植する《原産地から》. **4** 自然的にする, 自然に従わせる. **5** 《神秘的でなく》自然律によって説明する, ありのままに見る.
—— *vi.* **1** 帰化する. **2** 風土に慣れる. **3** 博物学を研究する. ◇ **nàt·u·ral·i·zá·tion** [næ̀tʃ(ə)rələzéiʃ(ə)n, -laiz-] *n.*

N

‡nát·u·ral·ly [nǽtʃ(u)rəli] *ad.* **1** 自然に; 生来, 生まれながらに: She is ～ musical. 彼女は生来音楽好きである. **2** ありのままに, 気どらずに; 無理がなく: Speak more ～. もっと自然に話しなさい. Plants grow ～ in such a good climate. 植物はそういうよい気候の土地ではひとりでに大きくなる. **3** 当然, もちろん: *N*～ he won the confidence of his colleagues. 当然彼は同僚たちの信望を得た. **4** 本物そっくりに, 生き写しに.

‡ná·ture [néitʃər] *n.* **1** 自然, 自然界: the laws of ～ 自然(界)の法則. **2** 自然の力; (しばしば N～) 自然の女神〖物を生み動かす力〗: harness ～ 自然力を動力に利用する. **3** 生まれつき, 性質, 資質; …気質の人: a man of good ～ 気だてのよい〔親切な〕人. sanguine ～*s* 楽天家たち. **4** 〖人・動物などの〗特性, 特質, 本性: It is the ～ of a dog to bark. ほえるのは犬の持ちまえだ. **5** 種別, 種類: things of this ～ この種の事柄. **6** 自然のままの状態, 原始状態〔性〕. **7**〖芸術〗迫真性, 真実味. **8** 体力; 肉体の要求〔営み〕: *N*～ failed at last. ついに体力が尽きた. ease〔relieve〕～ 排便する. **9**〖植物の〗樹液, やに. **10**《銃・弾丸の》大きさ.
against ～ 不自然な〔に〕, ものの道理に反して; 奇跡的に. ***all*** ～ 万人, 万物. ***by*** ～ 生来, 本来: honest *by* ～ 生まれつき正直な. ***contrary to*** ～ 奇跡的に, 不思議に. ***draw from*** ～ 写生する. ***human*** ～ 人間性. ***in a state of*** ～ 自然〔未開, 野生〕のままの状態で; 裸で. ***in*** ～ 事実上;《最上級・疑問・否定の強調》世にも; いったいぜんたい; 全然. ***in the course of*** ～＝***in*** 〔***by, from***〕 ***the*** ～ ***of things*** 自然の成り行きとして; 当然な〔に〕; 当然の結果として. ***in*** 〔***of***〕 ***the*** ～ ***of*** の性質をもった; …に似て: His words were *in the* ～ *of* an apology. 彼のことばは謝罪の性質を帯びていた. ***like all*** ～〖米話〗完全に, 全く. ***second*** ～ 第二の天性. ***true to*** ～ 真に迫って. [√(g)na-]
～ **cure** 自然療法. ～ **philosophy** 自然哲学. ～ **printing** 原物から刷る印刷法. ～ **study** 理科《小学校の生物学・物理・地理など》. ～ **worship** 自然崇拝. 〖類〗→ **quality**「性質」

-ná·tured [-néitʃərd] *a.* 性質が…の: good-*natured* 好人物の. ill-*natured* 意地悪の.

‡naught [nɔːt] *n.* **1** 無, 非存在, 無価値(nothing). **2**〖数〗ゼロ (nought). ***all for*** ～ むだに, いたずらに. ***be brought to*** ～ 無に帰す; 滅びる, 負ける. ***care*** ～ ***for*** …には少しも構わない. ***come to*** ～ むだになる, 失敗に帰する. ***of*** ～ つまらない. ***set at*** ～ 無視する; ないがしろにする.
—— *a.*〖古〗無価値の, 無用の.
—— *ad.*〖古〗少しも〔いささかも〕…ない.

‡náugh·ty [nɔ́ːti] *a.* **1**《特に子どもが》いたずらな, わんぱくな, 行儀の悪い. **2**《ことばなどが》不届きな, 下品な, みだらな. **3**〖古〗邪悪な.
◇ **-ti·ly** *ad.* **-ti·ness** *n.*

náu·se·a [nɔ́ːʃ(i)ə, -siə, -ʒ(i)ə/-sjə, -siə, -ʃiə] *n.* **1** 吐き気, むかつき: feel ～ 吐きそうになる. **2** 船酔い. **3** ひどく不快な感じ, 嫌悪(けんお).

náu·se·ate [nɔ́ːʃièit, -si-, -ʒi-/-si-, -ʃi-] *vt.* **1** に吐き気を催させる, むかつかせる. **2** にひどくいやな感じを与える, 不快にする.
—— *vi.* **1** 吐き気を催す. **2** ひどくきらう《を *at*》.

náu·se·at·ing [-iŋ] *a.* **1** 吐き気を催させるような, 胸がむかつく. **2** 嫌悪(けんお)すべき, いやな感じがする.
◇ ～**ly** *ad.*

náu·se·ous [nɔ́ːʃ(i)əs, -ʒəs/-sjəs, -ʃiəs] *a.* **1** 吐き気を催させる, 胸をむかむかさせるような. **2**《比喩的》胸くそが悪くなる; いやな, 汚らわしい.

naut. nautical.

nautch [nɔːtʃ] *n.*《インドの》舞い子の踊り: a ～ girl 舞い姫.

náu·ti·cal [nɔ́ːtik(ə)l] *a.* 航海の; 海上の, 海の; 海員の. [√nau-]
～ **almanac** 航海暦. ～ **day** 航海日〖昼の正午から次の昼の正午まで〗. ～ **mile** 海里〖1, 853m〗; 宇宙空間航行マイル〖法定マイルの11,508倍〗. ～ **term** 海事用語. ◇ ～**ly** *ad.* 航海上.

náu·ti·lus [nɔ́ːt(i)ləs] *n.* (*pl.* **-lus·es, -li** [-lài]) **1**〖貝〗オウムガイ (＝pearly ～). **2**〖動〗タコブネ(＝paper ～, argonaut). **3** (the N～) ノーチラス号〖アメリカの原子力潜水艦第1号〗.

nav. naval; navigation.

Náv·a·ho, -jo [nǽvəhòu] *n.* (*pl.* ～(**e**)**s**) ナバホ族〖アメリカの原住民の一種族. New Mexico, Arizona, Utah がその指定保留地〗.

‡ná·val [néiv(ə)l] *a.* **1** 海軍の; 軍艦の: a ～ base 海軍基地. a ～ battle 海戦. **2** 海軍力のある: a ～ power 海軍国. **3**〖古〗船の. [√nau-]
～ **academy** 海軍兵学校. ～ **architect** 造船技師. ～ **blockade** 海上封鎖. ～ **cadet** 海軍少尉候補生. ～ **forces** 海軍. ～ **officer** 海軍士官;〖米〗税関吏.

Na·várre [nəvɑ́ːr] *n.* ナバール, ナバラ〖フランス南西部からスペイン北部にわたる昔の王国〗.

nave[1] [neiv] *n.*〖建〗《教会堂の》本堂, 身廊.

nave[2] *n.* こしき〖車輪の中心部〗.

ná·vel [néiv(ə)l] *n.* **1** へそ. **2** 中心(点). ～ **orange** ネーブル《くだもの》. ～ **string** へその緒.

náv·i·cert [nǽvisəːrt] *n.*〖英〗封鎖海域通過証.

navig. navigation; navigator.

náv·i·ga·ble [nǽvigəbl] *a.* **1** 航行できる, 船が通れる: a ～ river. **2**《船が》航行に耐えられる; 操縦できる. ◇ **nàv·i·ga·bíl·i·ty** [∸−−bíliti] *n.* **1**《川などの》航行可能性. **2**《船・航空機の》耐航性.

***náv·i·gate** [nǽvigèit] *vt.* **1** 〈海・空を〉航行する. **2** 〈船・飛行機を〉操縦する. **3** 進行させる, 切り抜けさせる: ～ a bill through Parliament 議会で法案をうまく通過させる. —— *vi.* **1** 航行する. **2** 操縦する. **3**〖米話〗〈酔った人・病人が〉歩きまわる.

‡nàv·i·gá·tion [nævigéiʃ(ə)n] *n.* **1** 航行, 航海, 航空; 航海〔航空〕術: aerial ～ 航空(術). **2**《集合的》船舶. [√nau-＋√ag-]

náv·i·ga·tor [nǽvigèitər] *n.* **1** 航海者;《飛行機の》操縦者, パイロット;《軍艦の》航海長. **2** 海洋探検家. **3** 航海術教科書. **4**〖英稀〗＝ navvy.

náv·vy [nǽvi] *n.* **1**〖英〗土方, 土工. **2** さく土機: a steam ～ 蒸気シャベル.

‡ná·vy [néivi] *n.* (しばしば N～) **1** 海軍. → army. **2**《集合的》海軍全勢力《艦船・兵員を含む》. **3**〖英〗海軍省. **4** ＝～ blue. ***Royal N～*** イギリス海軍《略 R.N.》. ***Secretary of the N～*** 〖米〗海軍長官《イギリスの First Lord of the Admiralty に当たる》. [√nau-]
～ **bean**〖米〗白隠元豆. ～(-)**blue** 濃紺色(の)《海軍制服の色》. **N～ Cross**〖米〗海軍殊勲章. ～ **cut**《パイプ用》刻みたばこ. ～ **day, the** 海軍記念日. **N～ Department**〖米〗海軍省(＝㊥ Admiralty). **N～ League**〖英〗海軍協会. ～ **register** 〔㊥ **list**〕 海軍要覧《艦船・士官名簿》. ～ **yard**〖米〗海軍工廠(こうしょう).

na·wáb [nəwɑ́ːb, ㊥⁺-wɔ́ːb] *n.* **1**《Mogul 帝国時代の》インド太守. **2** (N～) インド回教徒の名士の尊称. **3** インド帰りのイギリス成金 (nabob).

‡nay [nei] *ad.* **1**〖古〗否 (no). ↔yea. **2** なあに, そうさね (why, well). **3**《接続詞的に》(…というより) むしろ: We are willing, ～, eager to go. 喜んでというよりはぜひ行きたい.
—— *n.* **1**「否」という語. **2** 否定; 拒絶, 反対. **3** 反対投票(者). ***Let your yea be yea and your*** ～ ***be*** ～.〖聖〗イエス, ノーをはっきり言え《ヤコブ書 5:12》. ***yeas and*** ～***s*** 賛否.

Nàz·a·réne [næzəríːn] *n.* **1** ナザレ人; (the ～) キリスト. **2**《ユダヤ人・回教徒のいう》キリスト教徒. **3** ナザレ教徒《初期のキリスト教の一派》.

—— *a.* ナザレ(人)の.

Náz·a·reth [nǽz(ə)rɪθ] *n.* 〖聖〗ナザレ《Palestine 北東部の都市. キリストの生地》.

Náz·a·rite [nǽzəràit] *n.* **1** 古代ヘブライの行者. **2**〖稀〗=Nazarene.

naze [neiz] *n.* 岬(みさき).

Ná·zi [ná:tsi, ㊥⁺nǽtsi] *n.* (*pl.* **~s**) **1**《ドイツの》国家社会党員. **2** ナチ主義信奉者.

—— *a.* ナチ党〔主義〕の. [<*Nationalsozialist*]

◇ **Ná·zism** [ná:tsiz(ə)m, ㊥⁺nǽ-], **Ná·zi·ism** [-tsiiz(ə)m] *n.*《ドイツの》国家社会主義, ナチ主義.

Ná·zi·fy, n~ [ná:tsifài, ㊥⁺nǽtsi-] *vt.* ナチ化する. ◇ **Nà·zi·fi·cá·tion, n~** [⌐⌐fikéiʃ(ə)n] *n.*

Nb〖化〗niobium. **N.B.** New Brunswick; North Britain. **N.B., n.b.** *nota bene* (L. = note well). **NBC, N.B.C.** National Broadcasting Company. **NbE** north by east. **NbW** north by west. **N.C.** North Carolina. **NCAA** National Collegiate Athletic Association. **N.C.N.S.** New China News Service 新華社. **N.C.O., NCO** noncommissioned officer. **Nd**〖化〗neodymium. **N.D., N.Dak.** North Dakota. **n.d.** no date. **NDAC** National Defense Advisory Commission. **Ne**〖化〗neon. **NE, N.E., n.e.** northeast; northeastern. **N.E.** New England.

Ne·án·der·thal [niǽndərtà:l] ~ ***man*** ネアンデルタール人《旧石器時代ヨーロッパに住んでいた原始人類. ドイツのネアンデルタール谷で化石が発見された》.

neap [ni:p] *a.* 小潮の: a ~ tide 小潮.

—— *n.* 小潮, 最低潮.

—— *vi.* 〈潮が〉小潮に向かう. —— *vt.* 〈船を〉小潮で航行できなくする《受動態で用いる》.

Nè·a·pól·i·tan [ni:əpálɪt(ə)n/nìəpɔ́l-, nì:ə-] *a., n.* ナポリの; ナポリ人(の). ~ **ice** (**cream**) ナポリ風アイスクリーム《色と味の違った部分の層からなる》.

†**near** [niər] *ad.* (**néar·er**; **néar·est**) **1**《距離・時間的に》近くに, 接近して: The station is quite ~. 駅はすぐ近所だ. New Year's Day is ~. 新年も押し迫ってきた. ↔far. **2**《関係が》近く, 密接に; よく似て: ~-related terms 密接に関連のあることば. **3**〖話〗ほとんど(=nearly): a period of ~ 50 years 50年近くの期間. **4** つましく, けちに.

(***as***) ~ ***as*** one ***can guess*** 想像しうる限りでは. ***come*** ~ 近づく. ***come*** 〔***go***〕 ~ ***to*** (do)***ing*** まさに…せんとする: He *came* ~ *to* being run over. すんでのことでひかれるところだった. ***draw*** ~ 近づく. (***from***) ***far and*** ~ 遠近を問わず. ~ ***at hand*** 手元に, すぐそばに. ~ ***by*** 近くに: Christmas is ~ *by*. クリスマスが近い. 〈注〉主として米語用法. ~ ***to*** の近くに (close to). ~ ***upon*** かれこれ…に近く: It was ~ *upon* 2 o'clock. かれこれ2時近くだった.

—— *prep.* **1** …の近くに, …のそばに: Bring your chair ~ the fire. いすを火のそばへお寄せなさい. ~ here この近くに. His house is ~*er* (to) the station than mine. 彼の家は私の家よりも駅に近い《to がつけば副詞的》. **2**《時間的に》…の近くに, …のころに: ~ the end of the performance 劇の終わりのころ. **3**《状況などについて》もう少しで…のところ: ~ completion 完成寸前で.

come 〔***go***〕 ~ (do)***ing***=***come*** 〔***go***〕 ~ ***to*** (do)***ing*** ほとんど…するばかりになる: He *came* ~ being drowned. もう少しでおぼれるところだった.

—— *a.* **1** 近い, 近くの; 手近の; 近い方の: the ~ houses 近所の家. the ~*est* planet to the sun 太陽に最も近い惑星. ↔far. **2**《時間的に》近い: in the ~ future 近い将来に. **3** 身近の, 近しい: one's ~ relation 近親. a ~ friend 親しい友. **4**《利害関係が》密な, ふかい: a matter of ~ consequence *to* me 私には関心のなみなみならぬ問題. **5** 原物〔手本〕に近い; ほんものそっくりの, よく似た;《翻訳が》かなり忠実な: ~ coffee 代用のコーヒー. **6**《車の運転で》ドライバー側の, 〖米〗左側の: a ~ wheel ドライバー側〔左側〕車輪. **7**《脱出などが》きわどい, やっとの. **8** けちな: a ~ man しわんぼ.

make a ~ ***escape*** 〔***touch, thing***〕 ようやくのがれる, 九死に一生を得る. ~ ***and dear*** 親密な《に*to*》.

—— *vi., vt.* (に)近づく.

~ **beer**《アルコール分の弱い》代用ビール. ‡**~-bý, ~-bý** → 別項. ~ **distance**〖画〗近景. **N~ East, the** 近東《小アジア・バルカンを含む地方》. ~ **guess** 当たらずとも遠くない推測. ~ **miss**〖軍〗(的に)近い当たり, 至近弾. ~ **race** 接戦. ~ **resemblance** 酷似. ~ **side** こちら側;《車の》左側. ~ **sight** 近視. **~-síght·ed** →別項. ~ **smile** うっすらと浮かんだ微笑. ~ **translation** 逐語訳, 直訳. ~ **war** 戦争類似のおどしの手段. ~ **work** 精密作業.

◇ **~·ness** *n.* 近さ, 近接; 親密(感); つましさ, けち.

〔類義語〕 近い: **near** 最も一般的な語. これら3語とも時間的にも空間的にも用いる. **close** 近接した, 差し迫った. また「似ている」という意味にも用いる: Spanish is *close* to French and Italian. スペイン語はフランス語やイタリア語に近い. **immediate** 介在するものがなく直接に接している, すぐじかの: one's *immediate* neighbor すぐ隣の人. in the *immediate* future 近い将来に.

‡**néar·bý, néar·bý** [níərbái] *a.* 近い, 近くの: a ~ village すぐそばの村. —— *ad.*《near by ともつづる》近くに〔で〕: He lives ~. 近くに住んでいます.

Ne·árc·tic [ni:á:rktik] *a.*〖動物地理〗新北区の.

†**néar·ly** [níərli] *ad.* **1** ほとんど, ほぼ (almost): ~ dead with cold 寒気で息も絶え絶えで. I ~ caught them. もう少しでつかまえるところだった. a ~ finished house 竣工(しゅんこう)間近の家. an old man of ~ ninety 90歳に近い老人. **2** 緊密に, 密接に: ~ related 縁がふかい. **3**《相似の度について》はなはだしく: a case ~ approaching this one これに非常に似た事件. **4** 精密に: examine it ~ 細密に調べる. **5** かろうじて: ~ escape death やっと死をまぬがれる. **6** けちけちして.

not ~ とても…どころでない: He is *not* ~ *so* clever *as* his father. 才ではとても父に及ばぬ.

néar-síght·ed [níərsáitid] *a.* 近視の. ↔ far-sighted. ◇ **~·ly** *ad.* **~·ness** *n.*

‡**neat**[1] [ni:t] *a.* **1** こぎれいな, きちんとした: a ~ room きちんと整とんされたへや. **2** きれい好きな: a ~ habit. **3**《顔だち・姿などが》かっこうのよい, 均整のとれた. **4** 適切な; 巧妙な, 手ぎわのよい. **5**《酒など》生(き)の, 水をわらない. **6** 正味の (net²): ~ profits. ~ ***as a pin***〖俗〗ひどくこぎれいな. **~-hánd·ed** 手先の器用な, 巧みな. ◇ ‡**~·ly** *ad.* **~·ness** *n.*

neat[2] *n.* (*pl.* **neat**) 牛類;《集合的》畜牛.

—— *a.* 牛類の. **~·herd** [⌐⌐] 牛飼い (cowherd). **~'s-foot** [⌐⌐]《食用の》牛の足. **~'s-tongue** [⌐⌐]《食用の》牛の舌.

néat·en [ní:tn] *vt.* こぎれいにする.

neath, 'neath [ni:θ, ㊥⁺ni:ð] *prep.*〖古・雅〗= beneath.

neb [neb] *n.*〖スコットランド〗**1**《鳥の》くちばし;《動物の》鼻づら;《人間の》口. **2** 先端;《特に》ペン先.

néb·bish [nébiʃ] *n.*〖俗〗他人に相手にされない人.

NEbE northeast by east. **Neb(r).** Nebraska.

Ne·brás·ka [nɪbrǽskə] *n.* ネブラスカ《アメリカ中西部の州. 略 Neb., Nebr.》. ◇ **~n** *a., n.* ~の(人).

Nèb·u·chad·néz·zar [nèb(j)ukədnézər/-bju-], **Nèb·u·chad·réz·zar** [-rézər] *n.*〖聖〗ネブカドネザル王《エルサレムを破壊したバビロンの王》.

néb·u·la [nébjulə] *n.* (*pl.* **-lae** [-lì:], **-las**) **1**〖天〗星雲. **2**〖医〗角膜薄翳(はくえい).

néb·u·lar [nébjulər] *a.* 星雲の.

~ **hypothesis** 〔**theory**〕 星雲説.

N

néb·u·lize [nébjulàiz] *vt.* 〈水液を〉噴霧にする; 〈消毒液を〉吹きかける.
◇**nèb·u·li·zá·tion** [nèbjulizéiʃ(ə)n/-laiz-] *n.*
néb·u·lose [nébjulous] =nebulous.
nèb·u·lós·i·ty [nèbjulásiti/-lɔ́s-] *n.* **1** 星雲〔雲霧〕状態. **2** 星雲状物. **3** あいまいさ, 不鮮明.
néb·u·lous [nébjuləs] *a.* **1** 星雲(状)の. **2** 雲のような. **3**《記憶・思考などが》かすんだ, もうろうとした, 混乱した. ◇**~·ly** *ad.*
‡**nèc·es·sár·i·ly** [nèsisérili, ⌐ー⌐ー/nésis(ə)ri-, nèsiséri-] *ad.* **1** 必然的に, 必然的結果として, 必ず; やむなく: It must ~ be so. 必ずそうであろう. **2** «not とともに部分否定として» 必ずしも (…でない): It is *not* ~ so. 必ずしもそうとは限らない. You do*n't* ~ have to attend. 是が非でも出席するという必要はない.
†**néc·es·sar·y** [nésisèri/-sis(ə)ri] *a.* **1** 必要な, なくてはならない«に *for, to*»: take ~ measures 必要な処置をとる. It is ~ *for* him *to* return. 彼がもどることは必要だ. It is ~ *that* he (*should*) do it. 彼はそれをしなくてはならない. **2** 必然的な, 避けがたい: a ~ conclusion 必然的な結論.
if ~ もし必要なら.
—— *n.* (*pl.* **-ies**) **1** 必要物, 必需品. **2** (*pl.*) 生活必需品《衣類・食品など》. **3** (the ~)〖俗〗必要な資金〔行動〕. **4**〖俗〗便所. *daily* ~*ies* 日常必需品. *provide* [*find, do*] *the* ~ 必要な金を出す, 必要な手を打つ. ~ **evil** 必要悪《避けられない社会悪》. ~ **house** 便所. 「cessitarian.
◇**nèc·es·sár·i·an** [nèsisé(:)riən/-séər-] *n.* = ne-
(類義語) 必要な: **necessary** 必要性を強調しているが, 以下の語に比べて弱く, なくては絶対に困るわけではないばあいにも very useful の意味で用いる: the knowledge *necessary* to make the work satisfactory 仕事をりっぱにやり遂げるのに必要な知識. **essential, indispensable** 「不可欠」. この両語は交換して使用可能だが essential の方が「そのものの本質を形づくっている」という意で更に強調的: Air is *essential* to red-blooded animals. 空気は赤血球をもつ動物には不可欠だ. **requisite** ある条件を満たすために要求される: the subjects *requisite* for college entrance 大学の入学に必要な科目.
ne·cès·si·tár·i·an [nisèsité(:)riən/-téər-] *a.* 宿命〔必然〕論の. —— *n.* 宿命〔必然〕論者. ↔ libertarian. ◇**~·ism** *n.* 宿命論.
***ne·cés·si·tate** [nisésitèit] *vt.* **1** 必要〔必然〕ならしめる, 強要する, (条件として) 要請する; (結果として) 必然的に伴う: The rise in prices ~*s* greater thrift. 物価の上昇で倹約を強化しなければならない. **2** しいて…させる: ~ a person *to* (do) 人に…せざるをえなくさせる. ◇**ne·cès·si·tá·tion** [−⌐−téiʃ(ə)n] *n.* 必要化, 強制.
ne·cés·si·tous [nisésitəs] *a.* 困窮している, 貧困な.
‡**ne·cés·si·ty** [nisésiti] *n.* **1** 必要 (性): There is no ~ for that. その必要はない. **2** 必要事項. **3** 必要品, 必要物: daily ~*ies* 日用品. **4** 必然性; 不可避性, 宿命: physical ~ 宿命, 必然. **5** 窮乏: be in great [dire] ~ 非常に窮迫している.
as a ~ 必然的に. *from* (*sheer*) ~ = *out of* (*sheer*) ~ (ひたすら) 必要に迫られて; (万々) やむをえず; (どうにも) しようがなくて. *in case of* ~ 必要〔緊急〕なばあいには. *make a virtue of* ~ やむをえないことを潔くやる〔思い切ってやる〕; やむをえずやっておきながら手柄顔をする. *N~ is the mother of invention.*〖諺〗必要は発明の母. *N~ knows no law.*〖諺〗必要の前には法も無力,「背に腹はかえられぬ」. *of* ~ 必ず, 当然. *under the* ~ *of* (do)*ing* …しなければならない必要に迫られて.
‡**neck**[1] [nek] *n.* **1** 首. **2**《衣服の》えり: a low ~ ローネック《えりぐりの深い》. **3**《羊などの》頭部の肉 (= ~ of mutton). **4**〖競馬〗首差. **5** 首状の部分; «特に»《容器・楽器などの》くびれ, くび; 海峡, 地峡;〖建〗柱頭の頸部: the ~ of a bottle びんのくび. a narrow ~ of land 地峡. **6** 隘路(あいろ) (= bottleneck).
break one*'s* ~ (1) 首の骨を折って死ぬ. (2) 全力をつくす. *break the* ~ *of* の峠(とうげ)を越す《仕事などの》. *escape with* one*'s* ~ 命からがらのがれる. *get* [*catch, take*] *it in the* ~〖俗〗(1) ひどい罰を受ける, ひどい目に会う. (2) 首になる. *harden the* ~ 硬化する, 抵抗する. ~ *and crop* [*heels*] 完全に, 全く. ~ *and* ~ 並んで, 負けず劣らず. ~ *or nothing* いちかばちか; あらゆる危険を冒して. *risk* one*'s* ~ 命をかける. *save* one*'s* ~ 命拾いする. *speak* [*talk*] *through* (*the back of*) one*'s* ~ うっかりとんでもないことをしゃべる. *stick* one*'s* ~ *out* 危険を覚悟でやってみる; 首をかけてみる. *stiff* ~ (1) 肩こり. (2) がんこ者. *win by a* ~〖競馬〗首の差で勝つ; きわどい勝ちをする.
—— *vt.* の首を切る〔締める〕; の首に抱きつく.
—— *vi.* 〈男女が〉愛撫(あいぶ)し合う.
~·band [⌐ー] ワイシャツのえり《カラーをつける部分》, カラーサイズ;《婦人の》首飾りリボン. **~·cloth** [⌐ー] 首〔えり〕巻き; ネクタイ. **~-déep** 首まで(とどいて). ~ **handkerchief** = neckerchief. ‡**~·lace** → 別項. **~·line** [⌐ー]〖服飾〗ネックライン. **~·piece** [⌐ー] 毛皮のえり巻き. **~·tie** → 別項. **~-verse** [⌐ー] 免罪詩《昔死刑囚が僧の前で読めば死を免れた黒字体ラテン語聖書の句》. **~·wear** [⌐ー]〖商〗ネクタイ・カラー・えり巻き類.
neck[2] *n.*〖英〗《刈り入れどきの》最後の麦束.
néck·er·chief [nékərtʃif] *n.* 首〔えり〕巻き, ネッカチーフ.
néck·ing [nékiŋ] *n.* **1**〖建〗円柱の頸部(けいぶ)の刳形(くりがた)装飾. **2**〖米俗〗愛撫(あいぶ)のし合い, いちゃつき.
‡**néck·lace** [néklis] *n.* **1** 首飾り. **2**〖俗〗絞首づな.
néck·let [néklit] *n.* 首飾り.
néck·tie [néktài] *n.* **1** ネクタイ. **2**〖米俗〗絞首づな. ~ **party**〖米俗〗絞殺.
necr(o)-「死」「死体」の意の語形成要素.
ne·cról·a·try [nekrálətri/-rɔ́l-] *n.* 死者崇拝.
ne·cról·o·gy [nekrálədʒi/-rɔ́l-] *n.* **1**《新聞・雑誌掲載の》死亡通知; 物故者追悼記事. **2**《一定期間中の》死亡者名簿.
néc·ro·man·cer [nékrəmænsər] *n.* **1**《死霊(しりょう)を呼びおろす》降神術者, 口寄せ. **2** 魔法使い; 占い師.
néc·ro·man·cy [-mænsi] *n.* **1** 降神術, 巫術(ふじゅつ). **2** 魔法. ◇**nèc·ro·mán·tic** [⌐ー⌐tik] *a.*
ne·cróp·o·lis [nekrápəlis/-rɔ́p-] *n.* (*pl.* **-lis·es, -les** [-li:z], **-leis** [-làis]) **1** 大墓地. **2**《古代都市・有史以前の》古墓地.
néc·rop·sy [nékrapsi/-rɔp-], **ne·crós·co·py** [nekráskəpi/-rɔ́s-] *n.* 検死, 死体解剖.
ne·cró·sis [nekróusis] *n.* (*pl.* **-ses** [-si:z]) **1**〖医〗ネクローゼ, 壊疽(えそ). **2**〖植〗頽壊(たいかい).
◇**ne·crót·ic** [nekrátik/-krɔ́t-] *a.* 「おこす].
néc·ro·tize [nékrətàiz] *vi., vt.* 壊疽(えそ)になる〔を
néc·tar [néktər] *n.* **1**〖ギ神〗神酒. **2** 甘美な飲料. **3**〖植〗花みつ. **4** 炭酸水の一種.
nec·tár·e·an [nekté(:)riən/-téər-], **nec·tár·e·ous** [-riəs], **néc·tar·ous** [néktərəs] *a.* nectar の (ような); 甘美な. 「モモ.
néc·tar·ine [néktəri:n, ㊥+⌐ー⌐] *n.*〖植〗ツバイ
néc·ta·ry [néktəri] *n.* **1**〖植〗蜜槽(みつそう), 蜜腺(みつせん). **2**〖虫〗蜜管. 「O.E.D.).
N.E.D., NED New English Dictionary (=
néd·dy [nédi] *n.*〖話〗ロバ; ばか.
nee, née [nei] F. (=born) *a.*《婦人の名につけて》旧姓は, 結婚前の名は: Mrs. Smith, ~ Adams スミス夫人, 旧姓アダムズ.

†**need** [ni:d] *n.* **1** 必要, 入用. **2** (しばしば *pl.*) 必**要物**, 要求されるもの: daily ～*s* 日用品. immediate ～*s* さしあたり必要なもの. **3 欠乏, 貧困,** 窮迫; 危急, 難局: be in great ～ ひどく貧乏している. in time [case] of ～ まさかのとき. **4** (*pl.*) 〖俗〗生理的要求, 大小便.

A friend in ～ is a friend indeed. 〖ことわざ〗貧の友は真の友. ***as…as ～ be*** 必要なだけ; 十分に. ***be good at ～*** まさかのときに役に立つ. ***do*** one's ***～s*** 〖俗〗大小便をする. ***fail*** a person ***in his ～*** 困っている(人を)見捨てる. ***had ～ to*** (do) …すべきである (ought to). ***have [feel] ～ of [for]*** を必要とする. ***have ～ to*** (do) …しなければいけない. ***have no ～ of*** の必要はない. ***if ～(s) be [were]*** 必要あれば (if necessary). ***There is no ～ to*** (do) …する必要はない.

── *vt.* **1 必要とする,** 要する: Boys ～ control. 少年は監督が必要だ. The house ～*s* some repairs. この家は修繕を要する. **2** …する必要がある《*to* (do)》: He ～*s to* learn English. 彼は英語を習うことが必要だ. It ～*s to* be done. それはやらなければならない. 〈注〉 need のあとに動詞不定詞が続くばあいには, 次項に見られるように, need は助動詞としても用いられる. **3**〖古〗《it を主語として非人称的に》必要である: *It* ～*s* much skill for this work. この仕事には技量がたいへん必要だ.

── *aux. v.* 《疑問文・否定文において動詞のはだか不定詞をあとに従える. 疑問文・否定文をつくるに, do をとらない. 過去形も need》…**しなければならない**, …することを要する: *N*～ he go? あの人は行かなければいけませんか. No, he ～ not (go). いや, 行かなくてもいい. All that we ～ do was to hide until the danger was past. われわれがしなければならなかったことは危険が過ぎ去ってしまうまで待つことだけだった. 〈注$_1$〉 三人称現在単数形にも s をとらない. 現在分詞・過去分詞はない. 〈注$_2$〉 こういうばあいに米語では疑問文・否定文においても need を本動詞的に扱い, to のある不定詞をともに用いることが多い. 〖英俗〗においても同様: *Does* he *need to* go? No, he *doesn't need to* go. He *didn't need to* be told twice. 彼には2度言う必要がなかった. 〈注$_3$〉 "need not have + 過去分詞" は, その動作が実際は行なわれたのだが, 行なう必要がなかったことを示す: You *need not have been* in such a hurry. そんなにお急ぎにならなくてもよかったのに.

── *vi.* **1** 窮乏している. **2**〖古〗必要である: There ～*s* no apology. 弁解は必要ない. It ～*s* not. 必要なし. ***more than ～s*** 必要以上に. ***What ～(s)?*** なんの必要があろうか. **～s test** 貧度調査.

néed·ful** [ní:df(u̧)l] *a.* **1 必要な,** 欠くことのできない. **2**〖古〗貧乏な. ***the ～ 〖俗〗金, 現金, 先だつもの. ◇ **～·ly** [-fu̧li] *ad.* **～·ness** *n.*

néed·i·ness [ní:dinis] *n.* 困窮, 貧困.

‡**née·dle** [ní:dl] *n.* **1** 針, 縫い針, 編み針: a ～ and thread 糸のついている針. **2** 《注射・外科・彫刻・蓄音機などの》針; 磁針, 羅針(らしん): a phonograph ～ レコード針. 〈注〉 とけいの針は hand. **3**〖植〗《松・モミなど針葉樹の》葉: a pine ～ 松の葉. **4**〖鉱〗《とがったもの》針晶; とがり岩; 尖塔(せんとう) (obelisk). **5**〖建〗てんびんばり; 突っぱり留め. **6**〖話〗注射(の一打ち). **7**〖話〗神経のいらだち, 心配, 当惑. **8**〖俗〗針をふくんだことば, 皮肉.

(as) sharp as a ～ 目から鼻に抜けるように鋭い. ***get [give] the ～*** 〖俗〗いらいらする[させる]. ***look for a ～ in a bottle [bundle] of hay*** 見つかる当てのない捜しものをする; むだぼねをおる.

── *vt.* **1 針で縫う.** **2** 縫うようにして進む《の間を *between*, を通って *through*》. **3 針で刺す.** **4**〖米話〗〈人を〉つっつく, いらだたせる, いじめる; そそのかす, 刺激して…させる《*into* (do)*ing*》. **5**〖俗〗〈酒に〉アルコールを入れて強くする; 〈話などに〉ぴりりとした味をそえる. ── *vi.* **1** 針仕事をする. **2** 針状に結晶する.

～·bar [ˊ-ˋ] 《裁縫[編み物]機械の》針ざお. **～ book** 本のように開く針さし. **～·case** [ˊ-ˋ] 針箱. **～ lace** 針編みレース. **～·point** [ˊ-ˋ] 針の先端, 針編みレース (＝～ lace). **～'s eye** 《針の》めど, 針穴. **～ shower [bath]** (噴射の細い)シャワー. **～ valve** ニードル弁. **～·wòm·an** (*pl.* **-wòm·en**) 針仕事をする女, お針子. **～·work** [ˊ-ˋ] 針仕事.

◇ **～·ful** [-fùl] *n.* 《糸の》一針分.

‡**néed·less** [ní:dlis] *a.* **必要のない,** よけいな, むだな: a ～ remark いらないことば, 無用の言. ***～ to say*** 言うまでもなく, もちろん. ◇ **～·ly** *ad.* **～·ness** *n.*

néed·ments [-mənts] *n. pl.* (旅行用) 必要品.

néed·n't [ní:dnt] need not の短縮形.

needs [ni:dz] *ad.* 《肯定文で must とともに用いられる》必ず, どうしても: He ～ *must* [*must* ～] do it. どうしてもそうせざるをえない[えなかった]. 〈注$_1$〉 needs は must の前もしくはあとに位置する. 〈注$_2$〉 must needs の語順のときには「ぜひとも…すると主張する」を意味することが多く, ときに皮肉の意を含み, 「よせばいいのに[愚かにも]…すると言い張る」の意となる. ***If ～ must, …*** どうしても必要なら…. ***N～ must when the devil drives.*** 〖ことわざ〗必要の前には勝てぬこともある.

néed·y [ní:di] *a.* 《人もしくは環境が》貧しい, 貧乏な. ***the poor and ～*** 〖聖〗貧窮者《ヤコブ書 24:14》.

ne'er [nɛər] 〖雅〗＝never.

～-do-wèll [-du:wèl], **～-do-wèel** [-wi:l] *n., a.* やくざ(の), ごくつぶし(の).

ne·fár·i·ous [nifɛ́(:)riəs/-fέər-] *a.* 《人・行為・意図などが》邪悪な, 悪質な, ふらちな. ◇ **～·ly** *ad.* **～·ness** *n.*

neg. negative; negatively.

né·gate [ní:geit, ーˊ/ーˊ] *vt.* 否定する, 打ち消す, 無効にする; の存在を否認する.

ne·gá·tion [nigéiʃ(ə)n] *n.* **1** 否定, 否認, 打ち消し. **2** 非存在, 欠如, 無. **3**〖論〗否定, 不同[除外]の断定. ◇ **～·ist** *n.* 否定論者.

‡**nég·a·tive** [négətiv] *a.* **1 否定の,** 否認の, 打ち消しの: a ～ answer 否定の答え. ↔affirmative. **2** 拒否の, 拒絶的; 禁止の: a ～ attitude 反対の態度. **3 消極的な,** 控えめの: a ～ character 消極的性格. ↔positive. **4**〖電〗陰電気の; 〖数〗負の; 〖医〗陰性の; 〖写〗陰画の. ***on ～ lines*** 消極的に.

── *n.* **1** 否定; 反対. **2** 拒否, 拒絶; 拒否権 (veto). **3** 《討論会の》反論者側. **4**〖文〗否定語《no, not, never, by no means など》. **5**〖数〗負数, 負量; 〖物〗陰電気; 〖電〗陰, 負; 〖写〗原板, ネガ. ***double ～*** 〖文〗二重否定《一般に会話に使われる: can*not* do *nothing* まるっきりなにもできない》. ***in the ～*** 否定的な[に]: answer *in the* ～ 否と答える. The reply was *in the* ～. 返事は否であった.

── *vt.* **1** 否定する; 反証する. **2** 拒絶する; に反対する. **3** 無効にする; 中和する. [√neg-]

～ capital 負債. **～ evidence** 消極的証拠《犯罪が起こらなかったというだけの証拠》. **～ feedback** 〖電〗負帰還, ネガチブフィードバック《増幅器の特性改善のため, 利得を減らす方向に出力の一部を入力に加える操作》. **～ order [command]** 禁止命令. **～ plate** 原板, ネガ. **～ pole, the** 陰極. **～ quantity** 負数, 負量; 無. **～ sign** 負号《−》. **～ virtue** 消極的美徳《悪事をしないだけで進んで正しいことをしない》. **～ vote** 反対投票.

◇ **nèg·a·tív·i·ty** [ˋ-tívịti] *n.* 否定的なこと, 消極性; 《反応などの》陰性.

nég·a·tiv·ism [négətivìz(ə)m] *n.* **1** 否定[消極]主義. **2**〖心〗反抗[反対]癖. ◇ **-ist** *n.* 否定[消極]主義者.

nég·a·to·ry [négətò:ri/-t(ə)ri] *a.* 否定的な, 消極的な.

nég·a·tron [négətràn/-trɔn] *n.* 〖物〗陰電子.

‡**neg·léct** [niglékt] *vt.* **1** 〈義務などを〉怠る; …することを怠る, …しないままにする《*to* (do); (do)*ing*》: Don't ～ writ*ing* to your mother. おかあさんにおたよりを忘れないように. **2** 無視する, 軽視する; 看過する: ～ an opportunity 好機を逸する. **3** 放置する, ないがしろにする: ～ one's family [appearance] 家族[身だしなみ]をおろそかにする.
—— *n.* **1** 怠慢, 不注意: ～ of duty 職務怠慢. **2** 無視, 軽視; 看過, 無関心. **3** 放置(状態): die in fatal ～ だれひとりにも構ってもらわずに死ぬ. ***by* ～** 放置しておいたために. ***with* ～** 粗略に, なおざりに. [√neg-＋√leg-[1]]

(類義語) **無視する: neglect** 人や物に十分な, またはしかるべき注意を払わないこと: *neglect* the duties of a citizen 市民としての義務をおろそかにする. **disregard** それが存在することを知りながら故意に無視することで, ignore とその点はおなじ意味でありうるが, 必ずしも敵意・無視の気持ちを含まない: *disregard* the rules 規則を顧みない. *disregard* a danger 危険をあえて恐れない. **ignore** 故意に無視するの意で, disregard に比べ敵意・けいべつまたは無視したがわの人格・注意力の欠如が示唆される: *ignore* an invitation 招待に返事も出さない. *ignore* an objection 反対を採り上げない. **slight** 〈人を〉軽んずる, 〈仕事を〉軽んじていいかげんにする: He ignored my words because he *slighted* me. 彼が私のことばを無視したのは私を軽んじていたからだ. **overlook** 不注意のために見落とす, 〈人の悪い行為などを〉大目に見る: *overlook* a passage in a letter 手紙の一部分を読み落とす.

neg·léct·ful [nigléktf(u)l] *a.* 怠慢な; むとんじゃくな: be ～ *of* one's duty 義務に怠慢だ. be ～ *of* one's person 身なりにかまわない.
◇ **～·ly** *ad.* **～·ness** *n.*

né·gli·gé [nèigli:ʒéi/négli:ʒei] F. ＝negligee.

nèg·li·gée [nègliʒéi/⌐−−] *n.* **1** ネグリジェ《婦人用へや着》. **2** 《一般的》略服.
—— *a.* むぞうさな, 打ち解けた.

nég·li·gence [néglidʒ(ə)ns] *n.* **1** 怠慢, 等閑, (*pl.*) 怠慢行為: ～ of one's duty 職務怠慢. **2** 不注意, むとんじゃく; だらしなさ: ～ *in* dress 服装のだらしなさ. **3** 〚法〛過失. **4** 《文芸上の》自由奔放. ***contributory* ～** 〚法〛寄与過失《被害者が不注意によって過失を助成すること》.

nég·li·gent [néglidʒ(ə)nt] *a.* **1** 怠慢な, なおざりにする. **2** 不注意な, むとんじゃくな. ***be* ～ *of*** を怠る; に無関心である. → 動詞 neglect. ◇ **～·ly** *ad.*

nég·li·gi·ble [néglidʒəbl] *a.* 無視してよい, とるに足らない; 《数・量などが》わずかな. ◇ **-bly** *ad.*

ne·gó·ti·a·ble [nigóuʃiəbl, -ʃəbl] *a.* **1** 協定できる; 交渉できる, 交渉の余地がある. **2** 《証券などが》譲渡できる, 流通性のある. **3** 《障害・山などが》越えられる; 《道などが》通行できる.
◇ **ne·gò·ti·a·bíl·i·ty** [nigòuʃ(i)əbíliti] *n.*

ne·gó·ti·ant [nigóuʃ(i)ənt] ＝negotiator.

ne·gó·ti·ate [nigóuʃièit] *vt.* **1** (協定に達するために)…を交渉する; (交渉の上)…を協定する[獲得する]: ～ peace 和平を協定する. ～ a contract 契約を結ぶ. **2** うまくやりとげる: ～ an important deal 重要な取引をものにする. **3** 〚話〛〈障害・困難などを〉乗り越える, 切り抜ける. **4** 〈証券・手形などを〉譲渡する, 売却する, 流通させる. —— *vi.* 交渉する, 商議する《と *with*》. [√neg-＋√oti-]
◇ **-a·tor** [-ər] *n.* (*fem.* **-a·tress** [-ʃiətris], **-a·trix** [-ʃiətriks])

‡**ne·gò·ti·á·tion** [nigòuʃiéiʃ(ə)n] *n.* **1** (しばしば *pl.*) 交渉, 折衝, 商議. **2** 《証券などの》譲渡, 流通. **3** 《障害・困難の》克服, 切り抜け; 《カーブにおける車の》曲折. ***be in* ～ *with*** と交渉中である. ***break off* ～*s*** 交渉を打ち切る. ***enter into* [*open*, *start*] ～*s*** 交渉を開始する. ***under* ～** 交渉中で.

ne·gríl·lo [nigrílou] *n.* (*pl.* **～s**) 小黒人《中南部アフリカに住む Pygmy など》.

Ne·grí·to, n～ [nigrí:tou] *n.* (*pl.* **～(e)s**) 小柄の黒人《フィリピン・マライ・アンダマンなどに住む》.

‡**Né·gro, n～** [ní:grou] *n.* (*pl.* **-groes**, *fem.* **-gress** [-gris]) **1** ニグロ, 黒人《特にアフリカ(系)の》. → nigger. 〈注〉婉曲に colored man [woman, people] という名称がしばしば用いられる. → Afro-American. **2** 《黒人の血を受けている》皮膚の黒い人; 《一般的》膚の黒い人.
—— *a.* **1** 黒人(種)の. **2** (n～) (薄)黒い: a ～ ant クロアリ. **～·head** [⌐−⌐] 板たばこ; 粗悪ゴムの一種. **～ spiritual** 黒人霊歌.

Né·groid, n～ [ní:grɔid] *a.* 黒人のような, 黒人系の. —— *n.* 黒人.

Né·gro·phile [ní:grəfil, -fàil/-fail], **-phil** [-fil] *a.*, *n.* 黒人びいきの(人).

Né·gro·phobe [ní:grəfòub] *a.*, *n.* 黒人ぎらいの(人). ◇ **Nè·gro·phó·bi·a** [⌐−fóubiə] *n.* 黒人ぎらい, 黒人恐怖.

Né·gros [ní:grous] *n. pl.* ネグロス島《フィリピン諸島中の一島》.

né·gus [ní:gəs] *n.* ニーガス酒《ブドウ酒・湯・砂糖・香料を混ぜた飲料》.

Né·gus [ní:gəs] *n.* エチオピア皇帝(の称号).

Neh. Nehemiah.

Nè·he·mí·ah [nì:imáiə/nì:(h)i-] *n.* 〚聖〛ネヘミヤ《紀元前5世紀のヘブライの指導者》; ネヘミヤ記.

Néh·ru [néiru:/néər-] *n.* Jawaharlal [dʒəwá:hərləl-] ～, 1889–1964, インドの政治家・首相.

neigh [nei] *n.* 《馬の》いななき. —— *vi.* 〈馬が〉いななく.

†**néigh·bor,** (英)**-bour** [néibər] *n.* **1** 隣人, 隣家[近所]の人, 隣席の人: my next-door ～ お隣の家の人. a ～ at dinner 食卓で隣席の人. **2** 隣国(人): our ～*s* across the ocean 海のかなたの隣国(人). **3** (おなじ)仲間, 同胞: Love thy ～*s* as thyself. 〚聖〛隣人を自分のように愛しなさい. **4** 隣[近く]にある(同種の)物: The falling tree brought down its ～*s*. 倒れた木がそばの木を押し倒した. **5** 《形容詞的に》隣の, 近くの: a ～ country 隣国. ***a good* [*bad*] ～** 良き[悪(あ)しき]隣人; つきあいの良い[悪い]人. ***a good* ～ *policy*** 善隣政策.
—— *vi.* **1** となり合っている《と *with*》, 近くに住む[いる, ある]《の *with*》. **2** 隣づきあいする, 仲よくつきあう《と *with*》. **3** 《主として ～ing の形で》接する, 隣接する《に *on*, *upon*, *to*》. —— *vt.* **1** の隣である, の隣人である. **2** に接する, に近い.
◇ ‡**～·ing** [néibəriŋ] *a.* 隣接[近接]している, 隣の, 近い: ～*ing* countries. **～·less** *a.* 隣人のない; 孤独の. **～·ship** *n.* 隣人[近接]関係; 隣人のよしみ.

‡**néigh·bo(u)r·hood** [néibərhùd] *n.* **1** 近所, 近隣: (in) this ～ この近所(に), この辺(では). that ～ その(場所の)近所, あの辺. **2** 地区, 地域: a fashionable ～ 高級地区. **3** 《集合的》近所の人々: The whole ～ was there. 隣近所の人たちがみんな来ていた. **4** 〚稀〛近隣のよしみ, 同胞感. **5** 近接, 近いこと: The ～ of this noisy airport is a serious disadvantage. やかましい空港が近くにあるのはたいへんな損だ. ***in the* ～ *of*** (1) の近所に. (2) 〚話〛およそ…: *in the* ～ *of* $1,000 1,000ドルほど.
～ house ＝settlement house. **～ unit** 〚英〛《都市計画の》住宅地区.

néigh·bo(u)r·ly [néibərli] *a.* 隣人らしい, 親しみやすい, 親切な. ◇ **-li·ness** *n.*

†**néi·ther** → 枠付 neither. (p. 847)

nek [nek] *n.* 《山の》鞍部(あんぶ), 峠 (col).

nék·ton [néktan/-tən] *n.* 〚動〛遊泳動物.

nél·son [nélsn] *n.* 〚レスリング〛ネルソン《首固め. full ～, half ～, quarter ～ などの種類がある》.

Nél·son [nélsn] *n.* Horatio ~, 1758–1805, イギリスの提督.
ném·a·tode [némətòud] *n., a.* 〘動〙 線虫類 (の).
nem. con. *nemine contradicente.* **nem. diss.** *nemine dissentiente.* 「lis にある谷間.
Né·me·a [ní:miə] *n.* ギリシア東南部の古代 Argo-
Ne·mé·an [nimí:ən, ní:miən] *a.* Nemea の. ~ **games** ネメア祭《2 年めごとに Nemea で行なわれた古代ギリシアの祭り》. ~ **lion** 〘ギ神〙 Hercules に殺されたライオン.
Ném·e·sis [némįsis] *n.* (*pl.* **-ses** [-sì:z]) **1** 〘ギ神〙 ネメシス《因果応報・復讐(ふくしゅう)の女神》. **2** (n~) 懲罰を加える人; 天罰, 因果応報.
ne·mi·ne con·tra·di·cen·te [némįnì:-kàntrədisénti/ní:mįni-kɔ̀ntrədais-] L. (=no one contradicting) 反対 (者) なしで, 満場一致で.
ne·mi·ne dis·sen·ti·en·te [-disènʃiénti] L. (= no one dissenting) 異議 (者) なく.
ném·o·ral [ném(ə)rəl] *a.* 森の, 木立ちの; 森に住む.
ne·mór·i·cole [nimó:rįkòul/-mɔ́:r-] *a.* 森に住む.
N. Eng. New England; Northern England.
neo- 「新しい」「近代」の意の語形成要素.
Né·o·cene [ní:əsì:n] *a.* 〘地〙 新第三紀の. ── *n.* 新第三紀の岩石.
nè·o·clás·sic [nì:oklǽsik], **-si·cal** [-(ə)l] *a.* 〘美・文芸〙 新古典主義(派)の. ◇ **nè·o·clás·si·cism** *n.*
nè·o·dým·i·um [nì:odímiəm] *n.* 〘化〙 ネオジム《希土類元素. 記号 Nd》. 「イ語 (の).
Nè·o-He·brá·ic [nì:ohi:bréiik] *n., a.* 現代ヘブラ
Nè·o-Hél·len·ism [nì:ohéliniz(ə)m] *n.* 〘文芸〙 新ギリシア主義.
Nè·o-Kánt·i·an [nì:okǽntiən] *a., n.* 〘哲〙 新カント学派の (徒). 「以後》.
Nè·o-Lát·in [nì:olǽtin] *n.* 近代ラテン語《1500年
né·o·lith [ní:əliθ] *n.* 新石器時代の石器.
nè·o·líth·ic [nì:olíθik] *a.* 新石器時代の. → paleolithic.
ne·ól·o·gism [ni:ɑ́lədʒìz(ə)m/-ɔ́l-] *n.* **1** 新語(句). **2** 新語使用〔考案, 輸入〕. **3** 〘宗〙 新教義, 新教義採用〔支持〕. ◇ **-gist** *n.*
ne·ól·o·gize [-dʒàiz] *vi.* **1** 新語句をつくる〔使用する〕. **2** 〘宗〙 新教義を提唱〔採用〕する.
ne·ól·o·gy [-dʒi] =neologism.
Nè·o-Mal·thú·si·an·ism [nì:omælθ(j)ú:ziənìz(ə)m] *n.* 新マルサス主義《産制による人口調節論》.
nè·o·mý·cin [nì:əmáisin] *n.* 〘生化〙 ネオマイシン《放射菌から得る抗生物質の一種》.
né·on [ní:ɑn/-ən, -ɔn] *n.* 〘化〙 ネオン《希ガス元素. 記号 Ne》. ── *a.* **1** ネオン (ランプ) の: a ~ sign ネオン看板. **2** 繁華街の, 安っぽい盛り場の. ~ **lamp** 〘電〙 ネオンランプ. ~ **sign** 《広告用》 ネオンサイン.
nè·o·ná·tal [nì:onéitl] *a.* 新生児の.
né·o·nate [ní:ənèit] *n.* 新生児.
nè·on·tól·o·gy [nì:ɑntɑ́lədʒi/-ɔntɔ́l-] *n.* 現世生物学. → paleontology.
nè·o·pá·gan·ism [nì:opéigəniz(ə)m] *n.* 新異教主義, 異教主義復興.

neither

either に対応する否定語で, *neither* man (形容詞), *neither* (of...) (代名詞), *neither* ...nor (相関接続詞に用いられた副詞) などと, その用法はだいたい either と並行する. なお相関接続詞 neither...nor___ は「…も──も──ない」と両面を否定するが, この意味で both... and___ 「…も──も──する」という両面肯定の相関接続詞と対立する. → 枠付 both および Correlative Conjunction.

néi·ther [ní:ðər, ときに nái-/nái-, ときに ní:-] *a.* 《二つのうち》どちらの──も…ない: *N*~ book is good. どちらの本もよくない《主語のとき, neither... の名詞も動詞も単数; both では複数: *Both books are* good. どちらの本もよい》. I like ~ book. (=I do*n't* like *either* book.) どちらの本も気に入らない. In ~ case I can agree. どちらにしろ賛成できない.
── *pron.* 《二つのうち》 どちらも…ない: *N*~ (of *the* books) is good. (その本の) どちらもよくない. I like ~ 〔~ of them〕. (=I do*n't* like *either* 〔*either* of them〕.) どちらも〔そのどちらも〕 気に入らない. Which of these pencils is yours? —*N*~. この鉛筆のどちらがきみのか. —どちらでもない. 〈注₁〉 neither が主語になるとき, 動詞は単数. ただし We *are neither* of us poor. われわれはどちらも貧乏でない. 〈注₂〉 neither は二つのものに用いる. 三つ以上は none: *Neither* of us knows. 私たちはふたりとも知らない. —*None* of us knows. 私たちのうち, だれも知らない《3 人以上》. ただし neither___nor... については別 (下記〈付記₂〉参照).
── *ad.* **1** 《nor と結合して相関的に》──(で) も…(で)もない: *N*~ you *nor* I am to blame. あなたも私も悪くはない《動詞はいちばん近い主語に合わせる》. I want *neither* this *nor* that. (=I do*n't* want *either* this *or* that.) 私はこれもあれもほしくない. He *neither* reads *nor* writes English. (= He does *not either* read *or* write English.) 彼は英語を読みも書きもしない. 〈注〉 neither...nor は両面否定, both...and は両面肯定: *Both* you *and* I are to blame. あなたも私も悪い.
〈付記₁〉 neither 自体は副詞と解することができるが, nor と結合した形は相関接続詞をなす. 構文の詳細は → 枠付 Correlative Conjunction.
〈付記₂〉 ときとして三つ以上の要素に用いられる: I have *neither* talent, good luck, *nor* money. 私には才能も, 運も, 金もない.
2 …も──ない: If you do not go, ~ shall I (= I shall *not, either*). あなたが行かないのなら, 私も行かない. This pen is not good, and ~ is that one (=and that one is*n't, either*). このペンはよくないし, それにあの方もよくない. I am not tired. —*N*~ am I. 私は疲れていない. —私も疲れていない《比較: I am tired. —*So* am I. 私は疲れている. —私も疲れている》. I don't like winter. —*N*~ do I. 私は冬が好きでない. —私も好きでない《比較: I like winter. —*So* do I. 私は冬が好きだ. —私も好きだ》. 〈注₁〉 *neither* shall I, *neither* do I などにおける, 主語と動詞の倒置に注意. 〈注₂〉《否定語との共用》 I do*n't* know that, *neither*. (私はそれも知らない) は強調的. ただし現在では方言的で, 標準的には I do*n't* know that, *either*.
3 〘雅・古〙 その上…でもない: I know not, ~ can I guess. 私は知りもしないし, それに推測もできない. *N*~ do I tell you by what authority I do these things. われもなんの権威をもてこれらのことをなすか, なんじらに告げじ《マルコ伝 11:33》. 〈注〉 ③の用法は接続詞として分類することもある.
~ *fish nor fowl* =**~ *fish, flesh, nor fowl*** 〔***nor good red herring***〕 えたいの知れないもの. **~ *here nor there*** 《「どこにもない」の意から》 問題外(で), 要点をはずれた. **~ *more nor less than***... …に全くおなじ(で).

N

né·o·phyte [níːəfàit] *n.* **1** 新改宗者. **2**《カトリック教会の》修練士. **3** 初心者, 新参者.
né·o·plasm [níːəplæ̀z(ə)m] *n.* 〖医〗新生物;《特に》腫瘍(しゅよう). ◇ **nè·o·plás·tic** [ーーplǽstik] *a.*
Nè·o·plá·to·nism, Nè·o·Plá·to·nism [nìːopléit(ə)nìz(ə)m] *n.* 新プラトン派哲学.
né·o·prene [níːəprìːn] *n.* 〖米:化〗ネオプレン《合成ゴムの一種》.
Nè·o-Ré·al·ism [nìːoríːəliz(ə)m/níːoríəl-] *n.* ネオリアリズム, 新写実主義.
Nè·o-Ro·mán·ti·cìsm [nìːoromǽntisiz(ə)m] *n.* 新ロマン主義.
Nè·o·sál·var·san [nìːosǽlvərsæ̀n/-sən] *n.* 〖薬〗ネオサルバルサン《駆梅剤. 商標名》.
nè·o·tér·ic [nìːətérik] *a.* 現代の, 新しい.
—— *n.* 現代人; 現代作家〔思想家〕.
Nè·o·tróp·i·cal [nìːətrápik(ə)l/-trɔ́p-] *a.* 新熱帯の《新世界の北回帰線以南の地帯. 中央アメリカ・南アメリカ・西インド諸島を含む》.
Nè·o·zó·ic [nìːəzóuik] *a.* 〖廃〗＝Cenozoic.
NEP, N.E.P., Nep [nep] New Economic Policy 新経済政策.
Ne·pál [nipɔ́ːl] *n.* ネパール《インド・チベット間の王国. 首都 Katmandu》.
Nèp·a·lése [nèpəlíːz] *a.* ネパール (人・語) の.
—— *n.* (*pl.* ～) ネパール人.
Ne·pá·li [nipɔ́ːli, ㊊⁺-pɑ́ːli] ＝Nepalese.
ne·pén·the [nipénθi/ne-] *n.* 〖雅〗**1** 憂いや苦痛を忘れさせる薬. **2**《一般的》憂いを除くもの.
ne·pén·thes [nipénθiːz/ne-] *n.* **1** ＝nepenthe. **2**〖植〗ウツボカズラ.
‡**néph·ew** [néfjuː/névjuː, néfjuː] *n.* **1** 甥(おい). → niece. **2**〖婉〗聖職者の私生児.
néph·o·gram [néfəgræ̀m] *n.* 雲の写真.
néph·o·graph [-græ̀f/-grɑːf] *n.* 雲写真の撮影機.
ne·phól·o·gy [nifálədʒi/nefɔ́l-] *n.* 〖気〗雲学.
ne·phóm·et·er [nefámitər/-fɔ́m-] *n.* 雲量計.
néph·o·scope [néfəskòup] *n.* 雲鏡《雲の高度・速度の測定器》.
nephr- ＝nephro-.
néph·rite [néfrait] *n.* 〖鉱〗軟玉.
ne·phrít·ic [nefrítik] *a.* じん臓 (炎) の.
ne·phrí·tis [nefráitis] *n.* 〖医〗じん炎.
nephr(o)-「じん臓」の意の語形成要素.
ne plus ul·tra [níː-plʌs-ʌ́ltrə] L. (＝no more beyond) **1** 不可越境. **2** 極致, 極点. 「用の.
ne·pót·ic [nipátik/-pɔ́t-] *a.* 縁者びいきの, 同族登
nép·o·tism [népətiz(ə)m] *n.* 縁者びいき, 同族登用. ◇ **-tist** *n.* 縁者びいきの人.
Nép·tune** [néptjuːn, -tʃuːn, ㊊⁺-tuːn] *n.* **1**〖ロ神〗ネプチューン, 海神《ギリシア神話の Poseidon に当たる》. **2**〖雅〗海, 海洋. **3**〖天〗海王星. 〈注〉無冠詞. ***a son of ～ 船乗り.
～**'s cup** サンゴの一種. ～**'s revel** 赤道祭.
◇ **Nep·tú·ni·an** [nept(j)úːniən, -tʃúː-/-tjúː-] *a.* ～の; (しばしば n～)〖地〗水成の.
Nép·tun·ist [néptjuːnist, -tʃuːn-, ㊊⁺-tuːn-] *n.* 〖地〗岩石水成論者.
nep·tú·ni·um [nept(j)úːniəm, -tʃúː-/-tjúː-] *n.* 〖化〗ネプツニウム《放射性元素. 記号 Np》.
Né·re·id [ní(ː)riid/níər-] *n.* **1**〖ギ神〗海の精. → Nereus. **2** (n～)〖虫〗ゴカイ.
Né·reus [ní(ː)ruːs/níərjuːs] *n.* 〖ギ神〗ネレウス《海神. 50人の娘 Nereids の父》.
Né·ro [ní(ː)rou/níər-] *n.* ネロ, 37–68, ローマの皇帝《暴君として有名》.
～ **Deep, the** グアム島付近の深海.
nér·o·li [né(ː)rəli/níər-, néər-] *n.* 〖化〗ネロリ油, 橙花(とうか)油 (＝～ oil).
Ne·ró·ni·an [niróuniən/niər-] *a.* **1** Nero の. **2** (Nero のように) 残虐な.
Né·ro·nize [ní(ː)rənàiz/níərə-] *vt.* **1** Nero のようにする. **2** に残虐行為をはたらく, に暴政を行なう.
nérv·ate [nə́ːrveit] *a.* 〖植〗葉脈のある. ◇ **ner·vá·tion** [nəːrvéiʃ(ə)n] *n.* 〖動・植〗脈状, 葉脈.
‡**nerve** [nəːrv] *n.* **1** 神経. **2** 勇気, 冷静, ものに動じない心: A test pilot needs plenty of ～. テストパイロットは非常な勇気がいる. **3**〖話〗ずぶとさ, 厚かましさ,「心臓」. **4** (*pl.*) 神経過敏〔異常〕; おくびょう, 恐怖(心): That man doesn't know what ～*s* are. あの男は恐怖を知らない. **5** 筋, 腱(けん); 〖植〗葉脈;〖動〗翅脈(しみゃく). **6** (*pl.*) 重要な中枢.
be all ～***s*** 神経過敏である. ***get on*** a person***'s*** ～***s*** ＝ ***give*** a person ***the*** ～***s*** (人)の神経にさわる, (人)に腹をたてさせる. ***have a fit of*** ～***s*** 神経過敏になる, こわがる. ***have no*** ～***s*** 平気のへいざだ. ***have the*** ～ ***to*** (do) …する勇気がある;〖話〗厚かましくも…する. ***lose*** one***'s*** ～ 気おくれがする. ***strain every*** ～ あらゆる努力をする. ***war of*** ～***s*** 神経戦. ***What a*** ～***!*** まあずうずうしい.
—— *vt.* に勇気〔元気〕をつける. ～ one***self*** 勇気をだす, 奮起する.
～ **block** 〖医〗神経遮断(しゃだん)《局部麻酔の一種》.
～ **cell** 神経細胞. ～ **center** 〖医〗神経中枢. ～ **fiber** 〔**fibre**〕神経繊維. ～ **gas** 〖軍〗神経ガス《毒ガスの一種》. ～**-ràck·ing,** ～**-wràck·ing** 神経にさわる, いらいらさせる. ～ **strain** 神経過労.
～ **war** 神経戦.
◇ ～**d** *a.* **1**《合成語で》神経の…な: strong-*nerved* 勇気のある. **2**〖植・動〗葉脈〔翅脈〕のある. ～**-less** *a.* **1** 神経〔葉脈〕のない. **2** おくびょうな; 力の抜けた. **3** 冷静な, 落ち着いた.
nérv·ine [nə́ːrviːn, ㊊⁺-vain] *a.* **1** 神経の. **2** 神経を静める. —— *n.* 神経鎮静剤.
ner·vós·i·ty [nəːrvásiti/-vɔ́s-] *n.* 神経過敏(性).
‡**nérv·ous** [nə́ːrvəs] *a.* **1** 神経の; 神経に作用する. **2** 神経質な, 神経過敏な; おくびょうな, 気の弱い; 興奮しやすい, いらだちやすい: Don't be ～. いらいら〔びくびく〕するな. get ～ on the stage 舞台の上であがる. **3** 力強い, たくましい: a man with ～ arms たくましい腕の男. **4**《文体などが》力のこもった, 簡潔な. ***be*** ～ ***of*** (do)***ing*** …するのに気おくれを感じる. ***feel*** 〔***be***〕 ～ ***about*** を心配する, を苦にする; を気味悪がる. [√nerv-]
～ **breakdown** 〔**prostration**〕神経衰弱. ～ **disease** 〔**disorder**〕神経病. ～ **pudding** 〖米俗〗《調理済み》ゼラチン. ～ **system** 神経系統.
◇ *～**·ly** *ad.* 神経質に, いらいらして. ～**·ness** *n.*
nér·vure [nə́ːrvj(u)ər] *n.* 〖植〗葉脈;〖虫〗翅脈(しみゃく).
nérv·y [nə́ːrvi] *a.* **1** 神経の太い, 胆力ある, 強気な. **2**〖俗〗しゃあしゃあとした, ずうずうしい. **3** 胆力〔勇気〕を要する. **4**〖俗〗筋骨のたくましい, がんじょうな. **5** 神経質な, いらいら〔ぴりぴり〕している, おこりっぽい. **6**〖英〗神経にさわる. [<nerve]
nés·ci·ent [néʃiənt, -ʃənt/-siənt] *a.* **1** 無知の, 無学の《について *of*》. **2**〖哲〗不可知論の.
—— *n.* 不可知論者. [√sci-] ◇ **-ence** *n.*
ness [nes] *n.* 〖古方〗みさき;《陸地の》突出部.
-ness [-nis] *suf.* 形容詞・分詞などにつけて「性質」「状態」をあらわす名詞をつくる: dry*ness* かわいていること, 乾燥 (状態). tired*ness* 疲れていること, 疲労.
Nés·sel·rode [nés(ə)lròud] *n.* 果実の砂糖づけ《プディング・アイスクリームなどに入れる》.
néss·ler·ize [néslərаiz] *vt., vi.* (溶液の)アンモニア含有試験をする.
†**nest** [nest] *n.* **1** 巣《主として鳥類・虫・魚・カメなどの》: build a ～ 巣をつくる. **2**《集合的》巣の中のひな, 一かえりのひな. **3** 居ごこちのよい場所, 休息所. **4** 隠れ場所;《盗賊などの》巣窟(そうくつ);《武器などの》隠匿所. **5**《悪の》温床;《集合的》《悪所の》出入り仲間, 同類: a ～ of crime 犯罪の温床. **6**《入

れ子式の》一そろい: a ～ of tables [measuring spoons, trays] 重ね卓 [計量スプーン, 盆].
feather** one's* ～ (不正手段で) 金をためこむ. ***foul** one's own* ～ 身内[自党]などのことを悪く言う. ***on a ～ 巣ごもっている. ***take a*** ～ 巣から卵 [ひな] を盗む.

nest of tables

—— *vi.* **1** 巣をつくる, 巣ごもる. **2** 気持ちよく住みつく [落ち着く]. **3** 鳥の巣を捜し求める. **4** 〈箱などが〉入れ子になる: bowls that ～ for storage 重ねてしまえるどんぶり. —— *vt.* **1** に巣をつくってやる, 巣に入れてやる; 居ごこちよく住まわせる. **2** 〈箱・盆などを〉入れ子にする. ***go ～ing*** 鳥の巣を捜しに行く.
～ **egg** (1) 抱き卵《しばしば素焼きのにせ卵》. (2)《貯金の元となる》種銭;《万一のための予備としての, または引退に備えるための》貯金.
◇ **～·er** *n.* 巣の鳥. **～·ful** [-fùl] *n.* 巣 1 杯分.

nés·tle [nésl] *vi.* **1**《鳥が巣につくように》気持ちよくからだを落ち着ける; すり寄る, 寄りつく: ～ *down among* the cushions クッションの間に楽々と身を横たえる. The child ～*d up to* the mother. 子どもは母親にぴったりと寄り添った. **2** 囲まれている, 気持ちよいところに位置している: The house ～*s among* the trees. 家は木の間がくれに見える. **3**〘稀〙〈鳥が〉巣ごもる. —— *vt.* **1**〈鳥などを〉巣につかせる, に巣をつくって与える. **2** 気持ちよく住みつかせる [落ち着かせる]. **3**〈顔・肩などを〉すり寄せる, もたせかける: She ～*d* her head on his shoulder. 彼女は頭を彼の肩にすり寄せた. ～ ***against*** [***to***] …にすり寄る. ～ (*oneself*) ***into*** の中にするりとはいる.

nést·ling [nés(t)liŋ] *n.* **1** かえりたてのひな, 巣立つに至らないひな. **2** 幼児.

Nés·tor [néstər/-tɔ:, -tə] *n.* **1**〘ギ神〙ネストル《Troy 戦争のときのギリシア軍の賢明な老将》. **2** 賢明な老人, 長老.

Nes·tó·ri·an [nestó:riən/-tɔ́:r-] *a.* 《三位一体を否定するキリスト教の一派》ネストリウス (Nestorius [-riəs]) 派の. ◇ **～·ism** *n.*

‡**net**[1] [net] *n.* **1**《鳥・魚などを捕える》網, ネット: a fishing [butterfly] ～ 漁網 [捕虫網]. **2** 網状の物; 網細工; 網目織物, レース状織物; ヘアネット (= hairnet). **3** わな, 落とし穴: walk [fall] into the ～ わなにかかる. **4**〘テニス〙ネット; ネットに当たったボール. **5** クモの巣. **6** 放送網 (=～ work).
dance in a ～ 人が知らないと思って行動する. ***mosquito*** ～ 蚊帳(かや). ***the ～ of justice*** 法網, 司直の手.
—— *v.* (**-tt-**) *vt.* **1** 網で捕える: ～ fish 魚を網打ちする. **2**〈収益などを〉獲得する. **3**〘俗〙わなにかける. **4** に網を張る [打つ]: ～ a river 川に網を張る, 川で網を打つ. **5** 網でおおう: ～ the bed 寝台の上に蚊帳をつる. ～ the grapes ブドウを網で包む. **6**〘テニス〙〈ボールを〉ネットする. **7** 編む.
—— *vi.*〘雅〙網目をなす; 網を編む.
～ **ace** テニスの名手. **～·ball** [⌐⌐] (1)〘英〙ネットボール《バスケットボールに似た競技》. (2)〘テニス〙サーブの際ネットに触れてはいったボール. ～ **cord** テニスのネットを張る綱. ～ **fish** 網で捕えた魚. → line-fish. ～ **fishery** 網 (漁) 場; 網打ち漁業. ～ **fishing** 網打ち漁業. **～·man** テニス競技者; ダブルスでネットぎわに立つ競技者. ～ **play** ネットぎわのプレー. ‡**～·work** →別項.
◇ **～·ful** [-fùl] *n.* 網 1 杯. **～·ted** [-id] *a.* 網で捕えた; 《窓などが》網を張った; 網状の; 網細工の. **～·ting** *n.* 網づくり; 網細工, 網製品; 網漁: wire ～*ting* 金網.

net[2] *a.* **1** 正味の, 純粋の: the ～ gain [income, profit]〘商〙純益. ～ weight 正味重量《略 nt. wt.》. →gross. **2** かけ値なしの: the ～ price 正価. —— *n.* **1** 正味 (重量). **2** 純益. **3** 正価.
—— *vt.* (**-tt-**) の純益をあげる.

Neth. Netherlands.

néth·er [néðər] *a.*〘古〙**1** 地下の, 地下にありとされる; 地獄の. **2** 下の (方の). (*as*) ***hard as the ～ millstone*** 冷酷至極の. ～ **garments**〘笑〙ズボン. ～ **man** [**person**], **the**〘笑〙足. ～ **world** [**regions**], **the**〘稀〙下界, 地獄.

***Néth·er·lands** [néðərlən(d)z/-ləndz] *n. pl.*《単数扱い》 **1** (the ～) オランダ《ヨーロッパの王国. 首都 Amsterdam》. → Holland. **2** ネーデルランド地方《現在のオランダ・ベルギー》. ～ (**East**) **Indies, the** 旧オランダ領東インド《現在インドネシア共和国》. ～ **New Guinea** 西イリアン (Irian). ◇ **Néth·er·land·er** [-lændər/-ləndə] *n.* オランダ人. **Néth·er·land·ish** [-lændiʃ/-ləndiʃ] *a.* オランダ (語) の.

néth·er·most [néðərmòust, -məst] *a.*〘古〙最も下の: the ～ hell 地獄の底.

nét·tle [nétl] *n.*〘植〙イラクサ (= stinging ～).
cast [***throw***] ***one's frock to the ～s*** 僧職をやめる. ***grasp the*** ～ 進んで困難に立ち向かう. ***on ～s*** いらいらして. —— *vt.* **1**《イラクサのように》刺す. **2** じらす, 悩ます, おこらせる.
～ **rash**〘医〙じんましん.

nét·tle·some [-səm] *a.* **1** いらいらさせる, 困らせる, やっかいな. **2** 怒りやすい, いらだちやすい《に *over*》.

nét·ty [néti] *a.* 網のような.

‡**nét·work** [nétwə:rk] *n.* **1** 網細工. **2** 網状組織; 連絡網: a ～ of railroads 鉄道網. **3** 放送網: TV ～*s*.

Nèuf·châ·tél [n(j)ù:ʃətél/nə:ʃætél] *n.* ヌーシャテル (=～ cheese)《柔らかく白い濃厚な味のチーズ》.

neur- = neuro-.

néu·ral [n(j)ú(:)rəl/njúər-] *a.*〘医〙神経 (系) の.

neu·rál·gia [n(j)urældʒə/nju(ə)r-] *n.*〘医〙神経痛. ◇ **neu·rál·gic** *a.*

nèu·ras·thé·ni·a [n(j)ù(:)rəsθí:niə/njùər-] *n.*〘医〙神経衰弱症. ◇ **nèu·ras·thén·ic** [-θénik] *a., n.* 神経衰弱症の (患者).

neu·rí·tis [n(j)uráitis/nju(ə)r-] *n.*〘医〙神経炎.

neuro-「神経」の意の語形成要素.

neu·ról·o·gy [n(j)urálədʒi/nju(ə)rɔ́l-] *n.*〘医〙神経 (病) 学. ◇ **-gist** *n.* 神経 (病) 学者, 神経科医.
nèu·ro·lóg·i·cal [n(j)ù(:)rəládʒik(ə)l / njù(ə)rəlɔ́dʒ-] *a.* 神経学上の.

néu·ron [n(j)ú(:)rɑn/njúərɔn], **néu·rone** [-roun] *n.*〘医〙神経単位 [細胞].

neu·róp·a·thy [n(j)urápəθi/nju(ə)rɔ́p-] *n.* 神経病.
◇ **nèu·ro·páth·ic** [n(j)ù(:)rəpǽθik/njù(ə)rə-] *a.*

nèu·ro·psy·chí·a·try [n(j)ù(:)rosaikáiətri/njùər-] *n.* 神経精神病学. ◇ **nèu·ro·psỳ·chi·át·ric** [⌐—sàikiǽtrik] *a.*

nèu·ro·psy·chó·sis [n(j)ù(:)rosaikóusis/njùər-] *n.*〘医〙神経系(障害)精神症.
◇ **-chót·ic** [-kátik/-kɔ́t-] *a.*

neu·ró·sis [n(j)uróusis/nju(ə)r-] *n.* (*pl.* **-ses** [-si:z])〘医〙神経症, ノイローゼ.

nèu·ro·súr·ger·y [n(j)ù(:)rosə́:rdʒəri/njùəro-] *n.* 神経外科.

neu·rót·ic [n(j)urátik/nju(ə)rɔ́t-] *a.* **1** 神経症の, ノイローゼにかかった. **2** 神経 (系) の.
—— *n.* 神経病患者.

neu·rót·o·my [-təmi] *n.* 神経切除《神経痛を緩和する》.

neut. neuter; neutral.

néu·ter [n(j)ú:tər/njú:-] *a.* **1**〘文〙中性の: the ～ gender 中性. **2**〘文〙《動詞が》自動の. **3**〘動・植〙無性 [中性] の: ～ flowers むだ花. **4**〘古〙中立の. ***stand*** ～ 中立を守る.
—— *n.* **1**〘文〙中性《名詞・代名詞・形容詞などに

おける]; 自動詞. 2 雌雄の別のない動植物; 働きバチ〔アリ〕; 去勢動物: a ～ cat 去勢したネコ. 3 〘古〙中立者.

N

‡néu·tral [n(j)ú:trəl/njú:-] *a.* **1** 中立の, 局外中立の, 中立国の: a ～ zone 中立地帯. **2** 不偏不党の; 中間の. **3** はっきりしない, あいまいな; 《色が》くすんだ: a ～ tint 中間色, ネズミ色. **4**〘化〙中性の; 〘生〙雌雄の別のない, 無性の. —— *n.* **1** 中立者; 中立国(民). **2**〘機〙ニュートラルギア《歯車の空転位置》. **～ vowel**〘音声〙中性母音《[ə]》. ◇ **～·ism** [-iz(ə)m] *n.* 中立政策〔態度, 主義〕. **～·ist** *n.* 中立主義者. **～·ly** *ad.* 中立的に.

neu·trál·i·ty [n(j)u:trǽləti/nju:-] *n.* **1** 中立(性), 局外中立. **2** 不偏不党. **3** 中庸. **4**〘化〙中性.

néu·tral·ize [n(j)ú:trəlàiz/njú:-] *vt.* **1** 中立させる, の中立を宣する. **2** の効果を中和する, 無効にする. **3**〘化〙中和する. **4**〘軍〙制圧する, の戦闘力を破砕する. ◇ **-iz·er** *n.* 中立させるもの; 無効にするもの; 中和剤. **nèu·tral·i·zá·tion** [n(j)ù:trəlizéiʃ(ə)n, -laiz-/njù:-] *n.*

neu·trét·to [n(j)u:trétou/nju:-] *n.* (*pl.* **～s**)〘物〙中性中間子.

neu·trí·no [n(j)u:trí:nou/nju:-] *n.* (*pl.* **～s**)〘物〙「中性微子.

néu·tron [n(j)ú:trɑn/njú:trɔn] *n.* 〘物〙中性子, ニュートロン.

Nev. Nevada.

Ne·vád·a [nivǽdə, -vá:də/nevá:də] *n.* ネバダ《アメリカ西部の州. 略Nev.》. ◇ **～n** *a., n.* ～州の(人).

né·vé [neivéi/névei] F. *n.* 万年雪《氷河の表面に積もった粒状の氷雪》.

†név·er [névər] *ad.* **1** 決して…(し)ない; かつて…(したことが)ない: I ～ drink anything but water. 私は水のほかは絶対になにも飲まない. It was ～ mentioned. いままで話題にのぼったことがない. **2** 《疑い・感嘆・驚きを示して》まさか…ではあるまい; まあ: You have ～ misplaced your glasses. まさかめがねを置き忘れたのではなかろうね. 〈注₁〉動詞の前, 助動詞のあとにくる: I *never* said so. そんなこと言ったことがない. I have *never* seen it. いままで見たこともない. 〈注₂〉ただし助動詞を強めるときはその前におく: You *never* can tell. わからないものだね. 〈注₃〉文頭にくると主語と動詞が倒置される: *Never* did I tell you. きみに話したことはない. 〈注₄〉しばしば after, before, since, yet などを伴う: I have *never yet* been there. 私はまだそこに行ったことがない.
Better late than ～. 〘諺〙おそくとも来ないよりはまし. ***N～!*** そんなこと絶対にあるもんですか! **～ *again*** 二度と再び…しない. **～ *a one*** だれひとり…ない. **～ … *but* ——** ——しないでは…しない, …すれば必ず——する: It ～ rains *but* it pours. 〘諺〙降れば必ずどしゃ降りだ. ***N～ is a long day*** [***word***]. 〘諺〙「決して」などともう軽率に言わないこと. ***Never ～.*** 心配ご無用; だいじょうぶ. **～ *so*** 〘古〙非常に (ever so); 《条件文》いくら…でも (no matter how). ***N～ tell me!*** 冗談でしょう. **～ *the***… 《比較級を伴い》ちっとも…ない: Our TV set is ～ *the better*. うちのテレビは少しもよくなっていない〔相変わらずだ〕. ***Well, I ～!*** まさか!
***～-énd·ing** 果てしない, 恒久的な. **～-fád·ing** 薄れる〔消える〕ことのない. **～-fáil·ing** 絶えることのない, 不変の; 無尽蔵の.

név·er·mind [névərmàind, ⌐−⌐] *n.* 〘方〙《否定文で》 **1** 注意: Pay him *no* ～. 彼のことなんか構うな. **2** 用事, 責任: It's *no* ～ of yours. きみの知ったことじゃない.

nèv·er·móre [nèvərmó:r/névəmɔ́:] *ad.* 二度と再び…しない, もう決して…しない.

név·er-név·er [névərnévər] *n.* **1** 遠い遠い国. **2** 夢想の国, 不思議の国 (= ～ land). **3**〘英俗〙割賦払い (= ～ system).

‡nèv·er·the·léss [nèvərðə)lés] *ad., conj.* それにもかかわらず, それでもやっぱり, とはいっても: There was no news; ～, she went on hoping. なんのたよりもなかった, それでも彼女は望みをいだき続けた.

név·er·wàs [névərwɑ̀z, 弱 -wəz/-wɔ̀z, 弱 -wəz] *n.* (*pl.* **-wères** [-wə̀:rz/-wə́:z]) 名のでなかった人, 無名に終わった人.

né·vus [ní:vəs] *n.* (*pl.* **-vi** [ní:vai])〘医〙《先天的》あざ; 母斑(ぼはん) (birthmark). ◇ **-void** [-vɔid] *a.*

†new [n(j)u:/nju:] *a.* **1** 新しい; 新しくあらわれた, 新しくつくられた, 新発見〔発明〕の. ↔old. **2** 新式の, 新奇の; 目〔耳〕新しい: That is ～ *to* me. それは初耳だ. **3** 新品の, 使い古しでない: as good as ～ 新品同様. **4** 新鮮な, みずみずしい. **5** 新参の, 新前の, 新任の: the ～ minister 新しく来た牧師さん. our ～ teacher 今度の先生. **6** なじんでいない, 経験のない: ideas ～ to us. He is ～ *to* the work. 仕事にまだ不慣れだ. **7** 新しく加えられた, 更に別の. **8** 一新した, いちだんとよい, 更生した: The vacation made a ～ man of him. 休暇のおかげであの人は見違えるほど元気になった. **9** 現代的な; 新しがり屋の.
put on the ～ man 〘宗〙入信する. ***the ～ rich*** 成金(ども). —— *ad.* **1** 新たに; 再び. **2** 最近, 近来. 〈注〉過去分詞を伴い合成語をつくる.
∼·blown [⌐⌐] 咲きたての. ***∼·bórn** [n(j)ú:bɔ̀:rn, ⌐⌐/njú:bɔ:n] (1) 生まれたての, 新生の. (2) 生まれ変わった, 心を入れ替えた. **∼·come** [-kʌ̀m/-kəm] (1)新来の. (2) 新来者. ***∼·còm·er** [n(j)ú:kʌ̀mər/njú:kʌ́mə] 新来者. **～ critic** 新批評家《new criticism を行なう》. **～ criticism** 新批評《作者よりも作品そのものを検討しようとする批評の一派》. **N～ Deal** ニューディール政策《F. D. Roosevelt 大統領が 1933 年より実施した経済復興・社会福祉増進政策》. **N～ Economic Policy** 新経済政策《1921 年より第 1 次 5 か年計画までの間ソ連が行なった. 略 NEP》. **～ face**《映画界などの》新人. **∼-fán·gled** →別項. **∼-fásh·ioned** 新型の, 新流行の. **N～ Frontier** 新「開拓者」精神《1960 年 7 月大統領候補受諾演説で Kennedy が唱道した》. **N∼·gate** → 別項. **～ high** 〘話〙新記録; 〘株式〙新高値. **N～ Jerusalem** 〘聖〙天上の都; 天国. **∼-láid** [-léid]《卵が》生みたての. **N～ Latin** = Neo-Latin. **N～ Learning** 文芸復興時代に行なわれたイギリスのギリシア古典・聖書の原典による研究. **N～ Left** アメリカ新左翼《1960 年以降人種平等・軍備撤廃・不干渉主義を唱える》. **～ look** 最新流行(スタイル)《1947 年 Christian Dior の売り出した型 New Look から》; 新型. **∼-máde** つくられたばかりの; つくりかえた. **～ man** 新人; 別人; 〘宗〙改宗者. **∼-már·ried** 新婚の. **∼-mínt** *vt.* (1) 新鋳する. (2)〈語などに〉新しい意味を付加する. **∼-mód·el** *vt.* つくりなおす; 新たにつくる. **～ moon** 新月; 〘聖〙《ヘブライ人の》新月祭. **∼-mówn** 《牧草など》刈りたての. **N～ Order**《ナチスドイツの》新秩序. **∼-rích** 成金(の). **∼·speak** [⌐⌐] ことばの表面とうらはらの意味を伝える一見客観的な表現《政治的・イデオロギー的含みをもつ》. **∼·sprúng** (たちまち)あらわれた, 急に発生した. **N～ Testament, the** 新約聖書. **N～ Thought**《正しい思考により病気・過誤をなおそうとする》精神療法の一種. **N～ Version** 新訳. **～ wave** 新しい波, ヌーベルバーグ《芸術などの新傾向》. **∼·world** [⌐⌐] 新世界の, アメリカ大陸の. **N～ World, the** 新世界, アメリカ大陸. **N～ Year** →別項.
◇ **∼·ish** *a.* やや新しい. **∼·ness** *n.*

〔類義語〕新しい: **new** 最も一般的で幅の広い語. **novel** 新奇な, 斬新(ざんしん)な: a *novel* idea 奇抜なアイディア. **modern** 現代風の, 最新の: *modern* viewpoints 当世風の考え方. **original** 独創的な, 風変わりな. novel に近い. **fresh** できたての, 最近の, 新規の: *fresh* footprints 新しい足跡.

Néw Am·ster·dàm [n(j)ú:-ǽmstərdæ̀m/njú:-ǽmstədǽm] *n.* オランダ領時代の New York City の名.

Néw·ark [n(j)ú:ərk/njú:-] *n.* アメリカ New Jersey 州の都市《New York City に隣接している》.

Néw·càs·tle [n(j)ú:kæ̀sl/njú:kà:sl] *n.* イングランド北東部にある港市《石炭と造船で有名》.

New Dél·hi [n(j)u:-déli/nju:-] *n.* ニューデリー《インド共和国の首都》.

néw·el [n(j)ú:əl/njú:-] *n.* 〘建〙 **1**《らせん階段の》親柱. **2** 欄干柱《階段の上下両端の》. **～ stair** らせん階段.

newel ②

New Eng·land [n(j)u:-íŋglənd/njú:-] *n.* ニューイングランド地方《アメリカ東北部6州: Connecticut, Massachusetts, Rhode Island, Vermont, New Hampshire, Maine》. ◇ **New Eng·land·er** [-ər] *n.* ～人.

nèw·fán·gled [n(j)ù:-fǽŋgld/njù:-] *a.* 《けいべつ的》 **1** 新奇の, 流行の先端を行く. **2** 新奇を好む, 新しがり屋の.

Nèw·found·lánd [n(j)ù:f(ə)ndlǽnd, n(j)ú:-f(ə)ndlənd/njù:f(ə)ndlǽnd] *n.* **1** カナダ東岸の島. **2** カナダ東部の州. **3** [n(j)u:fáundlənd/nju:-] ニューファウンドランド犬 (＝～ dog). ◇ **～·er** *n.* ～①, ②の住民.

Néw·gate [n(j)ú:git, -geit/njú:-] *n.* ロンドンの著名な監獄《1902 年廃止》. **～ frill** 〔**fringe**〕 あごの下にはやしたひげ. **～ knocker** 〘英〙《くだもの・魚類行商人などがはやす》耳の前の巻き毛.

New Guín·ea [n(j)u:-gíni/njú:-] *n.* ニューギニア《Australia 北方の島. 略 N.G.》.

New Hámp·shire [n(j)u:-hǽmpʃər, -ʃiər/nju:-] *n.* ニューハンプシャー《アメリカ北東部の州. 略 N.H.》.

New Há·ven [n(j)u:-héivən/nju:-] *n.* アメリカ Connecticut 州の都市.

New Jér·sey [n(j)u:-dʒə́:rzi/nju:-] *n.* ニュージャージー《アメリカ東部の州. 略 N.J.》. ◇ **～·ite** [-àit] *n.* ～州の人.

‡**néw·ly** [n(j)ú:li/njú:-] *ad.* **1** 最近, 近ごろ. **2** 新たに; 改めて: a ～ appointed ambassador 新任の大使. **3** 新(形)式で〔に〕. 〈注〉しばしば過去分詞と合成語をつくる: *newly*-decorated 新装の, 改装の. **～·wed** [-wèd] 〘米話〙 新婚ほやほやの人; (*pl.*) 新婚夫婦.

New M. New Mexico.

Néw·màr·ket [n(j)ú:mà:rkit/njú:-] *n.* **1** イングランド南東部の都市《競馬で有名》. **2** (n～) からだにきっちり合う長外套(がいとう) (＝～ coat). **3** (n～) トランプ遊びの一種.

New Méx·i·co [n(j)u:-méksikòu/njú:-] *n.* ニューメキシコ《アメリカ南西部の州. 略 NM.》.

New Or·le·ans [n(j)u:-ɔ́:rliənz/nju:-] *n.* アメリカ Louisiana 州南東部の港市《綿花集散地》.

Néw·port Néws [n(j)úpɔ̀:rt-n(j)ú:z/njú:pɔ:t-njú:z] *n.* アメリカ Virginia 州の都市.

†**news** [n(j)u:z/nju:z] *n.* 《通例単数扱い》 **1** ニュース, 報道; 《新聞の》記事: foreign 〔home〕 ～ 海外〔国内〕通信. **2** 新事実, 興味ある事件〔人物〕: That is no ～ to me. そんなことはとっくに知っているよ. **3** 消息, たより: His family has had no ～ of his whereabouts for months. **4** (N～) …新聞《新聞名》. ***be in the ～*** 新聞だねになる; 《新聞などに》公表されて. ***break the ～ to*** に知らせを告げる《特に凶報を》, に知らせる. ***No ～ is good ～.*** 〘ことわざ〙 たよりのないのはよいたより.

～ agency 通信社《ニュースを新聞社・放送局などに提供する業者》. **～ agent** 〘英〙 ＝newsdealer. **～ beat** 〘米〙 新聞記者の担当区域. ‡**～·boy** [⌐⌐] 新聞配達人〔売り子〕. **～·break** [⌐⌐] 報道価値のあるできごと. **～·cast** [⌐⌐] 〘米〙 ニュース放送(をする). **～·càst·er** 〘米〙 ニュース放送〔解説〕者. **～ commentator** 時事解説者. **～ conference** 〘米〙 記者会見 (press conference). **～·dèal·er** 〘米〙 新聞取次業者, 新聞・雑誌販売人. **～ film** ＝newsreel. **～·hawk** [⌐⌐] 〘米〙 新聞記者; 報道員. **～·hen** [⌐⌐] 〘俗〙 婦人記者. **～·hound** [⌐⌐] ＝newshawk. **～·lèt·ter** [㊥⌐⌐-] 時事通報, 時事解説; 〘史〙 回覧新聞《現代の新聞の前身で 17 世紀に発行された週刊書状式新聞》. **～·màg·a·zìne** 報道(週刊)雑誌《Time, Newsweek など》. **～·man** [-mæ̀n, -mən] (*pl.* **-men**) 新聞売り子〔配達人〕(＝newsboy); 〘米〙 新聞記者 (＝㊥ pressman). **～·mòng·er** うわさ話の好きな人; 金棒引き. †**～·pà·per** →別項. **～ peg** 読み物記事のたねとなる興味ある事件. **～·print** [⌐⌐] 新聞(印刷)用紙. **～·reel** [⌐⌐] ニュース映画. **～ room** 〘米:新聞〙 編集室; 《ラジオ・テレビの》ニュース編集室; 〘英〙 新聞雑誌閲覧室; 新聞雑誌売り場. **～ service** ＝～ agency. **～·sheet** [⌐⌐] 〘英〙 1枚新聞《2枚に折らない》; ＝newsletter. **～ source** 〘新聞〙 ニュース ソース《ニュースの出所》. **～ stall** 〘英〙 ＝newsstand. **～·stand** [⌐⌐] 〘米〙 新聞雑誌売り場〔売店〕. **～ story** ニュース記事. → editorial, feature story. **～ value** 報道価値. **～·wòrth·y** 報道価値〔ニュースバリュー〕のある. ◇ **～·less** *a.* ニュースのない.

†**néws·pà·per** [njú:zpèipər, n(j)ú:s-/njú:s-] *n.* 新聞(紙); 新聞社《組織・機関》: a daily 〔weekly〕 ～ 日刊〔週刊〕新聞: write to a ～ 新聞に投書する. This book is published by a famous ～. この本は有名な新聞社から出ている. a ～ office 新聞社(の建物). ***～·man** [-mæ̀n] (*pl.* **-men**) 新聞記者; 新聞経営者. ◇ **～·dom** [-dəm] *n.* 新聞界.

néws·y [n(j)ú:zi/njú:zi] *a.* 〘話〙 ニュースの豊富な, 話題に富む; おしゃべりの, うわさ好きな. ── *n.* 〘米話〙 ＝newsboy; newscaster.

newt [n(j)u:t/nju:t] *n.* 〘動〙 イモリ.

Néw·ton [n(j)ú:tn/njú:-] *n.* Sir Isaac ～, 1642–1727, イギリスの物理学者・数学者で万有引力を発見した.

New·tó·ni·an [n(j)u:tóuniən/nju:-] *a.* ニュートン(学説)の. ── *n.* ニュートン学説の信奉者.

New Year *n.* 新年; 元日 (とそれに続く数日): (I wish you) a happy ～. 新年おめでとう, どうぞよい年をお迎えください. 〈注〉「新年」の意味では小文字も用いられる. **New Year's Day,** 〘米話〙 **New Year's** 元日. **New Year's Eve** 大みそか. **New Year's greetings** 〔**wishes**〕 年賀.

‡**New Yórk** [n(j)u:-jɔ́:rk/njú:-, ─⌐] *n.* ニューヨーク市〔州〕《略 N.Y.》. **New York cut** 〘米西部〙 ニューヨーク式ビフテキ《ヒレ付きで骨なし》. ◇ **New Yórk·er** *n.* ニューヨーク人〔市民〕; (the New Yorker) 雑誌名.

Nèw York·ése [n(j)ù:-jɔ:rkí:z/njù:-] *n.* ニューヨーク訛(なま)り.

New Zéa·land [n(j)u:-zí:lənd/nju:-] *n.* ニュージーランド《イギリス連邦の一員. 南太平洋上にある. 首都 Wellington》. ◇ **New Zéa·land·er** *n.* ニュージーランド人.

†**next** [nekst] *a.* **1** 《時間的に》次の, 今度の, 来…; (the ～) その次の, 翌…: ～ month 来月. the ～ week その翌週. (the) ～ day 〔morning, evening〕 その翌日〔翌朝, 翌晩〕. 〈注₁〉*next* Saturday は「この次の土曜日」で必ずしも来週の土曜日とは限らない. → last Monday. 〈注₂〉現在を起点にして「次の」の意のときには the を用いず, 現在以外の時点を起点にするときには the をつけるのが普通. **2** 《空間的に》最も近い; 隣の; 次の: the building ～ to

the corner かどから二つめの建物. Turn to the right at the ～ corner. 次のかどを右に曲がりなさい. **3** 《価格・序列など》それに次ぐ: the person ～ (*to*) him in rank 彼の次に位する人.
as … as the ～ fellow ほかのだれにも負けず. ***get ～ to*** 《話》に取り入る, に近づきになる. ***in the ～ place*** 次に. ***～ above*** [***before***] すぐ上〔前〕の: "Yesterday" is the day ～ *before* the present (day). 「きのう」はきょうの直前の日である. ***～ door but one*** 1 軒おいて隣に. ***～ door to*** の隣に; ほとんど. ***～ to*** ほとんど《「…の隣の」「…の次の」のほかに》: ～ *to* nothing ほとんどゼロ. It was ～ *to* impossible. ほとんど不可能だった. ***put*** a person ***～ to*** 《米話》(人に)…を知らせる.
〈付記〉next の原義は「最も近い[近く]」であり,「次の」「次に」はこの原義が特殊化したもの. → next above.
—— *n*. 次の人[物], 隣のもの, いちばん近い人[物]: *N*～ (,please)! 次の方(どうぞ); お次は. ***in my ～*** 次便で (=～ letter). ***～ of kin*** 《法》最近親(者). ***To be concluded in our ～*** (***issue***). 次号完結.
—— *ad*. **1** 次に, 今度: When shall I meet you ～? この次はいつ会えますか. When I ～ saw him… 次に彼に会ったときには…. We are getting off ～ この次に降ります《駅・停留所など》. **2** 《順序の上で》次に, すぐあとに《の *to*》: the largest state ～ *to* Alaska アラスカの次に大きな州.
～ best 次に最もよい (second-best). ***～*** (***to***) ***one's skin*** 膚にじかに《to を省けば next は *prep.* となる》. ***What ～!*** [?] → 枠付 what.
—— *prep*. …の次[隣]に, …に最も近い: a seat ～ the fire 暖炉ぎわの席.
～ door 隣家. **～-door** [ˊ ˊ] (1) 隣[隣家]の: a ～*-door* neighbor すぐ隣の人. the girl ～*-door* 隣家の娘. (2) 隣[隣家]へ: Go ～*-door* and get your sister. 隣へ行って妹を連れもどしてきなさい. **～ friend** 《法》《未成年者・人妻などの》訴訟代理人. **～time** この次に, 今度(は).

néx·us [néksəs] *n*. (*pl*. ～) **1** 結び, つなぎ; 関係: the cash ～ 現金取引関係. the causal ～ 因果関係. **2** 《物・観念などの》連鎖, 連合. **3** 《文》ネクサス, 叙述的関係《Jespersen の理論において The *river runs*. や She made *me happy*. の斜体語間の主語・述語の形式上・意味上の関係》. → junction.

N.F. Newfoundland; Norman French. **N.G.** National Guard; (または **n.g.**) no good. **N.H.** New Hampshire. **NHA** National Housing Agency. **Ni** 《化》nickel.

ní·a·cin [náiəs(i)n] *n*. 《生化》ナイアシン《ニコチン酸の商標名》.

Ni·ág·a·ra [naiǽg(ə)rə] *n*. **1** (the ～) ナイアガラ川《アメリカ北東部カナダ国境》; =～ Falls. **2** (n～) 瀑布(ばくふ), 奔流. ***shoot ～*** 大冒険をする. **～ Falls** [-fɔ́:lz, ㊥⁺ˊ ˊ(-)-ˊ] (1) (the ～ Falls) ナイアガラ瀑布. (2) 同瀑布をはさむアメリカ・カナダの二つの町.

Nia·méy [njɑ:méi] *n*. ニアメー《Niger の首都》.

nib [nib] *n*. **1** 《古》《鳥の》くちばし. **2** 鵞(が)ペンの先端; 《英》ペン先 (=㊥pen point). **3** 先端; 草刈りがまの握り. **4** 砕かれたココア豆. **5** (*pl.*) たいそうぶる人. —— *vt*. (**-bb-**) **1** 〈鵞ペンを〉とがらせる. **2** 《英》〈ペン軸に〉ペン先を差し込む.

níb·ble [níbl] *vt*. **1** 〈魚・ネズミなどが〉少しずつかじり取る〔かみ取る〕. **2** 少しずつ食べる.
—— *vi*. **1** 少しずつかじる〔食べる〕《を *of*》; もぐもぐかむ《を *on*》. **2** ちょっとかじりつく, ちょっと食いついてみる: ～ *at* the bait 〈魚が〉えさをつつく. **3** (なかなか決心がつかず) 気をそそられる: ～ *at* an offer 申し込みを受けて手を出したいそぶりを見せる. **4** あら捜しをする: ～ *at* another's fault 他人の落ち度をとがめだてする.
—— *n*. **1** 少しずつかむこと; 《釣り》魚の当たり. **2** 一かみ(の量), 一口分. **3** なま返事; 思わせぶり.

Ní·be·lung·en·lied [ní:b(ə)lùŋənli:t, -li:d] *n*. ニーベルンゲンの歌《13 世紀前半にできた中世ドイツの大叙事詩》.

Ní·be·lungs [ní:b(ə)lùŋz] *n*. (*sing*. **-lung**) 《ドイツ伝説》ニーベルング族《その財宝を奪った英雄 Siegfried に隷属したという》. [<G.]

níb·lick [níblik] *n*. 《ゴルフ》鉄頭クラブの一種《アイアンの 9 番》. ***pitching ～*** アイアンの 8 番.

Nìc·a·rá·gua [nìkərɑ́:gwə, -rɔ́:g-/-rǽgjuə] *n*. ニカラグア《中央アメリカの共和国. 首都 Managua》.
◇ **～n** *a*., *n*. ニカラグアの (人).

†nice [nais] *a*. (**níc·er**; **níc·est**) **1** よい, けっこうな; 快適な, 好ましい; うれしい, 心ゆくばかりの: a ～ day 気持ちよい〔よく晴れた〕日. a ～ evening 気持ちよい夕べ; 楽しい一夕. **2** 美しい, こぎれいな: The garden looks ～. 庭がきれい. **3** おいしい: ～ dishes うまい料理. **4** 思いやりのある, 親切な: ～ *to* strangers 知らない人に当たりがやわらかい. **5** 上品な, 教養がある. **6** 敏感な, 精妙な, 精密な: a ～ ear 鋭い耳. ～ workmanship みごとな手ぎわ. **7** きちょうめんな; 好みのやかましい, 気むずかしい: ～ *about* the choice of words ことばの選択についてやかましい. She is ～ *in* her hat. 帽子の好みがうるさい. **8** 微妙な, 微細な: a ～ distinction 細かい区別. a very ～ point 実に微妙な点. **9** 手腕を要する, むずかしい: a ～ issue 慎重に処すべき問題. **10** 巧みな, じょうずな: a ～ shot うまい射撃. **11** 《反語的》いやな, 困った, たいへんな: a ～ state of affairs 困った状態. ***as ～ as*** (～) ***can be*** この上なくよい, けっこう至極. ***in a ～ fix*** [***mess***] 進退きわまって, 非常に困って. ***It is ～*** (do)***ing*** …するのは楽しい. ***It is ～ of you to*** (do) …してくださってご親切さま〔ありがとう〕. ***～ and …*** (1) 気持ちよく…である: It is ～ *and* cool. 気持ちよく涼しい, 涼しくて気持ちがいい. (2) 大いに…である: The tea is ～ *and* sweet. このお茶はとてもかおりがいい. ***over*** [***too***] ***～*** やかまし〔気むずかし〕過ぎる.
～-lòok·ing [㊥ˊ ˊ ˊ] 器量がいい, 好男子の, 美人の; 《人・物が》外観がりっぱな, 美しい; (見たところ) よさそうな〔おいしそうな〕. **～ nelly** 上品ぶった婦人. **～-nél·ly** [-néli] 《人・ことばなどが》上品ぶった, おすましの. ◇ **～·ness** *n*.

Nice [ni:s] *n*. ニース《フランス南東岸の地中海に臨む避寒地》.

‡níce·ly [náisli] *ad*. **1** よく, うまく, じょうずに; りっぱに, 美しく; 快適に: a ～ situated house 場所のいい家. **2** 優しく, 親切に; 好意的に: speak ～ to a person 人にあいそよく話す. speak ～ about a person 人のことをほめる. **3** 細心に, 念を入れて; 細かに, 慎重に, きちょうめんに: a ～ prepared meal 入念の料理. **4** 精密に, ぴったりと: fit ～ ぴっちりと合う. ***N～***. 元気です, 元気にやってます. ***N～!*** 《スポーツなどで》うまいっ!

Ni·céne [naisí:n] *a*. 《小アジアの旧都》ニケア (Nicaea) の. **～ creed, the** ニケア信条《325 年のニケア会議による》.

ní·ce·ty [náisəti] *n*. **1** 正確, 精密. **2** 機微, 微妙さ: a point of great ～ きわめて微妙な点. **3** 繊細さ; 気むずかしさ. **4** (通例 *pl.*) 微細な点, 詳細; 細かな相違〔区別〕. **5** 優雅さ, 上品さ. **6** (しばしば *pl.*) 上品なもの; おいしい食べ物. ***to a ～*** 精密に, きちんと, 完ぺきに; ほどよく.

niche [nitʃ] *n*. **1** 壁がん《神像・花びんなどを置く壁のくぼみ》. **2** 身〔物〕の置き場, 適所.
have a ～ in the temple of Fame 死後ながく名声をうたわれる資格がある.
—— *vt*. **1** 壁がんに収める《通例過去分詞で用いられる》. **2** (適所に)落ち着ける: ～ oneself 落ち着く.

Ních·o·las [ník(ə)ləs] ***St. ～*** (1) =Santa Claus. (2) 子ども・水夫・旅人などの守護聖人.

ní·chrome [náikroum] *n*. ニクロム; (N～) その商標名.

nick [nik] *n.* **1** 刻み目, 切り目. **2** 《さらなどの》割れ目, かけ穴. **3** 《さいころ遊び》投げ手の言う数と同数または関係ある目が出ること. **4** 〘英俗〙牢(ろう). ***in the*** (***very***) ***~ of time*** おりよく, きわどいときに.
— *vt.* **1** に刻み目をつける. **2** 〈刻み目を〉彫りつける; 傷つける: I *~ed* my chin while shaving. ひげをそっている間にあごに傷をつくってしまった. **3** 刻み目をつけて記録する. **4** 〈馬の〉(尾の) 根元を切り開く《尾を上げさせるため》. **5** 〈真実などを〉言い当てる. **6** の時間にまにあう: ~ the boat うまく船に乗れる. **7** 〘英俗〙つかまえる, 捕える. **8** 〈人を〉ひっかける, だます. **9** 〘俗〙つかみ取る, 盗む. **10** 〘米俗〙から徴税する. **11** 〈勝ち目を〉振り出す《さいころで》. ***~ it*** うまく言い当てる; うまく的に当てる.
— *vi.* **1** 《狩猟・競走などで》近回りして追い勝つ《*in*》. **2** 〈家畜が〉交尾する《と *with*》.

Nick [nik] *n.* 悪魔 (=Old ~).

‡**níck·el** [níkl] *n.* **1** 〘化〙ニッケル《金属元素. 記号 Ni》. **2** 〘米〙5 セント (白銅貨). — *vt.* (**-l-**, ㊕ **-ll-**) にニッケルめっきする. ~ **nurser** 〘米俗〙けちん坊. ~ **nursing** 〘米俗〙けちの; 緊縮政策の. ~ **plate** 〘米〙ニッケルめっき. **~-pláte** 〘米〙にニッケルめっきする. ~ **silver** 洋銀. ~ **steel** ニッケル鋼.

nìck·el·ó·de·on [nìk(ə)lóudiən] *n.* 〘米〙5 セント劇場; =jukebox.

níck·nack =knickknack.

‡**níck·name** [níknèim] *n.* **1** あだ名, 愛称《Shorty「ちび」, Fatty「でぶ」など》. **2** Christian name の略称《Bill=William, Ed=Edward など》.
— *vt.* **1** にあだ名〔愛称〕をつける; あだ名〔愛称〕で呼ぶ: They *~d* him Hurry. **2** の名を呼びまちがえる (misname).

Nìc·o·sí·a [nìkəsí:ə] *n.* ニコシア《Cyprus の首都》

ni·có·tian [nikóuʃ(ə)n] *a.*, *n.* たばこの; 喫煙者.

níc·o·tine [níkəti:n, ㊕⁺-tin], **níc·o·tin** [-tin] *n.* 〘化〙ニコチン《1560 年フランスへ初めてたばこを輸入した Jean Nicot の名から》: ~-stained teeth たばこで黄色になった歯.

nìc·o·tín·ic [nìkətínik] *a.* 〘化〙ニコチンの.
~ **acid** ニコチン酸.

níc·o·tin·ism [níkəti:niz(ə)m] *n.* ニコチン中毒.

níc·ti·tate [níktịtèit], **níc·tate** [nímkteit] *vi.* まばたきする. ~*t*)***ing membrane*** 〘動〙瞬膜.

níd·(d)er·ing [nídəriŋ] *a.* 〘古〙ひきょうな; 卑しい. — *n.* ひきょう者; おくびょう者.

níd·dle-nód·dle [nídlnádl/-nɔ́dl] *a.* (頭を) こっくりこっくりしている; 不安定な.
— *vi.*, *vt.* ぐらぐらさせる〔する〕.

níd·i·fi·cate [nídịfikèit], **níd·i·fy** [nídịfài] *vi.* 巣をつくる. ◇ **nìd·i·fi·cá·tion** [nìdịfikéiʃ(ə)n] *n.*

níd-nòd [nídnàd/-nɔd] *vi.*, *vt.* (**-dd-**) (頭を) こくりこくりする.

ní·dus [náidəs] *n.* (*pl.* **ní·di** [-dai]) **1** 〘動〙《特にこん虫などが卵を生みつける》巣. **2** 《寄生虫・病菌などの》発生箇所, 温床.

‡**niece** [ni:s] *n.* 姪(めい). → nephew.

ni·él·lo [niélou] *n.* (*pl.* **-li** [-li]) 黒金, 黒金象眼 (細工物). — *vt.* 黒金で飾る; 黒金細工にする.

Nietz·sche [ní:tʃə] *n.* Friedrich Wilhelm [frí:driç-vílhelm-] ~, 1844–1900, ドイツの哲学者. ◇ **~·ism** *n.* ニーチェ主義〔哲学〕.

Nietz·sche·an [ní:tʃiən] *a.* ニーチェ哲学の.
— *n.* ニーチェ研究者〔主義者〕.
◇ **~·ism** *n.* =Nietzscheism.

níf·ty [nífti] 〘米俗〙*a.* スマートな, しゃれた.
— *n.* 気のきいたことば; すてきな女の子.

Ní·ger [náidʒər] *n.* ニジェール《アフリカ西部の共和国. 首都 Niamey》.

Ni·gé·ri·a [naidʒí(:)riə/-dʒíər-] *n.* ナイジェリア《アフリカ西部の共和国. 1960年イギリスより独立. イギリス連邦の一員. 首都 Lagos》. ◇ **~n** *a.*, *n.*

níg·gard [nígərd] *n.* けちん坊. — *a.* けちな.

níg·gard·ly [nígərdli] *a.* **1** けちな, しみったれの《について *of*》. **2** 《額・量が》けちくさい, わずかの: a ~ allowance しみったれた小づかい. — *ad.* けちけちして, 惜しみ惜しみ. ◇ **-li·ness** *n.*

níg·ger [nígər] *n.* **1** 〘話〙《けいべつ的》黒人, くろんぼ (Negro). **2** 《東インド・オーストラリアなどの》黒色原住民〔土人〕. **3** 黒かっ色染料. **4** 〘米〙《製材所の》動力てこ. ***~ in the woodpile*** 〔***fence***〕〘米俗〙隠れた事実〔動機, 欠点など〕. ***work like a ~*** あくせく働く.
~·head [⌐–⌐] =negrohead. ~ **heaven** 〘米俗〙天井さじき; 《ニューヨークのハーレムなど》黒人街. ~ **lover** 《けいべつ的》黒人に対する同情者. ~ **melodies** 黒人の歌. **~·toe** [-tòu] 〘米話〙= Brazil nut. ◇ **~·ish** [nígəriʃ] *a.* 黒人の(ような).

níg·gle [nígl] *vi.* **1** くだらないことに時間をつぶす〔念を入れ過ぎる〕: ~ *over* trifles つまらないことにいつまでもかかりあう. **2** 小うるさく文句を言う《について *about*》. ◇ **níg·gler** *n.*

níg·gling [nígliŋ] *a.* **1** 《物事が》ささいな, つまらない. **2** 《仕事などが》ばか丁寧な, 念を入れ過ぎた. **3** 小事を騒ぎたてる, こせこせした: a ~ person 小事にこだわる人. **4** わかりにくい, 読みにくい: ~ handwriting 金くぎ流の文字. — *n.* 細か過ぎる仕事ぶり, 念の入れ過ぎ; 手間どり過ぎ.

nigh [nai] 〘古・雅・方〙= near.
〈注〉形容詞としての変化形は, 比較級は nigher [náiər], 〘古〙near, 最上級は nighest, 〘古〙next.

†**night** [nait] *n.* **1** 夜, 晩: on the ~ of the 14th of December 12月14日の夜に. He stayed three *~s* with us. 彼は私たちのところに3晩泊まった. ↔ day. 〈注〉night は日没ごろから日の出まで. evening は日没時または夕食後から就床時まで. **2** 夜陰; 《一般的》暗やみ: *N~* falls. 日が暮れる. **3** 《比喩的》やみ; 無知, 盲目, 憂(う)き目; 暗黒〔失意〕の時期. **4** 老齢, 死. **5** (夜の) 公演, 夜の部; …の夕べ: the first ~ 初日. a Wagner ~ ワグナーの夕べ. **6** 《形容詞的に》夜の, 夜間の.
a dirty ~ 暴風雨の夜, 雨降りの夜. ***all ~*** (***long***) =***all the ~ through*** 終夜. (***as***) ***black*** 〔***dark***〕 ***as ~*** 真っ黒な, 真っ暗な. ***at*** 〔***in the***〕 ***dead of ~*** 深夜, 真夜中に. ***at ~*** 日暮れに, 夜間. ***by ~*** 夜分, 夜陰に乗じて. ***far into the ~*** 夜ふけまで. ***Good ~!*** おやすみなさい; さようなら《夜別れるとき》. ***have a good*** 〔***bad***〕 ***~*** 安眠する〔できない〕. ***have a ~ out*** 〔***off***〕 一夜外で遊び明かす; 仕事を休んで〔非番で〕夜外出する. ***in the ~*** 夜間に, 夜中に. ***last ~*** 昨夜. ***late at ~*** 夜おそく. ***make a ~ of it*** 騒ぎ〔飲み〕明かす. ***make the ~ hideous*** 夜おそくまで浮かれ騒ぐ. ***~ after*** 〔***by***〕 ***~*** 毎晩, 夜ごとに. ***~ and day*** 日夜, 夜昼かまわず. ***o'*** 〔***on***〕 ***~s*** 〘俗〙夜間. ***on the ~ that*** … …した夜(に): *on the ~ that* I came here 私がここへ来た晩. ***over ~*** 朝まで, 一晩. ***the ~ before last*** 一昨夜. ***turn ~ into day*** 昼間なすべきことを夜する; 昼と夜とを取り違える.
~ **baseball** 野球の夜間試合. **∠·bird** [⌐⌐] 夜鳥《フクロウ・ナイチンゲールなど》; 夜出歩く人, 夜遊び人; 夜盗. **∠-blind** [⌐⌐] 鳥目の, 夜盲症の. ~ **blindness** 〘医〙鳥目, 夜盲症. **∠·cap** [⌐⌐] 寝帽, ナイトキャップ; 寝酒; 〘米話〙《野球の》ダブルヘッダーの第2試合. ~ **cart** 糞尿(ふんにょう)運搬車. ~ **cellar** 〘英〙地階の下等な飲み屋. ~ **clothes** 寝巻き. **∠·club** [⌐⌐] ナイトクラブ《飲食・ダンスなどをする社交娯楽場を兼ねた夜間レストラン》. **∠·clùb·ber** ナイトクラブの常連. **N~ Court** 〘米〙夜間即決裁判所. ~ **crawler** 夜間はう大ミミズ. **∠·dress** [⌐⌐] 寝巻き. ~ **duty** 夜勤, 宿直. **∠·fall** [⌐⌐] 日暮れ, たそがれ. ~ **game** 《野球の》夜間試合, 「ナイター」. **∠·glass** [⌐⌐] 〘海〙夜間双眼鏡.

∠·gown [∠∸] 寝巻き. ～ hag 夜間に空を飛ぶ魔女; 夢魔. ∠·hawk [∠∸]〘鳥〙ヨタカの一種; 夜盗;〘話〙夜ふかし〔夜遊び〕する人. ∠·jar [∠∸]〘鳥〙ヨタカ《ヨーロッパ産》. ～ latch 夜間錠《内からは取っ手で外からはかぎで開閉する》. ～ letter 夜間間送電報《通例低料金》. → day letter. ～ light 夜間の微光;《寝室・廊下などの》終夜燈;《船舶の》夜間燈. ～ line 夜づり糸《夜間えさをつけて水中におく》. ～ liner 夜づりする人. ∠·long [∠∸] 徹夜の〔で〕, 夜どおし(の). ∠·man [-mæ̀n, -mən] (*pl.* -men) 清掃〔くみ取り〕人. ‡∠·mare →別項. ～ out《召使など》外出を許された晩; お祭り騒ぎの夜. ～ owl〘話〙宵(よい)っぱり《人》. ～ piece 夜景(画); 夜景文〔詩〕. ～ raven 夜鳴き鳥. ～ rider〘米〙夜活動する覆面秘密結社員. ～ robe = nightgown. ～ school 夜学校. ～ season 夜間. ∠·shade →別項. ∠·shift [∠∸] 夜勤交替時間;《集合的》夜勤(交替)労務者. → graveyard shift. ∠·shirt [∠∸] 寝巻き《男子用》. ～ soil 下肥. ～ spot〘米話〙ナイトクラブ. ∠·stand [∠∸] =～ table. ～ stick 夜警棒. ∠·stool [∠∸]《寝室用》便器. ～ suit パジャマ. ～ sweat 寝汗. ～ table 寝台のわき机 (bedstand). ∠·tide [∠∸]〘雅〙= nighttime. ∠·time [∠∸] 夜間. ↔ daytime. ～ train 夜行列車. ∠·wàlk·er 夢遊病者; 夜歩き回る人; 夜盗; 売春婦; 大ミミズ類 (= ～ crawler). ∠·wàlk·ing 夢遊病; 夜歩き. ～ watch (1) 夜警, 夜番;《単数または集合的》夜警人. (2)(通例 *pl.*) 交替夜警時間; (*pl.*) 寝つかれない夜: in the ～ *watches* 不安で夜間寝つかれないで. ～ watcher 〔watchman〕夜警員. ∠·wear [∠∸] 寝巻き. ∠·work [∠∸] 夜業, 夜なべ仕事.

níght·er·y [náitəri] *n.* ナイトクラブ.

níght·ie =nighty.

níght·in·gale [náit(i̦)ŋgèil] *n.* **1**〘鳥〙ナイチンゲール, サヨナキドリ《ツグミ科. 夕方から強く鳴く》. **2** 美声の歌手〔語り手〕.

Níght·in·gale [náit(i̦)ŋgèil] *n.* Florence ～, 1820–1910, クリミア戦争で傷病兵看護に尽くし赤十字運動のきっかけとなったイギリスの婦人.

níght·ly [náitli] *a.* **1** 夜に起こる, 夜の: ～ dew 夜露. **2** 毎夜の: ～ visits 夜ごとの訪れ.
—— *ad.* **1** 毎晩: Performances are given ～. 毎晩上演. **2** 夜に.

‡níght·mare [náitmɛ̀ər] *n.* **1** 悪夢, うなされること: have (a) ～ 悪夢にうなされる. **2** 悪夢のような経験〔事態, 状況〕; 恐怖〔不安〕のたね. **3**〘古〙悪魔《睡眠中の人に窒息感を与える》. ◇ **níght·mar·ish** [-mɛ̀(:)riʃ/-mɛər-] *a.* 悪夢のような; 恐ろしい.

nights [naits] *ad.*〘話・方〙夜に, 毎夜.

níght·shade [náitʃèid] *n.*〘植〙ナス属.
black ～〘植〙イヌホオズキ. *deadly* ～〘植〙= belladonna. *stinking* ～〘植〙= henbane. *woody* ～〘植〙= bittersweet.

níght·y [náiti] *n.*〘小児・婦人語〙寝巻き.

níght·y-níght [náitináit] *int.* =good night.

ni·grés·cent [naigrésnt] *a.*《顔色・皮膚など》黒ずんだ. ◇ **-cence** *n.* 黒ずみ; 黒みがちなこと.

níg·ri·fy [nígrifài] *vt.* 黒くする.

níg·ri·tude [nígrit(j)ù:d/-tju:d] *n.* **1** 黒いこと; 黒さ, 暗黒. **2** 黒いもの. **3** 悪名. [√nigr-]

ni·hil [náihil] L. *n.* **1** 無, 虚無. **2** 無価値なもの. ～ ***ad rem*** [-æd-rém] 見当はずれの, 要領を得ない, 適切を欠く.

ní·hil·ism [náii̦lìz(ə)m/nái(h)i̦l-] *n.* **1**〘哲〙ニヒリズム, 虚無主義; 徹底的懐疑論. **2** 無政府主義. **3**(しばしば N～) 19 世紀ロシアの虚無主義.
◇ **-ist** [-ist] *n.* 虚無主義者; 無政府主義者. **nì·hil·ís·tic** [nàii̦lístik/nài(h)i̦l-] *a.* 虚無〔無政府〕主義の; ニヒルな.

ni·híl·i·ty [naihíli̦ti] *n.* 虚無, 無; つまらないこと, はかなさ.

Ní·ke [náiki:] *n.* **1**〘ギ神〙勝利の女神. **2**〘米:軍〙ナイキ《対空誘導弾の一種》.

nil [nil] *n.* 無, ゼロ: two goals to ～ (得点) 2 対 0.

nil ad·mi·ra·ri [níl-ædmiré(:)rai/-réər-] L. (= to wonder at nothing) なにものにも心を動かされないこと, 無感動, 不動心.

nil des·pe·ran·dum [níl-dèspərǽndəm/-des-] L. (=nothing ought to be despaired of) 絶望すべからず.

Nile [nail] *n.* (the ～) ナイル川《アフリカ東部. 上流は blue ～ と white ～ に分かれている》. ～ **blue** 緑がかった淡青色. ～ **green** 青みがかった淡緑色.

nill [nil] *vi.*〘古〙望まない, 欲しない《次の用法だけ》. ***will he, ～ he*** いやでもおうでも. → willy-nilly.

Ni·lót·ic [nailátik/-lɔ́t-] *a.* ナイル川の, ナイル川地方(住民)の.

ním·ble [nímbl] *a.* **1** すばしこい, 敏捷(びんしょう)な. **2** 達者な; じょうずな: ～ *at* (do)*ing* …することがうまい. **3** 悟り〔わかり〕のはやい, 利口な: a ～ mind よくはたらく頭. **4** じょうずに案出された, うまくできた. (***as***) ～ ***as a goat*** 非常にすばしこい.
～ **sixpence** 〔**ninepence, shilling**〕, **the**〘英古〙流通のはやい金. ◇ ～**·ness** *n.* **ním·bly** *ad.*

ním·bus [nímbəs] *n.* (*pl.* **-bi** [-bai], **-bus·es**) **1**〘気〙乱雲, 雨雲. **2**《聖人などの》後光, 光背, 光輪. **3** 輝かしいふんい気, 魅力.

ni·mí·e·ty [nimáiəti] *n.* 過剰; 冗長.

「めめしい.

ním·i·ny-pím·i·ny [ními̦nipími̦ni] *a.* 気どった;

Ním·rod [nímrad/-rɔd] *n.* **1**〘聖〙大狩猟家《創世記 10:8–9》. **2** 狩猟(愛好)家, 狩猟狂.

nín·com·poop [nínkəmpù:p, níŋk-, ㊍⁺∸–∠] *n.* とんま, ばか.

†nine [nain] *a.* **9** の, 9 人〔個〕の. ～ ***times out of ten*** = ***in*** ～ ***cases out of ten*** 十中八九, たいてい.
—— *n.* **1** 9, 9 の字(記号). **2** 9 歳; 9 時; 9 人. **3** 9 人〔個〕一そろい; 野球チーム;〘ゴルフ〙18 ホールコースの前半〔後半〕. **4** 9 番めの人〔物〕;〘トランプ〙9 の札: the ～ of hearts ハートの 9.
the N～ ミューズ九女神. → Muse. (***up***) ***to the*** ～***s*** 完全に: dressed *up to the* ～*s* 着飾って.
～ **days' wonder** 評判になるがすぐ忘れられること《「人のうわさも七十五日」》. ～**-o'clock wind** 射手の左から吹く風. ∠**·pins** [∠∸]《単数扱い》〘英〙九柱戯《9 本のとっくり形の柱をボールで倒す遊戯. ボーリングの一種》; その木柱. ～ **tenths** 10 分の 9, ほとんど全部.

níne·fóld [náinfóuld, ∠∸/∠–] *a., ad.* 9 倍の〔に〕, 9 重の〔に〕.

†nine·téen [naintí:n, ∠∠, ∠∸/∠∠, –∠, ∠–] *a.* **19** の; 19 人〔歳, 個〕の. —— *n.* **1** 19, 19 個〔人〕. **2** 19 の記号《たとえば XIX》. ***talk*** 〔***go, run, wag***〕～ ***to the dozen*** のべつ幕なしにしゃべりまくる.

nine·téenth [-θ] *n., a.* **1** 第 19(番め)(の). **2** 19 分の 1(の). **3**《月の》19 日.
the ～ (***hole***)〘ゴルフ俗〙クラブハウスのバー《18 ホールを終わって飲み物を飲む意から》.

†níne·ty [náinti] *a.* **90** の, 90 個〔人, 歳〕の.
—— *n.* (*pl.* **-ties**) **1** 90, 90 個. **2** 90 の記号.
～***-nine times out of a hundred*** ほとんどいつも.
the ～***ies*** 90 年〔歳〕代, 90 度〔点〕台.
～**-eight**〘米俗〙簡易食堂などの支配人. ～**-five**〘米俗〙《簡易食堂などの》無銭飲食者. ～**-proof** 十分に熟した. ◇ **níne·ti·eth** [náintiiθ] *n., a.* 第 90(の); 90 分の 1(の).

Nín·e·veh [níni̦vi̦] *n.* ニネベ《Assyria の古都》.

nín·ny [níni] *n.* とんま, まぬけ.

ní·non [ní:nɔ:, –∠] *n.* 薄絹. [<F.]

†ninth [nainθ] *a.* **1** 第 **9** の, 9 番めの. **2** 9 分の 1 の. ***a*** ～ ***part of a man*** 仕立屋, 裁縫師《〘おどけ〙

Nine tailors make a man.「仕立屋は九人で一人前」から》. —— *n.* 1 第9(番); 《月の》9日; 〖楽〗九度音程. 2 9分の1. 〈注〉nineth と e を入れるのは誤り. ◇ **～·ly** *ad.* 9番めに.

Ní·o·be [náiəbi, ㊥+-bi:] *n.* 1 〖ギ神〗ニオベ《わが子を自慢して Zeus の怒りに触れ, 子を皆殺しにされ, 自分は石にされたが, なおも涙を流し続けた女》. 2 子を失って悲嘆にくれている女.

ni·ó·bi·um [naióubiəm] *n.* 〖化〗ニオブ《金属元素. 記号 Nb》.

nip¹ [nip] *v.* (**-pp-**) *vt.* 1 はさむ, つまむ, つねる: The crab *nipped* my toe. カニに足指をはさまれた. 2 はさみ切る, 摘み取る《*off*》. 3 痛める, 害する, 枯らす: plants *nipped* by frost 霜にやられた植物. 4 〈寒さ・寒風が〉こごえさせる, …にしみる: Cold winds ～ your ears and nose. 風が寒くて耳や鼻がひりひりしますよ. 5 阻止する, の腰を折る. 6 ひったくる, 取り上げる《*off, up*》. —— *vi.* 1 〈寒さ・寒風などが〉身にしみとおる, 身を切る. 2 〖英俗〗急ぐ.
～ ***along*** 急いで行く. ～ ***at*** a person***'s heels*** (人)を追い立てる. ～ ***in*** [***out***] 〖俗〗急にはいってくる [出ていく]. ～ ***in the bud*** つぼみのうちに摘む; 未然に防ぐ. ～ ***off*** (1) ひったくる, 奪う. (2) 急いで立ち去る, 逃げる. ～ ***up*** (1) 急いで拾い上げる. (2) 急いで登る; ひょっこりやって来る.
—— *n.* 1 一つねり; 一かみ. 2 わずか, 小さい一切れ. 3 霜害. 4 膚をさす寒気: There is a ～ in the air. 5 酷評, 風刺. 6 《チーズの》強い味 (tang¹).
～ ***and tuck*** 〖米話〗負けず劣らず (の), 互角に [の].
◇ **níp·ping** *a.* 身を切るような; 辛らつな. **níp·py** *a.* 鋭い, 身を切るような; すばしこい.

nip² *n.* 《酒の》少量, 一飲み. —— *vi., vt.* (**-pp-**) ちびりちびり飲む.

nip³ = nipple.

Nip [nip] *n., a.* 〖米俗〗《けいべつ的》日本人. [<*Nip*ponese]

ní·pa [ní:pə, náipə] *n.* ニッパヤシ《東インド産》; ニッパ酒. ～ **house** 《南洋原住民の》ニッパハウス.

níp·per [nípər] *n.* 1 nip する人. 2 (*pl.*) nip する物; 《特に》くぎ抜き, やっとこ, 針金切り; 《外科・歯科用》鉗子(かんし); 《カニなどの》はさみ; 〖俗〗手錠. 3 (*pl.*) 〖俗〗鼻めがね (*pince-nez*). 4 〖英話〗(物売りの) 手伝い小僧; 少年; 浮浪児.

níp·ple [nípl] *n.* 1 乳首; 《哺乳(ほにゅう)びんの》ゴム製乳首. 2 乳首型の突起; 管の継ぎ手.

Nip·pón [nipán, ⁻⁻/nípɔn] *n.* 日本 (Japan). ◇ **Nìp·pon·ése** [nìpəní:z] *a.* = Japanese.

NIRA, N.I.R.A. [ní:rə, ㊥+náirə] 〖米〗National Industrial Recovery Act 国家産業復興法.

nir·ván·a [nə:rvǽnə, niər-, -vá:nə/niəvá:nə, nə:-] *n.* 〖仏教〗涅槃(ねはん). [<Sans.]

Ní·séi [ní:séi] *n.* (または n～)(*pl.* ～, ～s)《特にアメリカ・カナダに帰化した日本人の》2代め, 二世.

ni·si [náisai] L. (= unless) *conj.* 〖法〗…にあらざれば. ***decree*** [***judgment, order, rule***] ～ 条件つき判決 [命令]《一定期間内に反対の事情 [異議申し立て] がないかぎり絶対的効力を生じる》.
～ ***prius*** [-práiəs] 〖米〗陪審つき第1審裁判; 〖英〗単独判事による陪審裁判, 巡回陪審裁判.

Nís·sen [nísn] ～ ***hut*** かまぼこ型組み立て兵舎 [住宅] (Quonset hut).

ní·sus [náisəs] *n.* (*pl.* ～) (目的達成のための)努力.

nit [nit] *n.* 1 《シラミなどの》卵; 幼虫. 2 〖米〗やくざ者. **～-pick** [⁻⁻] 〖米俗〗(しらみつぶしに) 捜す《を *for*》; (つまらないことに) くよくよする: ～-*pick* and scratch *for* little holes あら捜しをする.

nít·er, ㊧**nít·re** [náitər] *n.* 〖化〗硝酸カリウム; チリ硝石.

nít·id [nítid] *a.* よく光る, つやのある.

ní·ton [náitɑn/-tɔn] 〖化〗= radon.

nitr- 《母音の前で》= nitro-.

ní·trate [náitrit, -treit] *n.* 1 〖化〗硝酸塩; 硝酸カリウム [ソーダ]. 2 硝酸肥料. ～ ***of silver*** = ***silver*** ～ 硝酸銀. —— [-treit] *vt.* 硝酸塩で処理する; ニトロ化する. ◇ **ni·trá·tion** [naitréiʃ(ə)n] *n.*

nít·re 〖英〗= niter.

ní·tric [náitrik] *a.* 〖化〗硝石 [硝酸] の; 窒素の. ～ **acid** 硝酸. ～ **oxide** 酸化窒素.

ní·tride [náitraid, ㊥+-trid] *n.* 〖化〗窒化物.

ní·tri·fy [náitrifài] *vt.* 〖化〗窒素と化合させる; 硝化する. ◇ **nì·tri·fi·cá·tion** [nàitrifikéiʃ(ə)n] *n.*

ní·trite [náitrait] *n.* 〖化〗亜硝酸塩.

nitro-「硝酸」「窒素」の意の語形成要素.

nì·tro·bac·té·ri·a [nàitrobæktí(:)riə/-tíər-] *n.pl.* 〖化〗硝酸バクテリア.

nì·tro·bén·zene [nàitrobénzi:n/náitrobenzí:n] *n.* 〖化〗ニトロベンゼン.

nì·tro·cél·lu·lose [-séljulòus] *n.* 〖化〗ニトロセルロース.

‡**ní·tro·gen** [náitridʒən] *n.* 〖化〗**窒素**《記号 N》. ～ **cycle** 〖化〗窒素循環. ～ **fixation** 〖化〗空中窒素固定法.

ni·tróg·e·nous [naitrádʒinəs/-trɔ́dʒ-] *a.* 窒素を含む.

nì·tro·glýc·er·in [nàitroglís(ə)rin/nái-], **nì·tro·glýc·er·ine** [-glís(ə)rin, -səri:n/-glisərí:n] *n.* 〖化〗ニトログリセリン.

ní·trous [náitrəs] *a.* 窒素の; 亜硝酸の. ～ **acid** 亜硝酸. ～ **bacteria** = nitrobacteria. ～ **oxide** 亜酸化窒素; 笑気 (laughing gas).

nít·wit [nítwìt] *n.* 〖米俗〗ばか者, とんま.

ní·val [náivəl] *a.* 雪の; 雪中で育つ.

ni·vá·tion [naivéiʃ(ə)n] *n.* 万年雪による浸食.

nív·e·ous [níviəs] *a.* 雪の, 雪のような, 雪の降る.

nix¹ [niks] *n.* (*pl.* **～·es**; *fem.* **níx·ie** [níksi]) 水の精.

nix² *n.* 〖米俗〗1 無, ゼロ. 2 拒絶; 禁止. 3 配達 [返送] 不能郵便物. ***keep*** ～ 静かにしている; 用心する. ***Nix on the game.*** 〖米俗〗そんなことお断わりだよ; いやなこった. —— *vt.* 1 拒否する. 2 取り消す; 無効にする. —— *int.* 〖米俗〗1 いやだ!, だめだ!, やめろ! 2 静かにっ!, (来たぞ) 気をつけろ!: *Nix*, the Cops! 来たぞ, 巡査が!

Níx·on [níksn] *n.* Richard Milhous [-mílhaus-] ～, 1913– , アメリカ第37代大統領.

Ni·zám [naizǽm, ni-, -zá:m] *n.* 1 (*pl.* **～s**) ニザム《インドのハイデラバード (Hyderabad) 藩王の称号》. 2 (**n～**) (*pl.* **n～**) トルコの常備兵.

N.J. New Jersey. **NKVD, N.K.V.D.** 内務人民委員部《ソ連の秘密警察. 1946年 MVD (内務省) と改称》. **NL** National League; Neo-Latin, New Latin. **N. lat.** North latitude. **NLRB** National Labor Relations Board. **N.M.** New Mexico 《N. Mex. とも略す》; (または **n.m.**) nautical mile(s). **NNE, N.N.E.** north-northeast. **NNW, N.N.W.** north-northwest.

†**no¹** → 枠付 no¹. (p. 856)

no², noh, No, Noh [nou] *n.* (*pl.* ～) 能《日本の》.

No., no. [nʌ́mbər] *n.* (*pl.* **Nos., nos.**) 1 第…番 [号]: *No.* 1 = number one. 2 〖英〗…番地《アメリカでは数字のみを用いる》. ***No. 10*** (***Downing Street***) イギリス首相官邸 (の所在地). [<*nu*mer*o* L. = in number]

No 〖化〗nobelium. **No.** north(ern). **N.O.** 〖動・植〗natural order; New Orleans.

nó-ac·còunt [nóuəkàunt] *a., n.* 〖米〗無価値な, とるに足りない (人), 無能な (人).

No·á·chi·an [noéikiən], **No·ách·ic** [noǽkik/-éik-, -ǽk-] *a.* 1 Noah の; ノアの時代の: the ～ deluge ノアの洪水(こうずい). 2 《比喩的》大昔の.

Nó·ah [nóuə] *n.* 〖聖〗ノア《ヘブライ人の家長》. **～'s ark** ノアの箱舟. **～'s boy** 〖米俗〗《食卓に供された》ハム. **～'s nightcap** 〖植〗ハナビシソウ.

nob¹ [nɑb/nɔb] *n.* 1 〖俗〗頭. 2 〖トランプ〗《cribbage で》めくり札とおなじ組みのジャック. —— *vt.* (**-bb-**) 〖ボクシング〗の頭を打つ.

nob² *n.*〖英俗〗お偉方，紳士，金持ち.

nób·ble [nábl/nɔ́bl] *vt.*〖英俗〗**1**〈馬に〉毒薬を与える，〈馬を〉びっこにする《勝たせないために》. **2**〈騎手を〉買収する；〈人などを〉買収する. **3**〈票などを〉買収する；〈物を〉不正入手する，だまし取る. **4**〈犯人を〉ひっ捕える.

nób·by [nábi/nɔ́bi] *a.*〖英俗〗 **1** 上品な，いきな. **2** すばらしい，一級の. [<nob²]

no¹

用法は二つに大別できる: (1) 返事に用いる yes, no の no. (2) 名詞の前に置かれ，否定をあらわす: *No* two men are the same. 世にふたりとしておなじ人はいない.

(1) は周知のように日本語の「いいえ」と大いに異なるが，その記述はここでは下記 *ad.* ②, ③ でひととおり行ない，yes との使い分けの詳細は枠付 yes に譲る.

(2) は構文上日本語と非常に異なるもので，関連した語に nobody, nowhere, nothing があり，また *no* better などの副詞用法もある. 形容詞としての no は，数・量双方に関係する点で all, some と共通点があるが，名詞的には用いられず，その役は none で満たされる.

no [nou] *a.* **1**《名詞を修飾して》一つも…ない，全然…ない (=not any);《文頭で》…(する)ものは一つもない: He has *no* father. 彼には父親がない《父親はひとりにきまっているので単数》. I have *no* sister(s). 私には姉妹がいない《brother(s), sister(s) などは，通常複数が予想されるので，複数にすることが多い. なお I have *not a* sister. は「ただのひとりもない」のように強調がすぎて，このばあい不自然》. There is *no* [There isn't any] bread [water]. パン [水] は全然ない. There are *no* flowers in the garden. 庭には花がない. There is *no* harm in doing that. それをしても別に害はない. There is *no* such thing as that. そのような物は(全然)ない. There was *no* end to their talk. 彼らの話はいつまでも続いた. find *no* time for it それをする暇がない. *No* boy could answer the question. その質問に答えられる少年はいなかった《文頭では *Any* boy could *not*... とはいわない》. *No* civilized country could exist without foreign trade. 外国貿易なくしてはいかなる文明国も存在できないだろう. *No* one man could lift it. ひとりでそれを持ち上げられる男はいないだろう.

2《be 動詞の補語または他の形容詞に先だって》決して…でない: He is *no* fool. 彼はばか者どころではない(利口者だ). He is *no* scholar. 彼は学者などではない. I am *no* match for him. 私は彼にはとてもかなわない. You are *no* gentleman [lady]. このろくでなし. It's *no* joke. 笑いごとではない；たいへんだ. It's *no* trouble at all. お安いご用です. It's *no* matter. それはどうでもいい. It is *no* distance from here. ここから(距離が)いくらもない. It is *no* wonder. 当然だ；無理もない. It is *no* wonder that he has succeeded. 彼が成功したのに不思議はない. It is *no* small wonder. たいへんな驚異だ.

3《省略文で》 決して…してはならない《禁止》；(決して)…しない，(決して)…がない: *No* compromise! 妥協するな. *No* excuses. 弁解無用. *No* scribbling on the walls! 壁に落書きすべからず. *No* smoking! 禁煙. *No* spelling! スペリングはどうかなどと，聞きっこなし! *No* credit! 掛け売りお断わり. *No* gimmick! いかさまなんかしかけてありませんよ.

no bon〖軍俗〗だめ. ***no doubt*** もちろん. ***no end of***〖話〗非常に多くの. ***no go***〖俗〗むだで. ***No news is good news.***〖諺〗たよりのないのが，よいたより《比較: *No* news came. なにもたよりが来なかった》. ***no one*** …(する)者はいない；だれも…しない (=nobody): *No one* knows the fact. その事実を知っている者はいない. ***no one but***... …以外のだれも──ない: *No one but* you can appreciate this picture. あなた以外にだれもこの絵を味わえる者はいない. ***No***...***so***___***as***〜〜 =***No***...***more***___***than***〜〜 〜〜ほど──な…はない: *No* other man is *so* fit for the position *as* he. 彼ほどこの地位に適した人はいない. *No* two brothers are *more* alike (*than* they). (彼らほど)あんなによく似た兄弟はない. 〈注〉比較: *No one* is *so* foolish *as to* believe that. それを信じるほど愚かな者はいない. ***no man's land*** 敵対する二軍の間の奪い合いの地帯，(無人の)争奪地域；所有者のない土地. ***There is no*** (do)***ing*** …することはできない: *There's no* know*ing* who did it. だれがやったか，知るすべもない. ***No wonder***(...). それもそのはず；道理で…と思った: He got up awfully early this morning. *No wonder*. He was going away for a hike. 彼はけさばかに早く起きたよ. それもそのはずだ. ハイキングに出かけたんだから. *No wonder* he got up so early. 道理で早く起きたと思った《It is no wonder (that) ... のつづまったもの》.

—— *ad.* **1**《比較級の前に用いて》少しも…ない: The patient is *no better* today. 病人はきょうになっても少しもよくならない. He was *no better* than a beggar. 彼はこじき同然だった. She is *no better* than she should be. 彼女は望ましい人物ではない. There were *no fewer* [*no less*] than eighty people there. そこには80人もの人がいた. We can go *no further*. これ以上先へは進めない.

2《質問・命令・陳述に応答して》いいえ，いや《相手が肯定文で発言したばあい》；はい，ええ，そうです《相手が否定文で発言したばあい》: Is it dry? —*No,* it isn't. かわいていますか. —いいえ，かわいてはいません. Isn't it dry? —*No,* it isn't. かわいていませんか. —ええ，かわいてはいません. 〈注₁〉相手の用語を使った中間の返答 (次の( )内) はしばしば略される: Do you like it? —*No,* (I don't.) I hate it. 好きか. —いや大きらいだ. This isn't expensive. —*No,* (it isn't,) but it isn't good either. これは高くない. —そうだ，しかし良くもない. 〈注₂〉yes と no の使い分けについては → 枠付 yes.

3《否定的陳述に続いて強調的に》いや，それどころか；確かに，全く: A man could *not* lift it, *no,* nor half a dozen. 男ひとりでは持ち上げられまい. いや，6人でもだめだ. 〈注〉前の陳述が肯定的なら no は yes となる. → 枠付 yes *ad.* ③.

4《驚きをあらわす》: He threatened to strike me. —*No!* (≒Really!) —Yes, he did. 彼は私を打とうとしたんだ. —まさか. —いやほんとうなんだ.

no longer もはや…しない. ***no more than*** → more. ***no sooner***___***than***... ──するやいなや…する: *No sooner* had they started *than* it began to rain. 彼らが出発するやいなや雨が降りだした. ***whether or no*** …かどうか；いずれにせよ: Tell me *whether or no* it is true. ほんとうかどうか言ってくれ. ...***or no*** …であろうとなかろうと: Pleasant *or no,* it is true. うれしかろうとなかろうと事実だ.

—— *n.* (*pl.* **noes** [nouz]) **1** 否；いいえ《ということば》；否定；拒絶；否認: I will not take *no* for an answer. 否という返事は受けとれない；いやとは言わせない. Two *noes* make a yes. 二重否定は肯定となる. **2** (*pl.*) 反対投票；反対投票者: The *noes* have it. 反対投票者多数.

No·bél [noubél, 付加語 ⌐⌐/−⌐, ⌐−] *n.* Alfred Bernard ～, 1833–96, スウェーデンの化学者・ダイナマイトの発明者.
～ man (*pl.* **-men**) = Nobelist. **～ prize** ノーベル賞《Alfred B. Nobel の遺言による世界の文芸・学術・平和への貢献者表彰の賞金》: the ～ *prize* for peace [literature] ノーベル平和[文学]賞.
◇ **No·bél·ist** [nobélist] *n.* ノーベル賞受賞者.
no·bél·i·um [nobéliəm] *n.* 〘化〙ノーベリウム《放射性元素. 記号 No》.
no·bíl·i·ar·y [nobílièri, -ljəri/-liəri] *a.* 貴族の: a ～ prefix [particle] 姓と名の間につけて貴族であることを示す語《フランスの de, ドイツの von など》.
‡**no·bíl·i·ty** [nobíləti] *n.* **1** 高貴(性), 気高さ, 気品; 高貴の生まれ[身分]. **2** (the ～)《集合的》貴族, 貴族階級[社会]; 〘英〙上院議員とその一家.
‡**nó·ble** [nóubl] *a.* **1**《階級・地位・出生などの》貴族の, 高貴な: a ～ family 貴族(の家柄). **2**《思想・性格などが》高尚な, 気高い, 高潔な: a man of ～ character 高邁(こうまい)な人物. ↔ ignoble. **3**《外観が》堂々とした, りっぱな. **4** 高大な, 壮大な: on a ～ scale 大規模に. **5**《金属・宝石などが》貴重な.
—— *n.* **1** 貴族, 華族. **2** 〘英史〙ノーブル金貨《Edward Ⅲ 鋳造》. **3** 〘米俗〙ストライキ破りの指導者; 独善家. [√(g)no-]
～ art ボクシング. **～ Lord** 閣下《上院議員どうしおよび Lord の肩書きのある下院議員に対して用いる呼びかけ》. ‡**～·man** [-mən] (*pl.* **-men**) 貴族. **～ metals** 貴金属. → base metals. **～-mínd·ed** [-máindid] 心の気高い, 心の広い. **～·wòm·an** (*pl.* **-wòm·en**) 貴族の婦人.
◇ **～·ness** *n.* 気高さ; 壮大さ.
no·blesse [noblés] F. *n.* **1**《特にフランスの》貴族(社会). **2** 高貴の生まれ[身分]. **～ *oblige*** [-oblíːʒ] 高貴な身分に伴う徳義上の義務.
***nó·bly** [nóubli] *ad.* **1** りっぱに, 高潔に, 雄々しく **2** 高貴に; 高貴の地位に.
†**nó·bod·y** [nóubàdi, -bʌ̀di, -bədi, -b(ə)di, -bɔdi] *pron.* だれも[ひとりも]…しない: There was ～ there. だれもそこにいなかった. *N*～ knows. だれも知らない.
—— *n.*《社会的に》とるに足りない人, 無名の人: He is just a ～. ただのつまらない男だ. → somebody. ***somebodies and ～ies*** 有名無名の人々.
nó·cent [nóusnt] *a.* 有害な; 〘古〙有罪の. [√noc-]
nock [nɑk/nɔk] *n.* 弓筈(ゆはず); 矢筈; 〘海〙帆の前部上端. **——** *vt.* に弓筈[矢筈]を付ける; 〈矢を〉つがえる.
nò·cón·fi·dence [nòukánfədəns/nóukɔ́n-] *n.*, *a.* 不信任(の): a ～ vote 不信任投票.
nó-count [nóukàunt] = no-account.
noct-《母音の前で》= nocti-.
noc·tám·bu·lant [nɑktǽmbjələnt/nɔk-] *a.* 夜歩く; 夢遊の. [√ambul-]
nòc·tam·bu·lá·tion [nɑ̀ktæmbjəléiʃ(ə)n, nɑktæm-/nɔktæm-], **noc·tám·bu·lism** [nɑktǽmbjəliz(ə)m/nɔk-] *n.* 夢遊病.
nocti-「夜」の意の語形成要素. [√noct-]
nòc·ti·lú·cent [nɑ̀ktəlúːsnt/nɔ̀k-] *a.* 夜光る.
◇ **-cence** *n.*
noc·tív·a·gant [nɑktívəgənt/nɔk-], **-gous** [-gəs] *a.* 夜歩きまわる.
nóc·to·vì·sion [nɑ́ktəviʒ(ə)n/nɔ́k-] *n.* ノクトビジョン, 暗視装置《赤外線を利用し, 暗夜・霧中の事物などを映し出す電子望遠鏡とテレビの組み合わせ》.
nóc·turn [nɑ́ktəːrn, −⌐/nɔ́ktəːn, −⌐] *n.* 〘宗〙夜禱(とう); 〘楽〙= nocturne.
noc·túr·nal [nɑktə́ːrn(ə)l/nɔk-] *a.* 夜の; 〘植〙夜咲く; 〘動〙夜間活動する. ↔ diurnal. [√noct-]
◇ **～·ly** *ad.* 夜間(に); 毎夜.
nóc·turne [nɑ́ktəːrn, −⌐/nɔ́ktəːn, −⌐] *n.* **1** 〘楽〙ノクターン, 夜想曲. **2** 夜景(画). [√noct-]
nóc·u·ous [nɑ́kjuəs/nɔ́k-] *a.* 有害な. [√noc-]
‡**nod** [nɑd/nɔd] *v.* (**-dd-**) *vi.* **1** うなずく; 会釈する; うなずいて承諾[命令]する: He *nodded* to show that he understood. 彼はうなずいて了解したことを示した. **2** 居眠りする, うとうとする; ゆだんする. **3** 〈植物が〉(頭をたれて)揺れる, なびく, かしぐ. **——** *vt.* **1** 〈頭を〉うなずかせる, 縦に振る. **2** うなずいて示す: ～ assent うなずいて承諾の意をあらわす. **3** うなずいて招く[立ち去らせる]: ～ a person away out of doors うなずいて戸外に去らす. **4** かしがす; ゆるがす; なびかす. **(*Even*) *Homer sometimes* ～*s.*** → Homer. ***nodding acquaintance(ship)*** 会えば会釈し合うほどの間柄; 皮相の知識《について *with*》.
—— *n.* **1** うなずき《合い図・あいさつ・同意・命令など》: He gave us a ～ as he passed. 彼は通りすがりにわれわれに会釈した. **2** 居眠り, こっくり. **3** 揺れ, なびき. ***be at*** **a person's *～*** (人)にあごで使われる, 好きかってにされる. ***on the ～*** 信用で. ***the land of Nod*** 〘聖〙居眠り《創世記 4:16》.
～ guy 〘米俗〙イエスマン, なんにでもはいはい言う男.
nód·al [nóudl] *a.* node の(ような).
nód·dle [nɑ́dl/nɔ́dl] *n.* 〘話・笑〙頭; 脳天.
—— *vi.* 頭を振る, うなずく. **——** *vt.* 〈頭を〉振る.
nód·dy [nɑ́di/nɔ́di] *n.* **1** 〘動〙アジサシの類《熱帯の海鳥. 捕獲しやすくまぬけのように見える》. **2** ばか, まぬけ.
node [noud] *n.* **1** 結び目, こぶ. **2** 〘植〙節(ふし); 〘医〙結節; 〘天〙交点; 〘数〙結節点; 〘物〙振動の節; 〘文〙《生成文法の句構造図 (P-marker) の》節点. **3** 組織の中心点; 《劇などの筋の》もつれ, やま.
nód·i·cal [nɑ́dikl, nóud-/nóud-] *a.* 〘天〙交点の.
nó·dose [nóudous, −⌐] *a.* 節のある, 結節性の.
◇ **no·dós·i·ty** [nodɑ́səti/-dɔ́s-] *n.* 〘植〙多節性, 節.
nó·dous [nóudəs] *a.* 節[こぶ]だらけの.
nód·u·lar [nɑ́dʒələr/nɔ́dju-], **nód·u·lat·ed** [-lèitid] *a.* 節[こぶ]のある; 結節性の.
nód·ule [nɑ́dʒuːl/nɔ́djuːl] *n.* 小さなこぶ; 〘植〙小結節; 〘地〙団塊.
nód·u·lose [nɑ́dʒəlòus/nɔ́dju-], **-lous** [-ləs] = nodular.
nó·dus [nóudəs] *n.* (*pl.* **-di** [-dài]) **1** 節; 〘医〙結節. **2**《話の筋・状況などの》もつれ, 紛糾; 難点.
No·él [nouél] *n.* **1** クリスマス. **2** (n～) クリスマス祝歌; クリスマスの祝いの叫び声.
no·é·ma [nouíːmə] *n.* 〘哲〙(現象学の) ノエマ《知性・認識の対象》.
no·é·sis [nouíːsis] *n.* 〘哲〙(現象学の) ノエシス《知性・認識の作用》.
no·ét·ic [noétik] *a.* 〘哲〙知力の; 純粋知性に基づく. **——** *n.* **1** 知識人. **2** (しばしば *pl.*) 〘心〙純粋思惟(しい)論.
nog[1] [nɑg/nɔg] *n.* **1** 木くぎ, 木せん. **2** 木れんが. **3** 木のふしこぶ. **——** *vt.*, *vi.* (**-gg-**) **1** 木くぎで締める[とめる]. **2** 〈木のわくの壁などに〉れんが[石]を詰める. ◇ **～·ging** *n.* 木骨れんが組み.
nog[2] *n.* ノッグ《イギリス East Anglia 地方の強いビール》; 〘米〙卵酒 (= eggnog).
nóg·gin [nɑ́gin/nɔ́g-] *n.* **1** 〘古・方〙小さい杯[ジョッキ]. **2** ノッギン《液量単位. 4 分の 1 パイント》. **3** 少量(の酒). **4** 〘米俗〙頭, 頭脳.
nó-good [nóugùd] *a.*, *n.* 〘米俗〙役にたたぬ(人・物).
noh, Noh = no[2].
nó-hít [nóuhít] *a.* 〘野球〙無安打(完投)の: a ～ game [pitcher] ノーヒットゲーム[投手].
nó-hít·ter [nóuhítər] = no-hit game.
nó·how [nóuhàu] *ad.* 〘話・方〙 **1**《通例 can に伴う》どうしても…しない, 決して…しない: I *could* lift it ～. どうしても持ちあがらなかった. **2**《all を伴って》気分が悪くて; 《機械などが》ぐあいが悪くて, 狂って, 手がつけられない: feel [look] *all* ～ 気分がすぐれない, 顔色が悪い.
noil [nɔil] *n.*《もめん・羊毛などの》短い繊維.

†**noise** [nɔiz] *n.* **1** 物音, 音: a ～ at the door 玄関をノックする音. **2** 騒音, 大騒ぎ, 騒ぎ立て: deafening ～*s* 耳がつんぼになるような騒音. **3** 《ラジオ・テレビの》雑音. → snow. **4** 〔物〕噪音(ﾉｲｽﾞ). **5** 〔米俗〕おしゃべり; でたらめ; 凶報; 悪評. **6** 〔古〕評判. ***big*** ～ 〔米俗〕お偉方, 有力者. ***Hold your*** ～***!*** お黙り! ***make a*** ～ (物)音をたてる; 騒ぐ; 騒ぎ立てる, 不平を言う《について *about*》. ***make a*** ～ ***in the world*** 世評にのぼる. —— *vt.* 言いふらす; 評判する: It is ～*d* abroad [about] that ... と言いふらされている. —— *vi.* 〔稀〕音をたてる; おしゃべりする. ～ ***it around that*** ... …と言いふらす.
～**·màk·er** 音をたてる人〔物〕; 《特に祝典などの》鈴・ホルンなどの鳴り物. ～ **pollution** 騒音公害. ～**·proof** [⊿ ⊥]=soundproof.
〔類〕→ **sound**「音」

***nóise·less** [nɔ́izlis] *a.* 音のしない, 無音の, 消音の, 静かな; 雑音の少ない《録音》: a ～ typewriter.
◇ ***～·ly** *ad.* ～**·ness** *n.*

noi·sétte [nwəzét/nwɑːz-] *n.* **1** 〔植〕バラの一種. **2** (*pl.*) 肉料理の一種.

nói·some [nɔ́isəm] *a.* **1** くさい. **2** 《一般的》いやな. 「**3** 有害な.

†**nóis·y** [nɔ́izi] *a.* **1** 騒々しい, やかましい: Don't be ～! うるさい! **2** 《色・文体が》けばけばしい, はで過ぎる. ◇ ***nóis·i·ly** *ad.* **nóis·i·ness** *n.*

no·lens vo·lens [nóulenz-vóulenz] L. (= unwilling or willing) いやおうなしに.

no·li me tan·ge·re [nóulai-miː-tǽndʒəri] L. (=touch me not) **1** 復活後キリストが Mary Magdalen と会う図《〔聖〕ヨハネ伝 20: 17》. **2** 〔医〕悪性潰瘍(ｶｲﾖｳ). **3** 手を触れてはならない物〔人〕; 近づきにくい態度.

nol·le pro·se·qui [náli-prásikwài/nɔ́li-prɔ́si-] L. (=be unwilling to pursue) 〔法〕訴訟中止の同意(の記録).

nòl-prós [nàlprás/nɔlprɔ́s] *vt.* (**-ss-**) 〔米法〕*nolle prosequi* によって決定する.

nom [F. nɔ̃] F. *n.* 名. ～ ***de guerre*** [nàmdəgέər/nɔ̃ː(m)-, nɔ́m-] 変名, 芸名, 筆名. ～ ***de plume*** [-dəplúːm] 筆名, ペンネーム.

nom. nominative.

nó·mad(e) [nóumæd, nám-/nóuməd, nɔ́mæd] *n.* **1** 遊牧者《牧草を追って放浪する種族の一員》. **2** 放浪者. —— *a.* 遊牧の; 放浪の.

no·mád·ic [nomǽdik] *a.* **1** 遊牧(民)の: ～ tribes 遊牧民族. **2** 放浪の. ◇ **-i·cal·ly** [-(ə)li] *ad.*

nó·mad·ism [nóumædìz(ə)m, nám-/nɔ́məd-, nóumæd-] *n.* 遊牧(生活); 放浪(生活).

nó·mad·ize [nóumædàiz/nɔ́m-] *vi.* 放牧〔放浪〕生活をする. —— *vt.* 放牧〔放浪〕生活に追いやる.

nó·man [nóumæ̀n] *n.* 〔米俗〕たやすく同調しない人. ↔yes-man.

no man's land, nó-man's-land [nóumæ̀nzlæ̀nd] *n.* 《交戦中のどちらの軍にも属さない》最前線のざんごうの中間地帯; だれにも属さない土地〔地帯〕.

nóm·ar·chy [nɑ́mɑːrki/nɔ́m-] *n.* 現代ギリシアの行政区. 「nomarchy.

nome [noum] *n.* **1** 古代エジプトの行政区. **2** =

nó·men [nóumən] *n.* (*pl.* **nóm·i·na** [nɑ́minə, nóum-/nɔ́m-]) 〔古ローマ〕第2名, 族名《人のもつ三つの名の第2名で族名を示す. 例: Gaius *Julius* Caesar》. → praenomen, agnomen, cognomen.

nó·men·cla·tor [nóumənklèitər] *n.* **1** 《自然科学の分類の》命名者, 学名をつける人. **2** 〔古ローマ〕来客の名を告げる係りの者. **3** 宴会の座席案内人.

nó·men·cla·ture [nóumənklèitʃər/noménklətʃə] *n.* 《学術的・組織的》命名法; 名称録; 《集合的》術語(集). ◇ **nò·men·clá·tur·al** [nòumənkléitʃ(ə)rəl], **nò·men·cla·tó·ri·al** [-klətóːriəl/-tɔ́ːr-] *a.*

‡**nóm·i·nal** [nɑ́min(ə)l/nɔ́m-] *a.* **1** 名の, 名義上の, 公称の: ～ horse power 公称馬力. **2** 名ばかりの, 有名無実の; わずかな: a ～ sum ほんの少額. **3** 額面の: ～ value 額面価格. **4** 〔文〕名詞の; 名詞的. [√nomin-] ～ **capital** 公称資本. ～ **price** 〔商〕唱え値, 名目価格. ～ **register** 名簿. ～ **wages** 名目賃銀. → real wages.
◇ ～**·ly** [-nəli] *ad.* 名義上; 名ばかり.

nóm·i·nal·ism [nɑ́minəlìz(ə)m/nɔ́m-] *n.* 〔哲〕唯名論, 名目論. → realism.
◇ **-ist** *n.* 〔哲〕唯名論者, 名目論者.

nòm·i·na·lís·tic [nɑ̀minəlístik/nɔ̀m-] *a.* 名目〔唯名〕論的; 名目論者の.

‡**nóm·i·nate** [nɑ́minèit/nɔ́m-] *vt.* **1** 《選挙・任命の候補者として》指名する; 指名推挙する: ～ a man for the Presidency 人を大統領選挙の候補者に推す. **2** 任命する: ～ a person *to* [*for*] a post 人をある地位に任命する. **3** 名ざす, の名をあげる. **4** 〈会合の日時などを〉指定する. **5** 〔競馬〕〈馬の〉出場登録をする. [√nomin-] ◇ **-na·tor** [-ər] *n.* 指名者, 推薦者. **nòm·i·ná·tion** [⊥—néiʃ(ə)n] *n.*

nòm·i·na·tí·val [nɑ̀minətáiv(ə)l/nɔ̀m-] *a.* 〔文〕主格の (nominative).

nóm·i·na·tive [nɑ́m(i)nèitiv, -nətiv/nɔ́m(i)nətiv] *a.* **1** 〔文〕主格の. **2** 指名による, 任命の: ～ or elective 指名または選挙による. ～ **case** 〔文〕主格. —— [-nətiv] *n.* 〔文〕主格, 名格; 主語.

nòm·i·née [nɑ̀miníː/nɔ̀m-] *n.* 指名〔任命, 推薦〕された人; (公認)候補者; (受取)名義人.

non [nɑn/nɔn] L. (=not) *ad.* …にあらず.

non- *pref.* 名詞・形容詞・副詞につけて「無」「非」「不」など否定・欠如の意をあらわす.

nòn·ab·stáin·er [nɑ̀nəbstéinər/nɔ́n-] *n.* 飲酒家.

nòn·ac·cépt·ance [-əksépt(ə)ns] *n.* 不承諾; 〔商〕手形引き受け拒絶.

non·ác·cess [nɑnǽkses, nɑ́n-/nɔ́n-] *n.* 〔法〕無交接《夫婦間の》.

nón·age [nɑ́nidʒ, nóun-/nóun-, nɔ́n-] *n.* **1** 《法律上の》未成年. **2** 発達の初期, 未熟.

nòn·a·ge·nár·i·an [nɑ̀nədʒinέ(ː)riən, nòun-/nòunədʒinέər-, nɔ̀n-] *a.*, *n.* 90 歳の(人); 90 歳代の(人).

nòn·ag·grés·sion [nɑ̀nəgréʃ(ə)n/nɔ́n-] *n.* 不侵略: a ～ pact 不侵略条約.

nón·a·gon [nɑ́nəgɑ̀n/nɔ́nəgɔn] *n.* 〔数〕九辺形.

nòn·al·co·hól·ic [nɑ̀nælkəhɔ́ːlik, -hál-/nɔ́nælkəhɔ́l-] *a.* アルコールを含まない: ～ beverages.

nòn·al·ler·gén·ic [nɑ̀nælərdʒénik/nɔ́næl-] *a.* アレルギー反応を起こさせない: ～ cosmetics.

nòn·ap·péar·ance [nɑ̀nəpí(ː)rəns/nɔ́nəpíər-] *n.* 〔法〕《法廷への》不出頭.

nòn·ar·rív·al [nɑ̀nəráiv(ə)l/nɔ́n-] *n.* 不着.

nó·na·ry [nóunəri] *a.* 〔数〕九進法の. —— *n.* 9 個一組みの物.

nòn·at·ténd·ance [nɑ̀nəténd(ə)ns/nɔ́n-] *n.* 欠席, 不参; 不就学.

nòn·be·líev·er [nɑ̀nbilíːvər/nɔ́n-] *n.* 無信仰者.

nòn·bel·líg·er·ent [nɑ̀nbilídʒ(ə)rənt/nɔ́n-] *n.*, *a.* 非交戦国(の).

nòn·ca·nón·i·cal [nɑ̀nkənɑ́nik(ə)l/nɔ́nkənɔ́n-] *a.* **1** 規範からはずれた, 公認されていない. **2** 経典に載っていない, 経典外の.

nonce [nɑns/nɔns] *n.* さしあたり, もっか《主として次の熟語にのみ用いられる》. ***for the*** ～ 当分.
～ **word** (その場かぎりの)臨時用語.

nón·cha·lant [nɑ́nʃ(ə)lənt, nɑ̀nʃəlɑ́ːnt/nɔ́nʃ(ə)lənt] *a.* 無とんちゃくな, 平然とした: a ～ air なにげない風. ◇ ～**·ly** *ad.* **-lance** *n.* 平然, 無とんちゃく.

nón·cláim [nɑ́nkléim/nɔ́n-] *n.* 〔法〕請求懈怠(ｹﾀｲ)《期限内に請求をしないため権利を失うこと》.

nòn·col·lé·gi·ate [nɑ̀nkəlíːdʒi(i)t/nɔ́n-] *a.* **1** 《学問が》大学程度でない. **2** 〔英〕《学生が》学寮に属さない. **3** 《大学が》学寮制度になっていない.

nón·còm [nɑ́nkɑ̀m, —⊿/nɔ́nkɔ́m] *n.* 〔話〕=

noncommissioned officer.

non·cóm·bat [nankámbæt/nɔ́nkɔ́m-] *a.* 戦闘しない, 非戦闘用の: ～ duty 非戦闘勤務.

non·cóm·bat·ant [nankámbət(ə)nt, -kʌ́m-/nɔ́nkɔ́m-] *n., a.* 〘軍〙非戦闘員 (の).

nòn·com·mér·cial [nànkəmə́:rʃ(ə)l/nɔ́n-] *a.* 非営利的な; 非売の.

nòn·com·mís·sioned [-kəmíʃ(ə)nd] *a.* 委任状〔任命書〕のない.
～ officer 〘軍〙下士官《略 noncom, N.C.O.》.

nòn·com·mít·tal [nànkəmítl/nɔ́n-] *a.* **1** 言質(げんち)を与えない, 確言を避ける, 態度があいまいな. **2** 《言明・態度などが》あいまいな, どっちつかずの, あやふやな. ◇ **～·ly** *ad.*

nòn·com·plí·ant [-kəmpláiənt] *a.* 不服従の, 不承諾の. ◇ **-ance** [-əns] *n.*

non com·pos men·tis [nán-kàmpəs-méntis/nɔ́n-kɔ̀mpɔs-] L. (= not of sound mind) 〘法〙精神異常の, 《特に》財産管理能力のない.

nòn·con·dúct·ing [nànkəndʌ́ktiŋ/nɔ́n-] *a.* 〘物〙不伝導の.

nòn·con·dúc·tor [-kəndʌ́ktər, ㊥⁺ㄥーーㄟー] *n.* 〘物〙不導体, 絶縁体.

nòn·cón·fi·dence [nànkánfịdəns/nɔ́nkɔ́n-] *n.* 「不信任.

nòn·con·fór·mance [nànkənfɔ́:rməns/nɔ́n-] *n.* 不服従; 国教不信奉.

nòn·con·fórm·ist [-kənfɔ́:rmist] *n.* **1** 非順応〔非追従〕主義者. **2** (しばしば N～) 〘英〙非国教徒.

nòn·con·fórm·i·ty [-kənfɔ́:rmịti] *n.* **1** 不一致《との *to, with*》. **2** 《慣習・世論などへの》非追従 (主義). **3** (N～) 〘英〙国教不信奉; 《集合的》非国教徒.

nòn·con·tént [-kəntént] *n.* 〘英〙《上院の》反対「投票 (者).

nòn·con·vért·i·ble [-kənvə́:rtịbl] *a.* (金貨に) 兌換(だかん)できない: a ～ bill 不換紙幣.

nòn·co·òp·er·á·tion [nànkoàpəréiʃ(ə)n/nɔ́n-koɔ̀p-] *n.* **1** 非協力. **2** (反抗的) 非協力《特にインド独立前のガンジー派の消極的排英運動》.
◇ **～·ist** *n.*

nòn·de·lív·er·y [-dịlív(ə)ri] *n.* 配達〔引き渡し〕「不能; 未配.

nón·de·script [nándiskript/nɔ́n-] *a.* えたいの知れない, 奇妙きてれつな.
—— *n.* えたいの知れない人〔物〕. [√scrib-]

nòn·dú·ra·bles [nànd(j)ú(:)rəblz/nɔ́ndjúər-] *n. pl.* 非耐久財.

†**none** [nʌn] *pron.* **1** 《通例複数動詞を伴って》**だれも…ない, なに一つ…ない**: *N～* appear to realize it. だれも気づかないようだ. *N～* have left yet. だれもまだ出発してない. No news today?—*N～*. きょうはニュースないの?——一つもない. **2** 《～ of＋複数 (代) 名詞の形式で単数・複数動詞を伴う》どれも…ない, いずれでも…ない: *N～ of them is* the man I want. 会いたい人はそのなかにいない. *N～ of them is* [*are*] lost. だれひとり死んでいない. **3** 《～ of＋単数 (代) 名詞》**少しも…ない**, いささかも…ない: She has ～ *of* her mother's beauty. 母親の美しさを全然受け継いでいない. It is ～ *of* your business. きみの知ったことじゃない. *N～ of* this concerns me. こんなこと私には全く関係ない. **4** 《"no＋名詞" の名詞省略形》全然…ない〔しない〕: You still have money but I have ～ left. きみはまだ金があるが私には少しも残ってない (＝I have *no money* left).
～ but …以外の者はだれも—しない; —するのは…ぐらいのもの: *N～ but* fools have ever believed it. ばかしかそんなことを信じたためしはない. ***N～ of …!*** …なんかやめてくれ: *N～ of* your impudence! そんな失礼なことを言うな〔するな〕. *N～ of* your nonsense! ばかはよせ. *N～ of* that! そんなことはよしてくれ. ***～ other than*** …にほかならない: The visitor was ～ *other than* the king. 訪問者は国王その人にほかならなかった.
—— *a.* 〘古〙少しの…もない (not any). 〈注〉もと母音または h の前で no の代わりに用いられた: Thou shalt have *none* other gods before me. わが前にほかの神をもつべからず. また, 名詞を先に出し, none をこれと離してあとにおいて用いた: Gold and silver I have *none*. 金と銀は私にはない. Disciplinarian I am *none*. 私はやかまし屋ではない.
make of ～ effect 〘古〙無効にする.
—— *ad.* **1** 《the＋比較級または so, too を伴って》少しも…ない, 決して…ない: He is ～ *the better* for his experience. 経験を積んだのに少しもよくなっていない. She is ～ *so* pretty. ちっともきれいじゃない. I arrived there ～ *too* soon. ちょうどよいときに着いた《早く着きすぎたのではさらさらなかった》. **2** 〘米〙少しも〔決して〕…ない: I slept ～ last night. 昨夜はまんじりともしなかった. ***～ the less*** それにもかかわらず; やはり.
～·such →別項. **～·the·léss** ＝nevertheless.

nòn·ef·féc·tive [nàniféktiv/nɔ́n-] *a.* 効果のない; 〘軍〙戦闘力のない. **——** *n.* 〘軍〙戦闘力のない兵員.

non·é·go [nɑní:gou, -égou/nɔ́n-] *n.* (*pl.* **～s**) 〘哲〙非我; 客観. ↔ ego.

non·én·ti·ty [nɑnéntịti/nɔn-, nən-] *n.* **1** 非存在. **2** 存在しない物〔事〕; つくり事. **3** とるに足りない人〔物〕.

nones¹ [nounz] *n. pl.* (*sing.* **none** [noun]) 〘古ローマ〙ides より両端の日を算入して 9 日前の日 《3・5・7・10 月の 7 日, そのほかの月の 5 日》. → ides.

nones² *n.* 〘カトリック〙9 時課《修道者が行なう七つの定時の祈りの 5 番め. もともと日の第 9 時, すなわち午後 3 時の定時課》.

nòn·es·sén·tial [nànịsénʃ(ə)l/nɔ́n-] *a., n.* **1** 非本質的な; 主要でない (人・物). **2** 不必要な.

nóne·such [nʌ́nsʌ̀tʃ] *n.* 無双の人〔物〕; 逸品.

no·nét [nonét] *n.* 〘楽〙九重奏〔唱〕曲.

nòne·the·léss [nʌ̀nðəlés] = nevertheless.

nòn·ex·íst·ence [nànigzíst(ə)ns/nɔ́n-] *n.* 無存在 (物). ◇ **-ent** [-(ə)nt] *a.*

nón·fát [nánfæt/nɔ́n-] *a.* 脂肪のない, 脱脂の: ～ dry milk 脱脂粉乳.

non·féa·sance [nɑnfí:z(ə)ns/nɔ́n-] *n.* 〘法〙不作為, 懈怠(けたい)《義務を怠ること》.

non·fér·rous [nɑnférəs/nɔ́n-] *a.* 非鉄の, 鉄を含まない: ～ metals 非鉄金属.

non·fíc·tion [-fíkʃ(ə)n] *n.* ノンフィクション《伝記・歴史・紀行文・実録など小説以外の散文文学》.
◇ **～·al** *a.* **～·al·ly** *ad.*

non·flám·ma·ble [-flæməbl] *a.* 不燃性の.

non·fréez·ing [nɑnfrí:ziŋ/nɔ́n-] *a.* 不凍 (性) の.

nòn·ful·fíl(l)·ment [nànfulfílmənt/nɔ́n-] *n.* 《義務の》不履行.

nòn·gram·mát·i·cal [nàngrəmǽtik(ə)l/nɔ́n-] *a.* 非文法的な, 破格の.

non·hú·man [nɑnhjú:mən/nɔ́n-] *a.* 人間でない; 「人間性に反する.

no·níl·lion [noníljən] *n., a.* 〘米・フランス〙1,000 の 10 乗 (の); 〘英・ドイツ〙100万の 9 乗 (の).

nòn·in·flám·ma·ble [nàninflǽməbl / nɔ́n-] *n.* 不燃性の.

nòn·in·ter·fér·ence [nànintərfí(:)rəns/nɔ́nintəfíər-] *n.* 《政治上などの》不干渉.

nòn·in·ter·vén·tion [nànintərvénʃ(ə)n/nɔ́n-] *n.* 不介入; 内政不干渉.

non·jú·ring [nɑndʒú(:)riŋ/nɔ́ndʒúər-] *a.* 〘英史〙臣従の誓いを拒絶した.

non·jú·ror [-dʒú(:)rər/-dʒúərə] *n.* **1** 宣誓拒否者. **2** (N～) 〘英史〙臣従宣誓拒絶者《1688 年の革命後 William Ⅲ と Mary に反対した国教牧師》.

non·lé·gal [nɑnlí:g(ə)l/nɔn-] *a.* 非法律的な, 法律とは関係ない. → illegal.

nón·lé·thal [nánlí:θ(ə)l/nɔ́n-] *a.* 非致命的な: ～

gas 安全毒ガス《戦闘力を奪う程度のもの》.
non·life [nanláif/nɔ́n-] *n.* 生命の欠如, 死.
non·lóg·i·cal [nanládʒik(ə)l/nɔ́nlɔ́dʒ-] *a.* 論理以外の方法による. → illogical.
nòn·ma·té·ri·al [nànmətí(:)riəl/nɔ́nmətiər-] *a.* **1** 非物質的な. **2** 霊的な, 精神的な《文化的・審美的な》: ～ needs 精神にとって必要なもの.
non·mém·ber [nanmémbər/nɔ́nmèm-] *n.* 非会員, 会員外の人.
non·mét·al [-métl] *n.* 《化》 非金属.
◇ **nòn·me·tál·lic** [nànmitǽlik/nɔ́n-] *a.* ～の.
non·mór·al [nanmɔ́:rəl, -már-/nɔ́nmɔ́r-] *a.* 道徳に無関係の. → immoral. 「づかない.
non·nát·u·ral [nannǽtʃ(ə)rəl/nɔ́n-] *a.* 自然に基
non·nú·cle·ar [nann(j)ú:kliər/nɔ́nnjú:-] *a.* 非核の; 核兵器非所有の. 「従.
nòn·o·bé·di·ence [nànəbí:diəns/nɔ́n-] *n.* 不服
nòn·ob·jéc·tive [-əbdʒéktiv] *a.* 《美》 非具象的な (nonrepresentational).
nòn·ob·sérv·ance [-əbzə́:rvəns] *n.* 不遵守, 慣習〔規則などの〕無視.
non obst. *non obstante.*
non ob·stan·te [nàn-abstǽnti/nɔ́n-ɔb-] L. (=notwithstanding) にもかかわらず.
nòn·oc·cúr·rence [nànəkə́:rəns/nɔ́nəkʌ́r-] *n.* 不発生, 生じないこと.
nòn·of·fí·cial [nànəfíʃ(ə)l/nɔ́n-] *a.* 非公式の.
nòn·pa·réil [nànpərél/nɔ́np(ə)rəl] *a.* 無比の.
—— *n.* **1** 無比の人〔物〕; 極上品. **2** 《印》 6 ポイント活字. **3** 《リンゴ・小麦などの》 糖菓の一種. **4** =painted bunting.
nòn·par·tíc·i·pant [nànpərtísipənt/nɔ́n-] *n.* 加わらない人, 不参加者. 「参加.
nòn·par·tìc·i·pá·tion [-pərtìsipéiʃ(ə)n] *n.* 不
non·pár·ti·san, -zan [nanpá:rtizn/nɔ́npà:tizǽn] *a., n.* 超党派の (人), 無所属の (人).
non·pár·ty [nanpá:rti/nɔ́n-] *a.* 不偏不党の.
non·páy·ment [nanpéimənt/nɔ́n-] *n.* 不払い, 未払い; 支払拒否.
nòn·per·fórm·ance [nànpərfɔ́:rməns/nɔ́n-] *n.* 不履行.
non·pér·ish·a·ble [nanpériʃəbl/nɔ́n-] *a.* **1** 滅びない, 不朽の. **2** 腐らない: ～ food 保存食品.
—— *n.* (*pl.*) 不朽の物; 保存食品.
non pla·cet [nan-pléisit/nɔ́n-] L. (=it is not pleasing) 《大学・教会などの集会での》 反対 (投票).
non·plús [nanplʌ́s, ⌐⌐/nɔ́nplʌ́s, ⌐⌐] *vt.* (**-s-**, 《英》 **-ss-**) 行き詰まらせる: He was completely ～*ed.* はたと途方にくれた.
—— *n.* 行き詰まり; 当惑: put〔bring, drive, reduce〕a person to a ～ 人を進退きわまらせる, 困惑させる. ***at*** 〔***in***〕 ***a*** ～ 窮地に陥って.
non plus ul·tra [nàn-plʌs-ʌ́ltrə/nɔ́n-] L. (=not beyond) 不可越境; 《到達できる》極致, 最終点.
nòn·po·lít·i·cal [nànpəlítik(ə)l/nɔ́n-] *a.* 政治的でない, 非政治的な; 党利党略に偏しない; 政治に関心がない.
non pos·su·mus [nan-pás(j)uməs/nɔ́n-pɔ́sju-] L. (=we cannot) 無能力の申し立て.
non·pró [nanpróu/nɔ́n-] *n., a.* (*pl.* ～**s**) 《米話》 ノンプロ (の) (=nonprofessional).
nòn·pro·dúc·tive [nànprədʌ́ktiv/nɔ́n-] *a.* 非生産的な; 直接生産に関係しない.
nòn·pro·fés·sion·al [-prəféʃən(ə)l] *a., n.* 職業的でない; ノンプロ (の).
nòn·pro·fí·cien·cy [-prəfíʃənsi] *n.* 未熟練, しろうと芸 (の腕前). ◇ **nòn·pro·fí·cient** *a.*
non·próf·it [nanpráfit/nɔ́nprɔ́f-] *a.* 《米》 非営利的な.
nòn·pro·lìf·er·á·tion [nànprolìfəréiʃ(ə)n/nɔ́n-] *n.* 増殖不能; 増殖防止: ～ of nuclear weapons 核 (兵器の) 拡散防止.
nòn·prós [nànprás/nɔ́nprɔ́s] *vt.* (**-ss-**) 《法》 <訴訟手続きを怠る原告に> 敗訴を申し渡す. [<*non prosequitur*]
non pro·se·qui·tur [nànprosékwitər/nɔ́n-] L. (=he does not pursue〔prosecute〕) 《法》 訴訟手続きを怠る原告に対する敗訴判決.
non·rá·tion·al [nanrǽʃən(ə)l/nɔ́n-] *a.* 理性に基づかない; 不合理な (irrational).
nòn·rep·re·sen·tá·tion·al [nànreprizentéiʃən(ə)l/nɔ́nrèp-] *a.* 《美》 非具象の, 非描写的な.
non·rés·i·dent [nanrézid(ə)nt/nɔ́n-] *a., n.* **1** 《任地などに》居住しない (人). **2** 非居住者.
◇ **-dence** *n.* 《任地などに》 居住しないこと; 非居住者たる身分.
nòn·re·síst·ant [nànrizíst(ə)nt/nɔ́n-] *a.* 無抵抗 (主義) の. —— *n.* 無抵抗主義者.
◇ **-ance** *n.* 無抵抗 (主義).
nòn·re·stríc·tive [nànristríktiv/nɔ́n-] *a.* 《文》 非制限的な.
non·schéd·uled [nanskédʒu(:)ld/nɔ́nʃédju:ld] *a.* 《航空路など》 不定期の: ～ airline(s) 不定期空路〔航空会社〕.
nòn·sec·tár·i·an [nànsekté(:)riən/nɔ́nsektéər-] *a.* 宗派に属さない.
‡**nón·sense** [nánsens/nɔ́ns(ə)ns, -sens] *n.* **1** 無意味, ばからしさ. **2** 無意味なことば〔行為, 物〕, ナンセンス, たわごと, 愚劣な言動, くだらない物. ***stand no*** ～ ***from*** a person 〈人〉のばかげたしうちを黙視しない. —— *int.* ばかな!, よしたまえ! ～ **book** 《娯楽本位の》 こっけい本. ～ **verses** 戯詩, 狂歌. ～ **word** 無意義語 《練習などのためにわざとつくった》.
non·sén·si·cal [nansénsik(ə)l/nɔn-] *a.* 無意味な, ばからしい. ◇ ～**·ly** [-k(ə)li] *ad.*
non seq. *non sequitur.*
non se·qui·tur [nan-sékwitər/nɔ́n-] L. (=it does not follow) 《論理上の飛躍による》 誤った結論 《略 non seq.》. 「nonscheduled.
nón·skèd [nánskèd, ⌐⌐/nɔ́nskéd, nɔ́nʃéd] =
nón·skíd [nánskíd/nɔ́n-] *a.* 《タイヤ・ハンドルなどが》 すべらない, すべり止めがついた.
non·smók·er [nansmóukər/nɔ́n-] *a.* たばこをすわない人. ◇ **non·smók·ing** *a.*
nón·stánd·ard [nánstǽndərd/nɔ́n-] *a.* 標準的でない: ～ English.
nón·stóp [nánstáp/nɔ́nstɔ́p] *a., ad.* 直行の〔で〕: fly ～ to San Francisco サンフランシスコまで無着陸で飛ぶ. —— *n.* 直行列車〔バス〕; 直行運転.
nón·such [nʌ́nsʌ̀tʃ, nán-/nɔ́n-] =nonesuch.
non·súit [nansú:t, ⌐⌐/nɔ́nsjú:t] *n.* 《法》 訴えの却下〔取り下げ〕. —— *vt.* 〈訴えを〉 却下する, 取り下げる.
nòn·sup·pórt [nànsəpɔ́:rt/nɔ́nsəpɔ́:t] *n.* **1** 支持を与えないこと; 支持のないこと. **2** 《法》 扶養義務不履行. 「要な, ゆゆしい.
non·trív·i·al [nantríviəl/nɔ́n-] *a.* ささいでない, 重
non trop·po [nɔ̀:n-trɔ́:pòu/nɔ̀n-trɔ́pou] It. 《楽》 度を越さないように, 適度に 《演奏者への指示》.
non-U [nanjú:/nɔ́n-] *a.* 《話》 上流階級的でない, 庶民的な 《U の字は *u*pper から》.
non·ún·ion [nanjú:njən/nɔ́n-] *a.* 労働組合に加入しない; 労働組合を認めない. ～ **shop** 労働組合不承認の事業場〔企業〕. ◇ ～**·ism** *n.* 反労働組合 (主義). ～**·ist** *n.* 労働組合反対者; 非労働組合員.
non·ví·o·lence [nanváiələns/nɔ́n-] *n.* 非暴力 (主義), 平和的手段 (による抵抗). ◇ **-lent** *a.*
non·vót·er [-vóutər] *n.* 《米》 投票棄権者.
non·white [-(h)wáit] *n., a.* 白人〔インド・ヨーロッパ人種〕 以外の人 (の). 「ん類の一種》.
nóo·dle¹ [nú:dl] *n.* (しばしば *pl.*) 《料理》 ヌードル《め
nóo·dle² *n.* **1** 《米俗》 頭. **2** 《俗》 ばか, とんま.

nóo·dle[3] *vi.* 〘米俗〙 のらくらする; なまける.
—— *vt.* 〘俗〙 <楽器を> つまぐる.
nook [nuk] *n.* **1** 《室などの》 すみ; 片すみ, 奥まった所. **2** 遠く離れた場所; 隠れ場所.
look in every ~ and corner くまなく捜す.
◇ **~·e·ry** [-əri] *n.* 気持ちのいい片すみ; 隠れ場.
†**noon** [nu:n] *n.* **1** 正午: *at* ~ 正午に. *at* 12 ~ 昼の12時に. five seconds past ~ 正午5秒過ぎ. **2** 全盛期, 極点: in the ~ of one's life 男〔女〕盛りに. **3** 〘雅〙 夜半; 真夜中の月の位置. ***at the height of ~*** 昼盛りに. **——** *a.* 正午の.
***~·day** [⌐⌐] 正午 (の), 真昼 (の): (as) clear as ~*day* 真昼のように全く明白な. **~·time** [⌐⌐], **~·tide** [⌐⌐] 正午 (の); 最盛時.
no one, nó-one [nóuwʌ̀n, -wən] *pron.* = nobody: *No(-)one* is home. だれもいない, みんな不在だ.
nóon·ing [nú:niŋ] *n.* 〘俗〙 正午; 昼食; 昼休み.
noose [nu:s] *n.* **1** 引き結び, 輪なわ, 《一端を引くと輪が締まる》 わな. **2** 《夫婦の》 きずな. ***put one's head*** 〔***neck***〕 ***into the ~*** 自ら危地に陥る.
—— *vt.* **1** 輪なわで捕える; わなにかける. **2** 締め殺す. **3** <なわ・綱に> 引き結び〔輪結び〕をつける.
n.o.p. not otherwise provided.
nó-pár [nóupá:r] *a.* 〘米: 商〙 額面価格を明記しない: a ~ stock 無額面株.
nope [noup] *ad.* 〘米話〙 = no[1]. ↔ yep.
†**nor** [nɔ:r, 弱 nər] *conj.* **1** 《neither または not と呼応して》 …**もまたない**: I have *neither* money ~ job. 金も職もない. *Not* a flower ~ even a blade of grass would grow there. 花はおろか草っ葉一枚もそこには育つまい. **2** 《前の否定文を受けて, 更に否定を続ける》 …もしない: You do*n't* like it, ~ do I. きみもそれを好かないが私もきらいだ. He left and I never saw him again, ~ did I regret it. 彼は立ち去って私は二度と彼に会わなかったがそれを残念にも思わなかった. **3** 〘古・雅〙 《neither を略して》 …もない〔しない〕: Thou ~ I have made the world. この世をつくりしはなんじにあらずわれにもあらず. **4** 〘雅〙 《nor を繰り返して》 …も—もしない: *Nor* flood ~ fire shall frighten our moving onward. 水火もものかは, われらは進む. **5** 《肯定文のあとに》 そして…しない (and not): The tale is long, ~ have I heard it out. その話は長くて最後まで聞いたこともない.
Nor. Norman; North; Norway; Norwegian.
Nór·dic [nɔ́:rdik] *n.* 北ヨーロッパ人 《特に長身・長頭・金髪・青い目のスカンジナビア人》.
—— *a.* 北ヨーロッパ (人) の.
Nór·folk [nɔ́:rfək] *n.* **1** イギリス東部の州. **2** アメリカ Virginia 州の都市. **~ dumpling** 〔**turkey**〕 《けいべつ的》 ~①の人. **~ Howard** 〘俗〙 ナンキンムシ. **~ jacket** 〔**coat**〕 ノーフォーク型背広 《ボックス式ひだのついたゆるいシングルの上着. ベルト付き》.
Nór·land [nɔ́:rlənd] *n.* (または n~) 〘おもに雅〙 北の国, 北辺の地.
norm [nɔ:rm] *n.* 標準, 規準; 平均; ノルマ 《基準労働量》. ◇ **~·less** *a.*
‡**nór·mal** [nɔ́:rm(ə)l] *a.* **1** **正常の**, 普通の, 通常の. ↔abnormal. **2** **標準的な**, 典型的な, 正規の. **3** 〘化〙 規定の; 《動物などが》 (実験などの) 処理を受けていない; 〘数〙 法線の; 垂直の, 直角の.
—— *n.* **1** 常態. **2** 標準, 平均; 平温. **3** 〘数〙 法線, 垂線. ***below ~*** 標準 (平均) 以下に.
~ school 師範学校. **~ solution** 〘化〙 規定液. **~ temperature** 《人体の》 平熱.
◇ ***~·ly** *ad.* **1** 正常に, 平生どおりに. **2** 常態では, 普通は, いつもは.
(類義語) **正常な: normal** norm (標準) にはずれていない, 異常でない. 「異常事態ではないので特に注意または警戒をする必要がない」という意味が示唆されることが多い: Don't be frightened. It's just a *normal* case. 恐れる必要はありません. よくあることですから. **regular** rule (規則) にはずれていない, 正規の, 規則正しい, きまった. 「異常事態が発生しない以上必ず採用される, きまって行なわれる」という意: a *regular* player 正選手. at *regular* hours きまった時間に. **usual** いつもの, 例の: his *usual* jokes 彼のいつもの冗談. **natural** 当然の, 道理にかなった: It is *natural* for man to err. 人はあやまちをするのは当然である. **common** どこにでもある, 平凡な.
(類) → **common** 「普通の」
nór·mal·cy [nɔ́:rm(ə)lsi], **nor·mál·i·ty** [nɔ:rmǽliti] *n.* 正常 (状態).
nór·mal·ize [nɔ́:rm(ə)làiz] *vt.* **1** 正常〔常態〕化する. **2** 標準化する. ◇ **nòr·mal·i·zá·tion** [nɔ̀:rm(ə)lizéiʃ(ə)n, -laiz-] *n.*
‡**Nór·man** [nɔ́:rmən] *n.* (*pl.* **~s**) **1** ノルマン人 《10世紀ごろ北フランスなどに侵入したスカンジナビア出身の北ヨーロッパ種族》. **2** ノーマンフレンチ族 (= ~ French). **3** ノルマンジー人 《フランスの Normandy 地方の住民》.
—— *a.* **1** ノルマン族〔人〕の. **2** ノルマンジー(人)の.
~ Conquest, the 1066年の William the Conqueror に率いられたノルマン人のイギリス征服. **~ French** ノーマンフレンチ族 《フランスのノルマンジー地方に定着し民族混交した北ヨーロッパ人》; ノルマンジー地方のフランス方言. **~ Style** 〘建〙 ノルマン様式.
Nór·man·dy [nɔ́:rməndi] *n.* ノルマンジー 《フランス北西部のイギリス海峡に面した地方》.
Nòr·man·ésque [nɔ̀:rmənésk] *a.* ノルマン風の. → Norman.
Nór·man·ize [nɔ́:rmənàiz] *vt., vi.* ノルマン風にする〔なる〕. ◇ **Nòr·man·i·zá·tion** *n.*
nór·ma·tive [nɔ́:rmətiv] *a.* **1** 基準の. **2** 規範的, 規制的: ~ grammar 〘文〙 規範文法. **3** 基範に従う: a ~ attitude.
Norn [nɔ:rn] *n.* 〘北欧神話〙 運命をつかさどる三女「神のうちの一神.
Norse [nɔ:rs] *a.* 古代スカンジナビア (人) の, 北ヨーロッパ (人) の; ノルウェー (人) の.
—— *n.* **1** (the ~) *pl.* 古代スカンジナビア人, 古代北ヨーロッパ人. **2** 《集合的》 ノルウェー人. **3** ノルウェー語 《特に古代の》. ***Old ~*** 古代スカンジナビア語 《14世紀まで用いられた》.
~·land [-lənd] ノルウェー. **~·man** = Northman. **~ mythology** 北欧神話.
Norsk [nɔ:rsk] = Norse.
†**north** [nɔ:rθ] *n.* (通例 the ~) **1** **北**, 北方, 北部. **2** (N~) 北部地方; 〘米〙 北部諸州 《Maryland 州・Ohio 州・Missouri 州以北》; 〘英〙 イギリス北部 《Humber 川以北》. **3** (N~) 《南北戦争のときの》 北軍. **4** 北半球; 北極地方. **5** 〘雅〙 北風. ***in the ~ of*** の北部に. ***~ by west*** 〔***east***〕 北微西〔東〕. ***on the ~ of*** の北に接して. ***to the ~ of*** の北にあたって.
—— *a.* **1** **北の**, 北部〔北方〕にある; 北向きの. **2** 《風など》 北からの: a ~ wind. **3** (N~) 北部の: *N*~ Japan 北日本, 日本の北部地方. ***be too far ~*** 〘俗〙 利口すぎる.
—— *ad.* 北へ, 北の方へ〔に〕: travel ~ 北へ向かって旅する. ***due ~*** 真北に. ***~ and south*** 南北にわたって 《横たわるなど》. **~ *of*** の北の〔に〕: It is two miles ~ *of* Rome. それはローマから2マイル北にある.
N~ Africa 北アフリカ 《モロッコ・アルジェリア・チュニジア・リビア・スエズ以西のアラブ連合などを含む熱帯森林地帯以北の地方》. **N~ African** 北アフリカ (人)の; 北アフリカ人. **N~ African Conference** 北アフリカ民族会議. **N~ America** 北アメリカ 《合衆国・メキシコ・カナダ》. **N~ American** 北アメリカ (人) の; 北アメリカ人. **N~ Atlantic Treaty Organization** 北大西洋条約機構. → NATO. **~·bound** [⌐⌐] 北行きの. **N~ Britain**

=Scotland. **N～ Cape** ノルウェー北端のみさき; ニュージーランド北端. **N～ Carolina** ノースカロライナ《アメリカ南東部の州. 略 N.C.》. **N～ Carolinian** ノースカロライナ州〔人〕の. **N～ Channel** スコットランドとアイルランド間の海峡. **N～ Country** 〖米〗アラスカおよびカナダ西北部; 〖英〗イギリス〔イングランド〕北部地方. **N～ Dakota** [-dəkóutə] ノースダコタ《アメリカ中部の州. 略 N. Dak., N. D.》. **N～ Dakotan** ノースダコタ州〔人〕の. ‡**∼·éast** → 別項. **N～ Island** New Zealand の北島. **N～ Korea** 北朝鮮《朝鮮民主主義人民共和国の別称》. **N∼·land** →別項. **～ light** 北あかり; 北極光. **～ magnetic pole** 磁北極. **N∼·man** → 別項. **～ polar** 北極の. **N～ Pole** 北極(点). **N～ Riding** [-ráidiŋ] イングランド Yorkshire の一行政地区. **N～ River** ニューヨーク Hudson River の下流の名称. **N～ Sea** 北海《イギリス・デンマーク・ノルウェーに囲まれた海域》. **N～ Star** 北極星. **N～ Star State, the** アメリカの Minnesota 州の別称. **N～ Vietnam** 北ベトナム. ***∼·wést** →別項.

North·ámp·ton [nɔːrθ(h)ǽmptən] *n.* 《イギリスの》ノーサンプトン州; その州都.

‡**nòrth·éast** [nɔ̀ːrθíːst/∸∸|〖海〗nɔːríːst] *n.* 北東; 北東風. **～ *by north*** 北東微北. **——** *a.* 北東(へ)の; 北東からの. **——** *ad.* 北東に〔から〕.
◇ **～·er** *n.* 北東の風. **～·er·ly** *a., ad.* 北東の〔へ〕; 北東から(の). ***～·ern** [-ərn] *a.* 北東の方角の. **～·ward** [-wərd] *a., ad., n.* 北東(の方角)の〔に〕; 北東(部). **～·ward·ly** [-wərdli] *ad., a.* = northeastward. **～·wards** [-wərdz] *ad.* 北東の方角に. 「州・メキシコ湾上の》.

nórth·er [nɔ́ːrðər] *n.* 〖米〗強い北風《特に Texas

nórth·er·ly [nɔ́ːrðərli] *a., ad.* 北の〔へ〕; 北から(来る). ◇ **nórth·er·li·ness** *n.*

‡**nórth·ern** [nɔ́ːrðərn] *a.* **1** 北に位置する, 北部に住む; 北から来る: a ～ constellation 北にある星座. **2** 北部独自の. **3** (N～)〖米〗北部諸州の.
—— *n.* 北部地方の人; 〖米〗北風.
N～ Hemisphere 北半球. **N～ Ireland** 北アイルランド《イギリスの一部をなすアイルランド北部5州》. **～ lights, the** オーロラ, 北極光. **N～ Rhodesia** 北ローデシア《現在の Zambia 共和国の旧称》. **N～ Spy** 北アメリカ産リンゴの一種《赤いしまがある》. **N～ Territories, the** アフリカ西部の旧イギリス保護領《現在 Ghana の一部》. **N～ Territory** オーストラリア北部の准州《州都 Darwin》.
◇ **～·er** *n.* 北国〔北部〕人; (N～)〖米〗北部諸州人. ***～·most** [-mòust, -məst] *a.* 最北の.

nórth·ing [nɔ́ːrθiŋ, ㊊⁺nɔ́ːrð-] *n.* 〖海〗北距《前回測定した地点から北寄りのある地点までの緯度差》; 北航; 〖天〗北偏.

nórth·land [nɔ́ːrθlənd, ㊊⁺-lænd] *n.* **1** 北国, 北部地方. **2** (N～) スカンジナビア半島.
◇ **～·er** *n.* 北国人, 北方民.

Nórth·man [nɔ́ːrθmən] *n.* (*pl.* **-men** [-mən]) 古代スカンジナビア人; 北欧海賊.

North·úm·ber·land [nɔːrθʌ́mbərlənd] *n.* イングランド北東部の州《州都 Newcastle》.

North·úm·bri·a [nɔːrθʌ́mbriə] *n.* イギリス北部の古代王国. ◇ **～n** [-briən] *a., n.* ～の(人・方言); Northumberland の(人・方言).

nórth·ward [nɔ́ːrθwərd] *a.* 北(へ)の, 北に向いた. **——** *ad.* 北に〔へ〕. **——** *n.* 北方, 北部.
◇ **～·ly** *ad., a.* **～s** [-z] *ad.* =northward.

***nòrth·wést** [nɔ̀ːrθwést/∸∸|〖海〗⁺nɔːrwést] *n.* 北西; 北西部〔地方〕. **——** *a.* 北西(から)の. **——** *ad.* 北西へ〔から〕.
N～ Territories, the カナダ北部の Yukon Territory の東方 Davis 海峡までに及ぶ地帯. **N～ Territory, the** Ohio 川・Mississippi 川・カナダ国境に囲まれた三角地域.
◇ **～·er** *n.* 北西の風〔烈風〕. **～·er·ly** *a., ad.* 北西の; 北西へ〔から〕. **～·ward** [-wərd] *ad., n.* 北西の方角(へ). **～·ward·ly** [-wərdli] *a., ad.* 北西の〔へ, から〕. **～·wards** [-wərdz] *ad.* 北西(の方角)へ. 「の.

‡**nòrth·wést·ern** [nɔ̀ːrθwéstərn/nɔ̀ːθ-] *a.* 北西

nór·ward [nɔ́ːrwərd] *a., ad., n.* = northward.
◇ **～s** [-z] *ad.* =northwards.

‡**Nór·way** [nɔ́ːrwei] *n.* ノルウェー《北ヨーロッパの王国. 首都 Oslo》.

‡**Nor·wé·gian** [nɔːrwíːdʒ(ə)n] *a.* ノルウェーの, ノルウェー人〔語〕の. **——** *n.* ノルウェー人〔語〕.
～ steam 〖海俗〗人力, 筋肉の力.

nòr'·wést·er [nɔ̀ːrwéstər/nɔ̀ː-] *n.* **1** =northwester. **2**〖米俗〗水夫〔人夫〕用油布外套(がいとう). **3**〖英: 海俗〗1 杯の強い酒. **4**〖英〗油布帽.

Nos., nos. numbers.

†**nose** [nouz] *n.* **1** 鼻. **2** 臭覚; 直感力, 勘(かん): a dog with a good ～ 鼻がきく犬. **3** 突出〔先端〕部; 《特に》筒先, 銃口, 船首, 機首. **4**〖英〗《酒などの》かおり, 《干し草などの》におい. **5**〖英俗〗《警察の》手先, 密告者.
(as) plain as the ～ in 〔***on***〕 one***'s face*** 明々白白で. ***bite*** 〔***snap***〕 a person***'s ～ off*** つっけんどんに返事する. ***blow*** one***'s ～*** 鼻をかむ. ***bridge of the ～*** 鼻筋. ***count*** 〔***tell***〕 ***～s*** 人数をかぞえる《出席者・賛成者などの》. ***cut off*** one***'s ～ to spite*** one***'s face*** → spite. ***follow*** one***'s ～*** まっすぐ前へ進む; 本能の命ずるままに行動する. ***have a good ～*** 〈犬・探偵(たんてい)などが〉鼻がきく. ***hold*** one***'s ～*** 鼻をつまんでふさぐ. ***in spite of*** a person***'s ～*** (人)の反対を退けて. ***keep*** a person***'s ～ to the grindstone*** (人)を酷使する. ***lead*** a person ***by the ～*** (人を)鼻で引っ張り回す, 意のままに動かす. ***look down*** one***'s ～ at*** を見下げる, をばかにする. ***make a long ～*** 《手を広げ親指を鼻に当てて振り》人をばかにする. ***～ of wax*** ひとの言うなりになる人; 意のままになるもの. ***～ to ～*** 鼻突き合わせて, 相対して. ***on the ～*** 正確に; 時間どおりに; 〖競馬〗1 着の(馬). ***pay through the ～*** 法外な代金を払う. ***poke*** 〔***thrust, put***〕 one***'s ～ into*** another's business (人のこと)に鼻を突っ込む〔よけいなおせっかいをする〕. ***put*** a person***'s ～ out of joint*** (人)にとって代わる; (人)の鼻をあかす. ***speak through*** one***'s ～*** 鼻声で話す. ***turn up*** one***'s ～ (up) at*** を鼻であしらう, をけいべつ的に見る; …にかかり合わない. ***under*** a person***'s (very) ～*** (人)の鼻先で, (人)のすぐ目の前で; (人)の不興も顧みず. ***with*** one***'s ～ at the grindstone*** 激しく働きつづけて, あくせくと.
—— *vt.* **1** かぎつける; かぎ出す, 捜し出す《*out*》. **2** かぐ. **3** 鼻で押す; 押しすすめる: The dog ～*d* its pup into the kennel. 犬は鼻で小犬を犬小屋に押し入れた. **4** に鼻の差で勝つ《*out*》. **5** に鼻をこすりつける. **6** 鼻声で言う〔歌う〕.
—— *vi.* **1** かぐ《*about*; を *at*》. **2** 詮索(せんさく)する《を *after, for*》; 干渉する《に *about, into, with*》. **3** 〈船などが〉前進する. **4** (鼻で)押し入ってくる《*in*》. **5**〖地〗〈地層・山脈などが〉傾斜する《*in*》; 露出する《*out*》. **6**《階段の踏みづらに》段鼻をつける. **～ *over*** 〔***up***〕〖空〗〈飛行機が〉機首を下にして降下〔上にして上昇〕する. **～ one*'s way*** 前進する.
～ bag 飼い葉袋《馬の鼻先に下げる》; 〖俗〗紙袋に入れて渡された食物, 弁当. **∼·band** [∸∸]《馬の》鼻皮. **∼·bleed, ∼·blèed·ing** 鼻出血, 鼻血. **～ cone** 《ロケットなどの》頭部円すい体. **～ count** 人口調査. **～ dive** 〖空〗急降下; 《価格の》暴落. **∼-dive** [∸∸] 〖空〗急降下する; 〈物価が〉暴落する. **∼·gay** [∸∸] 花束. **～ glasses** 鼻めがね. **∼-led** [∸∸] *a.* 鼻先で振り回される; 思うままに振り回される. **∼·piece** [∸∸] 《馬の》鼻皮; 《水管などの》筒先;

《顕微鏡の》 対物レンズ取り付け部分; めがねの橋梁(きょうりょう)部. **~·rag** [ˊ-ˋ] 〘俗〙 ハンカチ, 鼻ふき. **~ ring** 鼻輪《牛・蛮人などの》. **~-thùmb·ing** あざけり《鼻に親指を当てて他の指を揺り動かす》. **~ warmer** 〘俗〙 短いたばこパイプ.
◇ **nós·ing** *n.* 〘建〙 段ばな《階段の踏みづらの端》.

nóse·gay [nóuzgèi] *n.* 花束.

nós·er [nóuzər] *n.* 強い向かい風; 鼻への一撃.

nóse·y ＝nosy.

nosh [nɑʃ/nɔʃ] *n., vi.* 間食(をする). ◇ **~·er** *n.*

nó-shów [nóuʃóu] *n.* 〘話〙 無断不参客《旅客機・船などの座席を予約したまま出発時に姿を見せない客》. 「板金).

nós·ing [nóuziŋ] *n.* 階段の踏み板の端 (を保護する

no·sóg·ra·phy [nosɑ́grəfi/-sɔ́g-] *n.* 疾病(しっぺい)記述学. 「類(学・表).

no·sól·o·gy [nosɑ́lədʒi / -sɔ́l-] *n.* 疾病; 疾病分

nos·tál·gi·a [nɑstǽldʒiə/nɔs-] *n.* ノスタルジア, 郷愁, 懐郷病. ◇ **nos·tál·gic** *a.* 「愁.

nòs·to·má·ni·a [nɑ̀stəméiniə/nɔ̀s-] *n.* 激しい郷

Nòs·tra·dá·mus [nɑ̀strədéiməs/nɔ̀s-] *n.* 予言者, 易者《16 世紀のフランスの占星家の名から》.

nós·tril [nɑ́stril/nɔ́s-] *n.* 鼻孔.

stink in one's **~s** 鼻もちならない, きらわれる. ***the breath of*** one's **~s** たいせつなもの.

nó-string [nóustrìŋ] *a.* 無条件の: a ~ subsidy ひものつかない助成金.

nós·trum [nɑ́strəm/nɔ́s-] *n.* **1** 売薬. **2** (いわゆる) 妙薬; 万能薬. **3** (得意の) 名案《政治・社会問題などの解決の》.

nós·y [nóuzi] *a.* **1** 〘俗〙 鼻の大きい. **2** 〘俗〙 おせっかいな; 詮索(せんさく)好きな. **3** 〘話〙 くさい. **4** 〘話〙 《紅茶など》芳しい. **N~ Parker** 〘英話〙 おせっかい者.

†**not** → 枠付 not.

no·ta be·ne [nóutə-bí:ni] L. (＝mark well) 注意(せよ) 《略 N.B.》.

nò·ta·bíl·i·ty [nòutəbíliti] *n.* **1** 顕著, 有名. **2** 著名人, 名士; 〘稀〙 顕著な事物. **3** 〘英古〙 家政の才.

‡**nó·ta·ble** [nóutəbl] *a.* **1** 注目に価する; 顕著な. **2** 著名な, 有名な. **3** 〘化〙 知覚しうる. **4** [しばしば nɔ́təbl/nɑ́t-] 所帯もちのよい. —— *n.* 名士.
◇ **-bly** *ad.* 著しく, 非常に; 明らかに.

no·tár·i·al [notέ(:)riəl/-tέər-] *a.* 公証(人)の. **~ deed** 公正証書.

nó·ta·rize [nóutəràiz] *vt.* <公証人が文書を> 公正証書にする, 認証〔証明〕する.

not

最も代表的な否定詞 (negative) で, 次の特徴がある:

(1) 一般の語・句・準動詞・節を前から修飾する: *Not* Tom but Bill came. / We met here, *not* at Tom's house. / Tell him *not* to come. / (It is) *not* that I am afraid.

(2) 助動詞をあとから修飾する: He *must not* [*will not, cannot*] come.

(3) 動詞 be の定形もあとから修飾する: I *was not* [They *were not*] there.

(4) 一般動詞については定形を直接修飾できず, 助動詞 do を借りて do not の形で, 不定詞を前から修飾する: I do*n't* know.

(5) have は, 完了の助動詞としては常にあとから修飾し, 本動詞には両用法がある: He *has not* come. / I *do not have* [I *have not*] the qualifications. (→ 枠付 have).

(6) 助動詞 (および動詞 be, have)＋not は短縮形 (contraction) をつくり, 口語では, 特に not を強調するばあいのほかは, 通常この形を用いる: must not → mustn't, will not → won't, cannot → can't, do not → don't, is not → isn't, have not → haven't, etc. (→ 各助動詞・動詞の項). この形は「付加疑問文」でも頻用(ひんよう)される.

(7) 否定詞が文頭に近く置かれる傾向が強く, 複文では本来従属節にあるべき not が主節に出てくる傾向が (特に口語において) 強い: I do*n't* think it's true. (←I think it's *not* true.)

not [nɑt/nɔt; 助動詞との短縮形では -nt] *ad.* **1** 《平叙文で助動詞 do, will, can など, および動詞 be, have のあとについて》 …しない, …(では)ない: I do*n't* know. 私は知らない. Tom does*n't* want to go. トムは行きたがらない. Did they agree? —No, they did*n't*. 彼らは同意したか. —いや, しなかった. They wo*n't* [will *not*] succeed. 彼らは成功しないだろう. She ca*n't* [can*not*] swim. 彼女は泳げない. You must*n't* touch the picture. 絵にさわってはいけない. It is*n't* [It's *not*] my fault. ぼくのせいじゃない. He has*n't* finished his homework yet. 彼はまだ宿題を済ませてない. I do*n't* have [I have*n't* (got)] enough time to help you now. いまはお手伝いするだけ十分の時間がない《[ ]内はおもに英. → 枠付 have》.

〈付記₁〉 助動詞＋not は口語では don't, can't のように短縮するのが普通だが, 次のばあいには口語でも分離する: (1) 特に否定を強調するとき: I *do not* agree. 断然賛同しかねます. I *cannot* help you. どうしてもご助力できません. (2) 演説などで多数の人に明瞭(めいりょう)に聞かせたいとき《もっとも演説は, 全体の調子が文語に近づきやすいが》. 逆に書いた文でも, 親しい人との文通などには盛んに短縮形が用いられる.

〈付記₂〉 do not の do を用いない古い用法がある: I know [knew] *not*. ＝I do [did] *not* know.

2 《否定の命令形》 …するな; …してはいけない: Do*n't* (you) hesitate. 遠慮しなさるな. Do*n't* be afraid of making mistakes. まちがいをすることを恐れてはいけない. 〈注〉 do を用いない古い用法がある: Be *not* afraid. ＝Do*n't* be afraid.

3 《否定の疑問》 …ではない(の)か: Ca*n't* you come? 来られませんか; 来られないのですか; 来られるでしょう. Is*n't* it [Is it *not*] beautiful? きれいではありませんか; どうです, きれいでしょう《[ ] 内は文語的》. Did*n't* I tell you that it was dangerous? だからあぶないと言ったでしょう《相手を非難する表現》. Wo*n't* you go with us? 私たちといっしょに行きませんか [いらっしゃい] 《勧誘》.

〈付記₁〉 否定の疑問文は質問というより驚異の表現, 同意を求める表現, だめ押し, などの傾向を帯び, 特に最後の例 won't you の「勧誘」にそれが明瞭にあらわれる. →下記④の「付加疑問文」.

〈付記₂〉 現今疑問文では, 通常 isn't, didn't, won't などの短縮形が用いられる. 短縮しないばあい《おもに文語》には, 主語が代名詞ならば通常 *is* it *not* のように(助)動詞と not の間に主語がはさまれるが, 主語が名詞のばあいには not が前に出る: *Will* they *not* come? 彼らは来ないだろうか. —*Will not* the young men come? 青年たちは来ないだろうか. *Can* he *not* swim? 彼は泳げないのか. —*Cannot* your students swim? 貴校の学生は泳げないのか.

4 《肯定平叙文に続く付加疑問文 (tag question) で》 …ですね, でしょう, ではないか: Fine day [It's a fine day], is*n't* it? いい天気ですね. You like summer, do*n't* you? あなたは夏が好きでしょう. You said that, did*n't* you? きみはそう言った

じゃないか. He has once been there, has*n't* he? 彼はそこに行ったことがあるだろう.

〈付記₁〉この種の付加疑問文は, 確認の役をするので,「確認疑問文」(confirmative question) と呼ばれることがある. 上の例のように前が肯定文なら否定文になるが, 次のように前が否定文なら, 逆に肯定文となる: You don't seem to like me, *do you*?「きみはぼくが好きではないらしいね」. 音調は, 話者に自信があれば下降調, 疑念が強ければ上昇調となる.

〈付記₂〉逆に肯定—肯定, 否定—否定の構文があり,「なるほどそうか」の気持ちをあらわす. このばあい, 通常上昇調をとる: So you already know, *do you*? じゃあ, もう知ってるってわけか. You don't like it, *don't you*? それが好きじゃないってわけか.

5《any, at all などを伴って全面否定をあらわし》少しも…ない, どれ〔どちら〕も…ない: He did *not* drink *any* coffee. コーヒーを少しも飲まなかった (=He drank no coffee.). I am *not* tired *at all* 〔*a bit, in the least*〕. 私は少しも疲れていない《at all は一般的, a bit は口語的, in the least は文語的》.

6《all, every などを伴って部分否定をあらわし》全部が〔常に, 全く〕…というわけではない: I do*n't* want *all* 〔*both*〕 of them. それら全部〔両方〕がほしいわけではない《一部〔一方〕でけっこう》(≒I do*n't* want *any* 〔*either*〕 of them. それらのどれ〔どちら〕もほしくない《全面否定》). *All* that glitters is *not* gold. 光るもの必ずしも金ならず. *Not everybody* likes him. みんなが彼に好感をもっているわけではない《一部だけ》(≒*Nobody* likes him. だれも彼に好感をもっていない《全面否定》). The rich are *not always* happy. 金持ちが, 必ずしも幸福とは限らない《not necessarily との比較は → always》. I do*n't quite* understand. 私は完全にはわからない(≒I do*n't* understand *at all*. 私には全くわからない《全面否定》). Your answer is *not quite* correct. あなたの答えは完全には正しくない《だいたいは正しいが》(≒Your answer is *quite in*correct. あなたの答えは全くまちがっている)《比較: He is *not very* kind. 彼はあまり親切ではない. ≒He is *very un*kind. 彼は非常に不親切だ》. 〈注〉その他の部分否定表現に *not* altogether, *not* wholly などがあり, 部分否定に関係した表現に not...too (…もするというところまでは行かない) がある. → 枠付 too, A) ① 〈付記₂〉.

7《複文で not が主節に引かれるばあい 1》: I do*n't* think he will come today. 彼はきょうは来ないと思います〔来ないでしょう〕. 〈注〉not を従属節に用いた I think he will *not* come. もあるが, 前者ほどひんぱんに用いられない. 英語では not がなるべく文頭に近くくる傾向が強く, seem においても It seems *not* to be true. (ほんとうではないらしい) よりも It does *not* seem to be true. が好んで用いられる. しかし ask のばあいのように, not の位置によって意味が変わることがある (→ 下記 ⑩).

8《複文で not が主節に引かれるばあい 2》: I did*n't* leave him because he was poor. 私は彼が貧しいから彼のもとを去ったのではない〔彼のもとを去ったのは彼が貧しいからではない〕. 〈注〉他に二つの意味が可能 (→ 枠付 because). ここで与えた意味のばあい, 論理的には I left him *not* because he was poor. となるべきもので, また文が延びて ...but because he was cruel. (私が彼のもとを去ったのは, 彼が貧しいからではなく, 彼がむごいためである) のようになるときには実際に用いられる (→ ⑨). しかし, このばあいにさえ, しばしば I didn't (did not) が用いられる.

9《not...but___》 **a**) …でなく—(である)《but 以下は肯定になる》: He is *not* a clerk *but* an engineer. 彼は事務員ではなくて技師だ《順序を入れ替えると He is an engineer, (and) *not* a clerk. 彼は技師であって事務員ではない》. **b**) …ではないが, —である: This is *not* much, *but* I hope you will like it. たいしたものではありませんが, お気に召せば幸いです (→ only, 枠付 but および枠付 Correlative Conjunction).

10《不定詞, 分詞または動名詞の前にきてそれを否定する》: I asked 〔told〕 her *not to* go. 私は彼女に行かないようにと頼んだ〔命じた〕《≒I did *not* ask 〔tell〕 her *to* go. 私は彼女に行ってくれと頼みは〔命じは〕しなかった》. It is right *not to* tell him. 彼には話さないでおくのがいい. *Not* know*ing* where to sit, he kept standing for a while. どこにすわっていいかわからなかったので, 彼はしばらく立ち続けていた. *Not* hav*ing* finished his work yet, he couldn't go home. まだ仕事を終えていなかったので彼は帰宅することができなかった. He regretted *not* hav*ing* done it. 彼はそれをしなかったことを後悔した.

11《文中の特殊な語だけを修飾する》 …でない: He stood *not* ten yards away. 彼は10ヤードと離れていないところに立っていた. *not* a few 少なからぬ《数が》. He has *not* a few books. 彼はずいぶんたくさん本をもっている. *not* a little 少なからぬ, 少なからず《量・程度が》. *not* once or twice 一再ならず, 何度も. *not* seldom たびたび (≒often).

12《前の語・句・文の否定的な受け継ぎまたは答え》: I think 〔believe〕 *not*. 私はそうは思わない (=I don't think so.). I am afraid *not*. (残念ながら) そうではないらしい. if *not* もしそうでないならば〔としても〕. Perhaps *not*. そうではないかもしれない. Why *not*? なぜそうでないのか; いいとも, いいではないか, どうしていけないことがあろうか. Right or *not*, it is a fact. 正しかろうとなかろうと, それは事実だ.

〈付記〉二重否定(double negative) は一般に無教養な人または子どもが犯しがちな誤りで, 不当に否定詞を重ねることをいう: I did*n't* do *nothing*. おれはなにもしなかった《正しくは I did*n't* do *anything*》. *No* one *scarcely* knows it. だれもそれを知らない《正しくは *Hardly anyone* knows it》. 〈注〉次のような否定詞の重ねは正しい: There is *no* rule that has *no* exceptions. 例外のない原則はない.

as likely as not... あるいは…かもしれない. ***not a***... 一つ〔ひとり〕の…もない: There was *not a* soul 〔*Not a* soul was〕 to be seen. 人っ子ひとり見えなかった. ***not even***... …さえも—(し)ない: He did*n't even* look at it. それに目を向けもしなかった. He was seldom offended, *not even* at the most insulting words. 彼は失礼窮まることばを浴びせられたときでさえ, めったに腹を立てなかった. ***not a few, not a little, not once or twice*** → ⑪. ***not only ...but*** (***also***)___ …のみならず—も: It is *not only* beautiful, *but also* useful. それは美しいばかりか有益でもある. ***not seldom*** → ⑪. ***not so much as*** …さえない: He can*not so much as* write his own name. 彼は自分の名前も書けない. ***not so much ...as***___ …というよりもむしろ—: He is *not so much* a scholar *as* a poet. 彼は学者というよりむしろ詩人だ. It is ***not that...but that***___ …だというわけではなく—だというわけだ: It is *not that* I dislike it, *but that* I cannot afford it. それが気に入らないのじゃなくて, それを買う余裕がないんです. ***Not that I know of.*** 私の知っている限りそのようなことはない. ***so as not to*** (do) …しないように: He worked hard *so as not to* fail again. 彼は再び失敗しないようによく勉強した. ***not to say***... …と言ってもいいくらい: He is frugal, *not to say* stingy. 彼はけちと言っていいくらいの節約家だ. ***not to speak of***... …は言うまでもなく. ***not but what*** 〔***that***〕... ただし… (however); もっとも…ではあるが (although): I cannot help them; *not but what* my brother might. 私は彼らの力になってやれない; もっとも兄なら力になれるかもしれないが.

nó·ta·ry [nóutəri] *n.* 公証人. ～ **public** 公証人.

no·tá·tion [noutéiʃ(ə)n] *n.* **1** 《符号などによる》 表示法, 表記;〖数〗記数法;〖楽〗記譜法. **2** 注釈. **3**〖米〗覚書, 記録. ***broad*** [***narrow***] ～〖音声〗簡易 [精密] 表記(法). ***chemical*** ～ 化学記号法. ***decimal*** ～ 十進記数法. [√not-]

notch [nɑtʃ/nɔtʃ] *n.* **1** 《V 字形の》 切り込み; 《目印・記録のための》 刻み目. **2** 矢はず, 弓筈(ゆはず). **3**〖米〗山あい, 峡谷. **4**〖話〗段, 級: She is a ～ above the others. 彼女はほかの者たちより一段格が上だ. **5**〖古〗《クリケットなどの》 得点.

—— *vt.* **1** に刻み目をつける. **2** に刻み目をつけて記録する. **3** 記録する《*up, down*》. **4** 〈勝利・得点などを〉記録する, おさめる.

∠·board [∠∠] はしご段のけた. **∠·wing** [∠∠]〖虫〗ガの一種.

◇ **∠ed** [-t], **∠·y** *a.* 刻み目のある; のこぎり歯状の.

‡**note** [nout] *n.* **1 覚書**, 手控え, メモ; (*pl.*) 手記, 記録. **2** 《外交上の》文書, 通告. **3 短い書信**: a ～ of invitation 招待状. **4 注**, 注釈, 注解: a margin(al) ～ 傍注. a new edition of King Lear with abundant ～*s* 豊富な注釈のついた「リア王」の新版. **5 注目**, 注意: worthy of ～ 注目に価する. **6 著名**, 特色, 特徴: a man of ～ 名士. **7** 重大性;〖古〗悪名. **8 紙幣** (= bank ～); 預り証;〖商〗手形. **9** 印, 記号, 符号: a ～ of interrogation〖英〗疑問符《?》. **10**〖楽〗音符; 《ピアノなどの》 鍵(けん); 音色(ねいろ). **11**〖雅〗調べ, 旋律. **12** 《ことばの》 調子, 声音: a ～ of satisfaction 満足そうな語気. **13** 《鳥の》 鳴き声.

change one'***s*** ～ 語気 [態度] を変える. ***compare*** ～***s*** 意見を交換する. ***diplomatic*** ～ 外交文書. ***make a*** ～ ***of*** [***on***] のノートをとる, を書きとめる. ～ ***of hand***〖俗〗約束手形; 金銭債務証書. ***sound the*** ～ ***of war*** 戦意を伝える; 主戦論を唱える. ***sound the*** ～ ***of warning*** 警告を与える. ***speak from*** [***without***] ～***s*** 草稿を見て [なしで] 演説する. ***strike the right*** ～ 適切な意見を述べる, まともなことを言う. ***take*** ～ ***of*** に注目する, に気づく. ***take*** ～***s of*** [***on***] = make a ～ of [on].

—— *vt.* **1 書きとめる**《*down*》. **2** に注をつける. **3 に注目する**, に注意する; に気づく. **4** 印づける, 指示する, 意味する: Black ashes ～*d* where the house had stood. 黒い灰はもと家の立っていた場所を示していた. **5**〖楽〗音符で書く, に音符をつける.

It should [***will***] ***be*** ～***d that*** … …のことに特に注意ありたし. ***We have*** ～***d your order for*** …のご注文確かに拝受いたしました. [√not-]

†**∠·book** [∠∠] →別項. **∠·case** [∠∠]〖英〗札入れ. **∠·head** [∠∠] = letterhead. ～ **pad** メモ用紙とじ. ～ **paper** 便箋(びんせん). **∠·wòr·thy** →別項.

◇ **∠·less** *a.* **1** 無名の; 人目を引かない. **2** 音楽的でない. **∠·let** *n.* 短信, 短い手紙. **nót·er** *n.*

[類] → notice「気づく」

†**nóte·book** [nóutbuk] *n.* **1** ノート(ブック), 手帳. **2** 約束手形帳.

‡**nót·ed** [nóutid] *a.* **1 著名な**: ～ *for* beauty 美しいので有名な. **2** 注目すべき, 注目される. **3** 音譜つきの. ◇ **～·ly** [-li] *ad.* 目だって.

nóte·wòr·thy [nóutwə̀ːrði] *a.* 注目すべき, 著しい. ◇ **-thi·ness** *n.*

†**nóth·ing** [nʌ́θiŋ] *pron.* **なにもの** [**なにごと**] **も…でない** [**しない**]; 全然…(で) ない: He said ～. 彼はなにひとつ言わなかった. *N*～ is easier than to cheat him. 彼をだますぐらいたやすいことはない. 〈注₁〉 nothing を修飾する形容詞は後置される: I have *nothing particular* to do. 特別することもない. 〈注₂〉 主語としての nothing や, have nothing, there is nothing は口語でも普通であるが, 一般に目的語, 特に動詞の目的語としては, 口語では not anything を好んで用いる: He did*n't* say *anything.* 彼はなにも言わなかった. I am *not* looking for *anything.* なにも捜してはいない.

—— *n.* **1 無**, 空(くう): Man returns to ～. 人は無に帰る. The sound faded to ～. 音はしだいに消えうせた. **2 無価値の物**, とりえのない人: mere ～*s* 全くつまらないことども. He is ～ to me. 彼は私にとって無価値な人間だ. She is ～, if not pretty. 美人であるのが唯一のとりえ. **3** 《数字の次で》 かっきり: five feet ～ 5 フィートかっきり.

all to ～ 十二分に. ***be for*** ～ ***in*** に少しも影響を及ぼさない. ***can make*** ～ ***of*** を全然了解 [処理] できない. ***care*** ～ ***about*** [***for***] を全然かまわない. ***come to*** ～ なんにもならない, 水泡(すいほう)に帰する. ***do*** ～ ***but*** sleep (寝て)ばかりいる. ***for*** ～ 無料で; 理由なく; むだに. ***good for*** ～ なんの役にも立たない. ***have*** ～ ***to do with*** …とは全然関係 [交渉] がない. ***It has*** ～ ***in it.*** それにはなんのいいところもない. ***make*** ～ ***of*** をものともしない; を軽視する;〖米〗を全然了解できない. ***next to*** ～ 無価値に近い. ***no*** ～〖俗〗まるっきりない. ～ ***but*** …以外にない; ただ…だけ, …に過ぎない. ～ ***doing*** (1)〖俗〗だめだ, やめた. (2) 活動を停止して; 得るところがなく: We drove through the town but there seemed to be ～ *doing.* 町を車で通過したが静まりかえっていた. ～ ***else but*** [***than***] (1) …以外になにもない, …だけ. (2) …にほかならない. ～ ***less than*** (1) 全く…にほかならない, 全くの…: It is ～ *less than* foolishness. あほらしいと言うよりほかないことだ; 全く愚かしいことだ. She is used to ～ *less than* the best. 彼女は最高のものしか知らないのだ. (2) 少なくとも…ぐらい: He is earning ～ *less than* $5,000. 彼の収入は5,000ドルを下らない. ～ ***of*** …の性質 [気味, 面影] が少しもない: He is ～ *of* an artist. 彼には芸術家らしいところは少しもない. ～ ***short of*** …とおなじで, 全くの…: He talked ～ *short of* nonsense. 彼のしゃべったのは全くのでたらめだ. ～ ***to*** (1) …とは比べものにならない: At tennis she is ～ *to* her sister. テニスでは彼女は姉 [妹] の足元にも及ばない. (2) …とは無関係だ: There is ～ *to* you. あなたには全然かかわりない. He is ～ *to* her. 彼女には彼のことなどどうでもいいのだ. ***N***～ ***venture,*** ～ ***have.***〖諺〗虎穴(こけつ)に入らずんば虎児を得ず. ***There is*** ～ ***for it but to*** (do) …するよりしかたがない. ***There is*** ～ ***in it.*** それはまっかなうそだ; とるに足りない;〖俗〗だれの勝ちだかわからない. ***There is*** ～ ***to it.***〖俗〗たやすいことだ. ***think*** ～ ***of*** をなんとも思わない, を軽視する. ***to say*** ～ ***of*** …のことは言うまでもなく, …はもちろん.

—— *ad.* 少しも [決して] …でない: It helps ～. なんの役にも立たない. *N*～ daunted, he insisted on going. いささかもひるまず彼は行くと主張した.

be ～ ***like*** [***near***] ***as good as*** …にとうてい及ばない. ～ ***like*** 全然…に似ていない, …とはほど遠い: It was ～ *like* what we expected. 予測とは似ても似つかなかった. There are ～ *like* enough experts. 専門家がはなはだ不足している.

◇ **～·ness** *n.* 存在しないこと; 無, 空; 無価値 (の物); 人事不省.

nòth·ing·ár·i·an [nʌ̀θiŋέ(ː)riən/-ŋέər-] *n.* 無信仰の人.

‡**nó·tice** [nóutis] *n.* **1 注意**, 注目; 認知: escape one's ～ 見落とされる; 人目を避ける. **2 通知**, 通告: send a ～ 通知を出す. **3** 《解雇・退職・移転などの》 予告; 警告: give a servant ～ 召使に解雇を通告する. **4** 公告; 掲示, 張り札: post a ～ 掲示する. **5** 紹介《新刊・映画などの》, 批評: theatrical ～*s* 劇評.

at a moment's ～ (言われればすぐ →) すぐさま, 即刻に. ***at*** [***on***] a week'***s*** ～ (1 週間) 前の予告で. ***at*** [***on***] ***short*** ～ ぎりぎりの予告で; 急に. ***avoid*** ～ 人目を避ける, 目だたぬように努める. ***beneath***

one's ～ とるに足りない. ***bring ... to*** [***under***] a person's ～ …に(人)の注意を促す. ***come into*** [***under***] ～ 目にとまる, 注意を引く. ***give ～ of*** を通知する; を予告する; を告示する, を警告する. ***give ～ that...*** …ということを知らせる. ***have ～ of*** の通知を受ける. ***rise to ～*** 世間に知られるようになる; 有名になる. ***serve ～*** 通告する; 警告を発する《に対して *on*》. ***take no ～ of*** に気をとめない; を無視する. ***take ～*** 注意する; <幼児が> 知恵がつく. ***take ～ of*** を注目する; を厚遇する. ***till further ～*** 追って(なにぶんの)通知があるまで. ***under ～*** 予告を受けて. ***without a moment's ～*** 一刻の余裕もなしに; やぶから棒に. ***without ～*** 予告なしに; 無断で. ***worthy of ～*** 注目に価する.

—— *vt.* **1** に**気がつく**, 認める: ～ a defect in a method ある方法の欠点に気づく. I ～*d that* he had a peculiar habit. 彼に変な癖があるのに気づいた. ～ a person go(ing) out 人が出て行くのに気づく. **2** に**注意する**, に気をとめる. **3** <人に> 通知する《…ということを *that*》; <人に> 通告する《…せよと *to* (do)》. **4** <人に> あいさつする: She ～*d* him with a nod. **5**〘話〙丁重に扱う. **6** に言及する, <新刊などを> 紹介する《新聞で》, 論評する. [√not-]

～ **board** 掲示板, 告知板, 立て札.

(類義語) 気づく, 認める: **notice** 以下の語に比べいちばん軽い.「…の目にとまる」: Did you *notice* her new hat? 彼女の新しい帽子に気づいたか. **note** 頭の中にとどめるように注目すること. したがって命令形に用いられるばあいが多い: *Note* the fine brushwork in his painting. 彼のペンキ筆の使い方をよく見なさい. **discern** (しばしば苦労をして)周囲のものから弁別する: In spite of the mist, we finally *discerned* the top of the hill. 霧が深かったがようやく丘の頂が見つかった. **perceive** 五官で感知する→理解する, 看取する. 実際の用法では notice または see にも取り替えられるやや堅苦しい語: After examining the evidence he *perceived* [*noticed, saw*] its significance. 証拠物件を調べて初めて彼はその重要性がわかった.

*__nó·tice·a·ble__ [nóutisəbl] *a.* **1** 人目を引く, きわだった, 著しい. **2** 注目すべき. ◇ **-bly** *ad.*

nò·ti·fi·cá·tion [nòutịfịkéiʃ(ə)n] *n.* **1** 通告, 公告; 催告. **2** 通知書; 告示文; 届け書: a ～ of the meeting 会合の通知.

‡**nó·ti·fy** [nóutịfài] *vt.* **1** に**通知する**, に公示する《ということを *that*》; に届け出る《を *of*》: We have been ～*ied that...* われわれは…だという通知を受けた. ～ the authorities *of* a fact 当局に事実を報知する. **2**〘おもに英〙**通告する**, 公示する: The sale was ～*ied* in the papers. 売却が新聞紙上に公示された. ◇ **nó·ti·fi·a·ble** [-əbl] *a.* 通知すべき; 届け出るべき《法定伝染病など》.

‡**nó·tion** [nóuʃ(ə)n] *n.* **1** **観念**, 概念. **2** 考え, 意見; 意向. **3** 理解力, 能力. **4**〘米〙気まぐれ, ばかげた考え. **5** (*pl.*)〘米〙小間物, 小型実用品《ピン・糸など》: a ～ store 小間物屋. **6** (*pl.*)〘英〙Winchester 校特有のことば. ***common ～*** 通念. ***have a*** (***good***) ***～ of*** を(よく)知っている. ***have a*** (***vague***) ***～ that ...*** …と(ばく然と)考えている, (ほぼ)…と思う. ***have no ～ of*** …のなんたるかが全然わからない. ***have no ～ of*** (do)***ing*** …する気はない. ***take a ～ of*** (do)***ing*** …する気をおこす. ***take a ～ to*** …が気に入る. ***the first*** [***second***] ～〘哲〙初[二次的]概念. (類) → **idea**「考え」

nó·tion·al [-ʃən(ə)l] *a.* **1** 観念の, 概念の. **2** 観念的な, 抽象的な. **3** 想像上の; 空想好きの. **4**〘米〙気まぐれな.

nó·to·chord [nóutəkɔ̀:rd] *n.*〘医〙脊索(せき).

nò·to·rí·e·ty [nòutəráiəti] *n.*《通例悪い意味での》**1** 評判, 高名; 悪名. **2** 悪名高い人, 有名人; 評判もの.

no·tó·ri·ous [notó:riəs/-tɔ́:r-] *a.*《通例悪い意味で》有名な, 悪名高い, 名うての《のゆえに *for*, として *as*》: a ～ rascal 名うての悪党. a ～ fact 隠れもない事実. ***It is ～ that*** …は周知のことである. ◇ **～·ly** *ad.* あまねく知れわたって, 世界に広く.

No·tre Dame [nòutrədá:m] F. (=Our Lady) **1** 聖母マリア. **2** 聖母会堂, 聖母にささげられた寺院. **3** (パリの) ノートルダム寺院.

nó-trúmp [nóutrʌ́mp] *a.*, *n.*〘トランプ〙切り札なしの(勝負・手), ノートラ.

nót-self [nátsèlf/nɔ́t-] *n.* 非我 (nonego).

Nót·ting·ham [nátịŋəm/nɔ́t-] *n.* イギリス北中部の州; その州都.

‡**nòt·with·stánd·ing** [nàtwiθstǽndiŋ, -wið-/nɔ̀t-] *prep.* …**にもかかわらず**: ～ the bad weather 悪天候にもかかわらず, 荒天を押して.

—— *ad.* **それにもかかわらず**, それでも: It is snowing, but I shall go ～. 雪が降っているけれど, それでもお参ります.

—— *conj.*〘古〙…といえども. 〈注〉しばしば that を伴う: He came *notwithstanding* (*that*) he was told not to. 来るなと言われたのに来た.

Nouak·chótt [nwa:kʃát/-ʃɔ́t] *n.* ヌアコット《Mauritania の首都》.

nóu·gat [nú:gət, -ga:/-ga:] *n.* ヌガー《クルミなどの「果実入り糖菓」》.

nought [nɔ:t] *n.* **1**〘数〙零, ゼロ. **2**〘古・雅〙無. **3** つまらない人[物]. **4** 破滅; 失敗. ***bring to ～*** 失敗させる. ***come to ～*** 失敗する. ***～s and crosses*** 子どもの遊戯の一種 (tick-tack-toe). ***set at ～*** 無視する.

nóu·me·non [nú:mịnàn, náum-/náumịnɔn] *n.* (*pl.* **-na** [-nə])〘哲〙本体. → phenomenon. ◇ **-nal** [-nəl] *a.* ～ の.

‡**noun** [naun] *n.*〘文〙**名詞**. ***～ of multitude*** 衆多名詞. ～ **clause** 名詞節. ～ **phrase** 名詞句. ～ **substantive** 実(名)詞《名詞におなじ. ～ adjective に対する》.

‡**nóur·ish** [nɔ́:riʃ/nʌ́riʃ] *vt.* **1** に**栄養を与える**, 養う, 肥やす. **2** はぐくむ, 助成する. **3** <希望などを> 心にいだく. [√nutri-] ◇ *~·**ing** *a.* 滋養のある.

nóur·ish·ment [nɔ́:riʃmənt/nʌ́r-] *n.* 養育; 栄養; 栄養物, 食物.

nous [nu:s, naus/naus] *n.* **1**〘哲〙精神, 理性, 知力. → noesis. **2**〘話〙知恵; 常識; 機転.

nou·veau riche [nú:vourí:ʃ] F. (*pl.* ***nouveaux riches*** [nú:vorí:ʃ]) にわか成金.

Nov. November.

nó·va [nóuvə] *n.* (*pl.* **-vae** [-vi:], **-vas**)〘天〙新星《突然光を増しやがて薄れる星》.

No·ván·gli·an [novǽŋgliən] *a.* New England 地方(の住民)の. —— *n.* ～ の住民.

Nó·va Scó·tia [nóuvə-skóuʃə] *n.* カナダ東南部の半島 [州].

‡**nóv·el**[1] [návl/nɔ́v-] *a.* **新奇な**, 新しい; 奇抜な; 異常な: a ～ idea 奇抜な考え, 斬新(ざん)なアイディア. [√nov-] (類) → **new**「新しい」

‡**nóv·el**[2] *n.* **1** (長編) **小説**: a popular ～ 通俗長編. a short ～ 中編小説. **2**〘ローマ法〙新法令.

(類義語) 小説: **novel** ある程度以上の長さと複雑な構成をもつ小説, 長編小説: a historical *novel* 長編時代小説. **short story** 短編小説《通常 1 万語未満》. **romance** 最初は中世の伝説・騎士道物語を韻文で書いたものをさしたが現在では現実離れをした空想物語, 男女の恋愛を描いた小説をさし realistic novel と対する. **fiction** つくられたものの意で documentary (記録もの) に対し, novel, tale, romance などのすべてを含む. 別名 fictitious literature [narrative] ともいい fantasy *fiction* (空想小説), scientific *fiction* (科学小説)などの分野もある.

nòv·el·ése [nàv(ə)lí:z/nɔ̀v-] *n.*《低級な》小説家「口調.

nòv·el·étte [nɑ̀v(ə)lét/nɔ̀v-] *n.* **1** 中編小説;〘英〙軽い感傷的な小説. **2**〘楽〙小品曲.

‡**nóv·el·ist** [nɑ́v(ə)list/nɔ́v-] *n.* **小説家.**

nòv·el·ís·tic [nɑ̀v(ə)lístik/nɔ̀v-] *a.* 小説的な.

nóv·el·ize [nɑ́v(ə)làiz/nɔ́v-] *vt.* 小説化する, 小説に仕立てる.

no·vel·la [novélə] It. *n.* (***-las, -le*** [-lei]) 短編物語《Boccaccio の *Decameron* 中の物語のような》.

‡**nóv·el·ty** [nɑ́v(ə)lti/nɔ́v-] *n.* **1 新奇さ, もの珍しさ**; 新しさ. **2 新しい物**; 珍しい物〔事〕, 新しい経験: It's no ～ to our town. われわれの町によくあることだ. **3** (*pl.*) 新考案物. **4** 新製品; 小間物類《装飾品・装身具など》. **～ shop** みやげ物店.

†**No·vém·ber** [novémbər] *n.* **11 月**《略 Nov.》.

no·vé·na [noví:nə] *n.* (*pl.* **-nae** [-ni:], **-nas**)〘カトリック〙9 日間の祈り.

no·vér·cal [novə́:rk(ə)l] *a.* 継母の〔らしい〕.

nóv·ice [nɑ́vis/nɔ́v-] *n.* **1**〘宗〙見習い僧〔尼〕; 新入信者. **2** 初心者, 未経験者. [√nov-]

no·ví·ci·ate, no·ví·ti·ate [novíʃiit, -ʃièit] *n.* **1**《見習い僧・尼の》修道, 修練; 修道期間. **2** 修道者寮. **3** =novice. **4**《一般的》初心〔入門〕期.

nó·vo·cain(e) [nóuvəkèin/-kain, -kein] *n.* ノボカイン《歯科用局部麻酔薬》; (N～) その商標名.

†**now** [nau] *ad.* **1 いま, 現在**; 目下; このごろは, 近ごろ: He is here ～. 彼はいまここにいる. He is busy just ～. いまのところ手が放せません. I want to keep it ～. 目下それを手放したくない. *Now* you rarely hear the word. 近ごろはそのことばはほとんど耳にしない.
2 いますぐに; いまから: Do it ～! すぐにやれ. Travel ～, pay later. すぐ旅にお出かけください, お支払いは後ほど《航空会社の広告》. He won't be long ～. もうじき来るでしょう.
3 いまはもう, いまはもはや: The case is probably settled ～. いまはもう解決がついているだろう.
4《just を伴い, 動詞の過去形とともに》ついさっき, いましがた: I *saw* him *just* ～. 彼に会ったばかりだ.
5《物語の中で, または過去の事柄について語って》そのとき: The clock ～ struck three. そのときとけいが 3 時を打った. *Now* he was obliged to go. こうなっては〔いまや〕彼は行かざるをえなくなった.
6《間投詞的に》**さて**, ところで《話題を変えるため》; ところが, 実は《説明を与えるため》: *Now* I knew nothing about the matter. ところでその問題については私はなにも知らなかった.
7《間投詞的に》さあ, おい, まあ《命令に伴う》; そうだね…, まあ, そもそも《言明・疑問に伴う》: *Now* let's go. さあ行こう. *Now* listen to me. まあぼくの言うこと聞けよ. *Now*, ～, gently, gently. まあまあ, 穏やかに, 穏やかに《なだめのことば》. That is not really bad ～. そう悪くもないじゃないか. *Now* what do you mean? きみの言うことはいったいどういう意味かね. ***but*** [***even***] **～**〘古〙=just now. ***Come ～!*** さあさあ!, まあまあ! ***even ～*** (1) いまでも, いまだに (still), 既に (already). (2)〘古〙= just now. (***every***) **～ *and then*** = (***every***) **～ *and again*** ときどき. ***here and ～*** いまここで, さっそくに. ***just ～*** (1) ちょうどいま, 目下. →①. (2) たったいま. →④. **～ ～=～ *then*=*there ～*** ねえ, これこれ, まあまあ《親しみをもって抗議・注意するとき》: *Now* ～, don't be so hasty. まあまあそんなに急ぐんじゃない. **～ ... ～** [***then***] = **～... *and again*** ときには…, またときには…: *Now* here ～ there. いまここと思ったら, もうあそこ. **～ *or never*** いまをおいて二度と機会はない: It's a case of ～ *or never*. いまこそ絶好のチャンス.
—— *conj.*《しばしば that を伴う》…**であるから**; である以上: *Now* (*that*) you are older, you must be changed. 年取ったからにはあなたも前とは変わったに違いない. —— *n.*《おもに前置詞のあとで》いま, 目下. ***by ～*** いまごろはもう. ***from ～*** (***on***) = ***from ～ forward*** 今後. ***till*** [***up to***] **～** いままで.

nów·a·day [náuədèi] *a.* このごろの, 現今の.

‡**nów·a·days** [náuədèiz] *ad.* **このごろは, 当節は.**
—— *n.* 現今: the houses of ～ 当節の家.

nó·way(s) [nóuwèi(z)] *ad.* どの点から見ても…ない; 少しも…ない: He is ～ to blame. 悪いところは全くない.

now·él [nouél, ㊍⁺nóuəl]〘古〙=noel.

‡**nó·where** [nóu(h)wèər] *ad.* **どこにも…ない**: He was ～ to be found. どこにも見当たらなかった.
be [***get, come in***] **～** (1) 加わらない; はいる余地がない. (2) ぐっと離される《競争で》; こっぴどくやられる. (3) しくじる. **～ *near*** (とは)ほど遠い; …どころではない: He is ～ *near* as tall as you. あの人のほうがあなたよりずっと背たけが低いですよ. ***That will get*** [***carry***] ***you ～***. そんなことしてもなんの効果もないでしょう.
—— *n.* **1** どんな場所も…ない: He has ～ to go. 彼には行くところがない. **2** ありそうもない場所; どことも知れぬ場所: A man appeared from ～. どこからともなくひとりの男が姿をあらわした. **3** 無名(の状態): He came from ～ to win the championship. 名も知られていなかった彼が選手権を獲得した.

nó·whith·er [nóu(h)wìðər] *ad.* どこへも…しない.

nó·wise [nóuwàiz] =noway.

nóx·ious [nɑ́kʃəs/nɔ́k-] *a.* **1** 有害な, 有毒な. **2**《道徳的に》有害な, 不健全な: a ～ book. [√noc-]

no·yáu [nwɑ:jóu, ⌐⌐/nwáiou] *n.* ブランデーに桃の種の味をつけたリキュール. [<F.]

nóz·zle [nɑ́zl/nɔ́zl] *n.* **1**《ホースの》筒口, 管先, ノズル;《土びんなどの》つぎ口. **2**〘俗〙鼻. —— *vt.* **1** に～をつける. **2** 筒口から噴射する. **3** に鼻を押しつける. **～·man** [-mən]《ホースなどの》筒口係.

NP neuropsychiatric; noun phrase《変形文法で》. **Np**〘化〙neptunium. **N.P.** Notary Public. **n.p.**〘商〙net proceeds; new paragraph; no pagination. **N.R.** North Riding. **nr.** near. **N.R.A.**〘米〙National Recovery Administration. **N.S.** National Society; New Style; Nova Scotia. **n.s.** *non satis* (L. =not sufficient); not specified. **NSA** National Security Agency. **NSC** National Security Council 国家安全保障会議. **NSF** National Science Foundation. **N.S.P.C.A.** National Society for the Prevention of Cruelty to Animals. **N.S.P.C.C.** National Society for the Prevention of Cruelty to Children.

n't [nt] not の短縮形: is*n't*, ca*n't*.

Nt〘化〙niton. **NT, N.T.** New Testament; Northern Territory.

nth [enθ] *a.* n 番めの; n 倍〔次〕の. ***to the ～ degree*** [***power***] (1) n 次〔乗, べき〕まで. (2) どこまでも, 極度に.

nt. wt. net weight.

nu [n(j)u:/nju:] *n.* ギリシア語の第 13 字母《N, ν. ローマ字の N, n に当たる》.

nu·ánce [n(j)u:ɑ́:ns, ⌐⌐/nju:ɑ̃:(n)s, -ɑ́:ns] *n.*《色・音・調子・感情・意味・表現などの》ニュアンス, 微妙な差異, 色合い, 濃淡.

nub [nʌb] *n.* **1**《石炭などの》固まり. **2** 結び目; 突起. **3**〘米話〙要点, 骨子.
to the [***a***] **～** へとへとになるまで.

núb·bin [nʌ́bin] *n.* **1**〘米〙トウモロコシの発育不良な穂;《一般的》未成熟の実. **2** こぶ.

núb·ble [nʌ́bl] *n.* **1** 固まり. **2** 節, こぶ.
◇ **-bly** [-li] *a.* 固まりになった; 節〔こぶ〕のある.

Nú·bi·a [n(j)ú:biə/njú:-] *n.* ヌビア《ナイル川から紅海に及ぶ地域》. ◇ **～n** *a.*, *n.* ～の(人・言語).

nú·bile [n(j)ú:b(i)l/njú:b(a)il] *a.*《女性が》結婚適齢期の, 年ごろの.
◇ **nu·bíl·i·ty** [n(j)u:bíləti/nju:-] *n.* 結婚適齢期.

nú·bi·lous [n(j)ú:biləs/njú:-] *a.* **1** 雲〔かすみ〕のような, 煙霧の. **2** あいまいな.

nú·cle·al [n(j)ú:kliəl/njú:-] =nuclear.

‡**nú·cle·ar** [n(j)ú:kliər/njú:-] *a.* **1** 核の. **2** 原子核の; 原子力の; 核を所有する. **3** 中心の.
～ **bomb** 原爆. ～ **charge** (原子)核の陽電荷. ～ **club** 核クラブ《核兵器所有国家群》. ～ **division** 核分裂. ～ **energy** 原子力, 原子核エネルギー. ～ **explosion test** 核爆発テスト. ～ **family** 核家族《両親と子どものみで構成される》.→ extended family. ～ **fission** 核分裂. ～ **fuel** 核燃料. ～ **fusion** 核融合. ～ **physics** (原子)核物理学. ～ **power** (1) 原子力; 原子電力. (2) 核(兵器)所有国. ～**-pòw·ered** 原子力による: a ～(*-powered*) submarine 原子力潜水艦. ～ **power generation** 〔**plant**〕 原子力発電〔発電所〕. ～ **reaction** 核反応. ～ **reactor** 原子炉. ～ **ship** 原子力船. ～ **test ban** 核実験禁止. ～ **war** 核戦争. ～ **warhead** 核弾頭. ～ **weapon** 〔**arms**〕 核兵器.
nú·cle·ate [n(j)ú:klièit/njú:k-] *vt., vi.* (の)核をなす〔になる〕. —— [-kliit/㊥+-klièit] *a.* 〖生〗核のある. ◇ **nù·cle·á·tion** [́ー–éiʃ(ə)n] *n.*
nú·cle·i [n(j)ú:kliài/njú:-] *n.* nucleus の複数形.
nu·clé·ic [n(j)u:klí:ik/njú:kliik] ～ ***acid*** 〖生化〗核酸.
nu·clé·o·lus [n(j)u:klí:ələs/nju:-] *n.* (*pl.* **-li** [-lài]) 〖生〗《細胞核の》仁, 核仁.
nú·cle·on [n(j)ú:kliɑn/njú:kliɔn] *n.* 〖物〗核粒子《原子核を構成する陽子と中性子》.
nù·cle·ón·ics [n(j)ù:kliániks/njù:klióṇ-] *n. pl.* 《単数扱い》〖物〗原子核(物理)学.
nú·cle·us [n(j)ú:kliəs/njú:-] *n.* (*pl.* **nú·cle·i** [-kliài], **nú·cle·us·es**) 〖物〗原子核; 〖生〗細胞核; 〖天〗彗星(すいせい)核; 核心; 中心.
nú·clide [n(j)ú:klaid/njú:-, -klid] *n.* 〖物〗核種.
nude [n(j)u:d/nju:d] *a.* **1** 裸の, 裸体の. **2** 《へやなどが》備品の備わっていない: a ～ wall (絵などかけてない)むき出しの壁. **3** 樹木におおわれていない: a ～ hillside. **4** 《事実など》むき出しの, ありのままの. **5** 《くつ下など》肉色の. **6** 〖法〗無償の. **7** 〖植〗葉のない; 〖動〗毛〔羽, うろこなど〕のない. —— *n.* **1** 〖美〗裸体画〔像〕. **2** (the ～) 裸体状態; むき出しの姿. ***in the*** ～ 裸体で; 包み隠さず. —— *vt.* 〖米俗〗裸にする. ～ ***it*** 裸体になる; 裸体主義を実行する. ～ **pact** 〔**contract**〕 無償契約 (*nudum pactum*). ◇ ～**·ly** *ad.* **núd·ism** *n.* 裸体主義. **núd·ist** *n.* 裸体主義者: a *nudist* colony 〔camp〕 裸体主義者部落. **nú·di·ty** [-dịti] *n.* 裸(の物); ありのまま; 〖美〗裸体像〔画〕.
nudge [nʌdʒ] *vt., vi.* **1** 《注意を促すために》ひじで軽く突く. **2** (軽く) 押す: The tugboat ～*d* the ship into the waterway. 引き船は汽船を水路まで押し出した. **3** に近づく.
—— *n.* ～すること: give a ～ 軽く突く.
núd·nik [núdnik] *n.* 〖俗〗うるさい〔しつこい〕男.
nu·dum pac·tum [njú:dəm-pǽktəm] L. = nude pact.
nú·ga·to·ry [n(j)ú:gətò:ri/njú:gət(ə)ri] *a.* **1** くだらない; とるに足りない. **2** 無効の.
núg·get [nʌ́git] *n.* **1** 固まり. **2** 《天然の》金塊. **3** (*pl.*) 〖米俗〗貴重品, 金銭.
‡**núi·sance** [n(j)ú:sns/njú:-] *n.* **1** 迷惑: the ～ of city traffic やっかいな市内の交通事情. **2** 困りもの, 迷惑な行為〔人〕: Mosquitoes are a ～. 蚊とはうるさいものだ. **3** 〖法〗不法妨害. ***abate a*** ～ 《自力で》不法妨害を排除する. ***Commit no*** ～. 〖英〗小便無用; ちりを捨てるな《掲示》. ***Inspector of N～s*** 〖英〗保安官. ***make a*** ～ ***of*** one***self*** = ***make*** one***self a*** ～ 人に迷惑をかける, 人にきらわれる. ～ ***per se*** 〖法〗当然の不法妨害《時・所を問わず当然不法妨害とされるもの》. ***private*** ～ 〖法〗私的不法妨害. ***public*** ～ 公害; 社会のじゃま者. ***What a*** ～***!*** うるさいなあ! ～ **tax** 《購買者が支払う》少額消費税. ～ **value** 抑制的価値《かって気ままな行動などをじゃまする力のもつ効用》.
null [nʌl] *a.* **1** 無効の. **2** 無価値の. **3** 特色〔表情〕のない. **4** 存在しない; 〖数〗零の. ～ ***and void*** 〖法〗無効の. —— *n.* 〖数〗零.
—— *vt.* **1** 無に帰さしめる, 滅ぼす. **2** =nullify.
núl·lah [nʌ́lə] *n.* (インドの) 水路, 峡谷 (gully[1]).
núl·li·fy [nʌ́lịfài] *vt.* 無効にする, 取り消す; 無(価値)にする. ◇ **nùl·li·fi·cá·tion** [nʌ̀lịfịkéiʃ(ə)n] *n.* 無効(化), 破棄; 〖米史〗州の連邦法実施拒否.
núl·li·ty [nʌ́lịti] *n.* **1** 無効; 無. **2** 無効行為〔証書〕. **3** つまらない物〔人〕.
～ **suit** 婚姻無効に関する訴訟.
Num. Numbers. **num.** number; numeral(s).
numb [nʌm] *a.* 感覚を失った, まひした, かじかんだ, しびれた: fingers ～ with cold 寒さにかじかんだ指. ～ sensation 力がぬけてしまった感じ.
—— *vt.* 無感覚にする, しびれさせる, こごえさせる.
～**·fish** [́ー ́ー] 〖英:魚〗シビレエイ. ～ **hand** 〖俗〗無器用者. ◇ ～**·ing** *a.* しびれさせる; (人を) うんざりさせる. ～**·ly** *ad.* しびれて, 無感覚で. ～**·ness** *n.* まひ, かじかみ; 無感覚.
†**núm·ber** [nʌ́mbər] *n.* **1** 数; 総数: Two millions is a large ～. 200万(という数)は大きな数だ. The ～ of these spectators is about a thousand. この見物人たちの総数は約1,000人です. **2** 数字, 数詞. → 枠付 Numeral. **3** 番号, 号数, 番地; (第)…番《数字の列で no., No. と略し, ♯ の記号で示す》: The ～ of this card 〔room〕 is 18. このカード〔へや〕の番号は18です. a phone ～ 電話番号. ♯12 (第)12 号. license ～ 登録番号. **4** 《雑誌の》号 (issue); 《番組の》出し物(のひとつ); 《演奏会の》曲目: the May ～ 〔a back ～, ten ～*s*〕 of this magazine この雑誌の5月号〔バックナンバー, 10号分〕. **5** 《集合的》連中, 仲間: He isn't of our ～. 彼はわれわれの仲間じゃない. **6** (ときに *pl.*) 多数: A (large) ～ 〔*N～s*〕 of people were present. 大ぜいの人が来ていた《両形とも動詞は複数》. a ～ of times 何度も. **7** (*pl.*) 算数; 〖楽〗音律; 〖韻〗韻律; 韻文, 詩, 歌. **8** 〖文〗数, 数称. → 枠付 Number (p.869). **9** 〖話〗娘, 若い女: a cute ～ かわいい子. **10** 《商店の》品物, 売り物. ***a large*** 〔***small***〕 ～ ***of*** 多数〔少数〕の. ***among the*** ～ ***of*** の数のうちに, …の中に. ***any*** ～ たくさん: He has shown me *any* ～ *of* kindnesses. 彼は私にいろいろ親切にしてくれた. ***beyond*** ～ 数えきれぬほどに〔の〕. ***get*** 〔***have***〕 a person***'s*** ～ 〖俗〗(人)の魂胆(こんたん)〔性格〕を見破る. ***have*** a person***'s*** ～ ***on it*** 〖俗〗《弾丸などが》当たることになっている, 死因である. ***in*** 〔***by***〕 ～ 数において, 数は; 総計で. one***'s*** ～ ***is*** 〔***goes***〕 ***up*** 〖俗〗(人)の死期がやって来た; 進退きわまる. ～ ***one*** = ***No. 1*** (1) 第1, 第1号. (2) 第一の, 一流の, 最高級の. (3) 〖米話〗自己; 自己の利益. (4) 〖小児語〗おしっこ. ～ ***two*** 〖小児語〗うんち. ***out of*** ～ = ***without*** ～ 数えきれぬ(ほど). ***the*** ～***s*** =～s pool 〔game〕. ***to the*** ～ ***of*** 1,000 計(1,000)の.
—— *vt.* **1** 数える, 数え上げる. **2** 列挙する. **3** 数え入れる《のなかに *among*》: ～ a person *among* one's friends 人を友人の中に数える. **4** (総計)…になる; の数に達する. **5** の数をもつ, (数の中に)含む: The town ～*s* 80,000 inhabitants. 町の人口は8万ある. **6** の数を制限する, 限る. **7** に番号〔数字〕をつける. **8** …年生きている, …歳に達する: He ～*s* fourscore. 彼は80歳の高齢だ.
—— *vi.* **1** 数える. **2** 計…になる《に *in*》: ～ *in* the thousands 千台に達する. **3** 含まれる《に *among*》. a person***'s days are*** ～***ed*** (人)の命運が尽きた, (人)の余命いくばくもない. 〔√numer-〕 ～**s pool** 〔**game**〕 数字かけ《少額の金を数字の出現にかける》.
***núm·ber·less** [nʌ́mbərlis] *a.* **1** 数えきれぬ, 無数の. **2** 番号のない.

文法要説…(15)

Number (数：単数と複数)

英語の名詞には a *book*—three *books* のように，一つのものをあらわす形，すなわち**単数(形)** (singular (form))と，二つ以上のものをあらわす形，すなわち**複数(形)** (plural (form))とが区別される．この区別を文法上の **数** (number) という．

代名詞にも he, she, it—they のごとく，数の区別がある．ただし，we はおなじ一人称の I の複数形といっても，I＋I (＋I＋…) ではなくて，I＋you(＋you＋…) であるか，I＋he (＋he＋…) のごとくなり，前者は話し相手を含めた「われわれ」であり，後者は話し相手を除いた「われわれ」である．

述語動詞にも数の区別があって (He *works* hard. —They *work* hard.)，主語の数と述語動詞の数との間の関係を**一致** (concord) と称する．主語と述語動詞の間の数の一致については，ときに微妙な問題が生じる．

名詞の複数

1) 規則的な複数

a) 最も簡単なもの．単数形に -s だけをつけ [-s] または [-z] と発音．(1) 母音および有声子音の次では s＝[z]: boy*s*, egg*s*. (2) 無声子音の次では s＝[s]: pipe*s*, hat*s*.

b) ただし，s, x, z, sh, ch＝[s, z, ʃ, tʃ] に終わる語には -es＝[-iz] を添える: gas*es*, bus(s)*es*, quiz(z)*es*, dish*es*, match*es*. 〈注₁〉発音は [s, z, ʃ, tʃ] に終わっても単数形のつづりが e に終わっているもの，および ce, (d)ge [-ʒ,-dʒ] に終わるものには -s を添える (発音は [-iz]): horse*s*, axe*s*, maze*s*, race*s*, bridge*s*. 〈注₂〉 ch(e) の発音が [k] ならば，-s のみをつける (発音は [-s]): ache*s* [eiks], stomach*s* [stʌ́məks]. 〈注₃〉 house [haus] は houses [háuziz] になる．

c) 子音字＋y は y を i に変えて -es をつける: city [síti]—cit*ies* [sítiz], lady [léidi]—lad*ies* [léidiz]. 〈注〉母音字＋y では単に -s: boy*s*, day*s*.

d) 子音字＋o で終わる語には -es (発音は [-z]): echo*es*, hero*es*, motto*es*, potato*es*, tomato*es*. 〈注〉例外が多い: auto*s*, photo*s*, piano*s*, radio*s*, bamboo*s*; cargo(*e*)*s*; kangaroo(*s*) など．

e) f, fe で終わる語尾は -s をつける際に -ves に変える (発音は [-vz]): knife—kni*ves*, leaf—lea*ves*, loaf—loa*ves*, thief—thie*ves*. 〈注〉例外が多い: beliefs, chiefs, cliffs, handkerchiefs (ただし handkerchieves もあり)，roofs など．

〈付記〉上記の d) および e) に属する語については本辞典では各見出し語について複数形を示してある．

2) 不規則な複数

a) 語尾の変化: child [tʃaild]—child*ren* [tʃíldrən], ox—ox*en*. 〈注〉child—children では語幹の母音の変化を伴う．

b) 母音の変化: foot—f*ee*t, goose—g*ee*se, man—m*e*n, woman [wúmən]—w*o*m*e*n [wímin], mouse—m*ic*e など．

c) 単複同形

(1) 動物の名: deer, sheep, salmon, trout, fish など．〈注₁〉動物の名でも規則的なものは多い: horse*s*, lion*s*, tiger*s*; eagle*s* など．不確かなときには本辞典の各見出し語を参照．〈注₂〉 fish には fish*es* もある．魚類の名にはこの種のものが多い．

(2) 本来複数形のもの: means (方法)，headquarters (本部) など．

(3) Chinese, Japanese, Swiss など．

(4) series, species など．

(5) aircraft, apparatus (複数 apparatuses もあり) など．

d) 複合名詞の複数: son*s*-in-law, m*e*n-of-war (軍艦), looker*s*-on《比較: onlookers》, passer*s*-by, attorney*s* general [attorney generals] (法務長官), secretar*ies*-general (事務総長), pick-pockets, go-betweens など．〈注〉son*s*-in-law [brother*s*-in-law など] は，口語ではしばしば son-in-law*s* のようになる．

e) 常に複数のもの

(1) 2 部分からなるもの: compass*es* コンパス; scissors はさみ; spectacle*s* めがね; tongs 火ばさみ; trousers ズボンなど．〈注₁〉常に複数で，個数は *a pair of* scissors (はさみ 1 丁)，*two pair*(*s*) of pants [trousers] (ズボン 2 着) のように pair を用いてあらわす．なお pair の複数は s をつける方が普通．〈注₂〉 1 個でも *these* compasses または this pair of compasses (このコンパス)，*those* spectacles または that pair of spectacles (あのめがね) のように複数的に指示．this [a] scissors のような単数扱いもままあるが，これは通常避けられる．〈注₃〉この類は，構成 2 部分が密接についている点が，おなじく通常は対をなす shoes などと異なる．後者では分離可能だから these *shoes* (このくつ 1 足，または数足)，a pair of *shoes* (くつ 1 足) のような複数のほかに，a *shoe* (片方のくつ)，this *shoe* (この片方のくつ) のような単数形が正常に用いられる．〈注₄〉 compasses には a compass の形もある．→ compass.

(2) 学問の名: economics, physics, politics. 〈注〉通常単数扱い: *Mathematics is* a difficult subject. 数学はむずかしい学科だ．

f) 複数形が二つある語: brother—brothers (兄弟)，brethren (同胞); cloth—cloths (何種かの布)，clothes (衣類); penny—pennies (貨幣の複数)，pence (価格の複数) など．

g) 人名・記号・語など: three Mary*s* (Mary という人 3 人)，two i'*s* (i の字二つ)，do'*s* and don't*s* (べし，べからず集)．

h) 外来語: formul*a*—formul*ae* [formulas], ax*is*—ax*es*, foc*us*—foc*i* など．これらについては，本辞典の各見出し語について複数形を示してある．

代名詞・形容詞の複数

1) 代名詞

a) 単複同形: (1) all, any, none, some, you. (2) 疑問代名詞・関係代名詞: who, what, which. (3) 関係代名詞 that. (4) 所有代名詞 mine, yours, his, hers, ours, yours, theirs. 〈注₁〉 you の単複は通常前後関係で決まるが，you boys (きみたち男の子) のように同格名詞で明示されることがある．〈注₂〉 *Who* is he?—*Who* are they? 〈注₃〉 *Mine* is a small house. 私のは小さい家だ．—His brothers are tall. *Mine* are short. 彼の兄弟は背が高い．私の (兄弟) は背が低い．

b) その他の注意: (1) 人称代名詞: they「彼ら，彼女ら，それら《it の複数》」で，最後の意味がとかく忘れられて読解を誤る．(2) 不定代名詞: If you buy dictionaries, buy good *ones*. 辞書を買うならよいのを買いなさい《形容詞がついている》．—If you have many pencils, lend me *some*. 鉛筆をたくさんお持ちなら少し貸してください《形容詞がついていない》．

2）形容詞

単複の区別のあるのは指示形容詞 this,that だけ: *this* book この本—*these* books これらの本. *that* child あの子ども —*those* children あの子どもたち. 〈注〉日本語では「あの…」などと「あれらの…」などとを，多くのばあいは区別しないから，注意を要する.

主語と述語動詞

主語の単複により，動詞も形を変える: My *friend lives* in town. 私の友人は町に住んでいる. —My *friends live* in town. 私の友人たちは町に住んでいる. The *child was* happy. 子どもは幸福だった. —The *children were* happy. 子どもたちは幸福だった. 〈注〉動詞で単複が問題になるのは一般に直説法現在（ならびに現在完了）だけであるが，be 動詞は例外で，過去にも単複がある.

数の一致についての注意事項

a）二つ以上の単数の主語が **and** で結びつけられたばあいは動詞は複数形: He *and* I *are* (of) the same age. 彼とぼくとは同年だ. Drinking *and* smoking *do* much harm to weak people. 酒とたばこは弱い人にはたいへん害になる.

b）二つ以上の単数の主語が **and** で結びつけられても，それが単一の観念をあらわすときは動詞は単数形をとる: Bread *and* butter *is* my usual breakfast. バターつきパンは私の常の朝食だ. Truth *and* honesty *wins* in the long run. 結局は真実と正直が勝つ. The scholar *and* poet *loves* nature. 《冠詞一つ; 同一人》 学者で詩人であるその人は自然を愛する（≒The scholar *and the* poet *love* nature. 《冠詞二つ; 別人》学者と詩人は自然を愛する）. 〈注₁〉ただし，冠詞による上記の区別の原則は，実際には必ずしも守られない. 〈注₂〉ここに記した事項以外に，枠付 and 参照.

c）複数の主語が単一の観念をあらわすばあいには動詞は通常単数: (1) Six months (＝A period of six months) *is* not enough. 6か月では足りない. 〈注₁〉このばあい複数にすることもある. 〈注₂〉比較: Six months *have* passed since then. それから6か月たった《常に複数》. (2) The United States [The Netherlands] *has* concluded an agreement with Japan. アメリカは〔オランダは〕日本とある協定を結んだ《常に単数》.

d）and で結びつけられて同一観念をあらわさない二つ以上の単数名詞でも，それぞれの名詞の前に **each**, **every**, **no** が来たばあいには動詞は単数形: *Every* worker and *every* machine *counts*. ひとりの職人，一つの機械といえどもおろそかにできない.

e）二つ以上の主語が **or** または **nor** で結びつけられているばあい，動詞の数（および人称）は最後の主語に一致する: You *or* he *is* wrong. きみか彼かがまちがっている. Either he *or* his parents *were* to blame. 彼か彼の両親かが責められるべきであった. Neither Dick, Tom, *nor* their children *live* here. ディックもトムも，彼らの子どもたちも，ここには住んでいない. 〈注〉その他 as well as, not only...but (also)＿について→枠付 Correlative Conjunction.

f）集合名詞は単数形の主語でもその構成員ひとりひとりを考えたばあいには複数動詞をとる. その名詞の前に 'the members of', 'all of' がつけられるかどうかで違いが判断できる: This class *is* large. この組は大ぜいだ. This class *are* diligent. この組の生徒は勉強家だ（＝The members [students] of this class ...）. The family *is* old. 古い家柄だ. The family *are* old. あの一家は老人たちだ.

g）**all** は人をさせば複数，物や観念をさせば単数: **All** *were* happy. 皆喜んでいた. **All** *is* still. 万物が静まりかえっている.

h）部分が問題のとき，動詞の数は全体をあらわす名詞の数に従う: Half [Two-thirds] of *the floor was* wet. 床の半分〔3分の2〕はぬれていた. Half [One-third] of *these children speak* English. この子どもたちの半数〔3分の1〕は英語を話す.

i）その他特に注意すべきもの

(1) **None** *are* completely happy. 完全に幸福なものはいない. 〈注〉none は元来単数だが（＝no one），今日では複数扱いが普通.

(2) It is **I who** *am* responsible. 責任のあるのは私だ. →枠付 Emphasis.

(3) **The rich** (＝The rich people) *are* not always happy. 富者必ずしも幸福ならず.

(4) **Many a** man *has been* successful. 多くの人が成功してきた.

(5) (a) **The number** of the graduates this year *is* 90 in all. 本年度卒業生の総数は90名である. (b) **A number of** people *were* present at the meeting. 多数の人が会に出席した.

(6) **No** books *are* so interesting. これほどおもしろい本はない.

(7) **One or two** explanations *were* needed. 一，二の説明が必要であった.

(8) **More than one** experiment *has* been made. 一度ならず実験が行なわれた. 〈注〉名詞と動詞の双方の単数形に注意. 複数は用いない.

文法要説…(16の1)

Numeral（数詞）I

— 基数と序数，分数と倍数など —

数を示す語は**数詞** (numeral) と呼ばれ，これには one, two, three... と数を唱える**基数** (cardinal number, cardinal numeral, cardinal) と，first, second, third... と順番を示す**序数** (ordinal number, ordinal numeral, ordinal) との2系列がある. 更にこれらの2系列から，小数・分数・倍数がつくられる.

なお本項ではもっぱら数詞に関する一般的な文法上の事実を解説する. 大小の具体的な数の名称，ローマ数字などは→枠付 Numeral II.

基 数 と 序 数

1）基数の一般用法

a）形容詞

two books 本2冊. *three* children 子ども3人. *five* families 5家族. なお b) の(4)および(6)参照.

b）名詞

(1) Please count from *one* to *ten*. 1から10まで数えてください.

(2) *Three* is a small number. 3は小さな数だ. *Two millions* is a large number. 200万は大きな数だ.

(3) *Four* of them were absent. 彼らのうち4人が欠席していた《「4人」は「彼ら」の一部》. ≒The *four* of them (＝They *four*) were absent. 彼ら4人は欠席していた《「4人」は「彼ら」の全部》. 〈注〉これら2文例での冠詞の有無に注意. of は前者では部分を，後者では同格をあらわす.

(4) a family of *five* 5人家族（≒five families 5家族）. a child of *three* 三つ〔3歳〕の子ども

(≒three children 子ども3人).

(5) an *eight*, a *nine*, … 8, 9, …の数字の1字;《トランプの》8, 9, …の札1枚; その他8, 9, …の番号のついているもの.

(6) *Five* (persons, sheets, etc.) is [are] enough. 五つ[5人, 5枚, など]で十分だ. 〈注〉Five persons《Five は形容詞》も単に Five《名詞》も, ここでは「5個のもの」という具体性をもち, (3)の Four と同様に本来複数であるが, まとまった数量と考えて, ともに単数に扱うことが多い. おなじ構文でも(2)の Three [Two millions] は抽象的な「3[200万]という数」の意で常に単数.

(7) *hundreds* [*thousands, millions*] of men 何百[何千, 何百万]人の人.

〈付記〉成句については → two, three など各項.

2) 序数の一般用法

a) 形容詞

(1) the *first* man 第1の人. the *second* year 第2年.

(2) the (one) *hundredth* [*thousandth, millionth*] part 100[1,000, 100万]分の1. →下記b). 〈注〉one は通常つけない.

(3) George *the Sixth* ジョージ六世. 〈注〉通常ローマ数字を用いて George VI と書く. (1), (2)と順序が逆. the sixth George とはあまりいわない.

b) 名詞

He was the *first* to come. 彼がいちばん先に来た. Of these chapters, the *first* and the *second* are more difficult than the *third*. この3章の中で, 第1章と第2章は第3章よりむずかしい. the *fifth* of May, May the *fifth* 5月5日. 〈注〉通常 May 5 または May 5th と書いてこのように読む. このほかアメリカでは May fifth, May five のように言うこともある.

c) 副詞

travel *second* 二等で旅行する. *First*, …; *second*, …; *third*, …; *fourth*, … 第1に…; 第2に…; 第3に…; 第4に…. She stands *first* in her class. クラスで1番. → 別項 first, second.

3) 序数と冠詞

上記2)のa), b)でわかるように, 序数の形容詞的および名詞的用法には普通は the がつくが, 次の例外がある.

a) my, this など, 定冠詞と等価の規定が前にくるときには, 冠詞はつかない: *my first* visit to Italy 私の最初のイタリア旅行. *this sixth* day of July 本7月6日《条約その他公文書で調印当日であることを示すのに用いる》.

b)「もう一つ別の」の意味のときには不定冠詞がつく: One came from England, another from America, *a third* from France, and *a fourth* from Germany. ひとりはイギリスから, もうひとりはアメリカから, もうひとりはフランスから, もうひとりはドイツから来た. I tried it *a second* [*third*, …] time. (既に1度[2度, …]試みたが, その上) 更にもう一度試みた. 〈注〉for the second [third, …] time とほぼ同意であるが, a を用いたばあいは追加の含みが強い.

c) 次の名詞と結びついて複合名詞的色彩が強くなるとき: My friend is *a third son*, and I am another. We are both *third sons*. 友人は三男坊, 私も三男坊. ふたりとも三男坊だ《比較: He is *the third son* of my friend. 友人の三男》.

4) 序数と基数の混同に注意

日本語では, 格式ばった言い方を除いて, 序数のばあいにも「第」をつけないことが多い. たとえば「8ページ」はページ数《基数: *eight* pages》をも, ページ番号《序数: the *eighth* page =page 8》をもあらわしうる. 英語では, これらは常に明瞭(めいりょう)に区別される: *The eighth page* is badly printed. 8ページ(め)は印刷が悪い. *Eight pages* are missing. 8ページ(分)落丁がある.

5) 序数の代用

形式上基数で序数の意味をあらわす方法がある.

a) 一般のもの

page 123 (第)123ページ (=the 123rd page)《p. 123と略して書き, 読み方は page one hundred and twenty-three または page one two three》. line 11 (第)11行 (=the eleventh line)《l. 11と略し, line eleven と読む》. Article 5 第5条 (=the fifth article)《読み方 Article Five》. Act I 第1幕 (=the first act)《読み方 Act One》. Chapter VIII 第8章 (=the eighth chapter)《読み方 Chapter Eight》.

〈注₁〉これらのばあい, 通常は名詞の前に the をつけない: *page* 2《比較: *the* second *page*》.

〈注₂〉Act the First, Chapter the Eighth のような読み方もあるが, あまり普通でない. ただし George VI =George the Sixth《上記2) a) (3)》などのばあいは別.

〈注₃〉page, Article などの大文字, 小文字の使い分けは絶対のものではないが, 習慣上 page, line などはふつう小文字, 他のばあいは多く大文字. またローマ数字, アラビア数字の使い分けも絶対のものでなく, Chapter VIII, Chapter 8 のように, 人の好みによるばあいも多い. 「pages. →上記4).

〈注₄〉page 123 (=the 123rd page) ≒123

b) 年号の呼び方

(1) 1962 =nineteen (hundred) sixty-two のように, 百位と十位のところで分けて言うのが最も普通. hundred は略されることが多い. ただし, 次のようなばあいには略せない: 1900 =nineteen hundred. 1600 =sixteen hundred.

(2) 公文書などで the year がつくときや, the year がつかなくても1,000未満の年号のときには, 普通の呼び方をする: the year 1962 =the year one thousand nine hundred and sixty-two. (the year) 873 =(the year) eight hundred and seventy-three. (the year) 500 = (the year) five hundred.

(3) その他: 1807 = eighteen O [ou] seven, eighteen hundred and seven.

〈注₁〉西暦前は476 B.C. のようにするため, これと区別して通常の西暦年号を365 A.D.《主に米》または A. D. 365《主に英》のように記すことがある.

〈注₂〉昭和14年 (the fourteenth year of Showa) などは, 使う立場からは, 普通は1939のように西暦に直した方がよい.

c) 電話番号《常に棒読み》

302-7095 =three O [ou] two (dash) seven O nine five. 〈注〉O の代わりに naught もある.

分数・小数の読み方, 倍数詞など

1) 分数 (fraction)

文法上は部分数詞 (partitive numeral) と呼ぶ.

a) 普通分数 (common fraction) 分子を numerator, 分母を denominator という.

(1) 分子が1のもの: $\frac{1}{2}$=(a) half《→ half》. $\frac{1}{3}$= one [a] third, a [the] third part. $\frac{1}{4}$=a quarter, one [a] fourth, a [the] fourth part. $\frac{1}{10}$=one [a] tenth, a [the] tenth part. $\frac{1}{100}$=one [a] hundredth, a [the] hundredth part.

〈注₁〉…part のつかない簡単な形が普通.

〈注₂〉$\frac{1}{10}$ に対して tithe は現今特殊の意味に限られる. →別項 tithe.

〈注₃〉分数は序数を用いてあらわすので, 上記以外は →枠付 Numeral II.

(2) 分子が2以上のもの: $\frac{2}{3}$=two-thirds. $\frac{3}{4}$= three-quarters, three-fourths. $\frac{4}{7}$=four-sevenths. $\frac{63}{100}$=sixty-three hundredths, sixty-three over a hundred《第1形の発音は sixty-three | hundredths の要領. 次例と比較: $\frac{60}{300}$ = sixty three hundredths, sixty over three hundred.

第1形の発音は sixty|three hundredths の要領》.

b) **帯分数 (mixed number)**

$1\frac{3}{4}$=one and three quarters.

2) **小数 (decimal, decimal fraction)**

3. 141, 592 =three (decimal) point one four one five nine two; three, and one hundred and forty-one thousand, five hundred and ninety-two millionths.

3) **回数・度数**　倍数詞(multiplicative) などと呼ばれる.

(1) half 半(分), single 単一, double 2 倍, 2 重; treble [triple] 3 倍, 3 重; quadruple 4 倍, 4 重; 等《→ それぞれの項》.

(2) once 1 回, 1 倍; twice 2 回, 2 倍; three times 3 回, 3倍《thrice は文語的》; four times 4 回, 4 倍. → once 以下各語, および time.

(3) two-fold 2 倍, 2 重; three-fold 3 倍, 3 重《→ -fold》.

文法要説…(16 の 2)

Numeral (数詞) II

—整 数 の 表—

本項では, 表記の具体的な数の名称, ローマ数字によるあらわし方などを扱う. 数詞に関する一般的な文法上の解説は→ 枠付 Numeral I. なお各個の数についての注意はそれぞれの〈注〉を, 特にローマ数字については〈注〉12) -14) を参照.

1 から 100,000,000 (1 億) までの数

基　数 (cardinal numeral)			序　数 (ordinal numeral)	
名　　称	アラビア数字(Arabic numeral)	ローマ数字[12] (Roman numeral)	名　　称	略　記
naught, zero	0		zeroth [zí(:)rouθ/zíər-] [15]	
one [1]	1	I	first	1st
two	2	II	second	2nd, 2d
three	3	III	third	3rd, 3d
four	4	IV, IIII [13]	fourth	4th
five	5	V	fifth [fifθ]	5th
six	6	VI	sixth	6th
seven	7	VII	seventh	7th
eight	8	VIII	eighth [eitθ, ㊟ ⁺eiθ] [16]	8th
nine	9	IX, VIIII [13]	ninth [nainθ] [17]	9th
ten	10	X	tenth	10th
eleven	11	XI	eleventh	11th
twelve	12	XII	twelfth [twelfθ] [18]	12th
thirteen [θəːrtíːn/ˊˊ] [2]	13	XIII	thirteenth	13th
fourteen [foːrtíːn/fɔ́ː-] [2]	14	XIV, XIIII [13]	fourteenth	14th
fifteen [fiftíːn/ˊˊ] [2]	15	XV	fifteenth	15th
sixteen [sikstíːn/ˊˊ] [2]	16	XVI	sixteenth	16th
seventeen [sev(ə)ntíːn/ˊˊ] [2]	17	XVII	seventeenth	17th
eighteen [eitíːn/ˊˊ] [2]	18	XVIII	eighteenth	18th
nineteen [naintíːn/ˊˊ] [2]	19	XIX, XVIIII [13]	nineteenth	19th
twenty	20	XX	twentieth [twéntiiθ] [19]	20th
twenty-one [3]	21	XXI	twenty-first	21st
twenty-two	22	XXII	twenty-second	22nd
twenty-three	23	XXIII	twenty-third	23rd
twenty-four	24	XXIV	twenty-fourth	24th
twenty-five	25	XXV	twenty-fifth	25th
twenty-six	26	XXVI	twenty-sixth	26th
twenty-seven	27	XXVII	twenty-seventh	27th
twenty-eight	28	XXVIII	twenty-eighth	28th
twenty-nine	29	XXIX	twenty-ninth	29th
thirty [4]	30	XXX	thirtieth [θə́ːrtiiθ] [19]	30th
thirty-one	31	XXXI	thirty-first	31st
thirty-two	32	XXXII	thirty-second	32nd
thirty-three	33	XXXIII	thirty-third	33rd
…				
thirty-nine	39	XXXIX	thirty-ninth	39th
forty [5]	40	XL, XXXX [13]	fortieth [19]	40th
forty-one	41	XLI	forty-first	41st
forty-two	42	XLII	forty-second	42nd
forty-three	43	XLIII	forty-third	43rd
…				
forty-nine	49	XLIX	forty-ninth	49th
fifty	50	L	fiftieth [19]	50th

sixty	60	LX	sixtieth [19]	60th
seventy	70	LXX	seventieth [19]	70th
eighty [6]	80	LXXX, XXC[13]	eightieth [19]	80th
ninety	90	XC, LXXXX[13]	ninetieth [19]	90th
one hundred [7]	100	C	one hundredth [20]	100th
one hundred and one [8]	101	CI	one hundred and first[20]	101st
one hundred and two [8]	102	CII	one hundred and second [20]	102nd
one hundred and fifty [8]	150	CL	one hundred and fiftieth [19,20]	150th
two hundred [9]	200	CC	two hundredth	200th
three hundred	300	CCC	three hundredth	300th
four hundred	400	CD, CCCC [13]	four hundredth	400th
five hundred	500	D, IↃ [13]	five hundredth	500th
six hundred	600	DC, IↃC [13]	six hundredth	600th
seven hundred	700	DCC, IↃCC [13]	seven hundredth	700th
eight hundred	800	DCCC	eight hundredth	800th
nine hundred	900	CM	nine hundredth	900th
one thousand [7]	1,000	M, CIↃ [13]	one thousandth [20]	1,000th
two thousand [9]	2,000	MM	two thousandth	2,000th
ten thousand 1万 [9, 10]	10,000	$\overline{\text{X}}$ [14]	ten thousandth	10,000th
one hundred thousand 10万[8, 10]	100,000	$\overline{\text{C}}$ [14]	one hundred thousandth [20]	100,000th
one million 100万 [7]	1,000,000	$\overline{\text{M}}$ [14]	one millionth [20]	1,000,000th
ten million(s) 1000万 [11]	10,000,000		ten millionth	10,000,000th
one hundred million(s) 1億 [11]	100,000,000		one hundred millionth [20]	100,000,000th

〈注〉

1) one については, → 枠付 one.

2) 13から19までは, だいたい3から9までの語に -teen をつけたものであるが, thirteen, fifteen, eighteen 《eightteen とならない》のように, 少し形の変わるものもある. 発音は単語としては thirteen [θəːrtíːn/ˊˊ], fourteen [foːrtíːn/fɔ́ːtíːn] のように [ˉˊ/ˊˊ] で, 第２音節に強勢があり, この点 thirty [θɔ́ːrti], forty [fɔ́ːrti] などと対比される. ただし文中ではリズムの関係で強勢の変わることがある: (a) [ˊˊ]: He's thirteen [hìːz-θɔ́ːrtíːn]. (b) [ˊˉ/ˊˉ]: thirteen men [θɔ́ːrtìːn-mén/ˊˉˊ]. (c) [ˉˊ]: just thirteen [dʒʌ́st-θəːrtíːn].

3) 以下古い形として one-and-twenty などのいい方がある. 今日では気どった表現で, またおもに20台の数に限られている.

4) thirty [θɔ́ːrti]. 上記 thirteen [θəːrtíːn/ˊˊ] と混同しやすいので注意. forty 以下もおなじ.

5) forty のつづり. u がない点に注意.

6) eighty. つづりは eight+ty でなく, t が一つ落ちる. eighteen のばあいにおなじ.

7) one hundred, one thousand, one million, … の代わりにしばしば **a hundred, a thousand, a** million, … が用いられる. また定冠詞その他の修飾語が前につくときには, 普通は the (these, my) hundred books のように one をつけずに用いる.

8) hundred の次の and は米ではしばしば略される.

9) two hundreds, three thousands のように s がつくことはない. ただし不定のばあいは別: *hundreds* (*thousands*) of people 何百〔何千〕人もの人. *hundreds* of *thousands* of dollars 何十万ドルもの金. a good many *hundreds* of years 優に何百年も.

10) 以下, 文字どおりには「十千」「百千」となって, 日本語のばあいと呼称の組み立てが変わってくる点に注意.

11) 数として独立して用いるときには, hundred, thousand のばあいと違って, two millions, three millions のように s がつく. ただし two million people のように次に名詞を従えたり, two million three hundred thousand (2,300,000) のように「はした」のつくときには単数形が普通.

12) ローマ数字 (Roman numeral) はおもに書物の章番号・年号・とけいの文字盤などに使う. 原則① 並列は加算を示す: VI=V+I=6, XXIV=XX+IV=24 (次項参照). 原則② 小さい数の記号の右に大きい数の記号がくると, 後者から前者を引く: IV=V−I=4, IX=X−I=9, XC=C−X=90. 《引き算は１単位だけ: IX=X−I は用いるが, IIX=X−II のような書き方は普通は行なわない. 用例: Chapter III 第３章. the year MCMLXII 1962年》.

13) IV, IIII のうち, 左側が普通の形. 以下 IX と VIIII なども同様. IↃ, CIↃ はそれぞれ一つの記号.

14) $\overline{\text{X}}$ などの上部の横棒は 1,000 倍をあらわす. 略することもある.

15) zeroth 第０番(の). 数学・物理学など, 特殊なばあいに限る.

16) eight+th でなく, t が一つ落ちる点に注意. ただし発音 [eitθ] では t が生きる. [tθ] は一気に発音され, [ts] に似た感じの音. twenty-eighth なども同様.

17) ninth. nine の e が落ちる点に注意. twenty-ninth (29th) 以下 ninety-ninth (99th) までもおなじ. ただし発音は [nainθ] であって [ninθ] とはならない. これに対して ninety, ninetieth, nineteen, nineteenth では e は落ちない.

18) twelfth [twelfθ] は twelveth でない点に注意.

19) twentieth [twéntiiθ] 以下 ninetieth [náintiiθ] までの -tieth は２音節 [-tiiθ] となる. [-tiːθ] や [-tiθ] とはならない.

20) the hundredth のように, 前に the がつくと one が落ちることが多い.

* * * * *

一般の数の例

a) 123,456,789 「一億二千三百四十五万六千七百八十九」= one hundred and twenty-three million, four hundred and fifty-six thousand, seven hundred and eighty nine. これを直訳すると「百二十三 million, 四百五十六 thousand, 七百八十九」となる. つまり英語では一, 十, 百の呼称が繰り返されて３けたごとに呼称が変わる《thousand, million》. 数字を三つずつ区切るのはそのためである. 日本語では一, 十, 百, 千までの呼称が繰り返されて, ４けたごとに呼称が変わる《万, 億, 兆》ので, １万以上では呼称の組み立てが日本語と英語で食い違ってくる.

b) 1,100 とか 1,800 のように, ４けたの数で最後の２けたが０のものは, one thousand one (eight) hundred ともいうが, しばしば eleven (eighteen) hundred のように, 100 を単位とした簡潔ないい方が用いられる.

1,000,000,000 (10億) 以上の数

10億以上では伝統的には米英で唱え方が異なる．ただし今日では英でも米式が広まってきた．

	米	英
1,000,000,000 (10億)	one billion*	one thousand millions
10,000,000,000 (100億)	ten billions	ten thousand millions
100,000,000,000 (1,000億)	one hundred billions	one hundred thousand millions
1,000,000,000,000 (1 兆)	one trillion	one billion*

以下同様に進んでいく．つまり米式では1,000(thousand) 倍ごとに，英式では 100万 (million) 倍になるごとに名称が変わる．それで，上記 * のように，おなじ one billion といっても，米英で数が違うことになる《米は10億＝10^9; 英は 1 兆＝10^{12}》．これは trillion 以上でもおなじである《以下 one billion などの one は略す》．

名　　称	米	英
billion	million × thousand ＝ 10^9	million × million ＝ 10^{12}
trillion	billion × thousand ＝ 10^{12}	billion × million ＝ 10^{18}
quadrillion	trillion × thousand ＝ 10^{15}	trillion × million ＝ 10^{24}
quintillion	quadrillion × thousand ＝ 10^{18}	quadrillion × million ＝ 10^{30}
sextillion	quintillion × thousand ＝ 10^{21}	quintillion × million ＝ 10^{36}
septillion	sextillion × thousand ＝ 10^{24}	sextillion × million ＝ 10^{42}
octillion	septillion × thousand ＝ 10^{27}	septillion × million ＝ 10^{48}
nonillion	octillion × thousand ＝ 10^{30}	octillion × million ＝ 10^{54}
decillion	nonillion × thousand ＝ 10^{33}	nonillion × million ＝ 10^{60}

Núm·bers [nʌ́mbərz] *n. pl.* 《単数扱い》〘聖〙民数記，民数紀略《旧約聖書第 4 書．略 Num.》．

númb·skull ＝numskull.

nú·men [n(j)úːmi̱n/njúː-] *n.* (*pl.* **nú·mi·na** [-mi̱nə]) 《物に宿ると考えられる》精霊；天才．

nú·mer·a·ble [n(j)úːm(ə)rəbl/njúː-] *a.* 数えられる；数えきれる．

nú·mer·al** [n(j)úːm(ə)rəl/njúːm-] *a.* 数の，数をあらわす． —— *n.* **1** 数字；〘文〙数詞．→ 枠付 Numeral Ⅰ(p. 870)，Ⅱ(p. 872)．**2** (*pl.*)〘米〙《競技者などがつける》選手章《数字布》．Arabic* ～*s*** アラビア数字．***Roman* ～*s*** ローマ数字．[√numer-]

nú·mer·ar·y [n(j)úːm(ə)rèri/njúːm(ə)rəri] *a.* 数の．

nú·mer·ate [n(j)úːmərèit/njúː-] *vt.* 〘稀〙 **1** 数える．**2** 〈数式を〉読む．

nù·mer·á·tion [n(j)ùːməréiʃ(ə)n/njùːm-] *n.* **1** 数え方，〘数〙命数法: decimal ～ 十進法．**2** 計算(法)．[√numer-] **～ table** 数字表．

nú·mer·a·tor [n(j)úːmərèitər/njúː-] *n.* **1**〘数〙分子．→ denominator. **2** 計算者．

nu·mér·ic [n(j)uːmérik/njuː-] *n.*〘数〙数． —— *a.* ＝numerical.

nu·mér·i·cal [-(ə)l] *a.* 数に関する；数字による．◇ **～·ly** *ad.* 数によって，数においては．

‡**nú·mer·ous** [n(j)úːm(ə)rəs/njúː-] *a.* **1** 多数の，多数の集まった，おびただしい: ～ fish in the lake. **2**〘古〙音調のなめらかな．[√numer-] ◇ **～·ly** *ad.* **～·ness** *n.* 〔類〕 → **many**「たくさんの」

Nu·míd·i·a [n(j)uːmídiə/njuː-] *n.* アフリカ北部の古代王国．◇ **～n** *a.*

nú·mi·nous [n(j)úːmi̱nəs/njúː-] *a.* **1** 精霊 (numen) の；超自然的な；神聖な．**2** 神秘的な，美的な．

nù·mis·mát·ic [n(j)ùːmizmǽtik, -mis-/njùːmiz-], **nù·mis·mát·i·cal** [-(ə)l] *a.* 貨幣の；古銭学(者)の．

nù·mis·mát·ics [-s] *n. pl.* 《単数扱い》古銭学．◇ **nu·mís·ma·tist** [n(j)uːmízmətist, -mís-/njuːmíz-] *n.* 古銭学者〔収集家〕．

nu·mìs·ma·tól·o·gy [n(j)uːmìzmətálədʒi, -mìs-/njuːmìzmətɔ́l-] ＝numismatics.

núm·ma·ry [nʌ́məri], **núm·mu·lar·y** [nʌ́mjuleri/-ləri] *a.* 硬貨の，貨幣の．

núm·mu·lite [nʌ́mjulàit] *n.*〘古生〙貨幣石．

núm·skull [nʌ́mskʌ̀l] *n.*〘話〙ばか，頭の弱いやつ．

‡**nun** [nʌn] *n.* **1** 尼，修道女．**2**〘鳥〙ドバトの一種；〘虫〙毒ガの一種．**～'s cloth** 〔**veiling**〕 薄ラシャの一種．

nun buoy *n.*〘海〙ひし形無燈浮標《水路を指示する》．

Nunc Di·mit·tis [nʌ́ŋk-dimítis] L. **1**〘聖〙シメオン (Simeon) の頌(しょう)《ルカ伝 2: 29–32》．**2** (*n*～ *d*～) 告別；辞世．

nún·ci·a·ture [nʌ́nʃiətʃər/-tjuə, -tʃə] *n.* ローマ教皇大使〔使節〕の職〔任期〕．

nún·ci·o [nʌ́nʃiòu] *n.* (*pl.* **～s**) ローマ教皇大使〔使節〕．[√nunti-]

nún·cu·pate [nʌ́ŋkjupèit] *vt.* 〈遺言などを〉口述する．◇ **nùn·cu·pá·tion** [⌐–péiʃ(ə)n] *n.* 口述．

nún·cu·pa·tive [nʌ́ŋkjupèitiv, nʌŋkjúːpət-] *a.*〘法〙《遺言が》口述の: a ～ will〘法〙臨終口頭遺言．

nún·ner·y [nʌ́nəri] *n.* 女子修道院，尼寺．

núp·tial [nʌ́pʃ(ə)l] *a.* 結婚(式)の． —— *n.* (通例 *pl.*) 婚礼．

Nú·rem·berg [n(j)ú(ː)rəmbə̀ːrg/njúər-] *n.* ニュルンベルク《西ドイツ南部の都市．ナチ戦犯の裁判が行なわれた》．

†**nurse** [nəːrs] *n.* **1** うば (＝wet ～)；保母 (＝dry ～)；子もり女．**2** 看護婦；看護人: a hospital ～. **3** 養成する人；養成所 (＝nursery)．**4**〘植〙保護樹《幼樹保護の》；〘虫〙幼虫を保護するこん虫《働きバチ〔アリ〕など》．***at* ～** うばに預けられて．***put out to* ～** 里子に出す．***trained* 〔*registered*〕 ～**〘米〙看護婦． —— *vt.* **1** の子もりをする，愛撫(あいぶ)する，抱く: ～ one's knees ひざをかかえる．**2** に授乳する．**3** 育てる，育成する，養成する: be ～*d* in luxury ぜいたくに育てられる．**4** 〈植物などを〉栽培する；培養する: ～ a young plant. **5** 〈才能・素質を〉育成する，伸ばす．**6** 〈恨み・望みなどを〉(心に)いだく: ～ a grudge 〔ambitions〕 恨み〔野望〕をいだく．**7** 〈病人を〉看護する，看病する．**8** 〈病気を〉(養生して)治療することにつとめる: ～ a cold かぜを大事にして外出しない．**9** 注意して扱う，大事にする: ～ a memento 記念の品をたいせつにする．**10** 〈選挙区民の〉きげんをとる．**11** しっかりと保持する: ～ a trunk between legs トランクを脚の間にしっかりと押える．**12**〘玉突き〙〈ボールを〉寄せる． —— *vi.* **1** 授乳する．**2** 〈小児が〉乳を飲む．**3** 看護する，看護婦として働く．**～ *a fire*** おおいかぶさるようにして火に当たる．**～ *a horse*** (あとに備えて) 初めは馬を走らせない．[√nutri-]

～-child [⌐⌐] 母の手によらず育てられる子；里子．

～-maid [⌐⌐] 子もり女．**～ ship**〘英〙母艦．**～ tree** 保護樹《おもな木を風などから守るためにまわりに植えられる》. ◇ ∼**·ling** *n.* ＝nursling.

‡**núrs·er·y** [nə́:rs(ə)ri] *n.* **1** 子どもべや, 育児室. **2** 苗床; 養樹〔養魚〕場. **3** 養成所; 温床. *day* ∼ 子どもの遊びべや; 託児所. ∼ **garden** 苗木畑. ∼ **governess** 保母兼家庭教師. ∼**·maid** [ˊ–ˋˊ] ＝nursemaid. ∼**·man** [-mən] (*pl.* **-men**) (種苗)園丁. ∼ **rhyme** 童謡, 子もり歌. ∼ **school** 保育園 ∼ **slopes** 〘スキー〙初心者向き(滑降)コース. ∼ **stock** 苗床の若木. ∼ **tale** おとぎ話, 童話.

núrs·ing [nə́:rsiŋ] *n.* 育児; 看護. —— *a.* **1** 授乳する. **2** 《預かり子を》保育する. ∼ **bottle** 哺乳(ほにゅう)びん. ∼ **father** [**mother**] 養父[母]. ∼ **home** 〘英〙(私立)療養院, 診療所.

núrs·ling [nə́:rsliŋ] *n.* **1** 乳飲み子; うば子; 養い子. **2** たいせつに育てあげられたもの〔人〕. **3** 苗木.

núr·ture [nə́:rtʃər] *n.* **1** 育成; 教育. **2** 栄養(物), 食物. —— *vt.* **1** 育てる, に栄養を与える. **2** 仕込む. [√nutri-] ◇ **núr·tur·er** [-tʃərər] *n.*

‡**nut** [nʌt] *n.* **1** 堅果《クルミ・クリなどの実》. → berry. **2** 難問; 難物. **3** 〘機〙ナット, 止めねじ. **4** 〘楽〙《弦楽器の弓の》毛止め. **5** 〘米俗〙頭; 変人, ばか, 気違い. **6** 〘俗〙しゃれ者. **7** 〘米俗〙ファン, 熱心な人. **8** (*pl.*) 好物; おもしろいこと: It's the ∼*s*. おもしろいよ. **9** (*pl.*) 小さい石炭塊. ***a hard*** [***tough***] ∼ ***to crack*** 難問題, 難物; 手にあまる人物. ***be*** (***dead***) ∼ ***on*** 〘俗〙に熱中している; に巧みだ. ***be*** ∼***s*** 〘俗〙気が変だ. ***be*** ∼***s about*** [***on***] 〘俗〙に夢中だ; に首ったけだ. ***be*** ∼***s to*** 〘俗〙…の大好物だ. ***for*** ∼***s*** 〘俗〙《否定語に伴って》少しも. ***go*** ∼***s*** 〘俗〙気が狂う. ***Nuts to …!*** 〘俗〙ちぇっ!, 畜生! 《嫌悪・けいべつ・当惑・絶望などをあらわす》. ***off*** **one's** ∼ 〘俗〙気が狂って; かんしゃくを起こして; まちがって; 酔って. —— *vi.* (**-tt-**) 木の実を拾う. ***go*** ∼***ting*** 木の実を拾いに行く. ∼**·brown** [ˊˊ] ハシバミ〔クリ〕色の. ∼ **college** 〘米俗〙精神病院. ∼**·cràck·er** (通例 *pl.*) クルミ割り; 〘鳥〙ホシガラス. ∼**·cracker face** (歯が抜けて)あごと鼻がくっついている顔. ∼**·gall** [ˊˊ] 五倍子(ふし), 没食子(もっしょくし)《染料製造用》. ∼**·hatch** [ˊˊ] 〘鳥〙ゴジュウカラ. ∼ **house** ＝ ∼ college. ∼**·meat** [ˊˊ] 実の肉, 身(み). ∼**·meg** →別項. ∼ **oil** 堅果油《ハシバミ・クルミなどからつくる》. ∼**·pick** [ˊˊ] クルミの実をほじくり出す器具. ∼**s-and-bólts** 〘笑〙工学. ∼**·shell** → 別項. ∼ **tree** 堅果樹, 《特に》ハシバミ. ◇ ∼**·like** *a.* ∼ のような.

nutcrackers

nu·tá·tion [n(j)u:téiʃ(ə)n/nju:-] *n.* **1** 頭をたれること; うなずくこと. **2** 〘植〙転頭運動; 〘天〙章動《地軸の微動》.

nút·meg [nʌ́tmeg] *n.* 〘植〙ニクズク(の木・種子). ∼ **apple** ニクズクの実.

nú·tri·a [n(j)ú:triə/njú:-] *n.* 〘動〙ヌートリア《南アメリカ産》; その毛皮.

nú·tri·ent [n(j)ú:triənt/njú:-] *a.* 滋養の多い, 栄養になる. —— *n.* 栄養物, 食物.

nú·tri·ment [n(j)ú:trimənt/njú:-] *n.* 栄養物, 栄養分, 食物.

***nu·trí·tion** [n(j)u:tríʃ(ə)n/nju:-] *n.* **1** 栄養; 栄養摂取. **2** 滋養物, 食物. [√nutri-] ◇ ∼**·al** [-ʃən(ə)l] *a.* ∼**·al·ly** *ad.* ∼**·ist** *n.* 栄養学者, 栄養士.

nu·trí·tious [n(j)u:tríʃəs/nju:-] *a.* 栄養になる, 滋養分に富む. ◇ ∼**·ly** *ad.* 栄養的に. ∼**·ness** *n.*

nú·tri·tive [n(j)ú:tritiv/njú:-] *a.* **1** 滋養に富む. **2** 栄養に関する. —— *n.* 滋養食物. ◇ ∼**·ly** *ad.* ∼**·ness** *n.*

nuts [nʌts] *int.* 〘米俗〙《けいべつ的》ちぇっ, くだらない. —— *a.* **1** 気違いの. **2** 夢中な, 熱中している《に *about, on*》.

nút·shell [nʌ́t-ʃèl] *n.* **1** 堅果のから. **2** 小容器; 小住宅. **3** 小さなもの; 小さな姿. **4** 無価値な物. ***in a*** ∼ 概要的に; (語句を) 簡潔に: to put it *in a* ∼ 一口に言えば.

nút·ty [nʌ́ti] *a.* **1** 堅果の多い; 堅果の風味がある. **2** 風味のある; 気のきいた. **3** 〘米俗〙夢中の, 熱心な. **4** 〘米俗〙頭にきている, 狂気の.

núx vóm·i·ca [nʌ́ks-vámikə/-vɔ́m-] *n.* 〘植〙マチン, ホミカ《ストリキニーネの原料》.

núz·zle [nʌ́zl] *vt.* **1** 〈豚などが〉鼻で掘る〔掘り出す〕. **2** 〈犬などが〉…に鼻をこすりつける; 鼻でこする〔突く〕. **3** 愛撫(あいぶ)する. —— *vi.* **1** 鼻で穴を掘る. **2** 鼻を押しつける《に *into, against*》; すり寄る. **3** 鼻でかぐ. **4** 気持ちよく横になる.

N.V. New Version. **NW, N.W., n.w.** northwest(ern). **NWA** Northwest Airlines. **N.W.T.** Northwest Territories (Canada). **N.Y.** New York (State). **N.Y.A.** National Youth Administration. **N.Y.C.** New York City.

nỳc·ta·ló·pi·a [nìktəlóupiə] *n.* 〘医〙夜盲症, 鳥目; 《誤用》昼盲症.

nycti- 「夜」の意の語形成要素《母音の前では nyct-》.

nỳc·ti·tróp·ic [nìktitrápik/-trɔ́p-] *a.* 〘植〙夜間方向を変える性質のある.

‡**ný·lon** [náilan/-lən, -lɔn] *n.* ナイロン; ナイロン製品; (*pl.*)〘話〙ナイロンくつ下 (＝∼ stockings)《婦人用》.

‡**nymph** [nimf] *n.* **1** 〘神話〙ニンフ《海・山・川・木などに住む少女の姿をした妖精》. **2** 美少女. **3** 〘虫〙若虫(じゃくちゅう); 〘稀〙さなぎ. ◇ ∼**·al,** ∼**·like** *a.* ニンフのような; 美しい.

nym·pha [nímfə] *n.* (*pl.* **-phae** [-fi:]) **1** 〘虫〙若虫. **2** (*pl.*) 〘医〙小陰唇(しょういんしん).

nym·phé·an [nimfí:ən], **nýmph·ish** [nímfiʃ] *a.* **1** ニンフの. **2** ニンフが住む. **3** (ニンフのように) 美しい.

ným·pho·lep·sy [nímfəlèpsi] *n.* 歓喜, 有頂天.

ným·pho·lept [-lèpt] *n.* 有頂天の人; 熱狂者.

nỳm·pho·má·ni·a [nìmfəméiniə] *n.* 〘医〙(女子) 淫乱(いんらん)症, 色情狂, いろ気違い. ◇ ∼**c** [-niæk] *a., n.* 色情狂の(患者).

nys·tág·mus [nistǽgməs] *n.* 〘医〙眼球震盪(しんとう)症. ◇ **-mic** *a.*

N.Z., N. Zeal. New Zealand.

O

O¹, o [ou] *n.* (*pl.* **O's,** ***O's,*** **o's,** ***o*(*e*)*s*** [-z]) **1** 英語アルファベットの第 15 字. **2** O [o] の音《母音》. **3** O 字形〔円形〕(のもの); 零の記号 (zero): a round *O* まる, 零.

***O²** *int.* **1** おお!, ああ!, おやっ! 《感嘆・驚き・恐れ・苦痛・哀訴・願望などをあらわす》: *O* indeed! いかにも; 全く. **2** おお…, やよ…《特に呼びかけの語気を強める詩的表現》: Praise the Lord, *O* Jerusalem. 主をたたえよ, おおエルサレムよ. 〈注〉大文字で書きコンマ・感嘆符などはつかない: *O* for wings! ああ翼でもあったら! *O* to be in England! ああイギリスにありせば《国外にあって故国を愛惜する表現》. *O* that I were rich! ああ金があったらなあ.

o' [ə-] *prep.* of または on の略: *o'*clock; 〖話〗 a cup *o'* tea (=of); *o'* nights (=on).

O' [o-] *pref.* アイルランド人の姓の前につける接頭辞. 元来は子孫 (descendant) の意: *O'*Brien [o-bráiən]; *O'*Connor [okánər/-kɔ́n-].

O 〖化〗 oxygen. **o** 〖電〗 ohm. **O.** Observer; Ocean; octavo; October; Ohio; Old; Ontario; Order; Oregon. **o.** pint (<L. octavus); octavo; off; old; only; order; 〖野球〗 out(s).

oaf [ouf] *n.* (*pl.* **~s, oaves** [ouvz]) **1** ばか, うすのろ; 武骨者. **2** 奇形児; 精薄児. **3** 〖古〗 取り替え子《妖魔(ようま)が子を奪って, その代わりに残していく醜い子》.

óaf·ish [óufiʃ] *a.* まぬけな; oaf のような.
◇ **~·ly** *ad.* **~·ness** *n.*

O·á·hu [oá:hu:] *n.* オアフ島《ハワイ諸島中第3の大島. この島に Honolulu がある》.
◇ **~·an** [-huən] *n., a.* オアフ島の (住人・原住民).

‡oak [ouk] *n.* **1** 〖植〗 **オーク**《カシ・ナラの類》. **2** オーク材; オーク製品《家具など》. **3** 《特に冠の輪に用いる》オークの葉; オークの若葉色. **4** 〖英: 大学〗《オーク製の》外とびら. ***sport*** **one's ~** 〖英: 大学〗 外とびらを閉じる《留守または面会謝絶のしるし》. ***the Royal Oak*** Charles II が敗戦の際難を避けたカシワの木.
—— *a.* オーク(製)の.
~ apple =~ gall. **Oak-Apple Day** 《5月29日に行なう the Royal Oak の故事を記念する》 王政復古記念日. **~ gall** 《モッショクシバチがオークの葉につくる》 虫こぶ, 没食子(もつしょくし).
◇ **∼·en** *a.* オーク(製)の. **∼·like** *a.*

Oak·land [óuklənd] *n.* アメリカ California 州の都市.

óak·let [óuklit], **óak·ling** [-liŋ] *n.* オークの苗木.

Oak·ley [óukli] *n.* 〖米俗〗 無料入場券 (=Annie ~)《女性射撃名手 Annie ~ の標的がはさみを入れた切符に似ていたことから》.

óa·kum [óukəm] *n.* 〖海〗 まいはだ《船材の継ぎ目の水漏れ防止に用いるほぐした古綱》.

‡oar [o:r/ɔ:] *n.* **1** **オール**, 櫓(ろ), かい. **2** こぎ手. **3** こぎ舟, ボート. **4** かいのはたらきをするもの《翼・ひれなど》. ***be chained to the ~*** 苦役をしいられる. ***bend to the ~s*** 力漕(りきそう)する. ***have an ~ in every man's boat*** 何事にもおせっかいをやく. ***pull a good ~*** じょうずにこぐ. ***rest*** [***lie***] ***on*** **one's** ***~*** オールを水平にして手を休める; 一休みする. ***thrust*** [***shove, stick, put***] **one's** ***~ in*** いらぬ世話をやく. ***toss ~s*** かいをまっすぐに立てる《敬礼》. ***trail the ~s*** (こがないで) オールを流す.
—— *vi.* **1** (かいで)こぐ. **2** かいのように動かす.
—— *vt.* **1** かいで[こいで] 進める: ~ the boat forward. **2** 〈海などを〉かいでこいで渡る; 〈道を〉こいで進む: ~ one's way こいで前進する.
∼·lock [∸∸] クラッチ, かい受け (rowlock, thole²)
∼s·man [-zmən] (*pl.* **-men**) こぎ手 (rower).
∼s·man·ship [∸-∸] 漕艇法; こぎ手の腕前.
◇ **~ed** *a.* かいを備えた.

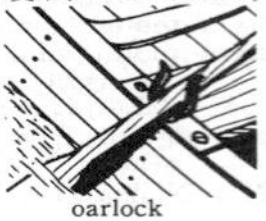
oarlock

óar·age [ó:ridʒ/ɔ́:r-] *n.* 〖雅〗 かいでこぐこと; オール装備.

O.A.S. on active service; *Organization de l'Armée Secrète* 《フランスの》 秘密軍事組織; Organization of American States 米州機構.

‡o·á·sis [oéisis, ⊛⁺óuəsis] *n.* (*pl.* **-ses** [oéisi:z, ⊛⁺óuəsi:z]) **1** **オアシス** 《砂ばくの緑地》. **2** いこいの場所. ◇ **ò·a·sít·ic** [òuəsítik] *a.* オアシスのような; 安らぎを与える.

oast [oust] *n.* 乾燥かまど《ホップなどの》. **∼·house** [∸∸] 〖おもに英〗 ~のある建物.

‡oat [out] *n.* **1** (通例 *pl.*) 〖植〗 **カラスムギ**, エンバク. → barley. **2** 〖雅〗 麦笛; 牧歌. ***feel*** **one's** [***its***] ***~s*** 〖米俗〗 元気旺盛(おうせい)である; うぬぼれる. ***sow*** **one's** ***wild ~s*** 若げのいたりで遊蕩(ゆうとう)する.
—— *vt.* 〈馬に〉 ~ を与える.
∼·càke [⊛ ∸∸] オート製堅焼きビスケット. **~ grass** 〖植〗 野生カラスムギ. **∼·meal** [-mi:l] オートミール, ひき割りカラスムギ.
◇ **∼·en** [óutn] *a.* カラスムギの; オートミールでつくった; 麦わらでつくった: an *~en* pipe 麦笛.

‡oath [ouθ] *n.* (*pl.* **~s** [ouðz, ouθs]; 《所有格》 **~'s** [-θs]) **1** **誓い**, 誓約; 〖法〗 《法廷における》 宣誓. **2** 神名の乱用. **3** 悪口雑言(ぞうごん); 罵詈(ばり). ***false ~*** 偽誓. ***make*** (***an***) ***~*** 誓いをたてる, 宣誓する. ***~ of allegiance*** 忠誠の誓い. ***~ of office*** 就任の宣誓. ***on*** [***under***] ***~*** 誓って: be *under* ~ to tell the truth 真実を話すと誓っている. ***put*** a person ***on ~*** (人に)誓わす. ***take*** [***swear***] (***an***) ***~*** 誓う. ***take*** **one's** ***~ that***... …のことは確かだと誓う.

ob- *pref.* 「の前に, に向かって」「反対に, 逆」「交換」などの意《c, f, g, p の前ではそれぞれ oc-, of-, og-, op-, m の前では単に o- となる》: *o*mit <ob-+mit.

ob. *obiit*; *obiter* (L. =incidentally); oboe.

O·ba·dí·ah [òubədáiə] *n.* 〖聖〗 ヘブライの預言者; オバデヤ書《旧約聖書》.

obb. obbligato.

òb·bli·gá·to [àbligá:to/ɔ̀b-] *a.* 〖楽〗 省けない, 必ず伴う. —— *n.* (*pl.* **-tos, -ti** [-ti:]) 〖楽〗 (不可欠な) 助奏. [<It.]

ób·du·ra·cy [ábdjurəsi/ɔ́b-] *n.* がんこ; 無情.

ób·du·rate [ábd(j)urit/ɔ́bdju-] *a.* がんこな, 強情な, かたくなな: ~ in one's determination がんとして決意をまげない. [√dur-] ◇ **~·ly** *ad.* **~·ness** *n.*

O.B.E. Officer [Order] of the British Empire.

ó·be·ah [óubiə] *n.* (または O~) アフリカ・西インドの黒人の魔法; その魔法に使う物神(ぶっしん).

‡o·bé·di·ence [əbí:diəns, o-/-djəns, -diəns] *n.* **1** 服従, 従順. **2** 〖宗〗 《特にカトリック》 帰依(きえ); 《集合的》 信徒, 信徒団; 《教会の》 権威, 支配; 管区. →動詞 obey. ***in ~ to*** に服従して, に従って.

‡o·bé·di·ent [-ənt] *a.* **従順な**, すなおな《に *to*》. ***Your*** (***most***) ***~ servant*** 敬具《公文書状などの結語》. →動詞 obey. [ob-+√audi- に+聞く]
◇ **~·ly** *ad.* 従順に, うやうやしく: *Obediently* yours =Yours *~ly* 敬具《手紙の結語》.

o·béi·sance [obéis(ə)ns, ə-, ⊛⁺-bí:-] *n.* **1** 敬意. **2** (うやうやしい) おじぎ. ***do*** [***make, pay***] ***~ to*** に敬意を表する.

o·béi·sant [-s(ə)nt] *a.* 敬意を表する, うやうやしい.
◇ **~·ly** *ad.*

ób·e·lisk [áb(i)lisk/ɔ́b-] *n.* **1** オベリスク, 方尖(ほうせん)塔. **2** 〖印〗 短剣標 (†); 《古写本の》 疑問標 (obelus) 《—, ÷》. ***double ~*** 〖印〗 二重短剣標 (‡).

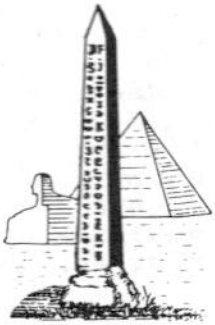
obelisk ①

ób·e·lize [áb(i)làiz/ɔ́b-] *vt.* に短剣標 [疑問標] を付ける.

ób·e·lus [áb(i)ləs/ɔ́b-] *n.* (*pl.* **-li** [lài]) =obelisk ②.

O·ber·on [óubəràn, -rən/-rən, -rɔn] *n.* 〖中世伝説〗 妖精(ようせい) の王オベロン 《Titania の夫. Shakespeare 作 *A Midsummer Night's Dream* にも登場》; 〖天〗 オベロン《天王星の第4衛星》.

o·bése [obí:s] *a.* 肥満の, でぶでぶの. ◇ **~·ly** *ad.* **~·ness** *n.* **o·bés·i·ty** [obí:siti, ⊛⁺-bés-] *n.*

‡o·béy [əbéi, obéi] *vt.* に**服従する**, に従う; の命令 [教え, 願い] に従う; の意のままに動く; 〈機械装置が〉 …に反応する: ~ one's mother 母の言いつけに従う.
—— *vi.* 従順である. →形容詞 obedient.

ob·fús·cate [abfʌ́skeit, ábfəskèit/ɔ́bfʌs-] *vt.* **1** 当惑させる, ぼんやりとさせる. **2** 暗くする, 曇らせる.

3 わかりにくくする, 晦渋(かいじゅう)にする: ～ a problem 問題(の所在)をいたずらに不明にする.
◇ **-ca·tor** [-ər] *n.* **-ca·to·ry** [-kətɔ̀:ri/-kət(ə)ri] *a.* **òb·fus·cá·tion** [àbfʌskéiʃ(ə)n, -fəs-/ɔ̀b-] *n.*

ó·bi [óubi] *n.* (*pl.* **～s**) =obeah.

ob·i·it [ábiit, óubiit/ɔ́b-] L. (=he [she] died) *vi.* 《墓碑などで》死す《略 ob.》: *ob.* 1945 1945年没す.

ob·i·ter dic·tum [ábitər-díktəm, óub-/ɔ́b-] L. (= said by the way) (*pl.* **～ *dic·ta*** [-tə]) **1** 〖法〗《判決中の判事の》付随的意見, 傍論. **2** ふともらしたことば, 偶見(ぐうけん).

o·bít·u·ar·y [ọbítʃuèri/-tjuəri] *n.* 《新聞などに載せる》死亡記事; 〖宗〗過去帳. **——** *a.* 死去の, 死亡の; 死者に関する. ◇ **-ist** *n.* 死者略歴執筆者.

obj. object; objection; objective.

‡ób·ject[1] [ábdʒikt/ɔ́b-] *n.* **1** もの, 物体. **2** 目的, 対象: an ～ of pity あわれみの対象. **3** 〖哲〗対象, 客体; 客観. ↔ subject. **4** 〖法〗目的; 物件. **5** 〖文〗目的語《動詞・前置詞の》. → 枠付 Object(p. 878). **6** 〖話〗おかしな物, あわれなやつ: What an ～ you look in that old hat! そんな古帽子をかぶってなんというざまだ. ***direct*** [***indirect***] **～** 〖文〗直接[間接]目的語. ***no* ～** 《三行広告などの用語》…を問わない: Distance *no* ～. 距離は問わず. Money *no* ～. 当方給料につき要求なし. [ob-+√jac-[1] 前に+投ずる]
～ ball 〖玉突き〗的玉. **～ glass** [**lens**] 対物レンズ. **～ lesson** 実物教育[教授], 実地の教訓; 良い実例. **～ plate** 《顕微鏡の》検鏡板. **～ staff** 《測量用》箱尺, 準尺. **～ teaching** 実物教育(法).
類 → **purpose**「目的」

‡ob·jéct[2] [əbdʒékt] *vi.* **1** 反対する, 異議を唱える, 抗議する《に *to, against*》: If you don't ～, ... もしご異議がなければ…. I don't ～ *to* waiting another year. もう1年待ってもよろしい. Do you ～ *to* my smoking? たばこを吸ってよろしいでしょうか. **2** 不平をいだく, 反感をもつ, いやがる《に, を *to*》: I ～ *to* all this noise. こういう騒ぎはまっぴらだ. I don't ～ *to* a glass of wine. 一杯いただきましょうか.
—— *vt.* **1** 反対して…と述べる, 反対理由として…と主張する: I ～*ed that* there was no time. 私は時間がないといって反対した. I ～ *against* him *that* he is dishonest. 不正直だからあの人には反対します. **2** 反対理由として掲げる, 難点として指摘する, 非難する: ～ impracticality *to* a proposal 提案に対して実行がむずかしいと異議を唱える. What have you got to ～ *against* him? 彼のどこが悪いというのですか.

ob·jéc·ti·fy [əbdʒéktịfài/ɔb-] *vt.* **1** 客観的にする. **2** 対象化する, 具体的にする.
◇ **ob·jèc·ti·fi·cá·tion** [-ˌ--fịkéiʃ(ə)n] *n.*

‡ob·jéc·tion [əbdʒékʃ(ə)n] *n.* **1** 反対; 異議, 反論. **2** 反感, 嫌悪(けんお). **3** 反対する理由; 難点. **4** 欠陥, さしさわり, 障害. → 動詞 object. ***feel an* ～ *to*** (do)***ing*** …するのを好まない. ***have no* ～ *to*** [***against***] に異存はない. ***make*** [***find***] ***an* ～ *to*** [***against***] =***raise*** [***take***] **～ *to*** [***against***] に異議を唱える. ***raise an* ～** 異論を唱える.

ob·jéc·tion·a·ble [-əbl] *a.* **1** 反対すべき, 異議のある. **2** 気に入らぬ, 不愉快な. ◇ **-bly** *ad.*

***ob·jéc·tive** [əbdʒéktiv, ㊊⁺ɔb-] *a.* **1** 客観的な; 偏見[先入主]のない. ↔ subjective. **2** 外的の, 物質的の. **3** 目的[目標]の. **4** 〖哲〗客観的な; 〖文〗目的(格)の; 〖美〗具象的な. **——** *n.* **1** 目的, 目標. **2** 客体; 〖文〗目的格, 目的語. → 枠付 Object. **3** 〖軍〗目標地点. **4** 対物レンズ(object glass).
～ case 〖文〗目的格. **～ genitive** 目的所有格《its discovery の its など》. ◇ ***～·ly** *ad.* 客観的に. **～·ness** *n.* 客観性. 類 →**purpose**「目的」

ob·jéc·tiv·ism [-ìz(ə)m] *n.* 〖哲〗客観主義; 客観性. ◇ **-ist** *n., a.* **ob·jèc·ti·vís·tic** [-ˌ--vístik] *a.*

òb·jec·tív·i·ty [àbdʒektívịti/ɔ̀b-] *n.* 客観性; 客観的実在.

ób·ject·less [ábdʒiktlis/ɔ́b-] *a.* **1** 目的のない, あてどのない. **2** 目にはいるものもない.
◇ **～·ly** *ad.* **～·ness** *n.*

ob·jéc·tor [əbdʒéktər] *n.* 反対者, 異議提唱者: a conscientious ～ 良心(的)兵役拒否者.

ob·jet d'art [ɔ:bʒeidá:r] F. (*pl.* ***ob·jets d'art*** [ɔ:bʒeidá:r]) (小)美術品.

ób·jur·gate [ábdʒərgèit, əbdʒə́:rgeit / ɔ́bdʒə:geit] *vt.* 〈人を〉激しくしかる, 難詰する. [√jur-]
◇ **òb·jur·gá·tion** [àbdʒərgéiʃ(ə)n/ɔ̀b-] *n.*

ob·júr·ga·to·ry [əbdʒə́:rgətɔ̀:ri/ɔbdʒə́:gət(ə)ri] *a.* 非難の, 叱責(しっせき)の. ◇ **-ri·ly** *ad.*

ób·late[1] [ábleit, əbléit/ɔ́bleit, -ˊ] *n.* 〖宗〗修道生活に身をささげた人. ◇ **ób·la·to·ry** [áblətò:ri ɔ́blət(ə)ri] *a.* 奉献の; 供え物の.

ób·late[2] *a.* 〖数〗偏円の, 偏球の. ◇ **～·ly** *ad.*

ob·lá·tion [ọbléiʃ(ə)n] *n.* **1** 〖宗〗聖餐(せいさん)(式). **2** 奉納; 供え物. **3** 《宗教的・慈善的》寄金, 寄付. [√lat-]

ób·li·gate [ábḷgèit/ɔ́b-] *vt.* に義務を負わせる《法律上・道徳上》, 強制する. ***be* ～*d to*** (do) …する義務[責務]を負う. **——** [-git, ㊊⁺-gèit] *a.* **1** 義務を負っている. **2** 〖生〗特殊の生活状態にある, 生活状態の単一な. → facultative. [√lig-]

‡òb·li·gá·tion [àbḷgéiʃ(ə)n/ɔ̀b-] *n.* **1** 義務, 責任: sense of ～ 義務観念. **2** 〖法〗債務. **3** (金銭)債務証書; 契約(書). **4** 証券. **5** 恩義, 義理. →動詞 oblige. ***be*** [***lie***] ***under*** (***an***) **～** (***to***) (に)義務[義理]がある; (の)恩義にあずかっている. ***meet* one's ～*s*** 義務を果たす; 約束を守る. ***of* ～** 義務上当然の, 義務的の. ***put*** [***lay***] a person ***under an* ～** (人に)義務を負わせる; (人に)恩を施す. ***repay an* ～** 恩に報いる. ◇ **～·al** [-ʃən(ə)l] *a.*
類 → **duty**「義務」

òb·li·gá·to =obbligato. [<It.]

ob·líg·a·to·ry [əblígətɔ̀:ri, ábliɡ- / ɔblígət(ə)ri, ɔ́blig-] *a.* **1** 義務として課される, 義務的の; (科目が)必須(ひっす)の: Attendance at school is ～. 通学は義務である. duties ～ *on* all あらゆる者にかかる義務. make it ～ *on* a person *to* (do) …することを人に義務づける. **2** 義務を伴う: an ～ promise 履行義務のある約束. → optional.

‡o·blíge [əbláidʒ] *vt.* **1** に余儀なく…させる, に…するようにしいる《*to* (do)》. **2** に恩恵を施す, にありがたがらせる, の願いをかなえてやる: I am sorry I cannot ～ you. 残念ながらご希望に応じかねる. **——** *vi.* **1** 恩を施す: An answer will ～. ご返事いただければ幸甚(こうじん). **2** 〖話〗好意を示す. → 名詞 obligation. ***be* ～*d*** (1) …せねばならぬ, …する必要がある《*to* (do)》: I *was* ～*d to* get up early in the morning. 余儀なく朝早く起きねばならなかった. (2) 恩にきる, 感謝する: I *am* much ～*d* (*to* you). ほんとうにご恩にきます. I will *be* much ～*d* if you will write to me. お手紙いただければ幸甚です. **～** a person ***by*** (do)***ing*** (人に)…してやる: Please ～ me *by* opening the window. どうぞ窓をおあけください. **～** a person ***with*** (人に)…を(好意をもって)与える[貸す]: She ～*d* us *with* a song. われわれに歌をうたってくれた. [ob-+√lig- 縛り+つける]
◇ **o·blíg·er** [-láidʒər] *n.* 恩を施す人. ↔obligee.
類 → **compel**「しいる」

òb·li·gée [àblidʒí:/ɔ̀b-] *n.* **1** 〖法〗権利者, 債権者. ↔ obligor. **2** 恩を受けている人. ↔ obliger.

o·blíg·ing [əbláidʒiŋ] *a.* **1** 親切な, 世話好きな. **2** 〖古〗丁重な. ◇ **～·ly** *ad.* **～·ness** *n.*
類 → **kind**「親切な」

ób·li·gòr [ábligɔ̀:r/ɔ̀bligɔ́:r] *n.* 〖法〗債務者. ↔ obligee.

ob·líque [əblí:k] *a.* **1** 斜めの, かしいだ. **2** わきにそれた, 正面からでない, 直進しない. **3** 間接の, 遠回しの. **4** 不正の. **5** 〖文〗斜格の. **6** 〖数〗斜線[斜面]

の; 斜角の. —— *vi.* **1** 斜めに傾く; 曲がる; 斜行する. **2**〔軍〕斜行前進する.
～ angle 斜角. **～ case**〔文〕斜格《主格・呼格以外の格》. **～ glance** 横目. **～ plane** 斜面 **～ section** 斜截(しゃせつ)面.
◇ **～·ly** *ad.* 斜めに; 不正に; 遠回しに. **～·ness** *n.*

ob·líq·ui·ty [əblíkwịti] *n.* **1** 傾斜(度). **2** 不正(行為); 不品行, 非行; よこしまな考え.
◇ **ob·líq·ui·tous** [-təs] *a.*

ob·lít·er·ate [əblítərèit] *vt.* **1** の痕跡(こんせき)を消す; 抹殺(まっさつ)する; 消滅〔壊滅〕する. **2**〈字を〉消す, 読めなくする. **3**〈過去などを〉忘れ去る, 消す. **4**〈切手に〉消印を押す.
◇ **-a·tive** [-iv] *a.* **-a·ble** [-rəbl] *a.*

ob·lìt·er·á·tion [əblìtəréiʃ(ə)n] *n.* **1** 消すこと, 抹殺(まっさつ), 削除; 消滅. **2** 忘失, 忘却. **3**〔医〕《血管などの》閉塞(へいそく).

ob·lív·i·on [əblíviən] *n.* **1** 忘却; 忘れられること; 忘れること: a former movie star now in ～ いまは忘れられてしまった元映画スター. **2**〔法〕大赦.

文法要説…(17)

Object (目的語)

他動詞・前置詞は, 名詞・代名詞 (もしくは名詞相等語句・名詞節) をあとに従え, これを目的語 (object) とする. 人称代名詞が目的語になるときには, 目的格の形をとる. 他動詞には一つの目的語をとるものと, 二つの目的語, すなわち直接目的と間接目的とをとるものとがある.

目的語の特殊用法

1) 副詞的目的語

たとえば We walked ten miles. (われわれは10マイル歩いた)では, ten miles は一見目的語のように見えて, We covered ten miles. (われわれは10マイル踏破した) におけるとおなじように思われる. しかし, 後者では Ten miles were covered. と受動態が可能で ten miles が能動態の文ではまさしく目的語であることがわかるのに反し, 前者では受動態の文は不可能である. したがって We walked ten miles. の ten miles は副詞的に用いられたものと解され, **副詞的目的語** (adverbial object) と称される. 距離・時間・時点・数量・方法などを示すとき, 名詞がこのように用いられることが多い:

We took the children out for a walk *a long distance.* 私は子どもたちを散歩に遠くまで連れ出した. We talked away *hours* and *hours.* われわれは何時間もしゃべり続けた. They arrived *last night.* 彼らは昨夜着いた. I don't care *a bit.* 少しも構いません. Write *this way,* not *that way.* そんな風に書かないで, こういう風に書きなさい.

〈付記〉関係代名詞 that が次のように関係副詞的に (すなわち in which, on which などと等価に) 用いられるばあいは, 実は関係節中の副詞的目的語と考えられる:

I was born (in) the year *that* the war ended. 私は戦争の終わった年に生まれた. Look at the way *that* he walks. 彼の歩きぶりをごらん.

すなわち, これらの that は関係節中で this year, this way などと同様なはたらきをもっている. なおこのような that はしばしば (特に第2例では通常) 省略される.

2) 同族目的語

他動詞が語源的に同一の名詞を目的語にとることがある. そのような目的語を**同族目的語** (cognate object) と称する. 同族目的語はしばしば形容詞を伴う:

live *a strenuous life* 努力的な人生を生きる, 営々と努力して生きてゆく. smile *a happy smile* 幸福そうにほほえむ. die *a violent death* 不慮の死を遂げる. dream *dreams* いろいろと夢を見る.

〈注〉同族目的語は必ずしも語源的関係を要せず, 動詞と目的語とが, 意味の上だけで同種であるばあいもある: fight *a battle* 戦いを交える. run *a race* 競走する. It is blowing *a gale.* 疾風が吹いている.

3) 二重目的語および類似の構文

(a) I told *a story* (1) to *him* (2).
(b) I told *him* (2) *a story* (1).

(a) She bought *a cake* (1) for *Tom* (2).
(b) She bought *Tom* (2) *a cake* (1).

これらの文において, (b) の構文を「二重目的語」をもつといい, それぞれ(1)を直接目的語, (2)を間接目的語という. ここで (a) の前置詞が除かれて (b)になるとき, 目的語(1)と(2)が入れ替わる点が注目される.

二重目的語はとらないが, (b)の二つの目的語(1), (2)の間に前置詞 with が挿入(そうにゅう)されるだけで, 他はきわめて性質の似た一群の動詞がある. ここでは (a) と (b) で前置詞が変わると同時に, 他動詞の目的語と前置詞の目的語とが上記と同様に入れ替わることが注目される:

(a) I presented *a book* to *him.*
(b) I presented *him* with *a book.*
(a) He impressed *an idea* on *us.*
(b) He impressed *us* with *an idea.*
(a) They planted *trees* in *the garden.*
(b) They planted *the garden* with *trees.*

これらはみな供給に関係した動詞であるが, この with の本書中での扱いについては下記参照.

〈注₁〉present にはアメリカでは二重目的の用法もある.

〈注₂〉with の使用に関して, 自動詞にもこれと類似の, 主語と前置詞目的語の入れ替わりを許すものがある: *Ants* are teeming in *the sugar pot.* = *The sugar pot* is teeming with *ants.* 砂糖つぼの中はアリの黒山だ.

英語の表現と日本語の格助詞

英語における動詞の目的語は一般に日本語では「…を」であらわされ, 直接目的と間接目的とがあるばあいには多くは前者に「…を」後者に「…に」が対応するが, これらの関係は常に成り立つわけではない.

1) 直接目的が「…に」で和訳されるばあい

「…を」と訳されるべき部分は, 英語では前置詞で導かれる: She furnished *the room with* new curtains. 彼女はへやに新しいカーテンをつけた. They informed *me of* their decision. 彼らは私に決定を知らせてきた.

2) 直接目的が「…を」「…に」以外の格助詞で訳されるばあい

英語と日本語との間に, 相当に大きな差異が生じるから平生から注意しておくことがたいせつである: The man robbed *me of* my wallet. その男は私から紙入れを奪った. The men fought *the fire* desperately. 人々は懸命に火事と戦った.

〈付記〉この点について本辞典では, 特に訳語において配慮してあるから, これを活用されたい. 例: furnish に備える, に装備する《を *with*》. rob から奪う《を *of*》.

be buried in* [*fall into, sink into*] ～** (世の中から) 忘れ去られる. ***the Act* [*Bill*] *of O～ 大赦令. [√liv- (色)あせる]

ob·lív·i·ous [əblíviəs] *a.* **1** 忘れて, 忘れっぽい《を *of*》. **2** 意に介さない: She is ～ *of* [*to*] his adoration. 彼女は彼が慕っているのを心にもかけない. **3** 〘雅〙忘れさせる. ◇ **～·ly** *ad.* **～·ness** *n.*

ób·long [áblɔːŋ/ɔ́blɔŋ] *a.*, *n.* 長方形(の); 〘数〙長方形(の): an ～ table 長方形のテーブル. → square. ◇ **～·ish** *a.* やや長方形の. **～·ly** *ad.* **～·ness** *n.*

ób·lo·quy [ábləkwi/ɔ́b-] *n.* **1** 不名誉, 汚名, 《社会的な》悪評. **2** 非難, ののしり, 悪口. [√loqu-] ◇ **ob·ló·qui·al** [ɑblóukwiəl/ɔb-] *a.*

ob·nóx·ious [əbnákʃəs, ɑb-/-nɔ́k-] *a.* **1** いやな, 好ましくない, 不快な. **2** きらわれている, 悪評の《に *to*》. **3** 〘古〙《害などを》受けやすい, 受けそうな: ～ *to* a danger 危険に陥りやすい. ～ *to* censure 非難を受けやすい. [√noc-] ◇ **～·ly** *ad.* **～·ness** *n.*

ó·boe [óubou, -bɔi/-bou] *n.* 〘楽〙オーボエ《木管楽器》. ◇ **ó·bo·ist** [óubouist] *n.* オーボエ奏者.

ób·ol [ábl/ɔ́bɔl, ɔ́b(ə)l] *n.* オボロス《古代ギリシアの銀貨; 6分の1 drachma》.

ób·ro·gate [ábrəgèit] *vt.* <法律を> 撤廃[修正]する. ◇ **òb·ro·gá·tion** [⌐－géiʃ(ə)n] *n.*

obs. observation; observatory; obsolete.

ob·scéne [əbsíːn, ɑb-/əb-, ɔb-] *a.* **1** わいせつな, みだらな: ～ language 卑猥(ひわい)なことば. **2** 〘古〙嫌悪(けんお)すべき. ◇ **～·ly** *ad.* **～·ness** *n.*

ob·scén·i·ty [əbséniti, -síːn-/əbsíːn-, ɔb-] *n.* **1** わいせつ, 卑猥. **2** (*pl.*) みだらなことば[行為].

ob·scúr·ant [əbskjú(ː)rənt/ɔbskjúər-] *a.*, *n.* **1** 世間に知識を広めたがらない(人), 反啓蒙(けいもう)主義者(の). **2** 分明に表現しない(人), あいまい主義者(の). ◇ **～·ism** *n.* **～·ist** *n.* ＝obscurant.

òb·scu·rá·tion [àbskjuréiʃ(ə)n/ɔ̀bskjuər-] *n.* **1** 暗くする[なる]こと. **2** あいまい化, ごまかし; おぼろ, 不明. **3** 〘天〙掩蔽(えんぺい), 食(しょく).

‡ob·scúre [əbskjúər] *a.* (**ob·scúr·er** [-skjú(ː)rər/-skjúər-]; **ob·scúr·est** [-skjú(ː)rist/-skjúər-]) **1** 暗い, 薄暗い; 《色などが》黒ずんだ, くすんだ: an ～ back room 光のささない裏手のへや. **2** 《ことば・意味などが》不明瞭(ふめいりょう)な, もうろうたる, わかりにくい: an ～ reference はっきりしない言及. **3** 《事情・経緯などが》定かならぬ, 目だたない. **4** はっきり感じとれない: an ～ pulse ごく弱い脈搏(みゃくはく). **5** 人目につかない; 人里離れた, へんぴな. **6** 世に知られていない; 無名の; (地位の) 低い. ***of ～ origin* [*background*]** 卑しい生まれの[素性の].
—— *n.* 〘雅〙暗黒; 夜のやみ.
—— *vt.* **1** 暗くする, 曇らせる. **2** おおい隠す. **3** の輝き[名声]をおおう[圧する]. **4** 不明にする; あいまいにする: reasoning ～*d* by emotion 感情によってあいまいになった論理. **5** あいまいに発音する, <母音を> あいまい化する. ***～d glass*** 曇りガラス, すりガラス. **～ vowel** あいまい母音《about の [ə] など》.
◇ **～·ly** *ad.* **～·ness** *n.*

ob·scú·ri·ty [əbskjú(ː)riti/-skjúər-] *n.* **1** 薄暗いこと, もうろう; 薄暗がり. **2** 不明瞭(ふめいりょう), あいまい; あいまいな[わかりにくい]点. **3** 無名, 微賤(びせん); 無名の人[物]: rise from ～ to fame 微賤から身を起こして名をなす. be content in ～ 無名に甘んずる. sink into ～ 世に埋もれる.

ób·se·crate [ábsikrèit/ɔ́b-] *vt.* に嘆願する.

òb·se·crá·tion [àbsikréiʃ(ə)n/ɔ̀b-] *n.* 嘆願; 〘宗〙嘆願連禱(れんとう).

ób·se·quence [ábsikwəns/ɔ́b-] *n.* へつらい, こび.

ób·se·quies [ábsikwiz/ɔ́b-] *n. pl.* 葬礼. ◇ **ob·sé·qui·al** [əbsíːkwiəl/ɔb-] *a.*

ob·sé·qui·ous [əbsíːkwiəs] *a.* **1** こびへつらう, ごきげんとりの, お追従(ついしょう)的な. **2** 〘古〙従順な. [√sequ-] ◇ **～·ly** *ad.* **～·ness** *n.*

ób·se·quy [ábsikwi/ɔ́b-] *n.* (*pl.* **-quies** [-z]) obsequies の単数形《通例複数形を用いる》.

ob·sérv·a·ble [əbzə́ːrvəbl] *a.* **1** 観察できる, 看取される. **2** 目だつ; 顕著な. **3** 《習慣・礼儀・規則など》守るべき. ◇ **-bly** *ad.* 目だって.

‡ob·sérv·ance [əbzə́ːrv(ə)ns] *n.* **1** 《法律・規則・慣習などの》遵守, 遵奉《*of*》. **2** 《守るべき》習慣, 慣例. **3** 《慣例どおりの》典儀(挙行); 〘宗〙儀式, 祭典. **4** ＝observation. → 動詞 observe.

***ob·sérv·ant** [əbzə́ːrv(ə)nt] *a.* **1** 観察力が強い, 注意ぶかい《について *of*》. **2** 遵守する《を *of*》. —— *n.* 厳守者; (O～) 《フランシスコ会の》厳修派の修道士 (＝Observantine). ◇ **～·ly** *ad.*

Ob·sér·van·tine [-tin, -tìːn/-tin] *n.* ＝ Observant.

‡òb·ser·vá·tion [àbzərvéiʃ(ə)n/ɔ̀b-] *n.* **1** 観察, 注目, 注視. **2** 観測; 〘海〙天測; 監視. **3** 観察力: a man of no ～ 観察力のない人. **4** 観察結果; (*pl.*) 観測報告: his ～*s* on the life of the savages 蛮人の生態に関する観察記録. **5** 《観察に基づく》意見, 発言, 評言《*on*》: a pregnant ～ 含蓄ある見解. general ～*s* 概説. → 動詞 observe. ***take an ～*** 天測で緯度[経度]を知る. ***under ～*** 監視されて, 見られて.
～ balloon 観測気球. **～ car** 〘鉄道〙展望車. **～ post** 〘軍〙(弾着)観測所. **～ train** 川岸を通る列車《ボートレースファンの乗客のため》.
◇ **～·al** [-ʃən(ə)l] *a.* 観測の, 監視の; 観察による.
〘類〙 → **remark**「所見」

ob·sérv·a·to·ry [əbzə́ːrvətɔ̀ːri/-t(ə)ri] *n.* **1** 観測所; 天文[気象]台. **2** 展望台. **3** 監視所.

‡ob·sérve [əbzə́ːrv] *vt.* **1** <法律・風習・規定時間などを> 守る, 遵守する. **2** の慣習を守る; <祝日などを> 祝う《慣習・規定によって》; <儀式・祭式を>挙行する, 執り行なう: ～ a holiday 休日を休む. ～ an anniversary 年ごとの記念日を祝う. **3** <なすべき行為などを> 行なう: ～ care 注意を払う. ～ quiet 静粛を守る. **4** 観察する, 観測する; 注視[注目]する; 監視する: ～ an eclipse 日食[月食]を観測する. **5** に気づく. 〈注〉④と⑤の意味では「知覚動詞」の構文をとりうる: *observe* him *do*(*ing*) his duty 彼が義務を果たすように監督する. **6** (所見を) 述べる, 言う《と *that*》. 〈注〉①-③の意味の名詞は observance. ④-⑥の意味の名詞は observation.
—— *vi.* **1** 観察する. **2** 所見を述べる, 論評する《について *on, upon*》. ***the ～d of* [*by*] *all*** 万人の注目する人. [ob-＋√serv-[1] (眼)前から＋離さない]

‡ob·sérv·er [əbzə́ːrvər] *n.* **1** 観察者; 観測者; 監視者; 〘空〙偵察(ていさつ)員. **2** 立会人; オブザーバー《会議に陪席するが投票権をもたない》. **3** 意見を述べる人, 評者. **4** 遵守者.

ob·sérv·ing [əbzə́ːrviŋ] *a.* 観察する; 観察力が強い; 注意ぶかい, ゆだんしない. ◇ **～·ly** *ad.*

ob·séss [əbsés] *vt.* <悪霊(あくりょう)・妄想(もうそう)が> にとりつく: Suspicion ～*ed* him. 彼は疑惑にとりつかれた. ***be ～ed by* [*with*]** …にとりつかれ[つきまとわれ]ている. [√sed-]

ob·sés·sion [əbséʃ(ə)n] *n.* **1** 《悪霊・恐怖観念などが》とりつくこと; 《悪霊などに》とりつかれること. **2** 強迫観念, 妄想(もうそう). ***be under an ～ of*** …にとりつかれている.

ob·sés·sive [əbsésiv] *a.* 《考えなどが》つきまとう; 強迫観念の: ～ fears つきまとう恐怖. 「(とかち).

ob·síd·i·an [əbsídiən/ɔb-] *n.* 〘鉱〙黒曜石, 十勝石

òb·so·lésce [àbsəlés/ɔ̀b-] *vi.* 古くなる, すたれる.

òb·so·lés·cent [àbsəlésnt/ɔ̀b-] *a.* **1** 《ことば・流行などが》すたれかかった, 時代遅れになった, 廃用になった. **2** 〘生〙退化した. ◇ **～·ly** *ad.* **-cence** *n.*

***ób·so·lete** [ábsəliːt/ɔ́b-] *a.* **1** すたれた, 廃用になった: an ～ word 廃語. **2** 時代遅れの, 古くさい. **3** 〘生〙退化した, 廃退した. —— *n.* 時代遅れの人, 古くさい人[物]; 廃物.

◇ ～·ly *ad.* ～·ness *n.*

‡ób·sta·cle [ábstəkl/ɔ́b-] *n.* **障害(物)**; じゃま, 故障: ～ *to* progress 進歩をはばむもの. ***raise an*** ～ 障害を設ける, 妨害する. ～ **race** 障害物競走. [ob-＋√sta- 前に＋立つ; 立ちはだかる]

obstet. obstetric(s).

ob·stét·ric [əbstétrik/ɔb-], **-ri·cal** [-(ə)l] *a.* 産科の; 助産の. ◇ **ob·stét·ri·cal·ly** *ad.*

òb·ste·trí·cian [àbstətríʃ(ə)n/ɔ̀b-] *n.* 産科医.

ob·stét·rics [əbstétriks/ɔb-] *n. pl.* 《単数扱い》産科学.

ób·sti·na·cy [ábstənəsi/ɔ́b-] *n.* **1** 強情, がんこ: ～ *in* denying 強情な否定ぶり. **2** がんこな言動. **3** 《病気の》難治. ***with*** ～ がん強に, 執拗(しつよう)に.

‡ób·sti·nate [ábstənit/ɔ́b-] *a.* **1 がんこな, 強情な**, 執拗な. **2** 治癒(ちゆ)しがたい. [ob-＋√sta- 前に＋立つ; 譲らない] ◇ **‡～·ly** *ad.* ～·**ness** *n.*

ob·strép·er·ous [əbstrép(ə)rəs] *a.* **1** あばれて始末がわるい. **2** 騒々しい, やかましい.
◇ ～·**ly** *ad.* ～·**ness** *n.*

ob·strúct [əbstrʌ́kt] *vt.* **1** 〈通路などを〉ふさぐ, とざす. **2** 〈行動・運動などを〉妨害する, じゃまする. **3** 〈光・眺望(ちょうぼう)を〉さえぎる. [√stru-]

ob·strúc·tion [əbstrʌ́kʃ(ə)n] *n.* **1** 妨害, 障害 《の *to, of*》; 議事妨害. **2** 《パイプなどの》詰まり, 閉塞(へいそく). **3** 妨害[閉塞]物: ～*s* on the road 路上のじゃま物. ～ **guard** 《機関車の》排障器.
◇ ～·**ism** *n.* (議事)妨害. ～·**ist** *n.* (議事)妨害者.

ob·strúc·tive [əbstrʌ́ktiv] *a.* 妨げとなる《に *to*》; 議事妨害の. —— *n.* 妨害物; 議事妨害者.
◇ ～·**ly** *ad.* ～·**ness** *n.*

‡ob·táin [əbtéin] *vt.* **1 手に入れる, 獲得する**: ～ a position 地位を得る. **2** 〖古〗やり遂げる.
—— *vi.* (広く)行なわれる: The custom still ～*s* in some districts. その風習は所によりまだ行なわれている. [ob-＋√ten- つかみ＋かかる; 持続する]
◇ ～·**a·ble** *a.* 得られる, 手にはいる. ～·**er** *n.* ～·**ment** *n.* 類 → **get**「手に入れる」

ob·téct(·ed) [abtékt(id)/əb-] *a.* 〖虫〗《さなぎが》皮殻(ひかく)のある.

ob·tést [abtést/əb-] *vt.* **1** 証人として喚問する. **2** に懇願する. —— *vi.* 抗議する. [√test-]
◇ **òb·tes·tá·tion** [àbtestéiʃ(ə)n/ɔ̀b-] *n.*

ob·trúde [əbtrú:d] *vt.* **1** 押しつける, 強制する: ～ one's opinions *upon* others 他人に自分の考えを押しつける. **2** (前へ)突き出す. —— *vi.* でしゃばる: Do what we may, our childhood background will ～. なにをやろうと育ちのよしあしがあらわれる.
～ one***self*** 自分を押しつける《に*on, upon*》; でしゃばる: ～ oneself *on* the company 一座をひとり占めにする, 仲間のうちでかってにふるまう. ～ ***on*** [***upon***] a person***'s attention*** (人)の関心をしきりに引こうとする. [√trud-]

ob·trú·sion [əbtrú:ʒ(ə)n] *n.* **1** 押しつけ, でしゃばり《に対する *on, upon*》. **2** 押しつけられた物.
◇ **ob·trú·sion·ist** *n.*

ob·trú·sive [əbtrú:siv] *a.* **1** でしゃばりの, 押しつけがましい; しつこい, 目ざわりな. **2** 目だつ; はですぎる: an ～ smell たまらないにおい. **3** 突き出た.
◇ ～·**ly** *ad.* ～·**ness** *n.*

ob·túnd [əbtʌ́nd] *vt.* 〖医〗〈感覚・機能を〉鈍くする.
◇ **ob·túnd·ent** [-ənt] *a.*

ób·tu·rate [ábtjurèit/ɔ́btju(ə)r-] *vt.* 〈穴・すきまなどを〉ふさぐ, とざす; 〈砲尾を〉密閉する.
◇ **-ra·tor** [-ər] *n.* 閉塞(へいそく)物; 《砲尾の》密閉装置. **òb·tu·rá·tion** [⌐–réiʃ(ə)n] *n.*

ob·túse [əbt(j)ú:s/-tjú:s] *a.* 鈍い《先端・角度・頭脳・音・痛みなどが》: an ～ angle 〖数〗鈍角.
◇ ～·**ly** *ad.* ～·**ness** *n.*

ób·verse [ábvə:rs/ɔ́b-] *n.* **1** 《物の》表面, おもて. ↔verso, reverse. **2** 《事実の》反面; 《定理などの》逆. **3** 〖論〗換質命題.
—— [əbvə́:rs, ábvə:rs/ɔ́bvə:s] *a.* **1** 表面の. **2** 反対側の, 裏側の. **3** 《葉など》上辺が下辺より広い, 先広がりの. ◇ ～·**ly** [əbvə́:rsli, ㊐⁺ábvə:rs-] *ad.*

ob·vér·sion [əbvə́:rʃ(ə)n, ㊐⁺-ʒ(ə)n] *n.* **1** 表面を向けること. **2** 〖論〗換質(法).

ob·vért [abvə́:rt/ɔb-] *vt.* **1** 〈別の面を〉向ける, のおもてを向ける. **2** 〖論〗〈命題を〉換質する. [√vert-]

ób·vi·ate [ábvièit/ɔ́b-] *vt.* **1** 〈困難などを〉処理する, 除去する: ～ the necessity of going 行かなくても済むようにする. **2** 〈反対などに〉対処する, 未然に防ぐ. [√vi-¹]
◇ **òb·vi·á·tion** [⌐–éiʃ(ə)n] *n.* 除去; 防止.

‡ób·vi·ous [ábviəs/ɔ́b-] *a.* **1 明白な**, 明らかな, 明瞭(めいりょう)な. **2** 見え透いた; 目だつ. [ob-＋√vi-¹ 行く＋先の, 行く手の → 目につく] ◇ **‡～·ly** *ad.* 明白に. ～·**ness** *n.* 類 → **evident**「明白な」

oc- *pref.* ＝ob-.

Oc., oc. ocean.

òc·a·rí·na [àkərí:nə/ɔ̀k-] *n.* オカリーナ《土焼き卵形の笛》.

ocarina

‡oc·cá·sion [əkéiʒ(ə)n] *n.* **1 ばあい, 機会**, とき, 際: *on* this ～ このおりに《比較: *in* this case このばあいは》. *on* several ～*s* 何回か, おりおり. **2** 好機: This is not an ～ *for* laughter. 笑うべきときではない. **3** たいせつなとき, おめでたいおり; 祝典, お祭り: a great ～ 盛典, 大祝祭(日). **4 理由**, 誘因, 原因: the ～ of an accident 事故のきっかけ. **5** 〖古〗必要; (*pl.*)用事. ***as*** ～ ***demands*** [***arises, requires***] 必要に応じて. ***give*** ～ ***to*** を引き起こす. ***go about*** **one's** ***lawful*** ～***s*** 〖古〗本業にいそしむ. ***have no*** ～ ***for*** の根拠がない; の必要がない. ***have no*** ～ ***to*** (do) …する理由[必要]がない. ***if the*** ～ ***should arise*** ＝ ***should the*** ～ ***arise*** 必要が生じたら. ***improve the*** ～ 機会を利用する. ***on*** [***upon***] ～ ときどき (＝occasionally). ***on the first*** ～ 機会のありしだい; なるべく早く. ***on the*** ～ ***of*** に際して. ***profit by the*** ～ 好機をとらえる. ***rise to the*** ～ → rise. ***take*** [***seize the***] ～ ***to*** (do) 機に乗じて…する, よいおりをとらえて…する.
—— *vt.* 生ぜしめる, 引き起こす: ～ a riot 騒動を起こす. ～ a person great anxiety 人にたいへん心配をかける. [ob-＋√cad- 前に＋落ちてくる]
類 → **opportunity**「機会」

‡oc·cá·sion·al [əkéiʒən(ə)l, -ʒnəl] *a.* **1 ときどきの**, ときおりの: fine except for ～ rain 晴れときどき雨. **2 臨時の**: an ～ hand 臨時工. **3 偶然の**: an ～ visitor ときどき来る客; 偶然来合わせた客. **4** 《詩・音楽・布告などが》特別な時機のための: ～ verses.
◇ **‡～·ly** [-i] *ad.* ときどき, おりおり.

oc·cá·sion·al·ism [-ìz(ə)m] *n.* 〖哲〗《デカルト学派の》偶因論. ◇ **-ist** *n.*

óc·ci·dent [áksəd(ə)nt/ɔ́k-] *n.* **1** (the O～) 西洋, 西欧, 欧米; 西半球. → Orient. **2** 〖稀〗西(方). [ob-＋√cad- (太陽の) 落ちる方]

òc·ci·dén·tal [àksədéntl/ɔ̀k-] *a.* **1** (O～) 西洋の, 西欧の. → Oriental. **2** 西方の; 〖天〗西天の.
—— *n.* (通例 O～) 西洋人. ◇ ～·**ly** [-t(ə)li] *ad.*
òc·ci·den·tál·i·ty [⌐–⌐tǽləti] *n.*

Oc·ci·dén·tal·ism [-ìz(ə)m] *n.* 西洋風, 西洋かたぎ; 西欧崇拝. ◇ **-ist** *n.* 西洋事情通; 欧化主義者.

Oc·ci·dén·tal·ize [-dént(ə)làiz] *vt.* 西洋式にする, 欧(米)化する. ◇ **Oc·ci·dèn·tal·i·zá·tion** *n.*

oc·cíp·i·tal [aksípətl/ɔk-] *a.* 〖医〗後頭部の, 後頭骨の: the ～ bone 後頭骨. —— *n.* 後頭骨.
◇ ～·**ly** [-t(ə)li] *ad.* [√capit-]

occipito- 「後頭」の意の語形成要素. [ob-＋

óc·ci·put [áksịpʌ̀t/ɔ́k-] *n.* (*pl.* **~s, oc·cíp·i·ta** [aksípịtə/ɔk-])〖医〗後頭部.

oc·clúde [əklú:d/ɔk-] *vt.* **1** <通路・穴などを> 閉じる, ふさぐ. **2** 閉じ込める; 締め出す. **3**〖化〗<ガスなどを> 吸収する. —— *vi.*〖歯科〗<上下の歯が> かみ合う. [√claud-] ◇ **oc·clúd·ent** *a.*

oc·clú·sion [əklú:ʒ(ə)n/ɔk-] *n.* **1** 閉塞, 閉鎖. **2**〖化〗吸入. **3**〖歯科〗かみ合わせ. ◇ **-sal** [-z(ə)l] *a.*

oc·clú·sive [əklú:siv/ɔk-] *a.* **1** 閉塞する; 閉鎖の. **2** 吸収する. **3** かみ合う. ◇ **~·ly** *ad.* **~·ness** *n.*

oc·cúlt [əkʌ́lt, ákʌlt/ɔkʌ́lt, ⁻⁻] *a.* **1** 神秘的な, 不思議な. **2** 超自然的な, 秘儀の. **3**〖稀〗隠れた, (故意に) 隠された. ***the* ~** 秘学, 神秘.
—— *vt.* 隠す;〖天〗掩蔽(えんぺい)する. —— *vi.* 隠れる.
~*ing light* 明滅燈《燈台の》. [√cel-]
~ sciences 神秘学《占星学など》. ◇ **òc·cul·tá·tion** [àkəltéiʃ(ə)n/ɔ̀k-] *n.*〖天〗掩蔽; 雲隠れ.

oc·cúlt·ism [əkʌ́ltìz(ə)m, ákəl-/ɔ́kəl-, ɔkʌ́l-] *n.* 神秘学, 神秘主義; 神秘療法. ◇ **-ist** *n.*

óc·cu·pan·cy [ákjụpənsi/ɔ́kjụ-] *n.* **1**《土地・家屋などの》占有, 占領; 居住. **2**〖法〗自主占有, 占拠. **3** 占有 [占領, 居住] 期間.

óc·cu·pant [ákjụpənt/ɔ́kjụ-] *n.* **1** 占有[占領]者;〖法〗占有 [占拠] 者. **2** 居住者.

‡òc·cu·pá·tion [àkjụpéiʃ(ə)n/ɔ̀kjụ-] *n.* **1 職業**, 業務; 仕事: men out of ~ 失業者. **2 占有**, 占有権;〖英〗借家人占有地. **3** 居住; 居住権 [期間]. **4** 就任; 任期. **5 占領**; 占領期間: the ~ army 占領軍. → 動詞 occupy.
~ bridge 私設専用橋. **O~ Day** Puerto Rico の祝日《7月25日. 1898 年のアメリカ軍の上陸を祝う》. **~ disease** 職業病. **~ franchise**〖英〗借地人投票権. 類 → **work**「仕事」

òc·cu·pá·tion·al [àkjụpéiʃən(ə)l/ɔ̀k-] *a.* **1** 職業の; 職業による [から生じる]. **2**〖米〗占領の.
~ disease〖医〗職業病. **~ guidance** 職業指導. **~ hazard** 特定の職業に伴う危険. **~ therapy**〖医〗作業療法《軽作業を与えながら治療を続ける》. ◇ **~·ly** *ad.*

òc·cu·pá·tion·er [-ʃ(ə)nər] *n.*〖米俗〗占領軍軍「人; (*pl.*) 占領軍.

óc·cu·pied [ákjụpàid/ɔ́k-] *a.* **1** ふさがっている, 人が住んでいる: an ~ house. **2** 忙しい: a constantly ~ person いつも多忙な人. **3**《時間が》ふさがっている.

‡óc·cu·py [ákjụpài/ɔ́k-] *vt.* (**-pied; ~·ing**) **1** <時間・場所を> **占める**; <場所を> ふさぐ, とる; <時間を> 要する. **2 占領する**. **3** に居住する; 借用する, 使用する: The building is ~*i*ed. その建物には人が住んでいる. **4** <地位を> 占める. **5** <心・注意を> 占める, 奪う: Golf has ~*i*ed his mind. 彼はゴルフに夢中になってしまった. **6** <人を> **従事させる**, 働かせる. → 名詞 occupation.
be occupied [**~ one*self***] ***in*** [***with***] に従事している, に忙殺されている. [ob-＋√cap-]
◇ **-pi·er** [-pàiər] *n.* 占有者; 居住[借地, 借家]人

‡oc·cúr [əkə́:r] *vi.* (**-rr-**) **1** <事件などが> **起こる, 生じる**. → happen. **2** 出て来る, 見受けられる; 存在する: The word ~*s* twice in the letter. その語は手紙で2度用いられている. ore ~*ring* in beds 層をなして存在している鉱石. **3** <着想・記憶などが> (心に) 浮かぶ, 生まれる《に *to*》: A happy idea ~*red to* me. 私は名案が浮かんだ. It ~*red to* me that… …という考えが胸に浮かんだ, …ということを思い出した. [ob-＋√cur(r)- 走って＋来る]
◇ **~·ring** [əkə́:riŋ] *n.* (通例 *pl.*)〖米話〗できごと.

***oc·cúr·rence** [əkə́:rəns/əkʌ́r-] *n.* **1 事件**, できごと: an unusual ~ 珍しいできごと. a happy ~ 慶事. **2**《事件の》**発生**, 起こること. **3**《動物などが》見受けられること;《天然資源などの》存在: a fish of regular ~ 普通に見受けられる魚.
類 → **accident**「できごと」

†ó·cean [óuʃ(ə)n] *n.* **1** 大洋, 海洋; …洋《五大洋の一つ》. **2** 果てしない広がり; …の海: an ~ of light 光の海, 広大な光. an ~ of foliage 樹海. **3**〖俗〗(ときに *pl.*) たくさん: ~*s* of money 巨額の金.
~ bed 海底. **~ flight** 洋上飛行. **~-gò·ing** 外洋[遠洋]航行の. **~ lane** [**route**] 遠洋航路. **~ liner** [**tramp**] 遠洋定期船 [不定期貨物船].

O·ce·án·i·a [òuʃiǽniə, -á:n-, -éin-/-éin-] *n.* オセアニア, 大洋州《オーストラリアおよび太平洋諸島》.
◇ **~n** *a., n.* 大洋州の(人).

ò·ce·án·ic [òuʃiǽnik] *a.* **1** 大洋の; 大洋にすむ. **2** 大洋のような, 広大な. **3** (O~) 大洋州の.

O·cé·a·nid [osí:ənid] *n.* (*pl.* **~s, O·ce·án·i·des** [òusiǽnidì:z]) 大洋の女精《Oceanus の娘》.

ò·ce·a·nóg·ra·phy [òuʃiənágrəfi/-nɔ́g-] *n.* 海洋学. ◇ **-pher** *n.* 海洋学者.

O·cé·a·nus [osí:ənəs/-síə-] *n.*〖ギ神〗**1** オケアノス《大洋神》. **2** 大海《大地を取り巻き, あらゆる川・湖の水源と考えられた》.

o·cél·lus [oséləs] *n.* (*pl.* **-li** [-lai]) **1**〖動〗《こん虫などの》単眼;《下等動物の》眼点. **2** 目玉模様《クジャクの羽などの》.

ó·ce·lot [óusịlàt, ás-/óusịlɔt] *n.*〖動〗ヒョウネコ《中「央・南アメリカ産》.

och [ak, ax/ɔx] Ir., Sc. *int.* おお!, ああ!

ó·cher, ó·chre [óukər] *n.* **1** 黄土《黄・赤色の絵の具原料》. **2** 黄土色, オークル (＝yellow ~). **3**〖米俗〗《特に》金貨. —— *a.* 黄土色の, オークルの. —— *vt.* オークル色に着色する.
◇ **ó·cher·ous** [óukərəs], **ó·chr(e·)ous** [-kr(i)əs], **ó·cher·y** [-k(ə)ri] *a.* 黄土(色)の.

och·lóc·ra·cy [aklákrəsi/ɔklɔ́k-] *n.* 暴民政治, 暴民支配. ◇ **òch·lo·crát·ic** [àklọkrǽtik/ɔ̀k-] *a.*

ó·chroid [óukrɔid] *a.* (黄土のように) 黄色い.

†o'·clóck [əklák/əklɔ́k] *ad.* …時: It [The time] is three ~. 3時です. at three ~ 3時に. 〈注〉o'clock は常に省略可能. 特に 1 時間未満のはしたがつくときや, 時・分をこの順に直接並べるときには, 通常 o'clock をつけない: at three (*o'clock*). at half past six [6:30 p.m.] 6時半 [午後6時30分] に. It's four minutes before[to, of]five. 5時4分前です. ***know what ~ it is*** すべて心得ている. [＜of the clock]

oct-, octa-, octo- 「8」の意の語形成要素.

Oct. October. **oct.** octavo.

óc·ta·chord [áktəkɔ̀:rd/ɔ́k-] *n.* 八弦琴; 全音階「の八度音程.

óc·tad [áktæd/ɔ́k-] *n.* 8 個 1 組み;〖化〗八価元素.

óc·ta·gon [áktəgàn, -gən/ɔ́ktəgən] *n.* 八角形 (の物) (octangle).

oc·tág·o·nal [aktǽgən(ə)l/ɔk-] *a.* 八角形の.
◇ **~·ly** *ad.*

òc·ta·hé·dron [àktəhí:drən/ɔ̀ktəhéd-] *n.* (*pl.* **-drons, -dra** [-drə]) 八面体: a regular ~ 正八面体. ◇ **-dral** [-drəl] *a.* 八面ある, 八面体の.

óc·tane [áktein/ɔ́k-] *n.*〖化〗オクタン《石油中の無色液体炭化水素》.
~ number [**rating, value**] オクタン価.

óc·tan·gle [áktæŋgl/ɔ́k-] *a.* ＝octangular.
—— *n.* ＝octagon. 「◇ **~·ness** *n.*

oc·tán·gu·lar [aktǽŋgjụlər/ɔk-] *a.* 八角(形)の

óc·tant [áktənt/ɔ́k-] *n.* **1** 八分円《45°の弧・扇形》 **2** 八分儀. **3**《特定天体の他の天体に対する》離角 45°の位置. ◇ **oc·tán·tal** [aktǽntl/ɔk-] *a.*

Oc·ta·teuch [áktət(j)ù:k/ɔ́ktətju:k] *n.* 旧約聖書の最初の 8 巻.

óc·tave [ákteiv, -tiv/ɔ́ktiv] *n.* **1**〖楽〗オクターブ, 八度(の音程), 8 個の音, 第八音. **2**〖韻〗八行連句, 8 行でできている一連. **3**〖宗〗祭日より第8日め [8日間]. **4**《フェンシング》第 8 姿勢《防御》. **5**〖英〗13.5 ガロン入りのたる. **~ flute** ＝piccolo.
◇ **oc·tá·val** [aktéiv(ə)l, áktə-/ɔktéi-] *a.*

oc·tá·vo [aktéivou/ɔk-] *n.* (*pl.* **~s**) 八つ折り判《6×9.5インチ. 略 8vo., oct.》; 八つ折り判本.

O

—— *a.* 八つ折り判の.

oc·tén·ni·al [akténiəl/ɔk-] *a.* 8年ごとの; 8年間の. ◇ ～**ly** *ad.*

oc·tét(te) [aktét/ɔk-] *n.* 〖楽〗八重奏[唱](団); 〖韻〗八行連句; 8個一組みの物.

oc·tíl·lion [aktíljən/ɔk-] *n.* 〖米・フランス〗1,000の9乗; 〖英・ドイツ〗100万の8乗.

òc·tin·gén·te·nar·y [àktindʒéntənèri / ɔ̀ktindʒentí:n(ə)ri, -dʒéntin-] *n.* 〖英〗800年祭.

octo- ＝oct-. 「10月につくるビール.

†**Oc·tó·ber** [aktóubər/ɔk-] *n.* **10月** 《略 Oct.》; 〖英〗

òc·to·cén·te·nar·y [àktoséntənèri/ɔ́ktosentí:n(ə)ri] ＝octingentenary.

òc·to·déc·i·mo [àktodésimòu/ɔ̀k-] *n.* (*pl.* ～**s**) 18折り判(本) (eighteenmo) 《略 18 mo, 18°》.

òc·to·ge·nár·i·an [àktodʒiné(:)riən / ɔ̀ktodʒinéər-] *a., n.* 80歳の(人), 80歳代の(人).

oc·tóg·e·nar·y [aktádʒinèri / ɔktɔ́dʒinəri] ＝ octogenarian.

òc·to·nár·i·an [àktəné(:)riən / ɔ̀ktənéər-] *a., n.* 〖韻〗八韻脚の(詩).

óc·to·nar·y [áktənèri/ɔ́ktənəri] *a.* 8の; 8からなる; 八進法の. —— *n.* 8個一組み; 〖韻〗八行詩.

óc·to·pus [áktəpəs/ɔ́k-] *n.* (*pl.* **-pus·es**, 〖稀〗**-pi** [-pài]) **1** 〖動〗タコ. **2** 多くの支部をもって影響力のある人物[組織]. [octo-＋√pod-八つ＋足]

òc·to·róon [àktərú:n/ɔ̀k-] *n.* 《黒人の血を8分の1もつ》黒白混血児《白人と quadroon との混血児》.

òc·to·syl·láb·ic [àktosilǽbik/ɔ́k-] *a., n.* 8音節の(詩句). 「[詩句].

óc·to·syl·la·ble [áktosilәbl/ɔ́k-] *n.* 8音節の語

oc·troi [áktrɔi/ɔ́ktrwa:] F. *n.* 物品入市税《フランス・インドなど》; 入市税取立所; 《集合的》入市税徴収吏.

óc·tu·ple [ákt(j)upl, akt(j)ú:-/ɔ́ktju-] *a.* 8倍[8重]の. —— *n.* 8倍(のもの); 〖米〗《8人でこぐ細長い軽快な》競争用ボート (shell). —— *vt.* 8倍にする.

óc·u·lar [ákjulər/ɔ́k-] *a.* 目の, 視覚の. —— *n.* 接眼鏡; 〖笑〗目. ～ **witness** 目撃者; 〖法〗実見証人. ◇ ～**ist** [-lərist] *n.* 義眼製作者. ～**ly** *ad.*

óc·u·list [ákjulist/ɔ́k-] *n.* 眼科医.
◇ **òc·u·lís·tic** [ㅗ–lístik] *a.*

ó·da·lisque, -lisk [óud(ə)lìsk] *n.* 《特にトルコ皇帝のハレムで使われる》女どれい, めかけ, オダリスク.

‡**odd** [ad/ɔd] *a.* **1 奇数の**, 2で割り切れない: an ～ number 奇数. ↔even¹. **2** 《概数を掲げて》…**余りの**, …といくらかの: thirty ～ years 30年余. 500 ～ dollars 500ドル余り. 15 dollars ～ 15ドルと少し, 15–16ドル. **3** 端数の, 残りの: You may keep the ～ change. 残りのつり銭はとっておきたまえ. **4** 《一方がなくなって》**片ちんばの**, 片一方だけの: an ～ glove 片方だけの手袋. **5** 《全部そろわず, もしくは組みにならない》端物(はもの)の, 半ぱものの: ～ volumes [numbers] 端本(はほん). **6** ありあわせの, かき集めの, ばらばらの: any ～ piece of cloth ありあわせの布切れ. ～ pieces of information かき集めの情報. **7** 《規則的でなく》**たまたまの**, 臨時の, 偶然の: at ～ times おりおり, ときたまに. an ～ hand 〖英〗臨時工. at ～ moments 暇のおりおりに. **8** 《服装が》略式の, カジュアルな. **9 奇妙な**, 異常な, 思いがけぬ; 変わった, 特別の: It's ～ you don't know it. あなたが知らないって変だ. in some ～ corner とんでもないすみっこに. ～ size 特型. **10** 風変わりな, 変な: ～ choice おかしな好み. an ～ person 奇人. ***～ and even*** 丁か半か《当て事遊びの一種》. ***～ man out*** 3人のうちふたりが一致するまで投げ銭をしてひとりを選ぶ方法; 3人のうちふたりが組みになり残されたひとり.

—— *n.* **1** (*pl.*) 半ぱ物, 残り物. **2** (the ～) 負け越しの1点; 〖英:ゴルフ〗勘定に入れない1打《弱い方にハンディキャップとして許す》. → odds.

～s and ends 残りもの, 寄せ集め, がらくた.
∼·**ball** [ㅗ ㅗ] 〖米俗〗変わり者. ∼**-come-shórt** (*pl.* ∼**s-come-shórt**) 端(は)切れ布, 断片; (*pl.*) 残りくず, 寄せ集め. ∼**-come-shórt·ly** 近日. **Odd Fellow** 《18世紀イギリスで創立された》Independent Order of Odd Fellows という秘密共済組合の会員. ～ **job** 片手間仕事, 臨時仕事. ～ **lot** 〖株式〗端株. ～ **man** [**hand**] 〖英〗臨時雇い. ～ **man, the** 《賛否同数のとき》決定権 (casting vote) をもつ人. ～ **months** 大の月《31日ある月》. ～ **number** 奇数. ～ **player** 組み相手のない余分の競技者. ～ **trick, the** 〖トランプ〗ホイスト (whist) で両者6回ずつ勝ったとき勝負をきめる13回め. ◇ ∼**·ness** *n.*

ódd·i·ty [ádəti/ɔ́d-] *n.* **1** 奇異, 風変わり. **2** 奇癖, 奇習. **3** 変人, 奇人; 珍物.

‡**ódd·ly** [ádli/ɔ́d-] *ad.* **1** 奇妙に, 変に. **2** 奇数に; 半ぱに. ～ ***enough*** 全く奇異なことだが.

ódd·ment [ádmənt/ɔ́d-] *n.* **1** 残り物; 半ぱ物; (*pl.*) がらくた. **2** 〖印〗端物(はもの)《書物の本文以外の口絵・索引など》.

odds [adz/ɔdz] *n. pl.* 《しばしば単数扱い》**1** 差異: It makes no ～. 別に変わりない, どうでもいい. **2** 優劣の差, 不平等; 優勢, 多勢: succumb to ～ 多勢の前に屈する, 力に屈する. strive *against* heavy ～ 圧倒的不利をおかして戦う. **3** 勝算, 勝ちめ: The ～ are in your favor. そちらに分がある. The ～ are *against* us. 当方には勝ちめがない. **4** 見込み, 予測, 可能性: The ～ are that… たぶん…だろう. be within the ～ 見込みがある. **5** 《かけごとの》かけ高の差; 予想配当率, オッズ: The ～ are (at) ten to one. かけは10対1の割りになっている. **6** 《劣勢者に与えられる》ハンディキャップ; 〖米〗恩恵: ask no ～ 恩恵を求めない. **7** 《意見・主張の相違による》不和, 争い: be at ～ *with* と仲が悪い, と不和である. ***against longer*** [***fearful***] ～ 優勢な敵を向こうにまわして, 手ごわい相手に向かって. ***by*** (***all***) ～ ＝***by long*** ～ はるかに, ずば抜けて. ***It is*** (***long***) ～ ***that***… たぶん…だろう (＝The ～ are that…). ***It's no*** ～. 別に変わりない, どっちみちおなじだ. ***lay*** [***give***] ～ ***of*** ten ***to*** one 相手の(1)に対し(10)の割合でかける. ***lay*** [***give***] ***the*** ～ 有利な条件を与える. ***long*** [***short***] ～ 高い[少ない]賭金(かけきん). ***make*** ～ ***even*** 平等にする, 互角にする. ***set at*** ～ 不和にする, 争わせる. ***shout the*** ～ 優勢を誇る. ***take*** [***receive***] ***the*** ～ 歩(ぶ)をつけた申し込みに応ずる. ***What's the*** ～***?*** どっちだっていいじゃないか, かまうもんか. ∼**-ón** *n., a.* 勝ちめ(がある): an ～*-on* favorite 《競馬で》最も勝ちめのある馬, 本命.

ode [oud] *n.* 頌(しょう)《特定主題による格調の高い叙情詩》; 〖楽〗朗唱調の歌曲. ***choral*** ～ 《古代ギリシア劇の》合唱歌. ***the Book of Odes*** 「詩経」.

o·dé·um [odí:əm] *n.* (*pl.* ～**s**, **o·dé·a** [-dí:ə]) **1** 《古代ギリシア・ローマの》奏楽堂. **2** 音楽堂, 劇場.

O·din [óudin] *n.* 〖北欧神話〗オーディン《知識・詩歌・戦争・死者などの神》. ◇ ～**ism** *n.* オーディン崇拝. **O·dín·ic** [odínik] *a.* オーディンの[に関する].

ó·di·ous [óudiəs] *a.* **1** 憎むべき, 憎悪(ぞうお)すべき. **2** 憎々しい, いやな; 醜悪な. ◇ ～**ly** *ad.* ～**ness** *n.*

ó·di·um [óudiəm] *n.* **1** 憎悪. **2** いやなもの, 憎悪の対象. **3** 不評, 非難. ～ **theologicum** 《説を異にする》神学者の対立[反感].

ó·do·graph [óudəgræf/-gra:f] *n.* **1** ＝odometer. **2** ＝pedometer. 「の》走行記録計.

o·dóm·e·ter [odámitər/ɔdɔ́m-] *n.* 《自動車など

ò·don·tál·gi·a [òudantǽldʒiə/ɔ̀dɔn-] *n.* 〖医〗歯痛.

odont(o)- 「歯」の意の語形成要素.

o·dòn·to·glós·sum [odàntəglásəm / ɔdɔ̀ntəglɔ́s-] *n.* 〖植〗ホシチドリ《南アメリカ産ランの一種》.

o·dón·toid [odántɔid/ɔdɔ́n-] *a.* 歯状の.

ò·don·tól·o·gy [òudantálədʒi, àd-/ɔ̀dɔntɔ́l-] *n.*

歯科学〔術〕(dentistry). ◇ **-gist** *n.*

‡ó·dor, ㊥ **ó·dour** [óudər] *n.* **1** におい, かおり: body ～ 体臭,《特に》わきが. **2** 香料, 香水 (perfume). **3** …の気(け)〔気味〕; 疑い: An ～ of suspicion surrounded his testimony. 彼の証言に疑惑のにおいがした. **4** 評判, 名声. ***in good*** 〔***bad, ill***〕 ***～ with*** に好評〔不評〕で. ***～ of sanctity*** 徳望.
◇ **～ed** *a.* 《合成語で》…のにおいがする: ill-～*ed* 悪臭のある. **～·ful** [-f(u)l] *a.* **～·less** *a.* においのない.
〔類〕 → **smell**「におい」

ò·dor·íf·er·ous [òudərífərəs] *a.* かおり高い, かんばしい; 〘笑〙 においがする, 臭い. ◇ **～·ly** *ad.*

ó·dor·ous [óudərəs] *a.* かんばしい, かおり高い.
◇ **～·ly** *ad.*

O·dýs·seus [odísju:s, -siəs] *n.* 〘ギ神〙 オディセウス (Ulysses).

Od·ys·sey [ádisi/ɔ́d-] *n.* **1** オディセー《Troy 戦後の Odysseus の流浪を歌った Homer の叙事詩》. **2** (o～) 長い漂浪〔大冒険〕の旅.
◇ **Od·ys·sé·an** [àdisí:ən/ɔ̀d-] *a.*

œ o と e との合字《oe とも書く》.

OE., O.E. Old English. **O.E., o.e.** omissions excepted. **O.E.C.D.** Organization for Economic Cooperation and Development 経済協力開発機構.

oe·cól·o·gy =ecology.

òe·cu·mén·i·cal = ecumenical.

O.E.D., OED Oxford English Dictionary. → N.E.D.

oe·dé·ma [i:dí:mə] *n.* 〘医〙 水腫(すいしゅ) (=edema).

Oed·i·pus [édipəs/í:d-] *n.* 〘ギ神〙 オイディポス, エディプス《知らずに父を殺し母と結婚して王位についた Thebes の英雄. Sphinx のなぞを解いたといわれる》. **～ complex** 〘心〙 エディプスコンプレックス《精神分析上特に男の子が母親を慕い父親に反発する素質など》. → Electra complex.

OEEC Organization for European Economic Cooperation ヨーロッパ経済協力機構.

o'er [o:r/óuə, ɔə, ɔ:] *ad., prep.* 〘雅〙 =over.

óer·sted [ɔ́:rsted] *n.* 〘電〙 エルステッド《磁力の単位》.

oe·sóph·a·gus =esophagus.

óes·trum [éstrəm, í:s-/í:s-], **-trus** [-trəs] *n.* 激しい衝動; さかり, 発情(期)《特に動物の雌の》.
◇ **óes·trous** [-trəs] *a.*

†of → 枠付 of. (pp. 884–885)

of- =ob-.

OF, O.F. Old French.

†off → 枠付 off. (p. 885)

off. offered; office; officer; official.

óf·fal [ɔ́:f(ə)l, áf-/ɔ́f-] *n.* **1** 《一般的》 廃物, くず; がらくた. **2** 《くず肉・もつ・あらなど》 食肉の食用にならない部分. **3** (しばしば *pl.*) 《ぬか・もみがらなど》 穀類の副産物.

óff·beat [ɔ́:fbì:t/ɔ́f-, ɔ́:f-] *a.* 普通と異なる, 型破りの, 正統でない. —— *n.* 〘楽〙 強勢をつけない拍.

óff-Bróad·way [ɔ́:fbrɔ́:dwèi/ɔ́f-, ɔ́:f-] *a., n.* 《ニューヨークの》ブロードウエーをはずれた地区の小劇場で上演する芝居 (の).

óff·cást [ɔ́:fkæ̀st/ɔ́fkɑ́:st, ɔ́:f-] *a.* 捨て去られた, 見放された. —— *n.* 捨てられた人〔物〕.

óff-cén·ter(ed) [ɔ́:fséntər(d)/ɔ́f-, ɔ́:f-] *a.* 中心をはずれた. —— *ad.* 中心をはずれて〔はずして〕.

óff-chance [ɔ́:ftʃæns/ɔ́ftʃɑ:ns, ɔ́:f-] *n.* めったにありそうもないこと.

óff-cól·or [-kʌ́lər] *a.* **1** 正しい色でない; 色が飛んだ. **2** 《冗談などが》 下品な, きわどい: an ～ joke きわどいしゃれ. **3** 健康がすぐれない: feel ～.

óff-dù·ty [-d(j)ù:ti/-djù:ti] *a.* 非番の, 休みの: during one's ～ hours 休み時間中に. ↔on-duty.

‡of·fénce 〔おもに英〕 =offense.

‡of·fénd [əfénd] *vt.* **1** 怒らせる, 不興にする; の感情〔正義感〕を傷つける. **2** 《感覚的に》 不快にする, の気分を悪くする. **3** 〈法などに〉 違反する, 犯す. **4** 〘聖〙 に罪を犯させる, つまずかせる. —— *vi.* **1** 罪〔あやまち〕を犯す. **2** 法〔規則, 作法, 習慣〕に反する《*against*》. ***be ～ed with*** a person ***for*** his act 〔***at*** his words〕 (人の行為〔言説〕) のために(人)に腹をたてる〔むっとする〕. ***～ the ear*** 〔***eye***〕 耳〔目〕ざわりになる. [ob-+√fend- 打ちかかる]
◇ **～·er** *n.* 違反者; 犯罪者: first ～*er* 初犯者. old 〔repeated〕 ～*er* 常習犯. **～·ing** *a.* 不愉快な.
〔類義語〕 **感情を害する: offend** 常識的に, または礼儀上当然なこと, 正しいことを怠って感情を害する. 悪趣味が人の気にさわるのも offend: tasteless billboards that *offend* the eye 目にさわる悪趣味な看板. **affront** 相手の面前で感情を害する, 侮辱する. **insult** 相手の感情を害することを意図して個人の誇りを傷つける. affront より insult の方が計画的なばあいが多い.

‡of·fénse, of·fénce [əféns] *n.* **1** 《規則・法令などに対する》違反, 反則; 犯罪, 罪. **2** 《風習・作法などの》 違法(行為): ～ *against* good manners 儀礼にそむく行為, 無礼. **3 立腹**, 不興; 不愉快なもの. **4 立腹のたね**, 侮辱. **5 攻撃**: The most effective defense is ～. 攻撃は最良の防御. ↔defense. **6** 攻撃側〔軍〕. **7** 〘聖〙 つまずき, 罪を犯させるもの. → 動詞 offend.
commit an ～ against に違反する, を犯す. ***give*** 〔***cause***〕 ***～ to*** を怒らせる. ***No ～ meant.*** 悪気があってのことじゃない. ***take ～ (at)*** (に) 腹をたてる.

of·fénse·less [-lis] *a.* 感情を害しない; 攻撃力のない. ◇ **～·ly** *ad.*

‡of·fén·sive [əfénsiv] *a.* **1 不快な**, いやな: an ～ odor 悪臭. **2 無礼な**, しゃくにさわる: ～ language 侮辱のことば. **3** 《道徳的に》 きたない, 下劣な; (趣味) 劣等な; 卑猥(ひわい)な. **4 攻撃的な**, 攻撃の, 攻勢の. ↔ defensive. ***～ and defensive alliance*** 攻守同盟. —— *n.* **攻撃**; 攻勢. ***act on*** 〔***take, assume***〕 ***the ～*** 攻勢に出る. ***peace ～*** 平和攻勢.
◇ **～·ly** *ad.* 無礼に, 攻勢的に. **～·ness** *n.*

‡óf·fer [ɔ́:fər, áf-/ɔ́fə] *vt.* **1 差し出す, 提供する**: He ～*ed* me a cigarette. 彼は私にたばこをすすめた. **2** ささげる, 〈神などに〉供える. **3** 〈祈りを〉ささげる; 〈感謝・尊敬などを〉 ささげる, 表現する. **4** 〈案・回答などを〉提出する, 出す: ～ a response 回答する. **5** 《…しようと》 **申し出る**, 提案する; 《…しようと》 企てる《*to* (do)》: I ～*ed* to accompany her. 彼女にお供しましょうと申し出た. He ～*ed* to strike me. 彼は私を打とうとした. **6** 〈戦い・抵抗などを〉 行なう: ～ battle 戦う. ～ resistance 抵抗する. **7** 惹起(じゃっき)する, 生じる: The plan ～*s* difficulties. この案にはむずかしい点がある. **8** 〘商〙 提供する, 売りに出す; 〈値段・金額を〉 申し出る: ～ $5,000 for a house 家に5,000ドルの値をつける.
—— *vi.* **1** 申し出をする. **2** 結婚を申し出る. **3** 生じる, あらわれる. **4** 《神に》 ささげ物をする; いけにえをささげる. **5** 〘古〙 試みる《を *at*》. ***as opportunity*** 〔***occasion***〕 ***～s*** 機会があれば. ***～ one's hand*** 《握手などのために》 手を差し伸べる; 結婚を申し込む. ***～ itself to view*** 出現する. ***～ up prayers*** 祈りをささげる. ***You ～.*** あなたの方で値をさしなさい.
—— *n.* **1** 申し出, 申し込み; 提議; 結婚申し込み. **2** 奉献; 寄付: an ～ of $1,000 1,000ドルの寄金. **3** 〘商〙 売買申し込み; (売り)提供; つけ値. ***accept*** 〔***decline***〕 ***an ～*** 提案を受け入れる〔断わる〕. ***be open to an ～*** 提案を受け入れる用意がある: I *am open to an* ～. 値をつけてくれれば考慮しましょう. ***make an ～*** 申し出る, 提議する; 提供する; 〘商〙 つけ値する. ***on ～*** 売り物に出て. ***special ～*** 特価提供. [ob-+√fer- 前へ+運ぶ]
〔類〕 → **give**「与える」, → **propose**「提案する」

***óf·fer·ing** [ɔ́:f(ə)riŋ, áf-/ɔ́f-] *n.* **1** 《神への》 **供物**, 奉納(物). **2** 《教会への》 献金. **3** 贈り物. **4** 申し出, 提供. **～ plate** 《教会でまわす》 寄付ざら.

of

もっぱら前置詞として用いられる重要な機能語で，所有・所属・行為者の「の」,「…に対する」「…について(の)」「…のなかで〔なかの〕」など種々の意味に用いられるが，別項 off の冒頭にも述べてあるように，of と off はもともと「離れて」という意味を中心とする同一の語であった．その意味は，現今の用法の of にも，I borrowed some money *of* him.「彼から金を借りた」や within ten miles *of*「…から10マイル以内」におけるように「…から」と訳せる（すなわち from に近い）ばあいに明瞭(めいりょう)に残っているほか，a house built *of* wood《材料》や one *of* my friends《部分》，the works *of* Shakespeare《作者・行為者》など，多数のばあいに「起源」すなわち「…から」という背景が感じられる．

of についてもう一つたいせつなことは，これが形容詞〔副詞〕および動詞と結合してかずかずの成句をつくることである:《形容詞・副詞》short *of*, worthy *of*, suggestive *of*, independent(ly) *of*, etc.;《動詞》take care *of*, think *of*, make … *of*, suspect … *of*, remind … *of*, etc. ここでは of の種々相を全般的に見るのが主眼なので，それらの詳細は当該各項にゆだねる．

of [通常弱く əv, 子音の前 ⁺ə, 強 ɑv, ʌv/通常弱く əv, 強 ɔv] *prep.* **1**《起源・原因》…出の; …から; …の結果(として), …のために: He is a man *of* good family. 彼は良家の出身だ．a man *of* royal descent 王家の出の人．I borrowed some money *of* him. 私は彼から金をいくらか借りた．I asked a favor *of* him. 私は彼に頼みごとをした．be sick *of* に飽き飽きしている, …がいやになっている．be afraid *of* dogs 犬をこわがる．be tired〔ashamed, glad, proud〕*of* …がいやになる〔を恥ずかしく思う，を喜ぶ，を誇る〕．be sick *of* the palsy 中風で寝込む．He died *of* starvation. 彼は飢え死にした．What did he die *of*? 彼はなんで死んだか．Your illness comes *of* eating too much. きみの病気は食べ過ぎが原因だ．

2《距離・分離・除去》…から（離れて・離して): within ten miles *of* …から〔…の〕10マイル以内のところに．in the north *of* の北部に．be free *of* を離れて，を免れて．get rid *of* a troublesome burden やっかい払いをする．be guiltless *of* を知らない，の経験のない．be destitute *of* …が欠けている．cheat him (out) *of* his money 彼をだまして金を取る．cure him *of* his disease 彼の病気をなおす．

3《時の形容詞句・副詞句をつくる》…の，…に: your letter *of* May 1 5月1日付けのお手紙．a nap *of* an afternoon 昼寝．He died *of* a Saturday. 彼は土曜日に死んだ．He can't sleep *of* a night. 彼は夜眠れない．*of* recent years 近年．*of* late 近ごろ．*of* an evening 夕方（など)に．〈注〉of a は He died *of a* Saturday. のように一回生起のばあいと，習慣的なばあいとあり，現在では後者に用いられることが多い．「夕方（など）に」における「など」はこの習慣の感じをあらわすためで，別に夕方以外の時期も含めるという意味ではない．

4《時刻》〖米話〗(…分) 前 (＝to): twenty *of* twelve 12時20分前．

5《所有・所属》…の，…に属する: the daughter *of* my friend 友人の娘．a disease *of* plants 植物の病気．the Tower *of* London ロンドン塔．

6《形容詞に伴って》…の点では: swift〔nimble〕*of* foot 足が速い．quick *of* eye 目ざとい．

7《of＋名詞の形で性質・大きさなどをあらわす形容詞句として》: She is (a woman) *of* no importance. 彼女はとるに足らない（女だ)．a man *of* ability 能力ある男．a subject *of* general interest たいていの人が興味をもつ話題．I am glad I have been *of* some use to you. 多少ともお役に立って幸いです．a man *of* character. 人格者．a man *of* letters 文学者．a week *of* festivities お祝いの1週間．a girl *of* ten (years) 10歳の少女．a family *of* five 5人家族．a farm *of* 100 acres 100エーカーの農地．a distance *of* seven miles 7マイルの距離．

8《関係》…の点において，…に関して，…について: a long story *of* adventures 冒険の長物語．hear *of* it それについて聞く．think *of* him 彼のことを考える．repent〔beware〕*of* を後悔〔用心〕する．accuse him *of* cruelty 残忍行為のかどで彼を非難する〔訴える〕．suspect him *of* murder 彼に殺人の嫌疑(けんぎ)をかける．at 30 years *of* age 30歳で．〈注〉of は on, over, about に比較すると軽い意味で，「…のことを」に当たることが多い．

9《同格関係》: the city *of* Rome ローマという〔ローマの〕町．the Mount *of* Olives〖宗〗オリーブの森，オリーブ園《エルサレム東方の小山》．He is a saint *of* a man. 彼は（聖人のような人→）聖者である．live in a palace *of* a house 御殿のような家〔りっぱな邸宅〕に住む．a fool *of* a man 愚かな男．have a bad time *of* it ひどい目に会う．the name *of* Jones ジョーンズという名．in the name *of* justice 正義の名において．the five *of* us われわれ5人《5人で全部のばあい》．a friend *of* mine 私のある友人．that nose *of* yours きみのその鼻．〈注$_1$〉最後の2例の of は that〔who, which〕is と置き換えられる点で同格的．〈注$_2$〉他のよく用いられる同格的表現と比較: my brother John 私の兄〔弟〕のジョン．Dickens, a famous English writer ディケンズという有名なイギリスの作家．

10《材料》…からできた，…でつくった: This desk is made *of* steel. この机は鋼鉄でできている．a house *of* wood 木造の家．a dress *of* silk 絹服．built *of* brick れんがづくりの．a cake *of* wheaten flour 小麦粉でつくった菓子．〈注$_1$〉できあがった物が材料の原形を残しているばあいは of を用い，材料の原形を失うようなばあいには from が用いられる: Japanese houses are generally built *of* wood. 日本の家屋はたいてい木造である．Brandy is made *from* grapes. ブランデーはブドウからつくられる．〈注$_2$〉次のような成句は「…から──をつくる」という意味が比喩的になったもの: make a fool *of* をばかにする，をかつぐ．make the best *of* を大いに利用する，できるだけ損をしないようにする．make much *of* を重んずる; をもてはやす; …にへつらう．

11《部分》…のなかで，《分量》…の: the most dangerous *of* enemies 敵のなかでも最も危険な敵．some〔five〕*of* us われわれのなかの数人〔5人〕《the がつかない点に注意．つくと of は同格になって，全部を示す: *the* five *of* us われわれ5人》．one *of* his brothers 彼の兄弟のひとり．everyone *of* you あなた方のだれでも．either *of* the two 二つのうちのどちらか〔どちらでも〕．one *of* these days 近日中に．a piece *of* meat 一切れの肉．a pint〔glass〕*of* wine 1パイント〔グラス1杯〕のブドウ酒．a cup *of* tea 1杯の茶．a host *of* admirers 多数の崇拝者．

12《作者・行為者》: the works *of* Shakespeare シェイクスピアの作品．It's the work *of* his son. 彼のむすこのしわざだ．the stories *of* Poe ポ

ー(作)の短編小説. the love *of* God 神の愛《神の人間への愛; ⑬と比較》. be tempted *of* the Devil 悪魔にそそのかされる《古用. =by》.

13《目的格関係》: the levying *of* taxes 税を課すること. love *of* virtue 美徳を愛すること. in search *of* knowledge 知識を求めて. be impatient *of* …にがまんできない. be desirous *of* を欲する. the love *of* God 神への愛《⑫と比較》. 〈注〉the love of God におけるように, おなじ構造で前後関係により of が主格的関係になったり, 目的格関係になったりする. 区別を明瞭にするため, しばしば of を目的格関係に, by を主格的関係, また特に目的格関係を for であらわすことがある: the government *of* the people *by* a wise ruler 賢明な統治者による国民の統治. the mother's love *for* [*of*] children 子に対する母の愛.

off

原義は「離れて」で, これから種々の色合いの語義を生じる. 反意語の on や up, down その他とともに前置詞と副詞を兼ねた典型的な前置詞的副詞 (prepositional adverb) の一つで, get *off* (the bus)「(バスを)降りる」や turn *off* the gas「ガスを止める」など, get, go, make, put, set, take, turn などと結びついてかずかずの重要な熟語動詞をつくるが, これらについては, 各動詞の項にまかせる. ここではこの重要単語自体の語義の解明を試みる.

off の発音上の一特徴として, 副詞のときはもちろん, 前置詞のときも強く発音されるという事実がある. 実は off と of とはもともと「離れて」という意味を中心とするおなじ語であったものが, 通常強く発音される用法が off, 弱く発音される用法が of となって分化したものである. また, 英語の発展段階で, 摩擦音が強い母音の次では無声に, 弱い母音の次には有声になる傾向があって, off [ɔːf] と of [əv] の子音の違いも, この一般傾向に従っている.

off [ɔːf / ɔf, ɔːf] *ad.* **1** 離れて, 隔たって, 遠くに: The house stood a mile ～. その家は1マイルの距離にあった.

2《時間的に》向こうの方に, 先の方に: Summer is only a week ～. 夏はたった1週間先まできている.

3 向こうの方へ, 離れて, 遠くへ: run ～ 走り去る, 駆けて行ってしまう.

4 とれて, はがれて, はずれて, 離れて: take ～ one's hat 帽子を脱ぐ. peel ～ the skin 皮をむく.

5《一つであったものが》分かれて, 分離して, 決別して: mark ～ into two parts 境界線を引いて分割する. marry ～ two daughters ふたりの娘をかたづける《家庭から離して》.

6 少なくして: 10 percent ～ on all cash purchases 現金お買い上げにはすべて1割引き.

7 断ち切れて: break ～ negotiations 会談を中止する. turn ～ the gas ガスを止める.

8 最後まで(…する, …し終わる): kill ～ vermin 虫を全滅させる. 「さっさと書いてしまう.

9 即刻に, たちどころに: dash ～ a letter 手紙を

10 活動をやめている, 休んで, 休暇の: This is my day ～. きょうは私は休日だ. take time ～ for lunch 食事の休み時間をとる.

11 舞台裏で(=offstage): Knocking is heard ～. 舞台裏でノックが聞こえる.

12 意識を失って: doze ～ for a while しばしうつらうつらする. drop ～ 寝入る.

be* ～** (1) 去る, 逃げる: I must *be* ～. 行かなくてはならない. (2) 非番である, 仕事がない; 止まっている: We *are* ～ on Sunday. 日曜は休み. The current *is* ～. 電気を切ってある; 停電だ. The water *is* ～. 水道を止めてある; 断水だ. (3) 誤っている. (4) 取り消す: The ball game *was* ～. 野球の試合はとりやめになった. (5) 眠って: I *was* nearly ～. うつらうつらしていた. ***be well* [*badly*] ～** 裕福に暮らす〔困窮している〕. ***either* ～ *or on どっちにしても. ***go* ～** 立ち去る, 行ってしまう; 出かける, 出発する; 〈弾丸などが〉発射する, 飛び出る, 〈ピストルなどが〉発射する: *Off* we *go*! さあ出かけよう. ***go* ～ *and*** (do) 突然…する: I *went* ～ *and* busted him in the jaw. だしぬけに彼のあごをなぐってやった. ***go* ～ (*into faint*)** 気絶する. ***go* ～ (*to sleep*)** 眠ってしまう. **～ *and on* = *on and* ～** 断続的に, ときどき; 不規則に. ***Off with*…!** …をとれ〔脱げ〕!, を追い出せ!, を追い払え!: *Off with* the old, on with the new. 古きを追い出し新しきを迎えよ. ***Off with you!*** 行ってしまえ. ***right* [*straight*] ～** 即刻に, すぐさま. ***take a day* ～** 〘米〙1日休暇をとる. ***take* oneself ～** 立ち去る, 逃げる.

―― *prep.* **1** …から, …から離れて, …からそれて: step ～ a bus バスから下車する. fall ～ a horse 馬から落ちる. ～ the track 脱線して; 〈猟犬が〉臭跡からはぐれて. streets ～ Ginza 銀座裏かいわい. All that is ～ the point. それは問題からはずれている.

2 …の沖に: ～ (the coast of) Chiba 千葉沖で.

3 (…から)割り〔値〕引いて: ten percent ～ the list price 正価の1割引き.

4 …を(食事の)材料にして: dine ～ beefsteaks ビフテキで食事する. 「載せない, 非公式に.

5 …に載っていない: ～ the record 〘米〙記録に

6 …を犠牲〔だし〕にして: live ～ one's sister 妹〔姉〕を働かせて暮らす.

be* ～ one's *food (1) 食欲がない. (2) 肉を食べない. ***play* ～ *side*** 《フットボール・ホッケーで》オフサイドの反則を犯す. ***take*** a thing **～ *the price*** (物を) 値下げする, 値引きする.

―― *a.* **1** 遠い方の, あっちの: the ～ side of the wall [building] 壁〔建物〕の向こう側.

2 本道から分かれた, 枝葉末節の: an ～ road わき道. an ～ issue 枝葉末節の問題.

3 季節はずれの, 閑散な: an ～ season シーズンはずれの時期.

4 やめ〔中止〕になって, ながれて: In case of a tie all bets are ～. 引き分けのばあいは, かけはながれる.

5 はずれた, 切れた, ながれて中断した: The switch is in the ～ position. スイッチは切れている.

6 暇な, 非番の: one's ～ hours 休憩時間.

7 調子が悪い: an ～ year 不景気の年.

8《肉・魚・野菜など》鮮度の落ちた: This fish is a bit ～. この魚は少しいたんでいる. 「始めて.

9《活動などを》開始して: ～ on a spree 浮かれ

10〘話〙ありそうにない; 誤っている: There is an ～ chance that… …ということはおそらくありえない. You are ～ on that point. その点きみはまちがっている.

11 乗り手の右側の; 《クリケットの打者の》右側の: an ～ wheel 右側の車輪. the ～ side of the bicycle 自転車の右側 (↔ the near side).

12 沖に向かう.

―― *n.* 〘クリケット〙打者の右前方.

―― *vt.* 〈交渉・約束・計画などを〉打ち切る; 〈物を〉取り除く. 〈注〉合成語はそれぞれ別項.

óf·fer·to·ry [ɔ́:fərtɔ̀:ri/ɔ́fət(ə)ri] *n.* **1** (しばしば O～) 奉献《カトリックでミサ・聖餐(せいさん)式の際司祭が行なう》. **2**《教会で》献金の間に誦(しょう)する聖句〔聖歌〕; 献金.
◇ **òf·fer·tó·ri·al** [ˌ–tɔ́:riəl/-tɔ́:r-] *a.*

óff-flà·vor [ɔ́:fflèivər/ɔ́f-, ɔ́:f-] *n.* 本来のかおりが抜けてばかになったかおり.

óff-go [-gòu] *n.* 出発.

óff-grade [-grèid] *a.* 等外の, 下品位の: ～ fruit.

óff·hánd [ɔ́:fhǽnd/ɔ́f-, ɔ́:f-] *a.* **1** 用意のない, 即座〔即席〕の. **2** むぞうさな, ぶっきらぼうの, ぶあいそな. —— *ad.* **1** 即座〔即席〕に. **2** むぞうさに.

óff·hánd·ed [ɔ́:fhǽndid/ɔ́f-, ɔ́:f-] *a.* = offhand.
◇ **～·ly** *ad.* **～·ness** *n.*

†**óf·fice** [ɔ́:fis, ɑ́f-/ɔ́f-] *n.* **1** 任務, 職務, 役目: ～ of adviser 顧問の役目. **2** 官職, 公職; 《公職の》地位. **3** 役所, 官庁; 局, 課; 〔英〕省: the War *O*～ 〔英〕陸軍省. **4** 事務所, オフィス; 営業所; …所: a fire [life] insurance ～ 火災〔生命〕保険会社(の営業所). **5**《集合的》《事務室の》職員, 従業員. **6**〔米〕診察室, 《開業医の》医院; 《大学教授の》研究室: a dentist's ～ 歯科医院. **7** (*pl.*)〔英〕家事にあてられた家の部分《台所・物置き・洗たく場・食料品室, ときには便所なども含む》. **8**〔宗〕儀式; 礼拝式. **9** (通例 *pl.*) 尽力, あっせん, 世話. **10**〔俗〕暗示, 合い図. ***at*** [***in***] ***the*** ～ 事務所で. ***be in an*** ～ 事務所につとめている. ***be in*** [***out of***] ～ 在職する〔していない〕. ***by*** [***through***] ***the good*** ～***s of*** のあっせんで. ***Divine O***～〔カトリック〕聖務日課, 日課祈禱(きとう). ***do*** a person ***kind*** ～***s*** 親切に(人の)めんどうをみる. ***do*** [***exercise***] ***the*** ～ ***of*** の役目を果たす. ***enter upon*** [***take***] ～ 公職に就任する. ***give*** [***take***] ***the*** ～ 合い図をする〔受ける〕. ***hold*** ～ 在任する. ***leave*** [***resign***] ～ 公職を辞任する. ***perform the last*** ～***s*** 埋葬式を行なう. ***say*** one's ～〔宗〕日課祈禱を唱える. ***take*** ～ 就任する. ***the Holy O***～〔カトリック〕宗教裁判所. [√op(er)- + √fac- 仕事を＋する]
～·bèar·er〔英〕= officeholder. **～ boy**《事務所の》給仕. **～ building** (貸し事務所)ビル; 庁舎. **～ clerk** 事務員. **～ copy**〔法〕公認謄本, 公文書. **～·hòld·er**〔米〕役人, 官公吏, 公務員. **～ hours** 執務〔営業, 診療〕時間; 《教授の研究室での》面接時間. **～ seeker** [**hunter**] 猟官者. **～ work** 事務. **～ worker** 事務員, サラリーマン. 〔類〕→ **position**「職」, → **work**「仕事」

‡**óf·fi·cer** [ɔ́:fisər, ɑ́f-/ɔ́f-] *n.* **1** 将校, 士官. → soldier. **2**《商船の》高級船員; 警官. **3** 公務員, 官吏. **4**《会社・団体・クラブの》役員.
chief [***first***] ～ 一等航海士. ***commanding*** ～ 司令官, 指揮官. ***law enforcement*** ～ 法律施行官. ～ ***of the court*** 執達吏. ～ ***of the day*** [***week***] 日直〔週番〕士官. ～ ***of the guard*** 日直下士官《日直士官の指揮下にある. 略 O.G.》. ～ ***of the law*** 警察官. ～ ***on probation*** 士官候補生. ***reserve*** ～ 予備役士官.
—— *vt.* **1** に士官を配備する. **2**《将校として》指揮する; に指令する.

‡**of·fí·cial** [əfíʃ(ə)l] *a.* **1** 公の, 公式の; 公認の: an ～ gazette 官報. an ～ note《外交》公文. **2** 職務上の, 公務上の. **3** 官職にある. **4** 職権ある, 職権による. **5** お役人風の. **6** = officinal ①.
—— *n.* **1** 役人, 公務員, 官公吏; 役員. **2** (通例 ～ principal)〔英: 宗〕宗教裁判所判事.
～ documents [**letter**] 公文書. **～ price** 公定価格. **～ record** 公認記録. **～ residence** 公邸, 官邸, 官舎. **～ statement** 公式声明.
◇ **～·dom** [-dəm] *n.* 官公吏の地位; 官界, 《集合的》官(公)吏; 官僚かたぎ. **～·ism** [-iz(ə)m] *n.* **1** 官僚かたぎ; 形式主義, 繁文縟礼(じょくれい). **2** 官制; 《集合的》公務員. ***～·ly** [əfíʃ(ə)li] *ad.* 公に, 公式に; 職務上.

of·fi·cial·ése [əfìʃ(ə)lí:z] *n.* 官庁用語〔語法〕.

of·fí·cial·ize [əfíʃ(ə)làiz] *vt.* **1** 公表する. **2** 役所風にする; 官庁の統制下におく.
◇ **of·fì·cial·i·zá·tion** [–ˌ–lizéiʃ(ə)n/-laiz-] *n.*

of·fí·ci·ant [əfíʃiənt] *n.*〔宗〕司祭者.

of·fí·ci·ar·y [əfíʃièri/-ʃiəri] *a.* 公式の; 職務上の. —— *n.*《集合的》役人.

of·fí·ci·ate [əfíʃièit] *vi.* **1** 職務を執行する: ～ as chairman 司会する. **2**〔宗〕司祭する: ～ *at* a ceremony 式を執り行なう.
◇ **-a·tor** [-ər] *n.* **of·fì·ci·á·tion** [–ˌ–éiʃ(ə)n] *n.*

of·fí·ci·nal [əfísin(ə)l, ㊥⁺ɔ̀fisáin-] *a.* **1** 薬局方による. **2** 薬剤用の. **3** 売薬の. → magistral. —— *n.* 局方薬. ◇ **～·ly** *ad.*

of·fí·cious [əfíʃəs] *a.* **1** おせっかいな, よけいな世話をやく. **2**〔外交〕非公式の. **3**〔古〕親切な, 好意的な. ◇ **～·ly** *ad.* **～·ness** *n.*

óff·ing [ɔ́:fiŋ/ɔ́f-, ɔ́:f-] *n.* 沖, 沖合い. ***gain*** [***get, make, take***] ***an*** ～ 沖に出る. ***in the*** ～《陸から見える》沖に; 《事件などが》起こりそうな, 差し迫って: I have a job *in the* ～. 仕事の見込みがある. ***keep an*** ～ 引き続いて沖合いを航行する.

óff·ish [ɔ́:fiʃ/ɔ́fiʃ, ɔ́:f-] *a.*〔話〕よそよそしい, つんとした. [<off] ◇ **～·ly** *ad.* **～·ness** *n.*

óff-lì·cense [ɔ́:flàisns/ɔ́f-, ɔ́:f-] *n.*〔英〕酒類販売許可(店)《店内の飲酒は不可》.

óff-lím·its [ɔ́:flímits/ɔ́f-, ɔ́:f-] *a.* 立入禁止(区域)の.

óff-load [ɔ́:flòud/ɔ́f-, ɔ́:f-] = unload.

óff-míke [ɔ́:fmáik/ɔ́f-, ɔ́:f-] *a.* マイクロホンから離れた.

óff-péak [-pí:k] *a.* ピークを過ぎた: ～ hours 閑散時.

óff·print [-prìnt] *n.*《雑誌論文の》抜き刷り (separate). —— *vt.* 別刷りにする, の抜き刷りをつくる.

óff-scòur·ing [-skàuriŋ/-skàuər-] *n.* 汚物; かす, くず.

óff-scréen [-skrí:n] *a.*《映画俳優の生活・性格などが》スクリーンを離れた, ふだんの. —— *ad.*《声・せりふなどが》画面外で, スクリーンにあらわれないで.

óff-séa·son [ɔ́:fsí:zn/ɔ́f-, ɔ́:f-] *n.* 閑散期; 季節はずれの時期, オフシーズン. —— *a., ad.* 閑散期の〔に〕, 季節外の〔に〕, 季節はずれの〔に〕.

óff·set [ɔ́:fsèt/ɔ́f-, ɔ́:f-] *n.* **1** 相殺(そうさい)するもの, 差し引き, 埋め合わせ. **2** 出発, 手はじめ. **3** 分かれ, 分派; 支脈; 〔植〕分枝. **4**〔印〕オフセット印刷. **5**〔建〕壁段; 〔機〕片寄り; 〔測〕支距. —— *a.* オフセット(印刷)の. —— [–ˊ/ˊ–] *vt.* (～; **～·ting**) **1** と差引勘定する, と相殺する. **2** 相殺する, 償う: ～ one thing by another あることを他のことで相殺する. **3**《比較のため》並べる. **4**〔印〕オフセット印刷にする. **5**〔建〕壁段に建てる. —— *vi.* **1** 分かれ出る; 分枝する. **2**〔印〕オフセット印刷をする.

óff·shoot [-ʃù:t] *n.* **1** 横枝, 分枝. **2** 支流, 支脈, 支線; 分家, 子孫. **3** 派生物.

óff·shóre [-ʃɔ́:r/-ʃɔ́:] *a.* **1** 沖の, 沖での〔への〕: ～ fisheries 近海漁業. **2** 海外の: ～ procurement 域外調達《アメリカの対外援助資金によるアメリカ以外での物資の購入》. —— *ad.* 沖に(向かって).

óff·síde [-sáid] *a., ad.*〔運〕《フットボールなどで競技者の位置が反則になる》オフサイドの〔に〕.

‡**óff·spring** [ɔ́:fspriŋ/ɔ́f-, ɔ́:f-] *n.* (*pl.* ～(**s**)) **1**《集合的》子, 子女; 子孫, 末裔(まつえい). **2**《ひとりの》子, 子孫. **3** 所産, 結果.

óff·stáge [-stéidʒ] *a.* **1** 舞台外の, 舞台そでの, 観客から見えない. **2**《舞台俳優の生活・性格などが》舞台を離れた, ふだんの. —— *ad.* 舞台外から〔で〕, 舞台外へ.

óff-the-cúff [-ðəkʌ́f] *a.*《スピーチなど》即席の, 即興の.

óff-the-réc·ord [-ðərékərd/-rékɔ:d] *a.* 記録にとどめない, オフレコの, 非公式の.

óff-white [-(h)wàit] *n., a.* 灰色がかった白(の).
off year *n.* 大統領選挙など大きな選挙を行なわない年;《農作・景気・スポーツなど》不作の〔ふるわない〕年. **～ election**〖米〗中間選挙《4年めごとの大統領選挙の中間の2年めに行なわれる議員選挙》.
oft** [ɔ:ft/ɔft, ɔ:ft] *ad.*〖古・雅〗=often. ***many a time and ～ 何度も何度も. **～·times** [⌐ ⌐]〖古・雅〗=oftentimes.
†**óf·ten** [ɔ́:f(ə)n, ときに ɔ́:ft(ə)n/ɔ́f-, ɔ́:f-] *ad.* (**～·er, more ～; ～·est, most ～**) たびたび, しばしば; 往往にして: He ～ comes here. 彼はよくここへ来る. Do you ～ get colds? よくかぜをひくたちですか. It ～ happens that… …することがよくある(ものだ). I have ～ seen him since he came back to Japan. 彼が帰国してから, ちょくちょく会っている. How ～ does the bus leave? バスは(どれだけしばしば→)どのくらいの間隔で出ますか. Don't bother him too ～. あまりたびたび彼の手をわずらわすな. He wrote to us very ～. 彼はしょっちゅう手紙をくれた. Very ～ the quietest person in a group turns out to be the most effective speaker. グループの中でいちばん口数の少ない人が, 結局いちばんの話しじょうずだとわかるばあいが, よくあるものだ.
〈注〉 often は, 上記はじめの数例に見られるように, 定形動詞(comes など)の直前や, 助動詞(have など)の直後に位置することが多く, 最後の3例に見られる very 〔too〕 often などのばあいを除いては, 文頭(主語の前)や文末(本動詞よりあと)にくることは少ない. 下記類義語記事中の frequently のばあいと比較. なお, 他の頻度(ひんど)の副詞との比較は → sometimes〈付記〉.
as ～ as (1) …するたびごとに. (2)《強意的》…ほどもひんぱんに: He brushes his teeth *as* ～ *as* five times a day. 日に5回も歯をみがく. ***more ～ than not*** きわめてしばしば. ***～ and ～*** 何度も何度も. **～·times** [-tàimz] しばしば.
(類義語) しばしば: **often** 最も一般的な語.「往往にして(in many cases)」という意味では frequently はあまり使用されないことに注意: He bought numerous pictures, *often* in oil. 彼はおびただしい絵, それもしばしば油絵を買った. **frequently** 短い間隔をおいて, ひんぱんな繰り返しが強調される: It happens *frequently*. それはしばしば起こる.
óg·am, óg·ham [ágəm, ɔ́:g-/ɔ́g-] *n.*《古代イギリス・アイルランドで用いられた20字からなる》オガム文字(の碑文).
o·gée [oudʒí:, ⌐ —] *n.*〖建〗《S字形の》反曲線. **～ arch** 葱花迫持(そうかせりもち).
ó·give [óudʒaiv, —⌐] *n.*〖建〗尖頭(せんとう)迫持, 筋違い骨. ◇ **o·gí·val** [odʒáiv(ə)l] *a.*
ó·gle [óugl] *vt.* **1** に色目をつかう; じろじろ見る. **2** ながめる. **——** *vi.* 色目をつかう; じろじろ見る. **——** *n.* 色目; じろじろ見る目つき.
◇ **～r** *n.* 色目をつかう人《おもに男性》.
Og·pu [ágpu:/ɔ́g-] *n.* 《ソ連の》国家秘密警察 (Gay-Pay-Oo)《1934年廃止. 1943年以降 MVD》. [<*O*bedinennoe *G*osudarstvennoe *P*olicheskoe *U*pravlenie]
ó·gre [óugər] *n.* (*fem.* **ó·gress** [-gris]) **1**《おとぎ話の》人食い鬼. **2** 鬼のような(恐ろしい)人.
◇ **～·ish** [-gəriʃ], **ó·grish** [-griʃ] *a.* 鬼のような.
†**oh, Oh** [ou] *int.* おお!, やっ!, ああ!, ねえ!《驚き・恐れ・感嘆・悲嘆・願望・呼びかけなどをあらわす》. 〈注〉通例あとに句読点をつける.
—— *n.* (*pl.* **oh's, ohs**) oh という叫び.
OHG, O.H.G. Old High German.
O·hí·o [oháiou] *n.* オハイオ《アメリカ北東部の州. 略 O.》; (the ～) オハイオ川. ◇ **～·an** [oháiəwən] *a.* オハイオ州〔人〕の. **——** *n.* オハイオ州人.
ohm [oum] *n.*〖電〗オーム《電気抵抗の単位》.
～·mè·ter オーム計, 電気抵抗計.
◇ **～·ic** *a.* オームの, オームで測った.
O.H.M.S. On His 〔Her〕 Majesty's Service〖英〗公用《公文書などの無料配達のしるし》.
o·hó [ohóu] *int.* おほー!, おやまあ!《驚き・冷やかし・ののしり・喜びなどをあらわす》.
-oid [-ɔid] *suf.*「…状(のもの), …のような(もの), …質の(もの)」の意: alkal*oid* アルカロイド, アルカリ類似の. 〈注〉強音節の直後では [-ɔid]: con*oid* [kóunɔid]. [-ɔ́id] になることもある: typh*oid* [táifɔid, ㊥⁺—⌐].
‡**oil** [ɔil] *n.* **1** 油; 石油; オリーブ油: animal ～ 動物性油. vegetable ～ 植物性油. mineral ～ 鉱油. cooking ～ 食用油. lamp ～ 燈油. **2** (通例 *pl.*) 油絵の具;〖話〗油絵: a tasteful ～ on the wall 壁にかかった趣味のよい油絵. **3** (*pl.*) 油布; 防水服. **4**〖米俗〗おべっか, わいろ.
burn the midnight ～ 夜ふけまで勉強〔仕事〕をする. ***～ and vinegar*** 油と酢,「水と油」《互いに相いれないもの》. ***pour*** 〔***throw***〕 ***～ on the flame(s)*** 火に油を注ぐ, 争い〔怒り〕をあおりたてる. ***pour ～ on the (troubled) waters*** 怒り〔争い〕をなだめる. ***smell of ～*** 苦心のあとを示している. ***strike ～*** 油脈を掘り当てる, 一山当てる.
—— *vt.* **1** に油を塗る〔さす〕; に油をひく. **2** 油に浸す; なめらかにする. **3** <脂肪などを>溶かす. **4**〖米俗〗なぐる. **5**〖米俗〗にわいろを使う. **——** *vi.* <脂肪などが>溶ける. ***have a well ～ed tongue*** 舌がよくまわる, よくしゃべる. **～** a person***'s hand*** 〔***palm***〕 (人)にわいろをやる. **～ *the wheels*** わいろ〔おせじ〕で物事をなめらかに運ばせる. **～** one***'s tongue***「ごまをする」. ***well ～ed***〖俗〗酔っぱらって.
～·bird [⌐ ⌐]〖鳥〗《南アメリカ産》オオヨタカ (guacharo). **～ burner** オイルバーナー;〖米俗〗老朽船〔自動車〕. **～ cake** 油かす. **～·can** [⌐ ⌐] 油さし; 油のかん. **～·cloth** [⌐ ⌐] 油布. **～ color** (通例 *pl.*) 油絵の具; 油絵. **～ cup**《軸受けなどの》油ため. **～ engine** 石油エンジン. **～ field** 油田. **～ gland**《鳥の》脂肪分泌腺(せん). **～·man** [-mæn/-mən] (*pl.* **-men**) 油田所有〔経営〕者; 製油業者; 油商; 注油夫. **～ meal** 油かすの粉末. **～ paint** (油)絵の具; ペンキ. **～ painting** 油絵; 油絵画法. **～·pà·per** 油紙, 桐油(とうゆ)紙. **～ press** 搾油機. **～ shale** 石油頁岩(けつがん); 油母頁岩. **～·skin** [⌐ ⌐] 油布, 防水布; (*pl.*) 防水服. **～·stone** [⌐ ⌐] 油といし. **～·stove** [⌐ ⌐] 石油ストーブ. **～ well** 油井.
◇ **～ed** [-d] *a.* 油を塗った, 油びきの;〖俗〗ほろ酔いの.
óil·er [ɔ́ilər] *n.* **1** 注油係; 注油器 (oilcan). **2** 油送船 (tanker). **3** (しばしば ～s)〖米俗〗油布製上着, かっぱ. **4**〖俗〗へつらい者.
óil·y [ɔ́ili] *a.* **1** 油質〔油性〕の, 油(状)の; 油を塗った, 油まみれの. **2**《態度・ことばづかいが》油のようになめらかな; 口先のうまい, おべんちゃらの.
◇ **-i·ly** *ad.* **-i·ness** *n.*
óint·ment [ɔ́intmənt] *n.* 軟膏(なんこう) (salve).
Oir·each·tas [érəxtəs/íər-] *n.* アイルランド共和国の議会.
òi·ti·cí·ca [ɔ̀itisí:kə] *n.* 桐油(とうゆ)に似た油を産するブラジル産樹木.
O·jíb·wa(y) [odʒíbwei] *n.* (*pl.* **～(s)**) 北アメリカ原住民の一部族 (Chippewa).
‡**O.K., OK** [óukéi, —⌐] *a., ad.*〖米話〗よろしい; 正しい; 了承〔許可〕ずみ. **——** *n.* (*pl.* **O.K.'s** [-z], **OK's** [-z]) 承認. **——** *vt.* (**O.K.'d, OK'd; O.K.'ing, OK'ing**) に **O.K.** と書く; 承認する; 校了にする.
o·ká·pi [oká:pi] *n.* (*pl.* **～s**)〖動〗オカピ《ジラフに似た中央アフリカ産の動物》.
ó·káy, ó·kéy, ó·kéh =O.K.
ó·key-dó·ke(y) [óukidóuk(i)]〖米話〗=O.K.
O·khótsk [okátsk/-kɔ́tsk] *n.* (the ～)オホーツク海.

O·kie [óuki] *n.* **1**〘米話〙オクラホマ州住民; 移動農業労働者. **2** 沖縄人. —— *a.* 沖縄人の.
Okla. Oklahoma.
O·kla·hó·ma [òukləhóumə] *n.* オクラホマ《アメリカ南部の州. 略 Okla.》**~ City** オクラホマ州の州都. ◇ **~n** *a., n.* オクラホマ州の(人).
ó·kra [óukrə] *n.*〘植〙オクラ《トロロアオイ属》; その実《食用》.
-ol *suf.*「アルコール(alcoh*ol*)」「石炭酸(phen*ol*)」の「意.
OL., O.L. Old Latin.
†**old** [ould] *a.* (**óld·er**; **óld·est**; 長幼の別を示すときは **éld·er**; **éld·est**) **1** 年とった, 老いた: grow ~ 年をとる, 老いる. ↔ young. **2** 老年の, 老後の: ~ age 老年, 老後. **3** …歳の; …年たった; 年長の: three years ~ 3歳の. How ~ is he? あの人は幾つですか. a house a century ~ 1世紀年経た家. He is two years ~*er* than I. 彼は私より2歳年上だ. How much ~*er* is he than you? 彼はあなたより幾つ年上か. the ~*est* boy いちばん年上の少年. **4** 古い, 古びた; 使い古した, 中古の: ~ shoes 古ぐつ. ↔ new. **5** 前の, もとの: his ~ students 彼の昔の生徒. **6** 昔からの, 歳月久しい: ~ traditions 古い伝統. an ~ ailment 長いやまい. He is ~ in crime. 昔から悪いことをしている. **7** 昔なじみの, なつかしい;〘話〙親しい: an ~ friend (of mine) (私の)旧友. **8** 年寄りじみた; 老朽の. **9** 老練な, 思慮ぶかい, 落ち着いた; 老獪(ろうかい)な, くえない: an ~ bachelor (めんどうがって結婚しそうもない)未婚の男. **10**〘話〙《強意的, 他の形容詞のあとにつける》すごい: We had a fine ~ time. すごく楽しい時を過ごした. **11**《any ~ として》どんな…でも: *any* ~ thing なんでも, なんでもかでも.
(*as*) ~ *as the hills* [*world*] きわめて古い. ***be ~ before one's time*** 年寄りじみている. ***dress ~*** 年寄りじみた服装をする, じみな装いをする. ***for ~ sake's sake*** 昔のよしみで. ***~ head on young shoulders*** 若いのに似合わない知恵者. ***Old Man of the Sea***《アラビアンナイトの Sindbad の話》しつこくくっついている人. ***the good ~ times*** なつかしい昔. ***the ~*** 老人たち; 古いもの; なつかしいもの. ***the Old Lady of Threadneedle Street***〘英〙イングランド銀行の別称.
—— *n.* **1**《前置詞のあとでだけ用いる》昔. **2** …歳の人《通例20歳以下》: a 3-year-~ 3歳児. ***from of ~*** 昔から. ***in days of ~*** 昔, 以前は. ***of ~*** 昔の; 昔は; 古くから.
~ account たな上げ勘定. **~ age** 老年《だいたい65歳以上》. **Old Bailey** ロンドンの刑事裁判所. **~ bean** [**egg, fruit**]〘俗〙ねえきみ《呼びかけ》. **~ boy** (1) 同窓生, 校友. (2)《親しみをこめた呼びかけ》おいきみ. (3) 卒業生 (alumnus). **~ chap** [**fellow**] =~ boy ②. **~ clothes** 古着. **~ clothesman** 古着屋. **Old Colony, the**〘米〙=Massachusetts. **~ country** [**home**] 故国《特にイギリス人の移民から見た》. **~ England**〘英〙なつかしいイギリス. **Old English** 古代英語 (Anglo-Saxon)《450–1150ごろまでの間》. ‡**~-fásh·ioned** 古風な, 時代[流行]遅れの; カクテルグラスの一種《分厚で背が低い》. **~(-)fó·g(e)y** 時代遅れの(人). **~-fó·g(e)y·ish** 時代[流行]遅れの. **Old French** 古代フランス語《900–1300年間の》. **~ gentleman** [**one**], **the** 悪魔. **~ Glory**〘米〙星条旗 (the Stars and Stripes). **~ gold** しぶい金色. **Old Guard** (1) Napoleon I の近衛(このえ)隊. (2)〘米〙(共和党) 保守派; 右派. **~ hand** 老練[熟練]家. **Old Harry** [**Nick, Scratch**] 悪魔. **~ hat** 旧式の; 時代遅れの. **Old High** [**Low**] **German** 古代高地[低地]ドイツ語《800–1100年間の》. **Old Icelandic** 古代アイスランド語(=Old Norse). **Old Irish**《紀元11世紀以前の》アイルランド語. **~ lady**〘話〙妻; 母. **Old Latin**《紀元前3世紀までの》ラテン語. **~-line** [⊥⊥] 保守的な; 由緒(ゆいしょ)ぶかい; 伝説のある. **~ liner** 保守的人物; 保守党員. **~ maid** オールドミス, 老嬢;〘話〙きちょうめんなやかまし屋;《トランプ》ばば抜き. **~-máid·ish** オールドミスのような; 堅苦しい; 小うるさい. **~ man** (1) おやじ, 父; 夫; (しばしば Old Man) 親方; 船長. (2) 芝居のふけ役. (3) =~ boy ②. **~ master** 18世紀以前のヨーロッパの大画家; その作品. **~ moon** 満月過ぎの月, 下弦の月 (waning moon). **Old Norse** =Old Icelandic. **~ piper** 他人を思うままにあやつる人間. **~ rose** 灰紫色. **~ salt** 老練な水夫. **Old Saxon** 古代サクソン語《1100年以前の低地ドイツ語方言》. **~ school** 古い考えの人々. **~ school tie** (1) イギリスのパブリックスクールの校色を示すネクタイ. (2) パブリックスクール出身者; その出身校かたぎ. **~ shoe**〘俗〙古顔. **Old Sol** =Sol. **Old South, the**〘米〙南北戦争前の南部諸州. **~ style**〘印〙旧体活字; (Old Style) 旧暦. **Old Testament** 旧約聖書. **~ thing** = old bean. **~-time** [㊥⊥ー] 以前の, 昔(から)の. **~-tím·er**〘話〙古参, 古顔, 先輩; 旧弊家, 古風な人. **Old Vic, the** テムズ川南岸の劇場《シェイクスピア劇場として名高い》. **~ wives' tale**《老婆などの》迷信, ばかげた話. **~ woman** (1) 老婆. (2) ばあさんじみた男. (3)〘話〙(自分の) 女房;〘話〙おふくろ. **~-wóm·an·ish** 老婆めいた; 小うるさい, 口やかましい. **Old World, the** 旧世界; 東半球《ヨーロッパ, アジア, アフリカ》. → the New World. **~-wórld** 前世紀の; 旧式な, 古い: an ~*-world* mammoth. **~ year, the** 旧年.
◇ **~-ish** *a.* やや年老いた; やや古い.

類義語 年とった, 古い: **old** young および new に対立することば. 「老人の」という意味で aged, elderly の類義語であり,「古い」という意味で ancient, antique の類義語である. **aged** old より老齢が強調され, しばしば衰弱が示唆される. **elderly**「年配の」. 老いるにはまだ早く, 成熟と心の安定が示唆される. **ancient** modern の反意語で「古代の」, または old の強調として「大昔からある」: *ancient* civilization 古代文明. an *ancient* custom 昔からの慣習. **antique** ancient にほぼ等しいが, その古さによる希少価値が示唆されているばあいがある. また「旧式な」という悪い意味もある: *antique* furniture 製作年代の古い貴重な家具.

óld·en [óuld(ə)n] *a.*〘古・雅〙昔の: in the ~ times 昔は. —— *vt., vi.*〘英〙年とらせる; 年とる, 古びる.
óld·ster [óuldstər] *n.* **1**〘話〙老人. ↔ youngster. **2**〘英〙4年間勤務した海軍少尉候補生.
ò·le·ág·i·nous [òuliædʒinəs] *a.* **1** 油質の; 油を含む. **2** 口先のうまい (oily). ◇ **~·ness** *n.*
ò·le·án·der [òuliændər] *n.*〘植〙西洋キョウチクトウ.
ò·le·ás·ter [òuliæstər] *n.*〘植〙グミの一種《南ヨーロッパ産》.
ó·le·ate [óulièit/-liit] *n.*〘化〙オレイン酸塩.
ó·le·fin [óulifin] *n.*〘化〙オレフィン.
◇ **ò·le·fín·ic** [⊥ー fínik] *a.*
o·lé·ic [oulí:ik, ㊥+óuliik] *a.*〘化〙油の, 油から採った: ~ acid オレイン酸.
ó·le·in [óuliin] *n.*〘化〙オレイン.
ó·le·o [óuliòu] =oleomargarin(e).
ó·le·o·graph [óuliogræf/-grɑ:f] *n.* 油絵風石版画. ◇ **ò·le·o·gráph·ic** [⊥ーー græfik] *a.*
ò·le·o·már·ga·rìn(e) [òulioméː*r*dʒəri:n/⊥ーー⊥ー⊥] *n.* 動物性マーガリン.
◇ **ò·le·o·mar·gár·ic** [-mɑ:*r*gærik] *a.*
ò·le·o·rés·in [òuliorέz(i)n/-zin] *n.* 含油樹脂.
ol·fác·tion [ɑlfækʃ(ə)n/ɔl-] *n.* 臭覚, 嗅感(きゅうかん).
ol·fác·to·ry [ɑlfækt(ə)ri/ɔl-] *a.* 臭覚の: the ~ organ 臭覚器官, 鼻. —— *n.* (通例 *pl.*) 臭覚器官.

ól·i·garch [áligàːrk/ɔ́l-] *n.* 寡頭政治の為政者.

òl·i·gár·chic [àligáːrkik/ɔ̀l-], **-chi·cal** [-(ə)l] *a.* 少数独裁政治の. ◇ **òl·i·gár·chi·cal·ly** *ad.*

ól·i·gar·chy [áligàːrki/ɔ́l-] *n.* 寡頭政治(国); 《集合的》寡頭政治の為政者.

O·lig·o·cene [áligosìːn/ɔlíg-] *n., a.* 〘地〙漸新世〔統〕(の).

òl·i·góp·o·ly [àligápəli/ɔ̀ligɔ́p-] *n.* 〘経〙寡占. ◇ **-list** *n.*

ó·li·o [óuliòu] *n.* (*pl.* **～s**) ごった煮; ごちゃまぜ; 雑曲集 (medley). [<Sp.]

òl·i·vá·ceous [àlivéiʃəs/ɔ̀l-] *a.* オリーブ色の, 黄緑色の.

ól·i·var·y [álivèri/ɔ́liv(ə)ri] *a.* 〘医〙オリーブ形の.

‡**ól·ive** [áliv/ɔ́l-] *n.* **1** 〘植〙**オリーブ**(の木)《南ヨーロッパ原産の常緑樹》; オリーブの実. **2** オリーブの葉で編んだ輪, オリーブの枝《平和・仲直りの象徴》; オリーブ材. **3** オリーブ色. **4** 卵形のボタン. **5** (*pl.*) 牛肉片を野菜で巻いたシチュー料理.
～ branch → 別項. **～ drab** 濃い黄色がかった緑色; 〘米〙淡緑かっ色: an ～ *drab* uniform カーキ色の布〔制服〕. **～ green** 黄色がかった緑色. **～ oil** オリーブ油.

olive branch *n.* **1** オリーブの枝《平和の象徴. Noahが箱舟から放したハトがオリーブの枝を持ってきたという故事から》; 和解の贈り物. **2** (通例 *pl.*) 〘笑〙子ども《旧約聖書詩編128編》. ***hold out the*** 〔***an***〕 ～ 和解〔和議〕を申し込む.

ól·i·ver [álivər/ɔ́l-] *n.* 足踏み金づち.

Ol·i·ver [álivər/ɔ́l-] *n.* Charlemagne 大王の十二勇将のひとり. → Roland.

Oliver Twist Charles Dickensの小説《1838》.

Ol·ives [álivz/ɔ́l-] ***Mount of*** ～ 〘聖〙オリブ山《エルサレムの東にある小丘. マタイ伝 26:30》.

ól·i·vet(te) [álivèt, -vit/ɔ́l-] *n.* 模造真珠; 〘劇〙《電球1個の》照明燈.

ól·i·vine [álivìːn/ɔ́l-] *n.* 〘鉱〙橄欖石(かんらんせき).

ol·la [álə/ɔ́lə] Sp. *n.* **1** 土製水がめ, 土なべ. **2** シチュー, ごった煮. ～ ***podrida*** [-pədríːdə/-pɔ-] = olio.

ól·o·gy [álədʒi/ɔ́l-] *n.* 〘話〙科学; 学問《-ology に終わる学問の意》. ***isms and ologies*** 空理空論.

-ól·o·gy [-álədʒi/-ɔ́l-] *suf.* 「学, 論」の意: *geology* (地+学→) 地質学. 〈注〉本来は -logy の部分が「学, 論」の意を示す語形成要素.

O·lým·pi·a [olímpiə] *n.* ギリシア Peloponnesus 半島西部の平原《古代ギリシアの Olympic Games が催されたところ》.

o·lým·pi·ad [olímpiæ̀d] *n.* (しばしば O～) **1** オリンピア紀《古代ギリシアにおける一つの Olympic 競技会から次の競技会までの4年間》. **2** 国際オリンピック競技大会 (Modern Olympic Games).

O·lým·pi·an [olímpiən] *a.* **1** オリンポス山の. **2** オリンポスの神のような. **3** 堂々たる; 尊大ぶった. **4** オリンピック競技の.
—— *n.* **1** 〘ギ神〙オリンポス山にすむ神. **2** オリンピック競技出場選手. **3** 古代オリンピアの住民.
～ Games, the オリンピア競技(会).

‡**O·lým·pic** [olímpik] *a.* **1** **オリンピア競技の**; 国際オリンピック競技の. **2** オリンピア平原の; オリンポス山の. **——** *n.* **1** オリンポスの神. **2** (the ～s) = the Olympic Games. **～ Games, the** (1) = Olympian Games. (2) 国際オリンピック競技大会.

O·lým·pus [olímpəs] *n.* **1** オリンポス山 (= Mount ～)《ギリシアの神々がすんでいたという》. **2** 天.

O·ma·ha [óuməhɔ̀ː, -hàː/-hɑː] *n.* アメリカ Nebraska 州の都市.

O.M. 〘英〙Order of Merit.

O·mar Khay·yám [óumaːr-kai(j)áːm, ㊐+ óumər-] *n.* ペルシアの詩人, ?–1123《*the Rubáiyát* の著者. その英訳はイギリス詩人 Edward FitzGerald, 1809–83, による》. 〈注〉見出し -yám の á はアクセント記号でなく, 実際にもそう書く.

o·má·sum [oméisəm] *n.* (*pl.* **-sa** [-sə]) 〘動〙重弁胃《反芻(はんすう)動物の第3胃》.

óm·ber, ㊌ **óm·bre** [ámbər/ɔ́m-] *n.* オンバー《17–18世紀に流行した3人でするトランプ遊び》.

o·még·a [omégə, omíːgə, óumigə/óumi-] *n.* **1** ギリシア語アルファベットの第24字〔最終文字〕《Ω, ω. ローマ字の ō に当たる》. **2** 最後(のもの).

óm·e·let(te) [ám(ə)lit/ɔ́m-] *n.* オムレツ. ***sweet*** ～ ジャム入りオムレツ. ***You cannot make an*** ～ ***without breaking eggs.*** 〘諺〙まかぬ種ははえぬ.

ó·men [óumin, -mən/-men] *n.* **1** 前兆, 縁起. **2** 予言; 予感: a bird of ill ～ 不吉な鳥. ***be of good*** 〔***happy***〕 ～ 縁起がよい. ***evil*** 〔***ill***〕 ～ 凶兆. **——** *vt.* の前兆となる, 前触れする. ◇ **～ed** *a.*

o·mén·tum [ouméntəm] *n.* (*pl.* **-ta** [-tə]) 〘医〙網膜. ◇ **o·mén·tal** [-tl] *a.*

óm·i·cron [ámikràn, óumi-/omáikrən] *n.* ギリシア語アルファベットの第15字《O, o. ローマ字の ŏ に当たる》.

óm·i·nous [ámənəs/ɔ́m-] *a.* **1** 気味の悪い, 不吉な, 縁起の悪い. **2** 《空もようなどが》険悪な. **3** 前兆となる《*の of*》. [<omen]
◇ **～·ly** *ad.* **～·ness** *n.*

o·mís·si·ble [omísibl] *a.* 省略しうる.

o·mís·sion [omíʃ(ə)n] *n.* **1** 省略, 脱落. **2** 手ぬかり, 怠慢; 〘法〙不作為. → 動詞 omit. ***sins of*** ～ 怠慢の罪. ◇ **o·mís·sive** [omísiv] *a.*

‡**o·mít** [omít] *vt.* (**-tt-**) **1** **省く, 抜かす**, 省略する: ～ a letter in a word 単語のつづりを1字書き落とす. This chapter may be ～*ted*. この章は省略してもよい. **2** **怠る**《…することを (do)*ing*》; …し忘れる, …し落とす, …することを怠る《*to* (do)》. [ob- + √mit(t)- やり過ごす]

omni- 「全, 総」の意の語形成要素.

óm·ni·bus [ámnibʌ̀s, -bəs / ɔ́mnibəs] *n.* (*pl.* **～·es**) **1** バス, 乗合自動車; 乗合馬車 (bus). **2** 専用バス. **3** 《食堂の》雑役係. **4** 通則, 総則. **5** = ～ bill. **6** = ～ book. **——** *a.* 総括的な.
～ bill 一括法案. **～ book** 〔**volume**〕《一作家のまたは同種の作品の》一冊本作品集. **～ box** 《劇場の》追い込みさじき. **～ clause** 総括的条項. **～ resolution** 総括的決議. **～ section** 《会社の》総務〔庶務〕部. **～ train** 〘英〙各駅停車の列車.

òm·ni·cóm·pe·tent [àmnikámpit(ə)nt/ɔ̀mnikɔ́m-] *a.* 〘法〙全権を有する.

òm·ni·di·réc·tion·al [-dirékʃən(ə)l] *a.* 〘電〙全方向性の.

òm·ni·fár·i·ous [-fé(ː)riəs/-féər-] *a.* 種々雑多の, あらゆる方面にわたる.

om·níf·i·cent [amnífisnt/ɔm-] *a.* 万物を創造する, つくれないものはない. ◇ **om·níf·i·cence** *n.*

om·níp·o·tence [amnípətəns/ɔm-] *n.* 全能, 無限の力; (O～) 全能の神.

om·níp·o·tent [-t(ə)nt] *a.* 全能の; なんでもできる. ***the O～*** 全能の神. ◇ **～·ly** *ad.*

òm·ni·prés·ent [àmnipréz(ə)nt/ɔ́m-] *a.* 遍在する, (同時に) いたるところにある〔いる〕.
◇ **-ence** *n.* 遍在.

om·nís·cient [amníʃənt/ɔmnísiənt, -ʃ(ə)nt] *a.* 全知の, 無限の知識をもつ. ***the O～*** (全知の) 神.
◇ **～·ly** *ad.* **-cience** *n.* 全知, 博識; (O～) 神.

óm·ni·um gáth·er·um [ámniəm-gǽð(ə)rəm/ɔ́m-] *n.* 《人・物の》ごちゃまぜ, 寄せ集め; 無差別招待会.

om·nív·o·ra [amnívərə/ɔm-] *n.* 雑食動物.

óm·ni·vore [ámnivɔ̀ːr/ɔ́mnivɔː] *n.* なんでも食べる人〔動物〕. [√vor-]

om·nív·o·rous [amnív(ə)rəs/ɔm-] *a.* **1** なんでも食べる, 雑食の. **2** なんにでも手を出す; 乱読する《を *of*》. ◇ **～·ly** *ad.* 手当たりしだいに. **～·ness** *n.*

óm·pha·los [ámfəlàs, -ləs/ɔ́mfəlɔs] *n.* **1**〖古ギリシア〗盾(たて)の中心の突起. **2** Delphi の Apollo 神殿の円すい形の石《世界の中心と考えられた》. **3** 中心(地), 中枢. **4**〖医〗へそ.

Omsk [ɔ:msk/ɔmsk] *n.* シベリア南西部の都市.

†**on** → 枠付 on. (pp. 891–892)

on- *pref.* 副詞の on を伴う動詞の形容詞形・名詞形をつくる: *on*coming 近づいて来る. *on*looker わきから見ている者, 傍観者. *on*rush 殺到.

O

ON, O.N. Old Norse.

ón·a·ger [ánədʒər/ɔ́nəgə] *n.* (*pl.* **-gri** [-gràì], **-gers** [-z]) **1**〖動〗野生ロバ《アジア産》. **2**《古代・中世の》投石器の一種.

ó·nan·ism [óunənìzəm] *n.* 性交中絶; 手淫(しゅいん).

†**once** [wʌns] *ad.* **1** 1 度, 1 回: ～ a week 週 1 回, 毎週 1 度. **2**《否定文で》一度も…(しない);《条件文で》いったん…(すれば), いやしくも…(すれば). **3** かつて, 以前, もと: There ～ lived a beautiful princess. 昔美しい王女さまがいました. **4** いつか一度《未来》. **5** 1 倍: *O*～ two is two. 2 かける 1 は 2. 〈注₁〉「1 度, 2 度」のときは one time を用いず once, two times よりもむしろ twice を用い,「3 度」のときは thrice より three times が普通. 〈注₂〉「かつて」の意味では動詞の前または文頭に,「1 度」の意味では動詞・助動詞のあとに位置するのが原則: I have not been there *once.* 1 度も行ったことがない. If we *once* [If *once* we] lose sight of him, … 見失ったら最後….

every ～ in a while〖米話〗ときどき. ***more than ～*** 1 度ならず. ***not ～*** 一度も…しない: He did*n't* ～ look our way. 一度もこっちを見なかった. ***～ and again*** 何度も. ***～ and away*** 1 度だけ, これを最後に. ***～ (and) for all*** ただ 1 度だけ, 今度かぎり; きっぱりと. ***O～ bit twice shy.***〖ことわざ〗一度かまれると以前の倍もおくびょうになる,「あつものに懲りてなますを吹く」. ***～ in a while [way]*** ときたま: ～ *in* a long *while* ごくまれに, 忘れたころに. ***～ more [again]*** もう一度. ***～ or twice*** 一, 二度. ***～ over*** もう一度. ***～ over lightly***〖俗〗ざっと, 急いで. ***～ upon a time*** 昔々《おとぎ話などの冒頭の文句》. ***The pitcher went ～ too often to the well.*** (水差しが 1 回だけよけいに井戸に行って, ついにこわれた →) おなじ手を何度も使って最後にしっぽを出した; 三度めの正直でひどい目に会った.

—— *conj.* いったん…すると, …するやいなや: *O*～ you start, you must finish it. いったん始めたらやり遂げなければならない. *O*～ (I was) back in Japan, I found myself busy with the work. 日本に帰ったとたんにその仕事で忙しくなっていた. 〈注〉(I was) のように once に率いられる節の動詞が be で主語が主節のと一致するとき, この部分はしばしば省略される.

O～ …, always…. 一度…になったら, 永久に…になる: *O*～ a beggar, *always* a beggar. 〖ことわざ〗こじきは一度したらやめられない.

—— *n.* 《前置詞の目的語として》一度. ***all at ～*** 突然, にわかに; みんな一度に. ***at ～*** 直ちに, 同時に: Do it *at* ～. すぐにやれ. Don't do two things *at* ～. 二兎(にと)を追うな. ***at ～… and ——*** …でもあり——でもある: *at* ～ interesting *and* profitable おもしろくてためになる. ***for ～*** 1 度だけ. ***for this ～ = just (for) this ～*** 今度だけ(は), 今度にかぎり.

—— *a.* 以前の: Lord Bradley, my ～ master もとの主人のブラドリー卿(きょう).

～-ò·ver(-líght·ly)〖米俗〗ざっと目をとおす〔一覧する〕こと; 概略の調査: give a project the ～-*over* 計画に一応目をとおす.

ónc·er [wʌ́nsər] *n.*〖英話〗《義務的に》1 回だけする人; 週 1 回〔日曜日〕だけ教会に出席する人.

ón·com·ing [ánkʌ̀miŋ, ɔ́:n-/ɔ́n-] *a.* 接近する, 今度の: the ～ winter この冬. **——** *n.* 接近; = onset.

on dit [F. ɔ̃di, ㊟⁺ɔndí:] F. うわさ.

†**one** → 枠付 one. (pp. 892–893)

óne- [wʌ́n-] one の連結形.

～-bág·ger, ～-base hit〖野球〗単打 (single). **～-célled** 単細胞の. **～-éyed** 片目の;〖俗〗不公平な. **～-hánd·ed** (1) *a.* 片手(用)の, 片手でする. (2) *ad.* 片手で. **～-hòrse** [㊟ ⌐⌐] (1) 1 頭立ての. (2)〖話〗つまらない, 貧弱な. **～-i·dé·a'd** [wʌ́n-aidí:əd/-díəd] 一つの考えで頭がいっぱいの, 偏狭な. **～-jòke** [㊟ ⌐⌐] *a.* 「落ち・さげ」が一つある: a ～-*joke* comedy 一口ばなし.

～-lég·ged [-lég(i)d] 1 本足の, 片足の; = one-sided. **～-man** [-mæ̀n] ひとりだけから成る〔に関する〕: a ～-*man* company [concern] 個人会社. a ～-*man* show 個展. **～-night** [⌐⌐] 一夜の: a ～-*night* stand 〖米〗一夜だけの興行〔講演〕(地). **～-níght·er** =one-night stand. **～-óne** [wʌ́n-wʌ́n; 通例 wʌ́ntəwʌ́n] =one-to-one.

～-pair [⌐⌐] *n., a.*〖英〗2 階(の); 2 階のへや.

～-piece [wʌ́npì:s]《服が》ワンピースの, 上下続きの. **～-séat·er** 1 人乗り《飛行機・自動車など》. **～-shòt** →別項. **～-síd·ed** (1) 片寄った, 不公平な. (2) 一方だけの; 一方的な; 片側だけ発達した. (3)〖法〗片務的の: a ～-*sided* contract 片務契約. **～-star general**〖米〗准将. **～-step** [⌐⌐]〖ダンス〗ワンステップ; その音楽. **～·time, ～-time** [wʌ́ntàim] 前の, 先の, 昔の: his ～-*time* partner 以前の仲間. a ～-*time* premier 元首相.

～-to-óne [wʌ́ntəwʌ́n] 対になる, 一対一の照合する, 対照的な: a ～-*to-one* correspondence 一対一の対応. **～-tráck**《鉄道が》単線の;〖話〗偏狭な: a ～-*track* mind 片寄った精神. **～-up man** 人よりすぐれていることを示そうとする人. **～-up manship** はったり, 相手より一歩先んじた行為. **～-wáy** →別項. **～-wórld·er** 世界一国主義者, 国際主義者.

1- [wʌ́n-] 数字 1 の連結形. **1-A** [-éi]〖米:軍〗A 種《戦闘要員候補》. **1-A-O** [-éiou]〖米:軍〗A 種合格した良心的参戦拒否者《非戦闘要員候補》. **1-C** [-sí:]〖米:軍〗C 種《非戦闘要員候補》. **1-D** [-dí:]〖米:軍〗D 種《予備軍候補. 軍事教練を受ける学生など》. **1-O** [-óu]〖米:軍〗A 種以外の良心的参戦拒否者《一般の作業労働に使用》. **1-S** [-és]〖米:軍〗S 種《学校卒業までの徴兵猶予者》.

O'Neill [oní:l] *n.* Eugene ～, 1888–1953, アメリカの劇作家.

o·néi·ro·man·cy [onáiro̤mæ̀nsi/onáiər-] *n.* 夢占い.

óne·ness [wʌ́nnis] *n.* **1** 単一性; 独自性. **2**《意見などの》一致. **3** 一体性, 同一性.

ón·er [wʌ́nər] *n.* **1**〖俗〗無類の人〔物〕; 名手《の *at*》. **2** 強打, 一撃《に対する *on*》. **3**〖英俗〗とんでもないうそ. **4**〖クリケット〗1 点をあげる打撃.

ón·er·ous [ánərəs/ɔ́n-] *a.* **1** やっかいな, めんどうな: ～ duties. **2**〖法〗義務負担つきの. [√oner-]

◇ **～·ly** *ad.* **～·ness** *n.*

‡**one·sélf** [wʌnsélf, ㊟⁺wən-] *pron.* **1**《再帰用法》自分自身を〔に〕: One hurts ～ by such methods. そういうやり方をするとけがをする. talk to ～ 独語する. **2**《強意的》自ら: One must do such things ～. そういうことは自分でやるべきだ《人に頼まずに》. 〈注₁〉oneself は各人称の複合代名詞を代表し, 実際には myself, yourself などの形をとることが多いが, 文の主語が one のときには oneself が用いられる. 〈注₂〉米では one's self の形も用いられる. ***be*** one***self*** (1) 自制する; われを失わない. (2) 自然にふるまう. ***by*** one***self*** (1) ひとりで, 孤独で. (2) 独力で. ***for*** one***self*** (1) 独力で, 自分で. (2) 自分のために〔の〕. ***in spite of*** one***self*** われ知らず. ***of*** one***self*** ひとりでに. ***read*** one***self to sleep*** 読みながら寝入る. ***teach*** one***self*** 独学する. ***to*** one***self*** 独占して.

on

on は前置詞にも副詞にも用いられ，頻用(ひんよう)される**前置詞的副詞** (prepositional adverb) の一つである. 図のように「接触」を示し，その接触面は上下左右いずれかを問わない. この事実が最も明瞭(めいりょう)にあらわれる一つの例は a fly walking *on* the ceiling 「天井をはっているハエ」で，ここでは「…の上に」という訳は明らかに適当でない.「接触」をあらわすという，この on の性質から，「切迫」「従事」「同時性，日時」「基礎」その他の比喩的意義が派生してくる. この点 onは乖離(かいり)をあらわす off と正反対で，事実 get on—get off など，成句にも対をなすものが多い. on は動詞と結びついて多数の重要動詞句をつくるが，その詳細は各動詞の項に譲り，ここでは on の全貌(ぜんぼう)をながめることを主目的とする.

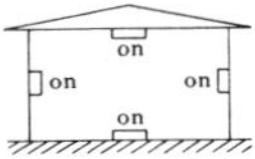

on [ɑn, ɔːn/ɔn] *prep.* **1** の表面に，の上に；…で，…に《場所》；…(の身) につけて；に乗って；を軸にして；…にひっかかって；…につながれて；を下にして：a book *on* the desk 机上の本. a fly *on* the ceiling 天井にとまって〔をはって〕いるハエ. pictures *on* the wall 壁に掛かる絵. the words (written) *on* the blackboard 黒板に書かれた文字. a scar *on* the face 顔の傷あと. blisters *on* the sole of one's foot 足の裏のまめ. sit *on* the grass 草の上にすわる. float *on* the water 水面に浮かぶ. notes *on* the margin 欄外の注. a station *on* the route 途中の駅. live *on* the Continent 大陸に住む (=live *in* Europe). meet a friend *on* the street 〖米〗路上で友人に会う (=[英] *in* the street). have a hat *on* one's head 帽子をかぶっている. have a ring *on* one's finger 指輪をしている. He had a pistol *on* him 〔*on* his person〕. 彼はピストルを身につけていた. That suit looks awfully nice *on* you. その服はあなたにとてもよく似合いますよ. go *on* board a ship 乗船する. have lunch *on* the train 車内で昼食をとる. The door hangs *on* two hinges. とびらは二つのちょうつがいにささえられている. The dog is *on* the chain. 犬は鎖につないである. lie *on* one's back (背中を下にして→) あおむけに寝る. lie *on* one's side 横向きに寝る.

2 …に接して，に面して，に沿うて，のがわに：*on* the outskirts of the town 町はずれに，郊外に. a village *on* the frontier 国境の村. New York is *on* the Hudson River. ニューヨークはハドソン河畔にある. The store is *on* the Ginza. その店は銀座通りにある. *on* both sides of the river 川の両岸に. *on* my right (hand) 私の右手に.

3《日・時・同時》…に，と同時に，の直後(に)：*on* Sunday(s) 日曜に. *on* the 1st of May 5月1日に. *on* the morning 〔evening, night〕 of May the first 5月1日の朝〔夕方，夜〕. *on* Saturday morning 土曜日の朝〔午前中〕(に)《比較：*in* the morning》. *on* and after the 10th 10日以後. *on* a hot day like this きょうのような暑い日に. *on* this occasion この際に. *on* the instant 即座に. *on* arriving 到着するとすぐ. payable *on* demand 要求ありしだい支払いの.

4《基礎・根源》に基づいて，…によって：a story based *on* fact 事実に基づいた物語. *on* that 〔this〕 その〔この〕ために. *On* what ground do you think it is a lie? どういう理由でそれをうそだと考えるのか. Most Japanese live *on* rice. たいていの日本人は米を常食とする. retire *on* a pension 年金で引退生活をする. You can't work *on* an empty stomach. 腹がへっては仕事はできない.

5《従事・状態・関係》…にたずさわって，の最中で；の状態で；の一員で：a policeman *on* duty 勤務中の警官. *on* holiday 休暇で. *on* business 用務で. go *on* an errand 用向きで出張する. What are you (working) *on*? いまなにをやっているか《仕事》. We are *on* a joint research project. 私たちは共同研究をやっている. They are *on* the lookout for bargains. 彼らは取引の機会をねらっている. The garage is *on* fire. 車庫が燃えている. *on* strike 罷業中. *on* the move 動いて，落ち着かずに. buy a car *on* the cheap 自動車を安く買う. *on* the sly こそこそと，ないしょで. The house is *on* sale. 家が売りに出されている. He is *on* the committee. (委員会の一員→) 委員のひとりだ. a player *on* the baseball team 野球チームの選手. He did it *on* purpose. 彼は故意にそれをやった.

6 …について：a book *on* international relations 国際関係に関する本. (speak) *on* reading 読書について(話す). an authority *on* pathology 病理学の権威. I congratulate you *on* the success. きみの成功を祝します.

7《方向・作用・影響》に向かって，に対して：march *on* Paris パリをさして進む. fall *on* the enemy 敵に襲いかかる. She smiled *on* him. 彼女は彼にほほえみかけた. Don't turn your back *on* me. ぼくに背を向けないでくれ. Don't try it *on* him. そんなことを彼にするなよ. He is keen 〔bent〕 *on* going abroad. 彼はしきりに外国に行きたがっている. act *on* に作用する. The pressure of work is telling *on* me. 仕事の重圧が身にこたえてきた. The noise gets *on* my nerves. 騒音が神経にさわる. the influence of TV *on* the children 子どもに対するテレビの影響.

8 …の費用で，… 持ちで：a drink *on* the house 店の勘定で一杯. It's *on* me. 私がおごりますよ.

9 に加えて：heaps *on* heaps 累々と.

10 およそ (about)：just *on* a year ago 1年ばかり前.

── *ad.* **1** 着て，身につけて；on (*prep.* ①) の状態に：Put your coat *on*. 上着を着なさい. *On* with your coat! さあ上着を着て! Shall I help you *on* with your coat? 上着をお着せしましょうか. He had nothing *on*. 彼は裸だった. Put the kettle *on*. やかんをかけなさい. The tablecloth is not *on*. テーブルクロスが掛かっていない. Now, get *on*. さあ乗れ.

2 どんどん，続けて，ずうっと，進んで：The war still went *on*. 戦争はまだ続いていた. Go *on* with your story. 話を続けてください. We hurried *on*. われわれは急ぎ続けた. Shall I send your baggage *on*? 荷物を先送りしましょうか. Let's talk it over later *on*. 後ほどそれについてよく相談しましょう. It was well *on* in the night. 夜はかなりふけていた.

3 機能がはたらいて，使用状態で；始まって，上演中で：Is the water *on* yet? もう水道が引かれたか. Turn *on* the light 〔water〕. 電燈をつけろ〔水道の水を出せ〕. Someone has left the bathroom tap *on*. だれかが浴室の水道せんをあけっぱなしにしてきた. Be sure the hand brake is *on* before you leave the car. 車を離れるときは手動ブレーキを必ず引いておくこと. The show is *on*. ショー〔番組〕が始まっている. What's *on* this evening? 今夜の番組になにがあるか.

4 進行方向に: move end *on* 後ろ向きに進む.

〈付記〉動詞との組み合わせによる成句は，該当動詞参照. ***and so on*** 等々 (*et cetera*). ***be on*** 賛成している，一枚加わっている. ***be on to*** に精通している. ***be on with*** 〈人〉に夢中になっている. ***later on*** 後ほど. ***on and off*** ときおり. ***on and on*** 休まずに: We walked *on and on*. どんどん歩いた.

—— *n., a.* 〘クリケット〙(打者の) 左前方 (の).

〔類義語〕 **の上〔上方〕に: on** は「の面に接して」の含みがある: The boat is *on* the river. ボートは川の上に浮かんでいる. **over** は「の上方《特に真上》に」: build a bridge *over* the river 川に橋をかける. **above** は「の上方に」だが，必ずしも真上でない: The waterfall is two miles *above* the bridge. 滝は橋の2マイル川上にある. **up** は「をのぼって，をのぼったところに」: The waterfall is further *up* the river. 滝はもっと川上にある.

one

不定冠詞 a, an と同語源で「一つ(の)」「一つのもの」のように数詞としての one，一般に人をあらわす「総称の one」(generic 'one')，既出の普通名詞の代わりに用いられる one の三つの主要な用法がある. 第3の用法は更に，(1) 形容詞がつかずに a(n)＋名詞《単数のみ》の代わりになるばあいと，(2) 形容詞の直後について one(s) の形で，はだかの名詞《単複》の代用となるばあいとあり，後者は「支柱語」(prop-word) と呼ばれることがある.

one [wʌn] *a.* **1** 一つの，1個の; ひとりの: ～ apple 1個のリンゴ. ～ hundred 100. → 〈付記₁〉. ～ or two days 1日か2日. → 〈付記₂〉. *One* boy alone could do it. ただひとりの少年だけがそれをすることができた.

2 ある (…); (…) という人: ～ day ある日; かつて; いつか. → 〈付記₃〉. I met ～ Mr. Brown ～ evening last week. 私は先週のある晩ブラウンさんという人に会った. → 〈付記₄〉.

3 おなじ，同一の (the same): They cried out with ～ voice. 彼らは異口同音に叫んだ. ～ and the same thing 同一物. It is all ～ to me. 私にとっては全くおなじことだ〔どちらでもよい〕.

4 一体の，合一の，一致した: become ～ 一体となる，合一する. We have been ～ these three months. われわれは結婚してから3か月になる. We were of ～ mind. われわれはみなおなじ心だった〔気持ちが一致していた〕.

5 《the を冠して》 ただ一つの (the only): This is the ～ thing I wanted to see. 私が見たかったのはただこれだけだ. 〈注〉the one は常に単数名詞を，the only は単数または複数名詞を従える.

6 《one, another [the other] と相関して》 片方の，一方の: ～ foot in sea, and ～ foot on shore 片足は海中に片足は岸に. on (the) ～ hand…on the other (hand) 一方では…また他方では. → 〈付記₅〉. Knowing is ～ thing, and doing is quite another. 知ることとなすこととは全く別問題である.

〈付記₁〉 ①の one は a よりも正確に，明らかに「1個」の意をあらわす. one hundred と a hundred の差は「一百」と単なる「百」との差に多少似ている. なお次の差に注意: A table has *a* leg. テーブルには脚 (というもの) がある. —— That crane looks as if it had only *one* leg. あのツルはまるで一本足みたいに見える.

〈付記₂〉 a day or two と one or two days はおなじ意味の慣用句であるが，one day or two とはいわない.

〈付記₃〉 one day と some day: 前者は通常過去の「ある日」を意味する. 未来の「いつか」などの意で用いられることもあるが，古い用法で，いまではまれにしか用いない. 後者は「いつか」「他日」の意で未来についてのみ用いる: *One day* last week I met her at our office. 先週のある日私は会社で彼女に会った. You will see him again *some day*. あなたはいつかまた彼に会うでしょう.

〈付記₄〉 one は a の強意の形であるが固有名詞に伴うときは意味上の区別がなくなる: *one* Mr. Brown ＝a Mr. Brown ブラウンさんという人.

〈付記₅〉 on (the) one hand…on the other (hand) においては one にも other にも the をつけるのが原則であるが，one が無冠詞で用いられるばあいもある. また on (the) one hand が隠れて，後句のみで用いられることも多い.

at ～ time 一度に，同時に; 一時は，かつて. ***for ～ thing*** 一つには，一つの理由は: *For ～ thing,* I can't speak English. 一つには，私は英語が話せないからだ. 〈注〉もう一つ別の理由をあげるときには for another という. ***in ～ word*** 要するに. ***～ half*** 一半，半分. ***～ man ～ vote*** 1人1票. ***(in) ～ way or another*** なんとかして，どうにかこうにか.

—— *n.* **1** 1，一つ; 1人，1個，1物; 1歳，1時: *One* from five leaves four. 5−1＝4. *One* of the boys lost his watch. 少年たちのうちのひとりがとけいをなくした. He gave me ～ (blow) in the eye. 〘話〙彼のために目に一撃を食った. at ～ and twenty 21歳のときに. five minutes to ～ 1時5分前.

2 1の記号: He lives at No. *1*, Wall Street. 彼はウォール街1番地に住んでいる. Your *1*'s look like 7's. きみの1は7みたいに見える.

3 (One) 神，超人間的存在: the Holy *One* 神，キリスト. the Evil *One* 悪魔.

4 《冠詞なしに名詞の直後につけて序数詞に代用し》 第1の: book ～ [Book I] 第1巻 (＝the first book). chapter ～ [Chapter I] 第1章 (＝the first chapter). page ～ [Page 1] 第1ページ (＝the first page).

all in ～ 一致して; 一つで全部を兼ねて. ***at ～*** 一致して: I'm *at* ～ with you on that point. その点ではきみと同意見だ. ***by ～s and twos*** ひとりふたりずつ: They came out *by ～s and twos*. ひとりふたりずつ (ぼつぼつ) やって来た. ***for ～*** 一例として; 少なくとも私自身は: I, *for* ～, shall never do so. 私としては〔少なくとも私は〕決してそんなことはしない. ***in ～*** 一体になって，いっしょに. ***in ～s*** 一つ一つで. ***into ～*** いっしょに. ***make ～*** 《一群・一団中の》一つ〔一員〕である〔となる〕; 一つにする，結婚させる. ***number ～*** 第1番，ぴか一; 〘俗〙わが身. ***～ and all*** みなことごとく. ***～ by ～*** 一つ〔ひとり〕ずつ (順次に). ***～ of these days*** 近々に，そのうち. ***～ with another*** 平均して，概して. ***ten to ～*** 十中八九，たぶん.

—— *pron.* **1** 《一般的》 人，世人，だれでも: *One* must not neglect ～'s duty. 人は自分の義務をおろそかにしてはならぬ. 〈注₁〉 one は any one の弱い形として we, you とおなじように一般に「人」をいうに用いる. このばあい，one に応ずる代名詞としては one, one's, oneself (アメリカでは one's self もある) を用いるのが通例の規則であるが，アメリカでは he, his, him, himself または she, her, herself が用いられる傾向がある: *One* is apt to think *himself* [*oneself*] faultless. とかく人は自分には欠点がないように思うものだ. 〈注₂〉ここの one の用法は多少格式ばっており, 口語的な文体では we や you を使うことが多い. 〈注₃〉one who は those who と等しく「…する人」の意に用いる: *One* who is not diligent will never prosper. =*Those* who are not diligent will never prosper. 努めざるもの栄えず.

2 《辞書などにおいて各種の人称代名詞の代表形として》自分(が): run as fast as ～ can できるだけ速く走る. make up ～'s mind 決心する. 〈注〉②は前記①の応用である. 実際には, この one, one's は文脈に従ってその特定の人の人称・性・数に応じて変形される: He ran as fast as *he* could. / I must run as fast as *I* can. / She made up *her* mind.

3 《any, some; every; such a; many a または他の形容詞を伴って》人: any ～ だれでも. dear [little, loved] ～*s* かわいい子どもたち. many a ～ 多くの人々. no ～ だれも…しない. some ～ だれか. such a ～ このような人.

4 《同一名詞の反復を避けるために a＋普通名詞の代わりに用いて》それと同類の者〔物〕, それ: If you need a dictionary, I will lend you ～. 辞書がいるなら私が貸してあげよう. I want a fountain pen, but I have no money to buy ～. 万年筆がほしいが買う金がない. His principle is ～ of absolute self-reliance. 彼の主義は絶対自己依存の主義だ. 〈注₁〉one は不特定のものをさすのに用い, 特定のものをさすときは it を用いる. ただし次に形容句〔節〕が来るばあいの特定語には that を用いる: Do you have [Have you] a watch? —No, but my brother has *one* (=a watch). He bought *it* (=the watch) yesterday. きみはとけいをもっているか. —いや, もっていないが, 兄はもっている. きのう買ったのだ. The capital of your country is larger than *that* (=the capital) of mine. 貴国の首都は私の国の首都より大きい. 〈注₂〉次記⑤と違って複数形はなく, 複数形に相当するものは some: If you like roses, I'll give you *some*. バラがお好きなら, 幾つかあげましょう.

5 《性質形容詞・指示形容詞などの直後に続き, 冠詞のない既出名詞の代わりに単複両用に用いて》それと同類のもの; それ: He has three rooms: one *large* ～ and two *small* ～*s*. 彼はへやを三つもっている, 大きなへや一つと小さなへや二つ《large の前の one は *a*. ①の用法》. Here are three umbrellas. Which ～ is yours, *this* ～, (or) *that* ～, or *the* ～ on the peg? ここにかさが三つあるが, どれがきみのですか, これですか, あれですか, それともくぎに掛かっているのですか. This is the *only* ～ at hand. 持ち合わせているのはこれだけです. Nixon is *the* ～. ニクソンこそ, その人だ《第37代アメリカ大統領選挙中の, ニクソン候補支持の標語. the one =the right one「適任者」の含み》.

〈付記〉前記 one 使用上の注意: (1) 名詞・代名詞の所有格のあとには one を用いない: Your house is larger than *mine* [*Ted's*]. きみの家はぼくの〔テッドの〕家より大きい《my *one*, Ted's *one* とはいわない》. ただし, 性質形容詞を伴うばあいは所有格の次にでも用いられる: If you need a dictionary, I will lend you my old *one*. 辞書がいるならぼくの古いのを貸してあげよう. (2) 物質名詞の代わりには用いられず, したがって次の some や形容詞はあとに one をつけない: If you need money, I will lend you *some*. 金がいるならぼくが貸してあげよう. I like red wine better than *white*. 私は白ブドウ酒より赤ブドウ酒の方が好きだ. (3) 序数のあとでは one が単数のときは用いても省いてもよいが, 複数のときは省かない: The first volume is more interesting than the second (*one*). 第1巻は第2巻よりもおもしろい. Of the speakers the first *ones* were interesting. 講演者の中で最初の人たちがおもしろかった. (4) of の前の形容詞の比較級・最上級には one をつけない: He is the *taller of* the two [the *tallest of* them all]. 彼はふたりの中で背の高い方だ〔彼らの中でいちばん背が高い〕. 〈注〉次に of がつかなければ別: Give me a *longer* [the *longest*] *one*. もっと長い〔いちばん長い〕のをください. (5) 《another, the other と対比して》→ another, other.

6 〖古〗《単独に用いて》ある人, だれか (=some one): *One* came running. だれかが駆けて来た.

7 《不定冠詞 a を伴って》〖話〗熱狂者, 熱愛者; 〖俗〗変な人, 変わり者: He is a ～ for baseball. 彼は野球に目がない. You are a ～. きみは変わり者だ.

8 《謙譲の気持ちで》自分, 私: *One* is rather busy now. 自分はいま少々忙しくてね.

〈付記〉 one に始まる合成語についてはそれぞれ別項 one-.

óne-shòt [wʌ́nʃɑ̀t/-ʃɔ̀t] *a.* 1弾〔1発〕限りの; 1度だけの; 1度でうまくいく. —— *n.* 1度だけの出演《映画・ラジオ・テレビなどで》; 《話題になっている名士の伝記など載せて》1度しか出版しない雑誌; 人物ひとりの大写し.

óne-wáy [wʌ́nwéi] *a.* **1** 一方通行〔交通〕の: ～ traffic 一方交通. **2** 《相手は無関心で》一方だけの.

ón·fall [ánfɔ̀ːl/ɔ́n-] *n.* 襲撃 (assault).

ón·flow [ánflòu/ɔ́n-] *n.* 流れ, 奔流.

ón·gò·ing [ángòuiŋ/ɔ́n-] *a.* 前進する, 進行している. → oncoming. —— *n.* **1** 前進. **2** (*pl.*) 《奇怪なまたは不適当な》処置, 行動.

‡**ón·ion** [ʌ́njən] *n.* **1** 〖植〗タマネギ; 《一般的》ネギ. **2** 〖俗〗頭. **3** 〖英俗〗バミューダ (Bermuda) 島原住民. **4** へたな計画; 失敗した冒険〔仕事〕. ***know* one's ～*s*** 〖俗〗自分の仕事に通じている. ***off* one's ～** 頭が狂っている. ***spring* ～** 〖植〗アサツキ.
—— *a.* ～の; ～で調理した; ～のような. —— *vt.* **1** にタマネギで味つけする. **2** 〈目を〉タマネギでこすって涙を出させる.
～·skin [-skìn] 薄い半透明の紙《航空便箋・タイプのカーボン複写用紙など》. ◇ **～·y** *a.* タマネギのような; タマネギの味〔におい〕のする.

ón-lím·its [ánlímits/ɔ́n-] *a.* 〖米:軍〗立入許可の《区域など》. ↔ off-limits.

ón·lòok·er [ánlùkər, ɔ́ːn-/ɔ́n-] *n.* 傍観者, 見物人 〔(spectator).

ón·lòok·ing [ánlùkiŋ, ɔ́ːn-/ɔ́n-] *a.* **1** 見物する. **2** 傍観的な. **3** 期待する; 予感がする (foreboding).

†**ón·ly** [óunli] *a.* **1** (the ～) **唯一の**, …だけの: His ～ diversion was to walk. たった一つの気晴らしは散歩だった. **2 無比の, 最上の**: the ～ master 無二の巨匠. 〈注〉He is *an only* son. 彼はひとりむすこだ (ほかに娘もいない). He is *the only* son. 彼は(ほかに娘はいるが)ただひとりのむすこだ. He is an *only* child. 彼はひとりっ子だ《形容詞》. He is *only* a child. 彼は子どもにすぎない《副詞》.
the* [*my, your,* …] *one and* ～** 唯一の, 独自の. ***the* ～ *thing たった一つのこと; 最上〔無比〕のもの; ただ困った点: Nylon stockings are *the* ～ *thing* these days. このごろはナイロンくつ下に限る. *The* ～ *thing* is that they are expensive. ただし, 値段が張る.
—— *ad.* **単に, わずかに**; だけ, ばかり, もっぱら: I have ～ two dictionaries. 辞書は2冊しかない. I can tell you ～ this much. これだけしか言えない. We can ～ guess [guess ～]. 推測できるだけだ. *O*～ I [I ～] can guess. 私だけが推測できる. The servant came ～ yesterday. 女中はついきのう来たばかりだ. 〈注〉only は文中の種々の要素を修飾し, 多くは被修飾語句の(直)前におかれる. 被修飾語句は通常強勢を受ける: I *only* ásked him. 私は彼に頼んだだけだ. I *only* asked hím. 私は彼にしか頼ま

なかった. → even. ***have* ～ *to*** (do) …さえすればいい: You *have* ～ *to* wait. 待っていさえすればいい. ***if* ～** (1) 単に…と仮定して; …しさえすれば: I could do it *if* ～ I were younger. もっと若くさえあれば, …できるのだが. (2) …ならよいけど: *If* ～ we knew! 知ってさえいたらなあ. ***not* ～ …*but* (*also*)＿** …のみならず(また)―も. →枠付 Correlative Conjunction. **～ *just*** かろうじて; たったいま…したばかり. **～ *not*** ほとんど, まるで. ***O*～ *think.*** まあ考えなよ, ちょっと考えろ. **～ *too*** (1) ただただ, とても: He will be ～ *too* glad to do so. それはもう喜んでそうしてくれるでしょう. (2) 残念ながら(まさに)…: It is ～ *too* true. 残念ながら全く事実だ. ― *conj.* ただし; 《しばしば that を伴って》…を除いては, …がなければ: They look very nice, ～ we don't need them. とても上等に見えるが, なにぶんにも必要ではないのだ. I would help you with pleasure, ～ I am too busy. 喜んでお手伝いしたいところですけれど, 多忙をきわめているので…. I should like to go, ～ *that* I am far off. 遠くにいるんでなければ行きたいのだが.
(類) → **single**「唯一の」

ón·o·man·cy [ánəmænsi/ɔ́n-] *n.* 姓名判断.

òn·o·más·tic [ànomǽstik/ɔ̀n-] *a.* **1** 姓名(判断・考証)の, 地名(判断・考証)の. **2**〖法〗《署名が》直筆の.

òn·o·màt·o·póe·ia [ànəmætəpíːə/ɔ̀nəmætə-] *n.* **1**〖言〗擬声〔音〕, 写声; 擬声〔擬音〕語《buzz, dump[1] など》. **2**〖修〗声喩(せいゆ)(法).

òn·o·màt·o·póe·ic [-píːik] *a.* 擬声(語)の; 声喩の. ◇ **-i·cal·ly** *ad.*

òn·o·màt·o·po·ét·ic [-poétik] *a.* ＝onomatopoeic. ◇ **-i·cal·ly** *ad.*

ón·rush [ánrʌʃ, ɔ́ːn-/ɔ́n-] *n.* 突進, 突撃; 奔流. ◇ **～·ing** *a.*

ón·set [ánsèt, ɔ́ːn-/ɔ́n-] *n.* **1** 攻撃. **2** 手始め, 開始.

ón·shóre [ánʃɔ́ːr, ɔ́ːn-/ɔ́nʃɔ́ː] *a.* 陸の方への; 陸上の. ― *ad.* 陸の方へ; 陸上で.

ón·síde [ánsáid, ɔ́ːn-/ɔ́n-] *a., ad.* 《フットボールなどで》正しい位置の〔に〕. ↔ offside.

ón·slaught [ánslɔ̀ːt, ɔ́ːn-/ɔ́n-] *n.* 猛攻撃, 襲撃.

ón·stream [ánstrìːm, ɔ́ːn-/ɔ́n-] *ad.* 活動を開始して: A new plant went ～. 新工場は操業を開始した.

Ont. Ontario.

On·tár·i·o [ɑntέ(ː)riòu/ɔntέər-] *n.* カナダ南部の州《略 Ont.》; 北アメリカ五大湖の一つ.

ón-the-lót [ánðəlát/ɔ́nðəlɔ́t] *a.*〖話〗大ざっぱの.

ón-the-spót [ánðəspát/ɔ́nðəspɔ́t] *a.* 即座の; 現場での; 即金での. → on the spot.

ón·tic [ántik/ɔ́n-] *a.*〖哲〗実在の〔に関する〕.

‡**ón·to** [ántuː, ɔ́ːntuː, 弱 -tə, -tu/ɔ́n-] *prep.* **1** の上へ: get ～ a horse 馬に乗る. step ～ the platform 演壇に登る. 〈注〉イギリスでは通例 on to と分けて書く. on に副詞的意味が強いときは on to と離して書く: He looked out *on to* the park. 公園をながめわたした. **2**〖米俗〗感づいて, 気づいて: I'm ～ your tricks. きみのいたずらは知っている.

òn·to·gén·e·sis [àntədʒénisis/ɔ̀n-] ＝ ontogeny.

on·tóg·e·ny [ɑntádʒini/ɔntɔ́dʒ-] *n.* **1**〖生〗個体発生. **2** 個体発生学.
◇ **òn·to·ge·nét·ic** [àntodʒinétik/ɔ̀n-] *a.*

on·tól·o·gy [ɑntálədʒi/ɔntɔ́l-] *n.*〖哲〗存在論, 本体論. ◇ **-gist** *n.* **òn·to·lóg·i·cal** [àntəládʒik(ə)l/ɔ̀ntəlɔ́dʒ-] *a.*

ó·nus [óunəs] *n.* (*pl.* **～·es**) 義務, 負担; 重荷. [＜L.] **～ probandi** [probǽndai] 立証の義務.

‡**ón·ward** [ánwərd, ɔ́ːn-/ɔ́n-] *ad.* 先へ, 前方へ〔に〕, 行く手に: move ～ 前進する. §12 ～ 第12節以降. ***ever* ～** 休みなく前進. ***from this day* ～** 今日以降. ***O*～!** 前進!, 進め!
― *a.* 前方への; 前進的〔向上的〕な.

‡**ón·wards** [-z] *ad.* ＝onward.

ón·y·mous [ánimәs/ɔ́n-] *a.* 名前を明らかにした. ↔ anonymous.

ón·yx [ániks, óun-/ɔ́n-] *n.*〖鉱〗シマメノウ.

O/o〖商〗order of.

oö-, oo- 「卵」の意の語形成要素. 〈注〉以下 oötid まで, oö- にはすべて oo- の別形〔新形〕がある.

ó·ö·cyte [óuəsàit] *n.*〖生〗未熟卵.

óo·dles [úːdlz] *n. pl.*〖話〗たくさん: There are ～ of it. そんなのいっぱいある.

oof [uːf] *n.*〖英俗〗金(かね), 現金. **～-bird** [⊥ ⊥]〖英俗〗金持ち. ◇ **～·y** *a.* 金持ちの.

ò·ö·gén·e·sis [òuədʒénisis] *n.*〖生〗卵形成.

ò·ö·gó·ni·um [-góuniəm] *n.* (*pl.* **-a** [-niə], **-ums**)〖生〗卵原細胞;〖植〗胞子.

ò·ö·kin·é·sis [òuəkiníːsis] *n.* (受精の際の) 卵子「内核変化.

ó·ö·lite [óuəlàit] *n.* 魚卵状(石灰)岩. ◇ **ò·ö·lít·ic** [òuəlítik] *a.*

o·öl·o·gy [oálədʒi/oɔ́l-] *n.* 鳥卵学.
◇ **-gist** *n.* 鳥卵学者; 鳥卵採集家. **ò·ö·lóg·i·cal** [òuəládʒik(ə)l/-lɔ́dʒ-], **ò·ö·lóg·ic** *a.*

óo·long [úːlɔːŋ, -lɑŋ/-lɔŋ] *n.* ウーロン茶.

oom [uːm] *n.*〖南アフリカ〗おじ《伯父・叔父》.

oomph [umf] *n.*〖米俗〗**1** 性的魅力: an ～ girl 魅力たっぷりの女. **2** 精力, 元気.

ò·ö·pho·rí·tis [òuəfəráitis] *n.*〖医〗卵巣炎.

oops [uːps] *int.* やっ!, おっと!, しまった!

ó·ö·tid [óuətìd] *n.*〖生〗減数分裂後の卵細胞.

ooze[1] [uːz] *vi.* **1** にじみ出る, 漏れ出る. **2** 分泌物を出す. **3**〈秘密などが〉もれる《*out*》. **4**〈勇気などが〉だんだんなくなる《*away*》. **5**〖米俗〗ゆっくり足を運ぶ; こっそりずらかる《*out*》. ― *vt.* **1** じくじく出す. **2**〈秘密などを〉もらす. ― *n.* **1** 滲出(しんしゅつ); ゆるい流れ; 分泌(物). **2** 皮なめし用タンニン汁(じる).

ooze[2] *n.* **1**《海底・水底の》軟泥(なんでい). **2** 湿地, 沼地.

óo·zy [úːzi] *a.* **1** 軟泥(質)の; どろどろの. **2** 滲出する, じくじくした. ◇ **óo·zi·ly** *ad.* **óo·zi·ness** *n.*

op- ＝ob-.

op. opera; operation; opposite; *opus.* **OPA** Office of Price Administration 物価管理局.

o·pác·i·ty [opǽsiti] *n.* **1** 不透明; 不伝導; 不透明体. **2**《意味の》あいまい. **3** 愚鈍. → 形容詞 opaque.

ó·pal [óup(ə)l] *n.*〖鉱〗タンパク石, オパール: ～ glass 乳白色ガラス. ◇ **ò·pal·ésque** [òupəlésk] *a.* オパール風の; 乳白色の.

ò·pal·ésce [òupəlés] *vi.* 乳白光を発する.

ò·pal·és·cent [òupəlésnt] *a.* 乳白光の〔を発する〕. ◇ **-cence** *n.* たんぱく光, 乳白光.

ó·pal·ine [óup(ə)lin, -làin/-lain] *a.* オパールの(ような); 乳白光を発する. ― [-lìːn] *n.* 乳白色ガラス.

o·páque [opéik] *a.* **1** 不透明な. **2** くすんだ, つやのない. **3** はっきりしない; 不明瞭(ふめいりょう)な, よくわからない. **4**《頭が》鈍い, 愚鈍な. **5**《電気・熱などに》不伝導性の. ― *n.* **1** 不透明体. **2** (the ～) 暗黒.
◇ **～·ly** *ad.* **～·ness** *n.*

OPC Overseas Press Club of America.

op. cit. [áp-sít/ɔ́p-] *opere citato* (L. ＝in the work cited).

OPCW Office of Petroleum Coordinator for War.

ope [oup] *a., vt., vi.*〖古・雅〗＝open.

†**ó·pen** [óup(ə)n] *a.* (**more ～, ó·pen·er; most ～, ó·pen·est**) **1**《とびら・門などが》開いた, あけ放しの, 開放された: an ～ window.
2《箱などが》おおいのない, ふたのしてない;《傷口など》むき出しの: an ～ boat 甲板のない小船.
3 広げた: an ～ newspaper 広げた新聞.
4《海・原野など》広々とした; 閉ざされていない, じゃまもののない: an ～ view 開けたながめ.
5《地位などが》あいている, 空席の;《時間が》ふさがって〔詰まって〕いない, 暇な: ～ time 暇な時.
6 公開の, 出入り自由の, 一般参加のできる: an ～

meeting 公開集会. an ～ scholarship 公募奨学金.

7 利用〔入手〕可能な: the only course still ～ まだ残されている唯一の方途.

8 **公然の**, 公然たる: ～ disregard of law 公然たる法律無視. an ～ secret 公然の秘密.

9《性格・態度などが》**あけっぴろげな, 率直な**; おおまかな, 寛容な; 受容的な, 拒否的でない: an ～ manner 率直な態度. He is as ～ as a child. 彼は子どものように天真らんまんだ.

10《影響・攻撃などに》**さらされている**, 受けやすい, 左右されやすい, まぬがれない; 〔軍〕無防備の: ～ *to* doubt 疑わしい. ～ *to* criticism 批評の余地がある.

11《問題が》未解決の: an ～ question.

12《商店・劇場・議会などが》開いている, 開店〔開演, 開会〕中の: No trade comes in through our ～ door. 開店休業の状態である.

13《狩猟などの》解禁中の; 〔米〕賭博(とく)〔酒場〕を許可している; 〔米俗〕公許の: the ～ season 解禁期間. an ～ town 賭博〔酒場〕営業非禁止市町.

14 すきまのある; 《織物が》目があらい; 《隊形が》散開した: be slightly ～ すきまがある《締めた戸に》. cloth of ～ texture 目のあらい布.

15〔音声〕《母音が》開口(音)の; 《音が》開口的な; 開音節の.

16〔楽〕《オルガンが》口栓(せん)を開いた; 《弦楽器で弦が》指で押えていない.

17《港湾・水路が》氷結してない, 不凍の; 〔海〕霧のかかっていない: an ～ coast.

18《冬に》氷結しない; 《気候が》温暖な: an ～ winter 暖かい冬.

19 便秘してない: keep the bowels ～ 通じをよくしておく. ***be ～ to*** (1) を受けやすい, を免れない. (2) を気持ちよく受け入れる. (3) に開放されている. ***be ～ with*** a person ***about*** …を(人)に隠しだてしない. ***have an ～ hand*** 金離れがいい. ***in the ～ air*** 戸外で. ***keep*** one***'s ears*** [***eyes***] ～ 聞き耳を立てる〔ゆだんなく見守る〕. ***keep*** one***'s mouth*** ～ がつがつしている. ***keep ～ house*** [***table***] 来客を歓待する. ***lay*** one***self ～ to attack*** 敵に攻撃の機会を与える. ***～ and shut*** 〔米話〕一目でわかる, 明白な. ***with ～ arms*** 両手を広げて; 心から(歓迎して). ***with ～ eyes*** 目をみはって. ***with ～ hand(s)*** 気前よく. ***with ～ mouth***《なにか言おうと》口をあいて; あっけにとられて.

—— *n.* (the ～) あき地; 樹林のない戸外; 広々とした所; 大海原. ***in the ～*** 野外で; 人前で.

—— *vt.* **1** 〈とびら・門などを〉**あける, 開く**, あけ放つ. **2** 〈本・包み・封筒などを〉開く; 〈新聞などを〉ひろげる; 〈びんの〉口をあける: ～ a letter. *O*～ your book *to* [*at*] page 5. 本の5ページをあけなさい. **3** 〈土地などを〉**切りひらく**, 開拓する; のじゃま物を除く. **4** 〈道・通路などを〉開設する, 通じさせる: ～ a path through a forest. **5** 〈店・業務・活動などを〉**始める, 開始する**, 開業する: ～ a campaign for votes 票集め運動を始める. ～ an account at a bank 銀行に口座を開く〔と取引を始める〕. **6** 〈討議などを〉始める; 〔法〕の冒頭陳述をする: ～ the case for the defendant 被告の事実を陳述する. **7** **公開する**, 開放する: ～ one's garden *to* the pulbic 庭園を一般に開放する. **8** 打ち明ける, 開示する: ～ one's heart *to* a person 人に心中をもらす. **9**〔海〕の見える所へ出る. **10**〔医〕切開する; 〈腸に〉通じをつける.

—— *vi.* **1** 〈とびら・窓などが〉**開く**; (開いて) **通じる**, 面する: The door ～*s to* [*into*] the street. 戸口は通りへ通じる. The room ～*s on* the garden. へやは庭に面している. **2** 〈花が〉開く, 咲く; 〈心・知性が〉開花する: One's mind ～*s* with each new experience. 新しい経験をするごとに心が成長発展してゆく. **3** 〈物が〉裂ける, 割れる: The wound ～*ed*. 傷口が開いた. **4** 〈店などが〉開く, 開店する, 開業する: School ～*s* today. きょうから学校が始まる. **5**《ある状態で》**始まる**; 話し始める: a play that ～*s with* a brawl 口論の場面から始まる劇. ～ *with* a remark about the weather 天気のことに触れて話を始める. **6**《近くなるにつれて》見えてくる, はっきりしてくる: The view ～*ed* (out) before our eyes. **7** 〈手・扇などが〉広がる. **8** すきまがあく, 目があらくなる. **9** 本を開く: *O*～ to page 8. 8ページをあけなさい.

～ a person's eyes (人)を啓発する. ***～ one's eyes*** 目をあける; 目玉を丸くする. ***～ fire*** 発砲する. ***～ out*** (1) 広げる, 発達させる; 啓発する. (2) 開く; 咲く; 展開する, 広がる; 発達する; 加速する. ***～ the door to*** に機会を与える, に門戸を開く. ***～ up*** (1) 開く; 開放する; 始める; 切開する. (2) あらわれる. (3) 〔俗〕口をわる.

～ account 〔商〕当座勘定 (current account). ***～ air** 戸外. **～-áir** 戸外の; 野外の, 露天の; 戸外を好む: the ～*-air* market 青空市場. **～-air school** 林間学校. **～-and-shút** 明白な, 一考してすぐわかる. **～-ármed**《歓迎など》両手を広げての, 心からの. **～ ballot** 記名投票. **～ book** 開いた本; わかりやすい〔知れわたった〕物〔事〕. **～ car** オープンカー, 無蓋(がい)車. **～-cást** ＝ ～-pit. **～ champion** 自由競争の優勝者. **～ check** [**cheque**] 普通小切手. → crossed check 横線小切手. **～ circuit** 〔電〕開回路. **～ city**《国際法上の保護を受ける》無防備都市. **～ communion** 〔宗〕《受洗者以外の人も参列できる》公開聖餐(さん)式. **～ competition**《参加自由の》公開競技. **～-cut** [⊥—⊥] ＝～-pit. **～ door**《貿易・移民などが》門戸開放(主義); 《入場などが》公開: force an ～ *door* 与えると言うのになお要求する. **～-dóor** 門戸解放の: an ～*-door* policy. **～-éared** 耳をそばだてた, 傾聴する. **～-end** → 別項. **～-ènd·ed**《質問・会見など》開放的な: an ～*-ended* discussion 自由討論. **～-éyed** [-áid] びっくりした; 抜け目のない; 承知の上でやった. **～ face** 正直な顔, 無邪気な顔. **～-fáced** 素顔の; 無邪気〔率直〕な顔つきの; 《懐中どけいが》片ガラスの; 《パイなど》上皮のない. **～ game** 〔運〕オープン戦《選手権に関係のない試合・競技》. **～-hánd·ed** → 別項. **～ heart** 率直; 親切. **～-héart·ed** → 別項. **～-héarth** 〔冶〕平炉〔反射炉〕の: the ～*-hearth* furnace 平炉. the ～*-hearth* process 平炉法. **～ house** (1) 親類・友人などを歓待する集まり〔家〕: keep ～ *house* 家を開放して来客をだれでも歓待する. (2)《工場・学校・寮など》一般公開日. **～ letter** 公開状. **～ market operation** 〔商〕《通貨・信用の調節のため中央銀行が行なう》公開市場政策. **～ mind** 虚心坦懐(たんかい). **～-mínd·ed** → 別項. **～-móuthed** [-máuðd, -mauθt] (1) 口を開いた; 《驚いて》あいた口がふさがらない. (2) 貪欲(どんよく)な. (3) 騒がしい. (4)《びんなど》広口の. **～-pit** [⊥—⊥] 〔鉱山〕露天掘りの. **～ plan**《へやごとに》間仕切りしない間取り. **～ sea** 公海. **～ sesame**《Ali Baba の物語から》「開けゴマ」, 開門の呪文(じゅもん); 難関を通るまじない. **～ shop** 〔米〕オープンショップ《非組合員をも雇用する事業場》. **～ stock** 〔商〕《ばらで買える》組み売り商品. **～·work** [⊥—⊥]《編みもの・彫りものなど》すかし細工.

◇ **～·a·ble** [-əbl] *a.* 開きうる, あけられる.

‡**～·ly** [óup(ə)nli] *ad.* 公然と, 大っぴらに; 率直に.

～·ness *n.* 開放状態; 率直; 寛大.

〔類〕 → **broad**「広い」

ó·pen-end [óup(ə)nènd] *a.* **1** 限度額を定めないで貸し付けをする; 《投資信託などが》オープン式の, 資本額を変えうる. ↔ closed-end. **2**《録音が》広告放送を入れる部分を残してある. **～ investment company** オープン式投資信託会社.

ó·pen·er[1] [óupnər] *n.* **1** 開く人, 開始者. **2**《び

ん・かん詰めなどを》あける道具; カキ (oyster) むき道具. **3** 開綿機, 開毛機. **4**〘米〙第1試合. **5**〘俗〙L=eye-～.

ó·pen·er² *a.* open の比較級.

ó·pen-hánd·ed [óup(ə)nhǽndid] *a.* 気前のよい; 寛大な. ◇ ～**·ly** *ad.* ～**·ness** *n.*

ó·pen-héart·ed [óup(ə)nhá:*r*tid/-hà:t-] *a.* 隠しだてしない; 寛大な. ◇ ～**·ly** *ad.* ～**·ness** *n.*

‡**ó·pen·ing** [óup(ə)niŋ] *n.* **1** 開くこと; 開放. **2** 開口, 窓, 穴, すきま; 通路: an ～ in a fence かきねのすきま. **3** あき地, 広場; 林間のあき地. **4** 開始, 始まり; 開場, 開院, 開通; 冒頭(陳述): an ～ address [speech] 開会の辞. **5** 就職口, 欠員, 空席. **6** もうけ口; 好機《のための *for*》. **7**〘チェス〙さしはじめ. **8**《取引所の》寄りつき;〘米〙(季節ごとの) 新荷売り出し.

ó·pen-mínd·ed [óup(ə)nmáindid] *a.* 心の広い, おおらかな; 偏見のない. ◇ ～**·ly** *ad.* ～**·ness** *n.*

‡**óp·er·a** [áp(ə)rə/ɔ́p-] *n.* **1** オペラ, 歌劇. **2** オペラの総譜[歌詞]. **3**〘米話〙歌劇場. ***comic*** ～ 喜歌劇. ***grand*** ～ グランドオペラ, 正歌劇. ***light*** ～ 軽歌劇. ***serious*** [***tragic***] ～ 悲歌劇. [√oper-]
～ **bouffe** 茶番歌劇. ～ **cloak** 観劇[夜会]用の婦人外套(がいとう). ～ **glass(es)** オペラグラス《観劇用小双眼鏡》. ～ **hat** オペラハット《たたみ込み式シルクハット》. ～ **hood** 観劇[夜会]用の婦人ずきん. ～ **house** 歌劇場;〘米〙劇場.

o·pe·ra [ápərə, óup-/ɔ́p-] L. *n. opus* の複数形.

óp·er·a·ble [áp(ə)rəbl/ɔ́p-] *a.* 〘医〙手術しうる; 操作[運転]できる《機械など》.
◇ **-bly** *ad.* **òp·er·a·bíl·i·ty** [⌐−− bíliti] *n.*

‡**óp·er·ate** [ápərèit/ɔ́p-] *vi.* **1** ＜機械などが＞作動する, 動く, はたらく. **2** 作用する, 影響する《に *on, upon*》. **3** ＜薬などが＞効果をあらわす, きく. **4**〘医〙手術を行なう《に *on, upon*》. **5**〘軍〙軍事行動をとる. **6**〘商〙《相場変動をねらって株の》売買をする. **7** 機械を動かす, 操作する.
— *vt.* **1** 操作する, 運転する, 操縦する. **2**〘おもに米〙運営する, 経営する. **3** ＜変化などを＞起こす, 成し遂げる. **4** 決定する. [√oper-]

òp·er·át·ic [àpərǽtik/ɔ̀p-] *a.* 歌劇の; 歌劇風の.
◇ **-i·cal·ly** *ad.*

óp·er·at·ing [ápərèitiŋ/ɔ́p-] *a.* **1** 手術の[に用いる]. **2** 経営上の[に要する]. ～ **expenses**〘米〙経常費; 手術費. ～ **room** [**table**]〘医〙手術室[台]. ～ **theater** 手術階段教室.

‡**òp·er·á·tion** [àpəréiʃ(ə)n/ɔ̀p-] *n.* **1** はたらき, 作用, 作業. **2** 効力, 効果: the ～ of a drug 薬の効果. **3**《機械などの》操作, 運転: careful ～ of a motor car 自動車の注意ぶかい運転. **4**《事業などの》運営, 経営, 運用. **5**《法律などの》実施, 施行. **6** 手術: perform an ～ *on* a patient 患者に手術を施す. **7** (通例 *pl.*) 軍事行動, 作戦: military ～*s* 軍事行動. **8**《科学実験などの》計画: the Atlas *O*～ アトラス宇宙飛行計画. **9** 運算, 計算. **10**《株式市場などの》操作. ***come into*** ～ 動き始める; 実施される. ***direct*** [***reverse***] ～〘数〙正[逆]算. ***in*** ～ 運転中, 活動中; 実施されて. [√oper-]
～**s research** 作戦研究;《複雑な科学的調査研究を伴う》企業計画《略 O.R.》.
◇ ～**·al** [-ʃən(ə)l] *a.* 操作上の;〘軍〙作戦上の.

óp·er·a·tive [áp(ə)rèitiv, -rətiv/ɔ́p(ə)rətiv, -reit-] *a.* **1** はたらく, 活動する, 運動する. **2** 作業の, 作業にたずさわる. **3**《法令などが》効力ある, 実施されている. **4** 実効ある, 効果的な. **5**〘医〙手術の: ～ surgery 外科手術. — *n.* **1** 工員, 職工. **2**〘米〙刑事. ***become*** ～ 発効する, 実施される.

‡**óp·er·a·tor** [ápərèitə*r*/ɔ́p-] *n.* **1**《機械の》操作者, 技手: a telegraph ～ 通信士. a wireless ～ 無線通信士. **2** 交換手 (=telephone ～). **3**〘医〙手術者. **4**〘経〙仲買人, 相場師. **5**〘米〙《工場・鉱山などの》経営者. **6**〘数〙運算符号.

o·pér·cu·lum [opə́:rkjuləm] *n.* (*pl.* **-la** [-lə], **-lums**)〘植〙ふた(状の部分), 蘚蓋(せんがい);〘動〙《魚の》えらぶた,《貝の》ふた.

òp·er·ét·ta [àpərétə/ɔ̀p-] *n.* (*pl.* **-tas**, **-ti** [-ti:]) 喜[軽]歌劇. ◇ **òp·er·ét·tist** *n.*

óp·er·ose [ápərous/ɔ́p-] *a.* **1** 勤勉な. **2** ほねのおれる. ◇ ～**·ly** *ad.* ～**·ness** *n.*

O·phé·lia [ofí:ljə/ɔf-, of-] *n.* Shakespeare 作 *Hamlet* で王子を恋するおとめ.

ó·phic·l èi·de [áfiklàid/ɔ́f-] *n.* 低音金管楽器の一種;《オルガンの》リード音栓(せん).

o·phíd·i·an [ofídiən/ɔf-] *n.*, *a.* ヘビ (のような).

òph·i·ól·a·ter [àfiálətə*r*/ɔ̀fiɔ́l-] *n.* ヘビ崇拝者.
◇ **-trous** [-trəs] *a.* **-try** [-tri] *n.* ヘビ崇拝.

óph·ite [áfait/ɔ́f-] *n.*〘鉱〙輝緑岩.

oph·thál·mi·a [ɑfθǽlmiə, -mjə/ɔf-] *n.* 眼炎.

oph·thál·mic [ɑfθǽlmik/ɔf-] *a.* 目の; 眼科の; 眼炎の. — *n.* 目薬.

ophthalmo-「目」の意の語形成要素.

oph·thál·mo·graph [ɑfθǽlməgræ̀f/ɔfθǽlməgrɑ:f] *n.* オフサルモグラフ《読書中の眼球の動きを記録する装置》.

òph·thal·mól·o·gy [ɑ̀fθælmálədʒi/ɔ̀fθælmɔ́l-] *n.* 眼科学. ◇ **-gist** *n.* 眼科医. **oph·thàl·mo·lóg·ic** [ɑfθæ̀lməlɑ́dʒik / ɔfθæ̀lməlɔ́dʒ-], **oph·thàl·mo·lóg·i·cal** [-(ə)l] *a.*

oph·thál·mo·scope [ɑfθǽlməskòup/ɔf-] *n.*〘医〙検眼鏡. ◇ **oph·thàl·mo·scóp·ic** [−⌐− skápik/-skɔ́p-], **oph·thàl·mo·scóp·i·cal** *a.*

òph·thal·mós·co·py [ɑ̀fθælmáskəpi / ɔ̀fθælmɔ́s-] *n.* 眼心鏡検法.

-ó·pi·a [-óupiə, -pjə]「視力」の意の語形成要素.

ó·pi·ate [óupièit,-piit/-piit] *n.* あへん剤; 鎮静剤; 麻酔薬. — *a.* あへんを含む; 催眠の, 鎮静する; 麻酔させる. — [óupièit] *vt.* **1** にあへんを混ぜる. **2** 麻酔させる; ぼんやりさせる.

o·píne [opáin] *vt.* 考える, 意見を述べる《と *that*》.
— *vi.* 意見を表現する: ～ *for* peace 平和にくみする, 平和を主張する.

‡**o·pín·ion** [əpínjən] *n.* **1** 意見, 見解; (通例 *pl.*) 所信. **2** 評価; 世評: I have no great ～ of his work. ぼくは彼の仕事をたいして認めない. **3** 専門家の意見, 認定, 鑑定;〘法〙判決理由(説明).
act up to one***'s*** ～***s*** 所信を断行する. ***a matter of*** ～ 見解上の問題, 議論の余地ある点. ***be of*** (***the***) ～ ***that...*** …と信ずる[思う]. ***form an*** ～ 見解をまとめる《について *on, upon*》. ***give*** one***'s*** [***an***] ～ 自己の見解を述べる《について *on, upon*》. ***have a bad*** [***low***] ～ ***of*** を悪く思う, を見下す. ***have a good*** [***high***] ～ ***of*** をよく思う, を高くかう. ***have no*** ～ ***of*** …にあまり感心しない. ***have the courage of*** one***'s*** ～***s*** 所信を披瀝(ひれき)しかつ実行する. ***in my*** ～ 私の考えでは. ***in the*** ～ ***of*** の意見では, の説によれば. ***public*** ～ 世論.
(類義語) 意見: **opinion** 人に聞かれたばあい自分の考えの結論として提出できるようになっている意見: my political *opinions* わが政論. **view** opinion に似ているが「自分独自のもので他人が必ずしも同調する必要がない」という意味合いがある. 見解. **sentiments** 感情の混じった考え. opinion が考えた結果の意見であるに対し, これは考える前に既にもっている意見. 意向, 感想. **belief, conviction** 上の3語と異なって他人に告げることを前提としていない信念. 確信.

o·pín·ion·at·ed [əpínjənèitid] *a.* **1** 自説を固執する, 強情な. **2** 独断的な.
◇ ～**·ly** *ad.* ～**·ness** *n.*

o·pín·ion·a·tive [əpínjənèitiv] *a.* **1** 意見の上の, 見解上の. **2** =opinionated.
◇ ～**·ly** *ad.* ～**·ness** *n.*

ó·pi·um [óupiəm, -pjəm] *n.* あへん.
～ den あへん吸飲所, あへん窟(くつ). **～ eater** [**smoker**] あへん吸飲者. **～ habit** あへん常用癖. **～ poppy**〘植〙ケシ《子房からあへんを採る》.
◇ **～·ism** *n.* あへん常用; あへん中毒.
o·póp·a·nax [əpápənæks/əpɔ́p-] *n.* オポパナックス《薬剤・香料の原料になるゴム樹脂の一種》.
o·pós·sum [(ə)pásəm/əpɔ́s-] *n.* 〘動〙フクロネズミ (possum)《アメリカ産》. ***play ～***〘米俗〙死んだふりをする; たぬき寝入りする, とぼける.
opp. opposed; opposite.
óp·pi·dan [ápid(ə)n/ɔ́p-] *a.* 〘稀〙町〔市〕の.
—— *n.* **1**〘稀〙町民, 市民. **2**〘英〙《Eton 校の》校外寄宿生.
óp·pi·late [ápilèit/ɔ́p-] *vt.* (じゃまもので) ふさぐ.
‡**op·pó·nent** [əpóunənt] *a.* **1** 反対する, 敵対する; 対立する. **2**〘稀〙反対側の. —— *n.* **1**《競技・論争などの》敵, 相手; 対抗者. **2** 反対者. [√pon-]
◇ **op·pó·nen·cy** *n.* 反対, 対抗, 敵対.
òp·por·túne [àpərt(j)ú:n/ɔ́pətju:n] *a.* **1** 時機のよい, 時宜を得た. **2** 適切な, つごうのよい.
◇ **～·ly** *ad.* **～·ness** *n.*
òp·por·tún·ism [àpərt(j)ú:niz(ə)m/ɔ́pətju:n-] *n.* ひより見主義, ごつごう主義.
òp·por·tún·ist [-t(j)ú:nist/-tju:-] *n.* ひより見主義者, ごつごう主義者. ◇ **òp·por·tun·ís·tic** [àpərt(j)u:nístik/ɔ̀pətju:-] *a.* ひより見主義の.
‡**òp·por·tú·ni·ty** [àpərtjú:niti/ɔ̀p-] *n.* 機会, 好機; 幸運; 見込み《*of, to, for*》: miss a great ～ 好機を逸する. find [make] an ～ 機会を見つける〔つくる〕. provide ～*ies for* education 教育の機会を与える. take [seize] an ～ 機会をとらえる. ***at*** [***on***] ***the first ～*** 機会のあり次第. ***equality of ～*** 機会均等. ***have an*** [***the***] ***～ for*** (do)***ing*** [***of*** (do)***ing, to*** (do)] …する機会がある. ***lose*** [***miss, neglect***] ***no ～ of*** (do)***ing*** [***to*** (do)] …する機会をのがさない. ***O～ makes the thief.***〘諺〙すきを与えると魔がさす.

(類義語) 機会: **opportunity** あることを行なうために四囲の状況が恵まれていることを示す.「…することを許される機会」といった受動的な語感がある: Artists are given *opportunity* to do creative work. 芸術家は創造的な仕事をする機会が与えられる. equality of *opportunity* 機会均等. **chance** opportunity に似ているが, 自分にとって状況が有利であれば他人のおもわくはかまわない, といった積極性がある. **occasion** 良識で判断して, あることを行なうのに適したばあい. …すべきとき. chance に比べて自分のつごうばかりを考えていない: find an *occasion* to express one's thanks 礼を言う機会をとらえる.

op·pós·a·ble [əpóuzəbl] *a.* **1** 敵対〔対抗, 対立〕できる. **2** 向かい合わせにできる, 対置できる《たとえば親指と他の指が》. ◇ **op·pòs·a·bíl·i·ty** [əpòuzəbíliti] *n.* 対抗〔敵対〕性〔力〕; 対向性.
‡**op·póse** [əpóuz] *vt.* **1** に反対する, に異議を唱える. **2** に対抗する; 阻止する; のじゃまをする. **3** <障害などを> 前におく; 対立させる: ～ force *to* force 力に対するに力をもってする. **4** <指を> 当てる: ～ the thumb and middle finger 親指と中指を合わせる. [√pon-]
op·pósed [əpóuzd] *a.* **1** 対立した, 対抗した. **2**《意見などによって》反対の, 逆の. **3** 向かい合った.
be [***stand***] ***～ to*** に反対である, と対立している.
op·póse·less [əpóuzlis] *a.* 〘雅〙抵抗しがたい.
‡**óp·po·site** [ápəzit/ɔ́p-] *a.* **1** 向かい合う, 向かい側の: on the ～ side of the street 道の向かい側に. on the ～ sides of the street 道の両側に. the house ～ *to* ours うちの向かい側の家. **2** 正反対の, 相いれない《と *to, from*》; 背中合わせの《と *with*》: ～ meanings 正反対の意味. in the ～ direction [way] 反対方向に. **3**〘植〙対生の. → alternate[1].
—— *n.* **1** 反対の人〔事物〕; 反対語. **2**《対をなすものの》他の一方, 相手.
—— *ad., prep.* (…の) 反対の地位に; (…の) 向かい側に;〘劇〙(の) 相手役をつとめて. ***play ～*** 相手役をつとめる. ***sit ～ to*** に対座する.
～ number (他のグループで) 対等〔同格〕の地位にある人〔物〕. **～ prompt(er)**〘劇〙後見の反対側に; 俳優の左手に《略 O.P.》. **～ sex, the** 異性.
◇ **～·ly** *ad.* 反対位置に, 向かい合って. **～·ness** *n.*

(類義語) 反対の: **opposite** 位置・動き・性質などについて用いる無色な語: the *opposite* ends of a pole さおの両端. *opposite* views 反対 (性質の) 意見. **contrary** opposite に矛盾・敵対の観念が加わる: *contrary* statements 食い違う発言. **reverse** 面・動き・順序が opposite な, つまり「裏の」「逆の」: the *reverse* side of a disc レコードの裏側. a *reverse* movement 逆の動き. in the *reverse* order 逆の順序で.

‡**òp·po·sí·tion** [àpəzíʃ(ə)n/ɔ̀p-] *n.* **1** 反対, 反抗; 妨害. **2** 対立; 対抗, 敵対. **3** 反対党, 野党. **4**〘論〙対当. **5**〘天〙衝《太陽と遊星が地球を間に正反対の位置にあるとき》. **6**〘法〙異議申し立て. ***have an ～ to*** に反対だ. ***in ～*** 野党の, 在野の. ***in ～ to*** に反対して; に対して. ***offer ～ to*** に反対する. ***the*** [***His Majesty's***] ***O～***〘英〙反対党, 野党.
◇ **～·al** *a.*
‡**op·préss** [əprés] *vt.* **1** 圧迫する, 抑圧する, しいたげる. **2** に重圧感を与える, ふさぎ込ませる: be [feel] ～*ed with* anxiety 心配で心が重い. **3** <眠け・疲労などが> 重くのしかかる. **4**〘古〙圧倒する. [√press-]
◇ **op·prés·sor** [-ər] *n.* 圧制者.
‡**op·prés·sion** [əpréʃ(ə)n] *n.* **1** 圧迫, 抑圧, 圧制. **2** 重圧感, 無気力.
op·prés·sive [əprésiv] *a.* **1** 抑圧的な, 暴虐な, 重圧的な: ～ taxes 過酷な税. **2** 重苦しい, 息苦しい, 息がつまるような, 気をめいらせる: ～ weather うっとうしい天候. ◇ **～·ly** *ad.* **～·ness** *n.*
op·pró·bri·ous [əpróubriəs] *a.* **1** 口ぎたない, けいべつ的な; 無礼な. **2** 不名誉な, 恥ずべき.
◇ **～·ly** *ad.* **～·ness** *n.*
op·pró·bri·um [əpróubriəm] *n.* **1** 汚名, 恥辱. **2** ののしり, 悪口, 非難.
op·púgn [əpjú:n/ɔp-] *vt.* **1** <主義・意見などを> 攻撃する, 非難する. **2** <権利・陳述を> 抗争する.
op·púg·nant [əpʌ́gnənt] *a.* 反対〔抵抗〕する; 論争〔抗争〕する. [√pugn-] ◇ **-nance, -nan·cy** *n.*
OPS, O.P.S. Office of Price Stabilization.
-óp·sis [-ápsis / -ɔ́psis]「見ること」「外観」の意の語形成要素.
op·són·ic [apsánik/ɔpsɔ́n-] *a.* 〘生化〙オプソニンの.
～ index オプソニン指数.
óp·so·nin [ápsənin/ɔ́p-] *n.* 〘生化〙オプソニン《血清中にあって白血球の食菌作用を促す物質》.
opt [apt/ɔpt] *vi.* 選択する《を *for*; のうちから *between*》. [√opt-]
opt. optative; optician; optics; optional.
óp·ta·tive [áptətiv/ɔ́p-] *a.* 〘文〙希求法の, 願望をあらわす. —— *n.* 〘文〙希求〔願望〕法.
～ mood, the 希求法. ◇ **～·ly** *ad.*
óp·tic [áptik/ɔ́p-] *a.* **1**〘医〙目の; 視力〔視覚〕の: an ～ angle 視角. **2** 光学の. —— *n.* **1**〘笑〙目. **2**〘英〙《居酒屋の》酒用ます. [√op-]
～ nerve(s)〘医〙視神経.
óp·ti·cal [áptik(ə)l/ɔ́p-] *a.* **1** 目の; 視角〔視力〕の; 視力を助ける: an ～ illusion 幻視, 目の錯覚. **2** 光の, 光学上の: ～ glass 光学ガラス. ◇ **～·ly** *ad.*
op·tí·cian [aptíʃ(ə)n/ɔp-] *n.* 《特に眼鏡など》光学器械商〔製作者〕, めがね屋.
óp·tics [áptiks/ɔ́p-] *n. pl.* 《単数扱い》光学.

óp·ti·me [áptịmì/ɔ́ptịmi] *n.* 〔英〕《Cambridge 大学の数学最終優等試験の》2等〔3等〕合格者 (= senior 〔junior〕 ～).

óp·ti·mism [áptịmìz(ə)m/ɔ́p-] *n.* 楽天主義; 楽観(説). ↔ pessimism.

◇ **-mist** *n.* 楽天家〔主義者〕.

òp·ti·mís·tic [àptịmístik/ɔ̀p-], **-ti·cal** [-(ə)l] *a.* 楽天主義の; 楽天的な, 楽観的な《について *about, of*》. ***take an ～ view of*** を楽観する.

◇ **òp·ti·mís·ti·cal·ly** *ad.*

óp·ti·mize [áptịmàiz/ɔ́p-] *vi.* 楽観する.

—— *vt.* 最善〔最高〕に活用する.

óp·ti·mum [áptịməm/ɔ́p-] *n.* (*pl.* **-ma** [-mə], **-mums**) **1**《温度・湿気などの》最適条件〔状態〕. **2** 最良結果. —— *a.* 最適の; 最善の, 最良好の: an ～ return on capital 望みうる最高の利潤.

óp·tion [ápʃən/ɔ́p-] *n.* **1** 選択: make 〔take up〕 one's ～ 選択する. **2** 選択の自由, 選択権: have an ～ between accepting or refusing it それを受け入れても拒否してもよい. **3** 選択できる〔した〕もの, 選択科目. **4**〔商〕約定により一定期間内に一定価格で売買できる権利. → 動詞 opt.

at a person***'s*** ～ (人)の任意によって. ***be left in*** a person***'s*** ～ (人)の随意に任されている. ***have no*** ～ ***but to*** (do) …するほかはない. ***leave to*** a person***'s*** ～ (人)の自由に任せる. ***local*** ～《酒類販売などの》許可を票決する地方民の権利. [√opt-]

óp·tion·al [ápʃ(ə)n(ə)l/ɔ́p-] *a.* 任意の, 随意の;《科目が》選択の. ◇ **～·ly** *ad.* 「屈折計.

op·tóm·e·ter [aptámịtər/ɔptɔ́m-] *n.* 視力計; 眼

op·tóm·e·try [aptámịtri/ɔptɔ́m-] *n.* 視力測定(法), 検眼. ◇ **-trist** *n.* 〔米〕検眼師, 視力測定者.

óp·u·lent [ápjụlənt/ɔ́p-] *a.* **1** 裕福な. **2** 豊富な, あふれるばかりの: ～ vegetation 繁茂した植物.

◇ **～·ly** *ad.* **-lence, -len·cy** *n.* 豊富.

o·pus [óupəs] L. *n.* (*pl.* ***～·es, o·pe·ra*** [áp(ə)rə, óup-/ɔ́p-]) 《文学など》作品, 著作; 〔楽〕作品《略 op.》: Chopin *op.* 12 ショパン作品12番. ***magnum*** [mǽgnəm-] ～ 主要作品; 傑作 (= ～ *magnum*).

o·pús·cule [opʌ́skjuːl/ɔp-, op-] *n.* 小品; 小曲.

o·pus·cu·lum [opʌ́skjụləm/ɔp-, op-] L. *n.* (*pl.* ***-la*** [-lə]) = opuscule.

†**or**[1] → 枠付 or[1].

or[2] [ɔːr] *prep., conj.* 〔古・雅〕《時間的に》…より前に, …の先に. ***or ever*** 〔***e'er***〕《接続詞》…より前に.

or[3] *n.* 〔紋〕黄金色, 黄色.

-or[1] [-ər] *suf.* ラテン起源の動詞につけて,「行為者, 器具」の意の名詞をつくる: act*or* 演技する (act) + 者

or[1]

and と対をなす等位接続詞で, A *and* B において and が A, B の併存を認めるのに対して, A *or* B では A と B のいずれかを選ばせる. ただしこの選択に (1) Did you see Tom *or* Bill?「トムとビルとどちらに会ったのか」のように A と B が互いに排除し合うばあいと, (2) two *or* three times「二, 三回」のように, 必ずしも排除しないばあいがある. 後者の類で Westerners like Englishmen *or* Germans 「イギリス人やドイツ人のような西洋人」では, or と and の間にほとんど差がない. なお(1)のばあいにしばしば音調 (intonation) が重要な要素となる.

or は either とともに相関接続詞 (correlative conjunction) をなす. また whether とも結合する. or に相当する否定形 nor がある. → 枠付 either, Correlative Conjunction.

or [ɔːr, 弱 ər] *conj.* **1** 《選択的》あるいは, または, …か——か: I'd like it to be black *or* gray. 黒か灰色にしてほしい. Are you coming *or* not? きみは来るのか, 来ないのか. Which is older, Smith *or* I? スミスと私とどちらが年長なのか.

2《不確実》…か——か(ぐらい), あるいは: four *or* five miles off 四, 五マイル離れて. He is ill *or* something. 彼は病気かなにかだ.

3《しばしば else を伴って, 命令文のあと, または must を含む平叙文の中で》さもないと: Make haste, *or* (*else*) you will be late. 急ぎなさい, さもないと遅れますよ. We *must* (either) work *or* (*else*) starve. (働くか, 飢え死にするか, どちらかを選ばねばならない→) 働かなければ飢え死にするほかない.

4《言い替え・説明・修正・訂正》すなわち, 言い替えると: He is a negro *or* a black man. 彼はニグロ, すなわち黒人である. They are free, *or* at least they seem to be free. 彼らは自由だ, いや少なくとも自由のようだ. He is cautious, *or* rather timid. 彼は慎重だ, というより (むしろ) おくびょうだ.

5《否定詞とともに全面否定をあらわし》《…も》——も《ない》: I do*n't* want any tea *or* coffee. 私は紅茶もコーヒーもほしくない. I have *no* brothers *or* sisters. 私には兄弟も姉妹もない《否定詞 no を繰り返すときは or でなく and: I have *no* brothers *and no* sisters. → 〈付記₄〉》.

〈付記₁〉 **or を含む疑問文の音調**　A *or* B? で A か B かいずれかの答えを求める疑問文 (選択疑問) のときは, Did you order tea *or* coffee?「紅茶とコーヒーと, どちらを注文したのか」のように, A で上がり, B で下がる音調になる. Are you coming *or* not?, Which is older, Smith *or* I? も同様. しかし, yes または no の答えを求める一般疑問のばあいは, Do you like any such drink as tea *or* coffee?「紅茶やコーヒーのような飲み物が好きですか」のように文尾が上昇調となるのが普通.

〈付記₂〉 **or の省略**　三つ以上の語句を接続するときは, white *or* black *or* gray とするか, または white, black, *or* gray「白か黒かあるいは灰色」のように最後の or だけ残して他は省略する.

〈付記₃〉 **or と動詞の人称・数の一致**　or で結ばれる主語の各語が共通の動詞形を持てばこの形を用いる: John or I was to be there.「ジョンか私がそこに居ることになっていた」もし動詞の形が共通でないばあいは動詞の形はそれに最も近い語に合わせる: *Were* you *or* he there? / *Was* he *or* you there?「きみか彼かそこにいたか」ただし, *Were* you there, *or was* he? となるばあいもある.

〈付記₄〉 **否定詞＋or, and, nor**　I read and write. の否定形には (1) I *do not* read *or* write. (2) I *do not either* read *or* write. (3) I *neither* read *nor* write. (4) I *do not* read *nor* (do I) write. の 4 通りがある. このうち(4)は多少古風な言い方で今日では nor よりも or が好まれる. しかし否定詞を重ねるときには (上記 ⑤ の no のばあいと同様に) or でなく, and か nor を用いる: He did *not* come *and* will *not*., He did *not* come *nor* will he.

〈付記₅〉 **without＋or 〔and〕**　without A *and* B も without A *and* without B もおなじで「A と B とがない」 without A *or* B は「A も B もいずれもない」 without A *or* without B は「A か B かがない」

and/or → and. ***either…or*** → either. ***or else*** → ③. ***or…or***《詩》= either…or; whether…or. ***or rather…*** → ④. ***…or so*** …くらい, …かそこら: a year *or so* 1 年ぐらい. ***whether…or*** → whether.

→ 役者. instigat*or* 教唆する(instigate)＋者→扇動者. 〈注〉[-ɔ:r] と発音される少数の語がある.

-or² *suf.*「行為, 状態, 性質」の意のラテン系名詞語尾: err*or* 誤り＜√err-. trem*or* 震え＜√trem-.

ór·a·cle [ɔ́rəkl, ár-/ɔ́r-] *n.* **1** 神託, 託宣;《古代ギリシアの》神託所. **2**〖聖〗神のお告げ; (*pl.*) 聖書. **3**《ユダヤ神殿の》至聖所. **4** 神の使い; 預言者. **5**《しばしば皮肉》賢人; 哲人. **6** 預言; 誤ることのない指針. ***work the ～*** 神託僧[みこ]を買収して望みどおりの神託を得る; 裏面工作で目的を達する. [√or-]

o·rác·u·lar [ɔ:rǽkjulər, ar-, or-/ɔr-] *a.* **1** 神託の(ような). **2** 神秘的な, おごそかな. **3** 無気味な; なぞめいた; あいまいな. **4** 独断的な, もったいぶった. **5** 縁起の悪い, 不吉な.

◇ **～·ly** *ad.* **o·ràc·u·lár·i·ty** [-ˌ-lǽrəti] *n.*

ó·ral [ó:rəl/ɔ́:rəl] *a.* **1** 口頭の, 口述の. **2**〖医〗口(部)の;《薬が》経口の. ≒aural¹.

—— *n.*〖話〗口述試験(＝～ test). [√or-]

～ cavity〖医〗口腔(こう). **～ examination** [**test**] 口述試験, 口頭試問. **～ method** [**approach**]《外国語の》口頭教授法, オラルメソド. **～ pleadings** [**proceedings**]〖法〗口頭弁論. **～ polio vaccine** 小児まひ経口ワクチン. **～ testimony** [**evidence**] 口証. **～ traditions** 口碑. ◇ **～·ly** *ad.* 口頭で; 口をとおして, 経口的に.

o·ráng [orǽŋ/ɔ́:rəŋ] ＝orangutan.

†**ór·ange** [ɔ́:rindʒ, ár-/ɔ́r-] *n.* **1** オレンジ, ダイダイ, 柑橘(かんきつ)類《くだもの・木》. **2** オレンジ色, ダイダイ色(＝～ color). ***bitter*** [***Seville***] ***～*** ダイダイ. ***horned ～*** ブシュカン. ***mandarin*** [***tangerine***] ***～*** (冬)ミカン, 温州(うんしゅう)ミカン. ***～s and lemons*** 子どもの遊戯の一種《オレンジとレモンのどっちを持っているかと尋ねて組みに分かれる》. ***squeeze*** [***suck***] ***an ～***《比喩的》甘いしるを吸い尽くす. ***squeezed ～*** 絞りかす, 残りかす. —— *a.* オレンジ色の, ダイダイ色の.

～ blossom オレンジの花《花嫁がつける純潔のしるし》. **～ fin**〖魚〗マスの一種. **～ pekoe**〖米〗紅茶の一種《インド・セイロン産》. **～ stick**《先のとがったマニキュア用》オレンジ棒. **～ wood** オレンジ材《象眼・ろくろ細工用》.

òr·ange·áde [ɔ̀:rindʒéid, ár-/ɔ́r-] *n.* オレンジエード.

Or·ange·ism, Or·ang·ism [ɔ́:rindʒiz(ə)m, ár-/ɔ́r-] *n.* オレンジ党の主張・運動. → Orangeman. ◇ **-ist** *n.*

Or·ange·man [ɔ́:rindʒmən, ár-/ɔ́r-] *n.* (*pl.* **-men** [-mən]) オレンジ党員. ***Society of ～*** オレンジ党《1795年新教を支持するためアイルランドで結成された秘密結社. オレンジ色リボンを党章とした》.

ór·ange·ry [ɔ́:rindʒ(ə)ri, ár-/ɔ́r-] *n.* オレンジ畑, オレンジ用温室.

o·ráng·u·tàn [orǽŋutæ̀n/ɔ:rəŋú:tæn], **o·ráng·ou·tàng** [-utæ̀ŋ/-ú:tæŋ] *n.*〖動〗オランウータン. [＜Malay「森の人」. orang 人間＋utan 森]

ó·rate [ó:reit, oréit/ɔ:réit] *vi.*〖笑〗演説する, 演説口調で話す.

o·rá·tion [oréiʃ(ə)n/ɔ:r-] *n.* **1** 演説; 式辞. **2**〖文〗話法. ***direct ～*** 直接話法. ***indirect*** [***oblique***] ***～*** 間接話法. [√or-]

ór·a·tor [ɔ́:rətər, ár-/ɔ́r-] *n.* (*fem.* **-trix** [-triks], **-tress** [-tris]) 雄弁家, 弁士. ***the Public O～***《Oxford, Cambridge 大学の》大学代表弁士.

òr·a·tór·i·cal [ɔ̀:rətɔ́:rik(ə)l, àrətár-/ɔ̀rətɔ́r-] *a.* **1** 演説の, 雄弁の: an ～ contest 雄弁大会. **2** 雄弁家の: ～ gestures 弁士風の身ぶり. **3** 修辞的な. [√or-] ◇ **～·ly** *ad.*

òr·a·tó·ri·o [ɔ̀:rətó:riou, àr-/ɔ̀rətɔ́:r-] *n.* (*pl.*～**s**)〖楽〗オラトリオ, 聖譚(せいたん)曲《所作・背景・扮装なしで行なう独唱・合唱・管弦楽のための宗教劇的楽曲》.

ór·a·to·ry¹ [ɔ́:rətɔ̀:ri, ár-/ɔ́rət(ə)ri] *n.* 雄弁(術); 修辞; 誇張した言辞.

ór·a·to·ry² *n.* **1** 小礼拝堂. **2** (O～) オラトリオ会《1564年ローマで創立されたカトリック教の修道会》.

orb [ɔ:rb] *n.* **1** 球, 球体; 天体《特に太陽・月・星》. **2**〖雅〗目, 眼球. **3** 十字架付き宝珠《王権の象徴》. **4** 全一体. **5**《天体の》軌道(＝orbit). **6**〖古〗勢力圏. ***the ～ of the day*** 日輪, 太陽.

—— *vt.* **1** 球形にする, 丸くする. **2**〖雅〗取り囲む. —— *vi.* 軌道を動く.

◇ **～ed** [-d,〖雅〗ɔ́:rbid] *a.* 丸い, 球状の.

〖類〗→ **ball**「球」

or·bíc·u·lar [ɔ:rbíkjulər] *a.* 球状の; 輪状の, 円形の. ◇ **～·ly** *ad.*

or·bíc·u·late [ɔ:rbíkjulit] *a.* ＝orbicular. ◇ **～·ly** *ad.* **-lat·ed** [-lèitid] *a.* ＝orbicular.

‡**ór·bit** [ɔ́:rbit] *n.* **1**〖天〗軌道. **2** 生活の軌道, 活動範囲. **3**〖医〗眼窩(がんか) (eye socket);〖動〗《鳥・こん虫の》眼瞼(けん)部. —— *vt.* 〈人工衛星などを〉軌道にのせる: ～ a satellite. —— *vi.* 軌道にのる; 軌道を描く. ◇ **～·al** *a.* 軌道の; 眼窩の. **～·er** *n.* (軌道にのった) 人工衛星.

orc [ɔ:rk] *n.* **1**〖動〗サカマタ《鯨類》. **2** 鬼に似た怪物.

Or·cá·di·an [ɔ:rkéidiən] *a., n.*《スコットランド北方にある》Orkney Islandsの(人).

‡**ór·chard** [ɔ́:rtʃərd] *n.* 果樹園;《集合的》果樹.

～ grass〖植〗カモガヤ《牧草》. **～·man** [-mən] (*pl.* **～s·men**)＝orchardist.

◇ **～·ist** *n.* 果樹栽培者.

or·chés·tic [ɔ:rkéstik] *a.* 舞踏の.

◇ **～s** *n. pl.*《単数扱い》舞踏法.

‡**ór·ches·tra** [ɔ́:rkistrə] *n.* **1** オーケストラ, 管弦楽団; 管弦楽の楽器の総体: an amateur ～ しろうと管弦楽団. a symphony ～ 交響楽団. **2**《劇場の舞台の直前の》奏楽席(＝～ pit). **3**〖米〗《劇場の》平土間席(parquet). **4**《古代ギリシア劇場の》合唱隊席;《古代ローマ劇場の》貴賓席.

or·chés·tral [ɔ:rkéstrəl] *a.* 管弦楽の, オーケストラ用の: ～ music 管弦楽. ◇ **～·ly** *ad.*

ór·chest·rate [ɔ́:rkistrèit] *vt., vi.* 管弦楽用に編曲[作曲]する. ◇ **òr·ches·trá·tion** [ɔ̀:rkistréiʃ(ə)n] *n.* 管弦楽編曲(法).

òr·ches·trí·na [ɔ̀:rkistrí:nə], **or·chés·tri·on** [ɔ:rkéstriən] *n.* 手回しオルガンの一種(barrel organ).

ór·chid [ɔ́:rkid] *n.* **1**〖植〗ラン《栽培種》. → orchis. **2** 薄紫色, フジ色. —— *a.* 薄紫色の, フジ色の. ◇ **～·ist** *n.* ラン栽培家.

òr·chi·dá·ceous [ɔ̀:rkidéiʃəs] *a.* ラン科の; ランのようにはなやかな.

ór·chil [ɔ́:rkil, -tʃil] *n.* リトマスゴケの類; それからとる赤紫色染料.

ór·chis [ɔ́:rkis] *n.*〖植〗ラン《野生種》.

or·chí·tis [ɔ:rkáitis] *n.*〖医〗睾丸(こうがん)炎.

ord. ordained; order; ordinal; ordinance; ordinary; ordnance.

‡**or·dáin** [ɔ:rdéin] *vt.* **1**〈神・運命などが〉定める;〈法律などが〉規定する, 命ずる. **2**〖宗〗に聖職を授ける, (牧師に)任命する: be ～*ed to* priesthood 聖職につく.

or·déal [ɔ:rdí:l, -dí:əl, ㊥⁺ɔ́:rdi:(ə)l] *n.* **1** (きびしい) 試練. **2** 神裁《昔チュートン民族の行なった罪人裁判法. 日本の盟神探湯(くかたち)に類するもの》: ～ by fire [water] 火[水]を用いる試罪.

†**ór·der** [ɔ́:rdər] *n.* **1** (しばしば *pl.*) 命令, 指揮; 訓令;《裁判所の》指示; 命令書: a written ～ 命令[依頼]書. He gave ～*s* that it *should* be done at once. 彼は直ちにそれをするよう命じた. **2**《集会などの》規則; 遵法; 秩序, (社会の) しきたり: maintain ～ 秩序を維持する. **3** 順序, 順;〖文〗語順;〖古〗列: in alphabetical ～ アルファベット順に. **4** 整とん, 整列; 態勢. **5** 常態, 正常態; 健康状態. **6** 道理, 条理; 人道: the ～ of nature 自然の理. **7** 序列, 席次. **8** 天使の階級《9 階級ある》. **9** 等

級; 階級, …社会: the military ～ 軍人社会. **10** 結社; 騎士団; 教団, 修道会: the Dominican ～ ドミニコ会. **11** (*pl.*) 牧師職, 僧職; 牧師の地位: be in ～*s* 聖職についている. **12** 種類, 種; 〔生〕《動植物分類上の》目(もく). **13** 〔建〕様式, 柱式: the Corinthian ～ コリント式. **14** 勲位; 勲章: the *O*～ of the Garter ガーター勲位. **15** 〔軍〕隊形: a close ～ 密集隊形. an open ～ 散開隊形. **16** 〔数〕次数, 度. **17** 〔商〕注文(書); 受注〔購入〕商品; かわせ, かわせ手形; 《手形などの》さしず人. **18** 〔劇〕無料入場者. **19** 〔宗〕儀式, 祭典.

be on ～ 発注してある. ***be under*** ～ ***to*** (do) …する命を受けている. ***by*** ～ 命(令)により. ***caliber of higher*** ～ すぐれた才幹. ***call to*** ～ 議事進行手続きに違反していることを注意する《議長が発言者に》, 静粛を命ずる; 〔米〕開会を宣する. ***draw*** (***up***) ***in*** ～ 整列させる. ***fill an*** ～ 注文を満たす. ***give an*** ～ ***for*** を注文する. ***holy*** ～***s*** 聖職. ***in good*** 〔***poor***〕 ～ 調子よく〔悪く〕, 故障なく〔故障して〕. ***in*** ～ 整とんされて; 順序よく; 調子よく; すぐ使える状態で; 健康良好で; 議事進行規則に従って. ***in*** ～***s*** 聖職について. ***in*** ～ ***to*** (do) =***in*** ～ ***that*** one ***may*** (do) …するために. ***in rapid*** 〔***slow***〕 ～ すばやく〔ゆっくり〕. ***in short*** ～ さっそく. ***in the*** ～ ***named*** その順序で; 以上列挙の順で. ***keep*** ～ 秩序〔治安〕を保つ. ***large*** 〔***strong, tall***〕 ～ 〔話〕むずかしい注文. ***made to*** ～ 注文で〔あつらえて〕つくった. ***mail*** ～ 通信販売. ***money*** ～ 送金小切手, かわせ. ***moral*** ～ 綱紀. ***on the*** ～ ***of*** 〔米〕…にだいたい似ている, に類する. ***O***～ ***in Council*** 〔英:法〕枢密院令《枢密院の諮詢(しじゅん)を経ただけで施行される勅令》. ～ ***of the day*** 《議会・軍隊などの》日程; 順序; 流行. ***or*** ～ またはそのさしず人に《手形・小切手などの文章》. ***out of*** ～ 乱れて, 狂って, 調子が悪く; 規則に反して: This car is *out of* ～. この自動車はこわれている. ***place an*** ～ ***with*** a person ***for*** (人)に…を注文する. ***postal*** ～ 郵便かわせ. ***put*** 〔***set***〕 ***in*** ～ 整とんする. ***rise to*** (***a point of***) ～ <議員が>起立して発言者の議事進行規則違反を議長に報告する. ***take*** (***holy***) ～***s*** 牧師になる, 僧職につく. ***take*** ～***s from*** a person (人)の命令を受ける. ***the O***～ ***of Templars*** テンプル騎士団. ***to*** ～ 注文に合わせて〔によって〕. ***under the*** ～ ***of*** の指揮下に; の命令によって.

—— *vt.* **1** に命令する, にさしずする: I ～*ed* them to wait. 私は彼らに待つように言った. He ～*ed that* notice (should) be sent immediately. 彼は即刻に通知を出せと命じた. **2** 行く〔来る〕ように命ずる: He was ～*ed to* Africa. アフリカ行きを命ぜられた. I ～*ed* him *out of* the house. 彼を家から追い払った. **3** 命ずる, 指令する: ～ a medicine for a patient 病人に薬を指定する. **4** 注文する, 注文して取り寄せる: ～ lunch 昼食を注文する. **5** <神・運命などが>定める, 命ずる. **6** 聖職に任ずる. **7** 配列する, 整える: ～ one's life according to strict rules 厳格に生活を規制する. —— *vi.* 命令〔注文〕する.

～ ***about*** 〔***around***〕 方々へ使いにやる; こき使う. ～ ***abroad*** 〔***home***〕 海外出張〔帰国〕を命ずる. ***O***～ ***arms!*** 〔軍〕《号令》立て銃(つつ). ～ ***away*** 立ち去れと命ずる. ～ ***from*** から取り寄せる; へ注文する.

[√ordin- 順序, 整列]

～ **blank** 〔**form**〕 注文用紙. ～ **book** 注文控え帳; 《イギリス下院の》動議通告簿; 〔軍〕命令簿. ～ **paper** 〔英〕議事日程表.

〔類〕 → **direct**「命ずる」

*__ór·der·ly__ [ɔ́ːrdərli] *a.* **1** 順序正しい, 整とんされた. **2** 規律正しい, 秩序を守る: an ～ mind 秩序ある精神の持ち主. **3** 従順な, 静かな. **4** 〔軍〕命令の, 伝令の, 当番の. —— *n.* 〔軍〕将校つき伝令兵; 病院の付添人〔労務員〕《男性の》; 〔英〕市街そうじ夫.

～ **bin** 〔英〕《路上の》ごみ箱. ～ **book** 〔軍〕命令簿. ～ **man** 〔軍〕当番兵. ～ **officer** 〔軍〕日直〔当直〕将校. ～ **room** 〔軍〕中隊事務所.

◇ **-li·ness** *n.*

ór·di·nal [ɔ́ːrd(i)nəl/-din(ə)l] *n.* **1** 序数 (=～ number). **2** 《イギリス国教》僧職授任式次第書; 《カトリック》叙品定式書. —— *a.* **1** 順序を示す; 序数の. **2** 〔生〕目(もく)の. ～ **number** 序数 (=～ numeral) 《first, second, seventh など》; 〔数〕順序数. → cardinal number.

ór·di·nance [ɔ́ːrd(i)nəns] *n.* **1** 法令, 布告; 〔米〕地方条例. **2** 〔宗〕儀式, 《特に》聖餐(せいさん)式.

an imperial ～ 勅令.

‡**ór·di·nar·y** [ɔ́ːrd(i)nèri/-n(ə)ri] *a.* **1** 普通の, 通常の: an ～ meeting 例会. **2** 並みの, 平凡の: an ～ man 普通の〔並みの〕人. **3** 〔話〕《女が》器量のよくない. **4** 〔法〕管轄権のある. ***in an*** ～ ***way*** 通例, いつもの状態なら.

—— *n.* **1** 普通のこと, 並み. **2** 〔米〕旅館; 〔英〕定食, 定食食堂〔つき旅館〕. **3** 〔米〕遺言検認判事《若干の州で》; (the O～)〔宗〕大監督区の大監督, 監督区の監督, 教区の牧師, 僧正管区の僧正. **4** 〔宗〕礼拝儀式順序規定書, 儀式文. **5** 〔紋〕普通紋章. **6** 〔英〕普通株式. **7** 昔の自転車《前輪が後輪より大きい》. ***in*** ～ 常任の《侍医など》; 〔海〕就役していない《艦船など》. ***out of the*** ～ 例外的な, 異常な, 並みはずれた: nothing *out of the* ～ いずれも平凡.

[√ordin-] ～ **seaman** 〔英:海〕二等水兵.

◇ **-i·ly** *ad.* 通常(は), ふつう(は), たいがい(は).

〔類〕 → **common**「普通の」

ór·di·nate [ɔ́ːrd(i)nèit, -nit/-nit] *n.* 〔数〕縦座標.

òr·di·ná·tion [ɔ̀ːrd(i)néiʃ(ə)n] *n.* **1** 〔宗〕聖職授任式, 按手(あんしゅ)礼. **2** 神の定め. **3** 整とん; 分類.

òr·di·née [ɔ̀ːrd(i)níː] *n.* 新任教会執事.

órd·nance [ɔ́ːrdnəns] *n.* **1** 《集合的》砲, 火器. **2** 兵器; 軍需品. **3** 軍需品部.

～ **factory** 造兵廠(しょう). ～ **map** 〔英〕陸地測量部地図. **O～ Survey** 〔英〕陸地測量部.

Or·do·ví·cian [ɔ̀ːrdəvíʃ(ə)n] *n., a.* 〔地〕オルドビシア紀〔系〕(の)《古生代の第2期》; その地層群.

ór·dure [ɔ́ːrdʒər, -djuər/-djuə] *n.* **1** 糞便(ふんべん), 汚物. **2** 下品なことば.

‡**ore** [ɔːr/ɔː] *n.* **1** 鉱石, 原鉱: iron ～ 鉄鉱石. **2** 〔雅〕金属《特に金》.

O·re·ad [ɔ́ːriæ̀d/ɔ́ːr-] *n.* 〔ギ・ロ神〕山の精.

o·réc·tic [oréktik] *a.* 〔哲・医〕欲望の; 食欲のある (appetitive).

Oreg. Oregon.

Or·e·gon [ɔ́ːrigɑ̀n, -gən, ɑ́r-/ɔ́rigən, -gɔn] *n.* オレゴン《アメリカ太平洋岸北部の州. 略 Oreg.》.

～ **Trail, the** アメリカ Missouri 州より Oregon 州に通じる通路《19世紀の前半の移住者用》.

◇ **Or·e·gó·ni·an** [ɔ̀ːrigóuniən, ɑ̀r-/ɔ̀r-] *a., n.* オレゴン州の(人).

O·rés·tes [oréstiːz/ɔːrés-] *n.* 〔ギ神〕オレステス《Agamemnon の子. 母 Clytemnestra を殺し, 復讐(ふくしゅう)の女神 Furies に追われた》.

org. organic; organism; organized; organizer.

‡**ór·gan** [ɔ́ːrgən] *n.* **1** オルガン, 《特に》パイプオルガン. **2** 器官, 《人間の》発声器官 (=～ of speech): the ～ of hearing 聴覚器官. **3** 声《量・質について》: a fine ～ よい声. **4** 機関, 機関紙〔誌〕. ***government*** ～ 政府機関. ***mouth*** ～ ハーモニカ. ～***s of public opinion*** 新聞.

～ **grinder** 手回しオルガン奏者. ～ **loft** 《特に教会の》オルガン席. ◇ *～**ist** *n.* オルガン奏者.

ór·gan·dy, -die [ɔ́ːrgəndi] *n.* (*pl.* **-dies**) オーガンジー《薄手のモスリン》.

*__or·gán·ic__ [ɔːrgǽnik] *a.* **1** 有機体の; 〔化〕有機の; 炭素を含む. **2** 有機的, 組織的, 系統的. **3** 固有の, 根本的な; 生まれつきの. **4** 〔医〕器官の; 〔病理〕器質性の. → functional. ～ **acid** 有機酸. ～ **body** 有機体. ～ **chemistry** 〔**compound**〕

有機化学〔化合物〕. ～ **disease** 器質性疾患. ～ **evolution** 生物進化. ～ **law** 基本法. ～ **matter** 有機物. ～ **whole** 有機的統一体.
◇**-i·cal·ly** *ad.* 有機的に; 器官によって; 組織的に; 根本的に.

*__ór·gan·ism__ [ɔ́ːrgəniz(ə)m] *n.* **1** 有機体〔物〕; 生物. **2** 有機的組織体《社会など》.

‡**òr·gan·i·zá·tion** [ɔ̀ːrgənizéiʃ(ə)n, -naiz-] *n.* **1** 組織, 編制, 編成. **2** 機構, 体制; 〘生〙生物体, 有機体. **3** 組織体, 団体, 組合. **4** 〘米〙《政党の》役員(会).

‡**ór·gan·ize** [ɔ́ːrgənàiz] *vt.* **1** 組織する, 編制〔編成〕する; 創立する: ～ one's knowledge in a coherent system of thought 自分の知識を思想体系化する. ～ the hikers for the day's climb きょうの登山のためのハイカーを編成する. ～ a traveling theater 芝居の地方巡業を計画する. **2** 有機体にする《過去分詞形で》. —— *vi.* 組織〔有機〕化する〔される〕: Workers have a right to ～. 労働者たちは組織化する権利をもつ. ***～d body*** [***matter***] 有機体〔物〕. ***～d killing*** 大量殺戮(さつりく)《戦争などによる》. ***～d labor*** 《集合的》組織労働者. ***～d territory*** 〘米:法〙組織ある属領《地方議会をもつ》. ***～zing committee*** 組織〔創立〕委員会.
◇ **-iz·a·ble** [-əbl] *a.* 有機〔組織〕化できる. **-iz·er** [-ər] *n.* 組織者; 創始者; 《労働組合などの》オルグ; 〘生〙編成原.

ór·ga·non [ɔ́ːrgənɑ̀n/-nɔn] *n.* (*pl.* **-na** [-nə], **-nons**) **1** 原則, 研究法; 思索法. **2** (O～) Aristotle の論理学. ***Novum*** [nóuvəm-] ***O～*** 《Bacon の》「新論理学」.

òr·ga·no·thér·a·py [ɔ̀ːrgənoθérəpi] *n.* 〘医〙臓器療法.

ór·ga·num [ɔ́ːrgənəm] *n.* (*pl.* **-na** [-nə], **-nums**) **1** ＝organon. **2** 〘楽〙二重唱.

ór·gan·zine [ɔ́ːrgənzàin/-ziːn] *n.* より糸《たて糸用》.

ór·gasm [ɔ́ːrgæz(ə)m] *n.* 興奮, 激情; 《交接時の》快感の絶頂, オルガスム.

òr·gi·ás·tic [ɔ̀ːrdʒiǽstik] *a.* 酒神祭のような; 飲めや歌えの.

ór·gy, ór·gie [ɔ́ːrdʒi] *n.* **1** (*pl.*) 飲めや歌えの酒宴, 底抜け騒ぎ; (しばしば *sing.*) 乱行, 放蕩(ほうとう). **2** (*pl.*) 〘古ギリシア・古ローマ〙秘密の酒神祭《Bacchus の祭り》. **3** 夢中, ふけりすぎ: an ～ of work 仕事にやっきになること.

ó·ri·el [óːriəl/ɔ́ːr-] *n.* 〘建〙《おもに2階の縦長の》出窓.

oriel

‡**ó·ri·ent** [óːriènt, -riənt/ɔ́ːriənt] *n.* **1** (the O～) **東洋**《地中海の東ないしは東南地域; アジア, 特に東アジア》; 東洋諸国. → Occident. **2** 〘雅〙東方, 東の空. **3** 《特に東洋産の》上質真珠; 《上質真珠の》光沢.
—— *a.* **1** (O～) 〘雅〙東洋(諸国)の. **2** 《太陽などが》さしのぼる, 出現する; 発生しつつある. **3** 《真珠・宝石など》燦然(さんぜん)と輝く, 上質の.
—— [óːriènt/ɔ́ːrient] *vt.* **1** 東に向ける; 〈教会堂を〉(祭壇を東へ向けて) 西向きに建てる. **2** 足を東に向けて葬る. **3** 一定方向に向ける: ～ a building south 建物を南向きにする. **4** 方位を正しく合わせる, 正しい方向〔位置〕に置く. **5** 適応させる; 〈新入生などに〉指導講習をする: ～ one's ideas to new conditions 観念を新条件に合わせる. —— *vi.* 東に向く; 《ある方向に》向く. ～ one***self*** 自分の位置を見きわめる; 態度を明らかにする. [√ori-]

‡**ò·ri·én·tal** [ɔ̀ːriéntl/ɔ̀ːr-] *a.* **1** (通例 O～) **東洋の**; 東洋風の. → Occidental. **2** 〘古〙東(方)の. **3** 《宝石・真珠など》上質の; 光沢のある (orient).
—— *n.* (O～) 東洋人, アジア人.
O～ dance 東洋風踊り; 腹踊り. **O～ rug** [**carpet**] 東洋敷き物《ペルシアもうせんなど》.
◇ **O～·ism** [-t(ə)liz(ə)m] *n.* 東洋風; 東洋諸風; 東洋学, 東洋の知識. **O～·ist** [-t(ə)list] *n.* 東洋学者, 東洋(語)通. **O～·ize** [-t(ə)làiz] *vt., vi.* 東洋風にする〔なる〕.

ó·ri·en·tate [óːrientèit, ⌐–⌐–/ɔ́ːrienteit] *vt., vi.* ＝orient.

ò·ri·en·tá·tion [ɔ̀ːrientéiʃ(ə)n/ɔ̀ːr-] *n.* **1** 東に向ける〔向く〕こと; 《祭壇を東に向けて教会堂を》西向きに建てること. **2** 足を東に向けて埋葬すること. **3** 一定の方向に向けること; 自己の方向〔位置〕を定めること. **4** 方位測定, 位置確認. **5** 方向, 方位; 位置, 定位; 《思想・感情などの》傾向, (精神的) 態度. **6** 方針〔態度〕決定; 適応. **7** 〘教〙《新入生などへの》指導, 案内, オリエンテーション. **8** 〘動〙帰巣本能. ～ **course** 《新入社員・新入学生・新留学生などのための》指導講習, オリエンテーション.
◇ **～·al** [-ʃən(ə)l] *a.*

ór·i·fice [ɔ́ːrifis, ɑ́r-/ɔ́r-] *n.* 穴, 《パイプ・煙突などの》口; 抜け〔漏れ〕口. [√or-＋√fac-]

ór·i·flamme [ɔ́ːriflæm, ɑ́r-/ɔ́r-] *n.* **1** (昔のフランスの) 赤色王旗; 軍旗, 旗じるし. **2** きらびやかなもの.

orig. origin; original; originally.

‡**ór·i·gin** [ɔ́ːridʒin, ɑ́r-/ɔ́r-] *n.* **1** **起源**, 起こり; 源泉; 発端, 由来; 原因: a word of Greek ～ ギリシア語源の語. the ～(s) of civilization 文明の始源. *On the O～ of Species* 「種の起源(について)」《Charles Darwin が進化論を唱道した著書》. **2** **生まれ**, 素性, 血統: of noble [humble] ～ 高貴な〔卑しい〕生まれの. **3** 〘数〙原点; 〘医〙《筋肉・神経の》首点, 起始点. ***by*** ～ 生まれは. [√ori-]
(類義語) **起源: origin, source** 両者はしばしば交換可能だが, origin は「発生した最初の形態」を示し, source は「あるものを発生させた源, 根本, 原因」を示す: the *origin* of civilization 文明の起源(「最初の文明らしきもの」の意). the *sources* of political unrest 政情不安の原因. **beginning**「始まり, 起こり」という意で origin のくだけた表現としても用いられるが,「初めの部分」というのが主用法: English democracy has its *beginning* (＝origin) in the Magna Charta. イギリスの民主主義の起こりはマグナカルタにある. about the *beginning* (≒ origin) of summer 夏の初めごろに. **cause** source にやや近いが source が「水源」の意から比喩的に「原因」の意をもつに対し, cause は effect (結果) の反意語として原因そのものを示す比喩的色彩のない語: the *cause* of much damage 多くの損害のもと (of 以下の much damage がこのばあいの effect に相当している). **root**「根」の意の比喩的用法で source, cause などと似ているが,「目には明らかではない原因」を示す: the *root* of the trouble 紛争の原因.

‡**o·ríg·i·nal** [ərídʒin(ə)l] *a.* **1** **最初の**; 本来の: the ～ state 原状. the ～ plan 原案. **2** 原物の, 原本の, 原型の: the ～ edition 原版. **3** **独創的な**; 新奇な: an ～ mind 創意に富む心. an ～ idea 新案. an ～ writer 独創的作家. **4** 風変わりな: an ～ person 変人. —— *n.* **1** **原物**, 原型, 原文, 原図, 原書. **2** 変人, 奇人. **3** 〘古〙起源. ***in the*** ～ 原文〔原語, 原書〕で.
～ **bid** 〘トランプ〙最初のせり値. ～ **bill** 〘法〙《衡平法(equity) 上の》最初の訴状. ～ **contract** ＝social contract. ～ **process** 〘法〙始審令状. ～ **sin** 〘キリスト教〙原罪《アダムとイブの堕落に始まる人間の本質的罪業》. ～ **writ** 〘法〙基本令状, 訴訟開始令状.
◇ ‡**～·ly** *ad.* 元来; 初めは; 初めから.
(類) → **new**「新しい」

‡**o·rìg·i·nál·i·ty** [əridʒinǽliti] *n.* **1** 独創性, 創作

力. **2** 創意, 新機軸. **3** 新奇〔珍奇〕性, 奇抜. **4** 奇人; 珍品. **5** 原形〔原物〕であること; ほんもの.

‡o·ríg·i·nate [ərídʒinèit] *vt.* **1** 始める, 起こす. **2** 創作する, 発明する. —— *vi.* 起こる, 生じる, 始まる: The quarrel ~*d in* 〔*from*〕 a misunderstanding. 争いは誤解から起こった. The idea ~*d from* 〔*with*〕 him. この考えは彼の着想である.
◇ **-na·tor** [-ər] *n.* 創作者; 創始者, 発起人, 元祖.
〖類〗 → **invent**「発明する」

o·rìg·i·ná·tion [əridʒinéiʃ(ə)n] *n.* **1** 創始; 創作; 発明. **2** 起源; 起因; 起点.

o·ríg·i·na·tive [ərídʒinèitiv] *a.* **1** 独創力ある; 発明の才ある. **2** 奇抜な. ◇ **~·ly** *ad.*

ó·ri·ole [ó:riòul/ɔ́:r-] *n.* 〖鳥〗コウライウグイス (= golden ~); 〖米〗ムクドリの一種(=Baltimore ~).

***O·rí·on** [əráiən] *n.* 〖ギ・ロ神〗**オリオン**《巨大な猟人》; 〖天〗オリオン座. **~'s Belt** オリオン座の三つの星.

ór·i·son [ɔ́:riz(ə)n, ár-/ɔ́r-] *n.* (通例 *pl.*)〖古・雅〗祈り.

Ork·ney [ɔ́:rkni] ~ ***Islands*** オークニー諸島《スコットランド州に属する》.

Or·le·ans [ɔ́:rliənz, ㊇+ɔ:líənz] *n.* **1** オルレアン《フランス中部の都市》. **2** オルレアン織り《綿毛混織の布地》. **3** 〖植〗スモモの一種.

Or·lon [ɔ́:rlɑn/-lɔn] *n.* オーロン《合成繊維の一種. 「商標名」》.

ór·lop [ɔ́:rlɑp/-lɔp] *n.* 最下甲板 (=~ deck).

Or·mazd [ɔ́:rməzd] *n.* 〖ゾロアスター教〗善の神.

ór·mo·lu [ɔ́:rməlù:] *n.* オルモル《銅・亜鉛・スズの合金; 家具装飾用》; 金ぱく; 《集合的》めっきもの.

‡ór·na·ment [ɔ́:rnəmənt] *n.* **1** 飾り, 装飾. **2** 装飾品, 装身具 (=personal ~). **3** 光彩を添える人〔もの〕. **4** (通例 *pl.*) 礼拝式用器具. **5** 〖米俗〗《鉄道の》駅長. —— [-mènt] *vt.* 飾る; の飾りになる.

òr·na·mén·tal [ɔ:rnəméntl] *a.* 飾りの, 装飾的〔用〕の: ~ writing 飾り文字. —— *n.* (*pl.*) 装飾物. ◇ **~·ist** *n.* 装飾家; 装飾主義者. **~·ize** [-t(ə)làiz] *vt.* 装飾する, に意匠を施す. **~·ly** [-t(ə)li] *ad.* 装飾的に, 装飾して.

òr·na·men·tá·tion [ɔ:rnəmentéiʃ(ə)n] *n.* 装飾; 《集合的》装飾品.

or·náte [ɔ:rnéit] *a.* 飾り立てた; 《文体など》華麗な, はなやかな. ◇ **~·ly** *ad.* **~·ness** *n.*

ór·ner·y [ɔ́:rnəri] *a.* 〖米方〗**1** 低劣な; 強情な. **2** 下等な. **3** 平凡な. ◇ **ór·ner·i·ness** *n.*

ornitho-「鳥」の意の語形成要素.

òr·ni·thól·o·gy [ɔ:rniθálədʒi/-θɔ́l-] *n.* 鳥(類)学. ◇ **-gist** *n.* 鳥(類)学者. **òr·ni·tho·lóg·i·cal** [-θəládʒik(ə)l/-lɔ́dʒ-] *a.* 鳥(類)学の.

òr·ni·thóp·ter [ɔ:rniθáptər/-θɔ́p-] *n.* 〖空〗羽ばたき飛行機.

oro-「山」の意の語形成要素.

o·róg·ra·phy [ərágrəfi/ɔrɔ́g-] *n.* 山岳誌〔論〕. ◇ **òr·o·gráph·ic** [ɔ:rəgrǽfik, àr-, ɔ̀:r-/ɔ̀r-], **òr·o·gráph·i·cal** *a.*

ó·ro·ide [ó:roàid/ɔ́:rouid] *n.* オロイド《銅・亜鉛の合金》.

o·ról·o·gy [orálədʒi/ɔrɔ́l-] =orography.

ór·o·tund [ó:rətʌ̀nd/ɔ́r-] *a.* 《声など》朗々とした; 《言い回しなど》もったいぶった.
◇ **òr·o·túnd·i·ty** [ɔ:rətʌ́ndəti/ɔ̀:r-] *n.*

‡ór·phan [ɔ́:rf(ə)n] *n.* 孤児, 両親のない子; 〖稀〗片親のない子. —— *a.* **1** 親のない, 孤児の. **2** 孤児のための: an ~ home 孤児院.
—— *vt.* 孤児にする《通例受動態》: children ~*ed* by the war 戦争孤児.
◇ **~·age** [-idʒ] *n.* 孤児であること; 《集合的》孤児; 孤児院. **~·hood** [-hùd] *n.*

Or·phé·an [ɔ:rfí:ən] *a.* 〖雅〗**1** Orpheus の(ような). **2** 美しい調べの, うっとりさせる.

Or·phe·us [ɔ́:rfiəs/-fju:s] *n.* 〖ギ神〗オルフェウス《たて琴の名手. 鳥・獣・草木をも魅了したという》.

Or·phic [ɔ́:rfik] *a.* **1** =Orphean. **2** Dionysus 〔Bacchus〕崇拝の; 神秘的な.

ór·phrey [ɔ́:rfri] *n.* 装飾へり取り, へり飾り; 装飾帯《僧侶などの「用」》.

ór·pi·ment [ɔ́:rpimənt] *n.* 〖鉱〗雄黄(ゆうおう)《顔料》.

ór·pin(e) [ɔ́:rpin] *n.* 〖植〗紫弁慶草.

Or·ping·ton [ɔ́:rpiŋtən] *n.* 大型鶏の一種《イギリス Kent 州 Orpington 原産》.

ór·ra [árə, ɔ́:rə/ɔ́rə, ɔ́:rə] *a.* 臨時の, 予定されていない; ときどきの; 半ぱの.

ór·rer·y [ɔ́:rəri, ár-/ɔ́r-] *n.* 太陽系儀《惑星の運行「を示す」》.

ór·ris[1], **ór·rice** [ɔ́:ris, ár-/ɔ́r-] *n.* 〖植〗ニオイショウブ; その根 (=~ root).
~ **powder** ニオイショウブの根の粉末《香料・薬用》.

ór·ris[2] *n.* 金〔銀〕のレース〔ししゅう〕.

ort [ɔ:rt] *n.* (通例 *pl.*) 台所のくず; 食べ残し.

O.R.T.F. *Office de Radiodiffusion et Télévision Française* フランス (ラジオ・テレビ) 放送協会.

ór·thi·con [ɔ́:rθikàn/-kɔn] *n.* 〖テレビ〗オルシコン《撮像管の一種で iconoscope の改良型》.

orth(o)-「直, 正」の意の語形成要素.

òr·tho·chro·mát·ic [ɔ:rθokromǽtik/ɔ̀:θo-] *a.* 〖写〗整色性の. → panchromatic.

ór·tho·clase [ɔ́:rθəklèis, ㊇+-kleiz] *n.* 〖鉱〗正長石. ◇ **òr·tho·clás·tic** [⌐–klǽstik] *a.*

òr·tho·dón·ti·a [ɔ:rθədánʃiə, -ʃə/-dɔ́n-], **òr·tho·dón·tics** [-tiks] *n. pl.* 《単数扱い》〖米: 医〗歯列矯正(きょうせい)(術).
◇ **òr·tho·dón·tic** *a.* **òr·tho·dón·tist** *n.*

ór·tho·dox [ɔ́:rθədàks/-dɔks] *a.* **1** 《特に宗教上の》正統(派)の, 正説の. ↔ heterodox. **2** (O~) ギリシア正教会の. **3** 正しいと認められた; 公認〔承認〕された. **4** 伝統的な, ありふれた. **O~ (Eastern) Church, the** ギリシア正教会. ◇ **~·ly** *ad.*

ór·tho·dox·y [ɔ́:rθədàksi/-dɔksi] *n.* **1** 正統, 正統思想〔慣行〕; 通説に従うこと. **2** 〖宗〗正説, 正教(信奉).

or·thó·e·py [ɔ:rθóuipi, ⌐–èpi/ɔ́:θouepi] *n.* 正音楽, 正読法, 正しい発音 (法).
◇ **-pist** *n.* 正音楽者. **òr·tho·ép·ic** [ɔ:rθoépik], **òr·tho·ép·i·cal** [-(ə)l] *a.* 正音法の; 発音の正しい.

òr·tho·gén·e·sis [ɔ:rθədʒénisis] *n.* 〖生〗定向進化; 〖社〗系統発生説.
◇ **òr·tho·ge·nét·ic** [-dʒinétik] *a.*

or·thóg·o·nal [ɔ:rθágən(ə)l/-θɔ́g-] *a.* 直角の, 直交の. ◇ **~·ly** *ad.* **or·thòg·o·nál·i·ty** [–⌐–nǽliti] *n.*

ór·tho·graph [ɔ́:rθəgræ̀f/-grɑ:f] *n.* 正射図.

or·thóg·ra·pher [ɔ:rθágrəfər/-θɔ́g-], **-phist** [-fist] *n.* 正書法学者; 正しくつづる人.

òr·tho·gráph·ic [ɔ:rθəgrǽfik], **-i·cal** [-(ə)l] *a.* **1** 正書法の; つづりの正しい. **2** 〖数〗直角に投射した. ◇ **òr·tho·gráph·i·cal·ly** *ad.*

or·thóg·ra·phy [ɔ:θágrəfi/-θɔ́g-] *n.* **1** 正しいつづり字; 正書法. ↔ cacography. **2** 〖文〗文字論. **3** 〖数〗正射影(法).

òr·tho·páe·dic, -péd·ic [ɔ:rθəpí:dik] *a.* 〖医〗整形外科(術)の: ~ treatment 整形手術.

òr·tho·páe·dics, -péd·ics [ɔ:rθəpí:diks] *n. pl.* 《単数扱い》〖医〗《特に小児の》整形外科(手術).
◇ **-dist** *n.* 〖医〗《特に小児》整形外科医.

ór·tho·p(a)e·dy [ɔ́:rθəpi:di:] =orthop(a)edics.

òr·tho·psy·chí·a·try [ɔ:rθosaikáiətri] *n.* 《特に青年の》矯正(きょうせい)精神医学.
◇ **-trist** *n.* **òr·tho·psỳ·chi·át·ric** [-sàikiǽtrik], **òr·tho·psỳ·chi·át·ri·cal** *a.*

or·thóp·ter [ɔ:rθáptər/-θɔ́p-] =ornithopter.

or·thóp·ter·a [ɔ:rθáptərə/-θɔ́p-] *n.* (または O~) orthopteron の複数形.

or·thóp·ter·on [ɔ:rθáptərən/-θɔ́p-] *n.* (*pl.* **-a** [-tərə])〖虫〗直翅(ちょくし)類《バッタ・コオロギなど》.
◇ **-an** [-tərən] *a.*, *n.* **-ous** [-tərəs] *a.*

or·thóp·tic [ɔ:rθáptik/-θɔ́p-] *a.* 〖医〗直視〔正視〕の; 視覚矯正(きょうせい)の.

or·thóp·tics [-s] *n. pl.* 《単数扱い》視覚矯正学.

ór·to·lan [ɔ́:rtələn] *n.* 〖鳥〗アオジ・ホオジロの類 (bunting[1]); 《北アメリカ産》コメクイドリ (bobolink); 〖米〗クイナの類 (sora).

-o·ry [-ɔ̀:ri/-(ə)ri] *suf.* **1**「…のような」「…の性質のある」の意の形容詞をつくる: exclamat*ory* 感嘆の. promiss*ory* 約束の. **2**「…の所」の意の名詞をつくる: dormit*ory* 眠る+所 → 寄宿舎. laborat*ory* 働く所 → 実験所. 〈注〉強音節の直後では米英とも [-(ə)ri] と発音される: advis*ory* [ədváiz(ə)ri].

ór·yx [ɔ́:riks/ɔ́r-] *n.* 〖動〗大カモシカ《アフリカ産》.

os[1] [ɑs/ɔs] *n.* (*pl.* **ós·sa** [ásə/ɔ́sə]) 〖医・動〗骨.

os[2] *n.* (*pl.* **ó·ra** [ó:rə/ɔ́:rə]) 口, 穴: per ~ 口から, 口径の.

Os 〖化〗osmium. **O.S.** Old Saxon; Old Series; Old Style; ordinary seaman. **o.s.** 〖商〗on sample; out of stock.

O·ságe [ouséidʒ, ⁻ ⁻] *n., a.* オーセージ人 (の) 《Arkansas 川岸のアメリカの原住民》.
~ orange 〖植〗オーセージオレンジ (の実) 《アメリカ南部産のクワ科植物》.

Os·car [ɔ́:skər, ás-/ɔ́s-] *n.* 〖米:映〗オスカー《アカデミー賞の受賞者に与えられる小像》.
~ actor [**actress**] アカデミー賞受賞の俳優〔女優〕. **~ film** アカデミー賞受賞映画.

ós·cil·late [ásilèit/ɔ́s-] *vi.* **1** (振り子のように) 振動する. **2** (2 点を) 行き来する: ~ *between* one's home and office 自宅と事務所を往復する. **3** 変化する: The snow line ~*s with* the seasons. 雪線は季節ごとに変化する. **4** 動揺する《心・見解について》: He ~*d in* his opinion [*between two* opinions]. 彼は考えがぐらついた. **5**〖放送〗雑音を出す. —— *vt.* 振動〔動揺〕させる. [√os-]
◇ **-la·tor** [-ər] *n.* 振動〔動揺〕する人〔もの〕; 〖電〗発振器; 〖物〗振動子. **-la·to·ry** [-lətɔ̀:ri/-lət(ə)ri] *a.* 振動性の (ある). **òs·cil·lá·tion** [⁻ ⁻léiʃ(ə)n] *n.* **1** 振動. **2** 《心の》動揺, ぐらつき. **3** 〖物〗発振, 振動; 振幅.

os·cíl·lo·gram [əsíləgræ̀m/ɔs-] *n.* 〖電〗オシログラム《oscillograph で記した図形》.

os·cíl·lo·graph [-græ̀f/-grɑ:f] *n.* 〖電〗オシログラフ, 振動記録器.
◇ **os·cìl·lo·gráph·ic** [⁻ ⁻ ⁻grǽfik] *a.*

os·cíl·lo·scope [əsíləskòup/ɔs-] *n.* 〖電〗オシロスコープ《電流などの変化曲線を写して見せる装置》.

ós·cine [ásin, ásain/ɔ́sin] *n., a.* 〖鳥〗鳴禽(めいきん)類(の).

ós·ci·tant [ásitənt/ɔ́s-] *a.* 眠い, うとうとする; 活気のない; あくびする. ◇ **-tance, -tan·cy** *n.*

ós·cu·lant [áskjulənt/ɔ́s-] *a.* **1**〖生〗《両種に》共通性のある; 中間性の. **2** 密着する. **3**〖稀〗接吻(せっぷん)する; 抱擁する.

ós·cu·lar [áskjulər/ɔ́s-] *a.* **1**〖笑〗口の; 接吻の. **2**〖動〗吸着器官の. ◇ **òs·cu·lár·i·ty** [⁻ ⁻lǽriti] *n.*

ós·cu·late [áskjulèit/ɔ́s-] *vt., vi.* **1** (に)接吻する. **2** 接触させる〔する〕. **3**〖数〗<面・曲線など> 最大接触させる〔する〕. **4**〖生〗共通性を有する《と *with*》.
~*ting circle* 〖数〗接触円. [√os-]
◇ **òs·cu·lá·tion** [⁻ ⁻léiʃ(ə)n] *n.* 接吻; 密着; 〖数〗最大接触. **ós·cu·la·to·ry** [áskjulətɔ̀:ri/ɔ́skjulət(ə)ri] *a.* 接吻の; 〖数〗最大接触する.

ós·cu·lum [áskjuləm/ɔ́s-] *n.* (*pl.* **-la** [-lə]) 〖動〗排水孔《海綿などの》; 《条虫などの》吸盤, 吸着器官.

-ose [-òus] *suf.* **1**「…性〔状〕の」「…の多い」「…を有する」の意の形容詞をつくる: bellic*ose* 戦争好きの. verb*ose* 多弁の. **2**〖化〗「炭水化物」の意の名詞をつくる: cellul*ose* セルロース. visc*ose* ビスコース.

ó·sier [óuzər] *n.* 〖植〗柳の一種; その枝《かごなどの材料》. —— *a.* 柳細工の.

ós·i·ty [-ásiti/-ɔ́s-] *suf.* -ose, -ous の語尾をもつ形容詞から名詞をつくる: verb*osity* <verb*ose*. curi*osity* <curi*ous*.

Os·lo [ázlou, ás-/ɔ́z-, ɔ́s-] *n.* オスロ《ノルウェーの首都》.

Os·mán·li [ɑzmǽnli, ɑs-/ɔz-, ɔs-] *n.* トルコ人〔語〕. —— *a.* トルコの. → Ottoman.

ós·mic [ázmik/ɔ́z-] *a.* 〖化〗オスミウムの.

ós·mi·um [ázmiəm/ɔ́z-] *n.* 〖化〗オスミウム《金属元素. 記号 Os》.

ós·mose [ázmous, ás-/ɔ́z-] *vi., vt.* (に)浸透する. —— *n.* =osmosis.

os·mó·sis [ɑzmóusis, ɑs-/ɔz-] *n.* 〖生〗浸透(性).
◇ **os·mót·ic** [ɑzmátik, ɑs-/ɔzmɔ́t-] *a.*

ós·mund [ázmənd/ɔ́z-] *n.* 〖植〗ゼンマイ.

ós·prey, -pray [áspri, ɔ́:s-/ɔ́s-] *n.* (*pl.* **~s**) **1**〖鳥〗ミサゴ. **2** シラサギの羽毛《婦人帽用》.

OSRD Office of Scientific Research and Development 科学研究振興局. **O.S.S., OSS** Office of Strategic Service 《第 2 次大戦中の》アメリカ戦略事務局; Overseas Supply Store.

ós·se·ous [ásiəs/ɔ́s-] *a.* 骨〔骨質〕の.

Os·sian [áʃən, ásiən/ɔ́siən] *n.* オシアン《3 世紀にいたといわれるスコットランドの伝説的英雄・詩人》.

ós·si·cle [ásikl/ɔ́s-] *n.* 〖医・動〗小骨. ◇ **os·síc·u·lar** [ɑsíkjulər/ɔs-], **os·síc·u·late** [-lit] *a.*

ós·si·frage [ásifridʒ/ɔ́s-] *n.* **1** =osprey. **2**〖鳥〗ハゲワシ《南アメリカ・ヨーロッパ産》.

ós·si·fy [ásifài/ɔ́s-] *vt., vi.* **1** 骨化する; 硬化させる〔する〕. **2** 冷淡にする〔なる〕. **3** 保守化させる〔する〕.
◇ **òs·si·fi·cá·tion** [⁻ ⁻fikéiʃ(ə)n] *n.* 〖生〗骨化; 硬化; 骨化部分.

ós·su·ar·y [áʃuèri, ásju-/ɔ́sjuəri] *n.* 納骨堂; 骨つぼ; 古代遺骨の発見されるほら穴.

os·tén·si·ble [ɑsténsəbl/ɔs-] *a.* **1** 外見だけの, 見せかけの, 表面上の, うわべだけの: ~ heartiness 偽りの(真)心. → actual, real. **2** 明白な; 目だつ. [√os-]
◇ **-bly** [-i] *ad.* 見たところ, 一見.

os·tén·sive [ɑsténsiv/ɔs-] *a.* **1** はっきり示す, 実物による. **2** =ostensible. ◇ **~·ly** *ad.*

os·tén·so·ry [ɑsténs(ə)ri/ɔs-] *n.* 〖カトリック〗聖体顕示台 (monstrance).

òs·ten·tá·tion [ɑ̀stəntéiʃ(ə)n, -ten-/ɔ̀s-] *n.* 誇示; 虚飾, 見せかけ; 見え. [√os-]

òs·ten·tá·tious [ɑ̀stəntéiʃəs, -ten-/ɔ̀s-] *a.* 誇示する, 見せつけるような; 見えを張った; はでな: ~ public charities これ見よがしの慈善(運動). an ~ skyscraper はでな摩天楼. ◇ **~·ly** *ad.* **~·ness** *n.*

osteo-「骨」の意の語形成要素.

òs·te·ól·o·gy [ɑ̀stiálədʒi/ɔ̀stiɔ́l-] *n.* 骨学.
◇ **-gist** *n.* 骨学者. **òs·te·o·lóg·i·cal** [ɑ̀stiəládʒik(ə)l/ɔ̀stiəlɔ́dʒ-] *a.* 骨学(上)の.

ós·te·o·path [ástiəpæ̀θ/ɔ́s-] *n.* 〖米〗整骨療法家, 整骨医.

òs·te·o·páth·ic [ɑ̀stiəpǽθik/ɔ̀s-] *a.* 整骨療法(家)の. ◇ **-i·cal·ly** *ad.*

òs·te·óp·a·thist [ɑ̀stiápəθist/ɔ̀stiɔ́p-] = osteopath.

òs·te·óp·a·thy [-θi] *n.* 整骨療法, もみ療治.

ós·te·o·plas·ty [ástiəplæ̀sti/ɔ́s-] *n.* 骨の移植法.

óst·ler [áslər/ɔ́s-] *n.* 《旅館の》馬丁 (hostler).

Ost·mark [óustmɑ̀:rk, ɔ́:st-] *n.* オストマルク《東ドイツの貨幣単位. 略 Om.》.

ós·tra·cism [ástrəsìzəm/ɔ́s-] *n.* **1**〖古ギリシア〗貝がら追放《危険人物の名を貝がら・陶片などに記して投票し国外に追放した》. **2** 《村・町・国・社会からの》追放: social ~ 村八分.

ós·tra·cize [ástrəsàiz/ɔ́s-] *vt.* **1** 《古代ギリシアで》貝がら追放にする. **2** 追放する, 排斥する.
◇ **-ciz·a·ble** *a.* **òs·tra·ci·zá·tion** *n.*

ós·trich [ɔ́:stritʃ, ás-/ɔ́s-, -tridʒ] *n.* 〖鳥〗ダチョウ. ***bury** one's **head in the sand like an** ~* 頭隠してしり隠さず; 自己欺瞞(ぎまん)に陥る. ***have the digestion of an** ~* なんでも食べてしまう. **~ belief** [**policy**] 自己欺瞞. **~ farm** ダチョウ飼育場.

O.T., OT Old Testament. **O.T.C.** Officers' Training Corps [Camp].

O·thél·lo [oθélou] *n.* オセロ《Shakespeare 作の悲劇; 同名の主人公》.

⁺óth·er → 枠付 other.

óth·er-di·réct·ed [ʌ́ðərdiréktid, -dair-] *a.* 他

other

おもに形容詞「他の, 別の」と代名詞「他の人, 他のもの」として用いられ, 次の特徴がある: (1) 本来比較級なので, than を従えうる. (2) 日本語の訳では次の区別が不明瞭(ふめいりょう)になりやすい: (a)「the other＋複数名詞」対「other＋複数名詞」(→ *a.*〈付記₂〉). (b)「the other＋単数名詞」対「another＋単数名詞」(→ *a.*〈付記₃〉). (c) the others《*pron.*》対 others《*pron.*》. (d) each other 対 one another. 総じて「the other＋単数・複数名詞」および the others は特定の群中の「残り全体」と考え, the のない形は不定の「他のもの」と考えればよい. ただし the other day [night]「先日[先日の晩]」のような成句は別であるが.

óth·er [ʌ́ðər] *a.* **1** 他の, (それ) 以外の: *O*～ people would think it possible. 他の人々ならそれを可能と考えるだろう. Do you have [Have you] any ～ questions? ほかになにか質問はありませんか. There is no ～ use for it. それは, ほかには用途がない. There was no ～ way than to surrender. 降伏する以外に道はなかった.

2 別の, 異なった《とは *than*》: This is quite ～ *than* what I think. これは私の考えていることとは全然違う. I do not wish her ～ *than* she is. いまのままの彼女であってもらいたい.

3《the, 所有形容詞などを伴って》もう一つの; 残りの: a fire on *the* ～ side of the river 川の向こう側の火事. Where is *my* ～ watch? 私のもう一つのとけいはどこか. Where are *the* ～ boys? ほかの子どもたちはどこにいるか.「の人々.

4 この前の, 以前の: men of ～ days 前の時代

〈付記₁〉形容詞 other の前には any, no, one, some などの形容詞がつくが, 不定冠詞 an がつくと another と 1 語につづられる. → another.

〈付記₂〉***the other* books** と ***other* books** 定まった群の中から, 問題になっているものを除いた「残り(全部)の…」が *the other*… で, 任意の「ほかの…」が *other*…: *the other* people 残りの人たち《限定》≠ *other* people ほかの人たち, 他人《不定》.

〈付記₃〉***the other* book** と ***another* book** 前記の特殊のばあいで, 群中の残りが 1 個だけだとわかっているとき, その残りの一つをさすのが *the other*…, 任意の他の一つをさすのが *another*… となる. *the other* side of the street「通りの向こう側」は *another*… とはならない. 通りには両側しかないから. *another* aspect of the problem「問題の他の一面」は可能. 幾つも残りの面がありうるから.

at* ～ *times 平生は. ***every* ～** 一つおきの: *every* ～ day [year, door, line] 1 日[1 年, 1 軒, 1 行]おきに. ***in* ～ *words*** 言い替えれば. ***none* ～ *than*** にほかならない: It was *none* ～ *than* Mr. Brown. その人はだれあろうブラウンさんだった. ***on the* ～ *hand*** (また) 一方では, これに引き替えて. **～ *things being equal*** 他の点がおなじならば: *O*～ *things being equal*, I would choose him. 他の点がおなじなら彼を選ぶところだ. ***the* ～ *day*** この間, 先日. ***the* ～ *way*** あべこべに. ***the* ～ *world*** あの世, 来世.

—— *pron.* (*pl.* **～s**) **1**《既出の名詞, some などと関連して》《同類の》別のもの, ほかのもの, ほかの人: These pencils are not very good. Give me some ～*s* (＝other pencils). この鉛筆はあまりよくない. 別のをください. This hat doesn't suit me. Do you have [Have you] any ～(*s*)? この帽子は私には似合わない. なにかほかのはありませんか. Some of the papers [students] were good, ～*s* weren't. (論文[学生]の一部はよく, 他はよくなかった →) 論文[学生]には優秀なものもあったし, そうでないものもあった. Some (people) like summer, ～*s* like winter. 夏の好きな人もあるし, 冬の好きな人もある. There are various flowers in my garden: tulips, roses, irises and ～*s*. うちの庭にはいろいろな花がある, チューリップだの, バラだの, ショウブだの. 〈注〉前に類を示す名詞がないときは, others でなく「other＋複数名詞」を用いて意味を明瞭にすることが多い: In my garden there are tulips, roses, and many *other flowers*. うちの庭にはチューリップだの, バラだの, そのほかいろいろの花がある.

2《独立に用いられて》《自分以外の》ほかの人, 他人: Whatever ～*s* may say, I'll have my will. ほかの人[他人]がなんと言おうと, 私は自分の意志を貫く. Do good to ～*s*. 他人に善をほどこせ.

3《the を伴って》残りのもの[人]《単数・複数》; 他の一つ[ひとり]《(the) one, some などと対比されることもある》: Each praises *the* ～. 互いにほめ合う. Six of them are mine; *the* ～*s* are John's. そのうち六つがぼくので, 残りがジョンのだ. The twins are so much alike that people find it difficult to tell (the) one from *the* ～. そのふたごは (ひとりを他のひとりから区別できない →) 見分けがつかないほどよく似ている. We have two dogs; one is white, and *the* ～ black. ぼくの家に犬が 2 匹いる. 一つは白で一つは黒い. Virtue and vice are before you; the one leads to misery, *the* ～ to happiness. 諸君の前には善と悪がある. 一つは[後者は]悲惨へ, 他は[前者は]幸福へ諸君を導く《the one が「前者」, the other が「後者」をさすこともある》. Some of the students are diligent; *the* ～*s* idle. 学生の幾人かは勤勉で他はなまけ者だ. One should rejoice at *the* ～*s'* happiness. 人は他人《複数》の幸福を喜ぶべきだ.

each* ～** お互いに: The brothers [The boy and the girl] helped *each* ～. 兄弟は[少年と少女とは]お互いに助け合った. ***each* ～*'s お互いの: The nations respect *each* ～*'s* independence. 国どうし互いに相手の独立を尊重する. 〈注〉each other と one another: 前者は二つのものに, 後者は三つ以上のものについて用いるのが原則であるけれども, この区別は決定的なものではない: They looked at *one another* soberly, like two children or two dogs. ふたりは子どもや犬のようににこりともせず見合っていた. ***of all* ～*s*** 皆の中で特に, なかんずく; 人[物]もあろうに: on that day *of all* ～*s* 日もあろうにその日に, よりによってその日に. ***one after the* ～** 次々に, 交互に《二つのものについていう》: He raised up and set down *one* of his feet *after the* ～. 彼は足を交互に上げたりおろしたりした. ***some*…*or* ～(*s*)** → 枠付 some. ***some day or* ～** いつか, 他日: *Some day or* ～ you will have to repent of it. いつか後悔しなければならぬぞ. ***some one or* ～** だれかしら: *Some one or* ～ must have done it. だれかしらがそれをしたに違いない. ***some time or* ～** いつか, 他日: If you do not learn it now, you will have to learn it *some time or* ～. いま習わなければ, いつかしら習わなくちゃならぬ.

—— *ad.* そうでなく, 別のように: I could not do ～ than help him. 彼を助けるよりほかに仕方がなかった.

人の基準に従う, 他人指向の. ↔ inner-directed.

óth·er·guess [ʌ́ðərgès] *a.* 〘古·話〙 全く異なった; 別種の. **——** *ad.* ＝otherwise.

óth·er·ness [ʌ́ðərnis] *n.* 異なっていること, 不同; 別のもの, 他者(性).

óth·er·whence [-(h)wèns] *ad.* よそから.

óth·er·where(s) [-(h)wὲər(z)] *ad.* 〘古·方〙《どこか》別の所に (elsewhere).

óth·er·while(s) [-(h)wàil(z)] *ad.* 〘古·方〙ほかのときに.

‡**óth·er·wìse** [ʌ́ðərwàiz] *ad.* **1** 別な方法で, そうではなく: I cannot do ～. ほかにしようがない. He thinks ～. 彼の考え方は違う. Judas, ～ called Iscariot またの名をイスカリオテというユダ. **2**《しばしば命令法·仮定法過去などを伴って》もしそうでなければ: Do what you are told, ～ you will be punished. 命じられたとおりにしなさい, さもないと罰を受けますよ. *O*～ he might have won. 条件が違っていたら勝っていたかもしれない. The change made them accept the ～ unpopular proposal. 変化が生じたため普通なら不人気な提案が受け入れられた. **——** *a.* **1** 他の, 違って: How can it be ～ than fatal? 致命的でなくしてなんであろう. Some are wise, some are ～. 賢い人もあるがそうでない人もある. **2** もしそうでなかったら…の: my ～ friends 事情が違えば友だちだったかもしれない人々. **3** その他の点で(は).

and **～** その他: books political *and* ～ 政治その他の本. ***or*** **～** …か否か, またはその反対.

óth·er·wórld·ly [ʌ́ðərwə́ːrldli] *a.* **1** 空想的な, 脱俗的な. **2** あの世の; 来世の. ◇ **-li·ness** *n.*

ó·tic [óutik] *a.* 〘医〙 耳の.

-ót·ic [-ɑ́tik/-ɔ́t-] *suf.* **1**「…を生じる」「…にかかる」の意で, -osis で終わる名詞に対応して形容詞をつくる: neur*otic* 神経(症)の. hypn*otic* 催眠術にかかった, 催眠状態の. **2**「…風の, …に似た」の意の形容詞: ex*otic* 異国風の. 〈注〉元来は -tic だけが形容詞語尾で, 先行の o は語幹に属する.

ó·ti·ose [óuʃiòus, óuti-] *a.* **1** ひまな; 怠惰な. **2** 不必要な; 無益な. [√oti-] ◇**～·ly** *ad.* **～·ness** *n.*

o·tí·tis [otáitis] *n.* 〘医〙 耳炎: ～ externa 〔media〕 外耳〔中耳〕炎.

o·ti·um cum dig·ni·ta·te [óuʃiəm-kʌm-dìgnitéiti/-dig-] L. (＝leisure with dignity) ゆうゆう自適.

oto-「耳」の意の語形成要素.

ò·to·làr·yn·gól·o·gy [òutolæriŋgɑ́lədʒi/-gɔ́l-] *n.* 耳鼻咽喉(いんこう)科(学).

o·tól·o·gy [otɑ́lədʒi/-tɔ́l-] *n.* 〘医〙 耳科学.

ó·to·scope [óutəskòup] *n.* 〘医〙 オトスコープ, 耳鏡.

ot·ta·va ri·ma [ətɑ́ːvə-ríːmə] It. 〘韻〙 八行詩体《英詩では各行 10 ないし11 音節; ab ab ab cc と交互韻と対韻からなる》.

Ot·ta·wa [ɑ́təwə, -wɑ̀ː/ɔ́təwə] *n.* オタワ《Canada の首都》.

ót·ter [ɑ́tər/ɔ́tə] *n.* (*pl.* **～s**, 《集合的》 **～**) **1** 〘動〙 カワウソ; カワウソの毛皮. **2** 釣(つ)り道具の一種.

Ot·to·man [ɑ́təmən/ɔ́t-] *a.* トルコの; トルコ人〔民族, 帝国〕の. **——** *n.* (*pl.* **～s**) **1** トルコ人. **2** (o～)《背·ひじかけのない》長いす; 《いすの前に置く詰め物をした》足のせ台. **3** 一種の絹織物.

～ Empire, the オットマン帝国.

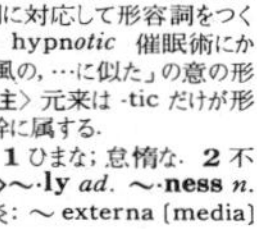

ottoman ②

Ouà·ga·dóu·gou [wɑ̀ːgədúːguː] *n.* ワガドーグ《Upper Volta の首都》.

òu·bli·étte [ùːbliét] *n.* 〘史〙《昔の城などの》秘密牢(ろう), 土牢.

ouch[1] [autʃ] *n.* 〘古〙 飾りブローチ. **——** *vt.* ブローチで飾る.

***ouch**[2] *int.* あっ痛い!

‡**ought**[1] [ɔːt] *aux. v.* 《常に to のついた不定詞を伴い, 過去をあらわすには通例完了形不定詞による》 **1** …すべきである, …するのが当然である: You ～ *to* start at once. すぐ出発すべきだ. Such things ～ not *to* be allowed. そんなことは許されるべきでない. You ～ *to* have told me that yesterday. きのう私に言うべきだったのに《言わなかったのが悪い》. **2** …するはずである, …するに違いない: It ～ *to* be rainy tomorrow. あしたは雨天にきまっている. She ～ *to* be there by now. 彼女はいまごろまでに到着しているはずだ. 〈注〉俗語的な用法に had *ought* to, hadn't *ought* to がある. **——** *n.* すべきこと, 義務.

ought[2] *n.* 〘話〙 零 《a nought を an ought に誤用》.

ought[3] ＝aught[1].

óught·lins [ɔ́ːxtlinz] *ad.* 〘スコットランド〙《疑問文·否定文で》少しも, とうてい.

óught·n't [ɔ́ːtnt] ought not の短縮形: *Oughtn't* you to attend the lecture? 講義に出席しなくてよいのですか.

óught-ta [ɔ́ːtə] 〘米俗〙 ＝ought to.

ouí·ja [wíːdʒə/-dʒɑː, -dʒə] *n.* 《交霊術の》占い板.

‡**ounce**[1] [auns] *n.* **1** 《重量単位》オンス《略 oz. 常衡では16分の1ポンド, 28.3495 g. ただし金衡·薬局衡では12分の1ポンド, 31.1035 g》. **2** 《液量単位》オンス (＝ fluid ～) (〘米〙16分の1パイント, 29.6 cc; 〘英〙20分の1パイント, 28.4 cc). **3** ごく少量: He hasn't got an ～ of humanity. 人情のかけらもない.

ounce[2] *n.* 〘動〙 ユキヒョウ《中央アジア山地産》; 〘雅〙ヤマネコ.

†**our** [auər, ɑːr/áuə, ɑː] *pron.* 《we の所有格》 **1** われわれの, 私たちの: ～ country わが国. in ～ time 現代において. **2** 《君主などが my の代わりに用いて》朕の, わが. **3** 《新聞の論説などで》われわれの, わが社の; 《著者が用いて》筆者の. **4** 例の.

Our Father 〘聖〙 われらが父, 神《マタイ伝》; 主の祈り. ***Our Lady*** 聖母マリア.

-our [-ər] *suf.* ＝-or[2]. 〈注〉[米] col*or*, harb*or* など [英] では通例 col*our*, harb*our*.

†**ours** [auərz, ɑːrz/áuəz] *pron.* 《we の所有代名詞; 名詞を伴わない》 われわれのもの: **a)** 《独立的》: This is ～. **b)** 《前出または後出の名詞と関連》: Their *class* is larger than ～. 彼らの組はわれわれの(組)より人数が多い. *O*～ is an important *task*. 私たちの(任務)は重要な任務だ. → mine, yours, etc.

of **～** われわれの: this country *of* ～ このわれわれの国.

our·sélf [auərsélf, ɑːr-/àuə-] *pron.* 余自ら, 余自身《君主·著作者などが単数の we とともに用いる》.

†**our·sélves** [auərsélvz, ɑːr-/àuəsélvz] *pron.* **1** 《強意用法》われわれ自ら: We have done it ～. ＝ We ～ have done it. われわれ自身でやった. **2** 《再帰用法》われわれ自身を〔に〕: We hurt ～. 自分らの手で傷つけた. We must not spoil ～. 自分を甘やかしてはならない. **3** いつもの(正常な)われわれ: We were not ～ for some time. しばらく茫然(ぼうぜん)自失していた〔調子が悪かった〕. ***by*** **～** 自分たちで, 独立で; われわれだけで《他に人をまじえず》. ***for*** **～** 独力で; 自分たちのために.

-ous [-əs] *suf.* **1**「…の多い」「…性の」「…の特徴をもつ」「…に似た」「しきりに…する」の意の形容詞をつくる: danger*ous* 危険な. glori*ous* 栄光に満ちた. wonder*ous* 不思議な. **2** 〘化〙《-ic の語尾をもつ酸に対し》「亜…」: sulfur*ous* acid 亜硫酸. 〈注〉 sulfur*ic* acid 硫酸.

óu·sel [úːzl] ＝ouzel.

oust [aust] *vt.* **1** 追い出す《から *from*》. **2** 〈世襲財産などを〉不法に奪取〔侵害〕する.

◇ **～·er** *n.* 放逐; 〘法〙 不法奪取〔侵害〕.

†**out** → 枠付 out. (pp. 906–907)

out- *pref.* **1** 《動詞の分詞·普通の名詞の前について》「外」の意: *out*going 出て行く. *out*side 外側. **2** 《動詞について》「…以上に」「…よりすぐれて」の意: *out*live …より長生きする.

out

反意語 in「中に〔で, へ〕; の中に〔で, へ〕」が副詞と前置詞を兼ね, また特に方向を明示する前置詞 into「の中へ」が別の1語をなしているのに対し, out「外に〔で, へ〕」は(アメリカ用法の一部を除いては)副詞に専用され, 前置詞の役割は out of「の外に〔へ〕; の中から」という複合前置詞〔前置詞相当句〕によって果たされる. この out と out of が一組みになって in および into と対をなす句をつくることが多い: look *out* [look *out of* the window] 外をながめる〔窓の外をながめる〕——look *in* [look *into* the house] のぞきこむ〔家の中をのぞきこむ〕.

この意味で; 本項では **out** と **out of** を分けて記述した.

out [aut] *ad.* 《out of は →下記別項》 **1** 外へ, 外部へ; 戸外へ: bring *out* 持ち出す. come *out* 出て来る, あらわれる. drive *out* 追い出す; 自動車で出かける. go *out* 外へ出る, 外出する. go *out* for a walk 散歩に出かける. go *out* into the garden [the corridor] 庭〔廊下〕へ出る. let *out* 〈空気などを〉流出させる; 〈秘密などを〉もらす. pull *out* 引き出す. push *out* 押し出す. send *out* 〈煙などを〉出す, 発する. take *out* 取り出す. venture *out* 思い切って外へ出る. whistle the dog *out* 口笛を吹いて犬を外へ呼び出す. be asked *out* 外の食事に招かれる. 〈注〉すべて動作の結果をあらわす. たとえば drove him *out* は彼を drive (追った)結果, 彼は外にいた (he was out) ということである.

2 外に〔で〕; 外出中で, 不在で; 去って, 離れて; 沖に: sleep *out* 外泊する. dine *out* 外食する. The children are playing *out* in the garden. 子どもたちは庭で〔庭に出て〕遊んでいる《「外で, すなわち庭で」の意》. Father is *out* on business. 父は商用で外出中です. be *out* at sea 航海中である. He is *out* fishing. 彼はつりに出ている. His father is *out* in New York. 彼の父はニューヨークへ行っている. She has her Sundays *out*. 彼女は日曜日には外出する〔外出を許される〕. *out* there 外のそこに; 向こうに.

3 外にあらわれて, 出現して; 世に出て; 生じて; 《花が》開いて; 《ひなが》かえって; 《秘密が》ばれて; 社交界に出て; 出版されて: The stars are *out*. 星が出ている. The tulips are *out*. チューリップが咲いた. The floods are *out*. 川が氾濫(はんらん)した. His new book will be *out*. 彼の新しい著書が出版されるだろう. The secret [The murder] is *out*. 秘密〔殺人〕が露見した. She has come *out* lately. 彼女は最近社交界に出た. be *out* at elbows 《そでの》ひじが抜けている.

4 最後まで, 徹底的に; …し尽くす: He is tired *out*. 彼は疲れきっている. Please hear me *out*. どうか最後まで私の言うことを聞いてください. try *out* 徹底的にやってみる. work *out* the problem 問題を解く. write *out* 書き尽くす; 清書する. fight it *out* 戦いぬく. She had her cry *out*. 彼女は泣きたいだけ泣いた. fill *out* a form [a slip] 書式にすっかり記入する《このばあい fill in「に記入する」と意味があまり変わらない》.

5 無くなって; 消えて; 品切れで; 満期になって: The fire is *out*. 火は消えた. before the week is *out* 今週中に. put *out* the light 明かりを吹き消す. The wine is *out*. ブドウ酒はもう切れている.

6 本来の状態からそれて; 調和が狂って; まちがって; 不和で: His right arm is *out*. 彼の右腕が脱臼(だっきゅう)した. My hand is *out*. 手がきかない〔へたになった〕. I was *out* in my calculations. 私は計算が違っていた. He is *out* with Jack. 彼はジャックと仲たがいしている.

7 流行遅れの, すたれた: This style is *out*. この型はすたれている. Fashions go *out*. 流行はすたってゆくものだ.

8 大声で, きっぱりと: call *out* 大声で叫ぶ. speak *out* 思い切って言う.

9 公職についていない, 現職から離れて (not in office): The Socialists are *out* now. 社会党は現在野党である.

10 仕事を休んで; ストライキ中で: The miners are *out*. 坑夫たちはストライキ中です.

11 金(かね)を損失して: I am *out* ten dollars [ten dollars *out*]. 私は10ドル損をした.

12 《数個のうちから》 選んで: pick *out* a new coat 新しい上着を選ぶ.

13 《野球・クリケットなどで》 アウトで; 殺されて: You are *out*. きみはアウトだ.

14 〔米〕《強意; ④に由来するが特に明瞭(めいりょう)な意味はない》: help *out* (≒help). lose *out* (≒lose).

〈付記〉動詞との結合形については, 該当動詞を参照のこと.

be ~ for [*~ to* (do)] …をしきりに求めている〔…しようとしている〕. ***down and ~*** 落ちぶれて. ***~ and about*** 元気に働いて. ***~ and away*** 抜きんでて. ***~ and home*** 往復とも. ***~ and ~*** 徹底的に: He is a scoundrel *out and out*. 彼は徹底した悪党だ. ***~ of*** → 下記別項.

—— *prep.* …を通って外へ; …から: come *out* the door [window] 戸口〔窓〕から出て来る. 〈注〉前置詞の機能は一般に米英を通じて out of で果たされ, ここのような前置詞としての out はおもにアメリカの用法で, しかも *out*… が「…を通って」という関係にあるばあい, 言い替えれば目的語が「出口」の役をするばあいが多い. その他のばあい (たとえば次例)には, out もないではないが, アメリカでも out of の方が優勢である: He came *out of* the house. 彼は家から出て来た. ***from ~*** 〔雅〕…から: *from out* the castle 城の中から.

—— *a.* **1** 外の: the *out* side 《球技の》外側; 守備側. an *out* match 遠征試合. **2** 並みはずれた: the *out* size 特大.

—— *n.* **1** 外側. **2** (*pl.*) 公職〔現職〕についていない人; 失職した人: the ins and *outs* 与・野党. **3** (*pl.*) 《競技の》守備側. **4** 《野球の》アウト; 死; アウトカーブ; 《テニスの》アウトのボール. **5** 出ること; 出現. **6** 欠点; 落ち度. **7** 〔米俗〕口実. **8** 〔印〕植字の落ち. **9** 〔方・話〕遠出.

be at [***on the***] ***~s*** (***with***) (…と) 仲たがいしている. ***from ~ to ~*** 端から端まで. ***make a poor ~*** あまりぱっとしない.

—— *vi.* 出る; あらわれる; 出かける; 〈悪事などが〉露見する: Murder will *out*. 悪事は露見する.

—— *vt.* **1** 出す; 〔話〕追い出す: *Out* that man! あの男をつまみ出せ. **2** 〔ボクシング〕ノックアウトにする; 〔競技〕アウトにする; 《テニスで》〈ボールを〉線の外にそらす. **3** 〈火などを〉消す.

—— *int.* 出て行け; 畜生《怒り・悲しみ・恐怖などをあらわす》: *Out* upon you! この野郎! *Out* with him! あいつを追い出せ.

out of [áut-əv] *prep. equiv.* **1** 〈場所〉の中から; の外に〔で〕: He went *out of* the room. 彼はへやから出て行った. He took a wallet *out of* his pocket. 彼は隠しから紙入れを取り出した. The dog and the cat eat *out of* the same dish. この犬とネコはおなじさらで食事をする. Fish cannot live *out of* water. 魚は水の外で生きられない. The ship wrecked ten miles *out of* the port. 船は港外10マイルのところで難破した.

2《選択》…から, …のうち(で): Choose one *out of* these. これらの中から一つを選べ. nine cases *out of* ten 十中八九. This is only one instance *out of* several. これは数例中の一例にすぎない.

3《到達不能》の届かぬところに: They kept me *out of* hearing. 彼らは聞こえぬところに私を置いた. Never let these children *out of* your sight. この子どもたちから目を離してはいけない. Put the bottle of insecticide *out of* the children's reach. 殺虫剤のびんを子どもたちの手の届かぬところに置きなさい. ↔ within.

4《欠如》…がない(≒without): We're *out of* tea. 茶を切らしている. I'm *out of* work. 私は失職している. *out of* doubt 疑いのない. *out of* heart 意気消沈して. *out of* humor 気分〔きげん〕が悪く. *out of breath* 息が切れて. born *out of* wedlock 私生児の.

5《逸脱》…からそれて, を逸して: He is *out of* his senses〔mind〕. 彼は常軌を逸している. That style of cultivating friendship is now *out of* fashion. そうした親交の図り方はすたれてしまった. The craft went *out of* control. 機は操縦不能になった. The machine is *out of* order. 機械は故障している.

6《動機》: The boy stole your book *out of* mischief. 子どもはいたずら心からきみの本を盗んだのだ. They did not sue him *out of* pity. 彼らは気の毒に思って彼を訴えなかった. People often threaten you *out of* fear. 人はよく恐怖心から威嚇するものだ.

7《材料・起源・出身》: What did he make it *out of*? 彼はそれをなにからつくったのか. Good can never come *out of* evil. 悪から決して善は生まれない. Will you play a scene *out of* the famous play? その有名な劇の一場面を演じてくれませんか. He comes *out of* the Fords. 彼はフォード家の出だ.

8《他動詞の補語として》…から離れるように: The footsteps on the floor frightened her *out of* her wits. 床の足音が(彼女をおどかして知性から離れさせた→)彼女のどぎもを抜いた. The cunning shopkeepers cheated the travelers *out of* their money. こうかつな商人たちは旅人たちから金をだまし取った. The teacher talked the boy *out of* leaving school. 先生は子どもに(話をして学校をやめることを思いとどまらせた→)学校をやめないよう説得した.

〈注〉 最後の例のように, 通常は人間(または身体の部分)をあらわす目的語を直接とりえない動詞が, 結果をあらわす補語がつくと, とりうることがある. 特に再帰的な成句に多い: *talk* oneself *hoarse* しゃべってのどをからす. *cry* one's eyes *blind* 目を泣きつぶす. *laugh* one's head *off* 首が落ちるほど笑いころげる. 比較: *talk to*〔*with*〕the boy《自動詞》. talk nonsense《他動詞. 目的語は事》.

~ of it (1) それから除かれて: It's a dishonest scheme and I'm glad to be *out of it*. それは不正な計画なのでそれから除かれてほっとした. (2) 孤立して: She felt *out of it* as she watched the others set out on the picnic. 皆がピクニックに行くのを見ると彼女はとり残された気がした. (3) 真相を誤って: You're absolutely *out of it*! きみは全くわかっていないんだね. (4) 途方にくれて; 元気をなくして.

óut-and-óut [áutn(d)áut] *a.* 全くの, 徹底した; 堂に入った: That is an ～ lie. それは全くのうそだ. —— *ad.* 全く. ◇ **～·er** *n.*〖俗〗徹底的にやる人; ほんとうの人〔物〕; まっかなうそ.

óut·back [áutbæk] *n.* (しばしば O～)〖オーストラリア〗未開拓の奥地. —— *a., ad.* (または O～) 奥地の[へ].

out·bál·ance [autbǽləns] *vt.* より重い, にまさる, より重要である.

out·bíd [autbíd] *vt.* (**-bíd**, **-báde** [-béid, -bæd/-bæd]; **-bíd**, **-bíd·den** [-bídn]; **-bíd·ding**) より高い値をつける.

óut·board [áutbɔ̀ːrd/-bɔːd] *a., ad.* 〖海〗船外の[に], 船側の[に]. **～ motor** 船外発動機.

óut·bóund [áutbáund/´–] *a.* 外国行きの. ↔inbound.

out·bráve [autbréiv] *vt.* **1** に勇気においてまさる. **2** に勇敢に立ち向かう; 圧倒する.

‡**óut·break** [áutbrèik] *n.* **1**《騒動・戦争・流行病などの》勃発(ぼっ), 突発, 発生. **2** 暴動, 反乱, 一揆(いっき). **3** =outcrop ①.

out·bréed [autbríːd] *vt.* (**-bréd**; **-bréed·ing**) 異系交配する.

óut·bùild·ing [áutbildiŋ] *n.* 離れ屋; 納屋.

óut·burst [áutbə̀ːrst] *n.* **1** 破裂; 爆発, 噴火. **2**《涙・感情などの》吐露, 激発: an ～ of tears 急にどっと涙を流すこと.

óut·cast [áutkæst/-kɑːst] *a.* **1**《家・社会から》追放された; 見捨てられた. **2** 宿なしの. **3** 廃棄された. —— *n.* **1** 追放人; 宿なし: a social ～ 社会ののけ者. **2** 廃棄物.

óut·caste [áutkæst/-kɑːst] *n.*《インドで》所属階級から追放された人. → caste.

out·cláss [autklǽs/-klɑ́ːs] *vt.* はるかにしのぐ, にまさる: He far ～*ed* the other runners *in* the race. 彼は競走で他の走者をはるかに離した.

óut·clèar·ing [áutkli(ː)riŋ/-kliər-] *n.* 〖英〗持ち出し手形(総額)《手形交換所である銀行の貸方に勘定する手形》.

óut·còl·lege [áutkɑ̀lidʒ/-kɔ̀l-] *a.* 〖英〗大学構外に住む; 大学学寮に属さない.

‡**óut·come** [áutkʌ̀m] *n.* 結果, 成り行き; 成果: the ～ of the election 選挙の結果. This book is the ～ of some 30 years of study. この本は30年にわたる研究の所産である. 〔類〕→ **result**「結果」

óut·crop [áutkrɑ̀p/-krɔp] *n.* **1**〖地〗露出(部), 露頭《鉱脈・鉱層などの》. **2**《比喩的》発生, 露見, 収穫: the recent ～ of social dissatisfactions 社会不満の最近のあらわれ. —— [–´/´–] *vi.* (**-pp-**) 露出する.

óut·cry [áutkrài] *n.* **1** 叫び, わめき声. **2** やじ, 激しい反対(の声). **3** 呼び売り; 競売. —— [–´] *vt.* わめく, 声をはりあげて叫ぶ.

óut·curve [áutkə̀ːrv] *n.*〖野球〗アウトカーブ.

out·dáre [autdέər] *vt.* より大胆なことをする; <危険などに> 立ち向かう.

out·dáte [autdéit] *vt.* すたれさせる, 時代遅れにする.

out·dát·ed [-id] *a.* 旧式の, すたれた, 時代遅れの: an ～ directory 古くなった名簿.

out·dís·tance [autdístəns] *vt.* (はるかに)引き離す: The winning horse ～*d* the second-place winner by five lengths. 優勝馬は2着馬に5馬身の差をつけた.

out·dó** [autdúː] *vt.* (**-díd**; **-dóne** [-dʌ́n]) にまさる, しのぐ; 打ち負かす《の点で *in*》. **～ one*self いままでより〔意外に〕よくやる.

out·dóne [autdʌ́n] *a.* 当惑した; 頭にきた《に対して「*with*」》.

‡**óut·door** [áutdɔ̀ːr/-dɔː] *a.* **1** 戸外の, 野外の: ～ exercise 屋外運動. ↔ indoor. **2**〖英〗院外の《議院の》: an ～ agitation《議員の》院外活動. **3**《社会事業など》施設外の: ～ relief 施設外救助.

‡**óut·dóors** [áutdɔ́ːrz/-dɔ́ːz] *ad.* 戸外で, 野外で, 大気中で. —— [´´/´´] *a.* 野外の. —— [–´/´´] *n. pl.*《単数扱い》屋外, 戸外; 世間. **～·man** [–´mən] 戸外生活〔運動〕を好む人. ◇ **～·y** [–´i] *a.*〖俗〗戸外運動好きな; 野外に適する.

‡**óut·er** [áutər] *a.* (最上級 **óut·er·most** [-mòust, -məst], **óut·most** [áutmòust]) **1** 外の, 外部の, 外面の: ～ garments 上着, 外套(がいとう). **2**〖哲〗客

観的な: ～ reality 客観的現実. ↔ inner.
O～ Bar, the〘英〙平弁護士《勅選弁護士でない》, 下級法廷弁護士団. **～-di·réct·ed** 外向的な; 社会の価値基準に従う. **～ man, the** 外貌(がいぼう), みなり; 肉体. **O～ Mongolia** 外モンゴル《the Mongolian People's Republic の旧称》. **～ space** 大気圏外, 宇宙《特に惑星間の空間》. **～-wear** [∠ー∠] 着物の上に羽織るもの; 外出着.

óut·er·most [áutərmòust, -məst] *a.* 最も外の; 最も遠い.

out·fáce [autféis] *vt.* **1** にらみつける, おどしつける; 赤面させる. **2** に平気で立ち向かう; にいどむ.

óut·fall [áutfɔ̀:l] *n.* 川口; 落ち口.

óut·fíeld [áutfí:ld, ∠∠/∠ー] *n.* **1**〘野球・クリケット〙外野; 《集合的》外野手. ↔infield. **2** 農場外部の畑. **3** 辺境; 未知の世界. ◇ **～·er** *n.* 外野手.

‡óut·fit [áutfit] *n.* **1**《旅行などの》したく, 装備; 《船の》艤装(ぎそう). **2** 用品, 道具一式: a carpenter's ～ 大工道具一式. a model plane ～ 模型飛行機材料一式. **3** 心の用意, 素養. **4**〘米〙一団; 部隊. —— *v.* (**-tt-**) *vt.* にしたくしてやる, に用意する《を*with*》. —— *vi.* 身じたくする.
◇ **～·ter** *n.* 装身具商, 運動〔旅行〕用品商.
～·ting *n.* 《集合的》したく, 装具; いでたち.

out·flánk [autflǽŋk] *vt.* 〘軍〙の側面を包囲する; 《比喩的》出し抜く.

óut·flow [áutflòu] *n.* **1** 流出; 流出物〔量〕. **2** 突発; 《感情などの》ほとばしり.

out·fóx [autfáks/-fɔ́ks] *vt.* 出し抜く, だます.

out·gén·er·al [autdʒén(ə)rəl] *vt.* (**-l-**, (英) **-ll-**) に戦術〔作戦〕で勝つ; 〈相手の〉裏をかく.

out·gó [autgóu] *vt.* (**-wént** [-wént]; **-góne** [-gɔ́:n/-gɔ́n]) …よりも遠くへ行く; しのぐ. ～ one*self* = outdo oneself. —— [áutgòu/∠ー] *n.* (*pl.* ～**es**) **1** 出発. **2** 支出, 出費. ↔ income. **3** 出て行くこと, 流出. **4** 出口.

óut·gò·ing [áutgòuiŋ, (英)⁺ー∠ー, ∠∠ー] *a.* **1** 去って〔出て〕行く, 出発する. **2** 社交的〔開放的〕な. —— [(英)⁺ー∠ー] *n.* **1** 出て行くこと; 退職. **2** 出て行くもの; (通例 *pl.*) 出費.

óut·group [áutgrù:p] *n.* 彼ら集団, よそ者集団《自己の属するグループ以外のグループ》. ↔in-group.

out·grów [autgróu] *v.* (**-gréw** [-grú:]; **-grówn** [-gróun]) *vt.* **1** より大きくなる〔はやく伸びる〕: Weeds ～ grass. 雑草は芝草よりはやく伸びる. **2** 〈衣服・容器に〉大きくなり過ぎてはいらない: The child has *outgrown* his clothes. 子どもは大きくなって着物が着られない. His family has *outgrown* their house. 家族がふえて家が狭くなった. **3** …が不要なまで成長する, 成長して…を脱する: ～ the bad habits of boyhood 幼時の悪習が直る. —— *vi.* 〘米〙芽を出す, 突き出る. ～ *one's strength* 急に背が伸び過ぎて体力が伴わない.

óut·growth [áutgròuθ] *n.* **1** 自然な成長〔発展, 成り行き, 結果〕. **2** 派生物, 副産物. **3**〘植〙分枝, 若枝, 芽ばえ, ひこばえ.

óut·guard [áutgà:rd] *n.* 〘軍〙前哨(ぜんしょう), 前衛.

out·guéss [autgés] =outwit.

óut·haul [áuthɔ̀:l] *n.* 〘海〙《帆柱などの》円材に帆を張り出す索.

out-hér·od, out-Hér·od [authérəd] *vt.* **1** をしのぐ, の一枚上をゆく. **2** 〈物事を〉やり過ぎる. ～ *Herod* 暴虐さを発揮することにおいて(実物の)ヘロデ王をしのぐ《Shakespeare 作 *Hamlet* より》.

out·hít [authít] *vt.* (**-tt-**)〘野球〙〈相手チームに〉打撃力でまさる.

óut·house [áuthàus] *n.* **1** 離れ家《納屋・馬屋・車庫など》. **2**〘米〙屋外便所.

óut·ing [áutiŋ] *n.* **1** 外出, 散歩; 遠足, 旅行: go *for* an ～ ピクニックに行く. **2**《浜べに対し》沖.
～ flannel〘米〙毛の短い軽い綿フランネル.

out·jóck·ey [autdʒáki/-dʒɔ́ki] *vt.* 〘話〙出し抜く, だます.

out·júmp [autdʒʌ́mp] *vt.* 高くとび越す; に巧みに勝つ.

óut·land [áutlæ̀nd] *n.* **1**《所有地の》はずれ; 遠隔の地; 境外の飛び地. **2**〘古〙外国. —— *a.* はずれの; 遠い; 境外〔異国〕の.

óut·lànd·er [áutlæ̀ndər] *n.* **1** 外国人; 外来者. **2**〘米話〙局外〔部外〕者, よそ者.

out·lánd·ish [autlǽndiʃ] *a.* **1** 異国〔外国〕風の. **2** 奇妙な, 妙ちきりんな. **3** へんぴな. ◇ **～·ly** *ad.* **～·ness** *n.*

out·lást [autlǽst/-lɑ́:st] *vt.* より長持ち〔長続き〕する; より長生きする, のあとまで残る.

óut·law [áutlɔ̀:] *n.* **1**〘法〙法外放置者《法律上の保護・恩典を奪われた人》. **2** 無法者; 常習犯罪者; 社会ののけ者. **3** 手に負えない動物, 《特に》あばれ馬. —— *vt.* **1** から法律の保護〔人権〕を奪う; (社会から) 追放する. **2** 不法とする, 禁止する; 失格させる: ～ segregation in the public school 公立学校における人種隔離を非合法とする. ～ a player in a game 選手の出場を禁止する. **3** 法律上失効させる: an ～*ed* debt 時効になった負債.
◇ **～·ry** *n.* 法律の保護剥奪(はくだつ); 《社会的の》追放; 法律無視; 時効.

óut·lay [áutlèi] *n.* 支出, 出費, 経費. —— [autléi] *vt.* (**-láid** [-léid]; **-láy·ing**) 支出する, 費やす.

‡óut·let [áutlèt] *n.* **1** はけ口, 出口; 排水口: an ～ *for* one's anger 憤懣(ふんまん)のやりば. → intake. **2** 売れ口, 販路. **3**〘電〙コンセント. **4**〘米〙《ネットワーク番組を放送する》地方局. **5** 河口.

óut·lì·er [áutlàiər] *n.* **1** 本体から分離した物; 〘地〙離層. **2** 任地〔営業所〕に居住しない人. **3** 局外者, 門外漢.

‡óut·line [áutlàin] *n.* (しばしば *pl.*) **1** 輪郭, 外形, 略図: the ～ of skyscrapers 高層建築群の輪郭. **2** 大要, 概要, 概説. ***give an ～ of*** …のあらましを述べる. ***in ～*** (1) 輪郭で示した, 概略の: a map *in* ～ 略図. (2) からだの線で, からだつきで.
—— *vt.* **1** の輪郭〔略図〕を描く〔示す〕; の下書き〔下絵〕をかく. **2** 概説する, の大要を述べる.

out·líve [autlív] *vt.* **1** より長生きする〔生き延びる〕: ～ her husband 夫に先立たれる. **2** 長生きして…をなくする: She ～*d* her beauty. 年とって美しさも衰えた. **3** に耐えて生き延びる, より長続きする: The ship ～*d* the storm. 船はあらしをこらえ抜いた. ～ *one's disgrace* 時がたって恥辱が忘れられる.

‡óut·look [áutlùk] *n.* **1** 眺望(ちょうぼう), 見晴らし, けしき《*on, over*》. **2**《先の》見通し, 見込み, 前途《*for*》. **3** 見方, 見解: ～ *on* life 人生観. **4** 見張り所〔台〕; 見張り人, 監視人. ***be on the ～*** 見張る, 監視する, 用心する. ***be on the ～ for*** を待ち設ける.

óut·lỳ·ing [áutlàiiŋ] *a.* **1** 中心から離れた, 遠くの; へんぴな, 辺境の. **2** 外にある, 境外の. ↔inlying.

òut·ma·chíne [àutməʃí:n] *vt.* 〘軍〙〈敵軍に〉機械装備の点でまさる.

out·mán [autmǽn] *vt.* (**-nn-**) **1** …より人数が多い; に数でまさる. **2**〘古〙に男らしさでまさる.

òut·ma·néu·ver, (英) **òut·ma·nóeu·vre** [àutmənú:vər] *vt.* 〈相手を〉打ち負かす《策略で》; 出し抜く, の裏をかく.

out·márch [autmɑ́:rtʃ/∠∠] *vt.* より速く〔先に〕進む, 追い越す.

out·mátch [autmǽtʃ] *vt.* にまさる, より上手(うわて)である: ～ a person *in* audacity 大胆の点で人をしのぐ.

out·móde [autmóud] *vt.* 流行〔時代〕遅れにする, 旧式にする. ◇ **out·mód·ed** [-id] *a.* 時代遅れの, 旧式な.

óut·most [áutmòust, (英)⁺-məst] *a.* いちばん外の〔遠い〕(outermost).

óut·ness [áutnis] *n.* 外部性, 客観性.

out·núm·ber [autnʌ́mbər] *vt.* に数でまさる, より数が多い.

óut-of-bóunds [áutəvbáundz] *a.* **1**〘運〙制限区

域外の, 反則の. 2《考え・行動が》飛躍した, 奔放な.

óut-of-dáte [áutə(v)déit] *a.* 時代遅れの, 旧式な; ⌊すたれた.

óut-of-dóor [-dɔ́:r/-dɔ́:] ＝outdoor.

óut-of-dóors [-z] *a.* ＝outdoor. ── *n., ad.* ＝outdoors.

óut-of-póck·et [áutəvpákit/-pɔ́k-] *a.* 1 手持ち金〔資金〕のない. 2 現金払いの.

óut-of-prínt [áutəvprínt] *a.* 絶版の.
── *n.* 絶版になっている本.

óut-of-the-párk [áutəvðəpá:rk] *a.* 〘野球〙場外の: an ～ homer 場外ホームラン.

óut-of-the-wáy [áutə(v)ðəwéi] *a.* 1 道から離れた, へんぴな, 片いなかの: an ～ cottage 人里離れた一軒家. 2 尋常でない, 風変わりな, 奇異な. 3 場所はずれの, とんでもない.

óut-of-tówn·er [áutəvtáunər] *n.* 〘米話〙観光客, 外来客〔見物人〕.

out·páce [autpéis] *vt.* より足早に歩く; 追い越す.

óut·pà·tient [áutpèiʃ(ə)nt] *n.* 外来患者. → inpatient.

òut·per·fórm [àutpərfɔ́:rm] *vt.* 〈人が〉…より技量が上である; 〈機械などが〉…より高性能である.

out·pláy [autpléi] *vt.* よりじょうずである, 負かす《競技などで》.

out·póint [-pɔ́int] *vt.* 1 より点を多くとる《競技などで》. 2 より風上に詰めて帆走する《ヨットレースで》.

óut·port [áutpɔ̀:rt/-pɔ:t] *n.* 1 外港《主要都市または主要税関から離れた港》. 2 出港地. 3〘英〙ロンドン港以外のイギリスの港.

óut·post [áutpòust] *n.* 1〘軍〙前哨(ぜんしょう)地点, 前哨(部隊). 2 辺境〔開拓〕地.

out·póur [autpɔ́:r/-pɔ́:] *vt., vi.* 流れ出させる〔出る〕; 注ぎ出す〔出る〕. ── [áutpɔ̀:r, -pɔ̀:r/-pɔ:] *n.* 流出(物). ◇ **óut·pòur·ing** [áutpɔ̀:riŋ/-pɔ̀:riŋ] *n.* 1 流出(物), 注出. 2 ほとばしり, 流露: the ～-*ings* of the heart 感情の吐露.

‡**óut·put** [áutpùt] *n.* 1 産出, 生産; 産出〔生産〕高; 《文学などの》作品数〔量〕. 2 生産物; 作品. 3〘電〙出力, 発電力. ↔input. 4〘医〙《糞便以外の》排出物.

‡**óut·rage** [áutrèidʒ] *n.* 1 侵犯, 違反, 不法行為: ～ *against* the law 違法. 2 乱暴, 暴行, 凌辱(りょうじょく). 3 非道, 侮辱.
── *vt.* 1〈法律などを〉犯す, 破る. 2 に乱暴する, 暴行〔虐待〕する; に侮辱を加える. 3 憤激させる, にショックを与える. 4〈女性を〉犯す, 凌辱する.

out·rá·geous [autréidʒəs] *a.* 1 非道〔無法〕な; 悪質〔悪虐, 乱暴〕な. 2 途方もない, ふらちな: an ～ price とんでもない高値. ◇ ～**·ly** *ad.* ～**·ness** *n.*

out·ránge [autréindʒ] *vt.* 1 …より遠くに着弾する. 2 …より遠方に達する; …より長期間にわたる.

out·ránk [-rǽŋk] *vt.* …より上位にある.

ou·tré [u:tréi/ˊ－] F. *a.* 過激な, 常軌を逸した; とっぴな, 奇異な.

out·réach [autrí:tʃ] *vt.* 1 の先まで届く; 越える, にまさる. 2〈手を〉差し伸べる. ── *vi.* 延びる, 広がる.

óut·re·lìef [áutrilì:f] *n.* 〘英〙施設外貧民救助 (outdoor relief).

out·ríde [autráid] *vt.* (-**róde** [-róud]; -**ríd·den** [-rídn]) 1 馬で…の先を越す. 2〈あらし・難局などを〉乗り切る.

óut·rìd·er [áutràidər] *n.* 1 乗馬随行者; 先駆(者)《警護の白バイ警官など》. 2 遠乗りする人. 3〘英方〙得意先回りの商人.

óut·rigged [áutrìgd] *a.* 〘海〙舷外(げんがい)張り出しの付いた; 〘建〙突き出し梁(はり)のある; 〘空〙支柱付きの.

óut·rìg·ger [áutrìgər] *n.* 1〘海〙舷外張り出し《船を安定させるための浮材》; 張り出し櫂(かい)受け(のあるボート); 張り出し付きカヌー. 2〘建〙付き出し梁〔けた〕. 3〘空〙張り出し支柱《飛行機の方向舵(だ)などをささえる》.

óut·ríght [áutráit/－ˊ] *ad.* 1 すっかり, 徹底的に, 十分に. 2 隠さずに, あからさまに; ためらわずに, 無遠慮に. 3 直ちに, 即座に. 4〘古〙まっすぐに. ***buy*** ～ 即金で買う. ***laugh*** ～ 大っぴらに笑う. ── [áutràit/ˊ－] *a.* 1 全くの, 徹底的な: an ～ loss 全面的な損失. 2 あからさまの, 率直な, 無遠慮な: give an ～ denial きっぱりと断わる. ◇ ～**·ness** *n.*

out·rí·val [autráiv(ə)l] *vt.* (-l-, 〘英〙-ll-)〈相手を〉⌊負かす.

out·róde [-róud] *v.* outride の過去形.

out·róot [-rú:t] *vt.* 根こぎにする; 根絶〔絶滅〕する.

out·rún [autrʌ́n] *vt.* (-**rán** [-rǽn]; -**rún**; -**rún·ning**) 1 より速く走る, 追い越す. 2 (走って)逃げる, のがれる. 3 より遠くまで走る; の範囲を越える, の度を踏みはずす: He let his zeal ～ discretion. 熱心のあまり無分別なことをした. ～ ***the constable*** → constable.

out·rún·ner [autrʌ́nər, ˊˋ－/－ˊ－, ˊˊ－] *n.* 1 追い越す人; 走り出る人. 2《馬車の前・横を走る》馬丁; 《馬車の》添え馬. 3《犬ぞりの》先導犬. 4 ⌊先駆者.

óut·rush [áutrʌ̀ʃ] *n.* 噴出, 奔出.

out·sáil [autséil] *vt.* 〈船が〉…より速く〔遠くまで〕航行する, 追い越す.

out·séll [-sél] *vt.* (-**sóld** [-sóuld]) 1 より高く〔多く, 早く〕売る. 2 より高く〔多く, 早く〕売れる.

óut·set [áutsèt] *n.* 着手; 手始め, 最初.
at 〔***from***〕 ***the*** ～ 最初に〔から〕.

out·shíne [autʃáin] *v.* (-**shóne** [-ʃóun/-ʃɔ́n]) *vt.* 1 より強力に輝く〔光る, 照る〕. 2 よりはるかにまさる, 〈人を〉顔色なからしめる. ── *vi.* 〘古〙光を放つ.

out·shóot [autʃú:t] *v.* (-**shót** [-ʃát/-ʃɔ́t]) *vt.* 1 に射撃でまさる. 2 より遠くを撃つ. 3〈枝などを〉出す.
── *vi.* 〈枝などが〉突き〔伸び〕出る.
── [ˊˋ/ˊ－] *n.* 1 発射(物). 2《的を》射越すこと. 3 突き〔伸び〕出ること; 《伸び出た》側枝. 4〘野球〙アウトシュート.

†**óut·síde** [áutsáid] *n.* 1 外側, 外面. ↔inside. 2《物事の》外観, 表面, 皮相; 《人の》見かけ, 顔つき. 3 外部, 外界, 外. ↔inside. 4 極限, 極端; 最大値. 5〘英話〙《バスなどの》屋上席(の客). → inside. 6 (*pl.*) 1 束の紙の両外側の2枚. ***at the*** (***very***) ～ 〘話〙せいぜい, たかだか: ten people *at the* ～ 多くても10人. ～ ***in*** 裏返しに: turn a sock ～ *in* くつ下を裏返す. ***those on the*** ～ 局外者, 門外漢.
── *a.* 1 外側の, 外面の; 外部の, 外の; 外からの: get ～ help 外部からの援助を得る. 2 表面上の, 外観だけの, 皮相の. 3 局外(者)の, 《事件・問題などと》無関係の; 団体〔組合, 協会など〕に属さない; 院外の: stand ～ 局外に立つ. 4 極度〔極限〕の; 最高〔最大〕の: an ～ estimate 精いっぱいの見積もり. 5〘英話〙《バスなどの》屋上席の. 6〘米俗〙出獄している. 7 わずかな: an ～ chance 万一の機会.
── *ad.* 外に〔へ〕, 外側〔外部〕に; 戸外へ〔で〕; 海上へ〔で〕: take the dog ～ 犬を外に連れ出す. ***come*** ～ へや〔家〕から外へ出る; 《命令形》おもてへ出ろ《挑戦のことば》. ***get*** ～ ***of*** (1)〘米俗〙を了解する. (2)〘英俗〙を食う〔飲む〕. ～ ***of*** (1) の外側へ〔に〕. (2)〘米話〙を除いて, のほかに. ～ ***of a horse*** 〘話〙馬に乗って. ***ride*** ～ 《バスの》屋上席へ乗る.
── [－ˊ/ˊˊ] *prep.* 1 …の外に〔へ〕: go ～ the house 戸外へ出る. 2 の範囲をこえて, 以外〔以上〕に: go ～ the evidence 証言以外にわたる. 3〘話〙を除いて: No one knows it ～ two or three persons. 二, 三人のほかだれもそれを知らない.
～ **address** 封筒の表の名あて. ～ **broker** 場外仲買人. ～ **edge** 〘スケート〙外側エッジ滑走. ～ **porter** 〘英〙駅外への荷物運搬人. ～ **work** 屋外の仕事. ◇ **òut·síd·er** [àutsáidər/ˊˊ－] *n.* 1 部外〔局外〕者, 仲間でない者; 門外漢, 専門外の人, しろうと. ↔ insider. 2《競馬などで》勝つ見込みのない馬〔チームなど〕.

out·síng [autsíŋ] *v.* (-**sáng** [-sǽŋ]; -**súng** [-sʌ́ŋ])

vt. よりじょうずに歌う; より声高く歌う.
—— *vi.* 歌いだす; さえずる.
out·sít [autsít] *vt.* (**-sát** [-sǽt]; **-sít·ting**) 〈他の人より〉長居する.
óut·size [áutsàiz] *a.* 規格外の形の; 特大の.
—— *n.* 特大(の品). ◇ **~d** [-d] *a.* 特大(型)の.
óut·skirt** [áutskə̀:rt] *n.* (通例 *pl.*)《市・町の》**はずれ**, 場末, 郊外. ***on [***at, in***] ***the ~s of*** …のはずれに.
out·sléep [autslí:p] *vt.* の後まで〔間ずっと〕眠り続ける.
out·smárt [autsmá:rt] *vt.* 〘米話〙よりも知恵がある; より一枚上をゆく.
out·sóar [-só:r/-sɔ́:] *vt.* より高く(飛び)上がる.
óut·sole [áutsòul] *n.* くつの外底.
out·spán [autspǽn] *v.* (**-nn-**) *vt.* 〈牛などを〉牛車からはずす. —— *vi.* 馬具をはずす.
—— *n.* 牛などを車からはずすこと〔場所〕.
out·spéak [autspí:k] *v.* (**-spóke** [-spóuk]; **-spók·en** [-spóuk(ə)n]) *vt.* **1** 言い負かす, より巧みに話す. **2** 堂々と言う. —— *vi.* 話しだす, 声明する.
out·spént [-spént] *a.* 憔悴(しょうすい)した; 疲れ果てた.
óut·spó·ken [áutspóuk(ə)n/ˊ-ˊ-] *a.* **1** ずけずけ言う, 歯に衣(きぬ)きせぬ. **2**《ことばなどが》率直な, あけすけな. ◇ **~·ly** *ad.* **~·ness** *n.*
out·spréad [autspréd/ˊˊ] *vt., vi.* 広げる, 広がる, 広める, 広まる, 延ばす, 延びる. —— [ˊˊ/ˊˊ] *a.* 広がった, 広まった, 延びた, 延ばした.
out·stánd [autstǽnd] *v.* (**-stóod**) *vt.* **1** に断じて抵抗する; によく耐える. **2** より長生きする.
—— *vi.* **1** 傑出する. **2**〈船が〉沖に出る.
‡**óut·stánd·ing** [áutstǽndiŋ/-ˊ-] *a.* **1 傑出した**, 目だった, 顕著な: an ~ figure 卓越した人物. **2** 突き出た. **3** 未決済の; 未解決の: ~ debts 未払いの借金. **4**《株券・公債などが》公募の.
◇ **~·ly** *ad.* 目だって. **~·ness** *n.*
out·stáre [autstέər] *vt.* じっと見つめる; にらみ倒す, 見つめてどぎまぎさせる.
óut·stà·tion [áutstèiʃ(ə)n/ˊˊ-] *n.* 《本部から遠く離れた》駐とん地; 《大都市から遠い》支所.
out·stáy [autstéi] *vt.* **1** より長居する: ~ the other guests 他の客のあとに残る. **2** の度を過ごして長居する: Never ~ your welcome. 長居してきらわれるな. **3** より耐久力がある. **~ *an invitation*** 長居し過ぎる.
out·stép [-stép] *vt.* (**-pp-**) 踏み越す; 〈制限・規則などを〉こえる, 犯す: ~ the truth 事実をこえて誇張する.
out·strétch [-strétʃ] *vt.* 伸ばす, 広げる: lie ~*ed* on the grass 草の上に長々と横たわる. with ~*ed* arms 両腕を差し伸べて.
out·stríp [autstríp] *vt.* (**-pp-**) **1** 〈相手を〉追い越す《競走などで》; 〈追っ手を〉まく. **2** にまさる《において *in*》.
out·tálk [-tɔ́:k] *vt.* より多く〔大声で〕話す; 〈相手に〉しゃべる余地を与えない, しゃべり負かす.
out·téll [auttél] *vt.* (**-tóld** [-tóuld]) **1** 声明する, 公言する. **2** 話しとおす.
out·thínk [autθíŋk] *vt.* (**-thóught** [-θɔ́:t]) **1** より早く〔正しく, つぶさに〕考える. **2** 考えで打ち負かす, よりいちだん上のことを考え出す.
out·thrów [autθróu] *vt.* (**-thréw** [-θrú:]; **-thrówn** [-θróun]) **1** に投げ勝つ《競技で》. **2** (勢いよく)差し出す.
óut·thrust [áutθrʌ̀st] *n.* 〘建〙突構.
out·tóp [auttáp/-tɔ́p] *vt.* (**-pp-**) **1** より高くそびえる. **2** 凌駕(りょうが)する.
óut·tray [áuttrèi] *n.* 《書類の》既決箱.
óut·turn [áuttə̀:rn] *n.* 産出(額).
out·vál·ue [autvǽlju:] *vt.* より価値がある.
out·víe [autvái] *vt.* 〈相手に〉競争で勝つ.
◇ **out·vý·ing** *a.*
out·vóice [autvɔ́is] *vt.* より大声で話す, 〈相手を〉大声で圧倒する.
out·vóte [autvóut] *vt.* 票数で…をしのぐ, に投票で勝つ.
óut·vòt·er [áutvòutər] *n.* 〘英〙居住地外在留有権者.
out·wálk [autwɔ́:k] *vt.* より速く歩く, 追い越す; より遠くまで〔長く〕歩く.
‡**óut·ward** [áutwərd] *a.* **1 外へ向かう**, 外部への; 往路の: an ~ motion 外方への動き. an ~ voyage 往航. **2** 外部の, 外側の: an ~ room 外側のへや. ↔inward. **3 外観の**; 表にあらわれた, 目に見える: to all ~ appearances 外見どう見ても. An ~ reformation took place. 目に見える改革が発生した. **4**《精神界に対して》肉体の, 物質の: ~ things 外界の事物. the ~ man 〘宗〙肉体. **5**《薬など》外用の: For ~ application only. 外用薬. ***to ~ seeming*** 見たところ, 外見上.
—— *n.* **1** 外面, 外部; 外見, 外観. **2** 外界; 物質世界. —— *ad.* **1** 外側に〔へ, で〕. **2**《船が》国外〔海外〕へ. **3** 見たところ, 外見上は; 明らかに, 公然と. **~-bóund** 外国行きの, 海外向けの. **~-bóund·er** 外国航路船. **~ eye** 肉眼. → mind's eye.
◇ **~·ly** *ad.* **1** 外に(向かって); 外面に. **2** 外見上(は). **~·ness** *n.* 外面性; 客観的存在, 客観性.
‡**óut·wards** [áutwərdz] *ad.* ＝outward.
out·wátch [autwátʃ/-wɔ́tʃ] *vt.* **1** より長く見張る〔見つめる〕. **2** の最後まで見守る, 見張りとおす: ~ the night とおし番する, 徹夜する.
out·wéar [-wέər] *vt.* (**-wóre** [-wɔ́:r/-wɔ:]; **-wórn** [-wɔ́:rn/-wɔ́:n]) **1** …より長持ちする: Well-made leather shoes will ~ two pairs of cheap rubber shoes. 上製の革ぐつは2足の安物のゴムぐつより長持ちする. **2** 着古す, 使い古す; 〈体力などを〉消耗させる; 〈引用などを〉言い古す; 〈風習などを〉すたれさせる《おもに過去分詞形で》. **3** 〈時を〉過ごす: ~ the hours by reading 読書して時間を過ごす.
out·wéigh [-wéi] *vt.* **1** より重量がある. **2** より価値〔重要性〕がある, にまさる.
out·wént [-wént] *v.* outgo の過去形.
out·wít [autwít] *vt.* (**-tt-**) より機知に富む, 出し抜く, の裏をかく.
óut·work [áutwə̀:rk] *n.* **1** (通例 *pl.*)《城の》外堡(がいほ). **2** 屋外仕事; 職場外作業. —— [autwə́:rk] *vt.* **1** よりじょうずに〔早く, 多く〕仕事をする. **2** 仕上げる. ◇ **óut·wòrk·er** *n.* 職場外作業をする人; 自宅作業員.
out·wórn [autwɔ́:rn/-wɔ́:n] *v.* outwear の過去分詞. —— [ˊˊ/-ˊ] *a.* **1** 着古した, 使い古した. **2** 時代遅れになった, すたれた; 陳腐な: ~ quotations 陳腐な引用句. **3** 憔悴(しょうすい)した, くたびれ果てた.
óu·zel [ú:zl] *n.* 〘鳥〙《首のまわりに白色環紋のある》黒ツグミの類.
ó·va [óuvə] *n.* ovum の複数形.
ó·val [óuv(ə)l] *a.* 卵形の, 長円形の. —— *n.* **1** 長円形, 卵形(の物). **2**《競技場などの》長円形地; 〘俗〙《ラグビーの》ボール. ***the O~*** ロンドン南西部 Kennington にあるクリケット場.
◇ **~·ly** *ad.* **~·ness** *n.*
o·vár·i·an [ovέ(:)riən/-vέər-] *a.* 卵巣の.
o·vàr·i·ót·o·my [ovὲ(:)riátəmi/-vὲəriɔ́t-] *n.* 〘医〙卵巣切開〔切除〕術.
ò·va·rí·tis [òuvəráitis] *n.* 〘医〙卵巣炎.
ó·va·ry [óuv(ə)ri] *n.* 〘医〙卵巣; 〘植〙子房.
ó·vate [óuveit, -vit] *a.* **1** 卵形の. **2** 〘生〙長円形の: an ~ leaf 長円形の葉.
o·vá·tion [ovéiʃ(ə)n] *n.* **1** 大かっさい, 大歓迎; すごい人気. **2** 〘古ローマ〙小凱旋(がいせん)式. ◇ **~·al** *a.*
‡**óv·en** [ʌ́v(ə)n] *n.* **かまど**, 炉, 天火(てんぴ), オーブン. ***hot from the ~*** 焼きたて〔できたて〕の, ほやほやの. ***in the same ~*** 〘俗〙おなじ境遇〔はめ〕に.
~·bird [ˊ-ˋ] 〘鳥〙カマドドリ《アメリカおよび南アメ

リカ産かまど形の巣をつくる鳴鳥》.
†o·ver → 枠付 over.
over- *pref.* **1**「…の上の[に]」「…の外の[に]」などの意: *over*shoes オーバーシューズ. *over*board (船側の外へ →) 船外へ. **2**「越える, 余る」などの意: *over*flow あふれこぼれる. *over*step 踏み越える. *over*take 追い越す. **3**「過度に, 過剰の」の意: *over*population 人口過剰. *over*work 過労(する). **4**「全く, 完全に」の意: *over*master 制圧する. *over*persuade 無理に説得する.

over

前置詞的副詞 (prepositional adverb)の一つで, 前置詞と副詞の両用に用いられる: The ball went *over* (the fence). ボールは(さくを) 飛び越えて行った. → **枠付** Prepositional Adverb.

over のおもな語義は, 連想上「(を) 越えて」に集約できる. 「越えて」から物理的, 比喩的に「上位」にあること,「おおう」の含み,「野『越え』 山『越え』」から「海『を渡って』」, 更には「ある地域や期間『にわたって』」も連想され, また「お『越し』ください」の移動の含み,「過度に」という意も連想されよう. また数量に関して over (=more than)…「…をこえる」の用法がある. よく「…以上(の)」と訳されるが, 日本語の「…以上」と違って「…」に相当する数が必ず除外されることも「こえる」の訳から容易に想起されよう. なお, 類義語については → **枠付** on.

ó·ver [óuvər] *prep.* **1** の表面に, をおおって; にさしかかって《表面に接触しているばあいと above と同様接触していないばあいとがある》: a rug lying ～ a sofa 長いすに載っているひざ掛け. spread a cloth ～ the table 食卓にテーブル掛けを広げる. She put her hands ～ her face. 彼女は手で顔をおおった. The branch hangs ～ the house. 枝が家の上にさしかかっている. Doubt hangs ～ the question. 疑惑が問題をおおっている.

2 …じゅうに, の方々に, にわたって: Snow is falling ～ the north of Japan. 雪が日本北部全域に降っている. He is famous (all) ～ the world. 彼の名は(全)世界に知られている. 〈注〉over があとにくることがある: (all) the world *over* 世界じゅうに.

3 を越えて, の向こう側の[に]: flow ～ the edge ふちからあふれる. pass ～ the frontier 国境を越える. the church ～ the river 川向こうの教会.

4 に関して, について: laugh ～ the absurdity of it それの矛盾を笑う. pause ～ the details 細かい点[つまらないこと]について考え込む. be worried ～ the result 結果を気に病む.

5 に従事しながら: We'll discuss it ～ our supper. 夕食をとりながら話し合いましょう. go to sleep ～ one's work 仕事中に眠る.

6 《数量》…より多い, をこえる (more than): ～ three hundred people 300人をこえる人. ～ three miles long 3マイル以上の長さで. ～ forty inches across [(a)round the waist] 直径 [腰のまわり] 40インチ以上で. ～ five pound in weight 重さ5ポンド以上. He is ～ (=above) thirty. 彼は30歳をこえている. 〈注〉over… は日本語の「…以上」と違って「…」に相当する数を必ず除外する点に注意: *over* (=*more than*) ten books 10冊以上の[10冊をこえる]本《10冊を除外》. ≒ten *or more* books 10冊(またはそれ)以上の本《10冊を含む》.

7 《地位・階級・権威》…にまさって, の上位に, を支配して: won the victory ～ … …に勝つ, に勝利を占める. They want a strong man ～ them. 彼らは強い男を上にいただきたがっている. He will preside ～ the meeting. 彼はその会議の議長をつとめる.

8 《時間の継続・超過をあらわす》…にわたって, …じゅう: stay ～ the weekend 週末じゅう滞在する. The dictionary was in production ～ a period of several years. その辞書は数年間かかってつくられた. Can you stay ～ Wednesday? あなたは水曜日が終わるまでいられますか.

all ～ 〖俗〗〈人〉にのぼせあがっている: He is *all* ～ her. 彼女に首ったけだ《比較: *ad.* 成句 all ～》. ～ ***all*** 端から端まで. ～ ***and above*** に加えて: The waiters get good tips ～ *and above* their wages. 給仕たちは自分の給料のほかによいチップをもらう. ～ ***one's head*** 相談もなしに, わからないほど.

—— *ad.* **1** 《動作が行なわれる距離感をあらわす》越えて, 渡って, 横切って, あっちへ, こっちへ, 手渡して: Come ～ and see me some time. そのうちたずねて来たまえ. I'll be ～ in a minute. すぐ参ります. Take the child ～ to the kindergarten. この子を幼稚園まで連れて行きなさい. They rowed me ～ to the other side of the lake. 人々は私を湖の対岸へこいで渡してくれた. He made his business ～ to his son. 彼は自分の事業をむすこに譲った. I asked him ～. 彼にたずねて来たまえと言った. 〈注〉to my place [house] が略されている.

2 上から下方へ, さかさに, 倒れて; 折れて: He fell ～ in the doorway. 彼は戸口でころんだ. knock a pot ～ はちをひっくり返す. They turned the plank ～. 彼らは板をひっくり返した. Turn ～ the page. ページをめくれ. turn ～ in bed 寝返りをうつ. fold it ～ 折りたたむ.

3 一面に, まんべんなく, おおって: The earth in spring is sprinkled ～ with flowers. 春の大地は花で一面になる. He was aching all ～. からだじゅうが痛んでいた. paint the old name ～ 古い名をペンキで塗りつぶす.

4 完全に, 詳しく: I'll look the papers ～. 論文全部に目を通します. You should think it ～. よくよく考えてみるべきだ.

5 あふれて: boil ～ 沸きこぼれる.

6 繰り返して, もう一度: Count them ～. もう一度数えてみろ. Go back and do it ～. もどってやり直せ. six times ～ 6回繰り返して.

7 終わって, 済んで, かたづいて: His sufferings will soon be ～. 彼の苦悩はじきにおさまるだろう. Winter is ～. 冬が過ぎた.

8 余分に, 過度に; 残って: I have three pounds and ～. 3ポンド余り持っている. I paid the bill and have five pounds ～. 私は勘定を払って5ポンド余った. If there's any meat (left) ～, give it to the dog. 残りの肉があれば犬にやれ. grieve ～ much ふかく悲しむ《副詞の前》. be ～ polite 丁寧過ぎる《形容詞の前; *over*polite のように1語に合成されることが多い. → over- に始まる各語》.

all ～ 一面に, 全面に; 完全に; すっかり終わって. ***It's all ～ with*** him (彼)はすっかりだめになった, (彼)はまもなく死ぬ. ～ ***and above*** なおその上に, はるかに…以上. ～ ***against*** と反対の位置に, と対照して. ～ ***there*** あちらで; 〖米話〗ヨーロッパに, 《第1次大戦中のことば》戦地では.

—— *n.* **1** 〖クリケット〗各三柱門から交互に投げられる一連《通常6球》の投球, その間になされる競技. **2** 余分, 過度.

ó·ver·a·bún·dance [óuv(ə)rəbʌ́ndəns] *n.* 過剰, 豊富過ぎること.
◇ **-dant** *a.* 有り余る. **-dant·ly** *ad.*

ó·ver·áct [óuvər-ǽkt] *vt.* 〈劇の役などを〉誇張して演ずる; やり過ぎる. ↔underact.
—— *vi.* やり過ぎる. ◇ **-ác·tion** *n.*

ò·ver·ác·tive [òuvər-ǽktiv/óu-] *a.* 活躍し過ぎる, やり過ぎる. ◇ **~·ly** *ad.* **ò·ver·ac·tív·i·ty** [-æktíviti] *n.* 「品.

ó·ver·age[1] [óuv(ə)ridʒ] *n.* 〖米〗過剰(分); 過剰商

ó·ver·áge[2] [óuvəréidʒ] *a.* **1** 標準〔制限〕年齢を過ぎた. ↔underage. **2** 《船舶・機械などが》老朽の.

ó·ver·all[1] [óuvərɔ̀:l] *n.* **1** (*pl.*)《胸当て付きの》作業ズボン. **2** (*pl.*) 防水すね当て. **3**〖英〗仕事着;《婦人・子ども用の》上っ張り, ゆるやかな家庭着. **4**〖英: 軍〗騎兵将校正装用ズボン.

ó·ver·all[2] [óuvərɔ̀:l] *a.* 全部にわたる, 総体の: ~ expenses 総費用. —— [⌐—⌐] *ad.* **1** 全体的に. **2**《船の》船首から船尾まで.

ó·ver·ánx·ious [óuvər-ǽŋ(k)ʃəs] *a.* 心配し過ぎる, 気にし過ぎる.
◇ **~·ly** *ad.* **óver·anx·í·e·ty** [-æŋzáiəti] *n.*

ò·ver·árch [òuvərɑ́:rtʃ] *vt.* の上にアーチをつける, にアーチを渡す. —— *vi.* アーチ形に立つ〔なる〕.

ó·ver·arm [óuvərɑ̀:rm] *a.* 《野球などの》上手投げの;《水泳の》抜き手の.

ò·ver·áwe [òuvər-ɔ́:] *vt.* 威圧する, おじけづかせる.

ò·ver·bál·ance [-bǽləns] *vt.* **1** に平均を失わせる, よろめかせる: ~ oneself (からだの) 平均を失う. **2** より重さ〔重要性, 価値〕がある: The gains ~ the losses. 利益が損失を上回る. —— *vi.* バランスを失う.
—— [㊋ ⌐—⌐—] *n.* 不均衡;《重量・価値などの》超過(量).

ò·ver·béar [òuvərbέər] *v.* (**-bóre** [-bó:r/-bɔ́:]; **-bórne** [-bó:rn/-bɔ́:n]) *vt.* **1** 押えつける, にのしかかる. **2** 圧倒〔威圧〕する. **3**〈願い・反対などを〉押える;〈反論を〉くつがえす. **4**〖海〗〈他船より〉速く帆走する. —— *vi.* 果実がたくさんなり過ぎる; 子を生み過ぎる.

ò·ver·béar·ing [-bέ(:)riŋ/-bέər-] *a.* 威圧的な, いばりくさった, おうへいな. ◇ **~·ly** *ad.*

ò·ver·bíd [-bíd] *vt., vi.* (**-bíd**; **-bíd**, **-bíd·den**; **-bíd·ding**)《せりなどで》(…より)高値をつける;《トランプで》持ち札以上にせりあげる.
—— [⌐—⌐/⌐——] *n.* 高いせり値; 掛け値.

ò·ver·blów [òuvərblóu/óu-] *v.* (**-bléw** [-blú:]; **-blówn** [-blóun]) *vt.* **1**〈風などが〉…の上を吹き荒れる. **2**〖古〗〈雲などを〉吹き飛ばす. **3**〖楽〗強く吹奏する. **4** 極端に高く評価する.
—— *vi.* **1**〖古〗〈あらしなどが〉吹きやむ. **2**〖楽〗《倍音が出るほど》過度に強く吹奏する.

ò·ver·blówn [-blóun] *a.* **1**《風などが》吹きやんだ, 《あらしが》去った. **2** 吹き飛ばされ〔倒され〕た. **3**《花が》満開を過ぎた. **4** 胴まわりの太い. **5** 度を越した, やり過ぎた. **6** うぬぼれた, てんぐの.

ó·ver·board [óuvərbɔ̀:rd/-bɔ:d] *ad.* 船外に,《船から》水中へ;〖米〗列車から外へ: fall ~ 船〔列車〕から落ちる. ***go*** **~** 極端にはしる;《特に》過度にほめる〔けなす〕《を *with*》. ***throw*** **~** 船外に投げ捨てる;〖話〗見捨てる, 投げ出す.

ó·ver·bóld [óuvərbóuld] *a.* 大胆過ぎる; 無鉄砲な; ずうずうしい. ◇ **~·ly** *ad.* **~·ness** *n.*

ó·ver·bridge [óuvərbridʒ] *n.* 〖英〗陸橋, 跨線(こせん)橋 (=㊊ overpass).
—— [⌐—⌐] *vt.* の上に橋をかける.

ò·ver·brím [òuvərbrím/óu-] *vi., vt.* (**-mm-**) あふれる〔させる〕.

ó·ver·buíld [óuvərbíld] *vt.* (**-buílt** [-bílt]) **1** の上に建てる. **2**〈建物を〉大きく〔ぜいたくに〕つくり過ぎる. **3**〈土地に〉建物を建て過ぎる. **~ one*self*** 身分相応以上の建築をする; 家を多く建て過ぎる.

ó·ver·búr·den [óuvərbə́:rdn/òu-] *vt.* **1** に荷を積み〔載せ〕過ぎる. **2** に責任〔仕事など〕を負わせ過ぎる; 過労させる. —— [⌐—⌐—] *n.* 重荷; 過度の負担.

ó·ver·bús·y [óuvərbízi] *a.* **1** 忙し過ぎる. **2** よけいなおせっかいをする.

ó·ver·búy [-bái] *vt.* (**-bóught** [-bɔ́:t]) 必要〔支払能力〕以上に買う.

ó·ver·cáll [óuvərkɔ́:l/òu-] *vi., vt.* 〖トランプ〗= overbid. —— [⌐—⌐] *n.* = overbid. 「形.

ò·ver·cáme [òuvərkéim] *v.* overcome の過去

ò·ver·cán·o·py [-kǽnəpi] *vt.* 天蓋(てんがい)でおおう.

ó·ver·cáp·i·tal·ìze [óuvərkǽpit(ə)làiz / òuvəkəpít(ə)l-] *vt.* **1** に資本をかけ過ぎる. **2** の資本を過大評価する. ◇ **ò·ver·càp·i·tal·i·zá·tion** [⌐—kæ̀pit(ə)lizéiʃ(ə)n/-kəpìt(ə)laiz-] *n.*

ó·ver·cáre [óuvərkέər] *n.* 取り越し苦労, 気をつかい過ぎること.
◇ **~·ful** [-f(u)l] *a.* 心配〔用心〕し過ぎる.

ò·ver·cást [òuvərkǽst / óuvəkɑ:st, ⌐—⌐] *v.* (**-cást**) *vt.* **1**〈雲が空を〉おおう; 曇らせる, 暗くする. **2** [㊋[+]⌐—⌐] 〖洋裁〗〈へりを〉かがる. **3**〈つり糸を〉目標以上に投げ過ぎる. —— *vi.* 曇る; 暗くなる.
—— *a.* **1** 雲でおおわれた, 一面に曇った. **2** 暗い, 陰気な: a face ~ with sorrow 悲しみで曇った顔. **3** へりをかがった. —— *n.* たれこめた雲.
◇ **~·ing** *n.* かがり縫い, 縁かがり.

ó·ver·cáu·tion [óuvərkɔ́:ʃ(ə)n] *n.* 過度の用心.

ó·ver·cáu·tious [-kɔ́:ʃəs] *a.* 用心ぶか過ぎる, 小心過ぎる. ◇ **~·ly** *ad.*

ò·ver·chárge [-tʃɑ́:rdʒ] *vt.* **1**〈人に〉掛け値をする, に不当な代金を請求する. **2**〈ある金額の〉余分な掛け金〔代金〕を取る. **3** に荷を積み過ぎる; に充電し過ぎる; に火薬を込め過ぎる. **4**〈叙述などを〉誇張する. —— [⌐—⌐/⌐——] *n.* **1** 掛け値, 不当な値段. **2** 積み過ぎ; 過充電;《火薬の》過装塡(そうてん).

ò·ver·clóud [òuvərkláud] *vt., vi.* **1** 雲でおおう, 曇る. **2** 暗くする〔なる〕, 陰気にする〔なる〕.

ò·ver·clóy [-klɔ́i] *vt.* 飽満させる, あきあきさせる.

‡ó·ver·coat [óuvərkòut] *n.* **オーバー(コート), 外套(がいとう).** ◇ **~·ing** *n.* オーバー地.

ó·ver·cól·o(u)r [óuvərkʌ́lər] *vt.* の彩色を強くし過ぎる;〈記述・文章などを〉飾り過ぎる, 誇張する.

‡ò·ver·cóme [òuvərkʌ́m] *v.* (**-cáme** [-kéim]; **-cóme**) *vt.* **1** に打ち勝つ, 負かす; 圧倒する; 征服する: ~ difficulties 困難を克服する. **2**《受動態で》圧倒する, 参る《精神的・肉体的に》: *be overcome by* hunger 飢えのために倒れる. *be overcome with* liquor 〔sorrow〕 酔いつぶれる〔悲嘆にくれる〕.
—— *vi.* 打ち勝つ. 【類】→ **defeat**「打ち負かす」

ó·ver·còm·pen·sá·tion [óuvərkɑ̀mpənséiʃ(ə)n/-kɔ̀m-] *n.* 〖心〗補償過剰《劣等感や罪悪感から抜け出るため逆に自己主張をすること》. ◇ **ó·ver·com·pèn·sa·to·ry** [-kəmpénsətɔ̀:ri/-t(ə)ri] *a.*

ó·ver·cón·fi·dent [óuvərkɑ́nfid(ə)nt/-kɔ́n-] *a.* 自信過剰の, うぬぼれた. ◇ **~·ly** *ad.* **-dence** *n.*

ò·ver·cóoked [òuvərkúkt] *a.* 焼き〔煮〕過ぎた.

ó·ver·créd·u·lous [óuvərkrédʒuləs / -dju-] *a.* 軽々しく信じ過ぎる.
◇ **ó·ver·cre·dú·li·ty** [-krid(j)ú:liti/-djú:-] *n.*

ò·ver·cróp [òuvərkrɑ́p/óuvəkrɔ́p] *vt.* (**-pp-**) 〈土地に〉多作し過ぎる;〈土地を〉連作してやせさせる.

ò·ver·crów [òuvərkróu] *vt.* に勝ち誇る.

***ò·ver·crówd** [-kráud] *vt.* **に人を詰め込み過ぎる, 混雑させる.**
◇ **~·ed** [-id] *a.* 超満員の: be ~*ed* with …でいっぱい〔満員〕である. **~·ing** *n.* 大混雑, 超満員.

ó·ver·crúst [óuvərkrʌ́st] *vt.* 外皮〔から〕で包む.

ó·ver·cún·ning [-kʌ́niŋ] *a., n.* ずる過ぎる(こと).

ó·ver·cú·ri·ous [óuvərkjú(:)riəs/-kjúər-] *a.* 好奇心が強過ぎる, 詮索(せんさく)し過ぎる. ◇ **~·ly** *ad.*

ó·ver·dél·i·cate [-délikit] *a.* 繊細〔きゃしゃ〕過ぎ

る; 神経質過ぎる. ◇ ～·ly *ad.* **-ca·cy** [-kəsi] *n.*

ó·ver·de·vél·op [-divéləp] *vt.* **1** 発達させ過ぎる. **2**〖写〗現像し過ぎる. ◇ ～·**ment** *n.*

ó·ver·dó [óuvərdú:/òu-] *v.* (**-díd** [-díd]; **-dóne** [-dʌ́n]) *vt.* **1** やり過ぎる, の度を過ごす; 誇張する. **2** 〈からだなどを〉使い過ぎる, 過労させる. **3** 煮〔焼き〕過ぎる. —— *vi.* 過度にはしる. ～ one**self** [one's **strength**] 心身を使い過ぎる, 無理をする. ～ *it* やり過ぎる; 誇張する; へとへとになるまでからだを使う.

ó·ver·dóne [-dʌ́n] *v.* overdo の過去分詞. —— *a.* **1** 焼き〔煮〕過ぎた. **2** 極端な, 大げさな. **3** 疲れ切った: You are looking a bit ～ from that hike. ハイクで少しまいったらしいね.

ó·ver·dose [óuvərdòus] *n.* 薬の過量〔与え過ぎ〕. —— [⊿–⊿] *vt.* に薬を飲ませ過ぎる.

ó·ver·draft, -draught [-dræ̀ft/-drɑ:ft] *n.* 《銀行預金からの》引き出し超過高; 当座貸越高.

ó·ver·dráw [óuvərdrɔ́:] *v.* (**-dréw** [-drú:]; **-dráwn** [-drɔ́:n]) *vt.* **1** 〈預金などを〉引き出し過ぎる, 借り越しする;〖商〗〈手形などを〉振り出し過ぎる, 過振(かふり)する. **2** 〈弓などを〉引っ張り過ぎる. **3** 誇張して描く〔話す〕. —— *vi.* 〖商〗当座借り越しする.

ó·ver·dréss [-drés] *vt., vi.* 厚着させ過ぎる〔し過ぎる〕; 過度に着飾らせる〔る〕. ～ one**self** 厚着し〔着飾り〕過ぎる. —— [⊿–⊿/⊿––] *n.* 《レースまたは薄布の》婦人用上着.

ó·ver·drínk [-dríŋk] *vt., vi.* (**-dránk** [-drǽŋk]; **-drúnk** [-drʌ́ŋk]) 飲み過ぎる. ～ one**self** 飲み過ぎて健康をそこなう.

ó·ver·dríve [-dráiv] *vt.* (**-dróve** [-dróuv]; **-dríven** [-drívn]) **1** 〈人・馬・機械などを〉酷使する, こき使う. **2**〖ゴルフ〗にドライブをかけ過ぎる. —— [⊿–⊿/⊿––] *n.* 〖機〗オーバードライブ《エンジンの回転数をふやさないで推進軸の回転速度を自動的に増すギア装置》.

ó·ver·dúe [-d(j)ú:/-djú:] *a.* **1** 支払期限過ぎの; 《手形など》未払いの. **2** 《列車など》延着した. **3** 過度の. **4** 完全に態勢がととのった, 十分に熟した.

ó·ver·éa·ger [óuvər-í:gər] *a.* 熱心過ぎる.

ó·ver·éat [óuvər-í:t] *vt., vi.* (**-áte** [-éit/-ét]; **-éat·en** [-í:tn]) 食べ過ぎる. ～ one**self** 食べ過ぎてからだをこわす.

ó·v·er·e·láb·o·rate [-ilǽbərèit] *vt., vi.* 手をかけ過ぎる, 凝り過ぎる. —— *a.* 凝り過ぎた; 表現過多の.

ó·ver·és·ti·mate [-éstįmèit] *vt.* 過大評価する, 買いかぶる. —— [-mit, -mèit] *n.* 過大評価〔見積もり〕, 買いかぶり.
◇ **ó·ver·ès·ti·má·tion** [-èstįméiʃ(ə)n] *n.*

ó·ver·ex·póse [-ikspóuz] *vt.* 〖写〗露出過度にする. ◇ ～**d** *a.* **-pó·sure** [-póuʒər] *n.* 露出過度.

ó·ver·ex·ténd [-iksténd] *vt.* 〈信用・歓迎などを〉与え過ぎる.

ó·ver·fa·tígue [-fətí:g] *n., vt.* 過労(させる).

ó·ver·féed [-fí:d] *v.* (**-féd** [-féd]) *vi.* 食べ過ぎる. —— *vt.* 食わせ過ぎる, にえさを与え過ぎる. ～ one**self** 食べ過ぎる.

ò·ver·fíll [òuvərfíl/óu-] *vt.* に入れ過ぎる, にあふれるまで入れる. —— *vi.* あふれる.

ò·ver·físh [-fíʃ] *vt.* 〈漁場を〉乱獲する.

ó·ver·flight [óuvərflàit] *n.* 《特定の領土の》上空通過〔侵入〕.

‡**ò·ver·flów** [òuvərflóu] *v.* (**-flówed**; **-flówn**) *vt.* **1** 〈水などが〉…から**あふれ出る**, にあふれる; 〈人や物が〉はいりきらずに…からあふれ出る. **2** 〈川などを〉氾濫(はんらん)させる. —— *vi.* **あふれる**, 満ちあふれる; いっぱいになる. ◇ ～·**ing** *a.* あふれ出る, あふれ出るばかりの: ～*ing* kindness あふれる親切心. ～*ing* production 過剰生産.
—— [⊿–⊿/⊿––] *n.* **1** 氾濫, 流出, 洪水(こうずい). **2** 過剰, 充満: an ～ of goods 商品の過剰. **3** 《余分な水の》排水路〔口〕. ～ **meeting** 《満員で入場できない人々のための》第二集会.

ò·ver·flý [òuvərflái] *v.* (**-fléw** [-flú:]; **-flówn** [-flóun]) *vt.* **1** の上空を飛ぶ. **2** を越えて飛ぶ, 飛び越す. —— *vi.* 上空を侵犯する.

ò·ver·fréight [-fréit] *vt.* に荷を積み過ぎる. —— [⊿–⊿/⊿––] *n.* 過重荷積み, 過重荷.

ò·ver·ful·fíl(l) [òuvərfulfíl] *vt.* (**-ll-**) 〈約束・予定などを〉上回る; 〈目標・標準〉以上に生産する. ◇ ～·**ment** *n.* 予定の上回り; 《計画の》早期達成.

ó·ver·fúll [óuvərfúl] *a.* いっぱいになり過ぎた, 十分満ちた《で *of*》. ◇ ～·**ness** *n.*

ò·ver·gíld [òuvərgíld] *vt.* (**-gíld·ed** [-gíldid] *or* **-gilt** [-gílt]) 一面に金めっきする, 金色に染める.

ó·ver·glaze [óuvərglèiz] *n.* 《陶器の》二重上塗り, 重ね塗り. —— [⊿–⊿] *vt.* 重ね塗りする.

ó·ver·góv·ern [óuvərgʌ́vərn] *vt.* 統制〔干渉〕し過ぎる. ◇ ～·**ment** *n.*

ó·ver·ground [óuvərgràund] *a.* 地上の, この世の. ***be still*** ～ まだ生存している.

ó·ver·grów [óuvərgróu] *v.* (**-gréw** [-grú:]; **-grówn** [-gróun]) *vt.* **1** 〈雑草などが〉…に一面にはえる. **2** おおう, にはびこらせる《を *with*》. **3** より大きくなる〔成長する〕. —— *vi.* **1** はびこり過ぎる. **2** 《草などで》一面におおわれる. **3** 大きくなり過ぎる.

ó·ver·grówn [-gróun] *a.* **1** 《背たけなどが》育ち〔伸び〕過ぎた, 大きくなり過ぎた; 《大き過ぎて》ぶかっこうな. **2** 《草などに》おおわれた: ～ *with* weeds 雑草のはびこった.

ó·ver·growth [óuvərgròuθ] *n.* **1** 成長過剰. **2** 繁茂, おい茂り; 一面にはえた〔はびこった〕もの.

ó·ver·hánd [óuvərhǽnd/⊿––] *a.* **1**〖野球〗投げおろしの, 上手投げの;〖水泳〗抜き手の. **2**〖洋裁〗かがり縫いにした. —— *ad.* **1** 手を上から当てて. **2** 上手投げで; 抜き手で. **3**〖洋裁〗かがり縫いして.
—— [[米] ⊿–⊿] *vt.* かがり縫いする.
—— [[米] ⊿–⊿] *n.* 上手投げ(の腕前); 《テニスの》打ちおろしサーブ(の腕前・スタイル).

ò·ver·háng[1] [òuvərhǽŋ/óu-] *v.* (**-húng** [-hʌ́ŋ]) *vt.* **1** の上にかかる, 上から…にかかる. **2** の上へ突き出る, に張り出す: The cliffs ～ the stream. 断崖(だんがい)が川の上に突き出ている. **3** 〈危険などが〉…に差し迫る, 脅かす: A pestilence was ～*ing* Europe. 疫病がヨーロッパを脅かしていた. **4** (掛け物で)飾る. —— *vi.* **1** 上にかかる, 突き出る. **2** 差し迫る. ◇ ～·**ing** *a.* さしかかる; 差し迫る: an ～*ing* danger 差し迫った危険.

ó·ver·hang[2] [óuvərhæ̀ŋ] *n.* 張り出し, 突き出し; 〖建〗《屋根・バルコニーなどの》張り出し;〖空〗張り出し翼.

ó·ver·háp·py [-hǽpi] *a.* 幸福過ぎる, 有頂天な.

ò·ver·hául [òuvərhɔ́:l] *vt.* **1** 《修理などのために》分解検査〔点検〕する; 《一般的》精密検査する. **2** 分解修理する; 分解修理に出す. **3** 《競走などで》追いつく. **4**〖海〗〈索具を〉ゆるめる.
◇ ～·**ing** *n.* 分解検査, オーバーホール.
—— [⊿–⊿/⊿––] *n.* ＝～ing.

‡**ó·ver·héad** [óuvərhéd] *ad.* **1** 頭上に, 高い所に, 上空に. **2** 頭を没するまで.
—— [⊿–⊿/⊿––] *a.* **1** 頭上(式)の; 高架(式)の. **2** いっさい含めた, 経常の;〖商〗諸掛かり込みの.
—— [⊿–⊿/⊿––] *n.* **1** 総経費. **2** 《特に船の》天井. **3** 《ラケットの》頭上スマッシュ.
～ **charges** [**expenses**] 総経費, 経常費. ～ **cost**〖商〗間接費. ～ **railway**〖英〗高架鉄道. ～ **wire** 架空(電)線.

ò·ver·héar [òuvərhíər] *vt.* (**-héard** [-hɔ́:rd]) ふと耳にする; 盗み聞き〔立ち聞き〕する: I accidentally ～*d* what they were saying. 彼らの話をふと耳にしてしまった.

ó·ver·héat [óuvərhí:t] *vt., vi.* 熱し過ぎる.

◇ ～·ing *n.*, *a.*
ó·ver·hours [óuvər-àuərz] *n. pl.* ＝overtime.
ò·ver·húng [òuvərhʌ́ŋ/óu-] *v.* overhang の過去・過去分詞. —— *a.* 上にさしかけた〔つるした〕: an ～ door つり戸.
ó·ver·in·dúlge [óuv(ə)r-indʌ́ldʒ] *vt.* 過度に甘やかす, 放任する. —— *vi.* 思う存分〔わがままに〕ふるまう. ～ one*self* 気ままにふるまう.
ó·ver·in·dúl·gent [-indʌ́ldʒ(ə)nt] *a.* **1** 甘やかし過ぎる, 放任し過ぎる. **2** 気ままな, 放縦(ほうじゅう)な.
◇ ～·**ly** *ad.* **-gence** *n.*
ó·ver·ís·sue [óuvər-íʃu:/-ísju:] *n.* 《貨幣の》限外発行; 《貨幣・手形などの》乱発. —— [㊍ òu-] *vt.* 〈紙幣・株券などを〉発行し過ぎる, 乱発する.
ó·ver·jóy [óuvərdʒɔ́i/òu-] *vt.* 狂喜させる, 大喜びさせる: be ～*ed* at に狂喜する. ◇ ～**ed** *a.* 大喜びの.
ò·ver·júmp [òuvərdʒʌ́mp/óu-] *vt.* とび越える. —— *vi.* とび過ぎる. 「力.
ó·ver·kill [óuvərkil] *n.* 核兵器の過剰殺傷〔破壊〕
ò·ver·lá·bo(u)r [òuvərléibər/óu-] *vt.* **1** に念を入れ過ぎる. **2** 働かせ過ぎる.
ò·ver·lád·en [òuvərléidn/óu-] *a.* 荷を積み過ぎた; 負担が重過ぎる; 《飾りなど》つけ過ぎた《を *with*》.
ò·ver·láid [òuvərléid] *v.* overlay の過去・過去分詞.
ò·ver·láin [-léin] *v.* overlie の過去分詞.
ó·ver·lànd [óuvərlæ̀nd/ㄥ-ㄥ] *ad.* 陸上で, 陸路で. —— [ㄥ-ㅗ/ㄥ--] *a.* 陸上〔陸路〕の. ～ **route, the** 〘米〙《太平洋岸に至る》大陸横断道路; 〘英〙イギリスより地中海経由インドまでの道.
ò·ver·láp [òuvərlǽp] *vt.*, *vi.* (**-pp-**) **1** 《かわらのように》重ねる, 折り重ねる; 重なる. **2** 一部分が一致する; 《時間などが》かち合う; 重複する.
—— [ㄥ-ㅗ/ㄥ--] *n.* 重なり, 重複, 部分的一致; 重なった部分; 〘映〙オーバーラップ《一画面が次の画面と重なること》.
ò·ver·láy [òuvərléi] *vt.* (**-láid** [-léid]) **1** の上に置く, にかぶせる, に着せる, の上に張る, に上塗りする, にめっきする《を *with*》. **2** 圧倒〔制圧〕する. **3** 〘印〙にむらどりの紙を張る. **4** 《誤用》＝overlie.
—— [ㄥ-ㅗ/ㄥ--] *n.* **1** 上敷き, かぶせもの, 《装飾用の》上張り; めっき. **2** 〘印〙むらどり(紙), 張り込み.
ó·ver·léaf [óuvərlí:f] *ad.* 裏〔次〕ページに: continued ～ 次ページに続く.
ò·ver·léap [òuvərlí:p] *vt.* (**-léaped** [-lí:pt, -lépt] *or* **-léapt** [-lépt]) **1** …より向こう〔遠く〕へとぶ. **2** 〈へいなどを〉とび越える. **3** 見過ごす, 見落とす, 省く, とばす. ～ one*self* 意気ごみ過ぎて失敗する, 勇み足する.
ò·ver·líe [òuvərlái] *vt.* (**-láy** [-léi]; **-láin** [-léin]; **-lý·ing**) **1** …の上に横たわる〔寝る〕. **2** 〈幼児などを〉窒息させる《添い寝などで》.
ò·ver·líve [òuvərlív/óu-] *vt.* 〈時代・人などより〉長く生きる. —— *vi.* 生き続ける; 長生きし過ぎる.
ò·ver·lóad [òuvərlóud/óu-] *vt.* に荷を積み過ぎる; に負担をかけ過ぎる; に火薬を込め過ぎる; 〘電〙に充電し過ぎる. —— [ㄥ-ㅗ/ㄥ--] *n.* 積み荷過剰; 〘電〙過負荷, オーバーロード.
‡ò·ver·lóok [òuvərlúk] *vt.* **1 見渡す**, 見おろす; 〈建物などが〉…を見おろす位置にある. **2** 監督〔監視〕する, 検閲〔視察〕する: ～ men at work 現場で監督する. **3** 〈木・峰などが〉…より高くそびえる. **4 見落とす**; 〈欠点などを〉**見のがす**, 大目にみる. **5** にらみつける; (にらみつけて) 魔力にかける. ◇ ～·**er** *n.*
[類] → **neglect**「無視する」
ó·ver·lord [óuvərlɔ̀:rd] *n.* 大君主, 最高主権者.
◇ ～·**ship** *n.* 大君主の位〔身分〕.
ó·ver·ly [óuvərli] *ad.* 〘米話〙 **1** 過度に, あまりに; 非常に, 多分に. **2** 《否定文で》あんまり, そんなに: *not* ～ enthusiastic たいして気乗りしてない.
ó·ver·man [óuvərmən/-mæn] *n.* (*pl.* **-men** [-mən/-men]) **1** 職長, 《炭鉱の》坑内監督者; 親方. **2** 審判係員; 裁決〔調停〕者. **3** [-mæn] 〘哲〙超人 (superman). —— [óuvərmǽn] *vt.* (**-nn-**) に人を多く配置し過ぎる.
ó·ver·màn·tel [-mæ̀ntl] *a.*, *n.* 暖炉上の(飾り).
ò·ver·mást·ed [òuvərmǽstid/óuvəmá:s-] *a.* マストが長〔重〕過ぎる.
ò·ver·más·ter [òuvərmǽstər/-má:s-] *vt.* 圧倒〔征服〕する, に打ち勝つ.
ò·ver·mátch [-mǽtʃ] *vt.* **1** よりはるかにまさる, に勝つ, 圧倒する. **2** より強い相手と試合させる. —— *n.* 優者, 強敵.
ó·ver·màt·ter [óuvərmæ̀tər] *n.* 《雑誌など次号回しの》過剰原稿〔記事〕.
ò·ver·méas·ure [-méʒər] *n.* **1** はかり過ぎ, 過大見積もり. **2** 有り余る量; 剰余.
ò·ver·múch [-mʌ́tʃ] *a.*, *ad.* 過度の〔に〕, 過分の〔に〕. —— *n.* 過度, 過多, 過剰.
ò·ver·níce [-náis] *a.* きちょうめん〔潔癖〕過ぎる; 気むずかし過ぎる. ◇ ～·**ly** *ad.* ～·**ness** *n.*
‡ó·ver·níght [óuvərnáit] *ad.* **1 夜通し**, 一晩じゅう; 一夜のあいだ: stay ～ 一泊する. The fish will keep ～. 魚は一晩もつだろう. **2 一夜のうちに**: His mind changed ～. 彼は一夜のうちに心変わりした. become famous ～ 一夜にして有名になる. **3** 前の晩に: It happened ～. それは前夜中に起こった.
—— *a.* **1 夜通しの**: an ～ debate 夜を徹しての討論. **2** 一夜のうちの: an ～ millionaire 一夜成金. **3** 前夜の. **4 一泊の**; 短期旅行用の: an ～ guest 一晩泊まりの客. —— [ㄥ-ㅗ/ㄥ--] *n.* 前の晩. ～ **bag** 〔**case**〕小旅行用かばん《特に航空旅行の》.
ò·ver·páss [òuvərpǽs/-pá:s] *vt.* (**-pássed** [-t] *or* **-pást**) **1** 〈地域を〉横切る; 〈川などを〉渡る, 越す; 〈境界を〉越す; 〈限界などを〉越える, 犯す. **2** にまさる, しのぐ; 〈困難などを〉超克(ちょうこく)する, 征服する. **3** 見落とす, 見のがす.
—— [ㄥ-ㅗ/ㄥ--] *n.* 〘米〙《道路・鉄道などを越す》陸橋; 《駅の》跨線(こせん)橋. → underpass.
ò·ver·pássed, -pást [òuvərpǽst/óuvəpá:st] *a.* 過去の; (既に) 廃止された.
ó·ver·páy [óuvərpéi] *vt.* (**-páid** [-péid]) に余分に払う, に過分の報酬を与える.
◇ ～·**ment** *n.* 過払い(金).
ó·ver·péo·pled [-pí:pld] *a.* 人口過剰の.
ó·ver·per·suáde [-pərswéid] *vt.* **1** 無理やりに説得する. **2** 説得して味方に引き込む.
◇ **ó·ver·per·suá·sion** [-swéiʒ(ə)n] *n.*
ò·ver·pítch [òuvərpítʃ] *vt.* 〘クリケット〙〈ボールを〉三柱門寄りに投げ過ぎる.
ó·ver·pláy [óuvərpléi] *vt.*, *vi.* **1** 〘米〙〈役割を〉大げさに演ずる. **2** 〘運〙〈相手を〉負かす. **3** 〘ゴルフ〙強く打ち過ぎてグリーンの外へボールを飛ばす. **4** 〘トランプ〙優勢を信じ過ぎて負ける. **5** 評価し過ぎる.
ó·ver·plus [-plʌ̀s] *n.* 余分, 余剰, 過剰. 「ある.
ò·ver·póise [òuvərpɔ́iz] *vt.* より重い; より重要で
ò·ver·póp·u·late [òuvərpápjulèit/óuvəpɔ́p-] *vt.* 人口過剰にする. ◇ **-lat·ed** [-id] *a.* 人口過剰の, 過密の. ↔ underpopulated. **ó·ver·pòp·u·lá·tion** [ㄥ-ㅗ-léiʃ(ə)n] *n.* 人口過剰, 過密人口.
ò·ver·pów·er [òuvərpáuər] *vt.* **1** に打ち勝つ, 負かす, 圧倒する: be ～*ed* by the heat 暑さに参る. **2** 〈機械などに〉過剰の動力を与える.
ò·ver·pów·er·ing [-páuəriŋ] *a.* 圧倒的な, 優勢な; 抗しがたい.
◇ ～·**ly** *ad.* 圧倒的に. ～·**ness** *n.*
ò·ver·práise [òuvərpréiz/ㄥ-ㄥ] *vt.* ほめ過ぎる. —— [ㄥ-ㅗ/ㄥ-ㄥ] *n.* ほめ過ぎ.
ó·ver·prés·sure [óuvərpréʃər] *n.* 過圧, 過度の圧迫; 《精神的》過労. 「る.
ò·ver·príce [òuvərpráis/óu-] *vt.* に高値をつけ過ぎ
ò·ver·prínt [-prínt] *vt.* **1** 〘印〙重ね刷りをする. **2**

〖写〗焼き過ぎる. —— [ˊ–ˋ/ˊ––] *n.* 重ね刷り; 《切手などに》重ね刷りした文字・模様.

ò·ver·príze [òuvərpráiz/óu-] *vt.* 買いかぶる.

ó·ver·pro·dúce [óuvərprəd(j)ú:s/-djú:s] *vt., vi.* 過度に生産する. ◇ **ó·ver·pro·dúc·tion** [-prədʌ́kʃ(ə)n] *n.* 生産過剰. ↔underproduction.

ó·ver·próof [-prú:f] *a.* 標準量以上のアルコールを含む.

ó·ver·pro·pór·tion [-prəpó:rʃ(ə)n/-pɔ́:-] *n.* 不均衡. —— *vt.* ふつりあいに大きくする.

ó·ver·pro·pór·tion·ate [-prəpó:rʃ(ə)nit/-pɔ́:-] *a.* ふつりあいに大きい. ◇ **~·ly** *ad.*

ò·ver·pro·téct [òuvərprətékt] *vt.* 保護し過ぎる. ◇ **-téc·tion** [-tékʃ(ə)n] *n.* 過剰保護.

ó·ver·ráte [óuvərréit] *vt.* 過大評価する, 過大に見積もる, 買いかぶる. ↔ underrate.

ò·ver·réach [òuvərrí:tʃ] *vt.* **1** 越える, より先までゆく: ~ a target 目標を越す. **2** に追いつく. **3** 出し抜く, ぺてんにかける. —— *vi.* **1** 行き過ぎる, 極端にはしる; 無理をする. **2** 〈馬が〉後ろ足で前足をける. ~ one*self* 策を弄(ろう)し過ぎて失敗する, 勇み足をする.

ò·ver·réad [òuvərrí:d/óu-] *vt.* (**-réad** [-réd]) 〈書物を〉読み過ぎる.

ò·ver·re·fíne [-rifáin] *vt.* 洗練〔純化〕し過ぎる. —— *vi.* 細かく区別だてし過ぎる.
◇ **~d** *a.* 洗練され過ぎた. **~·ment** *n.*

ò·ver·rént [-rént] *vt.* の地代〔家賃〕を高く取り過ぎる.

ò·ver·ríde [òuvərráid] *vt.* (**-róde** [-róud]; **-ríd·den** [-rídn]) **1** 〈ある場所を〉馬に乗って越す; 〈敵国を〉蹂躙(じゅうりん)する. **2** の忠言を無にする, の言うことをきかない. **3** 〈命令・権利などを〉無視する, 破棄する. **4** 〈馬を〉乗りつぶす, 疲れさす. **5** の向こう側に渡る〔広がる〕. **6** 〖医〗騎乗する《骨折を重ね合わす》. ~ *a veto* 〖米〗大統領の拒否した法案を再可決する《3 分の 2 以上の多数を要する》.

ó·ver·rípe [óuvərráip] *a.* 熟し過ぎた; 時期〔適期〕を失した. ◇ **~·ly** *ad.*

ò·ver·rúle [òuvərrú:l] *vt.* **1** 支配する, 威圧する, 屈服させる. **2** 〈決定などを〉権力ずくで取り消す〔くつがえす〕; 却下する, 無効にする: be ~*d* by the majority 数の力で押し切られる.

***ò·ver·rún** [òuvərrʌ́n] *v.* (**-rán** [-rǽn]; **-rún**; **-rún·ning**) *vt.* **1** の一面に広がる; 〈敵軍などが〉…に侵入する, 攻略する, 席巻(せっけん)する; 〈害虫・雑草などが〉…に群がる〔はびこる〕; 〈病気・思想などが〉…にたちまちに広まる. **2** 〈敵などを〉圧倒する. **3** 〈川などが〉…に氾濫(はんらん)する; 〈流れが岸を〉あふれ流れる. **4** **走り越す**; 〈範囲・制限を〉こえる, 逸脱する; 〈目標などを〉突破する. **5** 〖印〗他の行に送る. **6** 〖野球〗走り越す, オーバーランする. **7** より速く走る; の追跡からのがれる. —— *vi.* **1** あふれる, 氾濫する. **2** やり過ぎる, 度を過ごす. ~ one*self* 走り過ぎてくたびれる.
—— [ˊ–ˋ/ˊ––] *n.* ～すること〔した分量〕.

ó·ver·scrú·pu·lous [óuvərskrú:pjuləs] *a.* あまりに念入りな. ◇ **~·ly** *ad.* **~·ness** *n.*

***ó·ver·séa(s)** [óuvərsí:(z)] *a.* 海外(から)の, 外国の; 海外行き〔向け〕: American ~ liabilities アメリカ海外債務. —— *ad.* 海外へ〔に, で〕. *go* ~ 海外へ行く, 洋行する.
~ **broadcast** 海外向け放送. ~ **cap** 〖米: 陸軍〗(ひさしのない)外地用略帽. ~ **edition** 海外版. ~ **operation** 渡洋作戦. ~ **trade** 海外貿易.

ò·ver·sée [òuvərsí:/óu-] *vt.* (**-sáw** [-sɔ́:]; **-séen** [-sí:n]) **1** 監視する, 監督する, 取り締まる. **2** 〖古〗見渡す.

ó·ver·sè·er [óuvərsì:ər, 英+-siə] *n.* 監視〔監督〕者; 職長; 取締〔視察〕官. ~ *of the poor* 〖英〗民生委員.

ó·ver·séll [óuvərsél] *vt.* (**-sóld** [-sóuld]) **1** 売り過ぎる, 乱売する. **2** 〈株などを〉から売りする. **3** 〈長所・効果を〉過度に強調する, 宣伝し過ぎる.

ò·ver·sét [òuvərsét] *v.* (**-sét**; **-set·ting**) *vt.* **1** 〈政府などを〉転覆させる; ひっくりかえす. **2** の気を転倒させる. **3** 〖印〗〈一定の面積に〉活字を組み〔詰め〕過ぎる. —— *vi.* ひっくりかえる.
—— [ˊ–ˋ/ˊ––] *n.* 転覆, 打倒.

ó·ver·sèw [óuvərsòu, ˋ–ˊ/ˊ–ˊ] *vt.* (**-sèwed**; **-sèwed**, **-sèwn** [-n]) 〈へりを〉かがり縫いする.

ó·ver·séxed [óuvərsékst] *a.* 性に興味をもち過ぎる; 性欲の異常に激しい.

ò·ver·sháde [òuvərʃéid] *vt.* かげらす; 薄暗くする.

ò·ver·shád·ow [òuvərʃǽdou] *vt.* **1** に影を投ずる, 暗くする. **2** の輝きを奪う, 見劣りさせる; よりまさる. **3** 〖古〗保護する.

ó·ver·shoe [óuvərʃù:] *n.* (通例 *pl.*) 《防水用》オーバーシューズ (galoshes); 《防寒用》フェルト製上ぐつ.

ò·ver·shóot [òuvərʃú:t/óu-] *v.* (**-shót** [-ʃát/-ʃɔ́t]) *vt.* **1** 〈的を〉射越す; 〈度・目標を〉越す, 行き過ぎる. **2** やり過ぎる. **3** より巧みに射る〔撃つ〕. —— *vi.* 走り〔飛び〕過ぎる; 度を越える. ~ one*self* 〔*the mark*〕やり過ぎて失敗する; ほらを吹き過ぎる.

ò·ver·shót[1] [-ʃát/-ʃɔ́t] *v.* overshoot の過去・過去分詞. —— *a.* 上あごの出っ張った.

ó·ver·shot[2] [óuvərʃàt/-ʃɔt] *a.* 《水車が》上射式の: an ~ wheel. ↔ undershot.

ó·ver·side [óuvərsàid] *a.* 舷側(げんそく)越しの, 舷側からの. —— [ˋ–ˊ] *ad.* 舷側を越えて, 舷側から.
—— [ˊ–ˋ/ˊ––] *n.* レコード〔音盤〕の反対側.

ó·ver·sight [óuvərsàit] *n.* **1** 見落とし, 手抜かり, 落ち度. **2** 監視, 監督, 取り締まり.
by 〔*through*〕(*an*) ~ うかつに(も), 誤って.

ó·ver·síze [óuvərsáiz/ˊ––] *a.* **1** 特大〔大型〕の. **2** 大き過ぎる. ◇ **~d** *a.* 特大(型)の.
—— [ˊ–ˋ/ˊ––] *n.* 大型(品), 特大(品).

ó·ver·skirt [óuvərskə̀:rt] *n.* 〖米〗重ねスカート (outer skirt).

ó·ver·slaugh [-slɔ̀:] *vt., n.* 〖軍〗《さらに重大任務があるために》現在の任務を免除する(こと).

ó·ver·sléep [óuvərslí:p] *vt., vi.* (**-slépt**) 寝過ごす, 寝坊する. ~ one*self* 寝過ごす.

ò·ver·slíp [òuvərslíp] *vt.* (**-pp-**) **1** すべり越す. **2** 見過ごす; 無視する.

ò·ver·smóke [òuvərsmóuk/óu-] *vi.* たばこを吸い過ぎる; 煙を出し過ぎる.

ó·ver·sóld [óuvərsóuld] *v.* oversell の過去・過去分詞.

ó·ver·soul [-sòul] *n.* 〖哲〗大霊《Emerson などの述べる宇宙を包有する絶対的霊魂》; 神.

ó·ver·spénd [-spénd] *vt., vi.* (**-spént** [-spént]) 浪費する, 金を使い込む. ~ one*self* 資力以上の浪費をする; 金を使い過ぎて苦しむ.

ó·ver·spill [-spil] *vi.* (**-spilled** [-d, -t] *or* **-spilt** [-t]) こぼす. —— *n.* こぼれ, 余分; 過剰人口.

ò·ver·spréad [òuvərspréd] *vt.* (**-spréad** [-spréd]) **1** の上を一面におおう《で *with*》. **2** の上一面に広がる〔はびこる〕.

ó·ver·státe [óuvərstéit] *vt.* 誇張して話す. ↔ understate. ◇ **~·ment** *n.* 大げさな話, 誇張, 言い過ぎ.

ó·ver·stáy [-stéi] *vt.* **1** 長居し過ぎる: ~ one's welcome 長居して迷惑がられる. **2** 〖商〗〈市場に〉長く滞貨し過ぎる.

ò·ver·stép [òuvərstép/óu-] *vt.* (**-pp-**) 踏み越える, 行き過ぎる; 〈限度を〉越す.

ò·ver·stóck [òuvərsták/óuvəstɔ́k] *vt.* **1** 仕入れ過ぎる, 在荷過剰にする. **2** に収容し過ぎる《を *with*》: be ~*ed with* cattle 飼いきれないほど家畜であふれている. —— [óuvərstàk/-stɔk] *n.* 仕入れ〔在荷〕過剰; 収容過多.

ò·ver·stráin [òuvərstréin/óu-] *vt.* **1** 引っ張り過ぎる; 緊張させ過ぎる. **2** 過度に働かせる, 無理に使う. —— *vi.* 過度に緊張する; 無理をする. ~ one*self* 働き過ぎる, 無理をし過ぎる.

—— [⌐—⌐/⌐——] *n.* 過度の緊張; 過労.

ó·ver·strúng [óuvərstrʌ́ŋ] *a.* **1** 緊張し過ぎた, 過度に神経質な. **2**《弓の弦が》張り過ぎた. **3** [⊛ ⌐——]《ピアノが》弦を斜めに交差して張った.

ó·ver·stúd·y [-stʌ́di] *n.* 過度の勉強. —— *vt., vi.* 勉強〔研究〕し過ぎる; (に)凝り過ぎる.

ó·ver·stúff [-stʌ́f] *vt.* 〈ソファーなどに〉厚く詰め物をする; に詰め込み過ぎる.
◇ **~ed** [-t] *a.* たっぷり詰め物をした.

ó·ver·sub·scríbe [-səbskráib] *vt., vi.* (の)募集額を申し込みが超過する. ◇ **~d** *a.* **-scríp·tion** [-skrípʃ(ə)n] *n.* 申し込み超過.

ó·ver·sup·plý [-səplái] *vt.* に供給し過ぎる. —— *n.* 供給過剰.

o·vért [ouvə́:rt, ⌐—] *a.* 明白な, 歴然とした, 公然の: ~ behavior 外にあらわれた行動. an act of ~ hostility 敵意をむき出しにした行為. a market ~ 公開市場. ↔ covert. ◇ **~·ly** *ad.*

‡**ò·ver·táke** [òuvərtéik/óu-] *v.* (**-tóok** [-túk]; **-ták·en** [-téik(ə)n]) *vt.* **1** に追いつく; 〈仕事の遅れなどを〉取りもどす. **2** 〈あらし・災難などが〉急に襲いかかる: be *overtaken* by a storm あらしに会う. —— *vi.* 〘おもに英〙(車の)追い越しをする (pass): No ~*king.* 追い越し禁止. ***be overtaken with* [*in*] *drink*** 酔っている.

ò·ver·tálk·a·tive [òuvərtɔ́:kətiv/óuvə-] *a.* おしゃべり過ぎる. ◇ **~·ly** *ad.*

ò·ver·tásk [-tǽsk/-tá:sk] *vt.* に無理な仕事をさせる, 酷使する.

ó·ver·táx [óuvərtǽks] *vt.* **1** に過度に課税する. **2** に無理な負担を課す, 働かせ過ぎる: ~ one's strength 精力を使い果たす.
◇ **ó·ver·tax·á·tion** [-tækséiʃ(ə)n] *n.*

ò·ver·the·át·ri·cal [òuvərθiǽtrik(ə)l/óu-] *a.* 芝居がかり過ぎた. ◇ **~·ly** *ad.*

ó·ver-the-cóunt·er [óuvərðəkáuntər] *a.* **1** 直接〔店頭〕取引の. **2**《薬品が》医師の処方箋(せん)なしで買える: ~ drugs.

ó·ver-the-róad [-róud] *a.* 都市〔州〕間の: ~ trucks [freight] 都市〔州〕間運送トラック〔貨物〕.

‡**ò·ver·thrów** [òuvərθróu] *vt.* (**-thréw** [-θrú:]; **-thrówn** [-θróun]) **1** ひっくり返す, 打ち倒す, 打ちこわす; 〈政府・制度などを〉転覆させる. **2** の気を転倒させる. **3**《クリケット・野球で》暴投〔高投〕する. —— [⌐—⌐/⌐——] *n.* **1** 打倒, 転覆. **2** 征服; 敗北, 滅亡. **3**〘クリケット・野球〙暴投, 高投.

ó·ver·thrust [óuvərθrʌ̀st] *n.* 〘地〙衝上断層.

ó·ver·time [-tàim] *n.* **1** 超過時間;《特に》時間外労働; 残業〔超過勤務〕手当. **2**(試合)延長時間. —— *a.* 超過時間〔勤務〕の: ~ pay. —— *ad.* 規定時間外に: work ~ 残業する. —— [⌐—⌐] *vt.* に時間をかけ過ぎる《写真の露出など》.

ò·ver·tíre [òuvərtáiər/óu-] *vt., vi.* 過労させる〔する〕.

ò·ver·tóil [-tɔ́il] *vt.* 働かせ過ぎる, 過労させる. —— [⌐—⌐/⌐——] *n.* 過労.

ó·ver·tone [óuvərtòun] *n.* **1**〘楽〙倍音. → undertone. **2**(しばしば *pl.*)《ことばなどの》含み, 含意, 暗示. **3**〘印〙上色. —— [⌐—⌐] *vt.* **1**〘楽〙〈他の音を〉圧倒する. **2**〘写〙焼き過ぎる.

ò·ver·tóok [òuvərtúk/óu-] *v.* overtake の過去形.

ò·ver·tóp [òuvərtáp/óuvətɔ́p] *vt.* (**-pp-**) **1** より高くそびえる. **2** にまさる.

ò·ver·tráin [òuvərtréin/óu-] *vt., vi.* 訓練〔練習〕し過ぎる, の調子を訓練過剰でくずす.

ò·ver·trúmp [òuvərtrʌ́mp/⌐——] *vt., vi.* 〘トランプ〙(相手より)強い切り札を出す.

ó·ver·ture [óuvərtʃər, -tʃùər/-tjuə] *n.* **1**(しばしば *pl.*) 交渉開始, 予備交渉; 申し出, 提案. **2**〘楽〙序曲;《詩・文の》序章. **3**《長老教会の》建議, 諮問. ***make ~s to*** に交渉を始める, に提議する; に言い寄る. —— *vt.* 申し出る, 提案する; に申し出る, に提案する.

‡**ò·ver·túrn** [òuvərtə́:rn] *vt., vi.* ひっくり返す〔返る〕, 転覆させる〔する〕. —— [⌐—⌐/⌐——] *n.* **1** 転覆, 打倒. **2** 崩壊, 破滅.

ò·ver·úse [òuvərjú:z/óu-] *vt.* 使用し過ぎる, 乱用する. —— [óuvərjú:s] *n.* 過度の使用; 乱用.

ó·ver·vál·ue [óuvərvǽlju:] *vt.* 過大評価する, 買いかぶる. ↔ undervalue.
◇ **ó·ver·vàl·u·á·tion** [-væljuéiʃ(ə)n] *n.*

ò·ver·wálk [òuvərwɔ́:k] *vt., vi.* 歩き過ぎる. ~ one*self* 歩き疲れる.

ó·ver·wátch [óuvərwátʃ/-wɔ́tʃ] *vt.* **1** 見張る, 監視する. **2**〘古〙見張りして疲れさせる.
◇ **~ed** [-t] *a.* 見張りで疲れた.

ó·ver·wéar [óuvərwéər] *vt.* **1** 〈着物を〉すり切れさせる, 全く使い古す. **2** 疲れさせる.

ó·ver·wéa·ry [-wí(:)ri/-wíəri] *a.* 疲れ果てた, へとへとになった. —— *vt.* 疲れ果てさせる.

ó·ver·wéen·ing [óuvərwí:niŋ/òu-] *a.* うぬぼれた, 思い上がった. ◇ **~·ly** *ad.*

ó·ver·wéigh [-wéi] *vt.* **1** より重い. **2** より価値〔重要性〕がある (outweigh). **3** 圧倒〔圧迫〕する.

ó·ver·weight [óuvərwèit] *n.* **1** 超過重量, 過重. ↔underweight. **2** 優勢.
——[⌐—⌐] *a.* 規定重量を越えた: a boy ~ *for* his age 年のわりに太り過ぎた男児. ↔ underweight.
◇ **ó·ver·wéight·ed** [-id] *a.* 重量超過の; 積み過ぎた《*を with*》.

‡**ò·ver·whélm** [òuvər(h)wélm] *vt.* **1** 圧倒する, おしつぶす; の気持ちを打ちひしぐ. **2** 〈波などが〉上からおおいかぶさる. ***be ~ed with* [*by*]** に圧倒される, …にすっかり参る.

ò·ver·whélm·ing [-iŋ] *a.* 圧倒的な, 抵抗できない: an ~ majority 圧倒的大多数. ~ sorrows 言いようのない悲しみ. an ~ victory 圧倒的勝利.
◇ **~·ly** *ad.* 圧倒的に.

ó·ver·wínd [óuvərwáind] *vt.* (**-wóund** [-wáund]) 〈とけいなどのねじを〉巻き〔締め〕過ぎる.

ó·ver·word [óuvərwə̀:rd] *n.* 《歌の》繰り返し(句).

ó·ver·wórk** [óuvərwə́:rk] *vt., vi.* (**-wórked** [-wə́:rkt] *or* **-wróught** [-rɔ́:t]) **1** 過労させる〔する〕, 過度に働かせる〔働く〕. ↔underwork. **2** 〈作品などに〉凝り過ぎる. **3** 飾り立てる. ~ oneself*** 働き過ぎる, 過労に陥る. **~ *an excuse*** 一つの口実を使い過ぎる. —— *n.* **1** 過労, 過度の労働. **2** [⌐—⌐/⌐——] 規定外〔超過〕勤務.

ò·ver·wríte [òuvərráit] *vt., vi.* (**-wróte** [-róut]; **-writ·ten** [-rítn]) **1** の上に重ねて書く; の上一面に書く. **2** 書き過ぎる, 書き過ぎて粗雑にする〔なる〕. **3** くどく〔冗長に〕書き過ぎる. ~ one***self*** 乱作して文体などが粗雑になる.

ó·ver·wróught [óuvərrɔ́:t] *v.* overwork の過去・過去分詞. —— *a.* **1** 過労の. **2** 緊張し過ぎた; ひどく興奮した. **3** 一面に細工〔飾り〕を施した; 凝り過ぎた, 念の入り過ぎた.

ó·ver·zéal [-zí:l] *n.* 熱の入れ過ぎ.

ó·ver·zéal·ous [-zéləs] *a.* 熱心過ぎる. ◇ **~·ly** *ad.* **~·ness** *n.*

ovi- 「卵」「羊」の意の語形成要素《「卵」の意では ovo- の形にもなる》.

ò·vi·bó·vine [òuvibóuvain] *n.* 〘動〙ジャコウウシ. —— *a.* ジャコウウシ科の.

Ov·id [ávid/ɔ́v-] *n.* Publius Ovidius Naso オビディウス, 43 B.C.–A.D. 17 ?, ローマの詩人.
◇ **O·vid·i·an** [ovídiən/ɔv-] *a.* ~(風)の.

ó·vi·duct [óuvidʌ̀kt] *n.* 〘医〙(輸)卵管, らっぱ管.
◇ **ò·vi·dúc·tal** [⌐—dʌ́ktl] *a.*

ó·vi·form [óuvifɔ̀:rm] *a.* 卵形の.

ó·vine [óuvain, ⊛⁺-vin] *a.* 羊の; 羊に似た.

o·víp·a·rous [ovípərəs] *a.* 〘動〙卵生の.
◇ **~·ly** *ad.* **ò·vi·pár·i·ty** [òuvipǽrịti] *n.* 卵生.

ò·vi·pós·it [òuvipázit/-pɔ́z-] *vi.* 〈こん虫が〉産卵す

る. ◇ **-i·tor** [-ər] *n.* 〖動〗産卵管. **ò·vi·po·sí·tion** [-pəzíʃ(ə)n] *n.*

ó·void [óuvɔid] *a.* 卵形の. —— *n.* 卵形物.

ó·vo·lo [óuvəlòu] *n.* (*pl.* **-li** [-li:])〖建〗丸身くり形.

ò·vo·vi·víp·a·rous [òuvovaivípərəs] *a.* 〖動〗卵胎生の. ◇ **~·ly** *ad.* **~·ness** *n.*

ó·vu·late [óuvjulèit] *vi.* 排卵する. ◇ **ò·vu·lá·tion** [⌐−léiʃ(ə)n] *n.*

ó·vule [óuvju:l] *n.* 〖植〗胚珠(はいしゅ);〖生〗卵子. ◇ **ó·vu·lar** [-vjulər] *a.*

ó·vum [óuvəm] *n.* (*pl.* **ó·va** [óuvə]) **1**〖生〗卵子, 卵(らん). **2**〖建〗卵形装飾.

‡**owe** [ou] *vt.* **1** 借りている, 支払う義務を負っている: I ～ John 10 dollars. =I ～ 10 dollars *to* John. ジョンに10ドル借りている. the sum ～*d* (*to*) her by her brother 兄〔弟〕が彼女に借りている金額. 〈注₁〉直接目的を省略することがある: He *owes* not any man. 彼はだれにも借金していない. 〈注₂〉次の構文もある: I still *owe* you *for* the gas. きみにまだガソリン代を借りている. **2** の恩を受けている: I ～ him a great deal. =I ～ a great deal *to* him. 私は彼に負うところが大きい; あの人にずいぶん世話になっている. **3** の恩を返さねばならない, のお陰をこうむっている: I ～ my present position *to* an accident. この地位についたのももとは偶然によるのだ. I ～ it *to* you that I am still alive. 今日なお生き長らえているのはあなたのお陰です. **4** 〈忠勤などを〉尽くす義務を負っている; 〈感情・敬意などを〉ささげねばならない, に感謝を感じる: I ～ no thanks *to* her. あの女に礼を言うべき義理はない. I ～ you *for* your service. ご尽力に感謝します. **5** 〈ある感情を〉いだく: I ～ him a grudge. 彼には恨みがある.

—— *vi.* 借りている: He ～*s for* three months' rent. 彼は家賃を3月分ためている. ***To whom*** 〔***To what***〕 ***do I ～ this honor?*** どなたのお陰で〔どういう経緯で〕この光栄に浴したのでしょうか.

Ow·en [óuin, ㊥⁺óuən] *n.* Robert ～, 1771–1858, イギリスの社会改革家. ◇ **～·ism** *n.* ～の空想的社会主義.

OWI, O.W.I. Office of War Information 戦時情報局《1942–45》.

‡**ów·ing** [óuiŋ] *a.* **1** 借りになっている, 未払いになっている《に *to*》: large sums still ～ まだ未払いの大金. I paid what was ～. 借りは全部払った. $50 ～ *to* me 私が貸している50ドル. **2** 帰すべき, 基づく《に *to*》: All this is ～ *to* your carelessness. これもみなあなたの不注意によるものです. **～ *to*** (1)《前置詞句として》…のために, …がもとで, …が原因で: *O～ to* the snow we could not leave. 雪のために出発できなかった. (2)《述語として》…がもとで: My failure was ～ *to* ill luck. 失敗のもとは運が悪かったのだ.

‡**owl** [aul] *n.* **1**〖鳥〗フクロウ. **2** 夜ふかしする人, 夜働く人, 夜歩きする人. **3** まじめくさった人, 利口ぶった愚か者. ***be as grave as an ～*** まじめくさっている, 行ないすましている. ***be boiled as an ～***〖俗〗ぐでんぐでんに酔っている. ***fly with the ～*** 夜出歩く. ***～s to Athens*** 蛇足(だそく). **～·light** [⌐⌐] たそがれ, 薄暮, 薄明かり. ◇ **～·like** *a.*

ówl·et [áulit] *n.* 〖鳥〗フクロウの子; 小さいフクロウ.

ówl·ish [áuliʃ] *a.* フクロウのような; まじめくさった顔の; 愚かな. ◇ **～·ly** *ad.* **～·ness** *n.*

†**own** [oun] *a.* 《おもに所有形容詞のあとに用いる》 **1** 《所有を強調して》(他人のものでなく) 自分自身の: This is my ～ house. これは私の持ち家です. I saw it with my ～ eyes. この自分の目で見たんです. be one's ～ doctor 自分の健康管理を自分でする《医者にかからずに》. **2** 《独自性を強調して》(自分自身に) 固有の, 特有な, 独特な: The orange has a scent all its ～. オレンジには特有のかおりがある. 〈注〉The orange has its *own* scent. を更に強めた形. **3** 《血族関係を強調して》実の, 直接の: She is ～ sister to me. 私の実の姉〔妹〕です. **4** 《行為者の主体性を強調して》人の助けを借りない, 自力〔自分〕でする: He cooks his ～ meals. あの人は自炊している. **5** 《所有形容詞 + own のあとに名詞を用いずに》…自身のもの, …自身の所有物〔立場, 責任〕, 自分の家族: You may keep this book for your ～. この本を自分のものとして取っておいてよい; この本はあなたに差し上げます. I can do what I will with my ～. 自分のものはかってに処分していいはずだ. ***be*** one's ***～ man*** 〔***master***〕 自由の身である, 他人のさしずを受けない. ***come into*** one's ***～*** 当然受けるべきものを受ける《財産・名誉・信用など》; 本領を発揮する. ***for its ～ sake*** それ自身のため. ***get*** one's ***～ back*** (***on***)〖話〗(に) 仕返しする. ***hold*** one's ***～*** 自己の立場を維持する, 屈しない. ***of*** one's ***～*** 自己所有の: The company has a building *of its* ～. その会社は専用のビルをもっている. ***on*** one's ***～***〖話〗自分で, 独力で; 自分の金〔責任〕で, 自分の発意で, 自ら進んで.

—— *vt.* **1** 所有する: Who ～*s* this house? この家はだれのか. **2** 〈罪や事実を〉認める, 打ち明ける: ～ one's faults 自分の過失を認める. He ～*s that* he has done wrong. 自分がまちがったと認めている. **3** の父親〔著者, 所有者〕であることを認める, 認知する: ～ a boy as one's child わが子であると認知する. **4** の支配権を認める; に恭順の意を表する: They refused to ～ the king. 彼らは国王をいただこうとしなかった.

—— *vi.* 認める, 自白する《を *to*》: ～ *to* a mistake 誤りを認める. I ～ *to* being uncertain about that. それについて不確かなことを認める. **～ one*self*** beaten (負けたと) 自認する. **～ *up*** すっかり〔あっさり〕白状する: ～ *up to* a crime 罪を白状する. ～ *up to* having done something なにかしたことを自白する. 類 → **have**「持つ」

‡**ówn·er** [óunər] *n.* **1** 持ち主, 所有(権)者: the ～ of the dog 犬の飼い主. **2**〖英俗〗船長, 船主; 荷主. ***at ～'s risk*** 《貨物輸送の》損傷は荷主負担で. **～-drív·er** 《自分で運転する》自家用車所有者. ◇ **～·less** *a.* 持ち主のない. **～·ship** *n.* 所有者であること, 所有権.

‡**ox** [ɑks/ɔks] *n.* (*pl.* **óx·en** [ɑ́ksn/ɔ́ksn]) **1** (去勢した) 雄牛. → bull¹, bullock. **2** 《一般的》牛. **∠·blood** [⌐⌐] 《黒ずんだ》濃赤色. **∠·bow** [-bòu] 牛のくびきのU字状の部分;〖米〗《河川の》U字形湾曲部(に囲まれた土地). **∠·cart** [⌐⌐] 牛車. **∠·eye** [⌐⌐] (1)〖植〗フランス菊 (= oxeye daisy). (2)〖鳥〗シジュウカラ. (3) 牛の目; 《人の》大きな目. **∠-eyed** [⌐⌐] 目の大きな. **～ fence** 牛囲い《さく・堀など》. **∠·heart** [⌐⌐]〖植〗《心臓形の大形の》さくらんぼ. **∠·herd** [⌐⌐] 牛飼い. **∠·hide** [⌐⌐] 牛の皮. **∠·lip** →別項. **∠·tail** [⌐⌐] 牛の尾《スープ材料として用いる》. **∠·tongue** [⌐⌐] 牛の舌《料理に用いる》.

Ox. Oxford.

óx·a·late [ɑ́ksəlèit/ɔ́k-] *n.* 〖化〗シュウ酸塩.

ox·ál·ic [ɑksǽlik/ɔk-] *a.* **1** カタバミの; カタバミから採った. **2**〖化〗シュウ酸の. **～ acid** シュウ酸.

óx·a·lis [ɑ́ksəlis/ɔ́k-] *n.* 〖植〗カタバミ.

***óx·en** [ɑ́ksn/ɔ́ksn] *n.* ox の複数形.

Oxf. Oxford; Oxfordshire.

Ox·ford [ɑ́ksfərd/ɔ́ks-] *n.* **1** オックスフォード《イングランド南部 Thames 川上流の都市》; 同地にあるオックスフォード大学. **2** (o～) (*pl.*)〖米〗=～ shoes. **3** (o～)〖米〗=～ blue. **4** (o～) =～ shirt. **～ accent** オックスフォード流の語調; 物知りぶったものの言い方. **～ bags**〖英〗幅広のズボン. **～ blue** 紺色《Cambridge blue に対して》. **～ don** オックスフォード大学教授. **～ frame**〖英〗井げた状の額縁. **～ gray** 濃い灰色. **～ Group Movement** 《1921 年に始まるキリスト教信仰生活を高めるための》

オックスフォードグループ運動. → Buchmanism. ～ **man** オックスフォード大学出身者. ～ **mixture** 暗灰色の服地. ～ **movement** オックスフォード運動《1823 年ごろ Oxford 大学で起こったイギリス教会内にカトリック教義を復活させようとした宗教運動》. ～ **shirt** [**shirting**] 細い縦じまのある厚手のシャツ(地). ～ **shoes** ひもつきの短ぐつ《戸外用》. ～ **Tracts** オックスフォード運動に関する90種の小冊子論文集(Tracts for the Times). ～ **trousers** = ～ bags. ～ **unit** オックスフォード単位《ペニシリンの単位》.

Ox·ford·shire [ɑ́ksfərdʃìər, -ʃər/ɔ́ks-] *n.* イングランド南部の州.

óx·id [ɑ́ksid/ɔ́k-] = oxide.

óx·i·date [ɑ́ksidèit/ɔ́k-] *vt., vi.* 〖化〗酸化する. ◇ **òx·i·dá·tion** [⌐–déiʃ(ə)n] *n.* 酸化.

óx·ide [ɑ́ksaid, -sid/ɔ́ksaid] *n.* 〖化〗酸化物.

óx·i·dize [ɑ́ksidàiz/ɔ́k-] *vt., vi.* **1** 酸化させる〔する〕; さびさせる, さびる. **2** にいぶしをかける: ～*d* silver いぶし銀. ◇ **-diz·er** *n.* 〖化〗酸化剤. **òx·i·di·zá·tion** [⌐–dizéiʃ(ə)n/-daiz-] *n.*

óx·lip [ɑ́kslip/ɔ́k-] *n.* 〖植〗桜草の一種.

Oxon. Oxfordshire; Oxonian.

Ox·ó·ni·an [ɑksóuniən/ɔk-] *a.* Oxford(大学)の. —— *n.* Oxford の人; Oxford 大学の学生〔出身者〕.

óx·ter [ɑ́kstər/ɔ́ks-] *n.* 〖スコットランド〗わきの下, 上膊(じょうはく)部の内側. —— *vt.* わきの下にはさむ, かかえる.

oxy-「酸, 酸素」「鋭い」の意の語形成要素.

òx·y·a·cét·y·lene [ɑ̀ksiəsét(i)li:n/ɔ́ksi-] *a.* 酸素・アセチレン混合の. ～ **blowpipe** 酸素アセチレン吹管. ～ **torch** 酸素アセチレン溶接器.

òx·y·ác·id [-ǽsid] *n.* 〖化〗酸素酸.

òx·y·chló·ride [-klɔ́:raid/-klɔ́:r-] *n.* 〖化〗酸塩化物.

*__óx·y·gen__ [ɑ́ksidʒ(ə)n/ɔ́k-] *n.* 〖化〗**酸素**《非金属元素. 記号 O》. ～ **acid** = oxyacid. ～ **breathing apparatus** 酸素吸入器. ～**-hydrogen welding** 酸水素溶接. ～ **mask** 〖空〗酸素マスク. ～ **tent** 〖化〗酸素吸入テント. ◇ **òx·y·gén·ic** [⌐–dʒénik], **ox·ýg·e·nous** [ɑksídʒənəs/ɔks-] *a.* 酸素の(ような), 酸素を含む〔生じる〕.

óx·y·gen·ate [ɑ́ksidʒinèit/ɔksídʒ-] *vt.* 〖化〗酸素と化合させる, 酸化する, 酸素で処理する, に酸素を補給する. ◇ **òx·y·gen·á·tion** [⌐––néiʃ(ə)n] *n.* 酸素処理, 酸化.

óx·y·gen·ize [ɑ́ksidʒinàiz/ɔ́k-] = oxygenate.

òx·y·hý·dro·gen [ɑ̀ksiháidridʒ(ə)n/ɔ̀k-] *a.* 〖化〗酸水素の. ～ **blowpipe** 酸水素吹管. ～ **torch** 酸水素溶接器. ～ **welding** = oxygen-hydrogen welding.

òx·y·mó·ron [ɑ̀ksimó:rɑn/ɔ̀ksimɔ́:rɔn] *n.* (*pl.* **-rons, -ra** [-rə]) 〖修〗撞着(どうちゃく)語法《例: polite discourtesy いんぎん無礼. Make haste slowly. ゆっくり急げ》.

óx·y·salt [ɑ́ksisɔ̀:lt/ɔ́ks-] *n.* 〖化〗オキシ塩.

òx·y·tó·cin [ɑ̀ksitóusin, -tɑ́sin/ɔ̀ksitóusin] *n.* 〖生化〗脳下垂体後葉ホルモンの一種.

óx·y·tone [ɑ́ksitòun/ɔ́ks-] *a., n.* 〖ギリシア文法〗最後の音節に鋭アクセントのある(語).

ó·yer [óujər, ɔ́iər/ɔ́iə] *n.* 〖法〗聴訟. ～ ***and terminer*** 〖英〗《刑事事件巡回裁判の》聴訟裁判, その令書; 〖米〗《ある州の》高等刑事裁判所.

ó·yes, ó·yez [óujes, -jez/oujés] *int.* 謹聴!, 静粛に!《法廷の使丁や宣伝屋などが注意を促すため通例 3 度繰り返す声》.

*__óys·ter__ [ɔ́istər] *n.* **1** 〖貝〗**カキ**; カキに類する二枚貝. **2** 《鶏などの》骨盤中の美味な肉. **3** 無口な人. **4** 《人が》自由にできるもの; 利益の対象: The world is the salesman's ～. 世の中はセールスマンのよいかもだ. ***an*** ～ ***of a man*** 無口な人. ***as close as an*** ～ 非常に口が堅い. ***as dumb*** [***silent***] ***as an*** ～ 非常に無口な.
～ **bank** [**bed, field**] = ～ farm. ～ **bar** 《バー式の》カキ料理店. ～ **bird** [**catcher**] 〖鳥〗都鳥. ～ **crab** 〖動〗カクレガニ《カキのからにカキと共生する》. ～ **cracker** 《カキのスープに添える》塩味の小クラッカー. ～ **culture** = ～ farming. ～ **farm** カキ養殖場. ～ **farming** カキ養殖. ～ **knife** カキ割り用ナイフ. ～**·man** [-mən] (*pl.* **-men**) カキ取り〔売り, 養殖者〕; カキ採り舟. ～ **mine** 水圧機雷《船の通過による水圧の変化で爆発する》. ～ **patty** カキ入りパイ《カキ料理》. ～ **plant** 〖植〗バラモンジン (salsify). ～ **saloon** [**house**] カキ料理店.

oz. ounce(s).

o·zó·ce·rite [ozóukəràit, -səràit, òuzəsí(:)rait/ozóukər(a)it], **o·zó·ke·rite** [ozóukəràit, òuzəkí(:)rait/ozóukər(a)it] *n.* 〖鉱〗地蠟(ろう).

ó·zone [óuzoun, ozóun] *n.* **1** 〖化〗オゾン. **2** 〖俗〗新鮮な空気《海岸などの》. ～ **apparatus** オゾン発生装置. ～ **paper** オゾン紙. ◇ **o·zón·ic** [ozɑ́nik/-zɔ́n-] *a.* オゾンの(ような), オゾンを含んだ〔含む〕.

ó·zon·er [óuzənər] *n.* 〖米俗〗戸外映画館 (drive-in theater).

ò·zo·níf·er·ous [òuzonífərəs] *a.* オゾンを生じる

ó·zo·nize [óuzənàiz] *vt.* 〖化〗**1** オゾン化する. **2** オゾン処理する, にオゾンを加える. ◇ **-niz·er** *n.* オゾン発生器; オゾンパイプ. **ò·zo·ni·zá·tion** [⌐–nizéiʃ(ə)n/-náiz-] *n.* オゾン化.

ò·zo·nóm·e·ter [òuzənɑ́mitər/-nɔ́m-] *n.* オゾン計.

ozs. ounces. **oz.t.** ounce troy.

P

P, p [pi:] *n.* (*pl.* **P's, *Ps*, p's, *ps*** [-z]) **1** 英語アルファベットの第16字. **2** P 字形(のもの). ***mind one's P's and Q's*** 言行を慎む, 行儀よくする.

P 〖化〗phosphorus. **P.** Pawn; Post; President; pressure; Priest; Prince. **p.** page; part; participle; past; penny; perch; piano; pint; pipe; pitcher; population; professional. **Pa** 〖化〗prot(o)actinium. **Pa.** Pennsylvania. **p. a.** participial adjective; *per annum* (L. = by the year). **PA** 〖米〗Petroleum Administration; press agent; public-address (system). **P.A.** Passenger Agent; power of attorney; Press Agent; prosecuting attorney; publicity agent; Purchasing Agent. **P/A** power of attorney; private account.

pa[1] [pɑ:] 〖話・小児語〗= papa.

pa[2] *n.* 防柵(ぼうさく)をめぐらした New Zealand のとりで; マオリ族の村.

PAA Pan-American (World) Airways パンアメリカン航空会社. **PAB, Pab** 〖米〗Petroleum Administration Board.

páb·u·lum [pǽbjuləm] *n.* **1** 栄養物, 食物. **2** 精神的かて (= mental ～).

Pac. Pacific. **P.A.C.** Pan-American Congress; Political Action Committee (= PAC [pæk]).

*__pace__ [peis] *n.* **1** 1 歩, ひとまた; 1 歩幅: He advanced twenty ～*s*. 彼は20歩進んだ. **2** 歩きぶり, 歩度, 歩調: go at a ～ of 3 miles an hour 1 時間 3 マイルの速度で進む. a fast ～ in walking 早足. **3** 《一般的》ペース, 速度《生活・仕事の》. **4**

《馬の》 歩き方; 側対歩 (amble) 《片側の前後両足を同時に上げる》. 〈注〉 馬の pace には amble, canter, gallop, trot, walk などがある. **5** 〔建〕段, 広段. **6** 〔野球〕《投手の》球速; 〔文学・映〕テンポ, 速度.

at a foot's* ～** 並み足で. ***at a good* ～** 相当の速さで; 活発に. ***geometrical* [*great*] ～** 2 歩幅《5 フィート》. ***go* [*hit*] *the* ～** 全速力で進む; 道楽[ぜいたく]する. ***hold* [*keep*] ～ *with と歩調をそろえる; に遅れをとらないようにする. ***make* [*set*] *the* ～** 歩調を定める, 整調する《のために *for*》; 模範を示す. ***mend* one's ～** 歩調を速める. ***military* [*regulation*] ～** 〔軍〕標準歩幅. ***put*** a horse [person] ***through his* ～*s*** (馬の)足並み [(人の) 力量] をためす. ***Roman* ～** =geometrical ～. ***show* one's ～*s*** 力量を示す. ***try*** a person's ～*s* (人)の力量をためす.

—— *vi.* **1** (歩調正しくゆっくり) 歩く: ～ along a road 道路を歩調正しく歩く. ～ up and down the room へやを行ったり来たりする. **2** 〈馬が〉側対歩で歩く.

—— *vt.* **1** (歩調正しく) …を歩く, …を行ったり来たりする: ～ the floor 床の上をゆっくり歩く. **2** 歩測する《*off*》: ～ the track 走路を歩測する. **3** に歩調を示す, の速度を調整する; 〈馬の〉歩調をならす.

～·màk·er 《他の走者・騎手などのための》歩調整調者, ペースメーカー. **～·màk·ing** 歩調整調 (の). ◇ **pác·er** *n.* 徐行者; 歩測者; 歩調整調者; 側対歩で歩いている馬. **pác·ing** *n.* 歩測.

〔類〕→ **walk**「歩く」

pa·ce [péisi] L. (=with the permission of) *prep.* …に失礼ながら《人の意見に反対するときに言う》: ～ Mr. Johnson ジョンソン氏には失礼ながら.

～ ***tua*** [-t(j)úːei/-tjúːei] (=with your permission) 失礼ながら.

-páced [-péist] *a.* 《合成語で》…歩調の: slow-*paced* 歩みのおそい.

pách·a = pasha.

pa·chá·lic =pashalic.

pa·chí·si [pətʃíːzi/-si] *n.* (インドの)すごろく.

pách·y·derm [pǽkidəːrm] *n.* **1** 厚皮動物《象・カバなど》. **2** 鈍感な人.

pàch·y·dér·ma·tous [pækidə́ːrmətəs] *a.* **1** 厚皮動物の. **2** 鈍感な, 鉄面皮の.

†**pa·cíf·ic** [pəsífik] *a.* **1** 平和な, 平穏な, 太平な; 《海などが》穏やかな: a ～ era 太平時代. **2** 平和を好む, 和解的な, 《性質などの》穏やかな: a man of ～ disposition 気だての優しい人. **3** (P～) 太平洋の; アメリカ太平洋沿岸の. ***the P～* (*Ocean*)** 太平洋. [√pa(n)g-]

～ blockade 〔国際法〕平時封鎖. **P～ States, the** アメリカ太平洋沿岸諸州《California, Oregon, Washington など》.

pa·cíf·i·cal [-(ə)l] *a.* =pacific. ◇ **-cal·ly** *ad.*

pa·cíf·i·cate [pəsífikèit] *vt.* **1** 慰撫(いぶ)する, 鎮静させる; 和解させる. **2** 平定する, 鎮定する.

◇ **-ca·tor** [-ər] *n.* **1** ～する人. **2** 仲裁 [調停] 者. **-ca·to·ry** [-kətɔ̀ːri/-kət(ə)ri] *a.* **1** 慰撫の; 和解の. **2** 平定 [鎮定] の. **pàc·i·fi·cá·tion** [pæsifikéiʃ(ə)n] *n.* **1** ～すること. **2** 講和 (条約).

pa·cíf·i·cism [pəsífisiz(ə)m] *n.* =pacifism.

◇ **-cist** *n.* =pacifist.

pác·i·fism [pǽsifiz(ə)m] *n.* 平和主義, 反戦主義 [論]. ◇ **-fist** *n.* 平和論者. **pàc·i·fís·tic** [⌐–fístik] *a.* 平和主義の, 平和愛好の.

pác·i·fy [pǽsifài] *vt.* **1** 静める, 和らげる, なだめる. **2** 〈食欲などを〉満たす. **3** 鎮定する, 平定する. [√pa(n)g-. 参照 peace]

◇ **-fi·a·ble** [-əbl] *a.* なだめられる, 静められる.

-fi·er *n.* 調停者; (赤ん坊の) おしゃぶり.

‡**pack** [pæk] *n.* **1** 包み, 荷物, こり; 一束. **2** パック《量目の単位. 羊毛・麻は 240 ポンド, 穀粉は 280 ポンド, 石炭は 3 ブッシェル》. **3** 《くだもの・魚類などの年間・季間の》かん詰め出荷高: this year's ～ of fish 本年の魚のかん詰め出荷高. **4** 《猟犬・オオカミなどの》**一群**, 一隊; 《悪漢などの》一味: a ～ of thieves 盗人の一群. I shall dismiss the whole ～ of them. やつら全部を首にしてやる. **5** 《トランプの》一組み; 〔米〕《たばこの》一箱. **6** 《けいべつ的》多数, 多量: a ～ of lies うそ八百. **7** = ～ ice. **8** 〔ラグビー〕《集合的》前衛. **9** 《集合的》《ボーイスカウトの》年少の団員. **10** 〔医〕湿布; 《美顔用の》パック. **11** 〔商〕包装法. **12** 〔鉱山〕坑道の支持 (材).

—— *vt.* **1** 包む, 荷づくりする, 梱包(こんぽう)する, 束ねる: ～ *up* one's things 所持品を荷づくりする. ～ one's clothes in a bag 衣類をかばんに詰める. **2** 詰め込む, 無理に入れる: ～ men into a small room 人人を狭いへやに詰め込む. speak before a ～*ed* audience ぎっしり詰まった聴衆を前にして話す. **3** に詰める, に入れる《を *with*》: ～ a trunk *with* clothes トランクに衣類を詰める. **4** 〔米〕かん詰めにする: Meat, fish and vegetables are often ～*ed* in cans. 肉・魚・野菜はしばしばかん詰めにされる. **5** 〈動物に〉荷を負わせる; に負わせる《を *with*》. **6** に詰め物[パッキング]を当てる: ～ a leaking joint 水の漏れる継ぎ目をふさぐ. **7** 押しつける, 固める; まとめる, 集める. **8** 追い払う, 解雇する《*off, away*》. **9** 〈委員会・陪審員などを〉味方で固める. **10** に湿布する. **11** (包装して) 運ぶ; 〔米俗〕〈銃などを〉携帯する: ～ a gun. **12** 〔俗〕〈強打・パンチなどを〉加える, くらわせる.

—— *vi.* **1** 荷づくりする《*up*》: I am going to ～ *up* now. これから荷づくりをするところだ. **2** 荷づくりができる, 詰まる《箱などに》: These goods ～ well. この商品は荷づくりがしやすい. **3** 固まる, 締まる: The ground ～*s* after the rain. 雨が降るとあとで地面が締まる. **4** 詰め寄せる, 群がる: More than 10,000 people ～ in this small land. 1 万人以上の人間がこの小さな土地に住んでいる. **5** (荷物をまとめて) あたふたと出て行く《*off, away*》: No one knows when he ～*ed away*. 彼がいつ出奔したかだれも知らない.

be* ～*ed to the limit 満員である. **～ *it up*** 〔俗〕おしまいにする. **～ one*self off*** 〈解雇された者などが〉(持ち物をまとめて) さっさと出て行く. **～ (*on*) *all sail*** 満帆を張る. **～ *up*** (1) 荷物をまとめる; 引退する; 〈商売などを〉やめる, 店じまいする. (2) 死ぬ. (3) 〔英俗〕エンストする. ***send*** a person **～*ing*** 解雇する, お払い箱にする.

～ animal 〔米〕荷を運ぶ動物《牛・馬・ラクダなど》. **～ basket** 背負いかご. **～ cloth** 梱包(こんぽう)用布. **～ drill** 〔軍〕武装して歩き回らせる罰. **～ horse** 駄馬(だば); 〔古〕あくせく働く人. **～ ice** 叢氷(そうひょう) 《海中の浮氷が集まって, 凍りついてできた氷の丘》. **～·man** [-mən] (*pl.* **-men**) 行商人. **～ mule** 〔米〕荷運びラバ. **～ rat** 〔米〕《北アメリカ産》大ネズミ. **～ rope** からげなわ, 荷なわ. **～·sack** [⌐⌐] 《旅行用》背負い袋. **～·sàd·dle** 荷鞍(にぐら). **～·thread** [⌐⌐] 荷づくりひも, 細引き. **～ train** 荷を運ぶ動物の列.

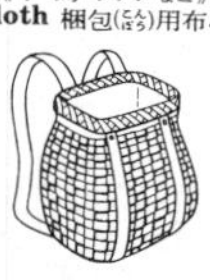

pack basket

‡**páck·age** [pǽkidʒ] *n.* **1** 荷づくり, 包装. **2** 包み, 小包, こり: a ～ of goods 一こりの貨物. **3** 荷づくり料, 包装費. **4** 《形容詞的に》一まとめの, 一括の; 《旅行社企画提供の旅行が》費用いっさい込みのセットの: a ～ proposal 一括提案. a ～ tour セット旅行. —— *vt.* **1** 〔米〕荷づくりする, 包みにする. **2** 一括する.

～ deal 一括取引. **～ paper** 包装紙. **～ store**

P

〖米〗酒類小売店〘びんで売り店内では飲ませない〙.

páck·er [pǽkər] *n.* **1** 荷づくり人〔機械〕; 包装業者. **2** かん詰め業者〔工〕. **3**〖米〗食料品包装出荷業者.

páck·et** [pǽkit] *n.* **1** 小包. **2**〘手紙などの〙一束, 一くくり;〘人数の少ない〙一団. **3** 定期船, 便船 (=～ boat)〘郵便・旅客・貨物用〙. **4**〖英俗〗〘かけまたは投機などで〙ぼろもうけ; 大損; 打撃, 殴打. ***catch [***stop***] ***a*** ～〖英俗〗弾丸に当たる, けがをする. **—** *vt.* **1** 小荷物〔小包〕にする. **2** 郵便船で送る. **～ day** 便船出帆日, (定期船の)郵便物締切日.

páck·ing [pǽkiŋ] *n.* **1** 荷づくり, 梱包(こんぽう), 包装. **2** 荷づくり〔包装〕材料. **3** 詰め物,〖機〗パッキング. **4**〖米〗かん詰め業. **5**〖印〗胴張り;〖建〗間詰め. **～ case** 荷づくり箱, 包装箱. **～ charges** 荷づくり費用. **～ house**〖米〗かん詰め工場; 食品加工〔包装〕工場. **～ needle** からげ針. **～ piece** 詰め金物. **～ press** 荷づくり用圧搾機. **～ sheet** 包み布;〖医〗湿布.

pact [pækt] *n.* 協定, 条約, 契約. [√pa(n)g-]

pác·tion [pǽkʃ(ə)n] =pact.

‡pad¹ [pæd] *n.* **1**〘衝撃・摩擦を防ぐための〙**当て物, 詰め物**, まくら. **2** 鞍(くら)敷き;〖球技〗胸当て, すね当て;〖服装〗肩台, パッド〘正しくは padding〙. **3** 台; 発着台, 発射台; スタンプ台, 印肉: a launching ～ ロケット〔ミサイル〕発射台. **4**〘原紙台紙の付いた〙**はぎ取り式メモ帳**〔帳面〕: a writing ～ 便箋(びんせん). **5**〘動物の〙肉趾(にくし),〘ウサギ・キツネなどの〙足; 足跡. **6**〘水に広がって浮くスイレンなどの〙浮き葉. **7**〘懐中どけいのあや織りリボン製の〙ひも. **8**〘毛糸・紡績糸などの〙束, こり, 包み. **9**〖海〗船首防衝材;〖造船〗甲板受け木.

— *vt.* (**-dd-**) **1** に**当て物〔詰め物〕をする**; <衣類などに>綿を入れる: a *padded* cell 壁に詰め物をした狂人室. **2** <馬に> 鞍敷きを付ける. **3** <文章・演説などを> 引きのばす: ～ *out* an article 記事をのばす. **4** <帳簿などを> 水増しする: a *padded* bill〖米〗高くつけこんだ勘定書き, 水増し請求書. **5** のすみずみまでしみ込ませる. **～·cloth** [⌐‒⌐] =saddlecloth.

◇ **～·der** *n.* ～する人; クッション.

pad² *n.* **1**〘足音などの〙重い〔鈍い〕音, ドスン(という音). **2** 足のおそい馬, 道中馬. **3**〖英俗〗道路. ***gentleman*** [***knight, squire***] ***of the*** ～ 追いはぎ. **—** *vi., vt.* (**-dd-**) **1** ぶらぶら歩く; 徒歩旅行する. **2** そっと走る〔歩く〕. **3** <道路などを> 踏み固める: Snow has been well *padded*. 雪がよく踏み固められた. **～ *it*** [***the hoof***]〖俗〗てくる. **～ *the road*** 足を棒にする: Many an honest man is forced to ～ *the road* in search of work. 多くの正直者が足を棒にして職捜しをせねばならない.

pad³ *n.*〖英〗〘くだものなどを量るふたなしの〙計量かご.

pád·ding [pǽdiŋ] *n.* **1** 詰め物をすること; 詰め物, 心(しん). **2**〖服装〗パッド. **3** 埋めくさ〘文章・演説などを引きのばすための文句〙.

Pád·ding·ton [pǽdiŋtən] *n.* London 市西部の「住宅区域.

‡pád·dle [pǽdl] *n.* **1**〘カヌーなどの〙**短い幅広のかい**; かい状の物;〘洗たく物を打つ〙大きなへら. **2**〘外輪船の〙水かき;〖動〗〘ウミガメなどの〙ひれ状の足. **3** かいでこぐこと, 一こぎ: Now, let's have a ～ before we leave for home. 家へ帰る前に一こぎしよう. **4**〘水門の〙はめ板. **5**〖米〗〘どれい処刑の一つとして〙かい状の木片で打つこと.

— *vi.* **1** かいでこぐ; 静かにこぐ. **2** <船が> 外輪で動く. **3** 手で水をかく, 泳ぐ; 水の中で遊ぶ; (どろ水などを) はね返す: children ～*ling* through the slush 雪どけのぬかるみをはね返して進む子どもたち. **4** <子どもが> よちよち歩く. **5** 手を出す, かかずらう〘に *in, on, about*〙.

— *vt.* **1** かいで動かす; 外輪で動かす. **2** かいでこいで運ぶ. **3** <子どもを> 手でささえてよちよち歩かせる. **4** へらでかきまわす. **5**〖米〗(へら状の物で) 打つ. ～ *one's own canoe* 独立独歩する.

～·board [⌐‒⌐] 波乗り用の浮き板;〘船の〙外輪の水かき. **～ boat** [**steamer**] 外輪船. **～ box**〘外輪船の〙外輪おおい. **～·fish** [⌐‒⌐]〖魚〗ヘラチョウザメ. **～ wheel** 汽船の外輪.

◇ **pád·dler** *n.* **1** ～する人. **2**〘子ども用〙水遊び着.

paddle boat

pád·dock¹ [pǽdək] *n.* 馬屋に付属した小牧場;〖競馬〗パドック, 引き馬場.

pád·dock² *n.*〖古・英方・動〗ヒキガエル.

pád·dy [pǽdi] *n.* **1** 米, 稲, もみ. **2** 稲田, 水田 (=～ field). **～·bird** [⌐‒⌐]〖鳥〗文鳥. **～ wagon**〖米俗〗囚人護送車.

Pád·dy [pǽdi] *n.* **1**〖話〗アイルランド人のあだ名. **2** (p～)〖英話〗立腹, 激怒. **～'s land** アイルランド. **p～·whack** [⌐‒⌐]〖米〗平手打ち;〖英方〗かんしゃく, 激怒.

Pàd·e·réw·ski [pædəréfski, -rév-] *n.* Ignacy Jan [ignáːtsi-jáːn-]～, 1860–1941, ポーランドのピアニスト・作曲家・政治家.

Pá·di·shah [páːdiʃàː], **Pád·shah** [páːdʃaː] *n.* 大王〘イランの Shah, かつてのトルコの Sultan, かつてのインドではイギリス皇帝の称号〙.

pád·lock [pǽdlɑ̀k/-lɔk] *n.* なんきん錠. **—** *vt.* になんきん錠を掛ける.

pá·dre [páːdri] *n.*〘スペイン・イタリアなどの〙神父;〖軍俗〗〘軍隊つき〙牧師. <注> 室町時代末期来朝した司祭「バテレン」はこの語に由来.

pa·dro·ne [pədróuni]〖It. *n.* (*pl.* ***-nes, -ni*** [-niː]) **1** 親方, 元締め. **2**〘イタリアの地中海貿易船の〙船長. **3** 宿屋の主人.

Pád·u·a [pǽdʒuə, -djuə/-djuə] *n.* パドバ〘イタリア北東部の都市. イタリア名 Padova〙.

páe·an [píːən] *n.* **1** 賛歌, 喜びの歌, 勝利の歌. **2** 祈り〔感謝〕の歌〘特に Apollo その他のギリシアの神への〙.

pàed·a·góg·ic =pedagogic.

páed·a·go·gy =pedagogy.

páe·der·ast =pederast.

pàe·di·át·ric =pediatric.

pàe·do·báp·tism *n.* =pedobaptism.

◇ **-tist** *n.* =pedobaptist.

pae·dól·o·gy = pedology.

páe·on [píːən] *n.*〖韻〗長音節一つと短音節三つからなる韻脚.

pá·gan [péigən] *n.* **1** 異教徒〘特に古代ギリシア・ローマの多神教徒; キリスト教・ユダヤ教・回教の信者でない者〙. **2** 不信心者, 無宗教者. **—** *a.* 異教徒の, 無宗教の. ◇ **～·dom** *n.* 異教世界;〘集合的〙異教徒. **～·ish** *a.* 異教を信奉する.

pá·gan·ism [péigənìz(ə)m] *n.* 異教(信奉), 異教の思想. ◇ **-ist** *a., n.*

pá·gan·ize [-àiz] *vt., vi.* 異教徒にする〔なる〕.

◇ **pà·gan·i·zá·tion** *n.*

†page¹ [peidʒ] *n.* **1** ページ: open the book to [at] ～ 30 本の30ページをあける. turn the ～*s* ページをめくる. **2**〘歴史上の〙事件, 時期: a brilliant ～ in his life 彼の生涯(しょうがい)の輝かしい時期. **3** (しばしば *pl.*) 記録文書, 書物: in the ～*s* of Shakespeare シェイクスピアの作品中に. **4**〖印〗ページ組み. **—** *vt.* にページづけをする.

page² *n.* **1**〘中世の〙騎士見習い; 小姓, 近習(きんじゅ). **2**〘ホテルなどの〙ボーイ, 給仕;〘アメリカ議会の〙制服のボーイ. **—** *vt.*〖米〗**1** にボーイ〔給仕〕として仕える. **2** <ボーイが>名前を呼びながら捜す〘ホテル・クラブなどで〙; <人の名を> ボーイに呼ばせる. **～·boy** [⌐‒] (1) ホテルのボーイ. (2) 女性の髪型の一種〘肩までたれる〙.

◇ **～·hood, ～·ship** *n.* ～の身分〔役〕.

***pág·eant** [pǽdʒ(ə)nt] *n.* **1** ページェント, 野外劇, 見せもの. **2**《お祭りなどの》華麗な行列, 山車(だし). **3**《中世の》宗教劇演出(移動)舞台. **4** 盛観, 壮観; 虚飾, 見せかけ. ◇ **~·ry** *n.*《集合的》華麗な催しもの; 壮観, 盛観; 虚飾, 見せかけ.

pág·i·nal [pǽdʒin(ə)l] *a.* ページの; ページから成っている; 各ページの.

pág·i·nate [pǽdʒinèit] *vt.* にページづけをする.

pàg·i·ná·tion [pæ̀dʒinéiʃ(ə)n] *n.* ページづけ; ページづけの数字.

pág·od [pǽgəd]《古》=pagoda.

pa·gó·da [pəgóudə] *n.* **1** 塔《東洋風の多層の》: a five-storied ~ 五重の塔. **2** 昔のインド金貨. **~ tree** (1)《植》エンジュ, アコウ. (2)《笑》金(かね)のなる木: shake the ~ *tree*《英》《インドで》たやすく大金持ちになる.

pah[1] [pɑː] *int.* へん!, ちえっ!《けいべつ・不快などをあらわす音声》.

pah[2] =pa[2].

‡**paid** [peid] *v.* pay[1] の過去・過去分詞.
—— *a.* **1** 有給の: ~ holidays 有給休暇. highly-~ 高給の. **2** 支払い済みの《*up*》. ***put ~ to***《話》に「支払い済み」の判を押す; …にけりをつける.

páid-ìn [⌐ ⌐/⌐ ⌐] *a.* 払い込み済みの, 支払い済みの: a ~ membership of 2,000 2,000 人の会費払い込み済みの会員.

‡**pail** [peil] *n.* **1**《木・プラスチック・金属製などの》手おけ; バケツ. **2** 一おけの分量. **3**《米》入れ物, 容器. ***dinner ~***《米》弁当入れ.
◇ **~·ful** [-fùl] *n.* 一おけの分量.

pail·lásse [pæljǽs, pǽljæs] *n.* わらぶとん.

pail·létte [pæljét] *n.*《衣服・たれ幕などに付ける装飾用の》光る金属片.

‡**pain** [pein] *n.* **1**《肉体の一部の》痛み: a ~ in the side わき腹の痛み. ~*s* in the back 背中の痛み. **2** 苦痛, 苦しみ, 心痛: the ~ of parting 別れのつらさ. **3** (通例 *pl.*) 努力, 苦労, 苦心, ほねおり: Spare no ~*s* on your son's education. 子どもの教育にほね惜しみしてはいけない. **4** (*pl.*) 生みの苦しみ, 陣痛. **5**《古》罰, 刑罰.
be at the ~s of (do)***ing*** …する労をとる, …しようと苦心する. ***be in ~*** 苦しんでいる. ***cause*** [***give***] a person ***~*** (人を) 苦しめる. ***feel no*** [***not much***] ***~*** 全く[たいして]苦痛を感じない. ***for*** one's ***~s*** ほねおり賃に;《反語》ほねおりがいもなく. ***give*** a person ***a ~ in the neck***《話》(人を) いらいら[うんざり]させる. ***No ~s, no gains.***《諺》ほねをおらずばもうけなし, まかぬ種ははえぬ. ***on*** [***upon, under***] ***~ of*** death 違反したら(死刑)という条件で. ***~ in the neck***《米》きらわれ者, いやなやつ[もの], 禁物. ***~s and penalties*** 刑罰. ***spare no ~s to*** (do) 労を惜しまず…する. ***take*** (***much***) ***~s*** ほねをおる, 努力する.
—— *vt.* 苦しませる, に苦痛を与える; 心配[心労]させる, 悲嘆にくれさせる: ~*ed* with the toothache 歯痛に悩まされて. Your betrayal ~*ed* him. きみの裏切りは彼を苦しめた.
—— *vi.* 痛む: My wound is ~*ing.* 傷が痛む.
~·kìll·er《話》鎮痛剤. **~s·tàk·er** [péinz-] 努力家, 勤勉な人. **~s·tàk·ing** →別項.
◇ **~ed** *a.* **1** 痛がっている, 傷ついた. **2** 感情を害した; 悩んでいる.

> 類義語 痛み, 苦痛: **pain** 突然に襲う, 鋭い痛み: a *pain* in one's ankle 足首の鋭い痛み. **ache** 長時間続く鋭い, または鈍い痛み: head*ache* 頭痛. muscular *aches* 筋肉痛. **agony** 長時間続く耐えがたい苦しみ, 苦悶(くもん): in *agony* from a wound 傷のためもだえ苦しんで. the *agony* of death 死の苦しみ. **anguish** 心身の激しい苦痛. 絶望の気持ちが伴うことが多い. 苦悩.

‡**páin·ful** [péinf(u)l] *a.* **1** 痛い, 苦しい. **2** 苦しげな, 痛そうな. **3** いたいたしい, 気の毒な: a ~ life 苦痛に満ちた生涯(しょうがい). **4**《仕事などが》ほねのおれる, 困難な. **5**《古》骨身を惜しまない.
◇ ***~·ly** [-fuli] *ad.* **~·ness** *n.*

páin·less [péinlis] *a.* **1** 痛み[苦痛]のない: ~ childbirth 無痛分娩(ぶんべん). **2**《話》ほねのおれない.
◇ **~·ly** *ad.* **~·ness** *n.*

páins·tàk·ing [péinztèikiŋ] *a.* **1** 労を惜しまない, 勤勉な: He is ~ *with* his work. 彼は仕事に労をいとわない. **2**《仕事などが》ほねのおれる; 苦心[丹精]した: a ~ work 苦心の作.
—— *n.* ほねおり, 苦心, 丹精. ◇ **~·ly** *ad.*

‡**paint** [peint] *n.* **1** 絵の具, 顔料. **2** ペンキ, 塗料: give the doors two coats of ~ ドアにペンキを2度塗りする. **3** 着色. **4** 化粧料《紅の類》. **5** 飾り, 虚飾. ***as fresh*** [***smart***] ***as ~*** さっそうとして, みずみずしく. ***Wet*** [㊎ ***Fresh***] ***~!*** ペンキ塗りたて《はり紙などの文句》.
—— *vt.* **1** にペンキを塗る: ~ a gate green 門を緑色に塗る. **2** (絵の具で) 描く: ~ a landscape in oils [water-colors] 油絵[水彩]で風景を描く. ~ a portrait 肖像画を描く. 〈注〉線で描くのは draw. **3** に絵の具を塗る, 着色[彩色]する; 飾る. **4** に塗布する《を *with*》. **5**《紅・おしろいをつけて》化粧する: ~ oneself thick 厚化粧する. **6** (ありありと) 描写[叙述]する; 表現する. **——** *vi.* **1** 絵を描く. **2** 絵にかかれる: ~ well 絵にかくと引き立つ. **3** 化粧する. ***as ~ed as a picture*** 厚化粧して. ***not so black as he is ~ed*** 人が言うほどの悪人ではない. ***~ a black*** [***rosy***] ***picture of*** を悲観[楽観]的に述べる. ***~ a person black*** (人を) あしざまに言う. ***~ from life*** 写生する. ***~ in*** the foreground (前景) を絵の具の色で特に引き立てる. ***~*** a person ***in his proper colors*** (人を) ありのままに表現する. ***~ it red***《米》扇情的に記事を書く. ***~ out*** ペンキで塗りつぶす. ***~ the lily*** 人工を加えて自然の美を損じる; 蛇足(だそく)を加える. ***~ the town*** [***city***] ***red***《俗》盛り場を遊び回る. [√pi(n)g-]
~·box [⌐ ⌐] 絵の具箱. **~·brush** [⌐ ⌐] 絵の具ばけ, 絵筆.

páint·ed [péintid] *a.* **1** 描いた, 絵にかいた. **2** 彩色した: ~ glass 着色ガラス. **3** 絵の具[ペンキ]を塗った; 紅をつけた, 色彩のあざやかな; 厚化粧した: a thickly ~ face. **4** 虚飾的な, 人工的な, にせの: a ~ life 偽った人生. **~ bunting**《鳥》《アメリカ南部産》ウソの類の鳴き鳥. **~ cup**《植》《北アメリカ産》カステラソウの類. **P~ Desert** アメリカ Arizona 州の砂ばく《多彩な岩の色に由来》. **~ lady**《虫》ヒメアカタテハ《チョウの一種》. **~ scenery**《舞台の》書き割り. **~ sepulcher**《聖》偽善者. **~ woman** 娼婦(しょうふ).

‡**páint·er**[1] [péintər] *n.* **1** 画家. **2** ペンキ屋, 塗装工. **3** 彩色者, 絵つけ師.
~'s colic《医》鉛毒疝痛(せんつう).
◇ **~·ly** *a.* 画家の; 画家風の; 絵画芸術の.

páint·er[2] *n.*《海》《船の》もやい綱.
cut [***slip***] ***the ~***《もやい綱を切って》漂流させる;《特に植民地が本国との》関係を断つ.

páint·er[3] *n.*《動》アメリカライオン.

‡**páint·ing** [péintiŋ] *n.* **1** 絵画, 画; 油絵, 水彩画. **2** 絵を描くこと; 画法; 絵かき職. **3** 彩色, 着色. **4** 塗装, ペンキ塗装. **5** 絵の具, 塗料, ペンキ. **6**《陶磁器の》絵つけ. ***blast ~*** 吹き付け塗装. ***wall*** [***ceiling***] ***~*** 壁[天井]画.
~ room 画室. 類 → **picture**「絵」

páint·ress [péintris] *n.* 女流画家.

páint·y [péinti] *a.* **1** 絵の具の, 塗料の. **2** 絵の具[塗料]を塗りすぎた, 彩色しすぎた. **3** 絵の具[塗料]でよごれた.

†**pair** [pɛər] *n.* (*pl.* **~s**, ~) **1** 一対,《二つのものの》一組み: a ~ of shoes [glasses, scissors,

trousers] くつ1足〔めがね一つ, はさみ1丁, ズボン1着〕. this ～ (of shoes) この1足. three ～(s) of shoes くつ3足. 〈注〉今日では s をつけるのが普通. **2**《一対のものの》片方: the ～ *to* this glove この手袋の片方. **3 一組みの男女,**《特に》**夫婦,** いいなずけ;〖動物の〗一つがい: the happy ～ 新郎新婦. **4**〖トランプ〗同点の札2枚ぞろい; 2頭立ての馬: a carriage and ～ 2頭立ての馬車. **5**〖議会〗投票棄権の申し合わせをした反対両派の議員ふたり; その申し合わせ. **6**〖ボート〗ペア (=～ of oars). ***another*** [***a different***] ～ ***of shoes*** [***boots***] 別問題. ***in*** ～***s*** [***a*** ～] 二つ[ふたり]一組みになって. ***one-*** [***two-, three-, four-***] ～ ***front*** [***back***]〖英〗《アパートなどの》2〔3, 4, 5〕階の表べや〔裏べや〕(の住人): lodge on the *two*-～ *front* 表の3階に住む. ～ ***of colors***〖軍〗国旗と連隊旗. ～ ***of stairs*** [***steps***] 一つの階段.

—— *vi., vt.* **1** 一対になる〔する〕; 対に組み分ける: ～*ed* fins 一対のひれ. **2** 結婚する〔させる〕,〈動物が〉つがう, つがわせる《と *with*》: I'm sure those two will ～ well. あのふたりはきっといい夫婦になりますよ. **3** 反対党のひとりと申し合わせて採決に加わらない. ～***ing season*** 交尾期. ～ ***off*** (1) ふたり〔二つ〕ずつに離す; ふたりずつ組む; ふたりずつ去る: The dancers were ～*ed off*. 踊り子たちはふたりずつ組まされた. (2)〖話〗結婚する《と *with*》: Now he is free to ～ *off with* his love. 今度こそ彼は自由に恋人といっしょになれる. **～-horse** [⌐⌐]《馬車が》2頭立ての. **～-oar** [⌐⌐] 2本オール2人こぎボート. **～ royal** 同種のもの3個《同点のトランプ3枚, おなじ目のさいころ3個など》. ◇ **～·wise** *ad.* ペアで.

páis·ley [péizli] *n.* ペイズリー織り《模様の精巧な柔らかい毛織物》; その製品《ショール・スカーフなど》.
—— *a.* ペイズリー織り(製)の.

pa·jám·a [pədʒǽmə, -dʒáːmə/-dʒáːmə] ～ ***party*** パジャマ パーティー《10代の女子が同性の友人の家に泊まりパジャマ姿で遊ぶ会》.

pa·jám·as, [英]**py·já·mas** [pədʒǽməz, -dʒáːm-/-dʒáːm-] *n. pl.* **1** パジャマ, 寝巻き. **2**《近東の回教徒男女などが用いる》ゆるいズボン.

Pàk·i·stán [pàːkistáːn, [米]⁺pǽkistæn] *n.* パキスタン《インドの西および東にあるイギリス連邦内の回教共和国》. ◇ **～·i** [-i] *a., n.* パキスタンの; パキスタン人.

‡**pal** [pæl] *n.*〖話〗**仲よし, 仲間,** 友だち; 相棒, 同類, 共犯: a pen ～ 文通友だち, ペンフレンド.
—— *vi.* (**-ll-**)〖話〗(通例 ～ up) 仲よしになる, 仲間になる《と *with*》.

Pal. Palestine.

†**pál·ace** [pǽlis, -ləs] *n.* **1 宮殿,** 王宮, 御殿,《高官・bishop などの》公邸; 大邸宅. **2**《娯楽場・食堂などの》豪華な建物.
～ car〖英〗《鉄道の》豪華特別車.

pál·a·din [pǽlədin] *n.* **1** Charlemagne 大帝の12勇将のひとり. **2**《中世の》武者修行者; 男だて.

palae(o)- =pale(o)-.

pa·láes·tra =palestra.

pàl·an·quín, -kéen [pælənkíːn] *n.*《中国・インドなどの1人乗り》かつぎかご.

pál·at·a·ble [pǽlətəbl] *a.* **1** 口に合う, 美味な. **2** 好みに合う, 好ましい, 快い. [<palate]
◇ **-bly** *ad.* **pàl·at·a·bíl·i·ty** [pælətəbíləti] *n.*

pál·a·tal [pǽlətl] *a.* 口蓋(こうがい)の; 口蓋音の.
—— *n.*〖医〗口蓋骨;〖音声〗口蓋音.

pál·a·tal·ize [pǽlət(ə)làiz] *vt., vi.*〖音声〗口蓋(音)化する. ◇ **pàl·a·tal·i·zá·tion** [pælət(ə)ləzéiʃ(ə)n, -laiz-] *n.*

pál·ate [pǽlit] *n.* **1**〖医〗口蓋(こうがい). **2** 味覚, 味. **3** 嗜好(しこう), 好み, 趣味. **4** 審美眼, 鑑識眼. ***cleft*** ～ みつくち. ***hard*** [***soft***] ～ 硬〔軟〕口蓋. ***please*** a person'***s*** ～ 口〔好み〕に合う. **～ bone** 口蓋骨.

pa·lá·tial [pəléiʃ(ə)l] *a.* **1** 宮殿の(ような). **2** 広壮な, 豪華な. ◇ **～·ly** *ad.* **～·ness** *n.*

Pa·lát·i·nate [pəlǽt(i)nèit, -nit/-nit] *n.* **1** (the ～) パラチナ〖ライン川西部の神聖ローマ帝国の選帝侯領の一つ. ドイツ名は Pfalz〗; その住民. **2** (p～) パラチン伯の領地.

pál·a·tine¹ [pǽlətàin, -tin/-tain] *a.* **1**《ローマの》パラチン丘の. **2** 宮殿の. **3**〖史〗パラチン伯(領)の; 自領内で王権の行使を許された.
—— *n.* **1**〖史〗パラチン伯 (=count [earl] ～)《中世ドイツ・イギリスで王権の一部を自領で行使できた領主》. **2** 宮内官; (*pl.*)(後期ローマ帝国の)近衛(このえ)兵. **3** 婦人用毛皮えり巻き. ***county*** ～ パラチン伯領. **P～ (Hill), the** パラチン丘《ローマの七つの丘の一つ》.

pál·a·tine² *a.*〖医〗口蓋(こうがい)の. **——** *n.* (*pl.*) 口蓋骨.

palato-「口蓋」の意の語形成要素.

pál·a·to·gram [pǽlətəgræm] *n.*〖音声〗口蓋図.

pa·láv·er [pəlǽvər/-láː-] *n.* **1** 話し合い, 商談, 交渉《特にアフリカ黒人と諸外国貿易商人との》. **2** おしゃべり, むだ話. **3** なだめすかし, へつらい.
—— *vi.* **1** むだ口をたたく. **2** 商談〔交渉〕する.
—— *vt.* なだめすかす; におべっかを言う.

Pa·laz·zo [pəláːtsou/pɑː-] It. *n.* 宮殿.
～ ***Chigi*** [-kíːdʒi] キージ宮殿《イタリア外務省》.

‡**pale¹** [peil] *a.* **1**《顔が》**色を失った, 青白い,** 青ざめた: You look ～. お顔の色がよくありません. **2**《色が》**薄い:** a ～ yellow 淡黄色. **3**《光が》**薄暗い,** かすかな: a ～ moon おぼろ月. **4** か弱い, 弱い, 力のない: My health is of a ～ sort at present. 私の健康は現在思わしくない. ***turn*** ～ (1) 青ざめる: He *turned* ～ at the news. 知らせを聞いて色を失った. (2)〈色が〉薄くなる.
—— *vi.* **1** (顔が) 青くなる: ～ *with* fear 恐怖で青くなる. **2** (色が) 薄くなる. **3** 薄暗くなる.
—— *vt.* 青く〔薄く, 薄暗く〕する: the sunburnt face not yet ～*d* by a month in Tokyo 東京に帰って一月しても日焼けのさめない顔.
～ ***before*** [***beside, by the side of***] の前に影が薄い〔顔色なし〕, …より見劣りがする. ～ ***into insignificance*** 存在(意義)が薄れる.
～ ale〖米〗アルコール含有量の少ないビール.
～-eyed [⌐⌐] 目にくもりのある. **～-face** [⌐⌐] 白人《もと北アメリカインディアンが白人に対して用いたことば》. **～-héart·ed** おくびょうな, 小心な.
◇ **～·ly** *ad.* **～·ness** *n.*

pale² *n.* **1** (先のとがった) くい《さくに用いる》. **2** さく, かき. **3** 境界; 境界内, 領域. **4** (権力などの) 限界, 範囲. **5**〖紋〗盾(たて)の中央の縦筋. ***beyond*** [***within***] ***the*** ～ ***of*** の範囲外〔内〕に. ***the*** (***English***) ***P***～〖史〗12世紀以後イギリス統治下におかれたアイルランド東部《ダブリン周辺》. **——** *vt.* **1** くい〔さく〕で囲む; にかきをめぐらす. **2** 取り巻く. ◇ **～d** [-d] *a.* くいで囲った. **～·wise** *ad.* 垂直に, くいのように. **pál·ing** *n.* くいを打ちめぐらすこと; くい, さく, かき.

pale(o)-「古, 旧」の意の語形成要素.

pà·le·óg·ra·phy [pèiliágrəfi/pæliɔ́g-] *n.* 古文書(学). ◇ **-pher** *n.* 古文書学者. **pà·le·o·gráph·ic** [pèiliəgrǽfik/pæl-] *a.*

pà·le·o·líth·ic [pèiliəlíθik/pæl-] *a.* 旧石器時代の. →neolithic.

pàl·e·on·tól·o·gy [pèiliantálədʒi/pæliɔntɔ́l-] *n.* 古生物学. ◇ **-gist** *n.* 古生物学者.

Pàl·e·o·zó·ic [pèiliəzóuik/pæl-] *a.*〖地〗古生代の. **——** *n.*〖地〗古生代, 古生層.

Pál·es·tine [pǽləstàin] *n.* パレスチナ《もと東地中海に面した古代国家. 聖地 (Holy Land) とも呼ばれ, 聖書のカナン (Canaan) の地に当たる. 1948年以来 Israel と Jordan に二分された》.

Pàl·es·tín·i·an [pæləstíniən] *a.* パレスチナの.
—— *n.* パレスチナ人.

pa·lés·tra [pəléstrə] *n.* 《古代ギリシアのレスリングなどの》道場, 体育館 (gymnasium).
pál·e·tot [pǽlətòu, pǽltou/pǽltou] *n.* ゆったりした一種の外套(がいとう).
***pál·ette** [pǽlit] *n.* **1** 《画家の用いる》**パレット, 調色板**; その上の絵の具. **2** ある画家の用いる絵の具〔色彩〕. **3** 《よろいの》わき下当て (=pallette).
～ knife パレットナイフ.
pál·frey [pɔ́:lfri] *n.* 〘古・雅〙《軍馬に対して》乗馬; 《特に》婦人用乗馬.
Pá·li [pɑ́:li] *n.* パーリ語《Sanskrit の俗語. 仏教原典に用いられている言語》.
pál·imp·sest [pǽlimpsèst] *n.* **1** 再生羊皮紙の写本《もとの文字を消してその上に重ね書きしたもの》. **2** 裏面にも文字を彫った黄銅記念標.
pál·in·drome [pǽlindròum] *n.* 回文《前後どちらから読んでもおなじ語句: Madam, I'm Adam.》.
pàl·in·gén·e·sis [pæ̀lindʒénịsis] *n.* **1** 再生, 更生, 輪廻(りんね). **2** 〘生〙 反復発生, 原形発生. → cenogenesis. ◇ **pàl·in·ge·nét·ic** [-dʒinétik] *a.*
pál·i·node [pǽlịnòud] *n.* 《前作の詩の内容の》取り消しの詩; 《一般的》(前言) 取り消し.
pàl·i·sáde [pæ̀lịséid] *n.* **1** 矢来, さく. **2** (*pl.*)《川べの》断崖(だんがい). **——** *vt.* にさくをめぐらす, 矢来で囲む.
pál·ish [péiliʃ] *a.* (やや) 青白い.
pàl·i·s(s)án·der [pæ̀lịsǽndər, ㊥ˈ⁻⁻⁻⁻] *n.* 〘植〙 シタン.
pall[1] [pɔ:l] *n.* **1** ひつぎ〔墓〕に掛ける布《通例ビロード布》. **2** 幕, とばり; おおい. **3** 〘カトリック〙 聖杯おおい (pallium). **4** 外套(がいとう). **5** 〘紋〙 Y字形紋章.
a* ～ *of darkness 夜のとばり.
—— *vt.* にひつぎ掛けをかける; おおう.
～·bèar·er 棺衣を持つ人, 棺側付添人.
pall[2] *vi.* **1** 〈事・物が〉つまらなくなる, 興味が薄れる《に *on, upon*》: Even pleasure ～*s on* one. 快楽にさえも人は飽きてしまう. **2** 〈酒などが〉味がおちる, まずくなる. **3** 〈人が〉飽きる, 興味を失う.
—— *vt.* **1** 飽きさせる, に興味を失わせる. **2** つまらなくする; まずくする, の味をおとす.
Pal·lá·di·an[1] [pəléidiən] *a.* **1** 〘ギ神〙 女神 Pallas (Athena) の. **2** 知恵の, 学問の.
Pal·lá·di·an[2] *a.* 〘建〙 パラディオ《イタリアの建築家 Andrea Palladio, 1518–80》(様式) の.
pal·lá·di·um [pəléidiəm] *n.* 〘化〙 パラジウム《金属元素. 記号 Pd》.
Pal·lá·di·um [pəléidiəm] *n.* (*pl.* **-a** [-diə]) **1** 女神 Pallas (Athena) の像《特に Troy 市のとりでの像は市の安全の象徴であったといわれる》. **2** (p～) 守護(神); 保障.
Pál·las [pǽləs/-læs, -ləs] *n.* 〘ギ神〙 女神 Athena の呼称の一つ《しばしば Pallas Athene [-əθí:ni:]》.
pál·let[1] [pǽlit] *n.* わらぶとん; そまつな寝床.
pál·let[2] *n.* **1** 《陶工の》へら, こて. **2** 〘機〙 パレット, つめ; 《つめ車の》歯止め; 《オルガンなどの》空気調節弁. **3** =palette ①. **4** 《倉庫などの》移動式荷台.
pál·lette [pǽlit] *n.* =palette③.
pal·liásse =paillasse.
pál·li·ate [pǽlièit] *vt.* **1** 〈病状・苦痛などを〉一時的に和らげる, 緩和する. **2** 〈過失・罪などを〉軽くする, 酌量(しゃくりょう)する. **3** 〈過失・罪などを〉軽く見せる, 言い繕う, 弁解する.
◇ **-a·tor** [-ər] *n.* =palliative. **pàl·li·á·tion** [pæ̀liéiʃ(ə)n] *n.* **1** 《病状の》一時的緩和. **2** 《罪などの》軽減, 酌量; 弁解, 言い訳.
pál·li·a·tive [pǽlièitiv/-liətiv] *a.* **1** 和らげる, 緩和する; 軽減する; 酌量すべき, 言い訳になる. **2** 一時押え〔しのぎ〕の; 姑息(こそく)の. **——** *n.* **1** 緩和物〔剤〕. **2** 酌量すべき事情. **3** 言い訳, 弁解. **4** 一時しのぎ, 姑息な手段. ◇ **～·ly** *ad.*
pál·lid [pǽlid] *a.* **1** 青ざめた, 《顔色の》さえない. **2** 活気のない. ◇ **～·ly** *ad.* **～·ness** *n.*
pál·li·um [pǽliəm] *n.* (*pl.* **-a** [-liə], **-ums**) **1** 《古代ギリシア・ローマ人の》長方形の大外套(がいとう); 〘カトリック〙《法王・大司教の》白の羊毛製肩掛け. **2** 《脳の》外皮.
Páll Máll [pél-mél, pǽl-mǽl] *n.* ペルメル街《London の町名. 多くのクラブがあるので有名》.
páll-máll [pélmél] *n.* ペルメル球戯(場).
pál·lor [pǽlər] *n.* 《顔面の》蒼白(そうはく). [pale と同語源]
pál·ly [pǽli] *a.* 〘俗〙 仲のよい, おれおまえの間柄の.
‡**palm**[1] [pɑ:m] *n.* **1 手のひら**, たなごころ. **2** 手首から指先までの長さ, 掌尺 (handbreadth)《幅約7. 6–10cm, 長さ18–25cm》. **3** 手のひら状の物〔部分〕; 手袋の手のひら; オールの偏平部; スキーの裏. **4** 〘海〙 たなごころ皮《帆布を縫う針を押し通すときに thimble の代用として使う》.
grease* 〔*cross, gild, tickle*〕 *the* ～ *of …にわいろを使う. ***have an itching* ～** 〘話〙 わいろをほしがる, 欲がふかい. ***read* a person*'s* ～** (人) の手相を見る.
—— *vt.* **1** 手のひらでなでる, 手に握る, 手で扱う. **2** 《手品などで》(手のひらに) 隠す: ～ a card 〔coin〕 トランプのカード〔貨幣〕を手中に隠す. **3** こっそり拾う. **4** と握手する. **～ *off*** 〈にせ物などを〉だましてつかませる《*on* 〔*upon*〕 a person》.
◇ **～·ful** [ˊ-ˋ] *n.* 手のひらいっぱい (の量), 一握り.
palm**[2] *n.* **1** 〘植〙 **ヤシ, シュロ**, ヤシ科の植物: the date ～ ナツメヤシ. the coconut ～ ココヤシ. **2** シュロの葉〔枝〕《勝利の象徴》. **3** (the ～) **勝利**, 栄誉; 賞. ***bear* 〔*carry off*〕 *the* ～** 優勝する. ***give* 〔*yield*〕 *the* ～ *to に勝ちを譲る, に負ける.
P～ Beach アメリカ Florida 州東南海岸の避寒地. **～ cat** 〔**civet**〕 ジャコウネコの一種. **～ house** 《シュロ・ヤシなどの》栽培温室. **～ leaf** シュロの葉《帽子・うちわなどの材料》. **～ oil** ヤシ油; わいろ (bribe). **～ sugar** 〔**wine**〕 シュロ糖〔酒〕. **P～ Sunday** 〘聖〙 シュロの聖日《復活祭直前の日曜日; キリストのエルサレム入りの記念日》.
pal·má·ceous [pælméiʃəs] *a.* 〘植〙 ヤシ科の; ヤシ〔シュロ〕に似た.
Pál·ma Chrís·ti [pǽlmə-krísti] *n.* 〘植〙 ヒマ, トウゴマ.
pál·mar [pǽlmər] *a.* 〘医〙 手のひらの.
pál·ma·ry [pǽlməri] *a.* 最高の栄誉に価する, 最優秀の.
pál·mate [pǽlmeit, -mit], **pál·mat·ed** [-meitid] *a.* **1** 手のひら状〔形〕の; 〘植〙 掌状の. **2** 〘動〙 水かきのある. ◇ **～·ly** *ad.* **pal·má·tion** [pælméiʃ(ə)n] *n.* 手のひら状〔形〕.
pálm·er[1] [pɑ́:mər] *n.* **1** 聖地巡礼者《参詣(さんけい)の記念にシュロの葉を持ち帰った》; 《一般的》 巡礼. **2** 擬餌(ぎじ)ばり《蚊ばりの一種》. **3** 植物の葉を食い荒らす毛虫の一種 (=～ worm).
pálm·er[2] *n.* トランプなどでごまかしをする人; 手品師.
pal·mét·to [pælmétou] *n.* (*pl.* **～(e)s**) 〘植〙 シュロの一種《北アメリカ南部産》.
pál·mi·ped [pǽlmịpèd] *a.* 水かき足の.
—— *n.* 水かき足の鳥, 水鳥.
pálm·ist [pɑ́:mist] *n.* 手相見.
◇ **pálm·is·try** [-mistri] *n.* 手相術, 手相判断.
pál·mi·tate [pǽlmịtèit] *n.* パルミチン酸塩.
pal·mít·ic [pælmítik] *a.* ヤシ (油) から採った.
～ acid 〘化〙 パルミチン酸.
pál·mi·tin [pǽlmịtin] *n.* 〘化〙 パルミチン.
pálm·y [pɑ́:mi] *a.* **1** シュロの(ような); シュロの多い. **2** 勝ち誇った, 意気盛んな, 栄えている: one's ～ days 全盛時代.
pàl·o·mí·no [pæ̀ləmí:nou] *n.* (*pl.* **～s**) たてがみと尾が白い淡かっ色の馬《アメリカ南西部産》.
pa·lóo·ka [pəlú:kə] *n.* 〘米俗〙 **1** へぼ運動家《特にボクサー》, 三文選手. **2** まぬけ; 無器用な人.
palp [pælp] =palpus.
pál·pa·ble [pǽlpəbl] *a.* **1** さわってわかる, 触知〔触診〕できる. **2** 明白な, はっきりした.

◇ **-bly** *ad.* **pàl·pa·bíl·i·ty** [pælpəbílịti] *n.*
pál·pate[1] [pælpeit] *vt.* 手でさわってみる; 〖医〗触診する. ◇ **pal·pá·tion** [pælpéiʃ(ə)n] *n.* 触診.
pál·pate[2] *a.* 《こん虫などが》触鬚(しょ)のある.
pál·pe·bral [pælpịbrəl] *a.* まぶたの.
pál·pi [pælpai] *n.* palpus の複数形.
pál·pi·tant [pælpịtənt] *a.* 動悸(どき)がする, 胸がどきどきする, ときめく.
pál·pi·tate [pælpịtèit] *vi.* **1** 動悸がする, 脈打つ. **2** <胸が> どきどきする, ときめく. **3** 震える: ～ *with* fear 恐ろしさにわななく.
pàl·pi·tá·tion [pælpịtéiʃ(ə)n] *n.* 動悸, 胸騒ぎ, 震え; 〖医〗心悸昂進(こう).
「触鬚(しょ).
pál·pus [pælpəs] *n.* (*pl.* **-pi** [-pai]) 《こん虫などの》
páls·grave [pɔ́:lzgrèiv, ㊥⁺pǽlz-] *n.* 《昔のドイツの》パラチン伯爵. → palatine[1].
pál·sy[1] [pɔ́:lzi] *n.* 中風, まひ (状態). ***cerebral*** ～ 脳性小児まひ. —— *vt.* まひさせる.
◇ **pál·sied** [-d] *a.* 中風にかかった.
pál·sy[2] ＝palsy-walsy.
pál·sy-wál·sy [pɔ́:lziwɔ́:lzi] *a.* 〖米俗〗〖態度が〗親しげに見える, 仲のいい.
pál·ter [pɔ́:ltər] *vi.* **1** ことばを濁す; いいかげんにあしらう《を *with*》: Don't ～ *with* the question. 問題にまじめに取り組め. **2** 掛け合う, 値切る《と *with*; について *about*》.
pál·try [pɔ́:ltri] *a.* つまらない, とるに足らぬ, 無価値の; 《金額など》わずかばかりの.
◇ **-tri·ly** *ad.* **-tri·ness** *n.*
pa·lú·dal [pəlú:dl, pæljụdl/pəljú:dl] *a.* **1** 沼地の, 沼地の多い; 沼地に生じる. **2** マラリア性の: ～ fever マラリア熱.
pál·y [péili] *a.* 〖雅〗青ざめた, 青白い.
pam. pamphlet.
Pa·mírs [pəmíərz] *n. pl.* (the ～) パミール高原《アジア中部の高原. 世界の屋根と呼ばれる》.
pám·pas [pǽmpəz] *n. pl.* パンパス《南アメリカ, 特にアルゼンチンの大草原》.
～ **grass** 〖植〗シロガネヨシ, パンパスソウ《南アメリカ産》. ◇ **pam·pé·an** [pæmpí:ən] *a., n.* パンパスの, パンパス地方の (インディアン).
pám·per [pǽmpər] *vt.* **1** 甘やかす, したいほうだいにさせる; いい気にさせる, 増長させる. **2** に過度に食わせる. ～ one***self*** 気ままかってにふるまう.
◇ ～**ed** [-d] *a.* 甘やかされた, 増長した.
pam·pe·ro [pɑ:mpé(:)rou/pæmpéərou] Sp. *n.* (*pl.* ～***s*** [-z]) パンペロ風《南アメリカ Andes 山脈から大西洋に吹きおろす寒風》.
‡**pám·phlet** [pǽmflit] *n.* **1** パンフレット, 《仮とじの》小冊子. **2** 時事小論 [論評], 小論文.
pàm·phlet·éer [pæmflịtí:r] *n.* pamphlet の筆者. —— *vi.* pamphlet を書く [出版する].
‡**pan**[1] [pæn] *n.* **1** 平なべ: a frying ～ フライパン. **2** (はかりなどの) さら; (旧式銃の) 火ざら; 《選鉱用の》なべ. **3** 《水・どろなどのたまった》さら状のくぼ地, 沼地; 塩田 (＝salt ～). **4** ちょうつがいの穴; うけ, おとし. **5** 〖米俗〗顔, つら; ひざがしら. **6** 《柔らかい土の下にある》硬盤 (＝hardpan). **7** 〖海〗小浮氷. ***leap*** [***fall***] ***out of the*** ～ ***into the fire*** 小難をのがれて大難に会う. ***pots and*** ～***s*** 炊事道具. ***savor of the*** ～「地金」,「お里」. ***shut*** one's ～ 〖俗〗黙る. ***turn the cat in the*** ～ 変節する, 裏切る.
—— *v.* (**-nn-**) *vt.* **1** 〖採鉱〗<土砂を> なべで洗う: ～ the surface dirt *for* gold 表面土を洗って金を採る. **2** <砂金を> より分ける: ～ gold 金を洗鉱する. **3** (結果として) もたらす《*out*》: The research only *panned out* a few banknotes. 捜索の結果は紙幣が二, 三枚出ただけだった. **4** なべで煮る; 煮つめて…のエキスを採る. **5** 〖米俗〗手に入れる. **6** 〖米俗〗こきおろす, こっぴどくやっつける.
—— *vi.* **1** 砂金を出す: The bed *panned out* handsomely. 鉱床から砂金がたっぷり出た. **2** 〖話〗成功する; 《うまく, まずく》終わる《*out*》: ～ *out* badly 結果は失敗になる. **3** 動く, 働く.
be panned out 〖米俗〗力が尽きる, 破産する.
～ ***out about*** …について長々と述べる.
～**·cake** →別項. ～ **fish** 〖米俗〗フライ用の淡水魚. ～**-fry** [⏑⏑] フライパンで揚げる. ～**·hàn·dle** →別項. ◇ ～**·ful** [-fùl] *n.* なべ [さら] 1 杯 (の量). ～**·ning** [-iŋ] *n.* 砂金の水選鉱.
pan[2] *vt., vi.* (**-nn-**) 〖映〗パンする《画面にパノラマ的効果を収めるためカメラを上下または左右に旋回させて撮影する》. [＜*pan*orama]
「噛(か)み物.
pan[3] [pɑ:n] *n.* キンマ (betel) の葉; その葉にくるんだ
Pan [pæn] *n.* 〖ギ神〗パン, 牧神《牧人・山野の神. 頭に角がはえ, 足はヤギに似て, 笛を吹く. 人を急に驚かす》. ～**·pipe** →別項.
pan-「全, 総, 汎(はん)」の意の語形成要素.
Pan. Panama.
pàn·a·cé·a [pænəsí:ə, -síə] *n.* 万能薬, 万病薬.
pa·náche [pənǽʃ, -nɑ́:ʃ] *n.* **1** (かぶとの) 羽飾り. **2** 見せびらかし, 見え張り, からいばり. 「ンくずがゆ.
pa·ná·da [pənɑ́:də] *n.* 《どろどろに煮て調味した》パ
Pán·a·mà [pǽnəmɑ̀:, -mɔ̀:, ⏑⏑⏑/pænəmɑ́:] *n.* **1** パナマ《中央アメリカ南部の共和国》. **2** その首都 (＝～ city). **3** パナマ帽 (＝～ hat).
～ **Canal, the** パナマ運河. ～ **Canal Zone, the** パナマ運河地帯. 「パナマ人 (の).
Pàn·a·má·ni·an [pænəméiniən] *a., n.* パナマの,
Pán-A·mér·i·can [pǽnəmérịkən] *a.* 汎(はん)アメリカ主義の; 全米の.
～ **Union, the** 汎アメリカ連盟《略 P.A.U.》.
◇ ～**·ism** [-ìz(ə)m] *n.* 汎アメリカ主義.
Pàn-Án·gli·can [pænǽŋglikən/pæn-] *a.* 全イギリス国教会の, 全イギリス国教主義の.
pán·cake [pǽnkèik] *n.* **1** パンケーキ, ホットケーキ. **2** 〖空〗平落ち《失速して水平降下着陸すること》. **3** 固形おしろいの一種. (***as***) ***flat as a*** ～ 平べったい.
—— *vt., vi.* 〖空〗水平着陸させる [する].
～ **make-up** パンケーキ化粧. 「Lama.
Pán·chen Lá·ma [pɑ́:ntʃèn-lɑ́:mə] ＝ Teshu
pàn·chro·mát·ic [pænkromǽtik/pæn-] *a.* 〖写〗パンクロの, 全 (整) 色の. ◇ **pan·chró·ma·tism** [pænkróumətiz(ə)m] *n.* 〖写〗全整色 (性).
pan·cós·mism [pænkɑ́zmiz(ə)m/-kɔ́z-] *n.* 〖哲〗物質宇宙論, 汎(はん)宇宙論.
pan·crá·ti·um [pænkréiʃiəm] *n.* ボクシングずもう《古代ギリシアのボクシングとレスリングを混ぜた競技》.
◇ **pan·crát·ic** [-krǽtik] *a.*
pán·cre·as [pǽnkriəs] *n.* 〖医〗すい臓.
◇ **pàn·cre·át·ic** [⏑⏑ǽtik] *a.*
pán·cre·a·tin [pǽnkriətin] *n.* 〖生化〗すい液素.
pàn·cre·a·tí·tis [pænkriətáitis] *n.* 〖医〗すい臓炎.
pàn·cre·a·tót·o·my [-tɑ́təmi/-tɔ́t-] *n.* 〖医〗すい臓切開.
pán·da [pǽndə] *n.* 〖動〗パンダ《ヒマラヤ山脈地方産アライグマの類》; シロクログマ (＝giant ～)《チベット産》. 「産》.
pan·dá·nus [pændéinəs] *n.* 〖植〗タコノキ《アジア
Pan·dé·an [pændí:ən] *a.* Pan 神の.
～ **pipe** ＝Panpipe.
pán·dect [pǽndekt] *n.* (通例 *pl.*) **1** 法典 (全書), 総論, 総覧. **2** (the P～) ユスチニアヌス法典《534 年に東ローマ帝国の Justinian 帝の命でつくられた民法法典》.
pan·dém·ic [pændémik] *a.* 《病気が》全国的 [全大陸的, 世界的] 流行の.
—— *n.* 全国的 [全大陸的, 世界的] 流行病.
Pàn·de·mó·ni·um [pændịmóuniəm] *n.* **1** 万魔の巣窟(くつ), 伏魔殿. **2** (p～) 修羅場(しゅら), 大混乱(の場).

pán·der [pǽndər] *n.* **1** 売春の仲介者, ぜげん, 売春宿の主人. **2** 悪事の仲立ち.
—— *vt.* **1** に売春をとりもつ. **2** の悪事を助ける.
—— *vi.* 意を迎える《の *to*》: ～ *to* low taste 俗趣味に迎合する.

pán·dit = pundit.

P. and L. profit and loss. **P. & O.** Peninsular and Oriental [Occidental] (Steamship Line).

pán·door = pandour.

pan·dó·ra [pændó:rə/-dɔ́:rə], **pan·dóre** [-dó:r/-dɔ́:] *n.* = bandore.

Pan·dó·ra [pændó:rə/-dɔ́:rə] *n.* **1**〖ギ神〗パンドラ《Prometheus が天の火を盗んだのを罰するために Zeus が下界にくだした最初の女性》. **2**〖貝〗オキナガイ科の類 (= p～ shell).
～'s box パンドラの箱《Zeus からパンドラに贈られた箱. パンドラが禁を犯して開くと中からあらゆる災いと罪悪が飛び出して地上に広まり, 箱の中に希望だけが残ったという》; もろもろの災いのもと, やぶへび.

pán·dour [pǽnduər] *n.* パンズール兵《17-18世紀の残忍な Croatia の歩兵》;《一般的》残忍な兵士.

pan·dów·dy [pændáudi] *n.*〖米〗甘味入りのリンゴパイ.

‡**pane** [pein] *n.* **1** (1枚の)**窓ガラス** (= windowpane); 鏡板. **2**《こうし模様の》1 画,《ごばんの》目,《障子などの》1 わく. **——** *vt.* **1** に窓ガラスをはめる. **2** 小切れをはぎ合わせてつくる.
◇ **～d** *a.* 窓ガラスをはめた; 小切れをはぎ合わせた.

pàn·e·gýr·ic [pæ̀nidʒírik] *n.* 賞賛のことば, 賛辞《に対する *upon*》.

pàn·e·gýr·i·cal [-(ə)l] *a.* 賞賛の, 賛辞の.
◇ **～·ly** *ad.*

pàn·e·gýr·ist [pæ̀nidʒírist, ⌐ー⌐ー] *n.* 賛辞を述べる人, 賛辞文を書く人, 賞賛者.

pán·e·gy·rize [pǽnidʒiràiz] *vt., vi.* (の)賛辞を述べる, (の)賛辞文を書く, 賞賛する.

‡**pán·el** [pǽn(ə)l] *n.* **1 はめ板, 鏡板**; (窓) わく. **2** 長方形の物;《特に》《画布代用の》画板; パネル絵《板に描いた絵》; 長方形の写真〔絵〕. **3** 羊皮紙の一片《昔名簿などに用いた》; 登録簿;〖法〗陪審員名簿, 陪審総員;〖英〗《各地区の》健康保険医名簿. **4** 委員会;《集合的》委員;〖米〗講師団, 審査員団《討論会, 座談会, 審査会, ラジオ・テレビのクイズ番組などの》. **5**〖スコットランド:法〗刑事被告. **6**《婦人服の》長方形の縫い飾り. **7** 鞍(くら)敷き; 一種の鞍. **8**〖空〗飛行機の翼の一部;〖電〗配電盤の 1 区画;〖鉱山〗区間. **9**《かきの》横木. ***go on the*** **～** 健康保険医にかかる. ***on the*** **～** 健康保険医名簿に登録されて.

panels ①

—— *vt.* (**-l-**, ㊤**-ll-**) **1** に鏡板をはめる, 鏡板で飾る: ～ the saloon *with* rosewood 客間にシタンの鏡板を張る. **2** はめ込む. **3** 〈衣服に〉長方形の縫い飾りを入れる. **4** に鞍敷きを当てる. **5** 〈陪審員などを〉選定する; 〈公開討論会の出場講師を〉決める. **6**〖スコットランド:法〗起訴する.
～·board [⌐ー⌐] 〖建〗入れ子板. **～ discussion** 公開討論会《聴衆の前で数人の講師によって行なわれる》. **～ doctor**〖英〗健康保険医. **～ heating**《床・壁からの》放射暖房. **～ house** [**den**]〖米〗売春宿《客の所持品を盗むためにはめ板の一部が開く》. **～ lighting** パネル照明《面が光る》. **～ show**《ラジオ・テレビの》レギュラーメンバーが解答するクイズ番組. **～·work** [⌐ー⌐] はめ板細工;〖鉱山〗仕切り作業.
◇ **～·ist** *n.*《公開討論会・クイズショーなどの》討論者, 講師, (出場)解答者. **～·(l)er** *n.* 委員: a fellow ～*er* 同席の委員. **～·(l)ing** *n.* はめ板, はめ張り.

pan·én·the·ism [pænénθiìz(ə)m] *n.* 万有在神説.

‡**pang** [pæŋ] *n.* **1**《急に起こる》**激痛**, 苦痛. **2** 心痛, 煩悶(はんもん). ***the ～ of conscience*** 良心の呵責(かしゃく). ***the ～s of death*** 死の苦しみ.

pan·gén·e·sis [pændʒénisis] *n.*〖生〗汎生(はんせい)説《Darwin の遺伝に関する仮説》.

Pàn-Gér·man [pæ̀ndʒə́:rmən/pǽn-] *a.* 汎ゲルマン主義の; 全ドイツ人の. **——** *n.* 汎ゲルマン主義者. ◇ **～·ism** [-iz(ə)m] *n.* 汎ゲルマン主義. **Pàn-Ger·mán·ic** [-dʒə:rmǽnik] *a.* = Pan-German.

pan·gó·lin [pæŋgóulin] *n.*〖動〗センザンコウ.

pán·hàn·dle [pǽnhæ̀ndl] *n.* **1** フライパンの取っ手. **2**〖米〗細長くのびた地域.
—— *vi., vt.*〖米話〗(に) 物ごいする《街頭で》; 〈金などを〉物ごいで得る.
P～ State, the アメリカ West Virginia 州の別称.
◇ **pán·hàn·dler** *n.*〖米話〗こじき.

Pán·hel·lén·ic [pæ̀nhəlénik/-helí:n-] *a.* **1** 全ギリシア (主義) の. **2**〖米〗全大学校友団体の. → Greek-letter fraternity. ◇ **Pan·hél·le·nism** [pænhélinìz(ə)m] *n.* 全ギリシア主義.

‡**pán·ic**[1] [pǽnik] *n.* **1**《原因のはっきりしない》**突然の恐怖**; おくびょうかぜ; あわてふためき, ろうばい: be seized with a ～ おくびょうかぜにとりつかれる. There was a ～ when the theater caught fire. 劇場に火がつくと大混乱が生じた. **2**〖経〗**恐慌**, パニック. **3**〖米俗〗こたえられないほどおもしろいもの〔人〕.
get up a **～** パニックを引き起こす.
—— *a.* **1**《恐怖などが》あわてふためかせる, 正気を失わせる. **2** あわてふためいた, 狂気のような: ～ haste 大あわて. **3** 恐慌的な: a ～ price 恐慌的安値. **4** いわれのない, 度の過ぎた. **5** (P～) 牧神パンの.
—— *vi., vt.* (**-ck-**) **1** あわてうろたえる〔させる〕: Don't ～! 落ち着け! **2** 恐慌を起こす; (に)恐慌を起こさせる. **3**〖俗〗〈観衆などを〉やんやといわせる. [<Pan]
～-mòn·ger 恐慌をもたらす人. **～-strìck·en** 恐慌をきたした; あわてふためいた. ◇ **pán·ick·y** [-i] *a.* すぐうろたえる, びくびくした; 恐慌の.

pán·ic[2] *n.*〖植〗キビ・ヒエの類 (= ～ grass).

pán·i·cle [pǽnikl] *n.*〖植〗円すい花(序).

pa·níc·u·late [pəníkjulèit, -lit/-lit] *a.*〖植〗円すい花序の. ◇ **～·ly** *ad.*

pàn·i·fi·cá·tion [pæ̀nifikéiʃ(ə)n] *n.* パン製造.

Pàn-Is·lam [pæ̀nísləm/pǽnízlɑ:m] *n.* 全回教界. ◇ **～·ism** *n.* 全回教主義. **Pàn-Is·lám·ic** [-islǽmik/-izlǽm-] *a.* 全回教界の, 全回教徒の.

pan·ján·drum [pændʒǽndrəm] *n.*《けいべつ的》大将, お偉方, 御大(おんたい).

pan·míx·i·a [pænmíksiə] *n.*〖生〗雑婚繁殖.

pán·nage [pǽnidʒ] *n.*〖英:法〗豚の放牧権〔料〕; 豚の食料《ドングリなど》.

panne [pæn] *n.* ビロード布地の一種.

pán·ni·er [pǽnjər, -niər] *n.* **1**《荷馬などの背の左右につける》荷かご, 背負いかご. **2**《昔の婦人服の腰部を広げるための》鯨骨のわく; 腰部をふくらませた婦人服.

pán·ni·kin [pǽnikin] *n.*〖英〗**1** 小ざら, 小なべ. **2** 金属製小杯; その 1 杯の量.

pa·nó·cha [pənóutʃə] *n.* **1**《メキシコ産の》粗糖. **2** クルミ入り糖菓子.

pán·o·ply [pǽnəpli] *n.* **1** 甲冑(かっちゅう)〔具足〕一式. **2**《比喩的》りっぱな飾りつけ; 完全なおおい.
◇ **-plied** [-d] *a.* 甲冑で身をかためた.

pan·óp·tic [pænáptik/-nɔ́p-], **-ti·cal** [-(ə)l] *a.* 一目で見渡せる. ◇ **pan·óp·ti·cal·ly** *ad.*

pan·óp·ti·con [pænáptikàn/-nɔ́ptikən] *n.* 円形監獄《中央に監視所のある》.

pàn·o·rá·ma [pæ̀nərǽmə/-rá:mə] *n.* **1** パノラマ《半円式の壁に画を描き, 上方から強い光を当て, 風

景や歴史的場面を立体的に見せる装置. 次々に変わった場面を見せるものもある. **2** 広大なながめ, 全景; めまぐるしく変わる光景. **3** 概観, 全面的観察.

pàn·o·rám·ic [pæ̀nərǽmik] *a.* パノラマの(ような), パノラマ式の. **～ camera** パノラマ写真機. **～ sight** (大砲の)全視照準. **～ view** パノラマ的展望全景. ◇ **-i·cal·ly** [-(ə)li] *ad.*

Pàn-Pa·cíf·ic [pæ̀npəsífik/pǽn-] *a.* 全〔汎〕太平洋の.

Pán·pipe [pǽnpàip] *n.* パンの笛《管を長さの順に並べた昔の楽器》.

pan·psý·chism [pænsáikiz(ə)m] *n.* 〔哲〕汎心(はんしん)論《万物に心があるという考え》. ◇ **-chic** *a.*

Pàn-Sláv·ism [pæ̀nslá:viz(ə)m, -slǽv-/pǽn-] *n.* 汎スラブ主義, スラブ民族統一運動. 「識.

pán·so·phism [pǽnsəfìz(ə)m] *n.* 百科事典的知

pán·so·phy [pǽnsəfi] ＝pansophism.

***pán·sy** [pǽnzi] *n.* **1** 〔植〕サンシキスミレ. **2** 〔話〕にやけた男, 軟弱な男, 同性愛の男.

***pant** [pænt] *vi.* **1** あえぐ, 息を切らす, 息切れする. **2** 激しい動悸(どうき)がする. **3** 渇望〔熱望〕する, こがれる, あこがれる《を, に *for*, *after*; *to* (do)》. —— *vt.* あえぎながら言う《*out*》. —— *n.* **1** あえぎ, 息切れ. **2** 激しい動悸. **3** (エンジンの) 排気音.

pán·ta·graph ＝pantograph.

Pan·tá·gru·el [pæntǽgruèl] *n.* パンタグリュエル《フランスの Rabelais 作 *Gargantua and Pantagruel* 中の粗野で皮肉なユーモアに富んだ人物》.

◇ **Pàn·ta·gru·él·i·an** [pæ̀ntəgru:éliən] *a.* ～的. **Pàn·ta·grú·el·ism** [pæ̀ntəgrú:əlìz(ə)m, pæntǽgru:əlìz(ə)m] *n.* ～的ユーモア.

pàn·ta·lét(te)s [pæ̀nt(ə)léts] *n. pl.* パンタレット《19世紀の女用のゆるい長ズロース》; 下ばきのすそ飾り.

pàn·ta·lóon [pæ̀nt(ə)lú:n] *n.* **1** (P～)《昔のイタリア喜劇の》老いぼれの役;《現在の pantomime で clown の相手役の》老いぼれ道化役. **2** (*pl.*)《19世紀の細いぴったりした》ズボン (trousers); (*pl.*)〔おもに米〕ズボン (pants).

pan·téch·ni·con [pæntékni̩kɑ̀n, -kən/-kən] *n.* 〔英〕家具倉庫; 家具運搬車 (＝～ van).

pán·the·ism [pǽnθi:ìz(ə)m] *n.* 〔哲〕汎神(はんしん)論, 万有神教. ◇ **-ist** [-ist] *n.* 汎神論者.

pàn·the·ís·tic [pæ̀nθi:ístik], **-ti·cal** [-(ə)l] *a.* 汎神論の, 万有神教(的)の.

◇ **pàn·the·ís·ti·cal·ly** *ad.*

pán·the·on [pǽnθiən, pænθí:ən, ㊍⁺pǽnθiɑ̀n] *n.* **1** パンテオン, 万神殿; (P～) 古代ローマの万神殿. **2** 一国の偉人たちを祭った殿堂; (P～) パンテオン《パリの Church of St. Geneviève のこと》. **3** 《一国民の信ずる》神々. **4** 〔英〕《ロンドンの》民衆娯楽場.

pán·ther [pǽnθər] *n.* (*pl.* **～s**,《集合的》～; *fem.* **～·ess** [-θəris]) 〔動〕ヒョウ (leopard); アメリカライオン (puma).

pánt·ies [pǽntiz] *n. pl.* 〔米俗〕パンティー《婦人・子ども用》.

pán·tile [pǽntàil] *n.* 〔建〕桟瓦(さんがわら).

pàn·ti·sóc·ra·cy [pæ̀nti̩sɑ́krəsi/-sɔ́k-] *n.* 理想的万民平等の民主的社会.

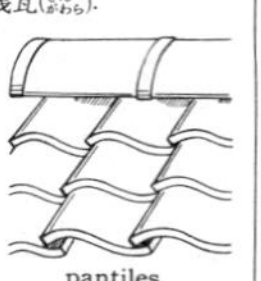

pantiles

pán·to [pǽntou] *n.* 〔俗〕＝pantomime.

panto- 「全, 総, 汎(はん)」の意の語形成要素 (pan-).

pán·to(f)·fle [pǽntəfl, ㊍⁺pæntɑ́fl, -tú:fl] *n.* スリッパ, 上ばき (slipper).

pán·to·graph [pǽntəgræ̀f/-grɑ:f] *n.* **1** 〔製図〕パントグラフ, 写図器, 縮図器. **2** 〔電〕パンタグラフ《電車・電気機関車の》.

pan·tóg·ra·phy [pæntɑ́grəfi/-tɔ́g-] *n.* **1** 全写法, 縮写法; 全体図. **2** 総論, 全般論.

pan·tól·o·gy [pæntɑ́lədʒi/-tɔ́l-] *n.* 人間の知識の集大成, 総合百科(的知識). ◇ **pàn·to·lóg·ic** [pæ̀nt(ə)lɑ́dʒik/-lɔ́dʒ-], **-i·cal** *a.*

pán·to·mime [pǽntəmàim] *n.* **1** 無言劇; 〔英〕《クリスマスに演ずる》おとぎ芝居 (＝Christmas ～). **2** 《古代ローマなどの》無言劇の俳優. **3** 《無言の》しぐさ, 身ぶり. —— *vi.* 無言劇を演ずる; しぐさをする. —— *vt.* しぐさで表現する.

◇ **pán·to·mim·ist** *n.* パントマイム俳優〔作者〕.

pàn·to·mím·ic [pæ̀ntəmímik] *a.* 「の一種.

pán·to·scope [pǽntəskòup] *n.* 〔写〕広角レンズ

pàn·to·scóp·ic [pæ̀ntəskɑ́pik/-skɔ́p-] *a.* 広角度の《レンズ・写真機など》; 視界の広い. **～ camera** 広角〔パノラマ式〕写真機 (panoramic camera).

pàn·to·thén·ic [pæ̀ntəθénik] **～ *acid*** 〔化〕パントテン酸.

pan·tróp·ic [pæntrɑ́pik/pæntrɔ́p-] *a.* 〔医〕《特にビールスが》種々の組織に親和性のある.

◇ **-i·cal·ly** *ad.* 「に分布する.

pan·tróp·i·cal [-trɑ́pik(ə)l/-trɔ́p-] *a.* 熱帯全域

pán·try [pǽntri] *n.* 《家庭の》食料品貯蔵室;《ホテルなどの》食器室 (＝butler's ～)《食器だなのある台所と食堂との間の配ぜん準備をするへや》. **～·man** [-mən]《ホテルなどの》まかない方またはその助手.

***pants** [pænts] *n. pl.* **1** 〔米〕ズボン (trousers). **2** 〔英〕(男の) ズボン下; 〔米話〕(婦人・子どもの) パンティー (panties). ***wear the* ～** 〈女が〉亭主をしりに敷く.

pánt·y·waist [pǽntiwèist] *n.* **1** 〔米〕半ズボン付き子ども服. **2** 〔米俗〕子どもっぽい男, いくじなし. —— *a.* 子どもっぽい; いくじなしの, 弱虫の.

Pán·za [pǽnzə] *n.* Sancho ～, サンチョ=パンサ《Cervantes 作 *Don Quixote* 中の主人公ドン=キホーテの従者》.

pan·zer [pǽnzər, pɑ́:ntsər/pǽntsə] G. *a.* 装甲〔機甲〕の: a ～ division 機甲師団. —— *n.* 〔話〕機甲部隊.

pap¹ [pæp] *n.* 〔古・方〕**1** 乳首, 乳頭. **2** 乳首状のもの《小さなこぶ・丸い丘など》.

pap² *n.* **1** 《病人・幼児食の》パンがゆ, かゆ状の柔らかい食物. **2** 〔米俗〕子どもだまし. **3** 〔話〕《役人などの》役得. **(*as*) *soft* [*easy*] *as* ～** 子どもじみた. ***His mouth is full of* ～.** 彼はまだ乳臭い.

～·boat →別項.

***pá·pa** [pɑ́:pə/pəpɑ́:] *n.* 〔小児語〕とうちゃん, おとうさん.

pá·pa·cy [péipəsi] *n.* **1** ローマ教皇〔法王〕の位〔任期〕; 教皇権. **2** 《集合的》教皇. **3** (P～) 教皇制度; 法王政治.

pa·pá·in [pəpéiin] *n.* 〔化〕パパイン《パパイアの実の中に含有する酵素》.

pá·pal [péip(ə)l] *a.* **1** ローマ教皇〔法王〕の; 教皇制度〔職, 任期〕の. **2** カトリック教(会)の. **～ edict** 教皇令. **～ infallibility** 教皇〔法王〕無謬(むびゅう)説《教皇の行動には絶対誤りがないという説》. **～ states** 教皇〔法王〕領《1870 年まで教皇の支配した中部イタリアの地域》. ◇ **～·ly** *ad.*

pá·pal·ism [-ìz(ə)m] *n.* 教皇〔法王〕政治.

◇ **-ist** *n.* カトリック教徒.

pá·pal·ize [-làiz] *vi.*, *vt.* カトリック教に改宗する〔させる〕. ◇ **pà·pal·i·zá·tion** *n.*

pa·pàv·er·á·ceous [pəpæ̀v(ə)réiʃəs/-pèiv-] *a.* 〔植〕ケシ科の, ケシの(ような).

pa·páv·er·ine [pəpǽvərì:n/-péivərain] *n.* 〔化〕パパバリン《あへん中の1重要成分》.

pa·páv·er·ous [pəpǽv(ə)rəs/-péiv-] *a.* **1** ケシの(ような). **2** 催眠の.

pá·paw [pɔ́:pɔ:, pəpɔ́:] *n.* 〔植〕**1** ポーポー《北アメリカ産. ヤシに似た植物》; その果実. **2** ＝papaya.

pa·páy·a [pəpáiə, ㊍⁺-pɑ́:jə] *n.* 〔植〕パパイア(の実)《熱帯アメリカ産》.

páp·boat [pǽpbòut] *n.* 病人・小児用柄つきざら.

†**pá·per** [péipər] *n.* **1** 紙: *P*～ is usually made from wood. 紙は通常は木を原料としてつくる. ruled ～ けい紙. Give me some ～. 紙を少しください. written *on* ～ 紙に書かれた. a sheet of ～ 1枚の紙. a bit 〔piece〕 of ～ 一片の紙切れ. 〈注〉物質名詞扱いが原則. 数えるときは sheet, piece などを単位とするのが通例であるが, ときには次のごとくいうこともある: Fetch me *a paper*. 紙を1枚持ってきてくれ. **2** 壁紙 (＝wallpaper); 《ピン・針などをさしておく》台紙; 文具. **3 新聞**(紙): a daily ～ 日刊新聞. an evening ～ 夕刊紙. today's ～(*s*) きょうの新聞. read ... in the ～*s* 新聞で…を読む. **4** (*pl.*) **書類**, 文書, 記録: top-secret ～*s* 極秘文書. **5** (*pl.*) 身分証明書; 信任状: citizenship ～*s*. **6** (研究) **論文**, 論説: a ～ *on* currency reform 通貨改革についての論文. read a ～ 論文を発表する《学会で》. **7** 《可算的》**試験問題** (紙); **試験答案** (紙): The biology ～ was difficult. 生物の試験はむずかしかった. **8** 《不可算的》手形, かわせ手形; 紙幣 (＝～ money). **9** 紙包み, 一包み: a ～ of cigarette たばこ一包み. **10** 紙状のもの《パピルスなど》. **11** 〘俗〙無料入場券; 《集合的》無料入場者. **12** (*pl.*) ＝curlpapers.

papboat

brown **～** (かっ色の) 包み紙. ***get into*** **～*s*** 新聞に載る. ***on*** **～** 紙に書かれた〔印刷された〕; 書類の上で; 理論〔統計〕上は; 計画〔立案〕中の: a good scheme *on* ～ 机上ではよい計画. ***put pen to*** **～** 筆を執る, 書き始める. ***send*** 〔***hand***〕 ***in*** **one's** **～*s*** 辞表を出す. ***set a*** **～** in grammar (文法の) 問題を出す. ***ship's*** **～*s*** 《船主・国籍・行き先などを明記した》船舶書類. ***wove***(***n***) **～** 網目のある紙.

—— *a.* **1** 紙の, 紙製の, 紙用の: a ～ bag 紙袋. a ～ napkin 紙ナプキン. a ～ screen 障子. a ～ cutter 紙断裁機. **2** 紙のような, 薄い, もろい. **3** 紙上の; 紙上に書かれた〔印刷された〕; 帳面づらだけの, 空論の, 架空の: a ～ promise 名目だけの約束. **4** 無料で入場した: ～ audience.

—— *vt.* **1** 紙に書く. **2** 紙で包む《*up*》; 〈へやに〉紙〔壁紙など〕を張る; 紙で裏打ちをする: ～ (the walls of) a room. **3** に紙やすりをかける. **4** 〘俗〙〈劇場などを〉無料入場券を発行して満員にする. **——** *vi.* 壁紙を張る. **～ *up*** 〈窓・戸などに〉紙を張り詰める.

～ army 《実在しない》幽霊軍隊. **～·back** [´-−`] (1) ペーパーバック, 薄い紙表紙の廉価版の本. (2) 紙表紙の. **～·backed** [´-−`] ＝ paperback ②. **～ baron** 一代華族. **～ birch** 〘植〙《北アメリカ産》シラカバ. **～ blockade** 《宣言だけの》紙上封鎖. **～·board** [´-−`] 厚紙, ボール紙, 板紙. **～·bound** [´-−`] ＝ paperback ②. **～ boy** 新聞売り〔配達〕. **～ chase** ＝hare and hounds. →hare. **～ clip** 紙挟(ばさ)み. **～ cutter** 《紙の》断裁機; ＝ ～ knife. **～ file** 紙挟み; (新聞の) とじ込み; 状差し. **～·hàng·er** 壁張り職人; 経師(きょうじ)屋. **～·hàng·ing** 壁紙張り; (*pl.*) 壁紙. **～ house** 〘米俗〙招待客で満員の劇場〔サーカス〕. **～ knife** 紙切りナイフ. **～ making** 製紙. **～ mill** 製紙工場. **～ money** 〔**currency**〕 紙幣. **～ mulberry** 〘植〙コウゾの類. **～ muslin** 光沢のあるモスリン. **～ nautilus** 〘貝〙カイダコ・オウギガイ・タコブネの類. **～ profits** 帳簿上の利益. **～ pulp** 製紙用パルプ. **～ reed** 〔**rush**〕 〘植〙パピルス (papyrus). **～ shell** 紙のように薄い殻. **～ stainer** 壁紙製造〔印刷, 着色〕者. **～ standard** 紙幣本位. **～ streamer** ＝ streamer. **～ tiger** 張り子のトラ; こけおどし. **～ tree** 〘植〙＝～ mulberry. **～ war** 〔**warfare**〕 紙上の論戦. **～ wedding** 紙婚式《結婚1年めの記念日》. **～·weight** [´-−`] 文鎮. **～ work** 書類に関する仕事, 机上事務. ◇ **～·y** [péipəri] *a.* 紙のような; 破けやすい, もろい.

pa·pier-mâ·ché [péipərməʃéi, pæpjeimæʃéi/pæpjeimá:ʃei] F. *n.* **1** 張り子. **2** 《紙細工用》混凝紙. **～ mold** 〘印〙紙型.

pa·pìl·i·o·ná·ceous [pəpiliənéiʃəs] *a.* 〘植〙花冠がチョウ形の.

pa·píl·la [pəpílə] *n.* (*pl.* **-lae** [-li:]) 〘医〙乳首, 乳頭, 乳頭状小突起; 〘植〙柔軟小突起. ◇ **-lar** [-lər], **-la·ry** [-ləri], **páp·il·late** [pǽpilèit, pəpílit] *a.* 乳頭状の, 乳首の, 乳頭状小突起のある.

pàp·il·ló·ma [pæ̀pilóumə] *n.* (*pl.* **-mas, -ma·ta** [-mətə]) 〘医〙乳頭腫(しゅ); いぼ, うおのめ.

pap·il·lon [pǽpilàn/-lɔn] F. *n.* スパニエル種の犬《愛がん用》.

páp·il·lose [pǽpilòus] *a.* 乳頭状小突起のある; 突起の多い, いぼだらけの.
◇ **pàp·il·lós·i·ty** [`−lásiti/-lɔ́s-] *n.*

páp·il·lote [pǽpilòut] *n.* **1** 《焼き肉などの骨の端を包む》巻き紙. **2** 巻き毛用の紙 (curlpaper).

pá·pist [péipist] *n.* 法王制擁護者; 《けいべつ的》カトリック教徒.

pa·pís·tic [pəpístik, pei-], **-ti·cal** [-(ə)l] *a.* カトリック教の. ◇ **pa·pís·ti·cal·ly** *ad.* カトリック教的に, カトリック教徒として.

pá·pist·ry [péipistri] *n.* 《けいべつ的》カトリック教(の儀式・教義).

pa(**p**)·**póose** [pæpú:s/pəp-] *n.* 北アメリカ原住民の赤ん坊〔幼児〕.

páp·pus [pǽpəs] *n.* (*pl.* **páp·pi** [-pai]) 〘植〙冠毛《タンポポの種子などの》.

páp·py[1] [pǽpi] *a.* パンがゆ状の, どろどろの, 柔らかな.

páp·py[2] *n.* 〘米俗〙おやじ (papa).

pa·prí·ka, -ca [pæprí:kə, pə-] *n.* パプリカ《とうがらしの一種. ハンガリア料理に用いられる》.

Páp·u·a [pǽpjuə] *n.* **1** ＝New Guinea. **2** New Guinea の南東部の州 (＝ the Territory of ～) 《オーストラリア領》. ◇ **～n** *a., n.* パプア(島)の; パプア人(の).

páp·u·la [pǽpjulə] *n.* (*pl.* **-lae** [-li:]) 《棘皮(きょく)動物類の》小隆起.

páp·ule [pǽpju:l] *n.* 〘医〙丘疹(きゅうしん); にきび, 吹き出物. ◇ **-u·lar** [pǽpjulər], **-u·lose** [-lòus] *a.*

pàp·y·rá·ceous [pæ̀piréiʃəs] ＝papery.

pa·pý·ro·graph [pəpáirəgræ̀f/-páiərəgrɑ:f] *n.* 謄写版, 複写器.

pàp·y·ról·o·gy [pæ̀pirálədʒi/-rɔ́l-] *n.* パピルス学. ◇ **-gist** *n.* パピルス学者.

***pa·pý·rus** [pəpáirəs/-páiər-] *n.* (*pl.* **-ri** [-rai]) **1** 〘植〙パピルス, 紙草《古代エジプト・ギリシア人などの用いた製紙原料》. **2** パピルス紙《パピルスから製した紙》. **3** パピルス写本.

par[1] [pɑ:r] *n.* **1** 同位, 同等, 同水準, 同価: something near to ～ with what was expected of him 彼に期待されたものにほぼ等しいもの. **2** 〘商〙額面価格; かわせ平価. **3** 平均, 標準, 基準量〔額〕; 〘ゴルフ〙《一つの穴または特定のゴルフコースの》基準打数, パー. **4** 《健康または精神の》常態. ***above*** 〔***below***, ***under***〕 **～** (1) 額面以上〔以下〕で, 平価以上〔以下〕で. (2) 標準以上〔以下〕で. (3) (健康状態が) 並み以上〔以下〕で: feel *below* ～ 気分がすぐれない. ***at*** 〔***up to***〕 **～** 額面価格で; 普通の調子で. ***be on*** 〔***upon***〕 ***a*** **～ *with*** と同格〔同等〕である: The two *are on a* ～ in ability. ふたりの能力は同程度だ. His social status *is* not *on a* ～ *with* yours. 彼ときみの社会的地位は違う. ***issue*** **～** 発行価格. ***nominal*** 〔***face***〕 **～** 額面価格. ***not feeling*** (***quite***) ***up to*** **～** いつもの調子が出ない. ***on a*** **～** 平均して. **～ *of exchange*** 《かわせの》法定平価.

—— *a.* **1** 平均の; 標準の, 常態の. **2** 〘商〙額面

〔平価〕の. ～ **value** 額面価格 (face value).

par[2] *n.* 〘英話〙《新聞の》標題のない短編記事, 短評. [<*para*graph]

par[3] =parr.

par. paragraph; parallel; parenthesis; parish.

Pa·rá [pɑːrɑ́ː/pɑ́ːrə] *n.* **1** ブラジル北部 Pará 川に沿うゴムの輸出港《別称 Belém》. **2** ブラジル Amazon 川の河口. **3** パラゴム (=～ rubber)《南アメリカ産パラゴムの木から採る》.

para-[1] *pref.*「側面, 並行」「近接, 近似」「離反, 超過」などの意: *para*llel 平行 (の) <para-+allelos 互いに+並んで. *para*phrase 言い替える <para-+phrase 近く+言いあらわす. *para*site 寄生虫〔物〕<para-+√sit- そばで+食べる. *para*mount 最高の <para-+mount 山を+越えて.

para-[2] **1**「防護, 回避」の意の語形成要素: *para*chute <para-+chute 落下+防御. *para*sol <para-+√sol- 太陽を回避する →日がさ. **2**「落下傘(らっかさん)の」の意の語形成要素: *para*trooper.

Para. Paraguay.

pár·a·ble [pǽrəbl] *n.* **1** たとえ話, 寓話(ぐうわ), 比喩(ひゆ): speak in ～*s* たとえ話を引用して話す. **2**〘古〙なぞのようなことば; ことわざ.

pa·ráb·o·la [pərǽbələ] *n.* 〘数〙放物線.

pàr·a·ból·ic [pærəbɑ́lik/-bɔ́l-], **-i·cal** [-(ə)l] *a.* **1** 比喩的な. **2**〘数〙放物線の.

pa·ráb·o·lize [pərǽbəlàiz] *vt.* **1** たとえ話にする. **2**〘数〙放物線にする. ◇ **-liz·er** *n.*

pa·ráb·o·loid [pərǽbəlɔ̀id] *n.* 〘数〙放物面. ◇ **pa·ràb·o·lói·dal** [pəræbəlɔ́id(ə)l] *a.*

Pàr·a·cél·sus [pærəsélsəs] *n.* Philippus Aureolus [filípəs-ɔːréiələs-] ～, 1493?–1541, スイスの医学者・錬金術師.

pa·rách·ro·nism [pərǽkrənìz(ə)m] *n.* 年代〔日付〕錯誤《事実より後の年月日をつける》.

pár·a·chute [pǽrəʃùːt] *n.* **1** パラシュート, 落下傘(らっかさん). **2**〘植〙風散種子《タンポポなどの》;〘動〙飛膜《コウモリなどの》. —— *vt., vi.* 落下傘で降下する〔おろす〕. [para-[2]+chute 落下+を防ぐ. √cad-] ◇ **-chut·er, -chut·ist** *n.* 落下傘兵〔降下者〕. **-chut·ism** *n.* 落下傘降下.

pár·a·clete [pǽrəkliːt] *n.* **1** 弁護者, 慰め手. **2** (P～)〘聖〙聖霊《ヨハネ伝 14: 26》.

‡**pa·ráde** [pəréid] *n.* **1** 観兵式, 閲兵; 観兵式場, 練兵場. **2** (人目を引くための) 行列, 示威行進: march in ～ 行列行進をする. have a ～ (街路を) ねり歩く. a political ～ 政治的デモ行進. a mannequin ～ モデルを使ったファッションショー. **3** 誇示, 見せびらかし; 宣伝, 紹介: a program ～ 放送の番組紹介. **4**〘英〙広場, 遊歩場; 遊歩する人人: Before the church was a very handsome ～. 教会の前に美しい広場があった. **5** (城の) 中庭. **6**〘フェンシング〙受け止め; 防御, 守勢. **7**《できごとなどの》連続的記述. **8** (P～) …街: North *P*～. ***make a* ～ *of*** を見せびらかす. ***on* ～**《俳優などが》総出で.

—— *vt.* **1** 閲兵する;《閲兵などのために》整列させる, 列になって行進させる. **2**〈街路などを〉ねり歩く. **3** 見せびらかす, 誇示する: ～ one's abilities 自分の能力を見せびらかす. —— *vi.* **1** 整列する; (列をなして) 行進する. **2** ねり歩く, 気どって歩く.

～ **ground** 練兵〔閲兵〕場. ～ **rest**〘米:軍〙《公式の》休めの号令; その姿勢.

◇ **pa·rád·er** *n.* 類 → **show**「見せる」

pàr·a·di·chlò·ro·bén·zene [pærədaiklɔ̀ːrəbénziːn/-klɔ̀ːr-] *n.* 〘化〙パラディクロルベンジン《殺虫剤》.

pár·a·digm [pǽrədim, -dàim/-daim] *n.* **1** 範例, 凡例(はんれい). **2**〘文〙《品詞の》語形変化表; 目録.

pàr·a·dig·mát·ic [pærədigmǽtik] *a.* **1** 模範の, 範例となる, 例証する. **2**〘文〙語形変化 (表) の.

◇ **-i·cal·ly** [-(ə)li] *ad.*

‡**pár·a·dise** [pǽrədàis] *n.* **1** 天国, 楽園, 極楽; (P～) エデンの園. **2** 安楽, 至福; 絶景. **3**《特に古代ペルシアの》遊園;〘英〙動物公園. **4**〘建〙《教会の》前庭; 玄関2階;〘俗〙《劇場の》天井さじき. **5** (小さな) 個室. **6** リンゴの一種. ***earthly* ～** 地上の楽園 (Garden of Eden)《エデンの園》.

P～ Lost 失楽園《Milton の叙事詩》.

◇ **pàr·a·dís·e·an** [pærədísiən], **pàr·a·dís·i·ac** [-dísiæk], **pàr·a·dís·i·al** [-dísiəl], **pàr·a·di·sí·a·cal** [-disáiək(ə)l/-dai-] *a.* 天国の, 楽園の (ような).

pár·a·dos [pǽrədɑ̀s/-dɔs] *n.* 〘築城〙背墻(はいしょう)《塹壕(ざんごう)の背後からの敵の攻撃・銃火を防ぐための構築物》.

‡**pár·a·dox** [pǽrədɑ̀ks/-dɔks] *n.* **1** 逆説, パラドックス《不合理または矛盾のようで実際は正しい言説》. **2** 奇論, 不合理な言説; 自己矛盾の言. **3** つじつまの合わない事柄, 矛盾した人物. ◇ **～·er, ～·ist** *n.* 逆説家. **～·y** [-i] *n.* 逆説的なこと, 矛盾していること.

pàr·a·dóx·i·cal [pærədɑ́ksik(ə)l/-dɔ́ks-] *a.* 逆説的な, (話の) 矛盾した. ◇ **～·ly** *ad.*

pàr·a·dóx·ure [pærədɑ́kʃər, ⌐‒⌐‒/pærədɔ́ksjuə] *n.* 〘動〙尾長ジャコウネコ.

pàr·(a)es·thé·sia [pæresθíːʒə, -ʒiə/-riːsθíːziə] *n.* 〘医〙異常感覚 (症).

pár·af·fin [pǽrəfin], **-fine** [-fiːn, ㊍⁺-fin] *n.* **1** パラフィン, 石ろう. **2** パラフィン油,〘英〙燈油 (=～ oil). **3**〘化〙メタン系 (=～ series).

—— *vt.* (**-fined** [-find, -fiːnd]; **-fin·ing**) パラフィンをかぶせる〔で処理する〕. ～ **wax** 石ろう.

pàr·a·gén·e·sis [pærədʒénisis] *n.* 〘地〙共生《いくつかの鉱物が集合して岩石をなすこと》.

◇ **pàr·a·ge·nét·ic** [pærədʒinétik] *a.*

pár·a·gò·ge [pǽrəgòudʒi/⌐‒⌐‒] *n.* 〘文〙語尾音添加《語尾に字音が加わること. 例: amid*st* < amid》. ◇ **pàr·a·góg·ic** [pærəgóudʒik/gɔ́dʒ-] *a.*

pár·a·gon [pǽrəgɑ̀n, -gən/-gən] *n.* **1** 模範, 典型, 手本: a ～ of virtues 美徳のかがみ. a ～ of beauty 美の極致〔化身〕. **2** 卓越した人, 逸物. **3**《100カラット以上の》完全なダイヤモンド. **4**〘印〙パラゴン活字《20ポイント活字》.

—— *vt.*〘古・雅〙**1** 模範とする. **2** 比較する《と *with*》. **3** に匹敵する; にまさる.

‡**pár·a·graph** [pǽrəgræf/-grɑːf, -græf] *n.* **1** (文章の) 節, くぎり, 段落. **2**《校正などの》パラグラフ〔参照〕符号《¶》. **3** (新聞の) 短編記事; 短評.

—— *vt.* **1**〈文章を〉節に分ける, に段落をつける. **2** の記事〔短評〕を書く. ◇ **～·er, ～·ist** *n.* (新聞の) 小論説〔短評〕記者, 雑報記者. **pàr·a·gráph·ic** [⌐‒grǽfik], **pàr·a·gráph·i·cal** *a.* 節に分けた, 段落のある; 短編記事の.

Pár·a·guay [pǽrəgwèi, -gwài] *n.* **1** パラグアイ《南アメリカ中部の共和国. 首都Asunción》. **2** (the ～) パラグアイ川《Brazil 南部と Paraguay を貫流する》. **3** マテ茶 (=～ tea)《パラグアイ産》. → *maté.*

Pàr·a·guáy·an [pærəgwéiən] *a., n.* パラグアイ (人) の; パラグアイ人.

pár·a·keet, pár·ra·keet [pǽrəkiːt] *n.* 〘鳥〙小型インコ.

pár·a·kite [pǽrəkàit] *n.* 落下傘(らっかさん)の作用をするたこ;《気象観測用などの》尾なしたこ.

pàr·a·líp·sis [pærəlípsis], **pàr·a·lép·sis** [-lép-], **pàr·a·léip·sis** [-láip-] *n.* 〘修〙逆言法《省略によってかえって強い印象を与えること》.

pár·al·lax [pǽrəlæks] *n.* **1**《観察者の位置の移動による》変位. **2**〘天〙視差. **3**〘写〙パララックス《ファインダーとレンズの視差》. ◇ **pàr·al·lác·tic** [⌐‒lǽktik], **pàr·al·lác·ti·cal** *a.*

‡**pár·al·lel** [pǽrəlèl] *a.* **1** 平行の, 平行する《に *to*; *with*》: ～ lines〔surfaces〕平行線〔面〕. make

two lines ～ 二つの線を平行させる. **2** 同方向の, 同傾向の, 同種の, 類似の, 対応する: in a ～ direction 同方向に. a ～ case 類似のばあい. ～ points in their characters 彼らの性格の似ている点. **3** 〖電〗並列の.
—— *ad.* 平行して《と *with, to*》: a road running ～ *to* [*with*] the railway 線路と平行に走る道路.
—— *n.* **1** 平行線〔面〕, 平行物. **2** 相似 (物); 匹敵する物〔人〕, 対等者《*to*》: close ～*s* よく似ているもの. **3** 対比, 比較. **4** 緯度圏, 緯線 (=～ of latitude): the 38 th ～ 38度(緯)線. **5**〖軍〗平行壕(ごう);〖印〗平行符《‖》;〖電〗並列《回路など》. ***bear a close*** ～ ***to*** …によく似ている. ***draw a*** ～ ***between*** を対比〔比較〕する. ***have no*** ～ 類がない: The singer *has no* ～ for the sweetness of voice. あの歌手は声の美しさでは無比だ. ***in*** ～ 並行に〔して〕《と *with*》;〖電〗並列に. ***without*** **(*a*)** ～ たぐいなく.
—— *vt.* **(-l-,**㊧**⁺-ll-) 1** に平行する〔させる〕: The road ～*s* the river. 道路は川と平行に進む. **2** に匹敵する〔させる〕; に類似する〔させる〕; 対比〔比較〕する《と *with*》: greed that has never been ～*ed* いままでに類を見ない貪欲(どんよく). His experiences ～ mine in many instances. 彼の経験はいろいろなばあいにおいて私の経験と類似する.
～ **bars**《体操の》平行棒. ～ **circuit**〖電〗並列回路. ～ **cousin** 平行いとこ《父の兄弟の子, または母の姉妹の子》. ～ **ruler** 平行定規. ～ **running**〖工〗並列運転. ◇ ～**·ism** *n.* 平行; 平行現象, 対応, 類似; 比較;〖修〗対句法;〖哲〗平行論.

pár·al·lèl·e·pí·ped [pærəlèləpáipid, -pípid/ pærəlelépiped], **pár·al·lèl·e·píp·e·don** [pærəlèlipípidàn/-dɔn] *n.*〖数〗平行六面体.

pàr·al·lél·o·gram [pærəléləgræm] *n.*〖数〗平行四辺形.

pa·rál·o·gism [pərǽlədʒìz(ə)m] *n.*〖論〗《無意識に行なう》誤った推論; 虚偽 (fallacy).

pár·a·lyse =paralyze.

pa·rál·y·sis** [pərǽlisis] *n.* (*pl.* **-ses** [-sìːz]) **1**〖医〗まひ, 中風, 不随. **2** まひ状態, 不能(状態). ***cerebral ～〖医〗卒中.

pàr·a·lýt·ic [pærəlítik] *a.* paralysis の.
—— *n.* 中風〔まひ〕患者.

‡pár·a·lyze, -lyse [pǽrəlàiz] *vt.* **1** まひさせる, しびれさせる. **2** 活動不能にする, 無力〔無効〕にする. ◇ ～**d** *a.* まひした; 無力の; 無効の. **pàr·a·ly·zá·tion** [∸–lizéiʃ(ə)n/-laiz-] *n.*

pàr·a·mág·net [pærəmǽgnit] *n.*〖物〗常磁性体, 正磁気体. ◇ ～**·ism** *n.*〖物〗常磁性, 正磁気. **pàr·a·mag·nét·ic** [-mægnétik] *a.*

pàr·a·mát·ta [pærəmǽtə] *n.* パラマタ織り《綿・毛の交織》.

pàr·a·mé·ci·um [pærəmíːʃiəm/-siəm] *n.* (*pl.* **-a** [-ʃiə/-siə])〖動〗ゾウリムシ.

pa·rám·e·ter [pərǽmitər] *n.*〖数〗パラメーター, 媒介変数, 助変数;〖統計〗母数.

pàr·a·mét·ron [pærəmétrɑn/-rɔn] *n.*〖物〗パラメトロン《電子計算機などに用いられる回路》.

pàr·a·míl·i·tar·y [-míliteri/-təri] *a.* 準軍事的な.

pár·a·mount [pǽrəmàunt] *a.* **1** 最高〔至上〕の; 主要な; 最高権威の, 主権を有する. **2** 卓越した, すぐれた《に, より *to*》. —— *n.* 最高権威者, 君主; 主要人物. ***lady*** ～ 女王. ***lord*** ～〖笑〗国王, 君主. ◇ ～**·cy** *n.* 最高権〔位〕, 主権; 最高, 至上, 卓抜. ～**·ly** *ad.*

pár·a·mour [pǽrəmùər] *n.* **1** 情夫, 情婦. **2**〖古・雅〗愛人, 恋人.

pàr·a·néph·ros [pærənéfrɑs/-rəs, -rɔs] *n.*〖医〗副じん. ◇ **-ric** *a.*

pàr·a·nói·a [pærənɔ́iə], **pàr·a·nóe·a** [-níːə] *n.*〖医〗偏執病, 妄想(もうそう)狂. ◇**pàr·a·nói·ac**[-nɔ́iæk], **pár·a·noid** [pǽrənɔ̀id] *a., n.* 偏執病の(患者).

pár·a·nymph [pǽrənìmf] *n.* 花婿〔花嫁〕の付添人.

pár·a·pet [pǽrəpit, -pèt] *n.* **1**《屋上・露台・橋などの》手すり, らんかん. **2**〖築城〗《敵の攻撃を防ぐ》胸壁, 胸墻(きょうしょう). ◇ ～**·ed** [-id] *a.* ～がついている.

pár·aph [pǽrəf] *n.* 署名の最後の飾り書き《日本の「花押」に相当し, 偽筆を防ぐ》.

pàr·a·pher·ná·li·a [pærəfərnéiljə] *n.* *pl.* **1** (個人の) 手まわり品. **2**〖英史〗妻の所持品《衣服・装身具など夫の与えた物》. **3** 装備, 装置, 設備.

‡pár·a·phrase [pǽrəfrèiz] *n.* (詳しい) 言い替え, 敷衍(ふえん), 釈義. —— *vt., vi.* (やさしく) 言い替える, ことばを替えて説明する, パラフレーズする.
◇ **pàr·a·phrás·tic** [pærəfrǽstik] *a.* ことばを替えた, 説明的な.

pàr·a·plé·gi·a [pærəplíːdʒiə] *n.*〖医〗対麻痺(ついまひ). ◇ **pàr·a·plé·gic** [-dʒik] *a., n.* 対麻痺の, 下半身不随の; 対麻痺患者.

pàr·a·psy·chól·o·gy [pærəsaikɑ́lədʒi/pærəsàikɔ́l-] *n.* 超心理学《精神感応のような超自然的心理現象を扱う》.

pár·a·quet [pǽrəkèt] =parakeet.

pár·a·rès·cue [pǽrərèskjuː] *n.* 落下傘(らっかさん)降下による救助.

pár·a·sang [pǽrəsæŋ] *n.* 古代ペルシアの距離の単位《約3マイル半》.

pàr·a·se·lé·ne [pærəsilíːni] *n.* (*pl.* **-nae** [-niː]) 幻月, 仮月《月暈(つきがさ)にあらわれる光輪》.

pár·a·site [pǽrəsàit] *n.* **1** 寄生動〔植〕物; 寄生虫〔菌〕;〖植〗宿り木. **2** 寄生者, 食客, 居そうろう. **3**《古代ギリシアの》たいこもち的食客. ◇ **-sit·ism** [-sàitiz(ə)m] *n.* **1** 寄生;〖医〗《寄生虫による》皮膚病. **2** 寄生的生活; 寄食. **-sit·ize** [-sitàiz, -sait-] *vt.* 寄生して苦しめる《おもに過去分詞で用いる》.

pàr·a·sít·ic [pærəsítik], **-i·cal** [-(ə)l] *a.* **1** 寄生の, 寄生物の; 寄生虫による. **2** 寄生的な; 居そうろうの. ◇ **pàr·a·sít·i·cal·ly** *ad.*

pàr·a·sít·i·cide [pærəsítisàid] *n.* 駆虫剤, 虫くだし. —— *a.* 寄生虫を駆除する.

pàr·a·si·tól·o·gy [pærəsaitɑ́lədʒi/-tɔ́l-] *n.* 寄生虫学.

pàr·a·si·tó·sis [-saitóusis, -sit-] *n.*〖医〗寄生虫「病.

‡pár·a·sol [pǽrəsɔ̀ːl, -sɑ̀l/-sɔl] *n.*《婦人用》日がさ, パラソル. [para-²+√sol-⁴ 太陽を+防ぐ]

pàr·a·sỳm·pa·thét·ic [pærəsimpəθétik/pær-] *a.* 副交感性の. —— *n.* 副交感神経.

pàr·a·sýn·the·sis [pærəsínθisis] *n.*〖文〗並置総合《句・複合語から更に派生語をつくること》.
◇ **pàr·a·syn·thét·ic** [-sinθétik] *a.*

pàr·a·táx·is [pærətǽksis] *n.*〖文〗並列《接続詞なしに節・句などを並べること》. → hypotaxis. [√tag-] ◇ **pàr·a·tác·tic** [-tǽktik] *a.*

pa·ráth·e·sis [pərǽθisis] *n.* (*pl.* **-ses** [-siːz])〖文〗**1** 同位. **2** 挿入(そうにゅう)(句).

pàr·a·thý·roid [pærəθáirɔid] *a.*〖医〗副甲状(腺)の. ～ **glands** 副甲状腺(せん).

pár·a·troop [pǽrətrùːp] *a.* 落下傘(らっかさん)部隊の. —— *n.*〖米:軍〗(*pl.* ～**s**) 落下傘部隊;《集合的》落下傘兵. ◇ **-tròop·er** *n.* 落下傘兵.

pàr·a·tý·phoid [pærətáifɔid] *n., a.*〖医〗パラチフス(の). ～ **fever** パラチフス.

pár·a·vane [pǽrəvèin] *n.*《掃海艇が引く》機雷「防御装置.

par a·vi·on [F. paravjɔ̃] F. 航空便で《航空郵便物の標記》「表示」.

par·bleu [F. parblø] F. *int.* おや!, まあ!《驚きの

pár·boil [pɑ́ːrbɔ̀il] *vt.* **1**〖料理〗半熟にする; にざっと熱を通しておく. **2** <太陽などが膚を>焼く, 焦がす.

pár·bùck·le [pɑ́ːrbʌ̀kl] *n.* かけ綱《重い物を上げ下げするのに用いる》.
—— *vt.* かけ綱で上げる〔下げる〕《*up, down*》.

Pár·cae [páːrsi] *n. pl.* 〘ギ・ロ神〙 運命の三女神 (Fates).

pár·cel** [páːrsl] *n.* **1** 包み, 小包, 小荷物: do up a ～ 小包をつくる. She left the shop with an armful of ～*s*. 彼女は一かかえの買い物包みを持って店を出た. **2** 《けいべつ的》1 群, 1 団, 1 組: a ～ of fools ばか者ども. **3** 〘商〙《貨物の》1 口, 1 回の取引高: a ～ of diamonds 1 個口のダイヤ. **4** 〘法〙《土地の》1 区画, 1 筆: a ～ of land 1 区画の土地. **5** 〘古〙一部分. ***by **～*s*** 少しずつ. **～ *of rubbish*** つまらない[ばかげた]こと. ***part and*** **～** →part.
—— *vt.* (-l-, 《英》-ll-) **1** 包み[小包]にする, 一まとめにする《*up*》: The clerk weighed and ～*ed up* the tea. 店員は茶を量って包んだ. **2** 分ける, 区分する, 分配する《*out*》: the land ～*ed out* into small plots [for homesites] 小区画[宅地用]に分割された土地. **3** 〘海〙〈甲板を〉帆布で目張りする; 〈綱を〉帆布で巻く.
—— *ad.* 〘古〙部分的に: ～ blind 半盲の. ～ drunk 少し酔った. ～ gilt 部分めっきの. —— *a.* 〘古〙《名詞の前に無冠詞で》いくらか, やや: He is ～ ass [poet]. 彼はややばか[詩人的]だ. [√part-]
～ paper 包み紙. **～ post** 小包郵便 (制度): send by ～ *post* 小包郵便で送る. **～*s* room** 〘米〙手荷物預かり所.
◇ **pár·cel·(l)ing** *n.* **1** 区分, 区分け. **2** 〘海〙《綱に巻きつけるためタールを塗った》帆布.

pár·ce·nar·y [páːrsinèri/-nəri] *n.* 〘法〙共同相続.

pár·ce·ner [páːrsinər] *n.* 〘法〙共同相続人.

parch [pɑːrtʃ] *vt.* **1** 〈豆などを〉いる, あぶる, 焦がす. **2** 干上がらせる, かわききらす, からからにする. —— *vi.* 焦げる; 干上がる, かわききる. ***be*** **～*ed with thirst*** 喉(のど)がからからである. ◇ **～·ing** *a.* 焦げるような, 焼けつくような: ～*ing* heat 炎暑.

par·ché(e)·si [pɑːrtʃíːzi, pə(r)-] = pachisi.

párch·ment [páːrtʃmənt] *n.* **1** 羊皮紙; 羊皮紙写本. **2** 模造羊皮紙. **3** 証書, (卒業) 免状.

pard[1] [pɑːrd] *n.* 〘古・動〙ヒョウ (=leopard).

pard[2] *n.* 〘米俗〙仲間, 相棒. [<*partner*]

par·dí(e) [pɑːrdíː] *ad., int.* 〘古〙ほんとうに.

pár·don** [páːrdn] *n.* **1** 許し, 容赦, 勘弁, 寛大: ask for ～ 許しを請う. ask [beg] a person's ～ 人の許しを請う. **2** 〘法〙恩赦, 特赦; 〘宗〙法王の免罪; 免罪符; 大赦祭. ***A thousand **～*s*** ***(for…)*** (…して)まことに相すみません. ***I beg your*** **～.** (1) ごめんなさい《過失・無礼をわびて》. (2) 失礼ですが《未知の人に話しかけたり, 相手の意見に反することを言うとき》: *I beg your* ～, but which way is the Ginza? 失礼ですが, 銀座はどちらへ行けばよろしいのでしょうか. (3) (なんとおっしゃいましたか) もう一度言ってください《問い返すとき, しり上がりに発音する. 略して "P～?" "Beg your ～?" とも言う》.
—— *vt.* **1** 許す, 容赦する, 勘弁する, 大目にみる: *P*～ me *for* interrupting you. = *P*～ my interrupting you. おじゃましてすみません. **2** 〘法〙赦免[特赦]する. ***There is nothing to*** **～.** どういたしまして. [√don-] ◇ **～·a·ble** [-əbl] *a.* 容赦[勘弁]できる; 無理もない. **～·a·bly** *ad.* **～·er** *n.* 〘宗史〙免罪符売り. 類 → **excuse**「許す」

pare [peər] *vt.* **1** 〈果実などの〉皮をむく. **2** 〈つめを〉切る; 〈余分なところを〉切り取る《*off, away*》. **3** 〈費用などを〉切り詰める, 徐々に削減する《*away, down*》. **～ *and burn*** 《灰肥をつくるための》野焼きをする. **～ *nails to the quick*** 深づめを切る.
◇ **pár·er** [pé(ː)rər/péərə] *n.* 皮をむく人[道具].
pár·ing [pé(ː)riŋ/péər-] *n.* **1** ～すること. **2** むいた皮, 削りくず, かんなくず: apple *parings* リンゴのむいた皮. **3** 少しのたくわえ.

pàr·e·gór·ic [pæ̀rigɔ́ːrik/-gɔ́r-] *a.* 痛み止めの.
—— *n.* 〘医〙鎮痛剤; 《子ども用》下痢止め (薬).

pa·réi·ra [pəré(ː)rə/-réərə] *n.* パレーラ《ブラジル産の木の根から採る利尿などの薬》.

paren. parenthesis.

pa·rén·chy·ma [pəréŋkimə] *n.* **1** 〘医〙腺(せん)細胞組織; 異常発達組織. **2** 〘動・植〙柔組織.
◇ **pàr·en·chým·a·tous** [pæ̀reŋkímətəs] *a.*

†pár·ent [pé(ː)rənt/péər-] *n.* **1** 親《父または母》; (*pl.*) 両親: one's ～*s*. **2** 祖先, 始祖. **3** 根源, 起源, もと, 原因. **4** 《形容詞的に》親の, 祖先の: ～ birds 親鳥. ～ language 祖語. ***Industry is the*** **～ *of success.*** 〘ことわざ〙勤勉は成功のもと. ***our first*** **～*s*** アダムとイブ.
～ company 親会社. **～ element** 〘物〙親元素《放射性元素の崩壊または原子核衝撃によって同位元素を生む元素》. **～-in-law** [-lɔ̀ː] 義父, 義母. **～ ship** 親船. **～-teacher association** 父母と教師の会《略 P.T.A.》.
◇ **～·age** [-idʒ] *n.* **1** 親たること, 親子関係. **2** 生まれ, 出身, 家柄, 家系, 血統. **～·hood** [-hùd] *n.* 親であること, 親としての身分; 親子関係.

pa·rén·tal [pəréntl] *a.* 親の, 親としての, 親らしい.
◇ **～·ly** [-t(ə)li] *ad.*

pa·rén·the·sis** [pərénθisis] *n.* (*pl.* **-ses** [-θisiːz]) **1** (通例 *pl.*) かっこ, 丸がっこ; 〘数〙(小) かっこ《( ) 印》. **2** 〘文〙挿入(そうにゅう)句. **3** 挿話. ***by way of **～** ちなみに. ***in parentheses*** かっこに入れて; ちなみにいえば.
◇ **-size** [-θisàiz] *vt.* **1** かっこの中に入れる. **2** 挿入句を入れる. **3** 〈語句を〉挿入句とする.

pàr·en·thét·ic [pæ̀rənθétik], **-i·cal** [-(ə)l] *a.* **1** 挿入(句)の, 挿入句的な. **2** 説明的な. **3** かっこの, 弧形の. ◇ **pàr·en·thét·i·cal·ly** *ad.* 挿入句として, 付加的に. 「為).

pa·rén·ti·cide [pəréntisàid] *n.* 親殺し (の人・行

pa·ré·sis [paríːsis, pǽris-/pǽris-] *n.* 〘医〙**1** 局部まひ, 不全まひ. **2** 脳梅毒 (=general ～).

pàr·es·thé·sia 〘米〙= paraesthesia.

pa·rét·ic [pərétik, 《英》+-ríːt-] *a.* 脳梅毒の.
—— *n.* 脳梅毒患者.

par ex·cel·lence [pɑːréksəlɑ̀ːns/-lɑ̃ː(n)s] F. **1** 特に, とりわけ. **2** すぐれた, 卓抜の.

par ex·em·ple [F. paregzɑ̃ːpl] F. たとえば.

par·fáit [pɑːrféi] *n.* パフェ《アイスクリームにシロップまたはくだものを混ぜ, いちばん上にホイップトクリームを載せたもの》. [<F.]

pár·get [páːrdʒit] *n.* せっこう, しっくい.
—— *vt.* (-t-, 《英》-tt-) にしっくいを塗る.
～-work [⸗-⸗] せっこう [しっくい] 細工.

par·hé·lic [pɑːrhíːlik] *a.* 幻日の.

par·hé·li·on [pɑːrhíːliən] *n.* (*pl.* **-a** [-liə]) 幻日, 仮日《日暈(ひがさ)の上にあらわれる光輪》.

pa·rí·ah [pəráiə, pǽriə/pǽriə] *n.* **1** (P～) 南インドの最下層民. **2** 下層民, 賤民(せんみん). **3** 宿なし, 浮浪者.

Pár·i·an [pé(ː)riən/péəriən] *a.* パロス島の; パロス大理石の(ような). → Paros. —— *n.* **1** パロス人. **2** パリアン《白色陶器の一種》.
～ marble パロス島産の白色大理石.

pa·rí·e·tal [pəráiitl] *a.* **1** 〘医〙頭頂部の; 体壁の. **2** 〘植〙子房壁の, 側壁の. **3** 〘米〙大学構内(居住)の. —— *n.* 〘医〙頭頂骨の一つ.
～ bones 〘医〙頭頂骨.

pá·ri-mú·tu·el [pǽrimjúːtʃuəl] *n.* **1** 〘競馬〙かけに勝った人たちに手数料・税金を差し引いた残りのかけ金を払いもどす方式. **2** トータリゼーター (=～ machine)《馬券売れ高表示器》. [<F.]

pa·ri pas·su [pæ̀ri-pǽsuː/péər(a)i-pǽsjuː] L. (= with equal pace) **1** 足並みをそろえて, そろって, 並んで. **2** 公平に, 平等に.

Pár·is[1] [pǽris] *n.* パリ《フランスの首都》. ***plaster of*** **～** 焼きせっこう.

～ **blue** パリブルー，紺青；ベレンス《顔料・染料》．～ **Bourse** パリ株式取引所．～ **doll** [**baby**]（洋裁店の）模型人形．～ **green** 明るい緑色；パリ緑《塗料または殺虫剤に用いる有毒粉末》．～ **white** パリ白，白陶《精製された胡粉(ごふん)の一種》．

Pár·is² *n.* パリス《Troy の王子．Sparta 王の妃 Helen を奪って Troy 戦争の因をつくった》．

pár·ish** [pǽriʃ] *n.* **1** 教区《それぞれがその教会と牧師を有する》．**2** 地域の教会．**3**《集合的》〘米〙一教会の信徒；〘英〙教区民．**4**〘英〙行政教区（＝civil ～）《もと救貧法のため設けられたがいまは最小行政区画》．**5**〘米〙ルイジアナ州の郡《他州の county に相当》．go on the*** ～ 教区の扶助を受ける；乏しく暮らす．

～ **clerk** 教会の庶務係．～ **council**〘英〙教区会《行政教区の自治機関》．～ **lantern**〘英方〙月 (the moon)．～ **priest** 教区牧師．～ **register** 教区記録簿《命名・結婚・埋葬などの》．

pa·rísh·ion·er [pəríʃ(ə)nər] *n.* 教区民．

◇ ～**·ship** *n.*

***Pa·rís·ian** [pəríʒ(ə)n, -ríziən] *a.* パリ（風）の，パリ人の．—— *n.* パリっ子，パリ人．

Pa·ris·i·enne [pæ̀rizién] F. *n.* パリ女，パリ娘．

pàr·i·syl·láb·ic [pæ̀risilǽbik], **-i·cal** [-(ə)l] *a.* 音節同数の．

pár·i·ty [pǽriti] *n.* **1** 同等，同位，同格；同率，同量；〘商〙等価，平価．**2**〘論〙類似，相同．**3**〘経〙平衡(価格)，パリティー《農産物価格と生活必需品価格との比率》：～ price パリティー価格．

by ～ ***of reasoning*** 類推によって．***on a*** ～ ***with*** と同等〔均等〕で．～ ***of treatment*** 均等待遇．***stand at*** ～ 同位〔同格〕である．[√par-¹]

†**park** [pɑːrk] *n.* **1** 公園，遊園地，自然公園．**2**〘英〙《貴族・豪家の》私園，大庭園；〘英：法〙猟園．**3** 駐車場．**4**〘軍〙軍需品置き場；そこに集結した軍需品；弾丸および予備砲兵隊．**5**〘米〙運動場：a baseball ～ 野球場．**6**〘米〙《山または森に囲まれた》平野，平地．**7** カキ養殖場．***national*** ～ 国立公園．***the P***～ ＝Hyde P～．

—— *vt.* **1** 公園〔猟園〕にする，公園〔猟園〕として囲う．**2** 駐車する；<砲車などを> 置き場へ整列させる．**3**〘話〙<物を> しまう，置く；<子どもなどを> 人に預ける：*P*～ your hat on the table. 帽子を机の上に置け．—— *vi.* 駐車する：Where can we ～？ どこに駐車できるか．

car ～ 駐車場．, ***No*** ～***ing*** (***here***)．駐車禁止《掲示》．～***ing lot*** [***place***] 駐車場．～***ing meter***〘米〙駐車メーター．～***ing ticket*** 駐車違反召喚票．～ ***out*** children ***from*** the ground（運動場）から（子どもたちを）締め出す．

P～ **Avenue** ニューヨーク市内の街路名《しばしば豪華と流行の粋を象徴する》．～**·way** [́ ̀]〘米〙(1) 公園道路《中央や両側に植え込み・芝ふなどのある大通り》．(2) 自動車専用道路．

pár·ka [pɑ́ːrkə] *n.* 《エスキモー人の》ずきん付きの毛皮上着；《一般的》ずきん付き上着〔ジャケット〕．

Párk·hurst [pɑ́ːrkhə̀ːrst] ～ ***prison*** イギリス Wight 島にある刑務所．

park·óm·e·ter [pɑːrkɑ́mitər/-kɔ́m-] ＝parking meter. →park.

párk·y [pɑ́ːrki] *a.*〘英俗〙《空気・朝などが》冷たい．

Parl. Parliament; Parliamentary.

pár·lance [pɑ́ːrləns] *n.* 話し方，口調，ことばづかい．***in common*** [***ordinary***] ～ 一般的な言い方で(は)．

pár·lay [pɑ́ːrli] *vt.*〘米：競馬〙<かけ金とその払いもどし金を> 更に次の馬にかける；大々的に活用する．—— *n.* ～すること．

pár·ley [pɑ́ːrli] *n.* 会談，商議，交渉；《戦場で敵との》会見，談判．***beat*** [***sound***] ***a*** ～（太鼓またはらっぱで）敵に和平交渉を開きたいと告げる．***hold a*** ～ ***with*** と交渉〔談判〕する．

—— *vi.* 交渉〔談判〕する，会談〔商議〕する，話す，語る《と ***with***》．—— *vt.*〘話〙<外国語などを> 話す，しゃべる：an Italian who can ～ French フランス語の話せるイタリア人．

pàr·ley·vóo [pɑ̀ːrlivúː] *n.*〘英笑〙フランス語，フランス人．—— *vi.* フランス語を話す．[＜F. parlez-vous？＝do you speak？]

‡**pár·lia·ment** [pɑ́ːrləmənt] *n.* **1 議会**，国会《国によっては他の名称を用いる》．→ congress, diet². **2** (P～)《イギリスおよびイギリス自治領または属領地の》議会．**3** (P～) 革命前のフランス高等裁判所．

enter [***go into***] ***P***～ 下院議員となる．***Member of P***～〘英〙下院議員，《諸国の》国会議員《略 M.P.》．***open P***～ 議会の開院式を行なう．***short P***～〘英史〙短期議会《1640年4月・5月》．***sit in P***～ 下院議員である．***the Long P***～〘英史〙長期議会《1640–60》．

P～ **Act**〘英〙議会条例《1911年上院の拒否権 (veto) を制限したもの》．

pàr·lia·men·tár·i·an [pɑ̀ːrləmentɛ́(ː)riən/-tɛ́ər-] *n.* **1** 議院法学者；議院法規精通者．**2**（しばしば P～）〘英〙下院議員．**3** (P～)〘英史〙《Charles I 時代の》議会党員 (Roundhead)．

—— *a.* 議会の；議会政治の．

pàr·lia·mén·ta·rism [pɑ̀ːrləméntəriz(ə)m] *n.* 議会政治，議院制度．

***pàr·lia·mén·tary** [pɑ̀ːrləmént(ə)ri] *a.* **1 議会の**：～ debates 議会討論．～ laws 院内法規．**2** 議会で制定された；議会の法規・慣例に基づいた．**3** 議会（制度）をもつ，議会制の．**4**《ことばなどが》議会で使用を許された；〘話〙丁寧な：a ～ manner 丁寧な方式．**5** 議会的な，緩慢な：the ～ pace 悠長(ゆうちょう)なペース．～ **agent**〘英〙議会代弁人《議会内で建議案・請願書を起草し事務を代行する》．～ **borough**〘英〙《国会議員》選挙区 (constituency)．～ **language** 議会ことば；よそゆきことば．～ **procedure** 議会運営方式．～ **train**〘英〙《もと国会で定めた》労働者割引列車．

‡**pár·lor,** ㊥**-lour** [pɑ́ːrlər] *n.* **1**〘米〙**客間**，居間．**2**《官邸などの》応接室；《ホテルなどの》談話室，特別室；《修道院の》談話室，面会室．**3**〘米〙…店；《もとは客間風に設備した》営業〔撮影，診察，施術〕所：a beauty ～ 美容院．an ice-cream ～ アイスクリーム店．a funeral ～ 葬儀屋．

～ **boarder**《校長の家に同居する》特別寄宿生．～ **car**〘米〙特等客車．～ **game** 室内遊戯．～ **house** 売春宿．～ **leech** 客間ごろ．～**·maid** [́ ̀] 小間使．～ **socialist** お上品な〔骨抜きの〕社会主義者．～ **trick** 隠し芸．

pár·lous [pɑ́ːrləs] *a.*〘古・笑〙**1** 危険な．**2** 抜け目のない，ゆだんならぬ．—— *ad.* 大いに，きわめて．

Pár·me·san [pɑ́ːrmizæn] *n.* パルメザンチーズ（＝～ cheese）《イタリア Parma 産チーズ．普通は粉状で振り掛け用》．

Par·nás·si·an [pɑːrnǽsiən] *a.* **1** ギリシアの Parnassus 山の．**2** 詩の，詩的の．**3** 高踏派（詩人）の．—— *n.* (the ～) フランスの高踏派の詩人．～ **school** 高踏派《1866–90年ごろのフランス詩人の一派．技巧を重んじた》．

Par·nás·sus [pɑːrnǽsəs] *n.* **1** パルナッソス山《ギリシア中部．Apollo と Muses の霊地》．**2** 詩歌，詩壇，詩集．***try to climb*** ～ 詩作を試みる．

Pár·nell·ism [pɑ́ːrneliz(ə)m] *n.* アイルランド自治政策《アイルランドの政治家 Charles S. Parnell, 1846–91, の唱えたもの》．

pa·ró·chi·al [pəróukiəl, -kjəl] *a.* **1** 教区 (parish) の．**2** 地方的な，偏狭な：a ～ point of view 狭い見解．～ **board** 教区委員，貧民救済委員．～ **school** 教区付属学校．

◇ ～**·ism** *n.* **1** 教区制度．**2** 地方根性，偏狭，狭量．～**·ize** [-àiz] *vt.* **1** に教区制をしく．**2** 地方

的にする, 偏狭にする. ～·ly *ad.* **pa·rò·chi·ál·i·ty** [–⏜–ǽliti] *n.* ＝parochialism.

pár·o·dy [pǽrədi] *n.* **1** 風刺的もじり詩文; 風刺詩文. **2** もじり歌〔文, 曲〕; こっけいな改作. **3** へたな模倣; (似ているが) 遠く及ばないもの. —— *vt.* **1** もじる, 風刺〔狂〕詩文化する, こっけい化する. **2** へたにまねる.

◇ **-dist** *n.* 風刺詩文の作者, 狂文作者.

pa·ról [pəróul, pǽrəl/pǽrəl] *n.* 〘法〙 口頭, ことば. ***by*** ～ 口頭で. —— *a.* 口頭の: ～ evidence 証言.

pa·róle [pəróul] *n.* **1** 誓言(せいごん); 〘軍〙《釈放後戦闘に参加しないという捕虜の》解放宣誓. **2** 〘米〙 仮釈放 (期間); 執行猶予. **3** 〘軍〙 合いことば, 暗号. ***break*** one's ～ 宣誓を破る. ***on*** ～ 宣誓解放されて; 〘米〙 仮出獄して. ～ ***of honor*** 解放宣誓: I arrived here from Quebec, *on* my ～ *of honor* to return when called for. 呼ばれたらすぐもどるという誓いのもとにケベックから当地に着いた.

—— *vt.* 〈捕虜を〉 宣誓の上釈放する; 〘米〙〈囚人を〉 仮出獄させる.

pàr·o·no·má·sia [pæ̀rənoméiʒ(i)ə/-ziə] *n.* **1** 〘修〙 掛けことば《同音語・類似音語を並べる効果》. **2** 地口(じぐち), しゃれ.

pár·o·nym [pǽrənim] *n.* **1** 同原語《例: wise と wisdom など》. **2** 同音語 (homophone)《つづりも意味も違い発音のみおなじ語. 例: meet と meat》.

◇ **pa·rón·y·mous** [pərɑ́niməs/-rɔ́n-] *a.* ～の.

pár·o·quet [pǽrəkèt] ＝parakeet.

Pár·os [pǽrəs, pé(ː)rɑs/péərəs] *n.* パロス島《エーゲ海にある島. 白色大理石の産地》.

pa·rót·id [pərɑ́tid/-rɔ́t-] *n.* 〘医〙 耳下腺(じかせん) (＝～ gland). —— *a.* 耳下の, 耳下腺の.

pàr·o·tí·tis [pæ̀rətáitis] *n.* 〘医〙 耳下腺炎, おたふくかぜ.

-pa·rous [-pərəs] 「生む, 生じる」の意の形容詞の語形成要素: ovi*parous* 卵を＋生む →卵生の.

pár·ox·ysm [pǽrəksiz(ə)m] *n.* 《病気などの》 発作; 《感情・笑いなどの》激発, 突発.

◇ **pàr·ox·ýs·mal** [pæ̀rəksízm(ə)l] *a.*

par·óx·y·tone [pærɑ́ksitòun/-rɔ́k-] *a., n.* 〘ギリシア文法〙 語末第 2 音節に鋭アクセント (ʹ) のある(語).

par·quét [pɑːrkéi, -két/pɑ́ːkei] *n.* **1** 寄せ木細工の床. **2** 〘米〙《劇場の》 平土間, 1階の前部. **3** 《ヨーロッパ各国の》検事局.

—— *vt.* (-t-, ㊥-tt-) に寄せ木細工の床を張る.

～ **circle** 〘米: 劇場〙 後部平土間《2 階席の下》.

◇ ～·**ry** [pɑ́ːrkitri] *n.* 寄せ木細工, 寄せ木床張り.

parr [pɑːr] *n.* (*pl.* ～**s**, 《集合的》 ～) 〘魚〙 サケの幼魚, 若サケ.

pár·ra·keet ＝parakeet.

pár·ri·cide [pǽrisàid] *n.* 父殺し; 尊族〔長上〕殺し; その犯人; その罪. ◇ **pàr·ri·cíd·al** [⏜–sáidl] *a.*

‡**pár·rot** [pǽrət] *n.* **1** 〘鳥〙 オウム. **2** 他人の口まねをする人, (わけもわからず) 他人のことばを繰り返す人. —— *vt.* 〈他人のことばを〉わけもわからず繰り返す〔受け売りする〕; 口まねする.

～ **cry** 口癖に言うことば. ～ **fever** 〘医〙 オウム病 (psittacosis). ～ **fish** 〘魚〙 ベラに似た魚《オウムのような口と色をしている》.

◇ ～·**like** *a.* ～·**ry** [-ri] *n.* 口まね, 受け売り. ～·**y** *a.* オウムのような.

pár·ry [pǽri] *vt.* 〈攻撃・質問を〉 受け流す, そらす, から体をかわす. —— *n.* **1** 〘フェンシング〙 かわし. **2** 受け流し; 言い抜け, 逃げ(口上).

parse [pɑːrs] *vt.* 〘文〙〈文・語句を〉(文法的に) 解剖する. ◇ **párs·ing** *n.* 〘文〙《文・語句の》文法的解剖.

pár·sec [pɑ́ːrsèk] *n.* 〘天〙 パーセック《天体間の距離単位. 3.26光年》.

Pár·see, -si [pɑ́ːrsiː, –⏊/–⏊] *n.* **1** 《インドの》ゾロアスター教徒, 拝火教徒. **2** パーシー語《中世のペルシア語》. ◇ ～·**ism** *n.* ゾロアスター教, 拝火教.

pàr·si·mó·ni·ous [pɑ̀ːrsimóuniəs, -njəs] *a.* けちな, 吝嗇(りんしょく)の, 度を越してつましい.

◇ ～·**ly** *ad.* ～·**ness** *n.*

pár·si·mony [pɑ́ːrsimòuni/-məni] *n.* 吝嗇(りんしょく), けち.

párs·ley [pɑ́ːrsli] *n.* 〘植〙 パセリ, オランダゼリ.

párs·nip [-snip] *n.* 〘植〙 オランダ〔アメリカ〕ボウフウ.

‡**pár·son**[1] [pɑ́ːrsn] *n.* 教区牧師《rector, vicar など》; 〘話〙《一般的》 牧師.

～**'s nose** 鶏・七面鳥などのしり肉.

◇ ～·**age** [-idʒ] *n.* (教区) 牧師館; 聖職禄(ろく).

par·són·ic [pɑːrsɑ́nik/-sɔ́n-] *a.* (教区) 牧師の.

pár·son[2] [pɑ́ːrsn] 〘米俗〙 ＝person.

†**part** [pɑːrt] *n.* **1** 《全体の》一部, 部分: Only (a) ～ of his story is true. 彼の話の一部しか本当でない. I'll go ～ of the way with you. 途中までお供しましょう. 〈注〉「小部分」の意をあらわすときには不定冠詞を伴い, それ以外では a を省略するのが普通. **2** 本質的部分〔要素〕, (重要) 資質〔成分〕: A sense of humor is ～ of a healthy personality. ユーモアを解する心は健康な人柄の重要な一面だ. **3** 《書物・戯曲などの》部, 編: a novel in three ～*s* 3部からなる小説. a new encyclopaedia to be issued in monthly ～*s* 毎月分冊で発刊される新百科事典. **4** (*pl.*) からだの部分, 局部, 器官; (*pl.*)《機械の》部 (分) 品: the inward ～*s* of the body 内臓. spare ～*s* of a machine 機械の予備部品. **5** …分の1, 割合: A minute is the sixtieth ～ of an hour. 1 分は 1 時間の60分の 1 だ. three ～*s* of wine to one (～) of water ブドウ酒3に水 1 の割合. Take 3 ～*s* of sugar, 5 of flour, 2 of ground rice. 砂糖 3, 小麦粉 5, 米粉 2 の割りにせよ. **6** 《仕事などの》 分担, 分け前. **7** 役目, 本分; 関与, 関係: It's not my ～ to interfere. 私の干渉すべきことではない. **8** 《俳優の》 役, 役割; せりふ: He spoke 〔acted〕 his ～ very well. 彼はせりふ〔役〕 をよくこなした. **9** 《争いなどの》 一方, 側, 方: take a person's ～ 人の味方をする. **10** (*pl.*) 地域, 地区, 地方: in these ～*s* このあたりで(は). **11** (*pl.*) 〘古〙 資質, 才能: a man of ～*s* 有能の士. **12** 〘楽〙 音部, 声部; 楽曲の一部《楽章などの》: sing in three ～*s* 三部合唱をする. **13** 〘米〙《頭髪の》 分け目.

a great 〔***the greater***〕 ～ ***of*** の大部分〔多数〕. ***do*** one's ～ 自己の本分を尽くす. ***for my*** ～ 私としては〔だけは〕: *For my* ～, I am quite satisfied with the contract. 私としてはその契約に至極満足だ. ***for the most*** ～ 大部分は, たいてい, 多くは (mostly). ***have neither*** ～ ***nor lot in*** ＝ ***have no*** ～ ***in*** …になんの関係もない. ***in good*** ～ (1) きげんよく, 好意的に. (2) 大部分は, 大いに. ***in large*** ～ 大いに (largely). ***in*** ～ 部分的に, 一部分, いくぶん (partly). ***in*** ～***s*** 分けて, 一部分ずつ; 分冊で. ***on*** a person***'s*** ～ ＝ ***on the*** ～ ***of*** a person (1) の方では〔の〕: Indiscretion *on the* ～ *of* his wife nearly ruined him. 妻 (の側) の無分別が彼の身を滅ぼしかけた. (2) に代わって. ～ ***and parcel*** 本質的〔重要〕 部分, 眼目《*of*》. ～ ***of speech*** 〘文〙 品詞. ***play a*** ～ (1) 役をつとめる. (2) 欺瞞(ぎまん)的に行動する, しらばくれる. ***play*** one***'s*** ～ 役目を果たす, 本分を尽くす. ***play the*** ～ ***of*** の役を演ずる. ***take*** a person's words 〔action〕 ***in good*** 〔***ill, evil, bad***〕 ～ (人のことば〔行為〕を) 善意〔悪意〕 にとる. ***take*** ～ ***in*** に関係〔参加〕する. ***take*** a person***'s*** ～ (人)の肩をもつ. ***take*** ～ ***with*** ＝ ***take the*** ～ ***of*** に味方する.

—— *vt.* (部分に) 分ける, (二つに) 分ける; さく: An islet ～*s* the stream. 小島が流れを二つに分ける. The strait ～*s* this country *from* the continent. 海峡がこの国を大陸から切り離している. He has his hair ～*ed* in the middle〔at the side〕. 彼は髪をまん中で〔七三に〕分けている. The policeman ～*ed* the crowd. 警官は群衆を解散させた. ～ a loaf in pieces パンを幾切れかにさく〔切る〕. ～ food *among* flood victims 洪水(こうずい)被災者に食糧を分配する. **～ company** 別れる, 絶交する; 意見を異にする《と *with*》.

—— *vi.* **1 別れる**, 分離する: As the cloud ～*ed*, we saw the summit. 雲が切れると山頂が見えた. Let us ～ friends. 仲よく別れましょう. **2** 切れる, 裂ける: The rope ～*ed*. 綱が切れた. **3**《人と》**別れる**, 手をきる《と *from, with*》: He ～*ed from* me. **4**《品物を》**手放す**《を *with*》: ～*with* one's possessions. **5** 去る, 死ぬ. **6**〔英俗〕金を払う.

～ music〔楽〕和声的楽曲. **～ owner**〔法〕共同所有者. **～-pày·ment**〔商〕内金(うちきん). **～ singing**〔楽〕重唱. **～ song**〔楽〕合唱曲《おもに無伴奏》. **～ time** パートタイム(の勤務). **‡～-time** [⌐⌐] (1) パートタイムの, 定時制の, 非常勤の: a ～-*time* job パートタイムの仕事,「アルバイト」. (2)パートタイムで. →full-time. **～-tím·er** [㊎⌐⌐—] パートタイマー; 定時制学校の生徒; 非常勤者.

◇ **～·ed** [pá:rtid] *a.* 分かれた, 別々になった; 割れた. 〔類〕→ **separate**「分ける」

part. participle; particular.

‡par·táke [pərtéik, pɑ:r-/pɑ:t-] *v.* (**-tóok** [-túk]; **-ták·en** [-téik(ə)n]) *vi.* **1 加わる**, 参加する, ともにあずかる《に *in*》: ～ *in* an enterprise with a person 人といっしょに事業をする. ～ *in* each other's joys = ～ *in* joys *with* each other 喜びをともにする〔分かち合う〕. **2 相伴にあずかる**, ちょうだいする《の, を *of*》: They *partook of* our fare. われわれと食事をともにした. **3** (いくぶん) 飲む〔食べる〕《を *of*》. **4**〔話〕すっかり飲む〔食べる〕, 平らげる《を *of*》. **5**《…の》**気味がある**《の *of*》: His manner ～*s of* insolence. 彼の態度には傲慢(ごうまん)なところがある. The novel ～*s* somewhat *of* a fairy tale. その小説はいくぶんおとぎ話のようなところがある.

—— *vt.* **1** ともにする, にあずかる: adventurers who were willing to ～ his fortunes 自分も彼の幸運にあずかろうと参加した冒険家たち. **2** <飲食の>相伴をする. [<take part]

◇ **par·ták·er** *n.* ともにする人, 参加者.

〔類〕→ **share**「分かち合う」

par·térre [pɑ:rtéər] *n.* **1**《庭園の》花壇を配置した部分. **2**〔米〕《劇場の》後部平土間(parquet circle). [<F.]

pàr·the·no·gén·e·sis [pɑ̀:rθinodʒénisis/pá:θ-] *n.*〔生〕単性生殖.

◇ **pàr·the·no·ge·nét·ic** [-dʒinétik] *a.*

Pár·the·non [pá:rθinɑ̀n/-nən] *n.* パルテノン《Athens の Acropolis 丘にある Athena の神殿》.

Pár·thi·a [pá:rθiə, -θjə] *n.* パルチア《カスピ海南東方にあった古王国. 現在はイランの一部》.

Pár·thi·an [pá:rθiən, -θjən] *a.* **1** Parthia の, パルチア人の. **2** 別れの際の: a ～ glance 別れの一瞥(いちべつ). —— *n.* パルチア人. **～ shaft** [**shot, arrow**] (退却ぎわの) 最後の一矢; 捨てぜりふ.

par·ti [pá:rti] F. *n.* 理想的な(結婚)相手.

***pár·tial** [pá:rʃ(ə)l] *a.* **1 部分的な**, 一部分の, 局部的な. **2 不公平な**, 偏ばな. ↔ impartial. **3** 特に好きで: be ～ *to* fruits くだものが好物だ.

～ eclipse〔天〕部分食. **～ fraction**〔数〕部分分数. ◇ **～·ness** *n.* 〔類〕→ **unjust**「公正でない」

pàr·ti·ál·i·ty [pɑ̀:rʃiǽliti] *n.* **1** 不公平, 偏ぱ, えこひいき《*to*》. **2** 偏愛, 特別な好み: have a ～ *for* sweetmeats 砂糖菓子が好きである. **3** 部分性, 局部性.

***pár·tial·ly** [pá:rʃəli] *ad.* **1 部分的に**; 一部分, 一部 (は). **2 不公平に**, 片寄って.

pár·ti·ble [pá:rtibl] *a.* 分けられる, 分割できる, 切り離せる.

par·tíc·i·pa·ble [pə:rtísipəbl] *a.* 分け合うことのできる.

par·tíc·i·pant [pə:rtísipənt, pɑ:r-/pɑ:t-] *a.* 関与する, 関係する, ともにする, 参加する《*of*》.

—— *n.* 関与者, 関係者, 協同者, 参加者.

◇ **-pance** [-pəns], **-pan·cy** *n.* =participation.

***par·tíc·i·pate** [pə:rtísipèit, pɑr-/pɑ:t-] *vi.* **1 参加する, かかわる**, 関係する《に *in*》: ～ *in* a game [discussion] 競技〔討論〕に参加する. ～ *in* a play 劇に一役受けもつ. ～ *in* profits 利益の分け前にあずかる. **2**《…の》性質を帯びる,《…の》気味がある《の *of*》. —— *vt.* にあずかる, の一部をもらう.

◇ **-pa·tor** [-ər] *n.* =participant.

〔類〕→ **share**「分かち合う」

***par·tìc·i·pá·tion** [pərtisipéiʃ(ə)n, pɑ:r-/pɑ:-] *n.* **関与**, 関係, 参加《への *in*》. [√part-+√cap-]

***pàr·ti·cíp·i·al** [pɑ̀:rtisípiəl, -pjəl] *a.*〔文〕**分詞の**, 分詞的な. **～ adjective** 分詞形容詞. **～ construction** 分詞構文. **～ noun** =gerund.

◇ **～·ly** *ad.* 分詞として, 分詞的に.

‡pár·ti·ci·ple [pá:rt(i)sipl] *n.*〔文〕**分詞**. → 枠付 Participle. (pp. 934–935)

pár·ti·ci·pled [pá:rt(i)sipld] *a.*〔俗〕ひどい, 途方もない《damned など分詞形の婉曲な語》.

pár·ti·cle** [pá:rtikl] *n.* **1 微粒子**, 微片. **2 極小**, みじん: not a ～ of evidence みじんの証拠もない. **3**〔物〕質点. **4**〔文〕不変化詞《冠詞・前置詞・接続詞・接頭〔接尾〕辞など語形変化のないもの. 日本語の助詞もこれに属す》. ***elementary ～〔物〕素粒子. [√part-]

pár·ti·còl·o(u)red [pá:rtikʌ̀lərd] *a.* 「多色の, 染め分けの, まだらの.

‡par·tíc·u·lar [pərtíkjulər, ㊎⁺pɑ:r-] *a.* **1 特別の, 特有の**, 特殊の: a ～ characteristic of the animal その動物の一特性. its ～ advantage それ独特の利点〔うま味〕. **2 特定の, 特にこの〔その〕**, ちょうどその, …に限って: in this ～ case 特にこのばあい (に限って). Why did you choose this ～ chair? なぜ特にこのいすを選んだのか. She came home late on that ～ day. その問題の日は〔その日に限って〕彼女はおそく帰宅した. **3 格別の, 特別な**, ことさらな: be of ～ interest 特別に興味ぶかい. give ～ thanks 格別の礼を述べる. a ～ friend of mine 特別な友人, 特に親しい友. **4 詳細な, 精密な**: a full and ～ account 細大もらさぬ記述. **5 個々の**, 個別的の; 各自の, 個人としての. **6**「**細かい**」, きちょうめんな; やかましい, 気むずかしい. **7**〔論〕特称の. ***be ～ about*** [***over, as to, in***] …のことにやかましい, 気むずかしい. ***for no ～ reason*** 特にこれという理由なしに.

—— *n.* **1** (*pl.*) **詳細**, 詳報: Everybody wanted to know the ～*s*. だれもが詳細を知りたがった. **2** (一つ一つの) 項目, …の件. **3** 特色; 名物. **4**〔論〕特殊; (the ～) 具体的事象. ***from the general to the ～*** 総論より各論まで. ***give*** (***further***) ***～s*** (更に) 詳述する. ***go*** [***enter***] ***into ～s*** 詳細にわたる. ***in every ～*** すべての点で. ***in ～*** (1) 特に, とりわけ. 〈注〉in general に対比される: This is true of young people *in general*, and students *in particular*. このことは若い人たち全般, 特に学生についていえる. (2) 個々に. [√part-]

P～ Baptists〔宗〕特別浸礼教徒.

〔類〕→ **definite**「特定の」, → **special**「特別の」

par·tíc·u·lar·ism [pərtíkjulàriz(ə)m, ㊎⁺pɑ:r-] *n.* **1** 地方主義, 自己中心主義, 排他主義, 自国〔自党〕一辺倒主義. **2**〔米〕《連邦の》各州自立主義, 州権独立. **3**〔宗〕特定神寵(しんちょう)説《神の救済は特定の者に限られるという》. **4** 一元論的説明《複雑な社会現象などの》.

◇ **-ist** *n.* **par·tìc·u·lar·ís·tic** *a.*

par·tìc·u·lár·i·ty [pərtikjulǽriti, ㊎⁺pɑ:r-] *n.* **1** 特殊性, 特質, 独自性, 特異性. **2** 詳細, 細目. **3** 細心, 入念. **4**「細かさ」, きちょうめんさ, 潔癖; 気むずかしさ. **5** 私事, 内輪ごと.

par·tíc·u·lar·ize [pərtíkjulərὰiz, ㊌⁺pɑːr-] *vt.*, *vi.* **1** 特殊化する, 独特にする. **2** 詳細に記述する, 綿密に述べる. **3** 特筆する, 特示する. **4** 列挙する. ◇ **par·tì·cu·lar·i·zá·tion** [-ㅗ-lərizéiʃ(ə)n/-laiz-] *n.*

‡**par·tíc·u·lar·ly** [pərtíkjulərli, ㊌⁺pɑːr-] *ad.* **1** 特に, とりわけ: He is versed in English literature and English poetry ～. 彼は英文学, 特に英詩に精通している. **2** きわだって, 著しく: He is not ～ rich. ひどく金持ちというわけではない. I ～ like it. それがとても好きです. I am ～ sorry to hear it. それを聞いてたいへん残念です. **3** 詳細に, 細目にわたって: go into a matter ～ ことを細かに述べる〔論ずる〕. 類 → **especially**「特に」

par·tíc·u·late [pərtíkjulit, -lèit] *n.*, *a.* 粒子(の), 因子(の): radioactive ～*s* 放射性粒子.

文法要説…(18)

Participle (分詞)

動詞の変化形で, 元の動詞のはたらきを部分的に保持して目的語や補語をとり, 副詞に修飾されたりし, 同時に自身が修飾語として形容詞(ときに副詞)のはたらきをなすものを**分詞** (participle) という. participle という名称自体 √part-「部分」+√cap-「もつ」からできていて, 動詞と形容詞との双方の性質を分有しているということを示したものである.

分詞は**準動詞** (verbal) に属し, 文の述語動詞としての機能は果たさない. したがって, 厳密には時制をもたない. 分詞の 2 種類, すなわち **現在分詞** (present participle), **過去分詞** (past participle) は,「現在」ないしは「過去」と呼ばれるが, これらは真実に現在もしくは過去を示すものではなく, ただ動作・状態が展開中であるか完了しているかの差をあらわすにすぎない (しかも, それもあまり厳密ではない).

現在分詞は語尾が -ing に終わり (形の上では動名詞とおなじ), 過去分詞は原形・過去形とともに動詞のいわゆる 3 基本形の一つである. make と go を例にとれば, 現在分詞は making, going, 過去分詞は made, gone であって, 現在分詞には更に次のような変化形がある.

	他動詞 (例: make)		自動詞 (例: go)
	能動態	受動態	
Present Participle	mak*ing*	be*ing* made	go*ing*
Perfect Participle*	hav*ing* made	hav*ing* been made	hav*ing* gone
Perfect Progressive Participle*	hav*ing* been making	—	hav*ing* been going

* 現在分詞の変化形であるが, それぞれに別個の名称をもっている: **完了分詞** (perfect participle), **完了進行分詞** (perfect progressive participle).

分詞の機能

本来の動詞としての性質と, 修飾語 (＝形容詞, ときに副詞) としての性質とに分けて考えることができる.

1) 動詞的性質

本来の動詞として, 目的語・補語・副詞 (句) を伴う: a boy *carrying a ball* ボールを持っている少年《目的語》. leaves *turning yellow* 黄色になりかけた木の葉《補語》. a new train *running at a speed of 250 miles per hour* 時速 250 マイルで走る新列車《副詞句》. a cottage *painted white* 白く塗った小屋《補語》. a job *done quickly* 手早く仕上げた仕事《副詞》. a symphony *composed by Beethoven* ベートーベン作曲の交響楽《副詞句》.

2) 分詞の動詞的用法

分詞は述語動詞としてははたらかないけれども, 助動詞 be, have を伴えば述語動詞となりうる.

a) 現在分詞は be 動詞とともに動詞の進行形をつくる: He *is reading* a book. 彼は本を読んでいる.

b) 過去分詞は助動詞 have (ときに be) とともに完了時制をつくる: I have finished the book. 私はその本を (読み) おえた.

c) 他動詞の過去分詞は助動詞 be とともに受動態をつくる: The book *is written* in English. その本は英語で書かれている.

3) 分詞の形容詞的性質

a) 現在分詞は一般に能動的な意味をもつ形容詞になり, 過去分詞は受動的な意味をもつ (ただし, 自動詞の過去分詞は能動的である): a *sleeping* boy 眠っている少年. a *wounded* soldier (傷つけられた兵士→) 負傷した兵士. a *retired* officer 退役した将校《自動詞》. a *fallen* apple 落ちたリンゴ《自動詞》. days *gone* by 過ぎ去った日々《自動詞》.

b) 形容詞のはたらきをする分詞には名詞・副詞・形容詞などが添えられて合成形容詞がつくられることがある: *epoch*-making 画期的な. *well*-bred 育ちのよい. *good*-looking 顔だちのよい. 分詞は一般の形容詞と全くおなじ機能をもつようになることがある. そのような分詞を特に形容詞的分詞と称することがある.

〈注〉特に '名詞(-)～ing' と '名詞(-)～ed' の区別をする必要がある: a *man-eating* tiger 人食いトラ (＝a tiger that eats man). *spellbound* 呪文(じゅもん)で縛られた, 魅せられた (＝bound by spell).

c) 形容詞的分詞の機能と位置

(1) 限定形容詞として: a *rising* tide 上げ潮. a *spoiled* child 甘やかされた子ども. 〈注〉一般の形容詞と同様, 強調のためあとに置かれることがある: on the day *following* 翌日 (＝on the *following* day).

(2) 同格的位置: A woman, *frightened* and *quaking*, ran up the steps. ひとりの女がすっかりおびえ, 震えながら階段を駆け上がった. *Disgusted*, he left the room. 全くいや気がさして彼はへやを出た.

〈注〉これらは分詞構文の一種である (→下記「分詞構文」).

(3) "the＋分詞" で複数名詞をつくる: The *wounded* and *dying* were carried to a nearby hospital. 負傷者や瀕死(ひんし)の者は近くの病院へ運ばれた.

(4) 補語として用いられる: The delay was *maddening*. 遅れは腹が立つほどだった. The girl seemed *worried*. 少女は心配げに見えた. He stood *gazing* at the pond. 彼は池を見つめて立っていた. I became *acquainted* with him. 私は彼と知り合いになった. He thinks the job *exciting*. 彼は仕事を非常におもしろいと考えている. We found him somewhat *recovered*. 行ってみると彼は少しばかり回復していた. He kept me *waiting*. 彼は私を待たせた. He always leaves things *undone*. 彼はいつも物事を中途で放っておく. I heard him *singing*. 私は彼が歌っているのを聞いた. I had my

watch *mended*. 私はとけいを直させた. 〈注〉完了分詞は同格的用法と他動詞の目的格補語としてしか用いない: The orator, *having given* his opinion, stepped down. 弁者は自分の意見を述べると演壇をおりた《同格》. The police named him as *having been involved* in the crime. 警察は彼がその犯罪に加わっていると指名した《目的格補語》.

4) 分詞の副詞的用法

a) 現在分詞に限られ「…するほど――の」の意味をもつ: *dripping* wet したたるほどぬれて. *freezing* cold 凍るほど寒い.

b) go *shopping* (買い物に行く), go *fishing* (魚つりに行く), fall cry*ing* (泣きだす), set go*ing* (動かす) などは, 本来 go *a*-fishing, fall *a*-crying に由来し, a は on の弱い形であった. すなわち, これらの ing 形は現在分詞ではなく, 動名詞であって,「…することに行く」「…する状態になる」の意をあらわした. いまでは, その由来が忘れられ, これらの -ing 形は分詞であって, 動詞の補語と解釈される.

分詞の「時制」

普通の現在分詞・過去分詞のほかに, 完了分詞・完了進行分詞があるが, これらは厳密には時制の区別をあらわすものではない. 現実の時間とは関係なく, 多くは文の述語動詞の時制との時間的前後関係をあらわしているにすぎない.

1) 現在分詞 (その 1)

現在分詞はふつう主文の動詞とおなじ時をあらわす: He spends hours, *reading* books. 彼は本を読みながら何時間も過ごす《時を過ごすのも読書も現在の習慣》. The girl, *peeling* the onion, smiled shyly. タマネギをむいていた少女はきまりわるげに微笑した《タマネギをむいたのも微笑したのも過去》. Students *wearing* slacks tomorrow will be cautioned. あすスラックスをはいてくる学生は注意を受けるだろう《スラックスをはくのも注意を受けるのもともに未来》.

2) 現在分詞 (その 2)

現在分詞は, 述語動詞の時制とは無関係に, 文が書かれ〔言われ〕た時をあらわすばあいがある: The man *wearing* the blue shirt *used to be* a Socialist. 青いシャツを着ている男は元社会主義者だった《現在青いシャツを着ている》. The house now *being built* probably *will be rented*. いま建てられつつある家はおそらく貸されるだろう.

3) 過去分詞

過去分詞は主文の動詞によって示された時より前の時をあらわす: *Struck* by Edgar, Stanley fell dead. エドガーに切られて, スタンレーは倒れて死んだ《倒れる前に切られた》. The trees *knocked down* by the wind *were chopped* up for firewood. 風に倒された木はまき用に細かく切られた.

4) 完了分詞

完了分詞も過去分詞と同様に主文の動詞によって示された時より前の時をあらわすが, 完了分詞は過去分詞よりも能動・受動の意味が明確に表現できる: The dean, *having summoned* Tom, waited impatiently. 生徒監はトムに出頭を命じた後, いらいらして待っていた《能動》. Tom, *having been summoned* by the dean, prepared his defense. トムは生徒監に出頭を命ぜられた後, 答弁を用意した. 〈注₁〉第 2 の例は受動態になっているので, 次のようにすることもできる: Tom, *summoned* by the dean, prepared his defense. 〈注₂〉文の意味から時間の前後関係が明らかなばあいには, 完了分詞の代わりに普通の現在分詞で事足りる: *Having written* the letter, he mailed it at once. → *Writing* the letter, he mailed it at once.

5) 完了進行分詞

完了進行分詞も過去分詞とおなじように使われるが能動形しかなく, 使われることはまれである: *Having been driving* all day, we were rather tired. ― 日じゅう運転をしていたので, われわれはかなり疲れた. 〈注〉時間の前後関係は文の意味から明らかになるので, 普通の現在分詞, または完了分詞で事足りる: *Driving* all day, we were .... または *Having driven* all day, we were ....

分詞構文 (participial construction)

主節と従属副詞節とからなる複文において, 双方の節の主語が同一であるばあい, 副詞節の述語動詞を分詞の形に改め, 主語と接続詞を省略することができる. こうして新しくできた副詞句を分詞構文 (participial construction) という: When *he* saw me, *he* ran off. →*Seeing* me, he ran off. 私を見ると彼は逃げ去った. After *I* had driven one whole day, *I* felt tired. →*Having driven* one whole day, I felt tired. まる 1 日車を運転したあげく私はひどく疲れた. 〈注₁〉進行形としての being + -ing という形が生じるべきときには being を省く: When I was walking along the street, I met John. →*Walking* along the street, I met John. 町を歩いていてジョンに会った《*being* walk*ing*←*was* walk*ing*》. 〈注₂〉受動形としての "being ＋過去分詞" の being は省略することができる: *Being tired*〔*Tired*〕, I went to bed immediately. 疲れていたのですぐ寝についた.

1) 分詞構文の意味

副詞句は, 時・理由・原因・条件・譲歩・付帯状況などをあらわす: *Seeing* me (＝When he saw me), he called out. 私の姿を見たとき彼は声をあげた《時》. *Having* (＝Because I had) no money, I couldn't buy the book. 金がなかったのでその本が買えなかった《理由》. *Turning* (＝If you turn) to the right, you will come to a public library. 右へ曲がると公立図書館のところへ出ます《条件》. *Admitting* (＝Though I admit) what you say, I cannot yet believe the story. きみの言うことを認めても, 私はその話がまだ信じられない. *Looking* around cautiously(＝As he looked ...), he took a few steps forwards. 用心ぶかくあたりを見回しながら, 彼は数歩前進した《付帯状況》.

〈注〉*Speeding* down the road, the clock tower came into sight. (道を急いで行くと, とけい台が見えてきた) では, speed したのは文の主語の the clock tower ではないことが明らかである. この分詞 speeding は文の主語にかかわらないので, 宙に浮いてしまい, このような分詞は懸垂分詞 (dangling participle) と称される. speed down した人物がだれかによって, 次のようにする方がよい: As I 〔he, they, ...〕 sped〔speeded〕down the road, the clock tower came into sight.

2) 独立分詞構文

主節の主語と副詞節の主語が異なるばあいは, 分詞構文に変えるばあい, 副詞節の主語を省略しない. これを独立分詞構文(absolute participial construction)と称する: *Night* coming on (＝When *night* came on), *we* started for home. 夜になってわれわれは家に向かった.

3) 非人称独立分詞

独立分詞構文で, 分詞の意味上の主語が特定でなく一般の人をあらわすもの (we, you, one など) であるときはこれを省略する. このばあいの分詞は特に非人称独立分詞 (impersonal absolute participle) と呼ばれている: Strictly *speaking* (＝If *we* speak strictly), he is not a scientist. 厳密に言えば彼は科学者でない. 〈注〉過去分詞のばあいを参照: *Admitted* he is not to blame, who is responsible for this? 彼が悪くないのだと認めて, だれにこの責任があるのか (＜*Admitting* he is not to blame, ... ＜If *we admit* he is not to blame, ...).

***párt·ing** [pá:rtiŋ] *n.* **1** 別れ, 別離; 死別, 告別. **2** 分割, 仕切り, 分離; 〔冶〕分金, 合金からの金の分離; 分離物. **3** 道路の分岐点; 頭髪の分け目; 分割線: the ~ of the ways 〔道路・行動の〕分かれ目, 岐路. —— *a.* **1** 去りゆく: a ~ guest 帰ってゆく客. a ~ day 暮れゆく日. **2** 別れの, 告別の; 臨終〔最期〕の: a ~ gift 餞別(せん). ~ words 別れのことば, 告別の辞. **3** 分ける, 分割〔分離〕する: a ~ line 分割線. **4** 分かれる, 分散する: a ~ wave くずれる波.

parti pris [pa:rti:prí:] F. 先入観, 偏見.

pár·ti·san[1] [pá:rtiz(ə)n/pà:tizǽn] *n.* **1** 徒党, 同志, 一味の者, 愛党者; 熱心な支持者《の *of*》. **2** 〔軍〕パルチザン, 遊撃〔別動〕隊員. —— *a.* **1** 党派の, 党派心の強い: ~ spirit 党派心. **2** 遊撃〔別動〕隊の. ◇ **~·ship** *n.* 党派心, 党派根性.

pár·ti·san[2] [pá:rtiz(ə)n] *n.* 〔史〕一種の矛(ほこ).

pár·tite [pá:rtàit] *a.* **1** 分裂した, 裂けた, 分かれている. **2**《合成語で》関係者〔国〕が…の: a tri-~ pact 三国協定. **3**〔植〕深裂した.

par·tí·tion [pərtíʃ(ə)n, pɑ:r-] *n.* **1** 分割; 分配, 区分: the ~ of India in 1947 1947年のインド分割. **2** 仕切り, 隔壁, 区画線: a ~ wall 仕切り壁. **3** 1区画. —— *vt.* **1**〔法〕〈不動産を〉分割〔分配〕する: ~ an estate among three brothers 土地財産を3人兄弟で分ける. **2**〈土地などを〉区画する; 仕切る: ~ a house into rooms 家を幾へやかに仕切る. ~ off a part of a room へやの一部を仕切る. [√part-]

pár·ti·tive [pá:rtitiv] *a.* **1** 区分する, 区分的な. **2**〔文〕部分を示す.
—— *n.* 〔文〕部分を示す語句《some, any などや, half of the men の of のごとき》.
~ **article**〔文〕部分冠詞. ~ **genitive**〔文〕部分属格. ◇ **~·ly** *ad.*

pár·ti·zan[1] =partisan[1].

pár·ti·zan[2] =partisan[2].

Párt·let [pá:rtlit] *n.* **1**〔古〕めん鳥《めん鳥の擬人化》. **2**〔笑〕老婦人. **3** (p~) 首から肩部に掛ける一種の服飾物《16世紀ごろの婦人用》.

‡**párt·ly** [pá:rtli] *ad.* **1** 部分的に, 一部(は): It is ~ good and ~ bad. 良いところも悪いところもある. **2** いくぶん, ある程度. ~ ***all***〔米俗〕ほとんどすべて. ~ ***because*** 〔***for***〕一つには…だから〔…のゆえ〕.

‡**párt·ner** [pá:rtnər] *n.* **1** 共同者, 仲間, 連れ, 相棒: ~*s* in crime 犯罪仲間. **2** 配偶者《夫・妻》: one's life ~ =one's ~ in life 人生〔一生〕の伴侶(はん). **3**《ダンスなどの》相手;《ゲームなどで》自分と組んでいる味方〔相棒〕. **4**〔法〕組合員, 社員: an active 〔working〕 ~ 業務担当社員. a dormant 〔sleeping〕 ~ 匿名社員. a limited ~ 有限責任社員. a general ~ 一般〔無限責任〕社員. **5** (*pl.*)〔海〕《マストなどが甲板をとおる穴の》補強わく. ***be ~ with*** a person (人)と共同する.
—— *vt.* **1** 仲間にする, 組み合わせる《と *with*》. **2** と組む, の相手になる《ダンス・ゲームなどで》. **3** の組合員〔社員〕である. —— *vi.* (仲間として) 組む《と *with*》.

párt·ner·ship [-ʃip] *n.* **1** 共同, 協力. **2** 共同経営, 組合営業. **3** 組合, 会社, 商会. ***general ~*** 通常組合. ***in ~ with*** と共同で, と協力して; 合資〔合名〕で. ***limited ~*** 合資会社. ***unlimited ~*** 合名会社. 「形.

par·tóok [pərtúk, pɑ:r-/pɑ:-] *v.* partake の過去

pár·tridge [pá:rtridʒ] *n.* (*pl.* **~s**,《集合的》~) 〔鳥〕シャコ・ウズラの類《ヨーロッパ・アジア産のキジ科》. **~·bèr·ry** [-bèri]〔植〕ツルアリドウシの類《北アメリカ産》; その実.

par·tú·ri·ent [pɑ:rt(j)ú(:)riənt/-tjúər-] *a.* **1** 出産しようとしている, 臨月の. **2**《考えなどを》生み出そうとしている, 蔵している. ◇ **-en·cy** *n.*

par·tù·ri·fá·cient [pɑ:rt(j)ù(:)rifėiʃ(ə)nt/-tjùər-] *a.* 出産を促す. —— *n.* 出産促進剤.

pàr·tu·rí·tion [pɑ̀:rt(j)uríʃ(ə)n, -tʃur-/-tju(ə)r-] *n.* 出産, 分娩(ぶん).

†**pár·ty** [pá:rti] *n.* **1**〔社交上の〕集まり, 会, パーティー: a card 〔dinner, dancing, fishing〕 ~ トランプ〔晩餐(ばん), 舞踊, 魚つり〕会. a garden ~ 園遊会. a birthday ~ 誕生祝賀会. **2** 党, 党派; 政党; 政党制度〔主義〕: ~ politics 政党政治. the Democratic *P*~ 民主党. ~ feeling 党派心. **3** 一行, 連中; 隊, 団; 〔軍〕分遣隊, 部隊: a search 〔surveying〕 ~ 捜索〔測量〕隊. Mr. Adams and his ~ アダムス氏一行. 〈注〉party は一団としてみるばあいは単数扱い, 個人個人に重きをおくばあいは複数扱いとなる: The *party* were just starting from Haneda Airport. 一行はちょうど羽田空港を出発するところだった. **4**〔法〕《契約・訴訟などの》当事者, 一方のがわ; 一味, 共犯者《*to*》; 味方;《一般的》関係者, 当事者: a ~ to a deal 取引の相手. a third ~ 第三者. an interested ~ 関係者. **5**〔俗・笑〕人: an old ~ 老人. a queer ~ 変人.
be 〔***become***〕 ***a ~ to*** に関係する, に荷担する. ***give*** 〔***hold, have***〕 ***a ~*** パーティーを催す. ***make one's ~ good*** 自分の主張をとおす〔立場をよくする〕. ***the ~(i)es concerned*** 当事者, 関係者.
~-and-~ 当事者間の. ~ **call** パーティー後の返礼訪問. **~-còl·ored** = parti-colored. ~ **girl** 女接待役; 売春婦. **~·gò·er** (ひんぱんに) パーティーに出席する人. ~ **government** 一党(独裁)政府, 政党内閣. ~ **line** (1)《電話の》共同(加入)線. (2)《地所などの》境界線. (3)《政党の》政策方針, 党路線. ~ **liner** 党の政策に忠実な人. ~ **man** 党員, 党人. ~ **platform** 政党綱領. ~ **politics** 党派政治《自党の利益だけを考える》. ~ **spirit** 党派心. **~-spir·it·ed** 党派心の強い. ~ **verdict** 共同意見〔答申〕. ~ **wall**《隣家・隣室との》仕切り壁.
◇ **~·ism** *n.* 党派心; 政党制度.

pa·rúre [pərúər] *n.* 一組みの宝石〔装飾品〕.

par·ve·nu [pá:rvən(j)ù:/-nju:] F. *n.* 成り上がり者, 成金. —— *a.* 成金の.

pár·vis [pá:rvis] *n.* (教会・寺院の) 前庭, 入り口.

pas [pɑ:] F. *n.* **1** 舞踏〔バレー〕のステップ; ダンス. **2** 優先権, 先行権. ***give*** 〔***yield***〕 ***the ~ to*** に先を譲る, を上席につかせる. ~ ***de deux*** [´-də-dǝ́:] 2人舞踏. ~ ***seul*** [-sǝ́:l/-sʌ́l] 1人舞踏. ***take*** 〔***have***〕 ***the ~ of*** に先行する, の上席につく.

PAS Para-Amino Salicylic (acid)《結核治療薬パス》. **P.A.S.** Pan-American Society.

Pás·cal [pǽsk(ə)l] *n.* Blaise [bléz-] ~, 1623–62, フランスの哲学者・数学者・物理学者.

pás·chal [pǽsk(ə)l/pá:s-, pǽs-] *a.* 〔宗〕Passover の; Easter の. ~ **lamb** 過越(すぎこし)の祝いに供える小羊; (the P~ Lamb) キリスト.

pa·séo [pɑ:séiou] *n.* **1** 散歩, 遠足. **2** 広い並木道.

pash [pæʃ] *n.* 〔英俗〕=passion.

pásh·a, pách·a [pǽʃə, pá:ʃə, pəʃá:] *n.* パシャ《トルコの文武高官の尊称》. ~ ***of three tails*** 最高級のパシャ《軍旗に付けた馬の尾の数による》.
◇ **pa·shá·lic, pa·chá·lik** [pəʃá:lik/pǽʃəlik, pá:ʃ-] *n.* ~の領地〔管轄区, 管轄権〕.

pásque·flòw·er [pǽskflàuər/pá:sk-] *n.* 〔植〕オキナグサの類《復活祭のころ花を開く》.

pàs·quin·áde [pæ̀skwinéid] *n.* 風刺, 皮肉, 落首. —— *vt.* 風刺で皮肉る.

†**pass** [pæs/pɑ:s] *v.* (~**ed** [-t]; ~**ed**, 〔稀〕**past** [-t]) *vi.* **1** 通る, 動く, 進む《*along, by, on, out, away,* etc.》; 行く《…のところまで *to*》: I bowed to her and ~*ed on*. 私は彼女におじぎをしそのまま進んだ. ~ *out of* the room へやから出る. All

men ~ *to* eternity. 人はみんな死んであの世へゆく.
2 通過する《*by, over*》; (向こうへ) 渡る《*over*》; 移る, 通り抜ける《*through*》;〘自動車で〙追い越しをする: ~ *through* a village 村を通り抜ける. Please let me ~. どうぞ通してください. Do not ~ on the left. 左側より追い越し禁止.
3 〈時が〉 **過ぎる, たつ,** 経過する: Ten years ~*ed* and still they remained very poor. 10年たったが彼らは全く貧乏だった. The time ~*ed* pleasantly. 時が愉快に過ぎた.
4 〈ことばなどが〉発せられる, かわされる: sharp words that ~*ed* between them 彼らふたりの間の激しいやりとり.
5 移り変わる, 変化する,《…に》なる《に *to, into*》: When water boils, it ~*es into* steam. 水が沸騰すると蒸気になる. I saw his face ~ from gay *to* serious. 彼の陽気な顔が真顔になるのをみとめた.
6 〈財産などが〉 **人手に渡る**;《順序・権利などで当然》帰属する《に *to*》: His estate ~*ed to* his heirs. 彼の地所は相続人たちの手に渡った.
7 〈杯などが〉回る: The bottle ~*ed* frequently. 彼らは回し飲みをしてよく飲んだ.
8 〈貨幣・あだ名などが〉 **通用する**; 認められている;《…として, …で》とおっている《として, で *for, as*》;〘米〙〈混血者が〉白人でとおる: He ~*es* under the name of Gilbert. 彼はギルバートの名でとおっている. Cheap porcelains often ~ *for* true china in U.S.A. アメリカではしばしば安物の磁器がほんものの陶器としてとおる.
9 合格〔及第〕する; 〈議案などが〉通過する, 可決される; 〈法令が〉制定〔実施〕される; とがめられない, 大目にみられる: His rude remarks ~*ed* without comment. 彼の暴言も全く非難を受けずにとおった.
10 〈判決・鑑定が〉くだされる, 〈意見などが〉述べられる《について *on, upon*》: The judgment ~*ed* against him. くだされた判決は彼に不利であった.
11〘法〙《陪審員の》一員となる《の *on*》; 〈陪審員が〉判決〔裁決〕する: The jury ~*ed* upon the case.
12 消え去る, 消滅する; 終わる, やむ; 静まる; 去る, 死ぬ;〘俗〙気絶する《*out*》: ~ *out* of sight 見えなくなる. The old customs are ~*ing*. 古い習慣はなくなりつつある. The fever soon ~*ed*. 熱はすぐひいた.
13 〈事件が〉起こる, 生じる: Did you hear〔see〕what was ~*ing*? ことの次第を聞いた〔見た〕か. Tell me everything that ~*ed* between you. (きみたち)ふたりの間に起こった事柄〔かわされたことば〕をみな話したまえ.
14〘球技〙味方に送球する;〘トランプ〙パスする《手を出さず次の番に回す》;〘フェンシング〙突きを入れる《に *on, upon*》.
15 排便する.
── *vt.* **1 通過する, 通る,** 通り越す; 〈自動車が他車を〉追い越す: Turn to the right after ~*ing* the post office. 郵便局を過ぎたら右へ曲がりなさい. No ~*ing*. 追い越し禁止.
2 通り抜ける, 渡る, 横切る, 越える; から出てくる: ~ the Alps アルプスを越える. The ship ~*ed* the channel. 船は海峡を通過した. No angry words ~*ed* his lips. 彼の口から激したことば一つ出たことはなかった.
3 通す, 通過させる: ~ a rope through a hole.
4 〈人を〉通す, へやに入れる; 〈目を〉通す, 走らす; 〈手などを〉動かす; 〈針などを〉突き通す; 〈なわなどを〉巻く: ~ one's eyes over the account 計算にざっと目を通す. ~ one's hand across one's face〔over the surface〕顔〔表面〕をなでる. ~ a sword through a person's heart 剣を心臓に突き刺す. ~ a rope around one's waist なわを腰に巻く.
5 〈時を〉 **過ごす,** 〈日を〉おくる: ~ the time〔the days, the month〕pleasantly 愉快に時〔日々, その月〕を過ごす. Mr. Green and his family ~*ed* the winter at Miami. グリーン氏とその家族はマイアミで冬を過ごした.
6 渡す, 手渡す, 回す; 〈ことばを〉かわす. Please ~ (me) the salt. 塩を(私に)回してください.
7〘法〙〈財産などを〉譲渡する《に *to*》: Father ~*ed* the house *to* his son.
8〘法〙〈判決を〉くだす, 宣告する; 〈判断を〉くだす; 〈意見を〉述べる; 〈ことばを〉発する: ~ a sentence of death on a person 人に死刑を宣告する. ~ judgment 判断〔判決〕をくだす, けなす. ~ criticisms 批判する. ~ a remark けなす.
9 〈議案などを〉可決〔承認〕する; 〈議案が議会を〉通過する: ~ a bill 法案を可決する. ~ the House 議会を通過する.
10 通用させる; 〈にせ金を〉つかませる, 使う: ~ forged banknotes 偽造紙幣を使う.
11 〈試験・検査に〉 **合格する**; 〈受験者を〉合格させる: ~ Latin ラテン語の試験にとおる. ~ muster 検閲を通過する.
12 〈一定の範囲などを〉 **越える**; にまさる: ~ belief 信じがたい.
13 保証する, 誓う; 約束する《と *that*》.
14〘米〙とばす, 省く; 〈配当などを〉1回ぬかす: ~ a dividend 配当を払わない.
15〘球技〙〈ボールを〉送る, パスする;〘野球〙〈打者を〉塁に歩かせる; 〈手品・かるたで〉すり替える.
16 〈便を〉出す.
17〘廃〙大目にみる, 見のがす.
let ~ 大目に見る, とがめない: I don't like it, but *let* it ~. 好かんが, 見のがしておけ. **~ *away*** (1) 〈時が〉経過する, たつ. (2) 去る; 終わる; 消滅する; 死ぬ; すたれる. (3) 〈時を〉過ごす, 空費する. (4) 〈財産などを〉譲渡する. **~ *by*** (1) そばを通る; 素通りする, 知らぬ顔をして通る. (2) 〈時が〉たつ. (3) 見落とす; 大目にみる, 見のがす. **~ *by on the other side of*** を(助けないで)見捨てる. **~ *by the name of*** という名でとおる. → *vi.* ⑧. **~ *degree*** 〘英〙(優等でなく)大学を卒業する. **~*ed ball*** 〘野球〙パスボール, 逸球. **~*ed master*** = past master. **~ *for*** 〔***as***〕で通用する; …とみなされる, と思われている. **~ *from among*** us (われわれ)の仲間から去る; 死ぬ. **~ *in*** 〈手形などを〉渡す. **~ *in* one's *checks*** 〘俗〙死ぬ. **~ *in review*** (1) 検閲〔検討〕する〔を受ける〕. (2) 分列行進させる〔する〕. (3) 次々と思い浮かべる〔浮かぶ〕. **~ *into*** (1) に変わる, …となる. (2) に渡る. **~ *off*** (1) 〈感覚・感情などが〉しだいに消える, 弱まる: The smell of the paint will ~ *off* in a few days. ペンキのにおいは二, 三日で消えるだろう. (2) 〈手続きなどが〉滞りなく行なわれる: Everything ~*ed off* very well. すべてがよく運んだ. (3) 〈にせ物などを〉つかませる《に *on*; として *for*》: They ~*ed off* those worthless stones *for* real jewels. 彼らは無価値な石をほんとうの宝石としてつかませた. (4) 〈その場を〉繕う, 言い紛らす. **~ one*self off as*** 〔***for***〕…になりすます, …でとおす: She is ~*ing herself off as* a white. 〘米〙彼女は白人としてとおっている. **~ *on*** 〔***upon***〕 (1) 進む; 〈時が〉たつ. (2) 繰り返す. (3) 死ぬ. (4) 次へ回す, 渡す; 伝える. (5) に判決〔評決〕をくだす: The jury ~*ed upon* the case. 陪審員は事件に評決をくだした. (6) …につけこむ, をだます. (7) を鑑定する: I wanted to ~ *upon* the car before I bought it. 買う前に車を下見しておきたかった. **~ *out*** (1) 出ていく. (2)〘話〙気絶する;〘話〙死ぬ;〘話〙酔いつぶれる. (3) 〈名刺などを〉差し出す. (4) 〈時間を〉過ごす: ~ *out* the rest of his days in the country いなかで晩年を終える. **~ *over*** (1) 経過する, 終わる. (2) 引き渡す, 譲る. (3) 横切る, 越す.

(4) をとばす, を省く, を無視する, を見落とす: ～ *over* the details 細目を無視する. be ～*ed over* in his will 彼の遺言で無視される. (5) を大目にみる, を容赦する: ～ *over* his insulting remark 無礼なことばを大目にみる. The sin was ～*ed over* as a mere trifle. その罪は微罪として見のがされた. (6) <時日を>過ごす. ***～ the buck to***〘米話〙に責任を転嫁する. ***～ the chair***《議長・市長などの》いすを去る, 職を退く. ***～ the time of day***〘話〙《おはようなど》朝晩のあいさつをする. ***～ the word***《甲から乙へと》命令を伝える《*to* (do)》. ***～ through*** (1) 通過〔横断〕する. (2) 経験する. (3) 射抜く, 突き通す. ***～ up***〘米俗〙(1) 見過ごす; 無視する; <機会などを>逸する. (2) 拒絶〔放棄, 絶交〕する. (3) に登る. ***～ water*** 小便する. ***～ one's word*** 誓う, 約束する《*to* (do); *that*; *for*》.

—— *n.* **1** 通行, 通過; 移行: He dreaded the ～ from the comfortable living he enjoyed to a life of destitution. 彼は現在恵まれている安楽な生活から窮乏の生活へ移行するのを恐れた. **2** 通行〔入場〕許可; 無料入場〔乗車〕券; 旅券 (=passport), 通行券: No admittance without a ～. パスのない者入場禁止. **3** 及第, 合格;〘英〙《優等でない》普通及第(学位): a ～ degree. **4** 状態, 形勢; 危機, はめ: come to a dreadful ～ 恐ろしいことになる. **5** (催眠術者の) 手の動き, 按手(あんしゅ); 手品, ごまかし: make ～*es* 催眠術を施す. **6**〘フェンシング〙突き;〘球技〙送球;〘野球〙出塁 (walk)《四球・死球で打者を一塁に歩かせる》;〘トランプ〙パス: make a ～ at … …に突きを入れる. **7** 通路, 狭い道, 横道. **8** 山道, 峠 (= mountain ～); …越え;〘軍〙要害の地, 隘路(あいろ). **9** 水路《特に河口の》; 渡し, 徒渉場;《やなの上の》魚道. ***bring to ～*** (1) 引き起こす, 生じさせる: His wife's death *brought* a change *to* ～ in his view of life. 妻に死なれて彼の人生観に変化が生じた. (2) 実現する, 成し遂げる. ***come to a pretty*** 〔***nice, fine***〕 ～ 困ったことになる. ***come to ～*** 起こる; 実現する: It *came to* ～ that … …ということになった. ***free ～*** 無料乗車券. ***get a ～*** 及第する. ***hold the ～*** 主義〔利益〕を擁護する. ***make a ～*** 〔***～es***〕 ***at*** (1) <女>に言い寄る. (2) に突きを入れる. ***make ～es***《催眠術で》術をかける. ***sell the ～*** 地位を譲る; 主義にそむく.

～·book [⌐⌐] 銀行通帳. **～ check** 入場券; 再入場券. **～·key** [⌐⌐] (1) 親かぎ, 合いかぎ. (2) 私用のかぎ. **～·man** [-mæn, -mən] (*pl.* **-men**)〘英: 大学〙普通及第生. →honor man. **P～·ò·ver** →別項. ***～·port** →別項. **～·word** [⌐⌐] 合いことば《味方どうしの》. ◇ **～·less** *a.* 道のない, 通れない.

pass. passage; passenger; passive.

páss·a·ble [pǽsəbl/pɑ́:s-] *a.* **1**《場所が》通行できる, 渡れる. **2**《貨幣など》流通しうる, 通用する. **3** 合格できる, まずまずの, 普通の. **4**《議案などが》通過しうる. ◇ **～·ness** *n.* **-bly** *ad.* かなりに.

pàs·sa·cá·glia [pæsəkɑ́:ljə] *n.*〘楽〙パッサカリア《三拍子の舞踏曲》. [<It.]

pas·sáde [pəséid] *n.*〘馬術〙回転歩《馬がおなじ場所を駆け回ること》.

‡pás·sage[1] [pǽsidʒ] *n.* **1** 通行, 通過: No ～ this way. この道通るべからず. They refuse us ～. 彼らはわれわれに通行させない. **2** 移住,《鳥の》移棲(いせい): At the approach of winter the ～ of the birds began. 冬が近づくと鳥たちの移棲が始まった. **3** 経過, 推移, 変遷: the ～ of time 時の経過. **4**《海・空の》輸送, 運搬, 旅行, 渡航, 航海; 通行〔渡航〕権; 通行料, 船〔乗車〕賃: book 〔engage, take〕 one's ～ to New York ニューヨーク行きの船の切符を買う. **5**〘米〙《議案の》通過, 可決: the ～ of a bill. **6** 通路, 抜け道; 水路, 航路; 出入り口;〘英〙廊下 (= passageway): Don't park your motorbike in the ～. バイクを通路においてはいけない. **7**〘引用・抜粋された詩文の〙一節, 一くだり: some ～*s* from Shakespeare シェイクスピアから引用した数節. **8**〘古〙事件, できごと. **9** 論争: have 〔exchange〕 angry ～*s* with a person in a debate 口角あわを飛ばして人と口論する. **10** (*pl.*) 内々の話し合い〔取りかわし〕, 密談. **11**〘医〙便通. **12**〘楽〙楽節.

bird of ～ 渡り鳥; 「旅がらす」. ***force a ～ through*** a crowd (群衆) を押し分けて進む. ***have a rough ～*** 難航する. ***make a ～*** 航海する. ***～ at*** 〔***of***〕 ***arms*** なぐり合い; 論争. ***point of ～***〘軍〙渡河〔通過〕点. ***take ～ in*** 〔***on, on board***〕 に乗って渡航する. ***work one's ～*** 船賃代わりに船内で働く: He *worked his* ～ to San Francisco.

—— *vi.* **1** 進む; 通過〔横断〕する; 航海する. **2** 切り合う; 論争する.

～ bird 渡り鳥. **～ money** 船賃, 乗車賃, 運賃; 通行料. **～·way** [-wèi] 通路; 廊下, 歩廊.

pás·sage[2] [pǽsidʒ] *vi.* <馬が> 斜め横足に進む; <騎士が> 馬を斜め横足に進ませる. —— *vt.* <馬を> 斜め横足に進ませる. —— *n.* 斜め横足.

pás·sant [pǽs(ə)nt] *a.*〘紋〙《ライオンなどが》前向きで右前足をあげて右の方を見ている姿勢の.

pas·sé [pæséi/pɑ́:sei, pǽs-] F. *a.* 時代遅れの; 盛りを過ぎた. 〈注〉女性形は *passée*: a *passée* belle 色香のあせた美女, うば桜.

passe·men·terie [pæsméntri/pǽsmən-] F. *n.*《衣服につける金銀モールなどの》飾り.

‡pás·sen·ger [pǽs(i)ndʒər] *n.* **1** 旅客, 乗客, 船客, 通行人. **2** 無能な運動選手.

～ agent〘米〙乗客係. **～ boat** 客船. **～ car** 乗用車《自動車》; 旅客用車両《列車の》. **～ jet**〘空〙ジェット旅客機. **～ machine**〘空〙旅客機. **～ pigeon**〘鳥〙渡りバトの一種《北アメリカ産の渡り鳥. 現在は絶滅》. **～ train** 旅客列車.

passe par·tout [pæspərtú:, -pɑ:r-/pɑ:spɑ:tú:] F. **1** はさみ額縁《写真などをガラス板と台紙の間にはさみ, 周囲をテープなどではりつけるもの》. **2** 合いかぎ (skeleton key).

páss·er [pǽsər/pɑ́:sə] *n.* **1** 通行者, 旅人. **2** 試験合格者;《製品などの》検査合格証. **3**〘米〙にせ金使い. **4** 手錐(てぎり).

‡páss·er-bý [pǽsərbái/pɑ́:s-] *n.* (*pl.* **páss·ers-bý**) 通りがかりの人, 通行者.

pás·ser·ine [pǽsərin, -ràin] *a.*〘鳥〙燕雀(えんじゃく)類の, スズメのような. —— *n.*〘鳥〙燕雀類.

pás·si·ble [pǽsibl] *a.* 感受性のある, 感じやすい. ◇ **pàs·si·bíl·i·ty** [⌐-bíliti] *n.*

pas·sim [pǽsim] L. (=everywhere) *ad.* いたるところに.

pas·sím·e·ter [pəsímitər/pæs-] *n.* **1** 乗車券自動販売器. **2** 歩数計.

páss·ing [pǽsiŋ/pɑ́:siŋ] *a.* **1** 通行する, 通りがかりの. **2** 過ぎ去る: the ～ years 過ぎゆく年. **3** 当面の, 現在の: ～ events 時事. **4** 一時の, つかのまの: a ～ whim 一時の気まぐれ. **5** ついでの, はずみの, ふとした, 偶然の: a ～ remark なにげなく言ったことば. **6** すぐれた, 非常な. **7** 合格の: a ～ mark 及第点.

—— *n.* **1** 通行, 通過;《時の》経過: the ～ of the old year 年の暮れ. **2** 推移, 移行, 転換: the ～ of Africa from territories to independent nations 植民地から独立国へのアフリカの推移. **3** 消失;〘雅〙死: the ～ of Arthur アーサー王の死. **4**《議案の》通過, 可決. **5**《試験の》合格. **6** 見落とし, 見のがし. **7**《事件などの》発生. ***in ～*** ついでに: *In* ～, I may point out that … ついでに…のことを指摘しておこう.

—— *ad.*〘古〙すぐれて, きわだって.

～ bell 臨終〔弔い〕の鐘. **～ note** 〔**tone**〕〘楽〙経過音. ◇ **～·ly** *ad.* **1** ついでに, ちなみに. **2** ひと

とおり, ざっと.

‡**pás·sion** [pǽʃ(ə)n] *n.* **1** **熱情**, 激情;《あることに対する》熱, 熱心, 熱中《*for*》. **2** かんしゃく, 激怒; 興奮. **3** **熱愛**, 情熱, 恋情; (しばしば *pl.*) 情欲. **4** 熱望〔熱愛〕するもの, 大好きなもの〔人〕: Flying is his ～. 飛行機の操縦が彼のなによりの趣味だ. **5** (the P～)《十字架上の》キリスト受難 (記)《マルコ伝 14–15 など》; キリスト受難画〔曲〕. **6**〔古〕《殉教者の》受難, 殉教; 病気, 病苦.

be filled with ～ for を激しく恋している. ***be in a ～*** かんしゃくを起こす. ***fly* [*fall, get*] *into a ～*** かっとなる. ***have a ～ for*** が大好きである, を熱愛する. ***tender ～*** 恋愛.

—— *vi.*〔雅〕情熱を感じる〔あらわす〕. [√pati-]

～·flòw·er〔植〕トケイソウ. **～·fruit** [ˊ–ˋ]〔植〕トケイソウの実. **P～ play** キリスト受難劇. **P～ Sunday** 受難の主日《復活祭の前々日曜日》. **P～ Week** 受難週間《復活祭の前週》.

◇ **～·ar·y** [-èri/-(ə)ri] *n.* =passional. **～·less** *a.* 熱 (情) のない; 冷静な.

(類義語) **情熱 : passion** 日常の自己を失わせるような強烈な激情. 盲目的な, しばしば異性に対する情熱: an ungovernable, childlike *passion* 抑制できない子どものような激情. **fervor, ardor** しだいしだいに熱を帯びる感情, 興奮, 熱心: speak with *fervor* つかれたように話す. **zeal** fervor, ardor と似ているが具体的な目標《人・物・主義など》があるばあいが多い: missionary *zeal* 伝道の情熱. **enthusiasm** 熱烈な興味から生じる熱心. 以上 4 語に比べ知的な関心が伴う: He showed marked *enthusiasm* for his studies. 彼は研究になみなみならぬ熱意を示した.

(類) → **feeling**「感情」

pás·sion·al [pǽʃən(ə)l] *a.* 熱情〔恋情〕の; 情熱〔情欲〕的な; 渇望する; 怒りやすい.

—— *n.* 殉教者受難記.

‡**pás·sion·ate** [pǽʃ(ə)nit] *a.* **1** **熱烈な**, 熱情をいだく, 熱のこもった: a ～ advocate of socialism 社会主義の熱心な擁護者. a ～ language 熱っぽいことば. **2**《悲しみ・愛情などが》激しい, 強烈な. **3** おこりっぽい, 気短な. **4** 情熱の, 多情な, 愛欲におぼれやすい. ◇ **～·ly** *ad.*

‡**pás·sive** [pǽsiv] *a.* **1** **受け身の**, 受動的な, 守勢の;〔文〕受け身〔受動〕の. ↔active. **2** **無抵抗の**, 言いなりになる, 従順な: a ～ disposition 消極的な性質. **3** **不活発な**; 手ごたえのない: In spite of every encouragement the boy remained ～. いくら勇気づけても少年は全くやる気がなかった. **4**〔化〕化合しにくい;〔医〕受け身〔虚性〕の;〔空〕発動機を使わない;〔法・経〕無利子の.

—— *n.*〔文〕受動態, 受け身 (構文). [√pati-]

～ bond 〔**debt**〕 無利子公債〔負債〕. **～ commerce**〔商〕《外国船による》受動貿易. **～ congestion** 受け身充血〔うっ血〕. **～ operation**〔軍〕守勢作戦. **～ resistance** 〔**resister**〕《ガンジーの提唱したような》消極的抵抗 (者), 無抵抗主義 (者). **～ voice**〔文〕受動態. → 枠付 Voice.

◇ **～·ly** *ad.* 受け身で, さからわずに;〔文〕受動態に, 受け身に. **～·ness** *n.* **pas·sív·i·ty** [pæsívịti] *n.* 受動 (性), 受け身; 服従, 無抵抗; 不活発;〔化〕不動態.

pás·siv·ism [pǽsiviz(ə)m] *n.* 受動性; 黙従主義. ◇ **pás·siv·ist** *n.*

pas·sóm·e·ter [pæsámịtər/-sɔ́m-] = passimeter.

Páss·ò·ver [pǽsòuvər/pɑ́:s-] *n.* **1**〔聖〕過越(すぎこし)の祝い《出エジプト記 12:27》. **2** (p～) 過越の祝いに供える小羊 (paschal lamb).

***páss·port** [pǽspɔ̀:rt/pɑ́:spɔ:t] *n.* **1** **旅券**, パスポート. **2**《通行・入場などの》許可証. **3**《尊敬・信用などを得る》手段《*to*》. **4**《戦時中第三国船に発給される》航海券.

pás·sus [pǽsəs] *n.* (*pl.* ～, **～·es**)《詩・物語の》編, 章.

†**past** [pæst/pɑ:st] *a.* **1** **過ぎ去った**, **過去の**, 既になくなった: The troubles are ～. その苦難は過去のものとなった. **2** 過ぎたばかりの, (いままで)…間: during the ～ year 過去 1 年の間に《「去年」とは異なる. しかも one のつかぬ点に注意》. for the ～ month (or so) ここ 1 か月 (かそこら) のあいだ. the ～ three weeks ここ三週間. for some time ～ ここしばらく. **3** 以前の, かつての: a ～ president 元の会長. **4** 老練の: a ～ master 練達の士. **5**〔文〕過去 (形) の: ～ tense 過去時制.

—— *n.* **1** 過去, 昔: in the ～ 過去の, 従来, 昔は. **2**《個人などの》過去, 経歴; 暗い過去: his country's glorious ～ 彼の祖国の輝かしい歴史. a woman with a ～ いわくのある女. **3**〔文〕過去時制, 過去形.

—— *prep.* **1**《時間的に》…**を過ぎて**: ～ midnight 真夜中過ぎ. half ～ eight 8時半. → to. **2**《空間的に》…の向こう, …より遠く: I went ～ the house by mistake. まちがってその家を通り過ごしてしまった. **3**《時の上で》…を超えて: a woman ～ middle age. **4** …**の範囲を越えて**, …**の及ばないところに**: ～ hope of recovery 治癒(ちゆ)の見込みのない. ～ endurance がまんできない.

—— *ad.* そばを通って: hasten ～ 急いで通り過ぎる.

～ master 名人, 大家;《組合・協会などの》前会長. **～ mistress** 女性の名人, 大家. **～ participle**〔文〕過去分詞. **～ service**〔米〕勤続年数.

pás·ta [pɑ́:stə] *n.* パスタ《卵を混ぜたこね粉を材料としたイタリア料理. ソースをつけて供する》.

‡**paste** [peist] *n.* **1** **のり**. **2** **練り粉**, こね粉《パイなどの材料》. **3** 練り物食品, ペースト: liver ～ レバーペースト. bean ～ みそ. **4** 練り物; 練り歯みがき; 軟膏(なんこう);《魚つりの》練りえ;《製陶用の》粘土; こね土. **5**《模造宝石用の》鉛ガラス; 模造宝石. **6** =pasta. **7**〔俗〕強打.

—— *vt.* **1** のりで張る〔張りつける〕《*on, up, together*》. **2** にのりで張りつける《を *with*》: ～ the wall *with* paper 壁に紙を張る. **3**〔俗〕<顔などを>なぐる; (空から) 爆撃する.

～ *in* 張り込む《書物の中などに》. **～ *up*** のりで張りつける《壁などに》; のりづけして閉じる.

～·board [ˊ–ˋ] (1) 厚紙, ボール紙. (2)〔俗〕名刺, (トランプの) カード; (鉄道の) 切符. (3)《形容詞的に》厚紙製の; にせの: ～*board* pearls 人造真珠. **～·down** [ˊ–ˋ]〔製本〕(見返しの) のり入れ.

◇ **pást·er** [-ər] *n.* のりづけする人; 張りつける物; のりつき紙(片)《切手など》.

pas·tél [pæstél, ˊ–] *n.* **1** パステル, 色チョーク. **2** パステル画(法); パステル調の色合い. **3** 散文, 漫筆. **4**〔植〕大青(たいせい); 大青染料. **5**《形容詞的に》パステル (画) の;《色合いが》パステル調の.

～ shade パステル調《薄く優美な色調》.

◇ **pás·tel·(l)ist** [pǽstelist, –ˊ–] *n.* パステル画家.

pás·tern [pǽstərn] *n.* 繋(けい), あくと《馬など有蹄(ゆうてい)類のひづめとくるぶしの間》.

Pas·téur [pæstə́:r] *n.* Louis [lú:i-] ～, 1822–95, フランスの化学者・細菌学者.

pás·teur·ism [pǽstərìz(ə)m] *n.* パスツール氏接種法《特に狂犬病予防・治療の》; 低温殺菌 (法).

pás·teur·ize [pǽstəràiz, -tʃər-] *vt., vi.* (に)低温殺菌を施す, (に)パスツール氏殺菌法を行なう; (に)狂犬病予防接種を行なう. **～d *milk*** 殺菌牛乳.

◇ **pàs·teur·i·zá·tion** [pæ̀stərịzéiʃ(ə)n/-raiz-] *n.*

pas·tíche [pæstí:ʃ] *n.* **1** 混成曲, 模倣曲, 模倣作品. **2** 寄せ集め, ごたまぜ. [<F.]

pás·til(e) [pǽstil, -təl], **pas·tílle** [pæstí:l, (英)+ pǽst(ə)l] *n.* **1** 錠剤 (troche). **2** 香(錠). **3** 車花火. **4** パステル (pastel); パステルクレヨン.

‡**pás·time** [pǽstàim/pɑ́:s-] *n.* 気晴らし, 娯楽, 遊

戯. *as a* ～ 気晴らしに. 類 → game「遊戯」

pás·tor [pǽstər/pɑ́ːs-] *n.* **1** 牧師, 司祭; 精神的教導者. **2**〘鳥〙ムクドリの類.
◇ ～**·ate** [-tərit] *n.* **1** 牧師の職〔任期, 管区〕,〘カトリック〙主任司祭の職. **2** 牧師団. ～**·ship** *n.* ＝pastorate ①.

pás·to·ral [pǽst(ə)rəl/pɑ́ːs-] *n.* **1** 田園詩, 牧歌; 田園曲〔劇, 画〕. **2** ＝～ letter. **3** ＝～ staff. —— *a.* **1** 牧羊者の. **2** 牧畜に適した, 牧畜用の. **3** 田園(生活)の, 田園(生活)を描いた, 牧歌的な. **4** 牧師の.
～ **epistles** 牧会書簡〘新約聖書のテモテおよびテトス書〙. ～ **letter**〘牧師が会衆に, 司教が管区に送る〙教書. ～ **poetry** 田園詩. ～ **staff** 牧杖(ぼくじょう)〘司教・修道院長の持つつえ〙. **P～ Symphony, the** 田園交響曲〘ベートーベンの第6交響曲〙.
◇ ～**·ism** *n.* 牧歌情趣〔趣味〕; 牧歌形式. ～**·ist** *n.* 田園詩人; 牧羊者. ～**·ly** *ad.* 牧歌的に.
pàs·to·rál·i·ty [⁀—rǽləti] *n.*〘文芸上の〙田園情趣.

pàs·to·rá·le [pæ̀stərɑ́ːli, ㊀⁺-rɑ́ːl] *n.* (*pl.* **-les, -li** [-liː])〘楽〙牧歌曲〔歌劇, バレー〕. [<It.]

pas·tó·ri·um [pæstɔ́ːriəm/pɑːstɔ́ːr-] *n.*〘米〙(新教の)牧師館 (parsonage).

pas·trá·mi [pəstrɑ́ːmi] *n.* パストラミ〘味の強い牛肉の薫製の一種〙.

pás·try [péistri] *n.* 練り粉でつくった食品;〘パイなどの〙練り粉の皮; ケーキ.
～ **cook** 練り粉食品製造者, 菓子職.

‡**pás·ture** [pǽstʃər/pɑ́ːs-] *n.* **1** 牧場, 放牧場; 牧草地. **2** 牧草. —— *vt.* **1** 〈家畜に〉草を食べさせる, 〈家畜を〉放牧する. **2** 〈土地が〉…に牧草を与える. —— *vi.* 草を食う.
～ **ground** [**land**] 牧場, 牧草地.
◇ **pás·tur·a·ble** [-tʃərəbl] *a.* 牧場向きの〔に適した〕. **pás·tur·age** [-tʃuridʒ] *n.* **1** 牧畜(業). **2** 牧場, 牧草(地). **3**〘スコットランド〙放牧権.

pást·y[1] [péisti] *a.* **1** のりのような, のり状の, 練り粉のような. **2** 生気のない,〘顔色の〙青白い, 元気のない. ◇ **-i·ness** *n.*

pást·y[2] [pǽsti, pɑ́ːsti] *n.*〘英〙肉入りパイ.

‡**pat**[1] [pæt] *n.* **1** 軽くたたくこと: a ～ on the back 背中を軽くたたくこと〘励まし〙. **2**〘平らな物や指で〙軽くたたく音; 軽い足音. **3**〘バターなどの〙小塊.
a ～ on the back 励まし(のことば). *give oneself a ～ on the back* ひとりで悦に入る.
—— *v.* (**-tt-**) *vt.* **1** パタパタとたたく, 軽くたたく〘手のひら・指で〙. **2** (軽くたたいて) 形づくる: ～ a dough into a flat cake 練り粉を軽くたたいて平たいものにする. **3** 〈地面・床を〉パタパタと踏む.
—— *vi.* **1** 軽くたたく. **2** パタパタ歩く〔走る〕. ～ a person *on the back*〘ほめたり元気づけたりして〙背中をたたく; なれなれしくする.
～**·ball** [⁀⁀] パットボール〘野球に似たイギリスの競技〙;〘英〙へたなテニス.

pat[2] *a.* **1** ぴったり合った, 適切な: a ～ remark. **2**〘英方〙快活な; 生意気な.
—— *ad.* **1** ぴったりと, しっくりと: The story came ～ to the occasion. 話はその場の空気にぴったりだった. **2** 直ちに, 即座に: The answer came ～. すぐ応答があった. **3** すっかり, 完全に.
fall ～ しっくり〔すらすら, ちゃんと〕ゆく. *know* [*have*] ～〘話〙すっかり知っている, マスターしている: He *had* the whole story ～ enough. 彼は話を全部ちゃんと覚えていた. *stand* ～ (1)〘トランプなどで〙最初配られた手のままでやる. (2)〘話〙〘決意・方針などについて〙固守する《を *on*》; 現状維持を主張する. ◇ ～**·ness** *n.*

Pat [pæt] *n.*〘話〙アイルランド人. [<Patrick]

pat. patent; patented; patrol; pattern.

pát-a-cake [pǽtikèik] *n.* 子どもの遊戯の一種 (patty-cake)〘遊戯で歌う子もり歌の最初のことば〙.

pa·tá·gi·um [pətéidʒiəm/pæ̀tədʒáiəm] *n.* (*pl.* **-a** [-dʒiə/-dʒaiə])〘動〙〘コウモリ類の〙飛膜.

Pàt·a·gó·nia [pæ̀təgóunjə, -niə] *n.* パタゴニア〘アルゼンチンおよびチリの南部地域〙.
◇ ～**n** *a., n.* ～地方の, ～人(の).

‡**patch** [pætʃ] *n.* **1**〘着物などの〙つぎ, つぎきれ; 布きれ: be full of ～*es* つぎだらけである. put a ～ on the trousers ズボンにつぎを当てる. **2**〘修理用〙当て金〔板〕: a ～ *on* the tube チューブのはぎ. **3** こうやく; 傷に張る布きれ; 眼帯: put a ～ over one eye 片目に眼帯をかける. **4** つけぼくろ〘昔婦人が飾りまたは傷隠しに顔に張った黒絹の小片など〙. **5** かけら, 細片, 破片: ～*es* of cloud (ところどころに浮かぶ) ちぎれ雲. **6** 大きいまたは不規則な斑点(はんてん): a ～ of brown on the skin 皮膚にあるかっ色の斑点. **7** 小区画, 畑; 一畑の作物: a cabbage ～ キャベツ畑. **8**〘文の〙一節. **9** 大きな氷塊におおわれた海. → pack. *not a ～ on* [*upon*]〘話〙と比べものにならない, …よりはるかに劣る: He is a fine young man but *not a ～ upon* his father. りっぱな若者だが父よりはるかに劣る. *strike a bad* ～〘話〙不運な目に会う.
—— *vt.* **1** にっぎを当てる; (つぎはぎをして) 修繕する《*up*》: ～ the trousers ズボンにつぎをする. windows ～*ed* with rags and paper ぼろ布や紙でつぎはぎをした窓. His clothes were ～*ed up* very neatly. 彼の服はきれいにつぎしてあった. **2** つぎ合わせる, つぎ合わせてつくる;《比喩的》でっちあげる《*up, together*》: It is possible to ～ the two narratives *together*. 二つの話は一つにできる. ～ *up* an equivalent of a coat どうやら上着らしいものをつぎ合わせてつくる. a ～*ed-up* story でっちあげの話. **3** 〈事件・けんかを〉一時的に治める, しずめる《*up*》. **4** 〈顔に〉つけぼくろをする.
～ **pocket**〘縫い目の出た〙外ポケット. ～ **test** 貼布(ちょうふ)試験〘小布片に抗原をつけて行なうアレルギー反応検査〙. ～**-up** [⁀⁀] 応急処置. ～**·work** つぎはぎ細工; 寄せ集め, ごたまぜ.
◇ ～**·a·ble** *a.* ～**·er** *n.* ～**·er·y** [-tʃəri] *n.* つぎはぎ(の材料); 寄せ集め細工. ～**·y** *a.* つぎはぎの, 寄せ集めの; 不調和な.

pátch·ou·li, -ly [pǽtʃuli, ㊀⁺pətʃúːli] *n.*〘植〙パチョリ〘インド産のハッカ属〙; その香油.

patd. patented.

pate [peit] *n.*〘話〙頭, 脳天; 頭脳, 知力. *bald* ～ はげ頭, やかん頭. *empty* ～ あほう.

pâte [pɑːt] F. *n.* こね土, 粘土〘製陶用〙.

pâ·té [pɑːtéi/⁀—] F. *n.* **1**〘肉・魚などのはいった〙パイ; ペースト. **2**〘築城〙〘馬蹄(ばてい)形の〙護堤堡(ほ). ～ ***de foie gras*** [-dəfwɑːgrɑ́ː] 脂肪の多いガチョウの肝臓のペースト〘すばらしい美味とされる〙.

-pát·ed [-péitid] *a.* 《合成語で》頭が…の, …頭の: long-*pated* 抜け目のない. shallow-*pated* 愚かな.

pa·tél·la [pətélə] *n.* (*pl.* **-lae** [-liː]) **1**〘医〙膝蓋(しつがい)骨, ひざがしら. **2**〘動〙さら骨, 杯状部;〘虫〙基関部. **3**〘古ローマ〙小ざら. ◇ ～**r** *a.*

pát·en [pǽtn] *n.* **1**〘宗〙パテナ〘聖餐(せいさん)用聖パンざら〙. **2** 金属製の浅いさら.

pá·ten·cy [péitnsi] *n.* 明白, 公然; 開放性.

‡**pát·ent** [pǽt(ə)nt, péit-] *n.* **1** (専売) 特許, 特許権《*for, on*》: take out a ～ *for* [*on*] a new invention 新案特許をとる. **2** (専売) 特許証. **3** (専売) 特許品, 特許物件. **4**〘米〙公有地譲渡(下付)証書. **5** 独特の特徴, 特権: She had no ～ on charm. 彼女には魅力といったものはなかった.
—— *a.* **1** (専売) 特許の; 特許権をもつ〔に関する〕: a ～ agent 特許弁理士. **2** 明白な, はっきりした: It was ～ to everyone that ……はだれの目にも明らかだった. **3**〘場所など〙開放されている,〘戸・通路など〙開いている; 利用〔接近〕できる: a ～ field.

4〘話〙新奇〔新案〕の, 巧妙な: a ～ device. **5**〘動〙呼気通路の開いた;〘植〙開いた, 広がった. **6**〘米〙《小麦粉》極上の. ***letters ～*** [-pǽt(ə)nt] 特許証.
—— *vt.* の(専売)特許を受ける;〘稀〙に特許を与える.
～ leather エナメル皮; (*pl.*) エナメルぐつ. **～ medicine** (特許) 売薬. **P～ Office** 特許局. **～ right** 専売特許権. **～ roll**〘英〙《1年間の》専売特許登記簿.
◇ **～·a·ble** *a.* 特許できる〔を受けられる〕. **～·ly** *ad.* 明らかに, 公然と. **pát·en·tor** [-ər] *n.* (専売)特許権授与者. **pàt·ent·a·bíl·i·ty** [⊥–əbílịti] *n.* **pàt·ent·ée** [⊥–tíː] *n.* (専売) 特許権所有者.
[類] → evident「明白な」

pá·ter [péitər] *n.*〘英話〙**1** 父, おやじ. → mater. **2** (しばしば P～) 主の祈り.

pá·ter·fa·míl·i·as [-fəmíliæ̀s, -əs] *n.*〘ローマ法·笑〙家長, 家父.

pa·tér·nal [pətə́ːrn(ə)l] *a.* **1** 父の, 父としての, 父らしい. **2** 父方の: one's ～ grandfather 父方の祖父. **3** 父から受け継いだ. ***on the ～ side*** 父方に〔の〕. [√pat(e)r-]
◇ **～·ly** *ad.* 父らしく, 父として.

pa·tér·nal·ism [-iz(ə)m] *n.* 《政治·経済などにおける》温情主義, 家族主義.

pa·tèr·nal·ís·tic [pətə̀ːrn(ə)lístik] *a.* 温情主義(的)の, 家長的な. ◇ **-ti·cal·ly** *ad.*

pa·tér·ni·ty [pətə́ːrnịti] *n.* **1** 父であること, 父性, 父としての権利〔義務〕; 父系. **2** 生みの親〔作者〕であること; 起源.

pa·ter·nos·ter [péitərnástər, pǽt-/pætənɔ́s-] L. (=our father) *n.* **1**〘宗〙主の祈り, 《特にラテン語の》主禱(しゅとう)文, 祈りのことば; 呪文(じゅもん). **2** じゅずの大玉《ロザリオの玉の11番めごとにある》.

‡**path** [pæθ/pɑːθ] *n.* (*pl.* **～s** [-ðz], 所有格 **～'s** [-θs]) **1** 道, 小道, 歩道; 競走路; 通路: a bicycle ～. **2** (人生の) 行路; 方針, 方向; (議論などの) 筋道; (天体の) 軌道: the ～ of a hurricane. ***beaten ～*** 歩き慣れた道; 《比喩的》常道.
～·brèak·er 道をつける人, 草分け, 開拓者. **～·fínd·er** (1) 開拓者, パイオニア. (2)〘空軍〙《爆撃隊などの》先導機 (操縦者); 照明弾投下飛行機; 地上探知用レーダー. **～·way** [⊥⊥] 通路, 小道.
[類] → **road**「道」

path. pathological; pathology.

Pa·thán [pətáːn, [米]+pəthάːn] *n.* インドおよびその北西国境に住むアフガニスタン人.

‡**pa·thét·ic** [pəθétik], **-i·cal** [-(ə)l] *a.* **1** 哀れをさそう, 感動させる; 感傷的な: a ～ story 悲しい物語. a ～ scene 《芝居などの》愁嘆場. **2** ひどく不つりあいの. —— *n.* (*pl.*) 悲哀, 哀傷. [√path-]
～ fallacy 感傷の虚偽《angry wind などのような無生物にも人間的感情があるとして扱う表現法を非難した名称》. ◇ **pa·thét·i·cal·ly** *ad.*

páth·less [pǽθlis/páːθ-] *a.* 道のない; 未開拓の, 前人未踏の. ◇ **～·ness** *n.*

patho-「苦しみ」「病」などの意の語形成要素.

páth·o·gen [pǽθədʒen], **-gene** [-dʒiːn] *n.* 病原菌.

pàth·o·gén·e·sis [pæ̀θədʒénisis] *n.* 病原発生(論).

pa·thóg·e·nous [pəθάdʒịnəs/-θɔ́dʒ-], **pàth·o·gén·ic** [pæ̀θədʒénik] *a.* 病原発生の; 病原の.

pa·thóg·e·ny [pəθάdʒịni/-θɔ́dʒ-] =pathogenesis.

pathol. pathological; pathology.

pàth·o·lóg·ic [pæ̀θəlάdʒik/-lɔ́dʒ-], **-i·cal** [-(ə)l] *a.* **1** 病理学の, 病理(学)上の. **2** 病的の.
◇ **pàth·o·lóg·i·cal·ly** *ad.*

pa·thól·o·gy [pæθάlədʒi, pə-/-θɔ́l-] *n.* **1** 病理(学). **2** 病状, 病気の経過. ◇ **-gist** *n.* 病理学者.

pá·thos [péiθɑs/-θɔs] *n.* **1** 悲哀感, 哀調, ペーソス. **2** 情念, パトス《文学·音楽などにおける情緒的要素》. → ethos. [√path-]

-pa·thy [-pəθi]「感情」「苦痛」「病」「療法」などの意の語形成要素: sym*pathy*. [√path-]

‡**pá·tience** [péiʃ(ə)ns] *n.* **1** 忍耐(力), しんぼう, がまん: a man of great ～ しんぼう強い人. have ～ with a slow learner 頭の悪い生徒をしんぼうして教える. I haven't the ～ to hear such complaints again. こんな苦情をまた聞くのはやりきれない. **2**〘英〙ひとりでするトランプ, ひとり占い. ***have no ～ with*** 〔***toward(s)***〕…にはがまんできない: I *have no ～ with* those bores. あのたいくつな連中にはがまんできない. ***lose* one's *～ with*** …にがまんしきれなくなる. ***My ～!***〘俗〙おやおや!, これはしたり! ***out of ～ with*** …にあいそをつかして, に憤慨して. ***the ～ of Job***《ヨブのような》非常な忍耐. [√pati-]

‡**pá·tient** [péiʃ(ə)nt] *a.* **1** 忍耐強い, 根気のよい, 気長な《*with*》: Be ～ *with* children. 子どもには短気を起こさぬよう. **2** しんぼう強い, 勤勉な, 精を出す: a ～ worker. **3**《…に》耐えられる《に *of*》: He is ～ *of* insults. 彼は侮辱にぐっとこらえることができる. **4**《…の》余地がある《の *of*》: This statement is ～ *of* criticism. この声明には批判されるべき点がある. **5** 受動的な.
—— *n.* 病人, 患者: The Smiths are ～s of mine. 私はスミス家の主治医だ. in-〔out-〕～ 入院〔外来〕患者. [√pati-]
◇ ***～·ly** *ad.* 忍耐強く; 根気よく.

pát·i·na [pǽt(ị)nə] *n.* **1**《青銅などの》緑青, 青さび. **2**《家具などの時代がついた》寂(さび), 古色, 古つや.

pát·i·nat·ed [pǽtịnèitid] *a.* 時代がついた, 寂(さび)のついた.

pàt·i·ná·tion [pæ̀tịnéiʃ(ə)n] *n.* **1** =patina ②. **2** 人工的に時代〔寂〕をつけること《骨董(こっとう)価値を出すために》.

pát·i·nous [pǽtịnəs] =patinated.

pa·ti·o [páːtiou] Sp. *n.* (*pl.* **～s** [-z]) **1** スペイン式住宅の中庭. **2**〘米〙パチオ《庭の家屋寄りの部分を食事·休息できるように石畳·コンクリート張りにしたもの》.

Pat. Off. Patent Office.

pa·tois [pǽtwɑː] F. *n.* (*pl.* ～ [-z]) 俚言(りげん), 地方なまり.

Patr. Patrick; Patriotic; Patron.

patri-「父」の意の語形成要素.

patio ②

pá·tri·arch [péitriὰːrk] *n.* **1** 家長, 族長. → matriarch. **2** 長老, 元老; 古老: a village ～ 村の古老. **3**《宗派の》開祖; 《科学·学派の》創始者. **4**《カトリック教》ローマ教皇《正式には P～ of the Occident》; 《教皇の次の》総大司教; 《初期キリスト教会》僧正; 《ギリシア正教の》主教. **5** (*pl.*) Jacob の12人の子; ユダヤ民族の祖《Abraham, Isaac, Jacob とその祖先》.
◇ **～·ate** [-it] *n.* ～の位〔任期, 管区, 住宅〕; 族長政治. **～·ism** *n.* 族長〔家長〕組織〔制度〕. **～·y** *n.* 家長〔族長〕政治〔制度〕. **pà·tri·ár·chal** [⊥–⊥k(ə)l] *a.* ～の; 尊敬すべき.

pa·trí·cian [pətríʃ(ə)n] *n.* **1**《古代ローマの》貴族; 《一般的》貴族. →plebeian. **2**《ローマ帝国時代の》代官. **3**《中世イタリア·スイス·ドイツなどの自由市の》貴族, 名門家. —— *a.* 貴族の; 名門の; 貴族的な. ◇ **～·ship** *n.*

pa·trí·ci·ate [pətríʃiit, -ʃièit] *n.* 貴族の地位; 貴族階級.

pát·ri·cide [pǽtrịsàid] *n.* 父親殺し(罪·犯人).
◇ **pàt·ri·cíd·al** [⊥–sáidl] *a.*

Pát·rick [pǽtrik] *n.* St. ～, 389?–461?, アイルランドの守護聖人.

pát·ri·mo·ny [pǽtrịmòuni/-məni] *n.* **1** 世襲財

産, 家督. 2 家伝, 伝承, 遺伝. 3 教会〔寺院〕基本財産. [√pat(e)r-] ◇ **pàt·ri·mó·ni·al** [⏊−móuniəl] *a.* 世襲〔財産〕の, 先祖伝来の.

‡**pá·tri·ot** [péitriət, ㊥+-àt] *n.* 愛国者, 憂国の士. ◇ ∼**·ism** *n.* 愛国心. [√pat(e)r-]

‡**pà·tri·ót·ic** [pèitriátik/pætriɔ́t-] *a.* 愛国的な, 愛国の, 憂国の. ◇ **-i·cal·ly** [-(ə)li] *ad.*

pa·trís·tic [pətrístik] *a.* 《初期キリスト教の》教父の; 教父の遺著〔研究〕の.

◇ ∼**s** *n. pl.* 《単数扱い》教父学, 教父の遺著研究.

pa·tról** [pətróul] *n.* 1 巡察, パトロール, 巡視, 巡回, 警邏(けいら); 偵察(ていさつ), 哨戒(しょうかい). 2 巡察隊; 《斥候兵・飛行機などの》偵察隊; 巡視人, 巡査; 哨艦. 3 ボーイスカウト・ガールスカウトの分隊《ほぼ8名から成る》. 4 〖米〗囚人護送車 (= ∼ wagon). ***on ∼ **(*duty*)** 巡察〔警邏〕中; 哨戒中. —— *vt., vi.* **(-ll-)** 1 巡察〔巡回, 警邏〕する, パトロールする, 哨戒する. 2 <街頭などを>行進する, 練り歩く.

∼ **boat** 哨戒艇. ∼ **bomber** 哨戒爆撃機. ∼ **duty** 哨戒任務: small craft on ∼ *duty* 哨戒中の小艦艇. *∼**·man** [-mən] (*pl.* **-men**) 巡視者, 見回り人; 〖米〗巡回巡査, 警邏巡査.

◇ ∼**·ler** [-ər] *n.* 巡察〔巡視, 巡回〕者.

‡**pá·tron** [péitrən] *n.* (*fem.* ∼**·ess**) 1 《個人・事業・主義・芸術などの》保護者, 後援者: the ∼ of the arts 美術の保護者. 2 《商店・旅館などの》お得意, ひいき客: a theater ∼ 観客. 3 = ∼ saint. 4 〖英〗聖職授与権のある人. 5 〖古ローマ〗《法廷の》弁護人; 解放されたどれいの旧主人; 平民を保護した貴族. [√pat(e)r-]

∼ **saint** 《個人・職業・土地などの》守護聖人, 守り神〔本尊〕. ◇ ∼**·al** [-(ə)l] *a.* 守護聖人の: a ∼*al* festival 守護聖人祭.

pá·tron·age [péitrənidʒ, pæ̀t-] *n.* 1 保護, 後援. 2 《商店などへの客の》ひいき, 引き立て, 愛顧: He took away his ∼ because of poor service. サービスが悪いのでもう買わないことにした. 3 恩きせがましい態度, 恩人ぶり: an air of ∼ 恩きせがましい態度. 4 任命〔叙任〕権; 《その権内にある》官職, 役職. 5 〖英〗牧師推薦権, 聖職授与権. ***under* [*with*] *the* ∼ *of*** の保護〔後援, 賛助〕のもとに.

P∼ **Secretary** 〖英〗官吏選考長官《大蔵省委員》.

***pá·tron·ize** [péitrənàiz/pæ̀t-] *vt.* 1 保護する, 後援〔賛助〕する, 奨励する. 2 <商店などを> ひいきにする, の得意客になる. 3 に恩人ぶる, に恩にきせる.

pá·tron·iz·ing [-iŋ] *a.* 1 恩きせがましい, 恩人ぶった, もったいぶった. 2 ひいきにする. ◇ ∼**·ly** *ad.*

pàt·ro·ným·ic [pæ̀trənímik] *a.* 父〔父祖〕の名から出た. → metronymic. —— *n.* 1 父〔父祖〕から出た名《Johnson = son of John など》. 2 姓, 名字.

pa·tróon [pətrú:n] *n.* 〖米史〗地主《オランダ統治下の New York 州および New Jersey 州で領主的特権を許されていた》.

pát·sy [pætsi] *n.* 〖俗〗1 罪〔責任〕を負わされる人, 貧乏くじを引く男. 2 お人よし. 3 笑い〔冗談〕のたねにされる人.

pát·ten [pætn] *n.* 1 (通例 *pl.*) 一種の木ぐつ《ぬかるみを歩くときにくつの上にはく鉄製の歯のついたもの》. 2 〖建〗柱脚, 壁脚.

pát·ter[1] [pætər] *vi.* パタパタと音がする; <雨などが> バラバラと降る; パタパタと走る: ∼ *along* a wooden floor. —— *vt.* にパタパタ音をたてさせる. —— *n.* パタパタ〔バラバラ〕という音《足音・雨などの》.

***pát·ter**[2] *n.* 1 早口のおしゃべり, むだ話. 2 《ある階層・集団の》符丁, 隠語. 3 早口のせりふ; 《手品師の》呪文(じゅもん). 4 《軽歌劇などの》早口歌 (=∼ song). —— *vi.* 早口にしゃべる. —— *vt.* <呪文などを>早口に唱える.

‡**pát·tern** [pætərn] *n.* 1 模範, 手本, かがみ: He's a ∼ of all the virtues. 彼は諸徳のかがみだ. 《形容詞的に》a ∼ wife 模範的妻. 2 型, 様式; 《洋服・鋳物などの》原型, 木型, 鋳型: a locomotive of an old ∼ 旧式な機関車. cut out a shirt on a ∼ 型紙を使ってワイシャツを裁つ. 3 《行為・思考などの》型, 方式, 傾向: behavior ∼*s* 行動様式. 4 図案, 模様, しまがら; 自然の模様: wallpaper ∼*s* 壁紙模様. ∼*s* of frost on the window 窓ガラスについた霜の紋様. 5 《服地・がらなどの》見本: a bunch of ∼*s* 服地見本つづり. 6 〖米〗1 着分の服地. 7 《飛行場の》着陸進入路; その図形. 8 砲撃〔爆撃〕目標(の配置); 標的上の弾痕(だんこん). 9 機構, 組織. ***paper*** ∼ 《洋裁の》型紙. ***run to*** ∼ 型にはまっている. ***sentence*** ∼ 文型. ***verb*** ∼ 動詞のとる文型.

—— *vt.* 1 模造する, かたどる《を範として *after, on, upon*》: a dress ∼*ed upon* [*after*] a Paris model パリの新型をまねてつくったドレス. He has ∼*ed* his conduct *on* the example of his father. 彼は父を範として自分の行動をとった. 2 に模様をつける. ∼ one***self after*** を模倣する. ∼ ***out*** きれいに整える, 整然と並べる: the garden ∼*ed out* in even rows and squares of green 並み木や緑の芝ふを左右均整よく並べて設計された庭.

∼ **bombing** じゅうたん爆撃. ∼**·màk·er** 模型〔鋳型〕製作者. ∼ **practice** 〖英語教育〗文型練習.

(類義語) 型, 形: **pattern** 原型が存在しそれが何度も繰り返される〔模写される〕ような型 → (シャツなどの) 型紙, (壁紙などの) 模様, (行動などの)様式: a new *pattern* of engine 新型のエンジン. **form** pattern のように繰り返しが考えられていない形をあらわす最も一般的な語. したがって pattern が主として人工的に設定されたものに使用されるのに対し, form は自然物の形も含む. form が人工的事物に用いられるときは「形式」: the human *form* 人間の形. a new *form* of poetry 新形式の詩. **shape** form が立体的な形をあらわすのに対し, shape は平面に投影された形. したがって the *shape* of a ball は「球」でなくて「円」である. このような抽象性が shape に比喩としての用法を与える: a wolf in the *shape* of an old woman 老婆の姿に化けたオオカミ. get one's ideas into *shape* 考えをはっきりまとめる. **figure** 姿, かっこう. form, shape と異なって物体 (特に人間の形) にのみ使用される. 外界にある事物の計測される形というよりも, その事物が眼や心に与えた印象がもつ形である. したがって人の審美眼に直接訴える形であるばあいが多い: a slender *figure* of a girl 少女のほっそりとしたからだつき.

pát·ty [pæti] *n.* 1 小パイ, パテ (*pâté*). 2 《肉などを入れて揚げた》小さい平たいケーキ. ∼**-cake** [⏊−⏊] = pat-a-cake. ∼ **pan** パテ焼きなべ.

pát·u·lin [pætʃulin/-tju-] *n.* パツリン《抗生物質. 感冒薬》.

pát·u·lous [pætʃuləs/-tju-] *a.* 広く開いている; 「《枝などが》広がっている.

P.A.U. Pan-American Union.

páu·ci·ty [pɔ́:siti] *n.* 少数, 少量; 不足.

Paul [pɔ:l] *n.* (St. ∼) 聖パウロ《新約聖書中の書簡の筆者》. ∼ **Bunyan** 〖米〗《木材切り出し人の間に伝わる伝説の》大力無双の巨人. ∼ **Pry** 詮索(せんさく)好きな人《イギリスの劇作家 John Poole の作中人物の名から》. ◇ ∼**·ist** *n.* 聖パウロの信奉者; 《インドの》イエズス会派の信徒.

Pául·ine [pɔ́:lain] *a.* 1 使徒 Paul の. 2 《London の》St. Paul's School の.

—— *n.* St. Paul's School の生徒.

∼ **Epistles, the** パウロの書簡.

páu·lo·post-fú·ture [pɔ́:ləpòustfjú:tʃər] *n.* 1 〖ギリシア文法〗未来完了時. 2 〖笑〗近い将来.

pau·lów·ni·a [pɔ:lóuniə] *n.* 〖植〗キリ (の木).

paunch [pɔ:ntʃ, ㊟⁺pɑ:ntʃ] *n.* **1** 胃, 腹;〘笑〙たいこ腹, ほてい腹. **2**〘動〙《反芻(はんすう)動物の》第1胃 (rumen). **3**〘海〙当てむしろ (＝～ mat)《擦(す)れるのを防ぐ》. **——** *vt.* の腹を切り裂く, のはらわたを引き出す. ◇ **～·y** *a.* たいこ腹の, ほてい腹の.

páu·per [pɔ́:pər] *n.* 貧乏人;《救貧法の適用を受ける》貧困者;〘法〙《訴訟費用を免除される》貧民. ◇ **～·dom** *n.* **1**《集合的》貧民, 細民. **2** 貧窮, 貧困. **～·ism** [-pərìz(ə)m] *n.* 貧窮 (状態).

páu·per·ize [pɔ́:pəràiz] *vt.* **1** 貧困〔貧乏〕にする. **2**《救貧法を適用して》被救済民にする. ◇ **pàu·per·i·zá·tion** [pɔ̀:pərizéiʃ(ə)n, -raiz-] *n.*

‡**pause** [pɔ:z] *n.* **1** 休止, 中止, 絶え間: in the ～*s* of the wind 風の絶え間に. **2**《話の》とぎれ; 息つぎ; ちゅうちょ: There was a ～ before the speaker spoke again. 一息間(ま)をおいて話し手は語を続けた. **3** くぎり, 句読(くとう), 段落. **4**〘雅〙休止;〘楽〙延長, 延長記号《⌒または◡》. 〈注〉pose [pouz] との差に注意. ***come to a ～*** とぎれる. ***give*** 〔***put***〕 ***～ to*** を中止させる: *give ～ to* one's action 自分の行動を (一時的に) やめる. ***in*** 〔***at***〕 ***～*** 中止〔休止〕して; ちゅうちょして. ***make a ～*** 休止する; 一息つく. ***put*** a person ***to a ～*** (人を) ちゅうちょさせる: These considerations *put* me *to a ～*. こうした考慮から私はちゅうちょした.
—— *vi.* **1** 休止〔中断〕する, とぎれる. **2** しばらく止(と)まる, 息をつく: We ～*d* upon the summit to look upon the scene. 山頂でしばし歩みをとめてけしきをながめた. ～ *for* breath とまって一息入れる. **3** 思案する, ゆっくり論ずる《を *on, upon*》. **4** ためらう《に *on, upon*》: ～ *upon* a word あることばを言いよどむ. **5**〘楽〙音を長く引っ張る〔延ばす〕.
◇ **～·less** *a.* **～·less·ly** *ad.* **páus·al** [pɔ́:z(ə)l] *a.* 休止の; とぎれの, くぎりの. **páus·er** *n.* **páus·ing·ly** *ad.* 類 → stop「停止する」

pav [pæv]〘俗〙＝pavilion.

páv·age [péividʒ] *n.* **1** 舗装 (工事). **2**〘英〙舗道税.

páv·an [pǽvən, ㊟⁺pəvǽn], **páv·ane** [pǽvən, pəvɑ́:n, pəvǽn/pǽvən, pəvǽn] *n.* パバーヌ《16–17世紀のスペインでの優美な舞踏》; その曲.

‡**pave** [peiv] *vt.* 〈道路を〉舗装する《で *with*》: ～ a road with asphalt. ～ ***the way for*** 〔***to***〕 …への道をひらく; を可能〔容易〕にする.
◇ **páv·er** [-ər] *n.* 舗装工〔機械〕; 舗装材料.

‡**páve·ment** [péivmənt] *n.* **1** 舗装路; 舗床, たたき. **2** 舗装用材, 敷石. **3**〘米〙車道 (＝㊟road-way);〘英〙歩道 (＝㊟sidewalk). ***on the ～*** 通りを歩いて; 宿なしで, 捨てられて.
～ artist〘英〙大道絵かき《舗道に色チョークで絵を描いて通行人から金をもらう》.

pa·víl·ion [pəvíljən] *n.* **1** 大テント. **2** 仮設〔特設〕建築物《あずまや・競技場観客席・博覧会場・控え室用スタンドなど》: a bathing ～ 海水浴場の脱衣場. **3** (建物に付属した) 展望台, 小塔. **4** 別病棟(びょうとう); 別館. **5**〘雅〙空. **6** ブリリアンカットダイヤモンドの下部の斜面. **——** *vt.* に大テントを張る; テントに入れる〔でおおう〕;《比喩的》すっぽりとおおう.
～ hospital 病棟式病院. **～ system**〘建〙分館式.

páv·in [pǽv(i)n] ＝pavan.

páv·ing [péiviŋ] *n.* 舗道; 舗装 (工事・用材): a ～ stone 舗石.

páv·ior, ㊟-iour [péivjər] ＝paver. → pave.

‡**paw** [pɔ:] *n.* **1**《かぎつめのある動物の》足. **2**〘話〙《人の》手. **3**〘話〙筆跡. **——** *vt.* **1** 〈馬などが〉前足でける〔かく, たたく〕. **2**〘話〙手荒く扱う; 無器用にいじくる《*over*》. **——** *vi.* 〈馬が〉前足で地面を打つ.

páwk·y [pɔ́:ki] *a.*〘米方〙でしゃばりな, 生意気な;〘英方〙抜け目のない, こすい;《なにくわぬ顔で》こっけいを言う, ひょうきんな. ◇ **-i·ly** *ad.*

pawl [pɔ:l] *n.*〘機〙《歯車の逆転を防ぐ》つめ, 歯止め. **——** *vt.* つめで止める.

pawn[1] [pɔ:n] *n.* **1**《動産の》質(しち); 抵当物; 人質: a ～ ticket 質札. **2**《比喩的》誓い, 約束. ***be at*** 〔***in***〕 ***～*** 質にはいっている. ***give*** 〔***put***〕 something ***in ～*** 質に入れる. ***set at ～*** かける: all who *set* their honesty *at ～* 正直を身上とする人たちすべて. **——** *vt.* **1** 質入れする. **2** 〈生命・名誉を〉かける: ～ one's life 命をかける. **～ one's words** 言質(げんち)を与える.
～·bròk·er 質屋《人》. **～·bròk·ing** 質屋業. **～·shop** [ˊˋ] 質屋, 質店.
◇ **～·er, ～·or** [-ər] *n.* 質入れ主. **pawn·ée** [pɔ:ní:] *n.* 質を取る人, 質権者.

pawn[2] *n.* **1**《チェスの》歩(ふ). **2**《比喩的》手先.

Paw·née [pɔ:ní:] *n.* もとアメリカ Platte 川岸に住んでいたが, 現在 Oklahoma 州北部に住む北アメリカ原住民.

páw·paw ＝papaw.

pax [pæks] *n.* **1**〘カトリック〙聖像牌(はい)《聖職者や信徒が接吻する》. **2**〘宗〙接吻(せっぷん)礼, 親睦(しんぼく)の接吻 (kiss of peace). **3**〘英:学生〙友, 友情. **4** (P～)〘ロ神〙平和の女神. **～ *Romana*** 〔***Americana, Britannica***〕 ローマ〔アメリカ, イギリス〕の支配による平和. **～ *vobis*** [ˊ-vóubis] ＝～ ***vobiscum*** [-voubískəm] おん身らに平安あれ.
—— *int.*〘英:学生〙仲直り!, よせ!〔<L.〕

páx·wax [pǽkswæ̀ks] *n.*〘医〙項靱(こうじん)帯.

†**pay**[1] [pei] *v.* (**paid** [peid]) *vt.* **1** 〈金・代金などを〉支払う, 払い込む, 〈借金を〉返済する; 〈人・仕事に〉賃銀〔代価〕を支払う: ～ money [$100, wages, a fine, one's bill] 金〔100ドル, 賃銀, 罰金, 請求書〕を払う. ～ a maid [a baker] お手伝い〔パン屋〕に払う. a well *paid* job 実入り〔割り〕のいい仕事. You must ～ me what you owe. ぼくが貸した分を返してくれ. I *paid* her $5 *for* her service. 彼女には仕事のお礼に5ドル渡した. I *paid* him money. ＝ I *paid* money *to* him. 彼に金を払った.
2 〈仕事などが〉…の収入をもたらす; …のためになる: This job ～*s* 10 dollars. この仕事は10ドルになる. That stock ～*s* me four per cent. あの株は4パーセントの利子がつく. It *paid* me to come. 来ただけのことはあった, 来てよかった.
3 〈関心・敬意などを〉払う, 向ける; 〈訪問などを〉行なう: ～ attention [one's respect] to… …に注意〔敬意〕を払う. ～ a person honor [a compliment] 人に敬意を表する〔おせじをいう〕. ～ a visit to a person 人をたずねる.
4 に仕返しする, に報復する: He *paid* them *for* their insults by causing them trouble. 彼は彼らにもんちゃくを起こして彼らの侮辱に報復した.
5 〈苦痛などを〉(当然のこととして) 忍ぶ, 受ける: The one who does wrong must ～ the penalty. 悪を行なうものは当然その罰を甘受しなくてはならない.
6 (**payed**) 〈綱を〉(ゆるめて) 繰り出す《*away, out*》.
—— *vi.* **1** 支払いをする, 代金を払う《の *for*》; 借金を払う; 弁償〔弁済〕する《の *for*》: We're ～*ing for* the 'telly' by monthly installments. テレビ代を月賦で払っている. **2** 〈仕事などが〉引き合う, 割りが合う; ほねおりがいがある: The business ～*s*. 事業は引き合う. **3** 罰を受ける, 報いがある《の *for*》: You'll ～ *for* your foolish behavior. きみのばかなまねは報いを受けるだろう.
～ *as you go* (信用借りせず) 現金で払う; 出費を収入以内に制限する. **～ *away*** (1) 支払う. (2)〘海〙〈綱を〉(ゆるめて) 繰り出す. **～ *back*** 返済〔返報〕する. **～ *one's college*** 苦学して大学を卒業する. **～ *dearly for* one's *whistle*** 気まぐれでやったことに高い代償を払う. **～ *down*** 即金で払う;《月賦で》頭金を払う. **～ *for*** (1) の代金を払う; を弁償する: ～ *for* music lessons 音楽教授の月謝を払う. (2) の報い〔罰〕を受ける: He will ～ *for* this foolish

behavior. 彼はこの愚行の報いを受けるだろう. ～ ***home***〖古〗存分に復讐(ふくしゅう)する. ～ ***in*** 払い込む. ～ a person ***in kind*** (1)(金でなく) 品物で払う. (2) 仕返しする. ～ ***off*** (1)〈借金を〉全部返す; ((に)) 借金を完済する: ～ *off* one's creditors 質権者に借金を払い終える. (2) 給料を払って解雇する: ～ *off* the ship's crew 船員に残りの給金を払って解雇する. (3)〖俗〗((に))わいろを使う. (4) ((の))仕返しをする. (5)〖米〗引き合う; 結果〔成果〕が出る《の *with*》. (6)〖海〗〈船を〉風下に向ける. ～ ***out*** (1)〈金・賃銀・借金を〉支払う. (2) ((に))報復する; 懲らしめる: I've *paid* him *out* for the trick he played on me. ふざけたことをしたのであいつにその仕返しをしてやった. (3)〖海〗＝～ away. ～ ***out the debt of nature*** 天寿を全うする, 死ぬ. ～ one***'s*** (***own***) ***way*** 借金しないで暮らす; 収支を償う. ～ ***up*** 全部支払う;〈株を〉全額払い込む. ～ a person ***well in the future*** 〈苦労などが〉(人の) 将来にとってためになる. ***the devil to*** ～ 厳罰, 大目玉. ***Who breaks*** ～***s.*** 悪事をすれば報いがある, 天罰てきめん.

—— *n.* **1** 支払い. **2** 給料, 賃銀, 報酬: high ～ 高給. draw one's ～ 給料をとる. get an increase in ～ 昇給する. a ～ job 報酬の出る仕事《無料奉仕に対し》. **3** 報い,《精神的》報酬; 償い; 罰. **4**《支払状態から見た》支払者: The bank regards him as good ～. 銀行では彼の支払い振りは良好とみている. **5** 雇用: *in* the ～ *of* the enemy 敵に雇われている《しばしば不名誉の意》. **6** 被雇い人: a good〔bad, poor〕～ 雇い得〔損〕になる男. ***be good*** 〔***bad***〕～ 払いが良い〔悪い〕. ***full*** 〔***half***〕～〖軍〗本〔休職〕俸. ***without*** ～ 無報酬で. [√pa(n)g-]

～**-as-you-éarn** [-əzju:-/-əʒu(:)-] 源泉課税 (制度)《略 P.A.Y.E.》. ～**-as-you-go plan** 現金払い主義. ～**-bed** [ˊ-ˋ]《病院などの》有料寝台. ～**·box** [ˊ-ˋ]〖英〗＝box office. ～**·check** [ˊ-ˋ]〖米〗(1) 給料支払小切手. (2)《ラジオ番組の》広告主 (sponsor). ～**·day** [ˊ-ˋ] 支払日; 給料日;〖英〗《株式市場の》清算日. ～ **dirt**〖米俗〗採鉱して引き合う鉱石;《比喩的》掘り出し物. ～ **envelope** 給料袋, 給料, 俸給. ～ **list** 給料支払簿 (＝payroll). ～ **load** (1)〖空〗有料荷重《手荷物・貨物などの直接収益をもたらす荷重》. (2)《企業の》賃銀負担. (3)(ミサイルの) 弾頭. ～**·màs·ter** 会計主任, (給料) 支払係. 〖軍〗主計官: ～-*master* general〖米〗海軍主計総監;〖英〗大蔵省主計長官. ～**-off** →別項. ～**·òf·fice** 支払局. ～**·òf·fi·cer**〖軍〗主計. ～**·out** [ˊ-ˋ] (1) 支払い, 支出. (2) 報復, 懲罰. ～ **packet**〖英〗＝～ envelope. ～**·roll** →別項. ～ **sheet** 給料支払表. ～**-TV** [ˊ-ˋ-ˋ/ˊ-ˋ-ˋ] 有料テレビ.

◇ ～**·er** *n.* 支払人. ～**·ée** [peii:] *n.* (手形・小切手の) 受取人.

(類義語) 賃銀: **pay** 支払い→給金. 下記の語義のすべてを含む. **wage, wages** 時間・日・週決めで主として肉体労働に支払われる賃銀. **salary** 月・年決めで主として頭脳・技術労働に支払われる給料. **stipend** 牧師・教師などの給金. 研究者の生活費を補助する奨学金もさす. **fee** 医者・弁護士・芸術家その他専門職業家のサービス(の請求)に対して支払われる報酬および各種の料金: a tuition *fee* 教授料.

pay² *vt.* (～**ed**)〖海〗〈船底などに〉タール・ピッチなどを塗る.

páy·a·ble [péiəbl] *a.* **1** 支払われる, 支払われるべき;〖法〗支払満期の: bills ～ 支払手形. ～ at the bank 銀行支払いの. ～ to bearer 持参人払いの. **2** もうかる, 有利な: a ～ undertaking もうかりそうな企業. ◇ **-bly** *ad.* 有利に.

P.A.Y.E. pay-as-you-earn.

páy·ing [péiiŋ] *a.* **1** 支払う, 有料の: a ～ guest《特にしろうと下宿の》下宿人. **2** 採算のとれる, 引き合う: a ～ business 採算のとれる商売.

‡páy·ment [péimənt] *n.* **1** 支払い, 払い込み. **2** 支払〔払い込み〕金額. **3** 弁償, 償還. **4** 報酬, 報償; 報復, 懲罰. ～ ***by installments*** 分割払い. ～ ***in*** 〔***at***〕 ***full*** 皆済. ～ ***in part*** 〔***on account***〕内〔一部〕払い. ～ **bill** 支払手形.

pày·nim [péinim] *n.*〖古・雅〗異教徒,《特に》回教徒 (Moslem).

páy·nize [péinaiz] *vt.* 〈木材などに〉防腐剤をしみ込ます.

páy-off [péiɔ:f] *n.* **1** 給料支払い; 給料支払日. **2** 清算; 給料を支払って解雇すること. **3**〖話〗決着, (意外な) 結末. **4**〖米俗〗《事件・物語の》クライマックス, やま場. **5** 報復, 返報.

—— *a.* 決定的な, 最終的な.

pay·ó·la [peióulə] *n.* 〖話〗わいろ, 不正リベート.

páy·roll [péiròul] *n.* 〖米〗給料支払簿; 支払給料総額. ***off the*** ～ 解雇されて, 失業して. ***on the*** ～ 雇われて, 職を得て.

payt. payment.

Pb〖化〗*plumbum* (L. ＝lead). **P.B.** *Pharmacopoeia Britannica* (L. ＝British Pharmacopoeia); Plymouth Brothers〔Brethren〕; Prayer Book; Primitive Baptists.

PC [pí:sí:] *n.*〖米: 海軍〗高速哨戒(しょうかい)艇. [＜*patrol craft*]

p.c. per cent; postal card. **P.C.** Police Constable; Prince Consort; Privy Council(or). **pc(s).** piece(s); price(s). **P/C, p/c** per cent; petty cash; price current. **P.C.V.**〖米〗Peace Corps Volunteers 平和部隊. **pd.** paid. **Pd**〖化〗palladium. **p.d.** *per diem* (L. ＝by the day); potential difference. **P.D.** Police Department; Postal District. **P.E.** probable error; Protestant Episcopal.

‡pea [pi:] *n.* (*pl.* ～**s**,〖古・英方〗～**se** [pi:z])〖植〗エンドウ, エンドウ豆. (***as***) ***like as two*** ～***s*** うり二つで. ***garden*** ～***s*** サヤエンドウ. ***split*** ～***s*** 干しエンドウ豆《スープ用》.

～ **green** 青豆色, 淡緑色. ～ **jacket**《水夫などの着る》厚地ラシャの両前上着. ～**·nut** → 別項. ～**·pod** [ˊ-ˋ]〖米〗(斜桁(しゃこう)帆で走らせる) 小船《イセエビ類捕獲用》. ～**-pod** [ˊ-ˋ] エンドウのさや. ～**·shòot·er** 豆鉄砲《おもちゃ》. ～ **soup** (1) エンドウ豆のスープ. (2) 深い黄色がかった霧. ～**-sòup·er**〖英俗〗黄色い濃霧.

‡peace [pi:s] *n.* **1** 平和, 太平, 平穏: in time of ～ 平和時に. **2** 治安, 安寧: maintain public ～ 公安を維持する. **3** 講和; 和解, 仲直り: *P*～ was signed between the two countries. 両国間に講和条約が調印された. ～ with honor (双方に傷のつかない) 名誉の和解. ～ talk 和平交渉. **4** 平静, 安心: ～ of mind〔soul, conscience〕心〔魂, 良心〕の平静〔安らかさ〕. **5** 静寂, 沈黙: the ～ of woods 森の静けさ. *P*～! 静粛!

at ～ 平和に; 仲よく《と*with*》. ***be sworn of the*** ～ 保安官に任ぜられる. ***breach of the*** ～ 治安妨害. ***commission of the*** ～ 治安委員会;《集合的》判事たち. ***hold*** 〔***keep***〕 one***'s*** ～ 黙っている. ***in*** ～ 安らかに; 安心して: live *in* ～ 安穏に暮らす. Leave me *in* ～. じゃまをしないでくれ. ***keep*** 〔***break***〕 ***the*** ～ 治安を維持する〔乱す〕. ***make*** ～ 仲直りする; 講和する《と *with*》. ***make*** one***'s*** ～ ***with*** と仲直りする. ***Man of P***～ キリスト. ～ ***at any price***《特にイギリス議会での》絶対平和主義. ***P***～ ***be with you!*** 無事を祈る. ***P***～ ***to his ashes*** 〔***memory, soul***〕***!*** 彼の霊よ安けく眠れ! ***public*** ～ 公安, 治安. ***smoke the pipe of*** ～ 仲直りのたばこをのむ《アメリカ原住民の風習から》. ***swear the*** ～ ***against*** a person〖法〗《人に危害が加えられるおそれがあるので》(その人) を保護する要ありと宣誓して願い出る. ***the*** (***king's*** 〔***queen's***〕) ～

治安. [√pa(n)g-]
～·brèak·er 平和[治安]破壊者. **～ conference** 平和会議. **P～ Corps** 平和部隊. **～ establishment** 〖軍〗平時編成. **～-lóv·ing** 平和を好む, 平和愛好の. **～·màk·er** (1) 調停者, 仲裁人. (2)〖笑〗平和を守る道具《ピストル・軍艦など》. **～·màk·ing** 調停(の), 仲裁(の), 和解(する). **～·mòn·ger** 〖米〗《けいべつ的》平和論者. **～ offensive** 平和攻勢. **～ offering** (1)《神への》感謝の供物, 贖罪(しょく)の供物. (2) 和解の贈り物. **～ officer** 保安官; 警察官. **～ pact** 平和条約, 不戦協定. **～ pipe** 《北アメリカ原住民が和解・親睦(ぼく)の印としてのみ合う》平和のパイプ (calumet). **～·time** [⌐⌐] 平時(の). ↔wartime.

péace·a·ble [pí:səbl] *a.* 平和な, 太平な, 穏やかな; 平和を好む, おとなしい. ◇ **～·ness** *n.* **-bly** *ad.*

‡péace·ful [pí:sf(u)l] *a.* **1** 平和な, 太平な; 平和的な: ～ settlement of the dispute 争議の平和的解決. ～ coexistence《自由・共産両陣営などの》平和共存. ↔ warlike. **2** 温和な, 穏やかな: ～ disposition 穏やかな性質. ～ death 眠るような死. **～ picketing** スト破りの監視.
◇ **‡～·ly** [-fuli] *ad.*

‡peach¹ [pi:tʃ] *n.* **1**〖植〗桃, 桃の木. **2** 桃色. **3**〖俗〗すてきな人[物]: She is a ～. すてきな娘だ. **～·blow** [⌐⌐] 赤紫色; 赤紫色の上ぐすり《陶器用》. **～ brandy** 桃の果汁(じゅう)でつくったブランデー. **～ tree** 桃の木.

peach² *vi.* 〖俗〗密告する, 告発する《を *against*, *on*, *upon*》.

péa·chick [pí:tʃik] *n.* **1**〖鳥〗クジャクのひな. **2** 見え坊の若者.

péach·y [pí:tʃi] *a.* **1** 桃のような; 桃色の. **2**〖俗〗すてきな, すばらしい. ◇ **péach·i·ness** *n.*

‡péa·cock [pí:kɑ̀k/-kɔk] *n.* (*pl.* **～s**, 《集合的》～) **1**〖鳥〗クジャク《特に雄の》. **2** (P～)〖天〗クジャク座. **3** 見えを張る人, 見え坊. **(as) proud as a ～** 大得意で, 大いばりで. **～ blue** 光沢ある青色. **～ ore** 〖鉱〗斑(はん)銅鉱 (bornite).
◇ **～·er·y** [-əri] *n.* 見え, 虚栄, 虚飾. **～·ish** *a.* 見えっ張りな, 虚栄心の強い, うぬぼれ屋の.

péa·fowl [pí:fàul] *n.*〖鳥〗《雌または雄の》クジャク.

peag(e) [pi:g] = wampum.

péa·hèn [pí:hèn/⌐⌐] *n.* クジャクの雌.

‡peak¹ [pi:k] *n.* **1** (とがった) 先端, 先頭: the ～ of a beard ひげの先. the ～ of a roof 屋根の先端. **2** (とがった) 山頂, 峰; 孤峰. **3** 絶頂, 最高点: the ～ of activity 活動の絶頂. **4**《軍帽などの》ひさし. **5**〖海〗縦帆の上外端; 斜桁(しゃこう)の上外端; 船首[船尾]の狭いとがった部分; いかりづめ. **6**〖電・機〗ピーク《急な部分的増量の最上昇点》: a voltage ～ ピーク電圧. ***off-～*** ラッシュ時[混雑期]をはずれた. **—— *vt.*** 〖海〗〈オール・帆げたなどを〉直立させる, 縦にする; 〈鯨が尾を〉あげる. **—— *vi.*** とがる, そびえる; 〈鯨が〉尾をあげる.
～ hours ピーク時: ～ *hours* of traffic 最大交通量の時間. industry's ～ *hours* 工場の電力消費が最大の時間. **～ load** 《発電所の》ピーク負荷; 一般に一定期間内の最大量. **～ year** 統計上最高記録の年.

peak² *vi.* やせこける, やせ衰える. **～ *and pine*** げっそりやつれる.

peaked¹ [pi:kt, pí:kid] *a.* peak¹ 状の, とがった, 峰をなす; ひさしのある.

péak·ed² [pí:kid] *a.* やせた, やつれた.

péak·y [pí:ki] *a.* 峰のような, 峰の多い, とがった.

‡peal [pi:l] *n.* **1**《鐘の》響き;《雷鳴・砲声などの》とどろき: ～*s* of laughter 笑い声のどよめき. **2**《音楽的に調子を合わせた》一組みの鐘. ***in ～***《鐘声が》調子を合わせて.
—— *vt.* 〈鐘などを〉鳴り響かせる; 〈名声などを〉とどろかす; 〈うわさなどを〉広める《*out*》. **—— *vi.*** 鳴り響く, とどろく《*out*》.

pé·an = paean.

***péa·nut** [pí:nət, -nʌ̀t/-nʌt] *n.* **1**〖植〗ピーナッツ, ナンキン豆, 落花生. **2** (*pl.*)〖米俗〗つまらない人[もの];《特に》ほんのわずかの金額.
～ butter ピーナッツバター. **～ oil** 落花生油.

‡pear [pɛər] *n.* 〖植〗西洋ナシ.
～-shaped [⌐⌐, ⌐⌐] (1) 西洋ナシ形の. (2)《声の》柔らかく豊かな. **～ tree** 〖植〗西洋ナシの木.

‡pearl¹ [pə:rl] *n.* **1** 真珠; (*pl.*) 真珠の首飾り. **2** 真珠層, 真珠母, 青貝; 真珠貝色 (=～ blue). **3** 貴重な物, 逸品; 精華, 典型. **4** 真珠に似た物《露・涙・歯など》;《鉄・石炭などの》小さい粒;〖印〗パール型活字《5ポイント》. **5**〖医〗白そこひ. ***artificial* [*false*, *imitation*] ～** 模造真珠. ***cast* [*throw*] ～*s before swine*** 〖聖〗豚に真珠を与える,「ネコに小判」《マタイ伝 7:6》. ***cultured ～*** 養殖真珠.
—— *vt.* **1** 真珠で飾る, に真珠をちりばめる. **2** にちりばめる《を *with*》: the trees ～*ed with* evening dew 夜露にちりばめられた木々. **3** 真珠のような形[色]にする: the distant hills blue and ～*ed* with clouds 青くて, 雲の下は真珠色になった遠い丘. **4** 〈大麦などを〉小粒にする. **—— *vi.*** **1** 真珠のようになる; 玉になる: The sweats ～*ed* on the face. 汗が顔に玉をなした. **2** 真珠をとる.
—— *a.* **1** 真珠(製)の; 真珠をちりばめた. **2** 真珠色[状]の. **3** 小粒の: ～ tapioca タピオカの粒.
～·ash [⌐⌐] 〖化〗真珠灰, 粗製炭酸カリウム. **～ barley** 精白した麦《小粒で球状の》. **～ button** 貝ボタン. **～ diver** 真珠貝採取の潜水夫. **～ fisher** 真珠貝採取人. **～-fish·er·y** 真珠貝採取業[場]. **～ fishing** 真珠貝採り(業). **～ gray** 真珠色(の)《やや青みがかった淡灰色》. **P～ Harbor** 真珠湾《Hawaii の Oahu 島南岸にあるアメリカ軍の軍港》. **～ oyster** 〖貝〗真珠貝, アコヤガイ. **～ powder** 鉛白《一種のおしろい》. **P～ River** チュー川(珠江)《中国の川 Chu-Kiang》; Mississippi の中流から分かれ出る支流. **～ shell** =～ oyster. **～ white** (1) 魚鱗(ぎょりん)の粉《人造真珠の原料》. (2) 鉛白 (=～ powder). **～-whíte** 真珠のように白い.
◇ **～ed** *a.* **1** 真珠で飾った. **2** 真珠のような《色・形について》. **～·er** *n.* 真珠貝採取人[船].

pearl² = purl¹.

péarl·ies [pə́:rliz] *n. pl.* 〖英〗貝ボタン付きの衣服《もと行商人などの着た》.

péarl·y [pə́:rli] *a.* **1** 真珠のような, 真珠色の; 小粒の. **2** 真珠の; 真珠をちりばめた.
～ nautilus 〖貝〗オウムガイ.

péar·main [pɛ́ərmein, ㊥⁺pə́:-] *n.* リンゴの一種.

peart [pə:rt, piərt] *a.* 〖俗〗元気のいい, 快活な.
◇ **～·ly** *ad.* **～·ness** *n.*

‡péas·ant [péz(ə)nt] *n.* **1** 農夫, 小百姓, 小作人《おもに旧世界の》. **2** いなか者. → farmer.
P～ Bard, the 農民詩人《Robert Burns のこと》. ◇ **～·ry** *n.* **1**《集合的》農民; 小農[小作人]階級. **2** 野趣, いなかっぽさ.

pease [pi:z] *n.* 〖古〗《集合的》エンドウ (peas).
～·cod [⌐⌐] エンドウのさや (pea-pod). **～ pudding** 豆粉でつくったプディング.

peat [pi:t] *n.* 泥炭(でいたん), 泥炭塊. **～ bed** [**bog**] 泥炭地[沼]. **～ moss** 泥炭ゴケ. **～ reek** 泥炭の煙;《これを燃料にして蒸留した》スコッチウイスキー.
◇ **～·er·y** *n.* 泥炭(産)地, 泥炭沼. **～·y** *a.* 泥炭質の; 泥炭の多い.

péa·v(e)y [pí:vi] *n.* (*pl.* **-veys**, **-vies**) 〖米〗かぎざお《木材を動かすための》.

‡péb·ble [pébl] *n.* **1**《水流の作用で丸くなった》小石. **2** 水晶; 水晶製のレンズ. **3** メノウ. **4**《なめし皮などの》石目, 石目のある皮 (=～ leather).
—— *vt.* **1** に石目をつける, のきめをあらくする. **2** に

小石を投げる, 小石で打つ; 小石で舗装する.
～·stone [⌐－⌐] 小石. ～·ware [⌐－⌐] 雑色の陶土をまぜてつくった陶器《表面にまだらがある》.
péb·bly [pébli] *a.* **1** 小石だらけの, 小石でおおわれた. **2**《なめし皮など》石目をつけた.
péb·rine [peibríːn] F. *n.*《蚕の》微粒子病.
pe·cán [pikǽn, ㊥⁺-káːn] *n.*〘植〙ペカン《北アメリカ産の hickory の一種》; その実《食用》.
péc·ca·ble [pékəbl] *a.* あやまち〔罪〕を犯しやすい.
◇ **pèc·ca·bíl·i·ty** [⌐－bíləti] *n.*
pèc·ca·díl·lo [pèkədílou] *n.* (*pl.* ～**s**, ～**es**) 小さなあやまち, 軽い罪; ちょっとした欠点.
péc·cant [pékənt] *a.* **1** 犯罪の, 罪のある. **2** 規則にたがった, 落ち度のある. **3**〘医〙病的な; 病原となる.
◇ ～**·ly** *ad.* **péc·can·cy** *n.* **1** 罪過, 犯罪. **2**〘医〙病的なこと.
péc·ca·ry [pékəri] *n.*〘動〙イノシシの類《南アメリカ産》.
pec·ca·vi [pikéivai/pekáːvi] L. (=I went wrong.) われあやまてり. —— *n.* (*pl.* ～**s**) 罪の告白. ***cry*** ～ ざんげする.
pêche Mel·ba [píːtʃmélbə, péʃ-/péiʃ-] F. ピーチメルバ《桃にアイスクリームを添え, シロップをかけたもの》.
‡**peck**[1] [pek] *vt.* **1** (くちばしで) つつく, ついばむ, つついて拾う《*up*》: ～ corn 穀物をついばむ. **2** <穴などを> つついてあける; <地面・壁などを> つついてこわす《*up, down*》: ～ a hole in the wood. **3**〘話〙急いで(少しずつ) 食う. **4**〘話〙急いで〔申しわけに〕キスする. **5** (タイプライターで) キーをたたいて打ち出す《*out*》.
—— *vi.* **1** つつく《を *at*》. **2** (ついばむように) 少しずつ食べる《を *at*》. **3** あらを捜す, うるさく小言を言う《に *at*》; こづきまわす《を *at*》. ～ ***out*** つつき出す.
—— *n.* **1** つつくこと, ついばむこと: give a ～ ついばむ. **2** つついてできた穴〔くぼみ〕. **3**〘話〙(気の進まない) 軽いキス. **4**〘俗〙食物. **5** 投げつけること.
～ **order** (1) つつき順番《特に, 鳥の社会の目下・目上のつつく順位》. (2)〘話〙生活順序, 社会のおきて.
◇ ～**·ish** *a.*〘俗〙空腹な.
peck[2] *n.* **1** 乾量の単位 (8 quarts)《〘英〙9.092 *l*; 〘米〙約8.8*l*》. **2** 1ペックます《略 pk, pk.》. **3** たくさん, 多量.
peck[3] *vt., vi.*〘俗〙<石などを> 投げつける《を目がけて *at*》.
péck·er [pékər] *n.* **1** つつく鳥; =woodpecker. **2** つるはし, くわの一種. **3**〘俗〙鼻, くちばし. **4**〘英俗〙元気, 活気. ***Keep your*** ～ ***up.*** 元気を出せ.
Péck·sniff [péksnif] *n.* 偽善者《Dickens 作 *Martin Chuzzlewit* 中の偽善者の名から》.
◇ **Peck·sníff·i·an** [peksnífiən] *a.* 偽善(者)の.
péc·tase [pékteis] *n.* ペクターゼ《酵素の一種》.
péc·ten [péktən] *n.* (*pl.* **-ti·nes** [-tiniːz]) **1**〘動〙くし状突起, くし状部. **2**〘医〙恥骨. **3**〘貝〙ホタテガイ.
péc·tic [péktik] *a.* ペクチンの.
péc·tin [péktin] *n.*〘化〙ペクチン, 膠素(こうそ).
péc·ti·nate [péktinèit/-nit], **-nat·ed** [-nèitid] *a.* くしの歯状の. ◇ **pèc·ti·ná·tion** [⌐－néiʃ(ə)n] *n.* くしの歯状(の物); くしけずること.
péc·to·ral [péktərəl] *a.* **1** 胸〔胸部〕の; 胸筋の. **2** 胸につける; 主観的な. **3**《声が》胸から出る, 低い. **4** 胸の病気に効(き)く. —— *n.* **1** 胸飾り《特にユダヤ高僧の》; 胸当て. **2**〘医〙肺病薬. **3**〘動〙胸びれ, 胸筋.
péc·tose [péktous] *n.*〘化〙ペクトーゼ《未熟な果実中に含まれる多糖類》.
péc·u·late [pékjulèit] *vi., vt.* <公金・受託金などを> 使い込む, 横領する.
◇ **-la·tor** [-ər] *n.* 公金私消者, 横領者, 官物私用者. **pèc·u·lá·tion** [⌐－léiʃ(ə)n] *n.*
‡**pe·cúl·iar** [pikjúːljər] *a.* **1** 独特の, 固有の, 他にない, 独自の, 特有の《に *to*》: Every society has its own ～ customs. どの社会にも固有な慣習がある. a custom ～ *to* these parts この地方に特有の慣習. **2** 特別の, ことのほかの; 目だった: a matter of ～ interest to us われわれにことのほか興味ある事柄. She has a ～ talent for lying. 彼女にはうそをつく特別の才能がある. **3** 妙な, へんな, 一風変わった: a ～ flavor 妙な〔一種独特な〕味. He was always thought a little ～. 彼はいつでも多少変人だと考えられていた. →particular, singular.
—— *n.* **1** 特有のもの, 私有財産, 特権. **2**〘英〙《他管区の監督支配下の》特殊教区〔会〕. **3** (P～) 特殊教派の人.
～ **institution**〘米俗〙どれい制度. ～ **people** (1)〘聖〙ユダヤ人; キリスト教徒《申命記14:2》. (2) (P～ People) 祈りと塗油で病気をなおせると信じた特殊教派. 〔類〕→ **strange**「変わった」
***pe·cù·li·ár·i·ty** [pikjùːliǽrəti] *n.* **1** 特色, 特殊性. **2** 奇妙, 異常, 異様さ. **3** (*pl.*) 癖, 奇習: ～*ties* of speech〔dress, behavior〕話し方〔服装, 行動〕の癖.
‡**pe·cúl·iar·ly** [pikjúːljərli] *ad.* **1** 特に, ことさらに: be ～ sensitive to smell においに特に敏感である. a ～ Japanese custom ことさらに日本的な風習. **2** 個人的に. **3** 奇妙に: behave ～ 奇妙なふるまいをする.
pe·cú·ni·a·ry [pikjúːnièri/-njəri] *a.* 金銭(上)の, 財政上の: ～ aid 金銭上の援助. ～ **offense** 罰金刑相当の犯罪. ◇ **-ri·ly** *ad.* 金銭上, 金銭的に.
ped. pedal; pedestal; pedestrian.
-ped [-pèd]「足」の意の語形成要素: quadru*ped* 四足獣; 四足の. [√ped-]
péd·a·gog〘米〙=pedagogue.
pèd·a·góg·ic [pèdəgádʒik, -góudʒ- / -gɔ́dʒ-, -góudʒ-], **-i·cal** [-(ə)l] *a.* **1** 教育学の, 教授法の. **2** 教師の, 教育者の. **3** 物知りぶる, 衒学(げんがく)の.
◇ **pèd·a·góg·i·cal·ly** *ad.* 教育学上, 教育法上; 教師として.
pèd·a·góg·ics [-s] *n. pl.* 《単数扱い》教育学; 教授法; 教育(法).
péd·a·gogue [pédəgàg, -gɔ̀ːg/-gɔg] *n.* 《けいべつ的》先生, 教師, 教育者, 学識をてらう者, 衒学(げんがく)者. ◇ **péd·a·gog(u)·ism** *n.* 先生かたぎ, 教師気どり, 衒学.
péd·a·gog·y [-gòudʒi, -gàdʒi/-gɔdʒi, -goudʒi] *n.* **1** 教育; 教師の職務. **2** 教育学; 教授法.
péd·al [pédl] *n.* **1**《自転車・ミシンなどの》ペダル, 踏み板;《ピアノ・ハープ・ジャズの太鼓などの》ペダル;《パイプオルガンなどの》足踏み鍵盤(けんばん). **2**〘数〙垂足線〔面〕. **3**〘楽〙低続音(部) (=～ point). —— *a.* **1** ペダルの;〘数〙垂足線の. **2** [pédl, píːdl]〘動・医〙足の. —— *vt., vi.* (㊥ **-ll-**) (の)ペダルを踏む; ペダルを踏んで動かす; 自転車に乗る. [√ped-]
～ **point**〘楽〙《オルガンなどのペダルを踏んでいる間続く》最低音の持続音. ～ **pusher**〘米〙自転車乗り〔選手〕; (*pl.*) 婦人用半ズボン.
pe·dál·fer [pidǽlfər] *n.*〘地〙鉄アルミナ土壌(どじょう).
péd·ant [péd(ə)nt] *n.* **1** 物知りぶる人, 衒学(げんがく)者. **2** 空論家, 規則〔形式〕にこだわる人.
◇ ～**·ry** *n.* 学者ぶること, 衒学; しゃくし定規.
pe·dán·tic [pidǽntik] *a.* 学識をてらう, 学者〔物知り〕ぶる, 衒学的な. ◇ **-ti·cal·ly** [-(ə)li] *ad.*
péd·ate [pédeit/-dit] *a.*〘動〙足のある; 足状の;〘植〙《葉が》鳥足状の.
péd·dle [pédl] *vt.* **1** 呼び売りする, 売り歩く, 行商する. **2** <うわさなどを> まきちらす.
—— *vi.* **1** 行商する. **2** ささいなことにあくせくする.
***péd·dler** [pédlər] *n.* 行商人, 呼び売り商人 (hawker). ◇ ～**·y** [-dləri] *n.* 行商(品); 見掛け倒しの物 (trumpery).
péd·dling [pédliŋ] *a.* **1** 売り歩く, 行商の. **2** ささいなことにあくせくする. **3** つまらない, とるに足らぬ, くだらない. —— *n.* 行商, 呼び売り. ◇ ～**·ly** *ad.*
-pede [-piːd]「足」の意の語形成要素: centi*pede*

(100 の足→) ムカデ. [√ped-]

péd·er·ast, páe·der·ast [pédəræst, pí:d-] *n.* 男色者. ◇ **-as·ty** [-i] *n.* 男色.

péd·es·tal [pédistl] *n.* **1** 《彫像などの》台, 台座; 柱脚. **2** 〔機〕 軸受け (台); 台. **3** 基礎; 根拠. ***set*** a person ***upon a*** ～ (人を) 祭り上げる.
—— *vt.* (**-l-**, ㊕ **-ll-**) 台に載せる, に台をつける, 台でささえる; 祭り上げる. [√ped-]
～ **desk** 両そで付き机 (kneehole). ～ **table** 一脚テーブル《脚が中央にある》.

‡**pe·dés·tri·an** [pidéstriən] *a.* **1** 徒歩の, 歩行の. **2** 《文体などが》 低俗な, 凡俗な. —— *n.* **1** 歩行者, 徒歩旅行者. **2** 足達者な人, 徒歩主義者. [√ped-] ～ **crossing** 横断歩道.
◇ ～**·ism** [-nìz(ə)m] *n.* 徒歩 (主義); 《文体などの》低俗. ～**·ize** [-nàiz] *vi.* 徒歩で行く〔旅行する〕.

pedi-¹ 「足」の意の語形成要素. [√ped-]

pedi-² 「子ども」の意の語形成要素.

pè·di·át·ric [pì:diǽtrik, ㊕⁺pèdi-] *a.* 小児科の, 小児科医の. ◇ ～**s** *n. pl.* 《単数扱い》 小児科.

pè·di·a·trí·cian [-ətríʃ(ə)n], **pè·di·át·rist** [-ǽtrist] *n.* 小児科医(師).

péd·i·cab [pédikæb] *n.* 輪タク.

péd·i·cel [pédisl], **péd·i·cle** [pédikl] *n.* **1** 〔植〕 小花梗(こう). **2** 〔動〕 肉茎, 小柄, 《触角の》梗節. **3** 〔医〕 小柄状器官.

péd·i·cel·late [pédisəlit, -lèit, pèdisél(e)it], **pe·díc·u·late** [pidíkjulit, ㊕⁺-lèit] *a.* 〔植〕 小花梗のある; 〔動〕 肉茎〔小柄〕のある.

pe·díc·u·lar [pidíkjulər] *a.* シラミのわいた, シラミだらけの.

pe·dìc·u·ló·sis [pidìkjulóusis] *n.* 〔医〕 シラミ症《シラミだらけの状態》.

pe·díc·u·lous [pidíkjuləs] =pedicular.

péd·i·cure [pédikjuər] *n.* **1** 足の治療《まめ・うおのめなどの》. **2** 足専門医 (chiropodist). **3** ペディキュア《足のつめの美容術》.

péd·i·form [pédifɔ̀:rm] *a.* 足のような, 足状の.

péd·i·gree [pédigri:] *n.* **1** 家系, 血統. **2** 系図, 系譜; 《家畜の》 血統書: a family ～ 家系 (譜). **3** 家柄, 名門; 《家畜の》 純血(種). **4** 《ことばの》 由来, 起源: the ～ of a word 語源. **5** 〔米俗〕 犯人の素性〔身元〕 調書, 前科の経歴.
◇ ～**d** *a.* 血統の明らかな, 純血の.

péd·i·ment [pédimənt] *n.* 〔建〕 破風(はふ), 切り妻. ◇ **pèd·i·mén·tal** [⌐-méntl] *a.*

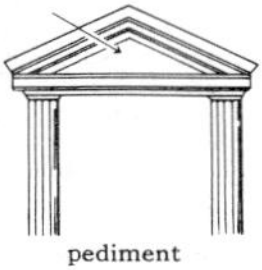
pediment

péd·lar [pédlər] *n.* 〔英〕 =peddler.
◇ ～**·y** *n.* =peddlery.

pedo- =pedi-².

pè·do·báp·tism [pì:dobǽptiz(ə)m] *n.* 小児洗礼. ◇ **-tist** [-tist] *n.* 小児洗礼論者.

pè·do·lóg·ic [pè:dolɑ́dʒik, pèdo-/-lɔ́dʒ-], **-i·cal** [-(ə)l] *a.* **1** 児童〔育児〕学の. **2** 土壌(どじょう)学の. 〈注〉 発音は①を [pè:do-], ②を [pèdo-] のように, 区別することがある.

pe·dól·o·gy [pidɑ́lədʒi/-dɔ́l-] *n.* **1** 児童学, 育児学. **2** 土壌(どじょう)学. **3** =pediatrics. ◇ **-gist** *n.*

pe·dóm·e·ter [pidɑ́mitər, pe-/-dɔ́m-] *n.* 歩数計.

péd·rail [pédreil] *n.* 無限軌道(車) (caterpillar).

pe·dún·cle [pidʌ́ŋkl] *n.* **1** 〔植〕 花梗(こう). **2** 〔動〕 肉茎, 肉柄. **3** 〔医〕 脚: the ～ of the brain 大脳脚. ◇ ～**d** *a.* **-cu·lar** [-kjulər], **-cu·late** [-kjulèit] *a.* ～を有する; ～の上に生じる.

peek [pi:k] *vi.* 透き見する, のぞき見する《*in, out*》, そっと見る《を *at*》. —— *n.* のぞき見, 透き見.

péek·a·boo [pí:kəbù:] =bopeep.

‡**peel**¹ [pi:l] *n.* 《くだものの》 皮, 《若枝などの》 樹皮. ***candied*** ～ (オレンジなどの) 砂糖づけの果皮.
—— *vt.* **1** の皮をむく; の樹皮などをはぐ: ～ a banana バナナの皮をむく. **2** 〈皮を〉はぐ, むく《*off*》.
—— *vi.* **1** 〈皮・皮膚が〉 むける. **2** 〈くだものなどが〉 皮がむける: These potatoes ～ easily. このジャガイモはたやすく皮がむける. **3** 〈ペンキ・壁紙などが〉はげる《*off*》. **4** 〔俗〕 脱衣する《*off*》. ***keep*** **one's** ***eyes*** ～***ed*** 〔米話〕 目をしっかりあいている, 用心を怠らない. ～ ***it*** 〔米俗〕 全速力で走る. ～ ***off*** 〔空〕 編隊から離れて急降下を始める; 〔海軍〕 〈護送艦が〉 護送船団から離れる.
◇ ⌐**·er** *n.* 皮むき器; 〔米〕 脱皮期のカニ〔エビ〕; 〔話〕 がんばり屋 (hustler). ⌐**·ings** *n. pl.* むいた皮《ジャガイモなどの》.

peel² *n.* 長柄の木べら《パン焼き用》.

peel³ *n.* 〔英史〕《イギリスとスコットランドの国境の》塔形の石造とりで.

péel·er¹ [pí:lər] *n.* **1** 〔英俗〕 巡査. **2** 〔史〕 アイルランドの警官.

péel·er² → peel¹.

Péel·ite [pí:lait] *n.* 〔英史〕 穀物税廃止法案の賛成者《1846年に同法案を Sir R. Peel が提唱した》.

peen [pi:n] *n., vt.* 金づちの頭部 (で打つ).

‡**peep**¹ [pi:p] *vi.* **1** のぞく, 透き見する《を *at*; の内を *into*; から *through*; から *out of*; …越しに *over*》: ～ *through* a keyhole かぎ穴からのぞく. ～ *over* the wall at the neighbor's garden へい越しに隣家の庭をのぞく. **2** (そっと) あらわれる; 〈地金などが〉思わず出る; 〈草花・太陽などが〉 顔を出す: The moon ～*ed* out from behind the clouds. 月が雲の中から顔を出した. —— *vt.* 少し突出させる.
—— *n.* **1** のぞき見, 透き見; ちらと見ること. **2** 《朝日などの》 見えはじめ; 出現. **3** のぞき穴. **4** 〔米:軍俗〕 ジープ (jeep). ***at the*** ～ ***of day*** [***dawn, the morning***] 夜明けに. ***have*** [***get, take***] ***a*** ～ ***at*** をちらと見る. ***P***～***ing Tom*** のぞき見する好色男; 詮索(せんさく)好きな人.
⌐**·hole** [⌐⌐] のぞき穴, 節穴. ～ **show** のぞき見せ物《特にいかがわしいショー》. ～ **sight** 《銃の》 穴照門. ⌐**-toed** [⌐⌐] 《くつの》 つま先の見える.
◇ ⌐**·er** *n.* **1** のぞき見する人, 詮索好き. **2** 〔話〕 目; (*pl.*) めがね.

peep² *n.* ピーピー, チューチュー《ネズミ・ひな鳥などの鳴き声》. —— *vi.* **1** ピーピー〔チューチュー〕鳴く. **2** ひそひそと話す. ◇ ⌐**·er** *n.* ネズミ, ひな鳥, カエルの子.

pée·pul [pí:pʌl, -pəl] =pipal.

‡**peer**¹ [piər] *n.* **1** 同輩, 同等の人 《社会的地位または能力が》, 匹敵するもの: be judged by one's ～*s* 同等の者に審査される. It will not be very easy to find his ～. 彼に匹敵する人材はなかなか見つかるまい. **2** (*fem.* ⌐**·ess** [pí(:)ris/píəris]) 〔英〕 **貴族**, 華族 《duke, marquis, earl, viscount, baron》; 上院議員. ***hereditary*** ～ 世襲上院議員. ***life-***～ 1代限りの上院議員. ***without*** (***a***) ～ 無比〔無類〕の.
—— *vt.* **1** に匹敵する. **2** 貴族にする.
—— *vi.* 肩を並べる《と *with*》. [√par-¹]
◇ ⌐**·age** [pí(:)ridʒ/píər-] *n.* **1** 《集合的》 貴族; 貴族社会. **2** 貴族の爵位. **3** 貴族名鑑.

‡**peer**² *vi.* **1** (目をこらして) **じっと見る**, 見入る, 凝視する《を *into, at*》. **2** 見えてくる, ちらと見える《*out*》.

péer·less [píərlis] *a.* 無比の, 無類の: a ～ leader 無比の指導者. ◇ ～**·ly** *ad.* たぐいなく, 無比に. ～**·ness** *n.* 無類, 無比.

peeve [pi:v] *vt., vi.* 〔話〕 じらす, じれる, いらいらさせる〔する〕. —— *n.* 〔話〕 めんどうなこと; やっかいもの. ◇ ～**d** *a.* いらいらした. **péev·ed·ly** [pí:vidli] *ad.*

pée·vish [pí:viʃ] *a.* 気むずかしい, ふきげんな, すねた, 不平の多い; おこりっぽい.
◇ ～**·ly** *ad.* いらいらして, 気むずかしく. ～**·ness** *n.*

pée·wee [pí:wi:] *n.* 〔話〕 並みはずれて小さい人〔物〕. —— *a.* ちっぽけな.

pée·wit =pewit.

‡**peg** [peg] *n.* **1** 木くぎ, くさびくぎ; くい; かけくぎ; (木)栓(せん); 《楽器の弦を張る》糸巻き; 《トランプの点取り用の》小さい棒; 洗たくばさみ: a boundary ～ 境界のくい. hat ～*s* 帽子掛け. a clothes ～ 衣服掛け. **2** きっかけ, 論拠, 理由, 口実. **3** 〖話〗足; 〖俗〗義足; 〖話〗歯. **4** 〖話〗等級. **5** 〖英〗一杯の酒 《特にブランデーソーダ》. ***a* ～ *to hang*** a discourse [sermon, claim] ***on*** (議論[説教, 要求]) をするきっかけ. ***a round* ～ *in a square hole* = *a square* ～ *in a round hole*** 不適任者. ***be on the* ～** 〖話〗しかられる, 罰をくう. ***buy*** clothes ***off the* ～** (服を) できあいで買う. ***put*** a person ***on the* ～** 〖英:軍俗〗《罰するため》(人を) 上官の前へ突き出す. ***take*** a person ***down a* ～ (*or two*)** (高慢の) 鼻をおる, 面目を失わせる.

—— *v.* (**-gg-**) *vt.* **1** に木くぎ[くい]を打つ. **2** 木くぎ[くい]で締める[止める]《*down, in, out, up*》. **3** 〖株〗<相場を>くぎづけにする; 〖財政〗<通貨・物価を>安定させる. **4** くぎ[くい]で印をつける; 〖トランプ〗<点を>つける. **5** 〖話〗<石などを>投げる; 〖野球〗<ボールを>投げる. **6** <新聞記事を>書く《を材料に *on*》. **7** 〖俗〗見当をつける《と *as*》.

—— *vi.* **1** 打ってかかる; 〖話〗ねらう《に, を *at*》. **2** 精を出す《に *at*》. **3** 〖野球〗ボールを投げる.

～away* [*along, on*]** せっせと働く: ～*away* at Latin ラテン語をせっせと勉強する. **～ *down <テントを>固定する; 《規則・約束などに》しばりつける《に *to*》. **～ *out*** (1) 〖俗〗<物・人の力が>尽きる; 死ぬ. (2) (くいで) 境界を明らかにする. (3) 〖クロケット〗ボールを標杭(ひょうこう)に打ちつける.

～·board [ーー] くぎさし盤 《一種の遊戯の道具》. **～ leg** 木の義足 (をつけた人). **～ top** (1) 西洋ナシ形の木製こま. (2) (*pl.*) (ヒップが大きく足に向かって細くなっている) こま形ズボン. (= ～-top trousers).

pég·a·moid [pégəmɔ̀id] *n.* 模造皮, 人造皮.

Pég·a·sus [pégəsəs] *n.* **1** 〖ギ神〗ペガサス《翼のある詩神ミューズの乗馬》. **2** 詩才, 詩的興趣. **3** 〖天〗ペガサス座.

peign·oir [peinwáːr, ーー/ーー] F. *n.* 《婦人用の》化粧着, へや着. 「称」.

Péi·píng [péipíŋ] *n.* ペーピン (北平)《Peking の旧

pè·jo·rá·tion [piːdʒəréiʃ(ə)n, ㊅⁺pèdʒ-] *n.* **1** (価値) 下落. **2** 《語義の》悪化, 堕落.

pé·jo·ra·tive [píːdʒərèitiv, pidʒɔ́ːrət-/píːdʒərət-] *a.* 価値を下げる; 《語などが》けいべつ的な, 見下げる. **——** *n.* 〖文〗けいべつ語《例: poetaster へぼ詩人 <poet》. [√pejor-]

pék·an [pékən] *n.* 〖動〗黄色テンの一種《北アメリカ産》.

peke [piːk] *n.* 〖動〗チン (Pekingese dog).

Pé·kín [píːkín/ーー, ーー] *n.* **1** =Peking. **2** 《中国産の》アヒルの一種. **3** (p～) 一種の絹織物. **4** 《けいべつ的》平民.

Pé·kíng [píːkíŋ/ーー, ーー] *n.* ペキン (北京)《中華人民共和国の首都》.

～ man 〖人類〗ペキン原人《1929 年ペキン付近で発掘された人骨から想像される古代人》.

Pè·king·ése [piːkiŋíːz], **Pè·kin·ése** [-kiníːz] *a.* ペキンの, ペキン人の. **——** *n.* (*pl.* ～) **1** ペキン人. **2** 〖動〗ペキニーズ (=～ dog)《中国原産の愛がん犬》. 「などの」.

pé·koe [píːkou] *n.* 上質の紅茶《インド・セイロン産

pél·age [pélidʒ] *n.* 四足動物の毛皮.

pe·lá·gi·an [piléidʒiən] *a.* 深海[外洋]の; 深海[外洋]にすむ. **——** *n.* 深海[外洋]動物.

pe·lág·ic [pilǽdʒik] *a.* 外洋の; 遠洋の; 大洋にすむ.

pèl·ar·gó·ni·um [pèlɑːrgóuniəm/-ləg-] *n.* 〖植〗テンジクアオイの類, ゼラニウム.

Pe·lás·gi [pilǽzdʒai/-gai] *n. pl.* ペラスギ族《有史前ギリシア・小アジアに住居》.

◇ ～·an [-dʒiən/-giən] *a., n.* ペラスギ族の(人), ペラスギ人. **-gic** [-dʒik/-gik] *a.* =Pelasgian.

pèl·er·íne [pèləríːn, ーーー ーーー] *n.* 《通例毛皮などの》婦人用肩掛け.

pelf [pelf] *n.* 《通例けいべつ的》(不浄の) 金[財, 富].

pél·i·can [pélikən] *n.* 〖鳥〗ペリカン.

P～ State, the アメリカ Louisiana 州の別称.

pe·lisse [pəlíːs/pe-] F. *n.* **1** 《毛皮の裏付き》婦人用外套(がいとう); 幼児用外套. **2** 《竜騎兵(りゅうきへい)の》毛皮裏付き上着.

pé·lite [píːlait] *n.* 〖地〗泥土(でいど)岩 (clay rock).

pel·lá·gra [pəléigrə, -lǽg- pel-] *n.* 〖医〗ペラグラ《皮膚病の一種》.

◇ -grin [-grin] *n.* ～患者. **-grous** [-grəs] *a.*

pél·let [pélit] *n.* **1** 《紙・どろ・パンなど》小さく丸めたもの, 丸薬; 小弾丸. **2** 《貨幣などの》円形の浮き彫り. **——** *vt.* **1** 小さい玉にする. **2** に小球をぶつける.

pél·li·cle [pélikl] *n.* 薄皮, 薄い膜.

◇ pel·lí·cu·lar [pilíkjulər] *a.*

péll-méll, péll·méll [pélmél] *ad., a.* **1** ごたごたに[の], いっしょくたに[の]. **2** あわてふためいて, がむしゃらに[な], 向こう見ずに[の].

—— *n.* **1** 乱雑, 混乱. **2** 大急ぎ, 大あわて.

pel·lú·cid [pəlúːsid/peljúː-] *a.* **1** 透明な, 澄んだ. **2** 《説明などが》明白な, 明快な. **3** 《頭脳の》明晰(めいせき)な. [per-+√luc-]

◇ ～·ly *ad.* **pèl·lu·cíd·i·ty** [pèljusíditi] *n.*

Pél·man·ism [pélməniz(ə)m] *n.* ペルマン式記憶法. **◇ -ize** [pélmənàiz] *vt.* ペルマン法で記憶する.

pél·met [pélmit] *n.* 《カーテンの》金具隠し.

Pèl·o·pon·né·sian [pèləpəníːʃ(ə)n, ㊅⁺-ʒən] *a.* Peloponnesus 半島(人)の. **——** *n.* Peloponnesus 住民. **～ War, the** 〖史〗ペロポネソス戦役《Sparta と Athens の戦い. 431–404 B.C.》.

Pèl·o·pon·né·sus, -sos [-níːsəs] *n.* ペロポネソス半島《ギリシア南部. Sparta などの都市があった》.

pe·ló·rus [pilɔ́ːrəs/-lɔ́ːr-] *n.* 〖海〗方位儀《一種の羅針(らしん)儀》.

pe·ló·ta [pelóutə] =jai alai.

pelt[1] [pelt] *vt.* **1** に投げつける《を *with*》, <石・飛び道具などを>投げつける: ～ a boy *with* snowballs =～ snowballs at a boy 雪つぶてを子どもに投げつける. **2** 攻めつける《で *with*》: ～ a speaker *with* questions 演説者に質問を浴びせる. **3** <動物を>追い立てる. **4** <雨が>に打ちつける. **——** *vi.* **1** 石などを投げつける《に *at*》. **2** <雨が>激しく降る: The rain was ～*ing* down. = It was ～*ing* with rain. 雨が激しく降りつけていた. **3** 悪口を浴びせる《に *at*》. **4** 急ぐ, 疾走する.

—— *n.* **1** 投げつけ. **2** 強打; 乱射. **3** どしゃ降り. **4** 疾走, 急速度, 速力. **5** 激怒. **(*at*) *full* ～** 全速力で.

◇ ～·er *n.* **1** ～する人[物]. **2** 激高. **3** 足の速い馬. **～·ing** *a.* 猛烈な; 《雨が》どしゃ降りの.

pelt[2] *n.* **1** 《羊などの》生皮, 毛皮. **2** 〖笑〗《特に毛深い人間の》皮膚. ***in*** **one's ～** 〖笑〗裸の. **◇ ～·er** *n.* 毛皮商人. **～·ry** *n.* 《集合的》生皮, 毛皮.

pél·tate [pélteit] *a.* 〖植〗盾(たて)のような, 盾状の.

◇ ～·ly *ad.*

pél·vis [pélvis] *n.* (*pl.* **-vis·es, -ves** [-viːz])〖医〗骨盤. **◇ pél·vic** *a.* 〖医〗骨盤の.

Pém·broke [pémbruk] *n.* イギリス Wales 州の都市. **～ table** 両側の一部が折り下げられるテーブル.

pém·(m)i·can [pémikən] *n.* 〖米〗**1** ペミカン《粉状の干し牛肉に脂肪・干しブドウなどを混ぜてつき固めた食品》. **2** 《比喩的》要旨, 大要.

pém·phi·gus [pémfigəs] *n.* 〖医〗天疱瘡(てんぽうそう)《皮膚に大形水疱を生じる疾患》.

†**pen**[1] [pen] *n.* **1** ペン先 (nib); ペン《ペン先とペン軸を含めて》; 万年筆; 鵞(が)ペン (quill): write with [in] ～ and ink ペン[インク]で書く. **2** 《著作用具

としての》ペン, 筆; 筆力: a writer with a facile ～ 筆のたつ作家. **3** 文章; 文体: a fluent ～ 流麗な文体. **4** 作家, 文士; 文筆業: the best ～*s* of the day 当代一流の文士連. **5** 白鳥の雌. →cob. **6** 〘古〙羽, 羽茎; (*pl.*) 翼. **7** イカの甲.
draw* one's ～ *against を筆で攻撃する. ***drive a* ～** ペンを走らせる, 書く. ***live* [*make* one's *living*] *by* [*with*] one's ～** 文筆で生活する. ***The* ～ *is mightier than the sword.*** 〘諺〙文は武よりも強し. ***wield* one's ～** 筆をふるう.
—— *vt.* (**-nn-**) <手紙などを> 書く; <詩・文章を> つづる, つくる: ～ a letter of thanks to... …に礼状の筆をとる.
～-and-ínk [-ən(d)-] ペンがきの. **～ case** 筆入れ, 筆箱. **～·craft** [ーー] 書法, 筆跡, 文体; 文筆業. **～·drìv·er** 作家, 文筆家, 記者, 書記. **～-friend** ＝～ pal. **～·hòld·er** ペン軸; ペンかけ: a ～*holder* grip 〘卓球〙ペンホールダーグリップ《ラケットの握り方の一種》. **～·knife** [ーー] 小型ナイフ. **～·man** → 別項. **～ name** ペンネーム, 筆名, 雅号. **～ pal** 文通上の友人, ペンフレンド. **～ point** 〘米〙ペン先 (＝㊧ nib). **～ pusher** 〘俗〙＝pendriver. **～·rack** [ーー] ペンかけ, ペン置き台. **～ tray** ペンざら. **～·wìp·er** ペンふき.
◇ **～·ful** [-fùl] *n.* 万年筆一杯 (のインク).

pen² *n.* **1** 《家畜・家禽(きん)などの》おり, 囲い: a hog ～ 豚小屋. **2** 《集合的》おりの中の動物. **3** 《食料品などの》貯蔵室. **4** 《西インド諸島の》農園, 耕地. **5** 〘米俗〙刑務所《penitentiary より》. **6** 潜水艦(修理) ドック. —— *vt.* (**penned** *or* **pent; pén·ning**) おり [囲い] に入れる; 閉じ込める, 監禁する《*up, in*》.
～·stock [ーー] (1) 水門; 〘米〙水路, 《水車などの》水とい. (2) 〘米〙消火栓(せん). (3) 《水力発電所の》水圧管.

Pen., pen. peninsula; penitent; penitentiary.

P.E.N. International Association of Poets, Playwrights, Editors, Essayists and Novelists 国際ペンクラブ.

pé·nal [pí:n(ə)l] *a.* **1** 刑の, 刑罰の. **2** 罰せられるべき, 刑を受けるべき. **3** 刑法の, 刑事上の. ***do* ～** 刑に服する. [√pun-] **～ code, the** 刑法典. **～ offense** 犯罪, 刑事問題. **～ servitude** 懲役.
◇ **～·ly** [-i] *ad.* **1** 刑法上, 刑事上. **2** 刑罰として.

pé·nal·ize [pí:n(ə)làiz, ㊧⁺pén-] *vt.* **1** 刑に処する, に有罪を宣告する. **2** <競技などの反則者に> 罰 [ペナルティー] を課す; <競技者・受験者などを> 減点する. **3** 不利にする, 窮地に追いやる.
◇ **pè·nal·i·zá·tion** [pì:n(ə)lizéiʃ(ə)n/-laiz-] *n.*

‡pén·al·ty [pén(ə)lti] *n.* **1** 刑, 刑罰, 処罰. **2** 罰金, 違約金. **3** ばち, 天罰, たたり. **4** 〘運〙反則の罰, ペナルティー; 〘トランプ〙罰点. **5** 不利な条件: ～ *of* old age 老年という悪条件. ***on* [*under*] ～ *of*** の罰を犯して (も), の罰を覚悟して. ***pay the* ～ *of*** の罰 [報い] を受ける. [√pun-]
～ area [kick], the 〘フットボール〙罰則区域 [反則げり]. **～ envelope** 〘米〙公用書状.

pén·ance [pénəns] *n.* **1** 《罪をあがなうための》難行苦行. **2** ざんげ, 悔悟. **3** 〘カトリック〙告解の秘蹟. ***do* ～** 罪を償う, 罪滅しをする.
—— *vt.* に難行苦行を課する.

Pe·náng [pinǽŋ] *n.* **1** マライ半島西岸沖の島. **2** マレーシア連邦の一州《Penang 島およびマライ半島の一部を含む》.

pen·án·nu·lar [penǽnjulər] *a.* 輪状 [環状] に近い.

Pe·ná·tes [pənéiti:z/pená:teis] *n. pl.* (または p～) 〘ロ神〙家内守護神.

‡pence [pens] *n.* penny の複数形.

pen·chant [péntʃənt/pɑ̃:(ŋ)ʃɑ̃:(ŋ)] F. *n.* 傾向; 好み, 趣味《*for*》.

†pén·cil [pénsl] *n.* **1** 鉛筆《石筆を含む》, シャープペンシル (＝mechanical ～): a colored ～ 色鉛筆. write in [with a] ～ 鉛筆で書く. **2** 鉛筆状のもの; (棒状の) まゆ墨, 口紅; 《医療用の》硝酸銀棒: a lip ～ 棒紅. **3** 〘古〙画筆; 画風, 画法. **4** 〘光〙束線, 光束; 〘幾何〙束線形.
—— *vt.* (**-l-**, ㊧**-ll-**) **1** 鉛筆で書く: ～ down a note 覚え書きを鉛筆でしるす. ～*ed* notation 鉛筆の書き込み. These drawings are first ～*ed* and then inked. これらの線は鉛筆でかいてから墨を入れた. **2** まゆ墨でかく: ～*ed* eyebrows 引きまゆ. **3** 《比喩的》に刻印をつける: Hardship ～*ed* her features *with* the lines of cares. 苦労が彼女の顔に心労のしわを刻んだ.
～ case 筆入れ, 筆箱. **～ point** 鉛筆の先. **～ pusher** 〘米俗〙事務員; 記者. **～ sharpener** 鉛筆けずり. **～ sketch** 鉛筆画. **～ vase** 筆立て. **～ work** 鉛筆図画.
◇ **～·(l)er** *n.* 〘競馬〙かけ帳記入係. **～·(l)ing** *n.* 鉛筆がき, 線がき (絵・模様).

pend [pend] *vi.* **1** 未決定のままでいる. **2** ぶらさがる.

pénd·ant [péndənt] *n.* **1** つりさがった物《つりランプ・シャンデリアなど》; さげ飾り, ペンダント《首飾り・耳輪・腕輪など》; 〘建〙釣束(つりづか)飾り. **2** さげ輪, さげ糸. **3** 一対をなすもの, 《絵などの》対の片方《*to*》. **4** 付属物, 付録, 付記. **5** 〘海〙＝pennant ②. ***broad* ～** 〘海〙《旗艦に掲げる》小さい燕尾(えんび)形の旗, 艦長旗. —— *a.* ＝pendent. [√pend-]

pénd·en·cy [péndənsi] *n.* **1** 垂下, 懸垂. **2** 未決, 未定; 〘法〙訴訟係属.

pénd·ent [péndənt] *a.* **1** つりさがった, 宙ぶらりんの. **2** 《がけなどが》突き出た: a ～ cliff 張り出したがけ. **3** 未決の, 未定の. **4** 〘文〙《構文の》不完全な; 《分詞の》懸垂的な (dangling). —— *n.* ＝pendant. [√pend-] ◇ **～·ly** *ad.*

pen·den·te li·te [pendénti-láiti] L. (＝a lawsuit pending) 〘法〙訴訟中.

pénd·ing [péndiŋ] *a.* **1** 未定 [未決] の, 懸案の: a ～ question 未決定の問題, 懸案. The lawsuit was then ～. 訴訟はまだ未解決だった. **2** たれさがっている: ～ rocks 懸垂岩. **3** 切迫した.
—— *prep.* …の間, …中; … (する) まで: ～ the negotiations 交渉の間. *P*～ his return, let us get everything ready. 彼が帰るまでにすっかり準備しておきましょう.

pen·drág·on [pendrǽgən] *n.* 昔の Britain や Wales の王侯.

pén·du·lous [péndʒuləs, -d(j)u-/-dju-] *a.* **1** ぶらさがった, 宙ぶらりんの; 揺れ動く. **2** 《心が》ぐらつく, 未定 [未決] の. ◇ **～·ly** *ad.* **～·ness** *n.*

pén·du·lum [-ləm] *n.* **1** 《とけいなどの》振り子; つりランプ, シャンデリア. **2** 動揺するもの; 心のぐらつく人. ***the swing of the* ～** 振り子の動揺; 《比喩的》世論の動き, 勢力の浮沈. [√pend-]

Pe·nél·o·pe [pinéləpi] *n.* **1** 〘ギ神〙Ulysses の妻. **2** 貞節な妻, 貞女.

pé·ne·plain [pí:niplèin, ーーー] *n.* 〘地〙準平原.
—— *vt.* 浸食でほぼ平らにする.

pén·e·tra·ble [pénitrəbl] *a.* **1** 浸入 [貫通] しうる. **2** 感動 [感受] しうる《を *to*》: ～ *to* pity あわれみを知る. **3** 見通せる, 看破できる. ◇ **-bly** *ad.*
pèn·e·tra·bíl·i·ty [ーーtrəbíliti] *n.* 浸透性.

pèn·e·trá·li·a [pènitréiliə] *n. pl.* **1** 内部, 深奥部. **2** 《神殿の》奥の院; 《宮殿の》奥殿. **3** 秘密(の事柄).

pén·e·trant [pénitrənt] *n.* **1** penetrate する人 [物]. **2** 皮膚浸透剤《化粧品などの》.
—— *a.* ＝penetrating.

‡pén·e·trate [pénitrèit] *vt., vi.* **1** 突き通す, 貫通する, 侵入する《に *into, through*》: The cat's sharp claws ～*d* my skin. ネコの鋭いつめが私の皮膚を破った. The mist ～*d* (*into*) the room. 霧はへやの中まで侵入した. Our eyes could not ～ the darkness. われわれの目は暗やみを見通せなかった.

2 (に)しみ込む, (に)広がる《に *into, through*》: Bad odor ～*d* (*through*) the building. 悪臭が建物全体に広がっていた. The new idea ～*d* (*into*) the country. この新思想は国全体に広まった. **3** の心にしみ込ます《を *with*》; 感動させる: be ～*d with* discontent 不満に満ちている. ～one's heart *with* pity あわれみで胸をいっぱいにする. **4 見抜く**, 洞察(どう)する《を *into*》: ～ (*into*) a plot 陰謀を見抜く. ～ (*into*) the truth of the universe 宇宙の真理を洞察する. ◇ **-tra·tor** [-ər] *n.* 侵入者; 洞察者.

pén·e·trat·ing [pénịtrèitiŋ] *a.* **1** 貫く, 貫通する; 浸透する; 《音声が》よく通る. **2** 見通す, 洞察(どう)力のある; 《目・頭脳の》鋭い, 鋭敏な.
◇ ～**·ly** *ad.* ～**·ness** *n.*

pèn·e·trá·tion [pènịtréiʃ(ə)n] *n.* **1** 侵入, 浸透; 《弾丸などの》貫通; 透徹力. **2** 洞察(力), 看破(力), 眼識. **3** 《勢力などの》浸透, 伸張.

pén·e·tra·tive [pénịtrèitiv/-trət-] *a.* **1** 侵入[浸透]する; 透入力のある; 心にしみ入る, 身にしみる. **2** 眼力[洞察力]のある, 鋭敏な. ◇ ～**·ly** *ad.*

pèn·e·tróm·e·ter [pènịtrámịtər/-trɔ́m-] *n.* 〖物〗《X 線などの》透過度計; 濃度計《固体の浸透性を測る》.

pén·e·tron [pénịtràn/-trɔn] *n.* 〖物〗中間子 (meson, mesotron).

‡**pén·guin** [péŋgwin, péŋ-/péŋ-] *n.* **1** 〖鳥〗ペンギン. **2** 〖空〗《離陸しない》滑走練習機. **3** 〖英俗〗イギリス婦人飛行会会員.

pén·i·cil [pénisil] *n.* 〖動〗房毛《毛虫などの》.

pèn·i·cíl·late [pènịsílit, ㊝⁺-leit] *a.* 〖植・動〗房毛のある.

***pèn·i·cíl·lin** [pènisílin] *n.* 〖薬〗ペニシリン.

pèn·i·cíl·li·um [pènịsíliəm] *n.* (*pl.* **-ums, -a** [-liə]) 〖植〗アオカビ属《ペニシリンの原料》. [<L.]

‡**pe·nín·su·la** [pịnínsụlə, -ʃụ-/-sjụ-] *n.* 半島. ***the P～*** イベリア半島《スペイン・ポルトガルを含む》; ガリポリ半島《トルコ》.

pe·nín·su·lar [-lər] *a.* **1** 半島の(ような). **2** (P～) イベリア半島の. —— *n.* 半島の住民.
P～ State, the アメリカ Florida 州の別称. **P～ War, the** イベリア半島戦役《1808–14 年のイギリス・スペイン・ポルトガル対フランスの戦い》.
◇ **pen·ìn·su·lár·i·ty** [–⌐–lǽrịti] *n.* 半島性.

pen·ín·su·late [pịnínsụlèit, -ʃụ-/-sjụ-] *vt.* 半島状にする, 半島化する.

pé·nis [pí:nis] *n.* (*pl.* **-nes** [-ni:z], **-nis·es**) 〖医〗「陰茎.

pén·i·tence [pénịtəns] *n.* **1** 後悔, 悔悟. **2** 罪の償い, 贖罪(しょく).

pén·i·tent [-t(ə)nt] *a.* 悔悟した, 後悔している. —— *n.* **1** 悔悟者. **2** ざんげする人. **3** 〖カトリック〗告解者; (*pl.*) 〖カトリック〗苦行を目的とする諸修道会の修道士.

pèn·i·tén·tial [pènịténʃ(ə)l] *a.* **1** 悔悟の, ざんげの. **2** 《贖罪のための》苦行の. —— *n.* **1** 〖カトリック〗贖罪(しょく)の規則書. **2** ＝penitent.
◇ ～**·ly** *ad.*

pèn·i·tén·tia·ry [-ʃ(ə)ri] *n.* **1** 〖カトリック〗聴罪僧, 教戒師; 《ローマ法王庁の》贖免(しょく)局; 悔罪所, 苦行所. **2** 〖米〗刑務所; 〖英〗感化院; 売春婦更生所. ***Grand P～*** 《ローマ法王庁の》贖免局長. —— *a.* **1** 改悛(かいしゅん)の, 悔悟の. **2** 懲治[懲罰]の; 感化院に入れるべき, 〖米〗刑務所に収容されるべき: a ～ offense 刑務所入りに価する罪. **3** 苦行の: a ～ priest 苦行僧. ～ **house** 感化院.

pén·man [pénmən] *n.* (*pl.* **-men**) **1** 筆者, 筆記者. **2** 能筆家, 書家; 習字の教師.
◇ ～**·ship** [-ʃip] *n.* 習字; 筆跡; 能書.

Penn [pen] *n.* William ～, 1644–1718, イギリスのクエーカー教徒, アメリカ Pennsylvania 州の開拓者.

Penn., Penna. Pennsylvania.

pén·nant [pénənt] *n.* **1** 細長い三角小旗; 《軍艦の》長旗, 吹き流し. **2** 〖海〗下檣頭(しょうとう)からたれさがる短索. **3** 〖米〗ペナント, 優勝旗. ***broad ～*** 艦長旗 (broad pendant). ***win the ～*** 優勝する. ～ **chasers** 〖米〗職業野球団.

pén·nate [péneit/-nit] *a.* 〖植〗羽毛のある; 〖動〗羽[翼]のある.

pén·ni·form [pénịfɔ:rm] *a.* 羽状の.

‡**pén·ni·less** [pénilis] *a.* 一文なしの, 貧窮の.
◇ ～**·ly** *ad.* ～**·ness** *n.*

Pen·nine [pénain] ***the ～ Alps*** ペンニンアルプス. ***the ～ Chain*** ペンニン山脈《北イングランド》.

pén·non [pénən] *n.* 《三角形または燕尾(えんび)形の》槍旗(そう). ◇ ～**ed** [-d] *a.* 槍旗をつけた.

pén·n'orth [pénərθ] ＝pennyworth.

Pènn·syl·vá·nia [pèns(i)lvéinjə, -niə] *n.* アメリカ東部の州. ～ **Dutch** [**German**] ドイツ系ペンシルベニア人; その用いる英語なまりのドイツ方言.
◇ ～**n** *n., a.* ペンシルベニア人(の).

‡**pén·ny** [péni] *n.* (*pl.* **pén·nies** [-z], **pence** [pens]) **1** ペニー(青銅貨)《イギリスの貨幣単位で, 1/100 pound に相当. 1971年2月までは 1/12 shilling＝1/240 poundであった. 〈注₁〉金高をあらわすと複数は pence; 青銅貨の枚数を示す複数は pennies: Please give me six *pennies* for this six*pence*. この6ペンスをペニー銅貨6枚に変えてください. 〈注₂〉twopence [tʌ́p(ə)ns], threepence [θrép(ə)ns, θríp-] から elevenpence までと twentypence は1語に書き, -pence は弱く [-p(ə)ns] と発音; その他は2語に書くかハイフンを入れ [-péns] と発音する. 〈注₃〉数字のあとでは 5d. (＝fivepence) のように略す. 〈注₄〉halfpenny は [héipəni] と発音. **2** 〖米話〗(アメリカ・カナダの) セント《複数は pennies》. **3** びた一文: It isn't worth a ～. それはびた一文の価値もない. **4** 《一般的》金銭. **5** 〖聖〗デナリ (denarius)《古代ローマの銀貨》.
a ～ for your thoughts ＝〖俗〗***～ for'em*** なにをぼんやり考えているのか. ***a ～ plain and twopence colored*** 色なし1銭色つき2銭《はでな安物へのひやかしことば》. ***A ～ saved is a ～ gained.*** 〖ことわざ〗一銭の節約は一銭の得. ***a pretty ～*** 大金: cost one *a pretty* ～大金がかかる. ***be not*** [***a***] ***～ the worse*** [***the better***] いささかも実害[実益]がない, 前と少しも変わらない. ***In for a ～, in for a pound.*** 〖ことわざ〗やりかけた仕事は最後まで. ***in ～ numbers*** 少しずつ, 切れ切れに. ***Look after*** [***Take care of***] ***the pence and the pounds will look after themselves.*** 小銭[小事]をたいせつにすれば大金[大事]はひとりでにたまる[うまくゆく].
～-wise and pound-foolish 〖ことわざ〗一文惜しみの百失い. ***spend a ～*** 〖英話〗(有料)便所に行く. ***think one's ～ silver*** うぬぼれている. ***turn an honest ～*** まじめにかせぐ.
～**-a-líne** 1行につき1ペニーの; 《原稿などの》安っぽい. ～**-a-lín·er** 1行1ペニーで書く人, 三文文士. ～**-a-lín·ing** 安原稿, 三文文. ～ **arcade** 〖米〗安物商店街, 仲店通り. ～ **dreadful** 〖英俗〗三文小説. ～ **gaff** 〖英俗〗低級な劇場, 芝居小屋. ～**-in-the-slót** 〖英〗1ペニー銅貨入れ自動販売器. ～ **number** 定期刊行探偵(たんてい)小説の1回分《価格が1ペニーより》. ～ **pincher** 〖米〗けちん坊, しみったれ. ～**-pìnch·ing** 〖米〗けちな; 緊縮財政の. ～ **post** 〖英〗《大戦前のイギリスの》1ペニー郵便制. ～**-róy·al** 〖植〗ハッカの類; ハッカ油. ～ **wedding** 〖スコットランド〗会費制結婚式. ～**·weight** [⌐–⌐] ペニーウエート《イギリスの重量の単位. 20分の1オンス. 略 dwt.》. ～**·weight job** 〖米俗〗宝石盗み. ～**-wís·dom** 一文惜しみ. ～**-wíse** 一文惜しみの. ～**·wort** [⌐–⌐] 〖植〗イワレンゲの類, 血止草の一種. ～**·worth** →別項.

pén·ny·worth [péniwə:rθ/pénəθ, péniwə:θ] *n.* **1** 1ペニー相当, 1ペニー分(の量), 1ペニーで買える

物. **2** わずか, 少額, 少量: a ～ of aid 申しわけ程度の援助. **3** 取引高. ***a good*** 〔***bad***〕 ～ 有利〔不利〕な取引, 得な〔損な〕買い物. ***not a*** ～ 少しも…でない.
penol. penology.
pe·nól·o·gy [piːnɑ́lədʒi/-nɔ́l-] *n.* 刑罰学; 刑務所管理学. ◇ **-gist** *n.* ～専門家. **pè·no·lóg·i·cal** [pìːnəlɑ́dʒik(ə)l/-lɔ́dʒ-] *a.*
pén'·orth [pénərθ] ＝pennyworth.
pen·sée [pɑ̃ːséi] F. *n.* **1** 思想, 見解; 思考. **2** 金言. **3** (*pl.*) 瞑想(めいそう)録, 随想録.
Les Pensées [lei-] Pascal の瞑想録.
pén·sile [péns(i)l/-s(a)il] *a.* たれ下がった, ぶら下がった; 《鳥などが》たれ下がった巣をつくる.
‡**pén·sion** [pénʃ(ə)n] *n.* **1** 年金, 恩給, 養老年金, 扶助料. **2** 《芸術家・学者などへの》奨励金, 保護金; 《使用人などへの臨時の》手当. **3** ロンドンの Gray's Inn 法学協会の評議会. ***draw*** one***'s*** ～ 年金を受け取る. ***old-age*** ～ 養老年金. ***retire on a*** ～ 恩給がついて退職する.
—— *vt.* に年金〔恩給〕を与える. ～ ***off*** 年金〔恩給〕を与えて退職させる. [√pend-]
◇ **～·a·ble** *a.* ～を受ける資格のある. **～·er** *n.* ～の受領者; 《Cambridge 大学の》自費生.
～·less *a.* 年金のない〔のつかない〕.
pen·si·on [pɑ́ːnsiɑ̀n/pɑ̃ː(ŋ)siɔ̃ː(ŋ)] F. *n.* 《フランスなどの》下宿屋; 寄宿舎〔学校〕.
pén·sion·a·ry [pénʃ(ə)nèri/-nəri] *a.* **1** 年金〔恩給〕を受ける, 年金〔恩給〕で生活する. **2** 年金〔恩給〕の. —— *n.* **1** ＝pensioner. **2** 雇い人, 子分; 傭兵.
***pén·sive** [pénsiv] *a.* 物思いに沈んだ, 物思わしげな, 憂いに沈んだ. [√pend-]
◇ **～·ly** *ad.* **～·ness** *n.* 沈思, 憂愁.
pent [pent] *v.* pen² の過去・過去分詞.
—— *a.* 閉じ込められた, 監禁された《*up, in*》.
～·house [⌐⌐] 差し掛け小屋〔屋根〕; 軒(のき), ひさし (＝～ roof); 屋上のアパート《ぜいたくなものが多い》. **～ roof** ひさし; 差し掛け屋根. **～-úp** 閉じ込められた; 《感情など》押えつけられた, うっ積した: ～*-up* fury うっ積.
pent. pentagon; pentameter. **Pent.** Pentecost.
pent(a)- 「5」の意の語形成要素.
pén·ta·chord [péntəkɔ̀ːrd] *n.* **1** 五弦琴. **2** 〔楽〕五音音階.
pén·ta·cle [péntəkl] ＝pentagram.
pén·tad [péntæd] *n.* **1** 5, 5 個一組み, 5 年間. **2** 〔化〕五価元素. —— *a.* 〔化〕五価元素の.
pèn·ta·dác·tyl [pèntədǽktil, [米]⁺-tl] *a.* 5 本の指のある.
pén·ta·gon [péntəgɑ̀n/-gən] *n.* **1** 〔数〕五辺形, 五角形. **2** 〔築城〕五稜堡(りょうほ). **3** (the P～) アメリカ国防総省《その建物が五角形》. ◇ **pen·tág·o·nal** [pentǽgən(ə)l] *a.* 五角〔五辺〕形の.
pén·ta·gram [péntəgræ̀m] *n.* 星形, 星印《☆》.
pèn·ta·hé·dron [pèntəhíːdrən/-héd-] *n.* (*pl.* **-drons, -dra** [-drə]) 〔数〕五面体. ◇ **-dral** *a.*
pen·tám·e·ter [pentǽmitər] *n.* 〔韻〕五歩格(の詩).
pén·tane [péntein] *n.* 〔化〕ペンタン《パラフィン炭化水素. メタン系炭化水素》.
pén·tarch·y [péntɑːrki] *n.* 五頭政治; 5国連合.
pén·ta·stich [péntəstik] *n.* 〔雅〕五行詩.
pén·ta·style [-stàil] *n.* 〔建〕五柱式建築.
—— *a.* 五柱式の.
pèn·ta·sýl·la·ble [pèntəsíləbl] *n.* 5 音節(から成る語).
Pén·ta·teuch [péntət(j)ùːk/-tjːk] *n.* 〔聖〕モーセの五書《旧約聖書の初めの 5 巻》.
pen·táth·lon [pentǽθlən, [米]⁺-lɑn] *n.* 五種競技. → decathlon.
pèn·ta·tón·ic [pèntətɑ́nik/-tɔ́n-] *a.* 〔楽〕五音の: ～ scale 五音音階.
pèn·ta·vá·lent [-véilənt, pentǽvələnt] *a.* 〔化〕五価の.
Pén·te·cost [péntikɔ̀ːst/-kɔst] *n.* **1** ペンテコステ《Passover の第 2 日めから50日めに行なわれるユダヤ人の収穫祭》. **2** 聖霊降臨祭 (Whitsunday).
◇ **Pèn·te·cós·tal** [⌐–kɔ́ːstl/-kɔ́s-] *a.*
pén·tode [péntòud] *n.* 〔電〕五極(真空)管.
Pén·ton·ville [péntənvil] *n.* ロンドン北部にある独房組織の刑務所.
Pén·to·thal [péntəθæ̀l] *n.* ＝thiopental.
～ sodium チオペンタールナトリウム《麻酔剤の一種》; (P～ Sodium) その商標名.
pent·sté·mon [pentstíːmən/-stém-] *n.* 〔植〕ゴマノハグサの類《北アメリカ産》.
pe·nú·che, -chi [pənúːtʃi] ＝panocha.
pé·nult [píːnʌlt, pinʌ́lt/pinʌ́lt], **pen·últ·i·ma** [pinʌ́ltimə] *n.* 語尾から二つめの音節.
pe·núl·ti·mate [pinʌ́ltimit] *a., n.* **1** 語尾から二つめの(音節). **2** 終わりから二つめの.
pe·núm·bra [pinʌ́mbrə] *n.* (*pl.* **-brae** [-briː], **-bras**) 《日食・月食の》半陰影, 太陽黒点の半暗部; 〔画〕濃淡〔明暗〕の境. ◇ **～l** *a.*
pe·nú·ri·ous [pin(j)ú(ː)riəs/-njúər-] *a.* **1** 貧乏な, ひどく困っている. **2** 乏しい, 欠乏した《に *of*》. **3** けちけちする, 物惜しみする. ◇ **～·ly** *ad.* **～·ness** *n.*
pén·u·ry [pénjuri] *n.* 貧乏, 貧窮. ***reduced to*** ～ 窮迫して.
Pen·zánce [penzǽns] *n.* ペンザンス《イギリス南西部の海港. 避暑地》.
pé·on [píːən] *n.* **1** 《南アメリカの》日雇い労務者, 《メキシコの》負債のためにどれいとなって働く人. **2** 《インドの》小使, 召使; 歩兵.
◇ **～·age** [-idʒ] *n.* ～の身分〔労役〕.
pé·o·ny [píːəni/píə-] *n.* 〔植〕シャクヤク. ***blush like a*** ～ 顔を真っ赤にする. ***tree*** ～ 〔植〕ボタン.
†**péo·ple** [píːpl] *n. pl.* **1** 人々; 世人, 世間の人: five ～ 5人. a lot of ～ たくさんの人々. streets crowded with ～ 人で混雑した街(まち). Some ～ are tall, and others 〔other ～〕 are short. 背の高い者もあれば低い者もある. Several ～ were hurt. 数人けがをした. They are good ～. 彼らは好人物だ. you ～ あなた方. **2** 《単数扱い. 複数は ～s》国民, 民族: the ～*s* of Asia アジアの諸国民. an intelligent ～ 知的な民族. **3** 《一地方の》住民, 《ある集団の》人々; 人民, 国民; 教区民; 家族; 親類, 一族; 配下, 従者, 労務者: the ～ here この土地の人々. middle-class ～ 中流階級. the British ～ イギリス国民. Will you meet my ～? うちの家族の者たちに会ってください. **4** (the ～) 平民, 庶民, 下層階級. ***as*** ～ ***go*** 世間なみからいえば. ***of all*** ～ 人もあろうに. ***P～ say that*** … …と言われている (＝ They say that…, It is said that…). ***the best*** ～ 〔話〕上流社会の人々.
—— *vt.* **1** に人を住まわせる, に植民する; 〈場所を〉満たす《動物などで》: woods ～*d with* birds 鳥のすんでいる森. **2** に住む: the two billion human beings who ～ this planet この遊星〔地球〕に住む20億の人間.
P～'s Commissar 《ソ連の》人民委員. **～'s front** 人民戦線. **P～'s Palace** 《ロンドンの》労働者会館. **P～'s party** 〔米史〕アメリカ人民党. **P～'s Republic of China** 中華人民共和国.
[類] → **nation** 「国民」
Pe·ó·ri·a [pióːriə/-ɔ́ːr-] *n.* アメリカ Illinois 州の都市.
pep [pep] *n.* 〔米俗〕元気, 活力. —— *vt.* (**-pp-**) 元気づける, 激励する《*up*》. ～ **pill** 〔俗〕覚醒剤.
～·talk [⌐⌐] 〔俗〕激励演説.
pép·los [pépləs] *n.* 古代ギリシア婦人のゆったりした長い上着.
pép·lum [pépləm] *n.* (*pl.* **-lums, -la** [-lə]) **1** 〔服飾〕《婦人服の》腰のまわりの飾りひだ. **2** 上着についた短いスカート.
‡**pép·per** [pépər] *n.* **1** こしょう. **2** 刺激性(のも

の). **3** 辛らつさ; 酷評; 短気. ***black*** 〔***white***〕 ～ 黒〔白〕こしょう. ***Chinese*** 〔***Japanese***〕 ～ さんしょう. ***green*** ～ ピーマン. ***red*** ～ とうがらし. ***round*** ～ 皮のままのこしょう.

—— *vt.* **1** にこしょうをふりかける, にこしょうで味をつける. **2** にふりかける, に散らばらせる《を *with*》: a face ～*ed with* freckles そばかすだらけの顔. **3** 《質問・弾丸などを》…に浴びせかける《を *with*》: He was ～*ed with* questions. 質問攻めにあった. **4** 〘稀〙あざける, ののしる; 攻撃する; ひどくこらしめる.

～-and-sált 霜降りの (服地). **～·box** [ˊ-ˌ-] (1)《食卓用》こしょう入れ; 〘笑〙(それに似た) 小塔. (2) 短気者. **～ castor** 〔**caster**〕 こしょう入れ. **～·corn** [ˊ-ˌ-] (1) (干した) コショウの実. (2) ちっぽけな〔つまらない〕物; 名ばかりの家賃〔地代〕. **～ game** 〘野球〙試合前のトスバッティング. **～·grass** [ˊ-ˌ-] 〘植〙コショウソウ《マメグンバイナズナ属》. **～·mint** [ˊ-ˌ-] 〘植〙ハッカ; ハッカ油; ハッカドロップ. **～ pot** (1) こしょう入れ. (2) とうがらし入りの西インド式シチュー; 〘俗〙ジャマイカ島人. (3) 〘俗〙短気者. **～·wort** [-wə:rt] =peppergrass.

pép·per·y [pépəri] *a.* **1** こしょうの (ような); こしょうのきいた, 辛い, ぴりっとする. **2** 辛らつな, 痛烈な, 《演説など》熱のこもった. **3** おこりっぽい, 気短な.
◇ **-i·ly** *ad.* **-i·ness** *n.*

pép·py [pépi] *a.* 〘米俗〙元気いっぱいの, 張り切った. ◇ **pép·pi·ly** *ad.* **pép·pi·ness** *n.*

pép·sin [pépsin] *n.* ペプシン《消化を助ける胃液中の酵素》; ペプシン剤.

pép·tic [péptik] *a.* ペプシンの; 消化の (ための), 消化を助ける. —— *n.* **1** 消化〔健胃〕剤. **2** (*pl.*) 〘笑〙消化器官. **～ glands** 胃液分泌腺(せん). **～ ulcer** 胃潰瘍(かいよう).

pép·tide [péptaid, ㊀⁺-tid] *n.* 〘生化〙ペプチド.

pép·tize [péptaiz] *vt.* コロイド溶液化する.
◇ **pèp·ti·zá·tion** *n.*

pép·tone [péptoun] *n.* ペプトン《ペプシンの作用によってたんぱく質が加水分解したもの》.
◇ **pep·tón·ic** [peptánik/-tɔ́n-] *n.*

pép·to·nize [péptənàiz] *vt.* ペプトン化する.
◇ **pèp·to·ni·zá·tion** *n.*

Pepys [pi:ps, pépis] *n.* Samuel ～, 1633–1703, イギリスの日記作家.

Pé·quot [pí:kwɑt/-kwɔt] *n.* (*pl.* ～(**s**)) アメリカ Connecticut 州に住んでいた好戦的な種族.

‡per, ***per*** [pə:r, 弱 pər] L. *prep.* **1** 《手段・行為者》…によって, …で: ～ post 〔rail〕 郵便〔鉄道〕で. ～ Mr. Connery コネリー氏によって. ～ bearer 使いに持たせて. **2** 《配分》…につき, …ごとに: £2 ～ man 〔week〕 ひとり〔1週〕につき2ポンド. sixty miles ～ hour 時速60マイル. 〈注〉ラテン語フレーズに用いられるときはふつうイタリック.
as ～ (1) 〘商用文〙… によって: *as* ～ enclosed account 同封計算書どおり. (2) …のように: *as* ～ usual 〘笑〙いつものとおり.

per- *pref.* **1**「貫いて, 通って」「どこまでも, 完全に, ひじょうに」「過度に, そこなって」の意: *per*mit <√mit(t)- 通らせる→許可する. *per*secute <√sequ- どこまでも＋追う→迫害する. *per*fect <√fac- すっかり＋作った→完全な. *per*jure <√jur- 過度に＋誓う→偽善. **2** 〘化〙「過…」: *per*oxide 過酸化物.

per. period; person. **Per.** Persia; Persian.

pér·ac·id [pá:ræsid] *n.* 〘化〙過酸類.

pèr·ad·vén·ture [pà:rədvéntʃər/p(ə)r-] *ad.* 〘古〙**1** 偶然に, はからずも. **2** たぶん, おそらく. ***if*** ～ もしや…することがあれば: *If* ～ you fail 万一きみが失敗したら. ***lest*** ～ 万一にも…するようなことのないように. —— *n.* 〘古・雅〙**1** 疑い, 疑問. **2** 偶然, 不確実性. ***beyond*** 〔***without***〕 (**a**) ～ 疑いなく, 必ず.

per·ám·bu·late [pərǽmbjulèit] *vt., vi.* **1** ぶらつく; 巡回する. **2** 踏査する. [per-＋√ambul-]
◇ **-la·tor** [-lèitər] *n.* **1** うば車〘略 pram〙. **2** 〘稀〙巡視〔踏査〕者. **-la·to·ry** [-lətɔ̀:ri -t(ə)ri] *a.* **per·àm·bu·lá·tion** [-ˌ-léiʃ(ə)n] *n.* 巡回, 巡視; 巡回区域; 踏査〔巡視〕報告書.

per an(n). *per annum.*

per an·num [pər-ǽnəm] L. (=by the year) 年に, 1年につき.

per·cále [pərkéil] *n.* 目のつんだ綿布の一種.

pèr·ca·líne [pə:rkəlí:n] *n.* 綿じゅすの一種《特に裏地用》.

per cap·i·ta [pər-kǽpitə] L. (=by the head) 頭割りで, 個人別に: income ～ 1人当たりの収入. 〈注〉*per caput*の誤用.

per·céiv·a·ble [pərsí:vəbl] *a.* 知覚できる.
◇ **-bly** *ad.*

‡per·céive [pərsí:v] *vt.* **1** 《目・耳など五官で》知覚する, 感知する: ～ an object looming in the mist 霧のなかになにかぼうっとしたものが目にうつった. **2** に気づく, 認める. **3** 理解する, 会得する《ということを *that, how*》. → 名詞 perception.
〔類〕 → **notice**「気づく」, → **recognize**「認知する」

‡per cént, per·cént [pərsént] *n.* **1** パーセント, 100分《記号 %; 略 p.c., per ct.》. **2** 〘話〙百分率(=percentage). **3** (*pl.*) 〘英〙…分利付公債.
—— *a.* 100分の. —— *ad.* 100につき.

per cent. *per centum.*

***per·cént·age** [pərséntidʒ] *n.* **1** 百分率; 比率, 歩合. **2** 歩合高, 利率. **3** 手数料, 利率. **4** 〘俗〙利益.

per·cén·tile [pərséntail, -t(i)l/-til] *n., a.* 〘統計〙百分位数(の), 変数の区間の100分の1(の).

per cen·tum [pər-séntəm] L. (=by the hundred) 100につき.

pér·cept [pá:rsept] *n.* 〘哲〙知覚対象; 知覚表象.

per·cép·ti·ble [pərséptəbl] *a.* **1** 知覚〔感知〕しうる, 目につく〔気づく〕ほどの. **2** かなりの.
◇ **-bly** *ad.* **per·cèp·ti·bíl·i·ty** [-ˌ-bíliti] *n.* 知覚〔感知〕できること; 〘稀〙知覚力, 理解力.

per·cép·tion [pərsépʃ(ə)n] *n.* **1** 知覚 (作用・力). **2** 知覚対象. **3** 了解, 理解. **4** 〘法〙《地代・小作料などの》取り立て (高). → 動詞 perceive. [√cap-] ◇ **～·al** [-ʃən(ə)l] *a.*

per·cép·tive [pərséptiv] *a.* 知覚〔感知〕する, 知覚力のある, 鋭敏に感知する; 洞察(どうさつ)力に富む, 明敏な. ◇ **～·ly** *ad.* **～·ness** *n.* **pèr·cep·tív·i·ty** [pà:rseptíviti] *n.*

per·cép·tu·al [pərséptʃuəl/-tju-] *a.* 知覚の, 知覚(力)のある. ◇ **～·ly** *ad.*

‡perch[1] [pə:rtʃ] *n.* **1** 《鳥の》止まり木. **2** 高い位置, 高所, 安全な地位, 居ごこちのよい席. **3** 御者台; 《馬車などの》ながえ; (弾薬車の) 車尾; 〘織物〙布質検査台; 棒, さお. **4** 《野球場の》座席. **5** 〘英〙尺度の単位《約5.03m》, 面積の単位《約25.3m²》.
Come off your ～. 〘話〙おたかくとまるな. ***hop*** 〔***tip over, drop off***〕 ***the*** ～ 〘話〙死ぬ. ***knock*** a person ***off his*** ～ 〘俗〙負かす, やっつける. ***take*** one's ～ 〈鳥などが〉とまる.
—— *vi.* 〈鳥が〉とまる; 〈人が〉すわる, 座を占める《に *on, upon*》: The long claw is best adapted for ～*ing on* the ground. 長いつめは地面にとまるのに好つごうだ. ～ *on* a stool 高い腰掛けにすわる.
—— *vt.* **1** 〈鳥を〉止まり木にとまらせる; 《高い所に》置く, すえる, 乗せる: a church ～*ed* on a hill 丘の上の教会. **2** 〈布を〉検査する.
◇ **～·er** *n.* **1** 木にとまる鳥. **2** 〘俗〙瀕死(ひんし)の人.

perch[2] *n.* (*pl.* **～·es**, 《集合的》 ～) 〘魚〙《ヨーロッパ産の》スズキの類.

per·chánce [pərtʃǽns/-tʃá:ns] *ad.* 〘雅〙**1** たぶん, おそらく. **2** 偶然に.

Pér·che·ron [pá:rtʃərən, -rɑ̀n/-ʃərɔn] *n.* ペルシュロン種《フランス北部 Perche 原産の荷馬》. [<F.]

per·chló·ric [pə:rkló:rik/-klɔ́:r-] *a.* 〘化〙過塩素の. **～ acid** 過塩素酸.

per·chló·ride [pə:rkló:raid, -rid/-klɔ́:r-], **-rid** [-rid] *n.* 〘化〙過塩化物.

per·cíp·i·ent [pərsípiənt] *a.* 知覚〔察知〕力のある. —— *n.* 知覚する人, 千里眼. [per-+√cap-]
◇ **-ence, -en·cy** *n.* 知覚 (能力).

Pér·ci·val [pə́:rsiv(ə)l] *n.* King Arthur の騎士.

pér·co·late [pə́:rkəlèit] *vt., vi.* 濾(こ)す; 浸出〔浸透〕させる〔する〕; <コーヒーを> パーコレーターで沸かす. —— [-lit, -lèit] *n.* 〘薬〙浸出液.
◇ **-la·tor** [-ər] *n.* 濾過(ろか)する人; 濾過器, 濾過式パーコレーター. **pèr·co·lá·tion** [ˏ—léiʃ(ə)n] *n.*

per con·tra [pər-kántrə/-kɔ́n-] L. (=on the contrary) **1** これに反して, かえって. **2** 《取引所などの》相手方で〔の〕, 先方で〔の〕; 〘簿記〙反対側で〔の〕.

per ct. *per centum.*

per·cúss [pərkʌ́s] *vt.* たたく, 打ち鳴らす; 〘医〙打診する. [√cut-]

per·cús·sion [pərkʌ́ʃ(ə)n] *n.* **1** 衝撃, 打撃, 衝突. **2** 《衝撃による》震動, 音響. **3** 〘楽〙打演奏; 打楽器部 《楽団の》. **4** 〘医〙打診 (法). **5** 《銃の》撃発 (装置). [√cut-]
～ cap 〔**fuse**〕 雷管〔信管〕. **～ instrument** 〘楽〙打楽器. **～ lock** 雷管装置. **～ powder** 雷管火薬. ◇ **～·ist** *n.* 打楽器演奏家.

per·cús·sive [pərkʌ́siv] *a.* 衝撃による; 〘医〙打診の. ◇ **～·ly** *ad.* **～·ness** *n.*

per cwt. per hundredweight.

per di·em [pər-dáiəm, -em] L. (=by the day) **1** 1 日につき (per day), 日割りで. **2** 〘米〙日給, 日当.

per·dí·tion [pərdíʃ(ə)n] *n.* **1** 破滅, 滅亡. **2** 永久の地獄落ち; 地獄. [per-+√da-]

per·dú(e) [pərd(j)ú:/pə:djú:] *a.* 隠れた, 潜んでいる. ***lie* ～** 潜伏する.

per·dúr·a·ble [-d(j)ú(:)rəbl/-djúər-] *a.* 長持ちする, 永続する; 不変の, 不滅の.

per·dúre [-d(j)úər/-djúə] *vi.* 長持ち〔永続〕する.

père [pɛər] F. *n.* 父 《姓のあとにつける》: Dumas ～ 父デュマ, 大デュマ. →*fils.*

pér·e·gri·nate [périgrinèit] *vi., vt.* 〘笑〙遍歴〔巡礼〕する, 旅行する. ◇ **-na·tor** [-ər] *n.* 旅行〔遍歴〕者. **pèr·e·gri·ná·tion** [ˏ——néiʃ(ə)n] *n.*

pér·e·grine [périgrin, -grì:n], **-grin** [-grin] *a.* 〘古〙外国の, 異国の, 異国風の.
—— *n.* 〘鳥〙《タカ狩り用の》ハヤブサ (=～ falcon).

pe·réi·ra [pəréirə, -ré(:)rə/-réərə] *n.* パレイラ (=～ bark) 《ブラジル産スオウの樹皮. 強壮・解熱剤》.

per·émp·to·ry [pərémpt(ə)ri, ㊊⁺pérəmptò:ri] *a.* **1** 有無を言わさない, 決然たる, 断固とした. **2** 専横な, 独断的の, 命令的な. **3** [㊊⁺pérəmpt(ə)ri] 〘法〙決定的な, 最終の. [per- +√em- (反対を) 取り去る]
～ decree 最終判決. **～ mandamus** 〔**writ**〕 強制執行令状. ◇ **-ri·ly** *ad.* **-ri·ness** *n.*

per·én·ni·al [pəréniəl] *a.* **1** 1年を通じての; 年じゅう絶えない. **2** 永続的な, 絶え間ない. **3** 〘植〙多年生の. —— *n.* 多年生植物. [√ann-]
◇ **～·ly** *ad.*

perf. perfect; perforated.

⁑**pér·fect**¹ [pə́:rfikt] *a.* **1** 完全な, 申し分〔欠点〕のない, 理想的な: a ～ wife 申し分のない妻. The weather was ～. 天候は申し分なかった. **2** 熟達した, 優秀な《に *in*》: be ～ *in* one's duties 職務に熟達している. **3** 正確な, 純粋の, すんぶんたがわぬ: a ～ circle 完全な円. a ～ copy ほんものどおりの写し. **4** 〘話〙全くの, ひどい, 非常な: a ～ nonsense 全くのたわごと. a ～ stranger あかの〔見ず知らずの〕他人. **5** 〘文〙完了の. **6** 〘植〙完全花の, 両性花の.
—— *n.* 〘文〙完了時制 (=～ tense). ***present*** 〔***future, past***〕 ～ 現在〔未来, 過去〕完了. [√fac-]
～ game 〘野球〙完全試合. **～ participle** 〘文〙完了分詞. **～ rhyme** 〘韻〙完全脚韻 《同音または同つづりで意味の違うもの》. **～ tense** 〘文〙完了時制. → 枠付 Perfect Tense (pp. 954-955).
◇ ⁑**～·ly** *ad.* 完全に, 申し分なく. **～·ness** *n.* 完全. 類 → **complete**「完全な」

per·féct² [pə:rfékt] *vt.* **1** 完成する; 遂行する. **2** 完全にする; 改善〔改良〕する. **3** 熟達させる. ～ one*self* ***in*** に熟達する.

per·féct·i·ble [-əbl] *a.* **1** 完全にする〔なる〕ことができる. **2** 完成できる. ◇ **per·fèct·i·bíl·i·ty** [ˏ—bíliti] *n.* 完全〔完成〕可能性.

⁑**per·féc·tion** [pərfékʃ(ə)n] *n.* **1** 完全, 完備; 極致, 理想(状態): remain in ～ 完全のままで残っている. **2** 完成, 仕上げ; 成熟: busy with the ～ of detail 細部の仕上げに忙しい. **3** 熟達, 卓越. **4** 完全な物〔人〕: find ～ of service 申し分のないサービスを受ける. **5** (*pl.*) 才芸, たしなみ; 美点: I constantly discover new ～*s* in his art unobserved before. 見るたびにいままで気づかなかった彼の芸の美点を発見する. ***attain* ～** 完全の域〔極致〕に達する. ***be the* ～ *of*** の極致である. ***bring to* ～** 完成させる. ***come to* ～** 完成〔円熟〕する. ***to* ～** 完全に: She sang it *to* ～. 彼女はそれを申し分なく歌った.
◇ **～·ism** *n.* **1** 完全論 《人は現世で道徳・宗教・社会・政治上完全の域に到達できるという学説》. **2** 完全主義, 凝り性. **～·ist** *n.* 完全論者; 凝り性の人; (P～) 《1848-79年 New York 州にあった》 Oneida 共産村の団員.

per·féc·tive [pərféktiv] *a.* **1** 完全にする. **2** 〘文〙(動作が) 完了したことを示す. —— *n.* 〘文〙完了相 (=～ aspect). ◇ **～·ly** *ad.* **～·ness** *n.*

per·féc·to [pərféktou] *n.* (*pl.* **～s**) 〘米〙両端が細くとがった中型の葉巻き.

per·fér·vid [pə:rfə́:rvid] *a.* 熱烈な, 熱狂的な.
◇ **～·ly** *ad.* **～·ness** *n.*

per·fíd·i·ous [pərfídiəs] *a.* 不実の, 背信の, 裏切りの. [√fid-] ◇ **～·ly** *ad.* **～·ness** *n.*

pér·fi·dy [pə́:rfidi] *n.* 不実, 不信, 背信, 裏切り.

per·fó·li·ate [pərfóuliit, ㊊⁺-èit] *a.* 〘植〙茎が葉を突き抜いてはえている.

pér·fo·rate [pə́:rfərèit] *vt.* **1** に穴をあける; 貫く, 貫通する: the walls of the cottage ～*d* with bullets 銃弾で撃ち抜かれた小屋の壁. **2** 《紙の切れ目に》ミシン目を入れる; <数字などを>打ち抜く《紙に》: ～*d* checks ミシン目のはいった小切手. **3** <穴を> あける: ～ holes in paper with a punch パンチで紙に穴をあける. —— *vi.* **1** 穴をあける, 貫く 《に, を *into, through*》. **2** 穴があく, 穴だらけになる.
—— [-rit, ㊊⁺-rèit] *a.* ミシン目のある; 穴のあいた.
◇ **-ra·tive** [-rèitiv] *a.* 穴をあける(力のある). **-ra·tor** [-rèitər] *n.* 穴あけ器, 打ち抜き器; 切符切りばさみ. **pèr·fo·rá·tion** [ˏ—réiʃ(ə)n] *n.* 穿孔(せんこう), 打ち抜き; 穴; ミシン目; パーフォレーション 《映画・写真フイルムなどの》.

per·fórce [pərfó:rs/-fɔ́:s] *ad.* 必ず, 必然的に.
—— *n.* 〘稀〙必然; 強制. ***by* ～** 力ずくで, 無理やりに. ***of* ～** やむをえず, (そのときの) 勢いで.

⁑**per·fórm** [pərfɔ́:rm] *vt.* **1** 実行する, 履行する, 遂行する: ～ a task 〔one's duties〕 仕事〔任務〕を成し遂げる. ～ one's promise 約束を果たす. **2** <技術を要することを> 行なう, する: ～ a surgical operation 外科手術を行なう. **3** <芝居・役を>演ずる, 上演する; <音楽を> 演奏する; <楽器を> ひく: ～ a piece of music.
—— *vi.* **1** ことを行なう, 命令〔約束〕を実行する, 仕事〔任務〕を成し遂げる. **2** 芝居を上演する; 演ずる; 演奏する, 歌をうたう: ～ skillfully *on* the flute フルートを巧みに吹く. **3** <動物などが> 芸をする: The

seals ~*ed* well at the circus. アザラシはサーカスでじょうずに芸当をしてみせた.
◇ **~·a·ble** *a.* ~することができる. ***~·er** *n.* **1** 実行する人. **2** 演芸人, 芸能人; 演奏者, 歌手.
~·ing *a.* 〘動物が〙 芸のできる; 実行する: ~*ing* arts 舞台芸術.

(類義語) **成し遂げる:** **perform** 定められた条件を期待どおりに成し遂げる → 履行する; 演ずる. 結果よりも人に見せたいほどそつのない過程に重点がある. **accomplish, achieve** perform と似ているが途中の過程の手ぎわのよさは考えられていない. 数々の困難にもめげず成就させたという賞賛の意が含まれる. achieve の方が更に大きな困難の克服を示唆する. **execute** 目的・仕事・計画・命令などの達成の事実だけが純粋に考えられており, 手ぎわのよさ, 困難の克服などは考えられていない. したがって事務的な冷たい語. **discharge** 義務を履行することによって重荷をおろしたという安堵(あんど)感がある.

‡per·fórm·ance [pərfɔ́:rməns] *n.* **1** 実行, 遂行; 成就: faithful in the ~ of one's duty [promise] 職務[約束]の遂行[履行]に忠実で. **2** 仕事, 作業; 行為, 動作. **3** 〘航空機・機械などの〙 性能, 運転: of good ~ 性能のよい. **4** 成績, できばえ: a fine ~ たいしたできばえ, 大記録. **5** 善行, 功績. **6** 演技, 演奏; 手ぎわ; 芸当: No entrance during ~. 上演中入場禁止. **7** 公演, 興行: two ~*s* a day 1日2回興行. ***give a ~ of** Hamlet* (「ハムレット」)を上演する.
~ test 《作業などによる》 知能検査.

‡pér·fume [pə́:rfju:m, ㊟⁺pərfjú:m] *n.* **1** かおり, 芳香 (fragrance). **2** 香料, 香水 (scent).
—— [pərfjú:m] *vt.* **1** におわせる, 〈香りを〉 発散する. **2** にかおり[香水]をつける. ◇ **per·fúm·er** *n.* **1** 香料[香水]製造人, 香水商. **2** におわせる人[物].

per·fúm·er·y [-əri] *n.* **1** 《集合的》 香料, 香水. **2** 香料製造(所), 香料[香水]店.

文法要説…(**19**)

Perfect Tense (完了時制)

"助動詞の have＋過去分詞" で形成される時制を**完了時制** (perfect tense) と称し, have が現在形ならば**現在完了** (present perfect), have が過去形ならば**過去完了** (past perfect), have の前に will か shall が先行すれば**未来完了** (future perfect) となる. 助動詞としては古くは be も用いられ, 自動詞の過去分詞に添えられたが, 現在ではその痕跡(こんせき)がわずかに残っているに過ぎない: He *is* dead and *gone*. 彼は死んでいなくなった (現在[もはや]いない). *Be gone!* 行ってしまえ(完了時制は「またたく間にやってしまう, さっさと…し終える」の意をあらわすことがときにある).

完了時制を用いると, 現在完了のばあいにおいては現在という時点で, 過去完了のばあいには過去の一時点で, 未来完了のばあいには未来の一時点で, 動詞の示す行為・状態が既にその時点以前に生起・存在したが, その問題の時点になんらかの意味で強い関係をまだ有すると受け取られていることを示す (たとえば, 以前の事件の結果が残っているとか, 既に完了していてもはや継続していないとか…).

1) 現在完了: have＋過去分詞

現在完了とは現在を標準とし, なんらかの意味で過去につながりをもつ時制 (tense) である. 現在完了には次の4用法がある.

a) 《**完了**》 ある動作が現在既に完了したことを示す: I *have* just *read* the book through. 私はちょうどその本を読み終えたところだ《現在読み終えている》.

〈注$_1$〉 完了をあらわす現在完了には, just, now, already, this year [week, month], lately, recently などの副詞(句)を伴うことが多い. ただし long ago, yesterday, last year, when など過去をあらわす副詞 (句・節) とともには用いられない.

〈注$_2$〉 just と now はそれぞれ現在完了とともに用いられるが, just now は a little time ago 「いま少し前」ということであり過去であって, 現在完了といっしょに用いられない. just now が at this very moment 「ちょうどいま」を意味するときは, 現在形とともに (I'm busy just now.), presently 「まもなく, すぐ」を意味するときは未来形とともに (I'll do it just now.) 使われる.

b) 《**結果**》 完了後の状態がいまもその結果として続いていることを示す: I *have lost* my purse somewhere. どこかにさいふを落としてしまった《落として現在持っていない》.

〈注〉 単に過去の事実を述べるか, 既に新しいさいふを買って現在困っていないのなら過去を使う: I *lost* my purse yesterday, and I have a new one now.

c) 《**経験**》 現在における(過去の)経験の有無を示す: *Have* you ever *met* such a funny creature? きみは, こんなおもしろい人に会ったことがあるかね《日本語の「…したことがある」も現在時制で, これに相当すると考えてよい》.

〈注〉 経験をあらわす現在完了には, ever, never, before, once [twice, three times, etc.] といった副詞(句)が伴うことが多い. なおこれらの副詞(句)があれば過去形で代用してもよい: *Have* you *ever tasted* sake? ⇆ *Did* you *ever taste* sake? 日本酒を味わったことがありますか. the largest house they *have ever built* ⇆ the largest house they *ever built* 彼らがいままで建てた最大の家. このばあい, 現在完了は普通の疑問に, 過去は強い疑いや驚きなどをこめた疑問に用いられる傾向がある.

d) 《**継続**》 現在までの動作の継続を示す: He *has lived* here for the last ten years. 彼は過去10年間ここにずっと住んでいる.

〈注〉 進行形を許す動詞では *have been* (do)*ing* の形をとる: He *has been* sing*ing* two hours. 彼は2時間歌い続けている.

have been to** [**in, at**]* 《場所・儀式など》 …に行っ(てき)た[いた, に参加した] 経験がある: *Have* you ever *been to* America? アメリカへ行ったことがありますか《比較: Has she gone to America? 彼女はアメリカへ行ってしまったか》. I *have been to* the station. 駅に行ってきた. I *have* never *been in* Kyushu. 九州に住んでいた[行った]ことはない. *Have* you ever *been at* a funeral? 葬式に参列したことがありますか. ***have been to (do) …してきた, 現在まで…した: I *have been to* see him off. 彼を見送りに行ってきた. I *have been to* see the play three times. この芝居をいままで3回見た. ***have got, have got to*** (do) → get, 枠付 have.

2) 過去完了: had＋過去分詞

過去完了とは過去を標準として過去以前に起こったことについて用いる: When I got to the station, the train *had left* already. 私が駅に着いたときは, 列車は既に出発してしまっていた. I lost my mother when my father *had been* dead three years. 父が死んでから3年して母を失った. The man claimed (that) he *had seen* a ghost. 男は幽霊を見たことがあると主張した.

〈注₁〉 after などの時をあらわす接続詞によって導かれる副詞節においては過去完了の代わりに単なる過去を用いてもさしつかえない: After I *got* (=had got) to the house, I opened the box. 家に着いてから箱を開いた.

〈注₂〉 前注に述べた以外の従属節においても, 単なる過去が過去完了に代用されることがある: He was reproached, because he *did* not keep (=had not kept) his promise. 彼は約束を守らなかったので非難された.

〈注₃〉 次の差に注意: I *had been reading.* そのときまで読書をしていたのだった《そのときは済んでいた》. ≒ I *was reading.* 読書をしている最中だった.

3) 未来完了: will [shall] have＋過去分詞

未来完了は未来のある時までにある動作が完了していることを推定する表現である: I *shall have recovered* when you return from America. きみがアメリカからもどるころには私は健康になっているだろう. I *shall have finished* this work by five o'clock. 5時までにはこの仕事を終えているだろう. By this time next year he *will have taken* his university degree. 来年のいまごろまでには彼は大学を修了しているだろう. By the time summer comes, I *shall have been studying* abroad two years. 夏が来るころには私は2年間留学していることになる.

〈注〉「will have＋過去分詞」が, 現在までの経験・完了などに対する推量をあらわすことがある: You *will have read* about it. それについて読んだことがあるでしょう. They *will have arrived* by now. もう着いたころだろう.

〈付記〉 **副詞節の時制** (1)上例において「時」を示す副詞節内の動詞が現在形であることに注意 (when you *return* from America; By the time summer *comes*). 論理的には when you *will* return, By the time summer *will* come と書くべきであるが, 英語では副詞節内において現在時制をもって未来時制に代えるという原則がある. (2) 同様に,「時」の副詞節における未来完了は, 現在完了で代用する: Tell me when you *have finished* the work.(この仕事が終わりしだい知らせてくれ)において when you *will have finished* the work とはならない《なお Tell me when you *finish* the work. は「この仕事を終える[仕上げる]とき, (私も見たいから) 知らせてくれ」という意味》.

per·fúnc·to·ry [pərfʌ́ŋkt(ə)ri] *a.* 形式的な, お座なりの, いいかげんな. ◇ **-ri·ly** *ad.* **-ri·ness** *n.*

per·fúse [pərfjúːz] *vt.* **1** 〈水などを〉一面に注ぐ, 振りかける; 〈色を〉一面に塗る. **2** の表面に広げる, にみなぎらせる《を *with*》. [√fu(n)d-] ◇ **-fú·sion** [-fjúːʒ(ə)n] *n.* **-fú·sive** [-fjúːsiv] *a.* 散布[散水]用の.

pér·go·la [pə́ːrgələ] *n.* (つるだなを円柱などでささえた) あずまや; アーチ形つるだなのある小道.

pergola

perh. perhaps.

†**per·háps** [pərhǽps, pəræ̀ps/pəhǽps, præps] *ad.* …**かもしれない, ことによると,** ひょっとすると, あるいは; たぶん: *P*～ you had better go. そうだね, 行った方がいいかもしれない. *P*～ I'll come, (but) ～ I won't. 来るかもしれないが, 来ないかもしれない. *P*～ so. そうかもしれないね; たぶんね. **——** *n.* 偶然のこと, 仮定: These are all ～es. これはみんな「仮に」の話だがね.

(類義語) **あるいは, たぶん: perhaps, maybe, possibly**「…かもしれない」「ことによると…」. この3語は, 推測の当否の見込みがほぼ半々で話者にあまり自信のないばあいに用いられる: *Perhaps* [*Maybe, Possibly*] he knows. 彼は知っているかもしれない《知らないかもしれないが》. Quite *possibly* it's true. それが事実だということも十分考えられる. なお口語において maybe と perhaps のうち maybe はアメリカで, perhaps はイギリスで好まれる傾向がある. **probably**「たぶん」「まあたいてい」は推測に対して話者に相当の自信があるときに用いられる: *Probably* [*Very probably*] he will succeed. 彼はおそらく成功するでしょう [彼の成功はほぼ確実です].

pé·ri [píː(ː)ri/píəri] *n.* 〖ペルシア神話〗 妖精(ようせい); 妖「精のような美女.

peri- *pref.*「周辺, 付近」の意.

pér·i·anth [périæ̀nθ] *n.* 〖植〗 花被.

pér·i·àpt [périæ̀pt] *n.* 護符, お札 (amulet).

pèr·i·cár·di·um [pèrikáːrdiəm] *n.* (*pl.* **-a** [-diə]) 〖医〗 心嚢(しんのう). ◇ **-ac** [-diæk], **-al** [-diəl] *a.* **pèr·i·car·dí·tis** [-kaːrdáitis] *n.* 〖医〗 心嚢炎.

pér·i·carp [périkàːrp] *n.* 〖植〗 果皮. ◇ **pèr·i·cár·pi·al** *a.*

Pér·i·cles [périkliːz] *n.* ペリクレス, 495?–429 B.C., 古代ギリシアの政治家. ◇ **Pèr·i·clé·an** [pèriklíːən] *a.* ～の; 《古代ギリシア最盛期》～時代の.

pe·ríc·o·pe [pəríkəpi] *n.* 《本からの》 抜粋.

pèr·i·crá·ni·um [pèrikréiniəm] *n.* (*pl.* **-a** [-niə]) **1** 〖医〗 頭蓋(ずがい)骨膜. **2** 〖古〗 頭蓋骨; 脳. ◇ **-al** [-niəl] *a.*

pér·i·dot [péridɑ̀t/-dɔt] *n.* 〖鉱〗 カンラン石. ◇ **pèr·i·dót·ic** [pèridɑ́tik/-dɔ́t-] *a.*

pèr·i·dó·tite [pèridóutait, pəridətàit/péridotait] *n.* カンラン岩. ◇ **pèr·i·do·tít·ic** [⁀–dotítik] *a.*

pér·i·gee [périd͡ʒiː] *n.* 〖天〗 《月・惑星の》 近地点. → apogee. ◇ **pèr·i·gé·al** [⁀–´əl], **pèr·i·gé·an** *a.*

pe·ríg·y·ny [perídʒini] *n.* 〖植〗 子房周位. ◇ **-nous** [-nəs] *a.*

pèr·i·hé·li·on [pèrihíːliən] *n.* (*pl.* **-a** [-liə]) 〖天〗 近日点 《太陽系天体の》. → aphelion.

‡**pér·il** [péril] *n.* 危険, 危難; 冒険: in the hour of ～ 危難のとき. the ～*s* of such an alliance こうした同盟に伴う危険. ***at all*** **～(*s*)** どんな危険を冒してでも. ***at*** **one's ～** 危険を冒して, 命がけで: Touch that *at your* ～. それにさわったらあぶないぞ. ***at the*** **～** ***of*** をかけて, を賭(と)して. ***by*** **[*for*]** ***the*** **～** ***of my soul*** 神かけて, 誓って. ***in*** **～** 危険に瀕(ひん)して. ***in*** **～** ***of*** の危険にさらされて: *in* ～ *of* one's life 生命を失う危険にさらされて. **～*s of the sea*** 〖保険〗 海難. ***the yellow*** **～** 黄禍《ドイツの William II が唱えた黄色人優勢の説》.
—— *vt.* (**-l-**, (英)**-ll-**) 危険にさらす, 危うくする, 賭する: The world would be ～*ed* by the invention of the final weapon. 世界は最終兵器の発明によって危機に瀕するだろう.
～ point 〖経〗 臨界点, 臨界税率《国内産業を阻害しない限度の最低税率》. (類) → **danger**「危険」

‡**pér·il·ous** [périləs] *a.* **危険な,** 危険の多い, 冒険的な. ◇ **～·ly** *ad.* 危険を冒して, 危うく. **～·ness** *n.*

per·ím·e·ter [pərímitər] *n.* **1** 〖数〗 周囲, 周辺(の長さ), 周界. **2** 〖光〗 視野計. **3** 〖軍〗 《戦線の》 突出部.

pèr·i·mét·ric [pèrimétrik], **-ri·cal** [-(ə)l] *a.* perimeter の. ◇ **pèr·i·mét·ri·cal·ly** *ad.*

per·ím·e·try [pərímitri] *n.* 〖光〗 《視野計による》 視野測定.

pér·i·morph [périmɔ̀ːrf] *n.* 〖鉱〗 外包鉱物《他の鉱物を包み込んでいる鉱物》.

pèr·i·né·um [pèriníːəm] *n.* (*pl.* **-a** [-níːə]) 〖医〗 会陰(えいん). ◇ **-al** [-níːəl] *a.*

‡**pé·ri·od** [píː(ː)riəd/píər-] *n.* **1 期間,** 期: for a short ～ しばらくの間. a ～ of change [rest] 変化[休止]期. a transition ～ 過渡期. **2 時代;** 治世, み代; (the ～) 現代, 当世: the costume of

the ～ 当世風の衣服. 3《学校の》時限; 試合の区分《前半・後半など》: the second ～ 第2時限. 4 末期, 終結; 文尾の休止. 5〔文〕終止符, 省略点《.》(=㊕ full stop). 6〔修〕《数個の clauses からなる》総合文; 掉尾(ちょうび)文(=periodic sentence); (*pl.*) 美文: The orator spoke in stately ～*s*. 弁士は荘重な美文調で話した. 7〔数〕周期, 《循環小数の》循環節; 〔天・物〕周期; 〔地〕紀; 〔医〕周期, 時期, 段階; (*pl.*) 月経; 〔楽〕楽節.
at fixed* [*stated*] ～*s 定期に. ***by* ～*s*** 周期的に: The heart beats *by* ～*s*. 心臓は一定の間隔をおいてうつ. ***come to a* ～** 終わる. ***for a* [*the*] ～ *of*** six years =***for a*** six-year ～ (6年)間. ***put a* ～ *to*** を終える.
—— *a.* 《特に家具・衣装・建築などが》ある(過去の)時代の, 時代物の: ～ furniture. [peri-+√hod-]
～ **novel** [**play**] 時代小説[劇]. ～ **piece** 過去のある時代を題材にした作品, 時代物《映画・劇・小説など》.
(類義語) 時代: **period** 長短関係なく区切られた時間. 期間を示す色彩のない語. **epoch** 記憶されるべき画期的な事件があった期間またはその始まり: an *epoch* of revolution 革命時代. **era** いままでと秩序を異にした新時代. **age** 中心になる物質・人物が考えられている: the Stone *Age* 石器時代.

pè·ri·ód·ic [pì(ː)riádik/pìəriɔ́dik] *a.* 1 周期的な; 定期(的)の, 定時(的)の: the ～ motion of a heavenly body 天体の周遊. 2 間欠[断続]的な, ときどきの. 3〔修〕総合文の, 美文の; 掉尾(ちょうび)文の.
～ **function**〔数〕周期関数. ～ **law**〔化〕周期律. ～ **sentence**〔修〕掉尾文《文尾にきてはじめて意味の完成する文》. ～ **table**〔化〕元素周期(律)表. ～ **wind** 季節風.
◇ **pè·ri·o·díc·i·ty** [-ədísiti] *n.* 定期性, 周期性(数); 定期的出現[発作]; 〔電〕周波.

*__pè·ri·ód·i·cal__ [pì(ː)riádik(ə)l/pìəriɔ́d-] *a.* 周期的な; 定時の; 定期刊行(物)の; 間欠的な.
—— *n.* 《日刊紙を除く》定期刊行物, 雑誌.
◇ ～**·ly** [-i] *ad.* 定期的に.

per·í·o·dide [pəráiədàid,-did] *n.* 〔化〕過ヨウ化物.

pèr·i·ós·te·um [pèriástiəm/-ɔ́s-] *n.* (*pl.* **-a** [-tiə]) 〔医〕骨膜. ◇ **-al** [-tiəl] *a.*

pèr·i·os·tí·tis [pèriɑstáitis/-ɔs-] *n.* 〔医〕骨膜炎.
◇ **pèr·i·os·tít·ic** [-títik] *a.*

pèr·i·pa·tét·ic [pèripətétik] *a.* 1 (P～) ペリパトス[逍遥(しょうよう)]学派の《アリストテレスが Lyceum の園を歩きながら門弟に教えた故事から》. 2 歩き回る, 逍遥する; 巡回する. —— *n.* 1 (P～) 逍遥学派の人. 2〔笑〕歩き回る人, 旅商人.
◇ **-i·cal·ly** *ad.* **-i·cism** [-tétisiz(ə)m] *n.* 1 (P～) 逍遥学派の哲学. 2 逍遥(癖), 散策, 遍歴.

pe·ríph·er·al [pərífərəl] *a.* 1 周囲の, 円周の, 外側の. 2 末梢(まっしょう)の: ～ nerves 末梢神経.
◇ ～**·ly** *ad.*

pe·ríph·er·y [pərífəri] *n.* 1 周囲, 周辺, 外面. 2 末端, 末梢.

pér·i·phrase [périfrèiz] *vi., vt.* 回りくどい表現をする, 迂説(うせつ)する. —— *n.* =periphrasis.

pe·ríph·ra·sis [pərífrəsis] *n.* (*pl.* **-ses** [-rəsiːz]) 〔修〕迂説法, 迂言; 婉曲な言い方《例: your aunt のかわりに the wife of your mother's brother》.

pèr·i·phrás·tic [pèrifrǽstik] *a.* 〔修〕迂説(うせつ)の, 迂言の; 遠回しの. ～ **comparison**〔文〕迂言比較法《語尾変化によらず more, most を用いるもの. 例: *more* [*most*] beautiful》. ～ **conjugation**〔文〕迂言活用《一語でよいところを二語で表現する. 例: went → did go》. ◇ **-ti·cal·ly** *ad.*

pe·ríp·ter·al [pəríptərəl] *a.* 《古代寺院建築が》円柱で取り囲まれた. 「い黒色タバコ.

pe·ríque [pəríːk] *n.* 《アメリカ Louisiana 州産》強

pér·i·scope [périskòup] *n.* 1《潜水艦の》潜望鏡; 〔塹壕(ざんごう)などの〕展望鏡. 2 写真用レンズの一種. [peri-+√scep- 周囲を見る] ◇ **pèr·i·scóp·ic** [pèriskápik/-skɔ́p-], **pèr·i·scóp·i·cal** *a.* 潜望鏡の(ような); 展望のよくきく.

‡**pér·ish** [périʃ] *vi.* 1 滅びる, 死滅する, 消滅する: ～ *with* hunger 餓死する. 2 朽ちる, 枯れる; 腐る, 堕落する. —— *vt.* 苦しめる, 弱らせる; 〈作物などを〉だめにする《通例受動態で》: *be* ～*ed* with thirst のどのかわきに苦しむ. [per-+√i- 行きすぎる, 消滅する]
◇ ～**·er** *n.* 1 死滅する[させる]もの. 2〔英俗〕無謀なやつ, ばか者. 3〔英俗〕うるさい[いやな]やつ.

pér·ish·a·ble [périʃəbl] *a.* 1 滅びるべき, 死ぬ運命の. 2 枯れる, 腐りやすい, こわれやすい.
—— *n.* (*pl.*) 腐りやすいもの, 《特に》生鮮食品.

pér·ish·ing [périʃiŋ] *a.* 1 滅びる, 死ぬ, 枯れる, 腐敗する. 2〔俗〕《寒さなど》ひどい, きびしい.
◇ ～**·ly** *ad.* ひどく, べらぼうに.

pèr·i·spóm·e·non [pèrispámìnàn / -spóumìnən] *a., n.* 〔ギリシア文法〕語尾音節に曲折音符のある(語).

pe·rìs·so·dác·ty·la [pərisədǽktilə] *n. pl.* 〔動〕奇蹄(きてい)類《サイ・馬など》.
◇ **pe·rìs·so·dác·tyl(e)** [-til] *a.* 〔動〕奇蹄類の.

pèr·i·stál·sis [pèristǽlsis, ㊕+-stɔ́ːl-] *n.* (*pl.* **-ses** [-siːz]) 《消化管などの》蠕動(ぜんどう). ◇ **-tic** [-tik] *a.*

pér·i·stome [péristòum] *n.* 〔植〕《コケ類の》歯毛; 〔動〕口縁, 囲口部. ◇ **pèr·i·stó·mal** [pèristóuməl], **pèr·i·sto·mát·ic** [pèristəmǽtik] *a.*

pér·i·style [péristàil] *n.* 列柱; 列柱式廊下[中庭]. ◇ **pèr·i·stý·lar** [pèristáilər] *a.* 列柱式の.

pèr·i·to·né·um, -náe·um [pèritəníːəm] *n.* (*pl.* **-ums, -a** [-níːə]) 〔医〕腹膜.
◇ **pèr·i·to·né·al** [-əl] *a.*

pèr·i·to·ní·tis [pèritənáitis] *n.* 〔医〕腹膜炎.

pér·i·wig [périwig] *n.* かつら(wig).
◇ **pér·i·wigged** [-d] *a.* かつらをつけた. 「ウ.

pér·i·wìn·kle[1] [périwiŋkl] *n.* 〔植〕ツルニチニチソ

pér·i·wìn·kle[2] *n.* 〔貝〕タマキビの類; 〔米〕巻き貝.

pér·jure [pə́ːrdʒər] *vt.* に偽誓[偽証]させる; 誓いにそむかせる: ～ oneself 偽証[偽誓]する. [√jur-]
◇ ～**d** *a.* 偽誓[偽証]した. **-jur·er** [-dʒərər] *n.* 偽証者.

pér·ju·ry [pə́ːrdʒ(ə)ri] *n.* 1 誓いを破ること; 裏切り, 偽り. 2〔法〕偽証罪.

perk[1] [pəːrk] *vi.* 1 頭を後ろにそらせる, そり身になる, つんとすます, 気どる: She tossed her head, and ～*ed* away from him. 彼女は頭をそらすと彼から気どって離れて行った. 2 でしゃばる《*up*》. 3 快活になる, 《病後に》元気を回復する《*up*》.
—— *vt.* 1 〈頭などを〉気どって上げる《*up*》; 〈着物などを〉いきに着る《*out, up*》. 2 〈鼻づらを〉もたげる, 〈尾を〉ぴんと立てる. ～ ***it*** いばる; でしゃばる. ～ ***oneself up*** こぎれいにめかす; 気どる.
—— *a.* 〔稀〕気どった, 生意気な; 快活な.
～**-up** [ˊ-ˊ-] 《商売などの》景気立ち直り.

perk[2] *n.* (通例 *pl.*) 〔英俗〕=perquisite.

perk[3] *vt., vi.* 〔米話〕=percolate.

pérk·y [pə́ːrki] *a.* 1 顎(あご)をしゃくり出した, 意気揚々とした, 威勢のよい. 2 つんとすました, 気どった. 3 生意気な, でしゃばりな. ◇ **-i·ly** *ad.* **-i·ness** *n.*

pér·lite [pə́ːrlait] *n.* 〔地〕真珠岩; パーライト《建築材料; 土壌改良剤》. ◇ **per·lít·ic** [pəːrlítik] *a.*

perm [pəːrm] *n.* 〔俗〕=permanent wave.
—— *vt.* にパーマをかける.

pér·ma·frost [pə́ːrməfrɔ̀ːst / -frɔst, -frɔːst] *n.* 《地球の》永久凍結層.

pèr·mál·loy [pəːrmǽlɔi/pə́ːmælɔ̀i] *n.* ニッケルと鉄の合金《コイルの鉄心用》.

‡**pér·ma·nent** [pə́ːrmənənt] *a.* 1 永久の, 永続する; 不変の, 耐久性の: ～ peace 恒久平和. 2 常設の, 常置の. ↔ temporary. —— *n.* =～ wave:

Give her a ～. そのお客にパーマをかけてあげなさい. [√man-¹]
～ **committee** 常任委員会. ～ **magnet** 永久磁石. ～ **residence** 永住. ～ **tooth** 永久歯. → milk tooth. ～ **wave** 〘美容〙パーマ(ネント). ～ **way** [**road**] 〘英〙〘鉄道の〙線路.
◇ ～**·ly** *ad.* **-nence** [-nəns] *n.* 永久, 永続(性); 不変, 耐久(性). **-nen·cy** [-nənsi] *n.* **1** ＝permanence. **2** 永続的な人〔もの, 地位〕.

per·mán·ga·nate [pəːrmǽŋgənèit] *n.* 〘化〙過マンガン酸塩. ***potassium*** ～ 過マンガン酸カリウム.

pèr·man·gán·ic [pə̀ːrmæŋgǽnik] *a.* 〘化〙過マンガン酸の. ～ **acid** 〘化〙過マンガン酸.

pér·me·a·ble [pə́ːrmiəbl] *a.* 浸透〔透過〕される《によって *to*》. ◇ **-bly** *ad.* **pèr·me·a·bíl·i·ty** [pə̀ːrmiəbíləti] *n.* **1** 浸透性, 透過性, 透水性. **2** 〘物〙導磁性〔率〕.

pér·me·ant [pə́ːrmiənt] *a.* 浸透する. ◇ **-ance** *n.*

pér·me·ate [pə́ːrmièit] *vt.* **1** に浸透する, にしみとおる. **2** に行きわたる, に充満する, に普及する. **3** 透過する; 通過する. —— *vi.* **1** 浸透する, しみとおる《に *in, into*; を *through*》. **2** 行きわたる, 普及する《に *among*》. ◇ **pér·me·a·tive** [-èitiv, -ətiv] *a.* **pèr·me·á·tion** [⌐―éiʃ(ə)n] *n.*

per men·sem [pər-ménsəm] L. (＝by the month) ひと月につき, 月割りで, 月ごとに, 毎月.

Pér·mi·an [pə́ːrmiən] *a.* 〘地〙二畳紀〔系〕の.
—— *n.* 二畳紀〔系〕《古生代最終期》.
～ **system** [**period**], **the** 二畳系〔紀〕.

per mile [pər-míl] L. (＝by the thousand) 1,000 につき, 1,000 ごとに.

per·míl·lage [pərmílidʒ] *n.* 千分率. → percentage.

per·mís·si·ble [pərmísəbl] *a.* 許される, 許容できる, さしつかえない. ◇ **-bly** *ad.* 許されて. **per·mìs·si·bíl·i·ty** [―⌐―bíləti] *n.*

‡**per·mís·sion** [pərmíʃ(ə)n] *n.* 許可, 免許《*to* (do)》; 容認, 許容. → 動詞 permit.
ask for [***grant, give***] ～ 許可を請う〔与える〕. ***obtain*** ～ ***to*** (do) …する許可を得る. ***without*** ～ 許可なしに, 無断で. ***with your*** ～ お許しがあれば《＝if you will allow me》; ごめんをこうむって. ***You have my*** ～ ***to*** (do) …してよろしい《通常目下の者に向かって》.

per·mís·sive [pərmísiv] *a.* **1** 許可する; 許可を示す: a ～ nod. **2** 寛容な, 自由な: a ～ family.
◇ ～**·ly** *ad.* ～**·ness** *n.*

‡**per·mít** [pərmít] *v.* (**-tt-**) *vt.* **1** 許す, 許可する, 認可する: Smoking is not ～*ted* in the room. この へやは禁煙である. Will you ～ me to retire to rest? 下がって休んでもよろしいですか. *P*～ me to ask you a question. 一つ質問させてください. **2** (かまわず)…させておく, 放任〔黙認〕する: Don't ～ yourself in dissipation. 身を持ちくずしてはいけない. **3** 可能にする, 許す: Circumstances do not ～ my leaving to a summer resort. いろいろの事情で私は避暑に出かけられない. —— *vi.* 許す, 余地がある《を, の *of*》: It ～*s of* no delay. 一刻の猶予も許さない. It ～*s of* no excuse. 言い訳の余地がない. ***as far as*** health ～(s) (健康)が許すかぎり. ***weather*** ～***ing*** 天気がよければ.
—— [pə́ːrmit, ㊊⁺pərmít] *n.* **1** 許可証, 免許状; 証明書: a residence ～ 居住許可証. **2** 許可, 免許. [per-＋√mit(t)- 通す] ◇ ～**·ter** *n.*
〔類〕→ **let**「…させておく」

per·múte [pərmjúːt] *vt.* **1** 入れ替える, 置き換える, の順序を変える. **2** 〘数〙順列〔置換〕する.
◇ **-mút·a·ble** *a.* **pèr·mu·tá·tion** [pə̀ːrmjutéiʃ(ə)n] *n.* 入れ替え, 置き換え; 〘数〙順列.

per·ní·cious [pərníʃəs] *a.* **1** 有害な, 有毒な. **2** 《病気が》悪性の, 致命的な. **3** 〘古〙邪悪な. ～ **anemia** 〘医〙悪性貧血. ◇ ～**·ly** *ad.* ～**·ness** *n.*

per·níck·et·y [pərníkiti] *a.* 〘話〙**1** おこりっぽい, 気むずかしい. **2** 扱いにくい, 気苦労な. ◇ **-i·ness** *n.*

pér·o·rate [pérərèit] *vi.* **1** 《演説で》結びのことば〔結論〕を述べる. **2** 長々と演説をする, 熱弁をふるう. ◇ **-ra·tor** [-ər] *n.* 長広舌家, 熱弁家. **pèr·o·rá·tion** [pèrəréiʃ(ə)n] *n.*

per·óx·ide [pərɑ́ksaid/-rɔ́k-], **-id** [-sid] *n.* **1** 〘化〙過酸化物. **2** 過酸化水素(＝hydrogen ～).
—— *vt.* <毛髪などを> 過酸化水素で漂白する.

per·pénd¹ [pərpénd] *vt., vi.* 〘古・笑〙熟考する.

pér·pend² [pə́ːrpənd] *n.* 〘石工〙控え石, つなぎ石 (through stone).

pèr·pen·díc·u·lar [pə̀ːrp(ə)ndíkjulər] *a.* **1** 垂直の, 直立した; 〘幾何〙直角をなす《*to*》: a ～ line 垂線. **2** 〘建〙垂直式の. **3** 《山・坂などの》切り立った: a ～ cliff. **4** 〘笑〙立ったままの《飲食など》.
—— *n.* **1** 垂線; 垂直面. **2** 垂直〔直立〕の位置〔姿勢〕. **3** 〘建〙垂直式建築(様式). **4** 垂直測定器. **5** 急斜面, 絶壁. **6** 品行の方正. **7** 〘英俗〙立ち食い, 立ち飲み. ***out of*** (***the***) ～ 傾いた. [√pend-]
◇ ～**·ly** *ad.* 垂直に, まっすぐに. **pèr·pen·dìc·u·lár·i·ty** [⌐―⌐―lǽrəti/pəː-] *n.* 垂直, 直立.

pér·pe·trate [pə́ːrpətrèit] *vt.* **1** <罪を>犯す, <悪事を>行なう. **2** <とてつもないことを> しでかす, やってのける: ～ a pun 場所柄も考えずだじゃれをとばす. [per-＋√pat(e)r-] ◇ **-tra·tor** [-trèitər] *n.* 犯行者, 犯罪者, 加害者. **-tra·ble** [-trəbl] *a.* **pèr·pe·trá·tion** [⌐―tréi-ʃ(ə)n] *n.*

‡**per·pét·ual** [pərpétʃuəl, ㊊⁺-tju(ə)l] *a.* **1** 永久の, 永続する, 終身の: mountains covered with ～ snow 万年雪におおわれた山々. a country of ～ spring とこ春の国. ～ income 終身収入. ～ imprisonment 終身禁固. **2** 不断の, 絶え間のない, やむことない, のべつまくなしの: a ～ stream of visitors ひっきりなしの来客. her ～ chatter 彼女ののべつまくなしのおしゃべり. **3** 〘園芸〙四季咲きの: a ～ rose.
—— *n.* 四季咲きの植物《特にバラ》. [√pet-]
～ **calendar** 万年暦. ～ **motion** (機械の)永久運動. ◇ ～**·ly** *ad.* **1** 永久に, 永続的に; 終身. **2** 絶え間なく, 始終. ～**·ness** *n.*
〔類〕→ **continual**「しょっちゅうの」

per·pét·u·ate [pərpétʃuèit, ㊊⁺-tju-] *vt.* **1** 永続〔永存〕させる. **2** 不朽にする.
◇ **per·pét·u·a·tor** [-ər] *n.* **per·pèt·u·á·tion** [―⌐―éiʃ(ə)n] *n.* 永続(化); 不朽(化).

pèr·pe·tú·i·ty [pə̀ːrpət(j)úːəti/-tjúː-] *n.* **1** 永続, 永存; 不滅. → temporality. **2** 永続〔永代〕物; 〘法〙《財産の》永久拘束; 永代財産〔所有権〕. **3** 終身位階; 終身年金. **4** 単利が元金と同一になる時期. ***in*** [***to, for***] ～ 永久に, 永遠に. ***lease in*** ～ 永代借地権.

‡**per·pléx** [pərpléks] *vt.* **1** 当惑させる, 困惑させる; まごつかせる《に *at*; で *with*》: I *was* ～*ed at* his conduct. 彼のやり方は全くわからなかった〔には全く困った〕. **2** <事態・困難などを> 複雑化する, もつれさす, 紛糾させる: ～ an issue 問題を錯綜(さくそう)させる. [√plec-] ◇ ～**·i·ty** [-əti] *n.* 当惑; 混乱, 難局.
〔類義語〕**当惑させる: perplex**「どうしたらいちばんよいのかわからなくさせる」. 上掲の日本語がぴたり当てはまる上品な語: Such contradictions *perplex* the historian. このような矛盾した史実は歴史家を当惑させる. **bewilder** 平静を失わせるほど当惑させる,うろたえさせる: So many questions *bewildered* him. たいへんにたくさんの質問を受けて彼はどぎまぎしてしまった. **puzzle** どう考えるべきかわからなくさせる. 主として頭, つまり知的な困惑について用いる.「頭をひねらせる」. **confound** 頭で考えていたものと全く違った結果・状況に接してうろたえさせる.

per·pléxed [pərplékst] *a.* 困った, 途方にくれた; 複雑な, めんどうな.

◇ ～·ness *n.* **per·pléx·ed·ly** [-pléksidli] *ad.*
per·pléx·ing [pərpléksiŋ] *a.* (人を)困らせる, まごつかせる; ややこしい. ◇ ～·**ly** *ad.*
per pro, per proc. *per procurationem.*
per proc·u·ra·ti·o·nem [pəːr-pràkjurèiʃióunem/-prɔ̀k-] L. (=by proxy) 代理によって.
pér·qui·site [pə́ːrkwizit] *n.* **1** 臨時収入[手当]. **2**〖英〗《使用人がもらう》おさがり. **3**〖話〗役得;《地位に伴う》特権.
pér·ron [pérən] *n.* 〖建〗《教会などの玄関口に通じる》屋外階段.
pér·ry [péri] *n.* 〖英〗ナシ酒.
Pér·ry [péri] *n.* Matthew C. ～, 1794–1858, アメリカの提督《1853 年浦賀に来航して日本との通商を求めた》.
Pers. Perseus; Persia; Persian. **pers.** person; personal.
per sal·tum [pəːr-sɔ́ːltəm / -sǽl-] L. (=in a jump) 一足飛びに; 突然.
perse [pəːrs] *a., n.* 青紫色(の).
per se [pə́ːr-síː/pəː-séi, -síː] L. (=by [for, in, of] itself) 自ら, それ自体が[で], 本質的に.
‡pér·se·cute [pə́ːrsikjùːt] *vt.* **1 迫害する, 虐待する**《しばしば宗教的理由で》. **2** に**うるさくつきまとう; 悩ませる**《で *with, by*》: ～ a person *with* questions 質問ぜめにする. [√sequ-] ◇ **-cu·tive** [-iv] *a.* 迫害[虐待]する. **-cu·tor** [-ər] *n.* 迫害[虐待]者.
pèr·se·cú·tion [pə̀ːrsikjúːʃ(ə)n] *n.* **1** 迫害, 虐待. **2** しつこく[うるさく]せがむこと.
～ **mania** 被害妄想(もうそう)狂. ◇ ～·**al** *a.*
Per·séph·o·ne [pərséfəni] *n.* 〖ギ神〗地獄の女王《ローマ神話では Proserpina》.
Pér·seus [pə́ːrsjuːs, -siəs] *n.* **1**〖ギ神〗ペルセウス《Zeus の子で怪物 Medusa を退治した》. **2**〖天〗ペルセウス座.
‡pèr·se·vér·ance [pə̀ːrsivíː(ː)rəns / -víər-] *n.* **1** 忍耐, しんぼう, がんばり: with ～ しんぼう強く. **2**〖宗〗《永遠の救いに至る》有終の恩恵.
***pèr·se·vére** [-víər] *vi.* **しんぼうする, がんばりとおす,**「ねばる」.
pèr·se·vér·ing [pə̀ːrsivíː(ː)riŋ/-víər-] *a.* しんぼう[がまん]強い, 根気のよい. ◇ ～·**ly** *ad.*
***Pér·sia** [pə́ːrʒə, -ʃə/-ʃə] *n.* **ペルシア**《1935年に Iran と改称》.
***Pér·sian** [pə́ːrʒən, -ʃən/-ʃən] *a.* **ペルシアの**, ペルシア人[語]の. —— *n.* **1** ペルシア人[語]. **2** (*pl.*) よろい戸, 板すだれ (=～ blinds).
～ **carpet** [**rug**] ペルシアじゅうたん. ～ **cat** ペルシアネコ. ～ **Gulf** ペルシア湾. ～ **lamb** ペルシア産の子羊; その毛皮. ～ **lilac** 〖植〗センダン. ～ **walnut** クルミ.
pèr·si·énnes [pə̀ːrziénz/-si-] *n. pl.* =Persian②.
pér·si·flàge [pə́ːrsiflàːʒ/pèəsiflɑ́ːʒ] *n.* ひやかし, ちゃかし. [<F.]
per·sím·mon [pərsímən/pəː-] *n.* 〖植〗カキ(の木).
‡per·síst [pərsíst, ㊍⁺-zíst] *vi.* **1 固執する, 主張する**《を *in*》: ～ *in* one's belief 自己の信念を押し通す. **2** 執着する: ～ *in* folly 誤りを改めない. **3 持続する**, 存続する, 生き残る: The legend has ～*ed* for two thousand years. その伝説は 2,000 年の間消えずに残っている. [per-+√sist- いつまでも立つ]
〔類〕→ **continue**「持続する」
***per·síst·ence** [-(ə)ns], **-en·cy** [-(ə)nsi] *n.* **1** 固執, がんばり, ねばり. **2** 永続, 持続(性), 耐久(力).
‡per·síst·ent [pərsíst(ə)nt, ㊍⁺-zíst-] *a.* **1 固執する, がんこな, がんばる.** **2 永続する, 絶え間ない**: a ～ headache しつこい頭痛. **3**〖植〗落葉しない, 常緑の. ↔ deciduous. ◇ ～·**ly** *ad.*
per·snick·e·ty, per·snick·i·ty [pərsníkiti] =pernickety.
†pér·son [pə́ːrsn] *n.* **1** 人, 人間;《けいべつ的》やつ, 者: No ～ saw it.. それを見た者はだれもいない. a very important ～ 要人, 大物《略VIP》. Who is this ～? こいつはだれだ. **2** からだ, 身体; 容姿, 風采(ふうさい): an offence against the ～ 暴行. a lady of a fine ～ 容姿端麗な婦人. It was her fortune, not her ～, that induced him to wish to marry her. 彼に彼女との結婚を望ませたのは彼女の容姿ではなく財産だ. **3** 人物, 人格: He asserted the dignity of his own ～. 彼は自分の人格の尊厳を主張した. **4**《劇・小説などの》登場人物. **5**〖文〗人称: the first [second] ～ 一[二]人称. **6**〖宗〗《三位一体の》位, 位格. **7**〖法〗《自然人・法人を含めて》人: artificial [legal, juridical, juristic] ～ 法人. natural ～ 自然人. **8**〖動〗個体.
in ～ =***in*** one's ***own*** (***proper***) ～ (1) 本人自ら, 自分で: I shall be present at the meeting *in* ～. 私自ら会合に出席しよう. (2) その人自身は, ほんものは: She looks better *in* ～ than on the screen. 彼女は映画よりも実物の方がきれいだ. ***in the*** ～ ***of*** …という(人になって): To my surprise, the solicitor appeared *in the* ～ *of* Smith, my old friend. 驚いたことには旧友のスミスが私の弁護に当たることになった. I found a good friend *in the* ～ *of* the landlady. その女主人という良友を見いだした. ***on*** one's ～ 身につけて, 携帯して. ***the three*** ～***s of the Godhead*** 神の三位《父と子と聖霊》. ***young*** ～ 若い人,《一般的に》若い女性《特に girl, lady, woman を避けて》: There's *a young* ～ to see you. 若いご婦人がきみをたずねてきている. ～**-to-**～ (1) 直接の, ひざづめの. (2) 個別の. (3)〖電話〗指名の: a ～*-to-*～ call 指名通話. → station-to-station. ◇ ～·**age** [-idʒ] *n.* 名士, 要人;《劇・小説中の》人物;〖古〗容姿.
per·so·na [pərsóunə] L. *n.* (*pl.* ***-nae*** [-niː]) 人 (= person). ***in propria*** [in-próupriə-] ～ 自身で. ～ ***grata*** [-gréitə] [***non grata***] 好ましい[好ましくない]人物《特に外交関係用語》.
pér·son·a·ble [pə́ːrsnəbl] *a.* 器量のよい, 風采(ふうさい)のよい.
‡pér·son·al [pə́ːrs(ə)n(ə)l] *a.* **1 個人の**, 自分だけの, 私の, 一身上の, (特定)個人のための[向けの]: ～ opinions 私見, 個人的意見. ask as a ～ favor 特に自分向けの計らいとして頼む. a ～ letter 特定個人あての手紙, 親展書. **2 本人自らの**, じきじきの: a ～ call [interview] じきじきの訪問[面会]. **3** (特定)個人についての, 他人の私事に関する; 人身攻撃の: *Punch* is often so frank and ～ as to perplex foreign readers. パンチ誌は外国の読者を当惑させるほどしばしばあけすけで特定個人を話題にする. Don't be too ～. あまり私事にわたらないようにしてください. **4**《物に対して》**人格的の**, 人間の: imagine a ～ creator of the universe 宇宙の人格としての創造者を想像する. ～ factors 人間的要素. **5 身体の**; 容姿[風采(ふうさい)]の: ～ injury 人身傷害. ～ beauty 容姿のよさ. **6**〖文〗人称の. **7**〖法〗人的の, 対人の; 動産の. ***become*** [***get***] ～ 人の私事に立ち入る; 人を批評する, 人身攻撃する.
—— *n.* **1**〖文〗人称代名詞. **2** (*pl.*) 動産. **3** (*pl.*) 人物批評, 人身攻撃. **4**《新聞の》人事[個人消息]欄. **5**〖映・俗〗《俳優の》お目見えごあいさつ.
～ **abuse** [**remarks**] 人身攻撃. ～ **affairs** 私事. ～ **appearance** 容貌(ようぼう), 風采. ～ **column**《新聞の》人事欄. ～ **effects** 所持品; 家財, 動産. ～ **equation**〖科学〗《観測上の》個人(誤)差;《一般的》観察上の個人差. ～ **ornaments** 装身具. ～ **pronoun**〖文〗人称代名詞. ～ **property** [**estate**] 動産; 個人財産. ～ **rights** 人権. ～ **security** (1) 生命身体の安全. (2) 保証人, 人的担保. ～ **shopper**〖米〗《デパートなどの》買い物相談係.
◇ ～·**ize** [-àiz] *vt.* **1** 個人的にする; 個人専用にする. **2** 人格[擬人]化する.
〔類〕→ **private**「個人の」
‡pèr·son·ál·i·ty [pə̀ːrs(ə)nǽliti] *n.* **1 個性, 性**

格, 人格, 人柄, 《特に》魅力ある性格: dual [double] ～ 二重人格. a man with little ～ 個性の乏しい男. He has a lot of ～. あの人はとても魅力のある人柄だ. **2** 人としての存在; 人間(性): respect the ～ of a child 子どもの人間性を尊重する. **3** 《人の》実在(性): suspect the ～ of Shakespeare シェイクスピアの実在を疑う. **4** 《ある個性をもった》人物, 個人; 名士: a TV ～ テレビの人気俳優. **5** (通例 *pl.*) 人物批評, 《特に》人身攻撃. **6** 〘地〙地勢, 地相. **7** 〘稀〙動産 (personalty). ***indulge in ～ies*** 人身攻撃をする, 人のあら捜しをする.
～ cult 個人崇拝 《ソ連におけるスターリン崇拝など》.
～ quotient [**test**] 〘心〙個性指数 [検査].
[類] → **character**「性格」

‡**pér·son·al·ly** [pə́ːrs(ə)n(ə)li] *ad.* **1** 自身で, 自ら, 本人で: see to the comforts of one's guests ～ (女中まかせでなく) 自分で客の世話をやく. **2** 私個人としては, 自分としては: *P*～, I agree to the proposal. 私としてはその提案に賛成する. **3** 自分のこととして, あてつけとして: Don't take that remark ～. そのことばをきみ個人にあてつけて言ったと受け取るな. **4** 人柄として(は), 個人として: I like him ～, but dislike the way he conducts business. 彼の人柄は好きだが事業のやり方が気にくわない.

pér·so·nal·ty [pə́ːrs(ə)n(ə)lti] *n.* 〘法〙動産. ↔ realty.

pér·son·ate [pə́ːrsənèit] *vt.* **1** 《劇中で》の役を演ずる, に扮(ふん)する. **2** のふりをする, のふうを装う, の名をかたる. ◇ **-a·tive** [-iv] *a.* 役を演ずる, に扮する. **-a·tor** [-ər] *n.* 演技者, 俳優; 詐称者. **pèr·son·á·tion** [pə̀ːrsənéiʃ(ə)n] *n.* 役を演ずること; 《姓名・身分の》詐称.

per·sòn·i·fi·cá·tion [pərsɑ̀nifikéiʃ(ə)n/pəːsɔ̀n-] *n.* **1** 擬人[人格]化; 〘修〙擬人法. **2** 化身, 権化; 具象化, 具現.

per·són·i·fy [pərsɑ́nifài/pəːsɔ́n-] *vt.* **1** 人格化する, 擬人化する. **2** 体現する, 具体化する; の化身[典型]となる.
◇ **-fi·er** [-ər] *n.* 人格[擬人]化する人; 体現する人.

pèr·son·nél [pə̀ːrsənél] *n.* 《集合的》人員, 職員, 社員, 隊員. → *matériel*.
—— *a.* 職員の, 人事の: the ～ section 人事課.

‡**per·spéc·tive** [pərspéktiv] *n.* **1** 遠近(画)法, 透視画法; 透視画[図]. **2** 遠景, けしき, 眺望(ちょう). **3** 展望; 視角, 見地: see things in their (right) ～*s* 物事を正しく見る; 物事のつりあい[軽重]を誤たずに見る. The event has thrown the universe into a fresh ～. この事件で世界に全く新しい展望がひらけた. **4** 見通し, 見込み, 前途.
angular [***linear***] **～** 斜線[直線]遠近画法. ***in* ～** 遠近画法によって; 正しい見方[つりあい]で.
—— *a.* 遠近画法の[による]. [√spec-]
～ representation 遠近[透視]画法.
◇ **～·ly** *ad.* 遠近法によって; 明瞭(めいりょう)に.
[類] → **view**「ながめ」

Pér·spex [pə́ːrspeks] *n.* 〘おもに英〙風防ガラス《航空機などの透明部に使用》; その商標名.

pèr·spi·cá·cious [pə̀ːrspikéiʃəs] *a.* 明敏[聡明(そうめい)]な, 洞察(どうさつ)力のある. [√spec-]
◇ **～·ly** *ad.* **～·ness** *n.* [類] → **clever**「利口な」

pèr·spi·các·i·ty [-kǽsiti] *n.* 明敏, 鋭敏; 洞察力.

pèr·spi·cú·i·ty [-kjúːiti] *n.* 《文章・言語などの》明快, 明晰(めいせき).

per·spíc·u·ous [pərspíkjuəs] *a.* 明快な, 明瞭な. [√spec-] ◇ **～·ly** *ad.* **～·ness** *n.*

pèr·spi·rá·tion [pə̀rspəréiʃ(ə)n] *n.* **1** 汗をかくこと, 発汗(作用)(sweating). **2** 汗(sweat).

per·spír·a·to·ry [pərspáirətɔ̀ːri/-páiərətəri] *a.* 発汗(作用)の; 発汗をうながす.

per·spíre [pərspáiər] *vi., vt.* **1** 汗をかく, 発汗する. **2** 分泌する, にじみ出る.

‡**per·suáde** [pərswéid] *vt.* **1** 説き伏せる, 勧めて[うながして, せき立てて] …させる: ～ a person *to* go [*into going*] 人に勧めて行かせる. ↔ dissuade. **2** に納得させる, に信じさせる《を *of*; ということを *that*》: How can I ～ you *of* my sincerity [*that* I am sincere]? 私の誠実をどうしたら信じていただけるでしょう. ***be ～d of*** [***that…***] を確信している. **～ *oneself*** 確信する.
◇ **per·suád·a·ble** [-əbl] *a.* = persuasible. **per·suád·er** [-ər] *n.* 説得者; 強制手段《拍車・ピストルなど》. [類] → **urge**「促す」

per·suá·si·ble [pərswéisəbl] *a.* 説得できる.

per·suá·sion [pərswéiʒ(ə)n] *n.* **1** 説得, 説伏, 説得力. **2** 確信, 信念, 《特に宗教上の》信条: It is my ～ that… と確信している. **3** 宗旨, 宗派. **4** 〘笑〙種類, 人種, 性別: the male ～ 男性.

per·suá·sive [pərswéisiv] *a.* **1** 説得力のある. **2** 口のうまい. **——** *n.* 説得する[納得させる]もの; 動機, 誘因. ◇ **～·ly** *ad.* **～·ness** *n.*

pert [pəːrt] *a.* **1** 生意気な, でしゃばりな. **2** 〘米方〙活発な, 元気な. ◇ **～·ly** *a.* **～·ness** *n.*

pert. pertaining.

PERT [pəːrt] program [performance] evaluation and review technique 《計画・組織の管理方式. 周期的報告に基づき分析・制御を行なう》.

per·táin [pərtéin] *vi.* **1** 付随する, 属する《に *to*》. **2** 関係がある《に *to*》: matters ～*ing to* education 教育に関する事柄. "Mental" means of or ～*ing to* the mind. "mental" とは「mind の」または「mind に関する」ということである《辞書でよく用いられる表現》. **3** 適する, 似合う《に *to*》. [√ten-]

pèr·ti·ná·cious [pə̀ːrt(i)néiʃəs] *a.* **1** 不退転の, 粘り強い, 不屈な. **2** しつこい; 強情な. [√ten-]
◇ **～·ly** *ad.* **～·ness** *n.*

pèr·ti·nác·i·ty [-nǽsiti] *n.* **1** 執拗(しつよう)さ, 根気強さ, 不屈. **2** しつこさ; がんこさ.

pér·ti·nent [pə́ːrt(i)nənt] *a.* **1** 妥当な, 適切な《に *to*》. ↔ impertinent. **2** 関係ある《に *to*》.
—— *n.* (通例 *pl.*) 〘英〙付属物. [√ten-]
◇ **～·ly** *ad.* 適切に, 当を得て. **-nence, -nen·cy** *n.* 適切, 妥当, 適当. [類] → **proper**「適切な」

per·túrb [pərtə́ːrb] *vt.* 混乱させる, ろうばいさせる, 動揺させる, 不安にする: be ～*ed* by one's illness 病気で心配している. [√turb-]
◇ **～·ing** *a.* 心を乱す: ～*ing* rumors. **per·túr·ba·tive** [-ətiv] *a.*

pèr·tur·bá·tion [pə̀ːrtərbéiʃ(ə)n] *n.* **1** 《心の》乱れ, 動揺, ろうばい, 不安, 心配. **2** 不安[動揺]のもと. **3** 〘天〙摂動.

per·túrbed [pərtə́ːrbd] *a.* (心が)かき乱された, ろうばいした, 落ち着かない. ◇ **per·túrb·ed·ly** [-bidli] *ad.* **per·túrb·ed·ness** [-bidnis] *n.*

Pe·rú [pərúː] *n.* ペルー《南アメリカ西岸の共和国. 首都 Lima》. → Peruvian.

pe·rúke [pərúːk] *n.* 《特に17–18世紀に男が用いた》かつら (wig).

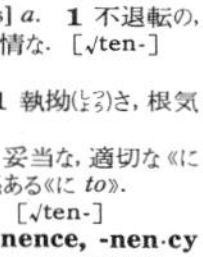
peruke

pe·rús·al [pərúːz(ə)l] *n.* **1** 熟読, 精読, 通読. **2** 吟味.

pe·rúse [pərúːz] *vt.* **1** 熟読[精読]する, 通読する. **2** 〈顔色・心などを〉読む. **3** 〘古〙吟味する. [＜per-＋use 用い[なじみ]＋尽くす. √ut-]

Pe·rú·vi·an [pərúːviən] *a.* Peru (人)の.
—— *n.* ペルー人. **～ bark** キナ皮 (cinchona).

per·váde [pərvéid] *vt.* **1** に広く行き渡る, に普及する; に充満する: Spring ～*d* the air. 春のけはいが大気に満ちていた. **2** に浸透する. [√vad-]
◇ **per·vá·sion** [-véiʒ(ə)n] *n.* 普及, 充満; 浸透.

per·vá·sive [pərvéisiv] *a.* **1** 広がる, 普及した.

2 浸透性の, しみとおる. ◇ ～·**ly** *ad.* ～·**ness** *n.*

per·vérse [pərvə́:rs] *a.* 1 つむじ曲がりの, ひねくれた, 片意地な, 強情な. 2 よこしまな, 邪悪な; 誤った, 不法な. 3 思うようにいかない. [√vert-]
◇ ～·**ly** *ad.* ～·**ness** *n.*

per·vér·sion [pərvə́:rʒ(ə)n, -ʃ(ə)n / -ʃ(ə)n] *n.* 1 悪用, 誤用, 逆用; (語の)こじつけ, 曲解. 2 悪化, 堕落. 3 邪道; 〖宗〗背教. 4 常軌逸脱, 転倒. 5 〖医〗倒錯: sexual ～ 変態性欲. → 動詞 pervert.

per·vér·si·ty [-səti] *n.* 1 つむじ曲がり, 片意地, 強情. 2 邪悪, 悪性.

per·vér·sive [-siv] *a.* pervert させる.

per·vért [pərvə́:rt] *vt.* 1 悪用する, 逆用する: Man often ～*s* his talents. 人間はしばしば才能を悪用する. 2 邪道に導く, 堕落させる; <判断・信仰などを> 誤らせる: Don't ～ (the mind of) a child. 子ども(の心)を悪へ導くな. 3 わざと誤解〔曲解〕する: ～ a person's words 人のことばを曲解する.
—— *vi.* 〖稀〗邪道に陥る; 背教者となる《の *to*》.
—— [pə́:rvə:rt] *n.* 1 堕落者; 背教者. 2 変質者; 〖心〗性欲倒錯者. [√vert-]
◇ **per·vért·ed** [pərvə́:rtid] *a.* 1 堕落した, 道を踏みはずした. 2 性欲倒錯の, 変態の. 3 曲解された: a ～*ed* version of an occurrence 事件に対するゆがんだ解釈. **per·vért·i·ble** *a.* ～されうる.

pér·vi·ous [pə́:rviəs] *a.* 1 《光・水などを》通す, 透過させる《を *to*》. 2 早く感じとる; 受け入れる, 納得する《を *to*》: ～ *to* reason 道理がわかる. [√vi-]
◇ ～·**ness** *n.* 通過〔透過〕性.

Pès·ca·dó·res [pèskɑdó:res/-kədɔ́:riz] *n. pl.* ボンフー(澎湖)諸島《台湾海峡の諸島》.

pe·sé·ta [pəsé(i)tə] *n.* ペセタ《スペインの貨幣単位. 100 centimos》; ペセタ銀貨. [<Sp.]

pés·ky [péski] *a.* 〖米話〗煩わしい, うるさい.
◇ **-ki·ly** *ad.* **-ki·ness** *n.*

pé·so [péisou] *n.* (*pl.* ～**s**) ペソ《フィリピン・メキシコおよび中央・南アメリカ諸国の貨幣単位》; ペソ銀貨. [<Sp.] 「《避妊用》.

pés·sa·ry [pésəri] *n.* 〖医〗子宮栓(せん), ペッサリー

pés·si·mism [pésəmìz(ə)m] *n.* 悲観, 厭世(えんせい); 悲観論, 厭世主義〔観〕. ↔ optimism.
◇ **-mist** *n.* 悲観論〔主義〕者, 厭世家.

pès·si·mís·tic [pèsəmístik] *a.* 悲観的な, 悲観主義の, 厭世論〔観〕の. ***take a ～ view of*** を悲観する. ◇ **-ti·cal·ly** *ad.*

pés·si·mum [pésəməm] *n.* (*pl.* **-ma** [-mə]) 最悪状態〔環境, 条件〕.

pest** [pest] *n.* 1 有害物, やっかい者, 害虫. 2 悪疫; ペスト, 黒死病. ***garden ～ 植物の寄生虫.
～·**hole** [ˊˋ] 伝染病の発生する場所; 有害な所.
～·**house** [ˊˋ] 〖古〗《ペストの》避病院.

Pès·ta·lóz·zi [pèstəlάtsi/-lɔ́t-] *n.* Johann [jóuhɑ:n-] H. ～, 1746-1827, スイスの教育学者.
◇ ～·**an** *a., n.* ペスタロッチの(教育論信奉者).

pés·ter [péstər] *vt.* につきまとって悩ます; うるさがらせる, 苦しめる. ～ a person *for* money (人に金)をせびる. ◇ ～·**er** [-tərər] *n.* ～·**ing·ly** *ad.*

pést·i·cide [péstəsàid] *n.* 殺虫剤. ◇ **pèst·i·cíd·al** [pèstəsáidl] *a.* 殺虫の, 害虫駆除の.

pes·tíf·er·ous [pestíf(ə)rəs] *a.* 1 疫病をもたらす. 2 伝染性の. 3 有害な, 害悪を及ぼす. 4 〖話〗煩わしい, やっかいな. ◇ ～·**ly** *ad.* ～·**ness** *n.*

pés·ti·lence [pést(ə)ləns] *n.* 1 疫病, 伝染病; ペスト, 黒死病. 2 害悪, 害毒.

pés·ti·lent [-lənt] *a.* 1 伝染病を引き起こす, 悪疫の; 伝染性の. 2 有毒な; 命取りの, 致命的な. 3 害を及ぼす, 有害な. 4 〖話〗やっかいな, 煩わしい.
◇ ～·**ly** *ad.*

pès·ti·lén·tial [pèst(ə)lénʃ(ə)l] *a.* 1 疫病の, ペストのような. 2 有害な, 弊害の多い. 3 〖話〗やっかいな, うるさい. ◇ ～·**ly** *ad.* ～·**ness** *n.*

pés·tle [pés(t)l] *n.* 乳棒, すりこぎ, きね.
—— *vt., vi.* 乳棒〔すりこぎ〕でする, きねでつく.

pes·tól·o·gy [pestάlədʒi/-tɔ́l-] *n.* 害虫学〔研究〕.

‡**pet**[1] [pet] *n.* 1 ペット, 愛がん動物《犬・ネコ・小鳥など》. 2 お気に入り(の人); だいじにしている物. 3 《呼びかけ》いい子. ***be a perfect ～*** 全くかわいらしい. ***make a ～ of*** をかわいがる.
—— *a.* 1 気に入りの, 寵愛〔愛がん〕の: a ～ kitten 愛がんの子ネコ. 2 得意の, おはこの: a ～ theory 得意の持論. 3 愛情を示す. one's ～ ***aversion*** 〖笑〗大きらいなもの.
—— *vt.* (**-tt-**) 1 かわいがる, 寵愛(ちょうあい)する; 甘やかす: We cannot ～ anything much without doing it mischief. なんにせよかわいがりすぎるとだめにしてしまうものだ. 2 愛撫(あいぶ)する, いちゃつく.
～ **cock** 小コック, 小せん《蒸気などを抜くための》. ～ **name** 愛称. ～ **shop** 愛がん動物屋.

pet[2] *n.* むずかり, すねること, ふきげん. ***in a ～*** すねて, ふくれて. ***take the ～*** すねる, むっとする.
—— *vi.* (**-tt-**) むずかる, すねる, ふくれる, おこる.

pét·al [pétl] *n.* 〖植〗花びら, 花弁.
◇ ～(**l**)**ed** *a.* 花弁のある; 《おもに合成語で》…弁の: double-～*ed* cherries 八重咲きの桜. ～·**ous** [pét(ə)ləs] *a.* 花弁の(ような), 花弁のある.

pe·tárd [pitά:rd/pe-] *n.* 1 〖史〗《城門などの破壊に昔用いた》爆薬の類. 2 花火の一種, 爆竹.
hoist with [***by***] ***one's own ～*** 自らのわなに陥って.

pét·a·sos [pétəsəs / -sɔs], **-sus** [-səs] *n.* 1 ペタソス《古代ギリシア人の山の低いつば広の帽子》. 2 〖ギ神〗Hermes 神の翼のついた帽子.

pe·táu·rist [pitɔ́:rist] *n.* 〖動〗ムササビ属の動物.

péte·man [pí:tmən] ＝peterman.

pé·ter [pí:tər] *vi.* 〖話〗1 <鉱脈などが> 尽きる, <水流などが> 細くなる《*out*》. 2 <望み・計画などが> 先細りに消える, 消えうせる《*out*》.

Pé·ter [pí:tər] *n.* 1 〖聖〗ペテロ《キリストの十二使徒のひとり》; ペテロ(前・後)書. 2 ピョートル大帝, 1672-1725, 帝政ロシアの皇帝 (＝～ the Great). 3 (p～) 〖米俗〗さいふ, 金庫. ***rob ～ to pay Paul*** 一方から奪って他方に与える; 借金して他の借金を返済する.
～ **Funk** 〖米〗《競売などの》さくら. **p～·man** → 別項. ～ **Pan** James Barrie 作 の同名の劇の主人公; 永遠の少年: ～ *Pan* collarピーターパン式のえり《広くて丸い》. ～**'s penny** 〔**pence**〕〖史〗ローマ法王に納める税金《現在は献金》.

pé·ter·man [pí:tərmən] *n.* (*pl.* **-men** [-mən]) 1 漁夫. 2 〖俗〗金庫破り, 強盗.

pé·ter·sham [pí:tərʃəm] *n.* 1 うね織りあらラシャの一種; その生地でつくった外套(がいとう). 2 うね織り絹リボン《帽子のひもなどに用いる》.

pét·i·o·lar [pétiələr] *a.* 〖植〗葉柄の; 葉柄に生じる.

pét·i·o·late [-lèit/-lit] *a.* 〖植〗葉柄のある; 〖動〗肉柄〔肉茎〕を有する.

pét·i·ole [pétiòul] *n.* 〖植〗葉柄.

pe·tit [péti/pətí:] F. *a.* (*fem.* ***pe·tite*** [pətí:t]) 1 《おもに法律用語として》小さい; ささいな: a ～ jury 小陪審《12 人からなる普通の陪審》. → grand jury. 2 [pəti:-] (*pl.* ～***s*** [pəti:-]) 《以下の合成語で》.
～-maî·tre [-méitr(ə)] しゃれ者, だて者. ***～ mal*** [-mǽl] てんかんの小発作. ***～s-che·vaux*** [-ʃəvóu] 賭博(とばく)の一種. ***～s soins*** [-swɛ̃:] 細かい心づかい. ***～ verre*** [-véər] 小型グラス.

petit four [pəti:fɔ́:r, péti-/pəti:fúə] F. (*pl.* ***petits fours*** [-z]) 小型のカップケーキ.

‡**pe·tí·tion** [pitíʃ(ə)n] *n.* 1 請願, 嘆願, 陳情; 《神への》祈願: a ～ to the king 〔House〕 国王〔議会〕への嘆願書. 2 請願〔嘆願, 陳情〕書; 《法廷への》申し立て(書). ***grant a ～*** 請願を許可する. ***make ～*** 請願する. ***on ～*** 請願によって〔があれば〕: The company's charter can be renewed

only *on* 〜. 会社の設立許可は請願によってのみ更新される. **〜 *in* [*of*] *bankruptcy*** 破産申請. **〜 *of appeal*** 控訴[訴願]状. **〜 *of revision*** 〖法〗上告状. ***put up a* 〜** to heaven (天に)祈願する. ***the P〜 of Right*** 〖英史〗人権に関する訴願《1628年議会が Charles I に承認させた》; 〖英:法〗対政府権利回復訴願.
—— *vt.* に請願[嘆願, 陳情, 申請]する; に祈願する: They 〜*ed* the mayor *to* establish scholarship for poor students [*that* scholarship for poor students should be established]. 貧困学生のため奨学資金制度を設立するよう市長に嘆願した.
—— *vi.* 願う, 請う《*for*; *to* (do)》. [√pet-]
◇ **〜·ar·y** [-èri/-(ə)ri] *a.* 〜の. **〜·er** *n.*

pe·ti·ti·o prin·ci·pi·i [pitíʃiòu-prinsípiài / -ʃiou-prinsípiai] L. (=begging the question) 〖論〗論点の先取《未証明の前提に基づいて論証する誤謬(ごびゅう)》.

Pé·trarch [pí:tra:rk/pét-] *n.* Francesco [fra:ntʃéskou-] 〜 ペトラルカ, 1304–74, イタリアの詩人.

pét·rel [pétrəl] *n.* 〖鳥〗ウミツバメ属の鳥; =storm(y) 〜. ***storm* [*stormy*] 〜** 《比喩的》その人が来ると何事かが起こると思われる人, 疫病(やくびょう)神.

pét·ri [pétri] **〜 *dish*** ペトリざら《バクテリア培養用ふた付きガラスざら》.

petri- 「石」「岩」の意の語形成要素.

pèt·ri·fác·tion [pètrifækʃ(ə)n], **pèt·ri·fi·cá·tion** [-fikéiʃ(ə)n] *n.* **1** 石化(作用), 化石. **2** 茫然(ぼうぜん)自失, 気力喪失. ◇ **pèt·ri·fác·tive** *a.*

pét·ri·fy [pétrifài] *vt., vi.* **1** 石化させる[する], 石(のよう)にさせる[する]. **2** 《驚きなどで》動けなくする[なる], すくませる, すくむ; 茫然自失させる[する], ぎょうてんさせる[する]. **3** がんこ[無情]にする[なる].
Petrified Forest 化石の森《アメリカ Arizona 州にある国立公園》. [petri-+√fac-]

petro- =petri-.

pèt·ro·chém·i·cal [pètrokémik(ə)l] *a.* 石油化学の. —— *n.* 石油化学薬剤. 「化学.

pèt·ro·chém·is·try [-kémistri] *n.* 石油[岩石]

pét·ro·glyph [pétrəglìf] *n.* 岩石彫刻.
◇ **pèt·ro·glýph·ic** [⌐-glífik] *a.*

Pét·ro·grad [pétrəgræd] *n.* Leningrad の旧称.

pét·ro·graph [pétrəgræf/-grɑ:f] =petroglyph.

pe·tróg·ra·phy [pi:trágrəfi/pitrɔ́g-] *n.* **1** 岩石記載学. **2** 岩石分類学. ◇ **-pher** *n.* **pèt·ro·gráph·ic** [pètrəgræfik], **pèt·ro·gráph·i·cal** *a.*

‡**pét·rol** [pétrəl] *n.* 〖英〗ガソリン, 精油, 軽油 (=㊊ gasoline). —— *vt.* (**-ll-**) 〖英〗ガソリンでそうじする.

petrol. petrology. 「油.

pèt·ro·lá·tum [pètrəléitəm] *n.* 〖化〗ワセリン; 鉱

***pe·tró·le·um** [pitróuliəm] *n.* 石油.
***crude* [*raw*] 〜** 原油, 重油. **〜 ether** 石油エーテル. **〜 jelly** =petrolatum. 「の.

pet·ról·ic [pitrálik / -rɔ́l-] *a.* 石油の; 〖英〗ガソリン

pét·ro·lin(e) [pétrəlin] *n.* 〖化〗一種の炭化水素.

pe·tról·o·gy [pi:trálədʒi/pitrɔ́l-] *n.* 岩石学.
◇ **-gist** *n.* 岩石学者. **pèt·ro·lóg·ic** [pètrəládʒik/-lɔ́dʒ-], **pèt·ro·lóg·i·cal** *a.*

pét·rous [pétrəs, ㊊⁺pí:t-] *a.* **1** 岩の(ような), 岩石状の; 堅い. **2** 〖医〗岩状部の, 《側頭骨の》錐体(すいたい)部の.

pét·ti·coat [pétikòut] *n.* **1** 《スカートの下にはく》ペチコート; 《もと婦人・子どものはいた》スカート. **2** 〖俗〗女, 女の子. **3** (*pl.*) 女性, 女の社会[勢力]. **4** スカート形の物[おおい]; 〖電〗はかま形碍子(がいし) (=〜 insulator). ***wear* [*be in*] 〜*s*** 女性[幼児]である, 女らしくふるまう.
—— *a.* **1** 女性の, 女性的な. **2** ペチコートを着けた.
〜 affair 情事; つや話. **〜 government** 《家庭または政界での》女天下. **〜 insulator** 〖電〗はかま形碍子. ◇ **〜·ed** [-id] *a.* ペチコートを着けた; 女らしい. **〜·ism** *n.* 女の勢力, 女天下.

pét·ti·fog [pétifàg, -fɔ̀:g/-fɔg] *vi.* (**-gg-**) **1** 小理屈をこね回す. **2** 三百代言をやる. **3** いかさま[ごまかし]をはたらく. ◇ **〜·ger** [-ər] *n.* 悪徳弁護士, 三百代言. **〜·ger·y** [-(ə)ri] *n.* 三百代言的なやり方. **〜·ging** *a.* (三百代言的な)小理屈を並べる; いかさまの, くだらない.

pét·tish [pétiʃ] *a.* ふきげんな, すねる, おこりっぽい.
◇ **〜·ly** *ad.* **〜·ness** *n.*

pét·ti·toes [pétitòuz] *n. pl.* **1** 豚の足《特に食用としての》. **2** 〖笑〗人[子ども]の足(指).

pet·to [pét(t)ou] It. *n.* (*pl.* ***pet·ti*** [pét(t)i]) 胸. ***in* 〜** 胸中に, 心ひそかに.

‡**pét·ty** [péti] *a.* **1** ささいな, とるに足りない: 〜 troubles つまらぬ心配ごと. 〜 expenses 雑費. **2** 狭量な, 気の小さい: 〜 malice けちな悪意. **3** 小規模な: 〜 shopkeepers 小店主. —— *n.* (*pl.*) 便所.
〜 cash 小口現金, 小払い用資金. **〜 farmer** 小農. **〜 jury** =*petit jury*. → *petit*. **〜 larceny** 軽窃盗罪. **〜 officer** 《海軍の》下士官, 兵曹(へいそう).
◇ **-ti·ly** *ad.* けちけちして; 卑劣に. **-ti·ness** *n.*

pét·u·lant [pétʃulənt/-tju-] *a.* **1** 短気な, おこりっぽい; 怒りをあらわす. **2** 〖稀〗でしゃばりな, 生意気な. [√pet-] ◇ **〜·ly** *ad.* **-lance, -lan·cy** *n.* むずかり, 怒り, ふきげん.

pe·tú·nia [pit(j)ú:njə, -niə/-tjú:-] *n.* **1** 〖植〗ペチュニア, ツクバネアサガオ. **2** 暗紫色.

pe·tún·(t)se [pitúntsə] *n.* 白墩子(とんす), 磁泥(じでい)《中国産の陶磁器用白陶土》.

pew [pju:] *n.* **1** 《教会の》座席, 《家族などの専用の》席. **2** 着座の人々. **3** 《一般的》〖話〗いす, 席.
***family* 〜** 教会の家族席. ***take a* 〜** 着席する.
〜 chair 折りたたみ式補助いす. **〜 opener** 《教会の》座席案内人. **〜 rent** 《教会の》座席料.
◇ **〜·age** [-idʒ] *n.* 《集合的》《教会の》座席; 座席料.

pé·wee [pí:wi:] *n.* 〖鳥〗ヒタキの類《アメリカ産》.

pé·wit [pí:wit] *n.* 〖鳥〗**1** タゲリ; その鳴き声. **2** カモメの一種. **3** 〖米〗=pewee.

Pewks [pju:ks] *n.* 〖米〗Missouri 州人の別称.

péw·ter [pjú:tər] *n.* **1** ピュータ《スズと鉛または銅などの合金》. **2** ピュータ製器, ピュータの酒杯. **3** 〖英俗〗賞金 (prize money); 〖米俗〗金.
◇ **〜·er** [-tərər] *n.* ピュータ細工師.

pf. perfect; pfennig; pianoforte; preferred; proof. **p.f.** *piu forte* (It. =a little louder). **PFC., Pfc.** Private First Class. **pfd.** preferred.

pfén·nig [(p)fénig] *n.* (*pl.* **-nigs, -ni·ge** [-nigə]) ペニッヒ《ドイツの貨幣単位. 100分の1マルク》; ペニッヒ銅貨.

Pg. Portugal; Portuguese. **PGA, P.G.A.** Professional Golfers' Association. **P.H.** pinch hitter; public health; 〖米〗(Order of the) Purple Heart. **Ph** 〖化〗phenyl. **pH** 〖化〗ペーハー指数《水素イオン(濃度)指数》. **ph** phot(s). **PHA** Public House Administration.

Phá·ë·thon [féiəθən, ㊊⁺féiətn] *n.* 〖ギ神〗フェートン《太陽神 Helios の子. 父の馬車を御し損じ天地に大火災を起こしそうになったため Zeus 神が雷電を放って彼を殺して事なきを得た》.

phá·e·ton, phä·e·ton [féiətn/féitn] *n.* **1** 2頭だて4輪馬車. **2** フェートン型自動車, ほろ型自動車.

phág·o·cyte [fægəsàit] *n.* 〖生理〗食菌細胞《白血球・リンパ球など》. ◇ **phàg·o·cýt·ic** [⌐-sítik] *a.*

phàg·o·cy·tó·sis [fægəsaitóusis] *n.* 〖生理〗食菌作用. 「形成要素.

-pha·gous [-fəgəs] 「食う」の意の形容詞をつくる語

-pha·gy [-fədʒi] 「食うこと」「常食」の意の名詞をつくる語形成要素.

phál·ange [fæləndʒ, fəlændʒ / fælændʒ] *n.* 〖医〗

指骨;〘動〙趾骨(しこつ) (phalanx).
◇ **pha·lán·ge·al** [fəlǽndʒiəl] *a.*
pha·lán·ger [fəlǽndʒər] *n.* 〘動〙ユビムスビ属《ネズミに似たオーストラリア産の有袋動物》.
phál·an·ster·y [fǽlənstèri/-t(ə)ri] *n.* ファランステール《フランスの社会主義者 Fourier の唱道した共同生活団体》; その共同住宅.
phá·lanx [féilæŋks, fǽl- / fǽl-] *n.* (*pl.* **~·es**, **pha·láng·es** [fəlǽndʒi:z]) **1**〘古ギリシア〙方陣《槍兵(そうへい)の配置形》. **2** 密集団; 同志の結合, 結社. **3** =phalanstery. **4** (通例 *pl.*) =phalange. ***in* ~** 密集して, 結束して.
phál·a·rope [fǽləròup] *n.* 〘鳥〙イソシギの類.
phál·lic [fǽlik], **-li·cal** [-(ə)l] *a.* 陰茎の; 男根崇拝の.
phál·li·cism [fǽlisiz(ə)m], **phál·lism** [fǽliz(ə)m] *n.* 男根崇拝《自然界生産力の象徴としての「根(像)」》.
◇ **phál·li·cist, phál·list** *n.*
phál·lus [fǽləs] *n.* (*pl.* **-li** [-lai]) 〘医〙陰茎; 男
phán·er·o·gam [fǽnərogæ̀m] *n.* 〘植〙顕花植物. → cryptogam. ◇ **phàn·er·o·gám·ic** [fæ̀nərogǽmik], **phàn·er·óg·a·mous** [fænərɑ́gəməs/-rɔ́g-] *a.* 〘植〙顕花植物の.
phán·tasm [fǽntæz(ə)m] *n.* **1** 幻影, まぼろし, 幻覚; 幽霊. **2** 幻想, 空想. [√pha(n)-]
phan·tás·ma [fæntǽzmə] *n.* (*pl.* **~·ta** [-mətə]) =phantasm.
phàn·tas·ma·gó·ri·a [fæ̀ntæzməgó:riə/-gɔ́:r-] *n.* **1** 千変する幻影, 変幻窮まりない光景. **2** 幻燈.
◇ **~·l** *a.* **phàn·tas·ma·gór·ic** [-gɔ́:rik, -gɑ́rik/-gɔ́r-] *a.*
phan·tás·mal [fæntǽzm(ə)l], **-mic** [-mik] *a.* **1** まぼろしの, 幻影の, 幻覚の; 亡霊の. **2** 幻想〔空想〕の. ◇ **~·ly** *ad.*
phán·ta·sy *n.* =fantasy. [√pha(n)-]
◇ **phàn·tás·tic** [fæntǽstik] *a.*
***phán·tom** [fǽntəm] *n.* **1** 幻影, 幽霊. **2** 幻覚, 錯覚, 妄想(もうそう). **3** 影像, 面影.
—— *a.* **1** まぼろしの, 妄想の; 幽霊の: a ~ ship 幽霊船. **2** 実体のない, 見せかけの. [√pha(n)-]
~ order 〘米〙(指令により発効する) 仮発注契約《おもに兵器類の》. **~ tumor** 一時的腫脹(しゅちょう).
phar. pharmaceutical; pharmacology; pharmacopoeia; pharmacy.
Phár·aoh [fέ(:)rou/fέər-] *n.* **1** ファラオ, パロ《古代エジプト国王の称号》. **2**《比喩的》専横者, 酷使者.
~'s serpent ヘビ玉《火をつけるとヘビのように伸びる一種の花火》. ◇ **Phà·ra·ón·ic** [fὲ(:)reiɑ́nik/fὲəreiɔ́n-], **Phà·ra·ón·i·cal** *a.*
Phar. B. *Pharmaciae Baccalaureus* (L.=Bachelor of Pharmacy).
Phàr·i·sá·ic [fæ̀riséiik], **-i·cal** [-(ə)l] *a.* パリサイ (Pharisee) 派の; (p~) 形式主義的な, 偽善的な.
◇ **Phàr·i·sá·i·cal·ly** *ad.*
Phár·i·sa·ism [fǽriseiiz(ə)m] *n.* 〘聖〙パリサイ派《形式を重んずるユダヤの保守宗派》, パリサイ主義; (p~) 形式主義, 偽善. ◇ **-ist** *n.*
Phár·i·see [fǽrisi:] *n.* パリサイ派〔主義〕の人; (p~)《宗教上の》形式主義者; 偽善者.
pharm. =phar.
phàr·ma·céu·tic [fɑ̀:rməsú:tik / -sjú:t-], **-ti·cal** [-(ə)l] *a.* 薬(物)学の. ◇ **phàr·ma·céu·ti·cal·ly** *ad.* **phàr·ma·céu·tist** *n.* =pharmacist.
phàr·ma·céu·tics [-tiks] *n. pl.* 《単数扱い》調剤学 (pharmacy); 製薬学.
phár·ma·cist [fɑ́:rməsist] *n.* 薬学者, 調剤師.
phàr·ma·cól·o·gy [fɑ̀:rməkɑ́lədʒi/-kɔ́l-] *n.* 薬学, 薬物学. ◇ **-gist** *n.* 薬(物)学者. **phàr·ma·co·lóg·i·cal** [-kəlɑ́dʒik(ə)l/-lɔ́dʒ-] *a.*
phàr·ma·co·póe·ia [-kəpí:ə] *n.* **1** 薬局方, 調剤書. **2** 薬種, 薬物類.
◇ **~·l** *a.* 薬局方の, 薬種〔薬物〕の.
phár·ma·cy [fɑ́:rməsi] *n.* **1** 調剤(術); 薬学; 調剤〔製薬〕業. **2** 薬局, 薬店 (=㊥ drugstore).
◇ **-cist** *n.* 薬学者; 調剤師.
phár·os [fέ(:)rɑs/fέərɔs] *n.* **1**〘雅〙燈台. **2** 船燈, 燈標, 航路標識. **3** (P~) ファロス燈台《エジプト北部 Alexandria 湾の Pharos 島にあった》.
pha·rýn·ge·al [fərínd3iəl, fæ̀rindʒí:əl], **pha·rýn·gal** [fəríŋg(ə)l] *a.* 〘医〙咽頭(いんとう)の.
~ artery 頸(けい)動脈.
phàr·yn·gí·tis [fæ̀rindʒáitis] *n.* 〘医〙咽頭炎.
pha·rýn·go·scope [fəríŋgəskòup] *n.* 〘医〙咽頭鏡. ◇ **phàr·yn·gós·co·py** [fæ̀ringɑ́skəpi / -gɔ́s-] *n.* 〘医〙咽頭鏡検査.
phàr·yn·gót·o·my [fæ̀riŋgɑ́təmi/-gɔ́t-] *n.* 〘医〙咽頭(いんとう)切開術.
phár·ynx [fǽriŋks] *n.* (*pl.* **~·es**, **pha·rýn·ges** [fərínd3i:z]) 〘医〙咽頭.
‡phase [feiz] *n.* **1** 局面, 段階《発達・変化過程の》: enter upon a new ~ 新局面にはいる. **2**《物・問題などの》相, 面: many ~*s* of the question その問題の多くの面. **3**〘天〙《月その他の天体の》相, 位相: the ~*s* of the moon 月の位相《月の満ち欠け》. **4**〘物〙《音波・光波・交流電流などの》位相, フェーズ. **5**〘医〙反応時期.
—— *vt.* **1** (段階的に)実行する. **2**〘米〙〈局面に〉順応させる, 調整する. **3** 予定する. **~ *in*** 採り入れる. **~ *out*** 除去する; しだいに停止する. [√pha(n)-]
~(-contrast) microscope 位相差顕微鏡.
~-in [⌐⌐] 採用, 導入. **~-out** [⌐⌐] 除去, 漸次解消. ◇ **phás·ic** [féizik] *a.*
〔類義語〕局面: **phase** 変化する過程の一様相を示し観察者は特に示唆されない. **aspect** 観察者の視点から見られる面を強調し, ものの一局面しか見ていないという視野の限界が示唆される. **side** 観察者とは関係なく事物・現象・問題などがもっている面: Few men know this *side* of his character. 彼の性格のこの面を知る人は少ない. **facet** 一局面. 全体の理解を助けるための多くの面の一つ. 幾つかの facets を同時に見られる可能性が示唆される. **angle** 観察者の意図的なものの見方, 観点が強調される.
phá·sis [féisis] *n.* (*pl.* **phá·ses** [-si:z]) **1** 相, 形相. **2** 面, 方面.
Ph.B. *Philosophiae Baccalaureus* (L. =Bachelor of Philosophy). **Ph.D.** *Philosophiae Doctor* (L. =Doctor of Philosophy).
phéas·ant [féznt] *n.* (*pl.* **~s**, 《集合的》~) 〘鳥〙キジ. **~-eyed** [⌐⌐⌐] 《花に》キジの目状の斑点(はんてん)のある. **~'s-eye** [⌐⌐⌐] 〘植〙福寿草属の植物.
◇ **~·ry** *n.* キジ飼育場.
phél·lo·gen [félədʒən] *n.* 〘植〙コルク形成層.
phe·nác·e·tin(e) [finǽsitin] *n.* 〘薬〙フェナセチン《解熱鎮痛剤》.
Phe·ní·ci·a =Phoenicia.
phé·nix =phoenix.
pheno- 〘化〙「benzene の」の意の連結形.
phè·no·bár·bi·tal [fi:nobɑ́:rbitæl, -tɔ:l] *n.* 〘薬〙フェノバルビタール《催眠薬》.
phé·nol [fí:nɔ:l, -nɑl, -noul/-nɔl] *n.* 〘化〙フェノール, 石炭酸. ◇ **phe·nól·ic** [finɑ́lik/-nɔ́l-] *a.* **phé·no·lize** [fí:nəlàiz] *vt.* フェノールで処理する.
phe·nól·o·gy [finɑ́lədʒi / -nɔ́l-] *n.* 生物気候学.
phè·nol·phthál·ein [fì:nɔ:lθǽli:n / -nɔlfθǽli:n] *n.* 〘化〙フェノールフタレイン《下剤》.
phe·nóm [finɑ́m / -nɔ́m] *n.* 〘米俗〙すばらしい物〔人〕; 驚くべき事物. [<*phenom*enon]
phe·nóm·e·na [finɑ́minə/-nɔ́m-] *n.* phenomenon の複数形.
phe·nóm·e·nal [finɑ́min(ə)l/-nɔ́m-] *a.* **1** 現象の, 外観上の; 知覚できる. **2** 驚くべき, 異常な, 珍しい, すばらしい. ◇ **~·ly** *ad.* **1** 現象上. **2** 知覚でき

るほどに. **3** 驚くほどに, すばらしく. **~·ize** *vt.* 現象として考える〔扱う〕.

phe·nóm·e·nal·ism [-iz(ə)m] *n.* 〖哲〗現象論; 実証主義, 経験主義. ◇ **-ist** *n.* 現象論者. **phe·nòm·e·nal·ís·tic** [-ˌ-ˊ--ístik] *a.*

phe·nóm·e·nism [fịnámịnìz(ə)m/-nɔ́m-] = phenomenalism. ◇ **-nist** *n.*

phe·nòm·e·nól·o·gy [fịnàmịnálədʒi / fịnɔ̀mịnɔ́l-] *n.* 〖哲〗現象学. ◇ **phe·nòm·e·no·lóg·i·cal** [-nəládʒik(ə)l/-lɔ́dʒ-] *a.*

‡**phe·nóm·e·non** [fịnámịnàn/-nɔ́m-] *n.* (*pl.* **-na** [-mịnə]) **1** 現象: a natural ~ 自然現象. **2** 事象, 事件. **3**〖哲〗現象, 外象. → noumenon. **4** (*pl.* **~s**) 驚くべき事物;〖話〗非凡な人: an infant ~ 神童. [√pha(n)-]

phé·no·type [fíːnətàip] *n.* 〖生〗表現型《目に見える生物の体質》. ◇ **phè·no·týp·ic** [ˌ-ˊ-típik] *a.*

phén·yl [fénịl, fíːn-] *n.* 〖化〗フェニル基.

phew [ỹː, ỹụː, (p)fjuː] *int.* ちぇっ! 《不快・いらだち・驚きなどの表示》.
— [fjuː] *vi.* ちぇっと舌を鳴らす.

phi [fai] *n.* ギリシア語アルファベットの第21字《Φ, φ》. **Phi Beta Kappa** ファイ ベータ カッパ クラブ《1776年創設のアメリカの大学で成績優秀な学生・卒業生で組織するクラブ》; その会員. [<Gk. philosophia biou kybernētes =philosophy the guide of life]

phí·al [fái(ə)l] *n.* ガラスの小びん, 《特に》薬びん. → vial.

Phíd·i·as [fídiəs / -æs] *n.* フィディアス, 500?–432? B.C., ギリシアの彫刻家.

phil- 「愛」の意の語形成要素. → philo-.

-phil [-fil] = -phile.

phil. philology; philosopher; philosophical; philosophy. **Phil.** Philemon; Philip; Philippians; Philippine.

Phìl·a·dél·phia [fìlədélfjə, -fiə] *n.* アメリカ Pennsylvania 州の都市《略 Phila.》.
~ lawyer 〖米俗〗敏腕弁護士.

phi·lán·der [fịlǽndər] *vi.* 〈男が〉戯れの恋をしかける, 恋愛遊戯にふける. ◇ **~·er** [-dərər] *n.*

phíl·an·thrope [fílənθròup] = philanthropist.

phìl·an·thróp·ic [fìlənθrápik / -θrɔ́p-], **-i·cal** [-(ə)l] *a.* 博愛の, 仁愛の, 情けぶかい.
◇ **phìl·an·thróp·i·cal·ly** *ad.*

phi·lán·thro·pist [fịlǽnθrəpist] *n.* 博愛主義者, 博愛〔慈善〕家. ◇ **-pism** [-pìz(ə)m] *n.* **phi·làn·thro·pís·tic** [-ˌ-ˊ-pístik] *a.*

phi·lán·thro·py [fịlǽnθrəpi] *n.* **1** 博愛, 仁愛, 慈善. → misanthropy. **2** (通例 *pl.*) 博愛〔慈善〕的行為; 慈善事業〔団体〕. [√anthrop-] ◇ **-pize** [-pàiz] *vi., vt.* (に)慈善を行なう〔施す〕.

phi·lát·e·ly [fịlǽt(ə)li] *n.* 切手愛好〔収集, 研究〕. ◇ **-list** *n.* 切手収集〔愛好, 研究〕家. **phìl·a·tél·ic** [fìlətélik] *a.* 切手収集〔研究〕の.

-phile [-fàil] 「愛する人, 愛好する人」の意の語形成要素: biblio*phil(e)* (本+愛する人→) 愛書家.

Phi·lé·mon [fịlíːmɑn, fai-/-mɔn] *n.* 〖聖〗ピレモン書《新約聖書中の一書》.

phìl·har·món·ic [filərmánik, filhɑːrm- / filɑː-mɔ́n-] *a.* 音楽愛好の: a ~ orchestra 交響楽団. a ~ society 音楽協会. — *n.* **1** 音楽愛好家, 音楽協会. **2** 《音楽愛好協会の催す》演奏会.

phil·hél·lene [filhéliːn, ˊˌ-/ˊˌ-] *n.* ギリシアびいき, ギリシア愛好者.
◇ **phìl·hel·lén·ic** [filhelénik/-líːnik] *a.* ギリシアびいきの. **phil·hél·len·ism** [filhélịnìz(ə)m] *n.* **phil·hél·len·ist** *n.* =philhellene.

Phíl·ip [fílịp] *n.* 〖聖〗ピリポ《キリスト十二使徒のひとり》.

Phi·líp·pi [fịlípai, fíləpài] *n.* フィリッピ《Macedonia の古都. 紀元前42年 Octavian と Mark Antony が Brutus と Cassius を破った所》. ***meet at ~*** 危険な会合の約束を守る. ***Thou shalt see me at ~.*** いまに復讐(ふくしゅう)してやるぞ《Shakespeare 作 *Julius Caesar* から》.

Phi·líp·pi·ans [fịlípiənz] *n. pl.* 《単数扱い》〖聖〗ピリピ人への手紙《新約聖書中の一書》.

Phi·líp·pic [fịlípik] *n.* **1** 反フィリッポス論《Demosthenes が12回にわたって Macedonia の Philip 王を攻撃した演説》. **2** Cicero が Mark Antony を攻撃した演説. **3** (p~) 弾劾演説, 痛論.

phìl·ip·píne [filịpíːn] =philopena.

Phíl·ip·pine [fílịpiːn] *a.* フィリピンの; フィリピン人の. ***the ~ Islands*** フィリピン諸島.

Phíl·ip·pines [fílịpiːnz] *n. pl.* (the ~)フィリピン諸島 (the Philippine Islands). ***the Republic of the ~*** フィリピン共和国《もとは the Commonwealth of the ~. 首都は Quezon City であるが事実上 Manila》.

Phi·lís·tine [filístin, fílịstiːn/fílịstain] *n.* **1** ペリシテびと《昔 Palestine 南西部に住み, イスラエル人を圧迫した好戦種族》. **2** (p~) 俗物, 教養のない人; 〖笑〗残忍な敵《執達吏・批評家など》.
— *a.* ペリシテ(びと)の; (p~) 俗物的な, 教養のない. ***fall among the ~s*** ひどい目に会う.
◇ **-tin·ism** [-tiniz(ə)m] *n.* ペリシテびとかたぎ; (p~) 俗物根性, 無教養; 実利主義.

phil·lú·men·ist [filúːmịnist / -ljúː-] *n.* マッチ箱ラベル研究〔収集〕家.

philo- 「愛する」の意の語形成要素: *philo*logy (ことば+愛する→) 文献学. *philo*sophy (知+愛する→) 哲学.

phi·lóg·y·ny [filádʒịni / -lɔ́dʒ-] *n.* 女好き, 婦人崇拝. ↔ misogyny. ◇ **-nist** *n.* ~の人.

philol. philological; philology.

phìl·o·lóg·i·cal [filəládʒik(ə)l/-lɔ́dʒ-] *a.* **1** 文献学の, 文献学的な. **2** 言語学の, 言語学的な.
◇ **~·ly** *ad.*

phi·lól·o·gy [filálədʒi / -lɔ́l-] *n.* **1** 文献学. **2** 言語学. ***English ~*** 英語学. ◇ **-gist** *n.* 文献学者, 言語学者. **-gize** [-dʒàiz] *vi.* 文献学を研究する; 文献学〔言語学〕的に考察する.

phíl·o·mel [fíləmèl] 〖雅〗=nightingale.

Phìl·o·mé·la [fìləmíːlə] *n.* **1** 〖ギ神〗フィロメーラ《nightingale に化身させられ悲しい運命を嘆き鳴いているといわれる Athens 王 Pandion の娘》. **2** = philomel.

phìl·o·pé·na [filəpíːnə], **phìl·ip·pí·na** [-lịp-], **phìl·ip·píne** [-lịpíːn], ㊎⁺ **phìl·o·póe·na** [-ləpíːnə] *n.* **1** 核の二つあるクルミ類の果実. **2** 食後のくだものに核が二つあったばあい, その一つを他の人に与え, 再会したとき最初に 'Philippine' と言った者が相手から贈り物をもらう一種の遊戯または習慣; その贈り物.

phìl·o·pro·gén·i·tive [filəprodʒénịtiv] *a.* 子ども好きな; 多産の (prolific). ◇ **~·ness** *n.*

philos. philosopher; philosophical; philosophy.

‡**phi·lós·o·pher** [fịlásəfər/-lɔ́s-] *n.* **1** 哲学者. **2** 賢人, 達観者: You are a ~. きみはあきらめがよい. ***take things like a ~*** 世の中を達観する.
~'s stone 賢者の石《卑金属を金・銀に変える力があると考え, 昔の錬金術師が捜し求めたもの》.

‡**phìl·o·sóph·ic** [filəsáfik / -sɔ́f-], **-i·cal** [-(ə)l] *a.* **1** 哲学(上)の. **2** 哲学に通じた. **3** 理性的な; 冷静な. **4** あきらめのよい. **5**〖稀〗物理学(上)の. ***with ~ resignation*** 観念して, あきらめて; (哲学的)諦観(ていかん)をもって. ◇ **phìl·o·sóph·i·cal·ly** *ad.* 哲学上, 哲学的に; 諦観して, 達観して.

phi·lós·o·phize [filásəfàiz/-lɔ́s-] *vi.* **1** (哲学的に) 思索する《を *on*》. **2** 理論にはしる; 浅薄な立論をする. **3** 哲学者ぶる. — *vt.* 哲学的に扱う.

‡**phi·lós·o·phy** [fịlásəfi/-lɔ́s-] *n.* **1** 哲学; 知識愛; 哲学体系: the Kantian ~ カント哲学. **2** 哲

理, 原理, (根底)思想: the ～ of grammar 文法の原理. **3** 人生観, 世界観; 哲学的精神, 哲人的態度. **4** 沈静, 静寂; 達観, 悟り; あきらめ: meet misfortunes *with* ～ 不幸を冷静に迎える. → philo-. ***atomic*** ～ 原子論. ***metaphysical*** ～ 形而(けい)上学. ***moral*** ～ 倫理学. ***natural*** ～ 物理学. ◇ **-phism** *n.* **1** 哲学的思索. **2** えせ哲学, 曲学, 詭弁(きべん). **-phist** *n.* えせ哲学者; 詭弁家.

phíl·ter, -tre [fíltər] *n.* ほれ薬. —— *vt.* (ほれ薬で) ほれさせる.

-phi·ly [-fili] 「愛, 愛好」の意の語形成要素.

phiz [fiz] *n.* 〘話〙 **1** 顔, つら. **2** つらがまえ, 表情. [< *physi*ognomy] ～ **snapper** 〘米俗〙 写真師.

phle·bí·tis [flibáitis, fleb-] *n.* 〘医〙 静脈炎.

phle·bót·o·my [flibátəmi/-bɔ́t-] *n.* 〘医〙 刺胳(しらく)(療法), 放血《ひじ関節の静脈を刺して悪血をとる昔の医療法》. ◇ **-mist** *n.* 刺胳医; 放血者. **-mize** [-màiz] *vt., vi.*

phlegm [flem] *n.* **1** 痰(たん). **2** 粘液的性質. **3** 無感動; 遅鈍. **4** 冷静, 沈着. ◇ **～·y** *a.* 痰のような〔を含んだ〕.

phleg·mát·ic [flegmǽtik], **-i·cal** [-(ə)l] *a.* **1** 粘液質の: a ～ temperament 粘液(気)質. **2** 無感動な; のろまな. **3** 冷静な, 沈着な. **4** 痰(たん)の多い.

phló·em, -ëm [flóuem] *n.* 〘植〙《維管束を組織する》靱皮(じんぴ)部, 篩部(しぶ).

phlo·gís·tic [flodʒístik] *a.* **1** 〘医〙 炎症(性)の. **2** phlogiston の.

phlo·gís·ton [flodʒístən/flɔ-] *n.* 燃素, フロジストン《酸素発見以前に考えられていた可燃素》.

phlór·i·zin [flóːrizin / flɔ́r-] *n.* 〘化〙 フロリジン《リンゴなどの果樹の根の皮から採る透明苦味質》.

phlox [flɑks/flɔks] *n.* 〘植〙 フロックス. ***garden*** ～ 〘植〙 クサキョウチクトウ, オイランソウ.

-phobe [-fòub] Gk. 「…を恐れる(者)」「…をきらう(者)」の意の語形成要素: Anglo*phobe* 反英の.

-pho·bi·a [-fóubiə] Gk. 「…きらい」「…恐」の意の名詞をつくる語形成要素: Anglo*phobia* イギリスぎらい, 反英. hydro*phobia* 恐水病.

phó·cine [fóusain, -sin] *a.* 〘動〙 アザラシ(類)の.

pho·cóm·e·lus [fokámiləs/-kɔ́m-] *n.* (*pl.* **～·es**) 〘医〙 アザラシ肢症(しょう)の奇形児, アザラシ児.

Phóe·be [fíːbi] *n.* **1** 〘ギ神〙 月の女神. → Artemis. **2** 〘雅〙 月. **3** (p～) 〘鳥〙 ヒタキの類《アメリカ産》.

Phóe·bus [fíːbəs] *n.* **1** 〘ギ神〙 太陽神《Apollo の別称》. **2** 〘雅〙 太陽, 日輪.

Phoe·ní·ci·a [finíʃiə, -ʃə] *n.* フェニキア《現在の Syria 沿岸にあった古代の海洋国》.

Phoe·ní·cian [finíʃən, -níːʃ-/-níʃiən] *a., n.* フェニキアの; フェニキア人〔語〕(の).

phóe·nix, phé·nix [fíːniks] *n.* **1** (しばしばP～) 〘エジプト神話〙 不死鳥《アラビア砂ばくにたった 1 羽だけすみ, 500年から600年ごとに自分でまきに火をつけ焼死し, その灰の中から再び若さを取りもどしあらわれるといわれる霊鳥》. **2** 不死の象徴; 不死〔不滅〕の物〔人〕. **3** 典型(的人物); 大天才; 絶世の美人. **4** 逸品, 名品. **5** (P～) 〘天〙 鳳凰(ほうおう)座.

Phóe·nix [fíːniks] *n.* アメリカ Arizona 州の州都.

phon [fɑn / fɔn] *n.* 〘物〙 フォン, ホン《音の強さの単位》.

phon. phonetic(s); phonology.

phó·nate [fóuneit/fonéit] *vt., vi.* 声を出す, 発声する. ◇ **pho·ná·tion** [fonéiʃ(ə)n] *n.*

‡**phone**[1] [foun] *n.* 〘話〙 電話(機), 受話器: You are wanted on the ～. 電話ですよ. ***be on the*** ～ 電話に出ている. —— *vt.* **1** に電話をかける; 電話で呼び出す《*up*》. **2** 電話で話す. —— *vi.* 電話をかける《に *to*》. [√phon-] ～ **number** 電話番号.

phone[2] *n.* 〘音声〙 言語音, 単音.

-phone [-fòun] 「音」の意の名詞をつくる語形成要素: tele*phone* <tele- + √phon- 遠くへ + 音 → 電話.

phò·ne·mát·ic [fòuniːmǽtik] *a.* 〘言〙 音素の. → phonemic.

phó·neme [fóuniːm] *n.* 〘言〙 音素, 音韻《一言語内で同一音として扱われる類音》.

pho·né·mic [foníːmik] *a.* 音素〔音韻〕の. ◇ **～s** [-s] *n. pl.* 《単数扱い》〘言〙 音素〔音韻〕論. **-mi·cal·ly** *ad.* **-mi·cist** [-misist] *n.* 音素論者, 音韻論者. **-me·cize** [-misàiz] *vt.* 〈音声を〉音素化する; 音素表記する.

pho·nét·ic [fonétik] *a.* **1** 音声の, 音声上の. **2** 音声をあらわす. **3** 音声学の. [√phon-] ～ **notation** 音声標記(法). ～ **signs** 〔**alphabet, symbols**〕 音声記号, 音標文字. ～ **spelling** 表音式つづり(法). ◇ **-i·cal·ly** *ad.* **-i·cism** [-tisiz(ə)m] *n.* 音声記号法. **-i·cist** *n.* = phonetist. **-i·cize** [-tisàiz] *vt.* 音声記号であらわす. **phò·ne·tí·cian** [fòunitíʃ(ə)n] *n.* 音声学者.

pho·nét·ics [fonétiks] *n. pl.* 《単数扱い》 音声学; (一国語の) 音声組織.

phó·net·ist [fóunitist] *n.* 表音文字(使用)論者.

phó·ney = phony.

phón·ic [fánik, fóun-/fóun-, fɔ́n-] *a.* 音声(上)の, 発音上の. ◇ **～s** *n. pl.* 《単数扱い》 正音法《つづり字の読み方を教える》.

phono- 「音」「声」「発音」 の意の語形成要素.

phó·no·gram [fóunəgræm] *n.* **1** 音標文字; (速記の) 表音字. **2** (蓄音機の) レコード. ◇ **phò·no·grám·(m)ic** [ˌ−−grǽmik] *a.*

phó·no·graph [fóunəgræf/-grɑːf, -græf] *n.* 〘米〙 蓄音機; 〘英〙 蠟管(ろうかん)式蓄音機. —— *vt.* 蓄音機に吹き込む; 蓄音機にかける. [√phon-]

phò·no·gráph·ic [fòunəgrǽfik] *a.* **1** 蓄音機の〔による〕. **2** 速記の; 速記文字で書いた. ◇ **-i·cal·ly** *ad.*

pho·nóg·ra·phy [fonágrəfi/-nɔ́g-] *n.* **1** 表音式書き方. **2** (表音) 速記法. ◇ **-pher, -phist** *n.* (表音) 速記者.

phó·no·lite [fóunəlàit] *n.* 〘鉱〙 響岩(きょうがん), 響石.

pho·nól·o·gy [fonálədʒi/-nɔ́l-] *n.* **1** 音韻論; 音韻組織. **2** 〘稀〙 音声学; 音声組織. ◇ **-gist** *n.* 音韻学者; 音声学者. **phò·no·lóg·ic** [fòunəládʒik/-lɔ́dʒ-], **phò·no·lóg·i·cal** [-(ə)l] *a.*

pho·nóm·e·ter [fonámitər/-nɔ́m-] *n.* 〘物〙 測音器; 音波測定器.

phó·no·phore [fóunəfɔ̀ːr/-fɔː], **-pore** [-pɔ̀ːr/-pɔː] *n.* 〘電〙 電信電話共通装置.

phó·no·scope [fóunəskòup] *n.* 〘物〙 **1** 表音器. **2** 検弦器, 弦音計.

phó·no·type [fóunətàip] *n.* 音標活字(体).

phó·no·typ·y [-tàipi] *n.* 表音式速記法.

phó·ny [fóuni] 〘米俗〙 *a.* いんちきの; いかさまな (fake[1]). —— *n.* **1** いんちき物. **2** いかさま師, ぺてん師.

-pho·ny [-fəni] 「音」「音声」「音響技術」の意の名詞をつくる語形成要素: tele*phony* 電話(技術).

phóo·ey [fúːi] *int.* 〘話〙 くそくらえ, どうでもなりやがれ《*on*》.

phós·gene [fásdʒiːn/fɔ́z-] *n.* 〘化〙 ホスゲン《無色「有毒ガス」》.

phós·gen·ite [fásdʒinàit/fɔ́z-] *n.* 〘鉱〙 角鉛鉱.

phosph- 「燐(りん)の」の意の語形成要素.

phós·phate [fásfeit/fɔ́s-] *n.* **1** 〘化〙 リン酸塩; リンエステル. **2** リン酸肥料. **3** (リン酸入り) 炭酸水. ◇ **phos·phát·ic** [fɑsfǽtik/fɔs-] *a.*

phós·phene [fásfiːn / fɔ́s-] *n.* 〘生理〙 映像《目を閉じて眼球を圧すると網膜が刺激されて生じる閃光(せんこう)現象》.

phós·phide [fásfaid/fɔ́s-] *n.* 〘化〙 リン化物.

phós·phine [fásfiːn/fɔ́s-] *n.* 〘化〙 リン化水素, ホスフィン.

phós·phite [fásfait/fɔ́s-] *n.* 〘化〙 亜リン酸塩.

phospho- = phosph-.

phós·phor [fásfər / fɔ́s-] *n.* **1** 〖物〗発光性合成物: ～ bronze リン銅. **2** (P～)〖雅〗明けの明星 (morning star, Venus).

phós·pho·rate [fásfərèit/fɔ́s-] *vt.* 〖化〗リンと化合させる. 「する.

phòs·pho·résce [fàsfərés / fɔ̀s-] *vi.* リン光を発

phòs·pho·rés·cent [fàsfərésnt/fɔ̀s-] *a.* リン光を発する; リン光性の. **～ lamp** 螢光(けいこう)燈.
◇ **-cence** *n.* リン光, 青光り.

phos·phór·ic [fasfɔ́:rik, -fár-, -fó:r-/fɔsfɔ́rik] *a.* リンを含んだ: ～ acid リン酸. 「毒.

phós·pho·rism [fásfəriz(ə)m/fɔ́s-] *n.* 〖医〗リン中

phós·pho·rite [fásfəràit / fɔ́s-] *n.* 〖地〗リン灰岩 (=～ rock); リン灰土.

phós·pho·rous [fásf(ə)rəs, fasfó:rəs/fɔ́sf(ə)r-] *a.* 〖化〗リンを含んだ: ～ acid 亜リン酸.

phós·pho·rus [fásf(ə)rəs/fɔ́s-] *n.* (*pl.* **-ri** [-rài]) **1** 〖化〗リン《非金属元素. 記号 P》. **2** 〖稀〗リン光性物質. **3** (P～) = Phosphor.
～ necrosis 〖医〗リン壊死(えし).

phós·phu·ret·(t)ed [fásfjurètid/fɔ́sfər-] *a.* 〖化〗リンと化合した.

phós·sy [fási/fɔ́si] *a.* 〖話〗燐(りん)の〔による〕.
～ jaw = phosphorus necrosis.

phot [fat, fout/fɔt] *n.* フォト《照明の単位》.

phot. photographer; photographic; photography.

phó·tic [fóutik] *a.* 光の〔に関する〕.

‡phó·to [fóutou] *n.* (*pl.* **～s**) 〖話〗**写真.**
—— *vt., vi.* 写真にとる〔写る〕.
～ finish 《競馬などの》写真判定; きわどい勝負.

photo- 「光」「写真」「光電子」の意の語形成要素.

phò·to·bi·ót·ic [fòutobaiátik / -ɔ́t-] *a.* 〖動・植〗《生存上》光を必要とする.

phó·to·cell [fóutosèl] *n.* 〖電〗光電池, 光電管.

phò·to·chém·i·cal [fòutəkémik(ə)l] *a.* 光化学の. 「術.

phó·to·chro·my [fóutəkròumi] *n.* 天然色写真

phò·to·chrón·o·graph [fòutokránəgræf / -krɔ́nəgrɑ:f] *n.* 動体写真(機). ◇ **phò·to·chro·nóg·ra·phy** [-krənágrəfi/-nɔ́g-] *n.* 動体写真術.

phò·to·com·póse [fòutokəmpóuz] *vt.* 〖印〗写植する. ◇ **-pós·er** [-ər] *n.* 写真植字機. **phò·to·còm·po·sí·tion** [⁻–kàmpəzíʃ(ə)n/-kɔ̀m-] *n.* 写真植字.

phó·to·còp·y [fóutokàpi/-kɔ̀pi] *n.* 《書類などの》写真複写. **——** *vt.* 〈書類などを〉写真で複写する, コピーする.

phò·to·dis·ìn·te·grá·tion [fòutodisìntigréiʃ(ə)n] *n.* 原子核の光崩壊.

phó·to·dra·ma [fóutodrà:mə, ㊙⁺-dræmə, ⁻–⁻–] *n.* 映画ドラマ, 映画劇.
◇ **phò·to·dra·mát·ic** [⁻–drəmǽtik] *a.*

phò·to·dy·nám·ic [fòutodainǽmik] *a.* 光力学的な. ◇ **～s** [-s] *n. pl.* 《単数扱い》光力学. **-i·cal·ly** *ad.*

phò·to·e·léc·tric [fòutouiléktrik] *a.* 〖物〗光電子の; 光電子写真装置の. **～ cell** 光電池〔管〕. **～ tube** 光電管.

phò·to·e·léc·tron [fòutouiléktran/-trɔn] *n.* 〖物・化〗光電子.

phò·to·en·gráve [fòutouingréiv] *vt.* の写真版画をつくる. ◇ **-gráv·er** *n.*

phò·to·en·gráv·ing [-iŋ] *n.* **1** 写真製版(術). **2** 写真とっ版(画).

phó·to·flash [fóutəflæʃ] *a., n.* せん光電球(の); せん光電球による(写真). **～ lamp** (写真用)せん光電球. **～ synchronizer** せん光同調装置.

phó·to·flood [fóutoflʌd] *a., n.* (撮影用) フラッドランプ(の); フラッドランプによる (写真). **～ lamp** フラッドランプ, 溢光(いっこう)燈《撮影・テレビ用散光式白熱タングステン燈》.

photog. = phot.

phó·to·gene [fóutədʒì:n] *n.* 残像.

phò·to·gén·ic [fòutədʒénik] *a.* **1** 〖生〗光を生じる, 発光性の. **2** 写真写りがいい, 写真〔映画〕向きの. ◇ **-i·cal·ly** *ad.*

phó·to·gram [fóutəgræm] *n.* 〖写〗フォトグラム《レンズを用いず物体を感光紙と光の間に置いてつくる》.

phò·to·grám·me·try [fòutəgrǽmitri] *n.* 《空中撮影による》写真測量法.

‡phó·to·graph [fóutəgræf/-grɑ:f, -græf] *n.* **写真**: take a ～ 写真をとる. have 〔get〕 one's ～ taken = sit for one's ～ 写真をとってもらう.
—— *vt.* **1 写真にとる,** の写真を写す. **2** 克明に写す〔描写する〕. **——** *vi.* **1** 写真をとる. **2** 写真に写る: ～ well 写真写りがいい. 「〔師, 屋〕.

***pho·tóg·ra·pher** [fətágrəfər / -tɔ́g-] *n.* **写真家**

phò·to·gráph·ic [fòutəgrǽfik] *a.* **1** 写真の; 写真用の, 写真による. **2** 写真のような; 精密な, 機械的に模倣した.
◇ **-i·cal·ly** *ad.* 写真のように; 写真によって.

***pho·tóg·ra·phy** [fətágrəfi/-tɔ́g-] *n.* **写真術.**

phò·to·gra·vúre [fòutəgrəvjúər] *n.* 〖印〗グラビア写真〔印刷〕. **——** *vt.* グラビア印刷にする.

phò·to·líth·o·graph [fòutəlíθəgræf/-grɑ:f] *n., vt.* 写真石版(にする). ◇ **phò·to·li·thóg·ra·phy** [-liθágrəfi/-θɔ́g-] *n.* ～術.

phó·to·map [fóutomæp] *n.* 《空中撮影による》写真地図. **——** *vt., vi.* (の)写真地図をつくる.

phò·to·me·chán·i·cal [fòutomikǽnikl] *a.* 〖印〗写真製版(法)の. 「〖写〗露出計.

pho·tóm·e·ter [fotámitər / -tɔ́m-] *n.* 光度計;

pho·tóm·e·try [fotámitri / -tɔ́m-] *n.* 光度測定(法). ◇ **phò·to·mét·ric** [fòutəmétrik] *a.*

phò·to·mí·cro·graph [fòutomáikrəgræf/-grɑ:f] *n.* **1** 顕微鏡写真. **2** 微小写真.

phò·to·mon·táge [fòutomantá:ʒ/-mɔn-] *n.* 〖写〗モンタージュ写真, 集成写真.

phò·to·mú·ral [fòutomjú(:)rəl / -mjúərəl] *n.* 写真壁画. 「量子》.

phó·ton [fóutan/-tɔn] *n.* 〖物〗光子《光のエネルギー

phò·to·néu·tron [fòuton(j)ú:tran/-njú:trɔn] *n.* 〖物〗光中性子.

phò·to·óff·set [fòutoɔ́:fsèt/-ɔ́f-, -ɔ́:f-] *n., vt.* 〖印〗オフセット写真印刷(にする). 「《光線恐怖症》.

phò·to·phó·bi·a [fòutəfóubiə] *n.* 〖医〗羞明(しゅうめい)

phó·to·play [fóutəplèi] *n.* 劇映画.

phó·to·print [fóutəprint] *n.* 写真印刷.

phò·to·sén·si·tive [fòutosénsitiv] *a.* 感光性の.
◇ **phò·to·sèn·si·tív·i·ty** [-sènsitíviti] *n.*

phó·to·sphere [fóutosfiər] *n.* 〖天〗光球《太陽・恒星の強い白熱光を放つ部分》.

phó·to·stat [fóutostæt] *n.* **1** 複写カメラ《乾板を用いず直接感光紙に写す》; (P～) その商標名. **2** 複写写真. **——** *vt.* 複写カメラで撮影する, 写真複製する. ◇ **phò·to·stát·ic** [⁻–stǽtik] *a.*

phò·to·sýn·the·sis [fòutosínθəsis] *n.* 〖化〗《炭水化物などの》光合成.
◇ **phò·to·syn·thét·ic** [-sinθétik] *a.*

phò·to·táx·is [fòutətǽksis], **phó·to·tax·y** [fóutətæksi] *n.* 〖生〗走光性. → heliotaxis.

phò·to·tél·e·graph [fòutotéligræf / -grɑ:f] *n.* 電送写真; 写真電送機. **——** *vt., vi.* 写真電送する. ◇ **phò·to·tèl·e·gráph·ic, phò·to·tèl·e·gráph·i·cal** *a.* 写真電送の, 電送写真の. **phò·to·te·lég·ra·phy** [-tilégrəfi] *n.* 写真電送術.

phò·to·tél·e·scope [-téliskòup] *n.* 〖天〗写真望遠鏡. 「法.

phò·to·thér·a·py [fòutoθérəpi] *n.* 〖医〗光線療

phò·to·thér·mic [fòutoθə́:rmik] *a.* 光熱の; 光と熱とを発する.

phó·to·tìm·er [fóutotàimər] *n.* 〖写〗自動露出

調節装置; 競走判定用撮影装置.
phò·to·tróp·ic [fòutətrápik/-trɔ́p-] *a.* 〖生〗屈光性の, 向光性の. ◇ **-i·cal·ly** *ad.* **pho·tót·ro·pism** [foutátrəpìz(ə)m / -tɔ́t-] *n.* 〖生〗屈光性, 向光性. → heliotropism.
phó·to·tube [fóutət(j)ù:b/-tju:b] *n.* 〖物〗光電管.
phó·to·type [fóutətàip] *n.* フォトタイプ《写真とっ版・コロタイプなど》.
◇ **-typ·y** [-tàipi, ㊊⁺fətátipi] *n.* フォトタイプ術.
phò·to·zin·cóg·ra·phy [fòutoziŋkágrəfi/-kɔ́g-] *n.* 写真亜鉛とっ版法.
phr. phrase.
‡**phrase** [freiz] *n.* **1** 〖文〗句: an adjective [adjectival] ～ 形容詞句. → 枠付 Phrase. **2** 成句, 慣用句: a set [stock] ～ きまり文句, 陳腐な文句. an idiomatic ～ 熟語. **3** 言い回し, 表現

文法要説…(**20**)

Phrase (句)

語が集まったもので, (1) 主語と述語動詞を含まず, (2) 文中で一語とおなじようにある品詞のはたらきをするばあい, そのような語群を 句 (phrase) と称する: I stayed *in Boston* 《in Boston の位置に副詞 there を代入できる》. a question *of importance* 《of importance の代わりに形容詞 important を用いることができる》.

不定詞・動名詞・分詞, すなわち準動詞を中心とする語群も, 句をつくる: *To say* [*Saying*] is one thing, *to do* [*doing*] is another. 言うことと行なうこととは別のことだ.

句はしばしばその語群の中心になる語の品詞と機能が違う. 上例の in Boston では Boston は名詞であるが句は副詞としてはたらき, say は動詞であるが, to say もしくは saying は文の主語であって, 名詞としてはたらいている.

1) 名詞句 (**Noun Phrase**)

a) 主語として: *To tell a lie* is wrong. = It is wrong *to tell a lie.* うそをつくのは悪い. *How to break the story* puzzles me. どうやって話を切り出してよいか当惑する. *Your doing it for me* will be appreciated. あなたが私の代わりにそれをしてくださるとうれしく思います.

b) 補語として: My aim is *to warn you.* 私のねらいはあなたに警告することにある.

c) 動詞・前置詞の目的語として: I did not know *what to do.* どうすればよいかわからなかった. I don't *like your going.* きみに行ってもらいたくない. I find it difficult *to explain the case.* 事情を説明するのはむずかしい. It depends on *what course to take.* それはどの方針をとるかで決まる. There is no possibility of *her telling lies.* 彼女がうそをついているはずはない.

2) 形容詞句 (**Adjective Phrase**)

He is a man *of great importance.* 彼は重要人物である. She is *of a very good family.* 彼女は名家の出である. He is *in perfect health.* 彼は全く健康だ. We took it *for granted.* それを当然なことだと考えた. Give me something *to eat.* なにか食べ物をくれ. I have no money *to give you.* きみにやる金はない. It's time *to get started.* 出発する時刻だ.

3) 副詞句 (**Adverbial Phrase**)

a) 場所を示す: *In the back yard* we found an old car. 裏庭でわれわれは古い自動車を見つけた.

b) 時を示す: It happened *in* 1961. それは1961年に起こった. He has been ill *since your leaving England.* きみがイギリスを立って以来彼は病気だ.

c) 様態を示す: He is living *in comfort.* 彼は安楽に暮らしている. He solved the problem *with great ease.* 彼は問題をやすやすと解いた. Why did you respond *that way*? なぜあのように反応したのだ.

d) 条件を示す: *In better times,* he would have been respected. もっとよい時代なら彼は尊敬されていただろう. You will do well *to follow my advice.* あなたは私の忠告に従う方がよい. *Strictly speaking* that is not correct. 厳密に言えばそれは正しくない.

e) 除外を示す: No one *except John* could have done it. ジョン以外にはだれもそれをしたとは考えられない.

f) 譲歩を示す: I love him *with all his faults.* いろいろ欠点がありますが私は彼が好きです. *Right or wrong,* this is my temper. よいにしろ悪いにしろ, これが私の性分だ.

g) 原因・理由を示す: I am glad *to see you.* お目にかかれてうれしい. I could not go out *because of the rain.* 雨のために外出できなかった.

h) 目的を示す: I dropped on him *for a talk.* 私は話をしに彼をたずねた. He worked hard (*in order*) *to pass the examination.* 彼は試験に合格するために, 一生けんめい勉強した.

i) 結果を示す: He lived *to be ninety.* 彼は90歳まで生きた. He awoke *to find himself famous.* 目をさますと自分が有名になっていた. He was rich enough *to afford a big house.* 彼は金持ちなので大きな家を買えた. He was frozen *to death.* 彼は凍死した.

j) 程度を示す: She adored dancing *to folly.* 彼女はダンスが気違いみたいに好きだった.

4) 動詞句 (**Verb Phrase**)

A war *took place.* 戦争が起こった. The cop *caught hold of* the robber. おまわりがどろぼうをつかんだ. We *lost sight of* the ship. われわれは船を見失った.

〈注〉動詞句では中心語が動詞で, 句も動詞としてはたらき, 文中の品詞機能は (しばしば自動詞機能と他動詞機能との間の変換が起こるほかは) 変わらないけれども, 語群全体が一語とおなじように機能するので, やはり句とみなすことができる: They *laughed at* him. →He was *laughed at* (by them). We *lost sight of* the ship. →The ship was *lost sight of.*

5) 接続詞句 (**Conjunction Phrase**)

According as the demand increases, prices go up. 需要が増すに従って物価は上昇する. I'll let you know *as soon as* I hear. 聞きしだいお知らせします.

6) 前置詞句 (**Preposition Phrase**)

He was praised *because of* his willingness to work. 彼は仕事が好きでほめられた. *Instead of* studying, he looked on it vacantly. 彼はそれをよく見ないでぼんやりながめていた. Let me say a few words *by way of* introduction. 前置きとして二, 三言わしてもらおう.

7) 代名詞句 (**Pronominal Phrase**)

He and she loved *each other.* 彼と彼女は愛し合っていた.

8) 感嘆詞句 (**Interjectional Phrase**)

Good Heavens! I did never think of that! あれあれ, そんなこと夢にも考えなかった.

(法): felicity of ～ 言い回しのうまさ. **4**《前後に休止をおいた》強調句. **5** (*pl.*) 空言: We have had enough of ～*s*. 口先ばかりのきれいごとはもうたくさんだ. **6**〖楽〗楽句. **7**〖舞踏〗連続動作の一単位. ***in simple*** ～ やさしいことばで(いえば).
—— *vt.* **1** ことばで表現する, 述べる: Thus she ～*d* it. 彼女はそれをこんな風に述べた. a neatly ～*d* compliment ことば巧みな賛辞. **2**〖楽〗楽句にまとめる; の楽句の切れ目をはっきりとさせて演奏する.
～ **book** 熟語〔成句〕集: an English-Spanish ～ *book* 英西対照熟語集. **～·mòn·ger** 美辞麗句〔空言〕家. ◇ **phrás·al** [-(ə)l] *a*. 句の, 句からなる: a *phrasal* verb〖文〗動詞句. **phrás·ing** *n*. 語法; ことばづかい; 〖楽〗句節法.

phrà·se·ól·o·gy [frèiziálədʒi/-ɔ́l-] *n*. **1** ことばづかい, 言い回し, 表現. **2** 文体: legal ～ 法律用文体, 法律専門語. **3**《集合的》語句.
◇ **phrà·se·o·lóg·i·cal** [-ziəládʒik(ə)l/-lɔ́dʒ-] *a*.

phrá·try [fréitri] *n*. 〖ギリシア史〗氏族《1種族(tribe)中の小区分》; 氏族集団.

phre·nét·ic [frinétik], **-i·cal** [-(ə)l] *a*. **1** 精神錯乱の. **2** 熱狂的な, 熱烈な. —— *n*. **1** 精神錯乱者. **2** 熱狂者. ◇ **phre·nét·i·cal·ly** *ad*.

phrén·ic [frénik] *a*. **1**〖医〗横隔膜の. **2**〖生理〗心的な, 精神活動の.

phrèn·o·lóg·i·cal [frènəládʒik(ə)l/-lɔ́dʒ-] *a*. 骨相学の. ◇ **～·ly** *ad*.

phre·nól·o·gy [frenálədʒi/-nɔ́l-] *n*. 骨相学.
◇ **-gist** *n*. 骨相学者.

Phrýg·i·a [frídʒiə] *n*. フリジア《昔の小アジアの国》.

Phrýg·i·an [frídʒiən] *a*. フリジアの; フリジア人〔語〕の. —— *n*. フリジア人〔語〕.

PHS, P.H.S. Public Health Service.

phthál·lein [(f)θǽli:n] *n*. 〖化〗フタレン.

phthís·ic [tízik/θáisik] *a*. 消耗病の; 肺結核の.
—— *n*. **1** 消耗病, 肺結核. **2** 肺結核患者. **3** ぜんそく.

phthí·sis [θáisis] *n*. 〖医〗肺結核.

phut(**t**) [fʌt, [米]ˈfət] *int.*, *n.*, *ad*. 〖俗〗《タイヤ・小銃弾などの》パン(という音): go ～ 〈タイヤが〉パンクする. 〈注〉*int*. ではアメリカで [ft] の音もある.

phy·cól·o·gy [faikálədʒi/-kɔ́l-] *n*. 藻類(そうるい)学.

phý·la [fáilə] *n*. phylum の複数形.

phy·lác·ter·y [filǽktəri] *n*. **1** お守り, 魔よけ. **2** 聖句箱《旧約聖書の章句を書いた羊皮紙を皮の小箱に収めたもの》. **3** 思い出させる人〔物〕, 思い出のよすが. ***make broad*** one's ～ 信心ぶる, 道徳家ぶる.

phý·le [fáili] *n*. (*pl*. **-lae** [-li:]) 〖ギリシア史〗種族.
◇ **-lic** *a*.

phỳl·lo·táx·is [filətǽksis], **phỳl·lo·táx·y** [-tǽksi] *n*. 〖植〗葉序, 葉列.

phyl·lóx·e·ra [filáksirə, filəksí(:)rə / filɔksíərə] *n*. (*pl*. **-rae** [filáksiri:, filəksí(:)ri: / filɔksíəri:]) 〖虫〗フィロキセラ, ブドウのコブムシ.

phylo-「種族」の意の語形成要素.

phỳ·lo·gén·e·sis [fàilədʒénisis] =phylogeny.

phy·lóg·e·ny [failádʒini / -lɔ́dʒ-] *n*. 系統発生(論). ◇ **phỳ·lo·ge·nét·ic** [fàilədʒinétik], **phỳ·lo·gén·ic** [-dʒénik] *a*.

phý·lum [fáiləm] *n*. (*pl*. **-la** [-lə]) **1**〖生〗門《動植物分類学上の区分》. **2**〖言〗語族(family).

phys. physical; physician; physics; physiological; physiology.

phys. ed. physical education.

phýs·ic [fízik] *n*. **1**〖話〗薬; 《特に》下剤. **2**〖古〗医術, 医業. —— *vt*. (**-ck-**) **1** に薬をのませる; に下剤をかける. **2**《薬のように作用して》治療する.

‡**phýs·i·cal** [fízik(ə)l] *a*. **1** 肉体の, 身体の: ～ exercise 体操, 運動. **2** 物質の, 物質的な, 形而(けいじ)下の: the ～ world 物質界. ↔spiritual, mental[1], moral. **3** 物理学(上)の, 物理的の. **4**《比喩的・抽象的・観念的などに対して》実際の, 目に見える: His ～ position at that moment happened to be higher than that of Mr. X, his superior. たまたまそのとき彼が占めていた物理的な位置は, 地位の上では彼の上役に当たる X 氏よりもかえって高いところにあった. **5** 自然の, 自然に関する.
～ **anthropology** 自然人類学. ～ **beauty** 肉体美. ～ **checkup** 健康診断. ～ **chemistry** 物理化学. ～ **constitution** 体格. ～ **education** 〔**culture, training**〕体育. ～ **examination** 身体検査. ～ **force** 腕力. ～ **geography** 地文学, 自然地理学. ～ **jerks**〖俗〗体操. ～ **science** 物質科学, 《生物を除き, 物理・化学・天文などの》自然科学; 《特に》物理学. ～ **strength** 体力. ～ **therapy** 物理療法. ～ **torture** 〔**tantrums**〕〖米: 学俗〗体育講座.
[類義語] 肉体の: **physical** 生物学的観点から見たもので, したがって動物についても用い, 非難の意味はない: *physical* strength 体力. **bodily** 人間の肉体について用い, 非難の意が含まれるときがある: *bodily* comfort 肉体的安楽. **corporeal** 形態をそなえた物質としての肉体を強調する.

***phýs·i·cal·ly** [fízik(ə)li] *ad*. **1** 物理的に, 自然の法則によって: It is ～ impossible for two things to exist in the same place at the same time. 二つの物体が同時におなじ場所にあることは, 物理的に不可能である. **2**《観念的, 抽象的, 比喩的, 社会的などに対して》実際に, 目に見える形で. **3** 物質的に; 経済的に. **4** 肉体的に: a fine man ～, but a fool 肉体はりっぱだがばかな男.

‡**phy·sí·cian** [fizíʃ(ə)n] *n*. 〖米〗**1** 医者: one's (family) ～ かかりつけの医者. **2** 内科医. → surgeon. **3**《比喩的》治療者, 救済者.

‡**phýs·i·cist** [fízisist] *n*. 物理学者.

‡**phýs·ics** [fíziks] *n*. *pl*. 《単数扱い》物理学.
nuclear ～ 核物理学.

phỳs·i·óc·ra·cy [fiziákrəsi/-ɔ́k-] *n*. 〖経〗重農主義.

phýs·i·o·cràt [fíziəkræt] *n*. 重農主義者.
◇ **phỳs·i·o·crát·ic** [ˌ－－krǽtik] *a*.

phỳs·i·og·nóm·ic [fiziə(g)námik / fiziənɔ́m-], **-i·cal** [-k(ə)l] *a*. **1** 人相学の; 人相の. **2** 外相の, 外面の. ◇ **phỳs·i·og·nóm·i·cal·ly** *ad*.

phỳs·i·óg·no·my [fiziá(g)nəmi/-ɔ́n-] *n*. **1** 人相〔骨相〕学; 人相. **2**〖卑〗つら, 顔. **3**《土地などの》形状. **4** 外観, 外面; 特徴.
◇ **-mist** *n*. 人相学者, 観相家.

phỳs·i·óg·ra·phy [fiziágrəfi / -ɔ́g-] *n*. **1** 人文地理学, 地文学. **2**〖米〗地形学. **3** 記述的自然科学. ◇ **-pher** *n*. **phỳs·i·o·gráph·ic** [fiziəgrǽfik], **phỳs·i·o·gráph·i·cal** *a*.

phỳs·i·o·lóg·i·cal [fiziəládʒikl / -lɔ́dʒ-] *a*. 生理学(上)の. ～ **leave** 生理休暇. ◇ **～·ly** *ad*.

phỳs·i·ól·o·gy [fiziálədʒi / -ɔ́l-] *n*. 生理学; 生理機能〔現象〕. ◇ **-gist** [-dʒist] *n*. 生理学者.

phỳs·i·o·thér·a·py [fizioθérəpi] *n*. 〖医〗物理療法.

phy·síque [fizí:k] *n*. 体格: a man of strong ～ がんじょうな体格の人.

-phyte [-fàit]「植物」「生育」の意の語形成要素: hydro*phyte* 水生植物.

phỳ·to·pa·thól·o·gy [fàitopəθálədʒi/-θɔ́l-] *n*. 植物病理学.

pi[1] [pai] *n*. **1** パイ《ギリシア語アルファベットの第16字. Π, π》. **2**〖数〗円周率《記号 π》.

pi[2] *n*. 〖印〗ごちゃごちゃになった活字. —— *vt*. (**～ed**; **～·ing**) 〈活字を〉ごちゃごちゃにする.

pi[3] *a*. 〖英: 学生俗〗宗教的な, 信心ぶかい: ～ jaw 《けいべつ的》お説教. [＜*pi*ous]

P.I. Philippine Islands.

pi·ác·u·lar [paiǽkjulər] *a*. **1** 贖罪(しょくざい)の. **2** 贖罪を要する; 罪ぶかい. ◇ **～·ly** *ad*. **～·ness** *n*.

pi·a ma·ter [páiə-méitər] L. 〖医〗柔膜, 軟脳膜. ↔ *dura mater*.

pí·a·nètte [páiənèt/⌐−⌐] *n.* 小たて型ピアノ.
pí·a·nism [pí:əniz(ə)m, piǽn-/píən-, pjǽn-] *n.* ピアノ演奏(上の技巧).
pì·a·nís·si·mo [pi:ənísimòu/pjænísimou] *ad.* 〘楽〙ピアニシモ, きわめて弱く《略 pp》. ↔ fortissimo. **——** *n.* (*pl.* ～**s** [-z]) ピアニシモ楽節〔楽章〕. [＜It.]
‡pi·án·ist [piǽnist, pí:ən-/píən-, pjǽn-] *n.* ピアニスト, ピアノ演奏者: She is a good ～. あのひとはピアノがじょうずです.
†pi·án·o[1] [piǽnou] *n.* (*pl.* ～**s** [-z]) ピアノ: play (on) the ～ ピアノをひく. take ～ lessons ピアノを習う. (***concert***) ***grand*** ～ (演奏会用)グランドピアノ, 平型ピアノ. ***cottage*** ～ たて型小ピアノ. ***upright*** ～ たて型ピアノ. ～ **organ** 手回しオルガン. ～ **player** ピアニスト; 自動ピアノ. ～ **wire** ピアノ線.
pi·á·no[2] [piá:no, pjá:no] *ad.* 〘楽〙弱く《略 p.》. ↔ forte. [＜It.] 「piano[1].
pi·án·o·fòr·te [piǽnəfò:rt(i) / pjænəfɔ́:ti] ＝
pì·a·nó·la [pi:ənóulə/piə-] *n.* 自動ピアノ.
pi·ás·ter, ㊥ **-tre** [piǽstər] *n.* **1** トルコ・エジプト・シリア・レバノンなどの貨幣単位. **2** スペイン・スペイン系アメリカの旧銀貨.
pí·at [páiæt, -ət] *n.* 〘英: 軍〙対戦車(迫撃)砲. [＜*P*rojector *I*nfantry *A*nti-*t*ank]
pi·áz·za [piǽzə/-ǽ(d)zə] *n.* (*pl.* ～**s** [-z]) **1** 広場《特にイタリア都市の》. **2**〘米〙ベランダ, ポーチ. **3**〘英〙歩廊, 回廊《広場の周囲や建物の正面の》. [＜It.]
pí·broch [pí:brɑk/-brɔk, -brɔx] *n.* 風笛曲《スコットランド高地人が風笛(bagpipe)で奏する勇壮な曲》.
pic [pik] *n.* (*pl.* **pix, pics**) 〘米俗〙 **1** 映画. **2** 〘ジャーナリズム〙写真. [＜*pic*ture]
pí·ca [páikə] *n.* **1** 〘印〙パイカ活字《12ポイント大の活字》. **2**〘宗〙おきて集. ***small*** ～ 小パイカ《11ポイント活字》.
píc·a·dor [píkədɔ̀:r] *n.* 騎馬闘牛士.
pìc·a·résque [pìkərésk] *a.* 悪漢を題材とした: a ～ novel 悪党物語, ピカレスク小説.
pìc·a·róon [pikərú:n] *n.* 悪漢; 山賊, 海賊. **——** *vi.* 盗賊〔海賊〕をはたらく.
Pi·cás·so [piká:sou/-kǽs-] *n.* Pablo [pá:blou-] ～, 1881- , スペイン生まれのフランスの画家.
pìc·a·yúne [pikijú:n] *n.* **1** スペインの小貨幣. **2** 〘米〙小銭. **3**〘話〙くだらない物〔人〕. **——** *a.* 〘話〙くだらない; ちっぽけな.
Pìc·ca·díl·ly [pikədíli] *n.* ピカデリー道路《ロンドン中心近くの大通り》. ～ [⌐−−−] **Circus** ピカデリー広場《ロンドン繁華街の中心》.
pìc·ca·líl·li [pikəlíli/⌐−−−−] *n.* (*pl.* ～**s** [-z]) 野菜のからしづけ.
píc·ca·nin·ny ＝pickaninny.
píc·co·lo [píkəlòu] *n.* (*pl.* ～**s**) 〘楽〙ピッコロ《小型のフルート》. ◇ ～**·ist** *n.* ピッコロ奏者.
pice [pais] *n.* 昔のイギリス領インドの青銅貨《1 anna の4分の1》. 「マジロ《南アメリカ産》.
pìch·i·ci·á·go [pitʃisiá:gou, -éi-] *n.* 〘動〙小型アル
†pick [pik] *vt.* **1** 摘み取る, つまみ取る: ～ flowers [fruit] 花〔くだもの〕を摘む. ～ a thread *from* [*off*] one's coat 上着から糸くずをつまむ. **2** 〈肉を〉指で裂き取る; 〈骨から〉肉を裂く: ～ a bone 骨から肉をしゃぶり取る. **3** 〈えさ・虫などを〉ついばむ, 拾う: ～ worms. **4** (気どって)少しずつ口に入れる: ～ a meal 気どって食事する. **5** 〈鳥の〉羽毛を摘み取る: ～ a fowl. **6** 〈さいふ・ポケットから〉盗む: ～ a person's pocket ポケットの中身をする. **7 選び取る:** ～ only the best 最上のものだけを選ぶ. **8** 〈機会を〉とらえる. **9** 〈争いを〉求める, しかける《に *with*》: ～ a fight けんかをしかける. **10** 〈欠点・あらを〉捜し求める: ～ flaws あら捜しをする. **11** 《くちばし・指などで》つつく: ～ teeth 歯をようじでつつく. ～ one's nose 鼻をほじる. **12** 《とがった物で》…に穴を掘る: ～ rock 岩に穴をあける. **13** 〈錠を〉こじあける: ～ a lock. **14** ほぐす, 裂く, 分ける: ～ fibers [rags] 繊維〔ぼろ〕をときほごす. **15** 〘米〙〈ギターなどを〉つまびく, かき鳴らす: ～ a guitar.
—— *vi.* **1** 突く, つつく《を *at*》. **2** 〈鳥などが〉ついばむ; 〘俗〙ちびちび食べる《を *at*》: She had no appetite and only ～*ed at* her food. 彼女は食欲がなくほんのわずか食物をつまんだだけだった. **3** 選ぶ; 探り出す. **4** 盗む, する.
have a bone to ～ ***with*** → bone. ～ ***acquaintance with*** …と(たまたま)知り合いになる. ～ ***a crow with*** a person 〘米俗〙(人)にこわ談判する. ～ ***and choose*** えりすぐる, より抜く. ～ ***and steal*** こそどろをする. ～ ***apart*** ＝～ ***to pieces*** (1) 分解する, 切れ切れに裂く〔分ける〕. (2) 酷評する. ～ ***a quarrel*** [***fight***] ***with*** …にけんかをしかける. ～ ***at*** (1) を指で引っ張る; に指を触れる. (2) をつつく. (3) を少し食べる. (4)〘米話〙をいじめる, に小言をいう; …のあら捜しをする. ～ a person***'s brains*** (人)のアイディア〔知恵〕を借りる. ～ ***fault*** あら捜しをする. ～ ***holes in*** …のあら捜しをする. ～ ***off*** (1) 摘み取る, むしり取る. (2) ひとりずつねらい撃ちする. (3)〘野球〙〈ランナーを〉牽制球で刺す. ～ ***on*** (1) …のあら捜しをする. (2)〘米俗〙(犠牲として) 選び出す; をいじめる. ～ ***out*** (1)選び出す. (2) 見分ける: ～ *out* one's friends in a crowd 人込みの中に友だちを見分ける. (3) 〈意味を〉解する: ～ *out* the meaning of a passage 文章の意味を理解する. (4) 引き立てる《地色と違った色で》: a white box ～*ed out with* red on the fringe 赤い縁で白をきわ立たせた箱. (5) 〈曲を〉聞き覚えのまま奏する. ～ ***over*** 〘米〙 (1) 〈品物を〉細かく調べる《良いのを選び出すために, もしくは悪いのを除くために》: ～ *over* the shirts on the bargain tables 売り出し品売り場のシャツを懸命に調べる. ～ *over* a basket of strawberries (腐ったものを捨てて) かごのイチゴを選ぶ. (2) を点検してすぐ使えるように準備する. ～ ***pieces*** ずたずたに裂く; 分解する; 酷評する. ～ ***sides*** ゲームの組み分けをする. ～ ***spirit*** 元気を取りもどす. ～ one***'s steps*** 気をつけて歩く. ～ ***the winning horse*** 勝ち馬〔勝利者〕を当てる. ～ ***up*** (1) 〈つるはしで地面を〉 掘り起こす. (2) 拾いあげる, つまみあげる: ～ *up* one's hat 帽子を拾いあげる. ～ *up* a straw わらをつまみあげる. (3) 〈車・船などが乗客を〉途中で乗せる, 拾う; 〈人を〉車で迎えに行く; 〈物を〉取りに行く: I'll ～ you *up* and get you to the station. (ぼくの車で)きみを拾って駅まで運んであげる. I'll ～ *up* my baggage at the locker. ロッカーへ荷物を取りに行く. (4) 〈車・船などを〉拾う, つかまえる; 〈逃亡者を〉 捕える: ～ *up* a taxi. ～ *up* an escaped prisoner 脱走犯人をつかまえる. (5) (偶然に) 手に入れる, 見つける, に出会う: ～ *up* a bargain 掘り出しものをする. a girl he ～*ed up* on the street 町で拾った娘. (6) (ひとりでに) 少しずつ覚える, 身につける: ～ *up* a foreign language 外国語を耳で覚える. ～ *up* a habit 習慣が身につく. (7) 〈情報などを〉入手する; 〈放送を〉傍受する; 〈電流を〉とる: ～ *up* news [bits of information] ニュースを〔情報を幾つか〕手に入れる. I ～*ed up* (Radio) Moscow last night. 昨夜モスクワ放送を傍受した. The subway car ～*s up* current from a third rail. 地下鉄は第3のレールから電気をとる. (8) 〈速力を〉増す, 出す; 〈体重を〉増す; 〈健康を〉回復する; 〈勇気を〉出す: ～ *up* speed. ～ *up* flesh 肉がつく. ～ *up* health. ～ *up* spirit [courage]. (9) きれいにする, 整とんする. (10)〘話〙元気づく; だんだんよくなる: He's beginning to ～ *up* now. (11) 偶然知り合いになる《と *with*》. (12) 速度を増す. (13)〘ゴルフ〙ボールを拾う. ～ one***self up*** 〈倒れた人が〉起き上がる; 元気を出す. ～ ***up a livelihood*** 生活のかてを得る. ～ one***'s way*** ゆっくり進む. ～ one***'s words*** ことばづかいに注意する.
—— *n.* **1** つつく〔ほじる〕物; つるはし; 自動採掘機.

2《とがった物での》一打ち. **3** 選択(権). **4** 精粋: the ～ of the flock 一群中の最高のもの. **5** 選ばれたもの〔人〕: He is our ～ for President. 彼はわれわれの選んだ大統領候補だ. **6**〔画〕積い; 作. **7** 1度に取り入れた収穫量; 摘み取った物.
have* 〔*get*〕 *the* ～ *of の最高のものをより取る. ***take* one's ～ *from*** から自由に選ぶ.
～·a·back → 別項. **～·ax(e)** [⌐ ⌐] つるはし(で掘る). **～·lock** [⌐ ⌐] 錠前をこじあける人〔道具〕; 盗賊. **～-me-up** [⌐ ⌐ ⌐]〔話〕アルコール飲料;《コーヒーなど》刺激的な飲料. **～·off** [⌐ ⌐]〔野球〕《投手または捕手の》牽制(けんせい)による刺殺. **～·pòck·et** *n., vi.* すり(をはたらく). **～·thank** [⌐ ⌐]〔古〕おべっか使い (sycophant). **～·up** → 別項.
◇ **～ed** [-t] *a.* 精選した, 最上の; むしり取った, きれいにした. **～·ed** [píkid/pikt] *a.*〔古〕とげのある, とがった. **～·er** *n.* ～する人〔動物, 機械〕; 盗賊, すり; つるはし; 開毛機. **～·ing** *n.* **1** ～すること. **2** ～したもの; 摘み残り, 落ち穂, 残物, 余得; 盗品. **3** (*pl.*) 貝がら粉《歩道に敷く》; 半焼きれんが; 粗択(そたく)《鉱石などの》. **4**〔印〕電気版仕上げ.

píck·a·back [píkəbæ̀k] *ad.*〔俗〕背〔肩〕にのせて, おんぶして. —— *a.* 背〔肩〕にのった, おんぶした.
～ plane 搭載(とうさい)飛行機《大型機に載せられ, 空中で離脱発進する》.

píck·a·nin·ny [píkənìni] *n.* **1**《けいべつ的》黒人の子ども. **2**〔笑〕子ども.

Pick·el [pík(ə)l] G. *n.*《登山用の》ピッケル.

píck·er·el [píkərəl] *n.* (*pl.* **～s**,《集合的》～)〔魚〕**1**〔米〕小カマス. → pike². **2**〔英〕カマスの幼魚.
～·weed [-wi:d]《アメリカ産》ミズアオイ科の水草.

píck·et [píkit] *n.* **1** くい. **2**《労働争議などの》ピケ隊員, 争議破り監視員. **3**〔軍〕小哨(しょうしょう). **4** くい刑《昔片足でくいの上に立たせたもの》. ***inlying* ～** 小哨交替兵. ***outlying* ～** 小哨, 前哨隊.
—— *vt.* **1** くいで囲む. **2** くいにつなぐ. **3** に監視員を配置する: ～ a factory 工場にピケを張る. **4** に小哨を配置する.
—— *vi.* **1**《争議などで》ピケに立つ. **2** 歩哨に立つ.
～ fence〔建〕くいさく. **～ line**《労働争議の》ピケ(ライン);〔軍〕小哨線.
◇ **～·ing** *n.* ピケ《スト破りを防ぐために労組員が事業所の入り口に並んで見張ること》.

***píck·le** [píkl] *n.* **1** (*pl.*) つけ物, ピクルス: onion ～s. **2**《野菜・魚などをつける》塩水, つけじる. **3**〔話〕苦境, 当惑. **4**《金属などを洗う》希薄酸水. **5**〔話〕いたずら小僧: Stop that, you little ～! 小僧, やめんか. **6**〔俗〕泥酔(でいすい). ***a rod in* ～** 用意してある〔待っている〕罰. ***in a* (*sad, sorry, nice, pretty*) ～** 困って, 当惑して.
—— *vt.* **1** 塩水につける, ピクルスにする: ～*d* onions. **2** 希薄酸水で洗う. **3**〔海〕〈人の〉背中をむちで打ったあと塩〔酢〕をなすりつける. ◇ **～d** [-d] *a.* **1** 塩水につけた; つけ物にした. **2** 泥酔した. **～r** [-ər] *n.*

píck·up [píkʌ̀p] *n.* **1**〔米俗〕よくなること, 改善, 進歩. **2** 加速: a car with a good ～ 加速のよい車. **3** 刺激(物); アルコール飲料; コーヒー. **4** 掘り出し物;〔話〕ふとした知り合い,《特に》行きずりの恋の相手; (自動車の) 便乗者. **5**〔電〕《電蓄・テレビの》ピックアップ; 受信〔放送〕装置; (スタジオ外の) 放送現場. **6** 聞き込み, 情報. **7** 即席料理. **8**〔球技〕バウンドしたボールを止めて打つこと. **9**《商品などの》集配; (集配用の) 一部無蓋(むがい)の乗用車式貨物自動車.
—— *a.* **1**〔米〕ありあわせの《料理など》; ふと知り合った. **2** 選抜の《チームなど》. **3** 集配の: ～ service《洗たく物などの》注文取り配達.
～ rope《グライダーの》離陸用牽引(けんいん)ロープ.

Píck·wick [píkwik] *n.* **1** Charles Dickens の小説 *The Posthumous Papers of the Pickwick Club*《1836》の主人公. **2** (p～)〔米〕《石油ランプの心(しん)をつまみあげる》心つまみ.

Pick·wíck·i·an [pikwíkiən] *a.*《善意とこっけいに満ちた》Pickwick 流の;《用語が》特殊な意味をもった: in a ～ sense その場かぎりの特別な〔こっけいな〕意味で.

†píc·nic [píknik] *n.* **1** ピクニック; 遠足: go out on a ～ ピクニックに行く. **2** 持ち寄り宴会. **3**〔俗〕愉快なこと; 楽な仕事. **4** 豚の肩肉. ***It's no* ～.** 遊びごとじゃない; なまやさしいことじゃない. —— *vi.* (**píc·nicked** [-t]; **píc·nick·ing** [-iŋ]) **1** ピクニックに行く. **2** (持ち寄りで) ピクニック式に食事する.
◇ **píc·nick·er** [-ər] *n.* ピクニックに行く人, 行楽者. **píc·nick·y** [-i] *a.* ピクニックの(ような).

pí·cot [pí:kou/pikóu] *n.* ピコット《編み物・レースなどのへりにつける小さな輪飾り》.
—— *vi., vt.* (に)ピコットをつける.

pìc·o·tée [pìkətí:] *n.*〔植〕カーネーションの一種.

píc·ric [píkrik] *a.*〔化〕ピクリン酸の.
～ acid ピクリン酸《染料または火薬用》.

Pict [pikt] *n.* ピクト人《スコットランドの北東部に定住した古代民族》.

Píct·ish [píktiʃ] *a.* ピクト人〔語〕の. —— *n.* ピクト語.

píc·to·graph [píktəgræ̀f / -grɑ:f] *n.* **1** 絵文字, 象形文字. **2** 統計図表《統計数値を略画で示す》.
◇ **pìc·to·gráph·ic** [pìktəgræ̃fik] *a.*

pic·tóg·ra·phy [piktágrəfi/-tɔ́g-] *n.* 絵〔象形〕文字記述法.

pic·tó·ri·al [piktó:riəl/-tɔ́:r-] *a.* **1** 絵の. **2** 絵入りの: a ～ magazine 画報. **～ art** 絵画(術). **～ puzzle** 判じ絵, 絵捜し. **～ sign** 絵入り信号.
◇ **～·ly** [-i] *ad.* 絵として, 絵入りで; 絵のように.

†píc·ture [píktʃər] *n.* **1** 画, 絵画: draw 〔paint〕 a ～ 画〔絵〕をかく. **2** 写真: May I take your ～? あなたの写真をとってもよろしいですか. **3** けしき: The trees and brook make a lively ～. 木立ちと小川はよいけしきとなっている. **4** 絵のように美しい物: She was a perfect ～. 彼女は全く美しかった. **5** 生き写し; 化身: She is the ～ of her dead mother. 彼女はなくなったおかあさんそっくりです. He is the very ～ of health. 彼は健康そのものだ. **6** 心像: Can you form a ～ in your mind of what I described to you? 私が話したことを想像できるか. **7** 映像: the ～ in a mirror 鏡に映った像. **8** (生き生きした) 描写. **9** (*pl.*)〔おもに英〕映画. → movies. **10**〔テレビ〕画像, 画面: a TV set free from ～ distortion 画像のゆがまないテレビセット.
come into the* ～** 考慮にはいってくる,「登場する」, 重要である. ***give a* ～ *of を描写する. ***go to the* ～*s*** 映画を見に行く. ***have* one's ～ *taken*** 写真をとってもらう. ***out of the* ～** 考慮〔数〕にはいらない. ***sit for* one's ～** 肖像をかいてもらう. ***take a* ～** 写真をとる.
—— *vt.* **1** 描く, 絵にかく. **2** 心に描く, 想像する. **3** 描写する; 表示する: He ～*d* the blessed life of Heaven. 彼は天国の祝福された生活を描いてみせた. agony ～*d* on his face 彼の顔にあらわれた苦悩. **4** 映画化する: ～ a best seller. ***～ to oneself*** 想像する. [√pi(n)g-]
～ book《特に子どものための》絵本. **～ card** (1) 絵札《トランプの》. (2) 絵はがき. **～·drome** [⌐ ⌐ ⌐], **～ hall** 〔**house, palace, theater**〕〔英〕映画館. **～ frame** 額縁;〔米俗〕絞首台. **～ gallery** 絵画陳列室; 美術館; 画廊. **～-gò·er** 映画ファン. **～ hat** つば広婦人帽. **～ post card** 絵はがき. **～ puzzle** ＝jigsaw puzzle. **～ show** 画展; 映画, 映画館. **～ window** 見晴らし窓. **～ writing** 絵文字; 象形文字; 絵文字で記録すること. ◇ **～·dom** [-dəm] *n.* 映画界.

(類義語) **絵: picture** 語源は painting とおなじだが「ものの姿を描き出したもの」の意で, 下の 2 語のほか写真・映画まで含む最も一般的な語. **painting** (筆と顔料を用いて) 塗ったもの → 油絵,水彩画. **drawing** (鉛筆・ペン・木炭・クレヨンなどで) 引いた線 → 素描, デッサン; 図面.

‡pìc·tur·ésque [pìktʃərésk] *a.* **1** 絵のような, 美しい. **2** 《描写・文体が》生き生きした. **3** 見ておもしろい, 目に楽しい: ～ Indians 目にもあざやかなインディアン. ◇ **～·ly** *ad.* **～·ness** *n.*

píc·tur·ize [píktʃəràiz] *vt.* 絵で示す, 絵に描く; 映画化する. ◇ **pìc·tur·i·zá·tion** *n.*

píc·ul [píkʌl / -kəl] *n.* (*pl.* **～, ～s**) ピクル; 担《中国・タイなどの重量単位. 約 60kg–65kg》.

píd·dle [pídl] *vi.* **1** 時間をむだに過ごす; ぐずぐずする. **2** 《英俗》おしっこする. —— *vt.* 〈時を〉むだに過ごす. ◇ **píd·dling** [-iŋ] *a.* つまらない, ささいな.

pídg·in [pídʒin] *n.* **1** 《英話》商取引. **2** 《商取引などの実用目的の》破格な言語. **～ English** 中国の通商英語《英語に中国語・ポルトガル語・マライ語などを混合したことば》. [<business?]

‡pie[1] [pai] *n.* **1** パイ. **2** クリームサンド; ジャムサンド. **3** 《米俗》とてもいいもの; たやすいこと. **4** 《米俗》わいろ. ***be as good as* ～** 《米話》とてもきげんがいい. ***cut a* ～** 《米話》いじくりまわす; おせっかいする. ***easy as* ～** 《米俗》ぞうさもない. ***eat humble* ～** 屈辱を甘んじて受ける. ***have a finger in the* ～** 干渉する; 関与する. **～ *in the sky*** 《米話》天国入り, ユートピア; 先の楽しみ.

～ book 《米俗》金券帳. **～·crust** [⌐⌐] パイの皮 (のようにくずれやすい). **～·eyed** [⌐⌐] 《米俗》酔っ払った. **～·man** [-mən] (*pl.* **-men**) パイ売り商. **～·plant** [⌐⌐] 《米》食用大黄《パイの材料》.

pie[2] [pai] *n.* 《鳥》カササギ (=magpie).

pie[3] *n.* 《カトリック》《イギリスの宗教改革前の》祈禱(きとう)行事書 (pye).

pie[4] *n.* 《インド》パイ銅貨《1 anna の12分の1. 1 pice の 3 分の 1》.

pie[5] *n., vt.* (**～d**; **～·ing**) =pi[2].

píe·bald [páibɔ̀:ld] *a.* (白黒) まだらの; ぶちの. —— *n.* 白黒まだらの動物《特に馬》.

†piece [pi:s] *n.* **1** 片, 断片: a ～ of bread [cloth] パン [布] 一切れ. a ～ of paper [wood] 紙切れ, 紙 1 枚 [木切れ]. a ～ of chalk チョーク 1 本. **2** 《まとまったものの》一部, 部分, 部分品: There's one ～ missing. (部分品が) 1 個欠けている. a ～ of furniture 家具一品. **3** 《一まとまりをなした物の》一部 (分), 1 区画; 少しばかりの [小さな] 物: a bad ～ of road (一本の)悪路. a ～ of water 小湖水. **4** 《抽象名詞を特殊化するばあい》: a ～ of information 一つの情報. a useful ～ of advice 有益な忠告. What a ～ of folly [impudence]! なんというばかな [厚かましい] ことだ. **5** 貨幣: a two shilling ～ 2 シリング銀貨. **6** 鉄砲, 大砲: a fowling ～ 猟銃. a field ～ 野砲. **7** 《文学・芸術上の》作品: a fine ～ of sculpture りっぱな彫刻. a sea ～ 海の絵. **8** 《将棋・チェッカーなどの歩(ふ)以外の》こま. **9** 《反物・幅物などの取引単位》1 反, 1 匹. **10** 《俗》人, やつ《特に女をけいべつして》.

all of a* ～** 首尾一貫した《性格など》. ***all to* ～*s 《俗》こなごなに, さんざんに, すっかり. ***break* [*tear*] *to* ～*s*** ずたずたに引き裂く. ***by the* ～** 仕事の出来高で, 賃仕事で. ***come to* ～*s*** ばらばらになる; 〈計画などが〉挫折(ざせつ)する. ***cut to* ～*s*** ずたずたに切る; 酷評する. **(*give*) *a* ～ *of* one's *mind*** 率直な意見 (をする), 直言 (する). ***in one* ～** 継ぎ目なしに. ***in* ～*s*** ばらばらに砕けて, 細かに. ***of a* ～** 同種の; 一致して《と *with*》. **～ *by* ～** 一つずつ; 少しずつ. **～ *of flesh*** 《俗》人間, 《特に》女. **～ *of work*** (1) 作品. (2) ほねおり仕事; 《俗》騒ぎ. ***speak* one's ～** 意見を述べる. ***take to* ～*s*** ばらばらにする, ほどく, 解体する.

—— *vt.* **1** 継ぐ, 継いで直す: ～ a quilt (布を) 継ぎはぎしてキルティングをつくる. ～ a hole in the coat 上着の穴に継ぎを当てる. **2** 接合する; まとめる: ～ one thing to another 互いに継ぎ合わせる.

—— *vi.* 《話》間食する.

～ *on* 接合する, 継ぎ足す《に *to*》. **～ *out*** 継ぎはぎして完全なものにする; 継ぎ足して大きくする: ～ *out* a set of china [a theory] 欠けているものを補充して一組みの瀬戸物をそろえる [ある理論をつくりあげる]. **～ *together*** 総合する; 継ぎ合わせる. **～ *up*** 継ぎ合わせる; 繕う: ～ *up* the fragments and have a vase 断片を継ぎ合わせてつぼをつくる.

～-dye [⌐⌐] (織ってから) 染める. **～-dyed** [⌐⌐] 織って染めた. → yarn-dyed. **～ goods** 反物; 布地. **～·meal** → 別項. **～ rate** 出来高払い. **～·work** [⌐⌐] 出来高払いの仕事, 賃仕事. → timework. **～·wòrk·er** 出来高払いで働く人.

pièce de ré·sis·tance [F. pjɛsdərezistɑ̃:s, ㊥⁺pi:èsdərizí:stɑ:ns] F. **1** 《食事の》おもな料理. **2** 主要事件 [作品].

píece·meal [pí:smi:l] *ad.* **1** 一つ一つ; 次々に; だんだんと, しだいに. **2** ばらばらに; 断片的に. —— *a.* 一つ一つの, ばらばらの. ***at* ～ *rate*** 出来高払いで.

pied [paid] *a.* まだらの; 雑色の; まだら染めの.

P～ Piper 《ドイツ伝説》まだら服を着た笛吹き男《笛を吹いて Hamelin の町のネズミを退治したが, 町の人々が報酬をくれないので, また笛を吹いて町の子どもをことごとく連れて行ってしまった》.

pied-à-terre [pi:èitatέər/pjé(i)tɑ:-] F. *n.* (一時の) 休息所, 足だまり; 仮の宿.

píed·mont [pí:dmɑnt/-mənt] *a.* 山麓(さんろく)の. —— *n.* **1** 山麓地帯. **2** (P～) ピードモント高原《北アメリカ Appalachian 山脈と大西洋岸との間の高原》. **3** (P～) ピエモンテ (Piemonte)《イタリア北西部の地域》.

pí(e)-dog =pye-dog.

‡pier [piər] *n.* **1** 桟橋(さんばし), 埠頭(ふとう). **2** 防波堤. **3** 橋脚; 橋台. **4** 《建》《窓の中間の》窓間(まどま)壁. **5** 石 [コンクリート, 鉄など] のささえ台.

～ glass (窓間壁の) 姿見鏡.

‡pierce [piərs] *vt.* **1** 突き通す, 貫く, に突き通る, に突き刺さる: A tunnel ～*s* the mountain. トンネルが山を通り抜けている. The spear ～*d* his shoulder. やりは彼の肩に突き刺さった. **2** に穴をあける; 〈穴を〉あける: have one's ears ～*d* 《耳輪をはめるために》耳に穴をあけさせる. ～ a hole in the keg たるに穴をあける. **3** 突破して侵入する: ～ the enemy's lines 敵の前線を突破する. **4** 見通す, 見抜く, 洞察(どうさつ)する: ～ a disguise 変装を見抜く. **5** 〈心に〉ふかくしみ通る: His heart was ～*d with* grief. 彼の心は悲しみで張り裂けそうであった. **6** 〈寒さ・苦痛などが〉…にしみ込む, 〈音が〉…に鋭く響く: A sharp cry ～*d* the air [his ear]. 鋭い叫び声が空気 [彼の耳] をつんざいた. —— *vi.* **1** 貫く, 突き通る, はいる《に *into*; を *through*》: The dazzling light ～*d into* his eyes. まぶしい光が彼の目にはいり込んだ. **2** 見抜く: ～ *into* one's meaning 人の底意を見抜く. **3** 胸にこたえる. ◇ **piérc·er** *n.* ～する人.

piérc·ing [píərsiŋ] *a.* **1** 刺し通す; 突き抜ける. **2** 《寒さなど》骨身にしみる: a ～ wind 身にしむ風. **3** 《ことばなどが》えぐるような, 鋭い. **4** 洞察(どうさつ)力のある: a ～ eye 慧眼(けいがん). ◇ **～·ly** *ad.*

Pi·é·ri·an [paií(:)riən/paiér-, paiíər-] *a.* 詩神 (the Muses) の故郷 Pieria の; ミューズの神の.

～ spring 詩的霊感の源泉.

Pi·er·rot [pì:əróu / píərou] F. *n.* (*fem.* ***Pi·er·rette*** [-rét]) **1** ピエロ《フランスのパントマイムに出る道化役》. **2** (p～) 道化役; 仮装舞踏者.

Pi·e·tà [pì:eitá:, pjei-/pietá:] It. *n.* ピエタ《聖母マリアがキリストの死体をひざに抱いて嘆いている絵・像》.

Pí·e·tism [páiətiz(ə)m] *n.* **1** 《宗史》敬けん派《17 世紀末のドイツにおけるルーテル派教会の一派》; その主義 [教義]. **2** (p～) 敬けんぶること.

◇ **-tist** *n.* 敬けん派の人; (p～) 敬けんぶった人.

pì·e·tís·tic [pàiətístik] *a.* **1** 敬けんぶった. **2** (P～) 敬けん派の. ◇ **-ti·cal·ly** *ad.*

***pí·e·ty** [páiəti] *n.* **1** 《宗教的な》敬けん; 信心. **2**

《国家・君主・親などへの》真心; 忠誠, 敬愛; 孝心(=filial ～). **3** 信心〔真心〕ぶかい言動. → 形容詞 pious.

pi·è·zo·e·lèc·tríc·i·ty [paiːzouilèktrísịti] *n.* 〖電〗圧電気, ピエゾ電気; 圧電現象.
◇ **pi·è·zo·e·léc·tric** [-iléktrik] *a.*

pì·e·zóm·e·ter [pìːəzámịtər, pàiə-/pàiəzɔ́m-] *n.* ピエゾメーター《液体内の圧力測定器》.

píf·fle [pífl] *vi.* 〖俗〗むだ話する. —— *n.* 〖俗〗むだ話. ◇ **píf·fling** *a.*

‡**pig** [pig] *n.* **1** 子豚; 豚. **2** 豚肉. 〈注〉roast pig 以外一般には pork. **3** 〖話〗豚みたいな人; 薄ぎたない人, 食いしん坊, がんこな人. **4** 金属塊; 銑鉄. ***bring** one's **～s to a pretty** [**a fine, the wrong**] **market*** 当て違いをする, やまがはずれる. ***buy a ～ in a poke*** [***bag***] よく調べずに〔知らずに〕物を買う. ***in ～*** 《雌豚が》はらんでいる. ***make a ～ of** oneself* 豚のように大食いする. ***Pigs might fly.*** 不思議なことが起こらぬとも限らない. ***please the ～s*** 〖笑〗ばあいによったら. 〈注〉please God の代用. ***roast ～*** 小豚の丸焼き.
—— *v.* (**-gg-**) *vi.* **1** 〈豚が〉子を生む; 豚のように子を生む. **2** 豚のように群がる; 豚のような生活をする.
—— *vt.* 〈金属を〉固まりにする.
～ ***it*** [***together***] 雑居する.
～·**boat** [ˊ ˋ] 〖米: 軍俗〗潜水艦. ～·**hèad·ed** [(英) ˊ ˊ −] がんこな; ひねくれた. ～ **iron** 銑鉄. ～ **Latin** → Latin. ～·**nut** [ˊ ˋ] 〖植〗(1) 落花生《ヨーロッパ産》. (2) クルミの一種《北アメリカ産》; その実《豚の飼料》. ～·**pen** [ˊ ˋ] 豚小屋; きたない所. ～·**skin** [ˊ ˋ] (1) 豚皮; 豚のなめし皮. (2) 〖話〗鞍(くら). (3) 〖米話〗フットボールのボール. ～·**skìn·ner** 〖米話〗フットボールの選手. ～·**stick** [ˊ ˋ] イノシシ狩りをする《馬・やりを用いる》. ～·**stìck·er** (1) イノシシ狩りをする人. (2) やり; 大型ナイフ. ～·**stìck·ing** イノシシ狩り. ～·**sty** [ˊ ˋ] (1) = pigpen. (2) きたない住居〔へや〕. ～·**tail** [ˊ ˋ] (1) 弁髪 (queue) (の人); 《清朝(しんちょう)時代の》中国人. (2) 〖米〗細くねじり巻いたたばこ. (3) 〖電〗接続用銅線. ～·**wash** [ˊ ˋ] 台所の残り物《豚の飼料》. ～·**weed** [ˊ ˋ] 〖植〗アカザ・シロザの類.
◇ ～·**ger·y** [pígəri] *n.* **1** 不潔. **2** = pigpen. **3** 《集合的》豚. ～·**let**, ～·**ling** *n.* 子豚; 小豚.

‡**pí·geon** [pídʒin] *n.* (*pl.* ～**s**, 《集合的》～) **1** ハト. **2** (美しい) 若い娘. **3** 〖俗〗だまされやすい人, のろま. ***carrier*** [***homing***] ～ 伝書バト. ***clay*** ～ クレー《射撃の標的として空中に投げ飛ばす土器》. ***pluck a*** ～ まのぬけた人間からだまし取る. ***wood*** ～ ヤマバト. —— *vt.* **1** 伝書バトで通信する. **2** 〖俗〗〈人から〉だまし取る, 巻きあげる《を *of*》.
～ **breast** 〖医〗はと胸. ～-**brèast·ed** はと胸の. ～ **English** = pidgin English. ～ **hawk** 〖鳥〗《アメリカ産》小ハヤブサ. ～-**héart·ed** 気の弱い; おくびょうな. ～·**hole** → 別項. ～**'s milk** (1) ハトがひなを養うために出す乳状液. (2) 〖笑〗All Fools' Day に子どもをだまして取りにやるありもしない物. ～-**toed** [ˊ − ˋ] ハトのような足をした; 内またの. ～·**wing** [ˊ − ˋ] 〖米〗ダンスの変形ステップの一種《飛び上がって両足を打ち合わせる》; フィギュアスケートの型の一つ.
◇ ～·**ry** *n.* ハト小屋, 鳩舎(きゅうしゃ).

pí·geon·hole [pídʒinhòul] *n.* **1** ハト小屋の出入り口; 巣箱の分室. **2** 《書類などを入れる机・たんすなどの》仕切りだな, 書類整理だな.
—— *vt.* **1** 〈書類などを〉整理だなに入れる, 分類整理〔保存〕する. **2** 整理だなに入れてあとまわしにする〔忘れる〕, 握りつぶす: His plan was ～*d* for ten years. 彼の計画は10年間もたな上げされた.

píg·gin [pígin] *n.* 長柄の付いた小おけ.

píg·gish [pígiʃ] *a.* **1** 豚のような. **2** 貪欲(どんよく)な; がんこな. **3** 不潔な. ◇ ～·**ly** *ad.* ～·**ness** *n.*

píg·gy [pígi] *n.* **1** 小豚; 子豚. **2** 〖米: 小児語〗幼児の手〔足〕の指. —— *a.* = piggish.
～·**back** → 別項. ～ **bank** 《豚の形をした》小型貯金箱. ～·**wìg·gy** [-wìgi] (1) 子豚. (2) きたならしい子ども.

píg·gy·back [pígibæ̀k] *ad., a.* 背〔肩〕にのった〔のって〕, おんぶした〔して〕. —— *vt.* 〈乗り物を〉さらに大型の乗り物にのせて運ぶ.

píg·ment [pígmənt] *n.* **1** 絵の具. **2** 顔料. **3** 〖生〗色素. [√pi(n)g-] ◇ ～·**ed** [-id] *a.* 着色した.
píg·men·tar·y [-tèri/-təri], **pig·mén·tal** [pigméntl] *a.* 色素の; 色素を含んだ. **pìg·men·tá·tion** [pìgməntéiʃ(ə)n] *n.* 染色; 着色; 色素形成.

píg·my = pygmy.

pí·ka [páikə] *n.* 〖動〗ナキウサギ.

pike[1] [paik] *n.* **1** ほこ; 〖史〗《昔の歩兵の》短いやり. **2** とがった先, ほこ先; 針; とげ. **3** 〖英〗《イギリス湖畔地方の》尖峰(せんぽう).
—— *vt.* ほこで刺し貫く〔殺す〕; 刺す.
～·**man** → 別項. ～·**staff** [ˊ ˋ] (*pl.* **-staves** [-stèivz]) (1) やりの柄. (2) 錫杖(しゃくじょう): as plain as a ～*staff* きわめて明白な.

pike[2] *n.* (*pl.* ～**s**, 《集合的》～) 〖魚〗カワカマス.

pike[3] *n.* 有料道路 (=turnpike); 有料道路料金.

píke·man [páikmən] *n.* (*pl.* **-men** [-mən]) **1** 〖史〗やり歩兵《16–17 世紀》; 〖英〗つるはしを使う坑夫. [<pike[1]] **2** 有料道路料金徴収人. [<pike[3]]

pík·er [páikər] *n.* 〖米俗〗**1** 用心ぶかくけちな賭博(とばく)師. **2** 《株式市場の》小口筋. **3** けちん坊; おくびょう者.

pi·láf(f) [pilɑ́ːf/pílæf] = pilau.

pi·lás·ter [pilǽstər] *n.* 〖建〗壁柱《壁面から張り出した装飾柱》.

pilaster

Pí·late [páilət] *n.* Pontius [pánʃəs, -tiəs/pɔ́ntjəs] ～ 〖聖〗ピラト《キリストを処刑した Judea 統治のローマ総督》.

pi·láu, pi·láw [pilɔ́ː, -láu, (米)+-lɑ́ːf, -lóu] *n.* **1** ピラフ《肉などのスープで煮た米飯》. **2** 肉飯《回教徒の食べ物》.

pilch [piltʃ] *n.* おしめカバー.

píl·chard [píltʃərd] *n.* 〖魚〗ニシンの一種.

‡**pile**[1] [pail] *n.* **1** 積み重ね, 《物の》山: a ～ of books 本の山. a ～ of hay 干し草の山. **2** 積み重ねた火葬のたきぎ: a funeral ～. **3** 大量; 大建築物〔群〕: a large ～ of brickwork れんがづくりの大建造物. **4** 〖俗〗大金, 財産. **5** 〖電〗電堆(でんたい), 電池. **6** 原子炉 (=atomic ～). **7** 〖軍〗叉銃(さじゅう). **8** 〖古〗貨幣の裏面. ***cross or*** ～ = heads or tails. → head. ***make** one's* [***a***] ～ 財産をつくる.
—— *vt.* **1** 積み重ねる〔上げる〕《*up*; の上に *on*》: ～ logs まきを積む. ～ things *up* 物を積み上げる. ～ more coal *on* fire 火の上にさらに石炭をくべる. **2** の上にうず高く積む《を *with*》: ～ a table *with* dishes テーブルの上にさらを積む. **3** 〖軍〗〈銃を〉組む.
—— *vi.* **1** 積もる《*up*》: Money continued to ～ *up*. 金はどんどんたまっていった. **2** どやどやとはいる(出る)《へ *into*; から *out of*》: ～ *into* [*out of*] a room.
～ ***arms*** 叉銃する. ～ ***in*** 〖米〗(1) 詰め込む. (2) 詰まる: We can all ～ *in*, if we squash up a bit. 少し押し合えばみな詰まる. ～ ***it on*** おおげさに言う. ～ ***Pelion on Ossa*** うんと積み上げる. ～ ***up*** (***on***) ***the agony*** 〖話〗悲痛な気分を強める. [√pil-]

pile[2] [pail] *n.* **1** (通例 *pl.*) くい. **2** くさび形の模様. **3** 草の葉 (blade). —— *vt.* **1** にくいを打ち込む. **2** にくさび形の模様をつける.
～ **driver** [**engine**] くい打ち機. ◇ **píl·ing** *n.* くい打ち(工事); くい材; 《集合的》くい (piles).

pile[3] *n.* **1** 毛; むく毛; 綿毛. **2** 羊毛. **3** 毛皮. **4** 毛羽《ビロード・じゅうたんなどの》. **5** 輪奈(わな)《タオル

地などの》. ◇ **∼d** *a.* ∼のついた.

piles [pailz] *n. pl.* 〘医〙痔疾(じっ) (hemorrhoids). ***blind* ∼** いぼ痔.

píl·fer [pílfər] *vt., vi.* こそどろをする; 抜き荷する.
◇ **∼·age** [-fəridʒ] *n.* こそどろ, ちょろまかし; 盗品. **∼·er** [-fərər] *n.* こそどろ.

‡**píl·grim** [pílgrim] *n.* **1** 巡礼者; 聖地参詣(さんけい)者: ∼*s* to Mecca. **2** 旅人, 放浪者. **3** (P∼) the P∼ Fathers のひとり. ***the Canterbury* ∼*s*** カンタベリー参り《中世のイギリスで, わが国の伊勢(いせ)参りのように流行した》. —— *vi.* 巡礼する, 流浪する.
P∼ Fathers, the 〘米史〙1620年 Mayflower 号でアメリカ Massachusetts 州に渡り Plymouth 植民地を開いた 102 人のイギリス清教徒団. ***P∼'s Progress, the*** 天路歴程《John Bunyan 作の寓意(ぐうい)小説》.

píl·grim·age [pílgrimidʒ] *n.* **1** 巡礼の旅, 行脚(あんぎゃ). **2** 人生の行路, 生涯(しょうがい): life's ∼ 人生行路. go on a ∼ 巡礼に出かける. make one's ∼ to に参詣(さんけい)する. —— *vi.* 巡礼〔行脚〕に出る.

píl·grim·ize [pílgrimàiz] *vi.* 巡礼に行く.
—— *vt.* 巡礼者にする.

‡**pill**[1] [pil] *n.* **1** 丸薬. **2** いやな物, 苦しいこと, 〘俗〙いやな人. **3** 小球状の物; 〘俗〙《野球・ゴルフなどの》ボール; (*pl.*) 投票用の小球; (*pl.*) 〘俗〙玉突き. **4** 〘笑〙砲弾, 銃弾. **5** 〘俗〙両切りの巻きたばこ; あへん.
a bitter* ∼ *to swallow いやな物〔事〕. ***a* ∼ *to cure an earthquake*** 無益な対策, 「2 階から目薬」. ***gild* 〔*sugar*〕 *the* ∼** 糖衣をかぶせる; いやなことを和らげる. —— *vt.* **1** 丸薬につくる. **2** に丸薬を飲ませる. **3** 〘俗〙の反対投票する; 排斥する.
∼·box [´-ˌ-] (1) 《ボール紙製の浅い円形の》丸薬容器. (2) 〘笑〙ちっぽけな乗り物〔建物〕. (3) 《上部の平らな》縁なし婦人帽. (4) 〘軍俗〙トーチカ.

pill[2] *vt., vi.* **1** 〘古〙略奪する. **2** 〘古・方〙皮をむく, はがす. **3** 〘廃〙はげにする〔なる〕.

píl·lage [pílidʒ] *n.* **1** 略奪, 強奪. **2** ぶんどり品.
—— *vt., vi.* **1** (から) 略奪する. **2** ぶんどる.

‡**píl·lar** [pílər] *n.* **1** 柱; 標柱; 台脚. **2** 柱状の物; 火柱; たつまき; 〘鉱山〙鉱柱. **3** 《比喩的》大黒柱, 柱石, 重鎮: a ∼ of the Liberal Party 自由党の重鎮. ***driven from* ∼ *to post*** 〔***from post to*** ∼〕 あちこちへ追いやられる, 次々と苦境に落とされる. **∼ *of a cloud*** 〔***fire***〕 〘聖〙雲〔火〕の柱, 神の指導. ***P∼s of Hercules*** ヘラクレスの柱《Gibraltar 海峡東端の両岸に立つ 2 本の岩石》. —— *vt.* **1** 柱でささえる〔飾る〕. **2** の柱石となる. [√pil-]
∼ box 〘英〙ポスト.
◇ **∼ed** *a.* 柱のある; 柱状になった.

píl·lar·et [pílərit] *n.* 小柱.

píl·lion [píljən] *n.* **1** 添え鞍(くら)《同乗する婦人用の》. **2** 〘英〙後部の座席《オートバイの》.

píl·lo·ry [píləri] *n.* **1** さらし台《罪人の頭と手を板の間にはさむ刑具》. **2** もの笑い. ***in the* ∼** もの笑いとなって.
—— *vt.* さらし台にさらす; もの笑いの的にする.

pillory ①

‡**píl·low** [pílou] *n.* **1** まくら; クッション. **2** 〘機〙軸受け台; レース編みの台. ***take counsel of*** 〔***consult with***〕 **one's** ∼ 一晩寝てじっくり考える.
—— *vt.* **1** まくらに載せる; まくらでささえる. **2** 下からささえる. —— *vi.* まくらに載っている; まくらをする. ∼ **one's** ***head on*** **one's** ***arm*** 手まくらをする.
∼·case, ∼·slip [´-ˌ-] まくらカバー. **∼ fight** まくら合戦. **∼ lace** 手編みレース. **∼ sham** 装飾用まくらカバー.
◇ **∼·y** *a.* まくらのような; 柔らかい.

pí·lose [páilous] *a.* 〘動・植〙毛〔軟毛〕の多い.
◇ **pi·lós·i·ty** [pailásiti/-lɔ́s-] *n.* 〘動・植〙多毛性.

‡**pí·lot** [páilət] *n.* **1** パイロット, 水先案内人; 舵手(だしゅ). **2** 〘空〙操縦士. **3** 指導者, 案内人. **4** 航路案内書; 羅針儀矯正(きょうせい)器; 〘米〙(機関車の)排障器. **5** 《形容詞的に》指導の, 先導の; 〘米〙試験的な. **6** =∼ light. ***drop the*** ∼ よい忠告者を捨てる. ***take on a*** ∼ 水先案内を頼む.
—— *vt.* **1** の水先案内をする. **2** 案内する, 導く: He ∼*ed* me through the wood to the castle. 彼は森を抜け城まで私を案内した. **3** 〈航空機を〉操縦する. ∼ ***in*** 〔***out***〕 水先案内をして入港〔出港〕する. ∼ ***up*** 〔***down***〕 ***a river*** 水先案内をして川を上る〔下る〕.
∼ balloon 測風気球. **∼ biscuit** 〔**bread**〕(船用) 堅パン. **∼ boat** 水先案内船. **∼ burner** 《ガス湯沸かし器などで絶えず点火しておく》口火. **∼ car** 先駆車. **∼ cloth** 紺色の外套(がいとう)地. **∼ engine** 《線路の安全を確認するための》先導機関車. **∼ farm** 試験農場. **∼·fish** [´-ˌ-] ブリ類の魚《しばしばサメのいる所に見られる》. **∼ flag** 〔**jack**〕 水先案内を求める信号旗. **∼·house** [´-ˌ-] 〘海〙操舵(そうだ)室 (wheelhouse). **∼ jacket** = pea jacket. **∼ lamp** パイロットランプ, 表示燈. **∼ light** (1) = ∼ burner. (2) = ∼ lamp. **∼ officer** 〘英〙空軍少尉. **∼ parachute** 〘空〙引き出しパラシュート, 補助落下傘(らっかさん). **∼ plant** 試験工場. **∼ production** 試験生産. **∼ scheme** (小規模な) 予備計画. **∼ whale** 〘動〙ゴンドウクジラ (blackfish).
◇ **∼·age** [-idʒ] *n.* **1** 水先案内(料). **2** 指導. **3** 航空機操縦(術). **∼·less** *a.* ∼のいない; 自動操縦の.

pí·lous [páiləs] =pilose.

Pílt·down [píltdàun] ∼ ***man*** 〘人類〙ピルトダウン人《イギリス Piltdown で1912年に発見された頭蓋(ずがい)骨から推定された有史前の人類. 現在ではにせ物とされている》.

píl·ule [pílju:l] *n.* 小丸薬.
◇ **píl·u·lar** [-ər] *a.* 丸薬(状)の.

pí·ly [páili] *a.* 綿毛のある〔のような〕; ふんわりした. [<pile[3]]

pi·mén·to [piméntou] *n.* (*pl.* ∼*s* [-z]) **1** オールスパイス (allspice). **2** ピーマン (*pimiento*).

pi·mien·to [pimjéntou] Sp. *n.* (*pl.* ∼*s* [-z]) ピーマン, アマトウガラシ. **∼ cheese** アマトウガラシ入りチーズ.

pim·ó·la [pimóulə] *n.* 赤色のアマトウガラシを詰めたオリーブ.

pimp [pimp] *n.* **1** 売春宿の主人; 売春あっせん業者. **2** 悪事への仲介者. —— *vi.* 売春のあっせんをする; 悪事の手助けをする.

pím·per·nel [pímpərnèl, -n(ə)l] *n.* 〘植〙ルリハコベ.

pímp·ing [pímpiŋ] *a.* **1** 〘話〙ちっぽけな; つまらない, くだらない. **2** 〘方〙病弱な; 弱々しい.

pím·ple [pímpl] *n.* **1** 〘医〙丘疹(きゅうしん); 吹き出物; にきび. **2** 小高い所. ◇ **∼d, pím·ply** [-i] *a.* 吹き出物だらけの, にきびづらの.

‡**pin** [pin] *n.* **1** ピン, 留め針; 飾り針. **2** 《ピン付きの》記章; ブローチ. **3** 栓(せん); くぎ; かんぬき; かぎのかぎ穴にはいる部分. **4** 〘海〙《綱などをとめる》栓; 《ボートの》オールどめ; 《楽器の》糸巻き; 輪どめ, 干し物どめ, くさび. **5** ボーリングの標的〔標柱〕, ピン. **6** (通例 *pl.*) 〘話〙足. **7** 〘ゴルフ〙hole を示す旗ざお. **8** つまらない物.
be on **one's** ***last*** ∼***s*** 死にかけている. ***be on*** **one's** ∼***s*** 立っている; 達者である. ***be quick*** 〔***slow***〕 ***on*** **one's** ∼***s*** 〘話〙足が速い〔おそい〕. ***can*** 〔***could***〕 ***hear a*** ∼ ***drop*** 針が落ちても聞こえそうなほど静か. ***neat as a new*** ∼ 非常にこぎれい. ***not care*** 〔***matter, worth***〕 ***a*** ∼ 少しもかまわない〔かかわりがない, 価値がない〕. ***on*** 〔***in***〕 ***a jolly*** 〔***merry***〕 ∼ 陽気な気分〔気持ち〕で. ***on*** ∼***s and needles*** 非常に不安で. ∼***s***

and needles 手足にしびれがきれてちくちくする感じ. ***put in the ～*** 停止〔中止〕する〔させる〕; 酒をやめる. ***stick ～s into*** a person (人)を悩ませる; 刺激する. —— *vt.* (**-nn-**) **1** ピン〔くぎ, 栓〕で留める《*up, together*; に *on, to*》: ～ *up* a notice 掲示を(ピンで)はる. ～ papers *together* 紙をピンでとじる. **2** 押えつける; くぎづけにする《*down*; に *against*》; 束縛する《に *to*》: He caught me by the elbows and *pinned* me up *against* the wall, so that I could not stir. 彼は私の両ひじをつかまえ壁に押しつけたので動きがとれなかった. **3**〘話〙<罪などを> 負わせる《に *on*》. **4** 刺し通す; <小穴を> あける: ～ a hole in a plate. ～ ***one's faith*** [***hope***] ***on*** を信頼する, を信じきる, を頼みの綱とする. ～ a person ***to a promise*** (人に) 確約させる.

～·ball [́ ̀] ピンボール; パチンコ; コリントゲーム: a ～*ball* machine パチンコ遊技機. **～ boy**〘ボーリング〙標的 (pins) を整理する係り員. **～ curl** ヘアピンなどでとめた巻き毛. **～·cùsh·ion** 針刺し. **～·fèath·er** 鳥のうぶ毛. **～·head** [́ ̀] (1) ピンの頭. (2) ちっぽけな〔つまらない〕物. (3)〘俗〙まぬけ; うすのろ. **～·hole** [́ ̀] 小さな穴; 針の穴: a ～*hole* camera ピンホールカメラ. **～ money**《一般的》こづかい銭;《夫が妻にやる》こづかい銭. **～·point** →別項. **～·prick** [́ ̀] (1) ちくりと刺すこと. (2) ちくりと痛いことば; いやがらせ. **～·prick policy** いやがらせ政策. **～ stripe** 細い縦じま (の生地・服). **～·tail** [́ ̀]〘鳥〙オナガガモの類; (尾の長い) 雷鳥の一種. **～·up**→別項. **～·wheel** [́ ̀] 風車《紙製のおもちゃ》; 回転花火;〘機〙ピン歯車. **～·worm** [́ ̀]〘動〙ギョウチュウ.

pín·a·fore [pínəfɔ̀:*r* / -fɔ:] *n.*《子ども用》前掛け;《婦人用》そでなし簡単服.

pince-nez [pǽnsnèi / -nei] F. *n.* (*pl.* ～ [-z]) 鼻めがね.

pince-nez

pín·cers [pínsərz] *n. pl.* **1** やっとこ, ペンチ, くぎ抜き; 毛抜き. **2**〘動〙はさみ《カニなどの》.

～ movement〘軍〙挾撃(きょうげき)作戦.

pin·cette [pænsét / pǽ:sét] F. *n.* (*pl.* **～s** [-s]) ピンセット.

‡**pinch** [pintʃ] *vt.* **1** つねる, つまむ, はさむ: He ～*ed* the boy's cheek. 彼は少年のほおをつねった. I ～*ed* my finger in the doorway. 指をとびらではさんだ. **2** 切り取る《*off, out*》: ～ *out* the side shoots 横枝を切り取る. **3** <手袋・くつなどが> 締めつける: These shoes ～ me. **4** 窮屈にする, 苦しめる, 悩ます, 痛めつける, やつれさす, しぼます: be ～*ed for* money 金がなくて困っている. be ～*ed with* cold 寒さで縮みあがる. a face ～*ed with* hunger 飢えでやつれた顔. flowers ～*ed with* frost 霜で枯れた花. **5** 盗む, かすめる: Who's ～*ed* my dictionary? だれがぼくの辞書をとったのだ. **6**〘英：競馬〙<馬を> せきたてる;〘海〙<船を> 詰め開きにして走らせる. **7**〘俗〙逮捕する. —— *vi.* **1** <くつなどが> 締めつける, きつくて痛みを与える. **2** きりきりと痛む. **3** けちけちする. **4** <鉱脈が> 細くなる. ～ ***and save*** [***scrape***] けちけちして金をためる. ***know*** [***feel***] ***where the shoe ～es*** 困難な点を心得ている. ～ ***pennies*** 極度に節約する. ***That's where the shoe ～es.*** これがむずかしいところだ.

—— *n.* **1** つまみ, つねり, はさみ: He gave me a ～. 彼はぼくをつねった. **2** 一つまみの量: a ～ of salt 一つまみの塩. **3** 苦痛, 困難: the ～ of hunger 空腹の苦しみ. **4** 危機, 危急のばあい. **5**〘米俗〙捕縛; 盗み. **6**〘米〙鉱脈の狭窄(きょうさく)点. ***at*** [***in, on***] ***a ～*** まさかのときには. ***when*** [***if***] ***it comes to the ～*** まさかのときには.

～ bar 台付きてこ. **～·beck** → 別項. **～·bòt·tle** 胴のへこんだ〔くびれた〕びん. **～ hit**〘野球〙代打. **～-hit** [́ ̀] (**-hit**; **-hit·ting**)〘野球〙ピンチヒッターに出る; 代役をつとめる《の *for*》. **～ hitter** (1)〘野球〙ピンチヒッター, 代打者. (2) 代役, 身代わり. **～·pèn·ny** けちん坊 (の). **～ runner**〘野球〙ピンチランナー, 代走者.

◇ **～·er** *n.* つまむ人〔物〕; (*pl.*) = pincers.

pínch·beck [píntʃbek] *n.* **1** ピンチベック《亜鉛と銅の合金. 模造金として用いる》. **2** にせもの, 模造品; 安ぴか装身具. —— *a.* ピンチベック製の; にせの; いんちきな.

Pín·dar [píndər] *n.* ピンダロス《紀元前 5 世紀ごろのギリシアの叙情詩人》.

Pin·dár·ic [pindǽrik] *a.* **1** ピンダロスの. **2** ピンダロス風の;《詩が》形式整然たる. —— *n.* (通例 *pl.*) ピンダロス(風)の詩 (= ～ ode).

pín·dling [píndliŋ] *a.*〘米話〙ちっぽけな; 弱っぴいな.

‡**pine**[1] [pain] *n.* **1**〘植〙松, 松の木 (= ～ tree), 松材. **2**〘話〙パイナップル (= pineapple). ***Oregon*** [***Douglas***] ～〘植〙アメリカ松. ***white*** ～〘植〙モミ. **～·àp·ple** →別項. **～ barren**〘米〙松の木がはえた不毛の砂地. **～ cone** 松かさ. **～ marten**〘動〙テン《イギリス産黒かっ色のイタチの一種》. **～ needle** 松葉. **～ resin** 松やに. **～ tar**《松材を蒸留して採った》松根タール. **P～ Tree State, the** アメリカ Maine 州の別称.

pine[2] *vi.* **1** (恋い) 慕う, 思いこがれる《を *after, for*》; しきりに…したがる《*to* (do)》. **2**《悲しみ・恋に》やつれる《*away*》. —— *vt.* 嘆き悲しむ.

pín·e·al [píniəl/páiniəl] *a.* **1** 松かさ状の. **2**〘医〙松果腺(せん)の. **～ gland** [**body**]〘医〙《脳の》松果腺〔体〕.

píne·àp·ple [páinæ̀pl] *n.* **1** パイナップル; その木. **2**〘軍俗〙手榴(しゅりゅう)弾 (hand grenade).

pín·er·y [páinəri] *n.* **1** パイナップル栽培園. **2** 松林.

píne·y = piny.

pín·fold [pínfòuld] *n.* おり《迷い出た家畜を入れる》;《一般的》家畜おり. —— *vt.* おりに入れる.

ping [piŋ] *n., vi.* ピュー (と飛ぶ).

***píng-pong** [píŋpɑ̀ŋ, -pɔ̀:ŋ/-pɔŋ] *n.* ピンポン (table tennis).

pín·guid [píŋgwid] *a.* 脂肪の多い, あぶらぎった.

◇ **pin·guíd·i·ty** [piŋgwídịti] *n.*

pín·ion[1] [pínjən] *n.* **1** 鳥の翼の先端部《前肢(ぜんし)に当たる部分》; 羽がい. **2**〘雅〙翼. **3**《集合的》翼の羽毛. **4**《一本一本の》羽毛. —— *vt.* **1** <鳥の> 翼の端を切る, 両翼を縛る《飛べないように》. **2** <人を> 羽がい締めにする; 束縛する. **3** くくりつける: be ～*ed to* bad habits 悪習から離れられない.

pín·ion[2] *n.*〘機〙ピニオン《小型歯車》. ***lazy ～*** 遊び歯車.

‡**pink**[1] [piŋk] *n.* **1** 淡紅色, 桃色, ピンク色. **2** (しばしば P～) 左翼がかった人. → Red. **3** 精華, 典型: the ～ of perfection 完全の極致. **4** 最高状態, 最高度: in the ～ of health 達者でぴんぴんして. **5** ナデシコ, 石竹. **6**〘英〙キツネ狩りの人の赤い服 (= ～ coat); キツネ狩りをする人. ***in the ～***〘俗〙= in the ～ of health. → ④.

—— *a.* **1** 桃色の. **2** 赤がかった思想の. **3** 興奮して, おこって. ***get ～ on*** に興奮する.

～ coat キツネ狩り用乗馬着. **～·eye** [́ ̀] (1)〘医〙伝染性結膜炎. (2)《馬の》流行性感冒. **～ lady** カクテルの一種. **～ slip** 解雇通知. **～ tea**〘米話〙《おもに婦人たちの》お茶の会.

◇ **～·ish** *a.* ピンク〔桃色〕がかった.

pink[2] *vt.* **1** 刺す; 突く. **2** <皮などに> 穴をあける《*out*》. **3**〘英〙穴〔ぎざぎざ〕で飾る《*out, up*》.

pink[3] *n.*《船尾の細い》帆前船の一種.

pink[4] *n.*〘英：魚〙サケの子.

pínk·ie[1] [píŋki] *n.*〘米話〙小指.

pínk·ie[2] = pink[3].

Pínk·ster [píŋkstər] *n.* = Whitsuntide.

p～ flower 〔植〕ピンクツツジ.

pínk·y [píŋki] *a.* ＝pinkish. → pink¹.
—— *n.* **1** ＝pinkie¹. **2** pink³.

pín·na [pínə] *n.* (*pl.* **-nae** [-niː], **-nas**) **1**〔動〕ひれ; ひれ足. **2**〔鳥〕羽; 翼. **3**〔植〕羽状複葉の一片. **4**〔医〕耳翼.

pín·nace [pínis] *n.* **1**〔軍〕艦載艇; 《一般的》船に備えてあるボート. **2**〔史〕2本マストの小船.

pín·na·cle [pínəkl] *n.* **1**〔建〕小尖塔(せんとう). **2** 高峰. **3** 極点, 頂点: the ～ of power 権勢の絶頂.
—— *vt.* **1** に小尖塔を取り付ける. **2** 高い所におく. **3** の絶頂をなす.

pín·nate [píneit, -nit], **-nat·ed** [-neitid] *a.* **1** 羽状の. **2**〔動〕翼〔ひれ〕のある;〔植〕〔葉が〕羽状の.
◇ **～·ly** *ad.*

pín·ner [pínər] *n.* **1** ピンでとめる人〔物〕. **2**〔子ども・婦人用〕前掛け(pinafore). **3** (通例 *pl.*) 婦人用ずきんの一種《18世紀の初めの》.

pín·ny [píni]〔英：小児語〕＝pinafore.

pí·noc(h)·le [píːnʌkl/pínəkl] *n.* 〔米〕トランプ遊びの一種.

pi·nóle [pinóul] *n.* いったとうもろこし・小麦・豆・砂糖などでつくるアメリカ西南部の料理.

pí·non [pínjən] *n.* 〔米〕松の一種《Rocky 山脈南部地方産》; その実〔食用〕. [＜Sp.]

pín·point [pínpɔ̀int] *n.* **1** ピンの先. **2** ほんのささいなこと; ほんのちいさな物. —— *a.* ごくこまかい, 精密な: ～ bombing 精密爆撃. —— *vt., vi.* **1** ピン先で示す. **2** 正確に示す〔ねらう, 爆撃する〕;(の)位置を精密に示す.

***pint** [paint] *n.* **1** パイント《液量の単位. 1 quart の2分の1. アメリカでは 0.47 *l* 強, イギリスでは 0.57 *l* 弱》. **2** 1パイント入り容器.

pín·tle [píntl] *n.* **1** 軸《ちょうつがい・かじなどの》. **2** 軸栓(せん)《砲を前車に連結する》.

pín·to [píntou] *a.* ぶちの; 白黒まだらの. —— *n.* (*pl.* **～s** [-z])〔米方〕**1** ぶちの馬. **2** まだらのウズラマメ(＝～ bean).

pín·up, pín-up [pínʌ̀p] *a.* 壁に掛ける〔つるす, 張る〕: a ～ lamp 壁につるすにふさわしい〔つるせる〕ランプ. —— *n.* 《ピンで壁にとめる》美人写真; 美人(＝～ girl).

pinx. *pinxit.*

pinx·it [píŋksit] L. (＝he painted) …画, …作《画家の署名に添える. 画家が2人以上のときは複数形 (*pinx·e·runt* [piŋksí(ː)rʌnt/-síər-]) を用いる》.

Pínx·ter [píŋkstər] ＝Pinkster.

pín·y [páini] *a.* **1** 松の(ような). **2** 松の茂った; 松からなる.

‡**pi·o·néer** [pàiəníər] *n.* **1** 開拓者《未開地・新分野などの》. **2** 先駆者, 率先者; 主唱者. **3**〔軍〕工兵. **4**〔生〕無生息地帯にはびこり出した動物〔植物〕.
—— *vt.* **1** <未開地・新分野などを>開拓する. **2** 先導する, 指導する. **3** 提唱する.
—— *vi.* **1** 開拓者になる. **2** 率先する.
P～ Youth ピオニール《ソ連の開拓少年団》.

‡**pí·ous** [páiəs] *a.* **1** 信心ぶかい; 敬けんな. ↔ impious. **2** 宗教的な《俗世的に対し》: ～ literature 宗教文学. **3** 敬神〔宗教〕にかこつけた; 偽善的な. **4**〔話〕りっぱな; 殊勝な. **5**〔古〕忠誠な; 親孝行な. → 名詞 piety. **～ fraud** 宗教にかこつけた詐欺; 善意の偽り. **～ wish** 切なる願い, 悲願.
◇ **～·ly** *ad.* **～·ness** *n.*

pip¹ [pip] *n.* **1** 種《特にリンゴ・ミカンなどの》. **2**〔俗〕すばらしい人〔物〕.

pip² *n.* **1** 星, 目《トランプ・さいころの》. **2**〔話〕《肩章の》星(star). **3**〔植〕根茎《スズラン・ケシ・アネモネなどの》. **4** パイナップルの表皮の小仕切り.

pip³ *n.* **1** (the ～) 家禽(きん)の舌・のどの病気. **2**〔話〕《人間の》軽い病気;〔俗〕ふきげん;〔俗〕梅毒. ***give*** a person ***the ～***〔俗〕(人を)ふきげんにする. ***have the ～***〔俗〕気分〔きげん〕が悪い.

pip⁴ *n.* **1**《ひな鳥の》ピヨピヨという鳴き声. **2**〔英：ラジオ〕ピッという音: the three ～*s* of the time signal 時報のピッピッピッという三つの音. —— *vt.* (**-pp-**) <ひな鳥が卵を>破って出る. **～-squeak** →別項.

pip⁵ *v.* (**-pp-**)〔英俗〕*vt.* **1** 排斥する; に反対する. **2** 出し抜く, 負かす. **3** <計画などを>挫折(ざっ)させる. **4** 弾丸で撃つ; 殺す, 傷つける. —— *vi.* 死ぬ《*out*》.

píp·age [páipidʒ] *n.* **1**《集合的》輸送管. **2**〔水・ガスなどの〕パイプ輸送; その運賃.

pí·pal [píːp(ə)l] *n.* 〔植〕ボダイジュ (bo tree)〔インド産〕.

‡**pipe** [paip] *n.* **1** パイプ, 管, 導管, 筒: a water ～ 水道管. a steam [gas] ～ 蒸気〔ガス〕管. a distributing ～ 配水管. **2** (喫煙)パイプ, きせる;〔たばこの〕一服: light [smoke] a ～ 一服つける. **3** 笛, 管楽器; パイプオルガンの管; (*pl.*) ＝bagpipe;〔海〕号笛; 呼び子. **4** 歌い声, さえずり声, 金切り声. **5**〔俗〕気管, のど; 脈管. **6**〔鉱山〕管状鉱. **7** パイプ《液量の単位. 約477 *l*》; 1パイプ入りの酒だる. **8**〔俗〕楽な仕事. ***put*** a person***'s ～ out*** (人)のたばこの火を消す; 人の成功に水をかける〔じゃまをする〕. ***Put that in your ～ and smoke it.*** じっくり考えてごらん. ***smoke the ～ of peace*** <北アメリカ原住民が>和親のしるしにたばこを吸い回す. ***tune*** one***'s ～s*** 泣く.
—— *vt.* **1** 管で運ぶ: ～ water *into* a house 家へ水を引く. **2** に管をつける. **3** <ラジオ・テレビを>有線放送する, <通信を>同軸ケーブルで送る. **4** <笛を>吹く. **5** 金切り声で言う. **6** 歌う. **7**〔海〕号笛で呼ぶ〔集合させる〕: ～ all hands on deck 号笛で甲板に全員集合させる. **8** <衣服・菓子などに>(管状の)飾り縁をつける. —— *vi.* **1** 笛を吹く. **2** ピーピーさえずる; ピーピー泣く; <風が>ヒューヒュー鳴る.
～ away〔海〕呼び子を吹いてボートに出発を命ずる. ***～ down*** (1)〔海〕呼び子を吹いて終業を命ずる. (2)〔俗〕黙る, 静まる; 控えめになる. ***～*** one***'s eye(s)*** 泣く. ***～ up*** (1) 吹奏し〔歌い〕始める. (2)〔俗〕(キーキー声で)話す; <風が>吹きだす. (3) 声を大にして意見を述べる; 主張する.
～ clay →別項. **～-clay** →別項. **～ dream**〔米話〕夢のような計画, とっぴな考え. **～·fish** [´–`–] (*pl.* **～·fish, ～·fish·es**)〔魚〕ヨウジウオ. **～ key** 胴が中空のかぎ. **～·lày·er** 水道管〔ガス管〕敷設工. **～·line** → 別項. **～ organ** パイプオルガン. **～ rack**《たばこの》パイプ掛け. **～ smoker**〔米〕あへん中毒者. **～·stem** [´–`–] たばこパイプの軸;〔話〕パイプの軸に似たもの《やせて細い足や腕など》. **～·stone** [´–`–] 紅粘土の一種《アメリカインディアンがたばこパイプをつくる材料》. **～·work** [´–`–] パイプ状鉱脈;《オルガンなどの》管機構. **～ wrench** パイプレンチ, 管ばさみ.
◇ **～·ful** [-fùl] *n.* パイプ一杯(分);《たばこ》一服分. **～·less** *a.* **～·like** *a.*

pipe clay *n.* **1** パイプ粘土《質が密な白色粘土. 喫煙パイプ用, 皮類みがき用》. **2**〔軍〕服装整とんの厳正; 形式主義.

pípe-clay [páipklèi] *vt.* **1** パイプ粘土で漂白する; にパイプ粘土を塗る. **2** みがきたてる; 整とんする.

pípe·line [páiplàin] *n.* **1** 導管, 輸送パイプ. **2** 情報ルート; 経路. **3**《製造人から小売商人〔消費者〕へと》間断なく送られる商品. ***in the ～*** 輸送〔手配〕中. —— *vt.* **1** にパイプ〔ルート〕を取りつける. **2** パイプ〔ルート〕で送る.

pip ém·ma [pip-émə]〔英〕午後に (P.M.).

píp·er [páipər] *n.* **1** 笛吹き. **2** スコットランドの風笛手(＝bagpiper). **3**〔魚〕ホウボウ. **4**〔鳥〕イソシギ《渡り鳥の一種》; ピーピー鳴く鳥, ひな鳥. **5** 息切れのする馬. **6** おとりの犬. ***drunk as a ～***〔話〕酔っ払って. ***He who pays the ～ may call the tune.***〔ことわざ〕金を出す者は注文も出す《金主には注文をつける権利あり》. ***pay the ～*** (1) 費用を負担する. (2) 自己の行動の結果を甘受する.

pi·pétte, pi·pét [pipét] *n.* 〘化〙ピペット《少量の液体を量ったり移したりする目盛り付きの小管》.
—— *vt.* ピペットで移す〔取る〕.

píp·ing [páipiŋ] *n.* **1** 配管; 《集合的》管; 管の材料. **2** 笛を吹くこと, 管楽; 笛の音. **3** かん高い音〔声〕; 〘俗〙泣くこと, 泣き声. **4** パイピング《衣服・菓子などの管状の飾り》. **——** *a.* **1** 笛を吹く. **2** 鋭い音を出す, かん高い. **3** 《笛を吹いて》太平な: the ～ time(s) of peace 太平の世. **～ crow** 〘鳥〙ナキカラス《オーストラリア産. モズに似る》. **～ hare** ナキウサギ. **～ hot** 《料理が》煮えたって熱い(うちに).

píp·it [pípit] *n.* 〘鳥〙タヒバリ.

píp·kin [pípkin] *n.* **1** 土びん; 土なべ. **2** 手おけ (piggin).

píp·pin [pípin] *n.* **1** リンゴの一種. **2** 〘植〙種(seed). **3** 〘俗〙すばらしい人〔物〕.

pip·sís·se·wa [pipsísəwə] *n.* 〘植〙ウメガサソウ《常緑の葉を強壮剤・利尿剤などに用いる》.

píp-squeak [pípskwìːk] *n.* 〘話〙 小さな人; とるに足らぬ人.

píp·y [páipi] *a.* **1** パイプのような. **2** 笛を吹く; ピーピー鳴る〔泣く〕, 金切り声の, 《声が》かん高い.

pí·quant [píːkənt] *a.* **1** 《味などが》ピリッとする, 辛い, 刺すような. **2** ここちよく刺激的な, 小気味よい, 魅力ある. **3** 痛快な, 気のきいた. **4** 〘古〙痛烈な, 気にさわる. ◇ **～·ly** *ad.* **pí·quan·cy** *n.*

pique [piːk] *n.* 立腹, 不興: with an air of ～ ふきげんなようすで. ***in a fit of ～*** =***out of ～*** 腹立ちまぎれに. ***take a ～ against*** 〔***at***〕 a person (人)に気を悪くする.
—— *vt.* **1** の感情を害〔刺激〕する, 立腹させる. **2** 〈誇り・虚栄心を〉傷つける. **3** 〈興味・好奇心を〉あおる, そそる: ～ ambition 野心をたきつける. **4** 〘軍〙降下爆撃する. ***be ～d at*** に立腹する. **～ oneself on** 〔***upon***〕 を自慢する.

pi·qué [pikéi/píːkei] F. *n.* 〘織物〙ピケ, うね織り.

pi·quét[1] [pikét] *n.* ピケット《ふたりで行なうトランプ遊びの一種》. [<F.]

píq·uet[2] [píkit] *n.* 〘軍〙小哨(しょうしょう) (picket).

pí·ra·cy [páirəsi / páiər-] *n.* **1** 海賊行為. **2** 著作権侵害, 剽窃(ひょうせつ); 特許権侵害. → pirate.

pi·ra·gua [pirá:gwə,-rǽg-/-rǽg-] Sp. *n.* **1** (原住民の) 丸木舟 (pirogue). **2** 2本マスト平底小帆船.

pi·rá·nha [piráːnjə] *n.* 〘魚〙ピラニヤ《南アメリカ産の人畜をも襲う貪食(どんしょく)の小魚》.

‡**pí·rate** [páirit / páiər-] *n.* **1** 海賊; 海賊船. **2** 剽窃(ひょうせつ)者, 盗作者, 著作権侵害者. **3** 〘英〙《他会社の路線で客を拾う》不法バス(の運転手).
—— *vt.* **1** に海賊行為をはたらく; から略奪する. **2** 略奪する: ～ gold. **3** 〈著作・発明品の〉著作権〔特許権〕を侵す; 〈著書などを〉剽窃する. **4** 剽窃によって作る: a ～*d* edition 海賊版. **——** *vi.* 海賊をはたらく. **～ listener** ラジオ盗聴者. **～ publisher** 海賊版発行者.

pi·rát·ic [pairǽtik], **-i·cal** [-(ə)l] *a.* **1** 海賊の. **2** 海賊行為をする. **3** 剽窃の, 盗作の, 著作権侵害の. ◇ **pi·ràt·i·cal·ly** *ad.*

pi·rógue [piróug] *n.* **1** (原住民の) 丸木舟. **2** カヌー式の小舟.

pìr·ou·étte [pìruét] *n.* **1** 《ダンス・スケートなどの》つま先旋回. **2** 《馬術の》急転回. **——** *vi.* **1** つま先旋回をする. **2** 急転回する. [<F.]

Pí·sa [píːzə] *n.* ピサ《イタリア北西部の都市》. ***the Leaning Tower of ～*** ピサの斜塔.

pis al·ler [piːzəléi/píːzǽlei] F. 最後の手段.

pisc- 「魚」の意の語形成要素.

pís·ca·ry [pískəri] *n.* **1** 〘法〙《特定地域の》漁業権. **2** 漁場. ***common of ～*** 入り会い漁業権.

pìs·ca·tól·o·gy [pìskətálədʒi/-tɔ́l-] *n.* 漁労術〔学〕.

pìs·ca·tó·ri·al [pìskətɔ́ːriəl/-tɔ́ːr-], **pís·ca·to·ry** [pískətɔ̀ːri/-t(ə)ri] *a.* **1** 魚の; 漁業の: ～ rights 漁業権. **2** 魚を食糧にする. **3** 魚つりの; つり好きな.

Pís·ces [písiːz] *n. pl.* **1** 〘動〙魚類《魚類の総称》. **2** 〘天〙魚座; 双魚宮.

pisci- =pisc-.

pìs·ci·cúl·tur·al [pisikʌ́ltʃ(ə)rəl] *a.* 養魚(法)の. ◇ **～·ly** *ad.*

pís·ci·cul·ture [písikʌ̀ltʃər] *n.* 養魚; 養魚法. ◇ **-tur·ist** [-tʃərist] *n.* 養魚家.

pis·cí·na [pisáinə / -síːnə, -sáinə] *n.* (*pl.* **-nae** [-niː], **-nas**) **1** 《古代ローマの》浴泉. **2** 〘宗〙聖杯洗盤; 手洗い盤.

pís·cine [písain] *a.* **1** 魚の; 魚類の. **2** 魚(類)に関する.

pis·cív·o·rous [pisívərəs] *a.* 魚を食う, 魚食の.

pi·sé [piːzéi/⌐—] F. *n.* 〘建〙練り土.

Pís·gah [pízgə] *n.* ピスガの山《死海の北東の山. その山頂からモーセが約束の地 Canaan を望見した. 〘聖〙申命記 34: 1–4》. **～ prospect** 〔**sight, view**〕 確かな前途の見込み〔望み〕.

pish [piʃ] *int.* ヘン!, フン!《けいべつ・不快などの発声》. **——** *n.* ヘン〔フン〕という声. **——** *vt., vi.* (に) ヘン〔フン〕という. **～ *away*** 〔***down***〕 フンとけなす; 鼻であしらう.

pi·shógue [piʃóug] Ir. *n.* 魔法, 魔術.

pí·si·form [páisifɔ̀ːrm] *a.* **1** エンドウ豆大〔状〕の. **2** 〘医〙《尺骨など》エンドウ豆状の.

pís·mire [písmàiər] *n.* 〘虫〙アリ (ant).

piss [pis] 〘卑〙 *vi.* 小便をする. **——** *vt.* **1** 〈血などを〉小便とともに排出する. **2** 小便でぬらす.
—— *n.* 小便. **～·pot** [⌐⌐] しびん, 室内尿器.

pis·tá·chi·o [pistáːʃiòu] *n.* (*pl.* **～s**) **1** 〘植〙ピスタス《若葉は食用》; その実(=～ nut). **2** ピスタスの香味.

pís·til [pístl, -til / -til] *n.* (*pl.* **～s**) 〘植〙 **1** 雌ずい; めしべ. **2** 《集合的》めしべ群. → stamen.

pís·til·late [pístilit, -lèit] *a.* 〘植〙 **1** 雌ずいのある. **2** 雌ずいだけある: a ～ flower 雌花.

‡**pís·tol** [pístl] *n.* ピストル, 拳銃(けんじゅう). ***revolving ～*** 連発ピストル. **——** *vt.* (**-l-**, [英] **-ll-**) ピストルで撃つ. **～ grip** 《ピストル銃床形の》銃把(じゅうは). **～ shot** ピストル発射; ピストル射距離; ピストルの名手.
◇ **pìs·tol·éer** [pìstliər] *n.* ピストル使用者.

pis·tóle [pistóul] *n.* 〘史〙昔のスペイン金貨; 昔のヨーロッパの金貨.

pís·ton [píst(ə)n] *n.* **1** 〘機〙ピストン. **2** 〘楽〙管楽器の活栓(かっせん). ***counter ～*** 逆ピストン.
～ ring ピストンリング. **～ rod** ピストンロッド.

‡**pit**[1] [pit] *n.* **1** (地面の)くぼみ, 穴. **2** 坑(あな); 〘鉱山〙立て坑, 炭坑; 採掘場: a coal ～ 炭坑. a chalk ～ 白亜坑. a clay ～ 粘土採掘場. **3** (からだの)くぼみ; わきの下(=armpit); みずおち(=the ～ of the stomach). **4** あばた. **5** 落とし穴. **6** 地下温室, むろ. **7** 地獄; 墓. **8** 〘英: 劇場〙平土間; 平土間の後方席《stall の後方で安い席》; その観客. **9** 〘米〙取引所内の仕切り売り場《穀物などの》; 闘鶏〔闘犬〕場; 《動物用》囲い: a bear ～ クマを入れておく囲い. **10** 《オートレース場の競走車の修理などをする》ピット; 《ボーリング場の》ピンの裏側の路地; 《ジャンプ競技の》砂場. ***dig a ～ for*** をわなにかけようとする. ***the bottomless ～*** =***the ～ of darkness*** 地獄 (the hell).
—— *v.* (**-tt-**) *vt.* **1** へこます, に穴〔坑〕をあける: the *pitted* surface of the moon 月の穴だらけの表面. **2** にあばたをつける: a face *pitted* by smallpox 天然痘のあばたのあとのある顔. **3** 〈犬・鶏を〉戦わせる, 取り組ませる. **4** 坑に入れる, 穴にたくわえる. **5** 落とし穴に落とす. **——** *vi.* くぼみができる; 〈皮膚などが〉押すとくぼむ. **～ *against*** と戦わせる, に敵対させる. **～·fall** [⌐⌐] (1) 《人・動物などを捕える》落とし穴. (2) 《比喩的》落とし穴; 魔の手; 誘惑. **～·man** → 別項. **～·saw** → 別項.

pit[2] *n.* 〘米〙《梅・桃・アンズなどの》種.
—— *vt.* (**-tt-**) 〘米〙の種子をとる.

pít·a·pat [pítəpæ̀t] *ad.* **1** パタパタと. **2** 《心臓が》どきどきと. ***go*** ～ (1) パタパタする; 小走りする. (2) 〈心臓が〉どきどき打つ. —— *n.* **1** パタパタすること〔音〕. **2** 《心臓の》どきどき, 動悸(どうき).
—— *vi.* (**-tt-**) どきどきする (＝go ～).

‡**pitch**[1] [pitʃ] *vt.* **1 投げる, ほうる**; 投げ〔ほうり〕出す《*out*》: ～ a ball 投球する. ～ a drunkard *out* 酔っ払いをほうり〔つまみ〕出す. **2** の投手をつとめる: ～ a no-hit game 無安打の試合を投げとおす. **3** 〈干し草を〉積み上げる. **4 の高さを定める**: ～ one's hopes too high 高望みする. **5**〔楽〕の音の高さを決める: This song is ～*ed* too high for me. この歌は私には高すぎる. **6** の位置を定める, に置く: ～ the holes at equal distances from the pole 柱から等距離に穴をあける. The town is ～*ed* on an abrupt hill. 町は切り立った丘の上に立っている. **7** 《地に》**しっかりすえる**, 立てる: ～ a stake くいを打ち込む. **8** 〈テントを〉**張る**: ～ a tent. **9** 〈品物を〉市場に出す. **10** 〈道路に〉石を敷く; 〈石を〉敷く. **11** 〔トランプ〕〈切り札を〉カードを出して決める. **12** 〈石を〉四角に切る. —— *vi.* **1** 投げる;〔野球〕投手をつとめる. **2** まっさかさまに飛び込む〔落ちる〕; 前へ倒れる: ～ on one's head. **3**〔地〕〈地層などが〉下方に傾く. **4**〔船〕**縦に揺れる**. → roll. **5** テント〔陣営〕を張る. **6** 選ぶ, 決定する《を *on, upon*》.
～ *a yarn* 〔話〕長話をする. **～*ed battle*** 正々堂堂の戦い. **～ *in*** 〔話〕一生けんめいにやりだす; 参加する, 貢献する. **～ *into*** 〔話〕を激しく攻撃する〔しかる〕; 一生けんめいにやりだす. **～ *it strong*** 大げさに言う, 誇張する. **～ *on*** 〔***upon***〕を選定する; に突き当たる. **～ one's *tent*** 住居を定める.
—— *n.* **1 投げること**; 投球. **2**〔野球〕投球, 投球ぶり. **3** 高さ; 傾斜度, 勾配(こうばい): the ～ of a roof. **4**〔楽〕**調子**, 音律の高さ, 高低: the ～ of a voice. **5** 態度, 品位. **6** 地位, 点, 程度. **7**〔船〕縦揺れ. **8**〔機〕節, 心距. **9**〔クリケット〕柱の間隔. **10**〔英〕《大道商人の》店張り場. **11** 《大道商人などの》売り込みの口上. ***at a high*** 〔***low***〕 **～** 高い〔低い〕調子で. ***be at the highest*** 〔***lowest***〕 **～ *of*** の最高〔最低〕点にある. ***queer the*** **～ *for*** 〔話〕の計画をくじく. ***take up*** one'***s*** ～ 分を守る. ***to the highest*** **～** 最高限度まで.
∼-and-tóss [-ən-] 投げ銭遊び. **∼·fork** → 別項. **∼·man** (*pl.* **-men**)〔米〕露天商人. **～ pipe** 調子笛. 〔類〕→ **throw**「投げる」

‡**pitch**[2] *n.* **1** ピッチ《原油・コールタールなどを蒸留したあとに残る黒色のかす》. **2**〔化〕瀝青(れきせい)物質. **3** 松やに; 樹脂. ***He who touches ～ shall be defiled therewith.*** 〔ことわざ〕朱に交われば赤くなる. ***touch*** **～** 悪友と交わる; 悪事に関係する.
—— *vt.* にピッチを塗る; に松やにを塗る.
～ black 〔**darkness**〕真っ暗やみ. **∼-blǽck, ∼-dárk** 真っ黒な, 真っ暗な. ***∼·blende** [-ンド]〔鉱〕瀝青ウラン鉱. **～ pine** 松やにの採れる松. **～ plant** 袋状葉のある植物.

‡**pítch·er**[1] [pítʃər] *n.* **1** 《耳形の取っ手と口のある》水差し. **2**〔植〕袋状葉《ウツボカズラなどの袋状捕虫葉》. ***Little ～s have long ears.*** 〔ことわざ〕子どもは早耳. ***P～s have ears.*** 〔ことわざ〕壁に耳あり. ***The ～ went once too often to the well.*** → once *ad.* ***You are a little ～!*** きみは耳が早い.

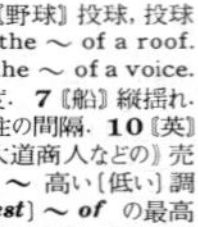

pitcher[1] ①

◇ **～·ful** [-fùl] *n.* 水差し1杯の量.

‡**pítch·er**[2] *n.* **1**〔野球〕**投手**. **2** pitch[1] する人. **3** 敷石. **4**〔英〕露天商人. **5**〔ゴルフ〕アイアンの七番. **～'s mound** 〔野球〕ピッチャーズマウンド.

pítch·fork [pítʃfɔ̀ːrk] *n.* **1** くま手, 三つまた. **2**〔楽〕音叉(おんさ) (tuning fork). ***rain ～s*** どしゃ降り. —— *vt.* **1** (くま手で)かき上げる. **2** 《不意に》投げ入れる. **3** 《ある地位などに》〈人を〉無理に押し込む《に *into*》.

pítch·ing [pítʃiŋ] *n.* **1**〔野球〕投球. **2** 《船の》縦揺れ. ↔ rolling. **3** 敷石, 石畳.
～ machine 〔野球〕ピッチングマシン.

pítch·y [pítʃi] *a.* **1** pitch[2] のような, ピッチの多い. **2** ピッチでよごれた. **3** 真っ黒な; 真っ暗な.

pít·e·ous [pítiəs] *a.* **1** 哀れな, 気の毒な. **2** 悲しそうな. **3**〔古〕情けぶかい. ◇ **～·ly** *ad.* **～·ness** *n.*

pith [piθ] *n.* **1** (草木の)髄, 心(しん);〔医〕髄, せき髄. **2** 心髄, 要点, 中心(部分): the ～ of a speech 話の要点. Within the great cities the ～ of the population was Latin. 大都市では人口の中心はラテン系であった. **3** 精力, 元気; 《文章などの》勢い, 力: a man of ～ 精力家. His speech lacked ～. 彼の演説は力を欠いた. ***of great ～ and moment*** たいへんに重要な. ***the ～ and marrow of*** の最も重要な部分. ***to the ～*** 髄まで; ねっから, 完全に.
—— *vt.* の髄を取り除く.
◇ **∼·less** *a.* 髄のない; 気力のない.

pìth·e·cán·thrope [piθikǽnθroup] *n.* 猿人(えんじん).

Pìth·e·can·thró·pus [piθikænθróupəs, -kǽnθrə-] *n.* (*pl.* **-pi** [-kænθróupai, -kǽnθrəpài])〔人類〕猿人属. **～ erectus** [-iréktəs] 直立猿人; 《特に》ジャワ人《1892年 Java でその頭骨を発見》.

píth·y [píθi] *a.* **1** 髄の, 髄のある〔に似た〕: a ～ orange 果皮の内側の白いふわふわした部分の多いミカン. **2** 《表現が》力強い, ぴりっとした: a ～ saying 警句. ◇ **-i·ly** *ad.* **-i·ness** *n.*

pít·i·a·ble [pítiəbl] *a.* **1** 哀れな; かわいそうな; 情けない. **2** 卑しむべき; みじめな; あさましい.
◇ **～·ness** *n.* **-bly** *ad.*

***pít·i·ful** [pítif(u)l] *a.* **1 情けぶかい**; 同情的な. **2 哀れな, みじめな**, かわいそうな. **3** くだらない; 卑しむべき.
◇ **～·ly** [-fuli] *ad.* **～·ness** *n.*

pít·i·less [pítilis] *a.* 無慈悲な; 薄情な; 残酷な.
◇ **～·ly** *ad.* **～·ness** *n.*

pít·man [pítmən] *n.* **1** (*pl.* **-men**) 坑夫, 炭坑夫 (collier). **2** (*pl.* **～s**)〔米: 機〕《機関の》連接棒 (connecting rod).

Pít·man [pítmən] *n.* Sir Isaac ～, 1813–97, ピットマン式速記術を創案したイギリス人.

pít·pat [pítpæ̀t] ＝pitapat.

pít·saw [pítsɔ̀ː] *n.* 2人びきの大のこぎり.

Pitt [pit] *n.* **1** William ～, 1708–78, イギリスの政治家. **2** 同名のそのむすこ, 1759–1806, 首相・政治家.

pít·tance [pít(ə)ns] *n.* **1**〔史〕あてがいぶち《修道僧の》. **2** わずかの支給; わずかの収入. **3** 少量; 僅少.

pít·ted [pítid] *a.* あばたのある.

pít·ter-pàt·ter [pítərpæ̀tər] *n.* パラパラ《雨の音など》; パタパタ《足音など》. —— *ad.* パラパラと; パタパタと: His heart went ～. 心臓がどきどきした.

pít·tite [pítàit] *n.* 〔英〕《劇場の》平土間の観客.

Pítts·burg(h) [pítsbəːrg] *n.* アメリカ Pennsylvania 州南西部にある鉄工業都市.

pi·tú·i·tar·y [pit(j)úːitèri / -tjúːit(ə)ri] *a.* **1** 粘液の〔を分泌する〕. **2**〔医〕脳下垂体の. **3**〔医〕《粘液分泌過多による》手足肥大現象の.
—— *n.* 〔医〕脳下垂体; 脳下垂体剤.
～ gland 〔**body**〕脳下垂体.

‡**pít·y** [píti] *n.* **1 あわれみ, 同情**: Nobody wants ～ *from* others. 他人のあわれみをほしがる人はいない. **2 惜しいこと, 残念なこと**; 遺憾の理由. →形容詞 pitiful, piteous.
feel ～ for ＝***have*** 〔***take***〕 **～ *on*** を気の毒に思う, をあわれむ: I *feel* no ～ *for* you at all. きみを少しも気の毒だと思わない. ***for ～'s sake*** 後生だから. ***in ～ of*** をあわれんで. ***It is a ～*** 〔***a thousand ～ies***〕 ***that*****...** ＝***The ～ is that*****...** …とは残念

〔残念至極〕だ, …とは気の毒〔気の毒千万〕だ: *It's a* ～ (*that*) he can't come. 彼が来られなくて残念だ〔来られないとは気の毒だ〕. ***It's a ～ to*** (do)= ***The ～ is to*** (do)…するとは残念だ: *It is a ～ to* give up the plan. その計画をすてるのは惜しい. ***out of ～*** 気の毒に思って《を *for*》. ***P～ is akin to love.*** 〔ことわざ〕憐憫(れんびん)と愛情とは紙一重. (***The***) ***more's the ～.*** なおさら残念だ. ***The ～ of it!*** かわいそうなことだ! ***What a ～*** (that) he should have failed! (彼が失敗したとは) 実に残念だ!
—— *vt.* **あわれむ**, ふびんに思う, 気の毒に思う: a person to be ～*i*ed あわれむべき人. I ～ you. 《けいべつ的》きみは気の毒な人だ. —— *vi.* 同情を感じる.
◇ **-i·er** *n.* 類 → **sympathy**「同情」

pít·y·ing·ly [pítiiŋli] *ad.* あわれんで.

pív·ot [pívət] *n.* **1**〔機〕ピボット, 尖軸(せんじく), 旋回軸. **2**《扉などの》かなめ;《うすなどの》ほぞ. **3** 中心点, 要点. **4**〔軍〕軸兵嚮導(きょうどう);〔ゴルフ〕《打球の際の》腰のひねり. —— *vt.* 枢軸上に置く; に枢軸をつける. —— *vi.* **1** 枢軸で回転する, 旋回する. **2**《…によって》決する《によって *on, upon*》.

pív·ot·al [pívətl] *a.* **1** 尖軸の, 旋回軸の. **2** 中枢の, かなめの, 重要な.

pix[1] [piks] *n.* (*pl.* ～)〔俗〕**1** 写真. **2** 映画. [< picture]

pix[2] = pyx.

píx·i·lat·ed [píksilèitid] *a.* **1**〔米話〕頭がちょっといかれている; 風変わりな; おかしな. **2**〔米俗〕少し酔っ払った.

píx·y, píx·ie [píksi] *n.* 小妖精(ようせい); 小鬼.

píz·za [pí:tsə] *n.* ピッツァ《トマト・チーズ・肉などをのせた大型パイ》. [<It.]

pìz·zi·cá·to [pìtsiká:tou] *a.*〔楽〕ピチカート《弦を指先ではじく演奏法》の. —— *n.* (*pl.* **-ti**[-ti:]) ピチカート楽節; ピチカート. —— *ad.* ピチカートで《略 pizz.》. [<It.]

pkg(s). package(s). **pk(s).** pack(s); park(s); peak(s); peck(s). **pkt.** packet. **pl.** place; plate; plural.

plác·a·ble [pléikəbl/plǽk-] *a.* **1** なだめやすい; 懐柔しやすい. **2** 温和な. **3** 寛大な. [√plac-]
◇ **-bly** *ad.* おとなしく; 寛大に. **plàc·a·bíl·i·ty** [–̀–bíliti] *n.*

*__plác·ard__ [plǽka:rd] *n.* **1** プラカード. **2** 看板, 張り紙. **3** ポスター; ビラ. —— [(米)+–́–] *vt.* **1** に看板〔張り紙〕を張る. **2** 看板〔張り紙〕で知らせる. **3** 張り出す, 看板のように掲げる.

plá·cate [pléikeit, plǽk- / pləkéit] *vt.* **1** なだめる; 慰める. **2**〔米〕懐柔する. [√plac-]
◇ **pla·cá·tion** [pleikéiʃ(ə)n / plə-] *n.* **plá·ca·tive** [pléikətiv, plǽk-/plǽk-] *a.* =placatory.

plá·ca·to·ry [pléikətɔ̀:ri, plǽk- / -t(ə)ri] *a.* なだめる; 和解的な; 懐柔的な.

†**place** [pleis] *n.* **1** 場所, 所;《特定の目的のための》場所, 場(じょう): all over the ～ いたるところに. I have no ～ to go. 私は行き所がない. This is no ～ for children. ここは子どもの来る所ではない. a ～ of worship 教会. a ～ of amusement 娯楽場. a market ～ 市場(いちば).
2 箇所, 部分;《書中の》所, ページ: a sore ～ on my cheek ほおのはれた部分. I've lost my ～. どこまで読んだのかわからなくなった.
3 市, 町, 村; 地域, 地方: one's native ～ 生地. go to ～*s* and see things 各地を見物して回る.
4 建物; 住所, 邸宅: Come round to my ～. ぼくの家に遊びに来たまえ.
5 ある〔いる〕べき場所; 地位, 身分, 身のほど; 立場: You must keep him in his ～. 彼をなれなれしくさせてはいけない. if I were in your ～ ぼくがきみの立場にいたら. It is not my ～ to (do) …するのは私のすべきことではない〔出る幕ではない〕.
6 勤め口, 職: look for a ～ 職をさがす.
7 空間, 余地: The world has no ～ for an idler. 世間にはなまけ者のはいる余地がない.
8 座席: find a ～ 席を見つける. Go back to your ～. 席にもどりたまえ. ～ of honor 上席, 上座.
9〔数〕けた: in the third decimal ～ 小数点以下第3位に.
10 順位;〔運〕入着《1等より3等まで》: get a ～ (3位内に) 入賞する.
another ～ 別の場所;〔英〕下院〔上院〕からみた上院〔下院〕. ***be no ～ for*** の出る場所でない; の余地がない. ***from ～ to ～*** あちこちと. ***get a ～***〔競馬〕入着する. ***give ～ to*** に席を譲る, と代わる, …のために道をあける. ***go ～s***〔米俗〕あちこちへ行く; 成功する. ***in ～*** (1) その場に. (2) 適所に; 適当な. ***in*** a person***'s ～*** =***in ～ of*** の代わりに. ***in the first ～*** 第一に. ***keep*** a person ***in his ～*** (人を) つけあがらせない. ***know*** one***'s ～*** 身のほどを知る, 出過ぎたことをしない. ***lose*** one***'s ～*** 地位を失う. ***make ～ for*** …のはいれる〔…のための〕余地をつくる. ***out of ～*** ところを得ないで, 不適切な; 失職して. ***～ in the sun*** 日のあたる場所; 恵まれた〔有利な〕立場. ***put*** a person ***in his ～*** 身のほどを知らせる. ***take ～*** 行なわれる, 〈事件が〉起こる, 生じる. ***take*** one***'s ～*** 着席する. ***take the ～ of*** に代わる.
—— *vt.* **1** 置く, すえる; 配置する: ～ gatekeepers at level crossings 踏切に番人を配置する. *P～* them in the right order. 正しい順に並べよ. **2** 職につかせる; 任命する: ～ a person in. **3** 〈注文を〉渡す, 出す; 〈金を〉預ける, 投資する: ～ an order *with* a firm 商会に注文する. ～ money in a bank. **4** 〈信用・希望などを〉置く, かける: ～ confidence *in* [*on*] him 彼を信用する. **5** 〈人の身分・性格などを〉見定める, の品定めをする; 記憶に呼び起こす, 思い出す; の位置づけをする: He is a difficult man to ～. 彼はどんな人間だか見当がつけにくい. I know his face, but I can't ～ him. 彼の顔を知っているが, だれだったっけな. ～ health among the greatest gifts of life 健康を人生の最大の贈り物の一つとみなす. **6**〔競馬〕の順位を決める. **7**〔野球・テニス〕思う方向に打つ;〔フットボール〕=～-kick. ***be ～d*** 入賞する: My horse *was ～d* third in the race [*was* not *～d*]. 私の馬は3着に入賞した〔入賞できなかった〕.
～ card《公式宴会などの》座席札. **～́(-)kick** [–́ –̀] *n., vt., vi.*〔フットボール〕プレースキック(をする)《ボールを地に置いてキックする》. **～́·man** [-mən] (*pl.* **-men**)〔英〕《通例けいべつ的》官吏; 役人; おうへいな小役人. 類 → **position**「職」

pláce·ment [pléismənt] *n.* **1** 置くこと. **2** 設定; 配置. **3**〔米〕職業紹介; 授産. **4** 採用; 雇用. **5** 地位; 職《求職人が与えられる》. **6**〔フットボール〕ボールを地上に置くこと; その位置; それによる得点. **7**《テニスなどで》相手が受けとめられないショット.
～ agency〔米〕職業紹介所. **～ test**《学生の》組分けのための実力試験.

pla·cén·ta [pləséntə] *n.* (*pl.* **-tas**, **-tae** [-ti:])〔動・医〕胎盤;〔植〕胎座. ◇ **-tal** *a.*

plác·er[1] [pléisər] *n.* 置く人, 配置する人. [<place]

plác·er[2] [plǽsər/pléisə] *n.*〔鉱山〕**1** 沖積(ちゅうせき)鉱床. **2** 砂鉱; 砂金採取場. **～ mining** 砂金採取.

pla·cet [pléisit] L. *n.* 賛成(投票). ***non ～*** 不賛成(投票).

*__plác·id__ [plǽsid] *a.* **1** 穏やかな; 静かな: a ～ lake 鏡のような湖. **2** 落ち着いた, 平静な. [√plac-]
◇ **～·ly** *ad.* **pla·cíd·i·ty** [pləsíditi] *n.*

pláck·et [plǽkit] *n.*〔服飾〕(スカートの) わきあき; (スカートの) ポケット.

plác·oid [plǽkɔid] *a.* 小判形の《魚のうろこなど》.

pla·fond [F. plafɔ̃, (米)+pləfán(d)] F. *n.*〔建〕飾り天井; 天井画〔彫刻〕.

plá·gia·rism [pléidʒ(i)əriz(ə)m] *n.* 剽窃(ひょうせつ), 「盗作.

plá·gia·rist [-rɪst] *n.* 剽窃(ひょう)〔盗作〕者.
◇ **plà·gia·rís·tic** [plèidʒ(i)ərístik] *a.*

plá·gia·rize [pléidʒ(i)əràiz] *vt., vi.* 剽窃〔盗作〕する. ◇ **-riz·er** *n.*

plá·gia·ry [pléidʒ(i)əri] *n.* 剽窃, 盗作; 剽窃者.

plá·gi·o·clase [pléɪdʒiəklèis] *n.* 〖鉱〗斜長石.

‡**plague** [pleig] *n.* **1** 疫病, 伝染病. **2** (the ～) ペスト, 腺(せん)ペスト (＝bubonic ～). **3** 災い, 天災, 天罰, のろい (curse). **4** 〖話〗困り者; やっかいなこと. (***A***) ***～ on*** 〔***upon***〕 it 〔him〕***!*** ＝ ***P～ take*** it 〔him〕***!*** いまいましい!, ちくしょう! ***the black ～*** ペスト. ***the London ～*** ＝***the Great P～*** ロンドンの大疫病《1664–65 年に死者約 7 万人を出す》. ***the pneumonic ～*** 肺ペスト. ***the white ～*** 肺結核. ***What a*** 〔***the***〕 ***～!*** いったいぜんたい!, まあ!
—— *vt.* **1** 疫病にかからせる. **2** 悩ます, 苦しめる. **3** 〖話〗うるさがらせる: be ～*d to* death 死ぬほどうるさい思いをする. [√pla(n)g- 打つ, 襲う]
～ spot (1) 疫病流行地; 悪徳の中心地. (2) 〖医〗斑状(はんじょう)出血《腺ペスト患者の皮膚に生じる》.

plá·guey ＝plaguy.

plá·guy [pléigi] *a.* 〖話〗うるさい, やっかいな; しゃくにさわる. —— *ad.* 〖話〗＝plaguily.
◇ **-gui·ly** *ad.* 〖話〗うるさく; しゃくにさわるほど.

plaice [pleis] *n.* (*pl.* ～) 〖魚〗カレイ・平目の類.

plaid [plæd] *n.* こうしじま (の織物); こうしじまの肩掛け. —— *a.* こうしじまの. ◇ **～·ed** [plædid] *a.* こうしじまの; こうしじまの肩掛けをした〔服を着た〕.

‡**plain**[1] [plein] *a.* **1** 明瞭(めいりょう)な, 明白な; はっきり見える〔聞こえる〕; はっきりわかる, 平易な: in ～ view よく見える. The meaning is quite ～. 意味はきわめて明瞭である. ～ English わかりやすい英語. in ～ speech わかりやすいことばで. **2** 率直な, 腹蔵のない: ～ talk 率直な話. **3** まじり気のない, 全くの: ～ folly. **4** 無地の, 彩色のない; 平織りの: ～ beige material 無地のベージュ色の生地. **5** 普通の, 教養のない; 気どらない, ぶこつな: ～ people 普通の人, 庶民. ～ manner 気どらない態度. **6** 質素な, 簡素な, じみな: a ～ meal 質素な食事. ～ living 簡素な生活. **7** 無器量な, 美しくない: a ～ face 〔woman〕. **8** 平らな, 平たんな, ひらけた: ～ land. **9** 〖トランプ〗切り札でない. ***be in ～ sight*** よく見とおせる, 全貌(ぼう)が見える. ***in ～ words*** 〔***terms***〕 率直に言えば. ***to be ～ with you*** 《独立句として》 率直に言って.
—— *ad.* **1** はっきりと, わかりやすく; 率直に: speak 〔write〕 ～. **2** 全く: He is (just) ～ heady. 彼は全く頭にきている.
—— *n.* **1** 平地, 平原. **2** 〖雅〗戦場. **3** 〖英方〗《四方建物に囲まれた》広場, つじ. ***the*** (***Great***) ***P～s*** 〖米〗大草原《ロッキー山脈東部の》. [√pla(n)-]
～ bond 〖商〗無担保債券. **～·chant** [∠∸] ＝ plainsong. ***～ clothes** 平服, 通常服.
～-clothes man, ～·clóthes·man [-mən] 私服刑事. **～ cooking** 簡単な料理(法). **～ dealing** 正直, 公正. **～ food** 粗食. **～ language** 《暗号文に対して》平文. **～ paper** (けいのない)白紙. **～ sailing** (1) 順調な航海. (2) 順調な運び; 容易なこと. **～s·man** [-mən] (*pl.* **-men**) 平原の住民. **～·song** [∠∸] 〖宗〗単旋律聖歌《無伴奏で斉唱(せいしょう)される初期キリスト教時代からの教会音楽》; 〖楽〗定旋律; 素朴(そぼく)なメロディー. **～ speaking** 率直に話すこと. **～-spó·ken** 率直に言う; 露骨な; あからさまな. **～ weave** 平織り.
◇ ***～·ly** *ad.* **1** 明らかに; 率直に. **2** 質素に, じみに. **～·ness** *n.* **1** 明白; 率直. **2** 質素, 簡易. **3** 不器量.

plain[2] *vi.* 〖英: 雅・古〗不平を言う, こぼす.

plaint [pleint] *n.* **1** 〖雅・古〗嘆き, 悲しみ; 苦情. **2** 〖英: 法〗告訴; 告訴状. [＜plain[2]]

pláin·tiff [pléintif] *n.* 〖法〗原告; 起訴人. → defendant. [√pla(n)g-]

pláin·tive [pléintiv] *a.* 哀れな, 悲しそうな; 泣き言をいう. [√pla(n)g-] ◇ **～·ly** *ad.* **～·ness** *n.*

plait [pleit / plæt] *n.* **1** (編み)お下げ; 弁髪. **2** 麦わらさなだ; 組みひも.
—— *vt.* **1** 〈髪・ひも・ござなどを〉編む. **2** にひだをとる (pleat). ***～ed work*** 編み細工.

†**plan** [plæn] *n.* **1** 計画, プラン, 案, たくらみ: a rough ～ だいたいの計画. a desk ～ 机上計画. a five-year ～ 5 か年計画. hit upon 〔think out〕 a good ～ よい案を思いつく〔たてる〕. Everything went according to ～. すべて計画どおりにいった. My ～ is for him to see her. ぼくの計画は彼を彼女に会わせることだ. **2** 設計〔平面〕図: ～*s* for a new school 新しい学校のための設計図. the ～ of a garden 庭園の設計図. a ground 〔floor〕 ～ 〖建〗平面図. → elevation. **3** 流儀; やり方, 方法, 方式: installment ～ 月賦販売方式. ***American ～*** アメリカ式勘定法《ホテルで室代と食費をこめる》. ***European ～*** 〖米〗ヨーロッパ式勘定法《ホテルで室代と食費を別に勘定する》. ***make*** 〔***form***〕 ***～***(***s***) ***for*** the holidays (休み)の計画をたてる.
—— *vt., vi.* (**-nn-**) **1** 計画する, くふうする: ～ a trip 旅行をすることに決める. ～ one's vacation 休暇の計画を練る. **2** 設計する, の設計図を書く: ～ a house. **3** 志す《*to* (do)》: We're ～*ning to* visit Europe this summer. この夏はヨーロッパ旅行をする計画です. ***～ned economy*** 計画経済. ***～ned parenthood*** 《産児制限による》家族計画. ***～ on*** (1) をあてにする: Don't ～ *on* my helping you with your work. ぼくがきみの仕事を助けるなんてあてにしないでくれ. (2) …するつもりである 《(do)-*ing*》. ***～ out*** 考え出す, 立案する, 企画する. [√pla(n)- 平面(図). 本来は別語源であった]
◇ **～·less** *a.* 図面のない; 無計画な; くふうの足りない. **～·ner** *n.* 計画者: a city ～*ner* 都市計画者.
(類義語) 計画: **plan** 頭の中に描かれている実現されたばあいの予想図. 図にかけば設計図となる. **design** 計画者のもつ意図・企画・好みが強調される. **scheme** 企画の実現のために用意周到な手順まで考えた計画. 悪い企画なら「陰謀」となる: a business *scheme* 事業計画. **project** 現在の用法では規模の大きい, 往々社会性のある計画.

plánch·et [plǽntʃit / plá:nʃit, -tʃit] *n.* 《打ち抜いて貨幣とする》金属板.

plan·chétte [plæntʃét, -ʃét/plɑ:nʃét] *n.* プランセット, こっくり占い板《2 個の小輪と 1 本の鉛筆に載せた小板. 指を軽くその上に載せると自然に動いて自動的に文字らしいものが書け, これによって占う》.

†**plane**[1] [plein] *n.* **1** 平面, 面, 水平面: an inclined ～ 斜面. **2** 《知識などの》水準, 程度, 段階: a high ～ of civilization 高度の文明. **3** 飛行機 (＝airplane): a passenger ～ 旅客機. **4** 〖空〗翼板: an elevating ～ 昇降翼. **5** 結晶体の一面. **6** 〖鉱山〗本坑道. **7** かんな, 平削り機. ***by*** 〔***in, on***〕 ***～*** 飛行機で, 空路で. ***on the same ～ as*** と同程度〔同列〕で.
—— *a.* 平らな, 平たんな: a ～ surface 平面.
—— *vt.* **1** 平らに〔なめらかに〕する: ～ the way 道をならす. **2** にかんなをかける, 削る, 《*away, down*》.
—— *vi.* **1** 〈飛行機が〉(エンジンを使わずに) 滑走する. **2** 飛行機で行く. **3** 〈船が〉水面から浮き上がる《高速で走っているとき》. **4** かんな仕事をする. **5** 削れる. [√pla(n)-]
～ angle 平面角. **～ figure** 平面図形. **～ geometry** 平面幾何学. **～ iron** かんなの刃. **～·load** [∠∸] 飛行機にいっぱい(の荷・客). **～ sailing** 平面航法; ＝plain sailing. **～ table** 平板《三脚にのせその上で作図する測量用》.
◇ **～·ness** *n.* 平ら (flatness). **plán·er** *n.* かんな工; 平削り盤.

plane[2] *n.* 〖植〗プラタナス, スズカケノキ (＝～ tree).

‡**plán·et** [plǽnit] *n.* **1** 〘天〙惑星, 遊星. **2** 〘占星〙運星《人の運を左右するといわれる》. ***inferior ～s*** 内惑星. ***major ～s*** 大惑星. ***minor ～s*** 小惑星. ***our*** [***this***] ～ 地球 (the earth). 〈注〉文脈によっては「問題の惑星」ともなる. ***primary ～s*** 惑星 (＝～ ①). ***secondary ～s*** 《惑星の》衛星 (satellite). ***superior ～s*** 外惑星.

～-strìck·en, ～-struck [´-`-] (1) 惑星の影響を受けた; のろわれた. (2) あわてふためいた; 心の乱れた.

〈付記〉惑星の名は, the earth を除いて, 神話の神の名を用いているので一般に冠詞をつけない: *Venus* is a beautiful star. 金星は美しい星だ. ――ただし神の名と区別して同格的に *the planet* Venus (「惑星 Venus」すなわち金星) のようにすることがある.

plàn·e·tár·i·um [plæ̀nitɛ́(ː)riəm / -tɛ́ər-] *n.* (*pl.* **-ums, -a** [-riə]) プラネタリウム; 天文館.

plán·e·tar·y [plǽnitèri/-t(ə)ri] *a.* **1** 〘天〙惑星の; 惑星のような. **2** さまよう, 遊動する, (位置) 不定の. **3** 地球(上)の; この世の. **4** 地球全体の; 世界的な. **5** 〘占星〙星運の [による]. **6** 〘米: 機〙差動装置の; 駆動装置の. **～ hour** 惑星時間《日の出から日没, または日没から日の出までの時間の12分の1の時間》. **～ motions** 惑星運動. **～ nebula** 惑星状星雲《銀河系内星雲》. **～ system** 太陽系 (solar system). **～ year** 惑星年.

plàn·e·tés·i·mal [plæ̀nitésim(ə)l] *n., a.* 〘天〙微小惑星体(の); 微小遊星体(の).

～ hypothesis 微小惑星説《微小惑星が集まって惑星ができたという仮説》.

plán·et·oid [plǽnitɔ̀id] *n.* 〘天〙小惑星, 小遊星.

plán·gent [plǽndʒ(ə)nt] *a.* **1** 《波など》打ち寄せる. **2** 鳴り響く. **3** 《鐘など》物悲しく響く.

◇ **～·ly** *ad.*

plá·ni·form [pléiniſɔ̀ːrm, plǽn-] *a.* 平らな.

pla·ním·e·ter [plənímitər] *n.* 〘機〙プラニメータ; 測面器; 求積計.

plán·ish [plǽniʃ] *vt.* 《打ったりローラーをかけたりして》〈金属を〉平ら [なめらか] にする; にかんなをかける; につや出しをする.

plán·i·sphere [plǽnisfiər] *n.* **1** 平面球形図. **2** 〘天〙平面天体図, 星座早見表.

‡**plank** [plæŋk] *n.* **1** 板, 厚板《board より厚い》. **2** 〘米〙政党綱領 (platform) の 1 項目 [1 箇条]. **3** 〘米〙《魚, 特に shad を焼く》料理板. ***walk the ～*** 舷側(げんそく)から突き出した板を目隠しされて渡る《17 世紀ごろ海賊が捕虜を海に投じて殺した方法》.

―― *vt.* **1** 板張りにする: ～ (the floor of) the study 書斎(の床)を板張りにする. **2** 下に置く《*down*》: He ～*ed down* the package. 彼は包みをどさりと置いた. **3** 〘米〙板の上で料理する. **4** 〘米話〙〈金を〉その場で支払う《*down, out*》. **5** 〘米俗〙〈ボールを〉打つ. **～ bed** 板床, 《刑務所などの》木床. ◇ **∼́·ing** *n.* 板張り; 張り板; 船体外板.

‡**plánk·ton** [plǽŋktən] *n.* 〘生〙プランクトン, 浮遊生物. ◇ **plank·tón·ic** [plæŋktánik/-tɔ́n-] *a.*

plano- 「平面(の)」の意の語形成要素.

plà·no-cón·cave [plèinokánkeiv / -kɔ́n-] *a.* 〘レンズ〙平凹(へいおう)の《1 面が平らで 1 面が凹》.

plà·no-cón·vex [plèinokánveks/-kɔ́n-] *a.* 〘レンズ〙平凸(へいとつ)の《1 面が平らで 1 面が凸》.

pla·nóm·e·ter [plənámitər / -nɔ́m-] *n.* 〘機〙プラノメータ, 平面計.

†**plant** [plænt / plɑːnt] *n.* **1** 《動物に対する》植物; 草木: flowering ～*s* 顕花植物. water ～*s* 水生植物. **2** 《樹木に対する》草木; 苗木: cabbage ～*s* キャベツの苗. a pot ～ はち植え. **3** 作物. **4** (植物の)生育. **5** 工場, 製造工場; 工場設備, 機械装置, 機械一式: a water power ～ 水力発電所. a printing ～ 印刷工場. **6** 《大学・研究所などの》建物, 設備: physical ～*s* 施設. **7** 設備, 装置: the heating ～ for a home 家庭暖房設備(一式). **8** 〘俗〙ごまかし, 策略, 詐欺. **9** 〘俗〙回し者; 《比喩的》落とし穴. **10** 〘劇〙さくら. **11** 〘劇〙伏線. **12** 姿勢(pose). ***in ～*** 生育して. ***lose ～*** 枯れる. ***miss ～*** はえそこねる.

―― *vt.* **1** 植える, まく; 〈植物を〉移植する: ～ rose-bushes *in* the garden 庭にバラの木を植える. **2** に植え込む《を *with*》: ～ a garden *with* rose-bushes. **3** 〈思想・観念などを〉植えつける, 教え込む: ～ love for learning in growing children 成長期の子どもに学ぶ楽しみを身につけさせる. **4** 〈種馬・種牛などを〉入れる: ～ blood horses in Australia オーストラリアに種馬を入れる. **5** 〈カキなどを〉養殖する; 〈稚魚を〉放流する. **6** 〈川などに〉放流する《を *with*》: ～ a river *with* fish. **7** 〈植民地・都市などを〉樹立する, 建設する. **8** すえる, 置く; 設備する; 〈人を〉配置する: ～ one's feet on solid ground 堅い大地にしっかり足を踏みしめる. ～ a detective before the house of the suspect 容疑者の家の前に探偵(たんてい)を配置する. ～ questions among the audience 聴衆の中に「さくら」を置いて質問をさせる. **9** 突き立てる, 打ち込む《*in, on*》; 〈弾丸を〉撃ち込む; 〈打撃などを〉与える: ～ a blow *on* a person's ear 人の耳をなぐる. **10** 〈粗悪品を〉押しつける, 売りつける《に *on*》. **11** 〘俗〙〈盗品などを〉埋める, 隠す: ～ stolen goods 盗品を隠匿する. **12** 〈人を〉見捨てる. ～ *oneself* しっかりと立つ. **～ *on*** a person 〈にせものなどを〉(人)につかませる. **～ *out*** (1) 《はちから》地面に移植する. (2) 〈苗を〉間隔をおいて植える. (3) 植物を植え込んで目隠しにする. **～ export** プラント輸出《一連の工場設備・機械の輸出》. **～ formation** [**association**] 植物の群落. **～ louse** 油虫. **∼́-màrk·er** 植物名札. **～ pot** 植木ばち.

◇ **∼́·a·ble** *a.* 耕作できる; 植民できる; 建設[開拓]できる. **∼́·er** *n.* **1** ～ する人 [機械]: a potato ～-*er* ジャガイモ植え機. **2** 〘米〙(アメリカ南部の) 大農園主. **3** 〘米史〙開拓移民. **4** (はち植えの) 装飾容器. **∼́·ing** *n.* **1** 植えつけ, 栽培; 造林; 種まき. **2** 〘建〙基礎底層; 一団の工場施設の設計. **∼́·like** *a.* 植物のような [に似た].

Plan·tág·e·net [plæntǽdʒinit] *n.* 〘英史〙プランタジネット王家《1154-1399》. ***the ～s*** プランタジネット王朝.

plán·tain[1] [plǽntin] *n.* 〘植〙オオバコ.

～ lily 〘植〙キボウシ属の植物.

plán·tain[2] *n.* 〘植〙バナナの一種《料理用大形の》.

plán·tar [plǽntər] *a.* 〘医・動〙足の裏 (sole²) の: the ～ arch 土踏まず.

‡**plan·tá·tion** [plæntéiʃ(ə)n] *n.* **1** 栽培場, 農園, 農場《特に熱帯・亜熱帯地方の》: a coffee [cotton, rubber, sugar] ～ コーヒー [綿, ゴム, 砂糖] 園. **2** 〘英〙植林地, 造林地. **3** 植民(地).

～ song 〘米〙大農園などで歌われる黒人の歌.

plán·ti·grade [plǽntigrèid] *a.* 〘動〙蹠行(しょこう)の《足の裏全体を地につけて歩く》.

―― *n.* 蹠行動物《人間・サル・犬など》.

plánt·let [plǽntlit/plɑːnt-] *n.* 苗木; 小植物.

plaque [plæk/plɑːk, plæk] *n.* **1** 飾り額《金属・陶器・象げなどの》; 飾り板. **2** 《地位・名誉などをあらわす》小板型のブローチ [バッジ]. **3** 〘医・動〙《皮膚上の》丸く盛りあがった斑点(はんてん).

plash[1] [plæʃ] *n.* **1** ザーザー [ピシャピシャ] いう音. **2** 水たまり. **――** *vi.* ザブザブ [ピシャピシャ] 音をさせる [音がする]; 〈水が〉はねる. **――** *vt.* 〈水を〉はねかす.

◇ **∼́·y** [-i] *a.* (**∼́·i·er**; **∼́·i·est**) **1** ザーザー [ピシャピシャ] 音をたてる. **2** 水たまりの多い; 湿地の, じめじめした; どろだらけの.

plash[2] *vt.* 〈木の枝などを〉曲げて生け垣をつくる [修理する]. → pleach.

plasm [plǽz(ə)m] ＝plasma.

plás·ma [plǽzmə] *n.* **1** 〘医〙血漿(けっしょう); リンパ漿.

2〘生〙原形質;〘化〙乳漿;〘物〙プラズマ;〘鉱〙濃緑玉髄.
◇ **-mic** [-mik], **plas·mát·ic** [plæzmǽtik] *a.*

plas·mó·di·um [plæzmóudiəm] *n.* (*pl.* **-a** [-diə]) **1**〘生〙変形体. **2**〘動〙《マラリアの》病原虫.

‡**plás·ter** [plǽstər / plɑ́:s-] *n.* **1** しっくい, プラスター《石灰・砂・水を混ぜた天井・壁用塗料》. **2** ばんそうこう; こうやく. ***P~ of Paris*** 焼きせっこう《水を加えれば短時間で固まる》.
—— *vt.* **1** にしっくい〔モルタル〕を塗る: ~ a wall 壁にモルタルを塗る. a ~*ed* house モルタル塗りの家. **2** にこてこてと厚く塗る;《を with》: hair ~*ed with* oil 油をこてこてと塗った髪. **3** に一面に張りつける《を *with*》: a trunk ~*ed with* hotel labels ホテルのラベルを一面に張ったトランク. **4** にこうやくを張る. **5**〘笑〙にこうやく代を出す. **6** 塗りつける, べっとりと塗る. **7** 〈ブドウ酒などを〉せっこうで処理する: ~wine ブドウ酒にせっこう粉末を混和する《酸味を消すために》. ~ a person ***with praise*** 〔***flattery***〕(人を)ほめたてる, (人に) おべっかをつかう.
~·**board** [⌐−⌐] プラスターボード《せっこうを心(しん)にした壁の下地用板紙》. ~ **cast**〘彫刻〙せっこう像〔模型〕;〘医〙ギプス.
◇ ~·**er** [-tərər] *n.* せっこう師; しっくい屋, 左官. ~·**ing** [-təriŋ] *n.* しっくい塗り〔工事〕; せっこう細工; こうやくを張ること;《ブドウ酒の》せっこう処理. ~·**y** [-təri] *a.* しっくい〔せっこう〕のような; しっくいだらけの.

***plás·tic** [plǽstik] *a.* **1** プラスチック性の, 形成力のある; 形をつくる; 塑造できる. **2** プラスチック製の; こねてつくった. **3**《粘土などでつくった》塑像の; 塑像術の. **4** 柔軟な; 感受性の強い: a ~ character 感化されやすい性質. **5**〘生・医〙組織を形成する; 成形的な. **6**〘医〙整形の: a ~ operation 整形手術.
—— *n.* (しばしば *pl.*) プラスチック, 合成樹脂; (*pl.*) プラスチック製品.
~ **art** 造形美術. ~ **bomb**《ゲリラ戦などに用いる》プラスチック爆弾. ~ **clay** 塑性粘土;〘地〙第三紀下層の中層土. ~ **exudation**〘医〙成形分泌物. ~ **figure** 〔**image**〕塑像. ~ **memory** 熱が加わると原形にもどるプラスチックの傾向. ~ **substance** 可塑物質《粘土・合成樹脂など》. ~ **surgery**〘医〙整形外科. ~ **wood** 成形材; (P~ Wood) その商標名.
◇ **-ti·cal·ly** *ad.* **plas·tíc·i·ty** [plæstísəti] *n.* **1**〘物〙可塑性, 成形力. **2** 柔軟性; 適応性.

plás·ti·cine [plǽstəsi:n] *n.* 細工用粘土; (P~) その商標名.

plás·ti·ciz·er [-sàizər] *n.*《可塑性を与える》可塑剤.

plás·tron [plǽstrən] *n.* **1**《婦人服の》胸飾り. **2**《フェンシング用の》皮製胴着;《よろいの》鉄製胸当て. **3**〘動〙《カメなどの》腹甲.

plat[1] [plæt] *n.* **1** (仕切った) 地所;《花壇などに用いる》小さな地面. **2**〘米〙《土地の》図面; 地図.
—— *vt.* (**-tt-**) の図面〔地図〕をつくる.

plat[2] *vt.* (**-tt-**) ひだをとる, たたむ; 編む (plait).
—— *n.* (布の) ひだ; お下げ, 弁髪 (braid).

plat [F. pla, ㊥⁺plɑ:] F. *n.* 一さら分の食物; 料理.

plát·an [plǽtən] *n.* =plane tree. → plane².

†**plate** [pleit] *n.* **1** さら《通常浅くて丸いもの》; さらの形をしたもの: a dinner [soup, dessert] ~. **2** 金銀〔金銀めっき〕の食器類. 〈注〉② のばあいにその一つをさすときは a piece of *plate* のようにいう. **3**《料理の》一さら, 一品; 1人前 (の料理): a ~ of beef and vegetables 牛肉と野菜の盛り合わせ. dinner at three dollars a ~ 1人前3ドルの食事. **4**《教会の》献金用のさら; 金銀賞杯;《賞金の出る》競馬. **5** 板金, 延べ金; 表札; 看板; 蔵書票(=bookplate). **6** 金属版画; 図版; 1ページ印刷図, プレート. **7**《は虫類・魚などの》甲; 板金よろい. **8** 板ガラス;〘写〙感光板. **9**〘野球〙本塁, 投手板. **10**〘医〙義歯仮床 (=dental ~). **11** 牛のろっ骨下部の薄肉. **12**〘電〙プレート, 陽極. **13**〘建〙《壁上の》横木, 平面板. ***dry*** 〔***wet***〕 ~ 乾〔湿〕板. ***family*** ~ 紋章の刻印のある金銀食器. ***give-and-take*** ~ 競馬会の懸賞の一種. ***negative*** ~〘写〙原板, ネガ. ***positive*** ~〘電〙陽極板. ***selling*** ~ 勝ち馬を一定価格で売る競馬.
—— *vt.* **1** にめっきする: ~*d* spoons. **2** 板金でおおう; 〈軍艦などを〉装甲する. **3** 打って薄板に延ばす. **4**〘印〙鉛板〔電気板〕にとる. [√pla(n)-]
~ **armor** 鉄板よろい;《軍艦などの》装甲板. ~ **basket**〘英〙食器かご. ~ **culture**〘細菌〙ペトリざら培養. ~ **glass**《上質の》厚板ガラス. ~ **iron** 鉄板. ⌐·**lày·er**〘英〙線路工夫. ~ **leather** 金銀 (の器) をみがくシカ皮〔セミ皮〕. ~ **lunch** 盛り合わせランチ. ⌐·**man** [-mən]《クラブ・ホテルなどで》(銀) 食器を管理する男. ~ **mark**《金銀器につけた》刻印;〘印〙へり押し模様. ~ **matter**《通信社から新聞社に配られる》ステロ版ニュース. ~ **powder** みがき粉. ~ **printer** 銅版印刷者. ~ **printing** 銅版印刷. ~ **rack** 水きり用さら掛け. ~ **rail**《装飾用》さらだな. ⌐·**room** [⌐⌐] (銀) 食器保存室.
◇ ⌐·**ful** [-fùl] *n.* さら一杯(分). ⌐·**let** *n.*〘医〙血小板. ⌐·**like** *a.* **plát·ed** [-id] *a.* **1** (銀) めっきした: ~*d* spoons. **2**〘編物〙綿編みを裏打ちした毛編み. **3** 装甲の. **plát·er** *n.* **1** めっき工; 金属版工. **2**〘競馬〙劣等馬.

‡**pla·téau** [plætóu / plǽtou, −⌐] *n.* (*pl.* ~**s** [-z], ~**x** [-z]) **1** 高原, 台地. **2**《上部の平らな》婦人帽. **3** 大ざら, 盆; 飾りざら. **4**〘教〙学習高原《学習などの停滞期》, スランプ. [√pla(n)- 平たい台地]

plát·en [plǽtn] *n.* **1**〘印〙圧盤《印刷機の》. **2** プラテン《タイプライターのローラー》.

‡**plát·form** [plǽtfɔ:rm] *n.* **1** 壇, 高台; 教壇, 演壇. **2**《停車場の》プラットホーム. **3**〘米〙客車の乗降段, デッキ. **4**〘築城〙砲床, 砲座. **5** (the ~) 講演; 演説. **6**《政党の》綱領;〘米〙綱領宣言《特に選挙候補者選定の際の》.
—— *vt.* **1** 置く. **2** の政綱を起草する. —— *vi.* 壇上から演説する.
~ **bridge** 渡線橋. ~ **car** ふち無し貨車, 台車 (flatcar). ~ **carriage** 砲車. ~ **scale** 台ばかり. ~ **sole** 厚底(くつ). ~ **ticket**〘英〙《駅の》入場券.

plát·i·na [plǽt(ə)nə, plətí:nə] = platinum.

plát·ing [pléitiŋ] *n.* **1**《金・銀などの》めっき(coating). **2** めっき用金属. **3** 焼きつけ. **4** 懸賞競馬〔競技〕. ~ **bath** めっき液タンク.

pla·tín·ic [plətínik] *a.*〘化〙(第二) 白金の,《特に》四価の白金を含んだ: ~ chloride 塩化第二白金.

plàt·in·i·ríd·i·um [plæ̀t(ə)nairídiəm, -nir-] *n.*〘鉱〙白金イリジウム.

plát·i·nize [plǽtənàiz] *vt.* **1** に白金をかぶせる. **2** 白金と合金にする.

plát·i·noid [plǽt(ə)nɔ̀id] *a.* 白金状の, 白金に似た.
—— *n.* **1** 白金合金《白金と合金される iridium など》. **2** 白金属《合金によってつくる白金状の金属》.

plát·i·no·type [plǽt(ə)notàip] *n.* 白金写真法〔版〕; 白金写真.

plát·i·nous [plǽt(ə)nəs] *a.*〘化〙第一白金の: ~ chloride 塩化第一白金.

plát·i·num [plǽt(ə)nəm] *n.*〘化〙白金, プラチナ《記号 Pt》. ~ **black**〘化〙白金黒《触媒用》. ~ **blonde** プラチナブロンド《薄色の金髪の女》. ~ **metals** 白金属.

plát·i·tude [plǽtət(j)ù:d/-tju:d] *n.* **1** 単調; 平凡; 陳腐. **2** 平凡な説, きまり文句. [√pla(n)-]
◇ **plàt·i·tú·di·nize** [⌐−t(j)ú:d(ə)nàiz/-tjú:dən-] *vi.* 平凡〔陳腐〕なことを言う.

plàt·i·tú·di·nous [plætət(j)ú:d(ə)nəs/-tjú:-] *a.* **1** 平凡な, 陳腐な; つまらない. **2** くだらないことを言う.
◇ ~·**ly** *ad.*

Plá·to [pléitou] *n.* プラトン, 427–347 B.C., ギリシアの哲学者. ◇ **~·nism** [-t(ə)nìz(ə)m] *n.* **1** プラトン哲学〔学派〕; プラトン主義, イデア論. **2** (または p~) 純精神的恋愛 (platonic love). **~·nist** [-t(ə)nist] *n.* プラトン学派の人.

Pla·tón·ic [pleitɑ́nik, plət-/-tɔ́n-] *a.* **1** プラトンの; プラトン学派〔哲学〕の. **2** (p~)《愛情が》精神的な. **3** (p~) 観念的な, 実行的でない. —— *n.* **1** プラトン学派の徒. **2** (*pl.*) 精神的恋愛関係.
~ love 精神的恋愛. **~ year**〘天〙プラトン年《全天体の運行が 1 周すると考えられた 26,000年》.
◇ **-i·cal·ly** *ad.*

Plá·to·nize [pléit(ə)nàiz] *vi.* プラトンの学説を奉ずる. —— *vt.* **1** にプラトン的特質を付与する. **2** プラトン的に説明する.

pla·tóon [plætúːn, plət-/plət-] *n.* **1**〘軍〙小隊《歩兵・工兵などの》. **2**〘米〙警官の一隊. **3**《人の》一団, 一隊. **4**〘アメリカンフットボール〙プラツーン《攻撃または防御専門に訓練された一団》.

plát·ter [plǽtər] *n.* **1**《長円形の浅い》大ざら. **2**〘俗〙レコード. **3**〘米俗〙《野球の》本塁(home base).

plát·y·pus [plǽtipəs] *n.* (*pl.* **-pi** [-pài], **-pus·es**)〘動〙カモノハシ《オーストラリア産》.

pláu·dit [plɔ́ːdit] *n.* (通例 *pl.*) 拍手, かっさい; 賞「賛.

‡pláu·si·ble [plɔ́ːzəbl] *a.* **1**《理由・口実などが》もっともらしい, ほんとうらしい. **2** 口先のうまい: a ~ liar. **3**《説明が》穏当な. [√plaud-] ◇ **~·ness** *n.* **-bly** *ad.* **plàu·si·bíl·i·ty** [⌐–bíləti] *n.*

†play [plei] *vi.* **1** 遊ぶ, 遊びをする《の *at*》: ~ with toys おもちゃで遊ぶ. ~ *at* hide-and-seek 隠れん坊をして遊ぶ. ~ *at* keeping shop お店ごっこをする.
2 たわむれる; もてあそぶ《を *with*》: ~ on words ことばの遊びをする, しゃれを言う. ~ *with* one's stick ステッキをもてあそぶ. ~ *with* fire 火遊びをする. He isn't a man to be ~*ed with*. あの男はいいかげんには扱えないぞ.
3 自由に動き回る, 軽やかに動く, 〈光・色が〉きらめく, 〈水が〉吹き上がる: Her hair ~*ed* on her shoulders. 髪が肩にかかってゆれていた. A smile ~*ed* on her lips. 微笑が口もとにただよっていた. The sun ~*s* on the water. 日光が水面にきらきら輝いている.
4 〈機械などが〉円滑に動く, 運転する: The piston rod ~*s* in the cylinder. ピストンの軸はシリンダーの中を行ったり来たりする.
5 〈噴水・ポンプなどが〉 水を吐く, 水を放射する: The fountain in the park ~*s* on Sundays. 公園の噴水は日曜に水を出す.
6 ゲームを楽しむ, 競技に加わる: ~ at cards カード遊びをする. ~ at football フットボールをやる.
7 勝負事をする, かけ事をする: ~ for money 金をかけて勝負する.
8 勝負する, 《一般的》行動する: ~ fair 尋常に勝負する, 公明正大に行動する. ~ false ずるをする.
9 演ずる, 《楽器を》演奏する《を *on*》: ~ *on* the piano ピアノをひく.
10 〈楽器が〉鳴る, 曲を奏する; 〈録音が〉再生される: The piano is ~*ing*. ピアノが演奏中だ. The strings are ~*ing* well. 弦楽器の演奏がうまい. records ~*ing* at 33⅓ per minute 33⅓回転のレコード.
11 芝居〔役〕を演ずる, 一役受けもつ: ~ poorly 演技がうまくない.
12 〈戯曲が〉上演される, 演ぜられる: That drama will ~ well. あの脚本は舞台に載せればいい芝居になる.
13「遊んでいる」, 仕事がない, 遊んで〔なまけて〕暮らす; 《ストライキ中で》休んでいる.
〈付記〉場面によってはっきりしている場合は目的語を省略して play を自動詞として用い *play* tennis, *play* the piano, *play* the record などの意になる.

—— *vt.* **1** 〈ゲーム・競技を〉する, して楽しむ: ~ tennis テニスをする. ~ a match 一勝負やる. ~ cards かるた遊びをする.
2《競技で》…する;〘クリケット〙〈ボールを〉打つ,〘トランプ〙〈札を〉出す;〘チェス〙〈こまを〉動かす: ~ the ball too high ボールを高く打ち上げすぎる. ~ a stroke 一発やる.
3 〈人を〉ゲームに出す〔参加させる〕; 〈人を〉相手にする: The coach ~*ed* Tom at forward. コーチはトムをフォワードに使った. Will you ~ me at chess? ぼくとチェスをやりませんか. I will ~ you for drinks. 負けたら飲み物をおごることにしてお相手しましょう.
4 〈金を〉かける《勝負事に》; 〈馬などに〉かける: ~ the horses 競馬にかける.
5 …ごっこをする; …のふうをして遊ぶ: ~ cowboys カウボーイごっこする. ~ house ままごとをする. Let's ~ (that) we are pirates. 海賊ごっこしよう.
6 〈劇を〉演ずる, 上演する; 〈役を〉演ずる, の役に扮(ふん)する; 《一般的》…のようにふるまう, …のふるまいをする: ~ *The Tempest*「テンペスト」を上演する. ~ Hamlet ハムレット役を演ずる. ~ the hostess 女主人の役をつとめる. ~ truant なまける, ずる休みする. ~ the man 男らしくふるまう, 勇気を示す.
7 巡業する, …で興行する: ~ big cities 大都市を打ってまわる.
8 〈楽器・曲を〉演奏する: ~ the flute フルートを吹く. Will you please ~ me Chopin? ショパンをひいてくださいませんか. ~ a record レコードをかける.
9 音楽を奏して…させる: ~ the congregation in 〔out〕 奏楽とともに会衆を迎え入れる〔送り出す〕. The band ~*ed* the troops past. 吹奏楽団の伴奏で軍隊が分列行進を行なった.
10 (軽々と)動かす, 振り回す: ~ a stick 棒を振り回す, なぐり回る. ~ a good knife and fork ナイフとフォークをよく使う, たらふく食べる.
11 〈ある行為を〉はたらく, する: ~ a joke on a person 人にいたずらする, 人をからかう.
12 〈光などを〉放つ, 発射する, 向ける: ~ a searchlight on the clouds 探照燈を雲の表面に向ける. ~ water 〔a hose〕 on the fire 火事に水をかける〔ホースを向ける〕. ~ guns on the enemy's lines 敵陣に向かって発砲する.
13〘魚つり〙〈かかった魚を〉しばらく泳がせておく《弱らせるために》: ~ a fish.
14〘新聞〙〈記事を〉小さく扱う《*down*》.
be ~ed out へとへとに疲れる. ***~ along with*** と調子を合わせていく. ***~ at*** (1) をして遊ぶ. (2) …ごっこをする. (3) を遊び半分にやる. (4) をおもしろがっているように装う. ***~ a person a trick*** = ***~ a trick on*** a person (人)をだます. ***~ away*** 〈金を〉賭博(とばく)で失う; 〈時間などを〉消費する. ***~ ball*** (1) 試合を始める. (2)〘俗〙正々堂々とやる. (3) 協力する《と *with*》. ***~ both end against the middle*** = ~ one off against the other. ***~ by ear*** 聞き覚えで演奏する. ***~ double*** 二またをかける. ***~ down*** 軽視する; 調子をおとす. ***~ down to*** the crowd (大衆)におもねる, (大向こう) をねらう. ***~ fast and loose*** (1) 行動に定見がない, あてにならない. (2) もてあそぶ《を *with*》. ***~ for*** (1) をかけて勝負する. (2) を目あてに行動する: ~ *for* time 時をかせぐ. ***~ for love*** 〔***money***〕 金をかけずに〔かけて〕勝負事をする. ***~ foul*** 〔***false***〕 ずるい勝負をする; 不正をはたらく. ***~ horse with*** をばかにする. ***~ing card*** トランプ; かるた. ***~ into each other's hands*** 互いに利益を図る, 互いに示し合わせて行動する. ***~ into the hands of*** を利する行動をとる; の思うつぼ〔術中〕に陥る. ***~ it by ear***《難局に》 その場をなんとか切り抜ける. ***~ it on***〘俗〙をだます. ~ ***one's last card*** 万策尽きる. ***~ off*** (1) 偽る, 〈悪事を〉 行なう. (2)

〈人に〉恥をかかせる, をばかにする. (3) 同点決勝戦をする: ～ *off* a match. ～ *on* [*upon*] (1) の感情にさわる, をいらだたせる: ～ *on* one's nerves 神経にさわる. (2) を利用する: ～ *on* a person's fear 人の恐怖を利用する. ***～ one off against the other*** 互いに反目させて(中間で) 漁夫の利を占める. ***～ on words*** しゃれを言う. ～ *out* (1) 終わりまで演ずる. (2) 使い尽くす; 疲れさす. (3) だめにする, 流行おくれになる. ***～ politics*** 営利を考えて行動する. ***～ safe*** (1) 安全第一に行動する, 保守的に行動する. (2)《命令形で》安全運転 (をせよ). ***～ the game***〘話〙公明正大に〔正々堂々と〕行動する〔試合をする〕. ***～ the market*** 株に投資する. ***～ the part of*** の役をつとめる. ***～ up*** (1) 雄々しくふるまう,《競技などで》奮闘する. (2)〘話〙宣伝する. (3)〘米〙大いに利用する. (4)〈人を〉困らせる, 悩ます, 恥をかかせる. (5) 奏楽を始める. ***～ up to*** の肩をもつ, に調子を合わせる, …のごきげんをとる. ***～ with*** (1) …といっしょに遊ぶ. (2) をもてあそぶ: Don't ～ *with* a girl's affections. 娘の愛情をもてあそんではいけない.

—— *n.* **1 遊び, 遊戯**: The children are *at* ～. 子どもたちは遊んでいる. **2 戯れ, 冗談**: I said it *in* ～, not in earnest. 冗談で言ったので本気じゃなかった. **3 勝負事, かけ事, ばくち**: lose much money in one evening's ～ 一晩のかけ事で大金を失う. **4 試合ぶり, 競技態度, 競技**: There was a lot of rough ～*s* in the football match yesterday. 昨日のフットボールにはずいぶん荒っぽい試合が多かった. **5**《競技・勝負での》ひとつひとつの動き;《…する》番: That was a good ～. いまのは好プレー〔いい手〕だった. It's your ～. きみの番だよ. **6 行動, 行為**: fair ～ 公明正大な行為. foul ～ 卑劣な行為. **7 活動, 活動の自由**〔余地〕;《機械の部分相互間などの》「遊び」《すきま》: allow full ～ to one's imagination 想像を自由に活躍させる. **8**《光・色などの》動き, ちらつき, ゆらめき: the ～ of sunlight upon water 水面の光のきらめき. **9 演劇, 芝居**; 脚本, 戯曲: a musical ～ 音楽劇. **10**《記事・写真の》新聞紙上の扱い. **11 休み, 休業; 罷業**. ***All work and no ～ makes Jack a dull boy.***〘諺〙よく学びよく遊べ. ***a ～ on words*** 地口, しゃれ. ***(as) good as a ～*** (芝居のように) おもしろい. ***be a mere child's ～*** 児戯に等しい〔朝飯前さ〕. ***be in full ～*** まっ最中である, 全力で活動している. ***bring*** [***call***] ***into ～*** 活動させる. ***come into ～*** 動きだす, 活動し始める. ***fair ～*** 公平な勝負〔処置〕. ***give*** (***free***) ***～ to*** (1) を十分に発揮する. (2) をほしいままにする, …にふける. ***go to the ～*** 芝居を見に行く. ***high ～*** かけ金の高いかけ. ***in ～*** 冗談に;〘球技〙試合中: He said it merely *in* ～. 彼はそれをただ冗談に言っただけだ. ***make a ～ for*** を手に入れようと苦心する〔策略を用いる〕; に言い寄る. ***make ～*** (1)〘競馬・狩〙追っ手をじらして苦しめる. (2) 盛んに働く. (3) 効果的に用いる《を *with*》. ***out of ～*** (1) アウトになって; 失職して. (2) 扱ってならない. ***～ of colors***《金剛石の面などの》17色閃転(せんてん). ***～ of words*** ことばの戯れ; 詭弁(きべん). ***That is pretty ～*** [***a pretty bit of ～***]. なかなか手荒だ, たいへんだ, 手きびしい.

～·àct·ing 芝居 (をすること);《比喩的》「お芝居」, 見せかけ (pretense). **～·àc·tor**《けいべつ的》俳優; 役者. **～·back** [ˊ ˋ] 録音再生(装置). **～·bill** [ˊ ˋ]《芝居の》広告ビラ, プログラム. **～·book** [ˊ ˋ] 脚本. **～·boy** [ˊ ˋ] (1) 陽気な男; 人気者. (2)〘米話〙《金と時間のある》道楽者. **～-by-～**《試合・競技などの》詳報(の): a ～*-by-*～ broadcast of a game 試合の実況放送. **～·day** [ˊ ˋ] 休日《日曜を除いた学校の》;〘英〙《炭坑夫などの》休業日. **～·fèl·low** = playmate. **～·game** [ˊ ˋ] 遊戯; 児戯. **～·gò·er** 芝居好きな人; 芝居の常連. ‡**～·ground** [ˊ ˋ] →別項. **～·house** [ˊ ˋ] (1) 劇場. (2) 遊び小屋〘子どもの〙; 児童遊戯館. (3) おもちゃの家. ‡**～·mate** [ˊ ˋ] →別項. **～-òff** [ˋ ˊ ˋ]〘運〙決勝試合〔引き分け・同点のばあいの〕. **～·thing** [ˊ ˋ] おもちゃ(扱いされる人): make a ～*thing* of a person 人をなぐさみものにする. **～·time** [ˊ ˋ] (1) 遊び時間; 放課時間. (2) 興行時間. ***～·wright** [ˊ ˋ] 脚本家; 劇作家; 脚色者.

◇ **～·a·ble** *a.* ～できる. **～·let** *n.* 短い芝居, 寸劇.

[類] → **game**「遊戯」

†**pláy·er** [pléiər] *n.* **1** 遊ぶ人〔動物〕. **2 競技者, 選手**;〘英〙職業選手. **3 俳優**; 演奏者. **4** 自動演奏装置《レコードプレーヤー・自動ピアノなど》. **5** ばくち打ち (gambler).

*__pláy·ful__ [pléif(u̥)l] *a.* **1 陽気な**; 遊び好きな, 冗談好きな. **2 いたずらの**, ふざけた, 冗談の, こっけいな.
◇ **～·ly** [-fu̥li] *ad.* **～·ness** *n.*

‡**pláy·ground** [pléigraund, ˊ ˋ] *n.* **運動場**《学校付属の》; 遊び場, 行楽地: the ～ of Europe スイスの別称.

‡**pláy·mate** [pléiméit] *n.* **遊び仲間**.

pla·za [plǽzə, plɑ́:zə] Sp. *n.* 大広場;〘町かど・大建築前の〙広場.

*__plea__ [pli:] *n.* **1 嘆願, 請願**; 祈り. **2 弁解, 口実**; 言い抜け. **3**〘法〙抗弁; 訴訟. → 動詞 plead. ***foreign ～*** 権限外の申し立て. ***make a ～ for*** を弁護〔嘆願〕する. ***on*** [***under***] ***the ～ of*** を口実として, …にかこつけて.

pleach [pli:tʃ] *vt.* 〈小枝・つるを〉からませる; 組む; 「編む.

‡**plead** [pli:d] *vt.* (**～·ed**,〘米話・方〙**ple(a)d** [pled]) **1 弁護する**, 弁論する: ～ a person's case 人の事件を弁護する. get a lawyer to ～ one's cause 弁護士に自分の訴訟を弁護してもらう. ～ usury 高利貸しは悪くないと主張する. **2 理由として言う**〔主張する〕: The thief ～*ed* poverty. どろぼうは自分の貧乏を理由にした. She ～*ed* ignorance of law. 彼女は法律を知らなかったことを理由にした.

—— *vi.* **1 弁論する, 抗弁する**;〈物事が〉言い訳となる《の *for*》: His experiences ～*ed for* him. 彼の経験が彼を有利にした. **2 嘆願する, 懇願する**《を *for*》: ～ *for* another chance to show one's ability 能力を示す機会をもう一度与えてくれと懇願する. ～ *with* him *for* pity [more time] 同情〔猶予〕を彼に懇願する. ***～ against*** を反駁(はんばく)する; を戒める. ***～ guilty*** [***not guilty***]《尋問に対し》罪状を認める〔認めない〕. ***～ insanity*** 精神異常を理由に弁護する. ◇ **～·er** *n.* **1**《法廷の》弁護人; 申し立て人. **2** とりなす人, 嘆願者.

pléad·ing [plí:diŋ] *n.* **1** 弁論; 弁解; 申し開き. **2**〘法〙弁護; 抗弁; 訴訟手続き. **3** (*pl.*)〘法〙訴答; 訴答書面《原告と被告とが提出する》. —— *a.* **1** 弁論の, 申し開きの. **2** 訴願の. **3** 懇願する, 訴える(ような). ◇ **～·ly** *ad.* 嘆願的に; 訴えるように.

pléas·ance [pléz(ə)ns] *n.* **1**《主として大邸宅の》遊園. **2**〘古〙愉快; 満足; 快楽.

†**pléas·ant** [pléznt] *a.* (**more pléas·ant, pléas·ant·er; most pléas·ant, pléas·ant·est**)《中心義: 愉快な気持ちにさせる》**1**〈物・事が〉**楽しい**, 気持ちのいい, 快適な: a ～ afternoon 愉快な午後. ～ news いい知らせ. the ～ season 快適な季節. It is most ～ for us to be here today. きょうここへ参りましたのは, 私たちにはまことに楽しいことです. **2** (天気の)よい: ～ weather 上天気. **3 人好きのする**, あいそのよい; 快活な: a ～ companion あいそのよい友. ***have a ～ time*** 愉快に遊ぶ, 楽しく過ごす. ***make oneself ～ to*** visitors (訪問者) に如才なくする. [√plac-] **～ surprise** 思いがけない喜び.
◇ **～·ness** *n.*

[類義語] **愉快な**: **pleasant, pleasing**「心を喜ばす, 快適な」という点で共通だが, pleasant が客観性のある表現に比べて, pleasing は「自分にとって快適な」という主観的な表現. **agreeable**

自分の好み・趣味にぴったり合った → 快適な, 愉快な. **enjoyable** 楽しめる, 楽しい: Fishing is *enjoyable* by both young and old. つりは若い者にも老人にもおもしろい.

‡pléas·ant·ly [plézntli] *ad.* **1** 楽しく, 愉快に, 快適に. **2** あいそよく, 快活に.

pléas·ant·ry [plézntri] *n.* **1** 上きげん; ひょうきんさ; ふざけ. **2** 冗談.

†please [pli:z] *vt.* **1** 喜ばす, 満足させる, の気に入る: We can't ～ everybody. すべての人を満足させるわけにはゆかない. It ～*d* him to go with her. 彼は彼女と同行するのは楽しかった. 彼は喜んで彼女と同行した. **2** どうぞ: *P*～ come here. =Come here, ～! どうぞここへお出でください. 〈注〉この用法は本来は "May it *please* you to come here!"「ここに来ることがあなたの気に入りますように!」の形で, その省略に由来する. ときに to が残る: *Please* to return the book. 本はお返しください. *Please* not to interrupt me. どうか口を出さないでください. **3** …したいと思う: Go where you ～. 行きたいとこへ行きなさい; どこでも好きなところへいらっしゃい. 〈注〉"go where you *please to go*" が略されたものと解される. **——** *vi.* 人を喜ばす, 感じがいい, 快感を与える: She is anxious to ～. 彼女は人に好感を与えようと努めている. manners that ～ 好ましいふるまい. ***as*** one ～***s*** 好きなように. ***if you*** ～ (1) どうぞ, すみませんが. (2) ごめんこうむって. (3) まあどうでしょう, 驚いたことには. ～ one***self*** 〖話〗好きなようにする. ～ ***God*** 神のみこころならば, うまくいけば. ***what*** one ～***s*** 好き〔かって〕なこと. [√plac-]

pleased [pli:zd] *a.* 喜んだ, 満足した, 気に入った. ***be as*** ～ ***as Punch*** とても喜んでいる. ***be*** ～ ***to*** (do) (1) 喜んで…する: I shall *be* ～ *to* tell him. 喜んで彼に話します. (2)《敬意をあらわす》…してくださる: He *was* ～ *to* tell me. 喜んで話してくださった. ***be*** ～ ***with*** [***at***] を喜ぶ, …が気に入る: I'*m* ～ *with* my new servant. 今度の女中が気に入っている. I *was* ～ *at* his ingenuousness. 彼の純真さが気に入った.

***pléas·ing** [plí:ziŋ] *a.* **1** 楽しい; 快適な; 満足を与える. **2** 人好きのする; 好ましい; あいきょうのある. ◇ ～·**ly** *ad.* ～·**ness** *n.* 〔類〕→ **interesting**「おもしろい」, → **pleasant**「愉快な」

***pléas·ur·a·ble** [pléʒ(ə)rəbl] *a.* **1** 〈物・事が〉楽しい; うれしい. **2** 〈物・事が〉気持ちのよい. ◇ ～·**ness** *n.* **-bly** *ad.*

†pléas·ure [pléʒər] *n.* **1** よろこび, 楽しみ; 快感, 満足. **2** 楽しいこと, 愉快なこと: It is a ～ to see you. お会いしてうれしいことです. **3** 娯楽, 慰み, 楽しみ. **4** (官能的)快楽, 放縦(ほうじゅう): a life given up to ～ 逸楽の生活. **5** 希望, 欲求: await a person's ～ 人の気の向くのを待つ, 人の意をうかがう. ***ask*** a person'***s*** ～ (人)の来意を尋ねる. ***at*** one'***s*** ～ 随意に, 思うままに. ***consult*** a person'***s*** ～ (人)のつごうを聞く. ***do*** a person ***the*** ～ ***of*** (do)***ing*** …して(人を)喜ばせる: He *did the* ～ *of* din*ing* with us. あの方はわれわれと食事をともにしてくださった. ***during*** one'***s*** ～ 気の向いている間に. ***for*** ～ 楽しみに《他に理由なく》: draw pictures *for* ～. ***give*** ～ ***to*** を喜ばせる. ***have*** [***take***] (***a***) ～ ***in*** (do)***ing*** …することを喜びとする; (喜んで)…する. ***have the*** ～ ***of*** (1) …の光栄に浴す: May we *have the* ～ *of* your company? ご出席いただけましょうか. I don't *have the* ～ *of* knowing him. あの方は存じ上げておりません. (2)《命令形で, あとに (do)*ing* を伴って》…してくださいませ. ***It is our*** ～ ***to*** (do) (1)《君主の用語》朕は…することを望む. (2)〖話〗…するのはうれしいことです. ***take*** (***a***) ～ ***in*** を楽しむ, を好む: *take* ～ *in* music 音楽が好きだ. ***take*** one'***s*** ～ 楽しむ, 気晴らしする: Now I'm going to *take my* ～ for a time. さてしばらく遊ぶことにしよう. ***What is your*** ～***, madam?***《店員用語》なにをお見せしましょうか. ***with*** ～ 喜んで, 快く. **——** *vt.* に楽しみ〔喜び〕を与える: It ～*s* me to know you. お知り合いになれて幸いです. **——** *vi.* 楽しむ, 喜ぶ: I ～ in your company. ごいっしょですと楽しくなります. ～ **boat** 遊覧船. ～ **ground** 遊園地; 公園. ～ **principle** 〖心〗〖不快を避け快楽を求めようとする〗快楽本能. ～ **trip** 遊覧旅行 (excursion).

〔類義語〕喜び: **pleasure** 精神的または肉体的満足感を示す. **delight** 表情・動作などにあらわれた喜び. **joy** 精神的なふかい喜び. 幸福感を示す.

pleat [pli:t] =plait.

pleb [pleb] *n.* 〖俗〗**1** 平民; 庶民. **2** =plebe ①.

plebe [pli:b] *n.* **1**〖米話〗士官学校〔兵学校〕の最下級生. **2**〖廃〗《集合的》古代ローマ平民; 庶民.

ple·bé·ian [plibí:ən] *n.* **1**《古代ローマの》平民, 庶民. → patrician. **2** 大衆. **——** *a.* **1**《古代ローマの》庶民の; 下層民の. **2**《一般的》庶民の; 俗な, 卑しい. ◇ ～·**ism** *n.* 庶民であること; 庶民かたぎ.

pléb·i·scite [plébịsàit, -sit] *n.* 《特に国家的重要問題に関する》国民投票; 一般投票.
◇ **ple·bís·ci·tar·y** [plibísitèri/-təri] *a.*

plebs [plebz] *n.* (*pl.* **plé·bes** [plí:bi:z])《集合的》《古代ローマの》庶民, 平民;《一般的》庶民, 民衆, 大衆.

pléc·trum [pléktrəm] *n.* (*pl.* **-tra** [-trə], **-trums**)《弦楽器の》ばち.

pled [pled] *v.* 〖米話〗plead の過去・過去分詞.

‡pledge [pledʒ] *n.* **1** 誓約, 言質(げんち); (the ～) 禁酒の誓い: make a ～ 誓約する. **2** 抵当(物), 担保, 質. **3** 保証,《好意などの》しるし. **4**〖米〗《クラブなどへの》入会誓約者, 仮入会者. **5** 寄付申込み. **6**《健康への》祝杯, 乾杯. **7**《政党首領などの》公約. ***lay*** [***give, put***] one's clothes ***in*** ～ (自分の着物を)質に入れる. ～ ***of love*** [***union***] 愛のしるし; 子ども. ***sign*** [***take***] ***the*** ～ 禁酒の誓いをする. ***take a*** ～ 誓う. ***take out of*** ～ 質受けする. ***under*** (***the***) ～ ***of*** secrecy (人に語らぬこと)を誓って. **——** *vt.* **1** 誓約する《*to* (do)》: ～ one's support 支持を約束する. **2** 〈人に〉誓約させる, 〈人を〉約束でしばる: be ～*d* to secrecy 秘密を約束させられる. **3** 〈言質を〉与える, 〈名誉に〉かける. **4** 〈新人を〉クラブに入会させる, 仲間に加える. **5** 質に入れる, 担保におく. **6** (…のために)乾杯する. **7** の寄付申し込みをする: ～ $10 10ドル寄付を申し込む. ～ one***self*** 誓う: ～ *oneself* to secrecy 秘密を守ることを誓う. ～ *oneself* to join a college fraternity 大学の(男子学生)クラブ入会の宣誓をする. I ～ *myself* that ... 私は…ということを誓う. ～ one'***s word*** 誓う, 保証する: I ～ *my word* that... …ということを誓う. ◇ **pledg·ée** [pledʒí:] *n.* 〖法〗動産質権者; 質権者; 質取り人. → pledger. **plédg·er** [plédʒər] *n.* **1** 質入れ人;〖法〗質権設定者. **2**《禁酒などの》誓約者. **3** 祝杯をあげる人.
〔類〕→ **promise**「約束」

plédg·et [plédʒit] *n.* 〖医〗《傷口に当てる》綿撒糸(めんさんし), ガーゼ, 脱脂綿.

pledg·ór, pledge·ór [pledʒɔ́:r] =pledger.

Pléi·ad [plí:əd, pláiæd/pláiəd] *n.* (*pl.* ～**s**, ～·**es** [-ədi:z]) **1**〖天〗すばる星; プレアデス星団《雄牛座の七つ星》. **2**〖ギ神〗Atlas の娘; (*pl.*) その7人. **3** はなやかな一団《普通7人[個]の》. **4** プレアード派《16世紀後半のフランスの7人の詩人の集団》.

plein-air [plèinéər] F. *a.* 〖美〗戸外派の《19世紀半ばフランスに起こった自然光線を重んずる画法》.

Pléi·o·cene [plí:əsì:n] =Pliocene.

Pléis·to·cene [pláistəsì:n] *n., a.* 〖地〗**1** 更新世(の); 洪積(こうせき)世(の). **2** 氷河紀(の), 氷河紀層(の). ～ **epoch** [**series**], **the** 洪積世〔統〕《新生代第四紀の前期またはその地層》.

plé·na·ry [plíːnəri,㊇+plén-] *a.* **1** 十分な, 完全な; 絶対の. **2** 全員出席の: a ～ meeting [session] 総会, 本会議. **3** 全権を有する, 全権の. **4** 〘法〙正式の, 本式の. [√ple(n)-]
～ indulgence 〘カトリック〙大赦. **～ inspiration** 絶対的霊感 《誤謬(ごびゅう)のはいる余地のない》. **～ powers** 全権. ◇ **-ri·ly** *ad.*

plèn·i·po·tén·tia·ry [plènipətén∫(ə)ri, ㊇+-∫ièri] *n.* 全権大使; 全権委員; 全権使節. **——** *a.* 《人が》全権を有する; 《権力など》絶対的な, 完全な. ***ambassador*** [***envoy***] ***extraordinary and*** **～** 特命全権大使 [公使]. ***minister*** **～** 全権公使.

plén·i·tude [plénit(j)ùːd/-tjuːd] *n.* **1** 十分, 完全. **2** 豊かさ, 豊富さ: a ～ of sunlight いっぱいの陽光. **3** 《力などの》充実; 《権力などの》絶頂, 極点. [√ple(n)-]

plén·te·ous [pléntiəs] *a.* 〘雅〙豊富な, 潤沢な; 実り豊かな. ◇ **～·ly** *ad.* **～·ness** *n.*

‡**plén·ti·ful** [pléntif(u)l] *a.* たくさんの, 豊かな, 豊富な: a ～ harvest 豊作. ↔scanty. ◇ **～·ly** *ad.* **～·ness** *n.* 類 → **many**「たくさんの」

†**plén·ty** [plénti] *n.* たくさん, いっぱい, たっぷり 《*of*》: There are ～ *of* eggs in the house. 家には卵がたくさんある. There is ～ *of* time [meat]. 時間 [肉] がたっぷりある. I've had ～, thank you. ありがとう, 十分いただいた. 〈注〉アメリカでは不定冠詞 a を添えて a plenty of ともする. ***in*** **～** 十分に, たくさんに. ***in*** **～ *of time*** 時間の余裕を残して, 早めに.
—— *a.* 〘話〙《通例叙述的》たくさん (の): That [Six potatoes] will be ～. それ [ジャガイモ六つ] で十分でしょう. 《付加語的に》 have ～ helpers 手伝いがたくさんいる.
—— *ad.* 〘話〙たっぷり, 十分に, 全く: It is ～ large [good] enough. それは全く大きい [よい].
～ *more* (***of***) もっとたくさん(の)., [√ple(n)-]
類 → **many**「たくさんの」

plé·num [plíːnəm] *n.* (*pl.* **-nums, -na** [-nə]) **1** 外部よりも高い気圧の空気が充満している状態 [空間]. **2** 物質が充満した空間. → vacuum. **3** 充満; 充実. **4** 総会, 全体会議; 合同会議. **——** *a.* 完全の: ～ ventilation 完全換気.

plé·o·nasm [plíːənæz(ə)m] *n.* 〘修〙冗言法 (redundancy); 冗語句; 重複語 《必要以上の語の重複: a false lie 偽りの嘘》.
◇ **plè·o·nás·tic** [ˌ-ˌ-næstik] *a.*

plé·si·o·saur [plíːsiəsɔ̀ːr] *n.* 〘古生〙蛇頸竜(だけいりゅう).

plè·si·o·sáu·rus [plìːsiəsɔ́ːrəs/plíː-] *n.* (*pl.* **-ri** [-rai]) ＝plesiosaur. ◇ **-ri·an, -roid** *a.*

plés·sor [plésər] ＝plexor.

pléth·o·ra [pléθərə] *n.* **1** 過多; 過度. **2** 〘医〙多血症 [質]; 赤血球過多症.

pléth·or·ic [pléθərik, pleθɔ́ːr-, -θɑ́r-/pleθɔ́r-] *a.* **1** 多血症の; 赤血球過多の. **2** 過多の; ふくれ上がった. **3** 誇大な, 大言の. ◇ **-i·cal·ly** *ad.*

pléu·ra [plú(ː)rə/plúərə] *n.* (*pl.* **-rae** [-riː]) 〘医〙ろく膜; 胸膜. ◇ **pléu·ral** [-l] *a.*

pléu·ri·sy [plú(ː)risi/plúər-] *n.* 〘医〙ろく膜炎. ***dry*** [***moist***] **～** 乾性 [湿性] ろく膜炎.
◇ **pleu·rít·ic** [plu(ː)rítik/pluər-] *a.*

plèu·ro·pneu·mó·ni·a [plù(ː)ron(j)uːmóuniə/plúəronjuː-] *n.* 〘医〙ろく膜肺炎.

pléx·i·glass [pléksiglæs/-glɑːs] *n.* プラスチック ガラス 《風防用》; (P～) その商標名.

plex·ím·e·ter [pleksímitər] *n.* 〘医〙打診板.

pléx·or [pléksər] *n.* 〘医〙打診つち.

pléx·us [pléksəs] *n.* (*pl.* **～·es, ～**) **1** 〘医〙《神経・血管・繊維などの》叢(そう); 網状組織. **2** 《事情などの》こみいった状態, もつれ. ***pulmonary*** [***solar***] **～** 肺 [太陽] 神経叢. ***spinal*** **～** 脊椎(せきつい)静脈叢.

plí·a·ble [pláiəbl] *a.* **1** しなやかな; 曲げやすい. **2** 従順な, すなおな; 言いなりになる, 融通のきく. ↔ rigid. [√plec-] ◇ **-bly** *ad.* **plì·a·bíl·i·ty** [plàiəbíliti] *n.* 柔軟性; 適応性.

plí·ant [pláiənt] *a.* ＝pliable.
◇ **～·ly** *ad.* **plí·an·cy** *n.* ＝pliability.

plí·ca [pláikə] *n.* (*pl.* **-cae** [-siː]) 〘医・動〙ひだ; 褶襞(しゅうへき); 〘医〙糾髪(きゅうはつ)病.

plí·cate [pláikeit], **plí·cat·ed** [-id] *a.* 〘動・植〙ひだのある. ◇ **plí·cate·ly** *ad.*

plí·er [pláiər] *n.* **1** 曲げる人 [物]. **2** (*pl.*) 《ときに単数扱い》やっとこ; ペンチ (＝cutting ～s). [√plec-]

‡**plight**[1] [plait] *n.* 苦境, 窮地; 悪い立場 [状態]. ***in a sorry*** **～** みじめなありさまで. ***What a*** **～ *to be in!*** とんだはめになったもんだ!

plight[2] *n.* 誓い; 婚約. **——** *vt.* **1** 〈約束を〉与える: ～ one's promise [word] 誓う. **2** に名誉をかけて誓う. **3** に誓わせる; に婚約させる 《～ oneself または受動態で》: ～*ed* lovers 言いかわした恋人どうし. ***be*** **～*ed to*** と婚約している. **～ one*self to*** に誓う; と婚約する. **～ one*'s troth*** [***faith***] 堅く約束する, 忠誠を誓う.

plím·soll [plíms(ə)l] *n.* (通例 *pl.*) 〘英〙《安いゴム裏の》ズックぐつ.
P～('s) mark [**line**] 〘海〙満載喫水線.

plinth [plinθ] *n.* 〘建〙柱礎; 《円柱・彫像の》台座; 《建物の》土台まわり.

Plí·o·cene [pláiəsiːn] *n., a.* 〘地〙第三紀最新期 (の); 鮮新世(の).

***plod** [plɑd/plɔd] *v.* (**-dd-**) *vi.* **1** とぼとぼ歩く 《*on, along*》. **2** こつこつと働く [勉強する] 《に, を *away at*》: That boy ～*s away at* his lessons. その少年はこつこつ勉強する. **——** *vt.* 足重く歩く, たどる.
～ one*'s* (***weary***) ***way*** 疲れた足を引きずって行く; 苦労して進む.
—— *n.* **1** 足重な歩行; 重苦しい足音. **2** こつこつ働く [勉強する] こと.
◇ ***～·der** *n.* ～する人; こつこつと着実に仕事 [勉強] をする人. 類 → **walk**「歩く」

plód·ding [plɑ́diŋ/plɔ́d-] *a.* とぼとぼ歩く; こつこつ仕事 [勉強] する; 単調な. ◇ **～·ly** *ad.*

plop [plɑp/plɔp] *v.* (**-pp-**) *vi.* **1** ポチャンと音をたてる. **2** ガタンとすわる: ～ into an armchair がっくりいすに腰をおろす. **——** *vt.* バタンと落とす.
—— *n.* **1** ポチャンと落ちること. **2** ポン, ドブン《音》.
—— *ad.* **1** ポチャンと; ポンと. **2** ひょっこりと, だしぬけに.

pló·sion [plóuʒ(ə)n] *n.* 〘音声〙破裂.

pló·sive [plóusiv] *n., a.* 〘音声〙破裂音 (の) 《[p, b, t] など》.

‡**plot** [plɑt/plɔt] *n.* **1** 陰謀; 《秘密の》計画; 策略. **2** 《劇・小説などの》筋, 構想. **3** 小区画, 小地面, 小地区: a garden ～ 庭地. **4** 図面, 見取り図.
—— *v.* (**-tt-**) *vt.* **1** はかる, たくらむ; 計画する 《*to* (do); *that*》: ～ treason むほんをたくらむ. **2** 〈土地を〉区分 [区画] する 《*out*》: a ground ～*ted out* for sale 分譲地. **3** の図面 [見取り図] をつくる; 記入する 《図面に》: ～ a temperature curve 体温表に書き込む. **——** *vi.* たくらむ, 陰謀を企てる 《のために *for*; に対して *against*》. **～ *it*** たくらむ; 計画する. **～*ting paper*** 《図面用》方眼紙.
～-próof 陰謀によって脅かされることのない.
◇ **～·ful** [-f(u)l] *a.* **～·less** *a.* **～·ter** [-ər] *n.*

plough 〘英〙＝plow.
P～ Monday 〘英〙1月6日の主顕祭 (Epiphany) 後の第1月曜日.

plóv·er [plʌ́vər] *n.* 〘鳥〙千鳥の類.

‡**plow** [plau] *n.* **1** 鋤(すき); 鋤形をした物, 除雪機. **2** 耕作, 農業; 耕作地: 100 acres of ～ 100 エーカーの耕された土地. **3** (the P～) 〘天〙北斗七星. **4** 〘英俗〙落第. 〈注〉㊇ではおもに plough とつづる. ***be at*** [***follow***] ***the*** **～** 農業に従事する. ***go to*** one***'s*** **～** 自分の仕事をする. ***put*** one***'s hand to the*** **～** 仕事を始める. ***under the*** **～** 耕されて.

—— *vt.* **1** すく, 耕す; にあぜをつくる. **2** すき起こす, 鋤で除く. **3** <顔に>しわを刻む; <しわを> 刻む: wrinkles ~*ed* in the face 顔に刻まれたしわ. **4** の波を切って走る. **5** <金を> 投資する, 投ずる. **6**〖英俗〗落第させる. —— *vi.* **1** 耕す; <土地が> 耕作に適する: This field ~*s* well. この畑は耕作に適する. **2** ほねをおって進む.

~ ***a lonely furrow*** 孤独な生活を送る. ~ ***back*** <掘り返した草を> 鋤で元へ埋める〘肥料として〙; <利益を> 再投資する. ~ ***down*** すき倒す. ~ ***in*** 〔***into***〕 ***the land*** すき込む. ~ ***into*** <仕事> をどしどし始める. ~ ***the sand***(***s***) むだぼねをおる. ~ ***the waves*** 波を切って進む. ~ ***through a book*** 本をほねおって読む. ~ ***under*** すき込む, 埋める. ~ ***up*** すき返す, すき起こす. ~ one***'s way*** ほねおって進む.

~·**boy** [⌐⌐] (1) 鋤(すき)をつけた牛〔馬〕の手綱を取る少年. (2) いなかの若者〔農夫〕. ~·**land** [-lænd] (1) 耕地; 田畑. (2)〖英史〗昔の土地の面積〘自由民がその家族と雇い人たちを養えるだけの面積; いまの120エーカー〙. ~·**man** [-mən] (*pl.* **-men**) 農夫; いなか者. ~·**share** [⌐⌐] 鋤の刃. ~·**tail** [⌐⌐] 鋤の柄: at the ~*tail* 農業にたずさわって. ~·**wright** [-ràit] 鋤製作職人.

◇ ~·**a·ble** *a.* ~·**er** *n.*

ploy[1] [plɔi] *n.*〖英話〗**1** 浮かれ騒ぎ; いたずら, ふざけ. **2** 娯楽, 趣味. **3** 計画, 企て; 仕事; 遠征.

ploy[2] *n.* 計略, 策略. —— *vt., vi.*〖軍・古〗〘縦隊をつくるため〙正面を縮小する.

‡**pluck** [plʌk] *vt.* **1** むしり取る, 引き抜く: ~ flowers 花を摘む. ~ *out* 〔*up*〕 weeds 雑草を取り除く. ~ feathers from a chicken 鶏の羽をむしる. **2** の羽毛〔毛〕をむしり取る: ~ a chicken. **3** 引き破る《*away, off*》;〖地〗<氷河が岩石を> ちぎり去る: ~ *away* the wrappings 包み紙を引き破る. **4** 引っ張る, ぐいと引く: ~ a person's sleeve 袖(そで)を引く. **5** <弦楽器を> かき鳴らす. **6**〖俗〗ひったくる, 詐取する. **7**〖英俗〗落第させる: get 〔be〕 ~*ed* 落第する. —— *vi.* **1** ぐいと引く《を *at*》: ~ *at* her skirt すそを引っ張る〘注意をひくために〙. **2** つかみかかろうとする, 捕えようとする《に, を *at*》.

A drowning man ~s at a straw. 〘諺〙おぼれる者はわらをもつかむ. ~ ***a pigeon*** まぬけな人をだまして金を取る. ~ ***off*** むしり取る, 引き離す. ~ ***up*** 根こそぎにする. ~ ***up*** one***'s courage*** 〔***spirits, heart***〕 勇気を奮い起こす.

—— *n.* **1** 引きむしること; 急に引くこと: give a ~ at をぐいと引く. **2** 勇気, 胆力. **3**〘動物の〙臓物. **4**〖英俗〗落第. ◇ ~·**er** *n.*

plúck·y [plʌ́ki] *a.* 勇気のある; 断固とした.

◇ **-i·ly** *ad.* **-i·ness** *n.*

***plug** [plʌg] *n.* **1** 栓(せん); 〘歯などの〙詰め物. **2** 消火栓;〖機〗〘内燃機関の〙点火栓. **3**〖電〗プラグ, 差し込み. **4**〖話〗〘ラジオ・テレビ番組に織り込む〙広告, 宣伝(文句). **5** かみたばこ, 固形たばこ. **6**〖話〗売れない商品, たなざらし. **7**〖米俗〗おいぼれ馬. **8**〖米話〗シルクハット (= ~ hat). **9**〖俗〗ねらい, 狙撃(そげき).

—— *v.* (**-gg-**) *vt.* **1** に栓をする, ふさぐ, 詰める: ~ a cavity in a tooth with cotton 綿を虫歯の穴に詰める. **2**〖俗〗<げんこつ・一撃を> くらわす; に弾丸を撃ち込む: ~ him one in the ear 彼の耳に一撃くらわす. **3** 押し込む《に into》. **4**〖米俗〗しつこく聞かせる; しつこく広告する〘放送などで〙. —— *vi.* **1**〖話〗せっせと働く〔努める〕《*along*》. **2** 打つ, 撃つ.

~ ***away at*** …にこつこつ励む. ~ ***for*** を求める. ~ ***in***〖電〗プラグを差し込む; のコードをコンセントに差し込む: ~ *in* a toaster. ~ ***up*** <穴などを> 詰める.

~ **hat**〖米〗シルクハット. ~-**in** [⌐⌐]〖電〗プラグイン式の. ~·**ùg·ly**〖米俗〗やくざ; ならず者; 暴漢.

plúg·ger [plʌ́gər] *n.* **1** 充てん器〘歯科用〙. **2**〖米俗〗勉強家, こつこつ働く人. **3**〖米俗〗しつこく宣伝〔広告〕する人.

‡**plum** [plʌm] *n.* **1** プラム, 西洋スモモ; その木. **2**〘製菓用の〙干しブドウ. **3** = sugarplum. **4** いい物, ほしい物; 逸品. **5** (青みがかった) 濃い紫色, 紺. **6**〖米〗思いがけない利得;〖英俗〗10万ポンドの金.

~ **cake** 干しブドウ入りケーキ. ~ **duff**〖英俗〗干しブドウ入りプディング. ~ **pudding** 干しブドウ・砂糖づけ果実入りの柔らかい菓子〘クリスマス用〙.

plúm·age [plú:midʒ] *n.* **1**〖動〗《集合的》羽毛. **2** 儀式ばった〔凝った〕服装. [< plume] ◇ (-)~**d** *a.* 羽毛のついた: full-~*d* 羽毛のはえそろった.

plumb [plʌm] *n.* **1** おもり; 測鉛 (plummet). **2** 垂直. ***off*** 〔***out of***〕 ~ 垂直でない, 傾いて.

—— *a.* **1** 垂直な; まっすぐな. **2**〖話〗全くの: (just) ~ fools 全くのばか者たち.

—— *ad.* **1** 垂直に: fall ~ down 垂直に落下する. **2** きちんと, 正確に: ~ southward 真南に. **3**〖話〗全く, すっかり: ~ crazy 全くいかれた. I ~ forgot about it. そのことはきれいに忘れてしまった. ~ ***in the face of*** の真正面に.

—— *vt.* **1** (測鉛線で) …の垂直さを調べる; 垂直にする《*up*》. **2** の深さを測る: ~ the sea. **3** <人の心を> はかる, 理解する. **4** <鉛で荷物に> 封をする.

—— *vi.* 鉛管工として働く. [plumbはもともと「鉛」]

~ **bob** 測量のおもり (plummet). ~ **line** 錘線, 下げ振り糸; 測鉛線. ~ **rule** (大工の) 下げ墨, 下げ振り定規.

◇ ~·**ing** [plʌ́miŋ] *n.* **1** 配管; 配管職〔業〕;〘建物の〙ガス〔上下水道〕設備. **2** 鉛錘測量. ~·**less** *a.* 測量不可能の; 計り知れぬ.

plum·bág·i·nous [plʌmbǽdʒinəs] *a.* 黒鉛の; 黒鉛に似た; 黒鉛を含んだ.

plum·bá·go [plʌmbéigou] *n.* (*pl.* ~**s**) **1** 黒鉛; 石墨. **2**〖植〗ルリマツリの類.

plúm·be·ous [plʌ́mbiəs] *a.* 鉛の(ような); 鉛を含む, 鉛色の.

plúmb·er [plʌ́mər] *n.* **1** 配管工. **2** 鉛管工; 鉛管工事人. ◇ ~·**y** [-məri] *n.* 鉛(管)工業〔職〕; 鉛細工; 鉛細工場, 鉛管製造所.

plúm·bic [plʌ́mbik] *a.* **1**〖化〗鉛を含んだ. **2**〖医〗鉛毒による. ~ **oxide** 酸化鉛.

plum·bíf·er·ous [plʌmbífərəs] *a.* 鉛を含む〔生じる〕.

plúm·bism [plʌ́mbiz(ə)m] *n.*〖医〗鉛毒症.

plúm·bum [plʌ́mbəm] *n.*〖化〗鉛〘記号 Pb〙.

‡**plume** [plu:m] *n.* **1** 羽毛. **2** 羽毛飾り;〘帽子・かぶとなどの〙毛の前立て; 鵞(が)ペン〔矢〕の羽毛. **3** 名誉の表象. **4** 羽毛状の物: a ~ of smoke 〔water〕〘爆発による〙キノコ雲〔水柱〕. **5**〖動〗羽状毛;〖植〗羽状円すい花〘タンポポの冠毛など〙. ***borrowed ~s*** 借り着;〘知識などの〙受け売り.

—— *vt.* **1** 羽毛で飾る; 借り着で飾る. **2** の羽毛を整える. **3** の羽毛をむしり取る. ~ one***self*** 身を飾り立てる. ~ one***self on*** を自慢する, を鼻にかける.

◇ ~·**less** *a.* ~·**let** *n.* 小羽毛;〖植〗幼芽.

plúm·met [plʌ́mit] *n.* **1** 下げ鉛; 測鉛〘水深を測るおもり〙. **2**〘大工の〙下げ振り糸〔定規〕. **3** おもり〘つり糸などの〙. **4** 重荷, 重圧.

—— *vi.* **1** 垂直に落ちる. **2** 飛び込む.

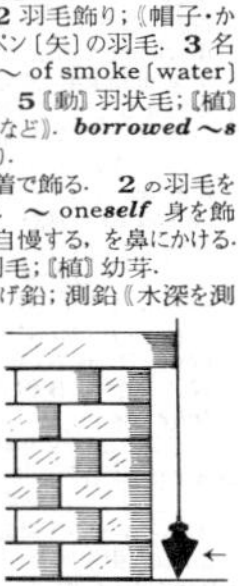

plummet ①

plúm·my [plʌ́mi] *a.* **1** 西洋スモモ (plum) のような; 西洋スモモがたくさんなっている. **2** 干しブドウ入りの. **3**〖英話〗すばらしい, 望ましい; 金持ちの, 豊富な.

plú·mose [plú:mous] *a.* 羽毛をつけた; 羽毛状の. ◇ ~·**ly** *ad.* **plu·mós·i·ty** [-mɑ́siti/-mɔ́s-] *n.*

‡**plump**[1] [plʌmp] *a.* **1** ふっくらした, ふくよかな, 肉づきのよい: a baby with ~ cheeks ほおのまるまるした赤ちゃん. **2** ふくれた, 中身の詰まった. **3**〘金額が〙たい

そうな, たっぷりの.
— *vi.* ふっくらする, まるまる太る《*out, up*》.
— *vt.* ふくらませる, 太らせる《*up*》.
◇ ～·**er** *n.* 含み物〘歯のない人などがほおをふくらますために口に入れる〙. ～·**ly** *ad.* ～·**ness** *n.* ～·**y** *a.* ふくらんだ, まるまる太った.

plump² *vi.* **1** どしん〔どさっ〕と落ちる《*down*》. **2** どしん〔ずしん〕と倒れる《*down*》; どさりとすわる《に *into*》. **3** 絶対に賛成する《に *for*》. **4** 〘英〙《連記投票権で》ひとりだけに投票する《に *for*》. — *vt.* **1** どしんと落とす〔置く〕. **2** 〈真実などを〉だしぬけに言い出す《*out*》. **3** ほめそやす, もち上げる.
— *n.* どしんと落ちること〔音〕.
— *a.* ぶっきらぼうの, あからさまの; 全くの.
— *ad.* **1** どしんと, ざぶんと. **2** 正面から, まっこうから: He ran ～ *into* me. 彼は私にもろにぶつかってきた. **3** だしぬけに, 不意に. **4** あけすけに, 遠慮せずに.
◇ ～·**er** *n.* **1** 落ちる人〔物〕; 落馬者. **2** 単記名投票(者)《2 名以上選ばれるばあいの》. **3** 真っ赤なうそ. ～·**ly** *ad.*

plú·mule [plú:mju:l] *n.* 〘植〙幼芽; 〘動〙柔毛.
◇ **plú·mu·lar** [-mjulər] *a.*

plúm·y [plú:mi] *a.* **1** 羽毛のある〔はえている〕. **2** 羽毛で飾った. **3** 羽毛状の. [＜plume]

‡**plún·der** [plʌ́ndər] *vt.* **1** 〈人・場所から〉**略奪する**《を *of*》: The pirates began to ～ the town. 海賊は町を略奪し始めた. ～ a person *of* his property 人から財産を奪う. **2** 〈品物を〉略奪する, 奪う, 盗む; 私消する. — *vi.* 略奪をはたらく.
— *n.* **1** 略奪(品). **2** 〘俗〙もうけ; 役得. **3** 〘米〙私財, 家財. **4** 〘方〙手荷物.
◇ ～·**age** [-dəridʒ] *n.* 〘法〙船荷横領; 横領船荷. ～·**er** [-dərər] *n.* ～·**ous** [-dərəs] *a.* 略奪する, 奪略的.

‡**plunge** [plʌndʒ] *vt.* **1** **投げ込む**, 突っ込む: ～ one's hands *into* cold water [one's pockets] 両手を冷たい水につける〔ポケットに突っ込む〕. **2** 《ある状態・行動に》投ずる: ～ a country *into* war 国を戦争に巻き込む. ～ a person *into* despair [poverty] 人を失望させる〔貧困におとしいれる〕. **3** 〈植木ばちを〉へりまで地中に埋める.
— *vi.* **1** **飛び込む**, 突入する《に *into*》: ～ *into* water [danger] 水〔危険〕に突っ込む. **2** 突進する, 猛進する: ～ through a crowd 人ごみをかき分けて進む. **3** とりつく, 急にやりだす《に, を *into*》: ～ *into* discussion 議論を始める. ～ *into* the subject of a dialogue 対話の主題にはいる. **4** 〈馬が〉後ろ足で立ち上がってける; 〈船が〉縦揺れして水に突っ込む. **5** 〈山道・地層などが〉急にくだりになる. **6** 〘俗〙大ばくちを打つ; 借金をこしらえる: ～ *on* the stock market 株式で思い切った投機を行なう.
be* ～*d in に沈む, …にふける: *be* ～*d in* grief 憂いに沈んでいる. *be* ～*d in* meditation 瞑想(めいそう)にふける. ～***ging fire*** 〘軍〙瞰射(かんしゃ).
— *n.* **1** 飛び込むこと, 突入, 突進: take a ～ 飛び込む《へ *into*》. **2** 投げ込むこと: the ～ of an anchor. **3** 《船の》縦揺れ. **4** 《プールなどの》飛び込み場所〔台〕. **5** 冒険. **6** 〘俗〙向こう見ずの投機.
take the ～ 思い切ったことをする, 清水の舞台から飛び降りる. ～ **bath** 大きい浴槽(よくそう).

plúng·er [plʌ́ndʒər] *n.* **1** 〘機〙プランジャー《ピストンなどの》; 《自動車の》プランジャー. **2** 飛び込む人, 潜水者; 突入〔突進〕者. **3** 〘俗〙向こう見ずの賭博(とばく)師〔相場師〕. **4** 〘俗〙騎兵.

plunk [plʌŋk] *vt.* **1** 〈ギターなどの弦を〉はじく; 〈ギターなどを〉ポーンと鳴らす. **2** ぽんと投げる, どすんと落とす《*down*》; どんと押す; 〘米〙不意に打つ. — *vi.* **1** ポーンと鳴る. **2** どすんと落ちる〔横になる〕《*down*》.
— *n.* **1** 〘話〙ポーンと鳴らすこと〔音〕. **2** どすんと投げる〔落ちる〕こと〔音〕. **3** 〘米話〙ゴツンという一打. **4** 〘米俗〙1 ドル. — *ad.* ポーンと; どすんと.
◇ ～·**er** *n.* ～する人〔物〕; 〘釣り〙《ポンと音をたてて水面に落ちる》誘い餌(え).

plu·pér·fect [plu:pə́:rfikt/ˊˊˊ, ˊˋˊ] *n.*, *a.* 〘文〙過去完了形(の); 大過去(の).
～ **tense** 〘文〙過去完了時制.

plup(f). pluperfect. **plur.** plural; plurality.

‡**plú·ral** [plú(:)rəl/plúər-] *a.* 〘文〙**複数の**. ↔singular. — *n.* 〘文〙複数; 複数形(の語).
～ **number** 〘文〙複数. ～ **offices** 兼職; 兼任. ～ **vote** 複投票(権)《二つ以上の選挙区での投票(権)》. ◇ ～·**ly** [-i] *ad.* 複数(形)で; 複数として, 複数の意味で.

plú·ral·ism [-iz(ə)m] *n.* **1** 〘哲〙多元論. ↔ monism. **2** 〘宗〙数寺兼領. **3** 複数(状態).

plú·ral·ist [-ist] *n.* **1** (二つ以上の職の) 兼任者; 〘宗〙数寺兼領者. **2** 〘哲〙多元論者.

plù·ral·ís·tic [plù(:)rəlístik/plùər-] *a.* **1** 〘哲〙多元論の. **2** 兼職の; 〘宗〙数寺兼領の.
◇ -**ti·cal·ly** *ad.*

plu·rál·i·ty [plu(:)rǽləti/pluər-] *n.* **1** 複数(性). **2** 最多数, 大多数. 〈注〉過半数に達しない最高数. **3** 多数: a ～ of 多数の. **4** 〘米〙超過得票数(=[英] majority)《最高得票者と次点得票者との得票差》. **5** 〘宗〙数寺兼領; 兼務.

plú·ral·ize [plú(:)rəlàiz/plúər-] *vt.* **1** 〘文〙複数(形)にする. **2** 倍加する. — *vi.* **1** 〘文〙複数(形)になる. **2** 〘宗〙数寺を兼領する; 兼務する.

‡**plus** [plʌs] *prep.* **1** 〘数〙**プラス**, …を加える: 3 ～ 2 equals 5. 3 に 2 を加えると 5. **2** …に加えて, …のほかに: We want something ～ the men, that is, money. 人間以外にあるものが必要だ, つまり金だ. **3** 〘俗〙…が加わって, …もうけて: I'm ～ a dollar. 私は 1 ドルもうかった. ↔ minus.
— *a.* **1** 〘数〙加(算)の, 正の. **2** 〘電〙陽(極)の. **3** 〘話〙…のやや上; 並み以上の: His mark was B ～. 彼の点はBの上だった. style ～ 人並み以上のスタイル. ***on the*** ～ ***side of the account*** 〘商〙貸方に.
— *n.* **1** 〘数〙加(算)符号, 正符号 (=～ sign) 《+》. **2** 正数, 正量. **3** 余分, 余り; 利益. **4** 〘ゴルフ〙《優者への》ハンディキャップ.
～ **fours** 《ゴルフ用の》半ズボン.

plush [plʌʃ] *n.* **1** フラシテン《厚みのある柔らかいビロードに似た織物》. **2** (*pl.*) フラシテンのズボン《馬丁用》.
— *a.* **1** フラシテン製の. **2** 〘俗〙ぜいたくな; 豪奢(ごうしゃ)な. **3** 〘俗〙高価な.

Plú·tarch [plú:tɑ:rk] *n.* プルターク, A.D. 46–A.D. 120, 古代ギリシア思想家, 「英雄伝」の著者.

plutes [plu:ts] *n. pl.* 〘米俗〙(the ～) 富裕階級. [＜*pluto*cracy]

Plú·to¹ [plú:tou] *n.* **1** 〘ギ神〙下界の神, 冥王(めいおう). → Hades, Dis. **2** 〘天〙冥王星《1930 年発見》.

Plú·to² *n.* プルートー《イギリス・フランス間の送油管》. [＜*P*ipe-*l*ine *u*nder *t*he *o*cean]

plu·tóc·ra·cy [plu:tákrəsi/-tɔ́k-] *n.* **1** 金権政治〔主義〕. **2** 金持ち階級, 財閥.

plú·to·crat [plú:təkræ̀t] *n.* 富者, 富豪; 金権者.

plù·to·crát·ic [plù:təkrǽtik], **-i·cal** [-(ə)l] *a.* **1** 金権政治の, 金権主義の. **2** 富有階級の, 財閥の; 金持ちの. ◇ **plù·to·crát·i·cal·ly** *ad.*

plú·to·de·móc·ra·cy [plú:todimákrəsi/-mɔ́k-] *n.* 金権民主主義(国).

Plu·tón·ic [plu:tánik/-tɔ́n-], **Plu·tó·ni·an** [plu:tóuniən] *a.* **1** Pluto¹ の. **2** (p～) 〘地〙深成の; 火成の. **plutonic rocks** 深成岩; 火成岩. **plutonic theory** 地殻(ちかく)火成論.

plu·tó·ni·um [plu:tóuniəm] *n.* 〘化〙プルトニウム《放射性元素. 記号 Pu》.

Plú·tus [plú:təs] *n.* 〘ギ神〙富の神.

plú·vi·al [plú:viəl] *a.* **1** 雨の; 雨に関する. **2** 多雨の. **3** 〘地〙雨水作用による.

plù·vi·óm·e·ter [plù:viámətər/-ɔ́m-] *n.* 雨量計.

◇ **plù·vi·o·mét·ric** [plù:viəmétrik] *a.* 雨量測定の; 雨量計の.
plú·vi·ous [plú:viəs] *a.* 雨の; 多雨の.
‡**ply**¹ [plai] *v.* (**plied**; **plý·ing**) *vt.* **1** <道具などを> せっせと使う, 忙しく動かす: ~ one's needle 針仕事に精を出す. **2** に精を出す: ~ a trade 商売に励む. **3** しきりに追い回す, しつこくつきまとう: ~ a person *with* questions 人にうるさく質問する. **4** にしきりに与える《を *with*》: ~ a person *with* food 食物を盛んに勧める. **5** <水流を> 往復する: the boats ~*ing* the Mississippi ミシシッピを上下する船. —— *vi.* **1** せっせと働く, 精を出す《に *at*》: ~ *at* a trade 商売に励む. I *plied* at Cicero. キケロを盛んに勉強した. **2** <船・車などが> (一定コースを) 定期的に往復する《の間を *between, from*...*to* ___》: The bus *plies from* the station *to* the hotel. そのバスは駅とホテルの間を往復する. **3** <赤帽・タクシーなどが> 客を待つ《で *at*》. **4** 〘海〙間切る, 風に逆航する. [<ap*ply*]
ply² *n.* **1** 層; 厚さ. **2** 《綱などの》より: three-~ rope 三つよりの綱. **3** 傾向; 癖. ***take a*** **~** 癖がつく, 傾向を帯びる. **~·wood** [´-`] 合板, ベニヤ板.
plý·er 〘おもに英〙 =plier.
Plým·outh [plíməθ] *n.* **1** イギリス海峡に面するイギリス南西部の軍港. **2** アメリカ Massachusetts 州南東部の都市《1620 年清教徒が建設した New England 最古の町》. **3** アメリカ製自動車の一つ《商標名》. **~ Brethren** [**Brothers**] プリマス同胞教会《1830 年ごろイギリスに起こった Calvin 派の宗派》. **~ Rock** (1) アメリカのプリマスにある岩《1620年清教徒が上陸したといわれる史跡》. (2) (プリマスロック種の) 鶏.
Pm 〘化〙 promethium. **pm.** premium.
‡**p.m., P.M.** [pí:ém] *post-meridiem* (L. =afternoon): 11:00 *p.m.* 午後11時.
P.M. Past Master; Paymaster; Police Magistrate; Postmaster; *post-mortem* (L. = after death); Prime Minister; Provost Marshal.
P.M.G. Pall-Mall Gazette; Paymaster General; Postmaster General; Provost Marshal General. **pmk.** postmark. **P/N,p.n.** promissory note. **pneum.** pneumatic; pneumatics.
pneu·mát·ic [n(j)u:mǽtik/nju:-] *a.* **1** 空気入りの: a ~ cushion 空気ぶとん. **2** (圧搾) 空気の作用による. **3** 空気の; 気体の. **4** 〘動〙気腔(きっ) [気嚢] のある. **5** 〘宗・稀〙霊的な. —— *n.* 空気入りタイヤ (の付いた乗り物).
~ dispatch 《郵便物・小包などの》圧搾空気伝送機. **~ drill** 空気ドリル [削岩機]. **~ tire** 空気入りタイヤ. **~ trough** ガス採取用の水槽(すいそう).
◇ **-i·cal·ly** *ad.*
pneu·mát·ics [n(j)u:mǽtiks/nju:m-] *n. pl.* 《単数扱い》〘物〙気(力)学.
pneumato- 「空気」「呼吸」「精神」の意の語形成要素.
pnèu·ma·tól·o·gy [n(j)ù:mətáləd͡ʒi/njù:mətɔ́l-] *n.* 霊物学; 〘宗〙聖霊論.
pnèu·ma·tóm·e·ter [-támit̬ər/-tɔ́m-] *n.* 〘医〙肺活量計.
pnèu·mo·gás·tric [n(j)ù:mogǽstrik/njú:-] *a.* 〘医〙肺と胃の. —— *n.* =~ nerve.
~ nerve 迷走神経.
pneu·mó·nia** [n(j)u:móunjə, -niə/nju:-] *n.* 〘医〙肺炎. ***acute **~** 急性肺炎. ***double*** [***single***] **~** 両側 [片側] 肺炎. ***septic*** **~** 敗血性肺炎.
pneu·món·ic [n(j)u:mánik/nju:mɔ́n-] *a.* 肺の; 〘医〙肺炎の.
Pnóm·pénh [námpén/nɔ́m-] *n.* プノンペン《Cambodia の首都》.
po [pou] *n.* (*pl.* **~s**) 〘小児語〙室内便器, おまる.
Po¹ [pou] *n.* (the ~) ポー川《北イタリアの大河》.
Po² 〘化〙 polonium.
P.O., p.o. personal officer; petty officer; postal order; post office; 〘米〙 Province of Ontario; public office; public officer.
poach¹ [poutʃ] *vt.* **1** <指・棒などを> 突っ込む, 突き刺す《に *into*》. **2** に侵入する《密猟などのために》: ~ a river 川で密漁する. **3** <鳥・獣・魚を> 密猟する, 密漁する. **4** 盗む, 盗用する; 人を連れ去る, スカウトする: They are always ~*ing* our best men. あの会社はいつでもわが社の人材を引き抜いてしまう. **5** 踏みにじる, 踏みつけてぬかるみにする: The turf has been badly ~*ed* into muddy ground. 芝ふが踏み荒らされてどろんこになった. **6** 〘運〙<有利な出発を> 不正手段でとる. **7** 〘テニス〙<パートナーのボールを> 横から飛び出して打つ.
—— *vi.* **1** 密猟 [密漁] する《を *for*》: ~ *for* salmon サケを密漁する. **2** 《密猟 [密漁] のために》侵入する《に *on, upon*》. **3** <道などが> 踏まれてぬかるみになる. **4** 不正手段を使う《競走などで》. **5** 〘テニス〙横から飛び出してパートナーのボールを打つ. ***~ on another's preserves*** 人の猟場で密猟する; 人のなわ張りを侵す.
◇ **~·er** *n.* 密猟 [密漁] 者; 侵入者; 《人の商売の》なわ張り荒らし. **~·y** *a.* 《踏まれて》ぬかった, 柔らかな.
poach² *vt.* <卵を> 割って落とし卵にする, <魚などを> ゆでる《沸騰直前の温度で》.
pó·chard [póutʃərd] *n.* 〘鳥〙ホシハジロ《ウミガモの一種》.
pock [pak/pɔk] *n.* 〘医〙痘瘡(とう); 痘瘡の発疹(はっしん), あばた. **~·mark** [´-`] あばた. **~-márked** あばたのある. ◇ **~·y** *a.* あばたの.
†**póck·et** [pákit/pɔ́k-] *n.* **1** ポケット, 隠し: a trouser ~ ズボンのポケット. search [fish in] one's ~ ポケットの中を捜す. **2** 懐中(物), 所持金: a light ~ さびしい懐中. **3** 《ホップ・羊毛などの》一袋. **4** くぼみ, 穴; 囲まれた場所. **5** 〘玉突き〙《玉突き台のかどの》玉袋, 玉受け. **6** 〘採鉱〙鉱石塊, 鉱脈瘤(りゅう). **7** 〘空〙エアポケット (= air ~). **8** 〘競走〙相手に囲まれた不利な位置.
be in [***out of***] **~** 金がある [ない]; 得 [損] をしている: We *are* 10 dollars *in* [*out of*] ~ over the transaction. われわれはその取引で10ドル黒字 [赤字] になった. ***deep*** **~** 十分の資力, 富. ***empty*** **~** 文なし(の人). ***have in*** one's **~** を思いどおりにする: *have* the audience *in* one's ~ 聴衆をすっかりつかむ. ***keep*** one's ***hands in*** one's **~s** 働かずにいる, なまけて暮らす. ***line*** one's **~s** 大金をもうける. ***pay out of*** one's ***own*** **~** 自腹を切る. ***pick a*** **~** 懐中物をすり取る. ***put*** one's ***hand in*** one's **~** 金を出す, 金を使う. ***put*** one's ***pride in*** one's **~** 自尊心を押える. ***sit in*** a person's **~** (人)のすぐそばにすわる. ***suffer in*** one's **~** 損をする, 金が出る.
—— *vt.* **1** ポケットに入れる; しまいこむ: ~ the money. **2** わがものとする, 着服する: He ~*ed* all the profits. もうけを全部ねこばばした. **3** <感情などを> 隠す, 押える: He ~*ed* his pride and said nothing. 彼は自尊心を押えてなにも言わなかった. **4** <侮辱などを>がまんする: ~ one's anger 腹のたつのをがまんする. **5** 〘玉突き〙<玉を> 玉受けに入れる. **6** 〘競馬・競走〙前と両側を取り囲んでじゃまする. **7** 〘米〙<議案などを> 握りつぶす. **8** にポケットを付ける. **9** 閉じ込める《おもに受動態で》: Energy ~*ed* in matter is let loose on certain occasions. 物質に閉じ込められているエネルギーは時に応じて放出される.
—— *a.* ポケット用の; 小型の, 小さい: a ~ guide ポケット型の手引き.
~ battleship 《ナチス ドイツの 1 万トンの》豆戦艦.
***~·book** [´-`] (1) 紙入れ, 金入れ; 〘米〙ハンドバッグ. (2) 〘米〙財源. (3) (通例 ~ book) ポケット型廉価版《文庫本など》; 手帳. **~ borough** 〘英〙ひとりまたは一家の独占選挙区. **~ edition** ポケット版. **~ handkerchief** ハンカチ. **~·knife** [´-`] 小刀, ナイフ. **~·money** 小づかい (銭). **~ notebook** 手帳. **~ piece** 《懐中用お

守り》縁起銭. ～ **pistol** 《懐中用》小型ピストル; 〖笑〗《ウイスキーなどの》懐中びん. ～ **veto** 〖米〗《大統領の》議案の握りつぶし.
◇ **～·ful** [-fùl] *n.* ポケットいっぱい: a ～*ful* of money 相当な金高. **～·y** *a.* **1** ポケットのような. **2** 閉じ込められた, うっとうしい. **3** 鉱脈瘤(りゅう)の.

po·co [póukou, ㊥ +pɔ́:-] *ad.* 〖楽〗少し, やや: ～ lento [-léntou] ややおそく. ～ a ～ [-ə-póukou] 少しずつ, 徐々に. [<It.]

pod [pɑd/pɔd] *n.* **1** 〖植〗《豆などの》さや. **2** さや状の物; 《特に》《ウナギを捕える》網; 蚕のまゆ; イナゴの卵嚢; ジャコウジカの生殖腺嚢(せんのう). **3** 小群《サメ・アザラシなどの》. **4** 《きりなどの》縦みぞ.
— *v.* (**-dd-**) *vi.* **1** さやになる, さやを生じる《*up*》. **2** さやのようにふくれる. — *vt.* **1** 〈豆などの〉さやをむく; の殻(から)をとる. **2** 〈アザラシなどを〉追い集める.
◇ **～·dy** [-i] *a.* 太った. **～·like** *a.*

-pod [-pɑd/-pɔd]「足のある」の意の語形成要素.

P.O.D. pay on delivery; Pocket Oxford Dictionary; Post Office Department.

po·dág·ra [pədǽgrə] *n.* 〖医〗《特に足の》痛風.
◇ **po·dág·ric** *a.*

pód·ded [pɑ́did/pɔ́d-] *a.* **1** 〖植〗さや (pod) のある; 豆類の. **2** 〖俗〗金回りのよい.

pódg·y [pɑ́dʒi/pɔ́dʒi] *a.* 〖話〗短くて太い; ずんぐりした. ◇ **-i·ly** *ad.* **-i·ness** *n.*

po·dí·a·try [pədáiətri] *n.* 〖医〗足病治療(法); 足病学.

pó·di·um [póudiəm] *n.* (*pl.* **-ums, -a** [-diə]) **1** 〖建〗土台石《列柱式建築の》; 腰壁; 仕切り壁《円形劇場の中央舞台と観客席を区別する》. **2** 〖楽〗指揮台《オーケストラの》. **3** 〖動〗足. **4** 〖植〗葉柄; 葉梗(ようこう). [√pod-]

pòd·o·phýl·lin [pɑ̀dəfílin/pɔ̀d-] *n.* 〖化〗ポドフィリン, 黄色樹脂剤《下剤用》.

Pó·dunk [póudʌŋk] *n.* 〖米話〗小さな人里離れた町[村].

Poe [pou] *n.* Edgar Allan [édgər-ǽlən-] ～, 1809–1849, アメリカの詩人・批評家・短編作家.

‡**pó·em** [póuim] *n.* **1** (一編の) 詩. → poetry. **2** 詩的作品 [文章]. **3** 詩趣に富むもの, すばらしいもの. ***a lyric* ～** 叙情詩. ***an epic* ～** 叙事詩. ***a prose* ～** 散文詩.

pó·e·sy [póuisi, -zi/-zi] *n.* **1** 〖雅〗詩 (poetry), 韻文. **2** 〖古〗作詩法.

‡**pó·et** [póuit] *n.* (*fem.* **～·ess** [-is]) **1** 詩人; 歌人. **2** 詩的才能のある人. ～ **laureate** (*pl.* **～s laureate**) 桂冠(けいかん)詩人《イギリス王室の優遇を受ける詩人》. **P～s' Corner** (1) ロンドンの Westminster Abbey の一画《有名な詩人の墓・記念碑がある》. (2)《新聞雑誌などの》詩歌欄.

pó·et·às·ter [póuitæ̀stər] *n.* へぼ詩人.

***po·ét·ic** [poétik], **-i·cal** [-(ə)l] *a.* **1** 詩の, 韻文の: the ～ works of Shelley シェリー詩集. **2** 詩的な, 詩のような, 詩の材料になる. **3** 詩人としての, 詩人はだの: ～ talent 詩才.
～ **diction** 詩的用語《o'er, morn など特に18世紀イギリスの因襲的な詩語》. ～ **justice** (詩や演劇などに見える) 勧善懲悪主義. ～ **license** 詩的許容《詩が普通の形式・文法などを侵すことのできる自由》. ◇ **po·ét·i·cal·ly** *ad.*

po·ét·ics [poétiks] *n. pl.* 《単数扱い》詩学; 詩論.

pó·et·ize [póuitàiz] *vi.* 詩作する. — *vt.* **1** 詩にする, 詩で歌う. **2** 詩化する, 美化する.

‡**pó·et·ry** [póuitri] *n.* **1** 《集合的》詩, 詩歌, 韻文. → prose. **2** 詩集. **3** 作詩法. **4** 詩的才能; 詩情, 詩心; 詩的要素.

pó·go [póugou] *n.* (*pl.* **～s**) ポーゴー《ばねのついた竹馬に似た遊び道具》.

POGO [póugou] Polar Orbiting Geophysical Observatory 極軌道観測衛星.

pó·grom [póugrəm/pɔ́g-] *n.* 大虐殺《特にユダヤ人の》. [<Russ.]

poi [pɔi, póui] *n.* タロイモ料理《ハワイの》.

póign·ant [pɔ́in(j)ənt] *a.* **1** 《痛み・悲しみなどが》刺すような, 鋭い, 激しい. **2** 心を刺すような, 強く訴える: a ～ scene 感動的な光景. **3** 《興味などが》強い, 痛烈な: of ～ interest 興味しんしんたる. **4** 《におい・味が》ぴりっとする. [√pung-]
◇ **～·ly** *ad.* **póign·an·cy** [-si] *n.*

poi·lu [pwɑ́:lu:] F. *n.* 〖俗〗フランス兵.

poin·sét·ti·a [pɔinsétiə] *n.* 〖植〗ポインセチア; ショウジョウソウ《メキシコ・中央アメリカ産の観賞植物》.

†**point** [pɔint] *n.* **1** とがった先, 先端: the ～ of a needle [pencil] 針 [鉛筆] の先. the ～ of the tongue [a finger] 舌 [指] 先. scratch the ground with the ～ of a stick ステッキの先で地面をこする.
2 《特に》みさき; 《シカの》角また; 〖ボクシング〗あごの先; 《家畜の》足先; シャムネコの頭 [耳, 尾, 足]: a ～ of land みさき.
3 (小さな) 点, 斑点(はんてん), ぽち, しみ: The disease begins as minute ～*s* on the skin. この病気はまず皮膚に小さな斑点となってあらわれる.
4 (記号としての) 点; 《特に》〖数〗小数点 (= decimal ～); 句読(くとう)点; 〖楽〗符: an exclamation ～ 感嘆符. 〈注〉4.6 は four point six と読む.
5 《温度計・羅針(らしん)儀などの》度目もり; 《温度の》度; 《物価などの》指標, ポイント: The thermometer went up 5 ～*s*. 温度計は5度上がった. the boiling [freezing, melting] ～ 沸騰 [氷, 融解] 点. Oil shares went down 5 ～*s* yesterday. 昨日石油株は5ポイント値下がりした.
6 得点, 点数; 評点; 〖米〗(学科の) 単位; 〖米: 軍〗給与制度の単位: score twenty ～*s* 20 点かせぐ.
7 (地) 点, 接触点; 場所: the ～ of intersection of two lines 2 線の交点. the ～ of contact 接点. the shortest distance between two ～*s* 2 点間の最短距離. a vantage ～ 有利な地点. a trading ～ 交易地.
8 程度, 限界点: to a certain ～ ある程度までは.
9 (考えるべき) 点, 論点, 項目, 問題: a doubtful ～ 疑わしい点. the first ～ of my argument 私の議論の第1点. explain a theory ～ by ～ 理論を一つ一つ細かに説明する.
10 要点, 要旨, ポイント: miss [see] the ～ of a joke 冗談のどこがおもしろいのかわからない [わかる]. I don't see your ～. お話の要領はつかみかねます. His remarks lacks ～. 彼の話にはポイントがない.
11 目標, 効果, 意味: What is the ～ of seeing him? 彼に会う目的はなにか. There's no ～ [not much ～] in doing that. そんなことをしてもなんにも [たいした] 意味がない.
12 瞬間, 刹那(せつな), まぎわ: a turning ～ 転換期.
13 〖印〗活字の大きさの単位《1インチの約72分の1》.
14 〖米話〗ヒント, 暗示, 示唆: ～*s* on getting a job.
15 (*pl.*) 〖英: 鉄道〗ポイント, 転轍(てんてつ)機.
16 〖米〗駅.
17 = ～ lace.
18 〖軍〗尖兵(せんぺい).
19 〖クリケット〗三柱門右側の少し前方の野手 (の位置).
at all* ～*s あらゆる点で; 徹頭徹尾. ***at the* ～ *of*** のまぎわに: *at the* ～ *of* death 死ぬ瞬間に. ***at this* ～** このとき. ***beat* [*win*] *on* ～*s*** 〖ボクシング〗判定で勝つ. ***be beside the* ～** 要点をはずれている. ***carry* [*gain*] *one's* ～** 目的を達する. ***come to* [*make*] *a* ～** 〈猟犬が〉獲物のありかを示す. ***come to the* ～** 要領を得る, 要点に触れる: Now, to *come to the* ～, will you go or stay home? さあ, 要するにきみは出かけるのか, 出かけないのか. ***from* ～ *to* ～** 逐次; 詳細に. ***full* ～** 終止符. ***get* a person*'s* ～** (人) の話の論旨をつかむ. ***give* ～*s to*** a person (1) (人) に分(ぶ)を与える, (人) にハンディを負ってやる. (2) (人) に助言する. ***in* ～** 適切な: Let me give you a case *in* ～. 適切な例を一つあげましょう. ***in* ～ *of*** の点

では. ***keep*** [***stick***] ***to the*** ～ 要点をはずさない. ***make a*** ～ 論旨を徹底させる; 主張する《と *that*》. ***make a*** ～ ***of*** (do)***ing*** …することを重要視する; 必ず…する. ***make it a*** ～ ***to*** (do)… 必ず…する. ***make the*** ～ 意見を述べる. ***not to put too fine a*** ～ ***on it*** ありのままに言えば. ***off the*** ～ 見当はずれの. ***on the*** ～ ***of*** (do)***ing*** いまにも…しようとする: He was *on the* ～ *of* leaving. 彼はちょうど出発するところだった. ～ ***by*** ～ いちいち, 逐一. ～ ***for*** ～ 詳細に; 正確に. ～ ***of honor*** 名誉にかかわる問題. ～ ***of no return*** 〘空〙帰還不能地点. ～ ***of order*** 議事進行に関する問題. ～ ***of the compass*** 方位. ～ ***of time*** 時点. ～ ***of view*** 観点, 見地. ***Possession is nine*** ～***s of the law.*** 〘諺〙手に入れれば九分どおりこっちのもの. ***reach a low*** ～ 〈道徳・士気などが〉低下する. ***strain*** [***stretch***] ***a*** ～ 度を過ごす; 破格の扱いをする. ***to the*** ～ 要領を得た, 適切な: Your answer is not *to the* ～. きみの答えは要点をはずれている. ***You have a*** ～ ***there!*** ここがたいせつなところだ.

—— *vt.* **1** とがらす, 鋭くする: ～ a pencil 鉛筆の先をとがらす. **2** に先端をつける; の先端につける《を *with*》: a pole ～*ed with* iron 先端に鉄金具をつけた棒. **3** 〈感情などを〉とがらせる, 先鋭化する: ～ the public feelings 世人の感情を刺激する. **4** に点を打つ; に句読点を打つ (punctuate); 小数点を打って切る《*off*》. **5** 強調する《*up*》; (例などをあげて)説明する: He ～*ed* his remarks by reference to the accidents in the city. 彼は市中に生じた事故を引き合いに出して所論を力説した. ～ a moral 《話の終わりなどに》教訓を説く. **6** 〈指先などを〉向ける《に *at, towards*》: Don't ～ a finger *at* a lady. 婦人を指さしてはいけない. ～ a gun 銃口を向ける. **7** 〈犬が獲物のありかを〉立ち止まって獲物の方に向いて知らせる: ～ game. **8** 指示する; 指摘する《*out*》: She had no guide to ～ her way. 彼女には道を教えてくれる案内人がなかった. ～ *out* the advantages of a proposal 提案の利点を指摘する. He ～*ed out* to me *that* I was wrong. 彼は私の誤りを指摘した. **9** 〘石工〙〈石を〉けずる. **10** 〘建〙の目地詰めをする. **11** 〘農〙〈土を〉かえす; 〈肥料を〉埋める《*in*》.

—— *vi.* **1** 指さす, さす《を, の方を *to*》: The needle of a compass ～*s to* the north. 磁石の針は北(の方向)をさす. The clock ～*s to* ten. とけいは10時をさしている. **2** 指示する, 示唆する《を *to*》: Everything seems to ～ *to* success. なにもかもが成功の前兆を示しているようだ. His conduct ～*s to* madness. 彼の行動を見ると気が狂っているように見える. **3** 傾向を示す, 傾向がある《への *towards*》. **4** 指さし示す《を *at*》: The boy is ～*ed at* by all as an example. 少年はみんなに見せしめとして指さされている. [√pung-]

～**-blánk** → 別項. ～ **constable** 〘英〙交通巡査. ～**-de·více** [-diváis] 〘古〙完全な[に]; 精密な[に]. ～ **duty** 〘英〙《巡査の》交通整理(勤務). **P**～ **Four** 〘米〙《アメリカ大統領 Truman のたてた未開発国援助計画の》第四項. ～ **lace** 手編みレース. ～**s·man** [-smən] (*pl.* **-men**) (1) 〘英〙《鉄道の》転轍(てつ)手 (switchman). (2) 立ち番の交通係巡査. ～ **system** 〘教〙単位進級制, 点数制度; 《盲人用の》点字法; 〘印〙ポイント式. ～**-to-**～ コース自由のクロスカントリーの(競馬).

◇ ～**·ing** *n.* **1** とがらすこと, 細くすること. **2** 指摘, 指示. **3** 〘建〙目塗り, 化粧目地 [仕上げ]. **4** 句読(とう)法. ～**·less** *a.* **1** 先のない; とがっていない. **2** 力のない; 不適切な, 無意味な; 要領を得ない. **3** 得点のない.

póint-blánk [pɔ́intblǽŋk] *a.* **1** 直射の, 水平射撃の: a ～ range [distance] 直射程, 直射距離. **2** まともな, 率直な, 正面からの, ぶっつけの: a ～ question 率直な質問.

—— *ad.* **1** 直射して. **2** まっすぐに, 率直に, 単刀直入に: refuse ～ きっぱり断わる.

point d'ap·pui [pwǽ:dæpwí:] F. **1** 支点; 心のよりどころ. **2** 〘軍〙拠点; 作戦基地.

‡**póint·ed** [pɔ́intid] *a.* **1** とがった; 先端のある. **2** 鋭い; 突き通す. **3** 《比喩的》するどい, しんらつな: a ～ remark [criticism] きつい批評. **4** つきつけられた: a ～ gun ねらっている鉄砲. **5** 目だつ; はっきりした. ◇ ～**·ly** *ad.* ～**·ness** *n.*

póint·er [pɔ́intər] *n.* **1** 指摘する人. **2** さす物; 《教師用の》むち; 《とけい・はかりなどの》針; 指針. **3** 〘話〙暗示, 助言, 「助け船」. **4** ポインター《猟犬の一種》. **5** (P～s) 〘天〙指極星《大クマ星座の α, β の2星. 北極星を見つける目当てになる》. **6** 〘軍〙照準手. **7** 《鉄道の》転轍(てつ)機の取っ手. **8** 〘米:軍〙従軍点数を得た将兵. **9** (P～) 〘米〙West Point 陸軍士官学校生徒.

póin·til·lism [pwǽntiliz(ə)m] *n.* 〘美〙《フランス印象派の》点描法. ◇ **-list** *n.* 点描画家.

poise [pɔiz] *vt.* **1** つり合わせる, 平衡させる: She ～*d* herself on her toes. 彼女はつま先で立ってからだの中心をとった. **2** 載せる, 置く; 《ある位置に》保つ, 構える: ～ a thing in the hand 手に載せて物の重さをみる. ～ a spear 槍(やり)を構える. the way she ～*s* her head 彼女の頭のかしげよう. **3** 宙に浮かす: listen with ～*d* forks フォークを手に持ったまま(食べるのを忘れて)聞き入る. **4** 未決定にしておく; はかる.

—— *vi.* **1** つり合う, 平衡を保つ. **2** 置かれている, 載っている; つりさがっている. **3** 〈鳥が〉空中に浮かんでいる. **4** 決定しない, ちゅうちょする. ***be*** ～***ed to*** (do) …する身構えをする [態勢を整える].

—— *n.* **1** つり合い, 平衡; 宙ぶらりん. **2** 身のこなし方; 落ち着きすました態度. **3** 《態度・性格の》落ち着き, 平静, 安定. **4** 未決定, 未決断: hang at ～ 懸案になっている.

‡**pói·son** [pɔ́izn] *n.* **1** 毒, 毒薬: rat ～ ねこいらず. **2** 弊害, 害毒; 有害な主義 [説]. ***aerial*** ～ マラリア. ***hate like*** ～ ひどく憎む. ***What's your*** ～***?*** 〘話〙きみはなにを飲むか.

—— *vt.* **1** 毒殺 [毒害] する: ～ an enemy commander 敵の司令官を毒殺する. **2** に毒を入れる, に毒を塗る: ～ a well 井戸に毒を入れる. **3** 毒する, 悪化させる: ～ the mind of a child 子どもの心を毒する. **4** 〈名誉などを〉汚す. **5** だめにする; 〈機械などを〉こわす: The unhappy accident ～*ed* the whole holidays. 不幸な事件が休日全部をだいなしにしてしまった. ～ a person***'s mind against*** に対して偏見をいだかせる.

～ **gas** 〘軍〙毒ガス. ～ **ivy** 〘植〙ツタウルシの類. ～ **oak** 〘植〙～ ivy の一種; = ～ sumac. ～**-pén** (悪意に満ちた) 匿名執筆の. ～ **sumac** 〘植〙ウルシの一種. ◇ ～**·er** *n.* 毒を盛る人; 毒殺者. ～**·ing** *n.* 毒殺; 中毒.

***pói·son·ous** [pɔ́iznəs] *a.* **1** 有毒な, 毒を含む. **2** 有害な, 破壊的な. **3** 悪意の. **4** 不快な.

poke**[1] [pouk] *vt.* **1** 《指・棒などの先で》突く, こづく: ～ a person in the ribs 人の胸をついて注意する. **2** 〈棒・指・鼻・頭などを〉突きつける; 突っ込む, 突き出す: ～ one's head *out of* a window 窓からひょいと顔を出す. **3** 〈穴を〉突いてあける: ～ a hole in a paper screen 障子に穴をあける. **4** 〈うずみ火などを〉かきたてる. —— *vi.* **1** 突く《を *at*》. **2** 探り歩く, 捜す《*around*》. **3** のぞき回る, うろうろ歩く《*about, around*》. **4** ぶらぶら歩く《*along*》. ～ ***and pry 詮索(せんさく)する. ～ ***fun at*** をからかう. ～ one***'s head*** 頭を突き出す; 前かがみになる. ～ ***into*** を詮索する. ～ one***'s nose into*** …にくちばしを入れる, …によけいな口を出す. ～ ***out*** つつき出す; 突き出る, はみ出る.

—— *n.* **1** 突くこと; ひじで突くこと: give a 〜 こづく. give the fire a 〜 火をかきたてる. **2**〘米〙《動物がおりを破るのを防ぐ》首輪. **3** なまけ者, のらくら者. **4**《救世軍の女士官などの》前べりの突き出た婦人帽 (=〜 bonnet).

〜 **nose**〘米〙しつこく聞きたがる人, おせっかい屋.

poke[1] ④

poke[2] *n.* **1**〘古〙かばん; 手さげ. **2**〘古〙ポケット. ***buy*** [***sell***] ***a pig in a*** 〜 めくら買い [売り] をする.

poke[3] =pokeweed.

póke·bèrry [póukbèri] = pokeweed の実.

póke·root [-rùt] = pokeweed.

póke·weed [-wìd] *n.* アメリカヤマゴボウ《根は薬用》.

pók·er[1] [póukər] *n.* **1** 突く人 [物]. **2** 火かき. **3** 焼き絵用具. **4**〘英俗〙大学副総長の権標; その奉持者. (***as***) ***stiff as a*** 〜《態度などが》いやに堅苦しい. ***by the holy*** 〜 誓って. ***old P***〜 悪魔. ***red-hot*** 〜〘植〙シャグマユリ, 赤花トリトマ.

—— *vt.* 〈図案を〉焼き絵で製作する.

〜 **work** 焼き絵《赤く熱した針で絵画・紋様をあらわす工芸》. ◇ 〜**·ish** [-kəriʃ] *a.* **1** 棒のような. **2** 堅苦しい. **3** 恐ろしい, 気味の悪い.

pók·er[2] *n.*〘米〙ポーカー《トランプ遊びの一種》.

〜 **face**〘米話〙《ポーカーをする人のような》無表情な [なに食わぬ] 顔. 〜**-faced** [-fèist] ポーカーフェースの.

pók(e)·y [póuki] *a.* **1** ぐずぐずした, のろまの. **2** 手狭な, むさ苦しい. **3** みすぼらしい, とるに足りない.

—— *n.*〘俗〙「豚箱」(jail).

◇ **pók·i·ly** *ad.* **pók·i·ness** *n.*

Pol. Poland; Polish. **pol., polit.** political; politics.

Pó·lack [póulæk] *n.* 《けいべつ的》ポーランド人.

‡**Pó·land** [póulənd] *n.* ポーランド《中部ヨーロッパの共和国. 首都 Warsaw》.

〜 **China**〘米〙黒白まだらの大きい豚《アメリカ産》.

‡**pó·lar** [póulər] *a.* **1** 極地の, 南極 [北極] の, 極地に近い: the 〜 route〘空〙北極回り. **2**〘電〙陰極 [陽極] を有する; 磁極の; 磁気のある. **3**〘幾何〙対極線の. **4** 正反対の: Good and evil are the two 〜 elements of life. 善と悪とは人生の正反対の 2 要素である. **5**〘化〙イオン化した.

—— *n.*〘幾何〙対極線. [<pole]

〜 **bear** 北極グマ. 〜 **caps**〘天〙火星の両極の白冠. 〜 **circle** 極圏. 〜 **co-ordinates**〘数〙極座標. 〜 **distance** 極距離《極からの距離》. 〜 **front**〘気〙極前線. 〜 **lights** 極光. **P**〜 **Sea, the** 南 [北] 極海. 〜 **star, the** 北極星.

pò·la·rím·e·ter [pòulərímitər] *n.*〘光〙偏光計 [鏡].

Po·lár·is [polɛ́(ː)ris/-lǽr-, -lέər-] *n.* **1**〘天〙北極星. **2**〘米:軍〙ポラリス, 中距離弾道弾《潜航中の潜水艦から発射できる》.

po·lár·i·scope [polǽriskòup] *n.*〘光〙偏光器.

po·lár·i·ty [polǽriti] *n.* **1**〘電〙両極があること;《電気の》両性. **2**〘物〙極性, 陽 [陰] 極性. **3**〘物〙磁性引力. **4**〘植〙反向性. **5**《主義・主張・性格などの》分極, 正反対 (性), 対立, 両極端.

pó·lar·ize [póuləràiz] *vt.* **1** 分極する; に極性を与える. **2**《比喩的》分極化させる, 分裂させる. **3**〈光を〉偏光させる. **4**〈語などに〉特殊な意味をもたせる.

—— *vi.* **1**〘物〙分極する;〘電〙成極する. **2**《比喩的》分極する, 分裂する. **3** 光を偏光させる.

〜***d light*** 偏光. 〜***z***(***ing***) ***action***〘電〙分極作用. ◇ **-iz·a·ble** *a.* **-iz·er** *n.* 偏光子; 偏光プリズム.

pò·lar·i·zá·tion [pòulərizéiʃ(ə)n, -raiz-] *n.* **1** 分極 [成極] (作用); 偏光. **2** 分裂《グループなどの》.

pó·lar·oid [póulərɔ̀id] *n.* ポラロイド《人造偏光板》; (P〜) その商標名: *P*〜 Camera ポラロイドカメラ《撮影後すぐに印画ができる》.

pól·der [póuldər] *n.* 《オランダなどの》干拓地, 埋め立て地.

†**pole**[1] [poul] *n.* **1** 棒, さお, 柱, 支柱;《特に》旗ざお; テントの支柱; 電信柱;《棒高とびの》棒; マスト;《電車の》ポール; (床屋の) 看板棒: a bean 〜 豆の支柱. a fishing 〜. **2** 尺度の単位《5.03 m》; 面積の単位《25.3m²》. ***under bare*** 〜***s***〘海〙帆を張らずに. ***up the*** 〜〘俗〙気が狂って; 困って.

—— *vt.* **1** 棒でささえる: 〜 a bean. **2** に棒 [柱] を備えつける; 棒でかつぐ. **3**〈船を〉さおで進める《*off*》. **4**〘野球〙〈長打を〉かっとばす. —— *vi.* 棒 [さお] を使う; さおをさして進む: 〜 down the river.

〜**·ax**(**e**) [⁀⁀] (*pl.* **-ax·es**) (1)〘史〙長柄の戦闘用斧(おの) (で襲う). (2) 畜殺用斧 (で殺す). 〜**-jump** [⁀⁀] ポールジャンプをする. 〜 **jump**(**ing**), 〜 **vault** 棒高とび. ◇ **pól·er** *n.*

‡**pole**[2] *n.* **1**〘天・地〙極; 極地. **2**〘物〙電極; 磁極. **3**〘生〙《核・細胞などの》極. **4**《主義・主張・性格などの》極端, 正反対.

be 〜***s asunder*** [***apart***] 全く正反対である, 極端に違っている. ***from*** 〜 ***to*** 〜 世界中で. ***the North*** [***South***] 〜 北 [南] 極. ***the positive*** [***negative***] 〜 陽 [陰] 極. 〜**·star** → 別項.

Pole [poul] *n.* ポーランド人. → Poland.

póle·cat [póulkæt] *n.* **1**〘動〙ニオイネコ《イタチの一種》. **2**〘米:動〙スカンク (skunk).

pol. econ. political economy.

po·lém·ic [polémik/pɔl-], **-i·cal** [-(ə)l] *n.* **1** 論争, 論議. **2** (活発な) 論争家. **3** (*pl.*)《単数扱い》論議法;《特に神学上の》論証法. —— *a.* **1** 論争の, 議論の. **2** 議論好きな: a 〜 writer 論客.

〜 **theology** 論証神学.

po·len·ta [poléntə/pɔl-] It. *n.* ポレンタ《イタリア料理の一種》.

póle·star [póulstɑ̀ːr] *n.* **1**〘天〙北極星. **2**《比喩的》指導原理 [方針]; 指導者; 目標, 注目の的.

‡**po·líce** [pəlíːs] *n.* **1** (the 〜) **警察**: The 〜 has [have] not made any more arrests. 警察はそれ以上の逮捕を行なわなかった. 〈注〉動詞は単数形をとるが, 時に②との区別が明らかでなくて複数形になる. **2**《集合的》警察官: Several hundred extra 〜 were on duty for the Coronation. 戴冠(たいかん)式のために数百の増員警官が任務についていた. There were 4,000 〜 on the spot. 警官 4 千人が出動した. **3** 治安, 保安. **4**〘米:軍〙《兵営内の》そうじ, 整とん. ***metropolitan*** 〜 ***department*** 警視庁. ***military*** 〜〘米〙憲兵.

—— *vt.* **1** 取り締まる, の治安を維持する: United Nations forces 〜 several countries in Africa. アフリカの数か国が国連軍管理のもとに置かれている. **2**〘米:軍〙そうじ [整とん] する. [√poli-]

〜 **box** [**stand**] 交番, 派出所. 〜 **constable** 巡査. 〜 **court** 警察裁判所《軽犯罪即決裁判所》. 〜 **dog** 警察犬. 〜 **force** 警察力, 警察. 〜 **inspector** 警視. 〜 **magistrate** 警察裁判所判事《軽犯罪裁判所判事》. ‡〜**·man** [-mən] (*pl.* **-men** [-mən]) 警察官; 巡査. 〜 **offense** [**offence**] 軽犯罪. 〜 **office**〘英〙警察署《市・町の》. 〜 **officer** 警官 (=policeman). 〜 **sergeant** 巡査部長. 〜 **state** 警察国家. 〜 **station** 警察本署《地方の》. 〜 **waggon** = waggon ⑥. 〜**·wòm·an** [-wùmən] (*pl.* **-wòm·en** [-wìmin]) 婦人警官.

pòl·i·clín·ic [pɑ̀liklínik/pɔ̀l-] *n.*《病院の》外来患者診療部.

‡**pól·i·cy**[1] [pɑ́lisi/pɔ́l-] *n.* **1** 政策, 方針: foreign *policies* 外交政策. **2** 経営 [管理] 法. **3** 方策, 手段. **4** (実際的) 賢明さ, 深慮, 慎重. **5** 政治的勘(かん), 抜け目なさ. ***Honesty is the best*** 〜.〘ことわざ〙正直は最善の策. [√poli-]

pól·i·cy[2] *n.* **1** 保険証券 (=〜 of insurance [assurance]). **2**〘米〙《ばくちの一種》数当て富くじ (numbers pool). ***endowment*** 〜 養老保険証券.

floating ～ 船名不詳保険証券. ***open*** ～ 予定保険証券. ***take out a*** ～ ***on*** に保険をつける. ***time*** ～ 定期保険証券. ～**·hòld·er** 保険契約者. ～ **racket**〖米〗= numbers pool. ～ **shop**〖米〗numbers pool を行なう店.

***pó·li·o** [póuliòu, ㊥⁺pál-] *n.*〖米話·医〗**ポリオ**, 小児まひ (=poliomyelitis).
～ **vaccine** 小児まひワクチン.

pòl·i·o·mỳ·e·lí·tis [pòuliomàiəláitis, pàl-/póul-] *n.*〖医〗ポリオ, 小児まひ (=acute anterior ～).

‡pól·ish [páliʃ/pól-] *vt.* **1** みがく, のつやを出す: ～ furniture [shoes]. ～*ing* powder みがき粉. **2** に「みがき」をかける, 上品にする《*up*》. **3** 洗練する; 〈文章の字句などを〉練り直す. —— *vi.* **1** つやが出る: This table won't ～. **2** 上品になる, 洗練される. ～ ***off***〖話〗(1) さっさとかたづける, やっつける: ～ *off* a large plateful of pie 大きなパイを一さらかたづける. (2) 負かす: ～ *off* an opponent 敵をやっつけてしまう. ～ ***up*** みがき上げる, 仕上げる; 飾る.
—— *n.* **1** 光沢, みがき. **2** みがき材料《みがき粉・光沢剤など》: shoe ～ くつ墨. **3** 洗練; 上品, 優美; 修養: Travel with polite people gives ～ to a girl's manners. 上品な人々といっしょに旅行すると女の子の物腰が洗練される.
◇ ～**·a·ble** *a.* ～**ed** *a.* **1** みがかれた; 光沢のある: ～*ed* product 完成品. **2** 上品な, 洗練された: a ～*ed* gentleman. ～**·er** *n.* みがく人; つや出し器. ～**·ing** *n.* (*pl.*) みがき落とされたよごれ.

‡Pó·lish [póuliʃ] *a.* **ポーランドの**; ポーランド人〔語〕の.
—— *n.* ポーランド語.

Po·lit·bu·ro, -reau [pálitbjù(:)rou, pəlít-/pólitbjúər-, pəlít-] Russ. *n.*〖ソ連〗共産党政治局《1952 年最高会議幹部会 (Presidium) に移された》.

‡po·líte [pəláit] *a.* **1 丁寧な**, いんぎんな, 礼儀正しい: in ～ language 丁重なことばづかいで. **2** 洗練された, 上品な: ～ society 上流社会. **3** 高雅な: ～ learning 教養, 博雅. ***do the*** ～〖話〗むりして上品にふるまう. [polish と同語源]
～ **arts** 美術. ～ **letters** 純文学.
(類義語) 礼儀正しい: **polite** 礼儀正しさを外面的に見たもの. 誠意のあるなしは考えられていない. **courteous** 更に丁寧で, 誠意のあるばあいが多い. **civil** 慣習としての礼儀にかなった. rustic (いなか風の, 無作法な) の反意語で, 社交の条件をそなえていればそれでよい → 儀礼的な: It was all he could do to be *civil* to her. 彼女に失礼してはならないという気持ちからやっとこれだけのことをしたのだった.

‡po·líte·ly [-li] *ad.* **1 丁重に**, いんぎんに. **2** 体(てい)よく. **3** 上品〔優美〕に.

‡po·líte·ness [-nis] *n.* **1 丁重さ**; 礼儀正しさ. **2** 上品; 優美.

pól·i·tic [pálitik/pól-] *a.* **1** 慎重な, 賢明な. **2** 抜け目ない, ずるい, たくらみのある, 悪賢い. **3** 判断よろしきを得た; 適切な, 都合よい. **4** 政治上の: body ～ 政治的統一体, 国家.
◇ ～**·ly** *ad.* 巧妙に; 如才なく; 抜け目なく.

‡po·lít·i·cal [pəlítik(ə)l] *a.* **1 政治の**, 政治上の; 行政に関する: ～ liberty 政治的自由. **2** 政治に関する〔を扱う〕: a ～ writer 政論家, 政治記者. **3** 政党の; 政略的な.
—— *n.*〖英〗= ～ agent. [√poli-]
～ **agent** [**resident**]〖英〗《インドの》駐在官. ～ **circle** 政界. ～ **economist** 経済学者. ～ **economy**〖古〗経済学; 政治経済学. ～ **geography** 政治地理(学). ～ **offense** 政治〔国事〕犯. ～ **party** 政党. ～ **prisoner** 国事犯人. ～ **science** 政治学. ～ **scientist** 政治学者.
◇ ～**·ly** *ad.* **1** 政治〔政略〕上. **2** 賢明に; 巧妙に.

‡pòl·i·tí·cian [pàlitíʃ(ə)n/pòl-] *n.* **1 政治家**. **2** 政党政治家; 職業政治家. **3**《けいべつ的》政治屋; 策士. (類) → **statesman**「政治家」

po·lít·i·cize [pəlítisàiz] *vt.* **1** 政治化する; 政党化する. **2** 政治的にとり上げる, 政治問題化する.
—— *vi.* 政治に関与する; 政治を論ずる.

pól·i·tick [pálitik/pól-] *vi.*〖米話〗政治運動をする.
◇ ～**·ing** *n.* 政治活動; 選挙運動.

po·lít·i·co [pəlítikòu] *n.* (*pl.* ～**s**) 政治屋, 政客; 策士.

politico-「政治」の意の語形成要素.

‡pól·i·tics [pálitiks/pól-] *n. pl.* **1**《単数扱い》**政治**; 政治学: talk ～ 政治の話をする. **2**《単数扱い》政務; 政治運動: be engaged in ～ 政治に関与する. **3**《単数扱い》政略; (政党の) 駆け引き; 《一般的》策略, 術策: party ～ 党利党略. **4**《複数扱い》政綱, 政見: What are his ～? 彼の政見はどうか. **5**《単数扱い》管理; 経営. 〈注〉アメリカでは単複両方に扱われる. ***That is not practical*** ～. 論ずるほどのこともない. [√poli-]

pól·i·ty [páliti/pól-] *n.* **1** 政治形態〔組織〕. **2** 統治, 政治. **3** 政治組織体, 国家.

pól·ka [póulkə, póukə/pól-, póul-] *n.* **1** ポルカ《快活なダンスの一種》; その曲. **2**《婦人用》ジャケット.
—— *vi.* ポルカを踊る.
～ **dot**〖米〗水玉; 水玉模様(の生地).

‡poll[1] [poul] *n.* **1** 頭《特に髪のある部分》, うなじ: a gray ～ ごま塩頭. **2**《「頭数」→》**投票**; 投票数〔結果〕: heavy [light] ～ 投票多数〔少数〕. **3** (*pl.*)〖米〗投票所. **4** 選挙人名簿: have one's name on the ～ 選挙人名簿に記載されている. **5** 世論調査: *P*～ showed more than 50% support for the President. 世論調査で大統領支持が 50 パーセント以上あることがわかった. ***at the head of the*** ～(***s***) 最高得票で. ***Gallup*** ～〖米〗ギャラップ世論調査. ***go to the*** ～(***s***) (1) 投票に行く, 投票する. (2) (候補者として) 出馬する.
—— *vt.* **1** 〈票を〉獲得する. **2** 〈票を〉投ずる. **3** 選挙人名簿に登録する. **4** の世論調査をする. **5** の頭を刈り込む, の毛〔角〕を短く切る: ～*ed* cattle 角のない牛. —— *vi.* **投票する**《に *for*》. ～***ing booth***《選挙場の》投票紙記入ボックス. ～***ing day*** 投票日. ～***ing station*** [***place***] 投票場.
～ **beast** [**ox**]〖英: 動〗角のない牛の一種.
～**·book** [⌐ ⌐] 選挙人名簿. ～ **tax** 人頭税. ～ **watcher** = watcher ③.

poll[2] [pal/pɔl] *n.*〖英俗〗《集合的》Cambridge 大学普通成績卒業者. ***go out in the P***～ 普通成績で卒業する. ～ **degree** 普通成績卒業学位.

Poll [pal/pɔl] *n.*〖話・鳥〗オウム〔インコ〕の俗称.

pól·lack [pálək/pól-] *n.* (*pl.* ～**s**, 《集合的》～)〖魚〗タラの類《北大西洋産》.

pól·lard [pálərd/pól-] *n.* **1** 刈り込んだ木. **2** 角を切り落とした牛〔羊, シカなど〕. **3**《粉を分離した》もみがら; ふすま. —— *vt.* の枝を刈り込む.

pól·len [pálin/pól-] *n.*〖植〗花粉.
—— *vt.* = pollinate.

pól·li·nate [pálinèit/pól-] *vt.*〖植〗に授粉する.
◇ **pòl·li·ná·tion** [⌐ — néiʃ(ə)n] *n.*〖植〗授粉 (作用).

póll·ist [póulist] = pollster.

pól·li·wog [páliwàg/póliwɔg] *n.*〖俗・動〗おたまじゃくし (tadpole).

pól·lock = pollack.

póll·ster [póulstər] *n.*〖米〗世論調査家.

pol·lúte [pəlú:t] *vt.* **1** 不潔にする, 汚染する: ～ the air with smoke. **2** 堕落させる. 汚す, 冒瀆(ぼうとく)する. ◇ **pol·lú·tant** 汚染物質, 汚染源.

pol·lú·tion [-lú:ʃ(ə)n] *n.* **1** 不潔, 汚染, 公害. **2** 冒瀆; 堕落. **3**〖医〗夢精 (=nocturnal ～).

Pól·ly [páli/póli] ～ ***Parrot*** オウムの呼び名.

pól·ly·wog = polliwog.

pó·lo [póulou] *n.*〖運〗**1** ポロ《馬上打球競技の一種》. **2** 水球 (=water ～). ～ **shirt** ポロシャツ.

◇ **~·ist** *n.* ポロ競技者.

Pó·lo [póulou] *n.* Marco [má:rkou-] ~, 1254–1324, イタリアの旅行家《「東方見聞録」によって日本をヨーロッパに紹介した》.

pòl·o·náise [pòulənéiz, pàl-/pɔ̀l-] *n.* **1**〖楽〗ポロネーズ《ポーランド舞踏》; その曲. **2** 長いすそがスカートをおおう婦人用上着《18世紀に流行》.

po·ló·ni·um [pəlóuniəm] *n.*〖化〗ポロニウム《放射性元素. 記号 Po》.

po·ló·ny [pəlóuni] *n.* 豚肉燻製腸詰め (= ~ sausage).

pól·ter·geist [póultərgàist/pɔ́l-] *n.* (*pl.* **~s**) 音立て幽霊〔霊魂〕. [<G.]

pol·tróon [pɑltrú:n/pɔl-] *n.* ひきょう者, おくびょう者 (coward). ◇ **~·e·ry** [-əri] *n.* ひきょう, おくびょう(な行為). **~·ish** *a.*

poly-「多」「複」の意の語形成要素. [<Gk.]

pòl·y·án·dry [pàliǽndri, ∸–∸–/pɔ́liæn-, ∸––∸–] *n.* **1** 一妻多夫. **2**〖植〗多雄ずい. **3**〖動〗一雌多雄. → polygamy. ◇ **-drist** *n.* 一妻多夫(主義)の女. **-drous** [-ǽndrəs] *a.* ～の.

pòl·y·án·thus [pàliǽnθəs/pɔ̀l-] *n.*〖植〗**1** ポリアンサス (oxlip)《桜草の一種》. **2** スイセン.

pól·y·ar·chy [pália:rki/pɔ́li-] *n.* 多頭政治.

pòl·y·bás·ic [pàlibéisik/pɔ̀l-] *a.*〖化〗多塩基の: a ~ acid 多塩基酸.

pòl·y·cár·pic [pàliká:rpik/pɔ̀l-], **-pous** [-pəs] *a.*〖植〗多心皮の.

pòl·y·cén·trism [pàliséntriz(ə)m/pɔ̀l-] *n.*〖政〗中心地散在主義.

pòl·y·chro·mát·ic [pàlikromǽtik/pɔ̀l-], **pòl·y·chró·mic** [-króumik] *a.* 多色の; 多色を出す.

pól·y·chrome [pálikròum/pɔ́l-] *a.* 多色の; 多色刷りの. —— *n.* 色彩画; 多色刷り.

pól·y·chro·my [pálikròumi/pɔ́l-] *n.* **1** 色彩装飾, 色彩画法. **2** 色彩配合.

pòl·y·clín·ic [pàliklínik/pɔ̀l-] *n.* 総合診療所〔病院〕.

póly·ès·ter [pálièstər/pɔ̀liés-] *n.*〖化〗ポリエステル《高分子化合物》; その繊維〔樹脂〕.

pòly·éth·y·lene [pàliéθili:n/pɔ̀l-] *n.*〖化〗ポリエチレン《合成樹脂の一種. 防水・絶縁・容器材料に用いる》; その製品.

po·lýg·a·my [pəlígəmi] *n.* **1**《特に》一夫多妻;〖稀〗一妻多夫. → monogamy. **2**〖植〗雌雄混株. ◇ **-mist** *n.* 一夫多妻〔一妻多夫〕(主義)の人. **-mous** [-məs] *a.*

pól·y·glot [páliglàt/pɔ́liglɔt] *a.* 数か国語で話す〔書いた〕. —— *n.* **1** 数か国語に通じている人. **2** 数か国語で書いた本;《特に》数か国語対訳聖書.

póly·gon [páligàn/pɔ́ligən] *n.*〖数〗多角形: a regular ~ 正多角形. ◇ **po·lýg·o·nal** [pəlígən(ə)l/pɔl-] *a.*

pól·y·graph [páligræf/pɔ́ligra:f] *n.* **1** 複写〔謄写〕器. **2** 多作家. **3** 鼓動・血圧同時記録装置. **4** うそ発見器. ◇ **pòl·y·gráph·ic** [∸–grǽfik] *a.*

po·lýg·y·ny [pəlídʒini/pɔl-] *n.* **1** 一夫多妻制. **2**〖植〗多雌ずい. ◇ **-nous** [-nəs] *a.*

pòl·y·hé·dron [pàlihí:drən/pɔ́lihéd-] *n.* (*pl.* **-drons, -dra** [-drə])〖数〗多面体: the regular ~ 正多面体. ◇ **-dral** [-drəl] *a.*

Pòl·y·hým·ni·a [pàlihímniə/pɔ̀l-] *n.*〖ギ神〗ポリヒムニア《聖歌をつかさどる Muses のひとり》.

pól·y·mer [pálimər/pɔ́l-] *n.*〖化〗重合体. ◇ **pòl·y·mér·ic** [∸–mérik] *a.*〖化〗重合(体)の.

pól·y·mer·ize [pálimərài z, pəlím-/pɔ́lim-] *vt., vi.*〖化〗重合する〔させる〕. ◇ **pòl·y·mer·i·zá·tion** [∸–mərizéiʃ(ə)n/-raiz-] *n.*〖化〗重合.

pòl·y·mór·phic [pàlimɔ́:rfik/pɔ̀l-] = polymorphous.

pòl·y·mór·phism [pàlimɔ́:rfiz(ə)m/pɔ̀li-] *n.* **1**〖結晶〗同質異像. **2**〖生・化・医〗多形(現象).

pòl·y·mór·phous [-fəs] *a.* 多形の; 多形態の.

Pòl·y·né·sia [pàliní:ʃə, -ʒə/pɔ̀lini:zjə, -ʒə, -ʃə] *n.* ポリネシア《大洋州東部の諸島》. → Oceania.

Pòl·y·né·sian [-n] *a.* ポリネシアの; ポリネシア人〔語〕の. —— *n.* ポリネシア人〔語〕.

pòl·y·nó·mi·al [pàlinóumiəl/pɔ̀l-] *n., a.* **1**〖動・植〗多名(の), 二語以上からなる学名(の). **2**〖数〗多項式(の): a ~ expression 多項式.

pól·yp [pálip/pɔ́l-] *n.* **1**〖動〗ポリプ《イソギンチャク・サンゴなど群生体を構成する個体》. **2**〖医〗鼻たけ; 茸腫(じょうしゅ).

pòl·y·phá·gi·a [pàliféidʒiə/pɔ̀l-] *n.*〖動〗雑食性;〖医〗多食症. ◇ **po·lýph·a·gous** [pəlífəgəs] *a.*

pól·y·phase [pálifèiz/pɔ́l-] *a.*〖電〗多相の. ~ **current** 多相電流. ~ **dynamo** 多相発電機. ~ **motor** 多相電動機.

Pòl·y·phé·mus [pàlifí:məs/pɔ̀l-] *n.*〖ギ神〗Cyclops の首長.

pól·y·phone [pálifòun/pɔ́l-] *n.*〖音声〗多音字《二種以上の発音をもつ字またはつづり》.

pòl·y·phón·ic [pàlifánik/pɔ̀lifɔ́n-] *a.* **1** 多音の. **2**〖楽〗多声合成の. **3**〖音声〗二つ以上の異なった音を表示する. ◇ **-i·cal·ly** *ad.*

po·lýph·o·ny [pəlífəni] *n.* **1** 多音; 多響. **2**〖楽〗多声曲; 対位法. ◇ **po·lýph·o·nous** [-nəs] *a.* = polyphonic.

pól·y·po·dy [pálipòudi/pɔ́lipədi] *n.*〖植〗ウラボシ科の植物.

pól·yp·oid [pálipɔ̀id/pɔ́l-] *a.* **1**〖動〗ポリプに似た. **2**〖医〗鼻たけのような. → polyp.

pól·y·pous [pálipəs/pɔ́l-] = polypoid.

pól·y·pus [pálipəs/pɔ́l-] *n.* (*pl.* **-pi** [-pài], **-puses**)〖医〗鼻たけ (polyp).

pòly·sác·cha·ride [pàlisǽkəràid/pɔ̀l-], **-rid** [-rid] *n.*〖化〗多糖類.

pòl·y·stý·rene [pàlistáiri:n/pɔ̀listáiər-] *n.*〖化〗ポリスチレン《無色透明な合成樹脂》.

pòl·y·syl·láb·ic [pàlisilǽbik/pɔ́l-] *a.* 多音節の. ◇ **-i·cal·ly** *ad.*

pól·y·sỳl·la·ble [pálisilәbl/pɔ́l-] *n.* 多音節語《3音節以上》.

pòl·y·téch·nic [pàliténik/pɔ̀l-] *a.* 工芸の: a ~ school 工芸〔工科〕学校. ***the P~ Institution***《特にロンドンの》工芸講習所. —— *n.* 工芸学校.

pól·y·the·ism [páliθi:iz(ə)m/pɔ́l-] *n.* 多神教〔論〕. ◇ **-ist** *n.* **pòl·y·the·ís·tic** *a.* 多神教的.

pòl·y·ví·nyl [pàliváinil, -vín-/pɔ̀l-] *a.*〖化〗ポリ〔重合〕ビニールの. ~ **acetate** ポリ酢酸ビニール. ~ **chloride** ポリ塩化ビニール.

pom [pɑm/pɔm] *n.* ポメラニア種の小犬 (= Pomeranian).

póm·ace [pʌ́mis] *n.* リンゴの絞りかす;《魚油・ひまし油などの》絞りかす.

po·má·ceous [poméiʃəs] *a.*〖植〗ナシ科の; リンゴ類の;〖雅〗リンゴの.

po·máde [poméid, -má:d/-má:d], **po·má·tum** [-méitəm] *n.* ポマード; 香油. —— *vt.* にポマードをつける.

po·mán·der [pomǽndər, ㊍⁺póumæn-] *n.* **1**〖史〗におい玉. **2**《衣装とだなに入れる》香料.

pome [poum] *n.* **1**〖植〗梨果(りか)《リンゴ・ナシ・マルメロなど》. **2**〖雅〗リンゴ.

póme·gràn·ate [pʌ́mgrænit, pám-/pɔ́m-] *n.*〖植〗ザクロ (の木).

póm·e·lo [pámilòu/pɔ́m-] *n.* (*pl.* **~s**)〖植〗ポメロ《ザボン〔グレープフルーツ〕の一種. アメリカ南部産》.

Pòm·er·á·ni·a [pàməréiniə/pɔ̀m-] *n.* ポメラニア《旧ドイツ東北部の州. 現在は東ドイツとポーランドに分割所属》.

Pòm·er·á·ni·an [-n] *a.* Pomerania の. —— *n.* **1** ポメラニア人. **2** ポメラニア種の小犬.

pó·mi·cul·ture [póumikʌ̀ltʃər] *n.* 果樹栽培. ◇ **pò·mi·cúl·tur·ist** [∸–∸tʃərist] *n.*

póm·mel [pʌ́ml, ㊍⁺páml] *n.* **1** 鞍(くら)がしら. **2** (剣の) つか先. —— *vt.* (**-l-**, ㊍ **-ll-**) **1** つか先で打つ. **2** げんこつで連打する. ~ ***to a jelly*** さんざん打

ちのめす.
póm·my [pámi/pɔ́mi] *n.* 〘俗〙《オーストラリアまたはニュージーランドへの》イギリスの移民.
po·mól·o·gy [pomálədʒi/-mɔ́l-] *n.* 果実栽培法〔学〕. 「神」.
Po·mó·na [pəmóunə] *n.* 〘ロ神〙ポモーナ《果樹の女
‡**pomp** [pamp/pɔmp] *n.* **1** 華麗, 壮観: with ～ はなやかに. **2** (*pl.*) 見せびらかし, 誇示; 虚勢. **3**〘古〙はでな行列.
póm·pa·dour [pámpədɔ̀:r, -dùər / pɔ́mpəduə, -dɔ:] *n.* **1** 束髪《前髪を高くふっくらと突き出して結った女性の髪型》; 〘米〙前髪の高いオールバック《男性の髪型》. **2** 花模様の織物.

pompadour ①

póm·pa·no [pámpənòu/pɔ́m-] *n.* (*pl.* ～(**s**))〘魚〙アジの一種.
Pom·péi·an [pampéiən, -pí:ən/pɔmpí:ən] *a.* **1** Pompeii の. **2**〘美〙ポンペイ(壁画)風の. —— *n.* ポンペイ人.
Pom·pé·ii [pampéii:, -péi/ pɔmpí:ai, -péii:] *n.* ポンペイ《Vesuvius 山噴火で埋没したイタリアの古都》. 「対空速射砲.
póm-pom [pámpàm/pɔ́mpɔm] *n.* 自動機関銃;
póm·pon [pámpan/pɔ̃:(m)pɔ̃:ŋ] *n.* **1** 玉ふさ《帽子・くつ・スリッパなどの飾り》. **2** (軍帽の) 前立て. **3**〘植〙ポンポンギク〔ダリア〕.
póm·pous [pámpəs/pɔ́m-] *a.* **1** もったいぶった, おうへいな. **2** 誇張した, 大げさな. **3** 豪華な, 壮観な, 盛大な. [<pomp] ◇ ～·**ly** *ad.* ～·**ness** *n.* **pom·pós·i·ty** [pampásiti/pɔmpɔ́s-] *n.*
pon·ceau [pansóu/pɔn-] F. *n.*, *a.* ヒナゲシ色(の); 紅色(の).
pón·cho [pántʃou/pɔ́n-] *n.* (*pl.* ～**s**) ポンチョ《もと南アメリカ原住民の外套(がいとう). 1 枚の毛布のまん中の穴から頭を出して用いた》.
†**pond** [pand/pɔnd] *n.* **1** 池; 沼; 泉水; 生けす. 〈注〉イギリスではおもに人工的なもの, アメリカでは小さい湖をも含む. **2** (the ～)〘笑〙海, 《特に》大西洋. ***the Round P～*** ロンドンの公園 Kensington Gardens 内の円形の池.
—— *vt.* 〈流れ・水を〉せき止める《*back, up*》.
—— *vi.* 池になる, たまる.
～ **life** 池にすむ生物《小動物類》. ～ **lily**〘植〙西洋スイレン. ～ **scum**〘植〙アオミドロ. ～·**weed** [⊥⊥]〘植〙ヒルムシロ《水草》.
*__pón·der__ [pándər/pɔ́n-] *vi.* 熟考する, 思案する《について *on, over*》. —— *vt.* 慎重考慮する: He ～*ed* his next words thoroughly. [√pond(er)-]
◇ ～·**ing·ly** *ad.*
pón·der·a·ble [pánd(ə)rəbl/pɔ́n-] *a.* **1** 重さを測ることのできる. **2** 重みのある. **3** 一考する価値のある. —— *n.* (*pl.*) 一考に価する物〔事〕.
◇ **pòn·der·a·bíl·i·ty** [⊥‐‐bíliti] *n.*
pón·der·ous [pánd(ə)rəs/pɔ́n-] *a.* **1** 非常に重い, どっしりした; 重くて扱いにくい. **2**《語・文体などが》重苦しい, たいくつな. [√pond(er)-]
◇ ～·**ly** *ad.* ～·**ness** *n.* **pòn·der·ós·i·ty** [pàndərásiti/pɔ̀ndərɔ́s-] *n.*
pó·ne[1] [póun/póuni, poun] *n.* 《トランプ遊びの》親; 親と組んだ人. 「～).
pone[2] [poun] *n.* 〘米〙トウモロコシ粉のパン (= corn
pone[3] *n.* 〘法〙移審命令《他の裁判所に審問の移転を命ずる令状》.
pon·gée [pandʒí:/pɔn-] *n.* ポンジー, 絹紬(けんちゅう)《山繭の糸で織った織物》.
pón·iard [pánjərd/pɔ́n-] *n.* 〘古〙短剣.
—— *vt.* 短剣で刺す.
pons [panz/pɔnz] *n.* (*pl.* **pon·tes** [pánti:z/pɔ́n-])〘医・動〙橋《接合部》. [<L.]
pón·ti·fex [pántifèks/pɔ́n-] *n.* (*pl.* **pon·tíf·i·ces** [pantífisi:z/pɔn-]) **1**〘古ローマ〙最高僧院の僧. **2** =pontiff. **P～ Maximus, the** 最高僧院長.
pón·tiff [pántif/pɔ́n-] *n.* **1**〘古ローマ〙最高僧院の僧. **2**《ユダヤの》祭司長. **3**《カトリックの》司教 (bishop); 教皇. **4** 高位聖職者; 高僧. ***the Supreme*** 〔***Sovereign***〕 ***P～*** ローマ教皇.
pon·tíf·i·cal [pantífik(ə)l/pɔn-] *a.* **1** 教皇〔法王〕の; 司教の. **2** おうへいな, 独断的な.
—— *n.* **1** (司教用) 礼典書. **2** (*pl.*) (司教の) 祭服, 記章: in full ～*s* 司教の正装で.
◇ ～·**ly** *ad.* おうへいに; 独断的に.
pon·tíf·i·cate [-kit, [米]+-kèit] *n.* pontiff の位〔任期・職〕. —— [-kèit] *vi.* **1** pontiff として職務を執行する. **2** もったいぶった話し方〔態度〕をする.
pont·lév·is [pantlévis/pɔn-] *n.* 《城門の》跳橋(はね)(drawbridge).
pón·ton [pánt(ə)n/pɔ́n-] *n.* 〘米:軍〙=pontoon.
pon·tóon [pantú:n/pɔn-] *n.* **1**〘軍〙《架橋用の》平底船, 鉄舟. **2**《水上飛行機の》フロート. **3** はしけ舟. **4**《水中作業用》潜函(せんかん), ケーソン. **5**〘英〙一種のトランプ遊び. —— *vt.* 〈川に〉船橋をかける; 〈川を〉船橋で渡る. ～ **bridge** 船橋, 浮き橋.
‡**pó·ny** [póuni] *n.* **1** ポニー馬《小型の強健な馬》; 《一般的》小馬 (small horse). 〈注〉子馬・若馬は colt という. **2**〘米話〙訳本, とらの巻 (crib). **3**《一般的》小型のもの. **4**〘話〙《酒類の》小コップ. **5**〘英俗〙25ポンド.

pontoon bridge

—— *vt., vi.* 〘米俗〙**1** とらの巻で予習する. **2** 〈金を〉支払う《*up*》.
～ **edition**〘米〙小型版《海外駐留将兵用》. ～ **engine**〘米〙《車両入れ替え用の》小型機関車. ～ **express**〘米史〙《小馬による》速達便. ～·**tail** [⊥⊥] ポニーテール《後ろで結んだ下げ髪》; 若い娘.
P.O.O. post-office order〘英〙郵便かわせ.
pooch [pu:tʃ] *n.* 〘米俗〙犬, 《特に》雑種犬.
pood [pu:d] *n.* プード《ロシアの重量の単位. 16.38kg》.
póo·dle [pú:dl] *n.* プードル犬《むく犬》. —— *vt.* 〈犬の毛を〉刈り込む. 「どの発声).
pooh [pu:, pu] *int.* ふーん!, ばかな!《けいべつ・疑いな
Pòoh-Báh [pù:bá:] *n.* 一身に多くの役職をしょっている人; いばった人物《喜歌劇 *The Mikado* 中の人物の名から》.
póoh-póoh [pú:pú:, ⊥⊥/‐⊥] *vt.* あざける, 鼻であしらう. —— *int.* =pooh.
‡**pool**[1] [pu:l] *n.* **1** 水たまり; たまり: a ～ of blood 血の海. **2**《人工の》小池, 貯水池. **3** プール (=swimming ～). **4** 淵(ふち), 深いよどみ. **5** 石油地下貯蔵所.
‡**pool**[2] *n.* **1** 合同資金; 共同計算; プール制; 企業同盟. **2**〘米俗〙(共同) 置き場; 《人の》たまり. **3**《勝負事の》総かけ金: win a fortune from the ～*s* みなのかけ金をごっそりもらってしこたまもうける. **4** 一種の玉突き《金をかける》. ***blind*** ～ 委任企業同盟. ***football*** ～ フットボール賭博(とばく). ***motor*** 〔***auto***〕 ～〘米〙モータープール, 自動車置き場. ***numbers*** ～〘米〙→ number.
—— *vt.* **1** 共同計算にする; 共同出資〔負担〕する: ～ money 共同で金をためる. **2** 合同する, いっしょにする. —— *vi.* 〈金・人・物などが〉たまる.
～·**room** [⊥⊥] *n.* 玉突き場; 〘米〙公開賭博場.
～ **table** 《pocket が六つある》玉突き台. 「材).
poon [pu:n] *n.* 〘植〙ヤラボ《東南アジア産. おもに船
poop[1] [pu:p] *n.* 〘海〙**1** 船尾. **2** 船尾楼. ↔ forecastle. **3** 船尾楼甲板 (=～ deck). —— *vt.* **1** 〈波が〉…の船尾をあらう. **2** 〈波を〉船尾に受ける.
poop[2] =pope[2].

poop³ *vt.* 〘米俗〙疲れさせる; へとへとにさせる《通例受動態》.

poop⁴ *n.* 〘英俗〙ばか; まぬけ.

†**poor** [puər] *a.* **1 貧しい, 貧乏な**: be born ～ 貧しく〔貧しい家に〕生まれる. ↔rich, wealthy. **2** 貧しそうな, 貧乏を物語る(ような): a ～ house みすぼらしい家. **3**《人・動物について》**かわいそうな**, 気の毒な, 不幸な: The ～ little puppy had been abandoned. かわいそうに子犬は捨てられていた. **4**《故人について》死んだ, なくなった: My ～ mother used to say… なくなった母がよく申していましたが…. **5 乏しい**, 《…に》欠けている《*in*》: a country ～ *in* natural resources 天然資源に恵まれない国. **6**《物が》貧弱な, 内容の乏しい, 粗悪な; 《収穫が》不作な; 《土地が》やせた: a ～ ore 含有度の低い鉱石. a ～ crop 不作. ～ soil やせた土地. **7**《人の活動・製作物が》**へたな**, まずい; 無能な: a ～ speaker 話しべた. a ～ picture へたな絵. The girl is ～ at English. その少女は英語ができない. **8 劣った**, すぐれない: ～ health 病身がち, 不健康. a ～ memory 忘れっぽい頭. **9**《価値が》つまらない; ほんの〔たった〕…の: in my ～ opinion 卑見では. a ～ three days' holiday たった3日間の休暇. **10** わずかの: a ～ audience まばらな聴衆. **11**《家畜が》やせた. ***as ～ as Job*** [***a church mouse***] きわめて貧しい. ***P～ fellow*** [***thing***]***!*** かわいそうに.
～ box (教会の) 慈善〔献金〕箱. **～ boy** 大形のサンドイッチ. **～ farm** 救貧農場. **～·house** [ㄥ ㄥ] 救貧院. **～ law** 貧民救助法. **～ man's weatherglass** 〘植〙ルリハコベ. **～ rate** 〘英〙救貧税. **～ school** 貧民学校. **～-spir·it·ed** 気の弱い, おくびょうな. **～ white** (アメリカ南部の) 下層階級の白人. ◇ **～·ness** *n.*

‡**póor·ly** [púərli] *ad.* **1 貧しく**: ～ paid 薄給の. **2** 貧弱に; 不十分に. **3 まずく**; ぞんざいに: speak very ～ 話がへただ. **4** 不成功に; 不完全に. ***be ～ off*** 生活が楽でない. ***think ～ of*** に感心しない; を良いと思わない. —— *a.* 《叙述的に》〘話〙気分が悪い, からだの調子が悪い: look [feel] ～.

pop**¹ [pap/pɔp] *v.* (**-pp-**) *vi.* **1 ポンと音がする**; ポンと鳴る; ポンとはじける; ズドンと撃つ《を *at*》. **2** 不意にあらわれる, ひょいと出る〔はいる〕, 急に動く《*in, out, up, off*》: His head *popped* out of the window. 彼の顔が窓からひょいと出た. **3**〘英俗〙結婚を申し込む. —— *vt.* **1** 〈爆竹などを〉ポンポンと鳴らす; 〈鉄砲を〉ズドンと撃つ, 発砲する. **2**《鉄砲で》打つ, 打ち当てる. **3**〘米〙〈トウモロコシなどを〉いってはじかせる. **4** 突然に動かす〔置く, 出す, 突く〕《*in, out, down*》. **5**〘野球〙凡フライを打ち上げる. **6**〘英俗〙質におく. **～ *in ひょっこり訪問する; 突然中にはいる. **～ *off*** (1) 不意に出て行く〔去る〕. (2)〘俗〙ぷいと消え去る; ぽっと死ぬ. (3) ズドンと撃つ. (4) しゃべりまくる. **～ *off the hooks*** 〘俗〙ぽっくり死ぬ. **～ *out*** 急に飛び出す〔消える〕; 〘野球〙凡フライで死ぬ. ***popping crease*** 〘クリケット〙打者線《打者の位置を示す白線》. **～ *the question*** 〘話〙《女に》求婚する. **～ *up*** 急にあらわれる.
—— *n.* **1** ポン〔パン〕という音: the ～ of a cork 栓(せん)がポンと抜ける音. **2**《銃声など》ドン, ズドン; 発砲. **3**《栓を抜くとポンと音のする》あわの立つ飲み物, 発泡(はっぽう)性清涼飲料水. **4**〘野球〙凡フライ (=～ fly). **5**〘英俗〙質入れ. ***in ～*** 質において.
—— *ad.* **1** ポンと (音をたてて): *Pop* went the cork. コルク栓がポンと開いた. **2** 不意に, いきなり. ***go ～*** ポンと鳴る〔取れる〕; 破裂する; 死ぬ.
～·corn → 別項. **～ eye** とび出したぎょろ目. **～-eyed** [ㄥ ㄥ] 〘米話〙目のとび出した; (驚いて) 目を丸くした. **～ fly** 〘野球〙凡フライ. **～ gun** 《竹筒などの》空気鉄砲; 役に立たない銃器. **～·ò·ver** → 別項. **～ shop** 〘英〙質屋. **～-up toaster** 自動式トースター. **～ visit** 出し抜けの訪問. **～ weed** タヌキモ属の植物.

pop² *a.* 〘話〙通俗的な; 大衆的な. —— *n.* 大衆向き音楽会: the Saturday ～*s*. [<*pop*ular]
～ concert 通俗音楽会. **～ singer** 流行歌手. **～ song** =popular song.

pop³ 〘米俗〙=poppa.

pop. popular; popularly; population.

***póp·corn** [pápkɔ̀ːrn/pɔ́p-] *n.* 〘米〙**ポプコーン**, はぜトウモロコシ.

pope¹ [poup] *n.* **1** (P～) ローマ教皇〔法王〕. **2** 教皇的存在者《あやまちを犯さないと自他ともに認める人》. **3**《ギリシア正教会の》教区僧.
P～ Joan 《ダイヤの8を抜いてする》トランプ遊びの一種. **～'s eye** 《羊・牛などの》股心腺(こしんせん). **～'s head** 長柄のブラシ. **～'s knights** ローマカトリック教会の司祭たち. **～'s nose** (料理した) 家禽(かきん)のしり. ◇ **～·dom** [-dəm] *n.* ローマ教皇の職〔管区, 権〕. **póp·er·y** [-əri] *n.* 《けいべつ的》ローマカトリック教〔制度, 慣習〕.

pope² [poup], **poop** [puːp] *n.* ももの急所. ***take a person's ～*** 人のももの急所を打つ.
—— *vt.* のももの急所を打つ.

Póp·eye [pápai/pɔ́p-] *n.* 〘米〙ポパイ《漫画の主人公. 水夫》.

póp·in·jay [pápindʒèi/pɔ́p-] *n.* **1** 見え坊なおしゃべり屋, 気どり屋. **2**〘史〙オウム形の標的. **3**〘英方・鳥〙青色のキツツキ《ヨーロッパ産》.

póp·ish [póupiʃ] *a.* 《けいべつ的》カトリック教の. [<pope] ◇ **～·ly** *ad.* **～·ness** *n.*

póp·lar** [páplər/pɔ́p-] *n.* 〘植〙 **1 ポプラ**; その木材. **2**〘米〙ユリの木 (tulip tree); その木材. ***trembling [***silver, white***] **～** 箱柳.

póp·lar·ism [páplərìzm/pɔ́p-] *n.* 〘英〙行き過ぎた貧民救済策.

póp·lin [páplin/pɔ́p-] *n.* ポプリン. ***double*** [***single***] **～** 厚地〔薄地〕ポプリン.

pop·lít·e·al [paplítiəl, pàplitíːəl/pɔplítiəl] *a.* 〘医〙ひかがみの.

póp·ò·ver [pápòuvər/pɔ́p-] *n.* 軽焼きパン〔マフィン〕《円形中空》.

póp·pa [pápə/pɔ́pə] *n.* 〘米俗〙おとうちゃん.

póp·per [pápər/pɔ́pə] *n.* **1** ポンと音をたてる人〔物〕. **2** 射手, 砲手. **3**〘話〙花火; 鉄砲, ピストル. **4** トウモロコシのいりなべ. **5** 不意に来る〔立ち去る〕人. **6**〘俗〙入質する人.

póp·pet [pápit/pɔ́p-] *n.* **1**〘方〙子ども(の愛称). **2**〘海〙かかえ台《進水用船底支持角材・オール受けなど》. **3**〘機〙揚弁 (=～ valve); 旋盤頭.
～·head [-hèd]〘機〙《中心をささえる》心(しん)受け台.

póp·ple [pápl/pɔ́pl] *vi.* わき立つ, あわ立つ; 波立つ.
—— *n.* わき立ち; 波立ち; さざなみ.

póp·py [pápi/pɔ́pi] *n.* **1**〘植〙ケシ; ケシ属. **2** ケシのエキス; あへん. **3** ケシ色 (=～ red) 《だいだい色がかかった紅色》. ***corn ～*** ヒナゲシ. ***field*** [***red***] **～** グビジンソウ. ***Flanders ～*** ヒナゲシ《Armistice Day に街頭で売られる》. ***garden ～*** 花ケシ. ***opium ～*** あへんケシ. **P～ Day** 〘英〙休戦記念日. **～·head** [-hèd]〘建〙《特に教会の座席の》ケシ飾り, 頂華. **～ seed** ケシの実.
◇ **póp·pied** [-d] *a.* **1** ケシの花で飾られた〔おおわれた〕. **2** (あへん) 麻酔した; 眠けを感じる, だるい.

póp·py·cock [pápikàk/pɔ́pikɔk] *n.* 〘米俗〙くだらぬ話, たわごと (bosh). —— *int.* ばかな!, くだらん!

pops [paps/pɔps] *a.* 《シンフォニーオーケストラが》通俗向きの. **～ concert** =pop concert.

póp·shop [pápʃàp/pɔ́pʃɔp] *n.* 〘英〙質屋.

póp·u·lace [pápjuləs] *n.* **1** 一般民衆, 大衆. **2** 下層社会.

‡**póp·u·lar** [pápjulər] *a.* **1 民衆の**, 庶民の: ～ discontent 民衆の不満. **2 大衆的な**, 通俗の; 平易な: a ～ magazine 通俗雑誌. **3 人気のある**, 評判のよい: The teacher is ～ *with* the students. その教師は学生間に受けがいい. **4 流行の**, 一般に普及している《*among*》. ***in ～ language*** 平易なこと

ばで. —— *n*. ポピュラーコンサート (=～ concert)《低料金の大衆向け音楽会》.
～ ballad 民謡. **～ edition** 普及版《書物の》. **～ education** 普通教育. **～ election** 普通選挙. **～ etymology** 通俗語源 (説)《古形bridegome「嫁をめとる男」の第二要素が groom と解釈され bridegroom となったことなど》. **～ feelings** 世間一般の感情. **～ front** 人民戦線 (people's front). **～ government** 民主政治. **～ opinion** [**voice**] 世論. **～ price** 大衆(的) 価格, 安価. **～ science** 通俗科学. **～ singer** 人気歌手. **～ song** 流行歌. **～ subscription** 株式公募. **～ vote**〘米〙一般投票.
◇ **～·ly** *ad*. **1** 一般に, 広く; 大衆のあいだに. **2** 一般投票で. **3** 大衆向きに. **4** 平易に. **5** 人気を得るように.

‡**pòp·u·lár·i·ty** [pàpjulǽrịti/pɔ̀p-] *n*. **1** 人気, 人望: win ～ 人気を取る. **2** 大衆[通俗] 性; 俗受け: aim at ～ 俗受けをねらう. **3** 流行. ***enjoy general ～*** 人気を集める; 広く好評を博する.

póp·u·lar·ize [pápjulərаìz/pɔ́p-] *vt*. **1** 大衆化する; 通俗的にする. **2** 普及させる.
◇ **pòp·u·lar·i·zá·tion** [pàpjulərizéiʃ(ə)n/pɔ̀pjuləraiz-] *n*. 大衆[通俗] 化.

***póp·u·late** [pápjulèit/pɔ́p-] *vt*. **1** に人を居住させる; に入植する: a sparsely [densely] ～*d* district 人口密度の低い[高い] 地方. ～*d by* ten million people 人口 1,000 万の. ～*d with* immigrants 移民が入植した. **2** に住む, の住民である.

‡**pòp·u·lá·tion** [pàpjuléiʃ(ə)n/pɔ̀p-] *n*. **1** 人口, 住民数: have a ～ of over a hundred million 人口が 1 億を越す. a large ～ 大人口. the city [motoring] ～ 都市[自動車利用] 人口. **2**《集合的》住民;《一定地域の》全住民. **3**〘統計〙母集団. **4**〘生〙個体群; 個体数. **5**〘古〙植民; 人口増加. ◇ **～·al** *a*. **～·less** *a*.

Póp·u·lism [pápjulìz(ə)m/pɔ́p-] *n*. **1** アメリカ人民党 (People's party) の主義[政策]. **2**《1917年革命前のソ連の》集産主義. ◇ **-list** *n*.

***póp·u·lous** [pápjuləs/pɔ́p-] *a*. **1** 人口稠密(ちゅうみつ)な. **2** 人が込み合っている; 人の雑踏する. **3**《人が》数が多い. ◇ **～·ly** *ad*. **～·ness** *n*.

pór·bea·gle [pɔ́:rbì:gl] *n*. 〘魚〙ネズミザメ《北大西洋・北太平洋産》.

pórce·lain [pɔ́:rslịn, -lèin/pɔ́:s-] *n*. **1** 磁器. **2**《集合的》磁器製品.
～ clay 陶土. **～ enamel** ほうろう, エナメル. **～ insulator**〘電〙磁器碍子(がいし). **～ shell**〘生〙宝貝. ◇ **pòr·cel·(l)á·ne·ous** [pɔ̀:rsəléiniəs/pɔ̀:-] *a*. 磁器 (製) の; 磁器に似た.

‡**porch** [pɔ:rtʃ/pɔ:tʃ] *n*. **1** ポーチ, 玄関口, 車寄せ《一般におもやからつき出ている》. **2**〘米〙ベランダ (veranda). **3** =portico. ***the P～*** 昔アテネで Zeno がでしを集めて講義した廊下;〘哲〙ストア派.
～ climber〘米俗〙こそどろ.
◇ **～ed** [-t] *a*. 車寄せのある.

pór·cine [pɔ́:rsain, -sin/-sain] *a*. **1** 豚の; 豚に似た. **2** 不潔な; 欲張りな.

pór·cu·pine [pɔ́:rkjupàin] *n*. **1**〘動〙ヤマアラシ. **2**〘機〙鋭い歯と多くの針の付いた道具.
～ anteater〘動〙ハリモグラ《オーストラリア産》.

pore[1] [pɔ:r/pɔ:] *vi*. **1** 熟考する《を *on, upon, over*》. **2** 熟視する《を *at, on, over*》. **3** 熟読[考究] する《を *over*》. **4** 夢中になる《に *over*》.
—— *vt*. 熟視の結果, ある状態にする: ～ ***one's eyes out*** 読書で目を疲れさせる.

pore[2] *n*. **1** 毛穴;〘植〙気孔. **2**《岩石などの》吸収孔.

pór·gy [pɔ́:rgi/-dʒi] *n*. (*pl*. **-gies**,《集合的》～).〘米魚〙タイの類.

pó·rism [pɔ́:riz(ə)m/pɔ́:r-] *n*. 〘数〙系論 (corollary). ◇ **pò·ris·mát·ic** [pɔ̀:rizmǽtik/pɔ̀:r-] *a*.

‡**pork** [pɔ:rk/pɔ:k] *n*. **1** 豚肉《食用》. **2**〘米俗〙=～ barrel. **～ barrel**〘米俗〙地方公共事業連邦政府補助金《選挙民目当ての》. **～ chop**《あばら骨付き》豚肉の切り身. **～·pie** [⌐⌐] 豚肉パイ; =～pie hat. **～·pie hat** 頂部の平らなソフト帽.
◇ **～·ling** *n*.〘方〙子豚.

pórk·er [pɔ́:rkər/pɔ́:k-] *n*. 肥えた子豚; 食用豚.

pórk·y [pɔ́:rki/pɔ́:ki] *a*. 豚(肉)のような; でぶの.

por·nóg·ra·phy [pɔ:rnágrəfi/-nɔ́g-] *n*. 好色文学; 春画. ◇ **pòr·no·gráph·ic** [pɔ̀:rnəgrǽfik] *a*.

po·rós·i·ty [porásịti/pɔ:rɔ́s-] *n*. **1** 多孔性, 有孔性. **2** 穴.

pó·rous [pɔ́:rəs/pɔ́:r-] *a*. **1** 穴[気孔] のある[多い]. **2** 水などをしみ通らせる, 浸透性の: ～ water-proof 通気性防水. [<pore[2]] **～ cup**〘電〙《電池に使う》素焼きがめ. ◇ **～·ness** *n*. =porosity.

pór·phy·ry [pɔ́rfịri/pɔ́:f-] *n*. 〘地〙斑岩(はんがん).
◇ **pòr·phy·rít·ic** [⌐–rítik] *a*.

pór·poise [pɔ́:rpəs] *n*. (*pl*. **～s**,《集合的》～)〘動〙イルカ《特にネズミイルカ》; マイルカ (dolphin).

‡**pór·ridge** [pɔ́:ridʒ, pár-/pɔ́r-] *n*. 〘英〙ポリッジ《オートミールなどでつくったかゆ状の食事》. ***keep one's breath to cool one's ～*** よけいな口出しをしない.

pór·rin·ger [pɔ́:rindʒər, pár-/pɔ́r-] *n*. 深ざら《特に小児のためのポリッジまたはスープ用》.

‡**port**[1] [pɔ:rt/pɔ:t] *n*. **1** 港, 貿易港. **2** 港町,《特に税関のある》港市; 開港場. **3** 船の避難所. → harbor.
any ～ in a storm 窮余の策, せめてものたより. ***close ～***〘英〙川の上流にある港. ***enter*** [***arrive in***] ～ 入港する. ***free ～*** 自由港. ***in ～*** 入港して, 停泊中の. ***leave*** [***clear a***] ～ 出港する. ***make*** [***enter***] (***a***) ～ 入港する. ***naval ～*** 軍港. ***open ～*** 開港場. ***～ of arrival*** 到着港. ***～ of call*** 寄航港. ***～ of coaling*** 石炭積み込み港. ***～ of delivery*** 荷降し港. ***～ of departure*** 積み出し港. ***～ of destination*** 仕向け港, 目的港. ***～ of distress*** 避難港. ***～ of entry*** 輸入港, 関税手続き港. ***～ of recruit*** 食料品積み込み港. ***～ of registry*** 船籍港. ***～ of sailing*** 出港地. ***～ of shipment*** 船積み港. ***touch a ～*** 寄港する.
～ admiral〘英〙鎮守府司令長官. **～ authority** 港湾管理委員会. **～ charges** [**duty**] 港税. **～ office** 港務部.

port[2] *n*. **1** 身のこなし, 態度, 風采(ふうさい). **2**〘軍〙控え銃(つつ)の姿勢《両手で銃をからだの正面に斜めに保持し先端が左肩の近くにくる》. ***at the ～*** 控え銃にして,〘軍〙控え銃!《号令》. —— *vt*. 〘軍〙控え銃にする: *P～* arms! [√port-]

port[3] *n*. **1** 舷窓(げんそう) (= porthole). **2** 舷門, 艙門(そうもん), 荷役口. **3**《軍艦の》砲門. **4**〘機〙《シリンダーの》排出口: an exhaust ～ 排気口. **5**〘紋〙門印. **6**〘スコットランド〙城門, 市門.

port[4] *n*. 〘海〙左舷;〘空〙《機首に向かって》左側. → starboard. —— *a*. 左舷の. —— *ad*. 左舷に. —— *vi., vt*. 進路を左にとる, 左舷に向く[向ける]. ***P～*** (***the helm***)***!***《号令》取りかじ! ***put the helm to ～*** 左舷[取りかじ] にとる.

port[5] *n*. ポートワイン (=～ wine)《ポルトガル原産の甘い赤ブドウ酒》.

Port. Portugal; Portuguese.

‡**pórt·a·ble** [pɔ́:rtəbl/pɔ́:təbl] *a*. **1** 持ち運びのできる: a ～ bed 移動ベッド. → stationary. **2** 携帯用の, ポータブルの: a ～ typewriter.
—— *n*. 携帯用型《テレビ・ラジオ・タイプライターなど》.
◇ **pòrt·a·bíl·i·ty** [⌐–bílịti] *n*. 携帯できること.

pórt·age [pɔ́:rtidʒ/pɔ́:t-] *n*. **1** 運搬. **2** 運搬物, 貨物. **3** 運賃. **4**《2 水路間の》連水陸送 [陸路]. ***mariner's ～*** 昔船員が給料の代わりに船に積み込み外地で売りさばくことを許可された品物; その置き場.
—— *vt*. 連水陸送する.

pór·tal [pɔ́:rtl/pɔ́:tl] *n*. **1** 《堂々とした》門, 表玄関. **2** 〔雅〕入り口: death's dark ～ 〔雅〕死の暗き入り口. —— *a*. 〔医〕肝門の.
～-to-～ pay 《職場の入門から出門までの》時間払いの日給. **～ vein** 肝門脈.

pòr·ta·mén·to [pɔ̀:rtəméntou] *n*. (*pl*. **-ti** [-ti:]) 〔楽〕運音, ポルタメント 《ある音から他音へとなめらかに移らせる奏法》. [<It.]

pórt·a·tive [pɔ́:rtətiv/pɔ́:t-] *a*. **1** ＝portable. **2** 運ぶ力のある.

Pòrt-au-Prínce [pɔ̀:rtouprins/pɔ̀:t-] *n*. ポルトプランス 《Haiti の首都》.

pòrt·cráy·on [pɔ̀:rtkréiən/pɔ̀:t-] F. *n*. クレヨンばさみ.

port·cúl·lis [po:rtkʌ́lis/po:t-] *n*. 《城門の》つるし鉄ごうし戸.

Porte [po:rt/po:t] *n*. 《1923年アンゴラ遷都以前の》「旧トルコ朝〔政府〕.

pórte-co·chére, ㊥ ***porte-co·chère*** [pɔ́:rt-koʃέər/pɔ́:tkɔʃ-] F. *n*. **1** 馬車通用口. **2** 〔米〕《ひさしのある》車寄せ.

pòrte·cráy·on ＝ portcrayon.

porte-mon·naie [pɔ́:rtmʌ̀ni/pɔ́:t-] F. *n*. 紙入れ, さいふ.

por·ténd [po:rténd/pɔ:t-] *vt*. の前兆となる: Those clouds ～ a storm. あの雲はあらしの前触れだ.

porte-cochere ②

pór·tent [pɔ́:rtent/pɔ́:-] *n*. **1** 《不吉・重大事の》きざし; 前兆. **2** (不吉な)意味: an occurrence of dire [evil] ～ 不吉なできごと. **3** 驚異的な物〔人〕. [√tend-]

por·tén·tous [po:rténtəs/pɔ:-] *a*. **1** 不吉な; 不吉なきざしのある. **2** 驚くべき, 驚異的な. **3** 恐ろしい, 思ってもぞっとする. **4** 《けいべつ的》ものものしい; 尊大な. ◇ **～·ly** *ad*. **～·ness** *n*.

‡**pór·ter**[1] [pɔ́:rtər/pɔ́:tə] *n*. (*fem*. **pór·tress** [-ris]) 〔英〕門番; 玄関番 (doorkeeper).
～'s lodge 門衛所〔小屋〕.

‡**pór·ter**[2] *n*. **1** 運搬人; 《駅の》赤帽; ホテルのボーター. **2** 〔米〕《寝台車・食堂車つきの》給仕. **3** 運搬器; ささえる物. **4** 〔英〕黒ビール (＝～'s ale). ***swear like a ～*** 野卑なことばを使う; どなり散らす.
～·house [ˊ-ˋ] (1)〔米〕《黒ビールなどを飲ませる》居酒屋; 簡易料理屋. (2) 最上大型ビフテキ (＝～ steak). **～'s knot** 運搬用肩当て.
◇ **～·age** [-təridʒ] *n*. 運搬; 運送業; 運賃.

pórt·fìre [pɔ́:rtfàiər/pɔ́:t-] *n*. 点火装置 《花火・鉱山発破などの》.

port·fó·li·o [po:rtfóuliòu, -ljou/pɔ:t-] *n*. (*pl*. **～s** [-z]) **1** 紙ばさみ; 折りかばん. **2** 閣僚の職〔地位〕: a minister without ～ 無任所大臣. **3** 〔米〕有価証券一覧表.

pórt·hole [pɔ́:rthòul/pɔ́:t-] ＝port[3].

pór·ti·co [pɔ́:rtikòu/pɔ́:t-] *n*. (*pl*. **～(e)s**) 列柱式ポーチ.

por·tière [pɔ̀:rtiέər/pɔ̀:tjέə] F. *n*. 《戸口の》カーテン.

‡**pór·tion** [pɔ́:rʃ(ə)n/pɔ́:ʃ-] *n*. **1** 一片, 一部, 部分: a ～ of land 一区画の土地; 少しばかりの土地. A ～ of each school day is devoted to mathematics. 毎日の授業の一部分は数学に割り当てられる. **2** 分け前; 《食物の》1人前: a ～ of pudding 1人前のプディング. **3** 運命: A brief life in this world was her ～. 短い生涯(しょうがい)が彼女に与えられた運命であった. **4** 〔法〕分与産; 遺産の分け前, 相続分. **5** 持参金: a marriage ～.

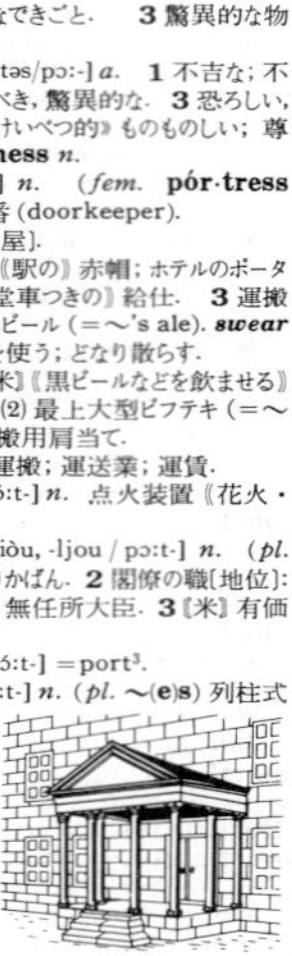
portico

—— *vt*. **1** 分ける, 分割する, 分配する《*out*》. **2** 分け前として与える《に *to*》. **3** に分与産〔持参金〕を与える《を *with*》. **4** に与える《を *with*》.
◇ **～·er** *n*. **1** 分配者, 配当者. **2** 配当受取人(＝portionist). **～·less** *a*. 分け前のない; 相続分のない; 持参金のない.

Pórt·land [pɔ́:rtlənd/pɔ́:t-] *n*. **1** 〔英〕Dorsetshire の刑務所. **2** アメリカ Oregon 州北西部の港市. **3** アメリカ Maine 州の港市.
～ cement ポートランドセメント《普通にセメントと名づけられているもの》. **～ stone** ポートランド岩《建築用石灰石. イギリス Portland 島産》.

pórt·ly [pɔ́:rtli/pɔ́:t-] *a*. **1** 太った. **2** 〔古〕かっぷくのよい. ***of ～ presence*** 押し出しのりっぱな.
◇ **-li·ness** *n*.

port·mán·teau [po:rtmǽntou/pɔ:t-] *n*. (*pl*. **～s, ～x** [-z]) 〔英〕**1** 旅行かばん《両開きになっている》. **2** かばん語 (＝～ word) 《2語の一部をそれぞれとってつくった語. 例: dandle<dance＋handle》.

Pòrt-of-Spáin [pɔ̀:rtəvspéin/pɔ̀:t-] *n*. ポートオブスペイン《Trinidad and Tobago の首都》.

Pòr·to Nó·vo [pɔ̀:rtə-nóuvou/pɔ̀:t-] *n*. ポルトノボ《Dahomey の首都》.

‡**pór·trait** [pɔ́:rtreit, -trit/pɔ́:trit] *n*. **1** 肖像, 肖像画, 人物写真. **2** 《ことばによる》人物描写. **3** よく似た物, 類似物. **～ painter** 肖像画家.
◇ **～·ist** *n*. ＝～ painter.

pór·trai·ture [pɔ́:rtritʃər/pɔ́:t-] *n*. **1** 肖像画. **2** 肖像画法; 描写. ***in ～*** (肖像に) 描かれた.

por·tráy [po:rtréi/pɔ:-] *vt*. **1** <人物の>肖像をかく; <風景などを>描く. **2** ことばで描写する. **3** <人物を>演ずる《劇中で》. ◇ **～·al** *n*. 記述; 描写; 肖像(画). **～·er** *n*.

pórt·reeve [pɔ́:rtri:v/pɔ́:t-] *n*. **1** 〔英史〕市長. **2** 〔英〕町役人.

Port Sáid [po:rt-séid, -sáid, -sɑ:í:d/pɔ:tsáid] *n*. ポートサイド《アラブ連合共和国の海港》.

Pórts·mouth [pɔ́:rtsməθ/pɔ́:ts-] *n*. **1** イギリス南部 Hampshire 州の軍港. **2** アメリカ New Hampshire 州の軍港《1905年日露講和条約が締結された地》. **3** アメリカ Virginia 州の海港.

‡**Pór·tu·gal** [pɔ́:rtʃug(ə)l/pɔ́:tju-] *n*. ポルトガル《南西ヨーロッパの共和国. 首都 Lisbon》.

‡**Pór·tu·guèse** [pɔ́:rtʃugì:z/pɔ̀:tjugí:z] *n*. (*pl*. **～**) ポルトガル人〔語〕. —— *a*. ポルトガルの; ポルトガル人〔語〕の. **～ man-of-war** 〔動〕カツオノエボシ《俗にデンキクラゲ》.

pòr·tu·lác·a [pɔ̀:rtʃulǽkə/pɔ̀:tju-] *n*. 〔植〕スベリヒユ属の植物《マツバボタンなど》.

pos. position; positive; possession; possessive.

po·sá·da [posá:də, -ða:] *n*. 宿屋. [<Sp.]

*__pose__[1] [pouz] *n*. **1** 姿勢, ポーズ. **2** 気どった態度, 見せかけ: His radicalism is a mere ～. 彼の急進主義は気どりに過ぎない. **3** 〔ドミノ〕第一のドミノ(札)を場に出すこと.
—— *vi*. **1** 姿勢〔ポーズ〕をとる; 《画・写真のモデルとして》ポーズする: Will you ～ *for* me? あなたの写真をとらしていただけませんか. **2** 気どる, 見せかけの態度をとる; 《…を》気どる《を *as*》: ～ *as* a richman 金持ちのふりをする. **3** 第一のドミノ(札)を場に出す.
—— *vt*. **1** 姿勢をとらせる: ～ a model モデルをポーズさせる. **2** <問題・要求などを>提出する: ～ a question. [√pon-]

pose[2] [pouz] *vt*. **1** 《難問などで》困らせる, まごつかせる. **2** 〔古〕問題を出して試験する.

Po·séi·don [poséid(ə)n/pɔ-] *n*. 〔ギ神〕ポセイドン《海神. ローマ神話の Neptune に当たる》.

pós·er[1] [póuzər] *n*. 気どり屋.

pós·er[2] *n*. 難問, 難題.

po·seur [pozə́:r] F. *n*. 気どり屋.

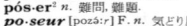

posh [pɑʃ/pɔʃ] *a.* 〖俗〗豪華な, すごい; スマートな, いきな.

pós·it [pázit/pɔ́z-] *vt.* **1** 置く, すえる. **2**〖哲・論〗断定する; 設定する, 仮定する.

‡**po·sí·tion** [pəzíʃ(ə)n, po-] *n.* **1 位置, 場所**: the ～ of a house 家の位置. **2 立場**, 境遇: be placed in an awkward ～ 困った立場に置かれる. **3 地位**, 身分; 高い地位: a man of ～ 身分のある人. **4 役職**, 職, 勤め口: get a good ～ いい就職口を見つける. **5 態度**, 見解, 主張: What is your ～ on this question? この問題についてのお考えはどうですか. **6 状態**, 形勢, 局面: the present ～ of affairs 事態の現状. **7**〖論〗命題. **8**〖軍〗陣地, 有利な地点. **9**〖楽〗和音;《弦楽器で指を置く》ポジション. ***be in a ～ to*** (do) …しうる立場にある, …することができる. ***be in ～*** 所を得ている;〈競技者などが〉所定の位置についている. ***eastward ～*** 《ミサで司祭の》東向きの姿勢. ***in** my **position*** (私の)立場では. ***out of ～*** 所を得ないで, はずれて; 狂って. ***take up a ～*** 位置につく, 陣取る. ***take up the ～ that***… …という見解をとる.
—— *vt.* の位置を定める, すえる; 適当の場所に置く. [√pon-] ～ **paper** 所信表明(論文).
◇ **～·al** [-ʃən(ə)l] *a.* 位置(上)の; 地位の.
(類義語) **職: position** 組織全体の中において占める地位. 他の地位との上下関係や管理職であることが示唆される. **place** position とほぼ同義だが, 地位の上下には関係ない: take a *place* as a servant 召使として就職する. **post** 部署→その職のもつ責任が示唆される. 更に「役につかせる」という意から「勤め口」の意も生まれる: We have several teaching *posts* in the school. その学校に二, 三の先生の口があります. **office** 責任ある地位→官職, 役職, 国務大臣の職. **job** 働き口. (類) → **work**「仕事」

‡**pós·i·tive** [páz(ə)tiv/pɔ́z-] *a.* **1 確信している**, 自信のある: Are you ～ (that) it was after midnight? 確かに夜半すぎだったのですね. **2 断定的な, 明確な**, 疑問の余地を残さない: ～ knowledge 明確な知識. **3** 確言された, はっきりした: a ～ promise 確約. ～ orders きっぱりした命令. **4 肯定的な**: a ～ answer 肯定的返答. ↔ negative. **5 積極的な**, 建設的な: ～ living 積極的な生き方. a ～ suggestion 建設的な提案. a ～ attitude toward the future 将来への前向きの姿勢. **6** 実在する: a ～ evil 実在する悪. **7** 実際[実証]的な: a ～ mind 実際的な頭. ～ philosophy 実証哲学. **8**〖物〗陽(性)の;〖医〗《反応が》陽性の;〖数〗正の, プラスの;〖写〗陽画の. **9**〖文〗原級の: the ～ degree 原級. **10**〖話〗全くの, 純然たる: a ～ lie 全くのうそ. a ～ nuisance 全くのやっかいもの.
—— *n.* **1** 実在; 確実性. **2**〖文〗原級. **3**〖数〗正量;〖電〗陽極板;〖写〗陽画. **4**〖哲〗実証できるもの.
～ **charge** 陽電荷. ～ **electricity** 陽電気. ～ **law** 〖法〗実定法. ～ **number**〖数〗正数. ～ **pole** 陽極. ～ **proof** 確証 (=proof ～). ～ **sign**〖数〗正符号, プラス記号. ～ **term** 実名辞. ～ **virtue**《禁欲的ではなく》積極的な美徳.
◇ **～·ness** *n.* **pòs·i·tív·i·ty** [pàzitíviti / pɔ̀z-] *n.* **1** 確実さ; 確信. **2** 積極性. **3** 実証性.
(類) → **confident**「確信して」

‡**pós·i·tive·ly** [páz(ə)tivli/pɔ́z-] *ad.* **1** 確実に, 絶対的に: ～ true 絶対真実な. **2** 本当に, 全く: ～ shocking まったく驚くべき. **3** 積極的に, 断固として, 断然. **4** 肯定的に.
—— [⁺⌄–⌄–] *int.* 断然, もちろん: Will you go?—*P～!* 行くか.—行きますとも!

pós·i·tiv·ism [pázitiviz(ə)m/pɔ́z-] *n.* **1**〖哲〗実証哲学; 実証論; 実証主義. **2** 確実性; 確信. **3** 積極性.
◇ **-ist** *n.* **pòs·i·ti·vís·tic** [⌄–––vístik] *a.*

pós·i·tron [pázitràn/pɔ́zitrɔn] *n.* 〖物〗陽電子.

po·sól·o·gy [posáladʒi/-sɔ́l-] *n.* 〖医〗薬量学.

poss. possession; possessive; possible; possibly.

pos·se [pási/pɔ́si] L. *n.* **1**《治安維持のために召集する》民兵隊(=～ *comitatus* [kàmitéitəs/kɔ̀m-]). **2** 可能性: in ～ ありうる, 潜在的に.

‡**pos·séss** [pəzés, po-] *vt.* **1 所有する, もっている**〖財産・所有物として〗: ～ a house and a car 家と車をもっている. **2**〈資質・能力を〉所有する, 備えている: ～ wisdom 英知をもっている. **3**〈外国語に〉通じている. **4**〈心・自身を〉保つ, 失わない: ～ oneself 自制する, 忍耐する. **5**〈心・自身を〉…の状態に保つ[維持する]: ～ one's soul in peace 心を穏やかに保つ. **6** に知らせる《を *of*》: ～ a person *of* the facts 人に事実を教える. **7**〈悪魔・感情が〉…に取りつく, の心を占める, 支配する《通例受動態》: *be ～ed by* [*with*] devils 悪魔に取りつかれる. be ～*ed with*[*by*] envy しっとにとらわれる. **8**〖古〗〈女を〉わがものにする. ***be ～ed of*** を所有している: He *is ～ed of* a large fortune. 彼は大財産を所有している. **～ oneself of** を自分のものにする; を占有[横領]する. ***What ～es you to*** (do)…? いったいなんで…するのか; …するなんて気でも狂ったのか. [√pot-+√sed-]
◇ **pos·sés·sor** [-ər] *n.* (類) → **have**「持つ」

pos·séssed [pəzést, po-] *a.* **1** (悪魔などに)取りつかれた; 気の狂った; 夢中になった. **2** 平静な, 落ちついた (=self-～). ***like all ～***〖米〗物につかれたように; 熱中して. ◇ **～·ly** *ad.* **～·ness** *n.*

‡**pos·sés·sion** [pəzéʃ(ə)n, po-] *n.* **1 所有**; 入手;〖法〗占有: illegal ～ of arms 武器の不法所持. **2 所有物**; (*pl.*) **財産**: a man of great ～*s*. **3** 属領, 領地: the British ～*s* in Asia アジアにおけるイギリスの領地. **4** 取りつかれること, 感情のこびりつき. **5** こびりついた感情〔観念〕. **6** 自制, 沈着. ***be in ～ of*** を所有している, を占領〔占有〕している. ***come into** a person's **～*** (人)の手にはいる. ***get*** [***take***] ***～ of*** を入手する, を占有する. ***in the ～ of*** に所有されて. ***P～ is nine points of the law.***〖諺〗占有は九分の勝ちめ. ***rejoice in the ～ of*** 幸いにも…を所有する. ***with the full ～ of*** を独占して.

pos·sés·sive [pəzésiv, po-] *a.* **1** 所有の: the ～ instinct 所有本能. **2**〖文〗所有をあらわす. **3** 所有欲の強い: She has a ～ nature. 彼女は独占欲の持ち主だ. —— *n.*〖文〗所有格; 所有詞.
～ **adjective**〖文〗所有形容詞《my, your, his など》. ～ **case**〖文〗所有格《the boy's book のboy's など》. → 枠付 Possessive Case (pp. 998–999). ～ **pronoun**〖文〗所有代名詞《mine, yours, his など》. ◇ **～·ly** *ad.* **～·ness** *n.*

pos·sés·so·ry [pəzésəri, po-] *a.* **1** 所有している. **2** 所有(者)の. **3** 所有から生じる.

pós·set [pásit/pɔ́s-] *n.* ミルク酒《熱い牛乳に酒・砂糖・香料などを入れた飲料》.

‡**pòs·si·bíl·i·ty** [pàsibíliti/pɔ̀s-] *n.* **1** 可能性, 実現性: Is there any ～ of his getting the job? 彼がその口に就職できる見込みはいくらかあるのか. There's quite a ～ that war may break out. 戦争が起こる可能性が十分ある. **2** 可能な事[物], 可能な手段[方法]: exhaust every ～ あらゆる手をつくす. **3** (通例 *pl.*) 見込み, 将来性: I see some [great] ～*ies* in her project. 彼女の案には多少の〔たいへんな〕見込みがあると思う. ***be within the bounds*** [***range***] ***of ～*** ありうることだ. ***by any ～*** (1)《条件節で》万が一にも, もしも: if *by any* ～ I am absent, … ひょっとして私がおりませんでしたら… (2)《否定で》なんとしても…, とても…: I can'*t by any* ～ be in time. どうしてもまにあわない. ***by some ～*** あるいは, ひょっとして. ***There is no ～ of*** の可能性[見込み]は少しもない: *There is no ～ of* her going there. 彼女があそこへ行くはずがない.

文法要説… (21)

Possessive Case (所有格)

単に possessive, または属格(genitive, genitive case)ともいい, 名詞および代名詞の格(case)の一つで, 名詞・代名詞を他の名詞に結合し, 所属・所有の関係などをあらわす. → 枠付 Case.

所有格のつくり方

1) 代名詞の所有格

a) 人称代名詞

	単　数	複　数
第一人称	my 私の	our 私たちの
第二人称	your (〘古〙 thy) あなたの	your あなたがたの
第三人称	his 彼の her 彼女の its そ(れ)の	their 彼らの 彼女らの それらの

〈注〉 これらは**所有形容詞** (possessive adjective) とも呼ばれ, これと対をなして mine (私のもの), yours (〘古〙 thine) (あなたのもの), his (彼のもの), hers (彼女のもの), ours (私たちのもの), yours (あなた方のもの), theirs (彼らのもの, 彼女らのもの) があり, これらは**所有代名詞** (possessive pronoun) と呼ばれる. これらをともに「人称代名詞の所有格」としてまとめて考えることもある.

b) 疑問代名詞 who の所有格は whose.

c) 関係代名詞 who の所有格は whose; 関係代名詞 which の所有格 of which (ときに whose).

	疑問・関係代名詞	関係代名詞
主　格	who	which
所有格	whose	of which*
目的格	whom	which

* ときに whose を代用.

d) 不定代名詞 's の語尾を用いる:

One must fulfill *one's* [wʌnz] duty. 自分の義務は果たさねばならぬ. *Everybody's* [évribàdiz/-bɔdiz] business is *nobody's* business. 〘諺〙 みんなの仕事は, だれの仕事でもない; みんなでしなければならないことは, だれもしない.

2) 名詞の所有格

a) 単数名詞 共通格 (＝主格と目的格) の形に 's (＝apostrophe s) をつける. 発音の規則は複数形のばあいと同様だが, つづり字の上ではそのばあいと違って語尾の y を ie に変えたり, 語尾に e を加えたりすることはない. → 枠付 Number.

(1) 語末が次項(2)で述べる以外の音であるばあい, 's は母音または有声子音の次では [z], 無声子音の次では [s]: lady→lady*'s* [léidiz] 婦人の (比較: lady→ladies [léidiz] 婦人たち). gentleman*'s* [dʒéntlmənz] 紳士の. Jack*'s* [dʒæks] ジャックの. Pat*'s* [pæts] パットの.

(2) 歯擦音・破擦音 [s, z, (t)ʃ, (d)ʒ] に終わる名詞では, 添えた 's の音価は [iz] になる. ただし, このばあいもつづり字については直接 's をつける: Mr. Bush*'s* [búʃiz] son ブッシュ氏のむすこ. the Church*'s* [tʃə́ːrtʃiz] doctrine 教会の教義. the witch*'s* [wítʃiz] head 魔女の頭. the judge*'s* [dʒʌ́dʒiz] decision 裁判官の判決. George*'s* [dʒɔ́ːrdʒiz] brother ジョージの兄. Mrs. James*'s* [dʒéimziz] anxiety ジェームズ夫人の心配.〈注〉次の複数形と比較: wish*es* [wíʃiz] 願望. watch*es* [wátʃiz/wɔ́tʃiz] とけい. lens*es* レンズ.

〈付記₁〉 特に s に終わる固有名詞では, ' だけつけて s を略した別形もあり, 口調の上からしばしばこの方が好まれる: James' [dʒeimz] brother ジェームズの兄. Keats' [kiːts] poems キーツの詩. Moses' [móuziz], Jesus' [dʒíːzəs], Odysseus' [odísjuːs], Xerxes' [zə́ːrksiːz], Achilles' [əkíliːz], Archimedes' [àːrkimíːdiːz]

〈付記₂〉 次のばあいには通常 ' だけをつける: princess' [prínsis/prinsés], for conscience' sake [fər-kánʃəns-sèik/fə-kɔ́nʃəns-seik] (for goodness' (old times') sake なども同様).

b) 複数名詞 s で終わるものには単に ' を, その他は 's をつける: boys' [bɔiz] shirts 男児用シャツ. these ladies' [léidiz] names この婦人方のお名前. the cooks' salaries コックたちの給料. men*'s* [menz] hats 男子用の帽子. children*'s* [tʃíldrənz] room 子どもべや.

3) 語群の所有格

Governor Brown's administration ブラウン知事の施政. *the Duke of Wellington's* fame ウェリントン卿(きょう)の名声. *somebody else's* business 他人の問題. *my brother-in-law's* house 私の義兄〔弟〕の家. *an hour or two's* delay 一, 二時間の遅れ.

〈注₁〉 この種の形を**群属格** (group-genitive) と呼ぶことがある.

〈注₂〉 群属格には次のような例まである: *the man we met yesterday's* son きのうわれわれが会った人のむすこ.

4) a, this, any, no などと所有格

たとえば a my friend とか my a friend のごとく a, this, any, no などと所有格とを並べて同一の名詞を修飾することは許されない. 次のごとくする:

Tom is *a* friend *of mine.* トムは私の友人です. *This* book *of mine* is 〔*These* books *of mine* are〕 expensive. 私のこの〔これらの〕本は高価だ. I know *every* friend *of my brother's.* 私は兄の友人をみんな知っている.

〈注〉 通常次の区別がある: *a* picture *of* my *father's* 私の父の所有する 1 枚の絵 ≒ *a* picture *of* my *father* 私の父を描いた 1 枚の絵.

所有格の用法

所有格は次のような意味をあらわす:

1) 所有・起源

my house 私の家. *Turner's* pictures ターナー作の絵画. ただし →上記 4)〈注〉.

2) 動作の主体

the *doctor's* care 医者の世話〔治療〕. Mr. *White's* suggestion of a new plan ホワイト氏の(行なった) 新計画の提案. Mrs. *Gray's* education グレイ先生の (行なう) 教育. I have no objection to *your* 〔*Tom's, Tom*〕 going there. あなたが〔トムが〕そこに行くことに異存はない.

3) 動作の目的

his dismissal 彼の解雇 (雇い主が彼を解雇すること). my *children's* education 私の子どもの (受ける) 教育.

4) 性質・種類

These are *lady's* gloves. これらは婦人用の手袋です. He speaks *child's* language. 彼は小児語を話す. Here is a pretty *girl's* handkerchief.

ここに少女用のきれいなハンカチがある《a prettyはgirlでなく handkerchief にかかる》.

5) 数量

an *hour's* walk 1時間の歩行(の距離). two *tons'* weight 2トンの重量. a nine *days'* wonder 9日間の驚異(=「人のうわさも七十五日」)《nine days' と wonder とがまとまって複合語をなし, a は wonder にかかる》.

6) その他の慣用

today's newspaper きょうの新聞. at one's *wits'* [*wit's*] end 途方にくれて. for *conscience'* sake 良心を安んずるために.

7) 独立所有格

a) 前後関係によるばあい: Your pen is newer than *Tom's*. きみの万年筆はトムの(万年筆)より新しい(=*Tom's* pen). This book is *mine* (=my book). この本はぼくのだ《my book の名詞 book が省略されると, 所有形容詞 my は所有代名詞 mine に変わる》.

b) 建物をさす: He stayed at his *brother's*. 彼は兄の家に泊まった(=*his brother's* house). I went to the *dentist's*. 私は歯科医院へ行った(=*the dentist's* office). Take this to the *watchmaker's*. これをとけい屋へ持って行きなさい(=*the watchmaker's* shop).

所有格と of

1) 人間・動物以外のもの

一般に所有格でなく of を用いる: the legs *of* this chair このいすの脚《比較: the boy's legs 少年の脚》. 〈注〉ただし上記前節 5) および 6) などのばあいを除く.

2) 動作の目的

of を使うことが多い: his love *of* music 彼の音楽への愛好. the education *of* children by good teachers よい教師による児童の教育.

〈付記〉所有格のばあいも, of のばあいも, 動作の主体を示すか目的を示すかは, しばしば前後関係による: *Tom's* education トムの行なう〔受ける〕教育. the shooting *of* the hunters 狩猟者が〔を〕撃つこと.

†**pós·si·ble** [pásəbl/pɔ́s-] *a.* **1** 可能な, なしうる: Come as quickly as ～. できるだけすぐ来い. **2 ありうる,** 起こりうる: provide for ～ war 万一の戦争に備える. Frost is ～ in early spring. 早春に霜が降りることがある. **3** 真実〔本当〕かもしれぬ: It is ～ that he went. 本当に行ったのかもしれない. **4**〘話〙がまんのできる: He is the only one ～ person among them. どうやらつきあえるのは彼ひとりだけだ. ***all*** [***every***] ***～ means*** あらゆる手段. ***as far as ～*** = ***as much as ～*** できるかぎり. ***if ～*** できるなら.
—— *n.* **1** (通例 *pl.*) 可能なこと. **2** 全力: I will do my ～. できるだけのことをやってみよう. **3**《射撃などの》最高点: score a ～. **4** 候補者: Presidential ～*s* 大統領候補者. [√pot-]
〔類義語〕 **実現可能な: possible** ある条件がそろえば実現可能な. **practicable** 現在の条件でも実行可能な. **feasible** やってみれば実現可能らしく, 所期の効果をあげそうな: a *feasible* plan. →probable「ありうる」.
〔類〕 → **probable**「ありうる」

‡**pós·si·bly** [pásəbli/pɔ́s-] *ad.* **1 もしかしたら,** あるいは, おそらく: He may ～ come. もしかしたら来るかもしれない. Can you come? —*P*～, but I'm not sure. 来られますか. —たぶんね, でもはっきりはしません. **2**《肯定文で can と》**なんとかして:** As soon as I ～ *can.* なんとかしてできるかぎり早く; 精いっぱい早く. **3**《疑問文で can と》どうにかして, はたして: *Can* you ～ help me? なんとか助けていただけませんか. **4**《否定文で can と》**どうしても…,** とても…: I *cannot* ～ do it. なんとしても私にはできません(≒*P*～ I cannot do it. 私にはできないかもしれません).
〔類〕 → **perhaps**「あるいは, たぶん」

pós·sum [pásəm/pɔ́s-] *n.*〘話〙=opossum. ***play ～*** 仮病をつかう; 死んだまねをする; しらばくれる.

‡**post¹** [poust] *n.* **1**〘英〙**郵便,** 郵便制度. **2**〘英〙集配, 便: I missed the last ～. 最後の便にまにあわなかった. When is the next ～ due? 次の郵便物はいつ来ますか. **3**〘英〙《1回の配達分の》郵便物: Has the ～ come yet? もう郵便が来ましたか. I had a heavy ～. 郵便がどっさり来た. 〈注〉①-③ → ㊍ mail. **4**〘英〙**郵便局; 郵便箱:** take a letter to (the) ～ 手紙を郵便局〔ポスト〕へ持っていく. **5**〘古〙飛脚; 駅伝馬車; 宿場; 旅宿. **6** ポースト《16×20インチ大の書簡紙》. **7** (P～) 新聞の名: the Washington *P*～「ワシントンポスト」.
by ～ 郵便で; 飛脚で: send a book *by* ～ 小包で本を送る. ***by return of ～*** 折り返し: She wrote to me *by return of* ～. 彼女は折り返し私に手紙をくれた. ***general ～*** 朝の第1回配達郵便; 室内遊戯の一種《皆が同時に場所を変える》.
—— *vt.* **1**〘英〙**郵送する, 投函**(とうかん)**する:** ～ a letter 手紙を出す. → ㊍ mail. **2** 駅馬(車)で送る; 急送する. **3**〘簿記〙転記する, 仕分けする《*up*》. **4**〘話〙*に*最近の情報を知らせる: keep a person ～*ed* 近況を絶えず知らせる《について *on*》.
—— *vi.* 急いで旅行する; 急ぐ;〘古〙駅馬車で旅する. ***be well ～ed*** (***up***) ***in*** に通じている.
—— *ad.* **1** 駅馬車で, 早馬で, 早飛脚で. **2** 大急ぎで, 大至急. [√pon-]
∠·bag [∠∸]〘英〙郵便袋, 行嚢(こうのう). **～ boat**〘英〙郵便船; 連絡船. **∠·box** [∠∸]〘英〙郵便箱. **∠·boy** [∠∸] (1)〘英〙郵便配達人. (2) =postilion. ‡**∠·card** → 別項. **～ chaise** 駅伝馬車. **∠-frée** 郵税無料の〔で〕;〘英〙郵税前払いの〔で〕(=㊍ postpaid). **∠·háste** → 別項. **～ horn** 馬車らっぱ. **～ horse** 早馬, 駅馬車. **∠·house** [∠∸] 駅舎《駅馬所有の》;〘英方〙=～ office. ‡**∠·man** → 別項. **∠·mark** [∠∸] 消印; *に*消印を押す. ***∠·màs·ter** → 別項. ‡**～ office** → 別項. **∠·páid** 郵便料金先払いの〔で〕. **～ road** 駅馬車街道. **～ time** 郵便締切〔集配, 到着〕時. **～ town** 宿場; 郵便局のある町.
◇ **∠·ed** [-id] *a.* **1** 地位〔勤め口〕のある. **2**〘話〙事情に通じている: be well ～*ed* 精通している.

‡**post²** *n.* **1** 柱, くい, 支柱; 標柱: a gate*post* 門柱. a bed*post* 寝台柱. **2**《競馬などの》標柱: a starting [winning] ～ 出発〔決勝〕標柱. **3**〘採鉱〙炭柱, 鉱柱. **4** 錠(前)のかぎ穴のほぞ.
beat a person ***on the ～***《競走で》胸一つの差で勝つ. ***be left at the ～*** 人に先を越されてぽかんとしている. ***between you and me and the ～*** [***doorpost, gatepost***] ふたりのあいだだけで, 内密に. ***from pillar to ～*** あちこちへ.
—— *vt.* **1** 〈掲示などを〉張る《*up*》: ～ bills on the board. *P*～ no bills. 張り紙お断わり. **2** *に*張る《を *with*》: ～ the board (over) *with* bills 板一面に広告を張る. **3** 掲示〔公示〕する, 掲示で知らせる, 触れ回る: ～ a person *for* a swindler ある人が詐欺師であると触れ回る. **4** *の*名を掲示〔公示〕する, *の*名を公表名簿に載せる: a ship ～*ed* as missing 行くえ不明だと発表された船. ～ the failures in the exam 試験の不合格者(の氏名)を掲示する. **5** 〈土地に〉立ち入り禁止の掲示を出す.

‡**post³** *n.* **1 地位, 職, 勤め口:** a diplomatic ～ 外交官職. take a ～ in a company 会社に就職する. **2** 部署, 持ち場: the sentry at his ～ 部署についている歩哨(ほしょう). Remain at [Don't desert] your ～, happen what may. 何事が起こっても自分の持ち場を離れるな. **3** 駐とん地; 駐とん部隊: a frontier ～ 辺境駐とん地. **4** 交易所(=trading

~). **5**〖米〗退役軍人分会. **6** 就床らっぱ: the *first* [last] ~ 就床予備[消燈]らっぱ.
—— *vt.* **1** <哨兵などを> 配置する: policemen ~*ed* along the street 道に沿って配置された警官. **2** <艦長・大佐などに> 任ずる. [√pon-]
~ captain〖英史〗小艦の艦長. **~ exchange**〖米:陸軍〗酒保, 物品販売所《略 PX》.
[類] → **position**「職」, → **work**「仕事」
post [poust] L. *prep.* …のあと, …の以後に.
post- *pref.*「…以後の」の意. ↔pre-.
‡**póst·age** [póustidʒ] *n.* 郵便料金.
~ due 郵税不足. **~ free** 郵税無料. **~ paid** 郵税支払い済み. **~ stamp** 郵便切手.
‡**póst·al** [póust(ə)l] *a.* 郵便の; 郵便局の.
the International [***Universal***] ***P~ Union*** 万国郵便連合. **——** *n.*〖米話〗= ~ card.
~ card〖米〗官製はがき《私製はがきは postcard》. **~ matter** 郵便物. **~ order** 郵便かわせ. **~ savings** 郵便貯金. **~ service** 郵便(事務). **~ tube** 紙を巻いて郵送するための筒.
pòst·a·tóm·ic [pòustətámik/-tɔ́m-] *a.* 原爆使用後の. ↔preatomic.
post-bel·lum [pòustbéləm/⌐⌐−] L. *a.* 戦後の;〖米〗《特に》南北戦争後の.
‡**póst·card** [póustkɑ̀ːrd] *n.* **1**〖米〗私製はがき. → postal card. **2**〖英〗郵便はがき: a return ~ 往復はがき.
póst-clás·si·cal [póustklǽsik(ə)l] *a.*《ギリシア・ローマ文芸の》古典期以後の.
pòst·dáte [pòustdéit/⌐⌐] *vt.* <小切手・生年月日などの> 日付を実際よりおそくする.
—— *vt.* …のあとになる, …のあとに起こる《時間的に》. **——** *n.*《書類などの》事後日付.
pòst·di·lú·vi·an [pòustdilúːviən/póustdai-] *a.*, *n.* ノアの洪水(こうずい)以後の(人).
póst·èn·try [póustèntri] *n.* **1**〖商〗追加記入. **2** 追加申し込み.
***póst·er** [póustər] *n.* **1** ポスター, 張り札, 広告宣伝ビラ. **2** ビラ張り人.
—— *vt.* にポスター[ビラ]を張る.
poste res·tante [pòustrestɑ́ːnt/⌐⌐−, -tɑ̃ː(n)t] F.〖郵便〗局留め;〖英〗局留め取り扱い課.
pos·té·ri·or [pastí(ː)riər/pɔstíər-] *a.* **1**《位置が》後ろの, 後部の: the ~ parts of the body からだの背後部. ↔ anterior. **2**《時間・順序が》あとにくる[続く], …よりあとの《*to*》: ~ *to* the year 1960 1960年以後の. ↔ prior¹.
—— *n.* 後部; (*sing*,〖古〗*pl.*) 臀部(でんぶ). [√post-]
◇ **~·ly** *ad.* 背部に, あとに, 次に.
pos·tè·ri·ór·i·ty [pasti(ː)riɔ́ːriti/pɔstiəriɔ́r-] *n.* **1** のち[次]であること. ↔priority. **2** 後天性.
‡**pos·tér·i·ty** [pastériti/pɔs-] *n.* **1**《集合的》子孫 (descendants). ↔ ancestry. **2** 後世. ***hand down to ~*** 子孫[後世]に伝える. [√post-]
pós·tern [póustəːrn, ㊎⁺pás-] *n.* **1** 裏門, 裏口. **2** 小門,《城などの》からめ手. **3**〖築城〗地下道; 抜け道. **——** *a.* 裏門の, 裏口の: a ~ door 裏口.
pòst·ex·íl·i·an [pòustegzíliən] *a.* ユダヤのバビロン幽囚以後の.
póst·fix [póustfiks] *n.* 最終接尾辞《接尾辞中最後に置かれるもの》; 接尾辞.
—— [−⌐] *vt.* 最終接尾する; 接尾する.
post·grád·u·ate [pous(t)grǽdʒuit, -èit / póustgrǽdjuit] *a.* 大学院の, 学士修得後の.
—— *n.* 大学院学生, 研究科生.
póst·háste [póusthéist] *ad.* 大急ぎで.
—— *n.*〖古〗大急ぎ.
póst·hu·mous [pástʃuməs/pɔ́stju-] *a.* **1** 父親の死後に生まれた: a ~ child 遺児. **2** 著者の死後に出版された: a ~ work 遺著. **3** 死後の: one's ~ name おくり名, 戒名. [√post-. postumus「最後の」が humus「土; 埋葬」の連想で変形した]
◇ **~·ly** *ad.* 死後に.
pos·tiche [pɔstíːʃ, pas-/pɔs-] F. *a.* **1** つけたりの, よけいな《装飾など》. **2** にせの, まがいの.
—— *n.* 模造品; 見せかけ; かもじ (toupee).
pos·tí·cous [pastáikəs/pɔ́stik-] *a.*〖植〗茎の後ろにある; 花糸の外側にある.
pos·til·(l)ion [poustíljən, pa-/pəs-] *n.* (馬車の)左馬騎手《4・6頭立て馬車では第1列の左の馬に乗る》.
pòst·im·prés·sion·ism [pòustimpréʃ(ə)nìz(ə)m/póust-] *n.*〖美〗後期印象派.
◇ **-ist** *a.*, *n.* ～の(画家).
pòst·li·mín·i·um [pòustlimíniəm], **pòst·lím·i·ny** [-límini] *n.*〖国際法〗《敵国に捕えられた人・物件の》戦後原状回復権, 戦前復帰権.
póst·lude [póustlùːd/-ljuːd] *n.* **1**〖楽〗後奏曲. ↔ prelude. **2**《教会で》礼拝の終わりのオルガン独奏 (concluding voluntary).
‡**póst·man** [póustmən] *n.* (*pl.* **-men**) 郵便集配人《㊎おもに mail man》;〖古〗飛脚.
***póst·màs·ter** [póus(t)mæ̀stər/-mɑ̀ːs-] *n.* (*fem.* **póst·mìs·tress**) 郵便局長.
~ general (*pl.* **~s general**)〖米〗郵政長官; (P~ General)〖英〗郵政大臣. ◇ **~·ship** *n.*
pòst·me·ríd·i·an [pòustmərídiən/póust-] *a.* 午後の; 午後に起こる.
post me·rid·i·em [póust-mərídièm, -diəm / -diəm] L. 午後《略 P.M., p.m. [píːém]》. ↔ *ante meridiem*.
pòst·mil·lén·ni·al·ism [pòustmiléniəliz(ə)m] *n.* 至福千年後にキリストの再臨があるという信仰.
post-mór·tem [poustmɔ́ːrtəm/póus(t)mɔ́ːtem] L. *a.* **1** 死後の. **2** 事後の. **——** *n.* **1** 検死, 死体解剖 (= ~ examination). **2** 事後論議.
post·ná·tal [poustnéitl/póust-] *a.* 生後の[に起こる].
post·núp·tial [-nʌ́pʃ(ə)l] *a.* 結婚後の.
post-ó·bit [poustóubit, -áb-/-ɔ́bit, -óub-] *n.* 死後支払契約証. **——** *a.* 死後効力を発する.
‡**post office** [póust-ɔ̀ːfis, -àf-/-ɔ̀f-] *n.* **1** 郵便局. **2** (P~ O~) 郵政省.
póst-òf·fice [póustɔ̀ːfis, -àf-/-ɔ̀f-] *a.* 郵便局の; 郵便[郵政]の. **~ annuity** 郵便年金. **~ box** 私書箱《略 P.O.B.》. **~ insurance** 簡易保険. **~ order** 郵便かわせ《略 P.O.O.》. **~ savings bank** 郵便貯金局.
pòst·pár·tum [pòustpɑ́ːrtəm] *a.* 産後の.
‡**post·póne** [pous(t)póun] *vt.* **1** 延期する, あとまわしにする: The meeting has been ~*d* to [till] next Sunday. 会合は次の日曜日まで延期になった. **2** 次位[下位]に置く《の *to*》. **——** *vi.*〖医〗<発作などが> おくれて起こる. [post- + √pon- 後に+置く]
◇ **~·ment** *n.* 延期, あとまわし.
pòst·po·sí·tion [pòustpəzíʃ(ə)n/póust-] *n.* **1** 後置すること. **2**〖文〗後置詞. → preposition.
◇ **~·al** *a.*
pòst·pós·i·tive [pòustpázitiv/-pɔ́z-] *a.*〖文〗後置の. **——** *n.*〖文〗後置詞.
post·prán·di·al [poustprǽndiəl] *a.* 食後の: a ~ speech 食後の演説.
póst·script [póus(t)skript] *n.* **1**《手紙の》追伸, 二伸《略 P.S.》. **2**《書物の》あと書き, 補遺. **3**〖英〗《B.B.C. の》ニュース放送のあとの解説.
pós·tu·lant [pástʃulənt/pɔ́stju-] *n.* 志願者;《特に》聖職[牧師]志望者.
pós·tu·late [pástʃulèit/pɔ́stju-] *vt.* **1** 要求する, 主張する: the claims ~*d* 要求事項. **2** (推理の基礎として) 仮定する, 予想する. **3** 当然[自明]のこととする. **4**〖宗〗<無資格者を> 上司の認可を条件に指名[選任]する.
—— *vi.* 仮定する; 要求する《を *for*》.
—— [-lit, -lèit] *n.* 基礎条件, 仮定;〖幾何〗公準;

the ～s of Euclidean geometry ユークリッド幾何学の公準. ◇ **-la·tor** [-lèitər] *n.* 仮定者; 要請者. **pòs·tu·lá·tion** [∸–léiʃ(ə)n] *n.* 仮定; 要請; 〖宗〗《上位機関の認可条件つきの》聖職任命.

〖類〗→ **theory**「理論」

***pós·ture** [pástʃər/pɔ́s-] *n.* **1** 姿勢, 姿態. **2** 気どった態度. **3** 《精神的な》態度, 気構え. **4** 事態, 情勢《*of*》. ── *vi.* **1** 姿勢をとる. **2** ポーズをつくる; 気どる. ── *vt.* に姿勢〔位置〕をとらせる. [√pon-] ◇ **pós·tur·al** [-tʃərəl] *a.*

***póst·wár** [póustwɔ́:r] *a.* 戦後の: ～ days 戦後. 「↔ prewar.

pó·sy [póuzi] *n.* **1** 花; 花束. **2** 〖古〗詩銘《指輪などに刻んだ》.

‡**pot** [pɑt/pɔt] *n.* **1** 《陶器・金属・ガラス製の》円筒形の容器, つぼ, かめ, びん, 深なべ, 土なべ, はち: a bean ～ 豆を煮る深なべ. a jam ～ ジャムつぼ. a tea ～ きゅうす. a coffee ～ コーヒー沸かし. a melting ～ るつぼ. a chamber ～ 室内便器. **2** ～に1杯の分量; (1杯の) 酒: a ～ of beer ビール1杯. **3** 魚〔エビ〕をとるかご: a lobster ～. **4** 山高帽; 煙突の煙口: a chimney ～. **5** 〖玉突き〗玉受け袋; 玉受け袋に全部の玉がはいる一打ち. **6** 〖話〗《poker などの》1回のかけ金; 大金; 賞金. **7** 偉い人: a big ～ お偉方. **8** 〖米俗〗=marijuana. **9** 〖英俗〗人気馬, 本命. **10** 15.5×12.5インチ大の洋紙.

A little ～ is soon hot. 〖ことわざ〗小人はおこりやすい. ***A watched ～ never boils.*** 〖ことわざ〗あせっても事は運ばない《あせってはだめ》. ***boil the ～*** 暮らしをたてる, あくせく働く. ***go to ～*** 落ちぶれる, 破滅する; 死ぬ. ***in one's ～*** 酔って. ***keep the ～ boiling*** 暮らしをたてていく, 景気よく続けていく. ***make a ～ at*** に顔をしかめる. ***make the ～ boil*** 暮らしをたてる; 金のために芸を売る. ***put the ～ on*** 〖競馬〗に大金をかける. ***take a ～ at*** を目がけて撃つ. ***The ～ calls the kettle black.*** 〖ことわざ〗自分のことをたなに上げて人のことを責める; 目くそ鼻くそを笑う.

── *v.* (**-tt-**) *vt.* **1** ～に入れる《保存のために》; ～で料理する. **2** はち植えにする. **3** 《食用に》撃つ, の猟をする. **4** 〖話〗手に入れる, ものにする. **5** 《俗受けするように》わかりやすくする, の要点を強調する.

── *vi.* 〖話〗撃つ《を *at*》.

～ **ale** (蒸留酒の製造に用いた) 麦芽汁のかす《豚のえさ》. ～ **barley** 脱穀済み大麦. **∸·bèl·lied** 太鼓〔ほてい〕腹の. **∸·bèl·ly** 太鼓腹 (の人). **∸·bòil·er** 金目当ての作者〔作品〕. **∸·bound** [∸∸] はちいっぱいに根を張った; 成長〔発展〕の余地のない. **∸·boy** [∸∸] 〖英〗居酒屋の給仕〔小僧〕. ～ **cheese** =cottage cheese. ～ **companion** 飲み友だち. ～ **hanger** =pothook. ～ **hat** 山高帽 (bowler). ～ **head** ばか. **∸·herb** [∸∸] 煮て食べる野菜《ホウレンソウなど》. **∸·hòld·er** なべつまみ《熱いなべを持つのに使う縫い合わせた布》. **∸·hole** [∸∸] 〖地〗甌穴(おうけつ)《河床の岩石に生じた円筒状の穴》; 深い穴; 路上の穴. **∸·hook** [∸∸] (1) 自在かぎ; かぎ付き長火ばし. (2) くねり書き《S字形の》; (*pl.*) 金くぎ流の字. **∸·house** [∸∸] 〖英〗居酒屋. **∸·hùnt·er** 乱猟家; 賞品目当ての競技参加者. ～ **lead** [∸lèd/∸–] 〖鉱〗黒鉛, 石墨《競走用ヨットの船底の摩擦を減ずるために用いる》. ～ **lid** つぼふた. ～ **liquor** 肉野菜スープ. **∸·luck** [∸∸] あり合わせの食事: Come and take ～*luck* with us. 粗飯を差し上げますからいらっしゃい. **∸·man** [-mən] =potboy. ～ **marigold** 〖植〗トウキンセン. ～ **metal** 銅と鉛の合金; ステンドグラス《融解状態で染める》; 鉄びん〔つぼ〕. ～ **pie** 肉入りパイ; 肉だんご入りシチュー. ～ **plant** はち植え植物. ～ **roast** なべ肉, 焼き肉. **∸-roast** [∸∸] なべ肉にする. **∸·sherd** [∸∸] 陶器のかけら《考古学資料》. ～ **shop** 〖英〗小居酒屋. ～ **shot,** ～**·shot** → 別項. ～ **stick** 料理ばし《なべを混ぜる》. ～ **still** 汽套(きとう)のないウイスキー蒸留器. **∸·stone** [∸∸] セッケン石《滑石の一種. つぼ製造用》. **∸-vàl·iant, ∸-vàl·or·ous** から元気の《酒の上での》. **∸-vàl·or, ∸-vàl·iance** 一杯きげんのから元気. **∸·wàl·lop·er** [〖英〗∸∸––], **∸·wàll·er** 〖英史〗有選挙権者《1832年選挙法改正以前の》.

◇ **∸·ful** [-fùl] *n.* ～1杯 (の分量).

pó·ta·ble [póutəbl] *a.* 飲むに適した: This water is not ～. この水飲用不適. ── *n.* (*pl.*) 飲み物.

po·tage [poutá:ʒ/pɔ-] F. *n.* ポタージュ《濃いスープ》. → *consommé.*

po·tám·ic [pətǽmik] *a.* 河川の. 「川学.

pòt·a·mól·o·gy [pɑ̀təmálədʒi/pɔ̀təmɔ́l-] *n.* 河

pót·ash [pátæʃ/pɔ́t-] *n.* **1** 灰汁(あく)からとった炭酸カリ. **2** かせいカリ (=caustic ～). **3** =potassium. ～ **water** 炭酸水.

po·táss [pətǽs] *n.* **1** =potash. **2** =potassium.

po·tás·si·um [pətǽsiəm] *n.* 〖化〗カリウム, ポタシウム《金属元素の一つ. 記号 K》.

～ **bromide** 臭化カリウム. ～ **carbonate** 炭酸カリウム. ～ **chlorate** 塩素酸カリウム. ～ **chloride** 塩化カリウム. ～ **cyanide** 青酸カリ. ～ **dichromate** 重クロム酸カリウム. ～ **hydroxide** 水酸化カリウム. ～ **nitrate** 硝酸カリウム. ～ **permanganate** 過マンガン酸カリウム. ～ **sulfate** 〔**sulphate**〕 硫酸カリウム.

◇ **po·tás·sic** [pətǽsik] *a.* カリの, カリを含む.

po·tá·tion [poutéiʃ(ə)n] *n.* **1** 飲むこと; 一杯. **2** (通例 *pl.*) 飲酒; 酒. ◇ **pó·ta·to·ry** [póutətɔ̀:ri/-t(ə)ri] *a.* 飲酒の, 飲酒癖のある.

†**po·tá·to** [pətéitou] *n.* (*pl.* ～**es**) **1** ジャガイモ. **2** 〖米〗=sweet ～. ***be quite the ～*** 〖俗〗あつらえ向き(のもの)だ. ***small ～es*** 〖俗〗つまらない人〔物〕. ***sweet*** 〔***Spanish***〕 ～ サツマイモ. ***the*** (***clean***) ～ 適当なもの. ***white*** 〔***Irish***〕 ～ ジャガイモ.

～ **beetle** 〔**bug**〕 〖虫〗ジャガイモムシ. ～ **chip** ジャガイモのから揚げ《細長い, 薄切りの》. ～ **rot** ジャガイモ病《菌による》.

po·téen, -théen [potí:n-/pɔ-, po-] *n.* 《アイルランドの》密造ウイスキー.

pó·tence [póut(ə)ns], **pó·ten·cy** [-i] *n.* **1** 権力, 勢力. **2** 能力, 潜在力. **3** 効能, 効力.

pó·tent [póut(ə)nt] *a.* **1** 強力な, 有力な. **2** 勢力をもつ. **3** 《薬などが》効力のある. **4** 《議論・理由が》説得的な. **5** 性的能力のある. [√pot-]

pó·ten·tate [póut(ə)ntèit] *n.* 有力者, 権力者; 主権者, 君主.

po·tén·tial [pəténʃ(ə)l] *a.* **1** 可能な, 可能性のある, 潜在的な: a ～ genius 天才の素質のある人. **2** 〖文〗可能法の. **3** 〖物〗位置の; 電位の.

── *n.* **1** 可能 (性); 潜在力: war ～ 戦争潜在力. **2** 〖物〗ポテンシャル; 電位. **3** 〖文〗可能法 (=～ mood). [√pot-] ～ **difference** 〖物〗電位差. ～ **energy** 〖物〗位置エネルギー. ～ **share** 権利株. ～ **transformer** 変圧器. ◇ ～**·ize** [-àiz] *vt.* 可能にする; 潜在力化する. ～**·ly** [-i] *ad.* 可能的に; 潜在的に; もしかすると (…かもしれない).

po·tèn·ti·ál·i·ty [pətènʃiǽləti] *n.* 強力なこと; 潜在力; 可能性; (発展の) 見込み.

po·tén·ti·ate [pəténʃièit] *vt.* 強力〔有力〕にする; 効力を増す; 強める.

◇ **po·tèn·ti·á·tion** [–∸ʃiéiʃ(ə)n] *n.*

po·tèn·ti·óm·e·ter [pətènʃiámətər / -ɔ́m-] *n.* 〖電〗電位差計; 分圧器.

po·théen =poteen.

póth·er [páðər/pɔ́ð-] *n.* **1** 騒動, 混乱. **2** 《煙・ほこりの》雲. ***be in ～*** 騒いでいる. ***make*** 〔***raise***〕 ***a ～*** 騒ぎたてる. ── *vt., vi.* 悩ます; 困らす; 騒ぐ.

pó·tion [póuʃ(ə)n] *n.* **1** 飲み薬《特に魔力ある》: a love ～ ほれ薬. **2** 《医薬・毒薬の》一服, ひと飲み.

Po·tó·mac [pətóumək] *n.* (the ～) Washington, D.C. を貫流して Chesapeake 湾に注ぐ川.

pot pour·ri [patpú(:)ri/poupúri] F. **1** 百花香《室内をかおらせるため種々の花弁と香料を混ぜてつぼに入れたもの》. **2** ごた混ぜ煮. **3**〘楽〙混成曲, 吹き寄せ. **4** 雑集《文学などの》.

Póts·dam [pátsdæm/pɔ́ts-] *n.* ドイツ東北部, ベルリン西南西の都市. **～ Declaration, the** ポツダム宣言《1945年7月26日アメリカ・イギリス・中国・ソ連の対日降伏要求共同宣言》.

pot shot, pót·shot [pátʃàt/pɔ́tʃɔ̀t, ⌐—] *n.* **1** 獲物目当ての銃猟. **2** 近接射撃, でたらめ撃ち. ***take ～s at*** …をかれこれ言う〔非難する〕.

—— *a.* **1**《射撃が》近距離からの. **2** やさしい, 安易な. **3** 手当たりしだいの, いいかげんな.

pót·tage [pátidʒ/pɔ́t-] *n.* 〘古〙濃いスープ, あつもの. → *potage.*

pót·ted [pátid/pɔ́t-] *a.* **1** はち植えの: a ～ tree はち植えの植木. **2** びん〔かん〕詰めの; つぼ〔かめ〕に入れた. **3** 短い, 小さな: a ～ play 寸劇. **4** 一杯きげんの. **5**〘英〙通俗化した, 浅薄な.

pót·ter[1] [pátər/pɔ́tə] *n.* 陶工; 焼き物師.
～'s asthma 〔**bronchitis**〕〘医〙陶工ぜんそく〔気管支炎〕. **～'s clay** 〔**earth**〕陶土. **～'s field** 共同墓地. **～'s wheel** 陶工ろくろ. **～'s work** 〔**ware**〕陶器.

pót·ter[2] [pátər/pɔ́tə]〘おもに英〙=putter[3].

pót·ter·y** [pátəri/pɔ́t-] *n.* **1**《集合的》陶器. **2** 製陶術. **3** 陶器製造所. ***the Potteries イギリス Staffordshire の陶磁器産地.

pót·tle [pátl / pɔ́tl] *n.* **1**〘古〙液量の単位《2 quarts》; その容器《大コップ・びんなど》. **2** ポットルびん入りの酒. **3**〘英〙小さいくだものかご.

Pott's [pats/pɔts] **～** ***disease*** 脊椎(せき)カリエス.

pót·ty[1] [páti/pɔ́ti] *a.* 〘英話〙 **1** とるに足らない, つまらない. **2**《試験問題が》たやすい. **3** 少し気が変な, 頭がどうかした; 夢中な《に *about*》.

pót·ty[2] *n.* 小児用便座《便器の上にのせる》.
～-chair [⌐—⌐] 小児用便器いす《下につぼを置く》.

pouch [pautʃ] *n.* **1** 小袋;《特に》たばこ入れ;〘古〙金入れ;〘軍〙弾丸(たま)入れ; 郵便袋. **2**《袋状の皮膚の》たるみ: ～*es* under the eyes of an old man 老人の目の下のしわ. **3**《有袋類の》肚嚢(のう): A kangaroo carries its young in a ～. カンガルーは子どもを袋の中に入れて運ぶ.

—— *vt.* **1** 袋に入れる. **2** 袋状にする: ～ one's lips 口をとがらす. **3**〈鳥・魚が〉飲む. **4**〘俗〙…に心づけをやる. **——** *vi.* 袋のようになる〔下がる〕.

◇ **～ed** *a.* 袋のある: ～*ed* animals 有袋動物.
～·y *a.* 袋状の; だぶだぶの. 「ためんどり.

pou·lárd(e) [pu:lá:rd] *n.*《食用にするため》太らせ

poult [poult] *n.* ひな《七面鳥・鶏・キジなどの》.

poult-de-soie [pú:d(ə)swá:] F. *n.* うね織り絹の一種《婦人服用》. 「獣肉.

póul·ter·er [póult(ə)rər] *n.* 〘英〙鳥肉屋; 鳥肉; 猟

póul·tice [póultis] *n.* パップ, 湿布.
—— *vt.* …に湿布を当てる.

‡**póul·try** [póultri] *n.* 《集合的》家禽(きん)《鶏・七面鳥・アヒルなど》. **～-man** [-mən] (*pl.* **-men**) 養鶏〔家禽飼養〕家; 鳥肉屋.

pounce[1] [pauns] *vi.* **1** 飛びかかる, 舞い降りる, 襲う《に *on, upon, at*》: The hawk ～*d on* its prey. タカは獲物につかみかかった. **2**《比喩的》急襲する, 口出しする《に *on*》; うまく行き当たる《に *on*》.
—— *vt.* 飛びかかってつかむ.
—— *n.* **1** 急につかみかかること. **2**《猛禽・獣などの》つめ. ***make a ～ upon*** …につかみかかる. ***on the ～*** 飛びかかろうとして.

pounce[2] *n.* にじみ止め粉《インクがにじむのを防ぐ》; 型づけ粉《下の紙に型を写しとるための木炭粉末》.
—— *vt.* …ににじみ止め(の粉末)をまく; 型づけ粉をふって型を写す.

‡**pound**[1] [paund] *n.* (*pl.* **～s**,《集合的》～) **1** ポンド《目方の単位. 略 lb.; 常衡で16オンス, 約 453.6 g; 金衡で12オンス, 約 373 g》. **2** ポンド(=～ sterling)《略 £. イギリスの貨幣単位で, 100 pence に相当. 1971年2月までは 20 shillings に相当した》: £ 5 5ポンド. five ～*s* ten 5ポンド10ペンス《£ 5.10 と書く. 古くは5ポンド10シリングの意で, £ 5-10-0と書いた》. **3**〘史〙スコットランドポンド(=～ Scots)《1シリング8ペンス》. **4**〘聖〙マイナ《セム族の貨幣単位》. **5** エジプト・トルコなどの貨幣単位. ***by the* ～** (重さ)1ポンドにつき幾らで《売るなど》. ***in the* ～** (貨幣)1ポンドにつき: pay 5s. *in the* ～ 1ポンドにつき5シリング払う. ***～ of flesh*** ひどい要求, 致命的な代償《Shakespeare の *Merchant of Venice* から》. ***～s, shillings, and pence*** 金銭. **——** *vi.* 〘英〙貨幣の重量を検査する.
～ Australian 16シリング. **～·cake** [⌐—⌐] カステラ菓子《バター・砂糖・小麦粉各1ポンドを材料とする》. **～ day** 1ポンド寄進日《慈善団体への》.
～-fóol·ish 一文惜しみの百失いの; 大金をじょうずに使えない. → penny-wise.
◇ **～·age** [-idʒ] *n.*《金高・目方》1ポンドごとの手数料〔歩合税〕. **～·er** *n.*《合成語として》(重量が)…ポンドの物〔人〕; …ポンド砲; (支払い・資産・収入が)…ポンドの人.

pound[2] *n.* **1**《迷い動物・押収品などの》留め置き場; 留置所. **2** 動物用囲い;《動物の》わな仕掛けの囲い;《魚の》わな. **——** *vt.* 〘古〙おり〔囲い〕に入れる; 留置〔拘留〕する《*up*》.

pound[3] *vt.* **1** ドンドン打つ, 強打する: He ～*ed* the door with his fist. 彼はこぶしで戸をドンドンたたいた. **2**〈曲を〉ガンガンひく: ～ a tune on the piano. **3** たたきつぶす: ～ wheat *into* flour 小麦を砕いて粉にする. **4** (繰り返して) 教え込む.
—— *vi.* **1** 強く打つ, 連打する《を *at, on*》; 猛攻撃する《を *at, on, away*》: ～ *on* the piano ピアノをガンガンひく. **2**〈心臓が〉ドキンドキン打つ;〈太鼓などが〉ドシンドシンと鳴る. **3** 絶えず努める; ドシンドシン〔ドタンドタン〕と歩く《*along*》. **4** (当たって) 砕ける: a ship ～*ing* to pieces on the rocks 岩に当たって粉砕する船. **～ out** (平らに) たたきつぶす.
◇ **～·er** *n.* 打つ〔つく〕人〔物〕; きね.

póund·al [páund(ə)l] *n.* 〘物〙パウンダル《力の単位; 質量1ポンドの質点に作用して毎秒1フィートの加速度を起こす力》.

‡**pour** [po:r/pɔ:] *vt.* **1** つぐ, 注ぐ, 流す: ～ out tea 茶をつぐ. *P*～ yourself another cup of tea. もう1杯ついで召し上がれ. The river ～*s* itself *into* a lake. 川は湖に注いでいる. **2**〈弾丸・恩恵などを〉大量に〔惜しみなく〕与える, 浴びせる: The sun ～*ed* down its heat. 太陽はどんどん照りつけた. **3** とうとうと述べる, まくしたてる, 歌いあげる《*out*》: ～ *out* one's troubles 自分の悩みを吐露する.
—— *vi.* **1** (大量に) 流れる, 流れ出る〔込む〕; 殺到する《*down, forth, out*; へ *into*》: The congregation ～*ed out* of the church. 会衆はどやどやと教会から出た. The mob ～*ed into* the office room. 暴徒は事務室になだれ込んだ. Letters ～ in from all quarters. あらゆる方面から手紙がわんさとくる. **2**〈雨が〉どしゃ降りに降る;〈弾丸が〉降り注ぐ.
It never rains but it ～s. 〘ことわざ〙降れば必ずどしゃ降り, 不幸は重なるもの. **～ *cold water on*** …に水をさす, …にけちをつける. **～*ing wet*** どしゃ降りで. **～ *it on***〘米俗〙がんばる, 猛烈にやる. **～ *off*** から流れ出る: The sweat was ～*ing off* him. 彼は滝のように汗を流していた. **～ *oil on the fire*** 扇動する. **～ *out*** (1)〈茶などを〉つぐ. (2) 流れ出る.
—— *n.* **1** 流出. **2** どしゃ降り, 豪雨. **3**〘鋳造〙注入口; 1回分の注入量.
◇ **～·er** [pó:rər/pɔ́:r-] *n.* **～·ing·ly** [pó:riŋli/pɔ́:r-] *ad.* 「ブ.

pour·boire [púərbwà:r/⌐—] F. *n.* 心づけ, チッ

pour·par·ler [puərpá:rli/-lei] F. *n.* (*pl.* **～s**

[-z]) (通例 *pl.*) 予備会談《外交上の》.

póur·point [púərpɔ̀int] *n.* 〖史〗胴着《綿入れ》.

pousse-ca·fé [pú:skæféi] F. *n.* コーヒーのあとに出すリキュールの小杯; 五色酒.

pous·sétte [pu:sét] *n.* 手をつないで踊り回るいなか舞踊. —— *vi.* ～を踊る.

pou sto [pú:-stóu/páu-] Gk. (=where I stand) 立脚地, よりどころ; 足場, 根拠地《Archimedes のことば》.

pout[1] [paut] *vt.* 〈口を〉とがらす. —— *vi.* 口をとがらす, すねる, ふきげんになる. —— *n.* 口をとがらすこと, ふくれっつら. ***be in*** [***have***] ***the ～s*** すねている.

pout[2] *n.* (*pl.* ～) 〖魚〗ナマズ〔タラ, ギンポ〕の一種.

póut·er [páutər] *n.* 口をとがらせる人, ふくれっつらをする人; 〖鳥〗パウター, ムネタカバト《ドバト〔イエバト〕の一種. 脚長で, えぶくろをふくらませる癖がある》.

‡**póv·er·ty** [pávərti/pɔ́v-] *n.* **1 貧乏, 貧困**: live in ～ 貧しく暮らす. **2 欠乏, 不足**《*of, in*》: ～ *of* blood 〖医〗貧血. ～ *in* Vitamins ビタミンの欠乏. **3** 劣等, 貧弱: ～ of the soil 土地の不毛. → 形容詞 poor. **～-strìck·en** きわめて貧しい; 貧困に苦しむ; みすぼらしい.

POW, p.o.w., pow prisoner of war.

‡**pów·der** [páudər] *n.* **1 粉, 粉末**: be ground into ～ 粉にひかれる. baking ～ ふくらし粉. polishing ～ みがき粉. tooth ～ 歯みがき粉. talcum ～ タルカムパウダー《化粧用》. skin ～ 汗とり粉. put ～ on one's face おしろいをつける. **2** 粉末製品; おしろい; 粉薬: take a ～ after every meal 毎食後に粉薬を服用する. **3 火薬**. **4** 土ぼこり; 粉雪 (=～ snow). ***keep*** one's ***～ dry*** 万一に備える. ***not worth ～ and shot*** 努力する価値がない, 採算がとれない. ***put ～ into*** に火薬を詰める; に力を込める. ***smell ～*** 実戦を経験する.

—— *vt.* **1 粉にする**, 粉砕する. **2** に**粉をふりかける**; に粉おしろいをつける: ～ one's face 顔におしろいをつける. **3** にふりかける, にばらまく《を *with*》; The ground was lightly ～*ed with* snow. 地面は雪で薄くおおわれていた. **4** 激しく攻撃する.

—— *vi.* **1** 粉になる. **2** おしろい〔髪粉〕をつける.

～ blue 淡青色. **～ box** 化粧箱. **～ burn** 火薬によるやけど. **～ chamber** 《銃・地雷の》薬室. **～ closet** 《18世紀の》化粧べや. **～ flask** 火薬入れ〔びん〕《昔の狩猟・戦闘用》. **～ horn** 角製火薬入れ. **～ magazine** 火薬庫. **～ mill** 火薬工場. **～ monkey** 《昔の軍艦の》弾丸運び少年; 〖米〗ダイナマイト係. **～ puff** パフ《化粧ばけ》. **～ room** 化粧室; 《特に婦人客用》手洗い所.

◇ **～ed** [-d] *a.* 粉末の: ～*ed* egg 粉末卵. ～*ed* milk 粉ミルク. **～·y** [-dəri] *a.* 粉(状)の; 粉だらけの; 粉になりやすい, もろい.

‡**pów·er** [páuər] *n.* **1 力, 体力**; 生活力: one's vital ～ 活力. He has no ～ to live on. 彼はもう生きる力がない. **2** ききめ, 効力: the ～ of a medicine〔a prayer〕薬〔祈り〕のききめ. **3** (物理的) **動力**; 《特に》**電力**: electric ～ 電力. mechanical ～ 機械力. a ～ station 発電所. the ～ of a blow 打撃力. **4** (通例 *pl.*) **能力, 才能**; 体力, 精力: a man of great intellectual ～*s* 知的能力のすぐれた人. His ～*s* are failing. 体力が衰えつつある. **5 権力, 権威, 権能**: the ～ of Congress 議会の権能. **6 有力者, 権力者**: the ～*s* that be 当局者. **7 強国**: the great ～*s* 列強. the Allied ～*s* 同盟諸国. **8** 〖古〗軍隊, 兵力 (forces). **9** 委任された権力, 委任 (状): ～ of attorney 委任権〔状〕. **10** 〖数〗べき, 累乗: The third ～ of 2 is 8. 2の3乗は8. **11** 《レンズの》倍率. **12** 〖俗〗たくさん, 多量: a ～ *of* work 多量の仕事. **13** 神; 権(ごん)天使《天使の第6階級》: the ～*s* above 天の神々. Merciful ～*s*! 情けぶかい神々よ. **14** 〖物〗仕事率, 工率, 工程.

beyond [***out of***] ***a person's ～(s)*** (人) の力の及ばない. ***come to*** [***into***] ***～*** 政権を握る; 勢力を得る. ***do all in*** one's ***～*** できるだけのことをする. ***have ～ over*** を支配する, を自由にする. ***hold ～ over*** を支配する. ***in ～*** 政権をとって (in office): the party *in* ～与党. ***in*** one's ***～*** (1) できるだけ. (2) 支配下に: have a person *in* one's ～ 人を自分の思いのままにする. ***More ～ to your elbow!*** 〖話〗しっかりやれ. ***political ～*** 政権. ***raise to the second*** [***third***] ***～*** ある数を2〔3〕乗する. ***within*** one's ***～*** 力の及ぶ範囲の〔で〕: It isn't *within my* ～ to help you. 私の力では助けてあげられません.

—— *vt.* に動力を供給する. [√pot-]

～ amplifier 〖電〗電力増幅器, パワーアンプ. **～·boat** [´-`] 動力船, 発動機艇; モーターボート. **～ brake** 機力ブレーキ. **～ cable** 高圧線. **～ canal** 動力水路. **～ dive** 〖空〗動力降下《エンジンをかけたままの》. **～ drill** 動力ぎり. **～ elite** 《集合的》よりぬきの権力者, パワーエリート: the ～ *elite* of a major political party. **～ failure** [**suspension**] 停電. **～·house** [´-`] (1) 発電所. (2) 精力旺盛(おう)な人〔チーム〕; 〖運〗最優秀チーム. **～ lathe** 動力旋盤. **～ line** 送電線, 電燈線. **～ loom** 動力織機. **～ plant** 発電装置; 発電所. **～ politics** 武力外交. **～ shovel** 動力シャベル. **～ station** 発電所. **～ struggle** 権力闘争. **～ transmission** 送電.

(類義語) 力: **power** 潜在能力をも含める最も一般的な語. **force** power が外力となってあらわれた力, 勢力, 効力: the *force* of a blow 打撃力. by *force* of circumstances 周囲の勢いで, やむなく. **energy** 仕事をするのに使用される power の量. force と異なり外在物へのはたらきかけは直接示唆されない→精力, 活力. **strength** power または force のもつ「強さ, 強度」: a man of great *strength* 非常に強い男. tensile *strength* 張力. **might** 人間がもつ強い power. 〈注〉物理学用語としては force「力」, power「仕事率, 工率」, energy「エネルギー」として区別される.

権力: power ある事をなしうるための力. 主として政治的決定などが多い: It is not within my *power* to permit your request. ご依頼を許可する権限は私にはありません. the party in *power* (政権を握っている) 与党. **authority** 他人に命令し, 服従させる権力. また民主主義社会では委任された権能: the *authority* of a court 法廷の権威. **influence** 法律的根拠はなくとも人に影響力を与える勢力, 信望. **sway** 思うがままに支配する力: under the *sway* of a dictator 独裁者の支配下に.

‡**pów·er·ful** [páuərf(u)l] *a.* **1 強い, 強力な**; 有力な, 優勢な. **2** 《論旨など》人を動かす; 《薬など》効能のある: ～ reasoning 説得力ある議論. **3** 〖話〗たくさんの. —— *ad.* 〖米方〗ひどく.

◇ **～·ly** [-fùli] *ad.* (類) → **strong**「強い」

pów·er·less [páuərlis] *a.* **1** 無力な, 無能な; 勢力〔権力〕のない. ◇ **～·ly** *ad.* **～·ness** *n.*

pów·wow [páuwàu] *n.* **1** 北アメリカインディアンの儀式《病気治癒・狩猟の成功などを祈るため行なう, まじない・舞踊・酒宴をともなう》. **2** (同上種族の) 僧, 医師, まじない師. **3** (同上種族の) 会議, 評議. **4** 〖米話〗会合, 評議.

—— *vi.* ～の儀式を行なう; 〖話〗会談〔協議〕する.

pox [pɑks/pɔks] *n.* 皮膚に発疹(ほっしん)ができる病気《天然痘・痘瘡》; 〖話〗梅毒 (syphilis).

pòz·zuo·lá·na [pɑ̀tswəlɑ́:nə / pɔ̀tsuɔ-], **pòz·zo·lá·na** [pɑ̀tsə-/pɔ̀tsɔ-] *n.* 火山灰《セメントの原料》.

póz·zy [pɑ́zi/pɔ́zi] *n.* 〖英: 軍俗〗ジャム.

pp pianissimo. **pp.** pages; past participle. **P.P., p.p.** parcel post; parish priest; past participle. ***P.P.C.*** *pour prendre congé* (F. =to take leave). **ppd.** postpaid; prepaid. **pph.** pamphlet.

PPI [pí:pì:ái/ニーニ] *n.* 電波探知鏡. [<*Plan Position Indicator*]

p.p.m., P.P.M., ppm(.) part(s) per million ピーピーエム. 100万分の1《微少含有量の単位》. **ppr., p.pr.** present participle. **P.P.S.** *post postscriptum* (L. =further postscript). **P.Q.** Province of Quebec. **p.q.** previous question. **Pr** 〖化〗 praseodymium. **Pr.** Priest; Prince; Provençal. **pr.** pair(s); paper; power; preference; present; price; priest; printing; pronoun. **P.R.** Proportional Representation; Public Relations; Puerto Rico.

praam [prɑ:m] =pram².

prác·ti·ca·ble [prǽktikəbl] *a.* **1** 実行できる, 実用的な. **2** 使用〔通行〕できる《道路など》.
◇ **~·ness** *n.* **-bly** *ad.* 実行〔使用〕できるように, 実用的に **pràc·ti·ca·bíl·i·ty** [prӕktikəbíliti] *n.* 実用〔実行〕性. (類) → **possible**「実現可能な」

‡**prác·ti·cal** [prǽktik(ə)l] *a.* **1** 実地の, 実際上の; 実利上の: ~ measures 実際的処置. ~ value 実際上の価値; 実用価値. → speculative, theoretical. **2** 実用的な, 実際〔実務〕の役に立つ: ~ English 実用英語. ~ knowledge 実用的知識. a ~ mind 実際家. **3** 経験に富んだ: a ~ gardener 熟練造園家. **4** (名目は違うが) 事実〔実質〕上の: the ~ ruler of the country その国の実質上の支配者. ***be of ~ use*** 実用的である. ***for (all) ~ purposes*** 《理論は別として》実際には.
~ joke いたずら, 《ことばではなく, 行為による》悪ふざけ. **~ nurse** 《無免許の》付き添い専門の看護婦. **~ reason** 《カント哲学の》実践理性. **~ unit** 〖物〗実用単位. → absolute unit.
◇ **~·ness** *n.* **pràc·ti·cál·i·ty** [prӕktikǽliti] *n.* 実際的なこと; 実用性; 実用主義.
(類) → **real**「ほんとうの」

‡**prác·ti·cal·ly** [prǽktik(ə)li] *ad.* **1** 実際的に, 実用的に, 実地に: consider the problem ~ 問題を実際的見地から考える. **2** 事実上, ほとんど, …も同然: There is ~ nothing left. ほとんどなにも残っていない. He says he is ~ ruined. 彼は破滅したも同然と言っている. **~ *speaking*** 実際は, 事実上.

‡**prác·tice** [prǽktis] *n.* **1** 実行, 実施, 実際: This plan won't work in ~. この計画は実際にはうまくゆくまい. Tipping is not in ~ in Japan. チップをやることは日本では行なわれない. **2** 実習, 練習; (練習で得た) 技量. **3** 習わし, 習慣, 慣例, 風習: the ~ of closing shops on Sundays 日曜休店の慣習. a matter of regular ~ いつもきまってすること. his ~ of going to bed at ten 10時に床につく彼の習慣. **4** 《医者・弁護士などの》業務, 営業: buy a ~ 開業(株)を譲り受ける. retire from ~ 廃業する. **5** 《集合的》患者, 事件依頼人: The doctor has a large ~. あの医者ははやっている. **6** (通例 *pl.*) 策略, たくらみ, 常套(じょうとう)手段: artful ~*s* こうかつな策略. **7** 〖法〗訴訟手続き〔実務〕. **8** 〖宗〗儀式. **9** 〖数〗実算.
be in ~ 練習〔熟練〕している; 開業している. ***be* [*get*] *out of ~*** 《練習しないため》へたである〔になる〕. ***in ~*** 実際には. ***keep in ~*** 絶えず練習している. ***make a ~ of*** 常に…する; を習慣とする《(do)*ing*》. ***P~ makes perfect.*** 〖諺〗習うより慣れよ. ***put … in* [*into*] ~** …を実行する, …を実行に移す.
—— *v.* (**-ticed** [-t]; **-tic·ing**) *vt.* **1** 実行する, (常に) 行なう: *P~* what you preach. 説くところを自ら行なえ. ~ early rising 常に早起きする. **2** 練習する: ~ the piano ピアノを練習する. **3** 訓練する, に教え込む: ~ pupils *in* English 生徒に英語を教える. **4** 〈法律・医術などを〉業とする; に従事する: ~ medicine [law] 医者〔弁護士〕を開業している.
—— *vi.* **1** 練習〔けいこ〕する《を *at, on, with*》: ~ two hours every day 毎日2時間練習する. **2** 〖医者・弁護士などを〗開業する〔している〕: a ~*cing* physician 開業医. ~ in town 都心地区で開業する. **3** 習慣的に行なう. **4** 〖古〗たくらむ. **~ *on* [*upon*]** … につけこむ, に乗じてだます. **~ teacher** 教育実習中の教員志望学生 (student teacher).
◇ **prác·ticed, -tised** [prǽktist] *a.* 練習をつんだ, 経験のある, 熟練した, じょうずな: a ~*d* hand 熟練家. the ~*d* in trade 商売じょうずな人々.
(類義語) 練習する〔させる〕: **practice** 理論でなく, 実際の技術を習得するために実地練習をする: practice the piano ピアノをけいこする. **exercise** 器官・機能・知力などをはたらかせる → 練習させる〔する〕: *exercise* oneself in fencing フェンシングのけいこをする. **drill** 穴をあける →おなじことを何度も繰り返してたたきこむ, 人をきびしく訓練する.
(類) → **habit**「習慣」

prac·tí·cian [prӕktíʃ(ə)n] *n.* **1** 実際家. **2** 経験〔熟練〕者. **3** =practitioner.

‡**prác·tise** *vt., vi.* 〖英〗=practice.

prac·tí·tion·er [prӕktíʃ(ə)nər] *n.* 開業医; 弁護士. ***general ~*** 一般開業医《内科・外科とも行なう》.

prae- =pre-.

práe·di·al [prí:diəl] *a.* **1** 土地〔農耕地〕の; 不動産の. **2** 《どれいなど》土地に従属する.
◇ **pràe·di·ál·i·ty** [prì:diǽliti] *n.*

práe·fect =prefect.

prae·léct =prelect.

pràe·mu·ní·re [prì:mjunáiri:/-náiəri] *n.* 〖英: 法〗教皇尊信罪《ローマ法王を国王よりとうとぶ罪》; その糾問令状. [<L.]

prae·nó·men [pri:nóumen] *n.* (*pl.* **~s**, **prae·nóm·i·na** [-námina / -nɔ́m-]) 〖古ローマ〗第一名《例: Gaius Julius Cæsar の *Gaius*》. → agnomen, cognomen, nomen. [<L.]

prae·pós·tor [pri:pástər / -pɔ́s-] *n.* (public school の) 級長, 監督指導生.

práe·tor [prí:tər] *n.* 〖古ローマ〗執政官; 《のちには》執政官に次ぐ最高行政官.

prae·tó·ri·an [pritó:riən / -tɔ́:r-] *a.* 〖古ローマ〗praetor の; (P~) 親衛兵の.
—— *n.* **1** =praetor. **2** 親衛兵.

prag·mát·ic [prӕgmǽtik], **-i·cal** [-(ə)l] *a.* **1** 〖哲〗実用主義の. **2** 実践的な. **3** 多忙な, 活動的な. **4** 干渉的な, 差し出がましい. **5** 独断的な, うぬぼれた. **6** 〖史〗国事の, 内政の. **~ sanction** 国事詔勅. ◇ **prag·mát·i·cal·ly** *ad.*

prág·ma·tism [prǽgmətiz(ə)m] *n.* **1** 〖哲〗プラグマチズム, 実用主義. **2** 干渉主義; 独断(主義).
◇ **-tist** *n.* 〖哲〗実用主義者; 世話やき. **pràg·ma·tís·tic** [ㄴ-tístik] *a.* 実用主義の.

prág·ma·tize [prǽgmətàiz] *vt.* **1** 現実化する. **2** 〈神話などを〉合理的に扱う.

Prague [preig, prɑ:g] *n.* プラハ, プラーグ《Czechoslovakia の首都》.

prái·rie [prέ(:)ri/préəri] *n.* 大草原《特に北アメリカ Mississippi 川流域の》; 大牧草地.
~ chicken [**hen**] 雷鳥の一種《北アメリカ Mississippi 渓谷産》. **~ dog** 《北アメリカ産》モルモットの類. **~ oyster** 生のまま飲む卵《ふつか酔いの薬》. **~ schooner** 〖米〗(開拓時代の) ほろ馬車. **~ wolf** =coyote.

práis·a·ble [préizəbl] =praiseworthy.

‡**praise** [preiz] *n.* **1** 賞賛, ほめること: be worthy of ~ 賞賛に価する. **2** 崇拝, 賛美; 神をほめたたえることば〔歌〕: *P~* be to God! 神をほめまつれ. **3** 〖古〗賞賛すべきもの〔理由〕. ***be loud in*** a person***'s ~(s)*** (人) をほめそやす. ***in ~ of*** をほめて. ***sing the ~s of*** 〈人〉をほめちぎる. ***win high ~*** 賞賛を博する. **——** *vt.* ほめる, 賛美する. [√preti-]

práise·wòr·thy [préizwə̀:rði] *a.* ほめる価値のある, 感心な. ◇ **-thi·ly** *ad.* **-thi·ness** *n.*

Prá·krit [prá:krit] *n.* 〖Sanskrit に対して〗古代・中世にインド北中部で用いられた日常語.

prá·line [prá:li:n] *n.* アーモンド・クルミの糖衣菓子.

pram[1] [præm] *n.* 〖英話〗うば車 (perambulator); 牛乳配達用手押し車.

pram[2] *n.* 一種の平底船.

prance [præns/prɑ:ns] *vi.* **1** 〈馬が〉後ろ足ではね上がる. **2** 馬を跳躍させながら進む《*along*》. **3** 踊りはねながら行く; 得々としていばって歩く. —— *vt.* 〈馬を〉跳躍させる. —— *n.* 《馬の》跳躍; 闊歩(かっぽ).
◇ **prànc·er** *n.* **prànc·ing·ly** *ad.*

prán·di·al [prǽndiəl] *a.* 食事の, 《特に》正餐の.

prang [præŋ] *vt.* 〖英俗〗 **1** に突き当たる, に衝突する. **2** 爆撃〔破壊〕する. **3** 〈敵機を〉撃墜する.

prank[1] [præŋk] *n.* **1** いたずら, 悪ふざけ. **2** 狂い《機械などの》. ***play ~s on*** …にいたずらをする, をからかう. ◇ **~·ish** *a.* いたずら好きの, ふざける. **~·ster** *n.* いたずら者, ふざけ屋.

prank[2] *vt.* 着飾る, めかしたてる《*out, up*》.
—— *vi.* 見せびらかしをする.

prà·se·o·dým·i·um [prèiziədímiəm, ㊇+prèisiə-] *n.* 〖化〗プラセオジミウム《希土類元素. 記号Pr》.

prat [præt] *n.* (しばしば *pl.*)〖米俗〗臀部(でんぶ); ズボンのポケット. **~ digger** すり. **~·fall** [⌒⌒] しりもち; 大しくじり: take a *~fall* しりもちをつく.

prate [preit] *vi.* ぺちゃくちゃしゃべる. —— *vt.* ぺちゃぺちゃ言う: ~ absurdities ばかなことをしゃべりまくる. —— *n.* くだらぬおしゃべり, むだ口.
◇ **prát·er** *n.* **prát·ing·ly** *ad.*

prá·ties [préitiz] Ir. *n. pl.* ジャガイモ.

pra·tíque [prætí:k, prǽtik / prǽti:k] *n.* 入港許可《検疫後与えられる》. [<F.]

prát·tle [prǽtl] *vi.* ぺちゃくちゃしゃべる; 〈子どもが〉片言をしゃべる; べらべら話す; 〈小川などが〉さざめく. —— *vt.* ぺちゃくちゃと〔片言で〕言う. —— *n.* (つまらぬ) おしゃべり; 片言; 《小川の》せせらぎ.
◇ **prát·tler** *n.* おしゃべりの人; 片言をしゃべる人, 子ども. **prát·tling·ly** *ad.*

Práv·da [prá:vdə] *n.* プラウダ《ソ連共産党機関紙》. [<Russ.]

prawn [prɔ:n] *n.* 〖動〗クルマエビ, テナガエビ.
—— *vi.* エビを捕える.

práx·is [prǽksis] *n.* **1** 習慣, 慣例; 練習, 実習. **2** 〖文〗練習問題集.

‡**pray** [prei] *vi.* **1 懇願する**《を *for*》; 祈る《に *to*》: ~ *for* pardon 許しを請う. ~ *to* God *for* mercy 神の慈悲を祈る. **2 願い求める**《を *for*》: The farmers are *~ing for* rain. 農夫たちは雨降りを願っている. —— *vt.* **1** に**祈願する**, に願い求める: ~ God 神に祈る. **2** 願い求める, 祈り求める: ~ God's mercy 神の恵みを祈り求める. **3** 〈祈りを〉ささげる. **4** どうぞ, 願わくは《I *pray* you の略》: *P~* come with me. どうぞ私といっしょにおいでください. Tell me the reason, ~. どうか訳をお話しください. ***~ing mantis*** 〖虫〗カマキリ. [√prec-]

‡**práy·er**[1] [préiər] *n.* 祈る人; 懇願者.

‡**prayer**[2] [prɛər] *n.* **1** 祈り, 祈禱(きとう): kneel down in ~ ひざまずいて祈る. the morning [evening] ~ 朝〔夕べ〕の祈り. **2** 祈禱の文句: He is saying his *~s.* 彼は祈禱を唱えている. **3** 願いごと: an unspoken ~ 秘願. **4** (*pl.*) 祈禱式. **5** 〖米話〗ごくわずかな機会. ***be at one's ~s*** 祈禱をしている. ***the Book of Common P~*** 《イギリス国教の》祈禱書. ***the house of ~*** 教会. ***the Lord's P~*** → lord. 〈注〉発音は単音節; prayer[1] と異なる. **~ bead** 祈禱じゅず玉. **P~ Book, the** =the Book of Common P~. **~ meeting** 祈禱会. **~ monger** 祈ってばかりいる人; 機械的に祈る人. **~ rug** 〔**mat**〕ひざ敷き《回教徒が祈禱に使う》. **~ wheel** 転輪蔵《チベット仏教徒が用いる回転する円筒の経文入れ》.

práyer·ful [prɛ́ərf(u)l] *a.* よく祈る, 信心ぶかい.
◇ **~·ly** *ad.* **~·ness** *n.*

P.R.B. Pre-Raphaelite Brotherhood.

pre- *pref.* 「以前, 先」「あらかじめ」などの意. ↔post-.

‡**preach** [pri:tʃ] *vi.* **1 伝道する, 説教する,** 説法する. **2** さとす, お説教をする《に *to*》: the headmaster *~ing* to boys 生徒に説教する校長. —— *vt.* **1** 伝道する, 説教する: ~ the gospel [Buddhism] 福音〔仏法〕を説く. ~ a sermon 説教をする. **2** 鼓吹する, 宣伝する, 奨励する: ~ temperance 禁酒を奨励する. **~ *against*** に反対の説教をする, を戒める: ~ *against* idleness 怠惰を戒める. **~ *down*** こきおろす; 説き伏せる. **~ *up*** ほめそやす.
—— *n.* 〖話〗説教, 講話, 法話.
◇ **~·a·ble** *a.* 説教できる. **~·ment** *n.* (くどい) 説教, 長談義. **~·y** *a.* 〖話〗お説教好きの.

‡**préach·er** [prí:tʃər] *n.* **1** 説教者, 伝道師. **2** 主唱〔訓戒〕者. **3** (the P~) ソロモン; 伝道の書.

préach·i·fy [prí:tʃifài] *vi.* くどくどお説教する.
◇ **prèach·i·fi·cá·tion** *n.*

préach·ing [prí:tʃiŋ] *n.* 説教(術); 説教のある礼拝. —— *a.* 説教の(ような). ◇ **~·ly** *ad.*

pre·ád·am·ite [pri:ǽdəmàit/prí:-] *a., n.* Adam 以前の(人).

prè·ad·o·lés·cence [prì:æd(ə)lésns/prí:æd-] *n.* 前青年期, 少年期《9–12歳》.
◇ **prè·ad·o·lés·cent** [-lésnt] *a.*

pré·am·ble [prí:æmbl, priǽm- / pri:ǽm-, pri-] *n.* 前文《法令などの》; 緒言, 序文.
—— *vi.* 前口上を述べる. [√ambul-]

prè·ar·ránge [prì:əréindʒ / prí:-] *vt.* 前もって打ち合わせ〔協定〕する; 予定する. ◇ **~·ment** *n.*

prè·a·tóm·ic [prì:ətámik/prí:ətɔ́m-] *a.* 《1945年8月6日広島の》原爆使用前の. ↔ postatomic.

prè·áu·di·ence [prì:ɔ́:diəns, -djəns / prí:-] *n.* 〖法〗先述権《法廷における弁護士間の》.

préb·end [prébənd] *n.* **1** 僧禄(そうろく)《僧会議員(canon) の俸給》. **2** 僧禄を生じる土地〔税〕. **3** = prebendary.
◇ **pre·bén·dal** [pribéndl] *a.* 僧禄の; 受禄僧の.

préb·en·dar·y [préb(ə)ndèri/-d(ə)ri] *n.* 受禄僧; 牧師.

prec. preceded; preceding.

Prè·Cám·bri·an [prì:kǽmbriən / prí:-] *n., a.* 〖地〗前カンブリア紀〔層〕(の).

pre·cán·cer·ous [pri:kǽns(ə)rəs/prí:-] *a.* 前癌(がん)状態の.

pre·cár·i·ous [prikɛ́(:)riəs/-kɛ́ər-] *a.* **1** 不安定な, あぶなっかしい, 当てにならない: make a ~ living (先はどうなるかわからない) おぼつかない生活をする. ~ privileges いつ取り消されるかもしれない特権. **2** 《推測など》危険な, 根拠の弱い: ~ assumption あぶなっかしい推断. [√prec-. 祈り, 願い→相手の心しだい]
◇ **~·ly** *ad.* **~·ness** *n.*
〔類〕→ **uncertain**「不確かな」

préc·a·to·ry [prékətɔ̀:ri / -t(ə)ri], **préc·a·tive** [-tiv] *a.* **1** 祈願〔嘆願〕する. **2** 〖文〗懇願形の. **~ trust** 〖法〗遺託. **~ words** (遺言中の) 懇願的頼み.

‡**pre·cáu·tion** [prikɔ́:ʃ(ə)n] *n.* **1** 用心, 警戒. **2** 予防手段. ***take ~s against*** の予防策を講ずる. [√cau-] ◇ **~·ar·y** [-èri/-əri] *a.* 予防〔警戒〕の.

‡**pre·céde** [pri:sí:d, pri-] *vt.* **1** に**先行する,** に**先だつ,** の先に起こる; 先導する: the calm that *~s* the storm あらしの前の静けさ〔なぎ〕. Lightning *~s* thunder. 雷鳴の前にいなずまが光る. He *~d* me up the front steps and entered the house. 彼は私を案内して家の前の段を登ると屋内にはいった. **2** に優先する; の優位〔上席〕にある: A major *~s* a captain. 少佐は大尉より位が高い. **3** に前置きをする《で *with, by*》: a book *~d* by a long foreword 長い序詞のついている本. —— *vi.* 先行する.

—— *n.* 〖新聞〗埋めくさ冒頭記事《後刻新しいニュースを入れるためにスペースを保留する》. [√ced-]

pre·céd·ence [prisí:d(ə)ns, présid-], **-en·cy**[-i] *n.* **1** 《時・順序などで》先だつこと, 先行; 上席, 上位: the order of ～ 席次. **2** 優越; 優先権. **3** 前例, 先例. ***give*** ～ ***to*** に上席を与える; の優位を認める. ***take*** [***have***] (***the***) ～ ***of*** [***over***] より優位[上席]を占める, より上席にある: questions which *take* ～ *over* all others ほかのすべての問題に優先する問題. 類 → **instance**「例」

préc·e·dent[1] [présid(ə)nt] *n.* 先例, 前例《の *for*》, 慣例; 〖法〗判決例: Is there a ～ *for* what you want me to do? きみがぼくにしてほしいことには前例があるのか. ***set*** [***create***] ***a*** ～ (***for***) (に)前例をつくる. ***without*** ～ 例のない. ◇ ～**·ed** [-id] *a.* 先例のある; 先例によって保証された.

pre·céd·ent[2] [prisí:d(ə)nt] *a.* 〖英稀〗先の, 前の. ***condition*** ～ 〖法〗停止条件《権利の移動前に起こるべき条件》. ◇ ～**·ly** *ad.* 前に, 先だって, あらかじめ.

pre·céd·ing [pri:sí:diŋ, pri-] *a.* **1** 前の, 先の: the ～ year (その)前年. on the ～ page 一つ前のページに. **2** 前述の.

pre·cént [prisént] *vt., vi.* 先唱する, (の)おんどをとる.

pre·cén·tor [-ər] *n.* 先唱者《教会聖歌隊の》.

pré·cept [prí:sept] *n.* **1** 教訓, 訓戒; 格言. **2** 《技術などの》型, 規則. **3** 〖法〗命令書. ***Practice*** [***Example***] ***is better than*** ～. 〖諺〗実行[模範]は説法にまさる.

pre·cép·tive [priséptiv] *a.* 教訓的な. ◇ ～**·ly** *ad.*

pre·cép·tor [priséptər] *n.* (*fem.* **-tress** [-tris]) **1** 教訓[指導]者; 教師. **2** 〖史〗聖堂騎士団 (Knights Templars) の修道院長.
◇ ～**·ship** *n.* **prè·cep·tó·ri·al** [prì:septó:riəl/-tɔ́:r-] *a.* 教師の; 訓戒者の.

pre·cép·to·ry [priséptəri] *n.* 〖史〗聖堂騎士団の地方分団; その聖堂; その領有地.

pre·cés·sion [pri:séʃ(ə)n, pri-] *n.* **1** 先行, 進行. **2** 〖天〗歳差. ～ ***of the equinoxes*** 〖天〗歳差運動. ◇ ～**·al** *a.*

prè-Chrís·tian [prì:krístʃən/prí:krístjən] *a.* キリスト(教)以前の.

pré·cinct [prí:siŋkt] *n.* **1** 〖米〗管区《行政・警察の》; 〖米〗(地方)選挙区. **2** 〖おもに英〗《寺院などの》境内; 構内. **3** 境界. **4** (*pl.*) 近郊, 周辺.

prè·ci·ós·i·ty [prèʃiásiti, prèsi-/-ɔ́s-] *n.* 《特にことばづかい・趣味などの》気むずかしさ, 凝り性, 気どり.

‡**pré·cious** [préʃəs] *a.* **1** **高価な, 貴重な**, 値うちのある: ～ words 金言. ～ knowledge 貴重な知識. **2** いとしい, かけがえのない: Her children are very ～ to her. 彼女にとって子どもたちはかけがえのないものだ. **3** 〖話〗全くの, たいへんな: He's a ～ rascal. 彼はたいへんな悪党だ. **4** 気どった, 凝った: a ～ pronunciation 気どった発音.
a ～ ***sight more*** (***than***) (より) ずっとたくさん. ***make a*** ～ ***mess of*** it (それ)をだいなしにする.
—— *ad.* 〖話〗とても, ひどく: ～ few ほんの少しの. ～ cold おそろしく寒い. —— *n.* (私の)いとしい人. [√preti-] ～ **metal** 貴金属. ～ **stone** 宝石.
◇ ～**·ly** *ad.* 気むずかしく; 大いに, とても. ～**·ness** *n.* 類 → **valuable**「貴重な」

***préc·i·pice** [présipis] *n.* **1** **絶壁**, がけ. **2** 危機: on the ～ of war 戦争の寸前に. [√capit-]

pre·cíp·i·ta·ble [prisípitəbl] *a.* 沈殿性の.

pre·cíp·i·tance [-t(ə)ns], **-tan·cy** [-i] *n.* 大急ぎ, 大あわて; 軽はずみ, 早計.

pre·cíp·i·tant [-tənt] *a.* **1** まっさかさまに落ちる. **2** 大急ぎの, まっしぐらの. **3** 早計な, 軽率な. **4** 突然の, だしぬけの. —— *n.* 沈殿剤. ◇ ～**·ly** *ad.*

pre·cíp·i·tate [prisípitèit] *vt.* **1** まっさかさまに落とす: He lost his footing and was ～*d* to the ground. 彼は足場を失ってまっさかさまに地上に投げつけられた. **2** 急に突き落とす, 陥らせる: ～ a person *into* misery 人を不幸におとしいれる. **3** むやみに急がせる, 早める, 促進する: ～ a crisis 危機を早める. liquor that ～*d* his ruin 彼の破滅を早めた酒. **4** 〖化〗沈殿させる; 〖物・気〗凝結させる.
—— *vi.* **1** 〖化〗沈殿する; 〖物・気〗凝結する, 凝結して雨・雪になる. **2** まっさかさまに落ちる. ～ ***oneself into*** に飛び込む; に陥る. ～ ***oneself upon*** [***against***] に激しく攻めかかる.
—— [-tèit, -tit/-tit] *a.* **1** まっさかさまの; まっしぐらの. **2** 大あわての, 早まった, 軽率な: a ～ move 軽率な処置[行動]. **3** 突然の, 急激な.
—— [-tèit, -tit] *n.* 〖化〗沈殿物; 〖物・気〗《水分の凝集したもの》雨, 露, 雪. [pre-+√capit- 頭を＋前に → まっさかさまに]
◇ ～**·ly** [-tèitli, -tit-/-tit-] *ad.* まっさかさまに; まっしぐらに; あわただしく, 軽率に; 急に, 突然に. **-ta·tor** [-tèitər] *n.* 早める人[物]; 促進剤; 沈殿剤[器].

pre·cìp·i·tá·tion [prisìpitéiʃ(ə)n] *n.* **1** 落下, 墜落, 投下; 突進. **2** 早急; 軽率; 急な促進. **3** 〖化〗沈殿(物); 〖気〗降水, 降雨, 降雪; 降水量, 雨量.

pre·cíp·i·tous [prisípitəs] *a.* **1** 絶壁の, 険しい. **2** まっさかさまに落ちる. **3** 〖稀〗大急ぎの; 軽はずみの. ◇ ～**·ly** *ad.* ～**·ness** *n.*

pré·cis [preisí:, ˊ—/ˊ—] F. *n.* (*pl.* ～ [-z]) 大要, 要約. —— [ˊ—/ˊ—] *vt.* の概要を書く; 要約する.

‡**pre·císe** [prisáis] *a.* **1** **精密な, 正確な**, 厳密な, 適確な: ～ measurements 精密な測定(値). **2** ちょうどかっきりの, 寸分違わない; (まさに)その: at the ～ moment ちょうどそのとき. **3** きちょうめんな, 細かい; 堅苦しい: a ～ brain 正確で緻密(ちみつ)な頭脳. be ～ in one's manner 態度が堅苦しい. [√caed-]
◇ ～**·ness** *n.* 類 → **correct**「正確な」

‡**pre·císe·ly** [prisáisli] *ad.* **1** **精密に**, 厳密に. **2** きっかり, 正確に: at 2 o'clock ～ 2時きっかりに. **3** まさに, 全く: This is ～ the truth. これがまさに真実だ. **4** 《会話の返事に用いて》そのとおり.

pre·cí·sian [prisíʒ(ə)n] *n.* 《特に宗教上》きちょうめんな人, 形式にこだわる人; 厳格主義者.
◇ ～**·ism** *n.*

pre·cí·sion [prisíʒ(ə)n] *n.* **1** 精密, 正確; きちょうめん. **2** 精密度, 精度: the ～ of a machine 機械の正確さ. arms of ～ 精密兵器. ～ **bombing** 〖軍〗精密爆撃. ～ **gauge** 精密計器.
◇ ～**·ist** *n.* きちょうめんな人.

prè·clás·si·cal [prì:klæsik(ə)l/prí:-] *a.* 古典期以前の《ギリシア・ローマ文芸にいう》.

pre·clúde [priklú:d] *vt.* **1** 除外する, 締め出す《から *from*》. **2** 妨害する; 不可能にする. [√claud-]
◇ **pre·clú·sion** [-klú:ʒ(ə)n] *n.*

pre·clú·sive [-klú:siv] *a.* 締め出す; 妨げる; 予防の《*of*》. ◇ ～**·ly** *ad.*

Pre·có·cial [prikóuʃ(ə)l, pri:-], ㊥ **Prae·có·cial** [pri:-] *a.* 《ひなが》卵からかえってすぐ活動できる, 早成性の. → altricial.

pre·có·cious [prikóuʃ(ə)s] *a.* **1** 早熟の, おませの. **2** 〖植〗早咲き[早なり]の, わせの.
◇ ～**·ly** *ad.* ～**·ness** *n.*

pre·cóc·i·ty [prikásiti/-kɔ́s-] *n.* 早熟; わせ.

prè·cog·ní·tion [prì:kagníʃ(ə)n/prí:kɔg-] *n.* 予知, 事前認知. ◇ **pre·cóg·ni·tive** *a.*

prè-Co·lúm·bi·an [prì:kəlʌ́mbiən/prí:-] *a.* コロンブスのアメリカ大陸発見以前の.

prè·con·céive [prì:kənsí:v/prí:-] *vt.* の先入観をもつ, 予想する: a ～*d* idea [notion] 先入観, 偏見.

prè·con·cép·tion [-kənsépʃ(ə)n] *n.* 先入観, 偏見; 予想. ◇ ～**·al** *a.*

prè·con·cért [-kənsə́:rt] *vt.* 前もって協定[打ち合わせ]する. ◇ ～**·ed·ly** [-idli] *ad.* ～**·ed·ness** *n.*

prè·con·démn [-kəndém] *vt.* 《裁判などで》調べる前から有罪と決める.

prè·con·dí·tion [-kəndíʃ(ə)n] *n.* 先決条件. —— *vt.* あらかじめ調整する, あらかじめ処理〔処置, 試験など〕に備える.

pré·co·nize [príːkənàiz] *vt.* **1** 宣言〔公表〕する; 推挙する. **2** 指名召喚する. **3**〘カトリック〙<教皇が新司教その他の高僧の任命を>公表する. ◇ **-niz·er** *n.* **prè·co·ni·zá·tion** [ˌ−nizéiʃ(ə)n/-naiz-] *n.*

pre·cón·quest [priːkáŋkwest / príːkɔ́ŋ-] *a.* 〘英史〙 Norman Conquest 以前の.

pre·cón·scious [priːkánʃ(ə)s/príːkɔ́n-] *n., a.* 〘心〙前意識(の).

pre·cóok [priːkúk/príː-] *vt.* 《あとですぐ出せるように》あらかじめ調理しておく.

pre·cúr·sor [prikə́ːrsər] *n.* **1** 先駆〔先覚〕者; 先任者. **2** 前兆, 前触れ. [√cur(r)-] ◇ **-so·ry** [-səri], **-sive** *a.* 先駆の; 前兆の; 予備的な.

pre·cút [priːkʌ́t/príː-] *vt.* (〜; 〜**·ting**) (あらかじめ) 規格どおりに切る: a 〜 house 組み立て式家屋.

pred. predicate; predicative(ly).

pre·dá·cious, -ceous [pridéiʃ(ə)s] *a.* 〘動〙他動物を捕食する, 食肉の.
◇ 〜**·ness** *n.* **pre·dác·i·ty** [-dǽsiti] *n.*

pre·dáte [priːdéit/ˊˊ] *vt.* **1** (実際より) 前の日付にする (antedate). **2** 《時間的に》…より先立つ.

pre·dá·tion [pridéiʃ(ə)n] *n.* 略奪.

préd·a·to·ry [prédətɔ̀ːri/-t(ə)ri] *a.* **1** 略奪する. **2**〘動〙他動物を捕食する, 食肉の.
◇ **-ri·ly** *ad.* **-ri·ness** *n.*

prè·de·céase [prìːdisíːs/príː-] *vt., n.* より前に死ぬ(こと).

prèd·e·cés·sor [prèdisésər, ˊ−ˌ− / príːdisesə, ˌ−ˊ−] *n.* **1** 先任者; 先輩. ↔ successor. **2**〘古〙先祖. **3** 前のもの.

pre·dél·la [pridélə] *n.* 祭壇の台〔段〕; その垂直面上の絵画〔彫刻〕. [<It.]

pre·dès·ti·nár·i·an [pridèstinέ(ː)riən, prìːdes-/ pridèstinέər-] *n.* 宿命論者. —— *a.* 宿命(論)の.

pre·dés·ti·nate [pridéstinèit] *vt.* **1** 前もって定める. **2**〘宗〙<神が> 予定する《に *to*; *to* (do)》.
—— [-nit] *a.* 予定された; 運命〔宿命〕の. → destiny. ◇ **pre·dès·ti·ná·tion** [−ˌ−néiʃ(ə)n] *n.* 予定, 運命, 宿命;〘宗〙運命予定説, 宿命論.

pre·dés·tine [pridéstin] *vt.* **1** あらかじめ決める. **2**〘宗〙<神が人を> 一定の運命に予定する.

prè·de·tér·mi·nate [prìːditə́ːrminit / príː-] *a.* あらかじめ決められた. ◇ 〜**·ly** *ad.*

prè·de·tér·mine [prìːditə́ːrmin/príː-] *vt.* 予定する; あらかじめ…するようにさせる〔しむける〕《*to* (do)》.
◇ **prè·de·tér·mi·na·tive** [-ditə́ːrminèitiv / -nət-] *a.* **prè·de·tèr·mi·ná·tion** [-ditə̀ːrminéiʃ(ə)n] *n.*

pré·di·al =praedial.

préd·i·ca·ble [prédikəbl] *a.* 断定できる; 属性として肯定できる《*of*》. —— *n.* **1** 断定できるもの; 属性. **2**〘論〙賓位語. ◇ 〜**·ness** *n.* **-bly** *ad.* **prèd·i·ca·bíl·i·ty** [ˌ−−bíliti] *n.*

pre·díc·a·ment [pridíkəmənt] *n.* **1** 苦境, 窮地: be in a 〜 窮地にたつ. **2** (*pl.*)〘論〙賓位語; 範疇(はんちゅう). **3**〘古〙状態.
◇ **pre·dìc·a·mén·tal** [−ˌ−méntl] *a.*

préd·i·cant [prédikənt] *a.* 説教する. —— *n.* **1** 説教僧《特にドミニコ教団の》. **2** =predikant.

*****préd·i·cate** [prédikit] *n.* 〘文〙述部, 述語;〘論〙賓辞; 属性. —— *a.*〘文〙述部の, 述語の. 〜 **adjective** 叙述形容詞《例: Horses are *strong*》.
—— [-kèit] *vt.* **1** 断言〔断定〕する: doctrines 〜*ting* life after death. 死後の生命を断言する教義. 〜 *of* a motive *that* it is good =〜 a motive *to* be good ある動機をよしとする. **2** <ある特質を> …の属性と断言する〔見る〕《*の about, of*》. **3**〘文〙陳述〔叙述〕する. **4** 内意する, 含意する: His retraction 〜*s* a change of attitude. 彼が取り消したのは態度が変わったということだ. **5**〘米〙<判断・行動などの> 基礎をおく, 基づかせる《に *on, upon*》.
—— *vi.* 断言〔断定〕する. [√dic-]
◇ **prèd·i·cá·tion** [prèdikéiʃ(ə)n] *n.* 〘論〙賓述;〘文〙叙述;〘論〙断定.

préd·i·ca·tive [prédikèitiv/pridíkətiv] *a.* **1** 断定する. **2**〘文〙叙述的. —— *n.*〘文〙述語.
〜 **use**〘文〙《形容詞を補語として用いる》叙述(的)用法. ◇ 〜**·ly** *ad.*

préd·i·ca·to·ry [prédikətɔ̀ːri / -t(ə)ri] *a.* 説教の; 説教する.

*****pre·díct** [pridíkt] *vt., vi.* **予言〔予報〕する**. [√dic-]
◇ ***pre·díc·tion** [-díkʃ(ə)n] *n.* 予言, 予報, 予知.

pre·díct·a·ble [pridíktəbl] *a.* 予言〔予報〕できる.
◇ **-bly** *ad.* **pre·dìct·a·bíl·i·ty** [−ˌ−bíliti] *n.*

pre·díc·tive [pridíktiv] *a.* 予言の; 予言〔予報〕する; 前兆となる. ◇ 〜**·ly** *ad.*

pre·díc·tor [pridíktər] *n.* **1** 予言〔予報〕者. **2**〘軍〙高射照準算定機.

prè·di·gést [prìːdidʒést, -dai-] *vt.* 消化がよいように調理する. ◇ **-gés·tion** [-dʒéstʃ(ə)n] *n.*

prè·di·kánt [prèidikáːnt] *n.* オランダ系新教教会の牧師《南アフリカの》. [<Du.]

prè·di·léc·tion [prìːd(i)lékʃ(ə)n] *n.* 偏愛, ひいき, より好み《*for*》.[pre-+dis-+√leg¹ 先に+選び出す]

prè·dis·póse [prìːdispóuz/príː-] *vt.* **1** に (前もって)傾向を与える; 好むようにしむける, の素因をつくる. **2**〘医〙にかかりやすくする: Fatigue 〜*s* you *to* diseases. 疲れは病気のもと. **3** 前もって処置する.

prè·dis·po·sí·tion [prìːdispəzíʃ(ə)n/príːdìs-] *n.* **1** 傾向, 性質, 性癖《*to*》. **2**〘医〙素質《*to*》.

pre·dóm·i·nance[pridáminəns/-dɔ́m-], **-nan·cy** [-i] *n.* 優越, 抜群; 優勢, 支配《に対する *over*》.

pre·dóm·i·nant [-nənt] *a.* **1** 優勢な, すぐれた《より *over*》. **2** おもな, 目だつ: a 〜 color 主色. **3** 広く行き渡った. [√dom-] ◇ 〜**·ly** *ad.*

pre·dóm·i·nate [-nèit] *vi.* **1** 優勢である; 卓越する. **2** 主位を占める, 支配する《を *over*》.
◇ 〜**·ly** *ad.* **pre·dòm·i·ná·tion** [−ˌ−néiʃ(ə)n] *n.* =predominance.

prè·e·léc·tion, prè-e·léc·tion [prìːilékʃ(ə)n] *n.* 予選. —— *a.* 選挙前の.

pre·ém·i·nence, pre-ém·i·nence [priéminəns] *n.* 優位, 抜群, 傑出; 目だつこと.

pre·ém·i·nent, pre-ém·i·nent [-nənt] *a.* すぐれた, 抜群の; 目だつ. ◇ 〜**·ly** *ad.*

pre·émpt, pre-émpt [priémpt] *vt.* 先取する; 先買権によって手に入れる;〘米〙<公有地を> 先買権を得るために占有する. —— *vi.*〘トランプ〙高くせり上げて相手を封ずる. [√em-] ◇ **-émp·tor** [-ər] *n.* **-émp·tion** [-émpʃ(ə)n] *n.* 先買(権).

pre·émp·tive, pre-émp·tive [priémptiv] *a.* 先買の, 先買権のある. ◇ 〜**·ly** *ad.*

preen [priːn] *vt.* <鳥が羽を> くちばしでそろえる, <獣が毛を> 舌でそろえる. —— *vi.* <人が> めかす; 得意になる. 〜 one*self* 着飾る, しゃれる; 得意がる《について *on*》.

prè·en·gáge, prè-en·gáge [prìːingéidʒ] *vt.* **1** 予約する. **2** の先入主となる. ◇ 〜**·ment** *n.*

prè·es·táb·lish, prè-es·táb·lish [prìːistǽbliʃ] *vt.* 前もって設立〔設定〕する; あらかじめ定める.

prè·ex·íst, prè-ex·íst [prìːigzíst/príː-] *vi.* 先在する.

prè·ex·íst·ence, prè-ex·íst·ence [-igzíst(ə)ns] *n.* **1** (霊魂) 先在. **2** 前世. ◇ **-ent** *a.*

pref. preface; prefatory; preference; preferred; prefix.

pre·fáb [priːfǽb, ˊˊ] *vt.* (**-bb-**) プレハブ式につくる, (プレハブ式に)組み立てる. —— [ˊˌ/ˊ−] *a.* プレハブの, 組み立て式の. —— [ˊˌ/ˊ−] *n.* プレハブ住宅, 組み立て家屋. [<*prefab*ricate]

pre·fáb·ri·cate [priːfǽbrikèit] *vt.* **1** 前もって製造する. **2** プレハブ方式でつくる: a 〜*d* house 組み

立て式家屋, プレハブ建築.
◇ **prè·fab·ri·cá·tion**[⌐̖—–kéiʃ(ə)n/⌐̖⌐̖—⌐̖—] *n.*

‡**préf·ace** [préfis, -əs] *n.* **1** 序文, 緒言, はしがき: write a ~ to a book 本に序文を書く. **2** 《比喩的》前置き; 序の口. **3** 〖宗〗(ミサの)序誦(じょしょう).
—— *vt.* **1** に前置きする, に序文を書く: ~ a book *by* [*with*] a life of the author 作者の伝記を序文に書く. **2** 始める《で *with, by*》: He ~*d* his speech *by* an apology. 彼は一言ことわりを言って談話にはいった. **3** の端緒をひらく[となる]: A sudden attack by airplanes ~*d* the war. 飛行機による奇襲で戦争が始まった. [√fa-]

préf·a·to·ry [préfətò:ri/-t(ə)ri], **prèf·a·tó·ri·al** [prèfətó:riəl/-tɔ́:r-] *a.* 序文[序言]の, 前置きの.

pré·fect [prí:fekt] *n.* **1** 《古代ローマの》長官. **2** 《フランスの》知事; 長官. **3** 〖英〗《public school の》組長, 級長. ***the ~ of police*** パリ警視総監.
◇ **prè·fec·tó·ri·al** [prì:fektó:riəl/-tɔ́:r-] *a.* ~の.

‡**pré·fec·ture** [prí:fektʃər/-tjuə, -tʃə] *n.* **1** 県, 府《知事の管区》: Chiba *P*~ 千葉県. **2** prefect の職[任期, 管轄地]. **3** 府[県]庁; 知事官邸.
◇ **pre·féc·tur·al** [priféctʃurəl/-tju-, -tʃu-] *a.*

‡**pre·fér** [prifə́:r] *vt.* (**-rr-**) **1** (むしろ)…の方を好む[選ぶ]: I ~ staying home. 家にいる方が好きだ. 〈注〉ふつう to を伴い, rather を伴うときは than を用いる. また that 構文も用いる: I *prefer* death *to* dishonor. 私は不名誉をこうむるよりはむしろ死を選ぶ. He *preferred* to stay at home *rather than* go with us. 彼はわれわれと出かけるよりは家にいる方を選んだ. I *prefer that* it should be left alone. =I *prefer* to leave it alone. うっちゃっておいた方がよい. **2** 提出[提起]する: ~ a charge *against* a person 人を告発する. **3** 昇進させる, 抜擢(ばってき)する: He was ~*red* to be a bishop. 彼は主教に任命された. **4** 〖法〗優先権を与える. [√fer-]
◇ **~red** [-d] *a.* **1** 先取権のある, 優先の: ~*red* stock 〖米〗優先株. **2** 抜擢された, 昇進した.
~·rer [-fə́:rər] *n.*

préf·er·a·ble [préf(ə)rəbl] *a.* 望ましい, …よりましな《*to*》: Poverty is ~ *to* ill-health. 貧乏になってもいい, 不健康はごめんだ.
◇ **~·ness** *n.* **prèf·er·a·bíl·i·ty** [⌐̖—–bíliti] *n.*

***préf·er·a·bly** [préf(ə)rəbli] *ad.* むしろ; 好んで, (どちらかといえば)むしろ, なるべくは: Write a summary of the story, ~ with comment. 物語の梗概(こうがい)を, できれば感想をまじえて, 書け.

‡**préf·er·ence** [préf(ə)rəns] *n.* **1** いっそう好きなこと, 好み, ひいき《*for*》: His ~ is *for* simple cooking. 彼の好みはさっぱりした料理の方だ. show ~ *for* a particular person 特定の人をひいきする. **2** 好きな物, 好物: Of the two, this is my ~. 二つのうちでは私はこちらが好きです. I have no particular ~*s*. 別にどれが特に好きというのではありません; どれでもけっこうです. **3** 〖法〗優先権, 先取権; 〖経〗特恵. ***have a ~ for*** を(むしろ)好む. ***in ~ to*** に優先して, …よりはむしろ: He chose that picture *in ~ to* any other. 彼は他のどれも差し置いてあの絵を選んだ.
~ **bond** [**share, stock**] 優先株.

prèf·er·én·tial [prèfərénʃ(ə)l] *a.* **1** 優先の, 優先権のある. **2** 選択的な; 差別的な. **3** 特恵の.
~ **right** 先取特権. ~ **shop** 〖米〗労働組合優遇[特約]工場. ~ **stock** 優先株. ~ **tariff** [**duties**] 特恵関税. ~ **treatment** 優待.

pre·fér·ment [prifə́:rmənt] *n.* **1** 昇級, 昇進; 抜擢(ばってき). **2** 《特に聖職者の》高位; 高官.

pre·fíg·ur·a·tive [-fígjurətiv] *a.* 予示する, 予想させる《を *of*》. ◇ **~·ly** *ad.*

pre·fíg·ure [pri:fígjər/-figə] *vt.* **1** の形[型]をあらかじめ示す. **2** 予示する, 予表する. **3** 予想する, 想像する. ◇ **~·ment, pre·fig·u·rá·tion** [pri:figjuréiʃ(ə)n, prì:fig-] *n.* **1** 予示, 予表; 原型. **2** 予想.

‡**pré·fix** [prí:fiks] *n.* **1** 〖文〗接頭辞, 前つづり. **2** 氏名の前につける敬称《Mr., Sir など》.
—— [—⌐̖, ⌐̖—] *vt.* **1** 〖文〗に接頭辞をつける. **2** 前におく, 前に加える《の *to*》. [√fig-]
◇ **pre·fíx·ion** [pri:fíkʃ(ə)n] *n.*

pre·fórm [pri:fɔ́:rm/prí:-] *vt.* 前もって形づくる.
—— [⌐̖⌐̖/⌐̖—] *n.* あらかじめ形成すること.

prè·for·má·tion [prì:fɔ:rméiʃ(ə)n / prí:-] *n.* **1** 前もっての形成. **2** 〖生〗《個体発生上の》前生説.
◇ **~·ar·y** [-èri/-əri] *a.*

pre·fró·zen [pri:fróuzn/prí:-] *a.* 冷凍にした: ~ food 冷凍食品.

pre·glá·cial [pri:gléiʃ(ə)l/prí:gléisjəl] *a.* 〖地〗氷河期以前の.

prég·na·ble [prégnəbl] *a.* **1** 征服[攻略]できる. **2** 弱点[弱み]のある.
◇ **prèg·na·bíl·i·ty** [⌐̖—bíliti] *n.*

prég·nan·cy [prégnənsi] *n.* **1** 妊娠. **2** 豊富; (内容)充実. **3** 含蓄に富むこと.

prég·nant [prégnənt] *a.* **1** 妊娠している: ~ *with* child 子どもを宿して. **2** 充満した, 満ちた, はらんでいる《に, を *with*》: a silence ~ *with* suspense 不安をはらんだ沈黙[静けさ]. ~ *with* grave consequences 重大な結果をはらんだ[伴うかも知れぬ]. **3** 含蓄ある, 意味深長な: Most proverbs are ~ sayings. ほとんどの格言はふかい意味を含んだ表現である. **4** 想像[くふう]に富む. **5** 〖古・雅〗多産の, 肥沃(ひよく)な: the ~ year 豊年. [√(g)na-] ◇ **~·ly** *ad.*

pre·héat [pri:hí:t/prí:-] *vt.* あらかじめ熱する.

pre·hén·sile [prihéns(i)l/-sail] *a.* 《動物の足・尾など》つかむことができる: the ~ trunk of an elephant 物をつかむことのできる象の鼻.

pre·hén·sion [prihénʃ(ə)n] *n.* **1** つかむこと, 把持(はじ)(力). **2** 把握(はあく), 理解, 会得.

***prè·his·tór·ic** [prì:(h)istɔ́:rik, -tár-/prí:(h)istɔ́r-], **-i·cal** [-(ə)l] *a.* **1** 有史以前の. **2** 〖話〗大昔の, 旧式の. ◇ **prè·his·tór·i·cal·ly** *ad.*

pre·hís·to·ry [pri:híst(ə)ri/prí:-] *n.* 先史学; 有史以前のできごと.

pre·hú·man [pri:hjú:mən/prí:-] *a.* 人類以前の.

prè·ig·ní·tion [prì:igníʃ(ə)n] *n.* 早期点火《内燃機関の》.

pre·júdge [pri:dʒʌ́dʒ/⌐̖⌐̖] *vt.* **1** 前もって判断する, に早まった判断をくだす. **2** 審理なしで判決する.
◇ **pre·júdg(e)·ment** *n.* **1** 速断. **2** 予断裁決.

‡**préj·u·dice** [prédʒudis] *n.* **1** 偏見, 先入観; ひがみ, 偏愛: party ~ 党派的偏見. **2** 〖法〗侵害, 不利, 損傷. ***have a ~ against*** に先入主をいだく, をけぎらいする. ***have a ~ in favor of*** をひいきする. ***in*** [***to the***] ***~ of*** の損傷[侵害]となるように: Don't do anything *to the ~ of* our company. われわれの会社に不利になることはいっさいしてはいけない. ***without ~*** 偏見なく; 〖法〗既得権を侵さずに.
—— *vt.* **1** に偏見をもたせる, ひがませる. **2** 傷つける, に損害を与える, 不利にする: He ~*d* his claim by asking too much. 彼は不当に請求してかえって要求を不利にした. ***be ~d against*** [***in favor of***] に対して偏見をもっている[ひいきしている]. ~ a person ***against*** [***in favor of***] に対して(人に)偏見[好感]をもたせる. [pre-+√judic- 先に+判定する]

préj·u·diced [prédʒudist] *a.* 先入主にとらわれた, 偏見をいだいた, 偏狭な: a ~ opinion 偏見.
◇ **~·ly** *ad.* 〔類〕→ **unjust**「公正でない」

prèj·u·dí·cial [prèdʒudíʃ(ə)l] *a.* 偏見をいだかせる; 害[不利]になる《*to*》. ◇ **~·ly** *ad.*

prél·a·cy [préləsi] *n.* **1** 高位聖職者の地位[職]. **2** (the ~)《集合的》高位聖職者. **3** 《けいべつ的》高位聖職者制度 (episcopacy).

prél·ate [prélit] *n.* 高位聖職者《司教・監督など》.
◇ **~·ship** *n.* **pre·lát·ic** [prilǽtik], **pre·lát·i·cal** *a.* 高位聖職者(制度)の.

pre·léct [prilékt] *vi.* 〈大学講師が〉講義する.

◇ **pre·lèc·tor** [-ər] *n.* (大学の)講師. **pre·léc·tion** [-lékʃ(ə)n] *n.* (大学の)講義.

pré·lim [prí:lim, prilím] *n.* 〖俗〗予備試験. [<*prelim*inary]

‡**pre·lím·i·nar·y** [prilímịnèri/-nəri] *a.* **1** **予備の,** 準備の; 仮の; 手始めの. **2** 序文の: ～ articles *to* a treaty 条約の前文.
—— *n.* **1** (通例 *pl.*) **準備(行動),** 予備行為〔段階〕: take one's ～*ies* 準備行動〔行為〕をする. **2** 予備試験. ***without*** **～*ies*** 単刀直入に. [√limin-]
～ examination 予備試験. **～ hearing** 〖法〗予審. **～ negotiation** 予備折衝. **～ remarks** 緒言, 序文. ◇ **-i·ly** *ad.*

***prél·ude** [prélju:d, ㊊⁺prí:l(j)u:d] *n.* **1** 〖楽〗**前奏曲,** 序曲 (overture). ↔postlude. **2** **序幕. 3** 序文, 前口上. **4** 前兆 《*to*》: the ～ *to* peace 平和への前触れ.
—— *vt.* **1** の序曲となる. **2** 前触れする; の先駆となる. **3** の前置きをする: ～ one's remarks *with* a jest 話の前置きに冗談をしゃべる. **——** *vi.* **1** 前口上を述べる; 序曲〔前奏曲〕を奏する. **2** 前兆となる 《の *to*》: Some squabblings ～ *to* insurrection. 暴動の前にいざこざが起こる. [pre-＋√lud- 先に＋演ずる]

pre·lú·sion [prilú:ʒ(ə)n/-ljú:-] ＝prelude.

pre·lú·sive [prilú:siv/-ljú:-] *a.* 序曲〔序幕〕の; 序言の 《*to*》; 前触れの. ◇ **～·ly** *ad.*

prem. premium.

prè·ma·túre [prì:mət(j)úər / prèmətjúə, prì:m-] *a.* **1** 尚早(しょうそう)の, 早まった, 先走った: a ～ birth 〔death〕 早産〔早死に〕. **2** 早熟の. [√matur-]
◇ **～·ly** *ad.* **prè·ma·tú·ri·ty** [prì:mət(j)ú(:)rịti, -tʃú(:)r-/prèmətjúər-] *n.* **1** 時期尚早. **2** 早熟; 早咲き.

pre·méd [pri:méd/prí:-], **pre·méd·ic** [-médik] *n.* 〖米話〗医学部予科(生). **——** *a.* ～の.

pre·méd·i·cal [pri:médik(ə)l] *a.* 〖米〗医学部予科の.

pre·méd·i·tate [primédịtèit] *vt., vi.* 前もって熟考〔計画〕する.

pre·méd·i·tat·ed [-id] *a.* 前もって熟慮した, 計画的な: a ～ murder 謀殺. ◇ **～·ly** *ad.*

prè·med·i·tá·tion [prì:medịtéiʃ(ə)n/pri:mèd-] *n.* 前もって熟考〔計画〕すること; 〖法〗予謀, 故意.

‡**pré·mier** [prí:miər, primíər / prémjə, -miə] *n.* **首相,** 総理大臣 (prime minister).
—— *a.* **1** 第1位の, 首位の: take the ～ place 首位〔首席〕を占める. **2** 最初の, 最も古い. [√prim-]
◇ **～·ship** *n.* ～の職〔任期〕.

pre·míere, ***pre·mière*** [primíər, -mjέər/prémiεə] F. *n.* (*pl.* **pre·míeres,** ***pre·mières*** [-z]) **1** 〖劇〗初日; 初興行; 《映画の》特別封切り. **2** 主役女優. **——** *vt.* 〈劇などを〉初公演〔上映〕する. **——** *vi.* 初公演〔上映〕される; 初めて主役を演ずる.

prém·ise¹ [prémis] *n.* **1** (*pl.*) 家屋敷, 土地, 構内: Keep off the ～*s.* 構内立ち入り禁止. **2** 〖論〗前提: major 〔minor〕 ～ 大〔小〕前提. 〈注〉しばしば premiss とつづる. **3** (*pl.*) 〖法〗前述の事項〔物件〕. ***to be consumed on the* ～*s*** 持ち出し禁止, 店内のみで消費のこと《酒類について》.

pre·míse² [primáiz, prémis] *vt., vi.* **1** 前置きとして言う. **2** 前提とする, 条件とする.

prém·iss ＝premise¹ ②.

pré·mi·um [prí:miəm] *n.* **1** 保険料《1 回分の支払い金額》: pay ～*s* on one's life insurance four times a year 年 4 回生命保険の掛け金を支払う. **2** 賞(金), ほうび: a ～ for good conduct 善行賞. **3** (勧誘のための)おまけ, 景品: Some magazines give ～*s* for obtaining new subscriptions. ある雑誌は新しい予約購読を得るのに景品を出している. **4** 割り増し金, プレミアム: pay a ～ before renting a house 家を借りる前に「礼金」を払う. **5** 手数料. **6** 授業料 (fee).
at a* ～** (1) 額面以上で, プレミアムつきで. (2) 大いに需要がある, 珍重されて, 流行して. ***put a* ～ *on を重んずる; の奨励になる; の誘因になる.
—— *a.* すぐれた, 優秀な; 高価の.
～ note 保険料支払い約束手形.

pre·mó·lar [pri:móulər] *n., a.* 〖医〗小臼歯(きゅうし)(の).

pre·món·ish [primániʃ / -mɔ́n-] *vi., vt.* 〖稀〗(に)前もって警告する《と *that*》.

prè·mo·ní·tion [prì:məníʃ(ə)n] *n.* **1** 事前警告, 予告. **2** 前兆; 虫の知らせ. [√mon-]

pre·món·i·tor [primánịtər / -mɔ́n-] *n.* 予告者; 前兆.

pre·món·i·to·ry [primánịtɔ̀:ri / -mɔ́nit(ə)ri] *a.* **1** 予告〔警告〕の. **2** 前兆の; 〖医〗前駆的.
◇ **-ri·ly** *ad.*

pre·ná·tal [pri:néitl / prí:-] *a.* 出生前の, 胎児期の. [√(g)na-] ◇ **～·ly** *ad.*

prén·tice, 'prén·tice [préntis] *n.* 〖古・方〗徒弟, 年季奉公人. ***try* one's *～ hand at*** を未熟ながらやってみる. [<ap*prentice*]

pre·òc·cu·pá·tion [pri:àkjụpéiʃ(ə)n/-ɔ̀k-] *n.* **1** 先取, 先に占有すること. **2** 偏見, 先入主. **3** 没頭, 《仕事などへの》没入. **4** 関心事; たいせつな事〔仕事〕.

***pre·óc·cu·pied** [pri:ákjụpàid/-ɔ́k-] *a.* **1** **先取された. 2** 没頭した, 一心不乱の, 夢中の. **3** 〖生〗《種属名など》すでに使用された.

pre·óc·cu·py [pri:ákjụpài/-ɔ́k-] *vt.* **1** 先に占有する. **2** に先入主〔偏見〕をいだかせる. **3** の心を奪う, 夢中にさせる.

prè·or·dáin [prì:ɔ:rdéin / prí:-] *vt.* の運命を前もって決める; 予定する.
◇ **prè·or·di·ná·tion** [-ɔ:rdịnéiʃ(ə)n] *n.*

prep [prep] *n.* 〖話〗準備 (preparation); 予備校 (preparatory school). **——** *a.* ＝preparatory.

prep. preparation; preparatory; prepare; preposition.

pre·páid [pri:péid/prí:-] *v.* prepay の過去・過去分詞. **——** *a.* 前払いの, 支払い済みの.

‡**prèp·a·rá·tion** [prèpəréiʃ(ə)n] *n.* **1** **準備;** 下調べ, 予習(時間). **2** **心構え,** 覚悟. **3** 調理; 調製《薬剤など》; 調合剤: medical ～*s* 調合剤. **4** 〖楽〗準備調整《不協和音の》. ***in* ～** 準備中で. ***in* ～ *for*** の用意に; に備えて. ***make* ～*s for*** の準備をする.

pre·pár·a·tive [pripǽrətiv] *a.* 準備〔予備〕の 《*to*》. **——** *n.* 準備; 〖軍〗用意の信号. ◇ **～·ly** *ad.*

‡**pre·pár·a·to·ry** [pripǽrətɔ̀:ri / -t(ə)ri] *a.* **1** **準備の,** 予備の 《*to*》. **2** 《大学への》入学準備の: the ～ course 予科. **～ *to*** の準備として, に先だって.
—— *n.* ＝～ school. **～ school** 〖米〗大学予備校; 〖英〗予備校《public school などのための》.

†**pre·páre** [pripéər] *vt.* **1** **準備する,** 用意する; の下ごしらえをする; の下調べをする: ～ a meal 食事のしたくをする. ～ a lesson 授業の予習をする. **2** 〈人に〉用意させる; 教えて準備させる 《を *for*》: ～ a boy *for* an examination 子どもに試験の準備をさせる. **3** に覚悟をきめさせる《の *for*》. **4** 作成〔調製〕する; 〈薬などを〉調合する. **～ one*self for*** の準備をする; の心構え〔覚悟〕をする.
—— *vi.* **1** **用意をする,** 準備をする, 備える《の *for*; に対して *against*; *to* (do)》: ～ *for* war 戦争の準備をする〔に備える〕. ～ *against* disaster 災害に備える. **2** 覚悟する: ～ *for* the worst 最悪を覚悟する, 万一に備える. [√par-²]

pre·páred [pripéərd] *a.* 用意〔準備〕ができている; 覚悟している. ***be* ～ *to*** (do) (1) …する準備〔覚悟〕ができている: We *are* ～ *to* supply the goods. 現品は即刻お届けできます. (2) 喜んで…しようとしている, 進んで…しようとする: I *am* fully ～ *to* forgive. 喜んで許してやるつもりだ. They *are* quite ～ *to* be friendly. 彼らはすぐなれなれしくする. ◇ **pre·pár·ed·ly** [-pé(:)ridli, -péərdli/-péə(ri)dli] *ad.*

文法要説…(22)

Prepositional Adverb（前置詞的副詞）

これは次の up, off, on のように前置詞と副詞を兼ねた語の総称である:

《前置詞》 Go *up* the stream. 流れをさかのぼって行け.
《副　詞》 Let's go *up*. 上がろう〔さかのぼって行こう〕.

《前置詞》 We got *off* the bus. バスを降りた.
《副　詞》 We get *off* next. この次 (の停留所で) 降りる.

《前置詞》 The picture is *on* the wall. 絵は壁にかかっている.
《副　詞》 Turn *on* the radio. ラジオ (のスイッチ) を入れなさい.

これら前置詞的副詞は基本語である上に, 二つの機能を兼ね, 非常に重要な語である. しかも基本的な動詞と結びついて多数の熟語動詞句をつくり, これらの動詞句を「動詞・副詞結合」(verb-adverb combination) と呼ぶことがある.

おもな前置詞的副詞

おもな前置詞的副詞(以下 PA と略す)は in, out; on, off; up, down; about, across, (a)round, over, through などであるが, そのほか by, to なども はいる. out はそのままの形ではおもに副詞として活躍し, 前置詞としての用法は限られているが, out of という前置詞相当形で盛んに活躍する. 同様に away (from) もこの仲間に入れて考えることができる. また at, with などは通常副詞の機能はないが, 前置詞として類似の動詞句を盛んにつくるので同様に扱うことができる (このばあいの前置詞も副詞と考える人もある).

PAと結びつくおもな動詞

break, bring, call, come, fall, get, give, go, lay, make, put, set, take, turn など, おもに単音節の基本的な動詞である.

動詞句の種類

まず自動詞のばあいと他動詞のばあいにわかれ, また PA の機能にも前置詞だけ, 副詞だけ, 両者共存の三つのばあいがある.

自動詞のうち, 他動詞の自動詞化したものが相当の割合を占めるが, その自動詞化のうちの一つの重要な型として, 次の get や take のように ( ) 内のような oneself を含む架空の文を考えて, 論理的にはこの oneself が略されたような意味関係と解釈できるものが少なくない: *Get* up.起きなさい. (←*Get yourself* up. 自らを起こしなさい.) He *took* to drinking. 彼は飲酒の癖がついた. (←He *took himself* to drinking. 彼は自らを飲酒にもっていった.)

1) 自動詞＋PA《前置詞》

PA が前置詞としてだけ用いられ, 相当する副詞的な用法のないもの. このばあいの PA は多くは通常前置詞に専用される語である:

I am *looking for* a job. 私は仕事を捜している. Don't *laugh at* me. 私を笑わないでくれ. A drowning man will *catch at* a straw. おぼれる者はわらをもつかむ. We *got to* the station at five. 5時に駅に着いた. He *takes after* his father. 彼は父親に似ている.

なお自動詞＋前置詞は全体として他動詞の機能をもっている. また, 動詞が本来の自動詞であるばあい He *was laughed at*. のように動詞句として容易に受動形をつくるものがかなり多く, この傾向は We *sleep in* this bed. における sleep in のような結合のゆるいものにも及ぶことがある: The bed must have *been slept in* till a few minutes ago. ベッドはつい数分前まで人が寝ていたに違いない.

2) 自動詞＋PA《副詞》

前記とは逆に PA が副詞としてだけ用いられて, それに相当する前置詞的な用法のないばあいである. このばあいも他動詞の自動詞化が多い: *Get up*. 起き〔立ち〕なさい. War *broke out*. 戦争が勃発(ぼっ)した《次節 3) の broke out (of …) と比較》.

3) 自動詞＋PA《前置詞・副詞》

おなじ動詞句で PA が前置詞としても副詞としても用いられるばあい, 言い替えれば, 副詞は前置詞の目的語が略されたものとも見ることのできるばあいである: He *went up* (the mountain). 彼は (山を) 登って行った. Let's *get on* (the train). さあ (列車に) 乗ろう. We *broke out* (of the room). 私たちは (へやから) 強引に飛び出した.

4) 他動詞＋PA《副詞》

これは構文上最も問題の多いものである. 副詞が目的語の前にくるばあいとあとにくるばあいとがあるからである: We *gave up* Tom 〔the plan〕. トム〔計画〕を断念した. —We *gave* him 〔it〕 *up*. 彼〔それ〕を断念した. *Take off* your hat. 帽子を脱ぎなさい. —*Take* your hat *off*. 同前《ただしこの方が強いという人もある》.

なお PA が前置詞のばあいももちろんあるが, このばあいは必ず目的語のあとにきて, いまのような問題は起こらないから, ここでは特に扱わない. → 下記 a) (3) 〈注₁〉

a) PA が目的語のあとにくるばあい (動詞と PA が離れるばあい)

(1) 目的語が短く, 特に強勢のない単音節の人称代名詞のばあい:

We *gave* **him** *up*. 彼を断念した. *Put* **it** *on*. それを身につけなさい. He *put* **them** *off* till the next week. それら《予定など》を次の週まで延期した. We want to *speed* things *up*. 万事スピードアップしたいのだ. It was a common practice to *take* work *home* at night. 晩に仕事を家に持ち帰るのが一般の習慣になっていた《PA ではないが類似の例》.

(2) PA が and その他の等位接続詞で他の副詞と結びついているとき:

Draw your stomach *in and up*. 腹部を引っ込め, 上に引きあげるようにしなさい.

(3) PA がその直後にある前置詞句 (特に方向を示すもの) と密接に結びついているとき:

He *ordered* the survivors *back to* the oars. 彼は生存者にオールをこぐ仕事にもどれと命じた. They *took* the boy *away from* his parents. 彼らは少年を親のもとから連れ去った. What *sets* these unfortunates *off from* the social drinkers? この不幸な人たちを社交上酒を飲む人たちと区別しているものはなにか. He *clawed* his way *back up* the cliff. 彼は指先をつまだてて断崖(だんがい)をよじ登り, 上へもどって行った. 〈注₁〉PA 自体が前置詞のばあいには, もちろんこの語順をとる: I *took* the brush *off* the peg. 掛けくぎからブラシをはずした. 〈注₂〉(3) 中の back の2例および下記 (b) (3), (5) の back は PA ではないが, 目的語との位置関係の上で PA と類似の性質を示す.

(4) PA を前に出すと, 習慣上誤解を起こしやすいとき:

The doctor *looked* Tom *over*. 「医者はトムを診察した」このばあい …*looked over* Tom とすると「トム越しに向こうを見た」の意味に聞こえやすい.

b) PA が目的語の前にくるばあい (PA が動詞の直後に続くばあい)

(1) 目的語が節・動名詞を含むか, 非常に長いとき: He *picked up* **the pen which lay on the desk.** 机の上にあった万年筆を取り上げた.

(2) 上記 a) の (2) とは逆に, 動詞が他の動詞と等位接続詞で結ばれて目的語を共有するとき:

The doctor *cleaned and sewed up* wounds. 医者は傷口を消毒して縫い合わせた.

(3) 目的語が他の (代) 名詞と等位接続詞で結びついているとき:

They *brought back* themselves *and* as many men as they could. 自分が帰るばかりでなく, できるだけ多数の人を連れもどした. → 上記 4) a) (3)〈注₂〉.

(4) 目的語は単音節だが固有名詞のばあい:

Don't *give up* **Tom**. トムを見捨てるな《比較: Don't *give* him *up*. 彼を見捨てるな》. なお下記 (6) および上記 a) の (4) 参照.

(5) 目的語は代名詞だが, 比較的長く, 強勢があるばあい:

They *brought back* **themselves** as they had been told to do. かねてから指示されていたように, 彼らは自ら帰還した. Mother doesn't want us to *give up* **everything**. おかあさんは私たちになにからなにまであきらめろとは言っていない.

(6) 目的語は単音節の人称代名詞だが, 特に強調を受けて副詞のあとにくるばあい:

If you want to blow up somebody, *blow up* **me**. どやしつける相手がほしかったら, この私をどやしなさい. 〈注〉このばあい me は強く発音される. 通常は弱く発音され, a) (1) に従って *blow* me *up* の語順.

c) 語順選定のまとめ

(1) 目的語との関係: 大体において目的語が短いか軽いばあい (特に単音節の人称代名詞のばあい) は動詞と PA が目的語を介して分離し, 目的語が長いか重いばあい (多音節語句, および単音節・多音節の固有名詞のばあい) には PA が目的語の前に出て動詞と直結する. 全体としては直結の構文が普通である. 目的語が 3 音節以上のばあいには分離することは少ないが, 2 音節程度のばあい, 二つの型がほぼ等しく分布し, おなじ動詞句で両者が可能のばあいさえある:

The students *put down* their pens and walked out of the room. 学生たちはペンを下に置いてへやの外へ出て行った. He *puts* his books *down* and they stay where they are. 彼は本を下に置き, そのままそこに残してゆく.

(2) 結合の疎密: 上記の *put down* 「下に置く」や本節 4) の冒頭の *take off* 「〈衣類を〉脱ぐ」のように, 動詞と PA が元の意味をよく保存している動詞句は分離しやすく, give up 「あきらめる」のように, 結合の結果として意味が比喩的, 抽象的になったものは分離しにくい. したがって, おなじ carry out でも, 意味により, *Carry* your things *out*. 「持ち物を運び出せ」に対し *Carry out* the plan. 「計画を実行せよ」のようになる.

(3) 受動態: ここで扱った「他動詞＋PA《副詞》」では他動詞はその機能を保持し, 自動詞化はしていないから, 常に受動態が可能である. なお, このばあいは目的語が主語に変わっているので, 動詞と PA は離れることはない:

The plan *was carried out*. 計画は実行された. His things *were carried out*. 彼の持ち物が運び出された.

〈付記〉**He *went up* the mountain.** 対 **He *gave up* the plan.** 動詞と PA の順序はおなじだが, 前者は《自動詞＋前置詞》(上記構文 3)) であり, 後者は《他動詞＋副詞》(構文 4) の b)) であることは注意を要する. 後者では 4) の a) に従って He *gave* it *up*. が可能だが, 前者では "He *went* it *up*." は不可能である. ときには全くおなじ動詞と PA の結合が二つの用法で用いられ, 意味の異なるばあいがある:

(1) (a) She *turned on* the man. 彼女はその男に食ってかかった.
(b) She *turned on* him. 彼女は彼に食ってかかった.

(2) (a) She *turned on* the gas. 彼女はガスのコックを開いた.
(b) She *turned* it *on*. 彼女はそれ (＝ガス) のコックを開いた.

すなわち (1) では turn は自動詞化して on は明らかな前置詞, (2) は他動詞＋副詞で, (a) では一見同形だが, (b) ではその差が明瞭(めいりょう)にあらわれる.

pre·pár·ed·ness [pripé(:)ridnis, -péərd-/-péə(ri)d-] *n.* 準備 (完全), 用意, 備え: military ～ 軍備.

pre·páy [pri:péi/⏑⏑] *vt.* (**-páid** [-péid]; **-páy·ing**) 前払いする, 前納する: ～ a reply to a telegram 電報の返信料を前払いする. ◇ **～·ment** *n.*

pre·pénse [pripéns] *a.* 計画的な, 故意の. 〈注〉名詞のあとにつける. ***of malice* ～** 殺意をもって. ◇ **～·ly** *ad.*

pre·pón·der·ance [pripánd(ə)rəns / -pón-], **-an·cy** [-i] *n.* 《数・量・力などの》優勢.

pre·pón·der·ant [-d(ə)rənt] *a.* **1** 重さ〔量, 数, 力〕においてまさる. **2** 優勢な, 優位にたつ, 圧倒的な《*over*》. [√pond(er)-] ◇ **～·ly** *ad.*

pre·pón·der·ate [-dərèit] *vi.* 重さ〔数, 量, 力など〕でまさる; 幅をきかす《に *over*》.
—— *vt.* 〖廃〗…よりも重い; …よりも重要である.

‡**prèp·o·sí·tion** [prèpəzíʃ(ə)n] *n.* 〖文〗前置詞. ◇ **～·al** *a.* 前置詞(的)の: ～*al* adverb 前置詞的副詞. → 枠付 Prepositional Adverb. **～·al·ly** *ad.* 前置詞として.

pre·pós·i·tive [pri:pázitiv/pripóz-] *a.* 〖文〗前置の. **——** *n.* 〖文〗前置語. ◇ **～·ly** *ad.*

pre·pós·i·tor [pri:pázitər/pripóz-] ＝praepostor.

prè·pos·séss [prì:pəzés] *vt.* **1** 〈先入主などが〉…の心をとらえてしまう《通例受動態で》: He *is* ～*ed with* a queer idea. 彼は妙な考えにとらわれている. **2** に先入主〔偏見〕をいだかせる, 片寄らせる; に偏愛させる. **3** に好感をいだかせる《通例受動態で》: I *was* ～*ed by* his manners. その態度に魅せられてしまった.

prè·pos·séss·ing [-iŋ] *a.* 好感をいだかせる; 感じのよい. ◇ **～·ly** *ad.*

prè·pos·sés·sion [prì:pəzéʃ(ə)n] *n.* **1** 先入感《特に好意的な》; ひいき. → predilection. **2** 先に所有すること.

pre·pós·ter·ous [pripást(ə)rəs / -pós-] *a.* 前後〔本末〕転倒の; 常識〔道理〕をはずれた, 途方もない. [pre-＋post-] ◇ **～·ly** *ad.*

pre·pó·tent [pripóut(ə)nt/pri:-] *a.* (より) 優勢な; 〖生〗優性遺伝の. ◇ **-ten·cy** *n.*

pre·prán·di·al [pri:prǽndiəl] *a.* 食事前の.

pré·puce [prí:pju:s] *n.* 〖医〗包皮.

Pre-Ráph·a·el·ite [pri:rǽf(i)əlàit / prí:-] *a., n.* **1** ラファエル以前の (画家). **2** ラファエル前派の (画家). **～ Brotherhood** ラファエル前派《19世紀中ごろのイギリスの写実画風. 略 P.R.B.》.

prè·re·córd [prì:rikɔ́:rd/prí:-] *vt.* 〈テレビなどの番組を〉放送前に録画〔録音〕する.

pre·réq·ui·site [pri:rékwizit/prí:-] *a.* あらかじめ必要な, 不可欠な《に *to*》. **——** *n.* 先行条件《の *to, for*》: ～*s to* scholarship 学問の必要条件.

pre·róg·a·tive [prirágətiv / -róg-] *n.* **1** 《地位・身分などに伴う》特典, 特権; 大権(＝royal ～). **2** (他にまさる) 特質. ***the* ～ *of mercy*** 赦免権. **——** *a.* 特権の, 特権を有する; 〖ローマ史〗優先投票権のある. [√rog-]

Pres. Presbyterian; President. **pres.** present; presidency; presumptive.

pre·ságe[1] [priséidʒ/présidʒ, priséidʒ] *vt.* **1** 予感する, 予知する. **2** の予感を与える, 予告する, の前触れとなる. —— *vi.* **1** 予言する. **2**〘古〙予感する.

prés·age[2] [présidʒ] *n.* **1** 予感, 予知. **2** 前兆, きざし. **3**〘稀〙予言. ***of evil*** [***ominous***] ～ 不吉(ﾌｯ)な, 縁起の悪い.

presby- 「老人(の)」の意の語形成要素.

près·by·ó·pi·a [prèzbióupiə, ㊥⁺près-] *n.*〘医〙老眼, 遠視眼. ◇ **près·by·óp·ic** [-ápik/-ɔ́p-] *a.*

prés·by·ter [prézbitər] *n.*〘宗〙**1**《初期教会の》世話役, 監督. **2**《監督教会の》牧師. **3**《長老教会の》長老 (elder).

près·by·té·ri·al [prèzbití(:)riəl / -tíər-], **pres·být·er·al** [prezbít(ə)rəl] *a.* **1**〘宗〙長老(会)の. **2** 長老政治の.

Près·by·té·ri·an [prèzbití(:)riən/-tíər-] *a.* **1** (p～) 長老制の. **2** 長老教会の. —— *n.* 長老教会員; 長老制主義者. ～ **Church** 長老教会.
◇ ～**·ism** *n.* 長老派主義〔制度〕.

prés·by·ter·y [prézbitèri/-t(ə)ri] *n.*〘宗〙**1** 長老会; 長老管轄区. **2** 内陣《教会堂の東の部分》; 司祭席. **3**〘カトリック〙司祭館.

pre·schóol [priːskúːl / ⸗⸗] *a.*〘米〙就学前の, 学齢未満の. —— *n.* 幼稚〔保育〕園.

prés·ci·ence [préʃiəns, príːʃ-/prési-] *n.* 予知, 先見. [√sci-] ◇ **-ent** *a.* 予知する; 先見の明ある.

pre·scínd [prisínd] *vt.* (早急に・突然に) 切り離す《から *from*》. —— *vi.* 注意〔心〕をそらす《から *from*》: ～ *from* certain considerations ある種の考慮を切りすてる〔無視する〕. [scind-]

‡**pre·scríbe** [priskráib] *vt.* **1** **規定する**, 命ずる: Do what the laws ～. 法の規定を守れ. **2** <薬を> 処方する; <療法を> 勧める: ～ rest 休息〔休暇〕をとるように勧める. **3**〘法〙時効により無効にする. —— *vi.* **1** 規則を定める, 指示を与える, 命令をくだす. **2**〘医〙処方を与える, 療法を指示する. **3**〘法〙<権利などが> 時効によって無効となる; 時効によって (…の) 権利を請求する《の *for, to*》. [pre- + √scrib-]

pré·script [príːskript] *n.* 規則, 規定; 法規; 命令. —— *a.* 規定された.

pre·scríp·tion [priskrípʃ(ə)n] *n.* **1** 規定, 規則; 法規. **2** 指示, 指定. **3**〘医〙処方(箋); 処方薬. **4**〘法〙時効: negative [positive] ～ 消滅〔取得〕時効. ***make up a*** ～ 処方箋(ｾﾝ)どおり調剤する.

pre·scríp·tive [priskríptiv] *a.* **1** 指示する, さしずの; 規範的. **2**〘法〙時効によって得た, 時効による. ～ **grammar** 規範文法. ◇ ～**·ly** *ad.*

‡**prés·ence** [prézns] *n.* **1** 存在, 現在, いる〔ある〕こと: I was not aware of his ～. 彼が来ていたことには気がつかなかった. **2** 出席, 列席, 参列: Your ～ is requested. ご出席いただきたく存じます. **3** 人のいる所, 面前, 人前: Can you say so in his ～? 彼のいる所でそう言えるか. **4** 対面, 拝謁: be admitted to the ～ 拝謁を許される. **5** 威風ある存在, りっぱな人物: He was a real ～ at the party. 彼は席上異彩を放った. **6** 風采(ﾌｳｻｲ), 押し出し, 態度: He has a poor ～. 見ばえのしない男だ. a gentleman of no ～ 風采のあがらない紳士. **7** 落ち着き, 平静, 沈着 (=～ of mind): stage ～ 舞台度胸. **8** 神霊, 霊, 幽霊.
be admitted to [***banished from***] a person***'s*** ～ (人)の目通りを許される〔許されなくなる〕. ***in the*** ～ ***of*** の面前で; に直面して. ***saving your*** ～ 失礼ですが…. ～ **chamber**〘英〙謁見室.

†**prés·ent**[1] [préznt] *a.* **1** **居る, 出席している**: I was ～ *at* the meeting. 私はその集会に出席した. *P*～, Sir [Ma'am]. はい《点呼で「出席」の返事》. **2** **いまの, 現在の**: at the ～ time 現今では. the ～ worth of $ 100 in 20 years 20年後には 100 ドルになる現在の金高. **3**〘文〙現在(時制)の: the ～ tense〘文〙現在時制. **4** 当面の, 問題の, ここにある, この: the ～ book 本書. the ～ writer 筆者. **5**〘古〙さっそくの, 応急の: a very ～ help in trouble.
be ～ ***to the mind*** 心に留まっている, 覚えている.
—— *n.* **1** 現在, 現今. **2**〘文〙現在時制. **3** (*pl.*)〘法〙本書類, 本証書. ***at*** ～ 目下, 現今は. ***by these*** ～***s***〘法〙本書類により. ***for the*** ～ 当分は, いまのところは, さしあたり. ***in*** ～〘古〙直ちに. ***up to the*** ～ 今日に至るまで.
～ **company**《集合的》出席者. ～**-dáy** 現代の, 今日の: ～*-day* English 現代英語. ～ **participle**〘文〙現在分詞. ～ **perfect**〘文〙現在完了. ～ **wit** 機知, 機転, とんち.

‡**prés·ent**[2] *n.* **贈り物**. 〈注〉通例 *present* は gift より形式ばらない. ***make*** a person ***a*** ～ ***of***… = ***make a*** ～ ***of***…***to*** a person (人)に…を贈る.

‡**pre·sént**[3] [prizént] *vt.* **1** **贈る**, **贈呈〔進呈〕する**, 与える: ～ a medal *to* a winner 勝者にメダルを贈る. **2** に贈る, に贈呈〔進呈〕する, に与える《を *with*》: ～ a person *with* a book 人に本を贈る(= ～ a book *to* a person). ～ a village *with* waterworks 村に水道を設備する. **3** <書類・名刺などを> **提出する**, 差し出す, 渡す. **4** <計画・案を> 提出する, 提案する; <理由・あいさつなどを> 述べる, 言う. **5**《～ oneself の形で》姿を見せる, あらわれる: He ～*ed himself* at the party. 彼は会に姿をあらわした. If any difficulty ～*s itself*, come to me. なにか困ったことが起こったら, いらっしゃい. **6** **紹介する**, 引き合わせる: Allow me to ～ Mr. Brown *to* you. ブラウンさんをご紹介します. The ambassador was ～*ed* to the king. 大使は国王に謁見を賜わった. **7** <映画などを> **提供する**, 公開する, <劇を> 上演する; <俳優を> 出演させる. **8** <役を> 演ずる. **9** 向ける, 差し向ける: He ～*ed* his back *to* the audience. 彼は観衆に背を向けた. ～ a firearm 火器のねらいを定める. **10**〘法〙<大陪審が> 告発する. **11**〘宗〙<聖職者を> 推薦する.
P～*!* ねらえ! ～ one***self*** 出頭する; 出席する《に *at*》. ～ ***a check*** [***bill***]《支払いを受けるために》小切手〔手形〕を呈示する. ～ ***an appearance of*** の観を呈する, の印象を与える. ***P***～ ***arms!***〘軍〙《号令》ささげ銃(ﾂﾂ)! ～ ***itself*** あらわれる; <考えなどが> 胸に浮かぶ: A good idea ～*ed itself*. 名案が浮かんだ.
—— *n.* **1** 銃を向けること; ねらったときの銃の位置. **2** ささげ銃 (の姿勢). ***at the*** ～ ささげ銃をして.
◇ ～**·er** *n.* 贈り主.
〔類〕→ **give**「与える」, → **introduce**「紹介する」

pre·sént·a·ble [prizéntəbl] *a.* **1** 人前に出せる, 体裁のよい; 人前に出られる身繕いをしている. **2** 礼儀正しい, 上品な. **3** 進呈〔紹介, 上演〕できる.
◇ ～**·ness** *n.* **pre·sènt·a·bíl·i·ty** [-⸗-bíləti] *n.* (人前に出せる) 体裁のよさ; 贈り物に適すること.

près·en·tá·tion [prèzntéiʃən, prìːzen-/prèz(e)n-] *n.* **1** 与えること, 贈呈: the ～ of a degree 学位の授与. **2** 贈り物. **3** 提出, 提示: the ～ of a treatise 論文の提出. **4** 表示(法), 表現; 発表. **5** 公開, 上演. **6** 紹介, ひろう; 《特に宮廷の》拝謁; 聖職推挙(権). **7**〘哲・心〙表象, 観念; 直覚. ***on*** ～《書類など》提示しだい.
～ **copy** 献本, 贈呈本. ～ **day, the**〘大学〙学位授与の日. ◇ ～**·al** *a.*〘心〙表象的な, 観念的な.

pre·sént·a·tive [prizéntətiv] *a.* **1**〘哲・心〙直覚の, 表象の. **2** 聖職者推薦権のある.

près·en·tée [prèz(ə)ntíː] *n.* **1** 贈り物の受領者. **2** 被推薦者. **3** 拝謁者.

pre·sén·ti·ment [prizéntimənt] *n.* (不吉な) 予感, 虫の知らせ. ◇ **pre·sèn·ti·mén·tal** *a.*

‡**prés·ent·ly** [prézntli] *ad.* **1** **まもなく**, やがて: He will be here ～. **2**〘米〙現在, 目下: She is ～ away from home. **3**〘古・方〙直ちに.

pre·sént·ment [prizéntmənt] *n.* **1** 陳述, 記述. **2** 描写; 絵, 肖像. **3** (劇の) 上演. **4** 《書類などの》提出; 《手形などの》呈示. **5** 献呈, 贈呈. **6** 〖法〗大陪審の申告, 告訴. **7** 〖宗〗陳情. **8** 〖心〗表象.

pre·sérv·a·ble [prizə́:rvəbl] *a.* 保存〔貯蔵, 保管, 保護〕できる.

***près·er·vá·tion** [prèzərvéiʃ(ə)n] *n.* **保存**; **貯蔵**; 保管, 保護; 予防.

pre·sérv·a·tive [prizə́:rvətiv] *a.* 保存の; 保存力のある; 防腐の《*against, from*》.
—— *n.* 予防薬; 防腐剤.

‡**pre·sérve** [prizə́:rv] *vt.* **1 保持する, 維持する**: ～ one's health 健康を保つ. ～ order 秩序を維持する. ～ composure 落ち着きを失わない. **2 保存する**: ～ historical monuments 史跡を保存する. **3** 〈くだものなどを〉保存食品にする; 砂糖煮〔塩づけ〕にする, かん詰めにする. **4 保護する**, 守る: The dog ～*d* him *from* danger. 犬は彼を危険から救った. **5** 〈鳥·獣を〉保護する《禁猟処置によって》. **6** 心にとめる, 忘れない. ***well* ～*d*** 少しも老いたようすのない.
—— *n.* **1** (通例 *pl.*) 砂糖づけ, ジャム, かん〔びん〕詰めのくだもの. **2** 禁猟地; 生けす. **3** 《個人の》領分, 分野. **4** (*pl.*) 遮光(しゃこう)〔ちりよけ〕めがね. [√serv-¹]
◇ **pre·sérv·er** [-ər] *n.* **1** 保存〔保護〕者. **2** かん〔びん〕詰め業者 (packer). **3** 禁猟地管理人.
〔類〕→ **guard**「守る」, → **keep**「保存する」

‡**pre·síde** [prizáid] *vi.* **1 議長となる, 司会する**: ～ *at* 〔*over*〕 a meeting 会合で司会をつとめる. **2 統轄する**, 管掌する: ～ *over* the business of the store 店の経営をつかさどる. **3** 《食卓で》主人役をつとめる《で *at*》. **4** 演奏をつかさどる: ～ *at* the piano ピアノを受け持つ. [√sed-]
◇ **pre·síd·er** *n.* **pre·síd·ing** *a.* 司会〔統轄〕する: a ～*ing* judge 裁判長.

prés·i·den·cy [prézịd(ə)nsi] *n.* **1** president の職〔地位, 任期〕; (しばしば P～) アメリカ大統領の地位. **2** (P～) 昔のインドの3大管区(Bombay, Bengal, Madras)の行政的名称. **3** 〖モルモン教〗三人評議会.

‡**prés·i·dent** [prézịd(ə)nt] *n.* **1** (しばしば P～)**大統領**: the P～ of the United States of America. **2 長**, 会長, 総裁; 議長; 社長, 会頭; 《大学の》総長, 学長: the ～ of a society 協会の会長. **3** 〖史〗知事. [pre-+√sed- 前に+すわる]
～-e·léct 大統領当選者《当選してから就任までの名称》. ◇ **～·ship** *n.* =presidency.

près·i·dén·tial [prèzịdénʃ(ə)l] *a.* **1** president の: a ～ election 大統領選挙. a ～ plane 大統領専用(飛行)機. **2** 支配〔管轄, 主宰, 監督〕する.
～ primary 〖米〗《各政党の》大統領選挙人予選会. **～ year** 〖米〗大統領選挙の年.

pre·síd·i·al [prisídiəl], **pre·síd·i·ar·y** [-dièri/-diəri] *a.* 要塞(ようさい)の; 守備隊の.

pre·sid·i·o [prisídiòu/-ou] Sp. *n.* (*pl.* **～*s***) 要塞地, 駐とん地; 流刑地.

pre·síd·i·um [prisídiəm] *n.* (the P～)(ソ連最高会議の) 常任幹部会.

‡**press¹** [pres] *vt.* **1 圧する, 押す**, 押しつける: ～ one's ear *against* the door 戸に耳を当てる. The crowd ～*ed* him *into* a corner. 群衆は彼を片すみに押し込んだ. **2** に圧力をかける, プレスする: He ～*ed* the clay *into* the figure of a horse. 粘土を押して馬の形にした. ～ flowers 花を押し花にする. ～ clothes 衣服にアイロンをかける. **3** 抱きしめる, 握りしめる: She ～*ed* him *in* her arms. **4** (押しつぶして)…からしるをとる, 〈しるを〉絞り出す: ～ grapes ブドウを絞る. ～ the juice *from* grapes ブドウからしるを絞る. **5 押しつける, 強調する**: He ～*ed* his ideas *on* us. 彼は自分の考えをわれわれに押しつけた. He ～*ed* his point. 彼は自分の論旨を強硬に主張した. **6** 強力に推進〔実行〕する: ～ an attack 強襲する. **7** に迫る, に強要する, にせがむ《を *for*》: The people ～*ed* the king *for* the reform. 人民は国王に改革を強要した. **8** 《精神的に》圧迫する, 苦しめる, 悩ます: be ～*ed* by problems on all sides あらゆるがわから問題に責め立てられる. be hard ～*ed* 窮地に追い込まれる. **9** 印刷する.
—— *vi.* **1 重くかかる**, のしかかる; 身をすり寄せる: The cat ～*ed against* his master's leg. ネコは主人の足にすり寄った. **2** (心に) 重くのしかかる: The matter ～*ed upon* his mind. その問題は彼の心を重苦しくした. **3 押し進む**, 迫る, 押し寄せる; 寄ってたかる《*up*》: People ～*ed forward* to see what was happening. 人々は何事かと押し合って前へ出た. A large crowd ～*ed around* him. 大ぜいが彼のまわりに寄ってたかった. **4** 急ぐ, 急行する《*on, forward*》. **5** せき立てる, 急がせる: Time ～*es.* 時間が迫っている. **6** せがむ, 強要する《を *for*》.
be* ～*ed for money (金)に窮する, に困る, に不足する. **～ *back*** 押し返す; 退却させる. **～ *hard upon*** に肉薄する; を追及する. **～ *home*** 諄々(じゅんじゅん)と説く. **～ *into*** に押し込む, に侵入する. **～ *on*** 〔***upon***〕 に押し寄せる, を猛攻する. **～ *on*** (**one's *way***) 道を急ぐ. **～ *sail*** 満帆を張る. **～ *the button*** ボタン〔ベル〕を押す.
—— *n.* **1 押すこと**; 圧迫, 圧搾. **2 圧搾機**, 絞り器; 押しボタン. **3 印刷機**; 印刷術; 印刷所; 発行所〔部〕: Oxford University *P*～ オックスフォード大学出版部. **4** 《集合的》**新聞**, 雑誌, 定期刊行物. **5** 報道機関《新聞·雑誌·テレビ·ラジオ》; 《報道機関の》論説; 《集合的》報道記者: freedom of the ～ 出版〔言論〕の自由. **6** 《複数扱い》報道記者, ニュースカメラマン. **7 雑踏**, 群集: The little boy was lost in the ～. 小さな子どもが群衆の中でまい子になった. **8** 繁忙, 急迫, 火急: in the ～ of business 仕事が忙しいため. **9** 戸だな; 本だな; 洋服だんす. **10** 締め具《ラケット·スキーなどのそり·ねじれを防ぐ》. **11** 〖運〗《重量あげの》プレス. [√press-]
be in 〔***off***〕 ***the*** ～ 印刷中; 発行されている. ***come*** 〔***go***〕 ***to*** (***the***) ～ 印刷に回される. ***correct the*** ～ 校正する. ***give to the*** ～ 新聞で公表する. ***have a good*** ～ 新聞紙上に好評を博する. ***out of*** ～ (1) 絶版で, 売り切れで. (2) アイロンが消えて, しわになって. ***send to*** (***the***) ～ 印刷に付する. ***the*** ～ (1) 《集合的》新聞紙, 諸紙. (2) 新聞記者連.
～ agent 宣伝係, 報道係. **～ ban** 記事差し止め. **⌒·board** [⌒⌒] 板紙. **～ box** 新聞記者席. **～-button war** 押しボタン戦争《長距離誘導弾など遠隔操縦の兵器を駆使する未来の戦争》. **～ campaign** 新聞の論陣. **～ clipping** 新聞の切り抜き. **～ conference** 記者会見. **～ copy** 新聞原稿(写し); 謄写版刷り. **～ corps** 〖米〗新聞記者団. **～ corrector** 校正係. **～ cutting** 〖英〗新聞の切り抜き(=～ clipping). **～ gallery** 新聞記者席《イギリス下院の》; 議会記者団. **～ law** (通例 *pl.*) 新聞条令; 出版法. **⌒·man** [-mən] (*pl.* **-men**) (1) 印刷工〔屋〕. (2) 〖英〗新聞記者 (=㊥ newsman). **⌒·mark** [⌒⌒] 〖英〗 (1) 書架番号《図書館の書物の》. (2) に書架番号をつける. **～ proof** 校了刷り. **～ reader** 校正者. **～ revise** 最終校正刷り. **～ room** 〖米〗新聞記者室. **⌒·room** [⌒⌒] 〖米〗印刷室. **～ secretary** 《アメリカ大統領の》新聞係秘書. **⌒·work** [⌒⌒] 印刷 (作業); 印刷物.
◇ **～ed** [prest] *a.* 圧縮した; アイロンをかけた: ～*ed* trousers アイロンをかけたズボン. **⌒·er** *n.* 圧搾機〔係〕. 〔類〕→ **urge**「促す」

press² *n.* 〖史〗強制徴募《水兵·兵士の》; 徴発.
—— *vt.* **1** 強制的に兵役に服させる; 徴発する. **2** 無理に使う《シャツをタオルに使うなど》.
～ *into service* 《臨時に》役立てる, 利用する.
～ gang 〖史〗強制徴募隊.

:press·ing [présiŋ] *a.* **1** 切迫した, 緊急の: a ～ danger 差し迫った危険. ～ business 急ぎの用事. **2** 切願する, うるさくせがむ, たっての. ◇ **～·ly** *ad.*

prés·sor [présər] *a.* 〘生理〙 血圧を上げる(はたらきをする).

:prés·sure [préʃər] *n.* **1** 圧力; 圧縮, 圧搾: give ～ to に圧力を加える. **2** 圧迫, 強制(力): work under ～ 迫られて働く. **3** 〘物〙 圧力の単位 《略 P》. **4** 困難, 窮迫; 緊張: ～ of poverty 貧苦. **5** 緊急, 至急; 多忙: ～ of business 仕事の繁忙. ***at high*** [***low***] ***～*** 大馬力で〔のんびりと〕. ***atmospheric ～*** 気圧. ***electric ～*** 電圧. ***financial ～*** 財政的逼迫(ひっぱく). ***high*** [***low***] ***～*** 高〔低〕圧; 高〔低〕気圧. ***～ for money*** 金につまること. ***～ of the times*** 不景気. ***put ～ on*** に圧力をかける. ***under the ～ of*** の圧力を受けて; <飢餓・貧苦など>に迫られて. **——***vt.* に圧力をかける.
～ cabin 〘空〙 気密室. **～ cooker** 圧力がま. **～ gauge** 圧力計. **～ gradient** 〘気〙 気圧勾配(こうばい). **～ group** 〘政〙 圧力団体. **～ hull** 《潜水艦の》気密室. **～ point** 圧点《止血のとき押す身体上の》. **～ suit** 与圧服《高空・宇宙飛行用》. **～ wire** 電圧線.

prés·sur·ize [préʃəràiz] *vt.* **1** 〘空〙 の気圧を調節する《高度飛行中に圧搾空気を送って》. **2** に圧力をかける. **3** 圧力がまで料理する.

près·ti·dìg·i·tá·tion [prèstidìdʒitéiʃ(ə)n] *n.* 手品. ◇ **près·ti·díg·i·ta·tor** [-dídʒitèitər] *n.* 手品師.

pres·tíge [prestíːʒ, ⊛ˊpréstidʒ] *n.* 威信, 声望: loss of ～ 威信失墜. ***national ～*** 国威.

pres·tís·si·mo [prestísimòu] *ad., a.* 〘楽〙 きわめて速く〔速い〕. [<It.]

prés·to[1] [préstou] *ad., int.* すぐに; とっとと, 早く. ***Hey ～, pass*** [***be gone***]***!*** それっ移れ〔なくなれ〕! 《奇術師のかけ声》. **——** *a.* 急(速)な; 手品のような.

prés·to[2] *ad., a.* 〘楽〙 急速に〔な〕. **——** *n.* (*pl.* **～s**) 〘楽〙 急速曲. [<It.]

pre·súm·a·ble [prizúːməbl / -zjúː-] *a.* 推測できる, ありそうな, 確からしい.
◇ **-bly** *ad.* 推定上, たぶん.

:pre·súme [prizúːm / -zjúːm] *vt.* **1** 推定する, …かと思う 《(と) *that*》; 仮定する 《と *that*》; 《補語とともに》…と推定する, …と思い込む: ～ a person dead 人を死んだものとみなす. → 形容詞 presumptive. **2** あえて…する, 思い切って…する 《*to* (do)》.
—— *vi.* **1** 推定する, 想像する. **2** 当てにする, (向こう見ずに) 信ずる 《を *on, upon*》: ～ too much *on* one's strength 自分の力を買いかぶる. **3** 大胆〔生意気〕にふるまう: You ～! 生意気だぞ; 差し出がましいぞ. → 形容詞 presumptuous. **4** 利用する, つけこむ 《を, に *on, upon*》: Don't ～ *on* her good nature. 彼女の人のよさにつけこむな. ***May I ～*** to ask? 失礼ですが (お尋ねします). [√sum-]
◇ **pre·súm·ing** [-iŋ] *a.* でしゃばりな, 厚かましい.
〔類義語〕 ひとりぎめする: **presume, assume** 両者とも「証拠がないのに…と思う」の意. presume には「自分のかってなつごうからひとりぎめする」という語感が, assume には「話を先に進めるために他人にも通用する仮定として憶測する」という語感がある. **presuppose** 「前提として仮定する」 上の2語に比べ色彩のない語. 証拠の有無は示唆せず, 「当然 … でなくてはならない」という意味にも用いる: Culture *presupposes* society. 文化は社会を仮定する→社会がなくては文化は生まれない.

pre·súm·ed·ly [-idli] *ad.* 思うに, たぶん.

pre·súmp·tion [prizʌ́mpʃ(ə)n] *n.* **1** 推測, 仮定: the ～ that he was drowned 彼がおぼれたという推定. **2** 推定している事柄, ありそうな事実; 見込み. **3** 推定理由. **4** でしゃばり, 厚かましさ, 鉄面皮: Please pardon my ～ in writing you. お手紙を差し上げる失礼をお許しください. ***～ of fact*** 〘法〙 事実の推定. [√sum-]

pre·súmp·tive [prizʌ́mptiv] *a.* **1** 推定上の, 仮定の. **2** 推定の根拠となる. ***heir ～*** 推定相続人. **～ evidence** 〔**proof**〕 〘法〙 推定証拠.

pre·súmp·tu·ous [prizʌ́mptʃuəs/-tju-] *a.* **1** うぬぼれた, 傲慢(ごうまん)な. **2** 生意気な, でしゃばりな. **3** ずうずうしい. ◇ **～·ly** *ad.* **～·ness** *n.*

prè·sup·póse [prìːsəpóuz] *vt.* **1** 前もって推定〔仮定〕する, 予想する. **2** 前提とする: Effects ～ causes. 結果には必ず原因がある. ◇ **prè·sup·po·sí·tion** [-sʌpəzíʃ(ə)n] *n.* 予想, 仮定; 前提(条件).
〔類〕 → **presume**「ひとりぎめする」

pret. preterit(e).

pre·ténce 〘英〙 =pretense.

:pre·ténd [priténd] *vt.* **1** のふりをする, の見せかけをつくる, よそおう: ～ illness 仮病をつかう. ～ ignorance 無知をよそおう; 知らぬふりをする. **2** 《…と》偽る, 《…と》称する 《と *that*》: He ～*ed* (*that*) he was ill. 病気だとうそをついた. **3** 《…する》ふりをする, 《…する》ように見せかける, 《…する》と偽る, 《…する》とあえて称する 《*to* (do)》: He ～*ed to* go. 行くようなふりをした. ～ *to* know 知っていると称する. I don't ～ *to* be a poet. 私は詩人だなどとは申しません. **——** *vi.* **1** 称する, 偽る, 持っていると言いふらす 《を *to*》: ～ *to* great knowledge 博識があると自任する. **2** 主張する, 要求する 《を *to*》: ～ *to* the throne 王位を求める〔ねらう〕. **3** 〘古〙 妻に迎えようとする 《を *to*》: ～ *to* a woman 〔a woman's hand〕 (身分の高い) 婦人に言い寄る. ***Let's ～ that*** …ごっこをしよう: *Let's ～ that* we are Indians. インディアンごっこをしよう. ***play at 'Let's ～'*** まねごと遊びをする. [pre-+√tend- 前へ+出す]
◇ **～·ed** [-id] *a.* 上べだけの, 偽りの.
〔類〕 → **assume**「…のふりをする」

pre·ténd·er [priténdər] *n.* **1** 偽る人, ふりをする人. **2** 要求者; 王位をねらう人. ***the Old P～*** 〘英史〙 James II の子 James Edward. ***the Young P～*** James II の孫 Charles Edward.

***pre·ténse** [priténs] *n.* **1** 口実, かこつけ. **2** 見せかけ, 偽り, 仮面. **3** 見え (を張ること), 見せびらかし, 虚飾. **4** 主張, 要求《*to*》. →動詞 pretend.
false ～ 詐欺. ***make a ～ of*** …のふりをする, をよそおう. ***on the ～ of*** =***under*** (***the***) ***～ of*** を口実として, …にかこつけて.

pre·tén·sion [priténʃ(ə)n] *n.* **1** 要求; 主張. **2** 自任, 自負; ぎょうぎょうしさ. **3** 見せかけ, 虚飾, てらい. **4** かこつけ, 口実. → 動詞 pretend.
have no ～s to を主張する権利がない; の値うちがない; と自負しない. ***without ～*** もったいぶらないで.

pre·tén·tious [priténʃəs] *a.* **1** うぬぼれた, 自信たっぷりの. **2** 見えを張る, ぎょうぎょうしい.
[<pretend] ◇ **～·ly** *ad.* **～·ness** *n.*

preter- 「かたわらを過ぎて」「超…」の意の語形成要素: *preter*ite 過去<preter-+√i- 行く.

prè·ter·hú·man [prìːtərhjúːmən] *a.* 超人的な, 人間以上の.

prét·er·it(e) [prétərit] *n.* 〘文〙 過去. **——** *a.* **1** 〘文〙 過去の: the ～ tense 過去時制. **2** 〘笑〙 過ぎ去った. [√i-]

prèt·er·í·tion [prètəríʃ(ə)n / prìːt-] *n.* **1** 見落とし, 省略. **2** 〘宗〙 神の選びにもれること. **3** 〘修〙 =paralipsis. **4** 〘法〙 法定相続人に対する遺言脱漏.

prè·ter·mít [prìːtərmít] *vt.* (**-tt-**) **1** <事実などを> 言い落とす, 抜かす; 不問に付する. **2** 怠る, ゆるがせにする. **3** 中断する. ◇ **-mís·sion** [-míʃ(ə)n] *n.*

prè·ter·nát·u·ral [-nǽtʃ(ə)rəl] *a.* 超自然的な; 不可思議な, 異常な. 「的な.

prè·ter·sén·su·al [-sénʃuəl/-sju(ə)l] *a.* 超感覚

pré·text [príːtekst] *n.* 口実, 弁解, かこつけ. ***find*** [***make***] ***a ～ for*** の口実をもうける; …する口実を見

つける. ***on some ~ or other*** なんとか理屈をつけて. ***on*** 〔***under***〕 ***the ~ of*** …という口実で. 〔√tex-〕

pré·tor =praetor.

Pre·tór·i·a [pritó:riə/-tɔ́:r-] *n.* プレトリア《South African Republic の行政首都》.

prét·ti·fy [prítifài] *vt.* 《けいべつ的》 **1** 美しくする. **2** (安っぽく) 飾りたてる.

†**prét·ty** [príti] *a.* (**prét·ti·er** [-ər]; **prét·ti·est** [-ist]) **1 きれいな, かわいらしい**: a ~ girl きれいな娘. a ~ child かわいい子. a ~ face あいきょうのある顔. **2** こぎれいな, けっこうな, 目〔耳〕に楽しい: a ~ tune いい節まわし. **3** 《反語的》 けっこうな; 困った, やっかいな: Here's a ~ mess 〔business〕. こりゃとんでもないことになった. **4** 〘話〙《数・量が》かなりの, 相当な: a ~ sum of money なかなかの金額. a ~ penny ちょっとした金. **5** 《男が》しゃれた, いきな. **6** 〘古〙勇ましい.

—— *ad.* **かなり**, だいぶ, ずいぶん; 非常に: I am ~ well. だいぶよい方です. **~ *much the same thing*** ほとんどおなじこと. **~ *nearly*** ほとんど. **~ *soon*** まもなく, すぐに. ***sitting ~*** 〘米俗〙 いい地位にすわって; 成功して; 裕福で.

—— *n.* (*pl.* **-ties**) **1** 《呼びかけ》 かわいい娘さん; いい子, 坊や《妻子などに対し》: My ~! **2** (*pl.*) こぎれいな物; 〘米〙 装身具. **3** 《コップのがわの》 みぞ(飾り). **4** 〘ゴルフ〙 =fairway. ***do the ~*** 〘俗〙 ばか丁寧にふるまう. ***up to the ~*** コップのみぞ飾りのところまで, 約3分の1ぐらいまで.

—— *vt.* きれいにする, 飾る: ~ up a room へやを飾る. ~ oneself おめかしする.

~-prèt·ties 安ぴか飾り. **~-prèt·ty** 飾りすぎた; にやけた, 気どった.

◇ **~·ish** [prítiiʃ] *a.* 〘話〙 こぎれいな, ちょっとあいきょうのある. **-ti·ly** *ad.* きれいに, 愛らしく; 行儀よく. **-ti·ness** *n.* 類 → **beautiful**「美しい」

prè·týp·i·fy [prì:típifai/prí:-] *vt.* 前もって形を示す (prefigure).

pret·zel [préts(ə)l] G. *n.* プレッツェル《結び目形の塩味のビスケット. ビールのつまみ》.

‡**pre·váil** [privéil] *vi.* **1 まさる, 勝つ, 優勢である** 《に *over, against*》: ~ over one's enemies 敵に勝つ. **2 広く行き渡る, 流行する**: This custom ~s in the south. この風習は南部では一般に行なわれている. **3 有力である**, ききめがあらわれる: Did your prayer ~? お祈りはききめがありましたか. **4 説き伏せる**, 説得する《を *on, upon, with*》: I ~*ed on* her to accept the invitation. 彼女に招待に応じるように言いきかせた. I could not ~ *with* him. 彼を納得させることができなかった.

Truth will ~. 〘諺〙 真理は勝つ. 〔√val-〕

‡**pre·váil·ing** [-iŋ] *a.* **1 優勢な**, 主たる. **2** 有力な, ききめのある, 効果的な. **3 広く行き渡っている**, 流行している; 一般〔普通〕の.

類 → **prevalent**「行き渡った」

‡**prév·a·lent** [prévələnt] *a.* **1** (一般に)普及した, 広く行なわれる; 流行している: Colds were ~ during the winter. かぜが冬の間流行した. **2** 〘稀〙 優勢な; 有効な. 〔√val-〕 ◇ **~·ly** *ad.* **-lence, -len·cy** *n.*

類義語 行き渡った: **prevalent** 頻度(ひんど)・一般性・流布が強調される: Colds are *prevalent* in the winter. かぜは冬にはやる. **prevailing** 他の同種のものを圧して優勢な: the *prevailing* doctrine of the age その時代を特色づけるような信条. **current** 現在流通している. またすぐ変化するだろうという予想がある: *current* scientific hypotheses 今日の科学上の仮説.

pre·vár·i·cate [privǽrikèit] *vi.* 言いのがれる, ことばを濁す, うそをつく. ◇ **-ca·tor** [-ər] *n.* **pre·vàr·i·cá·tion** [–⏊–kéiʃ(ə)n] *n.*

pre·vén·ient [pri:ví:njənt] *a.* **1** 前の, 先行する. **2** 予期する; 防止する《を *of*》. **~ grace** 〘宗〙 人の心にあらかじめはたらきかけ改宗に導く神の恩恵.

‡**pre·vént** [privént] *vt.* **1** 妨げる, じゃまする; 妨げて…させない: Business ~*ed* him *from going* 〔his *going*, him *going*, him *to* go〕. 用事で彼は来られなかった. **2** 〈病気・災害などを〉**予防する**, 回避する: ~ a plague from spreading 悪疫蔓延(まんえん)を予防する. **3** 保護する, 守る: *P*~ us, O Lord, in all our doings. 主よわれらのなすところを導きたまえ. **4** [pri:vént] 〘古〙 先導する, に先だつ: If nothing ~*s* you, … ごつごうよろしければ…. 〔√ven-〕

◇ **~·a·ble, ~·i·ble** [-əbl] *a.* 防止できる. **~·er** *n.* 妨害者〔物〕; 予防者〔法, 薬〕; 〘海〙 補助索具.

pre·vént·a·tive [privéntətiv] =preventive.

‡**pre·vén·tion** [privénʃ(ə)n] *n.* **1** 防止, **予防**; 予防法《*against*》: *a* ~ *against* disease. **2** じゃま妨害. ***by way of ~*** 予防法として; 妨げるために. ***P~ is better than cure.*** 〘諺〙 予防は治療にまさる; ころばぬ先のつえ. ***the Society for the P~ of Cruelty to Animals*** 動物愛護協会.

pre·vén·tive [privéntiv] *a.* **1** 予防の, 予防する: a ~ medicine 予防薬. **2** 妨げる, 防止する《を *of*》.

—— *n.* 予防策〔薬〕《*for*》; 防止者〔物〕.

~ custody 予備拘禁. **~ measures** 予防策. **P~ Service** 〘英〙《密輸監視の》沿岸警備隊. **~ war** 予防戦争《他国の攻撃を防ぐため逆に自国より先制攻撃する》. ◇ **~·ly** *ad.*

pré·vìew [prí:vjù:/⏊⏊] *n.* **1** 内見, 内覧《展覧会などの》; 下検分. **2** 試演, 試写(会). **3** 《映画・テレビの》 予告編 (prevue). **4** 〘ラジオ〙 番組予告.

—— [–⏊/⏊⏊] *vt.* の試演〔試写〕を見る〔見せる〕.

‡**pré·vi·ous** [prí:viəs, -vjəs] *a.* **1 前の, 以前の**: a ~ illness 既往症. a ~ engagement 先約. on the ~ day (その)前日に. **2 前もっての**, あらかじめの: without ~ notice 予告なしに. **3** 〘米話〙 早まった: You have been a little too ~. 少し急ぎすぎましたね. **——** *ad.* 前に, あらかじめ; 先だって《に *to*》: She gave a big party ~ *to* her wedding. 結婚式の前に彼女は盛大なパーティーを催した. 〔√vi-〕

P~ Examination ケンブリッジ大学のB.A.学位の第1次試験 (little-go). **~ question** 〘議会〙 先決問題《本問題の採決いかんを前もって決める問題》.

‡**pré·vi·ous·ly** [-li] *ad.* **1** 以前(は), もとは. **2 前もって**, あらかじめ; 予備的に.

pre·víse [priváiz] *vt.* 〘稀〙 予知〔予告〕する.

pre·ví·sion [privíʒ(ə)n] *n.* 予知, 予見.

◇ **~·al** [-ʒən(ə)l] *a.* 予知する; 先見の明ある.

pré·vue [prí:vjù:] *vt.* (**-vued**; **-vu·ing**) = preview. **——** *n.* =preview ③.

pre·wár [pri:wɔ́:r, ⏊⏊/⏊⏊] *a.* 戦前の: in ~ days 戦前には. ↔ postwar.

préx·y [préksi], **prex** [preks] *n.* 〘米:学生俗〙 学長.

‡**prey** [prei] *n.* **1** えじき. **2** 犠牲, 「食い物」. **3** 捕獲, 捕食: a beast of ~ 肉食獣, 猛獣. **4** 戦利品.

become the ~ of =***fall a ~ to*** の犠牲になる; 〈病気〉にかかる. ***bird of ~*** 猛禽(もうきん). ***make a ~ of*** をえじきにする; を食い物にする.

—— *vi.* **1** えじきにする, 捕食する《を *on, upon*》: ~ *on* 〔*upon*〕 living animals 生きた動物を捕えて食う. **2** 食い物にする: ~ *on* 〔*upon*〕 the poor 貧しい人々を食い物にする. **3** 〈海賊などが〉略奪する, 荒らす《を *on, upon*》. **4** 苦しめる: Remorse ~*ed upon* his mind. 後悔の念が彼の心に食い込んだ.

Prí·am [práiəm] *n.* 〘ギ神〙 Troy 最後の王《Hector と Paris の父》.

prì·a·pé·an [pràiəpí:ən], **pri·áp·ic** [praiǽpik] *a.* 《男性が》自分の性を誇張する.

‡**price** [prais] *n.* **1 価格, 代価**; 値段, 市価, 物価, 相場: a special ~ 特価. **2** 報償, 代償; 犠牲: the ~ you pay for being rich 金持ちであることの代償. **3** 賭金(かけきん)の歩合. **4** 賞金: They put

a ～ on his head. 当局は彼の首に賞金をかけた. **5**〖古〗値うち, 貴重性.

above [***beyond, without***] ～ たいへん貴重な〘価値をはかれないほど〙. ***at any*** ～ どんな値段でも; どんな犠牲を払っても. ***at a*** ～ 比較的高価格で. ***at cost*** ～ 原価で. ***at the*** ～ ***of*** を賭(と)して; を犠牲にして. ***Every man has his*** ～. だれでも買収がきく. ***fetch a high*** ～ 高値で売れる. ***fixed*** [***set, settled***] ～ 定価. ***make a*** ～ さし値をする, 値段を言う. ***net*** ～ 正価. ***reduced*** ～ 割引価格. ***the*** ～ ***asked*** 言い値. ***the starting*** ～〖競馬〗発走の際の最後のかけ. ***What*** ～ …**?**〖俗〗(1)《競馬など》勝ちめはどうか; 見込みはあるか: *What* ～ fine weather next Monday? 今度の月曜はよい天気になりそうかね. (2)《失敗などを嘲笑(ちょう)して》…がなんになる, …はどうした: *What* ～ collective security? 集団保障体制もないもんだ.

—— *vt.* **1** に値段をつける; 評価する: ～ it *at* $ 10 それに10ドルと値をつける. **2**〖話〗の値をきく. ～ ***oneself out of the market*** けたはずれの高値をつける.

～ **cartel** 価格協定. ～ **control** 物価統制. ～ **current** 相場表. ～ **cutting** 割引. ～ **index** 物価指数. ～ **list** 定価表. ～**-stop** [ˊ-ˊ]〖米〗物価くぎづけの. ～ **tag**《商品に付ける》正札.

◇ ～**d** [-t] *a.* **1** 定価つきの: a ～*d* catalog 価格表示カタログ. **2**《合成語で》…の価格の: high-[low-] ～*d* 高価[廉価]な.

(類義語) 値段, 料金: **price** 実際に売り買いされるための値段, 売り値: a bargain *price* 割引値段. **value** 物の価値に相当する値段, 価額: economic *value* 経済価値. the *value* of a real estate 不動産の価額. **cost** 支払った代価, 費用. **charge** 課された値段→料金, 代金: postal *charge* 郵便料金. **rate** 単位当たりの基準値段: buy drapery fabrics at the *rate* of a dollar a yard 1ヤール当たり1ドルで布地を買う. **fare** 交通機関の料金→乗車賃, 乗船賃. **fee** 種々の手数料, 無形のサービスに対する料金: a school *fee* 授業料.

***príce·less** [práislis] *a.* **1** 非常に貴重な, 金で買えない. **2**〖俗〗ひどくおもしろい[ばかげた], ひどく変わった. (類) → **valuable**「貴重な」

‡prick [prik] *vt.* **1**《針・先端で》刺す, 突く; <針などを>突き立てる: ～ one's finger 指を刺す. ～ a pin into the pincushion 針を針刺しにさす. **2** に痛みを与える: His conscience ～*ed* him. 良心が彼をとがめた; 彼は良心の呵責(かしゃく)に苦しんだ. **3** に刺激を与える, 促す: My duty ～*s* me on. 私は責任があるからぐずぐずしていられない. **4** に小穴をあける: ～ a balloon 風船に穴をあける. **5** 穴をあけて…の輪郭[模様]を描く《*off*》; <名を>点をつけて選び出す《*off*》. **6** <距離を>コンパスで測る. **7** <苗を>さしかえる, 移植する《*off, out, in*》. **8** <犬・馬などが耳を>立てる; <馬の尾を>立たせる. **9**〖古〗<馬に>拍車をあてる.

—— *vi.* **1** ちくりと刺す; ちくちく痛む. **2** <耳が>立つ《*up*》. **3**〖古〗(拍車をあてて) 馬を走らす《*on, forward*》.

～ ***down*** 選ぶ. ～ ***up*** <動物の耳などが> ぴんと立つ, 上に向く. ～ ***up*** one***self*** 見えを飾る. ～ ***up*** one***'s ears*** 聞き耳を立てる, 急に注意ぶかくなる.

—— *n.* **1** 刺すこと;《針で突くような》痛み, うずき;《良心の》とがめ. **2** 突き傷. **3** 点, ぽち. **4** 突く物; 針, とげ. **5**〖古〗《牛などをかるための》突き棒. ***kick against the*** ～***s***〖聖〗むだな抵抗をして自分を傷つける《使徒行伝 9: 5》. ～***s of conscience*** 良心の呵責(かしゃく), 気がとがめること.

～**-eared** [ˊ-ˊ]《犬が》立ち耳の;〖英〗《人が》坊主頭の. ～**-ears** [ˊ-ˊ]《犬などの》立ち耳.

◇ ～**·er** *n.* 刺す人[物]; 針, 小錐(きり);〖古〗軽騎兵.

prick·et [príkit] *n.* **1**《まだ角が分枝しない》2歳の雄ジカ. **2** 燭台(しょくだい) (のくぎ).

～**'s sister** 2歳の雌ジカ.

príck·ing [príkiŋ] *a.* ちくちく刺す〔痛い〕.

—— *n.* prick *n.* ①.

príck·le[1] [príkl] *n.* **1**《動植物の》とげ; 針. **2** 刺すような痛み. —— *vt., vi.* とげ[針]で刺す; ちくちく痛ませる〔痛む〕.

príck·le[2] *n.* ヤナギ細工のかご.

príck·ly [príkli] *a.* **1** とげ[針]の多い; ちくちく[ひりひり]する. **2** やっかいな. ～ **heat**〖医〗あせも. ～ **pear**〖植〗サボテンの一種《西洋ナシに似た形. 実は食用》. ◇ **-li·ness** *n.*

‡pride [praid] *n.* **1** 誇り, 自尊心, プライド; 得意, 満足: ～ of birth 家柄の誇り. **2** 自慢, 高慢, うぬぼれ: humble a person's ～ (高慢の)鼻を折る. **3** 誇り〔自慢〕のたね: He is his father's ～. 彼は父親の自慢のたねだ. **4** 全盛, まっ盛り: May was in its ～. 5月はたけなわだった. **5**《ライオンの》群れ, 一団. **6**《馬の》元気. **7**〖方〗《雌獣の》さかり.

false ～ うぬぼれ. ***in the*** ～ ***of*** one***'s years*** 全盛時代に. ***peacock in his*** ～〖紋〗尾を広げたクジャク. ***P***～ ***goes before a fall.*** ＝***P***～ ***will have a fall.***〖諺〗おごる者久しからず. ～ ***of place*** 高慢; 高位. ～ ***of the morning*** 夜明け時の霧[にわか雨]《晴天のしるし》. ～ ***of the world***〖古〗虚栄. ***proper*** ～ 自尊心. ***take*** (***a***) ～ ***in*** を誇る, を自慢する. ***the*** ～ ***of the desert*** ラクダ.

—— *vt.* 《～ oneself の形で》誇る, 自慢する《を *on, upon*》: She ～*s herself on* her cooking. 彼女は料理自慢である.

◇ ～**·ful** [-f(u)l] *a.* ～**·ful·ly** *ad.*

(類義語) 誇り: **pride** 自分の存在価値・持ち物・行為についての自信や満足からくる誇り, 自尊心のことで, いい意味であるが, これが強すぎると, おごり, うぬぼれともなる. このばあい, ともすれば外面に出してみせたがるという点で conceit とは異なる. **vanity** 自分の能力や容貌(ぼう)について実際以上のものと考えたい気持ち. 他人の評判を気にするばあいが多い. **conceit** 過度の自信という点で vanity に似ているが, 人が自分をどう考えるかはどうでもよく, ひそかに人よりすぐれていると考えるうぬぼれ.

prie-dieu [priːdjə́ː/ˊ-ˉ] F. *n.* 祈禱(とう)台.

prí·er [práiər] *n.* (うるさく)詮索(せんさく)する人(pryer).

‡priest [priːst] *n.* (*fem.* ～**·ess** [-is]) **1** 僧, 聖職者; 司祭; 牧師. **2** 奉仕[擁護]者: a ～ of art 芸術愛好家. ***high*** ～ (ユダヤ教の) 祭司長.

—— *vt.* 僧にする; 司祭[牧師]に任命する.

～**·craft** [ˊ-ˊ] 僧侶(りょ)の職業に必要な技術〔才能〕, 司祭術. ～**-rìd·den** 僧の支配下[勢力下]にある. ◇ ～**·hood** *n.* **1** 僧職, 聖職. **2**《集合的》僧門; 聖職者. ～**·like** *a.* ～のような, ～にふさわしい. ～**·ling** *n.* 若い僧.

príest·ly [príːstli] *a.* 聖職者の; 僧らしい.
◇ **-li·ness** *n.*

prig [prig] *n.* **1** 堅苦しい人; 道徳家ぶる人. **2** ぶる人, 気どり屋. **3** 物知り顔する人. **4**〖英俗〗こそどろ. —— *vt.* (**-gg-**)〖英俗〗盗む.

◇ ～**·ger·y** [prígəri] *n.* 堅苦しさ; 気どり; 物知り顔. ～**·gism** *n.* ＝priggishness.

príg·gish [prígiʃ] *a.* **1** しかつめらしい, 堅苦しい. **2** きざな. **3** 物知り顔の. ◇ ～**·ly** *ad.* ～**·ness** *n.*

prim [prim] *a.* (**-mm-**) **1** 堅苦しい; きちょうめんな. **2** とりすました.

—— *v.* (**-mm-**) *vi.* 口をきりりと結ぶ. —— *vt.* **1** <身なりを>きちんとする. **2** <口を>きりりと結ぶ; <顔を>きっと引きしめる. ◇ ～**·ly** *ad.* ～**·ness** *n.*

prim-「第一の, 首の」「原始の」の意の語形成要素.

prim. primary; primitive.

prí·ma [príːmə] *a.* 第1の, 首位の, おもな: ～ ballerina プリマ《バレーの主役》. [<It.]

prí·ma·cy [práiməsi] *n.* **1** 第1位, 最高; 卓越. **2** primate の職[地位]. **3**〖宗〗法王の至上権.

pri·ma don·na [prìːmə-dɑ́nə/príːmə-dɔ́nə] It. (*pl.* ***pri·ma don·nas***, ***pri·me don·ne*** [-meidɔ́ːnei/-dɔ́n-]) 〔歌劇〕花形女性歌手, プリマドンナ.

pri·máe·val =primeval.

pri·ma·fa·ci·e [práiməféiʃiiː, -ʃiː] L. (=at first sight) *a.*, *ad.* 一見した(ところでは).
 ～ **case** 証拠の明白な事件.

prí·mal [práim(ə)l] *a.* 第一の, 最初の; 原始の; 根本の, 主要な.

***pri·már·i·ly** [praimérịli, ⌐ ⌐ − −/práim(ə)rịli, praimérịli] *ad.* **1** 第一に, 主として. **2** 最初(は). **3** なににもまして, 根本的に(は); 本来は.

‡**prí·ma·ry** [práimèri/-məri] *a.* **1** 第一の, 首位の, 主要な: a matter of ～ importance 最も重要な事項. **2** 最初の, 初めの, 本来の: the ～ meaning of a word 語の原義. **3** 原始的な, 根源的な: ～ instincts 原始的本能. **4** 第一次的な, 根本的な. **5** 基礎的な, 初歩的な. **6**〔教〕初等の, 初等教育の. **7**〔生〕初生の;〔地〕原生の;〔電〕一次の;〔文〕語根の,《時制が》一次の.
 —— *n.* **1** 第一の〔主要な〕事物. **2**〔米〕《政党の》予備選挙《大統領候補または公職の候補者指名・党大会への代表者を選出する》. **3** 原色. **4**〔天〕《衛星をもつ》惑星,《二重星の》主星. **5**〔電〕一次線輪. **6**〔文〕一次語《Jespersen の術語》. [√prim-]
 ～ **accent** 〔音声〕第1〔主〕アクセント. ～ **cell** 〔**battery**〕一次電池. ～ **color** 原色. ～ **education** 〔英〕初等教育. ～ **election** 予備選挙. ～ **meeting** 予選会. ～ **products** 一次産物, 農産物. ～ **rocks** 原生岩. ～ **school** 〔英〕小学校;〔米〕3〔4〕学年級の小学校. ～ **stress** 第1次強勢, 主強勢 (=～ accent). ～ **tenses** 〔文〕第一次時制《古典語の現在・過去・未来時制》.

prí·mate¹ [práimit, -meit] *n.* 〔イギリス国教〕大監督, 大僧正;〔カトリック〕首座大司教. ***the P～ of All England*** カンタベリー大監督(the Archbishop of Canterbury). ***the P～ of England*** ヨーク大主教 (the Archbishop of York).
 ◇ ～**·ship** *n.* ～の職〔地位〕.

prí·mate² [práimit, -meit / -meit] *n.* 〔動〕霊長類の動物.

pri·má·tes [praiméitiːz] *n. pl.* 〔動〕霊長類.

‡**prime** [praim] *a.* **1** 第一の, 首位の, 最も重要な: of ～ importance 最も重要な. the ～ agent 主因. **2** 最初の, 原始的な. **3** 基礎的な, 根本的な: the ～ axioms of his philosophy 彼の哲学の原理. **4** 一流の, 第一級の, 最良の: of ～ quality 最良質の. **5**〔話〕すばらしい, 優秀な: in ～ conditions 上々のコンディションで. **6** 青春の, 血気盛んな: feel ～ 元気いっぱいである. **7**〔数〕素数の.
 —— *n.* **1** 全盛期〔時代〕. **2** 青春(時代); 壮年期: be cut off in one's ～ 男〔女〕盛りに命を奪われる. **3** 最良部, 精華《*of*》. **4**《食肉の》最良級. **5** 初め, 初期: the ～ of the year 春. **6**〔古〕早暁;〔宗〕朝課, 一時課《午前6時の祈り》. **7**〔数〕素数. **8**〔印〕プライム符号《′》;〔フェンシング〕第一の構え〔突き〕;〔楽〕一度, 同音. ***in the ～ of life*** 〔***manhood***〕血気盛んなときに, 壮年期に. ***the ～ of the moon*** 新月. ***the ～ of youth*** 青年(時代)《21–28歳》.
 —— *vt.* **1** 準備する (prepare). **2** <銃に> 火薬を装塡(そう)する. **3** <爆発物に> 雷管〔導火線〕をつける. **4** <壁・板などを> 下塗りする. **5** <ポンプに> 呼び水を入れる; <気化器などに> ガソリンを注入する: ～ the lamp with oil ランプに油を十分入れる. **6** に あらかじめ教え込む, に 入れ知恵する《を *with*》: be well ～*d* with information あらかじめ情報に通じている. **7** <人に> 食べさせる, 十分飲ませる《を *with*》.
 ～ **bill** 一流手形. ～ **cost** 原価; 仕入れ値段.
 ～ **factor** 〔数〕素因数. ～ **meridian** 本初子午線. ～ **minister** 総理大臣. ～ **mover** 〔機〕原動力; 原動力となる自然力《筋力・風・流水など》.
 ～ **number** 〔数〕素数. ～ **ribs (of beef)** (牛肉の) 最上のあばら肉.
 ◇ ～**·ly** *ad.* 〔俗〕すてきに, すばらしく. ～**·ness** *n.*

prím·er¹ [prímər/práimə, prím-] *n.* **1** 初歩読本, 入門書: a Latin ～ ラテン語入門(書). **2**〔史〕小祈禱(きとう)書《特に宗教改革前の》. **3** [prímər] プリマ活字: great〔long〕～ 18〔10〕ポイント活字.

prím·er² [práimər] *n.* 雷管, 導火線; 装薬者.

pri·mé·val [praimíːv(ə)l] *a.* 太古の, 原始時代の. [prim-+√æv-] ◇ ～**·ly** *ad.*

prím·ing [práimiŋ] *n.* **1** 装薬; 起爆剤, 点火薬. **2**《壁などの》下塗り. **3**《汽罐(かん)の》水けだち; 呼び水《ポンプなどの》. **4** 急な詰め込み(勉強).

pri·míp·a·ra [praimípərə] *n.* (*pl.* **-rae** [-rìː]) 初産婦; 1回産婦.

pri·míp·a·rous [-rəs] *a.* 初産の.
 ◇ **prì·mi·pár·i·ty** [pràimipǽrịti] *n.*

‡**prím·i·tive** [prímịtiv] *a.* **1** 原始の, 太古の: ～ man 原始人. **2** 原始的な; 未発達な, 幼稚な; 素朴(そぼく)な: live in ～ fashion 素朴な生活をする. **3** 野蛮な, 野性的な; 旧式な: ～ weapons 時代遅れの武器《弓矢・やりなど》. **4** 本源的な, 根本の. **5** 原色の. **6**〔生〕初生の. **7** 原語の.
 —— *n.* **1** 原始人. **2** 文芸復興期前の画家(の作品). **3** 原語. ↔ derivative. **4** 原色;〔数〕原線.
 P～ Church, the 原始キリスト教会. ～ **color** 原色. ～ **culture** 原始文化. ～ **line** 〔数〕原線. **P～ Methodist, the** メソジスト守旧派《Wesley などの初期メソジスト精神に帰ろうとして1810年分派した》. ～ **word** 原語. ◇ ～**·ly** *ad.* ～**·ness** *n.* **-tiv·ism** [-ìz(ə)m] *n.* 原始主義.

prí·mo [príːmou] *n.*, *a.* 〔楽〕第一部(の), 主要部(の)《二重奏などの》. [<It.]

pri·mo [príːmou, prái-] L. (=firstly) *ad.* 第一に《略 1°》.

primo- =prim-.

prì·mo·gén·i·tor [pràimədʒénịtər] *n.* 先祖; 始祖.

prì·mo·gén·i·ture [-dʒénịtʃər] *n.* 長子であること;〔法〕長子相続(権). → ultimogeniture.

pri·mór·di·al [praimɔ́ːrdiəl] *a.* **1** 原始(時代から)の; 最初の. **2** 基本的な, 第一義的な. **3**〔生〕初生の. ◇ ～**·ly** [-i] *ad.*

primp [primp] *vi.*, *vt.* 〔米〕着飾る; しゃれる.

prím·rose [prímròuz] *n.* **1**〔植〕桜草類(の花), プリムラ. **2** 桜草色《淡緑黄》. —— *a.* **1** 桜草の, 桜草の多い. **2** 桜草色の; はなやかな; 陽気な.
 bird's eye ～ 〔植〕ユキワリソウ.
 P～ Day 4月19日《桜草を愛した B. Disraeli, Earl of Beaconsfield の命日》. **P～ League** 桜草連盟《1883年組織された Disraeli を記念する保守党の団体》. ～ **path**〔**way**〕**, the** 歓楽の道; 放蕩(ほうとう)《Hamlet から》. ～ **yellow** 桜草色.

prím·u·la [prímjulə] *n.* 〔植〕桜草属の植物; (P～) 桜草属.

prí·mus [práiməs] *n.* (または P～)《スコットランド監督派教会の》監督長. —— *a.* **1** 第一の, 首位の. **2**〔英〕最年長の《同姓者と区別するため男子小学校で名前のあとにつける》: Johnson ～ いちばん年上のジョンソン.

pri·mus in·ter pa·res [práiməs-intər-péiriːz/-péər-] L. (=first among the peers) 同輩中最古参の; 同僚〔仲間〕中第一等の.

prin. principal(ly); principle.

‡**prince** [prins] *n.* **1** 王子, 皇子, 親王: the Crown *P～* 皇太子. **2**《帝王に臣従する小国の》君主, 諸侯. **3**《イギリス以外の》公爵. **4**《比喩的》第一人者, 大家: the ～ of writers 文豪. a merchant ～ 豪商. a ～ of the church 〔カトリック〕枢機卿(きょう).
 (as) happy as a ～ たいそう幸福な. ***Christmas P～*** クリスマスの世話役. ***live like a ～*** 豪勢な暮らしをする. ***manners of a ～*** 気高い王者の態度.
 ～ among men 品格高い君子人. ～ ***of the blood***

皇族. ***the P~ of Peace*** キリスト. ***the P~ of the Air*** [***the World, Darkness***] 魔王. ***the P~ of Wales*** ウェールズ公《イギリス皇太子》.
P~ Albert (coat)〖米〗一種のフロックコート.
P~ Consort 女王[女帝]の夫君. **~ imperial** 皇太子.
P~ Regent 摂政の宮. **~ royal, the** 皇太子, 第1王子. **~'s-féath·er** [prínsiz-]〖植〗葉鶏頭の一種.
◇ **~·dom** *n.* ~の地位 [領土, 威厳]. **~·let, ~·ling** *n.* 幼君; 小公子 (princekin).

Prince Albert

prínce·kin [prínskin] *n.* = princelet.

prínce·ly [prínsli] *a.* **1** 王子[皇子]の, 王侯の. **2** 王子らしい, 王侯のような. **3** 気高い; 威厳のある. **4** 豪華な, 豪奢(ごうしゃ)な: a ~ mansion 豪壮な邸宅.
◇ **-li·ness** *n.*

‡**prín·cess** [prínsis / prinsés, ⁻ ⁻] *n.* (*pl.* **~·es** [prínsisiz / prinsésiz]) **1** 王女, 皇女, 内親王. **2** (親) 王妃. **3**《イギリス以外の》公爵夫人. 〈注〉人名に冠するときだけ ㊥ 常に [prínsis], ㊤ [prínses].
~ dress [**gown**] = princesse dress. **P~ Regent** 摂政内親王. **~ royal** 第1王女.

prin·césse [prinsés, prínsis] *a.* プリンセス型の.
~ dress プリンセス型ドレス《からだにぴったりしているワンピース》.

‡**prín·ci·pal** [prínsip(ə)l] *a.* **1** おもな; 第一の; 重要な. **2** 元金の. **3**〖文〗主部の.
—— *n.* **1** 長, 長官; 社長; 校長; 会長. **2** 主動者; 本人; 主役; 決闘の本人. **3**〖法〗本人, 主犯. **4** 主物, 主件. **5**〖商〗元金; 基本財産. **6**〖建〗主材, 主構. **7**〖楽〗《オルガンの》主要栓(せん). ***~ and accessory***〖法〗主従. ***~ in the first*** [***second***] ***degree*** 主[従]犯. [√prim-+√cap-]
~ clause〖文〗《複文の》主節. **~ offender**〖法〗正犯者. **~ parts**〖文〗動詞の主要形《英語では現在・過去・過去分詞の3形》. **~ post** 大黒柱. **~ sentence**〖文〗主文.
◇ ***~·ly** *ad.* 主として; たいてい. **~·ship** *n.* 校長[長官]の地位[職]. 類 → **chief**「主要な」

prìn·ci·pál·i·ty [prìnsipǽliti] *n.* **1** 公国《prince の領国》. **2** 首位; 公国君主の位; 主権. **3** (*pl.*) 天使の9階級の一つ. ***the P~***〖英〗Wales の別称.

prín·ci·pate [prínsipèit, -pit] *n.* 古ローマ初期の元首政治; = principality.

prin·cip·i·um [prinsípiəm] L. *n.* (*pl.* **-a** [-piə]) 原理; 初歩.

‡**prín·ci·ple** [prínsipl] *n.* **1** 原理, 原則,《自然の》法則: the first ~*s* 第一[根本]原理. the ~*s* of political science 政治学の原理. **2** 根本方針, 主義: against one's ~ 主義[信念]に反して. **3** 行動原理, 正義; (*pl.*) 道義, 節操: a man of ~*s* 節義のある人. **4**《物理などの》法則, 原理. **5** 本質, 素因. **6**〖化〗精, 素: a coloring ~ 染色素.
as a matter of ~ 主義として. ***by ~*** 主義として. ***in ~*** 原則として. ***man of no ~*** 節義のない人. ***on ~*** 主義[信条]として; 原則に従って.
類 → **theory**「理論」

-prín·ci·pled [-d] *a.*《合成語で》…主義の: high- [loose-]~ 高潔な主義をもった[節操のない].

prink [priŋk] *vt.* 飾り[めかし]たてる; 〈鳥が羽を〉くちばしで整える (preen). **——** *vi.* お化粧する, めかす《*up*》. **~ one*self up*** おめかしする. ◇ **~·er** *n.*

‡**print** [print] *vt.* **1** 印刷する; 出版する: ~ books 本を出版する. **2** 版画印刷する. **3** 〈模様を〉捺染(なっせん)する. **4** 〈跡を〉押しつける, 残す: ~ a kiss on the face 顔にキスする. **5** 印象づける: The fact is ~*ed on* my memory. その事実は私の記憶に焼きつけられている. **6**〖写〗焼きつける. **7** 活字体で書く.
—— *vi.* **1** 印刷を職業とする; 出版する. **2** (よく) 印刷が出る. **3**〖写〗焼ける: The photos have ~*ed* clearly. この写真はきれいに焼けている. **4** 活字体で書く: Please ~. 活字体で書いてください.
~ed circuit〖電〗プリント配線. ***~ed goods*** さらさ. ***~ed matter*** 印刷物. ***~ed page*** 印刷ページ, 刷り上がりページ. ***~ed plywood*** プリント合板.
—— *n.* **1** 印刷: This book has clear ~. この本は印刷が鮮明だ. → script. **2** 印刷字体; 活字の大きさ. **3** 第…刷: the first ~ 第一刷, 初刷. **4** 印刷物; 出版物《新聞・雑誌》. **5** 版画. **6** 新聞用紙. **7** 跡, 印象, 痕跡(こんせき): the ~ of age upon the face 顔に寄る年波. **8** 指紋. **9**〖写〗陽画; 印画紙. **10** 染め型; 染料; 染め物, さらさ. **11** 型押しで固めたもの《バターなど》.
cotton ~ さらさ. ***in cold ~*** 印刷されて; 動かしがたい状態となって. ***in large*** [***small***] ***~*** 大[小]活字で. ***in ~*** 印刷になって; 絶版にならないで. ***out of ~*** 絶版で. ***put into ~*** 印刷する. ***rush into ~*** あわてて出版する, 急いで新聞に発表する.
~·cloth [⁻ ⁻] プリント布地. **~ hand** [**letter**] 活字体の書体[文字]. **~·sèll·er** 版画商. **~·shop** [⁻ ⁻] 版画屋;〖米〗印刷所. **~·works** [⁻ ⁻]《単・複数扱い》さらさ[捺染]工場.
◇ **~·a·ble** *a.* **1** 印刷できる; 出版価値のある. **2** 型押しできる. **3**〖写〗焼きつけできる. **~·er·y** [-əri] *n.*〖米〗さらさ捺染工場; 印刷工場.

‡**prínt·er** [príntər] *n.* **1** 印刷屋[業者]; 印刷工, 植字工; 出版者. **2** 捺染(なっせん)工. **3** 印刷機械;〖写〗焼きつけ機. ***spill ~'s ink*** 書いたものを印刷してもらう, 本を出す. **~'s devil** 印刷屋の見習. **~'s error** 誤植. **~'s pie** ごちゃまぜにされた活字.

‡**prínt·ing** [príntiŋ] *n.* **1** 印刷, 印刷術[業]. **2** 第…刷; 印刷部数; 印刷物. **3** 活字体の文字. **4** 捺染;〖写〗焼きつけ.
~ block 版木; 木版. **~ ink** 印刷用インク. **~ machine** 印刷機. **~ office** 印刷所. **~ paper** 印刷用紙;〖写〗印画紙. **~ press** (1)《手動の》印刷機. (2) 印刷所. (3) 捺染機.

prí·or[1] [práiər] *a.* **1** 前の, 先の;《…より》先の《より *to*》. ↔posterior. **2** 優先する《より *to*》.
—— *ad.* 先だって, 優先的に《に, より *to*》.

prí·or[2] *n.* (*fem.* **~·ess** [práiəris]) 副修道院長; 小修道院長. ◇ **~·ship** *n.*

prí·or·ate [práiərit] *n.* prior[2] の職[任期]; = priory.

pri·ór·i·ty [praiɔ́:riti, -ár-/-ɔ́r-] *n.* **1** 先であること, 先行. ↔posteriority. **2** 優先(権), より重要であること; 上位, 上席《*to*》. **3**〖法〗優先権;〖米〗《戦時の》重点配給の優先順位. **4** 優先(重要)事項, 緊急事. **5** 先天性. ***according to ~*** 優先順に; 順を追って. ***creditors by ~*** 優先債権者. ***give ~ to*** を優先させる. ***have ~ over*** a person (人) よりも優先権がある. ***take ~ of*** の上にたつ; の優先権を得る. **~ system** 重点主義.

prí·o·ry [práiəri] *n.* 小修道院《abbey の次位》.

prise = prize[3].

***prism** [príz(ə)m] *n.* **1**〖光〗プリズム; 分光器; (*pl.*) 7色. **2**〖数〗角柱. **3**〖結晶〗柱.
~ finder〖写〗プリズム式反射ファインダー. **~ glasses** [**binoculars**] プリズム双眼鏡.

pris·mát·ic [prizmǽtik] *a.* **1** プリズムで分光した; にじ色の; あざやかな. **2** 角柱の, 三稜(さんりょう)形の.
~ colors スペクトルの7色. **~ compass** 装稜羅針(らしん)盤. ◇ **-i·cal·ly** *ad.*

‡**prís·on** [prízn] *n.* **1** 牢獄, 牢屋. **2** 刑務所, 監獄; 拘置所. **3** 禁固, 監禁, 幽閉.
be [***lie***] ***in ~*** 入獄中. ***break*** (***out of***) ***~*** 脱獄する. ***cast into*** [***put in***] ***~*** 投獄する. ***take*** [***send***] ***to ~*** 収監する.
~ bird 囚人. **~ breaker** 脱獄囚. **~ editor**

《新聞の》編集名義人. ～ **fever** 発疹(はっしん)チフス. ～ **house** 獄舎. ～ **van** 囚人護送馬車.

***prís·on·er** [príznər] *n.* **1** 囚人; 被検束者; 刑事被告人 (＝～ at the bar). **2** 捕虜 (＝～ of war. 略 POW, P.O.W.). **3** 自由を奪われたもの.
hold ～ 捕えておく. ***political*** [***State***] ～ ＝～ ***of State*** 国事[政治]犯人. ～ ***to*** one's ***chair*** [***room***] (いす[へや]から離れられない) 病人. ***take*** [***make***] a person ～ (人を) 捕虜にする.
～**'s** [～**s'**] **bar(s)** [**base**] 陣取り遊び.

prís·sy [prísi] *a.* 〘米話〙 気むずかしい, やかまし屋の; 神経質の; 凝り性の.

prís·tine [prísti:n, -tain/-tain] *a.* **1** 原始時代の; 太古の. **2** 純朴(じゅんぼく)な, 素朴な.

príth·ee [príði] *int.* 〘古〙 どうぞ, 願わくば. [＜(I) pray thee]

prí·va·cy** [práivəsi, [英]⁺prív-] *n.* **1** 私的[個人的]自由, プライバシー; 私生活. **2** 秘密, 人目を避けること, 隠遁(いんとん). ↔publicity. ***in ～ 秘密に, 隠れて. ***in the*** ～ ***of*** one's ***thoughts*** 心の奥底で.

prí·vate** [práivit] *a.* **1** 私的の, 一個人の, 個人に属する, 個人専用の: ～ life 私生活. a ～ room 個室. a ～ secretary (個人)秘書. ～ affairs 私事. ↔public. **2** 公にしない, 秘密の, 自分一個の: ～ papers 手記. ～ feeling 胸中の感情. a ～ letter 私信. ～ conversation 密談. ↔public. **3** 私営の, 私立の, 民間の: ～ practice 《医師・弁護士の》個人開業. a ～ school 私立学校. **4** 公職[官職]についていない; 公職から引退した. **5** 隠遁(いんとん)した, 人目を避けた. ***in my ～ ***opinion*** 私見によれば.
—— *n.* **1** 兵卒, 兵士. 〈注〉イギリス陸軍では下士官の下, アメリカ陸軍では *private* first class の下で recruit の上の階級. **2** (*pl.*) 陰部.
in ～ 内々で, 私生活上. ～ ***first class*** 〘米:軍〙 一等兵《略 PFC, Pfc.》. [√priv-]
～ **account** 〘簿記〙 内勘定. ～ **attorney** 〘法〙 代理人. ～ **bill** 《議会》特定の個人[法人]に関する法案. ～ **business** 私用, 私事. ～ **coach** [**teacher,** ˊ**tutor**] 家庭教師. ～ **detective agency** 〘米〙 人事興信所. ～ **enterprise** 民間[個人]企業. ～ **eye** 〘俗〙 私立探偵. ～ **means** 俸給(ほうきゅう)以外の収入[財産]. ～ **member (of Parliament)** (下院の閣僚でない) 平議員. ～ **parts** 陰部. ～ **right** 〘法〙 私権. ～ **soldier** 兵士 (＝[米] enlisted man). ～ **view** 《一般公開前の》特別招待日[展], 内覧会. ～ **way** 〘法〙 私通行権.
◇ *～**·ly** *ad.* 一個人として; ないしょで.
[類義語] **個人の: private** public, official の反意語で「特定個人に属する」「ひとり占めにした」「秘密にすべき」という暗い語感がある. **individual** 各個人の. 他の類似物よりの独立・差異・個性が強調される→独自の: *individual* tastes 各個人の趣味. **personal** 一個人の, 個人に関する. private に比べて色彩のない語. 比較: *private* affairs あまり内容を人に知られたくない私事. *personal* affairs だれでもがもっているような一身上の私事. one's *private* opinion 他人はそうは思わないだろうから, 必ずしも採用されなくてもよい意見. one's *personal* opinion 人から尊重されることを期待する私見.

prì·va·téer [pràivətíər] *n.* 私掠(しりゃく)船《戦時に敵船捕獲の許可を与えられた私有武装船》; その船長; (*pl.*) その乗組員. —— *vi.* 私掠船として航海[行動]する. ～**s·man** [-zmən] (*pl.* **-men**) 私掠船乗組員. ◇ ～**·ing** *n., a.*

pri·vá·tion [praivéiʃ(ə)n] *n.* **1** 《日用品の》欠乏, 窮乏, 不自由. **2** (*pl.*) 苦難, 困苦: suffer many ～*s* いろいろ辛酸をなめる. **3** 剝奪(はくだつ), 喪失. **4** 〘論〙 欠性. [√priv-]

prív·a·tive [prívətiv] *a.* **1** 奪い取る; 欠落させる. **2** 欠いている; ある性質が欠如している; 欠如性の. **3** 〘文〙《接辞などが》欠性の, 欠如を示す.
—— *n.* **1** 〘文〙 欠性辞 〘語〙《*a*moral 「道徳感を欠く」の a など》. **2** 欠如物.

priv·et [prívit] *n.* 〘植〙 イボタノキの一種.

***priv·i·lege** [prív(i)lidʒ/-vil-] *n.* **1** 特権, 特典. **2** 特別の恩恵, 特別の扱い; 名誉. **3** 基本的人権: ～ of equality 平等の権利. **4** 〘法〙 免責, 免除.
bill of ～ 貴族による審理を求める貴族の請願書. ***breach of*** ～ 《国会議員の》特権侵害. ～ ***of Parliament*** 国会(議員)の特権. ***the*** ～ 大権. ***water*** ～ 水利権, 用水使用権. ***writ of*** ～ 特赦状.
—— *vt.* **1** に特権[特典]を与える. **2** に特権[特典]として免除する《を *from*》. [√priv-]
◇ ～**d** *a.* 特権[特典]を有する.

prív·i·ly [prívili] *ad.* ひそかに, 秘密に.

prív·i·ty [príviti] *n.* **1** 機密に関与すること: one's ～ *to* a design 内々画策に関与していること. **2** 〘法〙 同一権利に対する当事者相互関係. ***without the*** ～ ***of*** に知らせないで.

prív·y [prívi] *a.* **1** 《秘密などに》内々関知[関与]している, 《陰謀などに》参与している《*to*》. **2** 〘古〙 秘密の, 人目につかない; 私用の. —— *n.* **1** 〘法〙 利害関係人, 当事者. **2** 〘古〙 便所; 〘米〙 屋外便所.
Lord P～ ***Seal*** 〘英〙 国璽尚書(しょうしょ). ***make*** a person ～ ***to*** (人に)…を内々知らせる. ～ ***to*** 内々事情を知って. [√priv-]
～ **chamber** 《宮廷の》私室. **P**～ **Council** 〘英〙 枢密院. **P**～ **Councillor** [**Counsellor**] 〘英〙 枢密顧問官. ～ **parts** 陰部. **P**～ **Purse, the** 〘英〙 《王室の》お手元金. ～ **seal** [**signet**]**, the** 〘英〙 玉璽. ～ **verdict** 〘法〙 秘密評決.

prix fixe [prí:fíks] F. 均一価格定食(食堂).

***prize¹** [praiz] *n.* **1** 賞品, 賞, ほうび. **2** 懸賞金; 景品. **3** 当たりくじ. **4** 《競争・努力・願望の》目標: the ～*s* of life 人生の目標. **5** 〘話〙 すばらしいもの. **6** 捕獲品; 敵船捕獲.
—— *a.* **1** 懸賞の, 入賞の, 賞品として与えられる: a ～ essay 懸賞[入選]論文. a ～ medal 優勝メダル. **2** 《しばしば反語的に》すばらしい: a ～ idiot たいしたばか者.
—— *vt.* 高く評価する, 尊ぶ; たいせつにする.
～ **fight** 懸賞ボクシング試合, プロボクシング. ～ **fighter** 懸賞ボクシング選手, プロボクサー. ～ **fighting** ＝～ fight. ˊ～**·man** [-mən] (*pl.* **-men**) 受賞者. ～ **ring** 懸賞ボクシング場, リング; 懸賞[職業]ボクシング. ˊ～**·wìn·ner** 受賞者[作品].

prize² *n.* **1** 〘英〙 捕獲物[財産], 戦利品; 拿捕(だほ)船. **2** 掘り出し物. ***become the*** ～ ***to*** [***of***] に捕獲される. ***make*** (***a***) ～ ***of*** を拿捕する.
—— *vt.* 捕獲[拿捕]する.
～ **court** 戦時海上捕獲物審判所. ～ **crew** 捕獲船回航員. ～ **money** 捕獲賞金《戦時海上捕獲物を売って捕獲者に分配する金》; 賞金.

prize³ *vt.* 〘英〙 てこであける[動かす]; 〈ドアなどを〉こじあける《*open, out, up, off*》.

pro¹ [prou] *n.* (*pl.* ～**s**) くろうと, 職業選手, プロ.
—— *a.* 職業的の. [＜*pro*fessional]

pro² *n.* (*pl.* ～**s**) **1** 賛成論; 賛成者; 賛成投票. **2** 利点. ～***s and cons*** 賛否両論; 利害得失.
—— *ad.* 賛成して. ～ ***and con*** 賛否両様に.

pro L. (＝for) *prep.* …のために; …に応じて.

pro-¹ *pref.* ラテン語接頭辞. **1** 前へ[に], 前方へ[の]; 以前の, 先の: *pro*ceed ＜pro-＋√ced- 前へ＋進む. *pro*consul 前＋総督. **2** 人前に, 公に: *pro*nounce ＜pro-＋√nuti- 公に＋宣する. **3** 賛成する, ひいきの: *pro*-German 親独的. **4** 代理の, 代わりの: *pro*noun 代＋名詞. **5** …に応じて: *pro*portion 割合＜pro-＋portion 部分に＋応じて.

pro-² *pref.* ギリシア語系の語および科学用語について

「《位置・時間が》前」の意: *pro*scenium 前＋舞台. *pro*logue 前口上 ＜pro-＋√log- 前の＋ことば.

pró·a [próuə] *n.* 快走船《マライ群島の》.

prob. probable; probably; problem.

prób·a·bi·lism [prábəbiliz(ə)m / prɔ́b-] *n.* 〖哲・宗〗蓋然(がいぜん)論.

***pròb·a·bíl·i·ty** [pràbəbíləti / prɔ̀b-] *n.* **1** ありそう〔起こりそう〕なこと, 見込み. **2**〖哲〗蓋然性. **3**〖数〗確率, 公算. **4** (*pl.*) 天気予報.
in all ～ 十中八九は. *The* ～ *is that*... おそらく… *There is every* 〔*no*〕 ～ *of* 〔*that*〕... …は〔ということは〕きわめてありそうな〔ありそうもない〕ことだ.

***prób·a·ble** [prábəbl/prɔ́b-] *a.* **1** 蓋然(がいぜん)的な, ありそうな: It is possible but not ～ that he will succeed. 彼は成功しないとは言わないが見込みは薄い. 〈注〉probable は possible より確実性の度合いが高い. **2** 予想される, 見込みの上の. *It is* ～ *that*... おそらく… —— *n.* **1** 起こりそうなこと. **2** なにかしそうな人; 有力な候補者. **3**《スポーツの》補欠; 新人. [√prob-]
～ **cause** 〖法〗相当な理由. ～ **cost** 見込み費用. ～ **error** 〖統計〗確率誤差. ～ **evidence** 〖法〗蓋然証拠《状況証拠のこと》.
(類義語) **ありうる: probable** 理屈から考えて, また周囲の事情や証拠などから察して「おそらく…に違いない」: one's *probable* future 予想される自分の将来. the *probable* cause of the explosion 爆発の推定される原因. **possible**「起こることがありうる, 起こらないとはだれにもいえない」. つまり possible なものも, ある条件がそろって初めて probable になるわけである. **likely** ありそうな, もっともらしい. probable の口語的表現で「…になりそうだから, それに対し準備しておいた方がよい」という実際的な意味合いをもつ: a *likely* result ありそうな結果. It is *likely* to rain. 雨になりそうだ.

***prób·a·bly** [prábəbli / prɔ́b-] *ad.* おそらく, たぶん, たいてい(は): *P*～ you are right. たぶんきみの言うことが正しいのだろう. He is ～ the best singer in his class. 彼はクラスで歌をうたうのがいちばんじょうずだといってよいだろう. Will he come? — *P*～ not. 彼は来るだろうか. —まあ来ないだろうね. Very ～ he cannot solve the problem. その問題は彼にはまずまず解けそうもない. (類) → **perhaps**「あるいは」

pró·bang [próubæŋ] *n.* 〖医〗咽喉(いんこう)〔食道〕探り棒《異物除去などに用いる. 殺菌ガーゼ付き》.

pró·bate [próubeit/-bit] *n.* 〖法〗遺言検認; 検証済み遺言書.
—— [próubeit] *vt.* 〖米〗〈遺言書を〉検証する.

pro·bá·tion [probéiʃ(ə)n] *n.* **1** 検定, 試験. **2** 見習い(期間); 仮採用. **3**〖宗〗試練. **4**〖法〗保護観察; 判決〔執行〕猶予. **5**《失格・処罰学生などの》仮及第(期間). *on* ～ ためしに, 見習いに; 執行猶予で. *place under* ～ 保護観察に付す.
～ **officer** 保護観察官. ～ **system** 保護観察〔執行猶予〕制度.
◇ **～·al** [-ʃən(ə)l], **-ar·y** [-èri/-əri] *a.* 試練の; 見習いの; 執行猶予の. **～·er** *n.* **1** 見習生, 試補; 牧師補. **2** 執行猶予中の罪人.

pró·ba·tive [próubətiv, práb- / próub-] *a.* **1** 試験の, ためす. **2** 立証する, 証拠となる.

probe [proub] *n.* **1**〖医〗《外科用》探り針, ゾンデ; 〖電〗《検査器の》プローブ. **2**〖米〗調査《特に不法行為摘発のための》. —— *vi.* 探り針で探る; (徹底的に) 調査する《を *into*》. —— *vt.* 精査する: ～ one's conscience 良心に問うてみる. 「廉潔, 誠実.

pró·bi·ty [próubəti, práb-/próub-, prɔ́b-] *n.* 正直,

***prób·lem** [prábləm / prɔ́b-] *n.* **1** 問題, 疑問; 練習問題. **2** 難問; やっかいなこと〔事情, 人〕: That child is a ～. あの子どもはやっかいだ. **3**〖数〗作図題; 〖チェス〗詰め手. *set* a person *a* ～ (人に)問題を出す.
～ **child** 問題児. ～ **novel** 〔**play**〕 問題小説〔劇〕. (類) → **question**「問題」

pròb·lem·át·ic [pràbləmǽtik / prɔ̀b-], **-i·cal** [-(ə)l] *a.* 問題の; 疑わしい, 不確かな.
◇ **pròb·lem·át·i·cal·ly** *ad.*

pro bo·no pu·bli·co [próu-bóunou-pʌ́blikou] L. (=for the public good) 公益のために.

pro·bós·cis [probásis/-bɔ́s-] *n.* (*pl.* **-cis·es, -cid·es** [-sidi:z]) **1**《象などの突き出た》鼻. **2**《こん虫などの》長い吻(ふん), 口先. **3**〖笑〗《人間の》大きい鼻.

proc. proceedings; process; proctor.

pro·cáine [proukéin, ´–] *n.* 〖薬〗プロカイン《コカインより毒性の少ない局所麻酔剤》.

***pro·cé·dure** [prəsí:dʒər, pro-] *n.* **1** 手順, 《進行・処理の》手続き; 処置. **2**《行動・事情・状態などの》進行, 発展: make further ～ impossible それ以上進行不可能となる. **3**〖法〗訴訟手続き; 議会議事手続き: legal 〔parliamentary〕 ～ 訴訟〔議事〕手続き. ◇ **-dur·al** [-dʒərəl] *a.* 手続き〔処置〕上の.

***pro·céed** [prəsí:d, pro-] *vi.* **1** 進む, 行く, おもむく, 先へ進む, 《…に》及ぶ《に *to*》: Let's ～ *to* the dining room. 食堂へまいりましょう. We ～*ed* on our way. われわれは道を続けた. ～ *to* extremes 極端に及ぶ. ～ *to* violence 暴力ざたに及ぶ. **2** 〈事件などが〉進行する, 続行する, 続く: The play ～*ed* without further interruption. 劇はその後じゃまがはいらずに進行した. Things are ～*ing* quickly. ことはすみやかに運んでいる. **3** 続けて行なう, 継続する《を *with*》: *P*～ *with* your story. 話を続けなさい. **4** 話を続ける; 話題を進める: Let's ～ *to* the next question. 次の問題に移ろう. **5** とりかかる《に *to*》, 処置する: ～ *to* business 仕事にかかる. How would you ～? どう処置するかね. **6** …し始める《*to* (do)》: I am ～*ing to* close the shop. 店をしめかけていたところだ. **7** 処分する, 手続きする《を *with*》. **8** 訴訟を起こす《を相手に *against*》. **9** 発する: Heat does not ～ from the moon. 月からは熱は発しない. **10** 生じる, 始まる, 結果する《から *out of, from*》.
～ *on* に基づいて行動する. ～ *to blows* なぐる; なぐり合いになる. ～ *to the degree of* M.A. 〖英〗(修士)の学位を取得する. [√ced-]
(類) → **advance**「前進する」

pro·céed·ing [prəsí:diŋ, pro-] *n.* **1** 進行, 進展. **2** 行動, 行為, やり方. **3** 処置, 処分. **4** (*pl.*) 議事(録), 会議録; 《学会などの》会報. **5** (*pl.*)〖法〗訴訟手続き. *dispossess* ～*s* 〖米俗〗《家屋などの》明け渡し訴訟. ～ *in error* 〖法〗破棄手続き, 控訴手続き. *summary* ～*s* 略式(裁判)手続き. *take* 〔*institute*〕 ～*s against* に対し訴訟を提起する.

pró·ceeds [próusi:dz] *n. pl.* **1** 売上金, 収益《*from*》. **2** 結果.

***próc·ess**[1] [práses/próu-] *n.* **1**《現象・事件などの》進行, 経過. **2** 過程; 工程, 手順, 処置, 方法: ～ of manufacture 製造工程. **3**《ことの》成り行き, 発展. **4** 作用: chemical ～ 化学作用. **5**《技術的な》…法; 〖写〗写真製版法; 〖映〗スクリーンプロセス. **6**〖法〗訴訟手続き; 召喚状, 執行令状. **7**〖生〗隆起, 突起. **8**《形容詞的》写真製版の; 加工を施した: ～ butter 加工バター. *in* ～ *of time* 時の過ぎるにつれて. *in* (*the*) ～ *of* の過程中で; の進行中に. *serve a* ～ *on* に令状を発する.
—— *vt.* **1** 処置する; 〈書類を〉作成する, 〈資料を〉調査分類する. **2** 〈食品を〉加工処理〔貯蔵〕する. **3** 〈写真フイルムを〉現像する. **4** 写真版で複写する.
～*ing tax* 〖米〗《特に農産物の》加工税.
[＜proceed]
～ **industry** 加工産業. ～ **printing** 原色製版法. ～ **server** 〖法〗令状送達者, 執達吏.

pro·céss[2] [prəsés, pro-] *vi.* 〖英話〗(列をつくって)練り歩く.

***pro·cés·sion** [prəséʃ(ə)n, pro-] *n.* **1** 行進, 行列;

〖宗〗行列連禱(れんとう)〔詠唱〕. **2** 進行;〖宗〗聖霊の発出. **3** 順位が変化しないたいくつな競走.
***in* ～** 列をつくって.
—— *vi.* 行列をつくって進む, 練り歩く. [√ced-]

pro·cés·sion·al [prəséʃən(ə)l] *a.* 行列 (用) の: a ～ chant〖宗〗行列聖歌. a ～ cross (先頭を行く) 行列用十字架. **——** *n.* 〖宗〗行列式書; 行列聖歌 (集).

próc·ess·or [prásesər/próus-] *n.* 〖米〗《農産物「の》加工業者.

pro·cès-ver·bal [proséivεərbá:l/prɔséi-, ╧–╧–] F. *n.* **1** 議事録. **2**〖法〗《検事の》調書.

pró·chro·nism [próukrənìz(ə)m, ㊕⁺prák-] *n.* 記時錯誤《年代などを実際より早めに誤記すること》. → anachronism, parachronism.

‡**pro·cláim** [prokléim, prə-] *vt.* **1 布告する,** 宣(言)する; 声明する: ～ war 宣戦を布告する. ～ one's opinions 意見を開陳する. ～ a man a traitor 人を反逆者と宣告する. **2** 明らかに示す: His accent ～*ed* him a Scot. なまりでスコットランド人とわかった. **3** <一地域などに> 禁令をしく. **4** 不法と宣言する, <集会などの> 禁止を宣言する; <人から> 法の保護を奪う. **5** ほめたたえる. [√clam-] ◇ **～·er** *n.*

pròc·la·má·tion [pràkləméiʃ(ə)n/prɔ̀k-] *n.* **1** 宣言, 布告, 発布: ～ of war 宣戦布告. **2** 宣言書, 声明書. [clam(a)-]

pro·clám·a·to·ry [proklǽmətɔ̀:ri, prə-/-t(ə)ri] *a.* 宣言 (的) な, 公布の.

pro·clít·ic [proklítik] *a.* 〖文〗後倚(こうい)の《それ自身アクセントがなく直後の語に結合して発音される》. **——** *n.* 後倚語《冠詞・前置詞など単音節語》. → enclitic.

pro·clív·i·ty [proklívịti, prə-] *n.* 傾向, 性癖《*to, toward; for* (do)*ing; to* (do)》: ～ *to* idleness [vice] なまけたがる〔非行へはしる〕性向. [√cli(n)-]

Próc·ne [prákni/prɔ́k-] *n.* 〖ギ神〗Philomela の姉《むすこを殺したため姿をツバメに変えられた》.

pro·cón·sul [proukáns(ə)l/-kɔ́n-] *n.* **1**〖古ローマ〗地方総督. **2** 植民地〔占領地〕総督.
◇ **～·ship, -su·late** [-s(ə)lit/-sjul-] *n.* ～の職〔地位〕. **-su·lar** [-káns(ə)lər/-kɔ́nsjul-] *a.* ～ の.

pro·crás·ti·nate [prokrǽstịnèit, prə-] *vi.* 長引く, ぐずぐずする. **——** *vt.* 引き延ばす. ◇ **-na·tor** [-ər] *n.* **pro·cràs·ti·ná·tion** [–╧–néiʃ(ə)n] *n.* 遅滞, 遅延, 延引.

pró·cre·ant [próukriənt] = procreative.

pró·cre·ate [próukrièit] *vt.* **1** <父が子を> もうける, 生む, <子孫を> つくる. **2** <新種などを> 生じる. ◇ **-a·tive** [-iv] *a.* 生み出す, 生殖〔生産〕力のある; つくり出す. **-a·tor** [-ər] *n.*

prò·cre·á·tion [pròukriéiʃ(ə)n] *n.* 出産, 生殖.

Pro·crús·te·an [prokrʌ́stiən] *a.* **1** Procrustes 的な. **2** 暴力で規準に合わせ (ようとす) る, 強引な.

Pro·crús·tes [prokrʌ́sti:z] *n.* 〖ギ神〗ギリシアの強盗《捕えた旅人を鉄の寝台に寝かせ, 寝台の長さに合わせて長い者は足を切り, 短い者は引き伸ばしたという》.

pròc·to·dáe·um [pràktədí:əm/prɔ̀k-] *n.* 〖動〗肛門(こうもん)管, 肛門道.

proc·tól·o·gy [praktáləd͡ʒi/prɔktɔ́l-] *n.* 肛門科, 「肛門病学.

próc·tor [práktər/prɔ́k-] *n.* **1**〖法〗代理人, 代訴人. **2**〖おもに英〗《大学の》学生監; 試験監督官. ***King's* [*Queen's*] *P*～** 〖英:法〗国王〔女王〕代訴人《遺言〔離婚〕裁判所で不正のあるとき法廷に異議を申し立てる役人》. **——** *vt.* 試験監督をする.
◇ **～·ship** *n.* **～·ize** [-təràiz] *vt.* <学生監が学生を> 訓戒〔処罰〕する. **proc·tó·ri·al** [praktɔ́:riəl/prɔktɔ́:riəl] *a.* ～の.

pro·cúm·bent [prokʌ́mbənt] *a.* うつぶせになった, 平伏した; 〖植〗平伏の, 地上をはう. [√cu(m)b-]

pròc·u·rá·tion [pràkjuréiʃ(ə)n/prɔ̀k-, -kjuər-] *n.* **1** 獲得. **2**〖法〗代理; 委任 (権); 委任状; 《訴訟の》代理人選任. **3**〖イギリス国教〗巡錫(じゅんしゃく)費《寺院から巡回する聖職者に贈る》. **4** 貸し金周旋 (料). **5** 売春婦周旋 (をすること). ***by* [*per*] ～** 代理で《略 per pro(c).》.

próc·u·ra·tor [prákjurèitər/prɔ́k-, -kjuər-] *n.* **1**〖法〗《訴訟》代理人. **2**〖古ローマ〗行政長官; 地方収税官. **3**《イタリア都市の》知事. ***chief public* ～** 検事正. ***the public* ～ *general*** 検事総長. ◇ **～·ship** *n.* ～の職〔任期〕. **pròc·u·ra·tó·ri·al** [pràkjurətó:riəl/prɔ̀kjurətɔ́:r-] *a.* ～の.

‡**pro·cúre** [prokjúər, prə-] *vt.* **1 獲得する,** <必需品を> 調達する: difficult to ～ 入手しにくい. ～ a person something 人のために物を手に入れてやる. **2**〖稀〗《人手をかりて》引き起こす, 招来する: ～ a person's death by poison 人を毒殺する. ～ a person's death 《第三者の手により》人を死に至らしめる. **3** <売春婦を> 周旋する. **——** *vi.* 売春の媒介をする. [√cur-]
◇ **～·ment** *n.* **1** 獲得, 調達; 処理; 周旋. **2**〖米〗政府の買い上げ. **-cúr·a·ble** [-kjú(:)rəbl/-kjúər-] *a.* 手に入れられる (obtainable). **-cúr·er** [-kjú(:)rər/-kjúərə] *n.* **1** 獲得者. **2** 売春媒介者.
(類) → **get**「手に入れる」

prod¹ [prad/prɔd] *n.* **1** 刺し針; 《家畜を追うための》突き棒 (goad); くし (skewer). **2** 刺すこと, 突き. **3**《思い出させるための》助言, 暗示, 合い図. **——** *vt., vi.* **(-dd-)** **1** 刺す, 突く. **2** 刺激する; 促す, 励ます; 呼び起こす. **3** いじめる, いらだたせる (irritate). (類) → **urge**「促す」

prod² *n.* 〖米俗〗神童. [<*prod*igy]

pròd·e·lí·sion [pròud(ị)líʒ(ə)n, ㊕⁺pràd-] *n.* 頭母音の省略《I *a*m を I'm とするなど》.

pród·i·gal [prádig(ə)l/prɔ́d-] *a.* **1** 浪費的な, 放蕩(ほうとう)な: ～ expenditures むだな出費. **2** 惜しみなく消費する〔与える〕《を *of, with*》: ～ *with* [*of*] money 金を湯水のごとく使う. ～ *of* praises 賞賛のことばを惜しまない. **3** 有り余る, 豊富な. ***play the* ～** 放蕩する, 乱費する. **——** *n.* 浪費者; 放蕩むすこ. **～ son** 〖聖〗放蕩むすこ, 悔い改めた罪人, 帰って来た放浪者《ルカ伝 15: 11–32》.
◇ **～·ly** *ad.* **pròd·i·gál·i·ty** [╧–gǽlịti] *n.*

pro·dí·gious [prədídʒəs] *a.* **1** 巨大な, ばく大な. **2** 驚異的な, 不思議な. **3** 非常な, 異常な.
◇ **～·ly** *ad.* ばく大に, 非常に, 驚くほど. **～·ness** *n.*

pród·i·gy [prádịdʒi/prɔ́d-] *n.* **1** 不思議, 驚異. **2** 偉観; 怪物. **3** 天才, 傑出した〔非凡な〕人. **4**〖古〗不思議な兆候. **5**《形容詞的に》天才的, 驚異的. ***an infant* ～** きりん児, 神童. ***a* ～ *of*** learning 絶世の (博学); 不世出の (学者).

‡**pro·dúce**¹ [prəd(j)ú:s, pro-/-djú:s] *vt.* **1 産する,** 生じる, <実を> 結ぶ: ～ oil [wheat] 石油〔小麦〕を産出する. **2 生産する,** 作製する: ～ a book 本を出版する. **3 引き起こす,** 生じさせる: ～ a sensation 大評判を巻き起こす. **4 取り出す, 提示する;** <証拠などを>提出する: ～ one's railway ticket when asked to do so 提示を求められたら鉄道の切符を示す. **5** <劇などを>演出する, 上演する: ～ a play. **6**〖数〗延長する: ～ a line. → 名詞 product, production. **——** *vi.* 作り出す; 産出する; 創作する. **～*cing lot*** 〖米〗映画製作所. **～ *on the line*** 流れ作業で量産する. [√duc-]

pród·uce² [prád(j)u:s, próu-/prɔ́dju:s] *n.* **1** 産出額. **2**《集合的》農産物, 天産物. **3** 作品, 製品. **4** 成果, 結果.

‡**pro·dúc·er** [prəd(j)ú:sər, pro-/-djú:sə] *n.* **1 生産者, 製作者.** ↔ consumer. **2**《劇・映画などの》プロデューサー; 〖英〗演出家. **3**〖化〗ガス発生炉.
～ gas 発生炉ガス《燃料》. **～(s') goods** 〖経〗生産財. ↔ consumer(s') goods. **～s' price** 生産者価格.

pro·dúc·i·ble [prəd(j)ú:səbl, pro-/-djú:-] *a.* **1** 生産できる. **2** 提出〔提示〕できる. **3** 上演できる. **4**

延長できる. ◇ **pro·dù·ci·bíl·i·ty** [–ˌ–bílịti] *n.*

‡**pród·uct** [prάdəkt, -dʌkt/prɔ́d-] *n.* **1** (しばしば *pl.*) 産物, 生産品; 製作品, 創作 (品): agricultural [marine, forest] ～*s* 農 [海, 林] 産物. natural ～*s* 天然の産物. the ～*s* of genius 天才の作品. **2** 結果; 所産, 成果: He is a true ～ of his time. 彼は真に時代の所産である. **3** 〘化〙 生成物. **4** 〘数〙 積. → quotient.

‡**pro·dúc·tion** [prədʌ́kʃ(ə)n, pro-] *n.* **1** 生産, 産出; 生産高: mass ～ 大量生産. ↔ consumption. **2** 製作; 著作: film ～ 映画製作. **3** 生産 [製作] 物; 著作物; 作品; 研究成果: literary ～ 文学作品. **4** 提供, 提出. **5** 《映画などの》 製作, 演出; 映画製作所. **6** 延長; 〘数〙 延長線.
～ line 流れ作業.

‡**pro·dúc·tive** [prədʌ́ktiv, pro-] *a.* **1** 生産的な: ～ labor 生産的労働. **2** 多産な, 豊饒(ほうじょう)な, 肥沃(ひよく)な: a ～ writer 多作な作家. ～ land 肥えた土地. **3** 〘経〙 利益を生む; 生産性の: a ～ society 生産組合. **4** 《結果として》 生じる 《を *of*》: conditions ～ *of* crimes 犯罪を生む環境. ～ *of* great inconvenience 非常な不便を生じる.
◇ **～·ly** *ad.* 生産的に; 多産で. **～·ness** *n.* 生産的なこと, 多産.

prò·duc·tív·i·ty [pròudʌktívịti/prɔ̀d-, pròud-] *n.* 生産性 [力]; 多産 [性], 豊饒(ほうじょう). ***labor ～*** 労働生産性.

pró·em [próuem, ㊍⁺-im] *n.* 序文, 緒言; 発端.

prof [prɑf/prɔf] *n.* (しばしば P～) 〘話〙 教授. [＜professor]

Prof. Professor.

pròf·a·ná·tion [prὰfənéiʃ(ə)n/prɔ̀f-] *n.* **1** 神聖を汚すこと, 冒瀆(ぼうとく). **2** 《聖物》 乱用, 悪用.

pro·fán·a·to·ry [profǽnətɔ̀:ri, prə-/-t(ə)ri] *a.* 神聖を汚す, 冒瀆的な.

pro·fáne [prəféin] *a.* **1** 神聖を汚す, 冒瀆(ぼうとく)的, 不敬な: ～ language 不敬なことば (づかい). **2** 宗教に無関係の, 俗世の: ～ history 世俗史 《聖史に対して》. **3** 異教の, 異端の: ～ practices.
—— *vt.* の神聖を汚す, 冒瀆する; 乱用する: ～ the name of God 神の名をみだりに用いる.
◇ **～·ly** *ad.* **～·ness** *n.*

pro·fán·i·ty [prəfǽnịti] *n.* **1** 神聖を汚すこと, 冒瀆(ぼうとく), 不敬. **2** 神聖を汚す言行.

‡**pro·féss** [prəfés, pro-] *vt.* **1** 公言する, 明言する: ～ a distaste for modern art 近代芸術はきらいだとはっきり言う. **2** 称する, 言い張る; 自称する, …のふりをする: ～ ignorance 知らぬふりをする. ～ oneself *to be* a scholar 学者と自称する. She ～*ed* that she could do nothing unaided. 助けなしにはなにもできないと言った. **3** …を信ずると告白する, 信仰する: ～ Christianity キリスト教への信仰を告白する. **4** …を職とする; 〘英〙 教授として教える: ～ medicine 医を職とする; 医学の教授である. [pro-＋√fess-]

pro·féssed [prəfést, pro-] *a.* **1** 公言した, 公然の. **2** 自称の, 見せかけの, 偽りの. **3** 専門的な, 本職 (風) の. **4** 誓約して宗門にはいった.
◇ **pro·féss·ed·ly** [prəfésidli] *ad.* 公然と.

‡**pro·fés·sion** [prəféʃ(ə)n, pro-] *n.* **1** 職業, 《特に》 知的職業 《元来は僧侶(そうりょ)・法律家・医者》: the honorable [teaching] ～ 教職. a man of ～ 知的職業の人; 自由業の人. **2** 公言, 宣言, 告白: ～*s* of regard 敬意の表明. **3** (the ～) 《集合的》 同業者連中; 〘俗〙 俳優仲間, 芸人仲間: the etiquette of the ～ 同業者仲間の礼儀. a member of our ～ われわれ同業者のひとり.
Adam's ～ 園芸. ***by ～*** 職業は, 本職は. ***in practice if not in ～*** 公言こそしないが実際上. ***make one's ～*** 《教団へはいる》 誓いをたてる. ***the learned [three] ～s*** 〘古〙 僧職・法律業・医業の 3 職業.
類 → work「仕事」

‡**pro·fés·sion·al** [prəféʃən(ə)l, pro-] *a.* **1** 職業の, 職業的; 仕事の上の, 商売の: a ～ call 職業上の訪問. ～ etiquette 同業者間の仁義. **2** 知的職業の, 専門的職業の: a ～ man 知的職業人 《弁護士・医師など》; プロ選手. **3** 専門の, 本職の, くろうとの, プロの: a ～ writer 本職の文筆家, 作家. ↔ amateur.
—— *n.* **1** 知的職業人; 技術専門家. **2** 専門家, くろうと. **3** 職業選手, プロ.
～ education 専門教育 《医学・法学など高度の知識を要する学術の教育. 一般教育に対して》; 職業教育. **～ politician** 政治屋.
◇ **～·ism** [-iz(ə)m] *n.* **1** 専門家かたぎ, 商売人かたぎ; 職業選手かたぎ. **2** 専門的 [職業的] 技術.
～·ly *ad.* 職業的に; 職業上; 専門的に.

pro·fés·sion·al·ize [-àiz] *vt.* 職業化する; 専門的に取り扱う. **——** *vi.* 専門化する; 専門家 [プロ] になる.

‡**pro·fés·sor** [prəfésər, pro-] *n.* **1** (大学) 教授 《full ～ 正教授, associate ～ 準教授, assistant ～ 助教授の階等がある》: a ～'s chair 講座. **2** 〘米話〙 (男の) 教師, 先生. **3** 《大げさな自称》 先生 《ダンス・ボクシング・手品などの》: a ～ of dancing. **4** 公言者; 自称者; 信仰告白者. ***visiting ～*** 客員教授. ◇ **～·ship** *n.* ～ の職 [地位].

pro·fés·sor·ate [prəfésərit, pro-], **prò·fes·só·ri·ate** [pròufịsɔ́:rịit, prὰf-/prɔ̀fesɔ́:r-] *n.* **1** 教授の職 [任期]. **2** 《集合的》 教授団.

prò·fes·só·ri·al [pròufịsɔ́:riəl, prὰf-/prɔ̀f-] *a.* **1** 教授の, 教授らしい. **2** 学者ぶった; 独断的な.

próf·fer [prάfər/prɔ́fə] *vt.* 申し出る, 提供する, 進呈する: ～ help [to help] 助力を申し出る.
—— *n.* 提供, 提出, 申し出, 提供物.

pro·fí·cien·cy [prəfíʃ(ə)nsi] *n.* 熟達, 上達, 熟練: attain [gain] great ～ *in* English 英語が大いに上達する. [√fac-]

pro·fí·cient [prəfíʃ(ə)nt] *a.* 上達 [熟達, 熟練] した, たんのうな 《に *at, in*》. **——** *n.* 達人, 名人 《*in*》.
◇ **～·ly** *ad.*

pró·file** [próufail/-fi:l] *n.* **1** 横顔, 半面像; 《彫像の》 側面. **2** 輪郭, 素描; 人物短評. **3** 〘建〙 縦断面 [側面] 図. ***in ～ 側面観としては, 横顔は.
—— *vt.* の輪郭を描く; の側面 (図) を描く.

‡**próf·it** [prάfit/prɔ́f-] *n.* **1** 《金銭上の》 利益, もうけ: net [clear] ～ 純益. gross ～ 総益金. **2** 益, 得: I have read it with ～. それを読んでためになった. ***a (consolidated) ～ and loss statement*** 〘商〙 (連結) 損益計算書. ***at a ～*** 利益をあげて. ***make a ～ on*** で利益を得る, …でもうける. ***make one's ～ of*** を利用する. ***to one's (great) ～*** (大いに) 利益を得て, 裨益(ひえき)するところ大で.
—— *vt.* の利益になる, のためになる: What can it ～ him? それは彼にどんな得になるか. It ～*ed* me nothing. 私にはなんの得にもならなかった.
—— *vi.* 利益を得る, 得をする, お陰をこうむる 《によって *by*; から *from, of*》: We have ～*ed by* your advice. 私たちはきみの忠告で助かった. We can ～ *by* errors of others. 他人のあやまちをみて自戒のたねとすることができる. [√fac-]
～ sharing 《労資間の》 利益分配 (制). **～ taking** さや取り.

‡**próf·it·a·ble** [prάfitəbl/prɔ́f-] *a.* **1** 有利な, もうかる: a ～ deal 有利な取引. **2** 有益な, ためになる: ～ instruction ためになる教訓.
◇ **-bly** *ad.* 有利 [有益] に: The situation may be *profitably* analized. 情勢を分析するのも有益であろう. **～·ness** *n.* 有利; 有益.

pròf·it·éer [prὰfịtíər/prɔ̀f-] *n.* 《特に戦時などの》 暴利をむさぼる人, 不当利得者. **——** *vi.* 暴利をむさぼる, 不当利得を占める. ◇ **～·ing** *n.*

próf·it·less [prάfitlis/prɔ́f-] *a.* 利益のない, もうからない; 無益な, むだな. ◇ **～·ly** *ad.* **～·ness** *n.*

próf·li·ga·cy [práfligəsi/prɔ́f-] *n.* 放蕩(ほうとう), 不品行; 浪費, 乱費.
próf·li·gate [práfligit, -gèit/prɔ́fligit] *a.* 放蕩な, 放らつな, 不品行な; 浪費する: a ~ son 遊蕩児. —— *n.* 放蕩者, 道楽者. [flig-] ◇ **~·ly** *ad.*
próf·lu·ent [práflu:ənt/prɔ́f-] *a.* とうとうと流れる.
pro for·ma [prou-fɔ́:rmə] L. (= for the sake of form). **1** 形式上. **2**〖商〗見積もりの, 仮の: a ~ invoice 見積もり送り状.
‡**pro·fóund** [prəfáund,pro-] *a.* **1** 深い, 奥底深い: ~ depths 深い奥底. ~ sleep ふかい眠り. **2** 奥深い, 深遠な: a ~ thinker 深奥な思索者. ~ knowledge ふかい知識. ~ meaning 深長な意味. **3** 心からの, 深甚(じん)な, はなはだしい: ~ thanks 心からの感謝. ~ anxiety 非常な心配. a ~ bow (頭を低くたれた) 丁重な〔うやうやしい〕おじぎ.
—— *n.*〖雅〗**1** 深所, ふち. **2** 深海, 大洋.
[√fund-] ◇ ***~·ly** *ad.*
Prof. Reg. Regius Professor.
pro·fún·di·ty [prəfʌ́ndəti, pro-] *n.* **1** 深いこと, 深さ; 深遠, 深奥, 幽玄. **2**〖雅〗深み, 深いふち. **3** (*pl.*) 深遠な事柄. [fund-]
pro·fúse [prəfjú:s] *a.* **1** 物惜しみしない, 気前のよい; 金使いのあらい, ぜいたくな《*in, of*》. **2** 豊富な, おびただしい. [√fu(n)d-] ◇ **~·ly** *ad.* **~·ness** *n.*
pro·fú·sion [prəfjú:ʒ(ə)n] *n.* **1** 豊富, 大量. **2** 大まか; 浪費, ぜいたく. ***a ~ of*** 豊富な. ***in ~*** 豊富に, おびただしく.
prog[1] [prag/prɔg] *n.*〖英俗〗《旅行用の》食物.
—— *vt.* **(-gg-)** <食物を> あさり歩く.
prog[2]〖英俗〗*n.* 《Cambridge, Oxford 両大学の》学生監. —— *vt.* <学生監が学生を> 訓戒〔処罰〕する.
pro·gén·i·tive [prodʒénitiv] *a.* 生殖力のある, 繁殖する.
pro·gén·i·tor [-tər] *n.* (*fem.* **-tress** [-tris]) **1** 《人·動植物の》先祖. **2** 先輩. **3** 原本.
pro·gén·i·ture [-tʃər] *n.* **1** 子孫を生むこと. **2** =progeny.
próg·e·ny [prádʒini/prɔ́dʒ-] *n.* **1** 《集合的》子孫. **2** 結果.
pro·gés·ter·one [prodʒéstəròun], **pro·gés·tin(e)** [-dʒéstin] *n.*〖生化〗プロゲステロン, 黄体ホルモン.
próg·gins [práginz/prɔ́g-] =prog[2].
pro·glót·tis [proglátis/-glɔ́t-] *n.* (*pl.* **-ti·des** [-tidì:z])〖動〗片節《サナダムシのからだの節》.
próg·na·thous [prágnəθəs, pragnéiθ-/prəgnéiθəs, prɔ́gnəθ-] *a.*〖医〗あごの突き出た.
prog·nó·sis [pragnóusis/prɔg-] *n.* (*pl.* **-ses** [-si:z]) **1** 予知, 予測, 予言. **2**〖医〗予後.
prog·nós·tic [pragnástik/prɔgnɔ́s-] *a.* **1** 前兆となる, 予表する《を *of*》. **2**〖医〗予後の. —— *n.* **1** 予知, 予測. **2** 前兆, 前触れ. **3**〖医〗予後.
prog·nós·ti·cate [pragnástikèit/prɔgnɔ́s-] *vt.* **1** (前兆によって)予知する, 予測する, 予言する. **2** 前触れする, の前兆である. [√(g)no-] ◇ **-ca·tor** [-ər] *n.* 予言者, 占い者. **prog·nòs·ti·cá·tion** *n.*
‡**pró·gram,** ㊥ **pró·gramme** [próugræm, ㊥+ -grəm] *n.* **1** プログラム, 番組, 次第書: a theater ~ 劇場のプログラム. **2**《集合的》演奏曲目, 上演種目: a ~ of French music. **3** 計画, 予定; 計画〔予定〕表: What is the ~ for tomorrow? あしたの予定はどうなっているか. a crowded ~ びっしり詰まった予定. **4** 講義表, 科目表: a school ~ 学科課程表. **5**〖英〗政党の綱領, 政綱. **6**〖電算機〗プログラム. —— *vt.* のプログラムをつくる; の計画をたてる;〖電算機〗プログラムする. [√graph-]
~ **girl** プログラムの売り子. ~ **music**〖楽〗標題音楽. ~ **picture**〖映〗添えもの映画.
◇ **pró·gram(m)ed** [-d] *a.* プログラムによる: *program(m)ed* learning プログラム学習. **pró·gram·mer** *n.* **1**〖米〗《映画·ラジオなどの》番組作成者. **2**〖電算機〗プログラマー. **pró·gram·(m)ing** *n.* プログラム作成;〖電算機〗プログラミング.
prò·gram·mát·ic [pròugrəmǽtik] *a.* **1** 一定の計画〔政策〕に従う, 順を追った. **2**〖楽〗標題音楽の.
‡**próg·ress**[1] [prágres, próu-, -gris/próu-] *n.* **1** 前進, 進行. **2 進歩**, 発達, 進捗(しんちょく), 上達; 普及: the ~ *of* a student *in* his studies 学生の勉強の進歩. **3** 経過, 成り行き. **4**〖古〗《王侯貴人の》巡幸, 巡視: royal ~ 行幸〔啓〕. ***in ~*** 進行中. ***make ~*** 前進する, はかどる, 進歩〔上達〕する.
‡**pro·gréss**[2] [prəgrés, pro-] *vi.* **1 前進する**, はかどる: ~ *towards* health 健康に向かう. **2 進歩する**, 発達する: ~ *in* knowledge 知識が増す.
—— *vt.* 前進〔進捗〕させる. ↔ retrogress.
[√grad-] 類 → **advance**「前進する」
pro·grés·sion [prəgréʃ(ə)n, pro-] *n.* **1** 前進, 進行: modes of ~ 進み方《歩く, はうなど》. **2**〖数〗数列;〖楽〗進行;〖天〗《惑星の》順行運動. **3**〖稀〗進歩, 発達. ***arithmetical ~***〖数〗算術〔等差〕数列. ***geometrical ~***〖数〗幾何〔等比〕数列. ***harmonic ~***〖数〗調和数列. ***in geometrical ~***〖話〗幾何数列的に, 加速度的に, どんどん. ***in ~*** 順次. ◇ **~·al** *a.* **~·ism** *n.* 社会進歩論, 進歩主義. **~·ist** *n.* 進歩論者, 進歩党員.
‡**pro·grés·sive** [prəgrésiv, pro-] *a.* **1** (絶えず) 前進する: make a ~ advance 前進する. ↔ retrogressive. **2 進歩的**; 進歩主義の; (P~) 進歩党の: a ~ nation 進取的な国民. **3** 漸進的; 累進的: ~ taxation 累進課税. **4**〖医〗進行性の: a ~ disease. **5**〖文〗進行形の.
—— *n.* 進歩主義〔論〕者; (P~) 進歩党(員).
~ **assimilation**〖言〗順行同化. ~ **form**〖文〗進行形. → 枠付 Progressive Form (pp. 1024–1025). ~ **paralysis** 進行性まひ. **P~ Party, the**〖米〗進歩党《(1)1912年 Theodore Roosevelt, (2) 1924年 Robert M. La Follette, (3) 1948年 Henry A. Wallace の結成した第3党》. ~ **whist** トランプ遊びの一種《競技者を数組みに分け, 一勝負ごとに組み替えする》.
◇ **~·ly** *ad.* しだいに. **~·ness** *n.* **-siv·ism** *n.* 進歩主義, 革新論. 類 → **liberal**「進歩的な」
‡**pro·híb·it** [prohíbit, prə-] *vt.* **1 禁止する**: Smoking is ~*ed*. 喫煙禁止. **2** に禁止する《…することを *from* (do)*ing*》: Students are ~*ed from* smok*ing* inside school. 学生は校内の喫煙を禁じられている. **3** 妨げる, に支障をきたす: Snow ~*ed* us *from* going. 雪でわれわれは行けなかった. ***~ed degrees*** 結婚禁止の親等《1, 2, 3 親等》.
[√hab-] ◇ **-i·tor** [-ər] *n.* 禁止者.
‡**prò·hi·bí·tion** [pròuibíʃ(ə)n, pròuhi-] *n.* **禁止**, 禁制; 禁令;〖米〗酒類の製造販売禁止.
~ **law**〖米〗禁酒法. **P~ Party, the**〖米〗禁酒党《1869年結党》. ~ **state** 禁酒州.
◇ **~·ism** *n.* 酒類製造販売禁止主義. **~·ist** *n.* **1** (酒類製造販売の) 禁止論者. **2** (P~)〖米〗禁酒党員.
pro·híb·i·tive [prohíbitiv, prə-] *a.* 禁止〔禁制〕の, 禁止同様な. ~ **price** 禁止的価格《手が出せないほどの高値》. ~ **tax** 禁止的重税. ◇ **~·ly** *ad.*
pro·híb·i·to·ry [-híbitɔ̀:ri/-t(ə)ri] =prohibitive.
‡**pro·jéct**[1] [prədʒékt, pro-] *vt.* **1 立案する, 計画する**, 案出する, 設計する: ~ a new dam 新しいダムを計画〔設計〕する. **2 発射する**, 投げ出す: ~ a missile ミサイルを発射する. **3 投ずる**, の影を映す; 映写する;〖数〗投影する: ~ a picture on a screen スクリーンに絵を映す. **4** のイメージを与える, 理解させる, <観念を> 広める: Do the BBC Overseas Services adequately ~ Great Britain? BBC 海外放送はイギリスの正しい姿を紹介しているか. **5** 心に描く, 想像する. **6** 予測する《と *that*》, <未来·費用などを> 計量する. **7** 突き出す, 張り出させる. **8**〖劇〗

〈声・演技を〉強調して観客に訴える. **9**〔化〕投入する《に *into, on*》. —— *vi.* **1** 突き出る, 張り出す: ～ far into the sea 海の中にずっと突き出ている. **2** 自分の思想・感情をはっきり〔強力に〕伝える. **3**〔心〕自分の感情を他に転嫁する.
～ one*self* (1)《頭のなかで》自分の身を…に置いてみる: ～ one*self* into the past 過去の自分を心に描いてみる. (2)〔霊媒術〕姿を見せる《に *to*》. [√jac-[1]]

‡**prój·ect**[2] [prádʒekt, -dʒikt/prɔ́dʒ-] *n.* **1** 案, 計画, 設計; 予定, もくろみ: carry out a ～ 計画を実施する. **2** 計画事業; 住宅団地 (= housing ～). **3**〔米〕研究計画〔課題〕;〔教〕自習課題.
draw up [*form*] *a* ～ 計画をたてる. *engineering* ～ 土木計画. *home* ～ 家庭実習. [√jac-[1]]
～ **method** 構案教授法《課題を与えて生徒に自主的な学習を行なわせる》. 〔類〕→ **plan**「計画」

pro·jéc·tile [prədʒékt(i)l, pro-/prɔ́dʒiktail] *n.* 投射物;〔軍〕発射体, 弾丸. —— [prədʒékt(i)l/-tail] *a.* **1** 発射する, 投射する: a ～ missile [weapon] 飛び道具. **2** 推進する: ～ force 推進力. [√jac-[1]]

pro·jéct·ing [prədʒéktiŋ, pro-] *a.* 突き出た, 出っ張った. ～ **eye** 出目. ～ **teeth** 出っ歯.

pro·jéc·tion [prədʒékʃ(ə)n, pro-] *n.* **1** 投射, 発射, 射出. **2**〔物〕投影, 射影;〔映〕映写. **3** 突出(部), 突起(物). **4** 計画, 設計, くふう. **5** 推計. **6**〔数〕投影画(法), 平面図法. **7**〔心〕主観の客観化. **8**〔錬金術〕卑金属から貴金属への質転換.
～ **booth**〔米〕映写室. ～ **machine** 映写機.
～ **test** 投影法検査, ロールシャッハ テスト《ドイツの心理学者 Hermann Rorschach [rɔ́ːrʃɑːk] が考案した人間の感情・欲望の相違を知るためのテスト》.
◇ ～**·ist** *n.*〔米〕映写技師; テレビ技師.

pro·jéc·tive [prədʒéktiv, pro-] *a.* 射影の, 投影の: a ～ figure《幾何の》投影図. ◇ ～**·ly** *ad.*

文法要説 …(23)

Progressive Form (進行形)

動詞の "be＋現在分詞" の形を進行形 (progressive form) と称し, 種々の時制をとって**現在進行形** (present progressive form), **過去進行形** (past progressive form), **未来進行形** (future progressive form) などをつくる. 能動形を動詞 work を例として, 受動形を動詞 build を例として, 進行形の時制を表にして示すと, 次のようになる.

	能　動　態	受　動　態
現在進行形	He *is* work*ing*.	The house *is being* built.
現在完了進行形	He *has been* work*ing*.	――――*
過去進行形	He *was* work*ing*.	The house *was being* built.
過去完了進行形	He *had been* work*ing*.	――――*
未来進行形	He *will be* work*ing*.	The house *will be being* built.
未来完了進行形	He *will have been* work*ing*.	――――*

* 空欄の進行形は実際には用いられない.

〈注〉The book is interesting. (この本はおもしろい) では, 確かに "be＋-ing" の形になっているが, これは動詞 interest の進行形とはみなされない. その理由は (1) The book is *very* interesting. のように interesting を very が修飾しうるのであって, very が修飾するのは動詞ではなく形容詞と考えられる; (2)「私に(は)おもしろい」は The book is interesting *to me.* となり, interest は本来他動詞であるのに interesting me と目的語をとらず, この interesting は形容詞であって, to me という副詞句に修飾されているのである.

1) 現在進行形の用法・意味

動詞のあらわす行為 (まれには状態) が既に始まっていて, 目下展開中であり, 未来にも継続することを示すのであるが, 特にその展開中というところに力点を置く. そこから, 幾つかの派生的意味が生じる.

a) 動作が進行継続

He is reading. と He reads. とを比較すると, 前者は「現在本を読んでいる」という進行中の事実を意味し, 後者は「本を(平生)読む」という習慣をあらわして, 必ずしもいま読んでいるということを意味しない.

b) 生き生きとした表現

上の説明は You are looking fine. と You look fine. (元気そうだね) については, 必ずしも当てはまらない. 二つの文はともに「現在元気そうに見える」ことを意味するからである. ここでは意味上の差異はわずかであって, ただ進行形の方が生き生きとした表現である.

c) 孤立的と習慣的

He reads. は習慣的行為をあらわすに対し, He is reading. は眼前の事実をあらわすから, これは必ずしも習慣を示さず, むしろ眼前の孤立的事実を述べていることが多い. したがって, He writes poetry. は「詩を書く, 詩人である」の意味であるに対し, He is writing poetry. は,「目下詩を書いている」というだけで, 必ずしも詩人ではなく, 一時的に詩を書いているという意を含みうる.

〈注[1]〉進行形を使っても always, constantly, incessantly, forever など「いつも, 絶えず」の意の副詞を伴えば「一時的」の意味ではなくなる. それは「いつ見ても…している」といった感じで, かえって, 繰り返して行なわれる動作を示し, 進行形は叙述に生気を添える: He is always complaining [smiling]. いつも不平をこぼしている [にこにこしている].

〈注[2]〉進行形には「一時的」の意味を含むことがあるから I am living in ... は「目下のところ一時的に住んでいる」の意で, I live in ...「私の住所〔家〕は…です」と対照することがある. 動詞 be は通常進行形には使われないが, この含みで用いられることがある: She *is being* happy. いまのところ幸福でいます. He *is being* a poet! 彼詩人的気分になっているよ.

d) 近い未来を示す

come, arrive, go, leave, depart など往来・発着を示す動詞の現在進行形は「近い未来」ないしは「確実な予定」をあらわすことが多い (多くは未来を示す副詞を伴う): *Is* Charlie *going*, too? チャーリーも行きますか. They *are coming* later. 彼らはあとから来ます. Mary *is leaving* tomorrow for Europe. メアリはあすヨーロッパ旅行に出発する予定です. What time *are* you *starting*? 何時にお立ちですか.

e) be going to (do)

go の進行形は, あとに "to 不定詞" を伴って,「近い将来」もしくは「予定」をあらわすのにひんぱんに用いられる: It's *going to* rain. 雨が降ってきそうだ. I'*m going* to invite Helen. (近いうちに) ヘレンを招待しよう. *Is* Bess *going to* have a baby? ベスに赤ちゃんができるの?

be going to は will, shall とおなじように「未来」の助動詞として用いられるといってよく, この助動詞化の結果 He *shall* not do such a thing. (彼にそんなことはさせないぞ) も He *is* not *going to* do such a thing. といい, I am *going* to *go* there. という言い方も I'll go there. の意味で許される. また be going to は「予定」の意味を含めば「遠い未来」についてもいえるようになった: What *are* you *going to* be when you grow up? 大きくなったらなんになるの.

〈付記〉 **進行形にならない動詞**:「継続・状態」や「知覚・心理状態」をあらわす動詞が本来の意味で使われたばあいには原則として進行形をもたない: resemble, have (ただし I'm having a good time. 楽しい思いをしています), belong, contain, seem, appear, see (ただし, I'm seeing her tomorrow. あす彼女に会います), hear, smell, taste, feel (ただし, Are you feeling better? 気分はよくなりましたか), know, believe, think, love, hate, remember, want, hope.

2) 現在完了進行形

完了形であるから現在進行中ということには意味の中心はないことは当然で, 過去から現在まで継続してきたこと, 繰り返して行なわれたことを示す(単なる現在完了に比べて生気のある表現): It *has been raining* since last night. 昨夜からずっと降りつづけている〔降りつづけてきました〕. I *have been coming* here regularly since 1958. 私は 1958 年から規則的に当地を(繰り返し)訪れています〔訪れてきました〕.

〈注〉 現在行為が完了していても, これから継続してもいい: I *have been waiting* for the bus for twenty minutes. 20 分前からバスを待ってるんです〔待ってました〕《バスがまだ姿を見せていないばあいでも, バスがようやく到着してからでも, この文は用いられる》.

3) 過去進行形

現在進行形を過去に移したもので, 過去のある時における動作・状態の進行・継続などをあらわす: I *was reading* a novel when you came. きみが来たときに私は小説を読んでいた. It *was* still *raining* at seven o'clock this morning. けさ 7 時にはまだ雨が降っていた.

4) 過去完了進行形

過去のある時以前に始まった動作・状態が, その過去の時まで継続したこと, 継続中であったことを明らかにあらわす: I *had been waiting* about an hour when he came. 私は, 彼が来たときまでに 1 時間も待った; 私が 1 時間も待ってから彼が来た.

5) 未来進行形

未来のある時に動作・状態の進行中のことをあらわす: About this time tomorrow I *shall be flying* en route for Hawaii. あすのいまごろは私はハワイに向かって飛んでいるだろう. He *will be reading* the novel this evening. 彼は今晩は小説を読んでいるだろう.

6) 未来完了進行形

未来のある時まで動作・状態が継続したことになるか, その時にまだ継続中であることをあらわす: It *will have been raining* for three days on end if it does not stop tomorrow. もしあすやまなければ 3 日間続けざまに雨が降っていることになる.

7) 受動態進行形

受動態進行形はほぼ現在形と過去形だけに限られる: Preparations *are* just now *being* completed. 準備はちょうどいま仕上がりつつある. The cat *was being* chased. ネコは追いかけられていた.

〈注〉 受動態進行形は 19 世紀の初めになって使われはじめたもので, それまで「観念的受動態 (notional passive)」といって 'be + 現在分詞' が使われていたが, いまでもそのなごりは多い: The house *is building* (= being built). 家は建築中である. The book *is* now *printing* (= being printed). 本は目下印刷中である. Corn *is selling* well (= being sold well). 穀物はよく売れている.

pro·jéc·tor [prədʒéktər, pro-] *n.* **1** 計画者, 設計者; 山師的会社の創立者. **2** 投射器, 投光器. **3** 映写機; 映写技師. ***flame* ～**〘軍〙火炎放射器.

pro·lác·tin [prolǽktin] *n.*〘生化〙プロラクチン《ほ乳動物の乳分泌を調節する前脳下垂体ホルモン》.

pró·lan [próulæn] *n.*〘生化〙プロラン《妊婦の尿に多く含まれる生殖腺(せん)ホルモン》.

pro·lápse [proulǽps/⊥－] *n.* ＝prolapsus. —— *vi.*〘医〙〈子宮・直腸が〉脱垂する, 脱出する.

pro·láp·sus [prolǽpsəs] *n.*〘医〙(子宮・直腸の) 脱出, 脱垂. [<L.]

pró·late [próuleit, －⊥] *a.* **1**〘数〙偏長の. →oblate². **2** (幅の) 延びた, 広がった. **3**〘文〙＝prolative.

pro·lá·tive [proléitiv] *a.*〘文〙叙述補助の. **～ infinitive** 叙述補助不定詞《must go, willing to go の go, to go などのように(助)動詞・形容詞と結んで叙述を拡充または完成する》.

prole [proul] *n.*〘おもに英〙＝proletarian.

prò·le·góm·e·na [pròuligámịnə/-gɔ́mị-] *n. pl.* (*sing.* **-non** [-nàn/-nən]) (通例 *pl.*) 序説, 緒論.

prò·le·góm·e·nous [pròuligámịnəs/-gɔ́m-] *a.* 序説の, 緒言の; 長い前置きのある.

pro·lép·sis [prolépsis] *n.* (*pl.* **-ses** [-si:z]) **1**〘修〙予弁法《反対論を予期して前もって反駁(はんばく)しておく法》. **2**〘文〙予期的賓辞法《後に起こることを予想して形容詞を限定詞として用いる法: So these two brothers and their *murdered* man rode past fair Florence. こうしてふたりの兄弟と彼らが (後に) 殺した男は美しいフィレンツェを過ぎて行った》. **3** 記時錯誤《年代などを実際より早めに誤記すること》. →prochronism. **4**〘医〙(漸進的) 早期再発.

◇ **-tic** [-tik] *a.*

prò·le·tár·i·an [pròulətέ(:)riən/-tέər-] *a.* プロレタリアの, 無産階級の. —— *n.* プロレタリア, 無産 (階級) 者. [√prol-]

prò·le·tár·i·at(e) [pròulətέ(:)riət/-tέər-] *n.* **1** プロレタリア〔無産, 労働〕階級. → *bourgeoisie.* **2**〘ローマ史〙最下層社会.

pró·le·tar·y [próulịtèri/-təri] ＝proletarian.

pro·lét·cult [prolétkʌlt] *n.* 無産階級教育; (P～)〘ソ連〙プロレタリア芸術代表機関.

pró·li·cide [próulịsàid] *n.* 嬰児(えいじ)〔胎児〕殺し.

pro·líf·er·ate [prolífərèit] *vt., vi.* **1** 増殖〔繁殖〕する. **2** 急増する. [√prol-]

◇ **pro·lìf·er·á·tion** [－⊥－réiʃ(ə)n] *n.*

pro·líf·ic [prəlífik] *a.* **1** 子をたくさん生む; 実をたくさん結ぶ. **2** 多産の, 《土地が》肥えた; 《作家が》多作の. **3** 《…に》富む, 《…が》多い《に, が *in*》. **4** 《…を》生む〔生じる〕, 《…の》原因となる《を, の *of*》. [√prol- + √fac-] ◇ **-i·cal·ly** *ad.* 豊富に.

pro·líf·i·ca·cy [prəlífikəsi] *n.* 出産〔生産〕力; 多産; 豊富.

pro·líx [prolíks, próuliks] *a.* 長たらしい, くどい, 冗長な: ～ speech 長広舌. [√liqu-]

◇ **～·ly** *ad.* **pro·líx·i·ty** [prolíksịti] *n.*

pro·lóc·u·tor [prolákjụtər/-lɔ́k-] *n.* **1** 議長; 司会者. **2** 《イギリス国教会牧師会議》下院議長.

pró·log·ize [próulɔ:gàiz, -lɑg-, -dʒàiz / -lɔ̣g-, -lɔdʒ-] ＝prologuize.

pró·logue, pró·log [próulɔ:g, -lɑg/-lɔg] *n.* **1** 序言, 序詞, 《劇の》前口上; 序幕. ↔ epilogue. **2** 前触れ, 序幕的事件〔行動〕《*to*》. **3** 前口上を述

べる俳優. —— *vt.* **1** の前口上を述べる, に序詞をつける. **2** の発端となる. [√log-]

pró·logu·ize [próulɔ:gàiz, -lɑg-/-lɔg-] *vi.* 序言を書く, 前口上を述べる.

‡**pro·lóng** [prəlɔ́:ŋ, pro-/-lɔ́ŋ] *vt.* **1 長くする,** 延長する: ～ a line. **2 長引かせる,** 延期する: a ～*ed* visit 長滞在. **3** 〈母音などを〉長く引いて発音する.

pro·lón·gate [prəlɔ́:ŋgeit, pro-/próulɔŋ-] = prolong.

prò·lon·gá·tion [pròulɔ:ŋgéiʃ(ə)n/-lɔŋ-] *n.* **1** 延長; 延期. **2** 延長された部分.

pro·lónge [prolándʒ/-lɔ́:ʒ] *n.* 〘軍〙 鉤(かぎ)つきなわ.

pro·lú·sion [prolú:ʒ(ə)n/-ljú:-] *n.* **1** 前座, 序幕, 序楽, 前口上, 試演. **2** 序説. [√lud-]

prom [prɑm/prɔm] *n.* 〘話〙 **1** 〘英〙 = promenade concert. **2** 〘米〙《大学などの》舞踏会.

***pròm·e·náde** [prɑ̀minéid, -ná:d/prɔ̀miná:d] *n.* **1** 散歩, 遊歩; 騎乗, 遊乗; 行列. **2** プロムナード, 遊歩〔散歩〕場. **3** 〘米〙《大学などの》舞踏会 (＝prom). **4** 〘米〙 舞踏会開始の際の全員の行進. —— *vi.* 散歩〔遊歩〕する; 練り歩く, 見せびらかしに歩く; 車〔馬〕をかる. —— *vt.* **1** を散歩する. **2** 〈人を〉散歩させる; 〈美人などを〉見せびらかしに連れ歩く. **～ concert** プロムナードコンサート, 野外音楽会《演奏中聴衆が遊歩する》. **～ deck** 《客船の》遊歩甲板.

Pro·mé·the·an [prəmí:θiən, -θjən] *a.* Prometheus の(ような).

Pro·mé·theus [prəmí:θjəs, -θju:s] *n.* 〘ギ神〙 プロメテウス《Zeus を無視して天上から火を盗み人類に与えたため, 岩に縛られて生きながらハゲワシに肝臓を食われた》.

pro·mé·thi·um [-θiəm] *n.* 〘化〙 プロメチウム《希土類元素. 旧名 illinium. 記号 Pm》.

próm·i·nence [prɑ́minəns/prɔ́m-], **-nen·cy** [-i] *n.* **1** 卓越, 傑出, 顕著, 目だつこと, 著名: a man of ～ 名士. **2** 突起, 突出; 突出物, 目だつ場所〔物〕. **3** 〘天〙《太陽の》紅炎. **4** 〘言〙 卓立の強調, プロミネンス.

‡**próm·i·nent** [prɑ́minənt/prɔ́m-] *a.* **1 目だつ,** きわだつ, 顕著な. **2 著名な,** 傑出した, 卓越した: a ～ writer 有名な作家. **3** 突起した, 突き出た: ～ eyes 出目. [√min-²] ◇ **～·ly** *ad.*

pròm·is·cú·i·ty [prɑ̀miskjú:iti, pròum-/prɔ̀m-] *n.* **1** 乱雑, 混乱(状態). **2** ごたまぜ. **3** 風紀紊乱(びんらん); 乱交, 雑婚.

pro·mís·cu·ous [prəmískjuəs] *a.* **1** ごたまぜの, 乱雑な: in a ～ heap ごちゃごちゃ山積みになって. **2** 無差別の, 区別のない: ～ bathing 男女混浴. **3** 《男女間で》風紀の乱れた, 乱交の: ～ marriage 雑婚. **4** だれかれの差別のない, 行き当たりばったりの: ～ friendship 相手構わずのつきあい. ***in a ～ manner*** なんの見境もなく, 手当たりしだいに. [√misc-] ◇ **～·ly** *ad.* **～·ness** *n.*

†**próm·ise** [prɑ́mis/prɔ́m-] *n.* **1 約束, 契約:** be under a ～ to keep the secret 秘密を守ると誓っている. **2** 約束した事〔物〕. **3** (成功の) 期待, 望み, 見込み: a youth of great ～ 前途有為の青年. There is not much ～ of good weather. 天気がよくなる見込みは薄い.

A ～ is a ～. 約束は約束《破れない》. ***be full of ～*** 大いに有望である. ***express*** 〔***implied***〕 **～** 明示契約〔黙約〕. ***give*** 〔***make***〕 ***a ～*** 約束する. ***give*** 〔***afford***〕 ***～ of*** の見込みがある. ***keep*** 〔***break***〕 **one's ～** 約束を守る〔破る〕. ***on the ～ that …*** …という約束で. ***the Land of P～*** 〘聖〙 約束の地 (Canaan)《創世記12:7》; 理想の地〔状態〕.

—— *vt.* **1 約束する,** 約定する《*to* (do); *that…*》; 与える約束をする: I ～ (you) *to* come. = I ～ (you) (*that*) I will come. 来ることを約束する. ～ a donation 寄付を(すると)約束する. ～ a person a thing = ～ a thing to a person 人に物を与えると約束する. **2** …を期待させる: The clouds ～ rain. この雲では雨になりそうだ. **3** の見込み〔望み〕がある, …しそうだ《*to* (do)》. **4** 〘話〙《第一人称のみ》断言する, 請け合う: You will succeed in it, I ～ you. あなたはきっと成功しますよ.

—— *vi.* 約束する; 見込みがある: It ～*s* for another fine day tomorrow. あしたもまた天気らしい. ***as ～d*** 約束どおりに. ***be ～d to*** の婚約者である. **～ one*self*** 心に期する, 心待ちする. ***～ well*** 有望である; 豊年らしい. ***the P～d Land*** = the Land of P～. [√mit(t)-]

◇ **pròm·is·ée** [prɑ̀misí:/prɔ̀m-] *n.* 〘法〙 受約者. **próm·is·er** *n.* 約束者. **próm·i·sor** [-ər] *n.* 〘法〙 契約者.

〔類義語〕 約束: **promise** 最も一般的な語. 特定の人が特定の人に行なう約束のほか, 「前途の見込み」という意の「約束」もある: give a *promise* of help 援助の約束をする. a lad full of *promise* 将来を約束された青年. **engagement** 正式に通告され, その履行を義務と考えられた約束. したがってばく然たる(口頭の)約束ははいらない → 婚約. **assurance** 請け合い, 保証. 口頭によるばあいが多く, したがって破られる可能性もある. **contract** 文書で正式に取りかわされた契約で法律による強制力をもつばあいが多い. **pledge, vow** 誓約. pledge は自分の名誉などをかけて, vow は神にかけて誓う.

‡**próm·is·ing** [prɑ́misiŋ/prɔ́m-] *a.* **見込みのある,** 有望な, 末頼もしい: a ～ youth 有望な青年. The weather is ～. 晴れそうだ. ***in a ～ state*** 〔***way***〕 見込みのある状態で; 快方に向かって; 妊娠して. ◇ **～·ly** *ad.*

próm·is·so·ry [prɑ́misò:ri/prɔ́misəri] *a.* **1** 約束の, 約束する. **2** 〘商〙 支払いを約束する. **～ note** 〘商〙 約束手形.

próm·on·to·ry [prɑ́məntò:ri/-t(ə)ri] *n.* **1** みさき. **2** 〘医〙 隆起, 突起. ◇ **-ried** *a.* みさきのある; 突起のある.

‡**pro·móte** [prəmóut] *vt.* **1 進展させる, 進捗(しんちょく)させる,** 助長する, 奨励する: ～ world peace 世界平和を促進する. **2** 進級〔昇進〕させる: be ～*d* (to be) captain = be ～*d* to captaincy 〔to the rank of captain〕 大尉に進級する. ↔ demote. **3** 〈会社などの〉設立を発起する; 〈法案の〉通過に努力する. **4** 〈騒動などを〉引き起こす, 扇動する. **5** 〘米〙〈商品の〉販売を宣伝して促進する. **6** 〘チェス〙〈歩(ふ)を〉成らせる《queen に》. **7** 〘俗〙 盗む, 「あっためる」. [pro- + √mo(u)- 前へ + 動かす]

pro·mót·er [-ər] *n.* **1** 促進者〔物〕, 助長者, 支持者, 奨励者. **2** 《株式会社の》創立者; 発起人, プロモーター. **3** 扇動者, 張本人.

‡**pro·mó·tion** [prəmóuʃ(ə)n] *n.* **1 促進, 助長,** 振興, 奨励: the ～ of learning 学問の奨励. **2** 進級, 昇進: be given a ～ 昇進する. **3** 発起, 首唱: the ～ of a new company 新会社の創立. **4** 《商品の》宣伝; 宣伝資料〔印刷物〕. **5** 〘チェス〙 歩(ふ)が queen に成ること. ***be on*** **one's ～** 欠員ありしだい昇進することになっている; 昇進を当てにしている. ***get*** **one's ～** 昇進する. **～ expenses** 〘商〙 創業費. ◇ **～·al** [-ʃən(ə)l] *a.*

pro·mó·tive [-móutiv] *a.* 増進する, 助長する, 奨励する. ◇ **～·ness** *n.*

‡**prompt** [prɑmpt/prɔmpt] *a.* **1 敏速な,** 機敏な; 即座の: a ～ reply 即答. **2** 直ちに〔喜んで〕…する《*to* (do)》: They were ～ *to* volunteer. 彼らは直ちに志願した. **3** 〘商〙 即時払いの: a ～ note 即時払い手形. ～ cash 即金.

—— *n.* **1** 〘商〙《延べ取引の》支払期日; 期限付き契約. **2** 《俳優がせりふを忘れたときの》せりふづけ, 後見; 助言. **3** 刺激するもの, 促すもの.

—— *vt.* **1** 刺激する, 励ます《へ *to*; *to* (do)》: ～*ed*

by the whim of the moment その場のでき心に誘われて. **2** 〈行動を〉促す, 誘発する. **3** 〈感情などを〉呼び起こす. **4** 〈人に〉言うべきことばを暗示する〔教える〕. **5** 〖劇〗 に せりふをつける, 後見する.
—— *ad.* 〖話〗 きっかりと. [√pro- + √em-]
~·book [́ ̀] 後見用の台本. **~ box** 《舞台の》後見の隠れている席. **~ side** 後見のいるがわ《舞台に向かって左手. 略 p.s.》.
◇ **~·er** *n.* **1** 激励者, 鼓舞者. **2** 〖劇〗《俳優の》後見, プロンプター. **~·ing** *n.* 刺激, 激励, 鼓舞; 暗示; 〖劇〗 後見, せりふづけ. **~·ness** *n.*
(類) → **quick**「敏速な」

prómp·ti·tude [prámptit(j)ù:d/prɔ́mptitju:d] *n.* 敏速, 機敏.

‡**prómpt·ly** [prámptli/prɔ́mpt-] *ad.* **1** 敏速に, 機敏に. **2** 即座に, たちどころに.

próm·ul·gate [prámәlgèit, promʌ́lgeit/prɔ́m(ә)l-geit] *vt.* **1** 〈法令などを〉発布〔公布〕する, 発表する. **2** 〈教義などを〉広める, 宣伝する. **3** 〈秘密などを〉ぶちまける. ◇ **-ga·tor** [-әr] *n.*

prò·mul·gá·tion [pràmʌlgéiʃ(ә)n, pròum-/prɔ̀mәl-] *n.* 発布, 公表, 普及, 宣伝.

pron. pronominal; pronoun; pronounced; pronunciation. 「転 (作用).

pro·ná·tion [pronéiʃ(ә)n] *n.* 〖生理〗《手足の》内

pro·ná·tor [pronéitәr] *n.* 〖医〗 回内筋.

prone [proun] *a.* **1** うつむいた, 平伏した. **2** …しやすい 《*to* (do)》; 《…への》傾向のある 《への *to*》: be ~ *to* err [error] まちがいを起こしがちである. **3** 下り坂の, 急傾斜の. ***fall*** [***lie***] ~ うつむいて倒れる〔平伏する〕. **~ bombing** 〖米〗 急降下爆撃.
◇ **~·ly** *ad.* **~·ness** *n.*

prong [prɔ:ŋ/prɔŋ] *n.* **1** とがった先〔物〕. **2** 《フォーク・くま手などの》 また; フォーク, くま手, 干し草かき. **3** 《シカの角などの》 枝. —— *vt.* 《フォークなどで》 突く, 刺す; 《くま手などで》 かく; 〈土などを〉掘り返す.
~·horn [́ ̀] 〖動〗《北アメリカ西部高原産の》エダヅノカモシカ (= ~horn antelope). ◇ **~ed** [-d] *a.* またのある: a three-~*ed* fork 三つまたフォーク.

pro·nóm·i·nal [prәnámin(ә)l, pro-/-nóm-] *a.* 〖文〗 代名詞 (的) の: a ~ adjective 代名詞的形容詞. ◇ **~·ly** *ad.* 代名詞的に, 代名詞として.

‡**pró·noun** [próunaun] *n.* 〖文〗 **代名詞**. ***adjective*** ~ 形容代名詞. ***demonstrative*** ~ 指示代名詞. ***indefinite*** ~ 不定代名詞. ***interrogative*** ~ 疑問代名詞. ***personal*** ~ 人称代名詞. ***possessive*** ~ 所有代名詞. ***relative*** ~ 関係代名詞.

‡**pro·nóunce** [prәnáuns] *vt.* **1 発音する**, 声を出して読む: The 'b' in 'doubt' is not ~*d*. doubt の b は発音されない. **2** 〈語句の〉発音を示す: Every word in this dictionary is ~*d*. この辞書では, どの語にも発音を示してある. → 名詞 pronunciation. **3 申し渡す**, 宣告する: ~ a sentence 判決をくだす. The doctors ~*d* him to be out of danger. 医者は彼が危機を脱したとはっきり言った. **4 断言する**; 申し述べる: He ~*d* himself in favor of the plan. 彼は計画に賛成だと言った.
—— *vi.* **1** 発音する: ~ clearly. **2** 意見を表明する, 判断をくだす 《について *on, upon*》: ~ *on* a proposal 提案に対して意見を述べる.
~ ***a curse on*** [***upon***] …にのろいをかける. ~ ***against*** [***for, in favor of***] に反対〔賛成〕する, に不利〔有利〕な判決をくだす. ~ ***sentence of death on*** [***upon***] に死刑を宣する. [√nunti-]
◇ **~·a·ble** *a.* 発音できる; 断言できる. **~·ment** *n.* **1** 宣言, 公告, 発表. **2** 決定, 判決. **3** 意見, 見解.

pro·nóunced [prәnáunst] *a.* **1** 著しい, 明白な, はっきりした. **2** きっぱりした, 決然たる, 断固とした.
◇ **pro·nóunc·ed·ly** [-náunsidli, -stli] *ad.*

pro·nóunc·ing [prәnáunsiŋ] *n.* **1** 発音 (すること). **2** 宣言, 発表. —— *a.* 発音の; 発音を示した: a ~ dictionary 発音辞典. 「そく.

prón·to [prántou/prɔ́n-] *ad.* 〖米俗〗 たちまち, さっ

pro·nùn·ci·a·mén·to [prәnʌ̀nsiәméntou, -nʌ̀nʃiә-] *n.* (*pl.* ~(**e**)**s**) 宣言書; 《特にスペイン系南アメリカ諸国の革命党の》 宣言.

‡**pro·nùn·ci·á·tion** [prәnʌ̀nsiéiʃ(ә)n, ㊇⁺-nʌ̀nʃi-] *n.* **発音**; 発音の仕方. → 動詞 pronounce.

‡**proof** [pru:f] *n.* (*pl.* ~**s**) **1 証明, 証拠**: be not susceptible of ~ 証明できない. **2** (*pl.*) 〖法〗 証拠書類, 証言. **3** 試験, 吟味; 〖数〗 検算; 試験所〔管〕: stand the ~ テストに合格する. **4** 〖印〗 校正刷り; 〖写〗 ためし焼き: pass the ~*s* for press 校了にする. **5** 試験済み (の状態); 耐力, 不貫通性. **6** 《酒の》 標準強度.
afford ~ ***of*** を証明できる. ***armor of*** ~ 不貫通の堅牢(けんろう)な甲冑(かっちゅう). ***author's*** ~ 著者校正刷り. ***bring*** [***put***] ***to the*** ~ ためす. ***give*** ~ ***of*** [***that***] を〔ことを〕証明する. ***have*** ~ ***of shot*** 矢玉を通さない. ***in*** ~ ***of*** の証拠に. ***make*** ~ ***of*** (であること) を証明する; をためしてみる. ~ ***positive of*** の確証. ***read*** [***revise***] ***the*** ~(***s***) 校正する. ***The*** ~ ***of the pudding is in the eating.*** 〖ことわざ〗 論より証拠.
—— *a.* **1** 検査済みの, 保証つきの. **2** 《火・弾丸などを》 通さない, 《…に》 耐える 《に *against, to*》: ~ *against* temptation 誘惑に負けない. 〈注〉しばしば合成形容詞をつくる: water-*proof* 防水の. bullet-*proof* 防弾の. **3** 校正刷りの. **4** 標準強度の; 標準純金〔銀〕片の.
—— *vt.* に耐久力を与える; 〈布などを〉防水加工する. [√prob-]
~·read [-ri:d] *vi., vt.* (**-read** [-rèd]) 校正する, (の) 校正刷りを読む. **~·rèad·er** 校正係. **~·rèad·ing** 校正. **~ sheet** 校正刷り. **~ spirit** 標準アルコール性飲料《アメリカでは50%, イギリスでは57%》.
◇ **~·less** *a.* 証拠のない, 証明されない.
(類義語) **証拠: proof** 《真実・正しさなどを》 証明するもの, 立証するもの: One who believes in you doesn't need any *proof* at all. きみを信じている者にとって証拠なんか不要だ. **evidence** 目に見える形で提出された信ずべき根拠: There is no *evidence* of corruption. 汚職の証拠はない. **demonstration** 具体的な形で示された証拠, 実証. **testimony** 「法廷における宣誓証言」→断言→証拠: His smile is *testimony* of joy. 彼の微笑は喜びを断言している→喜びの証拠である.

***prop**[1] [prɑp/prɔp] *n.* **1 支柱, つっかい棒**, 突っ張り. **2** 後援者, 支持者: the ~ and stay of the home 一家の大黒柱.
—— *v.* (**-pp-**) *vt.* **1** ささえる, につっかい棒をする 《*up*》: Use this chair to ~ the door open. このいすを立てかけてとびらが締まらないようにしなさい. **2** 寄り掛からせる: ~ the bicycle up against the wall 壁に自転車を立てかける. —— *vi.* 《馬などが前足を突っ張り》 ぴたっと止まる.
~ root 〖植〗 支柱根《トウモロコシなどの》. **~-word** [́ ̀] 〖文〗 次のような one の用法をいう: I want a dictionary. Give me a good *one*. 辞書が1冊ほしい. いいのをください.

prop[2] *n.* **1** 〖数〗 = proposition ⑤. **2** 〖劇〗 = property ⑤. **3** 〖空〗 = propeller.

prop. proper(ly); property; proposition; proprietary; proprietor.

‡**pròp·a·gán·da** [pràpәgǽndә/prɔ̀p-] *n.* **1 宣伝**, プロパガンダ, 宣伝活動; 宣伝内容: make ~ 宣伝する. **2** 宣伝機関〔団体〕: set up a ~ for の宣伝機関を設ける. **3** (the P~) 〖カトリック〗 布教院 (= the College [Congregation] of the P~).
make ~ ***for*** の宣伝をする. ***set up a*** ~ ***for*** の宣伝機関〔体制〕をつくる. [√pa(n)g-]
◇ **-dism** *n.* 宣伝 (事業); 伝道, 布教. **-dize** [-dàiz] *vt., vi.* 宣伝〔布教〕する.

pròp·a·gán·dist [-dist] *n.* 宣伝者; 伝道〔布教〕者. **——** *a.* 宣伝(者)の; 伝道(者)の.

próp·a·gate [prápəgèit/prɔ́p-] *vt.* **1** 繁殖させる, ふやす. **2** 普及させる, 宣伝する. **3** <音・光などを> 伝える, 伝播(でんぱ)する. **4** <性質などを> 遺伝させる. **——** *vi.* 繁殖する, 広まる, 普及する. [√pa(n)g-]

◇ **-ga·tive** [-iv] *a.* **-ga·tor** [-ər] *n.* **pròp·a·gá·tion** [⌐−géiʃ(ə)n] *n.*

pró·pane [próupein] *n.* 〘化〙 プロパン《メタン系炭化水素ガス》.

prò·par·óx·y·tone [pròupærάksitòun/-pərɔ́k-] *a., n.* 〘ギリシア文法〙 語尾から第3音節めに鋭アクセントのある(語).

pro pa·tri·a [prou-péitriə] L. (=for one's country) 祖国のために.

pro·pél [prəpél, pro-] *vt.* (**-ll-**) 推進する, 進ませる, 駆(か)る: be ~*led* by wind [steam] 風〔蒸気〕で進む. ~***ling power*** 推進力. [√pel(l)-]

pro·pél·lant [-ənt] *n.* **1** 推進させるもの. **2**《火器の》発射火薬;〘空〙《ロケットなどの》推進燃料.

pro·pél·lent [-ənt] *a.* 推進する. **——** *n.* = propellant.

‡pro·pél·ler [prəpélər, pro-] *n.* **プロペラ, 推進機**; 推進者.

pro·pén·si·ty [prəpénsiti] *n.* (生得の) 傾向, 性質, 性癖《*to, for*》: have a ~ *for* heavy drinking 大酒飲みの癖がある. [√pend-]

‡próp·er [prάpər/prɔ́pə] *a.* **1 適当な, 妥当な,** 至当な, 相応の《に *for*》: a ~ measure to take とるべき処置, 至当な処置. the ~ word ぴったり当てはまることば, 適言. Is this the ~ tool for the job? この道具はその仕事のためのですか? **2** 正しい, 正式の: a ~ way of skiing スキーの正しいすべり方. **3** 礼儀正しい, 品のよい: ~ behavior 礼儀正しい態度. 〈注〉以上の名詞は propriety. **4 固有の,** 特有の, 独特な《に *to*》: Suicide is ~ *to* mankind. 自殺は人間特有のものだ. **5**《通例名詞のあとに置いて》本来の, 厳格な意味での: France ~ フランス本土. music ~ 本来の音楽. **6**〘紋〙自然色の. **7** 個人〔個物〕に属する;〘文〙固有の: a ~ noun 固有名詞. **8**〘英話〙全くの: a ~ rogue ほんとうの悪党. in ~ rage かんかんに怒って. **9**〘古〙りっぱな; 姿形のよい. **10**〘古〙自分の.

as you think* ~** 適当に. ***do the ~ thing by a person (人) を正直に扱う. ***in the ~ sense of the word*** 語の本来の意味において. ***paint*** a person ***in his ~ colors*** (人を) ありのままに批評する. **~ *for the occasion*** 時宜にかなった.

~ motion 〘天〙固有運動.

(類義語) **適切な: proper** 本来そのものがもっている性質から, または社会の慣習からみて適切なこと: administer *proper* punishment 罪にいちばんふさわしい罰をくだす. **appropriate** ある特定な目的・状況からみて適切な: select an *appropriate* word その場にふさわしいことばを選ぶ. **pertinent, relevant** 現在の話題・目的などにかかわりのある, 無関係ではない. relevant の方がより論理的な関係が示唆される: a topic *relevant* to the subject matter 主題に関係のある話題.

(類) → **fit**「適当な」

prò·per·i·spó·me·non [pròuperispάminὰn, -spóum-, -nən/próupèrispóuminən] *a., n.* 〘ギリシア文法〙 語尾から第 2 音節めに曲折アクセントのある(語).

‡próp·er·ly [prάpərli/prɔ́p-] *ad.* **1** 当然に, 正当に: He very ~ refused. 彼は拒絶したが, 全く当たりまえだ. **2 きちんと,** 正しく, 正確に; しっかり: Do it ~ or not at all. しっかりやれ, でなきゃ全然手をつけるな. **3** りっぱに, 礼儀正しく: be ~ dressed きりりとした身なりをしている. **4 適当に,** 順当に, 円滑に, ほどよく. **5**〘話〙徹底的に;〘英話〙ひどく, うんと: He was ~ drunk. 彼は正体なく酔っていた.

~ *speaking* 正確に言えば; 本来.

próp·er·tied [prάpərtid/prɔ́p-] *a.* 財産のある: the ~ classes 有産階級.

‡próp·er·ty [prάpərti/prɔ́p-] *n.* **1**《集合的》**財産, 資産**: a man of ~ 財産家. **2** 所有物〔地〕: He has a small ~ in the country. いなかに小さな家屋敷をもっている. The news [secret] is common ~. その報道〔秘密〕はみんなが知っている. **3** 所有(権), 所有本能: *P*~ has its obligations. 所有権には義務が伴う; 所有するならするでりっぱに所有せねばならない. **4 固有性, 性質**;〘論〙属性: the chemical ~*ies* of iron 鉄の化学的諸性質. herbs with healing ~*ies* 薬効のある草. **5** 道具; (しばしば *pl.*)〘劇〙小道具;〘英〙小道具と衣装: a ~ gun 小道具の銃. ***personal*** [***real***] **~** 動〔不動〕産. ***private*** [***public***] **~** 私有〔公共〕財産. **~ *in copyright*** 版権所有.

~ animal 〘米〙映画・演劇用にならされた動物. **~ man** [**master**] 小道具方. **~ owner** 地主, 家作所有者. **~ room** 小道具〔衣装〕べや. **~ tax** 財産税. (類) → **quality**「性質」

***próph·e·cy** [prάfisi/prɔ́f-] *n.* **1** 予言; 予言能力. **2**〘聖〙預言書《イザヤ書・エレミヤ書など》.

próph·e·sy** [prάfisài/prɔ́f-] *vt., vi.* **1 予言する**; 予測する. **2**〘古〙<聖書を> 解説する. **~ *right 予言が的中する.

‡próph·et [prάfit/prɔ́f-] *n.* (*fem.* **~·ess** [-is]) **1** **予言者**. **2**《主義などの》代弁者, 主唱者. **3**〘俗〙《競馬の》予想屋. **4** (the P~) マホメット (Mohammed);《モルモン教の開祖》Joseph Smith, 1805–44; (the P~s)《旧約聖書の》預言者〔書〕.

Saul among the ~s 〘聖〙思いがけない資質〔才能〕をあらわした人《サムエル前書 10: 11》. ***the major ~s*** 四大預言者〔書〕《Isaiah, Jeremiah, Ezekiel, Daniel》. ***the minor ~s*** 十二小預言者〔書〕《旧約聖書 Hosea から Malachi まで》.

pro·phét·ic [prəfétik], **-i·cal** [-(ə)l] *a.* **1** 予言の, 予言的; 予言する《を *of*》. **2** 予言者の, 予言者的な. **3** 先見の明ある; 虫の知らせを感じる. ◇ **pro·phét·i·cal·ly** *ad.* 予言的に; 先見の明をもって.

prò·phy·lác·tic [pròufilǽktik, prὰf-/prɔ̀f-] *a.* 《病気を》予防する. **——** *n.* 予防薬; 予防法; 避妊用具.

prò·phy·láx·is [pròufilǽksis, prὰf-/prɔ̀f-] *n.* 〘医〙予防(法).

pro·pín·qui·ty [prəpíŋkwiti, ⊛⁺-pín-] *n.* **1**《時・場所・関係の》近いこと. **2** 近親(関係). **3** 類似, 近似.

pro·pí·ti·ate [prəpíʃièit] *vt.* なだめる, 和らげる; のきげんをとる.

◇ **-a·tive** [-iv] *a.* = propitiatory. **-a·tor** [-ər] *n.* 調停者. **pro·pì·ti·á·tion** [−⌐ʃiéiʃ(ə)n] *n.*

pro·pí·ti·a·to·ry [prəpíʃiətɔ̀:ri/-t(ə)ri] *a.* なだめる, 和らげる; きげんとりの; 和解の, 償いの.

pro·pí·tious [prəpíʃəs] *a.* **1**《特に神々が》好意を有する, 慈悲ぶかい. **2** さい先のよい, 吉兆の; 好つごうの《*for*; *to*》: ~ weather 順調な天候, 好天.

próp·jet [prάpdʒèt/prɔ́p-] *n.* 〘空〙噴射推進機関 (turbo-prop); ~式飛行機. **~ engine** ターボプロップ エンジン, 噴射推進式エンジン.

próp·man [prάpmæ̀n/prɔ́p-] = property man.

pro·pó·nent [prəpóunənt] *n.* **1** 提議〔提案〕者; 弁護者, 支持者. **2**〘法〙遺言検認を申し出る人.

‡pro·pór·tion [prəpɔ́:rʃ(ə)n, pro-/-pɔ́:ʃ-] *n.* **1** **割合, 比率**: the ~ of the expenditure *to* the income 収入に対する支出の割合. His earnings are out of all ~ to his skill and ability. 彼の収入はその能力につりあっていない. **2 調和,** つりあい, 均整: preserve the ~ 適当な均衡を保つ. **3**《一定割合の》部分; 割り前, 分け前: a large ~ of the earth's surface 地球表面の大きな部分. do one's ~ of the work 仕事の自分の割り当てをする. **4**《比喩的》**程度**; (*pl.*) **大きさ,** 広さ: a tower

of majestic ～*s* 壮大な塔.
direct (***inverse***) ～ 正〔反〕比例. ***in*** ～ ***to*** (***as***) に比例して. ***of fine*** ～***s*** 堂々とした. ***out of*** (***all***) ～ ***to*** と(全然)つりあいのとれない. ***simple*** (***compound***) ～ 単〔複〕比例.
—— *vt.* **1** つりあわせる, 調和〔比例〕させる《に *to*; と *with*》. **2** 割り当てる, 配当する. [＜pro-＋portion]
◇ ～**ed** *a.* つりあい〔比例〕のとれた; つりあいの…な: well-〔ill-〕～*ed* つりあいのとれた〔とれない〕. ～**·ment** *n.* 比例, つりあいのとれること; 調和, 均整.

pro·pór·tion·a·ble [prəpɔ́:rʃ(ə)nəbl, pro-/-pɔ́:ʃ-] *a.* つりあわされる, 比例した, つりあった《に *to*》.
◇ **-bly** *ad.*

pro·pór·tion·al [-ʃən(ə)l, -ʃnəl] *a.* **1**〘数〙比例の. **2** つりあった, 比例した《に *to*》: payment ～ *to* the work done 出来高に相当する支払い.
—— *n.*〘数〙比例項.
～ **number** 比例数. ～ **representation** 比例代表制《略 P.R.》. ◇ ～**·ly** *ad.*

pro·pór·tion·ate [-ʃ(ə)nit] *a.* 比例した, つりあった; 相応の: Profit is ～ *to* the amount spent. 利益は出費に準ずる. ◇ ～**·ly** *ad.*
—— [-ʃ(ə)nèit] *vt.* つりあわせる; 比例させる; 適応させる.

‡**pro·pós·al** [prəpóuz(ə)l, pro-] *n.* **1** 申し込み, 提案, 提議: a ～ *of* (*for*) peace 和平の提案. **2** 計画, 案. **3**《特に》結婚の申し込み: make a ～ 結婚の申し込みをする《に *to*》.

‡**pro·póse** [prəpóuz, pro-] *vt.* **1** 申し出る, 提案する, 提議する: I ～ an early start (*to* start early, *that* we (should) start early, start*ing* early). 早く出発することを提案する. **2** 企てる, もくろむ《*to* (do), (do)*ing*》. **3** 推薦する, 名ざす: ～ a person *as* chairman 人を議長に推す. ～ a person *for* membership 人を会員に推す. **4** 〈乾杯を〉提唱する.
—— *vi.* **1** 提案する, 発議する; 計画する: Man ～*s*, God disposes. ことを図るは人, 成敗を決めるは天. **2** 結婚を申し込む《に *to*》: Did he ～ *to* you?
→ 名詞 proposal, proposition.
～ ***the health*** (***toast***) ***of*** a person (人)のために乾杯を提唱する. ～ ***to*** one***self*** 企図する. [√pon-]
◇ **pro·pós·er** *n.* 申込人, 提案者.
(類義語) 提案する: **propose** 考慮・討議・採用してもらうように提案する: *propose* terms of peace 停戦条件を提案する. *propose* a friend for a club 友人をクラブに推薦する. **offer** 差し出す→意見・案などを提議する. give の堅苦しい表現としても用いられる: *offer* (＝give) an apology 言いわけをする. **suggest** 示唆する→…ではないか, …してはどうかと提言する. 丁寧な社交的な言い方: *suggest* a stroll after lunch 食事のあと散歩を提案する.

‡**pròp·o·sí·tion** [prɑ̀pəzíʃ(ə)n/prɔ̀p-] *n.* **1** 提案, 建議: make ～*s* of peace 講和を申し入れる. **2** 計画, プラン. **3** 陳述, 主張. **4**〘論〙命題;〘修〙主題. **5**〘数〙定理, 命題: a ～ in algebra 代数の定理. **6**〘米話〙企業, 事業: a paying ～ 引き合う仕事. **7**〘俗〙仕事, 事, 問題; 相手: He is a tough ～. 彼はやっかいな相手だ. **8**〘米話〙(悪事への)誘い, 誘惑. —— *vt.* **1** に提案する. **2** 〈女に〉「みだらな話を」持ちかける. ◇ ～**·al** *a.*

pro·póund [prəpáund] *vt.* **1** 提出する, 提議する. **2**〘法〙〈遺言状を〉提出する. [√pon-]

pro·práe·tor, pro·pré·tor [proprí:tər] *n.* 〘ローマ史〙地方長官《執政官(praetor)をつとめた人が任命された》.

pro·prí·e·tar·y [prəpráiətèri/-t(ə)ri] *a.* **1** 所有者の. **2** 財産のある. **3** 専有の, 専売(特許)の. **4**〘法〙所有権に基づく. —— *n.* **1**〘古〙所有者. **2**《集合的》所有者: the landed ～ 地主階級. **3** 所有権.
～ **article** 特許物件, 専売物. ～ **classes** 有産階級, 地主階級. ～ **colony**〘米史〙独占植民地. ～ **company** 親〔持株〕会社;〘英〙土地会社. ～ **insurance** 営業保険. ～ **medicine** 特許売薬. ～ **rights** 所有権.

pro·prí·e·tor [prəpráiətər] *n.* (*fem.* **-tress** [-tris]) **1** 持ち主, 所有者. **2** 経営者, 《店の》主人. ***landed*** ～ 地主. ◇ ～**·ship** *n.* 所有権.

pro·prì·e·tó·ri·al [prəpràiətó:riəl/-tɔ́:r-] *a.* 所有(権)の: ～ rights 所有権. ◇ ～**·ly** *ad.* 所有権により.

pro·prí·e·ty [prəpráiəti] *n.* **1** 適当〔適正〕であること, 妥当, 穏当; 適否. **2** 礼儀作法の正しいこと; (*pl.*) 礼儀, 礼節: breach of ～ 無作法. → 形容詞 proper. ***observe the*** ～***ies*** 礼儀作法に従う. ***with*** ～ 作法に従って; 正しく; 適宜に.

props [prɑps/prɔps] *n. pl.*〘俗: 劇〙《芝居の》小道具《イギリスでは衣装を含む》. [＜*prop*erties]

pro·púl·sion [prəpʌ́lʃ(ə)n] *n.* 前進, 推進; 推進力. →動詞 propel.

pro·púl·sive [prəpʌ́lsiv] *a.* 推進する, 推進力のある.

pròp·y·láe·um [prɑ̀pilí:əm/prɔ̀p-] *n.* (*pl.* **-láe·a** [-lí:ə]) 《古代ギリシア・ローマの神殿の》入り口. ***the Propylaea*** アテネの Acropolis の入り口.

pro ra·ta [prou-réitə/-rɑ́:tə] L. (＝in proportion) 比例して, 案分して.

pro·ráte [prouréit, ㊟⁺ˊ—] *vt., vi.*〘おもに米〙比例配分する, 割り当てる. ◇ **pro·rát·a·ble** *a.*

pro re na·ta [pròu-ri:-néitə] L. (＝as occasion may require) 臨時に;〘法〙必要に応じて.

pro·rógue [proróug, prə-] *vt.* 〈議会を〉停会する.
—— *vi.* 〈議会が〉停会になる.
◇ **prò·ro·gá·tion** [pròurəgéiʃ(ə)n] *n.*

pros. prosody.

pro·sá·ic [prozéiik] *a.* **1** 散文(体)の. **2** 散文的な, 平凡な, 単調な; 活気のない: a ～ life 単調な生活. a ～ speaker たいくつな話し手. ◇ **-i·cal·ly** *ad.*

pró·sa·ism [próuzeiiz(ə)m] *n.* 散文体, 散文的表現; 平凡さ, 無趣味.

pro·scé·ni·um [prosí:niəm] *n.* (*pl.* **-a** [-niə]) **1** 前舞台《幕の前部》. **2**〘古〙《古代ギリシア・ローマ劇場の》舞台.

pro·scríbe [proskráib] *vt.* **1** 〈人から〉法律の保護を奪う; 追放する. **2** 禁止する, 排斥する. **3**〘古ローマ〙の名を公にする《処罰者として》. [√scrib-]

pro·scríp·tion [proskrípʃ(ə)n] *n.* **1** 人権剝奪(はくだつ); 追放; 禁止. **2**〘古ローマ〙追放〔死刑, 財産没収〕人名の公表.

pro·scríp·tive [proskríptiv] *a.* 追放の; 禁止の.
◇ ～**·ly** *ad.*

‡**prose** [prouz] *n.* **1** 散文. → verse. **2** 無趣味〔たいくつ〕な話〔文章〕; 平凡, 単調. —— *a.* **1** 散文の, 散文からなる: a ～ poem 散文詩. ～ style 散文体. **2** 平凡〔単調〕な; 無趣味な, 想像力に欠けた. —— *vt., vi.* **1** 散文体で書く; 〈詩を〉散文に訳す. **2** だらだらと話す〔書く〕. ◇ **prós·er** *n.*

prós·e·cute [prɑ́sikjù:t/prɔ́s-] *vt.* **1** 続行する; 遂行する. **2** 〈商売などに〉従事する, 営む. **3**〘法〙起訴する; 〈権利を〉(法に訴えて)要求する. —— *vi.* 起訴する. ～***ting attorney*** 検察官. [√sequ-]

pròs·e·cú·tion [prɑ̀sikjú:ʃ(ə)n/prɔ̀s-] *n.* **1** 続行, 追求; 遂行, 実行. **2** 従事, 経営. **3** 起訴, 告発, 訴追; 求刑. **4** (the ～) 起訴〔告発〕側, 検察当局. ↔ defense.

prós·e·cu·tor [prɑ́sikjù:tər/prɔ́s-] *n.* (*fem.* **-cu·trix** [-triks]) **1** 遂行者; 経営者. **2**〘法〙起訴者, 告発者, 訴追者; 検察官. ***public*** ～ 検事.

prós·e·lyte [prɑ́silàit/prɔ́s-] *n.* 改宗者; 《思想上の》変説者, 転向者. ～ ***of the gate***〘古ユダヤ〙《割礼など》モーセのおきてによる義務を免じられた改宗者. —— *vt., vi.* **1**〘稀〙改宗させる〔する〕, 転向させる〔する〕(proselytize). **2**〘米〙〈運動選手を〉

好条件をもって誘う. ◇ **-lyt·ism** [-laitìz(ə)m] *n.* 改宗; 変説; 改宗〔変説〕させること.

prós·e·lyt·ize [prɑ́s(i̥)litàiz, -lait-/prɔ́s(i̥)lit-] *vt., vi.* 改宗〔変説〕させる〔する〕; 伝道する.

Pro·sér·pi·na [prosə́:rpinə], **Pro·sér·pi·ne** [prosə́:rpinì:, prɑ́sərpàin/prɔ́səpain] *n.* 〘ロ神〙プロセルピーナ《Jupiter と Ceres の間の娘. Pluto に連れ去られて下界の女王にされた. 四季の神. ギリシア神話の Persephone に当たる》.

prós·i·fy [próuzi̥fài] *vt., vi.* 散文に変える, 散文を書く; 平凡化する.

Pro·sit [próusit] L. (=May it do good)《乾杯のときの》おめでとう!, 健康を祝す!

pro·sláv·er·y [prousléiv(ə)ri] *n., a.* どれい制度支持 (の).

pro·sód·ic [prəsɑ́dik/-sɔ́d-], **-i·cal** [-(ə)l] *a.* **1** 作詩法の; 韻律学の〔にかなった〕. **2** =suprasegmental. ◇ **pro·sód·i·cal·ly** *ad.*

prós·o·dy [prɑ́sədi/prɔ́s-] *n.* 作詩法, 詩形論, 韻律学. ◇ **-dist** *n.* 〜学者.

pro·sò·po·póe·ia [prəsòupəpí:(j)ə/prɔ̀soupɔpí:ə] *n.* 〘修〙擬人法; 活喩(かつゆ)法.

‡**prós·pect** [prɑ́spekt/prɔ́s-] *n.* **1** 眺望(ちょうぼう), 見晴らし, 景観: command a fine 〜 眺望絶佳だ, けしきがいい. **2**《家などの》向き, 方向: The church has a western 〜. 教会は西向きだ. **3** 予想, 期待; (しばしば *pl.*) 見込み: He has good 〜*s*. 前途有望だ. the 〜*s* of the wine harvest ブドウの収穫予想. I see no 〜 of his recovery. 彼は回復の見込みがない. ↔ retrospect. **4**〘米〙顧客になりそうな人, 見込み客; 有望選手〔タレント〕. **5**〘採鉱〙採鉱有望地; 鉱石見本; 試掘.

have in* 〜** 予期する, もくろむ. ***in* 〜** 有望で, 予期されて. ***in* 〜 *of を見込んで, を予想して. ***strike a good* 〜** 有望鉱脈を掘り当てる.

—— [prɑ́spekt/prəspékt] *vi.* **1**《金鉱・石油などを捜して》踏査する, 試掘する《を *for*》: 〜 *for* gold 金の試掘をする. **2** <鉱山が> 見込みがある: 〜 well [ill] 見込みがある〔ない〕. —— *vt.* **1** <地域を> 踏査〔調査〕する: 〜 a region for gold ore 金鉱を求めてある地域を調査する. **2** <鉱山を> 試掘する. [√spec-] 〔類〕→ **view**「ながめ」

pro·spéc·tive [prəspéktiv] *a.* **1** 予期される, 将来の, 未来の: a 〜 bride 花嫁になるはずの人. **2** 見込みのある: a 〜 customer 買ってくれそうな人. ◇ **〜·ly** *ad.* **〜·ness** *n.*

prós·pec·tor [prɑ́spektər, prəspék-/prəspék-] *n.* 探鉱者, 試掘者, 踏査者.

pro·spéc·tus [prəspéktəs, ㊊⁺prɑs-] *n.*《新会社などの》設立趣意書,《事業の》内容説明書;《新刊本の》内容見本; 学校〔ホテル〕案内.

‡**prós·per** [prɑ́spər/prɔ́s-] *vi., vt.* 繁栄する〔させる〕, 成功する〔させる〕, うまくゆく: Is your son 〜*ing*? お宅のむすこさんはうまくやっていますか.
〔類〕→ **succeed**「成功する」

‡**pros·pér·i·ty** [prɑspéri̥ti/prɔs-] *n.* **1** 繁栄, 繁盛, 隆盛; 成功; 幸運. **2** (*pl.*) 隆盛の状態, 富裕の身の上. ***in* 〜** 裕福に.

‡**prós·per·ous** [prɑ́sp(ə)rəs/prɔ́s-] *a.* **1** 繁栄している, 繁盛している, 成功した: 〜 business 好調な商業〔事業〕. **2** 富裕な: a 〜 family 裕福な一家. **3** 好つごうの, 順調な, 好運な: 〜 weather 好天気. ***in a* 〜 *hour*** 好つごうに, 折りよく. ◇ **〜·ly** *ad.*

prós·tate [prɑ́steit/prɔ́s-] *n., a.* 〘医〙前立腺(せん)(の). 〜 **gland** 前立腺. 「炎.

pròs·ta·tí·tis [prɑ̀stətáitis/prɔ̀s-] *n.* 〘医〙前立腺

prós·the·sis [prɑ́sθi̥sis/prɔ́s-] *n.* (*pl.* **-ses** [-sì:z]) **1** [㊊⁺prɑsθí:sis] (*pl.* **-ses** [㊊⁺prɑsθí:si:z])〘医〙《義歯・義足などの》補綴(ほてつ)(術). **2**〘文〙語頭音添加《ラテン語で sp-, st-, sc- の語頭子音群があるとスペイン語ではその前に e 母音が付くごとき: *st*atus → *est*ado》. ↔ aphaeresis.

pros·thét·ics [prɑsθétiks/prɔs-] *n. pl.* 《単数扱い》補綴術, 義歯術.

pròs·tho·dón·ti·a [prɑ̀sθədɑ́nʃ(i)ə/prɔ̀sθədɔ́n-] *n.* 歯科補綴学.

prós·ti·tute [prɑ́sti̥t(j)ù:t/prɔ́sti̥tju:t] *n.* **1** 売春婦. **2** 売節漢, 金のどれい.
—— *vt.* **1** に売春させる. **2** <身を>売る. **3** <名誉などを> 利益のために売る; <能力などを>悪用する, 乱用する. ◇ **prós·ti·tu·tor** [-ər] *n.* 変節漢.

pròs·ti·tú·tion [prɑ̀sti̥t(j)ú:ʃ(ə)n/prɔ̀sti̥tjú:-] *n.* **1** 売春. **2** 売節, 堕落; 悪用. ***licensed* 〜** 公娼(こうしょう)制度. [pro-+√sta-(売りに)前へ+置く]

prós·trate [prɑ́streit/prɔ́s-] *a.* **1** ひれ伏した, 倒れた. **2** 敗北した, 屈服した. **3** 意気消沈した, 疲れ切った《*with*》. **4**〘植〙匍匐(ほふく)性の.
—— [prɑ́streit/prɔstréit] *vt.* **1** 倒す. **2**《〜 oneself の形で》ひれ伏す: 〜 *oneself at* a temple [*before* a master] 神前で〔主人の前に〕ひれ伏す. **3** 打ち倒す, 屈服〔平伏〕させる, 打ちのめす. **4** 衰弱させる, 疲労困憊(こんぱい)させる. [√stern-]

pros·trá·tion [prɑstréiʃ(ə)n/prɔs-] *n.* **1** 平伏; 屈従; 伏し拝むこと. **2** 衰弱, 疲労; 意気消沈. ***nervous* 〜** 神経衰弱. ***with many* 〜*s*** 平身低頭して.

pró·style [próustail] *a.* 〘建〙前柱式の. —— *n.* 前柱式構造.

prós·y [próuzi] *a.* **1** 散文 (体) の. **2** 無趣味の, 平凡な, たいくつな. ◇ **-i·ly** *ad.* **-i·ness** *n.*

Prot. Protestant.

prò·tac·tín·i·um [pròutæktíniəm, ㊊⁺prɔ̀tək-] *n.* 〘化〙プロトアクチニウム《放射性元素. 記号 Pa》.

pro·tág·o·nist [protǽgənist] *n.* **1**《劇の》主役,《物語などの》主人公. **2** 主唱者, 首領. [√agon-]

pro tan·to [prou-tǽntòu] L. (=for so much) それだけ, その程度まで.

prót·a·sis [prɑ́təsis/prɔ́t-] *n.* (*pl.* **-ses** [-sì:z]) 〘文〙条件節, 前提節《例: *If I were you*, I would go.》. ↔ apodosis.

Pró·te·an [próutiən, prouti:ən] *a.* **1** Proteus の (ような). **2** (p〜) 変幻自在な; 多方面な.

‡**pro·téct** [prətékt] *vt.* **1** 保護〔防護〕する, 防ぐ, 守る《に対し, から *against, from*》: 〜 a person *from* [*against*] catching cold 風邪(かぜ)から人を守る. **2**〘機〙に安全〔保護〕装置を施す: 〜*ed* rifles 安全装置のある小銃. **3**〘経〙<国内産業を> 保護する《関税障壁で》. **4**〘商〙<手形の> 支払準備をする. **〜*ing power*** 利益代表国《ある 2 国間に国交関係がないばあいそのいずれかの国の利益を保護する第三国》. [pro-+√teg- 前を+おおう]
◇ **〜·ing·ly** *ad.* 保護するように, かばうように.
〔類〕→ **guard**「守る」

‡**pro·téc·tion** [prətékʃ(ə)n] *n.* **1** 保護, 保安《*from, against*》: the 〜 *of* one's country *against* potential enemies 仮想敵に対する国土防衛. 〜 *of* the village *from* storms あらしに対する村の防護. **2** 庇護(ひご), 後援. **3** 保護する人〔物〕: 〜 *against* cold 防寒具. **4** 通行券, 旅券;〘米〙国籍証明書. **5**〘経〙保護貿易 (制度). ↔ free trade. **6**〘法〙保護令状 (= writ of 〜). ***〜 of possession***〘法〙占有保全. ***under the* 〜** 保護されて《に *of*》; 世話になって《の *of*》.
◇ **〜·ism** *n.* 保護貿易主義〔論〕, 保護政策.
〜·ist *n., a.* 〘経〙保護貿易論者 (の).

***pro·téc·tive** [prətéktiv] *a.* 保護の; 保護貿易 (政策) の. —— *n.* 保護物: a 〜 against the devil 魔よけ. 〜 **coloring** [**coloration**]〘動〙保護色. 〜 **custody**〘法〙保護拘置. 〜 **duties** 保護関税. 〜 **legislation** 保護貿易法; 使用人保護法制. 〜 **mimicry** [**resemblance**]〘動〙保護擬態. 〜 **tariff** 保護関税 (率).

*__pro·téc·tor__ [prətéktər] *n.* (*fem.* __-tress__ [-tris]) **1** 保護者, 擁護者. **2** 保護装置〔物〕, 安全装置; 〘野球〙胸当て (=chest ～): a plant ～ 植物の風〔雪〕よけ. a point ～ 鉛筆〔ペン〕のキャップ. **3**〘英: 史〙摂政; (P～) =Lord P～.
__boot-～s__ くつの底がね. ***Lord P～*** 護民官《イギリス共和制期における Oliver Cromwell およびその子 Richard Cromwell の称号》.
◇ __～·al__ [-t(ə)rəl] *a.* __～·ship__ *n.*

__pro·téc·tor·ate__ [prətékt(ə)rit] *n.* **1** 保護国〔領〕. **2**〘法〙保護関係《国際間の》: be *under* the French ～ フランスの保護下にある. **3**〘英: 史〙摂政の職〔任期〕, 摂政政治; (P～) 護民官の職, 護民官時代.

__pro·téc·to·ry__ [prətékt(ə)ri] *n.* 少年教護院.

pro·té·gé [próutəʒei, ⌐－⌐/próuteʒei] F. *n.* (*fem.* ***-gée***) 被保護者; 子分.

__pró·te·ide__ [próuti:àid, -ti:id/-ti:(i)d], __pró·te·id__ [-ti:(i)d] =protein.

‡__pró·te·in__ [próuti:(i)n] *n.* 〘化〙たんぱく質. —— *a.* たんぱく質の〔を含む〕.

pro tem [prou-tém] =*pro tempore.*

pro tem·po·re [prou-témpəri:/-ri] L. (= for the time being) 当分 (の); 臨時に (の).

__Pròt·er·o·zó·ic__ [pràtərəzóuik/prɔ̀t-] *n., a.* 〘地〙原生代 (の).

‡__pro·tést__ [prətést, pro-] *vi.* **1** 抗議する, 異議を申し立てる《に *against,* について *about*》: ～ *against* being called a big fool 大ばか者と言われるのに文句がある. ～ *about* the expense 費用について文句を言う. The shaky chair ～*ed* under his weight. ぐらぐらのいすが彼の重みを受けて悲鳴をあげた. **2** 主張する, 断言する, 明言する. —— *vt.* **1** 抗議して〔異議を唱えて〕言う《と *that*》: He ～*s that* he did no such thing. そんなことはしなかったと抗弁する. **2**〘米〙に抗議する, に異議を唱える: ～ a witness 証人に対して異議ありと申し立てる. **3** 主張〔断言, 明言〕する: ～ innocence 無実を主張する. ～ love 愛していると誓う. **4**〘商〙<手形の>拒絶証書をつくる.
—— [próutest] *n.* **1** 抗議, 抗弁, 異議 (申し立て): ～ *against* increased taxation 増税への抗議. **2** 主張, 言明. **3**〘法〙異議留保. **4**〘運〙抗議書. **5**〘商〙支払〔引き受け〕拒絶 (証書).
make 〔***enter, lodge***〕 ***a ～ with*** a person ***against*** (人)に …について抗議する. ***under ～*** 異議を唱えて; 不承不承. [√test-]
◇ __pro·tést·er__ [prətéstər] *n.*

__Prót·es·tant__ [prátist(ə)nt/prɔ́t-] *a.* **1**《キリスト教》新教 (徒) の. **2** (p～) 抗議を申し込む.
—— *n.* **1** 新教徒. **2** (p～) 抗議者.
__～ Episcopal Church__ アメリカ聖公会〔監督教会〕《Church of England と教義をおなじくする》.
◇ __～·ism__ [-ìz(ə)m] *n.* **1** 新教 (の教義). **2**《集合的》新教徒, 新教教会. __～·ize__ [-àiz] *vt., vi.* 新教徒にする〔なる〕, 新教化する.

__prò·tes·tá·tion__ [pràtistéiʃ(ə)n/pròutes-, prɔ́t-] *n.* **1** 抗議, 異議 (申し立て), 拒絶《*against*》. **2** 断言, 明言, 主張《*of, that*》: make a ～ *of* one's innocence 無罪を主張する.

__Pró·teus__ [próutju:s, -tiəs] *n.* **1**〘ギ神〙プロテウス《Poseidon に仕えた予言力のある海神. 姿をさまざまに変じた》. **2**《姿・考えなどの》変わりやすい人〔物〕.
◇ __Pró·te·an__ [próutiən, proutí:ən] *a.* →別項.

__prò·tha·lá·mi·on__ [pròuθəléimiən, [米]⁺-àn], __-um__ [-miəm] *n.* (*pl.* __-a__ [-miə]) 結婚前祝いの歌.

__pro·thál·li·um__ [proθǽliəm] *n.* (*pl.* __-a__ [-liə]) 〘植〙《シダ類の》前葉体.

__próth·e·sis__ [práθisis/prɔ́θ-] *n.* (*pl.* __-ses__ [-sì:z]) **1**〘文〙語頭音 (節) 付加 (prosthesis). **2**〘ギリシア正教〙聖餐(せいさん)卓; 聖餐準備所.
◇ __pro·thét·ic__ [prəθétik] *a.*

__pro·thróm·bin__ [prouθrámbin/-rɔ́m-] *n.* 〘生〙プロトロンビン《血液中の凝血素》.

__pró·ti·um__ [próutiəm, [米]⁺-ʃiəm] *n.* 〘化〙プロチウム《水素の同位元素. 記号 H^1》.

__proto-__「最初の」「原始の」「原型の」「主要な」などの意の語形成要素《母音の前では prot-》: *protagonist* 主役 <proto-+√agon- 第一+争う. *prototype* 原型 <proto-+type 最初の+型.

__prò·to·ac·tín·i·um__ [pròutoæktíniəm] = protactinium.

__pró·to·col__ [próutəkàl/-kɔl] *n.* **1** 議定書; 調書. **2**《条約などの》原案. **3**《ローマ教皇の勅書などの文書の》定式前文〔結文〕. **4** 外交儀礼. ***the P～*** フランス外務省の儀典局. —— *vt., vi.* (__-l-__, [英]__-ll-__) (の)議定書〔調書〕をつくる.

__prò·to·líth·ic__ [pròutəlíθik] *a.* 〘考古〙原始石器時代の (eolithic). → paleolithic.

__prò·to·már·tyr__ [pròutomá:rtər] *n.* 最初の殉教者《特にキリスト教の最初の殉教者 St. Stephen》.

__pró·ton__ [próutan/-tɔn] *n.* 〘物〙プロトン, 陽子. → electron.

__pró·to·plasm__ [próutəplæz(ə)m] *n.* 〘生〙原形質.
◇ __prò·to·plás·mic__ [⌐－plǽzmik] *a.*

__pró·to·plast__ [próutəplæst] *n.* 〘生〙原形質体.
◇ __prò·to·plás·tic__ [⌐－plǽstik] *a.*

__pró·to·type__ [próutətàip] *n.* **1** 原型; 模範. **2**〘生〙原形. ◇ __prò·to·týp·al__ [⌐－táip(ə)l], __prò·to·týp·ic__ [⌐－típik] *a.*

__Prò·to·zó·a__ [pròutəzóuə] *n. pl.* (*sing.* __-on__ [-zóuan/-ɔn]) 原生動物. ◇ __prò·to·zó·an__ [-ən] *n., a.*

__prò·to·zo·ól·o·gy__ [-zoálədʒi/-ɔ́l-] *n.* 原生動物学.

__pro·tráct__ [protrǽkt] *vt.* **1** 長引かせる, 長くする, 延ばす. **2**〘医〙伸ばす, 突き出す. **3**〘測〙《比例尺・分度器で》製図〔図取り〕する. [√trah-]
◇ __pro·trác·tive__ [-iv] *a.* 長引く〔かす〕.

__pro·tráct·ed__ [-id] *a.* 《病気など》長引いた.
◇ __～·ly__ *ad.* __～·ness__ *n.*

__pro·trác·tile__ [-trǽkt(i)l/-tail] *a.* 《動物の器官など》伸ばせる, 突き出せる. → retractile.

__pro·trác·tion__ [protrǽkʃ(ə)n] *n.* **1** (時間的に)長引かすこと, 延引. **2** 延長. **3**《比例尺などによる》製図, 図取り. **4**〘楽〙(音節の) 伸長.

__pro·trác·tor__ [-trǽktər] *n.* **1** 長引かす人, 延ばすもの. **2** 分度器. **3**〘医〙伸出筋. → retractor. **4**〘医〙異物摘出器.

__pro·trúde__ [protrú:d] *vt., vi.* 突き出す〔出る〕; はみ出す〔出る〕《の向こうへ *beyond*》: ～ one's tongue 舌を出す. [√trud-]
◇ __pro·trúd·ent__ [-(ə)nt] *a.* 突き出た. __pro·trú·si·ble__ [-trú:sibl] *a.* 突き出せる.

__pro·trú·sile__ [-trú:s(i)l/-sail] *a.* 《ハチドリの舌など》突き出せる.

__pro·trú·sion__ [-trú:ʒ(ə)n] *n* **1** 突出, はみ出し. **2** 突起〔隆起〕(部).

__pro·trú·sive__ [-trú:siv] *a.* **1** 押し出す; 突き出た. **2** でしゃばりの. ◇ __～·ly__ *ad.* __～·ness__ *n.*

__pro·tú·ber·ant__ [prot(j)ú:b(ə)rənt/-tjú:-] *a.* 突出した, 突起した, 盛り上がった. ◇ __-ance__ [-əns], __-an·cy__ [-ənsi] *n.* ～なこと; 突出〔突起〕物.

†__proud__ [praud] *a.* **1** 高慢な, 尊大な, いばっている: He is too ～ to join us. お高くとまっていてわれわれの仲間にはいらない. **2** 自尊心のある, 誇りをもった; 名誉を重んずる; 見識の高い: He is too ～ to complain. 愚痴をこぼすなんて彼の自尊心が許さない. **3** 誇る, 光栄に思う;《良い意味で》得意な: a ～ father (よい子どもをもって) 得意な父親. ～ of one's success 成功を誇る. **4** 誇るに足る, 堂々たる, りっぱな: the ～*est* day of one's life 生涯(しょうがい)の最上の日. **5**《馬など》元気旺盛(おうせい)な. →名詞 pride.
(***as***) ***～ as a peacock*** 〔***turkey***〕 大得意で, 大喜びで. ***be ～ of*** を誇る, を自慢する. ***do*** a person ***～***

〘俗〙(人を) 得意にさせる: It will *do* me ～. たいへんけっこうです. You *do* me ～. 《そう言われると》光栄です. ～ **flesh** 《傷あとに生じる》肉芽(にくが).
～·hèart·ed 高慢な. ◇ ‡**próud·ly** *ad.* 高慢に, 偉そうに, 得意そうに, 誇り顔に; 堂々と. 「ost.
Prov. Provençal; Proverbs; Province; Prov-
próv·a·ble [prú:vəbl] *a.* 証明〔立証〕できる.
◇ **～·ness** *n.* **-bly** *ad.*
‡**prove** [pru:v] *v.* (**～d**; **～d**, **próv·en** [prú:v(ə)n]) *vt.* **1** 証明する, 立証する: ～ one's identity 身元を証明する. **2** ためす, 試験する: ～ one's courage 人の勇気をためす. **3** 《～ oneself の形で》自分が…であることを証明する: He ～*d himself* (to be) worthy of respect. 彼は敬意に価する人物であることを立証した; 彼が敬意に価することがわかった. **4** 〈遺言書の〉検認を受ける; 検証する. **5**〘数〙検算する: ～ a sum. **6** の校正刷りをとる. **7** 〈こね粉を〉ふくらませる.
—— *vi.* **1** …であることがわかる, …となる: It ～*d* (to be) insufficient. それは不十分だとわかった. The experiment ～*d* (to be) successful. 実験は成功だった. **2** 〈こね粉が〉ふくらむ. ～ ***out*** 希望〔期待, 計画〕どおりになる; うまくいく. ～ ***up*** 権利を立証する; 予想どおりになる. → 名詞 proof. [√prob-]
próv·en [prú:v(ə)n] *v.* prove の過去分詞.
—— *a.* 証明された: ～ ability 試験済みの能力.
not ～ 証拠不十分な.
próv·e·nance [právịnəns/prɔ́v-] *n.* 起源, 出所: of doubtful ～ 出所の疑わしい. [√ven-]
Prò·ven·çál [pròuvənsá:l, pràv-/prɔ̀vɑ̃:(n)-, -vɑ:n-] *a.* Provence の; プロバンス人〔語〕の.
—— *n.* プロバンス人〔語〕.
Pro·vénce [právens, prouvá:ns/prɔvɑ̃:(n)s, -vá:ns] *n.* フランス東南部の昔の州《中世紀の叙情詩人 *troubadours* で有名》.
próv·en·der [právịndər/prɔ́v-] *n.* **1** かいば, まぐさ (fodder). **2**〘笑〙《人の》食物.
‡**próv·erb**[1] [právə:rb, -vərb/prɔ́v-] *n.* **1** ことわざ, 格言, 金言. **2** 語りぐさ, 話のたね, 笑いぐさ. ***as the ～ goes*** 〔***runs, says***〕ことわざにあるように. ***be a ～ for*** の点で有名である: He *is a* ～ *for* meanness. 彼はけちの見本だ〔けちで有名だ〕. ***pass into a ～*** 評判〔笑いぐさ〕になる. ***the*** (***Book of***) ***P～s*** 〘聖〙箴言(しんげん)《旧約聖書の一書》. ***to a ～*** 有名〔評判〕になるほど: He is stupid *to a* ～. 名代の愚か者だ.
—— *vt.* **1** ことわざとして言いあらわす. **2** ことわざ(のたね)にする. 〔類〕→ **saying**「ことわざ」 「詞.
pró-verb, pró·verb[2] [próuvə̀:rb] *n.* 〘文〙代動
pro·vér·bi·al [prəvə́:rbiəl] *a.* **1** ことわざの, 格言の形の: ～ wisdom ことわざに宿る知恵. **2** 格言のような: ～ brevity 金言のような簡潔さ. ～ sayings (ことわざのように)世に広まったことば. **3** 評判の, 有名な, なうての: the ～ London fog 有名なロンドンの霧. ◇ **～·ly** *ad.* ことわざどおりに; 一般に〔広く〕知られて: a ～*ly* known fact だれもが知っている事実.
‡**pro·víde** [prəváid, pro-] *vi.* **1** 準備をする, 備える《に *for, against*》: ～ *for* urgent needs 急の必要に備える《*for* は「…にまにあうように」》. ～ *against* a rainy day 万一の不幸に備える《*against* は「…の予防として」》. **2** 生活の資金〔必要物〕を与える, 扶養する, 財産を与える〔のこす〕: ～ *for* dependents 家族を扶養する. **3**〘法〙禁止する《を *against*》.
—— *vt.* **1** 用意する, 準備する: ～ an exit 出口をつくっておく. **2** 与える, 供給〔給与〕する: ～ a meal 食事を出す. ～ matter *for* gossip うわさのたねをまく. ～ food and clothes *for* one's children 子どもに衣食を与える. **3** に与える, に供給〔給与〕する《を *with*》: ～ one's children *with* food and clothes 子どもに衣食を与える. be well〔poorly〕～*d for* 富裕〔不如意〕である. **4**〘法〙規定する: The law ～*s that*… 法律の規定によれば…. **5**〘宗〙〈後任を〉任命する.
be ～d with を備えてある. ～ ***oneself*** 自活する; 自弁する. ～ ***oneself with*** を備える; を持ってゆく. [√vid-] 〔類〕→ **give**「与える」
***pro·víd·ed** [prəváidid, pro-] *conj.* …を条件として; もし…ならば《*that*》: I will come ～ (*that*) it is fine tomorrow. あす天気なら行く. 〈注〉provided は if よりも文語的. **——** *a.* 用意された, 必要物を供給された. ～ **school**〘英〙《地方の》公立小学校.
***próv·i·dence** [právịd(ə)ns/prɔ́v-] *n.* **1** (しばしば P～) 摂理, 神意, 神慮: a special ～ 特別な神慮, 天佑(てんゆう). **2** (P～) 神, 天帝 (God): visitation of *P*～ 天災, 不幸. **3** 先見, 用心, 配慮; 節約. **4**〘古〙用意. [√vid-]
Próv·i·dence [právịd(ə)ns/prɔ́v-] *n.* アメリカ Rhode Island 州の州都.
próv·i·dent [právịd(ə)nt/prɔ́v-] *a.* **1** 先見の明のある, 用心ぶかい. **2** 倹約な: be ～ *of* one's money 金につましい. ↔ improvident. ◇ **～·ly** *ad.*
pròv·i·dén·tial [pràvịdénʃ(ə)l/prɔ̀v-] *a.* **1** 神の, 摂理の, 神意による. **2** 神助の, 幸運な.
◇ **～·ly** *ad.* 神意によって; 幸運にも.
pro·víd·er [prəváidər, pro-] *n.* **1** 供給者; 準備者, 設備者. **2**〘米話〙家族に衣食を供給する人,《一家の》主人, 働き手. ***a good*** 〔***bad, ill***〕～ 家族にぜいたくな〔不自由な〕生活をさせる人. ***lion's*** ～〘動〙=jackal; 人の手先となって働く人. ***universal*** ～ 雑貨商, よろず屋.
pro·víd·ing [prəváidiŋ, pro-] =provided.
‡**próv·ince** [právins/prɔ́v-] *n.* **1** 地方, 地域. **2** (the ～*s*)〘英〙(首都以外の) 全国; 地方, いなか. **3** 《行政区画としての》州, 省, 県, 国. **4** 範囲, 分野; 職分. **5**〘宗〙大教区. **6**〘古ローマ〙《本国以外の》領土;〘史〙北アメリカの領民地.
in the ～s 《首都以外の》地方で. ***the ～s*** 〘英〙《首都以外の》地方.
pro·vín·cial [prəvínʃ(ə)l] *a.* **1** いなかの, 地方の: a ～ accent 地方なまり. → local. **2** 粗野な, 偏狭な: a ～ outlook 狭いものの見方. **3** 領土〔州, 国〕の. **4** 大教区の. **——** *n.* 地方民; いなか者, 田夫野人. ◇ **～·ize** *vt.* 地方的にする, いなか風にする; 粗野にする; 偏狭にする. **～·ly** [-ʃəli] *ad.* 地方的に〔として〕. **pro·vìn·ci·ál·i·ty** [prəvìnʃiǽlịti] *n.* = provincialism ①.
pro·vín·cial·ism [prəvínʃəliz(ə)m] *n.* **1** いなか〔地方〕風; 野卑. **2** お国なまり, 方言. **3** 地方第一主義, 地方かたぎ〔根性〕, 愛郷心; 偏狭(性).
‡**pro·ví·sion** [prəvíʒ(ə)n, pro-] *n.* **1** 用意, 準備, 設備《*for, against*》: make ～ *for* one's old age 老年に備える. make ～ *against* accidents 不慮に備えておく. **2** (しばしば *pl.*) 糧食, 食料; 貯蔵品: issue a ～ of meat to the troops 軍隊に肉を供給する. a store of ～*s* 食糧のたくわえ. **3**〘法〙規定, 条項: the ～*s* in a will 遺言状の条項. **4**〘宗〙聖職者任命. → 動詞 provide. ***run out of*** 〔***short of***〕 ***～s*** 食糧が底をつく. **——** *vt.* に糧食を供給する.
◇ **～·er** *n.* 糧食調達者, 糧食係. **～·ment** *n.* 糧食供給.
pro·ví·sion·al [prəvíʒən(ə)l, pro-] *a.* 仮の, 一時的の, 暫定的な: ～ agreement 仮協定. **——** *n.* 臨時切手《切手不足時に発行された》.
◇ **～·ly** *ad.* **pro·vì·sion·ál·i·ty** [–⊥–ǽlịti] *n.* 一時的〔暫定的〕なこと.
pro·ví·sion·ar·y [-nèri/-nəri] =provisional.
pro·ví·so [prəváizou] *n.* (*pl.* **～(e)s**) 但し書き; 条件: I make it a ～ that… …を条件とする.
with (***a***) ～ 条件つきで.
pro·ví·so·ry [prəváiz(ə)ri] *a.* **1** 但し書きの, 条件つきの: a ～ clause 但し書き. **2** 仮の, 一時の.
◇ **-ri·ly** *ad.*
pro·vít·a·min [prouváitəmin/-vít-, -váit-] *n.* 〘生

化》プロビタミン《ビタミンそのものでなくても体内でビタミンに変化するもの》.

pròv·o·cá·tion [pràvəkéiʃ(ə)n/prɔ̀v-] *n.* **1** 怒らせること, 挑発(ちょうはつ). **2** 怒り, 立腹. **3** 挑戦. **4** 刺激. →動詞 provoke. ***feel*** ～ 腹を立てる. ***give*** ～ 立腹させる. ***under*** ～ 挑発されて, 腹を立てて.

pro·vóc·a·tive [prəvákətiv/-vɔ́k-] *a.* **1** 怒らせる, 挑発的な. **2** 刺激的な; 引き起こす《を *of*》: be ～ *of* criticism 批判を招きやすい. —— *n.* 刺激(物); 興奮剤. [√voc-] ◇ **～·ly** *ad.*

‡**pro·vóke** [prəvóuk, pro-] *vt.* **1** 〈感情などを〉**引き起こす**, 起こさせる: ～ pity 同情を引く. ～ amusement おもしろがらせる. ～ a laughter 笑いを誘う. **2 怒らせる**, いらだたせる: I was ～*d at* his impudence. 彼の無礼には腹が立った. **3 誘う**, 導く, 刺激して…させる《へ *to*, *into*; *into* (do)*ing*, *to* (do)》: ～ a person *to* anger 人を立腹させる. The false accusation ～*d* him *into* answer*ing*. 事実無根の非難を浴びて彼は一矢(いっし)報いないでいられなくなった. **4** 扇動する, 挑発する; 惹起(じゃっき)する, 生じる: ～ fermentation 発酵を起こす. [√voc-]
[類] → **irritate**「おこらせる」

pro·vók·ing [-iŋ] *a.* 人を腹立たせる, 腹の立つ, しゃくにさわる, じれったい, うるさい. ◇ **～·ly** *ad.*

próv·ost[1] [právəst/prɔ́v-] *n.* **1**《アメリカの大学の》教務部長;《イギリスの大学の》学寮長. **2**〘宗〙司祭長 (dean);《ドイツ都市の》新教教会牧師. **3**〘スコットランド〙市長. ◇ **～·ship** *n.* ～の職〔地位〕.

pró·vost[2] [próuvou/prəvóu] *n.* 〘軍〙憲兵将校. **～ court** 軍事裁判所《占領地の軽犯罪を扱う》. **～ guard** 憲兵隊. **～ marshal** 憲兵司令官;〘英:海軍〙海軍法務将校. **～ sergeant** 憲兵軍曹(ぐんそう).

prow[1] [prau] *n.* **1** 船首, へさき;《飛行船などの》機首. **2**〘雅〙船.

prow[2] *a.*〘古〙勇ましい, 勇敢な.

prów·ess [práuis] *n.* 武勇, 剛勇; 勇敢な行為; あっぱれな腕前; すぐれた能力.

prowl [praul] *vi.*《えさ・盗品などを求めて》あさり歩く, うろつく. —— *vt.* …をうろつく. —— *n.* あさり歩き; 巡回. ***on the*** ～ うろついて; 巡回して. ***take a*** ～ うろつく. **～ car**〘米〙《警察の》パトロールカー. ◇ **～·er** *n.* うろつく人; こそどろ.

prox. *proximo.*

próx·i·mal [práksim(ə)l/prɔ́k-] *a.* 〘医〙《身体の》中心に近い, 基部の. ↔ distal.

próx·i·mate [práksimit/prɔ́k-] *a.* 最も近い, すぐ次〔前〕の; 近似の. ◇ **～·ly** *ad.*

prox·i·me ac·ces·sit [práksimi-æksésit/prɔ́k-] L. (= he came nearest)《試験・競争などの》次点 (者); 次席, 2番.

prox·ím·i·ty [praksímiti/prɔk-] *n.* 近いこと, 近接《*to*》. ***in close*** ～ ごく接近して. ***in the*** ～ ***of*** の付近に. ～ ***of blood*** 近親.
～ fuse 〔**fuze**〕近接発火信管《弾丸頭部に装着し目標に接近すると爆発する》.

prox·i·mo [práksimòu/prɔ́ksimou] L. *ad.* 来月《略 prox.》: on the 15th ～ 来月15日に. → instant, *ultimo.*

próx·y [práksi/prɔ́k-] *n.* 代理 (権); 代理人; 代用物; 代理投票 (委任状). ***be*** [***stand***] ～ ***for*** の代理になる, を代表する. ***by*** ～ 代理をもって. **～ war** 代理戦争《自国が介入せず友好〔衛星〕国に戦わせる》.

prs. pairs.

prude [pru:d] *n.* 慎みぶかいふりをする女, 淑女ぶる「女.

*__prú·dence__ [prú:d(ə)ns] *n.* **1 慎重**, 細心; 思慮分別: a man of ～ 思慮のある男. with ～ 用心して. **2** 倹約 (frugality). [pro-+√vid-]

‡**prú·dent** [prú:d(ə)nt] *a.* **1 慎重な**, 用心ぶかい, 細心の: a ～ man. **2** 分別のある, 聡明(そうめい)な: a ～ decision. **3** つつましい, 控え目な. **4** 抜け目のない, 打算的な (self-interested). ◇ **～·ly** *ad.*
[類] → **careful**「気をつける」, → **wise**「賢い」

pru·dén·tial [pru:dénʃ(ə)l] *a.* 用心ぶかい, 慎重な, 細心の; 分別のある. —— *n.* (*pl.*) 慎重な考慮, 慎重を要する事柄. **～ committee**〘米〙諮問委員会. ◇ **～·ism** *n.* **～·ist** *n.* **～·ly** *ad.*

prúd·er·y [prú:dəri] *n.* 上品ぶること, 淑女ぶり; 上品ぶった行為〔ことば〕.

prúd·ish [prú:diʃ] *a.* 淑女ぶった, 慎みぶかいふりをする, とりすました. ◇ **～·ly** *ad.* **～·ness** *n.*

prune[1] [pru:n] *vt.* **1** 〈木を〉刈り込む, 〈枝を〉切り取る《*away*, *off*》. **2** 〈余分なものを〉取り除く; 〈費用を〉切り詰める; 〈文章などを〉簡潔にする. **3**〘稀〙= preen. ◇ **prú·ner** [prú:nər] *n.* 刈り込み職人; 剪定(せんてい)ばさみ.

prune[2] *n.* **1** 干しスモモ (dried plum). **2** 赤みがかった濃紫色. **3**〘米俗〙不愉快な人, まぬけ.
full of **～*s*** とてもきざな, 高慢ちきな; 変な. **～*s and prism*(*s*)** 気どったことばづかい.

pru·nél·la [pru:nélə] *n.* 一種のじょうぶな毛織物《婦人・子ども服地または婦人ぐつの甲皮に用いる》.

prún·ing [prú:niŋ] *n.*《植木などの》刈り込み, 剪定(せんてい). **～ hook** 剪定がま. **～ knife** 刈り込み〔剪定〕ナイフ. **～ shears**《植木などの》剪定ばさみ.

prú·ri·ent [prú(:)riənt/prúər-] *a.* **1** 好色の, 淫乱(いんらん)な. **2** 色欲を誘う, わいせつな. **3**〘稀〙渇望している. ◇ **～·ly** *ad.* **-ence, -en·cy** *n.*

pruning shears

pru·rí·go [pruráigou/pruər-] *n.* 〘医〙痒疹(ようしん).

Prús·sia [prʌ́ʃə] *n.* プロシア《元ドイツ連邦の王国》.

Prús·sian [prʌ́ʃ(ə)n] *a.* **1** プロシアの; プロシア人〔語〕の. **2** プロシア風の; 厳格な. —— *n.* プロシア人〔語〕. **～ blue** 紺青. ◇ **～·ism** *n.* プロシア主義〔精神〕; 軍国主義. **～·ize** *vt.* プロシア風にする.

prús·sic [prʌ́sik] = hydrocyanic.
～ acid〘化〙青酸.

pry[1] [prai] *vi.* のぞく, じろじろ見る, 詮索(せんさく)する《を *into*》: ～ about のぞき回る. ～ *into* other people's affairs 他人の事に立ち入って詮索する.
—— *vt.* ほじくり出す, かぎ出す《*out*》. —— *n.* のぞき見; 詮索 (好きな人).
◇ **～·er** *n.* = prier. **～·ing** *a.* のぞく, じろじろ見る: ～*ing* eyes じろじろ探るような目.

pry[2] *n.* てこ. —— *vt.* **1** てこで上げる〔動かす〕《*up*, *off*》. **2** やっとのことで引き出す〔手に入れる〕: ～ a secret *out* of a person 人から苦心して秘密を聞き出す. ～ ***open*** こじあける.

prýth·ee = prithee.

Ps., Psa. Psalm(s). ***P.S.** postscript; passenger steamer; Permanent Secretary; police sergeant; Privy Seal; Public School.

‡**psalm** [sa:m] *n.* **1 賛美歌**, 聖歌, 聖詩. **2** (P～)〘聖〙詩編. ***the*** (***Book of***) ***P～s***〘聖〙詩編.
～·book [⌐⌐] = Psalter. ◇ **～·ist** *n.* 賛美歌作者; (the P～) ダビデ王《詩編の作者といわれる》.

psal·mód·ic [sælmádik, sa:(l)mád-/sælmɔ́d-] *a.* **1** 聖歌作曲の; 聖歌吟唱の. **2** 聖詩の.

psál·mo·dy [sá:mədi, sǽlmə-] *n.* **1** 聖歌詠唱; 聖歌作曲. **2**《集合的》賛美歌; 賛美歌集.
◇ **-dist** *n.* 賛美歌作者, 聖歌詠唱者.

Psál·ter [sɔ́:ltər] *n.* 〘聖〙詩編; (p～)《しばしば礼拝用として祈禱(きとう)書に載せてある》詩編集.

psál·ter·y [sɔ́:lt(ə)ri] *n.* 古代の弦楽器.

psám·mite [sǽmait] *n.* 〘地〙砂質岩.
◇ **psam·mít·ic** [sæmítik] *a.*

pseud. pseudonym. 「いの.

pséu·do [sú:dou/(p)sjú:dou] *a.*〘米話〙にせの, まが

pseud(o)- 「偽りの」「擬似の」「仮の」の意の語形成要素.

psèu·do·clás·sic [sù:doklǽsik / (p)sjú:do-], **-si·cal** [-(ə)l] *a.* 擬古典的な. ◇ **psèu·do·clás·si·cism** [-klǽsisìz(ə)m] *n.* 擬古典主義; 擬古体.

pséu·do·nym [sú:d(ə)nìm/(p)sjú:d-] *n.* 《著作者の》雅号, ペンネーム; 匿名, 仮名: write under a ～ 仮名で書く. [pseud(o)-＋√onym-]
◇ **psèu·do·ným·i·ty** [ˌ——nímiti] *n.*

pseu·dón·y·mous [sju:dánimәs/(p)sju:dɔ́n-] *a.* 匿名〔雅名〕の, 雅号を用いた. ◇ **～·ly** *ad.*

pséu·do·scope [sú:dəskòup/(p)sjú:də-] *n.* 反影鏡, 偽影鏡《凹凸(おう)が逆に見える》.

pshaw [ʃɔ:/pɸ:, pʃɔ:] *int.* ふん!, ちぇっ!, なんだ!, ばかな!《けいべつ・不快・じれったさをあらわす》. —— *n.* その叫び声. —— [ʃɔ:/(p)ʃɔ:] *vi., vt.* ちぇっと言う《に *at*》; ふふんと鼻であしらう.

psi [sai, psi:/psai] *n.* ギリシア語アルファベットの第23字《Ψ, ψ. ローマ字の ps に当たる》.

psi·lán·thro·pism [sailǽnθrəpiz(ə)m/(p)sai-], **-py** [-pi] *n.* キリスト凡夫論《キリストの神性を否定する》. ◇ **-pist** *n.* ～(主義)者. **psì·lan·thróp·ic** [sàilənθrápik/-θrɔ́p-] *a.*

psìt·ta·có·sis [sitəkóusis/psìt-] *n.* 〘医〙オウム病《肺炎と腸チフスに似た兆候の伝染病》.

pso·rí·a·sis [səráiəsis/(p)sɔráiəsis] *n.* 〘医〙乾癬(かん)

psst [pst] *int.* ちょいと《人の注意をひく掛け声》.

P.S.T. Pacific Standard Time.

psych. psychological; psychology.

Psý·che [sáiki] *n.* **1** 〘ギ神〙サイキ, プシュケ《Eros に愛されたチョウの羽をもった美少女》. **2** (p～) 霊魂, 精神. **3** (p～) ガの一種.

psỳ·che·dél·ic [sàikidélik] *a.* **1** 〘心〙恍惚(こう)の, 陶酔(感)の. **2** 《麻薬とくに LSD などが》恍惚を生じる, 陶酔的な. **3** 麻薬の. **4** サイケ調の: a ～ painting. —— *n.* 麻薬, LSD.

psỳ·chi·át·ric [sàikiǽtrik], **-ri·cal** [-(ə)l] *a.* 精神病学の, 精神科の: a ～ clinic 精神病診療所.

psy·chí·a·trist [saikáiətrist], **-ter** [-tər] *n.* 精神科医; 精神病学者.

psy·chí·a·try [-tri] *n.* 精神病学; 精神病治療法.

***psý·chic** [sáikik] *a.* **1 心の**, 心的. ↔ physical. **2 霊魂の**; 心霊(現象)の; 心霊作用を受けやすい: a ～ medium 霊媒.
—— *n.* **1** みこ, 霊媒. **2** (*pl.*) 心霊研究.

psý·chi·cal [-(ə)l] *a.* ＝psychic. ◇ **～·ly** *ad.*

psý·cho [sáikou] *n.* 〘話〙精神病者; ノイローゼ患者.

psycho- 「精神」「心理作用」「心理学」の意の語形成要素.

psỳ·cho·a·nál·y·sis [sàikoənǽləsis] *n.* 精神分析(学)《Freud が創始した》. ◇ **psỳ·cho·án·a·lyst** [-ǽnəlist] *n.* 精神分析学者.

psỳ·cho·àn·a·lýt·ic [-æn(ə)lítik], **-i·cal** [-(ə)l] *a.* 精神分析の. ◇ **psỳ·cho·àn·a·lýt·i·cal·ly** *ad.*

psỳ·cho·án·a·lyze [sàikoǽn(ə)làiz] *vt.* 精神分析する; 精神分析法で治療する.

psý·cho·drà·ma [sáikodrɑ̀:mə, ㊊⁺-drǽmə] *n.* 心理劇《精神病治療のために患者に行なわせる劇》.

psỳ·cho·dy·nám·ic [sàikodainǽmik] *a.* 精神力学の. ◇ **～s** *n. pl.* 《単数扱い》精神力学.

psỳ·cho·gén·e·sis [-dʒénisis] *n.* 精神発生; 精神発生学. ◇ **psỳ·cho·ge·nét·ic** [-dʒinétik] *a.*

psỳ·cho·gén·ic [-dʒénik] *a.* 〘心〙精神から起こる; 心理作用による, 心因性の.

psychol. psychological; psychology.

psỳ·cho·lóg·ic [sàikəládʒik/-lɔ́dʒ-] ＝psychological.

***psỳ·cho·lóg·i·cal** [sàikəládʒik(ə)l/-lɔ́dʒ-] *a.* **心理学の**, 心理(学)的の. ～ **moment** 〘心〙心理的好機; 〘俗〙しおどき, 絶好の機会. ～ **warfare** 心理〔神経〕戦. ◇ **～·ly** [-i] *ad.*

‡**psy·chól·o·gy** [saikálədʒi/-kɔ́l-] *n.* **1 心理学**. **2** 心理(状態). ***abnormal*** ～ 異常心理(学). ***mob*** ～ 群集心理. ◇ **psy·chól·o·gist** [-dʒist] *n.*

psy·chóm·e·try [saikámitri/-kɔ́m-] *n.* **1** 精神測定(学). **2** (神秘的) 感知力《物に触れてその物の性質などを感知する》.

psỳ·cho·neu·ró·sis [sàikon(j)uróusis/-n(j)uər-] *n.* (*pl.* **-ses** [-si:z]) 神経症, ノイローゼ.

psỳ·cho·neu·rót·ic [-rátik/-rɔ́t-] *a., n.* 精神神経症の(人).

psý·cho·path [sáikəpæθ] *n.* 精神病者; 異常性格者. [√path-] ◇ **psỳ·cho·páth·ic** *a.* 精神病の〔にかかった〕. 「(専門) 医 (alienist).

psy·chóp·a·thist [saikápəθist/-kɔ́p-] *n.* 精神病

psỳ·cho·pa·thól·o·gy [sàikopəθálədʒi/-θɔ́l-] *n.* 精神病理学. ◇ **-gist** [-dʒist] *n.*

psy·chóp·a·thy [saikápəθi/-kɔ́p-] *n.* 精神病, 精神錯乱; 〘俗〙精神療法. [√path-]

psỳ·cho·phýs·ics [sàikofíziks] *n. pl.* 《単数扱い》精神物理学. 「病, 精神異常.

psy·chó·sis [saikóusis] *n.* (*pl.* **-ses** [-si:z]) 精神

psỳ·cho·so·mát·ic [sàikosomǽtik] *a.* 精神身体相関の. ～ **medicine** 精神身体医学(治療). ◇ **～s** *n. pl.* 《単数扱い》＝～ medicine.

psỳ·cho·thér·a·py [sàikoθérəpi/sái-] *n.* 《暗示・催眠術による》精神療法, 心理療法. ◇ **-pist** *n.*

psy·chót·ic [saikátik/-kɔ́t-] *a.* 精神病の.
—— *n.* 精神病者.

psy·chróm·e·ter [saikrámitər/-krɔ́m-] *n.* 湿度計. → hygrometer.

psý·war [sáiwɔ̀:r] *n.* ＝psychological warfare.

Pt 〘化〙platinum. **pt.** part; payment; pint; point; port. **P.T.A.** Parent-Teacher Associa-

ptár·mi·gan [tá:rmigən] *n.* 〘鳥〙雷鳥. ⌊tion.

PT boat [pí:tí:-bóut] 〘米: 海軍〙哨戒(しょう)用魚雷艇. [<*p*ropeller *t*orpedo]

Pte. 〘英〙Private (soldier) (＝㊊ Pvt.)

ptér·i·do·phyte [téridofàit] *n.* 〘植〙シダ類.

ptèr·o·dác·tyl [tèrədǽktil/(p)tèr-] *n.* 〘古生〙翼竜(よくりゅう).

Ptg. Portugal; Portuguese. **P.T.O., p.t.o.** Please turn over. 裏面へ続く.

Ptòl·e·má·ic [tàliméiik/tɔ̀l-] *a.* **1** トレミー (Ptolemy) の; 天動説の. **2** 《古代エジプトの》トレミー王朝の. ～ **system** 《トレミーの》天動説.

Ptól·e·my [tálimi/tɔ́l-] *n.* **1** Claudius ～ 《紀元 2 世紀ごろの Alexandria の天文学者・数学者. 天動説を唱えた》. **2** エジプト王, トレミー王朝.

ptó·main(e) [tóumein, —ˊ] *n.* 〘化〙プトマイン: ～ poisoning プトマイン中毒.

pts. parts; payments; pints; points; ports.

ptý·a·lin [táiəlin] *n.* 唾液(だえき)素.

Pu 〘化〙plutonium.

pub [pʌb] *n.* 〘英話〙**1** 酒場, 居酒屋. **2** 宿屋. (***do***) ***a*** ～ ***crawl*** はしご酒(をする). [<*pub*lic house]

pub. public; publication; published; publisher; publishing.

pú·ber·ty [pjú:bərti] *n.* 思春期, 発情期, 年ごろ; 〘植〙開花期. ***arrive at*** ～ 年ごろになる, 色気づく. ***the age of*** ～ 青春期《法律的には男子14歳, 女子12歳》. 「軟毛, 柔毛.

pú·bes [pjú:bi:z] *n. pl.* 〘医〙陰毛; 陰部; 〘動・植〙

pu·bés·cent [pju:bésnt] *a.* **1** 思春期に達している, 年ごろの. **2** 〘植・動〙軟毛でおおわれている; 軟毛の. ◇ **-cence** *n.*

pú·bic [pjú:bik] *a.* **1** 陰毛の; 陰部の. **2** 恥骨の. ～ **bone** 恥骨.

pú·bis [pjú:bis] *n.* (*pl.* **pú·bes** [-bi:z]) 〘医〙恥骨.

‡**púb·lic** [pʌ́blik] *a.* **1 公衆の**, 一般国民の: ～ interests 公共の利益. **2 公共の**, 公共に属する: ～ debt [loan] 国債, 公債. **3 公立の**, 公設の: a ～ market 公設市場. **4** 公の: ～ life 公的生活. ～

spirit 公共心; 愛国心. **5** **公開の, 公然の**: make a ～ protest 公然と抗議する. **6** 評判の, 知らぬ者のない: a ～ scandal 周知の醜聞. a matter of ～ knowledge 知れわたった事柄. ⇔ private. **7** 〘稀〙 国際的な. ***make*** ～ 公表〔刊行〕する.

―― *n.* **1** **公衆**, 民衆; (一般) 社会, 世間: the general ～ 一般公衆〔社会〕. **2** …界, …社会, …仲間: the cinema-going ～ 《集合的》映画ファン. **3** 〘英俗〙 = ～ house. ***in*** ～ 公然と. ***the*** ～ ***at large*** 一般公衆.

～-address system 拡声装置. ～ **auction** 〔**sale**〕 競売. ～ **bidding** 〘米〙 入札. ～ **bill** 公共関係法案. ～ **comfort station** 〔**convenience**〕 〘米俗〙 公衆便所. ～ **debate** 立会演説会. ～ **domain** 〘米〙 国有〔州有〕地; 《特許・著作権などの》権利消滅状態. ～ **education** 学校教育; 〘英〙 public school 式教育. ～ **enemy** 社会〔民衆〕の敵《犯罪者など》; 敵国. ～ **entertainer** 芸能人. ～ **funds** 公債. ～ **good** 〔**benefit**〕 公益. ～ **health** 公衆衛生. ～ **hearing** 公聴会. ～ **holiday** 祝〔祭〕日; 公休日. ～ **house** 〘英〙 酒場, 居酒屋; 宿屋. ～ **law** 公法. ～ **library** 公立〔公開〕図書館. ～ **man** 公人. **～·mínd·ed** 公共心のある, 愛国心のある. ～ **nuisance** 公的不法妨害; 公害. ～ **office** 官公署; 官職, 公職. ～ **opinion** (**poll**) 世論 (調査). ～ **peace** 公安. ～ **policy** 〘法〙 公序良俗. ～ **property** 公共物〔財産〕. ～ **prosecutor** 検察官. ～ **relations** 広報活動; 渉外事務《略 P.R.》. ～ **safety** 治安. ～ **school** 〘米〙《初・中等》公立学校; 〘英〙 私立中等・高等学校《上流子弟のための自治・寄宿制の大学予備校で Eton, Harrow, Rugby などが有名》. ～ **servant** 〔**officer**, **official**〕 公務員. ～ **service** 公務, 公用; 公益事業. **～(-service) corporation** 公 (益) 法人, 公共企業体, 公共団体, 公社. ～ **speaker** 公述人《国会の公聴会で意見を述べる人》. ～ **speaking** 話術; 演説. **～-spír·it·ed** = publicminded. ～ **stores** 軍需品; 〘米〙 税関倉庫. ～ **utility** 公益事業〔施設〕; (*pl.*) 公益事業株. ～ **welfare** 公共福祉. ～ **works** (公共) 土木工事.

◇ *****～·ly*** *ad.* 公に, 公然と; 大っぴらに; 世論で.

púb·li·can [pʌ́blikən] *n.* **1** 〘古ローマ〙 収税人. **2** 〘英〙 居酒屋〔宿屋〕の主人.

‡pùb·li·cá·tion [pʌ̀blikéiʃ(ə)n] *n.* **1** **発表**, 公表; 発布: the ～ of a person's death 死亡の公表. **2** 刊行, **出版**, 発行; 出版〔刊行〕物: a monthly 〔weekly〕 ～ 月刊〔週刊〕出版物. **3** 《公表の》著書, 論文. → 動詞 publish.

púb·li·cist [pʌ́blisist] *n.* **1** 国際法学者. **2** 政治評論家; 政治記者. **3** 宣伝係.

pub·líc·i·ty** [pʌblísiti, pəb-] *n.* **1** **周知**, 知れわたること, 周知の状態. ↔ privacy. **2** **名声**, 評判. **3** 宣伝, 広告 (文・手段). ***avoid 〔***shun***〕 ～ 世評を避ける. ***court*** 〔***seek***〕 ～ 売名行為をする. ***give*** ～ ***to*** を公にする; を宣伝する.

～ **agent** 〔**man**〕 広告代理業者, 《俳優などの》宣伝係. ～ **hound** 〘米〙 新聞に名前を載せたがる人.

púb·li·cize [pʌ́blisàiz] *vt.* **1** 公表する. **2** 宣伝〔広告〕する.

‡púb·lish [pʌ́bliʃ] *vt.* **1** **発表する, 公表する**, ひろうする; 〈牧師が婚約を〉発表する: ～ the news. **2** 〈法律などを〉公布する: ～ an edict 勅令を公布する. **3** 〈本などを〉**出版する**: a ～*ing* house 〔company, firm〕 出版社. **4** 〘米〙 〈にせ金などを〉使う.

―― *vi.* **1** 発行する; 出版事業をする: They ～ every day except Sunday. **2** 《著作を》出版する《から *with*》. → 名詞 publication.

‡púb·lish·er [pʌ́bliʃər] *n.* **1** **出版業者; 発行者**. **2** 〘米〙 新聞経営者. **3** 発表者, 公布者.

puce [pju:s] *n.*, *a.* 暗かっ色 (の).

puck [pʌk] *n.* **1** (P～) パック (Robin Goodfellow) 《いたずら好きの小妖精》. **2** いたずら小僧. **3** 《アイスホッケー用の》ゴム製円盤. ◇ **～·ish, ～·like** *a.* 小妖精(ようせい)のような, いたずらな, わがままな.

púck·a [pʌ́kə] *a.* ほんものの, 信用できる. [＜Hind.]

púck·er [pʌ́kər] *vi.* **1** しわになる, ひだになる. **2** 〈口が〉すぼむ《*up*》. ―― *vt.* **1** にしわをよせる, にひだをとる. **2** 〈口を〉すぼませる《*up*》. ～ ***up the face*** 顔をしかめる. ―― *n.* **1** ひだ, しわ. **2** 〘俗〙 ろうばい, 当惑. ***in a*** ～ 〘俗〙 そわそわして, ろうばいして. ***in*** ～***s*** しわ〔ひだ〕になって.

pud [pʌd] *n.* 〘小児語〙 おてて; 《犬・ネコなどの》前足.

‡púd·ding [púdiŋ] *n.* **1** **プディング** 《卵・牛乳・甘味・香料などを麦粉に入れて蒸した菓子》. **2** プディングのような (柔らかい) もの. **3** **実質的な報酬**. **4** きざみ肉・あぶら肉を詰めた腸詰め.

(***as***) ***fit as a*** ～ 〘米〙 ぴったりの, ふさわしい. ***more praise than*** ～ (実の伴わない) からせじ. ～ ***rather than praise*** 「花よりだんご」. ***The proof of the*** ～ ***is in the eating.*** 〘諺〙 論より証拠.

～ **face** 無表情で丸い顔. **～·head** [ˊ-ˋ] まぬけ. ～ **heart** 無気力な人. ～ **house** 〘米俗〙 胃. ～ **pie** 〘英〙 肉プディング. ～ **stone** 〘地〙 レキ岩.

◇ **～·y** [-i] *a.* プディングのような; 重苦しい, 《知力などが》鈍い.

púd·dle [pʌ́dl] *n.* **1** 水たまり. **2** 《粘土・砂・水を混ぜた》こね土. **3** 〘俗〙 ごたごた.

―― *vt.* **1** に水たまりをつくる. **2** 〈水を〉どろだらけにする. **3** 〈土を〉こねる. **4** にこね土を塗る; 〈漏水を〉こね土で防ぐ. **5** 〈溶鉄を〉攪錬(かくれん)する. ―― *vi.* **1** どろをはねかえして歩く《*about*》. **2** 水たまりができる: The backyard was ～*ling*.

～ **jumper** 〘俗〙 小型〔老朽〕車; ローカル線の列車〔バス, 飛行機〕.

◇ **púd·dler** *n.* 錬鉄者; 溶鉄攪錬器, 錬鉄炉.

púd·dly [pʌ́dli] *a.* **1** 水たまりになった〔のような〕; 水たまりの多い. **2** 泥だらけの, 濁った.

pú·den·cy [pjú:d(ə)nsi] *n.* 内気, はにかみ.

pu·dén·da [pju:déndə] *n. pl.* (*sing.* **-dum** [-dəm]) 〘医〙《女性の》外陰部.

pudge [pʌdʒ] *n.* 〘話〙 ずんぐりした人〔動物〕.

púdg·y [pʌ́dʒi] *a.* 〘話〙 ずんぐりした. ◇ **-i·ly** *ad.* **-i·ness** *n.*

puéb·lo [pwéblou/puéb-, pwéb-] *n.* (*pl.* ～**s**) **1** 《アメリカ西南部の石・れんがづくりの》原住民部落. **2** (P～) プエブロ族 (= P～ Indian). **3** (P～) アメリカ Colorado 州の都市.

pú·er·ile [pjú:əril/pjúərail] *a.* 子どもらしい, 子どもっぽい; たわいない, 未熟な. ◇ **～·ly** *ad.*

pù·er·íl·i·ty [pjù:əríliti/pjuər-] *n.* **1** 子どもじみていること, 幼稚さ; 子どもじみた言行. **2** 幼年《民法では男子7–14歳, 女子は7–12歳》.

pu·ér·per·al [pju:ə́:rpərəl] *a.* 〘医〙 出産の, 分娩(ぶんべん)の, 産褥(さんじょく)の. ～ **fever** 産褥熱.

pù·er·pé·ri·um [pjù:ərpí(:)riəm/-píər-] *n.* 産褥.

Puèr·to Rí·co [pwὲərtə-rí:kou/pwə́:tə-] *n.* プエルトリコ《西インド諸島中の島. アメリカ領》.

◇ **Puèr·to Rí·can** [-rí:kən] *a.*, *n.* プエルトリコの (住民).

‡puff [pʌf] *n.* **1** **プッと吹くこと**〔音〕; 一吹き: a ～ of wind 一陣の風. **2** 《たばこの》一服, 一吸い: have a ～ at a pipe 一ふかしする. **3** ふくれた部分《髪・ドレスなどの》; ふくれたもの《こぶ・はれなど》: a ～ of hair ふくらませた髪. **4** パフ, 化粧ばけ (= powder ～). **5** 羽根ぶとん. **6** 軽焼き菓子, シュークリーム. **7** 大げさなほめことば, ちょうちんもち; 自己宣伝: give a ～ 《特に新聞などで》ほめそやす. **8** 〘米俗〙 おくびょう者; 〘英俗〙 同性愛の人.

get a good ～ 大いに賞賛される, 好評を博す.

―― *vi.* **1** プッと吹く《*out, up, away*》: He was ～*ing* (*away*) at his cigar. 彼は葉巻きをふかしてい

た. Smoke ~*ed up* from his pipe. 彼のパイプから煙がぱっぱっと出た. **2** はあはあいいながら動く; あえぐ: He was ~*ing* hard when he jumped on to the bus. バスに飛び乗ったとき, ふうふういっていた. **3** ふくれる《*up, out*》: The sails ~*ed up*. 帆がふくらんだ. **4** 慢心する, 得意がる, てんぐになる《*up*》. **5** 〘英〙《競売で》値をせり上げる. **6** 〘古〙鼻であしらう.
—— *vt.* **1** ‹煙などを› 吹く《*out, up, away*》; 吹き払う《*away*》: ~ *out* the candle ろうそくを吹き消す. **2** ふくらます; ‹髪を› ふわふわふくらませる: He ~*ed* out his chest with pride. 彼は誇りで胸をふくらませた. **3** 得意がらせる《*up*》: be ~*ed up* with pride 慢心している. **4** むやみとほめたてる; ふいて回る; (誇大) 宣伝する. **5** にパフでおしろいをつける; ‹おしろいを› はく, 塗る. **6** 〘話〙息切れしながら言う: manage to ~ *out* a few words あえぎながらやっと数語言う. **7** ハッハッ [パッパッ, ポッポッ] と音をたてながら動かす. **8** 〘英〙‹値を› せり上げる《競売で》.
~ ***and blow*** [***pant***] あえぐ. ~ ***out*** (1) あえぎながら言う. (2) プッと吹き消す. (3) ふくらます. ~ ***up*** ふくれ上がる; 得意がる; 得意がらせる.
~ **adder** アフリカ産の大毒ヘビ《怒るとからだをふくらます》. **~·ball** [ˊ-ˋ] 〘植〙(1) ホコリダケ. (2) 冠毛のついたタンポポの実. ~ **box** パフ入れ, 粉おしろい箱. ~ **paste** 軽焼き菓子用こね粉. **~-~** →別項.

púff·er [pʌ́fər] *n.* **1** プッと [パッと] 吹く人 [物]. **2** やたらにほめたてる人; 《競売の》さくら. **3** 〘魚〙フグの類. **4** 〘小児語〙汽車ぽっぽ. ◇ **~·y** [-fəri] *n.* 大げさにほめること, 吹聴(ふいちょう), 宣伝.

púf·fin [pʌ́fin] *n.* 〘鳥〙ツノメドリ.

púff-puff [pʌ́fpʌ̀f] *n.* 《汽車などの》ポッポ (という音); 〘小児語〙汽車ぽっぽ, 機関車.

púff·y [pʌ́fi] *a.* **1** 《風など》プーッと吹く, 一陣の. **2** 息切れしている, あえぐ. **3** ふくれた; 肥満した. **4** 〘稀〙誇張した; 思い上がった, 自慢する. ◇ **-i·ly** *ad.* **-i·ness** *n.* **1** ふくれ; 〘医〙腫脹(しゅちょう). **2** 自慢; 宣伝.

pug[1] [pʌg] *n.* **1** パグ (= pugdog) 《チンの一種. ブルドッグのような顔をしている小犬》. **2** =~ nose. **3** 《愛称》キツネ, サル. **4** 〘英〙大家(たいか)の召使がしら. **5** 〘英〙《操車用の》小機関車.
~·dog [ˊ-ˋ] =pug ①. ~ **nose** しし鼻《正確には上向きの鼻》. **~-nosed** [ˊ-ˋ] しし鼻の.

pug[2] *n.* こね土. —— *vt.* (**-gg-**) ‹粘土を› こねる; にこね土を詰める, こね土でふさぐ; 〘建〙に防音用しっくいを塗る. **~·mill** [ˊ-ˋ] こね土機.
◇ **~·ging** *n.* 土こね; 〘建〙防音用のしっくい.

pug[3] *n., vt.* (**-gg-**) 《獣の》足跡 (をたどる).

pug[4] 〘米俗〙=pugilist.

púg·gree [pʌ́gri], **púg·ga·ree** [pʌ́gəriː/-ri] *n.* **1** インド人の用いる軽いずきん. **2** 《ヘルメット帽の後ろにたらす》日よけ用たれ (布).

pugh [pjuː] *int.* ふん!, ふーん!, へん!, えへん! 《けいべつ・憎悪(ぞうお)・反感などをあらわす》.

pú·gil·ism [pjúːdʒiliz(ə)m] *n.* 拳闘(けんとう), ボクシング. ◇ **-ist** *n.* 拳闘家, 《特に》プロボクサー. **pù·gil·ís·tic** [pjùːdʒilístik] *a.* 拳闘 (家) の.

pug·ná·cious [pʌgnéiʃəs] *a.* けんか好きな. [√pugn-] ◇ **~·ly** *ad.* **~·ness** *n.* **pug·nác·i·ty** [-nǽsiti] *n.*

púis·ne [pjúːni] *a.* **1** 年下の; 後輩の, 下位の: ~ judge 陪席判事. **2** 〘法〙あとの, その次の《*to*》. —— *n.* 下位の人; 後輩; 陪席判事.

pú·is·sant [pjúːisnt, ㊊⁺pjuːísnt] *a.* 〘雅・古〙勢力 [権力] のある, 強大な. [√pot-]
◇ **~·ly** *ad.* **pú·is·sance** [-sns] *n.* 権力, 力.

puke [pjuːk] *n.* 嘔吐(おうと); 嘔吐したもの; 吐剤.
—— *vi., vt.* 吐く.

púk·ka(**h**) =pucka.

púl·chri·tude [pʌ́lkrit(j)ùːd/-tjuːd] *n.* (肉体的な) 美しさ.

pule [pjuːl] *vi.* ‹子どもなどが› か弱い声で泣く, しくしく泣く; ‹ひななどが› ピーピー泣く.

púl·ing [pjúːliŋ] *a.* 鼻を鳴らす, くすんくすん泣く.
◇ **~·ly** *ad.*

Púl·itz·er [pjúːlitsər/púl-] *n.* Joseph ~, 1847–1911, ハンガリー生まれのアメリカのジャーナリスト. ピュリツァー賞の制定者. ~ **Prize** ピュリツァー賞《アメリカ市民に限り毎年与えられる新聞・文学賞》.

†**pull** [pul] *vt.* **1** 引く, 引っぱる: ~ a cart 荷車を引く. ~ the trigger 引き金を引く. ~ a bell 鐘の綱を引く, 鐘を鳴らす. ↔ push. **2** 引き寄せる, 引いて動かす: *P*~ your chair near the fire. いすを火のそばへお寄せなさい. **3** ‹注文・客を›引き集める, 引く; ‹投票などを›集める, 獲得する. **4** ‹オール・ボートを›こぐ; ‹船が…本のオールを›備えている: This boat ~*s* six oars. このボートはオール6本でこぐ. **5** 引き離す; 引き出す, 引き抜く《*out*》; 引きちぎる《*off*》: ~ a tooth (*out*) 歯を抜く. ~ a revolver *out* 拳銃(けんじゅう)を取り出す. ~ a cloth to pieces 布をぼろぼろに引き裂く. **6** ‹花・果実などを› 摘み取る, むしる: ~ flowers. **7** ‹鳥の› 毛をむしる, ‹生皮の› 毛をとる. **8** 引き伸ばす, ‹筋肉などを› 無理に使う: ~ a yarn 長話をする. The runner ~*ed* a ligament in his foot. 走者は足の靱帯(じんたい)をいためた. **9** 〘印〙‹校正刷りを› 手刷りにする: ~ a proof. **10** ‹馬を› 引きとめる, 〘競馬〙‹馬を› 制する《勝たせないように》. **11** 〘ボクシング〙‹パンチの› 力をかげんする. **12** 〘ゴルフ〙‹ボールを› 左へ曲げて打つ; 〘クリケット〙三柱門の off 側から on 側へ打つ. **13** 〘俗〙‹警官が犯人を› 逮捕する, ‹賭博場などを› 手入れする: ~ a pickpocket すりをつかまえる. **14** 〘俗〙‹計画・詐欺などを› やってのける: You can't ~ that stuff on me. そんな手には乗らないぞ.
—— *vi.* **1** 引く, 引っ張る《を *at*》: ~ *at* one's tie ネクタイを (ちょっちょっと) 引っ張る. ~ *at* a rope 綱を引く. ↔ push. **2** 舟をこぐ, ‹舟が› 動く: ~ for the shore 岸に向かって進む. **3** ‹馬・エンジンなどが› 車を引く, 進む; ほねおって進む《へ *for, towards*; を通って *through*》: ~ heavily 苦しそうに進む. ~ up the hill 丘を登る. They are ~*ing* different ways. 〘話〙あの人たちはそりが合わない. **4** 酒 [たばこ] をのむ《から *at*》: ~ *at* a bottle びんからじかに飲む. ~ *at* a pipe パイプをくゆらす. **5** 顧客を引き寄せる; 人気を集める.
~ ***about*** (1) 引っ張り回す, あちこちへ連れて行く. (2) 荒っぽく扱う. ~ ***a fast one*** 〘米俗〙だます. ~ ***ahead*** 先頭に出る. ~ ***a long face*** 憂うつな顔をする, ふさぎこむ. ~ ***a long oar*** 独力でやる. ~ ***and haul*** 引っ張り回す. ~ ***apart*** (1) 引き離す; 引き切る. (2) ばらばらに (分解) する. (3) …のあら捜しをする. ~ ***asunder*** ばらばらにする. ~ ***a thing on*** a person 〘話〙だます. ~ ***back*** (1) 退く. (2) 引きもどす; …のじゃまをする, の足手まといになる. ~ ***back from*** …から引き下がる; ‹約束› をほごにする. ~ a person ***by the nose*** = ~ person'***s nose*** (人)の鼻を引っ張る《侮辱を示す》. ~ ***caps*** [***wigs***] けんかする. ***P~ devil,*** ~ ***baker!*** = ***P~ dog,*** ~ ***cat!*** 両方ともがんばれ! 《綱引きなどのかけ声》. ~ ***down*** (1) 取りこわす, 引き倒す. (2) ‹価値を› 落とす. (3) 衰弱させる. (4) 〘米俗〙‹定収入を› 得る, かせぐ. ~ ***down*** one'***s house about*** one'***s ears*** 自殺的行為に出る. ~ ***faces*** [***a face***] 顔をしかめる. ~ ***foot*** [***it***] 〘俗〙逃げる. ~ ***for*** 〘話〙を助ける, を後援する. ~ ***in*** (1) ‹首などを› 引っ込める; 後退させる. (2) 節約する. (3) ‹汽車などが› 駅にはいる. (4) 〘俗〙逮捕する. ***P~ in your ears*** [***neck***]. 〘米俗〙気をつけろ; そう向きになるな; 考え直せ. ~ ***off*** (1) ‹ふた・くつ下などを› 引っ張ってとる, 急いで脱ぐ. (2) ‹賞を› さらう, 獲得する; ‹競争に›勝つ. (3) 首尾よくやりとげる. (4) 舟を出す; 立ち去る. (5) から引き離す: ~ the plane *off* the ground 飛行機を離陸させる. ~ ***on*** ‹衣類を›身につける. ~ a knife ***on*** a person (ナイフ)を抜いて(人)に突きつける.

~ *out* (1) 引き出す, 取り出す; 引き抜く, <歯などを>抜く. (2) <話などを>長引かせる. (3) 舟をこぎ出す. (4) <列車が> 駅を発車する; 去る. **~** a thing [person] ***out of the fire*** 失敗[破滅]から救う; の勢いを盛り返す, の敗北を勝利に転ずる. **~ *over*** (1) ひっくり返す, くつがえす. (2) 引き寄せる. (3)〖話〗車を道ばたに寄せる. (4) <帽子などを> …の上に引きおろす. **~ *round*** (1) 健康を回復する[させる]. (2) 意識を取りもどす; に意識を取りもどさせる. **~** a person***'s sleeve*** = **~** a person ***by the sleeve*** (人)のそでを引いて注意する. **~ *through*** (難局・困難を) 切り抜ける [させる]; …から助かる. **~ *together*** 協力して働く. **~** one***self together*** 病気がなおる; 気をとり直す; 元気を回復する. **~ *to* [*in*] *pieces*** ずたずたに切り裂く; こきおろす. **~ *up*** (1) 引き抜く; 取り除く. (2) <馬・車を> 止める; <馬・車が> 止まる. (3)〖俗〗非難する. **~ *up to* [*with*]** に追いつく, に匹敵する. **~** one***'s weight*** からだの重みをかけてこぐ; 自分の力に応じたことをやる.
—— *n.* **1** 引くこと, 一引き. **2** 引っ張る力, 牽引(けんいん)力. **3** ほねおり. **4**《酒などの》一飲み;《たばこの》一服. **5**《ドアの》取っ手, 引き綱. **6**〖競馬〗《故意に負けるため》手綱を控えること. **7**《銃の》引き金を引くこと. **8**〖印〗手刷り, 校正刷り. **9**〖ゴルフ・野球〗左曲打. → slice. **10**〖俗〗コネ, 手づる. **11** 魅力, 利点.
give a ~ at を引っ張る. ***have a ~***〖俗〗一こぎする. ***have* [*take*] *a ~ at the bottle***〖俗〗(酒を) ぐっと一杯やる. ***have a* [*the*] *~ over* [*of, on, upon*]** a person (人) にまさる. ***have a ~ with*** に手づるがある. ***long ~***《酒などの》おまけ.
~·back [⌐⌐] 引きもどすこと; 障害, じゃま; 引きもどし装置. **~-down** [⌐⌐] 折りたたみ式の: a ~-*down* bed. **~ hitter**〖野球〗引っ張って打つ打者. **~-in**〖英〗乗り入れ式食堂(=㊊ drive-in). **~-on** [⌐⌐] *a. n.*, 引っ張ってかぶる[はく, はめる] (もの)《セーター・手袋など》. **~-out** [⌐⌐] (1)〖空〗引き起こし《急降下後水平姿勢へ移る動作》. (2)《本の中の》折り込みページ [図版]. **~·ò·ver** プルオーバー(式の)《頭からかぶって着るセーターなど》. **~-through** [⌐⌐] (1)《一端におもりを, 他端にぼろをつけた》銃身そうじ用綱. (2)〖軍俗〗のっぽのやせっぽち. **~-up** [⌐⌐] (1) 停止, 休憩;《馬車などの》駐車場. (2)〖空〗《水平飛行からの》急上昇.

(類義語) 引く: **pull** push の反意語. draw に比べ瞬間的で力がはいっている: *pull* a door open 戸を引きあける. *pull* an oar オールを引く, こぐ. **draw** pull に比べ緩慢で長く続くことが多い: *draw* a curtain カーテンを引く. **drag** 重い物をゆるりと引きずる. 引く運動に全身の力がこめられているばあいが多い: *drag* a heavy box along the corridor 重い箱を廊下沿いに引きずる. **tug** 力をこめて引っ張る. ただし相手が動くとは限らない: He *tugged* at the rope to no avail. 彼は綱を引いたがむだだった. **haul** 重い物を機械などで徐々に引く.

pulled [puld] *a.* 摘み取った, 毛をむしりとった; 元気の衰えた.
~ bread 焼き直したパン. **~ fig** 干しイチジク.

púll·er [púlər] *n.* **1** 引く人 [物]; 引き抜き道具. **2** 摘み手, むしり手;《舟の》こぎ手. **3** はみに逆らう馬. **~·ín**〖米〗(店の) 客引き.

púl·let [púlit] *n.*《特に1歳未満の》若いめんどり.

púl·ley [púli] *n.* 滑車, ベルト車. ***driving ~*** 主動滑車. ***fast* [*fixed*] *~*** 固定滑車. ***idle* [*loose*] *~*** 遊び車.
—— *vt.* に滑車を取り付ける; 滑車で上げる [動かす].

púl·li·cate [pʌ́likit, -kèit] *n.* 染めハンカチ (地).

Púll·man [púlmən] *n.* (*pl.* **-mans**)〖鉄道〗プルマン式車両 (=~ car)《アメリカ人 G. M. Pullman の設計した豪華な特別客車または寝台車》.

púl·lu·late [pʌ́ljulèit] *vi.* **1** 発芽 [出芽] する; 繁殖する. **2** (たくさん) うようよしている. **3** <意見・教義などが> かずかずあらわれる.
◇ **-lant** *a.* **pùl·lu·lá·tion** [⌐–léiʃ(ə)n] *n.*

púl·ly-haul [púlihɔ̀:l] *vt., vi.* 力いっぱい引く.
◇ **-hàul·y** *a., n.*〖英話〗引く [引っ張る] (こと).

púl·mo·nar·y [pʌ́lmənèri/-nəri] *a.* **1** 肺の; 肺を冒す; 肺病の. **2**〖動〗肺を有する. **~ artery** 肺動脈. **~ complaints** [**diseases**] 肺疾患. **~ tuberculosis** 肺結核. **~ vein** 肺静脈.

púl·mo·nate [-nit] *a.* 肺 [肺状器官] のある;〖動〗有肺類の. **——** *n.*〖動〗有肺類の動物.

pul·món·ic [pʌlmánik/-mɔ́n-] *a.* 肺の; 肺病の. **——** *n.* 肺病患者.

púl·mo·tor [pʌ́lmòutər, ㊊⁺púl-] *n.* 人工呼吸器《窒息者蘇生(そせい)用》; (P~) その商標名.

pulp [pʌlp] *n.* **1** 果肉; 柔らかい固まり. **2** パルプ《製紙原料》; (パルプのように) どろどろしたもの. **3**〖医〗歯髄. **4**〖冶〗パルプ, 鉱泥(こうでい). **5** (通例 *pl.*)〖俗〗三文雑誌 [本]《粗悪紙を使った扇情的で俗悪なもの》. ***beat*** a person ***to a ~*** (人を) こてんこてんにやっつける. ***be reduced to* (*a*) ~** (1) パルプになる; どろどろになる. (2) 疲れ果てる.
—— *vt.* パルプにする, どろどろにする; <コーヒー豆から> 果肉を除去する. **——** *vi.* パルプになる; 柔らかくなる. **~·wood** パルプ材. ◇ **~·er** *n.* **1**《コーヒー豆の》果肉採取器. **2** パルプ製造機.

púlp·i·fy [pʌ́lpifài] *vt.* パルプ化する, どろどろにする.

púl·pit [púlpit] *n.* **1** 説教壇. **2** (the ~)《集合的》牧師, 聖職者; 宗教界. **3**《捕鯨船のもりを撃つための》箱形の台. **4**〖空俗〗操縦席. ***occupy the ~*** 説教する.

pulpit ①

pùl·pit·éer [pùlpitíər] *n.*《けいべつ的》説教師 [屋].

púlp·y [pʌ́lpi] *a.* 果肉状[質]の; パルプ状の; 柔らかな, どろどろの, しるの多い.
◇ **-i·ness** *n.*

púl·que [púlki, pú:lkei] *n.* リュウゼツラン酒《メキシコ産》.

púl·sate [pʌ́lseit/–⌐, ⌐–] *vi.* **1** <脈などが> 打つ, 正しく鼓動する. **2** どきどきする; 震える. **3**〖電〗<電流が> 脈動する. **——** *vt.* <ダイヤモンドを> 土からふるい分ける《機械で》. [<pulse]

púl·sa·tile [pʌ́lsət(i)l/-tail] *a.* **1** 脈打つ, どきどきする. **2**〖楽〗《楽器など》打って鳴らす.
—— *n.*〖楽〗打楽器.

pul·sá·tion [pʌlséiʃ(ə)n] *n.* **1** 脈動, 脈搏(みゃくはく); 動悸(どうき). **2** 波動; 振動;《電流の》脈動.

pulse**[1] [pʌls] *n.* **1** 脈搏(みゃくはく), 鼓動, 動悸(どうき): His ~ is still beating. 彼の脈はまだ打っている. **2**〖物〗パルス,《電波などの》瞬間波動. **3**《一般に生命・感情などの》律動: the ~ in music 音楽の拍子. **4** 意向, 気分; 傾向: feel the ~ of …の「脈」をみる, …の意向 [傾向] を探る. ***feel a person***'s ~*** (人) の脈をみる; 意中を探る. ***stir*** a person***'s ~s*** (人) を興奮させる. **——** *vi.* 脈打つ, 鼓動する. **——** *vt.* <電磁波などを>律動的に出す《*in, out*》. [√pel(l)-]
~·jet [⌐⌐] 間欠ジェット (=aeropulse): ~*jet* engine〖空〗パルスジェットエンジン.
◇ **~·less** *a.* 脈搏のない; 活気 [生気] のない.

pulse[2] *n.*《集合的》豆類; 豆.

pul·sím·e·ter [pʌlsímitər] *n.*〖医〗脈搏計.

pul·sóm·e·ter [pʌlsámitər/-sɔ́m-] *n.* **1** 真空ポンプ (vacuum pump). **2** =pulsimeter.

púl·ver·ize [pʌ́lvəràiz] *vt.* **1** 粉にする, 砕く; <液体を> 霧状にする. **2** <議論などを> 打ち破る, 粉砕する. **——** *vi.* 粉になる, 砕ける.
◇ **-iz·er** [-ər] *n.* 粉砕機; 噴霧器; 粉砕者.
pùl·ver·i·zá·tion [pʌ̀lvərizéiʃ(ə)n, -raiz-] *n.*

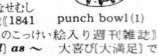

pú·ma [pjúːmə] *n.* (*pl.* **〜s**, 《集合的》 〜)〔動〕ピューマ, アメリカライオン (cougar, mountain lion); その毛皮.

púm·ice [pʌ́mis] *n.* 軽石, 浮き石 (= 〜 stone). ── *vt.* 軽石でみがく〔こする〕. ◇ **pu·mí·ceous** [pjuːmíʃəs] *a.* 軽石の, 軽石状の; 軽石質の.

púm·mel [pʌ́ml] *vt.* (**-l-**, [英]**-ll-**)《げんこつで》連打する (pommel).

‡**pump**[1] [pʌmp] *n.* **1** ポンプ: a bicycle 〜《自転車の》空気入れ. **2** 誘導尋問; かまをかける人. **3**〔卑俗〕のろま. **4**〔俗〕心臓. ***fetch a 〜*** ポンプに迎え水を差す.
── *vt.* **1** ポンプでくむ《*up, out*》. **2** から水をくみ出す, くみ出してからにする: 〜 a well dry 井戸をくみ干す. **3** 〈液体・空気などを〉押し送る〔出す, 入れる〕. **4** 〈のろい・弾丸などを〉浴びせかける. **5** にポンプで空気を入れる《*up*》: 〜 *up* the tires. **6** 教え込む, 注入する: 〜 facts into the heads of one's pupils. **7** 〈人の手などを〉(ポンプのように) 上下に動かす: 〜 one's hand. **8**〔話〕誘導尋問する; にしつこく聞く, にかまをかける. **9** 疲れ〔息切れ〕させる.
── *vi.* **1** ポンプで水をくみ上げる〔吸い出す〕《*out, up*》. **2** ポンプの作用をする. **3** 急に上下する. **4** かまをかけて聞き出す. **5** 頭をしぼる: 〜 *for* words けんめいにことばを捜す.
be 〜ed out 疲労の極に達する. ***〜 a ship*** 船のあかをくみ出す. ***〜 curses upon*** a person 悪口を雨あられと浴びせる.
〜 box《ポンプの》ピストン室. **〜 brake** ポンプの柄. **〜 gun** 連続発射銃《レバーを前後に動かして操作する》. **〜 handle** (1) = 〜 brake. (2)〔話〕大げさな握手 (をする). **〜 priming**〔米〕政府の奨励支出《経済界を刺激するための》. **〜 room** (1)《温泉場の》鉱泉飲み場《大社交広間》. (2)《給水所などの》ポンプ室. **〜·ship** [⸗⸗]〔英俗〕小便 (する). **〜 well** ポンプ井戸.
◇ **〜·er** *n.* ポンプ使用者;《石油の》ポンプ井戸.

pump[2] *n.* パンプス《軽いひもなしのくつ》.

púm·per·nick·el [púmpərnikl] *n.* ライムギの粗製パン.

‡**púmp·kin** [pʌ́mpkin, pʌ́ŋkin/pʌ́m(p)kin] *n.* **1**〔植〕(西洋) カボチャ. **2** (おもに *pl.*)〔米俗〕すばらしいもの, たいした〔重要な〕人〔物〕. **〜 head**〔米〕ばか者,「かぼちゃ頭」. **〜-hèad·ed**〔米〕ばかな, のろまな. **〜·seed** [⸗⸗⸗] カボチャの種子.

pun [pʌn] *n.* しゃれ, 地口(じぐち), ごろ合わせ. ── *vi.* (**-nn-**) 地口〔しゃれ〕を言う; もじる《を *on, upon*》.

Pu·ná·kha [puːnáːkaː] *n.* プナカ《Bhutan の首都》.

*__punch__[1] [pʌntʃ] *n.* **1** 穴あけ道具, 押し抜き具, 打印器;《切符などの》穴あけばさみ, パンチ. **2** 打撃, げんこつで打つこと. **3**〔俗〕迫力, 活気, 効果; 辛らつ: a cartoon without 〜 パンチのきいていない漫画. ***beat to the 〜***〔米俗〕機先を制する. ***bell 〜***《車掌が切符きりを知らせる》鈴付きパンチ. ***figure*** 〔***letter***〕 〜 数字〔文字〕打印器. ***give a 〜 on*** をぶんなぐる. ***pull*** one***'s 〜es*** わざと打撃の力をかげんする.
── *vt.* **1** に穴をあける; に打印する; 〈切符などに〉はさみを入れる. **2** げんこつでなぐる: 〜 a person *about* the body 人の胴をなぐる. 〜 a person's chin = 〜 a person *on* the chin あごにパンチを加える. **3** 棒でつつく;〔米〕〈牛などを〉棒で突っついて追う. **4**〔米俗〕しくじる;〔学生〕〈科目に〉落第する.
〜ing bag 〔***ball***〕(ボクシング練習用の) つり袋〔だま〕. **〜·board**〔米〕《板に多くの穴のあいた当たり番号を示す》一種の賭博(とばく)機械. **〜 card** 穴あけカード, パンチカード. **〜-drunk** [⸗⸗]《ボクサーなどが》ふらふら〔グロッキー〕になった; 混乱〔困惑〕した. **〜 line** 殺し文句,《話の》落ち, 急所. **〜 press** 穴あけ器.
◇ **〜·er** *n.* **1** キーパンチャー, 穴をあける人; パンチャー, 穴あけ器; 打印器. **2**〔米俗〕= cowboy.

punch[2] *n.* **1** ポンチ《ブドウ酒・牛乳または湯・レモン汁・砂糖などを混ぜてつくる飲料》. **2** ポンチを供するパーティー. **3** フルーツポンチ《数種の果汁(かじゅう)・砂糖に炭酸水を加えた飲料》. **4** = 〜 bowl.
〜 bowl (1) ポンチばち. (2)《山間の》すりばち状のくぼ地. **〜 ladle** ポンチさじ.

punch[3] *n.* **1**〔英〕《特にイギリス Suffolk 産の》足の短い太った駄馬(だば). **2**〔英方〕ずんぐりした人〔物〕.

punch bowl (1)

Punch [pʌntʃ] *n.* **1** ポンチ《イギリス人形劇 *Punch and Judy* に出てくる奇怪なせむしの主人公》. **2** ポンチ誌《1841年に創刊されたイギリスのこっけい絵入り週刊雑誌》. (***as***) ***pleased*** 〔***proud***〕 ***as 〜*** 大喜び〔大満足〕で. ***〜 and Judy show*** こっけいなあやつり人形芝居.

pún·cheon [pʌ́ntʃ(ə)n] *n.* **1** 間柱(まばしら);《炭坑内の》支柱. **2**〔米〕《床板にする》割り材. **3** 穴あけ器; 打印器. **4**〔史〕大たる《72–120ガロン入り》; その 1 杯量.

pùn·chi·nél·lo [pʌ̀ntʃinélou] *n.* (*pl.* **〜(e)s**) **1** パンチネロ《17 世紀のイタリア人形喜劇の道化師》. **2** = Punch. **3** (P〜) ずんぐりしたおかしなかっこうの小男〔動物〕.

púnch·y [pʌ́ntʃi] *a.* **1** 力強い (forceful). **2** = punch-drunk. → punch[1].

púnc·tate [pʌ́ŋkteit/-tit], **-tat·ed** [-teitid] *a.*〔生・医〕《特に動植物が》小斑点(はんてん)のある. [√pung-]

punc·tíl·i·o [pʌŋktíliòu] *n.* (*pl.* **〜s**) **1**《儀式・慣例などの》細かい点, 末節. **2** 儀式ばること, 堅苦しいこと. [√pung-]

punc·tíl·i·ous [pʌŋktíliəs] *a.* 礼儀作法のやかましい, 儀式ばった, 堅苦しい, きちょうめんな. [√pung-]
◇ **〜·ly** *ad.* **〜·ness** *n.*

‡**púnc·tu·al** [pʌ́ŋktʃu(ə)l/-tjuəl, -tʃu(ə)l] *a.* **1** 時間をきちんと守る, 時間厳守の: be 〜 *for* the lecture 講義の時間がきちんとしている. be 〜 *in* the payment of one's rent 家賃の支払いがきちんとしている. **2** きちょうめんな, 四角四面の. **3**〔数〕点の. (***as***) ***〜 as the clock*** (とけいのように) 時間厳守の. ***〜 to the minute*** 1 分もたがえない, きちんと. [√pung-]
◇ **〜·ly** *ad.* **〜·ness** *n.* **pùnc·tu·ál·i·ty** [pʌ̀ŋktʃuǽliti/-tju-, tʃu-] *n.* 時間〔期限〕厳守; きちょうめんさ, 正確さ.

púnc·tu·ate [pʌ́ŋktʃuèit/-tju-] *vt.* **1** に句読(くとう)点をつける. **2** 〈ことばを〉間を置いて中断する: 〜 one's tale *with* sobs 話を切っては涙にくれる. a speech 〜*d with* cheers かっさいにしばしばさえぎられた演説. **3** 〈ことばに〉力を入れる, 強調する.
── *vi.* 句読点をつける. [√pung-]
◇ **-a·tive** [-iv] *a.* 句読 (点) の. **-a·tor** [-ər] *n.*

*__pùnc·tu·á·tion__ [pʌ̀ŋktʃuéiʃ(ə)n/-tju-] *n.* 句読(法); 句読点. ***close*** 〔***open***〕 〜 厳密〔簡略〕句読法. **〜 marks** 〔**points**〕 句読点.

púnc·ture [pʌ́ŋktʃər] *n.* **1** 刺すこと, 穴をあけること. **2** パンク.
── *vt.* **1**《針などで》刺す, に穴をあける. **2** 〈タイヤを〉パンクさせる. **3**〔俗〕だめにする, まいらせる.
── *vi.* 穴があく; 〈タイヤが〉パンクする. [√pung-]

pún·dit [pʌ́ndit] *n.* **1**《インドの》学者. **2** 博学者, 学者. **3** もったいぶった人物.

pún·gent [pʌ́ndʒ(ə)nt] *a.* **1** 辛い, ピリリとする, 刺激性の. **2** 刺すような, 痛烈な: a 〜 criticism 痛烈な批判. **3**〔植〕鋭くとがった. [√pung-]
◇ **〜·ly** *ad.* **-gen·cy** *n.*

Pú·nic [pjúːnik] *a.* **1** 古代カルタゴ (Carthage) の, カルタゴ人の. **2** 不実な, 信じられない. ── *n.* 古代カルタゴ語. **〜 apple** ザクロ. **〜 faith** 裏切り, 背信. **〜 Wars, the** ポエニ戦争《ローマとカルタゴ間の戦争, 264–146 B.C.》.

‡**pún·ish** [pʌ́niʃ] *vt.* **1** 〈人または罪を〉罰する; 懲らしめる: 〜 a man *with* 〔*by*〕 a fine 罰金刑にする.

～ a person *for* his offense 人の違反を罰する. **2** 〖俗〗ひどい目に会わす; こきおろす. **3** 〖話〗〈食物を〉むやみと食べる〔飲む〕: ～ one's food 牛飲馬食する. **4** 〖ボクシング〗〈相手を〉強打する: The champion ～*ed* his opponent. チャンピオンは相手をたたきのめした. **5** 〈球技などで〉どんどん得点する: ～ the bowling ボーリングでどんどん点を入れる. [√pun-]

◇ **～·er** *n.* 罰する人. **～·ing** *a.* **1** 罰する, 処罰〔処刑〕する. **2** ひどい目にあわす; ひどく打つ: a ～*ing* race へとへとになるレース.

pún·ish·a·ble [pʌ́niʃəbl] *a.* 罰すべき, 罰せられる, 罰しうる. ◇ **pùn·ish·a·bíl·i·ty** [⌐−−bíləti] *n.*

‡**pún·ish·ment** [pʌ́niʃmənt] *n.* **1 罰, 刑罰, 処罰**: inflict a ～ *on* 〔*upon*〕 an offender 罪人に刑を科する. suffer a ～ 罰を受ける, 処罰される. **2** こらしめ, みせしめ. **3** ひどい扱い, 酷使, 虐待. **4** 〖ボクシング〗強打; 〖運〗さんざんに疲れさせること. ***capital* ～** 極刑. ***corporal* ～** 体罰. ***divine* ～** 天罰.

pú·ni·tive [pjú:nətiv] *a.* 罰の, 刑罰〔懲罰〕の. **～ expedition (force)** 討伐 (軍). **～ justice** 因果応報. ◇ **～·ly** *a.* **～·ness** *n.*

pú·ni·to·ry [pjú:nətɔ̀:ri/-t(ə)ri] =punitive.

Pun·jáb [pʌndʒɑ́:b] *n.* パンジャブ《インド北西部からパキスタンに及ぶ一地方》.

◇ **Pun·já·bi** [-i] *n.* パンジャブ人〔語〕.

punk[1] [pʌŋk] *n.* 〖米方〗つけ木, つけ木用朽ち木.

punk[2] *n.* 〖俗〗 **1** つまらぬもの. **2** ちんぴら(悪党), 新前. **3** 〖古〗売春婦. **——** *a.* 〖話〗くだらない; 劣等な.

pún·ka(h) [pʌ́ŋkə] *n.* 〖インド〗 **1** 《ヤシの葉の》扇. **2** つり扇《天井からつるして綱で引いてあおぐ》.

púnk·ie [pʌ́ŋki] *n.* 〖米〗やぶ蚊の一種.

pún·net [pʌ́nit] *n.* 経木製の平たいかご《くだもの・野菜入れ》.

pún·ster [pʌ́nstər] *n.* しゃれ (pun) のじょうず〔好きな人.

punt[1] [pʌnt] *n.* 平底の小舟. **——** *vt.* 〈平底舟などを〉さおでこぐ. **——** *vi.* 平底舟で運ぶ, 平底舟で行く. ◇ **⌐·er** *n.*

punt[2] *vt., vi.* 〖フットボール〗パントする《手から落ちたボールが地につかないうちにける》. **——** *n.* パント.

⌐·a·bout [⌐−⌐] フットボール練習(用のボール).

◇ **⌐·er** *n.*

punt[3] *n.* パント《トランプ遊びの一種. 親元に対抗してかける》. **——** *vi.* **1** パントをやる. **2** 〖話〗《競馬などで》かける. ◇ **⌐·er** *n.*

pún·to [pʌ́ntou] *n.* (*pl.* **～s**) 〖フェンシング〗突き; 〖裁縫〗一針.

púnt·y [pʌ́nti] *n.* 《ガラス製造で》溶かしたガラスを処理する鉄棒.

pú·ny [pjú:ni] *a.* **1** ちっぽけな; 弱々しい. **2** とるに足りない, つまらない. ◇ **pú·ni·ly** *ad.* **pú·ni·ness** *n.*

pup [pʌp] *n.* **1** 子犬; アザラシ・オットセイの子. **2** 青二才; 〖俗〗生徒. ***in* 〔*with*〕 ～** 《犬が》子をはらんで. ***sell* a person *a* ～** (人を) だます, ぺてんにかけて物を売りつける. **——** *vi., vt.* (**-pp-**) 〈犬が〉(子を) 生む.

pú·pa [pjú:pə] *n.* (*pl.* **-pae** [-pi:], **-pas**) 〖虫〗さなぎ. ◇ **pú·pal** *a.*

†**pú·pil** [pjú:p(ə)l] *n.* **1 生徒. 2 教え子, でし. 3** 〖法〗幼年者, 被後見人《保護者を要する14歳未満の男子および12歳未満の女子》. **4** 〖医〗瞳孔(どうこう), ひとみ.

(類義語) **学生, 生徒: pupil** 先生の個人的な監督・指導が強調される. イギリスでは小・中学生, アメリカでは主として小学生. **student** 自分で勉強する者の意, 学生. イギリスでは大学生, アメリカでは中学生以上. **scholar** 一般には「学者」の意であるが, 学校制度のもとで勉学する者も年齢の区別なく scholar と呼ぶばあいがある → scholarship.

pú·pil·(l)age [pjú:p(ə)lidʒ] *n.* 生徒の身分〔期間〕; 被後見人であること, 未成年期.

pú·pil·lar·y [pjú:pəlèri/-ləri] *a.* **1** 生徒の; 幼年者の, 〖法〗被後見人の. **2** 〖医〗瞳孔の.

púp·pet [pʌ́pit] *n.* **1** あやつり人形 《特に手づかいの》. → *marionette*. **2** 手先, ロボット, でくのぼう. **～ government 〔regime〕** かいらい政府〔政権〕. **～ show 〔play〕** 人形芝居. **～ valve 〔clack〕** キノコ弁.

◇ **pùp·pe·téer** [pʌ̀pitíər] *n.* 人形使い(師).

púp·pet·ry [pʌ́pitri] *n.* **1** 《集合的》あやつり人形; 人形芝居. **2** 仮面劇, 無言劇. **3** 見せかけ, 虚飾.

***púp·py** [pʌ́pi] *n.* **1** 子犬. **2** 生意気な若者. **～ dog** 子犬, 犬ころ. **～ love** おさな恋 (calf love).

◇ **～·dom, ～·hood** *n.* 子犬の時期; 生意気盛り. **～·ish** *a.* **～·ism** *n.* 子犬のような動作; 生意気.

pur *n., vi., vt.* (**-rr-**) =purr.

Púr·beck [pə́:rbek] *n.* パーベック半島 《イギリス Dorset 州にある》. **～ marble** パーベック石灰岩《上質の石灰石. 装飾的建材》. **～ stone** パーベック産の石灰石《建築材料》.

púr·blind [pə́:rblàind] *a.* **1** 半盲の, かすみ目の. **2** 鈍感な, 愚鈍な. **——** *vt.* 半盲にする.

◇ **～·ly** *ad.* **～·ness** *n.*

púr·chas·a·ble [pə́:rtʃəsəbl] *a.* 買い入れできる; 買収できる. ◇ **pùr·chas·a·bíl·i·ty** [⌐−−bíləti] *n.*

‡**púr·chase** [pə́:rtʃəs] *vt.* **1 買う, 購入する**: ～ a book at 〔for〕 ten dollars 本を10ドルで買う. **2** 〈官吏などを〉買収する. **3** 〈物が〉…の購買力をもつ. **4 獲得する**, 入手する《努力・犠牲を払って》: ～ freedom *with* blood 血をもって自由をかち取る. a dearly ～*d* success 大きな犠牲を払って得た成功. **5** 《滑車・てこなどで》引き上げる: ～ an anchor いかりを巻きあげる.

—— *n.* **1 買い入れ**, 購入, 仕入れ: ～ money 代価; 仕入れ代金. **2 買い入れ品**: fill the basket with one's ～*s* 買い物をバスケットにいっぱいにする. **3** 獲得, 入手. **4** 《土地などからの》収入, 上がり高: at five years' ～ 5年間の上がり高相当の価格で. **5** 〖法〗買い受け, 《相続以外の》土地譲り受け. **6** てこ, 起重装置; その作用〔効率〕. **7** 力になるもの, 手づる. ***get* 〔*secure*〕 *a* ～ *on*** をしっかり握る. ***make a good* ～** 安い買い物〔掘り出し物〕をする. ***not worth an hour's* 〔*a day's, a year's*〕 ～** 1時間〔1日, 1年〕ともたない《命などが》.

～ tax 物品税, 購買税.

púr·chas·er [-ər] *n.* 買い主, 買い手, 購買者.

púr·chas·ing [-iŋ] *n.* 購買, 仕入れ.

～ agent 〖米〗購買係. **～ guild 〔association〕** 購買組合. **～ power** 購買力.

púr·dah [pə́:rdə/-dɑ:, -də] *n.* 〖インド〗 **1** とばり, カーテン, 幕《婦人の居場所を隠す》. **2** 青と白のしま模様のカーテン地. **3** (the ～) 婦人を人目から隠す制度〔習慣〕.

‡**pure** [pjuər] *a.* **1 純粋な, 純然たる, 全くの**: ～ gold 純金. a ～ accident 全くの偶然. sing for ～ joy ただうれしいばかりに歌う. **2 清い, きれいな**, よごれていない: ～ water 澄んだ水. ～ skin きれいな膚. ～ white 純白. **3 清純な, 純潔な**, 罪の汚れのない, 〈女性が〉汚れを知らぬ, 貞節な: ～ in body and mind 心身ともに清らかな. **4** まじりけのない, きっすいの; 純血種の: a ～ Englishman きっすいのイギリス人. **5** 《…に》よごされていない, 《…の》まじっていない《の, に *of, from*》: be ～ *of* taint 汚れのない. **6** 〖音声〗《母音が》単純の, 単母音の. **7** 純理論的な: ～ mathematics 純粋〔理論〕数学. → 名詞 purity. **～ *and simple*** 純然たる, まじりけのない.

⌐·bréd 純血 (種) の; 純血種動物. **～ culture** 純粋培養. **⌐·héart·ed** 心の清い. **～ line** 〖遺伝〗純系. **～ reason** 《カント哲学の》純粋理性.

pu·rée [pjuréi, pjú(:)rei/pjúərei] F.*n.* ピューレ《野菜・肉を煮て裏ごししたスープ》.

‡**púre·ly** [pjúərli] *ad.* **1 純粋に**, まじりけなく: from a ～ theoretical standpoint 純理論的な立場から. be ～ English きっすいのイギリス人である. **2** 清

らかに, きれいに, 純潔に: live ～ 清らかな生活をする. **3** 全然, 全く: be ～ accidental 全く偶然である. **4** 単に. ***～ and simply*** 掛け値なしに.

púr·fle [pə́:rfl] *vt.* ⟨に⟩象眼飾りをつける; ⟨衣服に⟩縁飾りをつける. **——** *n.* 《テーブルなどの縁・バイオリンの背の》象眼飾り. ◇ **-fling** *n.* = purfle.

pur·gá·tion [pə:rgéiʃ(ə)n] *n.* **1** 浄化, 清めること. **2** 《下剤を用いて》便通をつけること. **3** 〘史〙無罪の証明; 〘カトリック〙浄罪.

púr·ga·tive [pə́:rgətiv] *a.* **1** 清める, 浄化の. **2** 便通をよくする, 下剤の. **3** 〘史〙無罪証明の. **——** *n.* 〘医〙下剤. ◇ **～·ly** *ad.*

pùr·ga·tó·ri·al [pə̀:rgətó:riəl/-tɔ́:r-] *a.* 浄罪の; 〘カトリック〙煉獄(れんごく)の.

púr·ga·to·ry [pə́:rgətò:ri/-t(ə)ri] *n.* **1** 〘カトリック〙煉獄, 浄罪界《死者の霊魂が火によってその罪を清められる所》; 浄罪. **2** 贖罪(しょくざい)の苦行〔場所〕; 一時的の苦しみ〔悩み〕. **——** *a.* 罪を清める, 浄罪の.

‡purge [pə:rdʒ] *vt.* **1** ⟨身・心を⟩ **清める** 《から *of*, *from*》: ～ the mind *of* [*from*] false notions 心のまちがった考えを一掃する. **2** ⟨罪・汚れを⟩取り除く, 一掃する《*away*, *off*, *out*》: ～ *away* one's sins. **3** 〘政〙⟨反対分子などを⟩ **追放する**, **粛清する**: ～ a person *of* his office 人をその職から追放する. be ～*d from* public life 公職から追放される. **4** ⟨に⟩下剤をかける, ⟨に⟩便通をつける. **5** 〘法〙⟨疑いを⟩晴らす; ⟨罪を⟩あがなう: ～ oneself *of* suspicion 身のあかしをたてる. be ～*d. of* [*from*] sin 罪が清められる. **——** *vi.* **1** 清らかになる. **2** 便通がつく. **——** *n.* **1** 清め, 浄化. **2** 追放, 粛清. **3** 下剤. **4** 〘米俗〙新入りの捕虜.
◇ **purg·ée** [pə:rdʒí:, ㊟⁺ー] *n.* 被追放者. **púrg·er** [pə́:rdʒər] *n.* 清める人〔物〕; 粛清者; 下剤. 〔類〕→ **wash**「洗う」

pù·ri·fi·cá·tion [pjù(:)rifikéiʃ(ə)n/pjùər-] *n.* **1** 清め, 浄化, 洗浄. **2** 〘宗〙おはらい, 清めの儀式; 〘カトリック〙聖杯の清め《聖杯にブドウ酒を注ぎ洗い清めて司祭が飲む》. ***the P～ (of the Virgin Mary*** [***St. Mary, our Lady***]) 聖母マリアの清めの祝い (Candlemas).

pú·ri·fi·ca·tor [pjú(:)rifikèitər/pjúər-] *n.* 〘宗〙聖杯をふき清めるふきん.

pu·ríf·i·ca·to·ry [pjurífikətò:ri/pjúərifikeitəri] *a.* **1** 清める, 浄化の, 浄罪の. **2** 精製〔精錬〕の.

***pú·ri·fy** [pjú(:)rifài/pjúər-] *vt.* **1** ⟨の⟩**よごれを除く**, きれいにする, 澄ませる: ～ the air. **2** 純化する, 精練〔精製〕する: ～ metals 金属を精錬する. **3** ⟨の⟩**罪を清める**, ⟨の⟩おはらいをする. **4** ⟨ことばを⟩洗練する; ⟨国語を⟩純化する《外来語から》. **5** ⟨から⟩**除去する** 《を *of*, *from*》: ～ a country *of* undesirable aliens 不良外人を国内から一掃する. He was ～*ied from* all sins. 彼はあらゆる罪を清められた. **——** *vi.* 清らかになる; ⟨液体が⟩澄む. ◇ **pú·ri·fi·er** [-ər] *n.* 清浄する人〔物〕; 浄化器〔装置〕.

Pú·rim [pjú(:)rim/pjúər-] *n.* ピューリム祭《Haman がユダヤ人虐殺に失敗したことを記念するユダヤ人の例祭》. [＜Heb.]

pú·rin(e) [pjú(:)rì:n, -rin/pjuər-] *n.* 〘生化〙プリン《尿酸化合物の原質》.

púr·ism [pjú(:)riz(ə)m/pjúər-] *n.* **1** 《文体・用語の》純正, 潔癖; 《国語の》純化(主義). **2** (しばしば P～)〘美〙純粋主義〔派〕《20 世紀初頭フランスの》. ◇ **púr·ist** *n.* ～主義者. **pu·rís·tic** [pjurístik/pjuər-], **pu·rís·ti·cal** *a.* purist 的な.

Pú·ri·tan [pjú(:)rit(ə)n/pjúər-] *n.* **1** 〘宗史〙清教徒《16世紀イギリス国教内にあらわれた新教徒の一派》. **2** (p～) 厳正な人, 厳格家. **——** *a.* **1** 清教徒の. **2** (p～) 厳格な, 謹厳な. **～ City, the** アメリカのボストン市の別称.
◇ **～·ism** [-ìz(ə)m] *n.* 清教(主義); (p～) 厳正主義. **～·ize** [-àiz] *vt.*, *vi.* 清教徒(風)にする〔なる〕.

pù·ri·tán·ic [pjù(:)ritǽnik/pjùər-], **-i·cal** [-(ə)l] *a.* **1** 清教徒のような, 厳格な, 禁欲的な, 堅苦しい. **2** (P～) 清教徒の. ◇ **pù·ri·tán·i·cal·ly** *ad.*

***pú·ri·ty** [pjú(:)riti/pjúər-] *n.* **1** 清浄, 清純, 純潔: ～ of life 清らかな生活. **2** 汚れのないこと, **清潔**, 明澄(度): the ～ of water. **3** 《金属の》純度. **4** 《ことばの》純正. [＜pure]

purl[1] [pə:rl] *n.* **1** うね編み. **2** 縁取り. **3** 《縫い取り・ししゅう用の》金銀糸. **——** *vt.*, *vi.* **1** うね編みにする. **2** ⟨に⟩縁取りをする.

purl[2] *n.* **1** 《流水の》サラサラいう音. **2** 小さなうず, 波紋. **——** *vi.* サラサラと小さいうずを巻いて流れる.

púrl·er [pə́:rlər] *n.* 〘話〙墜落, 落馬. ***come a ～*** まっさかさまに落ちる.

púr·lieu [pə́:rlu:/-lju:] *n.* **1** 森林のはずれ. **2** 場末, 町はずれ. **3** (*pl.*) 周辺, 付近. **4** (自分の) なわばり, しばしば出入りする地区. **5** 〘英〙旧王領林地.

púr·lin(e) [pə́:rlin] *n.* 〘建〙むな木, もや.

pur·lóin [pə:rlɔ́in] *vt.*, *vi.* 盗む, かすめ取る.

‡púr·ple [pə́:rpl] *a.* **1** **紫の**. **2** 〘古・雅〙深紅色の, くれないの. **3** 帝王の; 貴人〔高官〕の. **4** 華麗な. **5** 〘米俗〙毒々しい, 扇情的な. ***become ～ with rage*** [***cold***] 怒りで真っ赤になる〔寒くて紫色になる〕. **——** *n.* **1** 紫色. **2** 〘古〙深紅色 (= ancient [Tyrian] ～). **3** 《昔高位高官の着用した》紫衣. **4** (the P～) 帝位, 主権, 高位. **5** (the P～) 枢機卿(きょう). **6** (*pl.*) 〘医〙紫斑(はん)病. **7** 〘動〙テツホラガイ《紫色の原料》. ***be born*** [***cradled***] ***in*** [***to***] (***the***) ～ 王家〔王侯貴族の家〕に生まれる. ***be raised to the ～*** 皇帝〔枢機卿〕となる. ***marry into the ～*** 《氏なくして女が》玉のこしに乗る. ***royal ～*** 青紫色. **——** *vt.*, *vi.* 紫色にする〔なる〕.
～ emperor 〘虫〙コムラサキ《チョウの一種》. **P～ Heart** 〘米〙名誉戦傷章. **～ medic** = alfalfa.
◇ **púr·plish, púr·ply** *a.* 紫(色)がかった.

púr·port [pə́:rpo:rt/pə́:pət, pə:pɔ́:t] *n.* **1** 意味, 趣旨. **2** 意図, 目的. **——** [pərpɔ́:rt, pə́:rpo:rt/pə́:pət, pə:pɔ́:t] *vt.* **1** 意味する, 趣旨は…である: a letter ～*ing* that… …という趣旨の手紙. **2** と称する《*to* (do)》: The book ～*s to* be an original work but is really a compilation. その本は独創的なものといっているが実は寄せ集めだ. **3** 〘稀〙志す. 〔類〕→ **meaning**「意味」

‡púr·pose [pə́:rpəs] *n.* **1** 目的, 意図: *For* what ～ did you do it? どういう目的でやったのですか. **2** 意志, 決意: weak of ～ 意志薄弱な. **3** **用途**, 効果: serve various ～*s* いろいろの役に立つ. act to good ～ 効果を収めるように行動する. **4** **要点**, ねらい, 問題点, 論点: come to the ～ 問題〔本題〕に触れる. **5** **趣旨**: speak to the same ～ 同じ意味のことばを言う.
answer [***serve***] ***the*** [**a person's**] ～ 目的にかなう; まにあう. ***be at cross ～*** 食い違う. ***for*** [***with***] ***the ～ of*** の目的で, … のために. ***from the ～*** 論点〔要点〕を逸して. ***of set ～*** 明確な目的をもって, 計画的に. ***on ～*** 意図して, 故意に, わざわざ. ***speak from the ～*** 要領を得ない話をする. ***to good ～*** 有効に. ***to no*** [***little***] ～ 全く〔ほとんど〕むだに; 全く〔ほぼ〕見当はずれに. ***to some ～*** かなり効果的に; 多少問題に触れて. ***to the ～*** 要点をはずさずに; 適切に. **——** *vt.* …しようと思う〔決心する, もくろむ〕: I ～ (do)*ing* [*to* (do)] it tomorrow. あしたするつもりだ. ***be ～d to*** (do) = ***be ～d that…*** 〘古〙… するつもりである. [√pon-. propose と同語源]
◇ **～·ly** *ad.* 目的をもって, 故意に, わざと.
〔類義語〕**目的: purpose** 心の中にはっきりと決めた目的, 決意された意図. 知的というより心情的. **intention** 頭の中で意図しているもの, ねらい. 結果・効果まで考えているばあいがある. **intent** 法律用語・詩語として使われることが多い: a criminal *intent* 犯意. **aim** 目ざしているもの, 目標, 目当て: selfish *aims* 利己的な目的. **end** aim とほぼおなじだが, 手段 (means) の反意語であるのが特徴: The *end* justifies the means. 目的は手段を正当化する. **object** 感情・思考・行動の対象→目的, 目当て. **objective** 追求・努力の目的. aim の格式ばった言い方.
[類] → **intend**「意図する」

púr·pose·ful [-f(u̥)l] *a.* 1 目的のある, 意図をもった, 故意の. 2 意味のある, 意味深長な. 3 決意に満ちた, 断固とした, 果断な. ◇ **~·ly** [-fu̥li] *ad.*

púr·pose·less [-lis] *a.* 1 目的のない. 2 効果のない, 無益な; 無意味の. 3 (しっかりした) 決意のない. ◇ **~·ly** *ad.*

púr·pos·ive [-iv] *a.* 1 目的にかなう. 2 ＝purposeful. ◇ **~·ly** *ad.* **~·ness** *n.*

púr·pu·ra [pə́:pju̥rə] *n.* 1 〘医〙紫斑(はん)病. 2 〘貝〙紫貝の一種.

pur·pú·ric [pərpjú(:)rik/-pjúər-] *a.* 〘医〙紫斑の. **~ fever** 紫斑熱.

púr·pu·rin [pə́:rpju̥rin] *n.* プルプリン《赤色染料》.

purr [pə:r] *vi.* 1 <ネコが> ゴロゴロいう; <女などが> 満足そうに鼻を鳴らす. 2 ゴロゴロと音をたてる: The motor *~ed.* ── *vt.* <満足感などを> ゴロゴロとのどを鳴らしてあらわす. ── *n.* 《ネコがのどを鳴らす》ゴロゴロいう音; そのような音.

pur sang [puərsɑ̃́:/pjuə-] F. 1 純種で, 純血で: He is Welsh [a Welshman] ~. 彼は純血のウェールズ人だ. 2 純粋に, 徹底的に, 全く: a militarist ~ 徹底した軍国主義者.

‡**purse** [pə:rs] *n.* 1 **金入れ**, がまぐち, さいふ; 〘米〙ハンドバッグ. 2 金銭; 資力: That big car is beyond my ~. あの大きな車はとても買えない. 3 寄付金; 懸賞金; 贈与金: win the ~ in a race 優勝して賞金を得る. 4 〘動〙袋, 袋状のもの; 〘植〙嚢(のう), 嚢状部. ***a lean*** [***light, slender***] ~ 貧困, 貧乏. ***a long*** [***fat, heavy***] ~ 裕福, 金持ち. ***common*** ~ 共同資金. ***give*** [***put up***] ***a*** ~ 賞金を寄付する. ***make*** (***up***) ***a*** ~ ***for*** …のために寄付金を集める. ***open*** one***'s*** ~ 金を出す〔使う〕. ***the public*** ~ 国庫.
── *vt.* 1 <口・目などを> すぼめる; <まゆを> ひそめる《*up*》: ~ (*up*) the lips. 2 〘稀〙さいふに入れる《*up*》. ── *vi.* <口などが> すぼむ.
~ **bearer** (1) さいふを預かる人; 会計係. (2) 〘英〙《儀式の際の》国璽を奉持する役人. ~ **net** きんちゃく網《漁業用》. ~ **pride** 財産自慢. **~-proud** [⌐⌐] 富を誇る, 裕福を自慢する. ~ **seine** 《漁業用》大型きんちゃく網. ~ **strings** さいふのひも: hold the ~ *strings* 出納〔収支〕の任にあたる. loosen [tighten] the ~ *strings* 金使いが荒い〔金を出ししぶる〕. ◇ **~·ful** [-fùl] *n.* さいふ一杯

púrs·er [pə́:rsər] *n.* 《客船・旅客機などの》事務長; 〘軍〙《軍艦の》主計官.

púrs·lane [pə́:rslin, ㊄+-lein] *n.* 〘植〙スベリヒユ.

pur·sú·ance [pərsú:əns/-sjú:-] *n.* 1 追求, 追跡. 2 遂行, 履行, 続行. 3 従事. ***in ~ of*** に従って; に従事して; を遂行して.

pur·sú·ant [pərsú:ənt/-sjú:-] *a.* よった, 従った, 準ずる《に *to*》. ── *ad.* 1 よって, 従って, 準じて《に *to*》: ~ *to* the rules 規則に従って, 規則どおりに. 2 《…の》後, 《…に》続いて《の, に *to*》. [<pursue] ◇ **~·ly** *ad.* 従って, 準じて《に *to*》.

‡**pur·súe** [pərsú:/-sjú:] *vt.* 1 **追跡する**; 〘軍〙追撃する: ~ a robber 強盗を追う. 2 **追求する**; につきまとう: ~ a teacher *with* questions 先生を質問ぜめにする. 3 **続行する**, 遂行する, に従事する: He prudently *~d* a plan. 彼は細心の注意を払って計画を続行した. 4 <道を> たどる. ── *vi.* 1 追う, 従う《を, に *after*》. 2 〘法〙起訴する《*for*》. → 名詞 pursuit. [pro-＋√sequ-. prosecute と同語源]

pur·sú·er [pərsú:ər/-sjú:-] *n.* 1 追跡者, 追求者. 2 続行〔遂行〕者; 従事者, 研究者. 3 〘法〙原告.

‡**pur·súit** [pərsú:t/-sjú:t] *n.* 1 追跡; 追撃; 追求《*of*》: the ~ *of* happiness 幸福の追求. 2 続行, 遂行, 従事: amorous ~*s* 酒色にふけること. 3 仕事, 職業, 研究: agricultural ~*s* 農業. daily ~*s* 日々の仕事. literary ~ 文学の仕事〔研究〕. ***in ~ of*** を追って, を求めて.
~ **plane** 〘空〙追撃機. [類] → **work**「仕事」

púr·sui·vant [pə́:rswiv(ə)nt/-siv-] *n.* 1 〘英〙紋章院の職員. 2 〘雅〙従者.

púr·sy[1] [pə́:rsi] *a.* 1 息切れのする, ぜんそくの. 2 太った, 肥満した. ◇ **-si·ly** *ad.* **-si·ness** *n.*

púr·sy[2] *a.* 1 《口などの》すぼんだ: with ~ lips 口をすぼめて. 2 金持ち〔財産〕を鼻にかける.

púr·te·nance [pə́:rt(i̥)nəns] *n.* 〘古〙《動物の》内臓.

pú·ru·lence [pjú(:)ru̥ləns/pjúər-], **-len·cy** [-lənsi] *n.* 化膿(のう); うみ.

pú·ru·lent [-lənt] *a.* うみの, 化膿性の, 化膿した. ◇ **~·ly** *ad.*

pur·véy [pərvéi] *vt.* <食料などを> 調達する, 供給する. ── *vi.* purveyor として準備〔調達〕する. [pro-＋√vid-] ◇ **~·a·ble** *a.*

pur·véy·ance [-əns] *n.* 1 《食料の》調達, 供給; 《調達した》食料品, 調達物. 2 〘英史〙《国王の》食料徴発権.

pur·véy·or [-ər] *n.* 1 《食料の》調達者, 御用商人; 仕出し屋. 2 〘英史〙食料徴発官.

púr·view [pə́:rvju:] *n.* 1 視界, 視野, 眼界. 2 範囲, 領域; 権限. 3 〘法〙《法令の》主文, 条項. ***within*** [***outside***] ***the ~ of*** の範囲内〔外〕に.

pus [pʌs] *n.* うみ, 膿汁(のうじゅう).

Pú·sey·ism [pjú:ziìz(ə)m] *n.* ピュージ主義 (Oxford movement) 《Oxford 大学教授 Edward B. Pusey などが主唱したイギリス教会内の革新運動》. ◇ **Pú·sey·ite** [-àit] *n.* への信奉者.

†**push** [puʃ] *vt.* 1 **押す**, **突く**, **押し動かす**: ~ a boat *into* water ボートを水へ押し出す. ~ a door open 戸を押し開く. 2 **押し進める**, 拡張する: ~ one's business 事業を広げる. 3 <提案・目的などを> 押し通す, (強力に) 追求する: ~ a bill through 法案をしゃにむに通過させる. ~ a project to completion 計画を強力に完遂する. 4 圧迫する; に催促する《を *for*》; 《受動態で》困る《がなくて *for*》: ~ a person *for* payment [an answer] 人に支払い〔回答〕を迫る. *be ~ed for* money 金がなくて困る. 5 にしいる, せき立てる《a person *to* (do)》: ~ a child *to* do his homework 子どもに宿題をしろとやいのやいの言う. 6 に無理を要求する, にたよりすぎる: ~ one's luck 僥倖(ぎょうこう)を当てにしすぎる. 7 <商品などを> 押しつける, 広告宣伝する. 8 <にせ金〔小切手〕などを> つかませる. 9 〘米俗〙売り歩く; <麻薬などを> 密売する. 10 〘米俗〙<タクシー・トラックなどを> 運転する. 11 〘玉突き〙<玉を> 押し突きする. 12 〘米俗〙<人を>「片づける」, 殺す《*off*》. 13 〘話〙<数・年齢に> 近づく: He is *~ing* sixty. 60に近くなっている.
── *vi.* 1 押す, 突く, 押し動かす: Don't ~ at the back! 後ろから押すな. 2 押し進む, 猛進する; 攻撃する. 3 《目的を遂げるために》努力する《へ *for*》: ~ *for* higher wages 賃上げ獲得につとめる. 4 押すと動く: ~ easily 押すと容易に動く. 5 〘聖〙角で突く. 6 〘米俗〙(ジャズを) うまく演奏する.
~ ***across*** 〘米俗〙(1) <人を> 殺す. (2) 《競技で》得点する. ~ ***around*** 手荒く〔けいべつ的に〕扱う, いじめる; 差別待遇する; つけ込む. ~ ***away*** 押しのける. ~ ***back*** 押しもどす. ~ one***'s fortunes*** せっせと財産をつくる. ~ ***in*** <ボートが> 岸へ近寄る; <人が> 押し入る. ~ ***off*** 《岸から》舟を押し出す《に向かって *for*》; 〘話〙立ち去る. ~ ***on*** ぐんぐん進む, 押し分けて進む. ~ ***out*** 押し〔突き〕出す; <芽などを> 出す; 突き出る. ~ ***over*** 押し倒す, ひっくり返す. ~ ***the mark skyward*** 〘米俗〙新記録をつくる. ~ ***through*** 完成する; 突き抜ける; <芽などが> 出る;

押し分けて進む. **～ *up*** 押し上げる; ふえる. **～ (*up*) *daisies*** 〖俗〗死んで埋葬される. **～ one's *way*** 押し分けて進む: I had to ～ *my way* through the crowd. 人込みを分けて進まねばならなかった. **～ one's *way in the world*** 奮励努力して出世する.

—— *n.* **1** 押し, 突き; 推進. **2** 〖話〗押し, 奮発, 馬力, 進取の気性: a man of ～ and go がんばり屋. **3** 推薦, 後援. **4** 攻撃. **5** 急迫, 危機. **6** 〖玉突き〗押し玉. **7** 〖野球〗軽打. **8** 押しボタン. **9** 〖俗〗どろぼう〔罪人〕の一団〔一味〕. **10** 〖米〗群衆. **11** 〖米俗〗職長, 人夫がしら; 〖米俗〗＝pushover; 〖米俗〗くび. **12** 麻薬売り歩き人.

at a* ～** 危急に際して. ***at one* ～** 一押しに, 一気に. ***come* 〔*bring, put*〕 *to the* ～** 窮地に陥る〔落とす〕. ***full of* ～ *and go 精力に満ちあふれた. ***give* 〔*get*〕 *the* ～** 〖俗〗くびにする〔なる〕. ***make a* ～** がんばる《*at, for*》.

～-ball [⌐⌐] 〖運〗プッシュボール《相手方ゴールにけらずに押し込む大型ボール競技》. **～-bike** [⌐⌐] 〖英話〗(ペダル式) 自転車. → motor bicycle. **～ button** 押しボタン. **～-bùt·ton** 押しボタン式, 押しボタンによる. **～-button tuning** 〖ラジオ〗押しボタン式同調. **～-button war** 押しボタン戦争. **～ car** 手押し4輪車. **～·cart** [⌐⌐] 手押し車《物売り・買物用》.

pushcart

～-hálf·pen·ny [-héip(ə)ni] 卓上ばくち. **～ mobile** 〖米〗手押し車. **～·ò·ver** 〖米俗〗朝飯前の〔容易な〕仕事; 《競技などの》弱い相手; だまされやすい人. **～·pin** [⌐⌐] 画びょう. **～-pull amplifier** 〖電〗プッシュプル増幅器. **～-up** [⌐⌐] 〖運〗腕立て伏せ.

◇ **～·ful** [-f(u)l] *a.* 押しの強い, 積極的な.

(類義語) 押す: **push** pull の反意語. ただし pull のように瞬間的で力がはいっているとは限らない: She went *pushing* the perambulator along the pavement. 彼女は舗道をうば車を押していった. **shove** 乱暴に押す, 押しのける: Don't *shove*, wait your turn. 押すな, 順番を待ちなさい. **thrust** (ぐいっと) 突き出す: *thrust* one's fist こぶしを突き出す.

púsh·er [púʃər] *n.* **1** 押す人〔物〕. **2** 推進器; 逆機関車; 推進飛行機 (＝ ～ airplane). **3** 積極的な人, でしゃばり屋.

púsh·ing [púʃiŋ] *a.* **1** 突く, 推進する. **2** 進取的な, 気力のある. **3** 押しの強い, でしゃばりな.
◇ **～·ly** *ad.*

Púsh·kin [púʃkin] *n.* Aleksander Sergeyevich [à:leksá:ndər-seərgéjəvitʃ-] ～, 1799–1837, ロシアの詩人・小説家.

Púsh·too, Púsh·tu [pʌ́ʃtu:] *n.* アフガニスタン語.

púsh·y [púʃi] *a.* 積極的な, 押しの強い.
◇ **-i·ly** *ad.* **-i·ness** *n.*

pù·sil·lán·i·mous [pjù:siləǽniməs] *a.* いくじのない, 無気力な, おくびょうな. ◇ **～·ly** *ad.* **pù·sil·la·ním·i·ty** [pjù:siləníməti] *n.*

puss^1 [pus] *n.* **1** ネコ《呼びかけ語》. **2** 〖英〗ウサギ, トラ. **3** 〖話〗小娘, 女の子: a sly ～ ちゃめな小娘.
～ *in the corner* すみ取り鬼ごっこ.
～ moth 〖虫〗ガの一種《ヨーロッパ産》.

puss^2 [pus] *n.* 〖米俗〗 **1** 顔. **2** 口.

***púss·y^1** [púsi] *n.* **1** 〖小児語〗ネコ. **2** 毛のある柔らかなもの; ネコヤナギの花穂 (catkin). **3** 〖笑〗トラ.
～·cat [⌐⌐⌐] ＝～ ①. **～·foot** → 別項.
～ willow 〖植〗ネコヤナギの一種《アメリカ産》.

pús·sy^2 [pʌ́si] *a.* 膿(のう)のような; うみをもった.

púss·y·foot [púsifùt] *vi.* 〖米俗〗 **1** こっそり歩く. **2** ひより見的な態度をとる. **3** 引っ込み思案をする.
—— *n.* ～する人. **——** *a.* 〖米俗〗ひより見的〔主義〕の. ◇ **-fòot·er** *n.* ひより見主義者.

pús·tu·lant [pʌ́stʃulənt/-tju-] *a.* 膿疱(のうほう)を生じる. **——** *n.* 化膿剤.

pús·tu·lar [-lər] *a.* 〖医〗小膿疱の; いぼだらけの, ぶつぶつのある.

pús·tu·late [-lèit] *vi., vt.* 小膿疱を生じる.
—— [-lit] *a.* 小膿疱の, 小膿疱を生じた.
◇ **pùs·tu·lá·tion** [⌐–léiʃ(ə)n] *n.*

pús·tule [pʌ́stʃul/-tju:l] *n.* 〖医〗小膿疱; 〖動・植〗小突起, いぼ.
◇ **pús·tu·lous** [-tʃuləs/-tju-] *a.* ＝pustular.

†put^1 [put] *v.* (**put; pút·ting**) *vt.* **1** 《ある位置に》置く, すえる, つける: ～ a book *on* the shelf 本をたなに載せる. ～ the car *in* the carport 車を車庫へ入れる. ～ a glass *to* one's lips 杯を口につける. ～ a ship *to* sea 船を出港させる.

2 《ある方向に》向ける, 進める: ～ the clock backward 〔forward, on〕 とけいの針をもどす〔進める〕. Don't ～ yourself forward! 前へ乗り出すな; 出しゃばるな.

3 《ある状態に》置く, 《…に》する《に *in, to*》: ～ the names *in* alphabetical order 名前を abc 順にする. ～ a room *in* order へやを整とんする. ～ everything *to* rights すべてをきちんとする. The news ～ him *in* a very good humor. その知らせで彼は上きげんになった. The mother ～ her child *to* sleep. 母親は子どもを寝かせつけた. The father ～ his son *to* business 〔school〕. 父親はむすこを商売につけた〔学校へ入れた〕. His affable smile ～ me *off* my guard. 彼のあいそのいい微笑につられて私は用心を忘れてしまった. They ～ the picture *to* the market. 彼らは絵を売りに出した.

4 《仕事などに》つかせる《*to*; *to* (do)*ing*》: He ～ her *to* set*ting* the table. 彼は彼女に食卓の用意をさせた.

5 付する, 導く《に *to*》: The murderer was ～ *to* death. 殺人犯は死刑に処せられた. That will ～ you *to* a great expense. そんなことするとお金がうんとかかるぞ.

6 加える, つける, 当てがう: ～ water *to* wine 酒を水でわる. ～ sugar *in* tea お茶に砂糖を入れる.

7 (結び) つける, 添える, 与える: ～ a new handle *to* a knife 小刀に柄をつけかえる. ～ a horse *to* a cart 車に馬をつける. Will you ～ your name *to* the document? 書類に署名してください. He ～ me a good idea. 彼はいい知恵をつけてくれた.

8 〈制止・終止などを〉加える: ～ an end *to* war 戦争を終結する. Wisdom ～*s* a check *on* thoughtless actions. 分別が軽率な行動を抑制する.

9 〈注意・精力・才能・技術などを〉注ぐ, 集中する, 適用する, はたらかせる; 〈金などを〉《…に》充てる, 投資する《に *in, to, into*》: Let us ～ our minds *to* international affairs. 国際問題に関心を寄せよう. Why don't you ～ your talent *to* a better use? きみは才能をもっと善用〔活用〕したらどうだね.

10 〈問題・質問・意見などを〉提出する, 出す, 述べる: Anyone may ～ questions. どなたでも質問してかまいません. May I ～ a suggestion *to* you? 案を出してよろしいですか. ～ a case before a tribunal 事件を法廷で陳述する.

11 《ことばに》表現する, 述べる, 説明する, 翻訳する: I do not know how to ～ it. これをどうことばにあらわしてよいかわからない. A teacher should ～ things plainly. 先生は物事をわかりやすく表現すべきだ. That's ～*ting* it rather strongly. ややオーバーな表現だ. ～ a phrase in English 句を英語に訳す.

12 目算する, 見積もる: They ～ the distance at five miles. 彼らは距離を5マイルとみた.

13 〈税金・義務・解釈・非難・恥辱などを〉課する, 押しつける, あびせる: They ～ a heavy tax *on* imported oil. 輸入石油に重税を課した. Don't ～ a wrong construction *on* his action. 彼の行動を曲解してはいけない. Every insult was ～ *upon* him. 彼はあらゆるはずかしめを受けた.

14 せいにする, 帰する《の, に *to*》: They ～ it *to* his ignorance. 彼らはそれを彼の無知のせいにした. **15** 〈競技者が砲丸などを〉投げる, ほうる: ～ the shot 砲丸投げをする.

—— *vi.* **1** 〈船などが〉出帆する, 海へ乗り出す, 向かう《に *out to, to, for*》: Many a fishing boat ～ *out to* sea. 多くの漁船が海へ出ていった. **2** 急いで立ち去る; 逃げ出す: Seizing the bone the dog ～ *for* the cellar before the boy could shout. 犬は骨をくわえて, 子どもが叫ぶまもなく地下室へ逃げた. **3** 〈植物が〉芽を出す《*out*》.

be ～ to it 困却する: He *was* hard ～ *to it* as his father refused to send him money. 父親に仕送りを断わられて彼はひどく困っていた. ***～ about*** (1) に針路を変えさせる; 引き返す: You had better ～ *about* right here. ちょうどここで引き返すのがよい. (2) 公表する, 広める: ～ *about* a rumor うわさを流布させる. It was ～ *about* that... …といううわさがたった. (3) 困らせる. ***～ across*** (1) (渡し舟などで)渡す: ～ a car *across* the river 自動車を川向こうへ渡す. (2) をうまくやり遂げる: They ～ *across* fraud on him. 彼らは彼をだました. (3) 《いんちき・策略で》つかませる, 売りつける. (4) 理解させる: They took pains to ～ *across* their intention to the boss. 彼らは自分たちの意図を社長に理解させるのに苦労した. ***～ aside*** (1) 退ける, 片づける: She ～ *aside* her sewing and looked at me. 彼女は縫い物をわきに置いて私を見た. (2) 取っておく: We must ～ *aside* money for the future. われわれは将来のためにお金をたくわえなければならぬ. ***～ away*** (1)＝～ aside. (2) 監禁する, 隔離する; 離縁する; 殺す, 埋める. (3) 〈食物を〉平らげる. (4) 出航する. (5) 質に入れる. ***～ back*** (1) もとの場所へもどす, 返しておく: I can't accept it. *Put* it *back*. ぼくはそれを受け取れない. 収めたまえ. ～ *back* the hand of a clock (とけいの)針をもどす. (2) 妨げる, 遅らせる: ～ *back* the efforts of reformers 改革者たちの努力を妨げる. (3) もどる, 引き返す: The boat ～ *back* to the shore. ボートは岸へ引き返した. ***～ by*** (1) 取っておく, ためておく. (2) 〈質問などを〉受けながす, 避ける; 無視する, 相手にしない: Smith was ～ *by* in favor of Robinson. ロビンソンを守るためにスミスは無視された. ***～ down*** (1) 下に置く: May I ～ *down* the package on the table? 小包を机の上に置いてもいいですか. (2) しずめる, 押える; 制する, 黙らせる; やめさせる, 《地位・番組などから》降ろす. ～ *down* a rebellion 反逆をしずめる. ～ *down* a heckler at a meeting 会でやじを黙らせる. ～ *down* a gambling 賭博(とばく)をやめさせる. (3) 切り詰める, 縮小する: ～ *down* one's expenditure 経費を節約する. ～ prices *down* 物価を下げる. (4) たくわえる. I have ～ *down* a good cellar of wine. よいブドウ酒を(たっぷり)地下室にねかせてある. (5) みなす《と *as, for*》, 見積もる: I ～ him *down* for [as] a fool. ぼくは彼をばかだと考える. How old should you ～ him *down at*? 彼(の年)を幾つだと思うか. (6) 書き留める; (予約申し込み者として)…の名を記名する: *Put* me *down* for one thousand yen. 私の分〔寄付金〕を1,000円として記入しておいてください. (7) 〈飛行機(の乗員)が〉着陸する. (8) 盛んに飲む. (9) 〈病気の家畜を〉殺す, 始末する. (10) 〈井戸などを〉掘る. ***～ down to*** (1)〈勘定を〉…方のつけにする: Tell the shopkeeper to ～ the goods *down to* me [to my account]. その品物はわたしのつけにするよう主人に言いたまえ. (2) に帰する, …のせいにする: The outbreak of cholera was ～ *down to* bad drinking-water. コレラの発生は悪い飲み水のせいにされた. ***～ forth*** (1) 差し出す, 伸ばす; 〈芽を〉出す: Plants ～ *forth* buds in March. 3月に植物が芽をふく. (2) 〈光・熱を〉放つ: The sun ～*s forth* its rays. 太陽は光を放つ. (3) 陳列する. (4) ことばに出す, 提案する: ～ *forth* a question 問題を出す. (5) 〈力を〉出す, ふるう; (声を)張り上げる: You must ～ *forth* all your strength. 全力を出さなければならない. (6) 出版する: ～ *forth* a new book. (7) 港を出る. ***～ forward*** (1) 提案する: ～ *forward* a new theory 新説を提唱する. (2) 進ませる: ～ the hands of a clock *forward* とけいの針を進ませる. (3) 振興する: ～ the business *forward* 事業を促進する. (4) 目だたせる. (5) 推挙する: ～ oneself *forward* (as a candidate) 立候補する. ***～ one's hand to*** に取りかかる. ***～ in*** (1) 入れる, さしはさむ; 加える; 〈ことばを〉添えてやる: ～ *in* a word *for* a friend 友人のために口添えをする. (2) 〈要求・文書などを〉差し出す, 提出する: ～ *in* a claim for damages 賠償を要求する. ～ *in* a document as evidence 証拠として書類を提出する. (3) 任命する, 職場につかせる. (4)〈時を〉(あることに)過ごす. (5) 立ち寄る; 寄港する: We ～ *in* at the shop to take rest. 休憩のために店に立ち寄った. (6) 〈仕事を〉する: ～ *in* an extra hour's work 1時間の余分の仕事をする. (7) 出願する, 申し込む; 候補者となる《を, の *for*》: ～ *in for* a job 仕事を志願する. ***～ in an appearance*** 出頭する, 顔を出す. ***～ a person in mind*** (人に)思い出させる《を *of*》. ***～ into*** に挿入(そうにゅう)する; に注入する; に翻訳する; に入港する. ***～ it across*** 〈人を〉とっちめる: I'll ～ *it across* her. 彼女をとっちめてやろう. ***～ it on*** (1) 法外な値段をふっかける, ぼる. (2) 気どる; ほらをふく. ***～ it over on a person*** (人)をだます. ***～ it to a person*** (人)の承認を求める. ***～ off*** (1) 延期する, 延ばす. ～ *off* an appointment 約束を延ばす. ～ *off going* to the dentist 歯医者に行くのを延ばす. 〈注〉このばあい put off の次には -ing の形がくる. (2) 〈衣服を〉脱ぐ, 捨てる, 取り除く. 〈注〉*put* off one's hat よりも take off one's hat の方が一般的な言い方である. put off はむしろ精神的なものに使用される: *Put off* your doubts. 疑念を捨てなさい. (3) 〈人を〉待たせる; 避ける; 〈人・要求を〉そらす, うまくはずす: I will not be ～ *off* any longer. もうこれ以上待たされないぞ. He ～*s* me *off* with unmeant words. 実のないことばで彼は私をはぐらかしてしまう. (4) 〈にせ物などを〉押しつける, つかませる: ～ *off* a sham on a person 人ににせ物をつかませる. (5) 妨げる, の意欲をくじく: The look of his face quite ～*s* me *off*. 彼の顔つきを見ると全くげんなりする. At that time I found myself ～ *off* from doing anything. その当時なにをするのもいやだった. (6) 出発する; 出航する: ～ *off on* a long journey 長の旅に出かける. (7) 〈小舟を〉離す《岸・母船から》. ***～ on*** (1) を身につける, を着る, をかぶる, をはく, 〈指輪を〉はめる, 〈めがねを〉かける: ～ *on* one's shirt [hat, boots, ring, spectacles, etc.]. (2) 〈肉づき・体重・速力などを〉増す: ～ *on* weight 体重を増す. ～ *on* the pace 足をはやめる, 急ぐ. ～ *on* speed [pressure] 速度〔圧力〕を増す. (3) 〈点を〉加える. ～ *on* 100 runs (クリケットで) 100 点を取る. (4) …のふりをする, を装う; 〈しかめつらなどを〉する: His modesty is all ～ *on*. 彼のけんそんはほんものではない. He ～*s on* an air of innocence. 純真なふりをする. (5) 賭(か)ける; 〈税・罰金を〉課する: ～ £10 *on* a horse 馬に10ポンド賭ける. (6) 進ませる: ～ the clock *on* とけいを進ませる. (7) 紹介する, に伝授する: I'll ～ you *on* to our method. われわれの方法をお教えしよう. (8) 〈機械を〉はたらかせる; 〈人を〉《仕事などに》つける: ～ *on* a brake ブレーキをかける. ～ *on* a special train 臨時列車を運行させ

る. (9) 上演する: ～ *on* a new play 新しい劇を舞台に載せる. **～… on ——** …を—に負わせる〔帰する〕: ～ the responsibility *on* him 彼に責任を負わせる, 彼のせいにする. **～ a person on (to)…** 〈人に〉…を知らせる;〈人を〉…に注意させる: He ～ me *on to* a good book. 彼はいい本を私に教えてくれた. **～ out** (1) 消す: ～ *out* a candle ろうそくを消す. (2) 追い出す; 解雇する: He was ～ *out* of the room for being disobedient to the teacher. 先生に逆らったので彼はへやから出された. (3) 差し出す, 差し伸べる: ～ *out* one's hand 手を差し出す. (4) 脱臼(だっきゅう)する: ～ one's shoulder *out* 肩の関節をはずす. (5) 困らせる; 怒らせる: She is evidently ～ *out* with me. 彼女は明らかに私に腹をたてている. (6)〈力を〉出す, 発揮する, 示す: ～ *out* one's strength 力を振り絞る. (7) 発行する, 出版する, 発表する; 生産する: ～ *out* a pamphlet パンフレットを出す. The factory ～*s out* 3,000 TV sets a day. この工場は1日に3,000台のテレビセットを生産する. → output. (8)〈苗木を〉移植する; 人手に渡す: ～ a baby *out* to nurse 幼児を里子に出す. (9) 貸し出す, 投資する. (10)〘クリケット・野球〙〈人を〉アウトにする. (11)〈船などが〉出る. (12)〘俗〙がんばる. **～ oneself out** わざわざ…する《*to* (do)》: Don't ～ *yourself out* for me. どうかおかまいなく. **～ over** (1) 向こうへ渡す; 向こうへ渡る. (2) 遅れさせる, 延期させる. (3) 認めさせる, に好評を得させる; うまくやり遂げる. **～ oneself over** an audience (聴衆) に自分を印象づける. **～ through** (1)をうまくやり遂げる; 成立させる: ～ *through* a business deal 商取引に成功する. (2) の電話をつなぐ: Please ～ me *through* to Mr. Baker. ベーカーさんにつないでください. (3)〈人に〉…の試練を受けさせる: ～ him *through* his paces 彼の能力をためす. ～ a new airplane *through* various tests 新しい飛行機をいろいろに試験する. **～ to good use** 善用する. **～ to it** 困らせる, 悩ます. **～ up** (1)上げる; 掲げる; 設置する: She ～ *up* her hands to catch the ball. 彼女はボールを受け止めるために両手を上げた. We ～ *up* a tent in the glade. われわれは林間地にテントを張った. How many flags did our players ～ *up* at the Olympic games? オリンピックでわれわれの選手は何本旗を立てたか. She ～ *up* her parasol to prevent sunburn. 彼女は日焼けを防ぐために日がさをさした. They ～ *up* barracks at the dam site. ダム建設予定地に仮小屋が建てられた. (2) しまう, 納める: *Put up* your sword. 刀をさやに納めよ. The bathing tents have been ～ *up* for the winter. 冬のあいだ(海水浴場の) 脱衣用天幕がかたづけられている. ～ *up* a car in the garage 車庫に車をしまう. (3) 貯蔵する, 砂糖〔塩〕づけにする, かんづめにする: ～ *up* fruit くだものを (砂糖づけで) たくわえる. ～ *up* pork 豚肉を塩づけにしておく. (4)〈値を〉上げる. (5)〈祈りなどを〉ささげる;〈請願書を〉提出する. (6) 推薦する, 候補者として指名する; 立候補する: I will ～ you *up* for the club, if you like. お望みならクラブに推薦してあげよう. (7) …にそれとなく知らせる《を *to*》, そそのかす《へ *to*》: He ～ me *up to* the latest tips. 彼は最近の (競馬の) 情報を教えてくれた. (8) 泊まる; 泊まらせる: ～ *up* at an inn 宿に泊まる. (9)〈脚本を〉上演する. (10) 競売に付する, 売り物に出す; 公開する, 展覧に供する, 一般に見せる;〈創意などを〉世に問う: ～ *up* a game 試合を公開する. ～ *up* his personal effects to auction 彼の家財を競売に付する. (11) 企てる, でっちあげる, たくらむ: ～ *up* a job 一仕事 (悪事を) たくらむ. (12)〈金を〉寄付する; 賭ける. (13)〈髪を〉セットする. (14)〈獲物を〉かり出す. (15)〈薬などを〉調合する. ***～ up a good fight*** 善戦する. **～ a person *up to*** → put up (7). **～ *up with*** をがまんする. **～ a person *wise*** (人に) ある事実を知らせてやる, 入れ知恵する: He ～ me *wise to* the way they run the company. 彼はその会社の経営のやり方について教えてくれた.

—— *a.* 〘米話〙落ち着いた, 定着した (fixed): stay ～ じっとしている, 落ち着いている.

—— *n.* **1** 突き, 押し. **2** 投げ, 投げて届く距離. **3** 売り方選択取引: ～ and call 特権つき売買.

⁓-down → 別項. **⁓-off** [⁓⁓] 言いのがれ, 逃げ口上; 延期. **⁓-on** [⁓⁓] 偽りの, 仮の. **⁓-out** [⁓⁓]〘野球〙刺殺. **⁓-up** [⁓⁓]〘米話〙(ひそかに) たくらんだ, もくろんだ: a ～-*up* job やおちょう. **⁓-up·òn** 虐待された, 酷使された.

put² *n., vt., vi.* **(-tt-)** = putt.

pu·tá·men [pjuːtéimən] *n.* (*pl.* **pu·tám·i·na** [-tǽmịnə]) **1**〘植〙果核; 内果皮《梅・モモなどの》. **2**〘動〙《卵殻内の》硬膜.

pú·ta·tive [pjúːtətiv] *a.* 推定 (上) の, 憶測の; 世評による. [√put-] ◇ **～·ly** *ad.*

pút·down [pútdàun] *n.* **1**〘飛行機の〙着陸. **2**〘話〙言い返し, しっぺ返し; へこます〔やっつける〕こと, いやがらせ.

pú·te·al [pjúːtiəl] *n.*〘古ローマ〙《井戸の》縁石.

pút·log [pútlɔːg, pʌ́t-/pʌ́tlɔg], **pút·lock** [-làk/-lɔk] *n.*〘建〙足場 (の丸太).

pù·tre·fác·tion [pjùːtrịfǽkʃ(ə)n] *n.* 腐敗(作用); 腐敗物. ◇ **pù·tre·fác·tive** *a.* 腐敗する〔させる〕.

pú·tre·fy [pjúːtrịfài] *vt.* 腐敗させる, 腐らせる. —— *vi.* **1** 腐敗する, 腐る. **2** 化膿(かのう)する.

pu·trés·cent [pjuːtrésnt] *a.* **1** 腐敗しかかった. **2** 腐敗の: ～ smell 腐敗したにおい. ◇ **-cence** *n.*

pu·trés·ci·ble [pjuːtrésibl] *a.* 腐敗しやすい. —— *n.* 腐敗性物質.

pú·trid [pjúːtrid] *a.* **1** 腐敗した; 悪臭のする. **2** 堕落した. **3** 不快な, 鼻もちならない. **～ fever** 発疹(はっしん)チフス. **～ sore throat** ジフテリア.

◇ **～·ly** *ad.* **pu·tríd·i·ty** [pjuːtrídịti] *n.* 腐敗 (物); 堕落.

Putsch [putʃ] G. *n.* 小反乱, 暴動, 騒乱.

putt [pʌt] *vt., vi.* 〘ゴルフ〙パットする《ボールを軽く打って穴に入れる》. —— *n.* パット. ***～ing green***〘ゴルフ〙グリーン《hole の周囲20ヤード以内の区域》.

pút·tee [pʌ́ti] *n.* 巻きゲートル; 皮のゲートル.

pút·ter¹ [pútər] *n.* 置く人;〘鉱山〙運搬夫.

pútt·er² [pʌ́tər] *n.* 〘ゴルフ〙パター, パット用クラブ; パットする人.

pút·ter³ [pʌ́tər] *vi.* 〘米〙**1** ぐずぐず働く: ～ *over* a task 仕事をいつまでもひねくりまわしている. **2** ぶらぶら歩く, ぶらつく《*about*》(= ㊥ potter²).

—— *n.* ぐずつき, ぶらつき (= ㊥ potter²).

◇ **～·er** [pʌ́tərər] *n.*

pút·tie = puttee.

pút·ti·er [pʌ́tiər] *n.* 《ガラス職人など》putty を扱う人.

pút·too [pʌ́tuː] *n.* 〘インド〙あらいカシミア織物 (の一種).

pút·ty [pʌ́ti] *n.* パテ《接合剤の一種》;〘ガラス・金属などをみがく〙パテ粉 (= ～ powder). ***glaziers' ～*** 窓ガラス用パテ. ***jewelers' ～***〘ガラス・金属をみがく〙スズ〔鉛〕の粉末. ***plasterer's ～*** 塗装工事用パテ. —— *vt.* パテでつなぐ〔ふさぐ〕.

～ head〘米俗〙ばか者, まぬけ. **～ knife** パテ用こて. **～ medal** わずかな努力にふさわしい報酬.

‡púz·zle [pʌ́zl] *n.* **1** なぞ, 判じ物, パズル: a crossword ～ クロスワード パズル. **2** 難問, 難題. **3** 当惑, 困惑: be in a ～ 困っている.

—— *vt.* **1** 迷わす, 当惑させる, 困らせる: This question ～*s* me. この問題はどうにもわからない. He was ～*d* how to act. どうしていいか彼は悩んでしまった. **2**〈頭を〉悩ませる, ひねる: ～ one's head [brains] 知恵をしぼる《について *about, over*》. **3**〈なぞ・問題を〉解く《*out*》: be unable to ～ *out* the message. —— *vi.* **1** 迷う, 途方にくれる. **2** あれこれと

考える《について *over*》: ～ *over* a problem. ～ *out* → *vt.* ③. ～ ***through*** 手さぐりで通り抜ける. **～-hèad·ed, ～-pàt·ed** 頭の混乱した. ～ **peg** 《犬が口を地につけないための》 下あごの当て木. ～ **ring** 知恵の輪.
◇ **～·ment** *n.* 当惑. **～r** [-ər] *n.* 当惑させる人〔物〕, 難問. 〔類〕→ **perplex**「当惑させる」

*__púz·zling__ [-iŋ] *a.* **1** 当惑させる, 途方にくれさせる. **2** わけのわからない, むずかしい. ◇ **～·ly** *ad.*

P.V. Priest Vicar. **p.v.** post village. **Pvt.** 〘米〙 Private (Soldier) (=㊥ Pte.). **PW** prisoner of war (=POW, P.O.W.); public works. **PWA, P.W.A.** Public Works Administration. **PWD** Psychological Warfare Division. **P.W.D.** Public Works Department. **pwt.** pennyweight. **PX** [píéks] (*pl.* **PXs** [-iz]) post exchange. **pxt.** *pinxit* (L.=painted it).

py·áe·mi·a, py·é·mi·a [paií:miə] *n.* 〘医〙膿血(のうけつ)症, 膿毒症, 敗血症.
◇ **py·áe·mic, py·é·mic** *a.*

pyc·nóm·e·ter [piknámitər/-nɔ́m-] *n.* 比重びん.

pye =pie³.

pýe-dog, pí(e)-dog [páidɔ̀:g/-dɔg] *n.* 《東洋の》のら犬, 野犬.

pỳ·e·lí·tis [pàiiláitis] *n.* 〘医〙腎盂(じんう)炎.

py·é·mi·a =pyaemia.

pyg·máe·an, -mé·an [pigmí:ən, ㊥⁺pígmiən] *a.* **1** 小人の, 一寸法師の (pygmy). **2** 極小の.

Pyg·má·lion [pigméiljən, -liən] *n.* 〘ギ神〙ピグマリオン《自作の彫像に恋した彫刻家》.

pýg·my [pígmi] *n.* **1** 小人, 一寸法師. **2** 小さな人間; 小妖精(ようせい); 小さなもの. **3** つまらない人〔物〕. **4** (P～) ピグミー《アフリカ赤道地帯に住む小人の黒人》; 小黒人《東南アジア》. **5** (P～) 〘ギ神〙《ツルと戦って滅びた》小人. **——** *a.* **1** 小人の. **2** ちっぽけな, とるに足らない.

py·jám·as [pədʒǽməz, -dʒá:m-/-dʒá:m-] *n. pl.* 〘英〙=pajamas.

pýk·nic [píknik] *a., n.* 〘心〙肥満型の (人). → asthenic, athletic.

pý·lon [páilan/-lən] *n.* **1** 《古代エジプト寺院の》塔門. **2** 〘空〙《飛行場の》目標塔, 指示塔. **3** 〘電〙《高圧線用の》鉄塔.

py·ló·rus [piló:rəs, pai-/pailɔ́:r-] *n.* (*pl.* **-ri** [-rai]) 〘医〙幽門(部). ◇ **py·lór·ic** [-lɔ́:rik, -lár-/-lɔ́r-] *a.*

pỳ·o·gén·e·sis [pàiədʒénisis] *n.* 化膿(かのう)(作用).

Pyóng·yáng [pjʌ́ŋjá:ŋ] *n.* ピョンヤン (平壌)《朝鮮民主主義人民共和国の首都》.

pỳ·or·rhé·a, pỳ·or·rhóe·a [pàiərí:ə/-ríə] *n.* 〘医〙膿漏(のうろう); 歯槽(しそう)膿漏. ◇ **～l** *a.*

‡**pýr·a·mid** [pírəmid] *n.* **1** ピラミッド, 金字塔. **2** 〘数〙角すい; 〘結晶〙錐(すい); 〘園芸〙尖塔(せんとう)状に刈り込んだ木: a right ～ 直角すい. **3** (*pl.*) 〘英〙玉突きの一種. **4** 《一般的》尖塔形のもの. **5** 〘経〙利乗りするもの. **6** 〘社〙ピラミッド型組織.
—— *vt., vi.* ピラミッド状にする〔なる〕; しだいに増加する; 着々進行する; 〘経〙利乗りする, 株を続けて売買して利ざやをかせぐ.

py·rám·i·dal [pirǽmidl] *a.* pyramid (型) の.
—— *n.* 〘医〙稜錐(りょうすい)骨 (=～ bone).
◇ **～·ly** *ad.*

pỳr·a·míd·ic [pìrəmídik], **-i·cal** [-(ə)l] *a.* ピラミッド型の, 角すい型の. ◇ **pỳr·a·míd·i·cal·ly** *ad.*

Pýr·a·mus [pírəməs] *n.* 〘ギ神〙Thisbe に恋したバビロンの青年《彼女がライオンに殺されたと信じて自殺した》.

pyre [paiər/páiə] *n.* 火葬用の積んだまき; 火葬の燃料.

Pỳr·e·né·an [pìrəní:ən] *a., n.* ピレネー山脈の (住民).

Pýr·e·nèes [pírəni:z/⌐-⌐] *n. pl.* (the ～) ピレネー山脈《フランスとスペインの国境にある》.

py·réth·rum [pairéθrəm, -rí:θ-/-rí:θ-] *n.* 〘植〙除虫菊; その粉末.

py·rét·ic [pairétik] *a.* 〘医〙熱 (病) の, 熱病にかかった. **——** *n.* 解熱剤.

Pý·rex [páireks] *n.* 〘米〙パイレックスガラス《耐熱ガラス. 商標名》; その製品.

py·réx·i·a [pairéksiə] *n.* 〘医〙熱, 熱病, 発熱.
◇ **py·réx·ic** [-réksik] *a.*

pyr·hè·li·óm·e·ter [paiərhì:liámitər, piər-/pəhì:liɔ́m-] *n.* 太陽熱測定計.

pýr·i·dine [píridi:n/páiəridain], **-din** [-din] *n.* 〘化〙ピリジン《揮発性流動アルカリ. ぜんそく治療薬》.

pỳr·i·dóx·ine [pìridáksi:n, -sin/-dɔ́k-], **-in** [-sin] *n.* 〘生化〙ピリドキシン《ビタミン B_6》.

pýr·i·form [pírifɔ:rm] *a.* (西) 洋ナシ形の.

pý·rite [páirait/páiər-] *n.* 〘鉱〙黄鉄鉱.

py·rí·tes [pairáiti:z, pi-] *n.* 〘鉱〙黄鉄鉱 (=iron ～, pyrite); 黄銅鉱 (=copper ～). ◇ **py·rít·ic** [-rítik], **py·rí·tous** [-ráitəs] *a.* ～の, ～を含む.

pý·ro [páirou/páiər-] *n.* =pyrogallol.

pyro-「火」「熱」「焦性」などの意の語形成要素《母音の前では pyr-》.

pỳ·ro·chém·i·cal [pàirokémik(ə)l] *a.* 高温度化学変化の.

pỳ·ro·e·léc·tric [-iléktrik] *a.* パイロ電気の, 焦電気の. ◇ **pỳ·ro·e·lèc·tríc·i·ty** [-trísiti] *n.*

pỳ·ro·gál·lol [pàirogǽloul, ㊥⁺-lal] *n.* 〘化〙ピロガロール, 焦性没食子(もっしょくし)酸《写真現像の主薬》.

pỳ·ro·gén·ic [pàirədʒénik] *a.* 熱〔熱病, 火〕によって生じる.

pỳ·rog·nós·tics [pàirəgnástik/-nɔ́s-] *n.* 加熱反応.

pý·ro·graph [páirəgræf/-gra:f] *n.* 焼き絵.
◇ **pỳ·ro·gráph·ic** [⌐-grǽfik] *a.* **py·róg·ra·phy** [pairágrəfi/-rɔ́g-] *n.* 焼画術.

pỳ·ro·gra·vúre [pàirogrəvjúər] =pyrography.

py·ról·a·try [pairálətri/-rɔ́l-] *n.* 拝火教.

pỳ·ro·líg·ne·ous [pàiroligniəs] *a.* 木材乾留の.

py·ról·o·gy [pairálədʒi/-rɔ́l-] *n.* 火化学.
◇ **pỳ·ro·lóg·i·cal** [pàiroládʒik(ə)l/-lɔ́dʒ-] *a.*

pý·ro·man·cy [páirəmænsi] *n.* 火占術, 火占い.

pỳ·ro·má·ni·a [pàiroméiniə] *n.* 放火狂.

pỳ·ro·má·ni·ac [-méiniæk] *n.* 放火狂.
—— *a.* 放火狂の.

py·róm·e·ter [pairámitər/-rɔ́m-] *n.* 〘物〙高温計.

pỳ·ro·phó·bi·a [pàirəfóubiə] *n.* 火恐怖症.

py·ró·sis [pairóusis] *n.* 〘医〙胸やけ.

pyrotech. pyrotechnic; pyrotechnical.

pỳ·ro·téch·nic [pàiroteknik], **-ni·cal** [-(ə)l] *a.* **1** 花火の; 花火製造術の. **2** 《才知・人気など》はなばなしい. ◇ **pỳ·ro·téch·ni·cal·ly** *ad.*

pỳ·ro·téch·nics [-tékniks], **-ny** [-tékni] *n.* **1** 花火製造術; 花火打ち上げ (法), 花火使用 (法). **2** (弁舌などの) はなやかさ.

pỳ·ro·téch·nist [-téknist] *n.* 花火製造 (業) 者.

pỳ·ro·tóx·in [-táksin/-tɔ́k-] *n.* 〘生〙ピロトキシン, 発熱毒.

pý·rox·ene [páiraksi:n/páiərɔk-] *n.* 〘鉱〙輝石.

py·róx·y·lin(e) [pairáksilin/-rɔ́ks-] *n.* ピロキシリン, 硝酸繊維素, 硝化綿, 綿火薬.

pýr·rhic [pírik] *n., a.* **1** 《古代ギリシアの》戦舞 (の): a ～ dance 戦舞. **2** 〘韻〙二短音歩 (の).

Pýr·rhic [pírik] *a.* 《古代ギリシアの》Pyrrhus 王の. ～ **victory** 多くの犠牲を払って得た勝利.

Pýr·rha [pírə] *n.* 〘ギ神〙ピラ《Prometheus の子 Deucalion の妻. Zeus が起こした洪水に生き残り人類の祖となった》.

Pýr·rho [pírou] *n.* ピロ, 365?–275? B.C., ギリシアの哲学者・懐疑論者. ◇ **～·nism** *n.* ～の懐疑説. **～·nist** *n.* **Pyr·rhón·ic** [piránik/-rɔ́n-] *a.*

Pýr·rhus [pírəs] *n.* ピルス, 318?–272 B.C., 古代ギリシアの王《多大の犠牲を払ってローマを打ち破った》.

Py·thág·o·ras [piθǽɡərəs/paiθǽɡəræs, -rəs] *n.* ピタゴラス, 582–500 B.C., ギリシアの哲学者・数学者《ピタゴラスの定理の発見者》.

Py·thàg·o·ré·an [piθæɡərí:ən/paiθ-] *a., n.* Pythagoras の(学説の信奉者). **～ proposition** [**theorem**] ピタゴラスの定理.

Pýth·i·an [píθiən] *a.* **1**〘ギリシアの〙Delphi の; Delphi にある Apollo 神殿の. **2** Apollo 神託の, Apollo のみこの. **——** *n.* **1** (the ～) アポロ神, アポロのみこ. **2** Delphi の住民.
～ games 古代ギリシアの Delphi の競技祭《4年めごとに行なわれた》. **～ oracle** Apollo の神託.

Pýth·i·as [píθiəs/-æs] *n.* → Damon.

pý·thon[1] [páiθɑn, -θən/-θ(ə)n] *n.* **1**〖動〗ニシキヘビ《アフリカ・アジアにすむ大ヘビ》. **2** (P～)〖ギ神〗大ヘビ《Apollo に退治された》.

pý·thon[2] *n.* **1** 霊, 魔. **2** 霊につかれた人; 占い者, 予言者.
◇ **py·thón·ic** [paiθɑ́nik/-θɔ́n-] *a.* 占いの, 予言の.

pý·tho·ness [páiθənis] *n.* **1**〘ギリシアの Delphi の〙アポロのみこ. **2**《一般的》みこ.

pyx [piks] *n.* **1**〖カトリック〗〘貴金属製の〙聖体容器. **2**〘イギリス造幣局の〙貨幣検査箱. ***trial of the ～*** 見本貨幣検査. **——** *vt.*〖英〗<見本貨幣を> 検査箱に入れる; <貨幣を> 検査する.

pyx·íd·i·um [piksídiəm] *n.* (*pl.* **-a** [-diə])〖植〗蓋果(がいか).

pýx·is [píksis] *n.* (*pl.* **pýx·i·des** [-sidi:z]) **1**《古代ギリシア・ローマで用いられた》小箱, 宝石箱. **2** =pyxidium. **3**〖医〗杯状窩(か).

Q

Q, q [kju:] *n.* (*pl.* **Q's, *Qs*, q's, *qs*** [-z]) **1** 英語アルファベットの第17字. **2** Q [q] 字形のもの;〖スケート〗Q字形旋回. **3**〖物〗石炭380億トンに相当する熱量をあらわす単位. ***reverse Q***〖スケート〗逆Q字形旋回.
Q-boat [⌐⌐] Qボート《第1次大戦中イギリスがドイツ潜水艦攻撃のために商船に仮装した軍艦. mystery ship ともいう》. **Q department**〖軍〗兵站(へいたん)部. **Q-fè·ver** Q熱《発疹チフスに似たもの》.

Q. Quebec; Queen; Question. **q.** *quadrans* (L. =farthing); quart; quarter; quarterly; quarto; quasi; query; question; quintal; quire; quoted; quotient.

Qán·tas [kwɑ́ntæs/kwɔ́n-] *n.* カンタス航空会社《オーストラリアのQantas Empire Airways. 略QEA》.

Q.B. Queen's Bench. **q.b.** quarterback. **Q.C.** Quartermaster Corps; Queen's Counsel; Quality Control. **QEA** Qantas Empire Airways. ***Q.E.D.*** *quod erat demonstrandum.* → *quod.* ***Q.E.F.*** L. *quod erat faciendum.* → *quod.* **Q.M.** Quartermaster. **Q.M.G.** Quartermaster-General. **qr.** quarter(s); quire.

QSL [kjú:-és-él] **～ *card*** QSLカード《アマチュア無線で交信を確認し合う》.

qt. quantity; quart(s). **Q.T.**〖俗〗quiet: on the *Q.T.* こっそりと. **qto.** quarto. **qts.** quarts. **qu.** quasi; query; question.

qua [kwei] L. (=as) …の資格で, …として.

quack[1] [kwæk] *n.* **1** ガーガー《アヒルなどの鳴き声》. **2** 騒々しい[くだらぬ]おしゃべり.
—— *vi.* ガーガー鳴く; 騒々しくしゃべる.
～-quáck ガーガー;〖小児語〗アヒル.

quack[2] *n.* **1** にせ医者, やぶ医者. **2** 山師, いかさま師. **3**《形容詞的》山師の, いかさまの: a ～ doctor やぶ医者, にせ医者. ～ remedies いんちき療法.
—— *vi., vt.* **1** (に)いんちき治療をする; 誇大宣伝する. **2** ほらを吹く; 知ったかぶりをする.
～·sàl·ver [-sælvər] にせ医者, やぶ医者.
◇ **～·er·y** [-əri] *n.* いんちき治療; いかさま行為.
～·ish *a.* やぶ医者的な; 山師的な.

quad [kwɑd/kwɔd] *n.* **1**〖話〗=quadrangle ②. **2**〖印〗=quadrat. **3**〖話〗=quadruplet. **4**〖英俗〗=quod.

quad. quadrangle; quadrant; quadrat; quadruple.

quád·ra·ble [kwɑ́drəbl/kwɔ́d-] *a.*〖数〗等積の正方形であらわせる; 二乗できる.

quàd·ra·ge·nár·i·an [kwɑ̀drədʒiné(:)riən/kwɔ̀drədʒinéər-] *a., n.* 40歳(代)の(人).

Quàd·ra·gés·i·ma [kwɑ̀drədʒésimə/kwɔ̀d-] *n.*〖宗〗四旬節 (Lent); 四旬節の第1日曜日 (=～ Sunday). ◇ **Quàd·ra·gés·i·mal** *a.*

quád·ràn·gle [kwɑ́dræŋɡl/kwɔ́d-] *n.* **1** 四辺形《特に正方形・長方形》. **2**《大学などの建物に囲まれた》中庭; 中庭を囲む建物. **3** 陸地区画《アメリカ地勢測量図の区画単位. 東西11–15, 南北17マイル》.

quad·rán·gu·lar [kwɑdrǽŋɡjulər/kwɔd-] *a.* 四辺形の; 正方形[長方形]の. ◇ **～·ly** *ad.*

quád·rant [kwɑ́drənt/kwɔ́d-] *n.* **1**〖数〗四分円, 象限. **2**〖天・海〗象限儀, 四分儀《昔の天体高度測定器》. **3**〖空〗舵柄弧(だへいこ).
◇ **quad·rán·tal** [kwɑdrǽntl/kwɔd-] *a.*

quád·rat [kwɑ́drət, -ræt/kwɔ́d-] *n.*〖印〗込め物《字間などに入れる. 略 quad》. ***em*** [***m***] **～** 全角込め物. ***en*** [***n***] **～** 2分の1込め物.

quád·rate [kwɑ́drit/kwɔ́d-] *a.* (正)方形の. **——** *n.* **1**〖数〗正方形, 四辺形. **2**〖医〗方形骨[筋].
—— [kwɑ́dreit/kwɔdréit] *vt.* **1** 一致させる, 適合させる《と *with*, に *to*》. **2**〖数〗の面積を決定する; <円の面積を> 等積の正方形にする.
—— *vi.* 一致する, 適合する《と *with*》.
～ lobe《脳髄の》方形葉.

quad·rát·ic [kwɑdrǽtik/kwɔd-] *a.* **1**〖数〗二次の. **2**〖稀〗正方形の. **——** *n.* 二次方程式.
～ equation 二次方程式. **～ paper** 方眼紙.
◇ **～s** *n. pl.*《単数扱い》二次方程式論.

quád·ra·ture [kwɑ́drətʃər/kwɔ́d-] *n.* **1**〖数〗求積法《曲線形を等積の正方形にすること》: ～ of the circle 円積法. **2**〖天〗矩象(くしょう);《月の》上[下]弦.

quad·rén·ni·al [kwɑdréniəl/kwɔd-] *a.* 4年間の; 4年ごとの. ◇ **～·ly** *ad.*

quad·rén·ni·um [-niəm] *n.* (*pl.* **-a** [-niə], **-ums**) 4年間.

quadri-, quadru- 「4」の意の語形成要素.

quád·ric [kwɑ́drik/kwɔ́d-] *a.*〖数〗二次の.
—— *n.* 二次面.

quád·ri·cen·tén·ni·al [kwɑ́drisenténiəl/kwɔ́d-] *a.* 400年めの, 400年記念の.
—— *n.* 400年(記念)祭.

quad·rí·ga [kwɑdráiɡə/kwədrí:ɡə] *n.* (*pl.* **-gae** [-dʒi:])〖古ローマ〗4頭立ての2輪戦車.

quàd·ri·lát·er·al [kwɑ̀drilǽt(ə)rəl/kwɔ̀d-] *a.* 四辺(形)の. **——** *n.*〖数〗四辺形; 四辺形の地面;〖軍〗四辺形の要塞(ようさい)地. [√lat(er)-]

quàd·ri·lín·gual [-líŋɡwəl] *a.* 4か国語の, 4か国語を用いる. [√lingu-]

qua·drílle [kwədríl, kə-] *n.* **1** トランプ遊びの一種《4人が40枚のカードを用いる》. **2** カドリール《4人が組んで踊る square dance》; その曲.

quad·ríl·lion [kwɑdríljən/kwɔd-] *n.*〖米・フランス〗1,000兆《1のあとに0が15つく》;〖英・ドイツ〗100万の4乗《1のあとに0が24つく》.

quàd·ri·nó·mi·al [kwàdrinóumiəl / kwɔ̀d-] *a.* 〘数〙四項の. ―― *n.* 四項式.
quàd·ri·pár·tite [-pá:rtait] *a.* **1** 4部[4人]からなる; 4組みに分かれる. **2** 4者[4国]間の. 「行機.
quád·ri·plane [kwádriplèin/kwɔ́d-] *n.* 四葉飛
quád·ri·reme [kwádrirì:m/kwɔ́d-] *n.* 〘古ローマ〙4段の櫂(かい)のある船, 4段櫂ガレー船.
quàd·ri·syl·láb·ic [kwàdrisilǽbik / kwɔ̀d-] *a.* 4音節の.
quád·ri·sỳl·la·ble [kwádrisìləbl/kwɔ̀drisíl-] *n.* 4音節語.
quàd·ri·vá·lent [kwàdrivéilənt/kwɔ̀d-] *a.* 〘化〙四価の. ◇ **-lence, -len·cy** *n.* 〘化〙四価.
quad·rív·i·al [kwadríviəl/kwɔd-] *a.* 四つつじの.
quad·rív·i·um [-əm] *n.* (*pl.* **-a** [-ə]) (中世大学の) 4科目《算数・幾何・天文・音楽》. → trivium.
quad·róon [kwadrú:n/kwɔd-] *n.* 白人と黒白混血児(mulatto)とのあいだの混血児《黒人の血が4分の1混ざっている》. → mulatto, octoroon.
quadru- =quadri-.
quád·ru·mane [kwádrumèin/kwɔ́d-] *n.* 〘動〙四手動物《サル類のように4足が手のはたらきをする》.
quad·rú·ma·nous [kwadrú:mənəs/kwɔd-] *a.* 〘動〙四手類の. [√man(u)-]
quád·ru·ped [kwádrupèd/kwɔ́d-] *n.* 〘動〙四足獣. ―― *a.* 四足の. [√ped-]
quad·rú·pe·dal [kwadrú:pidl/kwɔd-] *a.* 〘動〙四足(獣)の.
quád·ru·ple [kwádrupl/kwɔ́d-] *a.* **1** 4倍の, 4重の《の *of, to*》. **2** 4部[4者]からなる. ―― *vt., vi.* 4倍にする[なる]. ―― *n.* 4倍数(量)《の *of*》.
Q～ Alliance, the 四国同盟《1718年のイギリス・フランス・オランダ・オーストリア間の対スペイン同盟》.
～ time [**measure, rhythm**] 〘楽〙四拍子.
◇ **-ply** [-i] *ad.*
quád·ru·plet [-ruplit] *n.* **1** 四つ子のひとり; (*pl.*) 四つ子. **2** 四つ組み. **3** 4人乗り自転車.
quád·ru·plex [kwádruplèks/kwɔ́d-] *a.* **1** 4倍[4重]の. **2** 〘電〙四重送信の. ―― *n.* 四重電信機.
quad·rú·pli·cate [kwadrú:plikit/kwɔd-] *a.* 4倍[4重]の; 《文書が》4通に作成した. ―― *n.* 4組み[4通]のなかの一つ; (*pl.*)《文書の》4通(の写し). ***in*** **～** (同一文書を)4通にして. ―― [-kèit] *vt.* 4倍[4重]にする; 4通に作成する. ◇ **-ca·ture** [-kətʃər], **quad·rù·pli·cá·tion** [−⌐−kéiʃ(ə)n] *n.*
quae·re [kwí(:)ri/kwíəri] L. (=Ask!) *vt.* 《命令形》問え: But ～, is it true? はたしてそれは真実かどうか. ―― *n.* 疑問, 問題.
quáes·tor [kwéstər/kwí:s-] *n.* 〘古ローマ〙財務官. ◇ **～·ship** *n.* 財務官の職. **quaes·tó·ri·al** [kwestó:riəl/kwi:stɔ́:r-] *a.*
quaff [kwæf/kwɑ:f] *vt.* 一息に飲み干す, がぶがぶ飲む《*off, out, up*》. ―― *n.* がぶ飲み, 痛飲.
quag [kwæg] *n.* 沼地, 泥地(でいち) (= quagmire).
◇ **⌐·gy** [-i] *a.* 沼地の. 「現在は絶滅》.
quág·ga [kwǽgə] *n.* シマウマの一種《南アフリカ産.
quág·mire [kwǽgmàiər] *n.* **1** =quag. **2** (どろ沼のような) 窮地, 苦境.
quá·haug, -hog [kwɔ́:hɔ:g/-hɔg] *n.* 〘貝〙一種のハマグリ《北アメリカ産》.
Quai d'Or·say [keidɔ:rséi] F. フランス外務省《パリ市内の所在地の地名から》; フランス外交(政策).
quail[1] [kweil] *n.* (*pl.* **～s**, 《集合的》 ～) 〘鳥〙ウズラ. **～ pipe** ウズラ笛《ウズラ寄せの笛》.
quail[2] *vi.* おじける, ひるむ《に *at, before, to*》.
‡**quaint** [kweint] *a.* **1** 奇妙な, 奇異な: a ～ sense of humor とっぴなユーモアを解する心. **2** 風変わりでおもしろみのある; 古風な趣のある: a ～ old house. ◇ **⌐·ly** *ad.* **⌐·ness** *n.*
quake [kweik] *vi.* **1** 揺れる, 動揺する; (地震で) 震動する. **2** 震える, おののく: ～ *with* [*for*] fear 恐ろしくて身震いする.
―― *n.* **1** 動揺, 震動; 地震. **2** おののき, 身震い.
‡**Quák·er** [kwéikər] *n.* (*fem.* **～·ess** [-kəris]) **1** クエーカー教徒《17世紀中ごろイギリスで George Fox が創始したキリスト教の一派 Society of Friends の会員の別称. 簡素な生活を尊び, 絶対平和主義を唱えた》. **2** (q～) = quakerbird. **3** (q～) = quaker moth. **q～·bird** [⌐−⌐] 〘鳥〙アホウドリの一種《クエーカー教徒の衣の色に似た単色鳥》. **～ City** Philadelphia の別称. **～ gun** 〘米〙模擬砲. **q～-là·dies** 〘米:植〙アカネ属; 〘英〙シオン属. **q～ moth** 〘虫〙ガの一種. **～(s') meeting** クエーカー礼拝会; 沈黙会; 話のはずまない集会. ◇ **～·dom** *n.* クエーカー教徒団体; クエーカー派の主義. **～·ly** *a., ad.* =Quakerish(ly).
Quák·er·ish [-kəriʃ] *a.* クエーカー教徒的な; 謹厳な. ◇ **～·ly** *ad.* クエーカー教風に; 謹厳に.
Quák·er·ism [kwéikəriz(ə)m] *n.* **1** クエーカー派の主義[教義, 慣習]. **2** クエーカー派.
quák·ing [kwéikiŋ] *a.* **1** 揺れている, ゆらゆらしている. **2** 震えている, おののいている.
～ ash [**aspen**] 〘植〙箱柳. 「る.
quák·y [kwéiki] *a.* 震える, おののいている, 身震いす
‡**quàl·i·fi·cá·tion** [kwàlifikéiʃ(ə)n/kwɔ̀l-] *n.* **1** 資格, 権限; 資格付与《の *for*》: the **～s** *for* a job 仕事にふさわしい資格[能力]. **2** 条件, 制限. **3** 修正, 手かげん: have one ～ 一つ欠けるものがある. **4** 資格証明書, 免許状: a medical ～ 医師免許状. ***property*** **～**《選挙のための》財産資格. ***without*** **～** 無条件で; 手かげんせずに. ***with*** **～s** 条件つきで. [<qualify] **～ shares** 〘商〙資格株.
quál·i·fi·ca·to·ry [kwálifikèitəri, -kətɔ̀:ri/kwɔ́lifikət(ə)ri] *a.* **1** 資格を付与する. **2** 制限[限定]する; 条件つきの.
quál·i·fied [kwálifaid / kwɔ́l-] *a.* **1** 資格のある, 免許のある: a ～ doctor 免許のある開業医. a ～ voter 選挙有権者. **2** 適任の, 能力がある: He is ～ *to* take the post [*for* the post]. 彼はその地位につく能力がある[その地位に適任だ]. **3** 限定された, 条件づきの; 手かげんされた: give a scheme one's ～ approval 計画に条件つき賛成をする. **4** 〘話〙すごい: a ～ fool 全くのいかればんち.
～ acceptance《手形の》制限[限定]引き受け.
〘類〙 → **able**「有能な」
quál·i·fi·er [-fàiər] *n.* **1** 資格[権限]を賦与する人[物]. **2** 限定するもの; 〘文〙限定詞, 修飾語句《形容詞・副詞など》.
‡**quál·i·fy** [kwálifai/kwɔ́l-] *vt.* **1** に資格[権限]を与える; 適格にする: ～ a person *as* a voter 選挙権を与える. **2** 適任にする, 適させる: The training ～*ies* her for the job. 訓練を受けたから彼女はこの仕事にうってつけである. **3** 制限する, 限定する: ～ a claim 要求に制限をつける. **4** かげんする, 和らげる: ～ one's anger 怒りを和らげる. **5** <酒などに> かおりをつける, 割る: ～ coffee *with* cognac コーヒーにコニャックを入れる. **6** 〘文〙修飾する. **7** <人を> …とみなす, …と呼ぶ: ～ a person *as* a faker 人をぺてん師だとする. ―― *vi.* 資格[免許]をとる: ～ *as* [*for*] typist タイピストの資格をとる. **～ one*self as*** の資格をとる. **～ one*self for*** の資格をとる, の名に恥じない内容[実力]をもつ. ***～ing examination*** 資格検定試験.
quál·i·ta·tive [kwálitèitiv/kwɔ́litətiv] *a.* 性質(上)の, 質的の; 定性の. **～ analysis** 〘化〙定性分析. ◇ **～·ly** *ad.* 質的に.
‡**quál·i·ty** [kwáliti/kwɔ́l-] *n.* **1 質, 品質**: the ～ of students 学生の質. of good [poor] ～ 良質[劣等]の. *Q～* matters more than quantity. 量よりも質である. **2 性質, 特性, 属性, 資質**: the ～ of love 愛の本質. the ～*ies* of a leader 指導者の諸条件. **3 良質, 優秀性; 才能**: goods of ～

良質の品. 4〘古〙社会的地位; 高い身分: a man of ～ 上流人士. 5 音質, 音色. 6〘論〙命題の質. ***give*** a person ***a taste of*** one***'s*** ～ わが能力の片鱗(ﾍﾝﾘﾝ)を(人に)見せる. ***have*** ～ すぐれている. ***in the*** ～ ***of*** の資格で. ***the*** ～ 上流の人々.

—— *a.* 1 良質の: ～ leather 上質皮. 2 上流社会の: ～ people [folks] 上流社会の人々.

～ **control** 品質管理. ～ **magazine** 高級誌. ～ **point** [**credit**] 優秀点《成績優秀者に特に与える点》.

(類義語) **性質: quality** quantity に対応する語で「性質」を示す最も一般的な語. 日常語としては主として「品質」を示す: a fine *quality* of cigar 上質のたばこ. **property** 特定なものがもっている独自の性質, 特性: the *properties* of iron 鉄の諸特性. **character** 性格. 個人または階級・種族・生物などの特質. 物質にも property と同義で用いられることがあるが比喩的用法: Each town has a *character* of its own. それぞれの町は独自の性格をもつ. **characteristics** character (性格)をつくりあげている諸特徴. **nature** 生まれながらまたは本質としてもっている性質であるので変化しがたいことを示す.

qualm [kwɑːm, (英)+kwɔːm] *n.* 1 めまい, むかつき, 吐き気. 2 不安, 危惧(ｷｸ); 良心の呵責(ｶｼｬｸ).
◇ ～**·ish** *a.* むかつく; 気がとがめる.

quán·da·ry [kwɑ́nd(ə)ri/kwɔ́n-] *n.* 困惑, 苦境, 窮地. ***in a*** ～ 進退きわまって, 途方にくれて.

quand même [F. kɑ̃mɛm] F. にもかかわらず, それでもやはり.

quán·dong [kwɑ́ndɑŋ/kwɔ́ndɔŋ] *n.*〘植〙ビャクダン《オーストラリア産》; その種子《食用》.

quant [kwænt, kwɑnt/kwɔnt] *n.*〘英〙《先に輪のついた》舟ざお. —— *vt., vi.* 〈舟を〉～でこぐ.

quán·ta [kwɑ́ntə/kwɔ́n-] *n.* quantum の複数形.

quán·tic [kwɑ́ntik/kwɔ́n-] *n.* 〘数〙(多変数の)同次多項式.

quán·ti·fy [kwɑ́ntifài/kwɔ́n-] *vt.* の量を定める[あらわす]; (数) 量化する;〘論〙〈命題の〉量を定める, 限量する. ◇ **quàn·ti·fi·cá·tion** [ˌ‿‿fikéiʃ(ə)n] *n.*

quán·ti·ta·tive [kwɑ́ntitèitiv / kwɔ́ntitətiv] *a.* 1 量的な, 量に関する. 2 母音の長短の[による].
～ **analysis**〘化〙定量分析. ◇ ～**·ly** *ad.*

‡**quán·ti·ty** [kwɑ́ntiti/kwɔ́n-] *n.* 1 **量**; 分量, 数量, 額: I prefer quality to ～. 量よりも質を好む. There is only a small ～ left. ほんの少ししか残っていない. 2《しばしば *pl.*》**多量, 多数**: a ～ of books たくさんの本. ～*i*·*es* of money たくさんの金. 3〘数〙量; 量をあらわす数字[記号]. 4〘論〙量《名辞の範囲》;《比喩的》未知数の人[物]. 5〘韻〙音節の長短(の符号);〘音声〙音量. 6〘法〙期限, 期間. ***extensive*** [***intensive***] ～〘論〙外延[内延]量. ***in*** ～ [～***i***·***es***] たくさん[多量]に. ***negligible*** ～〘数〙無視できる量; とるに足りない[数にはいらない]人[物]. ***unknown*** ～〘数〙未知数[量]; 未知の人[物]. ～ **production** 大量生産.

quàn·ti·vá·lence [kwɑ̀ntivéiləns/kwɔntívə-] *n.*〘化〙原子価.

quán·tum [kwɑ́ntəm/kwɔ́n-] *n.* (*pl.* **-ta** [-tə]) 1 量, 額. 2 特定量, 割当額; 分け前. 3〘物〙量子《量子論でのエネルギー量の単位》. [＜L.]
～ ***libet*** [-líbet] L. (＝as much as is desired) ほしいだけ, 適宜《処方箋(ｾﾝ)のばあい. 略 q.l.》. ～ ***placet*** ＝～ *libet*《略 q.p.》. ～ ***sufficit*** [-sʌ́fisit] 足りるだけ; 十分な量《処方箋のばあい. 略 quant. suff., q.s.》. ～ **liquid**〘物〙超流体. ～ **mechanics**〘物〙量子力学. ～ **theory**〘物〙量子論.

quár·an·tine [kwɔ́ːrəntiːn, kwɑ́r-/kwɔ́r-] *n.* 1 検疫停船(期間); 隔離, 交通遮断(ｼｬﾀﾞﾝ): be *in* ～ for a week 1週間隔離される. 2《港・国境での》検疫. 3 検疫所, 隔離所; 検疫停船港. 4〘米〙孤立化, 絶交. 5〘法〙寡婦残留権《夫の死後40日間》.
—— *vt.* 1 検疫する. 2 隔離[交通遮断]する; に停船を命ずる. 3 孤立させる, との国交[交渉]を断つ.
～ **flag** 検疫旗. ～ **officer** 検疫官. ～ **regulations** 伝染病予防条例.

quár·en·den [kwɔ́ːrəndən, kwɑ́r-/kwɔ́r-], **-der** [-dər] *n.* リンゴの一種《イギリスの Devonshire および Somersetshire 産》.

‡**quár·rel**[1] [kwɔ́ːrəl, kwɑ́r-/kwɔ́r-] *n.* 1 けんか, 口論; 仲たがい: They made up their ～. 彼らはけんかのすえ和解した. 2 けんかの原因, 苦情, 言い分《についての *against; with*》. ***espouse*** [***take up***] a person***'s*** ～ (人)のけんかに助勢する. ***fasten*** [***fix***] ***a*** ～ ***on*** [***upon***] …にけんかを売る. ***fight*** one***'s*** ～***s for*** …のけんかのすけだちをする. ***find*** ～ ***in a straw*** あら捜しする. ***have no*** ～ ***against*** [***with***] …にはなにも苦情はない. ***in a good*** ～ 正当な理由の争いで. ***pick*** [***seek***] ***a*** ～ ***with*** けんかを買う[売る].
—— *vi.* (-l-, (英) -ll-) 1 **けんかする**, 争う《と *with*; について *about, for*》; 仲たがいする《と *with*》: The thieves ～*ed with* one another *about* [*over*] how to divide the loot. 盗賊たちは盗品の分配について争い合った. 2 苦情を言う, とがめる, 異議を申し立てる《について *with*》. ***A bad workman*** ～***s with his tools.***〘諺〙へたな職人は道具に文句をつける, 「弘法筆を選ばず」. ～ ***with*** one***'s bread and butter*** 職業をすてる; 生計の道を断つようなことをする. ～ ***with*** one***'s lot*** 自己の巡り合わせにぐちをこぼす. ～ ***with Providence*** 天を恨む.
◇ ～**·(l)er** [-ər] *n.* 口論[けんか]する人; けんか早い人.

quár·rel[2] *n.*〘史〙1《石弓の》四角な矢じりのついた矢. 2 ひし形ガラス板; ひし形模様. 3《石工用》のみ.

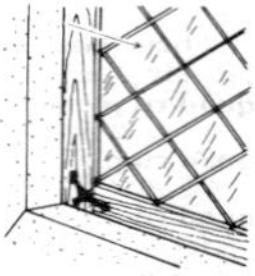

quarrel[2] ②

quár·rel·some [kwɔ́ːrəlsəm, kwɑ́r-/kwɔ́r-] *a.* 口論[けんか]好きな; けんか腰の.
◇ ～**·ly** *ad.* ～**·ness** *n.*

quár·ry[1] [kwɔ́ːri, kwɑ́ri/kwɔ́ri] *n.* 1《露天掘りの》石切り場, 採石場. 2《知識などの》源泉, 宝庫; 《引用文などの》出所.
—— *vt.* 1 に石切り場をつくる. 2〈石を〉切り出す. 3〈事実などを〉苦労して捜(し出)す《文書などから》. —— *vi.* 苦心して調べる. ～**·man** [-mən] (*pl.* **-men**) 石切り工, 採石夫.
◇ **-ri·er** [-ər] *n.* ＝quarryman.

quár·ry[2] *n.*《狩猟でタカ・猟犬などに追跡される》獲物;《一般的》ねらわれた獲物; 追求の目的[目標].

quár·ry[3] *n.* ひし形ガラス板; 方形タイル.

quart[1] [kwɔːrt] *n.* 1 クォート《容量の単位. 液量では4分の1ガロン, 約1.14 *l*. 乾量では8分の1ペックまたは2パイント》. 2 1クォート入り容器; 1クォートのビール. ***try to put a*** ～ ***into a pint pot*** 無理なことをやってみる.

quart[2] [kɑːrt] *n.* 1〘トランプ〙《特に piquet で》おなじ組みの4枚続きの札. 2〘フェンシング〙＝quarte.
～ ***and tierce*** フェンシング(の練習). ～ ***major***〘トランプ〙最高札の4枚続き《ace, king, queen, knave》. ～ ***minor*** 次点札の4枚続き《king, queen, knave, ten》.
—— *vi., vt.*〘フェンシング〙quarte の構えをする; 〈頭を〉後ろに引く《quarte の構えで》.

quart. quarter; quarterly.

quár·tal [kwɔ́ːrtl] ～ ***harmony***〘楽〙四度和音.

quár·tan [kwɔ́ːrtn] *a.*《熱病など》4日めごとの.
—— *n.*〘医〙四日熱(＝～ fever).

quar·tá·tion [kwɔːrtéiʃ(ə)n] *n.*〘化〙四分法, 金銀の硝酸分解法《硝酸分金法の第1段として銀3に金1の割合で合金すること》.

quarte [kɑːrt] *n.*〘フェンシング〙第4の構え.

†**quár·ter** [kwɔ́ːrtər] *n.* **1** 4 分の 1: a mile and a ~ 1 マイルと 4 分の 1. a ~ of an hour 15分間. a ~ of a pound 4 分の 1 ポンド. for (a) ~ (of) the price 市価の 4 分の 1 の値で. the first ~ of this century 今世紀の第一 4 半期《1901 年から 1925年まで》. three ~s 4 分の 3. **2** 15分: (a) ~ *to* [*past*] two 2 時15分前 [過ぎ]. strike the ~s 15分ごとに打つ. **3** 4 半期 (の支払い); 〘米〙《4学期制の》1学期; 〘天〙弦《月の公転期の4分の1》: owe two ~s' rent 半年分の家賃を滞らす. send the bills each ~ 4半期ごとに請求書を送る. **4** 〘米・カナダ〙25セント銀貨. → dime, nickel, penny. **5** 〘英〙クォーター《穀量の単位では 8 bushels, 重量の単位では〘米〙25 pounds, 〘英〙28 pounds》. **6** 4 分の 1 ヤード [マイル]; (the ~) 4 分の 1 マイル競走; 〘海〙4 分の 1 ひろ. **7** 四足獣の一つの足; 動物の死体の4半分; (*pl.*) (人・馬などの) 腰, しり: a ~ of beef (牛 4 分の 1 頭分の) 枝肉. **8** 羅針(ら)盤の四方位の一つ. **9** 方面; 地域, 地方; 《都市の》地区, …街: the Chinese ~ of San Francisco サンフランシスコのナンキン街. the residential ~ 住宅地区. the slum ~ 貧民窟(くつ). gay ~s 歓楽街. **10** (特殊な) 方面, 筋: This news comes from reliable ~s. このニュースは信ずべき筋から出ている. **11** (*pl.*) 宿所, 住所: find ~s for one's family 家族の宿泊場所を見つける. the servants' ~s 召使べや. **12** (*pl.*) 〘軍〙陣営, 兵舎. **13** 《艦船内の》(戦闘) 部署. **14** (降伏した敵に示す) 慈悲, 助命. **15** 〘建〙間柱(まばしら); 〘紋〙四つ割り紋《盾(たて)を縦・横に4分した一つ》. **16** 〘運〙一試合の 4 区分の 1; 〘フットボール〙= quarterback. **17** 腰皮《くつのかかとから甲皮までの部分》.

a bad ~ of an hour 短いが気まずい体験. ***ask for*** [***cry***] ***~*** 〈捕虜・敗者が〉命請いする. ***at close ~s*** ごく接近して. ***beat to ~s*** 〘海〙〈乗組員を〉部署につかせる. ***first*** [***last***] ***~*** 上弦 [下弦]《月の》. ***give*** [***receive***] ***~*** 助命する [される]. ***live in close ~s*** 狭い所にごちゃごちゃと住む. ***not a ~*** 4 分の 1 [少し] も…でない: It is *not a* ~ as good as it should be. あるべき姿とはほど遠い. ***on the ~*** 〘海〙船尾の方に. ***take up*** one's ***~s*** 止宿する; 〘軍〙部署につく《特に軍艦上で》.

—— *a.* 4 分の 1 の, 四半分の.

—— *vt.* **1** 4(等)分する, 〈動物のからだを〉四肢(し)に分ける: ~ an apple リンゴを4等分する. **2** 〈罪人を〉四つ裂きにする; 〘紋〙〈盾を〉十文字に 4 分する. **3** 宿泊[宿営]させる; 部署につかせる: ~ troops *on* [*with*] the villagers 村人の家に軍隊を宿営させる. **4** 〈特に猟犬が〉縦横に駆け回る《獲物の跡をつけて》; 〈地域を〉くまなく捜索する: ~ the area. **5** 〈部品などを〉調整する. —— *vi.* **1** 宿泊[宿営]する《*at*; と *with*》; 部署につく. **2** 〈猟犬が〉(獲物を求めて)駆け回る. **3** 〈月が〉満ちる[かける]. **4** 〈風が〉船尾より吹く. **5** わだちをまたぐように車を走らす.

~·back [´-ˌ-] 〘アメリカンフットボール〙クォーターバック《forward と halfback の間に位置する》. **~ bell** 《とけいの》15分ごとに鳴る鈴. **~ bill** 〘軍〙《艦船上の》戦闘部署表. **~ binding** 背皮[背布]装訂 (本). **~-bound** [´-ˌ-] 背皮 [背布] 装訂の. **~-bred** [ˌ-´] 《馬・牛など》4 分の 1 純血の. **~ butt** 〘玉突き〙半バットより短いキュー. **~ day** 〘英〙四季支払い日《Lady Day 3 月25日; Midsummer Day 6 月24日; Michaelmas 9 月29日; Christmas 12月25日》; 〘米〙1月・4月・7月・10月の第1日; 〘スコットランド〙Candlemas 2月2日; Whitsunday 5月15日; Lammas 8月1日; Martinmas 11月11日》. **~-deck** [´-ˌ-] 〘海〙後甲板; (the ~deck) 《集合的》高級船員, 士官. **~-fí·nal** 準準決勝(の). → semifinal. **~-hòur** 15分間; 《ある時刻の》15分前 [過ぎ]. **~-light** [´-ˌ-] 〘英〙《馬車の》わき窓. **~·màs·ter** 〘海〙操舵(だ)員; 〘軍〙補給担当将校《略 Q.M.》. **~·master corps** 〘米〙補給部隊《略 Q.C.》. **~·master general** 〘軍〙主計総監《略 Q.M.G.》. **~·master sergeant** 〘軍〙兵站(たん)部付き補給軍曹(そう)《略 Q.M.S.》. **~ nelson** 〘レスリング〙4分の1首攻め. → full [half] nelson. **~ note** 〘楽〙四分音符. **~-phase** [´-ˌ-] 〘電〙二相の. **~ plate** 〘写〙手札形写真(乾板). **~·saw** [´-ˌ-] 〈丸太を〉縦に四つ割りにし, 更に板びきにする. **~ section** 〘米・カナダ〙半マイル四方の土地《160 acres》. **~ sessions** 《〘米〙州の, 〘英〙州・自治都市の》下級裁判所《主として軽犯罪を扱う》. **~ staff** (*pl.* **~ staves**) 六尺棒《昔のイギリスの農民が武器とした》. **~ step** [**tone**] 〘楽〙四分音. **~ wind** 〘海〙斜め後方からの風.

◇ **~·age** [-təridʒ] *n.* **1** 4 半期ごとの支払い (金). **2** 《軍隊などの》宿舎割り (の費用). **3** 宿泊, 宿所. **~ed** [-d] *a.* **1** 4 分した; 四つ割りにした. **2** 宿舎を与えられた. **3** 〘紋〙《盾を》縦横線で 4 分した.

quár·ter·ing [kwɔ́ːrtəriŋ] *n.* **1** 4 分すること; 《罪人などの》四つ裂き. **2** 〘軍〙宿舎割り当て. **3** 〘紋〙組み合わせ紋《他家と自家の紋を組み合わせる》; 盾(たて)を縦横線で 4 分すること. **4** 〘建〙間柱(まばしら). —— *a.* 〘海〙《風が》斜め後方から船に吹きつける.

quár·ter·ly [kwɔ́ːrtərli] *a., ad.* **1** 年 4 回(の), 四季の, 毎季の [に]. **2** 盾(たて)を十文字に 4 分した [して]. —— *n.* 季刊誌, 四季刊行物.

quár·tern [kwɔ́ːrtərn] *n.* 〘英〙4 ポンドのパン塊(= ~-loaf); ポンド [オンス, ペック, パイントなど] の4分の1.

quar·tét(te) [kwɔːrtét] *n.* **1** 〘楽〙四重奏[唱]; 四重奏[唱]曲; 四重奏[唱]者, 四重奏[唱]団. **2** 四つぞろい, 四つ組み.

quár·tic [kwɔ́ːrtik] *a.* 〘数〙四次の. —— *n.* 四次式.

quár·tile [kwɔ́ːrtail, [米]+-t(i)l] *a.* **1** 《二つの星が》4 分の 1 対座の. **2** 〘統計〙4 分価の. —— *n.* **1** 《星の》矩象(くしょう). **2** 〘統計〙4 分位数. **~ aspect** 4 分の 1 対座.

quár·to [kwɔ́ːrtou] *n.* (*pl.* **~s**) 四つ折り判《略 4 to, 4°》; 四つ折り判の本. → folio, sexto, octavo.

quár·tus [kwɔ́ːrtəs] *a.* 〘英〙4 番めの《同名の男子生徒の名のあとにつける》. → primus.

quartz [kwɔːrts] *n.* 〘鉱〙石英. ***violet*** [***smoky***] ***~*** 紫 [煙] 水晶. **~ clock** 水晶どけい《精巧な電気どけいの一種》.

quártz·ite [kwɔ́ːrtsait] *n.* 〘地〙ケイ岩, 石英岩.

quash [kwɑʃ/kwɔʃ] *vt.* **1** 〘法〙無効にする, 取り消す, 〈判決を〉破棄する. **2** 〈反乱などを〉鎮圧する, 押しつぶす.

quá·si [kwéisai, -zai, kwáːsi/kwáːzi, kwéisai] *a., ad.* **1** ある程度 (の), いくぶんか (の); ある意味で(の), うわべの. **2** あたかも, いわば《略 q., qu.》.

quasi- *pref.* 「類似, 疑似, 準」などの意: ~-cholera 疑似コレラ. a ~-conjunction 準接続詞.

quass [kvɑːs, kwɑːs] = kvass.

quás·sia [kwáʃ(i)ə/kwɔ́ʃə] *n.* 〘植〙《南アメリカ産》ニガキ科植物; その苦味液《強壮剤・駆虫剤》.

quàt·er·cén·te·na·ry [kwèitərséntənèri/kwætəsentíːnəri] *n.* 400年祭.

qua·tér·na·ry [kwətə́ːrnəri] *a.* **1** 4 要素 [4 部分] から成る; 四つ一組みの. **2** 〘化〙四元素 [四基] から成る; 〘数〙四変数の; (Q~) 〘地〙第四紀の. —— *n.* **1** 四つ組み物. **2** (the Q~) 〘地〙第四紀. ***Pythagorean ~*** ピタゴラスの四変数.

qua·tér·ni·on [-niən] *n.* **1** 四つ一組み; 4人組み. **2** 〘数〙四元数; (*pl.*) 四元法算法.

qua·tér·ni·ty [-nəti] *n.* 四つ一組み; 四位一体.

qua·tór·zain [kətɔ́ːrzèin, [米]+kǽtər-] *n.* 〘韻〙十四行詩の一種. → sonnet.

qua·torze [kætɔ́ːrz] F. *n.* 〘トランプ〙= quart²①. **~ *juillet*** [-ʒwiːjéi] 7月14日《フランス革命記念日. 日本でいわゆる「パリ祭」》.

quát·rain [kwátrein/kwɔ́t-] *n.* 四行詩《1 行おきに韻をふむ》.

qua·tre [ká:tər/kéi-] F. ＝cater².

quát·re·foil [kǽtərfɔ̀il/kǽtrə-] *n.* **1** 《クローバーなどの》四つ葉. **2** 〖紋〗四つ葉形; 〖建〗四つ葉飾り.

quatrefoils ②

quàt·tro·cén·to [kwɑ̀:trotʃéntou / kwæ̀t-] *n.* 《特にイタリア文芸復興の初期としての》15世紀.
◇ **-tist** [-tʃéntist] *n.* 15世紀の芸術家.

quá·ver [kwéivər] *vi.* **1** 〈声が〉震える. **2** 震え声で言う〔話す〕《*out*》. **3** 震音を出す. ── *vt.* 震え声で歌う〔言う〕. ── *n.* 震え声, 震音; 〖楽〗八分音符.
◇ **～·y** [-vəri] *a.* 震え声の. ◇ **～·ly** *ad.*「

quá·ver·ing [-v(ə)riŋ] *a.* 震える; 震わす; 震え声の.

quay [ki:] *n.* 埠頭(ふとう), 岸壁, 波止場, 船着き場. → pier, wharf. ◇ **～·age** [-idʒ] *n.* 埠頭税, 係船料; 波止場用地; 《集合的》埠頭.

Que. Quebec.

quean [kwi:n] *n.* **1** あばずれ女, すれっからしの女. **2** 売春婦. **3** 〖スコットランド〗小娘; 未婚の女.

quéa·sy [kwí:zi] *a.* **1** 胸をむかつかせる, 吐き気を催させる. **2** 《胃が》吐き気を催している. **3** 不安な, 不快な. **4** 気むずかしい. ◇ **-si·ly** *ad.* **-si·ness** *n.*

Que·béc [kwibék] *n.* カナダ東部の州; その州都.

que·brá·cho [keibrá:tʃou] *n.* (*pl.* **～s**) **1** ウルシ科の樹木《南アメリカ産》; その樹皮〔木材〕《薬用・染料用》. **2** キョウチクトウの一種《南アメリカ産》.

†**queen** [kwi:n] *n.* **1** 女王, 女帝 (＝～ regnant); 王妃, 皇后 (＝～ consort). 〈注〉イギリスではときの君主が王であるか女王であるかにより成句が変わる: King's English, Queen's English. **2** 《社交界などの》花形, 女王: the ～ of beauty 美の女王. **3** すぐれて美しいもの, 崇拝の的: the rose, ～ of flowers 花の女王バラ. **4** 情婦, 恋人, 妻: my ～ 愛人. **5** 〖トランプ・チェス〗クイーン. **6** 《ハチ・アリなどの》女王. **7** 〖空俗〗無線操縦機の親飛行機. **8** 〖俗〗おうようで感じのよい女. **9** 〖俗〗女役をする男の同性愛者. ***Q～ Anne is dead.*** それは古くさい話だ. ***Q～ of Grace*** 聖母マリア. ***～ of hearts*** 〖トランプ〗ハートのクイーン; 美人. ***Q～ of Scots*** ＝Mary Stuart. ***Q～ of the seas*** ＝Great Britain. ***the Q～ of heaven*** ＝Juno. ***the Q～ of love*** ＝Venus. ***the Q～ of night*** ＝Diana. ***the ～ of the Adriatic*** ＝Venice. ***the ～ of the meadow(s)*** ＝meadowsweet. ***to the ～'s taste*** 一点非の打ちどころのない.
── *vt.* **1** 女王〔王妃〕にする. **2** 女王として治める. **3** 〖チェス〗〈歩を〉女王に成らせる. ── *vi.* **1** 女王として君臨する. **2** 〖チェス〗〈歩が〉女王に成る. **～ *it*** 女王としてふるまう〔君臨する〕. → lord it.
Q～ Anne 《建築・家具など》アン女王風《女王在位1702–14年》. **～ bee** 《ミツバチの》女王バチ. **～ consort** 《国王の妻としての》王妃. **～ dowager** 皇太后. **～ mother** 《現君主の母である》皇太后; 王子〔王女〕をもつ女王. **～ post** 〖建〗クイーンポスト, 対束(ついづか)《小屋組みをささえる垂直の1対の支柱の1本》. **～ regent** 摂政女王. **～ regnant** 《主権者としての》女王. **Q～'s Bench** 〖英〗高等裁判所《Court of Common Pleas の上に位する》. **Q～'s Counsel** 〔**English, evidence**〕 → counsel, English, evidence. **～'s pincushion** カンボクの花. **～ stitch** 飾りししゅう(の一種). **～'s ware** クリーム色の Wedgwood 陶器. **～'s weather** 〖英〗快晴.
◇ **～·dom** *n.* 女王国. **～·hood** *n.* 女王であること; 女王の位〔尊厳〕. **～·like** *a.* 女王のような〔らしい〕.

quéen·ing [kwí:niŋ] *n.* 〖英〗リンゴの一種.

quéen·ly [kwí:nli] *a.* 女王らしい, 女王然とした, 女王にふさわしい. ── *ad.* 女王らしく, 女王にふさわしく. ◇ **-li·ness** *n.*

Queens [kwi:nz] *n.* アメリカの New York 市東部「の一区.

Quéens·land [kwí:nzlæ̀nd, -lənd] *n.* オーストラリア北東部の州《州都 Brisbane》.

‡**queer** [kwiər] *a.* **1** へんてこな, 奇妙な; 風変わりな: a ～ way of talking. **2** 〖話〗いかがわしい, 疑わしい: a ～ story. **3** 目がまわる, 気分が悪い. **4** 少し頭が狂った: go ～ 少し気が変になる. **5** 〖米俗〗にせの, 偽造の: ～ money. **6** 〖米俗〗同性愛の. **7** 〖英俗〗酔った. ***feel ～*** めまいがする, 気持ちが悪い. ***in Q～ Street*** 金につまって, 窮地にたって; 不評をかって.
── *vt.* **1** 窮地にたたす, 妨げる; だめにする: ～ oneself 信用をなくす. **2** の気分を悪くさせる. **～ *the pitch for*** a person ＝ **～** a person**'*s pitch*** 〖英〗陰で人の成功〔計画〕のじゃまをする. ── *n.* 〖米俗〗にせ金; 同性愛の男. ◇ **～·ly** *ad.* **～·ness** *n.*

quell [kwel] *vt.* **1** 〈反乱などを〉鎮圧する, 鎮める. **2** 〈感情を〉おさえる. ◇ **～·er** *n.* 鎮圧〔鎮定〕者.

‡**quench** [kwentʃ] *vt.* **1** 〖雅〗〈火などを〉消す: ～ a fire with water 水で火を消す. **2** 〈かわきなどを〉いやす: ～ one's thirst. **3** 〈欲望などを〉抑圧〔抑制〕する. **4** 〖冶〗〈はがねなどに〉焼き入れする; 水に入れて急に冷やす. **5** 〖俗〗〈反対者などを〉黙らせる.
～ *the smoking flax* 〖聖〗発展の望みを中途でくじく《イザヤ書 42: 3》.
◇ **～·er** *n.* **1** ～する人; 冷却器. **2** 〖俗〗かわきをいやすもの, 飲みもの (＝modest ～er). **～·less** *a.* 消すことのできない, 押えられない: a ～*less* flame.

que·nelle [kənél] F. *n.* 肉だんご《魚・鶏肉・子牛肉などの》.

quér·ce·tin [kwə́:rsitin] *n.* 〖化〗ケルセチン《黄色「染料》.

quèr·i·mó·ni·ous [kwèrimóuniəs / kwiəri-] *a.* 不平を言う, 不平たらたらの.「をひく》.

quern [kwə:rn] *n.* ひきうす, 手うす《穀類・香料など

quér·u·lous [kwérələs, -rju-] *a.* **1** 不平たらたらの, ぐちをこぼす. **2** 気短な; おこりっぽい.
◇ **～·ly** *ad.* **～·ness** *n.*

***qué·ry** [kwí(:)ri/kwíəri] *n.* **1** 質問, 疑問: raise a ～ 質問をする. **2** 《particle として疑問句の前に用いて》あえて問う《略 q., qu., qy.》: *Q.*, where are we to find the funds? 尋ねるがどこに行ったら資金は得られるのか. **3** 疑問符《?》.
── *vt.* **1** 問う, 質問する, 聞きただす《…かどうか *whether, if*》. **2** 〈言明・ことばなどを〉疑う, に疑問を投ずる. **3** 〈人に〉質問する, 問いただす. **4** に疑問符をつける. ──*vi.* 質問する, 疑問に思う. [√quer-]
◇ **qué·rist** *n.* 尋問〔質問〕者.
〖類〗 → **ask**「尋ねる」

ques. question.

‡**quest** [kwest] *n.* **1** 探索, 探求, 追求《*for*》: a ～ *for* knowledge. **2** 《特に中世騎士の冒険〔宝物〕を求めての》探索の旅: the ～ for 〔of〕 the Holy Grail 聖杯を求めての旅《中世伝説》. **3** 探索隊(の人々). **4** 〖英〗検死; 〖稀〗《集合的》検死陪審. ***crowner's ～*** 〖俗〗《検死官の》検死 (coroner's inquest). ***in ～ of*** を求めて, を捜して.
── *vi.* **1** 〈猟犬などが〉(獲物などの) 跡をつける; 捜す《を *for, after*》: ～ *after* hidden treasure. **2** 〖稀〗捜しに行く. ── *vt.* 〖稀〗捜す; 追求する. [√quer-]

†**qués·tion** [kwéstʃ(ə)n] *n.* **1** 質問, 尋問; 〖文〗疑問文: ～ and answer 質疑応答. May I ask you a ～? 一つお尋ねしてよろしいでしょうか. **2** 疑い, 疑問: admit (of) no ～ 疑念をはさむ余地を残さない. **3** (解決すべき) 問題; (…で決まる) 問題: a housing ～ 住宅問題. a ～ of long standing 長年の懸案. a ～ of time 時間の問題. economic ～*s* 経済問題. **4** (the ～) 論題; 議題; 表決: That is not the ～. それは問題外だ. the ～ before the senate 上院が採決すべき議題. put the matter to the ～ 問題を表決に付する. **5** 〖古〗拷問.

beg the* ～** → beg. ***beside the* ～** 筋〔見当〕違いで, 本題をはずれて. ***beyond* (*all*) 〔*past*〕 ～** 疑いなく, 明らかに. ***call in* ～** に異議をとなえる; 疑う, …のあかしを求める. ***come into* ～** 問題になる, 論議の的となる. ***in* ～** 問題の, 当該の. ***make no* ～ *of を疑わない. ***out of* 〔*without*〕 ～** 疑いなく, 明らかに. ***out of the* ～** 問題にならない, 論外で, 全く不可能で. ***put a* ～ *to*** に質問する. ***put the* ～** (採否の)投票を求める. ***put*** a person ***to the* ～**〘古〙(人を)拷問する. ***Q～!*** 《集会で弁士の脱線を注意して》本筋にもどれ!, 異議あり! ***The* ～ *is*...** 問題は…ということだ. ***There is no* ～.** 疑いはない.

—— *vt.* **1** に**尋ねる**, にきく: ～a native as to the river's name 住民に川の名をきく. **2** 尋問する: ～ a suspect 容疑者を尋問する. **3 疑問とする, 問題視する**; 疑う: a matter to be ～*ed* 問題にすべき事柄. ～ the importance of school 学校の重要性を疑う. I ～ whether... …かどうか疑問に思う. **4** 〈事実などを〉探究する, 研究する, 調べる.

—— *vi.* 尋ねる: a ～*ing* mind 探究心. [√quer-]

～ mark 疑問符《?》. **～ master** 〘ラジオ〙「20のとびら」の司会者. ◇ **～·er** *n.* 質問〔尋問〕者.

(類義語) **問題: question** 日本語の「問題」にほぼ当たる語: a difficult *question* 難問題. It's not a *question* of money. 金の問題ではない. **problem** 解決を要するやっかいな問題〔事情, 人物〕: social *problems* 社会問題. This child is a *problem*. この子どもはやっかいだ. **issue** 現在議論されている問題, 論争点: political *issues* 政治問題.

(類) → **ask**「尋ねる」

qués·tion·a·ble [kwéstʃənəbl] *a.* **1** 疑わしい, いぶかしい, おぼつかない. **2** 《人・行為などの》いかがわしい. ◇ **-bly** *ad.*

qués·tion·ar·y [-tʃənèri/-nəri] *a.* 質問の, 疑問の. **——** *n.* = *questionnaire.*

qués·tion·ing [kwéstʃəniŋ] *n.* 質問, 尋問.
—— *a.* 疑わしげな, いぶかしげな, もの問いたげな.
◇ **～·ly** *ad.*

qués·tion·less [kwéstʃ(ə)nlis] *a.* 疑いのない, 明白な. **——** *ad.* 疑いなく, 異論なく.

ques·ti·on·naire [kwèstʃənéər/kwèstjə-,-tʃə-] F. *n.* **1** 《箇条書きの》質問書, アンケート. **2**〘統計〙調査票.

quet·zál [ketsɑ́:l/kétsəl] *n.* **1**〘鳥〙尾の長い美しい鳥《中央アメリカ産》. **2** グアテマラ(Guatemala)の貨幣単位〔金貨〕《約1ドル相当》.

Quet·zàl·co·á·tl [ketsɑ̀:lkoɑ́:tl] *n.* メキシコ原住民 Aztec 族の主神《蛇神》.

***queue** [kju:] *n.* **1 おさげ髪**, 弁髪. **2** 《順番を待つ人・車などの》列, 行列: stand in a ～ 長蛇(ちょうだ)の列をなす. **3**〘紋〙獣の尾. **——** *vt.* おさげ髪〔弁髪〕にする. **——** *vi.* 列をなす, 列に加わる《*on*》, 列になって待つ《*up*》.

Qué·zon [kéizɑn, -sɔ:n/-sɔn] *n.* フィリピンの公式の首都. → Manila.

quíb·ble [kwíbl] *n.* **1** へ理屈, こじつけ; 言い抜け, 逃げ口上; あいまいなことばづかい. **2** しゃれ, 地口(じぐち).
—— *vi.* **1** へ理屈を言う; 言い抜ける; あいまいなことばをつかう. **2** しゃれを言う.
◇ **quíb·bler** *n.* **quíb·bling·ly** *ad.*

‡quick [kwik] *a.* **1 速い, 敏速な**; てきぱきした; 即座の: Be ～(about it)! ぐずぐずしないでやれ. a ～ reply 即答. a ～ succession of events たてつづけの事件. a ～ turn 急転回. **2 敏感な, さとりの早い**, 血のめぐりがよい, 利口な: have a ～ eye for beauty 美に目ざとい. a ～ mind 〔student〕 きれる頭〔学生〕. **3 気短な**: have a ～ temper 短気である. **4** よく動く, 不安定な: ～ mud 〔ground〕 人〔動物〕の足をとるどろ〔地面〕. → quicksand, quicksilver. **5** 《空気が》冷たい, 肌をさすような. **6**〘古〙生きている: go down ～ into Hell 生きたまま地獄に落ちる. **7**〘経〙換金容易の. **8**〘鉱山〙《鉱脈など》生産性のある. **9**〘古〙妊娠している: ～ *with* child. **10**〘古〙《火が》燃えさかった. **(*Be*) ～!** 急げ! ***be* ～ *to*** (do) …するのがはやい. ***in* ～ *succession*** 次から次へと, たてつづけに. **～ *of hearing* 〔*sight*〕** 耳が鋭い〔目がきく〕. **～ *of temper*** = **～ *to take offense*** おこりっぽい. ***the* ～ *and the dead*** 生者と死者.

—— *ad.* 速く, 急いで: run ～. 〈注〉常に動詞のあとにくる. **～ *as thought* 〔*lightning, wink*〕** あっというまに, 電光石火のように.

—— *n.* **1** 生きている人. **2** なま身; 《特につめの下の》敏感な部分; 傷のなま身の部分. **3** 痛いところ, 泣きどころ, 勘どころ, 要所. **4** 《生けがきなどをなしている》根つきの植物. ***to the* ～** (1) なま身にまで: cut one's nails *to the* ～ 深づめを切る. (2) 骨身に徹して, 切実に: It cut me *to the* ～ to see them. 彼らの姿を見ると身を切られる思いだった. (3) 根っから(の): a British *to the* ～ 骨の髄まで〔きっすいの〕イギリス人.

～ assets〘米:商〙当座〔流動〕資金. **～ bread** ビスケット・軽焼きパンなど《バターを混ぜ, ふくらし粉ですぐつくれる》. **～-change** [ㄥㅗ]《役者など》早変わりの. **～-éared** 早耳の, 耳ざとい. **～-éyed** 目ざとい, 目のはやい. **～ fence** 生けがき. **～ fire** 速射. **～-fíre** 速射の. **～-fír·er** [英 ㄥㅗ−] 速射砲. **～-freeze** [ㄥㅗ]〘米〙〈食品を〉急速に冷却する《保存のため》. **～-frò·zen** 急速に冷却した. **～ grass**〘植〙カモジグサの類. **～ grower** 生長がはやい植物. **～ hedge** 生けがき. **～·lime** [ㄥㅗ] 生石灰. **～-lunch** [ㄥㅗ]〘米〙簡易食堂. **～ march**〘軍〙並み足行進. **～·sand** [ㄥㅗ] 流砂, 浮砂; ゆだんのならない危険な状態〔事態〕. **～-scént·ed** [-séntid] 臭覚の鋭い; 慧眼(けいがん)の. **～·set** → 別項. **～·sìl·ver** → 別項. **～·step** [ㄥㅗ]〘軍〙速歩; 速歩行進曲;〘ダンス〙クイックステップ. **～-tém·pered** 気短な, せっかちな, おこりっぽい. **～ time**〘軍〙並み足歩調. **～-wít·ted** 機知に富んだ, 機転のきく.

◇ **‡～·ly** *ad.* 速く, 急いで; すぐに. **～·ness** *n.* **1** 機敏, 敏速; 急速, 迅速. **2** 性急, 短気, せっかち.

(類義語) **敏速な, 即座の: quick** 先天的なものが強調される: a *quick* mind さとりの早い心. be *quick* at hearing 耳ざとい. **prompt** 反射的な行動である. 訓練・慣れの結果要求などにすぐ応じられることをいう: a *prompt* reply 即答. **ready** あらかじめ予想し心の準備をしているため「即座の」. prompt より自発性がある: He is too *ready* to promise. 彼はなんでも安請け合いをする.

(類) → **fast**「速い」

‡quíck·en [kwík(ə)n] *vt.* **1 速める**, の速さを増す; 急がせる: ～ one's steps 歩度を速める. **2 活気づける**, 鼓舞する, 刺激する: The illustration ～*ed* my interest. そのさし絵は私の興味をかき立てた. **3** 生き返らせる: The spring rains ～*ed* the earth.
—— *vi.* **1 速くなる**, 速さを増す: His pulse ～*ed*. 脈搏(みゃくはく)が速くなった. **2** 活気づく, 生き生きする; 〈興味などが〉かき立てられる. **3** 生き返る, よみがえる. **4** 〈妊婦が〉胎動を感じる; 〈胎児が〉胎動する.
◇ **～·er** *n.*

quíck·en·ing [-iŋ] *a.* 生かす, 生き返らせる; 元気づける, 生き生きとさせる. **——** *n.* 胎動(期).

quíck·ie, quíck·y [kwíki] *n.*〘米俗〙急ごしらえの安物, 急ごしらえの安映画〔テレビ番組, 小説〕; またたくまに終わるもの; 急ぎの一杯(酒);「1分ゲーム」.

quíck·set [kwíksèt] *n.* 《集合的》生けがき用の木, 《特に》サンザシ; 《特にサンザシの》生けがき.
—— *a.* 生けがきの.

quíck·sìl·ver [-sìlvər] *n.* **1** 水銀(mercury). **2** 活発な性質, 変わりやすい性質, 移り気(の人).
—— *vt.* **1** に水銀を混ぜる. **2** 〈鏡のガラスの裏に〉水銀とスズの合金を塗る.

quid[1] [kwid] *n.* (*pl.* ～)〘英俗〙1ポンド金貨(sovereign); 1ポンド.

quid[2] *n.* 《かみたばこの》1服分, ひとかみ(cud).

quíd·di·ty [kwídịti] *n.* **1** 本質, 実質, 実体. **2** こじつけ, へ理屈, 言いのがれ. 「人; 金棒引き.
quíd·nunc [kwídnʌ̀ŋk] *n.* うわさなどを聞きたがる
quid pro quo [kwid-prou-kwóu/⌐–⌐] L. (= one thing for another) **1** 代償(物); しっぺい返し(tit for tat). **2**〘稀〙取り違え;《薬の》盛り違え.
qui·és·cent [kwaiésnt] *a.* **1** 静止した, 不動の, 無活動の. **2** 沈黙の, 押し黙った. [√quie-]
◇ **~·ly** *ad.* **-cence, -cen·cy** *n.* 静止, 無活動; 沈黙;《蚕などの》休眠.
†**quí·et** [kwáiət] *a.* **1** 静かな, 音のしない, ひっそりした: Be [Keep] ～! 静粛に! a ～ street [neighborhood] 閑静な通り[隣近所]. ↔noisy. **2** しとやかな, 物静かな: ～ boys [neighbors] 行儀のよい子どもたち[近所の人々]. ～ manners 物静かな態度. **3** 穏やかな, 平穏な: live a ～ life 平穏な生活をおくる. a ～ conscience [mind] やましくない心. a ～ sea なぎの海. **4** 隠された, 内密の: ～ resentment 口に出さない怒り. **5** じみな, 目だたない: a ～ color 落ち着いた色. a ～ irony あくどくない皮肉. **6**〘商〙《商いが》閑散な, 不活発な: a ～ market.
(as) ～ as a mouse コトリともしない, 静粛そのもの. ***have a ～ dig at*** a person (人)に遠回しに当てこする. ***keep*** a thing ***～*** (ことを)ないしょにしておく.
—— *n.* **1** 静けさ, 静寂: in the ～ of the night 夜のしじまの中に. **2** 平静, 平穏, 心の安らぎ, 安息: have an hour's ～ 1時間くつろぐ. ***at ～*** 平穏に, 平静に. ***in ～*** 静かに, 安らかに. ***on the ～*** ないしょで, こっそりと. ***out of ～*** 落ち着かずに.
—— *vt.* **1** しずめる, 静かにさせる: ～ a crying baby. **2** 和らげる, 〈騒動などを〉しずめる. **3** なだめる, 安心させる: ～ a frightened child おびえた子を安心させる. —— *vi.* 静かに[穏やかに]なる《*down*》.
◇ **～·en** [kwáiətn] *vt., vi.*〘英方〙=quiet. **～·er** *n.*〘機〙《内燃機関の》消音装置. ‡**～·ly** *ad.* 静かに. **～·ness** *n.*

(類義語) **静かな: quiet** 騒音のない. 静かな音であればこの部類にはいる. 静けさのほかに精神的な安らぎ, くつろぎが示唆されるばあいが多い: a *quiet* engine 静かなエンジン. a *quiet* evening at home 家庭で過ごす静かな夜. **still** ざわめきがなくて静かな. 多くのばあい動きも止まっている: the *still* lake 静かな湖. **silent** 物音一つたてない, しんとした. 人が黙しているばあいにも用いる: a *silent* house 静まりかえった家.

quí·et·ism [kwáiətiz(ə)m] *n.* **1** (Q～) 寂静(じゃくじょう)主義《17世紀末の宗教運動の一種》. **2**《精神の》安らぎ, 平穏. ◇ **-ist** *n.*
quí·e·tude [kwáiịt(j)ùːd/-tjuːd] =quietness.
qui·é·tus [kwaiíːtəs] *n.* **1** 生からの解除, 瞑目(めいもく), 死. **2** とどめ, 最後の一撃. **3**〘古〙《人生・債務などの》決済, 解除; 領収証. ***get one's ～*** 死ぬ; とどめを刺される. ***give*** a person ***his ～*** (人)を殺す, (人)にとどめを刺す. [√quie-]
quiff [kwif] *n.* **1**《ひたいにさげた》巻き毛. **2**〘米〙《たばこの煙の》一吹き. **3**〘米俗〙(*pl.* ～(**s**)) 娘, 女.
quill [kwil] *n.* **1**《鳥の羽の》翮(かく), 羽軸;《翼・尾のじょうぶな》羽. **2** 羽軸製の物; 鵞(が)ペン,《楽器の》ばち,《魚つりの》浮き, つまようじ. **3** (通例 *pl.*) ヤマアラシの針. **4**《アシの茎などの》糸巻き;《アシ製の》笛;《キナの皮などの》小巻き. ***drive the ～*** ペンを走らせる, 書く. ***the pure ～*** 最上品, ほんもの. —— *vt.* **1** に管状のひだをつける. **2** 〈糸を〉糸巻きに巻く. **3** ～で突き通す. **～ driver** 《けいべつ的》(下級) 書記, 筆耕; 記者; 文士.
◇ **～·ing** *n.*《リボン・レースなどに》管状のひだをつけること; 管状のひだのあるリボン[レース].
quíl·let [kwílit] *n.*〘英稀〙**1** 言いのがれ, 言い抜け. **2** こまかな区別.
quilt [kwilt] *n.* **1** 刺し子縫いのベッドカバー, 掛けぶとん《綿・羽毛などを中に入れて刺し縫いしたもの》. **2** キルト風の刺し子《へや着など》.
—— *vt.* **1** に柔らかい心(しん)を入れて刺し縫いする; に模様縫いをする. **2** 縫い込む《二つの物の間に》: ～ money in one's belt ベルトの中にお金を縫い込む. **3**〘英〙〈文学作品などを〉継ぎはぎ細工でつくりあげる. **4**〘俗〙打ちのめす. ◇ **～·ed** [-id] *a.* **～·er** *n.*
quílt·ing [kwíltiŋ] *n.* **1** 刺し子縫い, キルティング. **2** 刺し子縫いした物〔の材料〕. **3** 刺し子ぶとんづくりの会(=～ bee).
quin. quintuple; quintuplet.
quí·na [kíːnə/kwáinə] *n.*〘植〙キナ.
quí·na·ry [kwáinəri] *a.* 5個の, 5個[5部]からなる, 5連の, 五つずつの.
quí·nate[1] [kwáinèit, -nit] *a.*〘植〙5小葉からなる.
quín·ate[2] [kwínèit, kwái-] *n.*〘化〙キニン酸塩.
quince [kwins] *n.*〘植〙マルメロ; その実.
quin·cén·te·nàr·y [kwinséntənèri/kwìnsentíːnəri] *a.* 500年めの, 500歳の. —— *n.* 500年祭.
quìn·cen·tén·ni·al [kwìnsenténiəl] *a.* =quincentenary.
quin·cún·cial [kwinkʌ́nʃ(ə)l] *a.*《さいころの》5の目形の;《トランプ札の》5点形の.
quín·cunx [kwínkʌŋks] *n.* 5の目形; 5の目形のもの;《果樹などの》5の目形の植え付け.
quìn·gen·tén·a·ry [kwìndʒenténəri/-tíːnə-] *a.* =quincentenary.
quín·i·a [kwíniə] =quinine.
quín·ic [kwínik] *n.*〘化〙キニン酸(=～ acid).
quí·nine [kwáinain/kwiníːn], **quín·in** [kwínin] *n.* キニーネ; キニーネ剤, 硫酸キニーネ.
quìn·qua·ge·nár·i·an [kwìŋkwədʒịnέ(ː)riən/-nέər-] *a., n.* 50歳代の(人).
quin·quág·e·nàr·y [kwinkwǽdʒịnèri/kwìŋkwədʒíːnəri] *a.* 50歳(代)の.
—— *n.* 50歳の人; 50年祭.
Quìn·qua·gés·i·ma [kwìŋkwədʒésịmə] *n.* 四旬節前の日曜日(=～ Sunday). 「(形)の.
quin·quán·gu·lar [kwiŋkwǽŋgjụlər] *a.* 五角
quinque-, quinqu- 「5」の意の語形成要素.
quin·quén·ni·ad [kwiŋkwéniæd] =quinquennium.
quin·quén·ni·al [-niəl] *a.* 5年めごとの; 5年(間)の, 5年続く. —— *n.* **1** 5年ごとに起こるもの; 5年祭. **2** 5年間; 5年の在任期間.
quin·quén·ni·um [-niəm] *n.* (*pl.* **-ums, -a** [-niə]) 5年間. 「分かれた; 5個からなる.
quìn·que·pár·tite [kwìŋkwịpáːrtait] *a.* 五つに
quín·que·reme [kwíŋkwịriːm] *n.*〘古ローマ〙五段の櫂(かい)のある船, 5段櫂ガレー船.
quìn·que·vá·lent [kwìŋkwịvéilənt, kwiŋkwévəl-], ㊕**quin·quív·a·lent** [kwinkwívəl-] *a.*〘化〙五価(原子)の, 五価原子をもった.
quin·quí·na [kwinkwáinə, kinkíːnə/kwiŋkwái-] *n.*〘植〙キナの木(皮).
quins [kwinz] *n. pl.*〘話〙=quintuplets.
quín·sy [kwínzi] *n.*〘医〙へんとうせん炎, 喉頭(こうとう)炎. ◇ **-sied** [-d] *a.* へんとうせん炎にかかった.
quint [kwint] *n.* **1** [+kint]〘トランプ〙おなじ組みの5枚続きの札. → tierce, quart. **2**〘楽〙五度音程;《オルガンの》5度音程高ストップ;《バイオリンの》E線. **3**〘米話〙=quintuplet.
quint. quintuple; quintuplet. 「《中世の武芸》.
quín·tain [kwíntin] *n.*〘史〙槍的(そうてき); 槍的突き
quín·tal [kwíntl] *n.* キンタル《重量の単位. 100 kg, アメリカでは100ポンド, イギリスでは112ポンド》.
quín·tan [kwíntən] *n.*〘医〙五日熱(=～ fever).
—— *a.* 5日めごとに起こる, 中3日おいて起こる.
quinte [F. kɛ̃ːt] *n.*〘フェンシング〙第5の構え.
quin·tés·sence [kwintésns] *n.* **1** 真髄, 精粋, 典型. **2** 第五元質《古代の哲学で火・水・土・風の四元質のほかにあると考えた宇宙構成元質》.

◇ **quìn·tes·sén·tial** [kwìntisénʃ(ə)l] *a.*
quin·tét(te) [kwintét] *n.* **1**〔楽〕五重奏〔唱〕, 五部合唱; 五重奏〔唱〕曲; 五重奏〔唱〕団. **2** 5人組み, 五つぞろい.
Quin·tíl·ian [kwintíljən] *n.* Marcus Fabius ～ (=Quintilianus), 35?-95?, ローマの修辞学者.
quin·tíl·lion [kwintíljən] *n.* 〔米・フランス〕1,000の6乗《1のあとに0が18つく》;〔英・ドイツ〕100万の5乗《1のあとに0が30つく》. → quadrillion.
quín·tu·ple [kwínt(j)upl/-tju-] *a.* 5倍の, 5重の; 五つからなる. —— *n.* 5倍; 5倍量; 5個一組み. —— *vt., vi.* 5倍にする〔なる〕.
quín·tu·plet [kwínt(j)uplit/-tju-] *n.* 五つ子のひとり; (*pl.*) 五つ子.
quin·tú·pli·cate [kwint(j)ú:plikèit/-tjú:-] *vt.* 5倍にする; の写しを5部つくる. —— [-kit] *a.* 5倍した, 5重の. —— *n.* 5倍の数〔額, 量〕.
◇ **quin·tù·pli·cá·tion** *n.*
quín·tus [kwíntəs] *a.* 〔英〕5番めの《同名の男子生徒の名のあとにつける》. → primus.
quip [kwip] *n.* **1** 警句; 辛らつなことば, 皮肉. **2** 言いのがれ, 逃げ口上. **3** 奇行, 気まぐれ行為; 奇異なもの. —— *vt., vi.* (**-pp-**) **1** 警句〔皮肉〕を言う, 言い放つ. **2** 辛らつなことばでからかう.
quí·pu [kí:pu:, kwípu:/kí:pu, kwí:pu] *n.* 《古代ペルー人の》結縄(けつじょう)文字.
quire[1] [kwaiər] *n.* **1**《紙の》1帖(じょう). **2**《製本の》1折り. **3**〔史〕4枚二つ折りの紙;〔古〕小冊子, 小写本. ***in ～s*** (紙を) 折ったままで; 製本せずに.
quire[2] 〔古〕=choir.
Quír·i·nal [kwírin(ə)l] *n.* **1** ローマの七丘の一つ; その丘にある宮殿. **2** イタリア政府〔宮廷〕. → Vatican. —— *a.* ～の.
quirk [kwə:rk] *n.* **1** 警句, しゃれ. **2** 言いのがれ, 逃げ口上. **3** 奇行, 奇癖; 気まぐれ. **4**《運命などの》急変, 急転. **5**〔楽〕急変調, 狂想調. **6**《絵・書などの》飾り書き. **7**〔建〕《刳形(くりかた)の》深いみぞ. ◇ **～·y** *a.*
quirt [kwə:rt] *n., vt.*〔米〕編み皮の乗馬むち(で打つ).
quís·le [kwízl] *vi.* 祖国を売る〔裏切る〕. [<Vidkun Quisling. Norway の政治家でナチスに内通した]
◇ **-ler** [-ər], **-ling** *n.* 売国奴; 裏切り者.
‡**quit** [kwit] *v.* (**～·ted**, 〔おもに米〕～; **～·ting**) *vt.* **1** やめる, 中止する: ～ smok*ing* たばこをやめる. *Q*～ that! (それをするのを) やめなさい! ～ work when the whistle blows 笛が鳴ると仕事をやめる. **2** (から) 去る; 捨て去る, 手放す: He ～ his room in anger. 彼はおこってへやを出た. **3**〈職を〉離れる: ～ office〔a job〕辞職する. **4** 返す,〈借金を〉返済する; 返報する: ～ love with hate 愛に対して憎しみを返す. **5**〔古〕《oneself を伴って》ふるまう: *Q*～ *yourself* like men. 男らしくふるまえ. —— *vi.* **1** 立ち去る. **2** やめる, あきらめる. **3** 辞職する. ***Death ～s all scores.*** 〔諺〕死はすべてを帳消しにする. ***give*** 〔***have***〕 ***notice to ～*** 辞職〔立ちのき〕を勧告する〔される〕. ***～ hold of*** を(手)放す. ***Q～ it out!*** 〔俗〕やめてくれ(Cut it out!). ***～ting time*** 退出時刻. —— *a.* 許されて; 免れて. ***be ～ for*** …だけで済む, …で相済みになる; を免れる. ***get ～ of*** one's debts (負債) を完済する. **～·claim** →別項. **～·rent** →別項.
quitch [kwitʃ] *n.* 〔植〕ハマムギ, カモジグサ.
quít·claim [kwítklèim] *n.* 〔法〕権利の放棄; 権利放棄書. —— *vt.* の請求〔要求〕権を放棄する.
†**quite** [kwait] *ad.* **1** すっかり, 全く, 完全に: He has ～ recovered from his illness. 彼は全快した. I ～ agree with you. 全く賛成です. not ～ finished 完全には終わっていない. *Q*～ the reverse is the case. 事実は正反対だ. **2** ほんとに, 確かに, かなり, ずいぶん: Are you ～ sure? ほんとに自信あるのかい. He's ～ a good player. 彼はなかなかわざがうまい. He was ～ polite, but he didn't help me. 彼はとても如才(じょさい)なかったが助けてはくれなかった. I am ～ tired. ほんとに疲れた. **3**《quite a + 名詞》…といってよいほどで: She is ～ *a* lady. (身分にも似ず) 貴婦人のように上品だ. You are ～ *a* man! きみはりっぱにおとなの仲間入りできるよ. **4**〔おもに英〕《会話の相づちとして》そのとおり, ごもっとも: Yes, ～. =Oh, ～. = *Q*～ so. 全くそのとおり.
be ～ the thing 大流行している. ***He*** 〔***She***〕 ***isn't ～.*** 〔英話〕まともな紳士〔淑女〕とはいえない. ***～ a bit*** 〔***a few, a little***〕 〔話〕 かなりたくさん(の): He knows ～ *a little* about it. ずいぶんそのことについて知っている. ***That's ～ all right.*** だいじょうぶ(ご心配にはおよびません): I'm so sorry. I'm afraid I sat on your hat. — Oh, *that's* ～ *all right*. すみません. あなたの帽子をつぶしたようで. —いや, 構いませんよ.
Quí·to [kí:tou] *n.* キト《Ecuador の首都》.
quít·rent [kwítrènt] *n.* 免役税《封建時代に賦役の代わりに払った》.
quits [kwits] *a.* 五分五分で, あいこになって: Now we are ～. これであいこだ. ***be ～ with*** …とあいこになる, に仕返しする. ***call*** 〔***cry***〕 ***～*** 勝負なしと宣する, 引き分けにする.
quít·tance [kwít(ə)ns] *n.* **1**《借財・義務からの》免除, 解除, 放免《からの *from*》. **2** 領収(書). **3** 償還, 償い. ***Omittance is no ～.*** 〔諺〕催促なきは帳消しにあらず.
quít·ter [kwítər] *n.*〔米話〕《仕事などを》中止〔放棄〕する人; なまけ者; おくびょう者; 山師.
quít·tor [kwítər] *n.* 《馬蹄(ばてい)に生じる》はれものの一種.
qui va là [F. kivala] F. (=Who goes there?) 〔軍〕だれか《歩哨(ほしょう)の誰何(すいか)》.
‡**quív·er**[1] [kwívər] *vi.* **1** おののく, わななく, 震える: ～ with cold. **2**〈稲の葉などが〉揺れる: ～ in the wind 風にそよぐ. —— *vt.* 震わす, 震えさせる: The moth ～*ed* its wings. ガが羽を震わした. —— *n.* 震え, おののき. 〔類〕→ **shake**「震える」
quív·er[2] *n.* えびら, 矢筒. ***have an arrow*** 〔***shaft***〕 ***left in*** one's ～ まだ手段〔資力〕は残されている. ***～ full of children*** 〔聖〕大家族《詩編127:5》.
◇ **～·ful** [-fùl] *n.* えびらいっぱいの矢;〔笑〕大家族.
quív·er·ing [kwív(ə)riŋ] *a.* 震えている, おののいている, 揺れる. ◇ **～·ly** *ad.*
qui vive [ki:ví:v] F. 〔軍〕だれか《歩哨の誰何》. ***on the ～*** 警戒して, ゆだんなく.
Quix·óte → Don Quixote.
quix·ót·ic [kwiksátik/-sɔ́t-] *a.* **1** ドン=キホーテ流の, 騎士気どりの. **2** 空想家〔的〕の, 理想を追う. —— *n.* (*pl.*) ドン=キホーテ流の気風 (quixotism).
◇ **-i·cal** *a.* =quixotic. **-i·cal·ly** [-(ə)li] *ad.*
quíx·ot·ism [kwíksətìz(ə)m], **quíx·ot·ry** [-tri] *n.* ドン=キホーテ的性格〔行為, 考え〕; 騎士気どり; 理想〔空想〕を追うこと. [<Don Quixote]
quiz [kwiz] *n.* (*pl.* **～·zes**) **1** 質問;〔米〕(中間の) 小試験, テスト: a snap ～ 不意に行なう中間テスト. **2**《ラジオ・テレビの》クイズ. **3** 悪ふざけ, いたずら; 人をかつぐ人, いたずら屋. **4** 冷やかし手. **5**〔稀〕変人, 奇人. ***drop*** 〔***pop, shotgun***〕 ～ 〔米俗〕前触れなしの小試験.
—— *vt.* (**-zz-**) **1** に質問する, テストする. **2**〔英〕からかう, 冷やかす, にいたずらする. **3** じろじろ見る.
～ **kid**〔米〕神童, 天才児. **～·màs·ter** クイズ番組の司会者. ～ **program**《ラジオ・テレビの》クイズ番組. ～ **section** 共同研究グループ《課目につき共同討論しテストを受ける小グループ》.
◇ **～·(z)ée** [kwizí:] *n.* 質問される人;〔話〕クイズ番組出場者. **～·zer** [-ər] *n.* 質問者.
quíz·zi·cal [kwízik(ə)l] *a.* **1** いたずらする, からかい〔冷やかし〕好きな. **2** 珍妙な, こっけいな.
◇ **～·ly** *ad.* **～·ness** *n.*
quíz·zing [kwíziŋ] ～ ***glass*** 〔稀〕片めがね(monocle).

quo·ad hoc [kwóuæd-hák / -hɔ́k] L. (=as to this) これに関しては, この点では.

quod [kwɑd/kwɔd] *n.* 〘英俗〙 刑務所: in [out of] ～ 入獄 [出獄] して.
—— *vt.* (**-dd-**) 刑務所に入れる.

quod [kwɑd / kwɔd] L. (=which, that which) *pron.* …するところのもの(の). **～ *erat demonstrandum*** [kwɑd-éræt-dèmənstrǽndəm/kwɔd-] L. (=which was to be demonstrated) 実証 [証明] せられるべきであったところ(の). **～ *erat faciendum*** [-éræt-fèiʃiéndəm] L. (= which was to be done) なされるべきであったところ(の). **～ *erat inveniendum*** [-éræt-invèniéndəm] L. (=which was to be found) 発見されるべきであったところ(の). **～ *vide*** [-váidi] L. (=which see) その項を見よ.

quód·li·bet [kwɑ́dlịbèt/kwɔ́d-] *n.* **1** 微妙な論争, 論点の機微. **2** 〘楽〙 混成曲 《異なった歌詞を異なったメロディーで同時に歌う喜劇的なもの》.

quoin [kɔin] *n.* **1** 〘建〙 《建物の》外角; 《室の》すみ; すみ石; せり持ち石 (cornerstone). **2** くさび形ささえ, 〘印〙 《版画を締める》くさび. **——** *vt.* すみ石でささえる; くさびでささえる [締める]. **——** *vt.* 《鉄輪を投げるように》投げる. **——** *vi.* 輪なげ遊びをする.

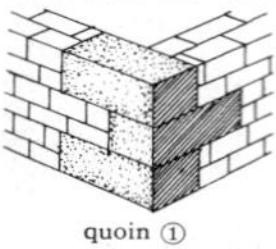

quoin ①

quoit [kwɔit/k(w)ɔit] *n.* **1** 鉄輪, 縄輪(なわ). **2** (*pl.*) 《単数扱い》輪投げ遊び.

quon·dam [kwɑ́ndəm / kwɔ́ndæm] L. (=once, at one time) *a.* 以前の, かつての.

Quón·set [kwɑ́nsit/kwɔ́n-] **～ *hut*** かまぼこ宿舎 [兵舎], 組み立て住宅 《Rhode Island の Quonset 海空軍基地でつくられたことから》. → Nissen hut.

quó·rum [kwɔ́:rəm / kwɔ́:r-] *n.* **1** 《議決のために必要な》定数, 定員. **2** 〘英史〙 定員数の治安判事. **3** 選抜団体.

quot. quotation; quote(d).

quó·ta [kwóutə] *n.* 分け前, 割り当て, 分担; 割当額, 負担額: work ～ (作業) ノルマ.
～ immigrant 〘米〙 割り当て(わく内)移民《アメリカ政府の年間移民数割り当て制限によって入国する》.
～ system 割当制度 《輸出入額などの》.

quót·a·ble [kwóutəbl] *a.* 引用しうる; 引用価値のある, 名言の. ◇ **quòt·a·bíl·i·ty** [⌐–bíləti] *n.*

‡**quo·tá·tion** [kwotéiʃ(ə)n] *n.* **1** 引用; 引用句 [語, 文] 《からの *from*》: a story full of ～*s* from Shakespeare. **2** 〘商〙 相場, 時価; 相場付け; 価格表, 見積もり書: today's ～ on [for] raw silk 本日の生糸相場. **3** 〘印〙 込め物.
～ marks 引用符: single ～ *marks* 《' '》. double ～ *marks* 《" "》.

quó·ta·tive [kwóutətiv] *a.* **1** 引用の. **2** 引用する, 引用好きな.

‡**quote** [kwout] *vt.* **1** 〈他人の文章・ことばを〉引用する, のことばを引用する; 引き合いに出す: ～ a verse *from* the Bible 聖書から一節引用する. ～ Shakespeare シェイクスピア (のことば) を引用する. **2** 例示する: ～ a few instances of battles as (being) more bloody ones いっそう血なまぐさい例として二, 三の戦争を例示する. **3** 〘商〙 〈値段・相場を〉 言う; 見積もる: ～ a price 値をさす, 価格を見積もる. ～ a thing *at* $100 物を 100 ドルに見積もる. **4** 〘印〙 〈語句を〉引用符で囲む.
—— *vi.* **1** 引用する 《から *from*》. **2** 相場を言う.
—— *n.* **1** 〘話〙 引用句 [文]. **2** 〘印俗〙 (通例 *pl.*) 引用符. **～ marks** =quotation marks.

quoth [kwouθ] *vt.* 〘古〙 言った (said). 〈注〉 第一人称・第三人称の直説法過去形. 必ず主語の前におき, 引用句とともに用いる: "That is right" *quoth* she. 「そうです」と彼女は言った.

quó·tha [kwóuθə] *int.* 〘古〙 《けいべつ的・皮肉的》 なるほど!, いかにも!

quo·tíd·i·an [kwotídiən/kwɔt-] *a.* **1** 毎日の, 日日の. **2** 日常茶飯(はん)の, ありふれた. **——** *n.* **1** 〘医〙 毎日熱 (=～ fever). **2** 日常繰り返すもの.

quó·tient [kwóuʃ(ə)nt] *n.* 〘数〙 商; 指数. ***differential* ～** 〘数〙 微分商. ***educational* ～** 教育指数 《略 EQ》. ***intelligence* ～** 知能指数 《略 IQ, I.Q.》.

quo·tí·e·ty [kwotáiịti] *n.* 率, 係数.

Quo va·dis [kwou-véidis, -vá:-] L. (=Whither goest thou?) いずこへ行きたもうや 《ポーランドの Henryk Sienkiewicz 作の歴史小説の題名》.

quo war·ran·to [kwóu-wɔ:rǽntou / -wɔrǽn-] L. 〘法〙 審問令状 《昔, 職権などの乱用者に出されたもの》; その審問.

Qu·rán [kurá:n] =Koran.

q.v. *quod vide.* → *quod*. **qy.** query.

R

R, r [ɑ:*r*] *n.* (*pl.* **R's, *Rs*, r's, *rs*** [-z]) **1** 英語アルファベットの第18字. **2** (R) ローマ数字の80. **3** R [r] 字形のもの. **4** X 線・ラジウム放射能の単位. ***the r months*** カキ (oyster) の季節 《月の名に r 字のある September から April まで》. ***the three R's*** 読み書き算数 《初等教育の基礎とされている *r*eading, w*r*iting, a*r*ithmetic》. **r-còl·ored** [ɑ́:rkʌ̀lərd] 〘音声〙 《母音が》 r音をおびた 《米語の further [fə̀:*r*ðə*r*] の [ə:*r*], [ə*r*] など》.

R 〘化〙 radical; 〘数〙 radius; 〘数〙 ratio; 〘電〙 resistance; 〘チェス〙 rook. **R.** Railroad; Railway; Reaumur; *Regina* (L.=queen); Republic(an); *Rex* (L.=King); River; Royal; ruble; rupee. **r.** railroad; railway; rare; received; recipe; residence; retired; right; road; rod; ruble; run(s); (*pl.* **rs**) rupee.

Ra[1] [rɑ:] *n.* 〘エジプト神話〙 日神, 太陽神.

Ra[2] 〘化〙 radium. **R.A.** Rear Admiral; Royal Academician; Royal Academy; Royal Artillery. **R.A.A.F., RAAF** Royal Australian Air Force; Royal Auxiliary Air Force.

rá·bat[1] [rǽbi:, rəbǽt] *n.* 〘宗〙 法衣の一種 《そでと背がなく腰までくる》.

ráb·at[2] [rǽbət] *n.* 研摩用素焼き板.

Ra·bat [rəbɑ:t] *n.* ラバト 《Morocco の首都》.

ráb·bet [rǽbit] *n.* 〘木工〙 さねつぎ 《板の接合法の一種》; 《さねつぎのため板の側面につくる》みぞ, 切り込み, さね. **——** *vt.* さねはぎでつぐ. **——** *vi.* さねはぎでつながる 《に *on*, *over*》.

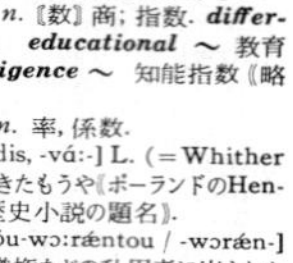

rabbet

ráb·bi [rǽbai] *n.* (*pl.* **～s**) **1** ユダヤの律法博士. **2** ラビ 《ユダヤ人に対する尊称》. **3** 《ユダヤ教会の》牧師. ◇ **ráb·bin·ate** [rǽbinit] *n.* **1** ～の身分 [職, 任期]. **2** 《集合的》 ラビたち.

ráb·bin [rǽbin] *n.* =rabbi. ***the* ～*s*** 《2–13世紀の》ユダヤの律法学者たち.

rab·bín·ic [rəbínik/ræ-, rə-] *a.* ＝rabbinical.
—— *n.* (R～)《中世の rabbi の用いた》ヘブライ語.
rab·bín·i·cal [-(ə)l] *a.* rabbi の(ような); ラビの教養の; ラビ語風の.
ráb·bin·ism [rǽbiniz(ə)m] *n.* ラビの教義; ラビの語風〔語法〕. ◇ **-ist** *n.* ラビ教徒.
†**ráb·bit**[1] [rǽbit] *n.* **1** イエウサギ, 飼いウサギ; その毛皮. → hare. **2**《一般的》ウサギ. **3**〘英俗〙《ゴルフ・テニスなどの》へたな競技者; おくびょう者. **4** 薄茶色. **5** 放射性物質容器《管の中を移動する》. **6** ＝Welsh ～. ***breed like ～s*** どんどん子を生む. ***Welsh ～*** 溶かしたチーズ(ときにはビールを混ぜる)をのせたトースト〔クラッカー〕. —— *vi.* ウサギ狩りする.
～ antenna テレビ受像用小型アンテナ. **～ ball** ラビットボール (lively baseball)《野球用のよく飛ぶボール》. **～ burrow** ウサギ穴. **～ fever** 野兎(やと)病 (tular(a)emia). **～ food**〘米俗〙青物,《特に》レタス. **～-foot, ～'s-foot** [⌐—⌐] (1) ウサギの足《幸運のお守り》. (2) クローバー. **～ hutch** ウサギ小屋《箱形の》. **～-mouthed** [-màuðd, -màuθt] 三つ口の (harelipped). **～ punch**〘ボクシング〙後頭部へのパンチ《反則打》. **～ warren** (1) 養兎場. (2) ごみごみした場所, 雑踏する所.
◇ **～·ry** *n.* **1**《特に》飼いウサギの飼育場. **2**《集合的》ウサギ. **～·y** *a.* ウサギのような; ウサギの多い.
ráb·bit[2] *vt.* 〘古・卑〙ののしる, のろう. ***Odd ～ it!*** 畜生め!
ráb·ble[1] [rǽbl] *n.* やじうま, 無秩序な群衆; 暴徒. ***the ～***《けいべつ的》下層社会, 賤民(せん). —— *vt.* 群をなして襲う. **～ rouser** 民衆扇動者.
◇ **～·ment** *n.*《やじうまなどの》騒ぎ.
ráb·ble[2] *n.*〘冶〙攪拌(かくはん)棒《溶鉄などの精錬用》.
ráb·ble[3] *vt., vi.*〘英方〙早口にしゃべる〔読む〕, べらべらしゃべる.
Ràb·e·láis [ræ̀bəléi, ⌐—⌐/⌐—⌐, ⌐——｜F. rablɛ] *n.* François [F. frɑ̃swa] ～, 1494?–1553, フランスの風刺作家.
Ràb·e·lái·si·an, -láe·si·an [ræ̀bəléiziən] *a.* Rabelais (風)の; 野卑な風刺に満ちた.
—— *n.* ラブレーの崇拝者〔研究者, 模倣者〕.
ráb·id [rǽbid] *a.* **1** 狂気じみた, 狂暴な; 猛烈な. **2** 狂犬病にかかった: a ～ dog 狂犬.
◇ **～·ly** *ad.* **～·ness** *n.*
ra·bíd·i·ty [rəbídəti] *n.* **1** 狂暴, 猛烈; 狂気. **2** 狂犬病.
***rá·bies** [réibiːz, -biiːz] *n.*〘医〙狂犬病, 恐水病(hydrophobia).
R.A.C. Royal Automobile Club.
ra(c)·cóon [rækúːn/rək-] *n.*〘動〙アライグマ; その毛皮. **～ dog** タヌキ.
†**race**[1] [reis] *n.* **1** 競走,《各種の》レース: a boat ～ ボートレース. **2** (*pl.*) 競馬〔競犬〕(会): go to the ～s 競馬に行く. **3**《一般的》競争; 大急ぎ, 努力: a ～ *for* power 権力の争奪戦. a ～ *for* the train 列車に乗り遅れまいと走ること. a ～ *against* time 時間との競争, 定刻までに仕事を仕上げようとする努力. **4** 人生の行路, 生涯(しょうがい): Your ～ is nearly run. そろそろ寿命も終わりだ. **5**《天体の》運行; 時の経過;《事件・話などの》進行. **6** 急流, 早瀬; 水路, 用水路: a mill ～ 水車用水路. **7**《滑車などの》条溝(じょうこう);《織機の》梭(ひ)の走るみぞ;《ボールベアリングなどの》走り面. **8**〘空〙プロペラの後方気流. ***play the ～s***〘米〙競馬に賭(か)ける. ***run a ～*** 競走する《*with*》. ***The ～ is not to the swift.***〘聖〙足の速い者が勝つとは限らない《伝道の書 9:11》.
—— *vi.* **1** 競走する, レースをする; 争う, 競う《と *with*》. **2** 疾走する, 疾駆する: ～ home from school 学校が終わって走って帰る. **3**〈機械が〉から回りする. —— *vt.* **1** と競走する: I ～*d* him to the tree. 木の所まで彼と競走した. **2** 競走させる: ～ one's horse 持ち馬を競馬に出す. **3** 全速力で走らせる: ～ one's car on the free way 高速道路で車を飛ばす. **4**〈商品などを〉急送する;〈書類などを〉大急ぎで回す. **5**〈機械を〉空転させる.
～·a·bout [⌐—⌐]〘米〙(競走用)ヨット. **～ ball**〘英〙競馬の際に行なう舞踏会. **～ card**《競馬の》出馬表. **～·course** [⌐⌐] (1) 競走〔競漕〕路, 競馬場. (2)《水車の》水路. **～ cup**《競走・競馬などの》優勝杯. **～·gò·er** 競馬の常連. **～ ground** 競走場, 競馬場. **～ horse** 競走馬. **～ meeting** 競馬会;《自動車などの》レース大会. **～ stand** 競走〔競馬〕場, 観客席. **～ track** 競走場, 競馬場, 競走コース. **～·way** [⌐⌐]《水車・鉱山などの》水路;《屋内電線を保護する》包管.
‡**race**[2] *n.* **1** 人種: the Mongolian ～ モンゴル〔モウコ〕人種. the yellow ～ 黄色人種. 〈注〉民族学的にはより科学的な ethnic group〔stock〕の名称を用いる. **2**《文化上の区別で》民族, 国民: the Japanese ～ 日本民族. **3**《複合語で形容詞的》人種の, 人種的な,《特に》黒人(種)の: ～ discrimination 人種的差別. **4**〘生〙種族, 品種: the reptile ～ は虫類. **5** 血統; 家系, 旧家: a man of noble ～ 名門の人. **6**《職業・趣味などが同一の》仲間, 同業者: the ～ of artists 芸術家連中. **7**《酒などの》独特の風味;〘稀〙《談話などの》ぴりりとした味, 辛らつ味. ***the ～*** 人類.
～ prejudice 人種的偏見. **～ psychology** 民族心理学. **～ riot** 人種的憎悪(ぞうお)による騒動《特にアメリカの白人・黒人間などの》. **～ suicide** 民族自滅《産児制限による人口漸減》.
〔類〕→ **nation**「国民」
race[3] *n.* ショウガの根. **～ ginger** 根ショウガ.
ra·céme [reisíːm, rə-/rə-] *n.*〘植〙総状花序.
ra·cé·mic [rəsíːmik] *a.*《ブドウじるからとれる》ラセミ(酸)の. **～ acid**〘化〙ラセミ酸, ブドウ酸.
rác·e·mose [rǽsimòus], **-mous** [-məs] *a.*〘植〙総状花序の(ような), ふさ状の.
rác·er [réisər] *n.* **1** 競走者; 競走馬; 競走用自動車〔自転車, 飛行機, ヨットなど〕. **2**〘動〙足の速い動物《特にアメリカ産クロヘビなど》. **3**〘軍〙《重砲の回転用》弧形砲床.
Rá·chel [réitʃəl] *n.*〘聖〙Jacob の妻.
rá·chis [réikis] *n.* (*pl.* **～·es**, **rách·i·des** [rǽkidìːz, réik-]) **1**〘医〙せき柱. **2**〘植〙花軸, 葉軸. **3**〘動〙羽軸.
ra·chí·tis [rəkáitis/ræ-, rə-] *n.* **1**〘医〙くる病(rickets). **2**〘植〙萎縮病. ◇ **ra·chít·ic** [rəkítik] *a.*
rá·cial [réiʃ(ə)l] *a.* 人種(上)の, 種族(上)の: ～ prejudice 人種的偏見.
◇ **～·ism** [-ìz(ə)m] *n.* **1** 民族性, 民族主義. **2** 人種的偏見. **～·ly** *ad.* 人種上, 人種的に.
Ra·cíne [rəsíːn/ræ-｜F. rasin] *n.* Jean Baptiste [F. ʒɑ̃ batist] ～, 1639–99, フランスの劇作家.
rác·ing [réisiŋ] *n.* **1** 競走; 競馬. **2**《形容詞的に》競走用の; 競馬の. **3**〘電・機〙空転, から回り.
～ colors 騎手の着衣の色. **～ flag** ヨットの競走参加旗. **～ form** 競馬の予想記事〔欄〕. **～ gig** 1人または2人用競艇. **～ man** 競馬狂. **～ prophet** 予想屋. **～ skate** スピード用スケート. **～ world** 競馬界.
rác·ism [réisiz(ə)m] *n.* 民族主義; 人種〔民族〕的差別(政策). ◇ **rác·ist** *n., a.* 民族〔人種差別〕主義者; 民族主義的, 人種差別的.
‡**rack**[1] [ræk] *n.* **1** 置きだな《網・棒・くぎでつくった》;《列車などの》網だな, こうしだな;《帽子・刀・銃・ペンを置く》…掛け, …架;《こうしわくのある》飼料だな;《書類などの》仕分け箱;〘印〙活字ケース立て. **2**〘機〙《歯車の》ラック, 歯ざお: Abt ～〘鉄道〙アプト式歯状軌条. **3** 拷問(台); 激痛, 苦痛; ねじ曲げ, もみくちゃ: the ～ of gout 痛風の苦痛. a tree twisted by the ～ of storms 幾たびかのあらしに曲げられた木. **4**《弓・皮を張る》伸張器.
be on the ～ 拷問にかけられている; 心痛している;

激痛に苦しんでいる. ***live at* ～ *and manger*** 〔古〕裕福に暮らす, 左うちわで暮らす. ***put** a person **to** [**on**] **the*** ～ 拷問にかける, 痛い目に会わす.

—— *vt.* **1** たな〔台, 架〕に載せる〔かける〕. **2** 〈人体を〉無理に引き伸ばす《拷問台に乗せて》. **3** 苦しめる, せめる, さいなむ: ～*ed* with jealousy しっとで心が乱れる. ～*ed* with a bad cough 悪性のせきに苦しむ. **4** 〈小作人を〉搾取する; 〈地代を〉法外に上げる; 〈土地を〉やせさせる《乱作で》. **5** 〔英〕〈馬を〉まぐさだなにつなぐ《*up*》.

～ one's ***brains*** 知恵をしぼって考える, 懸命に思い出そうとする, 腐心する. ～ ***up*** (1) 飼料だなにごっそりまぐさを詰めてやる. (2) 苦労してやりとおす; 達成する. ～ **rail** 歯状軌条. ～ **railway** [**railroad**] アプト式鉄道. ～ **rent** 法外な地代〔家賃, 小作料〕. **∠-rent** [∠-∠] (1) =～ rent. (2) ～ rent を取る. ～ **wheel** 大歯車.

◇ **∠·ing** *a.* 拷問にかける; 身を苦しめる, 心をさいなむ. 類 → **torment**「苦しめる」

rack² *n.* ちぎれ雲, 飛び雲.

rack³ *n.* 破壊, 荒廃. ***go to* ～ *and ruin*** 破滅〔荒廃〕する, めちゃめちゃになる. 「中間).

rack⁴ *n., vi.* 〔馬術〕軽駆け(する)《trot と canter の

rack⁵ *vt.* 〈ブドウ酒などを〉おりから絞る《*off*》.

ráck·a·bones [rǽkəbòunz] *n. pl.* 《単数扱い》〔米〕やせこけた人〔動物〕; 《特に》やせ馬.

†**ráck·et**¹ [rǽkit] *n.* **1** ラケット《テニス・バドミントン・ピンポン用》. **2** (*pl.*) =racquets. **3** 《ラケット形の》雪ぐつ; 《馬の》木ぐつ. —— *vt.* ラケットで打つ. ～ **press** ラケット用プレス《ラケットの形がくずれないためのわく》. ～**s ball** [**court**] =racquets ball [court]. **∠-tail** [∠-∠] 〔鳥〕ハチドリの一種《中央・南アメリカ産》.

ráck·et² *n.* **1** 騒音; 大騒ぎ: the ～ of a street 街路の騒音. The dogs set up a terrific ～. 犬は猛烈にほえたてた. **2** らんちき騒ぎのパーティー; 放蕩(ほう). **3** きびしい試練. **4** 〔米俗〕不正手段による金もうけ, (組織的な) 詐欺, ゆすり; いんちき, 不正: Fashion is a ～ to sell clothes. 流行とは着物を売らんかなのいかさまである. **5** 〔米俗〕楽な商売〔暮らしぶり〕. ***go on the*** ～ 道楽する, 遊興する. ***It is not your*** ～. 〔米俗〕きみの知ったことじゃない. ***make* [*kick up*] *a*** ～ 大騒動を起こす. ***stand the*** ～ (1) 費用を払う. (2) 非難〔責任〕を引き受ける; 試練を切り抜ける. ***What's the*** ～? 〔米俗〕どうしたんだ.

—— *vi.* **1** 騒ぎあるく《*about, around*》. **2** 放蕩する, 浮かれ騒ぐ《*about*》. ◇ ～·**y** *a.* **1** 騒々しい; 騒ぎ好きな. **2** 道楽好きな; 放蕩の.

ràck·et·éer [rækitíər] *n.* 〔米〕脅迫者, 恐喝(きょう)者, ゆすり屋. —— *vi.* 《特に組織的に》ゆする, やみをやる. ◇ ～·**ing** *n., a.* 恐喝(的), 強請(的).

rá·con [réikɑn/-kɔn] *n.* レーダー用ビーコン. [<*ra*dar+bea*con*]

ra·con·teur [rækɑntə́ːr/-kɔn-] F. *n.* (*fem.* ***ra·con·teuse*** [F. rakɔ̃tøːz, ㊊⁺rækɑntúːz]) 話しじょうずな人, 談話家.

ra·cóon =raccoon.

rác·quet =racket¹ ①, ③.

rác·quets [rǽkits] *n.* 《単数扱い》ラケット球技《ハイアライの一種. 壁に囲まれたコートで行なう》. ～ **ball** ラケット球技ボール. ～ **court** ラケット球技のコート.

rác·y [réisi] *a.* **1** 本場の, 独特の風味のある. **2** きびきびした, ピリッとした, はつらつとした. **3** 〔米〕きわどい, みだらな: a ～ story. ***be* ～ *of the soil*** 本場の風味がある; 率直である.

◇ **rác·i·ly** *ad.* **rác·i·ness** *n.*

rad. radical; radius; radix.

rá·dar** [réidɑːr/-də, -dɑː] *n.* レーダー, 電波探知機. ***by ～ レーダーで. [<*ra*dio *d*etecting *a*nd *r*anging] ～ **beacon** レーダー用ビーコン. ～ **fence** レーダー網. ～·**man** [-mən, -mæ̀n] レーダー技師. ～·**scope** [∠-∠], ～ **screen** レーダーの映像面.

rád·dle [rǽdl] *n.* 赭土(しゃど), 代赭(たいしゃ)石.

—— *vt.* に代赭を塗る; 赤く塗る.

rá·di·al [réidiəl] *a.* **1** 光線(状)の, 放射(状)の. **2** 半径の. **3** ラジウムの. **4** 〔医〕橈骨(とう)の; 〔植〕放射花の; 〔動〕放射器官の. —— *n.* **1** 放射〔輻射(ふく)〕部. **2** 橈骨動脈〔神経〕. ～ **artery** 〔医〕橈骨動脈. ～ **axle** 放射軸. ～ **engine** 〔機〕星形発動機. ◇ ～·**ized** [-àizd] *a.* 放射〔輻射〕状の. ～·**ly** *ad.* 放射〔輻射〕状に.

rá·di·ance [réidiəns, -djəns], **-an·cy** [-i] *n.* **1** 光, 光輝; 《顔色・目などの》輝き. **2** =radiation.

‡**rá·di·ant** [réidiənt, -djənt] *a.* **1** 光り輝く; 明るい: the ～ sun 輝く太陽. The fields were ～ with early summer. 野は初夏の陽(ひ)に明るく輝いていた. **2** 《幸福・希望などで》輝く, 晴れやかな: with ～ eyes 目を輝かして. **3** 放射〔輻射〕の〔による〕: ～ heat 輻射(ふく)熱.

—— *n.* **1** 〔光〕光点; 光体. **2** =～ point.

～ **energy** 輻射エネルギー. ～ **heater** 輻射暖房器. ～ **heating** 輻射暖房. ～ **point** 〔天〕(流星雨の) 輻射点. ◇ ～·**ly** *ad.*

rá·di·ate [réidièit] *vi., vt.* **1** 放射する: The sun ～*s* light and heat. 太陽は光と熱を放つ. **2** 発散する, 放散する: Her face ～*d* joy. =Joy ～*d* from her face. 彼女の顔は喜びに輝いていた. influences ～*ting* from Paris パリから放散される影響力. **3** 放射状にのびる: streets ～*ting* from the square 広場から放射状にのびる街路. **4** 放送する: ～ a program. —— *a.* 射出する; 放射状の. [√radi-] ◇ ～·**ly** *ad.* **-a·tive** [-iv] *a.* 放射〔輻射, 放熱, 発光〕性の.

***rà·di·á·tion** [rèidiéiʃ(ə)n] *n.* **1** 《光・熱などの》放射, 発散. **2** 輻射(ふく); 放射線, 放射エネルギー. **3** 熱, 光; 輝き. ～ **belt** =Van Allen (radiation) belt. ～ **fallout** 放射性下降物. ～ **injury** 放射線障害. ～ **sickness** 放射能症, 放射線病.

***rá·di·a·tor** [réidieitər] *n.* **1** ラジエーター, 放熱器, 暖房器, 《自動車・飛行機の》冷却装置. **2** 〔電〕空中線 (antenna). **3** 輻射(ふく)体, 放射体, 発光体, 放熱体. [√radi-]

‡**rád·i·cal** [rǽdik(ə)l] *a.* **1** 根本的な, 基本的な; 徹底的な: a ～ principle 基本原則. a ～ change [reform] 根本的な変化〔改革〕. **2** 急進的な, 過激な; (しばしば R～) 急進派の: the *R*～ party 急進党. **3** 〔数〕根(こん)の; 〔化〕基(き)の; 〔植〕根生の; 〔言〕語根の; 〔楽〕根音の: a ～ word.

—— *n.* **1** 急進党員, 過激論者. **2** 〔数〕根基; 〔化〕基; 〔言〕語根; 〔楽〕根音; (漢字の) 偏(へん), 旁(つくり). [√radic-] ～ **expression** 〔数〕無理式. ～ **sign** 〔数〕根号《$\sqrt{\ }$》.

◇ ～·**ize** *vi., vt.* 急進的〔主義〕にする〔なる〕, 過激になる; 根本的改革をする. ～·**ism** [-iz(ə)m] *n.* 急進主義. ～·**ly** *ad.* 類 → **liberal**「進歩的な」

ràd·i·cál·i·ty [rædikǽləti] *n.* 過激〔急進〕性.

rád·i·cel [rǽdisèl] *n.* 〔植〕幼根, 小根 (rootlet).

rá·di·ces [réidisìːz] *n.* radix の複数形.

rád·i·cle [rǽdikl] *n.* **1** 〔植〕幼根, 小根. **2** 〔医〕《血管・神経などの》根状部.

rá·di·i [réidiài] *n.* radius の複数形.

†**rá·di·o** [réidiòu] *n.* (*pl.* ～**s**) **1** ラジオ(放送); 無線放送〔受信〕装置; ラジオセット: a national ～ 国営放送. hear a concert on the ～ ラジオでコンサートを聞く. listen (in) to the ～ ラジオを聞く. a portable ～ ポータブルラジオ. talk over the ～ ラジオで話す. **2** 無線電信〔電話〕による通話. **3** 《形容詞的に》ラジオの〔による〕: a ～ announcer ラジオのアナウンサー. ***by*** ～ 無電で.

—— *vt., vi.* 無線(通信)で伝える; ラジオで放送する. [√radi-] 〈注〉以下の合成語での発音表記では ～ [réidio-], **rà·di·o** [rèidio-/réidio-]. なお「放射

(能)」の意味の radio- に始まる語はそれぞれ別項. **rà·di·o·ám·pli·fi·er**〘電〙高周波増幅器. ～ **astronomy** 電波天文学. ～ **beacon** 無線〔電波〕標識(所). ～ **beam** 信号電波〘誘導飛行に用いる方向指示電波〙. **rà·di·o·bróad·cast** → 別項. **～·cast** [ˊ－－ˋ] = radiobroadcast. **R～ City** ニューヨーク市の歓楽街. ～ **compass** 無線方位探知装置. ～ **control** 無線制御, 無線操縦. **～-con·trólled** 無線操縦の: a ～-*controlled* plane 無人飛行機. **rà·di·o·de·téc·tor**〘電〙無電検波器. ～ **direction finder** 無線方位測定器. ～ **field intensity**〘電〙電界強度. ～ **frequency** 無線周波数. **rà·di·o·gén·ic** → 別項. **～·gram** → 別項. **rà·di·o·grám·o·phone**〘英〙レコードプレーヤーつきラジオ. ～ **knife**《外科用》電気メス. ～ **law** 電波取締法. **rà·di·o·ló·cate** → 別項. ～ **message** 無線電信〔電話〕, 無線通信〔通話〕. **rà·di·o·mé·te·or·o·graph** = radiosonde. **～·news** [ˊ－－ˋ] ラジオニュース. ～ **operator** 無線電信技師. ～ **parts** ラジオ部品. **～·phone** [ˊ－－ˋ] = radiotelephone; 無線電話機. **rà·di·o·phó·to, rà·di·o·phó·to·graph** 電送写真. **～·press** [ˊ－－ˋ] ラジオ新聞. ～ **range beacon** 無線航路標識. ～ **receiver** 〔**receiving set**〕ラジオ受信機. ～ **set** ラジオ受信〔発信〕機. ～ **spectrum** 電波スペクトル《およそ10キロサイクルから30万メガサイクルの範囲の電波》. ～ **station**〘米〙無線局, (ラジオ)放送局. **rà·di·o·tél·e·gram** [-græm] 無線電報. **rà·di·o·tél·e·graph** [-græf/-grɑːf] 無線電信(で打つ). **rà·di·o·te·lég·ra·phy** [-tilégrəfi] 無線電信. **rà·di·o·tél·e·phone** [-fòun] 無線電話(をかける). **rà·di·o·te·léph·o·ny** [-tiléfəni] 無線電話. ～ **transcription** ラジオ録音. ～ **transmitter** 無線送信機. ～ **tube** ラジオ真空管.

radio- 「光線」「放射, 輻射(ふくしゃ)」「無線」「ラジウム」「半径」「橈骨(とうこつ)」などの意の語形成要素.

***rà·di·o·ác·tive** [rèidioǽktiv / réi-] *a.* 放射性の, 放射能の. ～ **fallout** 放射性降下物. ～ **isotope** 放射性同位元素 (radioisotope). ～ **warfare** 放射能戦《略 RW》. ◇ ***rà·di·o·ac·tív·i·ty** [-æktíviti] *n.*〘物〙放射能〔性〕.

rà·di·o·áu·to·graph [-ɔ́ːtəgræf/-grɑːf] *n.* 放射線写真.

rà·di·o·bróad·cast [-brɔ́ːdkæst / -kɑːst] *n., vt., vi.* ラジオ〔無線〕放送(する). ◇ **～·er** *n.* ラジオ放送者; ラジオ放送装置. **～·ing** *n., a.* 無線放送(の).

rà·di·o·cár·bon [-kɑ́ːrbɑn, -bən / -bən] *n.* 放射性炭素.

rà·di·o·chém·is·try [rèidiokémistri/réidio-] *n.* 放射能化学.

rà·di·o·có·balt [-kóubɔːlt/-koubɔ́ːlt] *n.* 放射性コバルト.

rá·di·o·dust [réidiodʌ̀st] *n.* 放射能塵(じん).

rà·di·o·él·e·ment [rèidioéliment/réidio-] *n.* 放射性元素.

rà·di·o·gén·ic [-dʒénik] *a.* **1** 放射能から生じた〔を生じる〕. **2** ラジオ放送に適する.

rá·di·o·gram [réidiogræm] *n.* **1** 無線電報. **2** = radiogramophone. →radio. **3** レントゲン写真.

rá·di·o·graph [réidiogræf/-grɑːf] *n.* 放射線〔レントゲン〕写真. —— *vt.* のレントゲン写真をとる. ◇ **rà·di·óg·ra·pher** [rèidiɑ́grəfər/-ɔ́g-] *n.* **rà·di·óg·ra·phy** [-fi] *n.* 放射線〔レントゲン〕写真術. **rà·di·o·gráph·ic** [rèidiogrǽfik] *a.* レントゲン写真術の.

rà·di·o·í·so·tope [rèidioáisətòup/réidio-] *n.* 放射性同位元素,「アイソトープ」.

rà·di·o·ló·cate [-lóukeit, -lokéit / -lokéit] *vt.* 電波で…の位置を探知する. ◇ **-ca·tor** [-ər] *n.*〘英〙= radar. **rà·di·o·lo·cá·tion** [-lokéiʃ(ə)n] *n.* レーダーによる探知〔測定〕.

rà·di·ól·o·gy [rèidiɑ́lədʒi/-ɔ́l-] *n.* **1** 放射線学, X線学. **2**〘医〙レントゲン科. ◇ **-gist** *n.* 放射線〔放射能〕学者〔技師〕. **rà·di·o·lóg·i·cal** [-lɑ́dʒik(ə)l/-lɔ́dʒ-] *a.* = radioactive.

rà·di·óm·e·ter [rèidiɑ́mitər/-ɔ́m-] *n.*〘物〙輻射(ふくしゃ)計; 熱車(ねっしゃ). ◇ **-try** [-tri] *n.* 輻射測定. **rà·di·o·mét·ric** [rèidiométrik] *a.*

rà·di·ón·ics [rèidiɑ́niks/-ɔ́n-] *n. pl.* 《単数扱い》ラジオ工学〔技術〕.

rà·di·ós·co·py [rèidiɑ́skəpi/-ɔ́s-] *n.* レントゲン検査〔診察〕.

rá·di·o·sonde [réidiosɑ̀nd/-sɔnd] *n.*〘気〙ラジオゾンデ〘上層気象観測装置〙.

rá·di·o·strón·ti·um [-strɑ́nʃiəm/-strɔ́n-] *n.* = strontium 90.

rá·di·o·thér·a·py [réidioθérəpi] *n.* 放射線〔X線〕療法.

rá·di·o·thèr·my [-θə̀ːrmi] *n.* 電気透熱療法.

rà·di·o·trans·pár·ent [rèidiotrænspɛ́(ː)rənt / réidiotrænspέər-] *a.* 放射線を透過する.

rá·di·o·vìs·ion [réidiovìʒ(ə)n]〘古〙= television.

rád·ish [rǽdiʃ] *n.*〘植〙(ハツカ)ダイコン.

‡**rá·di·um** [réidiəm] *n.*〘化〙ラジウム《放射性金属元素. 記号 Ra》. [√radi-] ～ **emanation** = radon. **rà·di·um·thér·a·py** ラジウム療法.

rá·di·us** [réidiəs] *n.* (*pl.* **rá·di·i** [réidiài], **rá·di·us·es**) **1**《円・球の》半径; 半径内の範囲: every tree within a ～ of two miles 半径2マイル以内のすべての木. **2**《一般的》範囲《活動などの》: the ～ of free delivery 無料配達区域. **3** 放射状のもの《車輪の輻(や)・こん虫の翅脈(しみゃく)など》. **4**〘医〙橈骨(とうこつ). ～ ***of action 行動半径;《航空機の》航続距離〔力〕. ***the four mile*** ～ ロンドンの Charity Cross より半径4マイル以内の地域《この内外で乗り物運賃の率が異なる》. [√radi-] ～ **vector**〘数・天〙動径.

rá·dix [réidiks] *n.* (*pl.* **rá·di·ces** [rǽdisìːz, réidi-/réi-], **～·es**) **1**〘数〙根, 基,《統計の》基数. **2**〘言〙語根. **3**〘哲〙根源. **4**〘植〙根.

rá·dome [réidoum] *n.* レーダードーム《航空機のレーダー装置外部おおい》.

rá·don [réidɑn/-dɔn] *n.*〘化〙ラドン《放射性元素. 記号 Rn》.

R.A.F., RAF [ɑ́ːrèiéf/ˊ－ˊ] Royal Air Force.

raff [ræf] *n.* **1** 下層社会. **2**《集合的》下層民, やくざ者. **3**〘方〙くず, 廃物, がらくた(= riffraff).

Ráf·(f)a·el = Raphael.

ráf·fi·a [rǽfiə] *n.*〘植〙ヤシ科の一種《Madagascar 産》; その葉の繊維《帽子・かごなどの材料》.

ráff·ish [rǽfiʃ] *a.* **1** 評判の悪い; 放蕩(ほうとう)の. **2** げびた, けばけばしい. ◇ **～·ly** *ad.* **～·ness** *n.*

ráf·fle[1] [rǽfl] *n.* 当て物〔くじ引き〕販売《くじを売って当たりくじに品物を渡す》. —— *vi.* くじ引き販売に加わる《*for*》. —— *vt.* くじ引きで売る《*off*》.

ráf·fle[2] *n.* くず, 廃物, がらくた.

***raft**[1] [ræft/rɑːft] *n.* **1** いかだ. **2**〘米〙航行を妨げる浮遊物《浮氷・流木など》. —— *vt.* **1** いかだに組む. **2** いかだで運ぶ. **3** いかだで渡る. **4** 〈流氷が〉沖へ流す. —— *vi.* いかだで渡る; いかだを使う. **～s·man** [rǽftsmən/rɑ́ːfts-] (*pl.* **-men**) いかだ乗り. ◇ **～·er** *n.* いかだ乗り.

raft[2] *n.*〘米話〙多数, 多量, たくさん.

ráft·er [rǽftər/rɑ́ːftə] *n.*〘建〙たる木. ***from cellar to*** ～ 家全体. —— *vt.* **1** にたる木をつける. **2** 〈材木を〉たる木にする. **3**〘英〙〈畑を〉すき返してうねをつくる.

‡**rag**[1] [ræg] *n.* **1** ぼろ(きれ), はしきれ; ぞうきん. **2**《けいべつ的・戯れ》ハンカチ, 新聞, 紙幣, 旗, (劇場の)幕, 帆など. **3** (*pl.*) ぼろ服;《一般的》衣類. **4** (*pl.*) ぼろ服を着た人, 卑しい人. **5**《比喩的》小片, かけら: a ～ of cloud ちぎれ雲. cling to a ～ of honor つまらない名誉にこだわる. not a ～ of evidence 証拠は一つもない. ***chew the*** ～〘俗〙しゃべる, だべる. ***in*** ～***s*** (1) ぼろぼろになって. (2) ぼろ服を着て. ***limp as***

R

a* ～** 疲れはてて. ***spread every* ～ *of sail 帆という帆を全部張る. ***take the* ～ *off*** 〖米〗…にまさる. ***the Rag*** 〖英俗〗陸海軍人クラブ. ***to* ～*s*** ぼろぼろに. **～-and-bone man** 古物行商人. **～ baby** 縫いぐるみの人形. **～ bag** ぼろ入れ(袋). **～ bolt** 〖機〗鬼ボルト. **～ book** 〖英〗布製絵本〘洗たくできる〙. **～ doll** ＝～ baby. **～ fair** がらくた市, 古着市. **～·man** [-mæ̀n] (*pl.* **-men**) くず屋, くず物収集人. **～ paper** ぼろを原料とした ラグペーパー; 〖俗〗紙幣. **～·pìck·er** くず拾い. **～ shop** くず屋, 古着屋. **～·tag** [∠∠] **(and bobtail)** 《集合的》社会のくず, 下層民, 浮浪者, ならず者. **～·weed** [∠∠] 〖植〗ブタクサの類. **～ wheel** 〘自転車などの〙鎖歯車. **～·wort** [∠∠] ＝ragweed.

rag[2] *vt., vi.* (**-gg-**) 〖俗〗**1** しかる. **2** いじめる, からかう, にいたずらをする. **3** 〈他人のへやなどを〉かきまわす. **——** *n.* 〖英俗〗〘大学生などの〙ばか騒ぎ, いたずら.

rag[3] *n.* 〖英〗**1** 硬質岩石〘厚い平板のように割れる〙. **2** 屋根ふき用 スレート.

rág·a·mùf·fin [rǽgəmʌ̀fin] *n.* ぼろを着た人, きたならしい人〔子ども〕, 浮浪児; ならず者.

‡rage [reidʒ] *n.* **1 激しい怒り, 激怒**: in a black ～ 真っ赤に怒って. **2 激情, 気のたかぶり, 興奮状態**: in a ～ of excitement 興奮して. the sacred ～ 宗教的恍惚(こう)状態. **3 熱望**: a ～ *for* power 権力への熱望. a ～ *to* live 生きたい欲求. **4** 〘風・波などの〙**荒れ狂い, 猛威**. **5** (一時的) **大流行**: Hunting is quite the ～. 狩猟が大流行だ. ***fly into a* ～** 急にかっとおこりだす. ***in a* ～** かっとなって.

—— *vi.* **1 激怒する** 《に *against, at, over*》: ～ *at* a person for his carelessness 不注意だと言って人に激しく当たる. ～ *over* the waste of money 金を浪費したとかんかんになる. **2 荒れ狂う**; 〈流行病などが〉猛威をふるう: The storm ～*d* all day. あらしが一日じゅう荒れ狂った. **——** *vt.* 《～ itself の形で》荒れ狂う: ～ *itself* out さんざん荒れ狂って静まる.

◇ ～·ful [-f(u̥)l] *a.* 怒り狂った, 猛烈な.

‡rá·gged [rǽgid] *a.* **1 ぼろぼろの, ぼろ服を着た**: a ～ flag [garment] ぼろぼろの旗〔着物〕. a ～ fellow ぼろを着た男. **2 もじゃもじゃの, 伸びほうだいの**: ～ hair もじゃもじゃ髪. ～ lawn 草ぼうぼうの芝ふ. **3** ぎざぎざの, でこぼこの: a ～ shoreline ぎざぎざの海岸線. **4 荒っぽい, 粗野な**: a ～ style 洗練されていない文体. **5** 耳ざわりの: The engine sounded ～. エンジンは耳ざわりな音をたてた. **6 へとへとの, 消耗した**: ～ with questions 質問ぜめでへとへとになって. ***on the* ～ *edge*** 危機に瀕(ひん)して, 寸前のところで. **～ robin** 〖植〗センノウの一種. **～ school** 〖英古〗貧民学校. **～ time** 不ぞろいの《こぎ方など》.

◇ ～·ly *ad.* **～·ness** *n.*

rág·gle-tág·gle [rǽg(ə)ltæ̀g(ə)l] *a.* 〖米俗〗寄せ集めの; 雑多な.

rág·ing [réidʒiŋ] *a.* 怒る; 荒れ狂う; 猛威をふるう. **◇ ～·ly** *ad.*

rág·lan [rǽglən] *n.* ラグラン《肩の縫い目がないゆったりした外套》.

ra·gout [rægúː/rǽguː] F. *n.* 《肉・野菜などを材料とした》シチュー料理.

rág·time [rǽgtàim] *n.* 〖米:楽〗ラグタイム; ジャズ音楽. **——** *a.* 〖英〗こっけいな.

rah [rɑː] *int.* 万歳!, フレー (hurrah).

ráh-ráh [rɑ́ːrɑ́ː] *a.* 〖米話〗熱烈な; 盛んにけしかける.

raid [reid] *n.* **1** 奇襲, 侵入, 襲撃: make a ～ *upon* the enemy's camp 敵陣に奇襲をかける. **2** 《警察の》手入れ 《*on, upon*》: a ～ *on* a gambling den 賭博(とく)べやの手入れ. **3** 空襲 (＝air ～). **4** 《相場師のする》株式市場の暴落工作. **5** 《他企業からの社員・職員などの》引き抜き.

—— *vt.* に攻め込む, 襲撃する; 〈警官が〉手入れする. **——** *vi.* **1** 急襲する《を *on, upon*》; 〈警官が〉手入れする 《に *into*》. **2** 〈相場師が〉市場を荒らす.

◇ ～·er *n.* 侵入〔侵略〕者, 襲撃者; 侵入機〔艦〕; (しばしば R～) 〖米:軍〗特別攻撃隊員.

‡rail[1] [reil] *n.* **1** 〘さく・タオル掛けなどの〙**横棒**, 横木. **2** 手すり, 欄干; (*pl.*) かきね. **3 レール, 軌条, 鉄道**. **4** 〖米俗〗鉄道員; (*pl.*) 〖経〗鉄道株. **5** 〘ドアなどの〙横かまち. **6** 〖海〗舷牆(げんしょう)上部.

by* ～** 鉄道(便)で. ***off the* ～*s (1) 脱線して. (2) 秩序を乱して, 混乱して. ***on the* ～*s*** 軌道に乗って, 順調に進行して. ***over the* ～*s*** 〖海〗舷側へ; (船べりを越えて) 海中に. ***ride* a person *out on a* ～** (人を) 追放する, 村八分にする.

—— *vt.* **1** 手すり〔横木〕で仕切る〔囲む〕《*off; in*》. **2** 鉄道で送る. **——** *vi.* 汽車で旅行する.

～ chair まくら木の 軌条座鉄. **～·head** [∠∠] 鉄道線路の末端; 〖軍〗兵站(たん)終着駅. **～·man** [-mən] (*pl.* **-men**) 鉄道従業員; ドックの積み荷合い図係. **～ motor** 電動車. **～-mó·tor** 鉄道・自動車混用の 輸送・料金が . **～ post** 〘階段の〙手すりの親柱. **‡～·road →**別項. **‡～·way →**別項.

◇ ～·age [réilidʒ] *n.* 鉄道運賃; 鉄道輸送. **～·less** *a.* 無軌道の.

rail[2] *n.* 〖鳥〗クイナの類.

rail[3] *vi.* ののしる, 罵倒(ばとう)する, しかる, こぼす 《を *at, against*》: ～ *at* fate 運命をのろう. **◇ ～·er** *n.* ののしる〔こぼす〕人. **～·ing** *n.* ののしり, 愚痴.

***ráil·ing** [réiliŋ] *n.* **手すり, 欄干**; 手すり・さくなどの製造材料.

ráil·ler·y [réiləri] *n.* からかい, 冷やかし, 冗談.

‡ráil·road [réilròud] *n.* **1 鉄道(線路)**, 軌道: construct a ～ 鉄道(線路)を敷設する. **2** 鉄道〘会社・従業員・施設を含む. 略 R.R.〙: work on a ～ 鉄道に勤務する. **3** 《形容詞的に》鉄道の〔に関する, による〕: ～ accidents 鉄道事故.

—— *vt.* **1** に鉄道を敷く. **2** 鉄道で輸送する. **3** 急送する; 〘審議もそこそこに〙手早くかたづける: ～ a measure through the legislature 法案を強引に通過させる. **4** 〖米俗〗〘いいかげんな罪名で〙投獄する. **——** *vi.* **1** 鉄道で旅行する. **2** 〖米〗鉄道で働く.

～ company 鉄道会社. **～ crossing** 鉄道踏切. **～ fare [tariff]** 鉄道運賃〔運賃表〕. **～ man** 鉄道従業員. **～ pen** 〖米〗複線カラスロ.

◇ ～·er *n.* 〖米〗鉄道(従業)員. **～·ing** *n.* 鉄道敷設事業〔作業〕; 鉄道経営; 鉄道事務.

‡ráil·way [réilwèi] *n.* **1** 〖英〗**鉄道** (railroad). **2** 〖米〗軽便〔路面〕軌道. ***at* ～ *speed*** 大急ぎで. ***strategic* ～** 軍用鉄道. ***surface* ～** 路面鉄道. ***tube* ～** 地下鉄. **——** *vi., vt.* 〖英〗＝railroad.

～ man (*pl.* **～ men**)＝railroad man. **～ novel** 軽い小説. **～ rug** 汽車旅行用ひざかけ. **～ station** 鉄道の駅. **～ sub-office** 〖英〗鉄道郵便支局.

rái·ment [réimənt] *n.* 〖雅〗衣類; 服装.

†rain [rein] *n.* **1** 雨, 雨降り; 雨水: a week of ～ 雨降りの1週間. It looks like ～. 雨が降りそうだ. We had (a heavy) ～ this morning. けさ(大)雨があった. in case of ～ 雨天の際は. The ～ began to fall. 雨が降りだした. The ～ on the flagstone turned to ice. 敷石の上の雨水が凍った. **2** (*pl.*) にわか雨; 一続きの雨, 長雨; (the ～s) (熱帯の) 雨季: spring ～*s* 春の長雨. **3** 《比喩的》(…の) 雨: a ～ of arrows 矢の雨. a ～ of abuses 悪口雑言. ***in* ～** 雨あられと. ***in the* ～** 雨中に, 雨をものともせず. **～ *or shine*** 晴雨にかかわらず.

—— *vi.* **1** 《it を主語として》**雨が降る**: It's ～*ing*. 雨が降っている. **2** 雨のように降る: Tears ～*ed* down her cheeks. 涙がほおにはらはらとこぼれた. **3** 〈雲が〉雨を降らせる: cause the cloud to ～ 雲に雨を降らせる. **——** *vt.* 雨と注ぐ: ～ praises *on* a person 人に賛辞の雨をあびせる.

be* ～*ed on 雨に降られる: This box should not *be* ～*ed on*. この箱を雨にあててはいけない. ***be* ～*ed out*** 雨のため中止になる. ***It never* ～*s but it pours.*** 〖諺〗二度あることは三度ある《主に悪いことについていう》. ***It* ～*s*** blood [invitations]. (血が)雨

R

のように降る〔(招待状が) 殺到する〕. ***It* ～*s* in** at the window. (窓から) 降り込む.

～·**band** [ˊ ˋ] 雨線《太陽スペクトル中に見える黒線》. ～·**bow** → 別項. ～ **box**〚劇〛雨箱《雨の音を出す擬音装置》. ～ **cap** 雨天帽. ～ **chart** 等雨線図. ～ **check** 雨天入場補償券《野球試合など雨天順延の際渡す次回有効券》. ～ **cloud** 雨雲. *～·**coat** [ˊ ˋ] レーンコート. ～ **day** 降雨日《雨量 0.01 インチ以上の日》. ～ **doctor** 雨ごい祈禱(きとう)師. ～·**drop** [ˊ ˋ] 雨だれ, 雨滴. ‡～·**fall** → 別項. ～ **front** 降雨前線. ～ **gauge** 雨量計. ～ **glass** 晴雨計. ～ **maker** 人工降雨科学者; =～ doctor. ～·**proof** [ˊ ˋ] (1) 防水の, 雨のとおらぬ. (2) に防水をほどこす. ～ **spell** 雨天続き. *～·**storm** [ˊ ˋ] 暴風雨. ～·**tight** [ˊ ˋ] = rainproof. ～ **water** 雨水. ～·**wear** [ˊ ˋ] 雨具. ～·**worm** [ˊ ˋ]〚動〛ミミズ.

◇ ～·**less** *a.* 雨の降らない.

†**ráin·bow** [réinbòu] *n.* にじ; にじ状のもの. ***all the colors of the* ～** 多種多様の色. ***secondary* ～** 第二にじ, 副にじ.

～ **chaser** 空想家. ～ **roof** にじ屋根. ～ **trout**〚魚〛ニジマス.

‡**ráin·fall** [réinfɔ̀:l] *n.* 降雨, 降雨量: a heavy ～ 大雨. ～ **chart** 等雨線図.

rainbow roof

†**ráin·y** [réini] *a.* **1** 雨降りの, 雨天の; 雨の多い: a ～ district 雨の多い地方. **2** 雨もようの, 雨気を含んだ: ～ clouds 雨雲. **3** 雨にぬれた: a ～ street. ～ **day** (1) 雨天. (2) まさかのばあい, 金に困ったとき: provide against a ～ *day* 万一のばあいに備える. ～ **season** 雨季.

◇ -**i·ly** *ad.* 雨降りで. -**i·ness** *n.* 雨の多いこと.

‡**raise** [reiz] *vt.* **1** (上に) **あげる, 引きあげる**《比喩的にも》: ～ a curtain 幕をあげる. ～ a fist to strike ぶとうと手をあげる. ～ water from a well 井戸から水をくみあげる. ～ the price [temperature] 物価〔温度〕を上げる. ～ the standard of living 生活水準を向上させる. ～ the volume of a radio ラジオの音をあげる. **2** (抱き) 起こす, 立たせる: ～ a fallen child 倒れた子どもを起こす. **3** 昇進〔出世〕させる: I'll ～ you to manager. きみを支配人にしてやろう. **4** 奮起させる, 憤激させる: ～ the country against the enemy 国民を奮起させて敵に対して立ち上がらせる. **5** 〈特に幽霊などを〉呼び起こす; 〈死者を〉生き返らせる: ～ the dead. **6** 〈鳥を〉羽ばたかせる; 〈ほこりを〉立たせる: ～ a cloud of dust もうもうとほこりを立てる. **7** 〈困難・問題などを〉**引き起こす**, 提起する: ～ a moral issue 道徳上の問題を提起する. **8** 〈騒ぎ・あらしなどを〉起こす: ～ a revolt 反乱を起こす. **9** 〈生理的・肉体的現象を〉生じさせる: ～ a laugh from the audience 観客を笑わせる. a story that might ～ a blush on a girl 娘の顔を赤らめるような話. a long walk that ～*s* a good thirst のどがかわく長い道のり. **10** 〈声を〉あげる: ～ a cry 叫び声をあげる. **11** 〈家などを〉**建てる**, 建築〔建立〕する: ～ a monument 碑を立てる. **12 育てる**, 飼育〔栽培〕する: ～ five children 5 人の子どもを育てる. ～ cattle 牛を飼育する. **13** 〈金などを〉つくる, 募金する; 〈兵を〉集める: ～ funds for a new scholarship 新しい奨学金のために基金をつのる. **14** 盛り上げる, 浮き上がらせる《彫金などで》; 〈パンなどを〉ふくらませる《パン種で》: ～ bread. **15** の毛をさかだてる: ～ cloth 布に毛羽を立てる. **16** 〈包囲・禁止などを〉解く. **17**〚海〛《陸地・他船などの》見える所まで来る. **18**〚トランプ〛より多くかける《*up*》. **19**《通信で》呼び出す, と交信する.

—— *vi.* **1**〚米方〛上がる; 身を起こす. **2**〚話〛せきをしてたんを出す.

～ **oneself** 伸びあがる; 立身する. ～ ***a check***〚米〛小切手の額を高額に改ざんする. ～ ***a dust*** ほこりを立てる; 騒動を起こす; 事実をうやむやにする. ～ **one's *back*** 強情をはる, 反抗する. ～ ***Cain* [*hell, the devil, the mischief*, etc.]**〚俗〛大騒ぎを起こす; ひどくおこる; 不平を言う, 反対する. ～ ***color*** 染めて色あげする. ～ one's ***eyes*** 目を上げる, 見上げる. ～ one's ***glass to*** a person (人) の健康を祝して乾杯する. ～ one's ***hat to*** 帽子を軽く上げて…にあいさつする. ～ one's ***head*** 頭をもたげる; 出現する, 出てくる. ～ ***the wind***〚俗〛金をくめんする. ～ one's ***voice*** 声を張り上げる〔荒々しくする〕; 大ぜいの中で声を張り上げる.

—— *n.*〚米〛**1** 上げること. **2** 高くした所, 盛り上げた所. **3**〚俗〛調達. **4**《かけ金などの》増加; 値上げ, 昇給 (額) (= (英) rise): a ～ in salary 昇給. ***make a* ～** 探り出す; (金を) くめんする.

◇ **ráis·er** *n.* **1** 上げる人〔物〕. **2**〚米〛栽培者, 飼育者. **3**《資金などの》調達者.

(類義語) 上げる: **raise** 主として垂直方向に持ち上げる. 比喩的用法も多い: *raise* a chair above one's head いすを頭上に持ち上げる. *raise* the standard of living 生活水準を上げる. **lift** raise と似ているが持ち上げたとき下にできる空間が示唆される: *lift* a book to dust under it 下のほこりを払うために本を持ち上げる. *lift* a log onto a truck 丸太をトラックに載せる《トラックの高さの空間が丸太の下にできることを示唆する》. **elevate** raise, lift と交換可能な語だが「位置の上昇」に力点がある: *elevate* one's eyebrows まゆをあげる《驚いたときの表情》.

(類) → **grow**「育てる」

raised [reizd] *a.* **1** 高くした, 高くなった, 盛り上がった. **2** 浮き出した: ～ work 浮き彫り. **3**《パンなど》酵母でふくらませた. ～ **biscuit** ふくらし粉 (baking powder) を入れてつくったビスケット. ～ **pastry** 盛り上げたケーキ. ～ **type** 点字. 「色, 濃い青紫色.

rái·sin [réizn] *n.* **1** (通例 *pl.*) 干しブドウ. **2** ブドウ

rai·son d'ê·tre [réizɔ:ndét/-déitə] F. (=reason for being) 存在理由.

rai·son·né [F. rɛzɔne] F. *a.* 組織的〔合理的〕に配列した. ***catalogue* ～** 分類目録.

raj [rɑ:dʒ] *n.*〚インド〛主権, 管理, 支配, 統治.

rá·ja, rá·jah [rɑ́:dʒə] *n.* 《インドの》王; 王侯, 貴族; 《マライ・ジャワなどの》酋長(しゅうちょう).

◇ ～·**ship** *n.* raja(h) の領土〔身分, 地位〕.

Ráj·put, Ráj·poot [rɑ́:dʒput] *n.* クシャトリア (Kshatriya)《北インドの武士族》.

‡**rake**[1] [reik] *n.* まぐわ, くま手; 火かき棒; 《賭博場の》かけ金集めの道具. ***(as) lean* [*thin*] *as a* ～** やせて骨と皮ばかりの.

—— *vt., vi.* **1** ～でかく, ～でかき集める《*up, together*》: ～ *together* dead leaves 枯れ葉をくま手で集める. **2** ～でならす: ～ the soil smooth for a seed bed 苗床を平らにならす. **3 くまなく捜す**, あさる《を *through, over, among*》: ～ one's memory 記憶を捜しまわる. ～ *through* old manuscripts for information 古文書を捜して知識をあさる. ～ *among* old records 古い記録を調べる. **4** (ずうっと) 見渡す. **5**〚軍〛掃射する.

～ ***and scrape*** 金もうけに精出す. ～ ***in*** かき入れる; しこたまもうける. ～ ***out*** かき出す: ～ *out* a fire (かまの) 火をおとす. ～ ***over*** を検査する. ～ a person ***over the coal***〚俗〛しかりつける; (人に) 責任を問う. ～ ***up*** (1) かき集める. (2) かきたてる; 明るみに出す. ～-**off** → 別項. ◇ **rák·er** *n.*

rake[2] *n.* **1**〚海〛船首〔船尾〕上部の突出(部); 《マスト・煙突などの》船尾への傾斜 (度). **2** 傾斜, 傾度; 〚劇〛《舞台・見物席の》傾斜(面). —— *vt., vi.* 〈マストが〉傾斜する; 〈マストを〉傾斜させる.

rake³ *n.* 放蕩(ほうとう)者, 道楽者 (=rakehell).
ráke·hell [réikhèl] 〖古〗 =rake³.
ráke-off [réikɔ̀:f] *n.* 〖米俗〗《利益などの》不正な分け前, 取り分, リベート.
rák·ish¹ [réikiʃ] *a.* **1** 《船が》軽快な, 船足の速そうな. **2** しゃれた, いきな. ◇ **~·ly** *ad.* **~·ness** *n.*
rák·ish² *a.* 遊び人(風)の; 生活がルーズな, みだらな. ◇ **~·ly** *ad.*
râle [rɑ:l, ㊥⁺ræl] F. *n.* 〖医〗《肺の》ラッセル, 水泡(すいほう)音.
Rá·leigh [rɔ́:li, rɑ́:li] *n.* Sir Walter ~, 1552–1618, イギリスの政治家・軍人・探検家.
rall. =rallentando.
ràl·len·tán·do [rɑ̀:ləntɑ́:ndou / rælentǽn-] *a., ad.* 〖楽〗徐々にゆるやかな〔に〕. [<It.]
rál·li cart, rál·li·car(t) [rǽlikɑ̀:r(t)] *n.* 〖英〗4人乗りの小型2輪馬車.
‡**rál·ly**¹ [rǽli] *vt.* **1 再び結集させる**: ~ the fleeing troops 敗走する軍勢の陣容を立て直す. **2** 《共通の目的のため》**呼び集める**: The leader ~*ied* the workers. 監督は労務者を集めた. **3** 〈精力などを〉**集中する**: *R*~ your energy for one last effort. 元気を盛り返して最後の努力をせよ.
—— *vi.* **1 再び結集する**: The enemy is ~*ing* on the hill. 敵は丘に再び結集しつつある. **2** 《共通の目的・主義・人の支持のために》**集まる**; はせ参じる《に *to, round*》: He ~*ied to* his defeated friend. 敗れた友を助けに駆けつけた. **3** 回復する, 持ち直す《病気などから》: ~ *from* illness 病気から立ち直る. **4** 〖経〗〈株式などが〉値を持ち直す: ~ in price. **5** 《テニスなどで》ボールを連続的に打ち合う.
~*ing point* 集結地点; 注目の的.
—— *n.* **1** 再挙; 集結; 参集. **2** 〖米俗〗大会: a political ~ 政党大会. a (work)shop ~ 職場大会. **3** 〖米俗〗自動車ラリー《規定の平均速度で公道で行なう長距離競走. ゴールに至るまで多くのチェックポイントを通過し遅速なく走った者が優勝者となる》. **4** 《健康・景気などの》回復, 持ち直し. **5** 連続的に打ち合うこと《バドミントン・テニスなどで》; 〖ボクシング〗なぐり合い. [<re-+ally. √lig-]
rál·ly² *vt., vi.* からかう, 冷やかす. —— *n.* からかい, 冷やかし. ◇ **~·ing·ly** *ad.*
ram [ræm] *n.* **1** 《去勢しない》雄羊. → ewe. **2** 破城つち (=battering ~). **3** 〖古〗衝角《敵艦に突き当てるため艦首に設置した鉄の突起物》, 衝角つきの軍艦. **4** 《くい打ち機の》落としづち, ドロップハンマー. **5** 自動揚水ポンプ, 《ポンプの》ピストン. **6** (R~) 〖天〗雄羊座〔宮〕(Aries). **7** 〖オーストラリア俗〗ぺてん師の共犯者.
—— *vt.* (**-mm-**) **1** 激しく打ち当てる; たたき込む, 突き込む, 突き倒す《*down, in*》. **2** 打ち固める; に詰め込む《を *with*》. **3** たたき込む, 反復徹底させる: ~ the argument home 反復して論旨を十分にたたき込む. ~ a thing down a person's throat 続けざまに言ってわからせる. **4** 破城つちで打つ; 衝角で突く.
R.A.M. Royal Academy of Music イギリス音楽院.
Ràm·a·dán [ræ̀mədɑ́:n/-dǽn] *n.* 回教暦の9月《この月の間, 日の出から日没まで毎日断食する》; その断食.
Ra·ma·ya·na [rɑ:mɑ́:jənə, ㊥⁺-máiənə] *n.* インドの叙事詩《Ramachandra とその妻 Sita との物語》.
rám·ble** [rǽmbl] *n.* **そぞろ歩き**, 散歩. ***on the ~ 漫歩中. —— *vi.* **1** (あてもなく) **ぶらつく**. **2** 漫然と話す〔書く〕. **3** 〈つる草などが〉はびこる. **4** 〈川・道が〉うねうねと進む. ~ **on** 長しゃべりをする.
◇ **rám·bler** [-ər] *n.* ~する人〔もの〕; 〖植〗ツルバラ.
〖類〗 → **walk**「歩く」
rám·bling [-iŋ] *a.* **1** あてもなくぶらぶら歩く. **2** 散漫な, とりとめのない. **3** 《市街が》だらだらと続いた; 《家が》まとまりなく広い. **4** 曲がりくねった; 《植物が》はびこる. ◇ **~·ly** *ad.* **~·ness** *n.*
ram·búnc·tious [ræmbʌ́ŋkʃ(ə)s] *a.* 〖米俗〗手に負えない, かって気ままな; 大あばれの; ひどく活発で騒騒しい.
R.A.M.C. Royal Army Medical Corps.
rám·ee =ramie.
rám·e·kin, -quin [rǽməkin/rǽmkin] *n.* 〖料理〗ラミキン《チーズにパンくず・卵などを混ぜて焼いたもの》; その陶製焼きざら《そのまま食卓に出す》.
rám·ie [rǽmi] *n.* 〖植〗ラミー《アジア産》; その繊維.
ràm·i·fi·cá·tion [ræ̀mifikéiʃ(ə)n] *n.* **1** 分枝, 分岐; 分裂. **2** 〖植〗《特に》分枝法, 分枝状態. **3** 《神経の》支脈; 網の目状: the ~*s* of trade 貿易網. **4** 分派, 支流, 細別. **5** (事の) 成り行き, 影響.
rám·i·fy [rǽmifài] *vt., vi.* 分枝する, 分岐〔分派〕する; 網の目に分ける〔分かれる〕.
rám·jet [rǽmdʒèt] *n.* 〖空〗ラムジェット (=~ engine) 《ジェットエンジンの一種》.
rám·mer [rǽmər] *n.* **1** 突き固める〔打ち込む〕人〔物〕, つき棒, 撞槌(たく). **2** =ramrod ①.
rám·mish [rǽmiʃ] *a.* **1** 雄羊のような. **2** 臭気の強い; 味の濃い. ◇ **~·ness** *n.*
rá·mose [réimous, rəmóus] *a.* 枝の多い; 枝の出た, 枝分かれした.
rá·mous [réiməs] *a.* **1** =ramose. **2** 枝状の.
ramp¹ [ræmp] *n.* **1** ランプウエー《高速道路の出入り, または立体交差路の連結用傾斜路》. **2** 〖建〗《手すりの》そり; 迫持(せり)台の水平差; 階段の傾斜材. **3** 《建物の各階連絡用》傾斜路; 《貨物移送用の》斜面台; 《一般的》傾斜, 坂道. **4** 《旅客機用》移動タラップ. **5** 〖紋〗《獣が》あと足で立ち上がった姿勢. **6** 激怒, あばれまわること.

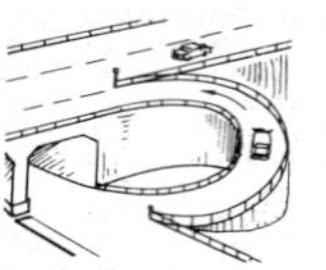

ramp¹ ①

—— *vi.* **1** 〈ライオンなどが〉あと足で立ち上がる. **2** 威嚇の姿勢をとる, 飛びかかろうとする. **3** 怒る; はね上がる; あばれまわる《*about*》. **4** 〖建〗傾斜する, 勾配(こうばい)をなす. —— *vt.* 〖建〗そらせる; に斜面をつける.
ramp² *n.* 〖英俗〗詐欺, かたり; 暴利. —— *vt., vi.* 〖英俗〗(に)詐欺をはたらく; (から)暴利をとる.
rám·page [rǽmpeidʒ/-ˊ] *n.* **1** 《おこって》あばれまわること. **2** 発作的狂暴性. ***on the*** (***a***) ~ あばれまわって. —— [ræmpéidʒ] *vi.* あばれまわる, たけり狂う.
ram·pá·geous [ræmpéidʒəs] *a.* あばれまわる; 猛烈な, 手に負えない. ◇ **~·ly** *ad.* **~·ness** *n.*
rámp·ant [rǽmpənt] *a.* **1** 猛烈な, たけり狂った; 自由奔放な. **2** 《病気・迷信が》流行する; 《草木が》はびこった: run ~ 蔓延(まんえん)する. **3** 〖紋〗《ライオンが》あと足立ちの: a lion ~ 競獅子(きそいじし). **4** 〖建〗《アーチなど》片方の迫持(せり)台が高い.
◇ **~·ly** *ad.* **-an·cy** *n.* **1** 《病気・迷信などが》はびこること; 《植物の》繁茂. **2** 〖紋〗《ライオンなどの》あと足立ち.
rám·part [rǽmpɑ:rt, -pərt] *n.* 城壁, 塁壁; 防衛(物). —— *vt.* に城壁〔塁壁〕を設ける; 防衛する.
rám·pi·on [rǽmpiən] *n.* 〖植〗《ヨーロッパ産》ホタルブクロ・キキョウなどの類. → campanula.
rám·rod [rǽmrɑ̀d/-rɔd] *n.* **1** 槊杖(さくじょう), 洗い矢《銃身内のそうじ棒》; 込み矢《旧式前装銃に弾薬を押し込む棒》. **2** 厳格な人. (***as***) ***stiff as a*** ~ 堅苦しい. —— *a.* 堅苦しい, 柔軟性のない. —— *vt.* (**-dd-**) きびしく訓練する.
rám·shàck·le [rǽmʃæ̀kl] *a.* 《家・車など》倒れそうな, がたがたの.
†**ran** [ræn] *v.* run¹ の過去形.
Ran [rɑ:n] *n.* 〖北欧神話〗海の女神. →Aegir.
R.A.N. Royal Australian Navy.
***ranch** [ræntʃ/rɑ:ntʃ, ræntʃ] *n.* **1** 牧場, 放牧場《従業員の住宅・付属建物を含む》. **2** そこで働

く人たち. **3** 農園. **4** 観光用牧場 (=dude ～).
── *vi.* ～ を経営する; ～ で働く.
～ **house** 牧場経営者の住宅; ランチハウス《一般の住宅で屋根の傾斜が小さい平屋》. ～**·man** [-mən] (*pl.* **-men**) 牧場経営者〔監督〕; 労働者.
◇ ～**·er** *n.*

ran·chér·o [ræntʃé(ː)rou/-tʃéər-] *n.* (*pl.* ～**s**) 〘米方・メキシコ〙 =rancher. [<Sp.]

rán·cho [rǽntʃou/rɑ́ːn-] *n.* (*pl.* ～**s**) 〘米方〙 **1** 《牧場労働者の》仮小屋; その部落. **3** =ranch.

rán·cid [rǽnsid] *a.* **1** 腐敗臭のある, ぷーんとにおう. **2** 《においが》不愉快な, いやな. **3** 〘米〙腐った.
◇ ～**·ly** *ad.* ～**·ness** *n.* **ran·cíd·i·ty** [rænsídịti] *n.*

rán·cor, [英] **-cour** [rǽŋkər] *n.* 憎悪(ぞうお), 敵意, ふかい恨み.

rán·cor·ous [rǽŋkərəs] *a.* 憎悪〔恨み〕をいだいた, 悪意に燃える. ◇ ～**·ly** *a.* ～**·ness** *n.*

rand [rænd] *n.* **1** くつのかかと皮と底皮の間にはさむ皮片. **2** 《耕地の》へり. **3** 《川岸の》高地. ***the R***～ 南アフリカ Johannesburg 付近の金鉱地.

rán·dan¹ [rǽndæn, ──́/──́] *n.* 3 人乗りボート《中央はスカル 2 本, 前後はオールを用いる》; その漕法(そうほう). ── *a., ad.* ランダン式のこぎ方の〔で〕.

rán·dan² *n.* 〘方・俗〙大騒ぎ, ばか騒ぎ. ***go on the*** ～ 浮かれ騒ぐ.

‡**rán·dom** [rǽndəm] *n.* 《次の成句でのみ》. **でたらめ,** 手当たりしだい. ***at*** ～ 手当たりしだいに, でたらめに.
── *a.* **1 手当たりしだいの,** 行き当たりばったりの: a ～ remark 〔guess〕 でまかせのことば〔当て推量〕. a ～ shot 乱射; 《比喩的》当て推量. **2** 任意の; 〘統計〙無作為の. **3** 一様でない: ～-sized slates.
～ **sampling** 〘統計〙無作為抽出法.
◇ ～**·ly** *ad.* ～**·ness** *n.*
[類義語] **行き当たりばったりの: random** 定まった方式・計画・目的がなく行なわれた〔選ばれた〕: a *random* collection 無計画な収集. a *random* page でたらめに開いたページ. **haphazard** random に似ているが偶然性が強調される: in a *haphazard* way 出たとこ勝負のやり方で. **casual** なにげなさ・むとんじゃくさが加わる: in a *casual* way さりげない体で. **desultory** それからそれへと変わってゆく, とりとめのない: *desultory* reading 漫読.

ránd·y [rǽndi] *a.* **1** 〘スコットランド〙大声の, ことばの荒々しい; 荒っぽい. **2** 〘英〙《牛など》手に負えない; 落ち着かない. **3** みだらな. ── *n.* 〘スコットランド〙荒っぽい人, 《特に》がみがみ女.

rá·nee [rɑ́ːniː/──́] *n.* 《インドの》王妃, 王女. → rajah.

†**rang** [ræŋ] *v.* ring² の過去形.

‡**range** [reindʒ] *vt.* **1 並べる, 整列させる, 配置する:** The commander ～*d* his men along the river bank. 指揮官は兵を川べりに並べた. The spectators ～*d* themselves along the route. 見物人は道筋に立ち並んだ. **2** 〈髪などを〉整える; 〈活字を〉列に沿わせる. **3** 列に入れる, 仲間に加える; 《受動態で, または ～ oneself の形で》味方する《に *with*》, 反対に立つ《の *against*》: They were ～*d against* us. 彼らはわれわれの敵側にまわった. **4** 〈銃・望遠鏡などを〉向ける; の照準を合わす: ～ a telescope on ... …に望遠鏡を合わせる. **5** の範囲〔境域〕を定める. **6** 歩きまわる, ぶらぶらする; 捜しまわる. **7** 放牧する. **8** 〘海〙〈海岸を〉巡航する.
── *vi.* **1 並ぶ,** 一直線になる. **2** (一線に) **連なる, 伸びる,** 広がる: a boundary that ～*s* north and south 南北に伸びる境界線. **3** 〈動植物が〉分布している, 生息する. **4** 〈人・動物が〉さまよう, 歩きまわる: ～ through the woods 森の中をさまよう. **5** 広がる, …の範囲にわたる: a speaker who ～*s over* a wide variety of subjects 種々さまざまな話題に及ぶ話し手. **6** 移動する, 変動する, 変化する《の間を *between*》. **7** 平行する《と *with*》; 肩を並べる, 味方する《と, の *with*》. **8** 〈弾丸が〉達する, 届く.
be ～***d against*** 〔***among, on the side of, with***〕 に反対する〔に味方する, に加わる〕. ～ ***oneself*** (1) 《結婚などによって》身を固める; 定職を得る. (2) 味方する《に *with*》. ～***ging fancy*** 定まらない愛情, うわ気.
── *n.* **1** 列, 並び, 続き, 連なり. **2** 山脈 (= mountain ～): a magnificent ～ of mountains 壮大な山脈. **3** 放牧区域; 牧場: a ～ for cattle. **4** 《動・植物の》分布区域, 住む範囲; 生息期, 繁茂期. **5** 《勢力・能力・感覚・知識などの及ぶ》範囲, 限界; 視界; 音域; 知識範囲: one's ～ of vision 見える範囲. **6** 変動の範囲〔限度〕; 〘統計〙(変動) 範囲: the annual ～ of temperature 年間の温度昇降偏差. a narrow ～ of prices 比較的安定した値段. **7** 階級; 種類. **8** 着弾距離, 射程; 射撃場: a rifle ～ ライフル用射撃場. **9** 〘空〙航続距離. **10** うろつき, 徘徊(はいかい), さまよい. **11** レンジ《料理用ガス・電気かまど》. **12** 〘米:測〙経線間地区《子午線を標準にしてその東または西に6マイルずつを隔てて描いた地区》. **13** 方向, 方角.
at long 〔***short, close***〕 ～ 遠〔近〕距離で. ***golf*** 〔***driving***〕 ～ ゴルフ練習場. ***in*** ～ ***with*** と並んで. ***in the*** ～ ***of*** の範囲内に. ***on the*** ～ 放牧されて. ***out of*** a person***'s*** ～ (人) の手の届かない; (人) の知識外で, (人) にはできかねて: Greek is *out of my* ～. ギリシア語まではわからない. ***out of*** 〔***within***〕 ～ 射程外〔内〕で. ***within the*** ～ ***of*** の射程で; の手に届く, …にできる. [rank¹ と同語源]
～ **finder** 測距儀《射撃用》; 距離計《写真用》.
[類義語] 《活動・能力・効果などの及ぶ》**範囲: range** 上掲の「範囲」の内部にあるさまざまの変化・種類の存在が暗示される: one's *range* of hearing 聞こえる範囲《この範囲内ではさまざまのものが聞こえるであろう》. reading of wide *range* 多読. **reach** 「範囲」の大きさ, 限界までの距離, 更にその外には届かないことに焦点がある: This is beyond your *reach*. それはきみの手の届かないところにある. **scope** 「見る」→「視野」という原義から扇形状の幅が示唆され, その範囲内での選択の自由が強調される: the wide *scope* for personal initiative in business 実業界で個人の創意を発揮できる幅広い可能性.

ráng·er [réindʒər] *n.* **1** 徘徊(はいかい)者. **2** 〘米〙《国有林の》巡察警備員; 〘英〙王室林野監視員. **3** 〘米〙(第 2 次大戦の) 特別攻撃隊員. → commando. **4** 〘米〙《特に密林地帯の》ゲリラ戦の訓練を受けた兵士. **5** 月ロケット《月面着陸後観測通信する》.

Ran·góon [ræŋgúːn] *n.* ラングーン《ビルマの首都》.

ráng·y [réindʒi] *a.* 〘米〙 **1** 《動物が》歩きまわるのに適した. **2** やせて手足の長い. **3** 山の多い.
◇ **-i·ness** *n.*

rá·ni =ranee.

‡**rank**¹ [ræŋk] *n.* **1** 列, 行列: a ～ of pillars 列柱. the front 〔rear〕 ～ 前〔後〕列. standing in two separate ～*s* 2 列に分かれて並んで. **2** (*pl.*) 階級, 社会層, 身分: persons of all ～*s* あらゆる階級の人々. your executive ～*s* きみたち重役連中. **3** 地位, 等級, ランク: high in ～ 地位が高い. of the first ～ 第一級の. **4** 高い地位, 上流社会: ～ and fashion 上流社会. **5** 〘軍〙横列, 横隊; (*pl.*) 兵: the front 〔rear〕 ～ 前〔後〕列. **6** チェス盤の横の筋. → file¹.
all ～***s*** 〘軍〙全員. ***break*** ～ 列を乱す; 落伍(らくご)する. ***fall into*** ～ 列に加わる, 並ぶ. ***give first*** ～ ***to*** を第 1 位にする. ***keep*** ～ 秩序を保つ. ***pull*** (***one's***) ～ (***on***) 〘俗〙(…に) 地位をかさにきて命令を押しつける. ***rise from the*** ～***s*** 兵卒から将校となる; 低い身分から出世する. ***serve in the*** ～***s*** 兵役に服する. ***take*** ～ ***of*** の上に立つ. ***take*** ～ ***with*** と並ぶ, と肩を並べる. ***the*** ～***s*** = ***the*** ～ ***and file*** 下士官と兵; 一般大衆; 一般組合員《幹部に対して》.

R

—— *vt.* **1** 並べる, 整列させる: He ～*ed* the chessmen on the board. 彼はこまをチェス盤に並べた. **2** 位置づける, 部類に入れる, 分類する: She was ～*ed among* the best-dressed women. 彼女は最も着こなしのじょうずなひとりにはいった. **3** の上に立つ, より上に位する (=outrank): The colonel ～*s* all other officers in the unit. 大佐はその部隊の全将校よりも階級が上だ. —— *vi.* **1** 並ぶ, 列する. **2** 位する, 地位を占める: He ～*s* well ahead of the rest of his family in tact. 彼は如才なさでは家族のだれよりもかなりまさっている. **3** 〘米〙いちばん上の位を占める. **4** 〘英〙列をつくって進む《*past, off*》. [range と 同語源]

～-**and-fíl·er** the ～ and file の一員.

(類義語) 等級: **rank** 上下関係が階層状に固定されている: the *rank* of colonel 陸軍大佐の階級. the lower *ranks* 下層階級. **degree** 上下関係でなく, 進歩・増減・重要性などの程度・度合いを示す. 目盛りの度, 学位・犯罪の等級などもここから由来する: a man of low [high] *degree* では rank と似ているが, はっきりとした位階を示すわけではなくばく然と「身分」を示している. **grade** 品質・価値・能率などの段階・等級を示す. 学業の成績, 小・中・高等学校の年級も grade である: first-*grade* potatoes 極上品のジャガイモ.

rank[2] *a.* **1** 《草木など》はびこった, 伸び過ぎた. **2** 《土地が》雑草がはびこり過ぎる. **3** 《におい・味が》いやな, 鼻持ちならない. **4** 《ことばが》下品な, みだらな. **5** ひどい, 全くの: ～ prejudice はなはだしい偏見. a ～ outsider 全くの部外者; ずぶのしろうと. ◇ ～·**ish** *a.* ～·**ly** *ad.*

ránk·er [rǽŋkər] *n.* **1** rank[1] する人. **2** 〘英〙兵(士); 兵士あがりの (特進) 将校. *gentleman* ～ 〘英〙身分がありながら兵卒になった人; 兵卒から特進した士官.

ránk·ing [rǽŋkiŋ] *n.* 順位, 序列, 格づけ.
—— *a.* **1** 第一位の; 一流の, 抜群の; 上位の, 幹部の. **2** 位が…の: a high-～ officer 高級士官.

rán·kle [rǽŋkl] *vi.* **1** 〈感情が〉胸にわだかまる. **2** 〘古〙〈傷が〉うむ, 痛む.
—— *vt.* の心を苦しめる; いらだたせる.

rán·sack [rǽnsæk] *vt.* **1** 〈家・へや・容器・ポケット・記憶などを〉すみからすみまで捜す, ひっかきまわす: ～ the house for the missing letter なくなった手紙を家じゅう捜しまわる. **2** 〈町などを〉略奪する.

rán·som [rǽnsəm] *n.* **1** 《捕虜などの》身のしろ金, 身受け金; 《捕獲物などの》受けもどし金, 賠償金. **2** 身受け, 受けもどし, 解放. **3** 特権 [富裕, 名誉] 税. **4** 〘宗〙キリストの贖罪(しょくざい), 《罪の》あがない. **5** 恐喝(きょうかつ), ゆすり. *hold* a person *to* [*for*] ～ (人を) 抑留して身のしろ金を強請する. *king's* ～ 王を身受けするための巨額の金; 大金.
—— *vt.* **1** 賠償する, 身受けする; 身のしろ金を払って助け出す. **2** 賠償をとって解放する, の身のしろ金をとる. **3** 〘宗〙〈キリストが罪を〉あがなう《十字架の死によって》.
～ **bill** [**bond**] 捕獲船舶買いもどし証書.

rant [rænt] *n.* 怒号, 大言壮語; 〘スコットランド〙ばか騒ぎ. —— *vi.* どなる, どなりちらす; 大言壮語する. —— *vt.* 大声呼号して言う.
◇ ～·**er** *n.* ～ する人; (R～) 初期のメソジスト派の異名. ～·**ing·ly** *ad.*

ran·tán·ker·ous [ræntǽŋkərəs] 〘米話〙 =cantankerous.

ra·nún·cu·lus [rənʌ́ŋkjuləs] *n.* (*pl.* **-lus·es, -li** [-lài]) 〘植〙キンポウゲ属. → buttercup, crowfoot.

ranz des vaches [F. rɑ̃(:ts)devaʃ] F. 牧曲《スイスの牧夫が吹く笛の曲》.

rap[1] [ræp] *n.* **1** コツンコツンとたたくこと; 《戸やテーブルなどを》たたく音. **2** 〘神霊術〙霊がたてるコツコツという音. **3** 〘米俗〙叱責(しっせき), 非難; 罰. *beat the* [*a*] ～ 罪を免れる. *bum* ～ 《人をおとしいれるための》でっち上げの罪, 擬装犯罪. *give* ～ *on the knuckles* (1) 《罰として》子どもの指関節を打つ. (2) しかる, 戒める. *take the* ～ 〘米俗〙他人の罪を背負う. —— *vt., vi.* (**-pp-**) **1** 《戸・テーブルなどを》コツン[トン]とたたく《を *at, on*》. **2** どなる; 〘米〙しかる, 酷評する. ～ *out* (1) 吐き出すように言う, 罵倒(ばとう)する. (2) へたにピアノをひく. (3) 〈幽霊が〉コツコツたたいて知らせる.

rap[2] *n.* 18世紀にアイルランドで通用した私鋳貨幣《半ペニー相当》; 〘話〙一文の値うちもないもの; 少量: I don't care [mind] a ～. 少しもかまわない.

ra·pá·cious [rəpéiʃəs] *a.* **1** 強奪する; 強欲な, 貪欲(どんよく)で飽くことを知らない. **2** 《動物が》他動物を捕食する, 肉食の. [√rap-] ◇ ～·**ly** *ad.* ～·**ness** *n.* **ra·pác·i·ty** [rəpǽsiti] *n.*

rape[1] [reip] *n.* 略奪, 強奪; 強姦(ごうかん).
—— *vt.* **1** 略奪 [強奪] する; に略奪をはたらく. **2** 強姦する. —— *vi.* 略奪 [強姦] を行なう. [√rap-]
◇ **ráp·ist** *n.* 強姦犯人.

rape[2] *n.* 〘植〙油菜, 菜種. ～ **cake** 菜種油の絞りかす. ～ **oil** 菜種油, 種油. ～·**seed** [⌐⌐] 油菜の種子. ～·**seed oil** =～ oil.

rape[3] *n.* ブドウの絞りかす《酢製造用》.

Ráph·a·el [rǽfiəl/rǽfe(i)əl] *n.* **1** Sanzio [sǽntsiou-] ～, 1483–1520, イタリアの画家. **2** 大天使のひとり. ◇ **Ràph·a·el·ésque** [ræ̀fiəlésk/-fe(i)əl-] *a.* (画家) ラファエル風の.

‡**ráp·id** [rǽpid] *a.* **1** (速度が) 速い: a ～ train 快速列車. a ～ stream 急流. a ～ growth 急成長. **2** すばやく行なう [行なわれた]; 急ぎの: a ～ worker 仕事のはやい人. a ～ decision 即決. a ～ journey 急ぎの旅. **3** 急な, 険しい: a ～ slope 急坂. —— *n.* (通例 *pl.*) 急流, 早瀬: shoot the ～*s* 急流をくだる. [√rap- (奪い去るように) 速い]
～-**fíre** [(英) -fàiə], ～-**fír·ing** [(英) -fàiəriŋ] 〘米〙 (1) 速射の: a ～-*firing* gun 速射砲 (=～-firer). (2) 矢つぎばやの: ～-*fire* questions.
(類) → **fast** 「速い」

ra·píd·i·ty [rəpíditi] *n.* 急速, 迅速; 速度. *with* ～ 迅速 [急速] に.

‡**ráp·id·ly** [rǽpidli] *ad.* **1** 速く, すばやく: Don't speak too ～. あんまり早くしゃべってはいけない. **2** またたくまに, すぐに.

rá·pi·er [réipiər, -pjər] *n.* 細身もろ刃の突き剣.
～ **glance** 鋭いまなざし. ～ **thrust** (剣の) 突き; 刺すような皮肉, 軽妙な受け答え.

ráp·ine [rǽpin/-pain] *n.* 強奪, 略奪.

rap·pée [ræpí:] *n.* 《強いかおりの》かぎたばこ.

rap·pél [ræpél, rə-] 〘登山〙 *n.* ラペル《固定した金具を通したロープをからだに巻きつけてがけを降りる方法》. —— *vi.* ラペルで降りる.

ráp·per [rǽpər] *n.* たたく人 [物]; ドアノッカー.

rap·pórt [ræpɔ́:rt/-pɔ́:t] *n.* (親密な) 関係. *in* ～ 一致して, 心を合わせて《フランス語式に en rapport ともいう》. [<F.]

rap·proche·ment [F. raprɔʃmɑ̃, (英)+ ræprɔ́ʃmɑ:ŋ] F. *n.* 親近, 親善; 和解, 国交 [親交] 回復.

rap·scál·lion [ræpskǽljən] *n.* 悪漢, 無頼漢, ごろつき.

rapt [ræpt] *a.* **1** 心魂を奪われた, うっとりした《*away; up*》. **2** 没頭した, 熱中した《に *in; upon*》: be ～ *in* love 恋愛に心を奪われている. ～ *to the seventh heaven* 有頂天になって. *with* ～ *attention* 夢中になって. [√rap-]

rap·tó·ri·al [ræptɔ́:riəl/-tɔ́:r-] *a.* 食肉の; 《つめ・くちばしなど》獲物を捕えるに適した. —— *n.* 猛禽(もうきん).
～ **bird** [**beast**] 猛禽 [猛獣].

‡**ráp·ture** [rǽptʃər] *n.* **1** 大喜び, 歓喜, 恍惚(こうこつ), 熱中. **2** (*pl.*) 歓喜の表現 [ことば]. **3** 〘古〙誘拐拉致(ゆうかいらち). *go into* ～*s* 熱狂する. *in* ～(*s*) 熱狂して, 夢中になって. *with* ～ うっとりして.

—— *vt.* 恍惚とさせる. [√rap-]

◇ **～d** [-d] *a.* うっとりとした; 有頂天の. **～·less** *a.*

ráp·tur·ous [rǽptʃərəs] *a.* 恍惚とした, 有頂天になった, 夢中になった. ◇ **～·ly** *ad.* **～·ness** *n.*

ra·ra a·vis [ré(:)rə-éivis/réərə-, rá:rə-ǽvis] L. (=rare bird) (*pl.* ***ra·rae av·es*** [ré(:)ri:-éivi:z/réəri:-]) 非常に珍しいこと〔人〕.

‡**rare[1]** [rɛər] *a.* **1** まれな, 珍しい: a ～ bird 〔book〕 珍鳥〔本〕. a ～ event 珍事. **2** まれに見る, たぐいない: a ～ scholar まれに見る学者. **3** 《空気などが》希薄な; まばらな: the ～ atmosphere 希薄な大気. **4** 〘話〙途方もない; 《副詞的に》なかなか, たいへん: in a ～ passion ひどく腹をたてて. He is a ～ good sort. 彼はなかなかよい男だ. ***have a ～ time (of it)*** 楽しく過ごす. ***in ～ cases=on ～ occasions*** まれに, たまには. ***～ and*** 〘話〙とても: I am ～ *and* thirsty. とてものどがかわいた. **～ earth** 〘化〙希土. **～-earth elements** 〔**metals**〕〘化〙希土類元素《原子番号 57-71》. ◇ **～·ness** *n.*

rare[2] *a.* 〘米〙《肉·料理が》生焼きの: He likes his steak ～. 彼はステーキは生焼きが好きだ.

ráre·bit [réərbit] =Welsh rabbit.

rár·ee [ré(:)ri/réəri] ～ ***show*** のぞきめがね; 《一般的》見せもの.

ràr·e·fác·tion [rè(:)rifǽkʃən/rèər-] *n.* 希薄化; 希薄状態. ◇ **～·al** *a.*

rár·e·fy [ré(:)rifài/réər-] *vt.* **1** <ガス·空気などを> 希薄にする. **2** <精神·思想を> 洗練する, 高尚(こうしょう)にする. **——** *vi.* 希薄になる. ◇ **-fied** [-d] *a.*

‡**ráre·ly** [réərli] *ad.* **1** まれに, めったに…しない, たまにしか…しない: It is ～ that he sings. 彼が歌うことはめったにない. **2** 非常に(よく), すばらしく: She is ～ pretty. 彼女はまれに見る美人です. They dined ～. すばらしいごちそうを食べた.

～ (*if*) *ever* 〘話〙めったに…しない: a peak ～ *ever* seen めったに姿を見せない山頂.

ráre·ripe [réərràip] *a.* 〘米〙《植物が》早熟の, わせの. **——** *n.* 〘米〙早熟の野菜〔くだもの〕.

rár·i·ty [ré(:)riti/réər-] *n.* **1** めったにない〔珍しい〕こと. **2** 珍しい〔まれな〕もの; 珍品, 逸品. **3** ずばぬけてすぐれていること. **4** 《気体の》希薄(状態).

‡**rás·cal** [rǽsk(ə)l/rá:s-] *n.* **1** 悪党, ならず者. **2** いたずらっ子: a little ～ ちびっ子. You ～! 《親愛的に》こいつ; この人の悪いの. **3** 〘笑〙やつ, 大将《親愛的に》: You lucky ～! 運のいいやつ!

—— *a.* ごろつきの, 破廉恥な; 〘稀〙卑しい, 下賤(げせん)の: the ～ rout 下賤の民.

◇ **～·dom** [-dəm] *n.* 悪人根性; 悪党行為, 《集合的》悪党ども. **～·ism** *n.* =rascality.

ras·cál·i·ty [ræskǽliti/rɑ:s-] *n.* **1** 悪党根性. **2** 悪事, 非道.

rás·cal·ly [rǽsk(ə)li/rá:s-] *a.* **1** 悪党らしい, 無頼の. **2** 卑しい, 見下げ果てた. **——** *ad.* 悪賢く, ずるく.

rase =raze.

‡**rash[1]** [ræʃ] *a.* 思慮のない, 軽々しい; せっかちな: a ～ act 軽率な行ない. ◇ **～·ly** *ad.* **～·ness** *n.*

rash[2] *n.* **1** 〘医〙発疹(ほっしん), 吹き出物. **2** (同一時期に)発生するもの: a ～ of robberies last month 先月いたるところにあった強盗. ***heat ～es*** あせも.

rásh·er [rǽʃər] *n.* ベーコン〔ハム〕の薄い切り身.

rasp [ræsp/rɑ:sp] *n.* **1** 石目〔大目〕やすり, おろし金. **2** やすりをかけること〔音〕, きしる音. **3** いらだち.

—— *vt.* **1** に石目やすりをかける; おろし金でおろす; がりがり削る《*away, off*》. **2** きしらせる; ぎいぎい声で言う: ～ out orders いらいらさせるような声で命令をくだす. **3** いらだたせる: ～ a person's feelings 〔nerves〕人の感情〔神経〕にさわる.

—— *vi.* すれる; きしる.

rásp·ber·ry [rǽzbèri/rá:zb(ə)ri] *n.* **1** 〘植〙キイチゴ(の実). **2** 〘米俗〙《けいべつ·冷笑をあらわす》くちびると舌で出す音 (Bronx cheer). **3** あかね色.

～ sawfly 〘虫〙ハバチ.

rás·ter [rǽstər] *n.* 〘テレビ〙《ブラウン管に映る》走査線のしま模様.

‡**rat** [ræt] *n.* **1** ネズミ, ドブネズミ. → mouse. **2** 《落ち目になった党派や仲間を捨てる》卑劣漢, 変節者, 裏切り者, 脱党者: You old ～! このネズミ野郎! **3** 〘俗〙ストライキ不参加職工; 組合協定額より安い賃銀で働く労働者. **4** 〘米話〙入れ毛, かもじ. **5** 〘米俗〙スパイ, 警察犬; 《大学の》新入生.

as drunk 〔***poor, weak***〕 ***as a ～*** 酔いつぶれて〔一文なしで, 全く力を失って〕. ***die like a ～*** 毒殺される. ***like*** 〔***as wet as***〕 ***a drowned ～*** ぬれネズミのようになって, ずぶぬれになって. ***Rats!*** 〘俗〙ばかを言え!, まさか! ***smell a ～*** 感づく, かぎつける.

—— *vi.* (**-tt-**) **1** 〘俗〙脱党する, 変節する. **2** 〘俗〙組合協定額より安い賃銀で働く; ストライキ破りをする. **3** ネズミを捕える.

～ poison ねこいらず. **～ race** 愚かな努力.

～s·bane →別項. **～·trap** → 別項.

rát·a·ble [réitəbl] *a.* **1** 比例する, 比率に応じた. **2** 評価〔見積もり〕できる. **3** 〘英〙課税できる; 地方税負担の義務がある.

◇ **～·ness** *n.* **-bly** *ad.* **ràt·a·bíl·i·ty** [-bíliti] *n.*

ràt·a·fí·a [rætəfí:ə/-fíə], **ràt·a·fée** [-fí:] *n.* 《さくらんぼ·アーモンドなどの種で味をつけた》果酒.

～ biscuit 〘英〙=macaroon.

rát·al [réitl] *n.* 〘英〙《徴税などの》評価額.

ra·tán =rattan.

ràt·a·plán [rætəplǽn] *n.* タタタ, ドンドンドン《太鼓の音》. **——** *vi.* (**-nn-**)ドンドンと太鼓を打つ〔が鳴る〕.

rát·a·tát [rǽtətǽt], **rát-a-tat-tát** [rǽtətætǽt] *n.* ドンドン《戸などをたたく音》.

rátch·et [rǽtʃit], **ratch** [rætʃ] *n.* 《歯車の逆回転を防ぐ》追い歯(装置), つめ車(装置). **ratchet drill** 〘機〙追い歯切り, ハンドボール. **ratchet wheel** つめ車, 追い歯車.

ratchet wheel

‡**rate[1]** [reit] *n.* **1** 率, 割合, 歩合: the birth 〔death〕 ～ 出生〔死亡〕率. **2** 値段, 相場: the ～ of exchange かわせ相場. **3** 料金, 使用料: advance 〔lower〕 the ～ 料金を増す〔下げる〕. **4** 速度, 進度; 程度. **5** 《とけいの》1 日の誤差. **6** 《艦船·船員の》等級: of the first ～ 一流の. **7** (*pl.*) 税金; 〘英〙地方税. ***at a great ～*** 高速度で. ***at a high*** 〔***low***〕 ***～*** 高〔安〕値で. ***at all ～s*** ぜひとも, どうしても. ***at an easy ～*** 安価に; 容易に: win success *at an easy* ～ たやすく成功する. ***at any ～*** いずれにしても, とにかく; 少なくとも. ***at that*** 〔***this***〕 ***～*** あんな〔こんな〕ぐあいでは, あの〔この〕ぶんでは; あんな〔こんな〕調子では. ***at the*** 〔***a***〕 ***～ of*** …の割り〔割合〕で. ***give special ～*** 割引する. ***～s and taxes*** 地方税と国税.

—— *vt.* **1** 評価する, 見積もる: those travelers who ～ cheapness above time 時間がかかっても費用が安い方がよいとする旅行者. **2** とみなす, 思う: be ～*d* among the most influential men 最有力者のひとりとみなされる. **3** 課税の目的で評価する; に地方税をかける. **4** <船·船員の> 等級をつける; 〘電〙定格する: ～*d* current 定格電流. **5** <とけいの> 誤差を調べる. **6** 〘米〙<貨物を> 一定の賃率で運搬する. **7** に価する: ～ a network show 全国番組に価する(ほどおもしろい). **——** *vi.* **見積もられる, 評価される**; …とみなされる, …の等級を有する: He ～*s* high in my estimation. 私は彼を高く評価している. The ship ～*s* as first. その船は一級船である.

～ *up* 高率の保険料をかける. [√ra-]

～·pày·er 〘英〙= local taxpayer.

〔類〕 → **price**「値段」

rate² [reit] *vt., vi.* 小言を言う，しかる，ののしる．
◇ **rát·er** *n.*

ráte·a·ble ＝ratable.

rá·tel [réitl/-t(e)l] *n.* 〘動〙《南アフリカ・インド産》アナグマの一種．

-rát·er [-réitər] *n.*「…等級のもの・人・船」の意の連結形: a first-*rater* 一流の人，一級品．a 10-*rater* 〘俗〙10 トンのヨット．

rath [ræθ/rɑ:θ], **rathe** [reið] *a.* 〘古・雅〙普通より早い; 早咲きの，わせの．

†**ráth·er** [rǽðər/rɑ́:ðə] *ad.* **1** むしろ，どちらかといえば; 多少，やや: It's a cupboard ～ than a room. へやというよりむしろ押し入れだ．It is ～ cold (than hot). どちらかといえば寒い方だ．I feel ～ tired. いくぶんくたびれた． **2**《or ～ として》より正確にいえば: my father, *or* ～, stepfather 私の父，いや正確には養父． **3** [rǽ:ðə́:r/rɑ́:ðə́:] 〘話〙確かに (certainly)，むろんさ (Yes, indeed !): "Do you know her ?" "*R* ～ ! She is my aunt."「あの方ご存じですか」「もちろん，おばですもの」〈注〉**rather than** と **better than**: I like peaches *rather than* apples. では「桃は好きだがリンゴは好かない」ことを意味し，I like peaches *better than* apples. では「両方とも好きだが桃の方がより好きである」ことを意味する．
I had [***would***] ～ … (***than***…) (…よりむしろ) …したい，…する方がよい．***I should*** ～ ***think so.*** そうですとも．***I would*** ～ ***not*** (do) どちらかといえば…したくない．***the*** ～ ***that*** [***because***] …だからなおさら: I love him *the* ～ *that* he is weak. 弱いからかえってかわいい．
◇ **～·ish** [-ðəriʃ] *ad.* 〘米話〙＝somewhat.

raths·kel·ler [rɑ́:tskèlər] G. *n.*《地階にある》酒場，ビヤホール; 料理店．

rát·i·cide [rǽtisàid] *n.* ねこいらず．

ràt·i·fi·cá·tion [rætifikéiʃ(ə)n] *n.* 批准，裁可; 承認，認知; 追認，事後承諾．

rát·i·fy [rǽtifài] *vt.* 批准する，裁可する; 承認〔認知〕する． ◇ **rát·i·fi·er** *n.*

ra·ti·né [ræt(i)néi] F. *n.* ラティネ《節糸で織った目のあらい生地》．

rát·ing¹ [réitiŋ] *n.* **1** 評価，見積もり;〘米〙試験の評点: an efficiency ～ system 勤務評定．scholarship ～*s* 学力採点． **2** 見積もり額;〘英〙地方税の賦課(額)． **3**《ラジオ・テレビの》視聴率． **4**《商人・商店の》信用程度． **5**《艦船などの》等級; 位，資格． **6**《機関の》馬力． **7**〘電〙定格． **8**〘英:海軍〙下士官兵: two officers and ten ～*s* 将校ふたりと下士官10人．～ **badge**〘海〙(下士官服の上腕部の) 位章．

rát·ing² *n.* しかること，叱責(しっせき): give a sound ～ しかりとばす．[＜rate²]

rá·tio [réiʃou/-ʃiou] *n.* (*pl.* **～s**) 比，比率，割合．***at*** [***in***] ***the*** [***a***] ～ ***of…to*** に対する…の比で．***direct*** [***inverse, reciprocal***] ～ 正〔逆，反〕比．***simple*** [***compound***] ～ 単〔複〕比．[√ra-]

rà·ti·óc·i·nate [ræʃiɑ́sineit/rætiɔ́si-] *vi.* 推論する，推理する．[√ra-]
◇ **-na·tive** [-nèitiv] *a.* **-na·tor** [-nèitər] *n.* **rà·ti·òc·i·ná·tion** [ræʃiɑ̀sinéiʃən/rætiɔsi-] *n.*

rá·tion [rǽʃ(ə)n, ㊟⁺ réiʃ(ə)n] *n.* **1** 配給; 配給量，割当量;〘軍〙1日分の糧食，携帯口糧． **2** (*pl.*) 糧食，食料．***be put on*** **～s** 定額支給にされる; あてがいぶちにされる．***iron*** [***emergency***] ～ 非常携帯口糧．***on short*** **～s** 食べ物を制限されて．
—— *vt.* **1** K ～を与える． **2** あてがいぶちにする; 配る《*out*》: ～ sugar 砂糖を配給制にする． **3** 節約する，制限する．[√ra-] ～ **book** 配給手帳．

‡**rá·tion·al** [rǽʃən(ə)l] *a.* **1** 理性のある，理性的な: Man is a ～ being. 人は理性のある存在だ． **2** 合理的な; わけのわかった，穏当な: a ～ policy 穏当な政策． **3** 純理論的な: ～ analysis of the problem 問題の理論的分析． **4**〘数〙有理の《無理数を含まない》．⇔ irrational.
—— *n.* **1** ～なもの; 人間． **2** (*pl.*) ＝～ dress. **3**〘数〙有理数 (＝～ number)．[√ra-]
～ **analysis**〘化〙示性分析．～ **dress** [**costume**] 合理服《特に婦人の自転車用半ズボン》．～ **expression**〘数〙有理式．～ **function** 有理関数．
◇ **～·ly** *ad.* 理性的に，合理的に，真理にかなって．
類義語 道理にかなった: **rational** emotional の反意語で，「理性的な判断による，理性にかなった」: a *rational* explanation 合理的な説明．**reasonable**《人が》分別のある; 分別ある人に納得のゆく→手ごろな．論理的理性よりも分別・良識に重点がある: of a *reasonable* size 手ごろな大きさの．**sensible** reasonable に近いが，行動の前の吟味・慎重さが示唆される: a *sensible* plan よく吟味され実行可能な計画．

rà·tion·ále [ræʃənǽl, -nɑ́:l(i)/-nɑ́:l(i)] *n.* 理論的説明; 根本的原理; 理論的根拠《*of*》．[＜L.]

rá·tion·al·ism [rǽʃən(ə)liz(ə)m] *n.* **1** 理性主義，理性論，唯理論《経験論・感覚論に対して認識は理性的思惟(しい)に基づくものとする》． **2** 合理主義．
◇ **-ist** *n.* 合理論者，《神学・哲学上の》純理論者．**rà·tion·al·ís·tic** [ræʃən(ə)lístik] *a.* 理性論者の; 合理的な，純理的な．

rà·tion·ál·i·ty [ræʃənǽliti] *n.* **1** 純理性． **2** 合理性; 理性的行動．

rá·tion·al·ize [rǽʃən(ə)làiz] *vt.* **1** 合理化する，合理的にする; 合理的に説明する． **2**〘心〙理屈づける． **3**〘数〙有理化する． **4**〈産業を〉合理化〔再組織〕する．—— *vi.* **1** 合理的に説明〔思考，行動〕する． **2** 自己の行為の理屈づけをする．◇ **rà·tion·al·i·zá·tion** [ræʃən(ə)lizéiʃ(ə)n, -laiz-] *n.*

Rát·is·bon [rǽtisbɑ̀n, -tiz-/-bɔn] ＝Regensburg.

rát·lin(e) [rǽtlin], **rát·(t)ling** [-liŋ] *n.* (通例 *pl.*)〘海〙横静索〔なわばしご〕の踏みづな．

ratlines

RATO, rá·to [réitou] *n.*〘空〙離陸補助ロケット．[＜*r*ocket-*a*ssisted *t*ake-*o*ff]

ráts·bane [rǽtsbèin] *n.* ねこいらず．

rat·tán [rætǽn/rə-, ræ-] *n.*〘植〙トウ; その茎; トウ製のステッキ〔むち〕．

rát·tát [rǽttǽt], **rát-tat-tát** [rǽtætǽt], **rát-tat-tóo** [-tú:] ＝ratatat.

rát·ten [rǽtn] *vt.* 〘英俗〙《労働争議で》〈機械・設備を〉こわす，〈非組合員労働者の〉仕事をじゃまする．◇ **～·er** *n.* **～·ing** *n.*

rát·ter [rǽtər] *n.* **1** ネズミを捕える人〔犬，ネコ，器具〕． **2** 変心者，スト破り(人); 協定より低い賃銀で働く人．

‡**rát·tle** [rǽtl] *vi., vt.* **1** ガタガタ〔ガラガラ〕鳴る〔鳴らす〕: The window ～*d* in the wind. ＝The wind ～*d* the window. 風で窓が鳴っていた． **2**〈車などが〉ガタガタ走る，〘車で〙疾走する; ガラガラ動く〔落下する〕; 音をたてて…させる〔運ぶ〕《*down, along, past*》: The old bus ～*d along* over the stony road. 旧式なバスは石ころ道をガタガタ走った．～ *up* the anchor いかりをガラガラ揚げる． **3** ぺらぺら話す《*off, away, out, over*》: The boy ～*d off* the poem he had learnt. 少年は習い覚えた詩をぺらぺらとそらんじた． **4** さっさとかたづける《*through*》; 活気をつける《*up*》: ～ the bill *through* Congress その議案をばたばたと通過させる． **5**〘話〙めんくらわせる，ろうばいさせる: ～ a person's judgment 判断をまごつかせる． **6** 茂みをたたいて(獲物を) 追い出す: ～ foxes. **7**〈臨終の人が〉のどを鳴らす．
—— *n.* **1** ～する音: the ～ of hailstone on the window panes 窓ガラスを打つあられの音． **2** おしゃべり; 騒ぎ． **3** ガラガラ音をだす器官・道具《ガラガラヘビの尾など》;《おもちゃの》がらがら． **4**〘植〙タヌキマ

メ; オクエゾガラガラ属の植物 (=yellow ～).
～·box [´ー`] 《おもちゃの》がらがら箱. **～·brain** [-brèin] 上っ調子のおしゃべり屋. **～·brained** [´ー`] 頭のからっぽの. **～·head** [´ー`] = rattlebrain. **～·héad·ed** = rattlebrained. **～·pate** [´ー`] = rattlebrain. **～·pàt·ed** = rattlebrained. **～·snake** [´ー`] 〘動〙ガラガラヘビ. **～·trap** → 別項.

rát·tler [rǽtlər] *n.* **1** ガラガラ音をたてる物; おしゃべり. **2** 〘米俗〙 = rattlesnake. **3** 〘米俗〙快速貨物列車. **4** 〘話〙精力家. **5** 〘話〙大荒れ, あらし.

rát·tle·trap [rǽtltræ̀p] *n.* **1** がたがたするもの《特に馬車・自動車など》; (*pl.*) 〘英〙がらくた的骨董(こっとう)品. **2** 〘米俗〙おしゃべり; 〘俗〙口.
── *a.* がたがたの, おんぼろの.

rát·tling[1] [rǽtliŋ] *a.* **1** ガラガラ〔ガタガタ〕いう. **2** 〘話〙はつらつとした, 活発な. **3** 〘話〙すばらしい.
── *ad.* 〘話〙すばらしく, すてきに. ◇ **～·ly** *ad.*

rát·(t)ling[2] = ratlin(e).

rát·tly [rǽtli] *a.* がたがたする, ガラガラ音をたてる.

rát·trap [rǽttræ̀p] *n.* **1** ネズミ取り器. **2** 不潔な荒れ果てた所. **3** 絶望的な状態.

rát·ty [rǽti] *a.* **1** ネズミの多い. **2** ネズミの(ような); ネズミ独特の. **3** 〘俗〙みじめな, みすぼらしい. **4** 〘英俗〙おこりっぽい, ふきげんな.

ráu·cous [rɔ́ːkəs] *a.* しわがれ声の; 耳ざわりな; きしる. ◇ **～·ly** *ad.* **～·ness** *n.* **ráu·ci·ty** [rɔ́ːsəti] *n.*

ráugh·ty 〘英俗〙 = rorty.

***ráv·age** [rǽvidʒ] *n.* **1** 破壊, 荒廃. **2** 破壊の猛威. **3** 損害; (*pl.*) 荒らされた跡. ── *vt.* 荒らす, 破壊する; 荒廃させる: a face ～*d* by time 年波に衰えた容色. ── *vi.* 荒らす.

rave [reiv] *vi., vt.* **1** うわごとを言う. **2** わめく, どなる. **3** 〈風・海などが〉荒れ狂う. **4** 〘話〙口をきわめて激賞する, 夢中で話す《について *about, over*》: ～ *over* the baby ひっきりなしに赤ん坊の話をする.
～ *itself out* 〈あらしなどが〉荒れやむ. **～ one*self hoarse*** どなりちらして声をからす. **～ one*self to sleep*** あばれ疲れて眠ってしまう. **～ *with fury*** 激怒する. ── *n.* 狂乱; 荒れ狂う音.

ráv·el [rǽv(ə)l] *v.* (**-l-**, 〘英〙**-ll-**) *vt.* **1** 解く, ほぐす, ほどく. **2** 〈問題などを〉解明する, はっきりさせる《*out*》. **3** もつれさせる, 混乱させる. ── *vi.* **1** 解ける, ほぐれる《*out*》. **2** 〈疑問・困難が〉解消する《*out*》. **3** もつれる, 紛糾する. ***the ～ed skein of life*** 複雑な人生. ── *n.* 《織物などの》ほつれ, 解け端; もつれ; 混乱, 紛糾.
◇ **～·(l)ing** *n.* 解く〔ほどく〕こと; ほどけたもの, 《特に編物などから》ほぐれた糸.

ráve·lin [rǽvlin] *n.* 〘築城〙半月堡(ほ) 《V字形に突き出た外塁》.

rá·ven[1] [réiv(ə)n] *n.* 〘鳥〙ワタリガラス. ── *a.* 黒黒とつやのある, 漆黒の: ～ locks 黒髪.

ráv·en[2] [rǽv(ə)n] *n.* 強奪(物); 獲物. ── *vi.* **1** 強奪する; 荒らしまわる《*about*》. **2** 《獲物を》捜しまわる, あさり歩く《を *for, after*》. ── *vt.* **1** 〈獲物などを〉捕える. **2** むさぼり食う.

ráv·en·ing [rǽv(ə)niŋ] *a.* 獲物をあさる; 貪欲(どんよく)な. ── *n.* = rapacity. ◇ **～·ly** *ad.*

ráv·en·ous [rǽvənəs] *a.* がつがつした; 貪欲(どんよく)な. ◇ **～·ly** *ad.* **～·ness** *n.*

ráv·in [rǽvin] *n.* 〘雅〙 = raven[2]. ***beast of ～*** 猛獣.

ra·víne [rəvíːn] *n.* 峡谷, 山峡《激流の浸食でできた山あいの険しい谷》.

ráv·ing [réiviŋ] *a.* **1** うわごとを言う〔口走る〕. **2** 乱心した, あばれ狂う. **3** 〘米〙すばらしい: a ～ beauty ものすごい美人. ── *n.* (*pl.*) たわごと; 狂乱; 怒号.

rà·vi·ó·li [ræ̀vióuli] *n. pl.* ラビオリ《味つけこまぎれ肉を小麦粉の薄皮で包んだ料理》. [<It.]

ráv·ish [rǽviʃ] *vt.* **1** 有頂天にさせる, 恍惚(こう)とさせる. **2** 強奪する; 奪い取る. **3** 強姦(ごうかん)する.
◇ **～·er** *n.* **～·ment** *n.*

ráv·ish·ing [-iŋ] *a.* うっとりさせる, 恍惚(こう)とさせる. [√rap-] ◇ **～·ly** *ad.*

‡**raw** [rɔː] *a.* **1** 生(なま)の, 生煮えの, 生焼けの: eat oysters ～ カキを生で食べる. → cooked. **2** 未加工の, 原料のままの, 仕上げをしない: ～ materials 原料品. ～ cotton 〔wool〕 原綿〔原毛〕. ～ cloth さらしてない布. ～ hide なめしてない皮. ～ sugar 粗糖. ～ milk 未殺菌生牛乳. **3** 未経験の, 未熟な; 粗野な: a ～ hand 〔lad〕 青二才. a ～ recruit 新兵, 新前. **4** 《傷が》皮のむけた, 生身の出た; ひりひりする, ちくちくする: a ～ cut 生身の出ている傷. a ～ throat ひりひりするのど. **5** (湿っぽく) 薄ら寒い: a ～ February morning 冷えびえする2月の朝. **6** 《色が》原色の. **7** 《酒が》水割りしてない. **8** 〘話〙露骨な, わいせつな: a ～ comedy 下品な喜劇. **9** 〘俗〙ひどい, 不当な: a ～ deal ひどいしうち.
～ *head and bloody bones* (1) おとぎばなしの妖怪(ようかい), こわいもの. (2) 頭とももの骨を十字形に交差したもの《死の象徴》. (3) 《形容詞的に》とてもこわい.
── *n.* **1** 皮のすりむけたところ, 赤膚; 痛いところ. **2** (the ～) 生(き)のもの; 生(なま)もの; (*pl.*) 粗糖; 生牡蠣(かき). **3** 生意気な人. ***in the ～*** 自然のままで, 加工されないで, 洗練されていない; 裸の. ***touch a person on the ～*** 《比喩的》(人の) 痛いところ〔弱み〕に触れる.
´～·boned [´ー`] やせて骨張った. **´～·hide** → 別項.
◇ **´～·ish** [-iʃ] *a.* 生(なま)の, 未熟の. **´～·ly** *ad.* **´～·ness** *n.* 生(なま); 未熟, そまつ; 冷湿.

ráw·hide [rɔ́ːhàid] *n.* 生皮; 生皮製のむち〔ロープ〕.
── *a.* 生皮(製)の. ── *vt.* 生皮のむちで打つ.

‡**ray**[1] [rei] *n.* **1** 光線: ～*s* of the sun 太陽光線. **2** 《比喩的》ひらめき, 一筋: a ～ of intelligence 知性のひらめき. There is not a ～ of hope. 一筋の希望もない. **3** 〘物〙輻射(ふくしゃ)〔放射〕線: cosmic ～*s* 宇宙線. Roentgen 〔X〕 ～*s* レントゲン〔エックス〕線. **4** 光線状の線, 放射状の物〔部分〕; 〘植〙放射組織, 舌状花; 〘動〙《魚の》ひれすじ, ヒトデの腕部; 〘数〙円の半径.
── *vt.* **1** 〈光などを〉放つ, 放射する《*forth, off, out*》. **2** に光線〔放射線〕を当てる. **3** 〘話〙のレントゲン写真を写す. ── *vi.* **1** 光を放つ, きらめく. **2** 放射状に分岐する. [√radi-] ◇ **´～·less** *a.*

ray[2] *n.* 〘魚〙エイ.

rá·yah [ráːjə] *n.* トルコ人で非回教徒《特にキリスト教を信奉する》.

ráy·on [réiɑn/-ɔn] *n.* レーヨン, 人造絹糸; 人絹織物. ── *a.* レーヨン製の.

ráy·on·nant [réiənənt] *a.* 光線を射出する; 放射線式の《装飾建築様式》.

raze [reiz] *vt.* **1** 破壊する, 粉砕する: be ～*d* to the ground 完全に破壊される, 焦土と化する. **2** 〈記憶などを〉消す, 抹殺(まっさつ)する. [√rad-]

rá·zon [réizɑn/-zɔn] *n.* 《無線誘導の》方向・航続距離可変爆弾 (=～ bomb).

‡**rá·zor** [réizər] *n.* かみそり; 電気かみそり: a safety ～ 安全かみそり. **(*as*) *sharp as a ～*** かみそりのように鋭い, 抜け目のない. ***be on a ～'s edge*** 危機に瀕(ひん)して. ── *vt.* 〈ひげ・髪などを〉そる. [√rad-]
～·back [´ー`] 〘動〙ナガスクジラ; 〘米〙半野性の豚; やせ尾根. **～·bill** [´ー`] 〘鳥〙ウミスズメ・ウミアジサシの類. ***～·èdge** → 別項. **～ fish** 〔**shell**〕 〘貝〙マテガイ, カミソリガイ. **～-grìnd·er** かみそりとぎ; 〘鳥〙オオルリの一種《オーストラリア産》.
～-shárp (かみそりのように) 鋭い; 非常に厳格な.
～ strop 革砥(かわと) 《かみそりとぎ用》.

rá·zor·èdge** [réizər-èdʒ] *n.* **1** かみそりの刃, 鋭い刃. **2** 鋭くとがった山の尾根. ***be on a ～ = be on a razor's edge. → razor. ◇ **rá·zor·èdged** [-d] *a.* (かみそりの刃のように) 鋭くとがった.

razz [ræz] *n.* 〘米俗〙酷評, 非難; 嘲笑(ちょうしょう).
── *vt., vi.* 〘米俗〙酷評する; あざけり笑う, からかう.

ráz·zi·a [rǽziə] *n.* 侵略, 略奪.

ráz·zle-dàz·zle [rǽzldæ̀zl] *n.* **1**〘俗〙ばか騒ぎ; 大混乱. **2**(波動式) 回転木馬. **3** 目のさめるようなはでで早く動くショー. ***be*** [***go***] ***on the*** ～ らんちき騒ぎをしている〔する〕.

Rb rubidium. **R.B.I., RBI, rbi, r.b.i.**〘野球〙run(s) batted in. **R.C.** Red Cross; Roman Catholic. **RCA** Radio Corporation of America. **R.C.Ch.** Roman Catholic Church.

R.C.P. Royal College of Physicians. **rcpt.** receipt. **Rd.** rendered; road. **rd.** rendered; road; rod(s); round. **R.D.** refer to drawer; Royal Dragoons; Rural Delivery.

re[1] [rei/ri:] *n.*〘楽〙全音階的長音階の第二音.

re[2] [ri:] (= with reference to) *prep.* …に関して, …について (concerning). [<L.]

re- *pref.*「あとに」「元へ」「再び」などの意: *re*main あとへ残る. *re*trace (元へ) 歩みを返す. *re*type (また) タイプし直す. 〈注〉母音の前で red-.

're [-ər] are の短縮結合形: we'*re*; you'*re*; they'*re*.

Re〘化〙rhenium. **R.E.** Reformed Episcopal 改革派聖公会; Royal Exchange 王立取引所.

†**reach** [ri:tʃ] *vt.* **1** に到着する, に達する, に届く; 〈適用範囲などが〉…まで及ぶ; と連絡がとれる: ～ the top of a hill 丘の頂上に着く. Your letter has ～*ed* me. きみの手紙が届いた. ～ middle age 中年に達する. His voice ～*es* everyone in the room. 彼の声はへやのすみずみまで届く. The radio ～*es* millions. ラジオは数百万の人々の耳に達する. ～ an agreement 同意に達する. a book that has ～*ed* its third edition 第3版まで達した本. ～ him by phone at the office 電話で事務所にいる彼と連絡がとれる. **2** の心を動かす: Men are ～*ed* by flattery. 人はおせじに動かされやすい. **3** 伸ばす, 差し伸べる《*out*》: a tree ～*ing* its branches over the wall へい越しに枝を差し伸べている木. ～ (*out*) one's hand. **4**《目的語を二つとって》…を一まで届かせる, 取ってやる: *R*～ him a kick. あいつをけっとばせ. *R*～ me the salt, please. 塩を取ってください.
—— *vi.* **1**(物を取ろうと) 手・足を伸ばす《へ *for, toward*》: ～ *for* a dictionary 辞書を取ろうと手を伸ばす. **2** 得ようと努力する, 求める《を *after*》: ～ *after* fame 名声を求める. **3** 届く, 達する, 及ぶ《に *to*》: The expense ～*es to* a vast amount. 費用はばく大な額に達する. His garden ～*es* down *to* the sea. 彼の庭は海にまで及ぶ. **4**〘海〙《おなじ帆の向きで》一針路帆走する.
as far as the eye can ～ 目の届くかぎり, 見渡すかぎり. ～ ***bottom*** どん底に達する; 突き止める. ～ a person***'s conscience*** (人) の良心を動かす. ～ a person***'s ears*** 耳にはいる.
—— *n.* **1**《つかもうと》手を伸ばすこと; 背伸び: get a book by a long ～ 手をぐっと伸ばして本を取る. **2** 手足の伸ばせる〔届く〕範囲〔限度〕. **3**《行動・知力・能力・権力などの》届く〔有効〕範囲: the ～ of the mind 知力の及ぶ範囲. **4** 広がり, 区域: ～*es* of meadow ずっと続いている牧草地. **5** 着弾距離. **6** 川の見通し《二つの湾曲間のひと目で見渡せる部分》; 《運河の二つの水門間の》一直線区間: the lower [upper] ～ of a river 川の下〔上〕流. **7**〘米〙入り江, みさき. **8**〘海〙《おなじ帆の向きでの》一針路の航程 (tack[1]).
beyond [***above, out of***] a person***'s*** ～ 手の届かない, 力の及ばない. ***have a wide*** ～ 範囲が広い. ***within*** (***easy***) ～ ***of*** の (容易に) 手の届くところに; (容易に) 行ける距離に, 近くに. ***within*** a person***'s*** ～ (人) の手の届くところに; (人) の力の及ぶことで.
〔類〕→ **range**「範囲」

réach-me-dòwn [rí:tʃmidàun] *a.*〘英俗〙(㊇= hand-me-down) できあいの, 既製の; 古着の.
—— *n.* (通例 *pl.*)〘俗〙できあいの服, 既製服 (hand-me-down).

***re·áct** [riǽkt] *vi.* **1** 反応する, 反応を示す《に *to*》; 相互作用する《に *upon*》. **2** 反動する; 反発する《に *against, to*》. **3**〘化〙反応を示す《に *on, upon*》; 〘物〙反発する《に *against, upon*》. **4**〘軍〙逆襲する.

rè·áct [rì:ǽkt/rí:-] *vt.* 再び行なう; 再演する.

re·áct·ance [riǽkt(ə)ns] *n.*〘電〙リアクタンス, 誘導〔感応〕抵抗.

re·áct·ant [-(ə)nt] *n.* **1** react する人〔もの〕. **2**〘化〙一定の反応で化学変化を起こす物質.

‡**re·ác·tion** [riǽkʃ(ə)n] *n.* **1** 反応, 反作用: What was his [Was there any] ～ *to* your proposal? あなたの提案に対する彼の反応はどうでした〔対してなにか反響がありましたか〕? action and ～ 動作とその反作用. **2** 反動, 反発: a ～ from despair 絶望からの反発. **3** 逆もどり, 逆コース, 復古: the forces of ～ 反動勢力. **4**〘化〙反応; 〘物〙反動力; 反作用; 核反応 (=nuclear ～): a chain ～ 連鎖反応. **5**〘電〙反衝作用, 再生.
～ **coil**〘電〙再生コイル. ～ **condenser**〘電〙再生蓄電器. ～ **control**〘電〙再生調整器. ～ **formula**〘化〙反応式. ～ **wheel**《流水の反動で回る》反動 (水) 車.
◇ ～**·al** [-ʃən(ə)l] *a.* ～**·al·ly** *ad.* ～**·ism** *n.* 反動〔保守〕主義. ～**·ist** *n.* 反動〔保守〕主義者.

re·ác·tion·a·rism [-əriz(ə)m] =reactionism.

re·ác·tion·a·rist [-ərist] *n.* =reactionary.

re·ác·tion·ar·y [riǽkʃənèri/-ʃ(ə)nəri] *a.* **1** 反動の; 逆もどりの, 反動〔復古〕主義の. **2**〘化〙反応の. —— *n.* 反動〔保守〕主義者 (reactionist).
◇ ～**·ism** *n.* =reactionism.

re·ác·ti·vate [ri:ǽktivèit] *vt.* **1**〈休止工場・作業を〉再開させる. **2**〘軍〙現役に復帰させる.
—— *vi.* **1** 再び活動する. **2** 現役にもどる.
◇**re·àc·ti·vá·tion** [-⌐-véiʃ(ə)n] *n.*

re·ác·tive [riǽktiv] *a.* **1** 反動的な, 反動の. **2**〘化〙反応のある; 〘物〙反作用のある; 〘電〙リアクタンスを示す. ◇ ～**·ly** *ad.*

***re·ác·tor** [riǽktər] *n.* **1** 反応を示す人〔物〕; 〘心〙被験者; 〘医〙《特定の外物に対して》陽性反応を示す人〔動物〕. **2**〘物〙反応装置; 〘化〙反応器; 〘電〙リアクター. **3** 原子炉 (pile).

†**read**[1] [ri:d] *v.* (**read** [red]) *vt.* **1** 読む; 読む力をもつ: He ～*s* Hebrew. 彼はヘブライ語が読める. The Bible is the most *read* of all books. あらゆる本のなかで聖書がいちばんよく読まれる. **2** 音読〔朗読〕する, 〈文書などを〉閲読する《*aloud, out, off*》, 読んで聞かせる: She was ～*ing* a story to the children. 彼女は子どもたちに物語を読んで聞かせていた. *R*～ me the letter. この手紙を読んでくれ. **3**〈文字・記号以外のものを〉読む, 読みとる, 見抜く; 占う, 判断する; 予言する; 解く: ～ the sky 空もようをみる. ～ a person's thoughts 人の心を読む. ～ a dream 夢を判断する. ～ the future 未来を予言する. ～ a riddle なぞを解く. **4**〈記号・速記・楽譜などを〉読む, 解読する: ～ (a piece of) music 楽譜を読む. **5**〈ことば・行為などを〉解釈する, 意味をつける: This passage may be *read* two ways. この文章はふたとおりの意味にとられる. Your silence will be *read as* consent. 黙っていると承諾と解されるよ. **6** 訂正して読む, 改める: For wkite ～ white.《正誤表で》wkite は white の誤り. **7**〘英〙研究する, 勉強する: He is ～*ing* physics at Cambridge. ケンブリッジで物理学を学んでいる. ～ medicine for a degree 学位を得るため医学を勉強する. **8** 読んで知る〔知っている〕: I have *read* somewhere that... どこかで…だと読んだ覚えがある. **9**〈温度計などが〉表示する: The thermometer ～*s* 30 degrees. 温度計は 30°だ. **10** 読んで…させる: ～ a child *to* sleep 本を読んでやって子どもを寝かせつける. **11**〘議会〙読会にかける《通例受動態で》: The bill was *read* for the first time. 議案は第1読会にかけら

れた.

—— *vi.* **1** 読む, 読書する: ～ well 本を読むのがうまい. **2** 音読〔朗読〕する《*aloud, out, off*》. **3** 読んで知る, 読む《について *of, about*》. **4** 勉強〔研究〕する; 読みためる: ～ for the Bar 弁護士試験を受ける勉強をする. **5** …と読める, 読んで…と感じさせる: The magazine ～*s* well. その雑誌はおもしろく読める. The play ～*s* better than it acts. その劇は上演されたのより読んだ方がよい. **6** …と書いてある, …と解される: It ～*s* as follows. その文句は次のとおり. ***He who runs may ～.*** 〘聖〙走りながらでも読める, きわめて明白である《ハバクク書 2:2》. ～ a person ***a lesson*** 〔***lecture***〕(人に) 小言を言う. ～ ***between the lines*** 言外の意味を読みとる. ～ ***from*** 〔***out of***〕 ***a book*** 本のところどころを抜いて朗読する, 拾い読みする. ～ a person***'s hand*** (人)の手相を見る. ～ ***in a book*** 書物を読みふける. ～ ***into*** 〈ある意味を〉読みこむ: He ～ an apology *into* my letter. 彼は私の手紙を謝罪の意味に受け取った. ～ ***like*** …のように読める〔書いてある〕. ～ ***off*** (1) さっさと読む, 一息に読む; 《下準備なしに》ぶっつけに読む. (2) 〈表・目録を〉読みあげる. (3) 簡単に解釈する《と *as*》. ～ ***out*** 〔***aloud***〕 大声で読みあげる. ～ a person ***out of*** (人を) …から除名する: They ～ him *out of* the party. 彼らは彼を党から除外した. ～ ***over*** を熟読する. ～ ***through*** (を)通読する. ～ ***to oneself*** 黙読する. ～ ***up*** 勉強〔研究〕する; 読みためる, 読んでおく《について *on*》. ～ ***with*** a person 〈家庭教師が〉(人)の勉強相手をする.

—— *n.* 読書; 読書時間: have a long 〔short, quiet〕 ～ 長時間〔ちょっと, 静かに〕読書する.

†**read²** [red] *v.* read¹ の過去・過去分詞.

—— *a.* 《well, deeply, little, slightly などの副詞を伴って》《…に》通じている《に *in*》; 造詣(ぞうけい)がふかい〔あさい〕: He is *well* ～ *in* histories. 彼は歴史に精通している.

réad·a·ble [ríːdəbl] *a.* **1** 読んでおもしろい, 読みやすい. **2** 《筆跡などが》読みやすい, 明瞭(めいりょう)な. ◇ ～·**ness** *n.* **-bly** *ad.* **rèad·a·bíl·i·ty** [rìːdəbíləti] *n.*

rè·ad·dréss [rìːədrés/ríː-] *vt.* **1** に再び話しかける. **2** のあて名を書きなおす〔変える〕. ～ one***self to*** に再び取りかかる.

‡**réad·er** [ríːdər] *n.* **1** 読者; 読書家: a good ～ じょうずな読書家. **2** リーダー, 読本. **3** 《出版社の》原稿判定者; 校正係. **4** 朗読者; 〘宗〙《礼拝で聖書・祈禱(きとう)書の》朗読者. **5** 〘英〙《大学の》講師; 〘米〙《大学の》助手: a ～ in Latin ラテン語の講師. ◇ ～·**ship** *n.* ～の職〔地位〕.

‡**réad·i·ly** [rédili] *ad.* **1** 直ちに; 容易に: be ～ available たやすく入手できる. **2** 異議なく, 快く, 待ちかまえて: I would ～ do it for you. 喜んでそうして差し上げましょう.

réad·i·ness [rédinis] *n.* **1** 準備, 用意. **2** 敏速, 手早さ, 容易さ. **3** 進んですること, 快諾: express one's ～ to help 喜んで援助しようと言う. ***in*** ～ 準備を整えて: wait *in* ～ 待機する. ～ ***of wit*** 当意即妙. ***with*** ～ 快く, 進んで.

‡**réad·ing** [ríːdiŋ] *n.* **1** 読むこと, 読書; 朗読: be fond of ～ 読書好き. **2** 《読書による》学識, 知識: a man of (wide) ～ 博学の人. **3** 朗読会, 講読会. **4** 《議会の》読会. **5** 読みもの, 記事: ～*s* from Shakespeare シェイクスピア文選. **6** 版によって異なる語句, 異文. **7** 解釈, 判断; 演出: What is your ～ of the fact? きみはその事実をどう解釈するか. ***penny*** ～ 《貧民のための》入場料の安い読書会.

—— *a.* **1** 読書する, 本好きな: a ～ man 読書家. **2** 読書の, 読むための: a ～ book 読本.

～ **boy** 校正助手. ～ **desk** 《表面が傾斜し背の高い》書見台, 閲覧机; 《教会の》聖書台. ～ **glass** 細字用レンズ, 拡大鏡; (*pl.*) 読書(用)めがね. ～ **lamp** 読書用ランプ, 書斎用(電気)スタンド. ～ **matter** 《新聞・雑誌の》記事, 読みもの. ～ **notice** 小広告《新聞の第一面などの記事欄の下にのせる》. ～ **public, the** 読書界. ～ **room** 読書室, 閲覧室; 《印刷所の》校正室.

Réad·ing [rédiŋ] *n.* アメリカ Pennsylvania 州の都市.

rè·ad·júst [rìːədʒʌ́st/ríː-] *vt.* 整理〔調整〕しなおす; 〈会社などを〉再建する.
◇ ～·**a·ble** *a.* ～·**ment** *n.*

rè·ad·mís·sion [rìːədmíʃ(ə)n/ríː-] *n.* 再許可; 再入学.

rè·ad·mít [-ədmít] *vt.* (**-tt-**) 再び入れる, 再び許す; 再入学させる. ◇ ～·**tance** [-əns] *n.* 再許可.

rè·a·dópt [-ədɑ́pt/-ədɔ́pt] *vt.* 再び養子にする; 再採用する.

rè·a·dórn [-ədɔ́ːrn] *vt.* 再び装飾する, 飾りなおす.

†**réad·y** [rédi] *a.* (**réad·i·er**; **réad·i·est**) **1** 準備ができて《の *for*》; (いつでも…する)用意ができて; 覚悟ができて《*to* (do)》: Dinner is ～. 食事のしたくができました. shoes ～ *for* wear すぐはけるくつ, できあいのくつ. I'm ～ *to* go out. いつでも出かけられるよ. We are ～ *for* the trip 〔our fate〕. 旅の〔運命を甘受する〕用意はできている. **2** いまにも…しそうで《*to* (do)》: She seemed ～ *to* cry 〔fall〕. いまにも泣きそう〔倒れそう〕に見えた. **3** 即座の, すぐに応ずる; てきぱきした; 巧みな: a ～ reply 〔answer〕 即答. a ～ smile すぐに浮かべる微笑. a ～ worker 仕事のはやい人. be ～ at excuse 言い訳じょうず. **4** すぐに使える, 便利な; 手元にある: a ～ cash 〔money〕 現金. keep 〔have〕 a revolver ～ ピストルをいつも手元におく. ***get*** 〔***make***〕 ～ 用意をする, したくをする《の *for*》. ***give a ～ consent*** すぐ承諾する. ***hold oneself ～ to*** (do) …しようと身構える. ～ ***at*** 〔***to***〕 ***hand*** 手近に, すぐ使える.

—— *n.* (しばしば the ～) 〘俗〙現金; 〘軍〙《銃の》構え. ***come to the ～*** 銃を構える. ***plank down the ～*** 〘俗〙現金を払う.

—— *ad.* **1** 《過去分詞を伴って》あらかじめ, 用意して: ～-made. ～-built. **2** 《通例比較級・最上級の形で》はやく, 迅速に: a boy who answers ～*iest* いちばんはやく答える生徒.

—— *vt.* 用意〔準備〕する. ～ ***a horse*** 〘俗〙《次回の競馬で有利なハンディキャップを得るため》故意に馬を遅らせる. ～ ***up*** 〘俗〙現金即時払いにする.

～**-for-wéar,** ～**-to-wéar** 《衣服が》既製の. *～**-máde** (1) 《服など》できあいの, 既製の. ↔ made-to-measure. (2) 《思想・意見など》受け売りの. ～ **means** 〔**way**〕 手っとり早い方法. ～**-mix** [⌐-⌐] 《すぐまにあうように》各種成分を調合した品. ～**-míxed** 調合済みの. ～ **money** 〔**cash**〕 現金, 即金(の). ～ **pen** まめな筆: have a ～ *pen* 筆まめである. ～ **reckoner** 計算早見表〔帳〕. ～ **reserve** 予備軍. ～ **room** 〘空〙操縦士の待機室. ～ **wit** とんち. ～**-wít·ted** 機転のきく, のみこみが早い. 類 → **quick**「敏速な」

rè·af·fírm [rìːəfə́ːrm/ríː-] *vt.* 再び確言〔肯定〕する. ◇ **rè·af·fir·má·tion** [rìːæfərméiʃ(ə)n/ríː-] *n.*

re·á·gent [riːéidʒ(ə)nt] *n.* 〘化〙試薬, 試剤.

‡**ré·al¹** [ríː(ə)l/riəl, ríː(ə)l] *a.* **1** 真実の, ほんものの, まがいでない: ～ gold 純金. ～ silk 正絹. ～ courage 真の勇気. a ～ man 人間らしい人間, 信頼できる人. feel a ～ sympathy まがいではない〔心からの〕同情を感じる. **2** 現実の, 実際の, 実在する: a tale taken from ～ life 実生活から取材した話. ↔ ideal. **3** 〘法〙不動産の, 物件の. → personal. **4** 《収入・賃銀が》実質の. **5** 〘数〙実数の; 〘光〙実像の. —— *ad.* 〘米話〙ほんとうに: We had a ～ good time. ほんとうに楽しかった. —— *n.* (the ～) 現実; 実物.

～ **action** 〘法〙不動産回復訴訟. ～ **estate** 〔**property**〕 不動産. ～ **image** 〘光〙実像. ～

money 正金. ～ **number** 〘数〙実数. ～ **presence, the** 〘宗〙聖餐(せいさん)におけるキリストの血と肉の実在. ～ **rights** 物権. ～ **stuff** 〘俗〙ほんもの, すばらしい物. ～ **thing, the** ほんもの; 極上品; 本場物. ～ **wages** 実質賃銀. → nominal wages. ◇ ～·**ness** *n.*

(類義語) ほんとうの, 真実の: **real** apparent (一見…に見える), imaginary (想像上の) などの反意語で, 「現実に存在する, 存在しうる」. true, actual と交換可能なばあいが多いが, true が感情的判断, actual が現実的判断であるのに比べて, real は観念的判断である: a *real* (=true) diamond ほんもののダイヤ. a story taken from *real* (=actual) life 現実の生活に基づく物語. **actual** ideal (理念上の), possible (可能な) などの反意語で, 現実の存在だけを問題にするきわめて実際的な判断: the *actual* state 実状, 現状. the *actual* cost 実費. **true** fictitious (架空の, 虚構の), false (うその, にせの) などの反意語で, actual もしくは real な状態に一致していることを示す. 「実体との一致」が中心語義であり, ここより「正確な (=precise)」「ほんものの (=genuine)」といった語義が生じる. 以上の2語に比べ感情的色彩が強い: a *true* story 実話. **genuine** counterfeit (模造の, 見せかけの) の反意語で, 純粋でまがいものでないことを示す: *genuine* sympathy ほんとうの共感. a *genuine* antique ほんものの古美術. **practical** speculative (思弁的な), theoretical (理論的な) などの反意語で, 「実際的な, 実際に則した」の意. また「名目は違うが実質上の, 事実上の(=virtual)」の意もある: a *practical* scheme 実際案. the *practical* ruler of the country その国の実質的な支配者.

ré·al² [ríː(ə)l/reiɑ́ːl] *n.* (*pl.* **～s**, Sp. **～·es** [reɑ́ːles]) 《昔の》スペインの小銀貨 《約12.5 セント》; 旧貨幣単位 《4分の1 peseta》. [<Sp.]

re·ál³ [reiɑ́ːl] *n.* reis の単数形. [<Port.]

re·ál·gar [riǽlgər] *n.* 〘鉱〙鶏冠石.

ré·al·ise =realize.

ré·al·ism [ríːəlìz(ə)m/ríəl-] *n.* **1** 現実主義. ↔ idealism. **2** 〘文芸・美〙写実主義. **3** 〘哲〙実在論, 実念論. → nominalism. **4** 〘法〙実体主義.

ré·al·ist [-ist] *n.* **1** 現実主義者, 実際家. **2** 〘文芸・美〙写実主義の作家〔画家〕. **3** 〘哲〙実在論者.

***rè·al·ís·tic** [rìːəlístik/riəl-] *a.* **1** 現実主義の. **2** 写実主義の, 写実派の; 真に迫った. **3** 実在論(者)の. ◇ **-ti·cal·ly** *ad.*

‡**re·ál·i·ty** [riǽləti] *n.* **1** 真実, 真実性; 本性. **2** 事実, 現実(性): ～*ties* of war 戦争の現実の姿. **3** 実在; 実体: the ～ of God 神の実在. **4** 迫真性, 実物にそっくりなこと. ***in*** ～ 実は, 実際は. ***with*** ～ 実物そっくりに.

rè·al·i·zá·tion [rìːəlizéiʃ(ə)n, -laiz-/ríəl-] *n.* **1** 実現, 現実化. **2** 悟り, 実感. **3** 《財産などの》現金化; 《金の》入手.

‡**ré·al·ize, -ise** [ríːəlàiz/ríəl-] *vt.* **1** 〈願望・計画などを〉実現する, 現実化する: ～ a long-cherished wish 長年の望みを果たす. **2** 如実に見せる; に現実感を与える. **3** 実感する, (なまなまと) 悟る: ～ one's deficiencies 自分の欠点を自覚する. I never ～*d* that. そんなこと少しも気づかなかった. **4** 〈財産・利益を〉得る, もうける: ～ a good profit on the sale of one's house 自分の家を売って利益をあげる. **5** 現金に換える. **6** 売れて…になる: The goods ～*d* $2,000. 商品は2,000ドルに売れた.
—— *vi.* 換金する. ◇ **ré·al·iz·a·ble** *a.*

rè·al·lí·ance [rìːəláiəns/ríː-] *n.* 再同盟.

†**ré·al·ly** [ríː(ə)li/ríəli] *ad.* 真に, ほんとうに, 実に, 実際, 確かに: Not ～! まさか! *R*～? ほんとうですか, おや, そうですか. *R*～! いかにも! Well ～! おやおや.

‡**realm** [relm] *n.* **1** 〘雅〙王国, 国土. **2** 範囲, 領域; 《学問の》部門; …界: the ～*s* of poetry 詩の世界. **3** 《動植物分布の》圏, 帯. ***the laws of the*** ～ イギリス国法.

ré·al·tor [ríːəltər/ríəl-] *n.* 〘米〙不動産仲買人.

ré·al·ty [ríːəlti/ríəl-, ríː(ə)l-] *n.* 〘法〙不動産. ↔ personalty.

ream¹ [riːm] *n.* **1** 連 《印刷用紙の数量名: short ～ 480枚; long ～ 500枚; printers' ～ 516枚》. **2** (通例 *pl.*) 〘話〙多量, 多数: He has written ～*s* of poetry. 彼はおびただしい数の詩を書いた.

ream² *vt.* **1** 削り取る, 取り除く 《*out*》. **2** 〈穴などを〉大きくする, 広げる.

réam·er [ríːmər] *n.* リーマー, 拡孔器.

re·án·i·mate [riːǽnimèit] *vt.* **1** 生き返らせる, 蘇生(そせい)させる. **2** に元気を回復させる; 奮起させる.
◇ **rè·an·i·má·tion** [riːænim éiʃ(ə)n] *n.*

‡**reap** [riːp] *vt., vi.* **1** 〈作物を〉刈り入れる, 刈り取る: ～ a harvest 作物を取り入れる. **2** (の)作物を収穫する: ～ fields 畑の刈り入れをする. **3** 《比喩的》獲得する; 〈報いなどを〉受ける: ～ lasting benefits 永続的な利益をあげる.
～ ***as*** 〔***what***〕 one ***has sown*** まいた種を刈り取る, 因果応報. ～***ing hook*** かま. ～***ing machine*** 自動刈り取り機 (=reaper). ～ ***the fruits of*** one***'s actions*** 自業自得. ～ ***where*** one ***has not sown*** 他人の努力で自分を利する, 人の苦労の結果を横取りする. ***sow the wind and*** ～ ***the whirlwind*** 悪事をはたらいてその何倍もの災いに会う.
◇ ～́·**er** *n.* **1** 刈り取る人; 刈り取り機. **2** (the R～) 死に神 (=the Grim R～). ～́·**ing** *n.* 刈り入れ, 収穫.

rè·ap·pár·el [rìːəpǽrəl/ríː-] *vt.* (**-l-**, 〘英〙**-ll-**) に再び衣装を着せる; 新たに装わせる.

***rè·ap·péar** [rìːəpíər/ríː-] *vi.* 再びあらわれる, 再登場する; 再発する. ◇ ～·**ance** [-əpí(ː)rəns/-píər-] *n.*

rè·ap·plý [rìːəplái/ríː-] *vi.* 再び申し込む, 再申請する. —— *vt.* 再適用する.
◇ **rè·ap·pli·cá·tion** [rìːæplikéiʃ(ə)n/ríːæp-] *n.*

rè·ap·póint [rìːəpɔ́int/ríː-] *vt.* 再び任命する, 復職させる. ◇ ～·**ment** *n.* 再任, 復職.

‡**rear¹** [riər] *n.* **1** 後ろ, 背面, 背後, 最後部. **2** 〘軍〙後衛, しんがり. **3** 〘英俗〙(男子用) 便所; 〘俗〙しり. ***at*** 〔***in***〕 ***the*** ～ ***of*** の後ろに, の背後に: The kitchen is *in the* ～ *of* the house. 台所は家の背後にある. ***bring*** 〔***close***〕 ***up the*** ～ しんがりをつとめる, 最後にくる. ***follow in the*** ～ あとにつく, あとから行く. ***hang on the*** ～ ***of*** 〈敵〉のあとをつけまわす. ***take*** 〔***attack***〕 the enemy ***in*** (***the***) ～ (敵の) 背後を襲う.
—— *a.* ～ の〔にある〕: the ～ rank 後列. the ～ guard 〘軍〙後衛, 後陣. —— *vi.* 〘俗〙便所に行く. ～ **admiral** 海軍少将. ～ **end** 後部, 後尾, 末端; 〘米俗〙しり (buttocks). ～ **service** 〘軍〙後方勤務. ～ **sight** 《銃の》後部照尺. ～ **vassal** 陪臣. ～·**view** 〔～·**vision**〕 **mirror** 《自動車の》バックミラー. (類) → **back** 「後ろの」

‡**rear²** *vt.* **1** 育てる; 飼育〔栽培〕する; 育成する: be ～*ed* in a fine family 良家に育つ. ～ poultry 養鶏する. **2** (もち) 上げる, ささえる; 立てる: The snake ～*ed* its head. ヘビがかま首をもち上げた. ～ a flagpole in front of the building ビルの正面に旗ざおを立てる. **3** 〈馬を〉あと足で立たせる.
—— *vi.* **1** 〈馬などが〉あと足で立つ 《*up*》. **2** そびえ立つ. **3** 席をけって立つ 《*up*》: ～ *up* in a temper 憤然と立ち上がる. ～ ***the*** 〔one***'s***〕 ***head*** 頭を上げる; 〈悪心などが〉頭をもたげる; 〈人が〉頭角をあらわす.
(類) → **grow** 「育てる」

réar·er [rí(ː)rər/ríərə] *n.* **1** 飼育者; 栽培者. **2** あと足で棒立ちになる癖のある馬.

re·árm [riːɑ́ːrm/ríː-] *vt., vi.* 再軍備させる〔する〕; に新式改良兵器を備える. ◇ **re·ár·ma·ment**

[-əmənt] *n.* 再軍備; 兵器改善.
réar·most [ríərmòust] *a.* (いちばん) 最後の.
***rè·ar·ránge** [rìːəréindʒ/ríː-] *vt.* **再整理〔配列〕する**, 配列変えする. ◇ **〜·ment** *n.* 再整理〔配列〕; 模様替え;〘化〙転位.
réar·ward [ríərwərd] *ad.* 後方に, 背後に. **〜 *of*** の後方に. ── [⊛ -wɔ̀rd] *n.* 後方, 背後;〘軍〙後衛. ***in* 〔*at*〕 *the* 〜** 後部に; 後衛に.
── *a.* 後方の, 背後にある. ◇ **〜·ness** *n.*
réar·wards [-z] *ad.* =rearward.
rè·as·cénd [rìːəsénd/ríː-] *vi.* 再び登る.
†**réa·son** [ríːzn] *n.* **1 理由**, わけ, 言い訳; 動機: The 〜 why I must resign is… 私がやめなくてはならないわけは…だ. **2 道理**, 条理, 理屈: There is 〜 in what you say. きみの言うことは筋が通っている. **3 理性**, 知性; 推理力, 判断力: appeal to a person's 〜 理性に訴える. **4** 正気; 良識, 分別, 常識; 思慮ある行為: come to 〜 正気になる. **5**〘論〙論拠; 前提, 小前提;〘哲〙理性.
as* 〜 *is* 〔*was*〕** 思慮の命ずるところに従って. ***be restored to* 〜** 正気に返る. ***bring to* 〜** ものの道理をききわけさせる. ***by* 〜 *of の理由で, …のために. ***for certain* 〜** 訳あって, ある理由で. ***for no other* 〜 *but this*** まさにこの理由で. ***for no other* 〜 *than that*…** 単に〔もっぱら〕…という理由で. ***for* 〜*s of*** …のために, の理由で. ***give a* 〜 *for*** の理由を示す. ***have* (*a*) 〜 *for* 〔*to* (do)〕** の〔…する〕理由がある, …するのは正しい〔もっともだ〕. ***in* (*all*) 〜** 道理上; 適度に〔の〕, 正しい. ***listen to* 〔*hear*〕 〜** 道理に従う. ***lose* 〔*restore*〕 one's 〜** 気が狂う〔正気になる〕. ***out of* 〜** 非条理な, 道理にそむいて. ***practical* 〔*pure*〕 〜**〘哲〙実践〔純粋〕理性. **〜(*s*) *of State*** 国家的理由《為政者の政治的弁解》. ***speak* 〔*talk*〕 〜** もっともなことを言う. ***stand to* 〜** もっともである, 道理にかなう. ***the* 〔*a*〕 *woman's* 〜** 女の理屈《事実を説明するのにその事実を繰り返すこと. たとえば I love him because I love him. など理由にならぬ理由》. ***within* 〜** =in 〜. ***without rhyme or* 〜** 筋道がたっていない, さっぱりわからない. ***with* 〜** 十分の理屈があって.
── *vt.* **1** 論ずる《と *that*》; 推論する《*what, whether, why*》. **2** 論理的に考え出す〔まとめる〕《*out*》: 〜 *out* the answer to a question 質問に対するはっきりした答えを考え出す. a well-〜*ed* speech 筋道のとおった演説. **3** 説得する.
── *vi.* **1** 推論する, 判断をくだす《について *about, of*; に基づいて *from, upon*》: 〜 *from* false premises 誤った前提で推論する. **2** 説得する《を *with*》; 談ずる, 論ずる《と *with*》: 〜 *with* a person on… …の問題で人と論じ合う. 〜 one***self into*** conviction 理屈をつけて(信じ込む). 〜 a person ***into*** (do)***ing*** 説得して…させる. 〜 a person ***out of*** his fears (人を) 説いて(恐怖心) を去らせる. [√ra-]
◇ **〜ed** *a.* 理性に基づく; よく考えてある. **〜·less** *a.*
‡**réa·son·a·ble** [ríːznəbl] *a.* **1 分別のある**, 道理をわきまえた: a 〜 man 分別のある男. **2 道理にかなった**, 筋道のとおった: a 〜 excuse 筋のとおった申し開き. **3 穏当な**, 適度な; 法外でない: on 〜 terms 無理のない条件で. **4**《値段など》**高くない**, 手ごろな: a 〜 price. ◇ **〜·ness** *n.*
〔類〕→ **rational**「道理にかなった」
***réa·son·a·bly** [-nəbli] *ad.* **1** 合理的に, 筋道をとおして. **2** 正当に; 相応に. **3** 相当に, かなり. **4** 安価に.
réa·son·ing [ríːzniŋ] *n.* **1** 推理, 推論; 推論法. **2** 議論, 理論; 論拠.
rè·as·sém·ble [rìːəsémbl/ríː-] *vt., vi.* 再び集める〔集まる〕.
rè·as·sért [-əsə́ːrt] *vt.* 更に断言する, 重ねて主張する. ◇ **rè·as·sér·tion** [-əsə́ːrʃ(ə)n] *n.*
rè·as·sígn [rìːəsáin/ríː-] *vt.* **1** 再割り当てする. **2** 再指定〔任命〕する. **3** 再譲渡する;〈譲渡されたものを〉還付する. ◇ **〜·ment** *n.*
rè·as·súme [-əsúːm/-əsjúːm] *vt.* 再び取る, 取り返す; 再び引き受ける, 〈官職などに〉再就任させる.
◇ **rè·as·súmp·tion** [-əsʌ́mpʃ(ə)n] *n.*
rè·as·súr·ance [rìːəʃú(ː)rəns/-ʃúər-] *n.* **1** 再保証; 再保険. **2** 安心; 確信.
***rè·as·súre** [rìːəʃúər] *vt.* **1 再保証する**, 再保険にかける. **2 安心させる**; に請け合う.
◇ **〜d** *a.* **-súr·ed·ly** [-ʃú(ː)ridli/-ʃúər-] *ad.* 安心して, 確信〔自信〕をもって.
rè·as·súr·ing [rìːəʃú(ː)riŋ/-ʃúər-] *a.* 安心させる; 心強い. ◇ * **〜·ly** *ad.*
Ré·au·mur [réiəmjùər] *a.* 列氏(温度計)の《フランスの物理学者 R. Réaumur の発明. 氷点 0°, 沸騰点 80°. 略 R.》. ── *n.* 列氏温度計.
reave [riːv] *vt., vi.* (**reaved** *or* **reft** [reft])〘古・雅〙**1** から奪う《を *of*》. **2** 運び去る, 盗む. →reive. **3** 裂く, 破る. ◇ **réav·er** *n.* 略奪者; 海賊.
reb [reb] *n.*〘米話〙南軍兵士.
re·báp·tism [riːbǽptiz(ə)m] *n.* 再洗礼; 再命名.
rè·bap·tíze [rìːbæptáiz] *vt.* に再び洗礼を施す; 命名しなおす.
re·bár·ba·tive [ribɑ́ːrbətiv] *a.* 虫の好かない, いやな.
ré·bate[1] [ríːbeit, ribéit] *n.*《手形などの》割引; 割りもどし, 払いもどし, リベート;〘稀〙減少.
── [ríːbeit, ribéit/ribéit] *vt.* 割り引く, 割りもどす, 払いもどす;〘稀〙減少する. [√bat(t)-]
◇ **ré·bat·er** *n.*
réb·ate[2] [rǽbit, ⊛ ⁺ ríːbeit] =rabbet.
ré·bec(k) [ríːbek] *n.*《中世の》三弦楽器.
‡**réb·el** [rébl] *n.* 反逆者, むほん人《*against, to*》: a 〜 in the home 家庭の反逆児. ── *a.* むほんした, 反逆の: 〜 forces 反乱軍.
── [ribél] *vi.* (**-ll-**) **1 むほんする**, そむく; 反抗する《に *against*》; 離反する《から *from*》. **2** 調和しない, 折り合わない《と *against*》. **3** ぞっとする《に *at*》: My mind 〜*s at* the thought. それを考えるとぞっとする. [√bel(l)-]
‡**re·bél·lion** [ribéljən] *n.* **1 むほん**, 反乱: rise in 〜 暴動を起こす. **2** 反抗, 背反《に対する *against*》: a 〜 *against* the dictator 独裁者への反逆. ***the Great R〜***〘英史〙大反乱《1642–60》.
re·bél·lious [ribéljəs] *a.* 反逆する, 反抗的な; 強情な, がんこな; 扱いにくい;《病気など》治療しにくい.
◇ **〜·ly** *ad.* **〜·ness** *n.*
re·bínd [riːbáind/ríː-] *vt.* (**re·bóund** [-báund]) 練りなおす; 製本しなおす.
re·bírth [riːbə́ːrθ/ríː-] *n.* 更生, 再生, 復活; 新生面.
re·blóom [-blúːm] *vi.* 返り咲く; 若返る.
ré·bop [ríːbɑp/-bɔp] =bebop.
re·bórn [riːbɔ́ːrn/ríː-] *a.* 更生〔再生〕した, 生まれ変わった.
re·bóund[1] [ribáund] *vi.* **1** はね〔はじき〕返る: 〜 *from* the ground 地面からはね返る. **2** もとへもどる: Our evil example will 〜 *upon* ourselves. 悪い手本を示すとわが身に報いがくる, 因果応報.
── *vt.*〘稀〙はね返らせる, もどらせる.
ré·bound[2] [ríːbàund, ribáund] *n.* **1** はね返り, 反発. **2** こだま, 反響. **3** 反動. ***take* 〔*catch*〕 a person *at* 〔*on*〕 *the* 〜** (人の) 感情の反動を利用する.
rè·bóund[3] [rìːbáund/ríː-] *a.* 練りなおした; 製本しなおした.
re·bróad·cast [riːbrɔ́ːdkæst/⏤⏤kɑːst] *vi., vt.* (**-cast** *or* **-cast·ed**) 再放送する; 中継放送する.
── *n.* 再放送 (番組); 中継放送 (番組).
re·búff [ribʌ́f] *n.* 拒絶, ひじ鉄砲《*to*》; 撃退, 阻止.
── *vt.* 拒絶する, 撃退する; 挫折(ざせつ)させる.
***re·buíld** [riːbíld/ríː-] *vt., vi.* (**re·buílt** [-bílt]) **再建する**, 建てなおす, 改築する.
‡**re·búke** [ribjúːk] *vt.* **非難する**, しかる.
── *n.* **非難**, 譴責(けんせき). ***give* 〔*receive*〕 *a* 〜** 譴

R

責する〔される〕. ***without*** **～** 大過なく.

◇ **re·búk·er** *n.* **re·búk·ing·ly** *ad.* なじって, 非難するように. 〔類〕 → **reproach**「とがめる」

ré·bus [rí:bəs] *n.* 判じもの〔絵〕.

re·bút [ribʌ́t] *vt.* (**-tt-**) **1**〘法〙反駁(はんばく)する, に反証をあげて抗弁する: ～*ting* evidence 反証. **2**〘稀〙しりぞける, 排斥する, 阻止する. ◇ **～·ment, ～·tal** [-l] *n.* 〘法〙原告の反駁, 抗弁; 反証. **～·ter** [-ər] *n.* 反駁者;〘法〙《被告側の》第3答弁.

rec [rek] **～** ***room***〘米話〙娯楽室. [＜*rec*reation]

rec. receipt; recipe; record; recorder.

re·cál·ci·trant [rikǽlsitrənt] *a.* 抵抗する, 不従順な; 手に負えない. **——** *n.* 反抗する人, 強情な人. ◇ **-trance, -tran·cy** *n.*

re·cál·ci·trate [-trèit] *vi.* 反抗する, 強情を張る. ◇ **re·càl·ci·trá·tion** [rikæ̀lsitréiʃ(ə)n] *n.* 反抗, 強情, 嫌悪(けんお).

‡**re·cáll** [rikɔ́:l] *vt.* **1** 思い起こす, 思い出す, 記憶に呼びもどす: I don't ～ his name [meeting him, where I met him]. 彼の名〔彼に会ったかどうか, どこで会ったか〕を思い出せない. **2** に記憶を呼びさます, に思い出させる《を *to*》: ～ a person *to* a sense of responsibility 人にその責任を思い出させる. **3** 呼びもどす, 召還する, 帰還させる: ～ an ambassador 大使を本国へ召還する. **4**〘米〙リコールする. **5** 取り消す, 撤回する: ～ an order 注文を取り消す. **6** よみがえらせる, 生き返らせる (revive). **～** ***to life*** 蘇生(そせい)させる. **～** ***to*** **one*'s mind*** 思い出す.

—— [㊙⁺ rí:kɔ:l] *n.* **1** 呼びもどし, 召還: letters of ～. **2**〘米〙リコール《一般投票による公職者の解任》. **3** 取り消し, 撤回. **4** 回想, 想起. **5**〘軍〙《らっぱ・太鼓などの》再集合信号音;〘海〙召艇信号. ***beyond*** [***past***] **～** 思い起こせない; 取り返しのつかない. ◇ **～·a·ble** [rikɔ́:ləbl] *a.*

re·cánt [rikǽnt] *vt.* 〈自分の出した声明・提案などを〉公式に取り消す, 撤回する. **——** *vi.* 自説を撤回する. ◇ **rè·can·tá·tion** [rì:kæntéiʃ(ə)n] *n.*

re·cáp¹ [ri:kǽp] *vt.* (**-pp-**)〘米〙〈古タイヤを〉修理して更生させる. **——** [rí:kæp/ˊ−] *n.* 更生タイヤ.

ré·cap² [rí:kæp] *vt., vi.* (**-pp-**)〘話〙= recapitulate. **——** *n.*〘話〙= recapitulation.

re·cáp·i·tal·ize [ri:kǽpit(ə)làiz/rí:kəpítəlaiz] *vt.* (の)資本構成を改める. ◇ **re·càp·i·tal·i·zá·tion** [ri:kæ̀pit(ə)lizéiʃ(ə)n/rí:kəpìtəlaiz-] *n.*

rè·ca·pít·u·late [rì:kəpítʃulèit/-tju-] *vt., vi.* **1** (の)要点を繰り返して述べる, 要約する. **2**〘生〙発達期を反復する. **3**〘楽〙ソナタ形式で再現する. ◇ **-la·tive** [-lèitiv], **-la·to·ry** [-lətɔ̀:ri/-lət(ə)ri] *a.* 要約的. **-la·tor** [-lèitər] *n.* 要約者. **rè·ca·pìt·u·lá·tion** [ˌ−−ˌ−− léiʃ(ə)n] *n.*

re·cáp·tion [ri:kǽpʃ(ə)n] *n.* 〘法〙《不法に占有された物の》自力取りもどし.

re·cáp·ture [ri:kǽptʃər/rí:-] *n.* **1** 取りもどし; 奪還, 回復. **2** 再逮捕. **——** *vt.* **1** 取りもどす, 奪回する. **2** 再び逮捕する.

re·cást [ri:kǽst/rí:ká:st] *vt.* (**-cást**) **1** 鋳なおす; つくりなおす. **2** 計算〔勘定〕しなおす. **3** の配役を変更する. **——** [ˌ−ˌ−/ˊ−] *n.* **1** 改鋳; 改作(品). **2** 再計算. **3** 配役変更.

rec'd, recd. received.

*__re·céde__¹ [risí:d] *vi.* **1** 退く, 退却する; 遠ざかる《から *from*》: The tide has ～*d*. 潮が引いた. **2** 身を引く, 手を引く《から *from*》. **3** 後方に傾く; 引っ込む, へこむ. **4** 縮まる;〈価値などが〉下がる, 落ちる;〈印象が〉薄れる, おぼろになる. **～** ***into the background*** (1) 後景に退く. (2) 勢力を失う,「かすむ」. [√ced-]

re·céde², **re-céde** [risí:d] *vt.* 前の所有者に返す,「返還する.

‡**re·céipt** [risí:t] *n.* **1** 受領, 受け取る〔取られる〕こと: acknowledge the ～ of a check 小切手の受領を報ずる. **2** 受け取り, 領収証. **3** (*pl.*) 受領高, 収益: the total ～*s* 総収入高. **4** 受け取った物. **5** 処方, 製法《*for*》. → 動詞 receive. ***be in*** **～** ***of*** を受け取った: I *am in* ～ *of* your favor of the 3rd. 3日付けのお手紙拝見しました. 〈注〉have received よりぎょうぎょうしい. ***on*** **～** ***of*** を受け取りしだい. **～** ***of custom***〘古〙税関. **——** *vt.* **1**〈勘定書に〉領収済みと書く. **2** に領収証を出す. **～ book** 受取帳. **～ stamp** 収入印紙.

re·céiv·a·ble [risí:vəbl] *a.* **1** 受け取るべき. **2** 受け取られる. **3** 受け入れられる, 信ずべき. **——** *n.* (*pl.*)〘商〙受取勘定. ◇ **re·cèiv·a·bíl·i·ty** [risì:vəbíliti] *n.*

†**re·céive** [risí:v] *vt.* **1** 受け取る, 受領する: I ～*d* it *back*. それが返送されてきた. **2**〈歓迎・注目・罪・打撃などを〉受ける, こうむる: ～ a good education [training] よい教育〔訓練〕を受ける. **3**〈提案などを〉受理する, 聞いてやる, 応ずる. **4**〈心に〉受け入れる, 認める; 理解する: ～ new ideas 新思想を取り入れる. **5**〈力・重さなどを〉ささえる, 受けとめる. **6** 迎える, 歓迎する; 接待する: ～ a visitor 客に会う. **7**〈人を〉入れる, 収容する. **8**〈盗品を〉買い入れる, 故買する. **9**〘電〙受信する, 聴取する. **10**〘テニス〙〈サーブを〉打ち返す.

—— *vi.* **1** 受け取る. **2** 聖餐(せいさん)を受ける, 聖体を拝領する. **3** 訪問を受ける, 応接する: She ～*s* on Monday afternoon. 彼女は月曜の午後を面会日にしている. **4**〘電〙受信〔受像〕する. → 名詞 receipt, reception. **～** ***at the hands of*** …から受ける. **～** a person***'s confession*** [***oath***] (人) のざんげ〔誓言〕を聴許する. **～** ***into*** one***'s favor*** 寵愛(ちょうあい)する. **～** a person ***into the church*** 教会員として受け入れる. **～** ***the sacrament*** [***the Holy Communion***] 聖餐を受ける, 聖体を拝領する. **～** ***with open arms*** 大いに歓迎する. [√cap-]

〔類義語〕 **受け入れる: receive** 以下のすべての語義をもつ一般的な語. take, get に対しやや社交的で上品な語感がある: *receive* an invitation 招待状を受け取る. *receive* (=accept) a lodger 下宿人を置く. **accept** 提供されたものを (好意をもって) 受け入れる: *accept* an invitation 招待に応ずる. **admit** 事実などを認めて受け入れる. **adopt** 新しい理論・思想・方法・意見・政策などを受け入れる, 採用する. **greet** 親愛・尊敬・歓喜, ときに悪意・ののしりなどをもって受け入れる, 迎える: *greet* a person with cheers. **welcome** 喜んで受け入れる, 歓迎する.

re·céived [-d] *a.* 受け入れられた;《一般的》認められている; 標準とされている: favorably ～ 好評の. **～** ***bill of lading*** 受取船荷証券《海運業者が荷物を受け取りの上, 本船船積み前に発行した船荷証券》. **R～ Pronunciation** 標準発音《イギリスの音声学者 Daniel Jones の用語. 略 RP》. **R～ Standard English** 容認標準英語. **～ text** 標準版. **～ view, the** 通念.

‡**re·céiv·er** [risí:vər] *n.* **1** 受取人. ↔sender. **2** 収入役; 接待者. **3**〘法〙管財人; 故買者;〘テニス〙レシーバー, 応戦者. **4** 受け, 容器;〘化〙《レトルトの》受け器; 留気室, ガス槽(そう). . **5** 受信機, 受話器, レシーバー;《テレビの》受像機. ↔sender. **～-gén·er·al** 歳入徴収長官. ◇ **～·ship** *n.* 管財人の職〔任期〕; 財産管理を受けること.

re·céiv·ing [risí:viŋ] *n.* 受け取ること, 受領;《盗品の》故買. **——** *a.* 受け取る, 受信の; 歓迎の. **～ antenna** [**aerial**]〘電〙受信アンテナ. **～ blanket**《幼児用》湯上がり毛布. **～ line**《レセプション・舞踏会などで》客を迎える主催者・主賓の人たちの列. **～ order**《破産財産の》管財命令書. **～ reservoir** 集水池. **～ set**〘電〙受信装置. **～ ship** 新兵練習艦. **～ station** 受信所〔局〕.

ré·cen·cy [rí:snsi] *n.* 新しいこと, 昨今.

re·cén·sion [risénʃ(ə)n] *n.* **1** 校訂, 訂正. **2**

校訂本. ◇ ～·ist *n.* 校訂者.

‡ré·cent [ríːsnt] *a.* **1** 近ごろの, 最近の, 新しい: in ～ years 近年(は). **2** (R～) 〖地〗現世の. **R～ (epoch), the** 〖地〗現世. ◇ **～·ness** *n.*

‡ré·cent·ly [ríːsntli] *ad.* 近ごろ, 最近, 昨今; ついこのあいだ: until [quite] ～ 最近 [ついこのあいだ] まで. 〈注〉完了形·過去形のいずれとも用いられる.

re·cép·ta·cle [riséptəkl] *n.* **1** 容器; 置き場. **2** 〖植〗花床; 《分泌液の》蓄蔵器. **3** 〖電〗コンセント.

‡re·cép·tion [risépʃ(ə)n] *n.* **1 受け入れ**, 受け取ること, 受領; 受理; 収容. **2 応接**, 接待: a warm ～ 暖かい歓迎. **3 歓迎会**, レセプション: hold a ～ 歓迎会を催す. **4** 入会(許可), 加入. **5 受け**, 評判: a favorable ～ 好評. **6** 是認, 容認. **7** 理解力, 感受, 感得. **8** 〖電〗受信〔受像〕(の調子). →動詞 receive. ***give a ～ to*** を歓迎する.
～ clerk 〖米〗(ホテルの) 予約係, 帳場係. **～ committee** 接待委員. **～ day** 面会日. **～ order** 〖英〗《精神病院への》入院命令. **～ report** 受信報告. **～ room** 応接〔接待〕室, 《医院などの》待合室. ◇ **～·ist** *n.* 《会社などの》応接〔受付〕係.

re·cép·tive [riséptiv] *a.* **1** 感受性に富んだ; 《思想·印象などを》受け入れる, 受け入れやすい. **2** 〖生理〗受容の: a ～ organ 受容器.
◇ **～·ly** *ad.* **～·ness** *n.* **re·cèp·tív·i·ty** [risèptívəti, rìːsep-] *n.*

re·cép·tor [riséptər] *n.* **1** 〖生理〗受容器, 感覚器官; 〖動〗摂受体. **2** 受話器; 受信装置.

‡re·céss [risés] *n.* **1 休み**, 休憩; 《議会の》休会(期間); 〖米〗《大学·法廷の》休暇: an hour's ～ for lunch 昼食のための1時間の休み. **2** (通例 *pl.*) **奥まったところ**, 奥底, すみ; 引退所: lay bare the ～*es* of the soul 心の奥底を打ち明ける. **3** 《海岸線·山脈などの》くぼみ; 壁のくぼみ (niche); 床の間 (alcove); 〖医〗《器官の》窩(か), 凹所(おう): a ～ under the staircase 階段の下の空所.
at ～ 休憩時間に. ***be in ～*** 休会〔休廷, 休憩〕中である. ***go into ～*** 休会する. ***in the inmost* [*deepest*] *～ of*** の奥〔底〕に.
—— *vt.* **1** 凹所に置く〔隠す〕: ～*ed* lighting 間接照明. **2** にくぼみをつける: ～ a wall 壁を引っ込める. **3** 休会〔休廷〕にする. **——** *vi.* 〖米〗休む; 休憩〔休会〕する. [比較 recede]

re·cés·sion[1] [riséʃ(ə)n] *n.* **1** 退去, 後退. **2** 《壁面などの》引っ込んだ場所〔部分〕, くぼみ. **3** 《礼拝式後などの》退場の列. **4** 〖米:経〗《一時的な》景気後退 (＝business ～).

re·cés·sion[2] [riːséʃ(ə)n/ríː-] *n.* 《前所有者への》返還, 還付.

re·cés·sion·al [riséʃən(ə)l] *a.* **1** 《議会などの》休会(中)の. **2** 《礼拝式後》退場の.
—— *n.* 退場(賛美)歌 (＝～ hymn).

re·cés·sive [risésiv] *a.* **1** 退行の, 逆行の. **2** 〖遺伝〗劣性の: a ～ character 劣性形質. ↔dominant. **3** 〖音声〗《アクセントが》逆行の.
—— *n.* 〖生〗劣性形質. ◇ **～·ly** *ad.* **～·ness** *n.*

Réch·a·bite [rékəbàit] *n.* レカブの子孫; 禁酒家. 〈注〉レカブ (Rechab [ríːkæb]) の子孫には禁酒が命ぜられた (〖聖〗エレミヤ書 35:6).

re·chárge [riːtʃáːrdʒ/ríː-] *vt.* **1** 〖電〗再び充電する. **2** 装塡(そうてん)しなおす. **3** 再び襲撃する; 逆襲する. **4** 再び告訴する. **——** *n.* ～すること.
◇ **～·a·ble** *a.*

ré·chauf·fé [rèiʃouféi/–⌐–] F. *n.* **1** 暖めなおした食べもの. **2** 更生品, 改作品, 焼きなおし.

re·chéck [riːtʃék/ríː-] *vt.* 再照合する.

re·cher·ché [rəʃéərʃei] F. *a.* **1** まれな, 珍しい. **2** より抜きの. **3** 凝った; 念入りの.

re·cíd·i·vism [risídəviz(ə)m] *n.* 常習性; 〖法〗常習的犯行. ◇ **re·cíd·i·vist** *n.* 〖法〗常習犯人.

‡réc·i·pe [résəpi] *n.* 《薬剤などの》処方; 《料理の》**調理法**; 秘伝《*for*》: Give me the ～ *for* this cake. このケーキのつくり方を教えてください. [√cap- (薬·材料を) 入れる]

re·cíp·i·ent [risípiənt] *a.* 受領する; 《印象などを》受け入れる, 感受性の.
—— *n.* **1** 受取人, 受領者. **2** 容器. [√cap-]
◇ **re·cíp·i·ence, re·cíp·i·en·cy** *n.*

***re·cíp·ro·cal** [risíprək(ə)l] *a.* **1 相互の**, お互いどうしの: ～ action [help] 相互作用〔援助〕. a ～ mistake 誤解のし合い. **2** 交換に与える, 返礼の, 代償の: a ～ gift 返礼の贈り物. **3** 〖文〗相互作用〔関係〕をあらわす; 〖数〗逆(比)の. **——** *n.* 〖数〗逆数, 反数. [re(ci)-＋pro(c)- (後ろへ＋前へ→) 相互的] **～ pronoun** 〖文〗相互代名詞《例: each other, one another》. **～ proportion** [**ratio**] 反比例, 逆比例. **～ trade** [**treaty**] 互恵通商〔条約〕. ◇ **～·ly** *ad.*

re·cíp·ro·cate [risíprəkèit] *vt.* **1** やりとりする, 交換する: ～ favors 恩恵を与え合う. **2** 〈おなじ感情を〉いだく, 表明する: I ～ your good wishes. あなたもどうぞお元気で. **3** 〖機〗往復運動させる.
—— *vi.* **1** 返礼する; 報いる: ～ with a blow 一撃を返す. **2** 〖機〗往復運動する. **～*t*〉*ing engine*** 〖機〗往復機関. ◇ **-ca·tor** [-ər] *n.*

re·cìp·ro·cá·tion [risìprəkéiʃ(ə)n] *n.* **1** 交換, やりとり. **2** 交互作用, 返報, 応酬. **3** 〖機〗往復運動.

rèc·i·próc·i·ty [rèsəprásəti/-prɔ́s-] *n.* 相互関係〔作用〕; 相互の利益〔義務, 権利〕; 〖商〗互恵主義. **～ treaty** 互恵条約.

re·cí·sion [risíʒ(ə)n] *n.* 取り消し.

re·cít·al [risáitl] *n.* **1** 暗唱, 吟唱. **2** 〖楽〗独唱(会), 独奏(会); 《踊りなどの》独演会. **3** 《文書中の》事実の列挙; 《証書中の》備考部分. **4** 記述, 物語. ***give a ～ of*** を話して聞かせる.

rèc·i·tá·tion [rèsətéiʃ(ə)n] *n.* **1** 朗読, 暗唱; 暗唱する詩文. **2** 〖米〗《生徒が教室でする》暗唱; 生徒が教師の質問に答えること《予習内容について》; 授業時間: a ～ room 教室.

rèc·i·ta·tíve [rèsətətíːv] *n.* 〖楽〗叙唱, 叙唱調; 《オペラ·オラトリオなどの》叙唱部. **——** *a.* 叙唱の.

‡re·cíte [risáit] *vt.* **1 暗唱する**: ～ a poem [lesson] 詩〔課〕を暗唱する. **2** 吟唱する. **3** 物語る, 詳述する: ～ one's adventures 冒険談を語る. **4** 〖法〗〈参考事実を〉文書に具陳する.
—— *vi.* **1** 《先生の前で》学課の復唱をする. **2** 暗唱する. **～*t*〉*ing note*** 〖楽〗朗吟音符. [re-＋√ci-]
◇ **re·cít·a·ble** [-əbl] *a.* **re·cít·er** *n.* 暗唱者, 吟唱者; 朗詠集.

re-cíte [riːsáit/ríː-] *vt.* 再び引用する.

reck [rek] *vt., vi.* 〖雅〗《否定文·疑問文で》 **1** 意に介する, とんじゃくする《を, に *of*; *that, how, whether*》: He ～*ed little of* distress. 彼は不幸をものともしなかった. I ～ *not* my life. 命などどうでもいい. *What* ～*s* he if…? たとえ…しても彼はそれをどうも思うものか. **2** 《非人称 it を主語にして》…に重大である: *It* ～*s* him *not* if he should be caught. たとえ捕えられても彼は平気だ. *What* ～*s* me that …? 私には…だとてなんのかかわりがあるか《it 省略》.

‡réck·less [réklis] *a.* **1 思慮のない**, 向こう見ずな: ～ driving 無謀運転. **2** 気にかけない《を *of*》: ～ *of* danger 危険を意に介さない.
◇ **～·ly** *ad.* **～·ness** *n.* 類 → **wild**「奔放な」

‡réck·on [rék(ə)n] *vt.* **1 数える**, 数えあげる《*up, over*》; 合算する; …だけ数えられる: The charges are ～*ed* from August 1. 料金は8月1日より加算される. I ～ 50 of them. 数えてみると50ある. ～ his wrongs *over* 彼の悪事を数えあげる. ～ *up* the bill 勘定書きを総計する. **2** 《…と》**見なす**《と *as, for*》; 《…の中に》数える《の中に *among, in, with*》: He is not ～*ed among* my friends. 彼は私の友人とは見なせない. **3 思う**, 推定する《と *that*》: I ～ (*that*) the answer will be in the negative.

回答は「否」だと思う. It is going to snow, I ～. 雪になると思う. I ～ him (*to be*) an enemy. 私は彼を敵と思っている.

—— *vi.* **1** 数える, 計算する; 清算する. **2** 当てにする《を *on, upon*》: Can we ～ *upon* your help? あなたの援助を期待していいですか. **3** 判断する. **～ *with*** と勘定〔清算〕する; を考慮に入れる. **～ *without* one's *host*** 自分かってな考え方をする, 大事な点を見のがす.

◇ **～·er** *n.* 計算する人, 清算人; 計算早見表 (= ready ～er). 〔類〕→ **rely**「たよる」

réck·on·ing [rék(ə)niŋ] *n.* **1** 計算, 勘定; 勘定書き. **2** 決算, 清算; 応報. **3**〘海〙《天体観測による》船位の測定. ***be out in* [*of*] one's ～** (1)〘海〙船位測定を誤る. (2) 勘定を違える; 当てがはずれる. ***the day of* ～** 決算日; 最後の審判日 (the Day of Judgment).

re·cláim [rikléim] *vt.* **1** 改善〔矯正(きょうせい), 教化〕する: ～ a man from vice 悪徳の生活から人を救う. **2** 開墾〔開拓〕する; 埋め立てる: ～*ed* land 埋め立て地. **3**〈天然資源を〉利用する; 〈廃物を〉再生利用する. **4**〈動物を〉ならす, 馴致(じゅんち)する. **5** [rí:kleim] の返還を要求する, 取りもどす.

—— *n.*〘古〙矯正; 教化; 開墾; 再生《現在はおもに次の成句で》. ***past* [*beyond*] ～** 矯正〔改善, 回復, 教化〕の見込みがない. [<re-+claim 呼びもどす]

◇ **～·a·ble** *a.* **～·ant** *n.* 矯正者; 開墾者; 返還請求者.

re·cláim [ri:kléim/rí:-] *vt.* **1**《当然の権利として》の返却〔返還〕を要求する. **2** 再び要求する.

rèc·la·má·tion [rèkləméiʃ(ə)n] *n.* **1** 矯正(きょうせい), 改善; 教化. **2** 開拓, 開墾; 埋め立て. **3**《廃品の》再生利用. **4**《野生動物などの》馴致(じゅんち). **5** 反対, 抗議. [√clam-]

ré·clame [re(i)klá:m] F. *n.* 宣伝, 広告; 自己宣伝, 売名.

re·clás·si·fy [ri:klǽsifài/rí:-] *vt.* 再分類する; の順位〔等級〕を変更する.

réc·li·nate [réklinèit] *a.* 〘植〙《葉など》下曲した, 下方にたれた.

re·clíne [rikláin] *vt.* もたせかける, 寄り掛からせる《に *on*》. —— *vi.* **1** もたれる, 寄り掛かる《に *on*》. **2** たよる, 当てにする《に, を *on*》. [√cli(n)-]

～n›ing chair 寄り掛かりいす《列車などの》.

re·clúse [riklú:s] *a.* 隠遁(いんとん)した, 世を捨てた, わびしい. —— *n.* 隠遁者, 世捨て人, 出家. [√claud-]

◇ **re·clú·sive** *a.* 隠遁した, わびしい.

re·clú·sion [riklú:ʒ(ə)n] *n.* 隠遁, 遁世.

re·cóal [ri:kóul/rí:-] *vt.* に石炭を補給する.

re·cóat [-kóut] *vt.* **1** に上塗りする. **2** 塗りかえる.

‡**rèc·og·ní·tion** [rèkəgníʃ(ə)n] *n.* **1** 認知, 承認: the ～ of a new government 新政府の承認. **2**《功労などの》認証, 表彰, 感謝: receive [meet with] ～ (世に) 認められる. **3** 見覚え, 見知り: escape ～ 人目につかない, 見破られない. **4** 会釈, あいさつ. →動詞 recognize.

beyond* [*out of*] ～** 見る影もなく, 原形をとどめぬほど. ***in* ～ *of を認めて, の功によって, の返礼〔報酬〕に.

réc·og·niz·a·ble [rékəgnàizəbl] *a.* 認知〔認識〕できる, 承認できる; 見分けがつく, 見覚えのある.

◇ **-bly** *ad.* それと(すぐ)わかるほどに. **rèc·og·nìz·a·bíl·i·ty** [⌐–nàizəbíləti] *n.*

re·cóg·ni·zance [rikágniz(ə)ns/-kɔ́g-] *n.* **1**〘法〙《裁判所に提出する》誓約(書); (誓約)保証金. **2**〘古〙承認; しるし.

re·cóg·ni·zant [-z(ə)nt] *a.* 認めている, 意識している《を *of*》.

‡**réc·og·nize** [rékəgnàiz] *vt.* **1** 見知る, 見てそれとわかる, 見分けがつく, 思い出す; 《認めて》会釈する: He had changed so greatly that I could hardly ～ him. 非常に変わってしまっていたのであの人だとはちょっとわからなかった. **2**〈功労などを〉認める, 感謝する, 表彰する. **3** 認知〔認識〕する, 承認する: ～ a person as one's son 人を実子と認知する. **4**〘米〙〘議会で〙に発言権を認める, に発言を許す: The chairman ～*d* him. 議長は彼に発言を許した. →名詞 recognition. —— *vi.*〘米: 法〙誓約書を出す, 誓約する. →名詞 recognizance.

[re-+co-+√(g)no- 再見して+…と知る]

〔類義語〕**認知する: recognize** 他のものから区別して認知する. 更に認知者の頭のなかに幾つかの前提条件があり, それと合致したものを認める, という示唆がある: I *recognized* him from the description. 人相説明を聞いていたので彼がわかった. *recognize* a new government 新政府を承認する. **perceive** 上掲の諸条件は不要で感覚的に知覚する, または見えないものを頭で感じとる, 看取する: I *perceived* a note of despair in his voice. 彼の声のなかに彼の絶望を看取した. **identify** 物〔人〕がそのもの〔本人〕であることを認める: Can you *identify* your umbrella among a hundred others? 100本近いかさのなかで自分のがわかるか.

re·cóil [rikɔ́il] *n.* **1**《ばねなどの》はね返ること; 《銃砲の》反動. **2** あとずさり, 畏縮(いしゅく), 嫌悪(けんお)《*from*》. —— *vi.* **1** 後退する; 《砲が発射後》はね返る. **2** しりごみする, ひるむ《に *from, before, at*》. **3** はね返る: Violence ～*s* upon the violent. 暴力は暴力をふるう者の上にめぐり帰る. ◇ **～·ing·ly** *ad.* **～·less** *a.* 反動最小限の: a ～*less* rifle.

‡**rèc·ol·léct** [rèkəlékt] *vt.* **1** 思い出す, 回想する: I cannot ～ who he is. あの人はだれだか覚えがない. **2** 宗教的瞑想(めいそう)に投ずる《特に祈禱(きとう)中に》: ～ oneself 瞑想にひたる. —— *vi.* 記憶がある, 想起する. 〈注〉≒re-collect. →名詞 recollection.

[re-+con-+√leg-[1] 再び+(心に) 集める] ◇ **rèc·ol·léc·tive** *a.* 記憶力のある; 追憶する《を *of*》.

rè·col·léct [rì:kəlékt/rí:-] *vt.* **1** 再び集める. **2**〈勇気などを〉奮い起こす. **3**〈心を〉落ち着かせる, 静める: ～ oneself 心を落ち着ける, 気を取りなおす. 〈注〉このばあいは recollect ともつづる.

—— *vi.*〘稀〙再び集まる. ◇ **rè·col·léc·tion** *n.*

‡**rèc·ol·léc·tion** [rèkəlékʃ(ə)n] *n.* **1** 回想, 想起, 追憶; 記憶力. **2** (しばしば *pl.*) 思い出, 追憶事: the ～*s* of one's childhood.

be beyond* [*past*] ～** 思い出せない. ***be in* [*within*] a person's ～** (人) が記憶している. ***have no* ～ *of の記憶がない. ***to the best of my* ～** 私に思い出せるかぎりでは. →動詞 recollect.

re·cól·o·nize [ri:kálənàiz/rí:kɔ́l-] *vt.* に再び植民する. ◇ **re·còl·o·ni·zá·tion** [–⌐–nizéiʃ(ə)n, -naiz-/rí:kɔ̀lə-] *n.*

rè·com·bíne [rì:kəmbáin/rí:-] *vt.* 再び結合する; 結合しなおす. ◇ **rè·com·bi·ná·tion** [rì:kambinéiʃ(ə)n/rí:kɔ̀m-] *n.*

rè·com·ménce [rì:kəméns/rí:-] *vt.* 再び始める, 再開する; やりなおす. —— *vi.* 再開する.

◇ **～·ment** *n.*

‡**rèc·om·ménd** [rèkəménd] *vt.* **1** 推薦する; (の使用を)勧める; …することを勧める《*to* (do)》: ～ him as a cook [for a post] 彼をコックに〔ある地位に〕推薦する. Will you please ～ me a good hotel? よい宿を推薦してくださいませんか. I ～ you *to* say yes about it. それを承諾なさるほうがよいでしょう. **2**〈行為・性質などが〉…の受けをよくする: His honesty ～*s* him. 彼は正直なので人に好かれる. **3** ゆだねる, 託す: No one would ～ himself to hazard. だれも運に身をまかせないだろう.

[re-+con-+√mand- 託する]

◇ **～·a·ble** *a.* 推薦できる. **～·a·to·ry** [-ətɔ̀:ri/-ət(ə)ri] *a.* 推薦の; 長所となる; 勧告的な.

‡**rèc·om·men·dá·tion** [rèkəmendéiʃ(ə)n] *n.* **1** 推薦, 推奨. **2** 推薦〔紹介〕状 (=letter of ～). **3** 勧告, 忠告. **4** 長所, とりえ. ***on the* ～ *of*** の

推薦により.

rè·com·mít [rìːkəmít/ríː-] *vt.* (**-tt-**) **1** 〈議案を〉委員に再び付託する, 差しもどす. **2** 再び投獄する. **3** 〈罪を〉再び犯す. ◇ **～·ment, ～·tal** [-tl] *n.* 再付託; 再投獄; 再犯.

‡**réc·om·pense** [rékəmpèns] *n.* **1** 報酬; 返報. **2** 補償, 賠償: in ～ for ... …に対する埋め合わせとして. —— *vt.* **1** に報いる, に返報する: ～ a person for his trouble めんどうをかけたことに対して人に報いる. **2** 補償する. [re-+con-+√pend- 払い+返す]

rè·com·póse [rìːkəmpóuz/ríː-] *vt.* **1** つくりなおす, 改作する; 組み立てなおす. **2** 落ち着かせる, の心を静める. **3** 〖印〗組み替える.
◇ **-po·si·tion** [-kɑmpəzíʃ(ə)n/-kɔ̀m-] *n.*

re·cón [rikán/-kɔ́n] 〖米話〗= reconnaissance.

re·cón·cen·trate [riːkáns(e)ntrèit/ríːkɔ́n-] *vt.* 再び集結する. ◇ **rè·con·cen·trá·tion** [⌐-- tréiʃ(ə)n/rìːkɔ̀n-] *n.*

réc·on·cil·a·ble [rékənsàiləbl] *a.* 和解〔調停〕できる; 調和〔一致〕させられる. ◇ **～·ness** *n.* **-bly** *ad.* **rèc·on·cìl·a·bíl·i·ty** [⌐-⌐-bíləti] *n.*

‡**réc·on·cile** [rékənsàil] *vt.* **1** 和解させる, 仲直りさせる《と *to, with*》: become ～*d with* one's father 父親と和解する. **2** 〈けんか・論争などを〉調停する: ～ disputes 論争を治める. **3** 調和させる, 一致させる《と *to, with*》: ～ one's work for living *with* one's study 生計のための仕事と勉学とをなんとか両立させる. ～ one's statements *with* one's conduct 言行を一致させる. **4** 甘んじて従わせる, 甘んじさせる《に *to*》. ***be ～d to*** = ***～ oneself to*** に甘んずる, あきらめて…する. [re-+con-+√cal-[2]]
◇ **～·ment** *n.* = reconciliation. **rèc·on·cíl·i·a·to·ry** [rèkənsíliətɔ̀ːri/-t(ə)ri] *a.*

rèc·on·cìl·i·á·tion [rèkənsìliéiʃ(ə)n/-sil-] *n.* **1** 和解. **2** 調停. **3** 調和, 一致. **4** 服従.

réc·on·dite [rékəndàit, rikándait/rikɔ́n-, rékən-] *a.* **1** 深遠な, 難解な. **2** あまり人に知られていない; (奥深く)隠された. [√da-] ◇ **～·ly** *ad.*

rè·con·dí·tion [rìːkəndíʃ(ə)n/ríː-] *vt.* **1** 修理する, もとの状態にもどす. **2** 〖心〗に条件反射をつけなおす.

re·cón·nais·sance, re·cón·nois·sance [rikánəs(ə)ns/-kɔ́n-] *n.* **1** 踏査, 測量, 下検分. **2** 〖軍〗偵察(ていさつ); 偵察隊. ～ ***in force*** 強行偵察.

rèc·on·nói·ter, ㊥ **-tre** [rèkənɔ́itər] *vt., vi.* 観察する, 踏査する; 〖軍〗偵察する. ◇ **rèc·on·nói·ter·er** [-t(ə)rər], **rèc·on·nói·trer** [-trər] *n.*

rè·con·síd·er [rìːkənsídər/ríː-] *vt., vi.* 再考する, 考えなおす; 再審議する.
◇ **rè·con·sìd·er·á·tion** [⌐-sìdəréiʃ(ə)n] *n.*

rè·con·stít·u·ent [rìːkənstítʃuənt/ríːkənstítju-] *a.* 新しい組織をつくる, 新しい精力を与える.
—— *n.* 強壮剤.

re·cón·sti·tute [riːkánstət(j)ùːt / ríːkɔ́nstətjuːt] *vt.* **1** 再度形成する; 再構成する. **2** 復元する, 元へもどす. **3** 改造する. ◇ **re·còn·sti·tú·tion** [-⌐-t(j)úːʃ(ə)n/⌐⌐-tjúː-] *n.*

rè·con·strúct [rìːkənstrʌ́kt/ríː-] *vt.* **1** 再建〔再構〕する; 復興する. **2** 改造〔改築〕する. **3** 心に思いおこす.

rè·con·strúc·tion [-kənstrʌ́kʃ(ə)n] *n.* **1** 再建, 再構, 復興. **2** 建てなおし; 改築, 改造. **3** (the R～) 〖米史〗南北戦争後の南部諸州の合衆国への再統合; その期間《1867–77》.

rè·con·strúc·tive [-kənstrʌ́ktiv] *a.* 再建の, 復興の; 改造の. ◇ **～·ly** *a.* **～·ness** *n.* 「する.

rè·con·véne [-kənvíːn] *vt., vi.* 再び召集〔集合〕

rè·con·vért [rìːkənvə́ːrt/ríː-] *vt.* **1** 再改宗させる, 復党させる. **2** 再改装する. **3** 旧態にもどす. **4** 〖経〗もとの態勢へ切り替える, 再転換する.
◇ **rè·con·vér·sion** [-və́ːrʒ(ə)n, ㊥[+] -ʃən] *n.*

rè·con·véy [-kənvéi] *vt.* **1** もとの位置にもどす, 運びもどす. **2** もとの持ち主に返す. ◇ **～·ance** [-əns] *n.*

‡**réc·ord**[1] [rékərd/-kɔːd] *n.* **1** 記録, 記入, 登録: deserve [escape] ～ 記録に価する〔からもれる〕. **2** 記録(文書); 公判録; 議事録; 証拠品, 遺物: ～*s* of ancient civilization 古代文明の遺物. **3** 履歴, 経歴; 成績: His ～ is against him. 彼は履歴で損をしている. **4** 競技記録, レコード: set [establish] a new ～ for [in] ... …の新記録をつくる. **5** 《形容詞的に》記録的な: a ～ crop 空前の大収穫. **6** レコード, 音盤.
bear ～ to の証言をする. ***beat*** [***break, cut***] ***the ～*** 記録を破る; 前例を破る. ***court of ～*** 登録裁判所. ***family ～*** 系図. ***find ～*** 記録される. ***go*** [***place oneself, put oneself***] ***on ～*** 〖米〗記録に残る; 公に発表する, 言質(げんち)を与える. ***have a good*** [***bad***] ***～*** 履歴が良い〔悪い〕. ***have the ～ for*** [***in***] …の記録を保持している. ***in ～*** 記録に載って, 登録されて. ***keep to the ～*** 本題からそれない, 余事にわたらない. ***matter of ～*** 公式記録に載っている事実. ***off the ～*** 〖米〗非公式の〔に〕, 公表してはいけない. ***on ～*** (1) 記録されて; 記録的な: the heaviest rain *on* ～ 記録的な豪雨. (2) 公式に言明した立場に, 言質をとられて《に *for*》. ***police ～s*** 前科. ***the*** (***Public***) ***R～ Office*** 〖英〗公記録保存所. ***travel out of ～*** 本題からはずれる, 余事にわたる. [re-+√cord- 心に+戻す]
～ breaker 記録を破る人. **～-brèak·ing** 記録破り(の), 空前の. **～ changer** 自動レコードチェンジャー《蓄音機・プレーヤーの》. **～ film** 記録映画. **～ holder** (最高)記録保持者. **～ player** レコードプレーヤー; 電蓄.

‡**re·córd**[2] [rikɔ́ːrd] *vt., vi.* **1** 記録する, 書き留める, 登記する: ～ history in books 歴史を書物にして記録する. **2** 録音〔録画〕する: ～ (a speech) on a tape recorder テープレコーダーで(演説を)録音する. **3** 〈計器などが〉表示する: The thermometer ～*ed* 15° below zero. 温度計が零下 15° を示していた.
◇ **～·ist** *n.* 〖映〗録音係; 記録係.

re·córd·er [rikɔ́ːrdər] *n.* **1** 記録係, 登録者; 〖英〗地区裁判所判事. **2** 《電信の》受信機; 記録器〔計〕; 録音器. **3** 〖楽〗《昔の》縦笛の一種.

re·córd·ing [-iŋ] *a.* 記録する, 記録用の; 記録係の. —— *n.* 録音; 録音テープ, 音盤.

re·cóunt [rikáunt] *vt.* **1** 詳しく話す. **2** 順を追って話す. **3** 一つ一つ話す; 数え上げる.
◇ **～·al** *n.* 詳しく話すこと; 詳しい話.

rè·cóunt [rìːkáunt/ríː-] *vt.* 数えなおす.
—— *n.* 再計算, 《投票などの》数えなおし.

re·cóup [rikúːp] *vt.* **1** 〈損失などを〉取りもどす, 補塡(ほてん)する. **2** に補償する, に払いもどしする《の *for*》. **3** 〖法〗の一部を差し引き保留する. ～ ***oneself*** 費用〔損失〕を取りもどす. ◇ **～·ment** *n.*

ré·course [ríːkoːrs, rikóːrs/rikɔ́ːs] *n.* **1** たよること; 頼みの綱. **2** 〖法〗償還請求権. ***have ～ to*** ... にたよる, を用いる. ***without ～*** 〖法・商〗《証書の裏書き人の文句》償還請求に応ぜず. ***without ～ to*** …にたよらないで. [<re-+course]

‡**re·cóv·er** [rikʌ́vər] *vt.* **1** 〈失ったものを〉取りもどす; 回復する: ～ one's lost book なくした本を取りもどす. ～ one's health [consciousness] 健康〔意識〕を取りもどす〔回復する〕. ～ one's voice 声が出るようになる. **2** 〈損失を〉取りもどす, の災害を埋め合わせる: ～ losses 損失を埋める. ～ the famines ききんによる損失を取りもどす. **3** 回復させる: ～ a person to life 人を生き返らせる. be ～*ed* from a disease 病気がなおる. **4** 再生する; 埋め立てる: ～ land from the sea 海を埋め立てる. **5** 〖法〗〈損害の賠償を〉取る《から *from*》. **6** 〖フェンシング〗〈突いた剣を〉もとの位置にもどす. **7** 〖稀〗引き返す.
—— *vi.* **1** もとどおりになる, 復旧する: ～ from the effects of the earthquake 〈都市などが〉震災から

立ちなおる. **2** 回復する, 平癒(へいゆ)する, なおる《から *from, of*》: be ～*ing from* one's illness 快方に向かっている. **3**〖フェンシング〗構えの姿勢にもどる. **4**〖法〗訴訟に勝つ: ～ in a suit. **～ one*self*** 正気づく; 冷静になる; 健康を取りもどす; 手足が自由になる. **～ one'*s feet*** [***legs***] 起き上がる, 立ちなおる.
—— *n.* 構えの姿勢にもどること: at the ～ 構えの姿勢にもどって. [re- + √cap- 再び + 入手する]
◇ **～·a·ble** [-v(ə)rəbl] *a.* **～·er** [-v(ə)rər] *n.*

rè-cóv·er [rìːkʌ́vər/ríː-] *vt.* おおいなおす; 〈いす・かさなどを〉張り替える; 〈本に〉表紙を付け替える.

‡**re·cóv·er·y** [rikʌ́v(ə)ri] *n.* **1** 復旧, 復活: make a quick ～. **2**《病気の》快癒(かいゆ), 回復: ～ from influenza. **3** 回復に要する時間. **4** 取りもどすこと, 挽回(ばんかい): the ～ of a lost article. **5** 挽回したもの. **6**《土地の》埋め立て. **7**〖法〗訴訟手続きによる財産回復. →動詞 recover. **～ room** 回復室《患者が麻酔からさめる間置かれるへや》.

réc·re·ant [rékriənt] *a.* **1** ひきょうな, おくびょうな. **2** 不実の, 背信の, 信義にそむく. —— *n.* ひきょう者, 裏切り者. ◇ **-an·cy** *n.*〖雅〗おくびょう.

réc·re·ate** [rékrièit] *vt., vi.* **1** 休養させる〔する〕, 心身一新させる〔する〕. **2** 気晴らしさせる〔する〕, 楽しませる, 楽しむ. **～ one*self with をして楽しむ. 〈注〉語源的には次項 re-create とおなじだが, 発音が異なる.

rè-cre·áte [rìːkriéit/ríː-] *vt.* つくりなおす, 改造する.

‡**rèc·re·á·tion** [rèkriéiʃ(ə)n] *n.* **1** 休養, 保養. **2** 気晴らし, レクリエーション: a ～ ground 遊園地. a ～ room 娯楽室, 遊戯室. ◇ **～·al** *a.*

rè-cre·á·tion [rìːkriéiʃ(ə)n/ríː-] *n.* 改造, つくりなおし; 改造物.

réc·re·a·tive [rékrièitiv] *a.* 休養〔保養〕になる; 英気を養う, 元気をつける.

réc·re·ment [rékrịmənt] *n.* **1**〖生理〗再帰液《身体から分泌し再び吸収されるもの》. **2**《有用なものから分離された》廃物, 金くそ.

re·crím·i·nate [rikrímịnèit] *vi.*〖法〗《告訴者に対して》反訴する. —— *vt.* 非難し返す.
◇ **-na·tive** [-nèitiv, -nət-], **-na·to·ry** [-nətòːri/-t(ə)ri] *a.* **re·crìm·i·ná·tion** [-ˌ-néiʃ(ə)n] *n.*

rè·cru·désce [rìːkruːdés] *vi.* 〈病気・痛み・不満などが〉再発する, ぶり返す, 再燃する.
◇ **-dés·cence** [-désns] *n.* **-dés·cent** *a.*

re·crúit [rikrúːt] *vt.* **1** 〈人・新兵・会員を〉募集する, 補充する. **2** 〈軍などを〉補強〔増強〕する. **3** 〈健康・力を〉回復〔更新〕させる. **4**〖稀〗増す.
—— *vi.* **1** 新兵〔新会員〕を募集する〔入れる〕. **2** 補給する. **3** 元気になる, 保養する. **～ one*self*** 静養する. —— *n.* 新兵, 補充兵; 新会〔党〕員; 新入生: enroll ～*s* 新兵を編入する. ***raw*** [***new***] **～** 初学者, 新前. [√cre(sc)-]
◇ **～·ment** *n.* 新兵募集; 補充; 健康回復, 保養.

Rec. Sec., rec. sec. recording secretary.

Rect., rect.[1] rector; rectory. **rect.**[2], **rec't.** receipt; rectified.

réc·tal [réktl] *a.* 直腸の. ◇ **～·ly** *ad.*

réc·tàn·gle [réktæ̀ŋgl] *n.*〖数〗長方形.

rec·tán·gu·lar [rektǽŋgjụlər] *a.* **1** 長方形の. **2** 直角の. **～ hyperbola** 直角双曲線. **～ solid** 直方体. ◇ **～·ly** *ad.* **rec·tàn·gu·lár·i·ty** [-ˌ-lǽrịti] *n.*

réc·ti·fy [réktịfài] *vt.* **1** 改正〔修正〕する; 矯正(きょうせい)する, 直す. **2**〖化〗精留する. **3**〖数〗〈曲線の〉長さを求める,〖機〗調整する,〖電〗整流する. ***～ing detector***〖電〗整流検波器. ***～ing tube*** [***valve***]〖電〗整流管. ◇ **réc·ti·fi·a·ble** *a.* **réc·ti·fi·er** [-ər] *n.* ～する者;〖電〗整流器〔管〕;〖化〗精留器. **rèc·ti·fi·cá·tion** [rèktịfikéiʃ(ə)n] *n.*

rèc·ti·lín·e·ar [rèktịlíniər], **rèc·ti·lín·e·al** [-əl] *a.* 直線の; 直線に進む; 直線で囲まれた.

rec·tí·tis [rektáitis] *n.*〖医〗直腸炎.

réc·ti·tude [réktịtjùːd] *n.* **1** 正直, 公正, 厳正. **2** 正しさ, 正確. **3** まっすぐなこと. [√reg-]

réc·to [réktou] *n.* (*pl.* **～s**)《開いた本・原稿の》右ページ, 表ページ; 紙の表側. ↔ verso.

réc·tor [réktər] *n.* (*fem.* **-tress** [-tris]) **1**〖宗〗《イギリス国教の》教区牧師. → vicar. **2**〖米〗《アメリカ聖公会の》教区牧師. **3**〖カトリック〗修道院長. **4**《ある種の大学・学校の》学長, 校長.
◇ **～·ate** [-tərit], **～·ship** *n.* ～の職〔存在の期間〕. **rec·tó·ri·al** [rektóːriəl/-tɔ́ːr-] *a.* ～の.

réc·to·ry [rékt(ə)ri] *n.*〖英〗rector の所領〔収入〕; 牧師館.

réc·tum [réktəm] *n.* (*pl.* **-ta** [-tə])〖医〗直腸.

re·cúm·bent [rikʌ́mbənt] *a.* **1** 寄り掛かっている, 横になっている; 休んでいる. **2** 不活発な, 怠惰な. [√cu(m)b-] ◇ **～·ly** *ad.* **re·cúm·ben·cy** *n.*

re·cú·per·ate [rikjúːp(ə)rèit, -kúːp-] *vt.* 〈元気・健康などを〉回復する; 〈損失などを〉挽回(ばんかい)する.
—— *vi.* 本復する; 立ち直る《損失から》. [√cap-]
◇ **-a·tive** [-rèitiv/-rət-] *a.* 回復させる, 回復力のある. **re·cù·per·á·tion** [-ˌ-réiʃ(ə)n] *n.*

re·cúr [rikə́ːr] *vi.* (**-rr-**) **1** 立ちもどる, 立ち返って話す〔考える〕《に *to*》: If I may ～ *to* your idea, … またあなたのお考えにもどってよければ…. **2** 心に再び浮かぶ, 回想される《の, に *to*》: The idea often ～*s to* me. この考えがしばしば心に浮かぶ. **3** 〈問題・困難などが〉再発する, 繰り返される: a problem which ～*s* periodically 周期的に起こる問題. **4**〖数〗循環する. **5**〖稀〗たよる《に *to*》. **～ *in*** [***on, to***] ***the mind*** 再び心に浮かぶ. [√cur(r)-]
◇ **～·ring** [rikə́ːriŋ] *a.* **1** 繰り返して起こる, しばしば起こる. **2** 循環する, 回帰する: ～*ring* decimals 循環小数.

re·cúr·rence [rikə́ːrəns/-kʌ́r-] *n.* **1** 再来, 再現, 再起, 再発. **2** 循環, 反復《もとの話題・状態などにもどること》. **3** 回想, 思い出. **4**〖稀〗= recourse. ***have ～ to*** に手段を求める, …にたよる.

re·cúr·rent [rikə́ːrənt/-kʌ́r-] *a.* **1** 再発する, 再現する; 定期的に起こる; 循環する. **2**〖医〗回帰性の. **～ fever** 回帰熱. ◇ **～·ly** *ad.* 繰り返して.

re·cúr·vate [rikə́ːrvit] *a.*〖植〗そり返った, 後ろへ曲がった.

re·cúrve [rikə́ːrv/riː-] *vt.* そり返らせる. —— *vi.* そり返る; 〈流れなどが〉曲がってもとへもどる.

réc·u·sant [rékjuz(ə)nt, rikjúː-] *a.* がんとして従わない. —— *n.*《世間の習慣などに》がんとして従わない人, 拒否者;〖英史〗国教忌避者.
◇ **-sance, -san·cy** *n.*

†**red** [red] *a.* (**-dd-**) **1** 赤い, 赤色の;《顔など》赤らんだ: ～ with anger 怒りで真っ赤な. **2** 赤い着物を着た; 赤毛の, 赤い皮膚の. **3** 血に染まった, 血走った, 残虐な, 激しい: with ～ hands 殺人を犯して. **4** (しばしば Red) 赤化した, 共産主義の: turn ～ 赤化する. **5**《磁石が》北極をさす; 北極の. **6**〖英〗イギリス領の《地図の色から》. ***paint the map ～*** イギリス帝国を拡張する. ***paint the town ～***〖米俗〗《バー・ナイトクラブなどに行って》浮かれ騒ぐ.
—— *n.* **1** 赤, 赤色: too much ～ in the painting. **2** 赤い布〔服〕;《玉突きの》赤玉. **3** (*pl.*) 北アメリカ原住民. **4** (しばしば Red) 共産主義者;〖英史〗赤色艦隊. **5**〖米話〗赤字. **6**〖米俗〗1セント銅貨. ***be in the ～***〖米話〗赤字を出している; 借金をしている. ***come out of the ～***〖米話〗赤字を切り抜ける. ***go into*** (***the***) **～**〖米話〗赤字を出す, 損をする. ***see ～***〖米話〗激怒する, 殺気だつ. ***the Reds*** 赤軍.
～ admiral〖虫〗アカタテハ(チョウ). **～ alert**《敵襲直前の》最終段階の空襲警報. **Red Army**《ソ連の》赤軍. **ˊ～-backed** [ˊˌ] 背の赤い. **ˊ～·bait** [ˊˌ] 共産主義者であるとして弾圧する. **ˊ～·bài·ter** 共産党弾圧者. **～ bark**〖植〗赤キナの皮. **～ beet**《サラダ用》アカカブ. **ˊ～·bird** [ˊˌ]

〖鳥〗ウソの類; ショウジョウコウカンチョウの俗名 (cardinal bird)《アトリ科》. **~́-blind** [ˊ-ˋ-] 赤色盲の. **~ blood cell** 赤血球. **~́-blòod·ed** 元気のよい, はつらつとした, 勇ましい. **~ book** 赤表紙の本; (Red Book)〖英〗紳士録. **~́-breast** [ˊ-ˋ-]〖鳥〗コマドリ. **~́-brèast·ed** 胸部の赤い. **~́-brick** 赤レンガの;〖英〗《大学が》創立後日のあさい. **~́-bud** [ˊ-ˋ-]〖植〗ハナズオウ属の植物《アメリカ産》. **~́-cap** [ˊ-ˋ-] (1)〖米〗《駅の》赤帽. (2)〖英話〗憲兵. (3)〖英方・鳥〗ベニヒワ《ヨーロッパ産》. **~́-càr·pet** 《歓迎などが》丁重な; 熱烈な. **~ cent** 〖米話〗《昔の》1セント貨, びた一文: I don't care a ~ *cent.* 少しもかまわぬ. **Red China** 中共, 共産中国《中華人民共和国の別称》. **~ clover**〖植〗アカ〔ムラサキ〕ツメクサ《飼料》. **~́-coat** [ˊ-ˋ-] 《昔の》イギリス軍人《特にアメリカ独立戦争当時の》. **~ corpuscle** 〔**corpuscle**〕 = ~ blood cell. **~ cross** 聖ジョージ十字章《イギリス国章》; (Red Cross) 赤十字(支)社; 赤十字章. **~ deer**〖動〗アカシカ. **~́-eye** [ˊ-ˋ-] (1) 赤目をした魚, ウグイ. (2)〖俗〗下等ウイスキー. **~-eyed vireo**〖鳥〗《アメリカ産》モズモドキ科の小鳥. **~ eyes** 血走った目; 泣きはらした目. **~́-fáced** (1) 赤ら顔の. (2) 赤面した《怒り・困惑などで》. **~ figures** 赤字, 損失. **~ fin**〖米〗赤ひれの(銀色の)淡水小魚. **~ fir**〖植〗赤モミ; ダグラスモミ. **~ fire** 赤色花火. **~́-fish** [ˊ-ˋ-] サケ《市場での呼び名》. → whitefish. **~ flag** (1) 赤旗《革命旗・危険信号》. (2) (the Red Flag) 革命歌. (3) おこらせるもの《闘牛の赤布から》. **Red Guard** 紅衛兵《1966年8月文化大革命のため決起した中共の中高校生部隊》. **~ gum** (1)《赤ん坊の》歯ぐきにできる発疹(はっしん). (2) ユーカリ; その材〔樹脂〕. **~́-háired** 赤毛の. **~́-hánd·ed** →別項. **~ hat** 枢機卿(きょう)の帽子; 枢機卿. **~́-head** [ˊ-ˋ-]〖話〗赤毛の人;〖鳥〗ホシハジロの類. **~́-héad·ed** 赤毛の;〖鳥〗頭の羽毛の赤い. **~ heat** 赤熱(状態); 激怒, 興奮. **~ herring** 薫製ニシン; 人の注意を他へそらすもの. **~́-hót** (1) 赤熱の, 灼熱(しゃくねつ)の. (2) ひどく興奮した. (3) 極端な. (4)〖米〗最新の. **Red Indian** 北アメリカ原住民. **~ ink** 赤インク;〖俗〗損失,「赤字」. → black ink. **~ lamp** 赤ランプ《医者・薬屋の夜間燈》; 赤〔危険〕信号. **~ lane**〖小児語〗のど. **~ lattice**〖古〗居酒屋. **~ lead** 鉛丹. **~́-leg** [ˊ-ˋ-] 足の赤い鳥《アカアシシギなど》. **~́-légged** [rédlégd, ㊥ⁿ-légid] 赤い足の《シャコなど》. **~́-lét·ter** →別項. **~ light** 赤〔危険〕信号. **~-light district**〖米〗紅燈のちまた, 赤線地区. **~ man** = Red Indian. **Red Mass** 司祭が赤い祭服を着て行なうミサ. **~ meat** 赤肉《牛肉・羊肉など》. **~ mullet** ヒメジ《食用海魚》. **~́-neck** [ˊ-ˋ-]〖米〗南部のいなか者, 労働者. **~́-pén·cil** *vt.* (-l-, ㊥-ll-) 赤鉛筆で書く; 訂正〔削除, 加筆〕する. **~ pepper** トウガラシ. **~́-pole, ~́-poll** [ˊ-ˋ-]〖鳥〗ベニヒワ; (*pl.*)〖動〗《角のない》赤毛の牛. **~ purge** レッドパージ, 赤色分子追放. **~ rag** 《牛・人などを》おこらせるもの; 穀物のかび. **~ ribbon** Bath 勲章(の綬); バス勲章所有者. **Red Russia** 赤色ロシア, ソ連. **~ sanders**〖植〗シタン. **Red Sea, the** 紅海. **~́-shank** [ˊ-ˋ-]〖鳥〗アカアシシギ. **~́-shórt**〖冶〗《鉄など》熱にもろい. **~́-skin** [ˊ-ˋ-] 北アメリカ原住民(の). **~ spider**〖虫〗アカダニ《ブドウの大害虫》. **Red Square** 《モスクワの》赤の広場. **~ squirrel**〖動〗《北アメリカ産》赤リス. **Red Star**「赤い星」《国際的動物愛護団体》; (the Red Star) 赤い星《ソ連国防省機関紙》. **~́-start** [ˊ-ˋ-]〖鳥〗ジョウビタキ. **~ tape** 赤テープ《公文書を縛る》; (形式にとらわれた) 非能率的な事務: cut ~ *tape* 事務を簡素化する. **~́-tape** [ˊ-ˋ-] お役所流の, 形式〔手続き〕にこだわった. **~́-táp·er·y, ~́-táp·ism** お役所流, 官僚主義. **~́-táp·ist** 役人かたぎの人, 形式主義者. **~ tide** 赤潮. **~́-top** [ˊ-ˋ-]〖植〗コヌカグサ《牧草》. **~ triangle** 赤三角《Y.M.C.A. の記章》. **~́-wing** [ˊ-ˋ-]〖鳥〗ツグミの一種. **~́-wood** [ˊ-ˋ-]〖植〗アメリカスギ; 《一般的》赤色木材(を供する木). **~́-yèl·low** [㊥ˊ-ˋ-] かば色の.

◇ **~́·ness** *n.* 赤いこと, 赤色, 赤み.

re·dáct [ridǽkt] *vt.* 起草する; 〈口述書などを〉作成する; 編集する. ◇ **re·dác·tor** [-ər] *n.* 編集者, 校訂者.

re·dác·tion [ridǽkʃ(ə)n] *n.* 編集; 校訂; 改訂(版); 新刊(物).

re·dán [ridǽn] *n.*〖築城〗《逆V字形の》凸角堡(ほるい).

*__réd·den__ [rédn] *vt., vi.* **赤くする〔なる〕**, 赤面させる〔する〕.

‡**réd·dish** [rédiʃ] *a.* **赤みを帯びた**, 赤らんだ, 赤茶けた.

réd·dle [rédl] *n.*〖鉱〗タイシャ石, 赭土(しゃど). —— *vt.* 赭土で染める〔着色する〕.

rede [ri:d] *vt.*〖英古・雅・方〗**1** 忠告する. **2** 〈夢・なぞなどを〉解釈する. —— *n.* **1** 忠告, 勧告. **2** 決定, 計画. **3** 物語.

‡**re·déem** [ridí:m] *vt.* **1 買いもどす, 取りもどす**; 〈抵当を〉請け出す; 質受けする: ~ a pawned watch 質入れしたとけいを取りもどす. **2** 償却〔償還〕する; 〈紙幣を〉兌換(だかん)〔回収〕する. **3** 《努力して》回復する, 取り返す: ~ one's honor 〔rights〕 名誉〔権利〕を回復する. **4** 身請けする, 救う: ~ a slave どれいを自由にする. **5** 〈神・キリストが〉救う, 贖罪(しょくざい)する: ~ a person from sin 人を罪から救い出す. **6** 救済〔回復〕する. **7** 〈欠点・過失などを〉**償う, 埋め合わせる:** The eyes ~ the face *from* ugliness. 目が美しいので顔が醜く見えない. a ~*ing* feature 〔point〕 埋め合わせとなる特色, とりえ. **8** 〈約束などを〉履行する: ~ one's duty. → 名詞 redemption. ~ **one*self*** 〔**one's *life***〕 身のしろ金を出してわが身〔生命〕を救う. [re- + √em- 買い + もどす]

◇ **~·er** *n.* ~する人; (the R~) 救世主, キリスト. **~·ing** *a.* 償う, 名誉挽回(ばんかい)の.

re·déem·a·ble [ridí:məbl] *a.* 買いもどし〔受けもどし〕できる, 償還できる; あがなえる; 救済〔回復〕できる. ◇ **-bly** *ad.* **re·dèem·a·bíl·i·ty** [-ˋ-bíləti] *n.*

re·démp·tion [ridémpʃ(ə)n] *n.* **1** 買いもどし, 取りもどし; 身請け. **2** 償還, 償却. **3** 《約束の》履行. **4** 《キリストによる》あがない, 救世. **5** 救済, 回復. **6** 埋め合わせるもの, とりえ. **7** 《地位などを》金で買うこと. → 動詞 redeem.

be due for ~ 償還の期限に達する. ***beyond*** 〔***past***〕 ***~*** 回復の見込みのない; 済度しがたい. ***in the year of our ~*** 1963 西暦(1963)年に.

re·démp·tive [ridémptiv], **-to·ry** [-tɔ̀:ri/-təri] *a.* **1** 買いもどしの, 請けもどしの; 身請けの. **2** 償却の. **3** 救いの, あがないの.

rè·de·plóy [rì:diplɔ́i/rí:-] *vt.* 〈部隊などを〉移動する; 〈労働力などを〉配置転換する. ◇ **~·ment** *n.*

réd-hánd·ed [rédhǽndid] *a.* 血まみれの手をした; 現行犯の: be caught 〔taken〕 ~ 現行犯でつかまる. ◇ **~·ly** *ad.* **~·ness** *n.*

réd·in·gote [rédiŋgòut] *n.* 《前がすそまであいた》婦人用の長いコート.

red·ín·te·grate [ridíntigrèit] *vt.* 復旧する; 再建する. ◇ **red·ìn·te·grá·tion** [-ˋ-gréiʃ(ə)n] *n.*

rè·di·réct [rì:dirékt, -dai-/rí:-] *vt.* 再び向ける; 〈手紙の〉あて名を書きなおす. —— *a.*〖法〗再直接の. ◇ **rè·di·réc·tion** [-rékʃ(ə)n] *n.*

re·dís·count [ri:dískaunt/rí:-] *vt.* 再割引する. —— *n.* 再割引; (通例 *pl.*)〖米話〗再割引手形.

rè·dis·cóv·er [rì:diskʌ́vər/rí:-] *vt.* 再発見する. ◇ **~·y** [-kʌ́v(ə)ri] *n.*

rè·dis·tríb·ute [-distríbju(:)t] *vt.* 再び分配する, 分配しなおす; 再区分〔区画〕する. ◇ **-tri·bú·tion** [ˋ--bjú:ʃ(ə)n/rí:dìstri-] *n.*

re·dís·trict [ri:dístrikt/rí:-] *vt.* の選挙区〔行政地区〕改正をする.

rè·di·víde [rì:di̦váid/rí:-] *vt., vi.* 再び分割〔分配, 区分〕する〔され〕, 分割〔分配, 区分〕しなおす.
◇ **rè·di·ví·sion** [-víʒ(ə)n] *n.*

réd-lét·ter [rédlétər] *a.* 赤文字の, 赤字で示された; 記念すべき. —— *vt.* 赤字で記録する; 特筆する. ～ **day** 祭日《暦に赤字でしるすことから》, 記念日; 吉日.

re·dó [ri:dú:/rí:-] *vt.* (**-díd** [-díd]; **-dóne** [-dʌ́n]) やりなおす.

réd·o·lent [réd(ə)lənt] *a.* **1** 香気を放つ; 香がある《の *of*》. **2** 気味がある, 暗示する, 思い起こさせる《の, を *of*》. ◇ **-lence, -len·cy** *n.* 芳香, 香気.

re·dóu·ble [ridʌ́bl] *vt.* **1** 倍加する, 強める: ～ one's efforts 努力を倍加する. **2** 反復する, 繰り返す. **3** 反響する. —— *vi.* **1** 二倍になる, 強まる. **2** 反響する; 繰り返す. **3**〘トランプ〙相手が倍にしたのをさらに倍にせり上げる. ***double and*** ～ いや増す. ～ one***'s steps*** 足跡を(もう一度)たどる.

re·dóubt [ridáut] *n.*〘築城〙角面堡(ほ).

re·dóubt·a·ble [ridáutəbl] *a.* 恐るべき, 畏敬(いけい)すべき. ◇ ～**·ness** *n.* **-bly** *ad.*

re·dóund [ridáund] *vi.* **1** 結果として返ってくる, はね返る《に *to, on*》. **2**〈利益・名誉・不名誉・損害などが〉報いとして返ってくる, 及ぶ, 生じる《に *to, on*》. —— *n.* 返報, 応報; 結果. [re-＋√und-]

ré·dràft [rí:dræft/-drá:ft] *n.* 書きなおした下書き;《法案などの》再起草;〘商〙もどりかわせ手形. —— [⌐-⌐/⌐⌐] *vt.* 書きなおす.

ré·dress [rí:dres, ridrés/ridrés] *n.* **1** 償い, 補償. **2** 救済, 矯正(きょうせい)(手段). —— [ridrés] *vt.* **1**〈不公平などを〉正す; 賠償する. **2**〘空〙〈機体を〉立てなおす. ～ ***the balance*** 平衡をとりもどす. [<re-＋dress 再び＋まっすぐにする]

rè·dréss [ri:drés/rí:-] *vt.* に再び着物を着せる; に包帯をしなおす.

‡re·dúce [rid(j)ú:s/-djú:s] *vt.* **1**〈量・額・程度などを〉**減らす; 縮小する**: ～ pressure [speed] 圧力〔速度〕を減ずる. ～ one's expenditure 出費を切り詰める. ～ one's weight 体重を減らす. **2** 落ちぶれさせる, 格下げする: be ～*d in* circumstances 零落している. **3**《ある状態に》**おとしいれる**, 追いつめる: They were ～*d to* begging or starving. 彼らは物ごいするか, さもなくば飢え死にせねばならなかった. **4** やせ衰えさせる, 衰弱させる: He is ～*d* almost *to* a skeleton. 彼は骨と皮ばかりになってしまった. **5 鎮圧する**, 降伏させる: ～ the rebels *to* submission 反徒を鎮圧する. **6** 変形する《砕いたりして》, 分解する, 還元する《に *to*》: ～ marble *to* powder 大理石を砕いて粉にする. **7** 変える, 移す《に *to*》: ～ a speech *to* writing 演説を原稿に変える. ～ a theory *to* practice 理論を実行に移す. **8** の価値を下げる, 割引する. **9**〘数〙換算する; 通約〔通分〕する;〈方程式を〉解く;〘化〙還元する;〘医〙〈脱臼(だっきゅう)などを〉整復する;〘写〙減力する;〘料理〙煮詰める: ～ an equation 方程式を解く.
—— *vi.* **1 減る**, 縮小する; 下がる. **2** 衰える, 弱る;《食餌療法で》体重を減らす. →名詞 reduction.
at ～***d prices*** 割引値段で. ***be*** ～***d to nothing*** [***to skin and bones***] 骨と皮ばかりにやせている. ～***d in circumstances*** 零落して. ～ one***self into*** … のはめに陥る. ～ an argument ***to an absurdity*** (議論の)ばかげていることを示す. ～ ***to discipline*** 秩序にもどす, 鎮定する. ～ ***to powder*** 粉砕する. ～ a rule ***to practice*** (規則を)実施する. ～ ***to the ranks*** 兵卒におとす. ～***c***〔***ing agent***〘化〙還元剤. ～***c***〔***ing division***〘生〙減数分裂. [re-＋√duc- 引き＋もどす]
◇ **re·dúc·er** [-ər] *n.* ～する人〔物〕;〘写〙減力剤, 減変液;〘化〙還元剤;〘機〙径違い継ぎ手. **re·dúc·i·ble** [-əbl] *a.* ～することができる. **re·dúc·ing** [-iŋ] *n.* ～すること;《減食・薬剤などによる》瘦身(そうしん)法.

re·duc·ti·o ad ab·sur·dum [ridʌ́kʃiouæd-əbsə́:rdəm/-æd-] L. (＝reduction to absurdity)〘論〙帰謬(きびゅう)法, 間接証明法.

‡re·dúc·tion [ridʌ́kʃ(ə)n] *n.* **1** 縮小, 節減; 縮写; 割引: price ～*s*, ～*s* in prices 値引き, 値下げ. at a ～ of 10% 1割引で. **2 還元**, 変形: ～ of marble into powder 大理石の粉末化. **3** 零落; 衰微. **4** 征服, 鎮圧, 陥落. **5** 分類. **6**〘数〙通約; 換算;〘医〙整復;〘写〙減力. →動詞 reduce.
～ ***to absurdity*** (1)〘論〙帰謬(きびゅう)法, 間接証明(法). (2) 議論倒れ; 行きすぎ.

re·dúc·tive [ridʌ́ktiv] *a.* **1** 縮小〔減少〕する;《人物などを》矮小(わいしょう)化する. **2** 還元する; 転化〔変換〕する. —— *n.* **1** 縮小, 減少(因). **2** 還元; 転化(因). ◇ ～**·ly** *ad.*

re·dún·dant [ridʌ́ndənt] *a.* 余分の, 過剰〔過多〕の, 重複の;《文章など》冗漫な. [re-＋√und-]
～ **feature**〘言〙余剰特質. ◇ ～**·ly** *ad.* **-dance, -dan·cy** *n.* 余分, 過剰(物); 重複, 冗長(度).

re·dú·pli·cate [rid(j)ú:pli̦kèit/-djú:-] *vt.* **1** 倍加する; 繰り返す. **2**〘文〙〈文字・音節などを〉重ねる;〈変化・派生形を〉音節などの重複によってつくる. —— *vi.* 二重になる. —— [-kit] *a.* 繰り返した, 反復した; 倍加した. ◇ **-ca·tive** [-kèitiv/-kət-] *a.* **re·dù·pli·cá·tion** [-⌐-kéiʃ(ə)n] *n.*

re·éch·o [ri:ékou] *vt., vi.* **1** 反響する. **2** のこだまを反響し返す. —— *n.* (*pl.* ～**es**) 反響の繰り返し.

‡reed [ri:d] *n.* **1**〘植〙ヨシ, アシ; アシの草むら; (*pl.*)《屋根の》ふきわら. **2**〘雅〙アシ笛, 牧笛; 田園詩. **3**〘雅〙矢. **4**〘楽〙《楽器の》舌; (*pl.*) 舌楽器《oboe, bassoon, clarinet など》;〘織機〙おさ, リード. ***broken*** [***bruised***] ～〘聖〙「折れたアシ」, 頼みにならない人〔物〕. ***lean on a*** ～ たよりにならない人〔物〕にたよる. ***the*** ～***s***《管弦楽団の》舌楽器部.
—— *vt.* **1**〈屋根を〉アシ材でふく; アシで飾る. **2**〈楽器に〉舌をつける.
～**·bird** [⌐⌐]〘鳥〙《北アメリカ産》米食鳥 (bobolink). ～ **instrument** 舌楽器. ～ **mace**〘英:植〙ガマ (cattail). ～ **organ** リードオルガン, 足踏みオルガン. ～ **pipe**《風琴などの》舌管, アシ笛, 牧笛. ～ **stop**〘楽〙《オルガンの》舌管音栓(おんせん).
◇ ～**·ed** [-id] *a.* **1** アシの茂った, アシで葺(ふ)いた. **2**〘楽〙舌のついた. **3**〘建〙胡麻幹(ごまがら)じま装飾のついた.

re·éd·it [ri:édit/rí:-] *vt.* 編集しなおす, 改訂する.
◇ **rè·e·dí·tion** [rì:idíʃ(ə)n/rí:-] *n.* 改版, 再訂版.

re·éd·u·cate [ri:édʒu̦kèit/rí:édju̦-] *vt.* 再教育する. ◇ **re·èd·u·cá·tion** [ri:èdʒu̦kéiʃ(ə)n, rì:edʒu̦-/rí:èdju̦-] *n.*

réed·y [rí:di] *a.* **1** アシの多い. **2** アシに似た; ひょろひょろした. **3** アシ製の. **4** アシ笛のような鋭い音の. ◇ **réed·i·ness** *n.*

reef[1] [ri:f] *n.* **1** 岩礁, 暗礁. **2** 鉱脈. ***strike a*** ～ 「座礁する.

reef[2] *n.*〘海〙(帆の)縮帆部《風当たりを減ずるため巻き上げる部分》. ***take in a*** ～ 縮帆する; 財政を切り詰める. —— *vt.* 縮帆する, 縮める.
～ **knot** 小間結び.

réef·er[1] [rí:fər] *n.* **1** 帆を巻き上げる人. **2**〘英俗〙海軍少尉候補生. **3** 厚いダブル〔シングル〕の上着の一種. **4** ＝reef knot. **5** 麻薬入りたばこ (marijuana cigarette). 「〔車, 船〕.

réef·er[2] *n.*〘米俗〙《大型の》冷蔵庫, 冷蔵トラック

reek [ri:k] *n.* **1** 悪臭. **2** 湯げ, 蒸気. **3**〘方・雅〙煙. —— *vi.* **1** 悪臭を出す, むっとする, 臭い《で *with*》: ～ *with* sweat 汗臭い. **2**《…の》気味がある,《…が》しみ込んでいる《の, が *of, with*》: ～ *of* affectation いやにぶっている, きざが鼻につく. ～ *with* blood 血にまみれている. **3** いっぱいである《で *with*》: The book ～*s with* scraps of Latin. この本にはラテン語の語句がやたらに出てくる. ～ ***of murder*** 殺気を帯びている.
◇ **réek·y** *a.* 臭気の強い; 湯げの立つ; けむる.

‡**reel**[1] [riːl] *n.* **1** リール, 巻きわく; 一巻きの量. **2** 糸車, かせ, 糸巻き. **3** 《つりざおの》 巻き車, リール; 《機械の》 回転部. **4** 《映画の》 1巻: a picture in three ~*s* 3巻ものの映画. (***right***) ***off the*** ~ 《糸などが》すらすらとまっすぐに出て; つかえずに 《話す》.
—— *vt.* **1** 糸車に巻く. **2** 〈糸を〉 繰る. **3** 〈魚・つり糸などを〉 リールで引き寄せる 〔引き上げる〕 《*in, up*》. —— *vi.* 〈コオロギなどが〉 キリキリと鳴く.
~ ***off*** (1) (糸車から) たぐり出す; 〈糸を〉 繰り取る 《繭から》. (2) すらすら話す, べらべらしゃべる.

reel[2] *n.* **1** よろめき, めまい. **2** 千鳥足. **3** 旋回.
—— *vi.* **1** よろめく, よろよろ歩く 《*about, along, down*》: ~ like a drunken man. **2** 目が回る, 〈頭が〉 ふらふらする: ~ under a heavy blow 強打でよろめく. **3** 動揺する; 〈船などが〉 漂う. **4** 旋回する.
◇ **~·ing·ly** *ad.* よろめいて, 千鳥足で.

reel[3] *n.* スコットランド高地人の活発な舞踏; その曲.
—— *vi.* ~を踊る.

rè·e·léct [riːi̯lékt/ríː-] *vt.* 再選 〔改選〕 する.
◇ **-léc·tion** [-lékʃ(ə)n] *n.*

re·él·i·gi·ble [riːélidʒi̯bl/ríː-] *a.* 再選できる.

rè·em·bárk [riːimbáːrk/ríː-] *vt., vi.* 再び乗船させる〔する〕, 再び搭載(とうさい)する.
◇ **rè·em·bar·ká·tion** *n.*

rè·e·mérge [riːiməːrdʒ/ríː-] *vi.* 再現する.
◇ **rè·e·mér·gence** [-(ə)ns] *n.*

rè·en·áct [-inǽkt] *vt.* **1** 〈法律を〉 再び制定する; 《法律で》 定める. **2** 再び行なう 〔演ずる〕.
◇ **~·ment** *n.*

rè·en·fórce[1] *vt.* =reinforce.

rè·en·fórce[2] [riːinfɔ́ːrs/riːinfɔ́ːs] *vt.* 再実施する. ◇ **~·ment** *n.*

re·én·gine [riːéndʒin/ríː-] *vt.* 〈汽船などに〉 新しいエンジンを装備する.

rè·en·líst [riːinlíst/ríː-] *vi.* 再び徴兵に応ずる, 再入隊する. —— *vt.* 再募集する, 再び入隊させる.

re·én·ter [riːéntər/ríː-] *vt.* **1** に再びはいる. **2** 再登録する. —— *vi.* 再びはいる; 再登場する.

re·én·trant [riːéntr(ə)nt] *a.* **1** 再びはいる. **2** 凹角(おうかく)の. —— *n.* 凹角, 凹部.

re·én·try [riːéntri] *n.* 再び入れる 〔はいる〕 こと; 再登録; 《法》 占有権の再取得.

rè·es·táb·lish [riːi̯stǽbliʃ/ríː-] *vt.* 再建する; 復職 〔復位〕 させる; 回復 〔復旧〕 する. ◇ **~·ment** *n.*

reeve[1] [riːv] *vt.* (**rove** [rouv] *or* **reeved** [riːvd]) 《海》 **1** 〈ロープを〉 通す 《滑車・穴などに》. **2** くくりつける, 巻きつける 《に *in, on, round, to*》.

reeve[2] *n.* 《英史》 奉行(ぶぎょう), 代官; 《カナダ》 町村長, 町村会議長; 《鉱山》 《炭坑の》 坑夫がしら.

reeve[3] *n.* 《鳥》 エリマキシギの雌.

rè·ex·ám·ine [riːigzǽmin/ríː-] *vt.* 再試験する; 再検査 〔再審査, 再検討〕 する; 《法》 再尋問する.
◇ **rè·ex·àm·i·ná·tion** [-igzæmi̯néiʃ(ə)n] *n.*

rè·ex·chánge [-ikstʃéindʒ] *n.* 再交換; 《商》 もどりかわせ手形.

rè·ex·pórt [-ikspɔ́ːrt, -eks-/-pɔ́ːt] *vt.* 再輸出する.
—— [riːékspɔ̀ːrt/riːékspɔːt] *n.* 再輸出 (品).
◇ **rè·ex·por·tá·tion** [⁻̀ーーtéiʃ(ə)n/ríːèks-] *n.*

ref [ref] 《運話》 =referee.

ref. referee; reference; referred; reformation; reformed; reformer.

re·fáce [riːféis/ríː-] *vt.* 〈建物などの〉 表面を新しくする.

re·fásh·ion [-fǽʃ(ə)n] *vt.* 形なおしする; 改造 〔改装〕 する; の配列模様を変える.

re·féc·tion [rifékʃ(ə)n] *n.* **1** 休養; 元気回復. **2** 軽食, おやつ.

re·féc·to·ry [rifékt(ə)ri] *n.* 《僧院・神学校・大学などの》 食堂. ~ **table** 2本脚の長テーブル; 両端折りたたみの長テーブル.

‡**re·fér** [rifə́ːr] *v.* (**-rr-**) *vt.* **1** 《助力・情報・決定のために》 〈人を〉 **差し向ける**, 照会する 《に *to*》; 〈人に〉 参照させる, 注目 〔留意〕 させる 《を *to*》: For further particulars I ~ you *to* my secretary. 詳しくは秘書にお尋ねいただきたい. The asterisk ~*s* the reader *to* a note. 星印は読者に注を参照せよの印である. **2 委託する**, 任せる 《に *to*》: ~ a matter *to* a third party 事件を第三者に委任する. **3** 《…に》 **帰する**, 《…の》 せいにする; 《…に》 属するものとする 《に, の *to*》: ~ the evils *to* the war 悪弊を戦争のせいにする. ~ the origin of sculpture *to* Egypt 彫刻の起源をエジプトだとする.
—— *vi.* **1 注意を向ける, 関係する**, 関連する 《に *to*》; 〈規則などが〉 適用される: books ~*ring to* fish 魚の参考書. The asterisk ~*s to* a footnote. 星印は脚注(のあること) を示す. **2 照会する, 問い合わせる**, 参考にする, たよる 《に, を *to*》: ~ *to* a dictionary 辞書を引く. ~ *to* a former employer for a person's character 人柄を前の雇い主に問い合わせる. **3 言及する**, 暗に言う; 引用する 《に, を *to*》: We will not ~ *to* it again. もうそのことは言わないことにしよう. He ~*red* lightly *to* his wound. 彼は傷のことにかるくふれた. I am not ~*ring to* you. きみのことを言っているのではない.
~ one***self to*** に一任する, に依頼する. ~ ***to…as*** —— …を —— の名で呼ぶ 〔と称する〕: I know nothing about what is usually ~*red to as* New Thought. 世間でよく「新思想」といわれているものについてぼくはなにも知らない. ~ ***to drawer*** 《商》 振出人回し. 〔re-+√fer- 連れ, 運び+もどす〕

réf·er·a·ble [réf(ə)rəbl, rifə́ːrəbl] *a.* 《…に》 帰することができる, 《…に》 よるものである, 《…に》 属するものとする 《に *to*》.

rèf·er·ée [rèfəríː] *n.* 仲裁 〔調停〕 人; 《運》 レフェリー. —— *vt., vi.* 仲裁する; 審判する.

‡**réf·er·ence** [réf(ə)rəns] *n.* **1 問い合わせ**, 照合 《*to*》. **2** 信用照会先; 身元保証人. **3** 《身元などの》 証明書, 信用照会状: a banker's ~ 銀行の信用証明書. **4 参照**, 参考, 照会 《*to*》. **5** 参考文, 引用文; 参照符 (=marks of ~) 《*, †, ‡, §, ‖ など》. **6 言及**, 論及 《*to*》: There is no ~ *to* the matter in the newspaper. その件について新聞になにも出ていない. **7 関連**, 関係 《*to*》. **8** 委託, 付託 《*to*》; 委託の条件 〔範囲〕: ~ of a bill *to* a committee 議案の委員会付託.
for (a person'***s***) ~ 参考のために 〔の〕. ***frame of*** ~ 座標系 《特殊の意味を示す一群の事実・法則》. ***have*** 〔***bear***〕 ~ ***to*** に関係がある. ***in*** 〔***with***〕 ~ ***to*** に関して. ***make*** ~ ***to*** に言及する; を参照する, に当たってみる. ***without*** ~ ***to*** に関係なく, …にかまわず.
—— *vt.* 〈書物に〉 参照記事をつける.
~ **Bible** 引証つき聖書. ~ **book** 参考書 (=book of 〔for〕 ~) 《辞書・百科事典など》. ~ **library** 参考図書館 《館外持ち出しを許さない》.

rèf·er·én·dum [rèfəréndəm] *n.* (*pl.* **-dums, -da** [-də]) **1** 国民投票, 一般投票. **2** 《外交官が本国政府に向け発する》 請訓書. ◇ **-da·ry** [-dəri] *a.* 国民投票の, 一般投票の.

réf·er·ent [réf(ə)rənt] *n.* 《修・言》 《語の》 指示物 〔対象〕.

rèf·er·én·tial [rèfərénʃ(ə)l] *a.* **1** 関する, 関連した 《に *to*》. **2** 参照の, 参考用の. **3** 《言》 《語が》 指示する; 対象 (世界) の. ◇ **~·ly** *ad.*

re·fíll[1] [riːfíl/ríː-] *vt.* 再び満たす 〔詰める〕; 補充する.
—— *vi.* 再び満ちる. ◇ **~·a·ble** *a.*

ré·fill[2] [ríːfil] *n.* 詰め替え (品); 《ガソリン・インクなどの》 補給; 《飲食物の》 お代わり.

‡**re·fíne** [rifáin] *vt.* **1 精練する**, 精製 〔純化〕 する: ~*d* sugar 上白糖. **2 洗練する, 上品にする**, にみがきをかける: ~ one's language ことばづかいを上品にする.
—— *vi.* **1** 純粋 〔清浄〕 になる. **2** 洗練される, 上品になる, みがきがかかる: As he grew old, his taste ~*d*. 年をとるにつれて彼の趣味は洗練の度を加えた.
~ ***on*** 〔***upon***〕 (1) …にみがきをかける, を改善する. (2)

に細かな区別だてをする, 細かに論ずる.
◇ **re·fín·a·ble** *a.* **re·fín·er** *n.* 〜 する人〔機具〕.

***re·fíned** [rifáind] *a.* **1** 精練した, 精製した: 〜 oil. **2** 洗練された, あかぬけした, 上品な: a 〜 gentleman. **3** 精緻(せいち)な, 精密な. **4** 凝った; 巧妙を窮めた. ◇ **re·fín·ed·ly** [-n(i)dli] *ad.*

***re·fíne·ment** [-mənt] *n.* **1** 精練, 精製, 純化. **2** 洗練, 高雅, 上品, 優美: a man of 〜 上品な人. **3** 精密, 精巧. **4** 凝ったもの, 精巧を窮めたもの: a 〜 of logic 緻密(ちみつ)な論理. a 〜 of cruelty 念の入った残虐なしうち.

re·fín·er·y [-əri] *n.* 精練〔精製〕所; 精練〔精製〕機具.

re·fít [riːfít/ríː-] *v.* (**-tt-**) *vt.* 修理〔修繕〕する; 〈船を〉改装する. —— *vi.* 〈船などが〉修理を受ける, 改装される. —— [㊥⁺ˊ―ˋ] *n.* 修理, 改装.
◇ **〜·ment** [riːfítmənt/ríː-] *n.* ＝refit.

refl. reflection; reflective(ly); reflex(ive).

re·fláte [rifléit] *vt.* 〈通貨を〉再膨張させる. —— *vi.* 〈通貨が〉再膨張する. → deflate.
◇ **re·flá·tion** [rifléiʃ(ə)n] *n.*

‡**re·fléct** [riflékt] *vt.* **1** 〈光・音・熱などを〉**反射する**, はね返す; 〈鏡などが物を〉映す: the trees 〜*ed* in the lake 湖に映る木立ち. **2** 《比喩的》**反映する**, あらわす: His deeds 〜 his thoughts. 彼の行為は考えを反映している. **3** 〈信用・不名誉などを〉もたらす, 招く《に *on, upon*》: His success 〜*ed* credit *on* his parents. 彼が成功したので親の株が上がった. **4** 《名詞節を目的語として》**反省する**, 思い及ぶ《と *that*》; 熟考する《疑問節を従えて》: Just 〜 *how* fast time flies. 時がどんなに早くたつか考えてもごらんなさい. **5** 外にそらせる; 〖稀〗折り返す, 曲げ返す. —— *vi.* **1** **反射する**; 反響する. **2** **反省する**, 思案する, 回顧する《を *on, upon*》: Give time to 〜. **3** 悪影響を及ぼす, 体面を傷つける《に *on, upon*》: His crime 〜*ed on* the whole community. 彼の犯罪のために町全体が名誉を傷つけられた. **4** 非難〔中傷〕する, けなす《を *on, upon*》: 〜 *on* a person's sincerity 人の誠意を疑う. ***〜ing telescope*** 反射望遠鏡. **〜 *on* one*self*** 反省する. [re-＋√flec- 後ろへ＋曲げる]
〔類〕 → **consider**「熟考する」, → **think**「考える」

re·fléct·ing·ly [-iŋli] *ad.* **1** 熟慮して, 内省的に. **2** 非難して. **3** 反射的に.

‡**re·fléc·tion, re·fléx·ion** [riflékʃ(ə)n] 《reflexion は主として科学用語》 *n.* **1** **反射**; 反射熱〔光, 色〕, 反響音: an angle of 〜 反射角. **2** **反映**, 映像, 《水に映った》影: see one's 〜 in a mirror 鏡に映った姿を見る. **3** 他をまねる人; 生き写し, よく似た動作〔言語, 思想〕: She is a 〜 of her mother. 彼女は母親そっくりだ. **4** **反省**, **熟考**, 沈思, 回想《*on, upon*》; 〖哲〗反省. **5** (しばしば *pl.*) 感想, 意見, 思想: I have a few 〜*s on* his conduct. 彼の行動について私も二, 三意見がある. **6** 非難, 小言《*on, upon*》: I intended no 〜 *on* your character. きみを悪く言うつもりはなかった. **7** 不信用〔不名誉〕(のたね)《*on, upon*》: Your conduct is a 〜 *on* your character. きみの行動はきみ自身の人格を傷つけるものだ. **8** 〖心〗反射作用; 〖医〗反転〔屈折〕(部). ***cast a* 〜 *upon*** を非難する; の名折れとなる. ***on*** 〔***upon***〕 **〜** よく考えてみると; 熟考した上で. ***without*** (***due***) **〜** 軽率に. ◇ **〜·al** [-ʃən(ə)l] *a.* 反射の, 反射による; 熟慮〔再考〕の, 反省の.

re·fléc·tive [rifléktiv] *a.* **1** 反射する, 反映する. **2** 反射〔反映〕の; 反射〔反映〕による. **3** 反省〔熟考〕する; 思慮ぶかい, 瞑想(めいそう)的な. **4** 《動作が》反射的な; 相互的な. **5** 〖稀・文〗＝reflexive.

re·fléc·tor [rifléktər] *n.* **1** 反射体〔物, 器, 面〕; 反射鏡; 反射顕微鏡. **2** 《感情・意見などを》反映する人. **3** 〖稀〗反省者.

ré·flex[1] [ríːfleks] *a.* **1** 〖生理〗反射的な, 反射作用の. **2** 《光などが》反射による, 反射の. **3** 反省的, 内省的な. **4** 《草・葉など》そり返った. **5** 〖電〗レフレックス増幅装置の. **6** 〖文〗再帰的. —— *n.* **1** 〖生理・心〗反射作用〔運動〕: a conditioned 〜 条件反射. **2** 反映, 映像, 影. **3** 写し, 再現. **4** 〖稀〗反射, 反射光. **5** 〖電〗レフレックス受信機. [√flec-] **〜 camera** レフレックスカメラ《俗にレフ》: a single-lens 〜 *camera* 一眼レフ. ◇ **〜·ly** *ad.*

re·fléx[2] [rifléks] *vt.* **1** に反射(作用)させる. **2** 折り返す, そらせる. **3** にレフレックス増幅装置を施す.

re·fléx·i·ble [rifléksibl] *a.* 《光線などが》反射できる, 反射性の. ◇ **re·flèx·i·bíl·i·ty** [-ˋ-ˊ-bíliti] *n.*

re·fléx·ion *n.* ＝reflection. ◇ **〜·al** *a.*

re·fléx·ive [rifléksiv] *a.* **1** 〖文〗再帰の. **2** 反射性の; 逆行性の. —— *n.* 〖文〗再帰動詞〔代名詞〕. **〜 pronoun** 〖文〗再帰代名詞. **〜 verb** 〖文〗再帰動詞. 〈注〉He prides himself.「彼は自慢している」における動詞が reflexive verb, 目的語が reflexive pronoun.

re·flóat [riːflóut/ríː-] *vt.* **1** 再び浮かべる, 浮き上がらせる. **2** 〈沈没船を〉引き上げる, 離礁させる. **3** 〈債券などを〉再び市場に売り出す.
—— *vi.* 浮上する, 離礁する.

réf·lu·ent [réfluənt] *a.* 《潮・血などが》逆流する; 《潮流が》引く (ebbing). ◇ **-ence** *n.*

ré·flux [ríːflʌks] *n.* 退潮; 逆流. ***flux and* 〜 *of the tides*** [***fortune***] 潮の干満〔栄枯盛衰〕.

re·fóot [riːfút/ríː-] *vt.* 〈くつ・くつ下などの〉足部を取り替える.

re·fór·est [riːfɔ́ːrist, -fɑ́r-/riːfɔ́r-] *vt.* 植林しなおす, 再造林する.
◇ **rè·for·es·tá·tion** [ˋ---téiʃ(ə)n/riːfɔ̀r-] *n.*

‡**re·fórm** [rifɔ́ːrm] *vt.* **1** **改革する**, 改正〔改良〕する: 〜 a system 制度を改革する. **2** 〈混乱などを〉収拾する; 〈弊害などを〉一掃する. **3** **矯正**(きょうせい)**する**, 改心させる: 〜 a juvenile delinquent 非行少年を矯正する. —— *vi.* **1** 改革〔改善, 改正〕される. **2** 改心する. **〜 one*self*** 改心する.
—— *n.* **1** 改革, 改正, 改良: social 〜 社会改革. **2** 矯正, 感化. **R〜 Bill** 〔**Act**〕, **the** 〖英〗《1832年の》選挙法改正法案〔条令〕. **〜 school** 〖米〗感化院. ◇ **〜·a·ble** *a.* 改革〔改善, 改正〕できる; 改心の見込みがある. **〜·er** *n.* 改革家; (R〜) 《特に16世紀の》宗教改革の指導者; 《政治, 特に議会制度の》改革論者, 選挙法改正論者. **〜·ist** *n., a.* 革新主義者 (の).

〔類義語〕 改良する: **reform** 全体的に欠陥があるために全体 (の形) を改める, 全面的に改良する: *reform* the administrative system 行政組織を刷新する. **correct** (全体とは関係なく) まちがった部分を訂正する: *correct* errors. **amend** 全体をよくするためまちがった部分を訂正する, 改正する: *amend* a bill 法案を修正する. **improve, better** (個々の誤りには言及せず) 更によくする, 改善する: *improve* one's health 健康を増進する.

rè·fórm [riːfɔ́ːrm/ríː-] *vt.* **1** 再びつくる. **2** 編成しなおす, 改編する. —— *vi.* 再び形を成す, 再び集合する. ◇ **rè·for·má·tion** [-fɔːrméiʃ(ə)n] *n.*

rèf·or·má·tion [rèfərméiʃ(ə)n] *n.* **1** 改革, 改正; 改善, 改良; 改新. **2** (the R〜) 〖史〗宗教改革. **3** 改心, 矯正(きょうせい), 感化.
◇ **〜·al, 〜·ar·y** [-ʃənèri/-ʃ(ə)nəri] *a.*

re·fórm·a·tive [rifɔ́ːrmətiv] *a.* **1** 改革的な, 改善の, 改正の. **2** 感化的, 矯正の.
◇ **〜·ly** *ad.* **〜·ness** *n.*

re·fórm·a·to·ry [rifɔ́ːrmətɔ̀ːri/-t(ə)ri] *n.* 感化院. —— *a.* ＝reformative.

re·fórmed [rifɔ́ːrmd] *a.* **1** 改革した, 改正〔改善〕された. **2** (R〜) 新教の, 《特に》カルビン派の. **3** 改心した. ◇ **re·fórm·ed·ly** [-midli] *ad.*

re·fráct [rifrǽkt] *vt.* **1** 〖物〗〈光線などを〉屈折させる, 曲折する. **2** 〖光〗〈目・レンズの〉屈折度を測定

する. **～ing telescope** 屈折望遠鏡. [√fra(n)g-]
◇ **～·a·ble** *a.* 屈折性の(ある).

re·frác·tion [rifrǽkʃ(ə)n] *n.* **1**〘物〙《光線・音波・熱などの》屈折; 屈折作用. **2**〘光〙《目の》屈折力(測定). **3**〘天〙大気差. ***double* ～** 複屈射. ***index of* ～** 屈折率.
◇ **～·al** [-ʃən(ə)l] *a.* 屈折〔屈射〕の.

re·frác·tive [rifrǽktiv] *a.* 屈折の, 屈折性〔力〕のある: the ～ index 屈折率. ◇ **～·ly** *ad.* **～·ness** *n.* **rè·frac·tív·i·ty** [rì:fræktívịti] *n.*

rè·frac·tóm·e·ter [rì:fræktámịtər/-tɔ́m-] *n.* 〘物〙屈折計.

re·frác·tor [rifrǽktər] *n.* 屈折の媒体; 屈折望遠鏡; 屈折レンズ.

re·frác·to·ry [rifrǽkt(ə)ri] *a.* **1** 反抗的な, 御しがたい, 手に負えない. **2**《病気・傷が》なおりにくい. **3** 扱いにくい, 加工しにくい; 《金属などが》溶けにくい, 耐火性のある. **——** *n.* **1** 非溶解性物質; (*pl.*) 耐火れんが. **2**〘心〙反応減退時. ◇ **-ri·ly** *ad.*

‡re·fráin[1] [rifréin] *vi.* **やめる, 控える,** 慎む, がまんする《を *from*》: ～ *from* weeping 泣きたいのをおさえる. **——** *vt.* 〘古〙抑制する. ～ one***self*** 自制する. [re-＋√fren- 後ろへ＋手綱(を引く)]

re·fráin[2] *n.* 《詩・歌の末尾の》折り返し句〔曲〕.

re·frán·gi·ble [rifrǽndʒịbl] *a.* 屈折性の(ある).
◇ **re·fràn·gi·bíl·i·ty** [—ˊ—bílịti] *n.*

re·fréeze [ri:frí:z/rí:-] *vt., vi.* (**-fróze** [-fróuz]; **-fró·zen** [-fróuzn]) 再び凍らせる〔凍る〕.

‡re·frésh [rifréʃ] *vt.* **1** <心身を> **さわやかにする,** 元気づける, 休める: ～ the mind 心を晴れ晴れさせる. ～ the eye 目を休める. **2** <雨が空気を> さわやかにする, きれいにする. **3**《加工して》**新しくする. 4** <記憶を> 新たにする: ～ one's memory. **5** <火などを> 再び盛んにする; <電池を> 充電する. **——** *vi.* **1** 元気を回復する, 気が晴れ晴れする. **2**〘俗〙飲食する, 一杯やる. **3** <船などが> 糧食・用水を補充する. → 名詞 refreshment. ***feel* ～*ed*** せいせいした気分になる. ～ one***self*** 元気を取りもどす《特に飲食して》.
(類) → **renew**「新しくする」

re·frésh·er [-ər] *n.* **1** 元気を回復させる物〔人〕; 飲食物;〘俗〙清涼飲料. **2**〘法〙《訴訟が長引いたとき弁護士に払う》特別謝礼金. **～ course**〘米〙補習科.

‡re·frésh·ing [rifréʃiŋ] *a.* **さわやかな,** 晴れ晴れさせる, 胸のすくような: a ～ breeze.
◇ **～·ly** *ad.* **～·ness** *n.*

‡re·frésh·ment [-mənt] *n.* **1 元気回復,** 気分爽快(そうかい): feel ～ of mind and body 心身の爽快さをおぼえる. **2** 元気をつけるもの《睡眠・飲食など》. **3** (通例 *pl.*) **(軽い) 飲食物,** 茶菓(さか): take some ～*s* 軽く食べておく.
～ car 食堂車. **～ room**《駅・会場などの》食堂. **R～ Sunday** Lent 中の第4日曜日.

re·fríg·er·ant [rifrídʒərənt] *a.* **1** 冷やす, 凍らせる. **2** 解熱の. **——** *n.* **1** 冷却〔冷凍〕剤. **2** 解熱剤.

re·fríg·er·ate [rifrídʒərèit] *vt.* **1** 冷蔵する. **2** 冷やす: a ～*d* van 冷蔵車. **3** 解熱する. **——** *vi.* 凍る, 冷える. [√frig-] ◇ **-a·tive** [-rèitiv/-rət-] *a.* **-a·to·ry** [-rətɔ̀:ri/-rət(ə)ri] *a.* **re·frìg·er·á·tion** [—ˊ—réiʃ(ə)n] *n.* **1** 冷蔵, 冷凍. **2** 冷却.

‡re·fríg·er·a·tor [rifrídʒərèitər] *n.* **冷蔵庫;** 冷蔵装置. [√frig- 冷] **～ car**《鉄道の》冷蔵車.

re·frín·gent [rifríndʒənt] ＝refractive.

reft [reft] *v.* reave の過去・過去分詞.

re·fú·el [ri:fjú:əl] *vt., vi.* (**-l-**, 〔英〕**-ll-**) (に)燃料を補給する.

‡réf·uge [réfju:dʒ] *n.* **1 避難, 保護;** seek ～ from the floods 洪水(こうずい)からのがれようと努める. **2 避難所,** 隠れが〔場〕; 保護物: find a ～ in... …に避難する. **3**〘英〙《街路の》安全地帯 (island). **4** 頼みになる人〔物〕, 慰安物: the ～ of the distressed 悩める者の友. **5** 逃げ道〔口上〕: Patriotism is the last ～ of a scoundrel. 愛国心は悪党の使う奥の手である. ***give* ～ *to*** をかくまう, を保護する. ***harbor of* ～** 避難港. ***house of* ～** 養老〔養育〕院. ***seek* ～ *from*** から避難〔逃避〕する. ***seek* ～ *with*** a person (人)のところへ逃げ込む. ***take* ～ *in* [*at*]** (1) に避難する: *take* ～ *in* silence (相手にしないで) 沈黙をとおす. (2) に慰安を求める. [re-＋√fug- 逃げ＋隠れる]

rèf·u·gée [rèfjudʒí:] *n.* 避難者; (国外) 亡命者.

re·fúl·gent [rifʌ́ldʒ(ə)nt] *a.* 輝く, 煌々(こうこう)とした.
◇ **～·ly** *ad.* **-gence, -gen·cy** *n.* 輝き, 光線.

ré·fund[1] [rí:fʌnd] *n.* 払いもどし, 返済, 償還.
—— [rifʌ́nd/ri:-] *vt.* **1** 払いもどす, 返済する, 償還する. **2** に払いもどしする. ◇ **～·a·ble** [rifʌ́ndəbl/ri:-] *a.* **～·ment** *n.*

rè·fúnd[2] [ri:fʌ́nd/ri:-] *vt.* **1** <公債などを> 借り換える, <負債を> 書き換える. **2** 新たに積み立てる.

re·fúr·bish [ri:fə́:rbiʃ/rí:-] *vt.* **1** みがきなおす, とぎなおす. **2** の外観を一新する.

re·fúr·nish [ri:fə́:rniʃ/rí:-] *vt.* **1** <家・へやに>家具・造作を取りつけなおす. **2** に新しい備品を備える. **3** に新しく備える〔供給する〕《を *with*》.

‡re·fús·al [rifjú:z(ə)l] *n.* **1 拒絶;** 拒否; 辞退. **2** 優先権, 取捨選択の権利; 先買権. → 動詞 refuse. ***buy the* ～ *of*** (手付け金を渡して) …の優先権を得る. ***give*** a person ***a flat* ～** (人に) はっきり断わる. ***have the* ～ *of*** 《他人に先だって》…の取捨選択権を得る. ***take no* ～** いやだとは言わせない.

‡re·fúse[1] [rifjú:z] *vt.* **1 拒絶する,** 拒否する, 与えない: ～ recognition 承認を拒む, 承認しない. I ～ *to* discuss the question. 私はこの問題を論じたくない. ～ permission 許可を与えない. They ～*d* me permission. ＝I was ～*d* permission. 私は許可を得られなかった. **2** <申し出などを> 受け入れない, 断わる, 辞退する: ～ a gift with thanks 贈り物を丁重に辞退する. ～ a suitor 結婚の申し込み者を断わる. ～ food 食物を受けつけない. **3** …しようとしない, …する傾向〔性質〕がない: The green wood ～*s to* burn. 生木はなかなか燃えない. **4** <馬が障害を> 飛び越さないで立ち止まる. **5**〘トランプ〙<場の札と> 別の札を出す《出た札が手中にないため》. **6**〘軍〙<部隊の側面を> 後退させておく《敵の攻撃を予想して》. **——** *vi.* 拒絶する, 辞退する. [√fu(nd)-] ◇ **re·fús·a·ble** *a.* 拒絶できる. **re·fús·er** [-ər] *n.* ～する人;《障害などを飛び越えないで》立ち止まる馬.

(類義語) **拒絶する: refuse** 要求・頼みごと・申し出などを拒絶する: *refuse* an invitation 招待を断わる. **decline** より丁寧な社交的な語. 相手に礼を失しない配慮が示唆される: *decline* an offer of a chairmanship 座長の地位を辞退する. **reject** 上の2語が相手として人間を多少とも意識しているに比し, 計画・提案などを却下する.

réf·use[2] [réfju:s, 〔米〕[+]-fju:z] *n.* 廃物, 残り物, くず. **——** *a.* 廃物の, くだらない: ～ matter 廃物, くだらないこと. **～ consumer** ごみ焼却器.

re·fút·a·ble [rifjú:təbl, réfjụt-] *a.* 論駁(ろんばく)〔論破〕できる.
◇ **-bly** *ad.* **re·fùt·a·bíl·i·ty** [—ˊ—bílịti] *n.*

rèf·u·tá·tion [rèfjutéiʃ(ə)n] *n.* 反論, 反駁(はんばく), 反証. ◇ **re·fút·a·tive** [rifjú:tətiv] *a.* 反論の; (人を)やりこめる.

re·fúte [rifjú:t] *vt.* **1** <議論・主張を> 論駁(ろんばく)する, 反駁する: ～ an argument. **2** <人を> 論破する, やりこめる. ◇ **re·fút·er** [-ər] *n.*

Reg. [redʒ] Regiment; *Regina* (L. ＝Queen).

reg. regiment; region; register(ed); registrar; registry; regular(ly).

‡re·gáin [rigéin] *vt.* **1 取りもどす,** 回復する: ～ one's health 健康を取りもどす. **2** へ帰着する, へ立ちもどる:

～ the shore もとの岸べにたどりつく. ～ one's ***feet*** [***footing, legs***] 〈倒れたものが〉立ち直る, 立ちあがる. ◇ **～·a·ble** *a.* **～·er** *n.*

ré·gal [rí:g(ə)l] *a.* **1** 王の, 帝王の: the ～ government 王政. **2** 王者らしい; 堂々とした. [√reg-]
◇ **～·ism** *n.* 帝王教権説. **～·ly** *ad.*

re·gále [rigéil] *vt.* **1** 大いに楽しませる〔喜ばせる〕《で *with*》: ～ oneself *with* a cigar 葉巻きを一服する. **2** 供応する, 大いにごちそうする. **——** *vi.* **1** 美食する《を *on*》. **2** 大いに喜ぶ. **——** *n.* 〖古〗供応; 山海の珍味, 美食.
◇ **～·ment** *n.* もてなし; 大ごちそう; 美味.

re·gá·li·a [rigéiliə, -ljə] *n. pl.* **1** 王位のしるし〖王冠・笏(しゃく)など〗. **2** 王権, 王の特権. **3** 勲章, 記章. **4**〖キューバ産〗上等葉巻き. **5** 豪華な衣装.

re·gál·i·ty [ri:gǽləti] *n.* 王たること, 王位; 王国; (*pl.*) 王権.

‡re·gárd [rigá:rd] *vt.* **1** (じっと)**見る**, 注意する: She ～*ed* him with amusement. 彼女は彼を興味をもって見つめた. **2**〖愛情・憎しみなどの感情をもって〗みる, 遇する: I still ～ him *with* affection. 私は彼にはいまでも好意をもっている. **3 重くみる**, 尊重〔尊敬〕する: We all ～ him highly. 私たちはみんな彼を大いに尊敬している. **4** 考慮する, 斟酌(しんしゃく)する《通例否定形で》: He *seldom* ～*s* my advice. 彼は私の忠告などめったに気にとめない. **5** …を〖——と〗考える, …を〖——と〗みなす《と *as*》: He ～*ed* it *as* a bother. 彼はそれをやっかいなこととみなした. **6 に関係する**: It does not ～ me. それは私には無関係だ. **——** *vi.* 注目〔留意〕する; 見つめる. ***as ～s*** …について言えば, に関しては.
—— *n.* **1** 注目, 注意; 考慮: More ～ must be paid to safety on the roads. **2** 心づかい《*for*》; 留意, 関心《*to, for*》: He has very little ～ *for* the feelings of others. **3** 尊敬, 尊重《*to, for*》. **4** 好意, 好感《*for*》. **5** (*pl.*)〖よろしくという〗伝言, あいさつ. **6 関係**, 点.
Give my (***best***) ***～s to*** …によろしく: *Give* him *my* ～*s*. 彼によろしく. ***have a ～ for*** を尊敬する, を重んずる. ***have*** [***pay***] ***～ to*** に注意する, を尊重する. ***in*** a person***'s ～*** (人)に関しては. ***in ～ of*** の点については, に関しては. ***in*** [***with***] ***～ to*** …については, に関しては. ***in this ～*** この点については. ***without ～ to*** を顧みないで, に構わずに.
〖類〗 → **respect**「尊敬する」

re·gárd·ant [rigá:rd(ə)nt] *a.* 〖紋〗〖紋章の動物が〗顔を後ろに向けた: a stag ～ 後ろ向きの雄ジカ.

re·gárd·ful [rigá:rdf(u)l] *a.* **1** 注意ぶかい, 配慮する《を *of*》. **2** 敬意を表する《*for*》.
◇ **～·ly** [-fuli] *ad.* **～·ness** *n.*

‡re·gárd·ing [rigá:rdiŋ] *prep.* …**に関して**, …の点では (with regard to).

‡re·gárd·less [rigá:rdlis] *a.* **むとんじゃくな**, **不注意な**《に *of*》: ～ *of* appearance 外観〔身なり〕に構わない. ～ *of* cost 費用を顧みない.
—— *ad.* **1 構わずに**, かかわらず《に *of*》: He continued the experiment ～ *of* cost. 費用に構わず実験を続けた. He won ～ *of* his injuries. 負傷にもかかわらず彼は勝った. **2**〖話〗それでも, やはり, いずれにせよ; むずかしくても, とめられても: I must make the decision ～. とにかく決定しなければならない.
◇ **～·ly** *ad.* **～·ness** *n.*

re·gát·ta [rigǽtə] *n.* **1** ボート〔ヨット〕レース. **2** じょうぶなしま紋様のあや織りもめん.

ré·ge·late [rí:dʒəlèit] *vi.* 〖物〗復氷する. 〈注〉しばしば regelate itself となる.
◇ **rè·ge·lá·tion** [rì:dʒəléiʃ(ə)n] *n.*

ré·gen·cy [rí:dʒ(ə)nsi] *n.* **1** 摂政政治; 摂政の職; 摂政期〔管区〕; (the R～)〖英史〗摂政時代〖1811–1820〗; 摂政団. **2**〖米〗大学評議員の職.

re·gén·er·a·cy [ridʒénərəsi] *n.* 再生, 更新; 復興; 改心.

re·gén·er·ate [ridʒénərèit] *vt.* **1** よみがえらせる, 更新〔刷新〕させる. **2** 改心させる. **3** 〈廃物を〉再生する: ～*d* rubber 再生ゴム. **4** 〈生物が失われた器官を〉再生する. **——** *vi.* **1** よみがえる, 再生する. **2** 改心する.
—— [-rit] *a.* 再生した; 刷新された; 改心した.
◇ **-a·tor** [-rèitər] *n.* 更生者; 改宗者; 改革者; 〖機〗復熱〔蓄熱〕炉; 〖電〗再生器. **-a·tive** [-rèitiv, -rət-] *a.* 再生〔更生〕させる; 改心させる; 〖機〗復熱式の; 〖電〗再生式の.

re·gèn·er·á·tion [ridʒènəréiʃ(ə)n] *n.* **1** 再生, 再建, 復興, 復活. **2** 刷新; 改心. **3**〖生〗再生.

re·gén·e·sis [ridʒénəsis] *n.* 更生, 再生, 更新.

ré·gent [rí:dʒ(ə)nt] *n.* **1** 摂政. **2**〖米〗(大学の)評議員. **——** *a.* 《名詞のあとについて》摂政の地位にある: the Prince *R*～ 摂政の宮. [√reg-]
◇ **～·al** [-l] *a.* **～·ship** *n.* 摂政の職〔任期〕.

rég·i·cide [rédʒəsàid] *n.* 国王殺し, 大逆(人). ***the R～s***〖英史〗Charles I を死刑にした裁判官たち.
◇ **règ·i·cíd·al** [rèdʒəsáidl] *a.*

re·gíme, *ré·gime* [riʒí:m, rei-/rei-] *n.* **1** 政体, 政治制度. **2** 政権: the Fascist ～ ファシスト政権. **3**《一般的》制度. **4**〖医〗＝regimen ①. ***the ancient ～*** アンシャンレジーム, 旧制度. [√reg-]

rég·i·men [rédʒəmen, ㊊⁺-mən] *n.* **1**〖医〗食餌(しょくじ)法, 食療法; 正しい食生活; 養生法〖食事・運動・生活法〗. **2** ＝regime ①, ③. **3**〖文〗支配: the ～ of the verb by its subject 主語による動詞の支配. [√reg-]

***rég·i·ment** [rédʒəmənt] *n.* **1**〖軍〗**連隊**〖二つ以上の大隊から成る〗. **2** (しばしば *pl.*) 大群. **3**〖古〗統治.
—— [rédʒəmènt] *vt.* **1** 連隊に編制〔編入〕する. **2 組織化する**, **統制する**. **3** 団体訓練する, 鍛錬する.
◇ **règ·i·men·tá·tion** [rèdʒəmentéiʃ(ə)n] *n.*

règ·i·mén·tal [rèdʒəméntl] *a.* 連隊の, 連隊つきの: the ～ colors 連隊旗. **——** *n.* (*pl.*) 軍服, 連隊服. ◇ **～·ly** *ad.*

Re·gi·na [ridʒáinə] L. (＝reigning queen) *n.* 現女王《略 R: E.R. ＝Elizabeth Regina》.

‡ré·gion [rí:dʒ(ə)n] *n.* **1 地方**, **地域**, 地区, 地帯; 行政区, 管区: a fertile ～ 肥沃(ひよく)地. **2** (しばしば *pl.*)〖宇宙の〗域, 層, 界;〖大気・海水の〗層: the upper ～*s* of the air 空の上層部. **3**〖学問などの〗領域, 範囲, 分野《*of*》. **4**〖医〗〖身体の〗局部, 部位: the lumbar [abdominal] ～ 腰〔腹〕部.
in the ～ of の付近に. ***the airy ～*** 天空. ***the lower*** [***infernal, nether***] ***～s*** 地獄. ***the ～ beyond the grave*** 冥土(めいど). ***the upper ～s*** 天空; 天国. [√reg-]

ré·gion·al [rí:dʒən(ə)l] *a.* 地方の, 地方的な; 局部の. ◇ **～·ism** *n.* 地方(分権)主義. **～·ly** *ad.*

‡rég·is·ter [rédʒistər] *n.* **1 記録簿**,〖出生・船籍・有権者などの〗登録〔登記〕簿: a ～ of voters 選挙人名簿. **2** 記録, 登録, 登記. **3**〖速度・金銭出納などの〗自動記録器, レジスター; 記録表示器. **4**〖暖房の〗通風〔温調〕装置. **5**〖楽〗声域, 音域;〖オルガンの〗音栓(おんせん), ストップ. **6**〖写〗感光板〔フイルム〕とピントグラスとの整合. **7**〖印〗印刷紙面の表裏一致. ***parish*** [***church***] ***～*** 〖教区・教会の〗戸籍簿. ***ship's ～***〖商〗〖税関の〗船籍証明書.
—— *vt.* **1 記録〔記入〕する**; 登録〔登記〕する: ～ new students 新入生を学籍に入れる. **2** 〈郵便物を〉書留扱いにする;〖英〗〈荷物を〉チッキに引き受ける: get [have] a letter ～*ed* 手紙を書留にしてもらう. ～ a luggage *on* a railway〖英〗手荷物をチッキにする. **3** 心に銘記する. **4** 〈温度計などが〉示す, さす; 〈機械が〉表示〔記録〕する. **5**〖映〗〈表情・身ぶりで感情を〉あらわす: Her face ～*ed* surprise. 彼女の顔には驚きの色があらわれた. **6**〖印〗〈印刷面

を＞表裏正しくそろえる.

—— *vi.* **1** 名簿に登録する, 登録手続きをする;〖米〗宿帳に記入する: ～ *for* a course 学科履修の手続きをする. ～ *at* a hotel ホテルに泊まる. **2** ＜機械などが＞自動的に記録〔表示〕する. **3** 印象を与える《に *on*》. **4**〖映〗表情をする;〖米話〗表情をあらわす. **5**〖印〗＜印刷面が＞表裏そろう. [re- ＋√ger- 載せる→記録する; 合わせる] ～ **office** 登記所; 職業紹介所

◇ ～**·a·ble** [-t(ə)rəbl], **rég·is·tra·ble** [-trəbl] *a.* 登録〔登記〕できる; 書留にできる; 示される.

rég·is·tered [-d] *a.* **1** 登記した, 登録済みの: a ～ trademark 登録商標. ～ tonnage 登録トン数. **2** 記名の: a ～ bond 記名公債. **3** 書留にした: a ～ letter 書留郵便. **4** 公認の; 血統表が登録されている: a ～ Jersey bull 純ジャージー種の牛.

～ **company** 法人会社. ～ **mail** (㊧ **post**) 書留郵便. ～ **nurse** 公認看護婦《免状所有者》.

rég·is·trant [rédʒistrənt] *n.* 登録者.

rég·is·trar [rédʒistrɑ̀ːr, ⁻ ⁻ ⁻] *n.* 登録〔記録〕係; 戸籍吏;（大学の）学籍係.

règ·is·trá·tion [rèdʒistréiʃ(ə)n] *n.* **1** 記入, 登記, 登録; 書留. **2**《選挙人などの》登録者数;《登録された》会員〔学生〕数. **3**《温度計などの》表示. **4**〖楽〗《オルガンの》音栓(せん)調節(法). **5**〖印〗《表裏の》刷り合わせ. ～ **fee** 登録料; 書留料.

◇ ～**·al** [-ʃən(ə)l] *a.*

rég·is·try [rédʒistri] *n.* **1** 記録, 登録; 書留. **2**《登録された》船籍. **3** 登記所;（求職の）登録所. **4** 登録簿, 記録簿. ***marriage at*** ～ 届け出結婚.

～ **fee** 書留〔記録〕料. ～ **office** 職業紹介所; 結婚登録所.

ré·gi·us [ríːdʒiəs] *a.* 王の; 勅命の. **R～ Professor**〖英〗《大学の》欽定(きんてい)講座担任教授《Henry VIII の創設》.

rég·let [réglit] *n.*〖建〗ガラス〔パネルなど〕をはめるみぞ.

rég·nal [régn(ə)l] *a.* 王の, 治世の: ～ years 在位年数.

rég·nant [régnənt] *a.* **1** 君臨する, 統治する: the Queen *R*～（君主としての）女王. **2** 優勢な, 広く行なわれている, 流行の. [√reg-]

re·górge [rigɔ́ːrdʒ/ríː-] *vt.* **1** 吐き出す, もどす. **2** 投げ返す. —— *vi.* 再び流れ出る; 逆流する.

ré·gress [ríːgres] *n.* **1** あともどり, 後退; 退歩, 堕落. **2** 復帰《*to, into*》; 復帰権. **3**〖天〗回帰.

—— [rigrés] *vi.* **1** あともどりする, 後退〔退歩〕する. **2**〖天〗回帰する. [√grad-]

◇ **re·grés·sion** [rigréʃ(ə)n] *n.* ～すること;〖心〗退行《文明人が原始的行動・感情をもつこと》;〖生〗退化(現象). **re·grés·sor** [-ər] *n.*

re·grés·sive [rigrésiv] *a.* **1** あとにもどる; 退歩する, 逆行する. **2**〖天〗回帰する.

◇ ～**·ly** *ad.* ～**·ness** *n.*

‡**re·grét** [rigrét] *n.* **1** 遺憾, 残念; 後悔《*at*》: refuse *with* much ～ [many ～*s*] 残念ながら断わる. have no ～*s* 後悔しない. **2** 哀悼, 悲しみ: a letter of ～ 悔やみ状. **3**（しばしば *pl.*）〖米〗《招待状に対する》断わり(状): I have had four acceptances and one ～. 承諾書 4 通断わり状 1 通受け取った.

express **one's** ～ ***at*** を遺憾とする. ***express*** **one's** ～ ***for*** をわびる, を謝罪する. ***feel*** ～ ***for*** を後悔する. ***hear with*** ～ ***of*** [***that***...] を[…と]聞いて残念に思う. ***send*** ～***s*** 断わり状を出す. ***to my*** ～ 遺憾ながら, 残念ながら.

—— *vt.* (**-tt-**) **1** 後悔する; 残念に思う: ～ one's follies 自分の愚行を悔いる. I ～ being unable to help [that I cannot help] you. ご援助できなくて申しわけありません. **2** 気の毒に思う, 悲しむ: ～ his death 彼の死をいたむ. **3** なごり惜しく思う: ～ one's happy youth 楽しかった青春をなつかしむ.

***re·grét·ful** [-f(u)l] *a.* 残念に思っている, 悔やむ, 不満な; 遺憾〔哀悼〕の意をあらわす. ◇ ～**·ly** [-fuli] *ad.*

***re·grét·ta·ble** [-əbl] *a.* 遺憾な, 残念な; 悲しむべき, 気の毒な. ◇ **-bly** *ad.*

Regt., regt. regent; regiment.

rég·u·la·ble [régjuləbl] *a.* 規制できる; 調整できる.

‡**rég·u·lar** [régjulər] *a.* **1** 規則的な, 整然とした, 系統〔組織〕だった, 調和〔均整〕のとれた, 規則正しい: ～ teeth きれいにそろった歯. a ～ pulse 平脈. **2** 定例の, 定期的な: a ～ meeting. **3** 常の, 不変の: ～ customers 常得意. **4** 通例の, いつもの, 普通の《特大・特価などに対し》. **5** 正規の, 正式の; 免許のある, 定時に働く, 本職の;〖米〗《政党などの》公認の: the ～ army 正規軍. **6**〖話〗全くの, 完全な; ほんとうの, 正真正銘の: a ～ rascal ねっからの悪党. **7**〖米話〗気持ちのよい, おもしろい: a ～ fellow いい男, 好漢. **8**〖文〗規則変化をする;〖植〗《花が》整正の;《結晶が》等軸の;〖数〗等角等辺の;《立体の》各面の大きさと形が等しい: ～ verbs 規則動詞. a ～ polygon 正多角形. **9**〖宗〗修道会に属する. ***keep*** ～ ***hours*** 規則正しい生活をする.

—— *n.* **1** 正規〔常備〕兵; 修道士; 常雇い(職工); レギュラー選手; 常客, 常連. **2**〖米〗自党の徹底的支持者. **3**〖話〗規則正しい人. **4** 並み型の洋服.

～ **customer** 常客. ～ **employ** 常雇い.

◇ **règ·u·lár·i·ty** [règjulǽriti] *n.* 規則正しいこと; 均整〔調和〕のとれていること; 一定不変; 正規.

[類] → **normal**「正常な」

rég·u·lar·ize [régjulərɑ̀iz] *vt.* 規則〔秩序〕正しくする, 調整する. ◇ **règ·u·lar·i·zá·tion** [règjulərizéiʃ(ə)n, -raiz-] *n.*

‡**rég·u·lar·ly** [régjulərli] *ad.* **1** 規則正しく,（きちんと）順序正しく; 本式に; つりあいよく: as ～ as clockwork 非常に規則的に. **2** 定期的に, 一定に: go to church ～ いつも休まず教会へ行く. **3**〖俗〗全く.

‡**rég·u·late** [régjulèit] *vt.* **1** 規定する; 統制する, 取り締まる. **2** 調節する: ～ traffic 交通を整理する. [√reg-] ◇ **-la·tive** [-lèitiv/-lət-] *a.* 規定する; 取り締まりの; 整理〔調整〕する. **-la·to·ry** [-lətɔ̀ːri/-lət(ə)ri] *a.* ＝regulative.

‡**règ·u·lá·tion** [règjuléiʃ(ə)n] *n.* **1**（通例 *pl.*）規則, 規定, 法規, 条例: traffic ～*s* 交通規則. **2** 調節, 調整, かげん; 取り締まり, 制限: ～ of prices 物価調整. **3**〖電〗変動率.

—— *a.* **1** 規定どおりの; 正式の, 標準の: a ～ cap [sword, uniform] 正帽〔正剣, 正服〕. **2** おきまりの, ありふれた: a ～ pun いつものだじゃれ. ***of the*** ～ ***size*** 普通〔規定〕の大きさの.

～ **mourning** 正式喪. ～ **speed** 規定速力.

rég·u·la·tor [régjulèitər] *n.* **1** 調整者; 取締人. **2**〖機〗調整〔加減〕器;（とけいの）整時器, 標準とけい. **3** 原則, 標準.

re·gúr·gi·tate [riːgə́ːrdʒitèit] *vt., vi.* 吐きもどす, 勢いよくもどす, 吹き返す, 反流する.

◇ **re·gùr·gi·tá·tion** [rigə̀ːrdʒitéiʃ(ə)n] *n.*

rè·ha·bíl·i·tate [rìː(h)əbílitèit] *vt.* 元どおりにする(restore); 再生させる, 復興する; 社会へ復帰させる, 復職〔復権〕させる. ～ one***self*** 名誉〔信用〕を回復する. ◇ **-ta·tive** [-tèitiv, -tət-] *a.* **-ta·tor** [-tèitər] *n.* 復権〔復位〕者, 名誉回復者. **rè·ha·bìl·i·tá·tion** [rìː(h)əbilitéiʃ(ə)n/ríː-] *n.*

re·hásh [riːhǽʃ/ríː-] *vt.* やりなおす, 焼きなおす, つくりなおす; ＜計画を＞練りなおす. —— *n.* 焼きなおし, 改作; 改造.

re·héar [riːhíər/ríː-] *vt.* (**re·héard** [-hə́ːrd]) 聞きなおす;〖法〗再審する.

re·héars·al [rihə́ːrs(ə)l] *n.* **1**《劇・音楽などの》リハーサル, 下げいこ: put a play *into* ～ 劇の下げいこをやる. **2** 繰り返して話すこと, 列挙: a ～ of the day's happenings その日のできごとを逐一話すこと. ***dress*** ～ 本げいこ. ***full*** ～ 俳優総出の下げいこ. ***public*** ～ 公開試演.

re·héarse [rihə́:rs] *vt.* **1** 〈劇・演説・音楽などを〉下げいこする: ～ a ceremony 式の予行をする. **2** 〈出演者・演奏家などに〉けいこをつける. **3** 〈事件などを〉逐一話す. —— *vi.* 下げいこをする.

rei [rei] *n.* reis の単数形 (real³).

Reich [raik｜G. raiç] G. *n.* ドイツ国. ***the (German)*** ～ 《特にナチ国家時代の》ドイツ連邦共和国.

reichs·mark [ráiksmà:rk/ˊ–] G. *n.* (*pl.* ～*s*, ～) マルク《ドイツの貨幣単位》.

Reichs·tag [-tà:g] G. *n.* 旧ドイツ国会.

ré·i·fy [rí:ifài] *vt.* 具体〔具象〕化する.

‡**reign** [rein] *n.* **1** 統治(の期間), 治世, み代: in the ～ of King Alfred アルフレッド王のみ代に. **2** 支配, 優勢: the ～ of law 法律の絶対権. Night resumes her ～. また夜の世界となる.
—— *vi.* **1** 君臨する, 統治する《に, を *over*》: The King ～*s*, but he does not rule. 王は君臨するが統治しない. **2** 勢力を奮う, はぶりをきかす; 大いに流行する: Silence ～*s*. あたり一面しんとしている.
～ing beauty 当世第一の美人. ***～ing emperor*** **[*king*]** 今上陛下〔現国王〕. [√reg-]

rè·im·búrse [rì:imbə́:rs] *vt.* **1** 〈借金などを〉返済する, 払いもどす. **2** 弁償〔賠償〕する.
◇ **～·ment** *n.* **rè·im·búr·ser** *n.*

rè·im·pórt [rì:impó:rt/rí:impɔ́:t] *vt.* 〈輸出品を〉再輸入する. —— [-ˊ–/ˊˊ–] *n.* 再〔逆〕輸入(品).
◇ **rè·im·por·tá·tion** [rì:impo:rtéiʃ(ə)n / rí:impɔ:t-] *n.*

‡**rein** [rein] *n.* **1** (通例 *pl.*) 手綱: check with ～*s* 手綱で制する. **2** (*pl.*) 統御の手段; 拘束: with a loose ～ 手綱をゆるめて, 寛大に. **3** 行動の自由.
assume* [*drop*] *the ～s of government 政権を握る〔捨てる〕. ***draw ～*** ＝***draw in the ～s*** (1) 手綱を引く; 速力を弱める. (2) 制する, やめる. ***give*** a horse ～ [***the ～s***] (馬を)自由に歩かせる. ***give ～*** [***the ～s***] ***to*** ＝***throw* (*up*) *the ～s to*** に自由を与える, をかってにさせる. ***hold* [*keep*] *a ～ on* [*over*]** を抑制〔訓練〕する. ***take the ～s*** 権力を握る, 支配〔指導〕する.
—— *vt.* **1** 〈馬に〉手綱をつける, 〈馬を〉手綱でつなぐ《に *to*》. **2** 手綱であやつる〔制する〕; 止める《*up*》: ～ a horse well 馬を巧みに御する. **3** 抑制する; 支配〔統御〕する, 導く: *R*～ your tongue. 口を慎みなさい. —— *vi.* **1** 〈馬が〉手綱に服する. **2** 手綱を使って馬を止める《*in, up*》.
～ *back* [*up*] 〈馬を〉手綱で引きもどす, 手綱を引いて止める. **～ *in*** (馬の)手綱を引いて歩調をゆるめさせる; 抑制する; 控えめにする.
◇ **～·less** *a.* 手綱をつけない; 自由な, 放縦(ほうじゅう)な.

rè·in·cár·nate [rì:inká:rneit/–ˊ––] *vt.* に再び肉体を与える, 生まれ変わらせる; 化身させる.
—— [rì:inká:rnit/rí:-] *a.* 再び肉体を得た; 化身した.

rè·in·car·ná·tion [rì:inka:rnéiʃ(ə)n/rí:-] *n.* **1** 魂の再生, 霊魂再来(説). **2** 生まれ変わり.

réin·deer [réindiər] *n.* (*pl.* ～, ～*s*) 〖動〗トナカイ.

rè·in·fórce** [rì:infó:rs/-fɔ́:s] *vt.* **1** 強化する, 補強する《増員・補給などで》: ～ an army 軍隊を増強する. **2** 《一般的》強化〔補強〕する: ～ a wall 壁を補強する. ～ one's argument (例証などで)主張を強化する. ***～d concrete 鉄筋コンクリート. —— *n.* 補強材, 当て物〔布〕; 銃床. ◇ **～·ment** *n.* **1** 援助, 増援; (しばしば *pl.*) 増援隊〔艦隊〕. **2** 補強(材), 強化(物), 補給(品). **3** 〖心〗強化.

reins [reinz] *n. pl.* 〖古〗**1** じん臓; 腰, 腰部. **2** 感情・愛情の座〔源泉〕.

rè·in·státe [rì:instéit/rí:-] *vt.* 元どおりにする; 復位〔復職, 復権〕させる. ◇ **～·ment** *n.*

rè·in·súre [rì:inʃúər/rí:-] *vt.* に再保険をつける.
◇ **-súr·ance** [-ʃú(:)rəns/-ʃúər-] *n.*

re·ín·te·grate [ri:íntigrèit/rí:-] *vt.* 再び完全にする; 復興〔回復〕する; 復元する. ◇ **rè·in·te·grá·tion** [ri:intəgréiʃ(ə)n/rí:-] *n.*

rè·in·tér [rì:intə́:r/rí:-] *vt.* (**-rr-**) 埋め替える, 改葬する.

rè·in·tro·dúce [rì:intrəd(j)ú:s/rí:intrədjú:s] *vt.* 再紹介する; 再導入〔再輸入〕する.
◇ **rè·in·tro·dúc·tion** [-dʌ́kʃ(ə)n] *n.*

rè·in·vést [rì:invést/rí:-] *vt.* **1** 再投資する. **2** に再び授ける《を *with*》. ◇ **～·ment** *n.*

rè·in·víg·or·ate [rì:invígərèit/rí:-] *vt.* 再び活気づける, 生き返らせる. ◇ **rè·in·vig·o·rá·tion** *n.*

reis [reis] *n. pl.* (*sing.* **re·ál** [reiá:l]) ポルトガル・ブラジルの旧貨幣単位.

re·ís·sue [ri:íʃu:/rí:-] *vt.* 〈証書・免許証・書籍などを〉再発行する. —— *n.* 再発行.

***re·ít·er·ate** [ri:ítərèit] *vt.* 繰り返す, 反復する: ～ the command 命令を復唱する. [√i-]
◇ **re·ìt·er·á·tion** [–ˊ–réiʃ(ə)n] *n.*

re·ít·er·a·tive [ri:ítərèitiv/-rətiv] *a.* 反復する.
—— *n.* 〖文〗反復語《twinkle「きらきら」, patter「パタパタ」のごとく, 反復動作を示す》; 重複語《pitter-patter, pell-mell のごとく, 音声を反復する》.

reive [ri:v] ＝reave.

réiv·er [rí:vər] *n.* 略奪者 (reaver).

‡**re·jéct** [ridʒékt] *vt.* **1** 〈要求・申し出などを〉拒絶する, 断わる, 却下する: ～ an offer of help 援助申し出をはねつける. **2** 不合格にする, 除く: ～ a vote 投票を無効にする. ～ fruit that is overripe 熟(う)れすぎたくだものを除く. **3** 吐き出す, もどす.
—— [rí:dʒekt] *n.* 拒否された物〔人〕, 不合格品〔者〕.
◇ **～·a·ble** [ridʒéktəbl] *a.* **～·er** [-ər] *n.*
〖類〗→ **refuse**「拒絶する」

***re·jéc·tion** [ridʒékʃ(ə)n] *n.* **1** 拒絶; 棄却; 否決. **2** 排棄〔排出〕物. [√jac-¹]

re·jíg·ger [ri:dʒígər] *vt.* 〖米話〗(ごまかして)つくりなおす.

‡**re·jóice** [ridʒɔ́is] *vi.* **1** 喜ぶ, うれしがる, 祝う《を *at, in, over, that*; …して *to* (do)》: ～ *over* the good news 吉報を喜ぶ. ～ *to* welcome a person 人を迎えることができてうれしい. **2** 恵まれている, 与えられている《に, を *in*》: ～ *in* good health 健康に恵まれている. —— *vt.* 喜ばす, 楽しませる: The boy's success ～*d* his mother's heart. 少年の成功は母の心を喜ばせた. ***be ～d*** 喜ぶ (＝ *vi.* ①).
◇ **re·jóic·ing** *n.* 喜び, 歓喜; (しばしば *pl.*) 歓楽, 祝賀: public *rejoicings* 祝祭.

rè·jóin¹ [rì:dʒɔ́in/rí:-] *vt.* **1** に再会する; の仲間に再び加わる. **2** 再結合する.
—— *vi.* 元どおりに結合〔合同〕する.

re·jóin² [ridʒɔ́in] *vi.* **1** 応答する. **2** 〖法〗〈被告が〉第２答弁をする. —— *vt.* 答えて言う《と *that*》.
〖類〗→ **answer**「答える」

re·jóin·der [-dər] *n.* **1** 答弁, 応答. **2** 〖法〗《被告の》第２答弁(書). ***in ～ to*** に答えて.

re·jú·ve·nate [ri:dʒú:vinèit] *vt., vi.* 若返らせる〔返る〕; に元気を回復させる, 元気を回復する.
◇ **-na·tor** [-ər] *n.* 回春剤; 若返らせる人. **re·jù·ve·ná·tion** [ridʒù:vinéiʃ(ə)n] *n.* 若返り, 回春.

re·jù·ve·nésce [ri:dʒù:vinés, 英 ⁺rì:dʒu:-] *vi., vt.* 若返る〔返らせる〕; 〖生〗新活力を得る, に新活力を与える.

re·jù·ve·nés·cent [-nésnt] *a.* 若返る; 若返らせる, 回春の. ◇ **-cence** [-sns] *n.* 若返り; 〖生〗再生.

re·jú·ve·nize [ridʒú:vənàiz] *vt.* ＝rejuvenate.

re·kín·dle [ri:kíndl] *vt.* に再び点火する; に再び元気〔活気〕をつける. —— *vi.* **1** 再び点火する〔燃え上がる〕. **2** 再び元気づく.

rel. relating; relative(ly); religion; religious.

re·láid [ri:léid/rí:-] *v.* relay² の過去・過去分詞.

re·lápse [riléps] *vi.* **1** 再び陥る: ～ *into* sleep 再び眠りに落ちる. ～ *into* heresy 邪教に再転落する. **2** 〈病人が〉再び悪化する. —— *n.* **1** 再転落, 逆もどり; 退歩. **2** 〖医〗ぶり返し, 再発. [√lab-]

‡**re·láte** [riléit] *vt.* **1** 関係させる, 関連させる, 関係

づけて説明する《に *to*; と *with*》: ～ the result *to* [*with*] a cause 結果をある原因に結びつける. ～ poverty and crime 貧困と犯罪を結びつけて考える. **2**《受動態で》…と親類である, …とつながっている: He *is* distantly ～*d to* my father. 彼は父の遠縁に当たる. **3** 物語る, 述べる: ～ the whole story 逐一話してきかせる.

── *vi.* **1** 関係がある《と, に *to*》: This letter ～*s to* business. この手紙は商売のことだ. **2**〈人が〉社会的関係をもつ《に *to*》: a person unable to ～ *to* his environment 周囲にかかわることのできない人. **3**〈法律が〉効力を及ぼす《に *to*》. ***～ back to***〈法律の効力などが〉…までさかのぼる. ***～ting to*** に関して. [√lat-] ◇ **re·lát·ed** [-id] *a.* 関係のある, 血縁の, 同族の《に *to*》;〖楽〗相関的. **re·lát·er** *n.*
[類] → **speak**「話す」

‡re·lá·tion [riléiʃ(ə)n] *n.* **1** 関係, 関連. **2** (*pl.*) 間柄, 折り合い; 国際関係;《人との》利害関係: the friendly ～*s* between my country and yours 貴国との友好関係. **3** 親族〔血縁〕関係, 縁故《この意味では relationship が普通》. **4** 親類《この意味では relative が普通》. **5** 話すこと, 陳述; 話: make ～ to …に言及する. **6**〖法〗告発;犯罪通報. **7**《法の効力の》遡及(そきゅう). ***bear no ～ to*** = ***be out of all ～ to*** と全くつりあわない. ***have ～ to*** と関係〔関連〕する. ***have ～ with*** と関係〔交渉〕がある. ***in*** [***with***] ***～ to*** に関して.

re·lá·tion·al [riléiʃən(ə)l] *a.* **1** 関係のある, 親類の. **2**〖文〗関係を示す, 相関的な. ◇ **～·ly** *ad.*

re·lá·tion·ship** [riléiʃ(ə)nʃip] *n.* 親族関係, 縁故関係; 関係. ***degrees of ～ 親等.

rèl·a·tí·val [rèlətáiv(ə)l] *a.*〖文〗関係詞の. ◇ **～·ly** *ad.*

‡rél·a·tive [rélətiv] *a.* **1** 比較上の, 相対的な: They are living in ～ comfort. 彼らは比較的らくに暮らしている. ～ merits [advantage] of A and B [of the two] AとB〔両者〕の優劣. Cold is a ～ term. 「寒い」は相対的なことばだ. → absolute, positive. **2** 相互の: ～ rights of husband and wife 夫婦の相互権利. **3** …しだいの, …による: Beauty is ～ *to* the beholder's eye. 美醜は見る人の目によって違う. **4** 関係〔関連〕ある, 適切な《に *to*》. **5**〖楽〗関係の《同一調子・記号をもつ》. **6**〖文〗関係を示す. ***be ～ to*** と関係する; に比例する. ***～ to*** (1) に関係のある, に関して; the facts ～ *to* this problem この問題に関係のある事実. (2) に比例する: Supply is ～ *to* demand. 供給は需要に比例する.

── *n.* **1** 親類, 身内, 姻戚(いんせき). → kinsman. **2** 関係物〔事項〕. **3**〖文〗関係詞. → 枠付 Relative (pp. 1084–1085). **～ adjective** [**adverb, clause, pronoun**]〖文〗関係形容詞〔副詞, 節, 代名詞〕. **～ keys**〖楽〗関係調. ◇ **-tiv·ism** *n.*〖哲〗相対論, 相対主義. **-tiv·ist** *n.* 相対論者.

‡rél·a·tive·ly [-li] *ad.* **1** 比較的に, わりあいに: a ～ small difference. **2** …に比較して, …に比例して, …のわりあいに《*to*》: a writer well-known ～ *to* his merit その真価と比べて広く知られている作家.

rèl·a·tiv·ís·tic [rèlətivístik] *a.* 相対論的な.

rèl·a·tív·i·ty [rèlətívəti] *n.* **1** (相互)関連のあること, 関連性; 相互依存. **2**〖物〗相対性(理論);〖哲〗相対論. ***the principle of ～*** 相対性原理. ***the theory of ～*** 相対性理論.

re·lá·tor [riléitər] *n.* 話し手, 語り手;〖法〗《犯罪の》告発者.

‡re·láx [rilǽks] *vt.* **1** ゆるめる, 緩和する: ～ one's grip 握りをゆるめる. **2** くつろがせる, 休める: ～ the mind 心をくつろがせる. **3** に下剤をかける.

── *vi.* **1** ゆるむ: His hands ～*ed*. 手がゆるんだ. **2** 和らぐ, 弱くなる; 控えめになる: ～ into a smile 〈顔が〉にっこりほほえむ. **3** くつろぐ, (心の) 緊張をほぐす, ほね休めをする: Sit down and ～. すわってくつろぎなさい. He ～*es* with bowling. 彼はボーリングでくつろぐ. *R～*, man! まあ落ち着けよ.

～ one's attention ゆだんする. ***～ed throat*** 咽喉(いんこう)カタル. ***～*** (***in***) ***one's efforts*** 努力をゆるめる. ***～ing climate*** だるくなる気候. ***～ the bowels*** 通じをつける. [√lax-] ◇ **～·ed·ly** [-idli] *ad.* ゆるんで, 和らいで, くつろいで. [類] → **rest**「休息する」

re·láx·ant [-ənt] = relaxative.

rè·lax·á·tion [rìːlækséiʃ(ə)n] *n.* **1** ゆるみ, ゆるめ: ～ of muscles 筋肉の弛緩(しかん). **2**《義務・負担などの》軽減, 一部免除. **3** くつろぎ, 気晴らし: Fishing is my favorite ～. 魚つりが私の道楽です.

re·láx·a·tive [rilǽksətiv] *n., a.* 緩下剤(の).

ré·lay [ríːlei, riléi] *n.* **1**《旅行・猟などの》換え馬, 換え犬;《換え馬のいる》宿場. **2**《仕事の》交替(者), 新手(あらて); 新材料の供給. **3**〖運〗リレー(= ～ race); 各リレー走者の受け持ち距離. **4** [英 riːléi]〖電〗継電器;〖放送〗中継. **5** (R～)〖米〗《ラジオ・テレビの中継送受信用》通信衛星.

stage ～ broadcast 舞台中継.

── [riléi, ríːlei / ríːléi] *vt.* **1** 交替させる; の交替者〔換え馬〕を備える〔得る〕; の代わりを用意する. **2**〖放送〗中継する. ── *vi.*〖放送〗中継放送する.

～ broadcast 中継放送. **～ race** リレー競走. **～ station** 中継局.

rè·láy [rìːléi/ríː-] *vt.* (**-láid** [-léid]) **1** 置きなおす; 〈鉄道などを〉敷きなおす. **2**〈税などを〉再び課する. **3**〈壁などを〉塗り替える. 〈注〉relay ともつづる.

‡re·léase [rilíːs] *vt.* **1** 放つ, 解き放す, 離す; 〈爆弾を〉投下する: ～ hair *from* pins ピンをはずして髪を解く. **2** 放免する, 解放〔釈放〕する; 免除〔解除〕する《から *from*》: ～ a man *from* prison 囚人を刑務所から出す. ～ a person *from* a debt [his suffering] 人の負債を免除する〔人を苦しみから救う〕. **3**〖法〗放棄〔棄権, 譲渡〕する. **4**〈映画を〉封切りする; 〈レコードなどを〉売り出す; 〈ニュースなどを〉発表する. **5**〈物資を〉放出する. **6**〖機〗吐き出す, 放出する.

── *n.* **1** 解放, 釈放, 免除: ～ from jail 刑務所からの出所. the summer ～ from school 夏の休暇. **2** 発射,《爆弾の》投下. **3** 放出〔公開, 発売〕(物); 封切り(映画): the newest ～*s* 最新の封切り映画. **4**〖法〗譲渡(証書). **5**〖機〗始動〔停止〕装置《ハンドル・歯どめなど》;〖電〗安全器;《写真機の》レリーズ. [√lax-] ◇ **re·léas·a·ble** [-əbl] *a.*

rè·léase [rìːlíːs/ríː-] *vt.* 〈土地・家屋などを〉新たに契約して貸す, また貸しする.

re·leas·ée [riliːsíː] *n.* 《債務の》被免除者;〖法〗《権利・財産の》譲り受け人.

re·léa·sor [rilíːsər] *n.* 《権利・財産の》棄権者, 譲渡人.

rél·e·gate [réligèit] *vt.* **1** 地位をおとす, 左遷する《へ *to, into*; から *out of*》. **2** 属せしめる, 分類する《に *to*》. **3**〈事件などを〉付託〔委託〕する; ゆだねる, 任せる. **4** 追放する. [√leg-³]
◇ **rèl·e·gá·tion** [rèligéiʃ(ə)n] *n.*

re·lént [rilént] *vi.* 優しくなる, 〈気持ちが〉和らぐ; あわれみを感じる《に *toward, at*》. ◇ **～·ing·ly** *ad.*

***re·lént·less** [-lis] *a.* 容赦ない, 冷酷な, 残忍な; 邪険な. ◇ **～·ly** *ad.* **～·ness** *n.*

rél·e·vance [réləvəns], **-van·cy** [-i] *n.* **1** 関連: have no ～ to に全く無関係である. **2** 適切性.

rél·e·vant [réləvənt] *a.* **1**《当面する問題に》関連した, 関係のある. **2** 適切な《に *to*》. ◇ **～·ly** *ad.*
[類] → **proper**「適切な」

re·le·vé [F. rəlve] F. *n.* 〖バレー〗ルルベ《足を床から上げる動作》.

‡re·lí·a·ble [riláiəbl] *a.* たよりになる, 頼みになる; 確かな: news from ～ sources 確かな筋からのニュース. ◇ **～·ness** *n.* **-bly** *ad.* **re·lì·a·bíl·i·ty** [rilàiəbíliti] *n.* 信憑(しんぴょう)性, 確実性.

re·lí·ance [riláiəns] *n.* **1** 頼み, たより, 信頼. **2** 頼みとする人〔物〕. → 動詞 rely.
feel [***have, place***] ***～ on*** [***upon, in***] を信頼する, を当てにする. ***in ～ on*** を信頼して, を当てにして.

文法要説…(24)

Relative (関係詞)

関係詞 (relative) は, (1) 従属節中で名詞・形容詞または副詞としてのはたらきをし, (2) 主節中のある語とおなじものを原則としてさし, そのことによって従属節を主節に結びつける. 関係詞には**関係代名詞** (relative pronoun), **関係形容詞** (relative adjective), **関係副詞** (relative adverb) の3種がある. → 枠付 Clause.

1) 関係代名詞

a) 基本文例

(1) I know a boy *who* [*that*] speaks English very well. 私は英語を非常にじょうずに話す少年を知っている.

(2) That is the man (*whom, that*) I saw yesterday. あれが私がきのう会った人です.

(3) I have a friend *whose* father is a doctor. 私には, その父親が医者である友人〔医者を父親にもつ友人〕がある.

(4) My friend has a dog *which* [*that*] looks like a fox. 私の友だちは, キツネのように見える犬をもっている.

(5) Please show me the book (*which, that*) you bought yesterday. きのうあなたが買った本を見せてください.

b) 関係節と先行詞

a) の例文 (1) I know a boy *who* speaks English very well. は I know a boy. + *The boy*(=He) speaks English very well. のように二つの文が結びついたものと考えることができる. boy が2度繰り返されているから, 普通ならば2度めの boy には人称代名詞 he が代用されるところであるが, 二つの文のうち一つを従属節にして他の文(=主節)に結合するときには, 関係代名詞を名詞に代用する. つまり who は後半の文〔節〕を前半の文〔節〕に結びつける接続詞の役割と後半の節中での he という代名詞の役割を兼ねている. このように接続詞と代名詞の役を兼ねるのが関係代名詞である.

ここで I know a boy は主節であり, who speaks English very wellは boy を修飾する従属節であるが, このように関係代名詞や関係副詞に率いられる従属節を**関係節** (relative clause) という. 関係節は本質的には形容詞節である.

関係代名詞 who は名詞 boy を代表している. この関係を「boy は who の**先行詞** (antecedent) である」という.

c) 関係代名詞の格

上例 a) の (1), (2), (3) においては, それぞれ

(1) *he* speaks English very well → *who* speaks English very well

(2) I saw *him* yesterday → *whom* I saw yesterday

(3) *his* father is a doctor → *whose* father is a doctor

のように, *who, whom, whose* は関係節中でそれぞれ主格, 目的格, 所有格をあらわしている. これを「関係代名詞の格」という.

主　格	who	which	that
所有格	whose	of which (whose)	—
目的格	whom	which	that
適用対象	人(ときに動物)	物, 動物	物, 動物, 人

関係代名詞の格は, もっぱら関係節中の役割で決まるもので, 先行詞が主節中でもつ格とは関係がない. たとえば a) の (1) では boy は主節中で目的格であるが, who はそれには関係なく, 関係節中の *he* speaks … という役割から主格となる.

〈注₁〉 which には所有格がなく, 所有格の意味は of which であらわすが, しばしば whose も用いられる: Here is a book *the author of which* [*whose author*] is unknown. ここに(その)著者が不明な本がある.

〈注₂〉 最上級を伴うときには that を用いることが多い: "War and Peace" is the longest story *that* I have ever read. (「戦争と平和」は今までに読んだいちばん長い物語だ.) ただし who, whichも皆無ではない.

〈注₃〉 that は常に制限的に用い, 非制限的用法《→下記4)》はない.

d) 関係代名詞の数 関係代名詞はすべて単複同形: I know a boy *who* speaks English very well. — I know some boys *who* speak English very well.

e) 関係代名詞の省略 上例 a) (2)および(5)の( )で示したように, 目的格にある関係代名詞 whom, which, that は省略しうる. たとえば (2) は That is the man I saw yesterday.

〈注₁〉 構文上目的格と同様の位置にある次の that もしばしば省略される.

(a) 補語の類: He is no longer the idle man (*that*) he used to be. (彼はもはや, 彼が昔そうであったところの, なまけ者ではない→) 彼は, 昔と違って, もはやなまけ者ではない《主格補語》. He is not the fool (*that*) we thought him. 彼は私たちが考えていたようなばかではない《目的格補語》. That's all (*that*) there is to it. (それが, それに対してあるところのすべてだ→) ただそれだけのことだ《is の真主語: that のないのが普通》.

(b) 関係副詞的に用いられた that: I entered school the year (*that*) you were born. 私はあなたが生まれた年に学校にはいった.

〈注₂〉 主節が there is で始まる文中で, 次のような who の省略は特に口語的: There is a man (*who*) wants to see you. あなたに会いたいという人がいます.

f) 前置詞+関係代名詞

(1) This is the village *in which* I was born. (← I was born *in it*.) これが私の生まれた村です. →下記 3) a) (1).

(2) That is the boy *with whom* I played. (← I played *with him*.) あれが, 私がいっしょに遊んだ少年です.

〈注₁〉 (1) で日本語につられて in を落とし, This is the village (*which*) I was born. とすると誤り. I was born *in the village*. とはいうが, I was born *the village*. とはいえないから.

〈注₂〉 前置詞を伴いうるのは whom と which に限る. that を用いたり, 全く省略すると前置詞は最後: This is the village (*that*) I was born *in*. That is the boy (*that*) I played *with*.

g) 先行詞をそれ自体に含む関係代名詞

That is *what* (=the thing that) I want. それが私がほしいものなのだ. *Whatever* (=anything that) can be done, must be done. なされうることはなんでも, なされねばならぬ; できることはなんでも実行せねばならぬ. *Whoever* (=anyone who) likes traveling is welcome to join us. 旅行の好きな人は, だれでも私たちの仲間にはいることを歓迎します.

これらの例で what その他は，それぞれ（　）内の語群とほぼおなじ意味をもつので，《先行詞＋関係代名詞》の役割を果たしている．

〈注〉whoever と whomever の使い分けに，特に注意：

(1) I will give this book to *whoever* (＝anyone *who*) wants it. だれでもそれをほしいと思う人に，この本をあげよう．

(2) *Whomever* (＝anyone *whom*) you like may come. あなたが好きな人は，だれでも来てよろしい．

(1) では whoever に含まれた anyone は主節中で目的格であるが，おなじく whoever に含まれた who は関係節中で主格であって，実際には whomever は用いず，*who*ever とする．(2) ではちょうど事情が逆．その他詳細については → what, whatever, whichever, whoever, whomever, whosever.

h) 強調構文

It is I *who* (*that*) did it. それをしたのは私です．詳細は → 枠付 it *pron.* ⑥, 枠付 Emphasis.

i) その他の関係代名詞

→ 枠付 as, than, but.

2) 関係形容詞

(1) I gave him *what* money I had with me. 私は彼に，私の持ち合わせの金を全部与えた．

(2) We consulted him, *which* step later proved effective. 私たちは彼に相談したが，その処置は，あとになって有効だったことがわかった．

(1) は I gave him money.＋I had that money with me. のように二つの文を一つに結合したもの．このばあいは，(a)主節になる文と従属節になる文とでおなじ名詞が繰り返されていて，主節の方の名詞が省略され，(b)従属節中の指示形容詞の代わりに関係形容詞が置かれ (that→what), (c)"関係形容詞＋名詞" が従属節の冒頭へ移される．

(2)は We consulted him. ＋ That step later proved effective. からなる．That step は内容的に先行の文全体「彼に相談した（こと）」をさす．

〈注〉関係形容詞を，関係代名詞の形容詞的用法と称することがある．

3) 関係副詞

a) 基本文例

(1) This is the village *where* (＝in which) I was born. これが私の生まれた村です．

(2) Summer is the season *when* (＝in which) we swim. 夏が私たちが水泳をする季節だ．

(3) That is the reason *why* (＝for which) I was late. これが私が遅刻した理由です．

このように関係副詞は "前置詞＋関係代名詞"，すなわち接続詞と副詞句を兼ねた作用をもっている：

(1) I was born *in the village* (＝*there*).

(2) We swim *in the season* (＝*then*).

(3) I was late *for that reason* (＝*therefore* I was late).

関係代名詞のばあいとおなじく先行詞がある：

(1) village, (2) season, (3) reason.

〈注₁〉where は場所・ばあいに，when は時に用いる．

〈注₂〉This is the way *how* he did it. (これが，彼がそれをしたやり方だ) もこの部類にはいるが，今日ではこの用い方は普通でなく，通常は the way か how の一方だけを用いて，This is *the way* he did it. または This is *how* he did it. とする．

b) 先行詞の省略

(1) We camped (at a place) *where* we could get enough water. 私たちは十分水の得られるところでキャンプした《この where は接続詞としても扱われる》. We came out from (the place) *where* we were hiding. 私たちは，隠れていたところから出て来た． That's (the point) *where* you are wrong. そこが，あなたの考えがまちがっているところだ．

(2) We got home (at the time) *when* it was getting dark. 私たちは，あたりが暗くなり始めるころ，家に着いた《この when は通常接続詞として扱われる》．

(3) That is (the reason) *why* I was late. これが私が遅刻した理由です．

c) その他の関係副詞

→ wherever, whenever など．

4) 関係節の制限的用法と非制限的用法

上記 1) a) (1) I know a boy *who* speaks English very well. や，3) a) (1) This is the village *where* I was born. においては，who および where 以下の関係節は，それぞれ boy および village を修飾してその意味を制限し，それらがついて初めて「どんな少年」だか，「どんな村」だかが明らかになっている．このような用法を関係節（したがって関係詞）の**制限(的)用法** (restrictive use) という．

これに対して，次のように，関係節が先行詞の意味を限定するというより，つけたりの説明や記述の役をするばあいを**非制限(的)用法** (non-restrictive use) または**連続的用法** (continuative use) という：

(1) John wrote a letter, *which* he mailed (＝*and* he mailed *it*) at once. ジョンは手紙を書いて，すぐそれを投函(とうかん)した．

(2) My father, *who* is fond of swimming, goes to the seaside every summer. 私の父は，水泳が好き（なの）で，毎夏海へ行きます《挿入(そうにゅう)的説明》．

(3) My friend trusts that old man, *who* (＝*but he*) is actually very wicked. 私の友人は，あの老人を信用しているが，実は彼はたいへんたちのよくない人だ．

(4) They went to the lake, *where* (＝*and there*) they saw a number of swans. 彼らは湖へ行った，するとそこには何羽もの白鳥が見えた．

(5) They all like him, *which* (＝*and this*) shows that he is a kind man. 彼らはみな彼が好きだが，このことは，彼が親切な人だということを示す《先行詞は They all like him の節全体》．

(6) We reached the village, *when* (＝*and then*) it began to rain. 私たちは村に着いたが，すると雨が降りだした《先行詞は前の節全体． 語句を先行詞とする when の非制限的用法の例は → 枠付 when C) ②》．

以上のように，非制限的用法の関係代名詞および関係副詞は，多くのばあい "and〔but〕＋代名詞〔副詞〕" で置き換えても，ほぼ意味に変わりがなく，また関係節を除いても全体の意味に大きな影響はない．

〈注₁〉非制限的用法では，関係詞の前の音が延びて切れ目を感じさせる傾向があり，書くときには通常 comma をつける．

〈注₂〉同一の文を二つの用法に用いうるばあいが，しばしばある：My friend has two brothers *who* are older than I. 私の友だちには私より年上の兄弟がふたりいる《制限的用法：ほかにも兄弟がいることを暗示》. My friend has two brothers, *who* are older than I. 私の友だちには兄弟がふたりあり，このふたりは私より年上だ《非制限的用法：兄弟はふたりだけ》．

〈注₃〉上記(2)は「水泳好きの私の父は毎夏海へ行きます」とも訳せるが，訳は用法の区別の決め手にはならない．「水泳好きの」は「まくらことば」的で，やはり付随的説明であり，これがなくても「私の父」という人物は明示される．別に「水泳好きでない」私のもうひとりの父を考慮しているわけではない．このようなばあいは非常に多い．

〈注₄〉制限的用法では常に先行詞には定冠詞がつくものと思い誤りやすい． 不定冠詞のばあいもある：I know *a* student who speaks good English. 英語の話し方のじょうずな（ある）学生を知っている． I know *the* student who speaks good English. 英語の話し方のじょうずな（その）学生を知っている．

re·lí·ant [riláiənt] *a.* 1 信頼する, 当てにして《*on, upon*》. 2〖米〗自己を頼みとする (=self-～).
◇ **～·ly** *ad.*

‡**rél·ic** [rélik] *n.* 1 (*pl.*) **遺跡, 遺物**; 〖風俗・信仰などの〗なごり, 遺風: ～*s* of antiquity 古代の遺物. 2〖聖人・殉教者の〗聖骨, 遺骨, 聖物, 遺物; 形見, 記念品. 3 (*pl.*)〖古・雅〗死体, 遺骨. [√li(n)qu-]

rél·ict [rélikt] *n.* 1 売れ残り; 残存者. 2〖古〗未亡人. [√li(n)qu-]

‡**re·líef** [rilí:f] *n.* (*pl.* **～s**) 1〖苦痛・困難・単調などの〗**軽減**, 除去: give a patient ～ from pain 患者の痛みを軽くしてやる. 2 **安心**, 慰安; 気晴らし; 息抜き, 休息: feel a sense of ～ ほっと安心する. 3 **救援**, 救助, 救済; 救援物資〔資金〕. 4 **交替**, **増援**; 交替者〔兵〕: one's ～ 交替の人. 5〖彫刻〗**浮き彫り**, 盛り上げ; 浮き彫り細工;〖画〗浮き立つように描くこと. → intaglio. 6 きわだつこと, 卓越; 強調. 7〖土地の〗高低, 起伏. →動詞 relieve.
bring* [*throw*] *into* ～** 目だたせる, あざやかにする. ***for the* ～ *of の救済のために. ***give a sigh of* ～** ほっと一息する. ***high* [*grand*] ～** 高浮き彫り. ***in* ～** 浮き彫りにして; 目だって, くっきりと. ***low* ～** 浅浮き彫り. ***on* ～** 政府の救済を受けて. ***outdoor* [*indoor*] ～**〖英〗救貧院院外〔院内〕救済. ***stand out in bold* [*strong*] ～** くっきり浮き立って見える. ***to* one's ～** ほっとしたことには.
～ fund 救済基金. **～ map** 立体〔模型〕地図. **～ pitcher**〖野球〗救援投手. **～ shift** 半夜勤 (swing shift)《午後4時–12時まで》. **～ valve** 安全弁. **～ works** 失業救済事業.

‡**re·líeve** [rilí:v] *vt.* 1 〈苦痛・重圧などを〉**軽減する**, 和らげる: No words will ～ my sorrow. どんな慰めのことばも私の悲しみを慰められまい. 2 **安堵**(あんど)**させる**,《苦痛・恐怖などから》解放する: ～ a person *from* fear 人の恐怖を取り除く. 3 **救援する**; 救済する; に補給する: ～ the poor 貧民を救済する. ～ a besieged town 包囲された町を救援する. ～ a lighthouse by ship 船で燈台に(食料などを)補給する. 4 〈人を〉**解任する**《から *of*》; 〈人から〉解除する《を *of*》: ～ a person *of* his post 人を解任する. ～ a person *of* all responsibility 人にあらゆる責任を免除する. 5 交替させる: ～ the guard 守衛を交替させる. 6 と交替する: She ～*d* the nurse. 彼女は看護婦と交替した. 7 〈単調さを〉救う, に変化をもたせる: ～ the tedium of the journey 旅のつれづれをまぎらす. 8 **引き立たせる**, 目だたせる: a mountain ～*d* against the blue sky 青空にくっきり浮かんだ山.
～ one's *feelings*《泣いたりわめいたりして》うさ〔うっぷん〕をはらす. **～ *nature* [*the bowels*, one*self*]** 大便〔小便〕をする. **～ a person *of*** (1) (人から)…を盗む; (人から)…を除く. (2) =～④. **～*ving officer*** 貧民救済係, 民生委員. [√lev- 軽くする]
◇ **re·líev·a·ble** *a.* **re·líev·er** *n.* ～する人〔物〕; 〖野球〗=relief pitcher.

re·líe·vo [rilí:vou] *n.* (*pl.* **～s**)〖彫刻〗浮き彫り. → intaglio.

‡**re·lí·gion** [rilídʒ(ə)n] *n.* 1 **宗教**, 宗派: the freedom of ～ 宗教の自由. 2 信仰(生活); 宗教心: lead the life of ～ 信仰生活をおくる. 3 大事なつとめ; 信条: Marxism is his ～. マルキシズムが彼の信条だ. ***be in* ～** 修道者の身である. ***enter* (*into*) ～** 信仰にはいる, 出家する, 聖職につく. ***get* [*experience*] ～**〖米俗・笑〗発心する, 信仰にはいる. ***make a* ～ *of* (do)*ing* =*make it* ～ *to* (do)** 後生大事に…する, 必ず…する. ***name in* ～** 出家名. ***the established* ～** 国教. ***the R*～** 新教 (Protestantism). [√lig- (誓って)自己を神に結ぶ]
◇ **～·ism** [-ìz(ə)m] *n.* 宗教に凝ること, 信心三昧(ざんまい); 信心ぶること. **～·ist** *n.* 信心家; 狂信家; えせ信心家.

re·lìg·i·óse [rilìdʒióus] *a.* 1 宗教心のふかい; 宗教性の濃い. 2 宗教に凝り固まった, 狂信的な.
◇ **re·lìg·i·ós·i·ty** [rilìdʒiásiti/-ɔ́s-] *n.*

‡**re·lí·gious** [rilídʒəs] *a.* 1 **宗教(上)の**, 宗教〔信仰〕に関する: ～ rites 宗教的儀式. ～ ecstasy 法悦. 2 **宗教的な**, **敬けんな**: a ～ life 信仰生活. a ～ man 信心ぶかい男. 3 **良心的な**, **細心の**: with ～ care 用意周到に. 4 **教団の**, 教団に属する: a ～ order 修道会. ***the* ～** 信仰の厚い人々.
—— *n.* (*pl.* ～) 修道士〔女〕; 尼. **～ house** 修道院. ◇ **～·ly** *ad.* 信心ぶかく; 敬けんに; 良心的に. **～·ness** *n.*

re·lín·quish [rilíŋkwiʃ] *vt.* 1 〈権利・財産などを〉放棄〔断念〕する, 撤回する; 棄権〔譲渡〕する. 2 (手から) 放す. [√li(n)qu-] ◇ **～·ment** *n.* 廃棄, 撤回; 譲渡.

rél·i·quar·y [rélikwèri/-kwəri] *n.* 聖骨箱; 聖宝箱. [√li(n)qu-]

rél·ique [rélik, rilí:k] *n.* (*pl.* **～s**)〖古〗=relic.

re·líq·ui·ae [rilíkwii:] *n. pl.* 遺物; 遺作;〖地〗化石. [√li(n)qu-]

rél·ish** [réliʃ] *n.* 1 **風味**, かおり: a ～ of garlic ニンニクの味. 2 **興味**, 意欲: find no ～ in one's work 仕事に興味がない. 3 **薬味**, **調味料**. 4 **気味**, 少量《*of*》. ***give* ～ *to …にうま味〔興〕をそえる. ***have no* ～** 味がない, うまくない. ***have no* ～ *for*** に興味がない. ***with* ～** うまそうに; おもしろそうに.
—— *vt.* 1 **賞味する**; おいしく食べる, 楽しむ: ～ one's food. I do not ～ being treated like an incompetent. 禁治産者扱いは不愉快です. 2 に風味〔味〕をつける. **——** *vi.* 1 味がする (taste)《の *of*》: The meat ～*es of* pork. その肉は豚の味がする. 2 気味〔くさみ〕がある《の *of*》.

re·líve [ri:lív/ˊˊ] *vt.* 1 再び生きる. 2 再び体験する; 〈体験・過去を〉回想する.
—— *vi.* 再び生きる; 生き返る.

re·lóad [ri:lóud/ˊˊ] *vt., vi.* (に)再び荷を積む; (に)再び弾薬をこめる. **——** *n.* 再装塡(そうてん).

re·ló·cate [ri:lóukeit/ˊ–ˊ] *vt.* 再配置する, 配置しなおす;〖米〗(強制的に) 隔離収容する.
◇ **rè·lo·cá·tion** [rì:lokéiʃ(ə)n/rí:-] *n.* 配置転換: a *relocation* camp〖米〗敵国人隔離収容所.

rel. pron. relative pronoun.

re·lúc·tance [rilʌ́ktəns], **-tan·cy** [-i] *n.* 1 気が進まないこと, 不承不承. 2〖電〗磁気抵抗. ***without* ～** 喜んで, 進んで. ***with* ～** いやいや(ながら).

‡**re·lúc·tant** [rilʌ́ktənt] *a.* 1 **気が進まない**, 渋っている, いやいやながらの《*to* (do)》. 2〖雅〗扱いにくい; 抵抗する. [√luct-] ◇***～·ly** *ad.* いやいや, しぶしぶ.

re·lúme [rilú:m/-ljú:m] *vt.* 再び明るくする〔点火する〕. [√luc-] ◇ **re·lú·mine** [-min] *vt.* =relume.

‡**re·lý** [rilái] *vi.* (**-líed** [-láid]; **-lý·ing** [-láiiŋ]) **たよりにする**, たよる, 信頼する《に, を *on, upon*》: He can be ～*ied upon*. 彼は信頼できる. You may ～ *upon* it that [You may ～ *upon* it,] he will be here this afternoon. きょうの午後彼はきっと来ますよ. →名詞 reliance. **～ *upon a broken reef*** 価値のないものを当てにする. **～ *upon it*** 確かに (depend upon it). [√lig-]
◇ **re·lí·er** [riláiər] *n.* ～する人《*on*》.
〔類義語〕 たよる: **rely** 確実性・能力などを信頼しているのでたよる: *rely* on one's friends 友人にたよる. **depend** 相手の好意のあるなしにかかわらずたよる. たよる人間の意志の弱さ, 経済的無力などが示唆されるばあいがある: *depend* on one's father for livelihood 生計を父親に依存している. **count on, reckon on** 当てにする. あらかじめの計算, 打算がある. **trust** 相手を信頼してたよる. たよるがわの無力などは全く示唆されない. むしろたよられた方が名誉である.

‡**re·máin** [riméin] *vi.* 1 **残る**, 残っている; 無くなら

ずにいる: If you take 3 from 8, 5 ～*s*. 8−3=5. **2** とどまる, 居残る: ～ in office 留任する. ～ abroad 国外に滞在する. **3**《不定詞を伴って》まだ〔今後〕…しなければならぬ: This problem ～*s to* be solved. この問題の解決は今後に残されている. **4**《補語を伴って》…**のままである**, 依然として‥である: ～ silent 黙りこくっている. ～ single 独身をとおす.
I ～ yours sincerely 〔***truly***, etc.〕. 敬具《手紙の結句》. ***Let it ～ as it is.*** そのままにしておけ. ***Nothing ～s but to*** (do) あとは …するだけだ. ***～ with*** の手中にある, に帰する: The victory ～*ed with* the Thebans. 勝利はテーベ人のものだった.
—— *n*. (通例 *pl.*) =remains. 〔√man-¹〕

*__re·máin·der__ [riméindər] *n*. **1 残り**, 残余; 残留者〔物〕, その他の人〔物〕. **2** (*pl.*) 遺跡. **3**〔数〕残り, 剰余. **4** 残本, 残品. **5**〔法〕余剰収益, 残余権; 継承権. **6** (*pl.*) 無効になった手持ち切手.
—— *vt*. 残本として特価で売る.
◇ **～·ship** *n*. 残余権, 継承権.

re·máins [riméinz] *n. pl.* **1** 残存物; 遺物, 遺跡. **2** 遺体, 遺骸(ｶﾞｲ). **3** 化石 (=fossil ～). **4** 遺稿.

re·máke [ri:méik/rí:-] *vt*. (**-máde**) つくりなおす; 改造する, 改作する. —— *n*. 再製; 改造, 改作.

re·mán [ri:mǽn/rí:-] *vt*. (**-nn-**) **1**〈船などに〉新たに人員を配置する, 乗組員を乗り組ませる. **2** に勇気〔元気〕をとりもどさせる.

re·mánd [rimǽnd/-má:nd] *vt*. **1** 送り返す. **2** 下級裁判所へ差しもどす. **3**〔法〕再拘留する.
—— *n*. 再拘留; 被再留置者. ***on ～*** 再拘留中の. **～ home**〔英〕少年拘留所.

‡**re·márk** [rimá:rk] *vt*. **1** に**気がつく**, 認める: Did you ～ the similarity between them? きみはそれらの類似性に気づいたか. **2**《所見として》**言う**, 一言述べる《と *that*》. —— *vi*. 意見を述べる, 批評する《について *on, upon*》: It would be rude to ～ *upon* her appearance. 彼女の容姿についてとやかく言うのは失礼になる. —— *n*. **1 注意**, 注目; **観察**: worthy of ～ 注目に価する. **2 所見**, **評言**, **短評**. ***make ～s*** 意見を述べる; 批判する. ***pass a ～*** 口出しをする. ***pass without ～*** 黙過する. ***the theme of general ～*** 世評のたね.
〔類義語〕 **所見**: **remark** 気づいたことについて簡単に述べること, 簡単な所見, 短評. **comment** 自分の立場を示すため, または相手の理解を助けるために行なう短い論評. **observation** 観察に基づく言説, 所見.

rè·márk [ri:má:rk/rí:-] *vt*. に再び印をつける, に印をつけなおす; 採点しなおす.

‡**re·márk·a·ble** [rimá:rkəbl] *a*. **注目すべき**, **著しい**, 目だった, すぐれた, **驚くべき**: a ～ event 注目すべきできごと. He is ～ for his diligence. 彼は並みはずれた勉強家だ. ◇ **～·ness** *n*.
〔類〕 → **extraordinary**「異常な」「すべきことに(は).

‡**re·márk·a·bly** [-i] *ad*. **1 著しく**, はなはだ. **2** 注目

re·már·ry [ri:mǽri/rí:-] *vt., vi*. 再婚させる〔する〕.
◇ **re·már·riage** [-ridʒ] *n*. 再婚.

Rém·brandt [rémbrænt] *n*. ～ van Rijn [-vɑ:n-ráin], 1606–69, オランダの画家. ◇ **～·ish, Rèm·brandt·ésque** [⌐–tésk] *a*. レンブラント風の.

re·mé·di·a·ble [rimí:diəbl] *a*. 治療できる; 救済〔矯正〕できる. ◇ **-bly** *ad*.

re·mé·di·al [rimí:diəl] *a*. 治療の(ための); 矯正(ｷｮｳｾｲ)〔救済〕の(ための): ～ measures 救済策.
◇ **～·ly** *ad*.

‡**rém·e·dy** [rémidi] *n*. **1 治療**, **医療**; **医薬**: a good ～ for colds 良いかぜ薬. **2** 救済(手段), 矯正(ｷｮｳｾｲ)法《*for*》: He is past 〔beyond〕 ～. 彼はもう手おくれだ. the only ～ *for* the situation その時局に対する唯一の救済策. **3** 賠償;〔造幣〕公差.
—— *vt*. **1 なおす**, 治療〔矯正〕する; 補修する: ～ a gas leak ガスの漏れを直す. **2**〈弊害などを〉除く; 改善する: ～ a matter. **3** 賠償する. 〔√med-〕
◇ **-di·less** *a*. (病気が) 不治の; 取り返しのつかない, 救済〔矯正〕のできない.

†**re·mém·ber** [rimémbər] *vt*. **1 思い出す**, 思いおこす: I suddenly ～*ed* an appointment. 突然人と会う約束を思い出した. I cannot ～ his name. 彼の名前が思い出せない. **2 覚えている**, 覚えておく《(do)*ing*; *that*; *having* (done)》: ～ the dates until after the examination 試験が終わるまで年号を覚えておく. I ～ him as a bright boy. 賢い少年だったときの彼を覚えている. I ～ see*ing* 〔*having* seen〕 him before. 彼に前に会ったのを覚えている. Do you ～ where you put the key? かぎの置き場所を覚えているか. **3** 忘れずに…する《*to* (do)》: Please ～ *to* mail the letter. 忘れずに手紙を出してください. **4** に特殊な感情をいだく; に贈り物〔チップ〕をやる: Please ～ the waiter. 給仕にチップをやってください. **5** からよろしくと言う〔伝言する〕: *R*～ me to your brother. おにいさんによろしく. **6** の名を入れる〔唱える〕《祈りに》: ～ a person in one's prayer 人のために祈る.
—— *vi*. **1** 覚えている; 思い出す. **2** 記憶力がある. ***if I ～ right*(*ly*)** 私の記憶が正しいとすれば, たしか(そうだと思うが). **～ one*self*** (1) 思い出す. (2) われに返る. **～ a person *in* one's *will*** 遺言状の中に(人の)名を書き入れておく. **～ *of***〔米〕を覚えている, を思い出す. 〔√mem-〕

‡**re·mém·brance** [rimémbrəns] *n*. **1 記憶**; 思い出, 追想; 記憶力. **2** 記念; 記念品〔碑〕, 形見: a small ～ ささやかな記念品. **3** (*pl.*) (よろしくとの) 伝言: Give my kind ～*s to*… …によろしく.
bear 〔***keep***〕 ***in ～*** 記憶にとどめている. ***bring to*** 〔***put in***〕 ***～*** 思い出させる. ***call to ～*** 思い出す. ***escape*** one***'s ～*** 忘れる. ***have in ～*** 記憶している. ***have no ～ of*** を少しも記憶しない. ***in ～ of*** の記念に. ***to the best of*** one***'s ～*** (人)が覚えている限りでは. **R～ Day**〔英〕休戦記念日《11月11日またはその前の日曜日》.

re·mém·branc·er [rimémbrənsər] *n*. 思い出させる物〔人〕; 記念品, 形見; 備忘録. ***City R～***〔英〕《議会委員会にでる》ロンドン市会代表者. ***King's*** 〔***Queen's***〕 ***R～***〔英〕王室債権徴収官.

rém·i·grant [rémigrənt] *n*. 帰国者.

‡**re·mínd** [rimáind] *vt*. に**思い出させる**, に気づかせる, に念のために言う《を *of*; *to* (do); *that*; *how*》: She ～*s* me *of* my mother. あの人を見ると母を思い出します. ***That ～s me.*** それで思い出した.
◇ **～·ful** [-f(u)l] *a*. **1** 思い出させる, 思い出のたねとなる《*of*》. **2** 記憶している.

‡**re·mínd·er** [-ər] *n*. **1 思い出させる人〔物〕**. **2**《念のための》**注意**. **3**〔商〕催促状.

rèm·i·nísce [rèminís] *vi*. 追憶〔思い出〕にふける, 昔をしのぶ〔語る〕.

rèm·i·nís·cence [rèminísns] *n*. **1** 回想, 追憶. **2** 思い出させるもの〔こと〕. **3** (*pl.*) 懐旧談, 回想録.

rèm·i·nís·cent [-nísnt] *a*. **1** 追憶の, 懐旧の. **2** 思い出させる《を *of*》. **3** 追憶を好む, 回想にふける.
—— *n*. 追憶を語る人; 回想録の著者.
◇ **～·ly** *ad*. 回想して〔にふけって〕, 昔なつかしそうに.

re·míse [rimáiz] *vt*.〔法〕〈権利・財産を〉譲渡する. —— *n*. 譲渡, 譲与.

re·míss [rimís] *a*. **1** 怠慢な, 不注意な《*in*》. **2** のろい, 無気力な. ◇ **～·ly** *ad*. **～·ness** *n*.

re·mís·si·ble [-əbl] *a*. 許される.
◇ **re·mìs·si·bíl·i·ty** [–⌐səbíliti] *n*.

re·mís·sion [rimíʃ(ə)n] *n*. **1** 免除: the ～ of sins 免罪. **2**《苦痛・ほねおりなどの》ゆるみ;《病気などの》小康, 軽快. → 動詞 remit.

re·mís·sive [rimísiv] *a*. **1** 免除する; 軽減する. **2** 寛大な. ◇ **～·ly** *ad*. **～·ness** *n*.

re·mít [rimít] *v*. (**-tt-**) *vt*. **1**〈金銭・荷物などを〉

送る, 送達する: ～ money to a person 人へ送金する. **2** 〈決定を〉付託する《に *to*》; に参照させる《を *to*》. **3** 〖法〗〈事件を〉下級裁判所へもどす. **4** もとにもどす; 再び投獄〔拘留〕する. **5** 延期する. **6** 和らげる, ゆるめる. **7** 〈罪を〉ゆるす; 免除〔軽減〕する. **8** 〖古〗〈罪人を〉放免する.
— *vi.* **1** 送金する, 支払う: Kindly ～ by return of mail. 折り返しご送金ねがいます. **2** 減退する, ゆるむ, 和らぐ. **3** 休む, やめる. → 名詞 remission, remittance. [√mit(t)- 送り＋返す; 引きさげる]
◇ **～·ta·ble** [-əbl] *a.* **～·tal** [-l] *n.* 赦免, 免除; 軽減. **～·ter** [-ər] *n.* 送金者; 〖法〗原権回復; (訴訟事件の下級裁判所への) 差しもどし. **re·mit·tée** [rimití:] *n.* 送金受取人.

re·mít·tance [rimít(ə)ns] *n.* 送金(額). ***make (a)*** **～** 送金する.
～ man 本国から送金を受けている移民.

re·mít·tent [rimít(ə)nt] *a.* 〖医〗《熱が》弛張(しちょう)性の, 一時下がる: ～ fever 弛張熱.
— *n.* 弛張熱. ◇ **～·ly** *ad.*

‡**rém·nant** [rémnənt] *n.* **1** (the ～) 残り, 残余. **2** くず, はした; 半ば: a ～ sale 半ば物の売り出し. **3** (しばしば *pl.*) なごり: the ～*s* of former glory 昔日の栄光のおもかげ.
— *a.* 残り(物)の. → 動詞 remain.

re·mód·el [ri:mɑ́dl/rí:mɔ́dl] *vt.* (**-l-**, 《英》 **-ll-**) **1** 型をなおす, 改作〔改造, 改装〕する. **2** 〈行ないを〉改める, 改心する. **3** 再編する: a ～*ed* army 改編軍.

re·móld [rimóuld/rí:-] *vt.* 改鋳〔改造〕する.

re·món·e·tize [ri:mɑ́nịtàiz, -mʌ́n-/-mʌ́n-] *vt.* 通貨として再使用する.
◇ **re·mòn·e·ti·zá·tion** [-tịzéiʃ(ə)n/-taiz-] *n.*

re·món·strance [rimɑ́nstrəns/-mɔ́n-] *n.* **1** 忠告, いさめ. **2** 抗議.

re·món·strant [-strənt] *a.* **1** 忠告〔諫言(かんげん)〕する. **2** 抗議の. — *n.* **1** 忠告者. **2** 抗議者.
◇ **～·ly** *ad.*

re·món·strate [rimɑ́nstreit/rimɔ́n-, rémən-] *vt.* 忠告〔抗議〕して言う《と *that*》. — *vi.* 忠告〔諫言(かんげん)〕する《*with* a person *on* a thing》; 抗議する, 反対する《に *against*》. [√monstr-]
◇ **-stra·tor** [-ər] *n.* **-stra·tive** [-strətiv] *a.* 忠告の; 抗議の. **rè·mon·strá·tion** [rìmɑnstréiʃ(ə)n, rèmən-/rìmən-, rèmən-] *n.* 忠告; 抗議.

‡**re·mórse** [rimɔ́:rs] *n.* **1** 後悔, 良心の呵責(かしゃく): feel ～ for one's crime 犯罪を犯して良心の呵責を感じる. **2** 〖古〗あわれみ, 同情. ***the ～ of conscience*** 良心の呵責. ***without ～*** 容赦なく. [√mord- 噛(か)む]

re·mórse·ful [rimɔ́:rsf(u̦)l] *a.* 後悔している, 良心の呵責(かしゃく)にたえない. ◇ **～·ly** [-fu̦li] *ad.*

re·mórse·less [-lis] *a.* 無慈悲〔冷酷〕な; 後悔の色もない. ◇ **～·ly** *ad.* **～·ness** *n.*

‡**re·móte** [rimóut] *a.* (**-mót·er** [-ər]; **-mót·est** [-ist]) **1** 遠い, 遠方の; 人里離れた, へんぴな《*from*》: live ～ *from* any town およそ人里離れた所に住む. **2** 《比喩的》遠い: a ～ cause 遠因. a ～ future 遠い未来. a ～ ancestor 遠い祖先. a ～ relative 遠縁の親戚(しんせき). **3** 関係のうすい: ～ *from* the subject 主題とは縁のうすい. **4** かすかな, わずかな: a ～ resemblance かすかの類似, ほのかな似かよい. a ～ possibility 万が一のこと. There's not the ～*est* chance of success. 成功の見込みがまるっきりない. [√mo(u)-] **～ control** 〖電〗遠隔制御, リモコン.
◇ **～·ly** *ad.* **～·ness** *n.*

re·móuld 〖英〗＝remold.

re·móunt [ri:máunt] *vt.* **1** 〈馬に〉再び乗る. **2** に換え馬を与える. **3** 〈砲を〉すえなおす. **4** 〈宝石を〉はめかえる. — *vi.* 《ある時代・根源に》さかのぼる, もどる《に *to*》. — *n.* 乗り換え馬, 補充馬; 〖軍〗新馬補充.

re·móv·a·ble [rimú:vəbl] *a.* **1** 移動しうる; 除かれる. **2** 免職〔改任〕できる. ◇ **～·ness** *n.* **-bly** *ad.* **re·mòv·a·bíl·i·ty** [rimù:vəbílịti] *n.*

re·móv·al [rimú:v(ə)l] *n.* **1** 移動, 移転. **2** 除去; 殺害. **3** 解任, 免職《からの *from*》.

‡**re·móve** [rimú:v] *vt.* **1** 移す, 動かす, 移転〔移動〕させる: ～ the family to the shore 一家を海べへ移す. **2** 除去する, 取り除く: ～ the causes of poverty 貧困の原因を除去する. **3** はずす, 脱ぐ, かたづける: ～ one's hat in the house 屋内で脱帽する. **4** 解任する; 殺す. — *vi.* **1** 移動する; 引っ越す《*from...to*___》: We are ～*ving to* the city next week. 来週市へ引っ越します. **2** 〖雅〗去る, 消える. ***be ～d by*** 《献立で》次に…が出る. ***be ～d from school*** 退学させられる. **～ oneself** 立ちのく. **～ *furniture*** 引っ越し荷物運搬所を営む. **～ *mountains*** 奇跡を行なう.
— *n.* **1** 距離, 隔たり; 段階, 等級; 親等: a cousin in the second ～ いとこの孫. **2** 〖英〗《学校の》進級: get a ～ 進級する. **3** 〖英〗《献立の》次のさら. **4** 〖稀〗移動, 転居. ***at a certain ～*** 少し離れてみると. ***at many ～s from*** から遠く離れて. ***but one ～ from*** に近い; と紙一重(の差)で: He is *but one ～ from* a fool. 彼はばかに近い. He is *but one ～ from* me. 彼は私と1親等しか離れていない. ◇ **re·móv·er** *n.* **1** 移転者; 引っ越し〔運送〕屋. **2** 剥離(はくり)剤; 除外剤.

re·móved [rimú:vd] *a.* **1** 離れた, 隔たった《*from*》. **2** …親等の: a (first) cousin once ～ いとこの子, 親のいとこ. ***a cousin forty times ～*** 回りまわった(遠縁の)いとこ.

re·mú·ner·ate [rimjú:nərèit] *vt.* 〈人または仕事に〉報酬〔報償〕を出す, 補償する. ◇ **-a·tor** [-ər] *n.*

re·mù·ner·á·tion [rimjù:nəréiʃ(ə)n] *n.* 報酬; 報償; 給料, 賃銀《*for*》.

re·mú·ner·a·tive [rimjú:nərèitiv/-rətiv] *a.* **1** 引き合う, 利益になる, 有利な: a ～ job もうかる仕事. **2** 報いのある; 報酬が与えられる. ◇ **～·ly** *ad.* **～·ness** *n.*

Ré·mus [rí:məs] *n.* 〖ロ神〗Romulus の双生児兄弟. → Romulus.

‡**rè·nais·sánce** [rènəzá:ns, -sá:ns, rinéisns/rənéis(ə)ns, ri-] *n.* **1** 復活, 再生. **2** (R～) 文芸復興, ルネッサンス; 文芸復興期; 美術〔建築〕のルネッサンス様式. **3** 《文芸・美術などの》復活, 復興. — *a.* (R～) 文芸復興(時代)の; ルネッサンス式の. [√(g)na-]

ré·nal [rí:n(ə)l] *a.* じん臓(部)の: ～ calculus じん臓結石. ～ capsule [gland] 副じん.

re·náme [ri:néim/rí:-] *vt.* に新しく名をつける; 改名する.

Rén·ard [rénərd] ＝Reynard.

re·nás·cence [rinǽsns] *n.* **1** 再生, 更生, 復興. **2** (R～) ＝Renaissance.

re·nás·cent [rinǽsnt] *a.* 再生する, よみがえる, 若返る(力のある): a ～ interest in Henry James ヘンリー＝ジェームスへの盛り返した興味. [√(g)na-]

ren·cón·tre [renkɑ́ntər/-kɔ́n-] ＝rencounter.

ren·cóun·ter [renkáuntər] *n.* **1** 遭遇(戦), 合戦. **2** 決闘; 試合. **3** 巡り会い.
— *vt., vi.* **1** (と)巡り会う. **2** 〖古〗(と)合戦する.

rend [rend] *v.* (**rent** [rent]) *vt.* **1** 〖古・雅〗引き裂く, ちぎる. **2** もぎ取る, 強奪する《*off, away*; から *out of, from*》. **3** 割る, 裂く; 〈木の皮を〉はぐ; 〈仲を〉割る, 分裂させる; 分離する: a country *rent* in two by civil war 内乱で2分された国. **4** 〈髪・着物などを〉引き裂く, かきむしる: ～ one's garments [hair]. **5** 〈胸・心を〉かき乱す, 張り裂く; 〈空を〉つんざく: ～ the air with cries 空をつんざくほどの叫び声をあげる. — *vi.* 分離〔分裂〕する, 割れる. → 名詞 rent².
～ *apart* [*asunder*] 〖古・雅〗裂き離す.

‡**rén·der** [réndər] *vt.* **1** 《目的補語を伴って》…にする: ～ a fortress more secure 要塞(ようさい)をより固める. **2** 《返報として》与える, 返す, に報いる: ～ evil

for good 善に対して悪をもって報いる. ～ thanks 返礼する. **3** 〈税などを〉納める; 〈敬意を〉払う: ～ due respect しかるべき敬意を表する《に *to*》. **4** 提出する, 交付する: You will have to ～ an account of your expenditure. あなたの出費の報告書を提出せねばならないでしょう. **5** 〈助力などを〉与える, 提供する: ～ help to those in need 困った人に助力を与える. ～ him a service 彼のために尽くす. **6** 明け渡す, 譲渡する, 放棄する: ～ a fort to the enemy 敵に要塞を明け渡す. **7 表現する**, 描写する; 演奏〔演出〕する. **8** 翻訳する: ～ *into* English 英訳する. **9** 〈脂肪などを〉溶かして精製する; から油を絞る: ～ lard. **10** 〈壁の〉下塗りをする. —— *vi.* 〚海〛〈索・鎖などが〉すらすらと繰り出る〔通る〕.
account ～ed 〚商〛支払請求書. ***～ an account of*** の話をする, を説明する. ***R～ unto Caesar the things that are Caesar's.*** 〚聖〛カイザルのものはカイザルに返すべし《マルコ伝 12: 17》. ***～ up*** 明け渡す, 引き渡す.
—— *n.* **1** 年貢(ねんぐ). **2** 《壁の》下塗り.

rén·der·ing [réndəriŋ] *n.* **1** 翻訳, 訳文. **2** 《絵画・音楽などによる》表現; 演出, 演奏. **3** 返還(物), 引き渡し(品). **4** 〚建〛下塗り. **5** (脂肪の) 精製.

rén·dez·vous [rándịvù:/rɔ́n-] *n.* (*pl.* **-vous** [-vù:z]) **1** 《約束による》会合, 集合, ランデブー. **2** 会合の場所〔時間〕; 《一般的》会合所: This café is a ～ for artists. この喫茶(きっさ)店は芸術家のたまりだ. **3** 〚軍〛《軍隊・艦隊の》指定集合地; 集合, 集結. **4** 《宇宙船の》ランデブー (計画).
—— *vt., vi.* 《予定の場所で》会う; 集合する〔させる〕.

ren·dí·tion [rendíʃ(ə)n] *n.* **1** 翻訳, 訳出; 《独自の解釈による》演出, 演奏. **2** 〚古・稀〛降伏, 明け渡し. → 動詞 render.

rén·e·gade [rénịgèid] *n.* 背教者《特に回教に改宗したキリスト教徒》; 脱党者, 変節者. —— *a.* 背教の; 裏切りの, 変節した. —— *vi.* 見捨てる; そむく, 裏切る《を, に *from*》. [√neg-]
◇ **rèn·e·gá·tion** [ーーgéiʃ(ə)n] *n.*

re·nége, -négue [riníg, -ní:g / -ní:g] *vi., vt., n.* **1** 〚米: トランプ〛親札と同種の札を持ちながら別の札を出す(こと). **2** 〚古〛否認する(こと); 放棄する(こと). **3** 《約束に》そむく: He has *～d on* his promises. 彼は約束を破った.

rè·ne·gó·ti·ate [rì:nigóuʃièit/rí:-] *vt., vi.* 再交渉する; 〈戦時契約を〉再審査する.

‡**re·néw** [rin(j)ú: / -njú:] *vt.* **1 新しくする**, 更生〔新生〕させる, 復活〔再興〕する: Snakes cast off and ～ their skins. ヘビは脱皮して皮を取り替える. ～ one's old friendship with との旧交を暖める. with *～ed* enthusiasm 感激を新たにして. **2** とりもどす, 回復する: ～ one's youth 若返る. **3** 再開する; 反復する, 繰り返す: ～ one's demands 再び要求をし始める. **4** 〈契約などを〉更新する; の期限を延長する: ～ the library book for another week 本の貸し出しをもう 1 週延ばす. **5** 新品と交換する: ～ tires タイヤを取り替える. —— *vi.* **1** 新しくなる; 新たに始まる: Their friendship *～ed.* **2** 回復する. **3** 契約を更新する. ◇ **～·a·ble** *a.* 《契約などが》更新〔継続〕できる; 《廃案など》復活〔回復〕できる.
～·ed·ly [-idli] *ad.* 再び新しく.
〔類義語〕 **新しくする: renew** 古くなったものを再び新しくする. 物質・精神の両方に用いる: *renew* the carpet カーペットを新品と取り替える. *renew* forgotten sorrows 忘れていた悲しみを新たにする. **renovate** renew とほぼおなじだが,「更に活気ある, 使用に便利な状態にする」→ 革新する. **restore** 失われていたもの, ひどい状態にあったものをもとの姿に回復する, とりもどす: *restore* a cathedral 大寺院を修復する. **refresh** 必要なものを供給して失った体力・元気などを回復する: A brief rest *refreshed* him. 少し休んだら元気がでた.

re·néw·al [-əl] *n.* **1** 更新(すること), 復活, 回復, 再生. **2** 再開始. **3** 《手形・免許状の》書き換え, 更新.

rén·i·form [rénịfɔ̀:rm] *a.* じん臓形の.

rén·net[1] [rénit] *n.* **1** 子牛などの第 4 胃の薄膜《チーズ製造に用いる》. **2** 凝乳酵素.

rén·net[2] *n.* 〚英〛リンゴの一種.

rén·nin [rénin] *n.* 〚生化〛凝乳酵素 (rennet[1]).

Ré·no [rí:nou] *n.* アメリカ Nevada 州西部の都市《離婚都市として有名》. ***go to ～*** 〚米話〛離婚する.

Re·noir [rénwa:r/rənwá: | F.rənwa:r] *n.* Pierre Auguste [F.pjɛ:r ɔgyst] ～ ルノアール, 1841–1919, フランス印象派の画家.

re·nóm·i·nate [ri:námịnèit / rí:nɔ́m-] *vt.* 再指名〔再任〕する. ◇ **rè·nom·i·ná·tion** [rì:naminéiʃ(ə)n/rí:nɔ̀m-] *n.* 再指名, 再任.

‡**re·nóunce** [rináuns] *vt.* **1** 〈権利・地位などを〉**放棄する**, 断念する, あきらめる: ～ a purpose 目的を断念する. **2 否認する**: ～ one's faith 信仰を否認する. ～ a debt 債務を拒否する. **3** との関係を断つ: ～ one's son むすこを勘当する. —— *vi.* 〚トランプ〛《出た札がなくて》別種の札を出す〔捨てる〕. ***～ a friend* 〔*friendship*〕** 絶交する. ***～ the world*** 世を捨てる, 隠遁(いんとん)する. —— *n.* 〚トランプ〛《おなじ組みの札がなくて》別種の札を出すこと. [√nunti-]
◇ **～·ment** *n.* 放棄; 断念; 否認, 拒絶; 絶交.

rén·o·vate [rénəvèit] *vt.* **1** 新しくする, つくりなおす, 修繕する. **2** の元気を回復させる. [√nov-]
◇ **-va·tor** [-ər] *n.* 革新〔刷新〕者; 修繕者. **rèn·o·vá·tion** [rènəvéiʃ(ə)n] *n.* 革新; 修繕; 元気回復. 〔類〕→ **renew**「新しくする」

‡**re·nówn** [rináun] *n.* **名声**, 令名: have ～ for …で名声がある. of high 〔great〕 ～ 非常に名高い. [√nomin-] ◇ **～·less** *a.*

re·nówned [rináund] *a.* 有名な, 名声のある.
◇ **～·ly** [-n(i)dli] *ad.* **～·ness** [-n(i)dnis] *n.*
〔類〕→ **famous**「名高い」

‡**rent**[1] [rent] *n.* **1** 地代, 小作料. **2 家賃**, へや代: pay a ～ for a house 家賃を払う. **3** 《一般的》賃貸料, 賃借料; 《機械などの》使用料; 《土地などの》収益. **4** 〚米俗〛貸し地; 貸家.
For ～. 〚米: 広告〛貸家〔貸し室〕あり.
—— *vt.* **賃貸し〔賃借り〕する**; 損料貸しする: ～ a house (from) (…から) 家を借りる. —— *vi.* 賃貸しされる: ～ *at* 〔*for*〕 1,000 dollars a year 賃貸料年額 1,000 ドルである.
～ charge 貸し地料, 地代. **～-frée** *a., ad.* 地代〔家賃〕のない〔なしで〕. **～-roll** [ーー] 地代〔小作〕帳, 家賃帳; 地代・家賃などの総額 (＝rental). **～ service** 地代奉公《地代の代わりの労役》.
◇ **～·a·ble** *a.* 賃貸し〔賃借り〕できる. **～·er** *n.* 賃借人, 借地人; 〚米〛貸し手.

rent[2] *n.* **1** 裂け目, ほころび. **2** 《雲などの》切れ目, 割れ目. **3** 《党などの》分裂, 不和. → 動詞 rend.

rent[3] *v.* rend の過去・過去分詞.

rént·al [réntl] *n.* 賃貸料(額); 賃貸料収入; 賃貸物件《貸し自動車・アパートなど》. —— *a.* 〚米〛賃貸の. **～ library** 〚米〛有料貸し出し図書館〔文庫〕.

rente [F. rɑ̃:t] F. *n.* 年金, 年収; (*pl.* **～s** [rɑ̃:t]) 《フランス政府発行の》長期公債.

-rént·ed [-réntid] *a.* 《合成語で》地代〔家賃〕が…の: high-〔low-〕 *rented* 貸し料の高い〔安い〕.

ren·tier [rá:ntjei/rɔ́ntiei] F. *n.* 《地代・配当などの》定収入ある人.

re·nùn·ci·á·tion [rinʌ̀nsiéiʃ(ə)n, ㊥+-ʃiéi-] *n.* **1** 《権利・要求などの》放棄; 否認, 拒絶. **2** 捨てること, 断つこと. → 動詞 renounce.
◇ **re·nún·ci·a·tive** [rinʌ́nʃièitiv, -sièit- / -ʃiət-], **re·nún·ci·a·to·ry** [rinʌ́nʃiətɔ̀:ri, -siə- / -təri] *a.* 放棄の; 棄権の, 否認の; 拒絶の.

ren·vói [renvɔ́i] *n.* **1** 《政府による》外国外交官への退去命令. **2** 国家間の紛争における国内法の適用.

re·ó·pen [riːóup(ə)n/ríː-] *vt., vi.* 再開する, 再び始める. ◇ **～·ing** *n.* 再開.

re·ór·der [riːɔ́ːrdər/ríː-] *vt.* **1** 再整理する. **2** 再注文する. —— *n.* 再〔追加〕注文.

re·ór·gan·ize [riːɔ́ːrgənàiz / ríː-] *vt.* 再編成する; 改組〔改造〕する; 〈財政などを〉建てなおす.
◇**rè·or·ga·ni·zá·tion** [rìːɔːrgənizéiʃ(ə)n,-naiz-/ríː-] *n.* 再編成, 再組織.

re·ó·ri·ent [riːóːriènt/ríːɔ́ːr-] *vt.* **1** 新しい方向に向ける; 〈政策を〉再転換する. **2** 再教育する.

re·ò·ri·en·tá·tion [riːɔ̀ːrientéiʃ(ə)n, rìːoːr-/ríːɔ̀ːr-] *n.* **1** 新方向づけ; 方向転換. **2** 再教育: a ～ course 再教育指導課程.

rep¹, **repp** [rep], **reps** [reps] *n.* 《カーテンなど室内装飾用の》横うね織りの一種.

rep² *n.* 〘俗〙名声, 声望. [＜*rep*utation]

rep³ *n.* 〘英俗〙放蕩(ほうとう). [＜*rep*robate]

rep⁴ *n.* 〘俗〙代表. [＜*rep*resentative]

rep⁵ *n.* ＝repertory theater.

Rep. Representative; Republic; Republican.

rep. repeat; report; reported; reporter.

re·páid [ripéid] *v.* repay の過去・過去分詞.

re·páint [riːpéint/ríː-] *vt., vi.* 《ペンキで》塗りなおす. —— *n.* **1** 塗りなおすこと. **2** 塗りなおした部分; 塗りなおしたもの《車・絵など》.

‡**re·páir**¹ [ripɛ́ər] *vt.* **1** 修理する, 修繕する: ～ a puncture パンクを直す. **2** 取り返す, 回復する: ～ one's health 健康を回復する. **3** 訂正〔矯正(きょうせい)〕する: ～ an error あやまちを正す. **4** 償う, 賠償する: ～ a wrong 不当行為を償う.
—— *n.* **1** 修理, 修繕; 修理状態; (しばしば *pl.*) 修繕作業: The shop will be closed during ～*s*. 修理中は休店します. need ～ 修理を要する. 〈注〉*sing.* のばあいでも a をつけない. **2** 回復, 償い. ***beyond*** 〔***past***〕 **～** 修理の見込みがない. ***in good*** 〔***bad***〕 **～** ＝***in*** 〔***out of***〕 **～** 手入れが行き届いて〔行き届かないで〕. ***under*** **～(*s*)** 修理中. [√par-²]
～·man [-mæ̀n, -mən] (機械の) 修理工, 修繕屋.
～ ship 工作船.
◇ **～·a·ble** [ripɛ́(ː)rəbl/-pɛ́ər-] *a.* 修繕できる; (損害など) 取り返しのできる. 〔類〕→ **mend** 「直す」

re·páir² *vi.* 行く, おもむく; たびたび行く《へ *to*》: They ～*ed* daily *to* the park. 彼らは公園に毎日行った. —— *n.* **1** しばしば行く場所; 盛り場, 行楽地. **2** 手段, 方法. ***have*** **～** ***to*** …にたよる.

re·pá·per [riːpéipər/ríː-] *vt.* の紙を張り替える; 紙で包みなおす.

rép·a·ra·ble [répərəbl] *a.* 修繕のきく; 取り返しのつく. → 動詞 repair¹. ◇ **-bly** *ad.*

rèp·a·rá·tion [rèpəréiʃ(ə)n] *n.* **1** 補償. **2** (通例 *pl.*) 《敗戦国が支払う》賠償金 (＝war ～s). **3** 修理. ***make*** **～(*s*)** ***for*** を賠償する. **～*s in kind*** 現物賠償. → 動詞 repair¹.

re·pár·a·tive [ripǽrətiv, 〘英〙⁺répərə-], **-to·ry** [-tɔ̀ːri/-təri] *a.* 修繕する; 賠償する; 回復する.

rèp·ar·tée [rèpɑːrtíː] *n.* **1** 当意即妙の答え; 巧みな返しことば. **2** (当意即妙な返答をする) 機知.

rè·par·tí·tion [rìːpɑːrtíʃ(ə)n/ríː-] *n.* (再) 分配, (再) 区分. —— *vt.* 分配〔区分〕する; 再分配する.

re·páss [riːpǽs / ríːpɑ́ːs] *vt.* 再び通す; 〈議案などを〉再通過させる. —— *vi.* 〈議案などが〉再び通る, 再通過する. ◇ **re·pás·sage** [-sidʒ] *n.*

re·pást [ripǽst/-pɑ́ːst] *n.* 食事; 《1回の》食事量; 食事時間: a dainty 〔rich〕 ～ 美食. a light 〔slight〕 ～ 軽食. —— *vi.* 食事〔会食〕をする; 食べる《を *on, upon*》.

re·pá·tri·ate [riːpéitrièit/-pǽt-] *vt.* 本国へ送還する. —— *vi.* 〘稀〙本国へ帰る.
—— [-riit] *n.* 本国送還者, 帰還者: a war ～ 戦時引揚者. [√pat(e)r-] ◇ **rè·pa·tri·á·tion** [rìːpeitriéiʃ(ə)n, riːpèi-/ríːpætri-] *n.* 本国送還, 復員.

‡**re·páy** [ripéi] *v.* (**re·páid** [ripéid]) *vt.* **1** 〈人に金を〉払いもどす, 返済する. **2** 〈人に〉報いる, 恩返しする, 報復する: Your success will amply ～ him *for* his effort. あなたの成功であの人の努力も十分報われるでしょう. **3** 返す: ～ a visit 答礼として訪問する. **4** 〈行為などに〉報いる《で *with*》: ～ a compliment *with* a smile 賛辞に微笑でこたえる.
—— *vi.* 返金する; 報いる.
◇ **～·a·ble** [-əbl] *a.* 払いもどしできる; 払いもどすべき. **～·ment** [-mənt] *n.* 返済; 報償; 恩返し, 仕返し.

re·péal [ripíːl] *vt.* 〈法律などを〉無効にする, 〈契約を〉取り消す, 〈議案を〉撤回する. —— *n.* **1** 廃止, 撤回. **2** 〘英史〙アイルランド合併撤回運動《1830年および1841–46年》. [√pel(l)-] ◇ **～·er** *n.* 廃止論者; 〘英史〙イギリス・アイルランド合併撤回論者.

‡**re·péat** [ripíːt] *vt.* **1** 繰り返す, 反復する: Don't ～ a mistake. あやまちは繰り返してはならない. ～ one's question 重ねて質問する. **2** 繰り返して言う, まねて言う: *R*～ the following words after me. 私のあとから復唱しなさい. **3** そのまま人に伝える, 他言する: The child ～*s* everything he hears. 子どもは聞いたことをそのまま話す. **4** 再履修する: ～ English 英語を再履修する. **5** 二重投票する. **6** 〈小数などが〉循環する. → 名詞 repetition.
—— *vi.* 繰り返して言う; 〈食物が〉口にもどってくる; 〘米〙《不法に》二重投票する.
～ one*self* おなじことを繰り返して言う. **～*s itself*** 〈事が〉繰り返される, (おなじ姿で) 再びあらわれる.
—— *n.* **1** 繰り返すこと; 反復. **2** 〘楽〙反復(節), 反復記号. **3** 複写; 繰り返し模様. **4** 〘商〙再供給, 再注文. **5** 《ラジオ・テレビの》再放送. **6** 《アンコールに応じての》再演(奏). [re-＋√pet- 再び＋かかる]
◇ **～·ing** *a.* 繰り返す, 反復する; 循環する; 連発する: a ～*ing* rifle 連発銃.

re·péat·ed [ripíːtid] *a.* 繰り返しの, たびたびの: a ～ experiment 繰り返した実験. 「再四.

***re·péat·ed·ly** [-li] *ad.* 繰り返して, なん度も, 再三

re·péat·er [ripíːtər] *n.* **1** 繰り返す人〔物〕; 暗唱者. **2** 〘米〙二重投票者. **3** 連発銃; 時打ち(懐中)どけい. **4** 〘電〙中継器. **5** 〘数〙循環小数. **6** 〘米〙常習犯; 落第生.

re·pél [ripél] *v.* (**-ll-**) *vt.* **1** 追い払う, 撃退する; 寄せつけない. **2** 拒絶する, はねつける; に抵抗する, に反駁(はんばく)する. **3** 〘物〙反発する, はじく; に混じらない: A plastic coating ～*s* moisture. プラスチックびきは水けを受けつけない. **4** 不快にする, いやがらせる.
—— *vi.* はねつける, 人に不快を感じさせる. → 名詞 repulse, repulsion. [√pel-]

re·pél·lent [-ənt] *a.* **1** はじく, はねつける. **2** よそよそしい《顔つき・態度など》. **3** 虫の好かない, いやらしい. —— *n.* **1** 反発力. **2** 防水布. **3** 駆除薬. **4** 〘医〙《はれものの》散らし薬. ◇ **～·ly** *ad.*

‡**re·pént** [ripént] *vi., vt.* 悔いる, 後悔する; 残念に思う, くやしがる《を *of, for*》; 悔い改める《を *of*》: ～ (*of*) one's sins 罪を悔いる. He ～*ed* (*of*) his folly. 彼は自分の愚行を後悔した. [√pun-] ◇ **～·er** *n.*

re·pént·ance [ripéntəns] *n.* 後悔, 悔い改め.

re·pént·ant [ripéntənt] *a.* 後悔した, 悔やむ《を *of*》. ◇ **～·ly** *ad.*

re·péo·ple [riːpíːpl/ríː-] *vt.* **1** に人を再び住ませる. **2** に家畜を再び仕入れる.

rè·per·cús·sion [rìːpərkʌ́ʃ(ə)n] *n.* はね返り; 反撃; 反動, 影響; 反響. [re-＋per-＋√cut-]

rè·per·cús·sive [-kʌ́siv] *a.* はね返す〔返る〕; 反響させる, 鳴り響く. ◇ **～·ly** *ad.* **～·ness** *n.*

rép·er·toire [répərtwɑ̀ːr] *n.* レパートリー, 演芸種目, 演奏曲目《特に劇団・音楽家などがいつでも上演・演奏できるように準備してあるもの》: She has a large ～ of folk songs. 彼女は民謡のレパートリーが豊富だ. [＜F.]

rép·er·to·ry [répərtɔ̀ːri/-t(ə)ri] *n.* **1** 《特に知識

などの〕たくわえ, 収集: My father is a ～ of useful information. 父は役に立つ知識をたくさん持ち合わせている. **2** 所有者, 倉庫. **3** ＝repertoire.
～ company 〔**system**〕《劇・歌劇など》短期興行で次々と定期的に脚本を替えて公演を行なう劇団〔組織〕. **～ theater** レパートリー劇場《専属の劇団をもち, 幾種類もの劇を短期興行する》. 「環節.

rép·e·tend [répitènd] *n.* 反復語句〔音〕;〔数〕循

‡rèp·e·tí·tion [rèpitíʃ(ə)n] *n.* **1 繰り返し**, 反復; 再説, 再現. **2**〔楽〕復奏, 復唱. **3** 暗唱(文・詩句). **4** 写し, 複写, 模写, 控え. → 動詞 repeat.
◇ **～·al** [-ʃən(ə)l], **～·ar·y** [-ʃənèri / -ʃ(ə)nəri] *a.* 反復の, 復唱の.

rèp·e·tí·tious [-ʃəs] *a.* **1** 繰り返しの多い; 反復性の. **2** おなじことを繰り返して言う; くどい.
◇ **～·ly** *ad.* **～·ness** *n.*

re·pét·i·tive [ripétitiv] ＝repetitious.

re·phráse [ri:fréiz] *vt.* 再び述べる; 言いなおす, ことばを換えて言う. 「組み立てる.

re·píece [ri:pí:s/rí:-] *vt.* 再びつづり合わせる, 再び

re·píne [ripáin] *vi.* 不平を言う, こぼす《を *at*; に *against*》: ～ *at* one's unhappy lot わが身の不幸を嘆く.

‡re·pláce [ripléis] *vt.* **1 もとの所に置く**, もどす: ～ a book on the shelf 本を本だなにもどす. ～ the receiver 電話をきる. **2** 返す, 返済する. **3** 復職〔復位〕させる. **4** に**代わる**, の後継者になる, にとって代わる: The automobile has ～*d* the horse. 自動車は馬にとって代わった. **5** 取り〔置き, 入れ〕替える《と *by, with*》: ～ a worn tire (*with* a new one) 使い古したタイヤを(新しいのと)取り替える. a person ***hard to* ～** かけがえのない(人). **～** A ***by*** B (A を B) に替える, (Aを) やめて(B)にする.
◇ **～·a·ble** [-əbl] *a.* もとの所に置ける; 置き換えうる, 代わりとなりうる.

re·pláce·ment [-mənt] *n.* **1** もとへもどすこと, 置き換え. **2** 交替者〔物〕;〔米:軍〕補充員, 交替要員.

re·plánt [ri:plǽnt/rí:plá:nt] *vt.* **1** 植えかえる, 移植する. **2** に新たに植民する.
◇ **rè·plan·tá·tion** [ri:plæntéiʃ(ə)n/rí:plɑ:n-] *n.* 再植, 移植; 移植された植物.

re·pláy [ri:pléi/∠∠] *vt.* **1** 〈試合を〉再び行なう. **2** 〈スポーツ放送の一場面を〉録画で繰り返す.
—— [rí:plèi/∠−] *n.* **1** 再試合. **2** 録画再放送.

re·plén·ish [ripléniʃ] *vt.* **1** 再び満たす《で *with*》. **2** に燃料を補給する. **3** の貯蔵品を補充する: ～ one's wardrobe 衣装を買い入れる. [√ple(n)-]
◇ **～ed** [-t] *a.* いっぱいになった. **～·ment** [-mənt] *n.* **1** 補充, 補給. **2** 補給〔補充〕品.

re·pléte [riplí:t] *a.* **1** 満ちた, いっぱいの《で *with*》. **2** 飽食した, 堪能した《を, に *with*》. **3** 完ぺきな, 充実した《で *in*》. [√ple(n)-] ◇ **～·ly** *ad.* **～·ness** *n.*

re·plé·tion [riplí:ʃ(ə)n] *n.* **1** 充満, 充実; 飽食. **2**〔医〕多血症. ***to* ～** 十分に, 飽きるくらい.

re·plév·in [riplévin] *n.*〔法〕差し押え物件の回復(訴訟); 物件回復の令状. —— *vt.*〔米〕＝replevy.

re·plév·y [riplévi] *vt., vi., n.*〔法〕(差し押え物件を) 回復訴訟で取りもどす(こと).

rép·li·ca [réplikə] *n.* **1** (原作者の手による) 写し《絵画・彫刻などの》. **2** 模写, 複写. **3** そっくり似た物〔人〕, うり二つ.

rép·li·cate [réplikèit] *vt.* **1** 折り返す. **2** の写し〔控え〕をとる, 模写する. —— [-kit] *a.*〔植〕(葉の) 折れ曲がった. —— [-kit] *n.*〔楽〕(1オクターブ高いか低い) 反復音. [√plec-]

rèp·li·cá·tion [rèplikéiʃ(ə)n] *n.* **1** 折り返し. **2** 返答, 返信; 反響. **3** 写し, 模写. **4**〔法〕《被告の答弁に対する》原告の抗弁.

‡re·plý [riplái] *vi.* **1 答える**, 返事をする《に *to*》. **2** 応答〔応酬〕する; 応戦する《に *to*》. **3**〔法〕〈原告が〉抗弁する. —— *vt.* 答える, 言い返す《と *that*》: She does not know what to ～. 彼女はなんと返事していいかわからない. **～ *for*** に代わって答弁する; を代表して答辞を述べる.
—— *n.* **1 答え, 返事**, 回答; 答辞. **2** 返報, 応酬, 応答, 応戦. **3**〔法〕《原告の》抗弁. **4**〔楽〕遁走(とんそう)曲の応答部. ***in* ～ (*to*)** (の)返事に, (に)答えて. ***make* (*a*) ～ *to*** に答える. [√plec-]
～ paid 返信料つき. **～ (postal** 〔[英] **post**〕**) card** 往復はがき. [類] → **answer**「答える」

ré·pon·dez s'il vous plaît [reipóundeisi:l-vu:pléi/-pɔ̃:deisilvu:plei] F. (＝Please answer) ご返事願います《招待状などに添える決まり文句. 略 R.S.V.P.》.

‡re·pórt [ripɔ́:rt/-pɔ́:t] *vt.* **1 報告する**, 報道する, 伝える: The discovery of a new planet has been ～*ed*. 新惑星の発見が報ぜられた. **2**《補語を伴って》…であると報告する: ～ a ship missing 船が行くえ不明と伝える. The servant ～*ed* the children asleep. 召使は子どもたちは眠っていると知らせた. **3** 〈所在・移動を〉届け出る;《～ oneself の形で》出頭申告する. **4** の記事を書く〔載せる〕, 取材する: ～ a trial 公判記事を書く. **5**《世間で》…とうわさする: It is ～*ed* that… …という話〔評判〕である. He is ～*ed* to be extremely rich. 彼はたいへん金持ちだという評判だ. **6** のことを告げ口する《上役などに》: ～ a person *to* his employer *for* laziness 人が怠慢だと主人に言いつける.
—— *vi.* **1** 報告する, 復命する《を *on*》. **2** 記事を作製する〔送る〕, 報道する《について *on, upon*》; 探訪する, 探訪記者をつとめる: ～ *for* Time タイム誌の通信員である. **3** (自分の居場所・状態を) 報告する: ～ sick 気分が悪いと報告する. **4** 出頭する: ～ to the police 警察に出頭する.
be badly* 〔*well*〕 ～*ed of 悪く〔良く〕言われている. ***move to* ～ *progress*** 〔英〕《しばしば下院で妨害の目的で》討論中止の動議を持ち出す. **～ *oneself*** 《当局に》到着〔所在〕を報告する; 出頭する. **～*ed speech*** 〔文〕間接話法 (indirect narration). **～ *for duty* 〔*work*〕** 出勤する.
—— *n.* **1** 報告(書); 公報; 報道, 記事《に関する *on*》;《学校の》成績表: the weather ～ 気象通報. **2** うわさ, 世評; 評判, 名声: a man of good 〔bad〕 ～ 評判の良い〔悪い〕人. be of good 〔ill〕 ～ 評判が良い〔悪い〕. idle ～*s* くだらないうわさ. **3** (通例 *pl.*) 判決録; 議事録. **4** 銃声, 砲声, 爆発音: the ～ of a distant cannon. ***make* ～** 報告する. ***R～ to the Nation***「国民への報告」《イギリス政府の経済・時事問題に関する定期発表》. ***The* ～ *goes* 〔*runs, has it*〕 *that*…** …といううわさである, うわさによると…. ***through good and evil* ～** うわさの善悪にかかわらず. [√port-] **～ card** 通信簿, 成績表. **～ stage** 〔英〕《下院の》委員会の報告段階.
◇ **～·a·ble** *a.* 報告〔報道〕できうる; 報告〔報道〕の価値のある. **～·ed·ly** [-idli] *ad.* うわさによると(…の由); 聞くところによれば; 報道によれば.

re·pórt·age [ripɔ́:rtidʒ, rəpɔ:rtá:ʒ/rèpɔ:tá:ʒ] *n.* ルポルタージュ, 報告文学〔文体〕; 現地報告. [<F.]

‡re·pórt·er [ripɔ́:rtər/-pɔ́:tə] *n.* **1** 報告者, 申告者. **2 報道記者**, 通信員, 探訪記者《*for*》. **3** 議事〔判決〕記録係. 「の; 報告の; 報告的な.

rèp·or·tó·ri·al [rèpərtɔ́:riəl/-pɔ:tɔ́:r-] *a.* 報告者

re·pós·al [ripóuz(ə)l] *n.* (信頼を) おくこと.

‡re·póse[1] [ripóuz] *n.* **1** 休息, 休養; 睡眠: seek 〔take, make〕 ～ 休息する. earn a night's ～ 夜の安らぎを得る. a volcano in ～ 休火山. **2** 落ち着き, 平静, 平安;《色彩などの》調和: rural ～ 田園の静かさ. ～ of mind 心の平静. **3**《運動の》休止.
—— *vt.* **1 横たえる**, 寝かせる: ～ one's head on の上に頭を載せて休む. **2** 休ませる.
—— *vi.* **1 休む**, 休息する: a girl ～*sing* in a hammock ハンモックに休んでいる少女. **2 永眠する**,

安置される: He ～*s* at Arlington Cemetery. 彼はアーリントン墓地に葬られている. **3** 横たわる, <土地などが> 静かに横たわる, <物が> 置いてある, 載っている《に *on*》; 基礎をおく《に *on, upon*》: The land ～*s* in the dusk. 大地が夕やみの中に横たわっている. **4** たよる, 信頼する《に *on*》. **5** <心が> 留まる《に *on*》: ～ *on* the past 過去の回想にふける.
～ one***self*** 休む, 寝る. ***～ on a bed of down*** [***roses***] ぜいたくに暮らす.
◇ **～d** [-d] *a.* 落ち着いた, 平静な. **re·pós·ed·ly** [-idli] *ad.* 類 → **rest**「休息する」

re·póse² *vt.* **1** <信用などを> おく《に *on* a person; *in* a promise》: ～ one's faith *in* God 神を信ずる. ～ trust *in* [*on*] a person 人を信頼する. **2** 委任〔委託〕する. [√pon-]

re·póse·ful [-f(u)l] *a.* 平静な, 落ち着いた.
◇ **～·ly** [-fuli] *ad.*

re·pós·it [ripázit/-pɔ́z-] *vt.* しまう; 貯蓄する.
◇ **rè·po·sí·tion** [rìːpəzíʃ(ə)n, rèp-] *n.*

re·pós·i·to·ry [ripázitɔ̀ːri/-pɔ́zitəri] *n.* **1** 容器, 貯蔵室; 〖英〗倉庫. **2** 陳列所, 売店. **3** 埋葬所, 納骨堂. **4** (秘密を打ち明けられる) 信頼すべき人.

rè·pos·séss [riːpəzés / ríː-] *vt.* **1** 再び手に入れる, 取りもどす. **2** <人に> 取りもどしてやる《を *of*》: They ～*ed* me *of* my house. 私に家を取りもどしてくれた. ◇ **rè·pos·sés·sion** [-zéʃ(ə)n] *n.* 取りもどすこと, (所有権) 回復.

re·pous·sé [rəpuːséi / ―⁄―] F. *a., n.* 《金属の》打ち出し細工(の).

repp [rep] ＝rep¹.

rèp·re·hénd [rèprihénd] *vt.* 非難する, しかる, とがめる. ◇ **rèp·re·hén·sion** [-hénʃ(ə)n] *n.*

rèp·re·hén·si·ble [-hénsəbl] *a.* 非難すべき, ふらちな. [√prehend-] ◇ **-bly** *ad.* **rèp·re·hèn·si·bíl·i·ty** [-hènsəbíliti] *n.*

rèp·re·hén·sive [-hénsiv] *a.* 非難的な, 叱責(しっせき)的な. ◇ **～·ly** *ad.*

‡**rèp·re·sént** [rèprizént] *vt.* **1** 描写する, 記述する; 《相手が理解するように》提示〔説明〕する: We must ～ our urgent need to them. 彼らにわれわれの緊急の必要性を説明しなければならない. **2** 心に描く, 想像する《*to* oneself》. **3** 《…と》言う, 主張〔断言〕する《と *as, to be, that*》: He ～*ed* the war *as* [*to be*] already lost. 彼は戦いはもはや負けだと言った. **4** <絵・記号などが> 表示〔象徴〕する, 意味する: This picture ～*s* a hunting scene. この絵は狩りの光景をあらわしている. X ～*s* the unknown. X は未知のものをあらわす. A cave ～*s* home to them. 彼らには洞窟(どうくつ)が家を意味する. **5** の標本〔一例〕である: This house ～*s* the most typical houses in these parts. この家はこの地方の典型的家屋の一例だ. **6** 代表する: He ～*s* our city. 彼はわが市の選出議員だ. **7** に相当する. ～ one***self as*** [***to be***] 自分は…だと主張する〔述べる〕. ～ (***very***) ***much*** [(***very***) ***little, nothing***] ***to*** me (私) には大いに意味がある〔ほとんど意味がない, 全く無意味だ〕.
◇ **～·a·ble** *a.*

rè·pre·sént [rìːprizént/ríː-] *vt.* 再び贈る; <劇などを> 再演する.

***rèp·re·sen·tá·tion** [rèprizentéiʃ(ə)n] *n.* **1** 表示, 表現, 描写. **2** 肖像(画), 彫像, 絵画. **3** 説明, 陳述; 主張, 断言; (しばしば *pl.*) 申し入れ, 陳情; 抗議. **4** 上演, 演出; 扮装(ふんそう). **5** 想像(力), 概念作用〔力〕. **6** 〖心〗表象. **7** 代表, 代理; 代議士選出(権); 《集合的》代表団.
functional [***vocational***] ～ 職能代表. ***make a ～ against*** を抗議する. ***make ～s to*** に陳情する. ***proportional ～*** 比例代表制. ***regional ～*** 地域代表制. ◇ **～·al** [-ʃən(ə)l] *a.* 具象主義の.

‡**rèp·re·sént·a·tive** [rèprizéntətiv] *a.* **1** 代表的な, 典型的な. **2** 代理〔代表〕する; 代議制の: in a ～ capacity 代表者の資格で. **3** 表示する, 表現する, 描写する; 象徴する《を *of*》: a painting ～ *of* a battle 戦争画. ***be ～ of*** をあらわす, を代表する.
—— *n.* **1** 代表者, 代行者, 代理人《*of, from, on, at*》; 在外使臣; 後継〔相続〕者: diplomatic ～*s* 外交代表者. **2** 代議士; (R～) 〖米〗下院議員. **3** 見本, 標本; 典型. **4** 類似物. ***legal*** [***personal***] ～ 遺言執行人, 管財人. ***real*** [***natural***] ～ 家系相続人. ***the House of R～s*** 〖米〗下院; 《日本の》衆議院.
～ **chamber**[**house**] 代議院. ～ **government** 代議政体. ～ **system** 代議制.
◇ **～·ly** *ad.* **～·ness** *n.*

re·préss [riprés] *vt.* <感情などを> おさえる; <暴動などを> 制止〔制圧〕する; 〖心〗<不快な記憶・衝動などを> 抑圧する《意識の上から》. [<press]
◇ **～ed** [-t] *a.* 押えられた, 鎮圧された; 抑圧された. **～·i·ble** [-əbl] *a.* 抑制〔制圧〕できる. **re·prés·sion** [ripréʃ(ə)n] *n.*

re·préss [riːprés/⁄⁄] *vt.* 再び押しつける; press しなおす.

re·prés·sive [riprésiv] *a.* 押える, 抑圧的; 鎮圧する. ◇ **～·ly** *ad.* **～·ness** *n.*

re·príeve [ripríːv] *vt.* **1** 〖法〗の刑の執行を猶予する《特に死刑囚の》. **2** 一時楽にする: ～ a person *from* pain 人の苦痛を一時軽減する.
—— *n.* **1** 〖法〗刑〔死刑〕の執行猶予〔令状〕. **2** 一時的救済, 一時のがれ.

rép·ri·mand [réprimænd / -mɑːnd] *n.* 《特に公式の》譴責(けんせき), 懲戒; 非難, 叱責(しっせき). —— *vt.* 譴責する, 非難する, きつくしかる.
類 → **reproach**「とがめる」

***re·prínt** [riːprínt/ríː-] *vt.* 増刷する, 《改訂なしで》再刷する; 翻刻する. —— *n.* **1** 増刷, 再刷, 《改訂を加えない》再版. **2** 翻刻, 翻刻本.

re·prís·al [ripráiz(ə)l] *n.* **1** 仕返し; 《特に国家間の》報復行為. **2** 外国の人身〔財産〕の拿捕(だほ).
by [***by way of, in***] ～ 報復手段として. ***letters of ～*** 拿捕免許状. ***make ～***(***s***) 仕返しをする.

re·príse [ripráiz] *n.* **1** (通例 *pl.*) 〖法〗所有地の毎年の諸経費. **2** 〖楽〗復唱, 復奏; 《第一主題の》繰り返し. **3** 〖稀〗再開始, 再活動. **4** 報復.
beyond [***above, besides***] ***～s*** 諸経費を支払ってあとに残る.

‡**re·próach** [ripróutʃ] *vt.* **1** <人を> 非難する, とがめる, しかる: ～ a person *for* being idle [*with* his idleness] 人の怠惰をしかる. **2** <事柄を> 非難する, <人に事柄の> 罪をきせる《～ a thing *against* [*to*] a person》: My conscience ～*es* me nothing. 私は良心に恥じるところがない. **3** の体面を傷つける: This conduct will ～ you. この行為はきみの恥になろう.
—— *n.* **1** 非難, 叱責(しっせき): a man without ～ 恥じるところのないりっぱな人物. **2** 非難の的〔ことば〕; 名折れ, 恥辱 (のたね): be a ～ to …の名折れである. ***beyond ～*** 申し分なく, りっぱに. ***bring*** [***draw***] ***down ～ on*** [***upon***] の恥となる, の恥辱となる. ***heap ～es on*** をさんざんしかる〔非難する〕. [√prop-]
◇ **～·a·ble** [-əbl] *a.* 非難に価する, とがむべき. **～·ing·ly** *ad.* とがめるように, 非難がましく.
類義語 とがめる: **reproach** 期待を裏切ったことなどに対し, 相手の名誉心に訴えて反省を求める. **reprove** 上位の立場から穏やかに相手の反省を要請する. **rebuke** 強く不賛成を唱えて相手をなじる. **reprimand** 権威をもって公式に非難する, 譴責(けんせき)する.

re·próach·ful [-f(u)l] *a.* 非難すべき, 責むべき; 〖古〗恥ずべき. ◇ **～·ly** [-fuli] *ad.* ＝reproachingly.

re·próach·less [-lis] *a.* 非難の余地のない, 申し分のない. ◇ **～·ness** *n.*

rép·ro·bate [réprəbèit] *vt.* **1** とがめる, 非難する. **2** 拒否する, 排斥する. **3** <神が> 見放す.
—— *a.* 神に見捨てられた; 邪悪な; 無節操の.

—— *n.* 神に見放された人; 堕落者. [√prob-]
◇ ～·**ness** *n.*

rèp·ro·bá·tion [rèprəbéiʃ(ə)n] *n.* 非難; 排撃; 〖宗〗天罰, 永遠の破滅. ◇ ～·**ar·y** *a.*

rép·ro·ba·tive [réprəbèitiv] *a.* 非難の; 非難を示す. ◇ ～·**ly** *ad.*

re·próc·ess [ri:práses/rí:próus-] *vt.* 再生する, 再加工する. ***～ed wool*** [***rubber***] 再生ウール〔ゴム〕.

‡**rè·pro·dúce** [rì:prəd(j)ú:s/-djú:s] *vt.* **1 再生する**; 再現する: The lizard ～*s* its torn tail. トカゲは切れた尾を再生する. **2 複写する**, 模写する; 模造する: ～ a great picture 名画を複製する. **3** 翻刻する; 転載する. **4** 生殖〔繁殖〕させる: ～ oneself 子を生む. —— *vi.* **1 生殖する**, **繁殖する**. **2** 複写のできが…である: This picture will ～ well. この絵は複写がうまくゆく.
◇ ～·**a·ble**, **-dú·ci·ble** [-əbl] *a.* **-dúc·er** [-sər] *n.* 音響再生器.

rè·pro·dúc·tion [-dʌ́kʃ(ə)n] *n.* **1** 再生; 再現. **2** 複製, 複写(物); 翻刻(版). **3** 生殖(作用).

rè·pro·dúc·tive [rì:prədʌ́ktiv] *a.* **1** 生殖の: ～ organs. **2** 再生〔再現〕の. **3** 再生産の.
—— *n.* 〖虫〗(成熟した雌雄の) シロアリ.
◇ ～·**ly** *ad.* ～·**ness** *n.*

re·próof [riprú:f] *n.* (*pl.* ～**s**) 非難, 叱責(しっせき), 小言: a glance [word] of ～ とがめるような目つき〔ことば〕. → 動詞 reprove. ***in ～ of*** をとがめて.
◇ ～·**less** *a.*

re·próv·a·ble [riprú:vəbl] *a.* 非難すべき, (当然) 非難してもよい. ◇ ～·**ness** *n.*

re·próv·al [riprú:v(ə)l] =reproof.

re·próve [riprú:v] *vi.*, *vt.* <人・行為を>とがめる, しかる, 非難する《について *for*》: ～ a boy *for* his fault 少年の過失をとがめる. →名詞 reproof. [√prob-]
◇ **re·próv·ing·ly** [-iŋli] *ad.* 非難するように, やかましく. 類 → **reproach**「とがめる」

reps [reps] =rep[1].

rép·tile [réptl, -til/-tail] *n.* **1** は虫類《ヘビ・ワニ・カメなど》. **2** 下劣〔卑劣〕な人. —— *a.* **1** 爬行(はこう)する, はいまわる. **2** は虫類の. **3** 下劣〔卑劣〕な.

Rep·tíl·i·a [reptíliə] *n. pl.* は虫類.

rep·tíl·i·an [-n] *a.* **1** は虫類の〔に似た〕. **2** 下劣〔卑劣〕な. —— *n.* は虫類の動物.

Repub. Republic; Republican.

‡**re·púb·lic** [ripʌ́blik] *n.* **1 共和国**; 共和政体: a constitutional ～ 立憲共和国. → monarchy. **2** (構成員を平等とみなす) …社会, …界: the ～ of letters 文壇.

re·púb·li·can [ripʌ́blikən] *a.* **1** 共和国〔政体〕の; 共和主義の; (R～) 〖米〗共和党の. **2** 《鳥が》群棲(ぐんせい)する. —— *n.* **1** 共和論〔主義〕者; (R～) 〖米〗共和党員. **2** 《北アメリカ産の》ツバメの一種. **R～ Party, the** 〖米〗共和党.
◇ ～·**ism** [-ìz(ə)m] *n.* 共和政体〔主義〕; (R～) 共和党の主義〔政策〕. ～·**ize** [-àiz] *vt.* 共和政体にする; 共和主義に変える.

rè·pub·li·cá·tion [rì:pʌblikéiʃ(ə)n/rí:pʌ̀b-] *n.* **1** 再発行, 再発布. **2** 再出版(物), 再翻刻(物).

re·púb·lish [ri:pʌ́bliʃ/rí:-] *vt.* 再版する, 翻刻する; 再発行する; 再公布する.

re·pú·di·ate [ripjú:dièit] *vt.*, *vi.* **1** 拒絶する; <教義などを> 拒否する, 否認する. **2** <政府・市当局などが債務の履行を>拒む. **3** 離婚する; (親子の) 縁をきる. [√pud-] ◇**-a·ble** [-diəbl] *a.* **-a·tor** [-dièitər] *n.* **-a·to·ry** [-diətɔ̀:ri/-t(ə)ri] *a.*

re·pù·di·á·tion [ripjù:diéiʃ(ə)n] *n.* 否認, 拒絶; 《特に債務などの》支払拒否; 離縁すること.

re·púg·nant [ripʌ́gnənt] *a.* **1** いやな, 胸のむかむかする《に *to*》. **2** 矛盾した《に *to*》; 一致しない《と *with*》: actions ～ *to* his words ことばに反した行動. [√pugn-] ◇ ～·**ly** *ad.* **-nance** [-nəns], **-nan·cy** *n.* 大きらい, 反感《に対する *against*》; 矛盾, つじつまの合わないこと.

re·púlse [ripʌ́ls] *vt.* **1** 撃退する; 論駁(ろんばく)する. **2** はねつける, 拒否する. —— *n.* 撃退; 反発, 拒絶. ***suffer*** (***a***) ***～*** 撃退〔拒絶〕される. [√pel(l)-]

re·púl·sion [ripʌ́lʃ(ə)n] *n.* **1** 撃退; 反駁(はんばく); 拒絶; 反感《に *for*》. **2** 〖物〗斥力, 反撃作用; 〖医〗《吹き出物の》消散.

re·púl·sive [ripʌ́lsiv] *a.* **1** 嫌悪(けんお)を催させる, 反感を感じさせる《に *to*》: Snakes are ～ *to* some people. ヘビが大きらいな人もある. **2** はね返す; 追い払う. **3** 《音を》反響する; 〖物〗反発する: ～ force 斥力. ◇ ～·**ly** *ad.* ～·**ness** *n.*

re·púr·chase [ri:pə́:rtʃəs/rí:-] *vt.* 再び買う, 買いもどす. —— *n.* 買いもどし.

rép·u·ta·ble [répjutəbl] *a.* 評判のよい, 好評な; りっぱな. ◇ **-bly** *ad.*

‡**rèp·u·tá·tion** [rèpjutéiʃ(ə)n] *n.* **1 評判**, **世評**: have the ～ of being a miser けちとしてとおっている. have a good ～ as a doctor 医者としての声望が高い. **2 名声**, **信望**, **好評**: live up to one's ～ 評判に恥じない生活をする. → 動詞 repute.
have [***enjoy***] ***a ～ for***=***have the ～ of*** …という評判だ, で有名だ. ***of great*** [***small, no***] ***～*** 評判が高い〔たいした評判でない, 無名の〕.

re·púte [ripjú:t] *n.* 評判, 世評; 名声, 名誉: be in high [of good] ～ 評判がよい, 信用がある. ***know by ～*** 評判で知る.
—— *vt.* (…を——と) みなす, 評判する《と *as*; *to be*》: be ～*d to be* a rich man 名だたる金持ちである. ***as is ～d to be*** 評判どおり. ***be well*** [***ill***] ***～d*** 評判が良い〔悪い〕. [√put-]

re·pút·ed [ripjú:tid] *a.* **1** 評判のよい, 名声のある: a ～ wine 名代のブドウ酒. **2** …という評判の: the ～ father of the child その子の父といわれている人. ◇ ～·**ly** *ad.* 世評によれば, 評判では.

‡**re·quést** [rikwést] *n.* **1 要求**, **要望**, **依頼**, **願い**: I have a ～ to make (of you). ひとつお願いがあります. **2** 依頼物; 要望書. **3** 需要 (demand).
at a person'***s ～*** (人) の依頼〔要求〕により. ***be in*** (***great***) ***～*** (大いに) 需要がある. ***by ～*** 依頼によって, 求めに応じて. ***come into ～*** 需要が起こる. ***make a ～*** [***～s***] ***for*** を懇請する. ***on ～*** 申し込みにより; 申し込みしだい《進呈》.
—— *vt.* **1 求める**, 請う, 申し込む: ～ a loan *from* the bank 銀行に借金を申し込む. **2** にに**願う**, にに請う, にに頼む: Visitors are ～*ed* not *to* touch the exhibits. 陳列品にお手を触れぬよう願います. I ～ you *to* send money at once. (=I ～ *that* money (should) be sent at once.) 至急送金されたし. ～ *to* be permitted 許可を請う. 〈注〉 ask より形式的あるいは丁寧な言い方. ***as ～ed*** 請われるままに. [√quer-] **～ note** 〖英〗《税関の》有税貨物陸揚げ許可書. 類 → **beg**「頼む」

Ré·qui·em [rí:kwiəm, rék-/rékwiem] *n.* (または r～) **1** 〖カトリック〗死者のためのミサ; そのための音楽, 鎮魂曲. **2** 挽歌(ばんか); 平安を祈る歌.

req·ui·es·cat (***in pace***) [rèkwiéskæt(-in-péisi)] L. (=May he [she] rest in peace!) 逝(ゆ)ける人に冥福(めいふく)あれ《死者のための祈り》.

‡**re·quíre** [rikwáiər] *vt.* **1 要求する**, 命ずる, 規定する《に *of*; *to* (do); *that*》: I'll do all that is ～*d of* me. 言われたことはなんでもします. They ～ me *to* work harder. 私にもっと働けと言っている. The contract ～*s that* we (should) finish the work in a week. 契約(書)は1週間で仕事を仕上げるように規定している. **2 必要とする**; …する〔される〕必要がある《(do)*ing*》: He ～*s* medical care. 医者にかかるべきだ. It does not ～ a palace to be happy. 幸福になるのに宮殿を必要とはしない. The children ～ look*ing* after. 子どもたちは世話を必

要としている. ***if circumstances*** ～ 必要があれば. ～***d subject*** 〖米〗〘アメリカの大学の〙 必修科目. [√quer-] 類 → **demand**「要求する」

*__re·quíre·ment__ [-mənt] *n.* **1** 要求, 必要. **2** 必要物, 要求物. **3** 必要条件, 資格《*for*》.

*__réq·ui·site__ [rékwịzit] *a.* 必要な, なくてはならない《に *to, for*》. —— *n.* 必要物, 入用物《の *for, of*》: Food and water are ～*s for* life. 食物と水は生活の必需品だ. [√quer-] ◇ ～**·ly** *ad.* ～**·ness** *n.* 類 → **necessary**「必要な」

rèq·ui·sí·tion [rèkwịzíʃ(ə)n] *n.* **1** 〘通例文書による物品・労力などの提供の〙 要求; 〘犯人などの〙引き渡し要求, 召喚書; 微発〔徴用〕(命令). **2** 需要, 必要; 請求書. **3** 必要条件: the ～*s for* academic degrees 学位取得の必要条件. ***be in*** 〔***under***〕 ～ 需要がある, 使われている. ***bring*** 〔***call, place***〕 ***into*** ～ ＝***put in*** ～ ＝***lay under*** ～ 徴発する, 役立たせる. ***make*** ～ ***for*** を請求する.
—— *vt.* **1** 要求する, 強制的に使用する. **2** 〖軍〗 徴発〔徴用〕する. **3** 〖軍〗 から徴発する《を *for*》: ～ a town *for* motor trucks 町からトラックを徴発する. ◇ **rèq·ui·sí·tion·ar·y** [-ʃənèri/-əri] *a.*

re·quít·al [rikwáitl] *n.* 報酬, 返礼; 仕返し, 復讐(ふくしゅう). ***in*** ～ ***of*** 〔***for***〕 の報いとして; の仕返しに.

re·qúite [rikwáit] *vt.* **1** <親切・恩義・被害・悪意などに> 報いる, 仕返し〔恩返し〕する: ～ a person's services 〔love〕 人の尽力〔愛〕に報いる〔こたえる〕. ～ a wrong 不当な行為に報復する. **2** <人に> 報いる《に対し *for*; で *with*》: ～ a person *for* a benefit 人の恩義に報いる. ～ a traitor *with* death 反逆者を殺す〔死刑にする〕. **3** 償う. [√quie-]
◇ ～**·ment** *n.* **re·quít·er** [-ər] *n.*

rè·ra·di·á·tion [rì:reidiéiʃ(ə)n] *n.* 〖物〗〘エネルギー吸収による〙 再放射. 「再読する.

*__re·réad__ [ri:rí:d/rí:-] *vt.* (**-réad** [-réd]) 読みなおす,

rére·dos [ríərdas/-dɔs] *n.* 〖おもに英〗祭壇背後の飾り壁〔スクリーン, ついたて〕. 「で輸送する.

re·róute [ri:rú:t, 〖軍〗⁺ -ráut] *vt.* 新しい道〔別の道〕

re·rún [ri:rʌ́n] *vt.* (**-rán** [-ræn]; **-rún**; **-rún·ning**) 〖米〗 再上映〔再放送〕する.
—— [rí:rʌ̀n] *n.* 再上映, 再放送.

res [ri:z] L. *n.* 〖法〗 物, 物件; 事件; 財産.

res. research; reserve; reside; resigned; resistance; resolution.

ré·sád·dle [rí:sædl] *vt.* <馬などに> 再びくらを置く.

res ad·ju·di·ca·ta [rí:z-ədʒù:dịkéitə] ＝*res judicata*.

re·sáil [ri:séil] *vt., vi.* 再び出帆する; 帰航する.

re·sále [ri:séil/rí:-] *n.* 再売, 転売; 小売り.

res an·gu·sta do·mi [rí:z-æŋgʌ́stə-dóumai] L. (＝poverty) 貧困.

re·scínd [risínd] *vt.* <法律・条約などを> 廃止する, 無効にする, 撤回する.

re·scís·sion [risíʒ(ə)n] *n.* 廃止, 取り消し, 無効にすること; 〖法〗 解除.

ré·script [rí:skrìpt] *n.* **1** ローマ皇帝〔教皇〕の答書. **2** 勅語, 詔勅. **3** 書きなおし; 写し, 副本.

‡**rés·cue** [réskju:] *vt.* **1** 救助する, 救う; 〘破壊などから〙 保護する: ～ a child *from* drowning おぼれる子どもを救う. **2** 〖法〗<差し押え物件を> 奪還する; <囚人を> 脱走させる; <財産を> 奪回する. ～ a person's name ***from oblivion*** (名前を) 忘れられてしまわないようにする.
—— *n.* **1** 救助, 救出, 救援, 救済. **2** 〖法〗 不法奪回〔釈放〕. ***go*** 〔***come***〕 ***to the*** ～ 救助する, 援助する. ～ **home** 婦人更生寮. ～ **work** (婦女子) 救済事業. ◇ **rés·cu·er** [-ər] *n.* 救助者, 救援者.

‡**re·séarch** [risə́:rtʃ, ㊗⁺ rí:sə:rtʃ] *n.* (しばしば *pl.*) (学術) 研究, 調査, 探求, 詮索(せんさく) 《*after, for, in, on*》: ～*es in* nuclear physics 核物理学の研究. —— *vi.* 研究する, 調査する《を *into*》: ～ *into* a matter thoroughly 問題を徹底的に調査する. ～ **fellow** 研究員. ～ **library** 資料(専門) 図書館. ～ **worker** ＝ researcher.
◇ ～**·er** [-ər] *n.* 研究〔調査〕員.

re·séarch [ri:sə́:rtʃ/rí:-] *vt., vi.* 再び捜す.

re·séat [ri:sí:t/rí:-] *vt.* **1** 再び着席させる. **2** に新しい座席を設ける; (座席の) シートを張り替える. ～ one***self*** また着席する.

ré·seau [re(i)zóu] F. *n.* (*pl.* ～***x*** [-zóu]) **1** 網状組織 (network). **2** 網細工のレース地. **3** 〖天〗 レゾー〘天体写真に写しこまれた方眼〙.

re·séct [risékt] *vt.* 〖医〗 <骨などを> 切り取る.

re·séc·tion [risékʃ(ə)n] *n.* 〖医〗 (一部) 切除.
◇ ～**·al** *a.*

re·sé·da [risí:də/résidə] *n.* **1** 〖植〗 モクセイソウ属. **2** 灰緑色.

re·séize [ri:sí:z] *vt.* **1** 再び捕える, 奪い返す. **2** 〖法〗<横領された土地の> 占有権を回復する.
◇ **re·séi·zure** [-sí:ʒər] *n.* 再入手, 奪回, 回復.

re·séll [ri:sél/rí:-] *vt.* (**-sóld** [-sóuld]) 転売する.

‡**re·sém·blance** [rizémbləns] *n.* **1** 類似 (性), 似かよい; 類似点《*to, between, of*》: There is a close ～ *between* them. 彼らは酷似している. **2** 似顔, 肖像画. ***bear*** 〔***have***〕 (***a***) ～ ***to*** に似ている.

re·sém·blant [-blənt] *a.* 類似している《に *to*》: two ～ features 二つの相似た特色.

‡**re·sém·ble** [rizémbl] *vt.* **1** に似ている: ～ each other お互いに似ている. ～ ... in appearance …に外形が似ている. **2** 〖古〗 たとえる《に *to*》: ～ a person 〔a thing〕 *to* another 人〔物〕を他のものにたとえる. [√simil-] ◇ **re·sém·bling·ly** *ad.*

‡**re·sént** [rizént] *vt.* に怒る, に憤慨する; 恨む: He ～*ed* being called a fool. ばかと呼ばれてくやしがった. [√sent-] ◇ ～**·ment** *n.* 怒り; 恨み.

re·sént·ful [rizéntf(ụ)l] *a.* 憤慨した, おこりっぽい.
◇ ～**·ly** [-fụli] *ad.* ～**·ness** *n.*

*__rès·er·vá·tion__ [rèzərvéiʃ(ə)n] *n.* **1** 保留 (された権利・利益). **2** 条件, 制限. **3** 予約; 予約席〔室〕. **4** 慎み, 遠慮. **5** 禁猟地; インディアン保護居住地; 軍事用地.
make ～***s*** (借り切りの) 予約をする《を *for*》; 〘条約などに〙 留保をつける. ***mental*** ～ 〖法〗 心中留保; 隠しだて. ***without*** ～ 遠慮なく, 率直に, 無条件で. ***with*** ～(***s***) 留保つきで. ***with the*** ～ ***that***... …という条件つきで. [√serv-¹]

‡**re·sérve** [rizə́:rv] *vt.* **1** 取っておく, たくわえる 〘未来に備え, またはある目的のために〙: *R*～ your strength for the climb. 山登りに備えて力をたくわえておけ. **2** <場所・席を> 確保しておく, 予約する: The house is ～*d* for special guests. この家は特別のお客用です. **3** 〘人が実現・活動するために〙 用意しておく: This discovery was ～*d* for Newton. この発見はニュートンによって初めてなされた. A great future is ～*d* for you. きみの前途は洋々たるものだ. **4** <権利・利益を> 保留する: all rights ～*d* 版権 (本社) 所有〘再版・転写・翻訳・映画化などを無断で行なうことを禁ずる文句〙. ～ one***self for*** 〔***to***〕 …のために精力をたくわえておく.
—— *n.* **1** たくわえ, 予備; 予備〔保存〕品; 〖商〗 準備〔積立〕金: have a short ～ of monies 準備金が少ない. **2** (しばしば *pl.*) 〖軍〗 予備隊〔艦隊〕; 予備役〔後備役〕兵; 〖運〗 補欠選手; 〘品評会などの〙 予備入賞者: a soldier in the ～*s* 予備役軍人. **3** 保留, 予備. **4** 特別保留地: a game ～ 禁猟地域〘アフリカなどの〙. **5** 制限, 条件, 除外, 留保. **6** 慎み; 遠慮; 自制. **7** 沈黙, 隠しだて. **8** 〘キャラコ用の〙 防染剤.
forest ～ 保安林. ***in*** ～ 予備の, 取っておいた: keep 〔have〕 *in* ～ 予備に取っておく. ***place to*** ～ 〖商〗 準備〔積立〕金に繰り込む. ***publish*** a thing ***with all*** ～ 〔***all proper*** ～***s***〕 真偽は保証しないと

断わって発表する. *the first* [*second*] ～ 予備〔後備〕軍. *the R*～ 予備〔後備〕軍, 郷軍. *throw off* ～ 打ち解ける. *with all* ～ 十分警戒して, きわめて慎重に《報告などをうのみにせぬよう》. *without* ～ 遠慮なく; 無条件で: a sale [an auction] *without* ～ 価格無制限売り立て〔競売〕. *with* ～ 遠慮して; 条件つきで.

—— *a.* 予備の, 準備の; 制限の, 限度の: a ～ fund 積立準備金. [√serv-¹]

～ **bank**〘米〙準備銀行《連邦準備銀行制度による12の中央銀行の一つ》. ～ **card** 図書館内閲覧中保留カード. ～ **city**〘米〙準備金市《連邦準備銀行局によって指定された都市の一つ》. ～ **clause**《条約などの》制限条項. ～ **officer** 予備将校. ～ **price** 最低競売価格. ～ **ration** 予備糧食.

〖類〗→ **keep**「保存する」, → **save**「取っておく」

re·sérved [rizə́ːrvd] *a.* **1** 保留した, 取っておいてある, 保存した; 貸し〔借り〕切りの, 予約の, 指定の; 予備の. **2** 遠慮した, 打ち解けない; 無口の. **3** 制限された. ～ **army** 予備軍. ～ **book**《図書館の》必修科目用参考書. ～ **car** [**carriage**]《列車の》貸し切り車. ～ **list**〘英〙海軍予備将校名簿. ～ **seat** 予約〔指定, 貸し切り〕席.

◇ **re·sérv·ed·ly** [-vidli] *ad.* 遠慮して, よそよそしく. 〖類〗→ **silent**「無口な」

***rés·er·voir** [rézərvɔ̀ːr, -vwɑ̀ːr/-vwɑː] *n.* **1** 貯蔵所; 貯水池, 《ランプの》油つぼ, 《万年筆の》インク筒; ガス〔空気〕だめ: an air ～ 気槽(きそう). a settling [depositing] ～ 沈殿池. a receiving ～ 集水池. a storing ～ 貯水池. **2**《知識・富などの》蓄積, 貯蔵: a great ～ of knowledge たくさんの知識のたくわえ. **3**〘生〙《動植物の分泌物の》貯蔵器; 病毒保有生物.

—— *vt.* たくわえる; に～を備える.

re·sét [riːsét/⌐⌐] *vt.* (**-sét**; ～**·ting**) **1** 置きなおす, 〈宝石などを〉はめなおす. **2**〘印〙〈活字を〉組みなおす. **3**〘医〙整骨する: ～ one's broken legs 足の骨折をなおす. —— [ríːset, −⌐/⌐⌐] *n.* 置き換え; 置きなおし; 〘印〙(活字の) 組みなおし.

re·sét·tle [riːsétl] *vt.* **1** 再び落ち着かせる, 再び定住させる. **2** 再びしずめる, 〈事件などを〉再び解決する. **3** に再び植民する. —— *vi.* 再び席に着く.

◇ ～**·ment** *n.*

res gés·tae [riːz-dʒéstiː] L. なされたこと, 業績; 〘法〙(訴訟事件の) 付帯状況《行為, 周囲の事情, 申し立てなどを含む》.

re·shápe [riːʃéip/ríː-] *vt., vi.* つくりなおす; 新しい〔違った〕形にする〔なる〕; に新生面を開く.

re·shíp [riːʃíp/ríː-] *v.* (**-pp-**) *vt.* 再び船積みする; 他船に積み替える; 〘米〙(陸上) 再輸送する. —— *vi.* 再乗船する; 〈船員が〉次の航海に乗船を契約する.

◇ ～**·ment** [-mənt] *n.*

re·shúf·fle [riːʃʌ́fl/ríː-] *vt.* **1**〈トランプ札を〉切りなおす. **2** 組織変えする, 改革する; 〈組織の人を〉入れ替える.

—— *n.* (札の) 切りなおし; 改革, 改造; 人事異動.

‡**re·síde** [rizáid] *vi.* **1 住む**《に *at, in*》; 駐在する. **2 存在する**; 〈性質が〉存する; 〈権利などが〉ある《に *in*》. [√sed-] 〖類〗→ **live**「住む」

‡**rés·i·dence** [rézid(ə)ns] *n.* **1 住居**, 住宅; 邸宅: an official ～ 公邸, 官邸. **2 居住**, 在住; 駐在, 在勤(期間), 在学: *R*～ is required. 任地に居住すべし. **3**《権力などの》所在. → **動詞** reside.

have [*keep*] *one's* ～ 居住する. *in* ～ 駐在して, 官邸に住んで; 《大学学寮内に》居住して, 在学して. *take up one's* ～ (*in*) (に)住居を定める.

〖類〗→ **house**「家」

rés·i·den·cy [-d(ə)nsi] *n.* **1** 専門医学実習期間《病院での》. **2** 総督代理邸《インド土侯国などの》; 郡, 州《旧オランダ領東インドの》. **3**〘米〙＝residence.

‡**rés·i·dent** [rézid(ə)nt] *a.* **1 居住する**, 在住〔居留〕する《*at, in*》; 駐在する, 住み込みの: ～ aliens 在留外人. the ～ population of the town 町の現住人口. a ～ tutor 住み込み家庭教師. **2 固有の**, 内在する《*in*》. **3**《鳥獣が》移住しない: a ～ bird 留鳥.

—— *n.* **1 居住者**, 定住者: British ～*s* in Japan 在日イギリス人. **2** 外地駐在事務官; 弁理公使; (インド総督) 代理事務官; 《旧オランダ領東インド》知事. **3**〘鳥〙留鳥. → migrant, migratory bird. **4** 専門医学実習者; 研究所住み込み大学院研究生. *foreign* ～*s* 在留外人. *summer* ～*s* 避暑客.

◇ **rès·i·dén·tial** [rèzidénʃ(ə)l] *a.* **1** 住宅(向き)の: a *residential* quarter 住宅地. **2** 居住に適した. **3** 宿泊設備のある.

rès·i·dén·ti·ar·y [rèzidénʃièri, -ʃəri/-ʃəri] *n.* 居住者; 〘宗〙《ある期間牧師館に居住の義務をもつ》駐在牧師. —— *a.* 居住する; 駐在の.

re·síd·u·al [rizídʒuəl/-djuəl] *a.* **1** 残りの, 残余の. **2**〘数〙剰余の: ～ quantity 剰余(量).

—— *n.* 残余; 剰余. ～ **error** 説明のつかない誤差. ～ **estate**〘法〙残余財産. ～ **product** 副産物. ～ **property**〘法〙残余財産.

re·síd·u·ar·y [rizídʒuèri/-dju(ə)ri] *a.* 残りの, 残余の; 〘法〙残余財産の. ～ **bequest** [**legacy**] 残余の遺贈. ～ **estate** 残余財産. ～ **legatee** 残余財産受遺者.

rés·i·due [rézid(j)ùː/-djuː] *n.* 残余; 〘数〙留数, 剰余; 〘化〙残留物, 残滓(ざんし), 残りかす; 〘法〙残余財産. *for the* ～ その他について言えば. [√sed-]

re·síd·u·um [rizídʒuəm/-dju-] *n.* (*pl.* **-síd·u·a** [-dʒuə/-djuə]) **1** 残り, 残りもの. **2**〘数〙剰余; 〘化〙残油, 残滓; 〘法〙残余財産 (residual [residuary] estate). **3** 最下層の人間, 人間のくず.

‡**re·sígn** [rizáin] *vt.* **1**〈地位・官職などを〉**辞する**, やめる: ～ one's job 仕事をやめる. **2**〈権利などを〉**放棄する**, 断念する, 譲り渡す: I ～ my children to your care. 子どもの世話をあなたに任せる. **3**《～oneself の形で, または受動態で》身を任せる, 従う《に *to*》. →名詞 resignation. ～ *oneself to* に身を任せる; あきらめて…する.

—— *vi.* **1 辞任する**, 身を引く《から *from*》: ～ *from* the Cabinet 内閣を辞する. **2** ＝～ oneself.

re-sígn [riːsáin/ríː-] *vt.* 署名しなおす; 再調印する.

‡**rès·ig·ná·tion** [rèzignéiʃ(ə)n] *n.* **1 辞職**, 辞任; 辞表. **2** 放棄, 断念. **3 あきらめ**, 忍従, 甘受《*to*》: meet one's fate with ～ あきらめて運命に任せる. *general* ～ 総辞職. *give in* [*send in, hand in, tender*] *one's* ～ 辞表を出す. [√sign-]

re·sígned [rizáind] *a.* **1** あきらめた; すなおな《*to*》: ～ *to* one's fate [lot] 運命とあきらめて. **2** 辞職〔退職〕した (retired): a ～ post (辞職でできた) 空席.

◇ **re·sígn·ed·ly** [-nidli] *ad.*

re·síle [rizáil] *vi.* **1**《ゴムまりのように》はね返る, 弾力がある. **2** すぐに元気を回復する. **3**《契約などから》手を引く《から *from*》; しりごみする《から *from*》. → 形容詞 resilient.

re·síl·i·ence [rizíliəns], **-en·cy** [-i] *n.* はね返り; 弾力, 弾性; はつらつさ, 快活さ.

re·síl·i·ent [-ənt] *a.* **1** はね返る; 弾力ある. **2** 快活な, はつらつとした. [√sal(i)-] ◇ ～**·ly** *ad.*

rés·in [réz(i)n/-zin] *n.* 樹脂, やに. *synthetic* ～ 合成樹脂. —— *vt.* に樹脂を塗る, 樹脂で処理する.

◇ ～**·ate** [-èit] *vt.* 樹脂で処理する. **rés·i·nous** [-əs] *a.* 樹脂の, 樹脂状の, やにの多い.

rés·in·oid [rézinɔ̀id] *a.* 樹脂のような, 樹脂状の.

—— *n.* 樹脂状物質.

‡**re·síst** [rizíst] *vt.* **1** に**抵抗する**; 撃退する; 妨害する: ～ the enemy 敵を撃退する. ～ temptation 誘惑に抵抗する. **2** に耐える, に影響されない: ～ old age ふけない. ～ rust さびない. **3** がまんする《お

もに 否定構文》: She can't ~ sweets. 彼女は甘い菓子となると目がない. cannot ~ laughing 笑わずにはいられない. — vi. 抵抗する; 妨害する; 耐える. — n. 防染剤; 防腐剤; 絶縁塗料. [√sist-]
◇ ~·er n. 抵抗者. ~·ing·ly ad. **re·sís·tor** [-ər] n. 〔電〕抵抗器.

‡re·síst·ance [rizíst(ə)ns] n. **1** 抵抗, 反抗; 反対; 抵抗力; 妨害: break down the enemy's ~ 敵の抵抗をくじく. make no ~ to the enemy's advance 敵の進軍に対し抵抗しない. **2** (しばしばR~) 〔政〕《特に第2次世界大戦中のナチ占領地における》レジスタンス, 地下抵抗(運動). **3** 〔物·電〕抵抗; 抵抗器: a substance of high ~ 高抵抗物質. electric ~ 電気抵抗.
line of ~ 抵抗線. ***make*** [***offer***] ~ 抵抗する. ***passive*** ~ 消極的抵抗. ***put up*** [***offer***] ~ ***to*** [***against***] に抵抗する. ***take*** [***choose, follow***] ***the line of least*** ~ 抵抗の最も弱い線をとる; いちばん楽な方法をとる.
~ **amplification** 〔電〕抵抗増幅. ~ **box** 〔電〕抵抗箱. ~ **coil** 〔電〕抵抗コイル. ~ **thermometer** 抵抗温度計.

re·síst·ant [rizíst(ə)nt] a. 抵抗する, 耐える, 妨害する. — n. 抵抗〔反抗〕者; 防染剤. ◇ ~·ly ad.

re·síst·i·ble [rizístəbl] a. 抵抗〔反抗〕できる; 阻止できる; がまんできる.
◇ **-bly** ad. **re·sìst·i·bíl·i·ty** [-⌐-bíləti] n.

re·sís·tive [rizístiv] a. =resistant.
◇ ~·ly ad. ~·ness n.

rè·sis·tív·i·ty [rì:zistívəti] n. 抵抗力; 〔電〕抵抗率, 固有抵抗.

re·síst·less [rizístlis] a. 不可抗力の; 抵抗力のない. ◇ ~·ly ad. ~·ness n.

res ju·di·ca·ta [rí:z-dʒù:dikéitə] L. (=a subject decided) 既決事項, 裁判既決事件.

re·sóle [ri:sóul/rí:-] vt. 〈くつの〉底を張り替える.

re·sól·u·ble [rizáljubl, rézəl-/rizɔ́l-, rézəl-] a. **1** 解決しうる. **2** 分解〔溶解〕できる《に *into*》.

‡rés·o·lute [rézəlù:t] a. **1** 堅く決心した, 決然とした: He was ~ *in* carrying out his plan. 計画を実現する決意が堅かった. **2** 堅い, 断固たる: a ~ will 強固な意志. [√solu-]
◇ ~·ly ad. 断固として, 決然として. ~·ness n.

‡rès·o·lú·tion [rèzəlú:ʃ(ə)n] n. **1** 決心, 決意; 確固たる精神, 果断: a man who lacks ~ 優柔不断の男. **2** 決議, 決議案〔文〕: a nonconfidence ~ 不信任決議. **3** 解決, 解答《*of*》. **4** 分解, 分析. **5** 〔楽〕解決《不協和音から協和音に移ること》; 〔医〕《はれものなどの》消散. **6** 〔テレビ〕《映像の》解像度, 鮮明度. → 動詞 resolve.
come to [***form, make, take***] ***a*** ~ 決心する. ***good*** ~***s*** 行ないを改めようとする決心. ***pass a*** ~ ***in favor of*** [***against***] に賛成〔反対〕の決議をする.

rés·o·lu·tive [rézəlù:tiv] a. 分解力〔溶解力〕ある; 〔医〕散らす. — n. 〔医〕散らし薬.

re·sólv·a·ble [rizálvəbl/-zɔ́lv-] a. 分解〔溶解〕しうる; 《問題が》解決できる. ◇ **re·sòlv·a·bíl·i·ty** [-⌐-bíləti] n. 分解〔溶解〕性.

‡re·sólve [rizálv/-zɔ́lv] vt. **1 溶解する**, 溶かす. **2 分解する**, 分析する《に *into*》: Water may be ~*d* *into* oxygen and hydrogen. 水は酸素と水素とに分解できる. **3** 《…に》化する, 変形させる《に *into*》. **4** 〈問題·困難などを〉解く, 解決する, 解消する; 〈疑いを〉晴らす: ~ one's fears 心配を取り除く. **5 決議する**, 決定する: It was ~*d that*… …と決議した. **6** に決心させる《*to* (do); を *upon*》. **7 決心する** 《*to* (do)》: He ~*d to* study law. 彼は法律を学ぼうと決意した. **8** 〔医〕〈はれものなどを〉散らす; 〔楽〕〈不協和音を〉協和音に移行させる; 〔光〕解像する.
— vi. **1 決心する**, 決定する《について *on, upon*》: I have ~*d upon* going. 行くことに心を決めた. **2** 分解する, 変わる《に *into, to*》. **3** 還元する, 帰着する《に *into, to*》. **4** 〔医〕《はれものなどが》散る; 〔楽〕協和音になる. **5** 〔法〕無効となる, 消滅する. → 名詞 resolve, resolution. ***be*** ~***d to*** (do) …する決心をしている. ~ ***itself into*** に分解〔還元〕する; に帰着する, 結局…となる.
— n. **1** 決心, 決意; 果断; 堅忍不抜: a man of ~ 決意の堅い人. **2** 〔米〕議決. ***keep*** one's ~ 決心を持続する. ***make a*** ~ 決心をする. [√solu-]
〔類〕→ **decide**「…しようと決める」

re·sólved [rizálvd/-zɔ́l-] a. 決意した, 断固たる. ***R***~: … 決議〔次のように決議する〕: …
◇ **re·sólv·ed·ly** [-idli] ad. 断固として, 決然と.

re·sólv·ent [rizálvənt/-zɔ́lv-] a. 分解する; 溶解する; (できものを) 散らす.
— n. 分解物; 溶剤; 散らし薬.

re·sólv·ing [rizálviŋ/-zɔ́lv-] ~ ***power*** 〔望遠鏡などの〕分解能; 〔光〕解像力.

rés·o·nance [rézənəns] n. **1** 共鳴, 反響: the ~ of an organ. **2** 〔電〕共振, (波長の) 同調.
~ **box** [**chamber**] 共鳴箱.

rés·o·nant [rézənənt] a. 《声などが》鳴り響く; 《壁などが》反響する; 共鳴を起こす《で *with*》. [√son-]
◇ ~·ly ad.

rés·o·nate [rézənèit] vi. 共鳴〔反響〕する; 〔電〕増振する. ◇ **-na·tor** [-ər] n. 共鳴器; 〔電〕共振器.
rès·o·ná·tion [⌐-néiʃ(ə)n] n.

re·sórb [risɔ́:rb] vi. 再び吸収する. ◇ ~·**ent** a. 再び吸収する. **re·sórp·tion** [risɔ́:rpʃ(ə)n] n.

res·ór·cin [rezɔ́:rsin] =resorcinol.

res·ór·cin·ol [-òul/-ɔl] n. 〔化〕レゾルシン《染料·薬用》.

‡re·sórt [rizɔ́:rt] n. **1** 行楽地, 盛り場, 人の集まるところ: a fashionable ~ 上流の人々の行くところ. a summer [winter] ~ 避暑〔避寒〕地. **2** 人の出入り: a place of great ~ 盛り場. **3 頼み**(になる人·物), 手段, 方策: in the last ~ 最後の手段として. ***have*** [***make***] ~ ***to*** 〈暴力など〉に訴える. ***without*** ~ ***to*** …にたよらずに.
— vi. **1** 行く; よく行く〔通う〕《に *to*》: The police watched the cafés *to* which the wanted man was known to ~. 警官はお尋ね者がよく行くと知られているカフェーを見張った. **2 たよる**, 訴える《に *to*》: If other means fail, we shall ~ *to* force. もし他の手段が失敗すれば力に訴えるようになろう. **3** 滞在する《に *in*》.

rè·sórt [rì:sɔ́:rt/rí:-] vt. 再分類する.

re·sóund [rizáund] vi. **1** 〈場所·楽器などが〉鳴り響く, 反響する《で *with*》: The hall ~*ed with* cries of dissent. 広間は反対意見でどよめいた. **2** 〈名声などが〉知れわたる《に *through*》: His success ~*ed through* all Asia. 彼の成功は全アジアで評判になった. — vt. **1** 反響する. **2** 声高に言う; ほめたてる, 有名にする. [√son-]

‡re·sóurce [risɔ́:rs/-sɔ́:s] n. **1** (通例 *pl.*) **資源**; 物質; 財源, 資力: mineral [human] ~*s* 鉱物〔人的〕資源. **2** (頼みとする) **手段**, 方策: exhaust every ~ 万策尽きる. one's usual ~ 例の手. **3 くふう力**, やりくりの才. **4** 気晴らし, 娯楽: She finds an unfailing ~ in music. 音楽はいつでも彼女の気を晴らしてくれる.
at the end of one's ~***s*** 百計〔万策〕尽きて. ***man of no*** ~***s*** 無資力の人; たいくつで困る人. ***man of*** ~ 機知のある〔創意に富む〕人. ***natural*** ~***s*** 天然資源. ***without*** ~ たよるあてなく. [<source]
◇ ~·**less** a. 方策のない; 資源のない.

re·sóurce·ful [risɔ́:rsf(u)l/-sɔ́:s-] a. **1** くふう〔機知〕に富んだ, 思いつきのいい, 臨機応変の, やりくりのうまい. **2** 資力のある; 物資の豊かな.
◇ ~·**ly** [-fuli] ad. ~·**ness** n.

‡re·spéct [rispékt] n. **1 尊敬**, 敬意《*for*》: Children should show ~ *for* their teachers. 子どもたちは自分たちの先生に敬意を払うべきだ. **2** (*pl.*) あ

いさつ，伝言《to》. **3** 尊重，重視《for》: He has no ～ *for* his promises. 彼は自分の約束を尊重しない. **4** 注意，関心《to》. **5** 点，箇所，細目: in any ～ どの点でも. **6** 関係，関連《to》. **7**〘古〙目的，関心.

give 〔***send***〕 ***one's*** **～*s to*** …によろしく言ってやる. ***have*** **～ *for*** を尊敬〔尊重〕する. ***have*** **～ *to*** と関係がある; に関心がある，を顧みる. ***hold*** a person ***in*** **～**（人を）尊敬する. ***in all*** 〔***some***〕 **～*s*** すべての〔ある〕点で. ***in every*** **～** あらゆる点で. ***in no*** **～** どうみても〔全然〕…でない. ***in*** **～ *of*** 〔***to***〕 に関しては，については. ***in*** **～ *that***… …ということを考えると，…だから. ***in this*** **～** この点で. ***pay*** **～ *to*** を尊敬する，をあがめる. ***pay one's*** **～ *to*** …のごきげん伺いをする. **～ *of persons*** 差別待遇，えこひいき. ***with all*** **～ *for your opinion*** ご意見はごもっともですが，はばかりながら. ***without*** **～ *to*** 〔***of***〕 を無視して，を顧みないで. ***with*** **～ *to*** に関して.

—— *vt.* **1** 重んずる，尊敬〔尊重〕する: be ～*ed* by …に尊敬されている. **2** 注意する，考慮に入れる，斟酌(しんしゃく)する: ～ a person's privacy 人のプライバシーを侵さないようにする. **3** に関する，に関係する. ***as*** **～*s***… …について，…に関して. **～** one***self*** 自重する; 自尊心がある. **～ *persons*** 人を差別待遇する，えこひいきする. **～** a person***'s silence***（人）の沈黙を妨害しない，黙っている人にみだりに話しかけない. 〔√spec-〕

〔類義語〕 **尊敬する: respect** 相手の人格・人柄などをりっぱなものとして尊敬する. 長上者に対して用いることが多い. **esteem** 目ざすべき目標として高く評価する. 尊重する: Society knows what it *esteems* and what it despises. 社会はそれが尊重するものとけいべつするものとを知っている. **regard** 特別の顧慮を払う，一目置く. 上の2語に比べると弱く，否定構文で用いられることが多い: He does not *regard* the rights of others. 彼は他人の権利を無視する.

re·spèct·a·bíl·i·ty [rispèktəbíləti] *n.* **1** 尊敬に価すること，りっぱさ. **2** 見苦しくないこと; 体面，世間体. **3** お歴々. **4** (*pl.*) 因習的慣習: maintain the ～*i*)*es* (of life) 因習を守る.

‡**re·spéct·a·ble** [rispéktəbl] *a.* **1** 尊敬すべき，りっぱな; 身分のある: ～ citizens りっぱな市民. **2** 見苦しくない，体裁のよい; かなりな: a ～ position 低からぬ地位. a ～ income 相当な収入.

—— *n.*（通例 *pl.*）尊敬すべき〔りっぱな〕人.

◇ **～·ness** *n.* **-bly** *ad.* りっぱに，かなりに; 体裁よく.

re·spéct·er [rispéktər] *n.*（人の扱いに）公平を欠く人，えこひいきをする人. **～** 〔***no*** **～**〕 ***of persons***（地位・貧富によって）人を差別する人〔しない人〕.

*__re·spéct·ful__ [rispéktf(u)l] *a.* **敬意を表する**，うやうやしい，礼儀正しい，丁寧な《to, toward(s)》: He is ～ *to* age. 彼は老人を敬う. ***be*** **～ *of*** を重んずる. ***keep*** 〔***stand***〕 ***at a*** **～ *distance from*** 遠慮して…に近寄らない，を敬遠する.

‡**re·spéct·ful·ly** [-fuli] *ad.* うやうやしく，つつしんで. ***R～ yours,*** **＝*Yours*** **～,** 敬白《手紙の結句》.

re·spéct·ing [rispéktiŋ] *prep.* …について，…に関して. → concerning, regarding.

‡**re·spéc·tive** [rispéktiv] *a.* **それぞれの**，めいめいの，各自の《通例複数名詞を伴う》: They have their ～ merits. 彼らはそれぞれの長所をもつ.

◇ **～·ly** *ad.* それぞれ，めいめいに，別々に.

re·spír·a·ble [rispáirəbl/réspirəbl] *a.* 呼吸できる，呼吸に適する.

rès·pi·rá·tion [rèspəréiʃ(ə)n] *n.* 呼吸: artificial ～ 人工呼吸. 〔√spir-〕 ◇ **～·al** *a.*

rés·pi·ra·tor [réspərèitər] *n.* **1**（ガーゼの）マスク;〘英〙防毒マスク (gas mask). **2**〘米〙人工呼吸装置〔器〕. ***Drinker*** **～** 鉄の肺.

re·spír·a·to·ry [rispáirətɔ̀:ri, résp(ə)rətɔ̀:ri/rispáiərət(ə)ri] *a.* 呼吸の: ～ organs 呼吸器.

re·spíre [rispáiər] *vi.* 呼吸する;（ほっと）一息つく.

—— *vt.* 〈空気を〉呼吸する; 吐く. 〔√spir-〕

rés·pite [réspit/-pait] *n.* **1** 猶予，延期;〘法〙《死刑の》執行猶予; 弁済の延期. **2** 一時的中止，休止; 休息期間: a brief ～ *from* work.

—— *vt.* **1**〘法〙に刑の執行を猶予する; 延期する，猶予する. **2** 〈苦痛などを〉一時とめる〔楽にする〕. **3**〘軍〙〈軍人の俸給(ほうきゅう)支払いを〉停止する.

re·splénd·ence [rispléndəns], **-en·cy** [-si] *n.* 光輝，まばゆさ (splendor).

re·splénd·ent [rispléndənt] *a.* 輝く，きらきら〔まばゆく〕輝く. ◇ **～·ly** *ad.* きらきらと，燦然(さんぜん)と.

‡**re·spónd** [rispánd/-pɔ́nd] *vi.* **1** 応答する，答える《に to》. **2** 応ずる，応酬する，反応〔感応〕する: When Tom insulted John, he ～*ed* with a kick. トムがジョンを侮辱したとき，彼はけとばしてそれにこたえた. **3**〘宗〙《会衆が牧師に》答唱〔応唱〕する. **4**〘米〙責任を果たす，賠償する《in》. →名詞 response.

—— *n.*〘宗〙答唱; 応唱聖歌.〘建〙《柱の》対応. 〔√spond-〕 〔類〕 → **answer**「答える」

re·spónd·ence [-əns], **-en·cy** [-ənsi] *n.* 相応，適合; 一致; 応答，反応.

re·spónd·ent [rispándənt/-pɔ́n-] *a.* 応答する; 反応〔感応〕する《に to》;〘法〙被告の立場にある.

—— *n.* 応答者;〘法〙《特に控訴・離婚訴訟の》被告.

‡**re·spónse** [rispáns/-pɔ́ns] *n.* **1** 応答，返答: My letter of inquiry brought no ～. 私の問い合わせの手紙にはなんの返事もこなかった. **2** 感応，反応;〘生・心〙反応. **3**〘宗〙答唱，唱和句;《託宣を求める者への》神答. →動詞 respond.

call forth no **～ *in*** a person***'s breast***（人）の心になんの感動も起こさない. ***in*** **～ *to*** に応じて，に答えて. ***make no*** **～** なんとも答えない，応答〔反応〕がない.

‡**re·spòn·si·bíl·i·ty** [rispɑ̀nsəbíləti/-pɔ̀n-] *n.* **1** 責任，責務，義務《of, for》: a post of great ～ 重大な責任のある地位. a sense of ～ 責任観念. **2** 責任となるもの，負担，重荷: Family is a great ～. 家族はたいへんな重荷だ. **3**〘米〙義務履行能力，支払能力.

be relieved of one's **～** 〔**～*i*)*es***〕 責任を解除される. ***on one's own*** **～** 独断で. ***take*** 〔***assume***〕 ***the*** **～ *of*** 〔***for***〕 の責任を負う. ***take the*** **～ *upon*** one***self*** 責任を引き受ける. 〔類〕 → **duty**「義務」

‡**re·spón·si·ble** [rispánsəbl/-pɔ́n-] *a.* **1** 責任ある，責めを負うべき《to a person; for a thing》: The pilot of the plane is ～ *for* the passengers' safety. 飛行機のパイロットは旅客の安全に対して責任がある. **2** 原因となる，功績がある《for》: The weather is ～ *for* the delay. 延引は天気のせいである. **3** 信頼できる，責任が果たせる，徳義心のある，確実な: Give a task to a ～ man. 信頼のおける人に仕事を与えなさい. **4** 責任の重い: The President has a very ～ position. 大統領はたいそう責任の重い地位にいる. **5**〘米〙義務履行〔支払い〕の能力ある. ***hold*** a person **～ *for***（人に）…の責任を負わせる;（人に）…の功績を認める. ***make*** one***self*** **～ *for*** の責任を引き受ける. 〔√spond-〕

re·spón·sion [rispánʃ(ə)n/-spɔ́n-] *n.* 応答; (*pl.*)〘英〙(Oxford 大学で) B. A. 学位取得の第1次試験.

re·spón·sive [rispánsiv/-spɔ́n-] *a.* **1** 答える，応ずる. **2** 敏感な，感じやすい《に to》. **3**〘宗〙応唱の. ***strike the*** **～ *chord*** 琴線に触れる.

◇ **～·ly** *ad.* 答えて; 反応して;〘宗〙応唱して.

re·spón·so·ry [rispánsəri/-pɔ́n-] *n.*〘宗〙応唱賛歌《牧師と会衆と交互に詠唱する聖歌》.

†**rest**[1] [rest] *n.* **1** 休息，休憩，静養: take a short ～ 一休みする. ～ *from* hard work 重労働からの休息. **2** 安静，安楽; 安心，平安. **3** 睡眠; 永眠，死: She had a good night's ～. 彼女は夜ぐっすり寝た. **4** 休止，静止;〘楽〙休止(符): bring a car

to ～ 自動車を止める. **5** 安息〔宿泊〕所, 住所; 寝床, 墓: find one's ～ in the shade of a tree 木陰にいこいの場所を見つける. **6** 台架, 支柱; 《手足などからだの一部をもたれかけるための》もたれ台; 〖玉突き〗キュー台, レスト. **7** 〖韻〗中間休止. **8** 〖米:法〗立証中止.

at ～ 休息して; 安心して; 永眠して; 静止して; 解決して. ***be laid to*** ～ 埋葬される. ***day of*** ～ 安息日, 日曜日. ***give a*** ～ 一休みさせる. ***go*** 〔***retire***〕 ***to*** ～ 寝る; 永眠する. ***go to*** one***'s*** ～ 永眠する. ***put at*** ～ 安心させる; 休ませる. ***set at*** ～ 安心させる; 解決させる: *set* a matter 〔a person's mind〕 *at* ～ 事件を解決する〔人を安心させる〕. ***take a*** ～ 一休みする. ***take*** one***'s*** ～ 休む, 寝る.

—— *vi.* **1 休む,** 休息する《から *from*》: He ～*ed* (for) an hour after lunch. 彼は昼食後1時間休んだ. ～*from* one's labor ほね休めする. **2** 横になる, 眠る; 永眠する, 地下に眠る: He ～*s* in the churchyard. 彼は墓地に眠っている. **3** 安心する〔している〕: He will not ～ until he knows the truth. 彼は真実を知るまでは心が安まるまい. **4** 休止〔静止〕する. **5** 〖…に〗ある, 置いてある, 載っている, 寄り掛かる, もたれる《に *on, upon, against*》; 〈視線などが〉注がれる, とまる: The columns ～ *on* their pedestals. 円柱はそれぞれ台に載っている. **6** 信頼をおく《に *in*》; たよる《に *on, upon*》: ～ *on* her promise 彼女の約束をあてにする. ～ *in* God 神を信頼する. **7** 基礎をおく, 基づく《に *on, upon*》; 〈決定などが〉〖…に〗ある《に *with*》: The decision ～*s* *with* him. 決定権は彼にある.

—— *vt.* **1 休ませる,** 休息させる; 休養させる; そのままにして〔使用しないで〕おく: He stopped to ～ his horse. 彼は馬を休ませるために立ち止まった. ～ the land 土地を遊ばせる. **2** 〈心を〉休ませる: May God ～ his soul. 神さま, 彼の心を安らかにさせたまえ. **3** **置く,** のせる; 立てかける, もたれさせる《に *on, upon, against*》: She ～*ed* her elbows *on* the table. 彼女はテーブルに両ひじをついていた. *R*～ the ladder *against* the wall. 壁にはしごを掛けなさい. **4** 〈目などを〉すえる: ～ one's gaze on a person 人をじっと見つめる. **5** 〖米:法〗の立証を中止する.

let the matter ～ here 事件を(このままに)しておく. ～ one***self*** 休息する. ～ ***in peace*** 地下に眠る. ～ ***on*** → *vi.* ⑤, ⑥, ⑦. ～ ***on*** one***'s arms*** 武装のまま休む. ～ ***on*** one***'s oars*** かいにもたれて〔こぐのをやめて〕しばらく休む. ～ ***with*** …しだいである, …にかかる: It ～*s* *with* you to decide. 決定はきみしだいだ.

～ **cure** 安静療法《おもに精神病の》. ～ **day** 安息日, 休日. ～ **home** = sanitarium. ～ **house** 休息の宿《行楽地にあるいこいの家》. ～ **room** 休憩室; 〖米〗《劇場などの》洗面所, 便所.

〔類義語〕 休息する: **rest** 活動を休止して休む. 短時間の一休みから就寝, 長期にわたる静養まで含む: *rest* of eight hours a night 毎夜8時間の睡眠. **repose** 肉体のみならず精神の安らぎも含む: She could not *repose*; she sat thinking. 彼女は安らいだ気分にはなれずすわったまま考えごとをしていた. **relax** 緊張をといてくつろぐ. しばしば楽な姿勢が示唆される: Why don't you sit down and *relax*? すわってくつろいだらどうですか.

†**rest**² *n.* **1** (the ～) **残り, 残余,** 残部; (the ～) 《複数扱い》残留者, その他の人々〔物〕: Take what you want and throw the ～ away. あなたのお好きなのをとって残りを捨てなさい. **2** 〖商〗積立金, 準備金; 差引残高. **3** 〖テニス〗休みなしの打ち返し(の時間). ***among the*** ～ そのなかに加わって; 特に, なかでも. ***and the*** ～=***and all the*** ～ ***of it*** その他いろいろ, なにやらかやら. ***(as) for the*** ～ その他の点については.

—— *vi.* 《補語を伴って》依然…である, …のままである: The mistake ～*s* uncorrected. 誤りは訂正されないままになっている. ～ content 満足している.

～ ***assured*** 安心している: You may ～ *assured* (that) I will do my best. ベストを尽くしますからご安心ください. 〔re-＋√sta- 後ろに＋立っている〕

rest³ *n.* 〖史〗やり受け《よろいの》; やり止め.

re·státe [riːstéit/ríː-] *vt.* 新たに述べる, 言いなおす.
◇ ～**·ment** *n.* 再声明, 再陳述.

‡**rés·tau·rant** [rést(ə)rənt, -rɑ̀ːnt/-rɔ̃ː(ŋ)] *n.* 料理店, 飲食店, 食堂. 〔√staur-〕

res·tau·ra·teur [rèstərətə́ːr/-tɔːrə-] F. *n.* 料理店主〔経営者〕.

rést·ful [réstf(u)l] *a.* 安らかな, 静かな, 落ち着いた.
◇ ～**·ly** [-fuli] *ad.* ～**·ness** *n.* 「の類《マメ科》.

rést·har·row [résthæ̀rou] *n.* 〖植〗ハリモクシュク

rést·ing [réstiŋ] *a.* **1** 休止〔休息〕している, 活動していない. **2** 〖植〗休眠中の《特に発芽前の種子など》. *～ **place** 休息所; 階段の踊り場 (landing).

rès·ti·tú·tion [rèstit(j)úːʃ(ə)n/-tjúː-] *n.* 賠償; 償還《の *of*》; 回復, 復権, 復職; 〖物〗(弾力による)もどり. ***make*** ～ 返還〔賠償〕する. ◇ **rés·ti·tu·tive** [´-´-tiv], **rès·ti·tú·to·ry** [`-´-təri] *a.*

rés·tive [réstiv] *a.* **1** 強情な; 《馬など》前へ出ようとしない, 御しにくい. **2** 落ち着きのない, そわそわした (restless). ◇ ～**·ly** *ad.* ～**·ness** *n.*

‡**rést·less** [réstlis] *a.* **落ち着かない,** そわそわした; 安眠のできない: a ～ night 眠れない夜.
◇ ～**·ly** *ad.* ～**·ness** *n.*

re·stóck [riːstɑ́k/ríːstɔ́k] *vt.* 新たに仕入れる; 〈家畜を〉再び入れる《農場に》.

rès·to·rá·tion [rèstəréiʃ(ə)n] *n.* **1** 回復, 復古, 復旧; 復興; 《健康の》回復《*from*》: the ～ of peace 平和の回復. **2** 復帰, 復職, 復位; (the R～) 〖英史〗王政復古《1660年 Charles II 復位》; 王政復古時代《1660–85年 または 88年》; 維新. **3** 修復, 復元; 復元した建物: closed during ～*s* 復元修理中は閉鎖. **4** 返還. **5** 〖宗〗万民救済. →動詞 restore.

re·stór·a·tive [ristɔ́ːrətiv/-tɔ́rə-] *a.* 元気〔健康〕回復の. —— *n.* 気つけ薬; 強壮剤.

‡**re·stóre** [ristɔ́ːr/-stɔ́ː] *vt.* **1 もとの場所にもどす;** 返還〔返却〕する《に *to*》: ～ the pot *to* the balcony 露台に植木ばちをもどす. **2 とりもどす,** 再び手に入れる, 復活する: ～ stolen property 盗品をとりもどす. ～ order 秩序をとりもどす. **3 復元する,** 修復する: ～ a ruined abbey 荒廃した寺院を再建する. ～ a text 本文を原文に近いものに改める. **4** 《もとの地位に》復帰させる; 復位させる: ～ an employee to his old post 使用人をもとの地位につける. **5** 〈…の健康を〉回復させる: quite ～*d* to health 完全に健康が回復して. ***be*** ～***d out of all recognition*** 見違えるほど修復〔復旧〕される. ～ ***to life*** 生き返らせる, 復活させる. 〔√staur-〕
◇ **re·stór·a·ble** [ristɔ́ːrəbl/-stɔ́ːr-] *a.* もとどおりになる, 回復〔復旧〕できる.
〔類〕 → **mend**「直す」, → **renew**「新しくする」

‡**re·stráin** [ristréin] *vt.* **1 制止する,** 防止する, 禁ずる: ～ a child *from* doing mischief 子どもにいたずらさせない. **2** 押える, 牽制(けんせい)する: ～ one's anger 怒りをころす. **3** 拘束する, 監禁する: ～ a person of his liberty 人を拘束して自由を奪う. **4** 〖古〗制限する. →名詞 restraint. ～ one***self*** がまんする, 自制する. 〔re-＋√stri(n)g- 後ろへ＋縛る〕
◇ ～**·a·ble** *a.* ～**·ed·ly** [-nidli] *ad.* 控えめに, がまんして.

*__re·stráint__ [ristréint] *n.* **1** 抑制 (作用・力); 抑制するもの: lay ～ on に抑制を加える. **2** 束縛, 拘束, 不自由. **3** 自制, 慎み; 《表現の》節度, 控えめ. **4** 《法律上の》禁止 (条項). →動詞 restrain. ***in*** ～ ***of*** を制して. ***put*** 〔***keep***〕 ***under*** ～ 抑制する; 監禁する. ～ ***of marriage*** 結婚による相続権

の失効. ~ ***of trade***〘経〙《価格維持のための》取引制限. ***without*** [***free from***] ~ 自由に; 遠慮なく; 十分に.

‡**re·stríct** [ristríkt] *vt.* 制限する, 限定する《に *to, within*》: be ~*ed within* narrow limits 狭い範囲に限られる. [re-+√stri(n)g- 後ろへ+縛る]

re·stríct·ed [-id] *a.* **1** 限られた, 制限された: a ~ diet 限られた食事. **2** 特定(のグループ)の《特に白人の》: a ~ hotel 白人(専用)ホテル. **3**〘米〙《情報・文書など》機密の, 一般には公表されない. ~ **area, the** 立入禁止区域. ◇ ~·**ly** *ad.*

‡**re·stríc·tion** [ristríkʃ(ə)n] *n.* 制限, 限定; 拘束; 遠慮. ***put*** [***impose, place***] ~***s on*** に制限を加える. ***remove*** [***lift, withdraw***] ~***s*** 制限を除く. ***with*** [***without***] ~ 制限されて[無制限に].

re·stríc·tive [ristríktiv] *a.* **1** 制限する, 拘束する: a ~ clause 制限条項. **2**〘文〙制限的な. —— *n.* 制限語. ◇ ~·**ly** *ad.* ~·**ness** *n.*

‡**re·súlt** [rizʌ́lt] *n.* **1** 結果, 結末, 成果, 成績: His limp is the ~ of a car accident last year. 彼の足が悪いのは去年の自動車事故のためです. obtain good ~*s* from a new method 新しい方法でよい成績をおさめる. **2**〘数〙計算の結果, 答え. **3**〘米〙《会議の》決議, 決定. **4** (*pl.*)《競技などの》結果, 成績: the baseball ~*s* 野球試合の結果. ***as a*** [***the***] ~ ***of*** の結果として. ***in the*** ~ 結局. ***The ~ was that***... 結果は…であった. ***without*** ~ むなしく, かいなく; むだな.

—— *vi.* **1 結果として生じる**, 起こる, 由来する《から *from*》: the damage which ~*ed from* the fire 火事で生じた損害. **2 帰着する**, 終わる《に *in*》: ~ *in* heavy loss 大損失に終わる. [√sal(i)-]

◇ ~·**ful** [-f(u̥)l] *a.* 結果の生じる, 効果のある, 有効な. ~·**less** *a.* 効果のない, むだな.

(類義語) **結果: result** 条件・前提・原因から生じる結果. 「成果, 成績」としてそれを生み出した過程が評価されるばあいが多い: bring about good *results* 好結果をもたらす. **issue, outcome**「出てきたもの」の意で結果だけに焦点があり, その過程についての評価は含まれない. **fruit** よい結果, 成果, 実り. **consequence** 続いて起こる, または必然的な結果. 多方面に及ぶ結果として複数形で用いられることが多い: take the *consequences* 自分の行為などの結果に責任を負う. **effect** 直接的で短時間にあらわれる結果, 効果: The *effect* of morphine is to produce sleep. モルヒネはすぐ眠りをさそう.

re·súlt·ant [rizʌ́lt(ə)nt] *a.* 結果として生じる;〘物〙合成的な: ~ force〘物〙合力. ~ velocity 合成速度. —— *n.* 結果;〘物〙合力(=~ force);〘数〙終結式.

‡**re·súme** [rizúːm/-z(j)úːm] *vt.* **1**〈席などを〉**再び取る**[占める]: ~ one's seat 席へもどる. **2** 取り返す, 取りもどす;〈健康を〉回復する: ~ one's spirits [sway] 元気[勢力]を回復する. **3 再び始める**[続ける]: ~ a story 物語を再び続ける. **4** 要約する, 摘要を述べる. —— *vi.* 取りもどしをする; 再び始まる, 続く. →名詞 resumption. ~ (***the thread of***) one***'s discourse*** 議論をもとの筋にもどす. [√sum-]

◇ **re·súm·a·ble** [-əbl] *a.* 取りもどせる, 回復できる; 再開できる.

ré·su·mé [rèzuméi/rézjumei] F. *n.* 摘要, 大略, レジュメ (summary).

re·súm·mon [riːsʌ́mən/ríː-] *vt.* 再召喚[再召集]する.

re·súm·mons [riːsʌ́mənz/ríː-] *n.*〘法〙再召喚.

re·súmp·tion [rizʌ́mpʃ(ə)n] *n.* **1** 再開始. **2** 取り返し, 回収, 回復. →動詞 resume.

re·súmp·tive [-tiv] *a.* **1** 取りもどす. **2** 再び始める. **3** 要約的な, 概説の. ◇ ~·**ly** *ad.*

re·sú·pi·nàte [risúːpi̥nèit/-sjúːpi̥-] *a.* 転倒した;〘植〙上向きになった.

re·súr·face [risə́ːrfis/ríː-] *vt.* の表紙をつけ替える, 再装訂する; 再舗装する. —— *vi.*〈潜水艦が〉再浮上する.

re·súrge [risə́ːrdʒ] *vt.* 再起する; 復活する, 生き返る.

re·súr·gent [risə́ːrdʒ(ə)nt] *a.* 生き返る; 再起[復活]する. [√surg-] ◇ **re·súr·gence** *n.*

rès·ur·réct [rèzərékt] *vt.*〈人を〉生き返らせる;〈古い法・習慣を〉復活させる; 再起させる, 復興させる.〈注〉イギリスでは口語的に用いられる.

—— *vi.* 生き返る. [√surg-]

rès·ur·réc·tion [rèzərékʃ(ə)n] *n.* **1** 生き返り; (the R~) キリストの復活;《最後の審判日の》全人類の復活. **2** 再起, 復活, 復興, 再流行: the ~ of hope 希望の再燃. **3**〘俗〙墓をあばいて死体を盗むこと. ~ **man**《販売の目的で》墓をあばいて死体を盗む者 (body snatcher). ~ **pie**〘英俗〙食事の残りものでつくった肉入りパイ.

◇ **rès·ur·réc·tion·ist** [-ʃənist] *n.* **1** =resurrection man. **2** 死者復活を信ずる人.

re·súr·vey [riːsə́ːrvei, rìːsərvéi/ríːsə́ːvei, ⌐‐⌐] *n.* 再調査, 再測量.

—— [rìːsərvéi/ríːsəːvéi] *vt., vi.* ~ する.

re·sús·ci·tate [risʌ́si̥tèit] *vt.* 生き返らせる, 蘇生(そせい)させる; 復興させる. —— *vi.* 生き返る, 蘇生する. [re-+sub-+√ci-] ◇ **-ta·ble** [-si̥təbl] *a.* **-ta·tor** [-tèitər] *n.* 人工呼吸器. **re·sùs·ci·tá·tion** *n.*

re·sús·ci·ta·tive [risʌ́si̥tèitiv] *a.* 生き返らせる; 回復[復興]させる.

ret [ret] *vt.* (**-tt-**)〈麻などを〉柔らかくする《水につけてまたはぬらして》.

ré·tail [ríːteil] *n., a.* 小売り(の). → wholesale. ***at*** [***by***] ~ 小売りで.

—— *ad.* 小売りで. ***sell*** ~ 小売りする.

—— [ríːteil/-⌐, ⌐-] *vt., vi.* **1** 小売りする[される]《の値で *at, for*》: an article that is ~*ed at* 50 cents 50セントで小売りされている品物. **2** [㊥⁺-⌐]〈話を〉受け売りする, 詳しく話す;〈うわさを〉言いふらす. [√tali-]

~ **dealer** [**price, shop**] 小売商[小売値, 小売店]. ◇ ~·**er** *n.* 小売商人; 話の受け売りをする人.

‡**re·táin** [ritéin] *vt.* **1 保留する**, 保有[保持]する: This vessel won't ~ water. この容器はどうしても水が漏る. **2**〈弁護士・召使を〉雇っておく, かかえる. **3**《廃止しないで》存続させる, そのまま実行している. **4** 忘れないでいる: ~ the insult in one's memory 受けた侮辱を覚えている. →名詞 retention.

~***ed object***〘文〙保留目的語《例: He was given *the book* by me. The book was given *him*》. ~***ing fee***〘法〙《事件を予期して弁護士をかかえておくための》弁護士依頼料, 予約弁護料. ~***ing force***〘軍〙牽制(けんせい)部隊. ~***ing wall***《土砂の崩壊を防ぐ》ささえ壁. [√ten-] ◇ ~·**er** *n.* **1** 保持[保有]者. **2**〘史〙家臣, 従者. **3**〘法〙弁護依頼(料); 弁護約束. (類) → **keep**「保存する」

re·táke [riːtéik/ríː-] *vt.* (**-tóok** [-túk]; **-ták·en** [-téik(ə)n]) 再びとる, 取りもどす, 回復する;〘米〙〈映画・写真を〉とりなおす. —— [⌐-] *n.*《写真などの》とりなおし; 再撮影(の場面).

re·tál·i·ate [ritǽlièit] *vt.* 仕返しする, 復讐(ふくしゅう)する, しっぺい返しする. —— *vi.* 仕返しをする《に *on, upon, for*》; 悪をもって悪に報いる. ◇ **-a·tive** [-èitiv] *a.* 報復的な: *retaliative* tariff 報復関税. **-a·to·ry** [-ətɔ̀ːri/-t(ə)ri] *a.* =retaliative.

re·tàl·i·á·tion [ritæ̀liéiʃ(ə)n] *n.* 報復. ***in ~ of*** に対する仕返しとして.

re·tárd [ritáːrd] *vt.* **1** 速力を減ずる, 遅らせる: ~ progress 進歩を遅らせる. ↔ accelerate. **2** じゃまをする, 妨げる. —— *vi.* 遅れる, おそくなる.

—— *n.* 遅れ; じゃま. ***in*** ~ 遅れて; 妨害されて. ***in ~ of*** …よりも遅れて.

◇ ~·**er** *n.* ~·**ing·ly** *ad.* ~·**ment** *n.*

rè·tar·dá·tion [rìːtaːrdéiʃ(ə)n] *n.* 遅延, 妨害, 阻止.

re·tárd·a·tive [ritáːrdətiv], **re·tárd·a·to·ry** [-ətɔ̀ːri/-t(ə)ri] *a.* 妨げる，阻止する; 遅れさす.

retch [retʃ, 《英》ⁿriːtʃ] *vi.* むかつく，吐きそうになる.
—— *n.* むかつき，吐き気.

ré·te [ríːtiː] *n.* (*pl.* **ré·ti·a** [ríːʃiə, -tiə]) 網，網状，網状組織. [< L.] ◇ **ré·ti·al** [ríːʃiəl] *a.*

re·téll [riːtél/ríː-] *vt.* (**-tóld** [-tóuld]) 再び語る，繰り返す.

re·tén·tion [riténʃ(ə)n] *n.* **1** 保有，保持; 維持. **2** 記憶力. **3** 留置，抑留. →動詞 retain.
～ **card** 〘貿易〙 輸出〔入〕割当証.

re·tén·tive [riténtiv] *a.* **1** 保持する，保持力のある《*of*》. **2** 記憶のよい: ～ memory 強記. **3** 湿気を保つ: ～ soil しっとりした土壌(どじょう). **4** 〘医〙《包帯など》動かぬようにする，固定する.
◇ ～**·ly** *ad.* ～**·ness** *n.* **rè·ten·tív·i·ty** [⌐–tívịti] *n.* 保持力; 記憶力; 〘物〙 保磁力.

ré·ti·ar·y [ríːʃièri/-ʃiəri] *a.* (クモが) 巣を張る; 網を用いる; 網状の.

rét·i·cent [rétịs(ə)nt] *a.* 無口の; だまり〔遠慮〕がちな《について *on, upon, about*》. [√tac-]
◇ ～**·ly** *ad.* **-cence** [-s(ə)ns] *n.* 無口，無言; 遠慮. 〔類〕→ **silent**「無口な」

rét·i·cle [rétikl] *n.* 〘光〙《望遠鏡などの》十字線，網「線.

re·tíc·u·lar [ritíkjụlər] *a.* 網状(組織)の; 入り組んだ. ◇ ～**·ly** *ad.*

re·tíc·u·late [ritíkjụlit] *a.* =reticular.
—— [-lèit] *vt., vi.* 網状にする〔なる〕.
◇ ～**·ly** [-litli] *ad.* **re·tìc·u·lá·tion** [–⌐–léiʃ(ə)n] *n.* (通例 *pl.*) 網目，網状(組織).

rét·i·cule [rétikjùːl] *n.* **1** 《婦人用》手さげ袋，網袋. **2** 〘光〙 =reticle.

re·tíc·u·lum [retíkjụləm] *n.* (*pl.* **-la** [-lə]) 網状質，網状組織; ハチの巣胃《内面が網状の反芻(はんすう)動物の第2胃》.

rét·i·form [rétịfɔ̀ːrm, ríːt-] *a.* 網状の.

rét·i·na [rét(i)nə/-tin-] *n.* (*pl.* **-nas, -nae** [-niː]) 〘医〙 網膜. ◇ ～**l** [-n(ə)l] *a.* 網膜の.

rèt·i·ní·tis [rèt(ị)náitis] *n.* 〘医〙 網膜炎.

rét·i·nue [rét(i)n(j)ùː/-tinjuː] *n.* 《集合的》 随行団，従者たち. [√ten- 後ろに＋持つ]

‡**re·tíre** [ritáiər] *vi.* **1** 引きさがる，引きこもる; 床につく: The ladies ～*d* (to their rooms) and the men went on drinking. 婦人たちは(へやへ)引きさがって男たちは酒を飲みつづけた. We ～ early. われわれは早く寝る. **2** 引退する《を *from*》: His father ～*ed from* business. 彼の父は事業を退いた. The teachers ～ at 65. 教員の定年は65歳だ. **3** 退却する: The army ～*d* in good order. 軍は整然と退却した. **4** <波・海岸線などが> 後退する.
—— *vt.* **1** 退職させる: ～ most of the officers after a war 戦後ほとんどの将校を退役させる. **2** <手形・紙幣などを> 回収する: ～ worn bills from use 古くなった紙幣を回収する. **3** <打者を> アウトにする《野球・クリケットなどで》. →名詞 retirement.
～ ***from the service*** 退職〔退役〕する. ～ ***from the world*** 世を捨てる，出家する. ～ ***into oneself*** 人と交わらない; 急に無口になる. ～ ***on a pension*** 〔***under the age limit***〕 年金をもらって〔定年で〕退職する. ～ ***to bed*** 〔***to rest, for the night***〕 床につく. —— *n.* **1** 〘軍〙 退却の合い図: sound the ～ 退却らっぱを吹く. **2** 〘稀〙 引退(場所); 退職.

〔類義語〕 引きさがる: **retire, withdraw** ほとんど区別なく使用されるが，retire には「あきらめ・譲歩」(→引退する)，withdraw には「慎重な考慮」(→取り消す，手を引く)の語感が伴う. **retreat** 後退する. 敗北感が伴うばあい(→退却する)と，単に「引っ込む」ばあいとがある: a *retreating* wing 後退翼.

re·tíred [ritáiərd] *a.* **1** 引退した，退職した，退役の. **2** 世を捨てた; 人里離れた，へんぴな; 人目につかない: a ～ spot 人目につかないひっそりとした場所. **3** 遠慮がちな，引っ込みがちな.
～ **allowance** 〔**pay**〕 恩給. ～ **life** 引退生活，人目を避けた生活，隠遁(いんとん)生活. ～ **list** 退役将校名簿. ◇ ～**·ly** *ad.* ～**·ness** *n.*

re·tíre·ment [ritáiərmənt] *n.* **1** 退職，引退; 隠遁(いんとん): There have been several ～*s* in my office recently. 近ごろ私の勤めているところで数件の退職があった. **2** へんぴな土地; 隠居所. **3** 退去，退却. **4** 《通貨などの》回収. ***go into*** ～ 隠居〔独居〕生活を始める. ***live*** 〔***dwell***〕 ***in*** ～ 閑居する.
～ **age** 定年. ～ **allowance** 退職金.

re·tír·ing [ritáiriŋ/-táiər-] *a.* **1** 退職する，退職の: ～ allowance 退職手当. ～ pension 退職年金，恩給. **2** 内気の，恥ずかしがる，引っ込み思案の.
◇ ～**·ly** *ad.* ～**·ness** *n.*

***re·tóld** [riːtóuld/⌐⌐] *v.* retell の過去・過去分詞.

re·tóok [riːtúk/ríː-] *v.* retake の過去形.

re·tóol [riːtúːl/ríː-] *vt.* **1** <工場などに> 新設備を施す《新製品生産のため》. **2** 再組織する.

re·tór·sion [ritɔ́ːrʃ(ə)n] *n.* 〘国際法〙 報復(処置)《関税政策による》.

‡**re·tórt** [ritɔ́ːrt] *vt.* **1** <非難・侮辱などを> 返す，報いる《に *on, upon*》; <反論・議論を> 報いる，返す《に *against*》: ～ a jest *on* a person 人をからかい返してやる. ～ an argument *against* a person 人の議論に反駁(はんばく)する. **2** 反論して言う，反駁する《と *that*》. —— *vi.* 反論〔反駁〕する，しっぺい返しする; 逆襲〔反撃〕する，応戦する. ～ ***on*** a person (人)に反駁する.
—— *n.* **1** しっぺい返し，口答え; 反駁，逆襲: be quick at ～ 口答えが早い. **2** 〘化〙 レトルト.
[√torqu-] 〔類〕→ **answer**「答える」

re·tór·tion [ritɔ́ːrʃ(ə)n] *n.* **1** ねじること，曲げること. **2** =retorsion.

re·tóuch [riːtʌ́tʃ/ríː-] *vt.* **1** 再び触れる. **2** <写真・絵・文などに> 手を加える，手を入れる. —— *n.* 修正(した写真). ◇ ～**·er** *n.*

re·tráce [ritréis] *vt.* **1** <来た道を> 引き返す: ～ one's steps もと来た道をもどる. **2** さかのぼって跡づける〔調べる〕《まで *to*》. **3** 思い出す，想起する.
◇ ～**·a·ble** *a.*

re·tráce [riːtréis] *vt.* <絵・字などを> なぞる，透写する; 透写しなおす.

re·tráct [ritrǽkt] *vt.* **1** 引っ込める; 収縮させる. **2** <前言・約束を> 取り消す，<協定・命令を> 撤回する.
—— *vi.* **1** 引っ込む; 収縮する. **2** 前言を取り消す.
[√trah-] ◇ ～**·a·ble,** ～**·i·ble** [-əbl] *a.* 引っ込ましうる; 伸縮自在の; 取り消しうる. **re·trác·tion** *n.*

rè·trac·tá·tion [rìːtræktéiʃ(ə)n] =retraction.

re·trác·tile [ritrǽkt(i)l/-tail] *a.* 伸縮自在の; 〘動〙 引っ込めることのできる《つめなど》. → protractile.
◇ **rè·trac·tíl·i·ty** [rìːtræktílịti] *n.* 伸縮自在.

re·trác·tive [ritrǽktiv] *a.* 引っ込める; 伸縮自在の. ◇ ～**·ly** *ad.* ～**·ness** *n.*

re·trác·tor [ritrǽktər] *n.* **1** (前言を) 取り消す人. **2** 〘医〙 収縮筋. →protractor. **3** 〘医〙 牽引(けんいん)器.

rè·tréad [rìːtréd/ríː-] *vt.* <自動車の古タイヤに> みぞをつけなおす.

‡**re·tréat** [ritríːt] *n.* **1** 退却，退去. **2** 退却合い図，《日没時の》帰営の太鼓〔らっぱ〕: sound the ～ 退却のらっぱを吹く. **3** 引退，隠居. **4** 引退所，隠れが，避難所; 《酔っ払い・狂人などの》収容所: a mountain ～ 山荘. a summer ～ 避暑地. **5** 〘カトリック〙 黙想，静修《修業のための一時的引きこもり》: go into ～ 静修にはいる.
beat a ～ 退却する，逃亡する; 手を引く. ***be in full*** ～ 総退却〔敗北〕する. ***cover the*** ～ 退却を助ける. ***cut off the*** ～ 退路を断つ. ***make good*** **one's** ～ 無事退却する.

—— *vi.* **1** 退く, 後退する, 退却する《から *from*》: ～ before German foes ドイツ軍に追われて退却する. **2** 引きこもる, 引退する: ～ from the heat of the day 日中の炎暑を避ける. **3** へこむ, 引っ込む: a ～*ing* chin 引っ込んだあご. **4** やめる, 手を引く《を, から *from*》. **5** 〖空〗後方に傾斜する: a ～*ing* wing 後退翼. **——** *vt.* ～ させる. [√trah-]
[類] → **retire**「引きさがる」

re·trée [ritríː] *n.* きず紙.

re·trénch [ritréntʃ] *vt.* **1** 節約する, 切り詰める. **2** 短縮〔縮小〕する; 《文章などで》削る, 省く. **3** 〖築城〗複郭を設ける. **——** *vi.* 節約する: ～ in order to have a good holiday 楽しい休日を過ごすために生活を切り詰める. [√trunc-]
◇ **～·ment** *n.* 短縮, 縮小; 削減, 省略; 経費節減.

re·trí·al [riːtráiəl/ríː-] *n.* 〖法〗再審; 再試験.

rèt·ri·bú·tion [rètribjúːʃ(ə)n] *n.* 報い, 応報; 報復; 天罰: the day of ～ 最後の審判日. [√trib-]

re·tríb·u·tive [ritríbjutiv], **-to·ry** [-tòːri/-t(ə)ri] *a.* 報いの, 応報の. ◇ **re·tríb·u·tive·ly** *ad.*

re·tríev·al [ritríːv(ə)l] *n.* **1** 回復, 復旧; 修繕, 修正. **2** 埋め合わせ, 償い. ***beyond*** 〔***past***〕 ～ 回復の見込みがない(ほど), 取り返しのつかない(ほど).

re·tríeve [ritríːv] *vt.* **1** 取りもどす, 回収する, 回復する: ～ a lost piece of luggage 見失ったトランクを取りもどす. **2** 救う《から *from*, *out of*》; 更生させる: ～ a person *from* ruin 人を破滅から救う. **3** 埋め合わせる, 償う; 繕う, 訂正する: ～ an error 失敗の埋め合わせをする. **4** 思い出す. **5** 〈猟犬が獲物を〉捜して持ってくる. **——** *vi.* **1** 〈猟犬が〉獲物を捜して持ってくる. **2** 元気を回復する.
—— *n.* 回復, 取り返し. ***beyond*** 〔***past***〕 ～ 回復の見込みがない, 取り返しのつかない.
◇ **～·ment** *n.* ＝retrieval. **re·tríev·a·ble** *a.*
re·tríev·er [-ər] *n.* **1** 回復〔回収〕する人〔物〕. **2** 獲物を持ってくる猟犬; レトリーバ《猟犬の一種》.

retro- *pref.*「後ろへ, 逆に」の意.

rèt·ro·áct [rètroǽkt] *vi.* **1** 反動する. **2** 逆に動く; 既往にさかのぼる. ◇ **-ác·tion** [-ǽkʃ(ə)n] *n.* 反動, 反作用; (効力の)遡及(そきゅう).

rèt·ro·ác·tive [rètroǽktiv] *a.* **1** 反動する. **2** (効力が)さかのぼる: a ～ law 遡及法. ◇ **～·ly** *ad.*
rèt·ro·ac·tív·i·ty [rètroæktíviti] *n.*

rèt·ro·céde[1] [rètrosíːd] *vi.* 退く; 〖医〗内攻する. [√ced-] ◇ **-cés·sion** [-séʃ(ə)n] *n.* 後退; 〖医〗内攻. **-cés·sive** [-sésiv] *a.*

rèt·ro·céde[2] *vt.* 〈領土などを〉返還する.
◇ **-cés·sion** [-séʃ(ə)n] *n.*

rét·ro·choir [rétrokwàiər, ríː-] *n.* 《教会の》奥内陣.

rèt·ro·díct [rètrədíkt] *vt.* 〈過去の事実を〉現在の資料から推断する. ↔predict.

rét·ro·flex(ed) [rétrəflèks(t)] *a.* そりかえった; 〖医〗子宮後屈の; 〖音声〗反転音の. ◇ **rèt·ro·fléx·ion, rèt·ro·fléc·tion** [ˌ--flékʃ(ə)n] *n.*

rèt·ro·gra·dá·tion [rètrogreidéiʃ(ə)n/-grəd-] *n.* 後退; 〖天〗(惑星の)逆行.
◇ **rèt·ro·grá·da·to·ry** [-gréidətòːri/-təri] *a.*

rét·ro·grade [rétrəgrèid] *a.* 後退の; 逆もどりの; 〖天〗逆行の. **——** *vi.* 後退する, 逆もどりする; 〖天〗〈遊星などが〉逆行する; 退歩する. [√grad-]
◇ **～·ly** *ad.* **rét·ro·grad·ing·ly** *ad.*

rét·ro·gress [rétrəgrès, ˌ--ˊ/ˌ--ˊ] *vi.* 逆もどりする, 後退する; 退歩〔退化〕する, 〖天〗逆行する. ↔ progress. ◇ **rèt·ro·grés·sion** [ˌ--gréʃ(ə)n] *n.*

rèt·ro·grés·sive [rètrəgrésiv] *a.* 後退の, 逆行の; 退歩〔退化〕する. ↔ progressive. ◇ **～·ly** *ad.*

rét·ro·ròck·et [rétrorɑ̀kit/-rɔ̀k-] *n.* 逆推進〔逆噴射〕ロケット《主ロケットを減速させるためのもの》.

rét·ro·spect [rétrəspèkt] *n.* **1** 回顧, 回想. ↔ prospect. **2** 〖法〗遡及(そきゅう)力. ***in*** ～ 回顧すると. **——** *vt.*, *vi.* 回顧〔追想〕する《*on*》. [√spec-]
◇ **rèt·ro·spéc·tion** [rètrəspékʃ(ə)n] *n.* 回顧, 追想, 思い出.

rèt·ro·spéc·tive [rètrəspéktiv] *a.* 回顧の, 懐旧の; 〖法〗遡及の (retroactive).
◇ **～·ly** *ad.* **～·ness** *n.*

ret·rous·sé [rètruːséi/rətrúːsei] F. *a.* そり返った: a ～ nose そりっ鼻.

rèt·ro·vér·sion [rètrəvə́ːrʒ(ə)n, -ʃ(ə)n/-ʃ(ə)n] *n.* 後方に曲がること; 〖医〗(子宮の)後屈.

rèt·ro·vért [rètrəvə́ːrt] *vt.* 後方に曲げる; 〈子宮を〉後屈させる. [√vert-] ◇ **～·ed** [-id] *a.*

rét·ting [rétiŋ] *n.* 浸水処理《亜麻などの》.

†**re·túrn** [ritə́ːrn] *vi.* **1** 《場所・状態・話題などに》**もどる**, 帰る: ～ *to* Chicago シカゴへ帰る. ～ *from* a journey 旅から帰る. ～ *to* one's old habit もとの習慣にもどる. I shall ～ *to* this point later. またあとでこの点に触れましょう. He left home never to ～. 彼は郷里を去って二度と帰らなかった. **2** 再び来る, 再び起こる. **3** 答える, しっぺい返しをする.
—— *vt.* **1 返す**, もどす, 返却する; 反射〔反響〕する: When will you ～ me the book I lent you? お貸しした本をいつ返してくれますか. **2** 報いる, 返礼する: ～ a blow なぐり返す. ～ one's greeting 人にあいさつを返す. **3** 返答する; 答弁する. **4** 〈利益などを〉生む: ～ a good interest 有利な利子を生む. **5** (正式に)報告する, 復命する, 申告する; 〈陪審員が〉答申する: ～ a person guilty 有罪の判決を答申する. **6** 〈選挙区が〉選出する: He was ～*ed* for Boston. 彼はボストンから選出された. **7** 〖トランプ〗おなじ札で応ずる; 〖テニス〗〈ボールを〉打ち返す: He ～*ed* diamonds.
～ ***good for evil*** 善をもって悪に報いる. ～ ***home*** 帰宅〔帰朝, 帰省〕する. ～***ing officer*** 選挙管理者. ～ a person***'s lead*** 〖トランプ〗(相手)とおなじ札で応ずる. ～ ***like for like*** おなじもので報いる, 売りことばに買いことばで報いる. ～ ***thanks*** 感謝する《特に食卓の感謝の祈り・乾杯の謝礼》. ～ ***to one-self*** われに返る. ～ ***to dust*** 土に帰る, 死ぬ. ～ ***to life*** 生き返る. ***To*** ～ さて本題に返って…; 余談はさておき….
—— *n.* **1 帰り**, 帰宅, 帰省, 帰朝: on my ～ *from* the trip 私が旅から帰った〔帰る〕とき. **2** 復帰, 回復; 再発, 繰り返し: He has had a ～ of the disease. 彼の病気が再発した. **3 返却**, もどし, 返送; (*pl.*) 返品. **4** 返報, 返礼; 言い返し, 口答え; 返事, 返答: a poor ～ for kindness 親切に対しての恩知らずの行ない. **5** 報告, 申告; (*pl.*) 報告〔申告〕書, 統計表; 〖法〗回付(書): make a false ～ of one's income 偽りの所得申告をする. **6** 《国会議員の》選出. **7** (しばしば *pl.*) 収入, 収益; 報酬: get a good ～ on an investment 投資から有利な利潤を生む. **8** 〖テニス〗返球; 〖フェンシング〗突き返し. **9** 〖建〗返り, 見回し, 折り返し. **10** 〖英〗往復切符, 折り返し(便). **11** (*pl.*) 〖英〗味の柔らかい一種の刻みたばこ. **12** 《形容詞的に》帰りの, 往復の; 返答〔返礼〕の; 折り曲がった; 再度の.
by ～ (***of mail*** 〔㊥ ***post***〕) 折り返し, 大至急で. ***election*** ～***s*** 選挙報告書. ***income-tax*** ～ 所得税申告. ***in*** ～ 返礼に; 返事に; 返報として; その代わりに. ***in*** ～ ***for*** 〔***to***〕 の返礼〔返報〕に. ***make a*** ～ ***of*** の報告をする. ***make*** ～ ***for*** に報いる. ***Many*** 〔***I wish you many***〕 ***happy*** ～***s*** (***of the day***)! 《誕生日・祭日の祝詞》おめでとう, 幾久しく(このめでたい日が幾度も繰り返されることを祈ります). ***official*** ～***s*** 公報. ～ ***of a salute*** 答礼(砲). ***secure a*** ～ 《国会議員に》当選する. ***Small profits and quick*** ～***s.*** 薄利多売《商店の標語. 略 S.P.Q.R.》. ***without*** ～ もうけなしで. ***write in*** ～ 返事を書く. ***yield*** 〔***bring***〕 ***a quick*** 〔***prompt***〕 ～ すぐもうかる.
[<re-+turn]
～ **card** 〔**postcard**〕 往復はがき. ～ **game**

[**match**] 〔競技の〕雪辱戦, リターンマッチ. ~ **ticket** 〘英〙往復切符 (=(米)round(-trip) ticket). ~ **trip** 〘英〙往復旅行 (=(米) round trip).

re·túrn·a·ble [-əbl] *a.* 返される; 返還すべき; (書類など) 回付すべき.
◇ **re·tùrn·a·bíl·i·ty** [-ˋ--bílịti] *n.*

re·túrned [ritə́ːrnd] *a.* 送り返された; 帰ってきた: a ~ soldier 帰還兵.
~ **empties** (送り主に) 返送されたからの容器 《あきだる・箱など》; 〘英〙(植民地から) 本国に帰った牧師.

re·túse [rit(j)úːs/-tjúːs] *a.* 〘植・虫〙〘葉・羽が〙軍配うちわ形の: a ~ leaf.

Réu·ben [rúːbin, -bən] *n.* 〘聖〙Jacob の長男; その子孫.

re·ú·nion [riːjúːnjən/ríː-] *n.* **1** 再統合, 再結合; 再会: the ~ of parted friends 別れていた友人どうしの再会. **2** 親睦(しんぼく)会: a class ~ 同級会.

re·ún·ion·ist [-ist] *n.* イギリス国教とローマカトリック教会との統合主義者.

rè·u·níte [rìːjuːnáit/ríː-] *vt., vi.* 再び結合する; 再び合同する; 仲直りさせる[する]. ◇ **rè·u·nít·a·ble** *a.* **rè·u·nít·er** *n.*

re·úp [riːʌ́p/ˊˊ] *vi., vt.* 〘米俗〙再び(徴兵に)応募する (reenlist).

Réu·ters [rɔ́itərz] *n.* ロイター通信社 《Reuter's News Agency, London》.

rev [rev] *vi., vt.* (**-vv-**) 〘米話〙発動機の回転を増す[減ずる] 《*up, down*》: ~ a motor *up* [*down*].
— *n.* 発動機の回転. [<*revolution*]

Rev. Revelation; Reverend. **rev.** revenue; reverse(d); review(ed); revise(d); revision; revolution; revolving.

re·vál·u·ate [riːvǽljuèit/ríː-] *vt.* 再評価する.
◇ **re·vàl·u·á·tion** [-væljuéiʃ(ə)n] *n.*

re·vál·ue [riːvǽljuː/ríː-] *vt.* 再評価する.

re·vámp [riːvǽmp/ríː-] *vt.* 〘米〙〈くつのつま先に〉新しい皮をつける; 繕う, 修繕する; 改装[改訂]する.

re·vanche [rivάːntʃ/rəvɑ̃ːnʃ] F. *n.* 旧領土奪回(政策).

‡**re·véal** [rivíːl] *vt.* **1** 〈隠されていたものを〉**あらわす**, 示す, 見せる; 知らせる, もらす 《に *to*》; 暴露する, あばく: ~ a secret 秘密をあばく. The doctor did not ~ *to* him his helpless condition. 医者は彼の手の施しようもない病状を彼に知らせなかった. ~ an aptitude for music 音楽に対する才能をあらわす. **2** 〈神が〉黙示[啓示]する 《に *to*》. → 名詞 revelation. ~ one***self*** 名のる, 身分をあかす. ***~ed religion*** 天啓[啓示]宗教 《ユダヤ教・キリスト教》. ***~ itself*** あらわれる; 知れる.
— *n.* 〘建〙《窓や入り口の》抱き; 《自動車の》窓わく. [re-+√vel- ベールを+あとへ→ベールをはぐ]

(類義語) **暴露する: reveal** いままで隠されていたものをあらわす, いままでわからなかったことを明らかにする: The rising curtain *revealed* a street scene. 幕が上がると街路の光景が見えた. **disclose** reveal に似て「おおいをはいで人の目にさらす」ということであるが, reveal が「啓示」の意を含むことがあるのに対し, disclose には「暴露」の意も加わる: Excavations *disclosed* many artifacts. 発掘によって多くの工芸品が見つかった. **divulge** 「暴露」の意が更に強まり暴露者の意図が示唆される. 衆人の目にさらすこと: *divulge* a conspiracy 陰謀を暴露する. **betray** 他人を裏切って暴露するか, 自分について本人が無意識のうちにうっかり暴露する: His facial expression *betrayed* his bewilderment. 彼の顔の表情で当惑がわかった.

Reved. Reverend.

ré·veil·le [rév(ə)liː/rivǽli] *n.* 〘軍〙起床合い図 《らっぱ・太鼓など》.

rév·el [révl] *vi.* (**-l-**, (英) **-ll-**) **1** 酒宴をはる, 飲み騒ぐ. **2** 大いに楽しむ; ふける, 夢中になる 《に *in*》.
— *n.* (しばしば *pl.*) 酒宴; どんちゃん騒ぎ, お祭り騒ぎ. [rebel と同語源.「騒ぐ」]
~ **rout** 酒宴に列する人々. ◇ **~·(l)er** [-ər] *n.*

***rèv·e·lá·tion** [rèvịléiʃ(ə)n] *n.* **1** **暴露**, すっぱ抜き; 〔秘密を〕もらすこと, 《秘密が》もれること, 発覚; 暴露されたもの, 意外な新事実: It was a ~ *to* me. 実に意外なことだった. What a ~! なんと意外なことだろう. **2** 〘宗〙**天啓**, 黙示, お告げ; 啓示宗教; 聖書. **3** (the R~, (the) R~s) 〘聖〙ヨハネ黙示録 (the Apocalypse). →動詞 reveal.
◇ **~·al** [-ʃən(ə)l] *a.* 天啓の. **~·ist** [-ʃ(ə)nist] *n.* 天啓を信ずる人; (the R~) 黙示録の作者.

rév·e·la·tor [révịlèitər] *n.* 啓示する人; 暴露する人.

re·vél·a·to·ry [rivélətɔ̀ːri, révəl-/révələtəri] *a.* 天啓[お告げ]の; 暴露する, 語る 《を *of*》.

rév·el·ry [révlri] *n.* (しばしば *pl.*) 飲み騒ぎ, どんちゃん騒ぎ.

rév·e·nant [révənənt/-nɑ̃ː] *n.* 再来者, 再訪者; (現世を訪れた) 霊魂, 幽霊. [√ven-]

‡**re·vénge** [rivéndʒ] *n.* **1** **復讐**(ふくしゅう), 報復, 腹いせ. **2** 恨み, 遺恨. **3** 〘遊〙雪辱の機会. → avenge. ***give*** a person ***his*** ~ (負けた人に) 復讐の機会を与える, (人の) 雪辱戦に応ずる. ***have*** [***take***] ***one's ~ on*** [***upon***] a person (人) に復讐する, (人) に恨みをはらす. ***in ~ of*** [***for***] の返報[腹いせ]に. ***seek one's ~ on*** [***upon***] に復讐の機会をねらう.
— *vt.* **1** 《~ oneself の形で, または受動態で》**あだを返す**, 返報[復讐]する: ~ *oneself on* a person *for* a wrong 人にあだを討つ. **2** 《被害者または不当行為を目的語として》…の(ため)かたきを討つ, の恨みをはらす: ~ one's brother [one's brother's death] (死んだ) 兄弟のあだを討つ. ~ wrong *with* wrong あだをもってあだに報いる. ***be*** [***get***] ***~d on*** [***upon***] に復讐する. [√vindic-]

re·vénge·ful [-f(u)l] *a.* 復讐(ふくしゅう)心に燃えた, 執念ぶかい. ◇ **~·ly** [-fụli] *ad.* **~·ness** *n.*

‡**rév·e·nue** [révịn(j)ùː/-njuː] *n.* **1** 所得, 収益; 定時収入. **2** (*pl.*) 総収入, 所得総額. **3** 収入項目, 財源. **4** 《国家の》**歳入**: ~ and expenditure **歳入歳出**. **5** 国税庁, 税務署; 〘米俗〙税務官.
defraud the ~ 脱税する. ***internal*** [(英) ***inland***] ~ 内国税収入. [√ven-]
~ **cutter** 《税関の》監視艇. ~ **officer** 税務官. ~ **stamp** 収入印紙. ~ **tax** 収入関税.
◇ **rév·e·nu·er** *n.* 〘米〙税務官; (税関の) 監視艇.

re·vér·ber·ant [rivə́ːrbərənt] *a.* 反響する.
◇ **~·ly** *ad.*

re·vér·ber·ate [rivə́ːrbərèit] *vt.* 反響させる; 〈光・熱などを〉反射する, はね返す. — *vi.* 〈音・光などが〉はね返る; 鳴り響く; 反響する.
— *a.* = reverberant.
◇ **-a·tive** [-rèitiv/-rət-] *a.* 反射する; 反響する. **-a·tor** [-rèitər] *n.* 反射燈[鏡]; 反射炉.

re·vèr·ber·á·tion [rivə̀ːrbəréiʃ(ə)n] *n.* **1** 響き渡る音; 反響; 余韻《音源消失後も残る》. **2** 反射; 反射光[熱]; 《反射炉の中の》反射熱処理.

re·vér·ber·a·to·ry [rivə́ːrbərətɔ̀ːri/-t(ə)ri] *a.* 反射する; 反響する; 屈折した; 《炉などが》反射型の.
— *n.* 反射炉.

re·vére[1] [rivíər] *vt.* 尊敬する, あがめる.
◇ **re·vér·a·ble** [riví(ː)rəbl/-víər-] *a.*

re·vére[2] [rivíər] = *revers.*

‡**rév·er·ence** [rév(ə)rəns] *n.* **1** **崇敬**, **尊敬**; 敬意: feel ~ for …に崇敬の念をいだく. **2** うやうやしい態度; 〘古〙敬礼. **3** (通例 R~) 〘古〙尊師《僧侶(そうりょ)に対する敬称》.
at the ~ of を尊敬して. ***do*** [***pay***] ***~ to*** に敬意を表する, に敬礼する. ***hold*** a person ***in ~*** (人を) 尊敬[崇敬]する. ***make a profound ~*** いんぎんに敬礼する[敬意を表する]. ***saving your ~*** 〘古〙(あなたの前でこう申しては) 失礼ですが. ***Your*** [***His***] ***R~*** 尊師 《僧侶・牧師の敬称. 一般人にも you, he の代わりにたわむれに用いる》.

***rév·er·end** [rév(ə)rənd] *a.* **1** **尊い**, あがめるべき. **2** …師 《宗教家に対する敬称. 略 Rev.》: the *R~*

[*Rev.*] John Smith ジョン=スミス師. **3** 聖職の, 僧侶(そう)の. ***the Most*** [***Right, Very***] ***R～*** archbishop [bishop, dean] の尊称. ***the ～ gentleman*** 《僧侶に対して》その僧 [牧師], このお方.
—— *n.* (通例 *pl.*) 〖話〗僧侶, 牧師.

rév·er·ent [rév(ə)rənt] *a.* 敬けんな, うやうやしい; 敬う. ◇ **～·ly** *ad.*

rèv·er·én·tial [rèvərénʃ(ə)l] *a.* うやうやしい, 敬けんの念に満ちた. ◇ **～·ly** *ad.* **rev·er·èn·ti·ál·i·ty** [-rènʃiǽləti] *n.*

rév·er·ie, rév·er·y [révəri] *n.* **1** 幻想, 夢想, 空想. **2** 幻想曲. ***be lost in*** (***a***) **～** 空想にふける.

re·vers [rəvíər, -véər/rivíə] F. *n.* (*pl. revers* [-z]) (えり・そで口などの) 折り返し. → lapel.

re·vér·sal [rivə́ːrs(ə)l] *n.* **1** 反転, 逆転, あべこべ. **2** 〖法〗判決の破棄, 取り消し. **3** 〖写〗反転 (現像). →動詞 reverse.

‡**re·vérse** [rivə́ːrs] *vt.* **1** 逆にする, 反対にする; 裏返す, ひっくり返す: ～ a coat 上着を裏返す. ～ a glass コップを伏せる. **2** 置き [入れ] 替える, 交換 [転換] する: Their positions are now ～*d.* 彼らの立場はいまや入れ替わった. **3** <主義・決定などを> くつがえす, ひるがえす; 〖機〗逆動 [逆流, 逆転] させる: ～ one's car into the garage ガレージに車をバックして入れる. **4** 〖法〗取り消す, 破棄する: ～ a decision 判決を破棄する. **——** *vi.* 逆になる; もどる; 〖機〗逆回転する; リバース [後退] ギアに入れる; 〖ダンス〗逆回りする. ***R～ Arms!*** かえせ銃(つつ)! 《葬式などで銃床をさかさまにになわせる号令》.
—— *a.* **1** 反対の, あべこべの; 上下転倒した, 逆の. **2** 後ろ向きの; 逆転する: a ～ movement. **3** 裏の, 背後の: the ～ side of paper 紙の裏側. **4** 〖生〗左巻きの. ***in the ～ order*** 逆の順序で.
—— *n.* **1** 逆, 反対: She is the ～ of virtuous. 貞淑どころかその正反対だ. **2** 裏, 背面; 《貨幣などの》裏面, 《本の》裏ページ. ↔ obverse. **3** 逆転, 転倒; 〖ダンス〗逆回り. **4** 不運, 失敗, 敗北: the ～*s* of fortune. **5** 〖機〗逆転, 逆進装置, リバース: throw an engine into ～ エンジンをリバースに入れる. ***in ～*** 逆に; 後陣に, 背面に. ***on the ～*** 《自動車が》逆行して. ***quite the ～ = the very ～*** その正反対. ***suffer*** [***sustain, meet with, have***] ***a ～*** ひどい目に会う; 敗北する. ***take in ～*** 背面攻撃する. [√vert-] **～ fire** 背射, 背面砲撃.
◇ **～d** [-t] *a.* 逆にした, 裏返しの; 破棄した; 左巻きの. **～·ly** *ad.* 逆に, 反対に; これに反して, また一方では. (類) → **opposite**「反対の」

re·vérs·i·ble [rivə́ːrsəbl] *a.* **1** reverse *vt.* できる. **2** 両面使える: a ～ coat 両面コート. **3** 〖化〗可逆 (性) の: a ～ reaction 可逆反応.
—— *n.* 両面織りの布; 裏表とも用いられる上着.
◇ **re·vèrs·i·bíl·i·ty** [rivə̀ːrsəbíləti] *n.*

re·vér·sion [rivə́ːrʒ(ə)n, -ʃ(ə)n/-ʃ(ə)n] *n.* **1** 逆転, 転換. **2** 逆もどり, 復帰. **3** 〖生〗先祖返り (した動・植物), 隔世遺伝 (atavism). **4** 〖法〗復帰権, 《譲渡人・相続人などへの》財産の復帰; 復帰財産; 継承 [相続] 権. **5** 将来享有する権利, 一定期限後 [死後] 支払いを受ける金《年金・生命保険の支払金》.
◇ **～·al, ～·ar·y** [-ʒ(ə)nèri, -ʃ(ə)n-/-ʃ(ə)nəri] *a.* 〖法〗将来享有すべき; 〖生〗先祖返りの; 逆もどりの, 復帰の. **～·er** *n.* 〖法〗《財産などを》将来受けるべき人, 継承権所有者; 復帰権者.

re·vért [rivə́ːrt] *vi.* **1** <状態・習慣・信仰などが>もとにもどる, 逆もどりする《に *to*》: The fields have ～*ed to* moorland. 畑はまたもとの荒れ野にかえってしまった. **2** 《もとの話に》もどる《に *to*》; 回想する《を *to*》. **3** 〖法〗復帰する《に *to*》. **4** 〖生〗先祖返りする《*to*》. **——** *vt.* <目を> 後ろに向ける; <歩を> 巡らす. **——** *n.* もとの宗教にもどった人. [√vert-]
◇ **～·i·ble** [-əbl] *a.* 逆もどりすることができる; 復帰すべき《財産・権利など》.

rév·er·y = reverie.

re·vét [rivét] *vt.* (**-tt-**) <堤防・城壁などを> おおう《石などで》.
◇ **～·ment** *n.* 〖築城〗被覆; 〖土木〗護岸.

†**re·view** [rivjúː] *n., vt.* **1** 再吟味 (する), 再検討 (する), 調査 (する): ～ the whole matter 委細をよく調べる. **2** 回顧 (する): ～ the day's happenings 一日のできごとを振り返る. pass one's life in ～ 自分の一生を回顧する. **3** 《学課の》復習 (をする): ～ one's lessons 学科を復習する. **4** 概観 (する). **5** 閲兵 [査閲] (する): a naval ～ 観艦式. ～ the troop 閲兵する. **6** 評論 [批評, 書評, 劇評] (をする): a scientific ～ 科学評論. ～ a new novel 新刊小説を批評する. **7** 《下級裁判所の》再審理 (をする). **8** = *revue.* **——** *vi.* 《新聞・雑誌に》書評 [劇評] を書く.
court of ～ 再審裁判所. ***march in ～*** 分列行進をする. ***pass in ～*** 検閲を受ける; 検閲する. ***the Board of R～*** 《映画などの》検閲局.
[<re- + view]
～ exercise 練習問題. **～ order** 〖海〗正装.
◇ **～·a·ble** *a.* **～·al** *n.* 再調査; 検閲; 復習; 批評, 評論. **～·er** *n.* 評論 [批評] 家; 評論雑誌記者; 検閲者.

re·víle [riváil] *vt., vi.* 悪口を言う, ののしる《*at*》.
◇ **～·ment** *n.* **re·víl·er** [-ər] *n.* **re·víl·ing·ly** *ad.*

re·ví·sal [riváiz(ə)l] *n.* 校訂, 訂正, 修正 (revision).

re·víse** [riváiz] *vt.* **1** 改訂する, 校訂 [修正] する; 校正 [校閲] する; 再調査する: ～ a book 本を改訂する. **2** <意見などを> 変える: ～ one's opinions of a person 人についての意見を改める. →名詞 revision. ***～d and enlarged 改訂増補の. ***～d edition*** 改訂版. ***the R～d Standard Version*** 現代語訳聖書《1952 年アメリカで発行. 略 RSV, R.S.V.》. ***the R～d Version*** 改訳聖書《Authorized Version の改訂版, 1881年 (新約), 1885 年 (旧約) に発行. 略 R.V.》.
—— *n.* **1** 〖稀〗校訂, 改訂; 校正(済み). **2** 〖印〗再校刷り: second ～ 3 校. [re- + √vid- 見なおす]
◇ **re·vís·er, re·ví·sor** [-ər] *n.* 校訂者, 改訂者, 校閲者; (*pl.*) 改訳聖書 (the Revised Version) の訳者.

***re·ví·sion** [rivíʒ(ə)n] *n.* **1** 改訂, 校訂, 修正. **2** 校訂本, 改訂版. →動詞 revise. ◇ **～·al** [-ʒən(ə)l], **～·ar·y** [-ʒənèri/-ʒənəri] *a.* **～·ism** *n.* 修正論 [主義]. **～·ist** *n.* 修正論 [主義] 者.

re·vís·it [riːvízit/ríː-] *vt., n.* 再訪問 (する), 再遊 (する): London ～*ed* ロンドン再訪 (記).

re·ví·so·ry [riváizəri] *a.* 校訂の, 修正の, 改訂の.

re·ví·tal·ize [riːváit(ə)làiz/ríː-] *vt.* の生気を回復させる, 生き返らせる; <事業などを> 復興させる.

re·vív·al** [riváiv(ə)l] *n.* **1** 再生, 復活; 回復; 復興; (the R～) 文芸復興: the ～ of an old custom 古い習慣の復活. **2** 〖宗〗信仰復興 (運動); 信仰復興伝道集会. **3** 〖劇〗再上演, 再演奏, 再上映. **～ *of architecture* = *Gothic ～ 19世紀のゴシック建築の復興. ***～ of learning*** [***letters, literature***] 文芸復興.
◇ **～·ism** *n.* 信仰復興運動; 復興気運. **～·ist** *n.* 復興 [再興] 者; 信仰復興運動者.

‡**re·víve** [riváiv] *vi., vt.* **1** 生き返る [らせる]; 回復する [させる]; 元気づく [づかせる]: A cup of coffee ～*d* him. 1 杯のコーヒーで彼は元気づいた. **2** 《比喩的》 <失われたもの・流行・効力・記憶・関心・希望など> よみがえる [らす], 復活する [させる]: The event has ～*d* interest in the old issue. 事件によってこの古い問題への関心が復活した. **3** 再上演 [再上映] する: ～ a play. →名詞 revival. [√vi(v)-]
◇ **re·vív·a·ble** [-əbl] *a.* **re·vív·er** [-ər] *n.* 復活する [させる] 人 [物]; 〖俗〗 刺激性飲料《強い酒な

ど), 興奮剤; 色揚げ剤.

re·vív·i·fy [ri:vívifài] *vt.* **1** 生き返らせる; 元気づける. **2**〘化〙還元させる.
◇ **re·vìv·i·fi·cá·tion** [-vìvifikéiʃ(ə)n] *n.*

rèv·i·vís·cence [rèvivís(ə)ns], **-cen·cy** [-i] *n.* **1** 生き返り, 復活; 元気回復. **2**〘生〙(冬眠からの) 覚醒(かくせい). ◇ **rèv·i·vís·cent** *a.*

rév·o·ca·ble [révəkəbl] *a.* 廃止できる, 取り消しうる. ◇ **-bly** *ad.* **rèv·o·ca·bíl·i·ty** [⌐−−bíliti] *n.*

rèv·o·cá·tion [rèvəkéiʃ(ə)n] *n.* 廃止, 取り消し; 解除;〘法〙破棄. →動詞 revoke.

rév·o·ca·tive [révəkèitiv, ㊟⁺ rivóukət-], **rév·o·ca·to·ry** [révəkətò:ri/-t(ə)ri] *a.* 廃止の, 取り消しの.

re·vóke [rivóuk] *vt.* 〈命令・約束・特権などを〉取り消す, 廃止する, 無効にする: ~ a driving license 運転免許を取り消す. **——** *vi.*〘トランプ〙《親の出した札とおなじ札があるのに》他の札を出す.
—— *n.*〘トランプ〙~ すること. ***beyond*** **~** 取り消しできない. ***make a*** **~**〘トランプ〙~ する. [√voc-]

‡re·vólt [rivóult] *n.* **1** 反乱, 反逆; 暴動; 反抗(心): stir the people to ~ 人々を扇動して反乱を起こさせる. **2** いや気, 不快, 反感《*against, at, from*》. ***in*** **~** 反抗して. ***rise in*** **~** そむく, 反乱を起こす《*against*》.
—— *vi.* **1 反乱を起こす**, 反抗する, そむく《に *against, from, to*》, 敵側に走る《から *from*; へ *to*》: People ~*ed against* their rulers. 民衆はその支配者たちに対し反乱を起こした. **2** 胸が悪くなる, 反感をいだく《に *at, against*; で *from*》: Human nature ~*s at* such a crime. 人間の本性はそのような犯罪に対し嫌悪(けんお)の念をいだく. **——** *vt.* に不快の感じをもたせる: Such low taste ~*s* me. そのような下品な趣味は胸を悪くさせる. [√volu-]
◇ **~·ed** [-id] *a.* 反乱を起こした.

re·vólt·ing [rivóultiŋ] *a.* **1** むほんする. **2** 不快な, 実にいやな, むかむかする. ◇ **~·ly** *ad.*

rév·o·lute [révəlù:t] *a.* 〘動・植〙《葉など》外巻きの. **——** *vi.* 革命〔反乱〕に加わる.

‡rèv·o·lú·tion [rèvəlú:ʃ(ə)n] *n.* **1 革命**; 変革. **2 回転** (運動): 45 ~*s* per minute 毎分45回転. the ~ of the earth (a)round the sun 地球の公転. **3** 周期の回帰: the ~ of the seasons 四季のめぐり. →動詞 revolve.
the American R~ アメリカ革命〔独立〕戦争《1775–83年》. ***the Chinese R~*** 中国革命《1911年》. ***the English R~*** イギリス革命《1688年》. ***the French R~*** フランス革命《1789–99年》. ***the October*** 〔***Russian***〕 ***R~*** 10 月〔ロシア〕革命《1917年》. [√volu-]
◇ **~·ist** *n.* 革命家, 革命論者〔主義者〕. **~·ize** [-àiz] *vt.* 革命を起こす; 大変革を起こす.

‡rèv·o·lú·tion·ar·y [-ʃənèri/-ʃ(ə)nəri] *a.* **1 革命の**; **革命的**, 大改革を起こさせる: a ~ discovery 大変革をもたらす発見. **2** 回転する.
—— *n.* =revolutionist.
~ calendar (フランス) 革命暦. **R~ War, the**〘米〙独立戦争 (American Revolution).

‡re·vólve [riválv/-vɔ́lv] *vi.* **1 回転する**, 旋回する; 自転する《を軸に *on*》: The earth ~*s on* its axis. 地球は地軸を中心に自転する. **2** 公転する, 運行する; 周転する《のまわりを *about, round*》: The earth ~*s round* 〔*about*〕 the sun. **3** 循環する, 一巡する; 《心の中を》ぐるぐる回る: an idea ~*ving* in one's mind 心の中をかけめぐる考え. **——** *vt.* **1** 回転させる. **2** 運行させる. **3** 思案する, つくづく考える: ~ a problem in one's mind 問題を心に思いめぐらす. →名詞 revolution. [√volu-]
〔類〕→ **turn**「回る」

***re·vólv·er** [-ər] *n.* **連発拳銃**(けんじゅう)《回転式の》.

re·vólv·ing [-iŋ] *a.* **1** (周期的に) 巡ってくる. **2**〘装置が〙回転式の.
~ bookstand 回転書架. **~ chair** 回転いす. **~ door** 回転ドア. **~ fund**〘米〙回転資金. **~ stage** 回り舞台.

revolving door

re·vue [rivjú:] F. *n.*《ダンス・歌を含む》レビュー;〘時事風刺・音楽を入れた〙軽演劇. [√vid-]

re·vúl·sion [rivʌ́lʃ(ə)n] *n.* **1** (感情・行動の) 激変, 急激な反動. **2** 引きもどし, 引き離し: the ~ of capital from other industries 他産業からの資本の回収. **3**〘医〙《患部から他部位への血液の》誘導. ◇ **re·vúl·sion·ar·y** [-èri/-əri] *a.*

re·vúl·sive [rivʌ́lsiv] *a.* 〘医〙(血液を) 誘導する.
—— *n.* 誘導剤. ◇ **~·ly** *ad.*

Rev. Ver. Revised Version.

‡re·wárd [riwɔ́:rd] *n.* **1 報酬**, ほうび; **懸賞金**; 謝礼金《*for*》. **2** 報い, 応報. ***in*** **~** ***for*** の報いとして, …のほうびに. ***No ~ without toil.***〘諺〙苦は楽のたね.
—— *vt.* **1** 〈人に〉**報いる**; 〈人に〉報酬〔ほうび〕を与える: ~ a man *for* his services 人の功労に対して報いる. **2** 〈行為に〉返報する, 罰する.
◇ **~·a·ble** *a.* **~·ing** *a.* 得になる, やりがいのある, (…するだけの) 価値のある. **~·less** *a.* 報酬のない, むだぼねの.

re·wíre [ri:wáiər/rí:-] *vt.* **1** の針金〔配線〕を取り替える. **2** 再び打電する.

re·wórd [ri:wɔ́:rd/rí:-] *vt.* 繰り返して言う; 言い替える.

‡re·wríte [ri:ráit/rí:-] *vt.* (**-wróte** [-róut]; **-writ·ten** [-rítn]) **1 書きなおす**;〘米〙〈新聞原稿をデスクが〉書きなおす. **2** 再び書く. ◇ **re·writ·er** *n.*
—— *n.* [rí:ràit]〘米〙書きなおし記事; 新聞用完成原稿.

rex [reks] L. *n.* (*pl.* ***re·ges*** [rí:dʒi:z]) 国王《略 R.》. → *Regina.*

Réy·kja·vik [réikjəvì:k] *n.* レイキャビク《Iceland の首都》.

Réyn·ard [rénə:rd, ㊟⁺ réin-] *n.* 中世の叙事詩 *Reynard the Fox* の中のキツネの名.

Réyn·olds [rén(ə)ldz] *n.* **1** Sir Joshua ~, 1723–1792, イギリスの肖像画家. **2** Osborne ~, 1842–1912, イギリスの物理学者.
~ number〘物〙レノルズ数.

rf.〘野球〙right fielder. **R.F.** *République Française*; Reserve Force. **r.f.** radio frequency; range finder; rapid-fire. **R.F.C.** Royal Flying Corps; Rugby Football Club. **RFD**〘米〙Rural Free Delivery. **r.g., rg.**〘フットボール〙right guard. **Rh**〘化〙rhodium. **R.H.** Royal Highness. **r.h.** right hand.

rháb·do·man·cy [rǽbdəmæ̀nsi] *n.* 棒占い《特に地下の水脈・鉱脈を棒で占うこと》.
◇ **-tist** [-mæ̀ntist] *n.*

Rhàd·a·mán·thus [rædəmǽnθəs] *n.* 〘ギ神〙Zeus と Europa の子《死後よみの国の裁判官となった》; 厳正剛直な裁判官. ◇ **-thine** [-θin/-θain] *a.* Rhadamanthus のような; 厳正な.

rhap·sód·ic [ræpsádik/-sɔ́d-], **-i·cal** [-(ə)l] *a.* **1** 狂想的〔狂熱的〕な. **2** 叙事詩の.
◇ **rhap·sód·i·cal·ly** *ad.*

rháp·so·dist [rǽpsədist] *n.* **1**〘古ギリシア〙吟遊詩人, 叙事詩吟唱者. **2** 狂詩曲〔狂想詩〕作者.

rháp·so·dize [-dàiz] *vi.* **1** 狂詩〔狂文〕を書く; 狂想曲を作曲する. **2** 熱狂的に語る《を *on, about*》.
—— *vt.* rhapsody 風に朗唱する〔書く〕.

rháp·so·dy [rǽpsədi] *n.* **1**〘古ギリシア〙叙事詩, ラプソディー; 吟唱叙事詩の一節. **2** 熱狂的な詩〔文, ことば〕. **3**〘楽〙狂想曲, 狂詩曲, ラプソディー:

Liszt's Hungarian *R～ies* リストのハンガリアン ラプソディー. ***go into ～ies*** 熱狂的に書く〔話す〕《について *over*》.

Rhé·a [ríːə] *n.* **1**〖ギ神〗Zeus, Hera, Poseidon などギリシア諸神の母. **2** (r～)〖鳥〗アメリカダチョウ《南アメリカ産》.

Rhén·ish [réniʃ/ríːn-] *a.* Rhine 川の, Rhine 川流域の. 〈注〉現在は Rhine をそのまま形容詞に転用. **——** *n.* = Rhine wine. **～ wine** ラインの白ブドウ酒.

rhé·ni·um [ríːniəm] *n.*〖化〗レニウム《金属元素. 記号 Re》.

rheo-「流れ」の意の語形成要素.

rhe·óm·e·ter [riːámitər/-ɔ́m-] *n.*〖電〗電流計;〖医〗血流計. ◇ **-try** [-tri] *n.*〖電〗電流測定;〖医〗血行測定. **rhè·o·mét·ric** [riːəmétrik] *a.*

rhé·o·scope [ríːəskòup] *n.*〖物〗検電器.

rhé·o·stat [-stæ̀t] *n.*〖電〗加減抵抗器.

rhé·sus [ríːsəs] *n.*〖動〗《北インド産》ベンガルザル (= ～ monkey). **R～ factor** = Rh factor.

rhet. rhetoric; rhetorical.

rhé·tor [ríːtər/-tɔː] *n.*〖古ギリシア〗修辞学者.

rhét·o·ric [rétərik] *n.* **1** 修辞学; 雄弁術. **2** 華麗な文体, 美辞麗句. **3** 誇張. **4** 修辞学者.

rhe·tór·i·cal [ritɔ́ːrik(ə)l, -tár-/-tɔ́r-] *a.* 修辞学〔法〕の;《文体・ことばづかいが》修辞的な, 華麗な, 誇張された. **～ question** 修辞疑問, 反語《例: Who knows? = Nobody knows.》.
◇ **～·ly** [-i] *ad.* 修辞的に.

rhèt·o·rí·cian [rètəríʃ(ə)n] *n.* 修辞学者, 雄弁家, 修辞法の指導者; 誇張的に美辞麗句をもてあそぶ人.

rheum [ruːm] *n.* **1**〖医〗カタル性分泌物《涙・鼻じるなど》. **2** カタル, 感冒.

rheu·mát·ic [ruːmǽtik] *a.*〖医〗リューマチの, リューマチにかかった〔かかりやすい〕: ～ fever リューマチ熱. **——** *n.* **1** リューマチ患者. **2** (*pl.*) リューマチ (rheumatism). ◇ **rheu·mát·i·cal·ly** *ad.*

***rhéu·ma·tism** [rúːmətìz(ə)m] *n.*〖医〗リューマチ.

rhéum·y [rúːmi] *a.*〖英古〗**1** 粘液を分泌する; 鼻カタルにかかった. **2**《空気など》湿った.
◇ **-i·ly** *ad.* **-i·ness** *n.*

Rh fáctor [áːréitʃ-fæ̀ktər] *n.*〖生化〗リーサス因子, Rh 因子《赤血球の中にある凝血素》.

rhin- = rhino-.

rhí·nal [ráin(ə)l] *a.*〖医〗鼻の, 鼻腔(びこう)の: ～ cavities 鼻腔.

Rhine [rain] *n.*《ドイツの》ライン川《ドイツ語では *Rhein*》. **～ wine** ラインの白ブドウ酒.

Rhíne·land [ráinlæ̀nd] *n.* ライン地方《特に Rhine 川以西の地方》.

rhíne·stone [ráinstòun] *n.* 模造宝石.

rhi·ní·tis [raináitis] *n.*〖医〗鼻カタル.

rhí·no[1] [ráinou] *n.*〖英俗〗現金, 現なま. ***ready ～*** 現金.

rhí·no[2] *n.* (*pl.* **～s**)〖俗〗= rhinoceros.

rhino-「鼻」の意の語形成要素.

***rhi·nóc·er·os** [rainásərəs/-nɔ́s-] *n.* (*pl.* **～·es**,《集合的》～)〖動〗サイ.

rhi·nól·o·gy [rainálədʒi/-nɔ́l-] *n.* 鼻科学.
◇ **rhì·no·lóg·ic** [ràinəládʒik/-lɔ́dʒ-], **rhì·no·lóg·i·cal** *a.*

rhí·no·plas·ty [ráinəplæ̀sti] *n.*〖医〗造鼻〔隆鼻〕術. ◇ **rhì·no·plás·tic** [ràinəplǽstik] *a.*

rhí·no·scope [ráinəskòup] *n.*〖医〗照鼻鏡.

rhizo-「根」の意の語形成要素.

rhí·zoid [ráizɔid] *a.* 根状の. **——** *n.* 仮根.

rhí·zome [ráizoum], **rhi·zó·ma** [raizóumə] *n.* (*pl.* **rhi·zó·ma·ta** [-tə])〖植〗根茎, 地下茎.
◇ **rhi·zóm·a·tous** [raizóumətəs] *a.*

rhí·zo·pod [ráizəpàd/-pɔd] *n.*〖動〗根足虫類《アメーバなど》. ◇ **rhi·zóp·o·dan** [raizápəd(ə)n/-zɔ́p-], **rhi·zóp·o·dous** [-dəs] *a.*

rho [rou] *n.* ギリシア字母の第 17 字《P, ρ. ローマ字の r に当たる》.

Rhode [roud] **～ *Island*** ロードアイランド《アメリカ北部の州. 略 R.I.》.

Rhodes [roudz] *n.* **1** Cecil John ～, 1853–1902, イギリスの政治家・南アフリカ総督. **2** エーゲ海 (Aegean Sea) 中の島; その海港.
～ scholar (Oxford 大学の) Cecil Rhodes 奨学金学生《イギリス人・アメリカ人に与えられる》.

Rho·dé·sia [roudíːʒ(i)ə/-zjə, -ʒ(i)ə] *n.* アフリカ東南部の国《現在は Zambia 共和国と白人支配の南ローデシアに分かれている》. ◇ **～n** [-ʒjən, -ʒiən] *a.*, *n.* ローデシアの; ローデシア人.

Rhó·di·an [róudiən] *a.*, *n.* Rhodes 島の (人).

rhó·di·um [róudiəm] *n.*〖化〗ロジウム《金属元素. 記号 Rh》.

rhò·do·dén·dron [ròudədéndrən] *n.*〖植〗シャクナゲ属.

rho·dó·ra [rodóːrə/-dɔ́ːr-] *n.*〖植〗ツツジの一種《北アメリカ産》.

rhomb [ramb, ram/rɔm] *n.* **1**〖数〗= rhombus. **2**〖結晶〗菱形(ひし). 「〖結晶〗斜方晶系の.

rhóm·bic [rámbik/rɔ́m-] *a.* ひし形の, 斜方形の;

rhóm·boid [rámbɔid/rɔ́m-] *n.*, *a.* 偏菱(へんりょう)形(の), 長斜方形 (の). ◇ **rhom·bói·dal** [rambɔ́idl/rɔm-] *a.*

rhóm·bus [rámbəs/rɔ́m-] *n.* (*pl.* **-bus·es** [-iz], **-bi** [-bai])〖数〗ひし形, 斜方形;〖結晶〗斜方六面体.

rhú·barb [rúːbaːrb] *n.* **1**〖植〗大黄; 大黄ソース. **2**〖米俗〗けんか, 口論; 物言い, 苦情.

rhumb [rʌm(b)/rʌm] *n.*〖海〗航程線 (= ～ line).

rhúm·ba [rʌ́mbə] = rumba.

‡**rhyme, rime** [raim] *n.* **1**〖韻〗韻, 押韻, 脚韻. **2** 同韻語《*to*, *for*》. **3** (*pl.*) 韻文, 詩.
double [***female***, ***feminine***] **～** 二重韻〔女性韻〕《motion, notion のように強勢のある音節とそれに続く音節とが韻をふむ》. ***eye*** [***sight***, ***spelling***, ***visual***] **～** 視覚韻《love と move, car と war のように一見韻をふんでいるようで発音の異なるもの》. ***imperfect ～*** 不完全韻《たとえば love と move, phase と race》. ***neither ～ nor reason*** わけも理由もない. ***nursery ～s*** 子もり歌. ***single*** [***male***, ***masculine***] **～** 単韻〔男性韻〕《disdain, complain のように最後の強勢のある1音節だけ韻をふむ》. ***without ～ or reason*** 分別のない, 全くわけのわからない.
—— *vi.* **1** 韻をふむ; 韻が合う《と *to*, *with*》: "More" ～*s with* "door". more は door と韻が合う. **2** 詩をつくる. **——** *vt.* **1** 詩につくる. **2** 詩作して暮らす《*away*》. **3** に韻をふませる《と *with*》.
～d verse 押韻詩. → blank verse. ***～ming dictionary*** 押韻辞典.
～ royal a b a b b c c の型で韻をふみ, 各行 10 個の音節をもつ七行詩.
◇ **～·ster** *n.* = rhymer. **rhýme·less** *a.* 無韻の. **rhým·er, rim·er** *n.* 作詩者, 《特に》へぼ詩人. **rhým·ist** *n.* = rhymer.

‡**rhythm** [ríð(ə)m] *n.* **1** 律動, リズム, 周期的反復〔循環〕: the ～ of the tide 潮の規則的な干満. **2** 韻律. **3**《絵・文章などの》調子: in quick ～ 急調子. ◇ **～·less** *a.*

***rhýth·mic** [ríðmik], **rhýth·mi·cal** [-(ə)l] *a.* 律動的な, リズミカルな; 抑揚〔韻律〕のある, 調子のよい; 規則的に循環する. ◇ **rhýth·mi·cal·ly** *ad.*

R.I. *Regina et Imperatrix* (L. = Queen and Empress); *Rex et Imperator* (L. = King and Emperor); Rhode Island; Royal Institute [Institution].

rí·al [ráiəl] *n.* リアル《イランの貨幣単位. 記号 R》.

ri·ál·to [riǽltou] *n.* (*pl.* **～s**) **1** 取引市場. **2** (R～) New York の Broadway の劇場街. **3** (R～) Venice 大運河の大理石の橋.

rí·ant [ráiənt] *a.* 陽気な, 快活な. ◇ **～·ly** *ad.*

‡**rib** [rib] *n.* **1**〖医〗ろっ骨, あばら骨. **2** あばら《肉片つきのろっ骨》. **3**〖植〗《葉脈中の》肋(ろく);〖鳥〗

羽翮(ふく); 〘虫〙 翅脈(しみゃく). **4** ろっ骨状の物; 〘船舶の〙 肋材; 〘空〙〘翼の〙 小骨; 〘建〙 リブ, 迫持(せり)の肋; 〘橋の〙 横ばり; 〘こうもりがさの〙 骨; 〘採鉱〙 鉱柱, 炭柱. **5** あぜ, うね; 〘織物の〙 うね. **6** 〘笑〙 妻, 女 《旧約聖書創世記 2: 21から》.

false* [*floating*] ~*s 〘医〙 仮ろっ骨 《胸骨に連結しない》. ***poke* [*nudge*] a person *in the* ~*s*** 意味ありげにそっと (人の) 横腹を突く. **~(*s*) *of beef*** あばら骨つきの牛肉. ***smite under the fifth* ~** 心臓を突き刺す, 突き殺す. ***true* [*sternal*] ~*s*** 〘医〙 真ろっ骨 《胸骨に連結する》.

— *vt.* (**-bb-**) **1** にろっ骨〔肋材〕をつける, ろっ骨〔肋材〕で囲む. **2** にうねをたてる, にうね模様をつくる. **3** 〘米俗〙 いじめる, からかう.

ríb·ald [ríb(ə)ld] *a.*, *n.* 下品な (人), 下劣な (人), 口ぎたない (人). ◇ **~·ly** *ad.* **~·ry** [-ri] *n.* 下品, 下劣; 下品なことば〔冗談〕.

ribbed [ribd] *a.* **1** ろっ骨のある; 肋材(ろくざい)を用いた. **2** うねのある: ~ fabric うね織り. **3** 《合成語で》 rib が…な: close-~ うねの細かい.

ríb·bing [ríbiŋ] *n.* **1** 《集合的》 ろっ骨; ろっ骨組織. **2** うね立て; 肋材取り付け.

‡ríb·bon [ríbən] *n.* **1** リボン, ひも. **2** 〘勲章の〙 飾りひも, 綬(じゅ); 〘タイプライターなどの〙 インクリボン; 〘とけいの〙 ぜんまい; 帯のこぎりの身; 金属性巻き尺. **3** ひも状の物, 細長い一片, 裂片; (*pl.*) ぼろぼろ (の状態): a ~ of road 一筋の道路. **4** 〘海〙〘船の肋材をささえる〙 帯板. **5** (*pl.*)〘俗〙 手綱.

be torn to* [*hang in*] ~*s ぼろぼろに裂ける〔裂けてぶら下がる〕. ***blue* ~** 青綬 《Garter 勲章の》; 最高栄冠. ***handle* [*take*] *the* ~*s*** 馬〔馬車〕を走らせる. ***red* ~** 《バース勲章の》 赤綬, 《フランスのレジオンドヌール勲章の》 綬.

— *vt.* **1** にリボンをつける, リボンで飾る. **2** ひものように裂く: ~ dried cuttlefish するめを細く裂く. **3** リボンのような筋〔しま〕をつける. — *vi.* リボン状になる.

~ building 帯状建築 《市街から郊外への, または幹線道路に沿う住宅建築》. **~ copy** タイプライターで打った書類の写し. **~ development** 帯状発展 《市街から郊外への, または幹線道路に沿う市街膨張》. **~ fish** 《一般的》 平たく細長い魚. **~ park** 帯状緑地. **R~ Society, the** 緑リボン会 《19世紀の初めアイルランドに起こった宗教上の秘密結社》. **~ windows** 帯状ガラス窓 《柱の外に床をせり出させた現代のビルによく見られる》.

ribbon windows

ríb·boned [ríbənd] *a.* **1** リボンをつけた. **2** 勲章をつけた〔もらった〕: a ~ soldier.

rí·bes [ráibi:z] *n.* 〘植〙 ユキノシタ科 スグリ属の植物.

rì·bo·flá·vin [ràibəfléivin] *n.* 〘生化〙 リボフラビン 《ビタミン B_2 または G》.

Ri·cár·di·an [riká:rdiən] *a.* Ricardo 学派の, リカード説の. — *n.* リカード学徒.

Ri·cár·do [riká:rdou] *n.* David ~, 1772–1823, イギリスの経済学者.

‡rice [rais] *n.* 米; 飯; 稲. ***hulled* ~** 玄米. ***paddy* [*rough, unhusked*] ~** もみ.

— *vt.* 〈ジャガイモを〉 ricer でつぶして米粒大にする: ~ potatoes.

∼·bird [∸∸] 〘鳥〙 米食鳥 《アメリカ産》. **~ bowl** 飯盛り茶わん; 米作地帯. **~ crop** 米作, 稲作. **~ flour** 米の粉, しん粉. **~ paper** 薄い上質の紙. **~ plant** 稲. **~ polish** 米ぬか. **~ polishings** (米の) もみがら. **~ water** 重湯. **~ weevil** 〘虫〙 穀象虫. ◇ **ríc·er** [-ər] *n.* 〘米〙 裏ごし器 《ジャガイモなどをこす》.

Rice [rais] *n.* Elmer ~, 1892– , アメリカの劇作家.

†rich [ritʃ] *a.* **1** 金持ちの, 富んだ: ~ people 金持ち. **2** 《…に》 恵まれた, 《…の》 豊富な, 《…が》 たくさんある 《に, の, が *in*, *with*》: an art gallery ~ *in* paintings by the Dutch masters オランダの巨匠の絵のたくさんある美術館. **3** 肥沃(ひよく)な, 肥えた: ~ soil 肥えた土地. **4** 高価な, 貴重な, 華美な, りっぱな, ぜいたくな: ~ dresses 華美な衣服. **5** 栄養分に富んだ, 濃厚な, しつこい; 味のよい, こくのある: a ~ diet 栄養のある食事. ~ food こってりした食物. ~ milk 濃い牛乳. **6** 《色が》 濃い, あざやかな; 《音が》 朗々とした, 太い; 《かおりが》 強い: a design ~ with colors 色のあざやかなデザイン. the ~ voice of baritone バリトンの豊かな声. **7** 意味深長な: ~ words. **8** 〘話〙 たいへんおかしい, 非常におもしろい: a ~ joke. **9** 《分詞と結合して副詞的に》 りっぱに, ぜいたくに (=richly): ~-clad 着飾った. ~-bound 装訂のりっぱな. **(*as*) ~ *as Croesus* [*a Jew*]** 非常に金持ちの. **~ *and poor*** 富者も貧者も. ***the new* ~** 新興成金連. ***the* ~** 金持ち (=rich people).

◇ **∼·ly** *ad.* 豊富に; 十分に; 濃厚に; 高価に; 強烈に; 華美に. **∼·ness** *n.* 富裕; 豊富; 肥沃; 貴重, りっぱさ; 濃厚.

(類義語) **金持ちの: rich, wealthy** rich は wealthy より更に豊かだが, 短期的なばあいがある: I am *rich* now. 現在ぼくは金持ちだ. 更に rich は金銭面以外の富もあらわす. wealthy は長期的に金銭を保有しているときにのみ用いる. **affluent** ばく大な富によって得られる安楽を示す: an *affluent* society 富める社会 《アメリカのこと》. **well-to-do** 暮らし向きのよい. 必要生活費以上の収入があることを示す.

Rích·ard [rítʃərd] *n.* ~ I, 1157–99, イギリス王リチャード一世. **~'*s himself again*** 「リチャードは回復した」, 立ち直ったぞ 《Shakespeare の *Richard III* から》. **~ Roe** [-róu] 〘法〙 訴訟において氏名不明の当事者中第二の者に対する仮名. → John [Jane] Doe.

Rì·che·líeu [rìʃəlú:/ríʃəljə:] *n.* Armand Jean du Plessis, Duc de ~, 1585–1642, フランスの政治家・宰相.

‡ríches [rítʃiz] *n. pl.* 《通例複数扱い; もとは単数扱い》 富, 財産; 豊富: heap up [amass] great ~ 巨万の富を積む. the ~ of knowledge [the soil] 知識の宝庫〔山のさち〕. ***R~ have wings.*** 〘諺〙 金に羽あり. [＜F. *richesse*. したがって riches の -es は本来は複数のしるしではない]

Rích·mond [rítʃmənd] *n.* アメリカ Virginia 州の都市.

rick¹ [rik] *n.* 〘おもに英〙 積んだ干し草, 稲むら.

— *vt.* 〈麦・干し草などを〉 積み重ねる, 積んで稲むらにする.

rick² *n.* 〘英方〙 =wrick.

ríck·ets [ríkits] *n.* (*pl.* ~) くる病, イギリス病, せむし.

ríck·et·y [ríkiti] *a.* **1** くる病にかかった, せむしの. **2** 関節の弱い; ぐらぐらする: a ~ chair ぐらぐらいす. ◇ **-i·ness** *n.*

rìc·o·chét [rìkəʃéi, -ʃét/∸−−, ∸−∸] *n.* **1** はねとび, 《水切りをした石の》 かすめとび. **2** 跳弾(ちょうだん).

— *vi.* (**-t-**, ㊥ **-tt-**) はねとぶ, 跳弾を発射する.

‡rid¹ [rid] *vt.* (**rid *or* ríd·ded** [rídid]; **ríd·ding**) 解放する, 免れさせる, 自由にする 《から *of*》; から取り除く 《を *of*》: ~ a house *of* mice 家からネズミを駆除する. ~ a person *of* fears [foolish notion] 恐怖心〔ばかな考え〕を除いてやる. ~ oneself *of* a bad habit 悪習から抜け出す.

be* ~ *of を免れる, を脱する: He *is* ~ *of* fever. 彼は熱がとれた. I'm glad to *be* ~ *of* him. 彼がいなくなってやれやれだ. ***get* ~ *of*** を免れる〔脱する, のがれる〕; を除去する, をしまつする; を廃する, を殺す: *get* ~ *of* one's cough せきを止める.

rid² *v.* 〘古〙 ride の過去形.

ríd·a·ble [ráidəbl] *a.* 馬に乗ることができる; 馬で通れる: a ～ path [stream].
◇ **rìd·a·bíl·i·ty** [⌐－bíləti] *n.*

ríd·dance [ríd(ə)ns] *n.* 免れること, 除去. ***a good*** ～ やっかいばらい. ***make*** (***clean***) ～ ***of*** を一掃する.

†**ríd·den** [rídn] *v.* ride の過去分詞.

-ríd·den [-rídn] *a.* 《…に》支配された;《…に》悩まされた: a land that was king-～ 国王独裁の国. fear-～ 恐怖にとらわれた.

‡**ríd·dle**[1] [rídl] *n.* **1** なぞ, 判じ物: put a ～ to …になぞをかける. **2** 難問題; 不可解な人〔物〕. ***speak in*** ～***s*** なぞをかける, なぞめいたことを言う.
—— *vi.* なぞをかける; なぞのようなことを言う.
—— *vt.* **1** なぞの形で〔なぞのように〕言う. **2** のなぞを解く. ***R***～ ***me,*** ～ ***me what it is!*** このなぞなあに(解いてくれ).

ríd·dle[2] *n.* 目のあらいふるい. —— *vt.* **1** 〈穀物を〉ふるい分ける; 〈証拠・事実を〉調べる. **2** 《弾丸などでハチの巣のように》穴だらけにする. **3** 〈人の〉あらを捜してやりこめる. —— *vi.* ふるいを使う.

ríd·dling [-iŋ] *a.* なぞのような, 不可解な: a ～ speech なぞめいた演説. ◇ ～**·ly** *ad.*

†**ride** [raid] *v.* (**rode** [roud], 〘古〙**rid** [rid]; **ríd·den** [rídn]) *vi.* **1** 《馬・乗り物などに》**乗る, 乗って行く** 《に *on, in*》: ～ *on* horseback [a horse] 馬に乗って行く. ～ *on* a bus [train, ship] バス〔汽車, 船〕に乗る. ～ to and from work 乗り物で通勤する. **2** 乗馬する, 馬を御する: I can't ～. 私は馬に乗れない. **3** 馬乗りになる, またがる: let a child ～ *on* one's shoulders 子どもを肩にのせる. **4** 〈船が〉水中に浮かぶ, 停泊する; 〈天体・鳥が〉空中に浮かぶ, かかる, のぼる: The ship ～*s* at anchor. 船が停泊している. The moon ～*s* high. 月が高くのぼっている. **5** 〈物が〉乗りかかる, 重なり合う; 〈色が〉刷り重なる: A bone ～*s*. 骨が折れて重なり合う. **6** ささえられて動く; 〈事が〉《…に》よって決まる, …しだいである《に *on, upon*》: ～ *on* the axle 車軸で回る. **7** 乗馬服を着て…の目方がある. **8** 乗りごこちが…である: ～ easy [hard] 乗りごこちが良い〔悪い〕. ～ smoothly 《自動車が》動揺が少ない. **9** 〈カラー・ネクタイなどが〉もち上がる, ずり上がる: His collar *rode* up constantly. 彼のカラーは絶えずずれた. **10** 〈事態などが〉進行する, 猛威をふるう: Distress is *riding* among the people. 人民は苦難にあえいでいる. **11** 〘ジャズ〙即興演奏する.
—— *vt.* **1** 〈馬・乗り物に〉**乗る**, 乗って行く; 〈馬を〉御する: ～ a bicycle 自転車に乗る. **2** 〈馬・乗り物で〉進む, 通る, 渡る; 〈馬・乗り物に〉乗って行なう: ～ a ford 浅瀬を馬で渡る. **3** 乗らせる, またがらせる; 乗せて運ぶ: ～ a child about on one's shoulders 子どもを肩車に乗せて歩き回る. **4** に浮かぶ, に乗る, にかかる, でささえられる: The ship ～*s* the waves. 船が波に乗って進む. **5** 〈船を〉いかりにつなぐ, 停泊させる. **6** 支配する; 悩ます, 苦しめる《おもに過去分詞形(を用いた合成語)で》: *ridden* by fear 戦々恐々として. vanity-*ridden* people うぬぼれしか頭にない人々. **7** 〘話〙《しつこく》からかう, 苦しめる. **8** 〘ジャズ〙即興的に変奏する.
let ～ 〘俗〙放置する: *Let* the matter ～ a few months. その件は二, 三か月そのままにしておけ. ～ ***a method*** [***jest***] ***to death*** ある方式〔冗談〕を使いすぎてだめにする. ～ ***and tie*** ふたり交替に1頭の馬〔1台の自転車〕に乗りつぐ. ～ ***a race*** 競馬〔自動車競走〕をする. ～ ***away*** [***off***] 乗り去る. ～ ***bareback*** 裸馬に乗る. ～ ***behind*** 後ろに乗る. ～ ***down*** 馬で追い詰める; 馬でぶつかって突き落とす; 打ち負かす; 〈馬を〉乗りつぶす. ～ ***for a fall*** 乱暴な乗り方をする; むちゃなことをする. ～ ***gain*** 《放送などの》音量を調節する. ～ ***herd*** 《カウボーイのように》放牧牛をうまく扱う; 《一般的》見張る, 監督する《を *on*》. ～ one***'s horse at a fence*** 馬でかきを乗り越えようとする. ～ one***'s horse at the enemy*** 馬で突撃する. ～ one***'s horse to death*** 馬を乗りつぶす; おはこを出しすぎてきらわれる. ～ a person ***off*** 《ポロ戦で》(敵)とボールとの間に自分の馬を乗り入れる. ～ ***off on side issues*** 枝葉の問題を出して要点を避ける. ～ a person ***on a rail*** (人を)横木の上にのせて運ぶ《罰として》. ～ ***out*** 馬に乗って外に出る; 〈暴風・困難などを〉乗りきる. ～ ***over*** を踏みにじる; を無視する; を圧倒する. ～ ***roughshod*** (***over*** a person) (人に)いばりちらす, 他人の迷惑を考えずにかってにふるまう. ～ ***the beam*** 〘空〙信号電波にのって飛ぶ. ～ ***the line*** 馬で走り回って牛の群れをまとめる. ～ ***the whirlwind*** 〈天使が〉旋風を御する; 旋風〔革命の気運〕に乗じる, 風雲に乗じる. ～ ***to hounds*** 猟犬についてキツネ狩りをする. ～ ***up*** 〈カラー・ネクタイなどが〉ずりあがる.
—— *n.* **1** 《馬・乗り物・人の背などに》乗る〔乗せる〕こと; 乗って〔乗せて〕行くこと. **2** 乗る時間; 騎馬〔乗り物〕旅行: It's about 2 hours' ～. 車で約2時間です. **3** 《森の中などの》騎馬道路. **4** 〘英: 軍〙補充騎兵隊. ***give*** a person ***a*** ～ (人を)乗せてやる. ***go for a*** ～ 一乗りしに出かける. ***have*** [***take***] ***a*** ～ 《馬・馬車などに》1回乗る. ***take for a*** ～ 〘米俗〙自動車で連れ出して殺す; だます.

rí·dent [ráidnt] *a.* 笑う, 陽気な. [√rid-]

***ríd·er** [ráidər] *n.* **1 乗り手, 騎手.** **2** 追って書き, 添え書き, 添付書類; 《特に議会第3読会の》補足条項. **3** 〘数〙応用問題. **4** 〘機〙ライダ, 他のものの上〔台上〕で動く部分, 馬乗り分銅; 《欄干の》手すり; 《ジグザグ形へいの》横木.
by way of ～ 追加として, 添えて《*to*》.
◇ ～**·less** *a.* 乗り手のない; 追加条項のない.

‡**ridge** [ridʒ] *n.* **1** 山の背, 峰, 尾根; 分水線. **2** 《動物の》背, 背筋. **3** 《一般的》隆起; 《波の》背, うね; 鼻筋. **4** 《畑・織物の》うね. **5** 《屋根の》棟(むね). **6** 《天気図で》高気圧の張り出し部.
—— *vt.* **1** に棟をつける; にうねをたてる《*up*》. **2** うねに植える. —— *vi.* うねになる, 波だつ: The sea ～*s* under the wind. 風で海が波だつ.
～ **beam** [**piece**] 棟木; テントのはり材. ～ **tile** 棟がわら. ～ **way** 峰伝いの道; あぜ道.
◇ **rídg·y** [rídʒi] *a.* 背のある; うねのある; 《山脈など》隆起した.

ríd·i·cule** [rídikjùːl] *n.* あざけり, あざ笑い, 冷やかし. ***turn [***bring***] a person ***into*** ～ ＝***cast*** ～ ***upon*** a person ＝ ***hold up*** a person ***to*** ～ (人を)笑いものにする, 冷やかす.
—— *vt.* あざ笑う, 冷やかす, ばかにする. [√rid-]

‡**ri·díc·u·lous** [ridíkjuləs] *a.* おかしい, ばかげた; 途方もない. → ludicrous. [√rid-]
◇ ～**·ly** *ad.* ～**·ness** *n.*

ríd·ing[1] [ráidiŋ] *n.* **1** 乗馬; 乗車. **2** 馬道, 馬場. —— *a.* 乗馬の, 馬術の; 乗馬用の: a ～ horse 乗馬. ～ clothes 乗馬服.
～ **breeches** [**boots**] 乗馬ズボン〔ぐつ〕. ～ **crop** [**whip**] 乗馬むち. ～ **habit** 《婦人用》乗馬服. ～ **master** 馬術教師. ～ **school** 乗馬学校.

ríd·ing[2] *n.* 〘英〙**1** 区《イギリス Yorkshire 州の》. **2** イギリス本国または植民地における区画.

rife [raif] *a.* **1** 流行して; 《うわさなど》広まって. **2** 非常に多い, おびただしい. **3** たくさんもっている《を *with*》. ◇ ⌐**·ly** *ad.* ⌐**·ness** *n.*

riff [rif] *n.* 〘ジャズ〙反復楽節〔旋律〕.
—— *vi.* ～ を演奏する.

ríf·fle [rífl] *n.* **1** 〘米〙(川の)瀬, 浅瀬. **2** 〘米〙早瀬; さざなみ. **3** 〘トランプ〙札の切り方《二つに分けて両手で端を交互に切りまぜる》. **4** 〘採鉱〙みぞ《砂金採集どいの》. —— *vt.* **1** にさざなみを立てる. **2** トランプ札を切る; 〈本のページ・手紙などを〉ぱらぱらめくる.
—— *vi.* **1** さざなみが立つ. **2** ぱらぱらめくって見る: ～ *through* a book 本をさらっとめくって目をとおす.

ríff·raff [rífræ̀f] *n.* **1** 下層民; 人間のくず: the ～ of the city 町のごみ; 貧民窟(くつ). **2**〖方〗くず, ごみ.

‡**rí·fle**[1] [ráifl] *n.* ライフル銃, 施条銃; 小銃;《銃〔砲〕身の内面の》ねじみぞ; (*pl.*) =～ corps. —— *vt.* **1**〈銃〔砲〕身に〉旋条をつける. **2** 小銃で撃つ.
～ **bird** 極楽鳥の一種《オーストラリア産. 暗緑色》. **R～ Brigade**〖英〗ライフル旅団. ～ **corps** ライフル銃隊, 小銃隊. ～ **green** 濃い緑. ～ **grenade** 銃榴(じゅう)弾《小銃で発射する手榴弾》. ～**·man** [-mən] (*pl.* **-men** [-mən]) ライフル銃兵; ライフル射手. ～ **range** ライフル射程; ライフル射撃場. ～**·shot** [⌐-⌐] 小銃弾; 小銃射程; ライフル銃名射手. ◇ ～**·ry** *n.* ライフル銃競技, 射撃技術〔の腕前〕. **rí·fling** *n.* 旋条を施すこと; 旋条.

rí·fle[2] *vt., vi.* **1** くまなく捜す《略奪のために》. **2** から強奪する, から盗みとる《を *of*》: ～ a person *of* money 人から金を奪う.

rift [rift] *n.* 裂け目, 割れ目. ***a little ～ within the lute*** 不和〔発狂など〕のきざし《Tennyson の詩句より》. —— *vt., vi.* 裂く, 裂ける; 割る, 割れる.

rig[1] [rig] *vt.* (**-gg-**) **1**〖海〗艤装(ぎそう)する;〖空〗〈機体を〉組み立てる, 整備する. **2** したくする, 装備する, 取り付ける《*out, up*》. **3**〖話〗装う, 着飾る《*out, up*》. **4** まにあわせる, 急造する《*up*》. **5**〖話〗〈市価・市場などを〉不正〔巧み〕にあやつる: ～ prices《から売りなどで》市価をひっかき回す. ～ ***down*** 取りはずす. —— *n.* **1**〖海〗艤装;〖空〗装備, 整調. **2** 用具一式. **3** (特殊な) 衣服, 服装;〖米〗馬をつけた馬車. ◇ ～**·ging** *n.* **1**〖海〗索具, 綱具装置《ロープ・錨など》; 滑車装置. **2**〖話〗服装, 身なり. **3** 準備, したく.

rig[2] *n.*〖話〗**1** ぺてん, ごまかし. **2**〖商〗買い占め. ***run a ～*** 〔*one's ～s*〕ふざける, あばれる. —— *vt.* (**-gg-**) **1**〈相場を〉あやつる;〈市場を〉操作する. **2** 買い占める.

Rí·ga [rí:gə] *n.* ソ連邦 Latvia 共和国の首都.

rìg·a·dóon [rìgədú:n] *n.* 昔流行した快活な 2 人舞踏; その曲.

ríg·ger [rígər] *n.* **1**〖海〗艤装(ぎそう)者; 索具装着者. **2**〖空〗機体装備員. **3**〖米〗《建築工事場の》安全足場〔外囲い〕; 起重機・足場材料などを扱う人. **4** 相場をあやつる人, 株を買い占める人.

†**right** [rait] *a.* **1** 正しい,《道徳上》正当な: ～ conduct 正しい行為. It's ～ *of* him *to* (do) 彼が…するのは正しい. ↔wrong. **2** 正確な, まちがっていない: the ～ answer 正しい答え. Am I on the ～ road? この道を行けばいいのですか. ↔ wrong. **3**〖古〗ほんものの, ごまかしでない. **4 まっすぐな**, 直立した, 直角の: a ～ line 直線. a ～ triangle 直角三角形. **5 適切な**, ふさわしい: say the ～ thing 適切なことを言う. He is the ～ man for the position. 彼はその役目には適材だ. **6** 好つごうな, 申しぶんのない; 正常な: All will be ～. 万事うまくゆくだろう. **7** 健康な; 正気の: Do you feel all ～? 病気のぐあいはよくなりましたか. He is not quite ～ in his head. 彼の頭は多少おかしい. **8** おもての, 正面の: the ～ side of the cloth 布のおもて. ↔wrong. **9 右の**, 右側の: one's ～ hand 右手. on the ～ side 右側に. ↔left. **10** 右派〔保守主義〕の;〖野球などの〗右翼の: the ～ wing 右派. ↔left.
all ～ (1) よろしい; 申しぶんなく〔ない〕; 無事に〔で〕; 確かに. (2)〖米俗〗信頼のおける. (3) よしいまに見ろ. ***at*** 〔***on, to***〕 ***one's ～ hand*** 右側に. ***at the ～ time*** ちょうどよいときに. ***be on the ～ side of*** 30 (30歳) 前である. → wrong. ***get it ～*** 正しく理解させる〔する〕. ***get on the ～ side of*** の気に入る. ***get ～*** 正しくする; 正しくなる, 直る. ***give the ～ hand of fellowship*** 握手して仲間に入れる. ***in one's ～ mind*** 〔***head, sense***〕正気で. ***Mr.*** 〔***Miss***〕 ***R～***〖俗〗夫〔妻〕たるに最も適した人, 夫〔妻〕たるべき人. ***put*** 〔***set***〕 ***～*** 直す, 整とんする. ***put*** 〔***set***〕 ***oneself ～*** 自分を正しいと主張する. ***put one's ～ hand to work*** 本気で仕事をする. ***～ and left*** 左右の〔に〕; 四方八方で. ***～ as a ram's horn***〖話〗たいへん曲がって. ***～ as rain*** 〔***a trivet***〕至極壮健で. ***～ oh!***〖俗〗ようし承知した. ***～ or wrong*** よかれあしかれ, ぜひとも. ***～ side up*** おもてを上にして. ***R～ you are!*** もっともです; よろしい, 承知しました. ***That's ～.*** それでけっこうです; そのとおりだ. ***the ～ man in the ～ place***〖諺〗適材適所. ***the ～ way*** 本道, 正道; 正しいやり方; 正しく. ***too ～***〖オーストラリア・英〗けっこう, よしきた.

—— *ad.* **1**《道徳上》**正しく**, 公正に: act ～ 正しくふるまう. **2 正確に**: if I remember ～ もし私の記憶が正しいなら. guess ～ 言いあてる. **3 適切に**; つごうよく, ちゃんと: do a thing ～ ことをちゃんとする. **4**《副詞(句)を修飾して》**まさしく**, ちょうど, 全く; まともに, まっすぐに: ～ now いますぐ, たったいま. ～ after supper 夕食のすぐあと(で). ～ in the middle ちょうどまん中に. The wind was ～ in our faces. 風がまともにわれわれの顔に吹きつけた. go ～ home まっすぐ帰宅する. **5 右側に**〔へ〕: turn ～ 右へ曲がる. **6**〖古・話〗非常に, とても: I'm ～ glad to see you. お目にかかれてとてもうれしい.
go ～ on 直進する. ***～ along***〖米俗〗休まずに, 絶えず. ***～ away*** 〔***off, now***〕直ちに. ***～ down*** (1) 率直に; あからさまに. (2) 全く, ほんとうに: He was ～ *down* angry about it. かんかんにおこっていた. (3) 完全な, 徹底的な: He's a ～ *down* scoundrel. 彼は全くの悪党だ. (4) 風がないで. ***～ here*** ちょうどここで〔に〕. ***～ in the wind's eye*** まともに風に向かって. ***～ opposite*** 真向こうに; 正反対に. ***～ over the way*** 道の真向こうに. ***～ smart***〖米〗非常に. ***～ smart of***〖米〗たくさんの. ***～ straight***〖米〗いますぐ, 直ちに. ***～ there*** ちょうどあそこに〔で〕. ***turn ～ round*** くるりと回る.

—— *n.* **1**《道徳的に》**正しいこと**, **正義**, 公正: know the difference between ～ and wrong 正邪の別を知る. **2 権利**: civil ～*s* 公民権. have a 〔the〕 ～ to one's opinion 意見を言う権利がある. → rights. **3 正確さ**, 的確さ. **4** (*pl.*) 真相, 実状; 正しい状態; 正しい解釈: the ～*s* of the case 事件の真相. **5 右**, 右側: keep to the ～ 右側通行(する). on the ～ of の右側に. **6** 右折: make a ～ 右にターンする. **7**〖ボクシング〗ライト, 右手の一撃;〖野球〗ライト, 右翼手;〖船〗右舷(げん). **8** (the ～, the R～)〖政〗右派, 保守派;〖軍〗右翼. **9** 表面, 正面.
be in the ～ 正しい, 道理がある, 正確である. ***bring to ～s***〖話〗正す, 直す. ***by*** 〔***of***〕 ***～*** =***by*** (***good***) ***～***(***s***) 正しく, 正当に, 当然 (の権利によって). ***claim a ～ to*** に対して権利を主張する. ***do*** a person ～ (人を) 公平に取り扱う, 正当に評価する. ***get*** 〔***be***〕 ***in ～ with***〖米〗の気に入る, に取り入る. ***have a*** 〔***the***〕 ***～ to*** a thing 〔***to*** (do), ***of*** (do)***ing***〕を要求する権利がある〔当然…する権利がある〕. ***in*** one's (***own***) ***～*** 自己(生得)の権利で, 本来(的に): a queen *in her own* ～ 生まれながらの女王《王妃として女王になったのではない》. ***keep on*** one's ***～*** 右側を進む; 正道を進む. ***Might is ～.***〖諺〗力は正義である,「勝てば官軍」. ***～ of common***〖法〗入り会い権《他人の山林でまきなどを採る権利》. ***～ of way*** 通行権 (のある通路); 先行権;〖米〗鉄道用地; 道路用地; 送電線用地. ***～s of man*** 人権. ***set*** 〔***put***〕 ***to ～s*** 直す, 整とんする. ***stand up*** (***on***) ***one's ～*** 自己の権利を主張する. ***the Bill of R～***〖英: 法〗権利章典《イギリス憲法の根本原則をなす. 1689 年公布》;〖米: 法〗憲法改正10箇条《1791年採用》.

—— *vt.* **1**〈誤りなどを〉**正す**, 直す; 償う: ～ a wrong 非を直す, 償う. **2** の位置を正す, 整とんする, もとどおりにする; 起こす, 立ち直らせる: ～ a capsized boat 転覆したボートを引き起こす. **3** に当然の権利を与える, 救う: ～ the oppressed 圧迫されている人々を救う. —— *vi.* 〈若木・ボートなどが〉立ち直る: After the storm the saplings ～*ed*. あらしが去って若木が立ち直った.

～ ***itself*** [***oneself***] (1) 正常の位置にもどる, 立ち直る. (2) 弁明する, あかしをたてる, 名誉を回復する.

～·a·bout→別項. **～-án·gled** 直角の. **～-down** [ˊˊ, ˊˊ] *a., ad.* 全く(の), 完全な[に]. **～ hand** 右腕; 片腕となる[腹心の, 信頼できる]人. ***～-hand** [ˊˊ, ㊟ˈˊˊ] (1) 右手の, 右側の. (2) 右手を用いる, 右手に関する; 右ききの. (3) 頼みになる, 片腕となる, 腹心の. **～-hánd·ed** (1) 右ききの. (2) 右手でした; 右手で用いる. (3) 右回りの《とけいの針とおなじ方向の》, 右旋回の. **～-hánd·er** (1)〖話〗右ききの人;〖野球〗右手投手[打者]. (2) 右手の一撃; 右手投げ. **～-mínd·ed** → 別項. **～-wíng** 右翼[右派]の. **～-wíng·er** 右翼[右派]の人. **R～ Worshipful** [**Worthy**] 閣下.

◇ **～·ist** *a., n.* 右翼[保守派]の(人); 反動的な(人). **～·ness** *n.* 公正; 正確, 適切; まっすぐなこと. **～·ward** *a., ad.* 右手の, 右側の, 右に向かう; 右に[へ], 右側へ. **～·wards** [-wərdz] *ad.* 右に, 右へ.

ríght·a·bout [ráitəbàut] *n.* 回れ右; 反対の方向. ***send*** a person ***to the*** ～ (人を) 追い払う; 解雇する. —— *a., ad.* 反対の方向の[に]: a ～ turn 回れ右. Move the table ～. テーブルをぐるりと動かしなさい.

～-fáce [-féis] (1)〖軍〗回れ右. (2) 方向転換;《主義などの》転向. 〈注〉形容詞・副詞的にも用いる.

ríght·eous [ráitʃəs] *a.* **1** 正義の, 心のまっすぐな, 公正な; 有徳の. **2** 正当な, 当然の.

◇ **～·ly** *ad.* **～·ness** *n.*

ríght·ful [ráitf(u̥)l] *a.* **1** 正しい, 正当な. **2** 合法[適法]の. ◇ **～·ly** [-fu̥li] *ad.* **～·ness** *n.*

‡ríght·ly [ráitli] *ad.* **1** 正しく, 正当に: understand ～ 正しく理解する. You ～ judge people by the company they keep. 人々をその交友関係によって判断してまちがいない. **2** 公正に, 廉直に: act ～ 正しく行動する. **3** 正確に: I cannot say ～. きっぱりとは言えない. **4** 適切に: dress ～ ふさわしい服装をする. ～ ***or wrongly*** 正しいにせよ誤っているにせよ; 当否はわからないが….

ríght-mínd·ed [ráitmáindid] *a.* 心の正しい, 正直な, 誠実な. ◇ **～·ly** *ad.* **～·ness** *n.*

ríght·ò(h) [ráitòu, ˊˊ/ˊˊ] *int.* 〖英話〗よろしい!, 承知した!

rights [raits] *n., a.* 〖話〗公民権(の) (=civil ～): a ～ worker 生活保護司《公民権擁護を仕事とする》. →right *n.* ②.

‡ríg·id [rídʒid] *a.* **1** かたい, たわまない: a ～ piece of metal かたい金属の片. ↔pliable, soft. **2** かたくなな, 《考えが》固定した: His mind has become rather ～. 彼は頭がやや硬化してきた. **3** 厳格な, 厳正な: a ～ rules 厳重な規則. **4** きびしい, 精密な: a ～ examination 精細な検査. **5**〖空〗《ヘリコプターの回転翼などが》硬式の. ～ **body**〖物〗剛体.

◇ **～·ly** *ad.* **～·ness** *n.* **ri·gíd·i·ty** [ridʒídi̥ti] *n.*

ri·gíd·i·fy [ridʒídi̥fài] *vt., vi.* rigid にする[なる].

ríg·ma·role [rígmərðul] *n.* くだらない長話[長文]; 形式ばったこと. —— *a.* とりとめのない, 筋のとおらない.

ríg·or, ㊟ **ríg·our** [rígər] *n.* **1** きびしさ, 厳格. **2** きびしい行為,《法律・規則などの》励行. **3** (しばしば *pl.*)《寒暑・経験の》きびしさ: the ～*s* of prison life 刑務所生活のきびしさ. **4**〖医〗悪寒(おかん). **5** 苦しみ;〖医〗硬直. ～ ***of famine*** 飢えの苦しみ. ～ ***of winter*** 厳寒. ***with*** ～ 厳格に. ***with the utmost*** ～ ***of the law*** 法律を厳格に励行して.

◇ **ríg·or·ism** [rígərìz(ə)m] *n.* 〖倫〗厳格主義; 厳格な態度. **ríg·or·ist** *n.*

ri·gor mor·tis [ráigɔːr-mɔ́ːrtis] L. (=rigor of death)〖医〗死後硬直.

ríg·or·ous [ríg(ə)rəs] *a.* **1** きびしい, 厳格な. **2** 精密な, 正確な. **3**《寒暑など》きびしい. **4**〖論・数〗根拠のある. [<rigor] ◇ **～·ly** *ad.* **～·ness** *n.*

ríg·our 〖英〗=rigor.

Rig-Ve·da, Rig·ve·da [rigvéidə] Sans. *n.* リグベーダ《インド最古の聖典》; 賛誦(さんしょう). → Veda.

rile [rail] *vt.* 〖おもに米〗**1** おこらせる, じらす. **2** 〈水などを〉にごす.

ri·lie·vo [rilíːvou/riliéi-] It. *n.* (*pl.* **-vi** [-viː]) 浮き彫り, 盛り上げ(relief).

rill [ril] *n.* 小川, 小流. → brook¹, rivulet.

‡rim [rim] *n.* **1**《特に円形物の》へり, ふち;《車輪などの》わく, 外輪: the ～ of an eyeglass めがねのふち. **2**〖海〗水面, 海面. —— *vt.* (**-mm-**) にへり[ふち, わく]を付ける: Wild flowers ～*med* the little pool. 野生の花がその小池をふちどっていた.

～·brake [ˊˊ] 輪ぶちブレーキ. ◇ **～·less** *a.*

rime¹ [raim] *n.* 白霜(hoarfrost). —— *vt.* 霜でおおう. ◇ **rím·y** [-i] *a.* 霜でおおわれた.

rime² =rhyme.

ríme·ster =rhymester.

rí·mose [ráimous], **rí·mous** [-məs] *a.* 割れ目[裂け目]の多い.

◇ **～·ly** *ad.* **ri·mós·i·ty** [raimási̥ti/-mɔ́s-] *n.*

rind [raind] *n.* **1**《動物・植物・くだもの・チーズなどの》堅い皮. **2** 外観, 外面. —— *vt.* の皮をむく.

◇ **～·less** *a.* **～·y** *a.*

rín·der·pest [ríndərpèst] *n.* 牛ペスト.

†ring¹ [riŋ] *n.* **1** 輪; 環: a curtain ～ カーテンのつり手. **2** 指輪; 輪形の物: a wedding ～ 結婚指輪. a napkin ～ ナプキンリング《ナプキンを通す輪》. **3** 円, 円形; 車座になった人々: form a ～ 円になる; 車座になる. **4**〖植〗年輪: the annual ～ of a tree. **5** 競馬[競技, ボクシング]場, 土俵, 動物展覧会場. **6** (the ～) ボクシング(界); 闘争場裏. **7**《商売・政治上の》一味, 徒党; 買い占め同盟;《競馬の》かけ屋: the inner ～ 幹部連. **8**〖数〗環, 環面, 環体. **9**〖建〗リング, 輪状平縁(ひらぶち).

in a ～ 輪になって. ***make a*** ～ (1) 輪状に取り囲む. (2) 同盟して市場を左右する. ***make*** [***run***] ～***s around*** a person (人) よりずっとはやく行く[する, 負かす]; ゆうゆう負かす. ***meet in the*** ～〖ボクシング〗試合をする. ***ride*** [***run, tilt***] ***at the*** ～ 馬上で竿頭(かんとう)の輪をやり先で取る《昔の一種の武技》.

—— *v.* (**～ed** *or* **rung** [rʌŋ]) *vt.* **1** 取り巻く, 取り囲む《*in, about, round*》: be ～*ed about* with enemies 敵に囲まれる. **2** 〈牛の鼻・ハトの足などに〉輪をはめる. **3**〖園芸〗の皮を環状にはぐ. **4** 〈リンゴ・ネギなどを〉輪切りにする. **5**〖馬術〗〈馬を〉輪乗りする, の周囲を乗りまわす: ～ up cattle 周囲を乗りまわして家畜を一ところに集める. **6** に輪[馬蹄(ばてい)]をひっかける《輪投げのような遊びで》.

—— *vi.* **1** 輪になる. **2** 〈タカなどが〉舞いあがる; 〈追われたキツネなどが〉ぐるぐる回る.

～ **armor** 鎖かたびら. **～·bolt** [ˊˊ] 鎖付きボルト. **～·dove** [ˊˊ]〖鳥〗ジュズカケバト; シラコバト. ～ **fence** 囲い; 制限. ～ **finger** 薬指. ～ **goal** 輪投げ遊戯の一種. ～ **hunt** 火で囲んで獲物をとる狩猟法. **～·lèad·er** 主謀者, 張本人. ～ **mail** 鎖かたびら. **～·man** [-mən] (*pl.* **-men**) ボクサー;〖方〗《競馬などの》かけ屋. **～·màs·ter** サーカス演技指導者. **～·side** [ˊˊ]《サーカス・ボクシングなどの》リングサイド, 競技場ぎわ. **～·worm** [ˊˊ]〖医〗白癬(はくせん); ぜにたむし, たむし《伝染性の皮膚病の一種》.

◇ **～ed** [-d] *a.* **1** 輪のある, 輪をはめた. **2** 輪状の. **3** 指輪をはめた; 婚約[結婚]した.

†ring² *v.* (**rang** [ræŋ]; **rung** [rʌŋ]) *vt.* **1** 〈鐘・ベル・鈴・打楽器などを〉鳴らす; 鳴らして告げる: ～ the hours 鐘で時を告げる. **2** 〈音・響きを〉出す: The bell *rang* a low tone. **3** (ベルなどを鳴らして) 呼ぶ, 呼び入れる[出す]: ～ a maid in 女中を呼び入れる. ～ out the old year and ～ in the new (year) 鐘を鳴らして旧年を送り新年を迎え入れる. **4**〖おもに

英〗に電話をかける《*up*》: *R*～ me *up* any time. いつでも電話をくれ. **5** 高らかに言う, 言い広める: ～ one's praises 人をほめそやす.

―― *vi.* **1** 〈鐘・ベルなどが〉**鳴る**,〈音が〉響く: The bell ～*s*. ベルが鳴る. A shot *rang* out. 銃声が響き渡った. a ～*ing* voice よくとおる声. **2** 〈場所などが〉 鳴り響く: The hall *rang with* laughter. 広間は笑い声で鳴り響いた. The world *rang with* his fame. 世界じゅうに彼の名声が鳴り響いた. **3** 〈耳が〉鳴る: My ears ～. 耳鳴りがする. **4** 《補語を伴って》…に響く, …に聞こえる: The coin *rang* true [false]. その貨幣は音がほんもの[にせもの]に聞こえた. His words ～ hollow. 彼のことばはそらぞらしく聞こえる.

～ a bell 〖米〗反応[共感]をひき起こす, 思い出させる. ***～ at the door*** 入り口のベルを鳴らす. ***～ down* [*up*] *the curtain*** 閉[開]幕の合い図をする; おしまいにする[始める]《を *on*》. ***～ for*** 鳴らして…を呼ぶ[求める]: ～ *for* coffee [a waiter] 呼び鈴を鳴らしてコーヒーを持ってこさせる[ボーイを呼ぶ]. ***～ for service*** お祈りの合い間に鐘を鳴らす. ***～ in*** (1) 《タイムレコーダーで》出勤時間を記録する. (2) 鐘を鳴らして…を迎え入れる. (3)〖俗〗まんまとはいらせる. ***～ in* one's *ears*** 〈故人のことばなどが〉耳に残る. ***～ in* one's *heart* [*mind*]** 記憶に残る. ***～ off*** 電話を切る;〖俗〗おしゃべりをやめる, 黙る. ***～ a person's praises*** (人)をしきりにほめる. ***～ the bell*** 成功する, うまくいく. ***～ (the) changes*** 鐘をいろいろの調子に鳴らす; おなじことをいろいろ繰り返して言う《*on*》. ***～ the knell*** 弔鐘を鳴らす; 廃止・滅亡などを告げる《の *of*》. ***～ up*** 幕を上げる合い図をする; 金銭登録器に金額を入れる;〈人に〉電話をかける. → *vt.* ④.

―― *n.* **1** 《鐘・ベル・硬貨などを》**鳴らすこと, 鳴る音**《カーン, チリン, チャリンなど》; 《ベル・電話の》呼び出し: There is a ～ at the door. 玄関のベルが鳴っている. answer the ～ of the telephone 電話に出る. **2 響き**, よくとおる音: the ～ of one's laughter よくとおる笑い声. **3** 《比喩的》響き, 調子, …らしさ: His story has the ～ of truth about it. 彼の話は真実らしく聞こえる. **4** 《教会の》一組みの鐘: a ～ of bells.

give* a person *a ～ (人に)電話をかける. ***give the bell a ～*** ベルを押して鳴らす. ***have the true* [*right*] *～*** ほんものの音がする.

ríng·er [ríŋər] *n.* **1** 鐘[鈴]を鳴らす人; 鳴鐘[鳴鈴]装置. **2**〖俗〗《身元・経歴などを》偽って出場する選手[馬]. **3**〖俗〗うり二つの物[人]. **4** 《輪投げなどで》輪[馬蹄(ばてい)]を棒に向かって投げる人. **5** かり立てられて環状に逃げまわるキツネ.

ríng·let [ríŋlit] *n.* **1** 小輪. **2** 巻き毛.
◇ **～·ed** [-id] *a.* 巻き毛にした[になっている].

ríng·ster [ríŋstər] *n.*〖米話〗徒党のひとり, 一味.

rink [riŋk] *n.* **1** 《通例室内の》(アイス・ローラー)スケート場; その建物. **2** スケートリンク; カーリング(curling)場. **3** 芝ふの bowls 競技場. **4** 《ボーリング・カーリング競技で》一方のチーム.
―― *vi.* 《スケート場で》スケートする.
◇ **∼́·er** *n.* アイス[ローラー]スケートをする人.

rinse [rins] *n.* ゆすぎ, すすぎ. **―― *vt.*** **1** ゆすぐ, すすぐ, 軽く洗う, 洗い落とす《*away, out*》. **2** 〈食物を〉胃へ流し込む《*down*》.

ríns·ing [rínsiŋ] *n.* **1** すすぐこと. **2** (通例 *pl.*) ゆすぎ水; (すすぎ落とした)おり, かす.

Rí·o [rí:ou] ＝Rio de Janeiro.

Rí·o de Ja·néi·ro [rí:ou-də-dʒəní(:)rou/-níər-] *n.* リオデジャネイロ《もとブラジルの首都》. → Brasilia.

‡rí·ot [ráiət] *n.* **1 暴動, 騒動**: put down a ～ by force 力で騒ぎをしずめる. **2** 底抜け騒ぎ; 放蕩(ほうとう). **3** ごったがえし; 《色彩・音などの》多種多彩: The garden was a ～ of color. 庭は色とりどりのあざやかさだった. **4** 《感情・想像などの》奔放: a ～ of emotion 感情のほとばしり. **5** こっけいな人物; 〖演技の〗大当たり.

read the R～ Act 騒擾(そうじょう)取り締まり令を読み上げる; 厳重に中止を申し渡す《に *to*》;〖俗〗しかる. ***run ～*** あばれ[騒ぎ]まわる; はびこる,〈花が〉咲きみだれる. ***start* [*raise, get up*] *a ～*** 暴動を起こす.

―― *vi.* **1 暴動を起こす**, 騒ぐ. **2** 飲み騒ぐ, 放蕩する. **3** (過度に) ふける《に *in*》: ～ *in* emotion ほしいままに感動にひたる. **4**〖米: 狩〗〈猟犬・猟犬の一群が〉獲物以外の動物を追跡する. **―― *vt.*** 〈時間・金などを〉浮かれ騒いで浪費する《*away, out*》.

R～ Act〖英〗騒擾取り締まり令. ◇ **rí·ot·er** *n.*

rí·ot·ous [ráiətəs] *a.* **1** 暴動を起こす, 乱暴する. **2** 扇動する. **3** 放蕩(ほうとう)な, 放らつな. **4** 騒々しい.
◇ **～·ly** *ad.* **～·ness** *n.*

rip**[1] [rip] *v.* (**-pp-**) *vt.* **1 破る, 引き裂く**《*open, up*》: ～ *open* a letter 手紙の封を切る. **2** はぎとる, 切り取る《*out, off, away*》: ～ *off* the wallpaper 壁紙をはぎとる. ～ a page *out of* a book 本から1ページを切り取る. **3** 〈材木などを〉割る, 縦びきにする. **4** 〈穴を〉裂いてあける. **5** 暴露する. **6** 荒々しく言う《*out*》. **―― *vi. **1** 破れる, 裂ける, ほころびる. **2** 〖話〗まっしぐらに進む. **3**〖話〗荒々しいことばを吐く. **4**〖話〗自由にふるまう.

Let her* [*it*] *～. とめるな〖船について〗; ほっておけ. ***let ～*** 怒りわめく; 勢いこんで言う[書く], 述べ[まくし]たてる. ***Let things ～.*** 成り行きにまかせろ, あとは野となれ山となれ. ***～ and tear*** あばれ狂う. ***～ into*** 〖話〗を激しく攻撃する, をやっつける. ***～ out an oath*** のろいのことばを放つ. ***～ up*** ビリッと破る, かきむしる.

―― *n.* **1** 引き裂き; (着物の)ほころび, 裂け目. **2** 縦びきのこぎり (＝ripsaw).

～ cord〖空〗(気球の)引き裂きなわ; (パラシュートの)開き綱. **～ panel**〖空〗引き裂きパネル《気球のガス放出の》. **∼́-ròar·ing, ∼́-róar·i·ous** [-ró:riəs/-rɔ́:r-]〖米俗〗騒々しい, 底抜け騒ぎの. **∼́·saw** [∸∸] 縦びきのこぎり. **∼́·snórt·er** [rípsnɔ́:rtər, rip-]〖米俗〗騒々しい[乱暴な]人[物]; すばらしい[おもしろい]人[物].

rip[2] *n.*〖話〗やくざ馬; 放蕩(ほうとう)者; がらくた.

rip[3] *n.* 波浪の激しい水域, 激潮. **∼́·tide** [∸∸]〖米〗激浪《潮流どうしの衝突によって起こる》.

R.I.P. *Requiesca(n)t in pace* (L. ＝May he [she, they] rest in peace!) 安らかに眠れよ.

ri·pár·i·an [ripέ(:)riən, rai-/raipέər-] *a.* **1** 川岸[水辺]の. **2**〖動・植〗川岸[水辺]にすむ[生じる].
―― *n.* 〖法〗川岸所有者.
～ right 水辺土地所有権.

‡ripe [raip] *a.* **1** 《果実・穀物が》**熟した, 実った**: ～ fruit 熟したくだもの. a ～ field 刈り入れのできる畑. **2** 《酒などが》熟成した, 食べごろの: ～ cheese 熟成したチーズ. **3** 円熟した, 老練な; 心身の成熟した: ～ knowledge 円熟した知識. a ～ scholar 円熟した学者. a person of ～ years 壮年の人. **4** 高齢の: die at a ～ age 高齢で死ぬ. **5** 機の熟した; …するばかりになっている: The time is not yet ～. 機いまだ熟さず. be ～ for mischief いたずらしようと待ちうけている. ～ for publication いつでも発行できる状態で. **6** 化膿(かのう)した. **7**〖古〗酩酊(めいてい)した. ***Soon ～, soon rotten.***〖諺〗早熟早老, 早熟は大成しない. ◇ **∼́·ly** *ad.* **∼́·ness** *n.*

(類義語) **熟した: ripe** これ以上の成熟はありえない最大限度を示す. **mature** 一応熟したことを示し, 精神や知力の円熟を示すことが多い. **mellow** 熟した状態の「まろやかさ, 甘美さ」を示す.

‡ríp·en [ráip(ə)n] *vi.* **熟する**; 円熟する《に *into*》.
―― *vt.* 熟させる; 円熟させる.

ri·póste, ri·póst [ripóust] *n.* **1**〖フェンシング〗突き返し. **2** しっぺい返し, 当意即妙の応答.
―― *vi.* **1** 敏速に突き返す. **2** しっぺい返しをする, 言い返す, 当意即妙に答える.

ríp·per [rípər] *n.* **1** 引き裂く人, 殺し屋. **2** =ripsaw. →rip¹. **3** 〖米〗二連ぞり. **4** 〖英俗〗非常にすてきな人〔物〕. **5** =～ bill〔act〕. **～ bill**〔**act**〕〖米〗吏員任命権を知事・市長などに付与する法令.

ríp·ping [rípiŋ] *a.* **1** 引き裂く. **2** 〖英俗〗すてきな, すばらしい. —— *ad.* 〖英俗〗すてきに, すばらしく.
◇ **～·ly** *ad.* **～·ness** *n.*

‡**ríp·ple¹** [rípl] *n.* **1** さざなみ, 波紋, 小さなうねり. **2** 《毛髪などの》波状, ウエーブ. **3** さざなみの(ような)音; さざめき. **4** 〖米〗小さな早瀬.
—— *vi.* さざなみが立つ: the barley ～*ling* in the wind 風で揺れる大麦. —— *vt.* **1** にさざなみ〔波紋〕を起こす: ～ the lake 〈風などが〉湖面にさざなみを立てる. **2** 〈毛髪などを〉ちぢれさせる.
～ mark 砂上の波紋〔風紋〕.

ríp·ple² *n.* 麻こき. —— *vt.* 麻こきにかける.

ríp·plet [ríplit] *n.* さざなみ.

ríp·ply [rípli] *a.* さざなみが立った, 波紋のある; さざめく.

ríp·rap [ríprӕp] *n.* 《基礎工事用の》捨て石, 割りぐり. —— *vt.* (**-pp-**) 捨て石で固める.

Rìp van Wín·kle [rìp-vӕn-wíŋkl / ríp-] *n.* **1** Washington Irving 作 *The Sketch Book* 中の物語; その主人公《西洋浦島太郎》. **2** 時代おくれの人.

†**rise** [raiz] *v.* (**rose** [rouz]; **rís·en** [rízn]) *vi.* **1** 立ち上がる, 起きる: ～ *from* a chair いすから立つ. ～ *from* table (食事が終わって)テーブルから離れる. **2** 〈会合が〉閉会する, 散会する: The House *rose* at five. 議会は5時に閉会した. **3** 起床する: ～ early 早起きする. 〈注〉arise は雅語・文語, get up は口語, rise はその中間. **4** 生き返る: Jesus Christ *rose* from the dead. イエス=キリストは死からよみがえった. **5** 《高く》上がる; 〈天体が〉のぼる; 〈幕が〉上がる: The sun ～*s* in the east. 太陽は東からのぼる. **6** 〈土地・道が〉のぼり坂になる, 上向きになる. **7** 地位が上がる, 昇進する: ～ in the world 出世する. **8** 〈物価・数値などが〉上昇する: Prices are *rising*. 物価が騰貴している. **9** 〈度合いが〉増す; 〈感情・音・色などが〉高まる, 強まる: His popularity *rose*. 彼は人気が増した. His spirits *rose*. 彼は元気が出た. **10** 〈風が〉強くなる, 立つ; 〈川が〉増水する: The wind is *rising*. 風が出てきた〔激しくなってきた〕. The river is *rising*. 川が増水している. **11** そびえ立つ: The tower ～*s* to the height of 60 feet. 塔は60フィートの高さにそびえている. **12** 〈家が〉建つ, 建てられる: The houses *rose* quickly. 家がどんどん建った. **13** 反抗して立ち上がる, そむく《に *against*》: ～ *against* a king 国王に反旗をひるがえす. **14** あらわれる, 表面に浮かぶ, 見えてくる: Land *rose* to view. 陸地が視界にはいってきた. The fish were *rising*. 《えさを求めて》魚が水面に上がって来た. Her color *rose* on her cheeks. 彼女はほおをそめた. **15** 心に浮かぶ; 〈味・においが〉感じられる: The scene *rose* before my mind. その場面が思い出された. **16** 〈事件・川などが〉生じる, 源を発する《から *from*; に *in, at*》. **17** 超越する, なんとも思わない《を *above*》. **18** 〈パンが〉ふくれる.
—— *vt.* **1** 上げる, 高める. **2** 魚を水面に誘う; 鳥を飛び立たせる. **3** 〖俗〗育てる, 飼う.
～ *above* (1) の上にそびえる. (2) を超越する; の域を脱する. **～ *and fall*** 〈船などが〉波に上下する; 盛衰する; 〈胸が〉波打つ. **～ *from the rank*** 兵から将校に〔一庶民から〕身を起こす. **～ *in arms*** 武装蜂起(ほうき)する. **～ *in*** a person***'s opinion*** 〔***estimation***〕(人)に重んじられる. **～** 2,000 feet ***out of the sea*** 〔***above the sea level***〕海抜(2,000フィート)である. **～ *to*** (1) …に応じて立つ. (2) …へのぼる: ～ *to* fame 名声を得る. ～ *to* greatness 偉くなる. **～ *to* one*'s eyes*** 〈涙が〉目に浮かぶ. **～ *to the occasion*** 〔***emergency, crisis***〕難局〔危機〕に臨んで対処する.
—— *n.* **1** 上昇, 上がること: at ～ of sun〔day〕日の出に. **2** 《物価・数値・目盛りなどの》上昇; 〖英〗昇給. **3** 《度合い・強度の》増加; 《感情などの》高まり, 激高. **4** 増水: the ～ of a river. **5** 進歩, 向上; 立身出世; 隆盛: one's ～ to power 権力の座につくこと. **6** 台地, 高台, 丘; のぼり坂: a cottage standing on a ～ 高台の小屋. a gentle ～ in the road なだらかな坂道. **7** 反乱; 蜂起. **8** 《魚などの》浮上. **9** 起源, 発生: take〔have〕its ～ in〔from, at〕に源を発する. **10** 《アーチなどの》迫高(せりだか), (階段の)けあげ. **11** よみがえり, 蘇生(そせい).
achieve 〔***have, make***〕***a ～*** 出世〔上昇〕する. ***ask for a ～*** 昇給を求める. ***get*** 〔***take***〕***a ～ out of*** a person (人)をあやつって思うつぼにはめる; (人)を計画的におこらせる. ***give ～ to*** を生じる, を引き起こす. ***on the ～*** 上がって; 増して, 騰貴の傾向で. ***the ～ and fall*** of the Roman Empire (ローマ帝国の)盛衰.

†**rís·en** [rízn] *v.* rise の過去分詞. —— *a.* のぼった; 起こった; 復活した.

rís·er [ráizər] *n.* **1** 起床者: an early〔a late〕～ 早起きの人〔朝寝坊〕. **2** 反徒. **3** 〖建〗《階段の》けあげ.

rìs·i·bíl·i·ty [rìzibílịti] *n.* **1** 笑う能力, 笑い性〔癖〕. **2** (しばしば *pl.*) 〖米〗笑いの感覚, ユーモア.

rís·i·ble [rízibl] *a.* **1** 笑うことができる; 笑い性の. **2** 笑いに関する. **3** 笑わせる, おかしい. [√rid-]

***rís·ing** [ráiziŋ] *a.* **1** 《太陽などが》のぼりつつある, のぼる: the ～ sun のぼる太陽. **2** 騰貴する; 増大する; 増水する: the ～ wind だんだん強くなる風. **3** 昇進する; 新進の; 売り出しの: a ～ man 日の出の勢いの人. **4** 発達する; 成長中の: the ～ generation 青年たち.
—— *n.* **1** のぼること, 上昇; 起床: the ～ of the sun 日の出. **2** 騰貴, 増加. **3** のぼり坂; 丘. **4** 起床. **5** 復活, よみがえり; 出現. **6** 蜂起(ほうき), 反乱. **7** 〖方〗隆起; 腫(は)れ, 腫れ物; ふくれ. **8** ふくらせるもの《パンだねなど》.
—— *prep.* 〖米話〗 **1** 《年齢などが》に近い, もう少しで…の, 約: a boy ～ ten もうじき10歳になる少年. **2** 《数量が》…以上の: a crop ～ a million bushels 100万ブッシェルをちょっと超過した収穫.
～-a·gàin 復活, 蘇生(そせい). **～ ground** 高台.

‡**risk** [risk] *n.* **1** 危険; 冒険: There is the ～ of his catching cold. 彼はかぜを引くおそれがある. **2** 〖保険〗危険(率); 保険金(額); 被保険者〔物〕.
at all ～s = ***at any*** 〔***whatever***〕**～** どんな危険な目に会っても. ***at great ～*** 大危険を冒して. ***at*** one***'s own ～*** 自分の責任で: Cross the road *at your own* ～. ひかれても責任を負いません《横断禁止の婉曲な表現》. ***at the ～ of*** one's life (生命)をかけて. ***run*** 〔***take***〕***a ～*** 〔***～s, the ～***〕いちかばちかやってみる, 冒険をする.
—— *vt.* **1** 危険にさらす, 危うくする, 賭(か)ける: ～ one's life〔fortune〕生命〔身代〕を賭ける. **2** 危険を冒して…する, 敢行する: ～ the jump 大胆にとんでみる.
～ capital =venture capital. **～ money** 《銀行などが出納係に与える》不足金補償手当.
◇ **～·ful** [-f(u̦)l] *a.* 危険の多い, あぶない. **～·less** *a.* 危険のない, 安全な.

rísk·y [ríski] *a.* **1** 危険な, 冒険的な. **2** 向こう見ずの. **3** =*risqué*. ◇ **-i·ly** *ad.* **-i·ness** *n.*

ri·sót·to [risɔ́:tou/-sɔ́t-] *n.* 米入りシチュー《イタリア料理. チーズ・ネギ・鶏肉などを加える》.

ris·qué [riskéi/rí:skei] F. *a.* きわどい, わいせつな.

rì·tar·dán·do [rì:tɑ:rdǽndou/rìt-] *a., ad.* 〖楽〗漸次ゆるやかな〔に〕. [<It.]

rite [rait] *n.* **1** 儀式; 典礼: burial〔funeral〕～*s* 葬式. **2** 慣例, 慣習.

***rít·u·al** [rítʃuəl, 英⁺-tju(ə)l] *a.* **1** 《教会などの》儀式の, 祭式の. **2** 慣習の, 慣例の.

—— *n.* **1** (宗教的) 儀式, 礼拝式; 祭式. **2** 儀式書; 式典. **3** 儀式的行事〔慣習〕.

◇ ~·**ism** *n.* **1** 儀式主義. **2** (R~) (イギリス国教会) 儀式派の慣行. **3** 儀式学. ~·**ist** *n.* **1** 儀式主義者. **2** (R~) (イギリス国教会)儀式派の人. **3** 儀式精通〔研究〕者. ~·**ly** *ad.*

rìt·u·al·ís·tic [rìtʃuəlístik, ㊎⁺-tju-] *a.* **1** 儀式の, 式典の. **2** 儀式 (固守) 主義の; イギリス国教会の儀式派の. ◇ -**ti·cal·ly** *ad.*

ritz [rits] *n.* 誇示, ひけらかし. ***put on the*** ~ はでに〔豪勢に〕暮らす.

—— *vt.* にお高くとまる; 傲慢(ごう)に扱う. [<César Ritz スイスのホテル経営者. New York, London, Paris の高級ホテルにもこの名を冠したものがある]

rítz·y [rítsi] *a.* 〖俗〗 **1** ひどくぜいたくな, 超デラックスな. **2** 傲慢な, お高くとまった. ◇ -**i·ly** *ad.* -**i·ness** *n.*

riv. river.

‡**rí·val** [ráiv(ə)l] *n.* **1** 競争者, ライバル, 敵手, 対抗者: a ~ in love 恋がたき. **2** 匹敵者, 好敵手: have no ~ in 匹敵するものがない. ***without a*** ~ 比類なく. —— *a.* 競争者の, 相争う.

—— *vt.* (-**l**-, ㊎ -**ll**-) **1** と競争する, と張り合う《を *in*》. **2** に匹敵する, に劣らない: Cricket cannot ~ football *in* excitement. 興奮させる点ではクリケットはフットボールにかなわない. [√riv-]

◇ ~·**ship** *n.* =rivalry.

rí·val·ry** [ráiv(ə)lri] *n.* 競争, 対抗, 張り合い. ***enter into ~ ***with*** と競争を始める. ***friendly*** ~ 互いに励まし合っての競争.

rive [raiv] *v.* (**rived**; **rív·en** [rív(ə)n], **rived**) *vt.* **1** 裂く, 割る. **2** もぎ取る《*away, off*; から *from*》. **3** 苦しめる, 悩ます. —— *vi.* 裂ける, 割れる.

rív·en [rív(ə)n] *v.* rive の過去分詞.

†**rív·er**¹ [rívər] *n.* **1** 川. 〈注〉河川の名称: 通例イギリスでは the *river* [*River*] Thames, アメリカでは the Mississippi *River*. **2** 多量の流れ: ~*s* of blood 血の川. ~*s* of tears とめどなく流れる涙. ***sell down the*** ~ 〖米話〗 裏切る. ***send up the*** ~ 〖米俗〗 刑務所にぶち込む.

~ **basin** 川の流域. ~·**bèd** [㊎ ´-`] 河床. ~ **bottom** 〖米〗 河川に沿った低地. ~-**god** [´-`] 川の神, 水神. ~·**head** [´-`] 川の源, 水源. ~ **horse** 〖動〗 カバ (hippopotamus). ~ **novel** 大河小説 (*roman-fleuve*). ~·**side** [´-`] 川べ(の), 河畔 (の). ◇ ~·**less** *a.* ~·**like** *a.*

rív·er² [ráivər] *n.* 裂く人, 割る人. [<rive]

rív·er·ain [rívərèin] *n.* 川べに住む人.

—— *a.* =riverine.

rív·er·ine [rívəràin] *a.* **1** 川の, 川べ〔川岸〕の. **2** 《動・植物などの》川べにすむ〔生じる〕.

rív·et [rívit] *n.* リベット, びょう. —— *vt.* **1** リベットでとめる《*down, together*; に *on, into, to*》. **2** 《比喩的に》くぎ付けにする: stand ~*ed on* the spot その場にくぎ付けになる. **3** 堅くする, 強固にする: ~ friendship 友情を固める. ~*ed* hatred 宿怨(しゅくえん), 根ぶかい恨み. **4** 〈目・注意を〉 集中する: He ~*ed* his eyes *on* the scene. 彼はその光景をじっと見つめた. ~ **gun** びょう打ち機.

◇ **rív·et·er** *n.* リベット工; リベット締め機.

Rì·vi·ér·a [rìvié(:)rə / -éərə] *n.* (the ~) リビエラ (Côte d'Azur) 《フランスの Nice からイタリアの La Spezia までの景勝の避寒・避暑地》.

riv·ière [rìviéər, ri:vjéər/rívieə] F. *n.* 《特に数本からできている》宝石首飾り.

rív·u·let [rívjulit] *n.* 小川. [√riv-]

ríx-dòl·lar [ríksdὰlər/-dɔ̀lə] *n.* 昔オランダ・ドイツなどで用いられた銀貨.

Ri·yádh [ri:já:d] *n.* リヤド《サウジアラビアの二つの首都のうちの一つ》.

ri·yál [rijá:l, -jɔ́:l] *n.* リアル《サウジアラビアの貨幣単位. 記号 R》.

RKO Radio Keith Orpheum 《映画会社名》.

R.L.S. Robert Louis Stevenson. **rm.** (*pl.* **rms.**) ream; room. **R.M., r.m.** reichsmark(s). **R.M.A.** Royal Marine Artillery; Royal Military Academy. **R.M.C.** Royal Military College. **R.M.S.** Railway Mail Service; Royal Mail Service; Royal Mail Steamship. **Rn.** 〖化〗 radon. **R.N.** Registered Nurse; Royal Navy. **R.N.A.S.** Royal Naval Air Service 〘現在は R.A.S.〙. **R.N.D.** Royal Naval Division. **R.N.R.** Royal Naval Reserve. **R.N.V.R.** Royal Naval Volunteer Reserve. **ro.** recto; roan; rood.

roach¹ [routʃ] *n.* (*pl.* ~·**es**, 《集合的》 ~) 〖魚〗 コイ科の魚《ウグイ・アカハラなど》.

roach² =cockroach.

†**road** [roud] *n.* **1** 道, 道路; 街道(かいどう), 公道; 街〘都市・町などの街路の名称として. 略 Rd.〙. **2** 進路, 通り道, 行路: the ~ to London ロンドン街道. **3** 道, 方法, 手段: the ~ to peace 平和への道. **4** 〖米〗 鉄道. **5** (しばしば *pl.*) 〖海〗 錨地(びょうち), 停泊地. **6** (the ~) 〖米〗《劇団・球団などの》巡業地, 試合地, 地方《通例 New York 以外の都市》.

beaten ~ 踏みならした道; 安易な道. ***be on the*** (***high***) ~ ***to*** …の途上にある. ***be on the*** ~ 旅行している; 進行中である; 〖米〗 地方巡業中である; 行商をしている. ***break a*** ~ 道を切りひらいて進む; 困難を排して進む. ***for the*** ~ 別れのしるしに. ***get out of*** a person***'s*** [***the***] ~ (人)のじゃまにならないようにする; わきへどく. ***get*** a thing ***out of*** one***'s*** [***the***] ~ かたづける; 除く, 追い払う. ***give*** a person ***the*** ~ (人を)通させる. ***hit the*** ~ 〖俗〗 旅に出る, 旅を続ける. ***in*** a person***'s*** [***the***] ~ (人)の道路をふさいで; (人)のじゃまになって. ***one for the*** ~ 仕上げの一杯《酒など》. ***out of the common*** [***usual, general***] ~ かけはなれて; 常軌を逸して. ***over the*** ~ 刑務所へ. ***rules of the*** ~ 通行〔海路〕規則. ***take the*** ~ 出発する; 地方を巡業する. ***take the*** ~ ***of*** の上に立つ. ***take to the*** ~ 旅行に出る; 〖英古〗 追いはぎになる. ***the royal*** ~ 近道, 容易な方法. —— *vi.* 〈猟犬が〉 跡をかいで追う.

~ **agent** 〖米〗《特に昔駅馬車街道に出没した》追いはぎ, つじ強盗. ~·**bed** [´`] (1) 道路の路床; 鉄道の路盤. (2) 舗道材料. ~·**block** [´`] 《道路上の》防塞(ぼうさい); 《比喩的》じゃま物. ~·**book** [´`] 道路案内(書). ~ **gang** 《集合的》道路修理班; 〖米〗 道路修理のため特派される囚人部隊. ~ **hog** 道路のまん中をふさいで交通の妨害をする運転手, 無鉄砲に自動車〔自転車〕を走らせる人. ~·**house** [´`] (いなか道の) 路傍の旅館〔酒場, ナイトクラブ〕. ~·**man** [-mən] (*pl.* -**men**) 道路工夫. ~ **mender** =roadman. ~ **metal** 道路舗装用割り石. ~ **runner** 〖鳥〗 ミチバシリ《北アメリカ西南部産カッコーに似た鳥》. ~ **sense** 《自動車などの》操縦能力〔腕前〕. ~ **show** 《劇・ミュージカルなどの》地方興行; 〖米俗〗 ロードショウー. *~·**side** [´`] 道ばた(の), 路傍〔路辺〕(の): by [on] the ~*side* 路傍に (ある). ~·**stead** [´`] 〖海〗 沖の停泊地, 港外の錨所(びょうしょ). ~ **test** 《自動車の》路上〔実地〕試験 (する). *~·**way** [´`] 〖米〗 道路; 車道; 《鉄道の》線路. ~·**work** [´`] 〖運〗 調整運動《おもにボクサーなどが試合に備えて行なう長距離ランニングによるコンディションづくり》. ~·**wòr·thy** 道路用に適した; 《人が》旅行できる〔に耐える〕.

(類義語) 道: **road** 最も一般的な語で交通の手段および土木事業の対象としての道に焦点がある. **street** 市街地にある道路. 車道・人道両方を含めることが多い. 交通の手段のほか, 社交の場, 樹木・建物を含めて町の風景として見られる. **avenue** 両側に樹木の植わった市街地の大通り. street と同義に用いられることもあり東西方向・南北方向の道路をそれぞれ両語で使い分けていることもある. **way** road から土木事業の対象となる構築物としての道を除いた，ある地点から他の地点へ移動を可能にする道・方法を示すやや抽象的な概念．**path, lane, trail** いずれも人のための細道．path, trail は自然に踏みならされてできたばあいが多い．trail は特に狩人(かりゅうど)などの用いる森の中の細道．lane はかきなどで一応道としてつくられている．建物の間を通ることもある．**alley** lane に近いがスラム街の裏小路をさすことが多い．

róad·a·ble [róudəbl] *a.* 《自動車など》路面走行に適した．◇ **ròad·a·bíl·i·ty** [⁓-bíləti] *n.* 路行能力《自動車の悪条件の道路でも支障なく走れる力》．

róad·ster [róudstər] *n.* **1** 無蓋(むがい)自動車《2·3人用1座席，荷物入れが備えてある．しばしば補助席つき》．**2** (旅行用) 乗馬，馬車馬．

‡**roam** [roum] *vi., vt.* (ぶらぶら) **歩きまわる**，放浪する：～ *about* the world 世界をわたり歩く．～ the countryside いなかを徘徊(はいかい)する．—— *n.* 徘徊．◇ **～·er** *n.* 徘徊〔放浪〕者．

roan[1] [roun] *a., n.* あし毛の(馬)．

roan[2] *n.* 《製本用の》柔らかい羊皮．

‡**roar** [ro:r/rɔ:] *vi.* **1** 〈獣が〉**ほえる**，うなる．**2** 〈人が〉**どなる**，わめく，怒号する：You need not ～．そんな大声を出さなくてもいい．**3** 大声で笑う：～ *at* a joke 冗談にわっと笑い声をたてる．**4** 〈風・波・大砲などが〉ゴウゴウいう，とどろく，うなる：I heard the waves ～*ing*．波のとどろく音を聞いた．**5** 大音響をたてる：The truck ～*ed* away．トラックは響きをたてて消えていった．～ *with* laughter 大笑する．**6** 〈馬が〉ぜいぜいいう．—— *vt.* **1** 大声で言う〔歌う〕《*out*》：He ～*ed* a welcome．彼は大声でいらっしゃいと言った．**2** どなって…にする：The crowd ～*ed* the speaker down．群衆はどなって弁士を黙らせた．～ oneself hoarse どなって声をからす．

—— *n.* **ほえ声，どなり声**，うなり声；怒号，**轟音**(ごうおん)：the ～*s* of a lion ライオンのほえ声．the ～ of the sea 海のうなり．a ～ of laughter 大笑い．***in a*** ～ わっと叫んで，騒いで．***set the table*** 〔***company, room***〕***in a*** ～ 一座の〔同席の〕人々を大笑いさせる．◇ **～·er** [ró:rər/rɔ́:r-] *n.* **1** ほえるもの；どなる人．**2** 〖米俗〗すてきなもの．**3** 〖獣医〗喘鳴(ぜんめい)症の馬．

róar·ing [ró:riŋ/rɔ́:r-] *n.* **1** ほえ声，うなり声；どなること，おこること．**2** 喧噪(けんそう)，《あらし・波などの》とどろき．**3** 〖獣医〗喘鳴(ぜんめい)症《馬の呼吸困難症》．

—— *a.* **1** ほえる，とどろく；わめく，騒がしい；〖話〗どんちゃん騒ぎの．**2** 〖話〗盛んな，大繁盛の，活気のある．***drive*** 〔***do***〕 ***a*** ～ ***business*** 〔***trade***〕 商売が大繁盛する．***in*** ～ ***health*** 元気旺盛(おうせい)で．

～ forties, the (北大西洋の) 風波の高い北緯40–50° の荒海．**～ night** 暴風雨の夜；飲み明かし．

‡**roast** [roust] *vt.* **1** 〈肉を〉**焼く，あぶる**，蒸し焼きにする：～ meat 〔fish〕．**2** 〈豆・コーヒーなどを〉炒(い)る：～ coffee beans コーヒー豆を炒る．**3** 〖冶〗〈鉱石などを〉焙焼(ばいしょう)する．**4** 〈手などを〉暖める：She ～*ed* her hands 〔herself〕 over the fire．彼女は手〔からだ〕を火にあぶって暖めた．**5** 〖話〗嘲弄(ちょうろう)する，からかう；こっぴどくやっつける．—— *vi.* **1** 焼ける，炒られる．**2** あぶられるように暑く感じる：I'm simply ～*ing*．全く暑い．～***ing jack*** 《焼き肉用の》焼きぐし回転器．

—— *a.* 焼いた，炒った，あぶった：～ beef 〔pork〕 焼き牛〔豚〕肉．

—— *n.* **1** 《焼き肉用の》肉，ロース肉《通例牛肉》；(料理された) 焼き肉．**2** 焼くこと；〖冶〗焙焼．**3** 〖話〗焼き肉料理を食べるピクニック〔バーベキュー〕．**4** 〖俗〗嘲弄，からかうこと；手きびしい批判．***rule the*** ～ 牛耳る，支配する．◇ **～·a·ble** *a.*

róast·er [róustər] *n.* **1** あぶる〔焼く〕人．**2** 焼きなべ，あぶり〔炒り〕器具，ロースター．**3** 丸焼き用の子豚〔ひな鳥〕．

‡**rob** [rɑb/rɔb] *v.* (**-bb-**) *vt.* **1** から**盗む**，から奪い取る，から強奪する《を *of*》：～ a person *of* his money 人から金を奪う．**2** の中身を奪う，荒らす：～ a safe 金庫の中身を盗む．～ a house 家のなかを荒らす．—— *vi.* 略奪をはたらく；強盗をはたらく (plunder)．

‡**rób·ber** [rɑ́bər/rɔ́b-] *n.* **1** 盗賊，**強盗**，追いはぎ．**2** 略奪者．**～ baron** 〖古〗追いはぎ貴族《領地を通る旅人から強奪した》；〖米〗19世紀末の搾取的資本家．

***rób·ber·y** [rɑ́bəri/rɔ́b-] *n.* **1** 強盗，**略奪**，追いはぎ(行為)．**2** 〖法〗強盗罪．

‡**robe** [roub] *n.* **1** 《男女とも用いる》**長いゆったりした外着**；長いワンピースの婦人服；長いベビー服：a bath ～ 化粧着《化粧・休息などのとき着用》．**2** (しばしば *pl.*) 官服，礼服；法服：judges' ～*s* 裁判官の法服．**3** (*pl.*) 《一般的》**衣服**，着物．**4** 〖米〗《毛皮・編み物などの》ひざかけ：a lap ～．**5** 〖雅〗おおい，とばり：～*s* of night 夜のとばり．

both ～***s*** 文人と武人．***follow the*** ～ 法律家になる．***gentlemen of the*** (***long***) ～ 弁護士連，裁判官連．***the long*** ～ 弁護士〔司法官，僧侶(そうりょ)〕の服〔職〕．***the short*** ～ 軍服；軍人．

—— *vi.* ～を着る．—— *vt.* **1** に着物を着せる；装う：fields ～*d* in green 緑に包まれた野原．**2** に～を着せる．

robe-de-cham·bre [F. rɔbdəʃɑ̃:br] F. *n.* (*pl.* ***robes-de-cham·bre*** [F. rɔbdə-]) へや着，化粧着．

robe-de-style [F. rɔbdəstil] F. *n.* (*pl.* ***robes-de-style*** [F. rɔbdə-]) イブニングドレスの一種《胸があき，スカートが長い》．

robe-de-style

‡**rób·in** [rɑ́bin/rɔ́b-] *n.* 〖鳥〗**1** コマドリ．**2** 〖米〗ツグミの一種．〈注〉robin redbreast ともいう．

Rób·in Góod·fèl·low [rɑ́bin-gúdfèlou / rɔ́b-] *n.* 《イギリスの伝説の》ちゃめな小妖精(ようせい)．→ Puck.

Rób·in Hóod [rɑ́bin-húd/rɔ́b-] *n.* ロビンフッド《中世イギリスの伝説中の弓術にすぐれた義賊》．

Rób·in·son Crú·soe [rɑ́binsn-krú:sou / rɔ́b-] *n.* Daniel Defoe 作の小説；その主人公．

ró·bomb [róubɑ̀m/-bɔm] *n.* ＝robot bomb.

ró·bot [róubət, rɑ́b-/róubɔt, -bət] *n.* **1** ロボット，人造人間．**2** 機械的に働く(無情な)人．**3** 自動装置；自動交通信号機．**～ bomb** ロボット爆弾．**～ pilot** 〖空〗自動操縦装置．

ro·búst [robʌ́st, róubʌst/robʌ́st] *a.* **1** がん強な，たくましい，がっちりした．**2** 強健な，健全な．**3** 《運動などが》ほねのおれる，力のいる：～ work 力仕事．**4** 粗暴〔粗野〕な．**5** 《味が》こくがある．◇ **～·ly** *ad.* **～·ness** *n.* 〔類〕→ **healthy**「健康な」

ro·bús·tious [robʌ́stʃəs/-tiəs] *a.* 〖古・笑〗**1** 粗暴な，がさつな．**2** 強壮な，じょうぶな．◇ **～·ly** *ad.*

roc [rɑk/rɔk] *n.* ロック鳥《アラビア伝説の大怪鳥》．**～'s egg** 実際にはないもの，信じられないもの．

Ro·chélle [rouʃél] **～ *salt*** ロッシェル塩，炭酸カリウムナトリウム《緩下剤》．

Róch·es·ter [rɑ́tʃistər, -tʃès-/rɔ́tʃ-] *n.* アメリカ New York 州の都市．

róch·et [rɑ́tʃit / rɔ́tʃ-] *n.* 法衣《特に司教・監督などが着る》．

†**rock**[1] [rɑk/rɔk] *n.* **1** 岩，岩石，岩盤；岩壁．**2** 暗礁；難関．**3** (しっかりした) 土台，ささえ，よりどころ：The Lord is my ～．主はわがささえである．**4** 〖米〗小石：throw ～*s* at に石を投げる．**5** (*pl.*) 〖米俗〗金，銭；ダイヤモンド，宝石．**6** 〖おもに英〗棒状の堅い糖果．**7** ＝～ fish; ～ dove. **8** ＝rock'n' roll. (***as***) ***hard as a*** ～ きわめて堅い．***built*** 〔***founded***〕 ***on the*** ～ 岩の上に建てられた；基礎の堅固な．***on the*** ～***s*** (1) 難破して，破滅して；進退きわまって；金

に困って: Their marriage is *on the* ～*s.* 彼らの結婚生活は危機にある. (2) オンザロックで《氷片にウイスキーを注いで》: Scotch *on the* ～*s.* ***run*** [***go, strike***] ***on*** [***upon, against***] ***the*** ～(***s***) 暗礁に乗り上げる; 危険な目に会う, 一頓挫(とんざ)する. ***sunken*** ～ 暗礁. ***the R～*** Gibraltar の別称. ***the R～ of Ages*** キリスト.

—— *vt., vi.* 〖米〗石で打つ, (に)石を投げつける.

～ **bottom** どん底, 最低. ～**-bót·tom** どん底[最低]の. ～**-bound** [∠∠] 岩に囲まれた; 岩だらけの. ～ **cake** ロックケーキ《表面が堅くざらざらしたクッキー》. ～ **candy** 〖米〗氷砂糖. ～**-clìmb·ing** 〖登山〗岩山登り, ロッククライミング. ～ **cork** 〖鉱〗石綿の一種. ～ **crystal** 水晶. ～ **dove** 〖鳥〗カワラバト. ～ **drill** さく岩機. ～**-fish** [∠∠] 〖魚〗カサゴの一種; イワナの一種. ～ **garden** つき山風の庭園《岩の間に各種の高山植物を植える》. ～ **goat** 〖動〗野生ヤギ. ～**-hewn** [∠∠] 岩を切ってつくった. **R～ Island** アメリカ Illinois 州の都市. ～ **oil** 〖おもに英〗石油 (petroleum). ～ **pigeon** =～ dove. ～ **plant** 岩生植物. ～**-ribbed** [∠∠] (1) 岩石の層のある. (2)《比喩的》がんこな, がん強な. ～**·rose** [∠∠] 〖植〗ハンニチバナ状の植物. ～ **salt** 岩塩. ～ **snake** ニシキヘビ. ～ **tar** 原油, 石油. ～ **wool** 岩綿《鉱石を溶かしてつくった繊維; 断熱・保温・防音用材》. ～**·work** [∠∠] 《石がきなどの》積み石工事.

‡**rock²** [rɑk / rɔk] *vt.* **1 ゆさぶる**, 振動させる: The town was ～*ed* by an earthquake. 町は地震でゆさぶられた. **2** (揺りかごで) **ゆする**, ゆすって…させる; なだめる, いい気持ちにさせる: ～ a cradle 揺りかごをゆする. ～ a baby *to* [*into*] sleep 赤ん坊をゆすって眠らせる. be ～*ed* in the vainest hopes はかない希望の夢にまどろむ. —— *vi.* **1** 揺れる; 振動する; ぐらつく, よろめく: walk with a ～*ing* gait よろよろ歩く. **2** ロックンロールを踊る.

—— *n.* 揺れること; 動揺; ひと揺れ: give a ～ ゆさぶる. ～ ***and roll*** ロックンロール《一種の熱狂的なダンス; その曲. rock'n' roll ともつづる》; ロックンロールを踊る. ～**-shaft** [∠∠] 〖機〗揺れ軸.

(類) → **shake**「震える」

rock³ *n.* 〖古〗糸巻きざお → distaff.

róck-a-bìl·ly [rákəbili/rɔ́k-] *n.* ロカビリー《狂熱的なリズムのジャズ音楽》. [<*rock'n'* roll + hill*billy*]

Róck·e·fel·ler [rákifèlər / rɔ́k-] *n.* **1** John D. ～, 1839–1937, アメリカの資本家・慈善家. **2** John D. ～ Jr., 1874–1960, 前者の子息.

～ **Foundation** ロックフェラー財団《1913年初代 Rockefeller 設立》.

róck·er [rákər/rɔ́k-] *n.* **1** 揺れ軸, 揺り子《揺りいすなどの湾曲した底材》. **2** 〖米〗=rocking chair. **3** 〖採鉱〗選鉱機. **4** 〖スケート〗滑走部の刃が弧状にそったスケート. ***off*** **one's** ～ 〖俗〗気がふれて.

～ **arm** 〖機〗揺り腕. ～ **shaft** 〖機〗揺れ軸.

róck·er·y [rákəri/rɔ́k-] *n.* =rock garden.

‡**róck·et¹** [rákit/rɔ́k-] *n.* **1 ロケット**: launch a ～ ロケットをあげる. **2** 火矢, のろし.

—— *vt.* ロケットで運ぶ[打ち上げる]. —— *vi.* **1** ロケットのように突進する; 急速度に動く. **2** <鳥などが> 急に飛び上がる. **3** <値段などが> 急昇する.

～ **bomb** [**gun**] ロケット弾[砲]. ～ **engine** [**motor**] ロケットエンジン《酸素を外界の空気からとらない噴射式》. ～ **launcher** ロケット弾発射砲. ～ **plane** ロケット機. ～ **propulsion** ロケット推進《飛行機の》.

◇ ～**·ry** *n.* ロケット工学[実験, 使用]. **ròck·et·éer** [∸–íər] *n.* ロケット射手[操縦者]; ロケット技師[研究家].

róck·et² *n.* 〖植〗**1** 油菜科の植物《サラダ用》. **2** ヤマガラシ.

Róck·ies [rákiz / rɔ́k-] *n. pl.* (the ～) ロッキー山脈 (=the Rocky Mountains).

róck·ing [rákiŋ/rɔ́k-] *a.* 揺れる. —— *n.* 振動.

～ **chair** 揺りいす. ～ **horse** 揺り木馬; =hobbyhorse. ～**-leath·er** 石綿の一種. ～ **stone** 揺るぎ石[岩]. ～ **turn** 〖スケート〗ロッキングターン《からだをひねってエッジのおなじがわで行なうターン》.

róck'n' róll, róck-'n-róll [rák(ə)nróul/rɔ́k-] *n.* ロックンロール (rock and roll). —— *vi.* ロックンロールを踊る.

rock·óon [rɑkúːn/rɔk-] *n.* ロックーン《高空で気球から発射される小ロケット》. [<*rock*et + ball*oon*]

***róck·y¹** [ráki/rɔ́ki] *a.* **1 岩の多い**, 岩石からなる. **2 岩のような**. **3** 不動な, 泰然とした; がんこな, 冷酷な: a ～ heart 冷たい心. **R～ Mountains, the** ロッキー山脈. ◇ **-i·ness** *n.*

róck·y² *a.* **1** ぐらぐらする, 不安定な. **2** 不安な. **3** 〖米俗〗ふらつく, めまいがする.

ro·có·co [rəkóukou] *n.* ロココ様式《18世紀に流行した華麗な建築・装飾様式》.

—— *a.* **1** ロココ様式の; 《文体など》はなやかな, 俗悪な. **2** 〖古〗旧式な, 古風な.

‡**rod** [rɑd/rɔd] *n.* **1 さお**, 棒; つりざお: a curtain ～ カーテン(をつる)棒. a fishing ～ つりざお. **2** 小枝, 若枝. **3** つえ, むち; むち打ち, せっかん. **4** 桿(かん), 測量桿, 照尺. **5** 《権力などを示す》つえ, 笏(しゃく); 権力, 職権. **6** ロッド (perch¹) 《長さの単位. 5.5ヤード, 5.0292 メートル》. **7** 〖医〗視神経の桿状体; 〖生〗桿状菌, 桿状染色体. **8** 〖米俗〗ピストル. **9** 避雷針. **10** 〖聖〗血統, 子孫.

give the ～ むち打つ. ***have*** [***keep***] ***a*** ～ ***in pickle for*** を罰しようと手ぐすねひいている. ***hot*** ～ → hot. ***kiss the*** ～ 神妙に罰を受ける. ***make a*** ～ ***for*** one***self*** [***for*** one***'s own back***] 自ら災いを招く. ～ ***and line*** つり道具. ***Spare the*** ～ ***and spoil the child.*** 〖諺〗むちを惜しめば子どもをそこなう, かわいい子には旅をさせよ.

～**·man** [-mən] (*pl.* **-men**) つり師; 〖測〗測桿手; 《鉄筋コンクリートなどの》鉄棒を扱う作業者.

—— *vt.* **1** にさお[棒・避雷針]を取り付ける. **2** <モルタルなどを> 棒でならす.

†**rode** *v.* ride の過去形.

ró·dent [róud(ə)nt] *a.* **1** かじる, かむ. **2** 〖動〗齧歯(げっし)類の. —— *n.* 齧歯動物《ネズミなど》. [√rod-]

ro·dén·ti·cide [roudéntisàid] *n.* 殺鼠(さっそ)剤.

ró·de·o [róudiòu, rodéiou] *n.* (*pl.* ～**s**) 〖米〗**1** ロデオ《カウボーイの馬術競技会》. **2** 牧牛集め《頭数調べ・焼き印押しのための》.

Ro·dín [roudǽn | F. rodɛ̃] *n.* Auguste [F. ɔgyst] ～ ロダン, 1840–1917, フランスの彫刻家.

ròd·o·mon·táde [ràdəmɑntéid / rɔ̀dəmɔn-] *n.* 大言壮語, ほら. —— *a.* ほらを吹く, 大言する.

—— *vi.* 自慢する, 大言壮語する.

roe¹ [rou] *n.* (*pl.* ～**s**, 《集合的》～) 〖動〗ノロジカ (=～ deer). ～**·buck** [∠∠] ノロジカの雄.

roe² *n.* **1** はららご, 魚卵 (=hard ～). **2** 魚精, しらこ (=soft ～).

Róent·gen [réntgən / rɔ́ntjən, rʌ́ntgən] *n.* Wilhelm Konrad ～, 1845–1923, ドイツの物理学者・レントゲン線の発見者. ～ **rays** レントゲン線, X線.

róent·gen·o·gram [réntgənəgræ̀m / rɔntgénə-, rɔ́ntjənə-] *n.* レントゲン写真.

róent·gen·o·graph [-græ̀f/-grɑːf] *n.* =roentgenogram. ◇ **ròent·gen·óg·ra·phy** [rèntgənɑ́grəfi/rɔ̀ntjənɔ́g-] *n.* レントゲン写真術.

ròent·gen·ól·o·gy [rèntgənɑ́lədʒi/rɔ̀ntjənɔ́l-] *n.* レントゲン線学.

ròent·gen·o·thér·a·py [rèntgənəθérəpi/rɔ́ntjənəθèrəpi] *n.* レントゲン線療法.

ro·gá·tion [rogéiʃ(ə)n] *n.* **1** (通例 *pl.*) 〖宗〗キリスト昇天祭前3日間の祈禱(きとう). **2** 《古代ローマの》法律草案; その提出. **R～ days** 〖宗〗祈願節《キリ

スト昇天祭前の３日間》.

róg·er [rádʒər/rɔ́dʒ-] *int.* (または R〜) **1**《無線電話で》了解. **2** よろしい, オーケー. [<*received*]

Róg·er [rádʒər/rɔ́dʒə] *n.* **1**《黒地に白の骸骨を描いた》海賊旗 (＝Jolly 〜). **2**〖英〗一種のいなか踊り; その曲 (＝Sir 〜 de Coverley)《Spectator 誌中の仮想人物の名から》. **3** 文字 r の符丁.

‡**rogue** [roug] *n.* **1** 悪漢, 無頼漢, ごろつき. **2**《親しんで》いたずらっ子, いたずら者. **3**《群れを離れた狂暴な象などの》野獣. **4** こじき, 浮浪人. **5**〖生〗変異《通常劣等な》. ***play the* 〜** 詐欺をはたらく.
—— *vt.* **1** だます, 欺く. **2**〈劣等な植物などを〉間引く, 除く. —— *vi.* 浮浪する, ごろつく; 悪事〔詐欺〕をはたらく.
〜's badge (1) ける癖のある馬の尾につける赤いリボン. (2)〖競馬〗遮眼(しゃがん)帯.
〜's gallery《警察の》犯人写真陳列室. **〜's march** (悪徒) 放逐曲《人が軍隊や社会から追放されるときの伴奏曲》; 追放のときの冷やかす騒ぎ.

rogue's badge (2)

ró·guer·y [róugəri] *n.* **1** 悪事, 詐欺. **2** いたずら, わるさ. ***play* 〜 *upon*** を欺く.

ró·guish [róugiʃ] *a.* **1** ごろつきの, 無頼漢の; 不正直な. **2** ふざける, いたずらな. ◇ **〜·ly** *ad.* **〜·ness** *n.*

roi [F. rwa] F. *n.* 王. ***le* 〜 *le veult*** [F. lərwal(ə)vø] 裁可《議案に国王が裁可をくだすときの形式文句. ＝the King wills it》. ***le* 〜 *s'avisera*** [F. -savizra] 不裁可《議案に国王が裁可を拒むときの形式文句. ＝the King will consider》.
R〜 fainéant [F. -fɛneɑ̃] 名義だけの王(＝King do-nothing).

roil [rɔil] *vt.* 〖米〗**1** かき濁す. **2** の心をかき乱す, いらいらさせる.
◇ **〜·y** [rɔ́ili] *a.* 〖米〗**1** 濁った. **2** いらいらした.

róis·ter [rɔ́istər] *vi.* **1** いばりちらす. **2** 飲み騒ぐ.
◇ **〜·er** *n.* **〜·ing** [-t(ə)riŋ] *a.* ＝roisterous.

róis·ter·ous [rɔ́ist(ə)rəs] *a.* **1** いばりちらす. **2** 飲み騒ぐ. ◇ **〜·ly** *ad.*

Rok [rɑk/rɔk] *n.* 韓国(かんこく)兵.

ROK Republic of Korea.

Ró·land [róulənd] *n.* **1** Charlemagne 大王旗下の12勇士のひとり. **2** 勇将. ***a* 〜 *for an Oliver*** しっぺい返し; 売りことばに買いことば.

‡**role, *rôle*** [roul] F. *n.* **1**《役者の》役割: the leading 〜 主役. **2** 役目, 任務: act〔play〕an important 〜 たいせつな役割を演ずる. ***play*〔*fill*〕*the* 〜 *of*** の役を演ずる〔つとめる〕.

‡**roll** [roul] *vi.* **1**〈玉・車輪などが〉ころがる, 回転する: The ball 〜*ed* along the floor. ボールは床をころがった. The dog 〜*ed* about on the grass. 犬は芝ふの上でころがった. **2**〈車が〉進む,《車で》行く: The car〔They〕〜*ed* along. 車は〔人々は車で〕進んでいった. **3** 進行する, 活動する: get business 〜*ing* 仕事をどんどん進める. **4**〈天体が〉周期的にめぐる: The planets 〜 around the sun. 惑星は太陽のまわりを運行する. **5**〈年月が〉経過する《*on, away, by*》; (再び)めぐってくる《*round, around*》: Summer 〜*ed round* again. 夏がめぐってきた. **6**〈土地が〉起伏する; 〈波などが〉うねる, 波動する; 〈煙・霧などが〉たちのぼる, ただよう: miles and miles of 〜*ing* country 何マイルにもわたって起伏する土地. **7**〈船・飛行機が〉横揺れする: The ship 〜*ed* in the waves. → pitch[1]. **8** からだをゆすって歩く. **9**〖俗〗出かける; とりかかる. **10**〈雷・太鼓が〉ドロドロとどろく〔鳴る〕: The thunder 〜*ed* in the distance. 遠くで雷鳴がした. **11**〈話・弁舌などが〉さわやかである, とうとうと弁ずる; 〈鳥が〉震え声でさえずる. **12** 丸くなる, 円筒形になる: 〜 up in the blanket 毛布にくるまる. 〜 into a ball 巻かれて玉になる. **13**《ローラー・のし棒で》伸びる, 〈ペンキが〉よく伸びる: This dough 〜*s* well. この練り粉はよく伸びる. **14**〈目が〉ぎょろつく; ぎょろりと見る《を *at*》. **15**〖話〗ぜいたくに暮らす: 〜 in money 金を使いほうだいの生活をする.
—— *vt.* **1** ころがす, 回転させる: 〜 a ball along the floor ボールを床にころがす. The tide 〜*s* pebbles smooth. 潮流にころがされ石がなめらかになる. **2** ころがして運ぶ; 車〔ころ〕で運ぶ: 〜 a house across the street ころで家を道路ごしに移す. **3**〈波・煙などを〉うねらせる; 波状に押し進める: The river 〜*s* water into the ocean. 川が水を海に押し流す. **4** 丸める, 巻く, 巻いてつくる; くるむ, 包む: 〜 a cigarette 巻きたばこを巻いてつくる. 〜 the string into a ball 糸を巻いて玉にする. 〜 a child in a blanket 子どもを毛布にくるむ. **5** ローラー〔めん棒〕でならす〔伸ばす〕: 〜 a court テニスコートをならす. **6** 操作する, 動かす: 〜 the camera カメラを操作する. **7**〈太鼓などを〉ドロドロ鳴らす; 響かせる, 朗朗とまくし立てる; 〈r を〉巻き舌で発音する. **8**〈目玉を〉ぎょろぎょろ回す. **9**〈船・飛行機を〉横〔左右〕に揺れさせる. **10**〈酔っ払いから〉金を盗む.
〜 **one*self*** 丸くなる; からだを包む, くるまる《に *in*》.
〜 ***back***〈物価を〉水準にもどす《統制によって》; 撃退する. 〜 ***back*** (***policy***) 巻き返し(政策). 〜 ***down*** ころがり〔流れ〕落ちる. 〜 ***in*** たくさんはいる〔集まる〕; 寝る; 床にはいる. 〜 ***on*** ころがって行く; 進む; 運行する; 〈歳月が〉過ぎ去る; 〈波などが〉押し寄せる. 〜 ***out*** (1) ころがり出る; 《ベッドから》起き出る; 旅に出かける. (2) 伸ばす, 延べる. (3)〈新車を〉生産ラインから出す. 〜 ***out the red carpet*** 丁重に迎える(用意をする). 〜 ***over*** ころがる, ころがす. 〜 ***up*** (1) 丸くなる, くるまる. (2)〈煙などが〉巻き上がる, 巻き上げる. (3)〈金銭などが〉たまる, ためる. (4) 車で行く; 近づく; どやどややってくる; 〖話〗あらわれる, 登場する.
—— *n.* **1** 回転, ころがり. **2** 横揺れ; 《飛行機の》横転. **3**《土地などの》起伏, 波打ち. **4** 巻き物, 巻き紙. **5** 名簿, 出席簿; 表(ひょう), 記録; 公文書. **6** 球〔円筒〕形のもの; ロールパン; 巻きたばこ: a 〜 of butter〔cake〕球形のバター〔うず形ケーキ〕. a 〜 of bread 巻きパン, ロールパン. He has 〜*s* of fat on him. 彼はまるまると太っている. **7** ローラー, 地ならし機; ころ. **8** とどろき, 雷鳴; 朗々とした調子: a distant 〜 of thunder 遠くに聞こえる雷鳴. **9**〖米俗〗札束. ***be on the* 〜*s*** 名簿に載っている. ***call the* 〜** 点呼する, 出席を調べる〔とる〕. ***in the* 〜 *of saints*** 聖徒録に載って. ***on the* 〜*s of fame*** 名を史上にとどめて; 名士録に載って. ***strike*** a person ***off the* 〜*s*** (人を)会員名簿から除名する. ***the* 〜 *of honor*** 名誉の戦死者名簿.
〜·a·wày ころ (roller) を付けた; ころ付き折りたたみベッド. **〜·back** [ˊ-ˋ] 逆転, 巻き返し; 《統制による物価の》引き下げ. **〜 call** 点呼; 〖軍〗《らっぱ・太鼓などの》点呼の合い図. **〜-cù·mu·lus** 層積雲. **〜 film**〖写〗巻きフイルム. **〜-top** [ˊ-ˋ] たたみ込み式のふたのついている: a 〜-*top* desk ロールトップデスク.

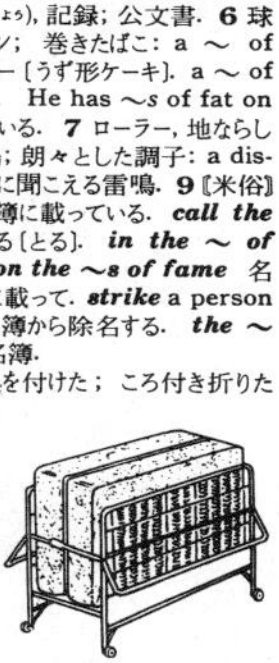
rollaway

‡**róll·er** [róulər] *n.* **1** ローラー, ころ, 地ならし機; 印肉棒; 《地図などの》軸. **2** ころがす人. **3** 巻き包帯. **4**《暴風雨後海岸に打ち寄せる》大波. **5**〖鳥〗一種のハト; ローラーカナリア.
〜 bearing ローラーベアリング. **〜 coaster** ローラーコースター, ジェットコースター. **〜 derby** ローラーダービー《ローラースケートをはいて組みで競走する》. 〜

mill 破砕ロール, 粉ひき装置. **～-skate** [´-´] ローラースケート(ですべる). **～ towel** ローラータオル《高いローラーにつるしたタオルでぐるぐる回して用いる》.

ról·lick [rálik/rɔ́l-] *vi.* ふざける, はしゃぎまわる.
—— *n.* 大はしゃぎ. ◇ **～·ing** *a.* はしゃぐ, 快活な, 陽気な. **～·some** *a.* =rollicking.

róll·ing** [róuliŋ] *a.* **1 roll する**: a ～ country 起伏した平野. ～ eyes ぎょろぎょろ目. **2** そり返った, 折れ曲がった: a ～ collar 折れ曲がったカラー. ***A ～ stone gathers no moss. 〖諺〗ころがる石にこけつかず, たびたび商売を変えては金はできない.
—— *n.* roll すること; 回転; 横揺れ; 起伏, うねり; とどろき; 〖金〗圧延.
～ bridge 輾開(てんかい)橋, 開橋. **～ kitchen** 〖軍〗移動炊事車. **～ mill** 圧延機; 圧延工場. **～ pin** めん棒, 展棒. **～ press** ロール印刷機, シリンダー印刷機. **～ stock** 《集合的》《鉄道の》車両《機関車・客車・貨車など》. **～ stone** しりの軽い人, 仕事を変えてばかりいる人.

róll·mop [róulmàp/-mɔ̀p] *n.* ニシンを巻いたピクルス.

Rólls-Róyce [róulzrɔ́is] *n.* ロールスロイス《イギリス製高級自動車》.

ró·ly-pò·ly [róulipòuli/´-´-] *n.* **1** まるまる太った人[動物]. **2** 〖おもに英〗プディングの一種《ジャム・くだものなどを入れた》. —— *a.* ずんぐり[まるまる]した.

Rom [roum/rɔm] *n.* (*pl.* **Roms, Róm·a** [róumə]) (または r～) ジプシーの男.

rom. 〖印〗roman type. **Rom.** Roman; Romance; Romanic; Romans.

Ro·má·ic [roméiik] *a.* 現代ギリシアの, 現代ギリシア語[人]の. —— *n.* 現代ギリシア語.

ro·máine [roméin] *n.* 〖植〗タチチシャの一種(= ～ lettuce).

‡Ró·man [róumən] *a.* **1** (古代) **ローマの**, (古代) ローマ人の. **2** カトリック教の. **3** ローマ字(体)の; ローマ数字の. **4** 古代ローマ人風[かたぎ]の.
—— *n.* (*pl.* **～s**) **1 ローマ人**. **2** (the ～s) 〖聖〗ロマ書《略 Rom.》. **3** カトリック教徒. **4** (r～) 〖印〗ローマ字(の活字)《略 rom.》. **5** 〖稀〗ラテン語.
～ alphabet ローマ字《元来古代ローマ人の用いたアルファベット. 現代主として西ヨーロッパ各国では必要に応じこれに若干の変更を加えて用いている》. **～ candle** ローマ花火《円筒から火の玉が飛び出る仕掛けのもの》. **～ Catholic** (ローマ)カトリック教の; 天主教の; (ローマ)カトリック教徒. **～ Catholicism** (ローマ)カトリック教, 天主教, カトリックの教義[儀式, 慣習]. **～ cement** 水硬セメント. **～ Curia** 〖カトリック〗法王庁. **R～ Empire** (古代)ローマ帝国《27 B.C. Augustus が建設. A.D.395 東西に分裂》. **～ holiday** 他人を犠牲にして得る娯楽[利益]. **～ law** ローマ法. **～ nose** ローマ鼻《鼻梁(びりょう)が高い》, わし鼻. **～ numerals** ローマ数字《I(=1), II(=2), V(=5), X(=10), L(=50), C(=100), D(=500), M(=1,000)など. →枠付 Numeral II》. **～ order** 〖建〗ローマ(柱)式. **～ peace** ローマの平和《武力下の平和のこと. ラテン語 *pax Romana* より》. **～ pearl** 《ガラス玉の》模造真珠. **～ school** ローマ派《16–17 世紀のローマで Raffael 等の率いた》. **～ type** 〖印〗ローマン体活字.

ro·man [F. rɔmɑ̃] F. *n.* **1** 《中世フランスの》韻律体物語. **2** 伝奇小説, ロマンス. **3** 小説. **～ *à clef*** [F. -akle] 実話[モデル]小説. ***～-fleuve*** →別項.

‡ro·mánce [rouméns, rə-, ㊥+róumæns] *n.* **1** 架空的物語, 夢物語; 《中世の》騎士[冒険]物語; 伝奇[異国]物語. **2 恋愛物語**[文学]; 恋愛, 情事. **3 ロマンス**, ロマンチックな気分[事件]: Their meeting was quite a ～. 彼らの出会いは全くロマンチックだった. **4** 〖楽〗叙情的な器楽曲. **5** (R～) ロマンス語(= R～ language)《ラテン語系統の近代語. フランス語・イタリア語・スペイン語・ルーマニア語など》.
—— *vi.* **1** つくり話をする, 空想物語をつくる; 誇張[修飾]して話す. **2** 空想をめぐらす. —— *vt.* と情事を続ける. 〖類〗→ **novel**「小説」

ro·mánc·er [roménsər, rə-], **ro·mánc·ist** [roménsist, rə-] *n.* ロマンス作家, 伝奇小説家; つくり話をする人; 空想家.

Rò·man·ésque [ròumənésk] *a.* **1** 〖美・建〗ロマネスク様式の. **2** 伝奇小説的; 空想的.
—— *n.* ロマネスク様式.

ro·man-fleuve [roumɑ̃:flə́:v] F. *n.* (*pl.* ***ro·mans-fleuves*** [roumɑ̃:flə́:v]) 大河小説.

Ro·mán·ic [roménik] *a.* **1** 古代ローマ(人)の. **2** ロマンス語の. —— *n.* ロマンス語.

Ró·man·ism [róumənìz(ə)m] *n.* 《通例けいべつ的》カトリック教; その教義.

Ró·man·ist [róumənist] *n.* **1** 《通例けいべつ的》カトリック教徒. **2** ローマ法学者; ロマンス語学者.

Ró·man·ize [róumənàiz] *vt.* **1** ローマ化する. **2** カトリック教化する. **3** (r～) ローマ字に改める[で書く]: ～*d* Japanese ローマ字表記の日本語.
—— *vi.* **1** ローマ(人)風になる. **2** カトリック教徒になる. **3** (r～) ローマ字を使用する.
◇ **Rò·man·i·zá·tion** [ròumənizéiʃ(ə)n/-naiz-] *n.*

Ró·ma·nov [róumənɔ̀:f/-nɔf] *n.* 〖史〗ロシアのロマノフ王朝(the ～ dynasty, 1613–1917)の皇帝.

‡ro·mán·tic [roméntik, rə-] *a.* **1 ロマンチックな**, 空想[夢想]的な, この世のものらしくない: a ～ wood おとぎばなしに出てくるような森. **2** 架空の: a ～ story. **3** 《人が》夢みがちな, 空想的な; 実際的でない, 非現実的な: a ～ scheme 現実ばなれした企画. **4** 英雄[冒険, 伝奇, 異国, 恋愛]物語的な: a ～ style 物語的な文体. **5** ローマン主義[派]の: ～ poets ローマン主義詩人. —— *n.* **1** ロマンチックな人; ローマン主義の作家. **2** (*pl.*) ローマン的思想[行動].
R～ Movement ローマン主義運動《18世紀末から19世紀初めにかけての》.
◇ **-ti·cal·ly** [-tik(ə)li] *ad.* ロマンチックに, 空想的に.

ro·mán·ti·cism [roméntisìz(ə)m, rə-] *n.* **1** ロマンチシズム, ローマン主義《想像・感覚に重きをおき, 感情の解放を主張する文芸思潮》. **2** 空想的なこと[気分, 傾向, 性格].

ro·mán·ti·cist [-tisist] *n., a.* ローマン主義者(の).
◇ **ro·màn·ti·cís·tic** [-´-sístik] *a.*

ro·mán·ti·cize [roméntisàiz, rə-] *vt.* ロマンチックにする[描く, 考える]. —— *vi.* 空想にふける.

Róm·a·ny [rámәni/rɔ́m-] *a., n.* ジプシー(の); ジプシー語(の).

ro·máunt [romá:nt, -mɔ́:nt/-mɔ́:nt] *n.* 〖古〗伝奇物語, 伝奇詩; 物語.

Rom. Cath. Roman Catholic.

‡Rome [roum] *n.* **1 ローマ**《イタリアの首都》. **2** ローマ帝国; 古代ローマ国[市]. **3** ローマンカトリック教会. ***All roads lead to ～.*** 〖諺〗すべての道はローマに通ず《おなじ目的を遂げるにしても方策は種々である》. ***Do in ～ as the Romans do.*** 〖諺〗郷に入っては郷に従え. ***Fiddle while ～ is burning.*** 〖諺〗大事をよそにして安逸にふける《Nero の故事から》. ***～ was not built in a day.*** 〖諺〗ローマは一日にして成らず《大事は一朝一夕にはできない》.
◇ **´～·ward** [-wərd] *ad., a.* ローマへ(の); カトリック教へ(の). **´～·wards** *ad.* =Romeward.

Ró·me·o [róumiòu] *n.* **1** Shakespeareの悲劇 *Romeo and Juliet* の主人公. **2** 《男の》恋人(lover).

Róm·ish [róumiʃ] *a.* 《けいべつ的》カトリック教の.
◇ **～·ly** *ad.* **～·ness** *n.*

Róm·ma·ny = Romany.

***romp** [ramp/rɔmp] *n.* **1 ふざけまわること**, 騒々しい遊び. **2** おてんば娘; いたずら小僧. —— *vi.* **1** 遊び騒ぐ, ふざけまわる. **2** 〖競馬〗楽々と速く走る《*along, past*》. **～ *home* [*in*]** <馬が> 楽勝する.
◇ **´～·y** *a.* =rompish.

rómp·er [rámpər/rɔ́m-] *n.* **1** 飛びはねるもの. **2**

(*pl.*) ロンパース《子どものいたずら着; 女子の体操着》.
rómp·ish [-iʃ] *a.* 飛びはねる, おてんばの, ふざける.
◇ **～·ly** *ad.* **～·ness** *n.*
Róm·u·lus [rámjuləs / rɔ́m-] *n.* 〖ロ神〗ローマの建設者で最初の王《Mars の双生児のひとりで, 兄 Remus とともにオオカミに育てられた》.
rón·deau [rándou/rɔ́n-] *n.* (*pl.* **～x** [-dou(z)]) **1** ロンドー体《10行または13行の短詩で2個の韻をもち, 詩の最初の語または句が2度折り返し句(refrain[2])として用いられる》. **2**〖楽〗＝rondo.
rón·del [rándl/rɔ́n-] *n.* ロンドー体の一詩形《通例2個の韻をもつ十四行詩》.
rón·do [rándou, –⁄/rɔ́ndou] *n.* (*pl.* **～s**)〖楽〗ロンド, 回旋曲. [＜It.]
rón·dure [rándʒər/rɔ́n-] *n.* 円形(のもの).
Ró·ne·o [róuniou] *n.* (*pl.* **～s**)〖英〗複写機《商標名》. **——** *vt.* 複写する.
Rönt·gen ＝Roentgen.
rood [ru:d] *n.* **1** (the ～)〖古〗《キリストが処刑された》十字架. **2** 十字架上のキリスト像. **3** 土地面積の単位《4分の1エーカー, 約1,011.7 m²》. **4** 長さの単位《地方によって異なり, 5.5-8ヤード》. ***by the R～*** 十字架にかけて, 誓って. **～ cloth**《四旬節の間》キリスト十字架像をおおう布. **～ loft**《教会の》内陣さじき. **～ screen**《教会の》内陣仕切り.
†**roof** [ru:f] *n.* (*pl.* **～s**) **1** 屋根; 屋根に似たもの: a bird's nest on the ～ 屋根の上の鳥の巣. the ～ of a cave〔bus〕洞窟(どう)〔バス〕の天井. the ～ of the mouth 口蓋(こう). **2**《比喩的》家, 家庭: a hospitable ～ 人を暖かくもてなす家. **3** 頂上, てっぺん, 最高部: the ～ of the world 世界の屋根《Pamir 高原のこと》.
be (left) without a ～ ＝***have no ～ over*** one's ***head*** 住むに家なし. ***full to the ～*** 屋根まで, へやいっぱいに. ***hit the ～***〖俗〗かっとなる, 頭にくる. ***leave the parental ～*** 父母の膝下(しっか)を去る. ***live under the same ～*** 同居する. ***raise the ～***〖俗〗大騒ぎをする; 不平を鳴らす. ***under the ～ of*** の家に泊まって; の世話になって.
—— *vt.* に屋根をつける; 屋内に囲う, おおう《*in, over*》.
～ garden 屋上庭園. **～ top**〖米〗屋根, 屋上. **～·tree** [⁄⁄]〖建〗棟木(むなぎ), 棟桁(けた); 屋根; 住居.
◇ **～ed** [ru:ft] *a.* **1** おおいのある. **2**《合成語で》…屋根の: a flat-～*ed* house 平屋根の家. **～·er** *n.* **1** 屋根職人. **2**〖英話〗もてなしの礼状. **～·less** *a.* **1** 屋根のない. **2** 宿なしの.
róof·ing [rú:fiŋ] *n.* **1** 屋根ふき; 屋根材料. **2** 屋根(roof); 保護. **——** *a.* 屋根ふき用の.
rook[1] [ruk] *n.* **1**〖鳥〗《ヨーロッパ産》ミヤマガラス. **2**《トランプなどで》ごまかし屋, ぺてん師. **——** *vt.* **1** ごまかす, にいんちきをする. **2** から不当の代金を取る.
◇ **róok·y** *a.* ミヤマガラスの多い. 「略 R).
rook[2] *n.*〖チェス〗ルーク, 城将(castle)《飛車に当たる.
róok·er·y [rúkəri] *n.* **1** ミヤマガラスの群がる所〔森〕; その群れ. **2** アザラシ・ペンギンなどの繁殖する場所; その群れ. **3**〖話〗貧民窟(くつ).
róok·ie [rúki] *n.* 〖俗〗《軍隊の》新兵; 新参者, 新前;〖米:野球〗新人, ルーキー. [＜*recruit*]
†**room** [ru:m, rum] *n.* **1** へや, 室: a furnished ～ 家具つきのへや. **2** (*pl.*) 一そろいのへや; 下宿, 貸間: *R～s*《広告で》貸間あり. **3** へやにいる人々, 満座の人々: approved by the whole ～ へやの全員に承認されて. **4** (はいる) 場所, 空間, 余地; 機会; 余裕《*for*》: There is no ～ *for* you. きみのはいる余地がない. There's plenty of ～. 余地はたっぷりある. Is there any ～ *for* doubt? 少しでも疑う余地がありますか. ～ *for* improvement 改善の余地. **5** 能力, 才能: Her brain has no ～ *for* math. 彼女は数学の頭がない. **6**〖鉱山〗採炭場, 切羽(きりは).
give ～ どく; 身をひいて機会を譲る《に *to*》. ***in a*** person***'s ～*** ＝***in the ～ of*** の代わりに. ***I would rather have his ～ than his company.*** 彼のいない方がむしろよい. ***leave no ～ for*** の余地がない. ***leave ～ for*** の余地を残しておく. ***live in ～s*** 下宿住まいをする. ***make ～*** 場所をあける, 席を譲る《のために *for*》. ***no ～ to swing a cat*** 狭苦しい. ***～ and board*** まかないつきへや. ***～ at the top*** 幹部の地位, 支配階級の社会的地位. ***take up ～*** 場所をとる〔ふさぐ〕.
—— *vi.* 泊まる; 同室する;〖米〗下宿する《に *at*; と *with*》: He is ～*ing with* my friend Smith. 彼は友人のスミスといっしょに住んでいる. **——** *vt.* 宿らせる, 泊める. **～ *at*** a person***'s house*** …方に下宿する; 間借りしている. **～ *together*** 同宿する.
～ clerk 客室係《ホテルのへやの割り当て・宿帳・郵便物の区分けなどを受け持つ》. **～ conditioning** 室内空気調節(装置). **～ divider**《本箱など》間仕切り用家具. ***～·mate** [⁄⁄]〖米〗同室〔同宿〕人. **～ service** 客室サービス《ホテルなどのへやに食事などを運ばせること》;《ホテルなどの》客室サービス係. **～-to-～** 室から室への: a ～-*to*-～ telephone.
◇ **-～ed** *a.* …の室のある, …間(ま)ある: a three-～*ed* house 3間の家. 〈注〉アメリカでは three-room house が普通. **～·er** *n.*〖米〗間借り人; 下宿人. **～·ful** [-fùl] *n.* へやいっぱいの人〔物〕: a ～*ful* of furniture へやいっぱいの家具.
room·étte [ru:mét, rum-] *n.* 〖米: 鉄道〗《寝台車の》小個室.
róom·ing [rú:miŋ, rúm-] *n., a.* へや借り(をしている). **～ guest**〖米〗止宿〔下宿〕人. **～ house**〖米〗下宿屋. **～-in** (病院で新生児を) 母親と同室において育てること.
róom·y [rú:mi, rúmi] *a.* **1** 間数(まかず)の多い. **2** 広広とした. ◇ **-i·ly** *ad.* **-i·ness** *n.* 「的デマ.
róor·back [rúərbæk] *n.*〖米〗《政敵に対する》中傷
Róo·se·velt [róuzəvèlt] *n.* **1** (Anna) Eleanor [(ǽnə-)élinər-] ～, 1884–1962, アメリカの著述家・婦人政治家で F. D. ～ の妻. **2** Franklin Delano [frǽŋklin-délənòu-/-nou-] ～, 1882–1945, アメリカ第32代大統領. **3** Theodore [θí:ədɔ̀:r/θíədɔ:] ～, 1858–1919, アメリカ第26代大統領.
roost [ru:st] *n.* **1**《鳥の》止まり木; ねぐら; 鶏舎. **2** 一群のねぐら鳥. **3**〖米〗《人の》休み場所; 寝所;〖俗〗仮の宿: a robber's ～ in the mountains 山中の盗賊の隠れ場. ***at ～*** ねぐらについて, 眠って. ***come home to ～*** ねぐらに帰る; 身から出たさびとなる. ***Curses (like chickens) come home to ～.***〖ことわざ〗人をのろわば穴二つ. ***go to ～*** ねぐらにつく; 寝る. ***rule the ～*** 牛耳る.
—— *vi.* **1**《止まり木などに》止まる, ねぐらにつく. **2** 床につく, 宿る, 一夜を過ごす. **3**〖俗〗着席する.
—— *vt.* に休み場所を与える.
***róost·er** [rú:stər] *n.* 〖米〗雄鶏(おんどり) (＝㊥ cock);〖米話〗うぬぼれの強い人.
‡**root**[1] [ru:t, ㊟⁺rut] *n.* **1** 根, 地下茎; (*pl.*) 根菜類, 草木. **2** 根もと: the ～ of tooth 歯ぐき. **3** 根源, 原因: The love of money is the ～ of all evil. 金銭欲はすべての災いのもと. **4** 根本, 基礎; 基盤: the ～ of the matter 物事の本質, 根本. the feeling the modern life has no ～s 現代生活は浮き草のようなものという感じ. **5** ふもと, 底: the ～ of a hill 丘のふもと. the ～ of the sea 海底. **6** 先祖, 始祖;〖古〗子孫. **7** 分枝, 芽ばえ. **8**〖数〗根(こん);〖言〗語根;〖楽〗和法の音, 基(礎)音.
at (the) ～ 根本において. ***by the ～(s)*** 根もとから, 根こそぎに: pull up a plant *by the* ～*s* 植物を引っこ抜く. ***cube [third] ～*** 立方根. ***go to [get at] the ～ of*** を根底から調べる, の真相をきわめる. ***lie at the ～ of*** の根本をなす, の源である. ***～ and branch*** ことごとく; 完全に, 全く: These evil practices must be destroyed ～ *and branch*. こういった

悪い習慣は徹底的に破壊されねばならない. ***square* 〔*second*〕 ～** 平方根. ***take* 〔*strike*〕 ～** 根がつく, 根をおろす; 定着する. ***the* ～ *and branch man*** 急進〔過激〕主義者. ***the* ～ *of all evil*** 金銭.

—— *a.* **1** 根の, 根本的: a ～ problem 根本問題. **2**〘言〙語根の.

—— *vi.* 根づく; 定着する: Some cuttings ～ easily. ある切り枝はたやすく根がつく. —— *vt.* **1 根づかす**; 固着させる: Fear ～*ed* him to the ground. 恐れは彼を大地にくぎづけにした. **2 根こそぎにする**; 抜く, 根絶する《*up, out, away*》: ～ *out* evils 悪弊を根絶する. ～ imperialism *out* of the country 帝国主義を国内より一掃する. ***be* ～*ed in*** (1) …に原因をもつ, …から由来する: War *is* ～*ed in* economic causes. 戦争は経済的原因から起こる. (2)〈習慣などが〉…に定着している: Good manners *are* ～*ed in* him. 彼の行儀の良さは付け焼き刃ではない.

～ beer サルサ根やササフラス根などからつくる清涼飲料. **～ crop** 根菜作物. **～ hair** 根毛. **～·stock** [∠∸] (1)〘植〙根茎. (2) 根源, 起源. (3)〘つぎ木の〙つぎ台. ◇ **～·age** [-idʒ] *n.* **1** 根をはること. **2**〘全体の〙根. **～·er** *n.* 根こそぎにする人. **～·less** *a.* **～·let** [-lit] *n.*〘植〙小根, 幼根. **～·y** *a.* 根の多い, 根状の, 根のような. 〔類〕 → **origin**「起源」

root[2] *vt., vi.* **1**〈豚などが〉鼻で掘る; 鼻で掘って食べ物を捜す. **2** 捜し出す, かきまわす. **3**〘米話〙あくせく働く. **4**〘米俗〙応援〔声援〕する《に *for*》.

◇ **～·er** *n.* **1** 鼻で地を掘る動物. **2** 応援者.

róot·ed [rúːtid, ㊥+rút-] *a.* **1** 根のある, 根づいた: a ～ plant. **2** 根づよい, 根ぶかい: a ～ opinion しっかりした意見. ◇ **～·ly** *ad.* **～·ness** *n.*

róot·le [rúːtl] ＝root[2].

róot·y[1] [rúːti, ㊥+rúti] *a.* → root.[1]

róot·y[2] [rúːti, ㊥+rúti], **róot·i** [rúːti] *n.*〘英:軍俗〙パン.

†**rope** [roup] *n.* **1** なわ, 綱, ロープ: skip ～ なわとびをする. **2** 投げなわ, 輪なわ (lasso); 絞首索; 絞首刑. **3 一つなぎ**, 一連: a ～ of pearls 一つなぎの真珠. **4**《ブドウ酒・ビールなどにできる》粘着性の筋. **5** 測量索, 測鉛線. **6** 活動の範囲〔自由〕: come to the end of one's ～ 万策尽きる. **7** (*pl.*) 囲いなわ,《ボクシングなどの》ロープ. **8** (*pl.*) 秘訣(ひけつ), こつ: know the ～*s* (仕事に) 精通している.

a* ～ *of sand 弱いむすびつき. ***be at the end of one's* ～** 百計尽きる, 進退きわまる. ***be outside the* ～*s*** こつ〔呼吸〕を知らない, 門外漢である. ***dance on a* ～**〘俗〙絞殺〔死刑に〕される. ***give* a person ～** (人を) 気ままにさせる. ***give* a person *～ enough* 〔*plenty of* ～〕 *to hang himself*** (人に) したいほうだいのことをさせておく. ***Name not a* ～ *in his house that hanged himself.*** 〘ことわざ〙首つりのあった家でなわと言うな, ひけめのある人間〔病人〕の前では口を慎め. ***on the high* ～*s*** 得意になって; 高慢で. ***on the* ～*s*** (1)〘ボクシング〙綱につかまって;〘俗〙全く窮して. (2)《登山家が》互いに綱でからだを縛って. ***put* a person *up to the* ～*s*** (人に) こつを教える. ***One's* ～ *is out.*** 進退きわまった.

—— *vt.* **1 なわで縛る**;〈登山者が〉からだをロープで結ぶ《*up*》. **2** なわで仕切る〔囲う〕《*in, off*》: ～ *in* a plot of ground 地面の一区画をなわで仕切る. **3** 投げなわで捕える; なわで引く. **4** 不正に手に入れる. **5**〈計画などに〉誘いこむ; つりこむ, 誘惑する《*in*》. **6**〘英:競馬〙〈馬を〉制する. —— *vi.* **1** なわになる. **2** ねばねばの糸を引く. **3**〘英:競馬〙わざと負けるように馬の手綱を引く;〘運〙力をわざとかげんする.

～·dànc·er 綱渡り師. **～·dànc·ing** 綱渡り. **～ ladder** なわばしご. **～'s end**《特に水夫をむち打つ》なわぎれ. **～·walk** [∠∸] ＝ropery. **～·wàlk·er** 綱渡り師. **～·wàlk·ing** 綱渡り. **～·way** [∠∸] 索道; ロープウエー. **～ yarn** なわをよるもとになる糸《麻など》; つまらないもの〔こと〕.

◇ **róp·a·ble** *a.* **róp·er·y** [-əri] *n.* なわ製造所. **róp·ing** *n.* 索〔綱〕類, 綱具類; なわない, なわつくり.

róp·y [róupi] *a.* **1** 糸を引く, ねばつく, 粘着性のある. **2** なわのような. ◇ **-i·ly** *ad.* **-i·ness** *n.*

roque [rouk] *n.* croquet (球技) の一種.

Roque·fort [róukfərt / rɔ́kfɔː] **F.** *n.* 羊乳チーズ (＝～ cheese).

ro·quét [rokéi/róuk(e)i] *vt.* 〈ボールを〉他のボールに当てる《croquet で》. —— *vi.* 他のボールに当たる. —— *n.* ～すること.

rór·qual [rɔ́ːrkwəl] *n.*〘動〙ナガスクジラ.

Rór·schach [rɔ́ːrʃɑːx] **～ *test***〘心〙ロールシャッハ検査《インクのしみのようないろいろの図形を解釈させ人の性格を判断する》.

rór·ty [rɔ́ːrti], **ráugh·ty** [rɔ́ːti] *a.*〘俗〙楽しい,「愉快な.

ro·sá·ceous [rozéiʃəs] *a.* **1**〘植〙バラ科の. **2** バラのような. **3** バラ色の.

ros·án·i·line [rouzǽn(i)lin, -liːn] *n.*〘化〙ローザニリン《赤色染料》; その塩基.

ro·sár·i·an [rozɛ́(ː)riən / -zɛ́ər-] *n.* **1** バラ栽培者. **2** (R～)〘カトリック〙ロザリオ会の会員.

ró·sa·ry [róuzəri] *n.* **1**〘カトリック〙ロザリオ, じゅず. **2** ロザリオを繰りながら唱える祈り. **3** バラ園.

†**rose**[1] [rouz] *n.* **1**〘植〙バラ(の花), バラ科の植物. **2** バラ形の模様; バラ結び; バラ形宝石;〘建〙円花窓;《じょうろ・ホースの》散水口; 羅針盤(らしんばん)模様. **3** バラ色, 淡紅色; (*pl.*) バラ色の顔色: have ～*s* in one's cheeks ほおがバラのように赤い, 健康である. **4** 美人: the ～ of Paris パリ第一の美人. **5** バラの香料. **6**〘医〙(the ～) 丹毒. **7** 安楽, 愉快.

a* 〔*the*〕 *bed of* ～*s 気楽な境遇, 安楽な地位, 身分. ***blue* ～** 青いバラ《世にありえないもの》. ***Every* ～ *has its thorn.* ＝*No* ～ *without a thorn.*** 〘ことわざ〙とげのないバラはない, 楽あれば苦あり. ***gather* (*life's*) ～*s*** 快楽を求める, 快楽生活をする. ***It is not all* ～*.*** 必ずしものんきなことばかりではない. ***path strewn with* ～*s*** 快楽生活. ***the Alpine* ～**〘植〙シャクナゲの類. ***the Chinese* ～ ＝*the* ～ *of China***〘植〙コウシンバラ. ***the* ～ *of Jericho***〘植〙アンザンジュ. ***the* ～ *of May***〘植〙シロズイセン. ***the* ～ *of Sharon***〘植〙ムクゲ. ***the white* ～ *of innocence* 〔*virginity*〕** 白バラのような清純. ***under the* ～** 秘密に. ***Wars of the R*～*s***〘英史〙バラ戦争《York 家(白バラ)と Lancaster 家(赤バラ)との王位をめぐる内乱. 1455–85》.

—— *vt.* **1**〈顔を〉赤くする, バラ色にする《通例受動態に用いる》. **2** にバラの香料をふりかける.

—— *a.* バラの; バラ色の; バラで囲まれた.

～ acacia〘植〙ハリエンジュ《北アメリカ産の低木》. **～·bay** [∠∸]〘植〙シャクナゲ;〘英〙ヤナギソウ; キョウチクトウ. **～ beetle**〘虫〙《バラを害する》コガネムシ. **～·bud** [∠∸] バラのつぼみ; 年ごろの少女;〘米話〙社交界に初登場する少女. **～·bush** [∠∸] バラの木〔茂み〕. **～ cold** 〔**fever**〕 枯れ草熱の一種. **～-còl·ored** バラ色の, 淡赤色の; 有望な, 楽観的な, 明朗な: see things through ～*-colored* spectacles 物事を楽観的に見る. take a ～*-colored* view 楽観する. **～·cut** [∠∸]《宝石の》ローズカット. **～ diamond** 24面ダイヤモンド. **～·drop** [∠∸]〘医〙ザクロ鼻. **～ garden** バラ園. **～ hip** バラの実. **～ leaf** バラの花びら; バラの葉: a crumpled ～ *leaf* 幸福の最中に起こるささいなやっかいごと《月にむら雲, 花にあらし》. **～-lipped** [∠∸] くちびるの赤い. **～ mallow**〘植〙ムクゲ属の植物; タチアオイ. **～·mar·y** [-mɛ̀(ː)ri/-m(ə)ri]〘植〙マンネンロウ《忠実・貞操・記憶の象徴》. **～ oil** バラ油, バラ香水. **～ pink** バラ色の. **～ tree** バラの木. **～ water** バラ香水; おせじ. **～-wà·ter** バラの香水のような; 感傷的な, 優しい; 優雅な. **～ window**〘建〙バラ窓, 円花窓. **～·wood** [∠∸]〘植〙シタン.

rose[2] *v.* rise の過去形.

ró·se·ate [róuziit] *a.* **1** バラ色の. **2** 快活な; 明るい, 楽観的な.
ro·sé·o·la [rozíːələ] *n.* 〖医〗バラ疹(しん), 紅疹.
ró·ser·y [róuzəri] *n.* バラ栽培所, バラ園.
Ro·sét·ta [rozétə] *n.* アラブ連合共和国の都市.
～ stone ロゼッタ石《1799年 Rosetta で発見され古代エジプト象形文字解読の端緒となった》.
ro·sétte [rozét] *n.* **1**《リボンなどの》バラ結び; バラ花飾り. **2**〖建〗円花飾り; バラ形窓. **3**〖植〗ロゼット《タンポポ・桜草など花弁状に広がった根生葉》. **4**〖電〗《天井に取り付ける》コードつり.

rosette ②

Rósh Ha·shá·na [ráʃ-həʃáːnə, róuʃ-/rɔ́ʃ-, róuʃ-] *n.* ユダヤ教の新年祭.
Rò·si·crú·cian [ròuzi̩krúːʃən/-ʃ(i)ən] *n.* バラ十字会員《1484 年 Christian Rosenkreuz が創設したと伝えられる錬金魔法術を行なう秘密結社の会員》.
—— *a.* バラ十字会(員)の; 錬金術の.
rós·in [rázin/rɔ́z-] *n.* ロジン, 松やに《バイオリンなどの弓すべりどめに用いる》. **——** *vt.* ロジンでこする〔を塗る〕. → resin. ◇ **～·y** *a.* 樹脂の多い, 樹脂状の.
Ròs·i·nán·te [ràz(i̩)nǽnti/rɔ̀z-] *n.* **1** Don Quixote の乗ったやせ馬. **2** (r～) やくざ馬, 廃馬.
rós·ter [rástər/róus-] *n.* **1**〖軍〗勤務(当番)表. **2**《一般的》名簿.
rós·tral [rástrəl/rɔ́s-] *a.* **1** くちばしの(ある). **2** 船嘴(せんし)飾りのついた.
～ column (海戦の)勝利記念柱.
rós·trate [rástreit/rɔ́s-], **rós·trat·ed** [-id] *a.* **1** くちばし状突起のある. **2** 船嘴(せんし)飾りのある.
rós·trum [rástrəm / rɔ́s-] *n.* (*pl.* **-tra** [-trə], **-trums**) **1** 演壇, 講壇. **2**《集合的》演説者. **3** (*pl.* **-tra**)〖史〗《古代ローマの》公会堂の演壇, 船嘴(せんし)演壇; 《ガリー船の》船嘴. **4**〖動〗くちばし状突起. ***take the* ～** 登壇する.
‡rós·y [róuzi] *a.* (**-i·er**; **-i·est**) **1** バラ色の. **2** 赤らんだ, 紅顔の. **3** バラでつくった〔飾った〕: a ～ bower バラでつくったあずま屋. **4** 有望な, 明るい, 楽観的な: a ～ future. ◇ **-i·ly** *ad.* **-i·ness** *n.*
rot** [rat/rɔt] *n.* **1** 腐敗, 腐朽; 腐敗物. **2**〖植〗腐敗病, 枯死《菌類による》. **3**《羊の》ジストマ病. **4** 堕落. **5**〖俗〗たわごと: talk ～ たわごとを言う. ***R～! ばかな, くだらない. ***tommy* ～**〖俗〗ばかばかしさ, 失敗.
—— *v.* (**-tt-**) *vi.* **1** 腐敗する, 朽ちる; はげおちる. **2** ‹体力が› 衰える; 堕落する. **3**〖英俗〗冗談〔皮肉〕を言う. **——** *vt.* **1** 腐らせる; ‹亜麻を› 水につけて柔らかくする. **2**〖俗〗だめにする, だいなしにする: It has *～ted* the whole plan. それで計画が丸つぶれになった. **～ *away*** 衰微する. **～ *off*** ‹木の枝が› 腐れ落ちる. **∠·gut** → 別項.
ró·ta [róutə] *n.* **1**〖おもに英〗当番, 輪番. **2** 当番名簿. **3** (R～)〖カトリック〗最高法院.
Ro·tár·i·an [roté(ː)riən/-téər-] *a.*, *n.* ロータリークラブの(会員). ◇ **～·ism** *n.*
ró·ta·ry [róutəri] *a.* 回転する; 旋回する; 《機械などに》回転部のある; 回転式の: a ～ fan 扇風機.
—— *n.* **1** ロータリー, 環状交差路 (=㊊ roundabout). **2**〖電〗回転変流機(=～ converter). **3** (R～) ロータリークラブ. [√rot-]
R～ Club, the ロータリークラブ《1905年アメリカのシカゴに創設された国際理解増進と社会奉仕を目的とする実業家・知識人の団体. 会員が順番交替で会合の接待をする》. **R～ International** 国際ロータリー. **～ machine** 〔**press**〕〖印〗輪転機. **～ plow** 〔**tiller**〕 動力耕うん機の一種. **～-wing aircraft**〖空〗《ヘリコプター・オートジャイロなど》回転翼浮揚航空機.
ró·tate [róuteit/-∠] *vi.*, *vt.* **1** 回転する〔させる〕. **2** 循環する〔させる〕, 交替する〔させる〕. **3**〖農〗輪作する.
—— *a.* 輪形〔輪状〕の. [√rot-]
◇ **ró·tat·a·ble** *a.* 類 → **turn**「回る」
ro·tá·tion [rotéiʃ(ə)n] *n.* **1** 回転. **2**《地球の》自転. **3** 循環. **4**〖農〗輪作. **5** 輪番, ローテーション. ***by*** 〔***in***〕 **～** 順に, 輪番制で. ◇ **～·al** *a.*
ró·ta·tive [róutətiv] *a.* 回転する; 回転させる; 循環する. ◇ **～·ly** *ad.*
ró·ta·tor [róuteitər/-∠-] *n.* (*pl.* **～s** [-z]) **1** 回転する物〔人〕; 〖空〗《ヘリコプター・ジェットエンジンの空気圧縮機の》回転翼; 〖物〗回転子; 〖冶〗回転炉. **2** (*pl.* ㊗ **rò·ta·tór·es** [ròutətóːriːz/-tɔ́ːr-], **～s**)〖医〗回旋筋.
ró·ta·to·ry [róutətɔ̀ːri/-t(ə)ri] *a.* **1** 回転する; 回転運動を起こす. **2** 循環する. **3** 輪番の. **4**《筋肉が》回旋する.
R.O.T.C., ROTC Reserve Officers' Training Corps.
rote [rout] *n.* **1** 機械的方法. **2** 機械的暗記法. ***by* ～** 機械的に; 暗記で, そらで.
rót·gut [rátgʌt/rɔ́t-] *n.*〖俗〗下等なウイスキー.
ró·ti·fer [róutifər] *n.*〖動〗ワムシ《淡水のプランクトンの一種》. ◇ **ro·tíf·er·al** [rotífərəl], **ro·tíf·er·ous** [-rəs] *a.*
ró·to [róutou] *n.* (*pl.* **～s**) =rotogravure.
～ section〖米〗(新聞の)日曜付録版《書評・短編小説・クイズなどのページ》.
roto-「回転」の意の語形成要素. [√rot-]
ró·to·graph [róutəgræf / -grɑːf] *n.*〖写〗《原稿などの》複写写真.
rò·to·gra·vúre [ròutəgrəvjúər] *n.* **1**〖印〗輪転グラビア《写真凹版》. **2**〖米〗《新聞の》ロートグラビア写真ページ.
ró·tor [róutər] *n.* **1**〖電〗回転子. **2**〖機〗《蒸気タービンの》回転子, 軸車. **3**〖空〗《ヘリコプターの》回転翼. **4**〖海〗《円筒船の》円筒.
～ blade 回転翼の羽. **～ craft** 〔**plane**〕 = rotary-wing aircraft.
‡rót·ten [rátn/rɔ́tn] *a.* **1** 腐った, 腐敗した: a ～ egg 腐った卵. **2** 悪臭を放つ, 不潔な: ～ air 不潔な空気. **3** (道徳的に)腐敗した; わいろなどをとる; 甘やかされすぎた: a ～ child. **4** もろい; ぼろぼろの: ～ rock もろい岩. **5**〖俗〗全くひどい; 不愉快な: a ～ book くだらない本. ～ weather じめじめしたいやな天候. **6**〖俗〗気分の悪い: feel ～ 元気がない. look ～ 浮かぬ顔をする. **7**《羊が》ジストマにかかった.
～ borough〖英史〗腐敗選挙区《有権者が激減していても議員を選出していた選挙区》. **R～ Row** ロンドンの Hyde Park の乗馬道路. **～·stone** [∠-∠] トリポリ石《金属をみがくのに用いる珪質(けいしつ)石灰石》. ◇ **～·ly** *ad.* **～·ness** *n.*
rót·ter [rátər/rɔ́tə] *n.*〖おもに英俗〗やくざ者, ろくでなし.
ro·túnd [rotʌ́nd] *a.* **1** 丸い, まるまると太った. **2**《声が》朗々とした, よくとおる. **3**《文体などが》誇張した, 華麗な. [√rot-] ◇ **～·ly** *ad.* **ro·tún·di·ty** [rotʌ́ndi̩ti] *n.* 丸いこと; 肥満; 朗々とした音声.
ro·tún·da [rotʌ́ndə] *n.*《丸屋根のある》円形建物; 丸天井の大広間.
róu·ble =ruble.
rou·é [ruːéi/∠-] F. *n.* 放蕩(ほうとう)〔道楽〕者.
rouge[1] [ruːʒ] *n.* **1**《化粧用の》べに, 口〔ほお〕べに. **2**〖化〗ベンガラ, 鉄丹《研摩用》. **——** *a.*〖稀〗赤い.
—— *vt.*, *vi.* **1** べにをつける《*on*》. **2** 赤くする〔なる〕.
rouge[2] [ruːdʒ] *n.* 〖フットボール〗《イギリス Eton 校で》スクラム, 相手の得点となるタッチダウン.
rouge et noir [rúːʒe(i)nwáːr] F. 赤と黒のダイヤモンド模様の卓上で行なうトランプ賭博(とばく).
‡rough [rʌf] *a.* **1** あらい, ざらざらした: ～ paper ざら紙. ↔ smooth. **2** 毛むくじゃらの: a dog with a ～ coat もじゃもじゃの毛の犬. ～ hairs (ぼさぼさの) みだれ髪. **3** 高低のある, 険しい: a ～ road で

こぼこ道. **4**《天候などが》荒れた;《悪天候などで》揺れる: ~ waters 荒海. a ~ flight 揺れる飛行. **5 未加工の**: a ~ diamond ダイヤの原石. ~ rice 玄米. **6 手荒な**, 粗野な; 洗練されていない; 耳ざわりな: Boxing is a ~ sport. ボクシングは荒っぽいスポーツだ. ~ work 荒仕事, 肉体労働. ~ children わんぱく小僧ども. ~ food まずい食物, 粗食. ~ sounds 耳ざわりな音. ~ wine まだ渋いブドウ酒. **7** 上品ぶらぬ: the ~ kindness of people 庶民の気どらぬ親切. **8 難儀な**, つらい: a ~ day 多忙な1日. **9 あらましの**, 大略の: a ~ estimate 概算. ~ coating (壁の)あら塗り. a ~ drawing 下絵. a ~ sketch 概略図. **10**《仕事などが》そまつな, ぞんざいな: be ~ in speech 口のきき方がぞんざいである. **11**〖俗〗騒々しい: Don't be ~! そんなに騒ぐな. **12**〖音声〗帯気音の, h の音をもった. **13**〖トランプ〗《ポーカーで》手が悪い.
be ~ on に不親切にする, …につらく当たる. ***give*** a person ***a lick with the ~ side of*** one's ***tongue*** (人に)きびしく談じつづける, しかる. ***have a ~ time of it*** ひどい目に会う, 難儀する. ***in the ~ leaf*** 若葉のうちに. ***~ and ready*** そまつながらまにあう. ***~ and round*** そまつながら盛りだくさんの. ***~ and tough*** がんじょうな, たくましい. ***the ~er sex*** 男性. → the softer sex.
—— *ad.* あらく, 粗暴に; 概略的に (=roughly).
—— *n.* **1** 平坦(へいたん)でない土地;〖ゴルフ〗(fairway の外の) 草など刈ってないコース. **2** あらいもの; 仕上げていないもの;《宝石の》原石. **3** 概略: discuss in ~ ざっと論じる. **4** 難儀; 手荒い扱い. **5**《蹄鉄(ていてつ)に打つ》すべり止めのくぎ. **6**〖おもに英〗乱暴者. ***in the ~*** (1) 未完成のままの; 加工していない. (2) 乱雑の〔に〕; だらしのない; 準備なしの. (3) おおよその, 概略の. (4)〖話〗《ゴルフ用語から》困って. ***over ~ and smooth*** いたるところに. ***the ~(s) and the smooth(s)*** 人生の浮き沈み; 幸不幸.
—— *vt.* **1** あらくする, ざらざらにする. **2** ざっとつくる, あらごしらえする, 大体の計画をたてる《*out*》; の概略を書く《*in*》: ~ *out* a scheme 大体の計画をたてる. **3**〈毛などを〉さかだてる《*up*》; くしゃくしゃにする: the wind ~*ing up* the sea 波をさかだてる風. **4** 乱暴に扱う; 立腹させる: The mob ~*ed* up the speaker. 群衆は弁士をいらだたせた. **5**〈蹄鉄に〉すべり止めをつける. **6**〈馬を〉乗りならす. **——** *vi.* **1** (表面が) ざらざらになる. **2** 乱暴にふるまう; 立腹する. ***~ it*** (1) 不自由な生活をする〔に耐える〕. (2) 乱暴をする. ~ a person ***up the wrong way*** (人を) おこらせる.
∠-and-réad·y [rʌ́fənrédi] 粗雑な, ぞんざいな; 拙速主義の, まにあわせの. **∠-and-túm·ble** → 別項. **∠·cast** → 別項. **∠-cút** 《たばこなど》雑切りの. **∠·drý** → 別項. **∠-fóot·ed** 《鳥など》足に羽毛のある. **~ going** 苦戦. **∠-héw** → 別項. **∠-house** → 別項. **∠-légged** 《鳥・馬など》足に毛のある. **∠·neck** [∠∸]〖米俗〗粗野な人, 無頼漢; 油井掘り人夫. **∠·rìd·er** (1) 荒馬を乗りこなす人. (2) 調馬師. (3) (Roughriders) 1898年の米西戦争当時 Theodore Roosevelt によって組織された義勇騎兵隊. **∠-shód** [㊎ ∠ー] 《馬が》すべり止め蹄鉄をつけた: ride ~*shod* over を踏みにじる; …にいばりちらす. **∠-spók·en** ことばのぞんざいな, 乱暴な口をきく. **∠-wróught** あらごしらえの, にわかづくりの.
◇ **∠·en** *vt., vi.* あらくする〔なる〕, でこぼこにする〔なる〕. **∠·ish** *a.* ややあらい; やや粗暴な〔手荒い〕; すこし耳ざわりな. **∠·ness** *n.*

róugh·age [rʌ́fidʒ] *n.* **1** 素材. **2**《ぬか・果皮・わらなど》あらい食べ物〔飼料〕. **3** 腸の蠕動(ぜんどう)を刺激する繊維素を含む食物.

róugh-and-túm·ble [rʌ́fəntʌ́mbl] *a.* ごたごたの, むちゃくちゃな, 無鉄砲な. **——** *n.* 乱戦, 乱闘.

róugh·cast [rʌ́fkæst/-kɑːst] *vt.* (**-cast**) **1** あら塗りする. **2** の大体の筋をたてる, の下ごしらえする. **——** *n.* **1** あら塗り, あら打ちしっくい. **2** 大体の型, 粗型. **——** *a.* **1** あら塗りの. **2** ざっとした, ぞんざいな.

róugh·drý [rʌ́fdrái, ㊎⁺∸∸] *vt.* アイロンをかけずに干す. **——** [∸∸/∸ー] *a.* アイロンをかけずに干した.

róugh-héw [rʌ́fhjúː, ㊎⁺∸∸] *vt.* (**-héwed**; **-héwn**, **-héwed**) **1**〈木材などを〉荒削りする. **2** あらごしらえする. ◇ **-héwn** *a.* 荒削りの, 粗野な: *rough-hewn* folk 教養のない連中.

róugh·house [rʌ́fhàus] *n.*〖俗〗ばか騒ぎ, 乱暴. **——** *vt.*〈人を〉手荒く扱う. **——** *vi.* 大騒ぎ〔大げんか〕する.

‡**róugh·ly** [rʌ́fli] *ad.* **1** 荒く, 荒っぽく, ぞんざいに. **2** 無作法に; 乱暴に. **3** 大ざっぱに, ざっと: ~ estimated 概算で. ~ speaking 大体のところで言えば, おおよそ. **4** 耳ざわりに; 不調和に. 〈注〉次の差に注意: He handled it *roughly*, in the same way. 彼は前と同様にそれを荒っぽく扱った. He handled it, *roughly* in the same way. 彼はそれをほぼ前と同様に扱った.

rou·láde [ruːlάːd] *n.* **1**〖楽〗ルーラード, 急奏. **2** 薄い肉片でこま切れ肉を包んだ料理.

rou·léau [ruːlóu] *n.* (*pl.* **-léaux**, **-léaus** [-lóuz]) 巻き物; 巻き封した貨幣.

rou·létte [ruːlét] *n.* **1** ルーレット《回転する円盤上に玉をころがして勝負するゲーム》; その道具. **2**《郵便切手シートなどに点線の穴をあける》点線機; 裁縫用ルーレット. **3**〖数〗転跡線.
—— *vt.* に切り取り用の点線をつける.

Rou·má·ni·a =Rumania. ◇ **~n** *a.* =Rumanian.

†**round** [raund] *a.* **1** 丸い, 円形の; 球形の; 円筒形の; アーチ状の: a ~ table 丸テーブル. **2** 丸みをもった; まるまるとした, 太った: ~ cheeks まるまるとしたほお. ~ shoulders ねこ背. **3** 一巡する;〖米〗往復の;〖英〗周遊の: a ~ trip. **4** 端数(はすう)のない, ちょうどの: a ~ dozen ちょうど1ダース. a ~ million men かっきり100万人. **5**《10, 100, 1,000…単位で》ほぼ; おおよその: 500 as a ~ figure (端数を切り捨てて) ほぼ 500. a ~ guess ほぼ正確な見当. **6** たっぷりの, 大きな: at a ~ price 高価で. **7**《文体・酒などが》円熟した;《描写が》(多面的で) 厚みのある. **8**《音・声が》豊かな, 朗々たる. **9** 勢いのよい, 敏捷(びんしょう)な: a ~ trot 早足. **10** 率直な, ありのままの. **11**《殴打などが》思いきりの: have a ~ blow [scolding] いやというほどなぐられる〔しかられる〕. **12**《魚が》内臓を抜かれて〔切られて〕いない. **13**〖音声〗円唇(えんしん)音の: a ~ vowel 円唇母音《[u, o] など》. ***be ~ with*** a person (人)に率直に言う. ***in ~ figures*** [***numbers***] 概算で, 大約.
—— *n.* **1** 円, 環, 球; 円〔球, 筒〕形のもの: sit in a ~ 円座をつくる. **2 一巡**, 循環; 一周(路): the annual ~ 年の循環. **3 連続**, 繰り返し; きまった仕事〔生活〕: a ~ of parties 引き続くパーティー. the daily ~ 日常生活. **4 見回り**, 往診; (しばしば *pl.*) 巡回〔受け持ち〕区域;《うわさなどの》伝達経路; 数箇所の場所を渡り歩くこと: patrol one's ~ (警官が) 受け持ち区域を巡回する. a ~ of night clubs ナイトクラブの「はしご」. **5 範囲**: the whole ~ of knowledge 知識の全範囲. **6**《勝負の》**一番**, 一試合: play a ~ of bridge [golf] ブリッジ〔ゴルフ〕を1回やる. a three ~ bout 3番勝負. knocked out in the fifth ~ 第5ラウンドでノックアウトされた. **7** いっせい射撃(に要する弾薬); 《弾薬の》一発分, 《弾丸の》一発. **8** (人の) 一団; 車座の人々. **9** 《酒などの》全員へ一巡する量: This ~ is on me. これは私がおごる; この1杯は私のおごりだ. **10** 輪舞; 輪唱. **11** はしごの横木; いすの桟(さん); 櫂(かい)の柄. **12** 牛のもも肉 (=~ of beef). **13** (丸みをおびた) 本の背〔ふち〕. **14** (しばしば *pl.*) 割れるような拍手; 《歓声・かっさいなどの》激発: three ~*s* of cheers 万歳三唱. **15** 食物の一切れ: a ~ of bread パン一切れ.

go [***make, patrol***] ***the*** [one's] **～*s*** 巡回する. ***go the*** **～*s*** 〈うわさなどが〉伝わる, 広まる. ***in the*** **～** (1) 丸彫りで. (2) 概括的に: Tokyo *in the* ～ 東京の全貌(ぜんぼう). ***out of*** **～** 完全に丸くなく, ゆがんで.

—— *ad.* **1** 回って, くるくる: circle ～ くるくる回る. **2** まわりを(ぐるりと), 四方に; 周囲が〘長さが〙: look ～ 見回す. girdled ～ with hills 丘にぐるりと囲まれて. in the country ～ 周囲のいなかに. 10 feet ～ 周囲10フィート. **3** めぐり回って; 迂回(うかい)して, 回り道して; 特定の場所へ: bring the milk ～ to the back door 牛乳を裏口に配達する. Come ～ to my place. ぼくの家へ寄ってけよ. Will you call a taxi ～? ここまで回って来るようにタクシーに言ってくださいますか. **4** 行きわたって, 次々と: Tea was handed ～. 茶が次々と配られた. **5** 初めから終わりまで: (all) the year ～ 年間を通じて. **6** 約, およそ: ～ there その付近で.

all the year **～** =***the whole year*** **～** → *ad.* ⑤. ***ask*** a person **～** (人を)自宅に招く. ***be*** **～** 回ってくる: Christmas will *be* ～ again. クリスマスがまたやってくる. ***be the other way*** **～** 《…と》あべこべである. ***bring*** **～** (1) 持って[連れて]くる, 《ある場所へ》回す. (2) 説きつける, に承知させる. (3) 正気にもどす. ***come*** **～** (1) 回ってくる, やってくる. (2) 承知する: He *came* ～ to my view. 彼は私の意見に同意した. (3) 正気づく, 全快する. ***get*** **～** 〈うわさが〉広まる. ***get*** **～ *to*** に行く; 〈仕事など〉に手をつける; 〈うわさが〉…に伝わる. ***go a long way*** **～** 遠く回り道をする. ***go*** [***pass***] **～** (1) 回転する; 運行する. (2) 一周する; 迂回する. (3) 〈物が〉行きわたる; 〈うわさが〉広まる. ***order*** a car **～** (自動車を)玄関に回させる. **～ *about*** (1) 輪になって, まわりに, 四方に; 遠回りして. (2) 反対のがわに. (3) ほぼ, およそ. ***show*** a person **～** (人を)案内して回る. ***talk*** a person **～** (人を)説得する. ***the clock*** **～** まる一日. ***turn*** (***short***) **～** (急に)振り向く. ***win*** a person **～** (人を)味方へ引き入れる.

—— *prep.* **1** **…のまわりを**[に]; …を回って: flying ～ Africa アフリカ一周飛行. coast ～ the promontory みさきを回って航海する. **2** …を曲がったところに: the first house ～ the corner かどを曲がった最初の家. **3** **…の付近に**[の]: the lands ～ the city 市の付近の土地. **4** **…の中をあちこちと**: look ～ the room へやじゅうを見回す. show him ～ the town 彼を町じゅう案内する. **5** …について: write a book ～ a subject ある問題について本を書く.

come [***get***] **～** を迂回する, を避ける: *come* [*get*] ～ a person 人に先回りする, 人を出し抜く. *get* ～ the law 法律の網をくぐる.

—— *vt.* **1** **丸くする**; に丸みをつける, のかどをとる《*off*》; (まるまると)太らせる《*out*》: ～*ed* eyes 丸く見張った目. ～ the corner かどをとって丸くする. **2** **完成する**, 仕上げる《*off, out*》; 〘端数を〙四捨五入する: ～ *off* one's career 自分の履歴に有終の美をそえる. *R～ off* the fractions to three decimal places. 小数第3位以下四捨五入. **3** **取り巻く**, 囲む. **4** **一巡する**, 回る; を回って向こう側へ出る: ～ the island 島を一めぐりする. ～ a corner かどを回る. **5** 〈家畜を〉(馬・車で)かり集める《*up*》. **6** 朗々と響かせる; 〘音声〙くちびるを丸めて発音する.

—— *vi.* **1** **丸くなる**; 曲がる, 湾曲する. **2** まるまると太る; 円熟する, 発達する. **3** 回る; 振り向く: ～ on one's heels かかとでくるりと回る. **4** 一巡する; 巡回する. **～ *off*** [***out***] (1) → *vt.* ①, ②. (2) 愉快に過ごす. **～ *on*** [***upon***] (1) をしかる, …にくってかかる. (2) …にそむく, を裏切る. **～ *up*** (1) → *vt.* ⑤. (2) 逮捕する. [√rot-]

～ dance 輪舞; 円舞(曲). **～ dealing(s)** 公明正大なやり方. **～ hand** 丸みのある字体《主として製図用》. → running hand. **R～·head** [⌐⌐] 〘英史〙議会党員, 円頂党《17世紀内乱のときの反王党派で頭髪を短く刈っていた清教徒のあだ名》. **～·house** [⌐⌐] (1) 〘米〙《円形の》機関車庫. (2) 〘海〙後甲板船室. (3) 〘史〙拘留所. **～ robin** (1) (署名者順がわからないように)円形に署名した嘆願書. (2) 《試合などの》総当たり戦. **～-shóul·dered** ねこ背の. **～s·man** [-zmən] (*pl.* **-men**) (1) 〘米〙巡査部長. (2) 〘英〙《パンや牛乳の》注文取り, ご用聞き. **～ steak** 牛のもも肉 (round) からとった厚切り肉. **～ table** 円卓(についた人々); 円卓会議; (the R～ Table) 《アーサー王伝説》大理石の円卓 (騎士団). **～-tà·ble** 円卓の: a ～-*table* conference 円卓会議. **～-the-clóck** 〘英〙 =around-the-clock. **～ ticket** 〘米〙往復切符 (= [英] return ticket). **～·top** [⌐⌐] 〘海〙檣楼(しょうろう). **～-tríp** (1) 〘米〙《鉄道などの》往復(の): ～-*trip* ticket 往復乗車券(= [英] return ticket). (2) 〘英〙周遊(の). (3) 〘野球〙ホームラン. **～·up** [⌐⌐] (1) 〘米方〙《家畜の》かり集め; かり集めをするカウボーイ[馬]; かり集めた家畜. (2) 《犯人などの》かり立て, 検挙, …狩り. (3) 《状況・ニュースなどの》総括, まとめ (summary). **～·worm** [⌐⌐] 回虫.

◇ **～·ed** [-id] *a.* **1** 丸くなった, 丸めた; 〘音声〙円唇の: a ～*ed* vowel 円唇母音. **2** 完成した; 円熟した; 洗練された. **3** 《声が》朗々たる. **～·ing** *n.* 〘音声〙円唇化 (=lip-rounding). **～·ness** *n.* **1** 丸さ, 円形. **2** 率直, 正直. **3** 完全, 円満.

***róund·a·bout** [ráundəbàut] *a.* **1** **回り道の**; 《表現・手続きなどが》回りくどい, 遠回しの. **2** まるまると肥えた. **3** 取り巻く; 包括的な.

—— *n.* **1** 回り道; 遠回しの方法[表現]; 回遊旅行. **2** 〘おもに英〙回転木馬 (merry-go-round). **3** 〘英〙環状交差路 (= [米] rotary). **4** 〘米〙男子用の短衣.

róun·del [ráundl] *n.* **1** 丸い物, 円盤. **2** 〘建〙円形の小窓. **3** 円形盾(たて). **4** 《装飾用》丸ざら. **5** =rondeau; rondel.

róun·de·lay [ráundịlèi] *n.* **1** 〘楽〙折り返しのある小歌曲; 円舞の一種. **2** 鳥のさえずり声.

róund·er [ráundər] *n.* **1** 丸くする人[道具]. **2** 巡回者. **3** 〘米俗〙ろくでなし; 飲んだくれ; 常習犯人. **4** (R～) 〘英〙《メソジスト派の》巡回説教師. **5** (*pl.*) 《単数扱い》〘英〙野球に似た球技.

róund·ish [ráundiʃ] *a.* 丸みのある, やや丸い.

◇ **～·ness** *n.*

róund·ly [ráundli] *ad.* **1** 丸く, 円形に. **2** 率直に, あからさまに, 露骨に. **3** きびしく, きっぱりと. **4** 勢いよく, 活発に. **5** 十分に, 完全に. **6** 〘米〙おおよそ, ざっと: speaking ～ 概して.

roup[1] [ru:p] *n.* **1** 家禽(かきん)の感冒. **2** 《声の》しわがれ. ◇ **～·y** *a.*

roup[2] Sc. *n.* 競売 (auction). **——** *vt.* 競売する.

‡rouse[1] [rauz] *vt.* **1** **目ざめさせる**, 起こす: ～ the sea 海を波だたせる. **2** **奮いたたせる**; 〈感情を〉あおる, 扇動する; おこらせる: ～ interest 興味をかきたてる. ～ up people 国民を奮起させる. **3** 〈鳥などを〉飛び立たせる, かり出す. **4** かきまわす. **5** 〘海〙強く引く《*in, out, up*》. **——** *vi.* **1** 目がさめる, 起きる《*up*》: ～ *up* from sleep. **2** 奮起する《*up*》. **3** 〈感情が〉激発する《*up*》. **～ one*self*** 目ざめる; 奮起する. **～ *to action*** 奮起させる. ***want rousing*** 刺激を必要とする, 怠惰である.

—— *n.* **1** 覚醒(かくせい); 奮起; 〘軍〙起床の合い図. **2** 〘古〙乾杯.

◇ **róus·er** *n.* 喚起[激励]者; 〘話〙目を見張らせる人[物]; 《はっとするような》大うそ; 大声(の人).

rouse[2] *n.* 〘古〙酒宴, 飲み騒ぎ; 乾杯. ***give a*** **～** 乾杯する. ***take a*** **～** 飲み騒ぐ.

róus·ing [ráuziŋ] *a.* **1** 奮起させる, 心を動かす; 活発な. **2** 〘話〙どえらい. ◇ **～·ly** *ad.*

Rous·séau [ru:sóu / ⌐ — | F. ruso] *n.* Jean Jacques [F. ʒɑ̃ ʒɑ:k] ～, 1712-78, フランスの哲学者・著述家. ◇ **Rous·séau·ism** [ru:sóuiz(ə)m] *n.*

ルソー(の自然) 主義, 民約説.

róust·a·bout [ráustəbàut] *n.* 〔米〕 波止場人足, 仲仕; (熟練していない) 雑役人夫.

rout[1] [raut] *n.* **1** 敗走; 完敗. **2** 混乱した群衆, やじうま; 暴徒. **3**〔法〕《3人以上の》不穏集会. **4** 大夜会. **5**〔古〕(人の)群れ, 隊. ***put to* ～** 敗走させる. —— *vt.* 負かす, 敗走させる. [√ru(m)p-]

rout[2] *vt.* **1** 追い出す, 引きずり出す. **2** =root². —— *vi.* =root².

‡route [ruːt, ㊙,〔英:軍〕⁺raut] *n.* **1 道路**, 道. **2** 《一定の》**通路**, 路線: an air ～ 空路. **3** 手段, 方法, 道: a ～ *to* peace 平和への道. **4**〔話〕《牛乳・新聞などの配達の》配達路〔区域〕: a delivery ～. **5**〔軍〕行軍命令. ***en* ～** [ɑːnrúːt] =***on* ～** 途中(で), 旅行中. ***give* 〔*get*〕 *the* ～** 進発命令をくだす〔受ける〕. ***go the* ～**〔米:野球俗〕<投手が> 試合を完投する; <任務などを> やり抜く. —— *vt.* **1** の手順をきめる. **2**《ある道筋・路線によって》発送〔送達〕する; 《ある方向へ》向ける. [√ru(m)p-]

～·man [-mən] (*pl.* **-men**) (一区域の)配達責任者. **～ march**〔軍〕旅次行軍.

‡rou·tíne [ruːtíːn] *n.* **1 きまりきった仕事**, 日常の課程〔仕事〕: daily ～. **2** 型にはまっていること; 機械的な手順〔仕事, 習慣〕: break the ～ 型を破る. —— *a.* **1** 日常の. **2** おきまりの: ～ desk work 型にはまった事務仕事. [<route]

◇ **～·ly** *ad.* **ròu·ti·néer** [rùːtiníər] *n.* 機械的事務にだけ適した人.

rou·tín·ism [ruːtíːniz(ə)m] *n.* 千編一律, しゃくし定規. ◇ **-ist** *n.* =routineer.

‡rove[1] [rouv] *vi., vt.* **1** うろつく, さまよう, 流浪する: ～ (over) the fields 野山をさまよう. **2** <目が> きょろきょろする. **3**〔弓術〕臨時の遠的(ｴﾝﾃｷ)を射る. **4** 生き餌(ｴ)で流しづりをする. ***roving ambassador* 〔*minister*〕** 移動大〔公〕使. ***roving eye***〔英〕移動テレビ撮影自動車.

—— *n.* 漂泊, 流浪. ***on the* ～** うろついて, 流浪して. **～ beetle**〔虫〕ハネカクシ.

rove[2] *n.* あらより糸. —— *vt.* あらより糸にする, 練紡する. ◇ **róv·ing** [-iŋ] *n.* 練紡.

rove[3] *v.* reeve の過去・過去分詞.

róv·en [róuvn] *v.* reeve の過去分詞.

róv·er[1] [róuvər] *n.* **1** 流浪者, うろつき回る人 (wanderer). **2**〔古〕海賊(船) (=sea ～). **3**〔弓術〕臨時の遠的(ｴﾝﾃｷ). **4**〔英〕《18歳以上の》ボーイスカウト. **5**〔英〕《音楽会などの》立ち席客. **6**〔英:ラグビー〕ローバー《中間に位置し攻撃防御兼務》.

róv·er[2] *n.* 練紡工〔機〕.

‡row[1] [rou] *n.* **1** 列, 横列; 《劇場などの》席列: in the front 〔third〕 ～ 第1〔3〕列に. **2** 家並み; 《両側に家の並んだ》通り; 街. **3**〔数〕《行列の》行. **4** (the Row) =Rotten Row. ***a* (*hard* 〔*long*〕) ～ *to hoe***〔米〕めんどうな仕事; 大役. ***at the end of* one's ～**〔米〕疲れ果てて; せっぱつまって. ***hoe* one's *own* ～**〔米〕自分の仕事をする. ***in a* ～** 1列に, 引き続いて, 連続的に. ***in* ～*s*** 列をなして, 幾列にも.

‡row[2] *vt.* **1** <舟を> こぐ《かいで》; のこぎ手をつとめる: ～ a boat 舟をこぐ. ～ bow 〔five〕 トップ〔5番〕をこぐ. **2** こいで運ぶ: ～ a person across the bay 湾をこいで人を渡す. **3** <ボートが> …本のオール〔…人のこぎ手〕を使う: This boat ～*s* eight (oars). このボートは8本のオールを使う. **4** <ボートレースに> 出る; とボートレースをする: Our crew ～*ed* Yale. わがボートチームはエール大学チームと戦った. —— *vi.* **1 舟をこぐ**: ～ *across* the river 川をこいで渡る. **2** <舟が> こがれる: This boat ～*s* easily. このボートはこぎやすい. **3** ボートレースに参加する《…相手の *against*》. ***look one way and* ～ *another*** あることをねらうとみせて他をねらう. **～ *against the tide* 〔*stream, wind*〕** 困難と戦う. **～ *a race*** ボートレースに出る. **～ *down*** こいで追いつく. **～ *dry* 〔*wet*〕** 水を飛ばさずに〔飛ばして〕こぐ. **～ *in one* 〔*the same*〕 *boat*** → boat. **～ *out*** こいで疲れさせる: ～ oneself *out* へとへとになるまでこぐ. **～ *over*** 楽々とこぎ勝つ; 独走〔独漕〕する. **～ *up*** 力漕(ﾘｷｿｳ)する.

—— *n.* ボートこぎ; こぐ距離: go for a ～ ボートこぎに行く. It's a long ～ across the bay. 湾をこいで渡るのはたいした距離だ.

～·boat [ˊ-ˋ] ボート《手こぎの》, こぎ舟. **～·lock** → 別項. ◇ **～·er** *n.* こぎ手.

‡row[3] [rau] *n.* **1 騒ぎ**, 騒動: Hold your ～! 騒ぐな, 静かにしろ. **2**〔話〕口論, けんか; 叱責(ｼｯｾｷ): That man is always ready for a ～. あの男はけんかっぱやい. ***get into a* ～** しかられる. ***make* 〔*kick up*〕 *a* ～** 騒動を起こす; 反対して騒ぐ, 抗議する《について *about*》. ***make a* ～ *about*** …のことでしかる. ***What's the* ～?** いったいどうしたのか.

—— *vt.* **1** と口論する, とけんかする; 騒がす. **2** しかる, ののしる. —— *vi.*〔話〕騒ぐ; けんか〔口論〕する. **～** a person ***up*** (人を)しかりつける.

rów·an [róuən, ráuən] *n.*〔植〕ナナカマド; その実. **～ tree**〔植〕ナナカマド(の木).

rów·de·dów [ráudidáu] *n.* 騒ぎ, 騒々しさ.

rów·dy [ráudi] *n.* 乱暴者, けんか好きな人. —— *a.* **1** 騒々しい, 乱暴な. **2** けんか好きな. **3** 野卑な. **～-dów·dy** [-dáudi] 騒々しい.

◇ **～·ism** *n.* **-di·ly** *ad.* **-di·ness** *n.*

rów·dy·ish [ráudiiʃ] *a.* =rowdy.

◇ **～·ly** *ad.* **～·ness** *n.*

rów·el [ráuəl] *n.* **1** (拍車の先端の)花車. **2**〔獣医〕串線打膿条(ｶﾝｾﾝﾀﾞﾉｳｼﾞｮｳ)《膿(ｳﾐ)を出すため皮膚の下に入れる》. —— *vt.* (**-l-**, ㊟ **-ll-**) に拍車を当てる.

rów·lock [róulɑ̀k, rʌ́lək/rɔ́lək, rʌ́l-] *n.* **1**〔おもに英〕オール受け. **2**〔建〕《特にれんが積みの》小口.

‡róy·al [rɔ́iəl] *a.* **1** 王〔女王〕**の**; 王族の, 皇族の: the blood ～ 王族. **2** 王立の; 勅許の, 国王の保護のある; 国王に奉仕する. **3 王者にふさわしい; 堂々たる**, りっぱな, 高貴の. **4** 保証された, 安易な: There is no ～ road to happiness. 幸福への近道はない. **5** 特製の; 特大の. **6** この上なく愉快な; すてきな; 豪勢な; 《色など》濃麗な: a ～ view すてきながめ. ***battle* ～** 大乱戦〔論戦〕. ***have a* ～ *time*** 大いに楽しむ. ***His* 〔*Her*〕 *R～ Highness*** 殿下〔妃殿下〕. ***in* ～ *spirits*** 元気で. ***the R～ Courts of Justice***〔英〕《ロンドンの the Strand にある》大審院.

—— *n.* **1**〔話〕王族の人々. **2** =～ paper. **3** =～ stag. **4**〔海〕=～ sail. **5**〔トランプ〕ポーカーで同一組みの最高の札の5枚つづき (=～ flush). **6** (the R～s) 歩兵1連隊. [√reg-]

R～ Academy 王立学士院. **R～ Air force** イギリス空軍《略 R.A.F.》. **～ birth** 〔**blood**〕 皇室の血統. **～ blue** フジ紫. **～ box** 《劇場などの》王座. **～ charge** 〔**warrant**〕 勅許状. **～ colony** 直轄植民地. → crown colony. **～ evil** るいれき. **R～ Exchange, the** ロンドン取引所《略 R.E.》. **～ family** 皇族, 王家. **～ household** 王室. **R～ Institution, the** イギリス科学研究所《略 R. I.》. **～ mast** 〔**pole**〕〔海〕最上マスト. **～ octavo** 〔**folio, quarto**〕 特大八つ〔二つ, 四つ〕折り判. **～ palace** 王宮. **～ palm**〔植〕ダイオウヤシ. **～ paper** ロイヤル判《24×19 インチの写字紙; 25×20 インチの印刷紙》. **～ purple** 濃青の紫. **～ sail**〔海〕最上マストの帆. **～ salute** 皇礼砲. **R～ Society** (of London for the Advancement of Science) イギリス学士院《1660年創立》. **～ stag** 12以上の角叉(ｶｸｻ)をもったシカ. **～ standard** 王旗.

◇ **～·ism** [-iz(ə)m] *n.* 王政(中心)主義.

róy·al·ist [rɔ́iəlist] *n.* 王政(中心)主義者; 《革命時などの》君主(制)支持者, 王党員. ***economic* ～** けちんぼ. —— *a.* 王政(中心)主義者の, 王党(員)

の. ◇ **ròy·al·ís·tic** [rɔ̀iəlístik] *a.*

róy·al·ly [rɔ́iəli] *ad.* **1** 王〔女王〕として, 王〔女王〕らしく. **2** 堂々と, りっぱに.

róy·al·ty [rɔ́iəlti] *n.* **1** 王位, 王権, 王威. **2** 《集合的》王者, 王族, 皇族. **3** 王らしさ, 尊貴, 荘厳. **4** 王領, 王国. **5** (通例 *pl.*) 王者の特権. **6** 特許権使用料. **7** 著作権使用料; 印税. **8** 鉱区使用料.

RP Received Pronunciation. **R.P.** Reformed Presbyterian; Regius Professor. **r.p.m.** revolutions per minute. **R.P.O.** Railroad [Railway] Post Office. **rpt.** report. **R.R.** railroad; Right Reverend. **R.R.C.** Royal Red Cross 〔英〕《看護婦に与えられる》従軍章. **R.S.F.S.R.** Russian Soviet Federated Socialist Republic. **R.S.P.C.A.** Royal Society for the Prevention of Cruelty to Animals. **R.S.S.** *Regiae Societatis Socius* (L. =Fellow of the Royal Society). **R.S.V.** Revised Standard Version (of the Bible). **R.S.V.P., r.s.v.p., rsvp** *Répondez, s'il vous plaît* (F. =Reply, if you please) ご返事を請う. **rt.** right. **R.T.F.** → O.R.T.F. **Rt. Hon.** Right Honorable. **RTO, R.T.O.** 〔軍〕Railway Transportation Office. **Rts.** 〔商〕rights. **Rt. Rev.** Right Reverend. **Ru** 〔化〕ruthenium.

‡**rub**[1] [rʌb] *v.* (**-bb-**) *vt.* **1 こする, なでる**, 擦(す)る; 摩擦する: He was *rubbing* his hands together. 彼はもみ手をしていた《満足の身ぶり》. *Rub* this oil *on* your skin. 皮膚にこの油をすりつけなさい. You've ~*bed* your coat *against* some wet paint. あなたは上着をなにか塗りたてのペンキにこすりましたね. **2** みがく《*up*》; すり消す, こすりとる, すりむく《*off, out*》. **3** いらだたせる, じらす. **4** 石刷りにする.

—— *vi.* **1 摩擦する, すれる**《と, に *against, on*》; なでる《を *over*》. **2** すれて…になる, 摩滅する. **3** やっととおる; どうにかやってゆく, ほそぼそと暮らす《*along, on*》: ~ through a fever 高熱をやっと通り抜ける. **~ *away*** こすりとる, ぬぐいとる. **~ *down*** (1) 摩擦する, こすりぬぐう. (2) ブラシをかける. (3) マッサージをする. (4) 〔話〕《警察などで》からだをなでて持ち物を調べる. **~ one*self down*** からだをふく, 摩擦する. **~ *elbows* [*shoulders*] *with*** …とひじとひじ〔肩と肩〕をすり合わせる; と混じり合う; 〈有名人など〉と交際する. **~ one'*s hands*** 両手をもむ; ほくそえむ. **~ (*it*) *in*** (1) すりこむ; 絵の具をすりこんで描く. (2)〔俗〕不愉快なことを繰り返し言う. **~ *off*** こすり落とす〔される〕, すり消す〔される〕. **~ *out*** こすり消す; 〈たばこの火などを〉もみ消す; 完全に破壊する; 〔米俗〕殺す. **~ *sleep out of* one'*s eyes*** 目をこすって眠けをさます. **~ a person *the right way*** (人を) 喜ばせる. **~ a person [*the hair, the fur*] *the wrong way*** 《毛をさかなでするように》(人を) おこらせる, いらいらさせる. **~ *through the world*** どうにか暮らしていく. **~ *up*** (1) こする, みがく; 調合する. (2) 〈記憶などを〉新たにする: ~ *up* one's Latin 忘れたラテン語をほじくり出す. (3) 接(触)する《に *against*》. **~ *up against*** people (人々) と接する, と近づきになる.

—— *n.* **1** 摩擦, こすり: give silver plate a good ~ 銀食器をよくみがく. **2** 障害, じゃま; 困難. **3** 非難; 皮肉, いやみ. **4** みがき石〔砂〕. **5** 〔運〕球技場のでこぼこ, 障害物のためのたまのそれ: a ~ of [on] the green 〔ゴルフ〕ボールがなにかに当たってそれること. ***There's the ~.*** これが問題だ〔困難なところだ〕《Shakespeare 作 *Hamlet* 中の文句から》. ***The ~ is that…*** …が問題だ.

~·down → 別項. **~·stone** [ˊ ˋ] といし.

◇ **rúb·bing** *n.* **1** 摩擦; あんま. **2** 《碑銘などの》刷り写し, 石刷り, 拓本.

rub[2] [rʌb] *n.* (the ~) =rubber[2].

rúb-a-dub [rʌ́bədʌ̀b] *n.* ドンドン《太鼓の音》. **——** *vi.* ドンドン鳴る.

‡**rúb·ber**[1] [rʌ́bər] *n.* **1** ゴム. **2** ゴム製品; 消しゴム; 輪ゴム; ゴムタイヤ; (ゴム製) レーンコート; (*pl.*) ゴムぐつ. **3** こする人; マッサージ師. **4** といし; みがき砂; あらやすり; マッチ箱の摩擦面; bowls 球技場のでこぼこ部分. **5** タオル; ふきん (dishcloth); ブラシ. **6** 〔野球〕投手板. **7** 妨害, じゃま(物); 不運.

—— *vt.* 〈布などに〉ゴムを引く. **——** *vi.* 〔米俗〕首を伸ばして見る, やじうまになる. **——** *a.* ゴム製の.

~ band 輪ゴム. **~ check** 〔話〕不渡り小切手. **~·neck** → 別項. **~ plant** ゴムの木. **~ stamp** (1) ゴム印. (2) 〔話〕めくら判を押す人, 考えずに賛成する人. (3) 月並みの表現. **~-stámp** にゴム印を押す; 〔話〕にめくら判を押す; に十分考えずに賛成する.

◇ **~·ize** [-bəràiz] *vt.* ゴムを引く; ゴムで処理する. **~·y** [rʌ́bəri] *a.* ゴムのような, 弾力(性)のある.

rúb·ber[2] *n.* **1** 《トランプなどの》3回勝負. **2** (the ~) 3回勝負中の2回勝ち; 3回勝負の決勝戦.

rúb·ber·neck [rʌ́bərnèk] *vi.* 〔米俗〕見ようとして首を伸ばす. **——** *n.* むやみに知りたがる人, 物見高い人; 観光客. **——** *a.* むやみに見たがる; 観光(客)の: a ~ bus 観光〔遊覧〕バス.

‡**rúb·bish** [rʌ́biʃ] *n.* **1** くず, 廃物, がらくた: a pile of ~ ごみ〔がらくた〕の山. **2** つまらないもの, くだらない考え, ばかげたこと: Oh, ~! なんてばかな! **3** = rubble ①. ◇ **~·ing** *a.* =rubbishy. **~·y** [-i] *a.* ごみだらけの, がらくたの; つまらない, ばかげた.

rúb·ble [rʌ́bl] *n.* **1** 岩石のかけら, 石くず; 粗石(あらいし)《rubblework の材料》. **2** =rubbish ①, ②.

~·work [ˊ-ˋ] 粗石積み.

◇ **rúb·bly** *a.*

rubblework

rúb·down [rʌ́bdàun] *n.* 《運動・入浴後の》マッサージ: a ~ with a wet towel 冷水摩擦.

rube [ru:b] *n.* 〔米俗〕(気のきかない) いなか者.

rù·be·fá·cient [rù:bɨféiʃənt/-ʃiənt] *a.* 皮膚を赤くする. **——** *n.* 〔医〕発赤剤.

◇ **rù·be·fác·tion** [-fǽkʃən] *n.* 赤くする〔なる〕こと.

rú·be·fy, rú·bi·fy [rú:bɨfài] *vt.* **1** 赤くする. **2** 〈皮膚を〉発赤させる.

Rú·bens [rú:binz] *n.* Peter Paul ~, 1577–1640, フランドル派の画家.

Rú·bi·con [rú:bikɑ̀n / -kən] *n.* イタリア中部の川《49 B.C. に Julius Caesar が「さいは投げられた」と言って渡った》. ***cross* [*pass*] *the ~*** 思いきった処置をとる, 踏み切る.

rú·bi·cund [rú:bɨkʌ̀nd/-kənd] *a.* 赤い; 赤ら顔の. ◇ **rù·bi·cún·di·ty** [ˋ--kʌ́ndɨti] *n.* 《顔色などの》赤いこと.

ru·bíd·i·um [ru:bídiəm] *n.* 〔化〕ルビジウム《金属元素. 記号 Rb》.

rú·bi·fy =rubefy.

rú·ble [rú:bl] *n.* ルーブル《ソ連の貨幣単位》.

rú·bric [rú:brik] *n.* **1** 朱書, 赤刷り. **2** 《法令・本の章・節などの》題名, 項目. **3** 《祈禱(きとう)書に記載してある》礼拝規程, 式法.

rú·bri·cal [rú:brik(ə)l] *a.* **1** 赤刷りの, 赤い. **2** 典礼〔礼拝〕規程の. ◇ **~·ly** *ad.*

rú·bri·cate [rú:brikèit] *vt.* **1** 朱書〔赤刷り〕にする. **2** に題目をつける.

◇ **-cat·ed** *a.* **rù·bri·cá·tion** [ˋ--kéiʃ(ə)n] *n.*

rú·by** [rú:bi] *n.* **1** 〔鉱〕ルビー; 紅玉; 《懐中どけい用の》宝石. **2** 〔印〕ルビ《5.5 ポイント. アメリカでは agate という》. **3** 赤ブドウ酒; 顔面の吹き出物. **4** 〔ボクシング〕血. ***above rubies きわめて重要な. ***Oriental* [*true*] ~** 東洋〔純〕紅玉. **——** *a.* ルビー(色)の. **~ glass** 紅玉ガラス. **~ wedding** 紅玉婚式《結婚後45年め》.

ruche [rú:ʃ] F. *n.* ルーシュ《婦人服のえり・そでなど

を飾るレース・紗(しゃ)製などのひも》. ◇ **rúch·ing** [-iŋ] *n.* 《集合的》ルーシュ; ルーシュの材料.

ruck[1] [rʌk] *n.* **1** 多数, 多量. **2** 有象無象, 凡人連, 群衆; がらくた.

ruck[2] [rʌk], **rúck·le**[1] [rʌ́kl] *vt., vi.* しわにする〔なる〕, ひだをとる《*up*》. —— *n.* ひだ, しわ.

rúck·le[2] [rʌ́kl] *n.* 《特に臨終の人の》のど鳴り. —— *vi.* のどをゴロゴロ鳴らす.

rúck·sack [rʌ́ksæk, rúk-] *n.* リュックサック《登山用背嚢(はいのう)》. [＜G. ＝back sack]

rúck·us [rʌ́kəs] *n.* 〘米話〙大騒ぎ, 騒動.

rúc·tion [rʌ́kʃ(ə)n] *n.* 〘話〙(しばしば *pl.*) 騒ぎ, けんか.

rud·béck·i·a [rʌdbékiə] *n.* 〘植〙オオハンゴンソウ.

rudd [rʌd] *n.* 〘魚〙《ウグイに似た》コイ科の淡水魚.

rúd·der [rʌ́dər] *n.* **1** 舵(かじ)《船尾につけた木または金属の可動の板》; 〘空〙方向舵(だ). **2** 指針, 指導者. **3** 《醸造用》麦芽の攪拌(かくはん)棒. **4** 〘動〙尾羽. ～ **fish** 船を追う魚《ブリ・サメなど》. ◇ ～**·less** *a.*

rúd·dle [rʌ́dl] *n.* 〘鉱〙紅土, 代赭(たいしゃ)石. —— *vt.* 〈羊などに〉紅土で印をつける〔染める〕.

rúd·dock [rʌ́dək] *n.* 〘英方・鳥〙《ヨーロッパ産》コマドリ.

rúd·dy [rʌ́di] *a.* **1** 赤い; 赤らんだ: ～ cheeks 赤いほお. **2** 血色のよい, 壮健な: ～ health 壮健. **3** 〘俗〙いやな; いまわしい. —— *vt., vi.* 赤くする〔なる〕. ～ **duck** 〔**diver**〕〘鳥〙赤ガモ. ～ **squirrel** 〘動〙赤リス. ◇ **-di·ly** [-dili] *ad.* 赤らんで, 赤く. **-di·ness** *n.* 赤み, 赤色.

‡**rude** [ru:d] *a.* **1** 無作法な, 無礼な, ぶしつけな《*to*》: ～ manners 無作法. **2** 教養のない, 野蛮な; 粗野な: a ～ servant 礼儀をわきまえない召使. ～ times 野蛮な時代. **3** ぎすぎすした; 荒れた: ～ realities きびしい現実. ～ scenery 殺風景. ～ seas 荒海. **4** 未発達の; 未加工の: a ～ steam engine 初期の蒸気機関. ～ produce 天然産物. **5** 未熟な, 雑駁(ざっぱく)な: a ～ sketch 〔classification〕雑駁な描写〔分類〕. a ～ scholar 未熟な学者. **6** がん健な, 強壮な. **7** 耳ざわりな; 《食物が》まずい, そまつな: ～ sounds 荒々しい音. ***be ～ to*** を侮辱する, に失礼である. ***say ～ things*** 無礼なことを言う. [√rud-] ◇ ～**·ly** *ad.* ～**·ness** *n.*

rú·di·ment [rú:dimənt] *n.* **1** (通例 *pl.*) 根本, 基礎(原理); 初歩. **2** 《発展の》きざし, もと; 未発達段階にあるもの. **3** 〘生〙《器官が発達する以前の》原基; 退化器官, 痕跡(こんせき)器官. [√rud-]

rù·di·mén·tal [rù:diméntl], **rù·di·mén·ta·ry** [-təri] *a.* **1** 基本的の, 初歩の: ～ education 基礎教育. **2** 未発達の; 発育不全の. **3** 痕跡の. ◇ **rù·di·mén·ta·ri·ly** *ad.* **rù·di·mén·ta·ri·ness** *n.*

rue[1] [ru:] *n.* 〘古〙**1** 後悔; 悲嘆. **2** 同情, あわれみ. —— *vt., vi.* 後悔する, 残念に思う; 嘆く, 悲しむ.

rue[2] *n.* 〘植〙ヘンルーダ《もと薬草に用いた》.

rúe·ful [rú:f(u)l] *a.* **1** 悲しそうな, 不幸な. **2** 痛ましい, 哀れな. ***the Knight of the R～ Countenance*** 憂い顔の騎士《Don Quixote の別称》. ◇ ～**·ly** [-fuli] *ad.* ～**·ness** *n.*

rúe·rad·dy [rú:rædi] *n.* 肩にかけて物をひきずるなわ.

ruff[1] [rʌf] *n.* **1** 《16–17世紀に流行した》ひだえり. **2** ひだえり状の物. **3** 鳥獣の首にあるひだえり状の毛〔羽〕. **4** 〘鳥〙エリマキシギ類の鳥. —— *vt.* 〘米〙にさか毛を立てる《婦人の結髪で》.

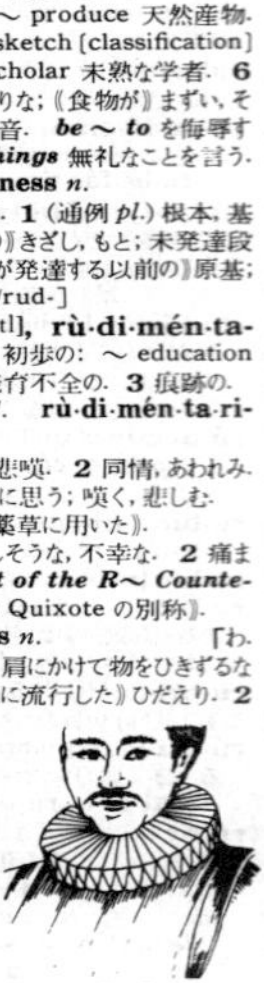

ruff[1] ①

ruff[2] *n.* 〘魚〙スズキの類の淡水魚.

ruff[3] *n.* 〘トランプ〙切り札で切ること. —— *vt., vi.* 切り札で切る.

ruffed [rʌft] *a.* ひだえりのある; えり毛〔羽〕のある. ～ **grouse** 〘鳥〙エリマキライチョウ.

rúf·fi·an [rʌ́fiən, -fjən] *n.* 悪漢, 無法者, ごろつき. —— *a.* 凶暴な; 残忍な. ◇ ～**·ism** [-iz(ə)m] *n.* 悪党根性; 残忍な行為. ～**·ly** *a.*

rúf·fle[1] [rʌ́fl] *vt.* **1** しわくちゃにする; 〈髪などを〉くしゃくしゃにする. **2** 〈心を〉かき乱す; おこらせる, いらだたせる. **3** 〈羽毛を〉立てる《鳥がおこったとき》《*up*》. **4** 〈水面を〉波だたせる. **5** にひだ〔ふち飾り〕をつける. **6** 〈ページを〉ぱらぱらめくる; 〈トランプなどを〉切る. —— *vi.* **1** しわくちゃになる; 波だつ. **2** 腹だつ, いらだつ; 尊大ぶる. ～ ***it*** いばる. ～ ***up the feathers*** 〔***plumage***〕〈鳥が〉おこって羽をさかだてる; 〈人が〉おこる.

—— *n.* **1** ひだべり, ひだ飾り; 鳥〔獣〕の首毛. **2** 波だち, さざなみ. **3** かんしゃく; いらだち; 動揺, 不安. ◇ **rúf·fly** *a.* しわの寄った; 波だつ.

rúf·fle[2] *n.* (ドロドロと低く打つ) 太鼓の音. —— *vt.* 〈太鼓を〉低く打つ.

rú·fous [rú:fəs] *a.* 赤かっ色の.

‡**rug** [rʌg] *n.* **1** 敷き物, じゅうたん. **2** 〘おもに英〙ひざかけ(毛布). ***cut a ～*** 〘米俗〙ダンスをする《特にジルバ》. ***sweep under the ～*** 敷き物の下にはき入れる; かくしてしまう.

Rug·béi·an [rʌgbí:ən, 英+-bíən] *a., n.* イギリスの Rugby School の(学生・校友).

***Rúg·by** [rʌ́gbi] *n.* **1** イングランド中部の都市. **2** ラグビー校(＝～ School). **3** ラグビー(＝～ football).

‡**rúg·ged** [rʌ́gid] *a.* **1** ごつごつした, でこぼこの: a ～ path でこぼこ道. a ～ mountain 岩だらけの山. **2** 粗野な, 素朴(そぼく)な, 武骨な: a ～ peasant 素朴な農夫. ～ kindness 〔honesty〕飾りけのない親切〔正直〕. **3** 角ばった, いかつい: a ～ face いかつい顔. **4** 厳格な, やかましい. **5** 困難な, つらい; 荒れた: a ～ life 困難な苦しい生活. ～ weather 荒天. a ～ competitive exam 猛烈な競争試験. **6** 耳ざわりな: ～ sounds. **7** 〘米〙がん強な, たくましい. ◇ ～**·ly** *ad.* ～**·ness** *n.*

rúg·ger [rʌ́gər] 〘英話〙＝Rugby ③.

rú·gose [rú:gous, ─́], **rú·gous** [rú:gəs] *a.* **1** しわのある〔多い〕. **2** 〘植〙《葉が》しわのある. ◇ ～**·ly** *ad.* **ru·gós·i·ty** [ru:gásiti / -gɔ́s-] *n.* しわ; しわだらけ.

Ruhr [ruər] *n.* (the ～) Rhine 川に注ぐドイツ西部の川; ルール地方《Ruhr 川流域の産業中心地》.

‡**rú·in** [rú:in / ruin, rú:in] *n.* **1** 破滅; 破産, 没落; 荒廃; 《女の》堕落: plan a person's ～ 人の破滅を画策する. the ～ of one's health 健康をそこなうこと. **2** 《建物などの》倒壊: the crash of ～ 砕け落ちる倒壊の音. **3** (*pl.*) 廃虚, 旧跡; 残骸(ざんがい): We visited the ～ of ancient Greece. 古代ギリシアの遺跡を見物した. **4** 見る影もない姿: He is but the ～ of what he was. 彼は昔の面影を少しもとどめていない. **5** 破滅の原因: Alcohol was his ～. 酒は彼の身を滅ぼした. ***be*** 〔***lie***〕 ***in ～s*** 荒廃している. ***be the ～ of*** の破滅の原因となる. ***bring about*** one's ～ 破滅を招く. ***bring*** 〔***reduce***〕 ***to ～*** 失敗させる, 零落させる. ***fall*** 〔***go***〕 ***to ～*** 荒廃する. ***lay*** 〔***lie***〕 ***in ～s*** 荒廃させる〔している〕. ***rapine and red ～*** 略奪と火災.

—— *vt.* **1** 破壊する; 滅ぼす; 荒廃に帰する; だめにする: ～ one's health by excesses 不節制をしてからだをこわす. **2** 零落させる; 破産させる: ～ oneself 身を滅ぼす, 零落する. **3** 〈女の〉処女を奪う. —— *vi.* **1** 荒廃する, 破滅する. **2** 零落する. ◇ ～**ed** *a.* **1** 滅びた; 堕落した; 没落〔破産〕した. **2** 枯らされた, 害された.

rú·in·ate [rú:inèit/rúin-, rú:in-] *vt.* こわす, つぶす; 破滅させる; 倒産させる. —— *a.* 倒産した; 破滅した. ◇ **rù·in·á·tion** [─̀─néiʃ(ə)n] *n.* 破滅; 没落; 破滅の原因, 禍根.

rú·in·ous [rú:inəs/rúin-, rú:in-] *a.* **1** 破滅を招く,

破壊的な. **2** 荒廃した, 荒れ果てた. **3** 没落〔破産〕させる. ◇ **～·ly** *ad.* **～·ness** *n.*

‡**rule** [ruːl] *n.* **1** 規則, 規定; 法則; 宗規; 方式: the ～*s of* the club クラブ規則. a ～ *for* the admission of new members 会員入会規定. a ～ *against* smoking 禁煙規定. **2** 通例, 習慣; 主義: Rainy weather is the ～ here in June. 当地では6月はいつも雨が多い. **3** 支配, 統治: countries that were once under French ～ かつてフランスの統治下にあった国々. **4**《法廷などの》命令, 裁定. **5** 定規, ものさし (=ruler); 〖印〗けい線.
as a* ～** 概して, 一般に. ***bear* ～** 支配する. ***by* ～** 規則により〔どおりに〕. ***hard and fast* ～** 融通のきかない規定〔方式〕, しゃくし定規. ***make it a* ～ *to* (do)** 常に…することにきめている. **～ *of force 武力政治. **～ *of three*** 比例(算). **～ *of* [*o'*] *thumb*** 経験〔実地〕をもとにしたやり方〔法則〕; 目の子算, どんぶり勘定. **～*s of decorum*** 礼法. ***standing* ～** 定款. ***There is no* (*general*) ～ *without some exceptions.*** 〖諺〗例外のない規則はない. ***work to* ～** 〈労働組合が〉遵法闘争を行なう.
—— *vt.* **1** 治める, 統治〔管理〕する: ～ a country. **2** 指導〔説得〕する: be ～*d* by advice 忠告に従う. **3** 抑制する: ～ one's desires 欲望を押える. **4** 規定する, 定める. **5** 裁定する, 判決する: The court ～*d* that… 裁判所は…と判決した. **6** 区別する《*off*》. **7** に定規で線を引く: ～ paper.
—— *vi.* **1** 統治する, 管理する. **2** 広く行なわれる. **3** 裁定〔判決〕する. **4**〖商〗もち合う: Prices ～ high. 相場は高値もち合い. **～ *against*** …に不利な裁決をする. **～*d paper*** けい紙. **～ *good*** 〈作物が〉良好である. **～ *out*** 除外する; 却下する. **～ *a thing* [*a person*] *out of order*** (あること〔人〕を)違反と判定する, 失格させる. **～ *the roast*** 主人役をつとめる; 牛耳る. [√reg-]
～ absolute 〖法〗絶対命令. **～ joint** 折り尺.
◇ **～́·less** *a.* **1** 規則のない. **2** 支配されない.
〖類〗→ **standard**「基準」

‡**rúl·er** [rúːlər] *n.* **1** 統治者, 主権者; 支配者: ～*s* and ruled 治者と被治者. **2** 定規, 簿記棒 (rule).
◇ **～·ship** [-ʃip] *n.* 統治者の位〔職権〕.

rúl·ing [rúːliŋ] *a.* **1** 支配する, 統治する: the ～ class 支配階級. **2** おもな, 有力な: a ～ passion 主情《日常の行為を支配する金銭欲・愛欲のような感情》. **3**《相場など》一般の, 市場に行なわれる: the ～ price 時価. **——** *n.* **1** 支配, 統治. **2**〖法〗判定, 判決. **3** けいを引くこと; 《集合的》けい線.

rúl·ley [rʌ́li] *n.* 〖英〗4 輪荷車, 貨物自動車.

rum[1] [rʌm] *n.* **1** ラム酒. **2**〖米〗《一般的》酒.
～ row 〖米俗〗禁酒区域外で酒類密輸船が集まる所. **～́·rùn·ner** 〖米〗酒類の密輸者〔船〕.
◇ **～́·less** *a.*

rum[2] [rʌm], **rúm·my** [rʌ́mi] *a.* 〖おもに英俗〗奇妙な, へんてこな. ***feel* ～** いやな気分になる, 気分が悪い. **～ customer** うかつに手出しのできないしろもの.
◇ **rúm·ly, rúm·mi·ly** *ad.* 妙に.

Ru·má·ni·a [ruːméiniə] *n.* ルーマニア《ヨーロッパ東部の共和国. 首都 Bucharest》.
◇ **～n** *n., a.* ルーマニア人(の); ルーマニア語(の).

rúm·ba, rhúm·ba [rʌ́mbə, rúm-] *n.* **1** ルンバ《もとキューバ原住民の踊り》. **2**〖米〗《ルンバをまねた》ダンス; その曲. **——** *vi.* ルンバを踊る.

rúm·ble[1] [rʌ́mbl] *n.* **1**《雷・車などの》ゴロゴロ; 鳴動; やかましい音. **2** 馬車背後の従者席〔荷物席〕; 自動車の後部の折りたたみ補助席 (=～ seat).
—— *vi.* 〈雷・車などが〉ゴロゴロ鳴る, 〈車などが〉ガラガラ通る《*away, along, by, down*》. **——** *vt.* ガラガラ音をたてさせる; がやがややかましく言う《*out*》.
～-túm·ble (1) がたつき, ガタガタ動くこと. (2) がたがた車. ◇ **rúm·bler** *n.* **1** ゴロゴロいう物〔人〕. **2** 転摩機. **rúm·bly** *a.* =rumbling.

rúm·ble[2] *vt.* 〖英俗〗見抜く, 探知する.

rúm·bling [rʌ́mbliŋ] *a.* ガラガラ〔ゴロゴロ〕いう.
◇ **～·ly** *ad.*

rum·bús·tious [rəmbʌ́stʃəs] *a.* 〖英話〗騒々しい, 「大騒ぎの.

rú·men [rúːmin, -mən / -men] *n.* (*pl.* **-mi·na** [-minə]) **1** こぶ胃《反芻動物の第 1 胃》. **2**《第 1 胃からの》食いもどし.

rú·mi·nant [rúːminənt] *a.* **1** 反芻(はんすう)する, かみ返しする. **2** 考え込む, 黙想にふける.
—— *n.* 反芻動物. ◇ **～·ly** *ad.*

rú·mi·nate [rúːminèit] *vi., vt.* **1** 反芻する, かみ返しする. **2** 黙考する, 思いめぐらす《について, を *about, of, on, upon, over*》.
◇ **rú·mi·nat·ing·ly** *ad.* **rú·mi·na·tor** [-ər] *n.*
rù·mi·ná·tion [⌐‒néiʃ(ə)n] *n.* **1** 反芻. **2** 黙想, 思案.

rú·mi·na·tive [rúːminèitiv/-nətiv] *a.* 思いめぐらす, 沈思黙考的な. ◇ **～·ly** *ad.*

rúm·mage [rʌ́midʒ] *vt., vi.* **1** かきまわす, くまなく捜す: ～ *about among* old papers *for* a document 古い書類の中をかきまわして文書を捜す. ～ a room へやをかきまわす. **2** 捜し出す《*out, up*》. **3** 〈税関吏が〉(船内を)臨検する. **——** *n.* **1** ～すること; 捜索; 臨検. **2** 廃物, がらくた, くず.
～ sale バザー, 見切り売り; がらくた市.

rúm·mer [rʌ́mər] *n.* 大酒杯.

rúm·my[1] [rʌ́mi] *a.* ラム酒の(ような).
—— *n.* 〖米俗〗飲んだくれ, 酔っ払い.

rúm·my[2] [rʌ́mi] =rum[2].

rúm·my[3] *n.* 〖トランプ〗ラミ《同種の札をそろえて順序に並べるゲーム》.

‡**rú·mor,** 英 **-mour** [rúːmər] *n.* うわさ, 取りざた, 風聞, 風説. ***R～ has it that…*** …といううわさだ. ***start a* ～** うわさをたてる. ***The* ～ *ran that…*** …といううわさがたった. **——** *vt.* うわさする《おもに受動態で》: He *is* ～*ed* to be… 彼は…だといううわさだ. ***It is* ～*ed that…*** …といううわさだ.

rump [rʌmp] *n.* **1**《動物の》しり, 臀部(でんぶ); 《通例牛の》腰肉. **2** 残りかす. **3** 残余会員《主体が解散後も活動を続ける》; 主流派を主張する少数派; (the R～)〖英史〗残余議会 (=R～ Parliament)《1648 年の追放後に残った Long Parliament の一部で行なわれた議会. Cromwell に解散させられたが, 1659–1660年の間復活》. **～ steak** 〖英〗腰肉のビフテキ.

rúm·ple [rʌ́mpl] *vt.* 〈衣服・紙などを〉しわにする, 〈頭髪を〉かき乱す《*up*》. **——** *vi.* しわになる.
—— *n.* しわ, しわくちゃ; ひだ.

rúm·pus [rʌ́mpəs] *n.* 〖話〗騒ぎ, がやがや; 口論, けんか. **～ room** 遊戯室《おもに家の地下にある遊戯・ダンスなどをするへや》.

†**run**[1] [rʌn] *v.* (**ran** [ræn]; **run** [rʌn]; **rún·ning** [rʌ́niŋ]) *vi.* **1** 走る, 駆ける: He came back *running.* 彼は走って帰ってきた.
2 走って行く, 急いで行く, ちょっと訪れる: ～ up to town 急いで町まで行く. ～ over to borrow some sugar 砂糖を借りに隣までひとっ走りする.
3 駆けつける, 《…の》力を借りる《に, の *to*》: Don't come *running* to me when you get in trouble. 困ってもぼくをたよるなよ. ～ *to* arms 武力に訴える.
4 〈車・船が〉走る, かよう, 往復する《を *between*; *from* … *to*___》: The buses ～ every ten minutes. バスは10分おきに通る.
5 〈道などが〉通る, 続く: The road ～*s* through the woods. 道は森を突き抜けている.
6 逃げる: I was afraid, but I was ashamed to ～. こわかったけど逃げ出すのは恥ずかしかった. ～ *from* danger 危険から逃げる.
7 〈時が〉流れる, 過ぎる: How fast the years ～ by! 歳月のたつのは早いなあ.
8 〈ニュース・うわさなどが〉流れる, 伝わる: The news *ran* all over the town. そのニュースは町じゅうに広まった. The account *ran* in all papers. その記事はどの新聞にも載った.
9 <考え・記憶などが> 浮かぶ: A thought *ran* through his mind. ある考えが彼の胸にひらめいた.
10 競走に出場する; (競走で) …等になる: The horse *ran* second. 馬は2等になった.
11 立候補する《に *for*》: ～ *for* Presidency 大統領選挙に出馬する.
12 ころげ走る, ころがる.
13 (すべるように) 動く, 移動する: The hoist ～*s* on an overhead track. 起重機は頭上のレールの上を移動する.
14 <機械などが> 運転する, 稼働(どう)する; よく動く: How does your new watch ～? 新しいとけいはうまく動いているかね. How your tongue ～*s*! きみの舌はよく回るね.
15 <商店・ホテルなどが> 営業する; <映画・劇などが> 打ち続く, 上映 [上演] 中である: The play *ran* for two years. その劇は2年続演した.
16 **継続する**, 連なる: The lease ～*s* for five years. 借地契約は5年間有効である. The story ～*s* for ten pages. 物語は10ページ続く.
17 《補語・句を作って》 …**になる**, …になってしまう: ～ loose 四散する, ばらばらになる. ～ fat 太ってくる. ～ dry 干上がる. ～ mad 気が狂う.
18 <数・額が> 〖…に〗 達する《に *to*》: The debt *ran to* $500. 借金が500ドルになった.
19 …である, だいたい [平均] …である: Meat still ～*s* high. 肉はまだ(値が)高い. Potatoes are *running* large this year. ジャガイモはことしは総じてできが大きい.
20 …と書いてある [述べてある]: The article *ran* this way [as follows]. 記事はこう [以下のごとく] なっていた.
21 <植物が> 地上をはう, はびこる; <魚が> のぼる〖川を〗: ～ up a river 〖産卵のため〗 川をのぼる.
22 <話題が> 〖…に〗 及ぶ, わたる《に *on*》; <種類・範囲・大きさが> 及ぶ《から *from*; まで *to*》: The talk *ran on* scientific subjects. 話は科学的話題に及んだ. The items ～ *from* cars *to* tea bags. 商品は自動車からティーバッグにわたる. Shelves ～ *from* floor *to* ceiling. たなは床から天井まで及ぶ.
23 <川・血などが> 流れる: This river ～*s into* a lake. この川は湖に注ぐ.
24 <目・鼻・傷口が> 涙・鼻水・血を流す: My nose ～*s*. 鼻水が出る. Her eyes *ran* with tears. 彼女の目から涙があふれた.
25 とけて流れる, <色が> にじみ出る: The butter *ran*. バターがとけた. Will the color ～ if the dress is washed? この着物を洗うと色がおちますか.
26 <織物が> ほどける; <くつ下が> 伝線を起こす: Silk stockings ～ more easily than nylons. 絹のくつ下はナイロン製のと比べてすぐほぐれる.
—— *vt.* **1** **走らせる**, 急がせる; 走らせて…にする: ～ a horse 馬を走らせる. ～ a person out of breath 息切れするほど人を走らせる. ～ one's fingers over the keyboard 鍵盤(けん)の上に指をはしらせる.
2 《比喩的》 はしらせる: ～ one's eyes down the list 表にさらりと目をとおす. ～ a comb through one's hair 髪にくしをとおす.
3 <馬を> 競走に出す; <人を> 立候補させる.
4 <車・船などを> 走らせる, 往復させる; <機械を> 運転する: ～ a lawn mower 芝刈り機を動かす.
5 走って行なう: ～ a race 競走する. ～ errands 走り使いする.
6 <人と> 競走する: ～ a person two miles 人と2マイル競走をする.
7 <獲物を> 追う, 追い立てる; 《比喩的》 追跡する: ～ a deer シカを狩る. ～ the rumor to its source うわさの出所を突き止める.
8 **ぶつける**, 突き当てる: ～ one's head *against* a wall 壁に頭をぶつける.
9 突き刺す, 突っ込む: ～ one's hand *into* one's pocket ポケットに手を入れる.
10 通す, 通過させる: ～ a thread *through* the eye of a needle 針の穴に糸を通す.
11 通り抜ける, 走り抜ける, 走りまわる: ～ the street 通りを走り抜ける [走りまわる]. ～ one's course 一生を終わる. ～ a traffic signal 交通信号を走り抜ける.
12 <ある距離を> 走る: ～ ten miles 10マイル走る.
13 <危険を> 冒す: ～ a risk.
14 広げる, 延ばす: ～ a partition wall 仕切りをつくる.
15 から逃げ出す: ～ town 町から姿を消す.
16 (車に載せて) 運ぶ: I'll ～ you home in my car. 車でお宅までお連れしましょう.
17 〖制限をこえて〗 運ぶ; <車・船を> 暴走させる: ～ a car up on the curb 車を縁石に乗り上げさせる. ～ a simile too far 比喩(ゆ)を使いすぎる.
18 <記事・広告などを> 掲載する: ～ an advertisement in the newspapers 新聞に広告を出す.
19 〖ある状態に〗 追いやる: His action *ran* me into difficulties. 彼の行動は私を窮地におとしいれた.
20 <モーターなどを> 動かす, 回転させる, 操作する; 空転させる: ～ a sewing machine ミシンを扱う.
21 <実験などを> 行なう; <物を> 製作する: ～ a blood test 血液検査を行なう.
22 **経営する**, 管理する: ～ a firm 会社を運営する.
23 <家畜を> 飼育する: They ～ sixty head of cattle on their ranch. 彼らは牧場で牛を60頭飼っている.
24 <動物が> …の草を食べる: ～ the ranges 放牧場で草を食べる.
25 流す, 注ぐ; 溶かし込む, 鋳造する: ～ water *into* a bowl はちに水を注ぐ.
26 <水・涙を> 流す, あふれさす: Her eyes *ran* hot tears. 彼女の目は熱い涙があふれた.
27 <容器を>いっぱいにする: ～ a hot tub for bath 熱いお湯を湯ぶねに満たす.
28 <線を> 引く: ～ a line through a word 語に棒線を引く.
29 <着物・くつ下に> かぎ裂きをつくる, 伝線を起こさせる: ～ a stocking on a nail くつ下をくぎにひっかけてほぐらす.
30 …の費用を要する, …につく: This dress ～*s* $ 30. この服は30ドルする. The house he bought *ran* him dear. 彼の買った家は高いものについた.
31 <商品を> 扱う.
32 <あへん・酒・武器などを> 密輸入する(smuggle).
33 <熱を> 出す.
cut and* ～** 逃げ去る. ***～ about 走りまわる, <子どもが> 自由に遊ぶ. ***～ across*** 〖米〗 に出くわす, に偶然出会う. ***～ after*** を追いかける, を追求する. ***～ against*** (1) と衝突する, と突き当たる. (2) …とふと出会う. (3) の不利になる. (4) と選挙で争う. ***～ aground*** <船が> 座礁する《に *on*》. ***～ ahead of*** をしのぐ. ***～ along*** 立ち去る. ***～ a risk*** [***the risk, risks***] ***of*** の危険を冒す. ***～ around*** 遊びまわる, 《特に》 妻 [夫] 以外の女 [男] と関係する. ***～ at*** に飛びかかる. ***～ at the mouth*** [***nose***] <人が> よだれ [鼻血] を流す. ***～ away*** 走り去る; 逃げる; <ことが> 手に負えなくなる. ***～ away from*** (1) <生徒が学校> から抜け出す; <水兵が> 脱艦する; <主義など> をすてる. (2) <競争相手> よりずっと前に出る. ***～ away with*** (1) を持って逃げる, を盗んで逃げる; と駆け落ちする. (2) <感情など> にかられる; <人の意見> を早がてんする. (3) で他を圧する, に大差で勝つ. (4) <金など> を消費する. ***～ away with it*** 〖米〗 まんまと成しおおせる. ***～ back*** (1) 走って帰る. (2) <家系などが> 〖…に〗 さかのぼる《に *to*》. (3) 回想する: ～ *back over* the past 過去を顧みる. ***～ before*** (1) に追われて逃げる: ～ *before* the

enemy 敵に追われて退却する. (2) を凌駕(りょうが)する. (3) を見越す: ~ *before* one's horse to market まだ手にはいらない利益を当てにする, とらぬたぬきの皮算用をする. ***~ behind*** …のあとを走る; に遅れる. ***~ behind* one's *expenses*** 費用が足りない, 収支つぐなわぬ. ***~ close*** すぐ後ろに迫る; 強敵である. ***~ down*** (1) 走りくだる, 一走りする. (2) <潮などが> 引く. (3) <とけいが>止まる, <電池が>きれる. (4) <人が>衰弱する. (5) 追いつく, 追い詰める, かり立てる. (6) 捜して見つける. (7) けなす, 悪口を言う. (8) 突き倒す; に衝突する. ***~ dry*** かわく; <乳・水などが> 出なくなる. ~ a thing ***fine*** [***close***] (ことを) 切り詰めて行なう. ***~ for*** (1) を呼びに行く. (2) に立候補する. ***~ for* one's *life*** 命からがら逃げる, 一生けんめい走る. ***~ hard*** <人・物を> 追い詰める《競争で》; 窮迫させる. ***~ high*** <波が> 高い; 激高している; <相場が> 上がる. ***~ in*** (1) 走り込む; ちょっと立ち寄る《に *to*》; <列車が>駅にはいってくる; 飛び込む. (2) 〘ラグビー〙ボールを持ってゴールにはいる. (3) 一致する, 同意する《と *with*》. (4) 〘印〙 追い込みにする. (5) 接戦する. (6) 〘俗〙 拘留する, 逮捕する. (7) 〘俗〙 <候補者を>当選させる. ***~ in the family*** [***in blood***] <精神病などが> 血統をひく, 遺伝している. ***~ into*** (1) に走り込む; に陥る: ~ *into* trouble 困ったこと〔状態〕になる. ~ *into* debt 借金をかかえこむ. (2) に至る; まで続く. (3) と衝突する, に遭遇する. (4) と合体する; に傾く. (5) に突き刺す. ***~ into the ground*** 〘米俗〙 やりすぎる. ***~ its*** [***one's***] ***course*** いくところまでいく〔一生を終える〕. ***~ off*** (1) 逃げる, 駆け落ちする《と *with*》. (2) 流れ出る. (3) はずれる, 脱線する. (4) 流出させる; 干上がらせる; 放出する: *Run* the water *off* when you've had your bath. ふろからあがったらからだをふきなさい. (5) 《競技で》 決勝する. (6) <詩・文などを> 流暢(りゅうちょう)に読みあげる; すらすら書く. (7) 〘米: 劇〙 打ち続ける. (8) 印刷〔タイプ〕する: ~ *off* a hundred copies per minute 1分間に100部刷り上げる. ~ a person ***off his legs*** 疲れ果てさせる. ***~ off with*** を運び去る, を盗む. ***~ on*** 《on が副詞のばあい》 (1) 続く; 続いて興行する; のべつにしゃべる; <書体が> 草書になる; 〘印〙 行・節を切らずに続ける; 追い込みにする. (2) 経過する. 《on が前置詞のばあい》 (1) を話題にする, に及ぶ. (2) <暗礁> に乗りあげる. (3) <銀行> に取りつけをする. ***~ out*** (1) 駆け出す, 走り出す; 走って疲れ果てる. (2) 流れ出る. (3) <水・容器などが> 漏れる, しずくがたれる. (4) <とけいなどが>止まる. (5) 尽きる, 終わる; 満期になる. (6) 〘印〙《原稿を活字に組んで》 予定以上に紙面をとる. (7) 《競技の》 勝負をつける. (8) 突出する; <鉄砲などを> 突き出す. (9) <雑草が> はびこる. ***~ out of*** を使い果たす. ~ one***self out of breath*** 走って息をきらせる. ***~ out on*** の支持をやめる, を見すてる. ***~ over*** (1) <液体が> 容器からあふれる; <容器などが> あふれる. (2) 《車などで》 行く, 訪問しに行く, 立ち寄る《に *to*》. (3) 《特に車で》 引き倒す. (4) ざっと目をとおす; 概説する. (5) 急いで通り抜ける. ***~ short*** [***low***] 欠乏する, 衰える: I'm *running short of* money. 金に窮しているんだ. ***~ the show*** 〘俗〙 はばをきかせる, 見せ物を興行する. ***~ the streets*** 路頭に迷う. ***~ through*** (1) (を) 通読する, (に) ざっと目をとおす. (2) (を)使い尽くす, (を)浪費する. (3) <鉄道が>通っている; <川が> 貫流している. (4) <文字を> 線を引いて消す. (5) (を)練習する. ***~ through* one's *mind*** (1) 頭〔耳〕について離れない. (2) 頭にひらめく. ***~ to*** (1) 走って…に行く. (2) <数量が> …に及ぶ, に達する; 資力がある. (3) に陥る. (4) …する傾向がある: The family ~*s to* being overweight. 家族はみな太りすぎの傾向がある. ***~ together*** 混合する. ***~ to meet* one's *troubles*** 取り越し苦労をする. ***~ up*** (1) (を) 走りのぼる. (2) <値が> 上がる; <数量などが> 達する《に *to*》; <出費などが> 急にかさむ. (3) すみやかに成長する《に, まで *to*》. (4) 決勝で負ける. (5) <家などを> 大急ぎで建てる. (6) <ぬれた布などが> 縮む. (7) 大急ぎで縫う. ***~ up against*** と衝突する; に出会う. ***~ upon*** に (不意に) 出会う; をふと考えつく. ***~ up to*** に駆け寄る; に達する. ***~ wild*** あばれまわる; 荒れる.

—— *n.* **1** 走ること, 一走り; 競走: go for a short ~ across the fields 野を一走りする. **2** 小旅行; ドライブ: a ~ to Paris パリへの旅. have a trial ~ in the new car 新車の初乗りをする. **3** 《船が》 一定時間で行く距離; 走行距離: a three-mile ~. the day's ~ 1日の行程. **4** 路線, コース, 航路: The boat was taken off its usual ~. 船はいつものコースからそれた. **5** 《物価・温度などの》 暴落, 急下降. **6** 運転〔操業〕時間; 仕事量: an eight-hour ~ 8時間操業. **7** 流れ; 流量; 小川; 水路; 水管, とい: a ~ of water 水の流れ. **8** 《特に》 産卵期の魚が川をのぼること; 産卵魚の移動(群): a ~ of salmon. **9** 連続: a ~ of bad luck 不幸の連続. a ~ of fine weather 好天続き. **10** 連続興行: a long ~ ロングラン. **11** 飼育場; 《野牛などの》通路: a chicken ~ 養鶏場. **12** 並みのもの, 普通の種類: the common ~ of men 普通の人間. **13** 《商品などの》種類, 「手」: a superior ~ of blouses 上質のブラウス. **14** 形勢, 趨勢(すうせい), 成り行き; 方向: the ~ of events ことの成り行き. **15** 大需要, 飛ぶような売れゆき; 人気, 流行 《に対する *on*》; 《銀行の》取りつけ: a great ~ on a new novel 新刊小説のたいへんな売れゆき. a ~ on a bank 銀行の取りつけ. **16** 出入〔使用〕の自由: allow one's guests the ~ of the house 客に自由に家に出入りさせる. **17** 〘米〙 (新聞への) 連載. **18** 〘野球〙 各ベースの一巡《1点の獲得》: a two-~ homer 2点本塁打. **19** 〘楽〙 急奏 (roulade). **20** 〘海〙 船底の最尾部. **21** 〘米〙《くつ下の》 伝線(=㊣ ladder): a ~ in a stocking. **22** 〘空〙 滑走; 《爆撃目標への》 接近.

at a ~ 駆け足で. ***bill at the long ~*** 長期の手形. ***by*** [***with***] ***the ~*** 急速に, 突然に. ***get the ~ upon*** 〘米〙 をなぶる, を冷やかす. ***have a good*** [***great***] ***~*** 〘米〙 非常な人気をとる, 大流行する. ***have a ~ for* one's *money*** ほねおりがいがある; 激しい競争をする. ***have the ~ of*** a friend's house (友人の家) に出入りの自由を許される. ***in the long ~*** 長い目でみれば, 結局は. ***It's all in the day's ~.*** これが普通だ, 期待できる量だ. ***keep the ~ of*** 〘米〙 と肩を並べる, …に遅れをとらぬ. ***let*** a person ***have his ~*** (人に) 自由を与える; (人の) ために尽くす. ***no ~ left*** 力が尽きて. ***on the ~*** 逃走して; 駆けまわって. ***out of ordinary*** [***common, usual***] ***~ of*** 普通とは違った, 並みはずれの. ***take a ~ to*** に一走りする; に一旅行する.

~·a·bout → 別項. **~·a·round** [⌐−⌐] 〘米俗〙 言いのがれ, ごまかし. ***~·a·way** → 別項. **~-in** → 別項. **~-óff** (1) 流れ〔走り〕去るもの; 《地上を流れる》 雨量. (2) 《同点者の》 決勝競争, 決勝戦: ~-*off* primary 決選投票. **~-of-the-míll** 並みの, 普通の, 平凡な. **~-ón** →別項. **~·through** [⌐⌐] 貫通; 通読; 通しげいこ. ***~·way** → 別項.

run² [rʌn] *v.* run¹ の過去分詞. —— *a.* **1** 《魚が海から》のぼったばかりの. **2** 抽出した, 絞りとった. **3** とけた; 鋳た: ~ butter とけたバター. **4** 〘話〙 密輸入した.

rún·a·bout [rʌ́nəbàut] *n.* **1** 〘米〙 軽快な小型自動車, 小型無蓋(むがい)馬車. **2** 小型モーターボート. **3** うろつきまわる人, 浮浪人. —— *a.* 駆けまわる, うろつく.

rún·a·gate [rʌ́nəgèit] *n.* 〘古〙 **1** 浮浪人, 無宿者. **2** 脱走〔逃亡〕者.

***rún·a·way** [rʌ́nəwèi] *n.* **1** 逃亡者, 脱走者. **2** 放れ駒(ごま), 荒馬. **3** 逃亡, 脱走; 駆け落ち.

—— *a.* **1** 逃走した; 手に負えない: a ~ horse あばれ馬. a ~ car [truck] 暴走車〔トラック〕. **2** 駆け落ちの. **3** 《試合が》 一方的な, 楽勝の, 決定的な.

4〘商〙どんどん上がる, とめどもない: ～ market うなぎのぼりの相場. **～ knock** 〔**ring**〕 いたずらにドアをたたいて〔ベルを鳴らして〕逃げだすこと. **～ match** 〔**marriage**〕 駆け落ち結婚.

rún·ci·ble [rʌ́nsəbl] **～ *spoon*** 三つまたスプーン《オードブル用. 三つまたのうち一つに刃がついている》.

rún·ci·nate [rʌ́nsinit, [米]⁺-nèit] *a*. 〘植〙下向きのこぎり歯状の. 「小川, 細流.

rún·dle [rʌ́ndl] *n*. **1** ＝rung[1]. **2** 車輪. **3**〘米方〙

rúnd·let [rʌ́ndlet] *n*. ブドウ酒ひとたる《約18ガロン入り》; 小型たる. 「(きまろ).

rún·down [rʌ́ndàun] *n*. **1** 概要. **2**〘野球〙挟殺

rún-dówn [rʌ́ndáun/ㄥㄧ] *a*. **1** 疲れきった, 元気のない; からだの調子が悪い. **2** 荒れ果てた: a ～ cottage あばら屋. **3**《ねじを巻かないで》止まった.

rune [ru:n] *n*. **1** ルーン文字《アングロサクソン人・スカンジナビア人が用いたローマ・ギリシア文字の変形文字》. **2** ルーン文字の詩〔格言, ことわざ〕. **3** 神秘的な記号.

rung[1] [rʌŋ] *n*. **1**《はしごの》段. **2**《いすなどの》桟(さん). **3**《車の》輻(や). ***start at the bottom ～*** いちばん低い地位から始める. ***the lowest*** 〔***topmost***〕 ***～ of Fortune's ladder*** 運命のどん底〔幸運の絶頂〕.

‡**rung**[2] *v*. ring[2] の過去・過去分詞.

rú·nic [rú:nik] *a*. **1** rune の. **2** 古代北欧人の. **3**《詩・装飾など》古代北欧風の. **—— *n*.** **1**〘印〙ルニック体の活字. **2** ルーン文字の碑文.

rún-in [rʌ́nìn] *n*. **1**〘フットボール〙ラン イン《敵地の goal line 内に走り込んでボールを地につけること》. **2** ごたごた, けんか, 口論. **3**〘印〙追い込み追加記事.

rún·let[1] [rʌ́nlit] *n*. 〘古〙《酒などの》たる (rundlet).

rún·let[2] [rʌ́nlit], **rún·nel** [rʌ́n(ə)l] *n*. 小川, 細流.

‡**rún·ner** [rʌ́nər] *n*. **1** 走る人; 競走者〔馬〕; 〘野球〙ランナー: a good ～ 速い走者; ランニングの名人. **2** 逃亡者; 密輸入者〔船〕: a gun ～ 銃器の密輸業者. **3** 使い走り; 集金人, 外交員; 客引き. **4** 運転手. **5**《スケート・そりなどの》滑走部; 《機械・カーテンなどの》みぞ, 環; 《ひきうすの》回転石; タービンの羽根車. **6**〘植〙つる, 匍匐枝(ほふくし)《イチゴなどの》. **7**〘鳥〙クイナ. **8**《くつ下の》伝線. **9**《廊下・ホールなどの》細長いじゅうたん; 細長い飾りテーブルかけ.
～ bean 〘英〙《さや隠元・さやエンドウなど》さやを食べる豆 (string bean). **～-úp** (*pl*. **～s-úp**)《競技の》次点者, 次位チーム.

***rún·ning** [rʌ́niŋ] *a*. **1** 走る, 走りながらの; 競走(用)の: a ～ jump 走り高〔幅〕とび. **2** 流れる; 《うみ・液体が》流れ出す: ～ water 流水. → standing water. **3**《音楽が》流麗な; 《筆跡が》草書の: ～ rhythm 流れるようなリズム. a ～ hand 草書. **4**《列車・バスの》運行の: ～ time 運転に要する時間. **5**《機械部分が》可動の; 引っぱればほどける: a ～ knot 〔noose〕 引けばほどける結び目〔輪〕. **6** ざっとした, 急ぎの: a ～ check 大急ぎの照合. **7** 連続的な, 続けての: a ～ pattern 繰り返し模様. **8** 広まっている; 現在の: ～ rumor 流れているうわさ. the ～ month 今月. **9**《植物が》つるでからむ. **10**《測定が》直線で測った.
—— *ad*. 連続的に: for five days ～ 5日間連続で.
—— *n*. **1** 走ること; 競走. **2** 流出(物); 流量; 出膿(しゅうのう). **3** 運転; 経営. **4**〘運〙走路の状態. ***in the ～*** 競争に加わって; 勝算があって, 張り合って. ***make*** 〔***take up***〕 ***the ～*** <馬が> 先頭を走る; 率先する, 導く. ***out of ～*** 競争に加わらずに; 勝算がなくて.
～ board《自動車などの》ステップ. **～ commentary** 実況放送; 進行に伴う逐一解説. **～ fight**〘海〙退却しながらの海戦. **～ fire** (移動しながらの) 連続射撃. **～ headline** 〔**head**〕 〘印〙欄外見出し,「柱」. **～ light** 船舶・航空機が日没から日の出までの間つける燈火. **～ mate** (1) おなじ厩舎(きゅうしゃ)からの同レース出場馬のうち劣った方. (2)《組みになった》立候補者のうち下位の者《特にアメリカの大統領選挙における副大統領候補》. (3) 親友. **～ price** 時価. **～ start** (1)〘運〙助走. (2) 始めからの優勢. **～ stock**〘商〙正常在庫. **～ story**《新聞・雑誌などの》連載もの. **～ text**《新聞・雑誌などの》本文. **～ water** 流水; 水道.

rún·ny [rʌ́ni] *a*. **1** 流れる傾向のある. **2** 粘液を分泌する: a ～ nose 鼻水のたれる鼻.

rún-ón [rúnán/-ɔ́n] *a*. **1** 行を改めずに続ける, 追い込みの. **2** 追加の. **—— *n*.** 追加(事項).

runt [rʌnt] *n*. **1** 小さな動物〔植物〕; 小牛. **2**《けいべつ的》小さな人, 一寸法師. **3**〘鳥〙ドバトの一種. **4** 醜い女. ◇ **～·ish** *a*.

rúnt·y [rʌ́nti] *a*. 発育不良の; ちびの. ◇ **-i·ness** *n*.

***rún·way** [rʌ́nwèi] *n*. **1** 走路, 通路. **2** 動物の通る道. **3**《鶏・犬などの》囲いのある場所. **4**〘空〙滑走路. **5** 川床. **6**《木材などをすべり落とす》斜路. **7**〘ボーリング〙アプローチ《ボールをころがすところ》. **8**《劇場の》花道. 「一銀貨.

ru·pée [ru:pí:] *n*. ルピー《インドの貨幣単位》; 1ルピ

rú·pi·a [rú:piə] *n*. (*pl*. **～s**) ルーピー《ポルトガル領インドの貨幣単位》.

ru·pí·ah [ru:pí:ə] *n*. (*pl*. **～**, **～s**) ルピア《インドネシアの貨幣単位》; 1ルピア紙幣.

rúp·ture [rʌ́ptʃər] *n*. **1** 決裂, 断絶; 不和, 仲たがい. **2** 破裂, 破壊. **3**〘医〙ヘルニア, 脱腸. ***come to a ～*** 決裂〔断絶〕する.
—— *vt*. **1** 仲たがいさせる, 決裂させる. **2** 破る, 裂く. **3**〘医〙ヘルニアにかからせる. **—— *vi*.** **1** 裂ける. **2**〘医〙ヘルニアにかかる. [√ru(m)p-]

‡**rú·ral** [rú(:)rəl/rúər-] *a*. **1** いなかの, 地方の, いなか風の, 田園の: in ～ seclusion 人里離れて. ↔urban. **2** 農業の, 農事の. **～ free delivery** 〘米〙地方無料郵便配達《略 R.F.D.》.
◇ **～·ism** *n*. いなか風; いなか風のことば〔表現〕.
～·ist *n*. 田園生活(主義)者. **ru·rál·i·ty** [ru-rǽliti/ruər-] *n*. 田園〔いなか〕風; 田園の風光.

rú·ral·ize [rú(:)rəlàiz / rúər-] *vt*. いなか風にする, 田園化する. **—— *vi*.** 田園生活をする; いなか風になる. ◇ **rù·ral·i·zá·tion** [rù(:)rəlizéiʃ(ə)n/rùərəlaiz-] *n*.

Rus. Russia; Russian.

ruse [ru:z] *n*. 計略, 策略 (trick).

ru·sé [F. ryze, [米]⁺rú:zei] F. *a*. ずるい, こうかつな.

‡**rush**[1] [rʌʃ] *vi*. **1** 突進する, 驀進(ばくしん)する, 勢いよく…する: ～ back 大急ぎで帰る. ～ *to* the scene 現場に駆けつける. ～ *for* a seat 席をとろうと駆け出す. The horse ～*ed* by. 馬は勢いよく駆け抜けた. **2** 襲いかかる《に *on, upon, at*》. **3** (向こう見ずに) 走る, 飛びつく《に *to, into*》: ～ *to* extremes 極端にはしる. **4** <考えなどが> 急に浮かぶ; <血が> のぼる《顔などに》: ～ *into* one's mind にわかに心に浮かぶ.
—— *vt*. **1** 駆(か)る; せきたてる: Don't ～ me. せかすな. **2** 大急ぎで送る〔運ぶ, 連れてゆく〕, 大至急にかたづける: ～ a message 至急報で送る. He ～*ed* them round the sights. 彼は急いで彼らを見物に引っぱりまわした. ～ a bill through しゃにむに議案を通過させる. ～ one's work 仕事を大急ぎでする. **3** <障害物などを> 突破する: ～ a fence《馬で》突進してさくを飛び越える. **4** へ突進する; 〘軍〙急襲〔突撃〕する, 急襲して占領する: ～ the enemy. **5** <金産地・演壇などに> 大ぜいで押しかける. **6**〘フットボール〙<ボールを> しゃにむにゴールに持ってゆく. **7**〘米俗〙<女などに> つきまとう; <客に> 高値をふっかける.
Fools ～ in where angels fear to tread. 〘ことわざ〙ばか者のこわいもの知らず, 盲へびにおじず.
—— *n*. **1** 突進, 突撃; 殺到: be swept by the ～ of the current 潮の急流に流される. a ～ of blood to one's face 赤面. **2** (人の) 殺到; 人ごみ: the gold ～ 金産地への人の殺到. **3** あわただしさ, 大多忙; 注文の殺到: What is all this ～?

このあわただしさはどうしたのだ. **4**〘映〙ラッシュ《製作中の編集用プリント》. **5**〘米:運〙取り合い競争;(フットボールの)ラッシュ. **6**〘米俗〙満点に近い点. **7**《形容詞的に》突進的, 急を要する: ～ orders 急ぎの注文. **8**〘米話〙求愛. ***with a*** ～ どっと; 大急ぎで. ～ **hour(s)** [**period**] ラッシュアワー, 混雑時間. → slack time.

(類義語) 突進する: **rush** 主語が複数, または量的に多量とみなされるばあいが多い. 殺到する: The brook *rushes* over a precipice in two cascades. 小川の水はがけから二つの滝となって落下している. **dash, tear** 猛烈に突進する. dash では目標が, tear では突き破るような瞬間的速度が強調される. **shoot** 銃口のような一点をなす出発点, 弾道の直線, またはゆるいカーブが強調される. **charge** 突進するものの重量・エネルギーが強調される: The bull *charged* at the matador. 雄牛は闘牛士に向かって突進した.

rush² *n.* **1**〘植〙燈心草属の植物; その茎. **2** つまらないもの. ***not care a*** ～ 少しも気にかけない. ***not worth a*** ～ なんの価値もない.

～ **bearing**〘英〙献堂祭《祭日に燈心草を教会堂にまきちらすイギリス北部の行事》. ～ **candle** 燈心草ろうそく; 薄いかすかな光; たよりにならない知識.

～·light [´ ˗] = ～ candle.

◇ **～·like** [´ ˗] *a.* 燈心草のような, 弱々しい. **～·y** [-i] *a.* 燈心草でつくった; 燈心草の茂った.

rusk [rʌsk] *n.* **1** ラスク《薄いパンにバター・砂糖をつけて天火で焼いたもの》. **2** ビスケットの一種.

Rús·kin [rʌ́skin] *n.* John ～, 1819–1900, イギリスの美術批評家・社会改良家.

Russ [rʌs] = Russian.

Russ. Russia; Russian.

Rús·sell [rʌ́sl] *n.* Bertrand ～, 1872–1970, イギリスの数学者・哲学者《1950年 Nobel 文学賞受賞》.

rús·set [rʌ́sit] *a.* **1** アズキ色の, チョコレート色の: ～ shoes. **2** 手織りの. —— *n.* **1** アズキ色, 朽ち葉色. **2** アズキ色の手織り布; それでつくった衣服. **3** 赤リンゴの一種. ◇ **～·ish, ～·y** *a.* アズキ色がかった.

‡**Rús·sia** [rʌ́ʃə] *n.* **1** ロシア, ソ連; 旧ロシア帝国. **2** (または r～) ロシア皮 (= ～ leather).

‡**Rús·sian** [rʌ́ʃ(ə)n] *a.* **ロシアの**; ロシア人〔語〕の. —— *n.* **ロシア人〔語〕**.

～ **Church** ロシア教会《ギリシア教会の一派》. ～ **dressing** マヨネーズの一種. ～ **Empire** ロシア帝国《1917年の革命で滅びた》. ～ **Revolution, the** ロシア革命 (February Revolution)《1917年旧暦2月》; 10月革命 (October Revolution)《1917年旧暦10月》. ～ **Soviet Federated Socialist Republic** ロシア ソビエト連邦社会主義共和国. ～ **thistle**〘米〙アカザ科の植物. ～ **whist** トランプ遊びの一種. ～ **wolfhound**《オオカミ狩りの》大きな猟犬.

Rús·sian·ize [rʌ́ʃənàiz] *vt.* ロシア(人)化する, ロシア風にする.

◇ **Rùs·sia·ni·zá·tion** [˗ ˗ –nįzéiʃ(ə)n/-naiz-] *n.*

Rús·si·fy [rʌ́sįfài] = Russianize.

◇ **Rùs·si·fi·cá·tion** [˗ ˗ –fįkéiʃ(ə)n] *n.*

Russo-「ロシア」「ロシア(人)の」の意の連結形.

Rùs·so-Jàp·a·nése [rʌ̀sodʒæ̀pəníːz, ˗ ˗ ˗ ˗ ´] *a.* 日露の. ～ **War, the** 日露戦争《1904–05》.

Rús·so·phil [rʌ́sọfil], **Rús·so·phile** [-fàil] *a., n.* ロシアびいきの(人). ◇ **Rus·sóph·i·lism** [rʌsɑ́fįlìz(ə)m/-sɔ́f-] *n.* 親露主義.

Rús·so·phobe [rʌ́səfòub] *n.* 恐露病者.

◇ **Rùs·so·phó·bi·a** [˗ –fóubiə] *n.* 恐露病.

‡**rust** [rʌst] *n.* **1 さび**《金属の》: remove ～ from …のさびを落とす. **2**《比喩的》《才能などの》さびつき, 無為: talent left to ～ 才能のもちぐされ. **3** さび病(菌). ***be in*** ～ さびついている. ***gather*** ～ さびがつく. ***get*** [***rub***] ***the*** ～ ***off*** さびを落とす. ***keep from*** ～ さびのつかぬようにする.

—— *vi.* **1 さびつく**; 〈頭などが〉鈍くなる, 役に立たなくなる. **2**〘植〙さび病にかかる. **3** さび色になる.

—— *vt.* **1** さびさせる. **2** 〈頭などを〉鈍くする; 役に立たなくする, だめにする. **3**〘植〙さび病にかからせる.

Better wear out than ～ ***out.***〘諺〙居ても一生立っても一生《老年の無為を戒めることば》. ～ ***away*** さびてしまう, 朽ち果てる. ～ ***together*** 〈触れ合っている金属を〉さびつかす. **～·proof** [´ ˗] さびない, さびどめのしてある.

◇ **～·less** *a.* **1** さびていない. **2** = rustproof.

‡**rús·tic** [rʌ́stik] *a.* **1 いなかの**; **いなか風の**, 田園生活の: ～ manners いなか風. **2** 単純な, 質朴(ぼく)な. **3** 粗野な, 無作法な. **4** いなかづくりの, 丸木づくりの: a ～ bridge 丸木橋. **5**《古代ラテン字体の》不規則体の.

—— *n.* いなか者; 農夫; 野人, 武骨者; 無作法者.

～ **work** 丸木づくり;〘石工〙粗面仕上げ.

◇ **rús·ti·cal** *a.* **rús·ti·cal·ly** *ad.*

rús·ti·cate [rʌ́stįkèit] *vi.* いなかへ行く, いなか住まいする. —— *vt.* **1** いなかへ追いやる, いなかに住ませる. **2** いなか風にする. **3**〘石工〙粗面仕上げにする. **4**〘英〙停学を命ずる. ◇ **-ca·tor** [-ər] *n.* **rùs·ti·cá·tion** [rʌ̀stįkéiʃ(ə)n] *n.*

rus·tíc·i·ty [rʌstísįti] *n.* **1** いなか風; いなか生活. **2** 質朴(ぼく), 質素. **3** 武骨, 無作法.

‡**rús·tle** [rʌ́sl] *vi.* **1** 〈木の葉や絹などが〉**サラサラ音をたてる**: The reeds ～*d* in the wind. アシが風にざわめいた. **2** きぬずれの音をたてて歩く《*along*》. **3**〘米話〙元気よく動きまわる, 精力的に活動する〔働く〕《*around*》. —— *vt.* **1** にサラサラと音をたてさせる; (音をたてて)揺り動かす. **2** 要領よく手に入れる〔処理する〕: ～ some supper なにか夕食をさっとこしらえる. **3** 〈家畜を〉盗む.

～ ***up*** さっとつくり上げる; さっと捜し出してくる.

—— *n.* サラサラ〔ザワザワ〕いう音; 木の葉のささやき, きぬずれの音.

rús·tler [rʌ́slər] *n.*〘米話〙**1** 活動家, 精力家. **2** 家畜どろぼう.

rús·tling [rʌ́sliŋ] *a.* **1** サラサラ〔ガサガサ〕音がする; きぬずれの音がする. **2**〘米俗〙活動〔奮闘〕的な.

◇ **～·ly** *ad.*

‡**rúst·y¹** [rʌ́sti] *a.* **1** さびた, さびついた: a ～ knife. **2** さびから生じた. **3**〘植〙さび病にかかった. **4** さび色の. **5** 色あせた; 古ぼけた, 旧式の: ～ old clothes 色あせた古着. **6**《使用しないため》鈍くなった, 役に立たなくなった; へたになった, なまけぐせがついた: My French is ～. フランス語がだめになった. **7**《声が》しわがれた. ◇ **-i·ly** *ad.* **-i·ness** *n.*

rúst·y² *a.* **1** 言うことをきかない, 強情な. **2** ふきげんな, おこった. ***ride*** [***run***] ～ がんこになる. ***turn*** [***get***] ～ 腹を立てる.

rut¹ [rʌt] *n.* **1** 車の跡, わだち. **2** 常例, 慣例. ***get into a*** ～ 型にはまる. ***move in a*** ～ きまりきったことをやる.

—— *vt.* (**-tt-**) にわだちをつける; にみぞをつける.

rut² *n.* **1**《シカ・羊などの》さかり, 発情. **2** さかりの時期. ***at*** [***in***] ***the*** ～ さかりがついて. ***go to*** (***the***) ～ さかりがつく, 発情する. —— *vi.* (**-tt-**) さかりがつく.

rù·ta·bá·ga [rùːtəbéigə] *n.*〘植〙カブハボタン.

ruth [ruːθ] *n.*〘古〙**1** あわれみ, 同情. **2** 悔恨, 悲しみ.

Ruth [ruːθ] *n.*〘聖〙ルツ記《旧約聖書中の一書》; その女主人公.

ru·thé·ni·um [ruːθíːniəm] *n.*〘化〙ルテニウム《金属元素. 記号 Ru》.

***rúth·less** [rúːθlis] *a.* **無情な**, 思いやりのない; 残忍な. ◇ ***～·ly** *ad.* **～·ness** *n.*

rú·ti·lant [rúːt(į)lənt] *a.* 赤く〔黄金色に〕輝く.

rú·tile [rúːtiːl, -tail] *n.*〘鉱〙金紅石.

rút·tish [rʌ́tiʃ] *a.* さかりのついた.

◇ **～·ly** *ad.* **～·ness** *n.*

rút·ty [rʌ́ti] *a.* 車の跡だらけの, わだちの多い.

◇ **rút·ti·ly** *ad.* **rút·ti·ness** *n.*

rux [rʌks] *n.* 〖英: 学俗〗 かんしゃく.

R.V. Revised Version. **R.V.S.V.P., RVSVP, r.v.s.v.p.** *Répondez vite s'il vous plaît* (F. = Please reply quickly). **R.W.** Right Worshipful; Right Worthy. **R/W** right of way.

Rwán·da [ruá:ndə/ruǽn-, rwǽn-] *n.* ルワンダ 《アフリカ中部の共和国. 首都 Kigali》.

-ry [-ri], **-er·y** [-əri] *suf.* 名詞をつくる接尾辞. **1** 「職業・仕事」: dentist*ry*, chemist*ry*. **2** 「性質・行為」: rival*ry*, braver*y*, mimic*ry*. **3** 「境遇・身分」: husband*ry*, slaver*y*. **4** 「類」: jewel*ry*, perfumer*y*. **5** 「…の場所」: nunner*y*, pigeon*ry*.

Ry. Railway.

‡**rye** [rai] *n.* **1** ライムギ. **2** 〖米俗〗 ライムギ製ウイスキー. —— *a.* ライムギでつくった.
～ bread 《ライムギ製の》 黒パン. **～ grass** 〖植〗 ホソムギ 《牧草の一種》.

rý(e)·peck [ráipek] *n.* 〖英〗 《平底船をつなぐため水中に立てる》 石突きのついたさお.

rý·ot [ráiət] *n.* 《インドの》 百姓, 農夫.

R.Y.S. Royal Yacht Squadron.

Ry·ú·kyu [riú:kju:, rjú:-] *n.* 琉球(りゅうきゅう).

S

S, s [es] *n.* (*pl.* **S's, Ss, s's, ss** [ésiz]) **1** 英語アルファベットの第 19 字. **2** S 字形のもの. **3** 《学業成績などの評点》 S (の者) 《satisfactory の略》.

's **1** 《名詞の所有格語尾》 …の: dog'*s*, men'*s*, Tom'*s*. → 枠付 Possessive Case. **2** alphabet の字・数字・略語などの複数語尾: i'*s*, 1960'*s*, M.P.'*s*. 〈注〉「 ' 」は略することもある. **3** 〖話〗 as, does, has, is, us の短縮形: so'*s* to get there on time. What'*s* he do for a living now? He'*s* just gone. It'*s* me. Let'*s* go.

-s *suf.* **1** 名詞の複数語尾: boy*s* and girl*s*. 〈注〉 通例複数形で用いられる名詞についてもおなじ: trouser*s*, scissor*s*. **2** 動詞の第三人称単数現在形語尾: It snow*s*. She run*s*. **3** 副詞語尾: always, need*s*, unaware*s*. → 枠付 Number.

S South; Southern; 〖化〗 sulfur. **S.** Sabbath; Saint; Saturday; School; Senate; September; *Signor*; Society; South; Southern; Sunday. **s.** second; section; shilling(s); singular; son; south(ern); steamer; stem; substantive.

$ dollar(s).

Sa 〖化〗 samarium. **S.A.** Salvation Army; South Africa; South America; South Australia. **s.a.** *secundum artem* (L. = according to art); semiannual; *sine anno* (L. = without year [date]); subject to approval.

Saar [sɑ:r] *n.* (the ～) ザール川 《フランス北東部に発しドイツ西部に流れる》; ザール盆地 (=the ～ Basin).

Sab. Sabbath.

Sá·ba [séibə] = Sheba.

Sa·báe·an =Sabean.

Sáb·a·oth [sǽbiɑ̀θ, -ɔ̀:θ/sæbéiɔθ] *n. pl.* 〖聖〗 万軍. ***the Lord of ～*** 〖聖〗 万軍の主, 神 《ロマ書9: 29》.

Sàb·ba·tár·i·an [sæ̀bəté(:)riən/-téər-] *a., n.* 安息日厳守(主義)の(人).
◇ **～·ism** *n.* 安息日厳守(主義).

Sáb·bath [sǽbəθ] *n.* **1** 安息日 《キリスト教では日曜日, ユダヤ教では土曜日》. **2** (s～) 安息, 休息, 平和. **3** 悪魔の宴 《sabbat ともいう. 妖術(ようじゅつ)師らが悪魔を祭る集まり》. ***break* [*keep, observe*] *the ～*** 安息日を破る[守る]. ***witches' ～*** = ～ ③.
～·brèak·er 安息日を守らない人. **～ day** = ～ ①. **～-day's journey** 安息日の道のり 《ユダヤ人が安息日に外出できた約3分の2マイルの行程》. **～ school** 《ユダヤ教徒の》 安息日[土曜]学校; 日曜学校 (Sunday school).

Sab·bát·ic [səbǽtik], **-i·cal** [-(ə)l] *a.* **1** 安息日の; 安息日らしい. **2** (s～) 安息の, 休息の.
sabbatical leave 研究・旅行のために 7 年ごとに大学教授に与えられる 1 年もしくは半年の休暇.
sabbatical year (1) 〖宗〗 安息年 《イスラエル人が7年ごとに休耕した年》. (2) 〖米〗 sabbatical leave を与えられる年. ◇ **Sab·bát·i·cal·ly** *ad.*

sab·bát·i·cals [səbǽtik(ə)lz] *n. pl.* 〖米俗〗 晴れ着.

Sa·bé·an [səbí:ən] *a.* アラビアの古王国シバ (Sheba) の; シバ人[語]の. —— *n.* シバ人[語].

sá·ber, ㊧ **sá·bre** [séibər] *n.* **1** 《特に騎兵の》 サーベル, 軍刀. **2** 騎兵; (*pl.*) 騎兵隊. **3** (the ～) 武力; 武力政治. —— *vt.* サーベルで切る[殺す].
～-cut [ˊ-ˋ] サーベル傷. **～ rattler** 威嚇的な軍国主義者. **～ rattling** 武力による威嚇. **～ saw** 携帯用電気糸のこ. **～-toothed** [-tù:θt, -ðd] 上あごにサーベル状の犬歯のある: ～*-toothed* tiger 〖古生〗 剣歯トラ.

Sáb·ine [séibain/sǽb-] *n.* 《昔イタリア中部にいた》 サビヌ人; サビヌ語. —— *a.* サビヌ人[語]の.

sá·ble [séibl] *n.* **1** 〖動〗 クロテン; アメリカイタチ. **2** クロテンの毛皮. **3** (*pl.*) クロテン製の服 [えり巻き]. **4** 〖紋・雅〗 黒色; (*pl.*) 喪服.
—— *a.* **1** クロテン毛皮製の. **2** 〖雅〗 黒い, 暗黒の; 恐ろしい. ***his ～ Majesty*** 悪魔大王.
◇ **～d** *a.* 黒色の; 喪服を着た.

sáb·ot [sǽbou, ㊍⁺sǽbət] *n.* **1** 木ぐつ; 木底のくつ. **2** 〖軍〗 弾底板.
◇ **～ed** [sǽboud, ㊍⁺sǽbətid] *a.* 木ぐつをはいた.

sáb·o·tage [sǽbətɑ̀:ʒ, -tidʒ] *n.* **1** サボタージュ 《労働争議などで故意に機械類に損傷を与え生産を妨害すること》. **2** 《一般的》 妨害行為. 〈注〉 日本語のサボタージュが単に「怠業」を意味するのとは違う.
—— *vt., vi.* サボタージュする; 妨害[破壊]する.

sab·o·teur [sæ̀bətə́:r] F. *n.* サボタージュする人.

sá·bre =saber.

sá·bre·tache [séibərtæʃ, sǽb-/sǽb-] *n.* 〖軍〗 《騎兵士官の》 腰かばん, 図嚢(ずのう).

sáb·u·lous [sǽbjuləs] *a.* **1** 砂のある[多い]. **2** 〖医〗 《尿など》 沈渣(ちんさ)の多い.
◇ **sàb·u·lós·i·ty** [ˋ-lɑ́siti/-lɔ́s-] *n.*

sac [sæk] *n.* 〖生〗 嚢(のう), 液嚢.

Sac [sæk, sɔ:k] *n.* サック人 (Sauk) 《北アメリカ原住民の一種族》.

SAC [sæk] Strategic Air Command 〖米〗 戦略空軍総司令部.

sác·cate [sǽkeit] *a.* 嚢(のう)状の; 有嚢の.

sacchar- 「糖の」「サッカリンの」の意の語形成要素.

sác·cha·rate [sǽkərèit] *n.* 〖化〗 糖酸塩.

sac·chár·ic [səkǽrik/sæk-, sək-] *a.* 糖の; 糖から得た. **～ acid** 〖化〗 糖酸.

sác·cha·ride [sǽkəràid, -rid] *n.* 〖化〗 糖類.

sàc·cha·ríf·er·ous [sæ̀kəríf(ə)rəs] *a.* 砂糖を含む[生じる].

sac·chár·i·fy [səkǽrifài/sæk-, sək-] *vt.* 〈でんぷんを〉糖化する. ◇ **sac·chàr·i·fi·cá·tion** [-ˋ-fikéiʃ(ə)n] *n.* 糖化 (作用).

sàc·cha·rím·e·ter [sæ̀kərímitər] *n.* 検糖計.

sác·cha·rin [sǽkərin] *n.* 〖化〗 サッカリン.

sác·cha·rine [sǽkəràin, -rin, -ri:n] *a.* **1** 糖質の, 非常に甘い. **2** 《態度・言語が》いやに甘ったるい.
—— [-rin, -ri:n] *n.* =saccharin.
◇ **～·ly** *ad.* **sàc·cha·rín·i·ty** [ˋ-ríniti] *n.*

saccharo- =sacchar-.
sác·cha·roid [sǽkərɔ̀id], **sàc·cha·rói·dal** [sæ̀kərɔ́idl] *a.*〖地〗棒砂糖状の.
—— *n.* 糖質物, 糖晶.
sàc·cha·róm·e·ter [sæ̀kərɑ́mịtər/-rɔ́m-] *n.* 糖液比重計.
sác·cha·rose [sǽkəròus] *n.*〖化〗サッカロース, 蔗糖(しょとう).
sác·cu·lar [sǽkjulər] *a.* 嚢(のう)状の.
sàc·er·dó·tal [sæ̀sərdóutl] *a.* **1** 僧の; 司祭(制)の. **2** 僧権尊重の.
◇ **~·ism** [-t(ə)lìz(ə)m] *n.* 司祭制〔主義〕; 聖職者〔司祭〕気質. **~·ist** *n.* 聖職尊奉論者. **~·ly** *ad.*
sá·chem [séitʃəm] *n.* **1**《北アメリカ原住民の》酋長(しゅうちょう). **2** 大立て者, 名士;〖米〗《民主党系》Tammany 協会の幹部.
sa·chét [sæʃéi / ⌐–] *n.* におい袋; 香粉 (= ~ powder). [<F.]
‡**sack**[1] [sæk] *n.* **1** (麻) 袋, サック《通例目のあらい布製の》. **2**《食品などを入れる》紙袋, ビニール袋; 一包み: a ~ of candies キャンデー一袋. **3**《婦女子の》ゆるい上着. **4**〖野球俗〗塁. **5**〖俗〗解雇;《求愛などの》ひじ鉄砲, はねつけ. **6**〖米俗〗寝床: be in the ~ 寝ている. ***get*** [***have***] ***the ~***〖俗〗くびになる; ひじ鉄をくう. ***give*** a person ***the ~*** (人を) くびにする, 解雇する; (人に) ひじ鉄をくわす. ***hit the ~***〖米俗〗床につく. ***hold the ~***〖米話〗人のしりぬぐいをする; 貧乏くじを引く; 取引で失敗する.
—— *vt.* **1** 袋に入れる. **2**〖俗〗解雇する; はねつける. **3**〖俗〗負かす. **4**〖話〗くすねる. **~ out**〖米俗〗床につく.
⌐·cloth → 別項. **~ coat**〖米〗背広上着. **~ dress**《婦人・子ども用の》ゆるやかな上着, サックドレス. **~ race** 袋競走, サックレース. **~ suit**〖米〗背広服. **⌐-time** [⌐⌐]〖米俗〗睡眠時間.
◇ **⌐·ful** [-fùl] *n.* 袋 1 杯分, 一袋, 一俵; 多量, 山ほど. **⌐·ing** *n.* =sackcloth. **⌐·y** *a.*《着物が》ゆるい, だぶだぶした.
sack[2] *vt.* <占領都市などを> 略奪する, 荒らす; <盗賊などが> 奪い去る. —— *n.*《占領地の》略奪.
sack[3] *n.*〖史〗サック酒《一種の白ブドウ酒》.
sáck·but [sǽkbʌ̀t] *n.* 中世の低音らっぱ;〖聖〗竪琴(たてごと)の一種.
sáck·cloth [sǽkklɔ̀ːθ/-klɔθ] *n.* ズック, 袋地 (麻布);《昔悔悟のしるしに着た》ざんげ服.
in ~ and ashes ふかく悔いて; 悲嘆にくれて.
sáck·er[1] [sǽkər] *n.* **1** 袋に詰める人; 袋をつくる人. **2**〖野球俗〗塁手.
sáck·er[2] *n.* 略奪者.
sacque [sæk] *n.* =sackdress.
sá·cral[1] [séikrəl] *a.* 聖礼〔聖式〕の.
sá·cral[2] *a.*〖医〗仙骨(せんこつ)の, 仙骨部の.
sác·ra·ment [sǽkrəmənt] *n.* **1**《新教の》聖礼典《洗礼と聖餐(せいさん)の二つ》;《カトリックの》秘蹟(ひせき),《ギリシア正教の》機密《洗礼・按手(あんしゅ)・聖体・悔悛(かいしゅん)・臨終塗油・聖職・婚姻の七つ》. **2** (しばしば the S~) 聖体, 聖餐用パン. **3** 神聖なもの, 神秘. **4** 象徴. **5** 宣誓, 誓約.
go to the ~ 聖餐式に出る. ***receive*** [***take***] ***the ~*** 聖餐を受ける. ***take the ~ to*** (do) …することを誓って聖餐を受ける. ***the five ~s*** 五大秘蹟《按手・ざんげ・聖職・婚姻・臨終塗油》. ***the last ~*** 臨終塗油の秘蹟. [√sac(e)r-]
sàc·ra·mén·tal [sæ̀krəméntl] *a.* **1** 秘蹟の, 聖礼典の; 聖餐の, 聖体の: ~ bread 聖餐用パン. **2** 神聖な; 神に誓った.
—— *n.* **1** 準聖礼典《カトリック教で聖水・聖油の使用または十字をきること》. **2** (*pl.*) 聖餐式用具.
◇ **~·ism** [-t(ə)lìsm] *n.* 聖餐重視主義. **~·ist** *n.* 聖餐重視者. **~·ly** *ad.*
sàc·ra·men·tár·i·an [sæ̀krəmentɛ́(ː)riən/-tɛ́ər-] *a.*〖史〗聖餐(せいさん)形式論者の; 聖餐重視の.
—— *n.*〖史〗聖餐形式論者; =sacramentalist.
◇ **~·ism** *n.* =sacramentalism.
sàc·ra·mén·ta·ry [sæ̀krəméntəri] *a.* 聖餐式の; 聖餐形式論者の. —— *n.* = sacramentarian; (*pl.*) 聖礼典式書, 式文.
Sàc·ra·mén·to [sæ̀krəméntou] *n.* アメリカ California 州の州都. **~ cat** = horned pout.
sa·crár·i·um [səkrɛ́(ː)riəm/-krɛ́ər-] *n.* (*pl.* **-a** [-riə]) **1**〖古ローマ〗聖所, 祭壇; 神だな. **2**〖宗〗聖所, 内陣. **3**〖カトリック〗水盤 (piscina).
‡**sá·cred** [séikrid] *a.* **1** 神聖な; 神にささげられた, 神を祭った: a ~ building [edifice] 神殿. **2** 宗教的な, 聖典の. **3** 神聖不可侵の; 神聖視される. **4**《人・物・目的に》ささげられた《に *to*》: the peacock ~ *to* Juno ジュノー女神の使いのクジャク. a fund ~ *to* charity 慈善のための資金. ***be ~ from*** を免れる: No place *was* ~ *from* outrage. 乱暴されない場所はなかった. ***His*** [***Her, Your***] ***most S~ Majesty***〖古〗陛下《昔のイギリス国王・女王の尊称》. ***hold ~*** 神聖視する, 尊重する; 保護する. [√sac(e)r-]
~ baboon〖動〗マントヒヒ. **~ bamboo**〖植〗南天 (nandin). **S~ College (of Cardinals)**〖カトリック〗枢機院《教皇の最高諮問機関》. **~ concert** 聖楽会. **~ cow**《インドの》聖牛;〖笑〗批判〔攻撃〕できないもの〔人〕. **S~ Heart (of Jesus), the**〖宗〗〖カトリック〗イエズス聖心(せいしん)の祝日. **~ history** 聖書に記された歴史. **~ music** 宗教音楽. **~ number** 神聖な数《特に7》. **~ order** 牧師の位. **S~ Writ** 聖典. ◇ **~·ness** *n.*
‡**sác·ri·fice** [sǽkrịfàis, ㊊⁺-fàiz] *n.* **1** 犠牲, いけにえ, 供物: offer a ~ お供えをする. **2** 犠牲的行為, 献身;〖宗〗キリストのはりつけ. **3**〖商〗投げ売り (= ~ sale);《投げ売りによる》損失 (loss). **4**〖野球〗犠打, 犠牲バント (= ~ bunt [hit]).
at the ~ of を犠牲にして. ***fall a ~ to*** の犠牲になる. ***make the ~ of*** を犠牲にする《のために *to*》. ***sell at a*** (***large, great***) ***~*** (大) 特価で売る. ***the great*** [***last, supreme***] ***~*** 偉大な〔最後の, 至上の〕犠牲《祖国のための戦死》.
—— *vt., vi.* **1** 犠牲にする, いけにえに供える, ささげる; 断念する《に *for, to*》: ~ oneself *for* one's country 祖国のために身を捨てる. ~ accuracy *to* effect《文章などの》効果をねらって精確さを犠牲にする. **2**〖商〗捨て売り〔投げ売り〕する. **3**〖野球〗犠打を打つ〔で進塁させる〕. [√sac(e)r-+√fac-]
sàc·ri·fí·cial [sæ̀krịfíʃəl] *a.* **1** 犠牲の, いけにえの. **2** 献身〔犠牲〕的な. **3**〖商〗投げ売りの. ◇ **~·ly** *ad.*
sác·ri·lege [sǽkrịlidʒ] *n.* (神聖) 冒瀆(ぼうとく); 冒瀆罪《聖所侵入・聖物盗みなど》.
sàc·ri·lé·gious [sæ̀krịlídʒəs, -líːdʒ-/-lídʒ-] *a.* (神聖) 冒瀆の; 聖所荒らしの; ばち当たりの.
◇ **~·ly** *ad.* **~·ness** *n.*
sá·cring [séikriŋ] *n.*〖古〗《聖餐用のパン・ブドウ酒の》清め;《僧正・国王などの》聖別式.
~ bell〖カトリック〗《ミサの聖体奉持時の》祭鈴.
sá·crist [séikrist/sǽk-], **sác·ris·tan** [sǽkrist(ə)n] *n.* 聖具室係;〖古・廃〗教会の番人, 寺男.
sác·ris·ty [sǽkristi] *n.*《教会の》聖具・調度安置所〔室〕.
sác·ro·sanct [sǽkrosæ̀ŋkt] *a.* 至上に神聖な, 犯すべからざる;《皮肉》神聖犯すべからずの.
◇ **sàc·ro·sánc·ti·ty** [⌐–⌐tịti] *n.* 至上神聖(性).
sá·crum [séikrəm] *n.* (*pl.* **-cra** [-krə])〖医〗仙骨(せんこつ). →形容詞 sacral[2].
†**sad** [sæd] *a.* (**-dd-**) **1** 悲しい, 悲しげな: feel ~ 悲しい, 悲しむ. a ~ face 悲しげな顔. ↔ happy. **2** 嘆かわしい: a ~ relaxation of morals 遺憾な道徳のゆるみ. **3**〖話〗ひどい, あきれた; 劣った: a ~ rogue ひどい悪党. a ~ mess めちゃくちゃ. **4**《色が》くすんだ, じみな. **5**《食物が》水っぽい; 生焼けの;《地面などが》ぬかる. ***a sadder and a wiser man***

(悲しい経験を味わって賢明になった)苦労人. ***in ~ earnest***〘古〙真剣で, まじめに. ***make ~ work of it*** ひどくみそをつける. ***~ to say*** 悲しいことに. ***write ~ stuff*** ひどい悪文を書く.

~-cól·ored くすんだ, 黒ずんだ. **~ dog** 悪者. **~-ì·ron**《中空でない》火のし, こて. **~-lóok·ing** 悲しそうな顔つきの. **~ sack** のろま, へまをやる人間.

【類義語】悲しい: **sad, sorrowful** sad の方がより口語的で「遺憾な(= sorry)」という意も加わる. sorrowful はやや詩的な語感をもつ: a *sad* [*sorrowful*] song 悲しい歌. **mournful** 陰うつな暗さが伴っている. 悲しみに沈んだ, 痛ましい: a *mournful* occasion 悲しいできごと. **depressed** 気がふさいだ, 一時的に憂うつな. **melancholy** 長期的, 習慣的に憂うつな. **dejected** がっかりして. はっきりした原因により打撃を受けたばあいが多い: *dejected* over losing one's position 地位を失ってがっかりして. **despondent** 先に希望がないので失望して: *despondent* about one's failing health 自分の病弱を悲しんで.

***sád·den** [sǽdn] *vt., vi.* 悲しませる, 悲しむ; くすんだ色にする[なる]. ◇ **~·ing·ly** *ad.*

‡sád·dle [sǽdl] *n.* **1** 鞍(くら);《自転車などの》サドル, 腰掛け: a horse for the ~ 乗馬. **2** 鞍状の物;《馬などの鞍を置く》背部;《羊の》鞍下肉. **3**〘船〙の》まくら木;〘地〙鞍部(あんぶ);〘機〙鞍状のささえ《サドル・軸鞍など》;〘建〙《入り口の》くつずり.

cast a person ***out of the ~*** (人を)免職する. ***either win the ~*** [***horse***] ***or lose the horse*** [~] のるかそるかやってみる. ***get into the ~*** 馬に乗る; 職につく; 権力を握る. ***in the ~*** 馬に乗って; 権力の座にあって. ***lose the ~*** 落馬する. ***put the ~ on the right*** [***wrong***] ***horse***〘俗〙責めるべき[おかど違いの]人を責める.

—— *vt.* **1** に鞍を置く: ~ a horse. **2** に負わせる, に課する《を *with*》: ~ oneself *with* responsibilities 責任を(自ら)負う. be ~*d with* debt 負債を負っている.

—— *vi.* 馬に鞍をつける《*up*》. [sit と同語源]

~·back [ˊ-ˋ] 鞍状の峰;〘建〙鞍形屋根; 背に鞍形模様のある鳥・魚類. **~-backed** [ˊ-ˋ] 鞍形の;《動物などの》背のへこんだ;《鳥などの》背に鞍形模様のある. **~·bag** [ˊ-ˋ] 鞍袋; 敷き物の一種. **~ blanket,** ㊥ **~·cloth** [ˊ-ˋ] 鞍敷き, 鞍下(毛布). **~·bow** [ˊ-ˋ] 鞍の前輪. **~ horse** 乗(用)馬. **~ shoes** サドルぐつ《甲の部分に色の違った皮を用いた Oxford shoes》. **~ sore**《鞍による》またずれ. **~·tree** [ˊ-ˋ] 鞍わく;〘米:植〙ユリノキ.

◇ **~·less** *a.* 鞍なしの, 裸馬の.

sád·dler [sǽdlər] *n.* 馬具屋[商].

sád·dler·y [-dləri] *n.* **1** 馬具屋[商], 馬具製造業. **2**《集合的》馬具(類); 馬具庫.

Sád·du·cee [sǽdʒusiː/-djụ-] *n.* サドカイ教徒.

◇ **~·ism** [-ìz(ə)m] *n.* サドカイ教《死者の復活・天使や霊魂の存在を認めない古代ユダヤの一宗派》.

Sàd·du·cé·an [ˋ-ˊən] *a.* サドカイ教(徒)の.

sá·dhu [sáːduː] *n.*〘ヒンズー教〙聖人.

sád·ì·ron [sǽdàiərn] → sad.

sád·ism [sǽdiz(ə)m, séid-] *n.* サディズム, 加虐性淫乱(いんらん)症;《一般的》残虐好き. → masochism.

◇ **-ist** *n., a.* サディスト(の). **sa·dís·tic** [sədístik] *a.* サディスト的な.

‡sád·ly [sǽdli] *ad.* **1** 悲しそうに, 物悲しく: She looked at him ~. 彼女は悲しげに彼を見た. The bell rang ~. ベルが物悲しく鳴った. **2** 気の毒なほどに, 痛ましく《しばしば皮肉を含めて》: ~ deficient in intelligence かわいそうなほど頭が悪い. **3** ひどく: You are ~ mistaken. きみはたいへんなまちがいをしているよ. I need it ~. とても必要なんだ. **4**〘話〙元気なく. **5**《色が》くすんで.

‡sád·ness [sǽdnis] *n.* **1** 悲しみ, 悲哀. **2** 悲しそうなようす[顔つき]. 【類】→ **sorrow**「悲しみ」

sàd·o·más·o·chism [sædomǽzəkìz(ə)m, sèido-, sàːdo-] *n.* 加虐被虐性変態性欲.

sa·fá·ri [səfáːri] *n.* 旅行; 狩猟遠征(隊).

†safe [seif] *a.* **1** 安全な, 危険のない, 被害[加害]の心配のない《*from*》: be ~ *from* fire 火災にかかる心配のない. Is your dog ~? きみの犬はだいじょうぶ[かみつかない]か. **2**《be, come, arrive, bring, keep などの補語として》無事に, 損傷なく: see a person ~ home 人を無事家に送りとどける. **3** 用心ぶかい, 小心の; 信頼しうる; 確実な: a ~ driver 安心できる運転手. a ~ catcher〘野球〙名捕手. **4**〘野球〙セーフの. →名詞 safety.

be on the ~ side 大事をとる. ***It is ~ to say that …*** …と言ってまちがいない[過言でない]. ***~ and sound*** 無事安全に, つつがなく. ***~ in jail*** しっかり収監されている.

—— *n.* (*pl.* **~s**) **1** 金庫. **2** はい帳(= meat ~). **3** 鞍(くら)ずれどめの皮. **4** 水漏れ受けざら.

~·brèak·er 金庫破り. **~·brèak·ing** 金庫破り《行為》. **~-cón·duct** →別項. **~·cràck·er** = safebreaker. **~-de·pòs·it** *n., a.* 貴重品保管所, 貸し金庫; 安全保管の. **~·guard** →別項. **~ hit**〘野球〙安打. **~·kéep·ing** 保護, 護衛, 保管. **~·light** [ˊ-ˋ]〘写〙《暗室用》安全光.

◇ **~·ness** *n.*

【類義語】安全な: **safe** 危険のない[なかった]状態に用いる最も一般的な語: arrived home *safe* after a rough voyage 荒天の航海を終えて無事に家に帰った. **secure** 危険からしっかりと守られている, 保証されているという安心感. 多くは safe の強調形だが, feel *secure* (心じょうぶである)のように未来の安全の保証について用いられ, arrived home *secure* とはあまりいわない.

sáfe-cón·duct [séifkándʌkt/-kɔ́n-] *n.*《特に戦時の》安全通行権;《安全通行を保証する》旅券. ***in*** [***with, under, upon***] (***a***) **~** 安全通行を許されて.

—— *vt.* に安全通行権を与える; 護送[護衛]する.

sáfe·guard [séifgàːrd] *n.* **1** 保護, 護衛;《機械などの》安全装置. **2** 通行券; 護衛兵[船].

—— *vt.* 保護する, 保障する; 護衛[護送]する.

†sáfe·ly [séifli] *ad.* 安全に, 無事に: arrive ~ 安着する. put away ~ 安全なところにしまう.

It may ~ be said that… …と言ってもまちがい[さしつかえ]ない.

sáf·en [séif(ə)n] *vt.* 〈特にある物質中の毒性を〉他の物質と混ぜて緩和する[無害にする].

◇ **~·er** *n.* (毒性)緩和剤.

‡sáfe·ty [séifti] *n.* **1** 安全, 無事; 無難, 無害: traffic [road] ~ 交通安全. ~ of principal 元金の安全[保証]. fear for his ~ 彼の安否を気づかう. **2** 安全装置. **3**〘野球〙安打;〘フットボール〙セーフティ(タッチダウン).

(a rifle) ***at ~*** 安全装置をかけた(ライフル銃). ***in ~*** 無事に. ***play for ~*** 大事をとる. ***seek ~ in*** に安全を求める, へ避難する. ***There is ~ in numbers.***〘諺〙数の多い方が安全. ***with ~*** 安全に, 無事に, あやまちなく.

~ belt 安全ベルト;〘空〙= seat belt. **~ bicycle** 安全自転車《現在の普通のもの》. **~ bolt**《銃などの》安全装置. **~ chain** (1) 鉄道車両用安全鎖《連結器の補助用》. (2)《とけい・宝石などの》安全鎖;《ドア錠用》鎖. **~ curtain**《劇場などの石綿製の》防火幕. **~ film**〘映〙不燃フイルム. **~ first** 安全第一. **~ fuse** 安全ヒューズ, 安全導火線. **~ glass** 安全ガラス. **~ island** [**isle**]《街路上の》安全地帯. **~ lamp**《鉱山

safety chain (2)

用》安全燈. ～ **lock** 安全錠;《銃の》安全装置. ～ **man** 〖フットボール〗スクラム後方にいる守備側選手. ～ **match** 安全マッチ《現在の普通のもの》. ～ **pin** 安全ピン. ～ **razor** 安全かみそり. ～ **valve** 《ボイラーの》安全弁;《精力などの》はけ口: sit on the ～ *valve* 安全弁をおさえる;《一時策として》弾圧する. ～ **zone** = ～ island.

sáf·flow·er [sǽflàuər] *n.* 〖植〗ベニバナ; ベニバナ染料.

sáf·fron [sǽfr(ə)n, ㊥⁺-fərn] *n.* 〖植〗サフラン; その花の柱頭《菓子などの着色香味料》; サフラン色《鮮黄色》. ── *a.* サフラン色の. ◇ ～**·y** *a.* サフラン色の.

S. Afr. South Africa(n).

sáf·ra·nin(e) [sǽfrəni(:)n, -nin] *n.* 〖化〗サフラニン《染料》.

sag** [sæg] *v.* (**-gg-**) *vi.* **1** たわむ, たるむ, 曲がる, かしぐ: The ceiling is ～*ging*. 天井がたるんでいる. The clothline ～*s* between its poles. 物干しの綱がたれている. **2** 〈相場・物価などが〉下落する. **3** 気がめいる, 弱る. **4** 〖海〗〈船が〉流される《風下に》. ── *vt.* たるませる. ～ ***along 下降(線)をたどる; のろのろ進む. ～ ***to*** one's ***knees*** へなへなとひざまずく. ── *n.* **1** たわみ, たるみ, ゆるみ;《土地などの》沈下. **2** 〖商〗じり安, 漸落. **3** 〖海〗風下へ流れること, 流落.

sá·ga [sá:gə] *n.* 《英雄・王侯などを扱った》北欧伝説; 武勇〔冒険〕談, 歴史物語; = ～ novel.
～ **novel** 《一家・一族の歴史を述べた》系図小説.

sa·gá·cious [səgéiʃəs, ㊥⁺sei-] *a.* 賢い, 明敏な; 機敏な;《動物などが》感覚〔臭覚〕の鋭い. ◇ ～**·ly** *ad.* ～**·ness** *n.* =sagacity. 〖類〗→ **wise**「賢い」

sa·gác·i·ty [səgǽsiti] *n.* 聰明(そうめい), 機敏.

ság·a·more [sǽgəmɔ̀:r/-mɔ:] *n.* 《北アメリカ New England 地方の原住民の》酋長(しゅうちょう).

sage[1] [seidʒ] *n.* **1** 賢人, 哲人. **2** 哲人〔賢人〕ぶった人. ***the S～ of Chelsea*** 〔***Concord***〕 Carlyle 〔Emerson〕の別名. ***the seven ～s*** (***of ancient Greece***) (古代ギリシアの) 7 賢人. ── *a.* 賢い, 賢明な; 思慮ぶかい; 哲人〔賢人〕ぶった, まじめくさった. ◇ ～**·ly** *ad.* ～**·ness** *n.* 〖類〗→ **wise**「賢い」

sage[2] *n.* **1** 〖植〗《サルビアの一種》セージ; その葉《薬用・料理用》. **2** = sagebrush.
～**·brush** [´-`] 〖植〗《アメリカ西部産》ヨモギの一種.
～ **cheese** 《セージの香味・色をつけた》セージチーズ.
～ **cock** = ～ grouse《特に雄》. ～ **green** 灰緑色《セージの葉の色》. ～ **grouse** 〖鳥〗雷鳥の一種.
～ **hen** =～ grouse《特に雌の》.

SAGE Semi-Automatic Ground Environment 〖米〗半自動式地上警戒組織. →BADGE.

ság·gar, ság·ger [sǽgər] *n.* さや《上質陶器を焼く耐火土製容器》.

ság·gy [sǽgi] *a.* たるんだ, たれさがった.

Sà·ghal·íen [sæ̀gəlí:n, ㊥⁺səgá:liən] *n.* 樺太(からふと), サハリン.

Sa·gít·ta [sədʒítə] *n.* 〖天〗矢座.

Sàg·it·tár·i·us [sæ̀dʒité(:)riəs/-téər-] *n.* 〖天〗射手(いて)座, 人馬宮 (Archer).

ság·it·tate [sǽdʒitèit] *a.* 〖植〗矢じり形の.

sá·go [séigou] *n.* (*pl.* ～**s**) **1** サゴ《サゴヤシの髄からとるでんぷん》. **2** 〖植〗サゴヤシ (=～ palm).

sa·guá·ro [sə(g)wá:rou] *n.* (*pl.* ～**s**) 〖植〗サボテンの一種 (giant cactus). [<Sp.]

Sa·há·ra [səhé(:)rə, -há:rə/-há:rə] *n.* サハラ (砂ばく)《アフリカ北部》; (s～) 砂ばく, 荒野.
◇ **Sa·há·ran** [-rən], **Sa·há·ri·an** [-riən], **Sa·hár·ic** [-hǽrik] *a.* サハラ砂ばくの; 不毛の.

sá·hib [sá:(h)ib] *n.* (*fem.* **mém·sa·hib** [mémsà:(h)ib])〖インド〗 **1** だんな《特に植民地時代インド人がヨーロッパ人に用いた尊称》. **2** (S～) 閣下, 先生, 様: Smith S～ スミス様. **3** 〖話〗白人,《特に》イギリス人; 紳士.

†said [sed, 弱 səd] *v.* say の過去・過去分詞.
── *a.* 〖法〗前記の, 上述の: the ～ person 本人, 当該人物. the ～ witness 上述の証人.

Sai·gón [saigóun, -gán/-gɔ́n] *n.* サイゴン《南 Vietnam の首都》.

†sail [seil] *n.* **1** 帆;《集合的》船の帆: go by ～ 帆走する. **2** 帆船;《集合的》船舶: The fleet numbered 25 ～. 船〔艦〕隊は25隻の船団だった. **3** 帆走; 船遊び; 航程: two days' ～ 2日の航程. **4** 帆形のもの; 風車の翼. **5** 〖雅〗《鳥の》翼. **6** 〖動〗ウバザメなどの背びれ. **7** オウムガイの触手.
at full ～(s) 帆を全部あげて, 全速力で. ***bend the ～*** 帆をけたに縛りつける. ***fill the ～*** 帆に風をはらませる. ***furl a ～*** 帆をたたむ〔巻く〕. ***get in a ～*** 縮帆する. ***get under ～*** 出帆〔出港〕する. ***go for a ～*** (帆船で) 船遊びに行く. ***haul in*** one's ***～s*** 競走から退く; 遠慮する, 差し控える. ***hoist*** 〔***put up***〕 ***～*** 帆をあげる; 逃げ出す. ***in full ～*** 満帆を張って. ***in ～*** 帆船に乗って. ***lower*** one's ***～*** 帆をおろす; しっぽを巻く, 降参する. ***make ～*** 帆をあげる; 帆を増して走る; 出帆する. ***make ～ to*** a fair wind (順風に) 帆をあげる. ***more ～ than ballast*** 実質より見え. ***set ～*** 出帆する《に向かって *for*》. ***shorten ～*** 帆を減らす; 欲望〔野心など〕を控えめにする. ***strike ～*** 《敬意・降伏の信号または強風のとき》帆をおろす; でしゃばらない; 降参する; 金に詰まる. ***take in ～*** 帆を減らす; 野心〔欲望など〕をおさえる. ***take the wind out of the ～s of*** 〈他船〉の風上に回って風路を断つ; 〈人〉を出し抜く, の鼻をあかす. ***trim*** one's 〔***the***〕 ***～s*** 帆を調節する; 臨機応変の処置をとる. ***under ～*** 帆を張って; 航行中で.
── *vi.* **1** 帆走する; 航海する; 出帆する: ～ in 入港する. ～ out to sea 出港する. **2** 〈鳥・飛行機などが〉飛ぶ; 〈水鳥などが〉遊泳する. **3** 堂々と進む; 〈特に婦人が〉気どって歩く. ── *vt.* **1** 航海する; 〈海・川・空を〉航行する: ～ the ocean 大洋を航海する. **2** 〈船を〉走らす, 浮かべる: ～ a boat. ～ ***a race*** 帆船の競走をする. ～ ***before the wind*** 追い風に帆をあげて走る; とんとん拍子に進む〔出世する〕. ～ ***close to*** 〔***near***〕 ***the wind*** 〖海〗詰め開きで帆走する;《法律・道徳にすれすれの》きわどいことをする. ～ ***for*** Italy (イタリア) に向けて出帆〔航行〕する. ～ ***into*** (1)〖話〗を思いきってやりだす; 堂堂と〔さっそうと〕…に乗り込む. (2)〖俗〗を非難する, をののしる; を攻撃する. ～ ***on*** the Queen Mary (クイーン=メリー号) に乗って出発する. ～ ***under*** the Japanese flag (日本の国旗) を掲げて航行する.
～**·boat** [´-`] 《小型の》帆船, ヨット. → sailing ship, yacht. ～**·cloth** [´-`] 帆布;《婦人服・カーテン生地用》一種のあら麻布. ～**·fish** [´-`] 〖魚〗バショウカジキ. ～**·màk·er** 帆を縫う人;《アメリカ海軍の》縫帆長. ～**·plane** [´-`] = glider ②. ～ **room** 《船中の》帆庫〔室〕. ～ **yard** 帆げた.
◇ ～**·less** *a.* 《船に》帆のない;《海に》帆影一つ見えない.

sáil·er [séilər] *n.* **1** 帆船. **2** 《速力が》…な船: a good 〔fast〕 ～ 船足のはやい船. a bad 〔heavy, poor, slow〕 ～ 船足のおそい船. ≒ sailor.

sáil·ing [séiliŋ] *n.* **1** 帆走;《一般的》航海(術). **2** 速力, 航行力. **3** 出帆: a port of ～ 出航地. ***plain ～*** 順調な航海;《事が》順調に進むこと; とんとん拍子. ～ **boat** 〖英〗帆船. ～ **master** 航海長. ～ **orders** 出帆〔航海〕命令. ～ **permit** 〖米〗出国許可(証). ～ **ship** 〔**vessel**〕帆船.

†sáil·or [séilər] *n.* **1** 水夫, 海員, 船員. **2** 水兵. ≒sailer. ***a good*** 〔***bad, poor***〕 ～ 船に強い〔弱い〕人. ～ **hat** 麦わら帽子の一種《女性も用いる》.
～**·man** [-mən, -mæ̀n/-mæn] (*pl.* **-men**) 〖話〗 = sailor. ～**s' home** 海員宿泊所, 海員会館.
～**'s knot** 《ネクタイの》水兵結び.
◇ ～**·ing** [-ləriŋ] *n.* 水夫生活; 水夫の仕事. ～**·ly** *a.* 船乗りらしい〔に適した〕.

sain [sein] *vt.* 〖古・方〗に十字をきる《災難を避けるために》; に神の祝福を祈る (bless).

sáin·foin [séinfɔin/sǽn-, séin-] *n.* 〖植〗イガマメ《飼料》.

‡**saint** [seint] *n.* **1** 聖人, 聖徒《死後教会によって列聖 (canonize) された人》. **2** (S～) [seint-, ∸-, ∸-/sənt-, sint-, sn(t)-] 聖なる, 聖…《人名・教会名・地名に冠する. 略 St.》: St. Luke 聖ルカ. St. Helena セントヘレナ. **3** 高徳な人; 忍耐[慈悲]のある人: I'm no ～. 私など欠点だらけの人間だ. **4** 死者 (の霊), 天使. ***It would provoke*** [***try the patience of***] ***a* ～.** それではどんな人も腹立たしくなるだろう. ***play the* ～** 信心家ぶる. ***Sunday* ～**《俗》日曜日だけ信心顔する人, 日曜聖人, 偽善者. ***the*** (***blessed***) ***Saints*** 在天の諸聖徒; キリスト教徒たち. ***the departed* ～** 故人, ほとけ《特に会葬者の用語》. ***Young* ～*s, old sinners*** [***devils***]. 《諺》若いうちの信心は当てにならない. —— *vt.* **1** 聖徒に加える《通常過去分詞として》. **2** 聖人として敬う. **～ *it*** 聖徒らしくふるまう; 信心ぶる. [√sanct-]

S～ Agnes's Eve 聖アグネス祭の前夜《1月21日の前夜. この夜少女に夢で未来の夫が示されると伝えられた》. **S～ Bernard** セントバーナード(犬)《もとアルプスの聖バーナード峠の修道院が飼っていた大形の救命犬》. **S～ Luke's summer**《英》秋晴れ《10月18日聖ルカ祭のころの晴天》. **S～ Martin's summer**《英》小春びより《11月11日聖マーティン祭のころの晴天》→ Indian summer. **S～ Nicholas** = Santa Claus. **～'s day** 聖徒祭日. **S～ Valentine's Day** 聖バレンタイン祭《2月14日. この日恋人どうしが贈り物・手紙などを交換する》. **S～ Vitus's** [-váitəsiz-] **Dance**《医》舞踏病.

◇ **∠·dom** *n.* = sainthood. **∠·ed** [-id] *a.* 聖徒となった; 神聖な; 高徳な; 在天の, 死んだ. **∠·hood** *n.* 聖徒の地位;《集合的》聖人, 聖徒. **∠·like, ∠·ly** *a.* 聖徒らしい; 高徳な, けだかい. **∠·ship** *n.* = sainthood.

Saint-Si·mon [F. sɛ̃simɔ̃] *n.* Claude Henri [klo:d ɑ̃:ri], Comte [Count] de ～, 1760–1825, フランスの社会主義者・著述家.

◇ **Saint-Sí·mon·ism** [seintsáimənìz(ə)m/sn(t)-] *n.* = Saint-Simonianism.

Sàint-Si·mó·ni·an [sèintsaimóuniən/sn(t)-] *a.* サンシモンの; 国家社会主義の. —— *n.* サンシモン主義者. ◇ **～·ism** [-iz(ə)m] *n.* サンシモン主義.

saith [seθ] *v.*《古・雅》= says.

‡**sake** [seik] *n.* ため, 目的; 理由《現在では句中にのみ用いられる》. ***for any* ～** とにかく. ***for convenience*('*s*) ～ = *for the* ～ *of convenience*** 便宜上. ***for God's*** [***goodness', heaven's, mercy's***] **～** 後生だから, どうぞ《次にくる命令文を強める》. ***for old* ～*'s* ～** 昔のよしみで. ***for my*** [***your,*** a person***'s***] **～** 私の[きみの, (人) の] ために. ***for the* ～ *of* … = *for* …*'s* ～** …のために; に免じて: He argues *for the* ～ *of* arguing [*for* argument*'s* ～]. 彼は議論のために議論する. 〈注〉for …'s sake の句で sake の前の名詞が [s] 音で終わるときはしばしば 's または s を省略する: for convenience(') ～.

sá·ker [séikər] *n.*《鳥》《タカ狩り用の》ハヤブサの一種;《中世の》大砲.

Sà·kha·lín [sækəlí:n] = Saghalien.

sal[1] [sæl] *n.*《化・薬》塩. **～ ammoniac** 塩化アンモニウム. **～ soda** 炭酸ソーダ, 洗たくソーダ. **～ volatile** → 別項.

sal[2] [sɑ:l, sɔ:l] *n.*《植》サラの木 (saul). [<Hind.]

sa·láam [səlɑ́:m] *n.* **1** インド人の額手(ぬかで)の礼《右手の手のひらを額にあてて身をかがめる》. **2**《東洋の》あいさつ; 敬意.
—— *vt., vi.* (に)額手の礼をする; (に)あいさつする.

sál·a·ble [séiləbl] *a.* **1** 売るに適した; 売れ行きのよい, 需要がある. **2**《値段が》ころあいの.
◇ **-bly** *ad.* **sàl·a·bíl·i·ty** [∸–bíləti] *n.* 市場性; 売れ行きのよいこと.

sa·lá·cious [səléiʃəs] *a.* **1** 好色な, みだらな. **2**《本・絵など》わいせつな.
◇ **～·ly** *ad.* **～·ness** *n.* **sa·lác·i·ty** [səlǽsəti] *n.*

‡**sál·ad** [sǽləd] *n.* **1** サラダ, 生野菜料理. **2** サラダ用生野菜;《米方》生で食べられる野菜《レタスなど》. [元は「塩づけ」. → sal[1]] **～ bowl** サラダ用はち, サラダボール. **～ days**《経験のない》青年時代. **～ dressing** サラダ用ドレッシング. **～ oil** サラダ油.

sál·a·man·der [sǽləmæ̀ndər] *n.* **1**《動》サンショウウオ. **2** 火中にすむという伝説の怪物《火トカゲなど》; 火の精. **3** 激しい熱・火に耐える人《軍人・奇術師など》. **4** 焼き板《オムレツなどに焦げ目をつける》. **5** 各種携帯用ストーブ・燃焼器.

sàl·a·mán·drine [sæ̀ləmǽndrin/-drain], **sàl·a·mán·dri·an** [-driən] *a.* **1** 火トカゲの[に似た]. **2** サンショウウオ類の. **3** 火に耐える, 耐火の.

sa·lá·mi [səlɑ́:mi] *n. pl.* (*sing.* **-me** [-mei]) サラミソーセージ《ニンニクで味つけしたイタリア原産の》.

Sál·a·mis [sǽləmis] *n.* ギリシアの南西にある島《480 B.C. ギリシア海軍がペルシア海軍を破った》.

sál·an·gane [sǽləŋgæn, -gein] *n.*《鳥》《巣が食用となる》アマツバメ.

sa·lár·i·at [səlɛ́(:)riət, -iæt/-lɛ́ər-] *n.* 俸給(ほうきゅう)生活者階級;《集合的》サラリーマン.

sál·a·ried [sǽlərid] *a.* **1** 月給とりの, 俸給を受ける: a ～ man サラリーマン, 俸給生活者. 〈注〉a salary man は《米》. **2** 有給の: a ～ office 有給職.

‡**sál·a·ry** [sǽləri] *n.*《公務員・会社員などの》**俸給**(ほうきゅう), 給料: a monthly ～ 月給. get [draw] a small ～ 安い給料をとる. 〈注〉労働者の賃銀は wages. —— *vt.* に給料を払う, に俸給を与える. [元来は塩購入のために兵士に与えられた給与. → sal[1]] 類 → **pay**「賃銀」

‡**sale** [seil] *n.* **1** 販売, **売ること**, 売却: a house *for* ～ 売り家. put a piano *for* ～ ピアノを売りに出す. We have made no ～ this morning. 午前中は商売が全くなかった. **2 売れ行き, 売れること**; 売れ先, 販路; (*pl.*) 売上高: expect a large ～ for the new product 新製品の大量の売れ行きを期待する. Stocks find no ～. 株式はさっぱり売れない. **3** 特売; 蔵払い: a closing down ～ 店じまい大売り出し. **4** 競売, せり売り (auction).
account of* ～** 売上勘定書. ***be dull [***easy***] ***of* ～** 売れ行きが悪い[よい]. ***bill of* ～**《法》売買証書. ***for*** [***on***] **～** 売り物の, 売りに出した[出ている]: not *for* ～ 非売品. ***put up for* ～** 競売に付す. **～ *and*** [***or***] ***return***《商》残品引き受け条件付き卸売契約. **～ *for*** [***on***] ***account*** 掛け売り. **～ *for*** [***on***] ***cash*** 現金売り. **～ *of work*** 慈善市. **～ *on credit*** 掛け売り. ***total* ～*s*** 総売上高. ***trade* ～** 仲間競売. **～ ring**《英》《競売者を取り巻く》買い手. **∠s·clerk** [séilz∸]《売り場の》男子店員. **～s engineer** 販売専門技術者. **∠s·girl** [∸∸]《米》女店員. **∠s·là·dy**《米》= saleswoman. ‡**∠s·man** → 別項. **～s manager** 販売部長. **∠s·pèo·ple** *pl.* 販売員, 外交員. **∠s·pèr·son**《米》販売係, 外交員. **～s resistance**《米俗》購買[注文]拒否; 不人気. **∠(s)·room** [∸∸] 売り場; 競売場. **～s slip** 売上伝票. **～s talk** 売り込みの勧誘; 説得力ある議論. **～s tax**《米》売上税《物品自体でなく売り上げ行為に課せられ, 通常売価に加えて購入者から徴収される》. **∠s·wòm·an** (*pl.* **-wòm·en**) 女店員, 女売り子. ◇ **∠s·ship** *n.* 販売術.

sále·a·ble = salable.

Sá·lem [séiləm/-lem] *n.* **1**《聖》聖都 Jerusalem《創世記 14: 18; 詩編 76: 2》. **2**《英》非国教徒の教会堂.

sál·ep [sǽlep] *n.* サレップ粉《ラン科植物の乾燥球根からとる. 薬用・食用》.

sàl·e·rá·tus [sæ̀ləréitəs] *n.*《米》《料理用》重曹(じゅうそう), 重炭酸ソーダ.

‡**sáles·man** [séilzmən] *n.* (*pl.* **-men**) **1** 販売係,

店員. **2**〖米〗**セールスマン**, 外交員. ◇ **～·ship** [-ʃip] *n.* 販売術〔政策〕;〖米〗外交的手腕.

Sál·ic [sǽlik, séilik] *a.* 《フランク族の一部族》サリ族の. **～ law, the** サリック法《女子の土地相続権・王位継承権などを認めない》.

sál·i·cin [sǽlisin] *n.* 〖化〗サリシン.

sál·i·cyl [sǽlisil] *n.* 〖化〗サリチル.

sál·i·cy·late [sǽlisilèit, səlísi-/sǽlísi-] *n.* 〖化〗サリチル酸塩. ***sodium* ～** サリチル酸ソーダ.

sàl·i·cýl·ic [sæ̀lisílik] *a.* **1** サリチル酸の. **2** サリシンから誘導した. **～ acid** サリチル酸.

sá·li·ent [séiliənt, -ljənt] *a.* **1** 目だつ, 顕著な. **2** 凸角(ﾄﾂｶｸ)の, 突出する; 突起した. **3** はねる, おどる, 噴出する. **4**〖紋〗《ライオンなどあと足を地につけて》とび立つ(姿の). **——** *n.* **1** 凸角. **2**〖築城〗突出部. [√sal(i)-] ◇ **～·ly** *ad.* **-ence, -en·cy** *n.* 顕著; 特徴; 突出, 突起(物).

sa·líf·er·ous [səlífərəs] *a.* 〖地〗塩分のある.

sá·line [séilain] *a.* **1** 塩分のある; 塩からい; 塩性の. **2**〖医・薬〗アルカリ金属・マグネシウム塩類からなる. **——** [séilain/səláin] *n.* **1** 塩沼, 塩泉, 塩水湖. **2** 塩田, 製塩所. **3** 薬用塩類; 含塩物. **4** 含塩下剤;〖医〗塩水. ◇ **sa·lín·i·ty** [səlíniti] *n.* 塩分, 塩度.

sàl·i·nóm·e·ter [sæ̀linámitər/-nɔ́m-] *n.* 塩分計, 検塩計.

Sál·ique [sǽlik, séilik, səlí:k] =Salic.

Sális·bur·y [sɔ́:lzbèri, -b(ə)ri/-b(ə)ri] *n.* ソールズベリ《Rhodesia の首都》.
～ steak ハンバーグステーキの一種.

sa·lí·va [səláivə] *n.* つばき, 唾液(ﾀﾞｴｷ).

sál·i·var·y [sǽlivèri/-vəri] *a.* つばきの, 唾液を分泌する. **～ glands** 〖医〗唾液腺(ｾﾝ).

sál·i·vate [sǽlivèit] *vt., vi.* つばきを出させる〔出す〕. ◇ **sàl·i·vá·tion** [ˌ-ˌ-véiʃ(ə)n] *n.* 唾液(ﾀﾞｴｷ)分泌;〖医〗流涎(ﾘｭｳｾﾞﾝ)(症)《唾液分泌過多》.

Sálk [sɔ́:(l)k] **～ *vaccine*** ソークワクチン《アメリカの医師 J. E. ～, 1914- , がつくった小児まひ予防ワクチン》.

salle [sæl/sa:l] F. *n.* ホール, 広間. **～ *à manger*** [F. salamɑ̃ʒe, ㊥ sǽləmɑ̃:ʒei] 食堂. **～ *d'attente*** [F. saldatɑ̃:t, ㊥⁺sǽldætɑ̃:t]《駅の》待合室.

sál·let [sǽlit] *n.* 《中世の》鉄かぶとの一種.

sál·low¹ [sǽlou, -ə] *a.* 黄白色の, 土色の, 血色のわるい. **——** *n.* 黄白色, 土色.
—— *vt., vi.* 黄白色にする〔なる〕, 青白くする〔なる〕. ◇ **～·ish** *a.* **～·ness** *n.*

sál·low² *n.* 〖植〗ヤナギ属の植物. ◇ **～·y** *a.*

sál·ly [sǽli] *n.* **1**《籠城軍の》出撃, 突撃: make a ～ 出撃する, 飛び出る. **2**(突然の)活動開始, 突発: a ～ of temper 怒りの激発. **3** 遠出, 小旅行: a ～ into the country いなかへの遠足. **4** しゃれ, 警句(をとばすこと), 機知. **5** 凸角(ﾄﾂｶｸ), 突出部. **——** *vi.* 出撃する;《遊覧などに》出かける; さっそうと出て行く《*forth, out*》. [√sal(i)-]
～ port〖築城〗《城の》出撃口; 非常門, からめ手.

Sál·ly [sǽli] **～ *Lunn*, *s*～ *lunn*** [-lʌ́n] 茶菓子《焼きたてにバターをつけて食べる》.

sàl·ma·gún·di [sæ̀lməgʌ́ndi] *n.* **1** サルマグンディ《ひき肉・タマネギ・卵・こしょうなどを混ぜ合わせてつくるイタリア料理》. **2** 寄せ集め; 雑録.

sál·mi [sǽlmi] *n.* 《鳥の焼き肉をブドウ酒で煮た》シチューの一種.

‡sálm·on [sǽmən] *n.* (*pl.* **～s,** 《集合的》～)〖魚〗**サケ**; サケ肉色: canned ～ かん詰めのサケ. **——** *a.* サケ肉色の. **～ color** サケ肉色, ダイダイ色. **～-còl·ored** サケ肉色の, ダイダイ色の. **～ ladder** 〔**leap, pass, stair**〕《産卵期に》サケをせきにのぼらせる仕掛け. **～ peal**〔**peel**〕子ザケ. **～ pink** = ～ color. **～ roe** すじこ. **～ trout**〖魚〗マス.

Sa·ló·me [səlóumi] *n.* 〖聖〗サロメ《Herod 王の後妻 Herodias の娘. 王は彼女の踊りが気に入ってバプテスマのヨハネの首を彼女に与えた》.

sa·lon [səlán/sǽlɔ̃:(ŋ)] F. *n.* **1** 応接室, 客間. **2**《特に 17-18 世紀ごろのパリ上流婦人の》招待会, 名士の集まり. **3** 上流社会. **4** 美術展覧会場.
the S～ サロン《毎年催されるパリの美術展覧会》.

***sa·lóon** [səlú:n] *n.* **1**《ホテル・客船などの》**大広間**, 談話室. **2**《公衆の出入りする》…場: a dancing ～ ダンスホール. a billiard ～ 玉突き場. **3**〖米〗バー, 酒場;〖英〗《酒場の》特別室. **4**《旅客機の》客室;〖英:鉄道〗特別客車, 展望車. **5** 客間, 応接室. **6**〖英〗= sedan ①.
***dining* ～** 食堂(車); 客船の食堂. ***hairdresser's* ～** 理髪店. ***refreshment* ～** 飲食店. ***shooting* ～** 射的場. ***sleeping* ～** 寝台車.
～ bar〖英〗特別バー《酒場のなかの一部》. **～ cabin** 一等船室. **～ car** = ～ carriage;〖英〗セダン型乗用車. **～ carriage**〖英〗特別客車, 一等車. **～ deck** 一等船客(用)甲板. **～·kèep·er**〖米〗酒場の主人. **～ passenger** 一等船客. **～ pistol**〔**rifle**〕〖英〗射的場用ピストル〔小銃〕.
◇ **～·ist** *n.* 〖米〗酒場の常客; =saloonkeeper.

sa·lóop [səlú:p] *n.* **1** =salep. **2** サループ湯《もと salep から, いまは sassafras からつくるコーヒー代用の飲料》.

Sa·ló·pi·an [səlóupiən] *a., n.* 《イギリス》Shropshire の(人);《Shropshire の州都》Shrewsbury 市の(人); Shrewsbury 校の(在校生・卒業生).

sàl·pi·glós·sis [sæ̀lpiglásis/-glɔ́s-] *n.* 〖植〗ツクバネアサガオの一種.

sál·si·fy [sǽlsifài] *n.* 〖植〗バラモンジン.

†salt [sɔ:lt] *n.* **1 塩**, 食(卓)塩;〖化〗塩(ｴﾝ); 薬用塩: a pinch of ～ 一つまみの塩. spill ～ 塩をこぼす《縁起が悪いとされている》. **2** 塩入れ. **3** 海水の侵入する沼沢地; 川へ逆流する海水. **4** ぴりりとした味; 活気〔興味〕を与えるもの: the ～ of personality 人のもち味, ぴりりとした個性. a wit which has kept its ～ ぴりりとした味を失わない機知. **5** 常識, 俗識: speech with much ～ in it 俗識豊かな話. **6** 疑心, 留保条件. **7** 社会革新の原動力になる人々〔階級〕. **8**《特に, 老練な》水夫(=old ～).
above 〔***below, beneath***〕 ***the* ～** 上席〔末座〕に《塩つぼの上手(ｶﾐﾃ)が上席であったことから》. ***attic* ～** 上品なしゃれ. ***be faithful*** 〔***true***〕 ***to*** **one's ～**（主人に）忠実に勤める. ***be worth*** **one's ～** 給料だけの働きがある, 有能である. ***drop a pinch of* ～ *on the tail of*** をやすやすと捕える. ***eat*** **a person's ～** =***eat* ～ *with*** a person (人)の客になる;〖稀〗(人)の家の居そうろうになる. ***in* ～** 塩を振り掛けた; 塩づけにした. ***made of* ～** 雨にぬれて溶ける, 張り子の. ***table*** 〔***common***〕 **～** 食卓塩. ***take with a grain*** 〔***pinch***〕 ***of* ～** <人の話などを> 割引して聞く〔受け入れる〕. ***the* ～ *of the earth*** 〖聖〗「地の塩」《マタイ伝5:13》; 世を清め崇高にする人, 社会の中堅, エリートたち.

—— *a.* **1** 塩を含んだ; 塩からい; 塩づけにした: ～ breezes 潮風. **2** 塩水につかった: a ～ meadow 海水につかった草地. **3**〖植〗海水〔海べ〕に生じる: ～ weeds. **4** 辛らつな; つらい (bitter). **5**〖話〗法外に高価な. **6**〖古〗卑猥(ﾋﾜｲ)な, 下品な.

—— *vt.* **1** に**塩を加える**〔振り掛ける〕; に塩味をつける; 塩づけにする; 塩で処理する: ～*ed* meat. **2** <家畜に> 塩を与える: ～ cattle. **3** <ことば・話などに> 興味をそえる, おもしろくする: ～*ed* with wit 機知でピリッと味をきかせた. **4** <商品などを> 実際以上に〔ほんものらしく〕見せる; ごまかす, 水増しする: ～ a bill つけをごまかす. **5**〖鉱山〗《鉱坑に》良質の鉱物を入れてごまかす. **——** *vi.* 塩の沈殿ができる《*out*》.
～ *away* 〔***down***〕 塩づけにしておく;〖俗〗《金・株券など》手をつけずにおく. **～ *down***〖米話〗こっぴどくしかる. **～ *prices*** 掛け値する.

～ **box** 〖台所用〗塩入れ. **～·box (house)** 塩箱型木造家屋〖前面が2階建て後ろが平屋の〗. **～·cèl·lar** 〖食卓上の〗塩入れ. ～ **funk** = ～ horse. ～ **garden** 塩田. ～ **horse** 〖海俗〗塩づけ牛肉. ～ **lick** 動物が塩分をなめに集まる含塩地.

saltbox (house)

～ **marsh** 塩沼. ～ **mine** 岩塩坑, 岩塩産地. ～ **pan** 塩田; 塩がま; (*pl.*) 製塩所. ～ **pit** 塩坑, 塩田. ～ **pond** 塩池, 塩田. ～ **pork** 塩づけ豚肉. ～ **rheum** 〖米〗湿疹(しっしん) (eczema). ～ **rising** 〖米〗《ミルク・卵・粉などを混ぜて塩を入れた》酵母製品の一種. ～ **spoon** 塩さじ. ～ **water** 塩水; 涙. **～·wá·ter, ～·wá·ter** 塩水の; 海水産の. ～ **well** 塩井(えんせい). **～·works** [ˊ-ˋ-] 《単・複数扱い》製塩所. **～·wort** [ˊ-ˋ-] 〖植〗オカヒジキ, アッケシソウ.

◇ **～·ish** *a.* 塩気のある, 塩辛い. **～·less** *a.* 塩気のない, 味のない; おもしろみのない, くだらない.

sál·tant [sǽltənt] *a.* とぶ, おどる; 〖紋〗とび姿の.

sal·tá·tion [sæltéiʃ(ə)n] *n.* おどること, 跳躍; 激変, 変動; 〖生〗突然変異. [√sal(i)-]

sàl·ta·tó·ri·al [sæltətɔ́:riəl/-tɔ́:r-] *a.* 跳躍する; 跳躍に適した.

sál·ta·to·ry [sǽltətɔ̀:ri/-t(ə)ri] *a.* = saltatorial; 躍進する, 躍進的な.

sált·ed [sɔ́:ltid] *a.* **1** 塩づけにした, 塩味の. **2** 〖俗〗経験をつんだ, 腕ききの. **3** 風土に慣れた.

sált·er [sɔ́:ltər] *n.* 製塩業者, 塩商; 〖肉・魚の〗塩づけ業者; 製塩所職工.

sált·ern [sɔ́:ltərn] *n.* 塩田, 製塩所.

salt·íne [sɔ:ltí:n] *n.* 塩クラッカー.

sál·tire [sǽltiər/sɔ́:ltaiə, sǽl-] *n.* 〖紋〗X形十字, 聖アンドルー十字.

Salt Lake City *n.* アメリカ Utah 州の州都.

Salt Lake State *n.* (the ～) Utah 州の別称.

sált·pé·ter, 英 **-tre** [sɔ́:ltpí:tər/-pì:-] *n.* 硝石.

sál·tus [sǽltəs, sɔ́:l-] *n.* 急変, 急転; 急な中断.

***sált·y** [sɔ́:lti] *a.* **1** 塩辛い, 塩気のある. **2** ピリッとした, 機知のある. ◇ **-i·ly** *ad.* **-i·ness** *n.*

sa·lú·bri·ous [səlú:briəs] *a.* 《気候・土地など》健康によい, さわやかな. [√salu-]

◇ **～·ly** *ad.* **sa·lú·bri·ty** [-briti] *n.*

Sa·lú·ki [səlú:ki] *n.* 《ペルシア・アラビア産の》猟犬.

sál·u·tar·y [sǽljutèri/-t(ə)ri] *a.* **1** 有益な, ために なる. **2** = salubrious. [√salu-]

***sàl·u·tá·tion** [sæljutéiʃ(ə)n] *n.* **1** あいさつ《帽子を脱ぎ, 頭をさげる》. 〈注〉通例 greeting を用いる. **2** あいさつのことば〔文句〕; 《Dear Sir など》手紙の書き出し. **3** 〖稀〗敬礼, 会釈. 〈注〉通例 salute を用いる. [√salu-]

sa·lú·ta·to·ry [səlú:tətɔ̀:ri/-t(ə)ri] *a.* あいさつの, 歓迎の. **——** *n.* 〖米〗《卒業式で通例次席優等卒業生が述べる》開会の式辞.

◇ **sa·lù·ta·tó·ri·an** [səlù:tətɔ́:riən/-tɔ́:r-] *n.* 〖米〗《卒業式で》開会の式辞を述べる学生.

‡**sa·lúte** [səlú:t] *vt.* **1** にあいさつする《特に改まって》, に敬礼する; 迎える《で *with*》: ～ a person *with* cheers 〔guns〕かっさいして〔礼砲で〕人を迎える. **2** 〈目・耳に〉ふれる, はいってくる: ～ one's eyes. **3** 〖古〗〈ほお・手などに〉儀礼的なキスをする.

—— *vi.* **1** あいさつ〔敬礼〕する. **2** 礼砲を放つ.

—— *n.* **1** あいさつ, 敬礼; かっさい; (儀礼的な)キス: give 〔make〕a ～ 敬礼する. **2** 〖軍〗敬礼《刀・銃砲・旗などを用いる》.

at the **～** 挙手の礼〔ささげ銃〕をして. ***come to the*** **～** 〖軍〗敬礼する. ***exchange*** **～*s*** 礼砲を交換する. ***fire*** 〔***give***〕 ***a*** **～** ***of 7 guns*** 7発の礼砲を放つ. ***in*** **～** あいさつのしるしに. ***raise*** **one's** ***hand in*** **～** 挙手の礼をする. ***return a*** **～** 答礼する; 答砲を放つ. ***stand at*** (***the***) **～** 《試合前》敬礼の姿勢で立つ. ***take the*** **～** 敬礼を受ける. [√salu-]

sál·va·ble [sǽlvəbl] *a.* 救える, 救出できる.

Sál·va·dor [sǽlvədɔ̀:r] *n.* **1** = El Salvador. **2** = São Salvador. ◇ **Sàl·va·dó·ran** [ˋ-ˊ-dɔ́:rən/-dɔ́:r-] *a., n.* エルサルバドル共和国の(人).

sál·vage [sǽlvidʒ] *n.* **1** 海難救助, 引き揚げ作業; 《火災の際の》財産救助. **2** 救助財産〔貨物・船〕; 焼け残り財産の売却(価値). **3** 救助料金. **4** 《一般的》救助. **5** 廃物利用.

—— *vt.* **1** 〈海難・火災などから〉救い出す; 〈沈没船を〉引き揚げる. **2** 〈廃物を〉利用する. [√salu-]

～ **boat** 海難救助船. ～ **campaign** 廃品回収運動. ～ **company** サルベージ会社《沈没船の引き揚げなど》. ～ **corps** 火災救助隊. ～ **money** 救助料. ～ **work** 〔**operations**〕沈没船の引き揚げ作業, 海難救助作業.

Sál·var·san [sǽlvərsæ̀n, 英⁺-sən] *n.* 〖医〗サルバルサン《梅毒の注射薬, 606号, 商標名》.

sal·vá·tion [sælvéiʃ(ə)n] *n.* **1** 救い, 救助, 救済. **2** 〖宗〗《罪からの》救い; 救世(主). **3** 救済手段; 救済者. ***be the*** **～** ***of*** の救い〔救済手段〕となる. ***find*** **～** キリスト教に改宗する; 〖笑〗つごうしだいで変節する. ***work out*** **one's** ***own*** **～** 自ら救済の道を講ずる, 自力本願でゆく. [√salu-]

S～ Army 救世軍. ◇ **～·ism** *n.* 救世軍の教旨〔主義〕. **～·ist** *n., a.* 救世軍人; 救世軍《風》の.

salve[1] [sæv/sɑ:v, sælv] *n.* **1** 〖古〗軟膏(なんこう), こうやく: lip ～ くちびる軟膏. **2** 《比喩的》慰安, 慰め《に対する *for*》. **——** *vt.* **1** 〈苦痛などを〉緩和する, 慰める; 取りつくろう: ～ one's conscience 心を安んずる. **2** にこうやくをぬる.

salve[2] [sælv] *vt.* 〈船・家財などを〉《海難・火災などから》救出する. → 名詞 salvage.

◇ **sál·vor** [-ər] *n.* 救助者〔船〕.

sal·ve [sǽlvi] L. *int.* さちあれ.

—— *n.* 〖カトリック〗*S*～, ***regina*** [ridʒí:nə] (= Hail, queen) で始まるマリア賛美の歌; その曲.

sál·ver [sǽlvər] *n.* 盆《名刺・茶菓などを載せて出す金属製のもの》.

sál·vi·a [sǽlviə] *n.* 〖植〗サルビア, ヒゴロモソウ.

sál·vo[1] [sǽlvou] *n.* (*pl.* **～s**) 〖古〗 **1** 言いわけ, かこつけ, ごまかし. **2** 気休め, 慰め. **3** 〖英:法〗保留条項, ただし書き.

sál·vo[2] *n.* (*pl.* **～(e)s**) いっせい射撃; 拍手かっさい.

sàl vo·lá·ti·le [sæl-volǽt(ə)li:, -vəl-] *n.* 炭酸アンモニウム; アンモニア水《気つけ薬の一種》. [＜L.]

Sam [sæm] ***stand*** **～** 〖俗〗《特に酒の》勘定をもつ. ***take*** **one's** **～** ***upon it*** 〖俗〗請け合う. ***Uncle*** **～** アメリカ人; アメリカ政府. ***upon my*** **～** 〖英俗〗誓って, きっと. **～ Browne belt** 《士官用》つり皮.

Sam. 〖聖〗Samuel. **S.Am.** South America(n).

sám·a·ra [sǽmərə] *n.* 〖植〗翼果 (key fruit) 《ニレ・カエデなどの実》.

Sa·már·i·a [səmé(:)riə/-méər-] *n.* サマリア《古代 Palestine の一地方; その首都》.

Sa·már·i·tan [səmǽritn, 米⁺-mé(:)r-] *a.* サマリアの; サマリア人〔語〕の. **——** *n.* サマリア人〔語〕; あわれみぶかい人. ***good*** **～** 〖聖〗親切なサマリア人, 慈善家《ルカ伝 10: 30–37》.

sa·már·i·um [səmǽriəm, -mé(:)r-/-méər-] *n.* 〖化〗サマリウム《希土類元素, 記号 Sm》.

Sá·ma-Vé·da [sá:məvéidə] → Veda.

sám·ba [sǽmbə] *n.* サンバ《アフリカ起源のブラジル社交ダンス》. **——** *vi.* ～を踊る.

sám·bar [sǽmbər] *n.* 〖動〗《インド・東南アジア産の大ジカ》.

sám·bo [sǽmbou] *n.* (*pl.* **～s**) **1** 黒人とアメリカ原住民または黒白雑種人との混血児. **2** (S～) 黒人《あだ名》.

sám·bur = sambar.

†same [seim] *a.* **1** 《しばしば as, that と相関的に》おなじ, 同一の; 同種の; 同様の: He is the ～ age *as* his wife. 彼は奥さんとおなじ年だ. It is the ～ with me. 私もそのとおり. 〈注〉通例 the *same* … as は「同種」を, the *same* … that は「同一」をあらわす: the *same* watch *that* I lost なくしたとけい. It is the *same* watch *as* I lost. 私がなくしたのとおなじ(種類の)とけいだ. **2** 変わらない, 以前とおなじ: Dorset is not the ～ town *as* you knew it. ドーセットの町はきみが知っていた時分とは全く変わった. She has been always the ～ to me. 彼女の私に対する態度はいつも変わらない. He looked the ～. 彼は少しも変わっていなかった. **3** 《this, that, these, those に続いて》例の, あの, いま述べた: On *that* ～ day, the office was wrecked by a bomb. ちょうどその日に事務所は爆撃で破壊された. **4** 《the を伴わず》単調な: The life is ～ here. ここの生活は単調だ. —— *ad.* (通例 the ～) おなじように: feel *the* ～ おなじ感想をもつ.
about the ～ ほとんどおなじ. ***all the ～*** (1) 全くおなじ, どうでも〔どっちでも〕よい: It's *all the* ～ to me. ぼくにはどっちでもよい. (2) やはり, それにもかかわらず: Days were pleasant *all the* ～. 相変わらず日日は楽しかった. ***at the ～ time*** 同時に; しかしながら. ***come to the ～ thing*** 結局おなじことに落ち着く. ***I wish you the ～.*** = ***The ～ to you.*** = ***S～ to you.*** ご同様に《Merry Christmas! などの祝いのことばに答えて》. ***just the ～*** = all the ～. ***much the ～*** ほとんどおなじ, 大差ない. ***one and the ～*** 同一(の). ***the ～ old*** よくある, 例の, いつもの. ***the very ～*** 全くおなじ, まさにその.
—— *pron.* (the ～) **1** 同一〔同様〕のもの〔こと〕. **2** 〘法・商・卑〙同一人(たち), そのこと(=he, him; they, them; it). 〈注〉〘商・卑〙では the を省くこともある. ***to*** 〔***from***〕 ***the ～*** 《手紙などが》同一人へ〔より〕.
◇ **～·ness** *n.* 同一(性), 同様, 酷似; 一律, 単調さ.
(類義語) **おなじ**: **same** 日本語の「おなじ」にほぼ等しく, 全く同一物のばあいと, 種類・内容がおなじばあいとがある: The *same* committee will check it. おなじ委員会が調査するだろう. The present edition is the *same* as the original. 現在の本は初版本と変わらない. **selfsame, very** same の強調形で同一物についてのみ用いる. なお very は名詞の前にのみくる. **identical** 性質・外観などがすべての細部の点で正確に一致する: We are not *identical* with our former self. われわれは元の自分と同一物ではない. **equal** 二つ以上のものが数量・程度などが相等しい: two *equal* parts 二つの相等しい部分. *equal* rights 平等の権利. **equivalent** 二つ以上のものがもっている価値《量・大きさ・潜在力などを含む》が対等である: substitute a term *equivalent* with it but more familiar 意味はおなじだが更にくだけた用語に置き換える. **similar** 類似した.

sám·ite [sǽmait] *n.* 〘史〙錦繍(きんしゅう)《中世の金糸を織り交ぜた絹織物》.
sám·let [sǽmlit] *n.* サケの子.
Sám·my [sǽmi] *n.* 〘俗〙アメリカ兵《第1次大戦当時ヨーロッパ人がつけたあだ名》.
Sám·ni·um [sǽmniəm] *n.* 古代イタリア中部の国.
Sa·mó·a [səmóuə] *n.* サモア《南太平洋の群島》.
Western ～ 西サモア《南太平洋上の国》.
◇ **Sa·mó·an** *a., n.* サモア(人・語)の; サモア人〔語〕.
Sá·mos [séimɑs/-mɔs] *n.* サモス島《エーゲ海中の一小島. ギリシア領》.
sam·o·var [sǽməvɑ̀:r/ ⌒—⌒] Russ. *n.* サモワール「《ロシアの茶用湯わかし》.
Sàm·o·yéd [sæ̀məjéd/sæ̀mɔiéd] *n.* **1** サモエド人《中央シベリアに住むモンゴル族》. **2** サモエド語(族)《Samoyede ともつづる》. **3** [səmɔ́ied/sæmovjéd] サモエド犬.
◇ **～·ic** *a., n.* **1** サモエド人の. **2** サモエド語(族).
samp [sæmp] *n.* 〘米〙ひき割りトウモロコシ(のかゆ).
sám·pan [sǽmpæn] *n.* サンパン《中国の沿海で見られる木造平底船》.
sám·phire [sǽmfaiər] *n.* 〘植〙ウイキョウの一種; 「アッケシソウ.
⁑sám·ple [sǽmpl/sɑ́:mpl] *n.* **1** 見本, 標本: buy by ～ 見本で買う. **2** 実例. ***up to ～*** 見本どおり. —— *a.* 見本の: a ～ piece of cloth 切れ地の見本. —— *vt.* **1** の見本〔実例〕をとる; 見本でためす. **2** の見本になる. **3** 試食〔試飲〕する. [example と同語源]
～ card 型見本; 見本帳. **～ fair** 見本市. **～ room** 見本陳列室; 〘米方〙バー, 酒場.
◇ **sám·pler** [-ər] *n.* 見本検査係; 試食〔試飲〕者; 見本, 試食品; ししゅう練習〔見本, 成績〕作品.
sám·pling [-iŋ] *n.* **1** 見本でためすこと, 試食, 試飲. **2** 《検査のための》抽出, 抜き取り. **3** 《抽出された》見本品, 試食〔試飲〕品.
—— *a.* 検査の(ための), 試食〔試飲〕の.
Sám(p)·son [sǽm(p)sn] *n.* **1** 〘聖〙サムソン《大力無双のヘブライの士師. 旧約士師記 13–14》. **2** 怪力の人. ***(as) strong as ～*** 非常に怪力の.
～('s) post 〘海〙支柱.
Sám·u·el [sǽmju(ə)l] *n.* 〘聖〙ヘブライの士師預言者; サムエル記《旧約聖書中の上下2巻》.
Sa·n'á, Sa·náa [sɑná:] *n.* サヌア《Yemen の首「都》.
Sàn An·tó·ni·o [sæ̀n-əntóuniòu, -æntóu-] *n.* アメリカ Texas 州の都市.
sán·a·tive [sǽnətiv], **sán·a·to·ry** [-tɔ̀:ri/-t(ə)ri] *a.* 治癒(ちゆ)力のある, 病気をなおす. [√san-]
sàn·a·tó·ri·um [sæ̀nətó:riəm/-tɔ́:r-] *n.* (*pl.* **-ums, -a** [-riə]) =sanitarium.
sàn·be·ní·to [sæ̀nbəní:tou/-ben-] *n.* (*pl.* **～s**) 〘史〙**1** 悔罪服《昔スペインの宗教裁判所で悔い改めた異教徒に着せた赤のX形十字が前後についている黄色の服》. **2** 地獄服《火刑を宣告された異教徒が着せられた火炎と悪魔の模様の黒服》.
Sán Bèr·nar·dí·no [sǽn-bə̀:rnərdí:nou] *n.* アメリカ California 州の都市.
Sán·cho Pán·za [sǽntʃou-pǽnzə, sǽŋkou-] *n.* サンチョ=パンザ《ドン=キホーテの従者. 常識的だが軽々しくものを信じやすい》.
sánc·ti·fy [sǽŋktifài] *vt.* **1** 神聖にする, 聖別する, 神にささげる; あがめる. **2** 罪を清める. **3** 正当化する, 是認する. [√sanct-] ◇ **-fied** [-d] *a.* 神聖化された; 聖別された; 信心ぶる, 聖者ぶった. **sànc·ti·fi·cá·tion** [⌒—fikéiʃ(ə)n] *n.* 神聖化; 聖別; 清め.
sànc·ti·mó·ni·ous [sæ̀ŋktimóuniəs, -njəs] *a.* **1** 神聖ぶる, 信心ぶる; 殊勝げな. **2** 〘廃〙神聖な.
◇ **～·ly** *ad.* **～·ness** *n.*
sánc·ti·mo·ny [sǽŋktimòuni/-m(ə)ni] *n.* **1** 神聖〔信心〕ぶること. **2** 〘廃〙神聖.
sánc·tion [sǽŋkʃən] *n.* **1** 認可, 許可. **2** 《習慣・世論などによる》承認, 是認. **3** 〘法〙制裁, 法の強制力; 《国際法違反国に対する》制裁: civil 〔penal〕 ～ 民事〔刑事〕制裁. **4** 道徳的拘束力: moral ～*s*. ***give ～ to*** を裁可する; を許可〔是認〕する. ***suffer the last ～ of the law*** 死刑に処せられる. ***take ～ against*** に制裁手段をとる.
—— *vt.* **1** 認可する. **2** 許可〔是認〕する. **3** 〈法令などに〉制裁規定をもうける. [√sanct-]
sánc·ti·tude [sǽŋktit(j)ù:d/-tju:d] *n.* 〘稀〙神聖であること; 尊厳さ.
sánc·ti·ty [sǽŋktiti] *n.* **1** 神聖, 尊厳. **2** こうごうしさ, 清浄. **3** (*pl.*) 《家庭などの》神聖な義務〔感情〕.
sánc·tu·ar·y [sǽŋktʃuèri/-tju(ə)ri] *n.* **1** 聖所, 聖堂, 神殿; 霊廟(れいびょう); 寺院; 教会; 教会の内陣; 至聖所; エルサレム神殿. **2** 聖域《法の力の及ばない所; だれにも何物にも侵されない所》; かくれ場, 安らかな場所, 避難所. **3** 《教会などの》罪人庇護(ひご)権, 免罪〔保護〕権. **4** 禁猟区.

break* [*violate*] ～** 聖域を侵す〔罪人を捕えるためなどで〕. ***seek* [*take*] ～ *in に避難する.
～ privilege 免罪特権.

sánc·tum [sǽŋktəm] *n.* (*pl.* **-tums, -ta** [-tə]) **1** 聖所. **2** 私室, 書斎; 引きこもり場所. [＜L.]
～ sanctorum [-sæŋktó:rəm/-tɔ́:r-] 至聖所; 密室, 私室.

Sanc·tus [sǽŋktəs] L. *n.* (*pl.* **～*·es***) Holy, holy, holy に始まる賛美歌; その曲.

⁑sand [sænd] *n.* **1** 砂; (通例 *pl.*) 砂粒: a grain of ～ 砂一粒. a bag filled with ～ 砂を詰めた袋. **2** (通例 *pl.*) 砂地, 砂ばく; 砂浜, 砂州: children playing on the ～*s* 砂地で遊んでいる子どもたち. **3** (*pl.*) 《砂どけいの砂粒の意から》 時刻; 寿命: His ～*s* are running out. 彼は寿命が迫っている. **4** 〖米俗〗勇気, 気力, 根性: a man who has got plenty of ～ なかなか気骨のある男. **5** 砂色, 赤黄色. **6** 睡眠中目がしらにたまる涙腺(ﾙｲｾﾝ)から分泌される液の小滴 (sleeper).
***built on* ～** 砂上の, 不安定な. ***make a rope of* ～** 砂のなわをなう; 不可能事を企てる. ***plow the* ～(*s*)** むだぼねをおる, 徒労に終わる. ***put* ～ *in the wheels* [*machine*]** 妨害する, じゃまをする.
—— *vt.* に砂をまく; 砂でうずめる; に砂を混入する; 砂でみがく.
∼·bag → 別項. **∼·bank** [∸∸] 砂州, 砂丘. **∼·bar** [∸∸] 《潮流のために形成された》砂州. **～ bath** 砂ぶろ; 〖化〗熱砂槽(ｿｳ). **～ bed** 砂床, 砂層. **∼·blast** → 別項. **∼·blind** [∸∸] 〖古・方〗かすみ目の, 半盲の. **∼·box** → 別項. **∼·boy** → 別項. **∼·cast** [∸∸] 〈鋳物を〉つくる《溶融した金属を砂の鋳型に入れて》. **～ cloud** 《砂ばくの熱風で起こる》砂煙. **～ crack** 〖獣医〗裂蹄(ﾚｯﾃｲ); 《人が熱砂を踏むとき生じる》足のひび. **∼·cùl·ture** 〖農〗砂耕法. **～ dollar** 〖動〗《アメリカ産の》ウニの一種. **～ drift** 流砂. **～ eel** 〖魚〗イカナゴ. **～ flea** 〖虫〗スナノミ, イソノミ. **～ fly** 〖虫〗スナバエ. **∼·glass** [∸∸] 砂どけい. **∼·hill** [∸∸] 砂丘. **∼·hìll·er** 〖米俗〗砂丘地住人. **∼·hog** [∸∸] 砂掘り人夫; 《潜函(ｾﾝｶﾝ)などで働く》 地下作業夫. **～ hopper** 〖虫〗イソノミ. **～ iron** 〖ゴルフ〗砂中からボールをあげるクラブ. **∼·lot** → 別項. **∼·man** [-mæ̀n] 《子どもの目に砂を入れて眠けを誘うおとぎばなし中の》睡魔, 眠りの精. **～ martin** 〖鳥〗ショウドウツバメ. **∼·pà·per** 紙やすり(でみがく). **∼·pìp·er** 〖鳥〗クサシギ・イソシギの類. **∼·pit** [∸∸] 砂掘り場, 砂坑. **～ pump** 砂揚げポンプ. **～ shoe** 〖英〗ズックぐつの一種《テニス用》. **～ spout** 《砂ばくの旋風で生じる》砂柱, 砂のたつまき. **∼·stone** [∸∸] 〖地〗砂岩. **∼·storm** [∸∸] 《砂ばくの》砂あらし. **～ trap** 〖ゴルフ〗砂穴. **∼·wort** [∸∸] 〖植〗ノミノツヅリ属の植物.

Sand [sænd] *n.* George ～ [dʒɔ́:rdʒ-sǽnd | F. ʒɔrʒ sɑ̃:d], 1804–76, フランスの女流小説家.

sán·dal [sǽndl] *n.* **1** サンダル (ぐつ) 《婦人用のものが多い》. **2** サンダル 《古代ギリシア・ローマ人がはいた皮製のはきもの》. **——** *vt.* (**-l-**, ㊇ **-ll-**) にサンダルをはかせる. ◇ **sán·dal(l)ed** *a.* サンダルをはいた.

sán·dal·wood [sǽndlwùd] *n.* 〖植〗ビャクダン. ***red* ～** シタン.

sánd·bag [sǽn(d)bæ̀g] *n.* **1** 砂袋, 砂嚢(ｻﾉｳ). **2** 〖米〗《すきま風の防止・人を打ち倒す凶器用の》小砂嚢. **——** *vt.* (**-gg-**) **1** 砂嚢で防ぐ〔ふさぐ〕. **2** 小砂嚢で打ち倒す.

sánd·blast [sǽn(d)blæ̀st/-blɑ:st] *n.* 砂吹き《ガラスのつや消しや金属・建物などの表面をそうじするための処理》; 《その処理に用いる》噴砂器.
—— *vt., vi.* 《噴砂器で》きれいに〔あらく〕する.

sánd·box [sǽn(d)bɑ̀ks/-bɔks] *n.* **1** 《機関車すべりどめ用の》砂箱. **2** 《子どもが中で遊ぶ》砂箱. **3** 〖ゴルフ〗盛り砂用の砂入れ.

sánd·boy [sǽn(d)bɔ̀i] *n.* 砂売り小僧《いまは次の句にだけ用いる》. (***as***) ***jolly* [*merry*] *as a* ～** 非常に陽気で.

sánd·ed [sǽndid] *a.* **1** 砂地の, 砂だらけの, 砂を敷いた; 砂を混ぜた. **2** 砂色の. **3** 小斑(ﾊﾝ)のある.

sán·der·ling [sǽndərliŋ] *n.* 〖鳥〗小形の sandpiper. → sand.

sán·ders [sǽndərz] ＝sandalwood.

sán·dhi [sǽnd(h)i:, sʌ́n-, ㊇⁺sɑ́:n-] *n.* 〖言〗サンディ, 連声(ﾚﾝｼﾞｮｳ)《環境によって語頭・語尾の発音が変化すること: *a* [ə] man, *an* [ən] honest man》.

Sánd·hurst [sǽndhə:rst] *n.* 《Berkshire にある》イギリス陸軍士官学校の所在地. 「州の都市.

Sàn Di·é·go [sæ̀n-diéigou] *n.* アメリカ California

sán·di·ver [sǽndivər] *n.* 《ガラス製造のときできる》浮きかす.

sánd·lot [sǽndlɑ̀t/-lɔt] *n., a.* 〖米〗 **1** 砂地(の). **2** 《スポーツ用》あき地(の). **～ baseball** 草野球.

⁑sánd·wich [sǽn(d)witʃ/sǽnwidʒ, -witʃ] *n.* サンドイッチ; サンドイッチ状の物.
***ride* [*sit*] ～** ふたりの間にはさまれて乗る〔腰をかける〕.
—— *vt.* 差し込む, 間にはさむ.
～ board サンドイッチマンのさげて歩く広告板. **～ man** (*pl.* **～ men**) サンドイッチマン《からだの前後に広告板をさげて歩く人》. 「旧称.

Sandwich Islands *n.* Hawaiian Islands の

⁑sánd·y [sǽndi] *a.* **1** 砂の, 砂だらけの, 砂地の. **2** 砂色の, 薄茶色の: ～ hair. **3** 不安定な. **4** ざらざらした.
◇ **～·ish** *a.* 砂っぽい; 砂色がかった. **-i·ness** *n.*

Sán·dy [sǽndi] *n.* スコットランド人のあだ名.

⁑sane [sein] *a.* **1** 正気の, 心の確かな. ↔ insane. **2** 《精神的に》穏健な, 健全な, 分別のある: No ～ man would do such a thing. 物のわかる人ならそんなことはしないだろう. [√san-] ◇ **∼·ly** *ad.* **∼·ness** *n.*

Sán·for·ize [sǽnfəràiz] *vt.* 〈織物を〉サンフォライズする, 防縮加工する.

Sán·for·ized [-d] *a.* サンフォライズ〔防縮加工〕した, サンフォライズの. **——** *n.* 〖米〗サンフォライズもめん・リンネル布; その商標名.

Sàn Fran·cís·co [sæ̀n-frənsískou] *n.* アメリカ California 州の貿易港.

†sang [sæŋ] *v.* sing の過去形.

sáṅ·ga [sǽŋgə], **sáṅ·gar** [-gər] *n.* 〖インド〗《胸の高さの》石の防壁. 「加えた飲料.

sàn·ga·rée [sæ̀ŋgərí:] *n.* ブドウ酒に水をわり香料を

sang-froid [sɑ̃:frwɑ́:/∸∸] F. *n.* 冷静, 沈着.

San·gráal [sæŋgréil], **Sán·gre·al** [sǽŋgriəl/sæŋgréil] *n.* 聖杯 (Holy Grail).

sàn·gui·fi·cá·tion [sæ̀ŋgwifikéiʃ(ə)n] *n.* 血になること; 血液発生.

sán·gui·nar·y [sǽŋgwinèri/-nəri] *a.* **1** 血なまぐさい, 流血の; 血を好む, 残忍な, 殺伐な. **2** 〖英〗ひどい; 口ぎたない. ◇ **-i·ly** *ad.* **-i·ness** *n.*

sán·guine [sǽŋgwin] *a.* **1** 多血質の, 快活な: a ～ disposition 楽天的な性格. **2** 楽観している, 当てにする 《*of, that*》: ～ *of* success 成功を当てにする. **3** 血色のよい. **4** ＝sanguinary.
—— *n.* 血紅色 (のクレヨン・絵). **——** *vt.* 血で汚す; 紅に染める. ◇ **～·ly** *ad.* **～·ness** *n.*

san·guín·e·ous [sæŋgwíniəs] *a.* **1** 血の. **2** 血紅色の. **3** 多血質の. **4** 楽観的な.

Sán·he·drim [sǽnidrìm], **-drin** [-drìn] *n.* 古代ユダヤの最高裁判所兼最高評議会《71 人からなる》.

sán·i·cle [sǽnikl] *n.* ウマノミツバ属の植物.

sán·i·fy [sǽnifài] *vt.* 衛生〔健康〕的にする.

sàn·i·tár·i·an [sæ̀nité(:)riən/-téər-] *a.* 公衆衛生の; 衛生的な. **——** *n.* 公衆衛生学者; 公衆衛生改善家. 「ian.

sán·i·tar·ist [sǽnitèrist, -tərist/-tər-] ＝sanitar-

sàn·i·tár·i·um [sæ̀nité(:)riəm/-téər-] *n.* (*pl.*

-ums, -a [-riə]) 〖米〗 **1** サナトリウム, 療養所 《特に回復期患者および結核患者の》. **2** 保養地.

‡**sán·i·tar·y** [sǽnitèri/-t(ə)ri] *a.* **1** 衛生の, 保健上の: the ~ board [commission] 衛生局. **2** 衛生的な, 清潔な; 無菌の: ~ sewage 水洗汚水処理. a ~ wrapper for sandwiches サンドイッチ用無菌紙. —— *n.* 〖米〗 公衆便所. [√san-]
~ arrangements 衛生設備. **~ belt** [**towel, napkin**] 月経帯. **~ conditions** 衛生状態. **~ cordon** 交通遮断(しゃだん)線 《悪疫発生のための》. **~ engineer** 衛生技師; 〖笑〗 鉛管工. **~ inspector** 衛生監視官. **~ regulations** [**laws**] 公衆衛生規則. **~ science** 公衆衛生学.
◇ **-i·ly** *ad.* **-i·ness** *n.*

sán·i·tate [sǽnitèit] *vt.* 衛生的にする; 衛生施設を施す.

sàn·i·tá·tion [sæ̀nitéiʃ(ə)n] *n.* (公衆)衛生; 衛生施設 (の改善); 《特に》 下水設備.

sán·i·tize [sǽnitàiz] *vt.* 《消毒などで》 衛生的にする. ◇ **-tiz·er** [-ər] *n.* 《食物などの》消毒剤. **sàn·i·ti·zá·tion** [⌐–tizéiʃ(ə)n, -taiz-] *n.*

sán·i·ty [sǽniti] *n.* 正気, 心の確かなこと; 穏健, 健全. →形容詞 sane.

san·ják [sændʒǽk, ⌐⌐/⌐–] *n.* トルコの県 [郡] 《vilayet の下の行政区画》. [<Turk.]

Sàn Jo·sé [sæ̀n-(h)ozéi] *n.* California 州の都市.

San Jo·sé [sæn-(h)ozéi] *n.* サンホセ《Costa Rica の首都》. 〈注〉つづり字中 é の上の記号は実際に書く.

Sán Jo·sè scále [sǽn-(h)ouzèi-skéil] *n.* 〖虫〗 サンホセカイガラムシ《果樹の害虫》.

‡**sank** [sæŋk] *v.* sink の過去形.

Sàn Ma·rí·no [sæ̀n-mərí:nou] *n.* サンマリノ 《イタリア中部のアペニン山脈中の共和国》; その首都.

sans [sænz] *prep.* 〖古〗=without. 〈注〉いまでは主として次の句にのみ: *Sans* teeth, *sans* eyes, *sans* taste, *sans* everything. 歯もなし目もなし味もなければなに一つなし 《Shakespeare 作 *As You Like It* 2: 7: 166》. その他はフランス語として [sɑ̃] と発音.

Sans. Sanskrit.

San Sál·va·dor [sæn-sǽlvədɔ̀:r] *n.* サンサルバドル 《El Salvador の首都》.

sans cérémonie [F. sɑ̃seremɔni, [英]⁺sɑ̃sére-mɔni:] F. 四角ばらずに, 打ち解けて, 遠慮なく.

Sán·scrit = Sanskrit.

sans-cu·lotte [sænzk(j)ulɑ́t/-lɔ́t] F. *n.* **1** 半ズボンなし 《フランス革命当時のパリの共和主義の下層民》. **2** 過激革命 [共和] 主義者.

sans doute [F. sɑ̃dut] F. (= without doubt) 「疑いなく.

Sán·séi [sɑ́:nséi, ⌐–, –⌐/–⌐] *n.* (または s~) (*pl.* ~(**s**)) 〖米〗 三世 《日系アメリカ市民の孫》. [<J.]

san·sér·if = sans serif.

sans façon [F. sɑ̃fasɔ̃, [英]⁺sɑ̃:fǽsɔ̃:] F. ざっくばらんに, 遠慮なく.

sans gêne [F. sɑ̃ʒɛn] F. 気がねなさ; くつろぎ.

Sán·skrit, -scrit [sǽnskrit] *n.* サンスクリット語, 梵語(ぼんご) 《略 Skr., Skrt., Skt.》. —— *a.* ~ の.
◇ **~·ist** *n.* サンスクリット学者.

sans pareil [F. sɑ̃parɛj] F. 無比の.

sans peur et sans reproche [F. sɑ̃pœ:r esɑ̃rəprɔʃ] F. 勇敢で非の打ちどころのない.

sans phrase [F. sɑ̃frɑ:z] F. かれこれ言わず, 単刀直入に.

sans sér·if, san-sér·if, san·sér·if [sæn(z)-sérif/sænsér-] *a., n.* 〖印〗 《上下に細いひげ飾りのない》 サンセリフ体の (活字). → serif.

sans sou·ci [F. sɑ̃susi] F. のんき, 気楽.

‡**Sán·ta Clàus** [sǽntə-klɔ̀:z/⌐–⌐] *n.* サンタクロース 《子どもの守護聖徒. Saint Nicholas の転化》.

Sàn·ti·á·go [sæ̀ntiɑ́:gou] *n.* サンチャゴ 《Chile の首都》.

Sàn·to Do·mín·go [sæ̀nto-dəmíŋgou] *n.* ドミニカ共和国; その首都 《旧名 Ciudad Trujillo》.

sán·ton [sǽntən] *n.* 《回教の》 隠者, 聖者.

sán·to·nin(e) [sǽntənin] *n.* サントニン 《虫下し》.

Sán·tos [sǽntəs] *n.* サントス 《ブラジルの港市. 世界最大のコーヒーの積み出し港》.

Sa·nú(s)·si [sənú:si / sənúsi, -nú:-] *n.* (*pl.* ~(**s**)) = Senusi.

São Pau·lo [sɑ̃:u-páulu] *n.* サンパウロ 《ブラジルの都市》.

Sáor·stat [séərstɔ̀:t, -stɑ:t/-stəθ] Ir. *n.* 自由国.
~ Eireann [-ɛ́(:)rən/-éər-] アイルランド共和国.

São Sal·va·dor [sɑ̃u-sɑ̀:lvədɔ́:r] *n.* サンサルバドル 《ブラジルの港市. 公式名は Salvador》.

‡**sap**[1] [sæp] *n.* **1** 樹液. **2** 《生命のもとになる》 活液, 血. **3** 活力, 元気: the ~ of life 活力, 精力. the ~ of youth 血気. **4** =sapwood. **5** こん棒. **6** 〖俗〗 ばか. —— *vt.* (**-pp-**) **1** から樹液をしぼりとる. **2** から活力をそぐ. → sap[2] *vt.* ②. **3** こん棒でなぐる.
~ green 緑色顔料の一種; 暗緑色. **~·head** [⌐⌐] 〖話〗 ばか, のろま. **~·hèad·ed** ばかな, のろまの. **~·sùck·er** 〖米: 鳥〗 キツツキの一種. **~·wood** [⌐⌐] 〖植〗 白木質, 白太(しらた). ◇ **~·less** *a.* しる気のない, しなびた; 活気 [元気] のない.

sap[2] *n.* **1** 対壕(たいごう) 《敵陣地に迫るために掘る》. **2** 《精力・信仰・決心を》 しだいに弱めること. **3** 〖英俗〗 くそ勉強家, 勤勉家; つらい仕事.
—— *v.* (**-pp-**) *vt.* **1** 〈地面に〉 対壕を掘る; 〈敵陣に〉 接近する; に浸食する: ~*ped* by the stream 流れに浸食された. **2** しだいに弱らせる, の根底を危うくする: Science is ~*ping* superstitions. 科学は迷信の根底をくつがえしつつある.
—— *vi.* **1** 対壕を掘る; 対壕を掘って敵陣地に近づく. **2** くそ勉強する, よく働く.

sáp·a·jou [sǽpədʒù:] *n.* 〖動〗 クモザル.

sa·pán·wood = sappanwood.

sáp·id [sǽpid] *a.* **1** 《食物など》 味のある, 風味のよい. **2** 《話・書物など》味わいのある, 楽しめる. [√sap-]
◇ **sa·píd·i·ty** [səpíditi] *n.* 味, うまみ; 興味.

sá·pi·ent [séipiənt, -pjənt] *a.* **1** 知ったかぶりの. **2** 〖稀〗 賢い. [√sap-] ◇ **sá·pi·ence, -en·cy** *n.* 知ったかぶり, 物知り顔; 知恵.

sà·pi·én·tial [sèipiénʃ(ə)l] *a.* 知恵の.
~ books, the 知恵の書 《旧約聖書中の Proverbs, Ecclesiastes, 聖書外典の Wisdom など》.

sáp·ling [sǽpliŋ] *n.* **1** 若木. **2** 若者. **3** グレーハウンド (greyhound) の幼犬.
~ stakes グレーハウンド幼犬競走のかけ.

sàp·o·díl·la [sæ̀pədílə] *n.* 〖植〗 サポディラ 《樹液からチューインガムの原料を採る》; その実.

sàp·o·ná·ceous [sæ̀pənéiʃəs] *a.* **1** せっけん質の. **2** 口じょうずな, おせじのうまい.

sa·pón·i·fy [səpɑ́nifài/-pɔ́n-] *vt., vi.* 〖化〗 鹸化(けんか)する. ◇ **sa·pòn·i·fi·cá·tion** [–⌐–fikéiʃ(ə)n] *n.*

sá·por [séipər, -pɔ:r/-pɔ:] *n.* 味, 風味; 味覚.

sàp·o·ríf·ic [sæ̀pərífik] *a.* 風味を添える.

sáp·o·rous [sǽpərəs] *a.* 風味のある.

sap·pán·wood [səpǽnwùd/sǽpən-] *n.* 〖植〗 スオウ《赤・黄の染料を採る》.

sáp·per [sǽpər] *n.* 〖英〗 工兵.

Sáp·phic [sǽfik] *a.* Sappho の; サフォー詩体の.
—— *n.* サフォー詩体.

***sáp·phire** [sǽfaiər] *n.* サファイア, 青玉; サファイア色. —— *a.* サファイア色の.

sáp·phir·ine [sǽfirin, -rì:n/-rain] *a.* サファイアのような. —— *n.* 碧(へき)石英.

Sáp·phism [sǽfiz(ə)m] *n.* 女性の同性愛.
◇ **Sáp·phist** *n.*

Sáp·pho [sǽfou] *n.* 《紀元前 600 年ごろの》 ギリシアの女流詩人.

sáp·py [sǽpi] *a.* **1** 樹液 [しる気] の多い. **2** 《若くて》 元気のある. **3** 〖俗〗 ばかな, まぬけの. [<sap[1]]

sa·pr(a)é·mi·a [səprí:miə] *n.* 〖医〗 敗血症.

sa·próph·a·gous [səprɑ́fəgəs/-prɔ́f-] *a.* 〖動〗 腐敗物を食物とする.

S

sáp·ro·phyte [sǽprəfàit] *n.* 〖生〗死物寄生生物《菌類・バクテリアなど》.
Sar. Sardinia. **S.A.R.** Sons of the American Revolution; South African Republic.
sár·a·band [sǽrəbæ̀nd] *n.* サラバンド《スペインの踊り》; その曲.
Sár·a·cen [sǽrəsn] *n.* **1** 十字軍時代の回教徒, サラセン人. **2** アラビア人. —— *a.* = Saracenic.
◇ **Sàr·a·cén·ic** [⌐―sénik], **Sàr·a·cén·i·cal** *a.* サラセン人の; 《建築など》サラセン風の.
Sár·ah [sέ(ː)rə/sέərə] *n.* 〖聖〗サラ《Abraham の妻で Isaac の母》. 「その商標名.
sa·rán [sərǽn] *n.* サラン《合成樹脂の一種》; (S～)
Sàr·a·tó·ga [sæ̀rətóugə] *n.* 《婦人用の》旅行大型トランク (＝～ trunk).
sár·casm [sáːrkæz(ə)m] *n.* 皮肉, いやみ, 風刺.
〔類〕→ **wit**「機知」
sar·cás·tic [saːrkǽstik] *a.* 皮肉な, 当てこすりの, 風刺の. ◇ **-ti·cal·ly** [-(ə)li] *ad.*
sar·célle [saːrsél] *n.* 〖鳥〗シマアジ, マガモ.
sárce·net ＝sarsenet.
sarco-「肉」の意の語形成要素.
sár·co·carp [sáːrkəkàːrp] *n.* 〖植〗果肉; 中果皮; 肉果. 「plasm).
sár·code [sáːrkòud] *n.* 〖生〗原形質 (proto-
sar·có·ma [saːrkóumə] *n.* (*pl.* **-ma·ta** [-tə], **-mas**)〖医〗肉腫(にくしゅ).
sar·cóph·a·gus [saːrkáfəgəs/-kɔ́f-] *n.* (*pl.* **-gi** [-dʒài, -gài], **-gus·es**)《彫刻などを施した》石棺.
sard [saːrd] *n.* 〖鉱〗紅玉髄.
***sar·díne**[1] [saːrdíːn] *n.* 〖魚〗**イワシ**.
packed like ～s すし詰めになって.
sár·dine[2] [sáːrdin, -dain/-dain] *n.* 〖聖〗宝石 (sard)《新約黙示録 4: 3》. 「きな島》.
Sar·dín·i·a [saːrdíniə] *n.* サルジニア《イタリアの大
sar·dón·ic [saːrdánik/-dɔ́n-] *a.* 冷笑的な, 皮肉な, せせら笑いの. ◇ **-i·cal·ly** [-(ə)li] *ad.*
sár·do·nyx [sáːrdəniks] *n.* 〖鉱〗赤白シマメノウ《浮き彫り細工用》.
sá·ree ＝ sari.
sar·gás·so [saːrgǽsou] *n.* (*pl.* ～(**e**)**s**)〖植〗ホンダワラ類. **S～ Sea, the** 藻海(そうかい)《北大西洋・西インド諸島の北東部の海域》.
Sár·gent [sáːrdʒ(ə)nt] *n.* John S. ～, 1856-1925, アメリカの肖像画家.
sá·ri, sá·ree [sáːriː] *n.* (*pl.* ～**s**) サリー《インド婦人のまとう綿または絹の巻き布》.
sark [saːrk] *n.* 〖スコットランド〗シャツ, はだ着.
sa·róng [sərɔ́ːŋ, sáːrɔːŋ/sáːrɔŋ] *n.* サロン《マライ群島の男女がまとう腰布》; サロン用布地.
sàr·sa·pa·ríl·la [sàːrs(ə)pərílə] *n.* **1** 〖植〗サルサ《熱帯アメリカ産シオデ類の植物》. **2** サルサ根《薬用》; その根からつくった飲料.
sárse·net [sáːrsnit] *n.* 《裏地用の》薄絹.
sar·tó·ri·al [saːrtóːriəl/-tɔ́ːr-] *a.* 裁縫師の; 裁縫〔仕立て〕の; 衣服の. 「tem.
SAS [sæs, èseiés] Scandinavian Airlines Sys-
Sas·cátch·e·wan [sæskǽtʃiwàn/səskǽtʃiwən] *n.* カナダの州.
‡**sash**[1] [sæʃ] *n.* **1** 《婦人・子ども用の》帯, 飾り帯, 腰帯. **2** 〖軍〗《肩から掛ける》懸章. **3** 頭帯, ターバン.
sash[2] *n.* 窓わく, サッシ; 戸のわく; 障子.
—— *vt.* に窓わくをつける.
～-chain [⌐⌐/⌐⌐] 《上げ下げ窓の》つり鎖. **～ cord** = ～ line. **～ lift** 《上げ下げの》手掛け金物. **～ line** 《上げ下げ窓の》つり綱. **～ pocket** 窓わく分銅の上下するみぞ. **～ pulley** 《上げ下げ窓の》つり車. **～ roller** 《上げ下げ窓の》すべり車. **～ rope** 〔**tape**〕= ～ line. **～ weights** 窓わく分銅. **～ window** 上げ下げ窓. 「ように進む.
sa·sháy [sæʃéi] *vi.* 〖米話〗動き〔歩き〕回る, すべる

sá·sin [séisin/sǽsin] *n.* 〖動〗《インド産の》カモシカ.
sass [sæs] *n.* 〖米俗〗生意気なことば, 口答え.
—— *vi.* 生意気な口をきく. [＜sassy]
sás·sa·by [sǽsəbi/səséibi] *n.* 〖動〗《南アフリカ産の》カモシカ.
sás·sa·fras [sǽs(ə)fræ̀s] *n.* **1** 〖植〗サッサフラス《北アメリカ産クスノキ科の植物》. **2** その根〔樹〕皮《強壮剤・香料》.
Sás·se·nach [sǽsənæ̀k, -nəx] *n.*, *a.* 《スコットランド・アイルランドで》イングランド人(の), サクソン人(の).
sás·sy [sǽsi] *a.* 〖米俗〗生意気な, 厚かましい.
[＜saucy]
†**sat** [sæt] *v.* sit の過去・過去分詞.
Sat. Saturday; Saturn.
‡**Sá·tan** [séit(ə)n] *n.* **サタン**, **悪魔**, 魔王 (the Devil, Lucifer). 「の 1 baht》.
sa·táng [saːtǽŋ] *n.* (*pl.* ～) タイ国の銅貨《100 分
sa·tán·ic [seitǽnik, sə-], **-i·cal** [-(ə)l] *a.* **1** サタンの, 悪魔の. **2** 悪魔のような, 凶悪な.
His S～ Majesty 悪魔大王. ***the S～ school*** 悪魔派《Byron, Shelley などの不道徳・不信仰を特色とする詩派》. ◇ **sa·tán·i·cal·ly** *ad.*
Sá·tan·ism [séit(ə)nìz(ə)m] *n.* 悪魔崇拝; 悪魔主義〔行為〕, 極悪非道. ◇ **-ist** *n.*
Sà·ta·nól·o·gy [sèit(ə)nálədʒi/-nɔ́l-] *n.* 悪魔〔サタン〕研究. 「かばん.
sátch·el [sǽtʃ(ə)l] *n.* 通学用かばん; 肩かけ〔手さげ〕
sate[1] [seit] *vt.* **1** 十分に満足させる. **2** 飽きさせる.
be ～d with に飽き飽きする. **～ *oneself with*** を満喫〔たんのう〕する.
◇ **～-less** *a.* 〖雅〗飽くなき, 飽くことを知らない《*of*》.
sate[2] [seit, sæt] *v.* 〖古〗sit の過去形.
sa·téen [sætíːn] *n.* 綿〔毛〕じゅす.
***sát·el·lite** [sǽt(ə)làit] *n.* **1** 〖天〗**衛星**; 人工衛星 (＝artificial ～). **2** 従者; 腰ぎんちゃく, 取り巻き連. **3** 衛星国; 衛星都市; 補助飛行場.
earth ～ 地球の衛星.
～ state 衛星国. **～ station** 人工衛星〔宇宙船〕基地. **～ town** 〔**city**〕衛星都市.
◇ **sàt·el·lít·ic** [sæ̀t(ə)lítik] *a.*
sa·tí [sətíː] ＝suttee.
sá·ti·ate [séiʃièit] *vt.* **1** 飽き飽きさせる. **2** 〖稀〗十分に満足させる. —— [séiʃiit] *a.* 〖古・雅〗飽きた. [√sat-] ◇ **-a·ble** [-ʃiəbl] *a.* 飽かせられる, 満足させることのできる. **sà·ti·á·tion** [⌐ʃiéiʃ(ə)n] *n.* 飽食, 飽満; 飽き飽きすること.
sa·tí·e·ty [sətáiiti] *n.* たんのう, 満喫, 過多《*of*》.
to ～ 飽きるほどに. [√sat-]
***sát·in** [sǽt(i)n/-tin] *n.* **サテン**, しゅす. → sateen.
—— *a.* **1** サテン(製)の. **2** すべすべした, 光沢のある.
—— *vt.* 〈壁紙などに〉しゅすのような光沢をつける, しゅす仕上げにする.
～ paper 《光沢のある》しゅす仕上げ紙. **～ spar** 《真珠光沢の》繊維せっこう. **～ stitch** サテンステッチ《ししゅうなどでしゅすの感じを出す縫い方》. **～ stone** = ～ spar. **～ straw** 《帽子製造用の》柔らかい麦わら. **～·wood** [⌐―⌐] 〖植〗マホガニー類の木; その木材《東インド産良質家具材》.
◇ **～·y** *a.* しゅすのような, なめらかな, 光沢のある.
sàt·i·nét(**te**) [sæ̀t(i)nét/-tin-] *n.* 絹綿交織しゅす, まがいしゅす.
‡**sát·ire** [sǽtaiər] *n.* **1** 風刺詩〔文〕; 風刺文学. **2** 風刺《に対する *on*, *upon*》: a ～ *on* modern civilization 現代文明に対する風刺.
〔類〕→ **wit**「機知」
sa·tír·ic [sətírik], **-i·cal** [-(ə)l] *a.* **1** 風刺の, 風刺を含む; 風刺文を書く. **2** 皮肉な, 口の悪い, 皮肉好きの. ◇ **sa·tír·i·cal·ly** *ad.* **sa·tír·i·cal·ness** *n.* 「風刺家.
sát·i·rist [sǽtərist] *n.* 風刺文〔詩〕作家; 皮肉屋,
sát·i·rize [sǽtəràiz] *vt.* 風刺で攻撃する; 当てこす

る, 皮肉る.

sat·is [sǽtis] L. (= enough) *n.*, *ad.* 十分(に). ***jam* ～** もう十分. **～ *superque*** [-sju:pə́:rkwi] 十二分以上に, 過分に. [参考 √sat-]

‡sàt·is·fác·tion [sæ̀tisfǽkʃ(ə)n] *n.* **1** 満足《*at, with*》: feel ～ *at* having one's ability recognized 自分の才能が認められたことに満足を感じる. **2** 満足させるもの, 満足のたね: Your success will be a great ～ to your parents. あなたが成功されてご両親はさぞやご満足でしょう. It is a ～ to know that... を知って満足です. **3**《借金の》返済,《損害の》賠償;《義務の》履行. **4**《名誉回復の》決闘. **5**〖宗〗(キリストの)贖罪(しょくざい). →動詞 satisfy. ***demand*** [***refuse***] **～** 賠償[謝罪, 決闘]を要求[拒絶]する. ***enter*** (***up***) **～**〖法〗命じられた支払いの完了を裁判所に登記する. ***find* ～ *in*** に満足する. ***give* ～** 満足させる; 賠償する; 決闘の申し込みに応ずる. ***in* ～ *of*** の支払い[賠償]として. ***make* ～ *for*** を賠償する, の償いをする. ***to the* ～ *of*** の満足のいくように, の得心のいくように. ***with* ～** 満足して.

***sàt·is·fác·to·ri·ly** [sæ̀tisfǽkt(ə)rili] *ad.* 満足に, 申し分なく, 十分に.

‡sàt·is·fác·to·ry [sæ̀tisfǽkt(ə)ri] *a.* **1** 満足な, 十分な, 合格の《*to*》. **2**〖宗〗十分罪のあがないとなる.

‡sát·is·fy [sǽtisfài] *vt.* **1** 満足させる; <希望などを>満たす, いやす: ～ one's appetite 食欲を満たす. Are you ～*ied*? これでご満足ですか. **2** <疑念などを>晴らす, <人を>納得させる《について *of, that*》: ～ an objection 異議に答弁する. I was ～*ied that* it was an accident. 単なる偶然だったと納得できた. **3** <債権者に>弁済する; <借金などを>返済する; <賠償の要求などに>応ずる; <義務を>履行する: ～ a bill 付けを支払う. ～ claims for damage 損害賠償の請求に応ずる. **4**〖数〗の条件を満たす.
—— *vi.* 満足を与える.
be* ～*ied with a thing [***with*** (do)***ing***, ***to*** (do)] に満足する; …するのがいやではない. **～ one*self*** 確かめる; 満足する; 念を押す《について *of*; *that*》. **～ *the examiners***《大学の試験で》合格点に達する, 普通の成績でパスする. [√sat-＋√fac-]
◇ -fi·a·ble [-fàiəbl] *a.* 満足できる; 弁済できる.
[類義語] **満足させる: satisfy** 約束どおりで期待に反しない点で満足させる: had to sell land to *satisfy* one's creditor (義務を履行して)債権者の意に反しないために, 土地を売却しなければならなかった. **gratify** 欲望・趣味・耳目などを満足させ, 快感を生じさせる: Beauty *gratifies* the eye. 美は目を喜ばせる. **content** すべての欲求が満足されなくとも不満が生じない程度に満足させる.

***sát·is·fy·ing** [sǽtisfàiiŋ] *a.* **1** 満足な, 十分な. **2**《証拠・説明などが》納得できる, 確かな. **◇ ～·ly** *ad.*

sá·trap [séitræp, sǽtræp/sǽtræp] *n.* **1**《古代ペルシアの》太守. **2**《植民地などの》独裁的な総督.
◇ ～·y *n.* への領地[統治].

sát·u·rant [sǽtʃərənt] *a.* 飽和させる.
—— *n.*〖化〗飽和剤.

sát·u·rate [sǽtʃərèit] *vt.* **1** にいっぱいしみ込ませる《を *with*》: ～ a sponge *with* water 海綿に水をいっぱいに含ませる. **2**《比喩的》にしみ込ませる《を *with*》: a youth ～*d with* conceit うぬぼれたっぷりの[自負心の強い]青年. **3**〖化〗飽和させる. **4**〖米: 軍〗集中爆撃する. **～ one*self in*** に没頭する.
—— *a.* = saturated. [√sat-]
◇ sát·u·rat·ed [-id] *a.* しみ込んだ, ずぶぬれの; 飽和した;《色が》強い, 濃い: ～*d* solution 飽和溶液. [類] → **wet**「ぬらす」

sàt·u·rá·tion [sæ̀tʃəréiʃ(ə)n] *n.* **1** 浸透, 充満. **2**〖化〗飽和(状態). **3**《色の》飽和度, 鮮明度. **～ bombing**〖軍〗集中爆撃. **～ point** 飽和点.

†Sát·ur·day [sǽtərdi, -dèi] *n.* 土曜日《Saturn's day の意》. **～-to-Món·day**〖英〗週末の(休暇).

***Sát·urn** [sǽtərn] *n.* **1**〖ロ神〗農業の神. **2**〖天〗土星《無冠詞》. → planet. **3**〖錬金術〗鉛.

Sàt·ur·ná·li·a [sæ̀tərnéiliə, -ljə] *n. pl.* **1** 農神祭《古代ローマで12月17日ごろ行なわれた収穫祭》. **2** (s～)《通例単数扱い》ばか騒ぎ, らんちき騒ぎ: a *s*～ of crime 悪事のしたいほうだい. **◇ ～n** *a.*

Sa·túr·ni·an [sætə́:rniən] *a.* **1** 農神(Saturn)の. **2**〖天〗土星の. **3** 黄金時代の, 平和な.
—— *n.* **1** 土星の住民. **2** (*pl.*) サターン詩体.
～ age, the 農神時代, 黄金時代. **～ verse** サターン詩体.

sa·túr·nic [sətə́:rnik] *a.*〖医〗鉛毒(性)の.

sát·ur·nine [sǽtərnàin] *a.* **1** むっつりした, 陰気な. **2**〖占星〗土星の影響を受けて生まれた. **3** 鉛の; 鉛毒の, 鉛毒にかかった. **～ poisoning**〖医〗鉛毒. **◇ ～·ly** *ad.* **～·ness** *n.*

sát·urn·ism [sǽtərnìz(ə)m] *n.*〖医〗鉛毒.

Sát·ya·grà·ha [sʌ́tjəgrʌ̀hə, sətjá:grə-/sətjá:grə-] *n.*《Gandhi が唱えた》無抵抗非協力主義.

sát·yr [sǽtər, [米]⁺séitər] *n.* **1**〖ギ神〗森の神《酒神 Bacchus に従う酒と女の好きな, 馬の耳と尾をもつ半人半獣の怪物. ローマ神話の faun に当たる》. **2** 好色漢. **◇ sa·týr·ic** [sətírik], **sa·týr·i·cal** *a.*

sàt·y·rí·a·sis [sæ̀tiráiəsis] *n.*〖医〗《男子の》性欲昂進(こうしん)症, 淫乱(いんらん)症. → nymphomania.

‡sauce [sɔ:s] *n.* **1** ソース. **2**《比喩的》ピリッとさせるもの; 味を添えるもの; おもしろみ. **3**〖俗〗出すぎること, 生意気(なことば), ずうずうしさ. **4** (通例 the ～)〖俗〗強い酒類. **5**〖米〗果実の砂糖煮. **6**〖米方〗《肉の添えものとして用いる》サラダ, 野菜.
carrier's [***poor man's***] **～** 空腹; 食欲. ***Hunger is the best* ～.**〖ことわざ〗ひもじいときにはまずいものなし. ***None of your* ～.** 生意気を言うな. ***off the* ～**〖俗〗禁酒して. ***serve the same* ～ *to*** a person = ***serve*** a person ***with the same* ～** (人)にしっぺい返しをする. ***Sweet meat will have sour* ～.**〖ことわざ〗楽あれば苦あり. ***What's* ～ *for the goose is* ～ *for the gander.***〖ことわざ〗人をのろわば穴二つ《一方に当てはまることは他方にも当てはまる》.
—— *vt.* **1** にソースをかける, に味つけする. **2** におもしろみを与える: a sermon ～*d* with wit 機知で興味を添えた説教. **3**〖俗〗に無礼なことを言う.
～·boat [⌐⌐]《船形の》ソース入れ. **～·box** [⌐⌐]〖話〗生意気なやつ[小僧]. **～·pan** [⌐⌐]《柄・ふた付きの》シチューなべ. **～·pot** [⌐⌐] シチュー用深なべ《柄がなくつまみ付き》.

saucepan

saucepot

‡sáu·cer [sɔ́:sər] *n.* **1**《コーヒー茶わんなどの》受けざら;《植木ばちなどの》台ざら: a cup and ～ 受けざらつきの茶わん. **2** 台ざら状のもの.
～-eyed [⌐⌐⌐] さらのような目をした, 目を見張った. **～ eyes** さらのように丸い目.

sáu·cy [sɔ́:si] *a.* **1** 生意気な, 厚かましい, ずうずうしい. **2** 気のきいた, スマートな; 快活な.
◇ -ci·ly *ad.* **-ci·ness** *n.*

Sa·ú·di A·rá·bi·a [sɑ:ú:di·əréibiə, -bjə, sáudi-, sɔ́:di-] *n.* サウジアラビア《アラビア中部の王国》.

sau·er·kraut [sáuərkràut/⌐⌐⌐] G. *n.* サワークラウト《塩づけキャベツと肉類を入れて煮た料理》.

Sauk [sɔ:k] *n.* = Sac.

saul [sɔ:l] *n.*〖植〗= sal².

Saul [sɔ:l] *n.*〖聖〗 **1** サウル《イスラエル初代の王》. **2** 使徒 Paul のもとの名.

sau·na [sáunə, [米]⁺ -nɑ:] Finnish *n.*《フィンランドの》蒸しぶろ, サウナぶろ.

sáun·ter [sɔ́:ntər, ㊕⁺sá:n-] *vi.* ぶらぶら歩く, 散歩する. **——** *n.* ぶらぶら歩き, 散歩.
[類] → **walk**「歩く」

sáu·ri·an [sɔ́:riən] *a.*, *n.* トカゲ類(の).

-sáu·rus [-sɔ́:rəs]「トカゲ」の意の語形成要素.

sáu·ry [sɔ́:ri] *n.* 〖魚〗サンマの類.

***sáu·sage** [sɔ́:sidʒ, sá:s-/sɔ́s-] *n.* **1** ソーセージ, 腸詰め. **2**〖軍俗〗＝～ balloon.
～ **balloon**〖軍〗係留気球. ～ **finger** 先まで太い指. ↔ taper finger. ～ **meat** 腸詰め用の肉. ～ **roll** ひき肉入りロールパン.

sau·té [soutéi/⌐—] F. *n.* ソテー《ひっくり返しながらバターで焼いた料理》.
—— *a.* ソテーにした. **——** *vt.* ソテーにする, いためる.

Sau·térne [soutə́:rn] *n.* (または s～) 白ブドウ酒の一種《フランス Sauternes 産》.

sauve-qui-peut [sòuvki:pə́:/⌐—⌐] F. *n.* 潰走(かいそう), 総くずれ.

‡sáv·age [sǽvidʒ] *a.* **1** 野蛮な, 未開の; 未開人の: ～ tribes 蛮族. ～ fine arts 未開人の芸術. ↔ civil. **2** 獰猛(どうもう)な; 残酷な: a ～ dog かみつく犬. a ～ pleasure (人を困らせて喜ぶ) 残忍な快楽. **3**《風景が》荒涼とした: ～ mountain scenery 荒涼とした山のけしき. **4**〖話〗おこった, 短気な. **5**〖紋〗裸体の. ***get ～ with*** …にひどく立腹する. ***make a ～ attack upon*** を猛烈に攻撃する. ***make*** a person ～ (人を) 激怒させる.
—— *n.* **1** 野蛮人, 未開人. **2** 残忍な人; 無頼漢, 無作法な人. ***the noble ～*** 文明に毒されない天真らんまんな原始人.
—— *vt.* **1** 〈馬が〉あばれてかみつく〔踏みつける〕. **2** 残酷に取り扱う. ◇ **～·ly** *ad.* **～·ness** *n.*

sáv·age·ry [sǽvidʒ(ə)ri] *n.* **1** 未開, 野蛮(性). **2** 凶暴性, 残忍. **3** 蛮行. **4**《集合的》野蛮人, 野獣.

sa·ván·na(h) [səvǽnə] *n.* 《特にアメリカ南部の熱帯・亜熱帯地方の》無樹〔疎林〕の大草原.

sa·vánt [səvá:nt, sǽvənt/sǽvənt] *n.* 学者, 博学者.

sáv·a·rin [sǽvərin] *n.* サバラン《ラム酒をしみ込ませた洋菓子》.

sa·vate [sævǽt, sə-] F. *n.* 《こぶし・頭・足を使う》フランス式ボクシング.

†save¹ [seiv] *vt.* **1** 救う, 助ける《から *from*》: ～ a person *from* drowning 人がおぼれるのを救う. **2** (安全に) 守る: God ～ the King! 神よ国王を守りたまえ; 国王万歳. **3** とっておく; 節約する, 使わないで済ます: ～ (up) money for a holiday 休日のために金をたくわえる. ～ fuel by going slow ゆっくり走って燃料を節約する. ～ old clothes for a younger brother 弟に着せるため着ふるしをしまっておく. **4** たくわえる, 貯蓄する: ～ money 金をためる. **5** 〈出費などを〉省く; 〈苦労・迷惑などを〉かけないようにする: It ～*d* me the trouble of looking for a parking lot. そのおかげで駐車場を捜さずにすんだ. **6** の損耗を少なくする, 長くもたせる; 〈目・視力などを〉守る, 保護する: ～ one's strength 体力を消耗しないようにする. **7**〖宗〗(罪から) 救う. **8** 除外する, 差し控える. **9** 〈ボールを〉ゴールインさせない.
—— *vi.* **1** 救う, 救済する. **2** むだを防ぐ, 節約する; 貯蓄する: ～ for one's old age 老後のため金をたくわえる. **3** 〈食物が〉もつ: food that won't ～ もたない食物. **4** 敵の得点を妨げる. → 形容詞 safe. ***A stitch in time ～s nine.*** 〖諺〗きょうの一針はあすの十針, ころばぬ先のつえ. ***(God) ～ me from my friends!*** よけいなお世話だ. ～ one***self*** ほね惜しみをする. ***～ appearances*** 世間体をつくろう. ～ one***'s bacon*** 命拾いをする, (やっと) 危害を免れる. ～ one***'s breath*** むだ口を言わない. ～ one***'s face*** めんぼくを保つ. ～ one***'s pains*** むだぼねをおらない. ～ one***'s pocket*** 出費を免れる〔免れさせる〕. ～ one***'s skin*** 危害から免れる. ***S～ the mark!*** これは失礼!《失言の際のことば》. ***～ the situation*** 時局を収拾する, 急場を救う. ***～ the tide*** 潮のあるうちに入〔出〕港する; 好機に乗じる. ***～ up*** 金をたくわえる. [√salu-]
～-all [⌐⌐] (1) 節約装置;《材料のこぼれを受ける》受けざら, 油〔ろう〕受け. (2)〖方〗上っ張り, 前掛け. (3) 貯金箱. (4)〖海〗付加〔補助〕帆.
◇ **sáv·a·ble** *a.* 救える; 貯蓄〔節約〕できる. **sáv·er** *n.* 救助〔救済〕者; 節約〔貯蓄〕家; 節約器〔装置〕.
[類義語] **とっておく: save** 使わないでとっておくことで, 切り詰めたものを保存する: *save* money out of one's salary 俸給(ほうきゅう)のなかから貯金する. **reserve** 他日の使用またはある目的のためにとっておく: *reserve* money for emergencies まさかのときのために金をとっておく. **store** 貯蔵所などにとっておく. ある程度以上の量, 長期の保存が示唆される: *store* up fuel for the winter 燃料を冬に備えてとっておく. **economize** 経済的に使用する, 節約する.

‡save² *prep.* …を除けば, …のほかは, …は別として: all ～ him 彼以外は全部. the last ～ one 最後から2番め. ***～ and except*** …のほかは, を除けば. ***～ errors***〖商〗誤算は別として. ***～ for*** を除いて. ***～ that*** そのほかは, それを除けば. ***～ that*** … …を除けば: I know nothing ～ *that* she loves you. 彼女があなたを愛しているということのほかは私はなにも知らない. He would have gone, ～ *that* he had no means. 彼は行くところだったが, ただし資金がなかった. 〈注〉イギリスでは〖古〗または〖雅〗. アメリカでは except に次いで普通.
—— *conj.* …でなければ (unless): *S～* he be dead, he will return. 死んだのでなければ帰って来る.

sáv·e·loy [sǽviləi] *n.* 〖おもに英〗乾製ソーセージ.

sáv·in(e) [sǽvin] *n.* 〖植〗イブキ属の植物《薬用》.

‡sáv·ing [séiviŋ] *a.* **1** 節約する, つましい; けちな. **2** 助けとなる, 救助〔救済〕する. **3** 埋め合わせ〔償い〕となる: a dull person with no ～ characteristics たいくつな男でしかもこれといって推すべき特徴もない人物. **4** 例外の; 除外の; 保留の.
by the ～ grace of God 神のご加護によって. ***the ～ grace of*** …というとりえ.
—— *n.* **1** 節約, 倹約: ～ of 30 per cent 3割の節約. **2** (*pl.*) 貯金, 貯蓄. **3** 救助, 救済; 済度. **4**〖法〗留保, 除外. ***From ～ comes having.*** 〖諺〗節約は富のもと. ***S～ is getting.*** 〖諺〗節約は金もうけ.
—— *prep.* 〖古〗**1** …を除いて, …のほか: *S～* that he is slightly deaf, there is nothing wrong with him. ちょっと耳が遠いだけで, 彼はほかに悪いところはない. **2** …に敬意を表しながら, に対して失礼ながら: *S～* your presence… あなたの前では失礼ですが…. **——** *conj.* 除いては: none ～ I 〖古〗私を除いてはだれも…ない.
～ **bargain** 損しない取引. ～ **clause** 留保条項, 除外例. **～s account** 貯金口座. **～s bank** 貯蓄銀行. **～s bond**〖米〗貯蓄債券.

sáv·ior, ㊕ **-iour** [séivjər] *n.* 救助〔救済〕者.
the [***our***] ***S～*** 救世主, キリスト.

sa·voir-faire [sǽvwa:rfέər] F. *n.* 世才, 機転, 手腕.

sa·voir-vi·vre [sǽvwa:rví:vr(ə)/sǽv-] F. *n.* しつけ〔育ち〕のよさ, 礼儀を心得ていること.

sá·vor, ㊕ **-vour** [séivər] *n.* **1** 味, 風味: soup with a ～ of garlic ニンニクのかおりのするスープ. **2** 趣向, 興味, おもしろみ, 刺激. **3** (a ～) 気味, こころもち; いくぶん《*of*》: *a ～ of* insolence 少し傲慢(ごうまん)気味. **4**〖稀〗香, 香気. **5**〖古〗名声, 評判: have an evil ～ 評判が悪い.
—— *vt.* 〖古・稀〗の気味がある; に味をつける; に風味〔おもしろさ〕をそえる; 鑑賞する, 味わう.
—— *vi.* **1** 《(…の)》味がする《の *of*》: Italian cooking ～*s of* garlic. イタリア料理はニンニクのかおりがする. **2** 《(…の)》気味がある, 《(…の)》感じがする《の *of*》. [√sap-] ◇ **～·less** *a.* 風味のない, 気の抜

けた. ～·**ous** [-vərəs] *a.* ＝savory[1].

sá·vor·y[1], ㊕ **sá·vour·y** [séiv(ə)ri] *a.* **1** 風味のよい, 味のよい. **2** 気持ちのよい; 評判のよい.
—— *n.* 〖英〗《前菜・デザートに出す》塩味の料理, 口直し. ◇ **-i·ly** *ad.* **-i·ness** *n.*

sá·vor·y[2] *n.* 〖植〗《ヨーロッパ産》シソ科の植物.

sa·vóy [səvɔ́i] *n.* **1** 〖植〗チリメンキャベツ. **2** (S～) フランス南東部の地方.

Sa·vóy·ard [səvɔ́iərd, -vɔ́:jərd/-vɔ́iɑ:d] *n.* **1** Savoy 人. **2**〖英〗《ロンドンの》Savoy オペラ劇場の俳優〔演出家, ファン〕. —— *a.* Savoy (人)の.

sáv·vy [sǽvi] *vt., vi.* 〖俗〗知る, わかる.
—— *n.* 理解, 物わかり; 勘, 機転.
—— *a.* よく知っている; 見聞の広い.

‡saw[1] [sɔ:] *n.* のこぎり; 〖動〗鋸歯(きょし)状部.
—— *v.* (～**ed**; **sawn** [sɔ:n], ～**ed**) *vt.* のこぎりでひく; ひき割る; のこぎりで切ってつくる: ～ boards 板をひく; ひいて板をつくる.
—— *vi.* **1** のこぎりを使う. **2** のこぎりで切れる: This wood does not ～ well. この木はよく切れない. **3** のこぎりを使うような手つきをする: ～ on a violin バイオリンをひく. ***～ away*** のこぎりを入れる《に *on*》. ***～ down*** ひき倒す. ***～ guards*** 〖米俗〗いびきをかく. ***～ off*** 〔***up***〕 ひき切る. ***～ on the fiddle*** バイオリンをギーギー鳴らす. ***～ the air*** 腕を前後に動かす; 〖米俗〗《野球で》から振りする. ***～ wood*** 〖米俗〗《他人のことに干渉せずに》自分の仕事に精出す.
～·bones [´ˌ] 〖俗〗外科医. **～·buck** [´ˌ] 〖米〗＝sawhorse; 〖米俗〗10 ドル紙幣. **～·buck table** X 字型脚つき机. **～-dòc·tor** のこぎりの目立て器. **～·dust** [´ˌ] おがくず. **～ed-óff** 《小銃などの》銃身を短く切った; 《平均より》小柄の. **～·fish** [´ˌ] 〖魚〗ノコギリザメ. **～·fly** [´ˌ] 〖虫〗ハバチ. **～ frame** 〔**gate**〕 のこぎりわく. **～ grass** 〖植〗タムラソウ. **～·horse** [´ˌ] のこひき台. **～·log** [´ˌ] 〖米〗挽材(ひきざい)《ひいて板がとれる丸太》. ***～·mill** [´ˌ] 製材所; 大型製材のこぎり. **～·pit** [´ˌ] こびき穴《上下ふたりでのこぎりを使うとき下の人がはいるための》. **～ set** 《のこぎりの》目立て道具. **～·tooth** [´ˌ] のこぎりの歯; のこぎり屋根(＝sawtooth roof). **～-toothed** [´ˌ] のこぎり歯の; 鋸歯状の, ぎざぎざになった.

sawbuck table

saw[2] *n.* 格言, ことわざ: an old ～ 昔からのことわざ. a wise ～ 金言.

†saw[3] *v.* see[1] の過去形.

sawn [sɔ:n] *v.* saw[1] の過去分詞.

Sáw·ney [sɔ́:ni] *n.* **1** 《けいべつ的》スコットランド人. **2** (s～) ばか, とんま.

sáw·yer [sɔ́:jər] *n.* **1** こびき. **2**〖米〗流木. **3** 〖虫〗カミキリムシの幼虫《樹木に穴をあける》.

sax [sæks] 〖楽俗〗＝saxophone.

Sax. Saxon; Saxony.

sáx·a·tile [sǽksətil, -tàil] *a.* **1** ＝saxicoline. **2** 「岩石の.

saxe [sæks] *n.* **1** 〖写〗《ドイツ製》写真用卵白紙. **2** サクソニー青 (Saxon blue) 《染料》.

sáx·horn [sǽkshɔ̀:rn] *n.* 〖楽〗サクスホーン《金管楽器. saxophone とは別》.

sax·íc·o·line [sæksíkəlàin, -lin], **-lous** [-ləs] *a.* 〖動・植〗岩石中に巣をつくる; 岩石上に生じる.

sáx·i·frage [sǽksifridʒ] *n.* 〖植〗ユキノシタ属.

Sáx·on** [sǽksn] *n.* **1** サクソン人《ドイツ北部 Elbe 川河口に住んでいたゲルマン族系民族で, その一部は西暦 5–6 世紀にイギリスを征服した》. **2** アングロサクソン人 (＝Anglo-～). **3** イギリス人, イングランド人 (Englishman)《アイルランド人・ウェールズ人に対して》. **4** スコットランド低地人《スコットランド高地人に対して》. **5** サクソニー人《ドイツ連邦の Saxony 州の》. **6** 《英語の》ゲルマン語要素; サクソン語; アングロサクソン語; 純粋の英語. ***Old ～ 古サクソン語《ドイツの北方で中世のサクソン人の用いた言語》. ***plain ～*** 簡明な英語. —— *a.* **1** サクソン人〔語〕の. **2** サクソニー人の. **3** イギリスの.
～ architecture サクソン式建築《ノルマンの征服以前のイギリスの建築》. **～ blue** 明るい淡青色 (saxe)《アイを硫酸に溶かした染料》.
◇ **～·ism** [-iz(ə)m] *n.* **1** アングロサクソンかたぎ. **2** アングロサクソン語法.

Sáx·o·ny [sǽks(ə)ni] *n.* **1** ドイツ東部の州. **2** (s～) サクソニー羊毛; サクソニー織り.

sáx·o·phone [sǽksəfòun] *n.* 〖楽〗サキソホン.
◇ **sáx·o·phòn·ist** [sǽksəfòunist/sæksɔ́fən-] *n.* サキソホン吹奏者.

sáx·tù·ba [sǽkst(j)ù:bə/-tjù:-] *n.* 《低音の》大型「saxhorn.

†say [sei] *v.* (**said** [sed]; 直説法現在第三人称単数形 **says** [sez]) *vt.* **1** 言う, 告げる, 述べる: Who *said* that? だれがそう言ったか. What did he ～ next? He *said* "Get out!" 次に彼はなんと言った?「出ていけ」と言った. ～ a word 一言述べる. *Say* what you mean simply. もっとはっきり考えを述べたまえ. *Say* ah. アーと言って《医者が患者に口をあけさせるとき》. **2** 《ことば以外の方法で》言いあらわす, 表現する: *S*～ it with flowers. その心〔意中〕を花で(伝えたまえ)《花屋の宣伝》. **3** 〈手紙・書物などが〉述べる, …と書いてある: The Bible ～*s* that … 聖書には…と書いてある. **4** 〈世間などが〉伝える, うわさする: They ～ (that) he is guilty. 彼は有罪だという評判だ. **5** 〈祈りなどを〉唱える; 〈詩などを〉暗唱する: ～ one's part せりふを暗唱する. **6** 《文の中途で例示するものの前に用いて》たとえば, そうですね: Will you come to see me, ～, next Sunday? ぼくのところへ遊びに来ないか, この次の日曜にでも. **7** 《命令形で》…と仮定して, …ならば: Well, ～ it were true, what then? ところで, それが事実だとすれば, どうなりますか. —— *vi.* **1** 言う, 述べる. **2** 〖米俗〗ねえ, もし, おい; やあ驚いた (＝㊕ I ～).
as much as to ～ …と言わんばかりに. ***be said to*** (do) …すると言われている: He *is said to* be the best student in the class. 彼はクラスで最優秀の学生だと言われている (＝It is said that he is…). ***Easier said than done.*** 〖諺〗言うはやすく行なうは難し. ***have nothing to ～ for oneself*** 〖俗〗いつも黙っている; 弁解することがない, 文句がない. ***have*** a thing ***to ～ for oneself*** 言い分がある. ***hear ～*** うわさに聞く, …というううわさだ. ***I cannot ～.*** 私にはなんとも言えない; わからない. ***I dare ～.*** たぶんそうでしょう. ***I ～.*** 〖英話〗ねえ, おい, もし; まあ驚いた. ***I should ～ so*** 〔***not***〕. そうだ〔そうではない〕と思う. ***It goes without ～ing that*** … …は言うまでもない. ***It is said that*** … …というううわさである. ***It*** 〔***That***〕 ***is ～ing a great deal.*** それはたいしたもの〔たいへん〕だ. ***it ～s in*** the Bible (聖書の本文) にこうある; (聖書) によれば…. ***just as you ～*** きみの言うとおり. ***let us ～*** たとえば; そうですね. ***Never ～ die!*** がっかりするな, しっかりせよ. ***No sooner said than done.*** 言うが早いかやってのけた. ***not to ～*** …と言うほどではない; …とは言えないまでも. ***～ a few words*** 簡単なあいさつ〔演説〕をする. ～ things ***against*** を非難する, を悪く言う. ***～ a good word for*** …のことをよく言う; …のために弁解する. ***～ away*** 〖稀〗どしどし言う; すぐ言ってしまう. ～ one***'s lessons*** 《先生の前で》復唱する. ***～ much for*** を大いにほめる. ***～ out*** 腹蔵なく言う, 打ち明けて言う. ***～ over*** 繰り返して言う. ***～s I*** 〖卑・俗〗私が言うには〔言ったことだが〕(＝said I). ***～ the word*** 命令を発する. ***～ things*** ＝ ～ grace; ＝～ a few words. ***～ to oneself*** 自分に言いきかせる, ひとりごとを言う; 心に思う. ***～ well*** もっともなことを言う.

S

~ well [*evil, bad*] *of* …のことをよく〔悪く〕言う. ***S~ when*** (***I should stop***)! 《酒などついでやるとき》いいとき言いなさい. ***so to ~*** いわば, まるで, たとえて言えば. ***strange to ~*** 妙な話だが. ***that is to ~*** すなわち, 換言すれば; 少なくとも. ***That's*** [***That's not***] ***all there is to ~.*** これ以上言うべきことはない〔まだある〕. ***That's not a nice thing to ~ about*** … についてそんな言い方をしては悪いよ. ***The less said about it the better.*** 〖諺〗言わぬが花. ***There is much to be said for*** …には十分とりえ〔理由〕がある. ***though I ~ it*** (***who should not ~ it***) 私の口から言うのは変だが. ***to ~ nothing of*** …はさておき, …は言うまでもなく. ***to ~ the least of it*** 控えめに言っても. ***to ~ the truth*** 実を言えば. ***What do you ~*** [***What ~ you***] ***to …?*** …についてお考えはどうですか: *What do you ~ to* a drink? 一杯どうですか. ***What I ~ is …*** 私の意見は…だ. ***When all is said*** (***and done***) なんと言っても(どう手を尽くしても), 結局のところ. ***Who can ~?*** だれにも予言できない. ***Who shall I ~?*** 〖話〗どなた様でしょうか《取り次ぎの者のことば》. ***You don't ~*** (***so***)! まさか, どうだか, まあ! ***You said it.*** 全く(きみの言うとおり)だ.

── *n.* **1** 言うべきこと, 言い分. **2**〖話〗発言権, 発言の番〔機会〕: It's your ~ now. 今度はきみが言う番だ. **3** (the ~) 最後の決定権: Who has the ~ in the matter? この件ではだれに決定権があるのか. **4**〖古〗格言, ことわざ.

have a ~ in the matter そのことに口を出す権利がある. ***have the ~*** 〖米〗思うままにする, 非常な勢力がある. ***say*** [***have***] ***one's ~*** 言いたいことを言う.

~-so [ˊ-ˋ]〖米話〗 (1) ひとりよがりの発言, 独断. (2) 決定権; 命令; 権力, 権威.

◇ **~·a·ble** *a.*

sáy·est [séiist], **sayst** [seist] *v.* 〖古〗say の直説法現在第二人称単数形: Thou ~ (=You say).

‡**sáy·ing** [séiiŋ] *n.* **1** 言うこと, 話, 陳述: It was a ~ of his that … 彼は…とよく言ったものだった. **2** ことわざ, 格言; 言い伝え: An old ~ tells us that [According to an old ~,] haste makes waste. 古いことわざによれば, 短気は損気である. In Japan there is a ~ that a few early white hairs bring good luck. 日本には若しらがが少しはえると縁起がいいという言い伝えがある.

as the ~ goes [***is, has it***] ことわざにも言うとおり; 世に言うとおり. ***~s and doings*** 言行. ***There is no ~.*** なんとも言い切れない〔わからない〕.

(類義語) ことわざ: **saying** 以下のすべてを含む最も一般的な語. ただ一般によく口にされる点に特色がある: as the *saying* goes よく人が言うとおり. **proverb** ほぼ saying に近いが, 生活の知恵を具体的に述べたものが多い. **adage** 昔から言いならされてきた古い saying. **aphorism, epigram** 両者とも簡潔な表現, 独断的な定義が特色. aphorism はその要領のみごとさ, epigram は寸鉄人を刺す鋭さが特色. **maxim** 処世の指針になるような格言. **motto** 自分の座右銘として選んだ maxim.

says [sez] *v.* say の直説法現在第三人称単数形.

Sb 〖化〗*stibium* (L.=antimony). **sb.** substantive.

S.B. *Scientiae Baccalaureus* (L. = Bachelor of Science); Shipping Board; simultaneous broadcasting; South Britain (England and Wales). **s.b., sb** 〖野球〗stolen base(s).

SbE(W) south by east (west).

sbir·ro [sbírou, zbírou] It. *n.* (*pl.* ***-ri*** [-ri:]) (イタリアの) 警官.

'sblood [zblʌd] *int.* 〖古〗畜生!, ちぇっ!, しまった!, いや全く! [<*God's blood*]

S.C. Sanitary Corps; Security Council (of the United Nations) (国連) 安全保障理事会; Signal Corps; South Carolina; Staff Corps; Supreme Court. **Sc** 〖化〗scandium; 〖気〗strato-cumulus. **Sc.** Scotch; Scotland; Scots; Scottish. **sc.** scale; scene; science; *scilicet* (L. = namely); scruple; *sculpsit*.

scab [skæb] *n.* **1** かさぶた. **2** かいせん; ひぜん; 《特に羊の》皮膚病. **3**〖植〗《ジャガイモ・リンゴなどの》斑点(ﾊﾝﾃﾝ)病. **4** 労働組合に加入しない労働者, 非組合員, スト破り; 裏切り者. **5**〖俗〗悪党, ならず者.

── *vi.* (**-bb-**) **1** 〈傷口が〉かさぶたを生じる. **2**〖米〗非組合員として働く, 罷業者に代わって働く, スト破りをする.

~·land [-lænd] 起伏する不毛の火山地帯.

scáb·bard [skæbərd] *n.* 《刀などの》さや. ***fling*** [***throw***] ***away the ~*** あくまで戦う, 断固たる処置をとる. ── *vt.* **1** さやに納める. **2** にさやをつける.

~ fish 〖魚〗タチウオ.

scáb·bed [skæbid, skæbd] *a.* かさぶたのある, かさぶただらけの; ひぜんにかかった. ◇ **~·ness** *n.*

scáb·by [skæbi] *a.* **1** = scabbed. **2**〖話〗きたない, 卑しい, けちな.

◇ **scáb·bi·ly** *ad.* **scáb·bi·ness** *n.*

scá·bi·es [skéibiì:z, -bi:z] *n.* 〖医〗かいせん, ひぜん.

scà·bi·ó·sa [skèibióusə] *n.* 〖植〗松虫草属の植物.

scá·bi·ous[1] [skéibiəs] = scabiosa. 「のような.

scá·bi·ous[2] *a.* **1** =scabby. **2** かいせんの, かいせん

scá·brous [skéibrəs] *a.* **1** ざらざらした, でこぼこの. **2** 困難な, やっかいな. **3**〖文芸〗《主題・場面など》取り扱いにくい. **4** わいせつな, きわどい.

scad [skæd] *n.* 〖魚〗アジ.

scads [skædz] *n. pl.* 〖米俗〗たくさん: ~ of guests たくさんのお客. ~ of money 巨額の金.

scáf·fold [skæf(ə)ld, -fould] *n.* **1**《建築場などの》足場. **2** 処刑〔絞首〕台. **3**《野外の》組み立てさじき, 舞台. **4**〖医〗骨格. ***bring*** [***send***] ***to the ~*** 死刑にする. ***go to*** [***mount***] ***the ~*** 死刑になる.

── *vt.* **1** に足場を設ける; 足場でささえる. **2** ~の上に載せる. ◇ **~·ing** *n.* 《建築場の》足場; その

scagl·ió·la [skæljóulə] *n.* 人造大理石. └材料.

scál·a·ble [skéiləbl] *a.* **1**《はかりで》量れる. **2**《うろこが》はぎ落とせる. **3**《山など》登れる.

scá·lar [skéilər] *n.* 〖数〗スカラー(量). →vector.

── *a.* **1**〖数〗スカラーの. **2** =scalariform.

~ product 〖数〗スカラー乗積, 内積. 「状の.

sca·lár·i·form [skəlærifɔ:rm] *a.* 〖動・植〗はしご

scál·a·wag [skæləwæg] *n.* **1**〖話〗ごくつぶし, やくざ者. **2** 飼養不良〔普通体格以下〕の動物. **3**〖米話〗南北戦争後共和党に味方した南部の白人.

scald[1] [skɔ:ld] *n.* **1** やけど《熱湯・熱気などの》: ~ and burns 湯傷と火傷. **2**《くだものなどの》蒸れ腐れ, うれ腐れ; 〖米〗《炎暑による》木の葉の変色; 日焼け.

── *vt.* **1** 《~ oneself の形でまたは受動態で》熱湯〔湯気〕でやけどする: be ~*ed* to death やけどで死ぬ. **2**《沸騰点ちかくまで》熱くする; ゆでる, 湯がく: ~ milk. **3** 煮沸する. **4** 熱湯消毒する.

── *vi.* やけどする.

Don't ~ your lips in another man's porridge. 〖諺〗いらぬ口出しをするな. ***~ oneself*** やけどをする. ***~ed cream*** 牛乳を沸騰点ちかくまで熱してさましてつくったクリーム. ***~ing tears*** 熱涙.

~ head 《子どもの》白雲頭.

◇ **~·er** *n.* 熱湯消毒器.

scald[2] *n.* 中世の北ヨーロッパの吟唱詩人 (skald). ◇ **~·ic** *a.*

‡**scale**[1] [skeil] *n.* **1** 目盛り; 尺度; ものさし: the ~ of a clinical thermometer 体温計の度盛り. **2**《地図などの》縮尺, 比率: a map drawn to a ~ of ten miles to the inch 10マイル1インチの縮尺による地図. **3**《賃銀・料金・税などの》率: a ~ of taxation 税率. **4** 規模: a plan of a large ~ 大規模な計画. **5** 等級, 段階: rise in the social

～ 社会的地位が上がる. **6**〘楽〙音階: the major [minor] ～ 長[短]音階. chromatic [diatonic] ～ 半[全]音階. **7**〘数〙進法, 記法: the decimal ～ 十進法. ***on a large* [*small*] ～** 大[小]規模に, 大々的に[こぢんまりと]. ***play* [*sing*] *one's* ～** 音階をひく[歌う]. ***sink in the* ～** 下位に落ちる. ***to* ～** 一定の比例[割合]で, 案分比例で: drawn *to* ～ 一定の比で縮小[拡大]された.

—— *vt.* **1** はしごで登る; <山などに>登る: ～ the wall by ladders 城壁をはしごで登る. **2** <図を>縮尺で引く; 一定の割合でつくる, 率によって決める; (段階的に)減らす《*down*》: ～ a map 縮尺で製図する. **3** <人物・物品を>適当に判断する. **4**〘米〙<立ち木などの量を>ざっと見積もる; 概算する. —— *vi.* 登る; だんだん高くなる. **～ *down* [*up*]** 率に応じて減じる[増す]. **～-*ing ladder*** 《攻城・消防用の》長はしご; よじ登りはしご; 消防はしご. [√scal-]

‡**scale**² *n.* **1** てんびんのさら; (*pl.*) てんびん; はかり: a pair of (the) ～*s* てんびん; はかり. **2** (the S～)〘天〙てんびん座. **3** 評価の基準; 《比喩的》正義のさばき. ***go to* ～** 《騎手がレースの前後に》体重を量る. ***go to* ～ *at*** 体重が…ある. ***hang in the* ～** どちらとも決定しない. ***hold the* ～*s even* [*equally*]** 公平にさばく. ***be in the* ～(*s*)** 風前のともしびである. ***throw the sword into the* ～** 武力で要求を貫こうとする. ***tip the* ～(*s*)** 一方を優勢にする. ***turn the* ～(*s*)** (1) 重さがある: He *turned the* ～ at 80 lb. 彼は80ポンドあった. (2) はかりの一方を重くする; 局面を一変させる, 決定的にする.

—— *vt.* はかり[天びん]で量る; 比べる.

—— *vi.* 目方がある.

～ beam はかりざお; 目盛りざお.

scale³ *n.* **1** うろこ: scrape the ～*s* off a fish 魚のうろこをかきとる. **2** うろこ状の物; 《鳥の足・チョウなどの》鱗片(りんぺん), 鱗粉; 〘医〙かさぶた, 《皮膚の》薄片; 〘植〙《芽・つぼみの》芽鱗, 《豆の》さや, から; 《よろいの》薄板; 《かみそりの》側面. **3** 《ボイラーなどの》湯あか; 歯くそ, 歯石. **4**〘虫〙カイガラムシ (= ～ insect). ***fall in* ～*s*** <古ペンキなどが>ぼろぼろはげる. ***remove the* ～*s from* a person's *eyes*** 目のかすみをとる, 目ざませる. ***S～s fall from* one's *eyes.*** 〘聖〙目からうろこが落ちる, 誤りを悟る《使徒行伝 9:18》.

—— *vt.* **1** からうろこを落とす; のからをむく. **2** うろこ状のものでおおう; にうろこ状のものを生じさせる. **3** の湯あかを落とす. 〈注〉この意味では descale が普通. **4** の水を切る《平らな石で》. —— *vi.* **1** 《うろこのように》はげ落ちる《*off*》. **2** 湯あかがつく.

⌒-board [⌒⌒]《額・鏡などの》裏板; 〘印〙活字整とん用の板. **～ moss**〘植〙ゼニゴケの類.

scaled [skeild] *a.* **1** 目盛りのある. [<scale²] **2** うろこ状の; 〘動〙うろこのある; うろこを落とした. [<scale³]

sca·léne [skeilíːn/⌒⌒] *a.* **1**〘数〙不等辺の; 《円すい体の軸が》斜めの. **2**〘医〙斜角筋の.

—— *n.* **1**〘数〙不等辺三角形. **2**〘医〙斜角筋.

scall [skɔːl] *n.* =scurf; かいせん.

***dry* [*moist*] ～** かいせん[湿疹(しっしん)].

scál·la·wag = scalawag.

scál·lion [skǽljən] *n.*〘植〙ニラネギ; ワケギ.

scál·lop [skáləp, skǽl-/skɔ́l-] *n.* **1**〘貝〙帆立貝; その殻(から)《昔の聖地巡礼の記念章》. **2** 貝なべ, 浅なべ. **3** (*pl.*) 扇状の飾り, スカラップ《衣服飾り》.

—— *vt.* **1** 貝なべで煮る, なべ焼きにする. **2** 扇形にする; 扇形で飾る. ◇ **～·ing** *n.* **1** 帆立貝漁業. **2** 扇形飾り, スカラップ模様[装飾].

scál·ly·wag [skǽliwæ̀g] =scalawag.

scalp [skælp] *n.* **1** 頭皮; 頭髪つき頭皮《特に北アメリカ原住民が勝利の印に敵からとった》; 〘古〙頭骨. **2** 戦利品, 戦勝記念品. **3**〘話〙《相場の小浮動による》利ざや, 小利潤. **4** 丸くはげた山頂. **5**〘紋〙頭皮つきのシカの角. **6** 《カキなどの》養殖場. ***have the* ～ *of*** を負かす, をやっつける. ***out for* ～*s*** 頭皮狩りに出て; 復讐(ふくしゅう)しようとして; 挑戦(ちょうせん)的に. ***take* a person's ～** (人)の頭皮をはぎとる; (人)に勝つ, 復讐する.

—— *vt.* **1** の頭皮をはぐ《特に北アメリカ原住民が戦勝の印に》. **2**〘米話〙<乗車券などの>ダフ屋をやる; で利ざやかせぎをやる; のあたまをはねる. **3** けなす, 酷評する. **4**〘米〙から政治力を奪う.

scál·pel [skǽlpel/-p(ə)l] *n.* 外科用メス.

scálp·er [skǽlpər] *n.* **1** 頭皮をはぐ人. **2** 利ざやかせぎ, ぴんはねする人. **3** 《切符・株の》仲買人, ダフ屋. **4** 《彫刻用》丸のみ (scauper).

scál·y [skéili] *a.* **1** うろこのある, うろこ状[だらけ]の. **2**〘植〙鱗片(りんぺん)のある. **3** カイガラムシのついた. **4** うろこのようにはげる. **5** 湯あかのついた. **6**〘俗〙卑しい, きたない, けちな. [<scale³] ◇ **scál·i·ness** *n.*

scám·mo·ny [skǽməni] *n.*〘植〙スカモニ《昼顔科の植物》; 《その根から採る》樹脂《下剤用》.

scamp¹ [skæmp] *n.* ならず者, ごろつき, 不良.
◇ **⌒-ish** *a.*

scamp² *vt.* <仕事などを>ぞんざいにする, の手を抜く.
◇ **⌒-er** *n.*

scám·per [skǽmpər] *vi.* **1** 逃走[疾走]する《*away, off*》. **2** はね回る, 駆け回る《*about*》. **3** 走り読みする《*through*》. —— *n.* **1** 疾走. **2** 急ぎ旅《*through*》. **3** 走り読み《*through*》.

scan [skæn] *v.* (**-nn-**) *vt.* **1** の韻律を正しく読む[調べる]. **2** 精査する, 細かく調べる; つくづく見入る. **3**〘米話〙<新聞などに>ざっと目をとおす: He ～*ned* the newspaper while having his breakfast. 彼は朝食をとりながら新聞にざっと目をとおした. **4**〘テレビ〙<映像を>走査する. **5**〘通信〙<ある地域を>レーダーで探る. —— *vi.* **1** 韻律に合う; 韻脚に分かれる: This line does not ～. この行は韻律に合わない. **2** 詩行を韻脚に分ける.

—— *n.* ～すること; 精査. [√scand-]

◇ **⌒·ner** *n.* **1** 入念に調べる人. **2** 韻脚に分ける人. **3** = scanning disk.

Scan. Scandinavia. **Scand.** Scandinavia(n).

‡**scán·dal** [skǽndl] *n.* **1 醜聞**, スキャンダル, 疑獄, 汚職事件: create a ～ 醜聞になる. **2 不名誉**, 名折れ; 信用を失わせるもの: Those slums are a ～ to the town. このスラム街は町の恥だ. His bad conduct is a ～ to those who once respected him. 彼の不行状はかつて彼を尊敬した人々の不信をかっている. **3** 《スキャンダルに対する》世間の憤慨, 驚き, 物議. **4 悪評**; 中傷; 陰口; 〘法〙誹謗(ひぼう): Everyman enjoys a bit of ～. だれでもちょっとした陰口をきくのが好きだ. talk ～ 中傷する.

be a* ～ *to の名折れである[恥である]. ***become* ～** 世間の物議をかもす. ***cause* [*give rise to*] ～** 世間を騒がせる; 世人を憤慨させる. ***It is a* ～ *that* …** …ということは実にけしからん[不面目きわまる]. ***to the great* ～ *of*** …がとても憤慨したことには.

～·mòn·ger 悪口・醜聞を広める人, 金棒引き.

scán·dal·ize [skǽnd(ə)làiz] *vt.* **1** <人に>けしからぬと思わせる, 憤慨させる. **2** 中傷する; の体面を汚す. ***be* ～*d at* [*by*]** に憤慨する.
◇ **scàn·dal·i·zá·tion** [⌒d(ə)lizéiʃ(ə)n/-laiz-] *n.*

scán·dal·ous [skǽnd(ə)ləs] *a.* **1** けしからぬ, 恥ずべき. **2** 中傷的な, 悪口を言う; 中傷好きな.
◇ **～·ly** *ad.*

Scàn·di·ná·vi·a [skæ̀ndinéiviə, -vjə] *n.* Sweden, Norway, Denmark の総称《ときに Iceland も含む》; 昔の Northmen の国.

Scàn·di·ná·vi·an [-n] *a., n.* スカンジナビアの; スカンジナビア人[語](の). ***the* ～ *Peninsula*** スカンジナビア半島《Sweden, Norway を含む》.

scán·di·um [skǽndiəm] *n.*〘化〙スカンジウム《希金属元素. 記号 Sc》.

scán·ning [skǽniŋ] *n.* **1** 精査. **2**〘テレビ〙走査.

S

3 =scansion.
～ beam 〘テレビ〙 走査光束. **～ disk** [**disc**] 走査板《初期のテレビの》. **～ line** 〘テレビ〙 走査線.

scán·sion [skǽnʃ(ə)n] *n.* 〘韻〙 韻律法; 韻律をつけて読むこと. → 動詞 scan.

scan·só·ri·al [skænsó:riəl/-sɔ́:r-] *a.* 〘動〙《鳥の足など》よじ登るに適した.

scant [skænt] *a.* **1** 乏しい, 足りない, 不十分な; やっとの: be ～ *of* money 金の持ち合わせがない. the tree that has ～ foliage 葉の貧弱な木. a ～ chance of one man in ten 10人にひとりの少ないチャンス. pay ～ attention あまり注意しない. receive with ～ praise《新作などを》冷ややかに迎える. **2** 〘俗〙 つましい, けちな.
—— *ad.* 〘方〙 やっと, かろうじて.
—— *vt.* 出ししぶる, 惜しむ, けちけちする: Don't ～ the butter if you want a rich cake. おいしいケーキをつくりたければバターを惜しまないで使いなさい.
◇ **∸·ly** *ad.* **∸·ness** *n.*

scánt·ies [skǽntiz] *n. pl.* 婦人用の短いパンティー.

scánt·ling [skǽntliŋ] *n.* **1**《たるきなどに用いる5インチ角以下の》小角材; 《集合的》小角材類. **2**《木材・船材の》木口(こぐち)寸法. **3** 少量《*of*》.

‡**scánt·y** [skǽnti] *a.* **1** 乏しい, わずかな, 不十分な: a ～ income わずかな収入. ↔plentiful, ample. **2** 貧弱な, けちけちした. ◇ **-i·ly** *ad.* **-i·ness** *n.*

scape[1] [skeip] *n.* **1** 〘植〙《直接地中の根ぎわから出る》花茎. **2** 〘鳥〙 羽軸. **3** 〘建〙 柱身. **4** 〘虫〙 触角根.

'scape, scape[2] 〘古〙 =escape.

-scape [-skèip]「けしき」の意の語形成要素: land*scape*, sea*scape*.

scápe·goat [skéipgòut] *n.* **1** 〘聖〙 昔ユダヤで贖罪(しょくざい)日に人の罪を負うて荒野に放たれたヤギ《旧約レビ記16:8-22》. **2** 他人の罪を負う人, 身代わり.
◇ **～·ism** *n.*《他人への》罪の転嫁.

scápe·grace [skéipgreis] *n.* やくざ者, やっかい者.

scá·pu·la [skǽpjulə] *n.* (*pl.* **-lae** [-li:], **-las**) 〘医〙 肩胛(けんこう)骨. [＜L.]

scáp·u·lar [-lər] *a.* 肩の; 肩胛骨の.
—— *n.* **1** 〘カトリック〙 修道士の肩衣(かたぎぬ)〔肩布〕. **2** 〘医〙 肩胛包帯; 肩胛骨. **3** 〘動〙《鳥の》肩羽.

‡**scar**[1] [skɑ:r] *n.* **1**《けが・できものなどの》傷あと, あと: a vaccination ～ 種痘のあと. **2**《一般的》跡. **3**《心・名声などの》傷: ～*s* upon one's good name 人の名声にかかわる傷. **4** 〘植〙 葉痕(ようこん).
—— *v.* (**-rr-**) *vt.* に傷あとを残す.
—— *vi.* 傷あとを残してなおる.

scar[2] *n.* 〘英〙 **1** 断崖(だんがい). **2** 暗礁.

scár·ab [skǽrəb] *n.* **1**《特に古代エジプト人が神聖視した》コガネムシの一種. **2** コガネムシ形に彫刻した宝石〔印形〕《古代エジプト人のお守り》.

scàr·a·báe·us [skærəbí:əs] *n.* (*pl.* **-us·es, -i** [-bí:ai]) =scarab ②.

Scár·a·mouch [skǽrəmàutʃ, -mù:ʃ/-mautʃ, -mu:tʃ] *n.* **1**《イタリア古喜劇に出る》からいばりするおくびょうな道化役. **2** (s～) やくざ者.

‡**scarce** [skɛərs] *a.* **1**《叙述的に》乏しい, 欠乏した《に *of*》: be ～ *of* provisions 食糧が不十分である. Money is ～. 金があまりない. Good cooks are ～. 良いコックはなかなかいない. **2** まれな, めったにない: a ～ book 珍本. →名詞 scarcity.
make one***self*** ～ 〘話〙 そっと立ち去る; 引退する.
—— *ad.* 〘古・雅〙 =scarcely. ◇ **∸·ness** *n.*

‡**scárce·ly** [skɛ́ərsli] *ad.* **1** やっと, かろうじて: He is ～ seventeen. 彼は17歳になるかならないくらいです. → hardly. **2** ほとんど…でない; まさか…するようなことはない: I can ～ see. ほとんど見えない. He can ～ have done so. まさか彼はそんなことはしなかったでしょう. **3** 断然…でない: This is ～ the time for arguments! 今は議論しているときではない!
～ *any* ほとんどない: I gained ～ *any*thing. ほとんどなにもうるところはなかった. **～ … *but*** …しないものはほとんどない: There is ～ a man *but* has his weak side. 弱点をもたない人はほとんどいない. **～ *ever*** めったに…しない. **～ *less*** ほとんど等しく: ～ *less than* 200 dollars ほぼ200ドル. **～ … *when*** [***before***] …するかしないうちに, …するとほとんど同時に: He *had* ～ escaped [*S*～ *had* he escaped] *when* he *was* recaptured. 彼は逃げるか逃げないうちにまたつかまった.

scárce·ment [skɛ́ərsmənt] *n.* 〘建〙 壁の足がかり, 「犬走り, 小段.

***scár·ci·ty** [skɛ́ərsiti] *n.* **1** 不足; 欠乏. **2** ききん, 食糧不足. **3** まれなこと, 珍しいこと.

‡**scare** [skɛər] *vt.* **1** おびえさせる, こわがらせる: a ～*d* look おびえた顔. I'm ～*d*. どきっとしたよ. **2** おどして…させる: ～ away [off] 追い払う.
—— *vi.* びっくりする, 驚く; おびえる: That horse ～*s* easily.
be more ～d than hurt 取り越し苦労をする. **～ *at nothing*** なんでもないことに驚く. **～ *information out of*** a person (人)をおどして情報を聞き出す. **～** a person ***into*** (人を)おどして…させる. **～ *out*** 〘米話〙〈潜んでいる鳥獣などを〉かり立てる. **～ *up*** 〘米話〙〈金・人員・食物などを〉かき集める; 努力して見つける.
—— *n.* **1** やたらにびくびくすること, 理由のない恐怖; 世間騒がせ: a war ～ 戦争の不安,「戦争騒ぎ」. **2** 〘商〙 恐慌. ***cause a ～*** 人騒がせをする. ***throw a ～*** 〘米〙 あっと言わせる, どぎもを抜く《に, の *into*》.
～ buying 不足を見越しての購入. **∸·crow** [-kròu] かかし; みすぼらしい〔やせた〕人; こけおどし. **∸·head** [∸∸], **∸·hèad·ing, ～ headline** 〘米話〙 新聞の大見出し《特だね用》. **∸·mòng·er** 世間騒がせをする人.
◇ **～d** *a.* おびえた. **scár·ing·ly** [skɛ́(:)riŋli/skɛ́ər-] *ad.*

‡**scarf**[1] [skɑ:rf] *n.* (*pl.* **scarves** [-vz], **～s** [-fs]) **1** スカーフ, えり巻き. **2** 結びネクタイ. **3**《たんす・テーブル・ピアノなどの》掛け布. —— *vt.* **1** にスカーフをつける; スカーフのように用いる. **2** おおう, 包む.
～ cloud 〘植〙《キノコの》かさ. ***∸·pin** [∸∸] 〘英〙 ネクタイピン, えり巻きどめ. **∸·ring** [∸∸] ネクタイ〔えり巻き〕とめ輪. **∸·skin** [∸∸]《つめの根元の》表皮.

scarf[2] *vt.* **1**〈木材・金属などを〉接合する, はめつぎする. **2**〈鯨に〉切り込みを入れて皮と脂肪をはぐ.
—— *n.* **1** 接合, はめつぎ. **2**《接合・はめつぎに用いる》金属片, 用材の片方. **3**《鯨の皮をはぐための》切り込み. **～ joint** はめつぎ, 段つぎ.

scár·i·fy [skǽrifài/skɛ́ər-, skǽr-] *vt.* **1** 〘医〙 乱刺〔乱切〕する. **2** 酷評する; の感情を害する. **3** 〘農〙 土かきする. **4**〈道路の表面を〉掘り起こす.
◇ **-fi·ca·tor** [-fikèitər] *n.* 〘医〙 乱刺器. **-fi·er** [-fàiər] *n.* 〘農〙 土かき器.

scàr·la·tí·na [skɑ̀:rlətí:nə] *n.* 〘医〙 猩紅熱(しょうこうねつ)「《軽症の》.

‡**scár·let** [skɑ́:rlit] *n.* **1** 緋(ひ), 深紅色. **2** 緋衣《イギリスで高位高官の礼服》. **3** (the ～) =cardinalate. **4** 罪悪を表徴する色.
—— *a.* **1** 緋の, 深紅色の. **2** 緋衣をまとった.
～ fever 〘医〙 猩紅熱(しょうこうねつ). **～ hat** 枢機卿(きょう) (cardinal) の帽子〔職〕. **～ letter** 緋文字《姦通(かんつう)の罰として胸につけた緋色の布でつくった adultery のかしら文字 A》. **～ rash** 〘医〙 ばら疹(しん). **～ runner** 〘植〙 紅花隠元. **～ sage** = salvia. **～ tanager** 〘鳥〙《アメリカ産》フウキンチョウ. **～ woman** [**lady, whore**], **the** 〘聖〙 緋色の女, 売春婦《黙示録 17:1-6》; 俗化したカトリック教会.

scarp [skɑ:rp] *n.* **1** 急坂, 急傾斜. **2** 〘築城〙《外ぼりの》内岸.
—— *vt.* **1** に急傾斜をつける. **2** に内岸を設ける.

scár·y [skɛ́(:)ri/skɛ́əri] *a.* 〘話〙 **1** 恐ろしい. **2** おくびょうな, びくびくな. [＜scare]

scat[1] [skæt] 〘米話〙 *int.* しっ!《ネコを追う声》.
—— *v.* (**-tt-**) *vi.*《通例命令形で》あっちへ行け.

—— *vt.* 〈ネコを〉しっ！と言って追い払う.

scat[2] *n.* 〖ジャズ〗スキャット歌 (＝〜 singing)《意味のない音節や即興の歌を楽器のような声で歌う》.
—— *vi.* (**-tt-**) 同上の歌をうたう.

scathe [skeið] *n.* 〖古・方〗傷害. ***without* 〜** 無事に. —— *vt.* **1**〖古・方〗傷つける, 害する. **2** 酷評する. ◇ **〜·less** *a.* 無事の, 無傷の, 無難の.

scáth·ing [skéiðiŋ] *a.* **1**《批評などが》痛烈な, 容赦しない. **2** 害する, 傷つける. ◇ **〜·ly** *ad.*

‡**scát·ter** [skǽtər] *vt.* **1 四散させる**, 追い散らす; まき散らす, 〈種などを〉散布する: The police 〜*ed* the crowd. 警官が群衆を散らした. a gust 〜*ing* the pile of leaves 落ち葉の山を散らす強風. 〜 seed 種をまく. **2** にばらまく, にまき散らす《を *with*》: 〜 a book *with* anecdotes 本のあちこちに逸話を入れる. **3**〈財産などを〉浪費する. **4**〈希望・恐怖・疑いなどを〉消散させる: 〜 one's delusions 迷いを晴らす. **5**〖物〗〈光を〉散乱させる: 〜 light.
—— *vi.* **1 ちりぢりになる**, 四散する. **2** 消散する.
〜 to the winds まき散らす, 乱費する.
—— *n.* **1** 散布, まき散らすこと〔されたもの〕: a 〜 of rain on the window 窓を打つ雨. a 〜 of applause 称賛の雨. **2**《散弾などの》飛散範囲.
〜·brain [⌐−⌐] 気の散る人. **〜·brained** [⌐−⌐] そわそわした, 落ち着きのない.
◇ **〜ed** *a.* ちりぢりになった, 離れ離れの; 散漫な; 乱れた. **〜·ing** [-təriŋ] *a.* まばらな, 散発的.
[類義語] **まく: scatter** ばらまく, まき散らす. 散ったものが目に見える, または乱雑な状態で存在していることを示唆する. **disperse** 群がっていたものを四散させる. 分散した結果には重点がない. **dissipate** 分散した結果消えてしまう. 消散する. **distribute** 周囲に行き渡るようにまき散らす. 散布する, 配る. **sprinkle** 水などを水滴にしてまく.

scaup [skɔ:p] *n.* 〖鳥〗スズガモ (＝〜 duck).

scáup·er [skɔ́:pər] *n.* 《彫刻用の》丸のみ.

scáv·enge [skǽvindʒ] *vt.* **1**〈市街を〉そうじする. **2**〈内燃機関などを〉排気する.
—— *vi.* **1** 市街そうじ人として働く. **2** 食物をあさる.

scáv·eng·er [skǽvindʒər] *n.* **1** 市街そうじ夫; 清掃具. **2**《ハゲタカなど》腐肉を食う動物. **3** 低俗作家. —— *vi.* そうじ屋をする; きたない仕事をする.

sce·na [ʃéinə, [米]+-nɑ:] It. *n.* 歌劇の一場面; 《劇的》独唱曲.

sce·nár·i·o [sinέ(:)riòu, -nɑ́:r-/-nɑ́:r-] *n.* (*pl.* **〜s**) 〖映〗シナリオ, 映画脚本; 《劇などの》筋書き.

sce·nár·ist [sinέ(:)rist, -nɑ́:r-/sí:nər-] *n.* シナリオ作家.

scend ＝send[2].

†**scene** [si:n] *n.* **1**《演劇の》**舞台面, 場景**; 《映画の》セット; 《舞台の》背景, 書き割り. **2**《劇の》**場**; 《舞台・映画に展開する》**場面**; «比喩的» 情景, できごと: Act III, *S*〜 ii 第3幕第2場. Parting was a sad 〜. 別離は悲しい情景だった. **3 光景**, 景, ながめ: The sunrise was a beautiful 〜. 日の出は美観だった. 〈注〉 scenery に対し scene は通例限られた一場面をさす. **4**《事件などの》**現場**: the 〜 of a historic event 歴史的事件のあった場所. **5** (泣くわめくの) 大騒ぎ: She made a 〜 to get her own way. 彼女は泣くわめくの大騒ぎを演じて自分のわがままをとおした.
behind the 〜s 舞台裏で; 裏面の事情に通じて; こっそりと. ***change of 〜*** 場面の変化; 転地. ***come*** 〔***appear***〕 ***on the 〜*** 舞台にあらわれる, 登場する. ***create*** 〔***make***〕 ***a 〜*** 《夫婦げんかなどで》大騒ぎを演ずる. ***have a nice 〜*** 活劇を演ずる «と *with*»; らんちき騒ぎをする. ***on the 〜*** 現場に, その場に. ***quit the 〜*** 退場する; 死ぬ.
⌐·man [-mən] (*pl.* **-men**) 〖劇〗道具方, 裏方. **〜 painter** 《劇場の》背景画家. **⌐·shìft·er** ＝sceneman. **⌐-stèal·er** 主役より観客にうける役者. [類] → **view**「ながめ」

‡**scén·er·y** [sí:n(ə)ri] *n.* **1** «集合的» 《劇の》**舞台面**, 背景, 道具立て. **2**《一地方全体の》**風景**, けしき. ***chew the 〜*** 大げさな演技をする. ***painted 〜*** 《舞台の》書き割り.

scé·nic [sí:nik, sén-] *a.* **1** けしきの, 風景の; 風光明媚(めいび)の. **2** 舞台の, 背景の; 道具立ての. **3** 劇的な, 芝居を見るような, 気どった. **4** 生き生きとした; 絵のような. **〜 beauty** 美しいけしき, 風光明媚な名所. **〜 effect** 舞台効果. **〜 railway** 遊覧豆鉄道《遊園地などの》; 〖米〗＝roller coaster.

scé·ni·cal [-(ə)l] ＝scenic.

sce·nóg·ra·phy [si:nɑ́grəfi/-nɔ́g-] *n.* **1** 遠近図法. **2**《特に古代ギリシアの》配景図 (法).
◇ **scé·no·graph** [sí:nəgræf/-grɑ:f] *n.* 遠近図; 配景画. **scè·no·gráph·ic** [sì:nəgrǽfik] *a.*

‡**scent** [sent] *n.* **1 におい**, 香気. → smell, odor. **2**《猟犬の》臭覚; 《人の》勘, 直覚力: have no 〜 for …に対する勘が鈍い. **3**《獣などの》臭跡; 《捜索の》手がかり: have (a) 〜 臭跡を追っている; 手がかりをつかんでいる. **4**〖話〗香水 (perfume). **5**《hare and hounds 遊びで》ウサギがまき散らしてゆく紙片.
cold 〔***hot***〕 ***〜*** 古い〔新しい〕臭跡. ***false 〜*** 誤った臭跡〔手がかり〕. ***follow up the 〜*** 遺臭をかぎながら追跡する; 手がかりをたどって行く. ***get*** 〔***take the***〕 ***〜 of*** をかぎ出す〔つける〕, を感づく. ***on the 〜*** かぎつけて, 手がかりを得て. ***put*** 〔***throw***〕 a person ***off the 〜*** ＝***put*** a person ***on the*** 〔***a***〕 ***wrong 〜*** (人を) まく; 跡をくらます. ***put … on the 〜*** …に跡を追わせる; …に手がかりをつかませる.
—— *vt.* **1** かぐ, かぎ出す〔わける〕«*out*»: 〜 *out* a fox. **2**〈秘密などを〉かぎつける, 感づく; 疑い始める: 〜 danger. **3** におわす, かおらせる: 〜 the air 〈花が〉あたりにいいにおいを放つ.
—— *vi.* 《遺臭で》追跡する «*about*». [√sent-]
〜 bottle 香水びん. **〜 gland** 〖動〗じゃこう分泌腺(せん).
◇ **⌐·ed** [-id] *a.* におい入りの, 香水をつけた, 芳しい. **⌐·less** *a.* **1** においのない. **2** 臭覚のない, 鼻のきかない. **3**《狩猟で》臭跡の消えた.
[類] → **smell**「におい」

scép·sis, skép·sis [sképsis] *n.* 懐疑 (哲学).

scép·ter, [英] -tre [séptər] *n.* **1**《王が持つ》笏(しゃく). **2** (the 〜) 王位, 王権; 主権. ***lay down the 〜*** 王位を退く. ***wield the 〜*** 支配〔君臨〕する. —— *vt.* に笏を与える; 王位につかせる.
◇ **-tered, [英] -tred** *a.* 王権を有する; 王位についた.

scép·tic, -ti·cal ＝skeptic, skeptical.

Scha·den·freude [ʃɑ́:d(ə)nfrɔ̀id(ə)] G. *n.* 他人の不幸を喜ぶこと.

Schan·ze [ʃǽntsə] G. *n.* 〖スキー〗シャンツェ, ジャンプ踏切台.

‡**schéd·ule** [skédʒu:l, -dʒul/ʃédju:l] *n.* **1 時間表**, 時間割: a train 〜 列車時刻〔発着〕表. **2**〖米〗**予定**, スケジュール, 日どり, 期日: my 〜 *for* tomorrow 私のあすの予定. a heavy 〜 多忙をきわめた日程. **3** 表, 一覧表; 目録; 《本表に付属した》別表; 付属明細書, 条目: a 〜 of prices 定価表.
behind 〜 予定時間に遅れて. ***on 〜*** 時間〔予定〕どおり; 定期的に. ***to 〜*** 予定どおりに; 予定によると. —— *vt.* **1 予定する** «しばしば受動態で»: The meeting *is 〜d for* Sunday. 会合は日曜日に予定されている. I *am 〜d to* leave next week. 私は来週出発の予定です. **2** の〜を作る; 〜に記載する.

schée·lite [ʃí:lait] *n.* 〖鉱〗灰重石.

sché·ma [skí:mə] *n.* (*pl.* **〜·ta** [-tə]) **1** 大要, 一覧. **2** 図式, 図解. **3**〖論〗《三段論法の》格. **4**〖修〗形容, 比喩(ひゆ).

sche·mát·ic [ski:mǽtik] *a.* 大要の; 図式的な.
〜 diagram 模型図, 構成図. ◇ **-i·cal·ly** *ad.*

‡**scheme** [ski:m] *n.* **1** 計画, 企画, 設計: lay down a 〜 計画を立てる. **2** たくらみ, 計略, 陰謀 (in-

trigue). **3** 組み立て, 組織, 機構. **4** 一覧表, 図式 (schema). **5** 概要, 大要: the ～ of work for the current year 本年度事業計画概要.
— *vt., vi.* **1** 計画〔案出〕する. **2** たくらむ.
◇ **schém·er** [-ər] *n.* 計画〔考案〕者; 陰謀家, 策士. **schém·ing** *a., n.* たくらみのある, こうかつな; たくらむこと. 【類】 → **plan**「計画」

scher·zán·do [skɛərtsá:ndou, -tsǽn-/-tsǽn-] *ad.* 〘楽〙スケルツォ風に. [<It.]

schér·zo [skɛ́ərtsou] *n.* (*pl.* **-zos, -zi** [-tsi:]) 〘楽〙スケルツォ《ソナタや交響曲の諧謔(かいぎゃく)曲》. [<It.]

Schick [ʃik] ～ *test* 〘医〙シック氏試験《オーストリアの B. Schick の発明したジフテリア免疫反応検査》.

Schie·dám [ski:dǽm, ㊇⁺-dá:m] *n.* オランダ Schiedam 産のジン酒.

Schíl·ler [ʃílər] *n.* Johann Friedrich von [jóuhɑ:n-frí:driç-fən-] ～, 1759–1805, ドイツの詩人・劇作家.

schíl·ling [ʃíliŋ] *n.* オーストリアの貨幣単位.

schíp·per·ke [skípərki/ʃíp-, skíp-] *n.* 〘動〙《ベルギー産の》愛がん用黒い小犬《もと荷船の番犬》.

schism [síz(ə)m] *n.* **1** 分派, 分裂《特に教会・宗派の》. **2** (宗派) 分裂〔離教〕の罪.

schis·mát·ic [sizmǽtik] *n.* 宗派分離論者.
— *a.* **1** 分離の. **2** 宗派分裂を起こす; 宗派分離の罪を犯す. ◇ **-i·cal** [-(ə)l] *a.* =schismatic. **-i·cal·ly** *ad.*

schist [ʃist] *n.* 〘地〙片岩. ◇ **∼·ose** [-ous], **∼·ous** [-əs] *a.* 片岩の; 片岩状〔質〕の.

schizo- 「分裂」「割れ目」の意の語形成要素.

schíz·o·carp [skízọkɑ̀:rp/-tsọ-] *n.* 〘植〙分離果.

schìz·o·gén·e·sis [skizọdʒénịsis/-tsọ-] *n.* 〘生〙分裂生殖.

schíz·oid [skízɔid/skíts-] *a., n.* 精神分裂症の〔に似た〕(人).

schìz·o·my·céte [skizọmaisí:t/-tsọ-] *n.* (*pl.* **∼s**) 〘生〙分裂菌; (*pl.*) 分裂菌類.

schìz·o·phré·ni·a [skizọfrí:niə/-tsọ-] *n.* 〘医〙精神分裂症. ◇ **schìz·o·phrén·ic** [-frénik] *a., n.* 精神分裂症の (患者).

schmaltz [ʃmɑ:lts] *n.* 〘話〙 **1** ひどく感傷的な曲. **2** 脂肪《特に鶏肉の》.

schmo(e) [ʃmou] *n.* 〘米俗〙うすのろ.

schnap(p)s [ʃnæps, ㊇⁺ʃnɑ:ps] *n.* オランダジン(酒); 《一般的》強い火酒.

schnáu·zer [ʃnáuzər] *n.* ドイツ種のテリア犬.

schnook [ʃnuk] *n.* 〘米俗〙間抜け (野郎).

schnór·chel,-kle,-kel [ʃnɔ́:rk(ə)l] =snorkel.

schnór·rer [ʃnó:rər/ʃnɔ́rə] *n.* 〘米俗〙他人の援助をあてにする人.

schnóz·zle [ʃnázl/ʃnɔ́zl] *n.* 〘俗〙鼻.

‡**schól·ar** [skálər/skɔ́lə] *n.* **1** 学者; 《特に》古典学者. **2** 学問のある人; 語学に達者な人: I am no ～. 学問はろくにありません. He is a good German ～. ドイツ語が達者だ. **3** 奨学生, 特待生. **4** 学生; 門下生; 学習者. 【類】 → **pupil**「学生」

***schól·ar·ly** [skálərli/skɔ́l-] *a.* **1** 学者らしい. **2** 学問的な: a ～ work 学問的著作. **3** 博学な, 学問のある. **4** 学問の好きな, 勉強家の.
— *ad.* 学者らしく. ◇ **-li·ness** *n.*

‡**schól·ar·ship** [skálərʃip/skɔ́l-] *n.* **1** 学識, 学問《特に古典の》. **2** 奨学金 (制度): a student holding a ～ 奨学金を受けている学生. study on a ～ 奨学金で勉学する. **3** 奨学生の資格.
【類】 → **learning**「学識」

scho·lás·tic [skọlǽstik] *a.* **1** 学校の; 教育の, 学問の; 学徒〔学究〕の: the ～ profession 教職. **2** 学者風の, 学者ぶった, 形式的な. **3** (しばしば S～)《中世の》スコラ哲学 (者) の.
— *n.* **1** 学徒, 学生; (通例 S～) スコラ哲学者. **2** 学者ぶる人; 形式家. **3** 〘カトリック〙イエズス会 (Society of Jesus) の修道生, 神学生.
～ **year** 学年. → calendar year, fiscal year.
◇ **-ti·cal·ly** *ad.* **-ti·cism** [-tisiz(ə)m] *n.*

schó·li·ast [skóuliæst] *n.* 古典注解者.
◇ **schò·li·ás·tic** *a.* 古典注解 (者) の; 注釈の.

schó·li·um [skóuliəm] *n.* (*pl.* **-a** [-liə]) **1** (通例 *pl.*) 傍注《ギリシア・ローマの古典につけた》. **2** 《一般的》評注, 注解.

†**school**¹ [sku:l] *n.* **1** 学校; 養成〔教習〕所, 研修所, 塾(じゅく): enter a ～ 入学する. keep a ～ 塾〔私立学校〕を経営する. a night [day] ～ 夜〔昼〕間学校. a girls' ～ 女学校. **2** 《無冠詞で》学校 (教育), 授業: attend ～ 通学する. leave [quit] ～ 卒業〔退学〕する. There is no ～ today. きょうは授業がない. **3** 学部《一般に大学院課程を含むもの》; 大学院: the *S*～ of Law 法学部. a graduate ～ 大学院. **4** 《Oxford 大学の》学位試験科目; 学位試験 (場). **5** (the ～s) 諸大学, 学界: the views accepted by the ～*s* 学界によって認められた見解. **6** 《大学に対して》中〔高等〕学校 (=high ～): ～*s* and colleges 小・中・高校および大学. **7** 《集合的》全校の生徒 (と教員): The new teacher was liked by the whole ～. 新任教員は全校生徒に好かれた. **8** 教室; 講堂: the fifth form ～ 〘英〙5 年級教室. **9** 派, 学派, 流派: paintings of the Flemish ～ フランダース派の絵画. **10** 修業 (の場); 軍事教練: the ～ of adversity 逆境の試練.
after ～ 放課後. ***at*** ～ 授業を受けて; 就学中, 学校で, 登校して. ***go to*** ～ 通学する, 登校する; 就学する. 〈注〉主語が複数でも school は複数形をとらない. ***go to*** ～ ***to*** に教えを受ける, に学ぶ. ***in for one's*** ～***s*** 《Oxford 大学で》学位試験を受験中. ***in*** ～ 在学中; 学校に行って. ***in the*** ～***s*** 《Oxford 大学で》学位試験を受験中〔実施中〕で. ***of the old*** ～ 旧式の. ***out of*** ～ 学校を出て, 卒業して. ***public*** ～ (1) 〘英〙パブリックスクール《おもに上中流子弟のための私立の寄宿制学校》. (2) 〘米〙公立学校. ***teach*** ～ 学校で教える. ***tell tales out of*** ～ 内の秘密を外にもらす, 恥さらしをする.
— *vt.* **1** 教育する, 教える. **2** しつける, 訓練する: ～ a horse 馬を調教する. ～ oneself to patience 忍耐力を養う. **3** 押える: ～ a bad temper 短気を起こさないようにする.
～ **age** 学齢; 義務教育年限. ～ **attendance** 就学; 登校. **∼·bag** [∸∸] 〘米〙(通学用) かばん. ～ **board** 〘米〙教育委員会; 〘英〙学務委員会. **∼·book** [∸∸] 教科書. †**∼·boy** → 別項. ～ **bus** スクールバス. **∼·chìl·dren** *pl.* 学童. ～ **commissioner** 〘米〙視学 (官). ～ **committee** 〘米〙学務委員会. ～ **day** (1) 授業日; (1 日の) 授業時. (2) (*pl.*) 学校〔学生〕時代. ～ **district** 学区, 校区. **∼·fèl·low** 同窓生, 学友. †**∼·girl** → 別項. ‡**∼·house** [∸∸] 校舎; 〘英〙public school の校長宅〔寄宿舎〕. ～ **inspector** 視学 (官). **∼·ma'am, ∼·marm** [-mɑ̀:(r)m] 〘米話〙 (1) =schoolmistress. (2) 学者ぶった女. **∼·man** [-mən, ㊇⁺-mæ̀n] (*pl.* **-men**) (1) 学校教師. (2) (しばしば S～) 中世の大学教授; スコラ神学者〔哲学者〕. ‡**∼·màs·ter** → 別項. **∼·mate** [∸∸] 学友, 同窓. ～ **miss** 〘英〙女学生; はにかみ屋 (の娘). ***∼·mìs·tress** 女教師; 女の校長. ～ **myopia** 学校近視《長時間の授業継続による屈折性近視》. ～ **pence** 〘英〙小学校の授業料《もと毎週納めた》. **∼·room** [∸∸] 教室; 《家庭の》勉強べや. ～ **ship** 練習船. **∼·tèach·er** 《特に小・中学校・高校の》教師. **∼·tèach·ing** 授業, 課業; 教職. **∼·time** [∸∸] (1) 授業時間, 《家庭での》勉強時間. (2) (通例 *pl.*) 学生〔学校〕時代. **∼·work** [∸∸] 学業; (学校の) 課題; 成績. **∼·yard** [∸∸] 校庭, (学校の) 運動場. ～ **year** 学年 (academic year) 《ふつう 9 月から 6 月まで》.

school² *n.* 《魚・イルカなどの》群れ.
—— *vi.* 〈魚などが〉群がる, 群れをなして進む.

†**schóol·boy** [skú:lbɔ̀i] *n.* **1** 男の生徒. **2** 《名詞を形容して》生徒の〔らしい〕. ◇ ～**·ish** *a.*

†**schóol·girl** [skú:lgə̀:rl] *n.* 女生徒, 女学生《小・中学校の》.

***schóol·ing** [skú:liŋ] *n.* **1** 学校教育;《通信教育の》教室授業, スクーリング. **2** 学費. **3** 乗馬訓練, 調馬. **4** 〘古〙懲戒, 譴責(けんせき).

‡**schóol·màs·ter** [skú:lmæ̀stər/-mɑ̀:s-] *n.* **1** 男子教員; 校長. **2** 〘魚〙タイの一種.
—— *vt., vi.* への資格で教える〔指導する〕.
◇ ～**·ing** [-təriŋ] *n.* 教師稼業(かぎょう). ～**·ly** *a.* 学校の先生らしい. ～**·ship** *n.*

schóon·er [skú:nər] *n.* **1** スクーナー《2本マスト以上の縦帆式帆船》. **2** 〘米話〙大形のビールコップ. **3** 〘米〙ほろ馬車.
～**-rigged** [⌐−⌐] スクーナー式帆装の.

Schó·pen·hau·er [ʃóupənhàuər] *n.* Arthur ～, 1788–1860, ドイツの哲学者.
◇ ～**·ism** *n.* への厭世(えんせい)哲学.

schót·tische, -tish [ʃátiʃ/ʃɔtí:ʃ] *n.* polka に似た輪舞 (round dance); その曲.

Schú·bert [ʃú:bərt] *n.* Franz [frá:nts-] ～, 1797–1828, オーストリアの作曲家.

Schú·man [ʃú:mən] ～ ***plan*** シューマン計画《フランスの政治家 Robert Schuman が 1950 年に提案したヨーロッパの石炭・鉄の国際管理》.

Schú·mann [ʃú:mən] *n.* Robert ～, 1810–56, ドイツの作曲家.

schwa [ʃwɑ:] *n.* 〘音声〙あいまい母音; あいまい母音の記号 [ə]. ***hooked*** ～ 〘音声〙[ɚ] 記号の名称《本辞典の [ər] に相当する》.

sci. science; scientific.

sci·ám·a·chy [saiǽməki], **sci·óm·a·chy** [-ám-/-ɔ́m-] *n.* 影〔仮想敵〕の戦い.

sci·át·ic [saiǽtik] *a.* 〘医〙 **1** 座骨の. **2** 座骨神経痛にかかった. ～ **nerve** 〘医〙座骨神経.

sci·át·i·ca [-ə] *n.* 〘医〙座骨神経痛.

†**scí·ence** [sáiəns] *n.* **1** 科学;《特に》自然科学. **2** 科学の部門, …学: political ～ 政治学. Aeronautics is the ～ or art of flight. "aeronautics" とは航空学または航空術である. **3** 科学的知識. **4** 〘話〙技術《ボクシング・競技などの》: In judo ～ is more important than strength. 柔道ではわざの方が力よりたいせつである. **5** (ときに S～) 〘米〙 = Christian S～. ***a man of*** ～ 科学者. ***natural*** ～ 自然科学. ***occult*** ～ 中世の幽玄学《占星・錬金・魔術など》. [√sci-]
～ **fiction** 空想科学小説《略 SF, S.F.》.
◇ **sci·én·tial** [saiénʃ(ə)l] *a.* 学問〔知識〕のある; 科学の; 知識の.

‡**scì·en·tíf·ic** [sàiəntífik] *a.* **1** 科学的な: the ～ method 科学的方法. **2** 科学の, 学術上の: a ～ lecture 学術講演. **3** 科学研究に従事する, 科学的に考える: ～ men. **4** 系統的な, 正確な. **5** 熟練した, 巧妙な. ◇ **-i·cal·ly** [-(ə)li] *ad.*

scí·en·tism [sáiəntiz(ə)m] *n.* **1** 《しばしばけいべつ的に》科学主義. **2** 科学的方法《人文科学における》. **3** 科学用語.

†**scí·en·tist** [sáiəntist] *n.* **1** 科学者, 自然科学者. **2** (S～) = Christian S～.
◇ **scì·en·tís·tic** [⌐−tístik] *a.*

scil. *scilicet.*

sci·li·cet [sílisèt/sáil-] L. (= namely) すなわち, 「換言すれば.

Scil·ló·ni·an [silóuniən] *a.* 《イギリスの》シリー諸島 (Scilly Isles) の. —— *n.* 同島の住民.

scím·e·tar, scím·i·tar, scím·i·ter [símitər] *n.* 《トルコ・ペルシア人などの》三日月刀.

scin·tíl·la [sintílə] *n.* **1** 火花, ひらめき, 閃光(せんこう). **2** 《比喩的》わずかな痕跡(こんせき), 片鱗(へんりん).

scín·til·lant [síntələnt] *a.* 火花を散らす; きらめく. ◇ ～**·ly** *ad.*

scín·til·late [síntilèit] *vi.* **1** 火花を発する, きらきら光る. **2** 〈才知などが〉ひらめく.

scìn·til·lá·tion [sìnt(i)léiʃ(ə)n] *n.* ひらめき, 火花; 才知のひらめき; 〘天〙恒星のきらめき. ～ **counter** シンチレーション計数器《放射能測定装置》.

scí·o·list [sáiəlist] *n.* 浅学者, なまかじりの学者〔人〕. ◇ **-lism** *n.* 浅薄な学問, なまかじり. **scì·o·lís·tic** [sàiəlístik] *a.* 浅学の, なまかじりの.

sci·óm·a·chy = sciamochy.

scí·on [sáiən] *n.* **1** 《継ぎ木の》継ぎ穂, 若枝. **2** 《特に貴族・名門の》子孫.

sci·óp·tic [saiáptik/-ɔ́p-], **sci·óp·tric** [-trik] *a.* 「暗箱の.

scír·rhus [s(k)írəs/sírəs] *n.* (*pl.* **-rhi** [-rai, ㊊⁺-ri:], **-rhus·es**) 〘医〙硬性がん.
◇ **-rhous** [s(k)írəs/sírəs] *a.*

scís·sile [sísil/sísail] *a.* 切れやすい, 裂ける.

scís·sion [síʒ(ə)n, síʃ(ə)n] *n.* 切断; 分割; 分裂.

scís·sor [sízər] *vt.* はさみで切る《*off, up, into*》; 切り抜く《*out*》. ～**·bill** [⌐−⌐] 〘鳥〙アジサシ類; 〘米俗〙なにもわからない人, 階級意識のない労働者. ～**·bird** [⌐−⌐], ～**·tail** [⌐−⌐] 〘鳥〙ヒタキの類《アメリカ南部・メキシコ産》. [√sci(n)d-]
◇ ～**·ing** [-zəriŋ] *n.* **1** はさみで切ること. **2** (*pl.*) はさみで切り取ったもの, 切り抜き.

‡**scís·sors** [sízərz] *n. pl.* **1** 《複数扱い》はさみ. 〈注〉these scissors 「このはさみ」というが, 「はさみ2丁」は two pair(s) of scissors という. **2** 《単数扱い》〘レスリング〙はさみ絞め; 〘体操〙《跳躍の際の》両脚のはさみ式開閉 (= ～ hold). ～ ***and paste*** のりとはさみ《本や新聞などを切り抜きでつくりあげること》. ～ **kick** 〘水泳〙あおり足. ～ **tail** 〘鳥〙ヒタキ類. ～**truss** はさみ形桁構(けたこう).

sclaff [sklæf] *vt., vi.* 〘ゴルフ〙(地面を) クラブで打球寸前にこする. —— *n.* 同上の打ち方.

Sclav [sklɑ:v, ㊊⁺sklæv] = Slav.

sclé·ra [sklí(:)rə/sklíərə] *n.* 〘医〙鞏膜(きょうまく)《眼球の外層の堅い繊維性の膜》.

scle·rí·a·sis [skliráiəsis] *n.* 〘医〙鞏皮症.

scle·rí·tis [-ráitis] = sclerotitis.

sclero- 「堅い」「鞏膜(きょうまく)の」の意の語形成要素.

sclé·roid [sklí(:)rɔid, sklér-/sklíər-] *a.* 〘生〙硬化した, 硬化症の.

scle·ró·ma [sklirόumə/skliər-] *n.* (*pl.* ～**·ta** [-tə]) 〘医〙硬化腫(しゅ). 「計.

scle·róm·e·ter [sklirámitər/skliərɔ́m-] *n.* 硬度

scle·ró·sis [sklirόusis/skliər-] *n.* (*pl.* **-ses** [-si:z]) **1** 〘医〙硬化症, 硬化. **2** 〘植〙厚膜化.
◇ **scle·ró·sal** *a.*

scle·rót·ic [sklirátik/skliərɔ́t-] *a.* **1** 〘医〙硬化(症)の. **2** 〘医〙鞏膜(きょうまく)の. **3** 〘植〙硬性の, 厚い.
—— *n.* **1** 〘医〙鞏膜. **2** 硬結剤.
◇ **sclè·ro·tí·tis** [sklì(:)rətáitis/sklìərə-] *n.* 〘医〙鞏膜炎. 「ence).

Sc. M. *Scientiae Magister* (L. = Master of Sci-

scoff [skɔ:f/skɔf] *n.* **1** 嘲笑(ちょうしょう), 冷笑, 愚弄(ぐろう)《*at*》. **2** お笑いぐさ: the ～ of the world 世間の物笑い. —— *vi., vt.* 嘲弄する, あざける《を *at*》.
～**·law** [⌐⌐] 〘米〙《特に常習的な交通・衛生などの違反者のような》法律をあざける人.
◇ ～**·er** *n.* ～**·ing·ly** *ad.* あざけって.

‡**scold** [skould] *vt.* しかる, に小言をいう: His mother ～*ed* him *for* being naughty. 母は彼の不行儀をしかった. —— *vi.* がみがみ言う《に *at*》.
—— *n.* がみがみしかる人;《特に》口やかましい女.

scóld·ing [skóuldiŋ] *n.* 小言, 叱責(しっせき).
—— *a.* がみがみ言う《特に女が》. ◇ ～**·ly** *ad.*

scó·lex [skóuleks] *n.* (*pl.* **sco·lé·ces** [skəlí:si:z], **scól·i·ces** [skálisì:z, skóul-/skɔ́l-]) 〘動〙《条虫類の》頭節.

scól·lop [skáləp/skɔ́l-] = scallop.

sconce[1] [skans/skɔns] *n.* 《壁などに取り付けた》突き出し燭台(しょくだい).

sconce[1]

sconce[2] *n.* 〖話〗 **1** 頭, 脳天. **2** 知力, 才.

sconce[3] *n.* **1** 小砦(とりで). **2** 〖廃・稀〗庇護(ひご)(物); 避難所〔小屋〕; ついたて.

sconce[4] *n.* 〖英〗罰(金)《Oxford 大学で学生が食卓作法を破ったばあいに科せられるビール代など》. —— *vt.* に～を科する.

scone [skoun/skɔn, skoun] *n.* 《ホットケーキに似た》菓子パン.

***scoop** [sku:p] *n.* **1** ひしゃく; 《砂糖・小麦粉などをすくいあげる》しゃくし, 大さじ; 〖英〗石炭入れ; 《土木工事用》大型ショベル; チーズべら; アイスクリーム〔マッシュポテト〕盛り器. **2** 一すくいの量: a ～ of icecream. **3** すくうこと; すくう動作. **4** えぐられたくぼみ, 穴; 谷間. **5** 《新聞の》スクープ, 特だね(で他社を出し抜くこと); 新情報: get a ～ on other papers 特だねで他社を出し抜く. a hot ～ 新情報. **6** 大もうけ, 大当たり: make a big ～ 大当たりする. **7** 《婦人服の》丸いえりぐり.

***at* 〔*in*, *with*〕 *one* ～** 一すくいで; 一度に: win 50 dollars *at one* ～ 一挙に 50 ドルもうける. ***on the* ～** 〖俗〗酒宴を張って, 飲み浮かれて, 放蕩(ほうとう)して.

—— *vt.* **1** すくう, すくいとる, さらう, くむ: ～ the center out of a melon cut メロンの一切れから中心部をすくいとる. **2** から水をくみ出す: ～ a boat dry 船から水をすっかりくみ取る. **3** 掘る; 掘って…をつくる《*out*》: ～ *out* a hole in the sand 砂を掘って穴をつくる. **4** 大もうけをする《*in*》. **5** 〖新聞〗〈特だねを〉入手する, 出す; 〈他社を〉出し抜く. **6** 〖俗〗かっさらう, くすねる. **7** 〈婦人服の〉えりぐりを丸くする. ～ **neck** 《婦人服の》丸いえりぐり. ～ **net** すくい網. ～ **wheel** 水あげ水車.

◇ **～·er** *n.* すくう人; さらう物. **～·ful** [-fùl] *n.* ひしゃく 1 杯, ひとさじ〔ひとすくい〕分.

scoot [sku:t] 〖話〗 *vi.*, *vt.* 駆け出す〔させる〕, 突進する〔させる〕. —— *n.* 駆け出すこと, 突進.

scóot·er[1] [skú:tər] *n.* **1** 《子どもが片足を乗せ他の足で地をけって進む》片足スケート. **2** (モーター)スクーター. **3** 〖米〗《水上・氷上用の》滑走帆船.

—— *vi.* ～で走る〔滑走する〕.

scóot·er[2] = scoter.

‡scope [skoup] *n.* **1** 《仕事・活動などの》範囲, 領域; (精神的)視野: the ～ of a historical study 歴史研究の領域. ～ of an inquiry 〔undertaking〕調査〔仕事〕の範囲. a mind of wide 〔limited〕～ 広い〔狭い〕視野の人. **2** 《活動の》機会, 余地, はけ口《*for*》: full ～ *for* the exercise of one's ability 能力を発揮する十分な余地. **3** 《話・文章などの》意図: the author's ～ 作者の意図. **4** 広がり, 地域. **5** 〖海〗錨鎖(びょうさ)の長さ.

be outside* 〔*within*〕 *the* ～ *of one's ability (能力)の外〔内〕にある. ***beyond* one's ～** 自分の力量の及ばぬところで. ***give full* 〔*free*〕 ～ *to*** に十分な活動の自由を与える, を発揮する, に十分な機会を与える. ***have a free* ～ *for* one's *activities*** 活躍の余地が十分にある. ***have* 〔*seek*〕 ～ *for* one's *ability*** 手腕をふるう機会がある〔を求める〕. [√scep-]

〖類〗 → **range**「範囲」

-scope [-skòup]「見る機械」の意の語形成要素: micro*scope* 顕微鏡 ＜micro- 小さい ＋-scope. peri*scope* 潜望〔展望〕鏡＜peri-「周囲」＋-scope.

sco·pól·a·mine [skopáləmì:n, skòupəlǽmin/skopɔ́ləmin, skòupəlǽm-] *n.* 〖化・薬〗スコポラミン《催眠・鎮静・無痛分娩(ぶんべん)などに用いる》.

scor·bú·tic [skɔ:rbjú:tik] 〖医〗 *a.* 壊血病(scurvy)の, 壊血病にかかった. —— *n.* 壊血病患者.

‡scorch [skɔ:rtʃ] *vt.* **1** の表面を焼く, あぶる, 焦がす: You ～*ed* my shirt when you ironed it. あなたはアイロンかけのとき私のシャツを焦がした. **2** 〈草木を〉《熱で》しなびさせる, しおれさせる: The long, hot summer ～*ed* the grass. 長い暑い夏は草をしおらせた. **3** さんざんにけなす, 罵倒(ばとう)する, に毒づく. **4** 〖軍〗焦土化する.

—— *vi.* **1** 焦げる. **2** しなびる, しおれる. **3** 〖話〗〈自動車・自転車が〉全速力で疾走する.

***～ed earth* (*policy*)** 焦土戦術.

—— *n.* **1** 焦げ, 焼け焦げ. **2** 疾走.

◇ **～·er** *n.* **1** 焦がす人〔物〕. **2** 〖話〗非常に暑い日. **3** 〖話〗(車を)めちゃくちゃに飛ばす人. **4** 《批評など》痛烈なもの, 非難. **5** 〖俗〗極上〔最良〕品.

scórch·ing [skɔ́:rtʃiŋ] *a.* **1** 焦がす, 焼けつくように暑い. **2** 辛らつな, 手きびしい.

—— *n.* **1** 焦がすこと. **2** 〖話〗むちゃな疾走《車などの》. ◇ **～·ly** *ad.*

‡score [skɔ:r/skɔ:] *n.* **1** (*pl.* ～) 20 (人, 個); (*pl.*) 多数: more than a ～ of cities 20 以上の都市. He was nearly four ～ when he died. 彼はなくなったとき 80 歳近かった. ～*s* of times しばしば. **2** 刻み目, 切り込み; ひっかいた跡, 切り傷: The ～ should run with the grain. 切り込みは木目に沿ってしなければならない. **3** 《競技などで》得点(表), スコア; 《テストの》得点, 成績; 《バター・家畜などの》品質(表示点). **4** 〖楽〗楽譜《二つ以上の声楽・器楽のための》; 作品. **5** 《昔居酒屋で覚えに記した》勘定控え; 勘定, 借金. **6** あだ, (昔の)恨み. **7** 《競技の》出発〔決勝〕線; 《射手などの》位置. **8** 〖俗〗うまくいくこと, 当たり, 幸運: What a ～! なんという幸運だ!, ついてるな! **9** 理由, 根拠: on the ～ of poverty 貧乏のために. **10** ことの真相.

clear* 〔*pay off*, *quit*, *settle*, *wear off*〕 *a* ～ 〔～*s*〕** 勘定を払う; 恨みを晴らす. ***Death pays all* ～*s*.** 〖諺〗死ねば勘定は済む, 死者を恨まず. ***go off at* (*full*) ～ = *start off from* ～** 全速力で走りだす; 勢いよく話しだす; 得意のことを元気よく始める. ***in* ～** 〖楽〗総譜で. ***in* 〔*by*〕 ～*s 多数, たくさん. ***keep the* ～** 《競技などで》得点をつける. ***know the* ～** 事実〔事情〕を知っている; 物事を楽観しない. ***make a good* ～** 大量得点をする; 成績が良い; 大いに成功する. ***make a* ～ *off* one's *own bat*** 独力でやってのける. ***on that* ～** その点では; そのために. ***on the* ～ *of*** の理由で, …によって. ***pay off* 〔*settle*〕 *old* ～*s*** 古い負債を払う; 積もる恨みを晴らす. ***three* ～ *and ten*** 〖聖〗(人生)70 年《詩編 90: 10》. ***What is the* ～?** いま何点か; 形勢はどうか.

—— *vt.* **1** 記録する, 〈恨みなどを〉忘れずにおく. **2** の勘定をつける; 採点する: ～ a test 試験を採点する. **3** 得点する; 〈成功などを〉獲得する: ～ a point 1 点を得る. The play ～*d* a great success. その芝居は大当たりだった. **4** に刻み目〔切り傷〕をつける, に線を引く; (線を引いて)消す《*out*》: Don't ～ the floor by pushing furniture about. 家具を動かして床に傷をつけるな. ～ mistakes in red ink 誤りを赤インクで消す. **5** 〖楽〗楽譜に記入する; の楽譜を書く. **6** 〖米話〗ののしる, こきおろす; しかる.

—— *vi.* **1** 得点をつける. **2** 得点をあげる; 勝つ《に *against*》. **3** 利益を占める; 成功する; うまくやる, 当てる. **4** 線〔刻み目〕をつける《*in*》.

～ ***off*** a person 《議論などで》(人)をやっつける, 負かす. ～ ***out*** 《線を引いて》消す, 削除する. ～ ***under*** の下に線を引く. ～ ***up*** 《印をつけて》記録する; 計算する; つけにする, 貸しにする.

～·board [´‐] スコアボード, 得点板. **～·book** [´‐] スコアブック, 得点帳. **～·card** [´‐] 〖運〗得点カード. **～·kèep·er** 〖運〗記録係.

◇ **scór·er** [skɔ́:rər/skɔ́:r-] *n.* = scorekeeper; 刻み目をつける人〔道具〕.

scó·ri·a [skɔ́ːriə/skɔ́ːr-] *n.* (*pl.* **-ae** [-riiː]) **1** かなくそ, 鉱滓(こうさい). **2** (*pl.*) 火山岩のかす, 焼け石.
◇ **scò·ri·á·ceous** [ˌ--éiʃəs] *a.*

scó·ri·fy [skɔ́ːrifài/skɔ́ːr-] *vt.* 鉱滓にする.
◇ **scó·ri·fi·er** [-ər] *n.* **scò·ri·fi·cá·tion** [ˌ--fikéiʃ(ə)n] *n.*

‡**scorn** [skɔːrn] *n.* **1** けいべつ, さげすみ, あざけり, 冷笑. **2** けいべつ〔冷笑〕される人, 物笑い(の的), 笑いぐさ. ***have*** 〔***feel***〕 **～ *for*** に対してけいべつの念をいだく. ***hold in*** **～** けいべつする. ***laugh*** a person ***to*** **～** (人を)あざける. ***think*** 〔***hold***〕 ***it*** **～ *to*** (do) …することを潔しとしない. ***think*** **～ *of*** をけいべつする.
—— *vt.* **1** **けいべつする**, 侮辱する. **2** 潔しとしない, 恥とする《*to* (do)》. —— *vi.* あざける, 冷笑する《*at*》.

scórn·ful [skɔ́ːrnf(u)l] *a.* けいべつする, 侮辱的な, 冷笑的な, 人をばかにした. ◇ ***～·ly** [-fuli] *ad.* **～·ness** *n.*

Scór·pi·o [skɔ́ːrpiòu] *n.* 〖天〗サソリ座; 天蝎(てんかつ)宮.

scór·pi·on [skɔ́ːrpiən] *n.* **1** 〖動〗サソリ. **2** (S～) =Scorpio. **3** サソリのような人〔物〕, 腹黒い男. **4** 〖聖〗サソリむち《列王紀上 12: 11》. **5** 〖史〗古代の投石機.

scot [skɑt/skɔt] *n.* 〖英史〗税金, 支払いの割り前. ***pay*** **～ *and lot*** (1) 分相応の税金を払う; 応分のことをする. (2) すっかり払う. **～·frée** → 別項.

Scot [skɑt/skɔt] *n.* **1** スコットランド人. **2** スコット族の人《6 世紀ごろアイルランドから移住したゲール人の一派. Scotland はこの種族の名から》.

Scot. Scotch; Scotland; Scottish.

scotch[1] [skɑtʃ/skɔtʃ] *vt.* **1** に浅い傷を負わせる《殺さないで》, 生殺しにする. **2** 切る, 刻む. **3** つぶす; 〈うわさなどを〉もみ消す; 弾圧する, 押える.
—— *n.* **1** 浅傷. **2** 《石けり遊びで地面に書く》線.

scotch[2] *n.* 輪〔車輪〕止め, まくらくさび.
—— *vt.* 《輪止めで》止める, ささえる.

‡**Scotch** [skɑtʃ/skɔtʃ] *a.* **スコットランドの**, スコットランド人〔語〕の.
—— *n.* **1** (the ～) 《集合的》スコットランド人. **2** スコットランド(英)語. **3** 〖話〗スコッチウイスキー. 〈注〉イングランド北部・スコットランドでは Scottish または Scots を用いる. ***out of all*** **～** 〖俗〗むやみに, 非常に. **～ *and English*** 〖スコットランド・英方〗陣取り遊戯 (prisoners' base). **～ *and soda*** スコッチウイスキーのハイボール.
～ broth 肉・野菜・大麦入りの濃いスープ. **～ cousin** 遠い親類. **～ fir** 〖植〗欧州赤松. **～-I·rish** [ˌ-ˌ--] *a., n.* スコットランド系アイルランド人 (の); スコットランド人とアイルランド人の混血の〔混血児〕. **～·man** [-mən] (*pl.* **-men**) スコットランド人. **～ mist** 霧雨《スコットランド山地の》. **～ tape** セロテープ《商標名》. **～ terrier** スコッチテリア《犬の一種》. **～ thistle** 〖植〗ワタアザミ《スコットランドの象徴》. **～ verdict** 〖法〗証拠不十分の評決《陪審員の》; あいまいな決定〔表現〕. **～ whisky** スコットランド産ウイスキー. **～·wòm·an** (*pl.* **-wòm·en**) スコットランド婦人. **～ woodcock** トーストに anchovy のペーストとかき卵をのせた料理.

scó·ter [skóutər] *n.* 〖鳥〗クロガモ.

scót-frée [skɑ́tfríː/skɔ́t-] *a.* **1** 傷を負わない, 無事な. **2** 処罰を受けない. **3** 免税の.
go 〔***get off***〕 **～** 無事にすむ, 罰を免れる.

scó·tia [skóuʃə, ㊟+-ʃiə] *n.* 〖建〗大えぐり《柱礎の molding の一種》.

Scó·tia [skóuʃə, ㊟+-ʃiə] 〖雅〗=Scotland.

Scó·tism [skóutiz(ə)m] *n.* Duns Scotus の哲学(説). ◇ **Scó·tist** *n.*

‡**Scót·land** [skɑ́tlənd/skɔ́t-] *n.* **スコットランド**《Great Britain の北部》. **～ Yard** ロンドン警視庁《特にその捜査課刑事部. 旧所在地の名から》.

scót·o·graph [skɑ́təgræf, skóut-/skɔ́təgrɑːf] *n.* 盲人用写字器, 暗中写字器; X 線写真機.

Scots [skɑts/skɔts] *a.* スコットランド(人)の.
—— *n.* **1** (the ～) 《集合的》スコットランド人. **2** スコットランド語〔方言〕.
～ Gaelic 《特に》スコットランド高地人の言語. **～·man** [-mən] (*pl.* **-men**) = Scotchman. **～·wòm·an** (*pl.* **-wòm·en**) = Scotchwoman.

Scott [skɑt/skɔt] *n.* Sir Walter ～, 1771–1832, スコットランドの小説家・詩人.

Scót·ti·cism [skɑ́tisiz(ə)m/skɔ́t-] *n.* スコットランドなまり〔語法〕.

Scót·ti·cize [-sàiz] *vi., vt.* **1** スコットランド風にする〔なる〕. **2** スコットランド語に訳す.

***Scót·tish** [skɑ́tiʃ/skɔ́tiʃ] *a.* **スコットランド(人・語)の**.
—— *n.* **1** (the ～) 《集合的》スコットランド人. **2** スコットランド(英)語. **～ Gaelic**=Scots Gaelic. **～ terrier** = Scotch terrier

***scóun·drel** [skáundrəl] *n.* **悪党**, ならず者.
◇ **～·ism** *n.* 悪行; やくざ根性; 卑劣. **～·ly** *a.* 悪党の; ふらちな, 下劣な.

scour[1] [skauər] *vt.* **1** 〈金属などを〉みがく, 光らせる. **2** 〈さび・よごれなどを〉落とす, 取り去る《*away, off, out*》. **3** 洗い流す, 一掃する. **4** 洗たくする. **5** 〈腸を〉洗浄する《下剤などで》.
—— *vi.* **1** すりみがく; ごしごし洗う. **2** みがかれてきれいになる. **3** 下痢する.
—— *n.* **1** すりみがくこと. **2** 洗い流し. **3** 侵食作用(でできたくぼみ). **4** (*pl.*) 《家畜の》下痢. **5** 洗たく剤.

scour[2] *vi., vt.* **1** 走り回る, 疾走する. **2** あさり歩く, 捜し回る《*about*》; 〈土地を〉くまなく捜し回る《を求めて *for*》.

scourge** [skəːrdʒ] *n* **1** 《戦争・天災など》**天の懲らしめ**, 天罰. **2** **苦悩のもと**, 不幸をもたらすもの〔人〕, 悩みのたね. **3** むち, 笞(しもと). ***the white **～** 肺病《風土病としての》. —— *vt.* **1** 懲らしめる, 罰する; 悩ます, 苦しめる. **2** むち打つ.

scóur·ing [skáuriŋ/skáuər-] *n.* **1** 《家畜の》下痢. **2** (*pl.*) 残りくず, ごみ; 穀物のくず. **3** 社会の落伍(らくご)者, 人間のくず. **～ rush** 〖植〗トクサ.

‡**scout**[1] [skaut] *n.* **1** 〖軍〗**偵察**(ていさつ)(兵), 斥候(兵). **2** 偵察; 偵察機〔船, 艦〕. **3** 少年〔少女〕団員. **4** 《競技・芸能などで》新人を捜す人; 《相手方のチームを》内偵する者, スカウト. **5** 〖英〗Oxford 大学の小使. **6** 〖俗〗やつ, 男.
be on 〔***in***〕 ***the*** **～** 偵察している. ***boy*** **～** 少年団員. ***Boy S～s*** 少年団《1908 年イギリスの Baden-Powell 大将が創設した》. ***girl*** **～** 少女団員. ***Girl S～s*** 〖米〗少女団. ***sea*** **～** 海洋少年団員.
—— *vt.* **1** 〈敵情などを〉偵察する. **2** 捜す, 捜し求める; 〈新人などを〉スカウトする. —— *vi.* **1** 偵察する. **2** ボーイ〔ガール〕スカウトとして活躍する. **～ *about*** 〔***around, round***〕 方々捜し回る. **～ *for*** を捜す.
～ car 〖米: 軍〗高速偵察自動車. **～·craft** [ˌ-ˌ-] 偵察の訓練〔技術〕; ボーイ〔ガール〕スカウトに必要な知識. **～·màs·ter** 少年団長; 斥候長. **～ plane** 偵察機.
◇ **～·er** *n.* 〖米〗《18 歳以上の》少年団指導員; 偵察者. **～·ing** *n.* 斥候〔偵察〕活動; 少年団の活動.

scout[2] *vt., vi.* **1** 〈意見・提案などを〉はねつける. **2** あざ笑う, ばかにする.

scow [skau] *n.* はしけ, 平底船.

scowl [skaul] *n.* **1** しかめつら. **2** しけもよう.
—— *vi.* **1** 顔をしかめる《に *at, on*》. **2** 〈天候が〉荒れもようになる. ◇ **～·ing·ly** *ad.*

scráb·ble [skrǽbl] *vt.* **1** 《つめ・指で》ひっかく, ひっかき回す. **2** なぐり書きする, 落書きする.
—— *vi.* つかみとる, 奪い合う. —— *n.* **1** ひっかくこと. **2** なぐり書き, 落書き. **3** 奪い合い.

scrag [skræg] *n.* **1** やせこけた人〔動物〕. **2** 羊の首肉; 骨っぽいところ. **3** 〖俗〗《人の》首.
—— *vt.* (**-gg-**) 〖俗〗の首を絞める; 絞殺する; 〖フット

ボール〗の首にタックルする. **~-end** [⊥⊥] 羊の首肉.

scrág·gly [skrǽgli] *a.* **1** でこぼこの,《岩などが》ぎざぎざした. **2**〘毛などが〙もじゃもじゃの.

scrág·gy [skrǽgi] *a.* **1** やせこけた. **2** でこぼこした. ◇ **-gi·ly** *ad.* **-gi·ness** *n.*

scram [skræm] *vi.* (**-mm-**)〘米俗〙逃げる, 立ち去る《おもに命令形で》.

***scrám·ble** [skrǽmbl] *vi.* **1** はい上がる, よじ登る, もがき上がる《*up, on, over*》: ~ *up* the side of a cliff がけの面をよじ登る. **2** よじる〔はう〕ように動く: ~ about はい回る. ~ down よじおりる. **3** 急いで動く: ~ into one's coat 大急ぎで上着を着る. **4** 奪い合う, 取り合う, 得ようと躍起になる《を *for, after*》: ~ *after* promotion 昇進を競う. ~ *for* a seat 席をとろうと躍起になる〔奪い合う〕. **5**〘敵機来襲に対し迎撃のため〙緊急発進する. **6** <つる草などが> はびこる, 繁茂する.
—— *vt.* **1** かき集める, 寄せ集める《*together, up*》: ~ *up* wealth 富をかき集める. **2** いっしょくた〔ごっちゃ〕にしてしまう: He has hopelessly ~*d* our names and faces. 彼は私たちの名前と顔をごっちゃにしてしまった. **3** <卵を> かき卵にする〘バターを加えて〙; <トランプを> かき混ぜる. **4**〘盗聴予防に〙<周波数を> 変えて傍受不能にさせる. **5** 急に動き出させる: He ~*d* the boys out. 彼は子どもたちを追い出した. **6** <迎撃機を> 緊急発進させる.
~d egg かき卵. ***~ for a living*** どうにかこうにか食っていく. ***~ on*** [***along***] はって進む, どうにかこうにかして進む. ***~ through*** どうにか切り抜ける; <仕事などを> 大至急でかたづける: ~ *through* one's work.

scran [skræn] *n.*〘俗〙食い物; 食物のくず.
Bad ~ to you!〘アイルランド〙くそでもくらえ! ***out on the ~***〘俗〙こじきをして.

scrán·nel [skrǽn(ə)l] *a.*〘英古〙**1** やせた. **2**〘音など〙弱々しい, かすかな.

scrán·ny [skrǽni] *a.*〘英方〙やせこけた.

Scrán·ton [skrǽnt(ə)n] *n.* アメリカ Pennsylvania 州の都市.

‡scrap[1] [skræp] *n.* **1** 小片; 切りくず, 切れはし, 破片. **2** (*pl.*) くず; 残飯: ~*s* of paper 紙くず. **3**《集合的》くず鉄; スクラップ. **4** (*pl.*)〘新聞・雑誌の〙切り抜き(帳), 抜粋; 断片. **5** 脂肪かす, 魚かす: dry ~ 魚粉. **6**《否定文で》わずか, 少し: *not* even a ~ of comfort in the news そのニュースには少しの楽しみもない.
a ~ of a baby 小さな(幼児). ***do not care a ~*** 少しも気にしない.
—— *a.* 廃物〔くず〕になった〔した〕; 残り物〔半ぱ物〕でつくった.
—— *vt.* (**-pp-**) **1** くず〔スクラップ〕にする; 破り裂く. **2** くずにして捨てる; 解体する; 捨てる.
~·book [⊥⊥] スクラップブック, 切り抜き帳. **~ cake**《魚の》しめかす〘家畜の飼料〙. **~ heap** くず物の山; ごみ捨て場;《比喩的》役に立たない物の捨て場. **~-heap** [⊥⊥] ごみ捨て場へ捨てる; うっちゃる. **~ iron** くず鉄.

scrap[2] *vi.* (**-pp-**)〘俗〙けんかする, なぐり合う《と *with*》. **—— *n.***〘俗〙けんか, なぐり合い.

‡scrape [skreip] *vt.* **1** こする; こすって〔削って〕平らにする, そぐ; すりむく; こすってきれいにする《*off, away, out*》: The car ~*d* her side〔paint〕against the wall. 車はへいをこすった〔こすってペンキがはげた〕. ~ one's knee ひざをすりむく. ~ one's shoes on the door mat くつぬぐいでくつのどろを落とす. **2** のひげをそる: ~ one's chin あごをそる. **3** <字などを> こすり消す《*out*》. **4** きしらせる, こすって音をたてる; <バイオリンなどを> かき鳴らす. **5** <金などを> かき集める《*up, together*》.
—— *vi.* **1** すれる, かする《に *against, past*》: branches that ~ *against* the window panes 窓ガラスに触れんばかりの枝. The two buses ~*d past* each other. 2台のバスはすれすれに通過した. **2** かろうじて…する: ~ through an exam やっと合格する. **3** 金をかき集める, こつこつためる: work and ~ 勤労貯蓄する. **4**《敬礼で》片足を引く.
bow and ~ 礼をしながら後ろへ足を引く; へつらう. ***pinch and ~*** = ***~ and screw*** けちけち倹約する; ためる. ***~ a living*** かろうじて暮らしていく. ***~ along*** (1) こすって行く, すれすれに通る. (2) どうにか食っていく. ***~ clear of*** a prison やっと(投獄)から免れる. ***~ down*** (1) 足ずりしてやじる. (2) 表面をこすってなめらかにする. ***~ one's feet*** (1) = ~ down. (2) 無器用に正式のおじぎをする. ***~ home*** ようやく目的を達する; 辛勝する. ***~*** (***up***) ***an acquaintance with*** に取り入ろうと無理に近づきになる.
—— *n.* **1** ~すること; ~する音; かき傷: a ~ of a pen 一筆, 走り書き. **2** 苦境: get into a ~ 困難に陥る. **3** 後ろに足を引いて礼をすること.
bread and ~ 申しわけ程度にバターを塗ったパン. ***in a ~*** 窮地にあって, 難儀をして.
~-good [⊥⊥], **~-pèn·ny** けちんぼう.
◇ **scráp·a·ble** *a.* **scráp·er** [-ər] *n.* **1** こする道具; くつぬぐい; 土かき器. **2**《けいべつ的》バイオリンひき; 床屋. **3** こする人; けちんぼう.

scráp·ing [skréipiŋ] *n.* **1** 削る〔こする, ひっかく〕こと. **2** 削る〔こする, かき鳴らす〕音. **3** (通例 *pl.*) 削りくず, ごみ.

scráp·ple [skrǽpl] *n.*〘米〙〘こまぎれの豚肉・野菜・小麦粉などでつくる〙揚げ料理.

scráp·py [skrǽpi] *a.* **1** くずの, 残り物の. **2** 断片的な, まとまりのない. [<scrap[1]] **3** けんか好きの. [<scrap[2]]
◇ **-pi·ly** *ad.* **-pi·ness** *n.*

‡scratch [skrætʃ] *vt.* **1** ひっかく; <からだの一部に> かき傷をつくる; <かゆいところを> かく; <地面を>かいて穴を掘る: The cat ~*ed* my face. ネコに顔をひっかかれた. be much ~*ed* with thorns いばらで傷だらけになる. I've ~*ed* my hand badly. 手にひどいかき傷をつくってしまった. **2** 書きなぐる, 走り書きする: ~ a few lines 二言, 三言走り書きする. **3** かき消す, 抹殺(まっさつ)する; 名簿〔予定〕から消す〔はずす〕《*out, off, through*》: ~ (*out*) a candidate 候補者をはずす〔支持しない〕. **4** <金などを> かき集める, こつこつためる《*together, up*》.
—— *vi.* **1** ひっかく; かき傷をつくる; かく: Cats ~. **2** かいて掘る; (かいて) 捜す, かき集める《を *for*》: Hens are ~*ing for* seeds. めんどりは種を捜して地面をひっかいている. **3** <ペンが> ひっかかる, ガリガリいう: This pen ~*es* badly. このペンはひどくひっかかる. **4** どうにかこうにか暮らしていく《*along*》. **5**〘米〙候補者の名を取り消す;〘競争・仕事などから〙手をひく. **6**〘玉突き〙まぐれ当たりする.
have not (***got***) ***a sixpence to ~ with*** 一文なしだ, 赤貧だ. ***~ about for*** を捜し回る. ***S~ a Russian, and you will find a Tartar.***〘諺〙文明人も一皮むけば野蛮人. ***~ a person's back*** 相手の返礼を期待して(人)に親切にする. ***~ for oneself***〘米〙自分でやってゆく. ***S~ my back and I will ~ yours.***〘諺〙魚心あれば水心. ***~ the surface***〘研究など〙手をつけたばかりである. ***~ a person where he itches*** かゆいところをかいてやる; (人の) 気に入るようにしてやる.
—— *n.* **1** かくこと. **2** かいた跡; かき傷, かすり傷; かく音: a ~ on one's face 顔のかき傷. **3** 走り書き, なぐり書き, 一筆: the ~ of a pen. **4**〘運〙出発点; ハンディキャップなしで走る選手の出発線, その競技者;〘ボクシング〙試合開始線. **5**〘玉突き〙まぐれ当たり; 罰球; 失策. **6**〘競技の〙零点, パー, 対等. **7** (*pl.*)〘医〙ブドウ瘡(そう)〘馬の足の〙. **8** 半かつら〘頭の一部につける〙.

come* (*up*) *to the* ～** ボクシングの試合線に立つ; 出発点に出る; 決然として敵に向かう, 断行する. ***from 〔***at, on***〕 **～** 出発点から, 最初から; 全くの初めから, 無から. ***no great* ～** 〖俗〗たいしたものじゃない. ***up to* ～** 〖話〗用意〔覚悟〕ができて; 標準にかなって, よい状態で. ***without a* ～** 無傷で.

—— *a.* **1** 走り書き用の. **2**〖俗〗かき集めの, にわか仕立ての: ～ dinner 有り合わせの食事. a ～ team 寄せ集めのチーム. **3**〖運〗対等の, ハンディキャップなしの. **4**〖話〗まぐれ当たりの, 偶然の.

～·back [⌐⌐] 《背中のかゆいところをかく》 孫の手. **～·cat** [⌐⌐] 意地悪女. **～ hit** 〖野球〗まぐれ安打. **～ pad** 〖米〗走り書き用便箋(びんせん). **～ race** ハンディキャップなしの競走. **～ test** 〖医〗皮膚反応(試験). **～ wig** 《18 世紀ごろの》半かつら.

scrátch·y [skrǽtʃi] *a.* **1** 走り書きの, ぞんざいな. **2** 《ペンなどが》ひっかかる, ガリガリ音のする. **3** かき集めの, にわか仕立ての. **4** かゆい, ちくちくする.
◇ **-i·ly** *ad.* **-i·ness** *n.*

scrawl [skrɔːl] *vi., vt.* なぐり書きする. **——** *n.* なぐり書き (の手紙). ◇ **～·y** *a.* なぐり書きの, ぞんざいな.

scráw·ny [skrɔ́ːni] *a.* 〖米話〗やせこけた, 骨ばった.
◇ **-ni·ly** *ad.* **-ni·ness** *n.*

screak [skriːk] *vi.* **1** 悲鳴をあげる. **2** きしる, キーキーいう. **——** *n.* **1** 金切り声. **2** きしる音.
◇ **～·y** *a.*

‡**scream** [skriːm] *vi.* **1** 叫ぶ, 金切り声をあげる: ～ for a help 呼び声をあげて助けを求める. **2** キャッキャッと笑う: ～ with laughter. **3** 〈子どもが〉ギャーギャー泣く; 〈フクロウなどが〉鋭い鳴き声を出す; 〈汽笛が〉ピーッと鳴る; 〈風が〉ヒューヒュー吹く.

—— *vt.* **1** 絶叫して知らせる《と *that*》. **2** 声を張り上げて訴える〔非難する〕: ～ conspiracy 陰謀だと声を大にする. **～ one*self hoarse*** 絶叫して声をからす.

—— *n.* **1** 叫び (声); ～する声〔音〕: with a ～ きゃっと叫んで. **2**〖俗〗おかしくてたまらないこと〔人〕: It 〔He〕 was a perfect ～. それはおかしくてたまらなかった〔彼は全く傑作なやつだった〕.

scréam·er [skríːmər] *n.* **1** 叫ぶ人〔物〕; 金切り声を出す人. **2**〖鳥〗スクリーマー, 叫び鳥《中央アメリカ産》. **3**〖俗〗人を笑いださせるような読み物など; 「傑作」. **4** (新聞の) 扇情的〔すばらしい〕大見出し; 〖印俗〗感嘆符.

scréam·ing [skríːmiŋ] *a.* **1** 叫ぶ, 金切り声を出す. **2** キーキーいう, キャッキャッと笑う. **3** 《色など》どぎつい, けばけばしい. **4** 目だつ, センセーショナルな. **5** 吹き出させるような, すごくおもしろい. **——** *n.* 人〔物〕が scream すること〔音〕. ◇ **～·ly** *ad.*

scree [skriː] *n.* 〖英方〗山腹の岩くず; 《踏むとくずれる》小石におおわれた山の斜面.

screech [skriːtʃ] *n.* 金切り声, 悲鳴. **——** *vi.* 金切り声を出す, 悲鳴をあげる. **——** *vt.* 金切り声で言う. **～ owl** 〖米: 鳥〗コノハズク類のミミズク; 〖英〗 = barn owl. ◇ **～·y** *a.* キーキー声の, 金切り声の.

screed [skriːd] *n.* **1** 長談義; 長たらしい文句; 長い手紙. **2** 左官用のしっくい定規.
—— *vt., vi.* 裂く, 裂ける, ずたずたにする〔なる〕.

‡**screen** [skriːn] *n.* **1** ついたて; 目隠し, 遮蔽(しゃへい)物; 仕切りカーテン, 幕; 《窓などの》網 (戸), 防虫網: a folding ～ of six panels 6 枚びょうぶ. A ～ of trees hides his cottage from the road. 並んだ木立ちで彼の小屋は道路から見えない. a sliding ～ 障子, ふすま. lay down a smoke ～ 煙幕を張る. **2**〖宗〗《教会などの》内陣仕切り. **3** スクリーン; 《映画の》映写幕; (the ～) 《集合的》映画 (界); 《テレビ・電波探知機の》映像面. **4**〖写〗フィルター, 整色スクリーン; 濾光(ろこう)板. **5**〖電〗スクリーン, ちりよけ. **6**〖印〗《写真網版製作用》網目スクリーン〔ガラス〕. **7** 《土・砂などをこす》ふるい. **8**〖軍〗護衛艦隊; 前衛部隊. **9**〖気〗百葉箱《気象観測用の 1m 立方くらいの白ペンキ塗りよろい戸箱》.

put on a* ～ *of indifference むとんじゃくを装う. ***under* ～ *of night*** 夜陰に乗じて.

—— *vt.* **1** おおう, 隠す; 仕切る; 〈光・人目などを〉さえぎる; 援護する; かくまう, かばう《から *from*》: We have ～*ed* our house *against* mosquitoes. 私たちの家は蚊よけの網戸をつけた. an orchard ～*ed from* north winds by a hill 小山で北風を避ける果樹園. be ～*ed from* view with …で見通しがきかない. ～ *off* (a) part of a room へやの一部を仕切る. ～ a person *from* blame 人を非難からかばう. **2**〖電〗しゃへいする. **3** 〈石炭などを〉ふるいわける, ふるいにかける. **4** 選抜する, 審査する. **5** 映写する; 映画化する, 脚色する; 撮影する.

—— *vi.* **1** 上映される. **2** 映画に向く: She ～*s* well. 彼女は映画によく写る.

～ actor 映画俳優. **～ door** 網戸. **～ face** 映画向きの顔. **～ grid** 〖電〗スクリーングリッド, しゃへい格子《真空管の》. **～·play** [⌐⌐] 映画劇, シナリオ, 台本. **～ star** 映画スター. **～ time** 上映時間. **～·writ·er** 映画脚本作家.

scréen·ing [-iŋ] *n.* **1** ふるいにかけること; 選考, 選抜: a ～ test 適格審査. **2** (*pl.*) 《穀物などの》ふるいにかけたかす; 石炭くず. **3** おおうこと, 遮蔽(しゃへい). **4** 映写, 上映; 撮影, 映画化.

screeve [skriːv] *vi.* 〖英俗〗〈大道画家が〉舗道に絵をかく; 大道画家の仕事をする.
◇ **scréev·er** *n.* 大道画家.

‡**screw** [skruː] *n.* **1** らせん, ねじ: the male ～ 雄ねじ. the female ～ 雌ねじ. **2** ねじくぎ, 木ねじ, ねじボルト. **3** 機械のらせん部; らせん状の物. **4** 《船の》スクリュー, 推進器; スクリュー船. **5** 《びんの》せん抜き. **6** ねじること; 《ねじ・らせんの》一ねじり, 一回し: This isn't tight enough yet; give it another ～. まだ十分締まっていない, もう一ねじりしなさい. **7**〖玉突き〗ひねり. **8**〖英俗〗賃銀, 給料: draw one's ～ 給料をもらう. **9**〖おもに英〗《たばこ・塩などの》ひねり袋, 一袋, 一ひねり: a ～ of tobacco. **10**〖おもに英〗しまり屋; 値切り屋. **11**〖おもに英〗弱っている馬, やくざ馬; 欠点のある物, きずもの. **12** (通例 the ～) 圧迫, 強制, 圧力. **13**〖米〗《試験などで》学生をいじめる教師; 難問. **14**〖俗〗看守. **15**〖史〗指締め具《拷問用》.

have a* ～ *loose 風変わりだ. ***put the* ～(*s*) *on*** 〔***to***〕 a person ＝***put*** a person ***under the* ～**＝***apply the* ～ *to*** a person (人) を締めつける, 圧迫する《金・自白などを強要して》. ***There is a loose* ～ *somewhere.*** どこかくぎがゆるんでいる; 〖俗〗少し気が変だ. ***wood* ～** 木ねじ.

—— *vt.* **1** らせん〔ねじ〕で締める; ねじで調節する; ねじくぎで取り付ける; ねじ込む: ～ a bracket to the wall 腕木を壁にねじで取り付ける. **2** ねじる; 曲げる, ひねる; 〈紙片を〉丸める《*up*》: ～ a lid on the jar びんのふたをねじり回して締める. **3** 〈口・顔などを〉ゆがめる, しかめる. **4** の精神を引き締める, 緊張させる; 〈勇気などを〉奮い起こす《*up*》: He needs ～*ing up*. 彼はねじを巻いてやる必要がある. **5** 無理に取る〔奪う〕; 〈人から〉値切る《*down*》: ～ money 〔taxes, consent〕 *out of* a person (人) から金〔税金, 承諾〕をむりやりに手に入れる. **6** 苦しめる; 〖米俗〗難問でいじめる. **7**〖テニス〗〈ボールを〉切る; 〖玉突き〗〈玉を〉ひねる.

have* one's *head* ～*ed on the right way 物わかりがいい; 正気である. **～ *out*** 絞り出す〔取る〕; しぶしぶ払う. **～ *up*** (1) 締めつける; 〈楽器の弦を〉締める; 〈目を〉すぼめる; 〈値段を〉つり上げる; 絞り上げる, 能率を上げさせる. (2) だいなしにする.

—— *vi.* **1** ねじがきく〔回る〕; らせん状になる; ねじれる: The cock won't ～. せんが回らない. **2** からだをねじる. **3** ねじでつながる〔離れる〕《*on, together; off*》: This top ～*s on* that bottle. このふたはあのびんのふただ. **4** 〈たまが〉切れる. **5** 倹約する, けちけちする. **6** 搾取〔圧迫〕する. **~ *around*** 〖俗〗つまらぬことに時間をつぶす.
~·ball → 別項. **~ bolt** ねじボルト. **~ box** ねじ受け; ねじ切り. **~ cap** ねじぶた. **~ coupling** ねじ継ぎ手, ねじ連結器. **~ cutter** ねじ切り盤. **~·drìv·er** ねじ回し; カクテルの一種《ウォトカとオレンジジュースを混ぜたもの》. **~ eye** 《頭が輪になっている》ねじくぎ, 丸輪ねじ. **~ gear** ねじ歯車. **~ hook** 《ものをつるす》かぎ状ねじ. **~ jack** 《重量物持ち上げ用》ねじジャッキ (= jackscrew). **~ nut** ナット《ボルトのねじどめ》. **~ press** ねじプレス. **~ propeller** 航空機・船などの推進器〔スクリュー〕. **~ steamer** スクリュー船. **~·tap** [ˊˋ] 《水道などの》ねじせん. **~ thread** ねじ山, らせん条.
◇ **~ed** *a.* **1** ねじでとめた; ねじ状の, ねじ山のついた. **2** 〖米俗〗だまし取った. **3** 〖英俗〗酔っ払った.

scréw·ball [skrúːbɔːl] *n.* 〖米俗〗変わり者, 変人, 奇人; 〖野球〗ひねりだま.
—— *a.* 〖米俗〗一風変わった, 奇妙な, 気の変な.

scréw·y [skrúːi] *a.* 〖俗〗 **1** 頭が変な, 気が違った. **2** へんてこな, 奇妙きてれつな. **3** とんでもない, おかしな, 法外な.

scríb·al [skráib(ə)l] *a.* 書記の; 筆写の.

scríb·ble [skríbl] *n.* **1** 走り書き, 乱筆, 悪筆. **2** 走り書きしたもの; 駄文(だぶん). ***No ~.*** 落書きするべからず. **——** *vt., vi.* **1** 走り書きする; 書きなぐる; 落書きする. **2** 〈羊毛・綿などを〉粗梳(あらすき)する.
~bing block 〖英〗= scratch pad.
◇ **scríb·bler** [-ər] *n.* **1** 乱筆〔悪筆〕の人; 駄作家, 三文文士. **2** 粗梳き機.

scribe [skraib] *n.* **1** 写字生, 筆記者; 書記, 代書人; (能)書家: I am no great ~. 私は字がうまくない. **2** 〖笑〗作家, 著述家; (野球)記者. **3** 〖古代史〗ユダヤの記録官〔律法学者〕. **4** = scriber.
—— *vt., vi.* **1** (に)けいを引く, (に)画線器で線を引く. **2** 〖稀〗書く, 筆記する. [√scrib-]
◇ **scríb·er** *n.* けい引き〔画線〕用具《木などの上に書く》.

scrim [skrim] *n.* 綿〔麻〕織物の一種《カーテンなどに使う》.

scrím·mage [skrímidʒ], **scrúm·mage** [skrʌ́m-] *n.* **1** 取っ組み合い, つかみ合い, 乱闘. **2** 〖ラグビー〗スクラム (scrum) 《ふつう scrummage》.
—— *vi., vt.* **1** 取っ組み合う, つかみ合う. **2** 〖ラグビー〗スクラムを組む. **3** 〈ボールを〉スクラムに入れる.

scrimp [skrimp] *vt.* **1** 〈食物・金銭などを〉切り詰める, 節約する. **2** に出し惜しむ: ~ one's parents 両親に金を十分あてがわない.
—— *vi.* けちけちする, 倹約する《を *on*》.
◇ **~·y** *a.* けちけちした; 切り詰めた, 不足した.

scrím·shank [skrímʃæŋk] *vi.* 〖英: 軍俗〗勤務をなまける, さぼる.

scrím·shaw [skrímʃɔː] *vt., vi.* (に)細工物をする《水夫が航海中たいくつしのぎに鯨骨・きば・貝などに》.
—— *n.* 水夫の慰み細工.

scrip[1] [skrip] *n.* **1** 紙片, 書付. **2** 仮株券, 仮証券; 仮領収証; 《集合的》仮証書〔証券〕類. **3** 軍票などの仮紙幣. **4** 〖米〗《昔の1ドル未満の》小額紙幣.

scrip[2] *n.* 〖古〗《こじき・巡礼などの》小袋, ずだ袋.

script [skript] *n.* **1** 手書き, 筆跡. → print. **2** 〖法〗原本, 正本. → copy. **3** 〖印〗筆記体活字, スクリプト体. **4** 〖劇〗原稿, (脚本の)書き抜き; 〖映〗《撮影中に用いる》台本; 《ラジオ・テレビなどの》放送用スクリプト〔テキスト〕.
—— *vt.* 〖話〗の台本〔スクリプト〕を書く. [√scrib-]
~ girl 〖映〗演出家の秘書. **~·wrìt·er** (映画・放送の)脚本作家. ◇ **~·er** *n.* = scriptwriter.

Script. Scriptural; Scripture.

scrip·tó·ri·um [skriptɔ́ːriəm/-tɔ́ːr-] *n.* (*pl.* **-ums, -a** [-riə]) 《修道院などの》写字〔記録〕室.

scríp·tur·al [skríptʃ(ə)rəl] *a.* (または S~) 聖書の, 聖書に基づく. ◇ **~·ly** [-i] *ad.* **~·ness** *n.*

scríp·ture [skríptʃər] *n.* **1** (the S~s) 聖書 (= Holy S~) 《略 Script.》: a doctrine not found in Holy *S~* 〔*the S~s*〕 聖書に載っていない教義. **2** (a ~, the ~) 〖稀〗聖句, 聖書の一節. **3** 《キリスト教以外の》聖典, 経典. **4** 《形容詞的に》聖書の〔による〕: a ~ lesson 日課として読む聖句. a ~ text 聖書の一節. [√scrib-] **~ reader** 貧民の家庭に行って聖書を読んで聞かせる人.

scríve·ner [skrívnər] *n.* 〖古〗 **1** 代書人; 公証人; 書記, 写字生. **2** 金貸し. 「タラの幼魚.

scrod [skrɑd/skrɔd] *n.* 〖米〗《特に料理用に裂いた》

scróf·u·la [skrɔ́ːfjulə, -rɑ́f-/-rɔ́f-] *n.* 〖医〗るいれき.
◇ **-lous** [-ləs] *a.* るいれきの〔にかかった〕; 腺病(せんびょう)質の; 堕落した.

scroll [skroul] *n.* **1** 巻き物, 軸物; 〖古〗表, 目録, 一覧表. **2** 〖建〗《イオニア式柱頭の》うずまき形の装飾; 《一般的》うずまき模様. **3** 《署名のあとに書く》飾り書き, 花押(かおう). **4** 紋章の題(銘)をしるしたリボン. **5** 《バイオリンの》エビ尾.

scroll ①

—— *vt.* **1** 巻き物にする; 《巻き物状に》巻く. **2** うずまき形で飾る.
—— *vi.* 巻き物状になる.
~ gear うず形車輪. **~ head** 船首のうずまき飾り. **~ saw** 雲形のこぎり. **~ wheel** うず形(歯)輪. **~·work** [ˊˋ] うずまき形装飾, からくさ〔雲形〕模様.

Scrooge, scrooge [skruːdʒ] *n.* けちん坊《Dickens 作 *Christmas Carol* 中の登場人物より》.

scroop [skruːp] *vi.* きしる, キーキー音をたてる.
—— *n.* キーキーときしる音.

scró·tum [skróutəm] (*pl.* **-ta** [skróutə], **-tums**) *n.* 〖医〗陰嚢(いんのう). ◇ **scró·tal** [-tl] *a.*

scrounge [skraundʒ] *vi., vt.* **1** 〖俗〗徴発する; ごまかして盗む, かっぱらう; たかる. **2** 〖話〗〈小物を〉借りる《たばこなど返すほどのこともないものを》. **~ *around*** あさり回る《を *for*》.

‡**scrub**[1] [skrʌb] *v.* (**-bb-**) *vt.* **1** こすり洗う〔落とす〕, ごしごし洗う〔みがく〕; 《ブラシなどで》強くこする. **2** 〈ガスを〉洗浄する. **3** 取り除く. **4** 〖俗〗取り消す.
—— *vi.* こすってきれいにする.
—— *n.* こすり洗う〔強くこする, みがく〕こと: give a good ~ よくこする.
~ brush 洗たくブラシ, たわし (= scrubbing brush). **~·man** [-mən] (*pl.* **-men**) 雑役夫. **~-up** [ˊˋ] 手術前の(全身)消毒. **~·wòm·an** (*pl.* **-wòm·en**) 雑役婦 (charwoman).
◇ **~·ber** [-ər] *n.* **1** そうじ夫, 甲板洗いの水夫. **2** 清掃用ブラシ, たわし, ぞうきん; ガス洗浄装置.

scrub[2] *n.* **1** 低木の茂み; 低木地帯. **2** 低木. **3** 下等動植物; 《動植物の》雑種. **4** 小さな人, とるに足らない人〔物〕. **5** 〖米: 運〗第二軍〔二流チーム〕の選手. **——** *a.* **1** 小さな. **2** 劣った, 貧弱な. **3** 〖米〗二流の: a ~ team 第二軍. **~ oak** 〖植〗《アメリカ産》短小なナラ属. **~ typhus** ツツガムシ病.

scrúb·by [skrʌ́bi] *a.* **1** 背が低い, 小さい, 《木など》いじけた; 〖俗〗みすぼらしい, 劣等の. **2** 低木のおい茂った. ◇ **-bi·ly** *ad.* **-bi·ness** *n.*

scruff [skrʌf] *n.* えり首, 首筋.

scrúf·fy [skrʌ́fi] *a.* きたない, みすぼらしい.

scrum [skrʌm] 〖英話〗= scrummage.

scrúm·mage [skrʌ́midʒ] *n.* 〖ラグビー〗スクラム.
—— *vt., vi.* スクラムを組む; 〈ボールを〉スクラムに入れる.

scrúmp·tious [skrʌ́mpʃəs] *a.* 〖話〗すばらしい, すてきな; 一流の. ◇ **~·ly** *ad.* **~·ness** *n.*

scrunch [skrʌntʃ] 〖俗〗= crunch.

scrú·ple [skrú:pl] *n.* **1** ためらい, ちゅうちょ, しりごみ, 遠慮; 良心のとがめ; 《ことの当否についての》疑念. **2** 《薬量単位》スクループル《＝20 grains》. **3** 〘古〙ごくわずか, 微量. ***a man of no ～s*** どんなことでも平気でやりかねない人, 無節操な人. ***have ～s about*** (do)***ing*** …することをためらう; …するのに気がとがめる. ***make no*** 〔***little***〕 ***～ to*** (do) 〔***of*** (do)***ing***〕 平気で…する. ***remove*** a person***'s ～s*** 〈人〉を釈然とさせる. ***stand on ～*** 遠慮する. ***without ～*** 平気で, 遠慮せず.
—— *vi.* **1** 遠慮する, ためらう. **2** 気がとがめる;〘古〙おそれ慎む. —— *vt.* ためらう: He does not ～ (to tell) a lie. 彼は平気でうそをつく.

scrú·pu·lous [skrú:pjuləs] *a.* **1** 細心な, 用心ぶかい, 慎重な, 周到な. **2** 精密な, 正確な, きちょうめんな, ものがたい. ◇ **～·ly** *ad.* **～·ness** *n.* **scrù·pu·lós·i·ty** [⌐－lásiti/-lɔ́s-] *n.*

scrú·ta·ble [skrú:təbl] *a.* 検査〔研究〕によって解明できる.

scru·tá·tor [skru:téitər, ㊥⁺⌐⌐－] *n.* **1** 検査〔吟味〕する人. **2** ＝scrutineer.

scrù·ti·néer [skrù:tiníər] *n.* 〘おもに英〙投票検査官.

scrú·ti·nize [skrú:t(i)nàiz] *vt., vi.* 精密に検査する, 吟味する《を *into*》. ◇ **-niz·ing·ly** *ad.* **scrù·ti·ni·zá·tion** [⌐－nizéiʃ(ə)n/-naiz-] *n.*

scrú·ti·ny [skrú:t(i)ni] *n.* **1** 精密な検査, 吟味, 詮索(せんさく): His actions do not bear ～. 彼の行動は調べるとぼろが出る. **2** 投票された票の検査. ***make a ～ into*** を詳しく調べる.

scry [skrai] *vi.* 水晶占いをする.
◇ **～·er** *n.* 水晶占い師.

scud[1] [skʌd] *vi.* (**-dd-**) 疾走する;〈矢などが〉さっと飛ぶ;〈雲が〉かすめて通る; 〘海〙順風を受けて航走する. —— *n.* **1** 速く走る〔飛ぶ〕こと. **2** 飛ぶ雲, 雨雲; 通り雨.

scud[2] *vt.* 〈皮から〉残り毛を除く.

scú·do [skú:dou] *n.* (*pl.* **-di** [-di:]) 16–19 世紀のイタリアの銀貨(単位).

scuff[1] [skʌf] *vi.* 足を引きずって歩く. —— *vt.* 〈床などに〉足をする;〈くつなどを〉すり減らす.
—— *n.* **1** 引きずり歩くこと〔音〕. **2** すり減ったところ. **3** スリッパ. → slipper.

scuff[2] *n.* えり首.

scúf·fle [skʌ́fl] *n.* **1** 格闘, 乱闘. **2** 足を引きずって歩くこと〔音〕. **3** 《タップダンスの》足の前後の動き.
—— *vi.* **1** 格闘する, 乱闘する《と *with*》. **2** 〘米〙足を引きずって歩く (shuffle).
◇ **scúf·fling·ly** *ad.*

scull [skʌl] *n.* **1** スカル《ひとりが両手に1本ずつ持ってこぐオール; そのオールでこぐ軽い舟》. **2** 《船尾でこぐ》1本オール〔ともがい, ろ〕. **3** (*pl.*) スカル競艇.
—— *vi., vt.* スカル〔ともがい, ろ〕でこぐ.
◇ **～·er** *n.* スカルでこぐ人; 《競漕用》スカル.

scúl·ler·y [skʌ́ləri] *n.* 〘おもに英〙食器室《食器を洗い, しまっておく》; 調理準備室《材料を下洗いする所》. **～ maid** 下働きの女中.

scúl·lion [skʌ́ljən] *n.* 〘英古・雅〙台所の下働き, さら洗い; 《けいべつ的》下等な男.

sculp [skʌlp] *vt.* 〘話〙＝sculpture.

scúl·pin [skʌ́lpin] *n.* 〘魚〙《北アメリカ大西洋岸の》カジカ科の淡水魚; 《頭にとげのある》コチの類の海魚.

sculp·sit [skʌ́lpsit] L. (＝he 〔she〕 carved) *v.* 《だれそれ》これを彫る《彫刻者の署名の次に書く》.

sculpt [skʌlpt] *vt., vi.* **1** 〘美〙彫刻する. **2** の形をつくる; 形になる.

scúlp·tor [skʌ́lptər] *n.* (*fem.* **-tress** [-tris]) 彫刻家.

‡**scúlp·ture** [skʌ́lptʃər] *n.* **1** 彫刻, 彫塑 (術・作品). **2** 〘生〙《貝がらなどの》模様; 〘地〙《浸食作用でできる》土地の彫刻.
—— *vt.* **1** 彫刻する: ～ a statue *in* 〔*out of*〕 stone 石像を刻む. **2** に彫刻する, 彫刻で飾る. **3** 浸食する. —— *vi.* 彫刻をする.
◇ **-tur·al** [-tʃ(ə)rəl] *a.* 彫刻の, 彫刻的な; 彫刻術の.

scùlp·tur·ésque [skʌ̀lptʃərésk] *a.* 彫刻風の; 形の整った, 堂々とした. ◇ **～·ly** *ad.* **～·ness** *n.*

scum [skʌm] *n.* **1** 《特に沸騰・発酵時などに生じる》浮きあわ, 浮きかす, 不純物, あく. **2** 《人間の》くず, やくざ: the ～ of the earth 人間のくず. the ～ of the people ごくつぶし.
—— *v.* (**-mm-**) *vi.* 浮きかすができる. —— *vt.* **1** から浮きかすを除く. **2** (浮きかすとして) 取り除く.
◇ **～·my** *a.* 浮きかすの多い, あわだった; 〘米〙くだらない, 下等な.

scúm·ble [skʌ́mbl] *vt.* 〘画〙の色彩をやわらげる, ぼかす. —— *n.* ぼかし; ぼかし塗り.

scún·ner [skʌ́nər] *n.* 嫌悪(けんお): take a ～ at 〔against, to〕 …に反感をいだく, …をけぎらいする.
—— *vt., vi.* 忌みきらう.

scup [skʌp] *n.* 〘米:魚〙アカダイ《北アメリカ大西洋岸に多い》.

scúp·per [skʌ́pər] *n.* 〘海〙甲板排水口.
—— *vt.* 〘英俗〙〈船を〉奇襲して沈める; 〈船員を〉奇襲して皆殺しにする.

scúp·per·nong [skʌ́pərnɔ̀:ŋ/-nɔŋ] *n.* 〘植〙《アメリカ南部産黄緑色・大粒の》ブドウの一種; それでつくったかおり高い酒.

scurf [skə:rf] *n.* 頭のふけ; あか, 不潔物.
◇ **～·y** *a.* ふけだらけの; ふけのような.

scúr·ril(e) [skə́:ril/skʌ́ril] *a.* 〘古〙＝scurrilous.
◇ **scur·ríl·i·ty** [skəríliti/skʌr-] *n.*

scúr·ri·lous [skə́:riləs/skʌ́riləs] *a.* 口ぎたない, ことばづかいのげびた. ◇ **～·ly** *ad.* **～·ness** *n.*

***scúr·ry** [skə́:ri/skʌ́ri] *vi.* **ちょこちょこ走る**, 小走りに(急ぎ)走る. —— *n.* **1** 小走り, 急ぎ足(の足音). **2** 短距離競馬. **3** 《雪などの》うずまき, にわか雨〔雪〕; 《飛ぶ鳥の》旋回.

scúr·vy [skə́:rvi] *a.* 下品な, 下劣な.
—— *n.* 〘医〙壊血病. **～ grass** 〘植〙トモシリソウ《西洋ワサビ属. 壊血病の薬》. ◇ **-vi·ly** *ad.* **-vi·ness** *n.* **scúr·vied** *a.* 壊血病にかかった.

scut [skʌt] *n.* 《ウサギ・シカなどの》短いしっぽ; 〘米俗〙けいべつすべきやつ.

scú·ta [skjú:tə] *n.* scutum の複数形.

scú·tage [skjú:tidʒ] *n.* 〘史〙《封建時代領主に納める》兵役免除税.

scú·tate [skjú:teit] *a.* 〘動〙盾(たて)状うろこをもった, 鱗甲(りんこう)の; 〘植〙《葉が》円盾状の.

scutch [skʌtʃ] *vt.* 〈麻・綿などを〉打つ《特に水に浸した繊維を分離するため》. —— *n.* 麻くず; 麻〔綿〕打ち機. ◇ **～·er** [-ər] *n.* 麻〔綿〕打ち機.

scútch·eon [skʌ́tʃ(ə)n] *n.* **1** ＝escutcheon. **2** 名札, 標札. **3** かぎ穴ぶた.

scute [skju:t] ＝scutum.

scu·tél·late [skju:tél(e)it, skjú:t(ə)lèit] *a.* 〘動〙小盾状の鱗片のある; 〘植〙盾状の.

scu·tél·lum [skju:téləm] *n.* (*pl.* **-la** [-télə]) 〘動〙小盾(たて)状の部分; 《鳥の足の》角質鱗片(りんぺん); 《こん虫の》小鱗部; 〘植〙小盾状の子葉, 胚盤(はいばん).

scút·ter [skʌ́tər] 〘英方〙＝scurry.

scút·tle[1] [skʌ́tl] *n.* 《室内用の》石炭バケツ〔入れ〕; 〘英方〙《口の広くて浅い》かご.

scút·tle[2] *vi.* 急いで行く, あわてて走る: ～ away (off) ほうほうの体で退散する.
—— *n.* 急ぎ足; あわて走り; そうそうの出発〔退散〕.

scút·tle[3] *n.* 《甲板・舷側などのふたのある》小窓, 舷窓(げんそう), 明かり窓; 天窓; 小さい昇降口; 昇降口のふた, はね上げ戸. —— *vt.* 〈船底に〉穴をあける《船を沈没させるために》; 〈船を〉沈める《船底に穴をあけて》.
～·butt [⌐－⌐] 〘米:海〙船の飲料水おけ, 水飲み場;〔米話〕うわさ, ゴシップ.

scú·tum [skjúːtəm] *n.* (*pl.* **-ta** [skjúːtə]) **1**〔古ローマ〕《長方形の》長盾(ﾀﾃ). **2**〔動〕《こん虫の胸・背の》盾板; 鱗甲(ﾘﾝｺｳ);〔医〕膝蓋(ｼｯｶﾞｲ)骨; 盾形骨片.

Scýl·la [sílə] *n.* **1** イタリア Messina 海峡の巨岩《Sicily 海岸の巨岩 Charybdis と相対する. 航海の難所》. **2** この岩に住むとギリシア神話に伝えられる 6 頭 12 足の女怪物.
between ～ and Charybdis 進退きわまって.

scythe [saið] *n.* 長柄の大がま;〔史〕戦車がま《昔の戦車の車輪に付けた》.
—— *vt.* 大がまで刈る.

scythe

Scýth·i·a [síθiə/-ðiə, -θiə] *n.* スキチア, スキタイ《古代黒海北方にあった国. 現在一部はソ連領土》.
◇ **～n** *a., n.* ～の; ～人〔語〕の; ～人〔語〕.

S.D. South Dakota; *Scientiae Doctor* (L. = Doctor of Science).
s.d. several dates; *sine die* (L. =without date).

'sdeath [zdeθ] *int.* 〔古〕《怒り・驚き・決心をあらわす》畜生!, えーっ! [<God's *death*]

SDS Students for a Democratic Society.

SE, S.E., s.e. Southeast. **Se**〔化〕Selenium.

se- *pref.*「…なしに〔の〕」「別に」の意: secure<se-+√cur- 心配+なしの. select<se-+√leg-[1] 別に+拾う. 〈注〉母音の前では sed- となる.

†**sea** [siː] *n.* **1** 海, 大洋, 大海, 海洋: sail on the ～ 海上を航行する. 〈注〉口語でばく然と海というとき, アメリカでは一般に ocean を使う. → ocean. **2**《日本海・地中海など陸地・島に囲まれた》海, …海; 塩水湖; 大湖: a closed ～ 領海. the Red *Sea* 紅海. **3** (ある状態の) 海; 波, 潮: a high 〔heavy〕～ 荒波. a rough ～ 荒海. a broken ～ くだけ波. a full ～ 満潮. **4** (広大な) 広がり; 多量, 多数: a ～ of flame 火の海. a ～ of trouble 山ほどの困難. **5**〔宗〕《ソロモンの神殿の青銅製》手洗い盤.
across the ～(s) 海外に, 外国に. ***all at ～*** 途方にくれて: be *all at* ～ on the matter その件について全く五里霧中である. ***at ～*** 大海に出て, 海上で; 航海中で; 当惑して (=all at ～). ***beyond*** 〔***over***〕***～(s)*** 海外に〔へ〕. ***by ～*** 海路で; 船便で. ***by the ～*** 海べに. ***command of the ～*** 制海権. ***far away in the ～*** 沖合いに. ***follow the ～*** 船員になる, 船乗りになる. ***go out to ～*** 海に乗り出す, 沖へ出る. ***go to ～*** 船乗り〔船員〕になる; 出航する. ***go to the ～*** 海岸に行く. ***keep the ～*** 制海権を保つ; 沖に出ている, 〈船が〉続航する. ***on the ～*** 海上に; 波に乗って; 海べに. ***put (out) to ～*** 出港する, 出帆する. ***ship a ～*** 〈船が〉波をかぶる. ***sound the ～*** 海の深さを測る. ***stand to ～*** 沖に乗り出す. ***take the ～*** 出帆する; 進水する. ***the four ～s*** 〔英〕(Great Britain の) 四方の海: within *the four* ～*s* イギリス国内に. ***the freedom of the ～s*** → freedom. ***the high ～s*** → high. ***the ～*** 制海権. ***the seven ～s*** (世界の) 七つの海《南大西洋・北大西洋・南太平洋・北太平洋・インド洋・北極海・南極海》.
～ air 海〔海べ〕の空気, 海気. **～ anchor**〔海〕海錨(ｶｲﾋﾞｮｳ)《漂流を防ぎ, 船首を風上に向けるため, 停泊中に投ずる》. **～ anemone**〔動〕イソギンチャク. **～ bank** 防波堤; 海岸. **～ barrow**〔動〕サメ・エイ類の卵殻(ﾗﾝｶｸ). **～ bass**〔魚〕バス《スズキ科の食用魚》. **～ bathing** 海水浴. **～·beach** [ˊ ˋ] 海べ, 海浜. **～ bear**〔動〕シロクマ, 北極グマ; オットセイ. **Séa·bee** [ˊ ˋ]〔米:軍〕アメリカ海軍建設隊員《<*C*onstruction *B*attalion》. **～ bells**〔植〕浜昼顔. *** ～ bird** 海鳥《カモメ・ウミスズメなど》. **～·board** → 別項. **～ boat**《近海船・川船に対して》外洋船, 遠洋航路船: a good 〔bad〕～ *boat* 波浪に耐える〔耐えない〕船. **～-born** [ˊ ˋ] 海から生まれた, 海産の: the ～*-born* city = Venice. the ～*-born* goddess 海から生まれた女神 (Aphrodite). **～-borne** [ˊ ˋ] (1) 海上輸送の: ～*-borne* articles 舶来品. ～*-borne* goods 海運貨物. (2) 漂流する; 漂着した. **～ bread** 航海用堅パン (ship biscuit). **～ bream**〔魚〕タイ類. **～ breeze** 海風, 海軟風. **～ calf**〔動〕アザラシ. **～ cap** 白い波がしら. **～ captain** 船長;〔雅〕大航海者, 大提督. **～ change** 海の変化; たいへんな変化〔変わりぶり〕《多くは良い変化》. **～ chest**〔海〕《海水を取り入れる》海水箱;《水夫の》私物箱. **～ chestnut**〔動〕ウニ. **～ coal**〔英史〕石炭《昔 Newcastle から海路輸送された石炭を charcoal と区別して》. ***～·cóast** → 別項. **～ cock** 海水コック〔弁〕, 船底弁. **～ cook**〔海〕《けいべつ的》船の料理人. **～ cow**〔動〕海牛, セイウチ. **～ crow**〔鳥〕ウミガラス; ユリカモメ. **～ cucumber**〔動〕ナマコ. **～ devil**〔魚〕アンコウ; トビエイ. **～ dog** (1)〔動〕アザラシの一種;〔魚〕ツノザメ. (2) 老練な船乗り〔船長〕,《昔の》海賊. **～ eagle**〔鳥〕オオワシ, オジロワシ;〔米〕ミサゴ. **～-ear** [ˊ ˋ]〔貝〕アワビ. **～ elephant**〔動〕セイウチ, 海象. **～·fàr·er** [-fè(ː)rər/-fèər-]〔雅〕船乗り; 航海者. ***～·fàr·ing** → 別項. **～ fight** 海戦. **～-flòw·er**〔動〕= ～ anemone. **～ foam** 海面のあわ;〔鉱〕海泡石(ｶｲﾎｳｾｷ) (meerschaum)《上等なたばこパイプの原料》. **～ food** 海産食品《魚・貝類》. **～·fowl** [ˊ ˋ] 海鳥. **～ fox**〔魚〕オナガザメ. **～ front**《都市・家屋の》海に面した部分; 海岸通り. **～ gauge**〔海〕《船の》喫水; 自記海深計. **～·girt** [ˊ ˋ]〔雅〕海に囲まれた. **～-god** [ˊ ˋ] 海神. **～-gòd·dess** 海の女神. **～·gò·ing** 遠洋航路の, 大洋を行く; 航海を業とする. **～ grape**〔植〕《海そう》ホンダワラ, オカヒジキ; (*pl.*)〔動〕ヤリイカ類の寒天状の卵塊. **～ green** 海緑色. **～-gréen** 海緑色の. *** ～ gull**〔鳥〕カモメ. **～ hedgehog**〔動〕ウニ; フグ. **～ hog**〔動〕イルカ. **～ horse**〔神話〕海馬《海神の戦車を引く馬頭・魚尾の怪獣》;〔動〕タツノオトシゴ; セイウチ. **～ kale** 油菜科の植物《ヨーロッパ海岸産. 新芽を食用にする》; 浜菜. **～-kind·ly**《船が》荒海にも楽々と航行する. **～ king**《中世スカンジナビアの》海賊王. **～ lavender**〔植〕イソマツの類. **～ lawyer**〔海話〕理屈っぽい水夫《航海法などのわずかな知識を振り回す》; 口うるさいやつ. **～ legs**〔話〕動揺する船上を平気で歩けること; 船酔いしないこと: get 〔have, find〕one's ～ *legs* 船の動揺に慣れる, 船酔いしなくなる. **～ leopard**〔動〕《南極海産》アザラシの一種. **～ letter**《戦時の》中立船証明書. **～ level** 海水面, 平均海面: above ～ *level* 海抜. **～ lily**〔動〕ウミユリ. **～ line** 水平線. **～ lion**〔動〕アシカ《特にトドアシカ, カリフォルニアアシカ》. **Sea Lord**〔英〕海軍本部委員会 (Board of Admiralty) の委員のひとり. **～ maid**〔雅〕《女の》人魚 (mermaid). **⁂～·man** → 別項. **～·mark** [ˊ ˋ] (1) 航路標識〔目標〕. → landmark. (2) (波打ちぎわの) 波線, 海岸線. **～ mat**〔貝〕アミガイ. **～ mew**〔鳥〕カモメ. **～ mile** 海里 (nautical mile). **～ monster** 海の怪物;〔魚〕ギンザメ. **～·mount** [ˊ ˋ] 海山. **～ mud**《肥料用》海どろ. **～ mule**《箱型鋼鉄製ディーゼルエンジンの》引き船. **～ nettle**〔動〕クラゲ. **～·nymph** [ˊ ˋ] 海の精. **～ onion**〔植〕海葱(ｶｲｿｳ). **～ otter**〔動〕ラッコ. **～ ox** (*pl.* **～ oxen**)〔動〕セイウチ. **～ pass**《戦時中の》中立船証明書. **～ pen**〔動〕ウミエラ. **～ pie**〔海〕《水夫用の》塩肉パイ;〔鳥〕都鳥. **～·piece** [ˊ ˋ] 海洋画, 海の絵. **～ pig**〔動〕イルカ; ジュゴン (dugong). **～ pink**〔植〕ハマカンザシ. **～·plane**

[ㄥㄥ] 水上飛行機. **~plain** 〘地〙浸食平野. ‡**~·port** →別項. **~ power** 海軍力, 制海権; 海軍国. **~ purse** 〘動〙ガンギエイの卵嚢(らんのう). **~·quake** [ㄥㄥ] 海震《地震・潜水艦の爆発などによる》. **~ reach** 海にまっすぐにはいる河口部分. **~ road** 〘米〙航路, 海路. **~ robber** 海賊. **~ robin** 〘魚〙ホウボウの類. **~ room** 〘海〙操船余地《船を操縦できる海面》. **~ route** 海路. **~ rover** 海賊(船). **~ salt** 海塩. → rock salt. **~·scape** [ㄥㄥ] 海のけしき; 海の絵, 海洋画. → landscape. **~·scout** [ㄥㄥ] 海洋少年団員; (*pl.*) 海洋少年団. **~ serpent** 〘動〙ウミヘビ. **~ shell** 海の貝; 貝がら. ‡**~·shòre** → 別項. ***~·sick** → 別項. **~ snake** 〘動〙ウミヘビ. **~ squirt** 〘動〙ホヤ《下等動物の一つ. 食用》. **~ trout** 〘魚〙マス, ウミマス. **~ urchin** 〘動〙ウニ. **~ wall** 護岸《海べの堤防》. **~-walled** [ㄥㄥ] 海に囲まれた, 四面を海で守られた. **~·way** [ㄥㄥ] 〘海〙(1) 航路, 海路; 河川航路《外洋船の航行できる》. (2) 航行: make *~way* 航行する. (3) 外海; 荒海, 荒波: in a *~way* 荒波にもまれて. **~·weed** [ㄥㄥ] 〘植〙海草, 藻(も). **~ wind** = ~ breeze. **~·wòr·thy** → 別項. **~ wrack** 《特に大形の》海草〔海藻(かいそう)〕類.

séa·board [síːbɔ̀ːrd/-bɔːd] *n.* 海岸, 沿海地方; 海岸線. **——** *a.* 海岸の, 沿岸の, 海べの.

***séa·còast** [síːkòust/ㄥㄥ] *n.* 沿岸, 海岸, 海浜.

***séa·fàr·ing** [síːfɛ̀(ː)riŋ/-fɛ̀ər-] *a.* 航海の; 船乗り業の: a ~ life 船乗り生活.
—— *n.* 海上旅行; 船乗り業.

‡**seal**[1] [siːl] *n.* **1** 《封ろう・鉛・粘土の上に押された》封印, 証印; 《seal を押すための》判, 印形(いんぎょう)《主として金属製》: impress one's ~ on the wax 印を封ろうの上に押す. **2** 保証〔認証〕のしるし, 太鼓判: a kiss as a ~ of love 愛のしるしとしてのキス. **3** 《秘密厳守の》口封じ, 誓約: under ~ of …を守るという誓約で. **4** 兆候, 相(そう): the ~ of death 死相. **5** シール, 飾り切手: a Christmas ~ クリスマス用シール. **6** (通例 *pl.*) 官職. **7** 防臭弁.
affix a ~ to に押印する; に印章をつける. ***break the ~*** 開封する. ***Great S~*** 〘英〙国璽(こくじ). ***Lord*** (***Keeper of the***) ***Privy S~*** 〘英〙国璽尚書(しょうしょ), 内大臣. ***put*** [***set***] one***'s ~ to*** を保証する; に押印する. ***receive*** [***return***] ***the ~s*** 〘英〙国務大臣・大法官に就任する〔を辞職する〕. ***~ of love*** 愛のしるし《接吻・結婚・出産など》. ***under*** [***with***] ***a flying ~*** 開封で. ***under*** one***'s hand and ~*** 署名押印で《証文など》. ***under the ~ of secrecy*** [***confidence, silence***] 秘密〔内密, 沈黙〕を守る約束で.
—— *vt.* **1** に押印する, に調印する; <商談などを> 妥結する. **2** <商品などに> 検印する; 保証する; 確証〔証明〕する. **3** に封印する《*off*》; <手紙を> 封ずる: ~ a letter. **4** 密封する, 密閉〔目塗り〕する《*up*》: ~ *up* a window 窓を目張りする. **5** 閉じ込める: be *~ed up* in ice 氷に囲まれて動けなくなる. **6** <目・口などを> 閉じる: His lips are *~ed.* 彼は口止めされている. **7** <秘密を> 厳守させる. **8** <運命などを> 決定する: His fate is *~ed* (*up*). 彼の運命は決まった. **9** 〘宗〙に洗礼を授ける; に堅振礼を施す. **10** 〘電〙<ソケットなどを> はめ込む. **11** 〘英:軍〙受納する.
~ing wax 封ろう. **~ ring** 印章〔印形〕つき指輪.
◇ **~·er** *n.* 押印者, 検印者; 封印者; 度量衡検査官.

seal[2] *n.* 〘動〙アザラシ〔オットセイ, アシカ〕などの類; その毛皮 (=fur ~).
—— *vi.* アザラシ・オットセイ狩りをする.
~ fishery アザラシ漁業〔漁場〕. **~ point** 〘動〙シャムネコの一種. **~ rookery** アザラシ〔オットセイ〕繁殖地. **~·skin** [ㄥㄥ] アザラシ〔オットセイ〕の皮; それでつくった婦人用ジャケット.
◇ **~·er** *n.* アザラシ猟船〔猟師〕. **~·er·y** *n.* アザラシ漁業; アザラシ漁場〔群棲(ぐんせい)地〕. **~·ing** *n., a.* アザラシ漁業 (の).

Séa·ly·ham [síːliəm] *n.* テリヤ犬の一種 (= ~ terrier).

‡**seam** [siːm] *n.* **1** 《布などの》縫い目, とじ目: cut a ~ open 縫い目を切り開く. The ~ has started. 縫い目がほどけた. **2** 《板などの》はぎ目, 継ぎ目: ~*s* in brickwork れんが積みの継ぎ目. **3** 接合線; 傷あと, しわ; 〘医〙縫合. **4** 割れ目; 〘地〙二つの地層間の境界線, 《石炭などの》薄層. **5** しわ.
—— *vt.* **1** 継ぎ〔縫い〕合わせる《*together, up*》; に縫い目をつける. **2** に割れ目〔傷あと, しわ〕をつける《通例過去分詞で用いる》: *~ed with* cracks ひびのはいった. creeks that ~ a valley 谷間を網のように走っている細流. **3** <くつ下などに> うね目をたてる.
~·prèss·er 縫い目押えのアイロン.
◇ **~·less** *a.* 縫い目〔継ぎ目〕のない; 傷あとのない.

‡**séa·man** [síːmən] *n.* (*pl.* **-men** [-mən]) 船員, 海員; 航海者; 水兵: a merchant ~ 商船乗組員. a good [poor] ~ 船の操縦のうまい〔へたな〕人. a leading ~ 一等水兵. an able-bodied ~ 《普通の仕事に熟練した》一人前の海員《略 A.B., a.b.》. an ordinary ~ 三等水兵《略 O.S.》.
◇ **~·like** [-làik], **~·ly** *a.* 船員〔水兵〕らしい. **~·ship** *n.* 船舶操縦術.

séam·stress [síːmstris/sém-] *n.* 女裁縫師, お針女(はりめ)〔子〕. 〈注〉 sempstress ともつづる.

séam·y [síːmi] *a.* 縫い目〔継ぎ目〕のある; 傷(あと)のある; 見苦しい. ***the ~ side*** 縫い物の裏; 《社会などの》裏面, 暗黒面. ◇ **séam·i·ness** *n.*

Sean·ad Eir·eann [sǽnɑːd-ɛ́(ː)rən/ʃǽnəð-ɛ́ərən] Ir. アイルランド共和国の上院.

sé·ance, *sé·ance* [séiɑːns, ㊟⁺síːɑns] F. *n.* **1** 《開会中の》会(議). **2** 降神術の集会.

‡**séa·port** [síːpɔ̀ːrt/-pɔːt] *n.* 海港; 港市〔町〕.

sear [siər] *vt.* **1** に焼き印を押す, 焼きごてで焼く: a *~ing* iron 焼きごて. **2** 焦がす, 焼く: That is *~ed* into my memory. それは私の記憶に焼きつけられている. **3** 枯らす, しなびさす. **4** 無感覚にする, <感情・良心を> まひさせる: a *~ed* conscience まひした良心. **——** *vi.* 枯れる, しなびる.
—— *a.* ひからびた, 枯れた, しなびた.
the ~ and yellow leaf 老境, 老齢.
—— *n.* **1** 焼け焦げ (の跡). **2** しなびた状態.

‡**search** [səːrtʃ] *vt.* **1** <場所を> 捜す, 探る, 捜索する: They *~ed* the house [drawers] *for* weapons. 武器を見つけようと家捜しをする〔引き出しを捜す〕. 〈注〉捜し求めるものを目的語としない. **2** の身体検査をする《所持品調べのため》: *S~* him! 彼のからだを調べろ. **3** <傷口などを> 探る: ~ one's heart 自分の心の中を探ってみる. **4** じろじろと見る; ながめまわす: ~ the horizon with a glass 望遠鏡で地平線を調べる. **5** <記憶などを> たどる; 詳しく調べる: ~ one's own motives 自分の動機を詮索(せんさく)する. **6** <寒さ・風・光線・弾丸などが> …のすみずみまで及ぶ, にしみわたる. **——** *vi.* **1** 捜す, 捜し求める《を *for, after*》: ~ *after* health 健康を求める, 保養する. **2** 調査する, 詮索する《を *through, into*》: ~ *into* a matter 事件を調べる. ~ to the root of it 根掘り葉掘り調べる.
He who would ~ for pearls must dive below. 〘諺〙虎穴(こけつ)に入らずんば虎児を得ず. ***S~ me!*** 〘米〙知るものか (=I don't know.). **~ *out*** 捜し出す, 捜し当てる; 捜索する.
—— *n.* **1** 探索, 捜索, 追求《*after, for*》: a close ~ 厳密な捜索. an eager ~ *for* truth 熱心な真理の追究. Every ~ was made *for* him. 百方手を尽くして彼を捜した. **2** 調査, 検査《*of*》.
in ~ of を求めて, を捜して. ***make a ~ for*** を捜索する. ***the right of ~*** 《交戦国が中立国船に対する》捜索権. [√circ- 回る→捜し回る]

∼·light [⊿⊥] 探照〔探海〕燈, 照空燈. **∼ party** 捜索隊. **∼ warrant** 家宅捜査令状.

séarch·er [sə́ːrtʃər] *n.* **1** 捜査者, 調査者, 検査員; 船舶〔税関〕検査官; 《囚人の》身体検査官; 検査器, 捜査具. **2** 〔医〕《膀胱(ぼうこう)結石などの》探り針. **3** 《砲腔》検査器.
the ∼ of hearts 〔聖〕神《ロマ書 8: 27》.

séarch·ing [sə́ːrtʃiŋ] *a.* **1** 捜査〔調査〕する. **2** 《捜査が》徹底的な, 厳重な; 《目つき・観察などが》鋭い. **3** 《寒風などが》しみわたる. **——** *n.* 捜査, 吟味. ***the ∼s of heart*** 良心の呵責(かしゃく).
◇ **∼·ly** *ad.* **∼·ness** *n.*

‡séa·shòre [síːʃɔːr/-ʃɔ́ː] *n.* 海浜, 海岸; 〔法〕海岸《高潮線と低潮線との間に当たる地》.
〔類〕 → **beach**「海岸」

***séa·sick** [síːsik] *a.* 船酔いの, 船に酔った.
◇ **∼·ness** *n.* 船酔い.

‡séa·sìde [síːsàid/⊿⊥] *n., a.* 海岸(の), 海べ(の): a ∼ resort 海岸の保養地. 〔類〕 → **beach**「海岸」

†séa·son [síːzn] *n.* **1** 季節, 四季の一つ: the four ∼*s* 四季. **2** 時節: the Christmas ∼ クリスマス時期. the rainy 〔wet〕 ∼ 雨季. **3** (*pl.*) 〔雅〕年齢; 人生の一時期: the boy of seven ∼*s* 7歳の少年. in the ∼ of one's youth 青年時代に. **4** 最盛期, 活動期, シーズン, しゅん: the baseball ∼ 野球シーズン. the London ∼ ロンドンの社交季節《初夏》. the ∼ for oysters カキのしゅん. **5** 好機, ほどよい時期, よいころあい: a word in ∼ 時宜を得た忠告. It is not the ∼ for quarreling. けんかをしているばあいではない. **6** 〔英話〕=∼ ticket. ***at all ∼s*** 年じゅう, 四季を通じて. ***close ∼*** 禁猟期. ***for a ∼*** しばらくの間. ***in good ∼*** 十分まにあって; おりよく: go back *in good* ∼ 早めにもどる. ***in ∼*** 時を得た, ほどよい時期の, ころあいの; 《果実などが》出盛りで, しゅんで; 猟期で: Trout is *in* ∼ for another month. マスはもうひと月つれる. ***in ∼ and out of ∼*** 季節を選ばず, 常に, 間断なく. ***open ∼*** 狩猟期. ***out of ∼*** 季節はずれの, 盛りを過ぎて; 時機を失して; 禁猟期で. ***the high ∼*** 最盛期. ***the off*** 〔***dead, dull***〕 ***∼*** 時節はずれ, 盛りでない時節,「霜枯れどき」.
—— *vt.* **1** に味をつける, 調味する: ∼ food with salt 塩で食物に味をつける. **2** に興味を添える: conversation ∼*ed* with irony 皮肉をきかせた会話. **3** 緩和する, 和らげる. **4** 《環境・気候などに》適応させる, 慣らす; 鍛える, 習熟〔円熟〕させる: ∼ oneself *to* cold 寒さにからだを慣らす. a ∼*ed* soldier 老練な軍人, 古兵. **5** 〈材木を〉枯らす, かわかす; 〈酒などを〉ならす: ∼ a pipe by careful smoking じょうずにくゆらせてパイプをなれさす. **——** *vi.* **1** 慣れる, 習熟する; 用に適するようになる. **2** 〈材木などが〉枯れる, かわく. ***be ∼ed for*** the passage 《からだが》(航海)に差しつかえない.
—— *a.* =seasonable.
∼ ticket 〔英〕定期乗車券 (=㊊ commutation ticket); 《演劇・競技などの》定期入場券, シーズン中の通し切符《の *for*》.
◇ **∼·er** *n.* 味をつける人; 調味料, 薬味; つけ物おけ; 興を添えるもの.

séa·son·a·ble [síːznəbl] *a.* 季節(向き)の; 時節柄の; 時〔時機〕を得た; 順調な; 適切〔適当〕な: The suggestion came at a ∼ time. うまいときにその思いつきが浮かんだ. ◇ **∼·ness** *n.* **-bly** *ad.*

séa·son·al [síːznəl, -zən(ə)l] *a.* 季節(的)の; 周期的な. ◇ **∼·ly** *ad.* **∼·ness** *n.*

séa·son·ing [síːzniŋ] *n.* **1** 調味, 味かげん. **2** 調味料. **3** 興を添えるもの; 興趣. **4** 《食物を塩で》ならすこと. **5** 《材木を》枯らすこと, 乾燥させること. **6** 緩和剤.

†seat [siːt] *n.* **1** 席, 座席; 《いす・ベンチなど》腰掛け; 《いすなどの》座部. **2** 《劇場などの》貸し切り席, 予約席: an unreserved ∼ 自由席. **3** 議席; 議席権; (議員の) 地位: He has kept his ∼ for fifteen years. 彼は15年勤続した. **4** 王座; 王の権威. **5** 所在地, あり場所, 位置; 中心地, 巣, 病原《*of*》: the ∼ *of* government 政府の所在地. the ∼ *of* learning 学府. **6** 領地, 地所; 《いなかの》邸宅, 屋敷, 別宅: a country ∼ いなかの大邸宅. **7** 《からだの》しり, 臀部(でんぶ); 《ズボンなどの》しり: the ∼ of one's pants. **8** 着席の仕方; 《馬などに》乗った姿勢, 《馬の》乗り方: have a good ∼ 《馬・自転車などに》じょうずに乗る. **9** 《機械などの》座, 台. ***have a good ∼ on*** a horse (馬)にじょうずに乗る. ***Have your ∼s,*** gentlemen. (みなさん)ご着席ねがいます. ***hold a ∼ in*** the Cabinet (内閣)にいすを占める. ***Keep your ∼.*** どうぞそのままで. ***lose*** one***'s ∼*** 《選挙に落選して》議席を失う; 地位を失う. ***rise from*** one***'s ∼*** 起立する. ***safe ∼*** 当選確実の選挙区. ***∼ of honor*** 上座. ***take a*** 〔one***'s***〕 ***∼*** 着席する. ***take*** one***'s ∼ in the House of Commons*** 〔英〕《代議士》当選後初めて登院する. ***the ∼ of war*** 戦場.
—— *vt.* **1** すわらせる, 着席させる: Please ∼ yourself. どうぞお掛けになって. **2** 〈建物が〉…人分の座席をもつ; 〈建物に〉座席を備え付ける: The hall ∼*s* 〔is ∼*ed* for〕 3,000. 会館には3,000の席がある. **3** 〈人に〉座席を与える: The usher ∼*ed* me in the front row. 案内人は前列に私を案内した. **4** 就任させる, に地位を与える. **5** の場所を定める, 定住させる, に根をおろさせる《通例 ∼ oneself の形または受動態で》: a family long ∼*ed* in Boston ボストンに長年在住の一家. **6** 〈いすの〉座部をつけ替える. **7** 〈ズボンの〉いしき当てを取り替える. **8** 〈実包を〉銃にこめる. **9** 《台などに》すえる, 設置する.
be ∼ed (1) すわる; すわっている: Pray *be ∼ed*. どうぞお掛けください. (2) 《…に》位置している. (3) 定着している. **∼ one*self*** 着席する, すわる. ***∼ a candidate*** 候補者を選挙する.
∼ belt 《飛行機などの》座席ベルト. **∼·mate** [⊿⊥] 《乗り物などの》同席者.

-séat·ed [-síːtid] *a.*《合成語で》 **1** 腰掛け〔座部〕が…の; 腰掛ける〔しりの〕部分が…の: a cane-∼ chair とういす. **2** 位置が…の: a deep-∼ disease 根のふかい病, 慢性病.

-séat·er [-síːtər] *n.*《合成語で》…人乗り《自動車・飛行機などの》: a four-∼ 4人乗り.

séat·ing [síːtiŋ] *n.* **1** 着席. **2** 座席(数); 座席設備, 収容力: ∼ capacity 座席収容力. **3** 乗馬姿勢. **4** いすのクッションの材料.

SEATO [síːtou] Southeast Asia Treaty Organization 東南アジア条約機構.

Se·át·tle [siːǽtl, ⊥——/siǽtl] *n.* シアトル《アメリカ Washington 州 Puget Sound に臨む港市》.

séa·ward [síːwərd] *n.* 海の方. **——** *a.* 海に向かった. **——** *ad.* 海の方へ, 海に向かって.

séa·wards [-z] *ad.* =seaward.

séa·wòr·thy [síːwə̀ːrði] *a.* 《船が》航海に適する, 波浪に耐える, 耐波性の. ◇ **-thi·ness** *n.*

se·bá·ceous [sibéiʃəs] *a.* 脂肪(質)の; 脂肪を分泌する: ∼ glands 〔医〕皮脂腺(せん).

SEbE southeast by east 南東微東.

se·bíf·er·ous [sibífərəs] *a.* 脂肪を生じる, 脂肪性物を分泌する.

SEbS southeast by south 南東微南.

sec [sek] F. *a.* 《ブドウ酒など》辛口の. → dry.

SEC, S.E.C. Securities and Exchange Commission (アメリカ) 証券取引委員会; Supreme Economic Council (ソ連) 最高経済会議. **sec** secant. **sec.** secant; secondary; second(s); secretary; section(s); sector; *secundum* (L. =according to).

sé·cant [síːkənt] *a.* 〔数〕分かつ, 切る, 割る; 交わる.

—— *n.* 割線; 正割; セカント《略 sec.》.

séc·a·teur [sékətə̀:r, ㊥⁺⊥—⊥] *n.* (通例 *pl.*)《植木用》刈り込み〔剪定(せんてい)〕ばさみ.

Séc·co·tine [sékətì:n] *n.* 《にかわの代用液》 セコチーン. —— *vt.* ～でくっつける.

se·céde [si:sí:d, si-] *vi.* 《教会・政党などから》正式に脱退する《*from*》. →名詞 secession. [√ced-]

se·céd·er [sisí:dər] *n.* 脱退者, 離脱者, 脱党者. ***the S～s*** 〔宗史〕《1733 年スコットランド国教から分かれて成立した》長老教会の信徒.

se·cérn [sisə́:rn] *vt., vi.* (頭のなかで) 分離する; 区別する.

se·cérn·ent [sisə́:rnənt] *a.* 〔生理〕分泌する;分泌性の. —— *n.* 分泌器官; 分泌促進剤.

se·cés·sion [siséʃ(ə)n] *n.* **1** 《教会・政党などからの》分離, 脱退《*from*》. **2** (しばしば S～)〔米史〕《南北戦争の原因となった》南部 11 州の脱退.

the War of S～ 〔米史〕南北戦争 (the Civil War). **S～ Church, the** 《1733 年スコットランド国教から分離した》分離教会《長老教会》.

◇ **～·ism** *n.* 脱退〔分離〕論;〔米史〕南部 11 州脱退論;〔建〕《1898 年 Vienna に起こった》芸術分離運動. **～·ist** *n.* 脱退〔分離〕論者; (しばしば S～)〔米史〕《南北戦争当時の》脱退論者.

Séck·el [sékl] *n.* 〔植〕ナシの一種《アメリカの栽培者の名にちなんで》.

se·clúde [siklú:d] *vt.* 〈人・場所などを〉 引き離す, 隔離する, 遮断(しゃだん)する; 引退させる: ～ oneself from society 隠遁(いんとん)する, 世を捨てる. [√claud-]

se·clúd·ed [-id] *a.* (世間から) 隔離した; 人里離れた, 閑静な, 引っ込んだ; 引退した.

◇ **～·ly** *ad.* **～·ness** *n.*

se·clú·sion [siklú:ʒ(ə)n] *n.* **1** 隔離, 隠遁(いんとん); 引退; 閑居: live in ～ 隠遁して暮らす. **2** 人里離れた所, 僻地(へきち). → 動詞 seclude.

◇ **～·ist** *n.* 世捨て人, 隠遁主義者; 鎖国主義者.

se·clú·sive [siklú:siv] *a.* 隠遁的な; 引っ込み思案の; 引きこもりがちの. ◇ **～·ly** *ad.* **～·ness** *n.*

†**séc·ond**[1] [sékənd] *a.* **1** 第 2 の, 2 番めの; 2 等の, 2 位の, 次位の; 2 度めの: Osaka is the ～ largest city in Japan. 大阪は日本で 2 番めに大きい都市です. one's ～ wife 2 度めの妻《日本語のいわゆる「第二夫人, 二号」ではない》. **2** 次ぐ, 劣った《*to*》. **3** 副の, 補助の; 従属的な, 付加の; 代わりの, 代用の. **4** (a ～) もう一つの, 別の: You will need *a* ～ pair of shoes. もう 1 足くつが必要でしょう. **5** 〔楽〕副次的の; 音程の低い: a ～ violin 第二バイオリン.

a ～ Daniel 《名裁判官》ダニエルの再来. ***a ～ time*** 再び. ***at ～ hand*** 間接に, また聞きで (= secondhand). ***come in ～*** 《競走で》2 着になる. ***every ～ day*** 1 日おきに. ***for the ～ time*** 再び, 2 度. ***in the ～ place*** 次に, 第 2 に. ***play ～ fiddle*** 補佐的な役割を演ずる. ***～ only to*** A (A) に次いで 1 番. ***～ to none*** だれ〔なにもの〕にも劣らない, 1 番の.

—— *ad.* **1** 第 2 に, 次に, 2 番めに: come ～ 次位になる, 2 番めに到着する. **2** 《交通機関で》二等で: travel ～ 二等で旅行する.

—— *n.* **1** 2 番め〔2 位, 2 着, 二流, 二級〕の人〔物〕. **2** 2 代め, 第 2 世; 第 2 打者: George the *S～*=King George II. **3** 別の人, もうひとりの人; 身代わりの人; 2 度めの夫〔妻〕. **4** 助手, 補助者; 《決闘などの》介添え人;〔政〕議案審議〔動議可決〕の提唱(者): act as ～ to a person 人の介添えをする. **5** 第 2 日; 二等車;〔野球〕二塁(手): the ～ of March. **6** 〔楽〕二度音程, 第二音; アルト. **7** (*pl.*)二級品; 二級の小麦粉(製のパン). **8** (*pl.*)《食物の》お代わり: have ～*s* on the potatoes ジャガイモをお代わりする. **9** 〔自動車〕第 2 速度, セコンド: shift into ～ セコンドにギアを入れる.

bad 〔***poor***〕 ***～*** 第 1 位にはるかに劣る第 2 位者. ***good ～*** 第 1 位にあまり劣らない第 2 位者. ***the ～ in command*** 副司令官.

—— *vt.* **1** 後援する; 補佐する, 介添えする《特に決闘・ボクシング試合のばあい》. **2** 〈動議・提案に〉賛成する: I ～ the motion. ただいまの動議に賛成します. It has been moved and ～*ed* that ... …という動議が行なわれ, ただいまそれに賛成者が出ました. [√sequ-]

S～ Advent 〔**Coming**〕 キリストの再臨. **S～ Adventist** キリスト再臨論者. **～ ballot** 決選投票. **～ base** 〔野球〕二塁(手). **～ best** 第 2 位のもの, 2 番めによいもの. **～-bést** [⊥—⊥] 第 2 位の(もの), 2 番めによい(もの): come off ～-*best* 2位に落ちる, 負ける. **～ birth** 再生. **～ chamber** 《議会の》上院. **～ childhood** もうろく, 老衰して子どもにかえること. **～ chop** 〔俗〕二流〔二級〕品; 下等品. **～-cláss** [⊥—⊥] (1) 二流〔二等〕の: ～-*class* matter 〔米〕第 2 種郵便物. (2) 二等で: go ～-*class* 二等に乗る. **～ crop** 裏作. **～-de·grée** 〔医〕《熱傷が》第 2 度の;〔米: 法〕《罪状など》第 2 級の. **～ distance** 〔英〕中景《遠景と近景の中間》. **～ division** 〔英〕下級公務員;〔米: 野球〕B クラス《第 5 位から第 8 位まで》. **～ estate** 〔英〕上院 《貴族出身議員の総称》; 〔フランス史〕貴族. **～ fiddle** 《オーケストラの》第二バイオリン. **～ floor** 〔米〕2 階;〔英〕3 階. **～-gúess** [⊥—⊥] *vt., vi.* 〔話〕あと思案する; あと知恵をはたらかす. **～ hand** 秒針. ‡**～-hánd** →別項. **～ lieutenant** 〔軍〕少尉. **～ mark** 秒をあらわす印《″》. **～ nature** 《知識・習性などの後天的な》第二の天性. **～ person** 第二人称. **～-ráte** →別項. **～ run** 〔映〕《封切りに次ぐ》第 2 次興行. **～ self** 第二の自分, 腹心の友, 親友. **～ sight** 透視力, 千里眼. **～-stó·ry** 2 階の. **～-story man** 〔米俗〕2 階の窓から押し入る夜盗 (cat burglar). **～ string** 第 2 に信頼する人〔物〕; 第二軍; 第二案. **～-stríng** 代理の; 二流の. **～ stringer** 〔俗〕二流どこ; つまらないもの〔人〕. **～ thought**(**s**) 考えなおし, 再考: on ～ *thought*(*s*) よく考えてみると. **～ tooth** 永久歯. → milk tooth. **～ wind** → wind[1].

◇ **～·er** [sékəndər] *n.* 《議案・動議の》 賛成者; 後援者. → proposer.

sec·ónd[2] [sikánd, sékənd/sikɔ́nd] *vt.* 〔英: 軍〕〈将校に〉隊付きを解く, 隊外勤務を命ずる;〔英〕〈公務員を〉臨時に他省へ移す: Captain Smith was ～*ed* for service on the general staff. スミス大尉は隊付きを解かれ参謀本部勤務となった.

‡**séc·ond**[3] [sékənd] *n.* **1** 秒《時間・角度の単位》. **2** 〔話〕ごく短い時間: Wait a ～. ちょっと待て. a split ～ 数分の1秒; ほんの一瞬間. ***in a ～*** じきに, すぐに.

séc·ond·ar·i·ly [sékəndèrili/-d(ə)ri-] *ad.* 第 2 (位)に, 次に; 第二次的に; 従属的に; 補助として.

‡**séc·on·dar·y** [sékəndèri/-d(ə)ri] *a.* **1** 第 2 位の, 第二義的の, 2 次の, 二流の, 第 2 の: a ～ cause 副因. → primary. **2** 次の, 従の, 副の; 代理の, 補助の, 従属的. **3** 《学校・教育など》中等の. → primary. **4** 〔医〕第 2 期の, 続発生の. **5** 〔地〕中世代〔紀〕の. ***of ～ importance*** 第二義的な, 第 2 位的に重要な. ***～ in meaning*** 第二義的な.

—— *n.* **1** 第 2 位〔二義〕的のもの. **2** 代理者; 補佐, 補助者; 従属物. **3** 〔天〕衛星. **4** 〔動〕《鳥の》次列風切り羽;《チョウ類の》後ろ羽. **5** 〔文〕二次語, 形容詞相当語(句).

～ accent 第二アクセント(記号). **～ battery** 二次電池. **～ color** 等和色《2 原色を等分に混ぜた色》. **～ current** 二次電流. **～ education** 中等教育. **～ feather** 《鳥の》腕羽. **～ planet** 衛星. **～ product** 副産物. **～ school** 中等学校. **～ stress** 二次強勢, 第二アクセント. **～ wife** めかけ;《一夫多妻主義の》第 2 夫人.

se·conde [sikánd/sekɔ́nd] F. *n.* 〖フェンシング〗第2の構え《受け流し・かわしの構え》.

‡**séc·ond·hánd** [sékəndhǽnd] *a.* **1** 古(手)の; 古物の; 古物を扱う: a ～ bookstore 古本屋. **2** 間接の; 受け売りの: ～ news また聞きのニュース. —— *ad.* 古手で; 間接に; 受け売りで: buy ～ 古物で買う.

séc·ond·ly [sékəndli] *ad.* 《おもに文頭で》第二に, 次に. → firstly.

séc·ond·ráte [sékəndréit] *a.* 二流の; 2等の; 劣る. —— *ad.* 二流的に; 劣って. —— *n.* =second-rater. ◇ ～·**ness** *n.* -**rát·er** *n.* 二流の人〔物〕.

‡**sé·cre·cy** [sí:krisi] *n.* 秘密性; 秘密〔内密〕にすること; 秘密を守ること, 秘密主義, 口がかたいこと: You may rely upon his ～. 彼の口がたさは請け合います. maintain ～ ことを秘密にしておく. ***in* ～** 秘密に, こっそりと. ***with absolute* ～** 極秘で.

‡**sé·cret** [sí:krit] *a.* **1** 秘密の; 他人に秘した, ないしょの: a ～ society 秘密結社. a ～ bride 正式に式をあげていない花嫁. **2** 目に見えぬ(ようにつくられた): a ～ door 秘密(仕掛け)のとびら. **3** 人目に触れぬ, 奥まった: a ～ place〔spot〕人目に触れぬ場所. his ～ soul 彼の内なる心. **4** 秘密を守る, 口がかたい; 隠しだてをする: She is ～ in her habits. 彼女はなんでもこそこそやる癖がある. **5** 神秘的な, 計り知れない: the ～ way of God 神の計り知れない御業(みわざ). ***keep*** a thing **～** (ことを)秘密にする.

—— *n.* **1** 秘密, 密事, ないしょごと; 機密: He kept the ～ to himself. 彼は秘密を胸にたたんでおいた. They have no ～*s* from each other. 彼らはお互いになんの隠しだてもしない. **2** 秘伝, 秘訣(ひけつ)《*of*》: the ～ *of* success 成功の秘訣. **3** 秘密を解くかぎ, 解決のかぎ. **4** (しばしば *pl.*)《自然界の》神秘. **5** (*pl.*) 陰部.

break a* ～** 秘密をもらす. ***disclose a* ～** 秘密をあばく. ***in* ～** 秘密に, こっそり. ***in the* ～** 内情を知って, 機密にあずかって: be *in the* ～ of one's plan 人の計画の秘密を知っている. ***It is no* ～ *that … …は万人周知のことだ. ***keep a* ～** 秘密を守る. ***keep*** a thing ***a* ～ *from*** a person (あることを人)に知らせずに〔伏せて〕おく. ***let*** a person ***into the* ～** (人に)秘密を明かす; 秘訣を教える. ***make no*** 〔***a***〕 **～ *of*** …を少しも秘密にしない〔秘密にする〕. ***military* ～** 軍の機密. ***open* ～** 公然の秘密. ***smell out* ～*s*** 秘密をかぎ出す. [se-+√cer(n)- 離して+別にした]

～ agent 諜報(ちょうほう)部員, スパイ. **～ disease** 〖米俗〗梅毒. **～ parts, the** 陰部. **～ service** (1)《政府の》機密機関, 諜報部. → intelligence service. (2)〖米〗財務省秘密検察部《大統領の護衛・偽造摘発などに当たる》. (3) 刑事課. **～ service money** 機密費.

sèc·re·táire [sèkritέər] *n.* (書き物)机 (*escritoire*).

sèc·re·tár·i·al [sèkrətέ(:)riəl/-tέər-] *a.* 秘書(官)の, 書記(官)の; 国務大臣〔長官〕の.

sèc·re·tár·i·at(e) [sèkrətέ(:)riət/-tέər-] *n.* **1** 秘書〔書記〕(官)の職; 大臣〔長官〕職. **2** 秘書課, 文書課, 官房. **3** (S～) 国連事務局 (= the S～ of the United Nations).

‡**séc·re·tar·y** [sékrətèri/-tri] *n.* **1** 秘書, 書記; 事務官, 秘書官, 書記官; 《会の》幹事: a first〔second, third〕～ of the embassy 大使館1等〔2等, 3等〕書記官. **2**〖米〗《各省の》長官;〖英〗(国務)大臣: the *S*～ of State 〖米〗国務長官; 〖英〗国務大臣. the *S*～ of Defense 〖米〗国防長官. the *S*～ of Treasury〖米〗財務長官. the Foreign〔Home〕*S*～ = The *S*～ of State for Foreign〔Home〕Affairs〖英〗外務〔内務〕大臣. **3**〖米〗=secretaire. ***parliamentary* ～** 政務次官.

～ bird 〖鳥〗ヘビクイワシ. **～-gén·er·al** (*pl.* **séc·re·tar·ies-gén·er·al**) 事務総長〔長官〕; 書記長. ◇ **～-ship** [-ʃìp] *n.* 秘書〔書記〕(官)の職〔任期〕, 大臣の職〔任期〕.

se·créte [sikrí:t] *vt.* **1** 秘密にする, 秘匿する; 隠す. **2**〖生理〗分泌する. [√cer(n)-] ◇ **se·cré·tor** [-ər] *n.* 分泌腺(せん). 類 → **hide**「隠す」

se·cré·tion [sikrí:ʃ(ə)n] *n.* **1**〖生理〗分泌(作用); 分泌液〔物〕. **2** 秘匿, 隠すこと. ◇ **～·ar·y** *a.*

se·cré·tive [sikrí:tiv] *a.* **1** 隠しだてする; 隠したがる; 秘密主義の. **2** 分泌性の. ◇ **～·ly** *ad.* **～·ness** *n.*

‡**sé·cret·ly** [sí:kritli] *ad.* 秘密に, ひそかに.

se·cré·to·ry [sikrí:təri] *a.* 分泌性の; 分泌を促進する. —— *n.* 分泌腺(せん)〔器官〕.

sect [sekt] *n.* 分派; 宗派, 教派; 《特にイギリス国教から異端または分離派とみなされている》教派; 《哲学などの》学派; (派)閥; 党派. [√sec-]

sect. section.

sec·tár·i·an [sektέ(:)riən/-tέər-] *a.* 党派的, 党派心の強い; 宗派の. —— *n.* 派閥的な人; 党派に属する人; 分離派教会員, 国教不信奉者. [√sec-] ◇ **～·ism** *n.* 宗派心; セクト主義, 学閥, 派閥.

sec·tár·i·an·ize [-àiz] *vt.* 《おもに英》宗派に凝り固まらせる; 一派にかぶれさせる.

séc·ta·ry [séktəri] *n.*〖英史〗一宗派《特に長老派・組合教会派》に属する人; 国教に反対の清教〔新教〕徒.

séc·tile [séktil/-tail] *a.*〖鉱〗切断できる《柔らかい滑石など》. ◇ **sec·tíl·i·ty** [sektíliti] *n.*

‡**séc·tion** [sékʃ(ə)n] *n.* **1** 切断, 分割; 切開: Caesarean ～〔operation〕帝王切開. **2** 切り口, 小口; 断面(図); 〖数〗《立体の》切断面, 円すい曲線; 《比喩的》《社会などの》断面, 代表的な面: a cross ～ 横断面. **3** 切除部分, 断片; 部分品, 接合部分: the ～*s* of an orange ミカンの切片. a bookcase built in ～*s* 組み立て式の本箱. a microscopic ～ 顕微鏡用の薄片. **4** 区分, 区画; 区域, 地区; 区間; 《竹などの》節間(せつかん): a business ～ 商業地区. **5** 部門; 《会議などの》部属; 《団体の》党, 派; 《官庁などの》部, 課, 班: the conservative ～ 保守派. a personnel ～ 人事課. **6**〖米: 軍〗半小隊; 〖英: 軍〗分隊. **7**《書物の》節, 項, 段落; 〖楽〗楽節. **8**〖生〗節; 〖植〗亜属. **9**〖米〗《鉄道の》保線区: a ～ crew〖米〗保線区隊. a ～ hand〖米〗保線手〔工夫〕.

in* ～*s 組み立て式の, 分解して: convey *in* ～*s* 取りはずして運ぶ.

—— *vt.* **1** 分割する, 区分する. **2** 〈船などを〉解体する. **3** の断面図をつくる. **4** の薄片をつくる《顕微鏡検査のため》. **5** 節・段落に区分して配列する.

～ mark 《印刷物の》節の印《§》. **～ paper** 〖英〗方眼紙 (=㊙ graph paper).

séc·tion·al [sékʃən(ə)l] *a.* **1** 区分〔区画〕のある; 区分の, 区画の; 部門の. **2** 区間の; 地方的な, 局地的な; 地方的偏見のある: ～ interests 地域的利害. **3** 断面(図)の. **4** 組み立て式の. **5** 段落(式)の, 節の. —— *n.* 組み合わせソファー〔いす〕. ◇ **～·ism** [-iz(ə)m] *n.* セクト〔派閥〕主義; 部分〔地方〕偏重; 地方的偏見. **～·ize** [-àiz] *vt.* 区分する; 区域〔部分〕に分ける. **～·ly** [-i] *ad.* 区画〔区分〕して; 部分〔地方〕的に; 断面的に; 組み立て式に.

séc·tor [séktər] *n.* **1**〖数〗扇形. **2** 関数尺; 尺規. **3**〖機〗扇形歯車. **4**〖軍〗扇形戦闘地区; 戦闘地区〔方面〕. ◇ **sec·tó·ri·al** [sektɔ́:riəl/-tɔ́:r-] *a.*

séc·u·lar [sékjulər] *a.* **1** この世の, 現世の. → religious, spiritual. **2** 世俗の, 非宗教的な; 俗人の, 世間的な. → pious. **3**〖宗〗修道院外の, 修道誓約をしない. → regular. **4** 100年ごとの〔続く〕; 1世紀1回の; 1代1度の. **5** 長年月の, 積年の; 永続の: ～ rivalry 長年の抗争. a ～ name 不朽の名声. ～ perturbation〖天〗永年摂動(せつどう).

—— *n.* **1**〘宗〙修道院外の僧侶(そうりょ), 教区牧師. **2**《宗教家に対し》俗人, 在家. **3**〘米〙《黒人の》俗歌. **～ affairs, the** 俗事. **～ bird, the** 不死鳥 (phoenix). **～ clergy** 《僧院にはいらない》教区在住の聖職者. **～ education** 《宗教を加味しない》普通教育. **～ music** 世俗音楽. **～ power** 《教会権力に対し》政治権力.

◇ **～·ism** [-ləriz(ə)m] *n.* 俗心, 世俗主義; 非宗教的道徳〔教育〕論. **～·ist** *n.* **～·ly** *ad.* 「俗事.

sèc·u·lár·i·ty [sèkjulǽriti] *n.* 世俗主義, 俗心;

séc·u·lar·ize [sékjuləràiz] *vt.* **1** 俗世化する; 俗用に開放する. **2** 還俗(げんぞく)させる; 〈教会の財産を〉政府に移管する. **3** 〈教育を〉宗教から分離する.

◇ **sèc·u·lar·i·zá·tion** [⌐‐‐izéiʃ(ə)n, -aiz-] *n.*

sé·cund [síːkʌnd/sikʌ́nd] *a.* 〘動・植〙一方に偏した; 片側だけに生じる. ◇ **～·ly** *ad.*

se·cun·do [sikʌ́ndou] L. *ad.* 第2に. → *primo*[1].

se·cun·dum [sikʌ́ndəm] L. (=according to) *prep.* …に従って, …により, …に応じて.

～ artem [-áːrtem] 人工的に; 技術的に. ***～ legem*** [-líːdʒem] 法律的に, 法律に従って. ***～ naturam*** [-nət(j)úː(ː)rəm/-tjúər-] 天然〔自然〕に. ***～ quid*** [-kwíd] ある点だけで; 制限つきで.

‡**se·cúre** [sikjúər] *a.* **1 確実な**, 保証されている, 安全に守られている: a ～ position 確実な地位. ～ investments 確かな投資. make a country ～ 国の守りを堅くする. Nobody is ～ *against* 〔*from*〕 death. だれも死を免れない. **2 安全な**, 安全を保証する, 信頼できる: a ～ hiding place 安全な隠れ場所. **3 堅固な**, じょうぶな, しっかりしている: Is that ladder ～? あのはしごはだいじょうぶか. make a plank 〔door〕 ～ 板をしっかり張る〔戸をしっかと締める〕. **4 確信している, 安心している**, 心配しない, (心が) 動揺しない: We feel ～ *of* success. われわれは成功を信じている. You may feel ～ *about* 〔*as to*〕 the future. 将来のことについては心配しないでよろしい. emotionally ～ 心理的に安定している. **5** (なくならぬように) しっかり保管〔確保, 監禁〕した: keep a prisoner ～ 囚人を厳重に監禁しておく. keep a boat ～ 船をしっかりつないでおく. → 名詞 security.

be ～ against 〔***from***〕 の恐れがない, の危険がない.

make ～ 強固にする, だいじょうぶにする.

—— *vt.* **1 安全にする**, 堅く守る, 固める 《に備えて *against*》: ～ a city from danger 都市を危険から守る. **2** 確実にする, 堅固にする: The success ～*d* his reputation. その成功で彼の名声は不動になった. **3** 保証する, 請け合う; に担保を提供する〔つける〕; に保険をつける: He has been ～*d against* loss by fire. 彼は火災保険をつけた. **4** 引き受ける, 保護する. **5 確保する, 獲得する**, 手に入れる; 〈会見・注意など〉やっとしてもらう: Please ～ a seat for me. どうぞ私に席を取っておいてください. **6** 〈囚人などを〉捕える; 逃げられないようにする, 閉じ込める, 監禁する. **7** 〈とびらを〉しっかり締める: ～ locks 錠を堅く締める. **8** に留め金をかける; 固着させる, 結びつける 《に *to*》. **9** 遺言で譲る (devise).

—— *vi.* 安全になる〔である〕: We must ～ *against* possible obstacles. 私たちは起こりうる障害に対し身を守らねばならない.

～ one*self against* 〔***from***〕 のおそれのないようにする, に対して身を守る. ***～ arms*** 〘軍〙《雨にぬれないように》銃の要部をかかえる. ***S～ arms!*** 《号令》腕に銃(つつ)! **～** a thing ***from*** a person (人) から (物を) 手に入れる. [se-+√cur- 心配+ない]

◇ **～·ly** *ad.* **se·cúr·a·ble** [sikjú(ː)rəbl/-kjúər-] *a.* 入手できる; 確保できる; 安全にできる.

〔類〕 → **get**「手に入れる」, → **safe**「安全な」

se·cú·ri·ty [sikjú(ː)riti/-kjúər-] *n.* **1 安全**, 無事; 安心: rest in ～ 安心しきっている. **2 安心感**, ゆだん. **3 保安, 防衛** (手段), 保護《*against, from*》. **4** 保証; 保証金, 敷金; 担保 (品), 抵当物; 保証人; 借用証《*for*》: ～ *for* a loan 借金の担保. **5** (*pl.*) 有価証券. ***give*** 〔***go, stand***〕 ***～ for*** の保証人になる. ***in ～*** 安全に. ***in ～ for*** の保証〔担保〕として. ***on good ～*** いい抵当をとって. ***S～ is mortals' chiefest enemy.*** 〘ことわざ〙ゆだん大敵《Shakespeare 作 *Macbeth* より》.

S～ Council 《国連》安全保障理事会《略 S.C.》. **～ check** 保安点検. **～ guard** 警備員. **～ pact** 〔**treaty**〕 安全保障条約. **～ police** 秘密警察. **～ risk** 〘米〙《公安上の》危険人物.

secy., sec'y. secretary.

se·dán [sidǽn] *n.* **1** セダン型自動車(=㊥saloon). **2** かごいす (=～ chair).

se·dáte [sidéit] *a.* **1** 物静かな, 平静な, 落ち着いた. **2** まじめな. **3** じみな. [√sed-]

◇ **～·ly** *ad.* **～·ness** *n.*

séd·a·tive [sédətiv] *a.* 静める, 鎮静 (作用) の.

—— *n.* 〘医〙鎮静剤; 《一般的》気を静めるもの. [√sed-]

séd·en·tar·y [sédntèri/-t(ə)ri] *a.* **1** すわったきりの; すわりがちの; 座業の; 座業による. **2** 定住の; 〘動〙《鳥など》非移住性の. —— *n.* 座業者; すわりがちの人. [√sed-] ◇ **-i·ly** *ad.* **-i·ness** *n.*

sedge [sedʒ] *n.* 〘植〙スゲ. ◇ **sedged** [-d] *a.* スゲの茂った; スゲで囲った; スゲ製の.

sédg·y [sédʒi] *a.* スゲの茂った; スゲのような.

se·díl·i·a [sidíliə/sedáiljə] *n. pl.* (*sing.* **se·dí·le** [-dáili]) 礼拝堂内聖壇上の司祭席.

séd·i·ment [sédimənt] *n.* 沈殿物, おり. [√sed-]

◇ **sèd·i·men·tá·tion** [⌐‐məntéiʃ(ə)n, -men-] *n.* 沈殿 (作用); 〘物〙沈降.

sèd·i·mén·tal [sèdiméntl], **sèd·i·mén·ta·ry** [-təri] *a.* おりの; 沈殿〔沈積〕による: ～ rocks 〘地〙水成〔沈積〕岩.

sèd·i·men·tól·o·gy [sèdimentálədʒi/-tɔ́l-] *n.* 〘地〙水成岩学. ◇ **-gist** *n.* **sèd·i·men·to·lóg·ic** [-təládʒik/-lɔ́dʒ-] *a.*

se·dí·tion [sidíʃ(ə)n] *n.* 騒乱, 扇動; 公安妨害 (罪). [se-+√i- 離れ+行く→反乱]

se·dí·tion·ar·y [sidíʃ(ə)nèri/-nəri] *a.* 騒乱の, 扇動的な, 治安妨害的な.

—— *n.* 騒乱扇動者, 公安妨害者.

se·dí·tious [sidíʃəs] *a.* 扇動的な; 公安妨害的な.

◇ **～·ly** *ad.* **～·ness** *n.*

se·dúce [sid(j)úːs/-djúːs] *vt.* **1** 《正道・義務などから》いざなう, 惑わす; 《悪へ》そそのかす, 引き込む. **2** 〈女を〉誘惑する. **3** 引きつける, うっとりさせる.

◇ **～·a·ble, se·dúc·i·ble** *a.* 誘惑されやすい, 誘惑できる. **～·ment** [-mənt] *n.* 誘惑; 手管. **se·dúc·er** *n.* 誘惑者; 女たらし.

se·dúc·tion [sidʌ́kʃ(ə)n] *n.* **1** 誘惑, 惑わし. **2** (通例 *pl.*) 誘惑する物; 魅惑, 魅力. **3** 〘法〙誘拐 (ゆうかい). [se-+√duc-]

se·dúc·tive [sidʌ́ktiv] *a.* 誘惑する; 魅力的な.

◇ **～·ly** *ad.* **～·ness** *n.*

séd·u·lous [sédʒuləs/-dju-] *a.* **1** 勤勉な, 精勤の, こつこつ働く. **2** 丹精こめた, 入念の.

◇ **～·ly** *ad.* **～·ness** *n.* **se·dú·li·ty** [sid(j)úːliti/-djúː-] *n.* 精励, 勤勉.

sé·dum [síːdəm] *n.* 〘植〙《各種の》弁慶草.

†**see**[1] [siː] *v.* (**saw** [sɔː]; **seen** [siːn]) *vt.* **1 見る**: ～ a play 劇を見る. *See* p. 10. 10ページを参照. *See* me in the face. 私をまっすぐに見なさい. I can't ～ anything. なにも見えない. I can still ～ her as she was a young girl. 私は少女時代の彼女がまだ目に見える. 〈注〉最後の2例におけるように, 原文の目的語を主語にして「…が見える」と訳すと適切なばあいが少なくない.

2 〈文字・印刷物などを〉見る, 見受ける: I *saw* your appointment in the newspaper. あなたの新任のことを新聞で拝見しました.

3 ながめる, 観察する; 見物する, 見て回る: Few people can ～ themselves as others ～ them. 他人が見る目で自分自身を見ることができる人は少ない. He ～*s* only her faults. 彼には彼女の欠点しか目に映らない. It'll take a whole day to ～ the town. 町の見物にはまる一日かかるだろう.

4 に**会う**, に面会する; と会見する, と会談する: Come and ～ me some time. そのうちにお出かけください. I am very pleased to ～ you. よいところでお目にかかれました; よくいらっしゃいました. I never *saw* him before. 彼には一度も会ったことがない. *See* my agent. 私の代理人とお話しください.

5 訪問する;〈病人を〉見舞う;〈医者に〉見てもらう: ～ a doctor.

6 としばしば会う, とよくデートする.

7 に出会う, に遭遇する, 経験する;〈場所が〉…の現場となる: Everyone will ～ death. だれでも死に巡り会う. The house *saw* all manner of human misery. あの家はありとあらゆる人間の不幸の舞台となった.

8 認める, 発見する, 《特に》美点として…を見いだす: ～ charming traits in not-so-charming people あまり魅力のない人たちのうちに好ましい特徴を発見する. I don't ～ any harm in it. そのどこといって悪いところがあるとは私には思えない. What do you ～ in her? 彼女のどこが気に入ったのか.

9 悟る, 了解する, 知る; に気がつく: I don't ～ your point. ご趣旨がわかりかねます. I don't ～ what's wrong with it. それのどこが悪いのか私にはわからない. ～ a joke 冗談がそれとわかる. I ～ (that) you are wearing a new tie. やあ, 新しいネクタイを締めているね.

10 見てみる, 調べる, 検査[検分]する: *See* who is at the door. お客さんはだれか行ってみてくれ. *See* if the hat will fit. 帽子が頭に合うかどうかかぶってごらん.

11 思ってみる, 想像する, (夢で) 見る: I can't ～ him as a president. 彼が大統領になった姿など想像もできない. He can't ～ me knowing the fact. 私が事実を知っているとは彼には思いも及ばないのだ.

12 考える, …と思う[みなす]: I ～ things differently now. いまではものの考え方が違っています. He *saw* it right to do so. 彼はそうするのが正しいと思った.

13 見届ける, 送り届ける; 見送る《*off*》: May I ～ you home? お宅までお送りしましょうか. Many friends came to ～ me *off*. 友人が多数見送りに来てくれた.

14 に援助[金]を与える: She *saw* her brother through college. 彼女は弟を助けて大学を卒業させた.

15 《…が──するように》**気をくばる**, 取り計らう《主として that-節 または ～ to it that ... の構文もしくは目的語 + 過去分詞を伴って》: I'll ～ (*to it*) *that* everything is all right. 万事うまくゆくように配慮します. I'll ～ the work *done* in time. 仕事が期限内に完成するように計らいます.

16 黙認する; 《will ～ ... before の構文で》望む: He will not ～ being made use of. 彼はだしに使われて黙ってはいまい. I'*d* ～ the house burnt down *before* I part with it. 家を手放すくらいなら焼けた方がよい.

17 《ポーカーなどで》〈相手のかけ金と〉同額の金をかける; 買収する.

—— *vi.* 1 見る; 見える, 目がきく; 《見えたものをさして》ほら, ごらん: I can't ～ that far. そんな遠くまで見えない. those who can ～ far 先見の明のある人々. I can't ～ to read. 暗くて読めない. *See*, here he comes! ごらん, 彼が来たよ. **2** 理解する, わかる, 納得する: The whole thing was a mistake, don't you ～? 全然失敗だったことぐらいわかるでしょう. Oh, I ～ now, you've been a liar! やっとわかった, きみはずっとうそをついていたんだな. **3** 調べる, 見てみる: I think the mail has come, I'll go and ～. 郵便が来たらしい, 行って確かめてこよう. **4** 考えてみる: Let me ～, what was I saying? さて, なにを話していたっけ.

as I ～ it 私の見るところでは. ***as you ～*** ご覧のとおり. ***be seen no more*** もはやない; 死んだ. ***be seen to*** (do) …するところを見られる: He *was seen to* be loitering outside the fence. さくの外をぶらぶらしているのを見られた. They ***have seen better days.*** (あの人たちには) 栄えた昔もあった, 盛んな時代もあった. ***have seen service*** 戦争に出たことがある; 経験を積んでいる;〈着物などが〉古びている. ***I'll*** [***I will***] ***～ ... before*** → *vt.* ⑯. ***I ～.*** (1) わかりました, なるほど: *I ～*, it's very interesting. (2) わかる; わかった: *I ～* you are studying very hard. おや熱心に勉強しているな. *I saw* that he was right. 彼の言うとおりだとわかった. ***It will*** (***thus***) ***be seen that***... (したがって) …ということが明らかとなろう. ***Let me ～.*** 《考えるとき》えーと, さてねえ, そうだね. Just ***let me ～*** it. (それをちょっと) 見せなさい. ***live to ～*** ... 生きて…を見るようになる. ***～ about*** に気をつける; を考慮する: I'll ～ *about* it. なんとかしましょう. ***～ after*** を世話する: Kindly ～ *after* my child while I'm away. 留守中子どもをお願いします. ～ a thing ***done*** 自ら監督して(事を)させる. ***See everything clear!*** 〚海〛《ボートをおろすときの命令》用意! ***～ for oneself*** 自分で見る, 自分で調べる: You can ～ *for yourself*. 自分で確かめてみたらいいですよ. ***～ good*** [***fit***] ***to*** (do) …するのがいいと思う. ***See here!*** 〚米〛おい!, もしもし! (Look here!) ***Seeing that*** ... …なので (inasmuch as). → seeing. ***～ into*** を調べる; を見抜く. ～ a person ***in his true colors*** (人を) ありのままに見る. ***～ it*** がてんがいく, 了解する. I ～ ***it necessary to*** ... (私は) …を必要と考える. ***～ justice done*** 報復する; ことの公平を期する. ***～ life*** 世間を知る: Sailors do not earn much money but they do ～ *life*. 船乗りはお金は多くかせがないが世間を広く知る. ***～ much of*** …にたびたび会う. ***～ no further than*** one***'s nose*** お先真っ暗. ***～ nothing of*** に全く会わない. ***～ off*** 《人が旅立つとき》見送る. ***～ off a book*** 《本を見ているとき》よそ見をする. ～ a person ***off into the train*** 列車に乗るまで見送る. ***～ out*** (1) 終わりまで見届ける; やり遂げる: ～ a play *out* 芝居を終わりまで見る. (2)〈人を〉飲み負かす; 期限まで勤める. ***～ over*** を見回る, を視察する, を検分する. ***～ something of*** に少しは会う. ***～ the color of*** a person***'s money*** (人) に金を払ってもらう. ***～ the devil*** 〚俗〛酔っ払う. ***～ the last of*** と手を切る, を追い払う. ***～ the old year out and the new year in*** 旧年を送って新年を迎える. ***～ the red light*** 警戒する, おびえる. ***～ the time when*** …の目に会う. ***～ things*** 幻覚を起こす. ***～ through*** を見抜く, を見とおす, を看破する. ～ a person ***through*** his troubles (人を) 助けて (苦難を) 切り抜かせる[克服させる]. ～ a thing ***through*** 終わりまで見届ける, (ことを) やりとおす. ***～ through a brick*** 眼識が鋭い. ***～ to*** に気をつける, に注意する; を処理する; を準備する; を調べる: I'll ～ *to* that. それは私が引き受けます. ***～*** (***to it***) ***that*** ... …するように取り計らう: *See* (*to it*) *that* he does the job properly. 彼が仕事をまちがいなくするように気をつけてやりなさい. → *vt.* ⑮. ***～ visions*** 《将来に対して》夢をもつ, 将来のことを知る. ～ one***'s way to*** (do) = ～ one***'s way to*** (do)***ing*** なんとかして…する: I can't ～ *my way to* agree(*ing*) with you. ご意見に賛同しかねます. ***wait and ～*** あせらずに成り行きを見る. Well, ***we'll ～.*** (では) 考えてみましょう.

***you* ～** ねえ,そらね,おわかりでしょう: It's like this, *you* ～. こんなぐあいだ,いいね. *You* ～, I'm very hungry. 実は,とてもおなかがすいているんだ. ***You shall* ～.** いまにわかる,あとで話そう.

〔類義語〕 **見る: see** 視力を特にはたらかさない点に特徴がある →「見える」. see の他の重要語義,「注意する」「人に会う」はいずれも視力でなく頭を使う点に注意. **look**「視線」に重点がある. 顔もしくは目がその方向に向く. したがって名詞の語義「表情」が生まれる. **gaze upon, behold, stare at** (目を見開いて)じっとしばらく見つめる. stare には驚き・好奇心が伴うことが多い. **watch** 相手の動きなどをじっと見つめる. 監視者が静止していることが示唆される: *watch* TV テレビを見る.

〔類〕 → **meet**「会う」, → **visit**「訪問する」

see² *n.* 司教〔大司教〕の職〔管区〕《イギリス国教では監督・大監督》. ***the Apostolic* 〔*Holy, Papal*〕 *See*** ローマ教皇の地位; 法王庁.

‡seed [siːd] *n.* (*pl.* ～, ～**s**) **1** 《集合的にも》種, 種子, 実: grow a plant from ～ 種子から植物を育てる. **2** 〔聖〕《集合的》子孫: The Jews are the ～ of Abraham. ユダヤ人はアブラハムの子孫である. **3** 《魚などの》卵, 白子, 貝の卵, 精液, 《動物の》たね. **4** たねとなるもの; 種カキ (＝～ oyster); 球〔塊〕茎. **5** (通例 *pl.*) 《悪の》根源, 《争いの》たね 《*of*》. **6** 〔話〕シードされた競争者. **7** (ガラス中の) 気泡(きほう).

go* 〔*run*〕 *to* ～** 花が過ぎて実を結ぶ; 盛りが過ぎる, やつれる. ***in* ～** 《植物が》種をつけて; 《土地が》種をまかれて. ***raise up* ～** 子どもを生む, 〔聖〕〈父が〉子をもうける. ***sow the good* ～*s よいたねをまく; 福音を伝える. ***sow the* ～*s of*** …のたねをまく; をまっ先に始める.

—— *vi.* **1** 種をまく. **2** 種を生じる; 成熟する. **3** 種子になる; 種子を落とす: Dandelions ～ themselves. タンポポは自分で種をまく. **—— *vt.*** **1** 〈土地に〉種をまく: ～ a field *with* corn 畑にトウモロコシの種をまく. **2** 〈種を〉まく: a ～*ing* machine 種まき機. **3** から種を除去する: She ～*ed* the raisins for the cake. 彼女は菓子をつくるために干しブドウの種を取り除いた. **4** ナシ地にする, 種模様で飾る. **5** 〈競技組み合わせを〉シードする《優秀選手どうしが初めから顔が合わないようにする》. **6** 〈雲に〉ドライアイスなどの薬品を散布する《人工降雨の目的で》.

～·bed [ˊ-ˋ] 苗床. **～·cake** [ˊ-ˋ] 《おもに caraway などの香味を入れた》種入りケーキ. **～ capsule** 〔植〕果皮, 蒴(さく). **～·case** [ˊ-ˋ] 〔植〕種嚢(しゅのう), 蒴, 種袋. **～ coat** 種皮. **～ corn** 種にする穀物; 〔米〕種トウモロコシ. **～ fish** 子持ち魚. **～ leaf** 〔植〕子葉. **～ oyster** 《養殖用》種カキ. **～ pearl** 小粒の真珠 《4 分の 1 grain 以下》. **～ plant** 種子植物. **～ plot** (1) 苗床. (2) 養成所; 《反乱などの》根拠〔策源〕地; 《悪の》温床. **～s·man** [-zmən] (*pl.* **-men**) 種をまく人; 種屋, 種子商. **～·time** [ˊ-ˋ] 種まきどき, 播種(はしゅ)期; 晩春, 初夏. **～ vessel** 〔植〕果皮. **～ wool** 種綿《種を除かない綿花》.

◇ **～·er** [síːdər] *n.* 種をまく人; 種とり〔種まき〕機; 子持ちの魚.

séed·ling [síːdliŋ] *n.* 〔植〕実生(みしょう)の木, 実ばえ; 苗, 若木《高さ 1 m 以下の》.

séed·y [síːdi] *a.* **1** 種の多い; 結実した. **2** 《ガラス・レンズに》気泡(きほう)のはいった. **3** 《ブランデーが》草の香を帯びた. **4** 〔話〕みすぼらしい, すり切れた; 気分のすぐれない: feel ～ 気分が悪い. look ～ 気分が悪そうに見える. ◇ **-i·ly** *ad.* **-i·ness** *n.*

sée·ing** [síːiŋ] *n.* **1** 見ること: It is a sight worth ～. それは見る価値のあるけしきだ. **2** 視力, 視覚. ***S*～ *is believing. 〔諺〕百聞は一見にしかず, 論より証拠. **—— *a.*** 視覚のある. **—— *conj.*** **1** …だから, …なので, …であるからには; …を見ると, …ということを考えると: *S*～ (that) it is 9 o'clock, we will wait no longer. もう 9 時になったのだからもうこれ以上待つのはよそう. **2** …であるわりには.

S～ Eye 盲導犬訓練所《アメリカ New Jersey 州 Morristown にある》. **S～ Eye dog** 盲導犬.

‡seek [siːk] *v.* (**sought** [sɔːt]) *vt.* **1** (得ようと)求める; 追求する; 探求する: ～ fame 〔power, wealth〕 名声〔権力, 富〕を得ようとする. ～ the truth 真理を探究する. ～ the cause of …の原因をつきとめようとする. ～ the solution to a problem 問題の解決策を捜し求める. **2** …しようと試みる 《*to* (do)》: ～ *to* satisfy their needs 彼らの必要を満たそうと努める. **3** に行きたがる, におもむく: All artists *sought* Paris. すべての芸術家はパリに行きたがった.

—— *vi.* **1** 捜す, 捜索する; 探求する《を *for*》: ～ for something lost なくなったものを捜す. **2** 求める, ほしがる, 要求する, 請う《を *after, for*》: He is always ～*ing after* fame. 彼はしじゅう名声を求めている. **3** 〔古〕行く.

be not far to* ～** 近いところにある, 明白だ. ***be sadly to* ～** 〔古・雅〕ひどく欠けている. ***be* (*yet*) *to* ～** 〔古〕まだ見つからない, 欠けている: Politeness *is* much *to* ～ among them. 彼らの間には礼儀などというものがない. **～ *a quarrel けんかを買う. ～ assistance ***from*** の(助力)を請う. ～ a person***'s life*** (人)の命をねらう. **～ *out*** 得ようとする, 捜し求める; の交際を求める. **～ *through*** a place (場所)をくまなく捜す.

◇ **～·er** *n.* 捜索者; 探求者; 求道者.

seel [siːl] *vt.* 〔古〕**1** 〈タカのまぶたを〉糸で縫う《訓練のために》. **2** 〈目を〉閉じる; めくらにする. **3** の目をくらます.

†seem [siːm] *vi.* **1** 《～ (to be)＋名詞または形容詞(句)》…(である)らしい, …(である)と思われる, …(である)ように見える: He ～*s* (*to* be) a kind man. 彼は親切な人のようだ. They don't ～ (*to* be) happy. 彼らは楽しくないらしい. She ～*s* to have once been a singer. 彼女は前には歌手だったらしい. Her reaction ～*ed* strange to me. 私には彼女の反応は奇妙に思われた. He never ～*ed* ill-dressed even when he was. 彼はみすぼらしいなりをしているときでもそのような印象を与えなかった. Things are not what they ～. 物事は見かけどおりではない. All their efforts ～*ed* in vain. 彼らの努力はことごとく無効に思われた. 〈注〉 to be は原則として挿入(そうにゅう)する形としない形とがあるが, 実際には口調その他でどちらか一方に決まることが多い.

2 《～ to (do)》…するらしい, …すると思われる, …するように見える; 《主語が第一人称で》…するような気がする: They ～ *to* know. 彼らは知っているらしい. You don't ～ *to* like me. きみはぼくが気にくわないようだね. He ～*s to* have lived here then. 彼は当時ここに住んでいたらしい. I ～ *to* hear him sing. 彼の歌う声が聞こえるような気がする.

3 《it を主語にして》…らしい: *It* ～*s* so. そうらしい. *It* ～*s* (that) they are wrong. 彼らはまちがっているようだ (＝They ～ to be wrong.). *It* ～*s* good (to me) to do so. (私には) そうするのがよさそうに思われる. *It* ～*s* safer for you not to go. きみは行かない方が安全だろう. *It* ～*s* likely to rain. 雨が降りそうだ. *It* ～*ed* (to him) *as if* 〔*as though*〕 all the world were smiling on him. (彼には) まるで世界全体が自分にほほえみかけているように思われた.

4 《there ～(s) to be…》 …があるように思える: *There* ～*s to be* no need to wait. 待つ必要はなさそうだ.

〈付記 1〉「だれそれには(…と思われる)」を特に明示したいばあいには to me, to him などを挿入する.

〈付記2〉否定の not は do *not* seem…の形で前に出ることが多い. すなわち次の各例で〔 〕内に記した形はあまりひんぱんに用いられない《口語では特にその傾向が強い》: They do*n't seem to* know. 〔They *seem* *not to* know]. 彼らは知らないらしい. It does *not seem that* he succeeded. [It *seems that* he did *not* succeed]. 彼は成功しなかったようだ.

as it ～s 見たところ. ***as ～s best*** いちばんよいように, できるだけよく: I shall act *as ～s best.* 私なりに最善を尽くしましょう. ***can't ～ to*** (do) …できそうもない: I *can't* ～ *to* catch up with him. 彼には追いつけそうもない. ***It would* [*should*] *～ that*** … どうも…らしい《It ～s that … より控えめな言い方》. ***So it ～s.*** ほんとうにそう見える: I've been out in the rain. —*So it* ～*s.* 雨に当たりました. —《ぬれているところを見ると》そうらしいですね.

(類義語) …と思われる, …のようだ: **seem**「話者の考えでは…に思われる」. 主観的判断が強調される. **look, appear** は本来ともに全般的視覚印象を表わすが, 文脈により, 後者は錯覚の含みを強調することがある: Tom *looks* tired. 「トムは疲れている様子だ」. The setting sun *appeared* rather oval. 「入日は長円がかって見えた」 **sound** 聞いて, または読んで受ける印象: The explanation *sounds* reasonable. その説明は当を得ているようだ.

séem·er [sí:mər] *n.* うわべを飾る人, 気どり屋.

séem·ing [sí:miŋ] *a.* **1** うわべの; 外観[表面]だけの, 見せかけの: ～ friendship うわべだけの友情. **2** いかにもそうらしい, もっともらしい. 〈注〉①と②では, ① 外見だけはそう見えるが内実は違う, ② 内実もそうかもしれぬ, という差がある.
—— *n.* うわべ, 外観, 見てくれ. ◇ **～·ness** *n.*

***séem·ing·ly** [sí:miŋli] *ad.* **1** 見たところ, 外観上《内実のいかんにかかわらず》. **2** うわべ(だけ)では, 表面的には《内実は違うのだが…》.

séem·ly [sí:mli] *a.* **1** 品(ひん)のいい, 体裁がいい. **2** 《人・場所などに》ふさわしい, 適切な. **3** 見た目にいい, りっぱな. —— *ad.* **1** 体裁よく; 品よく. **2** ふさわしく, 適切に. ◇ **-li·ness** *n.*

†**seen** [si:n] *v.* see¹ の過去分詞.

seep¹ [si:p] *vi.* **1** しみ出る《*through*》; 漏る; 滴下する. **2** 《考え・方法などが》少しずつ浸透する, 理解される《に *down to*》.
—— *n.* 《水・石油などの》しみ出たたまり.
◇ **∼́·age** [sí:pidʒ] *n.* 《液体の》浸出; 浸出量[液].

seep² *n.* 〔米〕水陸両用ジープ.

sé·er¹ [sí:ər, ⊛⁺siər] *n.* 見る人. [<see¹]

seer² [siər] *n.* (*fem.* **∼·ess** [sí(:)ris/síər-]) 先見の明のある人; 予言者《手相見・水晶占いなど》; 幻想を見る人.

seer³ *n.* インドの重量の単位《約2ポンド》; 液量の単位《約1 *l*》.

séer·fish [síərfiʃ] *n.* 〔魚〕サバの一種.

séer·sùck·er [síərsʌ̀kər] *n.* 《インド産の》薄地のしまのある麻[綿, レーヨン]織物.

***sée·saw** [sí:sɔ:] *n.* **1** シーソー遊び[板], ぎったんばったん. **2** 動揺, 変動, 上下[前後]動.
—— *a.* **1** シーソーのような, 上下[前後]動の. **2** 一進一退の; 変動する.
—— *vi.* **1** シーソーに乗る. **2** 上下[前後]に動く; 変動する, 〈政策などが〉ぐらつく. —— *vt.* 上下[前後]に動かす; 動揺させる.
～ **game** [**match**] (追いつ追われつの) 接戦. ～ **policy** ひより見政策.

seethe [si:ð] *v.* (**seethed**, 〔古〕**sod** [sad/sɔd]; **seethed**, 〔古〕**sód·den** [sádn/sɔ́dn]) *vi.* **1** 沸騰する, たぎる. **2** 〈波浪などが〉あわだつ, さか巻く. **3** 〈心が〉乱れる. **4** 騒然とする: The city is *seething* with discontent. 不満の声で市中は沸きかえっている. —— *vt.* 〔古〕**1** ゆでる, 煮る. **2** 〈皮革を〉水に浸して柔らかにする; 水につける.
◇ **séeth·ing** *a.* 極熱の; 沸き立つ; 激しく活動する.

***ség·ment** [ségmənt] *n.* **1** 断片, 切片; 部分, 区画: a ～ of an orange オレンジのふくろ. every ～ of American life アメリカの社会のすみずみ. **2** 〔数〕《直線の》線分; 《円の》弧. **3** 〔動〕体節, 環節. **4** 〔機〕扇形歯車. —— [-ment] *vt., vi.* 分断[分割]する, 分裂する[させる]. [√sec-]
◇ **ség·men·tar·y** [ségməntèri/-təri] *a.* **sèg·men·tá·tion** *n.* 分割, 切断; 〔生〕体節構成; 細胞分裂.

***seg·mén·tal** [segméntl] *a.* **1** 断片の, 切片の; 部分[区画]の. **2** 線分の, 弧の; 環節の.
～ **phoneme** 〔言〕分節音素.
◇ **～·ly** *ad.* **-tal·ize** [-t(ə)làiz] *vt.* 分割[区画]する; 分裂させる. **seg·mèn·tal·i·zá·tion** [–⊥t(ə)lizéiʃ(ə)n, -laiz-] *n.*

sé·go [sí:gou] *n.* (*pl.* **～s**) 〔米〕ユリの一種 (= ～ lily) 《球根は食用》.

ség·re·gate [ségrigèit] *vt.* **1** 分離する, 分ける, 隔離する《から *from*》: ～ the sexes 男女を別にする. ～ hardened criminals 凶悪犯を隔離する. **2** (人種) 差別する; 〈学校・居住地などに〉人種差別待遇を行なう. ↔ integrate. **3** 〔化・冶〕偏析[分結]させる. —— *vi.* **1** 分かれる, 分離する《から *from*》. **2** 〔冶・結晶〕偏析[分結]する. —— *n.* 分離[隔離]された人[物]. [se-+√greg-]
◇ **-ga·tive** [-gèitiv] *a.* 差別待遇の; 分離しやすい; 交際ぎらいの. **-ga·tor** [-gèitər] *n.* 分離する人[物].

ség·re·gat·ed [ségrigèitid] *a.* **1** 人種差別の[を行なう]: ～ education 人種差別[隔離]教育. a ～ bus 白人黒人の席が別になっているバス. **2** 特定グループ[人種]に限られた: ～ neighborhoods 黒人の住めない住居区域. ◇ **～·ly** *ad.* **～·ness** *n.*

sèg·re·gá·tion [sègrigéiʃ(ə)n] *n.* **1** 分離, 隔離, 遮断(しゃだん); 分離された物. **2** 人種的差別 (待遇). ↔ integration. **3** 〔結晶〕分晶(作用); 〔冶〕凝離, 偏析. ◇ **～·al** *a.* **～·ist** [-ʃənist] *n.* 人種差別肯定論者; 《異民族などの》民族隔離論者.

Séid·litz [sédlits] *n.* Bohemia の村《アルカリ鉱泉で有名》. ～ **powder(s)** ～鉱泉からとった緩下剤.

séign·ior [sí:njər/séi-], **sei·gnéur** [si:njə́:r/sei-] *n.* **1** 領主, 藩主; 貴族; 紳士. **2** …様[殿]《Sir または Mr. に当たる敬語》. ***grand seigneur*** 貴族, 貴族らしい人. ***the Grand Seignior*** 〔古〕旧トルコ皇帝 (the Sultan of Turkey).
◇ **sei·gniór·i·al** [si:njɔ́:riəl/seinjɔ́:r-] *a.*

séign·ior·age [sí:njəridʒ/séi-] *n.* **1** 君主[領主]の特権. **2** 貨幣鋳造利差; 貨幣鋳造税.

séign·ior·y [sí:njəri/séi-] *n.* **1** 君権, 領主[藩主]権. **2** 領地. **3** 《中世イタリア都市国家の》市会.

seine [sein] *n.* 引き網, 地引き網.
—— *vt., vi.* 引き網でとる; 引き網をかける.

Seine [sein] *n.* (the ～)セーヌ川《パリ市中を流れる》.

seise = seize《ただしおもに *vt.* ⑦》.

séi·sin = seizin.

séis·mal [sáizm(ə)l], **-mic** [-mik] *a.* 地震(性)の; 地震による[関する].
～ **area** 地震帯. ～ **center** [**focus**] 震源(地).

seismo-「地震」の意の語形成要素.

séis·mo·gram [sáizməgræ̀m] *n.* 震動図《地震計の自記記録による》.

séis·mo·graph [sáizməgræ̀f/-grɑ:f] *n.* 地震[震動]計. ◇ **sèis·mo·gráph·ic** [⊥–grǽfik] *a.* 地震計の; 地震観測(法)の.

seis·móg·ra·phy [saizmágrəfi/-mɔ́g-] *n.* 地震観測(法); 地震学. ◇ **-pher** *n.*

seis·mól·o·gy [saizmálədʒi/-mɔ́l-] *n.* 地震学.
◇ **-gist** *n.* 地震学者. **sèis·mo·lóg·ic** [sàizməládʒik/-lɔ́dʒ-], **sèis·mo·lóg·i·cal** *a.* 地震学の.

seis·móm·e·ter [-mámitər/-mɔ́m-] *n.* 地震計.

séis·mo·scope [sáizməskòup] *n.* 簡易地震計.
◇ **sèis·mo·scóp·ic** [⊥–skápik/-skɔ́p-] *a.*

‡**seize** [si:z] *vt.* **1** (急に)つかむ, ぎゅっとつかむ, にぎる: ～ a person by the arm 人の腕をつかむ. **2** つかまえる, 捕える: ～ an opportunity 機会をとらえる.

3 奪取する, 強奪する: ～ the leadership 指導権をにぎる. 4 <意味などを> 把握(はあく)する, 了解する: ～ an idea ある考えをつかむ. 5 <恐怖・病気などが> おかす, 襲う; にとりつく: ～*d with* a fever 急に熱病にとりつかれる. 6〘法〙没収する, 差し押える. 7〘法〙に所有させる《を *of*》《この意味では通例 seise とつづる》. 8〘海〙くくりつける〔合わせる〕《*up*》.

—— *vi.* 1 つかみかかる, ぐっとつかむ《に, を *on, upon*》. 2 捕える, つかまえる《を *on, upon*》: A great fear ～*d upon* him. 彼はひどい恐怖にとりつかれた. 3《過熱・過圧のため》<機械が> とまる《*up*》. ***be*** 〔***stand***〕 ***～d*** 〔***seised***〕 ***of*** を所有している. ***be ～d with*** <病気> にかかる; <恐怖など> にとりつかれる. ～ ***hold of*** をつかまえる.

◇ **séiz·a·ble** [-əbl] *a.* **séiz·er** [-ər] *n.* 捕える者; 差し押え人.

〔類〕 → **catch**「つかむ」, → **take**「持つ」

séi·zin [síːzin] *n.* 〘法〙《自由保有不動産の》占有(権); 占有物件; 財産.

séiz·ing [síːziŋ] *n.* 1 捕える〔つかむ〕こと, 奪うこと. 2 占有; 押収, 差し押え. 3〘海〙括着(かっちゃく)(索).

séi·zor [síːzər] *n.* 〘法〙占有者; 差し押え人.

séi·zure [síːʒər] *n.* 1 捕えること; 奪取; 占有. 2 差し押え(物件); 没収(品); 奪取したもの; 占有物〔地〕. 3《てんかんなど突然襲う》発作.

sé·j(e)ant [síːdʒənt] *a.* 〘紋〙《ライオンが》前足を立ててすわっている.

sé·lah [síːlə] *n.* 〘宗〙セラ《旧約聖書詩編中に頻出(ひんしゅつ)するヘブライ語. 奏楽中音声を高めるまたは休止する指示の意と解されている》. 「のへや.

se·lám·lik [seláːmlik] *n.* 《トルコ人の家の》男子

‡**sél·dom** [séldəm] *ad.* **まれに, めったに…ない:** He ～ changed the opinion he had formed. 彼はいったん言いだした自説をめったに変えたことがない. Such things are ～ seen now. こんなものはめったに見られない. →rarely. ***not*** ～ 往々 (often): It *not* ～ happens that we have snow in April. 4月に雪が降るのは珍しくない. ～ ***if ever*** よしんば…としてもごくまれに: He ～, *if ever*, goes out. 彼は外出することはまずない. ～ ***or never*** ほとんど…しない, めったに…ない: He ～ *or never* goes to church. 彼は教会へ行くことはまずない.

‡**se·léct** [siḷékt] *vt., vi.* 1 **選抜する,** えり抜く, 選ぶ: *S*～ the book you want. ほしい本を選びなさい. He was ～*ed*「out of 〔from among〕 a great number of applicants. 彼は多数の応募者の中から選ばれた. 2〘電〙分極する.

～ ***by vote*** 投票で選ぶ.

—— *a.* 1 **えり抜きの,** 精選した, 極上の: a ～ library 良書のみからなる蔵書. a ～ crew えり抜きの船員たち. 2 選んだ; 抜粋した. 3 えり好みする; 《会などの》入会条件のきびしい: She is very ～ in the people she invites. 招待客を選ぶのに彼女はやかましい. 4 上流社会の, 上流階級の: a ～ part of the city その市の高級住宅街. a ～ school 上流の子弟の行く学校. → selective.

—— *n.* 〘俗〙極上品, 精選品. [se- + √leg-[1]]

～ **committee** 《イギリス議会の》特別委員会. ～**·man** [siḷék(t)mən] (*pl.* **-men**) 〘米〙都市行政委員《New England 諸州の》. ～ **society** 〔**circles**〕上流社会.

se·lèct·ée [siḷèktíː/sèlektíː] *n.* 〘米〙徴兵制により選抜された応召者.

‡**se·léc·tion** [siḷékʃ(ə)n] *n.* 1 **選抜,** 選択, 精選, 選定: the ～ of the school one's children should attend 子どもたちが行く学校の選択. 2 抜粋, えり抜き, 精選物, 選んだもの; 〘楽〙選曲; 抜粋曲; 《競馬などで》本命, 勝つと見込みをつけた馬〔人〕: a fine ～ of summer goods 夏物の特選. a ～ from the works of Hemingway ヘミングウェイ選集. 3〘生〙選択, 淘汰(とうた); 〘電〙分離.

artificial ～ 人為淘汰. ***be a good*** ～ <人が> 最適任だ. ***natural*** ～ 自然淘汰. ***sexual*** ～ 雌雄選択. ***social*** ～ 社会淘汰.

se·léc·tive [siḷéktiv] *a.* 1 選択能力のある, 選択(性)の. 2〘生〙淘汰〔選択〕の. 3〘電〙選択〔分離〕性〔式〕の. ～ **service** 〘米〙義務兵役(制). ～ **system** 分離式通信. ◇ ～**·ly** *ad.* ～**·ness** *n.*

se·lèc·tív·i·ty [siḷèktívịti] *n.* 1 選択性〔力〕, 淘汰. 2〘電〙分離〔選択〕度〔性〕.

se·léc·tor [siḷéktər] *n.* 1 選択者; 選別機; 〘電〙分離器, セレクター. 2〘オーストラリア〙小農.

sél·e·nate [séḷinèit] *n.* 〘化〙セレン酸塩.

Se·lé·ne [səlíːniː] *n.* 〘ギ神〙月の女神. → Luna.

se·lé·nic [silíːnik] *n.* 〘化〙セレンの.

～ **acid** セレン酸.

sél·e·nite [séḷinàit] *n.* 〘化〙亜セレン酸塩; 〘鉱〙透明セッコウ. ◇ **sèl·e·nít·ic** [⌐—nítik], **sèl·e·nít·i·cal** *a.* 「界人.

Sél·e·nìte [sélənàit/silíːnait] *n.* (または s～) 月世

se·lé·ni·um [siḷíːniəm] *n.* 〘化〙セレン, セレニウム《非金属元素. 記号 Se》.

selen(o)-「月」の意の語形成要素.

se·lé·no·graph [silíːnəgræf/-grɑːf] *n.* 月面図.

◇ **se·lè·no·gráph·ic** [—⌐—grǽfik] *a.*

sèl·e·nóg·ra·phy [sèḷinɑ́grəfi/-nɔ́g-] *n.* 月理学, 太陰地理学. ◇ **-phist** [-ist] *n.* 月理学者.

sèl·e·nól·o·gy [sèḷinɑ́lədʒi/-nɔ́l-] *n.* 〘天〙月学.

◇ **-gist** *n.* **se·lè·no·lóg·i·cal** [silìːnəlɑ́dʒikl/-lɔ́dʒ-] *a.*

***self** [self] *n.* (*pl.* **selves** [selvz]) 1 **自分,** 自身, 自己, 自我; 《利己心としての》自分(のこと): one's own ～ 自分自身. my humble ～ 拙者. have no thought of ～ 自分のこと〔私欲〕を考えない. the study of ～ 自我の探求. 2《自己の》一面; 《特定の時期における》その人: one's weaker 〔reckless〕 ～ 自分の弱い〔無謀な〕一面. his former ～ 昔の彼. 3 本性, 真髄: reveal its true ～ 本性をあらわす. Here we get a glimpse of Shakespeare's very ～. ここにシェイクスピアの真髄がうかがえる. She is beauty's ～. 彼女は美そのものだ. 4〘商〙本人; 〘笑・卑〙私自身, あなた自身: a check drawn to ～ 自分あてに振り出した小切手. a ticket admitting ～ and friend 本人と友人が入場できる入場券. 5〘園芸〙《自然色の》単色の花. → crossbred.

beside one***'s*** ～ 気が変になって. one***'s better*** ～ (1) もっときげんのよいときの自分; 良心, 分別. (2) 愛妻. ***rise above*** ～ 自己〔私欲〕をすてる. ***your good selves***《商用文で》貴下, 貴社, 貴店.

—— *a.* 1《色など》単色の, 一様の: ～ black 黒一色. 2 無地の. 3《他のものと》同一材料の, 同種の: a ～ belt 服と共切れでつくったベルト. 4《弓など》1本木の. 5《酒など》生(き)一本の, 純粋の.

〈注〉 以下の合成語において別に表記しないかぎり, ～- は米英とも [sélf-] を, ～- は [sèlf-, sélf-/sélf-] をあらわす.

～-a·bán·don·ment 自暴自棄, すてばち.

～-a·báse·ment けんそん, 卑下, へりくだり.

～-ab·hór·rence 自己嫌悪(けんお).

～-àb·ne·gá·tion 自己犠牲, 献身.

～-ab·sórbed 自分のことに夢中の.

～-ab·sórp·tion 自己没頭, 自我専念.

～-a·búse 自己非難; 手淫(しゅいん).

～-áct·ing 自動(式)の.

～-ác·tion 自己作用. 「た.

～-ad·dréssed 自分名あての, 自分のあて名を書い

～-ad·júst·ing 自動調整(式)の.

～-ad·júst·ment 自動調整. 「明.

～-àf·fir·má·tion 自我確認, ひとりぎめ, 自家証

～-a·nál·y·sis 自己分析.

～-an·nì·hi·lá·tion 自殺; 自己犠牲, 献身.

～-ap·póint·ed ひとりぎめの, 自薦の.
～-as·sér·tion 自己主張, でしゃばり.
～-as·sér·tive 自己主張する, でしゃばりの, 我の強い.
～-as·súmed ひとりぎめの, 専断の; 自称の.
～-as·súr·ance 自信.
～-as·súred 自信のある.
～-a·wáre·ness 自己認識.
～-bínd·er 《麦などの》自動たばね機; 自動装訂機.
～-cén·tered 自己中心の; 利己主義(的)な. 〔類〕 → **willful**「わがままな」
～-col·léct·ed 落ち着いた, 沈着な.
～-cól·ored 単色の; 自然色の.
～-com·mánd 自制, 克己; 沈着.
～-com·mún·ion 自省, 内省.
～-com·plá·cence, -cen·cy 自己満足〔陶酔〕.
～-com·plá·cent 自己満足〔陶酔〕の, ひとりよがりの.
～-con·céit 自負心, うぬぼれ.
～-con·céit·ed うぬぼれの強い.
*～-con·démned 自責の, 良心のとがめる.
～-con·féssed 自認する, 自称の.
*～-cón·fi·dence 自信.
～-cón·fi·dent 自信のある.
～-con·gràt·u·lá·tion 自祝, 自賀, ひとり喜び.
～-cón·scious 自意識の強い; 人前を気にする, はにかみ屋の.
～-cón·se·quence 尊大, 自尊.
～-con·síst·ent 筋のとおった, 首尾一貫した; 矛盾のない.
～-cón·sti·tut·ed 《保護者など》自分で決めた, 自任の.
～-con·táined (1) 無口な, 打ち解けない; 独立的な. (2) いっさい完備した《機械・設備など》; 各戸独立式の《アパートなど》.
～-con·témpt 卑下, 自嘲(じちょう).
～-còn·tra·díc·tion 自己矛盾(の陳述).
～-còn·tra·díc·to·ry 自己矛盾の.
*～-con·tról [-kəntróul] 自制(心), 克己.
～-crít·i·cism [-krítisìz(ə)m] 自己批判.
～-cúl·ture 自己修養.
～-de·céiv·ing 自己欺瞞(ぎまん)の.
～-de·cép·tion 自己欺瞞.
～-de·féat·ing 自滅的な.
～-de·fénse, ～-de·fénce →別項.
～-de·ní·al 克己; 無私; 禁欲.
～-de·ný·ing 克己の; 無私の, 献身的な; 禁欲的な.
～-de·pénd·ence 自己信頼, 自力本願.
～-de·prè·ci·á·tion 自己軽視, 卑下.
～-de·strúc·tion 自滅, 自殺.
～-de·tèr·mi·ná·tion 自己決定, 自決: racial *～-determination* 民族自決主義.
～-de·tér·mined 自己決定による.
～-de·tér·min·ing 自ら決める; 民族自決の.
～-de·vél·op·ment 自己発展〔開発〕.
～-de·vó·tion 献身.
～-dís·ci·pline 自己訓練, 自己修養.
～-dis·trúst, ～-dóubt 自信欠如, 気おくれ.
～-dis·trúst·ful 自信のない; 気おくれする.
～-éd·u·cat·ed 独学の, 自学自習の; 苦学の.
～-èd·u·cá·tion 自己教育, 独学.
～-ef·fáce·ment おもてだたないこと.
～-ef·fác·ing でしゃばらない, 自分を表だたさない.
～-em·plóyed 自家営業〔勤務〕の.
～-es·téem 自尊; 自負(心), うぬぼれ.
～-év·i·dent 自明の.
～-ex·àm·i·ná·tion 自省, 反省.
～-ex·íst·ent 自存する, 独立的存在の.
～-ex·pláin·ing, ～-ex·plán·a·to·ry 自明の, 説明を要しない.
～-ex·prés·sion 自己〔個性〕表現.
～-féed·er 自動補給装置《飼料などの》.
～-féed·ing 自動補給式の.
～-fèr·ti·li·zá·tion 〔植〕自花受精.
～-fíll·ing 自動注入式の.
～-for·gét·ful 自己を忘れた; 無私無欲の, 献身的な.
～-ful·fíl(l)·ment 自己達成.
～-gén·er·at·ing [ˋ ˊ – ˋ –] 自己生殖の.
～-gèn·er·á·tion 自己生殖.
～-góv·erned 自治の, 独立の; 自制の.
～-góv·ern·ing 自治の, 自制の.
～-governing colony 自治植民地. → crown colony.
～-governing dominion 自治領《カナダ・オーストラリアなど》.
～-góv·ern·ment 自治; 自制, 克己.
～-heal [ˊ ˋ, (英)⁺ˋ ˊ] 〔植〕ウツボグサ属《古来医者いらずといわれる薬草》.
～-hélp 自助, 自立, 独立独行: *S～-help* is the best help. 《諺》自助は最上の助け.
～-hu·mìl·i·á·tion けんそん, 卑下.
～-ìm·mo·lá·tion 自己犠牲.
～-im·pór·tance 自尊, 尊大, うぬぼれ.
～-im·pór·tant 尊大な, もったいぶった, うぬぼれの強い.
～-im·pósed 自ら課した, 自ら進んで行なう.
～-im·próve·ment 自己改善, 自己修養.
～-in·crím·i·nat·ing 《証言などが》自分も罪におとしいれる, 自分に嫌疑(けんぎ)を招く.
～-in·dúced 自ら誘った; 〔電〕自己誘導〔感応〕の.
～-in·dúc·tion 〔電〕自己誘導, 自己感応.
～-in·dúl·gence 放縦(ほうじゅう), わがまま.
～-in·dúl·gent 放縦な, わがままな.
～-in·flíct·ed 自ら課した.
～-ín·ter·est 私利私欲; 利己主義.
～-ín·ter·est·ed 自己本位の.
～-in·vít·ed 招かれずに訪れた, 押しかけの.
～-jùs·ti·fi·cá·tion 自己正当化《自分の行為を正当化するために大げさな論理などを持ち出すこと》.
～-jús·ti·fy·ing [-fàiiŋ] 自己正当化の.
～-knówl·edge 自覚, 自分を知ること.
～-lóve 自愛; 利己心〔主義〕.
～-máde 自分でつくった; 自力で出世した: a *～-made* man 自力でたたきあげた人.
～-máil·er 封筒に入れずに郵送できる印刷物〔パンフレット〕.
～-máil·ing 封筒に入れずに郵送できる.
～-más·ter·y 自制, 克己.
～-mó·tion 自動, 自然運動.
～-móv·ing 自(力駆)動の.
～-múr·der 自殺.
～-múr·der·er 自殺者.
～-óp·er·at·ing = self-moving.
～-o·pín·ion·at·ed, ～-o·pín·ioned うぬぼれの強い, 自説をまげない, がんこな.
～-or·dáined 自ら制定した, 自任した.
～-pít·y 自己憐憫(れんびん), 自分に対するあわれみ.
～-pòl·li·ná·tion 〔植〕自花受粉.
～-pór·trait 《絵・文学作品など》自画像; 自刻像.
～-pos·séssed 沈着な, 冷静な.
～-pos·sés·sion 沈着, 冷静.
～-práise 自賛, てまえみそ.
～-près·er·vá·tion 自己保存(本能), 自衛(本能).
～-pro·pélled 自力推進の.
～-pro·téc·tion 自己防衛, 自衛.
～-rè·al·i·zá·tion 自己実現, 自己完成.
～-re·córd·ing 自動記録(式)の.
～-re·gárd (1) 自愛, 利己. (2) 自尊(心).
～-re·gárd·ing 利己的な, 利己主義な.
～-rég·is·ter·ing 自記式の, 自動記録式の.
～-rég·u·lat·ing 自動調整の.
～-re·lí·ance 自己信頼, 独立独歩, 自力本願.
～-re·lí·ant 自己を頼みとする, 独立独歩の.
～-re·nùn·ci·á·tion 無我, 無私; 自己犠牲, 献身.
～-re·prés·sion 自己抑制.
～-re·próach 自責, 自己非難.
～-re·próach·ful 自責の, 後悔した.
～-re·próach·ing·ly 後悔して.

***~-re·spéct** 自尊(心), 自重, 自敬.
~-re·spéct·ful, ~-re·spéct·ing 自尊心を備えた.
~-re·stráint 自制.
~-rèv·e·lá·tion 自己啓示.
~-rév·er·ence 強い自尊心.
~-right·eous 独善的な, ひとりよがりの.
~-right·ing 《ヨットなどが》自力〔自動〕復元する, 転覆のおそれのない.
~-sác·ri·fice [-sǽkrifàis] 自己犠牲, 献身.
~-sác·ri·fic·ing [-fàisiŋ] 自己を犠牲にする, 献身的な.
~-sáme [ˊˊ/ˊ—] 同一の, 全くおなじ.
〔類〕 → **same**「おなじ」
~-sàt·is·fác·tion 自己満足, うぬぼれ.
~-sát·is·fied 自己満足の, うぬぼれの.
~-sát·is·fy·ing [-sǽtisfàiiŋ] 自己満足を与える, 自分を満足させる.
~-séal·ing 《タイヤなど》自動パンク止めの.
~-séek·er 利己主義の人, えてかってな人.
~-séek·ing 利己主義(の), 自分かって(な).
~-sérv·ice 《食堂・売り場などの》セルフサービス(の).
~-sérv·ing 《人が》自己の利益を図る; 《こと・行為が》自分の利益になる.
~-sláugh·ter 自殺, 自滅.
~-sówn 天然にはえた, 自生の.
~-stárt·er 《自動車などの》自動始動装置.
~-stýled 自任の, 自称の.
~-suf·fí·cien·cy 自給自足; うぬぼれ.
~-suf·fí·cient, ~-suf·fíc·ing 自給(自足)できる; うぬぼれの強い, 傲慢(ごう)な.
~-sug·gés·tion 自己暗示.
~-sup·plý·ing 自給の.
~-sup·pórt 自活; 自給.
~-sup·pórt·ing 自活する; 自給する.
~-sur·rén·der 自己放棄, 忍従.
~-sus·táin·ing 自立の, 自活の.
~-táught 独習の, 独学の.
~-tím·er 〔写〕セルフタイマー, 自動シャッター.
~-tor·mént·ing 自らを苦しめる.
~-tór·ture 難行, 苦行.
~-wíll わがまま, 我意.
~-wílled わがままな, 身がってな.
~-wínd·ing [-wáindiŋ] 自動巻き式の《とけいなど》.

sèlf-de·fénse, ㊈-fénce [sèlfdiféns, sélf-/sélf-] *n.* 自己防御, 自衛; 正当防衛. ***art of ~*** 拳闘(けんとう)術. ***in ~*** 自衛のため. **S~ Forces** 自衛隊.
◇ **-fén·sive, ㊈ -fén·cive** *a.*

sélf·hood [sélfhud] *n.* 自我, 個性; 人格, 利己心.

‡**sélf·ish** [sélfiʃ] *a.* **1** 利己的な, 利己主義の, 自分本位の: It is ~ of you to say so. そんなことを言うのはきみのわがままというものだ. **2** 〔倫〕自愛的: the ~ theory of morals 自愛説. ◇ **~·ly** *ad.* ***~·ness** *n.* 〔類〕 → **willfull**「わがままな」

sélf·less [sélflis] *a.* 私心のない, 無欲の; 献身的な. ◇ **~·ly** *ad.* **~·ness** *n.*

Sel·júk [seldʒúːk] *n.* セルジューク人《11–13 世紀アジア中・西部を統治したトルコ王朝の人》. —— *a.* セルジューク人〔王朝〕の.
◇ **~·i·an** [-iən] *a., n.* = Seljuk.

†**sell** [sel] *v.* (**sold** [sould]) *vt.* **1** 売る; 売っている: ~ a used car at a good price 〔at a profit〕 中古車を良い値で〔もうけて〕売る. I'll ~ it to you for ¥1,000. 1,000 円でそれをきみに売ろう. Will you ~ me your car? きみの車を売ってくれませんか. Do you ~ coffee? (この店に) コーヒーがありますか. ~ a man *into* slavery 人をどれいに売る. ↔buy. **2** 〈名誉・貞操などを〉売る, 〈祖国・友などを〉裏切る. **3** 〔米話〕売り込む, 宣伝する, 推薦する: ~ the scheme to his friends 友だちを説いて計画に同意させる. **4** に売り込む, に受け入れ〔納得〕させる《を *on*》: I *sold* him *on* the idea that … 私は彼に…という考えを納得させた. Well, I'm *sold on* the idea. よし, それに賛成だ. **5** 〔俗〕一杯くわせる, だます《通例受動態》: *Sold* again! またやられた. **6** の売れ行きを助ける: TV ~*s* consumer goods. テレビは消費財の売れ行きを助ける.
—— *vi.* **1** 売れる, 売りに出る: This book ~*s* well. この本はよく売れる. Butter ~*s* at fifty cents a pound at the market. 市場ではバターが 1 ポンド 50セントで売られている. **2** 売りに出す; 商いをする: I like the house. Will you ~? この家が気に入った, 売ってくれますか. They ~ dear at that shop. あの店では物が高い. **3** 〔米話〕採用される, 広くひろまる, 歓迎される: Your idea won't ~. きみの案は賛成されないだろう. ***be sold on*** 〔米〕に熱中している, に夢中である〔ほれている〕. ***be sold out of*** を売り切っている: We *are sold out of* eggs. 卵は売り切れました. ***made to ~*** 《品質などを考えず》単に売り物としてつくられた. **~ one*self*** (1) 貞操を売る; わが身を売る. (2) 〔米俗〕自己宣伝する, 自薦する. ***~ a game*** 〔***match***〕 わいろを取って試合の勝ちを譲る. **~ one*'s life dear(ly)*** できるだけ敵に損害を与えて死ぬ. ***~ off*** 安く売り払う, 見切り売りする. ***~ out*** (1) 売り払う, 売り切る. (2) 〔米俗〕内通する, ひそかに裏切る, 秘密取引でだます: ~ *out* to the enemy 味方を裏切って敵側と結ぶ. (3) 〔英史〕軍職を売って退役する. ***~ over*** 転売する; 売り渡す: ~ one's house *over* to a person 人に家を売り渡す. ***~ time*** 商業放送をやる; 放送広告を許す. ***~ up*** (1) 売り切る. (2) 〔英〕〈債務者の〉財産を競売に付す.
—— *n.* **1** 〔俗〕失望, 閉口. **2** 〔俗〕ぺてん, くわせもの: What a ~! 一杯くった, やられた. **3** 販売(術), 販売の点からみた魅力. **~·out** →別項.

séll·er** [sélər] *n.* **1** 売り手, 売る人, 販売人: a book ~ 本屋. **2** 売れる物, よく売れる商品: a poor ~ 売れ行きの悪い商品. ***best ~ ベストセラー, 第一級の売れ行きを見せた物〔本〕.
~s' market 《供給不足で需要に応じきれない》売り手市場. →buyers' market.

séll·ing [séliŋ] *a.* **1** 販売の: the ~ price 売り値. **2** 販売に従事する: a ~ agent 販売代理店〔人〕. **3** (容易に) 売れる; 需要の多い: the fastest-~ item いちばんよく売れる商品.
~ race 売却競馬《競走後に勝ち馬を競売にする》.

séll·out [sélàut] *n.* 売り切れ; 〔米俗〕満員札止め.

Sélt·zer [séltsər] *n.* セルツァ鉱泉水 (=~ water) 《ドイツの Nieder Selters の炭酸鉱泉水》; (しばしば s~) それに類似の炭酸水〔ソーダ水〕.

sél·vage, -vedge [sélvidʒ] *n.* **1** 《織物の》織り端, みみ. **2** 《錠の》受け金.
◇ **-vaged, -vedged** [-d] *a.* 織り端のある.

sèl·va·gée [sèlvədʒíː] *n.* 〔海〕束ね輪索(なわ).

selves [selvz] *n.* self の複数形.

Sem. Seminary; Semitic. **sem.** semicolon.

se·mán·teme [simǽntiːm] *n.* 〔言〕意義素. → morpheme.

se·mán·tic [simǽntik] *a.* 語義に関する, 意味論(上)の. ◇ **-ti·cal·ly** *ad.*

se·mán·tics [-s] *n. pl.* 《単数扱い》〔言〕意味論; 語義(発達)論; 〔論〕意義学. ◇ **-ti·cist** [-tisist], **sè·man·tí·cian** [siːmæntíʃ(ə)n] *a.*

sém·a·phore [séməfɔ̀ːr/-fɔː] *n.* **1** 〔鉄道〕腕木信号機, シグナル. **2** 《軍隊などの》手旗信号.
—— *vt., vi.* 信号機〔手旗信号〕で知らせる.
◇ **sèm·a·phór·ic** [sèməfɔ́ːrik/-fɔ́r-] *a.*

se·mà·si·ól·o·gy [simèisiálədʒi/-ɔ́l-] = semantics. ◇ **-gist** *n.* **se·mà·si·o·lóg·i·cal** [-siəládʒ-/-lɔ́dʒ-] *a.* **se·mà·si·o·lóg·i·cal·ly** *ad.*

sém·blance [sémbləns] *n.* 類似; 外形, 姿, 外観; 装い, ようす, 風(ふう); 見せかけ; …らしいもの: He bears a manly ~. 彼は見かけは男らしい. His story had the ~ of truth, but was really

false. 彼の話はほんとうらしかったが実はうそだった. There is not even a ～ of proof. 証拠らしいものさえない. These clouds have the ～ of a huge head. この雲は巨大な頭に見える.
have no ～ of に似ていない. ***in ～*** うわべは, 外見は. ***in the ～ of*** の姿で. ***put on a ～ of*** …のふりをする. ***to the ～ of*** に似せて. ***under the ～ of*** と見せかけて, の風を装って. [√simil-]

se·mé(e) [səméi/sémei] F. *a.* 〘紋〙 散らし模様の.
sè·mei·ól·o·gy [sì:maiɑ́lədʒi/-ɔ́l-] =semiology.
sé·men [sí:mən/-men] *n.* 〘生理〙 精液.
***se·més·ter** [siméstər] *n.* 《1年2学期制の大学の》 学期. ◇ **-tral, -tri·al** *a.*
semi- *pref.* 「半ば…」「多少」の意. 〈注〉 この接頭辞は一般に固有名詞または i- で始まる語のほかはハイフンをつけない. → hemi-, demi-, bi-.
sèm·i·án·nu·al [sèm(a)iǽnju(ə)l/sémi-] *a.* 半年ごとの, 年2回の; 半年継続の. ◇ **～·ly** *ad.*
sèm·i·ár·id [sèm(a)iǽrid/sémi-] *a.* 非常に雨の少ない, 寡雨(かう)の. ◇ **sèm·i·a·ríd·i·ty** [-arídit̬i] *n.*
sèm·i·bar·bár·i·an [sèmibɑ:rbɛ́(:)riən, -mai-/sémibɑ:bɛ́ər-] *a.* 半野蛮の, 半未開の.
—— *n.* 半未開人.
sém·i·breve [sémibrì:v, [米]⁺sémai-] *n.* 〘おもに英: 楽〙 全音符.
sém·i·chò·rus [sémikò:rəs, sémai- / sémikɔ̀:r-] *n.* 〘楽〙 小合唱(隊); 小合唱曲.
sém·i·cìr·cle [sémisə̀:rkl] *n.* 半円, 半円形(物).
sèm·i·cír·cu·lar [sèmisə́:rkjulər, sèmai-/sémi-] *a.* 半円(形)の. ～ **canals** 〘医〙 三半規管.
sèm·i·cív·i·lized [sèmisívilàizd, [米]⁺ sèmai-] *a.* 半文明の, 半未開の. ◇ **sèm·i·cìv·i·li·zá·tion** *n.*
***sém·i·còl·on** [sémikòulən/-kóu-] *n.* セミコロン(;). 〈注〉 period(.)と comma(,)との間の役割をする.
sèm·i·con·dúc·tor [sèmikəndʌ́ktər, sèmai-/sémi-] *n.* 〘物〙 半導体.
sèm·i·cón·scious [sèmikɑ́nʃəs, sèmai-/sémi-kɔ́n-] *a.* 半ば意識のある. ◇ **～·ly** *ad.* **～·ness** *n.*
sèm·i·de·táched [sèmiditǽtʃt, sèmai-/sémi-] *a.* 半ば離れた; 《特にイギリスの家屋など》 片側だけ壁で隣家に接した. → detached, terraced.
sèm·i·de·vél·oped [-divéləpt] *a.* 半ば発達〔発育〕した; 発育不全の.
sèm·i·di·ám·e·ter [-daiǽmitər] *n.* 半径 (radius).
sèm·i·di·úr·nal [-daiə́:rn(ə)l] *a.* 半日の.
sèm·i·dòc·u·mén·ta·ry [-dɑ̀kjuméntəri/-dɔ̀k-] *n.* 〘映〙 半記録映画 《記録映画を劇映画的に構成したもの》.
sém·i·dome [sémidòum, [米]⁺sémai-] *n.* 半円形屋根.
sèm·i·drý [sèmidrái, sèmai-/sémi-] *a.* 半がわきの.
sèm·i·fí·nal [sèmifáin(ə)l, sèmai-/sémi-] *n.*, *a.* 〘運〙 準決勝戦(の). ◇ **～·ist** *n.* 準決勝出場者.
sèm·i·flú·id [-flú:id], **sèm·i·líq·uid** [-líkwid] *n.*, *a.* 半液体(の).
sèm·i·fór·mal [-fɔ́:rm(ə)l] *a.* 半ば正式な.
sèm·i·lú·nar [-lú:nər] *a.* 半月形の. ～ **bone** 〘医〙 半月形骨. ～ **valve** 〘医〙 半月弁.
sèm·i·mónth·ly [-mʌ́nθli] *a.* 半月ごとの, 月2回の.
—— *n.* 月2回の(定期)刊行物. → bimonthly.
sém·i·nal [sémin(ə)l, sí:m-] *a.* **1** 精液の; 〘植〙 種子の. **2** 生殖の, 発生の. **3** 胚子(はいし)状態の. **4** 根本〔初期〕の; 将来性〔発展性〕のある. [√semin-]
◇ **～·ly** *ad.*
sém·i·nar [séminɑ̀:r, ⌐ー⌐/⌐ーー] *n.* **1** セミナー, ゼミナール 《教授の指導のもとに学生が特殊問題を共同研究するグループ》; 大学院演習. **2** 研究科; 研究室. **3** 研究集会. [√semin-]
sém·i·nar·y [séminèri/-n(ə)ri] *n.* **1** 〘米〙 神学校; 〘英〙 カトリック神学校 《特に Jesuit 派の》. **2** 《もと high school 以上の》 学校, 養成所. **3** 《比喩的》 温床: a ～ of vice 悪の温床. [√semin-]
◇ **-ist** *n.* 神学生; カトリック聖職者. **sèm·i·nár·i·an** [⌐ーné(:)riən/-néər-] *n.* 神学校の学生.
sèm·i·ná·tion [sèminéiʃ(ə)n] *n.* 播種(はしゅ), 種まき; 伝播(でんぱ) (dissemination). [√semin-]
sèm·i·níf·er·ous [sèminíf(ə)rəs] *a.* **1** 精液を生じる: ～ tubes 輸精管. **2** 種子をつくる.
Sém·i·nole [séminòul] *n.*, *a.* (*pl.* **-nole(s)**) セミノール族(の) 《アメリカ原住民の一部族》.
sèm·i·of·fí·cial [sèm(a)iəfíʃ(ə)l/sémi-] *a.* 半公式的な, 半官的な: a ～ organ 〔gazette〕 半官的機関〔新聞〕. ◇ **～·ly** [-ʃəli] *ad.*
sè·mi·ól·o·gy [sì:m(a)iɑ́lədʒi/sí:miɔ́l-] *n.* **1** 記号学; 記号言語. **2** 〘医〙 症候学.
◇ **sè·mi·o·lóg·i·cal** [-əlɑ́dʒik(ə)l/-lɔ́dʒ-] *a.*
sè·mi·ót·ic [sì:m(a)iɑ́tik/-ɔ́t-] *a.* **1** 記号(言語)の. **2** 〘医〙 症状の.
sè·mi·ót·ics [-s] *n. pl.* 《単数扱い》 **1** 記号論〔学〕. **2** 〘医〙 症候学.
sèm·i·pár·a·site [sèmipǽrəsait, [米]⁺sèmai-] *n.* 〘生〙 半寄生.
sèm·i·pér·me·a·ble [sèmipə́:rmiəbl, sèmai-/sémi-] *a.* 《膜などが》 半透性の.
sèm·i·póst·al [-póust(ə)l] *n.*, *a.* 寄付金つき郵便切手(の).
sèm·i·pré·cious [sèmipréʃəs, sèmai-/sémiprè-ʃ(ə)s] *a.* やや貴重な; 準宝石の: ～ stones 準宝石.
sém·i·pro [sémipròu, [米]⁺sémai-] *a.* 〘話〙 =semi-professional. —— *n.* セミプロ選手.
sèm·i·pro·fés·sion·al [sèmiprəféʃən(ə)l, sèm-ai-/sémi-] *a.* 半職業的な, セミプロの. ◇ **～·ly** *ad.*
sém·i·quà·ver [sémikwèivər, [米]⁺sémai-] *n.* 〘おもに英: 楽〙 十六分音符.
sèm·i·ríg·id [sèmirídʒid, sèmai-/sémi-] *a.* 〘空〙 《飛行船が》 半硬式の.
sèm·i·skílled [sèmiskíld, sèmai-/sémi-] *a.* 《工員など》 半熟練の; 多少熟練を必要とする.
sèm·i·sól·id [-sɑ́lid/-sɔ́l-] *n.*, *a.* 半固体(の).
Sém·ite [sémait, sí:m-] *n.*, *a.* セム族(の) 《ユダヤ人はじめヘブライ人・アルメニア人・フェニキア人・アラビア人・アッシリア人など》.
Se·mít·ic [simítik] *a.* セム族の, セム語の.
—— *n.* セム語 《ヘブライ語・アラビア語など》; (～s) 《単数扱い》 〘米〙 セム学 《セム語・セム文学の系統的研究》. ～ **languages** セム語(族).
Sém·i·tism [sémitiz(ə)m] *n.* **1** セム族気質〔風〕; 《特に》 ユダヤ人気質〔風〕. **2** セム語の特質.
sém·i·tone [sémitòun, [米]⁺sémai-] *n.* 〘楽〙 半音(程).
sém·i·trail·er [-trèilər] *n.* セミトレーラー 《大型貨物・乗合自動車》.
sèm·i·trans·pár·ent [sèmitrænspɛ́(:)rənt, sèmai-/sémitrænspéər-] *a.* 半透明の.
sèm·i·tróp·i·cal [-trɑ́pik(ə)l/-trɔ́p-] *a.* 亜〔半〕熱帯の.
sèm·i·vó·cal [-vóuk(ə)l], **sèm·i·vo·cál·ic** [-vokǽlik] *a.* 半母音の.
sém·i·vòw·el [sémivàu(ə)l, [米]⁺sémai-] *n.* 半母音 《[j, w] など. [m, n, ŋ, r, l] などを含むこともある》; 半母音字 《w, y など》.
sèm·i·wéek·ly [sèmiwí:kli, sèmai-/sémi-] *a.* 半週ごとの, 週2回の. —— *ad.* 半週ごとに, 週2度.
—— *n.* 週2回の(定期)刊行物.
sèm·i·yéar·ly [-jíərli/-jə́:li] *a.* 半年ごとの, 年2回の. —— *ad.* 半年ごとに, 年2回.
—— *n.* 年2回の(定期)刊行物.
sèm·o·lí·na [sèməlí:nə] *n.* ふるいにかけた残りのあらめの小麦粉 《マカロニ・プディング原料》.
sèm·pi·tér·nal [sèmpitə́:rn(ə)l] *a.* 〘古・雅〙 とこしえの, 永遠の (eternal). ◇ **～·ly** *ad.*
sém·pli·ce [sémplitʃèi/-tʃi] *a.* 〘楽〙 単純な; 単音の, 装飾音のない. [<It.]
sém·pre [sémprèi/-pri] *ad.* 〘楽〙 常に, 絶えず: ～ forte 終始強く. [<It.]

sémp·stress [sém(p)stris] =seamstress.
Sen., sen. Senate; Senator; senior.
sén·a·ry [sénəri, sí:n-/sí:n-] *a.* 6 の.
***sén·ate** [sénit] *n.* **1** (S～)《アメリカ・フランス・カナダなどの》上院. **2**《Cambridge 大学などの》評議員会, 理事会. **3**《古代ローマ・ギリシア》元老院. **4** 議会, 立法部. [√sen-] **S～ house**《特に Cambridge 大学などの》評議員会館, 理事会館.
sén·a·tor [sénətər] *n.* **1** (S～)〔米〕上院議員. **2**《大学の》評議員, 理事. **3** 元老院議員.
◇ **～·ship** [-ʃip] *n.* ～の職.
sèn·a·tór·i·al [sènətó:riəl/-tɔ́:r-] *a.* **1** 上院〔元老院〕(議員)の; 上院〔元老院〕議員らしい. **2**〔米〕《地区が》上院議員選出権を有する. **3** 大学評議員会の. ◇ **～·ly** *ad.* 上院〔元老院〕議員らしく; いかめしく.
se·ná·tus [senéitəs, si-] *n.* **1**〔古ローマ〕元老院: ～ consultum 元老院の布告. **2** 大学の評議員会〔理事会〕. [<L.]
†**send**¹ [send] *v.* (**sent** [sent]) *vt.* **1 送る**, 届ける; 発送する; 送信〔送電〕する: ～ goods by rail 商品を鉄道で送る. ～ a person a book 人に本を送る. ～ flowers to the patient 患者に花を届ける. ～ a line 〔message〕 一筆〔ことづてを〕書き送る. ～ help 救援を送る. **2** <人を> 派遣する, 行かせる, やる, 送り出す, 送り込む, よこす: ～ a person over to America 人をアメリカにやる. ～ a child to school 〔bed〕 子どもを学校へやる〔寝かせる〕. ～ a boy *on* an errand 少年を使いに出す. **3** <さらなどを>順送りに渡す, 回す. **4 放つ**, 発する《*forth*》;《一定の方向へ》発射する; <煙などを> たてる: ～ *forth* a cry 〔fragrance〕 叫び声〔芳香〕を発する. ～ an arrow 矢を放つ. ～ a blow to the jaw あごに一発かます. **5** <石などを>投げる; <弾丸などを> 到達させる: ～ a stone through a window 窓から石を投げ込む. ～ a bullet into his heart 彼の心臓にたまを撃ち込む. **6** <神などが> 与える, 恵む; <災いなどを> こうむらせる; 許す, 配慮する; あらしめる: May God ～ us rain. 神よ雨を降らせたまえ. Heaven ～ that he arrives safely. 天よ彼を無事に着かせたまえ. God ～ it may be so! どうかそうありますよう. **7** …の状態にならせる〔陥らせる〕;《かり立てて》…にする: This noise will ～ me mad. この騒音で気違いになりそうだ. The punch *sent* him reeling. なぐられて彼はよろけた. **8**〔米俗〕<聴衆を> 興奮させる《ジャズ演奏で》, 興奮させる.
—— *vi.* **1** 人をやる, 使いを送る, 人をよこす: If you want me, please ～. 用がおありでしたらお使いをよこしてください. **2** 手紙をやる, たよりをする. **3**〔電〕発信をする.
～ a person ***about his business*** (人を) 追い払う, 解雇する. ***～ and*** (do) 人をやって…させる. ***～ away*** (1) 去らせる, 追い払う. (2) くびにする, ㋩暇を出す. (3) 遠くへ送る. ***～ back*** 返す, もどす. ***～ down*** (1) 下落させる, くだす, 下降させる. (2)〔英: 大学〕退学させる, ㋩停学を命ずる. ***～ flying*** <火花・破片などを> 飛ばす, 散らす; <敵を> 敗走させる, け散らす; <人を> なぐりとばす. ***～ for*** を取りに(使いの者を)やる; を呼びにやる: ～ *for* the doctor 医者を呼びにやる. ***～ forth*** (1) 派遣する, 送る, 送り出す. (2) <葉などを> 出す. (3) <かおり・蒸気などを> 発する, 放つ. (4) <出版社が> 出版する. ***S～ him*** 〔***her***〕 ***victorious!***《イギリス国歌の一節》神よ国王〔女王〕を勝利者たらしめたまえ. ***～ in*** 送る, 差し出す, 提出する; <申込書・辞表などを> 提出する; <絵などを> 出品する; <名刺を> 取り次ぎに出す, 通じる: ～ ***in*** one's name 名刺を通じる. ～ ***in*** 〔***up***〕 one's name《競技に》参加を申し込む. ***～ off*** (1) <旅立つ人を> 見送る. (2) <手紙・小包などを> 発送する. (3) <煙などを> 発する. (4) 追い払う. ***～ on*** <手紙などを> 回送〔輸送〕する, 先へ送る. ***～ out*** (1) 派遣する; 送る, 発送する. (2) <木が芽などを> 出す, 生じる; <香・光などを> 放つ: ～ *out* smoke 煙を出す. ***～ over*** 放送する. ***～ packing*** 暇を出す, 追い払う. ～ one's ***regards to*** …によろしく言う. ***～ round*** 回送する, 回す. ***～ through*** <伝言などを> 通じる, 届ける. ***～ up*** (1) 上昇させる, 上げる. (2) <ボールなどを> 送る. (3) <書類を> 提出する; <名前・名刺を> 通じる. (4) <食物を> 食卓に出す. (5)〔米話〕豚箱にぶち込む; 判決する. ***～ word*** 伝言する, 報ずる; 申し送る《に *to*》.
～-òff [㊥ ⁻⁻]〔話〕(1) 見送り, 送別: give a ～*-off* 見送りをする. (2)《人・物の》出発, スタート.
send², scend [send] *n.*〔海〕波浪の推進力; 船の縦揺れ. → pitch¹. —— *vi.* (**～·ed**) 波から波へと前進する; 波に持ち上げられる.
sén·dal [séndl] *n.* 中世に使用された絹織物の一種; それでつくった服.
***sénd·er** [séndər] *n.* **1** 発送人, 送り主, 出荷者. **2**〔電〕送信〔送話〕機. ↔receiver.
Sén·e·ca [sénikə] *n.* **1** Lucius Annaeus [lú:ʃəs-ənéiəs-] ～, 4 B.C. ?–A.D. 65, ローマの哲学者・政治家. **2** アメリカ原住民の一部族.
sén·e·ga [sénigə] *n.*〔植〕セネガ《北アメリカ産ヒメハギ科》;〔薬〕セネガ根(こん)《去痰(きょたん)剤》.
Sèn·e·gál [sènigɔ́:l] *n.* セネガル《アフリカ西部にある共和国. 首都 Dakar》.
Sèn·e·gal·ése [sènigəlí:z, -gɔ:l-/sén-] *a.*, *n.* (*pl.* ～) Senegal (の); Senegal 人.
se·nés·cent [sinésnt] *a.* 年老い始めた; 年老いた, 老衰した. [√sen-] ◇ **-cence** *n.* 老齢, 老衰.
sén·e·schal [séniʃ(ə)l] *n.*《中世貴族の》執事, 家老. → steward.
sé·nile [sí:nail, ㊥⁺-n(i)l] *a.* 老齢の, 老衰の; もうろくした. —— *n.* 老齢者. [√sen-]
◇ **se·níl·i·ty** [siníliti] *n.* 老齢, 老衰.
‡**sén·ior** [sí:njər] *a.* **1 年上の**, 年長の《より *to*》: He is two years ～ *to* me. =He is ～ *to* me by two years. 彼は私より二つ年上だ. **2**《家族・学校などおなじ集団のおなじ名前の者について》年上の方の《略 sen., senr. または Sr.》: the ～ Mr. Brown = Mr. William Nathaniel Brown, *Sr.* 年長の(ウィリアム=ナサニエル)ブラウン氏. ↔junior. **3** 先輩の, 先任の, 古参の; 上役の, 上席の, 上級の: a ～ counsel 首席弁護士. a ～ examination 進級試験. He is a ～ member of the firm. 彼はこの会社の古参者のひとりである. **4**〔米〕《大学などの》最上級の, 4 年級の. → freshman, sophomore, junior. **5** 本家の. **6** (期日が) 先だつ《より *to*》.
—— *n.* **1 年長者**: He is two years my ～. 彼は私より 2 歳年上だ. **2** 古老, 長老: the village ～*s* 村の古老たち. **3** 先輩, 先任者, 古参者. **4** 上役, 上官, 首席: my ～ in office 私の上役. **5**〔米〕4 年生, 最上級生;〔英〕上級生. [√sen-]
～ citizen〔米〕65歳以上の国民; 年金生活者. **～ high school**〔米〕高等学校. → junior high school. **～ man**〔英〕《大学の新入生に対して》上級生, 古参生. **～ partner**《合名会社の》社長. **～ service, the**〔英〕《陸軍に対して》海軍.
se·ni·o·res pri·o·res [sì:nió:ri:z-praió:ri:z/-niɔ́:ri:z-praiɔ́:r-] L. (=elders first) 年長者優先, 年の順に.
sen·iór·i·ty [si:njɔ́:riti, -njár-/si:niɔ́r-] *n.* **1** 年上, 年長. **2** 年長者〔先輩〕であること; 先任〔古参〕(権); 先任順位.
sén·na [sénə] *n.*〔植〕センナ《アフリカ・アラビア産ハブソウの類. 葉を干して緩下剤にする》.
sén·net [sénit] *n.*〔古〕らっぱの合い図《Shakespeare 劇などで俳優の登場・退場のときの》.
sén·night, sé'n·night [sénait, ㊥⁺-nit] *n.*〔古〕1 週間 (week). → fortnight.
sén·nit [sénit] *n.*〔海〕《細索 3–9 本を編んだ》組索(さく).
se·ñor [senjɔ́:r] Sp. *n.* (*pl.* **～·*es*** [-njɔ́:reis]) **1**

…様〔氏〕《敬称. 略 Sr.》; だんな様 (sir). **2** スペイン紳士.

se·ño·ra [senjó:rə/-njɔ́:rə] Sp. *n.* **1** …夫人《敬称. 略 Sra.》; 奥様 (madam). **2** スペインの淑女〔貴婦人〕.

se·ño·ri·ta [sènjərí:tə] Sp. *n.* **1** …嬢《敬称. 略 Srta.》; お嬢様. **2** スペインの令嬢.

Se·nóu(s)·si =Senu(s)si.

senr. senior.

‡**sen·sá·tion** [senséiʃ(ə)n] *n.* **1** 感覚, 知覚: Ice gives a ～ of coldness. 氷にさわると寒冷の感覚が起こる. **2** 心持ち; 感動, 興奮: feel a delightful ～ 楽しい感じがする. **3** センセーション, 評判(のもの), 大事件: a world-wide ～ 全世界の評判. the latest ～ 《事件・芝居など》最近評判のもの.
[√sent-] (類) → **sense**「感じ」

sen·sá·tion·al [senséiʃən(ə)l, -ʃnəl] *a.* **1** 感覚の, 知覚の; 〔哲〕感覚論の. **2** センセーショナルな, 大評判の, 世間をあっと言わせる. **3** きわものの, 扇情的な: a ～ novel きわもの小説. ◇ **～·ism** *n.* **1**〔哲〕感覚論. **2**《文学・政治上の》扇情主義, 人気取り主義; 扇情的な文体. **～·ist** *n.* 〔哲〕感覚論者; 扇情家, 人気取りをやる人; 扇情的作家.

‡**sense** [sens] *n.* **1**《視覚・聴覚・触覚などの》感覚, 五感のひとつ, 官能; 感覚器官: a ～ of warmth 暖かい感じ. The dog has a keen ～ of smell. 犬は鋭い臭覚を備えている. **2** (*pl.*) 五感; 正気; 意識; 正常な意識状態, 平常心, 落ち着き, 本心: be frightened out of ～*s* びっくりして正気を失う. **3** 感じ, 気持ち, 意識, 観念, 認識: a ～ of security 安全感. a ～ of gratitude 感謝の心. a ～ of time 時間の観念. the moral ～ 道徳観念. **4** 感受力, 勘, 悟り, 理解力: He has no ～ of humor. 彼はユーモアを解しない. **5** 分別力, センス, 思慮, 判断力: a man of ～ 分別のある人, 常識円満な人物. **6**《多数者の》意向, 意見; 世論. **7** 意味, 意義: In what ～ do you use the word? きみはその語をどういう意味で使うのか. **8** 筋がとおること, 有意味: talk ～ もっともな話をする.
bring a person ***to his ～s*** (人を)正気に返らせる; 迷いを悟らせる. ***collect*** one***'s ～s*** 心を落ち着ける. ***come to*** one***'s ～s*** (1) 意識を取りもどす; 生き返る. (2) 本心に立ちもどる. ***common ～*** 常識《通常の人が持っている判断力》, 良識. → general knowledge, common knowledge. ***have more ～ than to*** (do) 常識〔分別〕があるから…などしない. ***have no much ～*** あまり利口じゃない. ***have the (good) ～ to*** (do) …するほどの分別がある. ***in a limited ～*** 狭義で. ***in all ～s*** どの点でも. ***in a ～*** ある意味で; ある程度まで, ある点で. ***in a world-wide ～*** 世界的にみて. ***in every ～ (of the term)*** あらゆる意味で. ***in*** one***'s (right) ～s*** 正気で. ***in the strict ～*** 厳密に言えば. ***keep*** one***'s ～s*** 気を確かにもつ. ***lose*** one***'s ～s*** (1) 気絶する. (2) 気が狂う. ***make ～*** 意味をなす; 道理に合う, 筋がとおっている: It *makes* no ～ at all. それでは全く意味をなさない. ***make ～ of*** の意味を理解する. ***out of*** one***'s ～s*** (1) 正気を失って. (2) 気が狂って. ***recover*** [***come to, come round***] one***'s ～s*** 正気づく. ***～ and sensibility*** (理)知と(感)情. ***S～ comes with age.*** 〔諺〕かめの甲より年の功. ***stand to ～*** 道理にかなっている. ***take leave of*** one***'s ～s*** 正気を失う; 気が狂う. ***take the ～ of*** the meeting (会)の意向をただす. ***talk ～*** もっともなことを言う, 筋のとおったことを言う. ***the five ～s*** 五感. ***There is no ～ in*** (do)***ing***…するのは無意味〔無分別〕だ. ***the sixth ～*** 第六感. ***use a little ～*** 少し頭を使う. ***with a ～ of relief*** ほっとした気持ちで.
—— *vt.* **1** 感知する, 知覚する. **2** 感づく, それとなく悟る: He fully ～*d* the danger of his position. 彼は立場の危険を十分感づいた. I ～*d* that she would go to kill herself. 彼女が自殺するような予感がした. **3**〔米話〕会得する, 了解する, 理解する. **4**〔電算機〕〈データ・テープ・パンチ穴を〉読む. [sent-] **～-cèn·ter**〔生〕知覚中枢, 感覚中枢. **～ organ** 感覚器官.
(類義語) 感じ: **sense** ばく然たる感じ (feeling) を意識として把握(はく)されたもの: a *sense* of insecurity 不安全感《不安な感じと同時に安全でないという意識がある》. **feeling** 肉体や心がもつばく然たる感じ: a *feeling* of insecurity 一抹(いち)のたよりなさ. **sensation** 感覚にはたらきかけ feeling や sense を生じさせる外部の影響力を強調する: the sweet *sensation* of returning health《健康な肉体が与える》健康が回復しつつあるという甘美な感覚.
(類) → **meaning**「意味」

sénse·less [sénslis] *a.* **1** 無感覚の; 人事不省の: He was knocked ～. なぐられて気絶した〔たまげた〕. **2** 非常識な, 分別のない, ばかな, 良識〔センス〕のない. **3** 意味のない. ***fall ～*** 卒倒する. ◇ **～·ly** *ad.* **～·ness** *n.* (類) → **foolish**「ばかな」

***sèn·si·bíl·i·ty** [sènsịbílịti] *n.* **1** 感覚(力), 知覚. **2**《計器などの》感度. **3** 神経過敏, 神経質《*to*》. **4** (*pl.*) 感受性, 多感; 感情のこまやかさ, 敏感性.

‡**sén·si·ble** [sénsəbl] *a.* **1** 分別のある, 良識を備えた, ものわかりのいい, 賢明な. **2** 感づいて, 悟って《*of*》. **3** 感じられる(ほどの), 知覚できる; 目だつほどの, かなりの: There was a ～ fall in the temperature. 温度がめっきりさがった. **4**〔古〕感じやすい《*to*》. → sensitive, sensuous. [√sent-]
◇ **～·ness** *n.* **-bly** [-bli] *ad.*
(類) → **rational**「道理にかなった」, → **wise**「賢い」

‡**sén·si·tive** [sénsịtiv] *a.* **1** 敏感な, 鋭敏な: a ～ ear. The eye is ～ *to* light. 目は光を感じる. the ～ faculty 感性. → sensible, sensual. **2** 感じやすい; 神経質な, すぐ気にする〔おこる〕; (感情が)傷つきやすい; 気に病む《*を about, over*》: be ～ *over* the scar on one's face 顔の傷を気に病む. **3**〔写〕《フイルムなど》感光性の; 〔機〕感度の強い, 鋭敏な: a ～ balance 敏感なはかり. **4**〔商〕《市場など》不安定な. **5**《国家の安全保障の極秘情報を扱うため》きわめて慎重を要する, 絶対に忠誠を必要とする. [√sent-]
～ film〔写〕感光フイルム. **～ paper**〔写〕感光紙. **～ plant**〔植〕オジギソウ, ネムリソウ; 敏感な人.
◇ **～·ly** *ad.* 敏感に; 感じやすく. **～·ness** *n.* 敏感, 感じやすいこと, 感受(性), 過敏(性).

sèn·si·tív·i·ty [sènsịtívịti] *n.* 敏感性, 感じやすいこと, 〔心〕感受性; 感度; 〔写〕感光度.

sén·si·tize [sénsịtàiz] *vt.* **1** 敏感にする. **2**〔写〕感光させる; に感光性を与える; 増感する.
◇ **-tiz·er** [-ər] *n.* 感光剤; 増感剤. **sèn·si·ti·zá·tion** [⁻̀–tịzéiʃ(ə)n/-taiz-] *n.*

sèn·si·tóm·e·ter [sènsịtámịtər/-tɔ́m-] *n.* 〔写〕感光度計.

sen·só·ri·al [sensó:riəl/-sɔ́:r-] =sensory.

sen·só·ri·um [-riəm] *n.* (*pl.* **-ums, -a** [-riə]) 知覚〔感覚〕中枢, 感覚器官; 〔俗〕頭脳, 心.

sén·so·ry [sénsəri] *a.* 知覚〔感覚〕の; 感覚を伝える: ～ nerve 知覚神経.

sén·su·al [sénʃuəl/-sju-, -ʃu-] *a.* **1** 官能的な, 官能の満足を求める; 好色の, 肉欲の. → sensuous. **2** 世俗的な, 物質的な. **3** 感覚の; 〔哲〕感覚論の.
◇ **～·ly** *ad.* **sèn·su·ál·i·ty** [⁻̀–ǽlịti] *n.* 官能性; 肉欲にふけること, 好色, みだら. ↔spirituality.

sén·su·al·ism [sénʃuəliz(ə)m/-sju-] *n.* **1** 官能主義; 肉欲(にふけること). **2**〔倫〕快楽主義; 〔美〕官能〔肉感〕主義; 〔哲〕感覚主義〔論〕.

sén·su·al·ist [sénʃuəlist/-sju-, -ʃu-] *n.* 〔美〕官能〔肉感〕主義者; 〔哲〕感覚論者; 好色家.
◇ **sèn·su·al·ís·tic** [⁻̀––ístik] *a.*

sén·su·al·ize [sénʃuəlàiz/-sju-, -ʃu-] *vt.* 肉欲にふ

けらせる, 好色的にする; 堕落させる.
◇ **sèn·su·al·i·zá·tion** [⌐−əlịzéiʃ(ə)n/-laiz-] *n.*

sén·su·ous [sénʃuəs/-sju-, -ʃu-] *a.* **1** 感覚的な; 五感に訴える, 官能的な. → sensual. **2** 美感をそそる, 審美的な. ◇ **∼·ly** *ad.* **∼·ness** *n.*

†**sent** [sent] *v.* send[1] の過去・過去分詞.

†**sén·tence** [séntəns] *n.* **1**〘文〙文, 文章: stop a ∼ 文にピリオドをつける. → passage, style, write, writing. →枠付 Sentence. **2** 判定, 判断, 意見: My ∼ is for innovation. 私の意見は改革に賛成だ. **3**〘法〙判決, 宣告, 処刑: carry out a ∼ 判決を執行する. **4**〘楽〙楽句. **5**〘古〙格言, ことわざ. ***be under* ∼ *of*** の宣告を受ける. ***pass* [*pronounce*] ∼ *upon*** に刑を申し渡す〔宣告する〕; に対し意見を述べる. ***reduce a* ∼ *to*** に減刑する. ***serve* one's ∼** 刑に服する.
—— *vt.* に判決を宣告する: The judge ∼*d* the thief *to* five years' imprisonment. 裁判官はどろぼうに禁固5年の判決を言い渡した. ***be* ∼*d to death*** 死刑の宣告を受ける. [√sent-]
∼ stress〘音声〙文強勢. **∼ word**〘文〙一語文《Sure!, Go! など》.

sen·tén·tial [senténʃ(ə)l] *a.* **1** 判決の. **2**〘文〙文の, 文の形をした. ◇ **∼·ly** *ad.*

文法要説…(**25**)

Sentence（文）

人が言語を用いるときには, もちろん音声（または, その代用として文字）を使用し, 単語を使用するのであるが, そもそもどういう目的で音声や単語を使用するのかを考えてみると, 次の4個のはたらきが認められる.

(1) **言明** 他人または自己に対し, ある事態を判断し伝達する: Two and three make(s) five. 2加える3は5になる. You will hear from me again very shortly. ちかぢかまたおたよりします.

(2) **疑問** 他人に（ときには, 自分に）言明を求める: Will this be possible? これは可能だろうか. Are you coming? いらっしゃいますか. What does he want? 彼はなにをほしがっているのか.

(3) **命令** 他人に要求し, 行動を求める: Come here! ここへ来なさい. Be quiet! 静かにしなさい.

(4) **感嘆** ある事態について発言者が自分の感動を表現する: How nice she is! あの人はなんといい人なんだろう. What a beautiful day it was! なんというい天気の日だったことか.

英語では「命令」は動詞の**命令法** (imperative mood) であらわされ,「言明・疑問・感嘆」は動詞の**直説法** (indicative mood) か**仮定法** (subjunctive mood) かによってあらわされる. これらの**叙法** (mood) の形の動詞を含まない語群は, 通常上記の4機能のいずれかを果たしえない. しかも, ある叙法の動詞の形は, 必ず主語と結びついているから, 英語の文は原則として, "主語＋動詞" から成るということができる.

文を成す語群のうち**主語** (subject) が属する部分を**主部** (subject part), 主語と結びついた動詞を中心とする部分を**述部**もしくは**陳述** (predicate), その動詞を**述語動詞** (predicate verb) と称する.

主語と述語動詞

1）命令文と主語

英語では主語と述語動詞を備えた語群であって初めて「文」となるのであるが, 命令文ではふつう主語があらわれない. しかし, このことは命令文が主語をもたないということではない. 主語はあらわれていないのであって, 存在していないのではないことを, 次の理由によっていうことができる.

a) ときには主語があらわれる: *You* sit down here! あなたはここへすわりなさい. Don't *you* worry about that! そのことなら心配しなさるな. This must be done quickly, mind *you*. よく聞きな, これはさっそくやってしまわねばいけないんだ.

b) 文中に yourself, yourselves があらわれ, そのことが主語が you であることを示す: Do it *yourself*. 自分でしなさい. Take good care of *yourselves*. おからだをたいせつにしてください. 〈注〉He praised him.（彼は彼をほめた）は主語と目的語とは別人, He praised *himself*.（彼は自分自身をほめた→自慢した）では主語と目的語とが同一人. したがって, Take good care of *yourselves*. の主語は you であるはず.

2）省略文

主語か述語動詞か, あるいは両方があらわれていなくても, 語群が言明・疑問・感嘆をあらわすことがある. これを省略文 (elliptical sentence) と称する: Very good! とてもいい[おいしい] (＝This is very good). Tired? 疲れたか (＝Are you tired?). How nice! すごくいいな (＝How nice it is!).

省略文は上に括弧中に示したように主語と述語動詞を補われて初めてほんとうの文になる. 省略された部分は声の上げ下げ（イントネーション）と周囲の状況や文脈とによって, 補われるのである. したがって, 省略文が用いられるばあいは当事者が面と向かって話し合っているときのような限られたばあいだけであって, 長い詳しい叙述などは省略文のみをもってしては不可能である. 〈注〉Thank you! (＝I thank you.) のように, 省略が習慣化してしまった表現もある.

〈付記₁〉yes と no は, 疑問に対し言明（肯定・否定）をしている語で, これらは文相当語である.

〈付記₂〉"主語＋述語動詞" の型式を英語の「文」の根底として考えることができるが, それはどの言語にも当てはまる考え方ではない. 日本語では主語のあらわれない文はきわめてひんぱんに用いられるし, 述語には動詞だけではなく, 形容詞も用いられる:「ここに置きますよ」「この花は美しい」「とってもおもしろかった」.

文の種類（機能による分類）

文は言明・疑問・命令・感嘆のいずれをあらわすかによって, 次の4種類に分類される.

(1) Declarative sentence（平叙文）
(2) Interrogative sentence（疑問文）
(3) Imperative sentence（命令文）
(4) Exclamatory sentence（感嘆文）

このうち「言明」をあらわす平叙文を基本的なものとすれば, 疑問文は主語と述語動詞の語順によって（疑問の文をつくる do も述語動詞の一部), あるいは文頭の疑問詞によって特徴づけられる: *Is George* at home? ジョージは家にいますか. *Do you* like swimming? 水泳は好きですか. *What did she* say? 彼女はなんと言いましたか. *Where is the dog?* 犬はどこにいるの.

命令文は動詞の命令法という特別な形で特徴づけられ，そのほかに，普通は主語が省略されるという特徴もある．

感嘆文は，平叙文に感嘆詞が加えられることが特徴である．感嘆詞 how, what は疑問詞と共通であり (→ 枠付 how, what)，それに伴ってときに語順が変化して疑問文に似るばあいもある: She is very nice. → *How* nice *she is*! = *What* a nice person *she is*! あの人はなんていい人なんだろう． ***What doesn't he*** know! あの人はなにからなにまで知らないってことがないなあ．

もう一つ機能の点から，**肯定文** (affirmative sentence) と**否定文** (negative sentence) の 2 種に区別することができる．上掲の 4 種の文は，いずれも肯定にも否定にもなりうる．

文の内的構造

1）文の 5 型式

動詞は**自動詞**(intransitive verb)であるか，**他動詞**(transitive verb) であるかであって，他動詞は目的語 (object) をとる．自動詞にも他動詞にも補語を必要とするものがある．すなわち**不完全自動詞** (incomplete intransitive verb) と**不完全他動詞**(incomplete transitive verb) である．更に，他動詞には**直接目的** (direct object) と**間接目的** (indirect object)と，目的語を 2 個とる，いわゆる**授与動詞**(dative verb) がある．

述語動詞がこれらの動詞分類のいずれに属するかで，次の 5 個の基本文型が生じる．

(1) S＋V
(2) S＋V＋C
(3) S＋V＋O
(4) S＋V＋ind. O＋dir. O
(5) S＋V＋O＋C

〈注〉S＝subject, V＝verb, C＝complement, O＝object, ind. ＝indirect, dir. ＝direct.

2）単文・複文・重文

文の形（すなわち“主語＋述語動詞”）を備えた語群が 2 個以上集まって，言明・疑問・命令・感嘆をあらわしていることがある． 一つの文がただ一つの“主語＋述語動詞” 関係しか含んでいないときに，これを**単文** (simple sentence) と称し，一つの文に 2 個以上の“主語＋述語動詞” をもつ語群が含まれているとき，その語群のそれぞれを**節** (clause) という．

文中で節が同資格で並んでいるとき，その文を**重文** (compound sentence) と称し，節が文中で名詞・形容詞・副詞の役を果たしているときに，その文を**複文** (complex sentence) と呼ぶ．→ 枠付 Clause.

---

sen·tén·tious [senténʃəs] *a.* **1** 金言風な，簡潔な．**2** 格言を多く用いた〔取り入れた〕．**3** 教訓的な，堅苦しい，もったいぶった; 独善的な．[√sent-]
◇ **〜·ly** *ad.* **〜·ness** *n.*

sén·tient [sénʃ(ə)nt] *a.* 知覚〔感覚〕のある，有情(うじょう)の． **——** *n.* 知覚〔感覚〕力のある人〔物〕．
◇ **-tience, -tien·cy** *n.* 知覚力，感覚性; 有情．

‡**sén·ti·ment** [séntịmənt] *n.* **1 感情，情意，感激，気持ち，感じ**: *S*〜 unchecked by reason is a bad guide. 理性によって抑制されないと感情は人を誤らす．the 〜 of pity あわれみの情． My 〜 towards him is one of respect. 私の彼への気持ちは尊敬の念です．She is full of 〜. 彼女はやさしい感情の持ち主だ．**2** (しばしば *pl.*) **所感，感想，考え**; 趣旨: These are my 〜*s*. それが私の所感です．**3**《芸術・文学にあらわれた》**趣，情趣**．
public* 〜** 世論． ***There is a growing* 〜 *that ... …という考えはだんだん増大している．[√sent-]
〔類〕→ **feeling**「感情」，→ **opinion**「意見」

*__sèn·ti·mén·tal__ [sèntịméntl] *a.* **1**《理性と離れて》**感情的な，感情に基づく，**《実利に対比して》**情的な**: action by a 〜 motive 感情的動機による行動．keep an old paperweight for a 〜 reason 古い文鎮を思い出に取っておく． **2 感傷的な**;《悪い意味で》いやに感傷的な: become 〜 remembering one's childhood 幼年時代を思って感傷的になる．a 〜 novel センチな〔涙っぽい〕小説．
◇ **〜·ism** [-t(ə)lìz(ə)m] *n.* 感情主義; 感激性; 感傷性〔癖〕，涙もろさ． **〜·ist** *n.* 感傷的な〔涙もろい〕人;感情家． **〜·ly** *ad.* 感情〔感傷〕的に． **sèn·ti·men·tál·i·ty** [ˌ——tǽlịti] *n.* 感情〔感傷〕的なこと，感傷癖．

sèn·ti·mén·tal·ize [sèntịmént(ə)làiz] *vt.* 感傷的に扱う〔する〕． **——** *vi.* 感傷的になる，感傷にひたる《について ***about, over***》． ◇ **sèn·ti·mèn·ta·li·zá·tion** [ˌ—ˌ—lịzéiʃ(ə)n, -laiz-] *n.*

sén·ti·nel [séntịn(ə)l] *n.* 見張り (人); 歩哨(ほしょう) (sentry). ***stand* 〜** 見張りにつく，歩哨に立つ; 見張る《*over*》． **——** *vt.* (**-l-**, ㊧ **-ll-**) 見張る; に歩哨を立てる〔おく〕．

*__sén·try__ [séntri] *n.* 〘軍〙 **1 哨兵**(しょうへい)**，歩哨**．**2** 見張り． ***be on* [*keep*] 〜** 歩哨に立つ． **〜 box** 哨舎，番小屋． **〜-go** [-gòu] 〘軍〙歩哨勤務．

Se·nú(s)·si, Se·nóu·si, ㊧ **Se·nóus·si** [sənú:si/senúsi, -nú:-] *n.* セヌーシ教徒《北アフリカの熱狂的・闘争的な回教徒の一派》．
◇ **Se·nú(s)·si·an** *a.*

Seoul [soul, ㊧ˈseiú:l] *n.* ソウル（京城）《韓国の首都》．

Sep. September; Septuagint.

sé·pal [sí:pl/sépəl] *n.* 〘植〙がく片．

sép·a·ra·ble [sép(ə)rəbl] *a.* 分離〔区別〕できる; 可分 (離) の． ◇ **〜·ness** *n.* **-bly** *ad.* **sèp·a·ra·bíl·i·ty** [ˌ——bịlịti] *n.*

‡**sép·a·rate** [sépərèit] *vt.* **1 切り離す，隔てる，分離する**: 〜 a head *from* a body からだから頭を切断する． The wall 〜*s* the garden *into* two parts. へいは庭を二つに仕切っている． England is 〜*d* *from* France by the Channel. イギリスはイギリス海峡によってフランスから隔てられている． 〜 a word by a hyphen 語をハイフンで分ける．**2**〈人を〉隔てる，別居させる，不和にする: He is 〜*d from* his wife. 彼は妻と別居している．**3** 識別する，区別する: We must 〜 a crime *from* a person who commits it. われわれは罪とそれを犯す人とを切り離して考えるべきだ． **4** えり分ける，分離抽出する: 〜 cream *from* milk 牛乳を脱脂する．**5** 除隊させる．
—— *vi.* **分離する，別居する; 分岐する; 解散する**: After dinner we 〜*d*. 夕食のあとわれわれは別れた．be unwilling to 〜 *from* one's parents 両親と別居したくない． Oil 〜*s from* water. 油は水から分離する．
—— [sép(ə)rit] *a.* **1 分かれた，分離した，切れた**《*from*》: 〜 volumes 分冊． **2 別々の，個々の，一つ一つの，ひとりひとりの**: Each of us sleeps in a 〜 room. われわれはめいめい別のへやで寝る． **3** 単独の，独立した，隔離した《*from*》: a 〜 peace 単独講和． **4** 別居した: live 〜 *from* others 他の人と別居する．**5** 肉体を離れた． ***in their* 〜 *ways*** それぞれ別々〔独自〕のやり方で． **〜 *but equal*** 隔離するが平等《白人が黒人を差別するときの理由づけ》．
—— [sép(ə)rit] *n.* 分かれたもの; 別刷り; 分冊; (*pl.*) 〘服飾〙《ブラウスとスカートの組み合わせ婦人・女児服》セパレーツ．[se-＋√par-² 別に＋置く]
〜 estate 〘法〙《妻の》特有財産． **〜 maintenance** 《夫が妻に出す》別居手当．→ alimony.
◇ ***〜·ly** [sép(ə)ritli] *ad.* 別々に; 別れて《*from*》．**〜·ness** *n.*

〔類義語〕**分ける: separate** 一つのものであったものを切り離す．分離が強調される: *separate* chaff from grain もみがらを穀物から分離する． **part** separate に似ているが，分離されるものの間の間隔に重点がある: *part* one's lips くちびるをあける．

divide 分割する. 幾つかの小部分に分ける. これより「不和などで分裂させる」という語義も出る. **sever** 切断する. 決定的断絶が示唆される. 比喩的には「…の仲を裂く」.

***sèp·a·rá·tion** [sèpəréiʃ(ə)n] *n.* **1** 分離, 分裂, 離脱. **2** 別離; 別居: The friends were glad to meet after so long a ～. 友人たちは長い別離のあとで再会して喜んだ. get a ～ from her husband 夫と別居する. **3** 離職: ～ from the service [employment]. **4** 間隔: the ～ between two pillars 2柱の間隔. **5** 独立, 孤立: The court works in ～. 裁判所は(他の機関から)独立して仕事をする. **6** 選別; 〖化〗析出. → 動詞 separate. ***judicial* ～** 〖法〗《夫婦の》判決に基づく別居. **～ allowance** 《特に出征軍人の妻に与えられる》別居手当. **～ center** 〖米:軍〗復員本部.

sép·a·ra·tism [sép(ə)rətìz(ə)m] *n.* 《政治・宗教上の》分離主義. ↔unionism.
◇ **-tist** *n., a.* 分離主義者(の).

sép·a·ra·tive [sép(ə)rèitiv/-rət-] *a.* 分離させる, 分離性の; 〖動・植〗区別的の.
◇ **～·ly** *ad.* **～·ness** *n.*

sép·a·ra·tor [sép(ə)rèitər] *n.* 分離させる人〔物〕; (液体)分離器; 選鉱装置; 隔離板.
◇ **-to·ry** [-rətò:ri/-t(ə)ri] *a.* 分離させる; 分離用の.

Se·phár·di [sifá:rdi/se-] *n.* (*pl.* **-dim** [-dim]) スペインまたはポルトガル系のユダヤ人. ◇ **-dic** *a.* ～の.

sé·pi·a [sí:piə/-pjə] *n.* イカの墨; 《それからつくる》セピア色の絵の具; セピア色〔画〕; セピア色の写真印画.
—— *a.* セピア色の, セピア色を使った.

sé·pi·o·lite [sí:piəlàit] ＝meerschaum.

sé·poy [sí:pɔi] *n.* 《もとイギリス陸軍の》インド人兵. **S～ Rebellion** セポイの反乱《1857–59》.

seps [seps] *n.* (*pl.* ～) 〖動〗ヘビトカゲ (serpent lizard).

sép·sis [sépsis] *n.* 〖医〗敗血症〔作用〕; 腐敗(作用).

sept [sept] *n.* 《一般的》《共同父母系の》種族; 《古代アイルランドの》氏族, 藩.

Sept. September; Septuagint.

sept-, septem-, septi- 「7」の意の語形成要素.

sép·ta [séptə] *n.* septum の複数形.

sép·tal [sépt(ə)l] *a.* 隔壁〔中隔〕の.

sép·tan·gle [séptæŋgl] *n.* 七角形.
◇ **sep·tán·gu·lar** [–⁄–gjulər] *a.* 七角形の.

†Sep·tém·ber [septémbər, səp-] *n.* 9月《古代ローマ暦の7月. 略 Sep., Sept.》. 「裂の.

sèp·tem·pár·tite [sèptempá:rtait] *a.* 〖植〗七深

sép·te·nar·y [séptənèri/septí:nəri] *a.* 7の; 7個からなる; 7年続きの; 7年1度の.
—— *n.* 7; 7個一組み; 7年間; 7年周期.

sep·tén·ni·al [septéniəl] *a.* 7年続きの; 7年に1回の; 7年周期の. ◇ **～·ly** *ad.*

sep·tén·tri·o·nal [septéntriən(ə)l] *a.* 〖古〗北(方)の, 北(方)からの.

sep·tét, sep·tétte [septét] *n.* 〖楽〗七重奏〔唱〕曲, 七部合奏〔唱〕曲; 7人組み; 7個組み; 〖物〗《原子・分子論》七重項.

septi- ＝sept-.

sép·tic [séptik] *a.* 腐敗性の; 敗血性の. **——** *n.* 腐敗を促進する物; 腐敗細菌. **～ tank** 腐敗槽(そう)《下水浄化装置の》. ◇ **sép·ti·cal·ly** *ad.* **sep·tíc·i·ty** [septísiti] *n.* 腐敗性.

sèp·ti·cé·mi·a, sèp·ti·cáe·mi·a [sèptisí:miə] *n.* 〖医〗敗血症. ◇ **-mic** *a.*

sèp·ti·lát·er·al [sèptilǽt(ə)rəl] *a.* 7辺〔面〕の.

sep·tíl·lion [septíljən] *n.* 〖米・フランス〗1,000の8乗《1に0を24個つけた数》; 〖英・ドイツ〗100万の7乗《1に0を42個つけた数》.
—— *a.* 同上の数の. ◇ **～th** *n., a.*

sèp·tu·a·ge·nár·i·an [sèptʃuədʒinéə(:)riən/-tjuədʒinéər-], **sèp·tu·ág·e·nar·y** [-tʃuǽdʒənèri/-tjuədʒí:nəri] *a., n.* 70歳台の(人).

Sèp·tu·a·gés·i·ma [sèptʃuədʒésimə/-tjuə-] *n.* 〖宗〗四旬節(Lent)前第3日曜日(＝～ Sunday).

Sép·tu·a·gint [séptʃuədʒint/-tjuə-] *n.* 70人訳聖書《紀元前270年ごろエジプト王 Ptolemy II がAlexandria で70人のユダヤ人の学者に訳させたといわれる最古のギリシア語訳旧約聖書. 略 Sep(t)., LXX》. ◇ **Sèp·tu·a·gínt·al** [⁄–––dʒínt(ə)l] *a.*

sép·tum [séptəm] *n.* (*pl.* **-ta** [-tə]) 隔壁; 〖医・動〗隔膜, 隔障, 間障, 中隔; 〖植〗胞片.

sép·tu·ple [sépt(j)upl/-tju-] *a.* 7倍〔重〕の.
—— *vt., vi.* 7倍〔重〕にする〔なる〕. 「組み.

sep·túp·let [sept(j)úplit/-tjúp-] *n.* 七つ組み, 7人

sep·tú·pli·cate [sept(j)ú:plikèit/-tjú:-] *n.* 《複写などの》七つ組み. **——** *a.* 7部〔品〕から成る; 《複写などが》7番めの. **——** *vt.* の複写を7枚つくる; とおなじものを7個つくる.

sép·ul·cher, ㊥ sép·ul·chre** [sép(ə)lkər] *n.* **1** 墓; 埋葬所《特にれんが・石でつくったまたは岩にほった》. **2** 《比喩的》《希望などの》墳墓. ***the Easter S～ 復活祭のときの聖物安置所. ***the (Holy) S～*** 《キリストの》聖墓. ***whited ～*** 〖聖〗偽善者《「白塗りの墓」. マタイ伝 23: 27》.
—— *vt.* 葬る, 墓に納める, 埋葬する.

se·púl·chral [sipʌ́lkrəl] *a.* **1** 墓の; 埋葬(式)の. **2** 墓のような; 陰気な: a ～ voice ぞっとするような声. ◇ **～·ly** *ad.*

sép·ul·ture [sép(ə)ltʃər] *n.* **1** 埋葬. **2** 〖古〗埋葬所, 墓.

seq., seqq. *sequentes, sequentia* (L. ＝ the following).

se·quá·cious [sikwéiʃəs] *a.* **1** 人に従う, 従順な; 卑屈な. **2** 論理のとおった. [√sequ-] ◇ **～·ly** *ad.* **～·ness** *n.* **se·quác·i·ty** [sikwǽsiti] *n.*

sé·quel [sí:kwəl] *n.* **1** 続き, 続編, 後編: the ～ *to* the story 物語の続〔後〕編. **2** 成り行き; 結果, 結末: in the ～ 結局のところ. [√sequ-]

se·qué·la [sikwí:lə] *n.* (*pl.* **-lae** [-li:]) (通例 *pl.*) 〖医〗後遺症, 余病; 結果. [<L.]

***sé·quence** [sí:kwəns] *n.* **1** 続発, 継起, 続いて起こること. **2** 連続, 連鎖, 継続: Calamities fall in rapid ～. 不幸は次々と矢つぎばやに起こる. **3** 前後の関連; 次第, 順序: Arrange the names in alphabetical ～. 名前をアルファベット順にそろえなさい. **4** 理路, 筋道. **5** 結果, 成り行き; 伝来, 結論. **6** 〖楽〗継起, 反復進行. **7** 〖映〗《映写される一連の》画面, 一場面. **8** 〖カトリック〗続唱. **9** 〖トランプ〗《スペードのキング・クイーン・ジャックなど》一続きの同種の札. **10** 〖文〗時制の一致(＝～ of tenses). ***in regular* ～** 順序を乱さずに, 順序どおり; 整然と. ***in* ～** 順々に. [√sequ-]
〔類〕 → **series**「一続き」

sé·quent [sí:kwənt] *a.* **1** 続いて起こる, 連続する; 次の. **2** 続いて〔結果として〕生じる《に, の *to, on, upon*》. **——** *n.* 成り行き; 結果, 結論. ◇ **～·ly** *ad.*

se·quen·tes [sikwénti:z], ***se·quen·ti·a*** [-ʃiə] L. (＝ the following) *n.* 以下《略 seq. (*pl.* seqq.)》: Chapter III seqq. 第3章以下.

se·quén·tial [sikwénʃəl] *a.* 連続する, 続いて起こる; 結果として起こる《*to*》.
◇ **～·ly** *ad.* **se·quèn·ti·ál·i·ty** [–⁄–ʃiǽliti] *n.*

se·qués·ter [sikwéstər] *vt.* **1** 引退させる; 隔離する: ～ oneself from society 社会から隠遁(いんとん)する. **2** 〖法〗仮差し押えする; 没収〔接収〕する.
—— *vi.* 棄権する; 〖法〗〈未亡人が〉亡夫の遺産への要求を捨てる. ◇ **～ed** *a.* 引退した; へんぴな, 奥まった. **se·qués·tra·ble** [-trəbl] *a.* 仮差し押えできる, 没収〔接収〕できる.

se·qués·trate [sikwéstreit] *vt.* 〖法〗 **1** 仮差し押えを行なう; 没収〔接収〕する. **2** 〈債務者の財産を〉仮に強制管理させる. **3** 〖古〗隔離する(sequester).

◇ **sè·ques·trá·tion** [sìːkwestréiʃ(ə)n, ㊇⁺si-kwès-] *n.* **sé·ques·tra·tor** [síːkwestrèitər] *n.*

se·qués·trum [sikwéstrəm] *n.* (*pl.* **-tra** [-trə]) 〖医〗《健全骨から離れて残存する》腐骨片, 死骨片.

sé·quin [síːkwin] *n.* **1** 服飾用貨幣形金属板 (spangle). **2** 〖古〗 Venice の金貨.

se·quói·a [sikwɔ́iə] *n.* 〖植〗 セコイア《California 州産の松科の巨木. アメリカスギ (redwood) および マンモスの木 (big tree) の 2 種》.

ser =seer³.

sé·ra [sí(ː)rə/síərə] *n.* serum の複数形.

se·rác [s(ə)irǽk/sérӕk] *n.* (通例 *pl.*) セラック, 塔状氷塊《氷河の裂け目が交差して生じる》.

se·rág·lio [sirǽljou/serɑ́ː-] *n.* (*pl.* **~s**) **1** 后妃; 妻妾(さいしょう)の室, 《トルコ宮殿の》後宮 (harem). **2** 《集合的》後宮に住む妻妾. **3** (S~) 〖史〗 トルコの旧王宮.

se·rá·i [sərɑ́ːi/serái] *n.* 《近東地方の》宿舎, 隊商宿 (caravansary).

se·ráng [sərǽŋ] *n.* 東インド人の水夫長; 船頭.

se·rá·pe [serɑ́ːpi/-pei] *n.* セラーペ《ラテンアメリカで肩掛け・ひざ掛けに用いる色彩のはでな毛布》.

***sér·aph** [sérəf] *n.* (*pl.* **-aphs, -a·phim** [-im]) 天使; 〖聖〗 最高位の天使《6 翼の天使》.

se·ráph·ic [sərǽfik, se-], **-i·cal** [-(ə)l] *a.* (最高位の) 天使のような; 清純な, 気高い, こうごうしい.
◇ **se·ráph·i·cal·ly** *ad.*

sér·a·phim [sérəfim] *n.* seraph の複数形.

Serb [səːrb], **Sér·bi·an** [sə́ːrbiən] *a.* Serbia の, セルビア人〔語〕の. —— *n.* セルビア人〔語〕.

Sér·bi·a [sə́ːrbiə] *n.* セルビア《Yugoslavia の一共和国. もと王国》.

Sèr·bo-Cro·á·tian [sə̀ːrbokroéiʃən] *a.* セルボクロアチアの. —— *n.* セルボクロアチア語《ユーゴスラビアで用いられるスラブ系言語》.

Ser·bó·ni·an [səːrbóuniən] *a.* 《古代エジプトの》 Serbonis 沼の. **~ bog** セルボニス沼地帯《Nile 三角州と Suez 地峡の間にあった通行不能な沼地》; 《比喩的》窮地, 死地.

sere¹ [siər] *a.* ひからびた, しなびた (sear).

sere² *n.* 《生態の》生成〔発展〕過程. [<series]

se·rein [sərǽn] F. *n.* 熱帯地方で晴れ渡った空から降る日没後の霧雨.

***sèr·e·náde** [sèrinéid] *n.* **1** セレナーデ, 小夜(さよ)曲《特に恋人の家の窓の下で男が夜歌う〔かなでる〕曲》. **2** 〖楽〗 セレナーデ, 夜の調べ《夜の情緒にふさわしい叙情的楽曲》.
—— *vt., vi.* (に)セレナーデを聞かせる〔歌う, かなでる〕.

sèr·e·ná·ta [sèrinɑ́ːtə] *n.* **1** ある種の cantata. **2** =serenade ②. [<It.]

sèr·en·díp·i·ty [sèrəndípiti] *n.* 掘り出しじょうず.

‡se·réne [siríːn] *a.* **1** 静穏な, 穏やかな; うららかな, のどかな; 《空など》晴れ渡った, 澄みきった, 《海など》静かな **2** 《人・顔つき・気質など》平静な, 落ち着いた; 《生涯(しょうがい)など》静かな, 平穏な. → calm, placid, tranquil. ***All ~.*** 〖英俗〗 よろしい, 異状なし. ***His* [*Her*] *S~ Highness, Their S~ Highnesses*** 《ヨーロッパ大陸の王侯に対する敬称》殿下. ***Your S~ Highness*(*es*)** 殿下《呼びかけ》.
—— *n.* 平穏な海〔湖水〕; 晴れ渡った空.
—— *vt.* 〈海・空・顔などを〉平穏にする.

se·rén·i·ty** [siréniti] *n.* **1** 《自然・海空などの》静けさ; 静穏; 晴朗, うららかさ, のどけさ. **2** 《人格・人生などの》静けさ, 平静, 平穏, 安穏. **3** (S~) 《ヨーロッパ大陸で》殿下《敬称》. ***His* [*Your*] *S~ = His [Your] Serene Highness. → serene.

serf [səːrf] *n.* 農奴《土地とともに売買された封建時代の最低階級の農民》; 《比喩的》どれい(のような人); 苦役に服する者. [√serv-²] ◇ **~·age** [-idʒ], **~·dom, ~·hood** *n.* 農奴の身分; 農奴制.

Serg., Sergt. sergeant.

***serge** [səːrdʒ] *n.* 《織物》サージ, セル.

sér·geant** [sɑ́ːrdʒ(ə)nt] *n.* **1** 軍曹(ぐんそう)《略 Serg., Sergt., Sgt.》. **2** 警部, 巡査部長. **3** (通例 serjeant) 〖英〗 高等弁護士. ***Common S~ ロンドン市法律顧問. **~-at-árms** 《議会・法廷・社交クラブなどの》守衛. **~ first class** 〖米〗 曹長. **~ major** 准尉, 特務曹長.
◇ **~·ship, sér·gean·cy** *n.* ~ の職〔任期〕.

sé·ri·al [sí(ː)riəl/síər-] *a.* **1** 連続の, 引き続く, 一連の; 順次の: ~ observations 連続観察. in ~ order 順次に, 連続して. **2** 《小説など》続きものの, 連続出版の; 《出版物など》定期の: a ~ story 続きもの, 連続物語.
—— *n.* 《新聞・雑誌・映画などの》続きもの, 連続もの; 定期刊行物, 分冊出版物. [<series]
write in ~s 続きものとして書く.
~ number 通し番号. **~ rights** 続きものの版権.
◇ **~·ize** *vt.* 《雑誌・新聞に》連載する. **~·ly** *ad.* 続きものとして; 連続して〔的に〕.

sé·ri·ate [sí(ː)riit/síər-] *a.* 連続して生じる; 連続した, 一続きの. —— [-rièit] *vt.* 続ける, 連続させる, (連続的に) 配列する. ◇ **~·ly** [-riitli] *ad.* **-at·ed** [-rièitid] *a.* 連続した. **sè·ri·á·tion** [⌐–éiʃ(ə)n] *n.*

se·ri·a·tim [sì(ː)riéitim/sìər-] L. *ad.* 続いて, 順次に, 逐次に.

se·rí·ceous [siríʃəs/se-] *a.* 絹糸状の, 絹のような; 〖動・植〗 絹のように柔らかく光沢〔柔毛〕のある; 絹毛(きぬげ)のある.

sér·i·(ci·)cùl·ture [séri(si)kʌltʃər] *n.* 養蚕, 養蚕業. ◇ **sèr·i·(ci·)cúl·tur·al** [sèri(si)kʌ́ltʃ(ə)rəl] *a.* **sèr·i·(ci·)cúl·tur·ist** *n.* 養蚕家.

sér·i·cin [sérisin] *n.* 〖化〗 セリシン (silk gum) 《絹繊維を構成する一種のたん白質》.

sér·i·cite [sérisàit] *n.* 絹雲母.
◇ **sèr·i·cít·ic** [⌐–sítik] *a.*

‡sé·ries [sí(ː)riːz/síər-] *n.* (*pl.* ~) **1** 一続き, 一系列, 連続: a ~ of rainy days 雨天続き. a ~ of victories 連勝. **2** シリーズ(もの), 双書, 連続出版物; 連続試合: the first ~ 刊行物の第 1 集. **3** 〖電〗 直列; 〖化〗 列; 〖数〗 級数; 〖生〗 系列; 〖地〗 系, 統. ***arithmetical ~*** 等差級数. ***a ~ of*** 一連の, 一続きの: *a ~ of* misfortunes 引き続く災難. ***geometrical ~*** 等比級数. ***in ~*** 逐次, 連続して; 〖電〗 直列に; 双書として. ***the World('s) S~*** 〖野球〗 ワールドシリーズ《アメリカのプロ野球選手権試合》. [√ser-]
~ parallel 〖電〗 直並列の. **~-wound** [⌐–⌐] 〖電〗 直巻(ちょくまき)の.
(類義語) 一続き: **series** 連続して組みをなすもの, 区切りから区切りまでの一続き: a *series* of misfortunes 打ち続く不幸. a *series* of stamps 同時発行の一組みの切手. **sequence** 時間的な, または因果関係的な順序による一続き: the *sequence* of seasons 四季の循行. in alphabetical *sequence* アルファベット順に. **succession** 次から次へと続くこと. 自然な時間的連続であり, 区切りのある組み, 因果的順序は考えられていない.

sér·if [sérif] *n.* 〖印〗 セリフ《H, I など欧文活字の縦線の上下に見るひげ飾り》.

se·ríg·ra·phy [sirígrəfi] *n.* 〖印〗 シルク スクリーン印刷(法)《謄写印刷の一種》.

sè·ri·o·cóm·ic [sì(ː)riokɑ́mik/síəriokɔ́m-], **-i·cal** [-(ə)l] *a.* まじめでこっけいな. ◇ **sè·ri·o·cóm·i·cal·ly** *ad.*

‡sé·ri·ous [sí(ː)riəs/síər-] *a.* **1** 真剣な, 本気の, まじめな; 《顔つきが》しかつめらしい: Are you ~? きみは本気かね. I'm quite ~ about it. 私はそのことについて全くまじめなんだ. a ~ look [face] しかつめらしい顔つき. a ~ worker やる気のある働き手. **2** 重大な, 容易ならない, ゆゆしい; 《病気・負傷など》重い: a ~ problem [matter] 重大な問題〔事柄〕.

a ～ mistake 重大な誤り. He suffered from a ～ illness. 彼は重い病気にかかった. The state of things is ～. 事態は予断を許さぬものがある. **3** 娯楽ではない, 堅い, まじめな: ～ literature 純文芸. ～ readings 堅い読み物, 教養書. ***take for ～*** 本気にする.
—— *n.* (the ～) まじめに対処すべきこと, 重大事.
～-mínd·ed まじめな, 本気な.
◇ ‡**～·ly** *ad.* ～に: take a thing ～*ly* 事を本気に考える, 事をまっとうに受けとる. **～·ness** *n.*
[類] → **grave**「まじめな」
sér·iph ＝serif.
sér·jeant 〖おもに英〗＝sergeant.
‡**sér·mon** [sə́:rmən] *n.* **1** 説教. → preachment. **2** お説教, 小言, 長談義.
lay ～ 《俗人の》法話, 道話. ***the S～ on the Mount*** 〖聖〗山上の垂訓《マタイ伝 5: 7》. [√ser-]
◇ **sèr·mon·ét(te)** [sə̀:rmənét] *n.* 短い説教.
ser·món·ic [sə:rmánik/-mɔ́n-], **-i·cal** [-k(ə)l] *a.* 説教的な. ◇ **ser·món·i·cal·ly** *ad.*
sér·mon·ize [sə́:rmənàiz] *vt., vi.* **1** (に) 説教する. **2** (に)お説教をする, 小言を言う.
◇ **-iz·er** *n.* 説教者.
sero-「血清」の意の語形成要素.
se·ról·o·gy [sirálədʒi/siərɔ́l-] *n.* 血清学; 血清反応〔検査〕. ◇ **sè·ro·lóg·i·cal** [sì(:)rəládʒikl/sìərəlɔ́dʒ-] *a.* 血清学の.
se·rós·i·ty [sirásịti/siərɔ́s-] *n.* 〖生理〗漿液(しょうえき); 漿液のような状態〔性質〕; 水のようなこと.
sér·o·tine[1] [sérətin, ㊊⁺-tàin] ＝serotinous.
sér·o·tine[2] *n.* 〖動〗《ヨーロッパ産》コウモリの一種.
se·rót·i·nous [serát(ị)nəs/-rɔ́t-] *a.* 〖植〗《実など》奥手の; 《花など》おそ咲きの.
sé·rous [sí(:)rəs/síər-] *a.* 〖生理〗漿液(しょうえき)の; 血漿(状)の; 血清の; 水のような.
Sér·pens [sə́:rpenz] *n.* 〖天〗へビ座.
‡**sér·pent** [sə́:rp(ə)nt] *n.* **1** 《大きく有毒な》ヘビ. → snake. **2** 陰険な人, こうかつな人; 悪魔(Satan). **3** ヘビ花火. **4** (the S～) 〖天〗へビ座. **5** 〖楽〗《昔の》ヘビ状のらっぱ. ***cherish a ～ in*** one***'s bosom*** 恩知らずに親切にしてやる. ***the (Old) S～*** 〖聖〗誘惑者, 悪魔《創世記 3: 1–5》.
～-chàrm·er 《音楽を用いる》へビ使い. **～ grass** 〖植〗イブキトラノオ. **～ lizard** 〖動〗ヘビトカゲ.
～'s-tongue [⌐–⌐] ＝adder's-tongue.
sér·pen·tine [sə́:rp(ə)ntì:n, -tàin/-tain] *a.* **1** ヘビの. **2** ヘビのような, ヘビ状の; 曲がりくねった, ぐるぐる巻いた: the ～ course of a creek 小川の曲がりくねった水路. **3** こうかつな, ずるい, 陰険な: a ～ suggestion 《うっかりのられない》こうかつな提案.
—— *n.* **1** 〖鉱〗蛇紋(じゃもん)石. **2** 〖スケート〗S 字曲線. **3** (the S～) S 字の人工池《ロンドン Hyde Park にある》. **4** 昔の大砲の一種.
—— *vi.* **1** のたくり歩く. **2** うねうね曲がる.
sér·rate [sérit] *a.* ＝serrated.
—— [séreit] *vt.* 鋸歯(きょし)状にする. ◇ **ser·rá·tion** [seréiʃ(ə)n] *n.* 鋸歯; 《葉のへりなどの》鋸歯状(の刻み).
sér·rat·ed [séreitid/–⌐–] *a.* 〖動・植〗鋸歯状の, 鋸歯状の刻みのある.
sér·ried [sérid] *a.* 密集した, 詰め込んだ; 《木・隊列など》ぎっしり詰めて並んだ. ◇ **～·ly** *ad.*
sér·ri·form [sérịfɔ:rm] ＝serrated.
sér·ru·late [sér(j)ulèit, -it], **sér·ru·lat·ed** [-lèitid] *a.* 小鋸歯(きょし)状の.
sér·ry [séri] *vi., vt.* 密集する〔させる〕.
sé·rum [sí(:)rəm/síər-] *n.* (*pl.* **-rums, -ra** [-rə]) 〖生理〗漿液(しょうえき), 乳液, リンパ液 (lymph); 〖医〗血清: a ～ injection 血清注射. ◇ **～·al** *a.*
sér·val [sə́:rv(ə)l] *n.* 《アフリカ産》ヤマネコの一種.
†**sérv·ant** [sə́:rv(ə)nt] *n.* **1** 使用人, 雇い人, 召使: a maid ～ 女中. a man ～ 下男. a ～ of all work 小使. an outdoor ～ 外働き. keep two ～*s* 召使をふたりおいている. ↔master. **2** 従者, 家来; 奉仕者, 忠実な者. **3** 公務員, 役人, 官吏. **4** 〖英〗《鉄道会社などの》事務員, 従業員, 社員. **5** 〖米〗どれい(slave). ***a good ～ but a bad master*** 扱い方によっては役にも立てば害にもなるもの《火・水・金銭など》. ***civil ～*** 〖英〗文官. ***public ～*** 公僕(こうぼく), 公務員. ***～ of ～s*** 《ローマ教皇の自称》最も卑しい下僕. ***Your (most) obedient ～*** 《公文書の結び文句》敬具. [√serv-[2]]
～s' hall 奉公人のへや.
†**serve** [sə:rv] *vt.* **1** 〈神・人などに〉仕える, に奉仕する; に尽くす, のために働く: ～ one's master 〔the will of rascals, God, the devil〕 主人〔悪党の意志, 神, 悪魔〕に仕える. ～ the nation 国家に尽くす. **2** 〈人に〉給仕をする, 〈客に〉応待する, はべる: *S～* her at table. あの方に給仕してあげなさい. **3** に供給する, に供する《を *with*》: ～ customers *with* stockings お客にくつ下を売る. **4** 〈食物を〉供する, 食卓に用意する: May I ～ you some tea? お茶をあがりますか. Tea is ～*d* from a teapot. お茶はきゅうすからつぐ. Dinner is ～*d*. お食事の用意ができました. **5** に必要品を供給する, の要求を満たす, に便宜を与える; 〈交通機関が〉…に通う: This reservoir ～*s* the town. この貯水池は町に水を供給している. All floors are ～*d* by elevators. 各階ともエレベーターで行かれる. **6** に役立つ, に貢献する; 〈要求・必要を〉満足させる, にかなう: The excuse does not ～ you. その言いわけは役に立ちません. ～ one's purpose 〔need〕 の目的〔用〕に役立つ. **7** に報いる; 遇する: That ～*d* him ill. あれでは彼にふさわしい扱いでなかった. **8** 〈任期・年季・刑期などを〉勤める, 勤め上げる, 過ごす: ～ out an apprenticeship 年季奉公を勤め上げる. **9** 〈ボールを〉サーブする《テニスなどで》. **10** 〈大砲などを〉撃つ, 操作する: ～ a gun 砲撃する. **11** 〈弾丸を〉補給する, 運ぶ. **12** 〈見習い僧がミサを〉とり行なう. **13** 〖法〗〈令状などを〉送達する. **14** 〖海〗〈ロープなどを〉巻きつける. **15** 〈種馬などが〉…と交尾する.
—— *vi.* **1** 勤務する, 服務する, 《特に》軍務に服する: ～ two years in the army 〔at the front〕 陸軍〔前線〕で 2 年間服務する. He ～*d* with the Economic Board. 彼は経済局に勤務した. **2** 〈議員・役員などが〉任期を勤める: ～ on a committee 委員を勤める. **3** (召使として) 奉公する: ～ as gardener 庭師として勤める. **4** 給仕する: ～ at table. **5** 役に立つ, 適する, まにあう, 足りる; 便利である, つごうがよい: It ～*d* as a clue to a criminal's tracing. それで犯人の足がついた. **6** 〈天候などが〉つごうがよい, 適当である. **7** 《テニスなどで》サーブする.
as memory ～s 思い出すままに. ***as occasion ～s*** 機会のありしだい. ***First come, first ～d.*** 〖ことわざ〗早い者勝ち. ***if my memory ～s me right*** 私の覚えているところでは. ***It ～s him right!*** ＝***S～ him right!*** ざまあ見ろ, いい気味だ. ～ a person ***a bad turn*** (人を) ひどい目に会わせる. **～ *as*** a post (柱) の代用になる. **～ *for nothing*** なんの役にも立たない. **～ *out*** 〈食物などを〉分配する, 取り分ける. ～ a person ***out*** (人に) 復讐(ふくしゅう)する. ～ a person ***right*** (人に) 当然の報いをする, 当然の扱いをする. **～ *round*** (1) 〈食物などを〉順々に配る. (2) …にくくりつける. **～ *tables*** 〖聖〗《精神の糧(かて)をさしおいて》貧民に食物を施す《使徒行伝 6: 2》. **～ *the devil*** 悪魔に仕える; 罪を犯す, 悪事をはたらく. **～** one***'s time*** 任期を終える, 年季をすませる; 服役する. **～** a person***'s turn*** 〔***need***〕 (人) の役に立つ, まにあう. **～ *under*** a person (人の) 下で働く. **～ *up*** 食卓に運ぶ, 給仕する. **～ *without salaries*** 無給で勤める. ***when the opportunity ～s*** つごうがよいときに.
—— *n.* 《テニスなどで》サーブ (の仕方); サーブの番:

return a ～ サーブを返す. [√serv-²]

sérv·er [sə́:rvər] *n.* **1** 奉仕者; 勤務者; 給仕. **2**〔宗〕ミサの司祭を補助する僧. **3**《テニスなど》サーブする者. **4**《給仕に使う》盆, 配ぜん台; 食物を取り分ける食器; 茶器一式.

sérv·er·y [sə́:rvəri] *n.* 配ぜん室.

Sér·vi·a [sə́:rviə] ＝Serbia.

Sér·vi·an [sə́:rviən] ＝Serbian.

‡sérv·ice [sə́:rvis] *n.* **1** 奉仕; (しばしば *pl.*) 貢献: He performed many ～*s* for his country. 彼は国に多くの功労があった. **2** 世話, 助力; 助け, 有益: It did me a valuable ～. それは私にたいへん役に立った. **3**《義務としてやるべき》**仕事**, 勤務, 事務: the ～*s* of a doctor 医者の仕事. public ～ 公務. **4 使われること**, 雇用, 奉公: go into ～ 雇われる. **5**《客に対する》**サービス**, もてなし;《食事の》給仕;《修理などの》サービス: automobile repair ～ 自動車修理. Please do me a ～. 一つ頼まれてください. **6**《交通機関の》**便**, **運航**: We have three airline ～*s* daily. 飛行機は日に 3 回飛びます. There is no bus ～ available in this part. この辺はバスの便がない. **7** 公共事業,《郵便・電話・電信などの》施設;《ガス・水道の》敷設, 供給: telephone ～ 電話事業. mail [postal] ～ 郵便業務. **8**《役所などの》**部門**, …部, 課 (の人々): the intelligence ～ 情報部 (の人々). Public Health *S*～ 保健所 [課]. **9 軍務**; 陸軍, 海軍: military ～ 兵役. **10 宗教儀式**, 礼拝: a burial ～ 葬式. a marriage ～ 結婚式. **11**《食器などの》一式; 献立, 盛りつけ: a silver tea ～ 銀の紅茶セット. **12**《テニスなどで》サーブ (すること): receive a ～ サーブを受ける. **13**〔法〕《令状などの》送達: ～ of a writ 令状の送達. **14**〔商〕国債利子. **15**〔海〕《ロープに巻いてじょうぶにするための》巻き綱.
at a person'***s*** ～ (人) の望みのままに, 自由に. ***be of*** ～ ***to*** に役立つ: Can I *be of* ～ *to* you? なにかお手伝いすることがありますか. ***die in*** ～ 戦死する. ***enter the*** ～ 入隊する, 兵役につく. ***go into*** ～ 奉公する. ***have seen*** ～ (1) 実戦の経験がある. (2)《衣服など》使い古している. ***in active*** ～ 在職中,〔軍〕現役中. ***in*** ～ 奉職して, 奉公して. ***lip*** ～ 口先だけのいいこと: pay *lip* ～ to に口先だけでうまいことを言う. ***My*** ～ ***to*** him. (あの方) によろしく. ***On His*** [***Her***] ***Majesty's S***～〔英〕公用《公文書に表記. 略 O. H. M. S.》. ***on*** ～ 在職 (の), 在役 (の). ***place at*** a person'***s*** ～ (人) に自由に使用させる. ***take into*** one'***s*** ～ 雇い入れる. ***take*** ～ ***with*** [***in***] に勤める, …のところへ奉公する. ***telecast*** [***television broadcast***] ～ テレビ放送. ***the Civil S***～ 文官 (勤務).
—— *a.* **1** 勤務の; 軍用の: ～ clothes 勤務服, 平常着. **2** 使用人用の: a ～ entrance 商人 [使用人] 用入り口. **3** サービスを提供する; 下請けの. **4** 日常使用のための: ～ brake 普通ブレーキ《emergency brake 非常ブレーキに対する》.
—— *vt., vi.* **1** ‹供給・取り付け・修理などを› 奉仕的に行なう. **2** (機械類を) 修理する, 手入れする: ～ a car 自動車の修理をする. **3** (ガス・水道などを) 供給する. **4**〔米〕便利にする; 便益がある. [√serv-²]
～ **area**〔電〕《ラジオ・テレビの》聴取 [視聴] 可能地域, サービスエリア;《水道の》給水区域. ～ **book** 祈禱(きとう)書. ～ **cap**《つば付きの》正式軍帽. ～ **club** 奉仕クラブ《ロータリークラブのような社会的福祉を図る》; 軍人のための保養所. ～ **court**〔テニス〕コートのサーブを打ち入れる部分. ～ **depot** ＝ ～ station. ～ **dress** 通常軍服. → work dress, full dress. ～ **elevator** [**entrance**]〔米〕業務用エレベーター [入り口]. ～ **flat**〔英〕まかないつきのアパート. ～ **hatch**〔英〕《調理室から食堂への》料理差し出し口. ～ **line**〔テニス〕サーブライン. ～ **main** 配水本管《上水道の》. ～**·man** [-mæ̀n, -mən] 軍人; 修理員. ～ **meter**〔電話〕通話度数計. ～ **pipe**《ガス・水道の》引っ込み管. ～ **regulations**〔軍〕服務規律. ～ **rifle** 軍用銃. ～ **station**《自動車の》給油所;《ラジオなどの》修理・部品補給所. ～ **stripe**〔米:軍〕《軍服のそでに付ける》年功章. ～ **tree**〔植〕ナナカマド属. ～ **uniform**《軍人の》平常服. ～ **wire**〔電〕引っ込み線.

sér·vice·a·ble [sə́:rvisəbl] *a.* **1** 便利な, 役に立つ《*to*》; 徳用の, もちのよい. **2**〔古〕世話好きな, 親切な. ◇ ～**·ness** *n.* **-bly** *ad.* 役立つように. **sèr·vice·a·bíl·i·ty** [⌐ーーbíləti] *n.*

sér·vic·ing [sə́:rvisiŋ] *n.* 修理; 整備.

sèr·vi·étte [sə̀:rviét] *n.* ナプキン (napkin).

sér·vile [sə́:rv(i)l/-vail] *a.* **1** どれい的; どれい根性の; 卑屈な; 屈従的な, 自主性のない. **2** どれいの. **3** 唯々諾々(いいだくだく)と従う《に *to*》. [√serv-²]
～ **letters** 他の発音を助ける母音字《state の e など》. ～ **work**〔宗〕聖日に禁じられている労働.
◇ ～**·ly** *ad.* ～**·ness** *n.* ＝ servility.

ser·víl·i·ty [sərvíliti, sə:r-] *n.* どれい根性; 卑屈; どれい状態, 屈従; 隷属.

sér·vi·tor [sə́:rvitər] *n.* **1**〔古〕従僕(じゅうぼく), 下僕. **2** 給費生《Oxford 大学の校僕として働く》.

sér·vi·tude [sə́:rvit(j)ù:d/-tju:d] *n.* **1** どれい状態, 隷属. **2** 労役, 懲役: penal ～ 懲役刑《3 年以上》. **3**〔法〕用役権《地役権・採取権など》.

sér·vo [sə́:rvou] *n.* (*pl.* ～**s**) ＝ servomechanism; ＝servomotor.
～ **control** [**tab**]〔空〕サーボ操舵(そうだ)装置.
～**·con·tròl** [sə́:rvo-] (1) ＝ servomechanism. (2) ＝ ～ control. (3) [⌐ーー⌐] 自動制御する.
～**·me·chán·i·cal**(**·ly**) [sə̀:rvo-] 自動制御の [で].
～**·méch·a·nism** [sə̀:rvo-] サーボ機構《一種の自動制御装置》. ～**·mó·tor** [sə́:rvo-] サーボモーター《サーボ機構の一部》. ～ **system** ＝ servomechanism.

sés·a·me [sésəmi] *n.*〔植〕ゴマ (の実). ***Open*** ～**!** 「開けゴマ!」《アラビアンナイトのアリババの開門の呪文》. ***open*** ～《開門・通過の》合いかぎ; 難関突破の秘法.

sés·a·moid [sésəmɔ̀id] *a., n.* ゴマの実状 (の);〔医〕種子 (軟) 骨 (の).

sès·qui·cen·tén·ni·al [sèskwisenténiəl, -njəl/sés-] *a.* 150 年の. —— *n.* 150 年祭. → centennial. ◇ ～**·ly** *ad.*

sès·qui·pe·dá·li·an [-pidéiliən, -ljən] *a.*《ことばなど》1 フィート半もあるような長い, 長たらしい, じゃまになる. —— *n.* 長たらしいことば.
◇ **sès·qui·pe·dál·i·ty** [-pidǽliti] *n.*

sess ＝ cess.

sess. session.

sés·sile [sés(i)l/-sail] *a.*〔植〕無柄の;〔動〕固着 (性) の, 定着 (性) の.

‡sés·sion [séʃ(ə)n] *n.* **1**《議会・会議などの》**開会中**, 開会していること;《法廷の》開廷していること;《取引所の》立ち会い. **2 会期**, 開廷期間: the 30 ～ of the Diet 第 30 国会. **3**〔米〕学期; 学年;〔米〕授業期間: a morning [afternoon, night, summer] ～ 午前の [午後の, 夜間, 夏季] 授業. at [in] the next ～ of this class この講座の次回の授業で. **4** (*pl.*)〔英〕判事の定期会議: ～*s* of the peace〔英〕治安判事裁判所 (の開廷期). **5**〔米話〕(活動) 期間; つらい目. ***Court of S***～〔スコットランド〕大審院民事部. ***in full*** ～ 総会で. ***in*** ～ 開会 [会議, 開廷] 中. ***petty*** ～***s***〔英〕《軽い事件などを取り扱う》小治安裁判所. ***the Court of S***～***s***〔米〕地方刑事裁判所. [√sed-]
◇ ～**·al** [-ʃən(ə)l] *a.* **1** 開会 [開廷] の; 会期の: ～*al* orders [rules] 議事規程. **2** 裁判所の.

sés·terce [séstə:rs] *n.* 古代ローマの貨幣単位《4 分の 1 denarius; 約 2 ペンスに当たる》.

ses·tét [sestét] *n.* 〘楽〙六重唱〔奏〕(曲) (sextet); 十四行詩 (sonnet) の最後の 6 行.

ses·tí·na [sestíːnə] *n.* 〘韻〙詩形の一種《6 行節 6 連と最後の 3 行節 1 連からなる有韻〔無韻〕詩》.

†**set** [set] *v.* (**set**; **sét·ting**) *vt.* **1 すえる, 置く**: ～ a chair beside a table いすをテーブルのわきに置く. ～ flowers in a vase 花を花びんに生ける. 〈注〉set と put: 両者とも「特定の場所に置く」ことであるが, set においては「置かれた意図」や「置かれた物」がその場を動くことが望ましくないことなどが示唆される→「すえる」「固定する」.
2 すわらせる: The judges ～ themselves down. 裁判官が着席した. ～ a baby in a high chair 赤ん坊を高いすにすわらせる.
3 〈苗・種などを〉植え付ける; 〈宝石を〉はめ込む: ～ an oil painting in a frame 油絵を額縁にはめる.
4 (整然と) **配置する**, 並べる: ～ guards along the borders 国境沿いに守備兵を配置する.
5 準備する, 整える: ～ the table 食卓を用意する. ～ the trap わなをかける.
6 配する; 〈犬などを〉けしかける: ～ a supervisor *over* the workers 労働者に監督をつける. ～ spies *on* a person 人にスパイをつける. ～ a dog *on* a robber 盗賊に犬をけしかける.
7 〈曲・歌詞を〉つける《歌詞・曲に》《に *to*》: ～ words *to* music, ～ music *to* words.
8 向ける, 転ずる; 〈視線・心などを〉注ぐ: ～ one's face towards the light 顔を光の方へ向ける. ～ one's heart on …に熱中〔執心〕する.
9 〈人を〉…に向かわせる《に *to*》; 〈人に〉…させる《*to* (do)》: The boss ～ him *to* a work 〔*to* chopping wood〕. 親方は彼に仕事〔まき割り〕をさせた. She ～ him *to* do the work. 彼女は彼にその仕事をさせた.
10《補語を伴って》…**にする**, …の状態にする: ～ a prisoner free 囚人を自由にする. ～ a room in order へやを整とんする. ～ a person at ease 人を安心させる. ～ a top spinning こまを回す. ～ in motion 動かす. That ～ me thinking. それで私は考え込んでしまった.
11 定める; 〈時・場所などを〉決める, 指定する; 〈仕事・課題を〉指定する, 課す: Let us ～ a date. 日取りを決めよう. ～ one's course to the south 進路を南へ取る. Demand ～*s* a limit to production. 需要が生産を制限する.
12 〈型・模範・流行などを〉定める, 示す: America has already ～ us an example. アメリカがすでにわれわれに範を示した. ～ a pace 歩度〔速度〕を示す〔決める〕.
13 〈値を〉決める, つける; 〈価値を〉おく: The committee ～*s* the price. 委員会が価格を決める. ～ a high value *on* neatness 清潔を大いに重んずる.
14 の値を定める〔つける〕: He ～ the car at $ 600. 車を 600 ドルと値をふんだ.
15 固定する, 固める, 堅く締めつける; 〈髪を〉セットする; 〈骨を〉つぐ: ～ the white of an egg by boiling it 卵をゆでて白身を固まらせる. ～ nuts well up ナットをよく締める.
16 〈機械などを〉すえる, 使用可能の状態にする, 調整する.
17 《…用に》編曲する: ～ music for the orchestra 管弦楽用に編曲する.
18 〈とけいを〉合わす; 〈目盛り・ダイヤルなどを〉セットする; 〈目ざましを〉かける: ～ one's watch *by* the clock at the station 駅のとけいに腕どけいを合わす. ～ the alarm *for* six 目ざましを 6 時にかける.
19 〈卵を〉抱かせる, 孵化(ふか)器に入れる; 〈めん鳥に〉卵を抱かせる: ～ a hen on eggs 鶏に卵を抱かせる.
20 〈舞台・場面を〉セットする: ～ a scene in Paris パリを舞台にする.
21 〈印を〉押す.
22 にはめ込む, にちりばめる《を *with*》: ～ a bracelet *with* pearls 腕輪を真珠で飾る.
23 〈練り粉を〉ふくらませる; 〈牛乳などを〉固まらせる.
24 〈活字を〉組む; 〈原稿を〉活字に組む: ～ an article.
25 〈刃を〉とぐ; 〈のこぎりを〉目立てする: ～ (the teeth of) a saw.

—— *vi.* **1** 〈太陽などが〉**沈む**, 没する: The sun has ～. **2** 傾く, 衰える. **3 固まる**, 凝固する: The jelly has ～. ゼリーが固まった. **4** 〈表現などが〉こわばる. **5** 〈髪が〉セットされる, 形がつく. **6** 〈着物が〉合う: The coat ～*s* well 〔badly〕. 上着はからだにぴったりする〔しない〕. **7 動き出す**, 出かける《*forth, out, off*》. **8** 〈潮が〉流れる: The tide ～*s* in. 潮がさす. **9** 〘植〙実を結ぶ. **10** 〈めん鳥が〉卵を抱く. **11** 〈猟犬が〉立ち止まって獲物の方向を示す. **12** 《踊りの相手と》向かい合いになる: Now ～ to your partner! さあお互いに向き合ってください.

～ about (1) に取りかかる, をやり始める. (2) に打ちかかる, を攻撃する. (3) 広げる: ～ a rumor *about* うわさを広げる. **～ a case** 仮定する. **～ against** (1) と比較する; と均衡させる. (2) と仲たがいさせる. **～ apart** 離す; (別にして) 取っておく. **～ aside** (1) わきに置く, 取っておく. (2) 捨てる: Let's ～ *aside* all formality. 格式ばったことはすべてやめにしましょう. **～ at** を襲う. **～ at ease** 安心させる; 解決する. **～ at naught** 無視する. **～ back** (1) はばむ, くじく. (2) 〈とけいの針などを〉もどす: ～ *back* the clock one hour 1 時間指針をもどす. (3) 〘米俗〙〈費用を〉にかける: This ～ me *back* a great deal of money. このためたいへんな費用がかかった. **～ before** 前に並べる, 提示する, 供する. **～ by** とって置く, たくわえる; 珍重する. **～ down** (1) 書き留める, 定める, 規定する. (2) 《…と》みなす《と *as*》: We must ～ him *down as* either a knave or a fool. 彼を悪党かばかかいずれかにみなさねばならぬ. (3) 《…の》せいにする《の *to*》. (4) 責める, しかる. (5) 着陸する; 降ろす: The train stopped at the station to ～ *down* three passengers. 汽車は 3 人の客を降ろすために駅に止まった. (6) 〘野球〙三振させる. **～ one's face against** に反抗する. **～ fair** 《天気が》安定した好天. **～ forth** (1) 出発する, 旅立つ: They ～ *forth* on a journey. 彼らは旅行に出発した. (2) 示す, 陳列する; 述べる, 説明する; 公にする, 公布する: ～ *forth* one's views 意見を述べる. (3) 飾る. **～ forward** (1) 提言する; 声明する, 述べる. (2) 公にする; 提出する. (3) 促進する, 助成する. (4) 出発する. (5) 〈とけいの針などを〉進める. **～ free** 釈放する. **～ going** 運転させる, 〈ことを〉運ばせる. **～ in** 潮がさす; 〈季節などが〉始まる: Spring nas ～ *in.* 春が始まった. It ～ *in* to rain. 雨が降り始めた. **～ little** 〔**light**〕 **by** を軽視する. **～ loose** 解き放つ. **～ off** (1) 引き立たせる, 見ばえをよくする; 飾る, ほめそやす. (2) 相殺する, 埋め合わせをする《と, の *against*》: He ～ *off* the loss by hard work. 彼は懸命に働いて損失を償った. (3) 区画する, 仕切る: ～ *off* a clause by a comma 節をコンマで区切る. (4) 爆発させる, 〈花火などを〉打ち上げる: ～ *off* a rocket. (5) どっと〔急に〕…させる: ～ a person *off into* a fit of laughter 人をどっと笑わせる. (6) 出発させる〔する〕, 始める: If you ～ him *off* on his pet subject, he will go on for hours. もし彼の好きな話題を切り出させようものなら彼は何時間でもしゃべり続ける. (7) はやる, 習慣として定まる. **～ on** (1) を襲う, を攻撃する. (2) 襲わせる, 攻撃させる: ～ one's dog *on* a stranger. (3) …にあとをつけさせる. (4) そそのかす: ～ *on* a crew to mutiny 船員を動かして反乱させる. **～ … on foot** 始める; に着手する. **～ out** (1) 出発する; 着手する: ～ *out for* home 帰宅を始める. ～ *out in* business 仕事に着手する. (2) 述べる, 詳説する, 明らかにする: He ～

out his reasons for what he had done. 彼は自分がとった行動についての理由を述べ始めた. (3) 引き立てる, 強める. (4) 仕切る, 制限する. (5) 陳列する; <食物を> 並べる. (6) 間をおいて植える; 〘印〙字間をあけて組む. (7) 〘土木〙の位置を測定する; <石を> 張り出してすえる. (8) <潮が> ひく. **～ *over*** (1) の上にすえる. (2) 譲る, 渡す. **～ *pen to paper*** 書く. **～ *store* 〔*much*〕 *by*** を重視する. **～ *the ax to*** を破壊し始める; の廃止に着手する. **～ *to*** (1) 腰を入れてやり始める: The engineers ～ *to* repair the bridge. 技師たちは橋の改修にとりかかった. (2) けんか〔議論〕を始める; 食べ始める: They were all hungry and at once ～ *to.* 彼らはみな空腹であったので直ちに食べ始めた. **～ *oneself to*** …しようと努める, 身を入れて…する. **～ *up*** (1) 立てる, すえる; 組み立てる: ～ *up* a tent. (2) はく製にして標本などにつくる, 表装する; <活字を> 組む. (3) 上げる, 上に置く. (4) 掲げる, 示す: ～ *up* a flag. (5) <声などを> たてる: ～ *up* a laugh どっと笑う. (6) 提案する, 主張する, 唱える: ～ *up* a protest 異議を申し立てる. (7) 鼓舞する, 得意にする, の気をよくさせる; 酔わせる: Now he is rich, he is ～ *up.* いまや金持ちなので彼はいばっている. (8) に給する, に十分に支給する 《を *with*》: be well ～ *up with* food 食物を十分当てがわれている. (9) 新しくつくりだす, 設立する, 開業する: The Government will ～ *up* a new school of engineering next year. 政府は来年新しい工業学校を設立するだろう. You ～ *up* a good custom. あなたは良い習慣をつくった. He ～ *up* business. 彼は商売を始めた. He ～ *up* as a lawyer. 彼は法律家として身を立てた. (10) せりにかける. **～ *up against*** に対抗する. **～ *up for*** を気どる, …であると主張する: Being ignorant, he ～*s up for* a critic. 無知でありながら批評家づらをする. **～ *upon*** に襲いかかる.

—— *n.* **1** 日没 (時), 月の入り (時): at ～ of sun 日没に. **2 一そろい**, 組み, 一式; 一続き; 一勝負: a ～ of dishes さら一組み. a tea ～ 茶道具一組み. a complete ～ of Tolstoi トルストイ全集. a ～ of lectures 一連の講義. win the first ～ 第1セットを取る. **3 仲間**, 連中, 社会: a fine ～ of men りっぱな連中. a literary ～ 文士仲間. the best ～ 上流社会. He is not of my ～. 彼は私と人種が違う. **4** 卵ひとかえり. **5** 《ラジオ・テレビの》受信機: a television 〔TV〕 ～ テレビ受像機. **6** **つくり**, かっこう, 体格, 姿勢; 《着物などの》合いぐあい, すわり: the ～ of one's shoulders 肩つき. a ～ of feature 目鼻だち. the ～ of his coat 上着の着ぐあい. **7** 構え, 姿勢; 傾き, 傾斜; 傾向, 趨勢(すうせい): It depends on the ～ of your mind. きみの心持ちいかんにかかっている. give a ～ to the right 右へ少しそらす. the ～ of public opinion 世論の趨勢. **8** 凝固: the ～ of the white of an egg 卵白の凝固. **9** のこぎりの目; のこぎりの目立て (器). **10** 壁の仕上げ塗り. **11** 〘園芸〙さし木, 苗. **12** 〘印〙活字の幅. **13** 〘鉱山〙一区, 一画. **14** 一組みの揚水ポンプ; 〘捕鯨〙もりの打ち込み; 〘機〙鍛鉄仕上げ機, かぎ付きねじ回し; びょうの形頭器, やっとこ; 圧力, 応圧力; 〘土木〙敷石, 切り石 (sett). **15** 〘商〙組み手形. **16** 〘劇・映〙舞台装置, 大道具, 書き割り: an open ～ 野外セット.

—— *a.* **1** 固定した, 固まった, 動かない: ～ eyes すわった目. **2** 決心した, 断固たる; (歯を) くいしばった: a ～ mind 決心. **3** 決まった, 正規の, 規定の; 旧来の: a ～ receipt 規定の処方. ～ rules 決まった規則. at the ～ time 規定の時間に.

all* ～** 用意ができて. ***in* ～ *terms 決まり文句で, きっぱりと. ***of* 〔*on*〕 ～ *purpose*** はっきりした目的で. ***with* ～ *teeth*** 歯をくいしばって; 大決心をもって.

～·a·sìde 〘軍〙《食料などの》保留, 使用差し止め; 食料の保留〔使用差し止め〕量. **～·bàck** [㊥ ́ ́] (1) 妨げ; 頓挫(とんざ), つまずき. (2) 逆流, もどり水. (3) 〘建〙《高層建築の上部の》段形引き込み (部分). (4) 〘米〙敗北.

setback (3)

～·dòwn [㊥ ́ ́] (1) しかりつけること. (2) 罵倒(ばとう); ひじ鉄砲. (3) 《乗り物の》一区間. (4) 便乗, 便乗させること. **～·òff** [㊥ ́ ́] (1) 〘米〙《旅行の》出発. (2) 《貸借の》相殺, 棒引き 《*against, to*》; 〘法〙相殺請求. (3) 引き立てる物, あしらい; 装飾. (4) 〘建〙壁段 (=setback). (5) 〘印〙 = offset *n.* ④. **～·òut** →別項. **～ phrase** 成句. **～ piece** 仕掛け花火. **～ point** 〘テニス〙セットポイント 《セットを決めるたいせつな得点》. **～ scene** 〘劇〙舞台装置, 大道具. **～·screw** [́ ́] 《歯車などを心棒に取り付ける》止めねじ. **～ square** 三角定規. **～-tò** [́ ́, ́ ́/ ́ ́] (*pl.* **～-tòs**) 〘話〙なぐり合い; 激論. **～·up** →別項.

Set [set] *n.* 〘エジプト神話〙獣頭尖鼻(せんび)の悪の神.

sé·ta [síːtə] *n.* (*pl.* **-tae** [-tiː]) 〘動・植〙剛毛, コケの柄(え); とげ. ◇ **～l** *a.*

se·tá·ceous [sitéiʃəs] *a.* 剛毛のような; 剛毛のはえた. ◇ **～·ly** *ad.*

「=Set.

Seth [seθ] *n.* **1** 〘聖〙Adam の3番めの子. **2** [seiθ]

sé·ton [síːt(ə)n] *n.* 〘医〙串線(せんせん)(法).

sé·tose [síːtous] *a.* 剛毛〔とげ〕の多い.

sét·òut [sétàut/— ́] *n.* **1** 《食器類などの》一そろい; ぜん立て, 並べたごちそう. **2** 準備, したく; 装い. **3** 仲間, 組, 連中. **4** 出発, 開始: at the first ～ 最初に.

sett [set] *n.* **1** 敷石 《長方形で小型》. **2** 《金属加工用の》のみ.

set·tée [setíː] *n.* 背付き長いす.

sét·ter [sétər] *n.* **1** 象眼をする人; 植字工; 作曲者. **2** セッター種の犬 《猟犬》. **3** 《警察の》密告者. **4** 《ぺてん師などの》さくら; 扇動者.

‡**sét·ting** [sétiŋ] *n.* **1** すえつけ (ること), 置くこと. **2** 定めること, 指定; 課すること. **3** 《太陽・月が》沈むこと. **4** 硬化, 凝固, 凝結. **5** (髪の) セット. **6** 環境, 周囲: the geographic ～ of Japan 日本の地理的環境. **7** 《物語などの》背景, 《小説・劇の》場所や時. **8** 《演劇などの》道具立て, 装置, 舞台面. **9** 《宝石などの》はめ込み, 象眼; はめ込み台, 象眼物. **10** 〘印〙植字. **11** 《のこぎりの》目立て. **12** 〘楽〙《詩などにつけた》曲, 作曲, 節(ふし)づけ, 楽譜. **13** 《潮流の》さし込み; 《風の》方向. **14** 《鳥の》一かえしの卵. **15** 台座, 台; 砲床. **16** 《線路の》敷設. **～ agent** 《合成樹脂》強化剤. **～ lotion** 《髪セット用液》セットローション. **～ rule** 〘印〙《金属製の》植字定規. **～ stick** 〘印〙《植字用具》スティック. **～-úp** 組み立て (用の).

‡**sét·tle**[1] [sétl] *vt.* **1** すえる, 安置する, 設置する, 置く; 安定させる: ～ a gun 銃を構える. ～ the weather 天気を安定させる. **2** すわらせる, の腰を落ち着かせる: ～ oneself *in* an armchair ひじかけいすに腰をおろす. **3** に身を固めさせる, 職業につかせる: ～ one's son *in* business むすこを商売につかせる. ～ a daughter 娘を (他家へ) かたづける. **4** 住みつかせる, 居留させる, 植民する: ～ immigrants in rural areas 移入民を地方に居住させる. **5** に植民する《を *with*》: The French ～*d* the colony *with* army veterans. フランス人は植民地に退役軍人を入植させた. **6** に居住する; に入植する: sparsely ～*d* regions 人口の希薄な地方. **7** <頭・心・人などを> **落ち着かせる**, 平静にする, 静める: This drug will ～ your nerves. この薬を飲めば神経が安まるだろう. A sharp word will ～ that boy. ひとことどやしつければあの子もおとなしくなるだろう. **8** <浮遊物などを> 沈める, 沈殿させる: The rain

will ～ the dust. 雨ではこりが落ち着くだろう. **9** <液体を> 澄ます, 固まらせる. **10** <動揺・騒動などを> 落ち着かせる, しずめる; <争いなどを> まとめる, 調停する: ～ a dispute 争いを仲裁〔解決〕する. **11** <問題に> けりをつける, 解決する: That ～s the matter. それで問題は解決する. **12** <条件・時期・価格などを> **決定する**, 決める, まとめる: ～ a date for the conference 会議の日時を決める. **13** 整理する, 整える: ～ one's affairs 用務を処理する. **14** <勘定を>清算する, 決済する, 支払う《*up*》: ～ a debt 借金を払う. **15** <年金などを> 設定する, 与える; <権利などを> 譲渡する; <遺産などを> 遺贈する《に *on, upon*》. **16** <訴訟を>和解により取り下げる. —— *vi.* **1** <鳥などが> **おりる**, とまる; <飛行機が> 着陸する; <視線などが> とまる: My eyes ～*d* on a stranger in the company. 私の目が一行のうちの見知らぬ人物にとまった. **2** **住みつく**, 定住する, 植民する: ～ in a new house 新居に落ち着く. **3** **落ち着く**, 身を固める, 安定する; 専心する: I could ～ *to* nothing. 仕事に手がつかなかった. **4** **決心する**, 決定する; 同意する《に *on*》: ～ upon a plan 案を決定する. **5** 満足する, がまんする《で *for*》. **6** <事件・状勢・心が> **しずまる**, 落ち着く, 鎮静する: The excitement has ～*d* down. その興奮が納まった. **7** <問題が> 解決する, かたづく. **8** 沈殿する; <液体が> 澄む; <地面が> 固まる. **9** 沈下する, はまり込む; <船が> 沈みかける, 傾く: The car ～*d* in the soft ground. 自動車が柔らかい地面にはまった. **10** 清算する, 支払う: Will you ～ *for* me? 勘定を払っといてください.

～ one***self*** どっしり腰をおろす; 住居を定める; 身を落ち着ける, 身を固める. ～ ***accounts with*** a person (人)に勘定を払う, (人)と貸借なしにする. ～ ***a document*** 契約書・遺言書などの形式・内容を確定する. ～ one***'s affairs***《特に遺言などで》死後のことを定めておく. ～ a person***'s business*** (人)をやっつける, かたづける. ～ ***down*** (1) すわる: ～ *down* to table. (2) 定住する, 住居を定める; 移住する. (3) 身を固める: It is about time he ～*d down*. 彼はそろそろ身を固めていいころだ. (4) 身を入れる, 本気にとりかかる《に *to*》: be unable to ～ *down* to studying 気を静めて勉強することができない. (5) しずまる, 落ち着く. (6) 沈殿する, 澄む. (7) 傾く. ～ ***in*** (1) 住居を定める, 引っ越す. (2) 植民する, 居留する. (3) 家でゆっくり休む〔くつろぐ〕. (4) 落ち着かせる. ～ ***into shape*** 形が定まる, まとまる, 目鼻がつく. ～ ***on*** 〔***upon***〕 (1) を決意する, に定める; に同意する. (2) <財産などを> …に譲る. (3) <視線が> …にとまる; <愛情などが> …に寄せられる. (4) に降りる, <鳥が枝など> にとまる. ～ ***with*** (1) と話をつける, と和解する; をかたづける. (2) に支払う. ***That ～s it*** 〔***the matter***〕. それでことは決まった, 万事解決.

sét·tle² *n.* 長いす《木製の背の高いひじかけ付き. しばしば座席の下が箱になっている》.

settle²

sét·tled [-d] *a.* **1** 安定した, 定まった; 固定の, 永続的な: ～ opinion 定見. ～ purpose ゆるがない意図. ～ habits 長年の習慣. ～ weather 晴天続きの天候. **2** ひとところに定住した;《場所が》居住者のいる. **3** 解決した; けりのついた. **4** 清算〔決算〕済みの.

～ **account** 決算承認書.

‡sét·tle·ment [sétlmənt] *n.* **1** **定着**, 定住; 定住地. **2** **移民**, 植民; 入植地, 開拓地. **3**〖米〗部落. **4** 居留地, 租界. **5**《結婚などによる》**身の安定**, 身を固めること, 定職につくこと. **6**《用事などの》**整理**, **整とん**. **7**《事件などの》解決,《訴訟の》和解: come to 〔reach〕 a ～ 和解する. ～ of a strike ストライキの解決. effect a ～ out of court 示談にする. **8** 清算, 決算; 支払い. **9**《貧民街の改善を図る》セツルメント, 隣保事業(団); 隣保館 (=～ house). **10**《液体の》沈殿(物);《床などの》沈下. **11**〖法〗《権利・財産などの》授与, 譲渡; 不動産継承処分; 贈与財産: make a ～ on …に財産を贈与する. ***Act of S～***〖英史〗王位継承令.

‡sét·tler [sétlər] *n.* **1** **入植者**, 開拓者;《新しい土地への》移住者. **2** 植民者,《植民地の》定住者; 居留者. **3** 沈殿器〔おけ〕. **4**〖話〗《**議論の**》とどめ; 決め手; 決定的打撃〔事件, **議論**〕.

sét·tling [sétliŋ] *n.* **1** 固定, すえつけ. **2** 沈殿, 澄むこと; (*pl.*) 沈殿物, おり. **3** 解決; 決定. **4** 清算, 決算. **5** 入植, 移住; 植民. **6**《床などの》沈下.

～ **basin**〖建〗沈殿池. ～ **day**〖英〗清算〔決算〕日《株式取引の》. ～ **reservoir** 沈殿池. ～ **tank**〖化〗沈降タンク;〖建〗沈殿タンク.

sét·up [sétʌp] *n.* **1**《機械などの》組み立て. **2** 機構, 組織, 構成, 組織の編成. **3**〖米〗《実験などの》装置. **4**〖米〗身のこなし, 物腰, 姿勢, 態度. **5** 立場, 態勢. **6**《酒に混ぜる》ソーダ水・氷など. **7**〖米俗〗どちらが勝つかわかりきった試合;《勝ちめのない試合に出る》ボクシング選手. **8**〖米俗〗なんでもなくできる仕事.

†sév·en [sév(ə)n] *a.* **7 の**, 7 個〔人〕の; 7 歳で: ～ (shillings) and six (pence) 7 シリング 6 ペンス《7/6》. ***S～ Wonders of the World*** 世界の七不思議《エジプトのピラミッド, アレキサンドリアのファロス燈台, バビロンの架空園, オリンピアのゼウス神像, ロース島のアポロ神像, エフィサスのダイアナ神殿, ハリカーナサスの霊廟(れいびょう)》.

—— *n.* **1** 7, 7 個〔人〕; 7 歳, 7 時. **2** 記号の 7;《トランプの》7 の札. ***at sixes and ～s***〖話〗混乱して, 不一致で. ***seventy times ～***〖聖〗幾たびとなく, 7 たびを 70 倍するまで《マタイ伝 18: 22》.

～ **chief** 〔**cardinal**, **principal**〕 **virtues, the** 七主徳目《信義・正義・勇気・希望・賢明・慈善・節制》. ～ **deadly sins, the** 七つの大罪《傲慢(ごうまん)・貪欲(どんよく)・邪淫(じゃいん)・怒り・貪食・ねたみ・怠惰》. → deadly. **S～ Hills, the** ローマ七丘: the City of *the S～ Hills* ローマ. **～-league boots, the**〖童話〗ひとまたぎで 7 リーグ (=21 マイル) も歩けるくつ. ～ **liberal arts, the**《中世の主要学科》論理・文法・修辞学・幾何・算術・天文・音楽. **S～ Sages (of Greece), the** (古代ギリシアの) 七賢人. ～ **seas, the** → sea. ～ **stars, the** = **S～ Sisters, the**〖天〗すばる七星; 北斗七星. **～-úp**〖米〗トランプゲームの一種 (all fours). **～-year itch**〖医〗かいせん; うわ気の虫.

◇ **～·fóld** [㊟⊥——] *a., ad.* 7 部からなる; 7 倍の〔に〕; 7 重〔7 折り〕の〔に〕.

†sèv·en·téen [sèv(ə)ntí:n, ⊥—⊥/⊥—⊥] *a.* **17 の**, 17 個〔人〕の; 17 歳で. —— *n.* 17, 17 個〔人〕; 17 歳. ***sweet*** ～ 17 歳の妙齢〔年ごろ〕.

～-year locust〖虫〗十七年ゼミ《アメリカ産. 17 年かかって成虫になる》.

sèv·en·téenth [-θ] *a., n.* 第 17(の), 17 番め(の); 17 分の 1(の);《月の》17 日.

†sév·enth [sév(ə)nθ] *a.* **第 7 の**, 7 番めの; 7 分の1の. —— *n.* **1** **第 7**, 7 番め;《月の》7 日. **2** 7 分の 1. **3**〖楽〗七度(音階); 第七音.

in the ～ heaven 歓喜の極に, 有頂天で.

S～ Day, the 週の 7 番めの日《安息日》. ～ **heaven, the** 第七天国, 神の国; 最高の幸福.

◇ **～·ly** *ad.* 第 7 に, 7 番めに.

sév·en·ti·eth [sév(ə)ntiiθ] *a., n.* 第 70 (の), 70 番め(の); 70 分の 1 (の).

†sév·en·ty [sév(ə)nti] *a.* **70 の**. —— *n.* **70**; 70歳. ***the ～ies*** 70 歳台; 70 年代《特に 19 世紀の》.

sév·er [sévər] *vt.* **1** 断つ, 切断する: ～ one's

connection with it それと関係を断つ. The two countries ～*ed* friendly relations. 両国は友好関係を断ち切った. **2** 分ける, 離す, 隔てる《A *and* B, A *from* B》; の仲を裂く, 不和にする: ～ wife *from* husband 妻を夫から引き離す. **3**〘法〙分離する, 別々に行なう. —— *vi.* **1** 切れる, 断絶する. **2** 離れる, 分かれる; 二つに裂ける.
[se-＋√par-² 離して＋置く]
(類) → **separate**「分ける」

†**sév·er·al** [sévrəl, ㊥⁺sévər-] *a.* **1** 幾つかの, 数個の; 数名の; 数度の: I have been there ～ times. 幾度かそこへ行ったことがある. 〈注〉通例五, 六ぐらいで many より少ない不定の数をあらわす. **2** めいめいの, 各自の, それぞれの; いろいろの; 別々の: Each has his ～ ideal. 人はそれぞれ理想がある. **3**〘法〙個別の, 単独の: a joint and ～ liability [responsibility] 連帯および単独債務[責任].
S～ men, ～ minds. 〘諺〙十人十色.
—— *pron.* 幾つか, 数個; 数人, 幾人か; 数匹: I have ～. 幾つか持っている. *S～* (of them) were absent. (そのうち) 幾人かは欠席だった. I have heard it from ～. 私は数人からそれを聞いた.
[separate, sever と同語源]
～ **estate** 個別[ひとり専有]財産.
◇ ～**·ly** *ad.*〘古〙各個に, めいめいに, 別々に.

sév·er·al·ty [-ti] *n.* 個別, 別々(なこと);〘法〙単独保有(地): estate in ～ 単独保有物権.

sév·er·ance [sév(ə)rəns] *n.* 分離, 隔離; 断絶, 切断, 分割;〘法〙分離. [＜sever]
～ **pay**〘米〙解職手当; 手切れ金.

‡**se·vére** [sivíər] *a.* (**-vé·rer** [-ví(:)rər/-víər-]; **-vé·rest**) **1** きびしい, 容赦のない, 痛烈な,《罰などが》酷な: a ～ critic [criticism] 痛烈な批評家[批評]. He is ～ with his children. 彼は子どもにやかましい. **2**《痛みなどが》猛烈な, 激しい, ひどい: a ～ ache 猛烈な痛み. **3**《仕事などが》ほねのおれる, きつい. **4** 厳密な; 厳正な: ～ logic 厳密な論理. **5** 引き締まった, 厳粛な; じみな, 渋い: a ～ look 厳粛な顔つき. a ～ style 引き締まった文体. ***be ～ on*** [***upon***] に容赦しない, …につらく当たる.
◇ ‡～**·ly** *ad.* 激しく; きびしく; 簡素に.
(類義語) きびしい: **severe** きびしさを示す最も一般的な語. **stern** 妥協を許さない厳格さが, 態度・顔つき・ことばなど外面的な堅さとなってあらわれている. **austere** 厳格さが, 飾りを許さない簡素さとなってあらわれる. **harsh** soft の反意語で相手に与える手荒い感じ, とげとげしさに重点がある.

se·vér·i·ty [sivériti] *n.* **1** 厳格, 厳重. **2** 激烈, 酷烈, 痛烈. **3** 厳粛; 簡素, じみ, 渋さ. **4** (*pl.*) ひどいしうち.

Sév·ern [sévə:rn] *n.* (the ～) イングランド西南部の川.

Sè·vres [sévr(ə), -vər/séi-] *n.* **1** フランス北部 Paris 近郊の都市. **2** セーブル焼き《Sèvres 地方産》. 〈注〉つづり字中 è の上の記号は実際に書くもの.

‡**sew** [sou] *v.* (**sewed**; **sewed**, **sewn** [soun]) *vt.* 縫う; 縫い込む, 縫い付ける; 縫ってつくる;〘製本〙とじる: ～ two pieces together 2枚の布を縫い合わせる. —— *vi.* 針仕事をする, 縫い物をする, ミシンで縫う. ～ ***in*** 縫い込む. ～ ***on*** a button (ボタン) を縫い付ける. ～ ***up*** (1) 縫い合わせる; 縫ってふさぐ. (2) 酔わせる, 疲れきらせる;〘俗〙だます;〘俗〙行き詰まらせる. (3)〘米話〙独占する, の支配権をにぎる, 確保する. (4)〘米話〙〈交渉などに〉終止符を打つ.

séw·age [sú:idʒ/sjú:-, sjúidʒ] *n.*《下水で運ばれる》汚物, 汚水. —— *vt.* **1** に下水をつける. **2** に下水肥料をやる. ～ **disposal** 汚水処理(場). ～ **farm** 下水(汚物)利用農場.

séw·er¹ [sú:ər/sjúə] *n.* **1**《都市の》下水[汚水]溝(こう), 下水道. **2**〘医〙排出孔.
◇ **séw·er·age** [sú:əridʒ/sjúər-] *n.* 下水処理; 下水施設[工事]; 下水汚物.

séw·er² *n.*〘史〙《中世ヨーロッパの》給仕がしら, 配ぜん方.

séw·er³ [sóuər] *n.* 縫う人, 裁縫師; 裁縫機.

***séw·ing** [sóuiŋ] *n.* 裁縫; 裁縫業; 縫い物.
—— *a.* 裁縫(用)の. ～ **basket** 縫い物かご. ～ **circle** 裁縫奉仕会《慈善のための》. ～ **cotton** もめんの縫い糸, カタン糸. ～ **machine**《裁縫・製本用などの》ミシン. ～ **table** 裁縫台.

***sewn** [soun] *v.* sew の過去分詞.

‡**sex** [seks] *n.* **1** 性, 性別, 男女別: a member of the opposite ～ 異性の人. a member of the same ～ 同性の人. members of either ～ 男女両性の会員. **2**《集合的》男性, 女性, (*pl.*) 両性: the equality of the ～*es* 男女平等. **3** 性欲, 性交. ***have ～***〘米話〙性交を行なう. ***the fair*** [***female***, ***gentle***, ***softer***, ***weaker***] ～《集合的》女性. ***the rough*** [***stronger***, ***sterner***, ***male***] ～《集合的》男性. ***without distinction of age or ～*** 老若男女(ろうにゃくなんにょ)の別なく.
—— *vt.* 〈ひな鳥の〉雌雄を判別する. ～ ***it up***〘俗〙激しくネッキングをする. ～ ***up***〘話〙(1) の情欲をそそる. (2) おもしろくする, に興を添える.
～ **appeal** 性的魅力. ～ **education** 性教育.
～ **hormone** 性ホルモン. ～ **instinct** 性本能.
～**-línked**〘生〙《遺伝子が染色体上に位置して》性に関連した; 伴性的.
◇ ～**-less** *a.* **1** 性別のない, 無性の. **2** 性的感情のない, 性に冷淡な.

sex-「6」の意の語形成要素.

sèx·a·ge·nár·i·an [sèksədʒiné(:)riən/-néər-] *a.*, *n.* 60(歳)台の(人).

sex·ág·e·nàr·y [seksǽdʒənèri/sèksədʒí:nəri] *a.* 60の; 60歳(台)の; 60単位の.
—— *n.* ＝sexagenarian.

Sèx·a·gés·i·ma [sèksədʒésimə] *n.*〘宗〙四旬節 (Lent) 前の第2日曜日 (＝～ Sunday).

sex·cén·te·nàr·y [seksséntənèri/sèksentí:nəri] *a.* 600の; 600年(祭)の.
—— *n.* 600年祭. → centenary.

sex·én·ni·al [seksénial] *a.* **1** 6年ごとの, 6年に1度の. **2** 6年継続の. —— *n.* 6年祭. ◇ ～**·ly** *ad.*

sexi- ＝sex-.

sèx·i·vá·lent [sèksəvéilənt/seksívələnt] *a.*〘化〙六価の.

sex·ól·o·gy [seksálədʒi/-sɔ́l-] *n.* 性科学.
◇ **-gist** *n.* **sèx·o·lóg·i·cal** [sèksəládʒik(ə)l/-lɔ́dʒ-] *a.*

sex·pár·tite [sekspá:rtait] *a.* 六つに分かれた;〘植〙《葉が》6深裂の.

sext [sekst] *n.*〘宗〙6時課, 第6時[正午]の祈り;〘楽〙六度音階.

séx·tain [sékstein] *n.*〘雅〙6行連; ＝sestina.

séx·tan [sékstən] *a.*, *n.*《熱など》6日おきに起こる;〘医〙六日熱(の).

séx·tant [sékst(ə)nt] *n.* 六分儀; 円の6分の1.

sex·tét(te) [sekstét] *n.*〘楽〙六重唱[重奏](団); 6個[6人]一組み.

sex·tíl·lion [sekstíljən] *n.*〘米・フランス〙1,000の7乗《10^{21}》;〘英・ドイツ〙100万の6乗《10^{36}》.

séx·to [sékstou] *n.* (*pl.* ～**s**) 六つ折り判(の本).

sèx·to·déc·i·mo [sèkstodésimòu] *n.*, *a.* (*pl.* ～**s**) 16折り判の本[紙](の)《16 mo と略し sixteenmo と読む》.

séx·ton [sékst(ə)n] *n.* 寺男, 堂もり.

séx·tu·ple [sékst(j)upl/-tju-] *a.* 6倍の, 6部からなる, 6重の;〘楽〙六拍子の. —— *n.* 6倍の数.
—— *vt.*, *vi.* 6倍する[になる]; 6重にする[になる].
→ quadruple.

séx·tu·plet [-plit] *n.* 六つ組み; 六つ子のひとり[1匹].

séx·u·al [sékʃuəl/-sjuəl, -ʃu-] *a.* 性の, 性的な; 有性の, 雌雄の.

～ **appetite** 性欲. ～ **disease** 性病. ～ **generation** 〖生〗有性世代. ～ **intercourse** 性交. ～ **organs** 性器(官). ～ **perversion** 変態性欲. ～ **reproduction** 〖生〗有性生殖. ～ **selection** 〖生〗雌雄選択〔淘汰(とうた)〕. ～ **system** 〔**method**〕〖生〗雌雄分類法.
◇ ～·**ly** *ad.* 性的に; 有性的に. **sèx·u·ál·i·ty** [sèkʃuǽləti/-sju-, -ʃu-] *n.* 性別; 有性; 性的であること; 性欲. 「的な.
séx·y [séksi] *a.* 〖俗〗性的魅力のある, セクシーな, 性
sez [sez] *v.* 〖米俗〗＝says. ***Sez who?*** そんなことあるものか. ～ ***you*** きみはそう言うがどうかと思うよ.
sf science fiction. **sf., sfz.** 〖楽〗sforzando.
sfér·ics [sfériks] *n. pl.* 〖電〗空電 (atmospherics).
sfor·zán·do [sfɔːrtsáːndo/-tsǽn-], **-zá·to** [-tsáːtou] *ad., a.* 〖楽〗強音に〔の〕, 特に強く〔い〕, 力をこめて〔た〕《略 sf., sfz.》. [＜It.]
s.g. specific gravity. **Sgt.** Sergeant. **sh.** sheep; sheet; shilling(s); shunt. **S.H.** schoolhouse.
‡**sháb·by** [ʃǽbi] *a.* (**-bi·er**; **-bi·est**) **1** みすぼらしい; ぼろを着た. **2** すり切れた, 着ふるした, ぼろぼろの, いたんだ. **3** きたならしい, むさくるしい. **4** 卑劣な, さもしい, けちな.
～**-gen·téel** 落ちぶれても気位の高い〔体裁をつくろう〕, 斜陽(族)的な. ～**-gen·tíl·i·ty** 落ちぶれながらの気品. ◇ **-bi·ly** *ad.* **-bi·ness** *n.*
sháb·rack, sháb·raque [ʃǽbræk] *n.* 《軍馬の》鞍(くら)しき, 鞍おおい.
shack [ʃæk] *n.* **1** バラック, 掘っ建て小屋. **2** ある用途のへや: a radio ～ 無線室. **3** 〖鉄道俗〗制動手 (brakeman). —— *vi.* 泊まる, 住む.
～ ***up*** 〖米俗〗宿泊する; 同棲(どうせい)する.
sháck·le [ʃǽkl] *n.* **1** (通例 *pl.*) かせ, 手かせ, 手錠, 足かせ. **2** (*pl.*)《比喩的》拘束, 束縛, じゃまもの, きずな. **3** 《連結用の》掛けがね, U 字形金物; 《鉄道の》連環; 〖電〗シャックル, 茶台がいし; 〖紋〗かせ形印, 連環. —— *vt.* **1** に手錠をかける, に足かせをはめる, 鎖で縛る. **2** じゃまする, 束縛する, 妨害する. **3** 連環でつなぐ.
shad [ʃæd] *n.* (*pl.* ～(**s**)) 〖魚〗ニシンの類. 〈注〉複数の種類をいうとき shads. 「フリボクの実〔木〕.
shád·ber·ry [ʃǽdbèri/-b(ə)ri] *n.* 〖植〗アメリカザイ
shád·blòs·som [-blɑ̀səm/-blɔ̀s-] *n.* 〖植〗アメリカザイフリボクの花. 「木.
shád·bush [ʃǽdbùʃ] *n.* 〖植〗アメリカザイフリボクの
shád·dock [ʃǽdək] *n.* 〖植〗ザボン (の実). → pomelo, grapefruit.
‡**shade** [ʃeid] *n.* **1** 陰, 日陰; 木陰, 物陰: be dried in the ～ 陰干しにされる. **2** (*pl.*) (夕)やみ, 《日暮れどきの》暗がり. → shadow. **3** 〖画〗陰, 陰影, 《明暗の度, 特に黒の度によって生じる》色合い, くま, 色のニュアンス: all ～*s* of green いろいろの色合いの緑色. **4** 目だたない状態, 無名 (obscurity). **5** 顔のくもり: a ～ of disappointment on his face 彼の顔にあらわれた失望の色. **6** 日よけ, 日おおい, カーテン, 窓かけ; 日がさ; 《目に使う》遮光(しゃこう)器. **7** 《ランプなどの》かさ; ガラスのふた; ごみよけ, 風よけ. **8** 《比喩的》(色合いの) 微妙な違い, ちょっとした差異, あや: various ～*s* of political opinion 少しずつ色合いを異にした政見. a delicate ～ of meaning 微妙な意味の差異. **9** (a ～) ごくわずか, 気味, いくぶん: He sang *a* ～ too loud. 彼の歌は声がいささか強すぎた. There is not *a* ～ of doubt. いささかの疑いもない. **10** 〖雅〗(the ～s) 冥土(めいど); 死; 墓; 亡霊, 霊魂: go (down) to *the* ～*s* 死ぬ. **11** 人目につかぬ場所; (*pl.*) ホテルの酒場.
fall into the ～ 影が薄くなる, 光を奪われる; 世間から忘れられる. ***in the*** ～ 木陰に, 日陰に; 陰に隠れて. ***light and*** ～ 《比喩的》明暗, 雲泥(うんでい)の差. ***remain in the*** ～ 世間に知られていない. ***the shadow of a*** ～ 幻影, 空(くう)の空(くう). ***throw*** 〔***put, cast***〕 ***into the*** ～ 負かす, に顔色(がんしょく)なからしめる; の光を奪う. ***without light and*** ～ 《絵など》明暗のない; 《文章など》単調な.
—— *vt.* **1** 陰にする: ～ one's eyes with one's hand 手を目にかざす. The garden is well ～*d*. 庭は木陰が十分つくってある. **2** おおう, に日おおいをつける; 〈ランプなどに〉かさをつける. **3** 暗くする, くもらせる: ～ one's face 顔を暗くする. **4** ぼかす, くまどる; に陰をつける, に濃淡をつける. **5** 〖画〗〈着色・染色などを〉修色する, 少しずつ変えていく. **6** 〖楽〗の調子をかげんする, の調子をゆるめる. **7** 〖米〗の値段を少しまける.
—— *vi.* 〈色調・意味・方法などが〉少しずつ変わっていく, ぼやけていく《*away, off*》: blue *shading off* into green だんだん緑色に変わる青.
◇ ～**·ful** [-f(u)l] *a.* ～**·less** *a.* 日陰のない.
shád·ing [ʃéidiŋ] *n.* **1** 陰にすること; 遮光(しゃこう), 日よけをすること. **2** 〖画〗描影法, 明暗法, 濃淡; 《色・明暗などの》変化.
‡**shád·ow** [ʃǽdou] *n.* **1** 影, 投影, 影法師, 人影, 物影: follow a person about like a ～ 影のように人につきまとう. **2** やみ; (*pl.*) 暗がり, 夕やみ. **3** 心のやみ, 悲しみ; 陰うつ, 陰気: cast a ～ on a person's reputation 人の名声をかげらす. **4** 《鏡などに映る》映像, 影; 〖雅〗姿, 肖像; 《ある物の》影のようなもの, おもかげ: one's ～ in the mirror 鏡に映った自分の姿. be a mere ～ of one's former self 昔のおもかげがない. **5** 幽霊, 亡霊; まぼろし, 幻影, 実体のないもの. **6** 名ばかりのもの; なごり, 痕跡(こんせき): give the ～ of a smile ほのかにほほえんでみせる. **7** 少し, ほんのわずか: without a ～ of doubt 少しの疑いもなく. **8** 人目につかぬ場所〔状態〕. **9** 影のさすところ, 勢力範囲. **10** 《影のように》つきまとう人, 尾行者; 腰ぎんちゃく, 従者, 居そうろう; 探偵(たんてい): Sorrow is ～ to life. 悲哀は人生につきものだ. **11** 〖宗〗《神の》加護, 庇護(ひご), 保護. **12** (しばしば *pl.*) 前兆, 前触れ: Coming events cast their ～*s* before. ことの起こるには前兆がある.
be afraid of one's ***own*** ～ 自分の影におびえる; 極度にびくびくする. ***catch at*** ～***s*** ＝***run after a*** ～ 影をつかもうとする, むだぼねをおる. ***grasp at the*** ～ ***and lose the substance*** 影をつかもうとして実を失う. ***have only the*** ～ ***of freedom*** 名ばかりの自由を得る. ***in the*** ～ 暗いところに, 物陰に. ***live in the*** ～ 世間に知られずに暮らす. ***May your*** ～ ***never grow less!*** 幾久しくご繁栄を祈る. ***the*** ～ ***of death*** 死の影, 死相. ***the*** ～***s of night*** 夜のやみ, 夜陰. ***under*** 〔***in***〕 ***the*** ～ ***of*** (1) …のやみにまぎれて; の加護のもとに. (2) …のすぐかたわらに. ***within the*** ～ ***of*** …のすぐそばに. ***worn to a*** ～ 影のようにやつれて.
—— *vt.* **1** 暗くする, 陰にする. **2** 〈絵に〉陰をつける, ぼかす, くまどる. **3** おおう, 隠す. **4** につきまとう《影のように》, 尾行する, に付き添う. **5** 保護する, 守る. **6** かすかに予示する, の前兆となる, ぼんやりとあらわす《*forth*》: one's idea ～*ed forth* in these words このことばの中にだいたいあらわれている考え. **7** 憂うつにさせる, 〈人の〉気持ちを暗くさせる, 陰うつにする.
～**·box** → 別項. ～ **cabinet** 〖英〗陰の内閣《次期政権に備えた態勢にある野党の閣僚候補者たち》. ～ **factory** 戦時に平和産業から軍需産業に転換できる工場. ～**·graph** →別項. ～**·land** [´-ˌ-] 幻像郷. ～ **play** 影絵芝居.
◇ ～**·less** *a.* 影のない.
shád·ow·box [ʃǽdoubɑ̀ks/-bɔks] *vi.* **1** ひとりでボクシングを練習する. **2** 現実的な対策を行なわず非現実的なものに憂(う)き身をやつす. ◇ ～**·ing** *n.*
shád·ow·graph [ʃǽdougræ̀f/-grɑːf] *n.* **1** 影絵. **2** レントゲン写真 (radiograph); 〖写〗シルエット写真. ◇ ～**·ist** *n.* ～**·y** *n.* **shàd·ow·gráph·ic** [ˌ-ˌ-grǽfik] *a.*

***shád·ow·y** [ʃǽdoui] *a.* **1** 影のある〔多い〕, 薄暗い: a cool, ～ woods ひんやりして薄暗い森. **2** 影のような; ぼんやりした; 幻影の, 空虚な: a ～ outline ぼんやりした形. a ～ hope 夢のようにはかない希望. **3** 影を投ずる. ◇ **-i·ness** *n.*

‡shád·y [ʃéidi] *a.* **1** 日陰の, 陰の多い; 陰をなす: a ～ nook 陰になっている片すみ. **2**〖話〗後ろ暗い, うろんな, いかがわしい, 怪しい; 不正な, 良くない: a ～ character いかがわしい人物. a ～ transaction やみ取引. be engaged in a rather ～ occupation いささか怪しげな職についている. ～ eggs 腐りかけた卵. ***keep*** ～〖米〗秘密にする; 人目を避ける. ***on the*** ～ ***side of*** forty (40) 歳以上になって.
◇ **shád·i·ly** *ad.* **shád·i·ness** *n.*

SHAEF, Shaef [ʃeif] Supreme Headquarters Allied Expeditionary Forces 連合国派遣軍最高司令部.

‡shaft [ʃæft/ʃɑ:ft] *n.* **1**《やり・つちなどの》柄(え), 取っ手, 矢柄; 矢; やり. **2**《光線の》ひとすじ; 電光. **3** (*pl.*)《車の》長柄, かじ棒. **4**〖機〗シャフト, 心棒, 軸. **5**〖建〗小柱; 柱体, 柱身;《屋上に出た》煙突. **6** 旗ざお; 燭台(しょくだい)の支柱. **7**〖鉱山〗立て坑; 換気〔通風〕孔; エレベーターの通路. **8**《比喩的》《冷笑などの》ほこ先, 矢おもて. **9**〖植〗幹, 茎;〖動〗羽軸, 羽幹. ── *vt.* さおで押す〔突く〕.
～ **horse** 長柄につけた馬《馬車の縦列の先導馬を除く》.
◇ **～·ing** *n.*〖機〗《ベルト・軸など》軸系, 軸材.

shag[1] [ʃæg] *n.* **1** 粗毛, あら毛; 毛羽. **2** 織物の毛羽; 毛羽織り. **3** 刻みたばこの一種. **4**〖鳥〗鵜(う)の一種. ── *vt.* (**-gg-**) 毛羽だたせる, ばさばさにする; <毛を> あらくする;《草で》ぼうぼうにする.
～·bark →別項.

shag[2] *n.*〖俗〗追跡. ── *vt.* (**-gg-**) **1** 追跡する. **2** とってくる.

shag[3] *vi.* (**-gg-**)〖米〗片足とびで踊る. ── *n.* 片足とびで踊るダンス.

shág·bark [ʃǽgbɑ̀:rk] *n.*〖米〗ヒッコリーの一種 (＝～ hickory); その実〔材〕.

***shág·gy** [ʃǽgi] *a.* **1** 毛ぶかい, 毛むくじゃらの, 粗毛の. **2**《織物が》毛羽だった. **3** 髪をぼさぼさにした; (身だしなみの) だらしない. **4** やぶだらけの; でこぼこの.
～-dog story [ʃǽgidɔ́:g-stɔ́:ri/-dɔ́g-stɔ́:ri] (1) 長ったらしく最後にくだらぬとぼけた落ちのついている話. (2) 人間のことばを話す動物が出てくるおもしろい話.
◇ **shág·gi·ly** *ad.* **shág·gi·ness** *n.*

sha·gréen [ʃəgrí:n, ʃæg-] *n.*《馬・ラクダ・ロバなどの皮で製するざらざらした》シャグリーン皮, 粒起皮;《研磨用の》サメ皮.

Shah [ʃɑ:] *n.* (または s～) イランの国王 (の称号). →Padishah.

Shak. Shakespeare.

†shake [ʃeik] *v.* (**shook** [ʃuk]; **shák·en** [ʃéikən]) *vt.* **1** ゆする, ゆさぶる: ～ a person by the shoulder 人の肩をゆすぶる. **2** 振る, 振り動かす, 振り回す: ～ (up) a bottle of medicine 薬のびんを振ってよく攪拌(かくはん)する. **3**《副詞句を伴って》ゆすって〔振って〕…する: ～ fruit from a tree くだものをゆすぶり落とす. ～ sand out of one's shoes くつを振って中の砂を出す. ～ a person out of sleep 人を揺り起こす. ～ two tablets into one's hand (びんから) 錠剤を2錠手に振って出す. **4** <自信・信頼などを> ぐらつかせる, 弱める. **5** の心を動揺させる, の勇気をくじく: be *shaken* by fear 恐怖に心を動かされる. **6**〖楽〗<声を> 震わせる. **7** <さいころを> 振る. **8**〖米俗〗<追っ手などを> まく, からのがれる.
── *vi.* **1** 揺れる; 揺れて…する: Apples *shook* down with the last night's storm. リンゴが昨夜のあらしで揺れ落ちた. **2**《寒さ・恐ろしさなどで》震える, ぶるぶる震える: ～ with cold [fear]. **3** <自信などが> ぐらつく: His courage began to ～. 彼の勇気はくじけた. **4**〖米俗〗握手する《と *with*》. **5**〖楽〗震え声で歌う, 声を震わせる, 顫音(せんおん) (trill) を用いる.
be shaken at [***by, with***] に驚く. ***more than*** one ***can*** ～ ***a stick at***〖米〗数えられないほど (たくさんの). ～ one***self*** からだをぶるぶる震わせる. ～ ***a foot*** [***leg***] 急ぐ; ダンスをする. ～ a person ***by the hand*** (人と) 握手する. ～ ***down*** (1) <果実を> 揺り落とす《木から》. (2) 揺り倒す; 床に投げる; <仮寝床などを> 床に広げる. (3) <穀物などを> ゆすって詰める. (4) 落ち着く, 落ち着かせる; 環境・仲間になじむ. (5)〖米〗<機械などを> ためす, 整備する: ～ *down* a ship. (6)〖米俗〗…から金を巻き上げる. (7)…のからだを調べる《隠した武器を捜すために, など》. ～ one***'s finger at*** に人さし指を向けて振り動かす《警告・脅迫・叱責(しっせき)などで》. ～ one***'s fist*** [***stick***] ***in*** a person***'s face*** [***at*** a person] 握りこぶし〔棒〕を (人) の顔めがけて振り回しておびやかす. ～ one***self free from*** …から身を振り離す, …から脱する. ～ ***hands*** (***with***) (と) 握手する. ～ one***'s head*** 首を横に振る《否定・拒絶・疑い・失望・非難などの表現》. ～ ***in*** one***'s shoes*** びくびくする. ～ ***off*** <ほこりなどを> 振り落とす; <心配・やっかいものなどを> 追い払う; <悪習・病気などを> なおす; <追っ手を> 突き放す, 引き離す, まく: I can't ～ *off* my cold. どうもかぜが抜けない. ～ ***off the dust from*** [***of***] one***'s feet*** → dust. ～ ***on to*** を承諾する. ～ ***out*** (1) <旗・帆などを> 広げる. (2) <上着・毛布などを> 振ってかわかす. (3) <ほこりなどを> ふるう; <中身を> 振ってあける. ～ one***'s sides with laughing*** 腹をかかえて笑う. ～ one***self together*** 勇気を奮いおこす. ～ ***up*** (1) 激しく振る; <酒などを> 振りまぜる; <まくらなど> 振って形を直す. (2) 揺り起こす, 目をさまさせる; 激励する, 鞭撻(べんたつ)する. (3) の神経を狂わせる, ぞっとさせる. (4) 緊張させる: *S*～ yourself *up*. 元気をだせ. ***To be shaken before taken.***《薬びんの注意書き》よく振って服用のこと.
── *n.* **1** 動揺, 揺れ; 激動, 震動. **2** 振動, 振ること, 一振り;《さいころの》一振り: with a ～ of the head 頭を横に振って. **3** 身震い, おののき, がたがた震えること; (the ～s) 悪寒(おかん): a ～ in the voice 声の震え. have *the* ～*s* 悪寒がする. **4**〖米話〗地震 (earthquake). **5**〖米俗〗振ってつくる飲み物, ミルクセーキ (＝milk ～). **6**〖俗〗ちょっとの間, 瞬間. **7**《地面などの》裂け目, 割れ目;《木材の》ひび割れ, 割れ. **8**〖米〗木羽(こば), 屋根ぶき板. **9**〖楽〗顫音(せんおん). **10**〖米俗〗解雇, 放逐. ***a fair*** ～〖米〗公正な処置; 正しい取引. ***all of a*** ～ ぶるぶる震えて. ***be no great*** ～***s***〖話〗たいしたこと〔物, 者〕じゃない, 珍しくない, 平凡だ. ***get the*** ～ 解雇される. ***give a*** ～ 振る; 追い出す. ***give the*** ～ 解雇する. ***in a brace*** [***couple***] ***of*** ～***s***＝***in the*** ～ ***of a lamb's tail***＝***in two*** ～***s***＝***in*** (***half***) ***a*** ～ すぐに, 瞬間に, じきに: I'll be with you *in a* ～. すぐにごいっしょします〔うかがいます〕.
～·dòwn →別項. **～-úp** [ʃeikʌ́p]〖米話〗(1) 騒ぎ, 激動; 動揺. (2)《官庁・会社などの》大刷新, 大改革; 大異動; 大整理, 淘汰(とうた). (3) まにあわせ〔にわかづくり〕の建築物.
◇ **shák·a·ble** *a.* 振り回される; 震動できる; 弱める〔いためる〕ことができる.

(類義語) **震える: shake** 大地や家など物が揺れる. 人が震えるばあいは比喩的用法で, 人の意図に反して無意識のうちに震える: His voice was *shaking* with excitement. 彼の声は興奮で震えていた. **tremble** 心配・恐怖などのため人が震える. 木の葉などが震えるのは比喩的用法. **rock** 前後または左右にゆっくりと大きく揺れる. **quiver** 人や木の葉・炎などが細かく震える. **shiver** 人が寒さ・恐怖などで身震いする. **shudder** 恐怖に激しく震える.

sháke·dòwn [ʃéikdàun/ ́ ̀] *n.* **1**〖米〗整備,《練習による》調整. **2** 徹底的捜索. **3**〖米俗〗た

かり, 金を巻き上げること, ゆすり取り, 収賄. **4** 仮寝床, まにあわせの寝床. **5** 振り落とし, 揺り落とすこと; 落ち着くこと. ── *a.* 〘米話〙《航海など》性能試験の, 試運転の.

***shák·en** [ʃéik(ə)n] *v.* shake の過去分詞.

shák·er [ʃéikər] *n.* **1** 振る人; 震える人. **2** 振る道具, 振り動かす物; 震える物; 〘米〙《カクテル混合用》シェーカー, 攪拌(かくはん)器: a cocktail ～ カクテルシェーカー. **3**《塩・こしょうなどを入れる》振りかけ小容器. **4** (S～) 震教徒, シェーカー信者《アメリカのキリスト教の一派で共同生活・独身主義を教義とする》.

Sháke·speare [ʃéikspiər] *n.* William ～, 1564–1616, イギリスの劇作家・詩人. 〈注〉Shakespear, Shakspere, Shakespere ともつづる.

Shake·spéar·e·an, -i·an, Shake·spér·e·an, -i·an [ʃeikspí(:)riən/-píər-] *a.* シェイクスピア風〔時代〕の: the ～ sonnet シェイクスピア風十四行詩 (Elizabethan sonnet, English sonnet). ── *n.* シェイクスピア学者〔研究家〕.

◇ **Shàke·spear·e·á·na** [ʃèikspi(:)riéinə, -ǽnə/-piəriá:nə] *n. pl.* シェイクスピア文学〔文献〕.

shák·o [ʃǽkou, ㊙+ʃéikou] *n.* (*pl.* **～(e)s**) シャコー帽《円筒形の羽毛前飾りの付いた軍帽》.

shako

Shák·spere ＝Shakespeare.

shák·y [ʃéiki] *a.* **1** ぐらつく, 揺れる, がたつく. **2** 不安定な;《声などが》震える. **3** 不確実な; あてにならない; あぶなっかしい. **4** 病弱な: feel ～ 気分がすぐれない. look ～ 顔色がよくない.

◇ **-i·ly** *ad.* **-i·ness** *n.*

shale [ʃeil] *n.* 〘地〙ケツ岩, デイ板岩. ～ **oil** ケツ岩油. ◇ **shál·y** *a.* ケツ岩(質)の.

†**shall** → 枠付 shall. (p. 1184)

shal·lóon [ʃəlú:n, ʃæ-] *n.* シャロン織り《毛織物. おもに洋服の裏地・婦人服用》.

shál·lop [ʃǽləp] *n.* スループ型の船 (sloop); 〘雅〙小舟, 軽舟.

shal·lót [ʃəlát/-lɔ́t] *n.* 〘植〙ワケギの類.

‡**shál·low** [ʃǽlou] *a.* **1** 浅い: a ～ stream 浅い流れ. **2** 浅薄な, 皮相な: a ～ mind あさはかな心〔考え〕. ── *n.* 浅瀬, 浅いところ. ── *vt., vi.* 浅くする〔なる〕.

～-bráined, ～-héad·ed, ～-pát·ed (考えの) あさはかな. ◇ **～·ly** *ad.* **～·ness** *n.*

sha·lóm [ʃəlóum, ʃɑ:-] *int.* こんにちは, ごきげんよう, さよなら《本来は「平和」の意》. [＜Heb.]

shál·ot ＝ shallot.

shalt [ʃælt, 弱 ʃ(ə)lt] *aux. v.* 〘古〙《主語が thou のとき用いる》shall の直説法現在第二人称単数形.

sham [ʃæm] *n.* **1** ごまかし, にせ, 見せかけ, いんちき; にせもの, 食わせもの: a mere clumsy ～ へたなにせもの. His goodness is all a ～. 彼の親切は全く偽善だ. **2** ごまかす人, ほら吹き; 詐欺師, 山師, いかさま師; 仮病つかい. **3** まくらカバー (＝pillow ～); 《装飾的な》寝台おおい (＝sheet ～).

── *a.* にせの, ごまかしの, 見せかけの, まがいの.

── *vt., vi.* (**-mm-**) 見せかける, まねる, ふりをする, そらとぼける, 偽る: ～ madness 狂人をよそおう. ～ dead 死んだふりをする. That boy is not really sick but only *～ming*. その少年はほんとうは病気ではなく仮病をつかっているだけだ.

～ battle 〔㊕ **fight**〕 演習, 模擬戦. **～ plea** 〘法〙《単に延引のための》虚偽の抗弁.

shá·man [ʃá:mən, ʃǽm-, ʃéim-/ʃǽm-] *n.* (*pl.* **～s**) shamanism のまじない医師.

◇ **～·ism** [-ìz(ə)m] *n.* シャーマン教《シベリア北部の原始宗教》; シャーマニズム《まじないの力を有する医術師への信仰》. **～·ist** *a., n.* **sha·mán·ic** [ʃəmǽnik, -má:n-] *a.*

shám·ble [ʃǽmbl] *vi.* よろよろ歩く, ひょろひょろする. ── *n.* よろめき, よろよろ歩き.

shám·bles [ʃǽmblz] *n. pl.*《しばしば単数扱い》**1** 畜殺場. **2** 〘英方〙肉売り台; 肉屋. **3**《比喩的》修羅場(しゅら), 大虐殺の場.

‡**shame** [ʃeim] *n.* **1 恥ずかしさ**, 恥ずかしい思い, 羞恥(しゅう)心: feel ～ at having told a lie うそをついて恥じる. **2 恥**, 不名誉, 不面目, 恥辱: He is a ～ to his family. 彼は一家の名折れだ. **3**《婦女の》不品行. **4** 〘話〙ひどいこと, 残念なこと: What a ～! なんという(ひどい) ことだ!, あまりのことだ! → disgrace. ***dead to*** 〔***lost to, past, without***〕 ～ 恥を知らない. ***feel ～ to*** (do) …することを恥じる. ***flush with ～*** 恥じて赤面する. ***from*** 〔***for, out of***〕 ～ 恥ずかしくて, 恥ずかしいので. ***life of ～*** 醜業. ***put*** 〔***bring***〕 ***to ～*** (1) 恥をかかせる, 面目をなくさせる. (2) 〈他人を〉はるかにしのぐ. ***S～ !＝For ～ !＝ Fie for ～! ＝ S～ on you !*** 恥を知れ!, まあ, いやだ!, いやな…さん!, みっともない!: *For* ～, let me go. みっともない, 放してください. ***suffer the ～ of*** を恥ずかしく思う. ***think ～ to*** (do) …するのを恥とする. ***to the ～ of*** の面目をつぶして.

── *vt.* **1 はずかしめる**, の面目をつぶす; 侮辱する: ～ one's family 家名を汚す. **2 恥じさせる**, 恥ずかしがらせる. **3** 恥じさせて…させる《おもに受動態で》: ～ a person *into* (do)ing 人を恥じさせて…させる. He *was* ～*d into* working. 彼は恥じて働くようになった. That ～*d* me *out of* it. それで恥ずかしくなってやめてしまった. **4** 〘古〙恥じてためらう.

sháme·faced [ʃéimfèist] *a.* **1** 恥ずかしそうな, はにかんだ; 内気な. **2** 〘雅〙控えめの, 目だたない.

◇ **shame·fác·ed·ly** [ʃeimféisidli, ʃéimfèistli] *ad.* **shame·fác·ed·ness** [-nis] *n.*

‡**sháme·ful** [ʃéimf(u)l] *a.* **1** 恥ずべき, 面目ない: ～ conduct 不名誉な行為. **2** よからぬ, けしからぬ. **3** あさましい, いやらしい, みだらな.

◇ **～·ly** [-fuli] *ad.* **～·ness** *n.*

sháme·less [ʃéimlis] *a.* 破廉恥な, 恥知らずの, 厚かましい. ◇ **～·ly** *ad.* **～·ness** *n.*

shám·mer [ʃǽmər] *n.* ぺてん師, いんちき屋, うそつき.

shám·my [ʃǽmi], **shám·oy** [ʃǽmɔi] ＝chamois.

sham·póo [ʃæmpú:] *n.* **1** 洗髪. **2** 洗髪剤, シャンプー. ── *vt.* **1** 〈頭・髪を〉洗う. **2** 〘古〙マッサージする. **dry ～** 乾式洗髪; アルコール性洗髪液, 粉末洗髪剤.

shám·rock [ʃǽmrɑk/-rɔk] *n.* 〘植〙三つ葉の草《ミヤマカタバミ・クローバーなど. Ireland の国章》.

shá·mus [ʃá:məs, ʃéiməs] *n.* 〘米俗〙巡査, 私立探偵(たんてい).

shán·dry·dan [ʃǽndridæn] *n.* がた馬車; 軽2輪馬車.

shán·dy·gaff [ʃǽndigæf] *n.* 〘おもに英〙ビールとジンジャーエールの混合酒.

sháng·hai [ʃǽŋhai, ─ˊ/─ˊ, ˊˊ] *vt.* (**～ed**; **～·ing**) 〘海俗〙《麻酔薬・酒などで意識を失わせて船に運び込んで》船員にする.

Sháng·hái [ʃæŋhái/─ˊ, ˊˊ] *n.* **1**《中国の港市》シャンハイ (上海). **2** 鶏の一種.

Shán·gri-Lá, Shán·gri·lá [ʃæŋgrilá:] *n.* **1** 〘米〙理想の楽園《James Hilton の小説 *Lost Horizon* 中の理想郷の名から》. **2** 秘密の場所;《アメリカ空軍の》秘密基地. **3** 〘米:軍俗〙便所.

shank [ʃæŋk] *n.* **1** すね (の骨);《羊・牛などの》すね肉; 脚(あし). **2**《工具の》柄(え);《かぎ・いかり・つり針・レコード針などの》軸; 活字の身・軸《印刷しない部分》. **3** 〘米〙くつの土踏まずの部分. **4** 〘英〙《くつ下の》すねの部分. **5** 〘話〙残り, はし; おしまい, 終わり: the ～ of the journey 旅行の終わりごろ. **6** 〘話〙始まり, 始め. **7** 〘ゴルフ〙シャンク《クラブの柄で打つ強い右曲がりの打球》. ***ride*** 〔***go***〕 ***on Shanks's*** 〔***～'s***〕 ***mare*** 〔***pony***〕《乗らずに》歩いて行く, ひざく

shall

shallの原義はmustに似て,「本人の意志によらず,なんらかの他の力によってある行為を強制されている」というにある. たとえば *Shall* I [we] ...?「…しましょうか」や *Shall* he...?「彼に…させましょうか」では「他の力」は質問に答える人の意志, You [He] *shall*...「おまえ[彼]に…させてやる」では,「他の力」は話者の意志であるし, 法律条文の shall (=must), 予言の shall,「話者の決意」をあらわす I [we] shall では,「他の力」はそれぞれ条文そのもの, 運命[神], 約束[義務など]と考えられる. また「本人の意志によらぬ」ところから「単純未来」の表現 I [We] *shall*... [*Shall* you...?, He says that he *shall*...] などにも発展した.

ただし今日の日常語ではshallの使用はおもに一人称の, しかも上記「…しましょうか」の意味での *Shall* I [we] ...? および単純未来の I [We] *shall*... (おもに《英》) に限られる. 未来表現には本来は意志をあらわしていた will が発達し, しかも「単純未来」においてさえ, 人称・語法などで従来 shall が要求されていた場所にも will を用いることが (特に《米》において) 多くなった. もっとも仮定法の should の一重要語義「べきである」に「ねばならぬ」の原義が多分に残っていることは注目に価する.

変化形は下記の現代形のほか古形として次のものがある: 第二人称単数現在形 (thou) **shalt** [ʃælt, 弱 ʃ(ə)lt], 過去形 **shouldst** [ʃudst, 弱 ʃədst], **shóuld·est** [ʃúdist].

shall [ʃæl, 弱 ʃ(ə)l] *aux. v.* (過去形 **should** [ʃud, 弱 ʃ(ə)d]; shall not の短縮形 **shan't** [ʃænt/ʃɑːnt], should notの短縮形 **shóuld·n't** [ʃúdnt]) 《過去形 should は別項で詳説》

1 《I [We] shall (1) 単純未来》…だろう: If I am late, I ～ lose the job. 遅れたら, 仕事を失うだろう. Do you think I ～ catch my train? 列車にまにあうと思いますか. We ～ have a music lesson tomorrow. あす音楽のレッスンがある (ことになっている). I hope I ～ succeed this time. 今度はうまくいってくれるだろう. I hope I ～ see you again. またお目にかかるつもりです. I ～ be happy to take your invitation. 喜んでご招待をお受けいたします.

2 《I [We] shall (2) 決意の客観的表現》: I ～ visit a dentist tomorrow. 私はあす歯科医のところへ行きます. I ～ arrive by the first train tomorrow. あす一番列車で着きます. I ～ never forgive him. 私は彼を決して許さないだろう.

3 《Shall I [we] ...? (1) 単純未来》: *S*～ I succeed? 成功するでしょうか. *S*～ I be in time for the train? 列車にまにあいましょうか.

4 《Shall I [we] ...? (2) 相手の意志を尋ねる》: *S*～ I stay here till three o'clock? 3時までここにおりましょうか. *S*～ I open the window? 窓をあけましょうか. *S*～ we go out for a walk? 散歩に出ませんか (≒Let's go out for a walk.).

5 《You shall (1) 文語的文脈で命令・禁止》: Thou *shalt* not kill. なんじ人を殺すなかれ. Thou *shalt* love thy neighbour as thyself. おのれのごとく, なんじの隣人を愛すべし.

6 《You shall (2) 話者の決意・約束・威嚇》: You ～ have the money tomorrow. あすそのお金を上げます. You ～ hear from me before long. まもなくお手紙を差し上げます. You ～ not have any. おまえにはなにもやらない. If you tell on me, you ～ answer it. もし告げ口するとただでは済まんぞ. You ～ not have your own way. 好きかってにはさせないぞ.

7 《Shall you...? (1) 単純未来》: *S*～ you wait till he comes? 彼が来るまで待ちますか.

8 《Shall you...? (2) 相手の意向を聞く》: *S*～ you take your umbrella? こうもりがさを持って行きますか.

9 《He [She, They] shall (1) 文語的文脈で運命的な必然・予言をあらわす》: All men ～ die. すべての人は死ぬだろう. Oh, East is East and West is West, and never the twain ～ meet. 東は東, 西は西, 両者相会うことなかるべし.

10 《He [She, They] shall (2) 話者の決意・約束・威嚇》: He ～ not die. 彼を死なせない. He says he won't go, but I say he ～. 彼は行きたくないと言うが私は行かせる. He ～ pay for that. その仕返しはしてみせるぞ.

11 《Shall he [she, they]...? 話しかけられた人の意向・意志を聞く》: *S*～ he copy the document? 彼に書類を写させましょうか. What ～ Tom do next? 次にトムになにをさせますか. When ～ the wedding be? 結婚式はいつになさいますか《今日では When *is* the wedding *to be*? のような言い方が普通》.

12 《Who shall...? 修辞的疑問文》だれが…できようか, だれも…せぬ: Who ～ tell of what he was thinking? 彼がなにを考えていたのかだれにもわからぬ《今日では can が普通》.

〈付記₁〉上記⑥以下の shall は今日では一般に古風な堅苦しい表現になっており, 特に⑥－⑪では will, be going [planning] to (do), be (do)ing などで置き換えるか, まったく別の表現を用いることが多い: 《⑥の例》You *shall* have the money tomorrow. → You *will* have [You *are going to* have, *I'll let you* have, *I'll give you*] the money tomorrow. 《⑪の例》*Shall* he copy the document? → *Shall I have him* [*Do you want him to*] copy the document?

〈付記₂〉副詞節と **shall** 昔は副詞節ですべての人称に対し shall が用いられたが, 現在では未来時制には現在形, 未来完了には完了形が用いられる.《旧形》If you *shall fail* to understand, ... →《現代形》If you *fail* to understand, ... 《旧形》When he *shall have* finished the work, ... →《現代形》When he *has* finished the work, ...

〈付記₃〉**shall** と間接話法 直接話法の shall は間接話法でもそのまま shall として受け継がれるのが原則であるが米語では will となる: He says, "I *shall* be away from home." → He says that he *shall* [㊊ *will*] be away from home. 現代語の立場で考えれば, shall はまだ直接話法の会話体 "I shall" が耳に記憶として残っているが, will はそれを既に忘れ完全に客観描写を行なったわけで, より純粋な間接話法といえるだろう.

〈付記₄〉***that*-節** 中の **shall** 命令・提案・要求・意向などの意味をあらわす主文に続く *that*-節の中に shall が用いられることがある: The umpires have *agreed* that the race *shall* be rowed again. (審判たちはレースをやり直すことに一致した) これは今日では多少堅苦しい文体であり, should の方が一般的. また My aunt *intends* that you *shall* accompany us. のような構文より My aunt *intends you to* accompany us. (おばはあなたに私たちと同行してもらうつもりです)の方が好まれる.

りげで行く，てくる．***the* ～ *of the evening*** 〖話〗 宵(よい)の口：Don't leave yet, it's just *the* ～ *of the evening.* もっと居たまえ，まだ宵の口だ．***the* ～ *of the morning*** 朝も終わりかけるころ，昼近く．
—— *vi.* 〖植〗 <花などが> (くさって) 落ちる．—— *vt.* 〖ゴルフ〗 <ボールを> シャンクする．

***shan't** [ʃænt/ʃɑːnt] shall not の短縮形．

shán·tey [ʃǽnti] *n.* 水夫のはやし歌 (= chantey).

Shán·túng [ʃǽntʌ́ŋ, ʃɑ́ːndúŋ/ʃændʌ́ŋ, ʃǽntʌ́ŋ] *n.* **1** シャントン (山東) 省 《中国北東部の省．省都チーナン (済南)》; 同省東部の半島．**2** (または s～) [ʃæntʌ́ŋ] 《シャントン産》 山繭のつむぎ，絹紬(けんちゅう)，山東絹．

shán·ty[1] [ʃǽnti] *n.* 〖米・カナダ〗 小屋，掘っ建て小屋; 〖オーストラリア〗 居酒屋．

shán·ty[2] =shantey.

‡shape [ʃeip] *n.* **1** 形，形状，かっこう: In ～ Italy resembles a leg. イタリアは長ぐつのような形をしている．**2** 《人の》 姿，なり: a devil in human ～ 人間の姿をした悪魔．**3** (おぼろげな) 物の姿; もののけ，幽霊．**4** はっきりした形，まとまった形，あるべき形: give a ～ to one's ideas 考えをまとめる．**5** 形勢，状態; 調子: What will the ～ of the future be? 将来はどういうことになるのでしょう．**6** (具体的) 形: a reward in the ～ of $1,000 現金1,000ドルという報酬．**7** 形式，種類: dangers of every ～ あらゆる種類の危険．**8** 型，模型; 《寒天・ゼリーなどの》 型; 《帽子などの》 木型．***beat into*** ～ 打って形をつくる; <法案・計画などを> まとめる．***find a*** ～ 具体化する，実現する．***get*** [***put***] ***into*** ～ まとめる，かっこうがつく，形が整う，形を整える，<考えなど> 具体化する．***get out of*** ～ 形がくずれる．***give*** ～ ***to*** に形をつける，をまとめる．***in*** (***a***) ***bad*** [***poor***] ～ 〖米話〗 苦境で，困って; 健康が悪く．***in*** (***a***) ***good*** ～ 《からだの》 調子がよい．***in any*** ～ ***or form*** どうしても，どんな形ででも，どのような…でも．***keep in*** ～ 形をくずさないようにする．***lose*** ～ 形がくずれる．***out of*** ～ (1) 形がだいなしになって: The box was crushed *out of* ～. 箱はめちゃめちゃにつぶされた．(2) からだが不調で．***take*** ～ 形をなす，具体化する，実現する 《に *in*》．***take the*** ～ ***of*** の形をとってあらわれる．***throw into*** ～ 形をつくる．
—— *v.* (～**d**; ～**d**, 〖古〗 **sháp·en** [ʃéip(ə)n]) *vt.* **1** 形づくる，つくる: ～ a pot on a wheel ろくろでつぼをつくる．～ clay *into* an urn 粘土でかめをつくる．～*d* like a ball 球の形をして．**2** 《比喩的》 形づくる，まとめる，考案する，具体化する，ことばであらわす: ～ one's ideas *into* a book 自分の考えを本にまとめる．**3** 適合させる，合わせる; <進路を> 定める: ～ one's living *to* the times 生活の仕方を時代に合わせる．—— *vi.* **1** 形をとる，形になる 《の *into*》．**2** できあがる，まとまる 《*up*》: The plan is ～*ping up.* 計画がまとまりかけている．**3** 発展する，うまくゆく 《*up*》: Everything is ～*ping up* well [satisfactorily, properly]. 万事うまくいっている．～***d charge*** 〖軍〗 松かさ形爆弾．～***ping machine***＝shaper ②．
～·up [⊥⊥] 《整列させて》 荷役を選ぶ方法．
◇ **sháp(e)·a·ble** *a.* 形づくることのできる．
(類) → **make**「つくる」，→ **pattern**「型」

SHAPE, Shape [ʃeip] Supreme Headquarters Allied Powers, Europe ヨーロッパ連合国最高司令部．

shápe·less [ʃéiplis] *a.* **1** 無 (定) 形の．**2** 形のきまらない; まとまらない．**3** 形の悪い，ぶかっこうな．
◇ ～**·ly** *ad.* ～**·ness** *n.*

shápe·ly [ʃéipli] *a.* 形 [姿，かっこう] のよい，均整のとれた．◇ **shápe·li·ness** *n.*

sháp·er [ʃéipər] *n.* **1** 形づくる人 [物]．**2** 〖機〗 形削り盤，シェーパ．

shard [ʃɑːrd] *n.* **1** 《瀬戸物などの》 破片．**2** 〖虫〗 鞘翅(しょうし); 〖動〗 うろこ; 《カタツムリ・卵などの》 殻(から)．

‡share[1] [ʃɛər] *n.* **1** 分け前，持ち分，割り前: He should receive a generous ～ of praise. 彼は大いに賞賛を博すべきだ．**2** 割り当て，分担，負担; 出資，出し分: Do your ～ of work. 自分の分の仕事はちゃんとやりなさい．Please let me take a ～ in the expenses. 私にも費用をいくらか負担させてください．**3** 役割，尽力，貢献，参加 《*in*》: take ～ *in* the conversation 会話に加わる．What ～ had he in your success? 彼はきみの成功にどんな尽力をしただろうか．**4** 〖英〗 株 (式); 株券．
bear [***take***] ***one's*** ～ ***of*** の割り前を払う，の一部を分担する．***come in for a*** ～ ***of*** の分配を受ける，の分け前にあずかる．***fall to*** a person'***s*** ～ (人) の分け前 [負担] になる: It *fell to* his ～ to go. 彼が行かなければならなくなった．***go*** ～***s*** 分担する; 山分けにする; 平等に関与する．***have*** [***take***] ***a*** [***one's***] ～ ***in*** …にあずかる，を分担する．***on*** [***upon***] ～***s*** 利害・損益を共同で負担して: They agreed to work *on* ～*s.* ～ ***and*** ～ ***alike*** 等分に，山分けにして．***take the lion's*** ～ うまいしるを吸う，最大の分け前をとる．
—— *vt.* **1** 分配する，くばる: ～ (out) $100 among five men 100ドルを5人に分配する．He would ～ last penny with me. 彼は最後の一文まで分けてくれるだろう．**2** 共有する 《と *with*》: ～ a hotel room *with* a stranger 他人とホテルで同室する．**3** 共同負担する，分かち合う: Let me ～ the cost with you. 経費を私にももたせてください．～ a fire with others 類焼する．
—— *vi.* **1** 分け前を受ける: All must ～ alike. みな一様に分け前を受けるべきだ．**2** 分け合う，共同負担する 《を *in*; と *with*》: I'll ～ *with* you *in* your distress [*in* the undertaking]. きみと悲しみを分かち合いましょう [いっしょに仕事をしましょう]．
～·brò·ker 〖英〗 株式仲買人 (= ㊎ stockbroker). **～·crop** → 別項．**～·hòld·er** 〖英〗 株主 (=㊎ stockholder). **～-list** [⊥⊥] 〖英〗 株式相場表．**～-out** [⊥⊥] 《共済組合などの》 配給物．**～-pùsh·er** 〖英俗〗 ぼろ株のセールスマン．
◇ **shár·er** [ʃɛ́(ː)rər/ʃɛ́ər-] *n.* **1** 《配給・配当を》 受ける人; 共有する [分け前にあずかる] 人 《*in, of*》．**2** 分配 [配給] 者．
(類義語) **分かち合う**: **share, share in** 主として share は自分の所有物を他人にも分ける，share in は他人の所有物の分け前にあずかる: *share* one's lunch with a friend 自分の弁当を友人と食べる．*share in* another's joy 人の喜びにあずかる．**participate** 「参加，かかわり」に力点がある: *participate* in a crime 犯罪に関係する．**partake** 「消費のための受容」に力点がある．

share[2] *n.* すきの刃先; 播種(はしゅ)機などの刃．

sháre·crop [ʃɛ́ərkrɑ̀p/-krɔp] *vt., vi.* 〖米〗 分益契約で耕作する．◇ **sháre·cròp·per** *n.* 分益小作人．

***shark** [ʃɑːrk] *n.* **1** 〖魚〗 サメ，フカ．**2** 強欲な人，高利貸し; 詐欺師．**3** 〖米俗〗 《その道の》 達人; 《学生などの》 すごくできる人．
—— *vi.* 詐欺をはたらく，あこぎなことをする．—— *vt.* 搾取する 《*up*》; がつがつ [むさぼり] 食う．
～·skin サメ皮; シャークスキン 《羊毛・もめん・化繊などの織物の一種》．◇ **～·er** *n.* いかさま師．

‡sharp [ʃɑːrp] *a.* **1** 鋭い，とがった; よく切れる，刃のついた: a ～ point [summit] とがった先 [山頂]．**2** 《気質・ことば・声・痛み・味・寒さ・経験などが》 鋭い，痛烈な，ピリリとした: a ～ temper 激しい気性．a ～ reproof きびしい叱責(しっせき)．a ～ voice 鋭い声．a ～ contest 激烈な競争．a ～ appetite 強烈な食欲．a ～ flavor [taste] ピリッとした味．a ～ air [frost] 身を切るような冷気 [寒気]．a ～ grief 強い悲しみ．**3** 《頭などが》 鋭い，鋭敏な; 抜け目のない，悪賢い: ～ eyes よく見える目．～ intelligence 切れる頭脳．a ～ dealer 抜け目のない行動をする人．～ practice ぺてん行為．↔dull. **4** 明確な，くっきり

した: a ～ outline くっきりした輪郭. a ～ impression 鮮明な印象. **5** 《行動が》すばやい, 敏捷(びんしょう)な: ～ work 早わざ. **6** 〔俗〕いきな服装をした; スマートな, 顔だちのよい. **7** 〔楽〕半音高い, 嬰音(えいおん)の. → flat¹. **8** 〔音声〕硬音の, 無声音の《[p, t, k] など》. ***have a ～ tongue*** 毒舌をふるう. ***S～ is*** [***S～'s***] ***the word.*** さあ急げ!, 早く早く!

—— *ad.* **1** 鋭く. **2** ゆだんなく, 抜け目なく; きびきびと. **3** 急に, 急いで, 早く: turn ～ to the right 急に右折する. **4** ちょうど, かっきり: at five o'clock ～ 5時かっきりに. **5** 〔楽〕半音高く. ***Look ～!*** 気をつけろ!; 急げ!

—— *n.* **1** 鋭いもの; (*pl.*) 縫い針. **2** 詐欺師, いかさま師; 〔米話〕達人, 専門家, くろうと. **3** (*pl.*) 〔英〕《小麦の》二番粉, 粗粉(あらこ). **4** 〔楽〕嬰音, シャープ, 嬰記号《♯》.

—— *vt., vi.* **1** 〔楽〕半音上げる; 高く歌う. **2** 〔俗〕ごまかす, 詐欺をはたらく. **3** 〔古〕=sharpen.

～-cút 鋭い刃物で切られた; くっきりした, 鮮明な. **～-éared** 耳のとがった; 耳のはやい. ***～-édged*** (1) 刃の鋭い, 鋭利な, よく切れる. (2) 抜け目のない, 鋭敏な. **～-éyed** 目のよくきく, 目のはやい; すばしこい. **～-fréeze** <食物を> 急速に冷却する. **～-póint·ed** 先のとがった. **～-sét** (1) 鋭角に取り付けた. (2) 切望する《*upon, after*》. (3) 腹がへった. **～-shóot·er** 名射撃手; 〔軍〕狙撃(そげき)兵; 〔米俗〕一挙に大利益をねらう短期売買者. **～-síght·ed** 目の鋭い, 目のきく, すばしこい. **～-tóngued** 歯に衣(きぬ)を着せない, 辛らつな口調の. **～-wít·ted** → 別項.

◇ **～·ness** *n.*

[類義語] **鋭い: sharp** (ナイフなどが) よく切れる, 鋭利な: a *sharp* knife. **keen** (刃先が) とがった: a *keen* blade 鋭い刃. **acute** (角が) とがった, 鋭角の: an *acute* triangle 鋭角三角形. これら3語は比喩的用法ではほとんど区別なく使われる: a *keen* [*sharp, acute*] mind 明敏な頭脳. a *keen* [*sharp, acute*] pain 激痛.

‡**shárp·en** [ʃάːrp(ə)n] *vt.* **1 鋭くする**; とがらす, とぐ: ～ a knife. ～ a pencil. **2** 激しくする: ～ one's appetite 食欲をそそる〔増進する〕. **3** はっきりさせる. **4** 〔楽〕半音上げる. —— *vi.* sharp になる. ◇ **～·er** *n.* とぐ〔削る〕人〔道具〕: a pencil ～*er* 鉛筆削り.

shárp·ie [ʃάːrpi] *n.* 〔米〕**1** 帆船の一種《三角帆を張った1·2本マスト平底漁船》. **2** 〔俗〕ずるがしこい人; めかし屋.

‡**shárp·ly** [ʃάːrpli] *ad.* **1** 鋭く. **2** 激しく, ひどく. **3** 急激に, すばしこく. **4** 抜け目なく. **5** はっきりと, くっきりと.

shárp·wít·ted [ʃάːrpwítid] *a.* 才知の鋭い, すばしこい, 抜け目のない. ◇ **～·ly** *ad.* **～·ness** *n.*

Shás·ta [ʃǽstə] ～ ***daisy*** 〔植〕シャスタデージー《フランス菊と浜菊の雑種》.

shás·tra [ʃάːstrə] *n.* ヒンズー教の聖典.

‡**shát·ter** [ʃǽtər] *vt.* **1** 粉みじんにこわす: ～ the window pane 窓ガラスを打ち砕く. **2** 《比喩的》打ち砕く, だいなしにする, そこなう: ～*ed* hopes 打ち砕かれた希望. ～*ed* nerves [constitution] そこなわれた神経〔健康〕. —— *vi.* 砕ける; こわれる.

—— *n.* **1** (通例 *pl.*) 破片; 破損. **2** めちゃめちゃになった状態《不健康·精神錯乱など》. ***break into ～s*** 粉砕する. ***in ～s*** ばらばらに〔こなごなに〕なって. ≒shutter.

[類] → **break**「砕く」

‡**shave** [ʃeiv] *v.* (**～d**; **～d, sháv·en** [ʃéiv(ə)n]) *vt.* **1** <ひげ·顔などを> **そる**; <芝ふなどを> 短く刈り込む: ～ one's face. **2** かんなをかける, 削る; 薄くそぐ《*off*》: ～ (*off*) thin slices 薄片をそぎ取る. **3** <自動車などが> かすめて通る, かする: The car just ～*d* the wall. 自動車は壁すれすれに通った. **4** 〔米話〕<手形·証券などを> 大割引で買う; <値を> 負ける. **5**「けずる」, 縮小する. **6** 詐取する.

—— *vi.* **1** ひげをそる, かみそりを使う: He does not ～ every day. 彼は毎日はひげをそらない. **2** <かみそりが> 切れる. **3** かする. **4** 〔米話〕手形·証券などを大割引で買う. ～ one***self*** ひげをそる. ～ ***away*** [***off***] そり落とす.

—— *n.* **1** ひげそり, ひげをそること: A sharp razor gives you a close ～. かみそりが切れると顔がよくそれる. **2** すれすれ (の通過); 危うく免れること: a close ～ 危機一髪. **3** 削りくず, 薄片. **4** 《かんななどの》削り道具. **5** 〔米話〕《手形などの》高率割引. **6** 〔英〕トリック, ごまかし; いたずら.

by a close [***narrow, near***] ～ かろうじて, いま少しのところで. ***get*** [***have***] ***a*** ～ ひげをそる: You must *have a* ～. ひげをそりなさい. ***have*** [***be***] ***a close*** ～ (***of it***) 危ういところをのがれる.

～·tail [⊥⊥] 〔米: 軍俗〕(新任の) 陸軍少尉.

sháve·ling [ʃéivliŋ] *n.* 《けいべつ的》頭をそった司祭, 坊主; 若造, 小僧.

sháv·en [ʃéiv(ə)n] *v.* shave の過去分詞. —— *a.* 髪〔ひげ〕をそった, 坊主頭の; 《芝ふなど》刈り込んだ.

sháv·er [ʃéivər] *n.* **1** そり〔削り〕手; 理髪師; そり〔削り〕道具: an electric ～ 電気かみそり. **2** 詐欺師, 高利貸し. **3** 〔話〕若造, 小僧.

Shá·vi·an [ʃéiviən] *a.* Bernard Shaw (流) の. —— *n.* Shaw 崇拝者〔研究者〕. ◇ **～·ism** *n.*

sháv·ing [ʃéiviŋ] *n.* ひげそり; そる〔削る〕こと; (*pl.*) 削りくず, かんなくず. **～ brush** ひげそりブラシ. **～ cream** ひげそりクリーム. **～ horse** 〔建〕削り台.

shaw [ʃɔː] *n.* 〔古·雅〕茂み, 小さな森.

Shaw [ʃɔː] *n.* George Bernard ～, 1856–1950, イギリスの劇作家·批評家《略 G.B.S.》.

***shawl** [ʃɔːl] *n.* **ショール, 肩掛け.** —— *vt.* に肩掛けをかける.

～ **dance** 《ショールをなびかせて踊る》ダンスの一種.
～ **pattern** 《東洋のショールのような》はでな模様.

shawm [ʃɔːm] *n.* 〔楽〕中世の木管楽器《オーボエの前身》.

shay [ei] 〔古·笑〕=chaise.

†**she** [ʃiː, 弱 ʃi] *pron.* (*pl.* **they** [ðei]) 彼女が〔は〕《第三人称女性単数主格の人称代名詞. 所有格·目的格は her. 所有代名詞は hers》: My sister says ～ likes to read. 私の妹は読書が好きだと言っている. 〈注〉国家·都市·船·月など女性として扱われるものにも用いることがある.

—— *n.* (*pl.* **～s**) 女; 雌: Is the baby a he or a ～? 赤ん坊は坊やかそれとも嬢ちゃんか. Our dog is a ～. うちの犬は雌です.

—— *a.* 女の; 雌の《合成語で》: a ～-cat 雌ネコ; 意地悪女. a ～-devil 鬼女; 毒婦.

～·pine [⊥⊥] 〔植〕《オーストラリア産》松の一種.

***sheaf** [ʃiːf] *n.* (*pl.* **sheaves** [ʃiːvz]) 《刈り取った麦穂などの》**束**; 《紙·矢などの》一束. —— *vt.* 束ねる.

shear** [ʃiər] *v.* (**sheared**, 〔方·古〕**shore** [ʃɔːr/ʃɔː]; **sheared** 《英では稀》, **shorn** [ʃɔːrn/ʃɔːn]) *vt.* **1** 《大ばさみなどで》**刈る**, 摘み切る, 刈り込む; そる, そぐ; 《かまで》刈り取る: ～ (wool from) sheep 羊(の毛) を刈る. ～ a hedge かきねを刈る. the lawn closely *shorn* 短く刈られた芝ふ. **2** <ウール地の> 毛羽を切る. **3** から**奪い取る**, からはぎ取る《を *of*》: be *shorn of* authority 権威を奪われる. —— *vi.* **1** はさみを使う; 羊の毛を刈る. **2** 《物がはさみで》切れる, そがれる. **3** <飛行機などが> 分け進む《を *through*》: ～ *through* the clouds. ～ ***off 摘み切る, 《はさみで》切る. ～ ***off*** a person***'s plume*** (人) の高慢の鼻をへし折る.

—— *n.* **1** (*pl.*) **大ばさみ**; 植木ばさみ; 剪断(せんだん)機《しばしば a pair of ～s》. **2** 《羊の毛の》刈り込み. **3** 《羊毛など》刈り取られたもの. **4** 《羊の》刈り込み回数; 《羊の》年齢: a sheep of two ～*s* 2歳の羊. **5** 〔機〕剪断; 変形; ずれ. **6** (*pl.*) =～ legs.

~ **hulk** 起重機船. ~ **legs**〖機〗ふたまたクレーン〔起重機〕. ~·**wà·ter**〖鳥〗ミズナギドリの類.
◇ ~·**ling** *n.*〖おもに英〗毛を1回刈った羊.

shéar·ing [ʃí(ː)riŋ/ʃíər-] *n.* 羊の毛の刈り込み, 刈り取った羊毛. ~ **stress**〖機〗剪断(せんだん)応力.

shéat·fish [ʃíːtfìʃ] *n.*〖魚〗ナマズの類.

sheath [ʃiːθ] *n.* (*pl.* ~**s** [ʃiːðz], 《所有格》~**'s** [-θs]) **1** さや; 道具のカバー〔おおい〕. **2**〖植〗葉鞘(ようしょう), 竹の皮;〖生〗翅鞘(しょう). **3**〖電〗《ケーブルの》外装. ~ **knife** さや付きナイフ. → clasp knife.

sheathe [ʃiːð] *vt.* **1** さやに入れる; にさやを付ける. **2** おおう, 包む. ~ ***the sword*** 刀をさやにおさめる; 《比喩的》戦いをやめる.

shéath·ing [ʃíːðiŋ] *n.* **1**《刀などを》さやにおさめること. **2** おおい, かぶせ;〖海〗《船底の》被覆材料;〖電〗《ケーブルの》外装;〖建〗野地(のじ); 土止(どど)め.

sheave[1] [ʃiːv] *n.* 綱車, 滑車輪.

sheave[2] *vt.* 〈麦穂などを〉集めて束ねる.

sheaves [ʃiːvz] *n.* sheaf, sheave[1] の複数形.

Shé·ba [ʃíːbə] *n.* **1**〖聖〗シバ《アラビア南部の古王国》. **2**〖米俗〗魅力あふれる美女. ***the Queen of*** ~〖聖〗シバの女王《Solomon 王の知恵と偉大さに敬服したという. 列王紀上10: 1–15》.

she·báng [ʃibǽŋ] *n.*〖俗〗**1** 事柄, 事件; 用事; 事, 物: the whole ~ 全体, いっさいがっさい. **2** 小屋, 建物, 住宅; 店; 酒場; 《特に》賭博(とばく)場.

she·béen [ʃibíːn] Ir. *n.* もぐり酒屋 (= (米) speakeasy); 下等な居酒屋.

‡**shed**[1] [ʃed] *v.* (~; ~·**ding**) *vt.* **1** まく, こぼす, 〈涙・血などを〉流す: ~ tears [sweat, blood] 涙〔汗, 血〕を流す. **2**〈葉・種子・皮・羽・歯・角・きばなどを〉落とす, 脱ぐ; 〈衣服を〉脱ぎ捨てる: Trees ~ their leaves in fall. 木は秋に落葉する. A snake ~*s* its skin. ヘビは脱皮する. **3**〈光・熱・香などを〉発散する, まき散らす: Some flowers ~ perfume. ある花は香気を放つ. **4**〈影響などを〉周囲にふりそそぐ: He ~*s* confidence wherever he goes. 彼はどこへ行っても人に信頼感をいだかせる. **5** とたもとを分かつ, 捨てる: ~ a bad habit [one's colleagues] 悪習〔同僚〕と決別する. **6**〈布などが水を〉はじく.
—— *vi.* 脱毛〔脱皮〕する; からを脱ぐ: My dog is ~*ding* badly. うちの犬は抜け毛がひどい.
~ one***'s blood for*** …のために血を流す, …のために死ぬ. ~ ***light on*** を照らす; に光明を与える.
◇ ~·**der** *n.* 《涙・血などを》流す人; 注ぐ物;〖動〗脱殻(だっかく)期のエビ・カニ類.

‡**shed**[2] *n.* **1**《平屋の》小屋, さしかけ小屋, 物置き; 家畜小屋, 仕事場. **2** 車庫, 格納庫. **3**《税関の》上屋(うわや). **4**〖米俗〗屋根のある自動車. —— *vt.* (**-dd-**) ～に入れる.

she'd [ʃiːd, 弱 ʃid] she had [would] の短縮形.

shéd·ding[1] [ʃédiŋ] *n.* **1** 流すこと, 発散. **2** (通例 *pl.*) 抜けがら. **3** 分かつこと, 分界: ~ of waters 分水.

shéd·ding[2] *n.* 物置き (小屋); 車庫.
◇ ~·**like** [ˊ-ˋ] *a.* 小屋のような, 物置き風の.

sheen [ʃiːn] *n.* 輝き, 光彩; つや, 光沢.
—— *a.*〖雅〗輝かしい, 光る; つやのある.
◇ ~·**ful** [-f(u)l] *a.* ~·**less** *a.* ~·**ly** *ad.* ~·**y** *a.*〖雅〗つやのある; 光る.

shéen·y[1] [ʃíːni] *n.*〖俗〗《けいべつ的》ユダヤ人.

shéen·y[2] → sheen.

†**sheep** [ʃiːp] *n.* (*pl.* ~) **1** 羊, 綿羊: a flock of ~ 一群の羊. → ewe, lamb, ram, mutton. **2** 羊の皮. **3** おとなしい人, 気の弱い人; おろか者. **4**《集合的》教区民, 信者.
a wolf in ~'s clothing〖聖〗羊の皮を着たオオカミ, 善人の仮面をかぶった悪人《マタイ伝 7: 15》. ***black*** ~ 黒羊; やっかいもの. ***follow like*** ~ 盲従する. ***lost*** ~〖聖〗迷える羊, 正道をふみはずした人《エレミヤ書 50: 6》. ***make*** [***cast***] ***~'s eyes at*** に色目をつかう, に秋波を送る. ***One may as well be hanged for a ~ as*** (***for***) ***a lamb.***〖ことわざ〗毒をくらわばさらまでも. ***separate the ~ from the goats***〖聖〗善人と悪人とを区別する《マタイ伝 25: 32》. ~ ***that have no shepherd*** 烏合(うごう)の衆.
~·**cot** [ˊˋ], ~·**cote** [ˊˋ], ~**-dip** [ˊˋ] 洗羊液《寄生虫駆除の》. ~ **dog** 牧羊犬. ~ **farmer**〖英〗牧羊業者. ~·**fold** [ˊˋ]〖英〗さくのある牧羊場. ~·**hèrd·er**〖米〗牧羊者, 羊飼い (shepherd). ~·**hook** [ˊˋ] 羊飼いのつえ. ~ **louse**〖虫〗ヒツジジラミ. ~·**man** [-mæn, -mən] (*pl.* **-men**) (1)〖米〗牧羊業者. (2) = shepherd. ~ **range**〖米〗牧羊場. ~ **run** 大牧羊場《特にオーストラリアの》. ~·**shank** [ˊˋ] (1) 羊のすね〔足〕; やせ細ったもの. (2)〖海〗つめ結び《綱を一時縮める方法》. ~**s·head,** ~**'s-head** [ˊˋ] (1)《料理した》羊の頭. (2) のろま; ばか. (3)〖魚〗タイ科の食用魚. ~·**shèar·ing** 羊毛刈り; 羊毛刈りの時期〔祭り〕. ~·**skin** [ˊˋ] (1) 羊皮, 羊のなめし皮. (2) 羊皮製の衣類《外套(がいとう)・帽子など》. (3) 羊皮紙 (文書). (4)〖米話〗卒業証書. ~ **sorrel**〖植〗ヒメスイバ. ~·**walk** [ˊˋ]〖英〗牧羊場.

shéep·ish [ʃíːpiʃ] *a.* (羊のように) 気の弱い, 内気な; 《しくじりをして》おどおどした; 愚かな.
◇ ~·**ly** *ad.* ~·**ness** *n.*

sheer**[1] [ʃiər] *a.* **1**《織物が》**薄地の**, **薄い**, **透き通る** (ほどの). **2 混ぜもののない**, 水で割ってない: ~ ale 生(き)ビール. → mere, pure. **3 全くの**: She fainted from ~ weariness. 全くの疲労から気絶した. ~ nonsense [folly] 愚の骨頂. **4 切り立った**, 険しい, 垂直の: From the top of the cliff there was a ~ drop of 100 feet to the water below. 断崖(だんがい)のてっぺんから下の水面まで100フィートの垂直落下距離があった. ***by ~ force 力ずくで.
—— *ad.* **1** 完全に, 全く; まともに: run ~ into the wall 壁にもろにぶつかる. **2** 垂直に, まっすぐに, 切り立ったように: He fell ~ down 300 feet. 彼は300フィートも直下に落ちた. The cliff descends ~ to the sea. そのがけは切り立ったように海までおりている. —— *n.*〖米〗薄地の織物.
◇ ~·**ly** *ad.* 全く, 完全に.

sheer[2] *vi.*〖海〗**1** 方向を変えて進む, 向きを変える. **2**《わきへ》それる, 針路からそれる. ~ ***off*** それて行く, 避ける; 《いやな人などと》別れる, 離れる《から *from*》.
—— *n.*〖海〗**1** 針路の転換, 湾曲進行. **2**《船側線の湾曲》舷弧(げんこ). **3** 単錨泊(びょうはく)のときの斜めになった船の位置. ~ **hulk** = shear hulk. ~·**legs** [ˊˋ] = shear legs.

†**sheet**[1] [ʃiːt] *n.* **1 シーツ**, **敷布**; 《夜具カバーなど》掛け布. **2**《ガラス・鉄・ベニヤ板などの》**薄板**, **板**. **3** …**枚**; 1 枚の紙; 《書物・印刷物・手紙・新聞などの》1 葉: two ~*s* of paper 紙 2 枚. an order ~ 注文伝票. **4**《雪・水・火・色などの》広がり, 一面, 一帯: a ~ of water 一面の水. **5**《岩・土・氷などの》薄い層. **6**《ざんげ者の着る》白衣; 経かたびら. **7**〖雅〗帆 (sail).
between the ~s 寝床にはいって. ***blank*** ~ 白紙; 《善にも悪にもそまる》白紙のような人〔心〕. ***clean*** ~ 前科のない〔善良な〕人物. ***in ~s*** (1) 箔(はく)・薄板になって. (2)〖製本〗製本せずに, 刷ったままで. (3)《雨が》滝のように. ***pale*** [***white***] ***as a*** ~ 真っ青になって. ***proof*** ~ 校正刷り. ***put on*** [***stand in***] ***a white*** ~ 悔い改める, ざんげする.
—— *vt.* **1**〈寝床などに〉シーツを敷く, シーツでおおう. **2** 一面におおう, シーツを敷きつめたようにする. **3** に経かたびらを着せる. ***~ed rain***《しの突く》大雨 (= ~s of rain).
~ **anchor** (1)〖海〗予備大いかり《非常用》. (2) 最後の手段〔切り札〕. ~ **glass** 板ガラス. ~ **iron** 鉄板, 薄鋼板. ~ **lightning** 幕状いな光り, 幕電. ~ **metal** 板金. ~ **music** 1 枚刷りの楽譜. ~

sham《装飾的な》寝台おおい.
◇ ∼·ing n. 1《敷布用》シーツ(地). 2 板金〔板状〕にすること; 板金. 3 板囲い;〔土木〕せき板, 土止(どど)め.
sheet² n. 〔海〕 1 帆脚索(ほあし), シート. 2 (pl.) 船首〔船尾〕座. ***be*** 〔***have***〕 ***a*** ∼ ***in*** 〔***to***〕 ***the wind*** 〔***wind's eye***〕〔俗〕ほろ酔いかげんである. ***three*** ∼***s in*** 〔***to***〕 ***the wind*** 〔***wind's eye***〕〔俗〕 大とらになって, 泥酔(でいすい)して.
—— vt. 〔海〕〈帆を〉帆脚索で引っ張る. ∼ ***home*** 〈角帆を〉帆脚索を締めて十分に張る.
Shéf·field [ʃéfi:ld] n. イギリス Yorkshire の工業都市.
sheik, sheikh [ʃi:k/ʃeik, ʃi:k] n. 1《アラビア人・回教徒の》家長, 族長, 村長, 教主《尊称にも用いる》. 2〔米俗〕色男, 女たらし.
◇ **shéik(h)·dom** n. ∼の領地.
she·kár·ry =shikaree.
shék·el [ʃékl] n. シェケル《古代ユダヤの重さと貨幣の単位》; (pl.)〔俗〕金銭; 財産.
She·kí·nah [ʃikáinə/ʃek-, ʃik-] n. 〔ユダヤ教〕顕現したエホバの姿; (エホバの神殿にたなびく) 光雲, 彩雲.
shél·drake [ʃéldrèik], **shél·duck** [-dʌ̀k] n. (pl. ∼s, 《集合的》 ∼)〔鳥〕アカツクシガモ, アイサガモ. 〈注〉shelduck の方は特に雌をさすことがある.
‡**shelf** [ʃelf] n. (pl. **shelves** [ʃelvz]) 1 たな; たな状の場所; 壇 (platform);《がけの》岩だな: a book-∼ 本だな. →動詞 shelve¹. 2 州(す), 浅瀬, 砂州(さす), 暗礁;〔鉱山〕平層. ***continental*** ∼ 大陸だな《大陸沿岸の浅瀬》. ***on the*** ∼ (1) たなざらしになって; 使われずに, 顧みられずに. (2) たな上げされて, 握りつぶされて. (3)《未婚婦人が》結婚のあてがなく.
∼ **warmer** 売れ残り品, たなざらし (品).
‡**shell** [ʃel] n. 1《卵・貝などの》殻(から), 貝がら (= sea ∼): an egg ∼ 卵の殻. a snail ∼ カタツムリの殻. buttons made of ∼ 貝ボタン. 2 貝; 殻をもつ軟体動物. 3《カメの》甲 (= tortoise ∼). 4《果実・種子の》かたい外皮, 殻, さや: a nut ∼ クルミの殻. 5〔物〕《原子を構成する》電子の殻(かく). 6 砲弾, 榴弾(りゅうだん); 薬莢(やっきょう); 破裂弾, 砲弾片: a tear ∼ 催涙弾. 7《感情を外に見せぬための》殻; 外観, 見せかけ. 8 外わく, 骨組み: the ∼ of a house 家の骨組み. 9《内装と区別して》建物自体, 外部;《丸屋根のある》屋内競技場. 10 船体. 11〔米〕《レース用の》軽ボート. 12 入れ物; 内棺. 13 ビール用小グラス. 14〔医〕外耳, 耳たぶ. 15 = ∼ jacket. 16〔英〕中間学級 (intermediate form). 17〔雅〕七弦琴. 18 婦人のそでなしブラウス《上着の下に着る》. ***cast the*** ∼ 殻を脱する. ***come out of*** one's ∼ 打ち解ける, 話に加わる. ***retire*** 〔***go***〕 ***into*** one's ∼ 打ち解けない, 無口になる, 内気になる.
—— vt. 1 から さやをとる; から 実をとる, 殻から出す: ∼ eggs 卵の殻をとる. ∼ peas エンドウのさやをむく. 2 砲撃する, 爆撃する: ∼ a city. —— vi. 1〈殻・皮などが〉むける, はげ落ちる. 2〈実などが〉さやから出る, とれる. 3《浜べで》貝がらを拾う. 4〈金属などが〉剝離(はくり)する. ***as easy as*** ∼***ing peas*** 〔俗〕実にたやすい. ∼ ***off*** ぼろぼろはげる. ∼ ***out*** 〔話〕〈金を〉渡す; (全額) 支払う.
∼·**back** [⌐⌐]〔俗〕老水夫; 船で赤道を横断した人. ∼·**bark** [⌐⌐] =shagbark. ∼ **bean**《さやを食べない》豆類. → string bean. ∼ **construction**〔建〕殻〔シェル〕構造《薄い強化コンクリートよりなる》. ∼ **egg**《脱水・粉化しない》普通の卵. ∼·**fire** [⌐⌐]〔軍〕砲火. ∼·**fish** [⌐⌐] 貝; 甲殻類《エビ・カニなど》. ∼ **game** 数個の茶わんを伏せておいてどれに隠した物があるかを当てさせるいかさまばくち. ∼·**gun** [⌐⌐] 平射砲. → mortar². ∼ **heap** 貝づか. ∼ **jacket**〔米〕熱帯地用略式礼服;〔英〕陸軍将校通常服. ∼·**lime** [⌐⌐] 貝がら灰, かき灰.
∼ **mound** =∼ heap. ∼ **out**〔玉突き〕ピラミッド戯の一種. ∼·**proof** [⌐⌐] 防弾 (性) の. ∼ **shock**〔医〕《砲撃のショックによる》記憶〔視覚〕喪失症; 戦闘痴呆(ちほう)症 (combat fatigue);〔米〕恐怖; 焦燥. ∼-**shocked**, ∼-**shocked** [-ʃɑkt/-ʃɔkt] 砲撃ショックを受けた; 戦争ノイローゼの;〔米〕おくびょうな. ∼·**work** [⌐⌐]《集合的》貝がら細工.
◇ ∼**ed** a. 1 殻のある. 2 さやをむいた: ∼*ed* beans. ∼·**er** n. 殻〔さや〕をむく人; 殻〔さや〕むき機, 脱殻機. ∼·**ing** n. 1 砲撃. 2 殻〔さや〕をむくこと. 3 (pl.) もみがら. 4 貝拾い. ∼-**less** a. 殻〔甲, さや, うろこ〕のない. ∼ **y** a. 貝がらの多い, 貝がらでおおわれた; 貝がらのような; 貝がらからなる.
she'll [ʃi:l, 弱 ʃil] she will 〔shall〕の短縮形.
shel·lác, shel·láck [ʃəlǽk] n. シェラック塗料《lac を精製したもの. ワニスの原料》. —— vt. (**-lácked**; **-láck·ing**) 1 シェラックを塗る〔で接合する〕. 2〔米俗〕なぐりつける; 徹底的に打ち負かす.
◇ **shel·láck·ing** n.〔米俗〕殴打, 暴行; 大敗.
Shél·ley [ʃéli] n. Percy Bysshe [pɑ́:rsi-bíʃ-] ∼, 1792–1822, イギリスの詩人.
shell-lác =shellac.
‡**shél·ter** [ʃéltər] n. 1 避難場所, 隠れ場所: a bomb 〔an air-raid〕 ∼ 防空壕(ごう). 2 遮蔽(しゃへい)物, 援護物: a ∼ from the sun 日よけ. 3 保護, 擁護: food, clothing and ∼ 衣食住. 4 遮蔽; 避難. 5 小屋, 宿所. ***give*** ∼ ***to*** をかばう. ***take*** 〔***find***〕 ∼ 避難〔退避〕する: *take* ∼ from the rain under a tree 木の下で雨宿りする. ***under the*** ∼ ***of*** …にかくまわれて, に保護されて.
—— vt. かくまう, おおう; 隠して守る, 保護する: The wood ∼*s* the house from cold winds. その森があるので家に寒い風が当たらない. —— vi. 隠れる, 避難する;《日・風などを》よける, 雨宿りする《から *from*; に *in*, *under*》: ∼ *from* the rain 雨宿りする.
∼ one***self*** 身を守る;《上役の》威光をかさに着る《に隠れて *behind*, *in*, *under*》. ∼***ed trades***〔英〕外国の競争を受けない産業《建築・内国運輸など》.
∼ **belt** 防風林. ∼ **half** 2 人用テントの半分. ∼ **tent**《2 人用の》小型テント. ∼ **trench** 散兵壕, 掩壕(えんごう).
◇ ∼·**less** a. 隠れ場〔逃げ場〕のない, 避難所のない; 保護〔寄るべ〕のない.
shelve¹ [ʃelv] vt., vi. 1 たなに載せる, たなに置く; しまい込む. 2 たな上げする: Let us ∼ that argument. その論争はたな上げにしよう. 3〈議案などを〉握りつぶす, お流れにする. 4 解雇する, 退職させる (dismiss). 5 にたなをつける. →名詞 shelf.
shelve² vi. ゆるく〔だらだらと〕傾斜する.
***shelves** [ʃelvz] n. shelf の複数形.
shélv·ing¹ [ʃélviŋ] n. 1 たなに載せること. 2「たな上げ」, 無期延期. 3 たなをつけること;《集合的》たな材, たな.
shélv·ing² n. 徐々に傾斜すること; 緩勾配(こうばい), ゆるい傾斜面. —— a. 緩勾配の, だらだら坂の.
Shem [ʃem] n. 〔聖〕セム《Noah の長男 でセム族の祖先とされる. 創世記10: 21》.
Shém·ite [ʃémait], **Shem·ít·ic** [ʃemítik] = Semite, Semitic.
she·nán·i·gan [ʃinǽnigæ̀n, -gən/-gən] n.〔米話〕1 ごまかし, うそ; 悪だくみ. 2 (通例 pl.) たわごと.
Shé·ol [ʃí:oul] n. 1《ヘブライ人の》冥土(めいど), あの世. 2 (s∼)〔話〕地獄. [<Heb.]
‡**shép·herd** [ʃépərd] n. (*fem.* **shép·herd·ess** [-is]) 1 羊飼い, 牧羊者. 2《比喩的》牧師; 指導者, 教師. ***the Good S***∼ 〔聖〕よき羊飼い《キリストのこと》. —— vt. 1〈羊の〉番をする, 見張る, の世話をする, 飼う. 2 導く, 指導する.
∼ **dog** →sheepdog. ∼ **god** 牧羊神 (Pan). **S**∼ **Kings** = Hyksos. ∼**'s crook**《先の曲がった》牧羊つえ. ∼**'s pie**《ひき肉とジャガイモでつく

る》パイの一種. **～'s plaid** 黒と白のこうしじまの布. **～'s purse**〖植〗ナズナ, ペンペングサ.

Shér·a·ton [ʃérətn] *a., n.* シェラトン《イギリスの家具設計家 Thomas ～, 1751–1806》風の(家具).

shér·bet [ʃə́ːrbit] *n.*〖米〗シャーベット《果汁を主とした氷菓》;〖英俗〗冷たい果汁(じゅう)飲料.

sherd [ʃɑːrd, ʃəːrd/ʃəːd] *n.* =shard.

she·réef, she·ríf [ʃəríːf/ʃer-] *n.* **1** Mohammed の子孫. **2** Mecca の知事 (=Grand S～). **3** アラビア人の首長〔国王〕.

shér·iff [ʃérif] *n.*〖米〗(郡) 保安官《民選により, county 内の治安と司法をゆだねられる》;〖英〗州長官《county または shire 内の治安・行政を執行する民選行政官》. ◇ **～·al·ty** [-əlti], **～·dom, ～·hood, ～·ship** *n.* ～の職〔地位, 職権, 任期〕.

shér·lock [ʃə́ːrlɑk/-lɔk] *n.* (または S～)〖話〗私立探偵(たんてい); 名探偵《Conan Doyle の推理小説の主人公 Sherlock Holmes による》.

Shér·pa [ʃéərpə, ʃə́ːr-/ʃə́ː-] *n.* (*pl.* ～(**s**)) シェルパ人《ヒマラヤ山地に住むチベット人の一種族》.

shér·ry [ʃéri] *n.* シェリー酒《南スペイン産の強い白ブドウ酒》; 白ブドウ酒. **～ cobbler** シェリー酒入り冷たい飲み物. **～ glass** シェリー酒用グラス.

Shér·wood [ʃə́ːrwud] **～ *Forest*** イギリス Nottinghamshire にあったもと王室林《Robin Hood の伝説で有名》.

she's [ʃiːz, 弱 ʃiz] she is〔has〕の短縮形.

Shét·land [ʃétlənd] *n.* シェトランド諸島 (= ～ Islands)《Scotland の北岸沖の Orkney 諸島の北東部にある小諸島》. **～ lace** シェトランド レース《ふちどり用》. **～ pony**〖動〗シェトランド種の小馬. **～ wool** シェトランド種の(細い)羊毛.

shew [ʃou] *vt., vi.* (**shewed**; **shewn** [ʃoun])〖英古〗=show. **～·bread** [⌐⌐]〖古〗《古代ユダヤ教の》供え物のパン (showbread).

shh [ʃː] *int.* 静かに!, しー!

Shí·ah [ʃíːə] =Shiite.

shíb·bo·leth [ʃíbəliθ/-leθ] *n.* **1**〖聖〗ためしことば《[ʃ] 音が発音できなかったエフライム人をギレアデ人と区別するのに用いた. 旧約士師記 12: 6》. **2**《国籍・階級などを見分ける》特徴となることばづかい.

‡**shield** [ʃiːld] *n.* **1** 盾(たて). **2**《比喩的》保護物, 防御物, 遮蔽(しゃへい)物; 後ろだて, 保護者. **3** 保護, 保障: The air force is our ～ against invasion. 空軍は他国の侵略に対するわれわれの盾である. **4**〖電〗シールド, 遮蔽. **5** 盾形のもの;《機械などの》盾装(じゅんそう);《砲の》防盾;〖工〗《トンネルなどを掘るとき坑夫を保護する》シールド, 構盾. **6**〖紋〗《盾形の》紋地; 警官の記章. **7**《衣服の》どろよけ; 汗よけ;《すきの》土よけ. **8**〖動〗《甲らなどの》盾状部. ***both sides of the ～*** 盾の両面; 物の表裏. ***the other side of the ～*** 盾の反面; 問題のほかの一面.

—— *vt.* **1** かばう, 保護する; 守護する, かくまう: ～ *from* danger 危険から守る. ～ one's daughter with one's own body わが身を盾に娘をかばう. **2** おおう, 遮蔽する. —— *vi.* 盾となる; 保護する.

～ hand〖古〗左手《盾を持つ方の手》.

shí·er [ʃáiər] *a.* shy の比較級. —— *n.* すぐ驚いて飛びのく馬 (=shyer).

‡**shift** [ʃift] *vi.* **1** 移り動く, ところを変える, 居を移す; 立ち去る: The immigrants ～*ed* from one place to another. 移民たちは転々と動きまわった. The man was told to ～ off. その男は向こうへ行けと言われた. **2** 方向を変える: The wind ～*ed* to the east. 風が東風に変わった. **3** 〈場面・状況・性格などが〉変わる, 変化する: The scene ～*s*. 舞台〔場面〕が変わる. **4**《自動車の》ギアを入れ替える;《タイプライターの》上段キーへ移る. **5**〖言〗音声推移する. **6** やりくりして通る, いろいろくふうする: ～ through life なんとか世を渡る.

—— *vt.* **1** の位置を移す, 転位する: He ～*ed* his chair. 彼はいすの場所を変えた. He ～*ed* his head round to see it. 彼は頭を回してそれを見た. Don't ～ the responsibility upon others. 責任を他人に転嫁するな. ～ the scene 場面を移す〔変える〕. **2** 変える, 変更する, 一変する: ～ one's opinion 意見を変ずる. The clouds ～*ed* their form from moment to moment. 雲は刻々姿を変えた. **3** 取り替える《同種のものの間で》: ～ friends 友人を替える. ～ tasks to vary the monotony 単調を破るために仕事を変える. **4**〖言〗〈音声を〉体系的に変化させる, 推移させる. **5** 〈自動車のギアを〉入れ替える. **6** 取り除く, しまつする: ～ the dirt ごみを除く. **7** 〈食物を〉平らげる.

～ *back* a day (1 日) 繰り上げる. **～ *for* one*self*** 自力でやりくりする. **～ one'*s ground*** 論拠を変える; 立場を変える. **～ *off*** 〈責任などを〉人に押しつける, 免れる; 〈義務を〉延ばす. **～ *the blame on to*** a person 罪・責任を(人)に転嫁する.

—— *n.* **1** 変遷, 推移; 変化, 変更: ～*s* in fashion 流行の変化. a ～ of interest from history to science 歴史から科学への興味の移り変わり. a ～ in the wind 風の方向転換. **2**《勤務の》交替(時間); 交替の組み: work in three ～*s* 3 交替で働く. **3** 一時しのぎ(の手段), 方便, やりくり算段; ごまかし, 小細工: make (a) ～ 工面する, やりくりする. **4**《れんが積みなどの》互接法. **5**〖鉱山〗《わずかな》断層, 鉱脈のずれ. **6**《バイオリンなどをひくときの》手の運び, 音の位置を変えること. **7**〖言〗音声の推移. **8**《作物の》輪作. **9** シフトドレス (=～ dress)《ゆるやかな婦人服》;〖古〗シュミーズ, スリップ. **10**〖アメリカンフットボール〗プレー開始直前の守備位置移動. ***for a ～*** 一時のまにあわせに, 当座〔一時〕しのぎに. ***graveyard ～***〖米話〗《3 交替制操業の》夜間交替(番)《0 時から 8 時まで》. **one'*s*** 〔***the***〕 ***last ～*** 最後の手段. work ***on ～s*** 交替勤務制で(働く). ***relieve a ～*** 交替する. **～ *of crops*** 輪作. ***swing ～***〖米話〗午後交替(番)《通例 16 時–24 時》. ***the ～s and changes of life*** 世の有為(うい)転変.

shíft·ing [ʃíftiŋ] *a.* **1** 移動する; 変わる;《風向きなど》変わりやすい: ～ sand 流砂. **2** 術策の多い, ごまかしの. —— *n.* **1** 移動; 推移, 変化. **2** 取り替え; 更迭. **3** 術策, ごまかし, 小細工.
◇ **～·ly** *ad.*

shíft·less [ʃíftlis] *a.* 無策の, 無能な, ふがいない; いくじのない, だらしのない. ◇ **～·ly** *ad.* **～·ness** *n.*

shíft·y [ʃífti] *a.* やりくりのうまい, 小細工のうまい; ごまかしじょうずな, 策略好きな, 不正直な; うさんくさい.
◇ **-i·ly** *ad.* **-i·less** *n.*

Shí·ite [ʃíːait] *n.* シーア派の人《回教徒の一派》.

shi·kár [ʃikɑ́ːr] *n.*《インドの》狩り, 狩猟.
—— *vt., vi.* 狩りをする.
◇ **shi·ká·ri, -ree, she·kár·ry** [ʃikɑ́ːri, -kǽri] *n.*《インドの》猟師, 狩猟案内人.

shill [ʃil] *n.*〖米俗〗《大道商人・賭博(とばく)師などの使う》さくら, おとり.

‡**shíl·ling** [ʃíliŋ] *n.* **1** シリング《イギリスの旧貨幣単位. 1/20 pound=12 pence に相当した. 略 s. 1971年2月に廃止された》; 1シリング白銅貨. **2** シリング《イギリス領東アフリカの貨幣単位. 略 Sh.》. **3**〖米〗17–18 世紀ごろの貨幣《価値はまちまち》. ***cut*** a person ***off with a ～***《1 シリングを与えて》(人を)勘当する. ***take the King's*** 〔***Queen's***〕 ***～***〖英〗軍籍にはいる, 入隊する. **～ mark** shilling の記号《/. s の変形》: 2/6 = 2 shillings 6 pence = two and six. **～ shocker**〖英俗〗きわもの小説. **～s·worth,** ㊥**～'s-worth** [⌐–⌐] 1 シリングの価格; 1 シリングで買える品物〔数量〕.

shíl·ly-shàl·ly [ʃíliʃæ̀li] *a.* 決断のつかない. —— *ad.* ためらって. —— *n.* ちゅうちょ, 優柔不断.
—— *vi.* ちゅうちょする, ためらう.

Shí·loh [ʃáilou] *n.* **1** シロ《古代パレスチナの町の

名》. 2 サイロウ国立公園《アメリカ Tennessee 州南西部にあり南北戦争の古戦場》.

shí·ly [ʃáili] =shyly.

shim [ʃim] *n.* 〘機〙詰め木, かい物《すきまふさぎ・石材のすえつけなどに用いるくさび形の木片・金属片》. —— *vt.* (**-mm-**) にかい物をする.

shím·mer [ʃímər] *n.* きらめく〔ゆらめく〕光, かすかな光. —— *vi.* かすかに光る, ちらちらする. ◇ **~·ing·ly** *ad.* **~·y** [-məri] *a.* かすかに光る.

shím·my [ʃími] *n.* 1〘米俗〙シミー《上半身を震わせて踊るジャズダンス》; その音楽. 2《機械・自動車の前輪などの》異常震動. 3〘俗〙=chemise. —— *vi.* 1〘米〙シミーを踊る. 2〘米〙(異常) 震動する.

shin [ʃin] *n.* 1 むこうずね; 脛骨(けいこつ), すねの骨. 2 牛のすね肉. —— *v.* (**-nn-**) *vi.* 1 よじ登る《*up*》. 2 歩く, 歩いて行く《*along*》, 歩きまわる《*about*》. —— *vt.* 1 よじ登る《*up*》. 2 のむこうずねをける〔ぶつける〕. ~ *oneself against* …にむこうずねをぶつける. ~ *it* = ~ *off*〘米〙立ち去る, 別れる.
∠·bone [∠∸]〘医〙脛骨. **∠·dig** [∠∸]〘米話〙騒がしくにぎやかな集会〔パーティー〕; 舞踏会. ~ **guard** すね当て《フットボール・ホッケー用》. **∠·plàs·ter**〘米話〙すねにはるこうやく; 小額紙幣; 《インフレなどによる》乱発紙幣.

shín·dy [ʃíndi] *n.* 1〘話〙騒ぎ, 騒動; いざこざ, けんか: kick up a ~ 騒ぎ〔けんか〕を始める. 2〘米俗〙騒がしい会合; 舞踏会.

†**shine** [ʃain] *v.* (**shone** [ʃoun/ʃɔn]) *vt.* 1 光らせる, 輝かす. 2 照らす; 〈明かり・鏡などを〉《ある方向へ》向ける: ~ a flashlight. 3 (**~d**)〘話〙〈くつ・金具などを〉みがく: ~ one's shoes.
—— *vi.* 1 輝く, 照る, 光る: It ~*s*. 日が照る. Happiness *shone* from her face. 幸福さが彼女の顔に輝いた. Polish the metal till it ~*s*. 光ってくるまでその金属をみがきなさい. 2 異彩を放つ, 目だつ, ひいでる; 映(は)える: ~ in speech 演説がずばぬけてうまい. ***improve the shining hour*** 時間をよく利用する. ***~ up to* = *~ round***〘米俗〙に取り入ろうとする, 〈女〉に色目をつかう.
—— *n.* 1 輝き: the ~ of the setting sun 入り日の輝き. 2《比喩的》輝き, すばらしさ: have not yet lost its ~ まだその輝きを失っていない. 3 晴天, 日光. 4 つや, 光沢; 一みがき: Silk has a ~. 絹には光沢がある. give one's shoes a ~ 自分のくつを一みがきする. My trousers have developed a ~. ズボンが (はき古して) てかてかしてきた. 5〘米俗〙愛着, 好み; 悪ふざけ; 騒動.
come rain or ~* = *(in) rain or ~ 晴雨にかかわらず. ***kick up* 〔*make*〕 *a ~*** 騒動を起こす. ***make no end of a ~***〘俗〙大騒ぎする. ***put a good ~ on*** …によくみがきをかける, ぴかぴかにみがく. ***take a ~ to***〘米話〙…にほれる, が好きになる. ***take the ~ out of* 〔*off*〕** に顔色なからしめる, の光を奪う.
~ **boy**〘米俗〙くつみがきの少年.

shín·er [ʃáinər] *n.* 1 光る物; 目だつ〔異彩を放つ〕人. 2〘英俗〙金貨; (*pl.*) 金銭. 3〘米〙銀色の (淡水) 魚. 4〘俗〙《なぐられて》ふちが黒あざになった目. 5 (*pl.*) 銀色のすじ〔しま〕《絹・合成繊維などの製造過程にできる傷》.

shín·gle[1] [ʃíŋgl] *n.* 1 屋根板, こけら板; 板ぶき屋根. 2〘米〙《医師・弁護士などの》小看板: hang out one's ~〘米俗〙看板をあげる, 開業する. 3《婦人整髪の》シングルカット, 刈り上げ. —— *vt.* 1 屋根板〔こけら板〕でふく. 2〈髪を〉シングルカットにする.

shín·gle[2] *n.* 1〘おもに英〙《海岸の》小石, じゃり. 〈注〉gravel より大きい. 2 (*pl.*) じゃり浜, かわら. ◇ **-gly** *a.* じゃりの多い.

shín·gles [ʃíŋglz] *n. pl.*〘医〙帯状疱疹(ほうしん).

shín·ing [ʃáiniŋ] *a.* 1 光る, 輝く. 2 きらびやかな; 目だつ; ずばぬけた. ◇ **~·ly** *ad.*

shín·ny[1] [ʃíni] *n.* シニー《イギリス北部・スコットランドで行なわれるホッケーに似た球技》; その打球棒. —— *vi.* シニーをする.

shín·ny[2] *vi.*〘米話〙《すねで》よじ登る《に *up*》.

Shín·to [ʃíntou] *n.*《日本の》神道(しんとう): a ~ priest 神官. 〔<J.〕 ◇ **~·ism** [-iz(ə)m] *n.* 神道. **~·ist** *n.* 神道信者〔鼓吹者〕.

shín·ty [ʃínti] *n.* =shinny[1].

‡**shín·y** [ʃáini] *a.* 1 光る; みがいた, つやのある; 《衣服など》着古しててかてか光る. 2 日の照る, 晴天の. ◇ **shín·i·ly** *ad.* **shín·i·ness** *n.*

†**ship** [ʃip] *n.* 1 船, 艦; 帆船《3本マスト以上》; 〘英俗〙ボート《レース用》: a cargo ~ 貨物船. a merchant ~ 商船. 2 船形のもの《香炉など》. 3 飛行機, 飛行船. 4《集合的》乗組員.
About ~! 船を回せ. ***by ~*** 船で, 船便で. ***on board (a) ~*** 船上で, 船内に. ***~ of the desert*** ラクダ. ***~ of the line***〘古〙《砲74門以上を備えた》戦列艦. ***spoil the ~ for a ha'p'orth of tar***〘ことわざ〙一文惜しみの百失い. ***take ~***〘古〙乗船する, 船で行く. ***when* one*'s ~ comes home* 〔*in*〕** 金ができたら, 運が向いたら.
—— *v.* (**-pp-**) *vt.* 1 船で送る; 〘米〙《鉄道・トラックなどで》輸送〔発送〕する: ~ cattle by rail 牛を鉄道で輸送する. 2《船などに》積む, 載せる: keep busy ~*ping* fish 魚の水揚げに忙しい. 3〈マストなどを〉船に取り付ける, すえつける; 〈オールなどを〉船に収める. 4 船員として雇い入れる. 5〘話〙送り出す, 追い払う, 免れる《*off*》; 移す, 移動する《*off*》: be ~*ped off* to jail 牢屋(ろうや)に送られる.
—— *vi.* 1 乗船する, 船に乗る: ~ from San Francisco サンフランシスコから乗船する. 2 船に乗り込む, 船員として働く. 3〘米〙航海する. ***~ a sea* 〔*water*〕**《船上に》波をかぶる, 波に洗われる.
∠·àir·plane, ㊥ **∠·àer·o·plane** 艦載機. ~ **biscuit**〘海〙《船員用》堅パン (hardtack). **∠·board** [∠∸] 船; 舷側(げんそく): go ~*board* 乗船〔乗艦〕する. on ~*board* 船上〔内〕で〔に〕. ~ **bread** = ~ biscuit. ~ **breaker** 廃船解体業者. ~ **broker** 船舶仲買人. **∠·bùild·er** 造船家〔業者〕; 造船技師. ***∠·bùild·ing** → 別項. ~ **canal** 船舶用運河. ~ **chandler** 船具商. ~ **chandlery** 船具 (業). ~ **fever** 発疹(はっしん)チフス. ~ **letter**《郵便船以外の》船で託送した手紙. **∠·load** [∠∸] (1 船分の) 積み荷量. **∠·man** [-mən] (*pl.* **-men**)〘古〙水夫; 船長(shipmaster). **∠·màs·ter** 船長. **∠·mate** [∠∸]《同一船の》船員〔乗組員〕仲間. ~ **money**〘英史〙建艦税. **∠·òwn·er** 船主. **∠·plane** [∠∸] 艦載機. **∠·rigged** [∠∸] 3本マスト横帆の. **~'s articles** 船員雇用契約. **~'s boat** 救命艇. **~'s company** (全) 乗組員. **~'s doctor** 船医. **~'s fighter** 艦載戦闘機. **∠·shape** [∠∸] 整然と(した), きちんと (した). **~'s husband** 船舶管理人. **~'s papers** 船舶証書類. **∠·way** [∠∸] 船台, 造船台; = ~ canal. **∠·worm** [∠∸]〘動〙船食虫. ‡**∠·wreck** → 別項. **∠·wright** [-ràit] 造船工, 船大工. **∠·yard** [∠∸] 造船所.

-ship *suf.* 1 形容詞につけて抽象名詞をつくる: hard*ship*. 2 名詞につけて状態・性質・身分・関係・職・技能などをあらわす抽象名詞をつくる: member*ship*, showman*ship*, scholar*ship*. 〈注$_1$〉発音は通常 [-ʃip/-ʃip]: member*ship*. ただし強音節の直後では [-ʃip]: hard*ship*. 〈注$_2$〉「船」の意味の合成要素では常に [-ʃìp/-ʃip]: war*ship*.

***shíp·bùild·ing** [ʃípbìldiŋ] *n.* 造船; 造船学〔術〕; 造船業. —— *a.* 造船 (術) の. ~ **yard** 造船所 (shipyard).

shíp·ment [ʃípmənt] *n.* 1 船積み; 積み出し. 2 船積み量. 3 積み荷, 積み荷委託貨物.

shíp·pen =shippon.

shíp·per [ʃípər] *n.* 荷送人, 荷主.

***shíp·ping** [ʃípiŋ] *n.* **1** 海運業, 回漕(かいそう)業. **2** 積み込み, 船積み; 積み出し. **3** 積み荷. **4** 《集合的》《一港・一国・世界じゅうの》船舶; 船舶トン数. **5** (*pl.*) 船舶株. **6** 〘米〙《一般的》輸送, 運送.
~ **agent** 船荷取扱人, 回漕業者〔店〕. ~ **articles** 船員雇用契約(書). ~ **bill** 船荷送り状. ~ **clerk** 〘米〙《荷物の》発送係. ~ **master** 〘英〙《雇用契約などに立ち会う》海員監督官. ~ **office** 運送〔回漕〕店; 海員監督事務所. ~ **room** 《工場などの》貨物発送室.

shíp·pon, -pen [ʃíp(ə)n] *n.* 〘英方〙家畜小屋「《特に牛の》.

‡**shíp·wreck** [ʃíprèk] *n.* **1** 難船, 難破; 船の遭難事故: suffer ~ 難破する. **2** 難破〔遭難〕船. **3** 《比喩的》破滅; 失敗. ***make ~ of*** を破滅させる, をぶちこわす.
—— *vt., vi.* **1** 難船させる〔する〕: be ~*ed* 難破する. **2** 破滅させる〔する〕; こわす, こわれる: ~*ed* hopes 挫折(ざせつ)した希望. ***be ~ed*** 難船する; 破滅する.

shir *n., vt.* (**-rr-**) 〘米〙 =shirr.

shire [ʃaiər] *n.* 《イギリスの》州 (county): the ~*s* 《-shire で終わる名前をもつ》イギリス中部諸州《特にキツネ狩りの盛んな Leicestershire, Northamptonshire および Rutlandshire》.
Knight of the ~ 〘英史〙州選出国会議員.
~ **horse** イギリス中部産の大型強力な引き馬.

-shire [-ʃiər, -ʃər] *suf.* 〘英〙「…州, …地方」の意.

shirk [ʃəːrk] *vt.* 〈責任などを〉回避する; 忌避する.
—— *vi.* 責任のがれする; ずるける, なまける《を *from*》.
~ ***away*** 〔***out, off***〕〘話〙ずらかる; ずる休みする.
—— *n.* =shirker. ◇ ~·**er** *n.* 責任のがれする人; 兵役忌避者; おうちゃく〔なまけ〕者.

shirr [ʃəːr] *n.* 〘米〙ひだとり; 《伸縮自在にする》織り込みゴム糸. —— *vt.* **1** にひだをつける, ひだ縫いする. **2** 〘料理〙さらで卵をバターいためする. ◇ ~·**ing** [ʃə́ːriŋ] *n.* 飾りひだ《細いギャザーを寄せたもの》.

‡**shirt** [ʃəːrt] *n.* ワイシャツ; シャツ, 下着; 《婦人の堅いカラー・カフスのついた》ブラウス.
(***as***) ***stiff as a boiled ~*** しゃちほこばって. ***have not a ~ to*** one's ***back*** 着るシャツもない, 無一物だ. ***have*** one's ***~ out*** 〔***off***〕かんしゃくを起こす. ***in*** 〔***stripped to***〕 one's ***~ sleeves*** シャツ一枚になって, 上着を脱いで. ***keep*** one's ***~ on*** 〘俗〙(おこらないで) 冷静でいる. ***lose*** one's ***shirt*** 〘米俗〙無一物になる. ***Near is my ~, but nearer is my skin.*** 〘諺〙わが身ほどかわいいものはない. ***put*** one's ***~ on a horse*** 《競馬に》有り金全部をかける.
~·**band** [ˊˋ] ワイシャツのえり《カラーを付ける部分》; 〘米〙シャツのそで口. ~ **front** ワイシャツの胸《上着のえりの間からのぞいている部分》; 《礼装用の》いか胸 (dickey). ~-**sleeve** → 別項. ~·**tail** [ˊˋ] (1) シャツのすそ《ズボンにたくし込む部分》; 〘ジャーナリズム〙関連記事. (2) *a.* 〘俗〙あまり関係がない, 枝葉の. ~·**waist** [ˊˋ] 〘米〙《婦人用》ブラウス (blouse).
◇ ~·**ed** [-id] *a.* ワイシャツ〔シャツ〕を着た. ~·**ing** *n.* シャツ〔ワイシャツ〕地. ~·**y** *a.* 〘俗〙きげんの悪い; おこっている.

shírt-sleeve [ʃə́ːrtslìːv], **-sleeves** [-z], **-sleeved** [-d] *a.* 〘米〙 **1** ワイシャツ姿の: He sat ~ in the room. 彼はワイシャツ姿でへやにいた. **2** はらを打ち明けた, 率直な; 飾りけのない. **3** くつろいだ, 非公式の: ~ diplomacy 非公式外交.

shit [ʃit] *vi.* (**-tt-**) 〘卑〙大便をする. —— *n.* 〘卑〙 **1** ふん, くそ (dung). **2** 見え, 大げさ; うそ, でたらめ.
—— *int.* 〘卑〙くそ!, 野郎! (=Bull ~!)

Shí·va [ʃíːvə, ʃívə/ʃívə] =Siva.

shiv·a·rée [ʃivəríː] =charivari.

‡**shív·er**[1] [ʃívər] *vi.* **1** 震える, おののく《寒さ・興奮などで》: ~ with cold 寒くてぶるぶるする. **2** 〈帆が〉ばたばたする; 〈船が〉帆をばたつかせる. —— *vt.* 震わす, 震動させる.
—— *n.* (しばしば *pl.*) 身震い, おののき: A ~ ran through me and my teeth chattered. ぞっと身震いがして私の歯がガタガタした. ***the ~s*** 悪寒(おかん), 戦慄(せんりつ): give him *the* ~*s* 彼をぞっとさせる.
〔類〕 → shake「震える」

shív·er[2] *n.* (通例 *pl.*) 破片, かけら. ***break in*** 〔***into***〕 ***~s*** こっぱみじんになる.
—— *vt., vi.* こなごなに砕く〔砕ける〕. ***S~ my timbers!*** 〘古〙なにくそ! 《水夫ののろいの文句》.

shív·er·ing [ʃív(ə)riŋ] *n.* 震え, 身震い, わななき.
~ ***fit*** 悪寒(おかん). —— *a.* 震える, わななく.
◇ ~·**ly** *ad.* 身震いして, ぞくぞくして.

shív·er·y[1] [ʃív(ə)ri] *a.* 震える; ぞくぞくする, 寒けがする; ぞっとする. [<shiver[1]]

shív·er·y[2] *a.* もろい, こわれやすい. [<shiver[2]]

shoal[1] [ʃoul] *n.* **1** 浅瀬, 州(す), 砂州. **2** (*pl.*) 落とし穴, 隠れた危険〔障害〕. —— *a.* 浅い. —— *vi., vt.* 浅くなる〔する〕, 浅瀬になる〔する〕. ◇ ~·**y** *a.* **1** 浅瀬の多い. **2** 隠れた危険〔障害〕の多い.

shoal[2] *n.* **1** 《人・物の》群れ; 多数, 多量. **2** 魚の大群. ***in ~s*** 群れをなして. ***~s of*** 大ぜいの, 多くの.
—— *vi.* 〈魚などが〉群れをなす, 群がる.

shoat [ʃout] *n.* 〘米〙《離乳した》子豚 (shote).

‡**shock**[1] [ʃɑk/ʃɔk] *n.* **1** 衝撃; (激しい) 震動; 〘電〙電撃: the ~ of an earthquake 地震の揺れ. **2** 《比喩的》衝撃, 打撃, 精神的ショック: die of ~ 悲痛のあまり死ぬ, ショック死する. give a terrible ~ to a person 人に大打撃を与える. **3** 〘医〙ショック(症), 震盪(とう)症; 〘話〙まひ. **4** 攻撃力; (打撃のための) 精力集中: a ~ action 急襲. ***come as a ~*** ショックとして感じられる, 精神的打撃を与える.
—— *vt.* **1** に衝撃〔ショック〕を与える〔起こさせる〕, 驚きあきれさせる: I am ~*ed* to hear of his death. 彼の死を聞いてびっくりしている. I was ~*ed* at his conduct. 彼のやりくちに驚いた. **2** 衝撃〔ショック〕を与えて…させる: ~ a person into realizing the truth 人を真実に目ざめさせる. **3** 感電させる. ***~ a secret out of*** a person 衝撃を与えて秘密を吐き出させる.
—— *vi.* **1** ぶつかる《に *against*》. **2** 驚かす.
~ **absorber** 〘機〙緩衝器〔装置〕《自動車などの上下揺れ止めの》. ~ **action** 〘軍〙急襲, 突撃. ~ **cord** 〘空〙緩衝用ゴムひも《艦載機着艦時・グライダー発進時などに用いる》. ~·**proof** → 別項. ~ **stall** 〘空〙衝撃波失速. ~ **tactics** 《騎兵などの》急襲戦術. ~ **therapy** 〘医〙衝撃療法《精神病治療法》. ~ **troops** 〘軍〙選抜突撃隊. ~ **wave** 《音速以上のロケット・航空機が受ける空気の》衝撃波. ~ **worker** 〘ソ連〙《規定量以上の生産をあげた》特別作業隊員.
◇ ~·**er** *n.* 〘英俗〙ぎょっとさせる人〔もの〕, 扇情的なもの; 安い刺激的な小説 (=shilling ~er).

shock[2] *n., a.* もじゃもじゃの毛 (の), みだれた髪 (の).
~·**hèad·ed** もじゃもじゃの髪〔みだれ髪〕をした.

shock[3] *n.* 刈り束, 稲むら; 〘米〙トウモロコシ・麦などの束. —— *vt.* 刈り束〔稲むら〕にする.

shóck·ing [ʃɑ́kiŋ/ʃɔ́k-] *a.* **1** ぎょっとさせる, ショックを与える. **2** よろしくない, けしからぬ. **3** 〘話〙ひどい, おそまつな: a ~ dinner. **4** すごく悪い: a ~ cold ひどく悪いかぜ. —— *ad.* ひどく, すごく (shockingly): ~ bad 〔poor〕 ひどく悪い〔貧弱な〕.
◇ ~·**ly** *ad.* ひどく.

shóck·proof [ʃɑ́kprùːf/ʃɔ́k-] *vt.* 〈とけいなどを〉衝撃に耐えるようにする. —— *a.* 耐衝撃(機構)の.

shod [ʃɑd/ʃɔd] *v.* shoe の過去・過去分詞.

shód·dy [ʃɑ́di/ʃɔ́di] *n.* **1** 打ち直し〔再生〕毛糸. **2** 再生毛織物〔フェルト〕; 再生毛織物でつくった服. **3** 安物, にせもの, 見せかけだけの物〔人〕. —— *a.* **1** 再生毛織(物)の. **2** にせものの, 見かけだおしの, 安物の.

†**shoe** [ʃuː] *n.* **1** くつ; 〘英〙短ぐつ (=㊎ low ~):

this ～ この片方のくつ. a pair [this pair] of ～*s* くつ〔このくつ〕1 足. these ～*s* この (1 足または何足かの) くつ. put on ～*s* くつをはく. → boot¹. **2** 蹄鉄(ていてつ) (horseshoe). **3** くつのような物; 保護用のカバー (など): propeller ～*s* for ice protection 氷から保護するためのプロペラカバー. **4** ソケット, 受け金. **5** 《ブレーキの》接触部, 輪止め. **6** 《自動車の》タイヤの外包; そり底の鉄帯. **7** 《電車を電導線につなぐための》すべり鉄, 集電装置. **8** 《つえなどの》石突き, 金具, さき金. **9** 〘建〙水吐き. **10** (*pl.*) 社会的地位: next in line of succession for one's boss's ～*s* 上役の地位を継ぐ立場にある.

as good a man as ever trod* ～ *leather だれにも負けないよい人. ***dead men's* ～*s*** 後継者がねらっている財産や地位. ***die in* one*'s* ～*s*** 変死する《特に絞殺されること》. ***in* a person*'s* ～*s*** (人) の身になって, (人) に代わって. ***put the* ～ *on the right foot*** 責めるべきを責める, ほめるべきをほめる. ***save* ～ *leather*** 歩かないようにする. ***shake in* one*'s* ～*s*** 身震いする. ***step into* a person*'s* ～*s*** (人) のあとがまにすわる. ***That's another pair of* ～*s.*** それは全く別問題だ. ***The* ～ *is on the other foot.*** 形勢が逆転してしまった. ***where the* ～ *pinches*** 《悲しみ・災いなど》困難の原因.

—— *vt.* (**shod** [ʃɑd/ʃɔd]) に ～ (*n.* ①-⑨) をはかせる〔つける〕: A blacksmith ～*s* horses. 馬蹄工は馬に蹄鉄をはめる. a staff *shod* with iron 先に鉄をはめたつえ. neatly *shod* feet きちんとくつをはいた足. **～·black** [⌐⌐] 《街頭の》くつみがき (=(米) bootblack). **～ buckle** くつの締め金. **～·horn** [⌐⌐] くつべら. **～·lace** [⌐⌐] 〘英〙くつひも (=(米) shoestring). **～ leather** くつ用皮革; 〘俗〙くつ. **～ lift** = shoehorn. ‡**～·màk·er** → 別項. **～·màk·ing** くつづくり, くつ直し. **～ polish** = shoeshine. **～·shine** [⌐⌐] くつをみがくこと; くつみがき《人》; くつ墨. **～·string** →別項. **～ tree** くつ型《形を保つために入れる》.

‡**shóe·màk·er** [ʃúːmèikər] *n.* **くつ屋**; くつ直し: at a ～*'s* くつ店で.

shóe·string [ʃúːstrìŋ] *n.* **1** 〘米〙くつひも (=(英) shoelace). **2** 〘米俗〙少額の金. ***on a* ～** わずかの資本で. **——** *a.* かつかつの, かろうじての: a ～ majority 僅少(きんしょう)差の過半数. **～ catch** 〘野球〙地上すれすれのボールのランニングキャッチ. **～ potato** 千切りジャガイモ《油で揚げる》.

shó·far [ʃóufər, -fɑːr/-fɑː] *n.* ヤギの角笛《ユダヤ教会で儀式のときに用いる》.

shó·gun [ʃóugʌ̀n, -gùːn/-gun] *n.* 《日本の幕府の》将軍. → tycoon. [<J.] ◇ **～·ate** [-eit, -it] *n.* 将軍職; 将軍政治, 幕府 (時代).

†**shone** [ʃoun/ʃɔn] *v.* shine の過去・過去分詞.

shoo [ʃuː] *int.* しっ!, しーっ! 《動物などを追うときに言う》. **——** *vi., vt.* しっ! と言う; しっしーっ! と言って追い払う《*away*》.

shóo·fly [ʃúːflài] *n.* 〘米〙小児用揺りいす, 木馬《動物をかたどった板が座部の左右についている》. **～ pie** 糖みつ入りパイ.

shóo-in [ʃúːin] *a.* 当選〔優勝〕確実な候補者〔競争者〕.

shook¹ [ʃuk] *n.* 《たる・箱などをつくる》一組みの板; 穀物の一束. **——** *vt.* 束ねる.

‡**shook**² *v.* shake の過去形.

～-úp 心の乱れた; 勇気をくじかれた.

‡**shoot** [ʃuːt] *v.* (**shot** [ʃɑt/ʃɔt]) *vt.* **1** <矢・弾丸を> **発射する**, 飛ばす; <銃を> 撃つ: ～ an arrow 矢を射る. ～ a rifle 発砲する. **2** <光などを> 放射する, 発する, 向ける, 浴びせる; <視線・微笑などを> 投ずる, 向ける: ～ a glance at をちらりと見る. **3** <質問・ことば・思いつきを> 矢つぎばやに発する, 連発する: **4** <はじき玉などを> はじく; 〘運〙<ボールを> シュートする; <得点を> あげる; <金額を> 賭(か)ける. **5** <采(さい)を> 投げる; <投網(とあみ)を> 打つ; <積み荷などを> 投げ出す, ほうり出す; <ごみなどを> 捨てる, あける. **6** <若芽・枝を> 出す, 伸ばす《*out*》. **7** <舌・くちびる・腕などを>突き出す《*out*》; <シャツのそでなどを> (ぐいと)引き出す: ～ one's cuffs. **8** **射殺する**, 銃殺する; <獲物を> 射止める; <飛行機を> 撃墜する《*down*》: be *shot* to death [dead] 射殺される. **9** 弾丸〔矢〕で傷つける. **10** (ねらって) 写真〔映画〕に写す, 撮影する. **11** <太陽・天体の> 高さを測る. **12** <火薬を> 爆発させる. **13** <地域を> 狩りして通る, 走り通る; 乗り越える. **14** <急流を> 矢のようにくだる: ～ the rapids. **15** <布に> 金糸銀糸などを織り込む; に変化をつける: cloth *shot* with gold 金糸を織り込んだ布. **16** (かんなで) なめらかに削る. **17** 〘空〙繰り返し練習する: ～ landings. **18** 〘俗〙送る, 渡す.

—— *vi.* **1** 射撃する, 射る《を *at*》: ～ well 射撃がうまい. **2** 銃猟する: go ～*ing*. → hunt. **3** 弾丸が飛び出る, 発射される, 弾丸を撃つ. **4** 射出する, 勢いよく出る〔流れる〕; 矢のように…する, 疾走する, 勢いよく動く《*along, forth, in, out, past, up*》: A car *shot* by us. 1 台の自動車がわれわれのそばを勢いよく通過した. Flames *shot up* from the burning house. 燃える家から炎がぱっと吹き出した. Prices are ～*ing up*. 物価がどんどん上がっている. **5** ぱっと光る, ぴかりと光る. **6** <草木が> 芽を出す; <芽が> 出る《*forth, out*》. **7** 突き出る, 突出する《*out*》; そびえ立つ《*up*》: a cape that ～*s out* into the sea 海に突き出ているみさき. **8** 落ちる, 流れくだる; <かんぬきが> はまる. **9** 〘運〙<ボールが> 地面とすれすれに飛ぶ. **10** 〘運〙(ボールを) シュートする. **11** ずきずき痛む. **12** 〘米話〙始める, 話しだす; 《命令法》さっさと言ってしまえ!

I'll be shot if*…** …なら首をやる, 断じて…ではない《強い拒絶・否定》. **～ one*self 《ピストルなどで》自殺する. **～ *a covert*** 猟場で猟をする. **～ *ahead*** さっと先頭に出る. **～ *a line*** 〘俗〙ほらを吹く. **～ *a match*** 競射に参加する. **～ *at* [*for*]** を得よう〔しとげよう〕と努力する. **～ *away*** <弾薬を> 撃ち尽くす. **～ *down*** (1) 撃ち倒す, 撃ち殺す, しとめる; 射落とす. (2) 《議論などで》やっつける. **～ *fire*** <目が> 輝く. ***S*～ (*it*)!** 〘米俗〙《不快・驚きなどの》ちぇっ!, おや?, まあ! **～ *Niagara*** ナイアガラ瀑布(ばくふ)をくだる; 決死の冒険を企てる. **～ *off*** 発砲する. **～ *off* one*'s mouth* [*face*]** 〘米俗〙《考えもせず》べらべらしゃべる, 軽はずみな口をきく; 誇張してしゃべる. **～ *out*** (1) <光などを> 射出する. (2) <手・足などを> 急に突き出す. (3) 突出する. (4) 武力で解決する. **～ *straight*** 命中する, 命中させる. **～ *the breeze*** 世間〔うわさ〕話をする. **～ *the moon*** 〘俗〙夜逃げをする. **～ *the sun*** 〘海〙《正午に六分儀で》太陽の高度を測る. **～ *the works*** 徹底的にやる. **～ *up*** (1) 撃ちまくる, 銃撃でおびやかす. (2) そびえ立つ; <子ども・草木が> すくすくと伸びる, 急に育つ. (3) 上空へ勢いよく上がる; <物価が>急騰する. ***shot through with*** 〘米〙…でいっぱいで.

—— *n.* **1** **射撃**, 発射, 発砲. **2** 遊猟会〔場〕, 射撃会. **3** **若枝**, 新芽: a bamboo ～ 竹の子. the tender ～*s* in spring 春先の若芽. **4** 急流, 早瀬; 射水路; 滑走路; 噴水. **5** 《穀物・石炭などの》おとし樋(とい). **6** 支脈, 分脈. **7** 映画撮影. **8** 〘運〙《ボートの》ストローク間の時間. ***the whole* ～** 〘俗〙なにもかも (everything). 〔類〕→ **rush**「突進する」

shóot·er [ʃúːtər] *n.* **1** 射手, 砲手; 狩人(かりゅうど). **2** 連発銃, ピストル (revolver): a six ～ 6 連発ピストル. **3** 〘クリケット〙地面すれすれに飛ぶボール; 〘フットボール〙シュートじょうずな選手. **4** 〘天〙《流星のような》急過物.

***shóot·ing** [ʃúːtiŋ] *n.* **1** **射撃**, 発射; 銃猟 (権). **2** 猟場. **3** ずきずきする痛み. **4** 〘映〙**撮影** (shot): outdoor ～ 野外撮影.

～ box [**lodge**] 〘英〙狩猟小屋. **～ gallery** (屋内) 射撃練習場. **～ iron** 〘米俗〙飛び道具《特に

ピストルまたは銃》. **~ range** 《標的のある》射撃場. **~ saloon** 射的場. **~ star** 流星;〖植〗アメリカ桜草. **~ stick** 《上部が開いて腰掛けになる》狩猟用ステッキ. **~ war** (武力) 戦争. → cold war.

†**shop** [ʃɑp/ʃɔp] *n.* **1**〖英〗**商店**, 店, 小売店 (=(米) store): open a ~ 店をあける〔始める〕. **2 工場**, 仕事場; 製作所, 作業場: a barber ~ 理髪店 (=(英) barber's ~). a repair ~ 修理工場. **3** 自分の専門; 職業上の事柄; 専門の話: smell of the ~ 《話などが》商売〔専門〕くさい. **4**〖英俗〗《自分の》職場, 事務所, 勤務先; 行きつけの場所, 住まいの場所; (the S~) 学校, 大学, 《特に》イギリス陸軍士官学校. ***all over the ~*** 〖俗〗いたるところに; 乱雑に, 取り散らして. ***close up a ~*** 店をたたむ. ***come to the wrong ~*** 〖俗〗お門違いをする. ***Cut the ~!*** 仕事の話はよせ. ***keep a ~*** 店をもつ, 店を開いている. ***set up ~*** 開業する, 店を出す. ***shut up ~*** 仕事をやめる; 閉店する. ***sink the ~*** 商売をかくす. ***talk ~*** 《場所がらを考えず》商売〔専門〕の話ばかりする. ***the other ~*** 〖俗〗商売がたきの店.
—— *v.* (**-pp-**) *vi.* **買い物をする**: go ~*ping* 買い物に行く. —— *vt.* **1**〖俗〗密告する; 刑務所に入れる. **2**〖米〗解職する. ~ ***around***〖米〗職を捜しまわる. ~ ***for*** (1) を買いあさる: ~ *for* clothes. (2) を捜しまわる: ~ *for* good ideas よいアイディアを捜しまわる.
~·boy [ˊ ˋ]〖英〗小店員, 《店の》小僧, 売り子. **~ chairman** = ~ steward. **~ committee** 《労組の》職場委員会. **~ deputy** 《労組の》職場代表. **~ fittings**〖英〗商店の備品〔造作〕. **~·girl** [ˊ ˋ] = salesgirl. **~·hours** [ˊ ˋ] (商店) 営業時間. ‡**~·kèep·er** → 別項. **~·kèep·ing**〖英〗小売業. **~·lift** [ˊ ˋ] 万引きする. **~·lìft·er** 万引きする者. **~·lìft·ing** 万引き. **~·man** [-mən] (*pl.* **-men**) (1) 店員, 売り子, 番頭. (2)〖おもに英〗= shopkeeper. **~ management** 工場管理. **~-soiled** [ˊ ˋ] =shopworn. **~ steward** 《労組の》職場代表委員. **~·talk** [ˊ ˋ] (1) 《職場以外での》商売〔職業〕上の話. (2) 商売〔職業〕用語. **~·wàlk·er**〖英〗《デパートなどの》売り場監督〔見回り人〕. **~·wín·dow** → 別項. **~·wòm·an** 女店員. **~·worn** [ˊ ˋ] たなざらしの (=~-soiled).

‡**shóp·kèep·er** [-kìːpər] *n.*〖英〗**店主**, 小売商人 (=(米) storekeeper). ***a nation of ~s*** 《俗称》イギリス国民.

shóp·per [ʃápər/ʃɔ́pə] *n.* 買い物客; 代理購買業者; 《小売商店が他店の商品・価格などを調査するため雇う》競争商品調査員.

‡**shóp·ping** [ʃápiŋ/ʃɔ́p-] *n.* **1 買い物** (すること): do one's ~ 買い物をする. have some ~ to do 買い物がある. **2** 《購買客に便利な》購買施設または商品: Chicago has good ~. ***window ~*** 冷やかし. **~ center** 《郊外の》商店街.

shóp·py [ʃápi/ʃɔ́pi] *a.* **1** 《町などが》商店の多い. **2** 商人の; 商人らしい; 小売りの. **3** 専門〔職業上〕の《話題など》.

shóp·wín·dow [ʃápwíndou/ʃɔ́p-] *n.* (店の)陳列窓 (show window). ***put all*** one***'s goods*** 〔***have everything***〕 ***in the ~*** 残らず商品を店頭に並べる; 《比喩的》奥ゆかしくない, 浅薄だ.

shó·ran [ʃóːræn/ʃɔ́ːrən] *n.* (または S~)〖空〗自位置測定装置; ショーラン航法. [<*Sho*rt *Ra*nge *N*avigation]

‡**shore**[1] [ʃɔːr/ʃɔː] *n.* **1** 海岸, 海浜; 《海・湖・川の》岸. **2**〖法〗《高潮線と低潮線との間の地》なぎさ. **3** (*pl.*) 《water に対して》陸(地); 国. one's native ~ 故郷. ***go*** 〔***come***〕 ***on ~*** 上陸する. ***in ~*** 浅瀬に, 海岸に近く. ***off ~*** 岸を離れて, 沖合いに. ***on ~*** 陸に〔で〕. ***put...on ~*** =~ *vt.* ①. ***within these ~s*** この国内に.
—— *vt.* **1** 上陸させる; 陸揚げする. **2** ふちどる, 囲む: a pond ~*d* by trees 樹木で囲まれた池.
~ dinner〖米〗いそ料理. **~·line** [ˊ ˋ] 海岸線; みぎわ. **~ patrol**〖米〗《アメリカ海軍の》陸上憲兵《略 SP》.
◇ **~·less** *a.* 岸のない; 際限のない (limitless).

shore[2] *n.* 支柱, 突っ張り. —— *vt.* 支柱でささえる, つっかいをする《*up*》. ◇ **shór·ing** [ʃóːriŋ/ʃɔ́ːr-] *n.* 支柱にささえられること; 《集合的》支柱.

shore[3] *v.*〖古〗shear の過去形.

shóre·ward [-wərd] *ad., a.* 岸〔陸〕の方へ〔の〕. —— *n.* 岸の方向.

shorn [ʃɔːrn/ʃɔːn] *v.* shear の過去分詞. —— *a.* 刈り取られた, 刈り込まれた; 摘み切られた; 奪われた, はぎ取られた.
come home ~ 無一物になって帰る. ***God tempers the wind to the ~ lamb.*** 〖諺〗神は刈りたての子羊には風を和らげる《神は弱い者には特に恵みをかける》. ***~ of*** one***'s money*** 金を奪われて.

†**short** [ʃɔːrt] *a.* **1** 《長さ・距離・時間などが》**短い**; 低い, 届かない; 簡単な: a ~ time 〔distance〕 短時間〔距離〕. a ~ life 短命. a ~ walk 〔trip〕 短い歩行〔旅行〕. ~ notice 短い期限つきの解雇予告. a ~ man 背の低い男. The coat is ~ on me. 上着のたけは私には短すぎる. This novel is two pages ~*er* than that one. この小説はあの小説より 2 ページ短い. ~ terms 簡潔なことば. **2 不十分な**, 不足している; ふところぐあいの悪い: Food is in ~ supply. 食糧が不足している. a ~ ten miles 10マイル足らず. I'm one dollar ~. 私は 1 ドル足りない. You're ~ of cash at the end of the month. 月末には現金に不足するものだ. **3** 短気な, ぶっきらぼうな; 荒れている: Don't be ~ with her. 彼女に優しくしなさい. ~ manners 無作法. ~ seas 荒海. **4** 《息・脈が》はやい: ~ of breath 息を切らせて. **5** 《知識・見解などが》浅い, 狭い: a ~ view 浅い考え. be ~ on brains 頭が弱い. **6** 《酒など》水を割らない; 小さなグラスにつがれた: a ~ drink 《特に》食前のカクテルなど. **7**〖商〗商品を手元にもたない, から売りの; 安値目当ての. **8** 砕けやすい, もろい; 伸びが悪い: ~ pastry かりかりの練り粉菓子. ~ mortar 〔clay〕 もろいモルタル〔粘土〕. ~ ink すぐ切れて書けないインク. **9**〖クリケット〗wicket に届かない. **10**〖音声〗短音の;〖韻〗弱音の. **11** 省略の《*for*》: Doc is ~ *for* doctor. ドックはドクターの略語だ.
be in ~ supply <品が>不足している. ***be ~ for*** → ~ *a.* ⑪. ***be ~ with*** …にぶあいそうである. ***come*** 〔***fall***〕 ***~ of*** に不足する, に達しない; をし損じる. ***keep*** a person ***~*** (人に) 十分物を与えない. ***little ~ of*** に近い, ほとんど…の. ***make ~ work of*** を手ばやくしまつする. ***nothing ~ of*** 全く…の: *nothing ~ of* marvelous 全く奇跡的な. ***run ~*** 欠乏する, 不足する, 続かない. ***~ of*** に不足して; に達しない. ***take a*** 〔***the***〕 ***~ cut*** 近道する. ***to be ~*** 要するに, 簡単に言えば.
—— *ad.* **1** 手短に, 簡単に, 短く: speak ~. **2** 不足して, 不十分に, 乏しく. **3** そっけなく, ぶあいそうに. **4** 突然, 急に. **5** 届かずに, 途中で: The arrow landed ~. 矢は届かなかった. **6** もろく. ***be taken ~*** 急に便意を催す. ***break ~ off*** ぽきりと折る〔折れる〕. ***bring*** 〔***pull***〕 ***up ~*** 急に止める〔止まる〕. ***come*** 〔***fall***〕 ***~ of*** に及ばない, に達しない; <期待など>にそわない. ***cut*** 〔***take*** one ***up***〕 ***~*** 急に止める, 急に終える; (人) の話をさえぎる, あとを言わせない. ***jump ~*** とびそこねる. ***run ~*** (1) なくなる. (2) きらす, 不足する《を, に *of*》. ***sell ~*** から売りする. ***~ of*** (1) を除いて, を問題外として. (2) …しないかぎりは. (3) …のこちらに, の手前に. ***stop ~*** 中断する, 急にやめる.
—— *n.* **1** 簡潔, 短いこと, 簡単. **2** (the ~) 概略, 摘要, 梗概(こうがい), 要点. **3** 欠損, 不足; 短いもの. **4**〖商〗から取引 (の品), から相場; から売り人, から相場師. **5**〖韻〗短母音, 短音節; その記号. **6**〖米〗短編小説, 短編映画. **7** (*pl.*) 半ズボン, 運動パンツ; 下ばきの類. **8** (*pl.*) 中等品; ふすまとひき割り麦などの混合物; 二番粉. **9**〖野球〗ショート, 遊撃(手). **10**〖電〗短絡, ショート (=～ circuit). **11** (*pl.*)〖印〗不足〔追加〕部数. **12** 生(き)の火酒. **13**〖話〗《酒の》一杯. ***for*** ～ 略して: His name is William and he is called Will *for* ～. 彼の名はウィリアムだがウィルと略して呼ばれている. ***in*** ～ 要するに, つまり. ***the*** ～ ***and*** (***the***) ***long*** 要点, とどのつまり.

—— *vt., vi.* =～-circuit.

～ **account**〖株式〗短期見越し売り, から売り. ～ **bill** 短期手形. ～́**·bread** [ˊ–ˋ] (砕けやすい) カステラ風の菓子《バター・砂糖・小麦粉でつくる》. ～́**·cake** [ˊ–ˋ] = shortbread; 〖米〗ショートケーキ《くだものなどをカステラの間にはさみクリームをのせた洋菓子》. ～**-chánge**〖米話〗…につり銭を少なくやる; ごまかす. ～ **circuit**〖電〗短絡, ショート. ～**-cír·cuit** → 別項. ～́**·clothes** [ˊ–ˋ] *pl.*《ベビー服に対して》子ども服. → long clothes. ～́**·coat** [ˊ–ˋ] (1) (*pl.*)《長いベビー服に対して》(短い) 子ども服 (= shortclothes). (2) に (短い) 子ども服を着せる. ～**·còm·ing** [㊥+–ˊ–] (1) 欠点, 短所, 足りない点. (2) 欠乏, 不足. (3) 不作《農作物の》. ～**-cóm·mons** *pl.*《単数扱い》〖おもに英〗食糧の(供給) 不足; 不十分な食事. ～ **contract**〖株式〗から売り契約. ～ **cut,** ～́**-cut** [ˊ–ˋ] 近道; 最短路(線). ～́**-cut** [ˊ–ˋ] 近道の; 短く切った. ～́**-date** [ˊ–ˋ], ～**-dát·ed** 短期の. ～́**·fall** [ˊ–ˋ]〖話〗不足額, 赤字 (deficit). ‡～**·hand** → 別項. ～**·hánd·ed** 手不足の. ～́**·head** [ˊ–ˋ]〖英:競馬〗頭の差. ～́**·horn** [ˊ–ˋ] 短角牛; Durham 種の牛. *～**-líved** [ʃɔ́ːrtláivd, ㊥+-livd] 短命の; いっときの, はかない. ～ **mark** 短音符号 (breve)《˘》. ～ **memory** 物忘れ. ～**-òr·der** 短期の; 簡易の. ～**-ránge** 射程の短い, 遠くまで飛ばない: a ～*-range* shot. ～ **sale**〖米:商〗から売り, 短期見越し売却. ～ **seller**〖米〗短期見越し売り人. ～́**-short** [ˊ–ˋ] ショートショート, 超短編小説 (=～ short story). ～ **sight** 近視; 短見, 短慮. ～**-síght·ed** → 別項. ～ **snort**〖米俗〗ぐいと飲むこと, 一気に飲み干すこと. ～**-spó·ken** 口数の少ない; あいそうのよくない, ぶっきらぼうな. ～́**·stop** [ˊ–ˋ]〖野球〗遊撃手, ショート; 〖写〗現像停止液〔浴〕(= shortstop bath). ～ **story** 短編小説. → novel. ～ **subject**〖映〗短編映画. ～ **temper** かんしゃく, 短気. ～**-tém·pered** 短気な, おこりっぽい. ～**-térm** [ˊ–ˋ] 短期の, 短期満期の. ～ **time**〖経〗操業短縮. ～ **ton** 小トン. ～**-wáist·ed** 腰線〔ウエスト〕の高い,《衣服など》胴の短い. → long-waisted. ～́**·wave** → 別項. ～ **wind** 息切れ; 長く走れないこと; 長く書け〔話せ〕ないこと. ～**-wínd·ed** 息切れしやすい; 息の切れる, 息の続かない.

‡**shórt·age** [ʃɔ́ːrtidʒ] *n.* **1** 不足, 欠乏: ～ of cash〔rain〕現金〔雨〕の不足. food ～ 食糧難. **2** 不足高. **3** 欠陥, 欠点.

shòrt-cír·cuit [ʃɔ̀ːrtsə́ːrkit/ˊ–ˋ–] *vt.* **1**〖電〗短絡〔ショート〕させる; 漏電させる. **2** 短く〔簡単に〕する. **3**〖話〗じゃまをする, だめにする. —— *vi.* ショートする; 漏電する.

‡**shórt·en** [ʃɔ́ːrtn] *vt.* **1** 短くする, の寸法をつめる: ～ trousers. **2** 短く見せる; 〈時間・距離などを〉短く感じさせる, 紛らす. **3** 少なくする, 削減する: ～ a prisoner's sentence 囚人の刑を軽減する. **4** 奪う. **5** 〈菓子・パンなどを〉もろくする《バターなどを加えて》. **6** に短い子ども服を着せる《長いベビー服をやめて》. **7**〖海〗〈帆を〉しぼる, 巻く: ～ sail. ～ **one's** ***arm*** 〔***sword***〕腕〔剣〕を引き寄せる. ～ ***arm of*** の力を制限する.

—— *vi.* 短くなる, つまる; 減少する, 縮小する.

shórt·en·ing [ʃɔ́ːrtniŋ] *n.* **1** 短縮. **2** ショートニング《菓子製造に使うバター・ラードなど菓子をもろくさせる材料》. **3**〖言〗省略 (語)《pianoforte の短縮形 piano など》.

‡**shórt·hand** [ʃɔ́ːrthæ̀nd] *n., a.* 速記 (の), 速記術 (の). —— *vt., vi.* 速記で書く. → longhand.

shórt·ie = shorty.

shórt·ish [ʃɔ́ːrtiʃ] *a.* やや短い; やや簡単な; 〖音声〗短音に近い. ◇ ～**·ly** *ad.* ～**·ness** *n.*

‡**shórt·ly** [ʃɔ́ːrtli] *ad.* **1** じきに, まもなく;《ある種の句で》しばらく, 少し: He will ～ arrive in Japan. 彼は近く日本に到着の予定だ. ～ before〔after〕three o'clock 3時ちょっと前〔あと〕に. **2** 簡略に, 手短に: to put it ～ 簡単に言えば, つまり. **3** そっけなく, ぶあいそうに: answer ～.

shórt·ness** [-nis] *n.* **1** 短いこと; 近い〔低い〕こと. **2** 簡略; 不足. **3** ぶあいそう. **4** もろさ. ～ ***of breath 息切れ.

shórt-síght·ed [-sáitid] *a.* **1** 近視の; 近視的な (near-sighted). **2** 短見の, 先見の明のない. ⇔long-〔far-〕sighted. ◇ ～**·ly** *ad.* ～**·ness** *n.*

shórt·wave [ʃɔ́ːrtwèiv] *n., a.*〖電〗短波 (の). —— [ˊ–ˊ, ㊥+ˊ–ˋ] *vt.*〖米〗短波で放送する.

shórt·y [ʃɔ́ːrti] *n.*〖米話〗小男, ちび; たけの短い物《特に短い衣服》.

‡**shot**[1] [ʃɑt/ʃɔt] *n.* (*pl.* ～**s**, ～) **1** 発砲, 発射, 銃声, 砲声: hear ～*s* in the distance 遠くに銃声を聞く. **2** 弾丸, 砲弾, たま;《集合的》散弾;《砲丸投げの》砲丸: fire a few ～ たまを数発撃つ. **3** 着弾距離, 射程. **4** ねらい; 狙撃(そ), 一撃. **5** 推量, 当てずっぽう; 試み; 当てこすり: make a bad〔good〕～ 当てそこなう〔当てる〕. **6**《投網(とあみ)の》一打ち, 網打ち. **7**〖フットボール〗一けり. **8**〖玉突き〗突き. **9** 銃手, 射手. **10**〖採鉱〗発破, 爆発薬. **11**〖写・映〗撮影, 写真; 一画面; 撮影距離. **12**〖俗〗《酒の》一杯;《麻薬などの》一服; 注射. **13**〖話〗《酒場などの》勘定(書). **14** 縦糸に通す横糸の量: a two-～ carpet. 〈注〉動詞通例 shoot.

a bad ～ (1) へたな射手. (2) 見当違い. ***a good*** ～ (1) じょうずな射手. (2) 的中, いい当たり. ***a long*** ～ (1) 当てずっぽう. (2) むずかしい企て. ***a*** ～ ***in the locker*** 残りの一弾; 最後の手段. ***big*** ～〖米俗〗大立て者, 有力者. ***dead*** ～ 射撃の名人. ***flying*** ～ 飛翔(ひしょう)物射撃. ***have a*** ～ ***for*** 〔***at***〕を試みる. ***like a*** ～ 電光石火の早わざで, はやく; いそいそと. ***make a*** ～ ***at*** を当て推量する. ***not by a long*** ～ 少しも…でない. ***out of*** ～ 射程外に. ***put the*** ～ 砲丸を投げる. ～ ***in the arm*** 腕の注射; 景気づけ, 刺激 (物). ***take*** 〔***have***〕 ***a*** ～ ***at*** を狙撃する, をねらう. ***within*** 〔***out of***〕 ～ 射程内〔外〕に.

—— *vt.* (**-tt-**) **1** にたまを込める, 装弾する. **2** におもりを付ける, おもりを付けて沈める. **3**〖米〗試みる, やってみる.

～ **effect**〖物〗《真空管の熱電子放射の》散弾〔ショット〕効果. ～ **glass** 小グラス《ウイスキー・リキュール用》. ～́**·gun** →別項. ～**-próof,** ～**-próof** 防弾の, たまよけの. ～ **put,** ～**-pùt·ting**〖運〗砲丸投げ. ～**-pùt·ter** 砲丸投げ選手. ～ **tower** 弾丸製造塔《溶かした鉛を網を通して下の水中に落として弾丸をつくる》.

shot[2] *v.* shoot の過去・過去分詞. —— *a.* **1**《光線の角度で色が変わって見える》玉虫色(織り)の. **2** …色に染まった, …気味の: the dawn sky ～ *with* gold 金色に輝く夜明けの空. **3** まっすぐに〔なめらかに〕削ってある. **4** 救いようのない, だめな. **5**〖俗〗酔っ払った. ～ ***through with*** に満ちている, …がしみこんでいる.

shot[3] *n.*〖俗〗《酒場などの》勘定 (書), つけ: pay one's ～ 勘定を払う. ***stand*** ～ ***to*** の勘定をもつ, …をおごる.

shote [ʃout] *n.*〖米〗子豚 (shoat).

shót·gun [ʃátgʌ̀n/ʃɔ́t-] *n.* 散弾銃, 猟〔鳥〕銃. —— *a.* **1** 猟〔鳥〕銃による. **2** やみくもの, 手当たりしだいの,「へたな鉄砲も数撃てば当たる」式の. **3** 強圧的な. —— *vt.* **1** 猟〔鳥〕銃で撃つ. **2** に強圧手段を用いる. ～ **marriage** 〔**wedding**〕〘米俗〙 (1) 相手が妊娠したためやむなくする結婚. (2) 歩み寄り, 妥協: The coalition government was obviously a ～ *marriage*. 連立政権は明らかに妥協案だった.

†should → 枠付 should.

†shóul·der [ʃóuldər] *n.* **1** 肩; 肩胛(けんこう)関節. **2** (*pl.*) 肩部, 上背部; 《責任を負う》肩: bear a burden on one's ～*s* 《比喩的にも》重荷をになう. **3** 《食用獣の前足または前半部》肩肉. **4** 肩に当たる部分; 《服・道具などの》肩; 肩状のもの; 《山の》肩; 路肩. **5** 〘印〙《活字の》肩. **6** 〘築城〙《稜堡(りょうほ)面と側面のなす》肩角. **7** 〘軍〙になえ銃(つつ)の姿勢. ***come to the*** ～ になえ銃をする. ***cry on*** a person'***s*** ～ (人)の肩にもたれて泣く; (人)に自分の苦しみを打ち明けて慰めを得ようとする. ***give*** 〔***show, turn***〕 ***the cold*** ～ ***to*** …にすげない態度を見せる, を冷遇する; をよける, を避ける. ***have a head on*** one'***s*** ～***s*** 抜け目がない, 分別がある. ***have broad*** ～***s*** 重荷〔重任〕に耐える. ***hit straight from the*** ～ まっこうから打つ; 堂々と立ち向かう. ***lay the blame on the right*** ～***s*** 責めるべき人を責める. ***put out*** one'***s*** ～ 肩の骨をはずす. ***put*** 〔***set***〕 one'***s*** ～ ***to the wheel*** 一肩脱ぐ, 大いに努力する. ***rub*** ～***s with*** 〈多くの人〉と交際する. ***shift the blame*** 〔***responsibility***〕 ***on to other*** ～***s*** 他人に責任転嫁する. ～ ***to*** ～ 肩を並べて; 協力して, 密集して. ***stand head and*** ～***s above*** one's colleagues (同輩)から一頭地を抜く.

—— *vt., vi.* **1** かつぐ, になう: ～ a knapsack リュックサックを背負う. **2** 《責任などを》引き受ける, 負う: ～ the responsibility. **3** 肩で押す, 肩で押し分けて進んで行く: ～ (one's way) through a crowd 人込みの中を押し分けて進む. ***S～ arms!*** 〘軍〙になえ銃! ～ a person ***out of the way*** (人を)肩で押しのける.

～ **bag** 《婦人用の》ショルダーバッグ. ～ **belt** 負い皮, 肩帯; 飾り帯. ～ **blade** 〘医〙肩胛骨. ～ **board** 〘米〙《海軍の》肩章. ～ **brace** ねこ背矯正(きょうせい)器. ～ **knot** 肩飾り; 〘軍〙《将校の》肩章. ～ **loop** 〘米〙《陸軍・空軍・海兵隊の》肩章. ～ **mark** = ～ board. ～**-pegged** [ˊ-ˋ] 《馬の》肩の堅い. ～**·piece** [ˊ-ˋ] 肩当て. ～ **strap** = ～ loop; つりひも《ズボン・スカートなどの》.

shóuld·n't [ʃúdnt] should not の短縮形.

shouldst [ʃudst, 弱 ʃədst] *aux. v.* 〘古〙 =should 《主語が thou のときに用いる》.

should

should は shall の過去形であるが, 現今ではほとんど仮定法専用の助動詞と化した結果, 明らかに現在形 shall に対応すると見られるばあいはきわめて限られている (下記①直説法で時の呼応によるもの; 下記②一部の仮定法帰結節). ことにアメリカでは should は shall の過去とは考えられず, must や ought とおなじように独立した別の助動詞と感じられている. 他の助動詞たとえば can は Yesterday John *ate* all he *could*.; Every day John *eats* all he *can*. のように eats → ate; can → could となるが should では Yesterday John *ate* all he *should*.; Every day John *eats* all he *should*. のようにいずれにも用いられる. また条件節に使われたばあいも should は仮定法過去形というより, can などと同様に独立した助動詞の現在形と感じられ, If he *should* come, I *will* tell you. のようなばあい, 米英ともに帰結節の助動詞には必ずしも過去形 (would など) を要求しない (→ 下記 ③).

should [ʃud, 弱 ʃəd] *aux. v.* (should not の短縮形 **shóuld·n't** [ʃúdnt]; 第二人称単数〘古〙 (thou) **shouldst** [ʃudst, 弱 ʃədst], **shóuld·est** [ʃúdist])

1 《間接話法において》 **a)** 《原則として直接話法の shall はそのまま間接話法に引き継がれる》: He said that he ～ return before long. 彼はまもなくもどると言った《"I *shall* return before long."》. I thought that I ～ soon be quite well again. すぐに病気がよくなるだろうと思った. **b)** 《第一人称主語の純粋未来をあらわす間接話法》: Teacher said that I ～ be a prize winner. 先生はぼくは入賞するだろうと言った《"The boy (=I) *will* be a prize winner."》. 〈注〉以上の各文の should は would に置き換えることができる.

2 《条件節の帰結として》 **a)** 《第一人称に》: If he said that, I ～ feel hurt. もし彼がそれを言ったら私は気を悪くするだろう. I ～ have stayed in the study if they had left me alone. もしひとりにしていてくれたら書斎にとどまっていただろう. I ～ have preferred to stop longer. もっと長居したかったのでしたが(時間がなかったのでできなかった). **b)** 《第一人称以外に; 話し手の意志・約束をあらわす》: If the book were in the library, it ～ be at your service. その本が図書室にあったらお役に立てましょう.

3 《if-節 においてすべての人称で》 万一 (…なら): *If* I ～ fail, I would try again. 万一失敗したら〔しても〕やり直そう. *If* he ～ come while I am out, ask him to wait. 私の不在中に彼が来たら, 待つように言ってください. 〈注〉If he should に応ずる帰結文は普通の未来形 (shall, will), 過去未来形 (should, would), あるいは命令文であることが多い. また (1) If he should die, (2) If he died, (3) If he were to die はほとんど同義的に用いられるが, 不確実な程度は(2)から(1), 更に(3)に移るにつれて増大する.

4 《すべての人称で》《義務・忠告・妥当性》 …すべきだ, …するのがよい: You ～ love your neighbor. 人は隣人を愛すべきものだ. I ～ help him. 彼を援助してやらなきゃいけない. You ～ try. やってみるといい. You ～ have seen it. (あなたはそれを見るべきだった→)あなたに見せたかったなあ. I ～*n't* have come. (来るべきではなかった→) 来なけりゃよかった (→ 〈付記〉). 〈注1〉「…すべきだ」が本義だが, 日本語では文脈により「… せねばならぬ」「…した方がよい」などが自然なばあいがある. 〈注2〉 should と ought to は実際的には同義と見てよい.

5 《強い想像》 …に違いない, 当然…のはずだ (must): I guess it ～ be Mr. Baxter. きっとバクスター氏だろうと思います. It ～ have been a great surprise to him, for he turned pale. それは彼にとって意外であったに違いない, 彼は青くなったから.

6 《疑問詞とともに》《強い疑問》いったい(どこで,どうして,etc.) …なのか: *Why* ～ you stay in Tokyo in this hot weather? (いったい)なぜこんなに暑いのに東京にいるんですか. *How* ～ I know it? (いったいどうしてそれを私が知ろうか→)そんなこと私が知るものか.

7 《that-節で》《意外・驚き》 …とは: *That* it ～ come to this! こんなことになろうとは.

8 《that で導かれる名詞節中で》 …とは, …であるのは: *It* is quite natural *that* he ～ have refused our request. 彼がわれわれの要求を拒んだのは当然だ. I am sorry that you ～ be such a bigot. きみがそんなにわからずやとは残念だ. 〈注〉It is quite natural や I am sorry は話し手の「主観的判断」または「感情」をあらわしている点に注意. 名詞節中の should はその強い主観性に対応している.

9《要請・意向・決定などを示す名詞節・形容詞節で》: I suggest that you ～ join us. あなたも一枚加わることを勧めます. It was agreed that we ～ follow the decision. われわれがその決定に従うことに意見が一致した. It is necessary that he ～ go there. 彼がそこに行くことが必要だ. It was his wish that it ～ be kept secret. それを秘密にしてほしいというのが彼の希望であった. The proposal that he ～ join us was reasonable. 彼をわれわれの仲間に入れようとの提案は妥当であった. 〈注〉この should は仮定法なので, 主節の時制の影響を受けない. また米語ではしばしば should が略され動詞の原形《仮定法現在形》が代置される: It was his wish that it *be* kept secret.

10《who に続く関係節において》: He *who* ～ content himself with what he is will never be a great man. 現在の自分に安んじているような者は偉人にはなれないだろう.

11《lest に続く従属節で》…しないように: He jotted the name down *lest* he ～ forget it. 彼は忘れないように名前を書き留めた.

12《婉曲的表現としての I should》: *I* ～ say he is over fifty. まあ彼は50歳以上でしょう. He is a fool, *I* ～ think. どうも彼はばかだね. *I* ～ like a glass of water. 水を一杯ください. *I* ～ like to come. 参りたいものです. 〈注〉I *should* like は I would like ともいう.

as who ～ say …と言わんばかりに. ***It ～ seem…*** …のように思われる, どうも…らしい《It seems よりも婉曲的》. ***who ～ … but*** ほかならぬ: *Who(m)* ～ I meet *but* my old friend Tom? 会ったのはだれであろう, 旧友のトムさ.

〈付記〉should have done [been] について: この形は might have done [been], would have done [been], could have done [been] などとともに《過去形助動詞＋完了形不定詞》の形に属するが, これらの一連の形よりも複雑な問題を含んでいる. それは should は shall の過去形であると同時に, 見方によっては shall から独立した一個の助動詞と考えられるからである. すると should は must と同様, 過去形をもたない助動詞になる. また, いわば現在形助動詞という意味で should have done [been] は must have done [been], may have done [been], cannot have done [been] などとともに《現在形助動詞＋完了形不定詞》の範疇(はんちゅう)に属し, 現在において過去のことを想像して言うばあいに用いられるのである. この should の二重性が直ちに should have done [been] の意味の二重性となってあらわれてくるのである: You *should have finished* by now. もう終わっているべきなのに(まだ終わっていないね). I *should have done* so if I had been you. ぼくがきみだったなら, 当然そうしただろう.

†**shout** [ʃaut] *vi.* **1 大声を出す, 叫ぶ,** どなる; 大声で話す《に *to*》: ～ at the top of one's voice 声を限りに叫ぶ. ～ *at* a person 声を張り上げて人を呼ぶ. ～ *for* the servant 大声で召使を呼ぶ. **2** かっさいする, はやす《に, を *for*》: ～ *with* [*for*] joy 歓呼する. —— *vt.* 大声で言う: ～ an order 大声で命令〔注文〕する. ～ insults at each other 大声で悪口を言い合う.

All is over but the ～ing. 勝負は見えた. ***～*** a person ***down*** どなりつけて黙らせる. ***～ed with*** で目だった: girls with lips *～ed with* red 赤いくちびるの目だつ娘たち. ***～ for*** 〖米: 政〗に賛成する, を支持する. ***～ oneself hoarse*** のどがかれるほど叫ぶ. ***～ out*** 叫ぶ, 大声で言う: ～ *out* the names on the list 名簿の名を大声で叫ぶ.

—— *n.* **1** 叫び, 大声: a ～ for help 助けを求める叫び声. **2** 歓呼, 歓声: a ～ of triumph ときの声. **3** 〖俗〗おごる番. ***give*** [***raise, set up***] ***a ～*** どなる, 一声叫ぶ. ***It is my ～.*** 〖俗〗ぼくがおごる番だ. ***with a ～*** 叫びながら.

◇ **～·er** *n.* 叫ぶ〔大声で話す〕人; 〖米〗熱心な支持者. **～·ing** *a.* **1** 人の注意をひく: *～ing* needs 緊急の必要事. **2** 呼べば届く: within *～ing* distance 大声で呼べば届く距離に.

shove [ʃʌv] *vt.* **1** 突く, 強く押す. **2**《さまざまな副詞(句)を伴って》ぐいっと〔乱暴に〕…する: He *～d* my boat *off* the shore. 彼は私のボートを岸から突き放した. He *～d* me *aside* and went on. 彼は私を押しのけて進んだ. ～ books *into* a bag 本をバッグに押し込む. —— *vi.* **1**《さまざまな副詞(句)を伴って》押し出す〔進む〕: ～ *on* 突き進む. glaciers that ～ *seaward* 海に押し出してゆく氷河. **2** 押して離れる《*off*》: get on the boat and ～ *off* from the shore ボートに乗って岸からこぎ出る. **3** 立ち去る《*off*》: ～ *off* for home 帰路につく.

～ around こき使う: be *～d around* by one's boss 上役にこき使われる. ***～ one's clothes on*** そそくさと着物を着る.

—— *n.* 一押し, 突き飛ばし: give him a ～ 彼をぐいと押す.

～-hálf·pen·ny [-héip(ə)ni/-hèi-] 〖英俗〗銭ころがし《かけの一種》. 〔類〕 → **push**「押す」

‡**shóv·el** [ʃʌ́vl] *n.* **1** シャベル, 十能; 《砂糖用の》大さじ. **2** = ～ hat.

—— *v.* (**-l-**, 〔英〕 **-ll-**) *vt.* **1** シャベルですくう, 十能ですくう: ～ up coal 石炭をシャベルですくい取る. **2** 〈道・みぞなどを〉シャベルでつくる〔掘る〕: ～ a path through the snow シャベルで雪道をつける.

—— *vi.* シャベルで仕事をする. ***～ food into one's mouth*** 食物をかっ込む, がつがつ食う. ***～ up*** [***in***] ***money*** 大金をもうける.

～·board [´-ˌ-] = shuffleboard. **～ hat** 《イギリス国教会の高僧のかぶるような》広ふちの帽子.

◇ **～·ful** [-fùl] *n.* シャベル1杯(の量). **～·(l)er** *n.* **1** シャベル工. **2** 〖鳥〗ハシビロガモ.

†**show** [ʃou] *v.* (**showed** [ʃoud]; **shown** [ʃoun], **showed**; **shów·ing**) *vt.* **1 示す, 見せる;** 提示する; 指摘〔指示〕する; あらわす: ～ one's passport 旅券を提示する. ～ one's strength by bending an iron rod 鉄棒を曲げて力を示す. ～ the light in the dark 暗やみで明かりを見せる. The speedometer *～ed* 70. 速度計は70(マイル)をさしていた. *S～* me the difference. その違いを指摘してください. The basement window *～ed* me just the feet of passers-by. 地階の窓からは通行人の足しか見えなかった. *S～* kindness to everybody. 皆に親切にしてやりなさい. His style *～s* classical influences. 彼の文体には古典の影響があらわれている. ～ signs of wear 摩耗を示す, いたんでくる. The fact *～s* that… この事実によって…ということがわかる. The trees were *～ing* the first summer green. 樹木は新緑を見せていた. **2** して見せる, 教える: *S～* me how to play it. 遊び方を教えてください. **3** 陳列する, 展示する; 掲げる; 〈芝居などを〉かける: ～ one's dogs for prizes 賞金目当てに犬をドッグショーに出す. ～ colors 旗を掲げる. **4** 目だたせる: A light-colored coat *～s* soil readily. 明るい色の上着はよごれが目だつ. **5 案内する,** 見せる; 通す: ～ a person around the city 人に市内を案内して回る. *S～* him into the room. へやへお通ししなさい. **6** 〖法〗申し立てる: ～ cause 理由を申し立てる.

—— *vi.* **1 あらわれる**, 見えてくる: The summit ～*ed* awhile. 山頂がしばし姿をあらわした. **2** 出席する; 登場〔参加〕する: He seldom ～*s* at his daughter's at-homes. 彼は娘の家庭招待日にはめったに姿を見せない. **3** 目だつ; …であることを示す: ～ to advantage りっぱに見える, 引き立つ. His nature ～*ed* strong in adversity. 逆境に際して彼の性格は強靱(きょうじん)さを示した. **4** 展示会〔展覧会〕を催す. **5** 〈劇・映画が〉興行される, 上演〔上映〕中である. **6** 〈馬が〉3位にはいる.

～ one***self*** 人前に姿をあらわす, あらわれる; …であることを示す. ～ ***forth*** 〔古〕誇示する, 見せびらかす. ～ one***'s hand*** 〔***cards***〕〔トランプ〕手を見せる, 持ち札を見せる; 考えを打ち明ける. ～ a visitor ***in*** (客を)通す. ～ one***'s nose*** 〔***head***〕 顔を出す. ～ ***off*** (1) 見せびらかす. (2) 引き立てる, よく見せる. ～ a person ***the door*** 出て行けといわんばかりにする, 追い出す. ～ ***the way*** 道案内する; やってみせる. ～ ***up*** (1) 目だつ, はっきりする. (2) の本性をあらわす, 暴露する. (3) 〔話〕顔を出す, あらわれる. (4) 〔話〕凌駕(りょうが)する.

—— *n.* **1 見せること**, 表示, 顕示. **2** 見せびらかし, 誇示: be fond of ～ 見え好みである. **3** 外観, 見せかけ, ふり: put on a ～ ふりをする, 見せかける, 芝居をする. **4 見せ物**, ショー, 興行: a road ～ 特別興行, ロードショー. a television ～ テレビの演芸. **5** 映画; 映画館. **6** 展示会, 展覧会, 共進会: a flower ～ 草花展覧会. **7** 見もの; 笑いぐさ, 恥さらし. **8** 兆候, しるし; 痕跡(こんせき), 模様. **9** 〔話〕《腕を示す》好機, 機会. **10** 〔俗〕事件, 事; 事業, 計画: The party was a dull ～. そのパーティーはおもしろくなかった. **11** 〔米〕《競馬などの》3位.

by (***a***) ～ ***of hands*** 《賛否の》挙手で. ***dumb*** ～ 手まね, 身ぶり. ***for*** ～ 見えに, 見せびらかしに. ***give*** a person ***a fair*** ～ よい機会を与える. ***give away the*** (***whole***) ～ 見せ物のたねを明かす; 《計画などの》秘密を明かす; 馬脚をあらわす. ***in*** ～ 表面は, 見かけは. ***Lord Mayor's*** ～ ロンドン市長の就任行列. ***make a false*** ～ 見せかける. ***make a good*** ～ 見ばがよい. ***make a*** ～ ***of*** を見せびらかす. ***make a*** ～ ***of*** one***self*** 物笑いになる, 恥をさらす. ***no*** ～ (旅客機の座席予約を取り消さないままの)欠席客. ***on*** ～ 陳列されて, 見せ物になって. ***run the*** ～ 主導権を握る, 牛耳る. ～ ***of reason*** もっともらしさ. ***steal*** 〔***walk off with***〕 ***the*** ～ 〈わき役が〉人気をさらう. ***stop the*** ～ 〔劇〕《アンコールに何回もこたえ, あとの出し物ができないくらい》大受けする.

～ **bill** ポスター; 広告ビラ; 番付. ～́·**boat** [-́-̀] ショーボート, 《特に》巡業劇場として用いられた外輪船. ～́·**bread** [-́-̀] =shewbread. ～ **business** 興行もの, 見せ物業《演劇・映画・テレビ・ラジオを含む》. ～ **card** (商品)見本張り付けカード; 広告ビラ. ～́·**case** [-́-̀] 陳列用ガラスだな〔箱〕, ショーケース. ～́·**down** → 別項. ～ **girl** 容姿で見せる女優; 看板娘. ～́·**man** → 別項. ～́-**off** [-́-̀] 〔米〕見せびらかし, 誇示; 〔話〕見せびらかし屋. ～́·**piece** [-́-̀] 見せ物; 自慢の見せ物. ～ **place** 《旅行者などが興味をもつ》名所; 見物する所《一般公開の建造物・庭園など》. ～́·**room** [-́-̀] 商品陳列室. ～́·**stòp·per** 拍手かっさいを博する名演技. **S～ Sunday** Oxford 大学記念祭 (Commemoration 祭) の前の日曜. ～́-**through** [-́-̀] 《半透明の紙など》紙の裏に印刷が透けて見えること. ～́·**up** [-́-̀] 〔俗〕暴露, すっぱ抜き, 摘発. ～ **window** ショーウインドー, 商品陳列窓.

〔類義語〕 **見せる**: **show** 最も一般的な語. **exhibit, display** 人の目に触れるように見せる. 展示する, 陳列する. exhibit は差し出して目だたせること, display は広げて見せること, つまり陳列方法に強調がある. **parade, flaunt** これ見よがしに見せる: *parade* one's knowledge 知識をひけらかす. **expose** いままで見えなかったものを見せる. 人目にさらす→売り物に出す: *expose* articles for sale 品物を店頭に並べる.

shów·down [ʃóudàun] *n.* 〔米〕 **1** 〔トランプ〕持ち札を全部出して見せること. **2** 〔話〕《計画・事実・資力などの》暴露, 発表, 公開. **3** 〔米話〕《結末をつける》最終段階, どたん場, 大詰め, 対決.

‡**shów·er**[1] [ʃáuər] *n.* **1 にわか雨**, 夕立: be caught in a ～ にわか雨に会う. **2** たくさんどっとくること; 《血・涙・弾丸などの》雨: a ～ of presents たくさんの贈り物. **3** 〔米〕《挙式前の花嫁への》祝い品(贈呈会). **4** =～ bath.

Letters came ***in*** ～***s***. (手紙が)どっと(来た).

—— *vi.* **1** にわか雨〔夕立〕が降る; ザーザー降る. **2** 雨のように降り注ぐ. **3** シャワーを浴びる. —— *vt.* **1** にわか雨でぬらす; びしょぬれにする: ～ plants 植木に散水する. **2** 雨のように注ぐ, ふりまく《に ***on***, ***upon***》: Questions were ～*ed* ***on*** him. 質問が彼に矢つぎばやに浴びせられた. **3** に雨のように降らす《を ***with***》: He was ～*ed* ***with*** congratulations. 彼は「おめでとう」を浴びせかけられた.

～ **bath** (1) シャワー(を浴びること); シャワー器具. (2) ずぶぬれ. ～ **party** 《客が花嫁に贈り物をする》花嫁ひろう会. ◇ ～·**y** [ʃáu(ə)ri/ʃáuəri] *a.* にわか雨(もよう)の; にわか雨の多い.

shów·er[2] [ʃóuər] *n.* 見せる人. [<show]

shów·ing [ʃóuiŋ] *n.* **1** 展示, 開示. **2** 陳列, 飾り付け. **3** 展示会, 展覧会. **4** 体裁, 外観; 《外部から見える》成績: a firm with a poor financial ～ 金繰りのよくない会社. make a good ～ 体裁がよい; 実績をあげる. **5** 主張, 申し立て: on your own ～ あなた自身の弁明によって.

shów·man [ʃóumən] *n.* (*pl.* **-men**) 《サーカスなどの》興行師, 見せ物師. ◇ ～·**ly** *ad.* ～·**ship** *n.* 興行術; 興行的手腕〔才能〕.

†**shown** [ʃoun] *v.* show の過去分詞.

shów·y [ʃóui] *a.* **1** 目だつ, はでな, けばけばしい. **2** 見えを張る, 外見をつくる. ◇ -**i·ly** *ad.* -**i·ness** *n.*

shram [ʃræm] *vt.* (**-mm-**) 〔英方〕《寒さで》無感覚にさせる, かじかませる《通例過去分詞形で》.

*__shrank__ [ʃræŋk] *v.* shrink の過去形.

shráp·nel [ʃrǽpn(ə)l] *n.* 榴(りゅう)散弾; (さく裂した)砲弾の破片.

shred [ʃred] *n.* **1** 小片, 破片, 切れ端, 残りくず: a flag in ～*s* 切れ切れになった旗. **2** 少量, わずか, ほんの少し《***of***》: There is not a ～ ***of*** evidence. ほんの少しの証拠もない. ***tear*** 〔***cut***〕 ***into*** 〔***in, to***〕 ～***s*** 寸断する, ずたずたに裂く.

—— *vt.*, *vi.* (～́·**ded** [-id], ～ 《(英)では古》; ～́·**ding**) 〈布が〉ちぎれる, ずたずたにする〔なる〕.

～***ded wheat*** シュレッデッドホイート《固まっていて牛乳をかけて突くと糸のようになる. 主として朝食用》.

shréd·der [ʃrédər] *n.* **1** おろし金. **2** 書類裁断機.

Shréve·port [ʃríːvpɔ̀ːrt/-pɔːt] *n.* アメリカ Louisiana 州の都市.

shrew [ʃruː] *n.* **1** 口やかましい〔がみがみ言う〕女 (termagant). **2** 〔動〕=shrewmouse.

～́·**mouse** [-́-̀] (*pl.* **-mice**) 〔動〕トガリネズミ.

‡**shrewd** [ʃruːd] *a.* **1 抜け目がない**, 目から鼻へ抜ける, 立ち回りのうまい: ～ in business 商才にたけた. **2** 〔古〕がみがみ言う, 意地悪い. **3** 〔古〕《寒さ・苦痛など》きびしい, 激しい. ***do*** a person ***a*** ～ ***turn*** (人に)いたずらをする.

◇ ～·**ly** *ad.* すばしこく, 抜け目なく, 機敏に, 賢明に. ～·**ness** *n.* 〔類〕 → **clever**「利口な」

shréw·ish [ʃrúːiʃ] *a.* がみがみ女のような; がみがみ言う; 意地の悪い. ◇ ～·**ly** *ad.* ～·**ness** *n.*

‡**shriek** [ʃriːk] *n.* かん高い声, 叫び; 悲鳴, 金切り声: give 〔utter〕 a ～ 悲鳴をあげる.

—— *vi.* **金切り声をあげる**, きゃっと叫ぶ: ～ ***with*** laughter きゃっきゃっと笑う. —— *vt.* 金切り声で言う, 悲鳴をあげて言う. ◇ ∼·ing·ly *ad.* ∼·y *a.*
shriev·al·ty [ʃríːv(ə)lti] *n.* sheriff の職〔職権, 任期〕.
shrieve [ʃriːv]〘古〙=sheriff.
shrift [ʃrift] *n.*〘古〙 1《司祭にする》ざんげ; 臨終ざんげ. 2《ざんげを聞いて司祭が与える》罪のゆるし. 3 ざんげすること. ***give*** 〔***get***〕 ***short*** ∼ さっさとかたづける〔かたづけられる〕. ***short*** ∼ 死刑執行直前にざんげと赦罪のため与えられる短い猶予.
shrike [ʃraik] *n.*〘鳥〙モズ.
‡**shrill** [ʃril] *a.* 1 かん高い, 金切り声の, 鋭い: a ∼ whistle 鋭い汽笛. 2《色・光などが》どぎつい: a ∼ blue light. 3 ぐちをこぼす, しつこい. —— *ad.* かん高く, 金切り声で, 鋭く. —— *n.* かん高い音〔声〕, 金切り声. —— *vt., vi.* 1 金切り声を出す; かん高い声で歌う〔言う〕《*out*》. 2 鋭く響く〔鳴る〕.
◇ ∼·**ness** *n.* **shríl·ly** *ad.*
shrimp [ʃrimp] *n.* (*pl.* ∼**s**, 《集合的》∼) 1 小エビ; エビジャコ. 2 小人, ちび; (とるに足らない) 小物. —— *vi.* 小エビ漁に行く. —— *a.*《料理など》∼のはいった: ∼ cocktail 小エビ入り前菜.
‡**shrine** [ʃrain] *n.* 1 聖体容器, 聖骨〔遺宝〕箱. 2 聖堂, 社(やしろ), 宮; 神社. 3 聖地, 霊所. —— *vt.*〘雅〙社に祭る, 厨子(ずし)に納める, 廟(びょう)に安置する.
‡**shrink** [ʃriŋk] *v.* (**shrank** [ʃræŋk], **shrunk** [ʃrʌŋk]; **shrunk**, **shrúnk·en** [ʃrʌ́ŋkən]) *vi.* 1 <布などが> 縮む, つまる; 減少する: Meat ∼s in cooking. 肉は煮ると小さくなる. My earnings *shrank* away. 私のかせぎはどんどん減っていった. 2 しりごみする, ひるむ; 回避する: ∼ *from* meeting strangers 見知らぬ人と会うのを恐れる. —— *vt.* 1 縮ます, 収縮させる; 縮小させる; 減らす: ∼ the office to the holder's ability 事務所を管理能力に合わせて縮小する. Summer has *shrunk* the stream. 夏で川が減水した. 2 <鉄の輪などを> 加熱してはめ込む《に *on, on to*》.
∼ ***away*** しりごみする; 消滅する. ∼ ***back*** ひるむ, しりごみする; 避ける, 退く. ∼ ***into*** one***self*** 引っ込み思案する, 内気になる. ∼ ***into ridges*** しわになる. ∼ ***to nothing*** しだいに縮まってなくなる. ∼ ***up the shoulders*** 肩をすくめる.
—— *n.* 1 しりごみ. 2 収縮.
∼·**proof** [∸∸] (洗っても) 縮まない, 防縮の.
◇ ∼·**a·ble** [-əbl] *a.* ∼·**age** [-idʒ] *n.*《洗たくなどで》縮むこと, 収縮, 減ること; 収縮程度〔量〕; 縮小, 減少; 低落. ∼·**ing·ly** *ad.* しりごみして, 臆(おく)して.
shrive [ʃraiv] *v.* (**shrived**, **shrove** [ʃrouv]; **shrív·en** [ʃrív(ə)n], **shrived**) *vt.*〘古〙のざんげを聞いて罪をゆるす. —— *vi.* ざんげを聞く; ざんげする.
shrív·el [ʃrívl] *v.* (-**l**-, 英-**ll**-) *vi.* 1 縮む, しわがよる; しなびる. 2 ねじれる; だめになる. —— *vt.* 1 縮ませる, にしわをよらせる, しなびさせる. 2 ねじる; だめにする.
shroff [ʃrɑf/ʃrɔf] *n.*《インドの》両替屋;《特に中国の》貨幣鑑定人. —— *vt.* <貨幣を> 鑑定する.
Shróp·shire [ʃrɑ́pʃiər/ʃrɔ́p-] *n.* 1 イギリス中西部の州. → 形容詞 Salopian. 2 角のないイギリス産肉用羊.
shroud [ʃraud] *n.* 1《埋葬のため》死者のからだを巻く白布, 経かたびら. 2 おおう物, 包む物; とばり, 幕: wrapped in a ∼ of mystery 神秘の幕に包まれて. 3〘機〙(タービンの) 囲い板. 4 (*pl.*)〘海〙《マストの先から両舷側に張る》横静索. —— *vt.* 1 屍衣(しい)でおおう. 2 おおう, 包む; 隠す.
shrove [ʃrouv] *v.* shrive の過去形.
Shrove [ʃrouv] *n.* ざんげ, ざんげによる赦罪.
∼ **Sunday** 〔**Monday**, **Tuesday**〕 Ash Wednesday (聖灰水曜日) のすぐ前の日〔月, 火〕曜日. ∼·**tide** [∸∸] 聖灰水曜日のすぐ前の 3 日間《昔はこの 3 日間にざんげをして赦免を受けた》.
‡**shrub**[1] [ʃrʌb] *n.* 低木, 灌木(かんぼく): a ∼ zone 低木帯. → bush[1].
shrub[2] *n.* 果汁(かじゅう)《おもにレモン》に砂糖・ラム酒を加えた飲み物〔甘露酒〕.
shrúb·ber·y [ʃrʌ́b(ə)ri] *n.*《集合的》低木; 低木材; 低木を植えた道.
shrúb·by [ʃrʌ́bi] *a.* 低木の; 低木の多い; 低木状の. ◇ -**bi·ness** *n.*
*shrug [ʃrʌg] *vt., vi.* (-**gg**-) (肩を) すくめる〘通常同時に両手のひらを上に向ける,「どうでもいい」「いやだ」「とんでもない」「仕方ない」などの気持ちをあらわす〙: ∼ one's shoulders. —— *n.* 肩をすくめること.
*shrunk [ʃrʌŋk] *v.* shrink の過去・過去分詞.
shrúnk·en [ʃrʌ́ŋk(ə)n] *v.* shrink の過去分詞. —— *a.* 縮んだ, しわのよった; しなびた.
shuck [ʃʌk] *n.* 1《落花生・トウモロコシなどの》皮, 殻(から), さや. 2 (*pl.*)〘米話〙つまらぬもの, 無価値なもの: not worth ∼*s* 少しも価値がない. ***not a*** ∼ 少しも…ない: I *don't* care *a* ∼. ちっとも構わない. —— *vt.* 1 の皮をむく, の殻を取る, のさやをむく. 2 <上着などを> 脱ぐ.
shucks [ʃʌks] *int.*〘米話〙ちえっ!, いけないっ!, あっ!《不快・後悔などをあらわす》.
‡**shúd·der** [ʃʌ́dər] *vi.* 身震いする《恐怖・寒さなどで》; ぞっとする《いやで》: ∼ at the thought of = ∼ to think of を思ってもぞっとする. ∼ with fear 恐怖で身震いする. —— *n.* 身震い, 戦慄(せんりつ).
類 → **shake**「震える」
shúd·der·ing [ʃʌ́d(ə)riŋ] *a.* 1《人が》身震いする. 2《事柄が》ぞっとするほど恐ろしい, 身の毛のよだつ. ◇ ∼·**ly** *ad.*
shúf·fle [ʃʌ́fl] *vt.* 1 混ぜる; <トランプを> 切る. 2 混入する; 紛れ込ます《に *among, with*》. 3《副詞(句)を伴って》急いで〔ぞんざいに〕…する: He ∼*d* the letter *out of* sight as someone entered. だれかがはいってきたので急いで手紙を隠した. 4 あちこちに動かす. 5 <足・スリッパなどを> 引きずる; すり足で踊る. 6 <着物・くつなどを> 引っかける《*on*》, 脱ぐ《*off*》. —— *vi.* 1 足を引きずる; 足を引きずって歩く〔踊る〕. 2 混ぜる; トランプを切る. 3 あちこちへ動く. 4 言いつくろう. 5《副詞(句)を伴って》巧みに…する: ∼ *out of* the difficulty どうにかこうにか困難から抜け出す. ∼ *through* a task 仕事をどうにかやりおおせる. 6《着物・くつなど》引っかける《を *into*》; 脱ぐ《を *out of*》. ∼ ***off*** (1) 捨てる, 除く. (2) <責任などを> 転嫁する: ∼ *off* a duty on to someone else 他人に義務を転嫁する. ∼ ***on*** <着物を> ぞんざいに着る. ∼ ***the cards*** (1) トランプ札を切る. (2) 役割を変える; 政策を改める.
—— *n.* 1 足を引きずり歩くこと;《ダンスの》すり足. 2 やりくり, 術策, 小細工, ごまかし. 3 混ぜ合わせ; トランプ札を切ること, 切る番. 4 あちこち動かすこと, 場所の入れ替え. ***double*** ∼〘ダンス〙《交互に左右 2 度ずつ引きずってする》ダブルステップ. ∼·**board** [∸∸∸]〘海〙円盤突き《船の甲板で行なうゲーム》.
shun [ʃʌn] *vt.* (-**nn**-) 避ける, よける; 遠ざける; 忌む: ∼ society 交際を避ける, 世間から遠ざかる.
◇ **shún·ner** *n.*
'**shun** [ʃʌn] *int.* 気をつけ!《attention の略》.
shunt [ʃʌnt] *vt.* 1 そらす, わきへ向ける. 2 回避する, 除く. 3 たな上げにする, 延期する, 握りつぶす. 4〘電〙シャントする, に分路をつくる. 5〘鉄道〙<車両を> 転轍(てんてつ)する, 側線に入れる, 入れ替える. —— *vi.* 1〘鉄道〙転轍する; 側線にはいる, 待避する. 2 それる, 変わる. —— *n.* 1 それること; わきへそらすこと. 2〘鉄道〙転轍 (機). 3〘電〙分流器, 分路.
◇ ∼·**er** *n.*〘鉄道〙転轍手; 転轍機;〘俗〙敏腕家, すご腕; 有能な組織者.
shush [ʃʌʃ, ʃː] *int.* しっ; 黙って. —— [ʃʌʃ] *vt.* 黙らせる; 抑圧する. —— *vi.* 黙る.
†**shut** [ʃʌt] *v.* (∼; ∼·**ting**) *vt.* 1 締める, 閉じる《*up, down*》: ∼ the gate 〔lid〕 門〔ふた〕を締める. ∼ all the windows *down* 全部の窓を締める. ∼ one's eyes 〔one's mouth, a book〕 目〔口, 本〕を閉じる.

She ～ her mind obstinately. 彼女はかたくなに心を閉じて明かさなかった. 〈注〉 過去分詞はしばしば結果をあらわす補語として用いられる: The door banged ～. ドアがバタンと締まった. **2** 〈店・工場などを〉一時閉鎖する《*down*》: ～ the cottage [shop] for the winter 冬のあいだ小屋〔店〕を締める. **3** ふさぐ《*up*》: The enemy ～ every pass. 敵はすべての峠をふさいだ. **4** 閉じ込める《*up, in*》: ～ a child *in* the closet 子どもを押し入れに閉じ込める. **5** 溶接する.

—— *vi.* **1** 閉じる, 締まる《*down*》: Flowers ～ at night. 花は夜閉じる. The window ～*s* easily. 窓は楽に締まる. **2** 休業〔閉店〕する. **3** 〈夜のとばり・霧などが〉閉ざす, 降りる, たれこめる《*down, in*》. ***be ～ of*** 〖方〗〈人など〉をやっかい払いする, 〈人〉と縁が切れる. ***keep*** one's ***mouth ～*** **(*about*...)** (…について)黙っている. **～** one's ***eyes*** **[*ears*]** ***to*** を見て見ぬ〔聞いて聞こえぬ〕ふりをする. **～** one's ***heart to*** に心を動かさない. **～ *in*** 閉じ込める; 見えなくする: a house ～ *in* by trees 木立ちに囲まれた家. **～ ...*into*** 〈指などをドアなど〉にはさむ; に入れる, に閉じ込める. **～** one's ***lights*** **(*off*)** 死ぬ. **～** one's ***mind to*** をてんで受けつけない. **～ *off*** (1) 〈道路の〉交通を遮断(しゃだん)する; 〈水・ガスなどを〉止める. (2) 除外する《から *from*》; 〈光景・音などを〉さえぎる. **～ *out*** (1) 入れない, 締め出す. (2) 見えないようにする. (3) 〖運〗シャットアウトする, 零敗させる. **～** one's ***teeth*** 歯を食いしばる. **～ *the door upon*** に対して門戸を閉ざす; を戸を締めて入れない. **～ *to*** 〈戸などを〉ぴったり閉じる《to は副詞》. **～ *together*** 密着させる. **～ *up*** (1) 〈家などを〉締め切る. (2) 密閉して貯蔵する. (3) 監禁する, 投獄する. (4) 〖話〗黙らせる, 黙る: *S～ up!* 黙れっ.

—— *n.* **1** 締めること. **2** 終わり, 締める時刻. **3** 〖音声〗閉鎖音. **4** 溶接箇所.

—— *a.* **1** 閉じた: a ～ door 締まっている戸. **2** 囲まれた. **3** 〖音声〗《[p, b] など》閉鎖音の.

～·down [⌐⌐] 《工場などの》一時休業, 操業休止; 閉店, 閉鎖. **～-eye** [⌐⌐] 〖米俗〗眠り (sleep). **～-in** [⌐⌐] 〖米〗《病気などで》家に閉じ込められた, 外出できない; 〖医〗孤独癖の. **～-off** [⌐⌐] 〖米〗《ガス・水道などの》栓(せん); 止めること. **～-out** [⌐⌐] (1) 締め出し; 工場閉鎖 (lockout). (2) 〖野球〗完封(試合), シャットアウト. **～-out bid** 〖笑〗《ブリッジで》せり上げて相手を封ずること.

‡shút·ter [ʃʌ́tər] *n.* **1** よろい戸, 雨戸. **2** 〖写〗《カメラの》シャッター; 閉じる人〔物〕. ***put up*** **[*take down*]** ***the ～s*** よろい戸を締める〔あける〕; 店を締める〔あける〕. **——** *vt.* **1** によろい戸〔雨戸〕を付ける. **2** 〈カメラに〉シャッターを付ける. ≒ shatter.

～·bug [⌐⌐⌐] 写真ファン〔狂〕.

shút·tle [ʃʌ́tl] *n.* **1** 《機織りの》杼(ひ)《横糸を巻いた管を入れる舟形の箱》; (ミシンの) 下糸入れ. **2** 近距離往復〔折り返し〕列車; 〖空〗連続往復機. **——** *vt., vi.* 《杼のように》左右に動かす〔動く〕; (せわしく) 往復する. **～ armature** 〖電〗移動電機子. **～ bombing** 往復爆撃. **～ bus** 近距離往復バス.

shút·tle·cock [ʃʌ́tlkàk/-kɔk] *n.* **1** 《羽根つき・バドミントンの》羽根; 羽根つき遊び (= battledore and ～). → badminton. **2** 《立場・考えが》ぐらつく人; あちこち動く物. **——** *vt.* 〈羽根を〉打ち合う; やりとりする; あちこち動かす. **——** *vi.* あちこち動く.

‡shy[1] [ʃai] *a.* **1** 内気な, 恥ずかしがりの, はにかみ屋の, 引っ込みがちな: be ～ with [of] women 女性に会うのを恥ずかしがる. **2** 用心ぶかい; 用心して…しない《*of* (do)*ing*》; いやがる, こわがる《*of*》; 《動物などが》ものに驚きやすい: He is ～ *of* tell*ing* the truth. 彼は事実を告げるのをはばかっている. **3** 〖米俗〗不足して, 欠けて《*of, on*》: It's ～ *of* a bathroom. それには浴室がない. ～ *of* funds 資金が足りない. ***fight ～ of*** をよける, を避ける, をきらう. ***look ～ at*** **[*on*]** を怪しむ.

—— *vi.* **1** 〈人が〉しりごみする, おびえる《に *at*》. **2** 〈馬が〉驚いて飛びのく, あとしざりする《に *at*》. **3** 恥ずかしがる, てれる. **4** よける, そらす, はずす《*away, off*》: ～ clear of publicity 人目にたつことを避ける.

—— *n.* 《馬の》あとしざり, 飛びのき.

◇ **～·er** *n.* びくびくする〔ものに驚く〕人〔馬〕. ***～·ly** *ad.* はにかんで, 内気に; おくびょうに. **～·ness** *n.* はにかみ, 内気, おくびょう.

shy[2] *vt., vi.* 〖話〗投げる, 投げつける, ほうる. **——** *n.* 〖話〗 **1** 投げる〔投げつける〕こと. **2** 〖話〗ねらい; 試み; 機会. **3** 〖話〗冷やかし, あざけり (gibe). ***have a ～ at*** (1) 《矢・弾丸で》…をねらう; を冷やかす. (2) ためしに…してみる.

-shy [-ʃài] shy[1] *a.* の意の連結形: gun-～ 鉄砲〔大砲〕を恐れる. work-～ 仕事ぎらいの.

Shý·lock [ʃáilɑk/-lɔk] *n.* シャイロック 《Shakespeare の *The Merchant of Venice* に出てくるユダヤ人高利貸し》; 強欲非道な高利貸し (usurer).

shý·ster [ʃáistər] *n.* 〖米話〗悪質弁護士; 策士.

si [si:] *n.* 〖楽〗《ドレミファの》シ《長音階の第七音》.

Si 〖化〗silicon. **S.I.** Sandwich Islands; (Order of the) Star of India; Staten Island.

Si·ám [saiǽm, ⌐⌐] *n.* シャム《Thailand の旧称》.

sí·a·mang [sí:əmæ̀ŋ/sáiə-] *n.* 〖動〗フクロテナガザル.

Sì·a·mése [sàiəmí:z] *a., n.* (*pl.* ～) **1** シャム (の), シャム人〔語〕(の). **2** (s～) ふたまた消火せん.

～ cat シャムネコ. **～ twins, the** シャム兄弟《腰の部分がくっついて生まれた双生児. 1811–74》; 《一般的》からだのくっついた双生児; 《比喩的》親友.

siamese ②

sib [sib] *a.* 血族関係の, 血縁の; 近親の. **——** *n.* 近親者, 親族; 《集合的》親類一同; (通例 *pl.*) 兄弟姉妹.

Si·bé·ri·a [saibí(:)riə/-bíər-] *n.* シベリア.

◇ **～n** *a., n.* シベリアの, シベリア人 (の).

síb·i·lant [síb(i̮)lənt] *a.* **1** シューシューいう〔音をたてる〕. **2** 〖音声〗歯擦音の. **——** *n.* 〖音声〗歯擦音《[s, z, ʃ, ʒ] など》.

◇ **～·ly** *ad.* **-lance, -lan·cy** *n.* 歯擦音性.

síb·i·late [síb(i̮)lèit] *vi.* **1** シューッという音を出す. **2** 歯擦音を出す. **——** *vt.* 歯擦音化する; 歯擦音で発音する. ◇ **sìb·i·lá·tion** [⌐⌐léiʃ(ə)n] *n.*

síb·ling [sibliŋ] *n.* (通例 *pl.*) 兄弟姉妹. → sib.

síb·yl [síb(i)l/-bil] *n.* 《古代ギリシア・ローマの》巫女(みこ); 女予言者, 女占い師; 女魔法使い.

síb·yl·line [síb(ə)li:n, -lin/sibílain] *a.* sibyl の; 予言的な, 神託的な. **～ books, the** 古代ローマの神託集.

sic =sick[2].

sic [sik] L. (=thus, so) *ad.* 原文のまま《誤り・疑いのある文をそのまま引用するときに (sic) と通例括弧をつけて付記する》.

síc·ca·tive [síkətiv] *a.* 乾燥させる, 乾燥を促す. **——** *n.* 乾燥剤《特に油塗料などに入れる》.

sice [sais, ㊕⁺saiz] *n.* さいころの 6 (の目).

sice [sais] =*syce*.

Si·cíl·i·an [sisíliən, -ljən] *a.* シチリア島の, シチリア人〔方言〕の. **——** *n.* シチリア人〔方言〕.

si·cìl·i·á·no [sisìliɑ́:nou, sitʃil-] *n.* (*pl.* **～s**) シチリア舞踊〔舞曲〕.

Síc·i·ly [sísi̮li] *n.* シチリア《イタリアの南西の島》.

†sick[1] [sik] *a.* **1** 病気の〔で〕: be ～ with a fever 熱を出している. 〈注〉 通例この意味ではアメリカでは ill より口語的. 叙述的用法のばあい, イギリスでは ill または unwell を用いる. ただし付加語的には米英共通: a *sick* man 病人. **2** 病人(用)の: a ～ chair 病人用いす. ～ insurance 健康保険. **3** 《顔色な

どが》青ざめた, 病的な;《思想などが》不健全な: a ～ smile 病人らしい弱々しい微笑. **4 むかつく**, 吐きそうな: ～ with fear 恐怖で気も転倒して. **5**《叙述的に》うんざりして, 飽きて《*of*》; 失望して《*at*》; しゃくにさわって; 苦にして《*about*》: ～ *of* flattery おせじにうんざりして. **6 こがれて**, 慕って《*for, of*》: ～ *of* one's home ホームシックにかかって. **7** 不良な, だめな; 悪くなった, 味の変わった, 腐った; こわれた: a ～ color さえない色. ～ oysters 水っぽい牡蠣(かき). ～ wine 味の変わったブドウ酒. a ～ engine こわれたエンジン. ***fall*** [***get***] **～** 病気になる. ***feel*** [***turn***] **～**〖米〗からだのぐあいが悪い;〖英〗むかつく. ***go*** [***report***] **～**〖軍〗病気欠勤を届ける. **～ *at heart*** 悩んでいる, 悲観している. ***the* ～** 病人(たち). ***the S～ Man*** (***of Europe, of the East***)〖古〗トルコ帝国.

～ bay〖海〗《艦船内の》病室. **～·bed** [ˊ-ˋ] 病床. **～ benefit**《健康保険の》疾病(しっぺい)手当. **～ call**〖軍〗診断のため呼び集めること; その合い図 [時間]. **～ flag**《伝染病患者のいることを示す黄色の》検疫旗, 伝染病旗. **～ headache** 嘔吐(おうと)性頭痛; 偏頭痛. **～ leave** 病気休暇: be on ～ *leave* 病気で休暇をとっている. **～ list**〖軍〗《特に部隊・艦内の》患者名簿: be on the ～ *list* 病気休養中. **～·room** [ˊ-ˋ] 病室.

◇ **～·er** *n.*〖米: 軍俗〗入院患者.

(類) → **ill**「病気の」

sick[2] *vt.* **1** 〈犬を〉けしかける《に向かって *on*》. **2** 〈犬が〉襲いかかる, 攻撃する: *S～* him! かかれ!《犬をけしかけるとき》.

***sick·en** [sík(ə)n] *vt.* **1** に吐き気を催させる. **2** うんざりさせる. **3** 病気にする. —— *vi.* **1** 吐き気を催す, むかつく《に *at*》. **2** うんざりする, いやになる《に *of*》. **3** 病気になる. ◇ **～·er** *n.* 病気を起こさせる [吐き気を催させる] もの; うんざりさせること;〖俗〗いやなやつ.

sick·en·ing [síkniŋ] *a.* **1** 吐き気を催させる; むかつかせる. **2** うんざりさせる. **3** 病気にする.

◇ **～·ly** *ad.*

sick·ish [síkiʃ] *a.* 病気気味の, 吐き気のある.

◇ **～·ly** *ad.* **～·ness** *n.*

sick·le [síkl] *n.* **1**《三日月形の》鎌(かま), 小鎌. → scythe. **2**《闘鶏のあしに付ける》けづめ. **3** (S～)〖天〗シシ座 (Leo) の鎌状星群. ***～ and hammer*** 鎌と槌(つち) (= hammer and ～)《ソ連国旗》.

sickle ①

sick·ly** [síkli] *a.* **1 病弱な**, 病身の. **2**《顔つきが》病的な, 青ざめた. **3** 弱々しい, 陰気くさい;《光が》ぼんやり [どんより] した. **4** 病気が盛んな, 病人が多い. **5**《気候・風土などが》健康によくない. **6**《臭気などが》むかむかする. **7** いやになる, うんざりする, 陰気な. **8** 感傷的な. —— *ad.* 病的に. —— *vt.* 青白くする《*over*》. ***～i̦ed o'er 色青ざめた《Shakespeare 作 *Hamlet* より》.

◇ **-li·ness** *n.*

‡**sick·ness** [síknis] *n.* **1 病気**, **不健康**: a slight [serious] ～ 軽い [重い] 病気. **2** (乗り物の) 酔い. **3**〖英〗吐き気.

†**side** [said] *n.* **1 側**(がわ), **側面**, **面**《前後・左右・上下・内外・表裏》: at one's ～ 手元に. the left ～ 左側. on the east ～ of the town 町の東側に. **2** 山腹; 斜面: the ～*s* of a mountain. **3** 縁(ふち), へり《道路・川などの》. **4** 端, はずれ. **5** 横腹: a pain in the ～ わき腹の痛み. **6**《牛などの》わき肉, 片身. **7**《問題などの》観察面, 見方: There are two ～*s* to every question. どの問題にも二つの見方がある. **8**《血統の》…方(かた): the maternal ～ 母方. **9**《敵味方の》…側, …方, 党派: our ～ 味方 (側). **10**〖数〗面: A square has four ～*s*. 正方形は4辺を有する. **11**《紙・布などの》片方の面, ページ. **12** (*pl.*) せりふの書き抜き. **13**〖海〗舷側(げんそく), 船ばた. **14**〖紋〗縦すじ. **15**〖英: 玉突き〗ひねり. **16**〖英俗〗もったいぶり, 偉ぶり. **17** 無遠慮, ずうずうしさ: He has too much ～. 彼はすごくいばる.

by the* ～ *of (1) の近くに, …のそばに. (2) に比べて. ***change* ～*s*** 脱党する. ***choose* ～*s***《競技などで》組を決める. ***from all* ～*s*** [***every side***] あらゆる方面から [に]; 周到に. ***from* ～ *to* ～** 横に, 左右に. ***have lots of* ～**〖英俗〗いばる. ***hold*** [***shake, split***] ***one's* ～ *with laughter*** 腹をかかえて笑う. ***No* ～!**〖フットボール〗試合終わり!, タイムだ! ***off*** [***on***] **～**〖フットボール・ホッケー〗反則 [正規] の位置に. ***on all* ～*s*** いたるところに. ***on one* ～** かたわらに. ***on the other* ～** 反対側の; 向こう側に. ***on the right*** [***wrong***] **～ *of*** 60 (60) の坂を越さないで [越して]. ***on the* ～**〖米話〗《決まった仕事の》ほかに, おまけに; 内職に: I took a night job *on the* ～. 私は夜の仕事をアルバイトとして始めた. ***on the* … ～** いくぶん…の気味で: Prices are *on the* high ～. 物価は上がり気味だ. ***on the* ～ *of*** に味方して: I am *on your* ～ in this issue. この問題ではぼくはきみのがわだ. ***on the wrong* ～ *of the door*** 戸の外に締め出されて. ***on this* ～ *of*** forty (40) を越していない. ***put on* ～**〖英〗(1) 偉ぶる, もったいぶる. (2)〖玉突き〗たまにひねりを与える. **～ *by* ～** 並んで, 並行して; 結託して《と *with*》. ***stand by*** a ***person's* ～** (人) に味方する. ***take* ～*s*** [***a side***] 味方する《に *with*》. ***the right*** [***wrong***] **～ *of*** the cloth (布) の表 [裏] 側.

—— *a.* **1** 一方の, 片側の. **2** わきの, 横の; 側面の, 横からの, 横への: a ～ entrance 通用口. **3** 副の, 従属的な; 内職の: a ～ issue 枝葉の問題.

—— *vi.* **1** 賛成する, 味方する《に *with*》, 反対する《に *against*》: My mother always ～*d with* me. 母はいつも私に味方した. **2**〖英俗〗いばる.

—— *vt.* **1** に側面をつける. **2** 押しのける; かたづける.

～ arm〖軍〗腰につける兵器《ピストル・銃剣など》. **～·arm** [ˊ-ˋ]〖野球〗横手 (投げ) の [で]: ～*arm* delivery 横手投げ. **～ bet**《トランプなど》敵味方の間でするかけ. **～·board** [ˊ-ˋ]《食堂用》食器戸だな [台]; (*pl.*)〖俗〗ほおひげ. **～·burns** [ˊ-ˋ] *pl.*〖米〗短いほおひげ, 耳の前から下にはえた毛《burnsides の変形》. **～·car** [ˊ-ˋ] (1) サイドカー《オートバイに取り付けられる側車》. (2)〖米〗カクテルの一種《ブランデーにレモンジュース・ミカン酒を加えたもの》. **～ chapel** 教会堂の側廊に設けた礼拝堂. **～ dish**《主料理に対して》添え料理; そのさら. **～-glance** [ˊ-ˋ] 横目. **～·head** [ˊ-ˋ]〖印〗《ページの欄外の》小見出し, 小標題. **～·hill** [ˊ-ˋ]〖米〗= hillside. **～ issue** 本筋からはずれた (末節の) 問題, 枝葉の問題. **～·kick** [ˊ-ˋ]〖米俗〗相棒, 仲間; 仲よし. **～·light** → 別項. **～·line** → 別項. **～·long** → 別項. **～·man** [-mæn, -mən] (*pl.* **-men**)《バンド・オーケストラの》楽団員, 伴奏楽器奏者. **～·note** [ˊ-ˋ]〖印〗傍注. **～·piece** [ˊ-ˋ] 物の側 (面) 部; 側部に添える物. **～·sàd·dle** 婦人用鞍(くら)《両足をそろえて右 [左] 側に腰かける》. **～ scene**《舞台の》そでのセット [大道具]. **～·seat** [ˊ-ˋ]《乗合馬車・バスなどの》側席. **～ show**《サーカスなどの》余興; 枝葉の問題, (付随する) 小事件. **～·slip** [ˊ-ˋ] (1) 横すべり;《自動車・飛行機などの》横転. (2) わき枝; 私生児. (3) 横すべり [横転] する. **～s·man** [-zmən] (*pl.* **-men**) 教区委員 [執事] 補, 教会世話役. **～-split·ting** → 別項. **～-step** → 別項. **～·stroke** [ˊ-ˋ] (1)〖水泳〗横泳ぎ, サイドストローク;《玉突きなどで》横突き. (2) 偶発行為, そばづえ. **～·swipe** [ˊ-ˋ] (1) 側面をかすめるように打つこと. (2)〖話〗側面をかすめるように打つ. **～·track** → 別項. **～ view** 側面図; 側面観; 横顔. ‡**～·walk**

→ 別項. **∼·way** [´ ´] わき道, 横道, 裏道; 歩道. ***∼·way(s)** [-wèi(z)] (1) 横の方へ, 横向きに: look ∼*way(s)* 横目で見る《を *at*》. (2) 横向きの; はすかいの: a ∼*way(s)* look 横目. **∼·wheel** [´ ´] 《汽船などの》外輪. **∼-wheel** [´ ´] 《汽船など》外輪式の. **∼-whèel·er** 外輪船. **∼-whìsk·ers** *pl.* 長いほおひげ. ∼ **wind** 横風; 《手段・影響など》間接のはたらき.

◇ **∼·ward** [-wərd] *a.* 横の, わきの, 斜めの. **∼·ward(s), ∼·wise** [-wàiz] *ad.* 横の方へ, 斜めに, 一方へ. [類] → **phase**「局面」

síde·light [sáidlàit] *n.* **1** 側面からの光線. **2**〖海〗《赤・緑の》舷側(げんそく)燈; 丸窓, 舷窓. **3** 側面〔間接〕の説明〔情報〕. ***throw*** 〔***let in***〕 ***a*** ∼ ***upon*** 〔***on***〕 を側面から説明〔証明〕する.

síde·line [sáidlàin] *n.* **1** 側線; 《球技などの》サイドライン; (*pl.*) サイドライン沿いの外側. **2** 副業, 内職; 《商店の》専門外取扱品. **3**《馬など片側の前後のあしをしばる》側索. —— *vt.*〖運〗<事故などが>選手を休場〔退場〕させる.

síde·long [sáidlɔ̀ːŋ/-lɔŋ] *a., ad.* 横の〔に〕, わきの〔に〕, 斜めの〔に〕. ***cast*** 〔***give***〕 ***a*** ∼ ***glance at*** 〔***upon***〕 を横目でちらっと見る.

si·dé·re·al [saidí(ː)riəl/-díər-] *a.* 星〔星座〕の; 恒星の; 恒星の観測による: a ∼ day 1 恒星日《23時56分4.09秒》. a ∼ year 1 恒星年《365日6時9分8.97秒》. ◇ **∼·ly** *ad.*

síd·er·ite [sídəràit/sáid-] *n.*〖鉱〗リョウ鉄鉱.
◇ **sìd·er·ít·ic** [sìdərítik/sàid-] *a.*

síd·er·o·stat [sídərostæ̀t] *n.*〖天〗シデロスタット《地球自転とともに回転する反射鏡》.

síde·splìt·ting [sáidsplìtiŋ] *a.* おかしくてたまらない, 腹がよじれるほどおかしい. ◇ **∼·ly** *ad.*

síde-step [sáidstèp] *n.* **1** 横へ1歩踏み出すこと. **2**《馬車などの》横のステップ〔踏み段〕. —— *v.* **(-pp-)** *vt.*《フットボールで》横に寄って避ける; <問題・責任を>回避する. —— *vi.* 横に踏み出す.

síde·track [sáidtræ̀k] *n.*〖米: 鉄道〗側線, 待避線. —— *vt.* **1** 側線〔待避線〕に入れる. **2** <こと・問題を>そらす〔避ける〕, 回避する, うやむやにする.

‡**síde·walk** [sáidwɔ̀ːk] *n.*〖米〗《特に舗装した》歩道 (=[英] pavement): a ∼ café《パリなどの》歩道上の喫茶(きっさ)店. ∼ **artist** 街頭画家《敷石に色チョークで絵や似顔をかく》.

síd·ing [sáidiŋ] *n.* **1**〖鉄道〗側線, 待避線 (sidetrack). **2**〖建〗下見, 羽目板. **3** 味方すること, 加担.

sí·dle [sáidl] *vi.* (そっと)横に歩く; にじり寄る《*along, up*》. —— *n.* 横歩き; にじり寄り.

Síd·ney [sídni] *n.* Sir Philip ∼, 1554–86, イギリスの詩人・政治家・軍人.

Sí·don [sáidn] *n.* シドン《古代フェニキアの海港. 現在 Lebanon の港 Saida》. ◇ **Si·dó·ni·an** [saidóuniən] *a., n.* シドンの; シドン人(の).

‡**siege** [siːdʒ] *n.* **1 包囲攻撃**, 攻囲, 包囲攻撃期間. **2** 強請, しつこい勧誘; しつこい長病み: a ∼ of illness 長い闘病期間.

lay ∼ ***to*** を包囲攻撃する; をしつこく攻めたてる. ***lay*** ∼ ***to a lady's heart*** 婦人をしきりにくどく. ***push*** 〔***press***〕 ***the*** ∼ 包囲攻撃する. ***raise*** 〔***lift***〕 ***the*** ∼ ***of*** の囲みを解く, の包囲攻撃を中止する. ***stand a*** ∼ 包囲攻撃に持ちこたえる. ***state of*** ∼ 戒厳(状態). ***undergo a*** ∼ 包囲攻撃される.

—— *vt.*〖古〗囲む, 包囲する: be ∼*d* 籠城(ろうじょう)する. ∼ **artillery**〖史〗《集合的》攻城砲. ∼ **gun**〖史〗攻城砲. ∼ **train**〖史〗攻城放列, 攻城用兵器の列. **∼·works** [´ ´] *pl.*〖軍〗攻城用塹壕(ざんごう)〔掩壕(えんごう)〕.

Síeg·fried [síːgfriːd] *n.* ジークフリート《ドイツ伝説の大竜を退治した英雄》. ∼ **line** ジークフリート線《第2次大戦に先だってドイツ側が構築した対フランス要塞線》. → Maginot line.

Sien·kié·wicz [ʃenkjévitʃ] *n.* Henryk [hénrik-] ∼, 1846–1916, ポーランドの小説家《1905年 Nobel 文学賞受賞》.

si·én·na [siénə] *n.* シエナ土《黄かっ色・赤茶色の顔料・絵の具の原料》; シエナ色, 黄かっ色, 赤茶色. ***burnt*** ∼ 焼きシエナ土《赤茶色》. ***raw*** ∼ 生(き)シエナ土《黄かっ色》.

si·ér·ra [siérə, sí(ː)rə/síərə] *n.* **1**《スペインおよび中央・南アメリカの》のこぎり歯状の山脈〔連山〕. **2**〖魚〗スペインサバ. **3**《通信で》S 字を示すときに用いることば.

Si·ér·ra Le·óne [-lióun] *n.* シエラレオネ《西アフリカの国. 首都 Freetown》.

Si·ér·ra Má·dre [siérə-máːdrei, -mǽdri] *n.* シエラマドレ《メキシコを縦断する山脈で東山脈 (oriental) と西山脈 (occidental) に分かれる》.

Si·ér·ra Ne·vád·a [siérə-nivǽdə, sí(ː)rə-, -váːdə/síərə-niváːdə] *n.* シエラネバダ《アメリカ California 州東部の山脈またはスペイン南部の山脈》.

si·és·ta [siéstə] *n.*《特にスペインおよび中央・南アメリカ諸国など暖国の》昼寝, 午睡.

sieve [siv] *n.* **1** ふるい; ざる; 茶こし. **2** 口の軽い人. ***a head like a*** ∼ ざる頭, 記憶力の悪い人.
—— *vt., vi.* ふるう, こす. ∼ **tube**〖植〗ふるい管(細胞組織).

‡**sift** [sift] *vt.* **1 ふるいにかける**, ふるい分ける: ∼ the fine grains from the coarse 細かな粒をあらい粒からふるい分ける. **2**《比喩的》えり分ける《*out*》: ∼ *out* the fact from testimonies いろいろな証言から事実を抽出する. ∼ the applicants 応募者のなかからえり分ける. **3** 精査する, 尋問する: They ∼*ed* me two hours on end. 彼らは2時間たて続けに私を尋問した. **4** 指で梳(す)く: ∼ her tresses 彼女の髪の毛を指で梳く. —— *vi.* **1** ふるいを通って落ちる; <雪などが>降り込む《へ *into, through*》: The snow ∼*ed into* the room. 雪がへやの中にはいり込んだ. **2** えり分ける; 精査する: the ∼*ing*, scientific mind 探究的な科学心.

◇ **∼·er** *n.* ふるい; ふるい分ける人; 詳しく調べる人. **∼·ings** *n. pl.*《単数扱い》ふるい分けられたもの; くず, 失格者.

Sig., sig. signature; *signor*.

‡**sigh** [sai] *vi.* **1 ため息をつく**, 嘆息する: ∼ with relief 安心してほっと息を吐く. **2** 悲しむ《を *over*》; あこがれ求める, 慕い嘆く《を *for*》: ∼ *over* one's misfortune 不運を嘆く. **3** <風が>そよぐ: reeds ∼*ing* in the wind 風にそよぐアシ.
—— *vt.* 嘆息して語る, ため息をついて言う《*out*》.
—— *n.* **1** 吐息, ため息, 嘆声. **2**《風の》そよぐ音. ***give a*** ∼ ***of relief*** 安心の吐息をつく, ほっと息をつく. ◇ **∼·ing·ly** [-iŋli] *ad.* 嘆息して; 《風が》そよそよと.

‡**sight** [sait] *n.* **1 視覚**, 視力: lose one's ∼ 失明する. **2 見ること**, ながめること, 目撃, 一覧: faint at the ∼ of blood 血を見て気を失う. I cannot bear the ∼ of him. 彼を見るのもいやだ. **3 視界**, 目のとどく範囲: The ship came *into* ∼. 船が見えてきた. come *within* ∼ *of* the mountains 山が見えるところまで来る. **4** 見地, 見解, 判断: abomination in the ∼ of God 神の見地からすれば忌むべき行為. **5** ながめ, 光景, 風景; (*pl.*) 名所: a familiar ∼ よく見かける光景. the ∼*s* of the city 市の名所. **6** 見るに価するもの; 風変わりなもの, 見もの: You must get some sleep, you look a ∼. 少し寝なさい, きみの顔は見ものだよ. **7**《銃の》照準(器); 照星, 照門: take ∼ 照準を定める, ねらう. **8**〖話〗たくさん, どっさり: a ∼ of money 山ほどの金. **9**《副詞的に》うんと, はるかに: a (long) ∼ better ずっとよい. **10**《商品などの》下見, 一覧.
adjust the ∼***(s)*** 照準を合わせる. ***at first*** ∼ 一見して; 一見したところでは. ***at*** 〔***on***〕 ∼ 見るとすぐ,

一覧しだい. ***catch*** [***gain, get***] ~ ***of*** を見つける. ***feast*** one's ~ ***with*** で目の正月をする. ***find*** [***gain***] ***favor in*** a person's ~ (人)の受けがよい. ***go*** [***get***] ***out of*** ~ 見えなくなる. ***in*** one's ***own*** ~ 自分の見解によって, 自分の目から見て. ***in*** ~ (1) 見えて, 見える距離に: *in* ~ *of* land 陸が見える. (2) 見ているところに[で], 面前で: *in* ~ *of* everybody 皆が見ているところで. (3)《時間的に》近づいて. ***in*** a person's ~ (人)の目の前で; (人)の目から見れば. ***in*** [***within***] ~ ***of*** の見えるところで[に]. ***in the*** ~ ***of*** …から見られるところに; …から見て. ***It is a*** ~**.** (たいした)見ものだ; 見てあきれる, 見て驚く; 見てうれしい. ***keep*** ~ ***of*** 見失わないようにする. ***know*** a person ***by*** ~ (人の)顔だけは知っている. ***line of*** ~ 視線; 照準線. ***long*** [***far***] ~ 遠視; 先見. ***lose*** ~ ***of*** を見失う; と長く会わない; を忘れる. ***love at first*** ~ 一目ぼれ. ***make a*** ~ ***of*** one***self*** 風変わりな身なりをする. ***near*** [***short***] ~ 近視; 短見. ***not by a long*** ~ 〖話〗おそらく…ではない; 絶対に…ではない. ***on*** [***upon***] ~ 見つけしだい. ***Out of my*** ~***!*** 立ち去れ! ***out of*** ~ (1) 見えない, 見えないところに《から *of*》. (2)〖米話〗手のとどかない; 《値段・標準など》ひどく高い. ***Out of*** ~**,** ***out of mind.*** 〖諺〗去るものは日々にうとし. ***put out of*** ~ (1) 無視する. (2) 隠す. (3) 食って[飲んで]しまう. ***second*** ~ 透視力, 千里眼. ***see*** [***do***] ***the*** ~***s*** 名所見物する. ~ ***unseen*** 〖米: 商〗現物を見ないで. ***take a careful*** ~ よくねらう, 照準する. ***take a*** ~ ***of*** をながめる, を見る.

—— *vt., vi.* **1** 見つける, 認める, 目撃する, 見る. **2** <星などを>観測する: ~ a star. **3** (に)ねらいをつける, 照準する. **4** (に)照星を合わせる. **5**〖商〗一覧させる. ~ **bill** [**draft**] 〖商〗一覧払い手形. **~·hole** [⊥⊥]《観測器などの》のぞき穴. **~-read** [⊥⊥]《予習なしで》即読解釈する; 視奏[視唱]する《楽譜を見て予習なしに演奏する[歌う]》. **~-rèad·er** 即読即解する人; 《楽譜の》視奏[視唱]者. ~ **reading** 即読即解; 視奏, 視唱. **~-see** [⊥⊥] 〖米〗遊覧する, 見物する. **~·sè·er** 観光客, 遊覧客. **~·wòr·thy** 見る[一見の]価値がある.

(類義語) 視力: **sight** 視力をあらわす一般的な語. **view** 元来「見えていること」を示す語なので単独では視覚の意はなく, be lost to *view* (見えなくなる), a field of *view* (視界)のような句の中にあって初めて視覚の意が生まれる. **vision** 物理学・生理学などで「視力」の意に用いられる. 口語では「ものを見抜く力, 透察力」つまり, 精神の視力として用いられる: a man of *vision* 直観的洞察(どう)力のある人.

(類) → **view**「ながめ」

-síght·ed [-sáitid] *a.* 《合成語で》…眼の, …視の: short-[long-]~ 近[遠]視の.

síght·less [sáitlis] *a.* 目の見えない, めくらの; 〖雅〗《目に》見えない. ◇ **~·ly** *ad.* **~·ness** *n.*

síght·ly [sáitli] *a.* **1** 見て楽しい, 見た目にいい. **2** 〖米〗見晴らしのいい, 眺望(ちょうぼう)のきく. ◇ **-li·ness** *n.*

‡**síght-sèe·ing** [sáitsì:iŋ] *n.* 観光, 遊覧, 見物: go ~ 遊覧に出かける. —— *a.* 観光[遊覧]の: a ~ bus 観光バス.

síg·ma [sígmə] *n.* ギリシア語アルファベットの第18字《Σ, σ, ς. ローマ字の s に当たる》; S [C] 字形(の物).

síg·mate [sígmeit] *vt.* にシグマをつける. —— *a.* シグマ形[S字形]の. ◇ **sig·má·tion** [sigméiʃ(ə)n] *n.*

síg·moid [sígmɔid] *a.* S [C] 字形の; S [C] 状湾曲の. ~ **flexure** 〖医〗《結腸の》S 状湾曲.

†**sign** [sain] *n.* **1** 記号, しるし, 符号. **2** 合い図, 信号; 暗号, 合いことば. **3** 手まね, 身ぶり. **4** 標識, 道標; 看板: street ~*s* 道路標識. **5** 前兆, 兆候, しるし; 〖医〗兆候. **6** 《通例否定詞とともに》痕跡(こんせき), 跡, 形跡; 〖米〗《野獣の》足跡, ふん: The wind changed, a ~ of coming rain. 風向きが変わった, 雨の前兆だ. Old age will *not* fail to show its ~*s*. 年は争えない. **7** 〖宗〗奇跡. **8** 〖天〗《黄道12区分の》宮(きゅう) (=~ of the zodiac).

in ~ ***of*** …のしるしとして. ***I see no*** ~ ***of*** rain. (雨は降り)そうにもない. ***make*** [***give***] ***a*** ~ ***to*** に合い図する. ***make no*** ~ (1)《異議がないので》なんの合い図もしない. (2)《気絶して》身動きをしない. ***make the*** ~ ***of the cross*** <カトリック教徒などが>十字を切る. ***not a*** [***no***] ~ ***of*** の跡形もない: *not a* ~ *of* remorse 後悔のようすが全く見られない. *not a* ~ *of* life anywhere 生物の痕跡(こんせき)も見られない. ***seek a*** ~ 奇跡を求める. ~ ***and countersign*** 《「山」と「川」のような》合いことば. ~***s and wonders*** 奇跡. ~***s of the times*** 〖宗〗時勢(のしるし). ***There is a*** ~ ***of*** snow [our guest changing his mind]. (雪になる[お客の気が変わる])ようすが見える. ***There is no*** ~ ***that*** they will help us**.** (彼らが手を貸してくれる)ようすは全く見えない.

—— *vt., vi.* **1** (に)サイン[署名]する, 記名調印する: ~ a legislative bill into law 法案に署名して法律として発効させる. **2** 〖米〗署名して契約する《雇用・出演などを》: ~ to act in a movie 映画出演の契約をする. **3** 署名して譲り渡す[払う]《*away, off, over*》. **4** 合い図[記号, 標識]で示す: He ~*ed* that he was ready to leave. 彼は出かける用意ができたと合い図した. **5** 十字を切る, 十字を切って清める. **6** (に)しるしをつける: ~ a street 街路に標識をつくる.

~ ***off*** (1)〖ラジオ〗放送終了の合い図をする; 〖米俗〗話をやめる, 黙る. (2) 署名してやめる: ~ *off from* wine 禁酒を約する. ~ ***on*** 正式に記名調印して雇う[雇われる]. ~ ***on for*** に調印契約する. ~ ***on the dotted line*** 予定された政策を黙認する, 事後承諾する. ~ ***up*** 〖米〗《署名して》軍隊に応募する; 《署名して》参加する, 申し込む; 雇われる. [√sign-]

***~·board** [⊥⊥] 看板; 掲示[告知]板. ~ **language** 手まね(ことば), 手話法. ~ **manual** 自署; 《国王などの》親署. **~-off** [⊥⊥] (1) 放送終了(の合い図). (2)《トランプで》せりあげの終了. ~ **painter** 看板屋, 看板書き. **~·post** [⊥⊥] 看板[広告]柱; 道標 (guidepost).

◇ **~·er** *n.* 署名者; (S~)〖米〗独立宣言書署名者.

‡**síg·nal** [sígn(ə)l] *n.* **1** 信号, 合い図; 暗号. **2** シグナル, 信号機. **3** 前兆, しるし, 兆候: a ~ of ill health からだの悪い兆候. **4** 導火線, 動機《*for*》. **5** 〖トランプ〗仲間への合い図の手.

distress ~ = ~ ***of distress*** 難船[遭難]信号. ***give the*** ~ ***for*** …の合い図をする. ***Royal Corps of S***~***s*** 〖英〗《電信・信号・気球などの業務担当の》イギリス信号隊. ***traffic*** ~***s*** 交通信号.

—— *a.* **1** 合い図の, 信号の; 信号用の: a ~ lamp 信号燈. **2** 著しい, きわだった, 注目すべき; すぐれた, すばらしい: a ~ achievement 注目すべき業績.

—— *v.* (**-l-**, ㊥**-ll-**) *vi.* 信号する, 合い図する: ~ *to* a person to move on 人に先へ進めと合い図する.

—— *vt.* **1** に合い図する, に信号を送る. **2** 信号で知らせる《と *that*》. **3** の前兆となる. [√sign-]

~ **book** 信号[暗号]書《特に海軍の》. ~ **box** 〖英〗《鉄道の》信号所; 警報箱《警察へ連絡する》; 火災報知器. **S~ Corps** 〖米: 陸軍〗通信隊《略 S.C.》. ~ **fire** のろし. ~ **flag** 信号旗. ~ **gun** 号砲. **~·man** [-mæ̀n, -mən] (*pl.* **-men**) 信号手. **~-to-noise ratio** 〖電〗SN 比. ~ **strength** 〖電〗信号強度. ~ **tower** 〖鉄道〗信号塔.

◇ **~·(l)er** *n.* 信号手[機]. **~·ly** *ad.* 目だって, きわだって. **~·ment** *n.* 人相書き.

síg·nal·ize [sígn(ə)làiz] *vt.* **1** 指摘する. **2** 目だたせる, 異色的存在にする; 有名にする.

síg·na·to·ry [sígnətɔ̀:ri/-təri] *a.* 署名[調印]した. —— *n.* 署名[調印]者; 調印国; 条約国. ~ **powers** 加盟国. ~ **tune** 《ラジオなどの》テー

マ音楽.

‡síg·na·ture [sígnitʃər] *n.* **1** 署名(すること): letters waiting for his ～ 彼が署名するばかりになっている手紙. **2**〘楽〙《調記号・拍子記号などの》記号. **3** =～ tune. **4**《薬の容器にしるした》使用法. **5**〘印〙印刷紙の折り記号; 折り丁;《番号つき》全紙. **6** 兆候; 特徴: A clear little eye is the ～ of a hurricane. 小さな晴れた目は台風の証拠. ***key*** **～**〘楽〙《五線譜の最初にしるした》調号. ***time*** **～**〘楽〙拍子記号. ***write*** one's **～** 署名する.

～ mark〘印〙折り丁番号. **～ tune**《ラジオ放送前後の》テーマ音楽.

síg·net [sígnit] *n.* 認め印, 印章;《～で押した》印. ***the*** **～**《昔イギリス国王が用いた》玉璽 (= the privy ～). **～ ring** 印形(ぎょう)付き指輪.

‡sig·níf·i·cance [signífikəns] *n.* **1 意義**, 意味, 趣旨. **2** 意味深長, 意味のあること: with a look of great ～ 非常に意味ありげな顔つきで. **3 重要性**, 重大性: a matter of ～ 重大な事件. ***of little*** 〔***no***〕 **～** とるに足らない, 重要でない.

[類] → **meaning**「意味」

‡sig·níf·i·cant [signífikənt] *a.* **1 重大な**, 重要な, たいせつな. ↔ insignificant. **2 意味のある**, 意義ぶかい. **3 意味ありげな**, 含みのある, 暗示的な: a ～ gaze 意味ありげなまなざし. **4 表示する**, 意味する《を *of*》: Smiles are ～ *of* pleasure. 微笑は喜びのあらわれである. ◇ **～·ly** *ad.*

sig·nìf·i·cá·tion [signìfikéiʃ(ə)n, signi-/sìgni-] *n.* **1** 意義, 語義; 意味. **2** 意味作用, 表示. **3** 通達; 通報.

sig·níf·i·ca·tive [signífikèitiv/-kət-] *a.* **1** 表示する《を *of*》. **2** 意義ある, 意味深長な. **3** 意味ありげな. ◇ **～·ly** *ad.* **～·ness** *n.*

‡síg·ni·fy [sígnifài] *vt.* **1 意味する**: What does this phrase ～? この句はどういう意味か. **2** 表示する; あらわす: ～ one's approval 賛意を示す. **3** 通報する. **4** の前兆〔前触れ〕となる. ***What does it ～?*** (1) それはどういうことかね. (2) たいしたことではないじゃないか. —— *vi.* 重大である, 影響を及ぼす《おもに否定文で》: ～ little たいして重要ではない.

sí·gnior [sí:njɔ:r/-njɔ:] =*signor*.

si·gnor [sí:njɔ:r, −ˊ/sí:njɔ:] It. *n.* (*pl.* **～*s***, ***si·gno·ri*** [si:njɔ́:ri:/-njɔ́:ri]) **1** (S～) …閣下, …殿, …様, …君《英語の Mr., Sir に当たる. 名前の前につける》. **2**《特にイタリアの》紳士, 貴族.

si·gno·ra [si:njɔ́:rə/-njɔ́:rə] It. *n.* (*pl.* ***-re*** [-rei]) **1** 夫人, 奥様《Mrs., Madam に当たる. 呼びかけにも用いる》. **2**《特にイタリアの》淑女, 貴婦人.

si·gno·re [si:njɔ́:rei/-njɔ́:r-] It. *n.* (*pl.* ***-ri*** [-ri]) 閣下, だんな様, 紳士《英語の Sir に当たり, 直接の呼びかけに用いる. Mr. の意で名前の前には *signor*》.

si·gno·ri·na [sì:njɔ:rí:nə, ㊊+-njər-] It. *n.* (*pl.* ***-ne*** [-nei]) **1** …嬢《英語の Miss に当たる. 呼びかけにも用いる》. **2**《特にイタリアの》令嬢.

si·gno·ri·no [-rí:nou] It. *n.* (*pl.* ***-ni*** [-ni]) **1** 男子青年への敬称. **2**《特にイタリアの》若様, 若だんな, ぼっちゃま.

sí·gno·ry [sí:njəri] =seigniory.

Síg·urd [sígərd/-guəd, -gə:d] *n.* 〘北欧神話〙アイスランドの伝説 Volsungasaga の主人公《ドイツ伝説 Nibelungenlied の Siegfried に当たる》.

Sikh [si:k] *n.*《インドの》シーク教徒. ◇ **～·ism** *n.* シーク教. [＜Hind.]

Sík·kim [síkim] *n.*《インド北部の》シッキム地方.

sí·lage [sáilidʒ] =ensilage.

‡sí·lence [sáiləns] *n.* **1 沈黙**; 音信不通: a man of ～ 無口な人. **2** 秘密厳守; 黙殺; 言及しないこと: the law's ～ as to the problem この問題に関して条文がないこと. **3** 忘却 (oblivion). **4 静けさ**, 静寂: the ～ of midnight 夜半の静寂. **5**〘楽〙休止. **6** 死. ***break*** (***the***) **～** 沈黙を破る. ***buy*** a person's **～** (人)に金で口止めする. ***give the*** **～**〘俗〙無視する. ***in*** **～** 静かに, 沈黙して. ***keep*** **～** 沈黙を守る, 黙っている. ***pass into*** **～** 忘れられてしまう. ***pass with*** **～** 黙殺する. ***put*** a person ***to*** **～** 言いこめて黙らせる. ***S～ gives consent.***〘諺〙沈黙は承諾のしるし. ***S～ is gold*** 〔***golden***〕.〘諺〙沈黙は金.

—— *vt.* **1 黙らせる**, おさえる. **2**〈敵の反対・放列などを〉沈黙させる. **3**〈騒音などを〉静める.

◇ **sí·lenc·er** *n.* **1** 沈黙させる人〔物〕; 相手をやりこめる議論. **2**〘おもに英〙《発動機の》消音器;《銃砲などの》消音装置.

‡sí·lent [sáilənt] *a.* **1 沈黙した**, 無言の; 無口な, 沈黙を守る: keep ～ 沈黙を守る, 黙っている. **2** なにも言っていない, 明記していない: History is ～ *on* 〔*upon*〕 the subject. 歴史はその問題に言及していない. **3** 音信不通の, ぶさたしている. **4** 公にしない, 知らせない. **5 しんとした**, 静かな; 音をたてない. **6**〘商〙匿名の. **7** 活動しない, 休止した: a ～ volcano 休火山. **8**〘音声〙発音されない, 黙音の《cake, knife の e, k など》. ***give the ～ treatment*** = give the silence.

～ butler《たばこの灰落とし用など》一種のふた付きごみ取り. **～ film** 〔**picture**〕 無声映画. **～ partner** 匿名組合員. ◇ **～·ness** *n.*

[類義語] 無口な: **silent** 沈黙している状態, もしくは多弁でないことを示す色彩のない語. **reticent** おっくうから, また興味がないので一時的に黙っている. **reserved** 話したいことはあるが遠慮や配慮から黙っている. **taciturn** 性格的に無口で非社交的な.

[類] → **quiet**「静かな」

‡sí·lent·ly [sáiləntli] *ad.* **1 黙って**, ものを言わないで. **2** 静かに, しーんと.

Si·lé·nus [sailí:nəs] *n.* **1**〘ギ神〙酒神 Bacchus の養父. **2** 陽気な酔った老人.

Si·lé·si·a [sailí:ʃ(i)ə, səl-/sailí:ziə] *n.* **1** シレジア地方《ヨーロッパ中部. 現ポーランド領》. **2** (s～) シレジア織り《カーテン・婦人服裏地用綿布》.

◇ **～n** *a.*, *n.* シレジアの; シレジア人.

sí·lex [sáileks] *n.* **1** =silica. **2** 耐熱性(石英)ガラス. **3** (S～) サイレックス耐熱性ガラスのコーヒー沸かし《商標名》.

sìl·hou·étte** [siluét] *n.* **1 シルエット**, **影絵**,《横向きの》黒抜き肖像; 影法師. **2** 輪郭: give a fine ～ against the sky 空に美しい影を映す. ***in **～** シルエットで; 輪郭だけで.

—— *vt.* シルエットに描く; の影法師を映す; の輪郭だけを見せる《通例受動態で》: a tree ～*d* against the blue sky 青空をバックに黒々と見える木.

silic-「シリカ, シリコン」の意の連結形.

síl·i·ca [sílikə] *n.*〘化〙シリカ, ケイ土, 無水ケイ酸.

～ gel [-dʒèl/-dʒel]〘化〙シリカゲル《防湿剤》.

síl·i·cate [sílikit, -kèit] *n.*〘化〙ケイ酸塩.

si·lí·ceous, si·lí·cious [silíʃəs] *a.* ケイ酸の, ケイ土(質)の.

si·líc·ic [silísik] *a.* ケイ素を含有する; ケイ酸〔ケイ土〕の: ～ acid ケイ酸. 「化物.

síl·i·cide [sílisàid, -sid] *n.*〘化〙ケイ素化合物, ケイ

si·líc·i·fy [silísifài] *vt.* ケイ酸化する.

◇ **si·lìc·i·fi·cá·tion** [−ˌ−−fikéiʃ(ə)n] *n.*

silico- =silic-.

síl·i·con [sílikən] *n.*〘化〙ケイ素《非金属元素. 記号 Si》.

síl·i·cone [sílikòun] *n.* シリコーン《合成樹脂・合成ゴムなどの有機化合物》.

sìl·i·có·sis [sìlikóusis] *n.*〘医〙珪肺(けいはい)症《ケイ土の粉末を吸って起こす一種の職業病》. ◇ **sìl·i·cót·ic** [-kátik/-kɔ́t-] *a.*, *n.* 珪肺症に冒された(人).

‡silk [silk] *n.* **1** 絹; 絹糸, 生糸; 絹布, 絹織物; (しばしば *pl.*) 絹の着物; (*pl.*)《競馬の騎手などの》色分

けした制服. **2**〔英〕《王室弁護士の》絹の法衣;〔英話〕王室弁護士. **3** 絹糸状のもの;〔米〕《トウモロコシの》毛;《宝石などの》絹糸光沢.
artificial ~ 人絹. ***be dressed in ~s and satins*** お蚕ぐるみで. ***hit the ~***〔空〕パラシュートで飛び降りる. ***make a ~ purse out of a sow's ear*** 雌豚の耳から絹のさいふをつくる《ウリのつるにナスビをならせる; できない相談》. ***raw ~*** 生糸. ***S~s and satins put out the fire in the kitchen.***〔諺〕着道楽はかまどの火を消す. ***take (the) ~*** 王室弁護士となる.
~ broadcloth =broadcloth ①. **~ cotton** =kapok. **~ gown** 王室弁護士(の制服). **~ gum** [**glue**] =sericin. **~ hat** シルクハット. **~ mill** 絹紡績工場, 絹織り工場. **~(-)scréen** → 別項. **~(-)stóck·ing** → 別項. **~·weed** [´-ˋ]〔植〕トウワタ属の植物. **~·worm** [´-ˋ]〔虫〕蚕.

sílk·en [sílk(ə)n] *a.* **1** 絹の, 絹製の. **2**〔雅〕《絹のように》柔らかな, 光沢のある, すべすべした. **3** 絹を着た. **4** ぜいたくな, 豪奢(ごうしゃ)な; 優雅な; 甘美な.

silk screen《捺染用》絹紗(けんしゃ)スクリーン; =silk-screen process.

sílk-scrèen [sílkskrì:n] *a.* ~ process の. —— *vt.* ~ process でつくる. **~ process** 絹紗スクリーン捺染(なっせん)法.

silk stocking (通例 *pl.*) **1** 絹くつ下: a run [㊥ ladder] in a ~ 絹くつ下の伝線. **2** 絹くつ下をはいた人; ぜいたくな人; 貴族富豪階級の人.

sílk-stóck·ing [sílkstákiŋ/-stɔ́k-] *a.* **1** 絹くつ下の〔をはいた〕. **2** ぜいたくな, 貴族的な. —— *n.* 富裕階級の人; 貴人.

sílk·y [sílki] *a.* **1** 絹の. **2** 絹のような; 柔らかな; すべすべした; 光沢のある. **3**《酒など》甘美な, 口あたりのいい. **4** 物腰の柔らかな; ことば巧みな. **5**〔植〕《葉など》絹糸状に毛の密生した.
◇ **-i·ly** *ad.* **-i·ness** *n.*

sill [sil] *n.* **1**《柱の》土台;《入り口・窓の》敷居. **2**〔鉱山〕坑道〔炭層〕床; 岩床, 岩層.

síl·la·bub [síləbʌ̀b] *n.* **1** シラバブ (syllabub)《牛乳・クリームにブドウ酒などをまぜ甘味をつけてゼラチンで固まらせるかあわだたせるもの》. **2** 美辞麗句.

‡síl·ly [síli] *a.* **1** ばかな, 愚かな. **2** 良識のない, 思慮のない, ばかげた: It was very ~ of me. われながら愚かだった. **3**〔話〕唖然(あぜん)とした; 目をまわした: knocked ~ なぐられて目をまわした. **4**〔古〕無邪気な, 罪のない. ***Don't be ~.*** ばかなことを言うもんじゃない. —— *n.*〔話〕《おもに小児語》ばか, あほう.
~ ass〔笑〕ばか者. **~ billy**〔米話〕ひょうきんな人. **~ season, the**《新聞用語》. 夏枯れ時《8–9月の新聞だねがない時期》.
◇ **síl·li·ly** *ad.* 愚かに, 思慮なく. **síl·li·ness** *n.* 愚かさ; ばからしさ; 愚行. 〔類〕→ **foolish**「ばかな」

sí·lo [sáilou] *n.* (*pl.* **~s**) サイロ《飼料青草を詰めその鮮度を維持貯蔵する円塔状の気密の建造物》;〔米〕ミサイル地下格納庫. —— *vt.* サイロにたくわえる.

silt [silt] *n.* 沈泥(ちんでい)《砂より細かく粘土よりあらい沈積土》. —— *vt., vi.* **1** (沈泥で) ふさぐ〔ふさがる〕《*up*》. **2** しみ込む《*in*》.
◇ **~·y** *a.* 沈泥の (ような); 沈泥の詰まった.

Síl·u·res [síljurì:z] *n.* シルリア人《西暦48年ごろローマのイギリス征服に盛んに抵抗したウェールズ地方の古代ブリテン人》.

Si·lú·ri·an [səlú(:)riən, sail-/sailjúər-] *a.* **1** シルリア人 (Silures) の. **2**〔地〕シルリア紀〔系〕の. —— *n.* (the ~) シルリア紀〔系〕.

síl·va [sílvə] *n.*《集合的》**1**《特定地域の》樹林, 森林の樹木. **2** 樹林誌《ある地方の樹木についての記述》.

síl·van =sylvan.

Sil·vá·nus [silvéinəs] *n.* (*pl.* **-ni**)〔ロ神〕森林・農牧の神. → Pan.

‡síl·ver [sílvər] *n.* **1** 銀《記号 Ag》. **2** 銀製食器; 銀細工; 銀モール, 銀糸: table ~ 銀 (めっき) 食器《スプーン・ナイフ・さらなど》. kitchen ~ 台所食器《必ずしも銀製とは限らない》. **3** 銀貨; 金銭, 貨幣: a handful of ~. **4** 銀白, 銀色, 銀の光沢. **5** 銀塩類, 《特に》硝酸銀.
—— *a.* **1** 銀の, 銀製の, 銀…: a ~ coin. **2** 銀のような; 銀色に光る;《髪など》銀白色の: ~ hair. **3** 銀鈴の鳴るような, (音が) さえた;《弁舌が》うまい, 流暢(りゅうちょう)な. **4**〔経〕銀本位の. **5**〔化〕銀と化合した. **6** 25年めの. **7**《第 1 位を金として》第 2 位の.
—— *vt.* **1** 銀めっきする, に銀をかぶせる〔塗る〕; 銀色にする: trees ~*ed* with snow. **2** 白髪にする.
—— *vi.* **1** 銀色になる, 銀色に光る. **2** 〈髪が〉銀白色になる: His hair has ~*ed*. 白髪になった.
~ age, the 白銀時代《神話上・文芸上最盛の黄金時代に次ぐ》; (通例 S~ age) 西暦14–138年のラテン文学隆盛時代. **~ bath**〔写〕硝酸銀溶液〔感光液〕容器. **~ bell**〔植〕《北アメリカ産》エゴの木の類の低木《白色鈴形の花が咲く》. **~·bèr·ry**〔植〕《北アメリカ産》グミ. **~ birch**〔植〕《北アメリカ産》シラカバ (paper birch). **~ bromide**〔化〕臭化銀. **~·fish** [´-ˋ-] (*pl.* **-fish(·es)**)《一般的》銀色の魚;〔虫〕シミ (bookworm)《衣服・書物を食う虫》. **~ foil** 銀箔(ぎんぱく). **~ fox** 銀ギツネ (の毛皮). **~-gilt** [´-ˋ-] 銀めっき (の); 金めっきした銀, そのまがい物. **~ gray** 銀白色 (の); 銀ねず (の). **~-haired** [´-ˋ-] 銀髪の. **~ Latin** Silver age のラテン語. **~ leaf** 銀箔《silver foil より薄い》. **~ lining** (雲の) 明るいへり; 明るい希望. **~-móunt·ed** 銀台の; 銀で飾った. **~ paper** 銀紙; 銀箔; スズ箔; 銀感光紙. **~ plate**〔英〕《集合的》銀 (食) 器;〔米〕銀めっき品. **~-plát·ed** 銀ばり〔めっき〕の. **~ point**〔画〕銀筆 (画法). **~ print**〔写〕硝酸銀写真. **~ sand** 白砂, 珪砂(けいしゃ). **~ screen**《映画の》銀幕;《集合的》映画. **~·side** [´-ˋ-] 牛のももの特上肉. **~·smith** [´-ˋ-] 銀細工師. **~ standard** 銀本位制. **~ streak, the**〔話〕イギリス海峡. **~ thaw** つやだし,《陶器の》上ぐすり (glaze). **~ tongue** 雄弁. **~-tóngued** 雄弁の. **~·ware** [´-ˋ]〔米〕《集合的》食卓用銀器; 銀器(=㊥ ~ plate). **~ wedding**《結婚25周年の祝い》銀婚式. **~·weed** [´-ˋ-]〔植〕ヘビイチゴの類; ツルキンバイの類.
◇ **~·ing** [sílv(ə)riŋ] *n.* 銀ばり, 銀めっき;〔写〕硝酸銀処理〔感光〕. **~·ly** *ad.* 銀のように (輝いて);《音・声が》銀鈴を振るように美しく, さえて. **~n** *a.*〔古〕銀の, 銀製の; 銀のような.

síl·ver·y [sílv(ə)ri] *a.* **1** 銀のような; 銀 (白) 色の;《音・声が》銀鈴を振るような, さえた. **2** 銀を含む.
◇ **-i·ness** *n.*

síl·vi·cul·ture [sílvikʌ̀ltʃər] *n.* 森林育成, 植林法, 林学. ◇ **-tur·al** [-tʃ(ə)rəl] *a.* **-tur·ist** [-tʃ(ə)rist] *n.* 植林家; 林学者.

sim [sim] *n.*〔話〕=simulation; =simulator.

sim. similar; simile.

sím·i·an [símiən] *n., a.*〔動〕類人猿(えん) (の); サル(のような).

‡sím·i·lar [símịlər] *a.* **1** 類似した, 同類の, 同様の《に, と *to*》: Let us take a ~ instance. (それに) 類似のばあいを考えてみよう. This is very ~ to that. これはあれによく似ている. **2**〔数〕相似の: ~ figures 相似形. **3**〔楽〕平行して進む. —— *n.* (*pl.*) 類似〔相似〕物. [√simil-]
◇ **‡~·ly** *ad.* 類似して; 同様に.
〔類〕→ **same**「おなじ」

***sìm·i·lár·i·ty** [sìmịlǽrịti] *n.* 類似 (点), 相似性, 相似点《との *to*; の間の *between*; の点での *in*》.

sím·i·le [símịli:, -li/-li] *n.*〔修〕直喩(ちょくゆ), 明喩《as, like などを用い直接にほかのものと比較する修辞法. 例: a heart like stone; as busy as a bee》. → metaphor. [√simil-]

si·míl·i·tude [sịmílịt(j)ù:d / -tju:d] *n.* **1** 類似;

類似点: They show common ～*s*. それらには共通点がある. **2** 外貌(ぼう), 外形, 姿: assume the ～ of …の姿をとる. **3** そっくりのもの: I met my own ～. 自分とうり二つの人物に会った. **4** 直喩(ちょくゆ).
in the ～ of を似せて; を模して. [√simil-]

sím·i·ous [símiəs] *a.* 類人猿(えん)の, サルの.

sím·i·tar =scimitar.

sím·mer [símər] *vi., vt.* **1** 〈鉄びんの湯など〉チンチンいう〔いわせる〕, グツグツ煮える〔煮る〕; とろ火で煮る. **2** ⦅激怒をおさえて⦆ じりじりする; ⦅笑いなどを⦆ ぐっとこらえる. ～ ***down*** 〈沸騰したものが〉さめていく; 〈興奮などが〉さめる; 気が静まる.
— *n.* **1** 沸騰しようとする状態. **2** ⦅怒り・笑いなどが⦆ いまにも爆発しようとする状態. ***at a*** [***on the***] ～ 煮たって, チンチン沸いて; いまにも爆発しようとして.

Sí·mon [sáimən] *n.* 〘宗〙 シモン⦅キリストの十二使徒のひとり⦆. ***the real ～ Pure*** ほんもの⦅人または物⦆.

si·mó·ni·ac [simóuniæk/saim-] *n.* 聖職売買者.

sì·mo·ní·a·cal [sàimənáiək(ə)l, [米]⁺sìm-] *a.* 聖職売買の. ◇ ～**·ly** *ad.* 聖職売買によって.

sí·mon-púre [sáimənpjúər] *a.* ほんものの. → Simon.

sí·mo·ny [sáiməni, [米]⁺sím-] *n.* 聖職売買 (の罪); 〘聖〙 聖職売買による利益⦅使徒行伝 8:9⦆.
◇ **sí·mon·ist** *n.*

si·móom [simú:m, [米]⁺sai-], **si·móon** [-mú:n] *n.* ⦅アラビア・北アフリカの砂ばくの⦆ 砂まじりの熱風.

simp [simp] 〘米俗〙 =simpleton.

sím·per [símpər] *n.* ⦅不自然な⦆にやにや笑い, まぬけた笑い. — *vi.* ⦅わざと⦆ にやにや笑う, つくり笑いする. — *vt.* にやにや笑い〔つくり笑い〕して言う; つくり笑いで表現する. ◇ ～**·ing·ly** *ad.* つくり笑いして.

†**sím·ple** [símpl] *a.* **1 単一の**, 分解できない, ⦅各種専門語⦆ 単…. ↔ compound¹, complex. **2 単純な**, 簡単な; やさしい, 容易な: a ～ question. **3 簡素な**, 質素な, 飾りのない, じみな: ～ beauty 簡素な美. **4** 実直な, 誠意のある, 素朴(そぼく)な: ～ manner 気どらないようす. **5** 罪のない, 無邪気な, 純な: a ～ heart. **6** おめでたい, ばかな; お人よしの, 無知な. **7 純然たる**, 全くの: fraud pure and ～ 詐欺以外のなにものでもない. **8** 無条件〔無制限〕の (unconditional): ～ obligation 絶対的義務. **9** とるに足りない, つまらない; 卑しい, 身分の低い; 平民(出)の. **10** 〘植〙 分かれていない; 〘動〙 単体の. — *n.* **1** 単体, 元素; 単純物, 単一物, 単味物. **2** 単純な人, ばか者. **3** 身分の低い者. **4** 〘古〙 薬草; 薬草製剤.
～ **equation** 〘数〙 一次方程式. ～ **fraction** 〘数〙 単分数. ～ **harmonic motion** 〘物〙 単振動. ～**-héart·ed** 純真な; 純な; 竹を割ったような気性の; 無邪気な. ～ **interest** 単利. ～ **life, the** 簡素な生活, 簡易生活. ～ **machine** 単純機械 (=six ～ machines) ⦅lever, wedge, pulley, wheel and axle, inclined plane, screw の 6 種⦆. ～**-mínd·ed** → 別項. ～ **sentence** 〘文〙 単文. ～ **time** 〘楽〙 単純拍子.
◇ ～**·ness** *n.* 〘稀〙 =simplicity.

sím·ple-mínd·ed [símplmáindid] *a.* **1** 純真な; 無邪気な; 作為のない. **2** お人よしの; 単純な; だまされやすい. **3** 血のめぐりの悪い; 精神薄弱の, 低能の. ◇ ～**·ly** *ad.* ～**·ness** *n.*

sím·ple·ton [símplt(ə)n] *n.* ばか, まぬけ.

sím·plex [símpleks] *a.* 単純な, 単一の. ↔ complex. ～ **telegraphy** 単信式電信法.

‡**sim·plíc·i·ty** [simplísiti] *n.* **1 単純**, 単一; 簡単, 平易; 簡便. **2 簡素**, 質素; じみ, 淡白: ～ in style 文体の簡素さ. **3 純朴**(じゅんぼく), 無邪気さ; 実直さ, 誠実さ. **4** 愚直, 無知.

***sím·pli·fy** [símplifài] *vt.* **1 単純化する**, 単一化する; 簡単〔平易〕にする. **2** じみ〔淡白〕にする.
◇ **-fi·ca·tive** [-fikèitiv/-kətiv] *a.* **sìm·pli·fi·cá·tion** [sìmplifikéiʃ(ə)n] *n.* 単一〔単純〕化; 簡単〔簡易〕化; 平易化.

‡**sím·ply** [símpli] *ad.* **1** 率直に, 無邪気に; 素朴(そぼく)に: behave as ～ as a child 子どものように無邪気にふるまう. **2** わかりやすく, 平明に: be ～ written 平易に書かれている. **3** 簡単に, あっさりと: be ～ dressed じみな服装をしている. **4** 〘話〙 ただただ (…のみで): He is ～ a workman. ただの工員です. They ～ did as they were ordered. 彼らはただ命じられるままにしただけだ. **5** 〘話〙 ⦅強調⦆ 全く, ただもう, ほんとうに: I have ～ nothing to do. 全くなにもすることがない. She is ～ lovely. 彼女はほんとにかわいらしい. **6** 〘古〙 愚かにも.

sìm·u·lá·crum [sìmjuléikrəm] *n.* (*pl.* **-cra** [-krə], **-crums**) **1** 像, 姿. **2** 物の影; 幻影, 面影. **3** にせもの, こしらえ物. [√simil-]

sím·u·lant [símjulənt] *a.* 〘生〙 擬態の; ⦅…のように⦆ 見える ⟪*of*⟫. — *n.* まねる〔似せる〕物〔人〕; にせもの. [√simil-]

sím·u·lar [símjulər] *n.* 〘古〙 見せかける〔似せる〕物〔人〕, まねる人; にせもの, こしらえ物. — *a.* 見せかけの, 似せた; まがいの; まぎれやすい.

sím·u·late [símjulèit] *vt.* **1** と見せかける; のふりをする; まねる, に似せる ⦅模造品などを⦆; に扮装(ふんそう)〔仮装〕する: ～ madness [knowledge] 気の狂ったふりをする〔知ったかぶりをする, はったりをきかせる〕. **2** 〈俳優が〉の役を演ずる. **3** 〘生〙 擬態する. **4** のシミュレーションを行なう ⦅練習・実験のために, 擬似的にある状態をつくりだすこと⦆. — [-lit, -lèit] *a.* 見せかけの, ふりをした; まねた, 擬態の. [√simil-]
◇ **-lat·or** [-ər] *n.* ～する人〔物〕; 〘機〙 シミュレーター ⦅シミュレーション装置⦆. **sìm·u·lá·tion** [sìmjuléiʃ(ə)n] *n.* 模擬実験, シミュレーション.
[類] → **imitate**「まねる」

sím·u·la·tive [símjulèitiv] *a.* まねる, 見せかける, 偽る ⟪*of*⟫. ◇ ～**·ly** *ad.*

sí·mul·cast [sáim(ə)lkæst/sím(ə)lkɑ:st, sáim-] *n.* ⦅ラジオ・テレビの⦆ 同時放送. — *vt.* (**-cast**) 同時放送する.

***sì·mul·tá·ne·ous** [sàim(ə)ltéiniəs, sìm-, -njəs] *a.* **同時の**, 同時に起こる, 同時に存在する ⟪と *with*⟫. [√simil-] ～ **equations** 〘数〙 連立方程式. ～ **translation** 同時通訳. ◇ ***sìm·ul·ta·né·i·ty** [-təní:əti] *n.* 同時 (性), 同時発生.

‡**sì·mul·tá·ne·ous·ly** [-li] *ad.* **同時に**; いっせいに: *S*～, we must consider the historical aspect. 同時に, 歴史面も考える必要がある. ～ ***with*** と同時に.

‡**sin**¹ [sin] *n.* **1** ⦅宗教上の⦆ **罪**, 罪悪: commit a ～ 罪を犯す. → crime, vice. **2** 過失, あやまち; 違反 ⟪*against*⟫. **3** ばかげたこと, 気がきかぬこと: It's a ～ to stay indoors on such a fine day. こんないい日に家の中にいるなんて気がきかないね. ***actual*** ～ 〘宗〙 自罪. ***for my*** ～***s*** 〘笑〙 なんの因果か. ***like*** ～ 〘俗〙 激しく, むきになって, ひどく. ***live in*** ～ 不義の生活をする. ***original*** ～ → original. ～ ***against good manners*** 無作法. ～***s of commission*** 違反の罪. ～***s of omission*** 怠慢の罪. ***social*** ～ 社会のしきたりに対する違反. ***the seven deadly*** ～***s*** 七大罪. → deadly. ***the*** ～ ***against the Holy Ghost*** 〘宗〙 聖霊を汚す罪. ***visit a*** ～ ***upon*** a person (人)にばちをあてる.
— *vi., vt.* (**-nn-**) **1** 罪を犯す ⟪に対し *against*⟫; 〈罪悪を〉 犯す. **2** ⦅礼儀作法などに⦆ そむく: ～ *against* propriety 作法にそむく. ***be more sinned against than sinning*** 犯した罪以上に非難される. ～ ***against God*** 神にそむく. ～ ***in*** [***away***] 悪いことをして招く〔失う〕. ～ ***in company with*** と同罪を犯す. ～ ***in good company*** お歴々がおなじことをしている ⦅から心配ないなど⦆. ～ ***one's mercies*** ⦅神の恵みなど⦆ 幸運を感謝しない.
～ **offering** 罪滅ぼしの供物〔いけにえ〕. ～**·sick**

[─ ─] 罪に悩める.

sin² [sain] *n.* 〘数〙 正弦 (sine) の記号.

Sí·nai [sáinai, -niài/-niai] *n.* **1** 〘聖〙 シナイ山 (＝Mount ～) 《モーセが十誡を授かった山》. **2** シナイ半島 (＝～ Peninsula) 《紅海の北岸の半島》.

Sin·án·thro·pus [sinǽnθrəpəs, sìnænθróup-] *n.* ＝Peking man.

sín·a·pism [sínəpìz(ə)m] *n.* 〘医〙 からし泥(でい) (mustard plaster) 《あんぽう薬》.

sín·ar·chism, sín·ar·quism [sínɑːrkìz(ə)m, ㊊⁺sinɑ́ːrk-] *n.* メキシコ国粋主義 (運動) 《1937年に起こり全体主義国家建設を目的とした》.

◇ **sín·ar·chist, sìn·ar·quís·ta** [─ ─kístə] *n.* メキシコ国粋主義者 〔党員〕.

Sín·bad [sínbæd] *n.* シンドバッド (Sindbad) 《物語 *Arabian Nights' Entertainments* 中の船乗り》.

†since → 枠付 since.

‡sin·cére [sinsíər, sn-] *a.* (**sin·cér·er**; **sin·cér·est**) 誠実な, 心からの; 誠心誠意の, うそ偽りのない: be ～ in one's promises 約束を破らない.

(類義語) **誠実な**: **sincere** 外面と内面とが一致している, 口に出しているとおりの, 偽善的でない: a *sincere* hope 心からの〔ほんとうに感じている〕希望. **honest** 偽りのない, 正直な: an *honest* presentation of the fact 事実を正直に語ること. **truthful** いつもほんとうのことを言う. **whole-hearted** 疑念などをもたない, 心からの: a *whole-hearted* socialist 心からの社会主義者. **hearty** 心から熱意を示す: a *hearty* welcome 暖かい歓迎. **faithful, loyal** 約束・義務・愛情などに誠実な, 忠実な. faithful は家畜《犬など》にも使用され, loyal は主君・国家などが対象になることがある「忠義な」: a *faithful* 〔*loyal*〕 friend 誠実な友. **constant** 心変わりしない → 誠実な.

†sin·cére·ly [sinsíərli, sn-] *ad.* 誠実に, 心から, 衷心より. ***Yours*** ～＝***S～ yours*** 手紙の結び文句《敬具・草々などに当たる》.

‡sin·cér·i·ty [sinsériti, sn-] *n.* 誠実, 誠意, 真心; 本心《うそ偽りのないこと》; 純粋さ: a man of ～ 誠意の人.

sín·ci·put [sínsipʌt] *n.* 〘医〙 前頭部.

Sínd·bad [sín(d)bæd] ＝Sinbad.

sine [sain] *n.* 〘数〙 正弦, サイン 《記号 sin》.

si·ne [sáini] L. (＝without) *prep.* …なしに, …なく. **～ *die*** [-dáiiː] 無期限に. **～ *qua non*** [-kweinɑ́n/-nɔ́n] 必須(ひっす)条件〔資格〕.

sí·ne·cure [sáinikjùər, sín-] *n.* 《名誉または利得〔収入〕を与えられる》閑職; 《特に》名目だけの牧師職. [*sine*＋√cur-]

◇ **sí·ne·cur·ist** [-kjù(ː)rist/-kjuər-] *n.* 閑職〔名目だけの牧師職〕にある人.

sín·ew [sín(j)uː/-njuː] *n.* **1** 〘医〙 腱(けん). **2** (*pl.*) 筋骨, 筋肉; 腕力, 体力; 元気, 精力: a man of ～s 筋肉たくましい人. **3** (通例 *pl.*) 原動力, 資金, 資力, 頼みの綱; 支持者〔物〕. ***the ～s of war*** 軍資金; 《一般的》 運用資金. ── *vt.* **1** 〜に力をつける, 〜に元気をつける; 支持する. **2** 腱で結ぶ.

sín·ew·y [-i] *a.* **1** 腱の, 腱質の. **2** 筋っぽい; 筋骨たくましい; じょうぶな. **3** 《文体などが》力強い, 勢いのある. ◇ **-i·ness** *n.*

sìn·fo·ní·a [sìnfəníːə/sinfóuniə] *n.* (*pl.* **-e** [-níːei/-niei]) ＝symphony. [＜It.]

sìn·fo·niét·ta [sìnfənjétə] *n.* シンフォニエッタ; 小編成の交響楽団《しばしば弦楽器だけの》.

sín·ful [sínf(u)l] *a.* **1** 罪のある, 罪ぶかい. **2** 罪によごれた, ばちあたりな. ◇ **～·ly** [-fuli] *ad.* **～·ness** *n.*

†sing [siŋ] *v.* (**sang** [sæŋ], 〘稀〙 **sung** [sʌŋ]; **sung**) *vi.* **1** (歌を) うたう. **2** 〈鳥が〉鳴く, さえずる; 〈小川・矢・風・虫・湯沸かしなどが〉サラサラいう, ヒューヒューいう, ブンブンいう: a kettle ～*ing* on the hearth 暖炉で鳴っているやかん. **3** 歓喜する. **4** 〘雅〙

since

since の主要な語義は「(…) 以来」《副詞・前置詞・接続詞》, および理由を示す「…(する) ので, …(する) から」《従位接続詞》に尽きる. 接続詞のばあい, 構文が等しいため, 「…して以来」と「…したので」の混同がときに見られる. たとえば *since* he was born は「彼が生まれてから」のほかに「彼が生まれたから」が可能であり, これらは文脈によって区別される. since には, その他に副詞として, 時間に関する「前に」の意味もある.

since [sins] *ad.* **1** 《完了形とともに》その後, 以来; 《ever since の形で》以来ずっと: The building was burnt down in 1910 and has ～ been rebuilt. その建物は1910年に焼けたがその後再建された. He was 〔had been〕 wounded three years ago 〔before, earlier〕 but has 〔had〕 ～ fully recovered. 彼は3年前〔その3年前〕に負傷したが, その後すっかり回復した《〔 〕内はそれぞれ対応する》. He came last Monday and has been here ever ～. 彼はこの前の月曜日に来て以来ずっとここにいる. She has been healthy ever ～. 彼女はその後ずっと健康だ.

2 《おもに単純時制とともに》いま〔そのとき〕から前に (＝ago): She died many years ～. 彼女は何年も前に死んだ. His son disappeared many years ～. 彼のむすこは何年も前に姿を消した. How long ～ is it? それはどのくらい前ですか. I saw him two years ～. 私は2年前に彼を見た. a word that has long ～ been out of use ずっと前に使われなくなっていることば. ***ever ～*** → ①. ***long ～*** → ②.

── *prep.* …以来: I have eaten nothing ～ yesterday. 私はきのうからなにも食べていない. He has written twice ～ his departure. 彼は出発してから2度手紙をくれた. I have not seen him ～ last year. 昨年以来彼に会っていない. *S～* my coming to London I have not been well. ロンドンに来て以来私は健康がすぐれない. 〈注〉 since は from then till now の意味で, 通常現在完了とともに用いられる. from は単に出発点を示すだけであるから, 必ずしも完了形でなくともよい《ただし from childhood のような成句を除く》: He *has lived* in America *since* 1920. 彼は1920年以来アメリカに住んでいる. He *lived* in Japan *from* 1920 *to* 〔*till*〕 1940. 彼は1920年から1940年まで日本に住んでいた. **～ *then*** それ以来. **～ *when*** いつから.

── *conj.* 《従位接続詞》 **1** …して以来, …したときからずっと: **a)** 《主節に it is を伴って》: How long is it ～ I saw you last? この前お目にかかってからどのくらいになりますか. It is a week ～ we arrived here. ここに着いてから1週間になる. 〈注〉 It has been (a week) という形もないことはないが, 慣用的ではない. **b)** 《主節に完了形を伴って》: He has been unhappy ～ he left home. 彼は家を出て以来不幸である. Nothing has happened ～ we parted. われわれが別れてからなにも起こらない.

2 …(する)から, …ゆえに: *S～* he was king, he could do no wrong. 彼は王であるからまちがったことはできなかった. There is no more to be said, ～ he is so firmly determined. 彼がそのように堅く決心しているのだから, これ以上言うことはない.

(類) → **because** 「…なので」

歌をよむ, 詩をつくる《について *of*》;《詩・歌で》賛美する, 謳歌(おうか)する《を *of*》. **5** 歌になる;〈歌詞が〉歌える. **6**〈耳が〉鳴る: My ears 〜. 私は耳鳴りがする. **7**〔俗〕白状する, 告げ口する; 叫ぶ.
—— *vt.* **1** 吟唱する, 歌う: 〜 a song. **2**〈鳥が〉さえずる. **3**〔雅〕歌によむ; 歌い祝う, 賛美する: 〜 Mass ミサを唱える. **4** 歌にする. **5** 歌って…させる; 歌って送る〔迎える〕《*out, in*》: 〜 a baby *to* sleep 歌をうたって赤ん坊を寝かせつける. 〜 *away* one's trouble 歌って悩みを忘れる.
make** a person's **head** 〜* (人)の頭をがんとなぐる. *〜 **another song** [**tune**]* 調子〔態度〕を変える; けんそんになる. *〜 **for** one's **supper 応分のお返しをする. *〜 **out*** 〔俗〕叫ぶ, どなる: She *sang out* at me. 彼女は私に向かってどなった. *〜 **small*** 弱音をはく, しょげる. *〜 **the blues*** くよくよ述べたてる, 悲観的なことを言う. *〜 **the praises of*** をほめたてる. *〜 **the same old song*** おなじことを繰り返す. *〜 **to*** the harp (ハープ)に合わせて歌う. The song has been ***sung to death.*** (この歌は) 聞きあきた.
—— *n.* **1** 歌声; 歌をうたうこと. **2**〔米〕歌をうたう会. **3**《風・弾丸などの》うなり. ***on the** 〜*《湯沸かしが》チンチン鳴って.

sing. single; singular.

Sín·ga·pòre [síŋ(g)əpɔ̀ːr/sìŋ(g)əpɔ́ː] *n.* シンガポール《マライ半島南端の島. イギリス連邦自治領として独立》; その首都.

singe [sindʒ] *v.* (**singed** [-d]; **singe·ing** [síndʒiŋ]) *vt.* **1** 焦がす, の上っつらを焼く. **2**〈鳥・豚などを〉毛焼きする;〈布を〉毛羽焼きする;〈髪に〉こてをあてる. **3**〈名声を〉傷つける. —— *vi.* 焦げる, 上っつらが焼ける. 〜 one's ***feathers*** [***wings***] 名声を傷つける, しくじる; 手をやく.
—— *n.* 焼け焦げ, 焦げあと.

‡**síng·er**[1] [síŋər] *n.* **1** 歌う人, 歌手, 声楽家: a good [poor] 〜 歌のじょうず〔へた〕な人. **2** 鳴き鳥, 鳴禽(めいきん): The skylark is a good 〜. ヒバリはよくさえずる. **3** 詩人, 歌よみ. [<sing]

síng·er[2] [síndʒər] *n.* **1** 焦がす人; 毛焼きする人. **2** 毛焼きする物, 毛焼き道具. [<singe]

Sìn·gha·lése [sìŋgəlíːz] *a.* セイロンの, セイロン人〔語〕の. —— *n.* (*pl.* 〜) セイロン人〔語〕.

síng·ing [síŋiŋ] *n.* **1** 歌うこと, 声楽, 歌声. **2** さえずり, 鳴く声. **3** ブンブン〔ヒューヒュー〕などと鳴る音; 耳鳴り;〔電〕鳴音, シンギング. —— *a.* 歌う; 鳴く; 鳴る. 〜 **man**〔英〕くろうと歌手. 〜 **master** 声楽教師;〔米〕聖歌隊指揮者. 〜 **school** 音楽学校. 〜 **voice** 歌声, 調子のある音声. → speaking voice.

‡**sín·gle** [síŋgl] *a.* **1** **ただ一つの**, ただひとりの, (たった)1個の: A 〜 instance is not enough. 1例だけでは十分ではない. his 〜 intent 彼の唯一の意図. There was not a 〜 man who objected. 異議を唱えた者は, ただのひとりもいなかった. **2** 1人用の; 1家族用の; 1軒建ちの: a 〜 bed [room] 1人用寝台〔へや〕. **3** **ひとりの**, 孤独な; 独身の: 〜 men [women] 独身の男〔女〕. remain 〜 all one's life 一生独身でとおす. **4** 1対1の: a 〜 combat 一騎打ち. **5**《花など》一重(ひとえ)の, 単一の: a 〜 rose 一重のばら. **6**《切符など》片道の: a 〜 ticket. **7** **ひたすらの**, 誠実な: a 〜 heart [mind] 誠心. 〜 devotion to one's work 仕事へのひたすらの専心. **8** 団結した, 一致した. ***each*** [***every***] *〜*《each [every] の強調形》ひとりひとりの, 一つ一つの: *each* 〜 citizen ひとりひとりの市民.
—— *n.* **1** 1個, 単一. **2** (*pl.*)〔テニス〕シングルス, 単試合. **3**〔野球〕単打 (=〜 hit). **4**〔ゴルフ〕2人試合. **5**〔トランプ〕《5点勝負で》5対4の勝ち. **6** (*pl.*) ひとよりの絹糸. **7**〔植〕一重の花. **8**〔英〕片道切符 (=〜 ticket).
—— *vt.* **えり抜く**, 選抜する, 抜擢(ばってき)する《*out*; から *out of*》: He was 〜*d out* of the many candidates. 彼は多くの候補者のなかから選抜された.
—— *vi.* 〔野球〕単打を放つ.
〜-bánked [⁻–⁻]《ボートの》こぎ座が一つの, ひとりこぎの. 〜 **blessedness**〔笑〕独身天国. **〜-bréast·ed**《上着の》片前の, シングルの. → double-breasted. 〜 **court**〔テニス〕単試合用コート. 〜 **entry**〔簿記〕単式記入法. 〜 **eye**〔宗〕正しい目. ↔ evil eye. **〜-éyed** (1) 単眼の. (2) わき目もふらない, ひたむきの. (3) 誠実な, 献身的な. 〜 **file** 1列縦隊. **〜-fíre**《弾薬筒など》単発の. **〜-foot** [⁻–⁻]〔馬術〕軽がけ歩調 (で走る). **〜-hánd·ed** (1) 片手の〔で〕, 片手操作の〔で〕. (2) 単独の〔で〕, 独力の〔で〕. **〜-héart·ed** → 別項. **〜-lóad·er** 単発銃. → magazine gun [rifle]. **〜-mínd·ed** → 別項. **〜-pháse**〔電〕単相の. **〜-séat·er** 1人乗り《単座飛行機〔自動車〕など》. 〜 **stem**〔スキー〕半制動. **〜-stick** [⁻–⁻] (片手) 木剣術, 棒試合; 木剣, 棒. **〜-stìck·er**〔海・話〕1本マストのヨット. 〜 **tax** 一物件税 (の)《地租など》. **〜-tráck**〔鉄道〕単線の;〔話〕融通のきかない, 偏狭な,「単細胞」の. **〜-tree** [⁻–⁻]〔米〕=whippletree.
◇ **〜·ness** *n.* **1** 単一, 単独; 独身. **2** 誠意.
(類義語) **唯一の: single** 他と切り離されている, 仲間や類似物がないことを示す: a *single* case 唯一のばあい. **only** 他にないことを示す: an *only* child ひとりっ子. **sole** only に等しいが, 他に「独占的な」という意に用いる: *sole* rights of publication 版権の独占. the *sole* power of Congress 議会のみもちうる権限. **unique** 独自性が強調される. 唯一無二の.

sín·gle-héart·ed [síŋglháːrtid] *a.* ふた心のない, 純真な, 誠意ある, 心からの.
◇ **〜·ly** *ad.* **〜·ness** *n.*

sín·gle-mínd·ed [síŋglmáindid] *a.* **1** 一意専心の, ひとすじの. **2** 誠実な, ふた心のない.
◇ **〜·ly** *ad.* **〜·ness** *n.*

sín·glet [síŋglit] *n.*〔おもに英〕男子用(下着)シャツ, メリヤス下着. → doublet.

sín·gle·ton [síŋglt(ə)n] *n.* 個々に起こるもの; 1個; ひとりっ子;〔トランプ〕手にある1枚札, 1枚札の手.

sín·gly [síŋgli] *ad.* **1** 単独で, 独力で. **2** ひとつ〔ひとり〕ずつ, 別々に.

Síng Sing [síŋ-sìŋ] *n.* アメリカ New York 州立「刑務所.

síng·song [síŋsɔ̀ːŋ/-sɔ̀ŋ] *n.* **1** 単調な〔抑揚のない〕話し方〔歌い方, 声〕; 読経(どきょう)調. **2**〔英話〕(しろうと) 合唱会. **3** 読経調の詩歌. —— *a.* 単調な, 抑揚のない. —— *vi., vt.* 単調に歌う〔話す〕.

‡**sín·gu·lar** [síŋgjulər] *a.* **1** **唯一の**, 単独の, 独自の: an event 〜 in history 史上例をみない事件. I am not 〜 in my opinion. 独自の意見をもっているわけではありません. **2** 個々の, 別々の. **3** **異常な**, 非凡な: a woman of 〜 beauty すばらしい美人. **4** 奇妙な, 風変わりな: 〜 clothes 風変わりな服装. **5**〔文〕単数の. ↔ plural. —— *n.*〔文〕単数 (形); 単数の語. ***all and** 〜* すっかり, どれもこれも.
◇ **〜·ism** [-ləriz(ə)m] *n.*〔哲〕単元論, 一元論. **〜·ly** *ad.* **〜·ness** *n.*
(類) → **strange**「変わった」

sìn·gu·lár·i·ty [sìŋgjulǽriti] *n.* **1** 特異(性), 奇異, 希有(けう); 異常, 風変わり. **2** 単一, 単独;〔文〕単数 (性).

sín·gu·lar·ize [síŋgjuləràiz] *vt.* **1** 単一化する. **2**〔文〕単数形にする. ◇ **sìn·gu·lar·i·zá·tion** [⁻–ləri̩zéiʃ(ə)n, -raiz-] *n.*

Sìn·ha·lése [sìnhəlíːz] =Singhalese.

Sín·i·cism [sínisiz(ə)m] *n.* 中国的風習〔慣用, 方「法〕.

sín·is·ter [sínistər] *a.* **1** 縁起の悪い, 不吉(ふきつ)な, 薄気味悪い. **2** 災いとなる, 凶の, 不幸な: a 〜 accident. **3** 邪悪な, 悪意のある: a 〜 look 悪意のある

顔つき. **4** 人相の悪い. **5**〖紋〗《盾(たて)の》左側の; 〖笑〗左の. ↔ dexter. ***bar* ～** →bar.
◇ **～·ly** *ad.* **～·ness** *n.*

sín·is·tral [sínistr(ə)l] *a.* 左の, 左ききの, 左向きの: 《貝類など》左巻きの.
◇ **～·ly** *ad.* **sìn·is·trál·i·ty** [⌐–trǽlịti] *n.*

‡**sink** [siŋk] *v.* (**sank** [sæŋk], **sunk** [sʌŋk]《㊥では稀》; **sunk, súnk·en** [sʌ́ŋk(ə)n]) *vi.* **1 沈む, 沈没する**: ～ like a stone 石のように沈む《泳げないで》. **2** <日・月などが> 没する, 落ちる. **3** <雲などが> 下がる, 傾く. **4** <建物・地盤などが> 沈下する, めり込む, 落ち込む: Ground *sank* under my feet. 足の下の土地が陥没した. **5** <首・目などが> たれる, 下を向く: His head *sank* to his chest. 彼はうなだれた. **6** <目・ほおなどが> 落ち込む, へこむ《*in*》: Her cheeks have *sunk in*. 彼女のほおが落ちくぼんだ. **7** <人が> へなへなとくずれる[倒れる], ぐったりと腰をおろす: ～ on one's knees ひざまずく. **8** <病人が>弱る. **9** <意気などが>しょげる, 阻喪する: a ～*ing* heart 重い心. **10** 落ちぶれる, 没落する; 堕落する. **11** <物価・水面などが> 下がる, 低下する. **12** <水などが>しみとおる: The ink ～*s* quickly in the blotting paper. インクは吸い取り紙にすぐしみ込む. **13** <ことば・教訓などが> しみ入る, 肝に銘ずる《*in*》: The lesson has not *sunk* in. 教訓はきかなかった. **14** 《眠りなどに》陥る: ～ *into* sleep [reverie] 眠り[夢想] にはいる. **15** <魚が> 水底深く泳ぐ.
—— *vt.* **1 沈める**, 沈没させる. **2** 埋め込む; 沈下させる: ～ a stone in the wall 壁に石をすえ込む. **3** <井戸などを> 掘り下げる, 掘り抜く: ～ a well 井戸を掘る. **4** 刻む, 彫る, 彫刻する: ～ words in stone. **5** <音・声などを> 低くする, 下げる: ～ one's voice to a whisper 声を低くしてささやく. **6** <首・目などを> うなだれる, うつむける: ～ one's head. **7** <名誉などを> そこなう; 没落させる, 衰えさせる: Your conduct will ～ you in their esteem. きみは自分の品行のために彼らから尊敬されなくなるだろう. **8** <株式などを> 低落させる, 下げる; <価格・量・力などを> 減らす. **9** <財産を> 失う, だいなしにする. **10** <水を> 減らす, 引かせる. **11** 破壊させる, 滅ぼす; <からだを> こわす. **12** <資本などを> 無益に投ずる; <資本を> 固定させる; <負債を> 償還する. **13** <身分・名前などを> 秘する, 隠す. **14** 見えなくする: The ship gradually *sank* the coast. 船が遠ざかるにつれて岸が見えなくなった. **15** 不問に付する, 無視する: a habit of ～*ing* unpleasant truths くさいものにふたをする習慣. **16** 抑制する: ～ passions for the peace of the world 世界平和のために激情をおさえる. **One*'s heart* ～*s* (*within* one).** がっかりする, 落胆する. ～ one***self*** [one***'s own interests***] 私利を捨てて人のためを図る. **～ *in*** しみとおる, 突きとおる; 〖話〗肝に銘ずる. **～ *in* a person*'s estimation*** (人) の信用を失う. **～ *into absurdity*** くだらぬことをする. ～ one***'s mind to*** に没頭する, に熱中する. **～ *or swim*** のるかそるか, 一かばちか. **～ *the shop*** 専門[職業] を隠す. **～ *tooth into*** 〖米〗を食う. **～ *under a burden*** 重荷に耐えない.
—— *n.* **1** 《台所の》流し, 吸い込み. **2** 汚水だめ; 下水みぞ: Civilization has made ～*s* of our rivers. 文明は川をよごしてしまった. **3** 沼沢, 水のたまる低地; へこみ. **4** 《…の》巣, 巣窟(そうくつ): a ～ of iniquity 悪の巣. **5**〖劇〗背景を上下させるみぞ, 背景の上げ降ろし口.
～·hole [⌐⌐]〖米〗(1) 流しの排水口; 下水[汚水] 吸い込み口, 汚水だめ. (2) 悪の巣窟. (3)〖米〗わりの悪い事業. (4)〖地〗陥落孔. **～ unit** = kitchen unit.

sínk·age [síŋkidʒ] *n.* **1** 沈下, 沈むこと; 沈下度. **2** くぼみ; 掘り下げ. **3** 《新しい章が始まるページなどの》行下げ.

sínk·er [síŋkər] *n.* **1** 沈める人[物]; 《つり糸などの》おもり. **2** 井戸掘り人. **3**〖米俗〗ドーナツ. **4**〖野球〗シンカー (=～ ball)《途中で急に減速して低めに沈むボール》.

sínk·ing [síŋkiŋ] *n.* **1** 沈没; 沈下, 陥没. **2**〖建〗掘り下げ; 穴, 受け. **3** 試掘. **4** 投資. **5** 低下. **6** 意気消沈, 無気力《空腹・労苦などによる》.
～ fund 負債償却基金. **～ spell** 《一時的》市価の下落; 健康の衰え.

sín·less [sínlis] *a.* 罪のない; 純潔な, 無邪気な.
◇ **～·ly** *ad.* **～·ness** *n.*

sín·ner [sínər] *n.* **1** 《宗教・道徳上の》罪人, 有罪者. → transgressor. **2**〖笑〗いたずら者, 無作法者.

Sínn Féin [ʃín-féin] *n.* シンフェン《アイルランドの政治的完全独立と文化復興をめざし 1905 年に設立された団体》; シンフェン運動.
◇ **Sínn Féin·er** *n.* シンフェン党員.

Sino-「中国」の意の連結形・語形成要素.

Sì·no-Jàp·a·nése [sàinodʒæ̀pəní:z, síno-] *a.* 日中 (の), 中国と日本に関する.
～ War, the 日清(にっしん)戦争.

Si·nol·o·gy [sainálədʒi, sin-/-nɔ́l-] *n.* 中国研究; 「シナ学

sín·ter [síntər] *n.* **1** 湯の花《鉱泉の石灰・ケイ酸などの沈殿物. 薬用》. **2**〖冶〗焼結物.
—— *vt.*〖冶〗焼結する.

sín·u·ate [sínjuit] *a.* 曲がりくねった; 〖植〗《葉のへりなどが》波状の. —— *vi.* 屈曲[曲折] する, うねうね曲がる. [√sinu-] ◇ **sìn·u·á·tion** [⌐–éiʃ(ə)n] *n.* 曲がりくねっていること.

sín·u·ous [sínjuəs] *a.* **1** 曲がりくねった; ヘビのような; 波状の, 起伏する. **2** 回りくどい; すなおでない, 邪悪な. ◇ **～·ly** *ad.* **sìn·u·ós·i·ty** [⌐–ásịti/-ɔ́s-] *n.* 屈折; 《川・道路などの》曲がり.

sí·nus [sáinəs] *n.* (*pl.* ～, **～·es**) **1**〖医・動〗うつろ, 空所; 腔(こう)《特に骨や柔らかい組織にできる》. **2**〖医〗(うみのできる) 凹所(おうしょ), 瘻(ろう). **3**〖植〗裂片間のくぼみ. **4** 入り江, 湾; 曲がり, 湾曲. [√sinu-]

sì·nus·í·tis [sàinəsáitis] *n.*〖医〗洞炎(どうえん), 《特に》静脈洞炎.

Sí·on [sáiən] = Zion.

-sion [-ʃ(ə)n, -ʒ(ə)n] *suf.*「動作」「性質, 状態」などをあらわす名詞をつくる: diffu*sion* [difjú:ʒ(ə)n] 拡散 <dis-+fus- 散らす <√fu(n)d-. mis*sion* [míʃ(ə)n] 使節, 伝導 <√mit- 送る. ver*sion* [vɔ́:rʒ(ə)n, -ʃ(ə)n/-ʃ(ə)n] 翻訳, 解釈 <√vert- 転ずる. 〈注〉-sion は -tion とおなじで, ion の前の s も t も元来は接尾辞の一部ではなく, その前の部分に属する.

Sióu·an [sú:ən] *n., a.* Sioux 族[語](の).

Sioux [su:] *n.* (*pl.* ～ [su:(z)]) **1** スー族《北アメリカインディアンの主要種族の一つ》. **2** スー人[語].
—— *a.* スー族[語] の. **～ State** North Dakota 州の別名.

‡**sip** [sip] *n.* 《飲み物の》一口, ひとなめ, ひとすすり (すること): A ～ told him that the milk was sour.
—— *vt., vi.* (**-pp-**)《特に酒などを味わいながら》**ちびりちびり飲む**: ～ (up) one's coffee. 〈注〉しばしば「すする」と訳されるが, 必ずしもそのような音をたてることではない. ◇ **síp·per** *n.* ちびりちびり飲む人; 酒をたしなむ人; 紙のストロー.

sí·phon [sáif(ə)n] *n.* **1** サイホン, 吸い上げ管. **2** サイホンびん《圧縮炭酸水用》. **3**〖動〗《コウイカなどの》水管, 吸管. —— *vt.,vi.* サイホンで吸い上げる; サイホンで高所から低所に液をおろす《*out*》. **～ *off*** <購買力・人材などを> 吸収する; <税などを> しぼり取る.
◇ **～·al** [-fən(ə)l], **si·phón·ic** [saifánik/-fɔ́n-] *a.* サイホンの; 〖動〗水管, 吸管の.

sí·phun·cle [sáifʌ̀ŋkl] *n.* **1** 《イカ・タコなどの内室を結ぶ》連室細管. **2**〖虫〗吸い上げ管.

síp·pet [sípit] *n.* **1** 小片, 切れ端. **2** 《スープ・肉汁(にくじゅう)などに入れるパン・トーストなどの》小片; ミルク[肉汁] などに浸したパン切れ. **3** 《スープに添える》揚

げパンの小片 (crouton).

†**sir** [səːr, 弱 sər/səː, 弱 sə] *n.* **1** 《呼びかけ》**あなた**, 先生, 閣下, だんな《目上・未知の男性または議長に対する敬称》: Good morning, ～. おはようございます. **2** 《強勢をおいて》おい!, こら!《しかったり皮肉を言うとき用いる》: Keep still, ～! おい, 静かにしろ! **3** (Sir) 拝啓, 敬具《通例商用〔事務用〕文の書き出しまたは結句のあいさつ》; (Sirs) 各位, 御中: I am, ～, yours truly. 敬具. (Dear) *Sir*, (Dear) *Sirs* 拝啓《ただし, 会社などにあてたばあい, アメリカでは Gentlemen を用いることが多い》. **4** (Sir) サー, 卿(きょう)《イギリスではナイト爵または準男爵の位をもつ人の氏名または名につける》. 〈注〉 *Sir* Winston Churchill を略すときは *Sir* Winston といい *Sir* Churchill とはいわない. **5** 〖米話〗性とは無関係に肯定または否定の強調語: Yes, ～! そうですとも. No, ～! とんでもない. **6** 〖古〗職業・地位を示す名詞に添えた尊称: ～ judge 裁判官様. ～ critic 論評氏. **7** 皮肉的なまたはふざけた敬称.
—— *vt.* (**-rr-**) に sir と呼びかける: Don't ～ me. ぼくを様づけで呼ばないでくれ.

sír·car [sə́ːrkɑ̀ːr, ㊊⁺sərkɑ́ːr] *n.* **1** (インドの) 政庁. **2** 家令, 執事; 会計係. **3** だんな《敬称》.

sír·dar [sə́ːrdɑ̀ːr, ㊊⁺sərdɑ́ːr] *n.* **1** 《インド・パキスタンなどで》族長, 隊長. **2** 《エジプト・トルコなどで》もとイギリス軍司令官. [<Hind.]

sire [saiər/sáiə] *n.* **1** 〖古〗陛下 (Your Majesty). **2** 〖雅・修〗父, 父祖; 〖古〗長老, 王侯. **3** 《獣の》雄親; 《特に》種馬. —— *vt.* **1** 〈雄親が子を〉こしらえる, 生ませる. **2** 〈新種を〉生じる.

***sí·ren** [sáirən/sáiər-] *n.* **1** (S～) 〖ギ神〗**サイレン**《美声で船乗りを誘い寄せて殺したといわれるイタリアの半人半鳥の魔女》. **2** 魔女, 怪美人; 美声の女性歌手; 誘惑者〔物〕. **3** サイレン, 号笛, 警報器. **4** 〖動〗サイレン科の動物《2本の足をもつウナギに似た両棲(りょうせい)類》. —— *a.* サイレンの; 魅惑的な.
—— *vi.* 〈救急車などが〉サイレンを鳴らして進む.

si·ré·ni·an [sairíːniən] *n.*, *a.* 〖動〗海牛 (の).

Sír·i·an [síriən] *a.* 〖天〗Sirius の.

si·rí·a·sis [siráiəsis] *n.* (*pl.* **-ses** [-sìːz]) 〖医〗日射病.

Sír·i·us [síriəs] *n.* 〖天〗シリウス; 狼星(ろうせい) (the Dog Star)《全星座中最大の光を放つ》.

sír·kar =sircar.

sír·loin [sə́ːrlɔin] *n.* サーロイン《牛の腰肉の上部》.

si·róc·co [sirákou/-rɔ́k-] *n.* (*pl.* ～**s**) サハラ砂ばくから南ヨーロッパへ吹く砂混じりの熱風《冬季は蒸し暑い雨混じりの風》.

sír·rah [sírə] *n.* 〖古〗《けいべつ的》おい!, こらっ!《呼びかけ語》.

sir·rée [səríː] *n.* 《no や yes を強めて》: No, ～! とんでもない! [<Sir]

sír·up [sírəp, ㊊⁺sə́ːr-] = ㊊ syrup.
◇ ～·**y** [-i] *a.* = syrupy.

sis [sis] *n.* 〖米話〗=sister; お嬢さん《呼びかけ》.

sí·sal [sáis(ə)l, sís(ə)l] *n.* 〖植〗リュウゼツランの一種《その葉から採る強力な繊維は綱などの原料》; シザル麻 (=～ hemp).

sís·kin [sískin] *n.* 〖鳥〗マヒワ《ヨーロッパ産. 美しい声で鳴く》. 「まくら木用》.

sís·soo [sísuː] *n.* インド産堅固な木材《造船・鉄道

sís·sy [sísi] *n.* 〖米俗〗 **1** いくじなしの少年, めめしい男, 弱虫. **2** 少女. —— *a.* めめしい, 柔弱な.
◇ ～·**ish** *a.* **sís·si·fy** [sísifài] *vt.* めめしくする.

†**sís·ter** [sístər] *n.* **1** **女のきょうだい**, 姉, 妹; 異父〔異母〕姉妹; 義姉妹: an elder 〔a younger〕 ～ 姉〔妹〕. **2** 女の親友; 同宗〔同志〕の女; 同級の女生徒; 婦人会員〔社友〕: dear brethren and ～*s* 同宗のみなさん, 兄弟姉妹たち. **3** 《婦人になれなれしく呼びかけて》ねえさん, 娘さん. **4** 〖カトリック〗修道女, 尼僧; 〖英〗看護婦長; 《一般的》看護婦. **5** 《比喩的》姉妹《船・国・都市など》; 同種のもの, 対(つい): ～ arts 〔language, ship〕 姉妹芸術〔語, 船〕.
be like ～***s*** 非常に親密である. ***half*** ～ 異父〔母〕姉妹. ***the Fatal*** 〔***Three***〕 ***S***～***s*** 〖ギ神〗運命の三女神. → Fates. ***the Little S***～***s of the Poor*** 貧民救済姉妹会《1840年フランスに創立されたカトリック教の修道女会》. ***the S***～ ***of Mercy*** 〔***Charity***〕 慈善会〔団〕《カトリック教の修道女の創立したもの》. ***the weird*** ～***s*** Shakespeare の *Macbeth* 中に出てくる魔女たち.
～ **hook** 〖海〗シスターフック《組み合わすと8字形になる》. ～**-in-law** [ˊ-ˋ-ˋ] (*pl.* ～**s-in-law**) (1) 義理の姉妹; 夫または妻の姉妹. (2) 兄弟の妻. (3) 義兄弟の妻.

sís·ter·hood [-hùd] *n.* **1** 姉妹であること; 姉妹の関係. **2** 《宗教・慈善などの》婦人団体. **3** 《特に》尼僧団.

sís·ter·ly [-li] *a.* 姉妹のような; 姉妹のようにむつまじい; 姉妹にふさわしい. —— *ad.* 姉妹のように.
◇ **-li·ness** *n.*

Sís·tine [sístiːn/-tain] *a.* 法王 Sixtus の〔に関する〕. ～ **Chapel** Vatican の法王の礼拝堂《Michelangelo の壁画が有名》. ～ **Madonna** ドイツ Dresden にある Raphael 作聖母像.

sís·trum [sístrəm] *n.* (*pl.* **-trums**, **-tra** [-trə]) 「がらがら」のような金属製楽器《古代エジプトで農事と受胎の女神 Isis の宗教儀式に用いた》.

Sìs·y·phé·an [sìsifíːən] *a.* **1** 〖ギ神〗Sisyphus の〔に関する〕. **2** 際限のない: ～ task 〔labor〕 ほねがおれて無益の果てしのない仕事.

Sís·y·phus [sísifəs] *n.* 〖ギ神〗コリント (Corinth)の王《地獄で邪悪の罰として山に大石を押し上げる仕事を課されたが, 石は山上に達するたびにころがり落ちた》.

†**sit** [sit] *v.* (**sat** [sæt]; **sít·ting**) *vi.* **1** **すわる**; 腰をかける, 着席する; すわっている: ～ on 〔in〕 a chair. ～ still じっとすわっている. **2** 〈犬などが〉腰をつく, うずくまる: ～ on his back legs (犬が) 後ろ足ですわる. **3** 〈鳥が〉とまる《に *on*》. **4** 〈鳥が〉巣につく, 卵を抱く. **5** 〈裁判官などが〉《役職の》席に着く, 役職につく; 議員〔委員〕になる: ～ *for* a constituency 選挙区を代表して議員をつとめる. **6** **開会する**, 開院〔開廷〕する; 議事を行なう: Parliament was *sitting*. 議会は開会中であった. **7** 《写真・肖像などのため》姿勢をとる; 〖英〗《試験を》受ける: ～ *for* a portrait 〔an exam.〕 肖像のモデルになる〔受験する〕. **8** そのまま動かない; 圧する, 負担になる; 〈食物が〉もたれる: Her years *sat* lightly *upon* her. 彼女は年齢の影響をあまり受けていなかった. The pie *sat* heavily *on* his stomach. パイが重く胃にもたれた. **9** 《状態などが》変化しない: let the matter ～ 事態をそのままに放置する. **10** 位する; 〈風位が〉《…に》ある, 〈風が〉《…から》吹く《に, から *in*》. **11** 〈衣服・地位などが〉合う, 調和する《に *on*; と *with*》: The collar ～*s* awkwardly at the back. えりの後ろがぴったりしない. **12** 子もりをする (=baby-～): ～ *with* a child. **13** 〖軍〗陣営を張る.
—— *vt.* **1** 《～ oneself の形で》すわる. **2** 〈馬に〉乗る. ***make*** a person ～ ***up*** 〖俗〗(人を) ぎょっとさせる; 苦労させる. ～ ***at home*** なにもしないで家にいる; 活動しない. ～ ***at table*** 食卓につく. ～ ***at the feet of*** の足元にすわる; に師事する, を崇拝している. ～ ***back*** (1) 《いすに》ふんぞり返る, ふかくすわる. (2) ふところ手をして待つ. ～ ***by*** 消極的〔無関心〕な態度をとる. ～ ***down*** (1) すわる, 落ち着く. (2) 陣取る; 包囲する《を *before*》. (3) 取りかかる, 始める《に, を *to*》. (4) 演説を終わる. (5) 《侮辱などを》すなおに受ける《を *under*》. ～ ***down hard on*** a plan 〖米〗(計画) に強硬に反対する. ～ ***for*** (1) の選出議員である. (2) 〈肖像を〉描かせる. (3) 〖英〗〈試験を〉受ける. ～ ***in*** (1) 参加する: ～ *in on* a rehearsal 下げいこに加わる. (2) 見物する: ～ *in on* a class 授業を参観〔聴

講] する. (3)〔英話〕《留守をあずかって》子もりをする. *~ in judgment* 裁判する; 批判〔非難〕する《を *on*》. *~ lightly on* の苦にならない. *~ loose*〔*loosely*〕*on* に不熱心〔冷淡〕である. *~ on*〔*upon*〕(1) <委員会など>の一員である. (2)〔話〕を押えつける, を制止する: They *sat on* the bad news. 悪い知らせを隠していた. (3) に小言を言う: He wants *sitting on*. 彼はやりこめてやらなければだめだ. *~ on one's hand*〔米俗〕拍手かっさいしない, 熱意を示さない. *~ on the bench* 裁判官となる. *~ on the fence* ひより見する, 形勢を見る. *~ on the lid* 騒動〔暴動, 抗議〕を阻止する. *~ out* (1) <ダンス・競技などに>加わらぬ. (2) <音楽会・芝居などを>終わりまで聞く〔見る〕; <他の訪問客より>長居する. (3) <スカートを>すわって伸ばしてしまう. *~ over*《場所をつくるために》すわりなおす. *~ pretty* 優勢〔有利〕な立場にいる; 成功する. *~ tight* すわって動かない;〔俗〕がんばる, 主張を曲げない. *~ under* の説教を聞く. *~ up* (1) きちんとすわる; 起き上がる; <犬が>ちんちんをする. (2) 寝ずに起きている: *~ up* late 夜ふかしする. (3)〔話〕びっくりする; 急にしっかりする. *~ up and take notice*〔話〕事態を悟る. *~ up with* a person (人)を寝ずに看病する. *~ well*〔*ill*〕*on*〔*with*〕a person (人)に似合う〔似合わない〕. *~ with* と会談する.

~-down [ˊˋ]〔米〕すわり込みストライキ (= ~-down strike). **~-dòwn·er** ストライキですわり込みする人. **~-in** [ˊˋ] = ~-down.

‡site [sait] *n.* **1**《物の》位置;《事件などの》場所: Tokyo was the ~ of the 18th Olympic Games. 東京は第18回オリンピック競技の舞台だった. **2**〔町・建物などの〕用地, 敷地: a building ~. **3** 遺跡: historic ~s 史跡. —— *vt.* **1** の位置を占める. **2** 位置させる.

sith [siθ]〔古〕= since.

si·tól·o·gy [saitálədʒi/-tɔ́l-] *n.* 栄養学. → dietetics.

sít·ter [sítər] *n.* **1** すわっている人; モデル;《臨時に雇われる》留守番子もり (= baby-~). **2** 卵を抱く〔巣についている〕めん鳥. **3** すわっている猟鳥または動物; 容易な射撃; 容易にできること. **4**〔米俗〕《動物の》しり (buttocks).

sít·ting [sítiŋ] *n.* **1** 着席, 着座; モデルになること. **2** 開会, 開廷; 会期, 開廷期間. **3** すわっている時間, 一仕事, 一気. **4**《教会の》1人分の座席. **5** 巣ごもり, かかえ卵; 抱卵数; 抱卵期. *at a*〔*one*〕*~* 一度〔一気〕に.

~ duck たやすい目標. **~ height** 座高. **‡~ room** 居間 (living room); すわり場所; すわれるだけの余地.

‡sít·u·ate [sítʃuèit/-tjueit, -tʃu-] *vt.* **1**《ある場所に》おく, の位置を定める. **2**《ある立場・条件に》おく. —— [sítʃuit, -èit/sítjueit, -tʃu-] *a.*〔古〕= situated.

‡sít·u·at·ed [-èitid] *a.* **1** 位置している〔ある〕《に *at*, *on*》: be ~ *on* a hill. **2**《ある環境・立場・条件下に》おかれた: awkwardly ~ 困った立場にある.

‡sìt·u·á·tion [sìtʃuéiʃən/-tju-, -tʃu-] *n.* **1** 位置, 所在; 環境. **2** 立場, 事情. **3** 情勢, 状態: the political ~ 政局. **4**《劇・小説などの》重大な局面〔場面〕: a delicate ~ 微妙な形勢. **5** 地位, 仕事; (勤め)口: *S~s* vacant. 求人, 人を求む《広告》. *S~* wanted. 職を求む《広告》. **6** 用地, 敷地. *save the ~* 事態〔時局〕を収拾する. 類 → **state**「状態」

sí·tus [sáitəs] *n.* (*pl.* ~) 位置, 場所;《からだの器官・植物の部分などの》原位置.

sitz [sits] *~ bath* 座浴, 腰湯 (hip-bath); その浴槽(そう).

sitz·krieg [sítskri:g] G. *n.* 膠着(こうちゃく)戦.

Sí·va [sí:və, ʃí:-, 英+sívə] *n.*〔ヒンズー教〕シバ《3大神の一つ. 消滅 (dissolution) と再生 (reproduction) の象徴》.

†six [siks] *a.* **6の**, 6個〔6人〕の. —— *n.* **6**; 6個, 6人; 6の記号; 6時; 6歳; 6ペンス, 6シリング;〔トランプ〕6点の札; 6の目の采(さい);《サイズを示す》6番; 6分利付き公債. *at ~es and sevens*〔話〕混乱して; 不一致で. *It is ~ of one and half a dozen of the other.* どっちもどっちだ, 五十歩百歩だ. *~ and eight (pence)*〔英〕6シリング8ペンス《弁護士への普通の報酬》.

~-fóot·er〔話〕身長6フィートの人; 長さ6フィートの物. **~-pack** [ˊˋ] (かん・びんなどが6個ぐらいはいる下げ手のついた) カートン, 紙箱. **~-pence** → 別項. **~-pèn·ny** [-pèni, -pəni/-pəni]〔英〕6ペンスの; つまらない, 安物の. **~-shóot·er** 6連発拳銃. ◇ **~·fold** [ˊˋ, 米+ˊˊˋ] *a., ad.* 6倍の〔に〕, 6重の〔に〕.

síx·er [síksər] *n.*〔クリケット〕6打点.

síx·pence [síkspəns] *n.*〔英〕6ペンス銀貨; 半シリング; 6ペンスの価値. ***I don't care (a) ~ about it.*** = ***It doesn't matter ~.*** 少しも構わない.

†six·téen [sikstí:n, ˊˊ|《おもに付加語》ˊˋ/ˊ—] *a.* **16の**; 16人〔個〕の. —— *n.* **16**; 16の記号; 16人〔個〕.

six·téen·mo [sikstí:nmou] *n.* (*pl.* ~s) 16折り判《通例 4 × 6 インチ大の本の大きさ》; 16折り判の本《略 16 mo, 16°》. —— *a.* 16折り判の.

six·téenth [sikstí:nθ, ˊˊ|《おもに付加語》ˊˋ/ˊ—] *a.* 16番めの; 16分の1の. —— *n.* 16番めのもの; 16分の1; 16日.

~ note〔楽〕十六分音符.

†sixth [siksθ] *a.* **第6の**, 6番めの; 6分の1の. —— *n.* 第6, 6番め; 6分の1;《月の》6日;〔楽〕六度音程;〔英〕第6学年 (級).

~ column 第六部隊, 第六列《自国に不利な流言を行なったりして第五列を助ける人々》. → fifth column. **~ sense** 第六感, 直感. ◇ **~·ly** *ad.*

síx·ti·eth [síkstiiθ] *a.* 60番めの; 60分の1の. —— *n.* 60番めのもの; 60分の1.

†síx·ty [síksti] *a.* **60の**; 60人〔個〕の. —— *n.* **1** **60**; 60人〔個〕; 60の記号. **2**〔商〕60日払いの手形. ***like ~***〔米話〕非常に楽々と; すばやく. ***the ~ies*** 60代《年齢について》; 60年代《その世紀の》.

~-four dollar question〔米話〕非常に重大な問題《ラジオクイズ番組の難問から》. **~-fourth note**〔楽〕六十四分音符.

◇ **~-fóld** *a., ad.* 60倍の〔に〕.

sìx·ty-fóur·mo [sìkstifɔ́:rmou/-fɔ́:-] *a.* 64折り判の《通例2×3インチ大の本の大きさ》. —— *n.* (*pl.* ~s) 64折り判の本《略64 mo, 64°》.

síz·a·ble [sáizəbl] *a.* **1** かなりの大きさの, 相当に大きい. **2**〔古〕適当な大きさの.
◇ **~·ness** *n.* **-bly** *ad.*

síz·ar, síz·er [sáizər] *n.*《Cambridge 大学と Dublin の Trinity College の》給費生.
◇ **~·ship** *n.*

†size¹ [saiz] *n.* **1** **大きさ**, 寸法;《衣服などの》サイズ: measure the ~ of の寸法を測る. I prefer this ~ (to that one). (あれより) このサイズがよい. a hat a ~ larger〔too large〕ひとまわり大きい〔大きすぎる〕帽子. a shoe of ~ 4A サイズ4Aのくつ. economy ~「徳用型」《商品, 特に消耗品の》. Your shoes and mine are (of) the same ~. きみとぼくの靴はおなじサイズだ. a monster onion (of) the ~ of a football フットボールのボールほどもある, 化け物みたいなタマネギ. 〈注〉最後の2例の( )内の of は略されることが多い. → 枠付 Complement,「補語となりうる語句」下「句」の部の〈注〉. 次例( )の外の形 What size ではその傾向がいっそう強い: *What size* is (= What's the size of) your hat? あなたの帽子のサイズはどれだけか. **2** ある程度の大きさ: Few of the fish attain any ~. この魚で大

きくなるものは珍しい. towns of ～ 中都市. **3** 量; 大きさ, 規模: the ～ of his ambition [bank account] 彼の野心の大きさ〔預金の額〕. **4**〖話〗実状, 真相: That's about the ～ of it. その真相はまあそんなところだ. **5**〖史〗飲食物の定量.
(all) of a* ～** (みな) おなじ大きさの. ***be half* [*twice*] *the* ～ *of の半分〔倍〕の大きさだ. ***cut down to (the)* ～** (相手を) 実力相応に評価する. ***for* ～** ためしに《かぶってみるなど》; 寸法によって《分類されているなど》. ***life* ～ = *the* ～ *of life*** 実物大. ***of all* ～*s*** 大小いろいろの. ***take the* ～** 寸法をとる.
── *vt.* **1** の大きさを測る. **2** 大きさでそろえる; 大きさで分類する. **3** の寸法を合わせる. **～ *down*** しだいに小さくする. **～ *up*** (1) 寸法を見積もる;〖話〗〈人物などを〉評価〔判断〕する. (2) ある大きさ〔標準〕に達する. **～ *up with* [*to*]** に十分匹敵する, に見劣りしない.
～ stick《足の長さをきめる》くつ屋のものさし.

size[2] *n.* ミョウバンの溶液ににかわを加えたゼラチン状のもの《どうさ・のり・ワニスなど. 紙のにじみ止め・織物の仕上げ・箔(はく)ののりつけなどに用いる》. ── *vt.* に膠木(にかわ)などを塗る; 膠木などでつや出しする.
◇ **síz·y** [sáizi] *a.* 膠木状の, ゼラチン状の; 粘り気のある.

size·a·ble = sizable.

síz·er[1] [sáizər] *n.* 《真珠の》整粒器, 寸法測定器.

síz·er[2] = sizar.

síz·ing[1] [sáiziŋ] *n.* **1** 大きさに分けること;《真珠の》整粒. **2** 間引き《栽培の》. **3**《Cambridge 大学・Dublin の Trinity College の食品の》配給定量.

síz·ing[2] *n.* にかわ液などを塗ること; つや出し; にじみ止め; のりつけ; のりつけ機.

síz·zle [sízl] *n.* 《油で揚げるときなどの》ジュージュー〔シューシュー〕いう音. ── *vi.* ジュージュー〔シューシュー〕と音をたてる〔たてて沸きたつ〕.
◇ **síz·zling** [sízliŋ] *a.* ジュージュー〔シューシュー〕いう; 酷暑の: a ～*ling* hot day うだるように暑い日.

S. J. Society of Jesus.

skald [skɔːld] *n.* 《英雄をたたえた》古代スカンジナビアの吟遊詩人 (scald).

skat [skɑːt] *n.* カード遊びの一種《3人が32枚のカードで行なう》.

†**skate**[1] [skeit] *n.* スケート《鋼鉄の刃の部分》; スケートぐつ; ローラースケート: a pair of ～*s* スケート1足.
── *vi.* **1** (スケートで) 氷上をすべる. **2** すべるように速く走る, なめらかに動く. ── *vt.* 〈書き割りを〉舞台にすべらす. **～ *over thin ice*** あぶない橋を渡る; むずかしい話題〔問題〕を扱う.
◇ ***skát·er** [-ər] *n.* スケートをする人.

skate[2] *n.*〖魚〗ガンギエイ.

skát·ing [skéitiŋ] *n.* 氷すべり, スケート.
～ rink スケート場.

skean, skene [skiːn] *n.* 《もとスコットランド・アイルランド高地人が用いた》短剣の一種.

ske·dád·dle [skidǽdl] *vi.*〖話〗逃げる; そこそこに立ち去る. ── *n.*〖話〗逐電(ちくでん), 出奔.

skee [skiː] = ski.

skeet [skiːt] *n.*〖米〗空中標的射撃練習《粘土製標的を飛ばして撃つ》.

skein [skein] *n.* **1** かせ《糸をわくに巻きとってできた束》. **2**《ガン・白鳥など》飛行中の鳥の群れ. **3** 錯綜(さくそう), 混乱.

skél·e·tal [skélitl] *a.*〖医〗骨格の; 骸骨の.

‡**skél·e·ton** [skélitn] *n.* **1** 骨組み, 骨格. **2** 骸骨(がいこつ), しゃれこうべ; やせこけた人〔動物〕. **3**《家・船などの》骨組み; 焼け残り. **4** 骨子, 輪郭, 概略. **5**《葉の》すじ. ***mere* [*living, walking*] ～** 骨と皮ばかりの人. **～ *at the feast* [*banquet*]** 興ざめになるもの. **～ *in the closet* [*cupboard*] = *family* ～** 外聞をはばかる家庭の秘密. ***worn* [*reduced*] *to a* ～** 骨と皮ばかりになった.
── *a.* **1** 骸骨の; やせこけた. **2** 骨組みだけの, 輪郭の. **3**〖軍〗基幹だけの.
～ army 仮設軍《少数兵に大・中隊の旗をもたせ仮に大部隊をあらわす》. **～ company [regiment]**〖軍〗基幹中隊〔連隊〕;《戦死などで人員の減った》骸骨部隊. **～ crew**〖海〗基幹定員. **～ drill** 仮設演習. **～ key** 合いかぎ《1個でいくつもの錠に合う》. **～ staff** 最小限度の人手.

skél·e·ton·ize [-t(ə)nàiz] *vt.* **1** の肉を除く, 骸骨(がいこつ)にする. **2** の大要をしるす, 要約する; の輪郭を描く. **3**〖軍〗の人数を大量に減らす. ◇ **skèl·e·ton·i·zá·tion** [⏊––nizéiʃ(ə)n/-nai-] *n.*

skene = skean.

skep [skep] *n.* 編みかご《丸形》; わら製のミツバチの巣箱.

sképsis = scepsis.

skép·tic, scép·tic [sképtik] *n.* **1** (S～)〖ギ哲〗《あらゆる知識の可能性を拒んだ古代ギリシア哲学の》懐疑家〔派〕. **2**《一般的》懐疑論者. **3** 疑いぶかい習慣の人. **4**〖宗〗《特に》キリスト教を疑う人, 無神論者. ── *a.* 懐疑主義 (者) の; 懐疑的な. [√skep-] ◇ **skép·ti·cism, scép·ti·cism** [-tisiz(ə)m] *n.* 懐疑論; 懐疑的態度.

skép·ti·cal, scép- [sképtik(ə)l] *a.* 疑いぶかい, 懐疑(論)的な; 信用しない. ◇ **～·ly** *ad.* **～·ness** *n.*

‡**sketch** [sketʃ] *n.* **1** スケッチ, 写生図; 下絵; 略図, 見取り図: make a ～ of …をスケッチする, 見取り図をかく. **2** 草稿, 下書き (draft). **3** 概略, 大要: a biographical ～ 略伝. **4**《小説などの》小品, 短編; 寸劇, 小劇;〖楽〗小品, 小曲.
── *vt., vi.* **1** スケッチ〔写生〕する, (の) 略図をかく. **2** (の) 概略を述べる〔記する〕, (の) あらましを描く《*out*》: ～ (*out*) a plan [scheme] 計画のあら筋をたてる.
～ block はぎ取り (写生) 画帳. **～·book** [⏊⏊] スケッチブック, 写生帳; スケッチ〔随筆〕作品集. **～ map** 略図, 見取り図.

skétch·y [-i] *a.* 写生風の; 概略の; 未完〔不十分, 不完全〕の. ◇ **-i·ly** *ad.* **-i·ness** *n.*

skew [skjuː] *a.* **1** 斜めの, 傾いた, 曲がった: a ～ bridge 斜橋. a ～ wheel スキュー車, 筋かい歯車. **2** こじつけの; 誤用の. **3**〖数・統計〗不均整の,《分布などが》非対称の: a ～ curve〖数〗斜曲線.
── *n.* **1** ゆがみ, 曲がり, 斜め. **2** 誤り. **3** 横目, 斜視. **4**〖建〗踏止石, 斜切(はすぎり)石.
── *vt., vi.* **1** 斜めにする〔向く〕; ゆがめる, ゆがむ; はずれる. **2** こじつける. **3** 横目で見る, 流し目で見る《を *at*》.
～·back [⏊⏊]〖建〗起拱(きょう)石, 拱座石, 迫持(せり)肩《アーチの両端を受け止める斜面のある石》. **～·bald** [⏊⏊]《馬など》まだらの, ぶちの《白と黒以外の色が不規則に混じり合っている》. → piebald. **～-eyed** [⏊⏊] 斜視の, やぶにらみの, すがめの, 横目の. ◇ **～·ness** *n.*〖統計〗非対称分布.

skewback

skéw·er [skjúːər/skjúə] *n.* **1**《肉を焼く木または金属の》串(くし). **2**〖笑〗ピン, 短剣. ── *vt.* 串に刺す.

†**ski** [skiː] *n.* (*pl.* ～, ～**s**) スキー; 水上スキー (= water ～): on ～*s* スキーで. 〈注〉道具としてのスキーでスポーツのスキー (skiing) ではない.
── *vi.* (**skied** *or* **ski'd**; **skí·ing**) スキーですべる: go ～*ing* スキーに行く.
～ boot スキーぐつ. **～·jór·ing** [skiːdʒóːriŋ/-dʒɔːr-]《馬・トラクターに引かせてすべる》スキー遊び. **～ jump** ジャンプ場; スキージャンプ. **～ lift**《スキーヤーを運ぶ》リフト. **～·plane** [⏊⏊]〖空〗雪上機. **～ pole** スキーストック. **～ run**《スキーをする》スロープ, 滑走路. **～ suit** スキー服.

◇ ~·a·ble *a.* *~·ing [skíːiŋ] *n.* スキー（ですべること）; スキー術.

skí·a·graph [skáiəgræf/-grɑːf] *n.* レントゲン写真. —— *vt.* レントゲン写真をとる.

ski·ág·ra·phy [skaiǽgrəfi], **sci·ág·ra·phy** [sai-] *n.* レントゲン写真術. ◇ **skì·a·gráph·ic** [skàiəgrǽfik], **skì·a·gráph·i·cal** *a.*

skid [skid] *n.* **1**《ブレーキをかけた車などの路面に対する》すべり, 横すべり,「スリップ」. **2**《車輪の》歯止め, すべり止め. **3** 滑材. **4**〘海〙(*pl.*) 防舷(ぼうげん)材; 支柱;〘空〙《飛行機滑走用の》そり. **5** (*pl.*)〘話〙落ちぶれ〔堕落〕の道: hit the ~*s* 運が傾く. ***on the ~s***〘米俗〙失敗しそうな, 首になりそうな, くだり坂で, 衰微して. ***put the ~s under*** 転倒させる; 失敗させる.

—— *vi., vt.* **(-dd-)** **1**〈ブレーキをかけた車などが〉(路面を) すべる,「スリップ」する, 横すべりする. **2** (に) すべり止めをかける. **3** 滑材の上を引く.

~·**proof** [⌐⌐]《路面・タイヤが》すべり止めの. ~ **row**〘米俗〙浮浪者の巣, どや街. ~·**way** [⌐⌐] 滑材〔ころ〕道; 滑り板《重量物積み降ろし用の》.

〔類〕→ **slide**「すべる」

ski(d)·dóo [skidúː] *vi.* 逃げうせる; 立ち去る.

***skí·er** [skíːər] *n.* スキーヤー, スキーをする人.

***skiff** [skif] *n.* **1**《かいでこぐ》小舟. **2** 短艇《細長い1人乗り競漕用ボート》.

†**skill** [skil] *n.* **1** 熟練, 老練, 巧妙, じょうず, 腕前《*in, to* (do)》: a man of ~ 腕きき. one's ~ *in* music 音楽の技量. dance *with* ~ 巧みに踊る. **2** 技能, 術《*in, of*》.

‡**skilled** [skild] *a.* 熟練した《*in, of*》: a boy ~ *in* drawing 絵のうまい少年.

~ **hand** 〔**workman**〕熟練工, 特殊技能者. ~ **labor** 熟練を要する仕事;《集合的》熟練工.

skíl·let [skílit] *n.* **1**〘米〙フライパン. **2**〘おもに英〙《長柄のついた3本か4本あしの》シチューなべ.

‡**skíll·ful,** ㊥ **skíl·ful** [skílf(u)l] *a.* じょうずな, 巧妙な, 腕達者な, 熟練の《*at, in, of*》.

◇ ~·**ly** [-fuli] *ad.* ~·**ness** *n.*

skíl·ly [skíli] *n.*〘英〙肉を混ぜたオートミールの薄がゆ〔薄いスープ〕《昔救貧院や獄中で供したもの》.

‡**skim** [skim] *v.* **(-mm-)** *vt.* **1** から上澄みをすくう;〈上皮, クリーム, 浮きかすを〉すくい取る《*off*》: ~ *off* the grease (from soup) (スープから) 脂肪分をすくい取る. **2**〈水面などを〉かすり通る, すべるように行く. **3** ざっと〔大急ぎで〕読む. **4** 薄い表皮〔薄氷〕でおおう. —— *vi.* **1** 上皮〔浮きかす, 薄氷, 上澄み〕ができる《*over*》. **2** かすめ過ぎる, すべるように通る《*along, over, through*》. **3** ざっと読む《*over, through*》. ***~med milk*** = ~ milk. ***~ the cream off***《比喩的》いちばんいいところを取る. ***~ the surface of*** を皮相的に取り扱う. ~ **milk** 脱脂ミルク〔粉乳〕; 内容のないもの, くず, がらくた.

skím·ble-scàm·ble, skím·ble-skàm·ble [skím(b)lskæ̀m(b)l/skímblskæ̀mbl] *a.* とりとめのない, くだらない.

skím·mer [skímər] *n.* **1** 上皮をすくい取る道具〔人〕. **2** 網じゃくし, ひしゃく. **3** アジサシ類の水鳥《水面をかすめて魚をとる》. **4** ざっと読む人. **5** 平らなつばの広い麦わら帽子.

skím·ming [skímiŋ] *n.* 上澄み〔上皮〕をすくい取ること; (*pl.*)《ミルクなど》液体から上皮をすくい取ったもの. ~ **dish** 上澄み〔上皮〕(のクリーム) をすくい取る平ざら; 競艇用平底ヨット〔モーターボート〕.

skimp [skimp] *vi.* 出し惜しむ, けちけちする, つましくする; ほんの少し〔けちけち〕与える. —— *vt.*〈仕事などを〉ぞんざいにやる, へたにやる.

◇ ~·**ing·ly** *ad.* 出し惜しんで, けちけちして.

skímp·y [skímpi] *a.* **1** けちな, けちけちした. **2** 不十分な, 貧弱な. ◇ **-i·ly** *ad.* **-i·ness** *n.*

‡**skin** [skin] *n.* **1**《人の》皮膚. **2**《動物の》皮, 皮革; 皮製品, 獣皮《敷き物用》, 皮袋: cast the ~〈ヘビが〉脱皮する. **3**《果実などの》皮, 殻(から). **4**《船体の》外板. **5**〘米俗〙けちんぼう;〘米俗〙ぺてん師, 詐欺師. **6**〘俗〙やせ馬; 人, やつ. ***be in*** a person***'s ~*** (人) の身になる. ***be no ~ off*** one***'s back***〘米俗〙全然影響しない; 関係がない. ***be wet*** 〔***drenched***〕***to the ~*** (皮膚まで) びしょぬれになる. ***by*** 〔***with***〕***the ~ of*** one***'s teeth***〘米話〙かろうじて, やっとのことで. ***change*** one***'s ~*** 性格を変える. ***fly*** 〔***jump***〕***out of*** one***'s ~***《驚き・喜びなどで》夢中になる. ***get under*** a persone***'s ~***〘米俗〙おこらす, いらいらさせる; 心をとらえる. ***have a thick*** 〔***thin***〕***~*** 鈍感〔敏感〕である. ***in*** 〔***with***〕***a whole ~***〘話〙無事に. ***keep a whole ~*** = ***save*** one***'s ~***〘話〙危害を免れる; 無事に逃げる. ***Near is my shirt, but nearer*** (***is***) ***my ~.***〘諺〙身よりかわいいものはない. ***outer ~*** 表皮 (epidermis). ***~ and bone***(***s***)《やせて》骨と皮ばかり. ***true*** 〔***inner***〕***~*** 真皮 (derma). ***under the ~*** 一皮むけば, 本心は.

—— *v.* **(-nn-)** *vt.* **1** の皮をはぐ〔むく〕; すりむく: ~ an onion タマネギの皮をむく. ~ one's hand on the rock 岩で手をすりむく. **2** はぐ, はぎ取る: ~ out the hide 皮をはぐ. He ~*ned* off his coat to help. 彼は手伝うために上着を脱いだ. ~ a stamp from an envelope 封筒から切手をはぎ取る. **3**《皮などで》おおう《*over*》. **4** から強奪する, から巻き上げる《を *out of, of*》. **5** やっつける; 酷評する. **6**〈駄馬(だば)などを〉かり立てる. **7**〈土地から〉沃土(よくど)を押し流す. —— *vi.* **1** 皮ができる; 癒着(ゆちゃく)する《*over*》: These paints will not ~ in the can. この種のペンキはかんの中で薄皮が張らない. **2** かろうじて…する〔脱する, 合格する〕《*by, through*》. **3** よじ登る《*up*》; はい降りる《*down*》. ***keep*** one***'s eyes ~ned***〘俗〙目を見張っている, ゆだんをしない. ***~ a flint*** (つめに火をともすほど) けちなことをする. ***~ alive*** 生皮をはぐ;〘話〙ひどくしかる; 苦しめる; 完全にやっつける.

~·**bound** [⌐⌐] (1) 皮が肉の上に張り詰めた. (2)〘医〙硬皮症の, 強皮の. ~·**déep**《傷など》深くない; 上っつらの. ~·**dive** [⌐⌐] スキンダイビングをする. ~ **diver** スキンダイビングをする人. ~ **diving** スキンダイビング潜水法《めがね・足びれ (flipper)・ウェットスーツ・アクアラング (aqualung) などの装備で行なう潜水》. ~ **effect**〘電〙表皮効果. ~·**flint** [⌐⌐] けちな〔貪欲(どんよく)な, 出し惜しむ〕人. →flint. ~ **game**〘米俗〙いかさま勝負; 詐欺, ぺてん. ~ **grafting**〘医〙皮膚移植術. ~·**tight** [⌐⌐] 皮膚にぴったりくっついた.

◇ ~·**ful** [-fùl] *n.* 皮袋いっぱい; 腹いっぱい;〘話〙やっと酔うだけの酒の量.

skink [skiŋk] *n.*〘動〙《北アフリカ産》トカゲの一種.

skín·ner [skínər] *n.* **1**《皮を加工して売る》毛皮商人. **2** 詐欺師. **3**〘米話〙ラバ追い (人). **4**〘米〙《トラクター・ブルドーザーなどの》運転者.

skín·ny [skíni] *a.* **1** 皮の, 皮質の. **2** やせこけた, 骨と皮ばかりの; やせ衰えた. ◇ **skín·ni·ness** *n.*

‡**skip**[1] [skip] *v.* **(-pp-)** *vi.* **1** 軽くとぶ, はね回る, じゃれる《*about*》: ~ *about* in the field. **2**〈石などが〉《水面を》飛び移る; はずみながら飛ぶ: ~ *along* the surface of the water. **3** なわとびをする. **4**《仕事などが》転々と変わる《*off*; …から——へ *from…to* ——》. **5** 抜かす《を *over*》; 拾い読みする: ~ *over* some chapters 何章か飛ばす. **6**〘米〙一足飛びに進級する, 飛び級をする. **7**〘話〙急いで去る, 逃げる《*out*》; 小旅行をする, 急いで旅する. —— *vt.* **1** (軽く) 飛び越す: ~ the fence. **2**〈石などを〉水面をはずむように飛ばす. **3** 飛ばす, 抜かす, 省く; 飛ばし読みする: ~ large cities《観光などで》大都市を抜かす. I ~ coffee.《定食などで》コーヒーはいりません. **4** 言わないでおく. **5** から急いで〔こそこそ〕立ち去る;《it を伴って》去る, 逃げる; 中止する: *S~ it.*

おやめ. **6** 〈学校などを〉さぼる: ～ a class. ***～ on the bill*** 勘定を払わない, 食い逃げをする. ***～ping rope*** =skip rope.

—— *n.* **1** 飛ぶこと, 跳躍; なわとび. **2** 飛ばす〔抜かす〕こと, 飛ばし読み: read a book without a ～ 本を精読する. **3**〘楽〙跳躍進行. ***hop, ～ and jump*** 三段とび.

～-bomb [-bàm/-bɔm]〘軍〙〈目標を〉低空で爆撃する. **～ bombing** 低空爆撃(法). **～ distance**〘電〙跳躍距離《短波電波の》. **～·jack** [⌐⌐] (*pl.* **～·jacks**, «集合的» **～·jack**) (1)《カツオ・サンマなど》水面に飛び上がる魚. (2)〘虫〙コメツキムシの類. (3) はね上がり人形. **～ rope**〘米〙《なわとびの》なわ (=skipping rope). ◇ **skíp·ping·ly** *ad.* 軽くとびながら; 飛ばして, 見落として.

skip² *n.* bowling 〔curling〕 のチームの主将; 〘話〙=skipper¹. —— *vt.* 〈bowling 〔curling〕 チームの〉主将をつとめる.

skip³ *n.* 〘採鉱〙《原鉱を上げる》鉄のバケツ; トロッコ.

skíp·per¹ [skípər] *n.* **1**《小さい商船〔漁船〕の》船長. **2**〘話〙«一般的» 船長. **3**〘運〙主将. **4**〘空〙機長. **5**〘米〙隊長, 指揮官. —— *vt.* の～の役をつとめる. **～'s daughters** 高い白波.

skíp·per² *n.* **1** 軽くとぶ人; 踊る人. **2** ぴょんぴょんはねるもの. **3**〘虫〙セセリチョウ; コメツキムシ. **4**〘魚〙サンマの類.

skirl [skəːrl] Sc. *n.*《皮袋でつくった》風笛の音色; 金切り声. —— *vi.* 風笛のような音色を出す; ピーピーいう, 金切り声を出す.

skír·mish [skə́ːrmiʃ] *n.* 前哨(ぜんしょう)線の小ぜりあい, «一般的» 小衝突, 小論争. —— *vi.* 小衝突〔小ぜりあい〕をする. ◇ **～·er** *n.* 小衝突〔小ぜりあい〕する人;〘軍〙前衛, 前哨斥候兵. 類 → **fight**「戦い」

‡**skirt** [skəːrt] *n.* **1** スカート; 《一般に着物の》すそ. **2**《物の》へり, ふち, 端; 鞍(くら)のたれ; (*pl.*) 町はずれ, 郊外. **3**〘俗〙女, 娘: a bit of ～ 女. **4**〘建〙幅木(はばき), 軒ば. ***on the ～s of*** のまわりに; に接して. —— *vt.* **1** 囲む, 巡る, に接する; のふちを通る: The highway ～s the city. ハイウエーは市を巡っている. **2** にすそをつける; すそでおおう. **3** 〈問題などを〉避けて通る, 回避する. —— *vi.* **1** 境〔ふち〕にある. **2** ふちに沿って進む《*along*》.

～ dance 長いスカートをリズミカルにさばいて踊る踊り. **～-dance** [⌐⌐] ～ dance をする. **～ roof** (総二階の家で1階と2階との間につける) 飾り小屋根. ◇ **～·ing** *n.* すそ, スカート地; 《へやの壁のすそに張る》幅木 (=～ing board).

skit¹ [skit] *n.* **1**《軽いユーモラスな》風刺(文); もじり詩文, 狂文. **2** 小喜劇, 寸劇. **3** 当てこすり, あざけり. **4**〘英方〙冗談, 悪ふざけ.

skit² *n.* (*pl.*)〘話〙多数, 群れ, 群衆.

skít·ter [skítər] *vi.* 〈水鳥などが〉水面を速くかすり飛ぶ; つり針を水面近くに流してつる. —— *vt.* かすめて飛ばせる.

skít·ter·y [skítəri] =skittish.

skít·tish [skítiʃ] *a.* **1**《馬など》おくびょうな, 驚きやすい, 落ち着きのない. **2** 活発な, 元気旺盛(おうせい)な; ふざけはしゃぐ; «特に» 中年女が少女のように陽気にふるまう, うわ気な. **3** 内気な, はにかむ.
◇ **～·ly** *ad.* **～·ness** *n.*

skít·tle [skítl] *n.* 〘英〙九柱戯用の小柱; (*pl.*) 九柱戯. ***Life is not beer and ～s.*** 人生はただ遊んでばかりでは暮らせない. ***S～s!***〘俗〙くだらない!, ばか言うな!

～ alley 九柱戯場. **～ ball** 九柱戯用の玉.

skive [skaiv] *vt.* **1** 〈皮などを〉削る, 裂く. **2** 〈宝石を〉とぎみがく.

skív·vy¹ [skívi] *n.* 〘俗〙**1**《男子用》T シャツ. **2** (*pl.*)《特に水兵用丸首半そでシャツ・半ズボンの》下着.

skív·(v)y² *n.* 〘英話〙«けいべつ的» 女中《特にホテルのへや係の》.

skoal [skoul] *int., n.* 健康を祝して!, 乾杯!
—— *vi.* 乾杯する.

skóo·kum [skúːkəm] *a.* 〘米方・カナダ〙でっかい; とびきり上等の.

Skr., Skrt., Skt. Sanskrit 梵語(ぼんご).

skú·a [skjúːə] *n.* 〘鳥〙トウゾクカモメ《北大西洋・極地方にすむ肉食海鳥》.

skul·dúg·ger·y [skʌldʌ́g(ə)ri] *n.* 〘米話〙ごまかし; ずるさ, 巧妙; 詐欺, 不正.

skulk [skʌlk] *vi.* **1** 隠れる; 潜む, 潜伏する; 身を安全な場所に置く. **2** こそこそ逃げる; こっそりと歩く. **3**〘英〙仕事〔危険, 責任〕を避ける; 怠る. —— *n.* =skulker. ◇ **～·er** *n.* こっそり逃げ隠れする人; 《仕事・危険を避ける》怠慢な人. **～·ing·ly** *ad.*

skull** [skʌl] *n.* 頭蓋(ずがい)骨; 頭, 頭脳: have a thick ～ ばか〔鈍感〕だ. ***～ and crossbones どくろの下に十字に大腿(だいたい)骨を組み合わせた絵《死の象徴として海賊旗の印または毒薬のびんのラベルに用いる》.

～·cap [⌐⌐] (1)〘医〙頭蓋骨の上部; 頭蓋. (2)《老人などの室内用》ぴったりとした縁無し帽. (3)〘植〙タツナミソウ属.

skull·dúg·ger·y =skulduggery.

skunk [skʌŋk] *n.* **1**〘動〙スカンク《イタチの類》. **2**〘俗〙いやなやつ, 卑劣漢. —— *vt.* 〘米俗〙《ゲームなどで》零敗させる. **～ cabbage**〘植〙ザゼンソウ.

†**sky** [skai] *n.* **1** (しばしば *pl.*) 空, 天; 天国: blue *skies* 青空. **2** (*pl.*) 天候; 気候, 風土: stormy *skies* あらしの空もよう. forecast clear *skies* tomorrow あすは晴れの予報をする. our temperate English *skies* わがイギリスの温和な気候. **3** 空色. ***be in the ～*** 〔***skies***〕天国にいる. ***be raised to the skies*** 昇天する. ***drop from the skies*** 不意にあらわれる. ***laud*** 〔***praise***〕 ***to the skies*** ほめちぎる. ***out of a clear ～*** 前触れなしに, 突然に. ***under the open ～*** 戸外で, 野天で.

—— *vt.* 〘話〙〈絵を〉高い所にかける《まずいので》; 〘クリケット〙〈ボールを〉高く打ち上げる.

～ blue 空色. **～-born** [⌐⌐]〘雅〙天界に生まれた. **～-borne troops** 空輸部隊. **～-clad** [⌐⌐]〘話・笑〙裸体の, 裸の. **～-hígh**〘話〙空のように高い〔高く〕, たいへん高い〔高く〕: blow ～-*high* 論破する. **～-hook** [⌐⌐]〘話〙宇宙線測定用の風船. ***～·lark** → 別項. **～·light** [⌐⌐] 屋根や天井の窓, 明かり取り; スカイライト《窓〔空〕からの光》, 大空光. **～·line** [⌐⌐] 地と空を分ける線; 地平線; (物体が空をくぎる) 線; 《大都市などの空を背景とする》シルエット. **～·man** [-mən] (*pl.* **-men**)〘話〙飛行家; 空輸兵. **～ pilot**〘空〙航空士;〘俗〙牧師, 僧. **～·ròck·et** →別項. **～·sail** [-sèil,〘海〙-sl]〘海〙《横帆装置の帆船の3本マストの最頂の》小さい帆. **～·scape** [⌐⌐] 空や雲の絵, 空や雲の研究. →landscape. **～·scràp·er** →別項. **～ sign**《電光》空中広告, スカイサイン, 屋上広告. **～ troops**〘話〙空輸部隊. **～ truck**〘話〙空のトラック, 貨物空輸機. **～ wave**〘通信〙空間波. → ground wave. **～·way** [⌐⌐]〘米〙航空路 (airway); 高架式高速道路. **～·writ·ing** (飛行機が煙を出して飛行し) 空中に文字・模様を描くこと.

◇ **～·ish** *a.* 〘稀〙空のような; 天に届くように高い. **～·less** *a.* 空が見えない; 曇った. **～·ward** [-wərd] *ad., a.* 空の方へ(の), 上の方へ. **～·wards** *ad.* =skyward.

Skye [skai] *n.* **1** スコットランド Hebrides 諸島中の島. **2**〘動〙《長毛短脚の》スコッチテリアの一種 (=～ terrier).

ský·er [skáiər] *n.* (クリケットの) 高打, 飛球.

ský·ey [skáii] *a.* **1** 空の; 天〔空〕にある; 空のような. **2** 空色の. **3** 非常に高い; そびえ立つ.

***ský·lark** [skáilàːrk] *n.* **1**〘鳥〙ヒバリ. **2** =skylarking. —— *vi.* ふざける, ばか騒ぎする.
◇ **～·ing** *n.* ふざけ, ばか騒ぎ.

ský·ròck·et [skáiràkit/-rɔ̀k-] *n.* 花火ロケット，のろし. **——** *vi.*〘話〙花火のように上がる; 急に上がる; 〈値段などが〉はね上がる.

ský·scràp·er [skáiskrèipər] *n.* **1** 摩天楼, 高層建築. **2** =skysail.

***slab**[1] [slæb] *n.* **1** 平石, 石板. **2**《板など》平たく幅狭くやや厚めの正方〔長方〕形のもの;《肉・パン・菓子など》平たいもの: ～ chocolate 板チョコ. **3**〘野球〙投手板. **——** *vt.* (**-bb-**) **1**〈木材を〉板に切る; 厚板にする. **2** 厚板でおおう.

～-sìd·ed〘米話〙(1) 横の平たい. (2) ひょろ高い; なよなよした. **～·stone** [⊥⊥] 板石《砂岩のように容易に平板状に割れる石》.

slab[2] *a.*〘英古〙ねばねば〔どろどろ〕した, ぬるぬるする.

sláb·ber [slǽbər] =slobber.

slack**[1] [slæk] *a.* **1**《衣服など》たるんだ, ゆるんだ. **2** いいかげんな, なげやりの, だらけた, 怠慢な. **3** ぐずぐずした, のろい, おそい; 元気がない;《流れなどが》よどんだ. **4** 沈滞した, 不況な, 不景気な: ～ weather ぐずついた天気. **5**《パンなど》焼きが十分でない. **6** 沸化した. **7**〘音声〙弛緩(しかん)音の, 開口音の. ***be ～ in [***about***] (do)***ing*** …するのがのろい. ***keep a ～ hand*** [***rein***] 手をゆるめておく; 寛大に扱う. ***～ in stays***〘海〙《船の》回り方がおそい.

—— *ad.* **1** ゆるく, たるんで. **2** ぞんざいに, いいかげんに. **3** ぐずぐず(と), のろのろ(と).

—— *n.* **1** ゆるみ, たるみ;《なわ・帯などの》ゆるんだ部分. **2** 不況(時), 閑散(期). **3** =～ water;《風の》なぎ. **4** のんびり休むこと. **5** (*pl.*) ゆるいズボン, スラックス. **6**〘米: 韻〙詩脚の弱音部.

—— *vt.* **1**《比喩的にも用いて》ゆるめる, たるませる, 緩和する《*away, off*》: ～ a rope〔one's vigilance, one's effort, one's pace〕なわ〔注意, 努力, 歩み〕をゆるめる. **2**〈石灰を〉沸化する. **——** *vi.* **1** ゆるむ. **2** 弱まる; 衰える; のろくなる《*up*》: The wind ～*ed.* 風が弱まった. **3** 怠る.

～ lime 沸化石灰, 消石灰. **～ season**《商売の》閑散季. **～ time** 閑散時. **～ water** 静止状態の潮;《川などの》よどみ.

◇ **～·er** [slǽkər] *n.*〘話〙ずるけなまける者; 元気・活力のない者; おうちゃく者; 兵役忌避者.

slack[2] *n.* 粉炭, くず炭.

sláck·en [slǽk(ə)n] *vi., vt.* **1** ゆるくする〔なる〕; (の)緊張をほぐす, 緊張がほぐれる. **2** (の)力を弱める; 力が弱まる. **3** 和らげる, 和らぐ; 減ずる.

slag [slæg] *n.* **1** 浮きかす, 燃えがら, くず. **2**《溶鉱のあとの》残滓(ざんし). **3** 焼け石, 火山岩のかす.

—— *vt., vi.* (**-gg-**) かすになる〔する〕, 鉱滓になる〔する〕. ◇ **～·gy** *a.* かすのような, 残滓のような, 鉱滓のような.

slain [slein] *v.* slay の過去分詞.

slake [sleik] *vt.* **1**〈渇・飢え・欲望などを〉いやす; 満たす;〈怒りなどを〉和らげる;〈恨みなどを〉晴らす. **2**〈火を〉消す. **3**〈石灰を〉消和〔沸化〕する.

—— *vi.* **1** 消える; ゆるむ; 不活発になる. **2** 消和〔沸化〕する. ***～d lime*** 消石灰.

slá·lom [slá:ləm, sléi-] *n., vi.* スラローム〔回転競技〕(をする). [＜Norway]

***slam** [slæm] *v.* (**-mm-**) *vt.* **1**〈戸などを〉バタンと締める. **2**〈物を〉ドンと〔バタリと〕置く〔投げる〕. **3** たたく, 打つ. **4**〘米話〙酷評する. **5**〘話〙に楽勝する. **——** *vi.* バタンと締まる.

—— *n.* **1** バタン, ピシャリ, ドスン: with a ～ ピシャリと, ドスンと. **2**〘米俗〙酷評.

～-báng やかましく; 勢いよく音をたてて; 無鉄砲に.

slán·der [slǽndər/slá:n-] *n.* **1**〘法〙口頭非難, 名誉棄損. → libel. **2** 非難, 中傷, 悪口.

—— *vt.* 非難する, 中傷する, の悪口を言う.

◇ **～·er** [-dərər] *n.* 中傷する〔そしる〕人.

slán·der·ous [slǽnd(ə)rəs/slá:n-] *a.* 中傷的な, 悪口を言う, そしる. ◇ **～·ly** *ad.* **～·ness** *n.*

slang [slæŋ] *n.* **1** 俗語;《口語として話され, まだ標準語として十分に認められていない》新語句〔言い回し〕. **2**《特別な社会・階級・部門のみに使われる》専門語; 通語. **3** 合いことば, 符丁ことば, 隠語. **4**《名詞を修飾して》俗語の. **——** *vi.* **1** ～を使う; 下品なことばを使う. **2** ののしる, しかる.

◇ **～·y** [slǽŋi] *a.* 俗語を使う, 俗語的な.

slán·guage [slǽŋgwidʒ] *n.*〘米〙俗語(的表現). [＜*slang*＋lan*guage*]

slank [slæŋk] *v.*〘古〙slink[1] の過去形.

‡**slant** [slænt/slɑ:nt] *n.* **1** 傾斜, 坂; 斜面. **2** 傾斜したもの: a ～ of light 斜光. **3**《心などの》傾向;〘米話〙観点, 見地: You have a wrong ～ on the problem. きみのこの問題の見方はまちがっている. **4**〘話〙ちらりと見ること, 横目. **5**〘俗〙おり, 機会. **6**〘古〙皮肉, あてこすり. ***a ～ of wind*** 一陣の風, 順風. ***on*** [***at***] ***the*** [***a***] ***～*** 傾斜して; はすかいに: sit *at a* ～ はすかいにすわる.

—— *a.* 傾いた, 斜めの: a ～ ray of light.

—— *vt.* **1** 斜めにする, はすにする; 傾ける; もたれかからせる. **2** 傾向をもたせる, ゆがめる: ～ the news.

—— *vi.* **1** 斜めになる, 傾く. **2** 傾向がある《への *toward(s)*》. **3** はすかいに行く〔進む〕: ～ *across* a river. ***～ed for*** women readers (女性読者)向きの.

◇ **～·ways** [-wèiz], **～·wise** [-wàiz] *ad., a.* 斜めに〔の〕, 傾斜して〔た〕, はすに〔の〕.

slàn·tin·díc·u·lar [slænt(i)ndíkjulər/slɑ̀:n-], **slàn·ting·díc·u·lar** [-tiŋ-] *a.*〘笑〙斜めの, 傾斜した; 間接〔遠回し〕の. → perpendicular.

slánt·ing [slǽntiŋ/slá:nt-] *a.* 傾斜した, 斜めの. ◇ **～·ly** *ad.*

‡**slap** [slæp] *n.* **1** 平手打ち, ピシャリとたたくこと. **2** 平手打ちの音; ピシャリ(という音). **3** 侮辱, ひじ鉄砲. **4**《比喩的》打撃: the ～ of an economic recession 景気後退の打撃. ***a ～ in the face*** はずかしめ, 侮辱. ***a ～ on the wrist*** ききめのない小言. ***have a ～ at*** を(得ようと)試みる.

—— *vt.* (**-pp-**) **1** 平手で打つ: ～ a person in the face 人の顔をピシャリと打つ. **2** たたきつける: ～ one's feet on the floor 足で床を踏みつける. ～ paint on the wall 壁にぺたりとペンキを塗る. **3** 酷評する, やっつける (insult). **～ *on*** 勢いよく〔ぱっと〕着る. **～ *on the back*** 背中をたたく.

—— *ad.*〘話〙**1** ピシャリと. **2** だしぬけに. **3** まっすぐに, まともに: hit a person ～ in the eye 人の目をピシャリと打つ. ***pay ～ down*** すっぱり支払う. ***run ～ into*** と正面衝突する.

～-báng〘話〙激しく, まっしぐらに, 猛然と; 騒々しく. **～·dash** →別項. **～-hàp·py**〘話〙《ボクサーが》なぐられて脳震盪(のうしんとう)を起こした, ふらふらな; 頭が「いかれて」いる. **～·jack** [⊥⊥]〘米〙鉄板で焼いた菓子 (griddlecake); ホットケーキ (flapjack). **～·stick** →別項. **～-úp**〘俗〙最新大流行の; 一流の, 第一級の; 最上等の, 最上質の.

sláp·dash [slǽpdæʃ] *ad.*〘話〙激しく, まっしぐらに; 向こう見ずに. **——** *a.* **1** 性急な; 無鉄砲な. **2** 不注意にやりっぱなしの; 行き当たりばったりの. **——** *n.* 性急; 無鉄砲; やりっぱなし.

sláp·ping [slǽpiŋ] *a.*〘俗〙**1**《歩行など》非常に速い. **2**《人や馬など》大きくりっぱな; 大柄な; すばらしい.

sláp·stick [-stìk] *n.* **1**《道化芝居用の》先の割れた打棒. **2** ちゃんばら喜劇, どたばた道化芝居.

—— *a.* ちゃんばらの; 低俗な.

slash [slæʃ] *vt.* **1** 深く切る; めった切りにする, に深手を負わせる. **2** むち打つ;〈むちを〉打ち鳴らす. **3**《裏・下着を見せるため》〈衣服に〉開き口をつける. **4**〘米〙〈俸給(ほうきゅう)などを〉大幅に切り下げる. **5**〈本を〉部分削除する, 改訂する. **6** 酷評する, こきおろす. **7**〘軍〙〈木を〉切り倒す《さかも木をつくるため》.

—— *vi.* **1** 切りつける, めった切りにする. **2** むちを鳴らす; むやみにむち打つ《を *at*》. **3** しゅっと走る, さっと走り抜ける《を *through*》.
—— *n.* **1** 一撃, 一むち. **2** 深手, 深い切り口. **3** 《衣服の》開き口. **4** 切れ枝〔落ち枝〕の散らばったあき地《森林伐採・強風などのあと》; 散らかった切り枝. **5** 斜線《例: and/or》.
◇ **∼·ing** *a.* 痛烈な, 容赦のない; 破壊的な.

slat¹ [slæt] *n.* **1** 薄く狭い木〔金属〕板; ぬき板, 小板. **2** 《特に板すだれの》一片. **3** 張り石; スレート片. —— *vt.* に小板を打ちつける; 小板でつくる.

slat² *vi., vt.* (**-tt-**)〘おもに英方〙 **1** 〈帆・ロープなどが〉パタパタと音をたてる. **2** パタパタと打つ. —— *n.* ピシャリと打つこと; 平手打ち (slap).

S. Lat. south latitude 南緯.

‡**slate** [sleit] *n.* **1** スレート, 粘板岩: roofing ∼ 屋根ふき石板, スレート. **2** 石板; 石板色. **3**〘米〙公認候補者名簿. ***clean*** ∼ 申し分のない記録〔経歴〕. ***clean*** 〔***wipe off***〕 ***the*** ∼ 義務を清算する, いままでの行きがかりを捨てる. ***have a*** ∼ ***loose*** 気が狂っている. —— *vt.* **1** スレートでふく. **2** 候補者名簿に登録する; 候補に立てる. **3**〘米俗〙予定する: be ∼*d* for May 5 月に予定されている. ∼ the game 試合の日程を定める. **4** 〈本などを〉酷評する; 〈部下などを〉しかりとばす.
∼ **black** 紫がかった色. ∼ **blue** 青灰色. ∼ **club** 〘英〙《毎週小額ずつ掛ける》共済貯金会. **∼-còl·ored** スレート色の, 暗灰色の. ∼ **pencil** 石筆.
◇ **slát·y** [-i] *a.* **1** スレート色の; 暗灰色の. **2** スレートのような. **3** スレートの多い.

slát·er [sléitər] *n.* **1** スレートを屋根にふく人. **2** 〘英〙酷評〔非難〕する人.

sláth·er [slǽðər]〘話〙*vt.* 〈バターなどを〉こってり塗る; ふんだんに使う. —— *n.* (*pl.*) たっぷり: ∼*s* of money.

slát·tern [slǽtərn] *n.* 自堕落な〔だらしのない〕女.

slát·tern·ly [-li] *a.* だらしない, 身持ちの悪い.
—— *ad.* だらしなく.

‡**sláugh·ter** [slɔ́:tər] *n.* **1** 畜殺. **2** 殺人; 《特に戦争などによる》大虐殺. **3**〘商〙投げ売り. **4**〘話〙完敗. —— *vt.* **1** 畜殺する. **2** 《戦争などで》大量に殺す. **3**〘話〙完全に打ちのめす.
∼·house [⌐–⌐] (1) 畜殺場; 公設畜殺場 (*abattoir*). (2) 《比喩的》大殺戮(さつりく)の場, 修羅(しゅら)の場.
◇ **∼·er** [-tərər] *n.* 畜殺者《特に牛の》.

sláugh·ter·ous [slɔ́:t(ə)rəs] *a.* **1** 殺人の. **2** 殺生(せっしょう)な, 残忍な. **3** 破壊的な. ◇ **∼·ly** *ad.*

Slav [slɑ:v, slæv] *n.* スラブ人《ロシア・ポーランド・チェコスロバキア・ブルガリアなどの人種》. —— *a.* スラブ人〔語〕の.

‡**slave** [sleiv] *n.* **1** どれい; どれいのように働く人. **2** 《比喩的》ふける人; 献身する人《*of, to*》: a ∼ *of* 〔*to*〕 drink 酒のどれい, 飲酒にふける人. a ∼ *to* duty 義務のため献身的に働く人. ***make a*** ∼ ***of*** をこき使う. —— *vi.* どれいのように〔あくせく〕働く《に *at*; のため *for*》. —— *vt.*〘稀〙どれいのように働かせる; どれいにする.
∼-born [⌐⌐] どれいの身として生まれた. **S∼ Coast, the** どれい海岸《アフリカ西部 Guinea 湾沿岸. かつてのどれい売買の中心地》. ∼ **driver** どれい監督者; 酷使者, 過酷・無慈悲な主人. **∼-grown** [⌐⌐]《日用品など》どれいにつくらせた. **∼-hòld·er** どれい所有者. **∼-hòld·ing** どれい所有 (の). ∼ **hunter** 《特にどれいとして売るため》黒人を狩り集める者. ∼ **hunting** 《アフリカの》どれい狩り. **∼-making ant**〘虫〙サムライアリ《他のアリをどれいにする》. ∼ **ship** どれい船. **S∼ States, the** 〘米〙どれい州《南北戦争当時までどれい制度が認められていた15州》. ∼ **trade** どれい売買.

slá·ver¹ [sléivər] *n.* どれい商人; どれい船.

slá·ver² [slǽvər] *vi., vt.* よだれをたらす; よだれでよごす; 《比喩的》あくどい〔卑屈な〕おべっかを使う.

‡**sláv·er·y**¹ [sléivəri] *n.* **1** どれい状態, どれいの身分; 農奴の身分: be sold into ∼ どれいに売られる. **2** 《比喩的》盲従, 屈従《支配・抑圧などを受けること》: be kept in ∼ by drugs 薬のとりこになっている. **3** どれい所有(制度). **4** 過酷な労働; 苦役.

sláv·er·y² [slǽvəri] *a.* よだれたらしの; よだれでよごれた.

sláv·ey [sléivi/slǽvi, sléi-] *n.*〘英話〙《下宿などの》雑用女中, 下働き.

Sláv·ic [slǽvik, slɑ́:v-] *a., n.* スラブ人〔語〕(の).

sláv·ish [sléiviʃ] *a.* **1** どれいの, どれい的な. **2** どれい根性の; 卑屈な, 卑劣な: a ∼ imitation 無批判な〔独創性のない〕模倣, 盲目.
◇ **∼·ly** *ad.* **∼·ness** *n.*

sláv·ism [slɑ́:viz(ə)m, slǽv-] *n.* **1** スラブ民族(統一)主義. **2** スラブ気質; スラブ語法.

Sla·vó·ni·a [sləvóuniə] *n.* ユーゴスラビア北部の地方《Croatia 共和国の一部》.

Sla·vó·ni·an [-n] *a.* スラブ人〔語〕の (Slavonic).
—— *n.* **1** スラブ人〔語〕. **2** オーストリア帝国時代の Slavonia の住民.

Sla·vón·ic [sləvɑ́nik/-vɔ́n-] *a.* =Slavonian; Slavonia の. —— *n.* スラブ人〔語〕(Slavic).

sláv·o·phil [slɑ́:vəfil, slǽv-], **-phile** [-fàil] *a., n.* スラブ人びいき (の〔者〕).

sláv·o·phobe [-fòub] *a., n.* スラブ人を恐れきらう(者).

slaw [slɔ:] *n.*〘米〙キャベツサラダ (= coleslaw).

‡**slay** [slei] *vt.* (**slew** [slu:]; **slain** [slein]) **1**〘雅〙殺す, 殺害する. **2**〘米〙虐殺する. **3** 破壊する; 消散させる. **4**〘話〙の心をひどくゆさぶる; 笑いこけさせる. ◇ **∼·er** *n.*

sld. sailed; sealed.

sleave [sli:v] *n.* **1** 太い糸から分けられた細い絹糸; よりをもどした絹糸. **2** もつれ糸. **3** 真綿.
—— *vt.* 〈もつれを〉ほぐす, ほどく.

sléa·zy [sléizi, slí:-/slí:-] *a.* **1** 《織物などが》ぺらぺらの, 薄っぺらな. **2** 見せかけの, 安っぽい. **3** とるに足らない. ◇ **sléa·zi·ly** *ad.* **sléa·zi·ness** *n.*

sled [sled] *n.* そり, 小型のそり. 〈注〉sled はイギリスでは農耕用の荷運びそりの意のほかはほとんど用いられない. → sledge¹, sleigh. —— *vt., vi.* (**-dd-**) そりで行く, そりに乗る, そりで運ぶ.

sléd·ding [slédiŋ] *n.* **1** そりに乗る〔で運ぶ〕こと. **2** 《そりを使用する》雪面の状態; そりのすべりぐあい. **3** 《比喩的》《仕事などの》進行状態. ***hard*** ∼ 〘米〙困難な仕事, 難儀; 不利な形勢.

***sledge**¹ [sledʒ] *n.* 大型そり《馬・犬・トナカイに引かせる客用・荷運び用》; 〘英〙=sleigh.
—— *vt., vi.* 大型そりで行く〔運ぶ〕.

sledge² *n.* 《かじ屋の用いる》重い大槌(おおづち): a ∼ blow 強く激しい打撃. —— *vt., vi.* 大槌で打つ; (に)大鉄槌(てっつい)を加える; (に)大打撃を与える.
∼ **hammer** (1) =∼ *n.* (2) 《比喩的》大鉄槌.
∼-hàm·mer (1) 激しい; 徹底的な. (2) =∼ *v.*

sleek [sli:k] *a.* **1** 《動物の毛・人の髪など》なめらかな, つやつやして光沢のある. **2** 健康そうな, 肉づきのよい; こぎれいな, きちんと整った. **3** 《言語・態度が》物柔らかな; 口先のうまい, おせじたっぷりの, きざな.
—— *vt.* に光沢を出す, なめらかにする; きちんとする.
◇ **∼·ly** *ad.* なめらかに; きちんと; 口先うまく.
∼·ness *n.*

†**sleep** [sli:p] *v.* (**slept** [slept]) *vi.* **1** 眠る: ∼ badly 眠れない. **2** 寝る; 泊まる《に *at, in*》. **3** 永眠している, 葬られている. **4** 活動していない, 静まっている; 冬眠する: ∼ in peace 安らかに眠る. **5** 無感覚になる, まひしている; ぼんやりしている: While England *slept*, Germany prepared for war. **6** 〈こまが〉澄む《速く回転して動かないように見える》. **7** 〘植〙〈植物が〉睡眠する.
—— *vt.* **1** 《同族目的語を伴って》眠る: ∼ a calm sleep 安眠する. **2** 眠らせる, 眠って…させる: ∼ oneself sober 眠って酔いをとる. **3**〘話〙泊まらせ

る, …だけの寝室がある: The lodging house ～*s* 30 men. その下宿屋には30人分のへやがある.

～ ***away*** 寝て過ごす; 眠って直す. ～ ***in*** (1)〈雇い人が〉住み込む. (2) 朝寝する. (3) 寝床にはいる《おもに受動態で》: His bed *was* not *slept in* last night. 彼のベッドは昨夜使われなかった. ～ ***one's last sleep*** 死ぬ. ～ ***like a log*** 〔***top***〕 熟睡する. ～ ***off*** 〈悲しみなどを〉眠って忘れる; 眠って直す. ～ ***on*** 〔***upon, over***〕 を一晩寝て考える; …について即答をしない. ～ ***out*** 外泊する. ～ ***the clock round*** 12時間通して眠る. ～ ***the sleep of the just*** 〘笑〙 熟睡する.

— *n.* **1** 眠り; 睡眠(期間): talk in one's ～ 寝言を言う. **2** 静止, 活動休止; 休止状態; まひ; 《植物の》 睡眠; 《動物の》 冬眠. **3** 永眠, 死. ***beauty*** ～ 寝入りばな. ***fall on*** ～ 〘古〙 死ぬ. ***get to*** ～ 寝つく. ***go to*** ～ 寝入る. ***in one's*** ～ 眠りながら. ***in*** ～ 眠って. ***last*** 〔***long, eternal***〕 ～ 永眠, 死. ***send*** 〔***put***〕 ***to*** ～ 寝かしつける; まひさせる.

～·wàlk·er 夢遊病者. **～·wàlk·ing** 夢遊病(の).

(類義語) **眠る: sleep** 日本語の「眠る」にほぼ等しい語. **slumber** 軽い, 安らかな眠り: a *slumbering* baby すやすやと眠っている赤子. **drowse, doze** 眠る意志はなくても疲労などから「うとうとする」. doze の方がやや眠りに近く「うたた寝する」. **nap** (忙しい合い間を) 短時間昼寝をする.

***sléep·er** [slíːpər] *n.* **1** 眠る〔眠っている〕人; 冬眠動物: a good 〔bad〕 ～ よく眠る〔眠れない〕人. a light 〔heavy〕 ～ 眠りの浅い〔深い〕人. **2** 〘英〙 まくら木 (= ㊎ tie); 地上に横にしてある木材《建築用》. **3** 寝台車 (sleeping car). **4** (しばしば *pl.*) 〘米〙《特に子ども用》 パジャマ; 《乳児用》 おくるみ. **5** = sand *n.* ⑥. **6** 〘米〙 思いがけず成功するもの〔人〕; 急に値の出た〔当たった〕商品《映画・出版物など》; 寝かせてある商品.

sléep·ing [slíːpiŋ] *n.* 睡眠; 不活発, 不活動; 休止. — *a.* **1** 眠っている. **2** 睡眠用の; 催眠の. **3** 休止の, 静まっている; まひした. ***Let ～ dogs lie.*** 〘諺〙 眠っている犬はそのままにしておけ; さわらぬ神にたたりなし.

～ **bag** 《登山用などの》 寝袋. ～ **car** 〔**carriage**〕 《鉄道の》 寝台車. ～ **draught** 〔**pill**〕 催眠薬. ～ **partner** 〘英〙 匿名組合員. ～ **powder** 〘米〙 睡眠薬. ～ **sickness** 〘医〙 眠り病, 嗜眠(しみん)性脳炎.

sléep·less [slíːplis] *a.* **1** 不眠の; 眠られぬ. **2** 安眠できぬ, 不眠症の. **3** 絶えず動く, 不休の, たゆまぬ: the ～ ocean 休まぬ海原. **4** ゆだんのない: ～ care 不断の注意. ◇ **～·ly** *ad.* **～·ness** *n.*

‡**sléep·y** [slíːpi] *a.* (**-i·er**; **-i·est**) **1** 眠い, うとうとする; 眠そうな; 眠りを誘う: feel ～ 眠けがさす. ～ warmth. **2** 心の重い, 頭のさえぬ. **3** 《場所が》 活気のない; 生気なく静かな; 動きのない: a ～ village. **4** 《くだもの特にナシが腐りかけて》 柔らかくなった.

～·head [ˊ- ˋ] 眠たがり屋; 寝坊; ぼんやりしている人. ◇ **-i·ly** *ad.* **-i·ness** *n.*

sleet [sliːt] *n.* みぞれ; 雨氷 (glaze). — *vi.* 《it を主語として》 みぞれが降る: *It* is ～*ing*. みぞれが降っている. ～ **chaser** 〘米〙 除氷〔霜取り〕装置.

sléet·y [slíːti] *a.* みぞれの, みぞれのような. ◇ **-i·ness** *n.*

‡**sleeve** [sliːv] *n.* **1** そで, たもと. **2** 〘機〙 スリーブ, 套管(とうかん). ***Every man has a fool in his ～.*** 〘諺〙 弱点のない人はない. ***hang on*** a person***'s ～s*** (人) のそでにすがる, (人) にたよる. ***have a card*** 〔***plan***〕 ***up*** one***'s ～*** 隠し手〔奥の手〕がある. ***laugh in*** 〔***up***〕 one***'s ～*** 陰で笑う; ないしょで舌を出す. ***mandarin ～*** 中国服風のそで. ***turn*** 〔***roll***〕 ***up*** one***'s ～*** そでをまくり上げる. ***wear*** one***'s heart upon*** one***'s ～*** 思うことをあけっぱなしに言う.

— *vt.* にそでをつける.

～·board [ˊ ˋ] そで用のアイロン台. ～ **button** カフスボタン. ～ **link** そで口をとめるボタン; カフスボタン. ～ **nut** 〘機〙 締め寄せ〔スリーブ〕ナット《2本の管などの結合に用いるもの》. ～ **valve** 〘機〙 スリーブ弁.

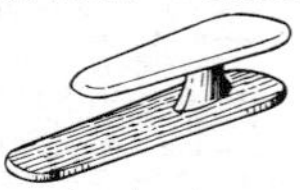

sleeveboard

◇ **～·less** *a.* そでなしの, スリーブレスの. **～·let** *n.* 《ワイシャツの》 そでカバー.

sleigh [slei] *n.* そり《おもにアメリカ・カナダで馬が引く遊覧・旅行用の》. 〈注〉 イギリスでは sled, sledge の意に用いる. — *vt., vi.* そりで行く〔運ぶ〕; そりに乗る. ～ **bell** そりの鈴.

sléigh·ing [sléiiŋ] *n.* **1** そりに乗る〔で運ぶ〕こと. **2** そりの滑走ぐあい. **3** 《そりで行く》 雪道の状態: good ～ (そり滑走に) 好つごうな雪.

sleight [slait] *n.* **1** 巧みさ, 巧妙さ. **2** 巧みな仕掛け, 術策; 手品, ごまかし: a ～ of hand 手品.

‡**slén·der** [sléndər] *a.* **1** 細長い, ほっそりした, すんなりした, すらっとした. **2** わずかな, たよりない: a ～ income わずかな収入. a ～ meal 貧弱な食事. ～ prospects 見込み薄. **3** 〘音声〙 狭音の, 弱い. ◇ **～·ly** *ad.*

slén·der·ize [sléndəràiz] *vt.* 細くする; の目方を減らす, やせさせる; 細く見えさせる.

†**slept** [slept] *v.* sleep の過去・過去分詞.

sleuth [sluːθ] *n.* **1** 〘古〙 (人・動物の) 足跡, 臭跡. **2** = sleuthhound. **3** 〘米話〙 探偵(たんてい) (detective). — *vt., vi.* 追跡する.

sléuth·hòund [slúːθhàund/ ˊ ˋ] *n.* **1** 警察犬 (bloodhound). **2** 〘米話〙 探偵.

slew[1] [sluː] *v.* slay の過去形.

slew[2] *n.* 〘米〙 沼沢, 沼地, 湿地.

slew[3] *vt., vi.* 回す; 回る; ねじる; ねじれる (slue[1]). — *n.* 回転; ねじれ.

slew[4] *n.* 〘米話〙 多数, 多量, どっさり, たくさん (slue[3]): a ～ of statesmen 多くの政治家.

‡**slice** [slais] *n.* **1** 薄片, 一切れ, 一枚: a ～ of bread. **2** 一部分, 分けまえ《*of*》: a ～ *of* luck 幸運. a ～ *of* life 人生の一断面. **3** 薄刃, 魚切りナイフ; 金属へら, 薄いこて. **4** 〘ゴルフ〙 右曲球. → pull. — *vt., vi.* **1** 薄く切る; 切り取る, そぎ〔削り〕取る《*off*》: ～ *off* a piece of meat. **2** 分ける, 分割する《*up*》: ～ *up* a loaf パンを薄く切り分ける. **3** 切るように進む. **4** 〘ゴルフ〙 曲打する.

◇ **slíc·er** [sláisər] *n.* **1** 《パン・皮などを》 薄く切る機械, スライサー. **2** 薄く切る人.

slick [slik] *a.* **1** なめらかな, つるつる〔すべすべ〕した. **2** 巧みな, 器用な; 〘話〙 ずるい. **3** 〘話〙 《本など》 通俗的な. **4** 安直な: ～ solutions お座なりな解決法. **5** 〘俗〙 《食事など》 第一級の; 魅力ある, しゃれた. **6** 《牛が》 焼き印のない.

— *ad.* **1** なめらかに; 巧みに, じょうずに; ずるく: go ～ 円滑に動く; なめらかに運転する. **2** きっかり, 全く, まともに: The ball hit him ～ in the eye. ボールは彼の目にまともに当たった.

— *n.* **1** 《水面など油を流したような》 なめらかな部分〔場所〕; 水面の油. **2** 〘米俗〙《つや出し上質紙の》 高級雑誌 (= ～ magazine). → pulps.

— *vt.* **1** なめらか〔すべすべ, つるつる〕にする. **2** 〘話〙 ハイカラにする, きちんとする《*up*》.

slíck·er [slíkər] *n.* **1** 〘米〙 ゆるやかな防水レーンコート. **2** 〘米話〙 いかさま〔詐欺〕師.

‡**slid** [slid] *v.* slide の過去・過去分詞.

slíd·den [slídn] *v.* 〘米〙 slide の過去分詞.

‡**slide** [slaid] *v.* (**slid** [slid]; **slid**, ㊎ **slíd·den** [slídn]) *vi.* **1** すべる, 滑走する《の上を *on, upon, over*》; すべってころぶ. **2** すべって…する: The snow *slid* off the roof. 雪が屋根からすべり落ちた. **3** 氷

〔雪〕すべりする;〖野球〗すべり込む. **4** 知らぬまに陥る, いつのまにか…になる《に *into, to*》: ～ back *into* old habits ずるずるともとの習慣にもどる. **5** いつのまにか過ぎ去る; そっと逃げる〔抜け出す, はいり込む〕: The years ～ away swiftly. 年月がずんずん過ぎていく.
—— *vt.* **1** すべらせる, 滑走させる《*down, up*; を *on, upon*》: ～ the car to the curb 自動車をすーっと縁石まで寄せる. **2** そっと入れる, 忍び込ませる《*in, into*》. ***let*** things **～** (物事を) かまわない, 成り行きにまかせる. **～ *over*** をあっさりかたづける: ～ *over* a delicate subject 微妙な問題をあっさりかたづける.
—— *n.* **1** すべること, 滑走;〖野球〗すべり込み: have a ～ on the ice. **2** すべり道〔坂, 板〕;《遊び用》すべり台; 落とし, おろし樋(とい). **3** 地すべり, なだれ; 山くずれ; 断層. **4**〖写〗《幻燈の》スライド;《顕微鏡の》スライド, 台ガラス;〖機〗スライダ, 引きぶた. **5**〖楽〗装飾音; 滑奏音;《トロンボーンなどの》滑奏管.
～ bar〖機〗すべり棒. **～ fastener** チャック (zipper). **～-film** [ˊˋ]《長巻きの》幻燈フイルム (filmstrip). **～ guide**〖機〗すべり座. **～ rail** 可動軌条. **～ rule** 計算尺. **～ valve**〖機〗すべり弁. **～·way** [ˊˋ] 滑斜面, 滑降路.
◇ **slíd·er** *n.* すべる人〔物〕; (機械などの) すべる部分, すべり金;〖野球〗スライダー.

(類義語) すべる: **slide** すべる速度は考えられていない. 速いときもおそいときもある. 面と面とがずれるようなすべり方も slide. → landslide 地すべり. **glide** なめらかにゆっくりとすべる. **slip** 急につるりとすべる. 事故・失策を示唆する. **skid** (車輪などの回転が止まって) 横すべりする. 急速で音がするのが普通.

slíd·ing [sláidiŋ] *n.* すべり, 滑走;〖野球〗すべり込み. **——** *a.* **1** すべっている, すべる. **2** 移動する, 変化する. **3** 不確かな, 不定の.
～ door 引き戸. **～ rule** = slide rule. **～ scale** スライド制, 従価賃銀率〔法〕《賃銀などを物価に応じて上下するばあいに用いる》. **～ seat**《競漕(きょうそう)用ボートの》すべり席. **～ ways** 船台の進水口.
‡slight [slait] *a.* **1** わずかな, 少しの: a ～ increase. **2** 軽い, ちょっとした; ささいな, とるに足らぬ: a ～ cold 〔wound〕 軽いかぜ〔きず〕. **3** 細い, やせ形の: be ～ *of* figure からだがほっそりしている. **4** もろい: a ～ fabric. ***not in the ～est*** 少しも…ない.
—— *vt.* **1** けいべつする, ばかにする; 無視する: feel ～*ed* 軽んぜられた気がする. **2** 〈仕事などを〉なおざりにする.
—— *n.* けいべつ; 侮辱; なおざり; 冷遇《*to, upon*》. ***put a ～ upon*** を侮辱する.
◇ **～·ness** *n.* わずかな〔こまかい〕こと, 僅少(きんしょう); つまらないこと. (類) → **neglect**「無視する」
slíght·ing [sláitiŋ] *a.* 軽んずる, 失礼な, けいべつ的な. ◇ **～·ly** *ad.*
‡slíght·ly [sláitli] *ad.* **1** わずかに, わずかの程度に, (ほんの) 少し: be ～ sick ちょっと気分が悪い. **2** 弱く, 細く: a ～-built boy きゃしゃな男の子.
slí·ly = slyly.
***slim** [slim] *a.* (**-mm-**) **1** ほっそりした, 細い, きゃしゃな. **2** わずかな, 不十分な, 心細い; 貧弱な; くだらない: a ～ chance of success 心細い成功の見込み. **3**〖方〗ずるい, おうちゃくな. **——** *vt., vi.* (**-mm-**)《減食・運動などで》体重を減らす; 縮小する: ～ one's demands down 要求を縮小する.
◇ **～·mish** *a.* いくぶんほっそりした, やせ形の; か弱い. **～·ness** *n.* **1** ほっそり〔すんなり〕していること, きゃしゃ. **2** ずるさ, こうかつさ.
slime [slaim] *n.* **1** ねば土; ねばねば〔どろどろ〕したもの; 粘液物;《カタツムリ・魚などの》粘液, のろ; 泥砂(でいさ), 泥鉱. **2** いやらしい人〔物〕, 悪臭のあるもの. **3** 堕落.
—— *vt.* にどろを塗る, どろでおおう; 粘液でおおう.
—— *vi.* **1** どろだらけになる; ぬるぬるになる. **2**〖英俗〗ぬらりくらりと抜け出る《*away, through, past*》.
～ pit 瀝青(れきせい)坑, 瀝青貯蔵地質.
slímp·sy [slímpsi], **slím·sy** [slímzi] *a.*〖米話〗細い, もろい, 繊弱な; 薄っぺらな; わずかの.
slím·y [sláimi] *a.* **1** どろの, どろのような; ねばねばした, ぬらぬらした. **2** どろどろの, どろでよごれた, ぬかった. **3**〖話〗こびへつらう, おせじたっぷりの, いやらしい. → 名詞 slime. ◇ **-i·ly** *ad.* **-i·ness** *n.*
sling[1] [sliŋ] *n.* **1** 投石器; パチンコ. **2** つり包帯, 三角巾(きん). **3** つり上げ機; つりひも, つるし鎖;《銃の》つり皮, 負い皮. **4** 投石; 投げ飛ばし; 一撃.
—— *vt., vi.* (**slung** [slʌŋ]) **1** 投石器で投げる; (ほうり) 投げる. **2** つるす, つる; 負う, 掛ける; つるし上げる; つるして運ぶ. **3**〖俗〗しゃべる. **～ *abuse***〖俗〗悪口を言う. **～ one's *hook***〖俗〗逃げる. **～ *ink***〖俗〗《売文のため》書きなぐる; 新聞記者をやる. **～ one*self up*** するすると登る.
～(-back) pumps スリングパンプス《かかとの低い, ひもで締めるスリッパ式婦人ぐつ》. **～ cart**《大砲などを運ぶ》つり下げ運搬車. **～ chair** カンバス張り寝いす. **～·shot** [ˊˋ]〖米〗《Y 字形の木片にゴムバンドを取り付け石などを撃つ》パチンコ.

sling chair

sling[2] *n.*〖おもに米〗ジンなどに水・果汁(じゅう)・香味などを加え冷たくした飲み物. → toddy.
slíng·er [slíŋər] *n.* **1** (武器として) 投石器を持つ〔使う〕人. **2** つり上げ機を操作する〔監督する〕者. **～ ring**〖空〗《プロペラに不凍液をかける》氷結防止管.
slink[1] [sliŋk] *vi.* (**slunk** [slʌŋk],〖古〗**slank** [slæŋk]; **slunk**) ひそかに行く, こっそり歩く; そっと逃げる《*away, about, off*》. **——** *n.* こそどろ, あき巣ねらい. ◇ **～·ing·ly** *ad.* ひそかに, こっそりと, そっと.
slink[2] *vt., vi.* (**slinked** *or* **slunk** [slʌŋk])〈特に牛が〉流産〔早産〕する. **——** *a.* 早産の. **——** *n.* 月足らずの子牛など.
slínk·y [slíŋki] *a.* **1** こそこそ逃げる〔来る〕, 人目を盗む, こそこそした, 内密の. **2**〖俗〗《動作・姿などが》しなやかで優美な, すらりとした.
◇ **-i·ly** *ad.* **-i·ness** *n.*
‡slip [slip] *v.* (**slipped** [-t],〖古〗**slipt** [-t]; **slíp·ping**) *vi.* **1** つるりとすべる; すべってころぶ, つまずく. **2** こっそり去る《*away, off*》; すべり込む〔出る〕, 忍び込む〔出る〕《*in*; に *into*; *out*; から *out of*》: ～ away without being seen 見つからずにこっそり出て行く. **3** ずり落ちる, はずれる, 抜ける《*down, off*》; ゆるむ, ほどける. **4** すべるように走る; 〈時が〉知らぬまに過ぎ去る《*by*》: Time ～*s by.* 時はいつのまにかたっていく. **5** 〈機会などが〉過ぎ去る, うせる; 〈記憶・力などが〉なくなる, 衰える: Things ～ away from me lately. 近ごろ物忘れしやすくなった. **6** 〈口が〉すべる; うっかりする《について *over*》; (うっかり) 誤る, まちがえる《を *in*》. **7** さっと着る《を *into*》: ～ *into* a garment 着物をむぞうさに着る. **8**〖米俗〗〈景気などが〉くだり坂になる. **——** *vt.* **1** すべらす; すべり込ませる《*in*; に *into*》. **2** さっとはめる〔着る, はく〕《*on*》; さっとはずす〔ぬぐ〕《*off*》. **3** 放つ, 放す; 放してやる, 出す; はずす, ほどく: ～ anchor いかりを解く. **4** 〈犬・馬などが〉振り放す; から抜け出る: ～ one's pursuers 追手をのがれる. **5** 見のがす, 失う; 言い〔書き〕もらす; 〈記憶から〉去る, 消える: ～ the memory 忘れられる. **6** 〈獣が〉早産する. **7**《継ぎ木のため》の枝を切る. **8** の関節をはずす: ～ one's shoulder 肩を脱臼(だっきゅう)する. **9** 〈編み目を〉抜かす: ～ a stitch ひと目抜かす.
***let* ～** (1) すべらす, 手放す: *let* ～ the dogs of war〖雅〗戦端を開く. (2) うっかり口をすべらす, 失言

する. ～ ***a cog*** 〘米話〙しくじる. ～ ***along*** 〘俗〙ずんずん急いで行く. ～ ***away*** [***off***] こっそり立ち去る. ～ ***into*** (1) に陥る. (2) をさっと着る. (3) 〘俗〙をしたたか打つ; を非難する. ～ ***off*** (1) 忍び出る. (2) 〈着物を〉さっと脱ぐ. (3) ずれ落ちる, はずれる. ～ a person ***over*** (***on***) 〘米話〙…で(人を)出し抜く. ～ ***through the fingers*** つかまえられない, 取り落とす. ～ one's ***trolley*** 〘俗〙気が狂う, いかれる. ～ ***up*** 踏みはずす, つまずく; 〘米〙しくじる.

—— *n.* **1** すべり, すべってころぶこと, 踏みはずし, つまずき; 〘空〙横すべり (=side ～). **2** 過失, まちがい; 見落とし: a ～ of the pen [tongue] 書き[言い]そこない. a ～ in counting 計算まちがい. one of the ～*s* a wise man sometimes makes 賢人がときどき犯す誤り. **3** 《質・量などの》低下, 衰退; 《物価の》下落: a ～ in prices. **4** 《布・紙などの》細長い一片; 紙片, 伝票, 付箋(ふせん); 〘印〙棒組みの校正刷り: issue a ～ 伝票を切る. **5** 〘園芸〙継ぎ穂, さし木. **6** スリップ《婦人用のはだ着》; 《子どもの》前掛け; まくらカバー; (*pl.*) 水泳パンツ. **7** (通例 *pl.*) 犬の鎖. **8** 《荷揚げ用の》斜面; 《造船・修理用の》斜面台. **9** 〘米〙《教会の》仕切り席; (*pl.*) 〘劇〙舞台の脇口(わきぐち). **10** 〘クリケット〙スリップ《三柱門から数ヤード後方の打者から見て左側の位置》; その位置に立つ外野手. **11** やせた若者, ひょろ長い男[女]の子; 子孫: a ～ of a boy ひょろひょろの少年. **12** 脱走, 不行跡. **13** 地層のずれ, 小断層. **14** スリップ, ずれ《飛行機・船・ポンプなどの理論上出力と実際との差》. ***give*** a person ***the*** ～ (人を)まく. ***There's many a*** ～ ***'twixt*** [***between***] ***the cup and the lip.*** 〘諺〙コップをくちびるに持っていく間にもしくじりはいくらもある; 百里を行く者は九十九里をもって半ばとする. ～ **carriage** 《急行列車が止まらずに通過駅で》切り離す車両. ～**·case** [ˊˋ] 《本を保護するために入れる》本ケース. ～**·còv·er** 取りはずし自在の家具カバー. ～**-joint** [ˊˋ] すべりつぎて. ～**·knot** [ˊˋ] 引き結び《端を引くとすぐ解ける結び方》. ～ **noose** 輪なわ (running noose). ～**-on** [ˊˋ] 容易に脱いだり着たりできる (着物やセーターなど). ～**·ò·ver** = ～-on. ～ **road** 地方を迂回(うかい)する道. ～**·shod** [ˊˋ] (1) 〘古〙かかとの減ったくつ[スリッパ]をはいた. (2) 足を引きずる. (3) 《着衣・言動など》だらしのない, 不注意な. ～**·stick** [ˊˋ] 〘米〙計算尺 (slide rule). ～**-stream** [ˊˋ] 〘空〙《プロペラの》後流. ～**-up** [ˊˋ] 〘米話〙誤り; 見落とし, 見そこない. ～**·way** [ˊˋ] 《水中に向かう》傾斜面; 造船台.

類 → **error**「誤り」, → **slide**「すべる」

‡**slíp·per** [slípər] *n.* **1** (*pl.*) スリッパ, 室内上ばき. 〈注〉くつひもなどがなく, 足をすべり込ませるようにしてはくもので日本語のいわゆる「スリッパ」より範囲が広い. → scuff. **2** 《車の》輪[歯]止め. —— *vt.* 《子どもをせっかんするために》スリッパで打つ.
◇ ～**ed** *a.* スリッパをはいた.

‡**slíp·per·y** [slíp(ə)ri] *a.* **1** 《道・地面などが》つるつるすべる, なめらかな. **2** 《物が》ぬらぬらした, つるりとつかまえにくい: as ～ as an eel ひょうたんなまずの. **3** 当てにならない; 人をだます, ずるい: a ～ action 偽りの行動. **4** 不安定な: a ～ situation.
～ **customer** 信用できない人. ～ **elm** 〘植〙《北アメリカ産》ニレの一種; その樹皮《鎮痛剤となる》.
◇ **-i·ness** *n.*

slíp·py [slípi] *a.* 〘俗〙 =slippery; 〘おもに英〙すばやい, 機敏な, 活発な. ***look*** [***be***] ～ ***about it*** 如才がない; すばしこい; 急ぐ. ◇ **slíp·pi·ness** *n.*

slíp·slop [slípslὰp/-slɔp] *n.* **1** 薄い水の多い飲み物[酒]; 水っぽい食物. **2** 感傷的で味のない話[文章]; つまらないおしゃべり. **3** へんなことばの誤用 (malapropism).

slipt [slipt] *v.* 〘古〙slip の過去形.

slit [slit] *n.* **1** (狭く長いくっきりした) 切れ目: a ～ in one's coat コートの切れ目. **2** 割れ目, すきま; 狭い開き口[切り口]; 《公衆電話などの》料金差し入れ口. —— *vt., vi.* (**-tt-**) 縦に細長く切る, 裂く; 切れる. ～ **pocket** (レーンコートなどの) 縦に切れたポケット. ～ **trench** 〘軍〙たこつぼ (foxhole).

slíth·er [slíðər] *vi.* **1** (ザラザラ, ゴリゴリ) 音をたててすべりながら行く. **2** 《ヘビのように》すべって行く; すべるように歩く. —— *vt.* ずるずるすべらせる.
—— *n.* ずるずるすべって行くこと.

slív·er [slívər] *n.* **1** 《木材などの》細片, 裂片, 細長い切れ. **2** 《羊毛・亜麻などの柔らかい》繊維. **3** 《つりえさ用》小魚の裂き片身. —— *vt., vi.* 裂片[細片]に切る[裂く, はぐ]; (魚を) 三枚におろす.

slob [slɑb/slɔb] Ir. *n.* **1** 〘俗〙どろ, 《川底などの》軟泥(なんでい); ぬかるみ. **2** 〘俗〙《けいべつ的》無器用な人; 薄ぎたない人, 無精な人; まぬけ, うすのろ.

slób·ber [slάbər/slɔ́bə] *vi., vt.* **1** よだれをたらす, よだれでぬらす[よごす]. **2** へたにやる, だいなしにする. ～ ***over*** 過度に愛しかばう, にキスの雨をふらす; を感傷的に話す, に泣き言を言う. —— *n.* **1** よだれ. **2** 哀れっぽい話, 泣き言. **3** キスの雨.

slób·ber·y [slάb(ə)ri/slɔ́b-] *a.* **1** よだれをたらす, よだれでぬらす[よごす]. **2** 涙もろい, たわごとの, 過度に感情的な. **3** だらしない. **4** ぬかった, どろだらけの.
◇ **-i·ness** *n.*

sloe [slou] *n.* 〘植〙《すっぱい青黒い》リンボクの実; スモモ (blackthorn)・西洋スモモ (wild plum) など.
～ **gin** スモモ酒. ～**-worm** [ˊˋ] = slowworm.

slog [slɑg/slɔg] *vi., vt.* (**-gg-**) **1** 《特にクリケット・ボクシングで》強く激しく打つ. **2** けんめいに努力する; 重い足で歩く 《*away, on*》. —— *n.* むちゃ打ち; 猛打. ◇ ～**·ger** *n.* 《特にクリケット・ボクシングの》猛打者; 勤勉家.

sló·gan [slóugən] *n.* **1** 《スコットランド高地族の》ときの声, 喊声(かんせい). **2** スローガン, 標語《政党・団体などの綱領をあらわす》; 《商品の》宣伝文句.

sloid =sloyd.

sloop [slu:p] *n.* 1 本マストの縦帆装船. ～ ***of war*** 〘英史〙砲を備えた帆船; スループ型砲艦.

slop[1] [slɑp/slɔp] *n.* **1** 《液体の》こぼれ; こぼれ水; (*pl.*) 汚水, 《台所の》捨て水, 廃水. **2** (*pl.*) 《かゆなどの》半流動食; (*pl.*) アルコール分の少ない飲料. **3** ぬかるみ. **4** だらしない人. **5** (*pl.*) 水兵の服[寝具]; できあい服; 〘古〙太い半ズボン.
—— *v.* (**-pp-**) *vt.* こぼす; こぼしてよごす, ぐしゃぐしゃにする. —— *vi.* こぼれる, あふれる 《*over, out*》. ～ ***over*** こぼれる; 〘俗〙感傷にはしる; べらべらしゃべる.
～ **basin** 小さい陶器のうつわ《食事中茶かすなどを入れる》. ～ **pail** 《寝室・台所などの》汚水おけ[バケツ]. ～**-sèll·er** 既製服商. ～**-shop** [ˊˋ] 既製服店. ～**·work** [ˊˋ] (1) 既製服を仕立てること; 安い服. (2) そまつな[いいかげんな]仕事.

slop[2] *n.* 〘英俗〙巡査, 警官《police の逆つづり ecilop の略》.

‡**slope** [sloup] *n.* **1** 斜面, スロープ, 坂: the ～ of a roof. **2** 傾斜, 勾配(こうばい). **3** 〘印〙字体の傾斜; 〘軍〙になえ銃(つつ)の姿勢: at the ～ になえ銃の姿勢で.
—— *vt.* に勾配をつける, 傾斜させる 《*up, down, off, away*》. —— *vi.* **1** 傾斜する, 坂になる. **2** 〘俗〙逃亡する 《*off*》; 〘俗〙ぶらつく 《*about*》.
S～ arms! になえ銃. ～ ***the standard*** 〘軍〙軍旗を斜めに下げる《敬礼》.

slóp·ing [slóupiŋ] *a.* 傾斜した, 斜めの, 勾配の.
◇ ～**·ly** *ad.* 傾斜して.

***slóp·py** [slάpi/slɔ́pi] *a.* **1** (薄く) 水っぽい; 水分の多い, 柔らかい. **2** ぬかるみの, ぬるぬるの; どろ水をはねる. **3** だらしない, ずさんな, 不注意な. **4** 長たらしい, 簡潔でない. **5** 誠実さのない, 深みのない. **6** 〘話〙めめしい, 感傷的な.

slosh [slɑʃ/slɔʃ] *n.* **1** =slush ①. **2** 〘話〙水っぽい飲み物[酒]. —— *vt.* **1** 〈液・液中のものを〉攪拌(かくはん)する. **2** 〘米方〙なぐる. —— *vi.* **1** どろ水をはね

飛ばす; ぬかるみを行く. **2** うろつき回る.

slot[1] [slɑt/slɔt] *n.* **1**《物をはめ込む》みぞ, 切り口, 切り込み. **2**《自動販売機などの》料金投げ入れ口 (slit). **3**《舞台の》落とし戸. —— *vt.* (**-tt-**) に みぞ穴をほる〔つける〕, に切り込みをつける, に細長い切り口をあける. **～ machine**《たばこ・菓子・切符などの出る》自動販売機; 公衆電話機; 自動賭博(とばく)機.

slot[2] *n.*《動物特にシカなどの》足跡.

sloth [slouθ] *n.* **1** いやけ, 気乗りしないこと; 無精, 怠惰. **2**〖動〗ナマケモノ. [slow と同語源]
～ bear〖動〗《インド・セイロン産》ナマケグマ.

slóth·ful [slóuθf(u)l] *a.* 無精な, 怠惰な, 不活発な. ◇ **～·ly** [-fuli] *ad.* **～·ness** *n.*

slouch [slautʃ] *n.* **1** うつむき; 前かがみの歩き〔立ち, すわり〕方. **2** ぶざまな姿勢〔態度〕; だらしなさ. **3**〖話〗だらしのない人, 無精者; つまらぬ人〔物, 場所〕. **4** 帽子の縁 (のたれたソフト帽). ***be no ～ at*** …がなかなかじょうずだ: *be no ～ at* a conversation.
—— *vi.* **1** うつむく; 身をかがめる; だらしなく歩く〔立つ, すわる〕. **2** 〈帽子の縁などが〉たれる, たれさがる.
—— *vt.* **1** 〈肩を〉前に曲げる. **2** たらす.
～ hat 縁のたれたソフト帽.

slóuch·y [sláutʃi] *a.* **1** うなだれた, 前かがみになった. **2** だらしのない, 無精な; ぞんざいな.

slough[1] [slau] *n.* **1**《道路などの》ぬかるみ, どろ穴. **2** 抜け出せぬところ, 窮地;《堕落の》ふち. **3** [slu:/slau] =slew[2]. ***the S～ of Despond*** 絶望の沼《John Bunyan 作 *Pilgrim's Progress* から》; 絶望のふち; 堕落. ◇ **～·y** *a.* ぬかるみの, 湿地の.

slough[2] [slʌf] *n.* **1**《ヘビの》抜け皮, 抜けがら. **2** 捨てた習慣〔偏見〕. **3**〖医〗かさぶた. —— *vi.* **1** 抜け落ちる, 抜け替わる《*off, away*》;《比喩的》脱皮する. **2**〖医〗かさぶたができる. —— *vt.* 脱ぎ落とす〔変える〕; 〈偏見などを〉脱ぎ捨てる《*off*》.
◇ **～·y** *a.*《ヘビの》抜けがらのような; 脱落する, 抜け替わる; かさぶたのような.

Sló·vak [slóuvæk] *n.* スロバキア人〔語〕. —— *a.* スロバキアの; スロバキア人〔語〕の.

Slo·vá·ki·a [slovɑ́:kiə, -vǽk-] *n.* スロバキア《チェコスロバキア東部の州》. ◇ **～n** *a., n.* =Slovak.

slóv·en [slʌ́v(ə)n] *n.* **1** 無精者, 身なりのだらしのない男. **2** ぞんざいな人, ふしだら者, 不注意者.

Slo·véne [slouví:n, ⌐—] *n.* スロベニア人〔語〕.
—— *a.* スロベニア人〔語〕の.

Slo·vé·ni·a [sloví:niə] *n.* スロベニア《ユーゴスラビア北西部の共和国》. ◇ **～n** *a., n.* =Slovene.

slóv·en·ly [slʌ́v(ə)nli] *a.* **1**《身なりなどが》きたなく無精な. **2**《仕事などに》うかつな, 怠慢な. **3**《仕事が》ぞんざいな; だらしのない. —— *ad.* だらしなく, ぞんざいに.

‡**slow** [slou] *a.* **1 おそい**, ゆっくりした: a ～ train 鈍行. ～ progress〔convalescence〕のろい進行〔回復〕. a ～ walk ゆっくりした進行. **2** 穏やかな, ゆるい: a ～ disease ひどくない病気. a ～ fire とろ火. a ～ oven 中火にしたオーブン. **3** 効果があらわれるのがおそい: a ～ poison 回りのおそい毒. a ～ film 感光のおそいフイルム. **4** 進行をおそくする: a ～ mire 歩行をじゃまするどろ沼. **5** 遅れる;《計器が》基準以下をさす: a ～ clock 遅れるとけい. a ～ taximeter 上がり方がおそいタクシーメーター. Washington is several hours ～ *on* London (time). ワシントンはロンドン時間より数時間遅れる. **6 沈滞した**, 活気のない: a ～ town さびれた町. Business is ～ in summer. 夏には商売は不振になる. a ～ month 商売が不振な月. **7 理解のおそい**, 鈍い; 興奮しない: a ～ student〔mind〕理解のおそい学生〔人〕. a ～ imagination 想像力の弱い人. a ～ audience なかなか興奮しない観客. **8** なかなか…しない《*to, of, to* (do), *in* (do)*ing*》: ～ *to* offence なかなか腹をたてない. ～ *of* comprehension 物わかりが悪い. ～ *in* com*ing* to a decision なかなか決定しない. ***S～ and*** [***but***] ***steady*** [***sure***] ***wins the race.***〖ことわざ〗ゆっくり着実なのが勝つ; 急がば回れ.
—— *ad.* おそく, のろく, ゆっくり(=slowly). ***go ～*** 徐行する, ゆっくり行く〔やる〕; 怠業する; 遅れる; 用心する.
—— *vt., vi.* おそくする〔なる〕; 速力を落とす〔が落ちる〕《*down, up, off*》.
—— *n.*〖球技〗緩球.
～ coach〖話〗鈍物, のみこみのおそい人; 時代遅れの人. **～·down** [⌐⌐]《速力を》おそくすること; 操短《生産速度を計画的におそくすること》;〖米〗怠業(=～ strike). **～-fóot·ed** 歩行のおそい, のろい. **～ match** 導火線〔索〕, 火なわ. **～-mó·tion** おそく動く; スローモーションの; 高速度撮影の: a ～-*motion* picture 高速度撮影映画. **～·poke** [⌐⌐]〖米俗〗行動・動作が緩慢な人. **～-wít·ted** 血の巡りの悪い, 頭の悪い, のろまの (dull-witted). **～·worm** [⌐⌐]〖動〗ヘビトカゲ, アシナシトカゲ.
◇ **～·ness** *n.* おそいこと, 緩慢, 愚鈍.

†**slów·ly** [slóuli] *ad.* **のろのろ** (と), **ゆっくり** (と); おそく, 緩慢に: How ～ the time passes! 時のたつのがなんてのろいんだろう.

sloyd [slɔid] *n.* スウェーデン式木工細工教育(法).

S.L.P. Social Labor Party.

slub [slʌb] *n.*《羊毛・もめんなどの繊維の》より毛〔糸〕, スラッビング. —— *vt.* (**-bb-**) 〈毛を〉よってより糸にする.

slúb·ber[1] [slʌ́bər] *vt., vi.* **1** よだれでよごす〔ぬらす〕. **2** ぞんざいにする; へたにする (slobber).

slúb·ber[2] *n.*《毛糸など》よるもの; 始紡機.

sludge [slʌdʒ] *n.* **1** どろどろの土〔雪〕; ぬかるみ, 雪解けのぬかるみ. **2**《ぬらぬらねばねばした》沈殿, 堆積(たいせき), おり, 汚物. **3**《海上の》小浮氷. ◇ **slúdg·y** *a.* どろどろ〔ねばねば〕の; ぬかるみの, 雪解けの.

slue[1] [slu:] *vt., vi.* 回す, 回る; 方向を変える, ねじる (slew[3]). —— *n.* 回転; 方向転換.

slue[2] *n.* ぬかるみ, どろ沼 (slough[1]).

slue[3] *n.* 多数, 多量 (slew[4]).

slug[1] [slʌg] *n.* **1**〖動〗ナメクジ. **2** のろのろした動物〔車〕. **3** 丸みのある金属の小塊; 銃弾《旧式銃の》,《空気銃などの》ばら弾(だま). **4**《もとアメリカで許されていた公衆電話などに用いる》代用 5 セント貨. **5**〖印〗《厚さ 12 分の 1 インチ以上の》込め物, インテル;《ライノタイプの》活字の行. **6**〖米俗〗《生(き)で飲む酒類の》一杯, 少量.
—— *v.* (**-gg-**) *vt.* **1**〖英〗〈庭などの〉ナメクジ退治をする. **2**〖印〗に込め物を入れる; にばら弾を込める.
—— *vi.* **1** なまける, 寝ている. **2** 〈銃弾が〉銃腔(じゅうこう)の形に変形する.
～·a·bed [-əbèd]〖古〗朝寝坊.

slug[2] *vt., vi.* (**-gg-**)〖話〗《特にこぶしで》強打する (slog). —— *n.* **1** 強打, 猛打. **2**〖米俗〗帯皮, ベルト. **～·fest** [⌐⌐]〖米話〗〖ボクシング〗激しい打ち合い;〖野球〗打撃戦. ◇ **～·ger** [-ər] *n.*〖米話〗〖野球・ボクシング〗強打者.

slúg·gard [slʌ́gərd] *n.* なまけ者, 無精者.
—— *a.* 無精な, のらくらの.
◇ **～·ly** *a.* のらくらの, 怠惰な.

slúg·gish [slʌ́giʃ] *a.* **1** 動きのおそい〔鈍い〕. **2** 不活発な, 生気のない;《商況など》不景気な. **3** なまける, のろまの. ◇ **～·ly** *ad.* **～·ness** *n.*

sluice [slu:s] *n.* **1** 水門, せき. **2** 水門から流れ出る水, 奔流; せき水. **3**《木材を流す》人工水路;〖鉱〗《洗鉱用》樋(とい), 砂金採取おけ.
—— *vt.* **1** に水門をつける, 水門をつけて〔開いて〕流出〔流入〕させる. **2**《水門から流出〔流入〕した水で》洗う, 洗い流す: ～ a pavement with a hose ホースで路面を洗い流す. **3** (水路で) 運ぶ: ～ the logs.
—— *vi.* 〈水などが〉流れ出る, 奔流する.
～ gate 水門 (の上げ下げとびら). **～ valve** 水門の制水弁, 仕切り弁. **～·way** [⌐⌐] 水門溝(こう).

***slum**[1] [slʌm] *n.* (しばしば *pl.*) **スラム街**, 貧民窟(くつ).

—— *vi.* (**-mm-**)《慈善・調査の目的で》スラム街に行く: go ～*ming* 貧民窟で慈善(事業)をする.
～ **abolition** 不良住宅整理. ～**·lord** [⏜⏜] 不良アパートの家主《居住者を搾取する》.
◇ ～**·mer** [-ər] *n.* 貧民救済慈善事業家; スラム街に住む者, 貧民.

slum[2] *n.* 泥鉱(どろ); 〖おもに英〗《潤滑油使用中できる》残りかす.

‡**slúm·ber** [slʌ́mbər] *n.* (しばしば *pl.*) **1** (うとうと)眠り, まどろみ: fall into a ～ 眠りこむ. **2** 無活動, 静寂, 沈黙. —— *vt., vi.* **1** うとうと眠る, まどろむ. **2**《比喩的》〈火山などが〉休止する, 沈黙する. **3** 眠って[無為に]時を過ごす《*away*》.
～**·land** [⏜⏜⏜] 眠りの国《子どもが睡眠中訪れるという》. ～ **party** → pajama party. ～ **wear** 寝巻き. ◇ ～**·er** [-bərər] *n.* 眠る人; 安逸をむさぼる人. ～**·less** *a.* 〔類〕→ **sleep**「眠る」

slúm·ber·ous [slʌ́mb(ə)rəs], **slúm·brous** [-brəs] *a.* **1** 眠い, 眠そうな, うとうとする. **2** 眠けをさそう; 活気のない, 静かな. ◇ ～**·ly** *ad.* ～**·ness** *n.*

slump [slʌmp] *n.* **1** ずしんと落ちること. **2**《株価などの》暴落, がた落ち. ↔ boom[1]. **3** 人気のがた落ち. **4**《活動・元気の》不振, 不調, スランプ. **5** (両肩を落とした)前かがみの姿勢. —— *vi.* **1** どかんと落ちる[すわる]. **2** (ぐさっと)はまり込む《どろ・雪などの中へ》. **3**〈物価が〉暴落する. **4** がた落ちする《健康・能率・品質について》. **5** 前かがみになる.

slung [slʌŋ] *v.* sling の過去・過去分詞.
～ **shot** 皮ひもに分銅をつけた武器.

slunk [slʌŋk] *v.* slink[1,2] の過去・過去分詞.

slur [sləːr] *v.* (**-rr-**) *vt.* **1** 不明瞭(ふめいりょう)に続けて言う[書く]. **2**〖楽〗音符を続けて奏する[歌う]; 〈音符に〉連結線をつける. → legato. **3** ざっと目をとおす; 見のがす, 見て見ぬふりをする; あっさりかたづける《*over*》. **4** けなす; 中傷する. —— *vi.* **1** 続けて[不明瞭に]言う[書く]. **2** ぞんざいにする.
—— *n.* **1** 不明瞭な続けた発音[書き方, 歌い方]; 不明瞭な部分. **2**〖楽〗スラー, 連結線《記号⁀または‿》. **3**〖印〗二重刷り. **4** そしり, あてこすり; 汚名, 恥辱: cast a ～ on a person's reputation 他人の評判を傷つける. keep one's reputation free from (all) ～*s* 自分の評判を傷つけない.

slurb [sləːrb] *n.* 〖米〗ごみごみした郊外(地区). [<*sl*um+sub*urb*] ◇ ～**·an** *a.*

slurp [sləːrp] *vt., vi., n.* 〖俗〗〈食物を〉ペチャペチャする(音).

slush [slʌʃ] *n.* **1** 雪解け; ぬかるみ. **2** 泣き言, 愚痴; 感傷. **3** 潤滑油[剤]; 白鉛石灰混剤《さび止め》. **4**《船の調理室から出る》くず物. **5**〖米俗〗わいろ; にせ札.
—— *vt.* **1** に潤滑油[さび止め]を塗る. **2** にしっくい[セメント]を詰める《*up*》. **3** 水を流して洗う.
～ **fund**〖米〗(1) 船の調理室から出たくずを売却して得た資金. (2) 不正資金, わいろ資金.
◇ ～**·y** *a.* **1** 雪解けの, ぬかるみの. **2** めそめそした.

slut [slʌt] *n.* **1** だらしのない[うすぎたない]女; 怠惰な[身持ちの悪い]女; 〖おもに米〗売春婦. **2**〖話・笑〗小娘, おてんば; 雌犬. ◇ ～**·ter·y** [-əri] *n.*

slút·tish [slʌ́tiʃ] *a.* だらしない; うすぎたない.
◇ ～**·ly** *ad.* ～**·ness** *n.*

‡**sly** [slai] *a.* (**slý·er, slí·er** [-ər]; **slý·est, slí·est** [-ist]) **1** ずるい, 腹黒い, 卑劣な, 計略を用いる: ～ as a fox. **2** 人目を盗む, 率直でない; ゆだんできない. **3**〖古〗ちゃめな, からかいの, ひょうきんな: ～ humor ちゃめっけたっぷりのしゃれ. ***on*** [***upon***] ***the*** ～〖俗〗こそこそと, 内密に.
～**·boots** [⏜⏜] *pl.*《単数扱い》いたずら者《子ども・愛がん動物についていう》. ～ **dog** ずるいやつ, 隠れ遊びをする人. ◇ ～**·ly** *ad.* ～**·ness** *n.*

slype [slaip] *n.* 〖建〗渡り廊下《特にイギリスの寺院などの本堂・別院間の》.

S.M. *Scientiae Magister*(L.=Master of Science); Sergeant Major; Soldier's Medal 軍人章.

Sm〖化〗samarium.

***smack**[1] [smæk] *n.* **1** 味; 風味, かおり; 独特の持ち味. **2** 気味, …じみたところ, …くさい点: a ～ *of* the pedant 学者ぶったところ. **3** 少し, 少々《*of*》. **4**〖米俗〗ヘロイン《麻薬》. —— *vi.* 味がする; 《…の》気味がある, 《…を》思わせる《の, を *of*》: He ～*s of* the stage. 彼は舞台人くさいところがある.

smack**[2] *vt.* **1** 強くたたく, 平手で(ピシャリと)打つ. **2** たたき飛ばす: ～ a ball over the fence ボールを場外へたたき出す. **3**〈くちびるを〉鳴らす《急に開いて.「舌鼓」のこと》. **4** に高い音をたててキスする. **5**〈むちなどを〉ピシピシ鳴らす. —— *vi.* **1** 強打する; 激しくぶつかる. **2** くちびるを鳴らす,「舌鼓を打つ」. **3** ピシピシ音をたてる. ～ ***one's lips over に舌鼓を打つ; に満足する.
—— *n.* **1** 平手打ち; 強打: give the ball a hard ～ ボールを思い切りたたく. **2** 舌鼓. **3**〖話〗音の高いキス: give a ～ on the cheek ほおに音高くキスする. **4** パチン[ピュービュー]という音《むちなどの》. ***get a*** ～ ***in the eye*** ひじ鉄砲をくらう; 期待を裏切られる. ***have a*** ～ ***at*** に手を出してみる, をやってみる.
—— *ad.* **1** 真正面から, まともに; run ～ into a wall 壁にもろに突き当たる. **2** まっすぐに: The street runs ～ along the river. 通りはずっと川に沿っている. ～**-dáb**〖米俗〗*ad.* まともに, もろに.
◇ ～**·ing** *a.* ～する;《風などが》激しい, 勢いのいい; 〖俗〗すばらしい, でっかい.

smack[3] *n.* 小帆船;《アメリカ東部の特に船内に生けすを備えた》小漁船.
～**s·man** [-smən] (*pl.* **-men**) スマック船主[船員].

smáck·er [smǽkər] *n.* **1** 音の高いキス;《平手打ちなど音のする》一撃. **2**〖英〗とびきりすばらしいもの. **3**〖米俗〗ドル(dollar).

†**small** [smɔːl] *a.* **1** 小さい, 小型の, 狭い: a ～ house 小さな[狭い]家. **2** 小規模の: a ～ business 小資本の商売. **3**《量・数・程度・期間などが》**わずかな**, 少ない, ほとんどない: ～ hope of success 少ない成功率. **4** つまらない, ささいな: ～ errors ちょっとした誤り. a ～ effort ささやかな努力. **5** 心が狭い, けちな, 卑劣な: a ～ character けちな性格. **6**《補語に用いて》肩身の狭い: feel ～ 恥ずかしい思いをする. **7**《声などが》小さい, 細い. **8**《ビールなど》弱い. **9** 小文字の. 〈注〉限定形容詞としては名詞全部にかかるとは限らない. たとえば small eater は「小食家」の意で,「小さな食べる人」ではない.
and ～ ***blame to*** him それも(彼の)罪ではない; それでよかったのだ. ***and*** ～ ***wonder*** といっても驚くにあたらない. ***great and*** ～ 上下貴賤(きせん), 高きも低きも. ***in a*** ～ ***way*** 小規模に, つつましく. ***look*** ～ 小さくなる, はにかむ, しょげる. ***no*** ～ 小さいどころでない, 少なくない, 非常な. ***on the*** ～ ***side*** いささか小さすぎる. ***the*** [***a***] ***still*** ～ ***voice***〖聖〗静かな細い声《良心. 列王紀上19:12》.
—— *ad.* **1** 細かく. **2** 小型に, 小さく; 小規模に. **3**《声などが》弱く, 低く. ***sing*** ～ 弱音を吐く; しょげる.
—— *n.* **1** 小さなもの. **2** (the ～) 小さな[細い]部分: *the* ～ of the back 腰のくびれた部分. **3** (the ～) 身分の低い人々: the great and *the* ～ 身分の高い人々と低い人々. **4** (*pl.*) 細かい品物《小間物など》. **5** (*pl.*) 半ズボン. **6** (*pl.*)〖英話〗下着; 小もの《ナプキン・まくらカバーなど》. **7** (*pl.*)〖オックスフォード大学俗〗=responsions. ***a*** ～ ***and early*** 小人数の早く切り上げる夜会. ***in*** ～ 小さく, 小規模で.
～ **arms** 携帯兵器《砲以外の火器》. ～ **beer** 弱いビール; 〖おもに英〗つまらないもの. ～ **capital** [**cap**]〖印〗小かしら文字《小文字の大きさの大文字》. ～ **change** 小銭; つまらないもの. ～**·clothes**

[-klouz/-klouðz] (1)〖古〗半ズボン《18 世紀に用いられた》. (2) 小衣類《下着・ハンカチなど》. ～ **craft** (*pl.* ～ **craft**) 小船舶. ～ **fry** 稚魚; 子どもたち, 若者たち; 二流〔三流〕どころ, 「ざこ」ども. ～ **hand** 普通の肉筆字体, 筆記体. ～ **holder** 〖英〗小自作農. ～ **holding** 〖英〗小耕作農地. ～ **hours** (of the morning) 深更, うしみつどき《夜0時を過ぎて3時ごろまで》. ～ **intestines** 小腸. ～ **letter** 小文字. **ˊ～·mínd·ed** 心の狭い, 狭量な; 卑しい. ～ **potatoes** 〖米話〗つまらないもの〔人人〕. * **ˊ～·pox** [smɔ́:lpɑ̀ks/-pɔks] 〖医〗天然痘. ～ **soda** 〔**whisky**〕 小形のソーダ〔ウイスキー〕びん. **ˊ～·sword** [-sɔ̀:rd] 《おもに突きに用いる》軽い剣 (rapier). ～ **talk** 雑談, 世間話. **ˊ～-time** [ˊ-ˋ] 〖米俗〗小規模の; つまらない, くだらない. → big-time. **ˊ～-tówn** いなか町の; 素朴(そぼく)な. ～ **wares** 〖英〗小間物. ～ **years** 幼年期.

◇ **ˊ～·ish** *a.* 小さ気味の; 小柄の. **ˊ～·ness** *n.*

(類義語) **小さな: small, little** ほとんど変わりなく用いられるが little は絶対的な小ささを示し, また「かわいらしい」という気持ちのはいることもある. small は相対的な小ささ, 平均に比較して小さいことを示す: a *little* child 幼い子ども. a *small* child 平均より小さな子ども. **diminutive** 非常に小さくて, いわば「ひな型」のような感じ. ときに「ちっぽけな」の意. ある意味で, そのものとしての最小限を示す: a *diminutive* house 小住宅《これ以上小さくては住宅としての機能を失うであろう》. **minute** 「粒子のように小さい」こと,「見るのもむずかしいほど小さい」ことを意味するが, おもに抽象概念とともに使われて,「ごく小さな, 微細な」: *minute* differences ささいな差異.

smalt [smɔ:lt] *n.* **1** 花紺青《フジ紫色の粉末絵の具》. **2** 暗青色ガラス.

smárm·y [smɑ́:rmi] *a.* 〖英話〗おべんちゃらを言う.

‡**smart** [smɑ:rt] *a.* **1 ずきずき痛む,** ひりひりする: a ～ pain. **2**《打撃などの》激しい, きつい, ひどい: a ～ blow. **3 きびきびした,** 活発な, すばやい: a ～ pace 敏速な足どり. **4 抜け目のない,** 利口な: make a ～ job of it 手ぎわよくやってのける. **5** ずるがしこい, こすい: a ～ dealing ずるいやり口. **6 スマートな,** いきな, しゃれた: ～ hotels 高級なホテル. **7** 生意気な. **8** 〖米話〗かなりの, 相当な: a ～ price. ***a ～ few*** かなりたくさんの. **(*as*) *～ as three pence*** 実に利口な.

—— *n.* **1 痛み,** 疼痛(とうつう), 苦痛. **2** 苦悩, 傷心. **3** 憤慨. **——** *vi.* **1** ずきずき〔ひりひり〕痛む. **2** 傷心する, 悲嘆にくれる. **3** 憤慨する《に *under, from*》. ***～ for*** …のために罰せられる〔痛い目に会う〕.

～ **aleck, ˊ～-ál·ec** [-ӕlik] 〖米話〗うぬぼれ屋; 利口ぶる人. ～ **money** 傷害賠償金; 罰金; (兵役) 免除金; 〖英:軍〗負傷手当; 相場師の投資金. ～ **set** ハイカラ連〔階級〕. ～ **weed** 〖植〗ヤナギタデの類 (waterpepper). ◇ **ˊ～·ly** *ad.* ***ˊ～·ness** *n.*

(類) → **clever**「利口な」

smárt·en [smɑ́:rtn] *vt.* **1** 〈身なりなどを〉こぎれいにする, きちんとする; めかす《*up*》. **2** 仕込む, 教育する《*up*》. **3** 活発にする.

smárt·ie, smárt·y [smɑ́:rti] *n.* 〖米俗〗《特に》生意気な〔うぬぼれの強い〕青年, 気どり屋 (smart aleck).

～-pants [ˊ-ˋ-ˋ] *pl.*《単数扱い》=smart aleck.

smash [smæʃ] *vt.* **1** 打ち割る, こなごなにこわす《*up*》. **2** ぶっつける. **3** ぶんなぐる. **4** 〈悪の組織などを〉ぶっつぶす. **5** 撃破する; 惨敗させる. **6** 破産させる. **7** 〖テニス〗スマッシュする; 〈ボールを〉強く打ちおろす. **8** 〈剣などを〉激しく打ちおろす《*down*; へ *into, onto*》. **——** *vi.* **1** こわれる, 割れる, こなごなになる《*up*》. **2** 衝突する《に *against, into, onto*》 **3** 破産する. **4** 〖俗〗にせ金を使う. ***～ to pieces*** こなごなにこわす〔こわれる〕.

—— *n.* **1** 粉砕, 破砕; 砕ける音. **2** 大衝突; 倒壊; 墜落. **3** 惨敗, 破滅; 破産. **4** 強打; 〖テニス〗スマッシュ. **5** 一種の冷やし飲料《ブランデーに氷・香料・砂糖を入れたもの》. ***come* 〔*go*〕 *to ～*** つぶれる; 破産する.

—— *ad.* ぴしゃっと, がちんと; まともに.

—— *a.* 〖俗〗すばらしい, たいした (smashing).

～ **hit** 〖米俗〗大当たり. **ˊ～-up** [ˊ-ˋ] 《惨事を伴う》衝突; 大打撃〔失敗〕; 破産; (健康の) 衰弱.

◇ **ˊ～·ing** *a.* 猛烈な; 《商況など》活発な; 〖俗〗すばらしい, たいした. (類) → **break**「砕く」

smásh·er [-ər] *n.* **1** 粉砕する人〔物〕. **2** 〖俗〗粉砕的打撃. **3** 〖俗〗《相手を信服させるような》痛烈な発言〔応答〕. **4** 《テニス・バドミントンなどで》スマッシュのじょうずな選手. **5** すばらしいもの.

smát·ter [smǽtər] *vt.* **1** 《知ったかぶりして》しゃべりたてる. **2** のなまはんかな知識をもつ; 〈学問などを〉少しかじる. **——** *n.* 生かじりの知識.

◇ **～·er** *n.* 生かじり. **～·ing** [-təriŋ] *n.* あさい〔生かじりの〕知識: a ～*ing* of Latin.

smaze [smeiz] *n.* 煙靄(えんあい). [<*sm*oke+h*aze*]

smear [smiər] *vt.* **1** 〈油などを〉塗る; に塗りつける《を with》: ～ the wall *with* tar へいにタールを塗りつける. **2** よごす. **3** 〈名声などを〉汚す, 傷つける. **4** こする, 不鮮明にする. **5** 〖米話〗完全に破る, やっつける. **6** 〖俗〗にわいろを使う. **——** *vi.* **1** よごれる. **2** かすれる, 不鮮明になる; にじむ.

—— *n.* **1** 汚点, しみ, よごれ. **2** 上ぐすり. **3** 《顕微鏡検査用の》少量のプレパラート. **4** 中傷.

ˊ～-sheet [ˊ-ˋ] 〖話〗低俗新聞〔雑誌〕《ゴシップ・スキャンダルを主として載せる》.

sméar·y [smí(:)ri/smíəri] *a.* **1** 油じみた; 《油などが》ねっとりした. **2** しみのついた. ◇ **-i·ness** *n.*

smeech [smi:tʃ] *n.* 焼ける〔くすぶる〕におい.

‡**smell** [smel] *v.* (**smelled** *or* **smelt** [-t]) *vt.* **1** かぐ: ～ a flower 花のにおいをかぐ. **2** 《しばしば can を伴って》のにおいを感じる: I *can* ～ something burning. なにか焦げるにおいがする. **3** 《比喩的》かぎつける: ～ a plot 陰謀をかぎつける. **4** のにおいがする: You ～ whisky. ウイスキーのにおいがするよ.

—— *vi.* **1** かぐ《を *at*》: ～ *at* a flower. **2 においがする**《の *of, like*》: The air ～*s of* the sea. 空気は海のにおいがする. It ～*s like* roses. バラの(ような)においがする. **3** 《比喩的》…くさい《*of*》: I don't like anything ～*ing of* politics. 政治くさいものはきらいだ. **4** 悪臭を放つ; うさんくさい. ***～ about* 〔*round*〕** かぎ回る; 探る. ***～ a rat*** うたぐる, 変だと感づく. ***～ing bottle*** 気つけ薬小びん. ***～ing salts*** 気つけ薬. ～ ***one's oats*** 急にいそぎ出す; 勇み立つ. ***～ of the lamp*** 夜半まで勉強した跡が見える; 苦心の跡が見える. ***～ out*** かぎつける; 探り出す. ***～ powder*** 実戦の経験がある. ***～ up*** 〖米俗〗悪臭を出す.

—— *n.* **1 臭覚.** **2 におい,** かおり: a sweet ～ 快いにおい. **3** 悪臭; 臭み: What a ～! **4** …風, けはい《*of*》. **5** かぐこと, 一かぎ. ***take a ～ at* = *have a ～ of*** をかいでみる. ◇ **ˊ～·er** *n.* かぐ人〔物〕, 《ネコのひげなどの》触覚; 〖俗〗鼻; 鼻への一撃, 強打. **ˊ～·less** *a.* 臭覚のない; においのない. **ˊ～·y** *a.* 〖話〗不快なにおいの; においがぷんとくる.

(類義語) **におい: smell** 臭覚を刺激するものの意でにおいを示す一般的な語. **scent** 主としてよいかおり. また人・動物の残したにおい. かぎ分けるには鋭い感覚を必要とする. **odor** 物に特有なにおい. 悪臭であることが多い: body ～ 体臭.

***smelt**[1] [smelt] *v.* smell の過去・過去分詞.

smelt[2] *n.* 〖魚〗キュウリウオ; ワカサギの類.

smelt[3] *vt.* **1** 〖冶〗〈鉱石を〉溶解して金属を分離する. **2** 〈金属を〉精錬する. **——** *vi.* **1** 溶ける. **2** 金属を溶かす〔分離する〕: a ～*ing* furnace 溶鉱炉. ◇ **ˊ～·er** *n.* **1** 精錬工, 精錬業者. **2** 精錬所; 溶鉱炉.

smew [smju:] *n.* 〖鳥〗ミコアイサ《カモの一種》.

smíd·gen [smídʒin], **smidge** [smidʒ] *n.* 〖話〗少量; ほんのちょっぴり.

smí·lax [smáilæks] *n.* 〖植〗 **1** サルトリイバラ属の植物; 《特に》サルサパリラ (sarsaparilla). **2** 《南アフリカ産の観賞用》つる草.

†**smile** [smail] *vi.* **1** ほほえむ, 微笑する, にこにこする; ほほえみかける《に *at, on, upon*》. 〈注〉smile at は冷笑するばあいも好意を示すばあいも用いるが, smile on [upon] は好意を示すばあいに用いるのが普通. → laugh. **2** 〖雅〗〈けしきなどが〉晴れやかである: a ～*bing* landscape 晴れ晴れしたけしき. **3** 〈運などが〉開ける, 向いている: Fortune ～*d on* her. 彼女には運が向いてきた.
—— *vt.* **1** 《同族目的語を伴って》微笑する, …な笑い方をする: ～ an ironical *smile* 皮肉な笑い方をする. **2** 微笑で示す, 微笑して…させる[する]: ～ welcome 微笑して歓迎する. ～ a person *into* good humor にっこり笑って人を上きげんにさせる. ***I should*** **～.** 〖俗〗《相手のことばをけいべつして》まあそうだ. ～ ***away*** 笑って忘れる[追い払う]. ～ a person ***out of*** 笑って(人に)…を忘れさせる.
—— *n.* **1** ほほえみ, 微笑; えがお. **2** 冷笑, にやにや笑い. **3** (*pl.*) 好意, 恩寵(おんちょう); 順調, 吉兆: the ～*s* of fortune 運命のあわれみ. **4** 〖俗〗《ウイスキーなどの》一杯. ***be all*** **～*s*** にこにこ笑っている. ***with a*** **～** にっこり笑って.

smíl·ing [smáiliŋ] *a.* **1** にこにこした. **2** 《けしきが》静穏な; 晴れやかな, のどかな. ◇ **～·ly** *ad.*

smirch [smə:rtʃ] *vt.* 〈名声などを〉汚す, 傷つける.
—— *n.* しみ, よごれ; 汚点, 傷《*on, upon*》.

smirk [smə:rk] *vi.* 口をゆがめて笑う; 《自信ありげに》つくり笑いをする《に *at, on, upon*》.
—— *n.* きざなにが笑い.

smite [smait] *v.* (**smote** [smout]; **smít·ten** [smítn], **smit** [smit]) *vt.* **1** 〖古・雅〗打つ, 強打する. **2** 打ち懲らす; 負かす; 滅ぼす; 殺す. **3** 〈病気などが〉襲う; 悩ます, 〈良心が〉責める, とがめる. **4** の心を打つ, 感動させる, 魅する《で *with, by*》.
—— *vi.* **1** 打つ, 強打する《を *at*》. **2** ぶつかる《に *on, upon*》. ***be smitten with*** 〈病気〉に冒される; 〈欲望など〉にかられる; 〈女〉に迷う. ～ ***together*** ぶつかり合う; 相打つ. —— *n.* 打つこと, 打撃.

smith [smiθ] *n.* 《特に》かじ屋 (= blacksmith); 金属細工人. 〈注〉通例複合語として用いる: gold*smith*, tin*smith*, silver*smith*.

Smith [smiθ] *n.* Adam ～, 1723–90, イギリスの経済学者.

smith·er·éens [smiðərí:nz/smíð-], **smíth·ers** [smíðə:rz] *n. pl.* 〖話〗小片, 破片.

smíth·er·y [smíθəri] *n.* **1** かじ職[仕事]; かじ技術. **2** かじ屋の仕事場 (smithy).

Smíth·field [smíθfi:ld] *n.* 〖英〗ロンドンの肉市場.

Smith·só·ni·an [smiθsóuniən] ～ ***Institution*** スミスソニアン学術協会《1846 年科学普及を目的として Washington, D.C. に設立》; スミスソニアン(国立)博物館.

smíth·y [smíði, -θi] *n.* かじ屋の仕事場; かじ工場の炉.

smít·ten [smítn] *v.* smite の過去分詞.

smock [smɑk/smɔk] *n.* **1** 〖古〗婦人のはだ着. **2** 《衣服の上に着るゆったりした》仕事着, 上っ張り (= ～ frock). **3** 《おもに幼児用》上っ張り (overall[1]).
—— *vt.* **1** 上っ張り[仕事着]を着せる. **2** に飾りのひだをつける. ～ **frock** 上っ張り; 《特にヨーロッパの農夫の》野ら着. ◇ **～·ing** *n.* 《婦人服・子ども服に用いるハチの巣形の》ひだ飾り.

smog [smɑg/smɔg] *n.* スモッグ, 煙霧. [< *sm*oke + *fog*] ◇ **～·gy** [-i] *a.*

†**smoke** [smouk] *n.* **1** 煙; 煙に似たもの《蒸気・霧・しぶきなど》: a cloud of ～ もうもうと立ちのぼる煙. **2** はかないもの, 消えやすいもの. **3** たばこ一服; 一服の時間: have a ～ 一服する. **4** 〖俗〗葉巻き, 巻きたばこ. **5** 〖俗〗(自家製の)安酒. ***end*** [***go up***] ***in*** **～** 煙のように消える, 不成功に終わる. ***from*** **～** ***into smother*** 一難去ってまた一難. ***have*** [***take***] ***a*** **～** 一服する. ***like*** **～** = ***like a*** **～** ***on fire*** 〖俗〗やすやすと, わけなく; たちまち, すばやく. (***There is***) ***no*** **～** ***without fire.*** 〖諺〗火のないところに煙は立たぬ.
—— *vi.* **1** 煙を出す; けむる, くすぶる, いぶる: The stove ～*s* badly. そのストーブはひどくけむる. **2** たばこを吸う, 喫煙する: ～ like a chimney たばこを吸い過ぎる. **3** 蒸発する; (汗の)湯げを立てる. **4** (ほこりを立てて)疾走する《*along*》. **5** 〖学生俗〗顔を赤くする. —— *vt.* **1** けむらす, いぶす, すすけさす. **2** 薫製にする. **3** 煙で消毒する; 〈虫などを〉いぶして追い出す《*out*》. **4** 〈たばこ・あへんを〉のむ, 吸う; 〈パイプなどを〉くゆらせる. **5** 〖古〗感づく, かぎ出す. **6** 〖古〗からかう; かつぐ, だます. ～ ***away*** the afternoon たばこを吸って(午後を)過ごす. ～ one***self silly*** たばこをのんでぼうっとなる.
～ **ball** (1)〖軍〗煙幕弾, 発煙筒[弾]. (2)〖野球〗猛速球. ～ **bell** 《ランプやガスの》すすよけ装置. ～ **bomb** 発煙弾. ～ **consumer** 完全燃焼装置. **～-dried** [⌐⌐] 薫製の. ～ **helmet** 消火[消防]帽, 防煙[防毒]帽. **～-house** [⌐⌐] 薫製所. **～-jùmp·er** 〖米〗森林消防団員. **～-oh** [-òu] 〖オーストラリア〗喫煙休憩時間 (break). ～ **room** = smoking room. ～ **screen** 〖軍〗煙幕. ～ **shell** 発煙筒弾. **～-stack** [⌐⌐] 煙突《汽船・工場などの》. **～-stone** [⌐⌐] 煙水晶 (cairngorm). ～ **tree** 〖植〗オウロ《花・実がけむった羽毛のように見える低木》.

smóke·less [smóuklis] *a.* 煙の立たない, 無煙の. ～ **coal** 無煙炭. ～ **powder** 無煙火薬. ◇ **～·ly** *ad.* **～·ness** *n.*

smók·er [smóukər] *n.* **1** 喫煙者. **2** 煙を吐く物; 煙幕用船[飛行機]. **3** 喫煙車[室]. **4** 〖米俗〗喫煙社交会, 男だけの談話会; 〖英俗〗喫煙自由の音楽会. **5** 薫製業者. **6** ミツバチ用いぶし箱. ***heavy*** [***chain***] **～** ひどい[口からたばこを放さない]たばこのみ. **～*'s heart*** [***throat***] 過度の喫煙から起こる心臓病[咽喉(いんこう)病].

smók·ing [smóukiŋ] *n.* **1** 煙を出す[けむる]こと. **2** 水蒸気を立てること; 発汗. **3** 喫煙: No ～. 禁煙《掲示》. —— *a.* **1** 喫煙の. **2** けむる, いぶる. **3** 湯気を立てる, 汗を出す: a ～ horse 汗を出している馬. ～ ***hot*** 湯げを立てるように熱い《副詞的用法》. ～ **cap** 喫煙帽. ～ **car,** **～-càr·riage** 〖鉄道〗喫煙車. ～ **concert** 〖英〗喫煙が許される音楽会. ～ **jacket** 喫煙服《くつろいでたばこをのむとき用いる上着》. ～ **mixture** 混合たばこ. ～ **room** 喫煙室. ～ **room talk** 男だけでする談話. ◇ **～·ly** *ad.* 煙のように; 湯げの出るほどに.

smó·ko [smóukou] *n.* 〖オーストラリア〗喫煙のための休み時間 (smoke-oh).

smók·y [smóuki] *a.* **1** 煙が立ちこめる; 煙だらけの, 煙でおおわれている. **2** 煙のような色の. **3** 煙でよごれた, すすけた, くすんだ. **4** 焦げ臭い. ～ **quartz** 煙水晶 (cairngorm). ◇ **-i·ly** *ad.* **-i·ness** *n.*

smól·der, smóul·der [smóuldər] *vi.* **1** いぶる, けむる. **2** 〈不満などが〉くすぶる. **3** 内心くよくよする, もやもやする. —— *n.* くすぶり; くすぶる火.

smolt [smoult] *n.* 《川から海に移動しはじめた》サケの 2 歳魚.

smooch[1] [smu:tʃ] *vi.* 〖話〗キスする; 愛撫(あいぶ)する (pet). —— *n.* キス; 愛撫.

smooch[2] *vt.* よごす, しみをつける (smudge).
—— *n.* しみ, よごれ.

‡**smooth** [smu:ð] *a.* **1** なめらかな, すべすべした; 平らな: a ～ surface なめらかな表面. a ～ road 平坦な道. ↔ rough. **2** 《動きが》なめらかな: The car came to a ～ stop. 車はすーっと止まった. **3** 《物事が》順調な, 円滑に運ぶ; 平穏な: a ～ voyage 平

穏な航海. **4**《声・文体などが》よどみのない: a ～ tone of voice. **5**《毛髪など》光沢がある: ～ hair なでつけた髪. **6**《要素が》よく混じった, むらのない;《飲食物が》口当たりのよい: ～ salad dressing なめらかなサラダドレッシング. **7** 人当たりのよい,《態度など》物柔らかな: speak ～ words おせじを言う. ～ things おせじ. **8**（毛・ひげなどの）ない: a hairy man and a ～ man 毛深い男と毛深くない男. **9**〘米俗〙魅力ある, すてきな. ***in ～ water*** 静かな海上を; 順調になって; 困難を切り抜けて. ***make things ～*** 物事を順調にする; 物事の障害を除く. ***reach ～ water*** 困難を切り抜ける. ***run ～*** つごうよくいく.

—— *vt.* **1** なめらかにする, 平らにする, のす, のばす, なでつける《*away, down, out*》: ～ *down* one's dress. **2** 容易にする,〈困難などを〉除く: ～ one's way《障害などを除いて》行く手を容易にする. **3** 取り繕う, よく見せる, かばう《*over*》. **4** 平穏〔円滑〕にする; 流暢(りゅうちょう)にする. **5** 和らげる, 静める《*down*》.

—— *vi.* **1** なめらか〔平ら〕になる. **2** 穏やか〔平穏〕になる, 円滑にいく, おさまる《*down*》. ***～ away*** 〔***off***〕〈障害・困難などを〉除く; なめらかにする. ***～ down*** (1) なでつける; 和らげる. (2) おさまる, 静まる. ***～ing iron*** 火のし, 焼きごて. ***～ out***〈しわなどを〉伸ばす. ***～ over***〈過失などを〉かばう, 隠す, 取り繕う.

—— *n.* **1** なめらかにすること, ならし, なでつけ: give a ～ to one's hair 頭髪をなでつける. **2** なめらかな物; 平地; 草原. ***take the rough with the ～*** 困難に際して平然と構える, 苦しくても泣き言を言わない.

—— *ad.* ＝smoothly.

～·bore [ˊ-ˋ] 滑腔(かっこう)銃〔砲〕《銃身内部に旋条のないもの》. → rifle[1]. **～-fáced** (1)《顔が》ひげのない, ひげをそった. (2) 柔和〔温和〕な, ねこかぶりの.

～-spó·ken, ～-tóngued 口先のうまい, おせじのうまい.

◇ **～·en** [-(ə)n] *vt., vi.* ～にする. **～·ie, ～·y** *n.* 温雅な人;《女に》甘い人; 口先のうまい人;〘米俗〙高級雑誌. **～·ness** *n.* ～なこと; 巧言.

‡**smóoth·ly** [smú:ðli] *ad.* **1 なめらかに**, すべすべに, 平らに. **2** 流暢(りゅうちょう)に, すらすらと, ことば巧みに. **3 穏やかに**, 静かに; 支障なく, 順調に, 快適に.

smór·gas·bord, smör·gås·bord [smɔ́:rgəsbɔ̀:rd, smə́:rgous-/-bɔ:d] *n.* スカンジナビア風のセルフサービス料理（店）. [＜Sw.]

smote [smout] *v.* smite の過去形.

***smóth·er** [smʌ́ðər] *vt.* **1** に**息を詰まらせる**, 息苦しくする; 窒息（死）させる. **2**〈火を〉おおい消す, いける. **3**〈あくびを〉かみ殺す;〈感情などを〉押える;〈醜聞などを〉もみ消す《*up*》. **4** すっかり包む, くるむ《*in*》. **5**《キス・贈り物・親切などで》圧倒する, 息も詰まるようにする: ～ a person with kisses 人にキスを浴びせかける. **6** 蒸す, 蒸し煮〔焼き〕にする. **7** にごてごて塗りつける, にたっぷりかける《を *with*》.

—— *vi.* 息苦しくなる, 窒息する; 窒息して死ぬ.

—— *n.* **1** いぶり, いぶる物; いぶる灰. **2** 濃煙, 濃霧; もうもうたるほこり. **3** 混乱.

◇ **～·y** [smʌ́ðəri] *a.* 息詰まるような, 窒息させるような.

smóul·der ＝smolder.

smudge [smʌdʒ] *n.* **1** しみ, よごれ, 汚点; 曇り, きず. **2** 蚊やり火, いぶし煙《霜よけ・虫の駆除などの》. —— *vt.* **1** にしみ〔よごれ〕をつくる; に汚点をつける. **2**《比喩的》よごす, 傷つける. **3** いぶす《害虫駆除・霜よけのため》. —— *vi.* よごれる, しみがつく.

smúdg·y [smʌ́dʒi] *a.* **1** よごれた, しみのある, 曇った. **2**〘英方〙湿っぽい; 蒸し暑い.

◇ **-i·ly** *ad.* **-i·ness** *n.*

smug [smʌg] *a.* (**-gg-**) **1** うぬぼれの強い, 独善的な; 堅苦しくて狭量な; きざな, 気どった. **2** きちんとした, こぎれいな, しゃれた. —— *n.*〘英: 学俗〙《スポーツなどに興味をもたない》ガリ勉学生, つきあいにくいやつ; 気どり屋. ◇ **～·ly** *ad.* **～·ness** *n.*

smúg·gle [smʌ́gl] *vt.* **1** 密輸入〔輸出〕する《*in, out, through, over*》. **2** 不正に持ち込む〔持ち出す〕《*in, out*》; 隠す《*away*》. **3** 密航する, 密入国する. —— *vi.* 密輸をする.

◇ **-gler** [-ər] *n.* 密輸業者; 密輸船; 酒密造家.

smut [smʌt] *n.* **1**《すす・ほこり・石炭などの》一片; 黒いよごれ, 汚点《*on*》. **2** みだらなことば〔話〕, 猥談(わいだん); みだら, わいせつ. **3**〘植〙《麦の》黒穂病.

—— *vt., vi.* (**-tt-**) **1** よごす, よごれる; 黒くする〔なる〕. **2**〘植〙黒穂病にかからせる〔かかる〕.

smutch [smʌtʃ] ＝smudge.

smút·ty [smʌ́ti] *a.* **1** よごれた, しみのある, すすけた, 不潔な. **2** わいせつな, みだらな, 下品な. **3** 黒穂病にかかった. ◇ **-ti·ly** *ad.* **-ti·ness** *n.*

Sn *stannum* (L. ＝tin).

snack [snæk] *n.* **1** 軽食《特に正規の食事の間にとる》. **2**《食物の》一人前; 分け前. ***go ～s*** 山分けする. ***S～s!*** 山分けにしろ! —— *vi.* 軽食をとる. ～ ***on*** tea and cake（お茶とケーキ）で軽く食事する.

～ bar 〔**counter, stand**〕〘米〙簡易食堂.

snáf·fle [snǽfl] *n.*《くつわの》はみ（＝～ bit）. ***ride*** a person ***on*** 〔***with***〕 ***the ～***（人を）うまく扱う; 穏やかに制御する. —— *vt.* **1** にはみをつける; はみで御する. **2**〘英俗〙かっさらう, 盗む.

sna·fú [snæfú:, ˊ-] *n., a.*〘米: 軍俗〙大混乱（の）.

—— *vt.* 混乱させる, 紛糾させる.

[＜*s*ituation *n*ormal *a*ll *f*ouled *u*p]

snag [snæg] *n.* **1**《川・湖の船の航行を妨げる》沈み木, 倒れ木. **2**《比喩的》意外な障害〔故障〕, 暗礁. **3** こぶ, ふし; 枝の切り株. **4** 出歯, そっ歯; 歯の根. ***strike*** 〔***come up against***〕 ***a ～*** 思わぬ障害にぶつかる, 暗礁に乗り上げる.

—— *v.* (**-gg-**) *vt.* **1** じゃまする. **2**〈船を〉沈み木にひっかける《おもに受動態で》. —— *vi.* **1** ひっかかる. **2**〈船が〉沈み木にひっかかる.

◇ **～ged** [-gd], **～·gy** [-i] *a.* **1** 沈み木の（多い）. **2** こぶだらけの, 突き出た.

snág·gle·tooth [snǽgltù:θ] *n.* (*pl.* **-teeth** [-ti:θ])〘米〙乱ぐい歯. ◇ **～ed** [-t] *a.* 乱ぐい歯の.

snail** [sneil] *n.* **1**〘動〙**カタツムリ**. **2** のらくら者; 動作が鈍い人. **3**〘機〙うず形車輪 (cam). ***at a ～'s pace 〔***gallop***〕 非常にゆっくりと. **～-paced** [-pèist], **～-slów** カタツムリのようにのろい.

◇ **～·er·y** [-əri] *n.* 食用カタツムリ飼育場.

‡**snake** [sneik] *n.* **1** ヘビ. **2** 陰険〔冷酷〕な人, ゆだんのできぬ人. ***be above ～***〘米話〙生きている. ***raise*** 〔***wake***〕 ***～s*** 騒ぎを引き起こす. ***see ～s*** ＝***have ～s in*** one***'s boots***〘話〙アルコール中毒にかかっている. ***～ in the grass*** 見えない危険〔敵〕. ***S～s!*** 畜生!, くそっ! ***warm*** 〔***cherish***〕 ***a ～ in*** one***'s bosom*** 恩をあだで返される.

—— *vi.*《ヘビのように》くねる, くねくね曲がる〔動く〕.

—— *vt.* **1** くねらす, 巻く. **2**〘米話〙《チェーンなどで》引きずる, 引っ張る. **3**（急に）引き寄せる, ぐいと引き出す《*out*》. ～ one***'s way*** くねくねと進む.

～·bird [ˊ-ˋ]〘鳥〙ヘビウ. **～ charmer** ヘビ使い. **～ dance**《宗教儀式の》ヘビ踊り;《勝利祝いの》ジグザグ行列. **～ fence** ジグザグ形にうねったかきね. **～·head** [ˊ-ˋ], **～'s head**〘植〙ゴマノハグサ科の草 (turtlehead). **～ pit**〘話〙きたない精神病院; ごたごたした場所; ごたごた, 混乱. **～·root** [ˊ-ˋ] ヘビにかまれた傷にきくといわれる植物（の根）. **～·skin** [ˊ-ˋ] ヘビの（なめし）皮. **～·stone** [ˊ-ˋ] (1)〘古生〙菊石. → Ammonite. (2) ヘビにかまれた傷にきくといわれる石. **～·weed** [ˊ-ˋ]〘植〙イブキトラノオ (bistort). **～·wood** [ˊ-ˋ]《ブラジル産》スネークウッド; 蛇紋(じゃもん)材《表皮がヘビの皮のような模様のある堅い装飾用の木》.

snák·y [snéiki] *a.* **1** ヘビの; ヘビの多い. **2** ヘビのような, 曲がりくねった, ぐるぐる巻いた. **3** ずるい, 陰険な, ゆだんできない, 残酷な.

‡**snap** [snæp] *v.* (**-pp-**) *vi.* **1 ぱくっとかみつく**, 食い

つく《に *at*》. **2**〘喜んで〙飛びつく, ひっつかむ《に, を *at*》. **3** がみがみ言う《に *at*》. **4** パチンと音をたてる; <戸・錠が>パタン[カチリ]と締まる《*to*》. **5** ポキッと折れる, パチンとこわれる: ～ short [off] ぶつんと切れる. **6** <神経などが>耐えられなくなる, 急にまいる. **7** パチッ[ピシッ]という; <銃が>不発に終わる. **8** <目が>ちらっと光る. **9** すばやく行動する, きびきび動く: ～ to attention すばやく気をつけの姿勢をとる.

— *vt.* **1** かみつく; かみ切る, 食い取る《*off*》. **2** ひっつかむ, かき集める《*up*》; 先を争って取る. **3** 急いでかたづける: ～ a bill through congress 法案をさっとばかり通してしまう. **4** パチン[カチッ]といわせる; <指を>鳴らす; <ピストルなどを>撃つ; パタッ[パチン]と閉じる[あける], <むちなどを>ピシッといわせる, はじく: ～ open a watch. **5** ポキッと折る[折り取る]《*off*》; ぶつっと切り取る: ～ *off* a twig. **6** どなりつけて言う《*out*》. **7** のスナップ写真をとる. **8** ひょいと投げる. ～ one*'s fingers at* をけいべつする. ～ *into it*〘米話〙大張り切りで始める; 急ぐ. ～ a person*'s nose* [*head*] *off* 乱暴に(人)の話を妨げる, 出鼻をくじく; がみがみ言う. ～ *out of it*〘米俗〙元気を出す; 態度などを急に変える. ～ *short* ポキンと折れる, ぷっつり切れる. ～ *up* (1) 食いつく. (2) ひったくる. (3) 無遠慮に人の話をさえぎる.

— *n.* **1** ぱくっとかむ[つかむ]こと: a ～ *at* a bait えさのかみつき. **2** パチンと折れる[割れる]こと; 《むちなど》パチッ[ピシッ, カチッ]という音. **3** スナップ, 締め[留め]金. **4** どなりつけ, ぶっきらぼう. **5**《天候の》一時期: a cold ～ 一時の寒さ. **6** スナップ写真. **7**〘英〙ショウガ入りクッキー. **8**〘話〙精力, 活気: There is no ～ left in him. 彼は全く元気がない. **9**〘米俗〙やさしいもの, 楽な仕事; お人よし. **10** 大急ぎの食事. *in a* ～ すぐに. *not a* ～ ちっとも…しない, 少しも構わない. *not worth a* ～ なんの値うちもない. *with a* ～ ポキン[パチッ, ピシッ, パタッ, ポツッ]と.

— *a.* **1** パチンと締まる: a ～ hook スナップホック. **2** 早急の: a ～ decision 大急ぎの決定. **3** 簡単な, やさしい: a ～ job やさしい仕事.

— *ad.* ポキンと, ぷっつり, パチンと.

～ **bolt** 自動かんぬき. ～ **course**《大学の》容易に単位がとれる学科. ∽**·drag·on** (1)〘植〙金魚草. (2) 古風なクリスマス遊びの一種《ブランデーの燃えているさらから干しブドウなどを取り出す遊戯》. ～ **lock** ばね式錠. ∽**·shot** →別項.

◇ ∽**·per** [-ər] *n.* **1** かみつく動物《犬など》. **2** かみつくように言う人. **3** =snapping turtle;〘魚〙タイの一種. ∽**·pish** [-iʃ] *a.*《犬などが》かみつく; かみつくように[がみがみ]言う; 意地っ張りの.

snáp·ping [snǽpiŋ] *a.* パチンと音をたてる; かみつく. ～ **beetle**〘虫〙コメツキムシ (click beetle). ～ **turtle**〘動〙《北アメリカ産》大スッポン.

snáp·py [snǽpi] *a.* **1**《犬など》かみつく. **2** がみがみ言う, おこりっぽい. **3**《火など》ポンポン[パチパチ]音をたてる. **4**〘話〙威勢のよい, 活気のある; てきぱきした, 抜け目ない. *make it* ～ てきぱきする, 急いでやる.

snáp·shot [snǽpʃɑ̀t/-ʃɔt] *n.* **1**《ねらいを定めない》速射, めった撃ち. **2**〘写〙スナップ(撮影), 早どり写真. — *vt., vi.* (**-tt-**)〘写〙(の)スナップをとる.

‡**snare** [snɛər] *n.* **1** わな《小鳥・ウサギなどを取る》. **2**《比喩的》だまし手口, わな; 誘惑. **3** (*pl.*)《腰につけて打つ小太鼓の》さわり弦, 響き線. *set a* ～ わなをしかける. — *vt.* わなにかける, おとしいれる; 誘惑する. ～ **drum** 小太鼓.

snarl[1] [snɑːrl] *vi.* **1** <犬などが>うなる《歯をむき出して》《に向かって *at*》. **2** <人が>おこって乱暴に叫ぶ[話す]. — *vt.* とげとげしく言う《*out*》. — *n.* うなり; 罵倒(ばとう). ◇ ∽**·ing·ly** *ad.* ∽**·y** *a.*

snarl[2] *n.*〘米・英古〙《毛髪・糸などの》もつれ; 混乱, 紛糾. — *vt.* **1** もつれさせる; 紛糾させる. **2** 金属に浮き彫り模様を入れる. — *vi.* もつれる.

◇ ∽**·y** *a.*

‡**snatch** [snætʃ] *vt.* **1** ひっつかむ, ひったくる, 強奪する《*up, down, away, off*; から *from*》. **2**《この世から》運び去る, 急に姿を消させる, 殺す. **3** 急いで取る[食べる]; 不意に得る, 運よく得る: ～ an hour's sleep やっと1時間ほど眠る. **4** やっと救い出す《から *from*》: He was ～*ed from* the jaws of death. 彼は危うく死を免れた. **5**〘米俗〙誘拐(ゆうかい)する (kidnap). — *vi.* つかみかかろうとする, 飛びかかる《に *at*》. ～ *a kiss* いきなりキスする. ～ *up* ひっつかむ, ひったくる.

— *n.* **1** ひったくること, 強奪. **2** ひっつかみ; 飛びつき. **3** (通例 *pl.*) 一仕事, 一休み, 一服: get a ～ of sleep 一眠りする. **4** 小片, 断片; 一口: ～*es* of conversation とぎれとぎれの会話. **5** 大急ぎの食事. **6**〘俗〙人さらい. *by* (*fits and*) ～*es* とぎれとぎれに, ときどき思い出したように. *in* ～*es of time* 暇々に. *make a* ～ *at* をひったくろうとする, …につかみかかる[飛びつく].

◇ ∽**·y** *a.* ときおりの; 持続的でない, とぎれとぎれの; 不規則な. 〔類〕→ **take**「持つ」

snath [snæθ], **snathe** [sneið] *n.* 〘米〙大がま (scythe) の長い木の柄.

snáz·zy [snǽzi] *a.*〘米俗〙すてきな, スマートな.

SNCC Student Nonviolent Coordinating Committee《学生の手による非暴力市民権運動委員会》.

***sneak** [sniːk] *vi.* **1** こそこそ動く, こそこそ逃げる《*away, off*》; こっそりはいる[出る]《*in, out*》; うろうろする《*about, round*》. **2** こそこそ[へいへい]する《に *to*》; 卑劣に立ち回る. **3**〘話〙こそどろをはたらく, 盗みをする. **4**〘英: 学生〙《先生に》告げ口をする.

— *vt.* **1** こっそり動かす[引く, 持っていく, 入れる, 出す]. **2** こっそり…する: ～ a smoke こっそりたばこを吸う. **3**〘話〙盗む, くすねる. ～ *out of* …からずるく切り抜ける, …からこっそりのがれる.

— *n.* **1** こそこそやること; こそこそやる人, ひきょう者. **2**〘英: 学生〙先生に告げ口する学生. **3**〘クリケット〙ゴロ. **4** =sneaker.

～ **preview**〘映話〙内密試写会. ∽**-raid** [´-´]〘軍〙不意打ちの[奇襲の]空襲. ～ **thief** こそどろ.

◇ ∽**·er** *n.* **1** こそこそする人[動物]. **2** (*pl.*) ゴム底運動ぐつ《音のしないことから》.

snéak·ing [-iŋ] *a.* **1** 隠れてこそこそやる. **2** いくじなしの, おくびょうな; 卑劣な. **3** 心ひそかな, 内密の. ◇ ～**·ly** *ad.*

snéak·y [sníːki] *a.* こそこそやる; 卑劣な, 人をだます. ◇ **-i·ly** *ad.* **-i·ness** *n.*

sneer [sniər] *vi.* **1** あざ笑う, 冷笑する《を *at*》. **2** 皮肉る, 当てこする《を *at*》. — *vt.* **1** 嘲笑(ちょうしょう)して言う[書く]. **2** 嘲笑する《*down*》; 嘲笑して…させる: ～ a person *down* 人をこきおろす. ～ a person *out of* countenance 人を嘲笑して面目を失わせる. — *n.* **1** 冷笑, 嘲笑; あざけり. **2** 人をばかにした表情. ◇ ∽**·ring·ly** [sní(ː)riŋli/sníər-] *ad.* 嘲笑的に, 冷笑的に.

***sneeze** [sniːz] *n.* くしゃみ(の音). — *vi.* **1** くしゃみする. **2**〘話〙けいべつする, ばかにする《を *at*》. *nothing to* ～ *at* たいしたもの. *not to be* ～*d at* ばかにできない, 相当なもので. ～*zing gas* くしゃみガス.

◇ **snéez·er** [-ər] *n.* **snéez·y** *a.* 「はりす.

snell [snel] *n.*《つり針をつり糸につける》短いてぐす;

snick [snik] *vt.* **1** に刻み目をつける. **2** 強打する. **3**〘クリケット〙わずかにさわるように打つ. **4** <銃の引き金などを>カチリと音をさせる. — *n.* **1** 刻み目; 切ること. **2**〘クリケット〙かすり打ち; カチリという音.

snick·er [-ər] *vi.* **1** くすくす笑う, 忍び笑いする. **2** <馬が>いななく. — *n.* **1** くすくす笑い. **2**《馬の》いななき. ◇ ～**·ing·ly** [-kəriŋli] *ad.*

snick·er·snèe [svníkərsnìː/-sníː] *n.*〘笑〙ナイフ, 短剣. → bowie.

snide [snaid] *a.* 〖俗〗 **1** 〖宝石・貨幣など〗にせの, まがいの. **2** ずるい; 陰険な; 人をばかにした. **—** *n.* 〖俗〗にせもの〖人・宝石など〗.
～s·man [-zmən] (*pl.* **-men**) 〖話〗にせ金使い.

‡**sniff** [snif] *vi.* **1** 鼻をくんくんさせる, においをかぐ《の *at*》; 鼻で吸う, 鼻をすする. **2** 鼻であしらう《を *at*》. **—** *vt.* **1** 鼻で吸う《*in, up*》. **2** のにおいをかぐ, のにおいに気づく: ～ something burning なにか焦げるにおいがする. **3** かぎつける: ～ (*out*) a trick 計略をかぎつける. **—** *n.* **1** においをかぐこと, 鼻で吸う音. **2** かびたにおい. **3** 一かぎ: get a ～ of sea air. **4** 鼻あしらい: give a ～ くんとかいでみる.

sníf·fle [snífl] *vi.* 鼻をすする; 泣きじゃくりする. **—** *n.* **1** 鼻をすすること〔音〕. **2** (the ～s) 鼻かぜ; 泣きじゃくり.

sníf·fy [snífi] *a.* **1** 〖話〗鼻であしらう, けいべつした; 高慢ちきな. **2** 悪臭のある; ぷんとにおう.

sníf·ter [sníftər] *n.* 口の狭くなった酒杯; 〖米俗〗《ブランデーなどの》一杯, 一口.

sníg·ger [snígər] *vi., n.* ＝snicker.
◇ **～·ing·ly** [-gəriŋli] *ad.*

sníg·gle [snígl] *vi.* ウナギの穴づりをする. **—** *vt.* 〈ウナギを〉穴づりする.

snip [snip] *v.* (**-pp-**) *vt.* チョキンとはさむ; はさみ切る, 切り取る《*off*》. **—** *vi.* チョキンと切る《を *at*》. **—** *n.* **1** チョキンと切ること〔音〕. **2** 切り取ったもの, 切れっぱし, 断片; 一はさみ; 小片, 少し. **3** (*pl.*) 《金属を切る》手ばさみ. **4** 〖英話〗仕立屋. **5** 〖米話〗とるに足らぬ人物, 小僧っ子. **6** 〖競馬俗〗確実な見込み. **～-snap** [⌐⌐] チョキチョキ《はさみの音と動作の表現》.

snipe [snaip] *n.* (*pl.* **～s**, 《集合的》 **～**) **1** 〖鳥〗シギ. **2** 〖軍〗隠れ射撃, 狙撃(そ). **3** 〖米俗〗《葉巻き・巻きたばこの》吸いさし. **—** *vi.* **1** シギ狩りをする. **2** 〖軍〗《敵を隠れて》狙撃する《*away*; を *at*》. **3** 《匿名で》人を攻撃する.

snip·er [snáipər] *n.* **1** シギ狩り人. **2** 狙撃(そ)者〔兵〕. **～·scope** [-skòup] 〖軍〗《銃の夜間射撃用》赤外線照準器.

snip·pet [snípit] *n.* **1** 《切り取った》小片; 断片. **2** (*pl.*) 《文学作品などの》抜粋; 断片的知識〔報道〕. **3** 〖米話〗とるに足らぬ人物.

snip·py [snípi] *a.* **1** 断片的の; 切れ切れの. **2** 〖話〗かみつくような, おうへいな, 高慢ちきな.
◇ **-pi·ly** *ad.* **-pi·ness** *n.*

snitch[1] [snitʃ] *vt.* 〖米俗〗〈おもに小物を〉盗む, 失敬する.

snitch[2] *vi.* 〖米俗〗密告〔告げ口〕する《を *on*》. **—** *n.* 〖俗〗裏切り者, 密告者.

snív·el [snívl] *vi.* (**-l-**, ㊕ **-ll-**) **1** 鼻水をたらす; 鼻をすする. **2** 《鼻をならして》しくしく泣く, めそめそ不平を言う. **—** *n.* **1** 鼻水. **2** (*pl.*) 鼻かぜ. **3** 《鼻声の》泣きじゃくり; 泣き言. ◇ **～·(l)er** *n.*

snob [snɑb/snɔb] *n.* **1** 俗物; 上流崇拝家, (紳士)気どり屋; 偉がり屋, いんぎん無礼者; 《知識・芸術の》通人気どり. **2** 〖英古〗生まれ〔育ち〕の低い者.
◇ **～·ber·y** [-əri], **～·(b)ism** *n.* 俗物根性, 気どり.

***snób·bish** [snábiʃ/snɔ́b-] *a.* 俗物の, 紳士気どりの. ◇ **～·ly** *ad.* **～·ness** *n.*

snób·by [snábi/snɔ́bi] *a.* 俗物の; お高く構えた; いんぎん無礼な.

snob·óc·ra·cy [snɑbákrəsi/snɔbɔ́k-] *n.* 俗物社会; にせ紳士連.

snól·ly·gòs·ter [snáligàstər/snɔ́ligɔ̀stə] *n.* 〖俗〗抜け目のない無節操な男.

snood [snu:d/snud, snu:d] *n.* **1** 〖米〗ヘアネット(式の帽子). **2** 〖スコットランド〗はち巻きリボン《昔未婚女性が用いた》. **3** 〖英〗てぐす (snell). **—** *vt.* 〈頭髪を〉リボンではち巻きする.

snook [snu:k, snuk] *n.* 〖俗〗親指を鼻先に当て他の指を伸ばすけいべつの動作. ***cock*** 〔***cut, make***〕 ***a*** ***～(s)*** (***at***) (親指を鼻の先に当てて)…を冷笑する. ***S～s!*** つまらない!

snóok·er [snú:kər] *n.* 玉突き遊びの一種 (＝～('s) pool).

snoop [snu:p] *vi.* 〖米話〗のぞき見する, 詮索(せん)する. **—** *n.* 《詮索好きに》のぞき回ること; のぞき見る人. ◇ **～·y** *a.* 詮索好きな, おせっかいな.

snóop·er [snú:pər] *n.* のぞき見〔詮索〕する人; 探偵(たん)・スパイなど. **～·scope** [⌐⌐⌐] 赤外線透視装置《暗夜・濃霧時用》.

snoot [snu:t] *n.* 〖米〗 **1** 〖俗〗鼻. **2** 〖話〗顔《特にしかめつら》. **3** 気どり屋, おうへいな人. **—** *vt.* 〖話〗見下げる, けいべつする.
◇ **～·y** *a.* おうへいな, お高くとまった.

snóot·ful [snú:tfùl] *n.* 〖話〗酔うほどの酒量.

snooze [snu:z] 〖話〗 *vi.* 眠る, うとうとする, まどろむ. **—** *vt.* 〈時を〉眠って〔なまけて〕過ごす《*away*》. **—** *n.* まどろみ, うたた寝.

snore [sno:r/snɔ:] *n.* いびき. **—** *vi.* いびきをかく. **—** *vt.* **1** 〈時を〉いびきをかいて過ごす《*away, out*》. **2** 《～ oneself の形で》いびきをかいてある状態にならせる: ～ *oneself* awake 自分のいびきで目をさます.

snór·kel [snɔ́:rk(ə)l] *n.* スノーケル《潜水艦が長時間潜航できる 2 本のパイプによる換気装置》; 潜水遊泳中泳ぎ手が呼吸するため水面上に出すパイプ.

snort [snɔ:rt] *vi.* **1** 〈馬などが〉鼻あらしを吹く. **2** 〈汽船・汽車などが〉蒸気〔ガス〕を吐いて高い音をたてる. **3** 《怒り・驚き・興奮などで》鼻息を荒くする. **—** *vt.* **1** 鼻をならして〔鼻息荒く〕言う《*out*》. **2** 〈蒸気などを〉シュッと吹き出す. **—** *n.* **1** 荒い鼻息. **2** 排気音. **3** 〖俗〗ぐい飲み, ちょっと一杯. **4** 〖英〗＝snorkel. ◇ **～·ing·ly** *ad.*

snórt·er [snɔ́:rtər] *n.* **1** 鼻息の荒い人〔動物〕. **2** 〖俗〗たいへんなしろもの: a real ～ of a storm とんでもない大あらし. **3** 暴風; 大打撃. **4** 大ぼら吹き,「大ぶろしき」. **5** 〖米俗〗乱暴者; 《酒の》ぐい飲み.

snot [snɑt/snɔt] *n.* 〖俗〗 **1** 鼻水, 鼻じる. **2** 鼻もちならぬやつ; 無礼者. **～-rag** [⌐⌐] 〖卑〗ハンカチ.

snót·ty [-i] *a.* **1** 鼻水の, 鼻水のような, 鼻水でよごれた. **2** 〖俗〗鼻もちならぬ; 高慢ちきな. **—** *n.* 〖英:海俗〗海軍少尉候補生 (midshipman).
◇ **-ti·ly** *ad.* **-ti·ness** *n.*

snout [snaut] *n.* **1** 《豚などの》鼻づら. **2** 〖話〗《特に醜い大きな》鼻, 顔. **3** 筒先, パイプの吸い口; がけ〔岩, 氷河〕の先端. **～ beetle** 〖虫〗象虫.

†**snow**[1] [snou] *n.* **1** 雪; 降雪; (*pl.*) 積雪: a heavy fall of ～ 大雪. **2** 雪状のもの. **3** 〖雅〗純白; 白髪: her breast of ～ 彼女の雪のように白い胸. **4** 〖テレビ〗スノーノイズ《電波が弱いために起こる画面の白い斑点》. **5** 〖俗〗粉末コカイン, ヘロイン.
— *vi.* **1** 《it を主語にして》雪が降る. **2** 雪のように降る: Presents came ～*ing in.* 贈り物がどんどん届いた. **—** *vt.* **1** 雪でおおう〔閉じ込める〕《*over, under, up, in*》: a ～*ed-in* village 雪に閉じ込められた村. **2** 雪のように降らせる〔ふりまく〕. **3** 白髪にする. ***be ～ed under*** (1) 雪でうずめられる. (2) 圧倒される; 《選挙などで》圧倒的に負ける.
***～·ball** → 別項. **～·bank** [⌐⌐] 雪の大堆積(たい)《特に山の斜面に吹きたまった》. **～·ber·ry** [-bèri/-b(ə)ri] 〖植〗スイカズラ科の低木《北アメリカ産観賞植物》. **～·bird** [⌐⌐] 〖鳥〗ユキホオジロ. **～-blind** [⌐⌐] 雪盲の. **～ blindness** 雪盲. **～·blink** [⌐⌐] 雪原〔氷原〕の太陽光線の地平線上の反射. **～·bound** [⌐⌐] 雪で閉じ込められた〔立ち往生した〕. **～-broth** [⌐⌐] どろどろ〔雪解け〕の雪. **～ bunny** 〖スキー〗《主として女性の》スキー初心者. **～ bunting** ＝snowbird. **～-capped** [-kæpt], **～-crowned** [⌐⌐] 《山が》雪をいただいた. **～-clad** [⌐⌐], ***～-còv·ered** 雪におおわれた. **～·drift** [⌐⌐] 雪の堆積〔土手, 吹きだまり〕. **～·drop** [⌐⌐] 〖植〗スノードロップ, ユキノハナ《晩冬・早春に白い鐘状の花をつける》; アネモネ. **～·fall** [⌐⌐] 降雪(量). **～ fence** 防雪さく. **～ field** 広い雪原; 万年雪. **～·flake**

[ᐩᐩ] (1) 雪片. (2)〘鳥〙ユキホオジロ;〘植〙スノーフレーク, スズランスイセン. ～ **goggles** 雪〔スキー〕めがね. ～ **goose**〘鳥〙ハクガン. ～ **grouse** (*pl.* ～ **grouse**)〘鳥〙雷鳥. ～ **ice** 雪氷《半解けの雪や氷が凍ってできる》. ～ **job**〘米俗〙吹聴(ふいちょう),「売り込み」. ～ **line**〘気〙雪線《万年雪の最低境界線》. *～·**man** [-mæn] (*pl.* **-men**) (1) 雪だるま. (2)《ヒマラヤの》雪男 (＝Abominable Snowman). → yeti. ～·**mo·bile** [-məbi:l] 雪上車. ～-**on-the-móun·tain**〘植〙フクリンタイゲキ, 初雪草, ミネノユキ. ～ **pellet**《にわか雨と混じって降る》雪あられ, ひょう. ～·**plow**, 《英》～·**plough** [ᐩᐩ] 雪かき, 除雪器〔装置〕. ～·**shed** [ᐩᐩ]〘鉄道〙《山腹線路沿いの》なだれよけ, 雪おおい. ～·**shoe** [ᐩᐩ] 雪ぐつ, かんじき(で歩く). ～·**slide**, ～·**slip** [ᐩᐩ] なだれ. *～·**storm** [-stɔ̀:rm] ふぶき. ～·**suit** [ᐩᐩ] 雪着(ゆき)《子ども用防寒服》. ～ **tire**《自動車の》スノータイヤ. *～-**white** [snóu(h)wáit, ᐩᐩ/ᐩᐩ, ᐩ—] 雪のように白い; 純白の.

snow² *n.* 小帆船の一種.

***snów·ball** [snóubɔ̀:l] *n.* **1** 雪玉. **2**〘米〙《シロップをかけた》かき氷. **3**〘英〙リンゴのはいった米のプディング. **4**〘英〙雪だるま式寄付募集《勧誘された人にまた他の人を勧誘させる方式》. **5**〘植〙カンボク《白い花をつける》. —— *vt.* に雪つぶてを投げつける.
—— *vi.* **1** 雪だるま式にふくれる. **2** 雪合戦をする.

‡**snów·y** [snóui] *a.* (**-i·er** [-iər]; **-i·est** [-iist]) **1** 雪の; 雪の多い, 雪でおおわれた; 雪の降る: a ～ day. **2** 雪のような; 純白の; 清い. ◇ **-i·ly** *ad.* **-i·ness** *n.*

snub [snʌb] *vt.* (**-bb-**) **1** にひじ鉄砲をくわせる; 鼻であしらう, 無視する. **2**〈相手のことばを〉急に止める; とがめだてる; 禁止する《を *out of*》. **3**〈解けているロープなどを〉ぴんと張る《心棒などを逆に回して》. **4**〈船・馬などを〉急に止める: ～ short. **5**〈たばこを〉もみ消す《*out*》. ～***bing post***〘海〙係船柱.
—— *n.* **1** ひじ鉄砲; 無視, けいべつ, 冷遇. **2** 急停止. —— *a.* しし鼻の. ～-**nosed** [ᐩᐩ] しし鼻の.

snúb·ber [snʌ́bər] *n.* **1** snub する人. **2**〘米〙《船・綱などの》急停止装置. **3**〘米〙自動車のショック止め.

snúb·by [snʌ́bi] *a.* **1** しし鼻の. **2** 鼻であしらう, ばかにする, 冷笑する. ◇ **-bi·ness** *n.*

snuff¹ [snʌf] *n.* **1** ろうそくの心(しん)の焦げた端. **2** 残り物; くだらない物. —— *vt.* **1**〈ろうそくの〉心を切る. **2**〈ろうそくを〉心を切って消す《*out*》.
～ ***out*** (1)〈ろうそくなどを〉消す;〈希望などを〉もみ消す, 絶つ;〈反乱などの〉息の根を止める, 弾圧する. (2)〘俗〙死ぬ.

snuff² *vt.* **1** 鼻から吸う. **2** ふんふんかぐ. **3** かぎ出す. —— *vi.* **1** 鼻をくんくんいわせる, 鼻で吸う; ふんふんかいでみる《を *at*》. **2** かぎたばこをかぐ.
—— *n.* **1** 鼻で息を吸うこと; ふんふんにおいをかぐこと. **2** におい. **3** かぎたばこ. ***beat to*** ～ 打ちのめす. ***give*** a person ～ (人を) 激しくしかる, (人を) 手きびしく扱う. ***in high*** ～ 意気揚々と. ***put*** a person ***up to*** ～ (人に) 入れ知恵する. ***take*** a thing ***in*** ～〘古〙(物に) 腹を立てる. ***up to*** ～〘話〙(1) 健康で, 好調で. (2) 抜け目がない.
～·**box** [ᐩᐩ] かぎたばこ入れ;〘植〙ヤブダマ. ～ **color** かぎたばこ色, 黒かっ色.

snúff·er [-ər] *n.* **1** 鼻をくんくんいわせる人〔動物〕;〘米俗〙イルカ. **2** かぎたばこをかぐ人. **3** ろうそくの火消し具. **4** ろうそくの心を切る人; (*pl.*) 心切りばさみ.

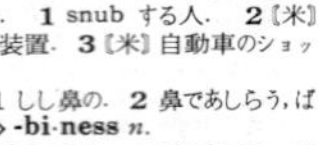

snuffer ③

snúf·fle [snʌ́fl] *n.* **1** 鼻をくんくんいわすこと〔音〕; 鼻声; 鼻詰まり. **2** (the ～s) 鼻(び)カタル, 鼻かぜ.
—— *vi.* **1** 鼻を鳴らして呼吸する; 鼻をくんくんと鳴らす. **2** 鼻声で話す〔歌う〕《*out*》. **3** 鼻で息を吸う; においをかぐ.

snúff·y [snʌ́fi] *a.* **1**《色などが》かぎたばこに似た. **2** かぎたばこでよごれた; かぎたばこを常用する. **3**〘俗〙感情を害した, ふきげんな. **4**〘俗〙きげんのむずかしい.

‡**snug** [snʌg] *a.* (**-gg-**) **1** 居ごこちのよい; 暖かく気持ちのよい; 安楽な: a ～ corner. **2** こぢんまりした, こぎれいな; 小さくて好ましい〔便利な〕: a ～ little cottage こぢんまりした別荘. **3**《衣服など》ぴったり合う. **4**《収入など》相当な, 不自由のない. **5** 隠れた, 見えない, 秘密の: a ～ hide-out 秘密の隠れが. **6**《船が》航海に適す. (***as***) ～ ***as a bug in a rug*** たいへん居ごこちよく, ぬくぬくおさまって.
—— *v.* (**-gg-**) *vt.* **1** 気持ちよくする, きちんとする. **2**〈帆・索などを〉たたむ, 巻き納める《*down*》.
—— *vi.* 気持ちよくおさまる; 寄り添う.
—— *ad.* 気持ちよく.
—— *n.*〘英俗〙居酒屋の個室.
◇ ～·**ly** *ad.* ここちよく; こぢんまりと.

snúg·ger·y, snúg·ger·ie [snʌ́gəri] *n.* **1** こぢんまりしたへや〔場所〕;《特に》書斎, 私室, 小べや. **2**〘英〙安楽な地位. **3**〘英〙《宿屋の》酒場.

snúg·gies [snʌ́giz] *n. pl.*〘話〙《婦人・子ども用》手編みの暖かい下着〔長パンツ, タイツ〕.

snúg·gle [snʌ́gl] *vi.* すり寄る, 寄り添う, ここちよく身を休める《*up*; に *to*》. —— *vt.*〈子どもなどを〉抱き寄せる, 抱き締める; すり寄せる.

†**so**¹ → 枠付 so¹. (pp. 1227–1228)

so² [sou] ＝sol¹.

So. south; southern.

‡**soak** [souk] *vi.* **1**《水などに》浸る, つかる; びしょぬれになる: be〔get〕～*ed* to the skin. **2**〈水などが〉しみる, しみとおる, しみ出る〔入る〕《*through, in, out*》: ～ *through* a roof. **3** 心〔頭〕にしみ込む《*in*》. **4**〘俗〙酒をあびる. —— *vt.* **1** 浸す, つける; ぬらす, びしょぬれにする: ～ bread in milk. **2** 水〔液体〕に浸して吸い出す《*out*》: ～ a stain *out* しみ抜きする. **3**〈水などが〉…にしみ込む. **4**〈水分などを〉吸い込む;〈知識などを〉吸収する, 覚える《*in, up*》: ～ *up* ink〈吸取紙が〉インクを吸い取る. **5**〘話〙〈酒を〉がぶがぶ飲む;〘米俗〙酔っ払わせる. **6**〘米俗〙なぐる; ひどい目に会わせる. **7**〘米俗〙に高い値段をふっかける,「しぼる」. **8**〘米俗〙質に入れる. ～ one***self in*** に専心する. ～ ***it*** ひどい目に会わせる; 罰する.
—— *n.* **1** 浸すこと; しみること, ずぶぬれ. **2** つけじる, 浸し液. **3**〘話〙大雨. **4** 大酒(飲み); 酒宴. **5**〘米俗〙質入れ. **6**〘俗〙強打. ***in*** ～ 質にはいって.
◇ ～·**age** [-idʒ] *n.* 浸す〔つける〕こと, 浸透(量), 浸出(量). ～·**er** *n.* 浸す人〔物〕;〘話〙どしゃ降り, 豪雨; 大酒飲み. ～·**ers** *n. pl.*《単数扱い》小児用毛糸製パンツ《おむつカバーとして用いる》.
〔類〕→ **wet**「ぬらす」

só-and-so [sóuənsòu] *n.*〘話〙なにがし, だれそれ; なになに: Mr. ～ 某氏.

‡**soap** [soup] *n.* **1** せっけん: a cake of ～ せっけん 1 個. toilet〔washing〕～ 化粧〔洗たく〕せっけん. ～ flakes 粉せっけん. **2** 脂肪酸のアルカリ金属塩. **3**〘米俗〙金銭,《特に政治運動などの》わいろ. ***hard*** ～ 硬せっけん, ソーダせっけん. ***no*** ～〘米俗〙不承知, だめだ: He wanted me to vote for him, but I told him *no* ～. 彼は自分に投票してくれと頼んだが, 私はだめだと言った. ***soft*** ～ 軟せっけん, カリせっけん;〘俗〙おべんちゃら. ***wash*** one***'s hands in invisible*** ～ もみ手をする《へつらい・困惑の態度》.
—— *vt., vi.* **1** せっけんで洗う, (に) せっけんをつける. **2**〘俗〙(に) おせじを言う.
～·**ber·ry** [-bèri/-b(ə)ri]〘植〙ムクロジ属の植物《実がせっけんの代用になる》. ～ **boiler** せっけん製造者. ～·**box** →別項. ～ **bubble** シャボン玉; はかないもの, 実質のないもの. ～ **nut** soapberry の実. ～ **opera**〘米俗〙《主婦向けの昼間の》連続ラジオ〔テレビ〕ドラマ《おもにせっけん会社がスポンサーとなったことから》. **～·stone** [ˊ−ˋ] ステアタイト《せっけんに似た柔らかい石》. **～·suds** [ˊ−ˋ] *pl.*《単・複数扱い》《水に浮かんだ》せっけんのあわ; せっけん水. **～ work** せっけん工場. **～·wort** [-wə̀ːrt]〖植〗シャボンソウ.
◇ **～·less** *a.* せっけんのない; せっけんを用いない: ～*less* soap ソープレスソープ, 合成洗剤.

sóap·box [sóupbɑ̀ks/-bɔks] *n.*〖米〗 **1** せっけん箱《工場から出荷する木箱》. **2** 街頭演説者が台に使う箱. **——** *a.*〖米〗街頭演説(者)の.
—— *vi.*〖米〗街頭演説をする. **～ orator** 街頭演説者. **～ oratory**〖米〗街頭演説.
◇ **～·er** *n.*〖米〗街頭演説者.

sóap·y [sóupi] *a.* **1** せっけん質の; せっけんのような, なめらかな, ぬるぬるした. **2** せっけんのついた. **3**《比喩的》口先のうまい, おせじたっぷりな.

‡**soar** [sɔːr/sɔː] *vi.* **1** 高く飛ぶ〔のぼる〕, 舞い上がる. **2**〖空〗《エンジンを止めて》気流に乗って飛ぶ. **3** 〈物価などが〉急騰する. **4** 〈希望などが〉高まる, 高尚(こうしょう)になる: a ～*ing* ambition 高遠な抱負, 雄志. **5** 〈山・高層建築などが〉そびえ立つ, そびえる.
—— *n.* **1** 舞い上がること. **2** 滑空の範囲〔高度〕.

‡**sob** [sɑb/sɔb] *v.* (**-bb-**) *vi.* **1** すすり泣く, むせび泣く. **2** 〈風・波などが〉むせぶような音をたてる; 〈機関が〉息を切らす. **——** *vt.* むせび泣きながら言う《*out*》: ～ *out* one's grief しくしくと悲しみ〔身の不幸〕を語る. **～ one*'s heart out*** 胸の裂けるほどむせび泣く. **～ one*self to sleep*** 泣きながら寝入る.
—— *n.* むせび〔すすり〕泣き;《風などの》むせぶような音.
—— *a.* お涙ちょうだい式の, センチな: a ～ stuff お涙ちょうだい式の作品.
～ sister〖米俗〗感傷的な記事を書く婦人記者. **～ story** 聞くも涙の物語; 聞き手の同情を求める弁解, 愚痴. 類 → **weep**「泣く」

‡**só·ber** [sóubər] *a.* **1** しらふの, 酔っていない; 節酒している: become ～ 酔いがさめる. **2** 冷静な, まじめな, 落ち着いた: in ～ earnest 真剣に. **3** 健全な, 穏当な: a ～ judgment 妥当な判定. **4** じみな, くすんだ: ～ colors 落ち着いた色調. **5** 誇張のない, ありのままの: the ～ truth [fact]. ***appeal from Philip drunk to Philip ～***〖諺〗さめての上のご分別. (***as***) ***～ as a judge*** 全くまじめな.
—— *vt.* **1** の酔いをさます. **2** 落ち着かせる, まじめにする《*down*》. **3** 冷静にする, の気持ちを現実的にする《*down*》. **4** 落ち着いた色にする《*down*》.
—— *vi.* **1** 酔いがさめる《*off, up*》. **2** まじめになる, 落ち着く《*down*》.
～·mínd·ed 静かに落ち着いた, 自制心のある; 軽率〔性急〕でない. **～·sides** [-sàidz] *pl.*《単・複数扱い》〖話〗謹厳〔冷静, まじめ〕な人.
◇ **～·ly** *ad.* しらふで; 落ち着いて, まじめに.
類 → **grave**「まじめな」

so·brí·e·ty [sobráiəti] *n.* **1** しらふ; 禁酒, 節酒. **2** 冷静, まじめ, 厳粛, 謹厳. **3** 自制; 穏健.

so·bri·quet [sóubrikèi] F. *n.* あだ名, 仮の名.

so[1]

so は音も意味も日本語の「そう」によく似ていることは周知のとおりである. そのほか「そのように」「それでは」「そこで」なども, みなこれと密接な連想をもっている. 中心的な用法は, 副詞の「そう」にすべて包含されているといっても, それほど過言ではない. 等位接続詞としての「そこで」「だから」も, 副詞「そのように」の延長とも考えられる《thus と比較》. do *so*「そうする」の so は, 構文上 do it, do that などと並行するので, しばしば代名詞に分類されるが, それも一つの便宜手段であり, ここでは, 別の便宜手段として do を自動詞, so を副詞として分類した. この方が I am afraid *so*. などのばあいと同時にながめるのに無理がないし, 特に日本人の語感上この二つの間に区別をつけることは困難であり, またその必要もない.

so は, また, that, as などと結合して従位相関接続詞の類をつくるほか, *so so, so* and *so, so* many, *so* much など, 多数の使用度の高い成句をつくる.

so [sou] *ad.* **1** そのように, そう, そのとおりに: Stand just *so*. そのかっこうで立っていなさい. Why did she laugh *so*? 彼女はなぜあのように笑ったのですか. *So* it was (that) I became a salesman. このようにして私は外交員になった. If you are told to go, do *so* at once. 行けと言われているなら, すぐそうしなさい. Did he really say *so*? ほんとうにそう言ったんですか. I think [don't think] *so*. そう思います〔そうではないと思います〕. Will he fail? — I am afraid *so*. 彼は失敗するでしょうか. —困ったことに, どうもそうなりそうですね (＝I am afraid *he will*.)《so は肯定的な表現を代表し, not に対する: Will he succeed? — I am afraid *not*. 彼は成功するでしょうか. — 残念ながら, だめでしょうね(＝I am afraid *he won't*.)》. You don't say (*so*)! まさか!, そんな!《驚きの表現》.

2《補語として; 状態をあらわし》そうで, そのようで: Is that really *so*? ほんとうにそうなんですか. The pond is frozen over; it has been *so* since last Sunday. 池は凍っている. この前の日曜日からずっとそうだ. Just [Quite] *so*. 全くそのとおりです.

3 そんなに, その程度まで: Don't walk *so* fast. そんなに速く歩くな. I did not expect to succeed *so* well. 私はこんなにうまくいくとは思わなかった. →下記 so ... as; so ... as to (do); so ... that.

4 非常に(≒ very, very much): I am *so* glad [tired]. とてもうれしい〔疲れている〕. There is *so* much to do! 仕事が山ほどある. My head aches *so*. 頭がひどく痛む. 〈注〉この so の頻用(ひんよう)は男子より婦人に多い.

5 …もまた: She likes dogs, and *so* does her husband. 彼女は犬が好きだが彼女の夫も犬が好きだ. I am very hungry. — *So* am I. 私はおなかがすいた. — 私もだ. 〈注〉so の次の主語と述語の位置の転倒に注意. ⑥と比較.

6《同一主語について繰り返し》いかにもそのとおり《yes の強いもの》: Mr. Green seems to be an honest man. — *So* he is. グリーン氏は正直な人らしい. — そうですとも. Jack likes music very much. — *So* he does. ジャックはとても音楽が好きです. — 全く好きですね. 〈注〉主語と述語の位置が転倒しない点に注意. ⑤と比較.

and so forth＝and so on など, 等々: tulips, pansies, daisies *and so forth* [*on*] チューリップ, パンジー, ヒナギクなど. ***as ..., so*** —— …するのと同様に——する: *As* [Just *as*] the bees love sweetness, *so* (do) the flies love rottenness. (ちょうど) ハチが甘さを好むように, ハエは腐敗を好む. *As* two is to four, *so* three is [*so* is three] to six. 2対4は3対6. 〈注〉so は as に含まれる比例機能を強調している. また so の次の主語と動詞は倒置されることが多い. ***ever so*** 非常に (＝very). ***ever so much*** 大いに (＝very much). ***no*** ... [***few*** ..., ***nothing***] ***so*** —— ***as***～～ ～～ほど——する…はない〔する…はほとんどない, するものはない〕: *No* one works *so* hard *as* Tom. トムほどよく働く者はいない. *Few* cities are *so* beautiful *as* Paris. パリほど美しい市はまずない. *Nothing* is *so* interesting *as* reading. 読書ほど

興味ぶかいものはない. ***not so** … **as*** —— 《as … as —— の否定形》 ——ほど(は)…でない: John is *not so* tall *as* you. ジョンはあなたほど背が高くない. It is *not so* bad *as* I feared. それは思っていたほど悪くない. 〈注〉最近では not as … as の形が使われることが多い. ***not so much as***… …さえ〔ですら〕ない(= not even): They could *not* get *so much as* their daily bread. 彼らは毎日のパンさえ買うことができなかった. He did *not so much as* smile. 彼はにこりともしなかった. ***not so much** … **as*** —— …というよりはむしろ——: He is *not so much* a scholar *as* a poet. 彼は学者というよりはむしろ詩人だ. I was *not so much* angry *as* disappointed. 私は腹が立ったというよりもむしろ失望した. ***so as to*** (do) …するために〔ように〕(≒ in order to): They started early *so as to* get a good seat. 彼らはよい席をとるために早く出た. ***so** … **as to*** (do) ——するほど…な〔に〕; …にも——する: He is not *so* foolish *as to* believe it. 彼はそれを信ずるほど愚かではない. He was *so* fortunate *as to* pass the examination. 彼は運よく試験に合格した. He got up *so* late *as to* miss the train. (列車に乗り遅れるほどおそく起きた→)あまりおそく起きたので, 列車にまにあわなかった. I got up early *so as* not *to* miss the first train. 私は一番列車に乗り遅れないように早く起きた. ***So be it.*** そうあらしめよ; それならそれでよい. ***so far*** これ〔ここ, いま, この点〕まで(は): Now that we've come *so far*, we may as well go all the way. ここまで来たからには, しまいまで行った方がよかろう. I have believed it *so far*, but now I begin to doubt it. いままでそれを信じてきたが, どうやら疑わしくなってきた. *So far* so good. ここ〔いまのところ〕まではいい. ***so far as***…する限りは: *so far as* I am concerned 私に関する限り. *so far as* I know 私の知っている限りでは. ***so far from*** … …どころか: *So far from* praising him, I must blame him. 彼をほめるどころか非難しなければならない. ***So long.*** 〖話〗さよなら. ***so long as*** … (1)《条件》 …する限りは, …できさえあれば(=provided that): We can do it *so long as* we have time. 時間さえあればそれをすることができる《これに対し as long as は(主として米語で)理由を示す》. (2)…する間は(=as long as). ***so many*** → 枠付 many. ***so much*** それだけ多くの; それだけの分量の. ***so much as*** →上記 not so much as および枠付 as. ***so much for***… …はこれだけ: *So much for* today 〔my story〕. きょう〔私の話〕はこれでおしまい. ***so much the better*** それだけいっそうよい, なおさらよい. ***so so*** 良くも悪くもない; まあまあといったところ. ***so that*** … (1)…ので, …だから: They were short of fresh water, *so that* they drank as little as possible. 彼らは真水に不足していたのでできるだけ飲むのを節約した. (2)〖古〗…さえすれば, …でさえあれば: *So that* it is done, it matters not how. やりさえすれば方法はどうでもよい. ***so… that*** —— (1)《目的》 ——するように…する: We have *so* arranged matters *that* one of us is always on duty. われわれのひとりがいつでも勤務しているように手はずした. (2)《程度・結果》 ——するほど…; 非常に…なので——する: I was *so* hungry *that* I could not walk. 歩けないほど空腹だった; 非常に空腹だったので歩けなかった. 〈注〉この that は現代の口語ではしばしば略される. (3)《It so happened that＋過去形の形で》…するようなぐあいに: It *so* happened *that* I couldn't attend the meeting. たまたま会合に出席できないはめになった. ***(so) that** … **may*** —— …が——するように, —— するために: They warned him *so that* he *might* avoid the danger. 彼らは彼が危険を避けられるように忠告を与えた. 〈注1〉口語(特に米語)では may の代わりに can または will が用いられることが多く, またしばしば that が省略される: He ran like mad *so (that)* he *could* win the race. 競走に勝てるように, 狂ったように駆けていった. 〈注2〉文語的な文体では so の代わりに in order も用いられる. ***so then*** それでは. ***so to speak*** 〔***say***〕 いわば(=as it were).

—— *conj.* **1** だから, そこで, したがって: She told me to go, *so* I went. 彼女が行けと言ったので行ったのだ. The hens are hungry, *(and) so* I must feed them now. 鶏はおなかがすいているからもうえさをやらなければならない.

2《文頭に用いて》では, やっぱり, どうやら, いよいよ, まさに: *So* you've lost your job, have you? では, 失業したというわけか. *So* you're back again! やっぱりもどったね. *So* there you are! =*So* that's how things are! =*So* that's the situation! まさにこうした事情なんだ.

3〖話〗(…する)ために. → so that … may ___.

4〖古〗…さえすれば. → so that… (2).

—— *pron.* そのようなもの. … ***or so*** …かそこら: a week *or so* ago 1週間ほど前に. for the past week *or so* この一週間かそこら. an hour *or so* every day 毎日1時間かそこら. three days *or so* of vacation 3日かそこらの休暇. ***so and so***＝***so-and-so*** だれだれ; なになに; どこそこ: Mr. *So and so* だれそれさん.

—— *int.* **1**《So!》ほんとですか.

2 そう, そのとおり: A little more left, *so*! もう少し左へ, そうです.

Soc. socialist; Society.

***só-cálled** [sóukɔ́ːld] *a.* いわゆる, ご存じの: a ～ liberal 世のいわゆる自由主義者. 〈注〉不信およびけいべつ的な意味をしばしば含む.

‡**sóc·cer** [sάkər/sɔ́kə] *n.* サッカー. → rugger. [<*assoc*iation＋*-er*]

só·cia·ble [sóuʃəbl] *a.* **1** 社交的な; 社交好きな; 親しみやすい; 話し好きで気をそらさぬ, あいそのよい. **2**《会合などが》親しく話し交われる, 打ち解けた. **3** 群居性の. —— *n.* **1**〖話〗《特に教会員のための》懇親会. **2** ふたりが並んで掛けられる乗り物〔3輪車〕. **3** S字形ソファー. ◇**-bly** *ad.* 社交的に, 打ち解けて. **sò·cia·bíl·i·ty** [sòuʃəbíləti] *n.* 社交性; 交際好き; 話し〔つきあい〕じょうず.

‡**só·cial** [sóuʃ(ə)l] *a.* **1** 社会(的)の; 社会生活を営む, 社会(生活)に基づく, 社会に関する: Man is a ～ animal. 人間は社会的動物である. ～ customs 社会習慣. **2** 社交的な, 懇親の: a ～ evening〔gathering〕懇親会. **3** 社交界の, 上流社会の. **4** 人づきあいを好む; 人づきあいのいい: have too little ～ life 人との交わりがほとんどない. **5**〖動〗群居する; 〖植〗群生する, 叢生(そうせい)する. **6** 社会政策的な; 社会主義的な. **7**〖史〗同盟国〔都市〕間の.
—— *n.* 親睦(しんぼく)会, 社交クラブ. [√soci-]
～ **climber**《富豪・名士に取り入って出世をねらう》野心家. ～ **columns**《新聞の》社会面. ～ **contract** 〔〖稀〗**compact**〕, **the**《Rousseau の》民約論. ～ **control** 社会統制《社会生活の一定形式を維持するための有形無形の統制》. ～ **dancing** 社交ダンス. ～ **democracy** 〔**democrat**〕社会民主主義〔党員〕. ～ **disease** 性病. ～ **engineering** 社会工学. ～ **evil** 社会悪; 売春. ～ **insurance** 社会保険. **～-mínd·ed** *a.* 社会的関心のある, 社会福祉に関心をもつ. ～ **organism** 社会有機体. ～ **politics** 〔**problems**〕社会政策〔問題〕. ～ **psychology** 社会心理学. ～ **register**〖米〗社交界名士録. ～ **science** 社会科学. ～ **security** 社会保障《養老年金・失業保険など》. **S～ Security Act**〖米〗社会保障法. ～ **service** 〔**work**〕社会奉仕〔事業〕. ～ **statistics** 社会統計学. ～ **studies** 社会科. ～ **worker** 社会事業家.

◇ **～·ly** [-i] *ad.* 社会的に，社会上；社交上，社交的に；人づきあいよく.

só·cial·ism [sóuʃəlìz(ə)m] *n.* 社会主義；社会主義運動；社会主義政党の政策〔綱領〕. ***state* ～** 国家社会主義.

só·cial·ist [-ʃəlist] *n.* 社会主義者；(S～) 社会党員. **——** *a.* =socialistic. **S～ Party** 社会党.

sò·cial·ís·tic [sòuʃəlístik] *a.* 社会主義〔者〕の，社会主義的な. ◇ **-ti·cal·ly** *ad.*

só·cial·ite [sóuʃəlàit] *n.* 〖米話〗名士.

sò·ci·ál·i·ty [sòuʃiǽləti] *n.* 社交性，社交好き；社交本能；社会性，群居性. → sociability.

só·cial·ize [sóuʃəlàiz] *vt.* **1** 社会化する；社会環境に適合するようにする. **2** 社会組織化する：～*d* medicine 医療社会化制度. **3** 社会主義的にする；私有権を国家〔公共〕所有権に移す. **4** 社会の要求に合致させる. **5**〖米〗グループ学習化する.

◇ **sò·cial·i·zá·tion** [sòuʃəlizéiʃ(ə)n/-laiz-] *n.*

‡**so·cí·e·ty** [səsáiəti] *n.* **1** 社会，(社会) 集団；世間：a member of ～ 社会の一員. a primitive ～ 原始社会. **2**《社会の》層，…界：the literary ～ 文学界. **3** (the ～) 社交界，上流社会 (の人人)：high ～ 上流社会. **4** 社交，交際：seek〔avoid〕the ～ of rich people 金持ちとのつきあいを求める〔避ける〕. **5** 会，団体，協会，学会，組合：a scientific ～ 科学協会. a co-operative ～ 協同〔消費〕組合.

go into* ～** 社会〔社交界〕に出る. ***in* ～** 人中で，人前で. ***move in* ～** 社交界に出入りする. ***the S～ for the Prevention of Cruelty to Animals 動物虐待防止会《略 S.P.C.A.》. ***the S～ for the Propagation of the Gospel*** 福音普及協会《略 S.P.G.》. ***the S～ of Friends*** フレンド教会《クエーカー派》. ***the S～ of Jesus*** ジェスイット教派，ヤソ会《カトリック教会の修道会. 略 S.J.》. [√soci-]

～ column《新聞の》社交欄. **S～ Islands, the** ソシエテ諸島《南太平洋にありフランス領オセアニアの一部》. **～ man**〔**lady, woman**〕社交界の人〔婦人〕. **～ verse** 上流社会の趣味に合わせて書かれた軽妙な詩.

sò·ci·o·bi·ól·o·gy [sòusiobaiálədʒi, -ʃio-/-ɔ́l-] *n.* 生物社会学.

sò·ci·o·cúl·tur·al [-kʌ́ltʃərəl] *a.* 〖社〗社会文化的な.

sò·ci·o·è·co·nóm·ic [-ìːkənámik/-nɔ́m-] *a.* 〖社〗社会経済的な.

sò·ci·o·ge·nét·ic [sòusiodʒinétik, -ʃio-] *a.* 〖社〗社会発生的な，社会的形成力をもつ.

sò·ci·o·gén·ic [-dʒénik] *a.* 〖社〗社会的因子の〔より生じる〕：a ～ problem.

sociol. sociology.

sò·ci·o·lóg·i·cal [sòusiəládʒik(ə)l, -ʃiə-/-lɔ́dʒ-] *a.* 社会学の，社会学に関する. ◇ **～·ly** *ad.*

sò·ci·ól·o·gy [sòusiálədʒi, -ʃi-/-siɔ́l-] *n.* 社会学.
◇ **-gist** *n.* 社会学者.

‡**sock**[1] [sak/sɔk] *n.* (*pl.* **～s**, 〖商〗**sox** [saks/sɔks]) **1** (通例 *pl.*) ソックス，短いくつ下：a pair of ～*s*. → stocking. **2** くつの敷き皮〔敷き物〕. **3**〖古・雅〗《古代ギリシア・ローマの》喜劇役者の短ぐつ；喜劇. → buskin. ***Pull up your* ～*s*!**〖英〗用心してかかれ！ ***Put a* ～ *in*〔*into*〕*it*!**〖俗〗黙れ！
◇ **～·less** *a.*

sock[2] *vt.* 〖俗〗打つ，なぐる. **～ *away*** とっておく. **～ *in*** 〖空〗悪天候で出発不能になる. **——** *n.* **1** 打撃，殴打. **2** 当たり狂言〔演技，役者〕. **——** *a.* 上首尾の，大当たりの. **——** *ad.* まともに，どんと.

sock[3] *n.* 〖英:学生俗〗菓子類，間食. **——** *vt.* 〖俗〗**1** にをおごる《を *to*》；〈人に物を〉贈る. **2** 食べる.

sock·dól·a·ger, sock·dól·o·ger [sakdálədʒər/sɔkdɔ́l-] *n.* 〖米俗〗**1** ばかでかいもの. **2** とどめの論議〔返答〕. **3**《ボクシングなどで》決定打.

sóck·er 〖英〗=soccer.

sóck·et [sákit/sɔ́k-] *n.* **1** 受け穴，受け口. **2**《電球の》ソケット；コンセント (=wall ～). **3** くぼみ；眼窩(がんか)，眼腔(がんこう) (=eye ～). **——** *vt.* 受け穴に差し込む，ソケットに入れる.

só·cle [sákl, sóukl, sɔ́kl] *n.* 〖建〗《柱・像などの》台石；壁の基盤〔腰〕. → plinth.

SOCONY, Socony [sákəni/sɔ́k-] Standard Oil Company of New York.

Sóc·ra·tes [sákrətiːz/sɔ́k-] *n.* ソクラテス，470？–399 B.C.，古代ギリシアの哲学者.

So·crát·ic [sokrǽtik/sɔ-, so-] *a.* **1** Socrates に関する. **2** ソクラテス哲学の，ソクラテス的な. **3** 対話法による議論〔証明法〕の. **——** *n.* (通例 *pl.*) ソクラテス (派) 学徒.

～ irony ソクラテス式反語《自分が無知であると偽って他人に語らせ，逆にその無知を暴露する論法》.

～ method ソクラテス式問答教授法.

sod[1] [sad/sɔd] *n.* **1** 芝土；芝ふ. **2** 草のはえている地面. ***under the* ～** 葬られて，墓の中で.
—— *vt.* (**-dd-**) に芝土を敷く，に芝を植え付ける.
◇ **～·dy** *a.* 芝土の，草地の，芝ふの.

sod[2] *v.* 〖廃・古〗seethe の過去形.

***só·da** [sóudə] *n.* **1** ソーダ《特に炭酸ソーダ・重炭酸ソーダ》；重曹(じゅうそう)；カセイソーダ. **2** ソーダ水 (=～ water)：a whisky and ～ ウイスキーソーダ，ハイボール.

～ ash ソーダ灰. **～ cracker**〖米〗塩味の軽いクラッカー. **～ fountain**〖米〗《薬局などの一部の》喫茶部；《じゃロのある》ソーダ水容器. **～ jerk**〖俗〗《薬局の一部などの喫茶部の》売り子. **～ pop** ソーダ水. **～ water** (1) ソーダ水. (2) 重炭酸ソーダ.

so·dál·i·ty [sodǽləti] *n.* **1** 親交；交友関係. **2** 組合；団体. **3**《ローマカトリックの》信徒会《信仰および慈善活動を目的とする》.

só·dar [sóudɑːr] *n.* 音波による気象探知機.

sód·den[1] [sádn/sɔ́dn] *a.* **1** 水を吸った，ずぶぬれの. **2**《特に料理不十分な食物が》ぐしゃぐしゃの，からっとしない；ふやけた. **3**《比喩的》酒に酔いひたった. **4**《表情などが》薄のろの，間の抜けた.
—— *vt.* **1** 水に浸す，ぬらす. **2** 酒にひたす，酒でぼけさす. **——** *vi.* **1** 水に浸る，ぬれる. **2** ぐしゃぐしゃになる；腐る. **3** 酔いひたる.

sód·den[2] *v.* 〖古〗seethe の過去分詞.

só·di·um [sóudiəm] *n.* 〖化〗ナトリウム，ソジウム《記号 Na》.

～ bicarbonate〖化〗重炭酸ナトリウム，重曹(じゅうそう). **～ carbonate**〖化〗炭酸ナトリウム. **～ chloride**〖化〗塩化ナトリウム，食塩. **～ cyanide**〖化〗シアン化ナトリウム. **～ dichromate**〖化〗重クロム酸ナトリウム. **～ hydroxide**〖化〗水酸化ナトリウム，カセイソーダ. **～ nitrate**〖化〗硝酸ナトリウム. **～ thiosulfate**〖化〗チオ硫酸ナトリウム，「ハイポ」(hypo[1]). **～(-vapor) lamp**〖電〗ナトリウム燈.

Sód·om [sádəm/sɔ́d-] *n.* 〖聖〗死海に面した古代都市の名《住民の罪悪に神が怒って隣の Gomorrah とともに焼き滅ぼした. 創世記 18–19》.

Sód·om·ite [-àit] *n.* **1** Sodom の住民. **2** (s～) 男色家.

sód·om·y [-i] *n.* 男色；獣姦(じゅうかん).

so·év·er [soévər] *ad.* **1** どんなに…でも〔とも〕：How wide ～ the difference may be, … 相違がどれほど大きかろうと…. 〈注〉おもに who, what, when, where, how, all, any などとともに用いられる. これらの語と soever の間に他の語が介入することがある《例：in any way *soever* どういう方法によるにせよ》. **2**《no とともに》少しも…でない：He gives *no* information ～. なんの知らせもよこさない.

-so·év·er [-soévər] who, what, whom, how, when, where に添えて「たとえ…でも」とその意味を強調する連結形.

‡**só·fa** [sóufə] *n.* ソファー，長いす.

só·far [sóufɑːr] *n.* 水中音測装置.
[< *so*und *f*ixing *a*nd *r*anging]

sóf·fit [sáfit/sɔ́f-] *n.* 〖建〗アーチ〔丸天井, バルコニー〕の下側〔内側〕.

Só·fi [sóufi], **Só·fism** [sóufiz(ə)m] = Sufi, Sufism.

Só·fi·a [sóufiə, sofíːə] *n.* Bulgaria の首都.

S. of Sol. Song of Solomon.

†**soft** [sɔːft/sɔft, sɔːft] *a.* **1** 柔らかい, ふんわりとした: a ～ pillow 柔らかいまくら. **2** すべすべした, 手ざわりのよい: ～ skin なめらかな膚. **3** 《光・色が》柔らかな, 落ち着いた; 《声が》低い: a ～ light. a ～ voice. **4** 《輪郭が》目だたぬ: ～ shadows〔outlines〕ぼんやりした影〔輪郭〕. **5** 《風・気候などが》穏やかな, 快い: ～ air〔breeze〕そよ風. a ～ winter 暖冬. **6** 《斜面・山・肩などが》なだらかな. **7** 《態度などが》穏やかな; 優しい, 寛大な: a ～ knock 軽いノック. a ～ answer 《非難などに対し》穏やかな返事. a ～ heart 優しい心. **8** 恋の; 恋している: He is ～ about her. 彼は彼女に恋している. **9** 弱い, めめしい; 頭が足りない: ～ from lack of exercise 運動不足で軟弱になって. He is not as ～ as he looks. 見た目ほどばかじゃない. **10** 安易な: a ～ way to make money 金もうけの楽な方法. **11** アルコール〔無機物〕を含まない: ～ drinks ソフトドリンクス《ジュースなど》. ～ water 軟水. **12** 〖音声〗軟音の《*c*ity の [s], *g*em の [dʒ]》; 有声の《[k] に対する [g]》. ***be ～ on*** に恋している. ***S～ and fair goes far.*** 〖諺〗柔よく剛を制す. ***the ～er sex*** = soft sex.

—— *n.* **1** 柔らかいもの〔部分〕; 柔らかさ. **2** 〖話〗ばか者.

—— *ad.* 柔らかく, 優しく, 静かに, そっと: speak ～ 穏やかに話す.

—— *int.* 〖古〗しっ!, ちょっと待て!

～-ball [⌐⌐]〖米〗ソフトボール; ソフトボール用のボール. **～-bóiled** 《卵が》半熟の. **～ coal** 有煙炭. **～ corn** 魚の目に似た水ぶくれ. **～ cover** 紙表紙の(本). **～ currency** 〖米〗ドルに交換できない通貨. → hard currency. **～ glances** 色目. **～ goods**〔**wares**〕〖英〗織物類. **～ hat** 中折れ帽. **～-héad·ed** [㊥ ⌐⌐⌐] まぬけの, ばかな. **～-héart·ed** 心の優しい, 温和な, 情けぶかい. **～ landing** 軟着陸《宇宙船の月などへの》. **～ money** 紙幣. **～ nothings** むつごと; おせじ. **～ palate** 軟口がい. **～ pedal** 《ピアノの》弱音ペダル. **～-péd·al** →別項. **～ raiment** 《衣服の》柔らかいもの. **～ roe** しらこ. **～ sell** 穏やかな売り込み〔宣伝〕. **～ sex, the** 女性 (= the softer sex). → the rough(er) sex. **～ snap** 〖米話〗楽な仕事, ぼろい仕事. **～-sóap** 〖米話〗(に)カリせっけん〔軟せっけん〕を使う; におべっか〔おせじ〕を言う. → soap. **～ solder** (1) 可溶性金属用はんだ. (2) おせじ, おべっか. **～-spó·ken** [㊥⌐⌐⌐] 柔らかく話す, 柔らかい優しい声をした; 《比喩的》表現が柔らかな, 口のうまい. **～ thing** 割りの良い仕事, ぼろい仕事. **～ touch** 〖米俗〗くみしやすい〔説き伏せやすい〕相手. **～·ware** [⌐⌐] ソフトウエア《電算機のプログラム処理》. → hardware. **～-wít·ted** = ～-headed. **～·wood** [⌐⌐] 針葉樹(の木材); 柔らかい材質の木. ◇ **～·ish** *a.* 柔らかめの, やや柔らかい; 優しそうな. **～·ness** *n.* 柔らかなこと, 優しさ, 温和, 慈愛; 寛大; 静けさ. **～·y** [-i] *n.* 〖俗〗柔弱な者, ばか, まぬけ, だまされやすい者.

[類義語] **やわらかな: soft** hard の反意語で, 物質的に, または手ざわりが柔らかいほかに, 以下のすべての語義を含む. **tender** 抵抗力のない, 繊細な柔らかさに用いる: *tender* steak 柔らかなビフテキ. a *tender* heart 傷つきやすい心. **mild** harsh, bitter などの反意語で, 気候・人柄・罰・味などがきびしくない, やわらかな: a *mild* nature 穏やかな気質. a *mild* cigaret 軽いたばこ.

‡**sóf·ten** [sɔ́ːfn/sɔ́fn, sɔ́ːfn] *vt.* **1** 柔らかにする: Heat ～*s* iron. 鉄は熱でやわらかくなる. **2** の心を優しくする; 弱くする, 柔弱にする. **3** 〈声・色を〉和らげる, じみにする. **4** 軽減する, 楽にする. **5** 〈水を〉軟水にする. **6** 〈物価・要求などを〉押える.

—— *vi.* **1** 柔らかになる. **2** 〈心が〉優しくなる, めめしくなる. **3** 穏やかになる; 和らいで〔弱まって〕…になる《に *into*》. ***～ing of the brain*** (1) 脳軟化症. (2) 痴呆(ちほう). **～ *into tears*** 感泣する. **～ *up*** 《爆撃して敵の》抵抗力を弱める.

‡**sóft·ly** [sɔ́ːftli/sɔ́ftli, sɔ́ːft-] *ad.* **1** 柔らかに; 物優しく, なごやかに; 寛大に. **2** 控えめに; 落ち着いて; 静かに. **3** 小声で.

sòft-péd·al [sɔ̀ːftpédl/sɔ́ft-, sɔ́ːft-] *vt., vi.* (**-l-**, ㊥ **-ll-**) **1** ソフトペダルを踏む; 〈音を〉和らげる. **2** 〖米話〗のことばの調子を下げる〔弱める〕. **3** ぼんやりさせる, 目だたぬようにする, かげんする.

sóg·gy [sági/sɔ́gi] *a.* 水に浸った, ずぶぬれの; じめじめした, ぐしゃぐしゃの; しけた

soh [sou] *int.* = so[1].

so·hó [sohóu] *int.* そうら《猟犬を励まし, または獲物を見つけたときのかけ声》; どう《馬を静めるかけ声》.

So·hó [sohóu, sóuhou] *n.* 《ロンドンの》ソホー街《フランス・スイス・イタリア人などの外人経営の飲食店の多い場所》.

soi-di·sant [F. swadizɑ̃, ㊥⁺ swɑːdíːzɑ̃ː] F. *a.* 自称の; いわゆる; にせの.

soi·gné [swɑːnjéi] F. *a.* (*fem.* ***-gnée*** [-njéi]) 行き届いた, 念入りの; 身なりの整った.

‡**soil**[1] [sɔil] *n.* **1** 土, 土壌(どじょう), 地味: rich〔poor〕～ 肥沃(ひよく)な〔やせた〕土. **2** 土地, 国土, 国: one's native ～ 故国, 自国. **3** 《悪などの》温床.
～ cement ソイルセメント《土とセメントを混ぜたもの》. **～ conditioner** 土質改良薬.
[類] → **land**「土地」

*****soil**[2] *n.* きたない物, よごれ; 糞便(ふんべん); 下肥 (= night ～). —— *vt.* **1** よごす; きたなくする, にしみをつける. **2** 汚す, 傷つける, だいなしにする. **～ *one's hands with…*** …に関係して自分の品位を下げる.
—— *vi.* **1** よごれる, しみがつく, きたなくなる. **2** 落ちぶれる, 堕落する.
～ pipe 《糞尿排出の》汚水管, 地下排水管.
◇ **～·less** *a.* **1** しみのない, よごれ〔汚点〕のない; 汚水のない. **2** 土壌(どじょう)を用いない.

soil[3] *vt.* 新鮮な青草で牛馬などを太らせる.

soi·rée [swɑːréi/⌐⌐] F. *n.* 《音楽・談話のための》夕べのつどい; 夜会.

so·jóurn [sodʒə́ːrn, sóudʒəːrn/sɔ́dʒəːn] *vi.* 《一時的に》滞在する, 住む; 居を構える《に *in, at*; の間に *among*》. ◇ **～·er** *n.* —— [sóudʒəːrn/sɔ́dʒ-] *n.* 一時的居留〔駐在〕, 訪問, 滞在.

soke [souk] *n.* **1** 〖英: 法史〗法廷を開き司法権を行使する権利. **2** 《司法権が行使される》行政管区.

sol[1] [soul/sɔl] *n.* 〖楽〗sol-fa システムの第五音; 長音階の第五音.

sol[2] *n.* Peru の貨幣単位; その銀貨〔紙幣〕.

sol[3] *n.* 〖化〗《液体とコロイド混合の》ゾル, 膠質(こうしつ)溶液. → **gel.**

Sol [sɑl, sɔːl/sɔl] *n.* **1** 〖笑〗太陽 (= Old ～). **2** 〖ロ神〗太陽神.

Sol. Solicitor; Solomon. **sol.** soluble; solution.

só·la [sóulɑː/-lə] *n.* 〖植〗《東インド産の》クサネム類; その心(しん)でつくったヘルメット帽 (=～ topi).

*****sól·ace** [sális, -ləs/sɔ́l-] *n.* **1** 慰め, 慰安; 気晴らし, 気休め. **2** 慰め物; 楽しみ, 娯楽.
—— *vt.* 慰める, に慰めを与える; 和らげる. —— *vi.* 慰めとなる; 安楽にする. **～ *oneself with*** で自らを慰める. [√sol-[2]]

só·lah = sola.

só·lan [sóulən] *n.* 〖鳥〗オサドリ (=～ goose), カツオドリ (gannet)《海鳥》.

*****só·lar*** [sóulər] *a.* 1 太陽の, 太陽に関する. 2 太陽から出る〔起こる〕. 3 太陽光線を利用した. 4 〖占星術〗太陽の運行によって定められた; 太陽の影響を受ける.
~ **battery** 太陽電池. ~ **calendar** 太陽暦. ~ **day**〖天〗太陽日. ~ **eclipse** 日食. ~ **flare** 太陽の表面に起きる大爆発. ~ **flowers** 昼間だけ開く花. ~ **furnace**《太陽エネルギーを利用した》太陽炉. ~ **myth** 太陽神話. ~ **plexus, the**〖医〗太陽神経叢(ぞう)《胃の後方にある神経節の中心》; みぞおち. ~ **spot** 太陽黒点. ~ **still** 太陽蒸留器《太陽光線によって海水などを飲料水に変える装置》. ~ **system, the**〖天〗太陽系. ~ **year**〖天〗太陽年《365 日 5 時間 48 分》.

só·lar·ism [sóulərìz(ə)m] *n.* 太陽中心説〔神話説〕. ◇ **-ist** *n.*

so·lár·i·um [soléə(:)riəm/-léər-] *n.* (*pl.* **-a** [-riə]) 1 日どけい. 2《特に回復期の患者の日光浴(治療)を目的とする》ガラス張りのへや.

só·lar·ize [sóuləràiz] *vt., vi.* 1 日光にさらす. 2 〖写〗(に)ソラリゼーション《露出過度による部分的反転》を起こす.
◇ **sò·lar·i·zá·tion** [sòulərizéiʃ(ə)n, -raiz-] *n.*

so·lá·ti·um [soléiʃiəm] *n.* (*pl.* **-a** [-ʃiə])《損失・損害を償う》賠償〔見舞い, 慰謝〕(金). [√sol-²]

†**sold** [sould] *v.* sell の過去・過去分詞.

sól·der [sádər/sóldə] *n.* 1 はんだ. 2《比喩的》接着するもの, 結合物; きずな (bond). ***hard*** 〔***soft***〕 ~ 硬鑞(ろう)〔軟鑞〕. —— *vt.* はんだで接着〔結合〕する; 繕う. —— *vi.* はんだづけする; 結合する. ~***ing iron*** はんだごて.

†**sól·dier** [sóuldʒər] *n.* 1 (陸軍) 軍人: a career ~ 職業軍人. 2 兵士, 下士官: a private 〔common〕 ~ 兵. → officer. 3《歴戦の》勇士,《有能な》将校, 指揮官;《主義の》闘士. 4〖英俗〗ずるける人,《特に》なまける船員. 5〖虫〗兵隊アリ;〖動〗ヤドカリ. 6〖俗〗薫製ニシン.
come the old ~ over に古参者顔で指揮する; をだます. ***go*** 〔***enlist***〕 ***for a ~*** 兵役を志願する; 軍人になる. ***old ~*** (1) 老兵, 古参; 老練家. (2) あきびん; たばこの吸いがら. ***play at ~s*** 兵隊ごっこをする. ***~ of Christ*** 〔***the cross***〕 キリスト教伝道家. ***~ of fortune*** 冒険軍人, 野武士《金もうけ・冒険が目的の》; 風雲児.
—— *vi.* 1 軍人になる, 兵役につく. 2〖俗〗仕事をずるける; 仮病をつかう. ***go ~ing*** 軍人になる.
~ **ant**〖虫〗《シロアリの中で特に強大な頭の》兵隊アリ. ~ **crab**〖動〗ヤドカリ. **S~'s Medal**〖米〗軍人賞《戦闘以外の英雄的行為に与えられる勲章》.
◇ **~·like** *a.* **~·ship** *n.* 1 軍事的手腕〔能力〕. 2 軍人であること, 軍人かたぎ. **~·y** [-dʒəri] *n.* 1《集合的》軍人, 兵隊;《一国の》軍隊. 2 軍事教練〔知識〕.

sól·dier·ly [-li] *a.* 1 軍人風の; 軍人かたぎの; 忠節な. 2 堂々とした; きりっとした. 3 勇敢な, 剛気な; 冷静な表情の.

sól·do [sáldou/sól-] *n.* (*pl.* **-di** [-di:]) イタリアの銅貨《lira の 20 分の 1》.

‡**sole**¹ [soul] *a.* 1 たった一つ〔ひとり〕の: the ~ living relative 唯一の生存している身内. 2《古・雅》ひとりの, 孤独の, 友のない. 3〖法〗独身〔未婚〕の: feme ~ 独身の女. ↔ feme covert. 4 独占的: ~ right of use 独占使用権. the ~ agent 総〔一手〕代理店〔人〕. [√sol-¹]
〖類〗→ **single**「唯一の」

sole² *n.* 1 足の裏. 2《くつ・サンダルなどの》底, 底板, 底皮. 3 物の基部〔底部, 裏側〕;《スキー・そり・ゴルフクラブなどの》裏. —— *vt.* <くつなどに> 底を付ける; の底を替える. ~ **leather**《くつの》厚皮. **~·plate** [́- ̀] 〖機〗底板, 床板.

sole³ *n.*〖魚〗シタビラメ, シタガレイ;《一般的》カレイ.

sól·e·cism [sáləsiz(ə)m/sól-] *n.* 1《語法の》誤り, 書き〔話し〕違い. 2《行儀作法の》無視; 無作法; 育ちの悪いこと.
◇ **-cist** *n.* 文法〔語法〕違反者; 無作法者.

sòl·e·cís·tic [sàləsístik/sòl-] *a.* 文法違反の;《社会習慣などに》もとる, そむく, 無作法な.
◇ **-ti·cal·ly** *ad.*

‡**sóle·ly** [sóulli] *ad.* 1 ひとりだけ, 単独で: I am ~ responsible. 責任のあるのは私だけです. 2 もっぱら, ひとえに, 単に: I went there ~ to see it. それを見たいばっかりに行ったのです. [<sole¹]

‡**sól·emn** [sáləm/sól-] *a.* 1 厳粛な, 謹厳な: a ~ speech 重々しいことば. put on a ~ look 物々しい顔つきをする. 2 荘厳な, 荘重な: a ~ sight おごそかな光景. ~ music 荘重曲. 3 厳たる, 重大な: a ~ truth 動かしがたい事実. 4 おごそかな, 真心こめた: a ~ promise 誠意をこめた約束. 5〖宗〗儀式にかなう, 正式の; 儀式ばった. 6〖法〗正式の.
◇***~·ly** *ad.* **~·ness** *n.* 〖類〗→ **grave**「まじめな」

so·lém·ni·ty [səlémnəti] *n.* 1 厳粛, 荘厳, こうごうしさ. 2 まじめな顔つき〔気質, 感情, ふるまい〕. 3 (しばしば *pl.*) 儀式, 祭典. 4〖法〗正式.

sól·em·nize [sáləmnàiz/sól-] *vt.* 1 (式をあげて) おごそかに祝う. 2 <結婚式などを> おごそかに行なう. 3 厳粛にする; におごそかさを加える. ◇ **sòl·em·ni·zá·tion** [sàləmnizéiʃ(ə)n, -naiz-/sòl-] *n.*

só·le·noid [sóulinòid] *n.*〖電〗ソレノイド, 線輪筒.

Só·lent [sóulənt] *n.* (the ~) イングランドと Wight 島の間にある海峡.

sol-fá [soulfá:/sɔl-] *n.*〖楽〗ドレミファ音階 (唱法). —— *v.* (**~d** *or* **~ed** [-d]) *vi.* ドレミファを唱える. —— *vt.* ドレミファ〔階名〕で歌う《歌詞でなく》.

sol·fég·gio [salfédʒou, -dʒiòu/sɔlfédʒi-] *n.* (*pl.* **-gi** [-dʒi:], **-gios**)〖楽〗ドレミファ (唱法) 練習.

só·li [sóuli:] *n.* solo の複数形.

‡**so·líc·it** [səlísit] *vt.* 1 に請う, に懇請する, にせがむ《~ a person *for* a thing》; に頼み込む《*to* (do)》. 2 <物を> 求める, せがむ《*of* 〔*from*〕 a person》. 3 <裁判官に>わいろで泣きつく. 4 <売春婦などが> 誘う, 誘惑する. —— *vi.* 1 懇請する; 勧誘する, 物ごいする; 物売りする: ~ *for* help 援助を求める. 2 客引きする. [√ci-] 〖類〗→ **beg**「頼む」

so·lìc·i·tá·tion [səlìsitéiʃ(ə)n] *n.* 1 懇請, 懇願, たっての要求; 泣きつくこと. 2 誘惑, 客引き. 3〖法〗収賄誘致.

*****so·líc·i·tor*** [səlísitər] *n.* 1 懇願者, 催促する人; 求婚者. 2〖米〗《市・町などの》法務官. 3〖英〗事務弁護士《法廷弁護士と訴訟依頼人との間でおもに事務を扱う法律家》. 4〖米〗注文取り, 勧誘員: an insurance ~ 保険勧誘員.
~ **general** (*pl.* **~s general**) (1) 検事次長; 法務次官. (2)〖米〗法務長官;《州の》検事総長.

so·líc·it·ous [səlísitəs] *a.* 1 懸念〔心配〕している, 気をもんでいる, 心配そうな《について *about, for*》. 2 懇願している; 切望している, 熱心な《を *of*; *to* (do)》. ◇ **~·ly** *ad.* 1 懸念して; 心配そうに. 2 懇願的に; 熱心に. **~·ness** *n.*

so·líc·i·tude [səlísit(j)ù:d/-tju:d] *n.* 1 心配, 気づかい, 憂慮《*about*》. 2 切望, 熱心, 配慮《*for*》. 3 (*pl.*) 心配の原因〔たね〕.

‡**sól·id** [sálid/sólid] *a.* 1 固体の, 固形の: ~ food 固形食物. 2 堅固な, がんじょうな: a ~ building がっちりした建物. 3 中空でない; 中まで同質の, めっき(張り)でない: ~ silver 銀むく. 4 充実した, 実質的な: a ~ meal 食べでのある食事. time for ~ reading みっちりと読書する〔本格的なものを読む〕時間. 5 堅実な, 確実な, 信頼できる; ほんものの: a ~ reasoning しっかりした推論. ~ comfort ほんとうの慰め. 6 団結〔結束〕した, 満場一致の: a ~ vote 団結投票. 7《色など》濃淡のない, 一様な. 8《霧など》濃い, 厚い. 9 連続した, 切れ目のない; 正味:

a ～ hour まるまる1時間. **10**〘数〙立体の, 立方の. **11**《合成語が》ハイフンなしで続けられた;〘印〙行間をあけない, ベタ組みの. **12**〘米〙《強意語として good の次に用いる》強い, 勢いのよい. **13**〘米話〙仲がよい, しっくりした. **14**〘米俗〙《ダンス・ジャズなど》すばらしい. ***be*** 〔***go***〕 ***～ for*** 〔***in favor of***〕こぞって…を支持している〔支持する〕. ***be ～ with***〘米話〙と仲がよい.

—— *n.* 固体 (=～ body);〘数〙立体. [√solid-]

～ angle 立体角. **～ body** 固体. **～ geometry** 立体幾何学. **S～ South, the**〘米〙《民主党の基盤として固まった》南部諸州. **～-státe**〘電〙ソリッドステートの, トランジスタなどを用いてフィラメントや可動部分を除去した: a *～-state* amplifier.

◇ **～·ly** *ad.* **～·ness** *n.*

〔類〕 → **firm**「堅い」

sòl·i·dár·i·ty [sɑ̀lidǽriti/sɔ̀l-] *n.* **1** 連帯, 結束, 団結. **2**《感情・思想の》共同一致;《行為の》共同提携. [√solid-]

sól·i·dar·y [sɑ́lidèri/sɔ́lidəri] *a.* 共同 (一致) の; 連帯の. ◇ **-i·ly** *ad.* **-ist** *n.* (社会) 連帯主義者.

so·líd·i·fy [səlídifài] *vt.* **1** 固める, 凝固させる. **2** 結束させる. **——** *vi.* **1** 固くなる, 凝固する. **2** 結束する. ***～ing point***〘物〙固化点.

◇ **so·lìd·i·fi·cá·tion** [səlìdifikéiʃ(ə)n] *n.*

so·líd·i·ty [səlíditi] *n.* **1** 堅いこと, 固体性. ↔ fluidity. **2** 堅固; 堅実. **3**《中身が》うつろでないこと. **4** 実質的なこと, どっしりしていること. **5** 立体性. **6**〘数〙体積, 容積.

sól·i·dus [sɑ́lidəs/sɔ́l-] *n.* (*pl.* **-di** [-dài]) **1** 古代ローマの金貨. **2** 斜線記号《「/」. もと「ſ」または「s」で shilling と penny を区別した: 7/6 7シリング6ペンス》; 分数の斜線《1/6 6分の1》; 日付の斜線《7/6; アメリカでは7月6日, イギリスでは6月7日》.

sòl·i·fíd·i·an [sɑ̀lifídiən/sɔ̀l-] *a., n.*〘宗〙《信仰のみが救いの道であるとする》唯信論者 (の).

so·líl·o·quize [səlíləkwàiz] *vi.*《劇などで》独白する; ひとりごとを言う.

◇ **-quist** *n.* 独白者, ひとりごとを言う者.

so·líl·o·quy [səlíləkwi] *n.*〘劇〙独白; ひとりごと. [√sol-¹+√loqu-]

sól·i·ped [sɑ́lipèd/sɔ́l-] *a., n.*〘動〙《馬など》単蹄(たんてい)の (動物).

sól·ip·sism [sɑ́lipsìz(ə)m/sóul-] *n.*〘哲〙唯我論.

sol·i·taire [sɑ̀litέər/sɔ̀l-] F. *n.* **1**《イヤリング・指輪などに》一つはめた宝石《特にダイヤモンド》. **2** ひとりでするトランプ (patience). **3** ネクタイの一種《幅広の黒絹製で18世紀に用いられた》.

‡**sól·i·tar·y** [sɑ́litèri/sɔ́lit(ə)ri] *a.* **1** 孤独の, ひとりぼっちの: a ～ traveler ひとりぼっちの旅人. a ～ life 独居. ～ chores ひとりだけでする仕事. **2** 寂しい, 人里離れた, 人の訪れない: a ～ valley. **3** 唯一の, 単一の: be not a ～ instance 唯一の例ではない. **4**〘動〙群居しない, 独居性の.

—— *n.* 独居者; 隠者;〘話〙独房監禁. [√sol-¹]

～ confinement 〔**imprisonment**〕 独房監禁.

◇ **-i·ly** *ad.* ひとり寂しく. 〔類〕 → **alone**「ひとりで」

‡**sól·i·tude** [sɑ́lit(j)ùːd/sɔ́litjuːd] *n.* **1** 孤独, 独居; 寂しさ. **2** 寂しく人けのない場所, 僻地(へきち), 荒野. ***in ～*** ひとり寂しく. [√sol-¹]

sòl·mi·zá·tion [sɑ̀lmizéiʃ(ə)n/sɔ̀l-] *n.* =sol-fa.

só·lo [sóulou] *n.* (*pl.* **-los** [-louz], **-li** [-liː]) **1**〘楽〙独唱〔独奏〕(曲). **2**〘空〙単独飛行. **3** ひとり芝居. **4** ひとりトランプ; ひとりで3人を相手にするトランプ遊び. **——** *a.* 独唱〔独奏〕の; ソロをひく〔奏する〕; ひとり舞台の, 独演の; ひとりでする.

—— *ad.* 独唱〔独奏〕で; ひとりで.

—— *vi.*〘空〙単独飛行をする. [√sol-¹]

◇ **～·ist** *n.* 独唱〔独奏〕者; 独演者.

Sól·o·mon [sɑ́ləmən/sɔ́l-] *n.* **1** ソロモン, 1033–975 B.C., David の子で, イスラエルの王《英知で有名》. **2** 賢人. (***as***) ***wise as ～*** きわめて賢い. ***the Song of ～***〘聖〙雅歌《旧約聖書中の一書》.

～ Islands, the ソロモン諸島. **～'s seal** (1)〘植〙アマドコロ属の植物. (2) ソロモンの印形《星形》.

◇ **Sòl·o·món·ic** [⏊–mɑ́nik/-mɔ́n-] *a.* ソロモン王の (ような); 賢明な.

Só·lon [sóulən/-lɔn] *n.* **1** ソロン, 638?–559? B.C., アテネの政治家・立法家《古代七賢人のひとり》. **2** (しばしば s～) 賢人; 名立法家;〘米話〙代議士.

sò lóng [sɔ̀-lɔ́ːŋ/sóu-lɔ́ŋ] *int.*〘話〙(では)さようなら.

sól·stice [sɑ́lstis/sɔ́l-] *n.* **1**〘天〙至《夏または冬の》; 至点《夏至(げし)点と冬至点との併称》. **2** 極点, 頂点, 最高点. ***the summer ～*** 夏至《6月21日または22日》. ***the winter ～*** 冬至《12月21日または22日》. [√sol-⁴+√sta- 太陽+立つ, とまる]

◇ **sol·stí·tial** [sɑlstíʃ(ə)l/sɔl-] *a.*〘天〙至の, 夏至〔冬至〕の: *solstitial* point 至点, 日至点.

sól·u·ble [sɑ́ljubl/sɔ́l-] *a.* **1** 溶ける, 溶けやすい《*in*》. **2** 解ける, 解決〔解答, 解釈〕できる. [√solu-]

◇ **sòl·u·bíl·i·ty** [⏊–bíliti] *n.* 溶解〔可溶〕性; 溶解(度); 溶解量; 解決〔解答〕の可能性.

só·lus [sóuləs] *a.* (*fem.* **só·la** [sóulə]) ひとりで (alone)《おもに脚本の「ト書き」に用いる》: Enter the king ～. 王ひとり登場. [√sol-¹]

sól·ute [sɑ́ljuːt, sóul(j)uːt/səljúːt] *n.*〘化〙溶質.

—— *a.* 溶けた.

‡**so·lú·tion** [səlúːʃ(ə)n, -ljúː-] *n.* **1** 溶解, 溶解状態; 溶解法〔術〕: The sea-water holds various substances *in* ～. 海水にはいろいろの物質が溶け込んでいる. **2** 溶液, 溶剤: a strong〔weak〕～ 濃〔希〕溶液. **3** 分解; 断絶; 崩解. **4**《問題の》解決, 解明, 解答(法): There must be some *～s to* the problem. この問題はなんとか解決できるはずだ. **5**《数学などの》解法, 解式. **6**〘医〙《病気の》末期. ***in ～*** 溶けて;《考えなどが》まとまらないで, ぐらついて. [√solu-]

◇ **～·ist** [-ist] *n.*《パズルなどの》職業的解答者.

sólv·a·ble [sɑ́lvəbl/sɔ́l-] *a.* 解ける, 解決〔解釈, 説明〕できる.

◇ **～·ness** *n.* **sòlv·a·bíl·i·ty** [⏊–bíliti] *n.*

‡**solve** [sɑlv/sɔlv] *vt.* **1** <問題・なぞなどを> 解く, 解答する, 説明する: ～ a problem 問題を解く〔解決する〕. **2** <困難などを> 解決する, に決着をつける. → 名詞 solution. [√solu-]

sól·vent [sɑ́lv(ə)nt/sɔ́l-] *a.* **1** 溶解する力のある. **2** 支払能力のある. **3**《心・感情などを》和らげる力のある,《信仰などを》弱める《*of*》. **——** *n.* **1** 溶剤, 溶媒. **2** 緩和剤, 解決策;《信仰などを》弱めるもの. ◇ **sól·ven·cy** *n.* 支払能力.

só·ma [sóumə] *n.* (*pl.* **～·ta** [-tə]) **1** 身体, からだ. **2**《生殖細胞を除く》体細胞.

So·má·li [soumɑ́ːli] *n.* (*pl.* ～(**s**)) アフリカ東部 Somaliland およびその付近に住むハム族; その言語.

So·má·li·a [soumɑ́ːliə] *n.* ソマリア《アフリカ東部の共和国》.

So·má·li·land [soumɑ́ːlilæ̀nd] *n.* アフリカ東部地方《フランス領ソマリ・ソマリア・エチオピアの一部》.

so·mát·ic [soumǽtik] *a.* **1**《心霊に対して》身体の, 肉体上の. **2**〘生〙からだの; 体軀(たいく)の; 体腔(たいこう)の, 体腔壁の. **～ cells** 体細胞《生殖細胞を除く》. ◇ **-i·cal·ly** *ad.*

sóm·ber, 〔英〕 **sóm·bre** [sɑ́mbər/sɔ́m-] *a.* **1** 薄暗い, 曇った. **2**《けしき・色などが》陰気な, くすんだ, じみな. **3**《表情・ようすなどが》悲しそうな, 沈んだ; 不吉(ふきつ)な, 気味の悪い. **4** 意気消沈した, 失望した. ◇ **～·ly** *ad.* **～·ness** *n.*

som·bré·ro [sɑmbré(ː)rou, -bríː(ː)r-/sɔmbrέər-] *n.* (*pl.* **～s**)《スペイン・南アメリカなどでかぶる》縁の広い麦わら〔フェルト〕帽, ソンブレロ.

sóm·brous [sɑ́mbrəs/sɔ́m-]〘雅〙=somber.

†**some** → 枠付 some. (pp. 1233–1234)

some

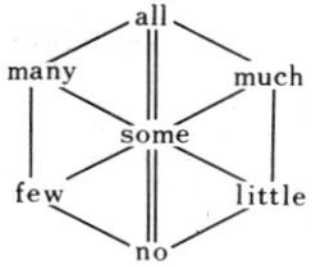

(1) some は図のように不定の数量をあらわす語としては最も中性的なものということができる. まず 六角形の左半分は数に関係して複数扱い, 右半分は量に関係して単数扱いであるが, 中央の all, some, no は数と量の両者に関係して, この点で 2 様の用法がある. その中央線上では some は一般に「部分」の含みのある点で all と, ともかく「ある」ことを示す点で「皆無」をあらわす no と対立する. また特に多いと明言しない点で many, much と, 少ないと明言しない点で few, little と区別される (もっとも a few, a little は some に接近するが). なお構文上これら周囲の 6 語と類似点が多く, また形容詞的および名詞的両様の用法をもつ点で, no を除く 5 語と共通している.

(2) 疑問文・否定文・条件節などでは any が入れ替わることが多い.

some [sʌm, 弱 səm, sm] *a.* **1** 《複数名詞または単数不可算名詞とともに》 いくらかの, いくつかの, 多少の, 少しの: Give me ～ apples [milk]. リンゴを数個 [ミルクを少し] ください 《通常 [s(ə)m]》. The operation requires ～ skill. その手術は多少の熟練を要する. to ～ extent ある程度. 〈注〉 複数可算名詞につくと "a number of"「若干個の」の意を, 単数不可算名詞につくと "a quantity of"「若干量の」または "a degree of"「ある程度の」の意をあらわす.

2 [sʌm] 《単数可算名詞とともに》 ある, なにかの, だれかの, どこかの: I saw him talking with ～ woman. 私は彼がある婦人と話しているのを見た. He went to ～ place in South America. 彼は南アメリカのどこかへ行った. 〈注$_1$〉 **some と a certain** some は知らない人や物, また特定でない人や物についていい, a certain は知りながらわざといわないか, またはけいべつして本名をあげないときなどに用いる. また some は…or other と相関して用いる. → 下記成句. 〈注$_2$〉 次の差に注意: Lend me *some* books. 本を数冊貸してくれ 《①の用法》. —Lend me *some* book. なにか本を貸してくれ 《②の用法》.

3 [通常 sʌm] 人 [物] によると… (もある), なかには… (もある): *S*～ books are not good for students. 学生たちにとってよくない本もある. *S*～ people can't see. 目の見えない人もある. *S*～ men say this, others that; which should I believe? こうだと言う人もいるし, ああだと言う人もいる, どちらを信じたらいいのだろうか. 〈注〉 others の代わりに some (下記名詞または代名詞的用法) も用いられる.

4 [sʌm] 《数詞とともに》 だいたい, およそ, …くらいの (≒about): There are ～ fifty boys in this room. このへやにはおよそ50人の少年がいる. 〈注〉 距離・時間などを示す単数名詞につく古い用法がある 《[ ]内が現代用法》: *some* [a] mile or so 1マイルくらい. *some* [an] hour or so 1時間くらい.

5 [sʌm] 相当な, かなりの (≒considerable): I needed ～ courage to do this. これをするには相当の勇気が必要だった.

6 [sʌm] 『米口語; 英俗』 たいした, すごい: It was ～ battle. それはすごい戦闘だった.

〈付記$_1$〉 複数可算名詞または物質名詞を無冠詞で用いると, 一般的のことをあらわす: I like apples [coffee]. 私はリンゴ [コーヒー] が好きだ. しかし there is [are], have, want, give などの動詞の次にくる名詞には通常 some (一種の冠詞とも見られる) がつく: There are *some* apples on the table. テーブルの上にリンゴがある. There is *some* water in the bucket. バケツの中に水がはいっている. I want *some* coffee. コーヒーがほしい. 〈注〉 名詞が連続するときは最初の名詞以外は通常 some を省略する: Give me *some* milk, sugar, and bread. ミルクと砂糖とパンをください.

〈付記$_2$〉 There is… 等の次でも some を用いないばあい: (1) 数量が非常に多いとき: There is water in the sea. 海には水がある. There are apples on the apple tree. リンゴの木にリンゴがなっている. (2) 数量よりも物自身に重きをおくとき: Do you want coffee or tea [apples or pears]? コーヒーと紅茶と [リンゴとナシと] どちらがほしいのか. (3) 複数可算名詞または (単数) 不可算名詞が動詞の補語となるとき: They are students. 彼らは学生だ. This is butter. これはバターだ.

〈付記$_3$〉 **some と any** (1) 通常肯定文に some, 疑問文・否定文および条件節には any を用いる: 《肯定》 Give me *some* tea. 紅茶をください. 《疑問・否定》 Do you need *any* money? お金がいるのか. —No, I don't need *any* (money). いや, (お金は) いらない. 《条件・肯定》 If you need *any* money, I will lend you *some*. お金がいるなら, いくらか貸してあげよう. (2) 次のようなばあいには, 疑問文でも some を用いる: (a) 肯定の答えを予期するばあい: Don't you need *some* pencils [ink]? 鉛筆 [インク] がいるのでしょう. (b) 勧誘・依頼の Will you …? などで: Will you have [Shall I give you] *some* tea? お茶を召し上がりませんか [あげましょうか]. Will you give me *some* matches? マッチを少しください. 〈注$_1$〉 形は疑問文でも実質は一種の命令文と見られる. 〈注$_2$〉 肯定平叙文に用いられる any は「なんでも」「だれでも」「どこでも」の意: *Any* student can do it. そんなことはどんな学生でもできる.

at ～ time or other いつかは, そのうち. ***in ～ way or other*** どうにかこうにかして. ***～ day*** いつか, そのうち (=someday). 〈注〉 未来についてのみ. ***～ few*** 少し (=a few) 《数について》. ***～ little*** 少し (=a little) 《量について》. ***～ more*** もう少し. ***～ one*** どれか一つ (の), だれかひとり (の); だれか, ある人. ***～ other time [day]*** いつかまた. ***～ time*** (1) そのうち, いつか. 〈注〉 通常 sometime. (2) しばらく (の間).

—— *pron.* **1** 多少, いくらか, いくぶん, 一部分: Do you want any tea? —Yes, give me ～. あなたはお茶が飲みたいですか. —ええ, 少しください 《量的》. You have a lot of eggs. Please give me ～. あなたはたくさん卵をもっている. 少しください 《数的》. I should like to have ～ of your patience. あなたのような忍耐心をいくらかでももちたいものだ 《抽象的》.

2 ある人たち, あるもの; 人 [物] によると… (人 [物] もある): *S*～ think it is wrong. それがまちがっていると思っている人たちもある. *S*～ were captured, ～ others were killed. 捕虜になった者もあれば殺された者もある. *S*～ of them [these tools] are quite useless. 彼ら [それら, ここにある道具] のなかには全く役に立たないものもある. *S*～ of his money, if he had any, was due to us. もし彼が金をいくらかでももっていたら, その一部はわれわれに払うべきものであった. 〈注$_1$〉 代名詞としても some は肯定文に用い, 疑問・否定・条件文には any を用いる. 〈注₂〉 some だけ単独では複数扱い, some of の形では複数または単数扱いになる. 〈注₃〉 some boys, some of the boys は正しいが, some of boys は誤り. → 枠付 many 〈付記₂〉.
—— *ad.* **1** 〖米話・英俗〗いくぶん, 少しは(≒somewhat): The snow is ～ deeper than yesterday. 雪はきのうより少し多く積もっている. He seemed annoyed ～. 彼はいくぶん当惑しているように思えた. **2** 〖米話〗なかなか, ずいぶん, 相当に (≒considerably): look ～ 相当に見える, たいしたものに見える. Do you like it? —*Some!* 好きかい. —かなりね.

-some[1] [-səm] *suf.* **1** 名詞・形容詞・他動詞に付けて「…を生じる」「…の傾向がある」の意の形容詞をつくる: burden*some* 重荷になる. whole*some* 健全な. tire*some* 疲れる. **2** 数詞に付けて「…組み」の意の名詞をつくる: four*some* 4 人づれ.

-some[2] [-sòum] 「…体」の意の語形成要素: chromo*some* 染色体.

†**sóme·bod·y** [sʌ́mbɑ̀di, -bʌ̀di, -badi/-bədi, -bɔdi] *pron.* **ある人, だれか**: *S*～ is looking for you. だれかがあなたを捜している; あなたを捜している人がいる. It's ～ else's hat. だれかほかの人の帽子です. There should be ～ at the entrance hall. 入り口のホールにはだれかがいるべきだ. 〈注〉通例肯定文に用いる.
—— *n.* ひとかどの人, 相当な者, たいした人: He acts as if he were ～. あの男は偉い人でもあるかのようなふるまいをする. 〈注〉someone はこの意味に用いない. ***～ or other*** だれか知らないが. ***think* one*self* (*to be*) (*a*) ～** 自分を偉いと思う.

***sóme·day** [sʌ́mdèi] *ad.* **いつか** (そのうちに).

‡**sóme·how** [sʌ́mhàu] *ad.* **1 どうにかして,** ともかくも: It must be done ～. どうにかして〔ともかくも〕それをやらなければならない. **2 なんとなく,** どういうわけか, どうも: *S*～ I don't like him. なぜか私は彼が好きになれない. ***～ or other*** どうにかこうにか; ぜひなんとかして; どういうものか.

†**sóme·one** [sʌ́mwʌ̀n, -wən] *pron.* **だれか,** ある人: *S*～ called me. だれかが私を呼んだ. *S*～ is waiting for you. あなたを待っている人がいる. Ask ～ else. だれかほかの人に聞きなさい.

sóme·place [sʌ́mplèis] *ad.* 〖米俗〗どこかに〔へ, で〕.

sóm·er·sault [sʌ́mərsɔ̀:lt], **sóm·er·set** [-sèt] *n.* とんぼ返り, 宙返り. ***turn a ～*** とんぼ返りをする.
—— *vi.* 空中回転〔とんぼ返り〕をする.

Sóm·er·set [sʌ́mərsèt, -sit-], **Sóm·er·set·shire** [-set-ʃiər, -sit-] *n.* イングランド南西部の州.

†**sóme·thing** [sʌ́mθiŋ, sʌ́mpθiŋ] *n.* **1 なにか,** ある物〔事〕; He has ～ on his mind. 彼はなにか心配事があるのだ. I want ～ to eat. なにか食べる物がほしい. I prefer ～ cold. なにかつめたい物がいい. **2** いくらか, いくぶん, 多少: *S*～ yet of doubt remains. まだ多少の疑いが残っている. **3** …と少し: at two ～ 2 時少し過ぎに. **4** 無視できないもの; ひとかどのもの〔人〕: There is ～ in it. それには一理ある. He is ～ in the department. 彼は省内での重要人物だ. **5** 〖話〗《the something の形で驚き・怒り・強意などをあらわす成句に用いて》いったい (ぜんたい) (the devil): What *the* ～ are you doing here? いったいぜんたいここでなにをしているのだ.
be ～ of a … 少し…である: Einstein *was* ～ *of a* violinist. アインシュタインはちょっとしたバイオリニストだった. ***be* [*have*] *～ to do with*** と関係がある. ***make ～ of*** をひとかどの者に仕込む. ***or ～*** …かなにか: I hear he has broken an arm *or* ～. 彼は腕かなにかを折ったとの話だ. ***see ～ of*** (1) いくぶん…を知る. (2) 多少…とつきあう, …にときどき会う. ***take a drop of ～*** 酒を一杯やる. ***There is ～*** strange ***about*** him. (彼) にはどこか (奇妙な) ところがある.
—— *ad.* **1** いくぶん, 多少: ～ more than… …よりやや多い, ややまし. **2** だいぶ, かなり. ***～ like*** (1) いくぶん…のような, ちょっと…に似た: Learning a foreign language is ～ *like* learning how to swim. 外国語の習得には水泳法の習得に似たところがある《代名詞とも考えられる》. (2) ざっと, ほぼ, 約: ～ *like* ten dollars 10ドルぐらい. (3) 〖英〗《like に強勢をおいて》たいした, すてきな, りっぱな: He was ～ *like* a musician. 彼はたいした音楽家だった.

†**sóme·time** [sʌ́mtàim] *ad.* **1 いつか**; そのうちいつか, 追って: Come and see me ～. そのうち遊びにおいでなさい. ～ in 1960 1960年中に. **2** 〖稀〗= sometimes. **3** 〖古〗かつて, 以前, いつか. ***～ or other*** 早晩, いつか.
—— *a.* かつての, 以前の: the ～ leader of the group そのグループの以前の指導者. Mr. X, ～ professor at… …のもと教授 X 氏.

†**sóme·times** [sʌ́mtàimz, sʌmtáimz, səmtáimz] *ad.* **1 ときどき, ときには,** おりおり: I usually walk, but ～ I take a taxi. ふだんは歩くがタクシーに乗ることもある. *S*～ they sang, (and) ～ they danced. 彼らは歌うこともあり, 踊ることもあった〔歌ったり踊ったりした〕. I ～ can't understand my father. ときには父の気持ちが理解できないことがある. He does make mistakes ～, but not serious ones. 彼でもときにはまちがいをするが, 重大なまちがいはしない. **2** 〖稀〗以前, かつて.
〈付記〉**頻度の副詞** sometimes は上記の諸例のように文中の位置がかなり自由であって, 文〔節〕の始めにも, 中にも, 終わりにも置くことができる. 他の頻度の副詞の位置はこれほど自由ではないが, 次の位置はこれらに共通して頻用される. (1) 一般定動詞の前: He *sometimes* [*always, usually, often*] *gets* up early. 彼もときには〔彼はいつでも, たいてい, しばしば〕早く起きる. She never [*seldom, rarely*] *breaks* her word. 彼女は決して〔めったに〕約束を破らない. (2) be 動詞定形または助動詞の直後: We *were sometimes* at a loss. ときには途方にくれることもあった. They *will seldom* complain. めったに文句は言わないでしょう. I *have often* seen him. 彼にたびたび会いました.
なお sometimes は「…することが〔も〕ある」で, 本質的には always と never の中間に位するという以外の積極的な記述力をもたないが, 普通は話者から見た主観的な頻度の順位を, 高い方から順に, 次のように考えることができる: always → usually → often → *sometimes* → seldom [rarely] → never.

sóme·way(s) [sʌ́mwèi(z)] *ad.* **1** なんとかして. **2** どういうわけか. **3** 少し離れて.

‡**sóme·what** [sʌ́m(h)wʌ̀t, -(h)wət/-(h)wɔt] *ad.* **いくぶん,** いくらか, ある程度, やや: look ～ disturbed いくらか心配そうな顔をしている.
—— *n.* いくぶん; 多少.

sóme·when [sʌ́m(h)wèn] *ad.* 〖稀〗いつか.

‡**sóme·where** [sʌ́m(h)wɛ̀ər] *ad.* **1 どこかに** 〔で〕, どこかへ: ～ in Tokyo 東京のどこかで〔に, へ〕. ～ about [around] here どこかこの辺に〔で, へ〕. **2** およそ, ほぼ《*about, near, between, in* などといっしょに用いて》: ～ *about* forty 40 ぐらい. 〈注〉通例肯定文に用いる. ***I'll see you ～ first!*** べらぼうめ!, あかんべえ! ***～ else*** どこかほかの場所で〔へ〕.

sóme·while [sʌ́m(h)wàil] *ad.* 〖古〗**1** かつて, 以前. **2** いつか, やがて. **3** ときおり, ときどき. **4** しばらくの間.

sóme·whith·er [sʌ́m(h)wiðər] *ad.* 〖古・稀〗どこかへ; どちらへか.

só·mite [sóumait] *n.* 〖動〗体節.

som·me·lier [sɔ:məljéi/sɔm-] F. *n.* 《料理店の》酒の給仕 (人).

som·nám·bu·late [sɑmnǽmbjulèit/sɔm-] *vi., vt.* 睡眠中に歩く. [√somn- + √ambul-]
◇ **-la·tor** [-ər] *n.* 夢遊病者. **-lant** *a.* 眠りなが

ら歩行する; 夢遊病の.

som·nám·bu·lism [-lìz(ə)m] *n.* 夢遊病.
◇ **-list** *n.* 夢遊病者.

som·nàm·bu·lís·tic [sɑmnæ̀mbjuḷístik/sɔm-] *a.* 夢遊病の; 夢中歩行する.

som·níf·er·ous [sɑmnífərəs/sɔm-] *a.* 眠けを催す, 眠りを誘う. [√somn-+√fer-] ◇ **～·ly** *ad.*

som·níl·o·quence [sɑmníləkwəns/sɔm-], **som·níl·o·quism** [-kwiz(ə)m] = somniloquy.

som·níl·o·quy [sɑmníləkwi/sɔm-] *n.* 〖稀〗 寝言癖. ◇ **-quist** [-kwist] *n.* **-quous** [-kwəs] *a.*

sóm·no·lent [sɑ́mnələnt/sɔ́m-] *a.* **1** 眠い, うとうとする. **2** 眠けを誘う. [√somn-]
◇ **～·ly** *ad.* **-lence, -len·cy** *n.*

sóm·nus [sɑ́mnəs/sɔ́m-] *n.* 〖ロ神〗 眠りの神.

†**son** [sʌn] *n.* **1** むすこ, せがれ, 男の子; 義理のむすこ, 養子. → daughter. **2** (男の) 子孫. **3** 住人, 国人 《*of*》; 《学校などの》 一員, 子弟; 党員; 《特定の職業の》 従事者: a faithful ～ *of* England 忠誠なイギリス人. a ～ *of* Mars [the Muses] 軍人 [詩人]. **4** 《年下の男子に対する親しげな呼びかけ》 きみ, 坊や: Listen, ～.
be** one's **father's ～ 父親にそっくり [生き写し] だ. one's ***～ and heir*** 嫡子, 長男. ***～ of a bitch*** 〖俗〗 畜生, 野郎. ***～ of Adam*** 人, 人間. ***～ of a gun*** 〖俗〗 くだらないやつ, けちなもの. ***～ of the soil*** 土着の人; 農民. ***the Son*** (***of God***) キリスト. ***the Son of Man*** 人の子, キリスト. ***the ～ of men*** 人類. ***the Sons of the American Revolution*** 〖米〗 独立戦争参加者の子孫によって組織された愛国団体.
～-in-law [⌐-⌐] (*pl.* **sóns-**) 娘の夫, 婿, 養子.

só·nant [sóunənt] *a.* **1** 音を出す, 響く. **2** 〖音声〗 有声 (音) の. ↔ surd. —— *n.* 〖音声〗 **1** 有声音. **2** 音節主音 (syllabic). **3** 自鳴音. [√son-]
◇ **só·nance, só·nan·cy** *n.* 有声であること; 響くこと. **so·nán·tal** [sonǽntl], **so·nán·tic** [sonǽntik] *a.*

só·nar [sóunɑːr] *n.* 《対潜水艦》 水中音波探知機. [<*so*und *na*vigation *r*anging]

so·ná·ta [sənɑ́ːtə] *n.* 〖楽〗 ソナタ, 奏鳴曲.

sòn·a·tí·na [sɑ̀nətíːnə, sòunə-/sɔ̀n-] *n.* (*pl.* **-nas, -ne** [-nei]) 〖楽〗 ソナチネ, 小奏鳴曲. [<It.]

†**song** [sɔːŋ/sɔŋ] *n.* **1** 歌, 唱歌, 声楽; 歌曲, 小唄(うた). **2** 詩, 詩歌. **3** 鳴き [さえずり] 声. **4** 《やかん・小川などの》 音. **5** とるに足らぬもの.
for a ～ = for an old ～ ただみたいに, 二束三文で. ***No ～, no supper.*** 〖ことわざ〗 働かざれば食うべからず. ***nothing to make a ～ about*** 〖俗〗 とるに足らぬ [つまらぬ] もの. ***～ and dance*** 歌と踊り; 〖俗〗 おもしろくてもつじつまの合わぬ話 [説明]. ***the S～ of S～s*** [***Solomon***] 〖聖〗 雅歌 《旧約聖書中の一書》.
～·bird [⌐⌐] 鳴き鳥, 鳴禽(めいきん); 女性歌手.
～·fest [⌐⌐] 合唱会. **～ sparrow** 〖鳥〗 カヤクグリ 《北アメリカに多いスズメ》; イワスズメ 《イギリスに多い小鳴鳥》. **～ thrush** 〖鳥〗 《ヨーロッパ産》 ウタイツグミの類 (throstle, mavis). **～·wrìt·er** 《流行歌曲の》 作詞 [作曲] 家.

sóng·ster [sɔ́ːŋstər/sɔ́ŋ-] *n.* **1** (*fem.* **-stress** [-stris]) 歌手 《特に流行歌の》; 歌作者, 詩人. **2** 鳴き鳥.

són·ic [sɑ́nik/sɔ́n-] *a.* **1** 音の [に関する]. **2** 《合成語で》 音速の: sub*sonic* 亜音速の. super*sonic* 超音速の. tran(s)*sonic* 音速の. **3** 音波の. [√son-]
～ barrier [**wall**] = sound barrier. **～ boom** ソニックブーム 《衝撃波》. **～ mine** 〖軍〗 《音波で爆発する》 音響機雷 (acoustic mine).

so·níf·er·ous [sonífərəs] *a.* 音を出す; 音を伝える. [√son-+√fer-]

són·net [sɑ́nit/sɔ́n-] *n.* ソネット, 十四行詩 《イタリアに起こった近代の小詩形》; 〖稀〗 短詩. —— *vi.* ソネットをつくる. —— *vt.* ソネットでほめ歌う [たたえる].

sòn·net·éer [sɑ̀niṭíər/sɔ̀n-] *n.* ソネット作詩者; 十四行詩人. —— *vi.* ソネットをつくる.

són·ne·tize [sɑ́nitàiz/sɔ́n-] *vi., vt.* = sonnet.

són·ny [sʌ́ni] *n.* 〖話〗 きみ, 坊や 《少年・年少者に対する親しみある呼びかけ》. → son ④.

són·o·buoy [sɑ́nəbɔ̀i, -bùːi/sɔ́nəbɔi] *n.* 無線浮標 《飛行機から投下して潜水艦を探知する》.

so·nóm·e·ter [sonɑ́miṭər/-nɔ́m-] *n.* 音響測定器; 聴力測定器.

so·nór·i·ty [sənɔ́ːriṭi/-nɔ́r-] *n.* **1** 響き, とどろき. **2** 反響, 共鳴. **3** 〖音〗 聞こえ, 亮度(りょうど).

so·nó·rous [sənɔ́ːrəs/-nɔ́ːr-] *a.* **1** 《声・楽器などが》 よく響き渡る. **2** 《詩文・ことばなどが》 響きのよい, 律動美の. **3** 《文体などが》 格調の高い, 力強い; 大げさな. [√son-] ◇ **～·ly** *ad.*

†**soon** [suːn, ㊀⁺ sun] *ad.* **1** まもなく, じきに, すぐに: ～ after four o'clock 4時少し過ぎ (に). He ～ came home. ほどなく帰って来た. **2** 早く, 急いで: an hour too ～ 《定刻・予定より》 1時間早く. Must you leave so ～? そんなに急いでお帰りにならなければいけないのですか. **3** 《would, had などとともに》 進んで, 快く, 喜んで: I *would* [*had*] ～*er* die. むしろ死んだ方がよい.
all too ～ あまりにも早く; あっけなく. ***as*** [***so***] ***～ as*** … …するやいなや, …するとすぐ: I will tell him so *as* ～ *as* he comes. 彼が来たらさっそくそう申し伝えましょう. ***as ～ as possible*** [***may be***] できるだけ早く. ***at the ～est*** いくら早くても. ***How ～*** can you be ready? どのくらいの時間で (準備ができますか). ***none too ～*** ちょうどよいときに. ***No ～er said than done.*** 〖俗〗 言うが早いか行なわれた [行なわれる]. ***no ～er than*****…** …し終わるか終わらないうちに (既に)…, …するやいなや…, …したとたんに…: I had *no* ～*er* [*No* ～*er* had I] left home *than* it began to rain. 家を出たとたんに雨が降りだした. ***～***(***er***) ***or late***(***r***) おそかれ早かれ, 早晩. ***S～ learned, ～ forgotten.*** 覚えやすければ忘れやすい. (***The***) ***least said*** (***the***) ***～est mended.*** 〖ことわざ〗 ことば少なければ災い少なし, 言わぬが花. ***The ～er, the better.*** 早いほどよい. ***would as ～… as___*** ——するくらいなら (むしろ) …したい: I *would as* ～ die *as* live in slavery. 私はどれいの身として生きるよりはむしろ命を捨てる. I *would* stay here *as* ～ (*as not*). いっそここにいましょう. ***would*** [***had***] ***～er… than___*** ——よりはむしろ…したい: I *would* ～*er* die *than* consent. 承諾するくらいなら死んだ方がましだ.

sóon·er [súːnər, ㊀⁺ sún-] *n.* 〖米俗〗 **1** 抜け駆け移民 《アメリカ西部で正式の許可に先だって現地に行き優先権を取った人》. **2** 《不正な》 先手を打つ人. **3** (S～) Oklahoma 州住民.

soot [sut, ㊀⁺ suːt] *n.* すす, 煤煙(ばいえん), 油煙. —— *vt.* すすでおおう [よごす], 煤煙だらけにする.
◇ **～·less** *a.*

sooth [suːθ] *n.* 〖古〗 真実, 事実. —— *a.* 〖古〗 **1** 真実の, まことの. **2** 心を和らげる [なだめる]. ***in*** (***good***) ***～*** 〖古〗 まことに, げに. ***～ to say*** 実を言うと. **～·say** →別項. **～·sày·er** →別項.
◇ **～·ly** *ad.*

‡**soothe** [suːð] *vt.* **1** <人・感情を> 慰める, なだめる; 静める, 落ち着かせる. **2** <苦痛などを> 軽くする, 緩和する, 和らげる: ～ sunburned skin 日焼けしてひりひりする皮膚をしずめる. **3** <虚栄心などを> 満足させる, 喜ばせる. —— *vi.* 安心させる; うまくなだめる.
◇ **sóoth·er** *n.* **1** 慰める人; へつらう人. **2** 《乳飲み子をなだめるための》 乳首, おしゃぶり.

sóoth·ing [súːðiŋ] *a.* 慰めるような, 心を静める, 和らげる. ◇ **～·ly** *ad.* 静めるように. **～·ness** *n.*

sóoth·say [súːθsèi] *vi.* 予告する; 予言する.
◇ **sóoth·sày·ing** *n.* 予言; 予知, 予測.

sóoth·sày·er [súːθsèiər] *n.* 予言者; 占い者, 易者.

sóot·y [súti, ㊐⁺ sú:ti] *a.* **1** すすけた. **2** すすの; すすのような; (すすのように) 薄黒い.
◇ **-i·ly** *ad.* **-i·ness** *n.*

sop [sɑp/sɔp] *n.* **1** 《牛乳・肉じる・ブドウ酒などに浸した》パン切れ. **2** きげんをとるためのもの; わいろ, そでの下. **3** ずぶぬれ〔水浸し〕の人〔物〕. **4** 〖俗〗いくじなし, まぬけ. ***give*** 〔***throw***〕 ***a ～ to Cerberus*** 地獄の番犬にえさをやって地獄へ通る; わいろを使ってなだめる; うるさい人を買収する. **～ *in the pan*** 肉じるで炒(い)ったパン; おいしいもの.
—— *v.* (**-pp-**) *vt.* **1** 〈パン切れを〉浸す. **2** びしょぬれにする《おもに受動態で》. **3** 吸い取る《*up*》. **4** 買収する. —— *vi.* **1** ずぶぬれになる. **2** 〈水が〉しみとおる, しみ込む.
◇ **～·ping** *a., ad.* ずぶぬれの〔に〕, びしょびしょの〔に〕.

sop. soprano. **soph.** sophister; sophomore.

sóph·ism [sɑ́fiz(ə)m/sɔ́f-] *n.* 詭弁(きべん), こじつけ, へ理屈.

sóph·ist [sɑ́fist/sɔ́f-] *a.* **1** (しばしば S～) ソフィスト《古代ギリシアの職業的学者. 哲学・修辞・文法・弁論法・政治学の教師》. **2** 詭弁家; 巧言者.

sóph·ist·er [sɑ́fistər/sɔ́f-] *n.* **1** 詭弁家. **2** 《特にイギリスの大学の》2・3年生.

so·phís·tic [səfístik], **-ti·cal** [-(ə)l] *a.* ソフィスト派の; 詭弁の; 巧言の. ◇ **so·phís·ti·cal·ly** *ad.* **so·phís·ti·cal·ness** *n.*

so·phís·ti·cate [səfístịkèit] *vi.* 詭弁(きべん)をつかう, 巧言を弄(ろう)する, 言い抜ける. —— *vt.* **1** に純真さを失わせる, 世間ずれさせる. **2** 不純にする, に混ぜ物する; の質を悪くする. **3** 〈語句などを〉不正変更する; 〈意味を〉歪曲(わいきょく)する. **4** 〖米〗利口にする, 批判的にする, に知識を授ける. **5** 〈機械を〉複雑にする, 精巧にする.
—— [-kit, -kèit/-keit] *n.* 世間ずれした人, すれっからし. —— [-kit, -kèit/-keit] *a.* =sophisticated.
◇ **so·phìs·ti·cá·tion** [səfìstịkéiʃ(ə)n] *n.*

so·phís·ti·cat·ed [səfístịkèitid] *a.* **1** 世間ずれした, 純真でない, わざとらしい. **2** 作為的な, 混ぜ物した. **3** ごまかしの, こじつけた. **4** 〖米〗うかうかとだまされない, (ひととおり) 心得のある; 知識をそなえている: a ～ reader 〔audience〕 目の肥えた読者〔耳の肥えた聴衆〕. **5** 《機械・技術などが》精巧な, 高級な.
◇ **～·ly** *ad.*

sóph·ist·ry [sɑ́fistri/sɔ́f-] *n.* **1** 詭弁(きべん), 巧言; 言い抜け, へ理屈. **2** 《特に古代ギリシアの》詭弁法.

Sóph·o·cles [sɑ́fəkli:z/sɔ́f-] *n.* ソフォクレス, 496?–406? B.C., 古代ギリシアの悲劇詩人.

***sóph·o·more** [sɑ́f(ə)mɔ̀:r/sɔ́fəmɔ:] *n.* 〖米〗《大学・ハイスクールの》2年生. [<Gk. sophos(=wise)+mōros (=stupid)]

sòph·o·mór·ic [sɑ̀fəmɔ́:rik/sɔ̀fəmɔ́r-], **-i·cal** [-(ə)l] *a.* 〖米〗sophomore の; sophomore ぶった, 知ったかぶりの. ◇ **sòph·o·mór·i·cal·ly** *ad.*

sò·po·ríf·er·ous [sòupəríf(ə)rəs, sɑ̀pə-/sɔ̀p-, sòup-] *a.* =soporific.

sò·po·ríf·ic [-rífik] *a.* 眠けを催させる; 眠らせる, 眠たい. —— *n.* 睡眠剤. ◇ **-i·cal·ly** *ad.*

sóp·py [sɑ́pi/sɔ́pi] *a.* **1** ずぶぬれの, びしょぬれの. **2** 《天候・道路などが》じめじめした. **3** 〖俗〗《比喩的》元気〔活力〕のない; なよなよした, 感傷的な; (女性的に) 甘い《*on*》.

so·prán·o [səprǽnou, -prɑ́:n-/-prɑ́:n-] *n.* (*pl.* **-os**, **-i** [-prɑ́:ni:]) 〖楽〗 **1** ソプラノ; 《婦人・少年の》最高音. **2** 女性ソプラノ歌手. **3** 聖歌隊のソプラノ歌手. **4** 曲の最高音部. —— *a.* 最高音部の, かん高い. [<It.]

só·ra [sɔ́:rə/sɔ́:rə] *n.* 〖鳥〗クイナの一種 (=～ rail) 《北アメリカ産》.

Sor·bónne [sɔ:rbɑ́n, -bʌ́n/-bɔ́n] *n.* ソルボンヌ《パリ大学の本部ならびに文学部・理学部の一部を収容する建物. もとパリの神学校》.

sór·cer·er [sɔ́:rsərər] *n.* (*fem.* **sór·cer·ess** [-ris]) 魔法使い; 魔術〔妖術(ようじゅつ)〕師.

sór·cer·ous [sɔ́:rsərəs] *a.* 魔法の, 魔法を使う.
◇ **～·ly** *ad.*

sór·cer·y [sɔ́:rsəri] *n.* 魔法, 魔術, 妖術.

sór·did [sɔ́:rdid] *a.* **1** 不潔な, きたない. **2** みすぼらしい, みじめな. **3** 卑しい, 卑小な, さもしい, けちくさい, つまらない. **4** 〖動・植〗くすんだどろ色の.
◇ **～·ly** *ad.* **～·ness** *n.*

‡**sore** [sɔ:r/sɔ:] *a.* **1** 痛い, ひりひり〔ずきずき〕する, ただれた, 赤膚になった; 炎症を起こした. **2** からだが痛む, 痛みを感じている. **3** 悲しい, 悲嘆にくれた, 悲嘆を感じさせる: ～ at heart 心がうずく. a ～ bereavement 悲しい死別. **4** つらい, ひどい, 激しい: in ～ distress ひどく困って. **5** 人の感情を害する, 気〔しゃく〕にさわる. **6** おこりっぽい; 〖話〗おこっている. ***be*** 〔***feel***〕 ***～ about*** を気にする, を苦にする; …におこる. ***get ～*** 〖話〗腹を立てる. ***like a bear with a ～ head*** ふきげんで, 気むずかしい. ***sight for ～ eyes*** 目の保養になる物〔人〕.
—— *ad.* 〖古〗痛んで; 激しく, ひどく.
—— *n.* **1** さわると痛いところ; ただれ, はれもの, 傷. **2** 古傷, 思い出してもいやなこと, 古い恨み: old ～*s*.
～·head [⌐⌐] 〖米話〗おこっている〔むっとした〕人; 憤慨しやすい人, じれる〔くやしがる〕人. **～ place** 〔**point, spot, subject**〕 《おもに比喩的》痛いところ. **～ throat** 咽喉(いんこう)カタル, のどの痛み.
◇ **～·ly** *ad.* 痛んで, 耐えがたく, ひどく, たいへん. **～·ness** *n.* **1** 痛み. **2** 憤慨; 恨み, 悪意; 仲たがい, 不和.

sór·el =sorrel[1] *n.* ②.

sór·ghum [sɔ́:rgəm] *n.* 〖植〗サトウモロコシ; そのしるでつくったシロップ.

sór·go [sɔ́:rgou] *n.* (*pl.* **～s**) 〖植〗サトウモロコシの一種.

so·rí·tes [soráiti:z] *n.* 〖論〗《三段論法を重ねた》連鎖論法; 連鎖式詭弁(きべん)論法.

so·róp·ti·mist [sərɑ́ptịmist/sɔ:rɔ́p-] *n.* 国際婦人実業家クラブ (Soroptimist Club) の会員.

so·rór·i·cide [sərɔ́:rịsàid, -rɑ́r-/-rɔ́r-] *n.* 姉〔妹〕殺し.

so·rór·i·ty [sərɔ́:rịti, -rɑ́r-/-rɔ́r-] *n.* 〖米〗 **1** 女性クラブ. **2** 《特に大学の》女子学生クラブ. → fraternity. **～ house** 大学女子寮.

so·ró·sis [səróusis] *n.* (*pl.* **-ses** [-si:z]) 〖植〗《桑・パイナップルなどの》果肉状の実; 〖米〗女性クラブ.

sór·rel[1] [sɔ́:rəl, sɑ́r-/sɔ́r-] *a.* 《特に馬など》くり毛の, 赤かっ色の. —— *n.* **1** 《特に》くり毛の馬. **2** 3歳の雄ジカ (=sorel).

sór·rel[2] *n.* 〖植〗スイバ属の植物; カタバミの類.

‡**sór·row** [sɑ́rou, sɔ́:r-, -rə/sɔ́rou] *n.* **1** 悲しみ, 心の痛み, 悲嘆; 《失われたものへの》哀惜: feel ～ *for* …を悲しむ, を残念に思う. **2** 《あやまち・失敗などについての》遺憾, 後悔: express ～ *for* having done wrong. **3** 悲しみ・哀悼の原因; 不幸, 苦痛. ***the Man of S～s*** キリスト.
—— *vi.* 悲しむ, 後悔する, 嘆く《を *at, for, over*》.

〔類義語〕 悲しみ: **sorrow** 悲しみをあらわす最も一般的な語. **sadness** 悲しさ. sorrow に比べより口語的で, 沈んだ気分などにも用いる. **grief** 特定な原因によって起こる強い悲しみ. sorrow に比べ短期間: *grief* over one's lost child 子を失った悲嘆. **distress** 心痛, 悲痛. かなり長期にわたり継続し, 原因や環境が変わらないとなくならない: *distress* caused by famine 飢えによって生じた苦しみ. **melancholy** 原因のはっきりしない常習的な悲しみ. 憂うつ. **gloom** sadness に近いが悲しみを「暗やみ」にたとえた表現. 心や境遇などをおおう陰うつ: A *gloom* hangs over his house. 彼の一家は悲しみに閉ざされている.

‡**sór·row·ful** [sɑ́rof(u̯)l, sɔ́:ro-, -rə-/sɔ́r-] *a.* **1** 悲しい, 悲しんでいる. **2** 悲しそうな, 悲しみをあらわした: a ～ look 悲痛な顔つき. **3** 悲しみをさそう, 不幸な: ～ news 悲しいたより. ◇ **～·ly** *ad.* **～·ness** *n.*

†**sór·ry** [sári, sɔ́:ri/sɔ́ri] *a.* **1** 悲しい, 残念な; 気の毒な《*about, for; to* (do); *that*》: I am [feel] ～ *for* him in his trouble. 彼が困っているのは気の毒だ. I'm ～ *for* that remark. あんなこと言ってしまって後悔しています. I'm ～ *to* hear of your father's death. ご尊父の死をおいたみします. I'm ～ (*that*) he has been punished. あの人が罰を受けて気の毒だ. **2**《謝罪・弁解》**すみません(が), 残念ですが**: I'm ～. = *S*～. ごめんなさい; すみません; 失礼(, まちがえました). I'm ～ I'm late. おくれてすみません. I'm ～ *to* trouble you, but... お手数をかけて恐縮ですが…. *S*～, did I hurt you? ごめんなさい, 痛かったですか. *S*～, but I disagree. すみませんが賛成できません. **3**《限定的》うんざりする; みじめな; 貧弱な; へたな: the ～ routine うんざりする日課. make a ～ spectacle of oneself みじめな姿をさらけ出す. write a ～ hand 字がなってない. ***～ for oneself***〖話〗がっかりして, 落胆して.

◇ **sór·ri·ly** *ad.* 悲しく; 気の毒に思って; つまらなく; へたに. **sór·ri·ness** *n.* 悲しさ, 悲哀; 残念, 気の毒; つまらなさ; へた. 類 → **sad**「悲しい」

‡**sort** [sɔ:*r*t] *n.* **1** **種類**, 部類: a new ～ of game 新種の遊び. of every ～ (and kind) あらゆる種類の. Those people are not of our ～. ああいう人たちはわれわれと階級が違う[われわれは好まない]. **2** **性質**, 品質, 品等: a girl of a nice ～ 気だてのいい娘. **3** **仕方**, 方法, ようす: He talked along in this ～. 彼はこんな風に長々としゃべった. **4**〖話〗人(柄): He is a good [bad] ～ (of a man). 彼はいい[悪い]人間だ. He is not the ～ (of man) to do that. そんなことをする人(柄)ではない. **5** (*pl.*)〖印〗活字の一そろい.

after a ～ 一種の; いくぶん, どうやら. ***all of a ～*** 似たり寄ったり(の). ***a ～ of*** 一種の, …のようなもの: He is *a ～ of* pedant. いわば学問を鼻にかけたような人だ. ***in a ～*** (***of way***) =after a ～. ***in some ～*** ある程度, いくぶん. ***nothing of the ～***《強い否定》そんなものじゃない; そんなことはしない, とんでもない. ***of a ～*** (1) 同種類の. (2) まあ…ともいえる, いいかげんな: a scholar *of a ～* 怪しげな学者. ***of ～s*** (1) いろいろな種類の;《目録などが》整理されてない. (2)〖話〗平凡な, つまらない. ***of the ～*** そんな: I have never seen anything *of the ～*. そんなものは見たことがない. ***out of ～s*** (1) からだのぐあいが悪い; いつもの元気がない. (2) きげんが悪い. (3)〖印〗活字が不ぞろいな. ***something of the ～*** まあそんなもの. ***～ of***〖話〗多少, いくらか (kind of): He is ～ *of* angry. いささか腹を立てている. I ～ *of* like him. まあ彼が好きだ.

—— *vt.* 分類[部分け]する; えり分ける《*out*》, <郵便物を>区分けする: ～ the good *from* the bad. —— *vi.* **1** 調和[一致]する《と *with*》: ～ well [ill] *with*... …とよく調和する[しない]. **2** つきあう, 行き来する《と *with*》: ～ *with* juvenile delinquents 非行少年と交わる.

◇ ～**·er** *n.* 分類する人;《特に》郵便局の手紙分類係.

sór·tie [sɔ́:*r*ti:, -ti] *n.*〖軍〗 **1**《特に包囲された守備隊からの》出撃; 出撃隊. **2**〖空〗単機出撃; (*pl.*) 延べ出撃数. —— *vi.* 出撃する.

sór·ti·lege [sɔ́:*r*t(i)lidʒ] *n.* **1** くじ占い. **2** 魔法, 魔術.

sor·tí·tion [sɔ:*r*tíʃ(ə)n] *n.* くじ抽選; 抽選分配.

só·rus [sɔ́:rəs/sɔ́:r-] *n.* (*pl.* **-ri** [-rai])〖植〗《シダ類の葉の裏にできる》子のう群.

SOS [ésòués] *n.* **1** 遭難無電信号《···−−−··· のモールス符号》. **2**〖話〗助けの求め, 絶望の叫び. **3**〖英〗特別呼び出し放送.

só-so, só·so [sóusòu] *a.*〖話〗たいしてよくもない, まあまあの. —— *ad.* まあまあ, どうにか (=so so).

sòs·te·nú·to [sàstənú:tou/sɔ̀s-] *ad.*〖楽〗音を続けて[延ばして]. —— *a.* 音を延ばした. —— *n.* (*pl.* **-tos, -ti** [-ti]) 音を延ばして演奏すること. [<It.]

sot [sat/sɔt] *n.* 飲んだくれ; 大酒飲み.

Só·thic [sóuθik, ⊛⁺sáθik] *a.* 天狼(ろう)星 (Dog Star) の.

sót·tish [sátiʃ/sɔ́t-] *a.* 大酒飲みの; ばかな.

◇ ～**·ly** *ad.* ～**·ness** *n.*

sot·to vo·ce [sáto-vóutʃi/sɔ́t-] It. 小声で; わきぜりふで (aside).

sou [su:] *n.* フランスの銅貨《5 centimes》; つまらないもの: He hasn't a ～. びた一文もない. [<F.]

sou·brette [su:brét] F. *n.* **1**〖劇〗侍女, 小間使《特に利口で無遠慮に立ち回る女》; その役を演ずる女優. **2**《一般的》利口で立ち回りのうまい女.

sou·bri·quet [sú:brikèi] =*sobriquet*.

Sou·chóng [su:ʃɔ́:ŋ, -tʃɔ́:ŋ/-ʃɔ́ŋ, -tʃɔ́ŋ] *n.* 小種《インド・セイロン産の紅茶》. [<Ch.]

Sóu·dan =Sudan.

sóuf·fle [sú:fl] *n.*〖医〗《聴診器に聞こえる》雑音.

souf·flé [su:fléi, ∸−/∸−] F. *n.* スフレ《卵の白身・ミルク・クリームなどを柔らかくふくらまして焼いたもの》. —— *a.* 焼いてふくらました.

sough [sʌf, sau] *n.*《風が木に吹きつける》ヒューヒューいう音. —— *vi.* <風が> ヒューヒュー音をたてる.

◇ ∼**·less** *a.* ∼**·ly** *ad.*

‡**sought** [sɔ:t] *v.* seek の過去・過去分詞.

‡**soul** [soul] *n.* **1** **魂**, 霊魂; 精神, 心: the immortality of the ～ 霊魂の不滅. ↔ body. **2** 生気, 気迫, 熱情: He has no ～. 気骨のない男だ. **3** 精髄, 生命: Brevity is the ～ *of* wit. 簡潔は機知の精髄, 言は簡潔を尊ぶ《Shakespeare の *Hamlet* から》. **4** 典型, 権化, 化身: the ～ *of* honesty 正直の精[化身]. **5**《運動・活動の》中心人物, 首脳者. **6** **人**,《形容詞を伴って》(…な) 人物: Not a ～ was to be seen. 人っ子ひとり見えなかった. a jolly ～ 愉快な人. **7** 死者の魂, 亡霊.

Be a good ～ and do it. いい子だから[後生だから]そうしてくれ. ***cannot call*** one***'s ～*** one***'s own*** 全く他人に左右されている. ***commend*** one***'s ～ to God*** <臨終の人が> 霊魂を神に託する, 死後の幸福を祈る. ***for the ～ of me***=***for my ～***=***to save my ～*** どうしても, なんとしても: I can't remember *for the ～ of me*. どうしても思い出せない. ***in my ～ of ～s*** 心の奥底では. ***keep body and ～ together*** やっと生きていく, 露命をつなぐ. ***upon*** [***by***] ***my ～*** 神かけて, 誓って, ほんとうに. ***with*** one***'s heart and ～*** 全精神を打ち込んで.

～ kiss 激しいキス. **～ mate** 親友; 愛する妻[夫]. **∼-sèarch·ing** (徹底的) 自己分析, 反省. 類 → **mind**「心」

sóul·ful [sóulf(u)l] *a.* **1** 魂[感情]のこもった. **2** 活気に満ちた; 情熱的な. **3** 感情的な, 感情に訴える. ◇ ～**·ly** *ad.* ～**·ness** *n.*

sóul·less [sóullis] *a.* **1** 魂のない[抜けた]. **2** 気力に乏しい; 無情な; 卑しい. ◇ ～**·ly** *ad.* ～**·ness** *n.*

†**sound**¹ [saund] *n.* **1** **音**, 音響, 響き: make a ～ 音をたてる. **2** 物音; 騒音, ざわめき: the ～*s* from the next room. **3**《ことばなどの》響き, 印象, 感じ, 調子: It has a sinister ～. 不吉(きつ)な響きがある. **4** 聞こえる範囲. **5**〖音声〗音, 音声: a vowel [consonant] ～ 母[子]音. ***catch the ～ of*** の意味がほぼわかる. ***much ～ but little sense*** から騒ぎ. ***within ～ of*** の聞こえる所で.

—— *vi.* **1** **響く**, 鳴る, 音をたてる: The trumpet ～*ed*. **2**《補語を伴って》**…に聞こえる**, **…に思われる**: The plan ～*s* feasible. この計画は可能のように思われる. **3** 伝わる, 広まる. **4** <音字が> …と発音される, …と読まれる. **5**〖法〗関係する《に *in*》: an action ～*ing in* damages 損害賠償に関する訴訟.

—— *vt.* **1** に**音を出させる**, 鳴らす, 吹く: ～ a bell ベルを鳴らす. **2**《らっぱ・太鼓・鐘などで》知らせる, 合い図する; <賛辞・評判を> 高らかに言う, 広める: ～ the retreat 退却の合い図をする. ～ a warning 警告を発する. **3** <壁・レールなどを> **たたいて調べる**; 打診[聴診]する. **4** <字を> 発音する, 読む.

strange ***as it may*** ～ (奇妙) に聞こえるかもしれないが. ～ ***off*** (1)《静かなときに》しゃべりだす, 大声で言う; まくしたてる. (2)〖軍〗名のる. [√son-]

～ **arrester** 〖機〗防音装置. ～ **barrier** 〖物〗音の障壁 (sonic barrier) 《音速に近い速度を出したばあいの空気抵抗》. ∼́**·board** [⸗⸗] 〖楽〗共鳴板 (=sounding board). ～ **box** 《楽器の》音響室; 《蓄音機の》サウンドボックス. ～ **camera** 録音を同時に行なう撮影機. ∼́**-con·dí·tion** の音の調整をする, の音響効果をよくする. ～ **detector** 聴音機, 音響探知機. ～ **effects** 《映画・ラジオの》音響効果. ～ **engineer** 《放送・録音などの》音響調節技術者. ～ **film** トーキー, 発声映画. ～ **locator** 聴音機, 音響探知機. ～ **picture** =～ film. ∼́**·proof** →別項. ～ **ranging** 《戦場などで行なう》音源探知法. ～ **recording** 録音. ～ **track** 〖映〗サウンドトラック《フイルムの端の録音帯》. ～ **truck** 〖米〗《選挙の際などの》宣伝カー. ～ **wave** 〖物〗音波.

(類義語) **音: sound** 音をあらわす最も一般的な語であると同時に以下のすべての語義も含む. **noise** 望ましくない不快な音, 騒音, ラジオ・テレビなどの雑音. **tone** 高低・抑揚・音調などに焦点を合わせてみた音, 音色: a voice silvery in *tone* 音色のさえた声.

(類) → **seem**「…と思われる」

‡**sound**[2] *a.* **1 健全な**, 正常な; 無傷の, いたんでいない: a ～ mind 健全な精神. ～ fruit [timbers] 腐っていないくだもの [木材]. **2 確実な**, 手堅い, しっかりした: a ～ friend たよりになる友人. a ～ investment [bank] 安全な投資 [銀行]. a ～ argument しっかりした議論. **3** 堅い, がっしりした: a ～ rock bed がっしりした岩盤. **4 徹底的な**, 十分な: give a ～ beating したたか打つ. a ～ sleep 熟睡. **5** 〖法〗有効な. ***A ～ mind in a ～ body.*** 〖諺〗健全な身体に健全な精神 (が宿る). (***as***) ～ ***as a bell*** [***colt, roach***] 実に元気で. (***as***) ～ ***as a top*** よく眠って. ***be ～ on*** …について正統な考えをもっている. ***safe and*** ～ 無事息災で.

—— *ad.* 十分に, よく: ～ asleep 熟睡して.

◇ *∼́**·ly** *ad.* **1** 健全に; 安全すこやかに; 正しく; じょうぶに; 穏健に. **2** 《睡眠について》ぐっすり. **3** 徹底的に, 完全に; 力強く, 激しく. ∼́**·ness** *n.* 健全; 安全; 健康; 正当; 穏健; 完全; 堅実.

(類) → **healthy**「健康な」

sound[3] *vt.* **1** 〈水の深さを〉測る, 測量する. **2** の意中を探る,「打診する」《*out*》. **3** 〖医〗さぐりを入れて探る. —— *vi.* 水の深さを測る; 底に達する [もぐる]. —— *n.* 〖医〗《外科用》さぐり.

sound[4] *n.* **1** 《大海と内海を結ぶ, または島と陸地との間などの》海峡, 瀬戸. **2** 入り江, 河口. **3** 《魚の》浮き袋.

sóund·er[1] [sáundər] *n.* **1** 音を出すもの, 鳴るもの; 音響機《電信受信機のカチカチ音を出す装置》. **2** 鳴らす人. [<sound[1]]

sóund·er[2] *a.* sound[2] の比較級.

sóund·er[3] *n.* **1** 測深器《船の速度をゆるめずに深浅測量ができる装置》, 測深手. **2** 〖医〗さぐり (針). [<sound[3]]

sóund·er[4] *n.* 〖英古〗野豚の群れ; 若いイノシシ.

sóund·ing[1] [sáundiŋ] *a.* **1** 音のする, 音をたてる. **2** 響き渡る; 大げさに響く. **3** 偉そうに聞こえる; 尊大な, ぎょうぎょうしい.

～ **board** (1) 共鳴板. (2) 反響板; 吹聴(ふいちょう)屋, 宣伝屋. (3)《反応・意見などを知るための》探り相手 [台]. ◇ ～**·ly** *ad.* ～**·ness** *n.*

sóund·ing[2] *n.* **1** 《鉛などを用いる》水深測量. **2** (*pl.*) 水深; 深浅測量可能水域《水深 600 フィート以内》. **3** 〖医〗さぐり (針) 診断. ***be in ～s*** 測鉛の届くところにある; 〈鯨などが〉浅いところにいる. ***off*** [***on***] ～***s*** 100 fathoms (100 ひろ) 以上 [以下] の深さに. ～ **balloon** 〖気〗観測気球. ～ **lead** 測鉛《深浅測量に用いる錘鉛》. ～ **line** 測鉛糸 [針金]《端に錘鉛をつけて水深測定に用いる》.

◇ ～**·ly** *ad.* ～**·ness** *n.*

sóund·less[1] [sáundlis] *a.* 音のない, 森閑とした; 音をたてない. [<sound[1]]

sóund·less[2] *a.* 測れないほど深い, はかり知れない. [<sound[3]]

sóund·proof [sáundprùːf] *a.* 音響止めの, 防音の. —— *vt.* に防音装置をする.

†**soup** [suːp] *n.* **1** スープ. → broth. **2** 〖俗〗ニトログリセリン. **3** 〖話〗濃霧. **4** 〖俗〗馬力, 増力《エンジンなどの》. ***eat*** ～ スープを飲む. ***from ～ to nuts*** 始めから終わりまで. ***in the*** ～ 〖俗〗困って, 動きがとれなくなって. —— *vt.* 〖米俗〗の馬力を増す《*up*》; 活発にする《*up*》.

∼́**-and-físh** 〖俗〗《男子の》正式の夜会服. ～ **kitchen** (1)《貧乏人のための》無料食堂. (2)〖軍俗〗《第 1 次世界大戦の》移動炊事室. ～ **plate** スープ用深ざら. ∼́**·spoon** [⸗⸗] スープ用さじ. ～ **ticket** ～ kitchen (1) の切符.

◇ ∼́**·y** *a.* スープのような; 濃い, どろどろした.

soup·çon [suːpsɔ̃ː/⸗⸗] F. *n.* **1** 風味. **2** ちょっぴり, 少量《*of*》: a ～ *of* garlic ニンニク少量. **3** 疑い. ***not a ～ of*** …がちっともない.

‡**sour** [sauər/sáuə] *a.* **1 すっぱい**, すい. **2** すっぱくなった, 酸敗した; すっぱいにおいがする; 《息が》臭い. **3** 《事物が》不快な, いやな: a ～ job 不快な仕事. **4** 標準以下の, 貧弱な. **5 気むずかしい**, ふきげんな, 意地が悪い: look ～ 不愉快そうな顔をする. **6** 《土地が》酸性の, 不毛の. **7** 《天候が》じめじめした, 曇って寒い. **8** 《ガソリンなど》イオウ化合物が混入した. **9** 〖楽〗調子がはずれた. ***turn*** ～ 〈牛乳などが〉すっぱくなる. —— *n.* **1** すっぱい物. **2** いやな物 [事], 苦しいこと: the sweet and ～ of life 人生の苦楽. **3** 〖米〗酸性飲料《レモン水・砂糖などを加えたウイスキーなど》. ***take the sweet with the*** ～ 人生をのんきに構える. —— *vt., vi.* **1** すっぱくする [なる], 酸敗させる [する]. **2** 気むずかしくする [なる]: ～*ed* by misfortune 不幸のためにひねくれて. ～ ***on*** 〖米〗をきらう.

∼́**·dough** [⸗⸗] (1) 酵母. (2)〖米〗《特にひとりで冬を過ごした》アメリカ西部・カナダ・アラスカなどの探鉱者 [開拓者]《パン焼きの酵母を使ったことから》. ～ **grapes** 負け惜しみ《イソップ物語の「キツネとブドウ」の話から》. ～ **gum** 北アメリカ産の大ゴム樹. ∼́**·puss** [-pùs] 〖米俗〗陰気な [いやな] 性格の人.

◇ ∼́**·ish** [sáuriʃ/sáuər-] *a.* ややすっぱい. ∼́**·ly** *ad.* 《比喩的》ふきげんに, 気むずかしく, 陰気に. ∼́**·ness** *n.* すっぱいこと; ふきげん, 気むずかしさ, 陰気, 意地悪.

‡**source** [sɔːrs/sɔːs] *n.* **1** 水源 (地), 源泉: the ～*s* of the Yangtze River 揚子江の水源地 (帯). **2** 源, もと, 根源, 原因: The garden is the ～ of much of my pleasure. 私は庭から多くの喜びを得るのです. **3** 出所, よりどころ, 資料; 関係筋, 方面: a reliable ～ 確かな筋. trace a thing to its ～*s* 物の出所を突き止める. **4** 利子などの支払いをする人 [事業]: a tax paid at the ～ 源泉課税. [√surg-]

～ **book** 原典《歴史・科学などのわれわれの知識のもとになるもの》. ～ **material** 《研究・調査などの》資料. (類) → **origin**「起源」

sour·díne [suərdíːn, ㊥⁺ ⸗⸗] *n.* **1** 《楽器の》弱音器 (mute). **2** 小形バイオリン; 旧式のオーボエ.

sóu·sa·phone [súːzəfòun, -sə-] *n.* スーザフォーン《helicon に似た tuba 類の金管楽器》.

souse [saus] *n.* **1** 塩づけ; 豚の耳 [足, 頭] の塩づけ. **2** 塩づけ用水, 塩水. **3** 水浸し, ずぶぬれ. **4** ザブリ《水音》. **5** 〖米俗〗大酒飲み, 飲んべえ.

—— *vt., vi.* **1** 塩づけにする. **2** 水につける [突っ込む]. **3** ずぶぬれにする [なる]. **4** 〖米俗〗酔わせる, 酔う.

sou·táche [suːtǽʃ] *n.* 打ちひも, さなだひも《織物の飾りに用いる》.

sou·táne [su:tá:n] *n.* スーターン (cassock)《ローマカトリック教司祭の法服》.

†**south** [sauθ] *n.* **1** 南; 南方, 南部: in [to] the ～ of …の南部〔南方〕に. **2** (the S～) 南国, 南部地方;〘米〙南部諸州. **3**〘雅〙南風.
── *a.* 南の; 南方の, 南部の; 南からの; 南向きの.
── *ad.* 南(方・部)に〔へ〕: go ～ 南に行く.
Republic of S～ Africa 南アフリカ共和国.
S～ Africa 南アフリカ. **S～ African** 南アフリカ(共和国)の; 南アフリカの住民. **S～ African Dutch** オランダ系アフリカ人; 南アフリカ公用オランダ語, アフリカーンス語. **S～ African Republic** 南アフリカ共和国. **S～ America** 南アメリカ. **S～ American** 南アメリカの; 南アメリカ人(の). **S～·ámp·ton** → 別項. **S～ Bend** アメリカ Indiana 州の都市. **S～ Carolina** サウスカロライナ《アメリカ南東部大西洋岸の州》. **S～ Carolinian** S～ Carolina の(人). **S～ China Sea, the** 南シナ海. **S～ Dakota** サウスダコタ《アメリカ中央北部の州》. **S～ Dakotan** S～ Dakota の(人). **S～·down** →別項. **S～ Downs** イギリス南部の丘陵地帯, 南方草原. ***～·éast** →別項. **～·éast·er** →別項. **～·éast·er·ly** →別項. ‡**～·éast·ern** →別項. **S～ Korea** 南朝鮮, 大韓(だいかん)民国. **～·land** [-lænd] 南の国; (一国の) 南部地方. **～·paw** [ˊˋ] *a., n.* スポーツの左きき(の);《特に》〘野球〙左腕投手. **S～ pole, the** 南極. **S～ Sea, the** 南洋, 南太平洋. **S～ Sea Islander** 南洋の原住民. **S～·wark** →別項. ‡**～·wést** →別項. **～·wést·er** →別項. ‡**～·wést·ern** →別項.
◇ **～·er** [sáuðər] *n.* 南風, 南暴風. **～·ing** [sáuðiŋ] *n.* 南向き, 南進;〘天〙南中, 子午線を通過すること;〘海〙南向行程, 南距. **～·most** [-mòust] *a.* 最も南の, 南端の(=southernmost). ‡**～·ward** *a., ad.* 南方の〔へ〕. **～·wards** *ad.* =southward.

South·ámp·ton [sauθ(h)ǽmptən] *n.* サウサンプトン《イギリス南部 Hampshire にある海港》.

Sóuth·down [sáuθdàun] *n., a.* **1** South Downs の. **2** (s～) サウスダウン種の(羊); その肉.

sòuth·éast** [sàuθí:st, ˌˊ/ˊˊ, ˊ—] *n.* **南東**《略 S.E.》; 南東地方. ～ ***by east 〔***south***〕南東微東〔南〕. ***the S～*** アメリカ南東部.
── *a.* 南東にある〔の, への〕; 南東からの: ～ wind 南東風. ── *ad.* 南東に〔へ, から〕.
◇ **～·ward** [sàuθí:stwərd/—ˊ—] *ad., a., n.* 南東の方へ; 南東にある; 南東. **～·ward·ly** *a., ad.* 南東の方向への〔に〕, 南東方から(の). **～·wards** *ad.* =southeastward.

sòuth·éast·er [sàuθí:stər/sauθ-] *n.*〘海〙南東から吹く強風.

sòuth·éast·er·ly [-í:stərli] *a.* 南東に〔の方に〕ある; 南東からの.
── *ad.* 南東の方向に;《風が》南東から.

‡**sòuth·éast·ern** [-í:stərn] *a.* **南東の**〔にある, への〕; 南東からの; (S～)〘米〙南東部の. ◇ **～·er** *n.* 南東部出身者〔住民〕; (S～)〘米〙南東部の住民.

sóuth·er·ly [sʌ́ðərli] *a.* 南にある〔の〕; 南からの.
── *ad.* 南方へ; 南から. ── *n.* 南から吹く風.

‡**sóuth·ern** [sʌ́ðərn] *a.* **1 南方の**, 南にある, 南への, 南面する: a ～ course 南方航路. **2** 南からの: ～ winds 南風. **3** (S～)〘米〙南部諸州の〔的の〕.
── *n.* 南部諸州の人.
S～ Alps ニュージーランド South 島の山脈. **S～ Cross, the**〘天〙南十字星 (the Crux). **S～ Hemisphere, the** 南半球. **S～ States, the**〘米〙南部諸州. **～·wood** [ˊ—ˋ]〘植〙ニガヨモギ属植物の一種 (wormwood)《ときにビール醸造に用いる》; カワラニンジン.
◇ **～·er** *n.* 南方〔南国〕住民; (S～)〘米〙南部(諸州)人. **～·ly** *a.* 南にある〔の, の方の〕(southerly). **～·most** [-mòust] *a.* 最も南の, 南端の.

sóuth·ron [sʌ́ðrən] *n., a.* **1** 南部の人(の), (S～)〘米〙南部諸州の人(の). **2**〘スコットランド〙イングランド人(の).

‡**sóuth·ward** [sáuθwərd] *a.* **南の方の**; 南への.
── *ad.* 南の方へ. ── *n.* 南部, 南方.
◇ **～·ly** *a., ad.* 南方の〔へ, に〕; 南方から(の).

sóuth·wards [-z] *ad.* =southward.

Sóuth·wark [sʌ́ðərk, sáuθwərk] *n.* ロンドンの自治区.

‡**sòuth·wést** [sàuθwést, ˌˊ/ˊˊ, ˊ—|〘海〙sàuwést/—ˊ] *n.* **南西**《略 S.W.》; 南西地方; (the S～)〘米〙南西地方《メキシコに接する諸州》. ～ ***by west*** 〔***south***〕南西微西〔南〕.
── *a.* 南西にある, 南西に向かう, 南西からの.
── *ad.* 南西の方に〔から〕.
◇ **～·ward** [sàuθwéstwərd/sauθ-] *ad., a., n.* 南西の方向に; 南西(の方に)ある; 南西. **～·wards** *ad.* =southwestward.

sòuth·wést·er [sàuθwéstər/sauθ-] *n.* **1** 南西の強風. **2**《水夫が暴風時にかぶる後ろの縁が広い》防風雨帽 (sou'wester). ◇ **～·ly** *a., ad.* 南西の〔へ〕, 南西に向かう〔向かって〕; 南西から(の).

‡**sòuth·wést·ern** [-wéstərn] *a.* **南西の**〔への〕, 南西にある, 南西からの; 南西に面する.

‡**sòu·ve·nír** [sù:vəníər, ˊ—ˋ/ˊ——] *n.* **記念品**, みやげ; 形見. [<F.]

sòu'wést·er [sàuwéstər] =southwester ②.

sov. sovereign.

‡**sóv·er·eign** [sávriṇ, sʌ́v-/sɔ́v-] *n.* **1 主権者**, 元首, 君主. **2** 独立国, 自主国. **3**〘英話〙1ポンド金貨《略 sov.》.
── *a.* **1** 主権のある, 君主である: a ～ prince 君主. **2** 独立した, 自主の: a ～ state 独立国家. **3** 最上の, 最高の. **4** 卓越した;《薬が》特効のある: a ～ remedy 妙薬, 特効薬. [√super-]
～ authority 〔**power**〕主権. **～ good, the**〘倫〙至上〔至高〕善. ◇ **～·ly** *ad.*〘古〙並みはずれて; おもに; 効果的に; 君主として.

sóv·er·eign·ty [sávrịnti, sʌ́v-/sɔ́v-] *n.* **1** 主権; 最高統治権; 宗主権. **2** 主権者であること. **3** 独立国.

‡**Só·vi·et** [sóuvièt, ˊ—ˋ/ˊ——] *n.* **1** (the ～s) ソ連 (=the ～ Union). **2** (s～) ソビエト《ソ連の立法・行政機関》; 会議, 評議会. ── *a.* **1** ソビエト連邦の. **2** ソビエトの, 評議会の. ***the Union of S～ Socialist Republics*** ソビエト社会主義共和国連邦《略 U.S.S.R.》. [<Russ.]
S～ Russia ソ連(邦). **S～ Union, the** ソ連邦.
◇ **～·ism** *n.* ソビエト主義〔制度〕; 労農社会主義. **～·ist** *n.* ソビエト主義者, 労農社会主義者. **～·ize** *vt.* ソビエト化する.

sov·khoz [səfkɔ́:z, sɔ:v-/sɔvkɔ́:z] Russ. *n.* ソホーズ《ソ連の国営農場》. → ***kolkhoz***.

sóv·ran [sávrən, sʌ́v-/sɔ́v-]〘雅〙=sovereign.

‡**sow**[1] [sou] *v.* (**sowed**; **sowed**, **sown** [soun]) *vt.* **1** 〈種子を〉まく. **2** に種子をまく: ～ a field with seed. **3** の種子をまく: ～ discord 不和のたねをまく. **4** 〈うわさ・害悪などを〉まき散らす, 広める, 流布する: ～ distrust 不信を広める. **5**《比喩的》に種子をまく, に植え付ける《を *with*》. ── *vi.* 種をまく.
As a man ～s, so he shall reap.〘諺〙まいた種は刈らねばならぬ; 自業自得; 善因善果, 悪因悪果. ～ ***the seeds of*** hatred (憎しみ) のたねをまく. ～ ***the wind and reap the whirlwind*** 悪事をして幾倍もの罰を受ける.
◇ **～·er** [sóuər] *n.* **1** 種をまく人; 種まき機. **2**《比喩的》伝播(でんぱ)する人, 扇動者, 提唱者.

sow[2] [sau] *n.* **1** 雌豚. **2**〘冶〙大鋳型, 大型鋳鉄. **3**〘虫〙=～ bug. (***as***) ***drunk as a*** ～〘俗〙酔っ払って. ***have*** 〔***get, take***〕***the wrong*** ～ ***by the ear*** 見当違いの物〔人〕をつかまえる〔責める〕; まちがった判断をくだす.

～·**bèl·ly** 〘話〙塩づけ豚肉. ～·**bread** [⌐⌐] 〘植〙ブタノマンジュウ, シクラメン(cyclamen). ～ **bug** 〘虫〙ワラジムシ (wood louse). ～ **thistle** 〘植〙ノゲシ.

so·wár [sowá:r, ㊥⁺ -wɔ́:r] *n.* インド現地人騎兵.

sown [soun] *v.* sow¹ の過去分詞.

sox [saks/sɔks] *n. pl.* 短くつ下 (socks).

soy [sɔi], **sóy·a** [sɔ́iə, ㊥⁺ sóujə] *n.* しょうゆ (＝～ sauce); 〘植〙大豆. **sóy·bean** [⌐⌐, ⌐⌐], **soya bean** 〘植〙大豆. **soy frame** 小さな薬味立て.

sóz·zled [sázld/sɔ́zld] *a.* 〘俗〙酔っ払った.

SP¹ [éspí:] *n.* 78 回転レコード. → LP, EP. [<*s*tandard *p*laying]

SP² Shore Patrol 〘米〙海軍の陸上憲兵; Submarine Patrol. **Sp.** Spain; Spaniard; Spanish. **sp.** special; species; specific; specimen; spelling.

spa [spa:] *n.* **1** 鉱泉, 温泉; 温泉地. **2** 〘米方〙薬局兼喫茶店 (soda fountain).

‡**space** [speis] *n.* **1** 空間: time and ～ 時間と空間. vanish into ～ 空中に消える. **2** 《大気圏外の》宇宙: ～ flight [travel] 宇宙飛行 [旅行]. **3** 場所, 余地: take up ～ 場所をとる. an open ～ あき地. a trunk with much ～ in it たくさん物のはいるトランク. **4** 《特定の目的のための》場所, 区域; 《乗り物の》座席; 《新聞・雑誌の》紙面; 《ラジオ・テレビで》スポンサーに売る時間: a parking ～ 駐車のための場所. reserve one's ～ 座席を予約する. **5** 間隔; 距離; 期間: for the ～ of 5 years 5年の間. live in Paris (for) a ～ わずかの間パリに住む. **6** 〘楽〙譜線の間; 〘印〙行間.
—— *vt., vi.* 一定の間をあける; (の) 行間をあける. ～ ***out*** 〘印〙語間 [行間] をあける.
～ **activity** 宇宙開発. ～ **bar** [**key**] タイプライターの語間をあける横棒 [キー]. ～ **capsule** 宇宙カプセル 《宇宙船の気密室》. ～·**craft** [⌐⌐] 宇宙船 (＝spaceship). ～ **fiction** 宇宙小説. ～ **law** 宇宙法. ～·**man** [-mæn, -mən] (*pl.* **-men**) (1) ＝～ writer. (2) 宇宙飛行家; 宇宙人. *～·**ship** [⌐⌐] 宇宙船, 宇宙旅行機. ～ **station** 宇宙ステーション. ～ **suit** 宇宙服 (G-suit). ～ **swimming** [**walk**] 宇宙遊泳. ～**-time continuum** (四次元の) 時空連続体. ～ **writer** 〘米〙新聞などのスペースに行ぎめでものを書く人. ～ **writing** 《新聞記者などの》行ぎめ書き; 行ぎめ報酬 [原稿料].
◇ ～·**less** *a.* **1** 空間のない, 余地 [場所] のない, いっぱい詰まった. **2** 無限の. **spác·er** *n.* 《印刷機などの》間隔をあける装置; 〘電〙スペーサ. **spác·ing** *n.* 間隔をとること; 〘印〙語間の間隔, 字配り.

spá·cial ＝spatial.

***spá·cious** [spéiʃəs] *a.* **1** 広々とした; 広い範囲の. **2** 《知識などが》広範な, 豊かな. ≒ spatial.
◇ ～·**ly** *ad.* ～·**ness** *n.*

‡**spade**¹ [speid] *n.* **1** すき 《土地を掘り起こす道具》. → shovel. **2** すきに似た平たい刃の道具; 浮き彫り道具; 鯨の脂肪切り (のみ). ***call a ～ a ～*** そのものずばりと言う, ありのまま言う. —— *vt.* すきで掘る; 切開する. ***spading fork*** またすき.

spade¹ ①

～·**work** [⌐⌐] すき仕事; 《比喩的》《ほねのおれる》基礎 [準備] 作業; 基礎的研究.
◇ ～·**ful** [-fùl] *n.* すき一すくい.

spade² *n.* **1** 〘トランプ〙スペード; (*pl.*) スペードの一組み. **2** 〘米俗〙《けいべつ的》黒人.

spádg·er [spǽdʒər] *n.* 〘英俗〙スズメ (sparrow).

spá·dix [spéidiks] *n.* (*pl.* **spa·dí·ces** [speidáisi:z]) 〘植〙肉穂花序.

spa·ghét·ti [spəgéti] *n.* **1** スパゲッティ. **2** 〘電〙小型絶縁管. [<It.]

spá·hi, spá·hee [spá:hi:] *n.* **1** 〘史〙14 世紀のトルコの不正規騎兵. **2** 《フランス陸軍所属の旧》アルジェリア人騎兵.

†**Spain** [spein] *n.* スペイン 《ヨーロッパ南西イベリア半島にある国. 首都 Madrid. スペイン語では España エスパニャ》. → Spanish, Spaniard.

spake [speik] *v.* 〘古〙speak の過去形.

spall [spɔ:l] *n.* 《特に石・鉱石などの》小片, かけら, 砕片. —— *vt.* **1** <鉱石などを> 割る. **2** <石材などを> あら仕上げする. —— *vi.* 割れる, 砕ける.

spall·á·tion [spɔ:léiʃ(ə)n] *n.* 〘物〙《原子核の》破壊.

spal·péen [spælpí:n, ㊥⁺ ⌐—] Ir. *n.* **1** 若者. **2** ならず者, よた者.

Spam [spæm] *n.* 〘米〙肉のかん詰め 《特に豚肉. 商標名》.

‡**span**¹ [spæn] *n.* **1** 親指と小指を張った長さ 《通例 9 インチ》. **2** 短い長さ [距離, 期間]: Our life is but a ～ [one brief ～]. 人生ははかないもの. **3** さしわたし, 全長: the whole ～ of... …の全体. **4** 〘建〙スパン, はり間, 支間 《アーチ・橋などの支柱から支柱まで》; 〘空〙《飛行機の》翼長, 翼幅; 〘海〙張り綱 《両端を縛りつけ中間を V 字形にたるませたもの》. **5** 〘米・南アフリカ〙一くびきの牛 [馬, ロバ].
—— *v.* (**-nn-**) *vt.* **1** 指 (寸法) で測る; 目測する: ～ a distance 距離を測る. **2** <川・谷などに> またがる, かかる: A bridge ～s the river. 川に橋がかかっている. **3** <橋を> かける, 渡す. **4** に橋を渡す; にかける, に渡す 《を *with*》: ～ a river *with* a bridge 川に橋をかける. **5** にわたる, に及ぶ, に広がる. **6** <大弓を> 引く, 曲げる. **7** 〘海〙綱で縛る, 結び付ける. **8** <布などを> ぴんと張る. —— *vi.* 伸び縮みして進む, 尺取虫のように進む.
～·**worm** [⌐⌐] 〘虫〙尺取虫.
◇ ～·**less** *a.* 〘雅〙測ることのできない.

span² *v.* 〘古〙spin の過去形.

Span. Spanish.

spán·drel [spǽndrəl] *n.* 〘建〙スパンドレル 《アーチの上方側面とその上の水平線との間の三角形の部分》.

spang [spæŋ] *ad.* 〘俗〙 **1** まっしぐらに, まさに. **2** 突然, 不意に.

spán·gle [spǽŋgl] *n.* (通例 *pl.*) **1** 《衣服装飾用の》ぴかぴか光る飾り 《金属小片や金・銀ぱくを張った厚紙》. **2** ぴかぴか光る物 《星・霜・雲母など》. **3** カシの葉にできる没食子 《キノコ状の小突起》.
—— *vt.* **1** に ～ をつける. **2** にちりばめる 《を *with*》: dew-～*d* 露で光った. **3** ぴかぴか光らせる.
—— *vi.* (金属飾りで) ぴかぴか光る.

***Spán·iard** [spǽnjərd/-nijəd] *n.* スペイン人.

spán·iel [spǽnjəl] *n.* **1** スパニエル 《長い絹のような毛と大きなたれ耳をもつ犬》. **2** おべっか使い. ***a tame ～*** 他人の言うなりになる人.

‡**Spán·ish** [spǽniʃ] *n.* **1** スペイン語. **2** 《集合的》スペイン人. → Spaniard.
—— *a.* スペインの; スペイン人 [語, 風] の. ***walk ～*** 〘米俗〙おずおず [しぶしぶ] 歩く; いやいや働く.
～ **America** スペイン語圏アメリカ 《ブラジルを除く中央・南アメリカ》. ～**-A·mér·i·can** *a., n.* (1) スペインとアメリカの. (2) ～ America の (住民). ～**-American War, the** 〘史〙米西戦争 《1898》. ～ **Armada** スペインの無敵艦隊. ～ **bayonet** 〘植〙イトラン. ～ **cedar** 《中央・南アメリカ産》スペイン杉 (材). ～ **fly** 〘虫〙ハンミョウ 《ヨーロッパ南部産》. ～ **Inquisition** 《15-16 世紀の》スペインの異端者に対する宗教裁判 (所). ～ **Main, the** カリブ海; 〘史〙カリブ海沿岸地方. ～ **onion** スペインタマネギ. ～ **paprika** ピーマン.

spank¹ [spæŋk] *vt.* 平手・スリッパなどで打つ 《特に子どものしりを》. —— *n.* 平手打ち.

spank² *vi.* さっさと [元気に] 動く; 疾走する 《*along*》.

spánk·er [spǽŋkər] *n.* **1** 〘海〙スパンカ 《横帆船の最後尾マストの下部の縦帆》; 《スクーナー船の》最

後尾マスト (の縦帆). **2**〘話〙元気よく動く人; 速い馬. **3**〘方〙すばらしい物.

spánk·ing¹ [spǽŋkiŋ] *a.* **1** 威勢のよい, 速い. **2**〘俗〙すてきな, めざましい, 強い, 大きな. —— *ad.* すごく, 非常に; 目だって: ～ new まっさらな.
～ breeze 颯風(さつ). ◇ **～·ly** *ad.*

spánk·ing² *n.* 平手打ち.

spán·ner [spǽnər] *n.* **1** 指で測定する人. **2**〘英〙ねじを回すいろいろな道具類; スパナ (=㊊ wrench). **3**〘虫〙尺取虫.

spán-néw [spǽnn(j)úː/-njuː] *a.*〘米俗〙真新しい, 新調の (brand-new).

spar¹ [spɑːr] *n.* **1**〘海〙円棒, ポール; 帆柱, 帆げた. **2**〘空〙翼のけた. —— *vt.* (**-rr-**) にポール〔円棒〕を取り付ける.
～ deck〘船〙《船首から船尾までの》上甲板.

spar² *n.* 《方解石など》結晶体鉱石類, へげ石. ***fluor* ～**〘鉱〙ホタル石. ***Greenland* ～**〘鉱〙氷晶石. ***Iceland* 〔*calcareous*〕 ～**〘鉱〙方解石.
◇ **～·ry** [spɑ́ːri] *a.* へげ石の〔に似た〕; へげ石に富む〔を含む〕.

spar³ *vi.* (**-rr-**) **1** スパーリング〔練習〕する: a *sparring* partner 練習相手. **2** こぶしでたたかう; こぶしを固めて打ってかかる《に *at*》. **3** 〈おん鳥が〉たたかう, 《特に》け合いをする. **4** 《比喩的》争う; 口論する. —— *n.* **1** スパーリング. **2** ボクシング. **3** 口論.

SPAR, Spar [spɑːr] *n.*〘米〙《第2次大戦中の》沿岸防衛婦人予備隊員. [＜*S*emper *Par*ata (L. =always ready)]

spár·a·ble [spǽrəbl] *n.* 《くつ用の》小さい頭のないくぎ.

‡**spare** [speər] *vt.* **1** 節約する, 惜しむ: *S*～ no butter. バターを惜しまないでください. ～ no expense 〔no pains〕費用〔労苦〕をいとわない. **2** 使用しない: ～ the rod むちを用いない, 甘やかす. **3** 《特殊の目的に》とっておく: We can't ～ land for parking. 駐車用に土地を遊ばすわけにはいかない. **4** 《余裕があって》とっておくことができる, なしですます: I have no time to ～. 私は一瞬の余裕もない; 暇な時間はない. If you can ～ this book, do lend it to me. この本ご用がなかったら, ぜひ貸してください. **5** 《十分あるので》分け与える, 貸す: Can you ～ me a cigarette? たばこ1本もらえませんか. Could you ～ me five dollars till payday? 給料日まで5ドル用立てていただけませんか. Can you ～ me a few moments? ちょっとつきあってもらえるか. **6** 容赦してやる, から奪わない; に情けを示す, から命を奪わない: *S*～ me (my life)! 命はお助けください. ～ one's enemy 敵に情けを示す. Death ～*s* no one. 死はなに人をも容赦しない. We'll meet again, if we are ～*d*. 生きていたらまた会おう. **7** ゆるす; たいせつに扱う: The fire ～*d* nothing. 火は何物も残さなかった. ～ ancient monuments 古い遺跡を保存する. ～ a person's feelings 人の感情を傷つけない. **8** 〈不幸・苦労などを〉与えない, 省く: This machine will ～ you a lot of trouble. この機械のおかげであなたは手数がうんと省けますよ. *S*～ us the boring details! たいくつな細かい話はご容赦ください.
—— *vi.* **1** 倹約する, つましくする. **2** 情けを示す.
do not* ～ *oneself 労を惜しまない; 全力を尽くす. ***enough and to* ～** あり余るほどの: Of coffee we had *enough and to* ～. コーヒーは十分, あり余るほどあった. **～ *oneself*** 労を惜しむ, のんきに構える. **～ a person*'s blushes*** 恥をかかせないようにする. ***S*～ *the rod and spoil the child.*** 〘諺〙むちを惜しむと子どもはだめになる, かわいい子には旅させよ. ***to* ～** 余分の: money *to* ～ 自由に使える金.
—— *a.* **1** 余分の, よけいの; 予備の, とっておきの; 暇な: a ～ copy 余分につくった1部, 写し《文書・印刷物などの》. ～ parts 予備部品. a ～ bedroom (客用の) 予備寝室. ～ time 余暇. **2** 乏しい, 貧弱な, けちけちした, 切り詰めた; 倹約な: a ～ diet 切り詰めた食事. **3** やせた, ほっそりした.
—— *n.* **1** 余分; 予備品〔金, 室〕. **2**〘米: ボーリング〙2球で10柱全部を倒すこと; その得点.
～·rib [spéərrib]《少し肉のついた》豚のあばら骨.
◇ **～·ly** *ad.* **～·ness** *n.* 乏しいこと; やせぎすなこと; 不足.

spár·ing [spé(ː)riŋ/spéəriŋ] *a.* **1** 適度の, 控えめな: ～ *of* words ことば数の少ない. **2** 倹約な, つましい《*in, of*》. **3** 限られた, 乏しい. **4** 思いやる, 手心を加えた. ◇ **～·ly** *ad.* **～·ness** *n.*

‡**spark** [spɑːrk] *n.* **1** 火花, 火の粉. **2** 閃光(せん), 《宝石の》きらめき; 《宝石などの》細片; 《才気などの》ひらめき: a ～ of wit 機知のひらめき. **3** 生気, 活気を添えるもの. **4** ほんのわずか, 痕跡(こん)《通例否定文で》: have *not* a ～ *of* interest 〔conscience〕興味〔良心〕がみじんもない. **5**〘電〙火花; 《内燃機関の》発火せんのスパーク, 発火装置. **6** (～s)《単数扱い》〘話〙《船の》無線電信技師. **7** いきな男.
as the* ～*s fly upward 必然的に, 確実に. ***fairy* ～*s*** 《朽ち木などから出る》リン光. ***strike a* ～** 《火打ち石などで》火を切る. ***strike* ～*s out of*** の才気〔本領〕を発揮させる. ***the* ～ *of life*** 生命.
—— *vi.* **1** 火花が散る. **2** ひらめく, きらめく. **3**〘電〙スパークする. **4** 色男ぶる. —— *vt.* **1** 発火させる. **2** 〈興味・元気などを〉引き起こす. **3** に活気を出させる. **～*ing plug*** 《内燃機関の》点火プラグ, 発火装置 (=～ plug).
～ arrester〘電〙電流回路の火花止め装置; 《機関車の》火の粉止め. **～ coil**〘電〙火花コイル. **～ discharge**〘電〙火花放電. **～ guard**〘米〙ストーブ囲い. **～ plug**〘機〙《内燃機関の》点火プラグ; 〘米話〙《一団の》指導者. **～ telegraphy** 火花無線電信法.
◇ **～·ish** *a.*〘話〙火花のような (性格の); 快活な, 愉快な; 色好みの, 色男の. **～·less** *a.* スパークしない, 火花を出さない. **～·let** *n.* **1** 小さい火花. **2** (炭酸ガスを満たした) 小金属カプセル; あわおこし玉《家庭ソーダ水製造用の》.

‡**spár·kle** [spɑ́ːrkl] *n.* **1** 火花, 閃光(せん). **2** きらめき, 光輝, 光沢. **3** 生気, 活気. **4** 才気. **5** 《シャンパンなどの》あわ立ち.
—— *vi.* **1** 火花を散らす. **2** きらきら光る, ひらめく. **3** 生気〔活気〕がある; 〈才気が〉目だつ: ～*ling* with wits 才気煥発(かん)の. **4** 〈ブドウ酒などが〉あわ立つ. —— *vt.* きらめかす, 輝かす.

spár·kler [spɑ́ːrklər] *n.* **1** きらめく〔輝く〕物〔人〕; 花火. **2** 《ダイヤモンド・ルビーなどぴかぴか光る》宝石. **3** (*pl.*)〘話〙ぱっちりと澄んだ目. **4** あわ立つもの; 沸騰性のブドウ酒.

spár·kling [spɑ́ːrkliŋ] *a.* **1** 火花を発する, 閃光(せん)を発する. **2** きらきら輝く, ひらめく. **3** 聡明(そう)な, 才気煥発(かん)の. **4** 《シャンパンなど》あわ立つ; 沸騰する. **～ water** ソーダ水 (soda water).
◇ **～·ly** *ad.*

‡**spár·row** [spǽrou] *n.*〘鳥〙スズメ: a house 〔an English〕～ 普通のスズメ. a hedge ～ カヤクグリ《ツグミ類》. **～ hawk**〘鳥〙ハイタカ.

spár·ry [spɑ́ːri] *a.* → spar².

SPARS, Spars [spɑːrz] *n.*〘米〙《第2次大戦中の》沿岸防衛婦人予備部隊. → SPAR, Spar.

sparse [spɑːrs] *a.* 散在する, ちらほらの; 《木など》まばらに植えた; 《人口など》希薄な; 《毛など》薄い.
◇ **～·ly** *ad.* **～·ness** *n.* **spár·si·ty** [spɑ́ːrsiti] *n.*

Spár·ta [spɑ́ːrtə] *n.* スパルタ《古代ギリシア Laconia の首都》.

Spár·ta·cist [spɑ́ːrtəsist] *n.* 《1918 年の革命のときドイツに組織された急進社会党の》スパルタカス団員. [＜Spartacus]

Spár·ta·cus [spɑ́ːrtəkəs] *n.* **1** 古代ローマのどれい反乱の指導者《71 B.C. 死亡》. **2** ドイツの社会主義者 Liebknecht (1871–1919) のペンネーム.

Spár·tan [spɑ́ːrt(ə)n] *a.* **1** スパルタ(人)の〔に関する〕. **2** 古代スパルタ人の〔に似た〕; 厳格な, 過酷な; 勇敢な; 倹約な. —— *n.* スパルタ人; 質実剛健な人. ◇ **~·ism** *n.* スパルタ主義〔精神, 教育〕.

spasm [spǽz(ə)m] *n.* **1** 筋肉のけいれん〔ひきつけ〕: facial ~ 顔面けいれん. **2** 〖興奮などの〗発作: a ~ of fear 恐怖の衝撃.

spas·mód·ic [spæzmɑ́dik/-mɔ́d-], **-i·cal** [-(ə)l] *a.* 〖医〗 **1** けいれん(性)の. **2** ときどき起こる, 発作(的)の, 突発的な. **3** 興奮的な.
◇ **spas·mód·i·cal·ly** *ad.*

spás·tic [spǽstik] *a.* 〖医〗けいれんの (spasmodic). —— *n.* けいれん病者; 脳性まひ患者.

spat[1] [spæt] *n.* **1** 貝の卵; 《特に》カキの卵. **2** 子カキ. —— *vt., vi.* (**-tt-**) 〈カキなどが〉卵を生む.

spat[2] *n.* (通例 *pl.*) スパッツ, くつの甲かけ.

spat[3] *n.* 〖米話〗 **1** 平手打ち. **2** (小さな)けんか, 小ぜりあい, 口げんか. —— *v.* (**-tt-**) *vt.* 平手で打つ; 軽く打つ. —— *vi.* **1** 口論する, 小ぜりあいをする. **2** 〈雨が〉はね返る《に *against*》.

***spat**[4] *v.* spit[1] の過去・過去分詞.

spátch·cock [spǽtʃkɑ̀k/-kɔk] *n.* 殺してすぐ焼いた鳥. —— *vt.* **1** 〈鳥を〉殺してすぐ料理する. **2** 〖話〗《電報などに》急いで書き込む〔挿入(そうにゅう)する〕《*in*; に *into*》.

spate [speit] *n.* **1** 《比喩的》ほとばしり: a ~ of words. **2** 〖英〗洪水(こうずい), 《特に》雨後の急激な氾濫(はんらん): in ~ 急に氾濫して. **3** はげしい降雨.

spathe [speið] *n.* 〖植〗仏炎包.

spáth·ic [spǽθik], **spáth·i·form** [spǽθifɔ̀ːrm] *a.* 〖鉱〗へげ石の, へげ石形の. → spar[2].

spá·tial [spéiʃ(ə)l] *a.* 空間の〔に関する〕; 空間的な; 空間に存在する; 空間的延長のある. → 名詞 space.
◇ **~·ly** *ad.* **spà·ti·ál·i·ty** [spèiʃiǽliti] *n.*

spà·ti·o·tém·po·ral [spèiʃiotémp(ə)rəl] *a.* 空間的に存在する時間.

spát·ter [spǽtər] *vt.* **1** 〈どろ・水などを〉はね返す; ふりまく《に *over*》. **2** にはねかける, にふりかける, にふりまく《を *with*》. **3** ふりかけてよごす.
—— *vi.* **1** はねを上げる, ばらばらと落ちる〔降る〕. **2** 〈熱湯が〉湯玉を飛ばす. **3** つばきを飛ばす.
—— *n.* **1** はね, はねた〔たらした〕物. **2** 雨の音, 遠い銃声, パラパラ, パチパチ. **3** 小雨.
~·dash [ˊ-ˋ] (通例 *pl.*) 長いスパッツ《乗馬者のズボンのどろよけ》. **~·dock** [ˊ-ˋ] 〖植〗黄スイレン.

spát·u·la [spǽtʃulə/-tju-] *n.* へら《卵焼きを返したり, こうやく・絵の具などを練る》; 〖医〗舌押え器, 舌圧子. ◇ **-lar** *a.* へらの; 舌圧子の.

spát·u·late [-lit] *a.* へら状の.

spáv·in [spǽvin] *n.* 〖獣医〗《馬などの》飛節〔くるぶし関節〕肉腫(にくしゅ).
◇ **~ed** *a.* 飛節肉腫にかかった; びっこの.

spawn [spɔːn] *n.* **1** 《魚・両棲(りょうせい)類・甲殻(こうかく)類などの》卵, 白子. **2** 《けいべつ的》子孫; 子ども, やっかい者; 産物, 結果. **3** 〖キノコなどの〗糸状の物質; 菌糸. —— *vi.* 〈魚・両棲類・甲殻類などが〉卵を生む. —— *vt.* **1** 〈卵を〉生む. **2** 〈うわさなどを〉生み出す. **3** 多量に生じる.

spay [spei] *vt.* 〈動物の〉卵巣を取り去る.

SPB Surplus Property Boards 余剰物資局. **S.P.C.A.** Society for the Prevention of Cruelty to Animals 動物愛護会. **S.P.C.C.** Society for the Prevention of Cruelty to Children 児童愛護会. **S.P.E.** Society for Pure English 純正英語会.

†**speak** [spiːk] *v.* (**spoke** [spouk], 〖古〗 **spake** [speik]; **spó·ken** [spóuk(ə)n], 〖古〗 **spoke**) *vi.* **1** 話す, ものを言う; しゃべる: The baby is learning to ~. 赤ん坊はやっと話し始めたばかりです. Please ~ more slowly. もっとゆっくり話してください. **2** 話をする, 談話をする; 話〔うわさ〕をする《について *about, of*》; 話しかける《に *to*, 〖稀〗 *with*》: I'll ~ to her *about* it. それについて彼女に話しましょう. **3** 演説する; 述べる, 弁ずる《について *on*》: ~ in public 演説する. **4** 思想〔感情, 意見〕をあらわす, 伝達する: The portrait ~*s*. その肖像画は話しかけるようだ〔真に迫っている〕. **5** 〈楽器・とけい・風などが〉音をたてる, 鳴る, 響く. **6** 〖英〗〈犬が〉ほえる. → say, tell.
—— *vt.* **1** 言う, 語る: ~ a word ひとこと言う. ~ the truth 真実を語る. ~ a person's praise 人をほめる. **2** あらわす, 示す; 証明する: eyes that ~ affection 愛情を語っている目. His conduct ~*s* him a small person. 彼の行為は彼が小さい人物であることを物語る. **3** 〈ある国語を〉話す, 使う: English (is) *spoken* (here). 当店では英語が通じます. **4** 〖文書などで〗声明する. **5** にことばをかける: ~ a person fair 丁寧に話しかける. **6** 〖海〗〈他船と〉通信する〖海上で〗.
as they 〔***men***〕 ***~*** いわゆる. ***generally*** 〔***roughly, legally, properly, strictly, historically***〕 ***~ing*** 一般に〔ざっと, 法律上から, 正当に, 厳密に, 歴史的に〕言えば. ***not to ~ of*** …のことは言うまでもなく, …はもちろん. ***so to ~*** いわば. ***~ about*** …のことを言う〔話す〕. ***~ against*** に反対する; の悪口を言う. ***~ at*** …にあてつけて言う. ***~ by the book*** 正確に話す. ***~ for*** (1) を代弁する, を弁護する. (2) を要求〔請求〕する, を注文する. (3) を示す, をあらわす. ***~ for oneself*** 自分のために語る, 自説を述べる. ***~ for itself*** おのずと知れる, おのずから明らかである. ***~ from experience*** 体験を基礎に〔体験から〕語る. ***~ highly of*** をほめそやす. ***~ one's mind*** 打ち明けて話す. ***~ of*** …のことを言う, …のことをとりたてて述べる; …という(用)語を用いる〖特定のことを述べるのに〗: Then we ~ *of* a vested right. そのようなばあい,「既得権」ということを言う. ***~ of*** a man ***as*** a saint (ある人)を(聖人)と言う. ***~ out*** 〔***up***〕 (1) 大声で話す. (2) 遠慮なく〔打ち明けて〕話す. ***~ to*** (1) に話しかける. (2) に言及する. (3) をしかる, に忠告する. (4) を確証する. ***~ together*** 相談する. ***~ well for*** …のよいこと〔有効なこと〕を証明する. ***~ well*** 〔***ill***〕 ***of*** を良く〔悪く〕言う, をほめる〔けなす〕. ***~ with*** と話す, と相談する. ***~ without (one's) book*** 記憶によって話す. ***to ~ of*** 語るに足る, 重要な: There was nothing *to ~ of*. たいしたものはなにひとつなかった.
~·èas·y 〖米俗〗〖禁酒法実施中にあった〗酒類密売店〖注文が暗黙のうちになされることから〗.

(類義語) **話す**: **speak** 意志を伝達するために, またはまとまった内容を伝えるために話す. talk より形式的な語: *speak* at a university commencement 大学の卒業式でスピーチをする. **talk** 口および言語の使用に重点がある. 話したいために話すのや, でたらめを話すのは speak でなく talk. また talk は話の内容でなく, 座談・交歓を示唆する. **converse** 意見の交換, 交渉に重点がある. **tell**「目前の相手に情報を与える」ことに重点があり, 必ずしも speak, talk せずともよく歌や身ぶりなどで tell してもよい. その点 **relate, narrate** に近いが, (1) 告げる内容と同時に告げられる相手が強調されていること, (2)未来に対する予測を含むこと, (3)より口語的であること, などがこれら2語と異なる.

‡**spéak·er** [spíːkər] *n.* **1** 話し手; 講演者, 演説者, 弁士; 雄弁家: a good〔poor〕~ 話のじょうずな〔へたな〕人. **2** (通例 S~) 議長: Mr. *S*~!《呼びかけ》議長! **3** スピーカー, 拡声器 (=loudspeaker). **4** 《雄弁術練習用の》名演説集.
◇ **~·ship** *n.* 議長の職〔任期〕.

spéak·ing [spíːkiŋ] *a.* **1** 話す, 口をきく. **2** 話すに適した, 談話用の; 話せる程度の: ~ distance 話し合えるほどの距離. **3** 表情たっぷりの, 心を動かす: ~ eyes ものを言う目. a ~ likeness〔portrait〕生きているような肖像画. **4** 《合成語で》…の話しぶりの; …語を話す: slow-～ 話し方のゆっくりした. English-～ nations 英語国民. ***have a ～ knowledge of*** English ものが言える程度に(英語)を知っている. ***on ～ terms with*** …とことばをかわす程度の間柄で;《否定文で》と仲たがいして.

—— *n.* 話すこと; 談話; 演説 (=public ～). ***at the*** 〔***this***〕 ***present ～*** 現在では.

～ acquaintance 会えばことばをかわす程度の交際. **～ trumpet** 拡声器, 伝声器. **～ tube** 通話管. **～ voice** 話し声.

‡**spear** [spiər] *n.* **1** やり;《魚を突く》やり, やす. **2**〘雅〙やり兵, やり持ち (=spearman). **3**《植物の》芽, 新芽. **——** *vt.* **1** やりで刺す〔突く〕; <魚を>やりで捕える. **2**〘米俗〙手に入れる, 捕える. **——** *vi.* **1** やりのようにささる. **2** 発芽する, 芽が伸びる.

～·fish [´´] (1) *n.* (*pl.* **～·fish, ～·fish·es**)〘魚〙マカジキ《上あごがやりのように突き出ている》. (2) *vt.* やすで魚を突く〔とる〕; 潜水してやすで魚をとる. **～ gun** やす発射銃. **～·head** →別項. **～·man** [-mən], **～s·man** (*pl.* **-men**) やりを武器とする兵隊, 槍兵(そうへい). **～·mint** [´´] → 別項. **～ side, the** 男系, 父系. → the distaff 〔spindle〕 side.

spéar·head [spíərhèd] *n.* **1** やりの先端. **2**〘軍〙《攻撃で》先頭に立つ人〔物〕, 先陣. **——** *vt.* <攻撃・事業などの> 先鋒(せんぽう)をつとめる, の先頭に立つ.

spéar·mint [spíərmint] *n.*〘植〙オランダハッカ.

spec [spek] *n.* **1**〘話〙投機 (speculation). **2**〘米俗〙演芸 (spectacle); (*pl.*) めがね. ***on ～*** 一かばちかやまをかけて.

spec. special(ly); specification.

†**spé·cial** [spéʃ(ə)l] *a.* **1** 特別の, 特殊の; 独特の, 特有の: a ～ kind of key 特種のかぎ. ～ occasions 特別のばあい. **2** 専用の, 個人用の; 別あつらえの; 特に親しい: one's ～ chair 個人用のいす. not a ～ friend of mine 特に親友ではない. **3** 専門の, 専攻の: a person's ～ field 専門分野. **4** 臨時の, 特別用の: a ～ session 臨時〔特別〕議会. **5** 並みはずれの, 異例の, 特異の: a matter of ～ importance 並みはずれて重要な事柄.

—— *n.* **1** 特別の人; 特派員, 特使; 臨時警官;〘米〙選科生. **2** 特別のもの; 特別試験; 臨時列車〔バス〕; 特電, 速達便, 号外, 臨時増刊; 特別提供〔奉仕〕品;〘映〙特作,〘テレビ〙特別番組;〘米〙特別料理;〘劇〙特別スポットライト. ↔ regular.

～ agency 特別代理. **～ anatomy** 解剖学各論. **～ area**〘英〙特別(疲弊)地域《1934 年制定》;《いまの》開発地区. **～ delivery**〘米〙速達 (=㊧ express delivery). **～ edition** 号外. **～ hospital** 〔**school**〕 専門病院〔学校〕. **～ licence**〘英〙結婚特別許可証《予告なしに教会外で牧師に結婚式を行なってもらえる》. **～ pleading**〘法〙(1) 特別弁論《相手方の陳述を否定する代わりに行なう新事実の訴答》. (2) てまえがってな議論. **～ question**〘文〙特殊疑問(文)《疑問詞を含み, yes や no で答えられない疑問》. → general question.

◇ **～·ism** *n.*《学問・研究の》専攻;《職業などの》専門. ‡**～·ly** *ad.* 特別に, 特定に, 臨時に.

〔類義語〕 **特別の: special** 性質上一般とは違って特別扱いにすべき: *special* circumstances 特殊事情. a *special* purpose 特別な目的. **particular** 同種のもののなかから一つだけ取り出された, これに限られた, 独自の: on that *particular* day ほかではないその日に. a *particular* purpose ある特殊の目的. **specific** 性質や内容が限定された, 規定された: a *specific* sum of money 金額がはっきりしている金. a *specific* purpose 内容のはっきりした特定の目的.

〔類〕 → **especially**「特に」

‡**spé·cial·ist** [spéʃ(ə)list] *n.* 専門家;《学問・研究などの》専攻者;《学問・科学などの》専門知識家; 専門医《*in*》; 技術下士官.

spè·ci·ál·i·ty [spèʃiǽləti] *n.* **1** 特色, 特質, 特性; (*pl.*) 詳細, 細目. **2** 専門, 専攻, 本職; 得意, 得手. **3**《ある店の》特製品, 特別料理; 名産, 特産品. 〈注〉イギリスでは specialty の代わりにこの語をよく用いる. ***make a ～ of*** を専門にする.

‡**spé·cial·ize** [spéʃəlàiz] *vi.* **1** 専門に扱う, 専門にする, 専攻する《を *in*》: He ～*s in* chemistry. 彼は化学を専攻している. **2**〘生〙分化する.

—— *vt.* **1** 特殊〔専門〕化する, 独特にする: ～*d* knowledge 専門知識. **2** <意味・条件・用途などを> 限定〔局限〕する. **3** 詳しく述べる. **4** <証券などの> 支払人を指定する.

◇ **spè·cial·i·zá·tion** [spèʃəlizéiʃ(ə)n, -laiz-] *n.*

spé·cial·ty [spéʃ(ə)lti] *n.* **1** 専門, 専攻, 本職; 得意, 得手. **2** 特製〔専門〕品; 名産; 新案品, 新型. **3** 特色, 特性. **4**〘法〙押印証書〔契約〕. 〈注〉イギリスでは ④ の意味以外はおもに speciality を用いる. ***in ～*** 特に.

～ act 特別演技. **～ number** 特別出し物.

spé·cie [spíːʃi, -ʃiː] *n.* (*pl.* **～**)《紙幣に対して》正金, 正貨 (coin). ***in ～*** (1)《金銭でなく》物品で. (2)《紙幣・手形などでなく》貨幣で. (3) 同様に, おなじ方法で. **～ reserve** 正貨準備.

‡**spé·cies** [spíːʃiz, -ʃiːz] *n.* (*pl.* **～** [spíːʃiːz]) **1** 種類. **2**〘生〙種(しゅ)《genus の下の区別》. **3**〘論〙種(概念)《genus の下位区分. 共通の属性をもつもの》. **4**〘法〙形式. **5**〘カトリック〙ミサ用のパンとブドウ酒. **6** (the ～) 人類. ***a ～ of*** 一種の. ***the Origin of S～*** 種の起源《Darwin の著書》. ***the*** 〔***our, human***〕 **～** 人類. [√spec-]

specif. specific; specifically.

‡**spe·cíf·ic** [spisífik] *a.* **1** 特有の, 特殊の, 独特の. ↔ general. **2** 一定の, 特定の: a ～ sum of money 特定金額. **3**《陳述など》明確な, 明細の, 具体的な. **4**〘生〙種(しゅ)の, ある種特有の. **5**〘医〙《病気が》特異な, 特殊原因で起こる; 特効のある《に *against, for*》. ***be ～ to*** に特有である.

—— *n.* **1** 特性, 特質. **2** (*pl.*) 明細, 詳細な点; 詳論. **3** 特効薬《*for, against*》.

～ disease 細菌性疾患, 特効病. **～ duty**〘商〙従量税. **～ gravity** 〔**heat**〕〘物〙比重〔比熱〕. **～ remedy** 特効薬. **～ resistance**〘電〙固有抵抗, 抵抗率. ◇ **-i·cal·ly** *ad.* 種〔類〕によって; 正確に, 明確に; 特に, 特別に; 特効的に.

〔類〕 → **definite**「特定の」, → **special**「特別の」

spèc·i·fi·cá·tion [spèsifikéiʃ(ə)n] *n.* **1** 明細にすること, 詳述; 列挙. **2** (*pl.*)《機械・細工・建設などの》設計明細書; 仕様書, 明細書; 明細(事項). **3**〘法〙《特許出願の》特許説明書.

spéc·i·fy [spésifài] *vt.* **1** 明細〔具体的〕に記す〔述べる, 列挙する〕. **2** <条項を> 明細書に記入する. **3** 指定する, 名ざして言う.

—— *vi.* 詳しく述べる. [√spec-]

‡**spéc·i·men** [spésimin] *n.* **1** 見本;《動植物の》標本; 例, 実例: zoological ～*s* 動物学標本. **2** 検査・研究のための材料〔資料〕: a urine ～ 検尿用の尿. **3**〘話〙奇妙な人, 奇人, 変人: a weird female ～ 女の変人. [√spec-]

spè·ci·ól·o·gy [spìːʃiálədʒi/-ɔ́l-] *n.* 種族学《種の起源と発達の科学》.

spé·cious [spíːʃəs] *a.* **1** 見かけ倒しの, まやかしの;《理論・要求などが》一見正しそうな. **2** まことしやかな, ねこかぶりの. **3** けばけばしい, 俗悪の. [√spec-]

◇ **～·ly** *ad.* **spè·ci·ós·i·ty** [spìːʃiásiti/-ɔ́s-] *n.* 見かけ倒し; まことらしさ; 俗悪.

‡**speck**[1] [spek] *n.* **1** 小斑点(はんてん), しみ, よごれ;《特に》くだもののきず〔当たりきず〕: ～*s* of soot すすのよごれ. **2** 小さいもの, 断片; 小粒, 粒子. **3** 少量: a ～ of sugar わずかの砂糖. **4**《遠距離のため》斑点のように見えるもの. ***not a ～*** 全然…ない: There was*n't a ～ of* cloud. 一かけらの雲さえなかった.

—— *vt.* に小斑点〔しみ〕をつける《おもに過去分詞の形で》. ◇ **∼ed·ness** *n.* **∼·less** *a.*

speck² *n.* **1**《鯨・オットセイ・アザラシなどの》脂肪. **2**〖米・南アフリカ〗脂肪肉,《特に》ベーコン.

spéck·le [spékl] *n.*《目だつ色の》小斑点, しみ. —— *vt.* に小斑点をつける, 斑点でまだらにする《おもに過去分詞の形で》. ◇ **∼d·ness** *n.*

specs [speks] *n. pl.* **1**〖話〗めがね (spectacles). **2** =specifications.

‡**spéc·ta·cle** [spéktəkl, -tikl] *n.* **1 光景, 美観, 壮観, 奇観**; 悲惨〔不快〕な光景: The poor drunken man was a sad ∼. かわいそうにその酔っ払いの姿はあわれだった. **2** (豪華な) 見せもの, ショー. **3** (*pl.*) **めがね**: a pair of ∼*s* めがね1個. **4** (*pl.*)〖クリケット話〗打者の再度の0点. ***make a ∼ of oneself*** 人に笑われるようなふるまい〔服装〕をする, いい恥をさらす. ***see all things through rosy ∼s*** なんでも楽観する. [√spec-]
◇ **∼d** *a.* **1** めがねをかけた. **2** めがねのような斑点(はんてん)のある: a ∼*d* bear〖動〗《南アメリカ産》メガネグマ. a ∼*d* cobra〖動〗メガネコブラ.

‡**spec·tác·u·lar** [spektǽkjulər] *a.* **1 見ものの, 壮観の**, 見ごたえのある: ∼ scenes 壮大な場面. **2 劇的な, 興奮をさそう** (dramatic).
—— *n.* 豪華テレビショー《有名な演技者を主演者とする脚色・衣装などのこった放送》.
◇ **∼·ly** *ad.* **spec·tàc·u·lár·i·ty** [−ˌ−lǽriti] *n.*

‡**spéc·ta·tor** [spékteitər, −ˊ−−/−ˊ−] *n.* (*fem.* **-tress** [-tris]) **1 見物(人), 観客**: ∼*s* at a game. **2 観察者**, 目撃者. **3 傍観者**. ***The S∼*** 18世紀初めにイギリスの文学者 Addison と Steele が出した雑誌名. [√spec-]

spéc·ter, ㊥ **-tre** [spéktər] *n.* **1** 幽霊; 幻影, 化け物. **2** 恐ろしい〔ぞっとさせる〕もの. ***∼ of the Brocken***《ドイツの Brocken 山で見るような》山頂で霧の中に投影された観察者自身の巨大な影像; 影入道. [√spec-]

spéc·tra [spéktrə] *n.* spectrum の複数形.

spéc·tral [spéktrəl] *a.* **1** 幽霊の(ような); 幻のような. **2**〖物〗スペクトルの. **∼ analysis** スペクトル分析. ◇ **∼·ly** *ad.* **1** 幽霊〔幻〕のように; 恐ろしく. **2** スペクトルで.

spéc·tro·gram [spéktrəgræ̀m] *n.* 「光」写真. スペクトル〔分

spéc·tro·graph [-grǽf/-grɑːf] *n.* スペクトル写真機. ◇ **spèc·tro·gráph·ic** [ˊ−grǽfik] *a.*

spec·tról·o·gy [spektrɑ́lədʒi/-trɔ́l-] *n.* スペクトル〔分光〕分析学. ◇ **spèc·tro·lóg·i·cal** [spèktrəlɑ́dʒik(ə)l/-lɔ́dʒ-] *a.* 「計.

spec·tróm·e·ter [spektrɑ́mitər/-trɔ́m-] *n.* 分光

spèc·tro·pho·tóm·e·ter [spèktrofotɑ́mitər/-tɔ́m-] *n.* 分光光度計.

spéc·tro·scope [spéktrəskòup] *n.*〖光〗分光器. ◇ **spèc·tro·scóp·ic** [ˊ−skɑ́pik/-skɔ́p-] *a.* 分光器の〔による〕. **spec·trós·co·py** [spektrɑ́skəpi/-trɔ́s-] *n.* 分光学.

spéc·trum [spéktrəm] *n.* (*pl.* **-tra** [-trə], **-trums**) **1**〖物〗スペクトル, 分光: solar ∼ 太陽スペクトル. sound ∼ 音響スペクトル. ∼ analysis =spectral analysis. **2**《物体が見えなくなってからも網膜にのこる》残像. **3** =radio ∼.
a broad ∼ of 広範にわたる, さまざまな.

spéc·u·lar [spékjulər] *a.* **1** 鏡の; 鏡のような;《みがいた金属などが》反射する. **2**〖医〗検鏡の.

spéc·u·late [spékjulèit] *vi.* **1** 思索する, 考え込む, 熟考する《について *on, upon*》; 推測する《について *about*》. **2** 投機する, 相場に手を出す, やまをはる: ∼ *in* shares〔stocks〕株に手を出す. ∼ *on* a rise〔fall〕騰貴〔下落〕を見越して投機をする.
[√spec-] 類 → **think**「考える」

‡**spèc·u·lá·tion** [spèkjuléiʃ(ə)n] *n.* **1 思索, 熟考**, 沈思, 考察. **2** (思索により達した) 結論, 意見. **3** 推測, 憶測. **4** 理論; 空論. **5 投機**, 思わく: on ∼ 投機的に, やまをかけて (on spec). **6** 一種のトランプ遊び.

spéc·u·la·tive [spékjulèitiv/-lət-] *a.* **1** 思索的な, 瞑想(めいそう)的な; 観想的な. **2** 理論的な, 純理論の. **3** 推論の. **4** 投機の, 投機的な: ∼ purchase〔buying〕思わく買い. **5** 投機好きの. **∼ geometry** 純正幾何学. **∼ philosophy** 思弁哲学.

spéc·u·la·tor [spékjulèitər] *n.* **1** 思索〔熟考〕家; 理論〔空論〕家. **2** 投機家, 相場師, 山師《*in*》. **3**《入場券などの》ダフ屋;〖商〗思わく屋.

spéc·u·lum [spékjuləm] *n.* (*pl.* **-la** [-lə], **-lums**) **1**〖医〗検鏡《拡大して診断するための子宮鏡・耳鏡など》. **2**《望遠鏡用金属製の》反射鏡, 金属鏡. **3**〖鳥〗翼の明瞭(めいりょう)な色の斑点(はんてん).

sped [sped] *v.* speed の過去・過去分詞.

‡**speech** [spiːtʃ] *n.* **1 ことば**, 話しことば, 言語: faculty of ∼ 言語能力. **2** 一国〔地方〕のことば, 国語, 方言. **3** ものを言う力, 言語能力. **4 談話**, 会話; 話しぶり, 話し方. **5 演説, 講演**: deliver〔make〕a ∼ 演説する. **6**《楽器の》音色, 響き. **7**〖文〗話法.
direct〔***indirect***〕∼〖文〗直接〔間接〕話法. ***figure of ∼***〖修〗ことばのあや, 比喩(ひゆ); 形容. ***give ∼ to*** を口に出す. ***have ∼ of*** と談話する. ***lose***〔***find, recover***〕***one's ∼*** 口がきけなく〔きけるように〕なる. ***parts of ∼***〖文〗品詞. ***slow of ∼*** とつ弁な. ***S∼ is silver, but silence is golden.***〖諺〗雄弁は銀, 沈黙は金.
∼ clinic 言語障害矯正(きょうせい)所. **∼ community**〖言〗言語共同体, 言語集団《特定の口語・方言を用いる集団》. **∼ day**〖英〗例年の学校式典《証書・賞品などが与えられ, 暗唱・演説が行なわれる》. **∼ defect** 言語欠陥. **∼ disorder** 言語障害. **∼·mak·er** 演説〔講演〕家. **∼ organs** 発音器官. **∼·rèad·ing**《聾者(ろうしゃ)の》読話(どくわ)(法). → lipreading. **∼ sound** 言語音《一般の音・せき・くさめなどに対し》;《母音・子音などの》単音.
類 → **language**「ことば」

spéech·i·fy [spíːtʃifài] *vi.*〖笑〗演説をする; 演説調でまくしたてる; しゃべりたてる.
◇ **-fi·er** *n.*《けいべつ的》演説屋.

***spéech·less** [spíːtʃlis] *a.* **1 ものが言えない**, おしの. **2** 黙り込んだ;《憤激などで》口のきけぬ. **3**《恐怖など》言い尽くしがたい, 形容できない.

†**speed** [spiːd] *n.* **1 速さ, 速力**, 速度: at a high ∼ 高速で. **2** 速いこと, 迅速. **3**〖古〗繁栄, 成功. **4**《自動車などの》変速装置: shift to low ∼ 低速ギアに切り替える. **5**〖米俗〗覚醒(かくせい)剤.
at full〔㊥ ***top***〕**∼** 全速力で. ***God send***〔***give***〕***you good ∼!***〖古〗ご成功を祈る. ***landing ∼***〖空〗着陸速度. ***make ∼*** 急ぐ. ***More haste, less ∼.***〖諺〗急がば回れ. ***put on full ∼*** 全速力を出す. ***with great***〔***all***〕**∼** 全速力で, 大急ぎで.
—— *v.* (**sped** [sped] *or* **∼·ed**) *vt.* **1** 急がせる, 早める. **2** はかどらせる, の能率をあげる《*up*》: ∼ an undertaking 企画を促進する. **3**〈機械などの〉速度を速める; の速力を調節する. **4**〈矢を〉放つ. **5** 成功〔繁盛〕させる; の安全〔成功〕を祈る.
—— *vi.* **1** 急ぐ, 飛ぶように走る《*along*, を *down*》: ∼ *down* the street. **2**〈自動車が〉反則の速力を出す: be arrested for ∼*ing* スピード違反で逮捕される. **3** やっていく, 暮らす;〈物事が〉進行する. **4**〖古〗成功〔繁盛〕する: ∼ well〔ill〕うまくいく〔いかぬ〕. ***God ∼ you!*** ご成功を祈る. **∼ *up*** 速度を増す; 大馬力をかける: The heart *sped up*. 胸の動悸(どうき)が高まった.
∼·ball [ˊ−]〖米俗〗速球. **∼·bàll·er**〖米俗〗速球投手. **∼·boat** [ˊ−] 高速モーターボート. **∼-cop** [ˊ−]〖もと米俗〗自動車の速力違反取り締まり巡査. **∼-fiend** [ˊ−] スピード気違い;〖米〗《特に》法定以上の危険な高速で自動車などを運転する者. ∼

indicator 〔**recorder**〕速度計. ～ **limit**《自動車などの》制限速力. ～ **trap**〖米〗交通取り締まりのやかましい地区. ～**-up** [⌐⌐] 速力増加; 能率促進, 生産増加. ～**·way** [⌐⌐] オートバイ・自動車などの競走場;〖米〗高速道路. ～**·well** [⌐⌐]〖植〗クワガタソウ属植物《小草木で青・桃・白色の花が咲く》.
◇ ～**·er** *n.* =～-fiend. ～**·ster** *n.* 高速を出す人〔物〕; (高速用の) 2 人乗り (オープン) 自動車; 快速船. 類 → **haste**「急ぎ」

speed·óm·e·ter [spi:dάmitər, spi-/-dɔ́m-] *n.* 《自動車などの》速度計.

***spéed·y** [spí:di] *a.* **1** 速い; 急速の, 迅速な. **2** 即時の, 猶予なしの; 手っとり早い.
◇ **-i·ly** *ad.* **-i·ness** *n.* 類 → **fast**「速い」

†**spell**[1] [spel] *vt.* (**spelled** [speld, -t] *or* **spelt** [spelt]) **1** 〈語を〉つづる; のつづりを言う〔書く〕: How do you ～ "ski"? ski はどうつづるか. **2** 拾い読みする, 判読〔解釈〕する《*out, over*》. **3** …というつづりが──になる: D-O-G ～*s* a dog. DOG とつづると犬になる. **4** 意味する, の結果となる: Failure ～*s* death. 失敗すれば破滅だ. ～ ***backward*** 逆につづる; 曲解〔誤解〕する. ～ ***out*** (1) 一字一字ほねおって読む; 判読する. (2) 略さずに全部言う〔書く〕《印刷工への注意》. (3) はっきり説明する.
◇ ～**·er** *n.* **1** つづる人: a good ～*er* つづりをまちがえない人. **2** = spelling book.

‡**spell**[2] *n.* **1** 一続き, ひとしきり;〖話〗しばらくの間: a ～ of bad luck〔fine weather〕不運〔好天〕続き. for a ～ しばらく. **2** 一仕事; 交替番, 順番; 勤務時間. ***by*** ～***s*** =～ ***and*** 〔***for***〕～ かわるがわる, 絶えず. ***give a*** ～ 交替して休ませる. ***S***～ ***oh*** 〔***ho***〕*!* 《仕事を》休め! ***take*** ～***s at*** 交替して…をする.
—— *vt., vi.* (**spelled** [spelt, -d])〖話〗(と)交替する; に休息時間を与える, 休息する.

‡**spell**[3] *n.* **1** 呪文(じゅもん), まじない. **2** 魔力, 魅力. ***cast*** 〔***lay, put, set***〕***a*** ～ ***on*** 〔***upon, over***〕に魔法をかける, を魅する. ***under a*** ～ 呪文に縛られて, 魅せられて. —— *vt.* (**spelled** [speld,-t] *or* **spelt** [spelt]) **1** 呪文で縛る. **2** 魅惑する.
～**·bind** [⌐⌐, ⌐⌐] (**-bound**) 呪文をかける; 魔術にかける; うっとりさせる. ～**·bìnd·er**〖米話〗聴衆を魅了する演説家;《特に》政治家. ～**·bound** [⌐⌐, ⌐⌐] 呪文をかけられた; 魅了された; 呆然(ぼうぜん)とした: hold the audience ～*bound* 聴衆を魅了する.

‡**spéll·ing** [spéliŋ] *n.* **1** つづり字法, 正字〔正書〕法; つづり字: an incorrect ～ 不正確なつづり方. **2** 文字をつづること. ～ **bee** 〔**match**〕つづり字競技. ～ **book** つづり字教本. ～ **pronunciation** つづり字発音《つづり字のとおりに発音すること》.

spelt[1] [spelt] *v.* spell[1,3] の過去・過去分詞.

spelt[2] *n.*〖植〗スペルト小麦《家畜の飼料としてスイス・ドイツ・スペインの山岳地方でつくられる》.

spél·ter [spéltər] *n.*〖商〗亜鉛 (zinc).

spe·lúnk [spilʌ́ŋk] *vi.* 洞穴(どうけつ)を踏査する.
◇ ～**·er** *n.* 洞穴研究を趣味とする人.

spence [spens] *n.*〖古〗肉貯蔵所, 食料室.

spén·cer[1] [spénsər] *n.* **1** 毛皮のついた短い上着《19 世紀の婦人・子ども用》; カラーつきの上着《18 世紀末-19世紀初頭の男子用》. **2** 18 世紀のイギリス式かつら.

spén·cer[2] *n.*〖海〗斜桁(しゃこう)帆 (trysail); 前檣(ぜんしょう); 「大檣縦帆.

Spén·cer [spénsər] *n.* **1** Herbert ～, 1820–1903, イギリスの哲学者. **2** Platt Roger ～, 1800–64, アメリカの能書家.

Spen·cé·ri·an [spensí(:)riən/-síər-] *a.* **1** Herbert Spencer の; スペンサー哲学の; 進化論的. **2** P. R. Spencer 流書体の《右へ傾く丸い書体》.
——*n.* スペンサー派学徒〔哲学者〕. ≒ Spenserian.

†**spend** [spend] *v.* (**spent** [spent]) *vt.* **1** 〈金を〉費やす, つかう: ～ much money *on* clothes 着物に金をかける. **2** 〈労力・時間・ことばなどを〉費やす, 消費する: Don't ～ much time *on* it. それにあまり時間をかけるな. **3** 〈時を〉過ごす, おくる: ～ a week in New York ニューヨークで1週間過ごす. **4** 使い尽くす; 浪費する. **5** の力を使い尽くす〔果たす〕; 弱らせる, 疲れきらせる《通例受動態または ～ oneself の形で》: He *was spent out.* 彼はへとへとになった. **6**〖海〗〈船が帆柱などを〉失う.
—— *vi.* **1** 浪費する, 金をつかう: ～ freely 惜しまず金をつかう. **2** 〈魚が〉放卵する. **3** 尽きてしまう: Our money *spent* fast. 持ち金はすぐなくなった.
Ill gotten 〔***got***〕, ***ill spent.***〖諺〗悪銭身につかず. ～ one***self*** 疲れきる; 精根が尽きる, 力が抜ける: His anger *spent itself.* 彼の怒りはおさまった. ～***ing money*** 小づかい (銭). ～ one***'s words*** 〔***breath***〕むだなことばを費やす, 意見などをしてもむだになる. ***The night is far spent.***〖古〗夜はふけた.
◇ ～**·a·ble** *a.* 使うことのできる; 費やしうる.
類義語 **費やす**: **spend** 主として金や時間を費やすばあいの最も一般的な語. 以下の語に比べ消費目的がはっきりしていることが多い: *spend* much money on books 多くの金を本につかう. **waste** 浪費する. 消費目的・浪費の自覚症状がないばあいが多い: *waste* words 言ってもむだなことを言う. **consume** 使い尽くす. waste とほぼ同様に用いられるが浪費ではなく, 消耗に力点がある.

spénd·thrift [spén(d)θrìft] *n.* 浪費家; 放蕩(ほうとう)者. —— *a.* 浪費家の; 金づかいのあらい.

Spén·low and Jórk·ins [spénlou-ən(d)-dʒɔ́:rkinz] *n.* 自分 (Spenlow) のひどいやり方を仲間 (Jorkins) の罪にするこうかつなやり方《Dickens の *David Copperfield* 中の人物から》.

spense =spence.

Spén·ser [spénsər] *n.* Edmund ～, 1552? -99, イギリスの詩人《*Faerie Queene*「神仙女王」の作者》.

Spen·sé·ri·an [spensí(:)riən/-síər-] *a.* Edmund Spenser (風) の. ≒ Spencerian.
～ **stanza** スペンサー詩形《*Faerie Queene* で用いた詩の形式. 最初の 8 行は iambic の 5 詩脚, 最後の 1 行は 6 詩脚からなるもの》.

†**spent** [spent] *v.* spend の過去・過去分詞.
—— *a.* **1** 弱った, 疲れきった, 使い尽くした: a ～ bullet 勢いの弱った弾丸. The storm is ～. あらしは静まっている. **2**《魚などが》産卵した.
～ **tan** =tan *n.* ②.

sperm[1] [spə:rm] *n.*〖生理〗精液; 精虫, 精子.

sperm[2] *n.* **1**〖動〗マッコウクジラ (= ～ whale). **2** = spermaceti. ～ **oil** マッコウクジラ油, 鯨油.

spèr·ma·cét·i [spə:rməséti, -sí:ti] *n.* 鯨脳, 鯨ろう《マッコウクジラの脳油から採れる白いろう状のもの. こうやく・ろうそくなどの原料》.

spér·ma·ry [spə́:rməri] *n.*〖動〗精子腺(せん), 精巣, 睾丸(こうがん);〖植〗造精器, 雄器. 「殖の.

sper·mát·ic [spə:rmǽtik] *a.* 精液の; 精巣の; 生

spermato-「種(たね)」の意の語形成要素.

spér·ma·to·phore [spə́:rmətəfɔ̀:r/-fɔ:] *n.*〖動〗《ある脊椎動物の精子を入れる》精莢(せいきょう), 精包.

spér·ma·to·phyte [spə́:rmətəfàit] *n.* 種子〔有精〕植物. ◇ **spèr·ma·to·phýt·ic** [⌐-−-fítik] *a.*

spèr·ma·tor·rhóe·a, -rhé·a [spə̀:rmətərí:ə] *n.*〖医〗遺精.

spèr·ma·to·zó·on [spə̀:rmətəzóuɑn, -ən/-ɔn] *n.* (*pl.* **-a** [-zóuə]) 精虫, 精子. ◇ **-al** [-zóuəl] *a.*

spér·mic [spə́:rmik] = spermatic.

spér·mo·phile [spə́:rməfàil,-fil] *n.*〖動〗リスの類.

spew [spju:] *vt., vi.* **1** 吐く, 嘔吐(おうと)する. **2**《比喩的》吐き出す; 〈非難・怒りなどを〉ぶちまける. **3**《急激な射撃のため》銃口が曲がる.
—— *n.* へど, 吐き出されたもの.

S.P.G. Society for the Propagation of the Gospel 福音伝道会.

sp. gr. specific gravity 比重.

sphác·e·late [sfǽsi̩lèit] *vt., vi.* 〘医〙 脱疽(だっそ)にかからせる〔なる〕. ◇ **sphàc·e·lá·tion** *n.*

spház·num [sfǽgnəm] *n.* (*pl.* **-na** [-nə]) 〘植〙 ミズゴケ属. ◇ **spház·nous** [-nəs] *a.*

sphé·no·gram [sfí:nəgræ̀m] *n.* くさび形文字.

sphé·noid [sfí:nɔid], **sphe·nói·dal** [sfinɔ́idl] *a.* くさび形の; 〘医〙 楔状(せっじょう)骨の. —— *n.* 〘医〙 楔状骨 (= ～ bone).

‡**sphere** [sfiər] *n.* **1** 球体, 球, 球形, 球面. **2** 〘天〙 天球, 天体; 地球儀. **3** 《活動の》 領域, 範囲《*of*》; 本領: one's ～ *of* influence 勢力範囲. remain [keep] within one's (proper) ～ 自己の本分を守る. the ～ *of* science 科学の分野. **4** 地位, 身分, 階級. **5** 〘雅〙 天, 空, 天空.

be in [***out of***] **one's** ～ 自分の領域内〔外〕にある. ***celestial*** ～ 〘天〙 天球. ***music*** [***harmony***] ***of the*** ～***s*** 天体の音楽《Pythagoras は天体各層の運動によって美しい音楽が生じると説いた》.

—— *vt.* **1** 球状にする. **2** 球内に置く; 取り巻く. **3** 天体間に置く. 〔類〕→ **ball**「球」

-sphere [-sfiər]「球」「天体」の意の語形成要素.

sphér·ic [sférik] *a.* 〘雅〙 天の; 天体の.

sphér·i·cal [sférik(ə)l] *a.* **1** 球形〔球状〕の, 丸い, 球面の: ～ geometry [trigonometry] 球面幾何学〔三角法〕. **2** 天体の. ◇ ～**·ly** *ad.* **sphe·ríc·i·ty** [sfirísi̩ti/sfe-] *n.* 球形, 球状; 球面.

sphér·ics [sfériks] *n. pl.* 《単数扱い》 球面幾何学; 球面三角法.

sphé·roid [sfí(:)rɔid/sfíər-] *n.* 不完全球体; 回転楕円体(だえんたい). ***oblate*** [***prolate***] ～ 偏球〔長球〕. ◇ **sphe·rói·dal** [sfirɔ́idl/sfiər-], **sphe·rói·dic** [-rɔ́idik] *a.*

sphe·róm·e·ter [sfirámi̩tər/sfiərɔ́m-] *n.* 球面計, 度弧器, たまざし.

sphér·ule [sfér(j)u:l] *n.* 小球(体). ◇ **sphér·u·lar** [sfér(j)u̩lər] *a.*

sphér·y [sfí(:)ri/sfíəri] =spherical.

sphínc·ter [sfíŋktər] *n.* 〘医〙 括約筋. ◇ ～**·al** [-tərəl] *a.*

sphinx [sfiŋks] *n.* (*pl.* ～**·es**, **sphín·ges** [sfíndʒi:z]) **1** (the S～) 〘ギ神〙 スフィンクス《胸から上は女, 胴はライオンで, 翼をもった怪物. 通行人になぞをかけ解けない者を殺したが, のちに Oedipus に正解を与えられて自滅した》. **2** 〘古エジプト〙 スフィンクスの像《頭は人間または動物で, からだはライオンの怪物》. **3** なぞの人物. ～ **moth** 〘虫〙 スズメガ.

sphra·gís·tics [sfrədʒístiks] *n.* 印章学.

sphýg·mo·graph [sfígməgræ̀f/-grɑ:f] *n.* 〘医〙 脈波描写器, 脈搏(みゃくはく)記録器.

sphýg·mus [sfígməs] *n.* 〘生理〙 脈搏, 鼓動.

spí·ca [spáikə] *n.* (*pl.* **-cae** [spáisi:], **-cas**) **1** 〘植〙 穂状花序; 〘医〙 穂状包帯. **2** (S～) 〘天〙 スピカ《おとめ座 (Virgo) のいちばん光の強い星》. ◇ **spí·cate** [spáikeit] *a.* 〘植〙 穂状の, 穂状花序の.

‡**spice** [spais] *n.* **1** 薬味, 《集合的》 香料, 薬味類. **2** ピリッとした味, 風趣, おもしろみ: a ～ of humor ユーモアの味. lend ～ to a story 話に趣を添える. **3** …の気味, …らしい点: a ～ of malice in one's words 人のことばにある悪意のひびき. a ～ of the devil in one's character 人の性格の悪人的なところ. **4** 〘雅〙 かおり. —— *vt.* **1** に薬味〔香料〕を加える; に薬味として加える《を *with*》. **2** 《比喩的》 に風趣を添える《で *with*》.

～**·bèr·ry** 〘植〙 フトモモ属; 白玉属; 黒文字属. ～**·bush** [⌐⌐] 〘植〙 《北アメリカ産》 黒文字属植物の一種. ～**·wood** [⌐⌐] = spicebush.

spíc·er·y [spáisəri] *n.* **1** 《集合的》 香料, 薬味類. **2** (ピリッとした) かおり. **3** 〘廃〙 香料貯蔵所.

spíck-and-spán [spíkənspǽn] *a.* **1** きちんとした, こぎれいな. **2** 真新しい.

spíc·u·late [spíkju̩lit] *a.* **1** 針状の. **2** 針でおおわれた; 針骨からなる.

spíc·ule [spíkju:l/spáik-, spík-] *n.* **1** 小さな鋭くとがったもの. **2** 〘植〙 小穂; 小穂状花序. **3** 〘動〙 《特に海綿動物の小さく堅い》 針状骨. **4** 〘天〙 《太陽の表面から 3,000–6,000 マイルに及ぶ直径数百マイルの》 ジェット気体.

spíc·u·lum [spíkju̩ləm] *n.* (*pl.* **-la**) =spicule③.

spíc·y [spáisi] *a.* **1** 薬味をつけた, 香料を加えた; 薬味がよくきいている. **2** 芳しい. **3** 《批評などが》 ピリッとする, 鋭い. **4** 《話などが》 色っぽい, わいせつな. **5** 〘話〙 きびきびした, 生きのいい. [＜spice] ◇ **-i·ly** *ad.* **-i·ness** *n.*

‡**spí·der** [spáidər] *n.* **1** 〘動〙 クモ; クモ類に属する節足動物. **2** 人をおとしいれる〔誘惑する〕者. **3** クモに似た器具; 《特に》 鉄の三脚台, 五徳, フライパン《脚付きの》. ～ **crab** 〘動〙 クモガニ. ～ **monkey** 〘動〙 クモザル《オナガザルの一種》. ～**('s) web** クモの巣. ～**·wort** [⌐⌐] 〘植〙 紫露草属植物.

◇ ～**·y** [-dəri] *a.* **1** クモの; クモだらけの, クモの多い. **2** 《書体・足などが》 クモ (の巣) に似た: ～*y* handwriting 細くのたくった字.

spie·gel·ei·sen [spí:g(ə)làiz(ə)n] G. *n.* 《マンガンを含んだ》 銑鉄; 鏡鉄.

spiel [spi:l] *n.* 〘米俗〙 《特に物売りなどの》 まくしたて; 客寄せ口上. —— *vi.* しゃべりまくる.

spíel·er [spí:lər] *n.* **1** 〘米俗〙 おしゃべり屋; 《商店・見せ物などの》 客引き; 〘米俗〙 アナウンサー《特にコマーシャルの》. **2** 〘英俗〙 賭博(とばく)場. **3** 〘オーストラリア〙 ぺてん師.

spíf·fing [spífiŋ], **spíff·y** [spífi] *a.* 〘米俗〙 身ぎれいな, スマートな; すばらしい.

spíg·ot [spígət] *n.* **1** せん, コック《たる・空気孔などの》. **2** はめ込み口《パイプ接合で他のパイプに差し込まれる》.

spike [spaik] *n.* **1** 長〔大〕くぎ, 《へいの上などの》 忍び返し; (*pl.*) 《競技用のくつの底に打つ》 スパイク; 《鉄道用の》 大くぎ. **2** 《大砲の》 火門栓(せん). **3** 《小麦などの》 穂; 〘植〙 穂状花序; ラベンダーの一種. **4** 〘英俗〙 高教会派の人, 儀式尊重主義の人. **5** 若シカの角; サバの子. —— *vt.* **1** 大くぎで打ち付ける. **2** に くぎ〔くい〕を打ち付ける; に 忍び返しをつける. **3** の 先をとがらせる. **4** 《くぎを打って大砲の》 火門をふさぐ; 使用を不能にする. **5** 《野球などで》 スパイクする. **6** 挫折(ざっ)させる, 無効にする, だいなしにする. **7** 〘米俗〙 〈飲み物に〉 アルコールを加える.

～ **heel** スパイクヒール《婦人ぐつの高く先のとがったかかと》. ～**-héeled** 《婦人ぐつの》 スパイクヒールの. ～**·nard** [-nərd, -nɑ:rd/-nɑ:d] 〘植〙 甘松; 《甘松の根から採った》 甘松香; ウド類植物.

◇ ～**·let** [-lit] *n.* 小スパイク; 〘植〙 小穂状花序. **spík·y** [spáiki] *a.* **1** spike のついた; spike に形が似た, くぎのような. **2** (イギリス高教会派的に) 非妥協的な; がんこな.

spile [spail] *n.* **1** 《地面に打ち込む建物などの基礎になる》 くい (pile[2]). **2** 《たるなどの》 木栓(きせん). **3** 《サトウカエデのしるを採る》 差し管, 栓. —— *vt.* **1** に くいを打つ. **2** 〈たるなどに〉 栓をする; 〈穴などを〉 ふさぐ《栓で》. **3** に 差し管〔飲み口〕を付ける.

～**·hole** [⌐⌐] 《たるなどの》 通気孔 (vent).

spíl·i·kin [spílikin] *n.* **1** (*pl.*) 《単数扱い》 (積みこま) 数とり遊び (jackstraw). **2** 数とり遊びのこま.

‡**spill**[1] [spil] *v.* (**spilled** [-d] *or* **spilt** [spilt]) *vt.* **1** 〈液体・粉などを〉 こぼす; 〈血を〉 流す: ～ the blood of… …を殺す. **2** 〈書類などを〉 ばらまく, まき散らす. **3** 〘話〙 《乗り物から》 投げ落とす: The horse ～*ed* him. 馬が彼を振り落とした. **4** 〘話〙 もらす, しゃべる, 言いふらす: ～ the secret. **5** 浪費する. **6** 〘海〙 〈帆から〉 風を抜く. —— *vi.* **1** こぼれる. **2** 落ちこぼれる, 落ちる. **3** 告げ口する. ～ ***money*** 〘俗〙 《かけなどで》 金を失う. ～ ***the beans*** 〘俗〙 秘密をもらす.

—— *n.* **1** こぼれる〔こぼす〕こと; こぼれた量. **2** こぼれた跡, よごれ. **3** 《乗り物から》 投げ出されること, 転落. **4** = spillway. **5** 〘俗〙 どしゃ降り, 大雨.

∼·ò·ver こぼすこと; こぼれた物. **∼·way** [ˊ ˊ] 《貯水池・ダムなどの》放水口, 余水口.
◇ **∼·age** [-idʒ] = spill *n.* ①.

spill[2] *n.* **1** (薄い)木片. **2** つけ木, 《点火用》こより. **3** 小栓(こせん). **4** 小くぎ.

spíl·li·kin = spilikin.

***spilt** [spilt] *v.* spill[1] の過去・過去分詞.

spilth [spilθ] *n.* **1** こぼれ, 漏れ. **2** くず, 廃物. **3** 余り, 余分.

‡spin [spin] *v.* (**spun** [spʌn], 〔古〕**span** [spæn]; **spun**; **spín·ning**) *vt.* **1** 紡ぐ, 糸(状)にする: ∼ thread out of cotton 綿から糸を紡ぐ. **2** 〈蚕・クモなどが糸を〉吐く, かける. **3** 《長々と》話す; 引き延ばす. **4** 〈こまなどを〉**回す**, 回転させる. **5** 〈金属板を〉くぼんだ丸形にする《旋盤などで回転させて》. **6** 〔英俗〕疲れきらせる, 参らせる; 落第させる《おもに過去分詞形で》. —— *vi.* **1** 紡ぐ; 〈蚕・クモなどが〉糸を吐く, 巣をかける, 繭をつくる. **2** 〈こまなどが〉回る, きりきり舞いする. **3** 目がまわる: One's head ∼*s*. **4** 疾走する《*along*》. ***send*** a person ***∼ning*** (人を)なぐり飛ばす. ***∼ a waltz*** 〔俗〕ワルツを踊る. ***∼ a yarn*** 長話をする. ***∼ off*** 分離新設する. ***∼ out*** (1) 引き延ばす; 〈話を〉長々とする; 〈金銭を〉長くもたせる. (2) 〈年月を〉ぐずぐず過ごす. (3) 使い果たす.
—— *n.* **1** 回転; 《ゴルフのボールなどの》スピン. **2** 《乗り物の》疾走, 一走り. **3** 《価格などの》急落. **4** 〔空〕きりもみ降下. **5** 〔量子論〕《電子の》旋回, スピン. ***flat ∼*** 〔空〕水平きりもみ. ***get into a flat ∼*** 困窮に陥る. ***go for a ∼*** ドライブに出かける; 《自転車で》ひと乗りする; 《ボートで》ひとこぎする.
∼·drý 遠心力で脱水する《洗たく機の脱水機で》. 〔類〕→ **turn**「回る」

spín·ach [spínitʃ, -nidʒ/-nidʒ] *n.* 〔植〕ホウレンソウ.

spín·age [spínidʒ] = spinach.

spí·nal [spáin(ə)l] *a.* **1** 〔医〕せき柱の, 背骨の. **2** とげの, 針の, とげ状突起の.
∼ **column** 〔医〕せき柱. ∼ **cord** 〔医〕せき髄.

spín·dle [spíndl] *n.* **1** 《手紡ぎ用の》錘(つむ), 《紡績用の》紡錘. **2** 《機械の》主軸, 心棒: a live [dead] ∼ 回る[回らない]軸. **3** スピンドル《綿糸・麻糸の尺度》. —— *vi.* 細長くなる.
∼-legged [-lègd, -lègid] 細長い足の. **∼·legs** [-lègz] *pl.* (1) 細長い足. (2) 《単数扱い》〔話〕細長い足の人. **∼-shanked** [ˊ-ˊ] 細長い足の. **∼·shanks** [ˊ-ˊ] *pl.* = spindlelegs. ∼ **side, the** 女系, 母方. → the spear side. ∼ **tree** 〔植〕ニシキギ. ◇ **spín·dling** *a., n.* 細長い, ほっそりした(人・物). **spín·dly** *a.* 紡錘形の; 細長い.

spín·drift [spíndrift] *n.* 《海面の》波しぶき.
∼ **clouds** 羽毛のような雲.

spine [spain] *n.* **1** せき柱, 脊椎(せきつい). **2** 〔動〕《ヤマアラシなどの》とげ; とげ状突起. **3** 〔植〕《梅などの》棘針(きょくしん)茎. **4** 背骨に似たもの; 書物の背; 山の背, 尾根. ◇ **∼d** *a.* 〜のある. **∼·less** *a.* せき柱のない; 《比喩的》いくじのない, 根性のない.

spi·nél, spi·nélle [spinél, ㊊[+] spín(ə)l] *n.* 〔鉱〕スピネル, 尖晶(せんしょう)石. ∼ **ruby** 紅尖晶石.

spín·et [spínit/spinét, ˊ-] *n.* 小型ハープシコード; 《小たて型の》スピネットピアノ.

spi·níf·er·ous [spainífərəs] *a.* とげの多い; とげでおおわれた.

spín·na·ker [spínəkər] *n.* 〔海〕《競走用ヨットの大マスト上に張る》三角形の大きな帆.

spín·ner [spínər] *n.* **1** 紡ぐ人[物], 紡績工[業者]; 紡績機. **2** = spinneret. **3** 〔空〕《プロペラの》スピナ. **4** 《魚寄せのくるくる回る》擬餌(ぎじ). **5** 〔フットボール〕《相手チームを攪乱するため》ボールを持った者がくるくる回るプレー. **6** 〔英話・鳥〕ヨタカ (nightjar). ◇ **∼·y** *n.* 紡績工場.

spín·ner·et [spínərèt] *n.* 〔動〕《クモ・蚕などの》糸を紡ぐ器官, 出糸突起.

spín·ney [spíni] *n.* (*pl.* ∼**s**) 〔英〕小さい林, 雑木林.

spín·ning [spíniŋ] *n., a.* 紡績(の), 紡績業(の).
∼ **frame** 精紡機. ∼ **jenny** 《初期の》多軸紡績機. ∼ **machine** 紡績機. ∼ **mill** 紡績工場. ∼ **wheel** 《糸を紡ぐのに用いる旧式の》糸車.

spí·nose [spáinous] *a.* とげ状の; とげの多い[だらけの]; とげとげしい.
◇ **spi·nós·i·ty** [spainásiti/-nɔ́s-] *n.*

spí·nous [spáinəs] *a.* **1** とげをもつ, とげを生じる; とげの多い. **2** とげ状の, とがった. ◇ **∼·ness** *n.*

Spi·nó·za [spinóuzə] *n.* Baruch [bərú:k-] ∼ または Benedict de [bénidikt-də-] ∼, 1632–77, オランダの哲学者.

spín·ster [spínstər] *n.* **1** 《特にかなり年配の》未婚婦人, 「オールドミス」(old maid). **2** 紡ぎ女.
◇ **∼·hood** [-hùd] *n.* 《婦人の》独身(生活).

spí·nule [spáinju:l, ㊊[+] spín-] *n.* 小とげ.

spín·y [spáini] *a.* **1** とげのある; とげだらけの. **2** 扱いにくい, むずかしい. ◇ **spín·i·ness** *n.*

spí·ra·cle [spáirəkl, spír-/spáiər-] *n.* 《こん虫などの》気孔, 気門; 《サメなどの》呼吸孔; 《鯨の》噴水孔.

spi·ráe·a, -ré·a [spairí:ə/-ríə, -rí:ə] *n.* 〔植〕シモツケ科の各種の低木.

spí·ral [spáirəl/spáiər-] *a.* らせん形の, ねじ状の; らせん仕掛けの; 〔数〕渦線(かせん)の: a ∼ balance らせんばかり. a ∼ down 〔空〕らせん降下. a ∼ nebula うずまき星雲. a ∼ staircase らせん階段. —— *n.* **1** うずまき線, らせん状線. **2** らせん形のもの, らせんぜんまい; 巻き貝. **3** 〔空〕らせん[きりもみ]降下[飛行]. **4** 〔経〕《物価・賃銀などの》らせん状進行過程, 悪循環. —— *vt., vi.* (**-l-**, ㊊ **-ll-**) らせん状にする[なる]; うずまき状に進める[進む]; 〔空〕らせん上昇[降下]をする. ◇ **∼·ly** *ad.* らせん形に.

spí·rant [spáirənt/spáiər-] *n., a.* 〔音声〕摩擦音(の).

‡spire[1] [spaiər] *n.* **1** 尖塔(せんとう); 《塔の》とんがり屋根. **2** 円すい形のもの, 《山の》頂上; とがったこずえ. **3** 《草の》葉, 《細い》芽. **4** 《幸福・繁栄などの》絶頂. —— *vi.* そびえ立つ; 突き出る. —— *vt.* に尖塔をつける.

spire[2] *n.* うずまき; らせん(の一巻き).

spi·ré·a = spraea.

spi·ríl·lum [spairíləm/spaiər-] *n.* (*pl.* **-la** [-rílə]) 〔医〕らせん菌; それに似た微生物.

‡spír·it [spírit] *n.* **1** 精神, 心, 霊: Blessed are the poor in ∼. 〔聖〕心の貧しい者は幸いである《マタイ伝 5:3》. ↔ body, flesh. **2** 幽霊, 亡霊; 悪魔, 妖精(ようせい); 天使, 聖霊: the work of ∼*s* 亡霊のしわざ. **3** 《精神上から見た》人, 人物; 活動家, 精力家: a master ∼ 傑出した人物. **4** 活気, 気迫, 元気; 勇気, 熱心: a man of ∼ 勇気[気力]のある人. **5** (しばしば *pl.*) 気分, きげん: be in good ∼*s* きげんがいい. **6** 気だて, 気質, 気風; 時代精神, 時勢, 風潮: the ∼ of the age [times] 時代精神. **7** 《法などの》精神, 真意《字義 (letter) に対し》. **8** 《所属団体に対する》忠誠心: school [college] ∼ 愛校心. **9** アルコール; (*pl.*) 火酒, 強い酒; 〔医〕酒精剤, エキス. ***be full of animal ∼s*** 血気にはやる[盛んである]. ***break*** a person***'s ∼s*** (人)の元気をくじく. ***catch*** a person***'s ∼s*** (人)の意気に感じる. ***from a ∼ of contradiction*** 揚げ足取りに. ***give up the ∼*** 死ぬ. ***in high*** [***great, excellent***] ***∼s*** 元気よく, 上きげんで. ***in low*** [***poor***] ***∼s*** 元気なく, 意気消沈して. ***in ∼s*** (1) 愉快そうに, 生き生きと. (2) アルコールづけで. ***in the ∼ of the drama*** [***chivalry***] 芝居がかりに[騎士風に]. ***keep up*** one***'s ∼s*** 失望しないようにする, 気を張り詰めている. ***lose*** one***'s ∼s*** がっかりする. ***out of ∼s*** ふさぎ込んで. ***say in a kind ∼*** 親切気で言う. ***∼(s) and water*** 水で割った火酒. ***∼s of salt*** 塩酸. ***∼(s) of wine*** アルコール. ***take in a wrong ∼*** 悪くとる. ***to*** one***'s ∼*** 心底まで. ***with ∼*** 元気よく.
—— *vt.* **1** 誘拐(ゆうかい)する, さらう, 神隠しにする《*away, off*》. **2** 元気づける, 励ます《*up*》. [√spir-]

~ **lamp** 〔英〕アルコールランプ. ~ **level** アルコール水準器. ~ **rapper** 交霊術者, 降神術者. ~ **rapping** 交霊術《霊にテーブルなどをたたかせる》.
◇ ~**·ism** *n.* = spiritualism. ~**·less** *a.* 精神のない; 生気〔精力, 元気, 勇気など〕のない; 気の抜けた, 無感動な. 〔類〕→ **mind**「心」

spír·it·ed [spíritid] *a.* **1** 元気のよい, 生気のある, 勇ましい; 猛烈な. **2**《合成語で》…の精神をもつ: high-〔low-〕~ 元気が良い〔悪い〕.
◇ ~**·ly** *ad.* ~**·ness** *n.*

spì·ri·tó·so [spìritóusou] *a., ad.* 〔楽〕元気のよい; 元気よく, 活発に. [<It.]

‡**spír·it·u·al** [spíritʃu(ə)l, -tʃəl/-tju(ə)l, -tʃu(ə)l] *a.* **1 精神の**, 精神的な: one's ~ welfare 自分の魂の幸福. ↔ material, physical. **2** 精神的傾向の, 脱俗的な; 気高い, 高尚(こうしょう)な. ↔earthy. **3** 霊的な, 心霊的の; 超自然の: a ~ life. **4** 聖霊の〔による〕; 神の. **5** 神聖な; 宗教的な; 教会の: ~ songs 聖歌. ***lords*** ~ (大)僧正たち.
—— *n.* **1** 精神的な事〔物〕. **2** (*pl.*) 教会関係の事柄. **3**〔米〕黒人霊歌 (= Negro ~).
◇ ***spír·i·tu·al·ly** [-i] *ad.*

spír·it·u·al·ism [-iz(ə)m] *n.* **1** 降神説, 神降ろし, 交霊術. **2** 精神的傾向, 精神主義. **3**〔哲〕唯心論, 観念論. → materialism.
◇ **-ist** *n.* **spìr·i·tu·al·ís·tic** *a.*

spìr·it·u·ál·i·ty [spiritʃuǽləti/-tju-] *n.* **1** 精神性, 精神主義; 心的傾向, 脱俗, 高雅. ↔ materiality, sensuality. **2** 霊性, 神聖; (教会の)精神的支配権. **3** (おもに *pl.*) 教会〔聖職者〕の収入〔財産〕.

spír·it·u·al·ize [spíritʃu(ə)làiz, -tʃəl-/-tju(ə)l-, -tʃu(ə)l-] *vt.* **1** 〈人・性格・考えを〉精神的にする, 霊化する, 浄化する. **2** に精神的意味を与える, 文字よりも意を採って解釈する. ◇ **spìr·it·u·al·i·zá·tion** [⌐−−(−)izéiʃ(ə)n/-aiz-] *n.*

spi·ri·tu·el [spìritʃuél/-tju-] F. *a.* (*fem.* **-elle** [-él]) **1** 才知のある, 軽妙な. **2**《身ごなしなど》かろやかな, 優美な.

spír·it·u·ous [spíritʃuəs/-tju-] *a.* **1** アルコール(性)の; アルコール成分の多い. **2**《発酵したものに対して》蒸留した.

spí·ro·chète, -chàete [spáirəkì:t/spàiərəkí:ti] *n.* スピロヘータ, 波状菌.

spí·ro·graph [spáirəgræ̀f/spáiərəgrɑ:f] *n.* 呼吸運動記録器.

spì·ro·gý·ra [spàirədʒáirə/spàiərədʒáiərə] *n.* 〔植〕アオミドロ属《淡水産緑そう類》.

spi·róm·e·ter [spairámətər/spài(ə)rɔ́m-] *n.* 肺活量計.

spirt = spurt.

spír·y[1] [spáiri/spáiəri] *a.* **1** 尖塔(せんとう)状の; 先のとがった. **2** 尖塔の多い; とげの多い. [<spire[1]]

spír·y[2] *a.* らせん状の, うずまきの.

‡**spit**[1] [spit] *v.* (**spat** [spæt] *or* **spit** 《英では古》; **spít·ting**) *vt.* **1** 〈つば・食物・血などを〉吐く, 吐き出す. **2** 〈悪口などを〉吐き出すように言う《*out*》. **3** 〈導火線などに〉点火する. —— *vi.* **1 つばを吐く**〔吐きかける〕《に *at, on, upon*》. **2** 〈雨が〉ぱらぱら降る. **3** 〈ろうそくなどが〉ジージー燃える; 〈脂肪などが〉ジュージューいう. **4** 〈おこったネコが〉うなる《に *at*》.
~ ***at*** 〔***on***〕…につばを吐きかける; 侮辱する. ~ ***in*** 〔***on***〕 one's ***hands*** 手につばしてがんばる. ~ ***it out*** 吐き出すように言う; 遠慮なく言ってしまう; どろを吐く.
—— *n.* **1** ~ *vi.* すること〔音〕. **2** つば; 《こん虫の》吹きあわ. **3**〔虫〕アワフキムシ. **4**〔話〕生き写し. ***be the ~ of*** = ***be the very*** 〔***dead***〕 ~ ***of***〔話〕に生き写しである. ~ ***and image*** = ~***ting image*** 生き写し. ~ ***and polish***《水夫・水兵の》みがきそうじ; いやに凝った服装.
~**·ball** [⌐⌐] 紙つぶて《紙をかんで丸めたもの》; 〔野球〕スピットボール《ボールにつばをつけて変化球を投げること》. ~ **devil** 花火の一種. ~**·fire** → 別項.

spit[2] *n.* **1**《鉄製肉焼き用》焼きぐし. **2**《海中に細長く突き出た》砂州; みさき. —— *vt.* (**-tt-**) **1** 焼きぐしに刺す. **2**《くしで刺すように》貫く, 突き通す.

spit[3] *n.* 〔英〕《すきの》刃だけの深さ, 一くわ.

spitch·cock [spítʃkɑ̀k/-kɔ̀k] *n.* かば焼きのウナギ. —— *vt.* **1** 〈ウナギを〉かば焼きにする. **2** こっぴどく扱う.

‡**spite** [spait] *n.* **悪意**, 意地悪; 恨み, 遺恨: bear 〔owe〕 a person a ~ 人に恨みがある. ***from*** 〔***in, out of***〕 ~ 腹いせに. ***in ~ of*** = 〔稀〕~ ***of*** …にもかかわらず, をものともせずに. ***in ~ of*** one***self*** われ知らず, 思わず. ***in ~ of*** a person***'s nose*** 〔***teeth***〕 (人)の反対にもかかわらず.
—— *vt.* **1** に意地悪をする, 困らせる. **2** に恨みをはらす. ***cut off*** one***'s nose to ~*** one***'s face*** 短気をおこしてわが身を痛める, 短気は損気. [<despite]

spite·ful [spáitf(u)l] *a.* 悪意に満ちた, 意地の悪い; 恨みをいだく; 執念ぶかい. ◇ ~**·ly** *ad.* ~**·ness** *n.*

spit·fire [spítfàiər] *n.* **1** がみがみ言う人, かんしゃくもち《特に婦女子など》. **2** かみつく犬〔ネコ〕. **3**《大砲・火山など》火を吐くもの; (S~) スピットファイア《第2次大戦中のイギリス戦闘機の名》.

spit·ter[1] [spítər] *n.* **1** つばを吐く人〔動物〕. **2**〔話〕= spitball. [<spit[1]]

spit·ter[2] *n.* 肉をくしに刺して焼く人. [<spit[2]]

spit·tle [spítl] *n.* 《特に吐き出された》つば; 《虫の出す》あわ.

spit·toon [spitú:n] *n.* たんつぼ.

spitz [spits], **spitz-dog** [spítsdɔ:g/-dɔg] *n.* スピッツ《ポメラニア種の毛の長い犬》.

spitz·en·burg, spitz·en·berg [spíts(ə)nbə:rg] *n.* 《アメリカ原産》冬リンゴ.

spiv [spiv] *n.* 〔英俗〕《定職をもたず, やみ商売や小さな盗みなどの》悪知恵で世渡りする人, ごろつき.

spláNch·nic [splǽŋknik] *a.* 内臓の, はらわたの; 腸の. ◇ **splanch·nól·o·gy** [splæŋknálədʒi/-nɔ́l-] *n.* 内臓学.

‡**splash** [splæʃ] *vt.* **1** 〈水・どろなどを〉**はねかす**: ~ water about あたりに水をはねかす. **2** 水〔どろ〕をはねかけてよごす, びしょびしょにぬらす; にはねかける《を *with*》: ~ a page *with* ink. **3** にはねかかる: The filthy water ~*ed* her dress. 汚水が彼女のドレスにはねかかった. **4** 水〔どろ〕につけてはねかす: ~ an oar オールで水をはねかす. **5** 散らし模様にする.
—— *vi.* **1 はねる**, はねかかる: The tap ~*es*. そのじゃ口は水がはねる. **2** しぶきを上げる, 水〔どろ〕をはね飛ばす. **3** しぶきを上げて…する; ザブンと落ちる《へ *into*》; はね飛ばして進む《*across, along, through*》. ~ one***'s way*** 水をザブザブ渡る; 水〔どろ〕をはね飛ばして進む.
—— *n.* **1 はねかすこと**; はね水; はねかす音: with a ~ パチャンと. **2**《インクなどの》とばっちり, しみ, 斑点(はんてん): a white dog with black ~*es* 黒ぶちの白い犬. **3**《ウイスキーを割るための》少量のソーダ水. **4** おしろいの一種. **5**〔俗〕はでな見せかけ. ***make*** 〔***cut***〕 ***a ~*** パチャン〔ザブン〕といわせる; 〔話〕大評判をとる.
~**·board** [⌐⌐] 《車の》どろよけ. ~**·down** [⌐⌐] 〔米〕宇宙船の海上着水. ~ **headline** 〔英: 新聞〕はでな見出し.

splash·er [splǽʃər] *n.* **1** 水をはね飛ばす人〔物〕. **2**《車輪などの》どろよけ; 《洗面台の後ろの壁をよごさないための》カーテン, スクリーン.

splash·y [splǽʃi] *a.* **1** しぶきをたてやすい. **2** ぬれた; どろだらけの. **3** 見えをはる, はでな; 大評判の.
◇ **splash·i·ness** *n.*

splat [splæt] *n.* 《特にいすの背の中央にはめた》平たい縦板.

splat·ter [splǽtər] *vi., vt.* **1** 〈水などが〉《絶えず》音をたてる. **2** 〈水などを〉《はねかすように》パチャパチャ打つ. **3** ぺちゃくちゃしゃべる. —— *n.* はね返し.
~**·dash** [⌐−⌐] (1) わいわい, がやがや, 大騒ぎ. (2) (*pl.*) = spatterdashes.

splay [splei] *vt., vi.* **1** 広げる, 広がる, 張り広げる

《*out*》. **2** 〈たるなどを〉朝顔形につくる. **3** 〖建〗〈窓側を〉隅(すみ)切りにする. **4** 脱臼(だっきゅう)させる.

—— *a.* **1** 広がった, 張り開いた. **2** ぶかっこうな, 不体裁な. **——** *n.* 〖建〗隅切り. [＜display]

∼·foot [∸∸] (*pl.* **-feet**) 〘異常に外側に曲がった〙偏平足. **∼·fòot·ed** 偏平足の; ぶざまな, 不体裁な.

splay

spleen [spli:n] *n.* **1** 〖医〗ひ臓. **2** かんしゃく, ふきげん, うっ憤; 〖古〗憂うつ. ***a fit of the ∼*** 腹立ちまぎれ, かんしゃく. ***bear a ∼ against*** に恨みをいだく. ***vent*** one'***s ∼ upon*** … にうっ憤をはらす, に当たり散らす.

∼·wort [-wəːrt] 〖植〗チャセンシダ属の植物〘観賞用. 昔, 憂うつ病の薬に用いられた〙.

◇ **∼·ful** [-f(u)l], **∼·ish,** **∼·y** *a.* ふきげんな, 気むずかしい, 不平の多い, 気短な.

splén·dent [spléndənt] *a.* **1** 輝く, 光沢のある. **2** きらびやかな, めざましい. ◇ **∼·ly** *ad.*

‡**splén·did** [spléndid] *a.* **1 輝かしい**, 輝くばかりの, みごとな, りっぱな: a ∼ achievement 偉業, 大成功. **2 華麗な**, 豪勢な, 豪奢(ごうしゃ)な. **3** 〖話〗**すばらしい**, すてきな: have a ∼ time とても楽しい時を過ごす. **4** 〖稀〗光り輝く. → 名詞 splendor. ◇ **∼·ly** *ad.*

splen·dif·er·ous [splendíf(ə)rəs] *a.* 〖話〗すてきな, すばらしい, 目もさめるような.

◇ **∼·ly** *ad.* **∼·ness** *n.*

‡**splén·dor,** 英 **-dour** [spléndər] *n.* **1 輝き**, 光輝, 光彩: in full ∼ 赫々(かくかく)と輝いて. **2 豪華**, 壮麗, 壮大: the ∼ of the palace 宮殿の壮麗さ. **3** めざましさ, みごとさ, りっぱさ; 〘名声・業績などの〙輝かしさ, 卓越. **4** めざましい物; 豪華な光景, 壮大な建物; 偉業. **5** 豪奢(ごうしゃ): live in ∼ 豪奢に暮らす.

sple·nét·ic [splinétik] *a.* **1** ひ臓の. **2** 気むずかしい, 意地悪な, おこりっぽい. **——** *n.* **1** ひ病患者; ひ病薬. **2** 気むずかし屋, おこりんぼう. [＜spleen]

splén·ic [splénik, splí:n-] *a.* 〖医〗ひ臓の.

∼ fever 〖獣医〗ひ脱疽(だっそ).

sple·ní·tis [splináitis] *n.* 〖医〗ひ炎.

splé·ni·us [splí:niəs] *n.* (*pl.* **-i** [-niài]) 〖医〗〘首の〙板状筋. ◇ **splé·ni·al** [-niəl] *a.*

splice [splais] *vt.* **1** 〘なわの両端を解いて〙組み継ぎ〔より継ぎ〕する; 〈材木・録音テープなどを〉重ね継ぎする, つなぐ. **2** 〖俗〗結婚させる: get ∼*d* いっしょになる. **∼ *the main brace*** 〖俗〗酒を飲む, 酔う.

—— *n.* **1** 〘綱の〙組み継ぎ, より継ぎ. **2** 〘木材・レールなどの〙添接, 重ね継ぎ. **3** 継いだもの, 継ぎ木. **4** 〖俗〗結婚.

◇ **splíc·er** *n.* スプライサー〘フイルム・録音テープなどの接合器〙.

spline [splain] *n.* 〘金属・木の〙細板; 自由雲形定規の一種; 〖機〗スプライン, 小貫(こぬき); 角栓(かくせん); 止転くさび. **——** *vt.* に角栓をつける.

splint [splint] *n.* **1** 〘箱やいすの底などを編むのに用いる〙へぎ板, 木片, 小割り. **2** 〘中世よろいの〙薄い金属片, さね. **3** 〖医〗添え木, 当て木. **4** 〖獣医〗〘馬などの管骨にできる〙管骨瘤(りゅう). **5** 〖英俗〗＝splinter. **——** *vt.* に当て木〔添え木〕を添える.

∼ bone 〖医〗腓骨(ひこつ).

splín·ter [splíntər] *n.* **1** 〘木・石などの〙裂片, かけら; 〘木・竹などの〙とげ; 〘砲弾などの〙破片. **2** ＝∼ party. **——** *a.* 分裂した; 党派の. **——** *vt.* かけらにする, 裂く, 割る. **——** *vi.* 裂ける, 割れる.

∼ bar 〘馬車などの〙スプリングをささえる横木. **∼ bone** ＝splint bone. **∼ party** 〔**group**〕分裂少数(派)政党, 分派. **∼·proof** [∸∸∸] 〘砲弾などの〙弾片〔破片〕よけの. ◇ **∼·y** [-təri] *a.* **1** かけらの, 破片の. **2** こわれやすい, 破片になりやすい. **3** 〘岩などの〙ぎざぎざした.

‡**split** [split] *v.* (**split**; **splít·ting**) *vt.* **1 割る**, 砕く, 裂く, 分割する: ∼ a log *into* two 丸太を二つに割る. The river ∼*s* the town *in* two. 川が町を2分している. **2** 分配する, みんなで〔ふたりで〕分ける: ∼ profits 利益を分け合う. **3** 分担する, ともにする《と *with*》: ∼ a job *with* him 彼と仕事を分担する. **4** 分裂させる, 仲間割れ〔不和〕にする. **5** はぎとる, はぐ, へぐ《から *from*》: ∼ a piece *from* a block 木片から1片を裂き取る. **6** 〖化・物〗〈分子・原子を〉分裂させる.

—— *vi.* **1 割れる**, 砕ける, 裂ける: The coat ∼ at the seams. 上着がほころびた. **2** 分離〔分裂〕する, 仲間割れする《に *in, into*》. **3** 〖俗〗(別れて) 帰る, さよならする. **4** 〖話〗分け合う《と *with*》. **5** 〖俗〗密告する《を *on*》: ∼ *on* a person 人の悪事をもらす. ***∼ across*** 二つに割れる. ***∼ away*** 分離する. ***∼ a*** person***'s ears*** (人) をつんぼにする. ***∼ fair*** 〖俗〗ほんとうのことを言う. ***∼ hairs*** 〔***straws, words***〕極端に細かい区別立てをする. ***∼ off*** 裂く, 割る; 裂ける, 割れる. ***∼ on*** 〔***upon***〕***a rock*** 難破する. ***∼ open*** (1) 割れる, はじけ裂ける. (2) 割る, 張り裂く: ∼ *open* a roll and butter it ロールパンを割ってバターを塗る. ***∼*** one***'s sides*** 腹の皮をよじる, 腹をかかえて笑う. ***∼ the difference*** 歩み寄る, 妥協する. ***∼ up*** 分裂〔分離〕させる; 割れる, 裂ける, 分裂する. ***∼*** one***'s vote*** 〔***ticket***〕〖米〗分割投票する, 両派の候補者に投票する. ***∼ with*** a person 〖話〗(人)と不和になる.

—— *a.* **1** 割れた, 裂けた; 分離〔分裂〕した; 分割された: a ∼ opinion. **2** 〘魚など〙開いて干した〔塩にした〕. ***a ∼ second*** 〔***minute***〕ほんの一瞬間.

—— *n.* **1** 割れる〔割る〕こと, 裂ける〔裂く〕こと. **2** 割れ目, 裂け目; ひび. **3** 分裂, 分割; 不和, 仲間割れ《*in*》. **4** 不和の因, 立場の相違: a major ∼ between the two countries 両国の不和の主たるもの. **5** 裂片, かけら, 切れ切れ. **6** へぎ板, 小割り板; 柳の割り板〘かごつくり用〙; 2枚にはいだ皮. **7** 〖俗〗分け前. **8** 〖話〗酒の半杯; ソーダ水の小びん (＝∼ soda). **9** 〖料理〗アイスクリームをかけた薄く切ったくだもの〘特にバナナ〙. **10** (しばしば *pl.*) 大またを広げてすわる軽わざ演技. **11** 〖ボーリング〗むずかしいスペア. → spare. (***at***) ***full ∼*** 〖俗〗大急ぎで. ***run like ∼*** 〖俗〗どんどん走る.

∼ decision 〖ボクシング〗レフェリー・審判の全員一致に至らない判定. **∼ infinitive** 〖文〗分離不定詞〘to と動詞不定形との間に副詞(句)のはさまった形. 例: He decided *to fully prove* the fact.〙. **∼-lev·el** [∸∸–] 〖建〗おなじ階の一部のへやが他のへやより床が高くなっている(建物). **∼ page** 〖新聞〗あとの判の組み直したページ; 第2部の第1ページ. **∼ personality** 二重人格. **∼ shot** 〔**stroke**〕〘クリケット〙散らし打ち〔だま〕. **∼-up** [∸∸] 分離, 解体; 〘会社の二つの会社への〙分割(独立). **∼ vote** 〔**ticket**〕〖米〗分割投票, 分割候補者名簿〘候補者の全部が同一党に属さない〙. **∼ wheel** 〔**gear**〕分輪〘軸からはずす際に2部分にわかれる〙.

splít·ting [splítiŋ] *a.* **1** 〘頭痛など〙頭が割れるような, ひどく痛む. **2** 〖話〗おなかの皮がよじれる, おかしくてたまらない. **3** 割れる〔割る〕ような: an ear-∼ noise 耳をつんざくような騒音. **4** 飛ぶように早い.

splodge [splɑdʒ/splɔdʒ] *n., v.* ＝splotch.

◇ **splódg·y** *a.* ＝splotchy.

splosh [splɑʃ/splɔʃ] *n.* **1** 〖話〗ぶちまけた〔はね散らした〕水(の音) (splash). **2** 〖英俗〗金 (money).

splotch [splɑtʃ/splɔtʃ] *n.* しみ, よごれ, 斑点(はんてん). **——** *vi.* **1** しみになる, よごれる. **2** しみをつける, しみる. **——** *vt.* にしみをつける, よごす.

◇ **∼·y** *a.* しみのついた, よごれた.

splurge [spləːrdʒ] *vi.* 〖米話〗**1** ぜいたくをする: ∼ *on* a new hat おごって新しい帽子を買う. **2** 見えを

張る. —— *vt.* 〈金を〉やたらに〔気前よく〕つかう《に *on*》. —— *n.* **1** 見せびらかし, 見え. **2** 札びらを切ること, はでな金づかい.

splút·ter [splʌ́tər] = sputter.

‡**spoil** [spɔil] *v.* (**spoiled** [-d, -t] *or* **spoilt** [spɔilt]) *vt.* **1** だめにする, だいなしにする, いためる, そこなう: ～ a new dress 新しい着物をだいなしにする〔よごす〕. The news ～*t* my dinner. その知らせを聞いたら食事がまずくなってしまった. **2** 〈子どもなどを〉**甘やかす**, 増長させる, だめにする: a ～*t* child 甘ったれ子, だだっ子. **3** 〈生鮮品を〉腐らす. **4**〘古〙〈人から〉略奪〔強奪〕する, ぶんどる《を *of*》; 〈物を〉略奪する.
—— *vi.* **1** だめになる, だいなしになる; 〈生鮮品が〉腐る: Some kinds of food soon ～. **2**〘古〙略奪する. ***be ～ing for*** …をしたくてたまらない, を切望する. ***～ the Egyptians***〘聖〙容赦なく敵の物を奪う《出エジプト記 12: 36》.
—— *n.* **1** (通例 *pl.*) 戦利品, 略奪品, ぶんどり品; 掘り出し物. **2** (*pl.*)〘米〙《選挙に勝った政党の政治的権利としての》官職, 役得, 利権. **3** 発掘〔川ざらい〕などで掘り上げた土. **4** 略奪, ぶんどり; 《略奪などの》目的物.
～s·man [-zmən] (*pl.* **-men**)〘米〙《利益のために政党を支持する》利権屋, 《金銭の利得を図る》猟官者; 官職占取制度の擁護者. **～·sport** [⌐⌐]《他人の楽しみをじゃまする》不愉快な人; 座をしらけさす者 (skeleton at the feast). **～s system**〘おもに米〙《政権を取った政党が行なう》猟官制度.
◇ **～·age** [-idʒ] *n.* **1**〘印〙刷りそこない(の紙). **2** だめにすること; だめになったもの; 損傷高. **3** 強奪, 略奪, ぶんどり. **～·er** *n.* **1** 略奪者; だめにする人. **2**〘空〙スポイラー《下降旋回能率をよくするため翼に付ける》.

spoilt [spɔilt] *v.* spoil の過去・過去分詞.

Spo·káne [spokéin] *n.* アメリカ Washington 州の都市.

spoke[1] [spouk] *n.* **1**《車輪の》輻(や), スポーク. **2**〘海〙舵輪(だりん)の取っ手. **3**《はしごの》横木段. **4**《車の》輪止め. ***put a ～ in a person's wheel*** (人)のじゃまをする. —— *vt.* に ～をつける.
～·shave [⌐⌐] 輻刀(やとう), 引き削り刀《丸棒などを削る木工小刀》.
◇ **～·wise** [-wàiz] *a., ad.* 放射状の[に].

†**spoke**[2] *v.* speak の過去・過去分詞.

†**spó·ken** [spóuk(ə)n] *v.* speak の過去分詞.
—— *a.* **1** 話される, 口頭の, 口語の: ～ English 口語英語. ～ language 話しことば. → written. **2**《合成語で》口先の…な: soft-～ 口先のやさしい. free-～ 率直にものを言う.

spókes·man [spóuksmən] *n.* (*pl.* **-men**) スポークスマン, 代弁者, 代表者.

spókes·wòm·an [spóukswùmən] *n.* (*pl.* **-wòm·en** [-wìmin]) 女性スポークスマン.

spó·li·ate [spóulièit] *vt.* 略奪する.

spò·li·á·tion [spòuliéiʃ(ə)n] *n.* **1** 強奪, 略奪; 《特に交戦国による中立国船舶の》略奪. **2**〘宗〙寺領の横領. **3**〘法〙文書破棄.

spon·dá·ic [spandéiik/spɔn-], **-i·cal** [-(ə)l] *a.* spondee の.

spón·dee [spándi:/spɔ́n-] *n.*〘雅〙長長格《— —》; 強強格《⌐⌐》.

spon·dú·lic(k)s, -lix [spand(j)ú:liks/spɔndjú:liks] *n. pl.*〘米俗〙金, 現なま.

spòn·dy·lí·tis [spàndiláitis/spɔ̀n-] *n.*〘医〙脊椎(せきつい)炎. ◇ **spòn·dy·lít·ic** [-lítik] *a.*

sponge [spʌndʒ] *n.* **1**〘動〙海綿; スポンジ《浴用・化粧用の海綿動物の繊維組織》. **2** 海綿状の物; パン種を入れた生パン; 《カステラ・プディングなど》ふわふわした菓子; 〘医〙《うみや血などを吸い取る》ガーゼ帯; 掃桿(そうかん), 洗桿《発射後の砲腔(ほうこう)洗浄器》. **3** 食客, 居そうろう, すねかじり. **4**〘俗〙大酒家. **5** = ～ bath. ***have a ～ down*** 海綿を使ってざっとからだを洗う〔ぬぐう〕. ***pass the ～ over*** 水に流す, もみ消す. ***throw*** [***chuck, toss***] ***up the ～***〘ボクシング〙負けたしるしに海綿を投げ上げる; 敗北を認める.
—— *vt.* **1** 海綿でぬらす[ふく, こする]《*down, over*》; 海綿でぬぐい去る〔消す〕《*out*》; 海綿で吸収する《*up*》. **2**〘話〙からうまいしるを吸う, にたかる. —— *vi.* **1** 海綿を採集する. **2** 〈海綿が〉吸収する. **3**〘話〙寄食する, たかる, 食い倒す《～ *on* a person *for* a thing》. **～ bath** 海綿を水や湯につけてからだをふくこと《湯につからない》. **～ cake** カステラの類. **～ cloth** 目のあらい織物 (ratine). **～ cucumber** [**gourd**]〘植〙ヘチマ; ヘチマ製品. **～ finger** = ladyfinger. **～ rubber** スポンジゴム《敷きぶとん用など》.
◇ **spóng·er** *n.* **1** 海綿でぬぐう人〔道具〕. **2** 寄食者, 居そうろう. **3** 海綿採集者〔船〕.

spóng·ing [spʌ́ndʒiŋ] *n.* 圧搾, 絞めつけ; 絞り取ること. **～ house**〘英史〙債務者が投獄される前に拘留された代官の家《法外な宿泊料を絞り取られた》.

spóng·y [spʌ́ndʒi] *a.* **1** 海綿のような, 海綿質の. **2** 吸収性の; 弾力のある, ふわふわした; 穴の多い. **3**《金属が》凝集性の少ない, 目のあらい.
◇ **-i·ly** *ad.* **-i·ness** *n.*

spón·sion [spánʃ(ə)n/spɔ́n-] *n.* **1**《他人のための》保証, 請け合い. **2**〘国際法〙《権限のない機関によって一国のためになされた》保証 (行為).

spón·son [spánsn/spɔ́n-] *n.*〘海〙舷側(げんそく)の張り出し《特に外輪船の輪の前後の》; 《砲を各種角度に回すための》軍艦砲座の舷側張り出し部分; 〘空〙飛行艇の機体側方の水ひれ.

spón·sor** [spánsər/spɔ́nsə] *n.* **1 保証人**《*for, of*》. **2 後援者**, 発起人. **3**《ラジオ・テレビの商業放送の》**スポンサー**, 広告主《*to*》. **4** 名づけ親, 教父[母]; 《進水船の》命名者. ***stand ～ to の名づけ親になる.
—— *vt.* **1 後援する**, 発起する. **2** 保証する. **3** 〈商業放送の〉広告主[スポンサー]になる. [√spond-]
◇ **～·ship** [-ʃip] *n.* ～であること; 後援, 発起.

spon·só·ri·al [spansɔ́:riəl/spɔnsɔ́:r-] *a.* ～の.

***spon·tá·ne·ous** [spantéiniəs/spɔn-] *a.* **1 自発的な**, 自分から進んでする, 任意の. **2 自然な**, 無意識的な: a ～ expression of affection 愛情のたくまざる表現. **3**《現象などが》自動的な: ～ movement 自動運動. **4**《草木など》自生の, 天然の. **5**《文体など》自然な, のびのびした: a ～ writer 流麗な文章家. **～ generation**〘生〙自然発生.
◇ ***～·ly** *ad.* **～·ness** *n.* **spòn·ta·né·i·ty** [spàntəní:iti/spɔ̀n-] *n.* 自発性; 無意識; 自然さ; 自発的行為.

〔類義語〕**ひとりでの: spontaneous** 外部から刺激・奨励などを受けなくとも内部から自然に生じる, 自発的な: *spontaneous* expression of gratitude おのずからにじみでた感謝の表現. **voluntary** spontaneous に更にはっきりした目的・意志が加わる: *voluntary* contribution 自発的な寄付. **impulsive** spontaneous が一時の感情にかられ衝動的になったもの: an *impulsive* child 衝動的な子ども. **instinctive** 本能からひとりでに出てくる: an *instinctive* movement 本能的な動作. **involuntary** voluntary の反意語だが, spontaneous の無意志が強調される. 自動的な身体の運動に用いられることが多い: an *involuntary* closing of the eyelids まぶたを思わず閉じること.

spoof [spu:f] *n.*〘俗〙**1** まね, ものまね. **2** ぺてん, いんちき. —— *vt.* **1** ものまねする; ものまねしてからかう. **2** だます, かつぐ. —— *vi.* やゆする, からかう《を *about*》.

spook [spu:k, ㊟⁺ spuk] *n.*〘話〙**1** 幽霊 (ghost). **2** ニグロ. —— *vt.* **1** (幽霊のように) 見舞う, にあらわれる. **2**〘俗〙おどかす, 震えあがらせる.
◇ **～·ish** *a.* = spooky.

spóok·y [spú:ki, ㊟⁺ spúki] *a.*〘話〙**1** 幽霊のような; 《場所が》幽霊でも出そうな. **2** ぞっとさせる, 気味の悪い. **3**《馬が》おびえやすい.

◇ **-i·ly** *ad.* **-i·ness** *n.*

spool [spu:l] *n.* 《糸などを巻く》巻きわく〔円筒〕; 糸巻き; 《特につりざおの》糸巻き軸; 《写真のフイルムを巻く》スプール, 《録音テープの》からリール. 〈注〉英語で reel はフイルム・テープの巻いてあるものをいう.
—— *vt.* **1** ～に巻く. **2** ～から巻きほごす《*off, out*》.

†**spoon** [spu:n, ㊊⁺ spun] *n.* **1** さじ. **2** さじ状の物; さじ形の櫂(かい); 〖ゴルフ〗さじ形クラブ. **3** おびき(がね) (= ～ bait) 《水中で回転させるにせえ》. **4** 〖俗〗ばか; うわ気者. ***be born with a silver*** 〔***gold***〕 ***～ in one's mouth*** 富貴の家に生まれる. ***be past the ～*** もう子どもではない. ***be ～s on*** 〖俗〗…にほれている. ***hang up the ～*** 〖俗〗死ぬ. ***make a ～ or spoil a horn*** のるかそるかやってみる. ***on the ～*** 〖俗〗くどいて, 言い寄って.
—— *vt., vi.* **1** さじですくい上げる〔しゃくる〕《*out, up*》. **2** 〖クリケット〗すくうように(ボールを)軽くあげる《*up*》. **3** おびき針でつる. **4** 愛撫(あいぶ)する, いちゃつく. **∼·bill** [⏑⏑] 〖鳥〗《くちばしの先がスプーン状の》ヘラサギ. **～ bread** 〖米〗ミルク・肉・卵入りの柔らかいパン. **∼·drift** [⏑⏑] 波しぶき (spindrift). **∼-fed** [⏑⏑] 《子どものように》スプーンで食べさせられる; 《比喩的》過保護されている, なにからなにまでめんどうを見てもらって独立心のない. **∼-feed** [⏑⏑] *vt.* (**-fed**) 〈小児などに〉スプーンで食べさせる; 〈生徒などに〉かんで含めるように教える. **∼-fèed·ing** 子ども扱いにすること, 過保護. **～ meat** 《特に幼児・病人などの》柔らかい食事, 流動食. **～ net** たも網《つった魚をすくい上げる網》.
◇ *∼·**ful** [-fùl] *n.* スプーン1杯 (分), ひとさじ(分).

spóon·er·ism [spú:nərìz(ə)m] *n.* 音の位置の誤り《特に頭音の》, 頭音転換 《our *d*ear old *q*ueen を our *q*ueer old *d*ean と, well-*o*iled *b*icycle を well-*b*oiled icycle と誤るなど. この種の誤りをしばしば犯したイギリスの牧師 W. A. Spooner の名から》.

spóon·y [spú:ni] *a.* 〖話〗**1** 女に甘い, うわ気の. **2** 〖おもに英〗ばかな, うすのろの. **——** *n.* **1** 女に甘い男, うわ気者. **2** 〖おもに英〗ばか者, うすのろ.
◇ **-i·ly** *ad.* **-i·ness** *n.*

spoor [spuər] *n.* 《特に狩猟で手がかりにする野獣の》足跡, 臭跡. **——** *vt., vi.* (の) 臭跡を追う, (の) 跡をつける.

spo·rád·ic [spərǽdik], **-i·cal** [-(ə)l] *a.* 散在する, ばらばらの; ときどき発生する; 《特に病気など流行的でなく》特発性の. ◇ **spo·rád·i·cal·ly** *ad.*

spo·rán·gi·um [spərǽndʒiəm] *n.* (*pl.* **-a** [-dʒiə]) 〖生〗胞子嚢(のう), 芽胞嚢. ◇ **-al** [-dʒiəl] *a.*

spore [spo:r/spɔ:] *n.* **1** 〖植〗胞子, 芽胞; 胚種(はいしゅ) (germ), 種子(seed). **2** 因子, 原因. **——** *vi.* 胞子を生じる. ◇ **spó·ral** [spó:rəl/spɔ́:r-] *a.*

spó·ro·phyl(l) [spó:rəfil/spɔ́:r-] *n.* 〖植〗胞子葉, 芽胞葉.
◇ **spo·róph·yl·lar·y** [spərɑ́fịlèri/-rɔ́fịləri] *a.*

spó·ro·phyte [spó:rəfàit/spɔ́:rə-] *n.* 〖植〗芽胞体, 胞子体. ◇ **spò·ro·phýt·ic** [⏑–fítik] *a.*

spór·ran [spɑ́rən, spɔ́:r-/spɔ́r-] *n.* 毛皮の小袋《スコットランド高地人が kilt の前にさげる》.

†**sport** [spo:rt/spɔ:t] *n.* **1** (しばしば *pl.*) スポーツ, 運動《hunting, fishing を含む》: spend the afternoon in ～*s* 午後をスポーツで過ごす. **2** (*pl.*) 運動会, 競技会: the school ～*s*. **3** 気晴らし, 慰み, 娯楽: What ～! なんておもしろいんだろう. **4** 冗談, ふざけ; 冷やかし, からかい. **5** 笑いもの, 笑いぐさ; もてあそばれるもの, なぶりもの: the ～ of misfortune 不幸な運命に翻弄(ほんろう)される人. **6** 運動家; 遊猟家. **7** 〖話〗《スポーツマンらしく》公明正大な人; 《気性の》よい人. **8** 〖話〗遊び人; ばくち打ち. **9** 〖話〗きざな男. **10** 〖生〗変種, 突然変異. **11** 《形容詞的に》 = sports. → 別項. ***a ～ of terms*** 〔***wit, words***〕 しゃれ. ***Be a ～!*** スポーツマンらしくやれ, りっぱにやれ. ***have good ～*** 大猟をする. ***in*** 〔***for***〕 ***～*** 冗談に, 戯れに. ***make ～*** 楽しませる. ***make ～ of*** を冷やかす, をからかう. ***spoil the ～*** 興をそぐ.
—— *vi.* **1** 〈子ども・動物などが〉遊ぶ, 戯れる. **2** もてあそぶ, 軽くあしらう《を *with*》. **3** (戸外) 運動をする. **4** 〖動・植〗突然変異を起こす. **——** *vt.* **1** 〈植物が変種を〉生む. **2** 見せびらかす, てらう: ～ one's learning in public 人前で学問をひけらかす. **3** 楽しませる. **～ one*self*** 楽しむ, 遊ぶ. **～ one*'s oak*** 〔***timber, door***〕 〖英: 大学俗〗来客を断わる.
◇ **∼·ful** [-f(ụ)l] *a.* ふざけ戯れる, 陽気に浮かれる; 遊び好きの; 冗談の. 〔類〕 → **game**「遊戯」

spórt·ing [spó:rtiŋ/spɔ́:t-] *a.* **1** スポーツ〔遊猟〕好きの. **2** 運動〔競技〕用の. **3** 運動家らしい, 正々堂堂とした. **4** 冒険的な; 賭博(とばく)的な.
～ chance 〖話〗一かばちかの機会; 賭博的事業.
～ house 〖話〗賭博場; 売春宿.

spór·tive [spó:rtiv/spɔ́:t-] *a.* **1** 遊び戯れる, 遊び好きの, 陽気な, 浮かれ騒ぐ; 冗談の. **2** 運動競技の.
◇ **～·ly** *ad.* 陽気に, 浮かれて.

sports [spo:rts/spɔ:ts] *a.* 《服装など》軽快な, スポーツ用の; スポーツに適した. → sport. [√port-]
～ 〔**sport**〕 **car** スポーツカー《通例 2 人乗りの車体の低いオープンカー》. **∼·cast** [⏑⏑] 《新聞の》スポーツ記事. **～ clothes** 運動着. **～ editor** 運動部記者. **～ goods** 運動具. **～ jacket** スポーツジャケット《はでな色柄で「ざっくり」着るくつろぎ着. 色違いのズボンをはく》. ‡**∼·man** → 別項. **～** 〔**sport**〕 **shirt** スポーツシャツ《ズボンの外にも出して着られる遊び着用シャツ》. → dress shirt. **∼·wear** [⏑⏑] 運動着, 散歩着. **∼·wòm·an** →別項. **∼·wrìt·er** スポーツ記者.

‡**spórts·man** [spó:rtsmən/spɔ́:ts-] *n.* (*pl.* **-men**) **1** 運動家, 運動愛好家; 狩猟・魚つりなどを楽しむ人. **2** 《比喩的》スポーツマンらしい人, 何事も正々堂々とやる人.
◇ **～·like** [-làik] *a.* 運動家らしい; 競技精神にかなった, 正々堂々の. **～·ship** [-ʃip] *n.* **1** 運動家精神〔態度〕, 正々堂々としていること. **2** 狩猟〔魚つりなど〕の腕前〔熱意〕.

spórts·wòm·an [spó:rtswùmən/spɔ́:ts-] *n.* (*pl.* **spórts·wòm·en**) 女性運動家〔スポーツマン〕.

spórt·y [spó:rti/spɔ́:ti] *a.* 〖話〗**1** 運動好きの; 運動家らしい. **2** スポーツ的な, 運動家的な; 《服装など》軽快な, スポーティーな. **3** はでな, けばけばしい.
◇ **-i·ly** *ad.* **-i·ness** *n.*

spór·ule [spɔ́:rju:l/spɔ́r-] *n.* 〖生〗《特に》小さい胞子, 芽胞.

‡**spot** [spɑt/spɔt] *n.* **1** 斑点(はんてん), ぶち, まだら. **2** しみ, よごれ: The tablecloth has many ～*s*. このテーブルクロスはしみだらけだ. **2** ほくろ; つけぼくろ; 吹き出物, にきび, おでき: a face covered with ～*s* にきびだらけの顔. **3** 汚点; 《人格の》きず, 欠点, 汚名《*on, upon*》. **4** 場所, 地点; 現場: a fishing ～ つり場. a night ～ ナイトクラブ. **5** 箇所, 点: a tender ～ 弱いところ, 弱点. **6** 〖米俗〗地位. **7** 〖話〗《勝者・犯人などに》目星をつけること; 目星をつけられた人〔馬〕. **8** (*pl.*) 〖商〗現物; 〖米俗〗1ドル. **9** 〖玉突き〗黒点のある白球; スポット《台にはりつけた小円形の黒布片》. **10** 〖話〗少し, ちょっと; 一杯 (の酒), 一口 (の食事). **11** 〖鳥〗ドバトの一種; 〖魚〗イシモチ類. **12** = spotlight. **13** 〖テレビ・ラジオ〗番組の間にはさむアナウンス〔広告〕. **14** 〖トランプ〗ダイヤ・ハート・クラブ・スペードなどの印; 1枚の札《2から10までの札》: a four ～ 4の札.
hit the high ～s 〖話〗主要点にだけ触れる. ***hit the ～*** 〖話〗申し分がない, ちょうどよい. ***in a*** (***bad***) ***～*** 〖俗〗困って. ***in ～s*** 〖米〗ある点では, ある程度まで; ときどき. ***knock the ～s off*** 〔***out of***〕 (を)完全にやっつける; (を)しのぐ. ***on*** 〔***upon***〕 ***the ～*** (1) (すぐ)その場で, 即席に. (2) 現場で〔の〕. (3) 手落ちなく, ゆだんなく. (4) 〖商〗現物で, 現金で. (5) 〖俗〗危険な状態に

あって, 殺そうとねらわれて. ***price on the*** ～ 現物相場; 現金売価. ***solar*** ～ =～ ***in the sun*** 〘天〙 太陽の黒点; 《比喩的》 玉にきず. ***touch the*** (***tender***) ～ 急所をつく; 成功する.

―― *a.* **1** 即座の, すぐまにあう: a ～ answer 即答. **2** 現場での: ～ regulation of traffic 要所交通整理. **3** 〘商〙 現金払いの, 即時取引の: a ～ transaction 現金取引. ～cash 即金. **4** 〘ラジオ〙 現地の: ～ broadcasting 現地(中継)放送. **5** 番組の間にはさんだ 《広告文句など》: a ～ announcement 插入(そうにゅう)広告放送 《番組の前後のきわめて簡単なもの》.

―― *v.* (**-tt-**) *vt.* **1** に斑点をつける, まだらにする. **2** にしみをつける, よごす: ～ one's dress with ink ドレスをインクでよごす. **3** 〈人格などを〉 傷つける: ～ one's reputation 名声を汚す. **4** からしみを抜く. **5** 〘話〙 見つける, 発見する. **6** 《ある位置に》 置く; 配置する, ばらばらに置く: ～ chairs here and there in the room. **7** 〘軍〙 の位置を正確にはかる〔定める〕; 〈着弾点を〉 観測する. **8** にスポットライトを当てる. **9** 〘話〙 〈ハンディキャップを〉 認める: I ～*ted* him two points. 彼に2点のハンデを与えた. ―― *vi.* **1** しみ〔汚点〕ができる; よごれる. **2** 〘俗〙 ぽつぽつ雨が降る: It is beginning to ～.

～ **ball** 〘玉突き〙 スポットの玉; 黒点のある白球. ～ **check** 〘米〙 見本調査; 不意打ち点検. ～**·light** [ˊ-ˋ] 〘劇〙 スポットライト; 《自動車などの》 照射燈; 《世人の》 注視 関心. ～ **test** スポットテスト, 不意打ち点検; 見本調べ.

spót·less [spátlis/spɔ́t-] *a.* よごれ〔しみ〕のない; 無垢(むく)の, 欠点のない, 完ぺきな; 潔白な.
◇ ～**·ly** *ad.* ～**·ness** *n.*

spót·ted [spátid/spɔ́t-] *a.* **1** まだらの, 斑点(はんてん)のある. **2** しみのある, よごれた. **3** 《名誉など》 汚された, 傷つけられた.
～ **adder** 〘動〙 《北アメリカ産》 小ヘビの一種 (milk snake). ～ **crake** 〘鳥〙 ヒメクイナ. ～ **dog** 干しブドウ入りプディング. ～ **fever** 脳せき髄膜炎; テキサス熱. ◇ ～**·ly** *ad.* ～**·ness** *n.*

spót·ter [spátər/spɔ́t-] *n.* **1** 《雇い人などの》 見張り, 監視人. **2** 〘軍〙 弾着監視兵, 監的手; 防空監視員. **3** 〘鉄道〙 自動検路器. **4** 〘クリーニング〙 しみ抜き係.

spót·ty [spáti/spɔ́ti] *a.* **1** 斑点(はんてん)〔しみ〕のついた, 斑点〔しみ〕だらけの. **2** 《色など》 まだらの, 不調和の. **3** 《仕事など》 むらのある, 一様でない. **4** 吹き出物のできた. ◇ **-ti·ly** *ad.* **-ti·ness** *n.*

spóus·al [spáuz(ə)l] *n.* 〘古〙 結婚; (しばしば *pl.*) 結婚式 ―― *a.* 結婚の; 結婚式の. ◇ ～**·ly** *ad.*

spouse [spauz, ㊊⁺ spaus] *n.* 配偶者, 夫, 妻; (*pl.*) 夫婦. ―― *vt.* 〘古〙 と結婚する; 結婚させる.

spout [spaut] *vt.* **1** 吹き出す, 吐き出す, ほとばしらす. **2** とうとうと述べる, まくし立てる. **3** 〘俗〙 質に入れる. ―― *vi.* **1** 吹き出す, ほとばしり出る 《から *from, out of*》. **2** 〈鯨が〉 潮を吹く. **3** 弁じ立てる. ―― *n.* **1** 《やかん・ポンプなどの》 口, 飲み口. **2** 《鯨の》 噴水孔. **3** 樋口(とい), とい; 管. **4** 噴水, 噴出; 奔流; 水柱; たつまき. **5** 《昔の質屋の》 質物運搬機; 〘英俗〙 質屋. ***up the*** ～ 〘俗〙 質にはいって; すっかり参って. ～ **cup** =feeding cup.

S.P.Q.R. *Senatus Populusque Romanus* (L. = the Senate and the Roman People); small profits and quick returns 薄利多売. **S.P.R.** Society for Psychical Research 霊魂研究会.

sprád·dle [sprǽdl] *vt.* にまたがる; 〈脚を〉 広げる. ―― *vi.* =sprawl. ～**-lèg·ged** [-lèg(i)d] がにまたの〔で〕; 脚を広げた〔広げて〕.

***sprain** [sprein] *vt.* 〈足首・手首などを〉 捻挫(ねんざ)する, くじく. ―― *n.* くじき, 捻挫.

‡**sprang** [spræŋ] *v.* spring の過去形.

sprat [spræt] *n.* **1** 〘魚〙 《ヨーロッパ産》 ニシン属の小魚. **2** やせた人, ちび. ***throw*** 〔***fling away***〕 ***a*** ～ ***to catch a herring*** 〔***mackerel, whale***〕 エビでタイをつる.

sprawl** [sprɔːl] *vi.* **1** 手足を伸ばす, 大の字なりになる; 寝そべる, 腹ばいになる. **2** あがく, もがく. **3** ぶざまに〔不規則に〕広がる; むやみにはびこる: the ～*ing* suburbia どこまでも広がる郊外. **4** 〈軍隊が〉 不規則に散開する. ―― *vt.* **1** 〈手足を〉 大の字に広げる. **2** 大の字になぐり〔投げ〕倒す. **3** ぶざまに広がらせる. ***send a person ～***ing*** (人を) なぐり倒す; へたばらす.
―― *n.* **1** だらしなく手足を伸ばして〔大の字なりに〕寝ること. **2** もがき. **3** 無秩序な広がり; スプロール現象.

‡**spray** [sprei] *n.* **1** 水煙, しぶき. **2** 《香水・消毒薬などの》 スプレー, 噴霧. **3** 吸入器; 消毒器; 噴霧器, 香水吹き. **4** 小枝; 枝模様, 枝飾り.
―― *vt.* **1** 噴霧にして飛ばす〔吹きつける〕. **2** 吹きかける 《に *on*》. **3** に吹きかける 《を *with*》: ～ plants *with* insecticide 草木に殺虫剤を吹きかける. **4** に浴びせる 《を *with*》: ～ a mob *with* tear gas 群衆に催涙ガスを向ける. ―― *vi.* **1** しぶきをかける, 水をまく. **2** 〈木が〉 吹き出す.
～ **gun** 《ワニスなどの塗料・防腐剤》 吹きつけ器.
◇ ～**·er** [-ər] *n.* **1** しぶきを立てる人〔物〕. **2** しぶきを立てる装置, 噴霧器, 霧吹き; 吸入器; 噴油器.

‡**spread** [spred] *v.* (**spread** [spred]) *vt.* **1** 広げる, 繰り広げる, 引き伸ばす, 伸ばす 《*out*》: ～ a map 地図を開く. ～ rugs on the floor 床にじゅうたんを敷く. **2** 〈帆・翼・両腕などを〉 広げる, 開く 《*out*》. **3** 薄くのばす, 塗り広げる: ～ butter on toast トーストにバターを塗る. **4** に広げる, に塗り広げる 《を *with*》: ～ toast *with* butter トーストにバターを塗る. **5** 広げる, 並べる, 陳列する: ～ goods for sale 売り物を並べたてる. **6** 〈砂・肥料などを〉 まき散らす, 散布する. **7** にまき散らす, に散布する 《を *with*》: a meadow ～ *with* flowers 一面に花の咲いた草地. **8** 繰り延べる, 延ばす: ～ *out* the payments over several months 何か月かにわたって支払う. **9** 〈光・音を〉 放散する; 〈うわさ・報道などを〉 広める, 流布する, 普及させる; 〈病気・不平などを〉 蔓延(まんえん)させる, 広げる: ～ a disease. **10** 〈食卓を〉 用意する; 〈食卓に〉 広げる 《を *with*》: a table ～ *with* dishes さら〔ごちそう〕を並べたテーブル. **11** 〈くぎの頭などを〉 たたき〔押し〕広げる, 平たくする. **12** 〘音〙 〈くちびるを〉 横に開く; 非唇音(ひしんおん)化する.
―― *vi.* **1** 広がる, 〈旗・花などが〉 開く; 〈木が〉 枝を張る: ～*ing* branches 広がっている枝. **2** 《空間的に》 広がる, 遠くに及ぶ, 広範囲にわたる: a desert ～*ing* for miles. **3** 《時間的に》 延びる, 続く. **4** 〈視界・けしきが〉 開けている, 広々している. **5** 〈名声・うわさ・流行・火事などが〉 広まる, 広がる. **6** 薄くのびる〔広がる〕: The paint ～*s* easily. このペンキはのびがいい. **7** 〈インクが〉 にじむ. **8** ちりぢりになる; 〈道路などが〉 放射する, 広がる.
～ one***self*** (1) 広がる, 伸びる; 発展する. (2) 長々としゃべる〔論ずる〕《について *on*》. (3) 自分の意見を押しつけようとする. (4) 見えを張る, 自慢する. ～ ***on the records*** 〘米〙 記録にとどめる. ～ ***out*** (1) 〈枝などが〉 広がる. (2) 〈腕・両手などを〉 広げる, 差し出す. ～ ***over*** に広がる, をおおう; …にわたる. ～ one***self thin*** 〘米〙 一度に多くのことを得ようとする, 手を広げ過ぎる.
―― *n.* **1** 広がり; 幅, 広さ (extent). **2** 広がること; 展開; 普及, 伝播(でんぱ); 蔓延: the ～ of education 教育の普及. **3** のび, 展性. **4** 〘米〙 食卓掛け, 寝台掛け. **5** 〘話〙 ごちそう, 宴会. **6** パンに塗るもの 《ジャム・ピーナッツバターなど》: ～ on bread. **7** 《新聞・雑誌の数欄・全ページ・2ページにわたる》 大広告, 特集記事. **8** 〘話〙 見せびらかし, 見え. **9** 〘米・商〙 《原価と売価の》 開き. **10** 〘空〙 翼長. **11** 〘話〙 《農場などの》 地所, 土地.
～ **eagle** (1) 翼を広げたワシ 《アメリカの紋章》. (2) 〘スケート〙 横一文字形 (すべり). (3) 背割りの焼き鳥.

(4) 自慢家. ∼-èa·gle → 別項. ∼-ò·ver 作業時間の融通制.
◇ ∼-er *n.* 広げる人〔物〕; バターナイフ; 〘肥料散布機など〙まき散らすもの; 〘アンテナの〙掛けわく; 〘麻・絹用〙延展機; 〖空〗支索を張る棒.

spréad-èa·gle [sprédi:gl/⊥⊥−] *a.* **1** 翼を広げたワシの形の. **2** 〖話〗誇大の; お国自慢の.
—— *vt.* 四肢(しし)を広げて縛りつける.

spree [spri:] *n.* ひとしきりの遊興, ばか騒ぎ, 酒の上の大浮かれ. ***go on*** [***have***] ***a*** ∼ 飲み騒ぐ. ***spending*** ∼ 湯水のような金使い; 〘ボーナス時などの〙消費景気. —— *vi.* 飲み騒ぐ.

sprig [sprig] *n.* **1** 若枝, 小枝. **2** 小枝模様〘装飾〙. **3** 頭のついていない小くぎ. **4** 〖笑〗子ども; 子孫, …の出. **5** 《けいべつ的》若者, 小僧, わっぱ.
—— *vt.* (-gg-) **1** 小枝で飾る; に小枝模様をつける. **2** の小枝を切り落とす. **3** くぎで打ちつける《*down, on*》. ◇ ∼·gy [-i] *a.* 小枝の, 小枝の多い, 若枝でおおわれた.

***spright·ly** [spráitli] *a., ad.* 元気な〔に〕, 快活な〔に〕, 陽気な〔に〕. ◇ **-li·ness** *n.*

†**spring** [spriŋ] *n.* **1** 春: bloom in (the) ∼ 春に開花する. **2** 青春時代, 成長期; 初期: the ∼ of life 人生の春. **3** はね上がり, 跳躍, 飛躍. **4** 〘心の〙張り, 活力, 生気. **5** スプリング, ばね, ぜんまい. **6** 泉, わき水. **7** 鉱泉; 鉱泉地: a hot ∼ 温泉(地). **8** 源泉, 根源, 本源; 発生. **9** 動機, 原動力. **10** はね返り; 弾性, 弾力: There is no ∼ left in this rubber band. このゴムバンドに弾力がなくなった. **11** 〘木材などの〙そり, ゆがみ. **12** 〘帆柱の〙曲がり, 割れ, 裂け目. **13** 〖海〗漏れ口. **14** 〖建〗起拱(きょう)点. ***make a*** ∼ ***at*** に飛びかかる. ***with a*** ∼ 一飛びに.
—— *v.* (**sprang** [spræŋ], **sprung** [sprʌŋ]; **sprung**) *vi.* **1** はねる, おどる, とぶ: ∼ *into* the air 空中へとびあがる. ∼ *over* a ditch みぞを飛び越える. ∼ *out of* bed ベッドから飛び出す. ∼ *to* one's feet 急に立ち上がる. **2** 急に動く, ぱっと…する: Blood *sprang to* her cheeks. 血の気がさっとほおにのぼった, 彼女はぱっとほおを赤らめた. The door *sprang* open [to]. ドアがぱっと開いた〔バタンと締まった〕. ∼ *into* existence 突然出現する. **3** ‹水・涙・血などが› わく, 急に流れ出す; ‹火花・火が› ほとばしる, 燃えたつ《*forth, out, up*》. **4** 生じる, 発生する, 起こる《*up*》: A breeze has *sprung up*. そよ風が吹きだした. A suspicion *sprang up* to her mind. 疑いが彼女の心に浮かんできた. **5** ‹人が› …の出である: ∼ *from* a noble family 名門の出身である. ∼ *from* the people 庶民の出である. **6** ‹植物が› 出てくる, 発芽する; 《比喩的》にょきにょき姿をあらわす, 生まれる. **7** そびえ立つ, 抜きんでる《に *above, from*》. **8** ‹材木などが› それる, ゆがむ; ゆがんで離れる《から *from*》; 裂ける. **9** ‹アーチが› 上に伸びる. **10** ‹機雷などが› 爆発する.
—— *vt.* **1** のばねをはね返らせる; の留め金をはずす: ∼ a trap わなをはたらかせる. **2** 飛び上がらせる; ‹鳥などを› 飛び立たせる. **3** ‹機雷などを› 爆破させる. **4** ‹意見・新説・質問・要求などを› 急に出す, 提出する. **5** そらせる, 曲げる; はぐ; 〘曲げ過ぎて〙裂く, 割る. **6** ‹割れ目などを› あける: ∼ a leak 水漏れを生じる. **7** 〖海〗‹船体を› 引き動かす〘引き綱をゆるめて〙. ∼ a butt (ひどい動揺で) 船板の接合部をゆるめる. **8** 〖米俗〗出獄させる, の釈放を運動する. **9** 飛び越す: ∼ a fence. **10** にばね〔スプリング〕をつける《おもに過去分詞で》.
∼ ***a somersault*** とんぼ返りをする. ∼ ***a surprise on*** 不意に…を驚かす. ∼ ***at*** [***on***] に飛びつく. ∼ ***off*** はじける. ∼ ***over*** 飛び越す. ∼ ***the*** [***her***] ***luff*** 〖英〗かじをゆるめて船を風上にやる.
∼ **balance** ぜんまいばかり. ∼ **beam** 〖建〗ばねばり大げた. ∼ **beauty** 〖植〗クレトニア〘白またはピンクの春咲きの花. アメリカ産〙. ∼ **bed** ばねつき寝台. ∼ **board** 〘水泳の〙飛び込みはね板; 〘体操などの〙跳躍板. ∼·**bok** [⊥⊥] (*pl.* **-boks,** 《集合的》**-bok**) 〖動〗〘南アフリカ産〙カモシカの一種. ∼ **carriage** ばね車両. ∼ **cart** ばねつきの2輪馬車. ∼ **chicken** (1) 若どり. (2) 〖俗〗おぼこ娘; 青二才. ∼-**cléan** の春の大そうじをする. ∼-**cléan·ing** 春の大そうじ. ∼ **fever** 春先の憂うつ病. ∼ **gun** ばね銃. ∼·**halt** [⊥⊥] 馬の跛行(はこう)症 (stringhalt). ∼·**head** [⊥⊥] 水源, 源泉. ∼·**house** [⊥⊥] 〘ミルク・肉類などを冷却・貯蔵するための〙泉〔小川〕の上に建てた小屋. ∼ **lock** ばね錠. ∼·**tail** [⊥⊥] 〘各種の〙飛び〔はね〕虫. ∼ **tide** (1) 〘新月・満月時に起こる〙大潮; 奔流, 急流; 洪水(こうずい). (2) 〖雅〗春. *∼·**time** [⊥⊥] 春の季節, 春; 青春(期); 初期. ◇ ∼·**let** [-lit] *n.* 小さい泉.

spríng·al [spríŋ(ə)l], **spríng·ald** [-d] *n.* 〖古・廃〗若者, 青二才.

springe [sprindʒ] *n.* 〘小鳥などを捕える〙わな, 輪なわ. —— *vt.* わなにかける.

spríng·er [spríŋər] *n.* **1** はねる人〔物〕. **2** 〘キジ撃ちに用いる〙スパニエル犬. **3** = springbok; = grampus ①. **4** 〖建〗アーチの最下部; 丸天井屋根の肋(ろく); 切妻(きりづま)の笠石(かさいし)の最下部の石. **5** = spring chicken ①.

Spríng·field [spríŋfi:ld] *n.* **1** アメリカ Massachusetts 州の都市. **2** アメリカ Illinois 州の都市.

sprìng·i·zá·tion [spriŋizéiʃ(ə)n / sprìŋaiz-] *n.* 〖米・農〗春化処理, 種子促熟法 (vernalization).

spríng·y [spríŋi] *a.* **1** 弾性のある; 曲げやすい; 伸縮自在な. **2** 快活な, はつらつとした. **3** 泉の多い; 湿っぽい. ◇ **-i·ly** *ad.* **-i·ness** *n.*

‡**sprín·kle** [spriŋkl] *vt.* **1** 振り掛ける; そそぐ; まく, 散らす: ∼ powder on the baby. **2** に振り掛ける, にまく, にまぶす《を *with*》: ∼ the floor *with* sand 床に砂をまく. ∼ flowers *with* water 花に水をかける(= ∼ water on [over] flowers). **3** に水をかける, に散水する. **4** に点在させる, に交える《を *with*》.
—— *vi.* **1** ぱらぱらと降りそそぐ. **2** 《it を主語にして》雨がぱらぱら降る.
—— *n.* **1** ばらまかれたもの; (*pl.*) 〘チョコレート・砂糖などの〙振り掛け. **2** 少量; 小人数, 少し《*of*》: a ∼ *of* salt 塩一つまみ. **3** 小雨. **4** 散水器.
[類] → **scatter**「まく」

sprín·kler [spríŋklər] *n.* 〘水などを〙振りまく人〔物〕; 散水車; じょうろ; 散水装置, スプリンクラー; 貯水室. ∼ **system** 自動散水〔消火〕装置.

sprín·kling [spríŋkliŋ] *n.* **1** 散布, 振り掛け; 噴霧, 霧吹き. **2** 〘雨など〙ぱらぱら(降ること), 小降り: a ∼ of snow ぱらつく雪. **3** 〘あちこち散らばった〙少数(の人); 少量, わずか《*of*》: not a ∼ *of* sympathy 少しの同情もない.

sprint [sprint] *vi., vt.* 〘特に短距離のランニング・ボートレースで〙力走〔力漕(りきそう)〕する.
—— *n.* **1** 短距離競走. **2** 短時間の努力〔激務〕.
◇ ∼·**er** *n.* 短距離走者, スプリンター.

sprit [sprit] *n.* 〖海〗斜桁(しゃこう)〘帆を張り出すために用いる円材〙; 第1斜檣(しゃしょう).
∼·**sail** [-sèil | 〖海〗-səl] 〖海〗斜桁帆.

sprite [sprait] *n.* 小妖精(ようせい); 〖古〗幽霊.

spríte·ly [spráitli] 〖古〗= sprightly.

spróck·et [sprákit/sprɔ́k-] *n.* 鎖止め; 〖写〗スプロケット; 〘チェーンのかかる〙鎖歯車. ∼ **wheel** 鎖輪.

***sprout** [spraut] *vi.* **1** 発芽する. **2** 急に伸びる; 発育〔成長〕する: ∼ into manhood おとなになる.
—— *vt.* **1** に芽を出させる. **2** ‹角・ひげなどを› はやす, 伸ばす. **3** ‹ジャガイモなどの› 芽を取る.
—— *n.* 若芽, つぼみのほころび, 種子の発芽; 芽のように伸びるもの. ***Brussels*** ∼***s*** 〖植〗芽キャベツ, コモチカンラン.

spruce[1] [spru:s] *n.* 〖植〗トウヒ属樹木 (= ∼ fir) 〘トウヒ・エゾマツ・モミなど〙; その材木. ∼ **beer** トウ

ヒ属植物の枝や葉からつくったビール《抗壊血病剤》.

spruce² *a.* **1** 身ぎれいな, しゃれた, きちんとした. **2** きびきびした. —— *vt., vi.* こぎれいにする, (の)身づくろいをきちんとする《*up*》.

sprue¹ [spru:] *n.* 〘鋳造〙《溶かした金属を鋳型に入れる》湯口; 湯口に残る金属かす.

sprue² *n.* 〘医〙一種の熱帯病.

***sprung** [sprʌŋ] *v.* spring の過去・過去分詞.

spry [sprai] *a.* (**sprý·er**, **sprí·er**; **sprý·est**, **sprí·est**) すばやい, 機敏な; 抜け目のない. ◇ **∼·ly** *ad.* **∼·ness** *n.*

spt. seaport.

spud [spʌd] *n.* **1** 《雑草用》小鋤(すき). **2** 〘話〙ジャガイモ. —— *vt.* (**-dd-**) 〈雑草などを〉小鋤でかき取る《*up, out*》.

spúd·dle [spʌ́dl] *vt., vi.* 〘俗〙小鋤を使う; 掘り回す.

spue *vi., vt.* = spew.

spume [spju:m] *n., vi.* あわ(だつ), 浮きかす(を生じる). ◇ **spú·mous** [-məs] *a.* = spumy.

spu·més·cent [spju:mésnt] *a.* あわだつ; あわ状の. ◇ **-cence** *n.*

spu·mo·ne [spu:móuni, spə-] It. *n.* スプモーネ《くだもの・クルミなどを入れた, イタリア風アイスクリーム》.

spúm·y [spjú:mi] *a.* あわ(状)の, あわだらけの.

***spun** [spʌn] *v.* spin の過去・過去分詞.
—— *a.* **1** 紡いだ. **2** 引き伸ばした《*out*》. **3** 〘俗〙疲れ切った. ∼ **glass** 糸ガラス. ∼ **gold** 金糸. ∼ **rayon** 紡績人絹. ∼ **silk** 紡績絹糸, 絹紡. ∼ **string** 〘楽〙細い針金で巻いた弦. ∼ **sugar** 綿菓子. ∼ **yarn** より糸; 〘海〙よりなわ, スパニアン.

spunk [spʌ́ŋk] *n.* **1** ほくち(tinder). **2** 勇気, 元気. **3** 怒り, かんしゃく. ***get* one's ∼ *up*** 〘話〙元気づく, 勇み立つ.

spúnk·y [spʌ́ŋki] *a.* 〘話〙 **1** 元気のある, 大胆な. **2** おこりっぽい; おこった. ◇ **-i·ly** *ad.* **-i·ness** *n.*

‡**spur** [spəːr] *n.* **1** 拍車; 〘史〙《knight の用いる》金の拍車. **2** 刺激, 激励, あおり; 動機. **3** 拍車状のもの; 《鳥の》けづめ; 《登山用くつの》アイゼン, かんじき; 《闘鶏の》鉄けづめ; 《山の》突出部; 突き出た根〔木の枝〕; 〘建〙控え壁; 突っ張り; 〘生〙とげ, 針. ***on the* ∼ *of the moment*** ときのはずみで, でき心で; 突然, 即席に. ***put* 〔*set, apply*〕 ∼*s to*** に拍車をかける, 励ます. ***win* one's ∼*s*** ナイト(knight)爵を与えられる; てがらをたてる, 名をあげる. ***with whip and* ∼ =*with* ∼ *and yard*** 押っ取り刀で, 大急ぎで. —— *v.* (**-rr-**) *vt.* **1** に拍車をかける; 疾走させる《*on*》. **2** かり立てる, 刺激〔激励〕する《へ(*on*) *to, into*; (*on*) *to* (do)》: ∼ a person *on to* 〔*into*〕 action 人を促して活動させる. **3** けづめでける〔傷つける〕. **4** に拍車〔鉄けづめ〕をつける《おもに過去分詞で》.
—— *vi.* **1** (拍車を当てて) 馬を走らす. **2** 疾走する, 急ぐ. ∼ a horse ***forward*** (馬を) 急がす.
∼ **gear** 〔**wheel**〕 〘機〙平歯車. ∼ **gearing** 〘機〙平歯車装置. ∼ **line** 〔**track**〕 《鉄道の》支線.
◇ **∼red** [-d] *a.* 拍車をつけた, けづめのある.
〔類〕 → **urge**「促す」

spurge [spəːrdʒ] *n.* 〘植〙燈台草属植物.

spú·ri·ous [spjú(:)riəs/spjúər-] *a.* **1** にせの, 偽りの, 模造の, いんちきの. **2** 〘生〙疑似の. **3** 非嫡出の, 私生(児)の. ◇ **∼·ly** *ad.* **∼·ness** *n.*

spurn [spəːrn] *vt.* **1** 足げにする; 〘古〙ける. **2** 追っ払う, はねつける. —— *vi.* けいべつする, 鼻であしらう《を *at*》. ∼ ***the ground*** とび上がる, はねる.
—— *n.* けとばし; 拒絶.

spúr·rey =spurry.

spúr·ri·er [spə́ːriər] *n.* 拍車製造者.

spúr·ry [spə́ːri] *n.* 〘植〙オオツメクサ.

***spurt** [spəːrt] *vi.* **1** ほとばしり出る, 噴出する. **2** 《短期間》がんばる, 奮発する; 〘運〙力走する. —— *vt.* 吹き出す. —— *n.* **1** 噴出, ほとばしり; 《感情などの》激発《*of*》. **2** 一奮発; 力走, 力泳, スパート: make a ∼ 力走する. **3** 《値段の》急騰(の期間).

sput·nik [spútnik, spʌ́t-] Russ. (= fellow traveler) *n.* **1** (しばしば *S*∼)《1957年ソ連が打ち上げた人類最初の》人工衛星. **2** 《一般的》人工衛星.

spút·ter [spʌ́tər] *vi.* **1** パチパチ音をたてる; 〈ソーセージなどが〉ブツブツ音をたてる《フライパンなどで》; 〈生木などが〉パチパチ燃える. **2** つばきを飛ばす; 食べ物を吹き出す. **3** 早口に〔せき込んで〕しゃべる. —— *vt.* **1** 〈火花などを〉パチパチ〔バンバン〕飛ばす; 〈つばきなどを〉飛び散らす. **2** 〈ことばを〉しゃべりたてる〔まくる〕.
—— *n.* **1** ブツブツ; パチパチ. **2** 早口.

spú·tum [spjú:təm] *n.* (*pl.* **-ta** [-tə]) **1** 唾液(だえき). **2** (しばしば *pl.*) 〘医〙《おもに病的な》たん, 喀痰(かくたん).

‡**spy** [spai] *n.* **1** スパイ, 間諜(かんちょう): a ∼ ring スパイ団. **2** スパイ行為, 探偵(たんてい), 偵察. ***be a* ∼ *on*** を偵察する. —— *vi.* **1** スパイする; 監視する《を *on, upon*》. **2** (ひそかに) 調べる《を *into*》. —— *vt.* **1** スパイする; 監視する. **2** 探偵する, 調査する. **3** 発見する; 見つけ出す《*out*》. **4** 見いだす, に目がとまる.
∼·glass [⊿⊥] 小望遠鏡, 双眼鏡. **∼·hole** [⊿⊥] (秘密にのぞく) のぞき穴 (peephole).

Sq. Squadron. **sq.** (*et*) *sequens* (L. =the following (one)); sequence; square. **sq. ft.** square foot〔feet〕. **sq. in.** square inch(es). **sq. mi.** square mile(s). **sqq.** (*et*) *sequentia* (L. =and the following (ones)).

squab [skwɑb/skwɔb] *n.* **1** 《大きくなったがまだ羽のはえそろわない》ひなバト. **2** 短くて丸く太ったもの; ずんぐりした人. **3** 厚いクッション; ソファー. —— *a.* **1** 太くて短い, ずんぐりした. **2** 孵(かえ)りたての; 羽毛のはえそろわない. —— *ad.* ドシンと. ∼ **pie** 羊肉パイ.

squáb·ble [skwɑ́bl/skwɔ́bl] *n.* つまらない口論〔けんか〕. —— *vi.* つまらないけんかをする; 言い争う.
—— *vt.* 〘印〙〈組んだ活字を〉くずす.

squáb·by [skwɑ́bi/skwɔ́bi] *a.* 太った, ずんぐりした.

squad [skwɑd/skwɔd] *n.* **1** 〘軍〙分隊, 班《部隊の最小単位》. **2** 《行動をともにする》小グループの人人. ***awkward*** ∼ 新兵班. —— *vt.* 班〔分隊〕に編制する〔編入する〕.
∼ **car** 〘米〙《無線電話機を備えた》警察自動車. ∼ **leader** 分隊長. ∼ **room** 〘軍〙《数人共同の》寝室; 《警察の》集合室.

squád·ron [skwɑ́drən/skwɔ́d-] *n.* **1** 〘軍〙騎兵大隊; 〘海軍〙《艦隊の》支隊, 小艦隊; 〘空〙《2個以上の飛行小隊からなる》飛行中隊. **2** 《一般的》組織された団体, 集団. —— *vt.* ∼に編制する. ∼ **commander** 〔**leader**〕 〘英〙飛行中隊長《少佐》.

squail [skweil] *n.* 〘英〙 **1** 《闘球盤戯用》平円盤. **2** (*pl.*) 闘球盤戯.

squál·id [skwɑ́lid/skwɔ́l-] *a.* **1** 不潔な, むさ苦しい, きたない. **2** 卑しい, 下劣な. ◇ **∼·ly** *ad.* **∼·ness** *n.* **squa·líd·i·ty** [skwɑlídịti/skwɔ-] *n.*

squall [skwɔːl] *n.* **1** 突風, はやて, スコール《雨などを伴う短時間の局部的突風》: a black ∼ 黒雲はやて. a thick ∼ 雷鳴〔みぞれ, 雨など〕を伴うはやて. a white ∼ 無雲はやて. **2** 〘話〙騒ぎ, けんか; わめき声, 悲鳴. ***look out for* ∼*s*** 危険を警戒する.
—— *vi.* **1** 《it を主語にして》はやてが吹く. **2** 泣きわめく, 悲鳴をあげる.
◇ **∼·y** *a.* はやてになりそうな, しけもようの, はやての多い; 〘米話〙険悪な, 雲行きがあやしい (threatening).

squál·or [skwɑ́lər/skwɔ́lə] *n.* **1** 不潔なこと, むさ苦しさ. **2** 下劣, 卑劣. → 形容詞 squalid.

squá·ma [skwéimə] *n.* (*pl.* **-mae** [-mi:]) 〘動・植〙うろこ, うろこ状体.

squá·mate [skwéimeit/-mit] *a.* うろこのある.
◇ **squa·má·tion** [skwəméiʃ(ə)n] *n.* うろこのあること; うろこの配列.

squá·mose [skwéimous], **squá·mous** [-məs] *a.* うろこ状の, うろこに似た, うろこでおおわれた.
◇ **∼·ly** *ad.* **∼·ness** *n.*

squán·der [skwándər/skwɔ́n-] *vt.* 〈財産・時間などを〉浪費する; むだに使い尽くす《*away*》. **～ *a chance*** 機会を無にしてしまう. ── *n.* 浪費, むだ使い. ◇ **～·er** [-dərər] *n.* 浪費者. **～·ing·ly** *ad.*

squàn·der·má·ni·a [skwàndərméiniə/skwɔ̀n-] *n.* (金銭) 浪費狂, 乱費狂.

†**square** [skwɛər] *n.* **1** 正方形; 四角なもの〔面〕. **2** 《碁盤の》目. **3** 《町角の》広場; 《四方を街路で囲まれた家屋の》一区画; その一辺の長さ, 丁 (block): Madison *S*～ 《ニューヨークの》マジソン広場. **4** 〔軍〕方陣. **5** 直角定規, かね尺, 曲がり金: a T ～ T字形定規. **6** 〔数〕平方, 二乗. **7** 面積の単位, スクエア《100平方フィート》. **8** 〔米俗〕《ボクシングの》リング. **9** 〔米俗〕旧式な人, まっとうな人間; だまされやすい人. ***by the* ～** 精密に. ***on the* ～** (1) 直角に. (2) 同等な, 同格の《と *with*》. (3) 〔話〕正直に〔な〕, 公正に〔な〕. (4) 整とんして. ***out of* ～** (1) 直角にならずに. (2) 合わないで, 不一致で. (3) まちがって. (4) 無秩序な, 乱れた.

── *a.* **1** 正方形の, 四角な; 直角の, 直角をなす《と *with, to*》. **2** 平行している, 水平な《と *with*》. **3** 同等〔平等〕な, 五分五分の, 過不足のない. **4** 貸借のない, 勘定済みの: be ～ *with* one's landlord 家主と清算済みである. **5** 整然〔きちん〕とした, 整とんした. **6** 公明正大な, 正しい; 正直な: a ～ deal 公平なやり方. **7** はっきりした: a ～ denial 断固たる否定〔否認〕. **8** 〔数〕平方の, 二乗の: eight ～ miles 8平方マイル. **9** 〔話〕中身のある, 十分な: a ～ meal たっぷりした食事. **10** 〔米俗〕《考え・趣味が》旧式な, 真正直な, 素朴(そぼく)な. **11** 〔海〕《帆げたが》竜骨(りゅうこつ)と直角をなす. ***all* ～** 万事整った; 〔ゴルフ〕互角で. ***call it* ～** 五分五分と認める. ***get* one's *accounts* ～** 決算する, 貸借を清算する. ***get* things ～** 〔俗〕整とんする, 直す. ***get* ～ *with*** (1) と同等〔五分五分〕になる. (2) と貸借〔勝負〕なしになる. (3) に返報する. ***hit* a person ～** まともになぐりつける.

── *ad.* **1** 直角に, 四角に. **2** まともに, きっかり, 真正面に. **3** 公平に, 正々堂々と, 正直に.

── *vt.* **1** 正方形にする; 四角〔直角〕にする《*off*》: ～ *off* the log 角材にする. **2** 〈肩・ひじを〉張る: ～ one's shoulders 肩を怒らせる. **3** まっすぐにする; 平らにする. **4** 適合〔適応〕させる, 一致させる《と *with, to*》: ～ one's conduct *with* one's principles 行動を主義に合わせる. **5** 清算〔決済〕する; 報復する: ～ a debt 借金を清算する. **6** 〔運〕同点〔五分五分〕にする: ～ the score スコアを同点にする. **7** 〔軍〕方陣にする. **8** 〔数〕二乗する, の面積を求める: Three ～*d* is nine. 3の二乗は9. **9** 〔海〕〈帆げたを〉竜骨と直角にする. **10** 〔俗〕買収する; 買収で解決する. ── *vi.* **1** 四角をなす《と *with*》. **2** 適合する, 一致〔調和〕する《と *with*》. **3** 清算する. **4** 〔ゴルフ〕同点になる; 〔ボクシング〕身構えをする. **～ one*self*** 〔話〕《誤り・失言などの》責任をとる, 弁明をする, 清算をする. **～ *away*** 〔海〕追い風を受けて走る. **～ *off*** 〔話〕身構える, 攻勢〔守勢〕をとる. **～ *the circle*** 円を四角にする; 不可能なことを企てる. **～ *up*** (1) まっすぐに立つ; 身構えをする: ～ *up to* difficulties 困難にがっちり取り組む. (2) 清算する; 報復する.

～ bracket 〔印〕角括弧《[ ]》. **～-búilt** 肩の広い, がっしりした. **～ dance** スクエアダンス《2人1組みになり4人向かい合って踊る》. **～ deal** 〔話〕公平な処置. **～-face** [⌐⌐] 〔英俗〕ジン酒. **～-fáced** 角張った顔の. **～-head** [⌐⌐] 〔米俗〕《けいべつ的》ドイツ・オランダ・スカンジナビアの移民. ‡**～-jáwed** 四角いあごをした; 顔だちのがっちりした. **～ knot** 小間結び. **～ measure** 〔数〕平方積. **～ number** 〔数〕平方数. **～-rígged** 〔海〕横帆装置の. **～ root** 平方根. **～ sail** 〔海〕横帆. **～ shooter** 〔米俗〕正直者. **～-tóed** (1) 《くつなど》先が四角の. (2) 《比喩的》清教 (徒) 的な, 厳格な, 禁欲的な, 剛直な; 綿密〔念入り〕な. **～-toes** [⌐⌐] *pl.* 《単・複数扱い》きちょうめんな人, 精密細心な人, 因習的な人; 清教徒的な人.

◇ **～·ness** *n.* 四角なこと; 正直, 誠実; 公正な取引.

squáre·ly [skwɛ́ərli] *ad.* **1** 直角に; 四角に, 方形に. **2** まっこうから, 真正面に: face a person ～ 人とまともに面する. **3** 公明正大に, 正直に. **4** きっぱりと, はっきりと. **5** 〔話〕《食事など》十分に, 腹いっぱいに.

squár·ish [skwɛ́(:)riʃ/skwɛ́ər-] *a.* ほとんど四角の; 「四角張った.

squár·rose [skwǽrous, ㊥⁺skwár-] *a.* 〔植〕《表面が》ざらざら〔ぎざぎざ〕した.

squár·son [skwá:rsn] *n.* 〔英笑〕地主兼牧師. [＜*squire*＋*parson*]

squash[1] [skwɑʃ/skwɔʃ] *vt.* **1** 押しつぶす, ぐにゃぐにゃにする: ～ a hat flat 帽子を (すわって) 押しつぶす. **2** 押し込める, 詰め込む: ～ too many people into a bus バスに人を詰め過ぎる. **3** 鎮圧する, 押える. **4** 〔話〕やりこめる, へこまして黙らせる.

── *vi.* **1** つぶれる, ぺちゃんこになる; つぶれやすい. **2** 〈重くて柔らかい物が〉ぐしゃり〔びしゃり〕と落ちる; グシャリと音をたてる. **3** 無理に割り込んでいく《へ *into*》: ～ through the gate *into* the theater 押し合いへし合いで木戸をくぐり劇場内にはいる.

── *n.* **1** つぶれる音: The egg hit the speaker in the face with a ～. 卵がグシャリと弁士の顔に命中した. **2** つぶれた物, ぐにゃぐにゃの固まり. **3** 〔話〕雑踏, 込み合い; 群衆. **4** 〔英〕果汁(かじゅう)飲料, スカッシュ: lemon ～ レモンスカッシュ. **5** = ～ tennis. **～ hat** つばの広いソフト帽. **～ rackets** 一種のテニス《柄の長い丸形のラケットを用いる》. **～ tennis** 一種のテニス《壁に囲まれたコートでゴムのボールを用いて行なう》.

◇ **～·y** [-i] *a.* つぶれやすい; 《地面など》ぐしゃぐしゃになりやすい, 柔らかくどろどろの; 形のくずれた.

squash[2] *n.* 〔植〕カボチャの類. **～ bug** ヘリカメムシの類《カボチャ・ウリ類の害虫. アメリカ産》.

***squat** [skwɑt/skwɔt] *v.* (**squát·ted** *or* **squat**; **squát·ting**) *vi.* **1** 《立てひざで》ぺたんとすわる, うずくまる, しゃがむ. **2** 〔米〕公有地に無断で定住する; 新開地に居住する. **3** 〈動物が〉地に伏す; 隠れる.

── *vt.* うずくまらせる. **～ one*self* (*down*)** しゃがむ.

── *a.* **1** うずくまる, しゃがんだ. **2** ずんぐりした: a ～ teapot ずんぐりしたきゅうす.

── *n.* しゃがむこと, こごむこと.

◇ **～·ty** [-ti] *a.* うずくまった, ずんぐりした, 太くて短い.

squát·ter [skwátər/skwɔ́tə] *n.* **1** うずくまる人〔動物〕. **2** 〔米〕《未開地・公有地の》無許可居住者. **3** 《終局的に所有権を与えられる取り決めの》国有地入居〔居住〕者.

squaw [skwɔ:] *n.* 《北アメリカインディアンの》女, 《特に》妻. **～ man** (*pl.* **-men**) 〔米〕アメリカインディアンの女と結婚した白人.

squawk [skwɔ:k] *n.* **1** ギャーギャー鳴く声《鳥などの》; 〔米俗〕大声の不平. **2** 〔鳥〕ゴイサギ.

── *vi.* ガーガー〔ギャーギャー〕鳴く; 〔米俗〕大声で激しく不平を言う. ── *vt.* 大声で叫ぶ.

～ box 〔俗〕相互通信装置.

***squeak** [skwi:k] *vi.* **1** 〈ネズミなどが〉チューチュー〔キーキー〕鳴く; 〈赤ん坊が〉ギャーギャー泣く; 〈車輪・くつなどが〉キーキー〔キューキュー〕いう; きしむ, きしる. **2** 〔俗〕告げ口する《*on* a person》.

── *n.* **1** ～する音. **2** 〔話〕あぶない仕事, 危機一髪. ***have a* ～ *of it*** やっと逃げる〔成功する〕. ***narrow* 〔*close*〕 ～** 〔話〕間一髪, あぶないところ.

◇ **～·er** *n.* **1** ギャーギャー言う人; 《特に》子バト. **2** 〔俗〕密告者; 《特に》警察に仲間を売る者.

squéak·y [skwí:ki] *a.* キーキー〔ギャーギャー〕いう; キーキーいいがちな; きしる. ◇ **-i·ly** *ad.* **-i·ness** *n.*

squeal [skwi:l] *vi., vt.* **1** かん高い声で長く鋭く泣く, 悲鳴をあげる. **2** 不平を言う; 抗議する. **3** 〔俗〕密告する, 裏切る. ***make* a person ～** 〔俗〕(人を)

ゆする. —— *n.* **1**〘小児・豚などの〙キーキー〔ギャーギャー〕泣く声; 悲鳴. **2**〘話〙不平, 抗議. **3**〘話〙密告. ◇ ∼·**er** *n.*

squéam·ish [skwiːmiʃ] *a.* **1** ひどく神経質な, きちょうめんすぎる. **2** 高尚(こうしょう)〔上品〕ぶった; 品行のことにやかましい. **3** すぐに吐き気を催す〔むかつく〕. ◇ ∼·**ly** *ad.* ∼·**ness** *n.*

squée·gee [skwíːdʒiː, ─´/´´, ─´] *n.* 〘甲板・床・窓などの水をふく〙ゴムそうじ器; 〘写〙〘印画をかわかす〙ゴムローラー. —— *vt.* から ∼ で水をとる.

***squeeze** [skwiːz] *vt.* **1 締めつける**, 圧搾する; ぎゅっと握る, 抱き締める. **2** 押しつぶす, 絞る: ∼ an orange ミカンを絞る. **3 絞り出す**, 絞り取る《比喩的にも》: ∼ water *from* the clothes 着物から水を絞る. ∼ a confession *out of* 〔*from*〕 a person 人に無理に告白させる. **4** 押し入れる, 詰め込む《へ *into*》. **5**〘ひとところへ〙寄せ集める, いっしょくたにする. **6**〘話〙にせがむ, ゆする. **7** の型をとる; の拓本をとる. **8**〘野球〙〈走者を〉スクイズでホームに迎える; 〈得点を〉スクイズであげる.
—— *vi.* **1** 締めつけられる, 圧搾される. **2** 押し分けて進む〔はいる, 出る〕, 無理に通る《*through, in, out*》. **3** (押し合いへし合い) 寄り合う; すし詰めになる.
∼*d orange* 絞りかす; すっかり絞り取られた人〔物〕. ∼ *to death* 圧殺する. ∼ one's *way* through a crowd (群衆を) 押し分けて進む.
—— *n.* **1** 圧搾; 絞ること; 一絞りの量: a ∼ of lemon. **2** 強い握手; 抱き締め. **3** 押し合い, すし詰め; 人込み. **4** 押し刷り, 型どり. **5**〘話〙脅迫, ゆすり; 〘役人が取る〙わいろ, リベート. **6**〘話〙苦境; 〘商売の〙薄利. ***at* 〔*upon*〕 *a* ∼** 急場に臨んで, 危急に際して.
∼ **bottle** プラスチック製絞り出し容器〘マヨネーズなどの〙. ∼ **play**〘野球〙スクイズプレー; 〘トランプ〙切り札で相手のたいせつな札を吐き出させること.
◇ **squéez·a·ble** [-əbl] *a.* **1** ∼ できる. **2** 圧力に屈する, 説得〔威圧〕されうる; 無気力な. **3** 抱き締めたくなるような. **squéez·er** *n.* 締め付ける〔圧縮する〕人; 〘特にくだもののジュースを絞る〙ジューサー; 圧搾機; (*pl.*) 右肩に点を記したカード. **squèez·a·bíl·i·ty** [´əbílịti] *n.*

squelch [skweltʃ] *vt.* **1** 押し〔踏み〕つぶす, へこます. **2**〈反乱などを〉鎮圧する《*out*》; 〈提案・計画を〉握りつぶす. **3**〘議論・威圧で〙やりこめる, 押える.
—— *vi.* **1** つぶれる, へこむ. **2** グチャッ〔ピシャッ〕と音をたてる. **3** グチャグチャ〔ピシャピシャ〕音をたてて歩く. —— *n.* **1** ∼ すること〔音〕. **2** 抑圧; やりこめることば. ◇ ∼·**er** *n.* 〘米話〙相手をやりこめる議論, 手きびしい逆襲. ∼·**ing·ly** *ad.*

squib [skwib] *n.* **1** 爆竹〘一種の小花火〙. **2** 導火爆管〘弾丸・固体燃料ロケットを発射させる〙. **3** 短い皮肉 (文), 風刺 (文). —— *vi., vt.* (**-bb-**) **1** 〈爆竹を〉破裂させる, 〈爆竹が〉破裂する. **2** 皮肉文を書く, 風刺する. **3** 動きまわる.

squid [skwid] *n.* (*pl.* ∼(**s**)) **1** イカの類〘食用. また特につりえさ用〙. →cuttlefish. **2** 人工つり針. **3**〘軍〙対潜水艦砲.

squíf·fer [skwífər] *n.* 〘おもに英俗〙手風琴.

squíf·fy [skwífi] *a.* 〘英俗〙ほろ酔いの.

squíl·gee [skwíldʒiː, ─´/´´, ─´] = squeegee.

squill [skwil] *n.* **1**〘植〙海葱(かいそう) (sea onion); 海葱の球根を乾燥したもの〘下剤・利尿剤〙. **2**〘動〙シャコ.

squinch [skwintʃ] *n.* 〘建〙〘角塔内部の隅角に架した〙隅迫持(すみせりもち).

squint [skwint] *a.* **1** 斜視の, やぶにらみの. **2** 横目で見る. —— *n.* **1** 斜視, やぶにらみ. **2** 横目, 流し目. **3**〘俗〙一目, ちらっと見ること: Let me have a ∼ *at* it. ちょっと見せて〔のぞかせて〕ください. **4** 傾き, 傾向《*to, toward*》. **5**〘教会の〙聖体のぞき窓.
—— *vi.* **1** 斜視である. **2** 横目で〔目を細くして〕見る《を *at*》; (すきまから) のぞく《*through*》. **3** ちょっと見る《を *at*》. **4** 傾く, それる《へ *toward, to*》.
—— *vt.* **1** 斜視にする. **2**〈目を〉細くする, しばたたく. ∼-**eyed** [-àid] (1) 斜視の. (2) 悪意の相の; 悪意のある, 恨みをいだく.

squír·arch [skwáirɑ̀ːrk/skwáiər-] *n.* 〘おもに英〙地主. ◇ ∼·**y** [-i] *n.* 〘おもに英〙地主階級; 地主 (階級の) 政治.

***squire** [skwaiər] *n.* **1**〘英〙**郷士**; 大地主, いなか紳士. **2**〘口語で敬称として用いる〙…だんな. **3**〘史〙騎士の従者; 高官の従者. **4** 婦人に付き添う人; しゃれ者. **5**〘米〙治安判事; 地方判事などの敬称.
—— *vt.* 〈婦人などに〉付き添う.
◇ ∼·**ship** *n.* ∼ の身分.

squíre·arch =squirarch.

squir·éen [skwairíːn/skwàiəríːn] Ir. *n.* 小地主.

squíre·let [skwáiərlit], **-ling** [-liŋ] *n.* 小地主.

squirm [skwəːrm] *vi.* **1** のたくる, 体をくねらせる〔ねじる〕. **2** 苦しむ, もだえる. **3** もじもじする, きまり悪がる. —— *n.* **1** 当惑する〔もじもじする〕こと. **2**〘海〙索のよれ. ◇ ∼·**y** *a.*

‡**squír·rel** [skwə́ːrəl/skwírəl] *n.* 〘動〙**リス**; その毛皮〔肉〕. —— *vt.* 〈金銭・貴重品などを〉たくわえる《*away*》.

squirt [skwəːrt] *vi.* 水〔しる〕を噴出する, 吹き飛ばす. —— *vt.* **1**〈水・しるを〉吹き出す. **2** に水〔しる〕を浴びせる; に浴びせる《を *with*》.
—— *n.* **1** 噴出, ほとばしり; 吹き出した量. **2** ほんの少々. **3** 注水器; 水鉄砲. **4** 注射器, 浣腸(かんちょう)器. **5**〘話〙青二才; 小男; うぬぼれ屋, ひとりよがりの人間.

squish[1] [skwiʃ] = squash[1].

squish[2] *n.* 〘話〙マーマレード.

Sr 〘化〙strontium. **Sr.** Senior; *Señor*; Sir. **S.R.O.** standing room only 立ち見席のみ. **S.R.S.** *Societatis Regiae Socius* (L. = Fellow of the Royal Society) 学士院会員. **s.s., ss., ss** 〘野球〙shortstop. **ss** half. **ss.** *scilicet*; sections; supersonic. **SS.** Saints. **S.S.** steamship; Sunday School. **SS.D.** *Sanctissimus Dominus* (L. = Most Holy Lord) 〘ローマ教皇の称号〙. **S.S.E.** south-southeast. **SSM** surface-to-surface missile. **SSR, S.S.R.** Soviet Socialist Republic ソビエト社会主義共和国. 〈注〉USSR は Union of Soviet Socialist Republics ソビエト社会主義共和国連邦. **SSS** Selective Service System. **SST** supersonic transport. **S.S.W.** south-southwest. ***St.**[1] [séint-, sèint-; 弱 seint-, sənt-, sint-/通常弱 sən(t)-, sin(t)-, sn(t)-] Saint. **St.**[2] Saturday; Strait; Street. **st.** stanza; *stet*; stone 〘英〙ストーン〘重量名〙. **s.t.** short ton.

‡**stab** [stæb] *v.* (**-bb-**) *vt.* **1**〈人・剣を〉**刺す**, 突く; 突き通す, 刺し殺す. **2**〈感情・名声などを〉害する, 傷つける. **3**〈れんが壁の表面を〉突いてざらざらにする.
—— *vi.* **1 刺そうとする**, 突いてかかる《を, に *at*》. **2** 刺すように〔ずきんと〕痛む: a ∼*bing* pain.
∼ a person ***in the back*** (人の) 背中を刺す, (人を)背後から刺す; (人を) 中傷する, (人の) 陰口を言う.
—— *n.* **1** 突き刺すこと; 刺し〔突き〕傷. **2** 刺すような痛み. **3** 中傷, 陰口. ***a* ∼ *in the back*** ひきょうな行為, 裏切り. ***make* 〔*have*〕 *a* ∼ *at*** 〘米〙を試みる, を企てる. ◇ ∼·**ber** [-ər] *n.* 刺す人; 暗殺者, 刺殺者; 刺すもの; きり.

Sta·bat Ma·ter [stɑ́ːbɑːt-mɑ́ːtər, stéibæt-méit- / stɑ́ːbæt-mɑ́ːtə, -bət-] L. (= Stood the Mother) 〘宗〙悲しみの聖母の聖歌〘キリストはりつけの際の聖母の悲しみを歌った13世紀のラテン語の歌〙; その曲.

‡**sta·bíl·i·ty** [stəbílịti] *n.* **1 安定**; **安定性**〔度〕, すわり: emotional ∼ 感情的不変性. **2** 強固; 着実さ, 不動性. **3**〘機〙復原性〔力〕〘特に航空機・船舶の〙. [√sta-]

stà·bi·li·zá·tion [stèib(i̥)li̥zéiʃ(ə)n,-laiz-] *n.* 安定〔固定〕化, 安定させること.

stá·bi·lize [stéib(i̥)làiz] *vt.* **1** 安定させる; すわりよくする. **2** 強固にする. **3** 〈航空機・船舶に〉安定装置を施す. **~zing apparatus** 安定装置. **~zing fins** 〖空〗安定板.

stá·bi·liz·er [-ər] *n.* **1** 安定させる人〔物〕. **2** 《飛行機・船舶などの》安定装置; 《飛行機の》水平尾翼. **3** 《火薬などの自然分解を防ぐ》安定剤.

‡**stá·ble**[1] [stéibl] *a.* **1** 安定した, 堅固な; 永続的な: ~ foundations しっかりした土台. **2** しっかりした, 着実な. **3** 〖機〗復原力〔性〕のある. **4** 〖化〗分解しにくい. [√sta-] **~ equilibrium** 〖物〗安定なつりあい. ◇ **~·ness** *n.* **-bly** *ad.*

‡**stá·ble**[2] *n.* **1** 馬小屋; 家畜小屋. **2** 《競走馬の》厩舎(きゅうしゃ); 《集合的》《ある厩舎の》競走馬, 管理人. **3** (しばしば *pl.*) 〖英: 軍〗馬〔馬屋〕の世話〔手入れ〕. **4** 〖俗〗《騎手・ボクサー・記者など》同一監督のもとで仕事する人たち. ***go out of the ~*** 〈馬が〉競走に出る. ***shut the ~ door after the horse is stolen*** 〖諺〗「どろぼうを見てなわをなう」,「あとの祭り」. —— *vt., vi.* 馬屋に入れる〔住む〕. [√sta- 立って(いる場所)]

~·boy [⌐ー⌐] 馬丁《特に少年の》. **~ call** 〖英: 軍〗馬の手入れの合い図. **~·com·pàn·ion** 〖英〗おなじ馬屋の馬; 学友, クラブ同人. **~·man** [-mæ̀n, -mən] (*pl.* **-men**) 馬丁.

◇ **stá·bling** [-iŋ] *n.* 馬屋〔家畜小屋〕に入れること〔の設備〕; 《集合的》馬屋 (stables).

stáb·lish [stǽbliʃ] *vt.* 〖古〗強固にする (establish).

stacc. staccato.

stac·cá·to [stəkɑ́:tou] *ad.* 〖楽〗スタッカートで, 断音的に. ↔ legato, tenuto. —— *a.* 断奏の, 断音的な: a ~ mark 断音符. —— *n.* (*pl.* **-tos** [-z], **-ti** [-ti:]) 断音, 断奏. [<It.]

stack** [stæk] *n.* **1** 積み重ね, 堆積(たいせき). **2** 稲むら, 《干し草・麦わらなどの》積んだ山. **3** (通例 *pl.*) 《図書館の》書架, 書庫. **4** 叉銃(さじゅう)(= ~ of arms). **5** 《汽車・汽船などの》煙突; 一群の煙突. **6** 〖話〗一たな(の分量); たくさん《*of*》: He works on ~*s of* paper he has brought home. 彼は家に膨大な書類を持ち帰って仕事をする. **7** 一たな《薪炭を量る単位. 108立方フィート》. ***blow one's ***~*** 〖米〗かんしゃくを起こす.

—— *vt.* **1** 積み重ねる, 山に積む. **2** 〈銃を〉組む. **3** 〈トランプを〉積みながらいかさまをやる. **4** の選択〔選抜〕をいんちきする. **5** 〈着陸しようとしている数機の飛行機に〉(おのおの異なった高度で) 旋回を指示する《地上の着陸態勢が整うまで》. —— *vi.* 積み重なる《*up*》. ***have the cards ~ed against*** one きわめて不利な立場にある. ***S~ arms!*** 《号令》組め銃(つつ). ***~ the cards*** [***deck***] 〖トランプ〗不正な切り方をする; 《一般的》不正手段をとる. ***~ up*** 〖俗〗(1) 比べものになる, 負けない《に *to*》. (2) 〈話が〉事実と一致しない.

~ permit 《大学図書館の》入庫許可証.

stác·te [stǽkti:] *n.* 《古代ユダヤ人が香をつくるのに用いた》一種の香料.

stac·tóm·e·ter [stæktɑ́mi̥tər/-tɔ́m-] *n.* 滴量計.

stád·dle [stǽdl] *n.* 稲むらなどの基部; 支持わく, ささえ台.

stád·hòld·er [stǽdhòuldər], **stádt-** [stǽt-] *n.* 〖史〗州知事, 総督《古代オランダの》.

stá·di·a [stéidiə] *n.* stadium の複数形.

‡**stá·di·um** [stéidiəm] *n.* (*pl.* **-a** [-diə], **-ums**) **1** 陸上競技場, スタジアム. **2** 競走場《古代ギリシアの》. **3** 《古代ギリシアの》長さの単位《約 200m》. **4** 〖医〗《病気の》段階, 第…期.

‡**staff** [stæf/stɑ:f] *n.* (*pl.* ①, ②, ③, ⑨ は **staves** [steivz], **staffs**; その他は **staffs**) **1** 棒, つえ, さお. **2** 指揮棒; 〖測〗測量ざお, 標尺; 〖古〗《やり・ほこの》柄. **3** 旗ざお. **4** ささえ, たより. **5** 〖軍〗参謀, 幕僚. **6** 《集合的》部員, 職員, 社員, 幹部. **7** 〖楽〗五線, 譜表 (stave). **8** 〖鉄道〗タブレット. **9** 〖医〗誘導探子(さぐり). ***be on the ~*** 部員〔職員, 幹部〕である. ***Bread is the ~ of life.*** 〖諺〗パンは生命のかてである. ***chief of the general ~*** 参謀総長. ***general ~*** 参謀本部《略 G. S.》. ***naval ~ college*** 海軍大学. ***teaching ~*** 教授陣.

—— *vt.* に職員〔部員〕をおく. —— *a.* **1** 参謀の; (幹部) 職員の: a ~ member. **2** 《医者・弁護士・会計士などが》会社直属の, サラリーをもらう: a ~ writer. →self-employed.

~ college 陸軍大学. **~ officer** 参謀将校. **~ work** (1) 参謀の仕事. (2) 組織, 経営.

◇ **~·er** [-ər] *n.* スタッフのひとり; 編集部員《特に新聞・雑誌の》.

stag [stæg] *n.* **1** 雄ジカ. →hind. **2** 雄, 去勢した雄牛〔雄豚〕. **3** 〖英: 株式〗利食い株屋; 密告者. **4** 《舞踏会・宴会に》婦人を同伴しない男性.

—— *v.* (**-gg-**) *vt.* 〖米〗のあとをつける, 探る, 裏切る. —— *vi.* **1** 婦人を同伴しないで出席する. **2** 利食いのために新株に応募する. ***go ~*** 男だけで会に集まる. **~ beetle** 〖虫〗クワガタムシ. **~·horn** [⌐⌐] 雄ジカの角; 〖植〗ヒカゲノカズラ; 一種の大サンゴ. **~·hound** [⌐⌐] 《シカ・イノシシ狩りに用いる》猟犬. **~ line** 《ダンスパーティーで》婦人を同伴しない男たち. **~ party** 〖米話〗男ばかりの会合. → hen party.

‡**stage** [steidʒ] *n.* **1** ステージ, 舞台, 演壇, 床, 台: put on the ~ 上演する. **2** 演劇, 劇 (文学). **3** 俳優業. **4** 活動の舞台, 活動範囲. **5** 足場, 場所. **6** 《道中の》駅, 宿場; 旅程, 行程; 駅馬車, 乗合馬車, バス. **7** 《発達などの》段階, 階梯(かいてい), 期, 時期: *at* this ~ この段階で. a learner *in* the first ~ 初学者. **8** 波止場, 桟橋(さんばし).

be on the ~ 舞台に立っている, 俳優である. ***bring on*** [***to***] ***the ~*** 〈劇を〉上演する. ***by easy*** [***long, short***] ***~s*** 《旅行などをするばあい》楽に〔ゆっくり, 急いで〕. ***go on*** [***take to***] ***the ~*** 俳優になる. ***hold the ~*** 連続興行する; 注目の的になる. ***quit the ~*** 舞台を退く; 退く, 死ぬ. ***revolving ~*** 回り舞台.

—— *vt.* **1** 舞台にのせる, 上演する: ~ a play. **2** 脚色する. **3** 〖米〗(協力して) もくろむ, やってのける, 行なう: ~ a riot 暴動をたくらむ. —— *vi.* **1** 上演に適する, 芝居になる: ~ well 芝居になる. **2** 駅馬車で旅をする. [√sta-]

~·coach [⌐⌐] 駅馬車, 乗合馬車. **~ coach-**

stagecoach

man 駅馬車の御者. **~·craft** [⌐⌐] 作劇〔演出〕法. **~ direction** (1) 《俳優の動作を指示する》舞台指示, ト書き. (2) 演出 (技術). **~ director** 舞台監督, 演出 (指揮) 者. **~ door** 楽屋口. **~ effect** 舞台効果. **~ fever** 俳優 (志望) 熱. **~ fright** 《特に初舞台などの》舞台まけ; 場おくれ. **~·hand** [⌐⌐] 舞台係《装置・照明などの》. **~·màn·age** →別項. **~ manager** 舞台監督. **~ rights** 興行〔上演〕権. **~-struck** [⌐⌐] 俳優熱に浮かされた, 舞台生活にあこがれる. **~ whisper** 《観客に聞こえるように言う》高声のささやき; 聞こえよがしのささやき.

stáge-màn·age [stéidʒmæ̀nidʒ] *vt.* の演出をする.

stág·er [stéidʒər] *n.* 老練な人, 経験者: an old ~ 老練家; 〖古〗俳優.

‡stág·ger [stǽgər] *vi.* **1** よろめく, よろめきながら進む: He ～*ed* into the room. 彼はよろよろとへやにはいってきた. **2** ためらう, 心がぐらつく, 二の足をふむ.
—— *vt.* **1** よろめかす: The blow ～*ed* him. その一撃で彼はよろめいた. **2** <決心などを> ぐらつかせる: ～ a person's belief. **3** びっくりさせる: I was ～*ed* to hear that... …と聞いて茫然(ぼう)とした. **4**〘機〙《輻(や)などを》互い違いにする. **5**〘俗〙<休暇などを> 互い違いにする; <始業時などを> ずらせて交通を緩和する. **～ *to* one's *feet*** よろよろ立ち上がる.
—— *n.* **1** よろめき, よろけ, 千鳥足. **2** (*pl.*)《単数扱い》《牛・馬・羊などの》旋回病; (*pl.*) めまい(giddiness). **3**〘機〙食い違い (装置). ◇ **～·er** [-gərər] *n.* よろめく人; ぎょうてんさせるもの[こと], 大事件.
stág·ger·ing [stǽg(ə)riŋ] *a.* **1** よろめく. **2** よろめかせる; 肝をつぶすような. ◇ **～·ly** *ad.*
stág·ing [stéidʒiŋ] *n.* **1**〘劇〙上演, 脚色. **2**〘建〙《仮の》足場. **3** 駅馬車旅行. **～ area** 軍隊集結地区《出港地など》.
Stág·i·rite [stǽdʒiràit] *n.* 古代 Macedonia の都市 Stagira [stədʒáirə] の人. ***the* ～** = Aristotle.
stág·nant [stǽgnənt] *a.* **1** よどんだ, 流れない. **2** 停滞した, 不景気な. ◇ **～·ly** *ad.* **-nance, -nancy** *n.* 停滞; 不振, 不景気.
stág·nate [stǽgneit] *vi.* **1** <水・空気などが> よどむ; <池の水などが> 腐る. **2** <仕事などが>滞る, 停滞する; <事業・商売が> 不景気になる. **——** *vt.* ～させる. ◇ **stag·ná·tion** [stægnéiʃ(ə)n] *n.* **stág·na·to·ry** [stǽgnətɔ̀:ri/-t(ə)ri] *a.*
stág·y [stéidʒi] *a.* **1** 劇の, 舞台の. **2** 芝居がかった; 大げさな. ◇ **-i·ly** *ad.* **-i·ness** *n.*
staid [steid] *v.*〘古〙stay の過去・過去分詞.
—— *a.* しっかりした, まじめな; 落ち着いた.
◇ **∠·ly** *ad.* **∠·ness** *n.*
‡stain [stein] *vt.* **1** よごす. **2** に色つけする; <ガラスに> 焼き付けする. **——** *vi.* よごれる, しみがつく. **～*ed glass*** 焼き付けガラス, ステンドガラス, 色ガラス.
—— *n.* **1** よごれ, しみ: a ～ on one's reputation 名声のきず. **2** 着色; 色素, 染料. [√ti(n)g-]
◇ **∠·a·ble** *a.* **∠·a·bly** *ad.* **∠·er** *n.* 着色工; 染工; 着色剤〔液〕.
stáin·less [stéinlis] *a.* **1** よごれのない; 無きずの, 潔白〔清浄〕な. **2** さびない: ～ steel ステンレス鋼.
◇ **～·ly** *ad.* **～·ness** *n.*
‡stair [stɛər] *n.* **1** (通例 *pl.*) 階段, はしご段. **2** 階段〔はしご〕の一段. ***below* ～*s*** 階下〔地下室〕で, 使用人べやで. ***down* ～*s*** 階下で〔へ〕. ***flight*** [***pair***] ***of* ～*s*** 一続きの階段. ***up* ～*s*** 階上で〔へ〕. ***winding* ～** 回り階段.
～ carpet 階段用じゅうたん. **∠·case** [∠∠]〘英〙階段, はしご段; 《建物の》階段部分. **∠·head** [∠∠] 階段の頂部. **～ rod** 階段の敷き物押え. **∠·way** [∠∠]〘米〙階段 (=㊥ staircase).
‡stake¹ [steik] *n.* **1** くい, 棒. **2** 火刑用の柱; (the ～) 火刑, 火あぶり. **3**《ブリキ屋の》小さな金敷き. ***burn at the* ～** 火あぶりにする. ***pull up* ～*s***〘米〙引っ越す, 転職する; 立ち去る.
—— *vt.* **1** (くいを立てて) …の境界をしるす, 区画する, 切り離す《*off, out*》: ～ *off* the boundary くいを打って境界を定める. **2** わが物と主張する, (分け前として) 取る《*off, out*》: ～ *out* a claim for a footing in... …への参加の権利を主張する. **3** <植物を> 棒でささえる; <動物を> 棒に縛りつける.
～ boat 係留ボート《ヨットレースの折り返し点標識》.
‡stake² *n.* **1** 賭(かけ), 賭金; 賞金. **2** (*pl.*) 賭競馬. **3** 利害(関係): have a ～ in one's child's happiness 子どもの幸福にいちずの関心を寄せている. ***at* ～** (1) 賭けられて. (2) 問題になって; あぶなくなって. ***play for high* ～*s*** 大きく一かばちかの勝負に出る.
—— *vt.* **1** <生命・金などを> 賭ける《に *on*》. **2** 危険にさらす. **3**〘話〙に与える《を *to*》: He ～*d* me *to* a good meal. 彼はうまいごちそうを食べさせてくれた.
∠·hòld·er 賭金を預かる人. **～ horse** 懸賞競馬に出場する馬. **～ race** 懸賞競馬.
stáke·out [stéikàut] *n.*〘米俗〙《警察の》監視.
Sta·khá·no·vism [stək(h)ά:nəvìz(ə)m] *n.* スタハノフ制度《ソ連の生産増強制度》.
Sta·khá·no·vite [stək(h)ά:nəvàit] *a.* スタハノフ制度の. **——** *n.* スタハノフ制度成績優秀労働者.
sta·lác·tite [stəlǽktait/stǽləktait] *n.*〘鉱〙ショウ乳石. ◇ **sta·lác·tic, sta·lác·ti·form** [stəlǽktifɔ̀:rm], **stàl·ac·tít·ic** [stæləktítik] *a.* ショウ乳石 (状)の.
sta·lág·mite [stəlǽgmait/stǽləg-] *n.*〘鉱〙石筍(せきじゅん).
◇ **stàl·ag·mít·ic** [stæləgmítik] *a.* 石筍 (状) の.
‡stale¹ [steil] *a.* **1**《食物など》古くさい, 新鮮でない, 腐りかけた; 《酒など》気の抜けた: ～ bread. **2** 新鮮みのない, 使い古した: ～ jokes 陳腐なしゃれ. **3**《空気の》かび臭い. **4**《練習し過ぎて》疲れた, 生気のない. **——** *vt., vi.* 気抜けさせる〔する〕; つまらなくする.
◇ **∠·ly** *ad.* **∠·ness** *n.*
stale² *n.*《牛・馬の》尿. **——** *vi.* <牛・馬が> 放尿する.
stále·màte [stéilmèit/∠∠] *n.*〘チェス〙手詰まり; 《一般的》行き詰まり. **——** *vt.* 手詰まりにさせる; 行き詰まらせる.
Stá·lin [stά:lin] *n.* Joseph ～, 1879–1953, ソ連の指導者. ◇ **～·ism** *n.* スターリン主義. **～·ist** *n., a.* スターリン主義者 (の). **～·ite** [-àit] *n., a.* スターリン支持者 (の).
‡stalk¹ [stɔ:k] *n.* **1**〘植〙茎, 軸, 柄;〘動〙茎状部. **2** 細長いささえ; 酒杯の細い柄; 《工場の》高い煙突;〘建〙茎状飾り.
‡stalk² *vi.* **1** 大またに歩く, ゆっくりと〔のしのしと〕歩く, 闊歩(かっぽ)する. **2** <疫病などが> 蔓延(まんえん)する, 広がる. **3** こっそりと追跡する. **——** *vt.* <敵・獲物に> こっそりと近づく: ～ a rabbit. **～*ing-horse*** 忍び馬《猟者が獲物に近寄るときに身を隠す馬または馬形の物》; 口実; 擬装.
—— *n.* **1** 大またに歩くこと. **2** 追跡, 忍び寄ること.
◇ **∠·er** *n.* ～する人; 密猟者.
stálk·y [stɔ́:ki, stɔ́:lki] *a.* 柄のような, 柄のある; 細長い. ◇ **-i·ly** *ad.* **-i·ness** *n.*
‡stall [stɔ:l] *n.* **1** 畜舎, 馬屋〔牛舎〕の一仕切り. **2**〘英〙売店 (stand), 屋台店, 露店; (商品) 陳列台: a flower-～ 花売り場. **3** (*pl.*) 聖職者席, 聖歌隊席. **4**〘英〙《劇場の》1階正面一等席. **5**〘鉱山〙採炭場, 切羽(きりは);〘冶〙焙焼(ばいしょう)室. **6**〘空〙失速. **7** 指サック (= fingerstall). **8**〘話〙口実, ごまかし. **9**《どろぼうなどの》相棒.
—— *vt.* **1** <牛・馬を> 畜舎に入れる《太らせるために》. **2**〘米〙立ち往生させる; <馬・馬車を> どろ〔雪〕の中にはまらせる. **3**〘空〙失速させる. **4** 阻止する: ～ the vote 投票を阻止する. **——** *vi.* **1** 畜舎に住む. **2** 立ち往生する. **3** どろ〔雪〕にはまる. **4**〘空〙失速する. **5** <エンジンなどが> 止まる. **6**〘俗〙言い抜ける《*off*》. **～ *for time*** 引き延ばし戦術をとる, 時間をかせぐ.
∠·fed [∠∠] 畜舎で太らされた. **∠·feed** [∠∠] (**∠·fed** [-fèd]) <家畜を> 畜舎で飼って太らせる.
◇ **∠·age** [-idʒ] *n.*〘英〙売店の敷地〔地代, 権利〕.
stál·lion [stǽljən] *n.* 種馬.
***stál·wart** [stɔ́:lwərt] *a.* **1** がっしりした, がんじょうな. **2** 勇敢な, 英雄的な. **3** 不屈な, がん強な; 愛党心の強い. **——** *n.* がん強な人; 忠実な党員.
◇ **～·ly** *ad.* **～·ness** *n.*
stá·men [stéimən/-men] *n.* (*pl.* **～s, stám·i·na** [stǽmi̧nə])〘植〙雄ずい, おしべ.
stám·i·na¹ [stǽmi̧nə] *n.* stamen の複数形.
stám·i·na² *n.* 精力, 元気, スタミナ.
stám·i·nal [-n(ə)l] *a.* **1** 雄ずいの. [<stamen] **2**

精力をつける《食物など》. [<stamina[2]]

stám·i·nate [stǽmịnit, [米]+ -nèit] *a.* 〖植〗雄ずいのある.

‡**stám·mer** [stǽmər] *vi., vt.* **どもる**, どもりながら言う《*out*》. —— *n.* どもり.
◇ ～·**er** [-mərər] *n.* どもる人.

†**stamp** [stæmp] *n.* **1** スタンプ, 印《ゴム印など》, 消印《ただし郵便切手に押された「消印」は postmark》: a rubber ～. **2** 印紙, 切手 (= postage ～); 収入印紙 (= revenue ～): cancel a ～ 切手に消印を押す. a trading ～〖米〗景品券. **3** 打ち出し機, 圧断機,〖鉱山〗搗鉱(とうこう)機. **4** 押し型, 刻印. **5** 特徴, 性質: bear the ～ of …の特徴がある. **6** (通例 *sing.*) 種類. **7** 足踏み, じだんだ; 足を踏む音. ***of the same ～*** 同種類の. ***put to ～*** 印刷にする.
—— *vt.* **1** に**印紙をはる**, に切手をはる: ～ a letter. **2** に**捺印(なついん)する**, に刻印する; に押す《を *with*》: ～ a document *with* a seal 書類に捺印する. Age ～*ed* him *with* lines. 年老いて彼の顔にはしわが刻まれた. **3** 捺印〔刻印〕する: ～ 'paid' on a bill 計算書に「支払い済み」の判を押す. Cruelty was ～*ed* on his face. 残忍性が彼の顔に刻まれていた. **4** に型を押す, に模様をつける: ～*ed* leather 模様を型押しした皮. **5** に特徴をつける, の本性を示す: That ～*s* him. それで彼の人柄がわかる. His manners ～ him (as) a gentleman. 態度を見れば彼はまさしく紳士だ. **6** に品質証明の印を押す: ～ a person's reputation 人の名声を裏書きする. **7** 型で打ち抜く《*out*》. **8** 〈足を〉**踏みつける**, 踏み鳴らす: ～ one's foot with vexation じだんだを踏んでくやしがる. **9** 踏む, 踏み歩く: the watch officer ～*ing* the deck 甲板を踏み歩く当直士官. **10** (足の下に) 踏みつける; 踏み砕く〔消す〕《*out*》: ～ *out* a cigarette たばこの火を踏み消す. **11** 打ち砕く, 押しつぶす: ～ one's hat flat 帽子をぺちゃんこに踏みつぶす. **12** 〈反乱などを〉押しつぶす, 根絶する《*out*》.
—— *vi.* **1** 足を踏み鳴らす, じだんだを踏む. **2** 〈力士が〉しこを踏む: ～ one's feet. ***～ down*** 踏みにじる. ***～ing ground*** 〖話〗動物〔人々〕の寄り集まる所. ***～ on*** 拒絶する.
S～ Act, the 〖史〗印紙条令《特に1765年イギリスがアメリカ植民地に課した》. **～ album** 切手アルバム. **～ collection** 〔**collector**〕 切手収集〔収集家〕. **～ duty** 印紙税.
◇ ～·**er** *n.* スタンプを押す人; 押印器; きね (pestle); (*pl.*) 〖俗〗足, くつ.

stam·péde [stæmpíːd] *n.* **1** 《家畜の群れなどが》驚いて先を争って逃げ出すこと. **2** 大敗走, 《軍勢の》総くずれ. **3** 〖米〗殺到.
—— *vi., vt.* **1** どっと逃げ出す〔出させる〕, われがちに逃げ出す. **2** 〖米〗(に) 殺到する: They ～*d* to newly discovered gold fields. 彼らは新しく発見された金鉱へ殺到した.

stance [stæns] *n.* **1** 〖運〗《ゴルフ・野球などで》打球の足の構え, スタンス. **2** 姿勢, 立場. [√sta-]

*__stanch__[1] [stæntʃ/stɑːntʃ] *vt.* **1** 〈血などを〉**止める**; 〈傷などを〉血止めする. **2** 〖古〗和らげる, 押える; 消す. —— *vi.* 血が止まる.

*__stanch__[2] [stɑːntʃ] *a.* = staunch[2].

stán·chion [stǽnʃ(ə)n, -tʃ(ə)n/stɑ́ːnʃ(ə)n] *n.* 支柱, 仕切り棒. —— *vt.* 〈家畜などを〉仕切り棒につなぐ; 柱でささえる.

†**stand** [stænd] *v.* (**stood** [stud]) *vi.* **1 立っている**, 立ち続ける: Don't ～ if you are tired, but sit down. 疲れているなら立っていないですわりなさい. *S～* still! そのままじっと立っていろ. A tall tree ～*s* on the riverside. 高い木が川べりに立っている. an umbrella ～*ing* against the wall 壁に立てかけてあるかさ.
2 立ち上がる, 立つ, 起立する: Everyone *stood* as the chairman entered. 議長がはいってくると皆が立ち上がった. The children *stood* to salute the flag. 子どもたちは国旗に敬礼するために起立した. He thought that his hair *stood* on end with terror. 彼は恐怖で自分の毛がさかだつかと思った.
3 立ち止まる, 動かない, そのままでいる〔ある〕: *S～* and be identified. 立ち止まって名のれ. Let the mixture ～ for two hours. 混合液を2時間そのままにしておきなさい.
4 位置する, 《…に》位する, 《…に》ある, 《…に》立つ: London ～*s* on the Thames. ロンドンはテムズ河畔にある. The bicycle *stood* in the basement all the winter. 自転車はひと冬ずっと地下室に置き放しだった. *S～* aside! わきにいろ. *S～* back! さがれ. Don't ～ in my light. 暗くなるからどいてくれ.
5 《補語・副詞(句)とともに》…**である**, …の関係〔状態, 立場〕にある: The boy ～*s* first in the class. この少年は組でいちばんできる. He ～*s* innocent of any wrong. 彼はなんらやましいところはない. I shall ～ (as) sponsor for you with pleasure. 喜んであなたの後援者になりましょう. The poor man ～*s* in need of food and clothing. その貧乏人は衣食に困っている. I do not ～ to him in any particular relation. ぼくは彼と特別な関係はない.
6 高さが…ある, 度合い〔温度, 値段など〕が…である: He ～*s* six feet in his socks. くつを脱いで6フィートある. The thermometer ～*s* at zero. 温度計は0°を示している. The price of pearls ～*s* a little higher than last month. 真珠の値段が先月より少し上がっている. The water ～*s* ten feet at the sluice. 水門で水かさは10フィートある.
7 保つ, 持久する; 有効である: The old building ～*s* up well. あの古い建物はよくもっている. The clothes will ～ another year. この着物はもう1年もつだろう. The rule against lateness will ～. 遅刻を罰する規則は変わらないだろう. The agreement ～*s* as signed. 協定は調印時のまま依然有効である.
8 〈水などが〉停滞している, 流れない, たまっている: ～*ing* water たまり水. The sweat ～*s* on his forehead. 汗が彼の額ににじみ出ている. Tears *stood* in her eyes. 彼女の目に涙がたまっていた.
9 〖海〗〈船が〉ある方向へ進む, 直航する: The ship *stood* out to sea. 船は外洋へ進路をとった.
10 〈猟犬が〉獲物をおしえる.
11 〖英〗立候補する: ～ *for* Parliament 国会議員候補に立つ.
—— *vt.* **1 立てる**, 立たせる, 立てかける: *S～* the box here. ここに箱を立てろ. They *stood* planks against the wall. 彼らは板をへいに立てかけた. **2** に耐える, がまんする, しんぼうする; 経験する, の試練を経る, 経験する; 〈使用に〉耐える: Astronauts are trained so as to be able to ～ the long, monotonous hours while tripping to the moon. 宇宙飛行士は月に旅する間の長いたいくつな時間に耐えられるように訓練される. I cannot ～ rock and roll. ロックンロールにはがまんならない. She won't ～ any nonsense. 彼女はばからしいことはがまんできまい. ～ trial 裁判を受ける. cloth that will ～ wear すり切れにくい布. **3** に立ち向かう, に抵抗する: ～ an enemy 敵に立ち向かう. ～ an assault 攻撃に立ち向かう. **4** 固守する, 固執する: *S～* your ground. Don't retreat. 立場を固守しろ, 引きさがるな. **5** おごる, におごる: I'll ～ you a round of drinks. 諸君に飲みものをおごろう. I'll ～ you (*to*) a dinner. 食事をおごってやろう. **6** 〈当番・義務などを〉つとめる: ～ watch aboard ship 船上の見張りに立つ.
as things ～ 現状では. ***～ a chance*** 〔***show***〕 機会がある, 有望である: His survival ～*s a* fair *chance*. 彼が生き延びる見込みは十分にある. ***～ against*** に抵抗する, に立ち向かう. ***～ alone*** 孤立す

る; 目だつ. ***S～ and deliver!*** 有り金残らず置いて行け《追いはぎのおどし文句》. **～ *at*** をためらう. **～ *at ease*** 休めの姿勢をとる. **～ *away*** 離れている, 近寄らない. **～ *by*** (1) そばにいる, 傍観する. →bystander 傍観者. (2) (を)支援する, (を)援助する: Don't be so afraid. I'll ～ *by* you. そんなに恐れることはない. ぼくがついている. (3) <約束など> を守る: ～ *by* an agreement 協約を守る. (4) そのまま待つ, スイッチを切らないで待つ. (5)〘海〙《命令形で》用意! **～ *clear of*** から遠ざかる, を避けている. **～ *corrected*** 訂正を承認する: I ～ *corrected*. ご訂正のとおりです. **～ *down*** 証人台からひく; 非番になる; 手をひく. ***S～ easy!*** 《号令》休め! **～ *for*** (1) を表象する: White ～*s for* purity. 白は清浄をあらわす. √ ～*s for* square root. √ は平方根をあらわしている. (2) に賛成する, に味方する: I ～ *for* Free Trade. 私は貿易の自由化に賛成だ. (3) …のために戦う: The Americans *stood for* liberty. アメリカ人たちは自由のために立ち上がった. **～ one's *friend*** 友人を助ける. **～ a person's *friend*** (ある人)の友人である. **～ *from under*** の下から立ち上がる;〘米俗〙<危難> から免れる. **～ *good*** 有効である; ちゃんとしている. **～ *in*** (1) に参加する, に加勢する. (2) 金がかかる: It *stood* me *in* a lot of money. それにはずいぶん金がかかった. (3) 代役をする: She once *stood in for* the prima donna. 彼女は一度主役歌手の代役をやった. (4) 着ている: ～ *in* a shabby sweater すり切れたセーターを着ている. **～ a person *in good stead*** 必要に際して(人の)役に立つ: Savings will ～ you *in good stead*. 貯金はいざというとき役に立つだろう. **～ *in with*** (1) に味方する; と一致する, を支援する: I always ～ *in with* the Labour Party. ぼくは常に労働党を支持する. (2) と分け合う: Nobody *stood in with* me in distress. だれも私と苦悩を分け合ってくれなかった. **～ *off*** (1) 避けている, 遠ざかる. (2) を遠ざける, を敬遠する;〘英〙を一時解雇する: The company *stood off* extra workers. 会社は臨時工員を一時解雇した. (3)〘海〙沖に向かって航行する. **～ *on*** (1) に基づく, の上に立つ: This plan ～*s on* a hypothesis. この計画は仮定に基づいている. (2) に固執する, …にやかましい: ～ *on* etiquette 礼儀にやかましい. **～ *on* one's *head*** さかだちをする; <言語・行動が> 風変わりである. **～ *out*** (1) あくまで抵抗する, がんばる. (2) 突き出る; 目だつ: Yellow ～*s out* seen from a distance. 遠くから見ると黄色は目だつ. (3) 外に立つ, 介入しない: ～ *out* of a quarrel けんかにはいらない. **～ *over*** (1) 延期する; 延期になる, 持ち越す. (2) を監督する, に立ち会う. **～ *pat*** 〘トランプ〙《ポーカーで》配られたままの札でやる;〘米〙《政策・方針など》現状維持を固執する. **～ *to*** (1) <条件・約束・自説など> を固執する: ～ *to* one's colors 自説〔立場〕を固執する. He *stood to* it that he had not seen it. それを見なかったと彼は言い張った. (2) 待機の姿勢をとる. **～ *to lose* 〔*win*〕** 負け〔勝ち〕そうな形勢にある. **～ *to reason*** 理屈に合う, 道理にかなう: It ～*s to reason* that … …であることは道理に合っている. **～ *under*** に耐える, を忍ぶ. **～ *up*** (1) 立ち上がる, 起立する. (2) 持続する, もつ, 減らない. (3) 目だつ. (4) に待ちぼうけをくわせる: They *stood* him *up* more than an hour. 彼らは1時間以上も彼を待たせた. **～ *up for*** に荷担する, を擁護する. **～ *up to*** に(勇ましく)立ち向かう. **～ *up with*** とダンスに立つ. **～ *well with*** と仲がよい, に評判がよい: The congressman ～*s well with* his constituency. この国会議員は彼の選挙民に受けがよい.

—— *n.* **1** 立つこと, 起立. **2** 静止, 停止. **3** 位置, 場所. **4** 立場, 態度, 心の構え. **5** 抵抗, 反抗, 防御. **6** スタンド, 観客席, さじき: a band ～ 野外音楽堂. **7** 屋台店, 露店, 売店: a news ～ 新聞売り場. **8** 陳列台; 台, 台座, …立て, …置き; とまり木: a music ～ 楽譜台. an umbrella ～ かさ立て. **9** 停留場, 駐車場: a bus ～ バス停留場. a taxicab ～ タクシー乗り場. **10** 証人台: take the ～ 証人台に立つ. **11** 立ち木, 樹木: the huge ～*s* in the forested area 森林地帯の巨大な樹木. **12** 有望な畑の作物《刈り取られる前の状態》: a good ～ of wheat 畑の小麦のよいでき. **13** 商売の場所, 店の所在地, 営業環境; 巡業地, 興行地: a good ～ for a coffee shop 喫茶店にかっこうの場所. **14**〘米〙席次, 成績. **15** 一そろい, 一組み. ***be at a ～*** 行き詰まっている, 途方にくれている. ***bring to a ～*** 立ち止まらせる, 行き詰まらせる. ***come to a ～*** 立ち止まる; 行き詰まる. ***high ～*** 優等. ***make a ～*** (1) 立ち止まる《に *at*》. (2) 戦う《のために *for*》; 抵抗する《に *against*》. ***take* one's *～*** (1) 身をおく: He *took his* ～ near the door. 彼はドアの近くに身をおいた. (2) 立場をとる: You have to *take your* firm ～ *on* the point at issue. 現在の論争点に確固たる立場をとらなければならない.

〈注〉 stand の合成語はそれぞれ別項.

[類] → **bear**「がまんする」

‡stand·ard [stǽndərd] *n.* **1** (しばしば *pl.*) 標準, 規格, 規範: below ～ 標準以下で. selection ～*s* 選択基準. the ～ of living 生活水準. **2**〘造幣〙本位; 金位《純金・純銀との割合》: the gold ～ 金本位制. **3** 度量衡の原器. **4** 等級;〘英〙学年, 級. **5**〘米話〙《ジャズの》スタンダードナンバー. **6** 旗, 軍旗; 騎兵連隊旗; 旗じるし, 記章, 象徴. **7** 支柱, 電柱; ランプ台, 燭台(しょくだい); 杯の足. **8** 高コップ, 大杯. **9** 立ち木, 自然木. **10**〘園芸〙台木, 元木. ***under the ～ of*** の旗じるしのもとで. ***up to the ～*** 合格して.

—— *a.* **1** 標準の, 模範的: ～ weights and measures 標準度量衡. **2** 第一流の, すぐれた, 優秀な. **3**《作家など》権威ある: ～ authors 標準作家. **4** 立っている, まっすぐな; 自然木の: ～ fruit trees 野生果樹. **5**《ランプなど》台付きの. [stand ともともとは同語源. 「直立位置〔姿勢〕」]

～ bearer 〘軍〙旗手;《政党などの》主唱者, 指導者. **～ bread** 〘英〙標準パン. **～ English** 標準英語. **～ lamp** 〘英〙《高さをかげんできる》スタンドランプ. **～ money** 本位貨幣. **～ time** 《一国または一地方の》標準時.

[類義語] **基準: standard** 理想的な標準, 基準として是認されたもの: She is the *standard* of good breeding. 彼女は育ちのよいお嬢さんの典型だ. **criterion** 判断の基準になるもの: Wealth is no *criterion* of a man's worth. 富は男の価値を判定する基準にはならない. **rule** 行動の基準, 規則.

stand·ard·ize [stǽndərdàiz] *vt.* **1** 標準〔規格〕化する, 標準〔規格〕に合わせる. **2**〘化〙標準によって試験する. **～ *itself*** 標準化する, 標準となる.

◇ **stànd·ard·i·zá·tion** [stændərdịzéiʃ(ə)n, -daiz-] *n.* 標準化; 規格統一.

stánd-by [stǽn(d)bài] *n.* (*pl.* **～s**) **1** 控え, たよりになる人〔物〕; 賛成者, 味方. **2**〘海〙《機関停止などの》用意; 救急用の船. **3** 待機信号;〘電〙受信調整をもとのままにして通信を待つこと. **4**《ラジオ・テレビの予定番組取り消し時の》時間ふさぎ番組.

—— *a.* 予備の,《いつでも使えるように》用意させてある.

stand·ée [stændíː] *n.*〘米話〙《芝居などの》立ち見客;《列車などで座席がなく》立っている乗客.

stánd·er-bý [stǽndərbái] *n.* (*pl.* **stánd·ers-bý**) 見物人; 傍観者, 居合わせた人.

stánd·fast [stǽn(d)fæst/-fɑːst] *n.* 正しい〔しっかりした〕位置.

stánd-ìn [stǽndìn/-ín] *n.* **1**〘米〙スタンドイン《映画撮影中スターの代役をする人》, 替え玉. **2**〘話〙引き, 手づる; ひいき《*with*》. **3**〘話〙有力な地位.

stánd·ing [stǽndiŋ] *a.* **1** 立っている, 立ったままの,

立って行なう;《麦などが》刈ってない: ～ audience 立ったままの観客. a ～ broad jump 立ち幅とび. a ～ vote 起立採決. ～ timber 立ち木. **2** 立ち止まった, 動いていない,《水が》流れていない, よどんだ: a ～ engine〔factory〕停止したエンジン〔工場〕. A lake is a body of ～ water. 湖とは流れない水の一体である. ↔running. **3** いつまでもそのままの, おきまりの, 固定した;《色が》あせない,《活字が》組み置きの: a ～ problem 長年未解決の問題. You have my ～ invitation. いつでもお出かけください. a ～ dish きまった料理. **4** 常備の, 常設の, 備え付けの: a ～ committee 常任委員.

—— *n.* **1** 起立. **2** 持続, 存続. **3** 立場, 地位, 身分, 名声: a man of (high) ～ 高い地位の人. ***of long*** ～ 永続的な: a feud *of long* ～ between two countries 2国間の長い反目.

～ **army** 常備軍. ～ **orders**《議会の》議事規程;〖軍〗軍隊内務令. ～ **room** 立つだけの余地;《劇場などの》立ち見席,《乗り物の》立席. ～ **wave**〖物〗定常波.

stán·dish [stǽndiʃ] *n.* 〖古〗インクつぼ.

stánd-off [stǽndɔ̀:f/-ɔf] *a.* よそよそしい. —— *n.* **1** 離れていること. **2** 遠慮, よそよそしさ; 冷淡. **3**《試合の》引き分け, 無勝負. **4** 相殺(物); 埋め合わせ.

stand-óff·ish [stændɔ́:fiʃ/stændɔ́f-] *a.* よそよそしい, つんとした. ◇ ～**·ly** *ad.* ～**·ness** *n.*

stánd·out [stǽndàut] *n.* 〖米〗**1** 皆の意見に加わらない人, 自説をまげない人. **2** すばらしい〔きわだった〕人〔物〕. —— *a.* きわだった.

stánd·pat [stǽn(d)pæ̀t] *a.* 〖米話〗現状維持を主張する, 保守的な, がんこな.
◇ ～**·ter** *n.* 現状維持者; がんこな人.

stánd·pipe [-pàip] *n.* 貯水〔給水〕塔.

‡**stánd·point** [stǽn(d)pɔ̀int] *n.* 立場, 見地, 観点: consider the matter from a commercial ～ 問題を商業的見地から考えてみる. ***from the*** ～ ***of*** の見地〔立場〕から(は).

stánd·still** [stǽn(d)stil] *n.* 行き詰まり, 停止. ***at a ～ 行き詰まっている. ***come*** 〔***be brought***〕 ***to a*** ～ 止まる; 行き詰まる.

stánd-up [stǽndʌ̀p] *a.* **1** 立っている, 直立の. **2**《食事など》立ちながらの;《食堂など》立食(用)の. **3**《戦いなど》正々堂々とした. **4**《喜劇役者が》独白をする, 単独演技中の.

stán·hope [stǽnhoup, stǽnəp/-nəp] *n.* 1人乗りほろなし2輪〔4輪〕軽馬車.

Stàn·i·sláv·ski [stæ̀nislá:vski] *n.* Konstantin [kɑnstɑ:ntí:n-/kɔn-] ～, 1863–1934, ロシアの俳優・演出家《彼の演出法は ～ Method〔System〕の名で世界的に有名》.

stank [stæŋk] *v.* stink の過去形.

Stán·ley [stǽnli] *n.* Sir Henry M. ～, 1841–1904, イギリスのアフリカ探検家.

stán·na·ry [stǽnəri] *n.* スズ鉱山;〖英〗スズ鉱業地. —— *a.* スズ鉱(山)の.

stán·nic [stǽnik] *a.* 〖化〗スズの; 第二スズの.

stán·num [stǽnəm] *n.* 〖化〗スズ《金属元素. 記号 Sn》.
◇ **-nate** [stǽneit] *n.* 〖化〗スズ酸塩. **-nous** [stǽnəs] *a.* 〖化〗スズの, スズを含む; 第一スズの.

St. Anthony's fire *n.* 〖医〗丹毒.

stán·za [stǽnzə] *n.* 〖韻〗《詩の》連, 詩節, スタンザ《通例4行以上の詩句》.

stá·pes [stéipi:z] *n.* 〖医〗《中耳の中の》あぶみ骨.

stàph·y·lo·cóc·cus [stæ̀filəkɑ́kəs/-kɔ́k-] *n.* (*pl.* **-ci** [-kɑ́ksai/-kɔ́ksai])〖細菌〗ブドウ(状)球菌.
◇ **-cal** [-kɑ́k(ə)l/-kɔ́k-], **-cic** [-kɑ́ksik/-kɔ́k-] *a.*

stá·ple[1] [stéipl] *n.* **1**《一定地域の》主要産物, 重要商品. **2** 主要素〔成分〕: the ～ of diet 主食物. **3**《話の》主題, 要項. **4** 原料《*for*》. **5** 繊維の品等; 標準の長さ.

—— *a.* 主要な, 重要な: ～ industries 根幹産業.
—— *vt.* 分類する《繊維の長さによって》.
～ **fiber** 人造繊維, スフ. ～ **food** 主食.

stá·ple[2] *n.* **1** ホチキスの針《製本・書類とじに用いるU字形の留め金》. **2** U字形のかすがい;《輪形の》つぼくぎ, ひじつぼ;《配線用の》「ステップル」.
—— *vt.* ～でとじる〔とめる〕.

stá·pler [stéiplər] *n.* **1** ホチキス, 紙とじ器. **2** 羊毛分類者; 羊毛商. **3** 主要物産商.

†**star** [stɑ:r] *n.* **1** 星; 恒星(=fixed ～): a falling ～ 流れ星. → planet. **2** 星形の物,〖印〗星印《*》. **3** 星章, 勲章. **4**《占星で》運星;(しばしば *pl.*) 運勢, 運回り: be born under a lucky ～ 幸運の星のもとに生まれる. **5** スター, 花形, 千両役者, 人気者. **6**《形容詞的に》星の; スターの, 花形の; すぐれた: a ～ athlete 花形運動選手. ***curse* one's ～*s*** 運命をのろう. ***see* ～*s*** 〖話〗目から火がでる. ***thank* one's ～*s*** 運命に感謝する. ***the evening*** ～ 宵(よい)の明星 (Venus). ***the polar*** 〔***north***〕 ～ 北極星. ***the*** ～ ***of Bethlehem***《キリスト降誕の際にあらわれた》ベツレヘムの星. ***the*** ～ ***of day*** 太陽. ***the S～s and Bars*** 旧アメリカ国旗. ***the S～s and Stripes*** 星条旗《アメリカ国旗》. ***trust* one's** ～ 成功を信ずる.

—— *v.* (**-rr-**) *vt.* **1** 星で飾る, に星をちりばめる; に星印をつける. **2** ちりばめる《で *with*》. **3** 主役にする.
—— *vi.* **1** 主演する. **2** 〈自分の番がなくなった人が〉金を出して突き番を買う《玉突きなどで》. ～ ***it*** 主演する.

S～ Chamber〖英史〗星法院《1614年に廃止された. 不公平で名高い民事法院》. ～ **dust,** ～**·dust** [ˊ-ˋ] (1) 星くず, 宇宙塵(じん)《微細な星の集団》. (2)〖米話〗《あどけない, うっとりする》魅力. ～**·fish** [ˊ-ˋ]〖動〗ヒトデ. ～**·gaze** [ˊ-ˋ] *vi.* 星をながめる; 空想にふける. ～**·gàz·er** (1) 星をながめる人; 占星家;〖笑〗天文学者. (2) 夢想家. (3) 首を高く上げ過ぎる馬. ～**·light** [ˊ-ˋ] (1) 星の光, 星明かり. (2) 星明かりの, 星月夜の. ～**·lit** [ˊ-ˋ] 星明かりの. ～ **sapphire** 星形サファイア. ～**·spàn·gled** 星をちりばめた. **S～-Spangled Banner, the** 星条旗《アメリカ国旗》; アメリカ国歌.
◇ ～**·dom** *n.* 〖米〗スターの地位〔身分〕;《集合的》スター連. ～**·let** *n.* 小さな星;〖米話〗《売り出そうとしている》若手映画女優. ～**·like** *a.* 星のような, 星状の; 星のように明るい.

stár·board [stɑ́:rbɔ̀:rd/-bəd, -bɔ:d] *n.* 右舷(げん)《船首に向かって右側》. —— *a.* 右舷の.
—— *vt.*《船の》進路を右にとる: *S～!*《号令》おもかじ! →Port! [steer+board の意. もと船の外輪は右舷にあった]

starch [stɑ:rtʃ] *n.* **1** でんぷん; のり. **2** (*pl.*) でんぷん質の食物. **3**《形式ばった》堅苦しさ, ぎごちなさ. **4**〖米俗〗精力, 元気. —— *vt.* **1** 〈衣類などに〉のりをつける. **2** 堅苦しくする. —— *a.* 堅苦しい.

stárch·y [stɑ́:rtʃi] *a.* **1** でんぷんの(ような); のり状の; のりをつけた. **2** 堅苦しい. ◇ **-i·ly** *ad.* **-i·ness** *n.*

‡**stare** [stɛər] *vt.* **1** 見つめる, じっと見る, 凝視する: ～ a person up and down 人をじろじろ見上げ見おろす. **2** にらみつけて…させる: ～ a person dumb 人をにらみつけて黙らせる. —— *vi.* **1** じっと目をそそぐ, にらむ《に, を *at, upon*》. **2** 目を丸くする; 〈目が〉大きく見開かれる: with *staring* eyes 目を見張って. **3** 〈色が〉けばけばしく目だつ. **4** 〈毛が〉さかだつ. ～ a person ***down*** 〔***out of countenance***〕 じろじろ見てきまり悪がらせる. ～ a person ***in the face*** (人の) 顔をじろじろ見る; 目の前に迫る.
—— *n.* 凝視, じっと見ること. 類 → **see**「見る」

stár·ing [stɛ́(:)riŋ/stɛ́ər-] *a.* **1** じっと見つめる, にらみつける. **2**《色合いなどの》けばけばしい, 目だつ. **3**《髪などの》さかだった. ◇ ～**·ly** *ad.*

stark [stɑ:rk] *a.* **1** こわばった, 硬直した. **2** 輪郭

のはっきりした, くっきりした. **3** 飾りけのない, じみな, きびしい. **4** 寂しい, 荒涼たる. **5** 純然たる, 全くの: ～ madness ほんものの狂気. **6**〘雅〙強い, しっかりした. ***～ and stiff*** 硬直した; 硬直して.

—— *ad.* 全く, 全然. **～·nák·ed** すっ裸の.

stár·less [stá:rlis] *a.* 星の出ていない, 星明かりのない. ◇ **～·ly** *ad.* **～·ness** *n.*

stár·ling[1] [stá:rliŋ] *n.* 〘鳥〙ムクドリ.

stár·ling[2] *n.* 〘土木〙〘橋脚の〙水切りくい.

starred [stɑ:rd] *a.* **1** 星をちりばめた; 星章で飾った; 星印のある. **2**〘言〙星印つきの《再構成による想定の》. **3** 運星に左右された; …の星回りの. **4** スターとして売り出した.

***stár·ry** [stá:ri] *a.* **1** 星の. **2** 星状の; 星のように輝く. **3** 星の多い, 星月夜の.

～-éyed *a.*〘話〙夢想〔空想〕的な, 非実際的な, 空想的な. ◇ **-ri·ly** *ad.* **-ri·ness** *n.*

†**start** [stɑ:rt] *vi.* **1** 出発する; 始める, 着手する《を, に *on, with*》: ～ *on* a new business enterprise 新事業を始める. **2** 始まる; 動き出す; 突然あらわれる: Tears ～*ed* from her eyes. 涙が彼女の目からわき出た. **3**〈火事などが〉生じる, 起こる. **4** 飛び出す, 飛びのく《*away, aside*》; 〈眼球などが〉飛び出す, 突出する. **5**《驚き・恐れなどで》はっとする, びっくりする, ぎくっとする: The sound made me ～. その音でぼくはぎくりとした. **6**〈船材・くぎなどが〉ゆるむ, 曲がる, はずれる: The planks have ～*ed*. 板がそってしまった.

—— *vt.* **1** 出発させる; 旅行に行かせる; 《人生行路などに》送り出す: The book ～*ed* him on the road to be a popular writer. この一冊の本で彼は流行作家の道を歩み始めた. **2** 始めさせる: He ～*ed* me in business. 私は彼の助力を得て商売を始めた. This news ～*ed* me think*ing*. このニュースに接して考え始めた. **3**〈仕事などを〉始める: ～ work. **4** …し始める《(do)*ing*; 〘話〙*to* (do)》: ～ cry*ing* 泣きだす. **5** 始動する; 〈機械を〉運転する; 〈事業などを〉起こす, に着手する. **6**〈獲物を〉飛び立たせる, かり出す. **7** びっくりさせる, ぎくりとさせる. **8** 言い出す, 〈苦情などを〉持ち出す. **9** 先に立ってする, 先導する, 主唱する. **10**〈火事などを〉起こす. **11**〈酒などを〉たるからつぎ出す; 〈たるなどを〉からにする. **12**〈船材・くぎなどを〉曲がらせる, ゆるませる.

～ after を追う. ***～ against*** の対立候補として立つ. ***～ back*** 飛びのく; しりごみする. ***～ for*** に向かって出発する; の候補に立つ. ***～ in*** 始める. ***～ off*** 出発する. ***～ off with*** …から始める. ***～ out*** 出発する; 取りかかる; 乗り出す《*to* (do)》. ***～ up*** (1) はっとして立ち上がる, はっとする. (2) 急にあらわれる; 〈植物が〉急に生長する. (3)〈考えが〉心に浮かぶ. (4) 始める《を *on*》. (5)〈自動車などを〉動き出させる. ***～ with*** …から始める; まず第一に…する. ***to ～ with*** まず第一に (to begin with).

—— *n.* **1** 出発; スタート; 出発点; 出発の合い図: a ～ in life 人生の門出. **2** 飛び上がり; はっとすること, びっくり: with a ～ びくっとして. **3** 始動; 《事業などの》開始, 着手: make a fresh ～ 新規まき直しをする. **4** 先発(権); 機先, 有利(な位置); 《競走で》出足: He got the ～ of his rivals. 彼は相手の機先を制した. I gave her seven meters' ～. 私は彼女を 7 m 先に出した. **5** (*pl.*) 発作. ***at the ～*** 初めは. ***from ～ to finish*** 徹頭徹尾. ***get a ～*** はっとする. ***get the ～ of*** の機先を制する. ***give*** a person ***a ～ in life*** (人を) 世の中に出してやる. ***make a good ～*** 出足がよい.

〔類〕 → **begin**「始める」

stárt·er [stá:rtər] *n.* **1** 最初に動作する人; 競走に出る人〔馬〕. **2**《競走などの》スタート係; 《汽車などの》発車係. **3**〘機〙《発動機の》始動機. **4**〘俗〙原因. ***as*** 〔***for***〕 ***a ～*** 手始めに.

stárt·ing [stá:rtiŋ] *n.* 出発; 開始.

～ block 《特に短距離競走の》スタート台. **～ gate** 〘競馬〙スターティングゲート《出発点のさく》. **～ point** 出発点, 起点. **～ post**〘競馬などの〙出発標. **～ rail**〘空〙滑走軌道. **～ salary** 初任給.

‡**stár·tle** [stá:rtl] *vi.* はっと驚く; 飛び上がる.

—— *vt.* びっくりさせる; 飛び上がらせる: be ～*d* out of sleep はっと目をさます. ***be ～d at*** …にはっと驚く. **——** *n.* 驚き, はっとすること.

◇ **～r** [-ər] *n.* 〘話〙驚かす人; 驚くべき事件〔陳述〕.

stár·tling [stá:rtliŋ] *a.* びっくりさせる, はっと驚かすような. ◇ **～·ly** *ad.*

***star·vá·tion** [stɑ:rvéiʃ(ə)n] *n.* 飢え, 飢餓; 餓死. **～ cure** 絶食療法. **～ wages** 最低生活にもさしつかえるような低賃銀.

‡**starve** [stɑ:rv] *vi.* **1** 飢える, ひもじい, 餓死する: What's for dinner? I'm simply ～*ving*. 夕食のおかずはなんだい. 腹ぺこで死にそうだ. **2** 絶食する. **3** 切望する《を *for*》: The motherless children ～ *for* affection. 母親のない子どもたちは愛情に飢えている. **4**〘古〙凍死する; こごえる. **——** *vt.* **1** 飢えさせる, 餓死させる; 〘稀〙凍死させる: be ～*d* to death 餓死する. **2** 兵糧(ひょうろう)攻めにする. **3**〈感情・知性などを〉衰弱させる. 〔類〕 → **hungry**「空腹の」

stárve·ling [stá:rvliŋ] *n.* 飢えてやせた〔栄養不良の〕人〔動物〕.

—— *a.* **1** 飢えた; やせこけた. **2** 貧困の極に達した.

stash [stæʃ] *vt.* 〘米俗〙〈金銭・貴重品などを〉しまって〔とって〕おく《*away*》. **——** *vi.* やめる (stop).

—— *n.* しまっておく所.

stá·sis [stéisis] *n.* 〘生理〙血行停止, うっ血.

-stat [-stæt]「一定した」「固定した」の意の語形成要素: thermo*stat* サーモスタット <thermo- 熱・温度.

stat. statuary; statue; statute.

†**state** [steit] *n.* **1** 状態, ありさま, 事情, 形勢: He is in a poor ～ of health. 彼の健康はすぐれない. One meaning of the word "responsibility" is "the ～ or fact of being responsible." "responsibility" という語の一つの意味は,「responsible であるという状態または事実」である. **2**〘話〙ひどい状態; 立腹: get into a ～ 取り乱す, 立腹する. What a ～ he is in! 彼のようすは見ちゃいられない. **3** 地位, 身分, 階級, 《特に》高位: people in every ～ of life あらゆる身分の人々. **4** 威厳, 堂々としたようす, りっぱ; 儀式: a visit of ～ 公式訪問. **5** (通例 the S～) 国家, 国; 《church に対して》政府: a welfare ～ 福祉国家. **6** 州; (S～)《アメリカ・オーストラリアの》州; (the S～s) アメリカ《アメリカ人が国外で用いる》. ***in a ～ of nature*** 裸で, 未開で. ***in great*** 〔***easy***〕 ***～*** ものものしい〔くつろいだ〕ようすで. ***in quite a ～*** 取り乱して, ひどく興奮して. ***in ～*** 堂々と, 正装して. ***keep*** one***'s ～*** もったいぶる. ***lie in ～*** 《国王などの遺骸が》正装安置される. ***S～ of the Union***〘米〙大統領の年頭教書. ***the Department of S～ = the S～ Department***〘米〙国務省《外務省に当たる》. ***the Secretary of S～***〘米〙国務長官《外務大臣に当たる》; 〘英〙国務大臣. ***the ～ of things*** 状況, 事情.

—— *a.* **1** 国家の, 国事に関する: ～ affairs 国事. ～ religion 国教. **2**〘米〙州の. **3** 大礼〔儀式〕用の, 公式の, りっぱな: a ～ coach 大礼用の馬車.

—— *vt.* **1** 述べる, 申し立てる, 言う. **2** 指定する, 〈時日・場所などを〉定める. **3**〘数〙式〔符号, 代数式〕であらわす. ***as ～d above*** 上に述べたとおり. [√sta-]

～ bank〘米〙州立銀行. **～ chamber** 儀式用室. **～·craft** [́ ̀] 政治家としての手腕; 治国策, 経綸(けいりん), 政治. **～ document** 公文書. **～ flower**〘米〙州花. **S～·house** [́ ̀]〘米〙州会議事堂. **～·room** [́ ̀]《宮中などの》謁見室, 大広間; 《列車・旅客機などの》特別〔専用〕室. **S～'s attorney**〘米〙州代表の弁護士. **～'s evidence**〘米〙共犯証言. **S～s-Gén·er·al**《オランダおよび革命前

のフランスの1789年までの》国会. ∼·side [∸∸] アメリカ(本土)の[へ, に]. ‡∼s·man →別項. S∼('s) **prison** 州刑務所. **S∼s' rights, S∼ rights** 〘米〙州の権利. **S∼ university** 州立大学. **∼-wide** [∸∸, ∸∸] 〘米〙州全体の, 州規模の.
◇ **∼·hood** *n.* 〘米〙《特にアメリカの》州の地位, 州であること. **∼·less** *a.* 国籍のない.

(類義語) **状態: state** ある時期における事物の状態・ありさまを客観的に述べたもの: a gaseous *state* 気体(状態). **condition** state とほぼおなじだが, 事物の機能と結びついている状態. 調節の可能性が示唆される: in poor *condition* 病弱で. **situation** 周囲の状態, 状況: the political *situation* 政局.

stát·ed [stéitid] *a.* **1** 定まった, 定期の. **2** 指定された. **3** 表明[表示]された, 公の. ∼ **price** 表示価額. ◇ **∼·ly** *ad.*

‡**státe·ly** [stéitli] *a.* 堂々とした, 威厳のある, 品位のある. →grand. —— *ad.* 落ち着いて; 堂々と.
◇ **-li·ness** *n.*

‡**státe·ment** [stéitmənt] *n.* **1** 声明; 声明書: make a ∼ 声明する. **2** (人の) 言(げん), 説, 言っている[言った]こと: His ∼ was received with ridicule. 彼のことばは嘲笑(ちょう)をもって迎えられた. The ∼ that the earth is round is universally accepted today. 地球が丸いということは今日ではだれにも認められている. **3** 陳述; 〘文〙陳述文, 平叙文. **4** 〘法〙申し立て. **5** 〘商〙明細書; (事業)報告(書). ***make a ∼ to the effect that***... …という意味のことを述べる.

Stát·en [stǽtn] ∼ ***Island*** スタテン島《ニューヨーク市の一部》.

stá·ter [stéitər] *n.* 古代ギリシアの金貨の名.

‡**státes·man** [stéitsmən] *n.* (*pl.* **-men**) 政治家. → politician. ◇ **∼·like, ∼·ly** *a.* 政治家らしい. **∼·ship** [-ʃip] *n.* 政治的手腕.

(類義語) **政治家: statesman** 国内政治や外交に関与する政治家. **politician** 政党政治家. 自己の利益によって政策を変える政治屋など悪い意味に用いられることが多い. 策士.

stát·ic [stǽtik] *a.* **1** 静的な, 静止(状態)の: ∼ electricity 静電気. ∼ energy 位置のエネルギー. ↔ dynamic. **2** 〘電〙空電の, 静電の.
—— *n.* 〘電〙空電(妨害). [√sta-]

stát·i·cal [stǽtik(ə)l] *a.* = static.
◇ **∼·ly** *ad.* 静的に.

stát·ics [stǽtiks] *n. pl.* 《単数扱い》〘物〙静力学.

†**stá·tion** [stéiʃ(ə)n] *n.* **1** 駅, 停車[停留]場(=railroad ∼); 宿場, 宿駅: a freight ∼ 貨物駅. **2** …所, 署, 局, 部: a fire [police] ∼ 消防[警察]署. a broadcasting ∼ 放送局. a radio ∼ 放送局; (アマチュア)無線局. a gas ∼ ガソリンスタンド. **3** 駐とん地, 根拠地, 要港: a frontier ∼ 国境駐とん地. **4** 位置, 場所; 持ち場, 部署: keep one's ∼ 持ち場を離れない. **5** 階級, 地位, 身分: a woman of high ∼ 身分の高い女性. **6** 《動物などの》生息地; 産地. **7** 〘測〙測点, 三角点. **8** 〘宗〙小斎, 断食, 精進《ギリシア正教会では水曜・金曜, カトリック教では金曜に行なう》. **9** 〘カトリック〙(十字架の道行きの) 留(りゅう)《キリストの苦難をあらわす14の像の前で順次祈願する》. **10** 〘オーストラリア〙《建物・土地を含む》牧場, 農場. ***be on ∼*** 〈船が〉停泊中である. ***out of ∼*** あるべき位置になく; 部署を離れて. ***take up*** one***'s ∼*** 部署につく. —— *vt.* 部署につかせる; 駐とんさせる, 配置する《に *at, on*》: ∼ oneself *at* the porch 玄関に立つ. [√sta-]
∼ **agent** 〘米〙駅長《鉄道の》. ∼ **break** 〘ラジオ・テレビ〙ステーションブレーク《放送局名・周波数などを言う番組と番組の間の短い時間》. ∼ **hospital** 衛戍(えいじゅ)病院. ∼ **house** 《特に》警察署; 停車場. ∼ **indicator** 〘英〙《列車の》時刻掲示板. **∼·màs·ter** 〘英〙= ∼ agent. ∼ **pointer** 〘測〙三脚分度器 (three-arm protractor). ∼ **pole** [**staff**] 〘測〙標柱, ポール. **∼-to-∼** 番号通話(の・で)《国際電話の割安の通話》: call a person ∼*-to-*∼ 番号通話で人に電話する. →person-to-person. ∼ **wagon** 〘米〙《座席が取りはずし式の》後部開閉式箱型自動車.

stá·tion·ar·y [stéiʃənèri/-ʃ(ə)n(ə)ri] *a.* **1** 静止した, 動かない. **2** 変化のない, 《人口などに》増減のない. **3** すえつけの. ↔portable. **4** 駐とん[駐留]した.
—— *n.* 動かない人[物]; (*pl.*) 駐とん[駐留]軍. ≒ stationery. [√sta-]
∼ **states** 〘物〙定常状態. ∼ **wave** 〘物〙定常波.

stá·tion·er [stéiʃ(ə)nər] *n.* 文房具商. **S∼'s Hall, the** 〘英〙ロンドン書籍出版業組合事務所《もと出版図書の登録を行なった》.

stá·tion·er·y [stéiʃənèri/-ʃ(ə)n(ə)ri] *n.* 文房具; 便箋(びん). ∼ ***and envelopes*** 便箋と封筒.

stát·ism [stéitiz(ə)m] *n.* 《経済・行政の》国家統制.

stát·ist [stéitist] *n., a.* 国家経済統制論者(の).

sta·tís·tic [stətístik] *a.* = statistical.
—— *n.* 統計値, 統計量.

sta·tís·ti·cal [-(ə)l] *a.* 統計(上)の; 統計学の.
◇ **∼·ly** *ad.* 統計上. 「者 (statist).

stàt·is·tí·cian [stæ̀tistíʃ(ə)n] *n.* 統計家, 統計学

‡**sta·tís·tics** [stətístiks] *n. pl.* **1** 《複数扱い》統計(表). **2** 《単数扱い》統計学. 「→rotor.

stá·tor [stéitər] *n.* 〘電〙《発電機などの》固定子.

stát·o·scope [stǽtəskòup] *n.* アネロイド微動気圧計; 〘空〙昇降計.

stát·u·ar·y [stǽtʃuèri/-tjuəri] *n.* **1** 《集合的》彫像. **2** 彫像術. —— *a.* 彫像(用)の.

‡**stát·ue** [stǽtʃu:/-tju:] *n.* 像, 彫像. ***the S∼ of Liberty*** 自由の女神像《New York 港 Liberty Island にある銅像》. [√sta-] ◇ **∼d** *a.* 彫像で飾った. **stàt·u·étte** [stæ̀tʃuét/-tju-] *n.* 小彫像.

stàt·u·ésque [stæ̀tʃuésk/-tju-] *a.* **1** 彫像のような. **2** 均整のとれた, 優雅な; いかめしい, 堂々とした.
◇ **∼·ly** *ad.* **∼·ness** *n.*

‡**stát·ure** [stǽtʃər] *n.* **1** 《特に人の》身長: He is short of ∼. 彼はせいが低い. **2** 人物の大きさ, 能力, 成長; 《精神的な》発達(程度): moral ∼ 道徳水準. an educator of great ∼ 偉大なる教育家. [√sta-]

stá·tus [stéitəs, ㊎⁺ stǽtəs] *n.* 状態; 地位, 身分; 資格: the present ∼ of affairs 現在の情勢. the ∼ of women 婦人の地位. social ∼ 社会的身分. ∼ ***(in) quo*** [-(in-)kwóu] 現状. ∼ ***quo ante*** [-kwòu-ǽnti] 以前の状態. [√sta-]
∼ **symbol** ステイタスシンボル《所有者の社会的地位を示すために手に入れる商品など》.

stát·u·ta·ble [stǽtʃutəbl/-tju-], **-bly** = statutory, statutorily.

stát·ute [stǽtʃu:t/-tju:t] *n.* 法令, 法規; 規則.
∼***s at large*** 法令集. ***the general*** [***public***] ∼ 〘法〙一般法. ***the private*** ∼ 〘法〙私法. [√sta-]
∼ **book** 《一国の》法令全書. ∼ **law** 成文律.
∼ **mile** 法定マイル《5, 280フィート; 1, 609. 3 m》.

stát·u·to·ry [stǽtʃutò:ri/-tjut(ə)ri] *a.* 法令[法定]の; 《罪など》法にふれる. ◇ **stát·u·to·ri·ly** *ad.*

***staunch**¹ [stɔ:ntʃ, stɑ:ntʃ] *vt.* = stanch¹.

***staunch**² *a.* **1** 《人・主張などが》信条に徹した, がんとして譲らない: a ∼ Democrat ねっからの[非妥協的な]民主党員. **2** 《建物など》堅固な, じょうぶな. **3** 《船など》水を通さない, 航海に耐える.

stáu·ro·scope [stɔ́:rəskòup] *n.* 十字鏡《結晶体の偏光方位を測定する器械》.
◇ **stàu·ro·scóp·ic** [∸−skápik/-skɔ́pik] *a.*

stave [steiv] *n.* **1** おけ板, 《車の》輻(や), 《はしごの》段, 《いすの足の》さん. **2** 棒, さお. **3** 〘楽〙譜表. **4** 詩の一節, 連, 詩句.
—— *v.* (**staved** *or* **stove** [stouv]) *vt.* **1** に ∼

をつける. **2** に穴をあける, <箱などを>つぶす. **—— *vi.*** こわれる, 激突する. ～ ***in*** たたきつぶす. ～ ***off*** <敗北などを> かろうじて避ける〔免れる〕: ～ *off* a danger 危険を防ぐ.

～ **rhyme** 〘韻〙〘古詩の〙頭韻. 「形.

staves [steivz, ㊞⁺ stævz] *n.* staff, stave の複数

†stay[1] [stei] *v.* (**stayed** [-d], 〘古〙 **staid** [steid]) *vi.* **1** 〔場所に〕**とどまる, 滞在する**: *S*～ here till I return. ぼくがもどるまでここにいなさい. Can you ～ to dinner? 晩餐(ばん)までいらっしゃれますか. ～ at a hotel [with one's aunt] ホテル〔おばの家〕に泊まる. *S*～ with us. うちにお泊まりください; まだいっしょにいらしてください. **2** 立ち止まる, 待つ: I ～*ed* to see what would happen. なにが起こるか待ち受けていた. **3** …のままでいる (remain): ～ young 年をとらない. ～ neutral 中立を保つ. ～ in tune <楽器が> 調子をくずさない. **4** 持続する, 耐える: ～ to the end of a race レースの最後までがんばる. **5** 互角である, 張り合う《と *with*》: ～ *with* the leaders 先導者たちに負けない.

—— *vt.* **1** 止める, 食い止める: There is nothing to ～ us in this town. この町には滞在して見るべきものはなにもない. **2** <欲望を> 満足させる, <飢えを>一時満たす; しのがせる: A glass of milk ～*ed* me until meal time. 1杯のミルクで食事までしのげた. **3** 持ちこたえる, の最後までがんばる: I could not ～ the whole course. 全コースを最後まで走りぬけなかった. **4** 支持する, ささえる. **5** …より長居する《*out*》. **6** <判決などを> 延期する, 猶予する.

come to ～ 泊まりがけで来る; <天気などが> 永続的になる. ～ ***away*** 近づかない, 欠席する《に *from*》. ～ ***in*** 家にいる. ～ ***on*** いつづける. ～ ***out*** 外出している. ～ ***overnight*** 一泊する. ～ ***put*** 〘米〙 そのままでいる. ～ one***'s stomach*** 飢えをしのぐ. ～ ***up*** 起きている, 夜ふかしする. ～ ***with*** の家に滞在する.

—— *n.* **1** 滞在, 逗留(とうりゅう), 滞在期間: make a long ～ 長期滞在する. **2** 〘法〙 延期, 猶予; 停止, 中止: a ～ of execution 刑の執行猶予. **3** 制御, 抑制, 〘廃〙 妨害. **4** 〘話〙 持続力, 根気. **5** ささえ, 支柱. ***put a*** ～ ***on*** <激情など> を押える. [√sta-]

∼-at-home [⌐−⌐] 〘話〙 家にばかりいる(人); 外出ぎらいの (人). **∼-down strike** 《炭坑夫の》坑内居すわり罷業(ひぎょう) (sit-down strike). **∼-ín (strike)** 〘英〙 すわりこみ罷業 (の). **∼·lace** [⌐⌐] コルセットのひも.

◇ **∼·er** [-*ər*] *n.* 滞在者; 根気のよい人〔動物〕; 支持者; 抑制する人〔物〕. **類** → **live**「住む」

stay[2] *n.* 〘船〙 支索; 《電柱などの》 ささえ索; (*pl.*) 〘おもに英〙 コルセット《しばしば a pair of ～s》. ***in*** ～***s*** 〘海〙《船が》回っている. ***miss*** [***lose***] ～***s*** 〘海〙 <船が> 回りそこなう.

—— *vt.* **1** 〘海〙 支索でささえる; <船を> 上手(うわて)回しにする. **2** 支柱でささえる, 安定させる.

∼·sail [-sèil|〘海〙 -sl] 〘海〙《三角形の》 支索帆.

S.T.D. Doctor of Sacred Theology.

Ste. *Sainte* 《Saint の女性形》. [<F.]

stead [sted] *n.* **1** 代わり, 身代わり, 代理. **2** 利益, 助け, ため. **3** 〘古・方〙 場所.

in a person***'s*** ～ = ***in the*** ～ ***of*** a person (人) の代わりに. ***in*** ～ ***of*** = instead of. ***stand*** a person ***in good*** ～ 大いに (人の) ために役立つ.

‡stéad·fast [stédfæst, -fəst/-fəst] *a.* **不動の**, 《信念など》 不変の, しっかりした: He was ～ *to* his principles. 彼は最後まで主義をかえなかった. [<stead 場所 + fast] ◇ **∼·ly** *ad.* **∼·ness** *n.*

‡stéad·i·ly [stédili] *ad.* **1** しっかりと, 安定して. **2** 着々と. 「農場の建物; 農場.

stéad·ing [stédiŋ] *n.* 《スコットランド・北イギリスの》

‡stéad·y [stédi] *a.* **1** 固定された, 動かない: a ～ ladder 固定はしご. a ～ hand 震えない手. ～ as a rock 岩のようにゆるぎない. give him a ～ look 彼をじっと見すえる. **2** 安定した; 堅固な, しっかりした; 着実な: a ～ temper 安定した気質. a ～ job 安定した仕事. a ～ pace 着実な歩み. a ～ girl friend きまったガールフレンド. a ～ player 安定した技量をもつ競技者. **3** 〘海〙 針路が変わらない; 揺れない. ***go*** ～ 〘米〙 ひとりの相手だけとデートする; 恋人になる. ***Keep her*** ～***!*** 〘海〙 船の針路をそのまま! ***play*** ～ あせらない.

—— *n.* **1** 台, 受け. **2** 〘米俗〙 きまった相手, きまった恋人.

—— *vt.* しっかりさせる, 堅固にする; 揺れないようにする: ～ oneself by holding on to a strap つり皮につかまってよろけないようにする. **—— *vi.*** しっかりする, 落ち着く; <船などが> 安定する. ***S*～ *on!*** (こぎ方) やめ. [<stead + -y]

∼-gò·ing 着実な; 信頼できる.

◇ **-i·ness** *n.* 着実; 不変.

‡steak [steik] *n.* **ステーキ**, 焼き肉 (= beef ～); 《焼き肉などにする牛肉・魚肉の》 厚い切り身.

‡steal [sti:l] *v.* (**stole** [stoul]; **stó·len** [stóul(ə)n]) *vt.* **1 盗む**, こっそり奪う, 強奪する《から *from*》: ～ a watch とけいを盗む. I had my purse *stolen.* さいふを盗まれた. **2** まんまと手に入れる, 横取りする; ひとり占めする; 〘運〙 <点・塁などを> とる: ～ a kiss 相手の気づかないうちにキスする. ～ a person's heart 人の愛情を射止める. **3** 《副詞 (句) を伴って》 こっそり運ぶ〔動かす〕《*away*; から *from*; へ *into*》: ～ an egg *into* one's bag 自分の袋にこっそり卵を入れる.

—— *vi.* **1** 盗みをする. **2** 《副詞 (句) を伴って》 こっそり〔静かに〕…する: ～ *out of* a room こっそりへやを抜け出る. The years *stole by.* 月日はいつしか過ぎた. **3** <睡魔などが> いつのまにか襲う《*on, over*》.

～ ***a march on*** を出し抜く. ～ ***away*** こっそり立ち去る. ～ ***in*** 忍び込む, 密輸する. ～ ***off*** 持ち逃げする. ～ ***on*** [***over***] <気分・睡魔などが> 知らぬまに襲う. ～ ***the show*** <主役でない役が> 人気をさらう. ～ a person***'s thunder*** (人) の考え〔ことば〕を盗用する. ～ one***'s way*** こっそり行く〔来る〕.

—— *n.* **1** 〘話〙盗み; 盗品; もうけもの. **2** 〘野球〙盗塁.

stéal·ing [stí:liŋ] *n.* 盗み取ること; (*pl.*)盗品.

—— *a.* 盗みの. ◇ **∼·ly** *ad.* こっそりと.

stealth [stelθ] *n.* **1** こっそり行なうこと; 秘密. **2** 〘廃〙 盗み; 盗品, ぶんどり物. ***by*** ～ こっそりと. [<steal]

stéalth·y [stélθi] *a.* 内密の, 人目をはばかる, こそこそした. ◇ **-i·ly** *ad.* **-i·ness** *n.*

‡steam [sti:m] *n.* **1 蒸気**, スチーム, 水蒸気: rooms heated by ～ スチーム暖房のへや. **2** 湯げ, もや, 霧: a cloud of ～ 湯げの煙. **3** 〘話〙 力, 元気, 精力. ***at full*** ～ 全速力で. ***by*** ～ 汽船で. ***get up*** ～ 蒸気をおこす; 元気をだす; 怒る. ***let off*** ～ 余分の蒸気を出す, 〘話〙 うっぷんを晴らす, 余分の精力をはかす. ***put on*** ～ 精をだす. ***under*** ～ 《汽船が》 航行中; 元気をだして. ***work off*** ～ = put on ～.

—— *vi.* **1** 湯げをたてる. **2** 蒸気で進む. **3** 蒸発する, 汗をかく; <ガラスなどが> 湯げでくもる. **4** 〘話〙 怒る. **—— *vt.*** 蒸す, ふかす; 蒸発させる.

～ ***along*** [***ahead***] がんばって働く, どんどんはかどる. ～ ***away*** 蒸発する; はかどる. ～ ***up*** (1) くもる, くもらせる. (2) 励ます; おこらせる. (3) <分娩(ぶんべん)前の家畜に> えさをたくさん与える.

～ **bath** 蒸しぶろ. **∼·boat** [⌐⌐] 汽船. ～ **boiler** 蒸気ボイラー. ～ **colo(u)r** 〘英〙 蒸気色止め染色. ～ **engine** 蒸気機関: like a ～ *engine* 大元気で. ～ **fitter** 蒸気パイプ取り付け〔修理〕工. ～ **fitting** 蒸気パイプ取付〔修理〕工事. ～ **gauge** 汽圧計. ～ **heat** 汽熱; 蒸気熱量. ～ **heating** 蒸気暖房 (装置). ～ **iron** 蒸気アイロン. ～ **navvy** 〘英〙 掘りあげ機械. ～ **port** 蒸気口, 汽門. ～ **power** 汽力. ～ **pressure** 汽圧, 蒸気圧力. **∼·ròll·er** → 別項. ～ **room** 《トルコぶろの》 蒸し.

べや. ‡～·**ship** →別項. ～ **shovel** 蒸気シャベル《大型掘削機の一種》. ～·**tight** [´ˊ] 蒸気の漏れない. ～ **turbine** 蒸気タービン.

‡**stéam·er** [stí:mər] *n.* **1** 汽船. **2** 蒸気機関. **3** せいろう, 蒸し器. ～ **rug** 甲板のいす用ひざ掛け.

stéam·ròll·er [stí:mròulər] *n.* **1** 蒸気ローラー. **2** 強圧手段. —— *vt., vi.* **1** 蒸気ローラーで地ならしする; に圧迫を加える. **2** 押し通す.

‡**stéam·ship** [stí:mʃip] *n.* 汽船, 蒸気船《略S.S.》. 〈注〉厳密には motor ship《略 M.S.》と区別される.

stéam·y [stí:mi] *a.* **1** 蒸気の; 湯げが立ちこめた. **2** 霧の深い. ◇ **-i·ly** *ad.* **-i·ness** *n.*

ste·áp·sin [stiǽpsin] *n.* ステアプシン《すい臓から分泌される脂肪分解酵素》.

sté·a·rate [stí:ərèit/stíə-] *n.* 〘化〙ステアリン酸塩.

ste·ár·ic [stiǽrik] *a.* 〘化〙ステアリンの. ～ **acid** ステアリン酸塩.

sté·a·rin(e) [stí:ərin, stí(:)r-/stíər-] *n.* 〘化〙ステアリン《脂肪素》, 硬脂; ステアリン酸《ろうそく製造用》.

sté·a·tite [stí:ətàit/stíə-] *n.* 〘鉱〙ステアタイト, 凍石 (soapstone). ◇ **stè·a·tít·ic** [stì:ətítik/stiə-] *a.*

stéd·fast = steadfast.

steed [sti:d] *n.* 〘雅〙馬; 〘古〙駿馬(しゅんめ); 軍馬.

‡**steel** [sti:l] *n.* **1** 鋼鉄, はがね. **2** 剣, 刀. **3** コルセットの張り輪. **4** 火打ちがね, はがね砥(と). **5** (*pl.*) 鋼材; 鋼鉄製品. **6** (通例 *pl.*) 〘株式〙鉄鋼株. ***cold* ～** 刀剣, 銃剣. ***heart of* ～** 冷酷な心. ***worthy of* one's ～** 相手にとって不足のない.

—— *vt.* **1** に鋼をかぶせる. **2** 堅くする. **3** かたくなにする, 無感覚にする: He ～*ed* his heart against the poor. 彼は貧乏人に対して心を鬼にした.

～ **blue** はがね色(の). ～ **cap** 〘軍〙鉄かぶと. → helmet. ～·**clad** [´ˊ] 装甲の; よろい・かぶとで身を固めた. ～ **engraving** 鋼版彫刻(術); 鋼版印画. ～ **gray** 青みがかった灰色. ～ **mill** 製鋼所. ～ **wool** 《研摩用の》鋼綿. ～·**work** [´ˊ] 鋼鉄製品; (*pl.*) 《単数扱い》製鋼所; 鋼鉄作業〔骨組み〕. ～·**wòrk·er** 製鋼所工員. ～·**yard** [´ˊ] さおばかり.

stéel·y [stí:li] *a.* **1** 鋼鉄の. **2** 堅い. **3** がんこな; 厳格な. ◇ **-i·ness** *n.*

stéen·bok [stí:nbàk, stéin-/-bɔk] *n.* 〘動〙《アフリカ産》小カモシカ.

‡**steep**[1] [sti:p] *a.* **1** 切り立った, 険しい, 急勾配(こうばい)の: a ～ slope 急な坂. **2** 《要求など》法外な, ひどい, むちゃな: a ～ tax. **3** 〘話〙大げさな, うそみたいな, 極端な. —— *n.* 絶壁; 急坂.

◇ ～·**en** [-(ə)n] *vt., vi.* 険しくする〔なる〕. *～·**ly** *ad.* 険しく. ～·**ness** *n.* 険しさ; 法外なこと. ～·**y** *a.* 〘雅〙険しい.

steep[2] *vt.* **1** (液に)浸す, つける, ぬらす, ずぶぬれにする (soak). **2** 没頭させる, 夢中にする. **3** 〈霧などが〉立ちこめる. ***be* ～*ed in*** = ～ **one*self in*** に没頭する. —— *n.* **1** 浸すこと. **2** 浸す液. ◇ ～·**er** *n.* 浸しおけ.

‡**stée·ple** [stí:pl] *n.* 《教会などの》尖塔(せんとう).

～·**bush** [´ˊˊ] 〘植〙シモツケの類 (hardhack). ～-**crowned** [-kràund] てっぺんがとがった: a ～-*crowned* hat. ～·**jack** [´ˊˊ] 《尖塔・高い煙突などの》修理職人, とび職.

◇ ～**d** *a.* 尖塔のある; 尖塔状の.

stée·ple·chase [stí:pltʃèis] *n.* 障害物競馬《もと steeple をゴールとして行なった野外障害競争》.

◇ **-chàs·er** *n.* ～に出る騎手〔馬〕.

‡**steer**[1] [stiər] *vt.* **1** のかじをとる, 操縦する: ～ a ship. **2** 〈一定方向に〉向ける, 進める: ～ the conversation into one's favorite topic 会話を好きな話題に巧みに向ける. —— *vi.* **1** (船の)かじをとる. **2** 向かう, 進む《へ *for, to*》: ～ *for* the harbor. **3** かじがきく, 操縦される: The car ～*s* badly. この車は操縦しにくい. ～ ***by* [*past*]** よけて通る. ～ ***clear of*** を避ける, と関係をもたない.

—— *n.* 〘米俗〙助言, 忠告. ～**s·man** [-zmən] (*pl.* **-men**) 舵手(だしゅ) (helmsman).

steer[2] *n.* **1** 雄の子牛; 去勢した雄牛. **2** 〘米〙屠牛(とぎゅう).

stéer·age [stí(:)ridʒ/stíər-] *n.* **1** 操舵(そうだ), 操縦. **2** 船尾, とも (stern). **3** 《商船の》三等船室; 《軍艦の》下級士官室. **4** 《副詞的に用いて》三等で: travel ～ 三等で旅行する.

stéer·ing [stí(:)riŋ/stíəriŋ] *n.* 操舵(そうだ), 操縦; 指導. ～ **committee** 〘米〙運営委員会. ～ **gear** かじ取り装置. ～ **wheel** 《自動車の》ハンドル; 舵輪.

steeve[1] [sti:v] *n.* 〘海〙斜檣(しゃしょう)仰角《第1斜檣と水平線との角度》. —— *vt., vi.* 斜めにする〔なる〕.

steeve[2] *n., vt.* 〘海〙起重檣(しょう)(で積み荷する).

stèg·o·mý·ia [stègəmáiə] *n.* 〘虫〙黄熱病を媒介する蚊.

stèg·o·sáu·rus [stègəsɔ́:rəs] *n.* 〘古生〙剣竜(けんりゅう).

stein [stain] *n.* 《陶器製の》ビール用ジョッキ.

Stéin·beck [stáinbek] *n.* John (E.) ～, 1902–68, アメリカの小説家.

stéin·bo(c)k [stáinbàk/-bɔk] *n.* = steenbok; = ibex.

sté·le [stí:li:], **sté·la** [-lə] *n.* (*pl.* **-lae** [-li:], **-les**) 〘考古〙碑文を刻んだ石柱, 石碑; 〘建〙銘額.

stél·lar [stélər] *a.* **1** 星の; 星のような; 星月夜の. **2** 花形〔主役〕の, 一流の. [√stell-]

stél·late [stélit, -leit], **stél·lat·ed** [-leitid] *a.* **1** 星のような, 星形の. **2** 放射状の.

◇ **stél·late·ly** *ad.*

stél·len·bosch [stélənbàʃ/-bɔʃ] *vt.* 〘英:軍俗〙〈軍人を〉左遷する.

stél·li·form [stélifɔ̀:rm] *a.* 星形の; 放射線状の.

stél·lu·lar [stéljulər], **stél·lu·late** [stéljuleit] *a.* **1** 小星形の; 星模様の. **2** 小放射状の. [√stell-]

St. El·mo [-élmou] ～***'s fire*** 聖エルモの火, コロナ放電《暴風雨時など檣頭(しょうとう)・樹上などで光る》.

‡**stem**[1] [stem] *n.* **1** 《草・木の》幹, 茎. **2** 花柄, 葉柄, 果柄, 花梗(かこう), へた. **3** 船首(材). **4** 種族, 血統, 系統. **5** 〘文〙語幹. → ending, root, base[1]. **6** 《道具の》柄; 《パイプの》軸; 《きせるの》ラウ; 《温度計の》胴; 《コップの》あし; とけいのりゅうず. **7** 〘楽〙符尾《音符につける縦の線》; 〘印〙《活字の》太縦線. **8** (*pl.*) 〘俗〙(人の)足, すね. ***from* ～ *to stern*** 船首から船尾まで, すべて. —— *v.* (**-mm-**) *vt.* から茎をとる; 《造花などで》に茎をつける: ～ the cherries before cooking. —— *vi.* 〘米〙生じる, 起こる《から *from, out of*》: The plan ～*s from* his idea. このプランは彼の着想による.

～·**wìnd·er** [´ˊ-, ´ˊ-] りゅうず巻きとけい. ～·**wìnd·ing** [´ˊ-, ´ˊ-] りゅうず巻きの.

‡**stem**[2] *v.* (**-mm-**) *vt.* **1** くい止める, せき止める: ～ a torrent 急流をせき止める. **2** 〈風などに〉逆らって進む, に逆らう, に抵抗する. —— *vi.* 〘スキー〙制動する. ～ ***back*** 抵抗する; くい止める.

——*n.* 〘スキー〙制動. ～ **turn** 〘スキー〙制動回転.

stém·ma [stémə] *n.* (*pl.* **-mas** [-z], **-ma·ta** [-tə]) **1** 家系; 系図. **2** 〘動〙単眼; 触角基部.

Sten [sten] *n.* イギリス製軽機関銃の一種 (= ～ gun).

stench [stentʃ] *n.* 悪臭, いやなにおい (stink).

stén·cil [sténsl] *n.* **1** 型板, 型紙 (= ～ plate)《文字・模様が切り抜いてあって, 上からインク・墨を入れる》; 型紙で写した文字〔模様〕. **2** ステンシル, 謄写版原紙. —— *vt.* (**-l-**, ㊥ **-ll-**) **1** に～で文字〔模様〕を写す. **2** 謄写する.

～ **paper** ステンシルペーパー, 謄写用原紙.

◇ ～·(**l**)**er** *n.* 型板工.

Sten·dhál [F. stɑ̃dal, ㊥⁺stændɑ́:l, sten-] *n.* スタンダール, 1783–1842, フランスの小説家《本名 Marie Henri Beyle》.

stén·o·graph [sténəgræ̀f/-grɑ:f] *n.* **1** 速記タイプライター. **2** 速記用文字. —— *vt.* 速記で書く.

*ste·nóg·ra·pher [stənágrəfər/stenɔ́g-], -phist [-fist] n. 速記者.
stèn·o·gráph·ic [stènəgrǽfik] a. 速記(術)の. ◇ -i·cal·ly ad.
*ste·nóg·ra·phy [stənágrəfi/stenɔ́g-] n. 速記(術).
Stén·o·type [sténətàip] n. 速記用タイプライターの一種《商標名》; (s～) 速記用文字.
stén·o·typ·y [sténətàipi, [米]⁺ stenátipi] n. 速記術; 速記用タイプによる速記. ◇ -ist n.
Stén·tor [sténtɔ:r] n. 1 ステントー《*Iliad* に出る Troy 戦争のときの大声の伝令使》; (s～) 大声の人. 2〖動〗ラッパムシ《原生動物》.
sten·tó·ri·an [stentɔ́:riən/-tɔ́:r-] a. 大声の. ◇ ～·ly ad.
†step [step] v. (-pp-) vi. 1 歩む, 歩く《特に長くない距離を》: ～ (out) on to the platform ホームに降り立つ. 2 進む, 歩を進める, 行く; 踏む: ～ on one's foot. 3〖話〗急ぐ. —— vt. 1 歩く, 進む; <足を>踏みおろす. 2 歩測する《off, out》. 3 踊る, <ダンスのステップを>踏む. 4 に段をつける: ～ a hill 山に段をつける. 5〖海〗<帆柱を> 檣座(しょうざ)に立てる, <マストを> すえる.
～ *aside* (1) わきへ寄る. (2) 譲歩する; 人に任せる. ～ *back* (1) 退く; 引っ込んでいる. (2) <建物の階層などを>引っ込ませる, 後ろへ段々にする. ～ *down* (1)《車などから》降りる. (2) <電圧を> 低くする. (3) 辞職する. ～ *high* <馬が> 足を高くあげる. ～ *in* 立ち入る, はいる; 干渉する. ～ *into* a person'*s shoes* (人) のあとがまにすわる. ～ *it* 踊る; 歩いて行く. ～ *off* (1) 歩測する. (2)〖俗〗失策をやる; 結婚する; 死ぬ. (3) (から)降りる[出る]. ～ *on* 踏む: ～ *on* a rusty nail 古くぎを踏む. ～ *on it*〖俗〗急ぐ; ＝ ～ on the gas. ～ *on the gas*〖米〗《自動車の》スピードを出す; 急ぐ. ～ *out* (1)〖軍〗歩度を伸ばす. (2) 家を出る; 辞職する. (3)〖米話〗遊びに出る; デートに行く. (4)〖米〗死ぬ. (5) 社会的活動に従事する. ～ *out on* を裏切る. ～ *over* またぐ; 横切る; 犯す. *S～ this way.* こちらへどうぞ. ～ *up* (1) 近づく. (2) 言い寄る, 求婚する. (3) <電圧を>上げる; の電圧を上げる. (4)〖米〗歩度を速める; 速くする, 増加する.
—— n. 1 歩み, 歩; (*pl.*) 歩行: take [make] a ～ forward 1歩前進する. 2 歩き方, 歩調,《ダンスの》ステップ: a heavy ～ 重い足どり. 3 足音; 足跡: know a person's ～ 人の足音がわかる. 4 1歩, 1歩の間隔, 一進み, 近距離: at a ～ 1歩で. at every ～ 1歩ごとに. 5 段; (*pl.*) 階段, 踏み段,《乗り物の》昇降段; (*pl.*)〖英〗きゃたつ. 6 段階, 階層, 階級; 昇級, 昇進. 7 処置, 手段, 方法: ～*s* of procedure 手順. 8〖楽〗音程. 9〖機〗受け金;〖船〗檣座.
break ～〖軍〗歩調をやめる[乱す]. *Change ～!*《号令》歩調変え! *get* one'*s* ～ 進級する《特に軍隊で》. *in* ～ 歩調をそろえて; 協調して《と *with*》. *in* a person'*s* ～*s* (人) の跡をついで; (人) を範として. *keep* ～ *with* と歩調を合わす. *on the* ～《水上を》滑走して. *out of* ～ 歩調を乱して. ～ *by* ～ 一歩一歩. *take* ～*s* 処置をとる. *watch* one'*s* ～(*s*) 足もとに気をつける; 用心する.
～ dance 特殊な足の踏み方をするダンス《tap dance など》. ～-down [⌐⌐] a. 電圧を下げる. ↔step-up. ～-in [⌐⌐] a., n. (*pl.*)《下着・くつなど》足を入れてそのまま着られる[はける](もの). ～·làd·der きゃたつ. ～-off [⌐⌐] 踏みはずし, 墜落 (現場). ～ table 段違いだな. ～ terrace 段々畑. ～-up [⌐⌐] (1) 増加: a ～-*up* in production 生産増強. (2)〖電〗昇圧用の《変圧器など》.
◇ ～·wise [-wàiz] ad. 階段風に; 1歩ずつ.
step- *pref.* 「継(まま), 義理の」の意.
stép·bròth·er [stépbrʌ̀ðər] n. 異父[異母]兄弟, 腹違いの兄弟.
stép·child [stéptʃàild] n. (*pl.* -chìl·dren) まま子.
stép·dame [stépdèim]〖古〗= stepmother.
stép·dàugh·ter [stépdɔ̀:tər] n. まま子[娘].
stép·fà·ther [stépfɑ̀:ðər] n. まま父, 養父.
stèph·a·nó·tis [stèfənóutis] n.〖植〗シタキソウ《香気の高い温室栽培植物》.
Sté·phen·son [stí:v(ə)ns(ə)n] n. George ～, 1781–1848, 蒸気機関を完成したイギリス人.
stép·mòth·er [stépmʌ̀ðər] n. まま母, 養母.
stép·ney [stépni] n.〖英〗《昔の自動車の》予備車輪 (＝～ wheel).
stép·pàr·ent [stéppɛ̀(:)rənt/-pɛ̀ər-] n. まま親.
steppe [step] n. ステップ地帯《木のはえない大草原》.
stépped-úp [stéptʌ́p] a. 増加された, 高められた, 拡大された.
(-)stép·per [stépər] n.《合成語で》…な歩き方をする人[動物]: a high-*stepper* 高い足どりの馬.
stép·ping [stépiŋ] n. step すること.
～ stone 踏み石, 飛び石;《出世などのための》手段.
stép·sìs·ter [stépsìstər] n. 異父[異母]姉妹, 腹違いの姉妹.
stép·son [stépsʌ̀n] n. まま子[むすこ].
-ster [-stər] *suf.* 「…をする人[者], …の人」の意: song*ster* 歌手; 歌鳥. spin*ster* オールドミス＜糸紡ぎ女.
ster. stereotype; sterling.
stere [stiər] n. 立方メートル, ステール.
stér·e·o [stériòu, stí(:)r-/stíər-] n., a. (*pl.* ～s)〖話〗1〖印〗ステロ版 (の). 2 実体[立体]鏡 (の). 3 立体音響(の); ステレオ(の), 立体音再生電蓄(の).
—— vt.〖印〗ステロ版にする.
stereo- Gk. *pref.* 「堅い, 固体の」「立体の」の意.
stèr·e·o·chém·is·try [stèriəkémistri, stì(:)r-/stìər-] n. 立体化学.
stér·e·o·graph [stériəgræ̀f, stí(:)riə-/stíəriəgrɑ:f] n. 実体画, 実体鏡写真.
stèr·e·óg·ra·phy [stèriágrəfi, stì(:)r-/stìəriɔ́g-] n. 実体画法, 立体平画法. ◇ stèr·e·o·gráph·ic [-riəgrǽfik] a. 実体画法の, 立体平画法の.
stèr·e·óm·e·try [-riámitri/-riɔ́m-] n. 立体幾何学; 比重測定法.
stèr·e·o·phón·ic [-riəfánik/-riəfɔ́n-] a. 立体音響 (装置) の, ステレオの. ～ broadcast 立体放送. ～ television 立体テレビ.
stèr·e·óp·ti·con [stèriáptikən, stì(:)r-/stìəriɔ́p-] n. 《溶暗・溶明可能の》二眼幻燈機.
stér·e·o·scope [stériəskòup, stí(:)r-/stíər-] n. 実体[立体]鏡.
stèr·e·o·scóp·ic [stèriəskápik, stì(:)r-/stìəriə-skɔ́p-] a. stereoscope の. ◇ -i·cal·ly ad.
stér·e·o·type [stériətàip, stí(:)r-/stíər-] n. 1〖印〗ステロ版, 鉛版. 2 ステロ版製造; ステロ印刷. 3《新鮮みのない》決まり文句; 紋切り型. —— vt. 1 ステロ版にする; ステロ版で印刷する. 2 型にはめる.
◇ ～d [-t] a. 1 ステロ版の. 2 型にはまった: ～*d* phrases 決まり文句. -typ·y [-tàipi] n. ステロ版印刷術; ステロ版製造法.
stér·ile [stérəl, -ril/-rail] a. 1《土地などが》不毛の, やせた. 2 子を生まない, 不妊の; 実のならない;〖植〗無葯(むやく)の. 3 貧弱な内容の;《思想・思想家が》貧困な. 4 無効の, むだな. 5 殺菌した.
◇ ste·ríl·i·ty [stəríliti/ster-] n.
stér·i·lize [stérilàiz] vt. 1 不毛にする. 2 不妊にする, 断種する. 3 <内容・思想などを> 貧弱にする. 4 殺菌[消毒]する. 5 <地区の> 建物などを取り払う《都市計画で》.
◇ -liz·er n. ～ する人 [物];《特に》殺菌装置. stèr·i·li·zá·tion [stèrilizéiʃ(ə)n, -laiz-] n.
stér·ling [stə́:rliŋ] a. 1 法定の純金 [純銀] を含む. 2 英貨の《通例 stg. と略し, ポンドのあとに付記する: £ 300 stg.》. 3 ほんものの, 確かな, 信頼できる. 4 価値ある. —— n. 英貨, 純銀.
～ area [bloc] ポンド地域.

‡stern¹ [stəːrn] *a.* **1** 厳格な, 断固たる, 手きびしい: a ～ father 厳格な父親. **2**《顔などが》いかめしい. **3**《土地など》荒れ果てた. ***the ～er sex*** 男性. →the weaker sex. ◇ ***～·ly** *ad.* **～·ness** *n.*
[類] → **severe**「きびしい」

‡stern² *n.* **1** 船尾, とも. → stem¹, bow³. **2**《犬などの》尾, 臀部(でんぶ), 後部. ***down by the ～*** 船尾が下がって. ***S～ all! = S～ hard!*** 〖海〗あとへ! ***～ foremost*** 船尾を前にして, 後進して. ***～ on*** 船尾を向けて.
～ chase 〖海〗艦尾追撃. **～ chaser** 〖海〗《追撃艦を撃つための》艦尾砲. **～ fast** 船尾つなぎ綱. **～·post** [∠⌐] 船尾材. **～ sheets** 艇尾座. **～·way** [∠⌐] 船の後進. **～·whèel·er** 船尾外輪汽船. ◇ **～·most** [-mòust] *a.* 船尾に最も近い; 最後方の, しんがりの. **～·ward(s)** [-wərd(z)] *ad.* 船尾へ, 後部に.

stér·num [stə́ːrnəm] *n.* (*pl.* **-na** [-nə], **-nums**) 〖医〗胸骨; 〖動〗《節足動物の》胸骨, 腹板.
◇ **-nal** [-n(ə)l] *a.* 〖医〗胸骨の.

stèr·nu·tá·tion [stəːrnjutéiʃ(ə)n] *n.* くしゃみ(をすること). ◇ **ster·nú·ta·tive** [stərnjúːtətiv, [米]+ -núːt-, stə́ːrnjutèitiv], **ster·nú·ta·to·ry** [-tətɔ̀ːri/-t(ə)ri] *a., n.* くしゃみをさせる(薬).

stér·oid [stérɔid] *n.* 〖生〗ステロイド.

stér·tor [stə́ːrtər/-tɔː] *n.* 《卒中の人などの》いびき.

stér·to·rous [stə́ːrtərəs] *a.* いびきをかく.
◇ **～·ly** *ad.* **～·ness** *n.*

stet [stet] L. (= let it stand) 〖印〗生き《校正用語. 抹消(まっしょう)語句の下に点線を引いて示す》.
—— *vt.* (**-tt-**) 〖印〗〈抹消箇所などを〉生かす.

stéth·o·scope [stéθəskòup] *n.* 〖医〗聴診器.
—— *vt.* 聴診器で診察する.
◇ **ste·thós·co·py** [steθáskəpi/-θɔ́s-] *n.* 聴診(法).

stèth·o·scóp·ic [stèθəskápik], **-i·cal** [-(ə)l] *a.* 聴診器の[による]. ◇ **stèth·o·scóp·i·cal·ly** *ad.*

Stét·son [stétsn] *n.* カウボーイの帽子.

sté·ve·dore [stíːvidɔ̀ːr/-dɔː] *n.* 荷揚げ人足, 仲仕. **——** *vt.* 〈荷を〉積む, 降ろす. **——** *vi.* 船の荷を積む[降ろす].

Sté·ven·son [stíːv(ə)nsn] *n.* Robert Louis ～, 1850–94, スコットランドの小説家・詩人.

stew**¹ [st(j)uː/stjuː] *vt.* **1** とろ火で煮る, シチューにする. **2** 〖話〗の気をもませる《*up*》. **——** *vi.* **1** とろ火で煮える. **2** 蒸し暑くて汗をかく. **3** 〖話〗気をもむ, やきもきする《に *over*》. **4** 〖俗〗くそ勉強をする (swot). ***let a person ***～ in his own juice*** かってにばかなまねをさせておく. ***The tea is ～ed.*** 茶がですぎた.
—— *n.* **1** シチュー(料理). **2** 〖話〗気をもむこと, 心配. ***in a ～*** やきもきして, いらいらして.
～·pan [∠⌐] シチューなべ. ◇ **～ed** *a.* シチューにした.

stew² *n.* 〖英〗生けす; カキ養殖場.

stew³ *n.* (通例 *pl.*) 〖古〗売春宿.

stéw·ard [st(j)úːwərd/stjuəd, stjúːəd] *n.* **1** 執事, 家令, 支配人. **2** まかない方, 《クラブ・病院などの》用度係. **3**《組合などの》会計. **4**《旅客機・客船の》給仕, 旅客係, ボーイ. **5** 世話役, 《催し物などの》幹事. ◇ **～·ly** *a.* よく世話をする. **～·ship** *n.* **1** ～の職[仕事]. **2** 管理, 処理 経営.

‡stéw·ard·ess [st(j)úːwərdis/stjúəd-, stjúːəd-] *n.* **1** 女性の steward. **2**《旅客機・客船・バス・列車などの》スチュワーデス (hostess).

St. Ex. Stock Exchange.

St. He·lé·na [sèint-həlíːnə/sèntilíː-] *n.* アフリカ西岸沖のイギリス領の孤島《Napoleon 流刑の地》.

sthe·ní·a [sθináiə, [米]+ sθíːniə] *n.* 〖医〗力; 過度の精力. → asthenia.

sthén·ic [sθénik] *a.* **1** 強い, 精力的な; がっしりした. **2**《心臓・動脈など》病的に活発な, 昂進(こうしん)性の.

stíb·i·um [stíbiəm] *n.* 〖化〗アンチモン(antimony).
◇ **-al** [-biəl] *a.*

†stick¹ [stik] *n.* **1** 棒, 棒切れ, 折り取った木の枝. **2** 〖おもに英〗ステッキ, つえ: walk with a ～. → cane. **3** 打棒, こん棒; 打撃; むち打つこと. **4** 〖話〗でくの坊, ぼんくら. **5**《チョコレートなどの》棒状の物: a ～ of candy. **6** 〖楽〗指揮棒; 《自動車の》ギア用レバー; 〖空〗操縦桿(かん); 〖印〗植字用ステッキ, 植字架(の活字); 〖海笑〗マスト, 帆げた. **7**《紅茶などに入れるブランデーなど》酒の類. **8** 〖空〗一列連続投下(配列)爆弾. **9** 〖俗〗麻薬入り巻きたばこ.
at the ～'s end 遠くに. ***beat*** a person ***all to ～s*** 〖米俗〗完全に打ちのめす. ***cut*** one's ***～*** 〖俗〗逃げる. ***give*** a person ***the ～*** (人を)むちで打つ, せっかんする. ***go to ～s (and staves)*** ばらばらになる. ***hold ～s with = hold a ～ to*** と互角の勝負を争う. ***in a cleft ～*** 進退きわまって. ***the ～s*** 〖米〗森林地, 山奥, いなか. ***the wrong [short, dirty] end of the ～*** 不正な扱い, 不利な立場; まちがった解釈[報告]. ***want the ～*** むちで打たれる必要がある.
—— *vt.* **1** 棒でささえる. **2** 〈活字を〉組む, 植える.
～·ball [∠⌐] ほうきの柄とゴムまりを使って路上などで行なう野球. **～ figure [drawing]** 棒線画《人の姿勢を示すための》.
～ insect 〖虫〗七節虫 (=walking ～).

stick figures

‡stick² *v.* (**stuck** [stʌk]) *vt.* **1**《とがった道具で》突く, 刺す; 刺し止める; 刺し[突き]殺す: ～ a finger *with* a pin ピンで指を刺す. ～a potato *on* a fork [spit]ジャガイモをフォーク[くし]に刺す. ～ salmon サケをもりで突く. **2** 〈とがった道具を〉《他の物に》刺す, 突き刺す: ～ a fork *into* thick meat 分厚な肉にフォークを(突き)刺す. ～ a pin *through* the cloth 布地にピンを突き通す. **3** 突っ込む; 立てる, すえる, 固定する: ～ a rose *in* one's buttonhole ボタン穴にバラの花をさす. ～ the washing *in* the machine 洗たく物を洗たく機に入れる. ～ one's pipe *between* one's teeth パイプをくわえる. ～ the letter *under* the door 手紙をドアの下に突っ込む. ～ candles *in* a birthday cake バースデーケーキにろうそくを立てる. **4** 〈頭などからだの一部を〉突き出す《*out*》, 突っ込む《*in*》: ～ one's head *out* 顔を突き出す. **5** (ピンで) **止める, 固定する,** (のりで) はりつける: ～ a painting on the wall 画を壁にはる. ～ a stamp on a letter 手紙に切手をはる. **6** 固定する, 置く: ～ a chair in the corner いすをすみにすえる. **7** 動けなくする《おもに受動態で》: *get stuck* in the mud どろにはまってにっちもさっちもゆかなくなる. **8** 一頓挫(とんざ)させる, 困らせる; に負わせる《を *with*》; 〖俗〗だます: *stuck with* family illness 家族の病気という重荷をしょわされて. **9** に一面に刺す[はりつける]; 一面に飾る, 飾り立てる, いっぱいにする: ～ a cushion full of pins 針刺しに針をいっぱい刺す. a truck *stuck* all over *with* labels ラベルをべたべたはりつけたトラック. **10** に請求する; に法外な値をふっかける: What do they ～ you for a meal? 1 食幾らにつくかい. **11** 〖おもに英〗がまんする: I can't ～ such a life. こんな人生はやりきれない.
—— *vi.* **1** 突き刺さる, 突き出る: a book ～*ing* from one's pocket ポケットから突き出ている本. **2** くっつく, 粘着する《*on*; に *to*》: Glue *stuck to* my fingers. にかわ[のり]が指にくっついた. **3** 動かなくなる, 詰まる: Food *stuck* in his throat. 食物がのどにつかえた. The car *stuck* in the mud. 車がぬかるみで動かなくなった. **4** 離れない, とどまっている, 残る: ～ *to* a job 仕事をやめない, 仕事をがんばりつづける. childhood fears ～*ing* with me 私の心に残る幼年時代の恐怖. **5** 忠実である, 固守する《に *to, at*》:

～ *to* one's friend〔promise〕友〔約束〕を裏切らない. Teachers should ～ *to* education. 教員は教育に専心すべきだ. **6**〖話〗身動きできない, どうにもならない, 困る《に *at*》: ～ *at* grammar 文法がわからない. **7** いやになる, 思いとどまる《に, を *at*》.

be stuck on 〖米俗〗…にほれている. ***be stuck with*** と離れられなくなっている: *be stuck with* the job of reading the exam papers 採点で手が放せない. ***get stuck*** 行き詰まる;《話の途中などで》詰まる, 困る: If I *get stuck*, will you help me? つかえたらすけだちしてくださいね. ***～ around***〖米俗〗そばにいて待つ. ***～ at*** (1) をこつこつやる. (2) …にこだわる; をためらう. ***～ by*** に忠実である. ***～ down***〖話〗書きとめる. ***～ fast*** はりつく; 行き詰まる. ***～ in***〖俗〗(1)〈事実を〉文章中にさしはさむ. (2) 外出しない. ***～in*** a person***'s throat*** 〈物が〉のどに詰まる. ***～ it on***〖俗〗高値をつける; 大げさに話す. ***～ it*** (***out***)〖俗〗じっとがまんする. ～ one***'s neck out***《批評・非難・危険などに》身をさらす. ***～ out*** (1) 突き出す. (2)(最後まで)がんばる. (3)〖米俗〗目だつ. ***～ out a mile*** 一目ではっきりする. ***～ out for*** をしつこく要求する, をたかる. ***～ to*** に粘りつく; に執着する; に忠実である. ***～ together*** 協調する, 協同する; 仲がいい. ***～ to*** one***'s guns*** 持ち場を離れない; 反対にもめげずにやる. ***～ to it*** がんばる. ***～ to*** one***'s knitting*** 眼前の仕事を懸命にやる. ***～ to*** one***'s last*** 最後までがんばる. ***～ up*** (1) 突き出ている, 直立する. (2)〈棒などを〉立てる. (3)〖俗〗凶器でおどす; 困らせる. ***～ up for***〖話〗を弁護〔支持〕する. ***～ up to***〖話〗(1) に抵抗する. (2)〈女〉に言い寄る.

—— *n.* **1** 一突き. **2** 粘り; 粘着物. **3** 行き詰まり.

～-at-nóth·ing なにものにもたじろがない,「なんでもやってやろう」の精神をもった. **～-in-the-mud** → 別項. **～·jaw** [´ ´]〖英俗〗粘ついてかみにくいタフィー (taffy). **～·pin** [´ ´]〖米〗ネクタイピン. **～·tight** [´ ´]〖植〗センダングサ属の一種《その種子が着物にくっつく》. **～-tó-it·ive** → 別項. **～-up** [´ ´] (1) 立てえり(の), 突き出た. (2)〖米俗〗追いはぎ.

stíck·er [stíkər] *n.* **1** 突き棒, 刺し具. **2**〖俗〗ナイフ. **3** 豚殺し. **4** 粘りつく物〔人〕. **5** 広告ビラ, ステッカー《のりつきレッテル》;《自動車の》駐車違反票. 〈注〉駐車許可票ははりつけないので sticker ではない. **6** 広告はり. **7** 粘り屋, がんばり屋. **8** 長居の客;(いつまでも)売れない商品. **9** 困らせる人〔物〕;〖米話〗なぞ. **10**《オルガンの二つのてこをつなぐ》木桿(もくかん). **11**〖米俗〗とげ, いが.

stíck·ing [stíkiŋ] *a.* 粘る, 粘りつく.
～ place 止点, 落ち着く場所; 足場, ひっかかり. **～ plaster** ばんそうこう. **～ point** = ～ place.

stíck-in-the-mud [stík(i)nðəmʌd] *a.* 旧弊な, 進歩的でない; のろまな. —— *n.* 旧弊な人; のろま. ***Mr.*** 〔***Mrs.***〕***S～***〖俗〗なんとかさん〔夫人〕《名前を忘れたときの代用》.

stíck·le [stíkl] *vi.*《特にささいなことで》言い争う; こだわる; ためらう. ◇ **～r** [-ər] *n.* こだわる人; やかまし屋, きちょうめんな人《*for*》;〖話〗難題, 難問.

stíck·le·back [stíklbæk] *n.*〖魚〗トゲウオ.

stìck-tó-it·ive [stiktú:itiv] *a.*〖米話〗粘り強い, 根気のある. ◇ **～·ly** *ad.* **～·ness** *n.*

***stíck·y** [stíki] *a.* **1** ねばねばする, くっつく. **2**〖米話〗湿気の多い, 蒸し暑い. **3** やっかいな, 困難な. **4** がんこな; うんと言わぬ. ◇ **-i·ly** *ad.* **-i·ness** *n.*

***stiff** [stif] *a.* **1** こわばった, 硬直した, 堅い: a ～ collar. **2**《首・肩が》こった, 張った;《からだが》つった: have a ～ neck 首がこって回らない. **3**《綱などが》ぴんと張った. **4** 動かない, 固着した, うまく〔ずぐには〕動かない. **5** 凝固した, 固まった, 粘つく: a ～ grease 粘性のある潤滑油. **6** がん強な, がんこな; 堅苦しい, 不自然な: a ～ style of writing ぎこちない文体. **7**《抵抗などが》強硬な;《風・雨などが》激しい;《酒が》強い. **8**〖商〗強含みの. **9** むずかしい, 扱いにくい: a ～ work ほねのおれる仕事: find it ～ going それが困難な仕事だとわかる. **10**《条件・罰などが》きびしい; きつい;〖話〗《値段などが》法外な. **11**〖話〗とんでもない, ひどい. **12**〖米俗〗酔っ払った. **13**〖海〗容易に傾かない.

keep a ～ face 動じない, まじめくさる. ***keep a ～ (upper) lip*** 動じない;(苦境にあって)がんばる. ***～ as a crutch***〖オーストラリア〗一文なし. ***take a ～ line*** 強硬に出る.

—— *ad.* **1** 堅く, ごわごわに: The wet shirt was frozen ～. ぬれたシャツが堅く凍っていた. **2** 強硬に, 激しく, ひどく;〖俗〗大いに, すっかり, 全く: be scared ～ びっくりして青くなる.

—— *n.* **1** 堅い人物, りちぎ者,(手に負えない)堅蔵; 無器用者. **2** けちんぼう. **3** 酔っ払い. **4**〖俗〗死体. **5**〖俗〗《…な》人間: a poor ～ 哀れなやつ. **6** 浮浪人; 労働者. **7** 偽造小切手. **8** かわせ. **9** 手紙, 書付《特に秘密の》. **10**〖俗〗負けるにきまっている競走者〖馬〗. **～-nécked** → 別項.

◇ **～·ish** *a.* やや堅い. **～·ly** *ad.* **～·ness** *n.*

stíff·en [stíf(ə)n] *vt.* **1** 堅くする, 硬直させる. **2** がんこにする,〈態度などを〉硬化させる. **3** 堅苦しくする. **4**〈のりなどを〉堅く練る, 濃くする. —— *vi.* **1** 堅くなる, 硬直する. **2** がんこになる, 強情になる. **3** 堅苦しくなる. **4**〈風などが〉強くなる. **5**〈価格などが〉高くなる, 強含みになる;〈市場などが〉引き締まる.
◇ **～·er** *n.* 堅くする人〔物〕; 補強材; 表紙の心(しん).

stíff-nécked [stífnékt] *a.* がんこな, 頭の堅い; 手に負えない, 強情な. ◇ **-néck·ed·ly** [-nékidli, -néktli] *ad.* **-néck·ed·ness** *n.*

stí·fle[1] [stáifl] *vt.* **1** の息を止める, 窒息させる. **2**〈不平などを〉押える, もみ消す. **3**〈火などを〉消す. —— *vi.* **1** 息が詰まる, 窒息する. **2** いぶる, くすぶる.

stí·fle[2] *n.*《馬などの》後ろひざ関節;《人の》ひざ関節;(後ろ)ひざ関節病.

stí·fling [stáifliŋ] *a.* 息詰まるような; 重苦しい; 窮屈な. ◇ **～·ly** *ad.*

stíg·ma [stígmə] *n.* (*pl.* **～·ta** [-mətə], **～s**) **1** 汚名, 汚点, 恥辱. **2**〖古〗《どれい・囚人に押した》焼き印. **3**〖植〗柱頭;〖動〗気門, 気孔;〖医〗兆候; (*pl.* **～·ta**)《精神的刺激などによる》紅斑(こうはん). **4** (*pl.* **～·ta**)〖宗〗聖痕(せいこん)《聖者のからだにあらわれたといわれる十字架上のキリストの傷に似たもの》. **5**〖米〗格外を示す記号.

stig·mát·ic [stigmætik] *a.* **1** 不名誉な. **2**〖植〗柱頭の;〖動〗気孔の;〖医〗紅斑の. **3**〖宗〗聖痕のある. —— *n.*〖宗〗聖痕のある人《St. Francis of Assisi など》.

stíg·ma·tize [stígmətàiz] *vt.* **1** に汚名をきせる, 非難する. **2** に焼き印を押す.
◇ **stìg·ma·ti·zá·tion** [ˌ–tizéiʃ(ə)n, -taiz-] *n.*

stile [stail] *n.* 踏み段, 段々《牧場などの石がき・さくなどで人間だけが越せて, 家畜は通れないようにしたもの》; まわり木戸 (=turnstile);〖建〗かまち.

stile

sti·lét·to [stilétou] *n.* (*pl.* **～(e)s**) **1** 小剣〔短剣〕の一種. **2**《裁縫・ししゅう用の》目打ち, 穴あけ. [<It.]

†**still**[1] [stil] *a.* **1** 静止した, 動かない: keep ～ じっとしている. The sea is ～ today. きょうの海はないでいる. **2** 音のしない, 静かな, しんとした; ことばを発しない: the ～ air ひっそりした大気. **3**《音が》静かな, やさしい,《声が》低い. **4** 静穏無事な, 平和な. **5**《酒が》あわのたたない. (***as***) ***～ as death*** 〔***the grave, a stone***〕コトリとも音がしない, ひっそり静まりかえった. ***as ～ as ～*** コトリともせず. ***stand ～*** じっと立ち止まる, 静止する. ***～ small voice***〖聖〗静かな小さい

声, 神〔良心〕のささやき《列王紀上 19:12》. ***S~ waters run deep.*** 〖諺〗音なし川の水は深い, 沈黙の人こそ思慮ぶかい.

—— *ad.* **1 まだ, いまでも**, なお: He is ~ poor. 彼はいまだに貧しい. **2 それにもかかわらず**, しかしながら: I am sleepy, (but) ~ I will work. 眠いけれど, でも働こう. 〈注〉ほとんど接続詞のように用いられ, but, however より強い意味をあらわす. **3**《比較級とともに》**更に**, もっと, いっそう, なおさら: ~ better いっそうよい. **4**〖英古〗常に, 絶えず. ***~ less***《否定を受けて》いわんや(…ない), ましてや(…ない). → less. ***~ more***《肯定を受けて》まして, いわんや, いっそう多く.

—— *n.* **1**〖雅〗静けさ, 静寂, 沈黙: the ~ of the night 夜の静けさ. **2**〖映〗スチール;《映画に対して》普通の写真. **3**〖話〗静物(画). **4** = ~ alarm.

—— *vt.* **1** 静める, なだめる. **2** 和らげる, 〈音などを〉止める: ~ one's thirst かわきをいやす. —— *vi.* 静まる; 〈風が〉なぐ, 和らぐ.

~ alarm〖米〗《警鐘によらず電話などによる》火災警報. **~·birth** [⌐⌐] 死産(児). **~·born** [⌐⌐] 死産の;《比喩的》流産の, 不成功の. **~ hunt**〖米〗忍び寄ってする狩猟; 裏面〔秘密〕工作. **~-hunt** [⌐⌐] 忍び寄って猟をする. **~ life** 静物画.

〔類〕→ **quiet**「静かな」

still² *n.*《特にアルコール類の》蒸留器〔所〕. —— *vt.* 〖稀〗蒸留する; 〈アルコールを〉蒸留してとる.

~·room [⌐⌐] 蒸留室〔所〕;《大邸宅の》食料品の貯蔵室.

‡**stíll·ness** [stílnis] *n.* 静けさ; 沈黙; 静止; 静穏, 「落ち着き.

Stíll·son [stílsn] ***~ wrench***《管などに用いる》L字形のねじ回し, パイプレンチ《商標名》.

stíll·y [stíli] *a.*〖雅〗静かな. —— *ad.*〖稀〗静かに, 落ち着いて; 黙って.

stilt [stilt] *n.* **1** (*pl.*) 竹馬, 高足;《水上家屋などの》支柱. **2**〖鳥〗セイタカシギ. ***on ~s*** 竹馬に乗って; 大言壮語して, 大げさに. —— *vt.* 竹馬〔支柱〕に乗せる.

stílt·ed [stíltid] *a.* **1** 竹馬に乗った;〖建〗垂脚の: a ~ arch 上心迫持(せり). **2**《文体など》堅苦しい, 大げさな. ◇ **~·ly** *ad.* **~·ness** *n.*

Stíl·ton [stíltn] *n.*《イギリス産の》上等なチーズの一種 (= ~ cheese).

stím·u·lant [stímjulənt] *n.* **1**〖医〗興奮剤. **2** 興奮性飲料《コーヒー・茶など》; 酒類. **3** 刺激物; 奨励物. —— *a.* **1**〖医〗興奮性の. **2** 刺激性の. **3** 奨励的な.

‡**stím·u·late** [stímjulèit] *vt.* **1 刺激する**; 激励する: ~ a person's interest in poetry 詩に対する興味を刺激する. **2**《コーヒー・酒類などで》興奮させる, 元気づける. —— *vi.* 刺激〔激励〕になる. [√sti(n)g-]

◇ ***stím·u·lat·ing** [-iŋ] *a.* 刺激的な; 激励的な.

stím·u·la·tor [-ər] *n.* 刺激する人〔物〕; 激励者.

stìm·u·lá·tion [stìmjuléiʃ(ə)n] *n.* 刺激, 激励; 興奮.

stìm·u·la·tive [stímjulèitiv/-lət-] *a.* 刺激的な, 激励する. —— *n.* 刺激物.

stím·u·lus [stímjuləs] *n.* (*pl.* **-li** [-lài]) **1** 刺激; 刺激物, 興奮剤. **2** 激励. **3**〖生理〗刺激. **4**〖植〗刺毛;〖虫〗針.

stí·my = stymie.

‡**sting** [stiŋ] *v.* (**stung** [stʌŋ],〖米古〗**stang** [stæŋ]) *vt.* **1**《針で》**刺す**. **2** ひりひり〔ずきずき〕させる: ~ a person's eyes 目をひりひりさせる. **3** 苦しませる; 〈感情を〉害する: My conscience *stung* me. 私の良心がとがめた. **4** 〈舌などを〉刺激する, ピリッとさせる: Pepper ~*s* the tongue. こしょうは舌にピリリとする. **5**(刺激して)かり立てる《へ *to, into*》: Anger *stung* him *to* action. 彼は怒りにかられて行動を起こした. **6**〖俗〗欺く, だまし取る《おもに受動態で》: He *got stung* on the deal. 彼はその取引でだまされた. —— *vi.* **1** 〈針をもつ動植物が〉刺す. **2** (刺すように)ひりひりする. **3**《精神的に》苦痛を与える: The memory of the insult still ~*s*. その侮辱は思い出すといまも心を苦しめる. **4**《肉体的・精神的に》痛みを感じる.

—— *n.* **1** 刺すこと, 刺し傷: be hurt by a ~ 刺されて傷つく. **2** 激痛, 刺痛, 刺すような痛み. **3**《精神的な》苦しみ, 痛苦: the ~ of defeat 敗北の苦汁(じゅう). **4** 皮肉, 辛らつさ; 当てこすり: Satire has a ~. 風刺には皮肉がある. **5**〖動〗針, 毒牙(どく);〖植〗刺毛, いら, とげ. ***have no ~ in it*** 刺激がない, 味〔こく〕がない. ***have ~ in the tail*** あと味が悪い.

stíng·a·ree [stíŋəriː, ⊛⁺ ⌐⌐⌐] = stingray.

stíng·er [stíŋər] *n.* **1** 刺す動物〔植物〕. **2**〖動〗針, とげ;〖植〗刺毛. **2**〖話〗痛撃; 皮肉. **3** 皮肉屋. **4**〖米〗ブランデーとはっか入りリキュールのカクテル;〖英俗〗= highball.

stíng·ing [stíŋiŋ] *a.*《苦痛など》刺すような;《皮肉など》鋭い. **~ nettle**〖植〗イラクサ.

◇ **~·ly** *ad.* **~·ness** *n.* 「元気; 熱意.

stín·go [stíŋgou] *n.* **1**〖古俗〗強いビール. **2**〖俗〗

stíng·ray [stíŋrèi] *n.*〖魚〗アカエイ.

stín·gy¹ [stíndʒi] *a.* **1** けちけちする《を *of*》; けちな, しみったれた. **2** わずかな. ***be ~ with*** を出し惜しむ.

◇ **-gi·ly** *ad.* **-gi·ness** *n.*

stíng·y² [stíŋi] *a.* 鋭い;《風など》身を切るような.

stink [stiŋk] *v.* (**stank** [stæŋk], **stunk** [stʌŋk]; **stunk**) *vi.* **1** 悪臭を放つ, いやなにおいがする: Decaying fish ~. 腐った魚はいやなにおいがする. **2** 評判が悪い. **3**〖俗〗ひどい, 劣悪である: That music ~*s*. **4**〖俗〗いっぱい〔しこたま〕もっている《を *of, with*》: ~ *of* money 金が腐るほどある. —— *vt.* **1** に悪臭を放つ, 悪臭で満たす. **2** 臭気で追い払う, いぶり出す《*out*》. **3**〖俗〗のにおいをかぎつける.

—— *n.* **1** 悪臭, 臭気. **2** (*pl.*)〖英俗〗化学, 自然科学. ***like ~***〖俗〗非常に. ***raise a ~***〖俗〗悪評がたつ, 人を騒がす.

~·ball [⌐⌐], **~ bomb**《昔海戦に用いた》悪臭弾. **~·bug** [⌐⌐] カメムシの類; 悪臭を発するこん虫. **~·pot** [⌐⌐] 便器; 鼻もちならぬやつ; = stinkball;〖動〗《アメリカ産》ジャコウウミガメ. **~·stone** [⌐⌐] 臭石《切り出したり摩擦すると悪臭を発する石灰石》.

stínk·er [stíŋkər] *n.* **1** 臭い人〔動物〕. **2**〖俗〗いやなやつ, 下劣な人. **3**〖鳥〗大ウミツバメの類. **4**〖俗〗がらくた, つまらないもの. **5**〖俗〗むずかしいもの, 難問.

stínk·ing [stíŋkiŋ] *a.* 悪臭を発する;〖俗〗鼻もちならぬ, ひどい. ◇ **~·ly** *ad.* **~·ness** *n.*

stín·ko [stíŋkou] *a.*〖俗〗酔った.

stint¹ [stint] *vt.* **1** 〈食事・金銭などを〉切り詰める, 出し惜しむ. **2**〖古〗やめる. —— *vi.* **1** 倹約する, 節約する《を *on*》. **2**《~ oneself の形で》切り詰める《を *of, in*》: The student ~*ed himself of* food. その学生は食物を切り詰めた. **3**〖古〗やめる.

—— *n.* **1** 切り詰め, 制限, 節約: give without ~ 惜しみなく与える. **2**〖稀〗配分量, 定量, 定額《*of*》. **3** 割り当て仕事, きまった仕事: a daily ~ 日々の仕事. **4**〖古〗休憩, 中止.

stint² *n.*〖鳥〗ハマシギ.

stipe [staip] *n.* **1**〖植〗軸柄, 茎;《シダ類の》葉柄;《キノコの》菌柄. **2**〖動〗茎節.

stí·pel [stáipl] *n.*〖植〗小托葉(たく).

stí·pend [stáipend] *n.*《定期的の》手当, 給料;《特に牧師の》俸給(ほう);《学生・研究員が定期的に受ける》奨学資金, 給費. → salary. ◇ **~·less** *a.*

〔類〕→ **pay**「賃銀」

sti·pén·di·ar·y [staipéndièri/-diəri] *a.* 有給の; 俸給の. —— *n.* 有給者, 月給取り;〖英〗有給治安判事.

stí·pes [stáipiːz] *n.*〖動〗《甲殻(こう)類・こん虫などの》小あご, 小えら;〖植〗= stipe ①.

stíp·ple [stípl] *n.* 点刻〔点画, 点彩〕(法).

—— *vt., vi.* 点刻〔点画, 点彩〕する.

◇**-pling** *n.* = stipple.

stíp·u·late[1] [stípjulèit] *vt.* 1 規定〔明記〕する; 約定〔契約〕する《と *that*》. 2 条件として要求する. —— *vi.* (条件として) 規定〔明記, 要求〕する《を *for*》. ◇**-la·tor** [-lèitər] *n.* 契約〔規定〕者. **-la·to·ry** [-lətɔ̀:ri/-lət(ə)ri] *a.*

stíp·u·late[2] [stípjulit] *a.* 〔植〕托葉(たく)のある.

stìp·u·lá·tion [stìpjuléiʃ(ə)n] *n.* 1 約定, 契約. 2 規定, 条項, 条件.

stíp·ule [stípju:l] *n.* 〔植〕托葉(たく).

◇**stíp·u·lar** [-pjulər] *a.* 〔植〕托葉(状)の.

‡**stir** [stə:r] *v.* (**-rr-**) *vt.* 1 動かす, ゆすり動かす, わずかに動かす: The wind ～*s* the leaves. 風が木の葉をざわつかせる. He didn't ～ a finger. 彼は指一本動かさなかった. 2 かき回す, かき立てる: ～ one's tea お茶をかき混ぜる. 3 奮起させる, 感動〔興奮〕させる: ～ oneself 奮起する. 4 扇動する: John ～*s* the children to mischief. ジョンが子どもたちを扇動して悪さをさせるのだ. 5 〈感情を〉動かす, 引き起こす. —— *vi.* 1 動く; 身動きする. 2 起きている, 活動している: No one was *stirring* in the house. 家じゅうでだれも起きていなかった. 3 〈貨幣などが〉流通する: Is there any news *stirring*? なにか新しいニュースはあるか. 4 かき混ぜられる: It ～*s* easily. それはかきまぜやすい. 5 奮起〔興奮〕する.

not ～ an eyelid いっこうに動じない. ～ a person's ***bile*** 〔***pity, spirit***〕 ***up*** (人)にかんしゃく〔同情心, 元気〕を起こさせる. ～ a person's ***blood up*** (人)の血をわかす. ***S～ your stumps.*** 早くしろ.

—— *n.* 1 動かすこと, かき混ぜること: Give it a ～. ちょっとかき立てなさい. 2 活動. 3 混乱, 騒ぎ: The news created a ～. そのニュースはセンセーションを起こした. 4 評判: make a great ～ たいへんな評判になる. 5 感激, 刺激. 6〔俗〕刑務所.

◇**～·rer** [stə́:rər] *n.* 1 かき回す人; かき混ぜ器. 2 活動家; 扇動者.

stír·a·bout [stə́:rəbàut] *n.* 《オートミール・トウモロコシ粉などの》かゆ. —— *a.* 騒がしい; 雑踏する.

stirps [stə:rps] *n.* (*pl.* **stír·pes** [stə́:rpi:z]) 種族; 家系, 血統;〔法〕祖先;〔生〕遺伝素. [<L.]

stír·ring [stə́:riŋ] *a.* 1 活動的な, 多忙な. 2 騒がしい; にぎやかな: ～ times 騒がしい世の中. 3 感動させる, 鼓舞する, 興奮させる. ◇ **～·ly** *ad.*

stír·rup [stə́:rəp, stír-/stír-] *n.* 1 あぶみ, あぶみがね. 2〔機〕あぶみ形の道具;〔海〕あぶみ綱.

～ **bone**〔医〕あぶみ骨. ～ **cup**〔おもに英〕《昔馬で出立する人にすすめた》別れの杯. ～ **leather** 〔**strap**〕あぶみ皮. ～ **pump** 消火用手押しポンプ.

‡**stitch** [stitʃ] *n.* 1 一針, 一縫い, 一編み, 一かがり, ステッチ. 2 針目, 縫い目, 一針〔縫い〕の糸;〔医〕一針. 3 縫い〔編み〕方: a buttonhole ～ ボタン穴のかがり方. 4 布, 布地: have not a ～ on 身に一糸もまとっていない; ひどく貧乏している. 5〔製本〕とじ. 6〔話〕ほんの少し, わずか《*of*》: He didn't do a ～ *of* work. 彼は少しも仕事をしなかった. 7 激痛: a ～ in the side わき腹の差し込み.

A ～ in time saves nine.〔諺〕適当なときの一針はあとで九針の手間をはぶく, きょうの一針あすの十針. ***in ～es*** 笑いころげて, 抱腹絶倒して.

—— *vt.* 1 縫い合わす; に縫い飾りする, にステッチする: ～ together 縫い合わせる. 2 ホチキスでとじる. 3〔製本〕とじる. —— *vi.* 縫う; 縫い合わす. ***drop a ～*** 《編み物で》一針かがり落とす. ***have not a dry ～ on*** one ずぶぬれである. ***put a ～ in*** 一針縫う.

stíth·y [stíði, [米]+ stíθi] *n.* 金床(かなとこ), 金敷き;〔古・雅〕かじ屋の仕事場.

stí·ver [stáivər] *n.* 1 オランダの古貨幣の名. 2 わずかの金: not worth a ～ 一文の値うちもない.

St. Lóuis [seintlúis/s(ə)nt-] *n.* アメリカ Missouri 州東部の都市.

stó·a [stóuə] *n.* (*pl.* **-ae** [stóui:], **-as**)《古代ギリシア建築の》歩廊, 柱廊. ***the S～*** ストア哲学 (the Porch).

stoat[1] [stout] *n.*〔動〕テン《特に夏季毛がかっ色の》.

stoat[2] *vt.* 《縫い目を出さずに》縫い合わせる, くける.

‡**stock** [stak/stɔk] *n.* 1 幹, 茎. 2 継ぎ木の台木〔親木〕. 3〔古〕切り株, 丸太, 木片. 4《かんななどの》台; 柄;《銃の》台じり, 銃床. 5 (*pl.*) 造船台. 6 (*pl.*)〔史〕足かせ; さらし台. 7 家系, 血統: She is of (old) New England ～. 彼女はニューイングランド地方(の旧家)の出身だ. 8 種族, 族; 語族. 9〔生〕群生, 群体, 群落. 10〔米〕株, 株式 (=[英] share); (*pl.*)〔英〕公債, 国債, 公債証書, 債券. 11 蓄積, たくわえ. 12 在庫(品), 手持ち: The book is not in ～. その本は売り切れです. 13 材料, 原料: Rags are used as a ～ for making paper. ぼろ布は製紙原料として用いられる. 14 ストック, スープ用煮出しじる. 15 …の的: a laughing ～ 笑いぐさ. 16 一定の上演種目, レパートリー. 17 家畜 (= livestock). 18〔植〕ストック, アラセイトウ. 19《昔の軍服の》えり巻き. ***common ～*** = [英] ***ordinary ～*** 普通株. ***fat ～*** 食肉用の家畜. ***have*** 〔***keep***〕 ***in ～*** (在庫して)おいてある. ***on the ～s*** 建造中; 計画中. ***out of ～*** 品切れで. ***sit in the ～s*** さらし台にさらされる. ***～s and stones*** 木石, 無情な人. ***take ～*** たな卸しする, 在庫品調べをする. ***take ～ in*** (1) の株を買う. (2) に関係する. (3)〔話〕を信頼する, を重んずる. ***take ～ of*** を評価する;〔話〕〈人〉をつくづくながめる.

—— *a.* 1 手持ちの, 持ち合わせの. 2 平凡な, ありふれた: a ～ comparison 陳腐な比喩(ひゆ). 3 株式の. 4〔米〕株の,〔英〕公債〔国債〕の. 5 家畜飼育の.

—— *vt.* 1 に柄〔台〕を付ける. 2 にたくわえる, に備える《を *with*》: ～ a pond *with* fish 池に魚を放つ. ～ one's store up *with* summer goods 店に夏物を仕入れる. 3 〈農場に〉家畜を入れる. 4 〈商品を〉仕込む, 仕入れる; 売っている. 5〔史〕さらし台にさらす.

—— *vi.* 1 仕込む, 仕入れる《*up*》. 2〔植〕吸枝を生じる. ～ ***up on*** を買い込む, をため込む.

～ **account**〔英: 簿記〕貯蔵品勘定. ～ **book**〔英〕現品〔在荷〕控え帳. **∸·brèed·er** 牧畜業者. **∸·brò·ker** 株式仲買人. **∸·brò·ker·age, ∸·brò·king** 株式仲買業. ～ **car**〔鉄道〕家畜運搬貨車. ～ **certificate**〔米〕記名株券;〔英〕公債証書. ～ **company** 株式会社; ストック劇団《レパートリー劇場専属のスター制度のない劇団》. ～ **dove** 《ヨーロッパ産》ノバト, カワラバト. ～ **exchange** 株式取引所; 株式仲買人組合. ～ **farm** 牧畜場. ～ **farmer** 牧畜業者. ～ **farming** 牧畜業. **∸·fish** [∸∸] (*pl.* **∸·fish, ∸·fish·es**) 干物; 干ダラ. **∸·hòld·er**〔米〕株主 (= [英] shareholder). **∸-in-tráde** 在庫品; 商売道具; 必要手段. **∸·jòb·ber**〔英〕相場師;〔米〕株式仲買人. **∸·jòb·bing** 株式売買(業); 投機. ～ **list** 株式〔公債〕相場表. **∸·man** [-mən, -mæ̀n] (*pl.* **-men**) 牧畜業者; 牧夫. ～ **market** 株式取引所; 株式市場; 株式売買. **∸·pile** → 別項. **∸·pot** [∸∸] スープ〔ソース〕なべ. ～ **raising** 牧畜. **∸·rìd·er** 《オーストラリアの》乗馬牧夫 (cowboy). **∸·room** [∸∸] 《物資・商品などの》貯蔵室;〔米〕商品陳列室. **∸-still** [∸∸, ∸∸] 全く静止した, びくとも動かない: stand ～*-still* じっとして立つ. **∸·tàk·ing** 在庫調べ, たな卸し;《事業などの》実績調査. **∸·whip** [∸∸]〔英〕牧場用むち. **∸·yard** [∸∸]《畜殺場・市場へ送る前の》家畜置き場.

stock·áde [stakéid/stɔk-] *n.* 1 防御さく; くいで囲った場所; くいの防波堤. 2〔米: 軍〕刑務所. —— *vt.* さくで囲う.

Stóck·holm [stákhòu(l)m/stɔ́khoum] *n.* ストックホルム《Sweden の首都》.

stóck·i·ly [stákili/stɔ́k-] → stocky.

stòck·i·nét [stɑ̀kinét/stɔ̀k-] *n.* 〘おもに英〙《下着・幼児服などに用いる》メリヤス.

†**stóck·ing** [stɑ́kiŋ/stɔ́k-] *n.* **1** (通例 *pl.*) **ストッキング**, 長くつ下: a pair of ~*s* 長くつ下1足. → sock. **2** 長くつ下状のもの; 《馬など》ほかの部分と異なる毛色の足. ***in** one's **~s*** [*~ feet*] 《身長をいうとき》くつ下だけで, くつをはかないで.

stóck·pile [stɑ́kpàil/stɔ́k-] *n.* 《資材などの》蓄積; 貯蔵原料; 《特に万一に備えての軍需品・兵器などの》準備, 貯蔵; 《道路修理などの》補給材料の山; 〘採鉱〙貯炭. —— *vt., vi.* 蓄積する, 貯蔵する.

stóck·y [stɑ́ki/stɔ́ki] *a.* ずんぐりした, がんじょうな, 太って短い. ◇ **-i·ly** *ad.* **-i·ness** *n.*

stodge [stɑdʒ/stɔdʒ] *vt., vi.* 〘俗〙がつがつ食う, 詰め込む. —— *n.* こってりした〔腹にもたれる〕食物; 大食漢.

stódg·y [stɑ́dʒi/stɔ́dʒi] *a.* **1** 《食物などが》こってりした, 腹にもたれる, 不消化の. **2** 《書物・文体などが》重苦しい, つまらない. **3** 〘米〙ずんぐりした, がんじょうな. **4** 《袋などが》いっぱい詰まった.
◇ **-i·ly** *ad.* **-i·ness** *n.*

stó·gie, stó·gey, stó·gy [stóugi] *n.* (*pl.* **stó·gies**) 〘米〙長ぐつの一種; 細長い安葉巻き.

Stó·ic [stóuik] *n.* ストア派の哲学者; (s~) 禁欲主義者. —— *a.* (s~) = stoical.

stó·i·cal [stóuikl] *a.* **1** ストア学派の. **2** 禁欲主義の; 自制的な, 冷静な. ◇ **~·ly** *ad.*

Stó·i·cism [stóuisiz(ə)m] *n.* **1** ストア哲学《ギリシアの哲学者 Zeno が唱えた学説》. **2** (s~) 禁欲(主義); 自制, 冷静.

stoke [stouk] *vt.* 〈火を〉かき立てる, 〈火に〉燃料を補充する. —— *vi.* **1** 《ストーブなどの》火をたく; 機関車〔炉〕に火を入れる. **2** 火夫として働く. **3** 〘英話〙食物をかっ込む《*up*》. **~·hold** [ˊˋ] 《汽船の》機関室; 《ボイラーの》火たき室. **~·hole** [ˊˋ] 《ボイラーの》たき口; = stokehold.
◇ **stók·er** *n.* 火夫《特に機関車・汽船の》; 給炭機.

STOL [éstɔ̀:l/ˊー] 〘空〙ストール性能《短距離で離着陸する性能》. [<*s*hort *t*ake *o*ff and *l*anding]

stóle[1] [stoul] *n.* **1** ストール《婦人用の細長い肩かけ》. **2** 〘古ローマ〙年配の婦人用の長くゆるい上着. **3** 〘宗〙牧師用のえりかけ; 法衣.

‡**stole**[2] *v.* steal の過去形.

‡**stó·len** [stóul(ə)n] *v.* steal の過去分詞.
—— *a.* **1** 盗まれた: ~ goods 盗品. **2** 内々の: a ~ marriage 内密の結婚.

stól·id [stɑ́lid/stɔ́l-] *a.* ぼんやりした, 鈍感な, 無神経な. ◇ **~·ly** *ad.* **~·ness** *n.* **sto·líd·i·ty** [stəlídəti/stɔl-] *n.* 鈍感, 無神経.

stó·lon [stóulɑn/-lɔn] *n.* 〘植〙匍匐(ほふく)枝; ストロン; 〘動〙走根, 芽体.

stó·ma [stóumə] *n.* (*pl.* **~·ta** [-mətə]) 〘医〙小孔《血管・壁などの》; 〘生〙《植物の》気孔; 《下等動物の》気門.

‡**stóm·ach** [stʌ́mək] *n.* **1** 胃: be sick at one's ~ 〘米〙胸がむかつく. **2** 胃部, 腹部, 腹. **3** 食欲; 欲望, …したい気持ち〔気分〕《*for*》: have a good ~ *for* dinner after exercise 運動のあとは食がすすむ. ***have no ~ for*** に気が向かない. ***lie*** (***heavy***) ***on*** a person'***s ~*** 〈食物が〉胃にもたれる. ***on a full*** [***an empty***] ***~*** 満腹〔空腹〕時に. ***sour ~*** 胸やけ. ***turn*** a person'***s ~*** (人)の胸を悪くさせる.
—— *vt.* **1** 食べることができる, 飲み込むことができる: cannot ~ one's food. **2** 消化する, 味わう. **3** 〈侮辱などを〉がまんする, 忍ぶ《おもに否定文で》. —— *vi.* 怒る.
***~·ache** [-èik] 腹痛, 胃痛. **~ pump** 胃洗浄器. **~ staggers** 〘獣医〙《馬の》胃けいれん.

***stóm·ach·ache** [stʌ́məkèik] *n.* **腹痛**, 胃痛.

stóm·ach·er [stʌ́məkər] *n.* 《特に15–17世紀ごろ流行した婦人用の》三角胸飾り, 胸当て.

sto·mách·ic [stəmǽkik] *a.* **1** 胃の; 胃によい. **2** 消化を助ける. —— *n.* 健胃剤. ◇ **-i·cal·ly** *ad.*

stó·ma·ta [stóumətə] *n.* stoma の複数形.
◇ **~l** [-tl] *a.*

sto·mát·ic [stomǽtik] *a.* 口の; = stomatal.

stò·ma·tí·tis [stòumətáitis, ㊎[+] stɑ̀m-] *n.* 〘医〙口内炎.

stò·ma·tól·o·gy [stòumətɑ́lədʒi/stɔ̀mətɔ́l-] *n.* 口腔(こう)病学.

†**stone** [stoun] *n.* **1** 石, 小石: throw a ~ 石を投げる. **2** 石材: built of ~ 石づくりの. **3** 石碑, 記念碑, 墓石; うす石, といし, 敷石; 〘印〙石版石. **4** 宝石. **5** ひょう, あられ (= hailstone). **6** 〘医〙結石(病). **7** 〘植〙さね, 種: a peach [cherry] ~ 桃〔さくらんぼ〕の種. **8** (通例 *pl.*) 〘卑〙睾丸(こう). **9** 《単複同形》〘英〙ストーン《重量, 特に体重をあらわす. 通例14ポンド, ただし肉は8ポンド, チーズは16ポンド, 干し草は22ポンド, 羊毛は24ポンド. 略 st.》.
A rolling ~ gathers no moss. 〘諺〙転石こけむさず《職業などを次々に変えれば損あって益がない》. (***as***) ***cold*** [***hard***] ***as*** (***a***) ***~*** 石のように冷たい〔堅い, 無情な〕. ***at a ~'s cast*** [***throw***] 石を投げれば届く距離に. ***break ~s*** 《じゃり用に》石を砕く; ひどい生活を送る. ***cast*** [***throw***] ***a ~ at*** を非難する. ***give a ~ and a beating to*** に楽勝する. ***give a ~ for bread*** (1) パンを求めるものに石を与える. (2) ばかにする. ***heart of ~*** 無情. ***leave no ~ unturned*** 八方手を尽くす. ***throw*** [***cast***] ***the first ~*** まっ先に非難する.
—— *a.* **1** 石の, 石造の: a ~ building. **2** (しばしば S~) 石器時代の: *S~* culture 石器時代文化.
—— *vt.* **1** に石を投げつける; 石たたきの刑に処する. **2** に石を敷く〔積む〕. **3** 〈くだものから〉種を取り除く: ~*d* cherries. **S~ Age, the** 石器時代. **~ ax(e)** 石切りおの; 〘考古〙石斧(せき). **~-blínd** 全く盲目の. **~-break** [ˊˋ] 〘植〙ユキノシタ属の(岩生)植物 (saxifrage). **~-bróke** 〘俗〙文なしになった, 破産した. **~ bruise** 石による打撲傷《特に足の裏の》. **~·cast** [ˊˋ] = ~'s cast. **~·cat** [ˊˋ] 〘魚〙《淡水にすむアメリカ産》ナマズ. **~·chat** [ˊˋ] 〘鳥〙ノビタキ. **~ coal** 無煙炭. **~-cóld** 石のように冷たい. **~·crop** [ˊˋ] 〘植〙弁慶草属の植物. **~ curlew** 〘鳥〙石千鳥. **~·cùt·ter** 石切り工; 石切り機. **~-déad** 完全に死んだ. **~-déaf** かなつんぼの. **~ fence** 〘米俗〙ウイスキーとリンゴ酒などの混合飲料. **~ fern** 〘植〙シダの一種. **~ fly** 〘動〙カワゲラ《つりえさに用いる》. **~ fruit** 核果《桃・さくらんぼなど》. **~-horse** [ˊˋ] 〘古〙種馬 (stallion). **~·man** [-mən] (*pl.* **-men**) 石工; 植字工; ケルン (cairn). **~ marten** 〘動〙ムナジロテン; その毛皮. **~·mà·son** 石工, 石屋, 石切り工. **~·mà·son·ry** 石工術; 石造建築. **~ pine** 《南ヨーロッパ産》松の一種. **~ pit** 石切り場. **~ plover** = ~ curlew. **~'s cast, ~'s throw** 石を投げれば届くほどの近距離《約50–150ヤード》. **~·wáll** → 別項. **~·ware** [ˊˋ] 石器; 磁器. **~·work** [ˊˋ] 石細工; 石造(建築)物; (*pl.*) 石細工場. **~·wort** [-wə̀:rt] 〘植〙シャジクモ類の藻(も).
◇ **~·less** *a.* 石のない; 種のない.

Stóne·henge [stóunhendʒ, ˊˊ/ˊˊ] *n.* イギリス Wiltshire の Salisbury 平原にある有史前の巨大な石柱群.

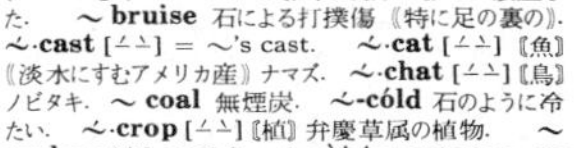

Stonehenge

stòne·wáll [stòunwɔ́:l, ˋˊ/ˊˊ] *vi., vt.* **1** 〘クリケット〙慎重に打球する. **2** 〘英〙議事妨害をする.

—— *a.* 石がきの(ように堅固な); がんこな.
◇ **∼·er** *n.* **∼·ing** *n.* 〘クリケット〙慎重な打球; 〘英〙議事妨害.

stonk [stɑŋk/stɔŋk] *vt.* 猛爆撃する.

‡**stón·y** [stóuni] *a.* (**-i·er**; **-i·est**) **1 石の**, 石のような; 石だらけの, 石の多い: a ∼ path. **2** 石のように堅い. **3 無感動の**, 無慈悲な, 冷酷な; 《目つきなど》無表情な: a ∼ heart 無情な心. **4** 石に化する, 立ちすくませる: ∼ fear 慄然(りつぜん)たる恐怖. **5**〘俗〙文なしの(stone-broke).
∼-bróke〘俗〙= stone-broke. **∼-héart·ed** [-há:*r*tid/-hà:t-] 無情な, 冷酷な.
◇ **-i·ly** *ad.* **-i·ness** *n.*

†**stood** [stud] *v.* stand の過去・過去分詞.

stooge [stu:dʒ] *n.* **1**〘話〙《道化芝居の》ぼけ役, 引き立て役. **2**〘話〙取り巻き, 手先. **3**〘米俗〙《警察などの》おとり. **4**〘英俗〙飛行練習生.
—— *vi.* **1** わき役をつとめる. **2**〘空軍俗〙飛び回る.

stook [stu:k, stuk] *n.* 麦の刈り束の山(shock³).
—— *vt.* 〈刈り麦を〉山に積む.

‡**stool** [stu:l] *n.* **1** (背なしの)**腰掛け**, 床几(しょうぎ). **2** 踏み台, ひざつき台. **3** 便器; (しばしば *pl.*) 便通; 大便. **4** 親木, 親株. **5**〘米〙おとり, おとりの止まり木. **6**《芽の出る》根, 切り株. **7**〘米〙窓敷居.
fall between two ∼s あぶはち取らずになる. ***go to ∼*** 用便する.
—— *vi.* **1** 根から芽を出す. **2**〘米俗〙おとりをつとめる. **3** 大便する. —— *vt.* 〘米〙おとりで誘う.
∼·ball [⌐∸] 《いまもイギリスの一部に残る女子が行なう》クリケットに似た昔の球技. **∼ pigeon** (1) おとりのハト. (2) さくら; 客引き. (3)〘米俗〙密告者.

‡**stoop**[1] [stu:p] *vi.* **1 かがむ, 身をかがめる** ⟪*down*⟫: ∼ over a desk 机にかがみ込む. **2** ねこ背である: ∼ from age 年とって腰が曲がっている. **3** 屈服する, 卑下する: ∼ to cheating 身を落としてあえてごまかす. **4**〘古・雅〙飛びかかる ⟪に *at, on, upon*⟫.
—— *vt.* **1** 〈頭・首などを〉かがめる, 曲げる: ∼ oneself 身をかがめる. **2** 堕落させる: ∼ one's talents to an unworthy cause つまらない運動のために才能をむだ使いする. **3**〘古〙屈服させる. ***∼ to conquer*** [***win***] 負けて勝つ.
—— *n.* **1** 前かがみ, ねこ背: walk with a ∼ 前かがみに歩く. **2** 屈服, 卑下. **3**《猛禽(もうきん)の》襲撃.
∼ crop 身をこごめて世話をする作物《野菜など》.
∼ labor 野菜栽培.

stoop[2] *n.* 〘米・カナダ〙玄関口の階段, 式台.

†**stop** [stɑp/stɔp] *v.* (**stopped** [-t], 〘古・雅〙**stopt** [-t]; **stóp·ping** [stápiŋ/stɔ́p-]) *vt.* **1 止める, 停止させる**: ∼ a train 列車をとめる. ∼ a leak in a pipe パイプの漏れをとめる. ∼ a factory 工場(の操業)を停止する. **2** 取り押える: *S*∼ thief! どろぼうだ(つかまえろ). **3** さえぎる, 妨げる, 中断する; やめさせる: A curtain does not ∼ sound. カーテンでは防音にならない. ∼ a speaker 講演者に中止させる. *S*∼ your work just a minute. ちょっと仕事をやめなさい. No one can ∼ my going out. だれがとめようと私は出て行く. Who can ∼ her *from* behaving like that? だれが彼女のそのようなふるまいをやめさせられるか《だれにもできない》. **4** やめる, 中止する; よす ⟪(do)*ing*⟫: Don't ∼ your questions. 続けて質問しなさい. It has ∼*ped* raining. 雨がやんだ. **5** 〈通路などを〉ふさぐ, じゃまする: ∼ a passage 通路をふさぐ. ∼ the way 道をじゃまする. **6** 〈穴などを〉埋める, 詰める ⟪*up*⟫: ∼ a bottle びんの口にせんをする. ∼ (*up*) a tooth 歯の穴を詰める. ∼ a wound 傷の血を止める. ∼ one's ears 耳をふさぐ, 聞こうとしない. **7** 〈流れるものを〉止める: ∼ water [gas] 水道 [ガス] を止める. **8** 〈支払いなどを〉差し止める, 停止する; 差し引く ⟪から *out of*⟫: ∼ one's check 銀行に小切手の支払いを停止させる. ∼ payment 〈銀行が〉支払いを停止する. The cost must be ∼*ped out of* his salary. 費用分だけ彼の給料から天引きしなければならない. **9**〘運〙打ち負かす(defeat); 《ボクシングで》ノックアウトする; 《フェンシングで》〈攻撃を〉受け止める: ∼ an opposing team 相手チームを破る. → parry. **10**〘楽〙〈管楽器の〉指穴を押える; 〈弦を〉指で押える. **11**〘文〙に句読(くとう)点を打つ. **12**〘海〙《止めづなで》くくりつける.
—— *vi.* **1 止まる**, 立ち止まる: His heart [The clock] has ∼*ped*. 心臓[とけい]が止まってしまった. ∼ still ぴったり止まる. We ∼*ped* to talk. 話すために立ち止まった《We ∼*ped* talking. 話をやめた. → *vt.* ④》. The rain has ∼*ped*. 雨がやんだ. ∼ short in the middle of one's story 話を途中でやめる. **2** 立ち寄る; 泊まる, 〈交通機関が〉とまる: ∼ at home《外に出ないで》家にいる. ∼ at a hotel ホテルに滞在する. ∼ out of school 学校に行かない[来ない]. Do the buses ∼ at this street? バスはこの通りにとまりますか. **3** 〈管などが〉詰まる.
∼ a bullet [***shell***]〘軍俗〙弾丸に当たって死ぬ[傷つく]. ***∼ a packet*** 痛手をこうむる. ***∼ at nothing*** どんなことでもやりかねない[ちゅうちょしない]. ∼ a person***'s breath*** (人)の息の根を止める. ***∼ by*** [***in***]〘米〙立ち寄る. ***∼ dead*** [***short***] 急に止まる. ***∼ down***〘写〙レンズを絞る. ∼ one***'s jaw*** おしゃべりをやめる. ∼ a person***'s mouth*** (人)に口止めする. ***∼ off*** (1)《途中下車して》しばらく滞在する. (2) 〈鋳型に〉砂を詰める. ***∼ out*** さえぎる, 遮断(しゃだん)する; 止め薬をかける. ***∼ over***《旅行の途中》しばらく滞在する, 〘米〙途中下車する. ***∼ up*** (1) 〈穴などを〉ふさぐ, 埋める. (2) 起きている.
—— *n.* **1 止まること**, 休止, 終わり: without a ∼ 止まらずに, 絶えず. There'll be no ∼ to our efforts. われわれは努力し続けるだろう. **2** 停止; 立ち寄り, 滞在; 停車, 着陸: enjoy one's ∼ in Vienna ウィーンでの滞在を楽しむ. No ∼ is permitted on the road. 路上停車禁止. **3 停車[停留]場**, 着陸場: a bus ∼ バス停留所. the last ∼ 終点. **4** ∼すること[させるもの]; 妨害(物). **5** せん, 止め具; 《運動を一定にするための》カム(cam); 〘建〙さん, 戸当たり; 〘海〙止めづな. **6**〘楽〙《オルガンなどの》ストップ; 《弦楽器の弦・管楽器の穴などを》指で押えること[装置]. **7** 句読点《特にコンマ・セミコロン・コロン・終止符》; 電報の段落. **8**〘商〙支払停止通告. **9**〘音声〙(息の)閉鎖; 閉鎖音《[p, b, k, g, t, d] など》; 〘英〙口調, 語調. **10**〘写〙絞り. **11**〘フェンシング〙受け止め. ***at a ∼*** 停止中. ***bring*** [***come***] ***to a ∼*** 止める[止まる]. ***full ∼*** 終止符. ***put a ∼ to*** を中止させる.
∼ bath〘写〙現像停止浴. **∼·cock** [⌐∸] 止めコック, ねじ口, 元栓(もとせん). **∼·gap** → 別項. **∼-go sign**〘英話〙交通信号(traffic light). **∼ knob**《オルガンなどの》音栓. **∼·light** [⌐∸] 停止信号燈; 《自動車の》尾燈. **∼-off** [⌐∸], **∼·ò·ver**〘米〙《旅行中の》短期滞在; 途中下車. **∼ order**《株式仲買人に命ずる》さし値売買の注文. **∼ plate**《車両の》軸受け. **∼ press**〘英〙新聞印刷中に追加[訂正]した最新記事, 締め切り後の報道記事. **∼ sign** 一時停止標識. **∼ street** 完全に停車しなければならない交差点. **∼ valve**《液体の》流れ止め弁. **∼ volley**〘テニス〙《相手のボールをネットぎわで受けて相手側に落とす》ストップボレー. **∼·watch** [⌐∸] 《競技用などの》ストップウオッチ.

(類義語) **停止する: stop** 進行・運動・行動・仕事などをやめる. 最も適用範囲の広い語で短期滞在する意味もある: He is *stopping* at the best hotel in town. 彼は町の最上のホテルに滞在している. **halt** (休息などのために) 進行を停止する: order the troop to *halt* 軍隊に停止を命ずる. **pause** 一時的に停止する. **cease** 存在や継続をやめる. やや堅苦しい語.

stope [stoup] *n., vt., vi.* 採鉱場(で採鉱する).

stóp·gap [stápgæ̀p/stɔ́p-] *n.* 穴埋め; 埋めくさ; まにあわせ, 当座しのぎ. —— *a.* 一時しのぎの.
stóp·page [stápidʒ/stɔ́p-] *n.* 止めること, 停止; 妨害; 休業, ストライキ; 支払停止.
stóp·per [stápər/stɔ́pə] *n.* **1** 止める人〔物〕; 妨害者〔物〕. **2**《びん・たるなどの》せん;〘海〙止めづな. **3** 人の関心〔注意〕をひくもの. **4**〘野球〙(効果的な)救援投手. **5** パイプにたばこを詰める道具 (= tobacco ～). ***put a ～ on*** …にせんをする. —— *vt.* **1** にせんをする, ふさぐ. **2**〘海〙に止めづなをかける.
stóp·ping [stápiŋ/stɔ́p-] *n.* **1** 中止, 停止. **2** 句読(くとう)点をつけること. **3**〘英〙歯を埋めるもの, 充てん剤. —— *a.* 止まる; 停車の, 各駅停車の.
stóp·ple [stápl/stɔ́pl] *n., vt.* せん(をする).
stopt [stapt/stɔpt] *v.* 〘雅〙stop の過去・過去分詞.
stór·a·ble [stɔ́:rəbl/stɔ́:r-] *a.* 貯蔵できる.
—— *n.* (*pl.*) 貯蔵できるもの.
◇ **stòr·a·bíl·i·ty** [⌐–bíləti] *n.*
stór·age [stɔ́:ridʒ/stɔ́:r-] *n.* **1** 貯蔵, 保管: in cold ～ 冷蔵されて. **2** 倉庫, 貯蔵所. **3** 保管料. **4**〘電〙蓄電. ～ **cell** [**battery**]〘電〙蓄電池. ～ **tank** 貯蔵タンク.
†**store** [stɔ:r/stɔ:] *n.* **1** たくわえ, 貯蔵, 貯蓄: have (a) good ～ [have ～*s*] of wine ブドウ酒を十分貯蔵している. **2** 備え, 準備, 持ち合わせ: have a ～ of knowledge 学識豊かである. **3**〘米〙店, 商店 (= ㊐ shop): a general ～ 雑貨店. **4** (*pl.*)〘英〙百貨店 (= department ～). **5**〘おもに英〙倉庫 (warehouse). **6** (*pl.*) 備品, スペア部品. **7**《名詞を形容して》既製の, できあいの: ～ clothes 既製服.
a great ～ of たくさんの. ***in ～*** たくわえて: She keeps plenty of food *in* ～. 彼女はたくさんの食料をたくわえておく. You can never tell what the future has *in* ～. 将来どういうことになるかわかるものじゃない. ***in ～ for*** に用意されている;《運命が》…にふりかかろうとする. ***out of ～*** 用意してない; たくわえてない. ***set*** [***lay***] ***～ by*** を重んずる.
—— *vt.* **1** たくわえる《*up*》: ～ *up* fuel for the winter 冬に備えて燃料をたくわえる. **2** に供給する《を *with*》: the mind ～*d with* knowledge 知識のたくわえられた心. **3** 倉庫に保管する. **4** 入れる余地をもつ. **5**〘電〙蓄電する. [√staur-]
～ **cattle** (通例 *pl.*)〘英〙太らせて売るために飼うやせ牛. ⌐**·house** [⌐⌐] 倉庫;《知識などの》宝庫. ⁑⌐**·kèep·er** (1)〘米〙店主 (= ㊐ shopkeeper);〘英〙倉庫管理人《特に軍需品の》. (2)〘米俗〙売れ残り品. ⌐**·room** [⌐⌐] 貯蔵室, 物置き.
〔類〕→ **save**「取っておく」
⁑**stó·rey** [stɔ́:ri/stɔ́:ri] *n.* (*pl.* ～**s**)〘英〙= story².
stó·ried [stɔ́:rid/stɔ́:r-] *a.* **1** 物語〔歴史〕に名高い. **2** 歴史画(模様)で飾った.
-stó·ried, ㊐ **-stó·reyed** [-stɔ́:rid/-stɔ́:r-] *a.* …階建ての: a three-～ building 3階建ての建物.
stò·ri·étte [stɔ̀:riét/stɔ̀:r-] *n.* きわめて短い物語.
stork [stɔ:rk] *n.* 〘鳥〙コウノトリ.
a visit from the ～ 赤ん坊が生まれること. ***King S～*** 暴君《イソップ物語から》. → King Log.
†**storm** [stɔ:rm] *n.* **1** あらし, 暴風(雨). **2** 豪雨, 激しい雨〔雪〕: a ～ of snow. **3**〘気〙暴風. **4**《弾丸などの》雨(あられ);《拍手・非難などの》あらし. **5** 激情. **6**〘軍〙襲撃, 急襲. **7** 騒ぎ, 波乱, 動乱: a political ～ 政治的激動.
After a ～ (comes) a calm.〘ことわざ〙あらしのあとはなぎ. ***～ in a teacup*** 内輪もめ, から騒ぎ. ***take by ～*** (1)〘軍〙強襲して奪取する. (2) うっとりさせる. ***the ～ and stress*** 疾風怒濤(どとう) (= G. Sturm und Drang)《18世紀後半のドイツローマン主義運動》.
—— *vi.* **1**〈天気が〉荒れる. **2** あばれ回る, 乱暴に…する: ～ in 乱入する. —— *vt.* **1** 強襲する, 襲撃する: ～ a person *with* questions 人を質問攻めにする. **2** に殺到する.
⌐**·bèat·en** 暴風雨に荒らされた. ～ **belt** 暴風雨帯. ⌐**·bound** [⌐⌐, ⌐⌐]《船などが》暴風雨のため立ち往生した〔閉じ込められた〕. ～ **cellar**〘米〙旋風避難用地下室. ～ **center** 暴風雨の中心; 動乱の中心 (人物・問題). ～ **cloud** あらし〔しけ〕雲; 動乱〔危険〕の前兆. ⌐**·cock** [⌐⌐]〘英:鳥〙ツグミの一種. ～ **cone**〘英〙《暴風雨の》警報球. ～ **door** 雨戸《冬期・荒天に普通の窓の外側に取り付ける》. ～ **drum** 暴風雨信号. ～ **petrel**〘鳥〙《地中海・北大西洋に多い》ウミツバメ (stormy petrel). ⌐**·proof** [⌐⌐] 暴風雨に耐える, 耐風の. ～ **signal** 暴風信号. ⌐**-tossed** [⌐⌐] あらしに揺られる〔吹きまくられる〕; 心が動揺する. ～ **trooper** 突撃隊員; 旧ナチ突撃隊員. ～ **troops**《特に旧ナチの》突撃隊. ～ **window** 防風窓《窓の外側につける暴風雨・ふぶきを防ぐための窓》.
〔類義語〕 **あらし: storm** 気象学上では風速毎秒 28.5–33.5 m の暴風雨. 雪・ひょう・雷などを伴うことが多く, rain*storm*, snow*storm*, hail*storm*, thunder*storm* などの合成語がある. またあらしをあらわす最も一般的な語で多くの比喩的語義がある: take by *storm* 急襲する. **tempest** storm のやや古風な表現. 主として「動乱」などの比喩的用法に用いられる. **gale** 強風. storm と breeze との間で冬や季節の変わり目に吹くことが多い. **typhoon** 台風. 太平洋・南シナ海で発生するもの. **hurricane** ハリケーン. 西インド諸島・メキシコ湾で発生するもの. **cyclone** 上の両者を含む熱帯性低気圧の総称. 北半球では左巻き, 南半球では右巻き.
⁑**stórm·y** [stɔ́:rmi] *a.* **1** 暴風雨の, あらしの; 荒れもようの, 暴風雨になりそうな: ～ weather 荒天. **2**《情熱など》激しい: man of ～ passion 短気な人. **3** 乱暴な; 論争好きな.
～ **petrel** = storm petrel; 不吉(ふきつ)をもたらす人.
Stór·t(h)ing [stɔ́:rtiŋ/stɔ́:-] *n.* Norway の国会.
†**stó·ry**¹ [stɔ́:ri/stɔ́:ri] *n.* (*pl.* **stó·ries**) **1** 物語; お話; 童話; (短編)小説;《新聞の》記事 (= news ～): the ～ of the French Revolution フランス革命物語. a true ～ 実話. a detective ～ 探偵(たんてい)小説. **2** 筋, ストーリー: read a novel for its ～ 筋だけを追って小説を読む. **3** 経歴; 素性, 身の上; いわく: tell one's own ～ 身の上話をする. a man with a ～ 過去のある男. **4** うわさ: The ～ goes that… …といううわさだ. **5**〘小児語〙うそ, つくり話: Tom is a liar; he often tells ～*ies.* トムはうそつきだ, よくうそをつくから. ***another ～*** (1) 違う話, 無関係なこと. (2) 別なこと, 別事: It is *another* ～ now. いまでは全く事情が違う. ***as the ～ goes*** うわさでは. ***in one ～*** 皆の口が一致して. ***Oh, you ～!***〘小児語〙わあ, うそつき! ***the (same) old ～*** 例のよくあるやつ. ***to make a long ～ short*** = ***to make short of a long ～*** 一口に言えば.
—— *vt.* **1** 物語〔史実, 伝説〕で飾る. **2**〘古〙物語る.
～**·book** [⌐–⌐]《特に児童のための》物語〔童話〕の本. *～**·tèll·er** 物語をする〔書く〕人, 物語作家;〘話〙うそつき (fibber). ～**·tèll·ing** *a., n.* 物語をする(こと);〘話〙うそをつく(こと). ～**·wrìt·er** 物語作家, 小説家.
〔類義語〕 **物語: story** 虚構, 報告いずれでもよいが話者の語り方, 主観に重点がある: according to my friend's *story* 友人の話によれば. **tale** は story に比べてやや虚構・脚色の味を含む. 新聞記事は newspaper story ではあるが, tale ではない. **narrative** やや形式的な語で虚構の方が多い. **account** 説明のために行なう事実の詳細な描写: an *account* of the trip 旅行談.
⁑**stó·ry**², ㊐ **stó·rey** [stɔ́:ri/stɔ́:ri] *n.* (*pl.* **stó·ries**, ㊐ **stó·reys**) **1** 階, 階層: the first ～ 1階. a house of one ～ [two *stories*] 平屋〔2階

屋). eight ～*ies* high 8 階建て. 〈注〉 floor と異なって, 1 階と 2 階, 2 階と 3 階などの間の空間をいう. したがって *on* the first floor, *in* the second story のように前置詞が異なる. **2**《集合的》おなじ階のへや. ***the upper* ～** (1) 階上. (2)〖俗〗頭, 頭脳: He is wrong in *the upper* ～. 彼は頭がおかしい.

sto·tín·ka [stətíŋkə] *n.* (*pl.* **-ki** [-ki]) ブルガリアの貨幣の単位〘＝100分の1 lev〙.

stoup [stu:p] *n.* **1**〖宗〗〘聖堂入り口の〙聖水ばち. **2**〖古・英方〗水差し, 大ジョッキ; その 1 杯の量.

‡**stout** [staut] *a.* **1** がんじょうな, じょうぶな, 強固な. **2** 勇敢な, しっかりした. **3** 太った, どっしりした. **4**〘酒など〙強い. **——** *n.* **1** 黒ビール, スタウト. **2**〖米〗でっぷりした人. **3**〖米〗〘服の〙肥満型サイズ〘ほかに long, short, regular などという〙.

～-héart·ed [-há:rtid/-hà:t-] 剛毅(ごうき)な, 大胆な. ◇ **～·ly** *ad.* **～·ness** *n.*

‡**stove**[1] [stouv] *n.* **1** ストーブ, 暖炉. **2** こんろ (＝cooking ～). **3** 乾燥室;〖園芸〗温室.

—— *vt.* **1** 暖炉で暖める. **2**〈植物を〉温室で(促成)栽培する. **～-pipe** [⌐⌐] ストーブの煙突;〖米話〗シルクハット (＝stovepipe hat).

stove[2] *v.* stave の過去・過去分詞.

stó·ver [stóuvər] *n.* まぐさ.

stow [stou] *vt.* **1**〈物を〉(きちんと)しまい込む: ～ things away in the attic 屋根裏べやに物をしまい込む. **2** に詰め込む: ～ a car 車にぎっしり詰める. **3**〈へやなどが〉…を入れる. **4**〖俗〗〈騒ぎなどを〉やめる; 後の機会に譲る. **～ *away*** (1) しまう. (2) 腹に詰め込む, 平らげる. (3) 密航する. **～ *down*** 積み込む. ***S～ it!***〖俗〗黙れ!, やめろ!

～·a·way [⌐⌐⌐] 密航者; 隠れが.

◇ **～·age** [stóuidʒ] *n.* 積み込み, 荷の積み方; 積み込み所〔品, 料〕.

stp. stamped. **STP** standard temperature and pressure.

St. Pé·ters·burg [seint-pí:tərzbà:rg/sn(t)-] *n.* 帝政ロシアの首都〘現在の Leningrad〙.

str. strait; streamer;〖楽〗strings.

stra·bís·mus [strəbízməs] *n.*〖医〗斜視, やぶにらみ. ◇ **-mal, -mic** *a.*

stra·bót·o·my [strəbátəmi/-bɔ́t-] *n.*〖医〗斜視手術.

strád·dle [strǽdl] *vi.* **1** 両足を広げる, 足をふんばる; またを広げて立つ〔歩く, すわる〕. **2**〖米〗ひより見する, 賛否を明白にしない《について *on*》. **3**〖英: 海軍〗夾叉(きょうさ)する〘射程測定のために目標の前後に試射する〙. **——** *vt.* **1** にまたがる. **2** ひより見する. **3**〖英: 海軍〗夾叉する.

—— *n.* **1** またがること, またぐこと, またいだ距離. **2**〖商〗両建て. **3**〖米〗態度不明.

Stràd·i·vár·i·us [strædivé(:)riəs/-vá:r-, -véər-] *n.*, イタリア人 Stradivari〘1644–1737〙の製作した弦楽器〘おもに violin〙.

strafe [streif, strɑ:f/strɑ:f] *vt.* **1** 機銃掃射する; 猛砲撃〔爆撃〕する. **2** 罰する; ひどく非難する.

—— *n.* **1** 機銃掃射; 猛砲撃〔爆撃〕. **2** 処罰.

strág·gle [strǽgl] *vi.* **1**〘道・進路から〙それる, 横道へそれる. **2**《比喩的》それる, はぐれる: Try to keep your mind *from* ～*ling*. 注意を散らさないようにしなさい. **3** ばらばらになって〔隊列を乱して〕進む《*along*》;〖軍〗落伍(らくご)する. **4** 散らばる; 散らばってゆく《*off*》. **5** 散らばっている, 散在する. **6**〈髪の毛が〉ほつれる. **7**〈道が〉曲がりくねる.

◇ **-gly** *a.* = straggling.

strág·gler [-ər] *n.* **1** ぶらつく人, 浮浪人. **2** 落伍者; (*pl.*) 敗残兵;〖海軍〗72時間をこえて帰艦しない者〘deserter とはまだみなされない〙. **3**〘渡り鳥などの〙迷い鳥. **4** はびこる枝.

strág·gling [-iŋ] *a.* **1** 列から離れた; 落伍(らくご)した. **2** ばらばらに進む; うろついている. **3** まばらの: a few ～ houses 何軒かまばらに散った家. a ～ village 家数もまばらな村. **4**〘髪など〙ほつれた;〘ひげが〙ばらばらにはえた. **5** 枝がはびこった. ◇ **～·ly** *ad.*

†**straight** [streit] *a.* (**stráight·er** [-ər]; **stráight·est** [-ist]) **1** まっすぐな, 一直線の: a ～ line 直線. **2** 垂直の, 直立の; 水平の, まっ平らの. **3**〘他のものと〙一直線をなす, 平行の. **4** 真正面からの, ひたむきな: a ～ aim いちずな意図. **5** 率直な, 掛け値なしの: a ～ answer 正直な答え. **6** 公正な, りっぱな: a ～ conduct 公明正大な行動. **7**〖話〗〘情報などが〙信用できる, まちがいない. **8**〘理屈などが〙一貫した, 筋の通った, もっともな. **9** 形がととのった, きちんとした: ～ shoulders しゃんと張った肩. **10** 決済ずみの, 貸借のない. **11** (ずっと)続いた, 切れ目のない: for three ～ days 3日間引き続いて. in ～ succession あとからあとからと. **12**〖トランプ〗5 枚続きの. **13** 徹頭徹尾の, 純粋の, 混ぜ物なしの: a ～ comedy 純喜劇. ～ whisky 水を割らないウイスキー. **14**〖劇〗大向こうをねらわない;〖ジャーナリズム〗客観的な扱いの. **15**〖俗〗《間投詞的に》そのとおり!, 全くだ! ***keep* one's *face* ～** まじめくさった顔をする; 笑いをこらえる. ***keep* ～** きちんとする, 正直にする;〈女が〉貞操を守る. ***make* ～** まっすぐにする, 整とんする. ***out of* ～** よこしまな, いじけた. ***put a room*** [***things***] **～** へや〔物〕を整とんする. ***the* ～ *and narrow***《名詞的に用いて》人生の正道. ***vote a* ～ *ticket***〖米: 政〗自党の公認候補へ投票する.

—— *ad.* **1** まっすぐに, 一直線に: walk ～ (on) まっすぐ歩く. **2** 直立して, 正しい位置に: stand up ～ まっすぐに立つ. **3** 直接に, じかに: Come ～ home after school. 学校が終わったらまっすぐに帰って来なさい. **4** 率直に, 正直に: talk ～ ありのままに話す. live ～ 正しく生きる. **5** 客観的に, 潤飾を加えずに: write a story ～ (新聞) 記事を客観的に書く. **6** 続けざまに: ～ on どんどん. **7** (数量にかかわらず) 割引なしで: cigars ten cents ～ 何本買っても1本10セントの葉巻き. ***hit* ～ *from the shoulder*** 堂々と立ち向かう〔批評する〕. ***run* ～** まっすぐに走る; まちがったことをしない. **～ *away*** [***off***]〖話〗すぐに. **～ *out*** 率直に; 徹底的に.

—— *n.* **1** まっすぐ, 一直線: on the ～ まっすぐに. **2** 直線コース. **3**〖トランプ〗5枚続き. **4** (the ～)〖米〗真相.

～ A 全優(の): a ～ *A* student 全優の学生. **～ angle** 平角〘180°〙. **～-arm** [⌐⌐]〖フットボール〗腕をまっすぐに突っ張ってタックルを防ぐ(こと).

～·a·way → 別項. **～ chair** 背もたれの高いいす. **～ climb** 棒上げ〘相場の連続値上がり〙. **～·edge** [⌐⌐] 直線定規. **～ face** 無表情な顔. **～ fight** 全力を出しての戦い;〘選挙で 2 候補の〙一騎打ち. **～-fór·ward(s)** →別項. **～ jet**〘プロペラのない〙ジェット機. →turboprop. **～-line** [⌐⌐]〖機〗直線の, 直線に並べた; 直線運動をする. **～ man** 喜劇俳優の引き立て役〔わき役〕. **～-out** [⌐⌐]〖米話〗あからさまの; 徹底した; 公明な. **～ time** 規定労働時間(に対する賃銀). → overtime. **～-way** [⌐⌐]〖米・英古〗直ちに (= straightaway).

◇ **～·ly** *ad.* **～·ness** *n.*

stráight·a·way [stréitəwèi] *a.* 直線コースの, まっすぐな. **——** *n.* 直線コース.

—— *ad.* 直ちに (immediately).

‡**stráight·en** [stréitn] *vt., vi.* **1** まっすぐにする〔なる〕: ～ oneself out からだをまっすぐに伸ばす. **2** 整理〔整とん〕する. **～ one's *face*** 真顔になる. **～ *out*** (1) まっすぐにする〔なる〕. (2) 整理する; 清算する. (3) 回復する; の疲れをとる. **～ *up*** まっすぐになる, からだを伸ばす, 直立する;〖話〗まともに世を渡る.

stràight·fór·ward [strèitfɔ́:rwərd/⌐⌐⌐, ⌐⌐⌐] *a.* **1** まっすぐな; 率直な, 正直な. **2**〘仕事など〙簡単な. **——** *ad.* = straightforwards.

◇ **～·ly** *ad.* **～·ness** *n.*

stràight·fór·wards [-z] *ad.* まっすぐに; 率直に.

‡**strain**[1] [strein] *vt.* **1** 引っ張る, 引き締める. **2** 緊張

させる, <耳を> すます, <声を> 絞り出す. **3** 緊張させすぎる, 無理に使いすぎる, 酷使する: He ~*ed* his heart. 彼は無理をして心臓を悪くした. **4** <筋などを> ひきちがえる, <足首などを>くじく. **5**〘機〙ひずませる. **6** <法などを>こじつける, 曲解する. **7** <権力などを>乱用する: ~ a person's good temper 人のよさにつけ込む. **8** に無理な要求をする: ~ one's luck 幸運を期待しすぎる. **9** 抱き締める: She ~*ed* her baby to her breast. 彼女は赤ちゃんを胸に抱き締めた. **10**〘古〙しいる. **11** 濾(こ)す; 濾して取り除く《*out, off*》: ~ gravy 肉汁(にくじゅう)を濾す. ~ seeds from orange juice オレンジジュースを濾して種を除く.

—— *vi.* **1** 引っ張る《を *at*》: ~ *at* a rope. **2** 緊張する. **3** 非常にほねをおる《しようと *to* (do)》. **4** 反発する, 抵抗する《に *at*》: ~ *at* accepting an unpleasant fact 不愉快なことを聞き入れない. **5** ひずむ, ねじれる. **6** 濾される, しみとおる〔出る〕: ~ through a sandy soil <水が> 砂地にしみとおる.

~ after に一生けんめいになる; を手に入れようと努力する. ***~ a point*** (1) 越権行為をする; 曲解する. (2) 非常な譲歩をする. ***~ at*** を引っ張る; に一生けんめい努力する. ***~ courtesy*** 儀礼にこだわる. ***~ every nerve*** 全力を注ぐ. ~ one***self*** 無理をする.

—— *n.* **1** 張り. **2** 緊張; ほねおり. **3** 過労. **4** 筋違い, 捻挫(ねんざ), くじき. **5**〘物〙ひずみ, 変形. **6** (しばしば *pl.*) 調べ, 旋律, 曲, 歌;〘雅〙詩. ***at full ~*** = ***on the ~*** 緊張して, 張り詰めて. ***in the same ~*** 一本調子で. ***under the ~*** 緊張〔過労〕のため. [√stri(n)g-]

◇ **~ed** *a.* **1** 張り切った, 緊張した. **2** 不自然な, わざとらしい: a ~*ed* smile つくり笑い.

strain[2] *n.* **1** 種族, 血統, 家系: She comes of a good ~. 彼女は名門の出である. **2** 変種. **3** 遺伝質, 素質; 傾向, 気味.

stráin·er [stréinər] *n.* 引っ張り手; 緊張者; 濾過(ろか)器, 茶濾し.

‡**strait** [streit] *n.* **1** 海峡, 瀬. <注> 固有名詞につけるときは通例複数形で単数扱い: the *Straits* of Dover ドーバー海峡. **2** (通例 *pl.*) 窮状, 困難, 窮乏: I am *in* desperate ~*s for* money. 私はひどくお金に困っている. ***the S~s*** 《もとは》ジブラルタル海峡, 《いまは》マラッカ海峡. **——** *a.* **1**〘古〙狭い, 窮屈な. **2**〘宗〙厳格な, やかましい. [√stri(n)g-]

~ gate, the〘聖〙狭き門《マタイ伝 7:13》. **~ jacket** [**waistcoat**] 《狂人・狂暴囚に着せる》麻布製拘束服. **S~s Settlements, the** 《旧イギリス領の》海峡植民地.

◇ **~́·en** [-n] *vt.* **1** 困らせる; 難儀させる: in ~*ened* circumstances 窮乏して. **2**〘古〙制限する; せばめる. **~́·ly** *ad.* **~́·ness** *n.*

stráit-láced [stréitléist/´–] *a.* **1** 《コルセットなど》きつくひもで締めた. **2** 厳格な, 堅苦しい.

◇ **~·ly** *ad.* **~·ness** *n.*

strake [streik] *n.*〘海〙《船首から船尾までの》船側板 (の幅);〘採鉱〙洗鉱盤, 選鉱床. 「顔.

stra·mó·ni·um [strəmóuniəm] *n.*〘植〙朝鮮朝

strand[1] [strænd] *vt.*, *vi.* 座礁させる〔する〕.

be ~ed 《資金・手段がなくて》困る, 立ち往生する.

—— *n.*〘雅〙浜, いそ.

the S~ 《ロンドンの》ストランド街.

strand[2] *n.* **1** 《なわの》より (糸), 一すじの糸;〘電〙より線. **2** 《髪の毛の》ふさ; 《ビーズなどの》ひもに通したもの: a ~ of pearls 真珠一連. **3** 要素, 素質.

—— *vt.* **1** なう, より合わせる. **2** <なわの> よりを切る.

†**strange** [streindʒ] *a.* (**stráng·er**, **more strange**; **stráng·est**) 《比較級はしばしば more strange の方が好まれる》 **1** 異様な, 奇妙な, おかしな, 不思議な: Truth is ~*r* than fiction. 事実は小説よりも奇なり. **2** なじみのない, 見慣れぬ, 聞き慣れぬ, 未知の: All that was ~ *to* me. ことごとく私には新しいことだった. **3** (いつもと) かってが違って: In Teheran I *felt* quite ~. テヘランでは全くかって違いの気がした. **4** 《人が》不案内で, 未経験で: I am ~ to this town 〔job〕. この町〔仕事〕は全然知らないんです. **5** よそよそしい, 打ち解けない, 恥ずかしがって (shy). **6**〘古〙外国〔異国〕の: in a ~ land.

feel ~ (1) 変な気がする; (からだの) 調子が変である. (2) かってが違う; 陸に上がった魚のような感じがする. ***make*** one***self ~*** 知らないようなふりをする. ***~ as it may sound*** 変に聞こえるかもしれないが. ***~ to say*** [***tell***] おかしなことに, 妙なことには.

—— *ad.*〘話〙変に, 奇妙に, 妙に; 打ち解けずに.

~ woman, the〘宗〙売春婦.

◇ **~́·ness** *n.*

〔類義語〕 **変わった: strange** いつものものとは違う, 見慣れない, なじみのない: a *strange* experience 異常な経験. **peculiar** 特有の, 他に見られない: a *peculiar* flavor 一種独特の味. **singular** 一般のものとは目だって異なる, 風変わりな: a *singular* remark 奇妙な発言.

‡**stránge·ly** [stréindʒli] *ad.* 異様に, 変に, 奇妙に, 不思議に: ~-clad 風采(ふうさい)の異様な. ***~ enough*** 奇妙なことであるが.

†**strán·ger**[1] [stréindʒər] *n.* **1** 見知らぬ人, 他人, よその人: He is a total ~ to me. 彼を全く知りません. **2** 他国人, 外国人. **3** 《新来の》客; 不案内な人: I am a ~ here. ここは初めて来ました〔不案内です〕. **4** 無経験な人, 初めての人, しろうと. **5**〘法〙第三者. **6** (S~)〘米俗〙《知らない人への呼びかけ》あんた.

be a ~ to を知らない; に不案内である. ***be no ~ to*** を多少知っている. ***I spy*** [***see***] ***~s.***〘英:下院〙傍聴禁止《秘密会を要求するときに言うことば》. ***make a*** [***no***] ***~ of*** …によそよそしくする〔を親切にもてなす〕. ***the little ~*** 生まれたばかりの赤ん坊. ***You are quite a ~.*** まあしばらく.

†**stráng·er**[2] *a.* strange の比較級.

strán·gle [strǽŋgl] *vt.* **1** 絞め殺す, 窒息 (死) させる. **2** 《比喩的》圧殺する, 抑圧する; <議案などを> 握りつぶす. **——** *vi.* 窒息する.

~·hold [´–`]〘レスリング〙締めつけ; 《比喩的》自由〔発展〕を押える〔はばむ〕もの.

◇ **~r** [-ər] *n.* **-gling·ly** *ad.*

strán·gles [strǽŋglz] *n. pl.* 《通例単数扱い》〘医〙腺疫(せんえき)《馬などの伝染病》.

strán·gu·late [strǽŋgjulèit] *vt.* **1**〘医〙括約する, 狭窄(きょうさく)する, 圧止する; 捻転(ねんてん)する. **2**〘稀〙絞め殺す, 窒息させる.

◇ **stràn·gu·lá·tion** [stræ̀ŋgjuléiʃ(ə)n] *n.*

‡**strap** [stræp] *n.* **1** 皮ひも, ひも. **2** 《電車などの》つり皮: hold on to a ~ つり皮につかまる. **3** 皮帯; 帯金; 輪, 帯. **4** 革砥(かわと). **5** 肩章. **6**〘機〙目板. **7**〘植〙小舌片. ***the ~*** むち打ち, せっかん.

—— *vt.* (**-pp-**) **1** ひもで結ぶ〔くくる〕. **2** 皮ひもで打つ. **3** 革砥でとぐ (strop). **4**〘医〙にばんそうこうをはる《*up, down*》.

~́·hàng·er〘話〙《込んだ電車内などで》つり皮にぶらさがる人. **~́·hàng·ing** つり皮にぶらさがって立つこと. **~ oil**〘俗〙むち打ち.

◇ **~́·less** *a.* 《婦人服など》肩つりひもなしの. **~ped** [-t] *a.* 皮ひもでくくりつけた;〘米俗〙資金がなくなった, 文なしの. **~́·per** [-ər] *n.* 皮ひもで縛る人〔物〕; 革砥でとぐ人;〘話〙大柄で元気な人.

strap·pá·do [strəpéidou, ㊝⁺-pɑ́:d-] *n.* (*pl.* **~es**) つるし刑; その器具. **——** *vt.* つるし刑で苦しめる.

stráp·ping [strǽpiŋ] *a.*〘話〙**1** がっちりした, たくましい. **2** 途方もなく大きな. **——** *n.* 皮ひも (材料);〘医〙ばんそうこう.

strass [stræs] *n.* **1** 《人造宝石製造に用いる》鉛ガラス, フリントガラス. **2** 《かせ糸をつくるときに出る》絹糸くず. 「の複数形.

strá·ta [stréitə, strǽtə/strɑ́:tə, stréitə] *n.* stratum

strát·a·gem [strǽtidʒəm] *n.* 戦略, 軍略; 策略,

術策, 謀略. ◇ **stràt·a·gém·i·cal** [⌐–dʒémik(ə)l] *a.* **stràt·a·gém·i·cal·ly** *ad.*

stra·té·gic [strətíːdʒik, ㊇⁺ -tédʒ-], **-gi·cal** [-(ə)l] *a.* **1** 戦略(上)の: ～ bombing 戦略爆撃. **2** 《戦略上》重要な: a ～ point 戦略要点.
◇ **stra·té·gi·cal·ly** *ad.* 戦略上〔的に〕. **stra·té·gics** *n. pl.* 《単数扱い》戦略.

strát·e·gy [strǽtịdʒi] *n.* **1** 戦略, 用兵学. **2** 策略. ◇ **-gist** *n.* 戦略家; 策士.

Strát·ford-on-A·von [strǽtfərd-ɑn-éivən/-ɔn-] *n.* イギリス中部の都市《Shakespeare の生地》.

strath [stræθ] Sc. *n.* 広い谷.

strath·spéy [stræθspéi, ㊎⁺ ⌐⌐] *n.* スコットランドの快活な踊り; その曲.

stràt·i·fi·cá·tion [strætịfịkéiʃ(ə)n] *n.* 層化; 〔地〕成層, 地層. [√stern-]
◇ **～·al** *a.* ～の: **～al** grammar 成層文法.

strát·i·fy [strǽtịfài] *vt., vi.* 層にする; 層をなす. **～i·ed rock** 成層岩, 水成岩.

strato- 「層雲」「成層圏」の意の連結形. [√stern-]

stràt·o·cír·rus [strætosírəs, strèit-] *n.* 巻層(けんそう)雲.

stra·tóc·ra·cy [strətɑ́krəsi/-tɔ́k-] *n.* 軍政, 軍人政治. ◇ **stràt·o·crát·ic** [strætəkrǽtik] *a.*

strát·o·crùis·er [strǽtokrùːzər] *n.* 成層圏飛行機.

strà·to·cú·mu·lus [strèitokjúːmjụləs, stræto-] *n.* 〔気〕層積雲.

strát·o·sphere [strǽtəsfiər] *n.* **1** 〔気〕成層圏. **2** 最高段階. ◇ **stràt·o·sphér·ic** [⌐–sférik], **stràt·o·sphér·i·cal** *a.* 成層圏の: *stratospheric* flying 成層圏飛行.

strát·o·vì·sion [strǽtəvìʒ(ə)n] *n.* 〔通信〕成層圏放送《航空機によるテレビ・FM 中継方式》.

strá·tum [stréitəm, strǽt-/strɑ́ːt-, stréit-] *n.* (*pl.* **strá·ta** [-tə], **strá·tums**) 〔地〕地層; 《比喩的》《社会の》階級. [√stern-]

strá·tus [stréitəs] *n.* (*pl.* **-ti** [-tai]) 層雲.

‡**straw** [strɔː] *n.* **1** わら, 麦わら. **2** わら1本, ストロー. **3** 麦わら帽 (= ～ hat). **4** くだらないもの. **5** 少し, わずか. ***A drowning man will catch at a ～.*** 〔ことわざ〕おぼれる者はわらをもつかむ. ***as a last ～*** 不幸続きの果てに. ***a ～ in the wind*** 風向き〔世論の動向〕を示すもの; 予兆, 兆候. ***do not care a ～*** 全然気にしない. ***draw ～s*** わらくじを引く. ***in the ～*** 〔古〕お産の床について; まだ脱穀しないで. ***man of ～*** わら人形; 架空の人物; 財産のない人. ***not worth a ～*** 一文の価値もない. ***the last ～*** 破滅をもたらす最後のごくわずかな付加. ***throw ～s against the wind*** 不可能なことを企てる.
‡**～·ber·ry** → 別項. **～·board** [⌐⌐] ボール紙. **～ boss** 〔米話〕《仕事場の》かしら; 職工長代理. **～ color** わら色, 淡黄色. **～-còl·ored** わら色の, 淡黄色の. **～·hat** [⌐⌐] 麦わら帽; 〔米〕《地方回りの》夏芝居. **～ man** 《かかしなどに用いる》わら人形; 偽証を行なう〔行なった〕証人; とるに足らない人〔物, 議論〕. **～ vote** 〔米〕(一般の人気を知るための) 非公式の投票. ◇ **～·y** [strɔ́ːi] *a.* わらの(ような); わら製の; わらぶきの; つまらない.

‡**stráw·ber·ry** [strɔ́ːbèri, -bəri/-b(ə)ri] *n.* 〔植〕イチゴ, オランダイチゴ. ***crushed ～*** 濁った深紅色.
～ leaves 〔英〕公爵の位《冠にイチゴの葉飾りをつけたことから》; 公爵たち. **～ mark** 〔医〕赤あざ.

‡**stray** [strei] *vi.* **1** 道からそれる, うっかり横道にはいる: ～ from the main road. **2** 道に迷う, はぐれる. **3** 正道を踏みはずす, 邪道にはいる: ～ from the right path. **4** 〔雅〕さまよう. ***～ apart*** 〈ふたり以上の人が〉お互いからはぐれる.
—— *a.* **1** はぐれた, 迷った: a ～ bullet 流れだま. **2** ばらばらの, 散乱した: ～ hairs 乱れ髪. pick up ～ cigarettes 散らばったたばこを拾う. **3** 例外的な, ときおりの: except for ～ ones 例外的なものを除いて. **——** *n.* **1** 迷い出た人〔家畜〕. **2** まい子, 浮浪者. **3** (*pl.*)〔電〕空電. **4** (*pl.*)〔英〕相続者のないため国家に帰属する遺産. **～ capacity** 〔電〕漂遊容量. **～ sheep** 〔聖〕迷える羊.

streak** [striːk] *n.* **1** すじ, 線, (*pl.*) しま: a ～ of moonlight 一すじの月光. **2** 層; 鉱脈. **3** 〔米話〕連続: a winning ～ 連勝. **4** 傾向, 調子, 気味, …味(み). **5** 〔俗〕見込み. ***a yellow ～ ひきょう, おくびょう. ***have a ～ of*** の気味がある. ***hit a ～*** 幸運に巡り会う. ***like a ～ of lightning*** 〔話〕電光石火のように. ***the silver ～*** 〔英〕イギリス海峡.
—— *vt.* にすじをつける, しまにする. **——** *vi.* **1** すじ〔しま〕になる. **2** 〔米俗〕いなずまのように走る, 疾走する: When I opened the door, the cat **～ed** in. ドアをあけたら, ネコがさっとはいってきた.
◇ **～ed** [-t] *a.* **1** すじのある, しま入りの. **2** 〔米俗〕ろうばいした, 不安な; 《からだの》ぐあいの悪い.

stréak·y [stríːki] *a.* **1** すじ〔しま〕のある. **2** 《性質・気分など》むらのある, 変わりやすい.
◇ **-i·ly** *ad.* **-i·ness** *n.*

‡**stream** [striːm] *n.* **1** 川, 小川. **2** 流れ, 潮流: the Gulf *S*～ メキシコ湾流. **3** 《空気・光・人物などの》流れ, 動き: The street had a ～ of cars. 街路は自動車の流れが絶えなかった. **4** 流出; 奔流. **5** 連続, 続き: a perpetual ～ of problems いつまでたってもなくならない問題. **6** 流れの方向; 傾向.
down (the) ～ 下流へ. ***in a ～ = in ～s*** 続々と. ***in the ～*** 流れの中に; 世事に明るい. ***on ～*** 《工場が》操業中で. ***the ～ of consciousness*** 〔心〕意識の流れ. ***the ～ of times*** 時勢, 時の流れ. ***up (the) ～*** 上流へ.
—— *vi.* **1** 流れる, 流れ出る; 流れ込む: Tears were *～ing* from her eyes. 涙が彼女の目から流れ出ていた. **2** ひっきりなしに続く: ～ out of 〔into〕… …から続々出てくる〔…に続々はいる〕. **3** 〈旗などが〉翻る; 〈髪などが〉なびく. **——** *vt.* **1** 流す, 流れ出させる: His eyes *～ed* tears. 彼の目は涙を流していた. **2** 〈旗・髪などを〉翻す, なびかせる.
～·line → 別項. **～·lìn·er** 流線形列車〔バス〕.
〔類〕→ **flow**「流れ」

stréam·er [stríːmər] *n.* **1** 吹き流し; 飾りリボン; 色テープ (= paper ～) 《汽船の出発のとき用いる》. **2** 《北極光などの》射光, 流光; (*pl.*)《日食の》太陽のコロナの輝き. **3** 〔米〕《新聞の》全段抜き大見出し (banner).

stréam·let [stríːmlit] *n.* 小川, 細流.

stréam·line [-làin] *n., a.* 流線; 流線形(の): the ～ form 〔shape〕流線形. **——** *vt.* **1** 流線形にする. **2** 能率的にする, 合理化〔簡素化〕する.
◇ **～d** *a.* **1** 流線形の; すらっとした. **2** 能率化した; 簡潔な. **-lìn·er** *n.* 流線型の列車(など).

stréam·y [stríːmi] *a.* **1** 流れの多い. **2** 川のように流れる; 光線を放射する. ◇ **-i·ness** *n.*

†**street** [striːt] *n.* **1** 通り, 街路; …街, …通り《略 st.》: Wall *S*～ ウォール街. walk along 〔up, down〕 a ～ 通りを歩く. **2** 《歩道と区別して》車道, 往来. **3** (the ～) 本通り, 大通り. **4** 《集合的》町の人々: the whole ～ 町の全住民. **5** (実行のための) 手段: be workable in a two-way ～ どちらからやっても実行可能だ. ***high ～*** = ㊎ ***main ～*** 大通り, 本通り. ***in the ～*** 〔株式〕時間後に取引している. ***live in the ～*** 外出がちである. ***live on the ～s*** 売春婦をする. ***man in the ～*** 普通の人, しろうと. ***not in the same ～ with*** 〔話〕と比べものにならない, …にはとても及ばない. ***on the ～*** (1) 町で. (2) 浮浪生活して; 失職して. ***up 〔down〕 one's ～*** 自分のがらに合って. ***the S～*** 〔米〕 = Wall Street 《ニューヨークの金融街》; 〔英〕 = Fleet Street 《ロンドンの新聞街》; 〔英〕 = Lombard Street 《ロンドンの金融街》. ***woman of the ～s*** 売春婦, 夜の女.

— *a.* **1** 街路(上)の: a ～ fighting 路上のなぐり合い. a ～ vendor 路上の行商人. **2** 街路に通じる: a ～ door 街路に向かった表戸. **3** 町にふさわしい: ～ clothes 外出着《買い物などに行くため家を出るときのもの》. **4** 平凡な, 通俗な: ～ humor だじゃれ. **5** 金融界 (the Street) の.
～ **Arab** 浮浪児. ～ **band** 街頭楽隊 (=㊥ German band). ～ **broker** 〔株式〕場外取引人. ‡～·**car** [ᐩ⁻] 〔米〕市街電車. ～ **lamp** 街燈. ～ **orderly** 〔英〕街路そうじ人. ～ **railway** 〔米〕市街電車〔バス〕を経営する会社. ～ **sweeper** 街路そうじ人〔機〕. ～·**walk·er** 売春婦.
[類] → **road**「道」

‡**stréet·car** [strí:tkɑ̀:r] *n.* 〔米〕市街電車 (=㊥ tramcar).

‡**strength** [streŋ(k)θ] *n.* **1** 強さ, 力: have the ～ to (do) …するだけの力をもっている. too much for a person's ～ …の力では及ばない. **2** 体力. **3** 精神力, 知力; 道義心, 勇気: have a ～ of character 強い性格をもっている. **4** 強み, 長所. **5** たよりになるもの: God is our ～. 神はわれらの力である. **6** 抵抗〔耐久〕力. **7** 勢力, 兵力, 人数, 定員: What is your ～? あなたの方の人員は? **8** 強度, 濃度. → 形容詞 strong. ***at full* ～** 勢ぞろいした《艦隊など》. ***from* ～ *to* ～** 力強く, いささかのたるみもなく. ***in full* ～** 全員そろって. ***on the* ～** 〔英: 軍〕兵籍に編入されて. ***on the* ～ *of*** を力に, に助けられて.
[類] → **power**「力」

‡**strength·en** [stréŋ(k)θ(ə)n] *vt.* **1** 強くする, 強化する. **2** 力づける, 増員〔増援〕する.
— *vi.* 強くなる, 力がつく.

strén·u·ous [strénjuəs] *a.* **1** 努力的な, 勤勉な. **2** 奮闘的な, 激しい: make ～ efforts 大いに努力する. **3** 努力を必要とする.
◇ ～·**ly** *ad.* ～·**ness** *n.*

Stréph·on [stréf(ə)n, -fɑn] *n.* 恋に悩む男.
～ ***and Chloe*** [-klóui] 恋人どうし.

strèp·to·cóc·cus [strèptəkɑ́kəs/-kɔ́k-] *n.* (*pl.* **-ci** [-kɑ́ksai/-kɔ́k-]) 連鎖状球菌. ◇ **-cic** [-sik] *a.*

strèp·to·mý·cin [strèptəmáisin] *n.* 〔薬〕ストレプトマイシン,「ストマイ」.

strèp·to·thrí·cin [strèptoθráisin, -θrísin] *n.* ストレプトスリシン《抗生物質の一種》.

‡**stress** [stres] *n.* **1** 圧迫, 強制. **2** きびしい試練, つらい立場: in times of ～ 緊迫のときに; 繁忙のときに. **3** 緊張, 努力, 奮闘. **4** 圧力, 力. **5** 〔物・機〕応力. **6** 〔音声〕強勢, アクセント: ～ accent 強さ〔強弱〕アクセント. **7** (重要性の)強調, 力説. ***lay* [*place, put*] ～ *on* [*upon*]** を強調する. ***under* (*the*) ～ *of*** circumstances (状況) に迫られて.
— *vt.* **1** 強調する; 力説する. **2** 〔音声〕に強勢をおく, にアクセントをつける. **3** 圧迫する; に圧力〔応力〕を加える. [√stri(n)g-]
～ **disease** ストレス病.

‡**stretch** [stretʃ] *vt.* **1** 伸ばす, 広げる, 張る, 引っ張る: ～ branches over a road <木が> 枝を道路の上に広げる. ～ one's trousers ズボンを伸ばす《しわをとるため》. **2** <シーツなどを> 敷く. **3** <手などを> 差し出す, 差し伸べる《*out*》. **4** <口・両目などを> 大きく開く. **5** 誇張する; <法・主義・真実などを> 曲げる, 曲解する; 乱用する. **6** (不足分を補うために) のばして使う: ～ one egg for two recipes 一つの卵を2人前用にのばして使う. **7** 〔俗〕のばす, 打ち倒す: The blow ～*ed* him *out* on the ground. 強打されて彼は地面にのびてしまった.
— *vi.* **1** 伸びる, 広がる: The forest ～*es* to the river. 森は川まで達している. **2** 背伸びする; 長々と横になる《*out*》. **3** 手を差し伸べる. **4** <時が> 続く, 及ぶ. **5** 伸びる, 伸縮性がある. **6** ほらを吹く. **7** 〔俗〕絞首刑にされる. ～ one***self*** 伸びをする. ～ ***one's legs*** 足を伸ばす《長くすわった後に》.
— *n.* **1** 広がり: a wide ～ of land 広々とした土地. **2** 一続き, 一息; 一続きの時間〔仕事〕: do a ～ of service (義務期間) 兵役をつとめる. **3** 伸長, 張り. **4** 緊張: nerves on the ～ 緊張した神経. **5** 誇張; 乱用. **6** 〔競馬〕直線コース: the home ～. **7** 〔海〕一帆走距離. **8** 〔俗〕禁固, 懲役. ***at a* ～** 一気に, 一息に. ***bring to the* ～** 張り詰める. ***by a* ～ *of authority*** 権力を乱用して. ***for a long* ～ *of time*** 長時間 (にわたって). ***on the* ～** 緊張して.
～**-out** [ᐩ⁻] 〔米話〕労働強化《賃銀すえおきでの》.

strétch·er [strétʃər] *n.* **1** 伸ばす〔張る, 広げる〕人; 伸張具; 画布台. **2** 担架. **3** 長手《れんが・石材の》. **4** ボートの足かけ. **5** 〔俗〕ほら, うそ.
～-**bèar·er** 担架のかつぎ手.

strétch·y [strétʃi] *a.* 伸びる, 弾力性のある; 《過度に》伸びたがる. ◇ **-i·ness** *n.*

strew [stru:] *vt.* (～**ed**; ～**ed**, ～**n** [stru:n]) **1** <砂・花などを> まき散らす. **2** の表面にばらまく, の表面を一面におおう《を, で *with*》.

strewn [stru:n] *v.* strew の過去分詞.

strí·a [stráiə] *n.* (*pl.* **strí·ae** [stráii:]) 〔生・地〕すじあと, 細いみぞ; 〔建〕柱のみぞ.

strí·ate [stráieit] *vt.* にすじ〔しま, 線〕をつける.
— [stráiit, -eit] *a.* すじ〔線, しま, みぞ〕のある; 線状の. ◇ **strí·at·ed** [stráieitid/straiéit-] *a.* = striate. **stri·á·tion** [straiéiʃ(ə)n] *n.* すじをつけること; すじあと, しま, 細みぞ.

***stríck·en** [strík(ə)n] *v.* 〔古〕strike の過去分詞.
— *a.* **1** 打たれた, 手負いの, 傷ついた. **2** 《特に合成語で》襲われた, (病気に) かかった, 苦しんでいる: Help was given to the fire-～ town. 救助の手が火災をうけた町に差し伸べられた. ～ ***in years*** 年とった. ～ ***with*** で苦しんでいる.
～ **field** 〔雅〕戦場.

stríck·le [stríkl] *n.* **1** ますかき《穀物を量るときますの表面をならす木片》. **2** かき板, 鋳型べら. **3** 《棒状の》といし. **4** くつみがき棒. — *vt.* ますかきでならす.

‡**strict** [strikt] *a.* **1** 厳格な, きびしい《に関して *about* a matter; に(対して) *with* a person》: a ～ order 厳命. **2** 厳密な, 精密な. **3** ほんとうの, 完全な: the ～ truth 偽りない真実. **4** 〔植〕直立性の: a ～ plant 直立性の植物. **5** 〔古〕緊張した, ぴんと張った. ***in the* ～ *sense*** 厳密に言えば, 厳密な意味では. [√stri(n)g-] ◇ ～·**ness** *n.*

‡**stríct·ly** [stríktli] *ad.* **1** 厳格に, きびしく: be ～ prohibited きびしく禁じられている. **2** 厳密に, 精密に. **3** 全く: ～ between us ほんとうにわれわれの間だけのことですが〔内密な話ですが〕. a ～ technical matter 純然たる技術上の問題. ～ ***speaking*** = ***speaking* ～** 厳密に言えば.

stríc·ture [stríktʃər] *n.* **1** 〔医〕狭窄(きょうさく). **2** 拘束. **3** (通例 *pl.*) 非難, 酷評. ***pass* ～*s on* [*upon*]** を非難する. [√stri(n)g-]

strid [strid], **stríd·den** [strídn] *v.* stride の過去分詞.

‡**stride** [straid] *vi., vt.* (**strode** [stroud]; **stríd·den** [strídn], 〔古〕**strid** [strid]) **1** 大またに歩く: ～ the street. **2** またぐ, またぎ越す: ～ over a brook 小川をまたぐ. **3** 〔稀〕またがる.
— *n.* **1** 大また; 一またぎ (の幅). **2** 大またに歩くこと, 闊歩(かっぽ). **3** 歩調; 《比喩的》調子. **4** 前進, 進歩. ***at* [*in*] *a* ～** 一またぎで. ***get into one's* ～** 調子がでる. ***have a fine* ～** 大またでゆうゆうと歩く. ***hit one's* ～** 〔米〕調子を取りもどす. ***make great* [*rapid*] ～*s*** 長足の進歩をする. ***take in* (*one's*) ～** 苦もなく飛び越す; <難事を> 難なく切り抜ける: If a man can *take* his ill luck *in* ～, he is emotionally mature. 不幸を平然と乗り切ることができれば, その人は感情的に成熟した人だ.
[類] → **walk**「歩く」

strí·dent [stráidnt] *a.* **1** キーキーいう, 耳ざわりな, か

ん高い. **2**〘言〙きしみ音の. → mellow. —— *n.* 〘言〙きしみ音. ◇ **〜·ly** *ad.* **-dence, -den·cy** *n.*

stríd·u·late [strídʒṳlèit/-djṳ-] *vi.* 〈コオロギなどが〉《からだのある部分をすり合わせて》鳴く, 摩擦音を出す. ◇ **strìd·u·lá·tion** [⌒−léiʃ(ə)n] *n.*

‡**strife** [straif] *n.* **闘争**, 争い; けんか; 〘英〙争議: a labor 〜 労働争議. ***be at* 〜 *with*** と仲が悪い, と争っている.

stríg·il [strídʒịl] *n.* 〘古ローマ〙《浴場の》皮膚かき器.

‡**strike** [straik] *v.* (**struck** [strʌk]; **struck**, 〘古〙, 〘雅〙およびおもに ⑱–⑳ で **strick·en** [strík(ə)n]) *vt.* **1 打つ**, たたく, なぐる: 〜 a person on the head [in the face] 人の頭〔顔〕をなぐる. **2** 打ってつくる〔…する〕: 〜 a medal *メダルを打ち出す.* 〜 fruits from the tree *くだものを木からたたき落とす.* **3** 〈とけいが時刻を〉打つ, 鳴らして知らす: The clock has just *struck* eleven. とけいがちょうど11時を打った. **4 打ち合わせる**, 打ちつける: 〜 one's head against a post 柱に頭を打ちつける. **5** 〈火打ち石を〉打ち合わせる; 〈マッチを〉する; 〈火花・火を〉打ち出す: 〜 a light《マッチをすって》火をつける. **6** 〈大工が墨なわを〉打つ. **7** 〈ますに入れた穀物を〉ますかきでならす. **8** に**打ち当たる**, ぶつかる: The ship *struck* the reef. 船は座礁した. **9** に出会う, (偶然) 発見する; 〈地下資源を〉掘り当てる: 〜 the main road 本道へ出る. 〜 oil 石油を掘り当てる. **10** 〈結論・妥協などに〉達する, 〈取引・契約を〉結ぶ: 〜 a compromise 妥協する. 〜 a mean 平均値〔中庸〕を得る. 〜 a bargain 取引をする. **11** 〈目に〉とまる, 〈注意を〉引く: 〜 the eye [attention]. **12** の心を打つ, に感銘を与える: The news of his father's death *struck* him to the heart. 父死去の知らせに彼は心の底から悲しんだ. **13** の心に生じる: A fine idea *struck* him. いい考えが突然心にわいた. **14 一撃する**, 〈打撃を〉加える, 与える: 〜 a blow. **15 突き当てる**; 〈剣などを〉突き刺す: 〜 a dagger *into* a person 人に短剣を突き立てる. **16** 〈ヘビが獲物に〉きばを命中させる. **17**〘釣り〙〈魚が〉あたる. **18** 〈えさに食いつく魚を〉「合わせる」《糸を引いて針にかける》. **19** 〈根を〉おろす: 〜 deep roots 根を深くおろす. **20** 〈恐怖などを〉吹き込む《に *into*》: It *struck* terror *into* my heart. それですっかり恐ろしくなってしまった. **21 襲撃する**; 〈病気・不幸などが〉襲う. **22 襲って**…にする: 〜 a person dead 人を殺す. 〜 a person dumb 人をびっくりさせて口がきけなくする. **23 切り離す**《*off*》. **24** 〈文字などを〉消す, 削除する《*out*》: 〜 *out* a page that seems useless むだと思われる1ページを削る. **25**〘野球〙三振でアウトにする《*out*》. **26** 〈たるに〉飲み口をあける. **27 打診する**, に頼む: 〜 a person *for* his autograph サインをねだる. **28** …に対してストライキをする, にストを宣言する. **29 解体する**, 引き払う: 〜 a stage set 舞台装置をかたづける. **30** 〈帆・旗を〉さげる, おろす. **31 急に始める**: 〜 a gallop 突然走り出す. **32** 〈ポーズを〉つくる: 〜 a pose.

〈注〉過去分詞 stricken はおもに ⑱–⑳ に用いられるが, 特に合成語において現在でも盛んに用いられる. → 別項 stricken.

—— *vi.* **1 打つ**, なぐる; 攻撃する《に *at*》: 〜 *at* a person 人をめがけて打ちかかる. a rattlesnake ready to 〜 身構えたガラガラヘビ. **2 打撃を与える**, 侵す《に, を *at*》: 〜 *at* the foundation [root] of democracy 民主主義の根底を危うくする. The disease *struck* inward. 病気は内攻した. **3 ぶつかる**, 衝突する; 座礁する《に *against, on*》. **4 点火する**, 発火する: The match wouldn't 〜. マッチはどうしてもつかなかった. **5** 《副詞(句)を伴って》**向かう**, 行く, 通る, 貫く: We *struck* out across the fields. われわれは野原を横切って進んだ. **6** 〈植物が〉根づく, つく; 〈顔料が〉定着する: The roots of the trees 〜 deep. その木は深く根を張る. **7** 旗を下げる; 旗を巻いて降伏する〔敬意をあらわす〕. **8** 〈とけいが〉打つ, 鳴る; 〈ときが〉来る: The hour has *struck*. ときまさに至る. **9** スト〔ストライキ〕をする. **10** 努力する, 戦う: 〜 for freedom 自由のために戦う.

It* 〜*s me* (*that*)**… …のように(私には)思える, 私の感想は…だ. **〜 *a blow for …のために全力を尽くす. **〜 *a line* [*path*]** 進路をとる. **〜 a person *all of a heap*** (人を) 呆然(ぼうぜん)とさせる. **〜 *a note*** 調子を出す, …の調子でものを言う. **〜 *aside*** 受け流す. **〜 *back*** 打ち返す; 〈火が〉逆に流れる. **〜 a person *blind*** 一撃で(人を)盲にする. **〜 *down*** (1) 打ちのめす, 殺す; 〈病気が〉襲う. (2) 〈魚を〉たる詰めにする. (3) 〈太陽が〉照りつける. **〜 *hands*** 〘古〙協定を結ぶ. **〜 *home*** 致命傷を与える; 感動させる. **〜 *in*** (1) 突然割り込む. (2) 〈病気が〉内攻する. **〜 *into*** (1) に打ち込む, に突き刺す. (2) 突然…へはいる, 急に…し始める. **〜 *it rich*** = ㊥ **〜 *oil*** 石油を掘り当てる; 思わぬ大成功をおさめる. **〜 *off*** (1) 〈首などを〉切り落とす; 削除する; 割り引く. (2) 横道へそれる. **〜 *out*** (1) 打ち出す, 打ちまくる. (2) 削除する. (3) 〈計画を〉案出する; 〈学説を〉発見する. (4) 〈天才などが〉発揮される. (5) 迷い出る. (6)〘野球〙三振する〔させる〕. (7) 失敗する. (8)〘ボクシング〙肩から腕を突き出す;〘水泳〙水をかく. **〜 *the track*** 道に出る. **〜 *through*** 線を引いて消す; 貫く. **〜 *twelve*** 全力を尽くす; 大成功をおさめる. **〜 *up*** (1) 〈敵の剣などを〉はね上げる. (2) 〈協定などを〉結ぶ. (3) 〈歌を〉うたいだす, 〈曲を〉ひきだす; 〈会話を〉始める. (4) 飛び上がる.

—— *n.* **1 打撃**, 打つこと, なぐること. **2 スト**, ストライキ, 罷業, (労働) 争議. **3**〘野球〙ストライク. **4**〘地〙走向. **5**〘米〙《油田などを》掘り当てること; 突然わいた幸運. **6**〘米〙ゆすり, おどし, 恐喝(きょうかつ). **7** 量目の名《通例 1 ブッシェル》. **8** 1回分の鋳造高. **9** 《魚が》えさにかかること. ***general* 〜** 総罷業, ゼネスト. ***go on* (*a*) 〜** ストライキをする. ***have two* 〜*s against*** 〘米話〙に対し不利な立場にある. ***on* 〜** ストライキ中. **〜 *of day*** 夜明け. ***three* 〜*s*** 〘野球〙三振.

〜·bound [⌒⌒] 罷業のため停止した. **〜·brèak·er** スト破り(人). **〜·brèak·ing** スト破り(行為).

[類] → **beat**「打つ」

strík·er [stráikər] *n.* **1** 打つ人; 《かじ屋の》鉄工, 向こうづち; もり射手. **2** 同盟罷業者. **3** 《銃の》撃鉄; 鳴るとけい. **4**〘米: 陸軍〙当番兵.

‡**strík·ing** [stráikiŋ] *a.* **1 著しい**, 目だつ: a 〜 resemblance きわだった類似. **2** 打つ; 攻撃の. **3** スト中の, 罷業中の.

〜 distance 打撃の有効に届く距離.

◇ **〜·ly** *ad.* 著しく. **〜·ness** *n.*

‡**string** [striŋ] *n.* **1 ひも**, 糸, 細ひも: a piece of 〜 1本のひも. 〈注〉cord より細く thread より太いひも. **2** ひも〔糸〕に通したもの; じゅずつなぎになったもの: a 〜 of dried fish 一ひもの目刺し. **3 一続き**, 一連; 《人などの》一列, 一隊: a 〜 of cars waiting at a red light 赤信号で待っている車の列. **4** 《楽器の》弦, 《弓の》つる; (the 〜s)〘楽〙弦楽器(演奏者): the G 〜 《バイオリンの》G 線. **5** 繊維;〘植〙巻きつる, 《豆さやの》すじ;〘医〙腱(けん), すじ. **6**〘米: 玉突き〙得点, 数取り器. **7** 《帽子などの》ひも, リボン. **8**〘米話〙付帯条件,「ひも」. **9**〘米俗〙ぺてん, うそ. ***a second* 〜 *to* one's *bow*** 別の手. ***by the* 〜 *rather than the bow*** 単刀直入に. ***get* [*have, keep*] a person *on a* 〜** = ㊥ ***have a* 〜 *on*** a person (人を) あやつる. ***harp on one* [*the same*] 〜** おなじことを繰り返す. ***have two* 〜*s to* one's *bow*** 第2策を用意している. ***pull every* 〜** 全力を尽くす. ***pull* (*the*) 〜*s*** 「糸を引く」, 黒幕となる; コネを使って運動する. ***the first* [*second*] 〜** 第1〔第2〕に信頼する人〔物〕, 第1〔第2〕案. ***touch the* 〜*s*** 弦楽を演奏する.

—— *v.* (**strung** [strʌŋ]) *vt.* **1** ひもで縛る, 糸でくくる. **2** 糸に通す〔さす〕, じゅずつなぎにする. **3** 〈楽器・弓に〉弦を張る; の調子を合わせる《*up*》. **4** 張る; 引きのばす: ～ wires from post to post 柱から柱に針金を張る. **5** 〈気持ちなどを〉緊張させる, しゃんとさせる; 興奮させる《しばしば過去分詞で》: be highly *strung* ひどく緊張している. **6** 1 列に並べる, 配列する《*out*》. **7** 〈豆などの〉すじをとる. **8**〖米俗〗だます. **9**〖米〗〈講義などを〉引きのばす《*out*》.

—— *vi.* **1** 糸のようになる; 糸を引く. **2** 長くつながる; 並ぶ, 並んで進む. **3**〖米俗〗ぺてんにかける, うそをつく. **4**〖玉突き〗《玉を突いて》順を定める.

high* 〔*highly*〕 *strung ひどく興奮して. **～ *along with*** に忠実に従う; に同意する; と友誼(ゆうぎ)を結ぶ. **～ *together*** 〈事実などを〉つなぎ合わせる. **～ *up*** つるす;〖話〗絞殺する.

～ bag 網の手さげ袋. **～ band** 弦楽団. **～ bass**〖楽〗ダブルベース, コントラバス (double bass). **～ bean**〖米〗さや隠元 (French bean). **～·board** [⊿⊿]〖建〗《階段の両側の》化粧側板. **～·course** [⊿⊿]〖建〗じゃばら, 胴じゃばら. **～ development**〖英:建〗《道路に沿って次々と無計画に住宅・商店などの建築物が》帯状に建てられていくこと (ribbon development). **～·halt** [⊿⊿] ＝springhalt. **～ quartet** 弦楽四重奏 (団). **～ tie** ひもネクタイ. ◇ **～ed** *a.* **1** 弦のある: a ～*ed* instrument 弦楽器. **2** 弦楽器による.

strín·gen·cy [stríndʒ(ə)nsi] *n.* → stringent.

strin·gén·do [strindʒéndou] *ad.*〖楽〗しだいに急速に. [＜It.]

strín·gent [stríndʒ(ə)nt] *a.* **1** 厳重な, きびしい. **2**《議論など》説得力のある, 強力な. **3**《商況などが》切迫した, 金詰まりの. [√stri(n)g-]

◇ **～·ly** *ad.* **-gen·cy** *n.*

stríng·er [stríŋər] *n.* **1**《楽器などの》弦を取り付ける職人;《弓の》弦張り師. **2**《鉄道の》まくら木;〖建〗階段ばり, がわげた;〖船〗縦材. **3** (*pl.*)〖俗〗手錠; 非常勤 (新聞) 記者.

stríng·y [stríŋi] *a.* **1** 糸の, ひもの; 糸〔ひも〕のような. **2** 繊維質の, すじの多い. **3**《液・糖みつなどが》糸を引く, 粘質の. ◇ **-i·ness** *n.*

‡**strip**[1] [strip] *v.* (**-pp-**) *vt.* **1** 〈外皮などを〉**はぎとる**, 取り除く, むく《*off*》. **2** から奪う, から巻き上げる《を *of*》: ～ a person *of* his money. **3** 裸にする. **4** 〈船を〉解装する, から索具を取りはずす; 武装解除する. **5** から牛乳を絞り尽くす. —— *vi.* **1** (皮が) むける. **2** 衣服を脱ぐ, 裸になる. **3** 〈ねじ山が〉すりへる. **～ *down*** ばらばらにする. **～ *off*** はぐ, 脱ぐ. **～** a person ***to the skin*** (人を) 丸裸にする.

～-leaf [⊿⊿] 茎を取り除いたたばこ. **～ mining**〖米〗《石炭などの》露天掘り. **～ tease, ～·tease** [⊿⊿] ストリップショー. **～ teaser, ～·tèas·er** ストリッパー.

◇ **～·per** *n.* **1** 裸にする人. **2** 脱毛ぐし; 皮はぎ器. **3**〖俗〗乳の出なくなった牛. **4**〖米俗〗＝ ～ teaser.

***strip**[2] *n.* **1**《紙・布・板などの》細長い小片, 小片: in ～*s* 細長くきれぎれになって. a ～ of wood 木切れ. **2** 細長い土地;〖空〗滑走路 (＝airstrip). **3**〖米〗《通例1回に4こまの》続き漫画 (＝comic ～); 縦または横に3枚以上続いている切手.

—— *vt.* (**-pp-**) **1** 細長いきれに切る. **2**〖写〗〈フイルムを〉つなぎ合わせる《組み合わせ原板をつくるため》.

‡**stripe** [straip] *n.* **1** すじ, しま. **2** (*pl.*)〖軍〗そで章. **3** (*pl.*) むちあと, むち打ち. **4**〖米〗《宗教・政治論などの》特色, 型; 種類: artists of every ～ あらゆる種類の芸術家たち. ***get* one's ～*s*** 昇進する. ***lose* one's ～*s*** 階級を下げられる. ***service* ～**〖米:軍〗《勤務年数をあらわす》年功そで章. ***the Stars and S～s*** 星条旗《アメリカ国旗》. ***wear the* ～*s***〖米〗刑務所にはいる.

—— *vt.* にしまをつける, にすじをつける; しまで飾る.

◇ **～d** [-t] *a.* しま〔すじ〕のある: ～*d* bass〖魚〗シマスズキ.

stríp·ling [strípliŋ] *n.* 若者, 青二才.

stript [stript] *v.*〖稀〗strip[1] の過去・過去分詞.

‡**strive** [straiv] *vi.* (**strove** [strouv]; **strív·en** [strív(ə)n]) **1 努力する**《*to* (do)》: He *strove to* overcome his bad habits. 彼は悪習に打ち勝とうと努力した. **2** 得ようと努力する《を *after, for*》. **3** 競う, 争う, 戦う《と *against, with*》.

strív·en [strív(ə)n] *v.* strive の過去分詞.

strób·il(e) [strábil/strɔ́b-] *n.*〖植〗《松かさなどの》球果.

stró·bo·scope [stróubəskòup] *n.* **1** 回転速度計; ストロボスコープ《急速に回転・振動する物体を観察する装置》. **2**〖写〗ストロボ (stroboscopic lamp).

◇ **stрò·bo·scóp·ic** [⊿–skápik/-skɔ́p-] *a.*

stró·bo·tron [stróubətràn/-trɔn] *n.*〖電〗ストロボトロン《ガス入り電子管》.

strode [stroud] *v.* stride の過去形.

‡**stroke**[1] [strouk] *n.* **1** 一打, 打つこと, 打撃: a ～ of lightning 落雷. **2**《ボートなどの》一こぎ; こぎ方, 整調;《球技の》一打ち: a backhand ～《テニスの》逆手打ち. **3**《泳ぎの》手足の動き, 一かき, 泳法;《鳥の》一羽ばたき. **4** 一筆, 筆法; 一画(かく),《漢字の》字画: with a ～ of the pen 一筆ふるって. **5** 一刀, 一彫り. **6**《とけい・鐘などの》打つ音,《心臓の》一鼓動, 脈搏(みゃくはく): on the ～ of two 2 時を打つと. **7**《病気の》**発作**,《特に》脳出血. **8** 一働き, 一仕事, 手腕, 早わざ, てがら, 成功: I did a fine ～ of business. 私はうまい取引をした.

a* ～ *of genius 天才的手腕. ***a* ～ *of luck* 〔*fortune*〕** 思いがけない幸運. ***at a* 〔*one*〕 ～** 一挙に. ***keep* ～** かいをそろえてこぐ. ***Little* ～*s fell great oaks.***〖諺〗ちりも積もれば山となる.

—— *vt., vi.* (ボートの整調を) こぐ.

～·oar [⊿⊿]〖ボート〗最後尾のオール; 整調手. **～ play**〖ゴルフ〗打数競技.

stroke[2] *vt.* **1** なでる, さする. **2**〖石工〗にみぞをつくる. **3** のひだを伸ばす. **～** a person ***down*** (人を) なだめる. **～** a person 〔person***'s hair***〕 ***up*** 〔***the wrong way***〕 (人を) おこらせる.

—— *n.* 一なで, なでつけ.

‡**stroll** [stroul] *n.* **ぶらぶら歩き**, 散歩: take 〔go for〕 a ～ ぶらつく, 散歩する.

—— *vi.* **1 散歩する**, ぶらつく. **2** さまよう, 放浪する: ～*ing* Gypsies. **3** 巡業する. —— *vt.* 〈いなかなどを〉ぶらつく, ぶらぶら歩いて行く.

◇ **～·er** [-ər] *n.* **1** ぶらつく〔散歩する〕人; 無宿〔放浪〕者; 巡業者, 旅役者. **2**《多く折りたたみ腰掛け式》うば車. 〔類〕→ **walk**「歩く」

†**strong** [strɔːŋ/strɔŋ] *a.* (**stróng·er** [strɔ́ːŋgər/strɔ́ŋ-]; **stróng·est** [-gist]) **1 強い**, 強大な, 有力な: a ～ nation 強国. a ～ economy 強力な経済 (力). a ～ wind 強風. a ～ mind 強力な精神〔思想家〕. ↔ weak. **2** 強固な, がん強な, じょうぶな, 強健な: ～ walls がっちりした壁. ～ defense 強固な防衛. ～ cloth 持ちのいい布地. a ～ young man がっしりした青年. ～ health たくましい健康. **3**《精神的に》不動の, 確固たる, がんこな: a ～ conviction 確信. ～ prejudices 抜きがたい偏見. a ～ conservative ねっからの保守主義者. **4** 強烈な, 力のはいった, 激しい: a ～ blow 強力な一撃. a ～ handshake 力のこもった握手. a ～ attack 猛攻撃. take ～ measures 強硬策に出る. **5** (影響力の) 強力な, 効果的な, 強硬な: a ～ argument 説得力のある議論. ～ reasons もっともな理由. a ～ remedy 有効な治療, 強力な改善 (策). a ～ solution 強硬な解決 (策). a ～ impression 強い感銘, ふかい印象. **6** すぐれている, 得意の: He is ～ *in* mathematics. 数学が得意である, 数学に「強い」. a ～ point 長所. Politeness isn't his ～ point.

礼儀となると彼の弱点だ. 7 強度の, 度合いの高い: a ～ possibility 大きな可能性, 大いにありうべきこと. bear a ～ resemblance ひどく似ている《に *to*》. a president ～ in the affection of the people 民衆からいたく敬愛されている大統領. 8《人員・総勢が》多数の, 強大な; 兵力…の: an army ten thousand ～ 兵力1万の軍隊. 9《音・光・味・においなどが》強い, 激しい: a ～ flavor 強い味〔におい〕. a ～ voice 大きな声. ～ cheese 味の強いチーズ. 10 いやなにおいの: a ～ breath 臭い息. 11《飲料が》濃い;《飲料・食べ物が》アルコール分の強い〔を含んだ〕: ～ tea 濃い茶. ～ drink アルコール飲料. ↔ weak, soft. 12 腐ってにおいが強い: ～ butter 腐りかけたバター. 13〖商〗強気の. 14〖文〗強変化の. 15〖音声〗強勢のある. → weak. ***by* [*with*] *a* [*the*] *～ hand* [*arm*]** 力ずくで, 暴力で. ***take ～ root*** しっかり根づく. ***the ～er sex*** 男性.
—— *ad.*〖俗〗強く, 猛烈に, 途方もなく, 盛んに: The wind is blowing ～. 風が強く吹いている.
be going ～〖俗〗元気にやっている. ***come* [*go*] *it ～*** 大いにやる, やり過ぎる. ***come out ～*** 誇張〔力説〕する. ***put it ～*** 悪く言う.
～ arm 高圧手段, 暴力. **∠-arm** → 別項. **∠·box** [∠∸] 金庫, 貴重品箱. **～ breeze**〖気〗大風. **～ form**〖文〗強形. →枠付 Strong Form, Weak Form (p. 1281). **～ gale**〖気〗大強風. **～ head** 酒に強い人. **∠-héad·ed** 強情な. **∠-héart·ed** 勇敢な (brave). **∠-hold** → 別項. **～ language**《悪口など》激しいことば; 毒舌. **～ man**〖話〗ワンマン, 有力者; 独裁者. **～ meat** 堅い食物;〖聖〗むずかしい教義《ヘブル書 5: 12》. **∠-mínd·ed** → 別項. **～ point, ∠·point** [∠∸] 得手, 強み, 長所;〖軍〗防御拠点. **～ room**〖おもに英〗金庫室, 貴重品室. **～ situation**《物語・劇などの》感動場面. **～ suit**〖トランプ〗強い組み札;《比喩的》長所, 得手. **∠-vóiced** 大きい明瞭(めいりょう)な声の. **∠-wílled** 意志の強固な.

(類義語) 強い: **strong** 日本語の「強い」と同様, 肉体の強さ, 物の強度, 精神の強さなど広く用いられる: *strong* in mind and body 心身ともに強健. *strong* in mathematics 数学に強い. **mighty** 他を圧倒するような力をもった: a *mighty* ruler 強力な統治者. **powerful** power をもった. mighty が外部に対する圧力, 巨大さを強調するのに対し, 内的な力, 実力を強調する: a *powerful* engine [argument] 強力なエンジン〔議論〕. **vigorous** 精力的な, 元気のよい: a *vigorous* style 力強い文体.

stróng-arm [strɔ́ŋàːrm/strɔ́ŋ-]〖米話〗*a.* 腕ずくの; 高圧的な. —— *vt.* 1 に暴力をふるう; に暴行する. 2 から強奪する.
stróng·hold [-hòuld] *n.* 1 とりで, 要塞(ようさい). 2《思想などの》中心点, 本拠.
‡**stróng·ly** [-li] *ad.* 強く, がんじょうに; 強硬に, 熱心に; 激しく: be ～ built [made] がんじょうに建て〔つく〕られている. be ～ against it それに強く反対である.
stróng-mínd·ed [-máindid] *a.* 心のしっかりした;《女が》勝ち気な, 男まさりの.
strón·ti·a [strάnʃiə/strɔ́ŋ-] *n.*〖化〗ストロンチア, ストロンチウム酸化物.
strón·ti·um [strάnʃiəm/strɔ́n-] *n.*〖化〗ストロンチウム《金属元素. 記号 Sr》. **～ 90** ストロンチウムの放射性同位元素の一つ (= radiostrontium)《人体に有害》. ◇ **strón·tic** *a.*
strop [strαp/strɔp] *n.*《かみそりの》革砥(かわと) (strap);〖海〗《滑車の》帯づな. —— *vt.* (**-pp-**) 革砥でとぐ.
stró·phe [stróufi] *n.* 1《古代ギリシア合唱隊の》右から左方への回転《歌いながら舞台上を回る》; そのときの合唱歌. ↔ antistrophe. 2〖韻〗《近代詩の》節 (stanza).
strove [strouv] *v.* strive の過去形.
strow [strou] *vt.* (**～ed**; **～n** [stroun], **～ed**)〖古〗= strew.
‡**struck** [strʌk] *v.* strike の過去・過去分詞.
—— *a.*〖米〗同盟罷業で閉鎖された, スト中の: a ～ factory.
strúc·tur·al [strʌ́ktʃ(ə)r(ə)l] *a.* 1 構造(上)の, 機構〔組織〕上の. 2 建築の.
～ formula〖化〗構造式. **～ geology** 構造地質学. **～ linguistics**《単数扱い》構造言語学.
◇ **～·ism** [-iz(ə)m] *n.* 構造主義〖言語学・人間科学の〗. **～·ist** *n.* **～·ly** *ad.*
‡**strúc·ture** [strʌ́ktʃər] *n.* 1 構造, 構成; 機構, 組織, 組み立て: the economic ～ of Japan 日本の経済構造. 2 構造物, 建造物: an old wooden ～. 3〖化〗化学構造. —— *vt.* の組織〔体系〕的骨組みをつくる. [√stru-] ◇ **～d** *a.* **～·less** *a.*
strú·del [strúːd(ə)l] *n.* ねり粉菓子《くだもの・チーズなどを薄い生パンで巻いて焼いた菓子》.
‡**strúg·gle** [strʌ́gl] *vi.* 1 もがく, あがく. 2 押し分けていく《*along, in, through, up*》: He ～*d along* the crowd. 彼は人込みを押し分けていった. 3 奮闘する, 苦闘する《*to* (do)》. 4 戦う《と *against, with*; のために, を求めて *for*》: ～ *with* many problems 多くの問題と戦う. ～ *for* a living 生活のために戦う.
—— *n.* 1 もがき, あがき. 2 努力, 苦闘. 3 戦い, 戦闘, 争闘: the ～ *for* existence 生存競争.
strúg·gling [-iŋ] *a.* 努力する, 奮闘する.
◇ **～·ly** *ad.*
strum [strʌm] *vt., vi.* (**-mm-**) へたに鳴らす〔ひく〕, かき鳴らす: ～ (on) a guitar ギターを(へたに)かき鳴らす. —— *n.* へたにひくこと〔音〕.
strú·ma [strúːmə] *n.* (*pl.* **-mae** [-miː]) 1〖医〗るいれき; 甲状腺腫(せんしゅ). 2〖植〗こぶ状突起. [<L.]
◇ **strú·mose** [-mous] *a.*〖植〗こぶ状突起のある.
strú·mous [strúːməs] *a.*〖医〗struma の, struma にかかった. ◇ **～·ness** *n.*
strúm·pet [strʌ́mpit] *n.* 売春婦.
strung [strʌŋ] *v.* string の過去・過去分詞.
strut[1] [strʌt] *vi.* (**-tt-**) 気どって〔そり返って〕歩く《*about, along*》. —— *n.* 気どり歩き.
strut[2] *n.*〖建〗控え; 支柱. —— *vt.* (**-tt-**) に支柱〔突っ張り〕をかって骨組みを強固にする.
strých·nin [stríknin], **strých·nine** [-niːn] *n.*〖化〗ストリキニン, ストリキニーネ《有機塩基の一種. 神経刺激剤》. ◇ **strých·nic** *a.*
Stú·art [st(j)úːərt / stjuət, stjúːət] *n.* イギリスのスチュアート王家の一員. ***the ～s = the House of ～*** スチュアート家《1371–1603年 スコットランドを, 1603–1714年 イギリスを統治した王家》.
stub [stʌb] *n.* 1 株,《木の》切り株,《歯などの》根, 切り残り. 2 短くてずんぐりしたもの;《鉛筆などの》使い残り; 太字用ペン(先); 犬の尾の端. 3〖米〗《小切手帳の》控え. —— *vt.* (**-bb-**) 1〈切り株を〉引き抜く, 掘り抜く《*up*》. 2 切り株にする. 3 ぶつける《足を切り株・石などに》. 4〈巻きたばこの〉吸い残しを踏みつぶして火を消す.
stúb·bed [stʌ́bid, stʌbd] *a.* 1 株の多い; 株状の. 2 ずんぐりした. 3 使い古した;《刃などが》よく切れない. 4 洗練されない, 粗野な. ◇ **～·ness** *n.*
stúb·ble [stʌ́bl] *n.* 1 (通例 *pl.*)《畑などの》刈り株; 刈り株状のもの. 2 無精ひげ; 短く刈った髪〔ひげ〕. ◇ **～d** *a.*
stúb·bly [stʌ́bli] *a.* 1 刈り株の(ような); 刈り株だらけの. 2 いがぐり頭の;《ひげなどが》短くかたい.
‡**stúb·born** [stʌ́bərn] *a.* 1 がんこな, 強情な. 2 がん強な: ～ resistance 強硬な抵抗. 3 手に負えない, 扱いにくい;《病気が》なおりにくい: ～ problems 難題. a ～ cough がんこなせき. 4《金属など》溶けにくい, 堅い. ◇ **～·ly** *ad.* **～·ness** *n.*
stúb·by [stʌ́bi] *a.* 1 切り株のような; ずんぐりした;

《髪の毛などが》短くてこわい. **2** 切り株だらけの; いがぐり頭の. ◇ **stúb·bi·ness** *n.*

stúc·co [stʌ́kou] *n.* (*pl.* ~**(e)s**) 化粧しっくい(細工).
—— *vt.* に化粧しっくいを塗る.
~·**work** [⌐−⌐] 《化粧しっくいを用いた》塗り壁仕上げ. ~·**wòrk·er** しっくい塗り工.

‡**stuck** [stʌk] *v.* stick² の過去・過去分詞.
~-**úp** 〖話〗つんとした, 生意気な, うぬぼれた.

stud¹ [stʌd] *n.* **1** 飾りびょう, 飾りくぎ; びょう. **2** 飾りボタン (=㊍ collar button). **3** 〖建〗間柱(まばしら). **4** 栓(せん); 〖機〗植え込みボルト (= ~ bolt).
—— *vt.* (**-dd-**) **1** に飾りびょうを打つ, に飾りボタンを付ける. **2** にちりばめる, に点在させる《を *with*》: The sky was *studded with* stars. 空には星がちりばめられていた. ◇ **stúd·ding** *n.* 〖建〗間柱(材).

stud² *n.* 《繁殖・競馬・狩猟用などに飼っておく》馬匹(群); 《馬匹の》飼育場; 〖米〗種馬 (stallion).
~·**book** [⌐⌐] 《馬の》血統台帳. ~·**horse** [⌐⌐] 種馬.

stúd·ding·sail [stʌ́diŋsèil, 〖海〗stʌ́nsl] *n.* 〖海〗補助帆, スタンスル (stunsail).

†**stú·dent** [st(j)úːd(ə)nt/stjúː-] *n.* **1** 学生《おもにアメリカでは高校以上, イギリスでは大学生》: a ~ *at* X University X 大学の学生. **2** 学者, 研究者; 《大学などの協会・研究所の》研究生: a ~ of insects こん虫の研究家. **3** 給費生. ~ **body** 《主として大学の》在学生総数; 学生団: This university has a ~ *body* of 10,000. 当大学の学生総数は1万である. ~ **council** 〖米〗学生自治委員会. ~ **nurse** 見習看護婦. ~ **teacher** 教生, 教育実習生.
◇ ~·**ship** [-ʃip] *n.* 学生の身分; 〖英〗奨学金.
類 → **pupil**「学生」

stúd·ied [stʌ́did] *a.* **1** 研究をつんだ, 熟慮した. **2** 故意の; わざとらしい, 不自然な.
◇ ~·**ly** *ad.* ~·**ness** *n.*

‡**stú·di·o** [st(j)úːdiòu/stjúː-] *n.* (*pl.* ~**s**) **1** 《画家・彫刻家・写真家などの》仕事場, 画室, 技術室. **2** スタジオ; (*pl.*) 映画撮影所; 《放送局の》放送室.

文法要説…(**26**)

Strong Form, Weak Form

(強形と弱形)

辞書的に明瞭(めいりょう)な意味をもつ語, たとえば hurt (傷つける) について, 次の 2 文中の発音を比較してみる: He was not just *húrt* [-hə́ːrt]. He was bádly *hurt* [-həːrt]. (彼はただけがをしていただけではない. ひどくけがをしていたのだ) 通常初めの hurt に比べてあとの hurt はずっと弱く発音されるが, 発音そのものには変わりがない.

これに対して, 人称代名詞 her《目的格》について同様の比較をしてみると: (1) Ask *hér* [-hə́ːr], not mé. (2) I sáw *her* [-(h)ər]. Lét *her* [-ər-] gó. となる. すなわち発音そのものが変わって, (1) 強く発音されると [həːr], (2) 弱く発音されると母音が弱まり, またしばしば [h] が脱落して [(h)ər] となる. [h] の脱落は特に子音のあとに多い.

このように強勢の程度によって同一の語に著しく異なった発音変種があるとき, 強く発音されたときの [həːr] のような形を**強形** (strong form), 弱く発音されたときの [hər], [ər] のような形を**弱形** (weak form) と称する. これらは本書では次のように示される: **her** [həːr, 弱 ər, hər]. すなわち最初の変種が強形,「弱」とあるのが弱形である. 通常弱形の方が頻度(ひんど)が高いが, 特に強形の頻度が著しく低いばあいには順序を逆にして次のように示される: **a** [通常弱く ə, 強 ei].

1) 弱形を有する語の種類

文法的機能を主とした, 冠詞・前置詞・接続詞・助動詞・代名詞・疑問詞などの, 少数ではあるが使用度の高い一連の語には, 強形・弱形の区別のあるものが多い. 本書枠付各項のうち, 文法要説を除いた語彙(ごい)項目はその代表的なもので, 大部分がこれに該当する. なお, これらの語は**機能語** (function word) と称せられるものとほぼ一致する.

2) 強形の用途

a) 単語として孤立して発音するか,「…という語」の意味で引用的に用いられるばあい: *"Her"* [hə́ːr] is a pronoun. "her" は代名詞である. *"A"* [éi] and *"an"* [ǽn] are indefinite articles. "a" と "an" は不定冠詞である.

b) 位置の関係で必然的に強く発音されるばあい: Yes, I *can* [-kǽn].

c) 対比などで強勢を受けるとき: I have no prejudice either *for* [-fɔ́ːr-] or against it. それに対して, 好意的にも, 非好意的にも偏見はもっていない. You look tired.—I *am* [-ǽm-] tired. 疲れたようすだね. —いや実際に疲れているのだ《am は look と対比されている. 筆記では下線を施し, 印刷では斜体を用いる習慣がある》. Write *"a* [-éi-] man", not *"the* [-ðíː-] man".「その男」でなく,「ひとりの男」と書け.

d) 強勢がなくても速度がおそいか, ことさらに (書き取りなどで) 非常にゆっくり発音するばあいなど: This—is—a —book. [ðís-ìz-ei-búk]

e) 隣接する音との関係: He'll *be* in. [hiːl-biː-ín]《これは [-bi-ín] より発音しやすいため》.

3) 弱形の用途

通常の速度で 2) に該当しないばあいには, たいてい弱形が用いられる: It's *a* [-ə-] pity. / I like *to* [-tə-] play. / *Shall* [ʃ(ə)l-] we go?

4) 弱形の特徴

a) 音の脱落: his [hiz]→[iz]: What's *his* name? [hwɑ̀ts-iz-néim / wɔ̀ts-] / to [tuː]→[tə]→[ə]: You ought *to* know. [ju-ɔ́ːt-ə-nóu] / than [ðæn]→[ðən]→[ðn]: He'll do it better *than* I.

〈注〉it'*s* [its], he'*s* [hiːz], is*n't* [íznt] などの短縮形はそれぞれ [it]+[s], [hiː]+[z], [iz]+[nt] と解されるから, 音声面だけからみれば [s, z] は母音脱落による is または has の弱形, 同様に [nt] は not の弱形ということができる. しかしこのばあい, つづりに変化が起こり, 短縮形として前の語と一語に融合して扱う習慣があるので, 本書でもそのように扱い, is, has, not の弱形としては扱わない. 特に短縮形には don't [dount], can't の英音 [kɑːnt] のように, 結合要素の音が全く変わってしまって分離不能のものもあるから, この扱い方が妥当である.

b) 音の変化, 特に母音の弱化

(1) 母音の [ə], [ər] への変化《特に多い》: can [kæn]→[kən] / them [ðem]→[ðəm] / to [tuː]→[tə]《子音の前: easy *to* read》/ my [mai]→[mə]《早口で子音の前: Give it to *my* brother.》/ there [ðεər]→[ðər]《"予備の there": *There* is…》.

(2) 母音の緊張の減少《長母音 → 短母音》: to [tuː]→[tu]《母音の前: *to* own a house》/ be [biː]→[bi]《特に子音の前: Try to *be* nice.》.

〜 **apartment** 居間兼寝室・台所・浴室から成るアパート〔貸し室〕. 〜 **couch** 寝台兼用のソファー.

stú·di·ous [st(j)ú:diəs/stjú:-] *a.* **1** 学問に励む, 学問好きな, 勉強家の. **2** 熱心な, 苦心する. **3** 努めて行なう《*to* (do)》. **4** 注意ぶかい, 慎重な. **5** 故意の: with 〜 calm わざと平静に.
◇ 〜**·ly** *ad.* 〜**·ness** *n.*

†**stúd·y** [stʌ́di] *n.* **1** 学問, 勉強, 勉学, 学習: the hours of 〜 勉強時間. the 〜 of history 歴史の勉強. return to one's 〜*ies* after vacation 休みのあと勉強にもどる. **2** 学科, 学業: What are your favorite 〜*ies*? きみの好きな学科はなにか. **3** (しばしば *pl.*) 研究, 学問《*of*》: linguistic 〜*ies* 言語(学)研究. Japanese 〜*ies* 日本学, 日本研究. **4** 調査: under 〜 検討中. **5** 研究事項; 研究に価するもの, 見もの. **6** 努力; 配慮〔努力〕の対象: It was the 〜 of my life to please my mother. 母を喜ばすことが私の念願でした. **7** 書斎, 研究室; 《個人の》事務室. **8** スケッチ, 試作, 習作; 〘楽〙練習曲 (étude). **9** 〘劇〙せりふの暗唱; せりふを覚える役者: He is a fast 〜. 彼はせりふの覚えが早い. **10** 沈思, 黙想: be (lost) in 〜 ぼんやり考え込んでいる. ***make a 〜 of*** を研究する.
—— *vt.* **1** 学ぶ, 勉強する. **2** 研究する, 考察する; 調査する, 調べる. **3** じっと見る: 〜 a person's face 人の顔をじろじろ見る. **4** 〈せりふなどを〉覚える: 〜 one's part せりふを覚える. **5** に心を用いる, のめんどうを見る: 〜 others' convenience 他人の便宜を計る. **6** くふうする, 考慮する.
—— *vi.* **1** 勉強する, 学習する, 研究する: 〜 abroad 海外留学する. **2** 努めて…しようとする《*to* (do)》. **3** 〘米〙考察する, 考えをめぐらす《について *about, on*》: I'm 〜*ing* (*on*) whether I ought to do it. それをすべきか否か考慮中だ.
〜 ***out*** (1) 研究し尽くす, 考え抜く. (2) 〈問題を〉解く; 考え出す: 〜 *out* a new system 新方式を編み出す. 〜 ***up*** がり勉する; 復習する.
〜 **group** 研究グループ. 〜 **hall** 自習室.
〔類〕→ **learn**「学ぶ」

‡**stuff** [stʌf] *n.* **1** 資料, 原料; 物: building 〜 建築資材. a hard 〜 堅い物質. **2** 資料, 内実, 内容. **3** 資質, 素質, 本質: Tom has good 〜 in him. トムは素質がすぐれている. the 〜 of life 人生のほんとうの姿. **4** 〘話〙(one's 〜) 持ち物; つとめ, 仕事: This is *our* 〜. これがわれわれの成すべきことだ. **5** 〘話〙《自己の専門の》事実, 知識, 技術. **6** 〘話〙《芸術的な》作品; 演出, 演奏: poor 〜 愚作. **7** 〘球技〙たまのひねり〔スピード〕; 〘野球〙《投手の》持ちだま: his best 〜 彼の得意中の得意のピッチ. **8** 食べ物, 飲み物. **9** 〘話〙もの, こと: What's that 〜? そいつはなんだ. kid 〜 (子ども向きの) たわいもないもの, くだらないもの. **10** 〘話〙がらくた, 廃物; たわごと, むだ口: The room is full of old 〜. へやは古いがらくたでいっぱいだ. *S*〜*!* くだらない!, ばかな! **11** 〘英〙織物, 反物. **12** 〘俗〙現なま; 盗品; ヘロイン.
do one***'s 〜*** 得意なところを見せる; 十八番をやる; 自分の仕事をさっさとやる. ***food 〜s*** 食料品. ***green*** [***garden***] ***〜*** 野菜類. ***hot 〜*** 〘俗〙元気者. ***know*** one***'s 〜*** 万事心得ている, やり手である. ***That's the*** (***sort of***) ***〜 to give 'em.*** 〘俗〙当然な処置だ.
—— *vt.* **1** に詰める, に詰め物をする, に詰め込む《を *with*》: 〜 the mattress マットレスに詰め物をする. 〜 a room *with* people へやを人でいっぱいにする. have one's pockets 〜*ed with* books ポケットに本をいっぱいにねじ込んでいる. **2** 〈穴などを〉埋める, ふさぐ《*up*》: 〜 (*up*) one's ears with cotton wool 耳の穴に綿を詰める. **3** いっぱいにする; にたっぷり与える, にたっぷり食べさせる〔飲ませる〕《を *with*》: 〜 a young mind *with* silly ideas 若い人にくだらない考えをいろいろと吹き込む. 〜 a child *with* cakes 子どもに菓子をたくさん食べさせる. 〜 oneself たらふく食う. **4** 〈料理の鳥に〉詰め物をする; 〈鳥獣を〉はく製にする; 〈人に〉知識を詰め込む, 詰め込み勉強させる. **5** 詰め込む, 押し込む《に *into*》: 〜 one's clothes *into* the drawer 引き出しに衣類を押し込む. **6** 〘米〙〈投票箱に〉不正票を投ずる. **7** 〘俗〙だます. —— *vi.* 腹いっぱい〔たらふく〕食う.
〜ed shirt 〘米〙《能無しの》気どり〔いばり〕屋.
〜 **gown** ラシャガウン《王室弁護士になる前に着る》.
〔類〕→ **substance**「物質」

stúff·ing [stʌ́fiŋ] *n.* **1** 詰めること, 詰め物をすること. **2** 《ソファー・いすなどの》詰め物; 〘料理〙詰め物《料理前鳥などに詰めておく材料》; 《新聞などの》埋めくさ. **3** はく製. 〜 **box** 〘機〙パッキン箱.

stúff·y [stʌ́fi] *a.* **1** 風通しの悪い, むっとする; 《かぜで》鼻の詰まった感じの. **2** 飽き飽きする, たいくつな, 興味のない. **3** 〘おもに英〙古くさい, 堅苦しい. **4** 〘米話〙むっつりした, ふきげんな, ふくれっつらの.
◇ **stúff·i·ly** *ad.* **stúff·i·ness** *n.*

stúg·gy [stʌ́gi] *a.* ずんぐりした, がんじょうな.

Stu·ka [stú:kə] G. *n.* 《第2次大戦での》ドイツの急降下爆撃機.

stúl·ti·fy [stʌ́ltịfài] *vt.* **1** ばからしく見せる, ばかに見せる, 無意味にする. **2** 《後の矛盾した行為などによって》ぶちこわしにする, だいなしにする. **3** 〈精神などを〉鈍化する, 鈍らせる. **4** 〘法〙無能力であると申し立てる. 〜 one***self*** ばかをさらす; 矛盾したことを言う.
◇ **stùl·ti·fi·cá·tion** [stʌ̀ltịfịkéiʃ(ə)n] *n.*

stum [stʌm] *n.* **1** 未発酵のブドウ液 (must²). **2** 〜の添加で発酵が増大したブドウ酒.
—— *vt.* (**-mm-**) **1** 〘米〙〜 を加えてブドウ酒を再発酵させる. **2** 〘英〙の発酵を防腐剤で防ぐ.

‡**stúm·ble** [stʌ́mbl] *vi.* **1** つまずく《に *at, over*》: 〜 *over* a stone. **2** 巡り会う, 遭遇する《に *across, on, upon*》: 〜 *across* a clue 偶然手がかりを見いだす. **3** よろめく, よろよろしながら歩く《*along*》. **4** 失策する, へまをやる, 《道徳上の》罪を犯す. **5** どもる; 〘古〙ためらう: 〜 over one's words ことばがつかえる.
—— *vt.* つまずかせる.
—— *n.* **1** つまずき, よろめき. **2** 失策, 過失.
〜**-bum** [´-`] 〘俗〙へまなボクサー; 無器用な〔無能な〕やつ.

stúm·bling [stʌ́mbliŋ] *a.* **1** つまずく, よろける. **2** ためらう; まごつく. **3** どもる. —— *n.* **1** つまずき, よろめき. **2** ためらい, まごつき. **3** どもり.
〜 **block** つまずかせるもの; 障害. ◇ 〜**·ly** *ad.*

stú·mer [st(j)ú:mər/stjú:-] *n.* 〘英俗〙**1** いんちき物; にせ札〔金〕; 偽造小切手. **2** 競馬に勝てない馬.

‡**stump** [stʌmp] *n.* **1** 切り株. **2** 《葉を取った》幹, 軸, もと; 《折れた歯の》根; 《鉛筆などの》端切れ; 《葉巻きの》吸いがら; 《切断された》腕, 足, 四肢 (しし). **3** (*pl.*) 〘俗・笑〙足; 義足. **4** 重い足どり〔足音〕. **5** 家具の前足; 〘クリケット〙柱. **6** 演壇; 選挙演説. **7** 〘米話〙挑戦(ちょうせん) (challenge). **8** (*pl.*) いがぐり頭. **9** ずんぐりした人. **10** 〘美〙擦筆.
go on [***take***] ***the 〜*** 選挙運動をする. ***stir*** one***'s 〜s*** 〘俗〙(とっとと) 歩く, 急ぐ. ***take the 〜*** 遊説する. ***up a 〜*** 〘米俗〙答えに窮して, 当惑して. ***wear to the 〜s*** 〈鉛筆などを〉最後まで使う; 枯死させる.
—— *vt.* **1** 切り株にする, 刈り込む. **2** の切り株を除く〔焼き払う〕. **3** 〘米話〙根こそぎにする, 根絶する《*up*》. **4** 〈つま先などを〉石にぶつける. **5** 《質問などで》立ち往生させる, 困らせる. **6** 遊説する《を *for*》. **7** に挑戦する. **8** 〘米話〙一思いにやってみる, 思い切ってやる. **9** 〘クリケット〙柱を倒してアウトにする. **10** 〘美〙擦筆でぼかす. —— *vi.* **1** とぼとぼ歩く《*along*》. **2** 〘米話〙遊説する. 〜 ***it*** 〘俗〙歩く; 〘米話〙遊説する. 〜 ***up*** 〘英俗〙(金を) 払う.
〜 **speaker** [**orator**] 選挙演説人. 〜 **speech** 選挙演説.

stúmp·er [stʌ́mpər] *n.* **1** 木を刈り込む〔切り株を取り除く〕人〔物〕. **2** 〘米〙政治演説家; ほら吹き.

3 当惑させるもの, 難題, 難問. 4 〖俗〗 = wicket-keeper.

stúmp·y [stʌ́mpi] *a.* 1 株の多い. 2 ずんぐりした, 太くて短い.
◇ **stúmp·i·ly** *ad.* **stúmp·i·ness** *n.*

stun [stʌn] *vt.* (**-nn-**) 1 気絶させる, ぼうっとさせる. 2 肝をつぶさせる, 驚かす: I was ~*ned* by the news. そのニュースにぎょうてんした. 3 〈音が〉…の耳をがーんとさせる. —— *n.* 衝撃; ぎょうてん.
◇ **~·ner** [-ər] *n.* 気絶させる人〔物〕; 〖英話〗 すてきなもの; すばらしい美人.

stung [stʌŋ] *v.* sting の過去・過去分詞.

stunk [stʌŋk] *v.* stink の過去・過去分詞.

stún·ning [stʌ́niŋ] *a.* 1 気絶させるほどの: a ~ blow 気の遠くなるほどの衝撃〔打撃〕. 2 〖話〗 すてきな, すばらしい. ◇ **~·ly** *ad.*

stún·sail, stún·s'l [stʌ́nsl] = studdingsail.

stunt[1] [stʌnt] *vt.* の成長〔発育〕を妨げる. —— *n.* 成長阻止.
◇ **~·ed** [-id] *a.* 成長〔発育〕を妨げられた; いじけた.

stunt[2] *n.* 〖話〗 妙技, 離れわざ, すばらしい芸; 大見え; 曲芸; 高等〔曲乗り〕飛行. —— *vi.* 離れわざをする. —— *vt.* 〈飛行機を〉曲乗りする.
~ **man** 〖映〗《曲技などの》代役をする人.

stú·pa [stú:pə/stjú:-] *n.* 塚(つか); 卒塔婆(そとば). [< Sans.]

stupe[1] [st(j)u:p/stju:p] *n.*, *vt.* 〖医〗 湿布 (する).

stupe[2] *n.* 〖俗〗 ばか, まぬけ.

stù·pe·fá·cient [st(j)ù:piféiʃ(ə)nt/stjù:-] *a.* 〖医〗 まひさせる, 感覚を奪う. —— *n.* まひ剤.

stù·pe·fác·tion [-fǽkʃ(ə)n] *n.* 1 まひさせること, 無感覚; 昏睡(こんすい)(状態). 2 茫然(ぼうぜん)自失, ぼうっとすること. [√stup-]
◇ **stù·pe·fác·tive** [-fǽktiv] *a.* = stupefacient.

stú·pe·fy [st(j)ú:pifài/stjú:-] *vt.* 1 無感覚にする. 2 《麻薬または驚きなどで》ぼうっとさせる, 茫然(ぼうぜん)とさせる: be ~*ied with* grief 〔fear〕 悲しみ〔恐れ〕で茫然とする. 3 びっくりさせる. [√stup-]

stu·pén·dous [st(j)u:péndəs/stju:-] *a.* 1 びっくりさせる, ものすごい; すばらしい. 2 途方もない, 巨大な. [√stup-] ◇ **~·ly** *ad.* **~·ness** *n.*

‡**stú·pid** [st(j)ú:pid/stjú:-] *a.* (**more** ~, **~·er**; **most** ~, **~·est**) 1 ばかな, 愚かな, まぬけの: It was ~ *of* you to say such a thing. そんなことを言うとはきみもばかだな. 2 くだらない, ばからしい, つまらない. 3 無感覚の, しびれた: ~ *with* fatigue 疲れでぼんやりして. —— *n.* ばか, まぬけ. [√stup-]
◇ **~·ly** *ad.* **~·ness** *n.* [類] → **foolish** 「ばかな」

stu·píd·i·ty [st(j)u:píditi/stju:-] *n.* 愚鈍; まぬけ; (*pl.*) ばかな行ない〔ことば, 考え〕.

stú·por [st(j)ú:pər/stjú:-] *n.* 1 無感覚, まひ; 人事不省; 昏睡(こんすい). 2 茫然(ぼうぜん)自失, ぼうっとすること.
◇ **~·ous** [-pərəs] *a.*

***stúr·dy**[1] [stə́:rdi] *a.* 1 がんじょうな, しっかりした, たくましい. 2 《勇気などの》不屈な. → strong, stout.
~ **beggar** 〖古〗 からだはじょうぶなのに働かないでこじきをする人. ◇ **stúr·di·ly** *ad.* **stúr·di·ness** *n.*

stúr·dy[2] *n.* 《羊の》めまい病 (gid).
◇ **stúr·died** [-d] *a.*

stúr·geon [stə́:rdʒ(ə)n] *n.* 〖魚〗 チョウザメ.

stút·ter [stʌ́tər] *vi.*, *vt.* どもる, 口ごもる, どもりながら言う (stammer). —— *n.* どもり (癖).
◇ **~·ing·ly** [-təriŋli] *ad.*

St. Ví·tus's dánce [s(e)int-váitəs(iz)-dǽns/sn(t)-váitəsiz-dá:ns] *n.* 〖医〗 舞踏病 (chorea).

sty[1] [stai] *n.* 1 豚小屋 (= pig ~). 2 (豚小屋のような) きたない家; きたない場所. 3 淫乱(いんらん)の場所. —— *vt.*, *vi.* ~ に入れる〔住む〕.

sty[2], **stye** [stai] *n.* 〖医〗 ものもらい: have a ~ in one's eye 目にものもらいができている.

Stýg·i·an [stídʒiən] *a.* 1 三途(さんず)の川 (Styx) の; 地獄の (ような). 2 暗い, 陰うつな. 3 《誓いなど》取り消せない, そむくことのできない.

‡**style**[1] [stail] *n.* 1 文体, 書きぶり, 話しぶり, 語調; 独自な表現法: a familiar ~ of writing 肩の凝らない文体. 2 《文芸・芸術などの》流派, 流儀, 様式: the Renaissance ~ of painting ルネッサンス画風. 3 《特種な》仕方, やり方: ~*s* of swimming いろいろな泳法. 4 暮らし方; ぜいたくな〔華美な〕暮らし: live in ~ 高級な生活をする. 5 スタイル, 型; 流行: the latest Paris ~ in hats 帽子の最新パリ流行型. 6 風采(ふうさい), 身なり: a woman of ~ 《上流風の》上品な身なりをした婦人. 7 種類, たち. 8 〖印〗 体裁, 組み方. 9 暦法: the New *S*~ 新暦《グレゴリオ暦. 略 N.S.》. the Old *S*~ 旧暦《ユリウス暦. 略 O.S.》. 10 尖筆(せんぴつ)《昔, ろう板などに文字を書いたもの》; 鉄筆; 〖雅〗《文筆家の象徴としての》ペン. → stylus. 11 彫刻刀. 12 称号, 名称.
dress in good ~ 上品な服装をする. ***in*** ~ しゃれたやり方で, スマートに. ***in the*** ~ ***of*** …流に. ***live in good*** 〔***grand***〕 ~ 堂々たる暮らしをする. ***out of*** ~ 流行はずれで: Her hat is *out of* ~. 彼女の帽子は流行遅れだ.
—— *vt.* 1 称する, 呼ぶ, 名づける. 2 《あるスタイルに》デザインする: clothes ~*d* for young men 若者向きにデザインされた着物.
~·book [ーー] 《服装の流行 (型)・つくり方を図示する》スタイルブック; 〖印〗 印刷便覧《つづり・略字・句読(くとう)点などの規則を書いた本》.

style[2] *n.* 日どけいの指針; 〖植〗 花柱.

style[3] = stile.

stý·let [stáilit] *n.* 1 小剣 (stiletto). 2 〖医〗 外科で使う探り針; 導尿管の針金. 3 〖動〗 付属肢(し).

stý·li·form [stáilifɔ̀:rm] *a.* 尖筆(せんぴつ)状の, 針状の.

stýl·ish [stáiliʃ] *a.* 1 現代風の, 流行の. 2 いきな, すてきな. ◇ **~·ly** *ad.* **~·ness** *n.*

stýl·ist [stáilist] *n.* 1 文体に凝る人, 文章〔名文〕家. 2 〖米〗《服飾・室内装飾の》意匠家.

sty·lís·tic [stailístik] *a.* 文体 (上) の; 文体論の; 文体を練る. ◇ **-ti·cal·ly** *ad.* 文体上.

sty·lís·tics [-s] *n. pl.* 《単数扱い》文体論.

stý·lite [stáilait] *n.* 〖宗〗 柱上苦行者《高い柱の上に住んで難行苦行した》.

stýl·ize [stáilaiz] *vt.* 〖美〗〈表現や手法を〉ある様式に一致させる, 様式化する; 因習的にする.

stý·lo [stáilou] *n.* (*pl.* **~s**) 〖話〗 = stylograph.

stylo- 「とがった」「鋭い」の意の語形成要素.

stý·lo·graph [stáiləgrӕf/-grɑ:f] *n.* 万年尖筆(せんぴつ), 鉄筆. ◇ **stỳ·lo·gráph·ic** [ーーgrǽfik] *a.* 万年尖筆の; 尖筆書法の.

stý·lus [stáiləs] *n.* (*pl.* **-li** [-lai], **-lus·es**) 1 尖筆(せんぴつ); 鉄筆. 2 《蓄音機の》針. 3 日どけいの指針. 4 〖医〗 筆状突起.

stý·mie, stý·my [stáimi] *n.* 〖ゴルフ〗 自分のボールと穴との間に相手のボールがある状態; その相手のボール, 妨害球; 《比喩的》困った状態.
—— *vt.* 妨害する.

stýp·tic [stíptik] *a.* 止血の. —— *n.* 〖医〗 止血剤.

stý·rene [stáiri:n, stír-/stáiər-] *n.* 〖化〗 スチレン《合成樹脂・合成ゴムの原料》.

Styx [stiks] *n.* 〖ギ神〗 三途(さんず)の川. (***as***) ***black as the*** ~ まっ暗やみの. ***cross the*** ~ 死ぬ.

su- *pref.* sub- の s の前の異形: *su*spect < sub- + √spec-.

sú·a·ble [sú:əbl/sjú:-] *a.* 訴えることができる, 訴えるべき. [< sue]
◇ **-bly** *ad.* **sù·a·bíl·i·ty** [ーーbíliti] *n.*

suá·sion [swéiʒ(ə)n] *n.* 勧告; 説得 (= persuasion). ***moral*** ~ 道義的〔良心に訴える〕勧告. [√suad-]
◇ **suá·sive** [-siv] *a.* 説得する; 口のうまい.

suave [swɑ:v, [米]+ sweiv] *a.* 1 《人柄・ことばが》物柔らかい, 柔和な. 2 《ブドウ酒・薬などが》口あたりのよい. ◇ **~·ly** *ad.*

sua·vi·ter in mo·do, for·ti·ter in re [swǽvitər-in-móudou-fɔ́:rtitər-in-rí:] L. (＝gently in manner but firmly in purpose) 穏やかなれど断固として; 外柔内剛に.

suáv·i·ty [swɑ́:vəti, swǽv-] *n.* **1** 柔和, 温和. **2** (*pl.*) 丁寧な言動〔応対〕; 礼儀. → 形容詞 suave.

sub [sʌb] *n.* 〘話〙 **1** 補充〔補助〕員,〘野球〙補欠選手. **2** 中尉, 少尉, 属官. **3** 潜水艦. **4** 寄付, 予約. **5** 以上のほか sub で始まる語の省略形.
—— *a.* **1** 補欠の, 属官の. **2** 潜水艦の.
—— *vi.* (**-bb-**) 〘話〙 **1** 代わりをする《の *for*》. **2** 代わりの潜水艦で襲撃する.

sub [sʌb] L. (＝under) *prep.* …の下に〔の〕.

sub- *pref.* 「下, 下から」「あとに続いて; あとから」「後に」「そばへ〔に〕」「次, 下位, 副」「やや, 半」「そっと, ひそかに」の意. 〈注〉 c, f, g, p, r の前では suc-, suf-, sug-, sup-, sur-; m の前では sum-, または sub-; s の前では su- または sub-. c, p, t の前では sus- の形もある.

sub. subaltern; subject; submarine; subscription; substitute; suburb(an); subway.

sub·ác·id [sʌbǽsid/sʌ́b-] *a.* ややすっぱい; 《ことばなどが》やや辛らつな〔鋭い〕. ◇ **～·ly** *ad.* **～·ness** *n.* **sùb·a·cíd·i·ty** [sʌ̀bəsídəti] *n.*

sub·á·gent [sʌbéidʒ(ə)nt] *n.* 副代理人.

sù·ba(h)·dár [sù:bədɑ́:r/ーーˊ, ˊーー] *n.* 〘インド〙《インド現地人兵の》中隊長; 知事.

sub·ál·pine [sʌbǽlpain] *a.* 亜高山帯の.

sub·ál·tern [səbɔ́:ltərn/sʌ́blt(ə)n] *n.* **1** 次官, 副官;〘英: 軍〙中尉, 少尉. **2** 〘論〙特称命題. —— *a.* **1** 次の, 副の; 部下の, 属官の. **2** 〘論〙特称の.

sùb·ant·árc·tic [sʌ̀bæntɑ́:rktik] *a.* 亜南極の, 南極に近い.

sùb·a·quát·ic [-əkwǽtik] *a.* 〘動・植〙半水生の.

sub·á·que·ous [sʌbéikwiəs] *a.* 水中にある; 水中(用)の; 水に起こる.

sub·árc·tic [sʌbɑ́:rktik] *a.* 亜北極の, 北極に近い.

sub·ár·id [-ǽrid] *a.* 《土地などが》やや乾燥した.

sub·ás·tral [-ǽstrəl] *a.* 星の下の, 地上の.

sub·át·om [sʌbǽtəm] *n.* 〘物〙亜原子《陽子・電子など》. ◇ **sùb·a·tóm·ic** [ˊətɑ́mik/-tɔ́m-] *a.*

sub·au·di [sʌbɔ́:dai] L. *v.* 《命令》〈特定の語を〉補え, 言外の意味を悟れ.

sùb·au·dí·tion [sʌ̀bɔ:díʃ(ə)n] *n.* 言外の意味を悟る〔読み取る〕こと; 言外の意味.

súb·bàse·ment [sʌ́bbèismənt] *n.* 地階; 地下2階.

súb·bass [-bèis] *n.* 〘楽〙《オルガンの最低音の》ペダル音栓(ｵﾝｾﾝ). → bourdon.

súb·cèl·lar [sʌ́bsèlər] *n.* 地下2階.

súb·class [-klæ̀s/-klɑ:s] *n.* 〘生〙亜綱《class の下位区分》. —— *vt.* 亜綱におく.

sùb·com·mís·sion·er [sʌ̀bkəmíʃ(ə)nər/sʌ́b-] *n.* 分科委員会員; 副委員.

súb·com·mìt·tee [sʌ́bkəmìti] *n.* 分科委員会, 小委員会.

sub·cón·scious [sʌbkɑ́nʃəs/sʌbkɔ́n-] *a.*, *n.* 潜在意識(の), ぼんやり意識している(こと).
◇ **～·ly** *ad.* **～·ness** *n.* 潜在意識.

sub·cón·ti·nent [sʌbkɑ́ntənənt/sʌ́bkɔ́n-] *n.* 亜大陸《India, Greenland など》.

sub·cón·tract [-kɑ́ntrækt/-kɔ́n-] *n.* 下請け契約, 下請負. —— [sʌ̀bkəntrǽkt] *vt.*, *vi.* 下請け契約する, 下請負する.
◇ **sùb·con·trác·tor** [-ər] *n.* 下請負人.

sub·cón·tra·ry [sʌbkɑ́ntreri/sʌ́bkɔ́ntrəri] *a.*, *n.* 〘論〙小反対の; 小反対命題.

sùb·cu·tá·ne·ous [sʌ̀bkju:téiniəs/sʌ́b-] *a.* 〘医〙皮下の; 《寄生虫などが》皮下にすむ: a ～ injection 皮下注射. ◇ **～·ly** *ad.* **～·ness** *n.*

sub·déa·con [sʌbdí:kən/sʌ́b-] *n.* 〘宗〙副助祭, 副補祭, 副執事. ◇ **～·ate** [-eit] *n.* ～の地位.

sub·déan [-dí:n] *n.* 〘宗〙副監督補, 副主教補.

sub·déb [sʌbdéb] *n.* 〘米話〙 **1** ＝ subdebutante. **2** 10代の娘.

sub·dèb·u·tánte [sʌbdèbjutɑ́:nt/sʌ́bdébjutɑ̃:(n)t] *n.* 社交界へ出る前の年ごろの娘.

sub·déc·a·nal [sʌbdékən(ə)l, sʌ̀bdikéi-/sʌ́bdikéi-] *a.* 〘宗〙副監督補の.

sùb·de·párt·ment [sʌ̀bdipɑ́:rtmənt/sʌ́b-] *n.* 部〔課〕の下位区分.

sùb·di·ác·o·nate [-daiǽkənit] *n.* 〘宗〙副助祭(subdeacon) の職.

sùb·di·víde [-diváid] *vt.* **1** 再分する, 下位区分する. **2** 〈土地を〉分譲する.
—— *vi.* 更に分かれる. ◇ **-víd·a·ble** [-diváidəbl], **sùb·di·vís·i·ble** [-divízəbl] *a.*

sùb·di·ví·sion [sʌ̀bdivíʒ(ə)n, ˊーˋー/ˊーˋー] *n.* **1** 再分, 下位区分, 細別. **2** 一部分, 一部, 一区分. **3** 土地分譲; 分譲土地.

sub·dóm·i·nant [sʌbdɑ́minənt/sʌ́bdɔ́m-] *n.* 〘楽〙下属音, 第四音, 次属和弦.

sub·dú·al [səbd(j)ú:əl/-djú:-] *n.* 征服, 抑制; 緩和. → 動詞 subdue.

sub·dúct [səbdʌ́kt] *vt.* 〘稀〙引き去る, 控除する, 減ずる. ◇ **sub·dúc·tion** *n.*

‡**sub·dúe** [səbd(j)ú:/-djú:] *vt.* **1** 征服する, 服従させる, 鎮圧する. **2** 〈怒りなどを〉押える, 静める: ～ a desire to laugh 笑いをこらえる. **3** 〈声・色・光などを〉弱める, 和らげる: a ～*d* light 柔らかい光. a ～*d* color 落ち着いた色. **4** 〈雑草などを〉絶やす. **5** 開拓する. [sub-＋√duc-] ◇ **sub·dú·a·ble** [-əbl] *a.*
類 → **defeat**「打ち負かす」

sub·éd·it [sʌbédit/sʌ́b-] *vt.* 〘英〙の副主筆をつとめる, の編集を助ける.

sub·éd·i·tor [-éditər] *n.* 〘英〙副主筆, 編集次長. ◇ **～·ship** *n.* **sùb·ed·i·tó·ri·al** *a.*

su·bé·re·ous [su:bí(:)riəs/sju:bíər-], **sú·ber·ose** [sjú:bərous] *a.* 〘植〙コルク(質)の.

sub·fám·i·ly [sʌbfǽməli/sʌ́bfæm-] *n.* 〘生〙亜科.

sub·fúsc [sʌbfʌ́sk, 英+ ˊー], **sub·fús·cus** [sʌbfʌ́skəs] *a.* 黒ずんだ; 薄暗い.

sub·gé·nus [sʌbdʒí:nəs/ˊˋー] *n.* (*pl.* **sub·gén·er·a** [sʌbdʒénərə/ˊˋーー], **～·es**) 〘生〙亜属.

súb·group [sʌ́bgrù:p] *n.* 《群を分割した》小群, 亜属;〘化・数〙部分群.

súb·head [-hèd] *n.* **1** 小見出し (＝subheading). **2** 〘米〙教頭, 副主事.

súb·hèad·ing [-hèdiŋ] *n.* 小見出し.

sub·hú·man [sʌbhjú:mən/sʌ́b-] *a.* **1** 人間に近い, 類人の. **2** 人間以下の.

sub·ín·dex [-índeks] *n.* (*pl.* **-di·ces** [-disì:z]) 〘数〙副指数.

sú·bi·to [sú:bitòu] *ad.* 〘楽〙突然に, 急に. [<It.]

subj. subject; subjective(ly); subjunctive.

sub·já·cent [sʌbdʒéisnt] *a.* 下の〔にある〕; 土台を成す. ◇ **～·ly** *ad.* **-cen·cy** *n.*

†**súb·ject** [sʌ́bdʒikt] *a.* **1** 支配を受ける, 服従する, 従属の《*to*》: We are ～ *to* our country's laws. われわれは自国の法律に従わなければならない. **2** 受けやすい, 《…を》被りがちな《を *to*》: be ～ *to* colds かぜをひきやすい. **3** 《…を》条件としての, 《…を》受けなければならない, 《…を》必要とする《を *to*》: This treaty is ～ *to* ratification. この条約は批准を必要とする.
—— *ad.* **1** 《…を》条件〔仮定〕として《を *to*》: ～ *to* your approval あなたのご承諾があれば. **2** 《…に》基づいて, 《…に》服従して《に *to*》.
—— *n.* **1** 臣民; 臣下, 臣: a British ～ イギリス国民. **2** 主題, 問題, 題目, 演題, 画題. **3** 学科, 科目: a compulsory [an optional] ～ 必修〔選択〕科目. **4** 〘文〙主語, 主部. → 枠付 Subject (p. 1285). **5** 〘論〙主位, 主辞. **6** 〘哲〙主観, 自我. ↔ object. **7** 〘哲〙主体; 実体. → attribute. **8** 〘楽〙主題, テーマ, 主楽想. **9** 主因, 原因: a ～ for complaint 苦情のたね. **10** 患者; …質の人. **11**

被(実)験者, 実験材料;《催眠術の》被術者; 解剖死体. ～ **matter** 題材, テーマ, 内容, 主題.
—— [səbdʒékt] *vt.* **1** 服従〔従属〕させる《に *to*》. **2** に被らせる, に受けさせる《を *to*》: ～ a person *to* torture 人を拷問にかける. **3** ゆだねる, 引き渡す. ***be* ～*ed to*** を受ける. ～ one***self to*** を被る, …される. [√jac-¹]

(類義語) **主題: subject** 論文・研究・話・作品などいずれにも用いられる広い語: a *subject* for discussion 議題. **theme** 表題として扱われなくとも一貫して流れている主題, テーマ: The *theme* of a need for reform runs throughout his work. 改革の必要が彼の作品を貫くテーマだ. **topic** 論文・話などの部分部分の主題, 話題.

sub·jéc·tion [səbdʒékʃ(ə)n] *n.* **1** 征服. **2** 従属, 服従《*to*》. ***in* ～ *to*** に服従〔従属〕して. ◇ **～·al** *a.*

sub·jéc·tive [səbdʒéktiv, sʌb-] *a.* **1**〘哲〙主観の, 主観的な; 私的な: one's ～ opinions 私的な〔主観的な〕意見. ↔ objective. **2** 内省的. **3**〘文〙主格の. **——** *n.*〘文〙主格.
～ **case**〘文〙主格. ～ **genitive**〘文〙主語属格. ◇ **～·ly** *ad.* **sùb·jec·tív·i·ty** [sʌbdʒektívəti] *n.* 主観性, 主観(主義), 自己本位.

sub·jéc·tiv·ism [səbdʒéktivìz(ə)m] *n.*〘哲〙主観論, 主観主義. ◇ **-ist** *n.* 主観論者. **sub·jèc·ti·vís·tic** [-⌐-vístik] *a.* 主観論〔主義〕的の.

sub·jóin [səbdʒɔ́in/sʌ́b-] *vt.* 付け加える, 追加する; 増補する. 「明).

sub·jóin·der [səbjɔ́indər] *n.* 追加物; 追補(説

súb·joint [sʌ́bdʒɔ̀int] *n.*〘医〙副関節.

sub ju·di·ce [sʌb-dʒúːdisìː/-si] L. (=before a judge) 審理審問中, 未決で.

súb·ju·gate [sʌ́bdʒugèit] *vt.* 征服する, 服従〔従属〕させる. [√ju(n)g-]
◇ **-ga·tor** [-ər] *n.* 征服者. **sùb·ju·gá·tion** [⌐-géiʃ(ə)n] *n.* 征服, 鎮圧; 従属.

***sub·júnc·tive** [səbdʒʌ́ŋktiv] *n., a.*〘文〙仮定法(の), 叙想法(の); 仮定法の動詞. ～ **mood**〘文〙仮定法, 叙想法. →枠付 Subjunctive Mood (pp. 1286–1288).

文法要説 …(27)

Subject (主語)

英語では, 日本語のばあいと違って,「文」は必ず主語 (subject) を必要とする. 主語は述語動詞があらわす行為・状態の主体を示すということができるが, そういう意味の上からの規定のほかに, そしてきわめて重要な点であるが, 主語は名詞・代名詞 (または名詞相当語句・名詞節) であって, しかも述語動詞との間に人称および数の一致を示すという特徴をもっている. 主語と述語動詞との間の数の一致については →枠付 Number.

述語動詞との人称・数の一致がないばあい, すなわち述語動詞以外の動詞の変化形においても意味の上では主語・述語関係が生じることがある《意味上の主語》: I want to *go*. 私は行きたい《go の意味上の主語は文の主語とおなじく I》. I want *you* to *go*. (私はきみが行くことを欲する→) 私はきみに行ってもらいたい《go の意味上の主語は you》.

主語としての it の特殊用法

1) 非人称主語 it

日本語で「雨が降る」という意味を, 英語は to rain それ自体のなかに全部含んでいる. しかし, 英語では文には主語を要するので "*It* rains." というぐあいに主語に特定の名詞に代わるのではない it を置き, 述語動詞はこの主語と人称・数において一致し, 現在形では rain*s* となる. この種の it を非人称主語 (impersonal subject) と呼ぶ.

気象・温度などに関する表現については, 非人称主語の it が多く用いられる. 時間・距離についても同様:

It may snow before long. 《気象》 近いうちに雪が降るかもしれない. *It* is very cold in the northern part of Michigan. 《気温》ミシガン(州)の北部ではたいへん寒い. *It* was Sunday and seven in the morning. 《時間》日曜で, 朝の7時だった. How far is *it* to the nearest station? 《距離》もよりの駅までどのくらいの距離ですか.

2) 状況を示す it

周囲の状況をそれと名詞で名ざすことをせず, it で代用する:

How is *it* at your home? お宅ではいかがですか. Who is *it*? だれですか《たとえばドアにノックが聞こえたときにへやの内から戸口へ向かって》.

3) 形式主語の it

文頭もしくは文頭に近く it を主語として置き, あとから動名詞・不定詞・節などを真の主語として出す. it は形式主語 (formal subject) で, あとから示されるものが真主語 (real subject) である:

It's no use *crying over spilt milk.* こぼしてしまった牛乳のことを泣いても (それは) 無益だ; 覆水盆に返らず. *It* is good *to remain young in spirit.* 精神的にいつまでも若いのはいい. *It* was not definite *whether* (*or not*) *he was coming.* 彼が来るのかどうか (それは) はっきり決まっていなかった.

4) 強調形式 it is ... that ___ の it

文中のある語を強調するためのこの形式では, it は本来は前項 3) または 2) の it であると解釈できる:

It was there *that* I first met him. 私が彼に最初に会ったのはあそこでした. *It is* you *that* are wrong. まちがっているのはあなたの方です《that は関係代名詞で you を先行詞とする》. 詳細は →枠付 it, *pron.* ⑥ および 枠付 Emphasis, that.

主語の省略

1) 命令文の主語 you

命令文では主語 you が省略されるのが普通:

Sit down here. ここへおすわりなさい (=*You* sit down here!). Don't buy that stuff. あんな物を買うな (=Don't *you* buy that stuff!).

2) 慣用的省略

Thank you. ありがとう (=*I* thank you.). See you again. またお目にかかります; さよなら (=*I* will see you again. —助動詞も省略されている). Serves him right. あいつには当然の報いだ (=*It* serves him right. —この it は「状況」のそれ).

3) くだけた語調

主語といっしょに助動詞なども省略される:

Seems he's tired. 彼は疲れているらしい (=*It* seems he's tired.). Why reproach him? なぜ彼を責めるのか (=Why *do you* reproach him?).

4) as, than のあとに来るべき非人称の it

本来の非人称の it, 状況を示す it, 仮の主語の it などが省略される:

Come as soon as possible. できるだけ早く来なさい《=Come as soon as *it is* possible. — be 動詞も略されている》. Don't stay there longer than is necessary. 必要以上にあちらに長くいるな《= … than *it is* necessary (to stay there)》.

文法要説 …(28)

Subjunctive Mood（仮定法）

文の陳述に関して，その陳述が事実をあらわすものではなく，仮定ないしは要望・願望をあらわすものであることを示す動詞の形態を**仮定法** (subjunctive mood) という． 直説法 (indicative mood) が事実をあらわすので，ときに叙実法 (fact-mood) と称されるのに対し，仮定法は頭のなかに描かれたことをあらわす叙法という観点から**叙想法** (thought-mood) と呼ばれることもある．

仮定法は述語動詞をとる形であるから，時制を有する．時制には仮定法現在 (subjunctive present)，仮定法過去 (subjunctive past)，仮定法過去完了 (subjunctive past perfect)，仮定法未来 (subjunctive future) を主たるものとして掲げることができる．

形　　態

a) 仮定法現在 動詞の原形 (＝はだか不定詞)に等しい．be, have を除いた一般の動詞では三人称単数の形の語尾に s がつかない点だけが直説法現在と異なる (have のばあいは直説法の has に対して仮定法では have)． be に関しては主語の人称・数に関係なく be である．

b) 仮定法過去 be 動詞以外の動詞については直説法の過去とおなじ． 動詞 be については，主語の人称・数に関係なく were となる．

c) 仮定法過去完了 直説法の過去完了と全くおなじ．

d) 仮定法未来 "would [should]＋動詞原形"．

〈注$_1$〉 would, should は本来は will, shall の仮定法過去形であるが，will, shall が未来形をつくるといわれるのに呼応して，would, should を仮定法未来と称することができる．

〈注$_2$〉 "would [should] have＋過去分詞" を仮定法未来完了と称することもある．

用　　法

1) 仮定法現在

a) 主節 祈願・願望をあらわす:

God *bless* you! (神があなたに恵みをたれたまわんことを→) 神の恵みなんじの上にあれ． Long *live* the King [Queen]! (国王 [女王] が末長く生きられんことを→) 国王 [女王] 万歳．

〈注〉 今日では助動詞 may を使ってこの意味をあらわすことの方が多い: *May* God bless you! / *May* the King live long! / *May* you be happy! おしあわせに．

b) 名詞節 要望を示す主節のあとの, that で導かれる名詞節に用いられる:

I move that Mr. X *be* nominated chairman. X 氏が議長に指名されることを動議します． It is necessary that he *attend* the meeting. 彼が会に出席することが必要である．

〈注$_1$〉 この仮定法現在は demand, desire, insist (強く要求する), move (動議する), order, propose, request, suggest (提案する) などに後続する名詞節で多く用いられる． おもにアメリカ用法で，このばあいイギリスでは通常 should を用いる (ただし, should はアメリカでも使用される): I suggest that everyone of you *should* try. みなさんが全部やってごらんになるといいと思います．

〈注$_2$〉 if, whether で導かれる名詞節でも仮定法現在が用いられることがあるが，古用法(現在では直説法が普通): We do not know if the rumor *be* true. 風説が真実かどうかわれわれは知らない (＝ if the rumor *is* true).

c) if で導かれる副詞節 現在もしくは未来に関する不確実な事柄をあらわし，次の構文をとる:

> If …動詞原形…, ── {shall / will} 〜〜.
>
> もし…ならば，〜〜だろう．

If this rumor *be* true, anything may happen. このうわさがほんとうならば，どんなことでも起こりかねない． He will work *if* need *be*. 必要があれば働くだろう．

〈注〉 現代英語では詩や荘重な文語体のばあい以外には，直説法現在で代用: If this rumor *is* true, anything may happen. / He will work if *there is* need《if need *is* は用いられない》．

d)「譲歩」の副詞節

Whatever excuses he *make*, we do not believe him. 彼がどんな言い訳をしても，私たちは彼の言うことを信じない《通常は he *may make* または he *makes*》． Whether it *be* a boy or a girl, … それが少年であれ，少女であれ，…《通常は it *may be* または it *is*》． *Be* it ever so humble, … それがいかに貧しくとも (＝However humble it may be, …). *Be* he who he may, … その男がだれであろうと (＝Whoever he may be, …).

e)「目的」を示す副詞節

They hasten that no time *be* lost. 彼らは一刻もむだにしまいと急ぐ． 〈注〉 現在普通には *so* that no time *may* [アメリカではしばしば *will*] be lost.

2) 仮定法過去

現在もしくは将来において実現不可能 (もしくは困難) な願望や，現在の事実に反対の仮定をあらわす．その形態は，動詞が be であれば主語の人称・数に関係なく常に were, その他の動詞・助動詞については直説法の過去形とおなじ．

〈注〉 この were は口語では，主語が一人称・三人称単数のときには was になることがある． そうなると，仮定法過去は直説法過去と形態の上でおなじになり，用法・意義の上から区別されるだけになる．

a) 名詞節 現在・未来において実現不可能 (もしくは実現困難) な願望をあらわす:

I wish I *could* fly. 飛べたらなあ; 飛べたらいいのだが《事実は飛べない》． I wish I *were* younger. もっと若ければいいのになあ． I wish I *could* study abroad some day. いつか海外留学ができるといいなあ《できるかもしれないが，願望実現はそう簡単ではなさそう》． 〈注〉 I wish の代わりに文語では Oh that を用いることがある．

b) 副詞節 if で導かれる副詞節に用いられて，次のような構文をつくり，現在の事実に反対の仮定をあらわす:

> If … {were / 動詞過去形 / 助動詞過去形＋動詞原形} …, ── {should / would / could / might} 〜〜.
>
> もし…ならば 〜〜 なのだが．

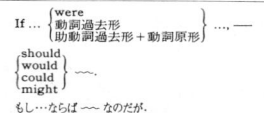

If I *were* in America, I *could* learn English better. もし私が (いま) アメリカにいたら，英語をもっとよく習えるのだが． He *would* tell you if he *knew*. 彼は，もし知っていれば，あなたに話すでしょうに． If I *were* you, I *would* never do so. 私があなたなら，

そうは決してしないでしょう. If I *could* skate, I *would* go with you. スケートができれば, あなたといっしょに行くのですが.

〈注₁〉 if-節の用法が仮定法過去であり, 主節の should, would は仮定法未来である. →下記 4).

〈注₂〉 if…were to (do), … は未来に関する特に強い疑いをもつ仮定を示す: If I *were to* die tomorrow, I *should* never forget your name. もし私があす死ぬとしても, きみの名前は決して忘れはしない.

この "were＋to-不定詞" は未来について述べるので分類上仮定法未来に入れることもあるが, were は本来仮定法過去の形なので仮定法過去の用法中に含めて説明することが多い.

3) 仮定法過去完了

形態は "had＋過去分詞" で, 直説法過去完了とおなじであるが, 意義・用法が異なる.

a) 名詞節 過去の事実に反対の願望をあらわす:

I wish I *had seen* him. 彼に会っておけばよかったのになあ《事実は, 彼に会わなかった》. I wish you *could have come* with me. あなたがいっしょに来られたらよかったのでしたがね《おいでになれなかったので残念》.

b) 副詞節 if で導かれる従属節中で過去の事実に反対の仮定をあらわし, 次の構文をとる:

If…had＋過去分詞…, ── {should / would / could / might / must} have ＋過去分詞〜〜.
もし…であったら, 〜〜したのだが.

If I *had* not *been* there, you *might have been* drowned. もし私がそこにいなかったら, きみはおぼれ死んだかもしれない《だが As I *was* there, you *were* not *drowned*. 私がそこにいたので, きみは溺死(できし)しなかった》.

〈注〉 if-節の用法が仮定法過去完了であり, 主節の should [would] have＋過去分詞は仮定法未来完了に属する. →5).

4) 仮定法未来

"would [should]＋原形" の形をとる. →would, should.

a) "if＋仮定法過去" の従属節に対し, 主節で用いられる:

If I *were* rich, I *would build* myself a large library. 金持ちだったら蔵書をうんと集めるのだが. 〈注〉 would [should] の位置に could, might を用いることもできる. →上記 2) b).

b) if に導かれる従属節がないばあい, would, should は will, shall の語気を弱めた表現になりうる. 語気が弱いので, しばしば遠慮を含んだ丁重な表現となり, また should は「…すべきである」の意になる:

Would you please call back? もう一度お電話していただけませんでしょうか(≒Will you please…?). You *should* go by all means. ぜひ行くべきですよ; ぜひとも行っていらっしゃい.

c) 副詞節 if で導かれる従属節中で主語の人称に関係なく常に should を用いて「万一…ならば」の意味を示し, 意志をもつ仮定ならば would を用いて「万一…したいなら」の意味をあらわす:

If … {should / would} ＋動詞原形…, ─{should / would}─.
もし万一…ならば, 〜〜.
…したいなら, 〜〜.

If you *should* meet him, please give him this letter. もし万一彼に会ったらどうかこの手紙をあげてください. If you *would* succeed, you would have to do your best. もし成功したいなら, 最善を尽くさねばなるまい.

5) 仮定法未来完了

この名称はあまり広く用いられないが "would [should] have＋過去分詞" の形である. 仮定法未来の "would [should]＋原形" に比べて, (1)動詞の行為・状態が過去に属するか, (2)それが完了していることを示す点で異なる.

a) "if＋仮定法過去完了 [過去]" の従属節に対し, 主節で用いられる:

If I *had been* rich, I *would have built* myself a large library. もし金持ちだったら蔵書をうんと集めたところだったのだが. 〈注〉 "might [could, must] have＋過去分詞" も, これとおなじ構文で用いられる. →上記3) b).

b) if に導かれる従属節がないばあい, "will [shall] have＋過去分詞" の弱まった表現になりうる. そのばあい, 現実には行なわれなかったが行なわれればよかった, 行ないたかったという意味か, あるいは既に行なわれたかもしれないという弱い推測の意味をあらわす:

You *should have seen* it. (きみはそれを見るべきだった, 実際は見なかったが→) きみに見せたかったよ. Having left here at 11: 00 a. m., he *should have arrived* in Honolulu by now. 午前11時にここを立ったのだから, もうホノルルに着いているはずだが《実際に着いているかいないかは明らかでない》.

特 別 用 法

1) 転倒による if の省略

仮定法過去・過去完了・未来を含む, if で導かれる副詞節では, 主語と動詞・助動詞を転倒して, if を省略することができる:

Were I rich (＝*If I were* rich), I could help all of them. もし金持ちなら, 私は彼ら全部の力になってやれるのだが《*Were* I … のばあい, Was I … とはいえない》. *Should I* fail this time (＝*If I should* fail…), I would try it again. もし万一今度失敗したら, 私はそれをもう一度やってみます. *Had I* left the house a little earlier(＝*If I had* left…), I might have been killed. もし私がもう少し早く家を出ていたら, 殺されていたかもしれない.

2) 副詞(句)・前後関係による仮定の表現・暗示

a) 一般の副詞(句)による代用:

I *could* read more comfortably *at home*. 家にいればもっと楽に読書ができるのだが. *To hear him speak English*, everyone *would* think he was an Englishman. もし彼が英語を話すのを聞けば, だれでも彼がイギリス人だと思うでしょう. *Without your help* I *should* have failed. あなたの助力がなかったら私は失敗したでしょう.

b) 慣用句 but for … (＝without …) による if-節の代用:

But for your help (＝*If it were not for* your help/*Were it not for* your help), I *should* be lost. あなたの助力がなければ, 私は途方にくれるでしょう. *But for* your help (＝*If it had not been for* your help/*Had it not been for* your help), I *should* have failed. あなたの助力がなかったら, 私は失敗したでしょう.

c) 主語による暗示:

A wiser man would wait patiently. もっと賢明な人なら, しんぼう強く待つことだろう.

d) 前後関係:

If he were not busy, he would not refuse. He *would* be willing to help you. 彼は, もし忙しくなければ, 断わりなどしません. 喜んで助力してくれるでしょう. 《初めの If he were… がきいている》. We *could* have left last night (, but we decided to wait a little more). そうしようと思えば, ゆうべ出発できたところだが (, しかしもう少し待つことにしたのだ).

3) 仮定節のみによる願望の表現

If only I *were* a little younger! もう少し若く

さえあったらなあ！ Oh, *had* he listened to us then! ああ, あのとき彼が私たちの言うことをきいていたらなあ！

4) 慣用語句

a) 仮定法現在: *be* that as it may それはともかく. *come* what may どんなことが起ころうとも. 〈注〉 be を用いたものが多い.

b) 仮定法過去および過去完了

(1) 仮定法を含む成句: The new session is, **as it were**, a new year to students. 新学期は学生には, いわば新年だ. We **had better** begin at once. すぐ始める方がいい. I **would rather** die than disgrace myself. 私は恥をかくより, むしろ死んだ方がましだ. I **should** [**would**] **like to** ask you a question. 質問をいたしたいのですが.

(2) 仮定法を伴う成句: **It is** (**high**) **time** she *were* [*was*] going. もう彼女は帰ってもよい時分だ.

(3) **as if**: She sings as nicely **as if** she *were* [**as if** she *had* once *been*] a professional singer. 彼女はまるで職業歌手であるかのように [まるで以前職業歌手であったかのように] じょうずに歌う.

〈注〉 **as if** は常に仮定法を伴うとは限らず, 直説法もある: It looks **as if** it's going to snow. 雪が降りそうな空もようだ 〖比較: It looks **as if** it *were* (*was*) going to snow. まるで雪が降る前のような空もようだ〗.

5) 仮定法と時制

仮定法は一般に時の呼応の影響を受けない (→枠付 Narration):

I *wish* I *were* younger [I *had seen* him]. 私は自分がもっと若ければいい [彼に会っておけばよかった] と思う. →I *wished* I *were* younger [I *had seen* him]. …〖同前〗と思った. He *says* that he *would* tell me if he *knew*. 彼は「知っていれば話すのだが」と言っている. →He *said* that he *would* tell me if he *knew*. …〖同前〗と言った. She *sings* as nicely as if she *were* [*had* once *been*] a professional singer. 彼女はまるで職業歌手であるかのように [以前職業歌手であったかのように] じょうずに歌う. →She *sang* as if she *were* [*had* once *been*] a professional singer. …〖同前〗歌った.

sub·king·dom [sʌbkíŋdəm, ⌐⌐‐/⌐⌐‐] *n.* 〖生〗《動・植物分類上の》亜界, 門. → phylum.

súb·lease [sʌ́bliːs, ㊎⁺ ⌐⌐] *n.* また貸し. —— [‐⌐, ㊎⁺ ⌐⌐] *vt.* また貸しする; また借りする.

sùb·les·sée [sʌ̀blesíː/sʌ́b-] *n.* 転借人, また借り人.

sub·lés·sor [sʌblésɔːr, ⌐‐⌐/⌐‐⌐] *n.* 転貸人, また貸し人.

sub·lét [sʌblét/sʌ́b-] *vt.* (〜; 〜·**ting**) また貸しする; 〈請負の仕事を〉下請けさせる.

sùb·li·brár·i·an [sʌ̀blaibrέ(ː)riən/sʌ́blaibrέər-] *n.* 副図書係, 司書補.

sùb·lieu·tén·ant [sʌ̀bluːténənt / 〖陸軍〗 sʌ́blef- 〖海軍〗 -letén-] *n.* 〖英〗 陸軍少尉; 海軍中尉.

súb·li·mate [sʌ́bləmèit] *vt.* **1** 〖化〗 昇華させる. **2** 純化する; 高尚(こうしょう)にする. —— [-mit] *a.* **1** 〖化〗 昇華した. **2** 純化した, 理想化された. —— [-mit] *n.* 〖化〗 昇華物, 昇コウ. ◇ **sùb·li·má·tion** [‐⌐méiʃ(ə)n] *n.* 〖化〗 昇華; 純化.

‡**sub·líme** [səbláim] *a.* **1** 崇高な, 荘厳な, 雄大な: 〜 scenery 雄大な風景. **2** 卓越した, 抜群の, 最高の. **3** 〖雅〗 得意満面な; 尊大な. **4** 〖話〗 とんだ, ひどい, 途方もない: 〜 ignorance とんでもない無知. **5** 〖医〗 表面の, 表面に近い. ***the* 〜** 崇高なもの; 崇高性. ***the S〜 Porte*** 旧トルコ政府.

—— *vt., vi.* **1** 〖化〗 昇華させる [する]. **2** 高める, 高まる, 高尚にする [なる], 浄化する [される].

◇ 〜·**ly** *ad.* **sub·lím·er** [-ər] *n.* 〜させる [する] 人.

sub·lím·i·nal [sʌblímən(ə)l, ㊎⁺ -láim-] *a.* 〖心〗 意識に上らない; 潜在意識の. [√limin-]

◇ 〜·**ly** *ad.*

sub·lím·i·ty [səblíməti] *n.* **1** 荘厳, 崇高. **2** 荘厳 [崇高] な人 [もの]. **3** 絶頂, 極致.

sub·lín·gual [-líŋgwəl] *a.* 舌下の: the 〜 gland 舌下腺(せん). —— *n.* 舌下腺.

sub·lú·nar [sʌblúːnər], **sub·lú·nar·y** [-lúːnəri] *a.* 〖笑〗 月下の; 地上の, この世の. ↔ superlunar(y).

sùb·ma·chíne gun [sʌ̀bməʃíːn-gʌ̀n/⌐‐⌐‐] *n.* 〖米〗 小型軽機関銃.

sub·már·gin·al [sʌbmáːrdʒin(ə)l] *a.* **1** へりに近い; へりの下の. **2** 収益標準以下の; 《土地が》生産力の限界に達した. ◇ 〜·**ly** *ad.*

súb·ma·rìne [sʌ́bməriːn, ⌐⌐‐/‐⌐⌐] *n.* **1** 潜水艦. **2** 海底動物 [植物]. **3** 〖米〗 大型サンドイッチ. —— *vt.* 潜水艦で襲撃 [撃沈] する. —— [‐⌐⌐] *a.* 海中の, 海中で使う, 海底の: a 〜 armor 潜水服. a 〜 boat 潜水艦. a 〜 mine 敷設水雷. a 〜 pen 潜水艦待避所. a 〜 volcano 海底火山.

〜 **chaser** 駆潜艇. ◇ **súb·ma·rin·er** [sʌ́bməriːnər, ㊎⁺ səbmǽrənər] *n.* 〜の乗組員.

sub·máx·il·lar·y [sʌbmǽksəlèri/-ləri] *n., a.* 〖医〗 下顎(かがく)(の); 顎下腺(せん)(の): the 〜 gland 顎下腺.

‡**sub·mérge** [səbmə́ːrdʒ] *vt.* 沈める, 浸す, 水中に入れる, おぼれさせる. —— *vi.* **1** (水中に) 沈む, 潜水する; 〈潜水艦が〉潜航する. **2** 隠れる, 見えなくなる. ↔ emerge. ***〜d speed*** 潜航速度. ***the 〜d tenth*** どん底階級. [√merg-]

sub·mér·gence [səbmə́ːrdʒ(ə)ns] *n.* 水中に沈むこと, 潜水, 浸水; 沈没.

sub·mér·gi·ble [-(ə)bl] *a.* (水中に) 沈められる; 潜航できる. —— *n.* 潜航艇 (= 〜 boat).

◇ **sub·mèr·gi·bíl·i·ty** [‐⌐‐bíləti] *n.*

sub·mérse [səbmə́ːrs] *vt.* = submerge.

◇ 〜**d** [-t] *a.* 〖植〗 水生の. **sub·mér·sion** [-mə́ːrʃ(ə)n, ㊎⁺ -ʒ(ə)n] *n.* = submergence.

sub·mérs·i·ble [-(ə)bl] = submergible.

sùb·me·tál·lic [sʌ̀bmətǽlik/sʌ́b-] *a.* 半金属の.

***sub·mís·sion** [səbmíʃ(ə)n] *n.* **1** 服従, 降服. **2** 従順; 柔順; 柔和. **3** 依頼, 寄託; 《意見などを求めての》付託. **4** 〖法〗 仲裁付託 (書). → 動詞 submit.

sub·mís·sive [-mísiv] *a.* 服従的な, 従順 [柔順] な, おとなしい. → 動詞 submit.

◇ 〜·**ly** *ad.* 〜·**ness** *n.*

‡**sub·mít** [səbmít] *v.* (**-tt-**) *vt.* **1** 服従させる《に *to*》. **2** 提出する; 寄託する; 《…の判断・処置に》任せる《に *to*》: 〜 a report 報告を提出する. **3** 具申する, 意見として述べる; 考える《と *that*》. —— *vi.* 服従する, 降参する; 甘受する《に *to*》. 〜 one***self to*** insult (侮辱)を甘受する. [√mit(t)-]

[類] → **surrender**「屈服する」

sub·món·tane [sʌbmántein/-mɔ́n-] *a.* 山麓(さんろく) [山下] の [にある]. ◇ 〜·**ly** *ad.*

sub·múl·ti·ple [sʌbmʌ́ltəpl/sʌ́b-] *n.* 〖数〗 約数.

sub·nór·mal [-nɔ́ːrməl] *a.* **1** 正常 [普通] 以下の; 低能の; 異常の. **2** 〖数〗 法線で切った.

—— *n.* **1** 低能者. **2** 〖数〗 次法線.

sub·ór·bit·al [səbɔ́ːrbitl] *a.* 軌道に乗っていない; 〖医〗 眼窩(がんか)の下の.

sub·ór·der [sʌbɔ́ːrdər, ⌐⌐‐/⌐⌐⌐] *n.* 〖生〗《動・植物分類上の》亜目.

sub·ór·di·nal [sʌbɔ́ːrd(ə)n(ə)l] *a.* 〖生〗 亜目の.

sub·ór·di·nate [səbɔ́ːrd(ə)nit] *a.* 下位の, 次位の, 従属する. —— *n.* **1** 下位 (の人), 部下, 属官. **2** 〖文〗 従 (属) 節. —— [səbɔ́ːrd(ə)nèit] *vt.* 下 (位) におく, 従わせる《の, に *to*》: 〜 passion *to* reason 情念を理性に従わせる. →co-ordinate. [√ordin-]

〜 **clause** 〖文〗 従 (属) 節. 〜 **conjunction** 従位接続詞.

sub·òr·di·ná·tion [səbɔ̀ːrd(i)néiʃ(ə)n] *n.* **1** 下位(におくこと); 従属(させること). **2** 服従; 従順. **3**〘文〙従属(関係). ***in* ～ *to*** に従属して.

sub·ór·di·na·tive [səbɔ́ːrd(i)nèitiv / -nətiv] *a.* **1** 従属的な, 従属関係をあらわす; 次位〔下位〕の. **2**〘文〙= subordinate.

sub·órn [sʌbɔ́ːrn] *vt.* 《わいろなどを与えて》偽誓〔偽証〕させる; 買収する. ◇ **sub·ór·na·tive** [-ətiv] *a.* **sùb·or·ná·tion** [⌐‿néiʃ(ə)n] *n.*

sub·óx·ide [sʌbɑ́ksaid/sʌbɔ́k-] *n.*〘化〙亜〔次,下級〕酸化物.

sub·pár [sʌbpɑ́ːr] *a., ad.* 標準以下の〔に〕.

súb·plot [sʌ́bplɑ̀t/-plɔt] *n.* 《劇・小説の》わき筋.

sub·póe·na, sub·pé·na [sə(b)píːnə] *n.*〘法〙召喚状. **——** *vt.* (**-naed** *or* **-na'd** [-d]; **-na·ing**) 召喚する, に召喚状を発する.

sub·pó·lar [sʌbpóulər/sʌ́b-] *a.* 極(地)に近い.

sub·pré·fect [-príːfekt] *n.* 知事補; 《フランスの》郡長; 警察署長代理.

sub·prí·or [-práiər] *n.* 修道院副院長.

súb·ro·gate [sʌ́brəgèit] *vt.* 代位する, の肩代わりする. [√rog-] ◇ **sùb·ro·gá·tion** [⌐‿géiʃ(ə)n] *n.*〘法〙代位, 代位弁済.

sub ro·sa [sʌb-róuzə] L. (= under the rose > secretly) 内密に《rose は昔の秘密厳守の象徴》.

sub·scríbe [səbskráib] *vt.* **1** <ある金額を> 寄付として申し出る; 寄付する. **2**(記名して) 予約する, 応募する, 申し込む. **3** <姓名などを> 記入する, 署名する. **——** *vi.* **1** 寄付を申し込む; 寄付する《に *to*》. **2** 予約(申し込み)する《を *to, for*》: ～ *to* a magazine 雑誌の購読を予約する, 雑誌を予約購読する. ～ *for* stock 株に応募する, 株を申し込む. **3** 署名する. **4** 賛成する, 同意する《に *to*》. [sub-+√scrib-(文書の) 下に+署名する]

sub·scríb·er [səbskráibər] *n.* **1** 寄付者《*to*》. **2** 予約者, 応募者, 申込者; 購読者: a ～ *for* 〔*to*〕 a magazine. **3** 電話加入者: a ～ *to* the telephone. **4** 署名〔記名〕人.

súb·script [sʌ́bskript] *a.*〘ギリシア文法〙下に書いた: *iota* ～ 下に書き加えたイオータ《α, η, ω にこれを加えると ᾳ, ῃ, ῳ となる》. **——** *n.* 下にしるした記号・数・文字《H_2SO_4, x_i の 2, 4, i など》. → adscript, superscript.

sub·scríp·tion [səbskrípʃ(ə)n] *n.* **1** 予約〔寄付〕申し込み; 寄付(金). **2** 加入, 応募. **3**《書籍・雑誌などの》予約, 予約購読《の *for, to*》; 予約出版. **4** 予約〔払い込み〕金, 予約購読金〔有効期間〕. **5**〘米〙勧誘販売. **6** 承諾(署名); 同意, 賛成. → 動詞 subscribe. ***by* ～** 予約によって. ***raise a* ～** = ㊟ ***make* 〔*take up*〕 *a* ～** 寄付を募る.

～ book 予約者名簿; 予約出版書. **～ edition** 《予約で出版する》予約版. **～ television** 有料テレビ (pay TV).

sub·séc·tion [sʌbsékʃ(ə)n, ⌐‿‿/⌐‿‿] *n.* **1** 小区分, 細別. **2** 分課, 係り. **3**《条文の》款. **4**〘英:軍〙砲兵分隊.

‡**súb·se·quent** [sʌ́bsikwənt] *a.* **それに続く**, そのあとの; 結果として起こる, 伴って起こる: ～ events 続いて起こったできごと. **～ *to*** に次いで, のあとで. [√sequ-] ◇ **～·ly** *ad.* その後, あとに, 続いて. → consequently. **súb·se·quence** *n.* あと〔次〕(であること); 続いて起こること〔事件〕.

sub·sérve [səbsə́ːrv] *vt.* の役に立つ, の助けになる, 「促進する.

sub·sér·vi·ent [-iənt] *a.* **1** 助けになる, 役に立つ《に *to*》. **2** 卑屈な, 追従(ついしょう)的な《に *to*》. ◇ **～·ly** *ad.* **-ence, -en·cy** *n.*

sub·síde [səbsáid] *vi.* **1** <地盤が> 沈下する, <建物が> 落ち込む, <船などが> 沈む. **2** <洪水(こうずい)・はれものなどが> ひく, 静まる, <風雨・騒ぎ・激情などが> おさまる, <話し手などが> 黙り込む. **3** 沈殿する. **4** 腰をおろす: ～ *into* a chair. [√sed-]

◇ **sub·síd·ence** [-(ə)ns] *n.* 沈下, 陥没; 減退, 静まり, おさまり; 沈殿.

sub·síd·i·ar·y [səbsídièri/-djəri] *a.* **1** 補助(的)の: a ～ coin 補助貨幣. a ～ craft 補助艦艇. **2** 従属的な, 補足的な《に *to*》. **3**《軍隊など》他国に雇われた. **4** 子会社の, 過半数の株をもつ親会社・ほかの会社にささえられた. **5** 助成金の〔による〕.

—— *n.* **1**(通例 *pl.*) 補助者〔物〕; 付属物. **2** 子会社. **3**〘楽〙副主題. [√sed-]

～ business 〔**occupation**〕 副業. **～ company** 子会社. **～ stream** 支流.

súb·si·dize [sʌ́bsidàiz] *vt.* **1** に補助〔奨励〕金を与える. **2** に贈賄する, 買収する. [<subsidy]

◇ **sùb·si·di·zá·tion** [⌐‿dizéiʃ(ə)n/-daiz-] *n.*

súb·si·dy [sʌ́bsidi] *n.* **1** 補助〔奨励〕金《特に国家が私企業・教育機関などに与える》. **2**《国家が他国に交付する》報酬金. **3**〘英史〙《議会が国王に交付する》特別補助金. [√sed-]

sub si·len·ti·o [sʌb-silén(ʃ)iou] L.(= in silence) 暗黙のうちに; ひそかに.

sub·síst [səbsíst] *vi.* **1** 生きていく, 暮らしていく《で *on, by*》: ～ *on* fish 魚を食べて生活する. **2** 存在する. **——** *vt.* に食を給する, 給養する (feed). [√sist-]

◇ **～·ing·ly** *ad.*

sub·síst·ence [-(ə)ns] *n.* 生存; 存在; 暮らし, 生計. **～ farming** 自給農業. **～ wages** 〔**money**〕 最低限度の生活賃銀.

sub·síst·ent [-(ə)nt] *a.* 実在する; 現実的な.

súb·soil [sʌ́bsɔ̀il] *n.* 下層土, 底土.

—— *vt.* の底土を掘り返して耕す.

sub·són·ic [sʌbsɑ́nik/-sɔ́n-] *a.* 音速以下の, 亜音速の. ↔ supersonic.

sub·spé·cies [sʌbspíːʃiz, -ʃiːz, ⌐‿‿/⌐‿‿] *n.* (*pl.* ～)〘生〙亜種, 変種.

subst. substantive; substantively; substitute.

‡**súb·stance** [sʌ́bst(ə)ns] *n.* **1 物質** (material), 物体, 物. **2 実質**, 内容: ～ and form 内容と形式. **3 要旨**, 大意, 件子: Tell us the ～ of your report. あなたの報告書の要点を述べてください. **4**〘哲〙実体, 本質, 本体;〘宗〙神性. **5**《織物などの》地(じ). **6 資産**, 財産: a man of ～ 資産家. **7** (the ～) 大部分. ***in* ～** 本質的に, 実質的に, 事実上, 現に; 大半は: two opinions agreeing *in* ～ ほぼ一致する二つの意見. different *in* ～ 本質的に異なる. [√sta-]

〔類義語〕 **物質: substance** ある物の実体, 本質を構成しているもの, 物質それ自体: chemical *substances* 化学的物質. **matter** mind または spirit の反意語としての物質で, substance の「本質としての物」に対し「空間を占める物」. また thing と近く, 多くの比喩的意味がある: solid *matter* 固体. a *matter* for regret 遺憾なこと. **material** 材料としての物: fire-resisting *material* 耐火材料. **stuff** material の口語であると同時に, matter, thing のような比喩的意味がある: a cushion filled with soft *stuff* 柔らかい物がいっぱいに詰まったクッション.

sub·stánd·ard [sʌbstǽndərd/sʌ́b-] *a.*《製品・言語など》標準以下の.

‡**sub·stán·tial** [səbstǽnʃ(ə)l] *a.* **1 実質的な**; 実質上の: a ～ victory 事実上の勝利. be in ～ agreement 実質的には一致している. **2 内容の豊かな**;《食物が》実質的な, 実のある: a ～ meal たっぷりした食事. **3** 多大の, たくさんの, 大幅の: a ～ improvement 相当な進歩改善. **4**《資産が》豊富な; 資産のある. **5**《資産の上で》信用のある;《学者など》実力ある: a ～ firm 信用のある商会. **6** 堅実な, しっかりした; 確実性の高い: ～ hopes 当てになる望み. **7**〘哲〙実体の, 本体の, 本質の. **——** *n.* (*pl.*) 要点, 要旨, 大意.

◇ **～·ism** [-iz(ə)m] *n.*〘哲〙実体論. **～·ist** *n.* 実

体論者. **sub·stàn·ti·ál·i·ty** [--ʃiǽləti] *n.*
sub·stán·tial·ly [səbstǽnʃəli] *ad.* **1** 実質上, 事実上. **2** 大体において, 要点においては. **3** 十分に, 豊富に;《否定とともに》あまり, 著しく. **4** じょうぶに, 強く.
sub·stán·ti·ate [səbstǽnʃièit] *vt.* **1** 実体化〔具体化〕する, 成立させる. **2** 実証する. ◇ **sub·stàn·ti·á·tion** [--ʃiéiʃ(ə)n] *n.* 実体化; 実証.
sùb·stan·tí·val [sʌ̀bst(ə)ntáiv(ə)l] *a.* 〖文〗実詞の, 実体詞の, 名詞の. ◇ **~·ly** *ad.* ~として.
súb·stan·tive [sʌ́bst(ə)ntiv] *a.* **1** 存在を示す: the ~ verb 存在詞〘動詞 be〙. **2** 実詞の, 名詞的: a ~ clause 名詞節. **3** 自立の, 独自の. **4** 本質〔実質〕的な. **5** 実際の, 事実の. **6** 相当多量の.
—— *n.* 〖文〗実(体)詞 (= noun ~)〘名詞の旧称〙.
◇ **~·ly** *ad.* **1** 実質上, 事実上. **2**〖文〗実(名)詞として.
súb·sta·tion [sʌ́bstèiʃ(ə)n] *n.* 分署, 分局, 出張所.
sub·stít·u·ent [sʌbstítʃuənt/-tju-] *n.* 〖化〗〘原子・原子団の〙置換分.
‡**súb·sti·tute** [sʌ́bstit(j)ù:t/-tju:t] *n.* **1** 代理(人), 補欠, 身代わり, 替え玉. **2** 代用品: a good ~ *for* silk 絹のすぐれた代用品. **3**〖文〗代用語〘例: I run faster than he does. の does (= runs)〙.
—— *vt.* **1** 代用する, 代える《に *for*》; 代理をさせる《の *for*》: ~ A *for* B Bの代わりにAを用いる. **2** に代える, に代用する《を *by*》: ~ B *by* A Bの代わりにAを用いる. —— *vi.* 代わる, 代理する《に, を *for*》: He ~*d for* the president who was in hospital. 彼は入院中の社長の代理をした. [√sta-]
sùb·sti·tú·tion [sʌ̀bstit(j)ú:ʃ(ə)n/-tjú:-] *n.* **1** 代理, 代用《*for*》. **2** 入れ替え, 交換, 交替. **3**〖化〗置換;〖文〗語の代用;〖数〗代入;〖宗〗キリストの身代わり. ◇ **~·al** *a.*
súb·sti·tu·tive [sʌ́bstit(j)ù:tiv/-tju:-] *a.* 代理〔代用〕になる; 取り替えられる. ◇ **~·ly** *ad.*
sub·strát·o·sphere [sʌbstrǽtəsfiər] *n.* 亜成層圏〘成層圏のすぐ下の層, 対流圏の上層部〙.
sub·strá·tum [sʌbstréitəm, -strǽt-/sʌ́bstrɑ:-] *n.* (*pl.* **sub·strá·ta** [-tə]) 下層, 基層;〖農〗下層土 (subsoil); 土台, 基礎. ↔ superstratum.
sub·strúc·tion [sʌbstrʌ́kʃ(ə)n] = substructure.
sub·strúc·ture [sʌbstrʌ́ktʃər, ---/---] *n.* 基礎; 下部構造; 土台. ↔ superstructure.
◇ **sub·strúc·tur·al** [-tʃərəl] *a.*
sub·súme [səbsú:m/-sjú:m] *vt.* **1**〖論〗包摂〔包含〕する, 更に大きな分類〔項目〕のなかに包ませる. **2** 〈事例などに〉規則を適用する. [√sum-]
◇ **sub·súm·a·ble** *a.*
sub·súmp·tion [səbsʌ́mpʃ(ə)n] *n.* 〖論〗包摂, 包含. ◇ **-tive** *a.*
sub·súr·face [sʌbsə́:rfis/sʌ́b-] *a.* 表面下の〘特に水の集まりの〙.
sub·tán·gent [-tǽndʒ(ə)nt] *n.* 〖数〗次接線.
súb·téen [sʌ́btí:n] *n.* 10歳代未満または10歳代の前期の子ども〘特に13歳未満. しばしば女子用の衣服の寸法区分などに用いられる〙.
sub·tém·per·ate [sʌbtémp(ə)rit/sʌ́b-] *a.* 亜温帯の.
sub·tén·ant [sʌbténənt/sʌ́b-] *n.* 〘土地・家屋の〙また借り人. ◇ **-an·cy** *n.* 転借, また借り.
sub·ténd [səbténd] *vt.* 〖数〗〈弦・辺が弧・角に〉対する;〖植〗葉腋(ようえき)にいだく.
sub·ténse [səbténs] *n.* 〖数〗弦; 対辺.
subter- *pref.*「下の, 下方の」「下へ」の意.
súb·ter·fuge [sʌ́btərfju:dʒ] *n.* 逃げ口上, 口実; ごまかし. [subter- + √fug-]
sùb·ter·rá·ne·an [sʌ̀btəréiniən], **-ous** [-niəs] *a.* **1** 地下の, 地中の. **2** 隠れた. —— *n.* 地下の人〔物〕; 地下のほら穴. ◇ **~·ly** *ad.*
súb·tile, [英] **súb·til(e)** [sʌ́tl, [米]⁺ sʌ́btil] *a.* 〖古〗= subtle. ◇ **~·ly** *ad.* **~·ness** *n.*
sub·tíl·i·ty [sʌbtíləti], **súb·til·ty** [sʌ́(b)tlti/sʌ́t(i)lti] *n.* 〖古〗= subtlety.
súb·til·ize [sʌ́t(i)làiz, sʌ́bt(i)l-/sʌ́t-] *vt.* **1** 純化する; 昇華する. **2** 精妙にする, 微妙にする. **3** 細かく論ずる. **4** 希薄にする, 薄くする. —— *vi.* 細かい区別だてをする; 詳論する.
súb·tì·tle [sʌ́btàitl] *n.* **1** 副題; 小見出し. **2**〖映〗「説明字幕.
‡**súb·tle** [sʌ́tl] *a.* **1** 微妙な, とらえにくい, 難解な: a ~ distinction 微妙な区別. a ~ humor 微妙なユーモア. **2** かすかな, ほのかな, 淡い; 希薄な: a ~ odor of perfume 香水のほのかなかおり. a ~ smile かすかな微笑. ~ air 希薄な空気. **3** 鋭い; 巧妙な: a ~ mind 鋭敏な知力. a ~ worker 熟練工. **4** ずるい, 陰険な: a ~ trick 陰険な手段. **5** 知らぬまに作用する: a ~ drug 知らぬまにからだにまわる毒物.
◇ **súb·tly** [-i] *ad.* 鋭敏に; 精妙に, 精細に; 巧みに, ずるく.
súb·tle·ty [sʌ́tlti] *n.* **1** 鋭敏, 敏感. **2** ずるさ, こうかつ. **3** 精妙, 巧妙. **4** 細かい区別. **5** 難解; 不思議. **6** 希薄.
***sub·tráct** [səbtrǽkt] *vt.* 減ずる, 引く; 控除する: ~ 3 *from* 5 5から3を引く. —— *vi.* 減ずる《を *from*》, 一部を除く《から *from*》. ↔ add. [√trah-]
◇ **~·er** *n.* 減ずる人, 控除者;〖数〗減数.
sub·trác·tion [səbtrǽkʃ(ə)n] *n.* 引くこと, 控除;〖数〗引き算. **~ sign**〖数〗負の符号.
sub·trác·tive [səbtrǽktiv] *a.* **1** 減ずる, 引く. **2** 負の符号のある.
súb·tra·hend [sʌ́btrəhènd] *n.* 〖数〗減数. ↔ 「minuend.
sub·tréas·ur·y [sʌbtréʒ(ə)ri/sʌ́b-] *n.* 〘国庫などの〙支金庫;〖米〗財務省の分局.
sub·tróp·i·cal [sʌbtrápik(ə)l/sʌ́btrɔ́p-] *a.* 亜熱帯の. ◇ **sub·tróp·ics** *n. pl.* 亜熱帯地方.
sú·bu·late [sú:bjulèit, -lit/sjú:bjulit], **sú·bu·li·form** [-lifɔ̀:rm] *a.* 〖動・植〗錐(きり)状の.
‡**súb·urb** [sʌ́bə:rb] *n.* (しばしば the ~s) 郊外, 近郊, 都市周辺の地域〘特に住宅区域〙: in *the* ~*s* of Tokyo 東京の郊外に. a Tokyo ~ 東京郊外の一地域. [√urb-]
sub·úr·ban [səbə́:rb(ə)n] *a.* 郊外の〔にある, に住む〕; 郊外(高級)住宅地区の; 場末じみた.
—— *n.* = suburbanite.
sub·úr·ban·ite [-àit] *n.* 郊外居住者.
sub·úr·bi·a [səbə́:rbiə] *n.* **1** 郊外, 大都市周辺;《集合的》郊外居住者. **2** 郊外の生活〔文化水準〕.
sùb·va·rí·e·ty [sʌ̀bvəráiəti/-----] *n.* 〖生〗亜変種.
sub·véne [səbví:n] *vi.* 救済にあらわれる,「助け船」を出す.
sub·vén·tion [səbvénʃ(ə)n] *n.* 〘政府などからの〙補助〔助成〕金. [√ven-]
sub·vér·sion [sʌbvə́:rʃ(ə)n, [米]⁺ -ʒ(ə)n] *n.* 転覆, 破壊. [√vert-]
sub·vér·sive [sʌbvə́:rsiv] *a.* 転覆する, 破壊的な《*of*》: ~ activities 破壊活動. —— *n.* 破壊分子, 危険人物. ◇ **~·ly** *ad.* **~·ness** *n.*
sub·vért [sʌbvə́:rt] *vt.* 〈宗教・国家・主義・道徳などを〉くつがえす, 破壊する. [√vert-]
sub vo·ce [sʌb-vóusi] L. (= under the word) …の語の項に, …の語を見よ〘略 s.v.〙.
‡**súb·way** [sʌ́bwèi] *n.* 〖米〗地下鉄 (= [英] underground, tube);〖英〗〘特に街路横断のための〙地下道, トンネル.
suc- *pref.* c の前の sub- の異形: *suc*cor 援助する < sub- + √cur(r)- そばへ+走る.
suc·cáde [səkéid, sʌk-] *n.* 砂糖づけくだもの.
sùc·ce·dá·ne·um [sʌ̀ksidéiniəm] *n.* (*pl.* **-a** [-niə]) **1** 代用物;〖医〗代用薬; 金代用のアマルガム. **2** 代理者. ◇ **-ous** [-niəs] *a.*
†**suc·céed** [səksí:d] *vi.* **1** 成功する, 出世する; うまくゆく, 繁盛する《に *in*》: ~ *in* business 商売に成功する. ~ *in* solv*ing* a problem 問題を解くのに成功する. ↔fail. **2** 続く, あいついで起こる: the ~*ing*

five years その後の5年間. **3** 相続人〔後任〕となる; 相続〔継承〕する《の *to*》: ～ *to* an estate 不動産を相続する. ～ *to* the crown 王位を継承する.
〈注〉①の名詞は success, 形容詞は successful. ②, ③ の名詞は succession, 形容詞は successive.
— *vt.* **1** に続く, に代わる: day ～*s* day 月日は移り日は代わる. Spring is ～*ed* by summer. 春の次には夏がくる. **2** の相続者となる, に代わる: Nixon ～*ed* Johnson as President. ニクソンが大統領としてジョンソンのあとを継いだ.
～ one*self* 〖米〗再選される. **～ *with*** に人気がある, …とうまくゆく. [sub-+√ced-]
(類義語) 成功する: **succeed** 目的を遂げる. **flourish** 成功の外面にあらわれたはなやかさを強調する. 栄える: Culture *flourishes* among free people. 文化は自由な人々の間で開花する. **prosper** 物質的に繁栄する: He *prospered* but was still discontented. 彼は豊かな生活を送っていたが精神的満足は得られなかった.

suc·céed·ing [-iŋ] *a.* 続く, 次の, 続いて起こる. ◇ **～·ly** *ad.*

suc·cén·tor [səkséntər] *n.* 《教会の》聖歌隊長 (precentor) 代理; 聖歌隊の低音主唱者.

suc·cès d'es·time [səksèidestíːm/suk-] F. 役者·作家に対する儀礼的賛辞.

suc·cès fou [F. syksɛfu, ㊥ ⁺sùkseifúː] F. (並みはずれた) 大成功.

‡suc·céss [s(ə)ksés] *n.* **1** 成功, 好結果, 上首尾: ～ in life 立身, 出世. work without ～ 働いても成功しない. **2** 《補語として多く用いられる》大当たり, 成功者, 試験合格者: The show was a (great) ～. ショーは大当たりだった. She was a ～ as an actress. 彼女は女優として成功した. **3** 結果. → 動詞 succeed. ***drink to* ～** 成功を祝して乾杯する. ***make a* ～ *of*** を成功に終わらせる, を首尾よくやる. ***Nothing succeeds like* ～.** 〖諺〗(1) ひとつうまくいくとすべてうまくいくものだ; 一事成れば万事成る. (2) 勝てば官軍. ***score a* ～** 成功を博する. ***with* (*good*) ～** 成功裏に, 首尾よく. [sub-+√ced-]

‡suc·céss·ful [s(ə)ksésf(u)l] *a.* 成功した, 上首尾の, 繁盛する, 好結果の, 《試験に》合格した, 大当たりの, 出世した, 《会などが》盛大な: a ～ candidate 当選者; 合格者. a ～ business 繁栄している事業.
be* ～ *in に成功する.
◇ **‡～·ly** [-fuli] *ad.* 首尾よく; 幸運に(も).

‡suc·cés·sion [s(ə)kséʃ(ə)n] *n.* **1** 連続; 連続物: many troubles in ～ 次々と起こるいざこざ. **2** 相続(権), 継承(権), 王位継承権, 相続〔継承〕順位: the ～ *to* the throne 王位継承. **3** 相続〔継承〕する人, 子孫 (posterity). **4** 系統, 系列; 〖農〗輪作; 〖生〗自然更新. **5** 推移, 変遷: the ～ from residence to business in urban districts 市街地における住居地区から商業地区への変化. → 動詞 succeed, 形容詞 successive. ***by* ～** 世襲で. ***in* ～** 続けて, 連続して. ***in* ～ *to*** を相続〔継承〕して.
～ duties 相続税. **S～ States, the** オーストリアとハンガリーの分裂によって生じた諸国《ユーゴスラビア·チェコスロバキアなど》. (類) → **series**「一続き」

suc·cés·sion·al [-ʃən(ə)l] *a.* 相続く, 連続的な; 相続順位の. ◇ **～·ly** *ad.*

‡suc·cés·sive [s(ə)ksésiv] *a.* 連続する, 引き続く: It has rained for five ～ days. 5日間雨が降り続いた. ◇ **～·ly** *ad.* **～·ness** *n.*

‡suc·cés·sor [s(ə)ksésər] *n.* 相続〔継承〕者; 後任〔後継〕者; とって代わるもの. ↔ predecessor.
◇ **～·al** *a.*

suc·cínct [səksíŋkt] *a.* 簡潔な, 簡明な.
◇ **～·ly** *ad.* **～·ness** *n.*

súc·cor, ㊥ **-cour** [sʌ́kər] *n.* 救助〔救援〕(者); (*pl.*) 〖古〗援軍. — *vt.* 〈困っている人などを〉助ける, 救援する. [sub-+√cur(r)-]

súc·co·ry [sʌ́kəri] *n.* 〖植〗キクニガナ (chicory).

súc·co·tash [sʌ́kətæʃ] *n.* 〖米〗豆料理《隠元豆とトウモロコシのごった煮》.

súc·cu·bus [sʌ́kjubəs] *n.* (*pl.* **-bi** [-bài]) 《睡眠中の男性と情交する》魔女. → incubus.

súc·cu·lent [sʌ́kjul(ə)nt] *a.* **1** しる〔水分〕の多い; 〖植〗多肉の. **2** 興味ぶかい. ◇ **～·ly** *ad.* **-lence, -len·cy** *n.* 多汁(たじゅう), 多液; 多趣.

***suc·cúmb** [səkʌ́m] *vi.* **1** 屈服する, 負ける《に *to*》: ～ *to* temptation 誘惑に負ける. **2** 死ぬ: ～ *to* fever 熱病に倒れる. [sub-+√cu(m)b-]

suc·cúss [səkʌ́s] *vt.* (激しく) 振る. [sub-+√cut-]
◇ **suc·cús·sion** [səkʌ́ʃ(ə)n] *n.*

†such [強 sʌtʃ, 弱 sətʃ] *a.* **1** そんな, そういう, このような, あのような: all ～ men そういう人はみな. ～ a man そんな人. 〈注〉いま言った人·物·数·量·性質·状態などをさし, 単数のときは a, an の前におく. **2** それと似た, 同様の, そんな種類の, 上述のような: Tigers eat meat; ～ animals are dangerous. トラは肉を食う, そんな動物は危険である. We had only tea, coffee and ～ drinks. 私たちはお茶やコーヒーやそんな飲み物しか飲まなかった. **3** 《叙述的に》そんなありさまに〔で〕, こういうぐあいで: *S*～ is the world. 世の中とはこんなものだ. She is not kind, only she seems ～. 彼女は親切ではない, ただそう見えるだけさ. **4** 《such ___ as..., such as... として》…のような: *S*～ scientists *as* Newton are rare. ニュートンのような科学者はまれである. A plan *such as* he proposes is unrealistic. 彼の提案のような計画は非現実的だ. **5** …するような, …するほどそんな《such ___ as to (do), such ___ that として用いられることが多い》: I am not ～ a fool *as to* believe it. 私はそれを信ずるほどそんなばかではない. Her change was ～ *that* even her father could not recognize her. 彼女の変わり方はたいへんなものだったので, 父親でさえ彼女がだれだかわからないほどだった. **6** あれほどの, あんなに; たいへんな, たいした, すばらしい: I have never seen ～ a liar. 私はあんなひどいうそつきを見たことがない. We had ～ sport! 実におもしろかった. **7** 《法律文などで》上記の, 前述の. **8** 《不定の意味》これこれの, しかじかの: on ～ and ～ a day 某日.
no* ～ *thing そんなことは…(し) ない. **～ *as it is* [*was*]; ～ *as they are* [*were*]** というほどのものではない〔なかった〕が, おそまつながら: You may use my car, ～ *as it is*. おそまつですが私の車をお使いください. ***S～ master, ～ servant.*** 〖諺〗この主人にしてこの召使.
— *pron.* **1** 《通例複数の意味をあらわす》そのような人〔物〕, このような人〔物〕: actors, singers, and ～. **2** 〖話〗いま言った事物; 〖商〗上記の物. ***all* ～** 〖古·雅〗かかる者ども. ***and* ～** など. ***as* ～** (1) それ自体で, それだけで: I have never studied history *as* ～. 私は歴史を歴史として〔歴史的興味から〕勉強したことはない. (2) その資格で: He was a student and was treated *as* ～. 彼は学生であり学生として扱われた. **～ *and* ～** これこれ〔しかじか〕のこと: You always have to know what to do if ～ *and* ～ should happen. なにが起こったらどうしようということを, 常々心得ていなければいけない. **～ *being the case*** こういう次第だから.

súch·like [sʌ́tʃlàik] *a.* 〖話〗このような, この種の.
— *pron.* 〖話〗かようなもの.

‡suck [sʌk] *vt.* **1** 吸う, 吸い込む《*in, down*》: A sponge ～*s in* water. 海綿は水を吸い込む. ～ the breast 乳を吸う. **2** なめる, しゃぶる: ～ one's thumb 親指をしゃぶる. **3** 〈知識などを〉獲得する, 吸収する, 〈利益を〉得る《から *from, out of*》.
— *vi.* **1** (乳などを) 吸う〔飲む〕, する. **2** 〈ポンプが〉吸う音をたてる.
～ *at* を吸う, を飲む. **～ a person's *brains*** (人)から知識を吸収する. **～ *dry*** 吸い尽くす. **～ *in*** 吸い

込む;〖俗〗だます. **～ *up*** (1) 吸い上げる, 吸収する: Blotting paper ～*s up* ink. 吸取紙はインクを吸い取る. (2)〖英: 学生俗〗おべっかをつかう《に *to*》.
── *n.* **1** 一吸い, 一すすり, 一口, 一なめ. **2** 乳を飲むこと, 吸い込み. **3**〖英俗〗菓子 (sweets). **4**〖英俗〗失望, 失敗. ***child at ～*** 乳飲み子. ***give ～ to*** に乳を飲ませる. ***What a ～! = S～s!*** なんというざまだ!
～ up おべっかつかい, へつらうやつ.
◇ **～·ing** *a.* **1** 吸い込む; 乳を吸う. **2** まだ乳離れしない; 未熟な, 駆け出しの.
súck·er [sʌ́kər] *n.* **1** 吸う人〔物〕, 乳飲み子;《豚・鯨など》動物の乳飲み子. **2**〖動〗吸盤,〖植〗吸枝, 吸根, 吸管. **3** 吸盤をもつ魚類. **4**〖米話〗お人よし, だまされやすい人.
── *vt.* から吸枝を取り去る. ── *vi.* 吸枝を出す.
S～ State, the アメリカの Illinois 州の別称.
súck·le [sʌ́kl] *vt.* に乳を飲ませる; 育てる.
── *vi.* 乳を飲む. ◇ **súck·ling** *n.* 乳児; 幼獣.
su·cre [sú:krei] Sp. *n.* エクアドルの貨幣 (単位).
sú·crose [sú:krous/sjú:-] *n.* 〖化〗蔗糖(しょ).
súc·tion [sʌ́kʃ(ə)n] *n.* **1** 吸うこと, 吸い上げ〔込み〕; 吸引力. **2** 吸引通風. **3** 吸水管. **～ chamber**《ポンプの》吸い込み室. **～ pump** 吸い上げポンプ.
suc·tó·ri·al [sʌktɔ́:riəl/-tɔ́:r-] *a.* 〖動〗吸いつく; 吸盤のある; 吸うのに適した; 吸って生きている.
Su·dán [su:dǽn/-dá:n] *n.* **1** スーダン《アフリカ北東部の地方名》. **2** スーダン共和国《もと Anglo-Egyptian Sudan》. ***French ～*** フランス領スーダン《現在独立して Mali 共和国》.
～ grass〖米: 植〗モロコシの一種.
Sù·da·nése [sù:dəní:z] *a.* Sudan の.
── *n.* (*pl.* ～) Sudan 人.
su·dár·i·um [su:dέ(:)riəm/sju:déər-] *n.* (*pl.* **-a** [-riə]) **1** 聖ベロニカのハンカチ《聖女 Veronica が刑場にひかれていくキリストの顔をぬぐったときその面像が残ったといわれるハンカチ》;〖聖〗キリストの奇跡的肖像; キリストの頭を包んだハンカチ《ヨハネ伝20: 7》. **2**《汗ぬぐいの》ハンカチ.
sù·da·tó·ri·um [sù:dətó:riəm/sjù:dətɔ́:r-] *n.*(*pl.* **-a** [-riə]) 蒸しぶろ.
sú·da·to·ry [sú:dətò:ri/sjú:dət(ə)ri] *a.* 発汗を促す. ── *n.* **1** 発汗剤. **2** = sudatorium.
sudd [sʌd] *n.* ナイル川の上流 (the White Nile) の航行を妨げる浮流植物. [<Ar.]
‡**súd·den** [sʌ́dn] *a.* **突然の**, 急な, にわかの. ── *n.* 不意, 突然《次の成句にのみ》. ***(all) of a ～ = on a [the] ～*** 突然に, 急に, 不意に. **～ death** 急死;〖運〗決勝の 1 回勝負. ◇ **～·ness** *n.*
(類義語) **突然の: sudden** 急な行動・変化を示す. あらかじめ予測されていてもよい: a *sudden* change in the weather 天候の急変. **unexpected** 予測されなかった, 思いがけない. 受け取るがわの準備の不足が強調される: an *unexpected* crisis 不慮の危機. **abrupt** 両者を合わせた意味をもつが, 急変の不自然さ, それに伴う不快, 期待はずれが強調される: an *abrupt* change in manner 急に態度を変えること. The road came to an *abrupt* end. 道路は急にとぎれていた.
†**súd·den·ly** [sʌ́dnli] *ad.* 突然, 急に, 不意に.
sù·dor·íf·er·ous [sù:dəríf(ə)rəs/sjù:-] *a.* 発汗する. ◇ **～·ness** *n.*
sù·dor·íf·ic [-fik] *a.* 発汗させる. ── *n.* 発汗剤.
Sú·dra [sú:drə] *n.* スードラ《インド四階級の最下層》. → caste.
suds [sʌdz] *n. pl.* せっけん水; せっけんあわ;〖米俗〗ビール. ***in the ～*** 困って.
◇ **súds·y** [-i] *a.* せっけん水の (ような), あわだった.
sue [su:/sju:] *vt.* **1** 訴える, 告訴する. **2** に懇願する. **3**〖古〗に求婚する. ── *vi.* **1** 告訴する, 訴訟を起こす: ～ *for* damages 損害賠償の訴訟を起こす. **2** 請う, 懇願する: ～ *for* peace 講和を請う. [√sequ-]
suède [sweid] F. *n.* スエード皮《柔らかいヤギのなめし皮》; スエード皮まがいの布. ── *a.* スエード皮の.
sú·et [sú:it/sjuit] *n.* 牛〔羊〕のじん臓・腰部の脂肪.
◇ **sú·et·y** *a.* 脂肪の (ような), 脂肪の多い.
Sú·ez [sú:ez, suéz/sú:iz, sjú:-] *n.* スエズ《エジプト北東部の海港》. ***Isthmus of ～***《アフリカ・アジアを結ぶ》スエズ地峡. **～ Canal, the** スエズ運河.
suf- *pref.* f の前の sub- の異形: *suf*fer 耐える <sub-+√fer- 下から+ささえる.
suf., suff. sufficient; suffix.
‡**súf·fer** [sʌ́fər] *vt.* **1** 〈苦痛・変化などを〉**経験する**, こうむる: ～ insults 侮辱を受ける. ～ defeat 敗戦する. The company ～*ed* a 35% drop in sales. 会社は売り上げ35%の減少をこうむった. **2** に**耐える**, がまんする: The roses cannot ～ winter cold. バラは冬の寒さに耐えられない. I cannot ～ him. 私はあの男にはがまんならない. **3** (あえて)…させる, (黙って)…させておく《*to* (do)》: ～ one's beard *to* grow long ひげが伸びるままにしておく. *S～* me *to* tell you the truth. ほんとうのところを言わせてください.
── *vi.* **1** 苦しむ, 悩む; わずらう; 傷つく《に *for*, *from*》: ～ *for* [*from*] one's mistake 誤りを苦にする. ～ *from* the lack of funds 資金不足に悩む. make a person ～ 人を苦しめる. **2** わずらう, 病む《を *from*》: ～ *from* mental illness 精神病にかかる. **3** 罰せられる; 〈既決囚が〉死刑に処せられる. ***do not ～ fools gladly*** ばかなまねを許さない.
[sub-+√fer- 下から+支える, 負う]
◇ **～·a·ble** [sʌ́f(ə)rəbl] *a.* 耐えられる, がまんできる, 許せる; まあまあの, かなりよい.
(類) → **bear**「がまんする」
súf·fer·ance [sʌ́f(ə)rəns] *n.* 許容, 黙認;〖古〗忍耐 (力). ***be beyond ～*** がまんができない. ***on ～*** 大目に見られて, お情けで.
súf·fer·er [sʌ́fərər] *n.* 苦しむ者; 受難者, 被災〔被害〕者, 患者: war ～*s* 戦災者.
‡**súf·fer·ing** [sʌ́f(ə)riŋ] *n.* **1** 苦しみ, 苦痛; 苦労. **2** (しばしば *pl.*) **被害**, 災害; 受難: the ～*s* of the Jews.
(類義語) **苦しみ: suffering** 苦しみを経験して悩み, じっとこらえるという受動的姿勢に力点がある. **distress** 悲惨な境遇が与える心身の苦しみ. (公共の)援助を必要とするばあいが多い: the *distress* of the poor Negro 貧乏黒人の苦しみ. **misery** 悲惨で気の毒な境遇. 長期的なものが多い. **hardship** 強い意志とがんばりを必要とするようなつらい環境. distress や misery に比べ克服される可能性が示唆される.
‡**suf·fíce** [səfáis] *vi.* **十分である**, 足りる: Three hundred dollars a month ～*d* for my need. 月300ドルで私の必要を満たすに十分だった. ── *vt.* 満足させる: A small amount will ～ me. 少量でけっこう. → 形容詞 sufficient. ***S～ it (to say) that***… …と言えば十分である.
suf·fí·cien·cy [səfíʃ(ə)nsi] *n.* **1** 十分, 足りること. **2** 十分な数量: a ～ of provisions 十分な糧食. **3** 十分な資力. **4**〖古〗能力.
‡**suf·fí·cient** [səfíʃ(ə)nt] *a.* **1 十分な**, 足りる《*for*》: The child has not ～ courage *for* it [*to* do it]. その子にはそれをするだけの勇気がない. **2**〖古〗…する能力がある, 資格がある. ***S～ unto the day is the evil thereof.***〖聖〗一日の苦労はその日一日だけで十分である《マタイ伝 6:34》. ── *n.* 十分, 十分な量: I have quite ～. 十分持っています. [sub-+√fac-] ◇ ***～·ly** *ad.* 十分に.
(類) → **enough**「十分な」
***súf·fix** [sʌ́fiks] *n.* **1 接尾辞**. **2** 追加〔添加〕物.
── *vt.* **1** 接尾辞としてつける. **2** の終わりにつける; の下につける. ── *vi.* 接尾辞をとる〔つける〕.
[sub-+√fig-]

súf·fo·cate [sʌ́fəkèit] *vt.* **1** 窒息(死)させる, の息を止める. **2** 呼吸困難にする, の声を出なくする. **3** <音などを> 押し殺す, 消す. —— *vi.* 窒息する, むせる, 息が切れる. ◇ **-cat·ive** [-kèitiv] *a.* ＝suffocating. **sùf·fo·cá·tion** [sʌ̀fəkéiʃ(ə)n] *n.* 窒息.

súf·fo·cat·ing [sʌ́fəkèitiŋ] *a.* 息苦しい, 息詰まらせる. ◇ **～·ly** *ad.*

Súf·folk [sʌ́fək] *n.* **1** イギリス東部の州. **2** 《イギリス種の》上等食用羊; 小さい黒豚. **～ punch** サフォーク馬《短脚でがんじょうな馬車馬・農馬》.

súf·fra·gan [sʌ́frəgən] *n.* 〖宗〗副監督, 副司教. —— *a.* 補助の; 副監督の: a ～ bishop, a bishop ～ 副監督.

súf·frage [sʌ́fridʒ] *n.* **1** 投票; 投票権, 選挙権, 参政権. **2** 《投票による》賛意, 賛成. **3** (通例 *pl.*) 〖宗〗応禱(ぎとう), とりなしの祈り. ***manhood*** **～** 成年男子選挙権. ***universal*** **～** 普通選挙権. ***woman*** [***female***] **～** 婦人選挙[参政]権.
—— *vt.* (投票で) 支持する, 認める.

sùf·fra·gétte [sʌ̀frədʒét] *n.* 《女性の》婦人参政権論者[運動者].

súf·fra·gist [sʌ́frədʒist] *n.* 参政権拡張論者, 《特に》婦人参政権論者.

suf·fúse [səfjú:z] *vt.* おおう, いっぱいにする《液・涙・色・光などで》: eyes ～*d with* tears 涙がいっぱいの目. [√fu(n)d-]

suf·fú·sion [səfjú:ʒ(ə)n] *n.* **1** みなぎる[おおう]こと; おおうもの. **2** 《顔などが》さっと赤くなること, 紅潮.

suf·fú·sive [səfjú:siv] *a.* おおう, みなぎる.
◇ **～·ly** *ad.*

Sú·fi [sú:fi] *n.* 〖回教〗スーフィー派, 回教の汎神(はんしん)論者. ◇ **Sú·fic** *a.* **Sú·fism** *n.* スーフィー教, 汎神論的神秘説.

sug- *pref.* g の前の sub- の異形: *sug*gest 暗示する <sub-＋√ger- そっと＋運ぶ.

†**súg·ar** [ʃúgər] *n.* **1** 砂糖; 〖化〗糖. **2** 砂糖 1 個 [一さじ]: How many ～*s* (shall I put) in your tea? お茶に砂糖を幾つ入れましょうか. **3** 甘言, おせじ. **4** 〖俗〗金銭. **5** 《間投詞として》〖話〗ちえっ, 畜生; かわいい人 (honey). ***lump*** [***block***, ***cube***, ***cut***] **～** 角砂糖. ***raw*** [***brown***, ***muscovado***] **～** 黒砂糖. **～ *of lead*** 鉛糖.
—— *vt.* **1** に砂糖を入れる[かける, かぶせる, ふりかける], 甘くする. **2** におせじをつかう. **3** 〖米俗〗買収する. **4** のろう《受動態で》. —— *vi.* **1** 砂糖になる, 糖化する. **2** 〖米〗カエデ糖をつくる. **3** 〖俗〗仕事をなまける.
～ basin [**bowl**] 〖英〗《食卓用》砂糖入れ. **～ beet** 〖植〗テンサイ, 砂糖大根. **～·bush** [⌐–⌐] サトウカエデの林. **～ candy** (上等) キャンデー; 〖英〗氷砂糖; 甘い人[物]. **～ cane** 〖植〗サトウキビ. **～-coat** [⌐–⌐] (1) <丸薬などに> 糖衣を着せる. (2) の体裁をよくする; よく見せかける. **～-còat·ing** 糖衣; 口あたりをよくすること. **～ corn** サトウモロコシ (sweet corn). **～ daddy** 〖米俗〗《金品をつぎ込んで》若い女を追いかけまわす中年の金持ち. **～ gum** 〖植〗《オーストラリア産》ユーカリの一種. **～·house** [⌐–⌐] 製糖所《サトウカエデの》. **～ loaf** 棒砂糖; 円すい形の帽子; すりばち山. **～-loaf** [⌐–⌐] 棒砂糖状の; 〖米〗円すい形の. **～ maple** 〖植〗サトウカエデ《北アメリカ東北部に多い》. **～ pine** 〖植〗《北アメリカ西部産の》松の一種. **～·plum** [⌐–⌐] コンペートー; ボンボン. **～ refinery** 製糖所. **～ tongs** 《食卓用》角砂糖ばさみ.
◇ **～ed** *a.* 砂糖を入れた; 砂糖で甘くした; 《比喩的》甘美な: ～*ed* words 甘言.

súg·ar·y [ʃúg(ə)ri] *a.* 砂糖でできた; 砂糖のような, 甘い; 《比喩的》甘ったるい, おせじの. ◇ **-i·ness** *n.*

‡**sug·gést** [səgdʒést, sədʒést/sədʒést] *vt.* **1** 暗示する, ほのめかす, 示唆する: I didn't tell him to leave, I only ～*ed* it. 彼に出て行けとは言わなかった, ただそうほのめかしただけだ. Do you ～ that I am lying? きみは私がうそをついているとでも言うのか. **2** 提案する, 提唱する: I ～ that we (should) start early. 早く出発すべきだと思います[提案します]. May I ～ a stroll after dinner? 夕食後散歩をしてみませんか. **3** 連想させる, 思いつかせる: Soldiers ～ ants. 兵隊を見るとアリを思い出す. **～ one*self*** 思いつかれる, あらわれる: a language that ～*s itself* for study 研究の対象として浮かんでくる言語. [sub-＋√ger- 下に(そっと)＋運ぶ]

(類義語) 暗示する: **suggest** 頭の中に想起させる, 示唆する. 「提案する」は propose を婉曲に表現したもの: The name doesn't *suggest* anything to me. その名を聞いても全く思い当たるふしがない. **imply** 直接表現しなくとも道理から, また必然的に含む, 暗に意味する: Speech *implies* a speaker. 話は必然的に話者を想定する. **hint** 人にわかるようにそれとなく言う, ほのめかす: He *hinted* that he would like a present. 彼は贈り物がほしいと暗にほのめかした. **intimate** hint にほぼ近いが, ぼんやりしていてはそれと気づかないほど婉曲に述べて, 相手の行動・考えなどに影響を与える: He *intimated* that there would be danger if we went on. 彼はわれわれがそのまま続けたらあぶないだろうと暗に述べた. **insinuate** 間接的表現で人にあることを信じさせようとする. 中傷などが多い: He *insinuated* that they were dangerous people. 彼はその人たちは危険人物だと人に思わせようとした.

(類) → **propose**「提案する」

sug·gést·i·ble [-ibl] *a.* **1** 暗示[提議]できる. **2** 《催眠術などの》暗示にかかりやすい.
◇ **sug·gèst·i·bíl·i·ty** *n.* 暗示できること; 暗示感応性, 被暗示性.

‡**sug·gés·tion** [səgdʒéstʃ(ə)n, sədʒés-/sədʒés-] *n.* **1** 暗示, ほのめかし, 示唆. **2** 提案, 提言: at a person's ～ 人の提案で. the ～ that he (should) join 彼も一枚加わるべきだとの提案. **3** 連想, 思いつき: by ～ 連想で. **4** 誘発. **5** 〖催眠術〗暗示. **6** ようす, 気味, 風(ふう): a ～ of blue in the gray 青みがかった灰色.
full of **～*s*** 示唆に富む. ***make a*** **～** 提案する: He *made the* ～ that the student (should) be punished. 彼はその学生を処罰するように提案した.

***sug·gés·tive** [-dʒéstiv] *a.* **1** 暗示する, ほのめかす, 示唆する, 暗示に富む. **2** 連想させる, 思わせる《を *of*》. **3** (劣情) 挑発(ちょうはつ)的な, 誘発的な.
◇ **～·ly** *ad.* **～·ness** *n.*

sù·i·cíd·al [sù:isáidl/sjui-] *a.* 自殺の, 自殺的な; 自滅的な. ◇ **～·ly** [-dəli] *ad.*

‡**sú·i·cide** [sú:isàid/sjúi-] *n.* **1** 自殺; 自滅. **2** 自殺者. ***commit*** **～** 自殺する. —— *vi.* 自殺する. [√caed-]

su·i ge·ne·ris [sú:ai-dʒénəris/sjú:-] L. (＝of its own kind) 独自の, 独特の.

su·i ju·ris [-dʒú(:)ris/-dʒúər-] L. (＝of one's right) 成年に達した, 一人前の.

‡**suit** [su:t, 英 sju:t] *n.* **1** 訴訟 (＝lawsuit): a civil [criminal] ～ 民事[刑事]訴訟. **2** 嘆願, 懇願, 請願. **3** 求婚. **4** 《服装の》一着; (男子服の)三つぞろい《coat, vest, trousers》, 上下そろい; 婦人服一そろい《coat と skirt》. **5** 《馬具など》一そろい; 〖海〗帆一組み. **6** 〖トランプ〗組み, 組み札. ***bring a*** **～ *against*** を相手どって訴訟を起こす. ***dress*** **～** 《男子の》夜会服. ***follow*** **～** トランプで場札とおなじ組みの札を出す; 他人にならう[のまねをする]. ***have a*** **～ *to*** に請願がある. ***in*** **one's *birthday*** **～** 裸で. ***make*** **～ *to*** に請願する. ***out of*** **～** 不和になって. ***press*** **one's ～** 嘆願これつとめる.
—— *vt.* **1** 適合させる, 一致させる《に *to*》: ～ one's speech *to* one's audience 人を見て法を説く. **2**

に適する, に似合う: Blue ～*s* you very well. 青があなたにはよく似合う. **3** の気に入る: a dish that will ～ every palate だれの口にも喜ばれる料理. **4** につごうがよい, に好つごうである: That will ～ me. 私はそれでけっこうです. **5** 装わせる: ～*ed* in black 黒衣をまとって. —— *vi.* **1** 適合する, 似合う: Yellow does not ～ *with* her. 黄色は彼女に似合わない. **2** つごうがよい: What date ～*s* best? 何日がいちばんごつごうがよろしいでしょうか.
be ～ed for に似合う; に気に入る; に好つごうである. ～ one***self*** 思いのままにする, かってにする. ***～ all tastes*** 万人向きである. ***～ the action to the word*** ことばどおり実行する. [√sequ-]
‡～·**case** [sú:tkèis/sjú:t-] 旅行かばん, スーツケース.
◇ ～·**ed** [sú:tid/sjú:t-] *a.* 適当な, 適切な; 適合する, 矛盾しない. 「ふさわしさ; 適否.
sùit·a·bíl·i·ty [sù:təbíləti/sjù:t-] *n.* 適合, 適当;
‡**súit·a·ble** [sú:təbl/sjú:t-] *a.* **適当な**, 似合う, ふさわしい《に *to, for*》: ～ *to* the occasion 時宜に適した. ～ *for* men 男性向きの. ◇ **-bly** *ad.*
[類] → **fit**「適当な」
suite [swi:t] *n.* **1** 一行, 随(行)員. **2**〘寝室・浴室などのついた〙一続きのへや. **3**〘家具などの〙一組み, そろい. **4**〖楽〗組曲. [√sequ-]
súit·ing [sú:tiŋ/sjú:t-] *n.*〖商〗洋服地.
súit·or [sú:tər/sjú:tə] *n.* **1** 提訴者, 原告; 請願者. **2**《男の》求婚者. → 動詞 sue.
Sù·la·wé·si [sù:lɑ:wéisi] *n.* スラベシ〘Celebes 島のインドネシア語名〙.
súl·cate [sʌ́lkeit] *a.*〖植・医〗みぞのある.
súl·fa, súl·pha [sʌ́lfə] *a.* 〖化・薬〗サルファ基の. —— *n.* サルファ剤〘細菌性病毒特効薬〙.
sùl·fa·dí·a·zine [sʌ̀lfədáiəzi:n, -zin/sʌ́l-] *n.*〖薬〗サルファダイアジン《肺炎などの特効薬》.
sùl·fa·guán·i·dine [sʌ̀lfəgwǽnidi:n, -din] *n.*〖薬〗サルファグアニディン《腸疾患の治療・予防薬》.
sùl·fa·níl·a·mide [-níləmàid, -mid] *n.*〖化・薬〗サルファニルアミド《敗血症・淋疾などの特効薬》.
sùl·fa·pýr·i·dine [-píridi:n, -din], **-din** [-din] *n.*〖薬〗サルファピリディン《肺炎の特効薬》.
súl·fate, -phate [sʌ́lfeit] *n.* 〖化〗硫酸塩. —— *vt.* 硫酸で処理する;〖電〗<乾電池の鉛板に>硫酸鉛化物を沈積させる.
sùl·fa·thí·a·zole [sʌ̀lfəθáiəzòul] *n.*〖薬〗サルファチアゾール《肺炎・化膿性疾患の特効薬》.
súl·fid, -phid [sʌ́lfid] = sulfide.
súl·fide, -phide [sʌ́lfaid] *n.*〖化〗硫化物.
súl·fite, -phite [sʌ́lfait] *n.* 〖化〗亜硫酸塩.
súl·fo·nal [sʌ́lfən(ə)l] *n.* スルフォナール《催眠剤》.
sul·fón·ic, -phón·ic [səlfɑ́nik/-fɔ́n-] *a.*〖化〗スルホン酸の.
súl·fur, súl·phur [sʌ́lfər] *n.* **1**〖化〗イオウ〘非金属元素. 記号 S〙: flowers of ～ イオウ華. milk of ～ イオウ乳. **2** イオウ色. **3**〖虫〗モンキチョウ. —— *vt.* イオウでいぶす〔処理する〕(sulfurate).
súl·fu·rate [sʌ́lf(j)urèit/-fju-] *vt.* 硫化させる, イオウを混ぜる; イオウでいぶす〔漂白する〕. ◇ **-ra·tor** [-ər] *n.* イオウいぶし器〔漂白器〕. **sùl·fu·rá·tion** [⌐—réiʃ(ə)n] *n.* 硫化; イオウ処理〔漂白〕.
sul·fú·re·ous [sʌlfjú(:)riəs/-fjúər-] *a.* イオウ(質)の, イオウ状の, イオウ臭い;〖植〗イオウ色の.
◇ ～·**ly** *ad.* ～·**ness** *n.*
súl·fu·ret [sʌ́lfjurèt] *n.*〖化〗硫化物. —— *vt.* イオウで処理する; イオウと化合させる.
◇ **súl·fu·ret·(t)ed** [-id] *a.*〖化〗硫化した, イオウを含む: ～(*t*)*ed* hydrogen 硫化水素.
sul·fú·ric [sʌlfjú(:)rik/-fjúər-] *a.* イオウの, イオウを多量に含む: ～ acid 硫酸.
súl·fur·ize [sʌ́lfəràiz] = sulfurate.
súl·fur·ous [sʌ́lfərəs] *a.* **1** イオウの(ような); イオウを少量含む: ～ acid 亜硫酸. **2**《比喩的》熱狂的; ものすごい, 地獄の火の(ような).
◇ ～·**ly** *ad.* ～·**ness** *n.*
sulk [sʌlk] *n.* (通例 *pl.*) すねること, ふくれっつら. ***in the ～s*** すねて, ふきげんで. —— *vi.* すねる, ふくれっつらをする; 腹を立ててものを言わない.
súlk·y [sʌ́lki] *a.* **1** すねた, ふくれっつらした. **2**〘天候など〙陰気な. **3**〘植物が〙しなびた. —— *n.* 1人乗り1頭立て2輪馬車.
◇ **súlk·i·ly** *ad.* すねて, ふきげんに. **súlk·i·ness** *n.* ふくれる〔すねる〕こと; 仏頂づら.
súl·lage [sʌ́lidʒ] *n.* **1**〖冶〗おり, かなくそ. **2** 廃物, くず. **3** 下水, 汚水.
‡**súl·len** [sʌ́lən, -lin] *a.* **1 ふきげんな**, むっつりした, ぶあいそうな. **2 陰気な** (gloomy). **3**〘流れなどが〙のろい. —— *n.* (the ～s) すねること, ふきげん; 陰うつ.
◇ ～·**ly** *ad.* ～·**ness** *n.*
súl·ly [sʌ́li] *vt.* **1** よごす, 汚す. **2** <名声・名誉などを>傷つける. —— *n.* よごれ, 汚れ.
súl·pha =sulfa.
súl·phate = sulfate.
súl·phid(e) = sulfid(e).
súl·phite = sulfite.
sul·phón·ic = sulfonic.
súl·phur = sulfur.
súl·phu·rate = sulfurate.
sul·phú·ric = sulfuric.
súl·phur·ous = sulfurous.
súl·tan [sʌ́lt(ə)n] *n.* **1** 回教国君主; (the S～) 旧トルコ皇帝. **2**〖鳥〗クイナの一種; 白色の鶏《トルコ種》. ***sweet*** (***yellow***) **～**〖植〗ニオイヤグルマギク.
sul·tán·a [sʌltǽnə, -tɑ́:nə/-tɑ́:nə] *n.* **1** 回教国王妃〔皇女, 皇姉妹, 皇太后〕. **2** 王侯のそばめ〔めかけ〕. **3** 種なし干しブドウの一種.
súl·tan·ate [sʌ́lt(ə)nit] *n.* 回教国君主の位〔領土〕.
súl·tan·ess [sʌ́lt(ə)nis] *n.* 回教国王妃. → sultana①.
súl·try [sʌ́ltri] *a.* **1** 蒸し暑い, 暑苦しい. **2** 焼けつくように熱い. **3** 熱情的な.
◇ **súl·tri·ly** *ad.* **súl·tri·ness** *n.*
‡**sum** [sʌm] *n.* **1 総計, 総額, 合計**: History is not a ～ of events. 歴史は事実の総和ではない. The ～ of 2 and 3 is 5. 2+3=5. **2**《…の》絶頂: the ～ of human happiness 人間幸福のきわみ. **3 概要**, 概略, 大意: the ～ of one's opinions …の所信の要旨. **4 金額**: a ～ of fifty yen 金50円也. **5** 算数問題; (*pl.*) 計算. ***a large*** [***small***] ***～ of*** 多〔少〕額の. ***do ～s*** [***a sum***] 計算する. ***in ～*** 要するに, つまり. ***the ～ and substance*** 要旨, 要点. —— *v.* (**-mm-**) *vt.* **1** 総計する, 合計する. **2** 要約する. —— *vi.* 概説する;《判事が原告・被告のことばを聞いたあとで》要旨の概略を説明する. ***～ to*** [***into***] 合計…になる. ***～ up*** 要約する, 総計する. ***to ～ up*** 要約すれば. [√summ-]
◇ ～·**less** *a.* 無数〔無量〕の.
sum- *pref.* sub-の m の前の異形.
SUM surface-to-underwater missile.
sú·mac(h) [ʃú:mæk, sú:-] *n.*〖植〗漆・キハゼの類; その乾燥葉《皮のなめしおよび染料に用いる》.
Su·má·tra [sumɑ́:trə, ㊎⁺ -méi-] *n.* スマトラ島.
◇ ～**n** *a., n.* スマトラの; スマトラ人.
Sú·mer [sú:mər/sjú:-] *n.* シュメール《古代メソポタミア南部の地方》.
Su·mé·ri·an [su:mí(:)riən/sju:míər-] *a., n.* Sumer 人(の); シュメール語(の).
sum·ma cum lau·de [sʌ́mə-kʌ̀m-lɔ́:di, súmə-kùm-láudi] L. (=with highest praise) 最優等で.
súm·ma·rize [sʌ́məràiz] *vt.* 要約する, かいつまんで〔手短に〕言う. [√summ-]
◇ **sùm·ma·ri·zá·tion** [sʌ̀məri̥zéiʃ(ə)n/-raiz-] *n.*
‡**súm·ma·ry** [sʌ́məri] *n.* 要約, 概要; 一覧, 摘要(書): give a brief ～ of… …の簡単な要約を述べ

る. —— *a.* **1** 概略の, かいつまんだ. **2** 略式の; 〔判決などが〕即決の: treat a person with ～ dispatch 人にそそくさと応対する. [√summ-]
～ jurisdiction 〔法〕即決裁判権. **～ justice** 即決裁判. **～ procedure** 〔法〕略式手続き.
◇ **-ri·ly** *ad.* **-ri·ness** *n.*

sum·má·tion [sʌméiʃ(ə)n] *n.* **1** 加算; 和, 合計. **2** 〔法〕〔反対側弁護人の〕最終弁論.

†**súm·mer**[1] [sʌ́mər] *n.* **1** 夏, 夏季. 〈注〉アメリカでは6月から8月まで; イギリスでは5月から7月まで; 天文学的には夏至(げし)から秋分まで. **2** 暑い時季: We have had no ～ yet. ことしになってまだ暑い日がない. **3** (人生の) 盛り: be still in the ～ of life まだ人生の盛りを過ぎない. **4** (*pl.*) 年, 年齢《通例数詞を伴う》: a girl of twenty ～*s* 20歳の娘. **5**《形容詞的に》夏の, 夏向きの; 夏らしい: the ～ holidays 夏期休暇. a ～ drink [sport] 夏向きの飲み物〔スポーツ〕. a ～ day in late autumn 晩秋の夏のような日. ***Indian*** [***St. Martin's, St. Luke's***] ～ 小春びより. **～ *and winter*** 一年じゅう.
—— *vi.* 夏を過ごす, 避暑する. —— *vt.* 〈家畜を〉夏季放牧する. **～ *and winter*** (1) まる一年を過ごす. (2) 大事にする. (3) に忠実である.
～ course ＝ ～ session. **～ house** 〔米〕夏の別荘. **～·house** [⌐–⌐] 〔庭園・公園などの〕あずま屋. **～ lightning** 夏の夜の雷鳴を伴わない遠方のいなずま (heat lightning). **～ resort** 避暑地. **～ sausage** 《冷却する必要のない》乾燥〔燻製〕ソーセージ. **～ school** 夏期講習会, 夏期学校. **～ session** 夏期講座〔講習〕. **～ solstice** 夏至. **～ squash** 〔植〕カボチャの類. **～ time** 〔英〕夏時間, 昼光節約時間 (＝㊍daylight-saving time). ***～·time** [⌐–⌐] 夏, 夏期, 暑中. **～ White House, the** 〔米〕夏期臨時大統領官邸.
◇ **～·ly** [-li] *a.* 夏の〔らしい〕. **～·y** [-ri] *a.* 夏の〔らしい〕; 夏向きの.

súm·mer[2] 〔建〕大ばり; 台石.

súm·mer·sault, -set ＝somersault.

súm·ming-úp [sʌ́miŋʌ́p] *n.* (*pl.* **súm·mings-úp**) 要約; 略述.

‡**súm·mit** [sʌ́mit] *n.* **1** 頂上, いただき, 絶頂. **2** 極致: The ～ of his ambition was to be the president of a big company. 彼の野心の究極は大会社の社長になることであった. **3**《比喩的》首脳部; 首脳会談 (＝～ conference [meeting]). **4** 〔数〕稜(りょう), 頂点. [√summ-]
◇ **～·ry** *n.*《集合的》首脳者.

sum·mit·éer [sʌmitíər] *n.* (頂上) 首脳者.

‡**súm·mon** [sʌ́mən] *vt.* **1** 召喚する, 〈被告などに〉出頭を命ずる: ～ a defendant. **2** 〈議会・陪審員などを〉召集〔招集〕する: ～ parliament. **3** 〔軍〕に降伏を勧める: ～ the enemy to surrender 敵に降伏を勧める. **4** 〈勇気などを〉奮い起こす《*up*》. [sub- + √mon-]
◇ **～·er** *n.* 召喚者; 〔史〕法廷の呼び出し係.

súm·mons [sʌ́mənz] *n.* (*pl.* **～·es**) **1** 呼び出し, 召喚, 招集. **2** 呼び出し状, 召喚状, 招集状; 〔法〕《裁判所への》出頭命令. **3** 〔軍〕降伏勧告.
—— *vt.* 〔話〕召喚する, 呼び出す.

sum·mum bo·num [sʌ́məm-bóunəm] L. (＝the highest good)《終極目的としての》最高善.

sump [sʌmp] *n.* 汚水だめ; 〔鉱山〕《坑底の》水だめ; 《自動車・機関などの》油だめ.

súmp·ter [sʌ́mptər] *n.* 〔古〕 **1** 荷車; その御者. **2** 荷獣: ～ horse 駄馬(だば).

súmp·tion [sʌ́mpʃ(ə)n] *n.* 〔論〕大前提.

súmp·tu·ar·y [sʌ́mptʃuèri/-tjuəri] *a.* ぜいたく取り締まり〔費用規正〕の: ～ laws 節倹令.

súmp·tu·ous [sʌ́mptʃuəs/-tjuəs] *a.* **1** 高価な. **2** ぜいたくな, 華美な, 豪華な. [√sum-]
◇ **～·ly** *ad.* ぜいたくに, 華美に. **～·ness** *n.*

†**sun** [sʌn] *n.* (一般に the ～) **1** 太陽, 日: heat from *the* ～ 太陽熱. *The* ～ is rising. 日がのぼって来る. **2** 日光, ひなた: a glaring ～ 目もくらむほどの日ざし. in *the* scorching ～ 焼けつくような太陽のもとに. expose a thing to *the* ～ 物を日に当てる〔さらす〕. **3** 恒星: a ～. **4** 〔雅〕年, 日. **5** 日没; 日の出: work from ～ to ～ 一日じゅう働く. ***against the ～*** 〔海〕太陽の動きと反対に; 左回りに. ***a place in the ～*** 順境. ***bask in the ～*** 日なたぼっこする. ***from ～ to ～*** →⑤. ***hail*** [***adore***] ***the rising ～*** 日の出の勢いの人にこびる. ***have been in the ～*** 〔俗〕酔っている. ***hold a candle to the ～*** よけいなことをする. ***in the ～*** ひなたに, 見える所に; 幸福に. ***rise with the ～*** 早起きする. ***see the ～*** この世に生まれる; 〔雅〕生きている. ***shoot the ～*** 〔海〕〔六分儀で〕緯度を測定する. ***the Sun of Righteousness*** 〔聖〕キリスト《マラキ書 4:2》. ***under the ～*** この世に, 天(あめ)が下; 《強調句として》いったいぜんたい (on earth): There is a course in every subject *under the* ～. 世にありとあらゆる学科について講習が行なわれている. ***with the ～*** 〔海〕太陽の動きと同方向に; 右回りに.
—— *v.* (**-nn-**) *vt.* 日光に当てる, 日干しにする.
—— *vi.* ひなたぼっこをする. ～ one*self* 日光浴をする, ひなたぼっこをする.
∽·bath [⌐⌐] 日光浴. ‡**∽·beam** → 別項. **∽·bird** [⌐⌐] 〔鳥〕太陽鳥. **∽·blind** [⌐⌐] 〔英〕《窓の外に張る》日よけ (window-shade). **∽·bòn·net** 《婦人用》日よけ帽子. **∽·burn** → 別項. **∽·burst** [⌐⌐] 雲間からさっともれる日光; 《宝石入り》日輪形ブローチ; 日輪花火. **∽·dew** [⌐⌐] 〔植〕《食虫植物》モウセンゴケ. ***∽·di·al** [⌐⌐–] 日どけい. **∽·dog** [⌐⌐], **～ dog** 仮日, 幻日 (parhelion)《日暈(ひがさ)の上にあらわれる光点》; 小にじ《地平線近くにあらわれる》. **∽·down** [⌐⌐] 日没 (sunset): at ～*down* 日没に. ↔ sunup. **∽·dress** [⌐⌐] サマードレス《腕・肩・背中を露出する盛夏着》. **∽-dried** [-dràid] 日干しにした. **∽-dry** → 別項. **∽·fast** [⌐⌐] 日光に色のあせない. **∽·fish** [⌐⌐] 〔魚〕マンボウ; 《北アメリカ産》淡水の小魚. **∽·flòw·er** 〔植〕ヒマワリ. **∽·glass** [⌐⌐] (*pl.* **∽·glass·es**) 天日とりレンズ; (*pl.*) 日よけめがね, サングラス. **∽·glow** [⌐⌐] 〔米〕朝焼け, 夕焼け; 〔英〕太陽白光 (corona). **∽-god** [⌐⌐] 日の神, 太陽神. **～ helmet** 日よけ帽. **∽·kissed** [⌐⌐] 〔米〕日光をよく受けた; よく日光が当たって熟した. **～ lamp** 太陽燈《医療用》. ‡**∽·light** → 別項. **∽·lit** [⌐⌐] 日に照らされた, 日のさす. **～ parlor** 〔米〕サンルーム, 日光浴室. **～ porch** 《特にガラス張りの》日光浴室. **∽·próof** 日光を通さない; 色のさめない. **∽·ray** [⌐⌐] 太陽光線; (*pl.*) 太陽燈光線. ‡**∽·rise** → 別項. **∽·room** [⌐⌐] 〔英〕＝ ～ parlor. ‡**∽·set** → 別項. **∽-shade** [⌐⌐] 《大型の》日がさ; 《窓などの》日よけ; 《婦人帽の》ひさし. ‡**∽·shine** → 別項. **∽·spot** [⌐⌐] 〔天〕太陽の黒点; 〔医〕そばかす. **∽·stone** [⌐⌐] 〔鉱〕日長石. **∽·stroke** [⌐⌐] 〔医〕日射病. **∽·struck, ∽-struck** [⌐⌐] 日射病にかかった. **～ tan** 日焼け色. **∽·up** [⌐⌐] 〔米〕日の出 (sunrise). **～ visor** 《自動車の風防ガラスにつける》日よけ板. **～ worship** 太陽崇拝.
◇ **∽·wise** [-wàiz] *ad.* 太陽の運行と同方向に, 左から右へ, 右回りに (clockwise).

Sun. Sunday.

‡**sún·beam** [sʌ́nbiːm] *n.* 日光. ◇ **～ed, ～·y** *a.*

sún·burn [sʌ́nbəːrn] *n.* 日焼け. —— *v.* (**～ed** [-d] *or* **～t** [-t]) *vi.* 日に焼ける: His skin ～*s* quickly. 彼の膚はすぐ日に焼ける. —— *vt.* 日焼けさせる; 日に焦がす. ***get ～t*** 日焼けする.

sún·burnt [-t] *v.* sunburn の過去・過去分詞.
—— *a.* 日に焼けた, 黒くなった; 日干しの.

sún·dae [sʌ́ndi/-dei] *n.* クリームサンデー《果汁(じゅう)・チョコレートなどをかけ, その上にくだものなどをのせたアイスクリーム》.

†**Sún·day** [sʌ́ndi, -dei] *n.* **1** 日曜日, 《キリスト教会の》安息日: keep [observe] ～ 安息[日曜]日を守る. **2**《形容詞的に》よそ行きの, 最上の: ～ manner よそ行きの行儀. **3** (*pl.*)《副詞的に》日曜などに (=on ～s). ***a month* [*week*] *of* ～*s*** 長い間. ***last* ～=*on* ～ *last*** 先週の日曜日(に). ***Low* ～** 復活祭のあとの日曜日. ***next* ～=*on* ～ *next*** 来週の日曜日 (に).
～ best [**clothes**]〖話〗晴れ着, よそ行きの着物. **～ driver** 日曜ドライバー. **～-gò-to-mèet·ing**〖米〗よそ行きの, いっちょうらの. **～ letter**《教会暦でその年の日曜日を示すために用いる A, B, C, D, E, F, G の中の一字》主の日文字. →dominical letter. **～ painter** 日曜 [しろうと] 画家. **～ punch**〖ボクシング〗強打; とっておきの一撃. **～ school** [**School**] 日曜学校; その職員 [生徒]《略 S.S.》.

sún·der [sʌ́ndər] *vt.* 〖古・雅〗離す, 分ける, 裂く. —— *vi.* 切れる, 離れる. —— *n.*《次の成句に用いる》***in* ～**〖雅・修〗ばらばらに: break [cut, tear] *in* ～ ばらばらにこわす.
◇ **～·ance** [-d(ə)rəns] *n.*〖稀〗分離, 切断.

sún·dry [sʌ́ndri] *a.* いろいろの, 雑多の. —— *n.* (*pl.* **-dries** [-z]) 雑貨, 雑品; 雑件, 雑事; 雑費; 〖商〗諸口. ***all and* ～** 各人, みんな.
◇ **sún·dri·ly** *ad.* **sún·dri·ness** *n.*

sún-dry [sʌ́ndrài] *vt., vi.* 日でかわかす [かわく].

†**sung** [sʌŋ] *v.* sing の過去・過去分詞.

‡**sunk** [sʌŋk] *v.* sink の過去・過去分詞.
—— *a.* **1** 沈められた. **2** =sunken①: a ～ fence 隠れがき. **3** 弱った; 下落した.

súnk·en [sʌ́ŋk(ə)n] *v.* sink の過去分詞.
—— *a.* **1** 沈んだ; 地中の; 水中 [水底] の: a ～ garden 周囲より低い花壇. **2** 肉のおちた: ～ cheeks やせこけたほお. ～ eyes 落ちくぼんだ目.

sún·less [sʌ́nlis] *a.* 日の当たらない, 暗い; 希望のない. ◇ **～·ly** *ad.* **～·ness** *n.*

‡**sún·light** [sʌ́nlàit] *n.* 日光. ***artificial* ～** 太陽燈.

Sún·nite [súnait/sʌ́n-] *n.* 回教徒の一派.

‡**sún·ny** [sʌ́ni] *a.* **1** 日当たりのよい, 明るく日がさす: a ～ room. **2** 陽気な, 快活な, 明るい: a ～ disposition 快活な気質. ***look on the* ～ *side of things*** 物事を楽観する. ***on the* ～ *side of*** fifty (50歳) より若く.
◇ **sún·ni·ly** *ad.* 日当たりよく; 陽気に, 快活に. **sún·ni·ness** *n.*

‡**sún·rise** [sʌ́nràiz] *n.* **1** 日の出; 日の出どき, 暁: at ～ 日の出に. **2**〖雅〗東, 日の出るところ. **3**《人生・時代などの》初期, 初め, 始まり. ⇔ sunset.

‡**sún·set** [sʌ́nsèt] *n.* **1** 日没; 日暮れ; 夕焼け空: at ～ 日没に. **2** 日の沈む方, 西. **3** 晩年, 末, 末路: the ～ of life 晩年. ⇔ sunrise.

‡**sún·shine** [sʌ́nʃàin] *n.* **1** 日光; ひなた: a walk in the spring ～ 春の日光を浴びながらの散歩. **2** 晴天. **3** 快活, 陽気. **～ recorder** 自動日照(時間)計. **S～ State, the** アメリカ Florida 州の別称. ◇ **sún·shin·y** [-i] *a.* よく日の当たる; 晴天の; 陽気[快活]な.

sún·ward [sʌ́nwərd] *ad.* 太陽の方へ, 太陽に向かって. —— *a.* 太陽の方の, 太陽に向かった.

sún·wards [-wərdz] *ad.* =sunward.

Sún Wén [sún-wén] *n.* 孫文, 1866–1925, 三民主義を唱えた中華民国の革命指導者.

Sún Yát-sén [sún-jáːtsén] *n.* 孫逸仙(そんいっせん) (Sun Wen). 「語名.

Su·ó·mi [suɔ́ːmi:, swɔ́ː-] *n.* Finland のフィンランド

sup[1] [sʌp] *v.* (**-pp-**) *vi.* 夕食を食べる. —— *vt.* に夕食を出す. **～ *off*** [***on***] 夕食に…を食べる. **～ *out*** 外で夕食する.

sup[2] *v.* (**-pp-**) *vt.* **1** 少しずつ飲む, さじで飲む. **2** の経験を味わう. —— *vi.* 吸う, すする. ***He needs a long spoon that* ～*s with the devil.***〖諺〗悪人に接するにはゆだん禁物.
—— *n.*《飲み物の》一口, 一すすり《*of*》.

sup- *pref.* sub- の p の前の異形.

sup. superior; superlative; supine; supplement; supplementary; *supra* (L.=above); supreme.

su·per [súːpər/s(j)úː-] *n.* **1**〖話〗臨時雇い, エキストラ; 冗員; 端役(はやく). **2**〖話〗監督. **3**〖映話〗特作映画. **4**〖商〗特等品. **5** 製本用の目のあらい綿布《のりをきかせるための》. **6** =supermarket. **7** 上質紙. —— *a.* **1** 極上の, 〖商〗特等品の. **2** 表面の, 面積の. **3** 大型の; 並みはずれた: a ～ truck 大型トラック. a ～ patriot 並みはずれた愛国者.
***～·màr·ket** →別項.

super- *pref.*《形容詞・名詞・動詞につけて》「上方, 上位」「更に」「超越」「過度に」の意.

sú·per·a·ble [súːp(ə)rəbl/s(j)úː-] *a.* 征服できる, 打ち勝てる. [√super-]
◇ **-bly** *ad.* **sù·per·a·bíl·i·ty** [ᐩ‐‐bíləti] *n.*

sù·per·a·bóund [sùːpərəbáund/s(j)úː-] *vi.* 有り余る; きわめて多い《が *in, with*》.

sù·per·a·bún·dant [-əbʌ́nd(ə)nt] *a.* 有り余る, 多過ぎる. ◇ **～·ly** *ad.* **-dance** *n.* 過多, 余分.

sù·per·ádd [-ǽd] *vt.* 更に加える, 付け加える.
◇ **-ad·dí·tion** [-ədíʃ(ə)n] *n.* 追加 (物), 付加 (物).

sù·per·án·nu·ate [sùːpərǽnjuèit/s(j)ùː-] *vt.* **1** 老年 [病弱] のため退職させる; 年金を与えて退職させる. **2** 時代遅れとして取り除く. —— *vi.* 老朽になる. [√ann-] ◇ **-at·ed** [-id] *a.* **sù·per·àn·nu·á·tion** [ᐩ‐ᐩ‐éiʃ(ə)n] *n.* 老年 [定年] 退職; 退職手当 [年金]; 老朽.

sù·per·a·tóm·ic [sùːpərətámik/s(j)ùːpərətɔ́m-] *a.* 超原子の. **～ bomb** 超原子爆弾《水素爆弾》.

su·pérb [supə́ːrb/s(j)uː-] *a.* **1** すばらしい, みごとな. **2** 壮麗な, 堂々とした. **3** 豪華な, とびきり上等の. [√super-] ◇ **～·ly** *ad.* **～·ness** *n.*

sú·per·bomb [súːpərbàm/s(j)úːpəbɔm] *n.* 超爆弾《特に水素爆弾》. ◇ **sù·per-bómb·er** [ᐩ‐bámər/-bɔ́m-] *n.* 超大型爆撃機.

sù·per·cál·en·der [sùːpərkǽlindər/s(j)úː-] *n.* 特別つや出し機. —— *vt.* <紙を> 特別仕上げにする.

sù·per·cár·go [sùːpərkáːrgou/s(j)úpəkàːgou] *n.* (*pl.* ～(**e**)**s**)〖商〗貨物上乗り人《商船に乗り組んで積み荷の監督をする高級船員》.

sú·per·càr·ri·er [súːpərkæ̀riər/s(j)úː-] *n.* 大型輸送機.

sù·per·chárge [sùːpərtʃáːrdʒ, ᐩ‐ᐩ/s(j)úːpətʃɑːdʒ] *vt.* **1** <発動機などに> 過給する. **2** に予圧空気を送る. **3**〖空〗の気圧を正常に保つ. ◇ **sú·per·charg·er** [ᐩ‐ᐩər] *n.* 与圧 [予圧] 装置.

sù·per·cíl·i·ar·y [sùːpərsílièri/s(j)ùːpəsíliəri] *a.* 目の上の, まぶたの上にある; まゆ (毛) の.

sù·per·cíl·i·ous [-síliəs] *a.* 人を見くだす, 高慢な, 偉ぶる. ◇ **～·ly** *ad.* **～·ness** *n.*

sù·per·co·lùm·ni·á·tion [-kəlʌ̀mniéiʃ(ə)n] *n.*〖建〗重列柱式.

sù·per·cóol [-kúːl] *vt.*〖化〗<液体を> 氷結させずに氷点下に冷却する. —— *vi.* 過冷却する.

sù·per·dóm·i·nant [-dámənənt/-dɔ́m-] *n.*〖楽〗《音階の》第六音.

sù·per·dréad·nought [-drédnɔːt] *n.* 超弩級(どきゅう)艦.

sù·per·dú·per [sùːpərd(j)úːpər/s(j)ùːpədjúː-] *a.*〖米俗〗すばらしい, 一流の.

sù·per·ém·i·nent [sùːpərémənənt/s(j)ùː-] *a.* 卓越した, 抜群の. ◇ **～·ly** *ad.* **-nence** *n.*

sù·per·ér·o·gate [-érəgèit] *vi.* 職務 [必要] 以上のことをする. ◇ **sù·per·èr·o·gá·tion** [-èrəgéiʃ(ə)n] *n.* ～すること; 〖宗〗功徳.

sù·per·e·róg·a·to·ry [-ərágətɔ̀ːri/-erɔ́gət(ə)ri] *a.* 職務以上の; 余分の. ◇ **-to·ri·ly** *ad.*

sù·per·éx·cel·lent [sù:pəréks(ə)lənt/s(j)ù:-] *a.* 卓越した, 優秀な. ◇ **-lence** *n.*

sù·per·ex·préss [-iksprés] *a.* 超特急の.
—— *n.* 超特急列車.

sù·per·fát·ted [sù:pərfǽtid/s(j)ù:-] *a.*《せっけんなど》脂肪含有過多の.

sù·per·fí·cial [sù:pərfíʃ(ə)l/s(j)ù:-] *a.* **1** 表面の, 表面的な. **2** 皮相的な, 薄っぺらな: a ～ observation. **3** 面積の, 平方の. [super-＋√fac- 上＋面]
◇ ～·**ness** *n.* **sù·per·fì·ci·ál·i·ty** [-fìʃiǽləti] *n.* 浅薄, 皮相.

sù·per·fí·cial·ly [-fíʃəli] *ad.* 表面的に(は), 皮相的に: *S*～, there seems to be nothing dangerous about it. 一見, それには, なんら危険なことはないようである. examine it ～ それを上つらだけ調べる.

sù·per·fí·ci·es [-fíʃiì:z, -fíʃi:z] *n.* (*pl.* ～) **1** 表面; 外観. **2** 面積;〖法〗地上権. [super-＋√fac-]

sù·per·fíne [sù:pərfáin/s(j)ù:pə-] *a.* **1** 特別に細かい. **2**〖商〗極上の. **3** 細か過ぎる; 気どり過ぎる.

sù·per·flú·i·ty [sù:pərflú:əti/s(j)ù:-] *n.* **1** 余分, 過多. **2** よけいな〔なくてもよい〕物, ぜいたく物.

su·pér·flu·ous [supə́:rfluəs/s(j)u:-] *a.* よけいな, 余分な; 不必要な, むだな. [super-＋√flu- あふれ＋流れる] ◇ ～·**ly** *ad.* ～·**ness** *n.*

Sú·per·fòr·tress [sú:pərfɔ̀:rtris/s(j)ú:pəfɔ̀:tris], **Sú·per·fort** [-fɔ̀:rt/-fɔ:t] *n.*〖米〗超「空の要塞(ようさい)」《B-29 または B-50 爆撃機》.

sù·per·héat [sù:pərhí:t/s(j)ù:-] *vt.* 過熱する.
—— [⌐‐⌐] *n.* 過熱(状態).
◇ ～·**er** *n.* 過熱器〔装置〕.

sù·per·hét·er·o·dyne [sù:pərhétərədàin/s(j)ù:-] *a.*〖電〗スーパー(ヘテロダイン)の. —— *n.* スーパーヘテロダイン(受信機),「スーパー」.

sú·per·high [sú:pərhài/s(j)ú:-] *a.* 超高の.
～ **frequency**〖電〗超高周波《略 SHF》. ～ **pressure**〖電〗超高圧.

sù·per·hígh·way [sù:pərháiwèi/s(j)ù:-] *n.*《立体交差式の》高速自動車道路.

sù·per·hú·man [sù:pərhjú:mən/s(j)ù:-] *a.* 超人的な; 神わざの, 人間わざでない.

sù·per·im·póse [sù:pərimpóuz/s(j)ù:pər-] *vt.* 上に置く, 重ねる《に *on*》; 添える;〖映〗二重焼き付けにする《二つの画像を重ねて》.
◇ **-po·sí·tion** [-impəzíʃ(ə)n] *n.*

sù·per·in·cúm·bent [sù:pərinkʌ́mbənt/s(j)ù:pər-] *a.* 上にある;《圧力など》上からの.
◇ ～·**ly** *ad.* **-bence, -ben·cy** *n.*

sù·per·in·dúce [-ind(j)ú:s/-indjú:s] *vt.* 更に加える; 併発させる.
◇ **-dúc·tion** [-indʌ́kʃ(ə)n] *n.* 添加;(余病)併発.

sù·per·in·ténd [sù:pərinténd/s(j)ù:-] *vt., vi.* 管理する, 監督する, 指揮する. ◇ **-ténd·ence** *n.* 監督, 指揮, 管理. **-ténd·en·cy** *n.* 監督者の地位〔権限, 仕事〕.

sù·per·in·ténd·ent [-(ə)nt] *n.* **1** 監督〔管理〕者: a ～ of schools 教育長. **2** 長官, 部長, 局長; 所長, 校長. **3**〖英〗警視;〖宗〗監督.

‡**su·pé·ri·or** [sə:pi(:)riər, su-/s(j)u:píər-] *a.* **1** (更に)上の, 上位の, 上級の《より *to*》: one's ～ officer 上官. **2** まさった, すぐれた《より *to*》; 上等の, 上質の: ～ quality 上質. ↔inferior. **3** 優勢な. **4** 超越した, 左右されない《を, に *to*》: I'm ～ *to* that fear. そんな恐れはものともしない. **5** 傲慢(ごうまん)な, 高慢な: with a ～ air 傲慢に. **6** 上部の, 上方の: the ～ limb of the sun 太陽の上辺. **7**〖植〗上毛の, 子房の上にある. **8**〖印〗肩の, 肩文字の《sup^1 の 1, x^n の n など》. ***be*** ～ ***to*** よりすぐれている; を超越している.
—— *n.* **1** 目上(の人), 上役, 上官, 先輩: one's immediate ～ 直属上官. **2** すぐれた人, 優越者《*in*; *as*》: have no ～ 右に出る者がいない. **3** (S～) 修道院長. **4**〖印〗肩文字. [√super-]
～ **court** 上級裁判所. ～ **numbers** 多数.
～ **person** 優秀な人;《皮肉に》お偉方.
◇ ～·**ly** *ad.* すぐれて.

Su·pé·ri·or [səpí(:)riər, su-/s(j)u:píər-] ***Lake*** ～ アメリカの五大湖の一つ.

‡**su·pè·ri·ór·i·ty** [səpì(:)riɔ́:rəti, su-, -ár-/sjupìəriɔ́r-] *n.* 優越, 卓越, 優勢《*over*, *to*》. ↔inferiority.
～ **complex**〖精神分析〗優越複合, 優越感. → inferiority complex.

superl. superlative.

su·pér·la·tive [səpə́:rlətiv, su-/s(j)u:-] *a.* **1** 最高の, 最上の, 無比の: a man of ～ wisdom 最上の知恵を備えた人. **2** 誇張した, 大げさな. **3**〖文〗最上級の. —— *n.* **1**〖文〗最上級 (＝～ degree); 最上級の語〔形〕. **2** (通例 *pl.*) 最上級の〔大げさな〕ことば. **3** 最高の人〔物〕. **4** 完ぺきなこと, 極致. [super-＋√lat-] ◇ ～·**ly** *ad.* ～·**ness** *n.*

sù·per·lú·na·ry [sù:pərlú:nəri/s(j)ù:-], **su·per·lu·nar** [-lú:nər] *a.* **1** 月の上の, 月のかなたの. **2** 天の; 現世外の. ↔sublunary.

sú·per·man [sú:pərmæ̀n/s(j)ú:pə-] *n.* (*pl.* **-men** [-mèn]) 超人.

***sú·per·màr·ket** [-mà:rkit] *n.*〖米〗スーパーマーケット《特にセルフサービスの cash-and-carry 式大食料品雑貨店》.

su·pér·nal [su:pə́:rn(ə)l/s(j)u:-] *a.* **1**〖雅〗天(上)の, 神の. **2** 高い, 上の〔にある〕. ◇ ～·**ly** *ad.*

sùper·ná·tant [sù:pərnéit(ə)nt/s(j)ù:-] *a.* 表面に浮かぶ. ◇ **su·per·na·tá·tion** [-nətéiʃ(ə)n] *n.*

sù·per·nát·u·ral** [sù:pərnǽtʃ(ə)rəl/s(j)ù:-] *a.* 超自然の, 不(可)思議な; 神わざの. ***the ～ 神わざ, 不可思議. ◇ ～·**ism** [-ìz(ə)m] *n.* 超自然力〔論〕. ～·**ist** *n.* 超自然論者. ～·**ly** [-li] *ad.* 超自然的に.

sù·per·nór·mal [sù:pərnɔ́:rm(ə)l/s(j)ù:-] *a.* 非凡の, 普通でない, 異常の. ◇ ～·**ly** *ad.* ～·**ness** *n.*

sù·per·nú·mer·ar·y [sù:pərn(j)ú:mərèri/s(j)ù:pənjú:m(ə)rəri] *a.* 定員〔定数〕外の, 過剰の.
—— *n.* 定員外の人, 臨時雇い; 余分な人〔物〕;〖劇〗端役(はやく)(者).

sù·per·nu·trí·tion [-n(j)u:tríʃ(ə)n/-nju:-] *n.* 栄養過多.

sù·per·or·gán·ic [sù:pərɔ:rgǽnik/s(j)ù:pə-] *a.* **1** 超有機的, 形而(けいじ)上の; 精神的な. **2**〖社〗超個人の, 社会的.

sù·per·phós·phate [-fásfeit/-fɔ́s-] *n.*〖化〗過リン酸塩; 過リン酸肥料〔石灰〕.

sù·per·póse [sù:pərpóuz/s(j)ù:pə-] *vt.* 重ねる《に *on*, *upon*》. ◇ **-po·sí·tion** [-pəzíʃ(ə)n] *n.*

sú·per·pow·er [sú:pərpàuər/s(j)ú:-] *n.* **1** 強大〔異常〕な力;〖電〗超出力. **2** 超強国, 強大国. **3**《最強の国々を押えられる》強力な国際機関.

sú·per·race [sú:pərrèis/s(j)ú:-] *n.* 優越民族.

sù·per·rá·tion·al [sù:pərrǽʃən(ə)l/s(j)ù:-] *a.* 超合理〔理性〕的な, 理性では計りがたい; 直観的な.

sù·per·ré·al·ism [-rí:əlìz(ə)m/-ríəl-] *n.*〖美〗超写実〔現実〕主義 (surrealism). ◇ **-ist** *n.*

sù·per·sát·u·rate [-sǽtʃərèit] *vt.* 過飽和させる.
◇ **sù·per·sàt·u·rá·tion** [-sætʃəréiʃ(ə)n] *n.*

sú·per·scríbe [sù:pərskráib/s(j)ù:-] *vt.* **1** 上〔上部, 表面〕に書く, 上書きする. **2** に表題を書く; <手紙などに> あて名を書く. ◇ **-scríp·tion** [-skrípʃ(ə)n] *n.* 上書き; あて名; 表題.

sú·per·script [sú:pərskrìpt/s(j)ú:-] *a.* 上に書いた.
—— *n.* 右上に書く肩文字〔数字, 記号〕《$x^2 \times y^n$ の 2, n など》. [√scrib-]

sù·per·séde [sù:pərsí:d/s(j)ù:pə-] *vt.* **1** にとって代わる; に代わって就任する; の地位を奪う: Buses ～*d* streetcars. バスが電車にとって代わった. **2** 更迭する; 免職する; 廃する, 不用にする. [√sed-]

su·per·se·de·as [-sí:diæs] L. *n.*〖法〗訴訟休止令状.

sù·per·sé·dure [-sí:dʒər] ＝supersession.

sù·per·sén·si·tive [-sénsitiv] *a.* 過敏な;〖写〗高感度の. ◇ **～·ness** *n.*

sù·per·sés·sion [-séʃ(ə)n] *n.* **1** とって代わること, 代用. **2** 代任, 更迭. **3** 廃止, 廃棄.

sù·per·són·ic [sù:pərsánik/sjú:pəsɔ́n-] *a.* 〖物・空〗超音波〔音速〕の. ↔subsonic. **——** *n.* 超音波〔音速〕. **～ speed** 〔**waves**〕超音速〔音波〕. ◇ **～s** [-s] *n. pl.* 《単数扱い》〖物〗超音波〔音速〕学. **-i·cal·ly** *ad.*

sú·per·state [sú:pərstèit/sjú:-] *n.* 《従属国を支配する》超大国.

‡sù·per·stí·tion [sù:pərstíʃ(ə)n/sjù:-] *n.* 迷信; 迷信的な行為〔習慣〕: do away with a ～ 迷信を打破する. [super- + √sta-]

sù·per·stí·tious [-stíʃəs] *a.* 迷信の; 迷信的な; 迷信ぶかい. ◇ **～·ly** *ad.* **～·ness** *n.*

sù·per·strá·tum [sù:pərstréitəm/sjù:pəstrá:-] *n.* (*pl.* **-ta** [-tə], **-tums**) 上層, 表層. ↔ substratum.

sú·per·strùc·ture [sú:pərstrʌ̀ktʃər/sjú:-] *n.* **1** 上部構造〔工事〕,《比喩的》上. **2**〖海〗主甲板上の部分. **3**《比喩的》上部構造〖マルクス主義などでいう〗. ◇ **-tur·al** [-tʃ(ə)rəl] *a.*

sù·per·súb·tle [sù:pərsʌ́tl/sjù:-] *a.* 微妙〔微細〕過ぎる. ◇ **～·ty** *n.*

sú·per·tànk·er [sú:pərtæ̀ŋkər/sjú:pə-] *n.* 超大型油送船.

sú·per·tax [-tæks] *n.* 〖英〗所得税特別付加税 (= [米] surtax).

sù·per·tón·ic [sù:pərtánik/sjú:pətɔ́n-] *n.* 〖楽〗《音階の》第二音.

sù·per·va·cá·ne·ous [sù:pərvəkéiniəs/sjú:-] *a.* 余分の, 不必要な.

sù·per·véne [sù:pərví:n/sjù:-] *vi.* **1** 続いて起こる, 結果として起こる. **2** 併発する; 付随する. [√ven-]

sù·per·vén·tion [-vénʃ(ə)n] *n.* 続発, 併発, 付加, 追加.

sú·per·vise [sú:pərvàiz, ⸗⸗⸗/sjú:pəvaiz, ⸗⸗⸗] *vt.* 監督〔指揮〕する, 取り締まる, 管理する. [√vid-]

sù·per·ví·sion [sù:pərvíʒ(ə)n/sjù:-] *n.* 管理, 監督, 指揮. ***under the ～ of*** の監督の下に.

sú·per·vi·sor [sú:pərvàizər, ⸗⸗⸗⸗/sjú:pəvaizə, ⸗⸗⸗⸗] *n.* **1** 監督者, 管理人. **2**〖米〗《郡・町の》政治執行者, 監督官; 督学官, 指導主事. **3**〖英〗《鉄道の》保線係.

sù·per·ví·so·ry [sù:pərváizəri/sjù:-, ⸗⸗⸗⸗⸗] *a.* 監督(者)の, 管理(人)の.

sú·pi·nate [sú:pinèit/sjú:-] *vt., vi.* 〈腕を〔が〕〉手のひらが上になるように回す〔回る〕.

su·píne[1] [su:páin/sju:-] *a.* **1** あおむけになった. **2** 怠惰な, 無精な. ◇ **～·ly** *ad.* **～·ness** *n.*

sú·pine[2] [sú:pain/sjú:-] *n.* **1**〖ラテン文法〗動詞状名詞. **2**〖英文法〗to (のついた) 不定詞.

supp. supplement; supplementary.

†súp·per [sʌ́pər] *n.* 夕食, 晩餐(ばんさん). ***the Last S～*** 最後の晩餐《キリストがはりつけになる前にでしたちとともにした》. ***the Lord's S～*** 聖餐. **～·time** [⸗⸗] 夕食どき. ◇ **～·less** *ad.* 夕食をとらずに.

suppl. supplement; supplementary.

sup·plánt [səplǽnt/-plá:nt] *vt.* **1** に代わる, にとって代わる. **2** 押しのけて代わる《策略などを用いて》: The king was ～*ed* by the prince. 王は王子に押しのけられた〔位を奪われた〕. **3** 廃用にする.

súp·ple [sʌ́pl] *a.* **1** 柔軟な, しなやかな: a ～ tree しなやかな木. **2** 柔順な; 人の言いなりになる: ～ nature 柔順な性質. **——** *vt., vi.* しなやかにする〔なる〕; 柔順にする; 〈馬を〉慣らす. [sub- + √plec-]

～·jack [⸗⸗]〖植〗クマヤナギの一種.

◇ **～·ly** *ad.* 柔順に. **～·ness** *n.* 柔順.

***súp·ple·ment** [sʌ́plimənt] *n.* 補足, 補遺, 追加; 付録《*to*》;〖数〗補角. →appendix. **——** [-mènt] *vt.* **1** 補う, 補足する, の補充となる. **2** 〈欠落などを〉補う, 埋める《で *with*》. [sub- + √ple(n)-]

sùp·ple·mén·tal [sʌ̀pliméntl] *a.* = supplementary. ◇ **～·ly** *ad.*

***sùp·ple·mén·ta·ry** [sʌ̀pliméntəri] *a.* **1** 補充の, 追加〔付録〕の, 増補の. **2**〖数〗補角の;〖医〗付随した, 副の.

～ instruction 補習授業. **～ reader** 副読本.

◇ **sùp·ple·men·tá·ri·ly** [-mentérili, -mént(ə)rili/-mént(ə)rili] *ad.*

sup·plé·tion [səplí:ʃ(ə)n] *n.* 〖言〗補充法《go の過去形として wend の過去形 went を用いるなど語形変化の欠けた形を別語源の語で補うこと》.

súp·pli·ant [sʌ́pliənt] *a.* 嘆願〔哀願〕する; すがりつくような. **——** *n.* 嘆願〔哀願〕する人. [√plec-]

◇ **～·ly** *ad.* 嘆願〔哀願〕して, すがりつくように. **-ance, -an·cy** *n.*〖稀〗嘆願, 哀願 (supplication).

súp·pli·cant [sʌ́plikənt] *a., n.* = suppliant.

◇ **～·ly** *ad.* **～·ness** *n.*

súp·pli·cate [sʌ́plikèit] *vt., vi.* **1** 嘆願する, おりいって頼む, 泣きつく《*to* a person *for* a thing; *to* (do)》: They ～*d* the policemen *to* set their friend free. 友人を釈放するように警官に嘆願した. **2** 祈る, 祈願する. [sub- + √plec-]

◇ **-ca·tor** [-kèitər] *n.* 嘆願者; 祈願する人. **-ca·to·ry** [-kətɔ̀:ri/-kət(ə)ri] *a.* 嘆願の〔する〕; 祈願の〔する〕. **sùp·pli·cá·tion** [⸗⸗kéiʃ(ə)n] *n.* 嘆願《*to, for*》;〖宗〗祈り.

‡sup·plý[1] [səplái] *vt.* **1** 供給する, 支給する; 配給する; 配達する: Our school ～*ies* food *for* the children. 私たちの学校では児童に給食をする. This tree ～*ies* fine shade in summer. この木は夏にいい日陰をつくってくれる. **2** に供給〔支給, 配給, 配達〕する《を *with*》: Our school ～*ies* the children *with* food. 学校では児童に給食する. **3** 補う, 補充する; 〈必要などを〉満たす: ～ a loss 損失を補う. ～ a person's needs 〔the demand〕人の要求〔需要〕を満たす. **4** 補充する, の代わりをする: No one can ～ the place of Mr. A. A 氏の地位を継げる有能者はいない. **——** *vi.* 代理をする.

—— *n.* **1** 供給, 支給; 配給; 補給: The storm cut off the water ～. あらしが水の補給を絶った. **2** 供給品, 支給品; 供給量. **3** 備え, 在荷. **4**《特に牧師の》代理, 補欠. **5** (*pl.*) 糧食;〖軍〗軍需品; 兵站(へいたん); 兵糧. **6** (*pl.*) 歳出, 国費. **7** (*pl.*)《個人の》支出, 仕送り.

a ～ of ある分量の: the need for *a ～ of* books ある分量の本の必要性. ***have a good ～*** たくさん持ち合わせる. ***in short ～*** 不足して. ***line of ～*** 〖軍〗兵站線. ***on ～*** 臨時雇いとして, 代理として. ***～ and demand*** 〖経〗需要供給. ***the Ministry of S～*** 〖英〗軍需省. [√ple(n)-]

◇ **sup·plí·er** [-ər] *n.* ～する人〔物〕.

[類] → **give**「与える」

súp·ply[2] [sʌ́pli] = supplely.

‡sup·pórt [səpɔ́:rt/-pɔ́:t] *vt.* **1** ささえる, 支持する. **2** 倒れない〔沈まない〕ようにする: ～ oneself with a stick からだをつえでささえる. **3** 〈家族を〉養う, 扶養する. **4** 〈態度・役割を〉維持する, 貫く. **5** 〈重さ・疲労などに〉耐える. **6** 援助する, 後援〔味方〕する. **7** 〈施設・計画などを〉財政的に援助する. **8**《精神的に》支持する, 勇気づける. **9** 〈陳述・言明などを〉裏づける, 立証する. **10**〖劇〗助演する, と共演する; の役を十分に果たす. **11**〖楽〗の伴奏をする. **12**〖商〗買いささえる. **～ one*self*** 自活する. ***～ing film*** 〔***program***〕添え物映画〔番組〕.

—— *n.* **1** ささえ, 支持, 維持. **2** 支持物〔者〕; 支柱; ささえ〔たより〕になるもの〔人〕. **3** 援助; 鼓舞; 賛成. **4** 財政維持, 生活費, 養育, 衣食住: offer a salary and ～ 給料と食と住を支給する. **5** 助演者, わき役;〖楽〗伴奏部. **6**〖軍〗予備隊, 援軍. ***give ～ to*** を支持する. ***in ～*** 擁護して《を *of*》.

[sub-+√port-] ～ **trench**〘軍〙掩壕(ごう).
◇ ～·**less** [-lis] *a.* 支持[後援]者のない; ささえのない.
(類義語) 支持する: **support** 柱が屋根をささえるような力学的支持から, 精神的支持, 生活費の支持まで広い意味をもつ. 支持がなくなればそのものはくずれる可能性を示唆する: His wife *supported* him throughout the ordeal. 彼はその試練の間じゅう妻によってささえられてきた. **maintain** 現状が維持されるように支持する, 保持する. 人や主義などを支持するばあいは言説によることが多い. **sustain** やや堅苦しい語. 正当なものとして(公に)支持する: The court *sustained* his claim. 法廷は彼の主張を認めた. **uphold** 他人の主義・主張・信念などを擁護・激励する: *uphold* the rights of the colored people 有色人種の権利を擁護する.

sup·pórt·a·ble [-əbl] *a.* **1** ささえられる; 耐えられる. **2** 扶養できる. **3** 支持〔賛成〕できる.
◇ **-bly** *ad.* **sup·pòrt·a·bíl·i·ty** [-ˌ-- bíliti] *n.*

sup·pórt·er [səpóːrtər/-póːt-] *n.* **1** 支持者, 擁護者, 後援者, 味方. **2** 扶養者, 付き添い. **3** 支柱, 支持物, ささえ. **4**《運動・競技用の》サポーター. **5**〘紋〙紋章, 盾(たて)をささえる動物模様. **6**〘医〙縛帯. **7**〘運〙介添え;〘映〙助演者.

†**sup·póse** [s(ə)póuz] *vt.* **1 仮定する,** 想像する: Let us ～ that... …と仮定しよう. **2 推測する,** 思う: He ～*s* me to be rich. 彼は私が金持ちだと思っている. I ～ he is right. 彼の言うとおりでしょうよ. I ～ so. たぶんそうでしょうね. Will he [Won't he] come? —I ～ not. 彼は来る〔来ない〕でしょうか. —たぶん来ないでしょう. I ～ she doesn't know. ＝I don't ～ she knows. 彼女は知らないでしょう. **3** 想定〔前提と〕する: Your theory ～*s* God. 神を想定しないときみの論は成り立たない. **4**《現在分詞または命令形で》**もし…ならば** (if);《命令形で》…したらどうか, …しようではないか: *S*～ [*S*～*sing*] we are late, what will he say? われわれが遅れたら, 彼はなんと言うだろう. But ～ he can't come? しかし彼が来られなかったらどうする. *S*～ we go to the station? 駅へ行ってはどうだ. ***be ～d to*** (do)…すると想像〔期待〕されている, …する(という)ことになっている: He *is* ～*d to* know. 彼は知っているはずだ. You *are* not ～*d to* do that. そんなことをするものじゃない. [√pon-]
◇ **sup·pós·a·ble** [-əbl] *a.* 想像〔仮定〕しうる.
(類) → **think**「考える」

sup·pósed [s(ə)póuzd] *a.* **1** 想像〔仮定〕の. **2** うわさの: the ～ best student in the class クラスでいちばんできるといわれている生徒. ◇ **sup·pós·ed·ly** [-póuzidli] *ad.* 想像〔推定〕上; おそらく; うわさでは.

sup·pós·ing [s(ə)póuziŋ] *conj.* もし…ならば. → suppose ④.

sùp·po·sí·tion [sʌ̀pəzíʃ(ə)n] *n.* 想像; 想定, 仮説. ***on the ～ that***... …と仮定した上で, …とみなして. ◇ ～·**al** [-ʃən(ə)l] *a.*

sup·pòs·i·tí·tious [səpɑ̀zitíʃ(ə)s/-pɔ̀z-] *a.* **1** にせの, すり替えた. **2** ＝suppositional. ◇ ～·**ly** *ad.*

sup·pós·i·tive [səpɑ́zitiv/-pɔ́z-] *a.* 想像〔仮定〕の. ◇ ～·**ly** *ad.*

sup·pós·i·to·ry [səpɑ́zitɔ̀ːri/-pɔ́zit(ə)ri] *n.* 〘医〙「座薬.

‡**sup·préss** [səprés] *vt.* **1 抑圧する,** 〈反乱などを〉鎮圧する: ～ a riot 暴動を鎮圧する. **2** 押える, 抑制する; 〈感情を〉外にあらわさない; 〈あくびを〉かみ殺す: ～ a laughter. **3** 〈事実・姓名などを〉発表しない; 〈本の〉発売を禁止する; 〈本の一部を〉削除する, カットする, 〈記事を〉差し止める. **4** 〈出血などを〉止める. [sub-+√press-]
◇ ～·**i·ble** [-əbl] *a.* ～できる. **sup·prés·sor, sup·préss·er** [-ər] *n.* ～する人〔物〕.

sup·prés·sion [səpréʃ(ə)n] *n.* **1** 抑圧, 鎮圧. **2** おさえること; 隠すこと. **3** 制止; 発売〔発行〕禁止; 削除. **4**《出血などを》止めること.

sup·pres·si·o ve·ri [səprésiòu-vé(ː)rai/-ʃiou-víər-] L. (＝suppression of truth) 事実を隠すこと.

sup·prés·sive [səprésiv] *a.* **1** 抑圧〔抑制〕する; 鎮圧する. **2** 隠蔽(いんぺい)する; 禁止する; 削除する.
◇ ～·**ly** *ad.*

súp·pu·rate [sʌ́pjurèit] *vi.* うむ, 化膿(のう)する. → fester. ◇ **sùp·pu·rá·tion** [ˌ-- réiʃ(ə)n] *n.* 化膿; うみ (pus).

súp·pu·ra·tive [sʌ́pjurèitiv/-rətiv] *a.* 化膿する〔させる〕, 化膿性の. —— *n.* 化膿促進剤.

su·pra [súːprə/sjúː-] L. *ad.* 上に, 上方に;《書物・論文で》上記, 前に. ↔*infra.* ***vi·de ～*** [váidi-] (＝see above) 上記参照《略 v. s.》.

supra- *pref.*「上に〔の〕」「越えて」「前に」の意.

sù·pra·mún·dane [sùːprəmʌ́ndein/sjùː-] *a.* 超俗界の, 現世外の; 霊界の.

sù·pra·ná·tion·al [-nǽʃən(ə)l] *a.* 国家を超越した, 国家超越的な. ◇ ～·**ism** *n.*

sù·pra·ór·bit·al [-ɔ́ːrbitl] *a.* 〘医〙眼窩(がんか)上の.

sù·pra·pró·test [-próutest] *n.* 〘法〙参加引き受け, 栄誉引き受け《手形支払いの》.

sù·pra·ré·nal [-ríːn(ə)l] *a., n.* 〘医〙副じん(の).

sù·pra·seg·mén·tal [sùːprəsegméntl/sjùː-] *a.* 〘言〙超分節的, かぶせの. ～ **phoneme** かぶせ音素.

su·prém·a·cy [səpréməsi, su-/sju-] *n.* **1** 至高, 最高, 至上, 無上. **2** 主権, 最上権, 覇権(はけん).
Act of S～ 〘英史〙首長令《イギリス国王を政治・宗教両面の主権者とし, ローマ教皇の主権を否認する Henry Ⅷ 治下の法令》.

‡**su·préme** [səpríːm, su-/sju-] *a.* **1 最高の,** 至高の, 無上の. **2** 極度の, この上ない; いよいよ最後の: ～ happiness この上ない幸福. **3** 主権を有する. ***at the ～ moment*** [***hour***] いよいよというときに, いよいよ最後の瞬間に. ***make the ～ sacrifice*** 生命をささげる. ***the ～*** 最高, 絶頂. [√super-]
S～ (Being), the 神, 上帝. ～ **commander** 最高司令官. **S～ Court, the** 〘米〙最高裁判所. **S～ Soviet, the** ソ連の最高会議.
◇ ～·**ly** *ad.* ～·**ness** *n.*

Supt., supt. superintendent.

sur-[1] *pref.* sub- の r の前の異形. 「＋過ぎ.

sur-[2] *pref.* super の変化したもの: *sur*charge 積み

sú·rah [súː(ː)rə/sjúərə] *n.* あや絹《婦人服用》.

su·ra(h) [sú(ː)rə/súərə] Ar. *n.*《回教経典の》章, 節.

sú·ral [sú(ː)rəl/sjúərəl] *a.* 〘医〙ふくらはぎの.

su·rát [surǽt, ㊎⁺sú(ː)rət] *n.* 綿花, もめん《ボンベイ地方産》.

súr·base [sə́ːrbèis] *n.* 〘建〙笠(かさ)《腰はめなどの》; 頂部《柱などの台石の》.

sur·céase [səːrsíːs] *n.* 〘英古〙中止, 停止.
—— *vt., vi.* 中止する, やめる; やむ, 終わる.

súr·charge [sə́ːrtʃɑ̀ːrdʒ, ㊎⁺-ˊ] *n.* **1** 積み過ぎ, 込め過ぎ, 過重. **2** 過充電. **3** 不当〔超過〕請求; 暴利. **4** 特別料金, 付加料金. **5** 郵便切手の価格〔日付〕訂正印. **6** 不足税; 課税財産不正申告に対する加重罰金; 不当支出の賠償額.
—— [-ˊ] *vt.* **1** 積み過ぎる. **2** に過充電する. **3** に不当〔特別, 付加〕料金を請求する; に超過請求する; から暴利をむさぼる. **4** に不正申告加重罰金を科する. **5** に料金追加印を押す. [＜sur-²+charge]

súr·cin·gle [sə́ːrsiŋgl] *n.*《馬の》腹帯; 法衣 (cassock) の帯. —— *vt.* 〈馬に〉腹帯を掛ける; 〈毛布などを〉腹帯で締め付ける.

súr·coat [sə́ːrkòut] *n.* 陣羽織《特に中世騎士の》;《中世の》婦人用の上着の一種.

surd [səːrd] *a.* **1**〘数〙不尽根〔数〕の, 無理数の. **2**〘音声〙無声(音)の: a ～ sound 無声音. ↔ sonant. —— *n.* **1**〘数〙不尽根数, 無理数. **2**〘音声〙無声音《[p, f, s, t, k] など》.

†**sure** [ʃuər, ㊎⁺ʃɔː] *a.* **1 確かな,** 確実な: His success is ～. 彼の成功は疑いない. **2** しっかりした, 安

全な. **3** 信頼できる, 当てになる, 必ず効果がある: a ～ remedy 確かな治療法. **4 確信している**, 自信がある, 信じている《について *of, that*》: I am ～ (*that*) he will come. 彼は確かに来ると思う. I am not so ～ *of* his honesty. 彼が正直であるかどうか怪しい. **5 きっと…する**《*to* (do)》: He is ～ *to* come. 彼はきっと来る. ***be ～ of oneself*** 自信がある. ***for ～*** 確かに (for certain). ***make ～*** 確かめる. ***make ～ of*** を確かめる; を手に入れる. ***S～ thing!***〖米話〗そうですとも, もちろん; 必ず, きっと. ***to be ～*** (1) なるほど, いかにも. (2) おやまあ〖驚きのことば〗. ***Well, I'm ～!*** これはこれは!〖驚きの叫び〗.

── *ad.* 〖米話〗確かに, きっと (=㊥ certainly). ***(as) ～ as a death*** [***fate, gun, nails***] 確かに, 相違なく. ***as ～ as eggs is eggs***〖米〗確かに. ***～ enough***〖話〗ほんとうに, 全く; 案の定, はたして. **～-fire**〖米話〗確かな, しくじりのない, ばかでも扱えるような. **～-fóot·ed** [-fútid] 足の確かな; やりそこなわない. ◇ **～-ness** [-nis] *n.* 確実(さ); 安全.

類 → **confident**「確信して」

†**súre·ly** [ʃúərli] *ad.* **1 確かに**, 必ず, 疑いなく: He will ～ succeed. あの人はきっと成功します. **2**《返答》もちろん, いいですとも, はい: Will you go with us? — *S～!* いっしょに行きますか. — 行きますとも. **3**《否定文で》まさか, よもや: *S～*, you do*n't* mean to go. まさか行くつもりじゃないんだろう. **4 確実に**, しっかり, 安全に: slowly but ～ のろくとも確実に.

súre·ty [ʃúərti, ʃú(:)rəti/ʃúə(rə)ti] *n.* **1** 保証(の品), 抵当; 《債務などの》保証人. **2**〖古〗確実 (なこと). ***of*** [***for***] ***a ～*** 確実に. ***stand*** [***go***] ***～ for*** の保証人になる. ◇ **～·ship** [-ʃip] *n.* 保証人であること; 保証人の地位〔責任〕.

surf [sə:rf] *n.* いそ波, 寄せ砕け波. **～·board** [⌐⌐] 波乗り板. **～·boat** [⌐⌐]《浮力のある》荒波 (乗り切り) 用ボート. **～ duck**〖米: 鳥〗クロガモ (scoter). **～ fish**〖魚〗ウミタナゴ. **～-ride** [⌐⌐] 波乗りする. **～-rìd·ing** 波乗り (遊び). ◇ **～·y** [-i] *a.* **1** 寄せ波の多い, 波の荒い. **2** いそ波の (ような).

‡**súr·face** [sə́:rfis] *n.* **1 表面**, 外面, 外部: the ～ of the earth [water] 地表面〔水面〕. come to the ～ 浮き上がる《水面などに》. **2** 外観, 上べ, 見かけ. **3**〖数〗面. ***get below the ～*** 下にはいる, 心の中を探る, ふかく交わる. ***on the ～*** 上べは, 外観は. ***plane ～*** 平面.

── *a.* **1** 表面の, 皮相の: a ～ view 皮相な観察. **2** 地上の; 水上の; 坑外の: ～ mail 普通便, 船便《航空便に対し》. ～ worker 坑外夫.

── *vt.* **1** に表紙〔表面〕を付ける; 舗装する. **2** 〈潜水艦などを〉浮上させる. ── *vi.* **1** 〈潜水艦などが〉浮上する; 〈地下鉄などが〉地上に出る. **2** 〈真実が〉明るみに出る. [<sur-²+face]

～ boat 水上艇. **～ car**〖米〗路面電車. **～·man** [-mən] (*pl.* **-men**)〖鉄道〗保線工夫; 坑外作業員. **～ noise**《レコード盤の摩擦による》雑音. **～ printing** とっ版印刷〔捺染(なせん)〕. **～ tension**〖物〗表面張力. **～-to-áir** 地対空の. **～-to-～ missile** 地対地ミサイル. **～ water** 地上水, たまり水. **～ worker** 坑外夫.

súr·feit [sə́:rfit] *n.* 過多, 過度; 飽満, 飽き飽きすること; 暴食, 暴飲, 食傷: a ～ of advice [food] 多過ぎる忠告〔食べ過ぎ〕.

── *vi.* **1** 飽き飽きする《に *with*》. **2** 食べ〔飲み〕過ぎる《を *of, on*》. ── *vt.* 飽き飽きさせる; に食べ過ぎ〔飲み過ぎ〕させる. [sur-²+√fac-]

surg. surgeon; surgery; surgical.

surge [sə:rdʒ] *n.* **1** 大波, うねり. **2**《感情の》高まり, 激しい動き, 激動. **3**〖電〗サージ《電流の動揺》.

── *vi.* **1** 波打つ, 大波がたつ. **2** 〈群衆・感情などが〉波のように押し寄せる, 沸き立つ, 揺らぐ: The crowd ～*d* through the streets. 群衆が街路にうしおのように押し寄せた. **3**〖海〗〈綱が〉急にゆるむ.

‡**súr·geon** [sə́:rdʒ(ə)n] *n.* **1** 外科医. →physician. **2**〖軍〗軍医. **～·fish** [⌐-⌐]〖魚〗熱帯魚の一種. **～ general** (*pl.* **～s general**) 軍医部長; (S～ General)〖米〗公衆衛生局長官〖略 Surg. Gen.〗.

súr·ger·y [sə́:rdʒ(ə)ri] *n.* **1** 外科 (医術), 手術. **2** 手術室;〖英〗(開業医の) 診察室と薬局, 医院. ***plastic ～*** 整形外科 (術).

***súr·gi·cal** [sə́:rdʒikl] *a.* 外科 (術) の, 手術 (上) の, 外科的の; 外科用の; 外科医の.

◇ **～·ly** [-k(ə)li] *ad.* 外科的に.

súrg·y [sə́:rdʒi] *a.* **1** 寄せ波の多い; うねりの高い. **2** 寄せ波〔荒波〕による. [<surge]

súr·loin〖英〗=sirloin.

súr·ly [sə́:rli] *a.* **1** 気むずかしい, ぶあいそうな; ぶっきらぼうな. **2**《天候が》荒れもようの.

◇ **-li·ly** *ad.* **-li·ness** *n.*

sur·míse [sərmáiz, sə́:rmaiz] *n.* 推測.

── [sərmáiz] *vt., vi.* 推測する; …かと思う. → conjecture, guess, infer. [sur-²+√mit(t)-]

◇ **-mís·a·ble** [sərmáizəbl] *a.* 推測〔推量〕できる.

sur·móunt [sərmáunt] *vt.* **1** 乗り越える; 〈困難・障害などに〉打ち勝つ; 切り抜ける. →overcome. **2** 〈山を〉乗り〔登り〕越える. **3**《be ～ed by [with] の形で》…を載せている, …におおわれている: The peaks *are* ～*ed with* snow. 峰々は雪をいただいている. [√mont-]

◇ **～·a·ble** [-əbl] *a.* 打ち勝てる; 乗り越えられる.

sur·múl·let [sərmʌ́lit] *n.*〖魚〗ヒメジ.

súr·name [sə́:rnèim] *n.* **1** 姓, 氏, 名字 (family name). →Christian name. **2** 異名, あだ名. → name. ── *vt.* **1** にあだ名をつける. **2** 姓で呼ぶ; 姓を…と呼ぶ. [<sur-²+name]

‡**sur·páss** [sərpǽs/-pá:s] *vt.* しのぐ, 越える, …よりまさる: He ～*ed* his father *in* sports. 彼はスポーツでは父親よりすぐれていた. ～ one's expectation 期待以上である. ～ description 筆舌も及ばない.

sur·páss·ing [-iŋ] *a.* すぐれた, 卓越した; 非常な: of ～ beauty すばらしく美しい. ── *ad.*〖古〗すぐれて, 卓越して. ◇ **～·ly** *ad.* **～·ness** *n.*

súr·plice [sə́:rplis, -pləs] *n.*〖宗〗白い法衣《聖職者・聖歌隊員などが羽織る》. **～ fee**〖英〗衣代《結婚式・葬式などでの牧師への謝礼》. ◇ **～d** [-t] *a.* 白い法衣を着た.

surplice

súr·plus [sə́:rplʌs, -pləs/-pləs] *n.* 余り, 残余, 過剰; 剰余物〔金〕. ── *a.* 余りの, 残余の, 過剰の: ～ population 過剰人口. **～ value**〖経〗剰余価値. ◇ **～·age** [-idʒ] *n.* 余分, 過剰; よけいな語句〔事項〕;〖法〗不要な弁護.

sur·prís·al [sərpráiz(ə)l] *n.* 驚き; 奇襲, 不意打ち.

†**sur·príse** [sərpráiz] *vt.* **1 驚かす**, びっくりさせる, ぎょうてんさせる: They ～*d* her with a magnificent birthday present. 彼らはみごとな誕生日の贈り物で彼女をびっくりさせた. Nothing ～*s* him. どんなことも彼をあわてさせない. **2**《受動態 be surprised の形で》(驚かされる →) **驚く**, あきれる: I *was* ～*d at* you. きみには驚いた〔あきれた〕よ. I *am* ～*d to* see you. お顔を見てびっくりしました; まさかお会いするとは思ってませんでした; よくいらっしゃいました. He *was* ～*d that* I did not look tired at all. 私が少しも疲れたようすを見せなかったので, 彼はあきれていた. You will *be* ～*d how* kind he is. 彼が親切なのにびっくりなさるでしょう. I *am* not ～*d if* he knows. 彼が知っていても不思議はない. **3** びっくりさせて…させる, (いつの間にか) うまく…させる: We ～*d* him *into* admitting. われわれはうまく彼に白状させた. **4 に不意打ちをかける**, 奇襲して占領する.

5 現行中を捕える: The students were ～*d in* the act of smoking. 学生たちは喫煙中を見つけられた. **6** に気づく: I ～*d* a flush on her face. 彼女の顔が赤くなるのに私は気づいた.
—— *n.* **1 驚き**, びっくり: What a ～! これは驚いた. **2 驚くべきこと**〔物〕; 意外なこと〔物〕: His resignation was a ～. 彼の辞任は意外だった. I have a ～ for you. きみにびっくりする贈り物があるのだが. **3** 不意打ち, 奇襲. ***a pleasant*** **～** 思いがけぬ喜び. ***be taken by*** **～** 不意を打たれる. ***by*** **～** 不意に: take a person *by* ～ 人の不意を襲う. ***in*** **～** 驚いて. ***to one's*** **～** 驚いたことには. [sur-²+√pris-]
～ attack 奇襲. **～ packet**〘英〙《菓子といっしょに貨幣などが出てくる》びっくり包み. **～ party**〘米〙不意打ちパーティー《仲間がひそかに計画・準備して急に開くお祝いの会など》. **～ visit** 不意の訪問; 臨検.
(類義語) **驚かす: surprise** 期待・準備をしていない人の不意をついて驚かせる: *surprise* the enemy ゆだんをしていた敵を襲う. **astonish** 不可能またはありそうにもないことなどを実現して驚かせる: He had been such a gentleman that his crime *astonished* us. 彼のような紳士が悪事をはたらいたので全くの驚きだった. **amaze** astonish に似ているが「ただただあきれはてる」「恐れ入る」という語感がはいる. 相手に対する批判・見直しがある: I was *amazed* at his ignorance. 彼の無知には恐れ入った. **astound** 思考力がなくなるほど驚かす. どぎもを抜く.

‡sur·prís·ing [sərpráiziŋ] *a.* **驚くべき**, 不思議な, 意外な; めざましい.
◇ ***～·ly** *ad.* 驚くほど, あきれるほど. **～·ness** *n.*

sur·ré·al·ism [sərí:əliz(ə)m/-ríəl-] *n.*〘美・文学〙超現実主義, シュールリアリズム. ◇ **-ist** *n.* 超現実主義者.

sur·rè·al·ís·tic [səri:əlístik/-riəl-] *a.* 超現実主義(者)の. ◇ **-ti·cal·ly** *ad.*

sùr·re·bút [sə:rribʌ́t/sʌr-] *vi.* (**-tt-**)〘法〙<原告が> 第4回の訴答をする.
◇ **～·ter** [-ər] *n.* 原告の第4回の訴答.

sùr·re·jóin [sə:rridʒɔ́in/sʌr-] *vi.*〘法〙<原告が> 第3回の訴答をする.
◇ **～·der** *n.* 原告の第3回の訴答.

‡sur·rén·der [səréndər] *vt.* **1 引き渡す**, 明け渡す, 譲渡する: ～ a fort to the enemy 敵にとりでを明け渡す. **2** 放棄する, 投げ出す: ～ all hope すべての希望を捨てる. **3**《～ oneself の形で》ふける, おぼれる; 降参する《に *to*》. **4** の保険を解約する. **——** *vi.* 降参する, 降伏する: ～ to the enemy. **～ one*self to justice*** 自首する.
—— *n.* **1** 引き渡し, 譲渡. **2** 降参, 降伏, 陥落: unconditional ～ 無条件降伏. **3** 自首. **4** 保険解約: ～ value 保険解約払い戻し金. ***Instrument of S～*** 降伏文書. [<sur-²+render]
(類義語) **屈服する: surrender** 屈服前の抵抗と, 屈服後の無抵抗を示唆する. **yield to** 外部の圧力に屈する. ただし surrender と違って全面的に, または恒久的に屈するわけではない: *yield* only *to* violence 暴力以外の何ものにも屈しない. **submit to** 権力・支配などにおとなしく従う: *submit to* God's will 神意に従う.

sùr·rep·tí·tious [sə:rəptíʃ(ə)s/sʌr-] *a.* ひそかに獲た, 内密〔秘密〕の, 内々の; 不正の. [sur-¹+√rap-]
◇ **～·ly** *ad.* **～·ness** *n.*

Súr·rey [sə́:ri/sʌ́ri] *n.* **1** イングランド南部の州. **2** (s～)〘米〙2座席4人乗り4輪遊覧馬車.

súr·ro·gate [sə́:rəgèit/sʌ́rəgit, -geit] *n.* **1** 代理, 代理人, 代用物〔品〕《*for, of*》. **2**〘英:宗〙監督代理, 宗教裁判所判事代理. **3**〘米:法〙遺言検認判事. **——** *a.* 代理の, 代用の. **——** [-gèit] *vt.* の代理をする. [sur-¹+√rog-]
◇ **～·ship** [-ʃip] *n.* ～の職務〔任期〕.

‡sur·róund [səráund] *vt.* **1** <場所・人などを> **囲む**, 囲う, 取り巻く. **2**〘軍〙包囲する. ***be ～ed by*** [***with***] に取り巻かれる〔に囲まれている〕. **——** *n.* へり敷き物《じゅうたんと壁の間に敷く》.
[sur-²+√und- あふれる]
(類義語) **取り巻く: surround** 四方または三方を取り囲む. 以下のすべての語と交換可能な語で, 永続しない行為にも用いる: When she came out of the dressing room she was *surrounded* by admirers. 楽屋から出て来たとき彼女はファンに囲まれた. **environ** surround とおなじだが, 環境の一部となっている永続的状態について用いる: The town is *environed* by beautiful woods. 町は美しい森によって取り巻かれている. **encircle** (ほぼ) 円形に包囲が完結していることを示す: the lake *encircled* with trees 樹木でぐるりを囲まれた湖. **enclose** 中のものが脱出できないように閉じ込めることで, 外界との断絶が強調される: a house *enclosed* with a high wall 高いへいで取り囲まれた家.

‡sur·róund·ing [səráundiŋ] *n.* (通例 *pl.*) **環境**, 四囲の状態, 周囲の人々: He has bad ～*s.* 彼は環境が悪い. **——** *a.* **周囲の**, 付近の: the ～ hills.

súr·tax [sə́:rtæks] *n.*〘米〙付加税 (= ㊥ supertax);〘英〙累進付加税. **——** *vt.* に付加税を課する.

sur·tóut [sərtú:(t)/sə́:tu:, −⌐] *n.*《中世のフロックコート型》男子用外套(がいとう);《フード付き》婦人用マント.

surv. surveying ; surveyor.

sur·véil·lance [sərvéiləns, ㊥+-ljəns] *n.* 監視, 見張り; 監督: under ～ 監視つきで.

sur·véil·lant [-lənt, ㊥+-ljənt] *a.* 監視〔監督〕する. **——** *n.* 監視〔監督〕者.

‡sur·véy [sərvéi] *vt.* **1 見渡す**. **2 概観する, 観察する**: ～ the world situation 世界情勢を観察する. **3 調査する**, 調べる, 検分する. **4 測量する**: ～ a railroad. **5** 検分の後退職させる.
—— [sə́:rvei, sərvéi] *n.* **1** 見渡すこと. **2 概観**, 観察. **3 調査**, 検分, 検査; 調査表. **4 測量**; 測量図; 測量部. ***make a*** **～** 測量〔検分〕する, 概観する. [sur-²+√vid-] ◇ **～·ing** [-iŋ] *n.* 測量(術).

sur·véy·or [sərvéiər] *n.* **1**《特に土地などの》測量士〔技師〕. **2** 監視人. **3**〘米〙《税関の》検査官; 鑑定人. **～'s measure**〘米〙測量単位《測量用の鎖による》. ◇ **～·ship** *n.* ～の職〔地位〕.

***sur·vív·al** [sərváiv(ə)l] *n.* **1 残存, 生存, 生き残ること**. **2** 残存物; 生存者; 遺物, 遺風.
～ *of the fittest* 適者生存.

‡sur·víve [sərváiv] *vt.* **1 の後まで生存する**〔生き残る〕, <他人より> 長生きする: He ～*d* his children. 子どもに先だたれた. He is ～*d* by his wife and children. 遺族には妻と子どもがある. **2** <災害などから> 助かる, 免れる: The crops ～*d* the drought. 作物は旱魃(かんばつ)を免れた. **——** *vi.* 生き延びる〔残る〕; 残存する: those who ～ 生存者, 助かった人. **～ *one's usefulness*** 無用の長物となる. [√vi(v)-]

***sur·ví·vor** [sərváivər] *n.* **1 残存〔生存〕者**. **2** 遺族. **3** 残存物, 遺物. ◇ **～·ship** *n.* 残存, 生き残り;〘法〙生存者〔残存者〕(取得)権.

sus- *pref.* sub- の c, p, t の前の異形: *sus*pend つるす <sub-+√pend-.

sus·cèp·ti·bíl·i·ty [səsèptəbíləti] *n.* **1** 感受性, 感じやすいこと, 敏感《*to*》; (*pl.*) 感情. **2** 帯磁率;〘電〙磁化率.

sus·cép·ti·ble [səséptəbl] *a.* **1** 受けやすい, 無抵抗な, 弱い《を, に *of, to*》: a city ～ *of* air attack 空襲を受けやすい都市. ～ *to* colds かぜを引きがちな. ～ areas 災害危険地域. **2** 受けることができる, 可能な《が *of, to*》: ～ *of* proof 証明可能な. a problem ～ *to* solution 解決可能な問題. **3** 感じやすい, 敏感な《に *to*》: ～ *to* good influences よい影響をすぐ受ける. ～ *to* the attractions of women 女の誘惑に弱い. [sub-+√cap- 受ける, こうむる] ◇ **-bly** *ad.* 感じやすく.

sus·cép·tive [səséptiv] *a.* **1** 感受性の強い, 敏感な《に, について *of*》. **2** 受ける, 受けやすい《を *of*》. **3** 許す, できる《を, が *of*》. ◇ **~·ness** *n.* **sùs·cep·tív·i·ty** [sʌ̀septívəti] *n.*

‡**sus·péct** [səspékt] *vt.* **1** …ではないかと疑う, …であろうと感づく〔気づく, 思う〕: I ~ (that) he is a spy. 彼はスパイではないかと思う. 〈注〉suspect は「…であろうと思う」を意味し, doubt が「…でなかろうと思う; …であることを疑う」を意味するのと対立する: I *doubt* that [if] he is a spy. あの人はスパイではあるまい. **2** 疑う, 有罪〔虚偽, 悪質, 不良〕であると疑う: ~ a person *of* murder 人に殺人の嫌疑(けんぎ)をかける. **3** の存在を感づく: I ~*ed* something. 私はなにかあるなと気づいた. Long ago, before I even ~*ed* your existence, … ずっと昔, この世の中にきみという人がいようなどとは思ってもみなかったころ, …. —— *vi.* 疑いをいだく, 嫌疑をかける; 感づく. → 名詞 suspicion. ***be ~ed of*** の嫌疑をかけられる.
—— [səspékt, sʌ́spekt/sʌ́spekt] *a.* 疑わしい, 怪しい: His theory is ~. 彼の理論はあぶなっかしい. *S*~ drugs are removed from the market. 疑わしい薬品は販売を禁止されている.
—— [sʌ́spekt] *n.* 容疑者, 注意人物.
[sub-+√spec-]

‡**sus·pénd** [səspénd] *vt.* **1 つり下げる**, つる, 下げる, 掛ける. **2 中止する**, 一時停止する, 見合わせる, 延期する: ~ payment 支払いを停止する. **3** 停職〔停学〕にする, の特権一時停止をする: ~ a student *from* school 学生を停学にする. **4**《液体·空気中に》浮かす. **5** の心を宙に浮かす, の気をもます, 不安にする. **6**〘楽〙延ばす. —— *vi.* **1** 一時停止する, 中断する. **2** 支払いを停止する; 負債が払えなくなる. **3** ぶら下がる; (宙に) 浮く. ***~ed animation*** 人事不省. **~ *one's judgment*** 判決〔判定〕を保留する. → 名詞 suspense, suspension. [sub-+√pend-]

sus·pénd·er [səspéndər] *n.* **1** つるす物〔人〕. **2** (*pl.*)〘米〙ズボンつり (=㊥ braces); (*pl.*)〘英〙くつ下どめ (garter).

sus·pénse [səspéns] *n.* **1** 宙ぶらりん, どっちつかず. **2** 未決, 未定. **3** 不安, 気がかり. **4**〘法〙権利停止. →動詞 suspend. ***be in ~*** 気をもむ, 心配する. ***keep in ~*** 気をもませる, 不安がらせておく.
~ account〘簿記〙仮勘定. ◇ **~·ful** [-f(u)l] *a.* サスペンスの多い: a ~*ful* drama.

sus·pén·si·ble [səspénsəbl] *a.* **1** つるせる. **2** 中止できる; 未決定にしておける. **3** 浮動性の.
◇ **sus·pèn·si·bíl·i·ty** [-ˌ-bíləti] *n.*

sus·pén·sion [səspénʃ(ə)n] *n.* **1** つるすこと, 宙ぶらりん, ぶら下がり, つり下がり. **2** 未決, 未定, 浮遊. **3** 中止, 停止; 不通. **4** 停学, 停職, 権利停止;〘カトリック〙聖職停止. **5** 支払い停止. **6** つり下げる柱, 支持物;《自動車などの》車体支持装置, 車台受け装置. **7**〘化〙懸濁(液). **~ bridge** つり橋.

sus·pén·sive [səspénsiv] *a.* **1** 未決定の; あやふやな, 不確かな. **2** 不安な. **3** 中止する, 停止の.
◇ **~·ly** *ad.* **~·ness** *n.*

sus·pén·sor [səspénsər] *n.* =suspensory;〘植〙胚柄(はいへい).

sus·pén·so·ry [səspénsəri] *a.* **1** つるす, 懸垂の. **2** (一時) 中止〔停止〕の; 決定せずにおく. —— *n.* 〘医〙懸垂筋〔帯〕; つり包帯.
~ ligament 懸垂靱帯(じんたい).

sus. per coll. [sʌ́s-pəːr-kɔ́ːl, -kɑ́l/-kɔ́l] 絞首刑. [<L. *suspendatur per collum* = let him be hanged by the neck]

‡**sus·pí·cion** [səspíʃ(ə)n] *n.* **1 嫌疑**(けんぎ), 疑い, 怪しみ, 不審, いぶかり: have a ~ of a person's honesty 人の正直さを疑う. **2** 気づき, 感づき: I had no ~ that he would be a scholar. 彼が学者になるとは少しも思わなかった. **3** 気味, わずか: She had a ~ of sadness in her voice. 彼女の声にはほんの少し悲しみがこもっていた. → 動詞 suspect.
above ~ 嫌疑がかかっていない. ***hold … in ~*** = ***cast ~ on…*** …に嫌疑をかける. ***on ~ of*** の嫌疑で. ***under ~*** 嫌疑がかかっている.
—— *vi.*〘米俗〙嫌疑をかける. [sub-+√spec-]
類 → **doubt**「疑い」

‡**sus·pí·cious** [səspíʃəs] *a.* **1 疑わしい**, 不審な, 怪しい: The patrol officer inspected all ~ cars. パトロール警官はすべての疑わしい車を検査した. **2 疑いぶかい**, 邪推する, 疑う《を, に対して *of*》: a ~ nature 疑いぶかい人. He is ~ *of* me [my intentions]. 彼は私〔私の意図〕を疑っている. **3** 疑わしげな, 疑いを示す: a ~ look 疑わしげなまなざし. →動詞 suspect.
◇ **~·ly** *ad.*

sus·píre [səspáiər] *vi.* 〘雅〙ため息をつく; 呼吸する.
◇ **sùs·pi·rá·tion** [sʌ̀spəréiʃ(ə)n] *n.* ため息.

‡**sus·táin** [səstéin] *vt.* **1** (下から) **ささえる**. **2 維持する**, 継続する: ~ a conversation 談話を続ける. ~*ed* efforts 不断の努力. **3** 扶養する, 養う: a large family to ~ 多人数の扶養家族. **4** 〈損害などを〉**受ける**, 被る. **5** 耐え忍ぶ. **6** 確証〔確認〕する, 承認する: The court ~*ed* his suit. 法廷は彼の訴訟を認めた. → 名詞 sustenance. ***~ing program***〘米〙自主番組《スポンサーのつかない局自身の放送》. [sub-+√ten-]
◇ **~·a·ble** [-əbl] *a.* **~·er** [-ər] *n.* ささえる人〔物〕; =~ing program. **~·ing** [-iŋ] *a.* ささえる, 体力をつける: ~*ing* food 身になる食物.
類 → **support**「支持する」

sus·táined [səstéind] *a.* 持続した, 一様の.
◇ **sus·táin·ed·ly** [-téinidli] *ad.*

sús·te·nance [sʌ́stənəns] *n.* **1** 食物; 栄養(物). **2** 生計; 暮らし. **3** 維持, 支持; 持続, 耐久. → 動詞 sustain. ◇ **~·less** *a.*

sùs·ten·tá·tion [sʌ̀stentéiʃ(ə)n] *n.* **1**《生命の》維持, ささえ. **2** 扶助, 扶養. **3** 食物.
~ fund 伝道師扶助基金.

sút·ler [sʌ́tlər] *n.* 軍御用商人, 酒保商人.

sú·tra [súːtrə] *n.* (しばしば S~) 経典. [<Sans.]

sut·tée [sʌtíː, ˊ-] *n.* **1** 妻の殉死《昔インドで夫の死体とともに焼かれて死んだ風習》. **2** 夫に殉死する妻. ◇ **~·ism** *n.* 妻が夫に殉死する風習.

sú·ture [súːtʃər] *n.* **1**〘医〙縫合;《傷口の》縫い目;《特に頭蓋(ずがい)骨の》縫合線. **2**〘医〙縫い合わせ; 縫い糸. —— *vt.* 〈傷口を〉縫い合わせる.
◇ **sú·tur·al** [-tʃərəl] *a.* 縫い目の;〘医〙縫合線の.

sú·ze·rain [súːzərin, -rèin/-rein] *n.* **1** 領主, 藩主. **2**《属国に対する》宗主(国). ◇ **~·ty** [-ti] *n.* 宗主権; 領主〔藩主, 宗主〕などの位〔権力〕.

S.V. *Sancta Virgo* (L.=Holy Virgin); *Sanctitas Vestra* (L.=Your Holiness). **s.v.** *sub verbo* [*voce*] (L.=under the word [heading]).

svelte [svelt] F. *a.* すんなりした, ほっそりした.

SW, S.W., s.w. southwest(ern). **Sw.** Sweden; Swedish.

swab [swɑb/swɔb] *n.* **1**《甲板などをそうじする》棒ぞうきん. **2**〘米: 医〙消毒綿〔布〕. **3**〘海俗〙海軍士官の肩章. **4**〘海俗〙無器用者, のろま.
—— *vt.* (**-bb-**) **1** 棒ぞうきんでそうじする; から水分をふきとる《*up*》. **2**〘米: 医〙消毒綿〔布〕で消毒する. ◇ **~·ber** [-ər] *n.* 長柄付きぞうきん (を使う船員); =swab ④.

Swá·bi·an [swéibiən] *a.* ドイツのシュワーベン (Schwaben) の. —— *n.* シュワーベン人〔方言〕.

swád·dle [swɑ́dl/swɔ́dl] *vt.* 〈幼児を〉布で包む, 布で巻く. ***~ling bands*** [***clothes***] (1) うぶ着; むつき. (2) 嬰児(えいじ)期, 未熟期. (3)《比喩的》自由を束縛する力. —— *n.*〘米〙《幼児の》むつき.

Swa·dé·shi [swədéiʃi/swɑːd-] *n.* 《特にインドでの

イギリス商品に対する》外貨排斥運動.
swag[1] [swæg] *n.* **1** 花づな, 花束, 花飾り. **2** ゆらゆらと揺れること.
—— *vi.* **1** ゆらゆらする, 揺れる. **2** たれさがる.
—— *vt.* **1** ゆする; たれさがらせる. **2** 花づなで飾る.
swag[2] *n.* **1**〘俗〙略奪品; 盗品; 不正所得. **2**〘オーストラリア〙山地旅行者・坑夫などの携帯する包み.
—— *vi.*〘オーストラリア〙包みを負って旅する.
swage [sweidʒ] *n.* 型鉄. —— *vt.* 型鉄で曲げる〔型をつける〕.
～ **block**〘機〙ハチの巣《穴をあける金属型板》.
‡**swág·ger** [swǽgər] *vi.* **1** いばって歩く, ふんぞり返って歩く《*about, in, out*》. **2** いばりちらす; ほらを吹く.
—— *vt.* おどして…させる《*into*》; おどして…をやめさせる《*out of*》.
—— *n.* **1** いばって歩くこと, いばり歩き. **2** ほらを吹くこと. **3** うぬぼれ. **4** 肩から広がるコート.
—— *a.*〘話〙いきな, ハイカラな, スマートな.
～ **cane**〔**stick**〕〘英〙《軍人が散歩に使う》ステッキ.
swág·ger·ing [swǽg(ə)riŋ] *a.* いばって歩く; 自慢する. ◇ ～**·ly** *ad.*
Swa·hí·li [swɑːhíːli] *n.* (*pl.* ～, ～**s**) スワヒリ人《アフリカの Kenya, Tanzania などに住む Bantu 人》; スワヒリ語.
swain [swein] *n.*〘古・雅〙いなかの若者〔色男〕;〘笑〙「恋人, 愛人.
swale[1] [sweil] *n.*〘米〙草のはえた湿地帯; 低地.
swale[2] *vt.*〘英方〙焼く, に火をつける.
—— *vi.* 焦げる; 〈ろうそくが〉溶ける.
‡**swál·low**[1] [swálou/swɔ́l-] *vt.* **1** 飲み込む, 飲みくだす, 吸い込む《*down, up, in*》. **2** 飲み〔食べ〕尽くす, 平らげる, 使い尽くす, なくす《*up*》. **3** うのみにする, すぐ真に受ける. **4** がまんする, 受け入れる, 忍ぶ: ～ an insult 侮辱をがまんする. ～ an unfavorable condition 不利な条件をのむ. **5** 控える, 胸の中にしまっておく: ～ a smile 笑いをかみ殺す. **6** 包む, おおう《*up*》. **7** 取り消す. —— *vi.* 飲む, 飲み込む. ～ ***the anchor*** 船乗り生活から引退する. ～ ***the bait*** わなにかかる. ～ one'***s words*** ことばを取り消す.
—— *n.* **1** 飲むこと, 一飲み; 一飲みにしたもの. **2** 食道, のど. **3** 汚水〔廃物〕だめ (＝～ hole). **4**〘地〙陥落孔 (＝～ hole). ***at*** 〔***in***〕 ***one*** ～ 一口で. ***take a*** ～ ***of*** を一口飲む.
‡**swál·low**[2] *n.* ツバメ. ***One*** ～ ***does not make a summer.***〘諺〙つばめ一羽来たからといって夏になるわけではない《早がてんをしてはいけない》. ～ **dive**〘英: 水泳〙ツバメ型飛び込み (＝㊊ swan dive).
swál·low·tail [-tèil] *n.* **1** ツバメの尾. **2** えんび服. **3**〘虫〙キアゲハ. **4**〘海〙《船の》えんび形〔三角形〕旗の末端. **5**〘植〙柳の一種.
◇ ～**ed** *a.* えんび形〔状〕の: ～*ed* coat えんび服.
†**swam** [swæm] *v.* swim の過去形.
swá·mi [swáːmi] *n.* スワーミ《ヒンズー教の学者・宗教家などに対する尊称; ヒンズーの偶像》; ＝pundit.
‡**swamp** [swɑmp, swɔːmp/swɔmp] *n.* 沼, 沼地, 沼沢, 湿地. —— *vt.* **1** 水浸しにする, 沈める. **2** 沼地にはまり込ませる. **3** 圧倒する, どうにもならなくさせる; 攻める, 苦しめる, 忙殺する《通例受動態で》《で *with*》. —— *vi.* 水浸しになって沈む. ***be*** ～***ed with*** に忙殺されている. ～**·land** [-lænd] 沼沢地.
◇ ～**·y** *a.* 沼地の; 沼の多い, 湿地の.
‡**swan** [swɑn, swɔːn/swɔn] *n.* **1** 白鳥. **2** 詩人, 歌手. **3** すばらしい〔美しい〕人〔物〕. **4** (S～)〘天〙白鳥座. ***black*** ～《オーストラリア産の》黒鳥; たぐいまれな物〔事〕. ***the S～ of Avon*** Shakespeare の別称.
～ **dive**〘水泳〙スワン型飛び込み (＝㊧ swallow dive). ～**'s-down,** ～**s·down** [⊿⊥] 白鳥の綿毛《衣服のへり・おしろいのパフ用》;《片面に毛羽のある》厚手の綿ネルの一種. ～ **shot** 白鳥を撃つ弾丸. ～**·skin** [⊿⊥]《羽毛のついた》白鳥の皮; フランネルの一種. ～ **song** 白鳥の歌《白鳥が死にぎわにうたうという歌》; 最後の作品《詩人・時代などの》.
～**·ùp·ping**〘英〙白鳥調べ《Thames 川で白鳥の子のくちばしに所有者の標識をつける年中行事》.
swang [swæŋ] *v.*〘古〙swing の過去形.
swank [swæŋk] *n.* **1**〘俗〙からいばり; 大ぶろしき. **2**〘米俗〙おしゃれ, いき; 上品. —— *a.*〘俗〙おしゃれな; はでな; 上等〔高級〕な. —— *vi.*〘俗〙からいばりする, 見せびらかす. —— *vt.*〘俗〙めかす; 飾り立てる.
◇ ～**·y** [-i] *a.* からいばりする;〘米俗〙スマート〔はで〕な.
swán·ner·y [swánəri/swɔ́n-] *n.* 白鳥飼育所.
swap [swɑp/swɔp] *vt., vi.* (**-pp-**)〘話〙交換する;〘米俗〙商売する. ***Never*** ～ ***horses while crossing the stream.***〘諺〙難局が去るまで現状を維持せよ.
—— *n.*〘話〙交換;〘米俗〙商売.
swa·raj [swəráːdʒ] India *n.*〘インド〙自治, 独立.
◇ ～**·ism** *n.* 自治〔独立〕運動. ～**·ist** *n.* 独立運動〔主義〕者.
sward [swɔːrd] *n.* 芝ふ; 草地.
—— *vt., vi.* 芝ふでおおう〔おおわれる〕.
sware [swεər] *v.*〘古〙swear の過去形.
‡**swarm**[1] [swɔːrm] *n.* **1** 群れ, 群団, 群集: a ～ of butterflies チョウの群れ. **2**《巣分かれする》ハチやアリの群れ. **3** (しばしば *pl.*) 大群, 群衆: in ～*s* 群がって. ～***s of*** おびただしい数の.
—— *vi.* **1** 群がる; 充満する, たくさん寄り集まる《に *round, about, over*》: The mosquitoes ～*ed about* the swamp. 蚊は沼のまわりで群れをなして飛んだ. **2** 〈場所が〉充満する, いっぱいである《で *with*》. **3** 群がって移動する; 〈アリやハチが〉巣分かれする: Rural population ～*ed* into nearby towns. 農村人口が近くの町に大挙移動した.
—— *vt.* に群がる.
～ **cell**〔**spore**〕〘生〙遊走細胞 (zoospore).
swarm[2] *vi., vt.* 〈木などに〉よじ登る《*up*》.
swart [swɔːrt]〘古〙＝swarthy.
swárth·y [swɔ́ːrði, -θi] *a.*《顔などが》浅黒い, 黒ずんだ. ◇ **-i·ly** *ad.* 黒ずんで. **-i·ness** *n.* 色黒.
swash [swɑʃ/swɔʃ] *vi.* **1** 〈水が〉はねる, 音をたててぶつかる; 〈物が〉はねまわる. **2** 〈人が〉いばりちらす.
—— *vt.* 〈水を〉はね返す; 〈物を〉激しくぶつける.
～***ing blow*** 強打, 痛撃.
—— *n.* **1** (水の) はね飛び, 激しくぶつかる音, 奔流. **2** からいばり (swagger). **3**〘米〙瀬戸, 河口の浅瀬. **4** 強打, 痛撃.
～**·bùck·ler** からいばりする人. ～**·bùck·ling** *n., a.* からいばり (する). ～ **letters** 巻きひげ文字.
～ **plate**〘機〙回転斜盤.
swas·ti·ka [swástikə/swɔ́s-] *n.* **1** 卍(まんじ)《十字架の変形》. **2**《旧ナチスドイツの》かぎ十字章 (卐).
swat[1] [swɑt/swɔt] *vt.* (**-tt-**)〘米話〙〈ハエなどを〉ピシャリと打つ. —— *n.* ピシャリと打つこと, 強打;〘野球〙長打.
swat[2] ＝swot.
swatch [swɑtʃ/swɔtʃ] *n.* **1**〘米〙《布地・皮などの》見本; 小切れ; 布切れ. **2** 典型的な例.
swath [swɑːθ, -ð, swɔːθ/swɔːθ] *n.* (*pl.* ～**s** [-θs, -ðz]) **1** 1 列の刈り跡, 1 列の刈り草〔刈り麦〕. **2** 刈り幅. **3** 広い道, 細長い列. **4**〘海〙波幅. **5** 戦死者の列. ***cut a wide*** ～〘米〙見えをきる, はでにやる.
swathe[1] [sweið] *n.* 包み〔巻き〕布; 包帯. —— *vt.*《布などで》巻く, 包む; に包帯する.
swathe[2] ＝swath.
swát·ter [swátər / swɔ́tə] *n.* **1** ピシャリと打つ人〔物〕. **2** ハエたたき (＝flyswatter).
‡**sway** [swei] *vi.* **1** 揺れる, 振れ動く, 動揺する《左右, 前後, 上下に》: The trees ～ in the wind. 風で木が揺れる. **2** 〈判断・意見などが〉動揺する, (一方へ) 傾く: His resolution ～*ed* after the failure. 失敗後決心がぐらついた. ～ *towards* conservatism 保守主義へ傾く. **3** 支配する, 左右する.
—— *vt.* **1** 揺り動かす, ゆすぶる. **2** かしげる, 傾かす.

3 〈人・意見などを〉動かす, 左右する: His speech ~*ed* thousands of votes. 彼の演説が数千の票を左右した. 4 〈進路を〉そらす; 転換させる. 5 〔古〕〈笏(しゃく)・武器などを〉ふるう. 6 〔古〕支配する, 治める. 7 〔海〕〈マストを〉立てる, あげる《*up*》.
~ the scepter 笏をふるう; 統治する.
— *n.* 1 動揺, 揺れ. 2 偏向, 傾斜. 3 支配力, 影響力. 4 統治, 支配; 主権. ***hold ~ over*** を支配する, を思いのままにする. ***under the ~ of*** に支配されて.
~-back [⌐⌐], **~-backed** [-bækt] 《過労などで馬などの》背がひどく〔異常に〕くぼんだ.
〔類〕 → **power**「権力」

SWbS, S.W.bS. southwest by south 南西微南. **SWbW, S.W.bW.** southwest by west 南西微西.

‡**swear** [swɛər] *v.* (**swore** [swoːr / swɔː], 〔古〕**sware** [swɛər]; **sworn** [swoːrn/swɔːn]) *vi.* 1 誓う, 宣誓する: ~ by [on] the Bible 聖書に手をおいて宣誓する. ~ by [before] God 神にかけて〔の前に〕誓う. 2 請け合う, 保証する《を *to, for*》: He is lying, I ~ *to* it. 彼は絶対にうそを言っている. 3 不謹慎に神の名などを口にする, ばち当たりなことばを吐く. 4 (神の名などを引き合いに出して) ののしる《を *at*》: He *swore at* me. 彼はひどいことばで私をののしった〔私に毒づいた〕. 〈注〉swear とは, 本来は You *damned* (のろわれたるばか者→)「この大ばか野郎」, Go to *hell*! (地獄へ落ちろ →)「畜生!」, *God damn* (it)! (神が(それを)のろわれんことを →)「畜生!」などのように, 不必要に神や, それに関する語を引き合いに出すことをいう. 意味が拡張して, 卑猥(ひわい)な語でののしることをいうこともある. ただし,「ののしる」といっても, You liar! (このうそつき!), You wretched imbecile! (この大まぬけめ!) のように, これらのどちらにも関係のないものは単に call a person (bad) names であって, 厳密には swear とはいわない.
— *vt.* 1 〈誓いを〉立てる: ~ a solemn oath 厳粛に宣誓する. 2 誓う; …することを誓う〔請け合う〕《*to* (do)》: ~ eternal love 永遠の愛を誓う. 3 証言する《と *that*》. 4 〔話〕断言する《that を伴わない》: I ~ he's a fool. 彼は断然ばかだ. 5 《副詞(句)を伴って》誓って…させる: ~ a person *to* secrecy [*off* smoking] 人に秘密〔禁煙〕を誓わせる. ~ a person *in* the Senate 宣誓させて上院議員に就任させる.
I'll be sworn きっとだ. ***not enough to ~ by*** ほんの少し, 少しばかり. ***~ at*** をののしる; 〈色が〉…と全く調和しない. ***~ away*** 宣誓立証して…を奪う. ***~ black is white*** 白を黒だと言い張る, 横車を押す. ***~ by*** (1) …にかけて誓う. (2) 〔話〕をふかく信頼する, を大いに推奨する. (3) 〔話〕をはっきり知っている. ***~ in*** 宣誓して就任させる〔する〕《証人・陪審員・官公吏などに》. ***~ off*** 〔話〕やめることを約束する; 使用をやめる: ~ *off* drinking. ***~ out*** (1) 誓ってやめる; 誓って追い出す. (2) 〔米〕宣誓して逮捕状を出してもらう.
— *n.* 宣誓; 〔話〕のろい, 悪口, ののしり.
~·word [⌐⌐] 悪口, ののしり (のことば)《特に *vi.* ④に関する》; 下品・卑猥な (ののしり) ことば.

‡**sweat** [swet] *n.* 1 汗. 2 発汗: A good ~ sometimes cures a cold. たくさん汗をかくとかぜがなおることがある. night(ly) ~ 寝汗. 3 湿気, 《壁・ガラスの表面につく》汗. 4 ほねのおれる仕事, 難事, 労役: take the ~ ほねのおれる仕事をやる. 5 〔話〕不安, 焦燥. 6 〔競馬〕《発走前の》馬の予備運動. 7 〔英俗〕(通例 old ~) 兵士.
a cold ~ 冷や汗. ***all of a ~*** 〔話〕汗びっしょりになって; 心配して, こわがって. ***can not stand the ~ of it*** その苦しみに耐えられない. ***in a cold ~*** おびえて. ***in a ~*** 汗にまみれて; 心配して, 焦慮して. ***in [by] the ~ of one's brow [face]*** 額に汗して, 一生けんめい働いて. ***no ~*** 〔米俗〕簡単に.
— *v.* (**sweat** *or* **swéat·ed**) *vi.* 1 汗をかく, 汗ばむ. 2 〈壁などが〉汗をかく, 湿気を出す〔帯びる〕: A pitcher of ice water ~*s* on a hot day. 暑い日には氷水の水差しは汗をかく. 3 〈たばこの葉などが〉発酵する. 4 〈水分が〉にじみ出る, 分泌する. 5 〔話〕汗水たらして働く; 低賃銀長時間労働に従事する, 搾取される: ~ (away) at one's job 汗水たらして仕事をする. 6 〔米俗〕いらいらする; 心配する. 7 〔古〕ひどく罰せられる.
— *vt.* 1 に汗をかかせる; に発汗させる《薬・運動などによって》. 2 (汗をかくほどに) 酷使する; 長時間悪条件で働かせる; 搾取する. 3 〔米俗〕長時間の尋問で口を割らせる; 拷問する. 4 〈汗を〉にじみ出す, かく, にじませる. 5 〈壁などが湿気を〉にじみ出す, 〈水分を〉放出する. 6 〈たばこの葉を〉発酵させる. 7 汗でぬらす, 汗をかいてよごす. 8 汗を出して入手〔獲得〕する. 9 汗を出して除く〔追い払う〕《*away, out, off*》: The hard work ~ five pounds *off* him. 激しい労働で彼は目方が 5 ポンド減った. 10 〔冶〕加熱して可溶物を除去する. 11 〈はんだを〉加熱して溶かす; 溶接する: ~ a gold pen to an iridium point 金ペンの先にイリジウムを溶接する. 12 〈貨幣を〉こすり合わせて金属粉を採る. 13 〔俗〕〈人から〉金を巻き上げる; 〈金を〉巻き上げる《*away, out*》. 14 〔俗〕労働の搾取によってつくる: ~*ed* goods 低賃銀労働によって製造された商品. 15 〔俗〕質に入れる.
~ blood 〔米俗〕(1) せっせと働く, たいへんな努力を払う. (2) ひどく気にする, いらだつ. ***~ for it*** 後悔する: I will make him ~ *for it*. あんなことをしていまにぎゅうといわせてやる〔後悔させてやる〕. ***~ing system*** 労働者搾取制度. ***~ it*** 〔米俗〕いらいらさせられる, 悩まされる; =~ it out. ***~ it out*** はらはらしながら待つ, いらいら〔びくびく〕しながら待つ. ***~ out*** (1) 汗を出して除く〔なおす〕. (2) 〔米俗〕耐えぬく, 待ちわびる.
~ band すべり皮《帽子の内側の》. **~ gland** 〔医〕汗腺(かんせん). **~ shirt** 《運動選手などが冷えを防ぐため競技の前後に着る》ゆるい厚手のセーター. **~·shop** [⌐⌐] 〔米〕《低賃銀で長時間労働者をこき使う》搾取工場.

***swéat·er** [swétər] *n.* 1 セーター. 2 汗をかく人〔物〕; 発汗剤. 3 安い賃銀で労働者を酷使する雇い主. **~ girl** 〔米話〕豊かな胸をした少女.

swéat·y [swéti] *a.* 1 汗だらけの, 汗にまみれた. 2 汗をかかせる, 汗の出る; ほねのおれる. 3 汗のような.
◇ **-i·ly** *ad.* **-i·ness** *n.*

Swed. Sweden; Swedish.

Swede [swiːd] *n.* 1 スウェーデン人. 2 (s~) 〔英: 植〕《スウェーデン産の》カブの一種.

‡**Swé·den** [swíːdn] *n.* スウェーデン《ヨーロッパ北部の王国. 首都 Stockholm》.

Swé·den·borg [swíːdnbɔ̀ːrg] *n.* Emanuel ~, 1688–1772, スウェーデンの哲学者・科学者.

Swè·den·bór·gi·an [swìːdnbɔ́ːrdʒiən] *a.* Swedenborg の (教義の). — *n.* Swedenborg の教義の信奉者. ◇ **~·ism** [-ìz(ə)m], **Swè·den·bórg·ism** [-bɔ́ːrgiz(ə)m] *n.* Swedenborg の教義.

***Swéd·ish** [swíːdiʃ] *a.* スウェーデンの; スウェーデン風〔式〕の; スウェーデン人〔語〕の. — *n.* スウェーデン語; (the ~) 《集合的》スウェーデン人. **~ movements** スウェーデン式体操.

swée·ny [swíːni] *n.* 〔米〕《特に馬の肩の》筋肉委「縮症.

‡**sweep** [swiːp] *v.* (**swept** [swept]) *vt.* 1 そうじする; 〈ごみなどを〉掃く, 払う《*away, up*》: ~ *up* the dead leaves 枯れ葉を掃き集める. 2 〈へや・床などを〉きれいにする, 掃き〔ふき〕そうじする: ~ a room clean. ~ (out) a chimney. 3 《副詞(句)を伴って》(掃くようにして) 持って行く, 運び去る; 一掃する; 破壊し去る: The wind ~*s* the snow *into drifts*. 風が雪を運んで吹きだまりをつくる. 4 かすめて通る, かすめて行く. 5 見渡す. 6 掃射する; 掃海する. 7 〈試

合などに> 連勝する; <トーナメント戦を>勝ち抜く; <選挙などに> 圧勝する. **8** <すそなどが> …の上を引きずる: ～ the ground 地面を引きずる. **9** <弦楽器(の弦)を> かき鳴らす. **10** 〖海〗<はしけなどを> 大かいでこぐ. **—** *vi.* **1** そうじする, 掃く; はけで払う: This broom ～*s* clean. このほうきはきれいに掃ける. **2** かすって行く, さっと過ぎる: A flock of birds *swept* by. 一群の鳥がさっと通り過ぎた. **3** 来襲する, 吹きまくる《に, を *over, through*》. **4** 堂々と進む. **5** ゆるやかなカーブを描いて続く, どこまでものびる; 広がる, 届く: The shore ～*s* to the south in a wide curve. 海岸線は弓なりに南へのびている. **6** 見はるかす, 見渡す: His eye *swept* about the room. 彼はさっとへやを見渡した. **7** 着物を引きずって行く. **8** 〖俗〗逃げる.

A new broom ～s clean. 〖諺〗新人は旧弊を一新する. ***be swept off*** one's ***feet*** 足をすくわれる; 感情に押し流される, 熱中する. ～ ***all*** [***everything***] ***before*** one 完全無欠な成功をおさめる; 破竹の勢いで進む. ～ one's ***audience along with*** one 聴衆の人気をさらう. ～ ***away*** (1) 一掃する, さっと持って行く: The flood *swept away* the bridge. 大水が橋を流し去った. (2) どこまでも広がる. ～ ***off*** 一掃する; 払い落とす, ひっさらう; <伝染病などが人畜を> なぎ倒す. ～ ***over*** (1) 風靡(ふうび)する, 一掃して過ぎる, <風などが> 荒れ狂う, 来襲する, 蔓延(まんえん)する. (2) 見晴らす. ～ ***the board*** 卓上のかけ金を全部勝ちとる; 賞という賞をひとり占めする, 行くとして可ならざるはなし. ～ ***the deck*** (1) <波が>甲板を洗う; 甲板を掃射する. (2) 勝ってかけ金を全部とっていく. ～ ***the seas*** 海を縦横に走る; 海上の敵を一掃する; 掃海する.

— *n.* **1** 掃くこと, そうじ; 一掃: Give the room a good ～. へやをよくそうじしなさい. **2** 《かまなどの》一振り; 刈り倒し, なぎ倒し; 掃射: deny with a ～ of a hand 片手を大きく振って否定する. **3** 流れるような線, 湾曲, 屈曲. **4** 海岸[地形]線. **5** 眼界, 広がり; 範囲, 領域: within the ～ of the eye 見えるところに. **6** 進展, 発展, 進歩. **7** 連勝, 圧勝. **8** (通例 *pl.*) 掃き集めたもの. **9** (煙突) そうじ人(= chimney ～). **10** 〖海〗長柄のオール. **11** はねつるべ(のさお). **12** 〖話〗= sweepstakes. **13** 〖俗〗悪党, いやなやつ.

(***as***) ***black as a*** ～ 真っ黒けの, きたならしい. ***at one*** ～ 一挙に, いっぺんに. ***beyond the*** ～ ***of*** の及ばないところに, の範囲外に. ***give it a thorough*** ～ 一掃する. ***make a clean*** ～ ***of*** を一掃する; を全滅させる; <人員など> を大量処分する, をいっせい整理する. ***regular little*** ～ ひどくきたならしい子.

～·back [⊥⊥] 〖空〗《翼型などの》後退. ～ **net** 地引き網; 虫とり網. **～·stake** [⊥⊥] = sweepstakes. **～·stakes** [⊥⊥] 《単・複数扱い》 (1) かけ競馬[競技]; その総かけ金. (2) 《みんながかけて, ひとりもしくは数人が賞金をとる》独占かけ勝負. (3) くじ引きかけ競馬. ～ **ticket** sweepstakes の馬券.

◇ **～·er** [swíːpər] *n.* そうじ人[機].

swéep·ing [-iŋ] *a.* **1** 一掃する, 掃討する. **2** 吹き荒れる. **3** 破竹の勢いの. **4** 全面的な, 徹底的な: a ～ victory 完勝. **5** 広範な, 広範囲に及ぶ. **6** 大ざっぱな, ぞんざいな: a ～ statement 大まかな陳述. **—** *n.* **1** そうじ. **2** 一掃, 掃討, 全廃. **3** (*pl.*) 掃き集めたもの, ごみ, くず; 《けいべつ的》ろくでなし.

†**sweet** [swiːt] *a.* **1** 甘い, 糖分を含む. → bitter. **2** 味のよい, 美味の, 口あたりのよい. **3** 芳香を発する: It smells ～. いいかおりがする. ～ flowers においのよい花. **4** 《音の》調子がよい, 耳にここちよい: ～ sounds of music たえなる楽の音. **5** 甘美な, 感じのよい, 気持ちのよい: words ～ to one's ears 聞いて楽しいことば. **6** 優しい, 親切な: It's very ～ of you to let me know it. お知らせくださって(ご親切)ありがとう. **7** 〖話〗《特に婦人用語》きれいな, すばらしい, あいきょうのある, かわいい: a ～ character 魅力のある性格. a ～ smile 人なつこい微笑. **8** 《反語》ひどい. **9** 〖酒が〗甘口の. **10** 塩分のない: ～ water 淡水. ～ butter 無塩バター. **11** 〖化〗酸性の強過ぎない, イオウ分を含まない. **12** 〖米〗《土地が》農耕に適した. **13** 新鮮な, 腐っていない: ～ air 新鮮な空気. The milk is still ～. この牛乳はまだすっぱくなっていない. **14** 〖ジャズ〗ゆるやかで快い. → hot. **15** 《機械など》調子のよい: a ～ engine 快調なエンジン. **16** 〖米俗〗《仕事など》楽でもうかる. **17** じょうずな, 物慣れた (skillful).

at one's ～ ***will*** 好きかってに. ***be*** ～ ***on*** [***upon***] 〖話〗…にほれている. ***give*** a person ***a*** ～ ***one*** 〖俗〗ごつんとくらわす. ***have a*** ～ ***tooth*** 甘い物に目がない. ～ ***spirit***(***s***) ***of niter*** 鎮静発汗剤.

— *n.* **1** 甘味, 甘い物. **2** (通例 *pl.*) (砂糖) 菓子, 砂糖づけ; (通例 *pl.*) 〖英〗食後の甘い物. **3** (しばしば *pl.*) 楽しみ; 快いもの, 愉快な経験. **4** 《おもに呼びかけ》かわいい人, 愛する人. **5** (通例 *pl.*) 〖雅〗芳香. **6** 〖米話〗サツマイモ. ***taste the*** ～***s of success*** 成功のうま酒を味わう. ***the*** ～ ***and the bitter*** [***the*** ～***s and bitters***] ***of life*** 人生の苦楽.

— *ad.* = sweetly.

～ **alyssum** 〖植〗ニオイアリッサム. **～-and-sóur** 甘酢で味付けした. ～ **basil** 〖植〗メボウキ. ～ **bay** 〖植〗ゲッケイジュ; 北アメリカ種泰山木. **～·bread** [⊥⊥] 《おもに子牛の》すい臓または胸腺(きょうせん)《食用として珍重》. **～·brì·er, ～·brì·ar** [⊥⊥—/⊥⊥—] 〖植〗ノバラの一種. ～ **cider** 〖米〗未発酵リンゴ酒. ～ **corn** 〖植〗サトウモロコシ. ～ **fern** 〖植〗シダ類の一種; 北アメリカ種山桃. ～ **flag** 〖植〗ショウブ. ～ **gum** 〖植〗モミジバフウ《北アメリカ産》; それから採れる香液. **～·heart** → 別項. ～ **john** 〖植〗《細葉の》アメリカナデシコ. ～ **marjoram** 〖植〗マヨラナ. **～·meat** [⊥⊥] (通例 *pl.*) 砂糖[チョコレート]菓子, ボンボン, キャンデー; 《くだものの》砂糖づけ. ～ **oil** オリーブ油. ～ **one** あなた, おまえ《呼びかけ》. ～ **pea** 〖植〗スイートピー. ～ **pepper** 〖米: 植〗アマトウガラシ, ピーマン (green pepper). ～ **potato** 〖植〗サツマイモ; 〖米俗〗= ocarina. **～·root** [⊥⊥] 〖植〗甘草 (licorice). **～-scènt·ed** [⊥⊥—/⊥⊥—] 芳しい, かおりのよい. ～ **seventeen** [**sixteen**] 娘盛り. **～·shop** [⊥⊥] 〖英〗菓子屋 (= ㊍ candy store). **～·sop** [⊥⊥] 〖植〗バンレイシ (の実). ～ **stuff** 砂糖菓子 (= sweetmeat). ～ **sultan** 〖植〗矢車菊の一種. ～ **talk** 〖米俗〗くどき文句. **～-talk** [⊥⊥] *vt.* くどく. **～-tém·pered** 気だての優しい, 柔和な. ～ **violet** 〖植〗ニオイスミレ. ～ **water** 淡水, 飲料水. ～ **William,** ～ **william** 〖植〗アメリカナデシコ.

◇ **～·ing** *n.* 甘いリンゴの一種; 〖古〗恋人, 愛人. **～·y** *n.* 〖英: 小児語〗= sweetmeat.

swéet·en [swíːtn] *vt.* **1** <食物を> 甘くする. **2** の調子をよくする, の音色をよくする. **3** ここちよくする, の感じをよくする; 愉快にする, 楽にする. **4** 和らげる, なだめる, 緩和する, 軽減する. **5** <へや・空気などを> 清める, 消毒する《スプレー剤などで》. **6** <土地・胃腸などの>酸性を和らげる. **7** 〖話・商〗の担保をふやす《有価証券を追加して》. **8** <条件・申し込みなどを> 有利にする. **9** 〖俗〗<かけ金を> 増加する. **—** *vi.* **1** 甘くなる. **2** におい[調子, 音]がよくなる. **3** ここちよくなる, 愉快になる. **4** 美しくなる; 清くなる.

◇ **～·ing** *n.* 甘味をつけること; 甘味料, 甘くするもの.

swéet·heart [swíːthàːrt] *n.* **1** 恋人, 愛人《特に女性》. **2** 《呼びかけ》愛する者 (beloved one). **—** *vt., vi.* 〖話〗(に)恋をする, (に)言い寄る. ***go*** ～***ing*** 言い寄る, 求婚する.

swéet·ie [swíːti] *n.* **1** 〖米話〗= sweetheart. **2** (通例 *pl.*) 〖英〗= sweetmeat.

swéet·ish [swíːtiʃ] *a.* いくぶん甘い[うまい]; ちょっと美しい[愛らしい]. ◇ **～·ly** *ad.* **～·ness** *n.*

‡**swéet·ly** [swíːtli] *ad.* **1** 甘く. **2** うまく; 調子よく;

芳しく. **3** 優しく, 親切に, あいそよく, にこやかに. **4** 愛らしく, 美しく. **5** 《切れ味などが》よく, 容易に; 快く, すらすらと, 静かに. ***pay* [*cost*] ～** たいへん高価である.

***sweet·ness** [swí:tnis] *n.* **1** 甘味, 甘さ. **2** うまさ, 美味. **3** 《声・音の》甘美, 美しさ, 愛らしさ. **4** 芳香; 新鮮. **5** 快さ, 愉快. **6** 優しさ, 親切, 温和; 親切なことば〔行為〕.

‡**swell** [swel] *v.* (**～ed**; **～ed** 《㊥では稀》, **swól·len** [swóul(ə)n], 〖古〗**swoln** [swouln]) *vi.* **1** ふくれる, 膨張する; はれあがる《*up, out*》: The sails ～*ed out.* 帆が風をはらんだ. His face ～*ed up* [*out*]. 彼の顔ははれあがった. **2** 〈土地・海などが〉盛り上がる, 隆起する; 〈川が〉増水する: The river has *swollen.* 川が増水した. **3** 〈水かさが〉増す; 〈潮が〉さす, 満ちる. **4** 〈数量が〉増大する; かさばる; 〈音が〉高まる, 激しくなる: ～ *into* a roar 〈声が〉激しくなってどなり声になる. **5** 〈怒りなどが〉沸き上がる, こみあげてくる, たぎりたつ《*up*》. **6** 〈胸が〉いっぱいになる. **7** 〖話〗得意になる, 慢心する: The young man ～*ed* with ambition. 青年は野心でいっぱいになった.

—— *vt.* ～させる: ～ the sail 帆をふくらませる. rivers *swollen* by rain 雨で水かさを増した川. be *swollen* with pride 慢心している.

～ed head 〖話〗思い上がり, うぬぼれ. ***～ like a turkeycock*** からいばりをする. ***～ the chorus*** 賛成する, 付和雷同する, しり馬にのる. ***～ the ranks of*** に加わる.

—— *n.* **1** 膨張; 腫脹(しゅちょう), はれ; ふくらみ. **2** 隆起(部), 丘陵; 《からだの》突出部. **3** 大波, うねり. **4** 《量・額・程度・感情などの》増大, 拡大: a ～ in population 人口の膨張. **5** 〖話〗おしゃれ, ハイカラ, 粋人; 名士, 大物: a ～ in politics 政界の名士. **6** 〖俗〗手腕家, 腕きき; 物知り. **7** 《音の》増大, 高まり; 〖楽〗《音の》増減, 抑揚; 増減記号 《<, >》. **8** 《楽器の》音量調節装置. ***a ～ at*** の名手〔達人〕.

—— *a.* 〖話〗**1** 一流の, とびきり上等の: a ～ hotel 一流ホテル. **2** しゃれた, ハイカラな: look ～ いきなかっこうである, いかす. **3** 〖米〗すばらしい: a ～ time とても楽しいとき.

～ box 〖楽〗《オルガンの》音量増減装置. **～·fish** [⌐⌐] 〖魚〗フグ. **～ mob** 〖俗〗《集合的》紳士風のすりの一団〔仲間〕. **～ organ** 増音器つきオルガン. ◇ **～·dom** [-dəm] *n.* 〖俗〗流行を追う連中; 流行社会; 上流〔社交〕社会. **～·ish** *a.* 〖話〗いきな, しゃれた.

swéll·ing [swéliŋ] *n.* **1** 膨張; ふくらんだ部分; 腫脹(しゅちょう), はれもの; こぶ; 突起. **2** 《土地の》起伏, 隆起(部); 丘. **3** 増大; 《河水の》増水; 《波の》うねり.

—— *a.* **1** ふくれた, 盛り上がった, 隆起した. **2** 誇張した: a ～ oratory 大げさな演説.

swél·ter [swéltər] *vi.* 暑さにうだる; 汗だくになる.

—— *n.* 炎暑, 炎熱, 暑苦しさ.

‡**swept** [swept] *v.* sweep の過去・過去分詞.

swerve [swə:rv] *vi.* **1** それる, はずれる. **2** 正道を踏みはずす, 迷う: He ～*d from* the path of duty. 彼は本分を誤った. **——** *vt.* そらす, そらせる, ゆがます. **——** *n.* **1** それ, はずれ; 曲がり, ゆがみ. **2** 〖クリケット〗曲球.

S.W.G. standard wire gauge.

‡**swift** [swift] *a.* **1** すばやい, すみやかな, 迅速な: ～ *of* foot 足がはやい. **2** つかのまの. **3** 即座の, さっそくの, 寸秒を争う: a ～ response 即答. **4** …しやすい《*to* (do)》: ～ *to* suspect すぐ疑う. **5** 〖米俗〗遊蕩(ゆうとう)の. **——** *ad.* 〖雅〗すみやかに (=swiftly).

—— *n.* **1** 〖鳥〗アマツバメ; 一種の蚊; 〖動〗イモリ; 一種の小トカゲ. **2** 糸の巻き取りわく, 糸巻き. **3** 〖米俗〗スピード. **4** 〖俗〗すばやい文選工.

～-fóot·ed 足のはやい, 飛ぶように走る. **～-hánd·ed** 手のはやい; 《行動の》敏速な.

◇ ‡**～·ly** *ad.* **～·ness** *n.* 類 → **fast**「速い」

Swift [swift] *n.* Jonathan ～, 1667–1745, イギリスの風刺作家 《*Gulliver's Travels* の著者》.

swill [swil] *vt.* **1** がぶがぶ飲む; 鯨飲する. **2** ゆすぐ, 洗い去る, 洗浄する《*out*》. **——** *vi.* **1** がぶ飲みする. **2** 〈雨が〉ザーザー降る.

—— *n.* **1** 台所の流し水 《豚のえさ》, 残菜, 残飯. **2** 水洗い, すすぎ洗い. **3** 鯨飲, 痛飲; 大酒. **4** 安酒.

†**swim** [swim] *v.* (**swam** [swæm], 〖古・方〗**swum** [swʌm]; **swum**; **swím·ming**) *vi.* **1** 泳ぐ: Let's go ～*ming.* 泳ぎに行こう. **2** 浮遊する, ふわふわ〔すーっと〕流れる〔動く〕: A star *swam* across the sky. 空を星が流れた. **3** 《水に》浸る, たっぷりつかる《*in*》; あふれる, いっぱいである《で *with*》: meat ～*ming in* the soup スープに浮かんでいる程度の少しの肉. eyes ～*ming with* tears 涙のあふれる目. **4** 目が回る: My mind *swam.* 私は頭がくらくらした. **5** 〈物が〉くるくる回るように見える: The room *swam* before his eyes. へやが彼の目にはくるくる回るように見えた.

—— *vt.* **1** 泳ぐ, 泳いで渡る: ～ the English Channel イギリス海峡を泳いで渡る. **2** と競泳する; 〈競泳に〉出る. **3** 〈犬・馬などを〉泳がせる: ～ a horse. **4** 〈舟などを〉浮かべる; 《水に》浸す, つける. ***cannot ～ a stroke*** まるっきり泳げない. ***～ to the bottom* [*like a stone*]** 〖笑〗泳げない, 金づちだ. ***～ with the stream* [*tide*]** 時流に便乗する; 大勢に従う.

—— *n.* **1** 水泳, 遊泳; 一泳ぎ; 泳いだ〔泳ぐ〕距離: have a ～ 一泳ぎする. go for a ～ 一泳ぎしに行く. **2** 〖おもに米〗魚の浮き袋. **3** 《魚の集まる》深淵(しんえん). **4** (the ～) 成り行き, 情勢, 大勢. **5** 〖話〗めまい; ちらつき: My head is in a ～. 頭がぐらぐらする. **6** 踊りの一種. ***be in* [*out of*] *the ～*** 事情に通じている〔不案内である〕; 時勢に遅れない〔遅れている〕.

～ meet 〖米〗水泳大会. **～ suit** 水泳着 (bathing suit).

‡**swím·mer** [swímər] *n.* 泳ぐ人〔動物〕: a poor [strong] ～ 泳ぎのへたな〔じょうずな〕人〔動物〕.

swím·mer·et [swímərèt] *n.* 〖動〗《甲殻類の》遊泳器, 泳脚.

‡**swím·ming** [swímiŋ] *n.* **1** 水泳: *S～* is fun. 泳ぐのは楽しい. **2** めまい: have a ～ in the head 頭がふらふらする. ***go ～*** 泳ぎに行く.

—— *a.* **1** 泳ぐ; 《鳥など》遊泳性の. **2** 水泳用の. **3** 《動作が》すらすらした, 流れるような. **4** 涙〔汗, 水〕があふれた: ～ eyes 涙のいっぱいたまった目. **5** めまいがする.

～ bath 〖英〗《通例屋内の》水泳プール (=㊥ ～ pool). **～ bell** 〖動〗《クラゲなどの》かさ, 鐘形遊泳器. **～ belt** 《水泳練習用の》浮き袋. **～ bladder** (魚の)浮き袋. **～ gala** 水泳競技会. **～ hole** 《川などの》泳ぎ場所, 水たまり. **～ pool** 〖米〗水泳プール. **～ stone** =floatstone. **～ suit** 水泳着.

◇ **～·ly** *ad.* すらすらと, 楽に: go [get] on ～*ly* とんとん拍子にことが運ぶ.

swín·dle [swíndl] *vt.* **1** 〈人を〉だます. **2** 〈金品を〉詐取する. → cheat. **——** *vi.* ぺてんにかける, 詐欺をはたらく. **～ a person *out of*** (人を) だまして…を奪う, (人から) …をだまし取る.

—— *n.* **1** 詐欺, 詐取, かたり, ぺてん. **2** にせ物, いかさま物. **～ sheet** 〖商・俗〗交際費, 供応費.

◇ **～r** [-ər] *n.* 詐欺〔ぺてん〕師.

***swine** [swain] *n.* (*pl.* ～) **1** 〖米〗豚. 〈注〉一般には pig, hog を用いる. **2** 下等なやつ, 貪欲(どんよく)者, 好色漢. **～ fever** 豚コレラ. **～·herd** [⌐⌐] 養豚者. **～ plague** 豚の敗血症. **～ pox** 〖医〗水痘, 水疱瘡(みずぼうそう).

swín·er·y [swáinəri] *n.* **1** 養豚場, 豚小屋. **2** 豚の群れ; 《豚のように》貪欲(どんよく)な〔利己的な〕人々.

‡**swing** [swiŋ] *v.* (**swung** [swʌŋ], 〖古・方〗**swang** [swæŋ]; **swung**) *vi.* **1** (ぶらぶら) 揺れる; 振動する: The lamp *swung* in the wind. ランプが風で揺れた. **2** ぶらさがる; ぶらんこに乗る; 〖俗〗絞首刑に

なる. **3** ぐるっと回る, 回転する《*round*》: ～ *round* a corner 町かどを回る. The door *swung* open. ドアがバタンと開いた. **4** 隊伍(たいご)整然と進む, からだを振って威勢よく行進する; ゆらゆらと進む《*along, past, by*》: ～ out 威勢よく出かける. **5** <音楽などが> 調子よく進む. **6**〘米〙スイング式に演奏〔指揮〕する; スイングを踊る. **7** 活気がある, 威勢をよくする; 〘米俗〙時代〔流行〕の先端をゆく. **8** <ふたりが> 仲がいい.

—— *vt.* **1** 揺り動かす, 振る, ぶらぶらさせる: ～ a child《ぶらんこなどに乗せて》子どもを揺り動かす. **2** 振り回す. **3** ぐるっと回す, 丸く回す, 回転させる; にカーブをきらせる. **4** つるす;〘俗〙絞首刑に処する: ～ a hammock between two trees 樹間にハンモックをつる. ～ a car on board a ship 車を船につり上げる. **5** の向きを変える; <世論などを> 左右する. **6** 〘米話〙うまく処理する〔扱う〕. **7**〘米〙スイング風に演奏する〔指揮する, 踊る, 歌う〕.

no room to ～ a cat in 非常に狭苦しい. ***～ for it*** 絞首刑に処せられる. ***～ round the circle*** 〘米〙選挙区を遊説する. ***～ the lead*** [led]〘英: 軍俗〙仮病をつかう, ずるける. ***～ to*** <ドアが> 締まる.

—— *n.* **1** 振り回すこと;《テニス・ゴルフ・野球などの》振り方: a short ～ 短い振り. **2** 揺れ, 振動; 回ること; 振幅; 前後運動: the ～ of the tides 潮の満ち引き. **3** 律動, 音律, 調子. **4** ぶらんこ; ぶらんこに乗ること. **5** 激しい一撃. **6** からだを振って威勢よく歩くこと, 威勢のよい動き. **7**《仕事などの》進行, はかどり. **8** 行動の自由: Give him full ～. 彼を自由にさせておけ. **9** 傾向. **10**〘商話〙《株価などの》変動. **11**〘米〙スイング(=～ music). **12** 一周旅行《もとの場所へもどってくる》.

go with a ～ すらすら行く, 調子よく運ぶ, <会などが> 盛会である. ***in full ～*** どんどん進行中で, まっ最中で, 盛んに (やっている). ***lose on the ～s what you make on the roundabouts*** 元の木阿彌(もくあみ)に返る. ***～ round the circle*** 〘米〙《選挙などのための》遊説旅行.

—— *a.* **1**〘楽〙スイングの. **2**《世論などを》左右する. **3** 回転する; ぶらさがる. **4** 交替要員の.

～·back [ˊˋ] あともどり, 逆行現象. **～ boat** 〘英〙《二, 三人乗りの》船形ぶらんこ. **～ bridge** 旋開橋, はね橋. **～ door** =swinging door. **～ music** 〘米〙スイング《ジャズ音楽》. **～·ò·ver** 《世論などの》変換. **～ shift**〘米話〙半夜勤《通例午後4–12時》. **～ span**〘米〙=～ bridge.

swinge [swindʒ] *vt.*〘古〙**1** むち打つ, 強打する. **2** <人を> 懲らしめる, 罰する.

swínge·ing [swíndʒiŋ] *a.* 〘話〙**1**《打撃など》強い, ひどい, 激しい. **2** ひどく大きい, すごい; すばらしい. ◇ **～·ly** *ad.*

swíng·ing [swíŋiŋ] *a.* **1** 揺れる, 振動する. **2**《歩き方などが》威勢のよい; 活発〔元気〕な. **3**《歌などが》軽快な, 調子のはやい. **～ door**《内外に開き締まる》自動ドア. ◇ **～·ly** *ad.*

swín·gle [swíŋgl] *n.* 《殻竿(からざお)の》回転する横木; 麻打ち棒. **——** *vt.* 殻竿〔麻打ち棒〕で打つ.
～·tree [ˊ-ˋ] =whippletree.

swín·ish [swáiniʃ] *a.* 豚の (ような); 下劣な; 意地きたない, 貪欲(どんよく)な; 好色な. [<swine]
◇ **～·ly** *ad.* **～·ness** *n.*

swink [swiŋk] *vi.* (**swank** [swæŋk], **swonk** [swʌŋk]; **swónk·en** [swʌ́ŋk(ə)n])〘英古〙汗水たらして働く, ほねおる. **——** *n.*〘古〙ほねおり, 労苦.
◇ **～·er** *n.* 労働者.

swipe [swaip] *n.* **1**〘話〙《クリケットなどの》強打, 大振り. **2**《井戸のつるべの》さお. **3**《酒などの》がぶ〔ぐい〕飲み. **4** (*pl.*)〘英俗〙薄い安ビール.
—— *vt.* **1**〘話〙強打する. **2**〘俗〙かっぱらう, 盗む. **3**〘俗〙がぶりと飲む. **——** *vi.* 力いっぱい打つ.

swirl [swəːrl] *vi.* **1** <風・河流などが> うずまく. **2** <頭が> ふらふらする, めまいがする. **——** *vt.* にうずを起こさせる. **——** *n.* **1** うず;《魚などが泳いでできる》小うず. **2** ふぶき. **3** うずまき形 (のもの)《髪飾り・巻き毛など》. **4** 混乱.

***swish**[1] [swiʃ] *n.*《むち・つえ・きぬずれ・波などの》シュッ〔ピュッ〕という音〔動き〕: a ～ of a horse's tail 馬のしっぽのシュッという一振り. **——** *vi., vt.* シュッ〔ピュッ〕と動く〔打つ, 切る, …する〕: ～ *out of* the room 目にもとまらぬはやさでへやから飛び出る. The whip ～*ed* through the air. むちがヒュッと空(くう)を切った. ～ off a branch 枝をさっと切り落とす.

swish[2] *a.*〘英話〙しゃれた, スマートな.

‡Swiss [swis] *a.* **1** スイスの. **2** スイス風〔産〕の; スイス人の. **——** *n.* (*pl.* ～) **1** スイス人. **2**《特にドイツ語などの》スイスなまり.
～ chard 〘植〙トウチサ, 不断草. **～ cheese** 〘米〙《堅くて穴の多い》チーズ. **～ French** [**German**] スイスなまりのフランス語〔ドイツ語〕. **～ Guard**《昔フランスなどの》スイス人雇い兵;《ローマ法王の》スイス護衛兵. **～ roll**《ジャム入りの》巻きパン. **～ steak** スイス ステーキ《トマト・ネギなどで味をつけ, とろ火で煮た牛肉》.

Swit. Switzerland.

‡switch [switʃ] *n.* **1**〘電〙スイッチ, 開閉器. **2**《ガスなどの》せん, ねじ. **3**〘電話〙交換台. **4**〘米:鉄道〙転轍(てんてつ)機, ポイント (=㊍ points). **5** 切り替え, 転換, 変更: a ～ in policy 政策の転換. **6** しなやかな若枝《むちなどにする》. **7** しなやかなむち〔棒〕. **8**《むちなどの》一振り, 一打ち: a ～ of a buffalo's tail 水牛のしっぽの一打ち. **9**《女の》入れ毛, かもじ. **10** 〘軍〙斜行壕(ごう). ***asleep at the ～*** 〘米俗〙(1) ゆだんして, うっかりして. (2) 義務を怠って. ***on-off ～*** 《電流などの》点滅スイッチ.

—— *vt., vi.* **1** <電流を> 通じる; <電燈・ラジオなどを> つける; <電話を> つなぐ《*on*》: ～ the radio *on*. **2** <電流・電話・ラジオなどを> 切る, <電燈などを> 消す《*off*》: ～ a light *off*. **3**〘鉄道〙転轍する: ～ cars back and forth 車両をポイントを使って入れ替える. **4** <話題などを> 転ずる, (切り) 替える: ～ the conversation off to the weather 話題を天気のことに変える. **5**〘話〙取り替える: ～ seats 席を交換する. **6** ひったくる. **7** <馬などが尾を>振る, 振り回す. **8** むち打つ (whip). **9**〘トランプ〙切り札のせり落としで他の組み札に乗り換える. **10**〘競馬〙他人名義で持ち馬をレースに出す. ***～ off*** [***on to***] の放送を聞くのをやめる〔聞き始める〕. ***～ over*** 変える, 転換する《へ *to*》.

～·back [ˊˋ]〘鉄道〙《急坂を登るための》折り返し; 〘英〙=roller coaster;〘映〙切り返し. **～·blade knife** 飛び出しナイフ. **～·board** [ˊˋ]〘電〙配電盤;《電話の》交換台. **～·hìt·ter**〘野球〙右でも左でも打てる打者. **～ lever** 転轍てこ. **～·man** [-mən] (*pl.* **-men**)〘米: 鉄道〙転轍手. **～·ò·ver** 切り替え, 転換. **～·yard** [ˊˋ]〘米: 鉄道〙操車場.

Switz., Swtz. Switzerland.

Swítz·er [swítsər] *n.* **1**〘古〙スイス人. **2** (*pl.*) =Swiss Guards.

‡Swítz·er·land [swítsərlənd] *n.* スイス《ヨーロッパ中部の連邦共和国. 首都 Bern》. →形容詞 Swiss.

swív·el [swívl] *n.* **1** 猿環(さるかん), 転環《自由に回転する金物の環》. **2** 回転台; 回転いすの台座; 回転砲架. **3** 旋回砲.
—— *vi., vt.* (**-l-**, ㊍ **-ll-**) **1** 回る, 旋回する《*round*》. **2** 猿環で回る; 旋回軸で旋回させる. **3** 猿環でつなぐ〔留める〕. **～ bridge** = swing bridge. **～ chair** 回転いす. **～-eye(d)** [ˊ-ˋ] やぶにらみ(の). **～ gun** 旋回砲. ◇ **～(l)ed** [-d] *a.* 猿環をつけた.

swíz·zle [swízl] *n.* スイズル《ラム酒・氷・ライム果汁(かじゅう)・苦味剤・砂糖などでつくるカクテルの一種》.
～ stick《カクテル用》攪拌(かくはん)棒.

swob =swab.

***swól·len** [swóul(ə)n] *v.* swell の過去分詞.
—— *a.* **1** はれた; ふくれた; 増水した. **2**《評価などが》過大な, 大げさな. **～ head** =swelled head. ◇ **～·ly** *ad.* **～·ness** *n.*
swoln [swouln]〔古〕=swollen.
swoon [swu:n] *n.* 卒倒, 気絶: fall into a ～ 気絶する. ***in a ～*** 気絶して, 卒倒して. **——** *vi.* **1** 卒倒する, 気絶する: She ～*ed* at the news. それを聞いて彼女は気絶した. **2** 弱まる, 衰える; 〈音などが〉しだいに消えていく.
‡swoop [swu:p] *vi.* **1** 〈タカなど猛鳥が〉(上から) 飛びかかる, 襲う《*down*; に *down on*》. **2** 急襲する, 突然襲う: ～ *down upon* an enemy 敵に不意打ちをかける. **——** *vt.*〔話〕ひったくる, ひっさらう《*up*》: ～ *up* a handbag ハンドバッグをかっぱらう.
—— *n.* **1** (上からの) 襲いかかり; 急襲, 不意の襲撃. **2** 急降下. **3** ひっさらい, ひったくり. ***at one fell ～*** 一挙に, 一度に. ***make a ～ at*** を急襲する. ***with a ～*** 一撃をもって; さっと.
swop =swap.
‡sword [so:rd/sɔ:d] *n.* **1** 刀, 剣. **2** (the ～) 武力, 兵力; 兵馬の権; 戦争. **3**〔軍俗〕銃剣.
at ～s' points ひどく仲が悪い. ***at the point of the ～*** 脅迫して. ***court*** [***dress***] ***～*** 礼服用の帯剣. ***cross*** [***measure***] ***～ with*** と一戦を交える; と争う, と論争する. ***draw the ～*** 剣を抜く; 戦いを始める. ***dueling ～*** 突き剣. ***fire and ～*** 略奪. ***put to the ～*** 切り殺す. ***put up*** [***sheathe***] ***the ～*** 刀をさやに納める; 講和する. ***～ of State*** [***honour***]〔英〕国王の前に奉持する宝剣. ***The pen is mightier than the ～.***〔諺〕文は武にまさる. ***the ～ of Justice*** 司法権. ***the ～ of the spirit*** 神のことば. ***with a stretch of the ～*** 一太刀(たち)で.
～ arm 右腕, 右手. **～ bayonet** 銃剣. **～-bèar·er** 剣持ち, 太刀持ち. **～ belt** 剣帯, 刀帯. **～-bill** [´ ˋ]〔鳥〕《南アメリカ産》ハチドリ. **～ cane** 仕込みづえ. **～ cut** 刀傷. **～ dance** 剣の舞. **～-fish** [´ ˋ]〔魚〕メカジキ. **～ flag**〔植〕キショウブ. **～ grass**〔植〕剣状の細長い葉のある草《特にシシギリガヤ・グラジオラスなど》. **～ guard** 刀のつば. **～ hand** 右手. → bow hand. **～ knot**《剣のつかに付けた》つかふさ, 下げ緒. **～ law** 武力統治; 軍政; 戒厳令. **～ lily**〔植〕トウショウブ, グラジオラス. **～·man** [-mən] (*pl.* **-men**)〔古〕=swordsman. **～·play** [´ ˋ] (1) フェンシング, 剣術. (2) 火花を散らす議論; 当意即妙の答え. **～-proof** [´ ˋ] 刀のとおらない. **～s·man** → 別項. **～·smith** [´ ˋ] 刀かじ. **～-stick** [´ ˋ] =～ cane.
swórds·man [sɔ́:rdzmən] *n.* (*pl.* **-men**) **1** 剣術家, 剣客, 剣士. **2** 軍人, 武人. ◇ **～·ship** *n.* 剣術, 剣道(の腕前); 剣道家であること.
‡swore [swo:r/swɔ:] *v.* swear の過去形.
‡sworn [swo:rn/swɔ:n] *v.* swear の過去分詞.
—— *a.* 誓った; 誓いにより結ばれた〔約束された, 保証された〕: ～ brothers 義兄弟. ～ friends 無二の友. ～ enemies 不倶戴天(ふぐたいてん)の敵. a ～ evidence 宣誓して提出した証拠.
swot [swɑt/swɔt] *vt., vi.* (**-tt-**)〔英俗〕《特に》本にかじりつく, がり勉する (sap): ～ *at* a subject =～ a subject up 学科をがり勉する〔にわかに詰め込む〕.
—— *n.* **1** がり勉; ほねおり仕事. **2** 猛勉強家.
swound [swaund, ㊊⁺swu:nd]〔古〕=swoon.
'swounds [zwaundz, zaundz] *int.*〔古〕ちえっ!, 畜生! [<god*'s wounds*]
Swtz. Switzerland.
†swum [swʌm] *v.* swim の過去分詞;〔古〕swim の過去形.
‡swung [swʌŋ] *v.* swing の過去・過去分詞.
～ dash 波形ダッシュ (～).
Sýb·a·ris [síbəris] *n.* イタリア南部にあった古代ギリシア都市《富んだ市民の生活はぜいたくをきわめた. 紀元前510年に滅亡》.
Sýb·a·rite [síbəràit] *n.* **1** Sybaris 人. **2** (または s～) ぜいたくで柔弱な人. **——** *a.* (s～) =Sybaritic ②.
Sỳb·a·rít·ic [sìbərítik] *a.* **1** Sybaris 人の. **2** (または s～) おごりにふける, 柔弱な. ◇ **-i·cal·ly** *ad.*
sýb·a·rit·ism [síbəraitìz(ə)m] *n.* ぜいたくで享楽にふけること.
sýb·il [síb(i)l] =sibyl.
sýc·a·mine [síkəmin, -màin] *n.*〔聖〕黒い桑の木〔実〕《ルカ伝17:6》.
sýc·a·more [síkəmɔ̀:r/-mɔ:] *n.*〔植〕**1**《シリア・エジプト産》イチジクの一種 (=～ fig, Egyptian ～). **2**〔米〕スズカケの木. **3**〔英〕大カエデの一種 (=～ maple).
syce, sice [sais] Hind. *n.* 別当, 馬丁.
sy·cée [saisí:] *n.* 細糸銀 (=～ silver)《未鋳造の銀. もと中国で物品交換に用いられた》.
sýc·o·phant [síkəfənt] *n.* 追従(ついしょう)者, おべっかつかい. ◇ **sý·co·phan·cy** [-fənsi] *n.* へつらい. **sỳc·o·phán·tic** [ˋ —fǽntik] *a.* へつらう.
sy·có·sis [saikóusis] *n.*〔医〕毛瘡(もうそう).
Sýd·ney [sídni] *n.* シドニー《Australia の港市》.
sý·e·nite [sáiịnàit] *n.*〔鉱〕セン長岩.
◇ **sỳ·e·nít·ic** [sàiịnítik] *a.*
syl., syll. syllable(s); syllabus.
sýl·la·bar·y [síləbèri/-bəri] *n.* 音節文字表《日本の五十音図など》.
sýl·la·bi [síləbài] *n.* syllabus の複数形.
syl·láb·ic [silǽbik] *a.* **1** 音節の; 音節による; 音節をあらわす. **2** 各音節を発音する, 発音がきわめて明瞭(めいりょう)な: a ～ style of speaking はっきりした話し方. **3** 音節を構成する, 音節主音の, 音節的な.
—— *n.* **1** 音節文字. **2** 音節主音.
～ consonant〔音声〕音節主音的子音《battle [bǽtl] の [l], sudden [sʌ́dn] の [n] など》.
◇ **-i·cal·ly** [-(ə)li] *ad.* 音節に分けて, 音節ごとに, 音節で. **sỳl·la·bíc·i·ty** [sìləbísịti] *n.* ～であること.
syl·láb·i·cate [silǽbịkèit] *vt.* 音節に分ける.
◇ **syl·làb·i·cá·tion** [— ˋ —kéiʃ(ə)n], **syl·làb·i·fi·cá·tion** [— ˋ —fịkéiʃ(ə)n] *n.* 音節に分けること, 音節区分.
syl·láb·i·fy [silǽbịfài], **sýl·la·bize** [síləbàiz] =syllabicate.
‡sýl·la·ble [síləbl] *n.* **1** 音節. **2** 一言, 一語, 片言, 一言半句. ***Not a ～!*** ひと言も口をきくな. ***to the last ～*** とことんまで. **——** *vt.* **1** 音節ごとに発音する; はっきり発音する. **2**〔雅〕〈ことば・名などを〉言う.
-sýl·la·bled [-d] *a.* …つづり〔音節〕の: a three-*syllabled* word 3音節語.
sýl·la·bub =sillabub.
sýl·la·bus [síləbəs] *n.* (*pl.* **-bus·es, -bi** [-bài]) **1**《講義などの》概要, 大要; 教授細目. **2**〔カトリック〕教書要目《特にローマ法王 Pius IX が1864年に指摘した異端書80箇条》. **3**〔法〕判例集に付した判決理由の概説書;《学生用》判例要覧.
syl·lép·sis [silépsis] *n.* (*pl.* **-ses** [-si:z])〔修〕一筆双叙法《一つの語を同時に両義に用いること》;〔文〕兼用法.
syl·lép·tic [siléptik] *a.* syllepsis の.
◇ **-ti·cal·ly** *ad.*
sýl·lo·gism [sílədʒìz(ə)m] *n.* **1** 三段論法. **2** 演繹(えんえき)法. → induction. **3** 精巧な理論.
sỳl·lo·gís·tic [sìlədʒístik], **-ti·cal** [-(ə)l] *a.* **1** 三段論法の. **2** 演繹的な.
◇ **sỳl·lo·gís·ti·cal·ly** *ad.*
sýl·lo·gize [sílədʒàiz] *vi.* **1** 三段論法で論ずる, 三段論法を用いる. **2** 推論する. **——** *vt.* 〈事実・議論を〉三段論法の形にする; 三段論法で推論する.
◇ **sỳl·lo·gi·zá·tion** [ˋ —dʒịzéiʃ(ə)n/-dʒaiz-] *n.*
sylph [silf] *n.* **1** 空気の精. → gnome², nymph, salamander. **2** すらっとした優雅な少女. **3**〔鳥〕ハ

チドリの一種. ◇ **～·like** *a.* 空気の精のような; ほっそりした, 優雅な.

sýlph·id [sílfid] *n.* 若い〔幼い〕空気の精.
◇ **～·ine** [-in, -àin] *a.*

sýl·va [sílvə] *n.* (*pl.* **-vas, -vae** [-viː]) =silva.

sýl·van, síl·van [sílv(ə)n] *a.* 森の(ある); 森の中の; 森からなる; 樹木の多い. **——** *n.* 森の精; 森の住人.

sýl·vi·cul·ture =silviculture.

sym- *pref.* b, m, p の前の syn- の異形: *sym*biosis 共生<syn- 共に+√bi-[1] 生きる. *sym*metry 均整<syn-+√metr- 計る.

sym. symbol(ic); symmetry; symphony; symptom.

sým·bi·on [símbaiàn, -biàn/-biɔn] *n.* (*pl.* **-ons, -a** [-biə]) =symbiont.

sým·bi·ont [símbaiànt, -biànt/-biɔnt] *n.* 〘生〙 共生体《共生生活をする生物》.

sỳm·bi·ó·sis [sìmbaióusis, -bióu-/-bi-] *n.* 〘生〙 共生, 共同生活. [√bi-[1]]

sỳm·bi·ót·ic [sìmbaiátik, -bi- / -biɔ́t-], **-i·cal** [-(ə)l] *a.* 共生の, 共生する.
◇ **sỳm·bi·ót·i·cal·ly** *ad.*

‡sým·bol [símb(ə)l] *n.* **1** 象徴, 表象: The cross is the ～ of Christianity. 十字架はキリスト教の象徴である. **2** 符号, 記号, しるし: chemical ～*s* 化学記号. graphic ～*s* 図解符号. express by ～*s* 符号で示す. **——** *vt.* (**-l-**, ㊥ **-ll-**) **1** 表象する, 象徴する. **2** 記号であらわす.

sym·ból·ic [simbálik / -bɔ́l-], **-i·cal** [-(ə)l] *a.* **1** 象徴する, あらわす《を *of*》. **2** 象徴の, 象徴的な. **3** 記号的, 符号の. **symbolic language** 記号言語. **symbolic logic** 記号論理学.
◇ **sym·ból·i·cal·ly** *ad.* 象徴的に; 記号的に.

sym·ból·ics [simbáliks/-bɔ́l-] *n. pl.* 《単数扱い》〘宗〙 信条論; 〘人類〙 儀式研究.

sým·bol·ism [símb(ə)lìz(ə)m] *n.* **1** 象徴〔記号〕使用; 象徴的表現; 《集合的》 象徴, 記号. **2** 象徴的意味, 象徴性. **3** 《特に文学・美術などの》 象徴主義; 象徴派. ◇ **-ist** *n.* 《文学・美術などの》 象徴主義者; 象徴〔記号, 符号〕を用いる人〔学者〕.

sỳm·bol·ís·tic [sìmb(ə)lístik] *a.* 象徴(主義)的な; 象徴主義者の. ◇ **-ti·cal·ly** *ad.*

sým·bol·ize [símb(ə)làiz] *vt.* **1** 象徴する, の象徴である. **2** の符号〔記号〕である. **3** 象徴化する; 符号〔記号〕化する. **4** 象徴として見る, 象徴的に扱う. **——** *vi.* 象徴〔符号〕を用いる.
◇ **sỳm·bol·i·zá·tion** [∸–lizéiʃ(ə)n, -laiz-] *n.*

sym·ból·o·gy [simbálədʒi / -bɔ́l-], **sỳm·bol·ól·o·gy** [sìmbəlálədʒi/-lɔ́l-] *n.* **1** 象徴学; 記号論. **2** 象徴〔記号〕の使用(法).

sym·mét·al·lism [simmét(ə)lìz(ə)m] *n.* 〘経〙 《貨幣の》 複本位制. → bimetallism.

sym·mét·ric [simétrik], **-ri·cal** [-(ə)l] *a.* 均整のとれた, 相称の, 対称の.
◇ **sym·mét·ri·cal·ly** *ad.*

sým·me·trize [símitràiz] *vt.* 相称〔対称〕的にする, のつりあいをよくする.
◇ **sỳm·me·tri·zá·tion** [∸–trizéiʃ(ə)n/-traiz-] *n.*

sým·me·try [símitri] *n.* **1** 均整, 相称, 対称, つりあい. **2** 調和, 均整美. **3** 〘植〙 相称. [√metr-]

‡sỳm·pa·thét·ic [sìmpəθétik] *a.* **1** 同情的な, 思いやりのある, 共感を示す: a ～ look [smile] 思いやりのある表情〔ほほえみ〕. ～ tears 同情の涙. **2** 同情〔共感〕に基づく: a ～ strike 同情スト. **3** 好意的な, 賛成する: He was ～ *to* our plan. 彼はわれわれの計画に賛成だった. **4** 気性に合った; 気心の合った: ～ surroundings (自分にとって)快適な環境. ～ friends 気心の合った友だち. **5** 〘生理〙 交感の: ～ nerves 交感神経. **6** 〘物〙 共鳴する: ～ vibrations 共振. **7** 《インクが》 あぶり出しの. **——** *n.* 交感神経; 《催眠術などに》 かかりやすい人.
～ contact 〘社〙 自分の所属するグループの代表としてでなく個人として行なう接触. ↔ categorical contact.

***sỳm·pa·thét·i·cal·ly** [sìmpəθétik(ə)li] *ad.* 同情〔共鳴〕して; 賛成して; 感応して.

‡sým·pa·thize [símpəθàiz] *vi.* **1** 同情する, 悔やみを言う《に *with*》: ～ *with* a person 人に同情する. ～ *with* a person's grief 人の悲しみに同情する. **2** 共感する, 賛成する《と, に *with*》: Tom's parents do not ～ *with* his ambition to be a statesman. トムの両親は彼が政治家になる野心に賛成していない. **3** 感応する: The poet ～*d with* the spirit of nature. 詩人は自然の魂に感応〔と融合〕した.
◇ **-thiz·er** [-ər] *n.* **1** 同情者, 思いやりのある人. **2** 同調者, 共鳴者, 支持者; シンパ, 同志.

‡sým·pa·thy [símpəθi] *n.* **1** 同情, 思いやり; 悔やみ, 弔慰: have [feel (a)] ～ for the poor 貧しい人々に同情する. a letter of ～ 同情の手紙, 悔やみ状. express ～ for [with] の〔に〕 悔やみ言をいう. ↔antipathy. **2** 好意, 賛成, 共鳴: I have no ～ *with* his foolish idea. 彼のばからしい考えには賛成できない. **3** (*pl.*) 《次の成句で》: a man of wide ～*ies* 包容力のある人. You have my ～*ies*. = My ～*ies* are with you. きみに同情〔賛成〕します. **4** 一致, 調和《*with*》. **5** 〘生理〙 交感; 〘物〙 共鳴, 共振.
in* ～ *with (1) に同情〔共鳴, 賛成〕して. (2) と一致〔同調〕して. ***out of* ～ *with*** (1) に同情〔共鳴, 賛成〕しないで. (2) と一致〔同調〕しないで. [√path-]
〔類義語〕 同情: **sympathy** お互いの気持ち・趣味・意見を分かち合うこと. 共感, 共鳴: Humor has its roots not in cynicism but in *sympathy*. ユーモアは冷笑でなく共感から発生する. **pity** 同情, あわれみ. 多くは人間愛から生まれるが, けいべつから生じることもある: Give me hatred rather than *pity*. あわれんでくれるくらいならむしろ憎んでもらいたい. **compassion** pity が「あわれみ」を示すばあいがあるので誤解を避けるため, 対等の立場からの人間的同情を強調したいときには,この語を用いる.

sym·pét·al·ous [simpét(ə)ləs] *a.* 〘植〙 合弁の.

sym·phón·ic [simfánik/-fɔ́n-] *a.* 〘楽〙 **1** 交響楽の, 交響的な: a ～ poem [suite] 交響詩〔組曲〕. **2** (協)和音の. **3** 《語などが》 類似音の.
◇ **-i·cal·ly** *ad.*

sym·phó·ni·ous [simfóuniəs] *a.* 和音の; 調和のとれた; 調子のよい. ◇ **～·ly** *ad.*

sým·pho·nize [símfənàiz] =harmonize.

‡sým·pho·ny [símfəni] *n.* **1** 〘楽〙 シンフォニー, 交響曲; 合唱曲〔歌曲〕の器楽部. **2** 調和, 諧調(かいちょう); 色彩の調和. → harmony. **3** 〘古・雅〙 (協)和音.
～ orchestra 交響楽団. [√phon-]
◇ **-nist** *n.* 交響曲作者; 交響楽団員.

sým·phy·sis [símfisis] *n.* (*pl.* **-ses** [-siːz]) 〘植〙 合成; 〘医〙 《骨の》 癒着(ゆちゃく), 癒合; 癒着線.

sym·pó·si·um [simpóuziəm] *n.* (*pl.* **-a** [-ziə], **-ums**) **1** シンポジウム, 討論会, 座談会. **2** 《ある一定の問題に関する諸家寄稿の》 論文集, 論叢(ろんそう). **3** 《古代ギリシアの》 供宴, 酒宴.

***sýmp·tom** [sím(p)təm] *n.* 兆候, きざし, しるし; 〘医〙 症状《*of*》.

sỳmp·to·mát·ic [sìm(p)təmǽtik], **-i·cal** [-(ə)l] *a.* **1** 兆候の, 兆候による. **2** 兆候である, しるし〔前兆〕である, あらわす《の, を *of*》.
◇ **sỳmp·to·mát·i·cal·ly** *ad.*

sỳmp·tom·a·tól·o·gy [sìm(p)təmətálədʒi/-tɔ́l-] *n.* 〘医〙 兆候学, 症候学.

syn- *pref.* 「ともに」「同時に」「類似」などの意. ギリシア語(から)の語の前につける. → sym-, sys-.

syn. synonym; synonymous; synonymy.

syn·áer·e·sis [sinérəsis / -níər-] *n.* (*pl.* **-ses** [-siːz]) 〘文〙 合音《2母音・2音節を一つに縮めること》.

sỳn·aes·thé·si·a =synesthesia.

sýn·a·gogue [sínəgɔ̀ːg, -gɑ̀g/-gɔg] *n.* **1** ユダヤ教会《礼拝・宗教教育を目的とするユダヤ人の団体》. **2** ユダヤ教の会堂.
◇ **sỳn·a·góg·i·cal** [⁻-gɑ́dʒik(ə)l/-gɔ́dʒ-] *a.*

sỳn·a·lóe·pha, -lé·pha [sìnəlíːfə] *n.* 〖文〗 語尾の母音が次の語頭の母音の前で省略されること《例: *th'* (=the) eagle》.

syn·ápse [sinǽps, ㊥⁺sáinæps] *n.* 〖医〗 ノイロン連接, シナプス《神経細胞の連接部》.

syn·áp·sis [sinǽpsis] *n.* (*pl.* **-ses** [-siːz]) 〖生〗 **1** 接合期《細胞の減数分裂の一期》. **2** =synapse.
◇ **-tic** *a.*

sỳn·ar·thró·sis [sìnɑːrθróusis] *n.* (*pl.* **-ses** [-siːz]) 〖医〗 不動関節.

sync [siŋk] *vi., vt.* =synchronize.
—— *n.* =synchronization.

sýn·chro·cý·clo·tron [síŋkrosáikləträn/-trɔn] *n.* 〖物〗 シンクロサイクロトロン《粒子加速装置の一種》.

sýn·chro·flash [síŋkroflæ̀ʃ] *a.* 〖写〗 シンクロ撮影の〔で写した〕.

sýn·chro·mèsh [síŋkromèʃ/-méʃ] *n., a.* 《自動車の》 ギア同時かみ合わせ装置(の): a ～ gear-box 同時かみ合わせ式歯車箱.

sýn·chro·nal [síŋkrən(ə)l] =synchronous.

syn·chrón·ic [siŋkránik / -krɔ́n-], **-i·cal** [-nik(ə)l] *a.* 〖言〗 共時的な. ↔ diachronic.
◇ **syn·chrón·i·cal·ly** *ad.*

sýn·chro·nism [síŋkrəniz(ə)m] *n.* **1** 同時性, 同時発生, 併発. ↔asynchronism. **2** 〖電〗 同期. **3** 〖映〗 映像と発声との一致. **4** 《歴史的事件などの》 年代的配列; 対照歴史年表.

sỳn·chro·nís·tic [sìŋkrənístik], **-ti·cal** [-tik(ə)l] *a.* **1** synchronism の. **2** =synchronous.
◇ **sỳn·chro·nís·ti·cal·ly** *ad.*

sýn·chro·nize [síŋkrənàiz] *vi.* **1** 同時である, 同時に起こる, 同時に動く《と *with*》. **2** 〈とけいが〉時間が一致する. **3** 〖映〗 〈映像と発声が〉 同期する, 一致する; 〖写〗 〈シャッターとフラッシュランプが〉 同調する.
—— *vt.* **1** 〈動き・時間・とけいなどを〉 ～させる: ～ everybody's watch 皆のとけいを合わせる. ～ a television system 送像機と受像機を同期させる. **2** 〈事件などの〉 同時・同時代性を示す.
～d shifting 《自動車の》 同期変速. ***～d swimming*** シンクロナイズド スウィミング《音楽に合わせて泳ぐ水中ショー》. ***～zing pulse*** [***signal***] 〖テレビ〗 同期信号. [√chron-]
◇ **sỳn·chro·ni·zá·tion** [sìŋkrənizéiʃ(ə)n,-naiz-] *n.* synchronize すること; 〖電〗 同期; 〖写〗 シンクロ.

sýn·chro·niz·er [síŋkrənàizər] *n.* 〖電・写〗 同期装置; 〖写〗 シンクロ; 〖電〗 =synchroscope.

sýn·chro·nous [síŋkrənəs] *a.* **1** 同時(性)の; 同時に起こる. **2** 同期〔同位相〕の: a ～ motor 同期電動機. ◇ **～·ly** *ad.* **～·ness** *n.*

sýn·chro·scope [síŋkroskòup] *n.* 〖電〗 同期検定器.

sýn·chro·tron [síŋkroträn/-trɔn] *n.* 〖物〗 シンクロトロン《サイクロトロンを改良した電子加速装置》.

syn·clí·nal [siŋkláin(ə)l, ㊥⁺síŋkli-] *a.* 〖地〗 向斜した《共通の地点に向かって互いに傾斜した》, 向斜地層の: a ～ valley 向斜谷. ↔ anticlinal.

sýn·cline [síŋklain] *n.* 〖地〗 《地層の》 向斜.

sýn·co·pate [síŋkəpèit] *vt.* **1** 〖文〗 語の中間の文字または音節を省略する《every を *ev'ry* とするなど》. **2** 〖楽〗 移勢させる, 切分する.
◇ **sỳn·co·pá·tion** [⁻-péiʃ(ə)n] *n.* 〖文〗 語中音消失; 〖楽〗 シンコペーション, 切分(音).

sýn·co·pe [síŋkəpi] *n.* **1** 〖文〗 中略, 語中音消失; 中略語. **2** 〖楽〗 切分(法). **3** 〖医〗 卒倒, 気絶.
◇ **syn·cóp·(t)ic** [sinkáp(t)ik/-kɔ́p-] *a.*

sýn·cre·tism [síŋkritiz(ə)m] *n.* **1** 〖哲・宗〗 《諸説の》 混合, 統合, 調和. **2** 〖言〗 融合《二つまたは二つ以上の文法的に異なった機能をもつ語形が一つの形になること》. [√cre(sc)-]

syn·dét·ic [sindétik], **-i·cal** [-(ə)l] *a.* 接続〔連結〕する; 〖文〗 接続詞的. ◇ **syn·dét·i·cal·ly** *ad.*

sýn·dic [síndik] *n.* **1** 《大学などの》 理事, 評議員; 〖英〗 《Cambridge 大学の》 特別評議員. **2** 地方行政長官.

sýn·di·cal [síndik(ə)l] *a.* 組合の; サンジカリスムの.

sýn·di·cal·ism [síndikəliz(ə)m] *n.* 〖社〗 サンジカリスム《生産と分配を労組の手中におさめようとするフランスに源をもつ戦闘的な労働組合運動》.

sýn·di·cal·ist [-ist] *n.* サンジカリスト, 革命的労働組合主義者. ◇ **sỳn·di·cal·ís·tic** *a.*

sýn·di·cate [síndịkit] *n.* **1** 企業組合, 企業連合, シンジケート《加盟企業の製品の共同販売を行なう企業家財団》. **2** 公社債募集引受組合; 株式引受組合. **3** 銀行団. **4** 新聞雑誌連盟《ニュース・記事・写真を買い上げて, 多くの新聞雑誌に同時に発表する団体》. **5** 《漁業・狩猟権などの》 権利賃貸連合. **6** 《特に Cambridge 大学の》 理事会, 評議員会; 評議員団.
—— [síndịkèit] *vt., vi.* **1** シンジケート組織にする, シンジケートをつくる. **2** シンジケート組織で管理する, シンジケートで行なう. **3** 新聞連盟をとおして発表する, 記事配給業者をとおして刊行する.
◇ **sỳn·di·cá·tion** [sìndikéiʃ(ə)n] *n.* シンジケートを組織すること; シンジケート組織.

sýn·drome [síndroum, -drəmi] *n.* 〖医〗 症候群.

syne [sain] Sc. *ad., prep., conj.* 以前に, 前に.
auld lang ～ 往時, いまは昔.

syn·éc·do·che [sinékdəki] *n.* 〖修〗 提喩(ていゆ)(法), 代喩《blade で sword を, bread で food を示すように一部で全体〔一般〕を, またはその逆をあらわす方法》. → metonymy.

syn·ér·e·sis =synaeresis.

sýn·e·sis [sínisis] *n.* 〖文〗 意味構文《Neither of them *are* right. などのような, しばしば普通の文法規則に反する意味による構文》.

sỳn·es·thé·si·a [sìnəsθíːʒ(i)ə/-niːsθíːziə] *n.* 〖心〗 共〔副〕感覚; 〖生理〗 共感, 伴生感覚.

syn·gén·e·sis [sindʒénịsis] *n.* 〖生〗 有性生殖.

sýn·od [sínəd] *n.* **1** 〖宗〗 教会〔宗教〕会議. **2** 〖長老教会〗 大会《長老会と長老派大会との中間的会議》. **3** 《一般的》 会議, 集会. **4** 〖天〗 《惑星などの》 相合, 合, 交会. ◇ **～·al** *a.*

syn·ód·ic [sinádik/-nɔ́d-], **-i·cal** [-(ə)l] *a.* **1** (宗教) 会議の. **2** 〖天〗 相合の, 合の: a ～ month 朔望(さくぼう)月 (lunar month) 《新月から次の新月まで》.

***sýn·o·nym** [sínənim] *n.* **1** 類義語, 同義語, 類語. ↔ antonym. **2** 《他国語の》 相当語. **3** 〖話〗 類似物. **4** 〖動・植〗 《学名の分類上の》(同物)異名. → homonym. [syn-+√onym-]
◇ **sỳn·o·ným·ic** [sìnənímik], **sỳn·o·ným·i·cal** *a.* ～の; ～を用いた. **sỳn·o·ným·i·ty** [sìnənímịti] *n.* 同義(性), 類義.

syn·ón·y·mous [sinánịməs/-nɔ́n-] *a.* 同義語の, 類語の, おなじ意味の《と *with*》.
◇ **～·ly** *ad.* **～·ness** *n.*

syn·ón·y·my [sinánịmi/-nɔ́n-] *n.* **1** 同義, 類義. **2** 《強調のための》 同意語重複《例: in any *shape* or *form*》. **3** 同意語集; 類語研究.

synop. synopsis.

syn·óp·sis [sinápsis / -nɔ́p-] *n.* (*pl.* **-ses** [-siːz]) **1** 梗概(こうがい), 要約, 大意. **2** 一覧(表). [syn-+√op-]

syn·óp·tic [sináptik/-nɔ́p-] *a.* **1** 梗概の, 大意の. **2** (しばしば S～) 共観福音書の. —— *n.* (通例 *pl.*) 共観福音書 (=S～ Gospels) 《マタイ伝・マルコ伝・ルカ伝の三福音書》. ◇ **Syn·óp·tist** *n.* (通例 *pl.*) 共観福音書の著者.

syn·óp·ti·cal [-(ə)l] *a.* =synoptic. ◇ **～·ly** *ad.*

sỳn·os·te·ó·sis [sìnɑstióusis/sìnɔs-], **sỳn·os·tó·sis** [-tóusis] *n.* 〖医〗骨格癒着(ゆちゃく).
syn·ó·vi·a [sinóuviə] *n.* 〖医〗(関節) 滑液.
sỳn·o·ví·tis [sìnəváitis] *n.* 〖医〗(関節) 滑膜炎.
syn·tác·tic [sintǽktik], **-ti·cal** [-(ə)l] *a.* 構文論の, 統辞論[法]の, 配語法の.
◇ **syn·tác·ti·cal·ly** *ad.*
syn·tác·tics [-s] *n. pl.* 《単数扱い》〖論・哲〗記号学(semiotics)の一部門《符号・言語の組み合わせを扱う》.
sýn·tax [síntæks] *n.* 〖文〗構文論, 統辞論; 構文(法), 統辞法, 配語(法). → morphology. [√tag-]
sýn·the·sis [sínθəsis] *n.* (*pl.* **-ses** [-sìːz]) **1** 統合, 総合. ↔analysis. **2** 総合体, 合成物. **3** 〖化〗合成. **4** 〖文〗《語の》合成. **5** 〖医〗復位, 接骨. [√the-²]
sýn·the·size [sínθəsàiz] *vt.* **1** 統合する, 総合する; 総合的に扱う. **2** 〖化〗合成する.
◇ **sỳn·the·si·zá·tion** [⌐̶—sizéiʃ(ə)n/-saiz-] *n.*
syn·thét·ic [sinθétik], **-i·cal** [-(ə)l] *a.* **1** 統合の, 総合の, 総合的な. **2** 組み立てる. **3** 〖化〗合成した, 人造の, 代用の: ～ chemistry 合成化学. ～ resin [rubber] 合成樹脂[ゴム]. ～ rubies 人工ルビー. **4** 〖言〗総合的《屈折で文法関係をあらわす. 「分析的」に対して》. [√the-²] **～ philosophy** 〖哲〗《Herbert Spencer の》総合哲学.
◇ **syn·thét·i·cal·ly** *ad.* 総合して; 合成的に.
sýn·the·tize [sínθətàiz] ＝synthesize.
syn·tón·ic [sintánik/-tɔ́n-], **-i·cal** [-(ə)l] *a.* ＝ syntonous. ◇ **syn·tón·i·cal·ly** *ad.*
sýn·to·nize [síntənàiz] *vt.* 同調させる.
◇ **sỳn·to·ni·zá·tion** *n.*
sýn·to·nous [síntənəs] *a.* 同調の.
sýn·to·ny [síntəni] *n.* 〖電〗同調, 合調.
sýph·i·lis [sífəlis] *n.* 〖医〗梅毒.
sỳph·i·lít·ic [sìfəlítik] *a.* 梅毒(性)の; 梅毒にかかった. **——** *n.* 梅毒患者.
sý·phon ＝siphon.
Syr. Syria; Syriac; Syrian.
Sýr·a·cuse [sírəkjùːs/sáiərəkjuːz] *n.* **1** シラクサ《Sicily 島南東部の港市で古代カルタゴ人の都市》. **2** アメリカ New York 州中部の都市.
sý·ren ＝siren.
Sýr·i·a [síriə] *n.* **1** シリア(＝Syrian Arab Republic)《1922–44 フランス委任統治領》. **2** シリア《地域名》; 古代シリア《ローマ帝国の一部》.
Sýr·i·ac [síriæk] *n., a.* シリア語(の). ◇ **-a·cism** [síriəsìz(ə)m] *n.* 古代シリア語法[語風].
Sýr·i·an [síriən] *a.* シリア(人)の. **——** *n.* シリア人. **～ Arab Republic** シリア共和国《中近東の共和国. 首都 Damascus》.
sy·rín·ga [səríŋgə] *n.* 〖植〗バイカウツギ属の植物(mock orange); ハシドイ属の植物《ライラックなど》.
sýr·inge [sírindʒ] *n.* **1** 注射器: a hypodermic ～ 皮下注射器. **2** 浣腸(かんちょう)器; 洗浄器. **3** 注水器; 水鉄砲; 手動ポンプ.
—— *vt.* **1** に注射する. **2** 〈耳などを〉洗浄する, 洗う; 〈草木などに〉(注水器で) 水をかける.
sýr·inx [síriŋks] *n.* (*pl.* **sy·rín·ges** [sərínʤiːz], **sýr·inx·es**) **1** 〖ギ神〗牧神パン(Pan)の笛, 草笛. **2** (鳥の)鳴管. **3** 〖医〗欧氏管(Eustachian tube). **4** 〖考古〗古代エジプトの墳墓の中の狭い石廊.
sýr·up [sírəp, ㊟sə́ːr-] *n.* シロップ, 糖みつ, しゃりべつ.
◇ **～·y** *a.* シロップの(ような), シロップ状の.
sys- *pref.* s の前の syn- の異形: *system* 体系, 組織＜syn- 共に, 集まって＋√sta- Gk. 立つ.
syst. system.
sys·tál·tic [sistǽltik] *a.* 〖医〗交互に収縮膨張する; 心臓収縮の. → systole.
‡**sýs·tem** [sístəm] *n.* **1** 体系, 系統: the solar ～ 太陽系. a mountain ～ 山系. the digestive ～ 消化器系統. a water [railroad] ～ 給水[鉄道]系統. **2** (the ～) 宇宙; 小宇宙; 身体: be good for the ～ 身体によい. **3** 《社会的・政治的》組織, 制度: the feudal ～ 封建制度. the postal ～ 郵便制度. **4** 方式, やり方; 《度量衡の》法; 分類法: the conveyor ～ コンベヤー作業方式, 流れ作業. a new ～ of teaching 新教授方式. the decimal ～ 十進法. **5** 学問体系; 仮説: the Ptolemaic ～ トレミー説, 天動説. **6** 整然(性), 順序, 規則: Every part works with ～. 各部分が整然と組織的に作用する. He has no ～ in his thinking. 彼は秩序だててものを考えない. His thought lacks ～. 彼の思想には体系がない. **7** 〖地・鉱〗系: the ～*s* of crystalization 結晶系. [syn-＋√sta-]
◇ **～·less** *a.*
‡**sỳs·tem·át·ic** [sìstəmǽtik] *a.* **1** 体系[組織, 系統]的な: a ～ course of study 組織的学習課程. **2** 秩序だった, 整然とした; 規則的な, 規則正しい: in a ～ way 整然と. **3** 故意の, 計画的な: a ～ liar わざとうそを言う人. **4** 〖生〗分類(法)の, 分類上の: ～ botany [zoology] 植物[動物]分類学. **5** 宇宙の, 宇宙的な(cosmical).
sỳs·tem·át·i·cal [-(ə)l] *a.* ＝systematic.
◇ **～·ly** *ad.* 系統的[組織的]に; 整然と; 故意に.
sýs·tem·a·tism [sístəmətìz(ə)m] *n.* 系統だて, 組織づけ; 組織[系統]主義. ◇ **-tist** *n.* 組織[系統]だてる人; 組織[系統]主義者; 分類学者.
sýs·tem·a·tize [sístəmətàiz] *vt.* 体系化[組織化]する, 系統[順序]だてる; 分類する.
◇ **-tiz·er** *n.* 組織者, 体系化する人; 分類者.
sỳs·tem·a·ti·zá·tion [⌐̶——təzéiʃ(ə)n, -taiz-] *n.* 組織化, 系統化, 体系化; 分類.
sys·tém·ic [sistémik] *a.* **1** 組織[系統]の. **2** 〖生理〗全身の, からだの. ◇ **-i·cal·ly** *ad.*
sýs·tem·ize [sístəmàiz] ＝systematize.
sýs·to·le [sístəliː] *n.* 〖生理〗心臓収縮. ↔diastole.
◇ **sys·tól·ic** [sistálik/-tɔ́l-] *a.* 心臓収縮の.
sýs·tyle [sístàil] *a.* 〖建〗柱間がやや狭い.
sýz·y·gy [sízədʒi] *n.* 〖天〗合(ごう)(conjunction), 衝(しょう)(opposition)《太陽・地球・月など 3 天体が一直線になること》. ◇ **sy·zýg·i·al** [səzídʒiəl], **sỳz·y·gét·ic** [sìzədʒétik] *a.*

T

T, t [tiː] *n.* (*pl.* **T's,** ***Ts,*** **t's,** ***ts*** [-z]) **1** 英語アルファベットの第 20 字. **2** T(字)形のもの: a *T* bandage T 字帯. **3** (*t*) 〖統計〗＝ distribution. ***cross one's*** [***the***] ***t's*** t 字の横線を引く; 《比喩的》周到な注意を払う; 強調する. ***to a T*** [***tee***] 〖俗〗ぴったりと, 正確に.
T-man [tíːmæ̀n] (*pl.* **-men**) 〖米話〗税務特別調査員. **T-shirt** [⌐̶⌐̶] T シャツ《そでの短い丸首シャツ》. **T square** T 定規.
T- 〖米〗trainer 練習機《T-10 のように数字がつく》.
t- 〖化〗tertiary.
t' [t] **1** 〖古〗《母音で始まる動詞の前に不定詞がくるとき》to の短縮形: *t'*attempt＝to attempt. **2** the の略: *t'*bottle＝the bottle.
't [t] 〖古・雅〗《動詞の前またはあとで》it の短縮形: *'t*is [tiz] ＝it is. *'t*was [twɑz, twʌz, 弱 twəz/twɔz, 弱

twəz] =it was. do't=do it. see't=see it.

T. Territory; Testament; Township; Trinity; Tuesday; Turkish (pounds). **t.** tackle; taken from; tare; target; teaspoon; telephone; temperature; *tempore* (L. =in the time of); tenor; tense; terminal; territory; time; tome; ton(s); town; township; transit; transitive; troy.

ta [tɑː] *int., n.* 〘英俗〙 thank you の小児語: *Ta muchly.* どうもあんがと. You must say ～. あんがとしなさい.

Ta 〘化〙 tantalum.

Taal [tɑːl] *n.* (the ～) タール語《南アフリカ連邦のオランダ語系土語》. → Afrikaans.

tab¹ [tæb] *n.* **1**《衣服・帽子などの》たれ;《子ども服の》たれそで. **2**《帽子の》耳おおい. **3**〘英:軍〙参謀将校の赤いえり章. **4** ひも, くつひも. **5** つまみひも, 《物を引きあけるための》つまみ. **6** 索引標〔耳〕. **7** 張り札, つけ札; 合い札. **8** 勘定書き; 未払いの勘定. **9**〘空〙タブ《補助翼・昇降舵(だ)後端につけてある小翼》. ***keep ～s*** [(*a*) ～] ***on*** 〘話〙 (1) の勘定をつける: *keep a* ～ *on* the expenses 出費〔家計簿〕をつける. (2) を見張る, に注意する: *keep* close ～*s on* the employees 従業員をきびしく監視する. ***throw up a*** ～〘話〙借金をかさねる.

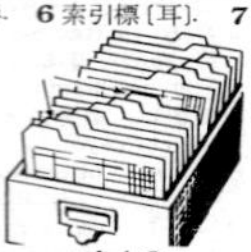

tabs¹ ⑥

—— *vt.* (**-bb-**) **1** に ～ をつける〔で飾る〕. **2** 指名する; 選定する.

tab² *n.* 《タイプライターの》図表作成装置. [＜*tabulator*]

tab³ *vt.* (**-bb-**)〘話〙の一覧表をつくる; 記録する.

táb·ard [tæbərd] *n.* 〘史〙 **1** 紋つき陣羽織《騎士がよろいの上に着た》;《国王の紋章つき》伝令官の外衣. **2**《貧民が着た》粗製外套(がいとう).

Ta·bás·co [təbæskou] *n.* タバスコソース《トウガラシ製ソース. 商標名》.

táb·by [tæbi] *n.* **1** とらネコ, ぶちネコ (=～ cat); ネコ《通例雌ネコ》. **2** オールドミス, 老嬢; 意地の悪い女, 口やかましい女; おしゃべり女. **3** タビー織り, 紋織り絹布 (watered silk). **4** コンクリートの一種.
—— *a.* **1** 茶または灰色地に黒いしまのある; ぶちの, とらふの. **2** 波紋のある, 紋織り絹の.
—— *vt.* 〈絹などに〉波紋をつける, にしま目をつける.

táb·er·nac·le [tæbərnækl] *n.* **1** 仮住居, 仮屋. **2** 天幕, 幕屋(まくや) (tent¹)《特に昔イスラエル人が放浪中に移動式聖堂として用いたもの》. **3** 大礼拝堂, 大会堂. **4**〘英〙《非国教派の》会堂, 礼拝所. **5** ユダヤ神殿. **6**《聖者の像などを安置する》天蓋(てんがい)つき祭壇, 壁龕(へきがん). **7**《霊魂の仮屋としての》肉体. **8** 聖櫃(せいひつ), 聖体容器. ***the Feast of T～*** 〘ユダヤ教〙ユダヤ人祖先の荒野放浪記念の秋祭り.
—— *vi.* 仮屋に住む, 仮住まいする. —— *vt.* **1** 仮住居にする. **2** 仮住居に入れる. **3** ～ に祭る.
◇ **tàb·er·nác·u·lar** [∸–nǽkjulər] *a.* ～ (風)の.

tá·bes [téibiːz] *n.* 衰弱, 消耗: ～ dorsalis 〘医〙せき髄癆(ろう).

ta·bés·cent [təbés(ə)nt] *a.* 衰弱〔消耗〕する〔した〕.

ta·bét·ic [təbétik, [米]⁺ -bíːt-] *a.* せき髄癆の.
—— *n.* せき髄癆患者.

táb·id [tæbid] *a.* やせこけた.

táb·i·net [tæbinet] *n.* 波紋のある絹毛交ぜ織物.

táb·la·ture [tæblətʃər, [米]⁺-tʃùər] *n.* **1** 平らな面; 銘板. **2**〘楽〙標譜《音符を使わず文字・数字などを用いた譜》.

†**tá·ble** [téibl] *n.* **1** テーブル, 卓;《仕事や遊戯のための》台: a dining ～ 食卓. a tea ～ 茶卓. a billiard ～ 玉突き台. a card ～ トランプ机. **2** 食卓;《食卓上の》料理, 食物: The host's ～ was sumptuous. もてなしのごちそうは豪華だった. **3** (the ～) (食)卓を囲む人々, 列座の人々, 同席者: a ～ of card players テーブルを囲むトランプ仲間. jokes that amused the whole ～ 一座をおもしろがらせた冗談. **4** 平面, 平地, 平原. **5** 台地, 高原. **6**《木・石・金属などの》板, 平板, 平盤, 薄板; 画版, 書板, 彫刻板. **7** 画板〔書板, 彫刻板〕に記された絵〔刻字, 銘刻文など〕. **8** (*pl.*)《平板に刻まれた》法律;《一般的》法典; (the ～) モーセの十誡(じっかい). **9** 表, リスト, 目録: a railway time*table* 列車時刻表. a multiplication ～ 掛け算九九表. **10**〘建〙じゃばら (cornice); 長方形面; 額板. → desk, board. **11** 透視面, 配景平面. **12**《カットされた宝石の表側の》平滑面. **13**〘手相〙たなごころ, 手のひら. **14**〘医〙《頭蓋の》骨板. **15** (*pl.*) 状勢, 形勢. ***at*** ～ 食事中, 食卓について. ***clear the*** ～ 食卓のものをかたづける. ***go to the*** ～〘方〙聖餐(せいさん)を受ける. ***keep a good*** ～ いつもごちそうを食べている, 口がおごっている. ***keep an open*** ～ (食卓を開放して) 客を歓迎する. ***keep the*** ～ ***amused*** 食事の座をにぎわす, 一座の取り持ちをする. ***lay on the*** ～ 〈議案の審議を〉一時中止する, 無期延期する. ***lay*** [***set, spread***] ***the*** ～ 食卓の用意をする, 膳部(ぜんぶ)を出す. ***learn*** one's ～***s*** 九九表を覚える. ***lie on the*** ～ 〈議案が〉一時審議中止になる, 無期延期される. ***on the*** ～ (1) はっきり見えるところに, 公明正大に. (2)〘米:議会〙延期されて. ***serve*** ～***s*** 貧民に食を施す. ***set a good*** ～ ごちそうを出す. ***set the*** ～ ***in a roar*** 満座をどっと笑わす. ***sit down at*** [***to***] ～ 食卓につく. ～ ***of contents*** 目次. ～ ***of descent*** 系図. ***the green*** ～《緑色のテーブル掛けを用いた》ばくち台. ***the Lord's*** [***holy***] ～ 聖餐; 聖卓. ***the twelve*** ～***s*** 十二銅表《ローマ法の原典. 紀元前451–450年公布》. ***turn the*** ～***s*** 局面を一変する, 形勢を逆転する. ***turn the*** ～***s on*** …にさかねじをくらわす. ***under the*** ～ (1) 酔いつぶれて. (2) ひそかに; わいろとして. ***upon the*** ～ = on the ～. ***wait*** (***on***) ～= [英] ***wait at*** ～ 給仕する. —— *a.* **1** テーブルの, 卓上の, 食卓の: a ～ lamp 卓上電気スタンド. **2** 食事の, 食卓用の: ～ manners 食事作法. ～ salt 食塩.
—— *vt.* **1** 卓上に置く, 台の上に載せる. **2**〘米〙〈議案を〉握りつぶす, たな上げにする: ～ a motion [bill]. **3**〘英〙上程する. **4**〘米〙表〔目録〕にする. **5**〘建〙〈木材を〉かみ合わせて接合する, はめ継ぎにする. **6** 支払う. **7**〘海〙帆にへりをつけて補強する.
～ **board**〘米〙まかない《間代を含まない》. ～ **book**《応接室用》卓上装飾用の本. *～**·cloth** [-klɔ̀ːθ/-klɔθ, -klɔːθ] (*pl.* **-cloths** [-s]) テーブル〔食卓〕掛け. ～ **cut** 頂部を平らに切りみがいた (宝石). ～**-flap** [∸–∸]《ちょうつがい式》テーブルの折り板. ～**-hop** [∸–∸]《レストランなどで》テーブルの間を歩き回る. ～ **knife** 食卓用ナイフ. ～**·land** [-lænd] 台地, 高原. ～ **lifting** [**moving**] = ～ tipping. ～ **linen**《食卓掛け・ナプキンなど》食卓用白布. ～ **money**〘英〙《クラブの》食堂使用料;《高級将校の》接待〔交際〕費. ～**·spoon** [∸–∸]《スープ用》食卓用大さじ. → teaspoon. ～**·spoon·fùl** [-spuːnfùl] 食卓用大さじ1杯分. ～ **talk** 食卓での雑談《しばしば書物の題名に用いる》. ～ **tennis**=ping-pong. ～ **tipping** [**turning**] 狐狗狸(こっくり)《霊の力でテーブルを動かす降神術的現象》. ～**·top** [∸–∸] (1) テーブルの上面. (2)《卓上の物を写した》静物写真. ～**·ware** [∸–∸] (dishes, knives, forks, spoons など) 食卓用食器. ～ **water** 食卓用鉱泉水. ～ **wine** 食卓用ブドウ酒《アルコール分14パーセント以下》.
◇ ～**·ful** [-fùl] *n.* 1テーブル (の数量); 1テーブルを囲む人数.

táb·leau [tæblou, [米]⁺ –∸] *n.* (*pl.* **-leaux** [-z], **-leaus** [-z]) **1** 絵画. **2** 活人画《扮装(ふんそう)した人間が静止の姿勢で描く》; 劇的場面. ***T～!*** この場面をご想像願いたい (Curtain !).
～ **curtain**〘劇場〙まん中で締まる引き幕. ～

vivant [-ví:vɑ̃:(ŋ)] 活人画.

ta·ble d'hôte [tǽbldóut, tá:bl-/tá:bl-] F. (*pl.* ***ta·bles d'hôte*** [-bl(z)dóut], ***ta·ble d'hôtes*** [-bldóut(s)]) 定食. → *à la carte.*

‡**táb·let** [tǽblit] *n.* **1** 平板, 銘板, 記念額, 牌(はい): a bronze ～ 青銅の牌. **2** 平たい小片; 小型せっけん: a ～ of chocolate 板チョコ. **3** 錠剤: sugar-coated ～*s* 糖衣錠. **4** はぎ取り式の便箋(びんせん). **5** 書字板《古代ローマ人が紙の代わりに用いた木・石・象げなどの薄板》. **6**〖建〗かさ石. **7** タブレット《単線区間などでの列車運行票》.
～(-arm) chair タブレットチェア《ひじかけの先が広がって, または折りたたみに板がついていて筆記机になる教室用いす》.

tá·bling [téibliŋ] *n.* **1** ナプキン類. **2**〖海〗《帆の》ふち布. **3**〖木工〗かみ合わせ. **4**〖稀〗表にすること.

táb·loid [tǽblɔid] *n.* **1** タブロイド判新聞; 《さし絵の多いセンセーショナルな》小型新聞. **2** 要約. **3** 錠剤. —— *a.* **1** タブロイド判の. **2** 要約した: in ～ form 要約されて.

ta·bóo [təbú:, ㊥⁺ tæbú:] *n.* **1** 禁忌, タブー《未開人の間で神聖な物・汚れた物などに接する〔を口にする〕ことを禁ずる風習》: The tree is under (a) ～. あの木はタブーになっている. **2** 禁忌物. **3** 禁止; 禁制, 法度(はっと). ***put*** 〔***place***〕 ***a ～ on*** = ***put under ～*** を禁制にする.
—— *a.* 禁忌の; 禁制の: Questions that were once ～ are now discussed openly. 昔は禁制だった問題もいまは堂々と論じられている.
—— *vt.* タブーとする; 禁ずる: Any objection is ～*ed* here. ここではどんな異議も禁じられている.
◇ **～ed** *a.* 禁制の: a ～*ed* word 禁句.

tá·bor [téibər] *n.*〖古〗《笛の伴奏用》小太鼓.

tàb·o(u)·rét [tæ̀bərét, tǽbərit/tǽbərit] *n.* **1**《背のない》腰掛け, 床几(しょうぎ). **2** ししゅうわく. **3**〖古〗小太鼓.

ta·bú =taboo.

tab·u·la [tǽbjulə] L. *n.* (*pl.* ***-lae*** [-lì:/li:])〖医・動〗骨板, 床板; 筆記板. **～ *rasa*** [-réisə, -rá:sə/-réisə, -réizə] L. (*pl.* ***～e rasae***) 文字の書いてない書き板; 《比喩的》純真な心.

táb·u·lar [tǽbjulər] *a.* **1** 平板状の, 平たい; 薄板でできた. **2** 目録の, 表にした: in ～ form 表にして. **～ difference**〖数〗表差. ◇ **～·ly** *ad.*

táb·u·late [tǽbjulèit] *vt.* **1** (一覧) 表にする. **2** 平面〔平ら〕にする. —— [-lit] *a.* 平板状の, 平面になった. ◇ **-la·tor** [-lèitər] *n.* 図表作成者; 《タイプライターの》図表作成〔位取り〕装置. **tàb·u·lá·tion** [∸–léiʃ(ə)n] *n.* 表の作成; 表.

tác·a·ma·hàc, tàc·a·ma·hác·a [tǽkəməhæ̀k], [tæ̀kəməhǽkə/-há:kə] *n.* **1** タカマハック (芳香) 樹脂; その樹脂を採る木. **2**《特に》アメリカポプラ (balsam poplar).

tach(e) [tætʃ] *n.*〖古〗ホック, 留め金, 環.

ta·chís·to·scope [təkístəskòup] *n.*〖心〗瞬間注意力〔記憶〕測定装置.

tách·o·graph [tǽkəgræ̀f/-grɑ:f] *n.* タコグラフ《自動車などの自記速度計》.

ta·chóm·e·ter [təkámitər, tæk-/tækɔ́m-] *n.*《エンジンなどの》(回転) 速度計, タコメーター; 《水・血液などの流速を計る》流速計.
◇ **-try** [-tri] *n.* 回転速度〔流速〕測定.

tàch·y·cár·di·a [tæ̀kiká:rdiə] *n.*〖医〗心悸昂進(しんきこうしん)(症).

ta·chýg·ra·phy [tækígrəfi] *n.* 速記術《特に古代ギリシア・ローマの》.

ta·chým·e·ter [təkímitər, tæk-] *n.*〖測〗視距儀.

tác·it [tǽsit] *a.* **1** 暗黙の: a ～ agreement 黙約. a ～ consent 暗黙の承認, 見て見ぬふり. a ～ understanding 暗黙の了解. **2** 沈黙〔無言〕の; しんとした: a ～ prayer 黙禱(もくとう). [√tac-] ◇ **～·ly** *ad.* 黙って; それとなく; 暗黙のうちに. **～·ness** *n.*

tác·i·turn [tǽsitə:rn] *a.* 無口な, 口数の少ない.
◇ **～·ly** *ad.* **tàc·i·túr·ni·ty** [∸–tə́:rniti] *n.*
類 → **silent**「無口な」

Tác·i·tus [tǽsitəs] *n.* Publius Cornelius [pʌ́bljəs-kɔ:rní:ljəs-] ～ タキトウス, A.D. 55?–117?, ローマの歴史家.

tack¹ [tæk] *n.* **1** びょう, 留めくぎ, 留め金. **2** 仮の留め; 〖裁縫〗タック, ひだ; しつけ, 仮縫い. **3** (新) 方針, 政策 (転換). **4**〖英: 議会〗《財政案の》付加条項. **5**〖海〗《風と帆によって定まる》船の針路; 縦帆の前下隅 (索); 上手(うわて)回し, 間切り《風に向かってのジグザグ進路》; 一針路の航程. **6**《陸上での》ジグザグ進路の一区切り. **7**《半かわきのペンキ・印刷インクなどの》粘性, 粘りけ. ***come*** 〔***get***〕 ***down to brass ～s*** 要点に触れる, 真相をつかむ. ***on the port ～***〖海〗左舷(さげん)開きに. ***on the right*** 〔***wrong***〕 ～ 針路を誤っていない〔いる〕. ***on the starboard ～***〖海〗右舷開きに. ***on the ～***〖俗〗禁酒して. **～ *and* ～**〖海〗間切りに間切って. ***thumb ～*** 画びょう. ***try another ～*** 方針を変える.
—— *vt., vi.* **1** びょうでとめる, びょうでつける 《*down, together, up*》: ～ a carpet *down* 敷き物をびょうでとめる. ～ a notice to the wall 掲示をびょうで壁にとめる. **2**〖裁縫〗仮縫いする; (に)しつけをする 《*together*》. **3** 添える, 付加する (add) 《に *on to, to*》: ～ a postscript *to* the end of a letter 手紙の末尾に二伸を書き加える. ～ an amendment *to* a bill 議案に修正箇条を加える. **4**〖海〗上手回しをする, 間切る. **5** 方針〔政策〕を変える.
～ driver 自動びょう打ち器. **～ hammer** びょうづち. ◇ **～·er** *n.* **1** びょうを打つ人; びょう打ち器. **2** 仮縫い係.

tack² *n.*〖海〗食物, 食料; 〖俗〗食べ物. ***hard ～*** 堅パン; 粗食. ***soft ～*** 柔らかいパン; 美食.

táck·ing [tǽkiŋ] *n.* **1** びょうを打つ〔でとめる〕こと. **2** 仮縫い (しつけ). **3**〖法〗《抵当権などの》結合, 付加; 〖英〗財政上の法案に他の無関係の条項を付加すること. **4**〖海〗上手(うわて)回し.

‡**táck·le** [tǽkl] *n.* **1** 用具, 道具; 《特に》つり道具 (=fishing ～): writing ～ 筆記道具. → **gear, gadget**. **2** [téikl]〖海〗索具 (操帆用) 滑車装置. **3** 滑車装置, 巻き揚げ機. **4**〖球技〗タックル. **5**〖アメリカンフットボール〗end と guard の間の前衛.
—— *vt., vi.* **1** 〈仕事・問題などに〉取り組む. **2** (と) 取っ組みあう, つかまえる; タックルする: ～ a thief どろぼうをつかまえる. **3** 〈人と〉論争する, 渡り合う: ～ a person *on* the question of free trade 自由貿易論で人と渡り合う. **4** 〈馬に〉馬具をつける (harness). **5** 滑車で引き揚げる〔固定する〕.
◇ **-ler** *n.* **táck·ling** [tǽkliŋ] *n.* **1** 組みつくこと; 〖フットボール〗タックル (すること). **2** 滑車じかけ; 〖古〗《船の》索具.

táck·y¹ [tǽki] *a.* 《にかわ・ワニスなど》ねばねばする, 粘着性の.

táck·y² *a.*〖米話〗**1** みすぼらしい. → **shabby**. **2** わざと異様ななりをした.

Ta·có·ma [təkóumə] *n.* アメリカ Washington 州の都市.

tác·o·nite [tǽkənàit] *n.* タコン岩《含鉄・ケイ質岩の一種》.

tact [tækt] *n.* 気転, 如才なさ; 手練, 駆け引き, こつ.

***táct·ful** [tǽktf(u)l] *a.* 気転のきく, 如才ない. [√ta(n)g-] ◇ **～·ly** [-fuli] *ad.* **～·ness** *n.*

tác·ti·cal [tǽktik(ə)l] *a.* **1** 戦術上の, 戦術的な, 用兵上の. → **strategic**. **2** 駆け引きのじょうずな. ◇ **～·ly** *ad.*

tac·tí·cian [tæktíʃ(ə)n] *n.* 戦術家; 策士, 策略家.

tác·tics [tǽktiks] *n. pl.* **1**《単数扱い》戦術, 用兵 (学), 兵法. 〈注〉全体的な作戦計画は strategy. **2**《複数扱い》策略, 術策. **3** (*pl.* ～)《言語要素の》配列法〔研究〕. ***grand*** 〔***minor***〕 ～ 高等〔局地〕戦術. [√tag-]

tác·tile [tǽktl, -til/-tail] *a.* **1** 触覚の; 触覚のある;

触知できる. **2**〖画〗堅さの感じを出す. [√ta(n)g-]
～ hairs〖動〗触毛. **～ impression** [**sensation**] 触感. **～ organ** 触覚器官.
◇ **tac·til·i·ty** [tæktíləti] *n.* 触知性.

táct·less [tǽktlis] *a.* 気転のきかない, へまな.
◇ **～·ly** *ad.* **～·ness** *n.*

tác·tu·al [tǽktʃuəl/-tjuəl] *a.* 触覚(器官の); 触覚による. [√ta(n)g-] ◇ **～·ly** *ad.* 触感で.

tad [tæd] *n.*〖米〗小さい子ども, «特に» 少年.

tád·pole [tǽdpòul] *n.*〖動〗おたまじゃくし.

Ta·dzhik·i·stán [tɑːdʒìːkistɑ́ːn] *n.* タジキスタン《アフガニスタン北部のソ連邦共和国》.

tae·di·um vi·tae [tíːdiəm váitiː] L. (=weariness of life) 生の倦怠(けんたい), 厭世(えんせい).

tael [teil] *n.* テール《中国などの重量単位, 通例 37.7 g; 中国の旧貨幣単位》.

ta'en [tein]〖雅〗=taken.

táe·ni·a [tíːniə] *n.* (*pl.* **-ae** [-niiː]) **1**《古代ギリシア・ローマの》頭飾り(用のひも). **2**〖医〗ひも状器官. **3**〖建〗《ドリア式建築の》平縁. **4**〖動〗サナダムシ, 条虫.

táe·ni·oid(**e**) [tíːniɔ̀id] *a.* ひも状の; サナダムシ(状)の.

táf·far·el, táf·fer·el [tǽf(ə)rèl / -rəl]〖古〗=taffrail.

táf·fe·ta [tǽfitə] *n.* タフタ, コハク織り(の絹布)《婦人服用. 現在はナイロン・レーヨンなども用いる》.

táf·fi·a =tafia.

táff·rail [tǽfrèil] *n.*〖海〗船尾の手すり.

táf·fy [tǽfi] *n.* **1**〖米・スコットランド〗タフィー(=㊥ toffee, toffy)《砂糖とバターを煮つめ中に落花生を入れたキャンデー》. **2**〖米話〗おべっか, おせじ.

Táf·fy [tǽfi] *n.*〖話〗Wales 人.

táf·i·a, táf·fi·a [tǽfiə] *n.* タフィア酒《西インド諸島産のラム酒の一種》.

Taft [tæft] *n.* William Howard ～, 1857–1930, アメリカ第 27 代大統領.

tag[1] [tæg] *n.* **1** 札, 下げ札, つけ札; 荷札; 番号札, 定価札; 張り紙, 付箋(ふせん). **2**《リボン・ひもなどの》たれ端, たれ下がり;《くつの》つまみ皮;《服を掛けるための》えりづり; ひもの端の金具: A shoelace has a ～ on each end. くつひもには両端に金具がついている. **3**《動物の》尾(の先);《羊の》もつれ毛, ちぢれ毛;《文字の》はね. **4** 歌の繰り返し文句. **5** きまり文句, 紋切り型の引用語. **6**〖劇〗納め口上, 閉場の辞; 話の終わりの教訓. **7**《本名に添えられる》あだ名. **8**〖廃〗やじうま; 下層民. **～ *and rag* = ～, *rag and bobtail*** やじうま, 有象無象.

—— *v.* (**-gg-**) *vt.* **1** に ～ *n.* ①, ② をつける: ～ a trunk トランクに荷札をつける. a ～*ged* lace 先に金属をつけたくつひも. **2**《飾りとして》添える, 〈よけいな物を〉つける «に *on to, to*»; 〈話の終わりに〉添える «を *with*»: ～ one's speech *with* a line from Shelley 演説の終わりにシェリーの詩を 1 行引用する. **3** つなぐ «*together*». **4** 〈詩行を〉押韻する. **5** 〈羊の〉もつれ毛を刈る. **6**〖話〗〈人に〉つきまとう.

—— *vi.*《人・物に》つきまとう «*along, behind*; に *after*»: The baby ～*ged after* her mother. 赤ん坊は母親のあとを追った.

～ along うるさくつきまとって離れぬ人; 腰ぎんちゃく. **∼·board** [⊥⊥] 厚手の荷札. **～ day**〖米〗街頭募金日. **～ end** はし, 最後尾; 断片, 切れ端; 残りくず. **～ line** (1) 最後の一句, 切り札となることば;「落ち」. (2) きまり文句, スローガン. **～ question** 付加疑問《例: It is beautiful, *isn't it?*》. **∼·rag** [⊥⊥] 下層民, やじうま(=ragtag).

tag[2] *n.* 鬼ごっこ. **——** *vt.* (**-gg-**) 〈鬼が〉つかまえる《鬼ごっこで》. 〈注〉鬼ごっこの鬼は it または tagger.

Tág·a·log [tǽgəlɑ̀g, -lɔ̀ːg, təgɑ́ːləg/təgɑ́ːləg, tǽgəlɔg] *n.* タガログ人《フィリピン諸島の土着種族》; タガログ語.

tág·ger[1] [tǽgər] *n.* **1**《金具などを》取り付ける人〔物〕. **2** 付属物. **3** (*pl.*) 薄いブリキ. ***black*** ～ スズめっきしてない薄鉄板.

tág·ger[2] *n.*《鬼ごっこの》鬼.

tág·meme [tǽgmiːm] *n.*〖言〗文法素.

Ta·góre [təgóːr/-gɔ́ː] *n.* Sir Rabindranath [-rəbíːndrənɑ̀ːt-] ～, 1861–1941, インドの詩人《1913 年 Nobel 文学賞受賞》.

Ta·hí·ti [tɑːhíːti] *n.* タヒチ島《南太平洋上のフランス領 Society 諸島の主島》.

Ta·hí·tian [-tiən, ㊥⁺ -ʃən] *a.* タヒチ島(人・語)の. **——** *n.* タヒチ島人; タヒチ島人のポリネシア語.

Tai =Thai.

tái·ga [táigə] *n.*《シベリアなどの》タイガ, 針葉樹林地帯.

†**tail**[1] [teil] *n.* **1**《動物の》尾. **2** 尾状の物; たれ髪, お下げ;《洋服の》たれ, えんび; (*pl.*) 婦人服のすそ; 凧(たこ)の尾; 彗星(すいせい)の尾;《飛行機の》尾部. **3** (*pl.*) モーニング, えんび服. **4** 末尾, 終わり; 後部, 尾部: the ～ of the train 列車の後部. the ～ of the eye 目じり. **5** ページの下端, 余白. **6** 下っぱ, 最下位: the ～ of the eleven サッカーチームの最もへたな選手. **7** 列, 行列; 従者. **8**〖軍俗〗後続部隊; 尾行する探偵(たんてい): put a ～ on the suspect 容疑者に尾行をつける. **9** (*pl.*) かす. **10** (通例 *pl.*)〖俗〗貨幣の裏面. ↔head. **11**〖建〗ふき足《スレート・かわらなどの露出部》.

cannot make head or ～ of it (その) 意味がとんとわからない. ***close on*** a person***'s ～***(人)のすぐ後ろに(迫って). ***get*** one***'s ～ down***「しっぽを巻く」, 小さくなる. ***get*** one***'s ～ up*** 元気づく. ***go into ～s***《子どもが成長して》えんび服を着るようになる. ***keep the ～ in waters***〖俗〗繁盛する. ***play*** (***at***) ***heads and ～s*** 銭を投げて表が出るか裏が出るかを当てる. ～(***s***) ***up*** 上きげんで. ***turn ～***《しっぽを巻いて》逃げる. ***twist the ～s of*** に気にさわることをする, を困らせる. ***with the*** [***one's***] ***～ between the*** [***one's***] ***legs*** おじけて, びくついて, へこたれて.

—— *vt.* **1** に尾をつける: ～ a kite 凧に尾をつける. **2** につける «を *with*»: ～ a name *with* a title 名前に肩書きをつける. **3** (後部から) つける; (端で) 固定する; 〈タイル・板・れんがなどを〉はめ込む «に *on, in*»: ～ a ship to a pier 船尾を埠頭(ふとう)につける. **4** の後ろに従う; 尾行する: ～ a suspect. **5** の尾〔端〕を切る. **6** 〈犬などの〉尾を引っ張る.

—— *vi.* **1** 尾を引く, 尾のようにたれる, だらりとたれる; 尾となる. **2** 後ろに従う, ついて行く «*on, along*». **3** 列をつくる, 列をなす. **4** しだいに小さく〔かすかに, まばらに, 少なく〕なる «*away, off*»: The clap of thunder ～*ed away*. 雷鳴がしだいに消えていった. The audience ～*ed off* towards the end of the lecture. 講義が終わりに近づくにつれ受講者がしだいに減っていった. **5** 〈魚が〉尾を水面にあらわす. **6**〖海〗《暗礁などに》船尾を乗り上げる;《停泊船が…の方へ》船尾が流される: ～ downriver.

～ *after* の列に従う, の後ろに従う. **～ *away*** [***off***] → ***vi.*** ④.

—— *a.* **1** 後ろから来る: a ～ breeze. **2** しんがりの, 尾部の.

∼·back [⊥⊥]《フットボールの》後衛. **∼·board** [⊥⊥]《荷馬車などの取りはずしのできる》後板. **～ coat** モーニング, えんび服. **～ dive**〖空〗尾部落とし. **～ end** 末端; 末尾. **～ ender**〖運話〗《チーム・人など》最下位. **～ fin**《魚の》尾びれ;〖空〗垂直安定板. **～ lamp**=taillight. **∼·light** [⊥⊥]《自動車・列車などの》尾燈. → headlight. **～ margin** (書物の) ページ下端の余白. **∼·piece** [⊥⊥] (1) 尾片;《尾部の》付属物;《バイオリンなどの》緒留め. (2)〖印〗しっぽ飾り《本の章末〔巻末〕の余白の装飾的なカット》. → headpiece. (3)〖建〗半ば根太(ねだ). **～ pipe**《ポンプの》吸管. **～ plane**〖空〗水平尾翼. **∼·race** [⊥⊥]《水車などの》放水路;〖鉱山〗鉱石くずの流し路. **～ skid**〖空〗尾橇(そり).

～ **slide** [**slip**]〖空〗尾部すべり. ～**·spin** [⌐⌐]〖空〗尾部きりもみ(急降下). ～ **wind**〖空〗追い風. ◇ ～**·less** *a.* ～**·like** *a.*

tail² *n.*〖法〗所有権制限, 継嗣限定: an estate [heir] in ～ 限嗣相続不動産 [限嗣相続人]. —— *a.* 限嗣の.

tailed [teild] *a.* 尾が…の; 尾のある.

táil·ing [téiliŋ] *n.* **1** 尾をつけること. **2**〖建〗際梁(きわばり)受け. **3** (*pl.*) くず, かす; 穀物くず; 選鉱くず; 《さらさ染めの》染めきず.

‡**tái·lor** [téilər] *n.* (*fem.* **-lor·ess** [-ləris, (英)⁺tèilərés)] 仕立屋, 《おもに男子服の》洋服屋: go to the ～'*s* (shop) 洋服屋(の店)へ行く. →dressmaker. ***Nine ～s go to* [*make*] *a man.*** 〖ことわざ〗仕立屋9人で一人前《仕立屋をばかにした言い方》. ***ride like a ～*** 乗馬がへた. ***sit ～ fashion*** あぐらをかく. ***The ～ makes the man.*** 〖ことわざ〗馬子(まご)にも衣装.

—— *vi.* 洋服屋を営む. —— *vt.* **1** <服を> 仕立てる: The suit is well ～*ed.* この服は仕立てがよい. **2** <人に・人のために>服を仕立てる:He is well ～*ed.* 彼はぴったり身に合った服を着ている. **3 合わせてつくる**, のぐあいを直す, に手を入れる《服装についても, 一般的にも》: His stories are well ～*ed* to popular tastes. 彼の小説は大衆の趣味にぴったりだ. **4** <婦人服を> 男仕立てにする. [√tali-]

～**·bird** [⌐-⌐]〖鳥〗葉縫鳥《葉を縫い合わせて巣をつくる東洋・アフリカ産の鳥》. ～**-made** → 別項. ～**'s chair**《無脚式の》仕立屋いす. ～**'s chalk** チャコ《布に印をつけるもの》. ～**'s clippings** 服地見本切れ. ～ **shop**〖米〗仕立て服屋. ～**'s shop**〖英〗= ～ shop. ◇ ～**ed** [-d] *a.* = ～-made. ～**·ing** [-ləriŋ] *n.* **1** 洋服屋, 仕立て職. **2** 仕立て方.

tái·lor-made [téilərmèid] *a.* **1**《特に婦人服が》洋服屋仕立ての, テーラー型の. **2** 注文づくりの, 別あつらえの. —— *n.* (通例 *pl.*) 注文服.

taint [teint] *n.* **1** 汚点, しみ《比喩的にも》: free from all ～*s* なんの汚点もない, 潔白な. a ～ on one's fame 名折れ. **2** 腐敗;《内部にひそんでいる》病害, 欠陥: Is the meat free from ～? 肉は腐っていないか. hereditary ～ 遺伝の病気. **3** 気味, 痕跡(こんせき): a ～ of insanity 気違いのけ.

—— *vt.* **1** 汚す, 汚染する; 腐らす: Flies ～ what they touch. ハエは触れるものを汚染する. ～*ed* meat 腐りかけた肉. **2** <人の心を> 毒する: His mind was ～*ed* from reading yellow magazines. 彼の心は扇情的な雑誌を読み過ぎて毒された.

—— *vi.* 汚れに染まる; 腐り始める; 堕落する: Meat will ～ readily in this hot weather. この暑さでは肉はいたみやすい. [√ting-]

'taint [teint]〖方・俗〗it isn't [hasn't] の短縮形.

táint·ed [téintid] *a.* 腐った, よごれた. ～ **goods** 組合員取り扱い禁止品《非組合員が製造したため》.

táint·less [téintlis] *a.* 汚れのない; 腐敗していない; 純潔な. ◇ ～**·ly** *ad.* ～**·ness** *n.*

Tái·péh, Tái·péi [táipéi] *n.* タイペイ(台北)《中華民国の首都》.

Tái·wán [táiwɑ́:n/taiwǽn, -wɑ́:n] *n.* 台湾.

Táj Ma·hál [tɑ́:dʒ-məhɑ́:l, (米)⁺ tɑ́:ʒ-] *n.* タージマハール《インド中部 Agra の白大理石の霊廟(れいびょう)》.

†**take** [teik] *v.* (**took** [tuk]; **ták·en** [téik(ə)n]) *vt.* **1 手にとる, つかむ, 握る**: ～ a thing with one's fingers 指で物をつまむ. ～ a book in one's hand 本を手にとる. He *took* me *by* the hand. 彼は私の手を握った《He took my hand. より感情的な表現》.

2 つかまえる, 捕える, 捕獲する: be *taken* prisoner 捕虜になる.

3 (力ずくで) 取る, 奪う, 奪取する: ～ a bag *from* a person's hand 人の手からかばんをとる. The accident *took* his life. その事故で彼は命を失った. ～ a fortress by storm とりでを強襲して占領する.

4 (努力して) 獲得する, 入手する; <試合に> 勝つ: Who *took* the first prize? だれが1等賞を得たか. He ～*s* 100 dollars a week. 彼は週給100ドルかせいでいる. ～ one game out of three 1勝2敗の成績.

5 <人を> 襲う; の心を奪う, 魅了する: ～ a person by surprise 人の不意をうつ. ～ a person napping [in the very act] 居眠り中 [行為の最中] を襲う. be *taken* by a fit 発作がおこる. Plague ～ him! あんなやつ疫病にとっつかれろ!, いまいましい男だ! ～ one's eye [attention] 目 [注意] を奪う, 人をひきつける.

6 持ってゆく, 携帯する: *T*～ an umbrella with you. かさを持って行きなさい.

7 連れてゆく, 伴う, 導く: He *took* me about the town. 彼は町をあちこち案内してくれた.

8〖文〗<語尾・目的語・アクセントなどを> 伴う, とる: Most nouns ～ -s in the plural. たいていの名詞は複数形で語尾に s がつく. The word ～*s* an accent on the last syllable. その語には最後の音節にアクセントがある.

9 受け取る, 受ける, 受け入れる, <対価・報酬などを> 得る: ～ money from a person 人から金をもらう. He did not ～ the gift. 彼は進物を受け取らなかった. I *took* a reward. 私は報酬を受けた. give and ～ やりとりをする. What did you ～ for your stories? きみの物語をいくらで売ったか. He wouldn't ～ my hand when I offered it. 彼は私の握手に応じようとしなかった.

10 (体内に) 摂取する, 食べる, 飲む, 吸収する; <日光・新鮮な空気を> 浴びる: ～ food 食物を食べる. Don't ～ too much. 食べ過ぎるな. ～ a medicine 薬を飲む. ～ breath [the air] 息をする.

11 身につける, <名・記号などを> 帯びる: ～ a pseudonym 匿名を用いる.

12 <外力・影響を> 受けつける; <色に> 染まる; <においを>もつようになる; <火を> よぶ: a stone which ～*s* high polish みがくと光沢の出る石. ～ the color 色に染まる. Paper ～*s* fire easily. 紙は火がつきやすい.

13 <非難・忠告など> 受ける: ～ punishment 罰をうける. ～ a joke 自分に対する冗談を甘んじて受ける. I shall ～ none of your advice. きみの忠告など聞く耳をもたないよ.

14 選んで取る, 選ぶ; 選んで買う: I'll ～ this one. これをもらいましょう. *T*～ any book you want. 好きな本をお取りなさい. ～ a seat 着席する.

15 扱う; 考慮する; 例にあげる: ～ the problems one by one 問題を一つ一つ取り上げる. *taken* altogether 概して. Let's ～ Greece. ギリシアのばあいを考えてみよう.

16 <道を> 行く, とる: *T*～ the next road to the right. 次の道を右手へはいりなさい.

17 採用する, 迎える; <婿などを> とる, めとる: ～ a new member *into* the club クラブに新会員を入れる. ～ a woman *to* wife 女を妻に迎える. He *took* a wife. 彼は妻をめとった.

18 予約する, 借りる, 確保する: ～ a cottage for the summer 夏休みのため小屋を1軒借りる.

19 預かる, 引き受ける: ～ children in charge 子どもを預かる. ～a class 学級を受け持つ. ～lodgers 下宿人をおく.

20 <責任・義務などを> 負う, <役目・職務・地位などに> つく: ～ responsibility 責任を引き受ける. ～ the lead 手本を示す, 率先する. ～ (the role of) the villain 悪役を引き受ける. ～ the trouble [pains] to (do) わざわざ…する.

21 <方針・手段を> 採用する, とる; <手本を> 選ぶ; <ことばを> 引用する: ～ measures 処置をする. ～ example by another 他人の例にならう. ～ a line from Keats キーツから1行引用する.

T

22 〈時間・機会などを〉利用する: He *took* the time to see his wife. 彼はこの時間を利用して妻に会った.
23 〈雑誌・新聞を〉購読する; 〈授業を〉とる, 受ける: ～ a magazine.
24 〈時間・労力・人手などを〉**要する**, 〈かさ・広さを〉とる, かかる《it を主語とすることが多い》: It ～*s* an hour to go there. そこへ行くのには1時間かかる. It *took* longer than we expected. 思ったより時間がかかった. It ～*s* little courage to do that. それをするにはたいして勇気がいらない. It ～*s* three men to do the job. その仕事には3人必要だ. He *took* time over the job. 彼は仕事をゆっくりやった. The refrigerator ～*s* much room. この冷蔵庫は場所をとる.
25〘ある場所から〙持って来る; 得ている: ～ an orange out of the box ミカンを箱から取り出す. The river ～*s* its rise from a lake. その川は湖水に源を発している.
26 取り去る, 取り除く, 減ずる: ～ 2 from 5 5から2を引く.
27 〈乗り物に〉乗る: ～ ship 乗船する. ～ the subway to work 地下鉄で通勤する.
28 越える, 飛び越す: The horse *took* the hedge with an easy jump. 馬は容易にかきを飛び越えた.
29 に逃げ込む: The fox *took* earth. キツネは穴に逃げ込んだ. The birds *took* cover. 鳥が茂みに逃げ込んだ.
30 〈ある行動を〉とる, する, 行なう; 〈誓いを〉立てる: ～ a walk 散歩する. ～ a flight 飛翔(ひしょう)する. ～ a trip 旅行する. ～ action 行動をとる. ～ pains ほねをおる. ～ vengeance 復讐(ふくしゅう)する. ～ a rest 休息する. ～ delight *in* a thing あることに喜びを感じる〔を喜ぶ〕. ～ comfort 慰めを得る, 安んずる. ～ exception 異議を申し立てる《に *to*》. ～ an objection 異議を唱える. ～ resolution 決心をする.
31 〈見解・主義・態度を〉とる: ～ a gloomy view 悲観的な見方をする. ～ one's stand 自説を貫く. ～ a person's side 人に味方する. ～ liberties 無遠慮にふるまう《に *with*》.
32 〈好感・悪感情を〉感じる, いだく: ～ a dislike きらいになる《が *to*》. ～ a fancy 好きになる《が *to*》. ～ offense 腹を立てる《に *at*》.
33 (良く〔悪く〕) とる, 受け取る; 理解する; …だと思う, 信ずる, みなす: Don't ～ it ill. それを悪くとるな. How do you ～ this? きみはこれをどう受け取るか. I *took* it that you were starting the next day. 翌日立つのだとばかり思っていました. All *took* him for a fool. 皆彼をばかだと思った. ～ things as they are 物事をあるがままに受け取る. ～ a thing for granted あることを当然のこととして受け取る. He was *taken* to be wealthy. 彼は金持ちと受け取られた. Do you ～ me? 私の言うことがわかりますか.
34 書き取る, 書きつける; 〈写真を〉とる, 写す; の写真をとる; 〈肖像を〉描く: They *took* notes of his speech. 彼らは彼の演説のノートをとった. *Taking* still-life photos is my hobby. 静物写真をとるのが私の趣味だ.
35 計る, 測定値を出す; 調べる, 査定する: ～ a poll 世論調査を行なう. ～ stock 在庫を調べる. The tailor *took* the customer's measures. 洋服屋はお客の寸法をとった. When you do not feel yourself, ～ your temperature first of all. 気分がすぐれないとき, なにはともあれ体温を計りなさい.
36〘俗〙だます, につけこむ: No one shall ～ me. だれにもだまされないぞ. People of goodwill are those who do not stop being kind even when they find that they have been badly *taken*. 善意の人というのは自分がつけこまれたとわかっても親切な気持ちを持ち続ける人たちだ.
37〘楽〙奏する, ひく, 歌う.
—— *vi.* **1** 得る, 獲得する, 手に入れる: Those who ～ are not always those who give. 収入の多いもの必ずしも施しをするものならず. **2** 減ずる, 差し引く《から *from*》: Nothing *took from* the scene's beauty. 何物もその光景の美を損じなかった. His ungentlemanly behavior *took* greatly *from* the pleasure of those who were present. 彼の非紳士的な態度は居合わせた人々の興を大いにそいだ. It little ～*s from* his true merit. そのために彼の真価にさして傷はつかぬ. **3** 〈根が〉つく, 伸び始める; 〈効果が〉出る, 〈薬が〉きく, 〈種痘などが〉つく: The vaccination did not ～. ワクチンはきかなかった. The medicine ～*s* instantly. この薬は速効性がある. This dye ～*s* well. この染料はよく染まる. The fire *took* rapidly. 火が急速に広がった. **4** 人気を博する, 受ける: The play *took* from its first performance. 劇は初演から人気を博した. The magazine ～*s* well with highbrows. この雑誌は知識人に人気がある. **5** 〈鳥・魚などが〉つかまる, かかる: A lot of fish ～ in the stream. この小川では魚がたくさんとれる. **6** 〈機械・装置が〉引っ掛かる, 〈歯車などが〉かみ合う: These gears ～ very effectively. この歯車はうまくかみ合う. **7** 進む, 進行する, 行く, 出る《を *across, down, over* など; について *after*; へ, に *to*》: ～ *across* the field 野を行く. The horse *took to* the roadside. 馬は路傍に出た. With a cry she *took to* the door. 一声叫んで彼女は戸口へ向かった. **8** (写真に) とれる: ～ well 〔badly〕 良く〔悪く〕とれる. **9** (病気に) なる: He *took* sick. 彼は病気になった. **10**〘米〙凍る: In this part of the country everything ～*s* in winter. この地方では冬にすべてのものが凍る.
be taken ill 病気にかかる. **～ *aback*** 不意を襲う. **～ *after*** (1) に似る; をまねる. (2) を追う, に従う. **～ *against*** に反対する. **～ *and*** … 進んで…する, …してみる: I'll ～ *and* try it. ひとつためしてみよう. **～** a thing ***as it is*** = **～** a thing ***as*** one ***finds it*** すなおに受け取る, …だとあきらめる, …だと思い込む: You should ～ the world *as it is*. 世間はこうしたものだとあきらめるべきだ. Don't ～ people *as you find them*. 人々を表面どおりに受け取ってはならぬ. **～ *away*** (1) 運び去る, よそに移す: Not to be *taken away*. 持ち出しを禁ず〘図書館などで〙. (2) 減ずる; 取り去る. (3) 食卓をかたづける. (4) 立ち去る. **～ *oneself away* 〔*off*〕** 立ち去る. **～ *back*** (1) 取りもどす. (2) 〈約束など〉を取り消す, 撤回する: ～ *back* what one said 前言を取り消す. (3) 〈昔〉を回想させる. **～ *coolly*** 落ち着いている. **～ *down*** (1) 降ろす, 下げる: ～ *down* a baggage from the shelf たなから小荷物を降ろす. (2) へこます, こきおろす: I'll ～ him *down* a notch or two. 少し彼の高慢の鼻をひしいでやろう. (3) 取りこわす, 〈髪を〉ほどく: She *took down* her hair before she shampooed it. 彼女は髪を洗う前に髪をほどいた. (4) 書きつける, 書き留める, 記す. (5) 飲み込む: Don't chew. Only ～ it *down*. かまないで飲み込みなさい. **～ *effect*** 効果がある. **～ *for*** (1) …とまちがえる, と思い込む: They *took* my story *for* a lie. みなは私の話をうそと思った. (2) 〈人から〉…を巻き上げる: They *took* the poor man *for* his last yen. 貧しい男は1円残らず巻き上げられた. **～ *from*** (1) を減らす, 〈重さ・価値など〉を減ずる, 〈興味など〉をそぐ: It *took* greatly *from* the pleasure. それは喜びをすごく減じた. (2) から受け継ぐ; から引き出す: ～ one's good looks *from* one's mother 母親の美貌(びぼう)を受け継ぐ. ～ one's subject *from* one's own experience 自分の経験を論題にする. **～ *in*** (1) 取り入れる, 〈荷物・客を〉積み込む, 載せる; 収容する, 泊める, 〈下宿人を〉おく: The pipe ～*s in* 3,000 gallons of water per minute. この導管は毎分 3,000 ガロ

T

ンの水を取り入れる. (2) <洗たく・縫い物などを> 自宅で引き受ける. (3)〖英〗<新聞などを> とる, 購読する: ~ *in* the weekly 週刊誌をとる. (4) <婦人を> 客間から食堂に案内する. (5) 会得する, 理解する, のみこむ: ~ *in* a lecture 講演の内容をのみこむ. (6) <衣服の>たけをつめる: ~ *in* a dress 着物をつめる. (7) <帆を>たたみ込む. (8) じっと見る, よく観察する: Her eyes *took in* everything. 彼女の目はなに一つ見のがさなかった. (9) 欺く, だます: I was nicely *taken in*. 私はまんまとだまされた. (10) 包括する, 含める; 考慮に入れる. (11) <収入が> 増す. (12)〖米〗<映画など>に行く: ~ *in* a movie. **~ *into* one's *mind* [*head*]** 意中におく, 覚えている; 考えつく, 思いつく: *T*~ it *into your head* that I am not your slave. 私はきみのどれいでないということをわきまえてほしい. **~ *it*** 黙従[黙認]する; 〖俗〗苦難[悪口, 罰など]によく耐える. **~ *it easy*** のんきに構える, あまり気にしない, 余裕をもってやる. **~ *it hard*** 気にする, 悲観する, しょげる. **~ *it out of*** a person (人) をへばらす, へこたれさせる; (人) に腹いせをする. **~ *it out on*** はけ口を求めて…に当たりちらす: Look, ~ *it out on* me. おい, 当たるなら私に当たってくれ. **~ *it that*...** …と信ずる, …と思う: I ~ *it that* we are to come early. われわれは早めに来なくてはならないと思うんです. **~ one's *life in* one's *hand*** 命がけの危険を冒す. **~ one's *life upon*** に命を捨ててかかる, 生命を打ち込んで…をやる. ***T*~ *my word for it.*** 私の言うことはほんとうですよ. ***taken altogether*** 全体から見れば, 概して. **~ *off*** (1) 脱ぐ, とる: ~ *off* one's hat 帽子を脱ぐ. → put on. (2) 取り去る, はずす; はぐ, 離す; 除く: Please ~ *off* your hand from mine. どうぞ私の手を離してください. (3) 移す, 移送する, 連れて行く: The child was *taken off* by kidnappers. その子は人さらいに連れて行かれた. (4) まける, 割り引く: ~ a dollar *off* the price 値段から1ドル引く. (5) 写し取る, 刷り取る. (6)〖話〗まねる; からかう. (7) 飲みほす. (8) の命をとる, 殺す; 免職にする: be *taken off* by cholera コレラで死ぬ. (9) 出立する; 飛び上がる, 離陸する. The plane *took off* from the Oregon airport. 飛行機はオレゴン飛行場から離陸した. (10) 立ち去る; 引退する. (11) <潮が> 引く; <風が>やむ, 静まる. **~ *on*** (1) 雇う; 仲間に入れる: ~ *on* extra workers 臨時雇いをやとう. (2) 引き受ける: ~ *on* a new contract 新しい仕事を引き受ける. (3) 装う, …のふりをする; <形勢を> 呈する. (4) <肉が> つく; 感染する. (5) 興奮する; 悲嘆にくれる: There is no need to ~ *on* so. そうやきもきする[悲しむ]必要はない. (6) 人気を得る: ~ *on* among young people 若い人たちの間ではやる. **~ *out*** (1) 取り出す, 持ち出す: He *took out* a pistol from his pocket. 彼はポケットから拳銃(けんじゅう)を取り出した. (2) 連れ出す; 《野球などで》<選手を>引きさがらす, 交替させる: He *took out* his daughter for a short excursion every weekend. 彼は週末ごとに娘を軽い遠足に連れ出した. ~ *out* the pitcher 投手を交替させる. (3) <しみを> 抜く, 除去する: ~ *out* a stain. (4) <専売権・保険・免許状などを>獲得する, 受ける: ~ *out* an insurance policy 保険をつける. **~ *over*** (1) 引き継ぐ; 譲り受ける; 接収する: The occupation army *took over* my house. 占領軍がわが家を接収した. (2) *vi.* あとを引き継ぐ; 前者に代わって栄える. **~ *shape*** 形をなす, 目鼻がつく; 実現する. **~ one's *time*** 時間をかける, 急がない. **~ *to*** (1) が好きになる, …になつく, が気に入る; …の習慣がつく; …に専心する: The baby has *taken to* her new nursemaid. 赤ん坊は新しいうばになついた. ~ *to* drink [smoke] 酒[たばこ]の習慣がつく. ~ *to* early rising 早起きの習慣がつく. ~ *to* study 研究に専心する. (2) へ行く: ~ *to* one's bed 床につく. (3) …にたよる, に訴える: ~ *to* violence 暴力に訴える. **~ *up*** (1) 取り上げる, 手に取る, 拾い上げる; 《話題・主題などに》取り上げる: ~ *up* a thing for a topic あることを話題に取り上げる. (2) ふさぐ, <場所・時間・注意・労力などを> とる: It'll ~ *up* a lot of time. それはずいぶん時間をとるだろう. (3) <客を> 拾う, 乗せる; <でしなどを> とる. (4) 逮捕する, 引致する, 連行する: be *taken up* by the police. (5) 吸い取る, 吸収する: A sponge ~*s up* water. スポンジは水を吸収する. (6) …のことばをさえぎる; 叱責(しっせき)する, 非難する: ~ a person *up* soundly 人に大目玉をくわしてやる. (7) <注文・挑戦・かけに> 応ずる; <手形を> 引き受ける, 支払う, 皆済する: Not one of the shares was *taken up*. その株は一つも応募がなかった. (8) <住居・宿を>定める: ~ *up* one's lodging with …のところに宿をとる. (9) 縮める. (10) <ミツバチを> いぶし殺す. (11) 溶解する. (12) <寄付金などを> 募る: ~ *up* a collection 献金を募る. **~ *up for*** の味方をする, の肩をもつ. **~ *upon* [*on*] *oneself*** (1) <責任などを> 負う, 引き受ける. (2) 思い切ってする: He *took* it *upon himself* to enlighten the ignorant. 彼は進んで無知な人人を啓蒙(けいもう)しようとした. **~ *up with*** (1) に興味をもつ; <説> を奉ずる, 信奉する, 採用する. (2) に甘んずる, を忍ぶ. (3) と交わる, と交際を始める, に求婚を始める. (4) と同宿する. ***You may ~ it from me.*** = T~ my word for it.

—— *n.* **1** 捕獲, 取得, つかまえること; 取り入れ, 取り入れの過程. **2** 捕獲量, 漁, 猟: a great ~ of fish [game] 大漁[猟]. the day's ~ その日の捕獲高. **3** 取得高, 売上金, 利益. **4**〖映〗1ショット: The director spends a whole week for several ~*s*. この監督は数こま写すためにまる1週間費やす. **5** (植字工が引き受ける) 1回分の原稿. **~-home pay** 《税金などを差し引いた》手取り給料. **~-in** [ˊˋ]〖話〗詐欺, ぺてん. ***~-off** [ˊˋ] (1) 出発; 《跳躍などの》踏み切り(地点), 《経済発展の》「離陸」; 〖空〗離陸[離水] (地点). (2)〖話〗物まね; 漫画. **~-ò·ver** 引き継ぎ; 接収. **~-up** [ˊˋ] ぴんと張る[引き締める]こと; 《糸・なわなどの》締め道具; 〖映〗《フイルムの》巻き取り装置.

◇ **ták·er** [-ər] *n.* 取る人[物]; 購読者; かけをかって出る人.

(類義語) **持つ, つかむ: take** 「手に持つ」ことと「持ち去る」ことの両意がある. したがって「手に持つ」ばあいも持ち去る目的が背後にあることが多い: He *took* me by the hand and led me to a corner of the room. 彼は私の手をとるとへやのすみに連れていった. **seize** 突然力強くつかむ: *seize* the gun from the rack 銃架から銃をさっと取る. **grasp** 手のひらで握るようにつかむ, 把握(はあく)する → 理解する: I don't *grasp* your meaning. あなたのおっしゃることがわかりかねます. **clutch** (恐怖心などから) しっかりとつかんで放さない: She *clutched* my hand in the dark. 彼女は暗やみで私の手をしっかりと握っていた. **grab** 乱暴にまたは貪欲(どんよく)にひっつかむ: The child *grabbed* all the candy. 子どもはキャンデーを残らずつかんだ. **snatch** 勢いよくひったくる: She *snatched* the letter from my hand. 彼女は私の手から手紙をひったくった.

†**ták·en** [téik(ə)n] *v.* take の過去分詞.

ták·in [tá:kì:n, təkí:n/tá:kin] *n.* 〖動〗《チベット産》カモシカの一種.

ták·ing [téikiŋ] *a.* **1** 魅力的な, あいきょうのある. **2**〖話〗伝染する, うつる. **——** *n.* **1** 獲得, 捕獲; 獲得物[高]. **2** (*pl.*) 所得, 収入; 売上高. **3**〖話・方〗《心の》動揺; 悩み, 困惑: be in a great [terrible] ~ たいへん気をもむ.

◇ **~·ly** *ad.* **~·ness** *n.*

ta·la·ri·a [təlέ(:)riə/-léər-] L. *n. pl.* 〖ギ・ロ神〗《Hermes, Mercury 神などの》足につけた小さい翼.

tál·bot [tɔ́:lbət] *n.* 耳長の猟犬の一種.

talc [tælk] *n.* 〖鉱〗滑石; 雲母 (mica). **——** *vt.* (**talc(k)ed** [tælkt]; **tálc(k)·ing** [tǽlkiŋ]) 滑石で

こする〔処理する〕. ◇ ∼·ose [-ous], ∼·ous [-əs] *a.* 滑石の; 滑石を含む.

tál·cum [tǽlkəm] *n.* **1** 滑石 (talc). **2** タルク (= ∼ powder) 《滑石粉にほう酸・香料などを加えた化粧用粉》.

‡tale [teil] *n.* **1** 話, 物語: a fairy ∼ おとぎ話. → narrative, story. **2** つくり話, うそ; うわさ (話); 告げ口: a tall ∼ 大ぼら. **3** 〔古〕総計, 総額. ***carry*** **∼*s*** うわさを言いふらして歩く. ***His*** **∼** ***is told.*** 彼はもうだめだ; 運が尽きた. ***If all*** **∼*s be true,*** …人のうわさがほんとうなら…. **∼** ***of a roasted horse*** つくり話. **∼** ***of a tub*** たわいない話. **∼** ***of nought*** つまらない事物. ***tell*** one***'s*** 〔***its***〕 ***own*** **∼** 自明である; 自らその来歴を語る. ***tell*** **∼*s*** (***out of school***) 告げ口する; 秘密を言いふらす; 《無責任に》人のことをふれ回る. ***tell the*** **∼** ***of*** (1) の話をする. (2) を数える: The shepherd *tells his* ∼. 羊飼いが羊の頭数を数える. ***Thereby hangs a*** **∼.** それにはいささか訳がある.

∼·**bèar·er** 悪いうわさをばらまく人; 告げ口屋.
∼·**bèar·ing** *a., n.* うわさをばらまく(こと). ∼·**tèll·er** (1) 物語をする人. (2) 告げ口屋, 悪口屋.
∼·**tèll·ing** *a., n.* 人の悪口などを言いふらす (こと).

‡tál·ent [tǽlənt] *n.* **1** 才, 才能; 才幹, 手腕, 技量: have a ∼ *for* music 音楽の才がある. have not much ∼ *for* painting 絵の才がたいしてない. a man of ∼ 才人. a man of no ∼ 無能な人. literary ∼ 文才. **2** 《集合的》才能ある人々, 人材; 〔話〕《個人としての》タレント, 芸能人: stage ∼(*s*) 舞台俳優. **3** タレント《古代ギリシア・ローマ・ヘブライの重量・貨幣の名》. **4** 〔俗〕常習的賭博(とばく)者; (the ∼) 《競馬で》自分の一存でやるかけ師. ***hide*** one***'s*** **∼*s in a napkin*** 〔聖〕自己の才能をうずもれさせる《マタイ伝 25: 15》.

∼ **scout** タレントスカウト.
◇ ∼·**ed** [-id] *a.* 才能〔手腕〕のある. ∼·**less** *a.* 無能な.

(類義語) **才能: talent** それを伸ばせばその道において成功する生まれつきの才能. 芸能の才について用いられることが多い. **gift** 天賦の才. talent に似ているが,「その道における成功」は示唆されていない. **aptitude** 職業などに対する生まれつきの適性: *aptitude* tests 適性検査. **faculty** 実務・家政などの才, 手腕. 主として口語: business *faculty* 実務の才. **genius** 驚異に価する生まれつきの才能. 天才. talent に比し創造性が強調される.

tá·ler =thaler.

tá·les [téili:z] *n.* 〔法〕補欠陪審員名簿〔呼び出し状〕. [<L.] ∼·**man** [téilzmən, -li:z-] (*pl.* **-men**) 補欠陪審員.

tá·li [téilai] *n.* talus¹ の複数形.

tál·i·on [tǽliən] *n.* 同害報復法《「目には目を, 歯には歯を」式の刑罰法. 〔聖〕レビ記 24: 17–21》.

tál·i·pot [tǽlipɑ̀t/-pɔt] *n.* 〔植〕タリポットヤシ《南インド産》.

tál·is·man [tǽlismən, tǽliz-] *n.* (*pl.* ∼**s**) **1** お守り, 護符, 魔よけ. **2** 不思議な効力のあるもの.
◇ **tàl·is·mán·ic** [ˌ–mǽnik], **tàl·is·mán·i·cal** *a.* 魔よけの; 魔力のある, 不思議な.

†talk [tɔ:k] *vi.* **1** 話す; 話しかける: Some parrots can ∼. あるオウムは話せる. He was ∼*ing* to 〔with〕 a friend. 彼は友だちと話していた. ∼ in sleep 寝言を言う. **2** 語る, 談ずる, 論ずる《について *about, of*》: What are they ∼*ing about*? 彼らはなんの話をしているのか. **3** よけいなこと〔うわさ話, かげ口, 秘密〕をしゃべる: She ∼*s* too much. 彼女はよけいな口をききすぎる. People will ∼. 世間の口がうるさくなるよ. Don't ∼ if you know the truth. 真相を知っていても話すな. **4** 意見する, 忠告する, 苦情を言う《に *to*》: I shall have to ∼ *to* my tailor; this suit fits very badly. 洋服屋に苦情を言わねばならぬだろう. この洋服はからだに合わぬから. **5** 《身ぶりなどで》意志を通じる; 通信をする: ∼ by signs 手まねで話をする. **6** 《無電で》交信する. **7** 効力がある: Money ∼*s*. 金がものをいう.

—— *vt.* **1** 話す, 語る; 論ずる: ∼ rubbish 〔nonsense〕 つまらぬ〔ばかな〕ことを話す. ∼ politics 政治を論ずる. ∼ Spanish スペイン語を話す. **2** 話して…にする; 話して…させる《*into* (do)*ing*》; 話して…させないようにする《*out of* (do)*ing*》: ∼ oneself hoarse 話し過ぎてのどがかれる. ∼ one's father *into* buy*ing* a bicycle 父を説きつけて自転車を買わせる. ∼ the workers *out of* walk*ing* out 労働者が職場放棄しないように説得する.

be 〔***get*** one***self***〕 **∼*ed about*** うわさのたねになる: You'll *get yourself* ∼*ed about* if you behave badly. 行動を慎まないと評判が悪くなるぞ. ***Now you're*** **∼*ing.*** それでこそ話がわかるというものだ. **∼** ***a child to sleep*** 話をして子どもを寝かしつける. **∼** ***against*** a person (人)の悪口を言う. **∼** ***against time*** 時間つぶしにしゃべる. **∼** ***a horse's hind leg off*** =**∼** ***the bark off a tree*** 〔米〕のべつ幕なしにしゃべる. **∼** a person ***around*** (人を) 説得する. **∼** ***aside with*** わきへ離れてひそかに…と話す. **∼** ***at*** …にあてつけて言う. **∼** ***away*** (1) 話し続ける. (2) 話でまぎらす; 〈夜などを〉話をして過ごす. **∼** ***baby*** 赤ん坊に話すような口調で言う. **∼** ***back*** 口答えする. **∼** ***big*** 大口をたたく, ほらを吹く. **∼** ***business*** まじめな話をする. **∼** ***cold*** =∼ turkey. **∼** ***down*** (1) 言い負かす, 声で圧倒する. (2) わかりやすく調子を下げて話す《に *to*》. (3) いんぎん無礼なことばを使う《に *to*》. (4) 非難する. (5) 〔空〕の着陸を誘導する《夜間や霧の深いとき無電で》: ∼ *down* a pilot. **∼** ***freely of*** を遠慮なく話す. **∼** ***from the point*** 的はずれな話をする. **∼** ***Greek*** 〔***Hebrew, gibberish***〕 訳のわからないことをしゃべる. **∼** one***'s head*** 〔***arm***〕 ***off*** 〔俗〕のべつ幕なしに話す. **∼*ing of*** …といえば, の話しついでだが: *Talking of* travel, have you been to Athens yet? 旅といえば, アテネへもういらっしゃいましたか. **∼** ***of*** …について話す, …のうわさをする; …するつもりだと言う: He ∼*s of* going abroad. 彼は洋行するつもりだと言う. ***T∼ of the devil!*** うわさをすれば影. **∼** ***out*** (1) 最後まで話す. (2) 思いのままに語る; 徹底的に論ずる. (3) 〔英〕討議を閉会時間まで続けて〈議案を〉葬る. **∼** one***self out of breath*** しゃべりまくって息切れする. **∼** ***over*** (1) 説き伏せる. (2) を討議する, をよく話し合う: ∼ the subject *over* その問題を相談する. (3) …について語る〔話す〕: ∼ *over* old times 昔語りをする. **∼** ***round*** (1) くどき落とす. (2) を長々と回りくどく論ずる. **∼** ***sailor*** 船乗りのことばを使う. **∼** ***scandal*** 醜聞になることを話す. **∼** ***sense*** もっともなことを言う. **∼** ***shop*** 専門・職業の話をする《特に興味をもたない人の前で》. **∼** ***tall*** 大きく出る, ほらを吹く. **∼** ***to*** (1) に話しかける. (2) 〔話〕に談じ込む, をしかる. (3) を意見する, に忠告する. **∼** ***to oneself*** ひとり言をいう. **∼** ***to death*** (1) 〔俗〕のべつ幕なしに話す. (2) 〔米〕=∼ out③. **∼** ***together*** 談合する, 相談する. **∼** ***turkey*** 〔米〕ありのままの事実を話す. **∼** ***up*** 〔話〕(1) 大声で話す, はっきり〔ずばずば〕ともの言う. (2) 熱をこめて話す; 話して (相手に) …に興味をもたせる; 興味をもたせるために話し合う. **∼** a person ***up to*** (人に) 話して…させる, 説き伏せる. **∼** ***with*** と話す, と相談をする; をくどき落とそうとする.

—— *n.* **1** 話, おしゃべり, 談話, 座談, 会話: There's too much ∼ and not enough work being done. 話ばかり行なわれて仕事があまりはかどっていない. **2** 協議, 相談; 会談, 談判: preliminary ∼*s* on peace 講和予備会談. **3** 講話, 演説; 《ラジオなどの会話体の短い》話. **4** 風説, うわさ, 知らせ: I heard it in ∼. うわさに聞いた. **5** 話題, 話のたね. **6** 空言, むだ話: It's just a lot of ∼. ただ

わいわいいっているだけだ. **7** 口調, 話し方: baby ～ 赤ん坊口調.
be all* ～** ＜人が＞口先ばかりでなにもしない, 調子がいい. ***big* ～**〘俗〙大ぼら. ***end in* ～** なんの実も結ばない. ***give a* ～** 話をして聞かせる; 講話をする. ***have a* ～ *with と相談する; と話(し合い)をする: I've *had* several ～*s with* him. 彼と幾度か話し合った. ***make* ～** (1) うわさのたねになる, 評判になる. (2) 時間つぶしにただしゃべる. ***small* ～** 雑談, 世間話. ～ ***of the town*** 世間の話題, もっぱらのうわさ. ***That's the* ～.** 謹聴!
◇ * **～·er** [-ər] *n.* **1** 話し手. **2** 多弁な人; 空論家. **～·y** *a.* おしゃべりな; 《小説などが》冗長な.
〔類〕→ **speak**「話す」

tálk·a·thon [tɔ́:kəθàn/-θɔn] *n.*〘米俗〙《議事の進行を妨害するための》引き延ばし演説; 《テレビ放送で》候補者との一問一答.

tálk·a·tive [tɔ́:kətiv] *a.* 話し好きな, おしゃべりな.
◇ **～·ly** *ad.* **～·ness** *n.*

tálk·ee-tálk·ee [tɔ́:kitɔ́:ki] *n.* **1** 《黒人などの》片言英語. **2** 《けいべつ的》のべつ幕なしのおしゃべり. **3**〘米〙話し好き(の人).

tálk·ie [tɔ́:ki] *n.* (しばしば *pl.*)〘話〙トーキー, 発声映画. ***the* ～*s*** 発声映画(興業).

tálk·ing [tɔ́:kiŋ] *n.* 談話, おしゃべり. —— *a.* **1** ものを言う; ものが言える: a ～ doll ママー人形. **2** 《目などの》表情のある: ～ eyes もの言う目. **3** おしゃべりな.
～ book 語る本《盲人用に吹き込んだ録音本》. **～ film**〔**picture**〕発声映画 (talkie). **～ machine** 蓄音機 (phonograph). **～ point** 話題. **～-to** [-tù:] (*pl.* **～-tos**)〘話〙小言, お目玉: I gave him a good ～*-to.* 彼をうんとしかりとばした.

†**tall** [tɔ:l] *a.* **1** (背の) 高い: a ～ man 背の高い人. a ～ building 高層建築. **2** 高さ〔たけ〕が…の: He is 6 feet ～. 身長が6フィートある. **3** 普通より長い《長くつ下など》. **4** 《数量の》多い, 大きい. **5**〘話〙法外な; 大げさな: a ～ tale 誇張した話, ほら話. **6**〘古〙すばらしい, すてきな.
—— *ad.*〘俗〙**1** 意気揚々と. **2** 大げさに, 誇張して. ***talk* ～** 大ぶろしきを広げる. ***walk* ～** いばって歩く.
～·boy [⌐⌐]〘英〙《寝室用》足付きのたんす, 2段重ねのたんす; 《煙突の上端につけた》煙出し〔通風〕土管; 足付きコップ. **～ drink** 背の高いコップに入れて飲むカクテル《ソーダ水・果汁(じゅう)などを主としたもの》. **～ hat** シルクハット. **～ order** できない〔応じかねる〕相談. **～ price** 法外な値. **～ story** ほら話, 信じられない話. **～ talk** 大ぶろしき, 大言壮語.
◇ **～·ish** [-iʃ] *a.* やや(背が)高い. **～·ness** *n.*
〔類〕→ **high**「高い」

tál·lage [tǽlidʒ] *n.*〘英史〙租税, 貢税(ぜい).

tál·low [tǽlou] *n.* 獣脂: a ～ candle 獣脂ろうそく.
—— *vt.* **1** に獣脂を塗る. **2** ＜羊を＞太らせる.
***vegetable* ～** 木ろう.
～ chandler 獣脂ろうそく製造人〔商人〕.
～-faced [-fèist] 青白い顔(色)の.
◇ **～·y** [-i] *a.* **1** 獣脂の, 獣脂のような. **2** あぶらぎった, 太った. **3** 青白い, ろう色の.

tál·ly [tǽli] *n.* **1** 《貸借の金額を刻んだ》割り符, 符木(しるしぎ). **2** 対の片方, 符合物; うり二つの物. **3** 一致, 符合. **4** 《金・木などの》札, つけ札, 荷札; 割り札, 合い札. **5** 割り印; 割り符の刻み目. **6** 計算, 勘定; 得点: a ～ of a game 競技の得点. **7** 計算の単位(として一括したもの). **8** 《計算単位の》ちょうど《単位が20のばあい18, 19, 'tally' といえば tally は20のこと》. ***by the* ～** 1束いくらで. ***live* (*on*) ～** 同棲(どうせい)する《と *with*》. ***pay the* ～** 勘定を払う. ***strike* ～** 符合する.
—— *vt.* **1** 割り符に刻む. **2** 一致させる, 符合させる; 照合する. **3** に札をつける. **4** 記録する. **5** 数える, 締める《*up*》. **6**〘海〙＜帆の＞下隅(すみ)索を張る. —— *vi.* (ぴったり) 符合する, 一致する: The articles do not ～ *with* the invoice. 品物が送り状と合わない. The stories of the two men ～. ふたりの男の話は合う.
～ clerk 荷役係; 〘米〙《選挙の》投票計算係. **～·man** [-mən] (*pl.* **-men**) (1)〘英〙分割払い商人; 見本で品物を売る人. (2) (船の) 荷役方. **～ register** 計数器. **～ sheet** 《船荷などの》照合〔記録, 点数〕記入用紙; 〘米〙《選挙の》投票数記入紙. **～ shop**〘英〙分割払い販売店. **～ system**〔**trade**〕〘英〙分割払い制〔販売〕.

tál·ly·hò [tǽlihòu/-hóu] *n.* (*pl.* **～s**) **1**〘英〙大型4頭だて馬車. **2** ホーホー(というかけ声)《猟師が獲物を見つけて犬をけしかける声》.
—— [⌐⌐⌐/⌐⌐⌐] *int.* ホーホー《キツネを見つけたときの猟師の叫び声》. —— [⌐⌐⌐/⌐⌐⌐] *vt., vi.* (**-hoed, -ho'd; -ho·ing**) (猟犬を) ホーホーとけしかける.

tál·ma [tǽlmə] *n.* (*pl.* **～s**) タルマ外套(がいとう)《19世紀前半に男女が用いた》.「う.

tál·mi [tǽlmi] **～ *gold*** タルミ金, 金めっきのしんちゅう

Tál·mud [tǽlmʌd, tá:lmud/tǽlmud] *n.* タルムード《ユダヤの律法・伝承とその解説》.
◇ **～·ist** *n.* タルムード編集者〔信奉者, 研究家〕.
Tal·múd·ic [tælmʌ́dik, tɑ:lm(j)ú:d-/tælmúd-], **Tal·múd·i·cal** *a.* タルムードの.

tál·on [tǽlən] *n.* **1** 《猛禽(きん)の》つめ; (*pl.*) 《猛禽のつめのような》指, つかみかかる手. **2**〘建〙はとむねくり形. **3** 《トランプ札の》配り残り. **4** 剣のつかもと. ◇ **～ed** *a.* つめのある.

tá·lus[1] [téiləs] *n.* (*pl.* **-li** [-lai])〘医〙距骨; くるぶし.

tá·lus[2] *n.* (*pl.* **～·es**) **1** 斜面; 《特に城壁の》斜面. **2**〘建〙堅勾配(たてこうばい). **3**〘地〙崖錐(がいすい)《がけ下にくずれ落ちた砕石が斜面をなして集積したもの》.

tam [tæm] ＝tam-o'-shanter.

tám·a·ble [téiməbl] *a.* 馴(な)らすことができる.
◇ **～·ness** *n.* **tàm·a·bíl·i·ty** [⌐⌐bíliti] *n.*

ta·má·le [təmá:li] *n.* タマーリ《メキシコ料理. トウモロコシ粉・ひき肉を混ぜ, トウガラシで味付けしてトウモロコシの皮に包んで蒸したもの》.「マツ; その材.

tám·a·rack [tǽm(ə)ræ̀k] *n.*〘植〙《アメリカ産》カラ

tám·a·rind [tǽmərìnd] *n.*〘植〙タマリンド《熱帯産豆科の常緑樹》; その実《清涼飲料・調味・薬用》.

tám·a·risk [tǽmərìsk] *n.*〘植〙ギョウリュウ.

ta·má·sha [təmá:ʃə] *n.* 《インドの》見せ物, 催し物.

tám·ber [tǽmbər] ＝timbre.

tám·bour [tǽmbuər] *n.* **1**〘楽〙《低音の》太鼓; 太鼓手. **2** 《円形の》ししゅうわく; そのししゅう細工. **3**〘建〙太鼓石; 〘築城〙《門・道路などの》防さく. **4** 防さくよろい戸《布に細木を張ったもので屈曲可能. 家具で戸の代わりに用いる》.
—— *vt., vi.* ししゅうわくでししゅうする.

tám·bou·rin [tǽmburin, -bər-] *n.* **1** 《南フランスの》長太鼓. **2** 《南フランスの》タンブラン踊り; その舞曲.

tàm·bou·ríne [tæ̀mbərí:n] *n.*〘楽〙タンバリン《胴に小鈴の付いた鼓》.

‡**tame** [teim] *a.* **1** 飼いならされた, 人になれた; おとなしい: a ～ porpoise 人になれたイルカ. The cow is a ～ animal. 牛はおとなしい動物だ. → wild, fierce. **2** 《植物が》栽培された; 《土地が》耕された. **3** いくじのない, 卑屈な: a ～ husband 妻のしりにしかれた夫. **4** 単調な, 生気のない: a ～ baseball match やまのない野球の試合. a ～ resort つまらない避暑〔避寒〕地. **5** たいしたことのない, 恐れるに足らない: a ～ enemy 弱敵.
—— *vt.* **1** 飼いならす: ～ a wild bird 野鳥をならす. **2** 服従させる, 従わせる. **3** 元気をなくさせる, の勇気を制する, 弱める: Severe discipline in childhood had ～*d* him and broken his will. 幼年時代のきびしいしつけで彼は気弱になり意力を失った. **4** ＜熱

情などを>おさえる. **5** <色彩などを>和らげる《*down*》. **6** たいくつにする. —— *vi.* **1** なれる. **2** すなおになる, おとなしくなる.
～ cat [**pussy**] 飼いネコ; 人の言いなりになっている〔ちょうほうがられる〕お人よし.
◇ **～·a·ble** *a.* =tamable. **～·ly** *ad.* **～·ness** *n.*

táme·less [téimlis] *a.* なれていない, 野性の; ならしにくい. ◇ **～·ly** *ad.* **～·ness** *n.*

tám·er [téimər] *n.* 《野獣などの》ならし手, 調教師: a lion ～ ライオン使い.

Tám·er·lane [tǽmərlèin] =Timur.

Tám·il [tǽm(i)l] *n.*, *a.* 《南インド・セイロン島に住む》タミル人(の); タミル語(の).

Tám·ma·ny [tǽməni] *n.* タマニー派《New York 市の ～ Hall を本拠とする民主党の団体. しばしば政治的腐敗の意を含む》. **～ Hall** [**Society**] タマニー協会《1789 年 New York 市に設立された. 元来は慈善共済組合》.

tám·my [tǽmi] =tam-o'-shanter.

tàm-o'-shán·ter [tæməʃǽntər] *n.* 《スコットランド人の》大黒ずきん形の帽子.

tamp [tæmp] *vt.* **1** <たばこなどを>軽くたたいて詰め込む. **2** <穴の口を>粘土などでふさぐ《爆薬を詰めたあと》. **3** <道路の土などを>つき固める. ◇ **～·ing** *n.* 《発破孔の》充てん(材料); 《道路の》つき固め.

Tám·pa [tǽmpə] *n.* アメリカ Florida 州の都市.

tám·per[1] [tǽmpər] *vi.* **1** 干渉する, よけいな手出しをする《に *with*》. **2** いじくる, 損じる, 改ざんする《を *with*》. **3** 買収する, 贈賄する《を, に *with*》.
◇ **～·er** [-pərər] *n.*

támp·er[2] *n.* **1** 込め棒, 突き棒. **2** 《発破孔に》粘土を詰める人; 《道路などを》つき固める人.

tám·pi·on [tǽmpiən] *n.* 《銃口・砲口などの》木栓(もくせん); 〖楽〗《オルガンの音管の》上端の栓.

tám·pon [tǽmpɑn/-pən] *n.* **1** 〖医〗タンポン, 止血栓. **2** 両端でたたく太鼓ばち. **3** 髪の入れ毛.
—— *vt.* にタンポンを詰める.

tám-tam [tʌ́mtʌ̀m, tǽmtæ̀m] =tom-tom.

***tan**[1] [tæn] *v.* (**-nn-**) *vt.* **1** <皮を>なめす: ～*ned* leather なめし皮. **2** <網などに>渋をひく. **3** <皮膚を>日焼けさせる: ～ the skin on the beach 浜で皮膚を焼く. **4** 〖話〗ひっぱたく, 打つ; むちで打つ.
—— *vi.* **1** しなやかになる. **2** 日に焼ける. **～ a person's hide** (人)をなぐる.
—— *n.* **1** タン皮 (=tanbark)《カシワの皮など》. **2** タン皮の殻 (=spent ～)《皮なめしに用いたのち, 道路・庭地などに敷く》. **3** なめし液. **4** 日焼け色, 黄かっ色. **5** (*pl.*) タン皮色のくつ, 赤ぐつ. **6** (the ～) 〖俗〗曲馬団. ***kiss the* ～** 〖俗〗落馬する.
—— *a.* 黄かっ色の: ～ shoes 赤ぐつ.
～·bark [ˊ-ˋ] 《皮なめし用の》タン皮. **～·yard** [ˊ-ˋ] なめし皮工場, 製革場.
◇ **～·na·ble** *a.* なめすことができる. **～ned** [-d] *a.* 日に焼けた. **～·ning** *n.*

tan[2] [tæn, tǽndʒ(ə)nt] *n.* tangent ② の記号.

tán·a·ger [tǽnidʒər] *n.* 〖鳥〗フウキンチョウ《アメリカ産》.

Ta·nàn·a·ríve [tənæ̀nəríːv, tɑːnɑːríːv] *n.* タナナリーブ《Madagascar 共和国の首都》.

tán·dem [tǽndəm] *n.* **1** 縦並びに馬車につないだ 2 頭または数頭の馬; 縦並びの 2 頭または数頭引きの馬車. **2** (縦列座席の) 2 人乗り自転車. **3** 直列式機関車. —— *ad.* **1** 《2 頭または数頭の馬が》縦に 1 列に並んで. **2** 〖電〗直列に. ***drive*** [***ride***] **～** 馬車馬を縦につないで駆ける. —— *a.* 《動物・座席などが》縦に並んだ, 縦並びの: a ～ canoe 2人乗りカヌー.

tang[1] [tæŋ] *n.* **1** ピリッとする味, 強い味; 特有な味〔におい〕: the ～ of mustard からしの辛み. the salt ～ of the sea air 海の空気の塩の香. **2** 気味, 特性. **3** 《集合的》コンブの類. **4** 《のみ・小刀などの刃物の柄にはいる部分》刀根(こみ), 中子(なかご). **5** 舌状部; とげ.
—— *vt.* に刀根〔中子〕をつける.

tang[2] *n.* 《金属の》鋭く鳴る音. —— *vt.*, *vi.* 鋭く鳴り響かす〔響く〕.

Tang [tæŋ] *n.* 唐(朝)《618–907》.

Tàn·gan·yí·ka [tæ̀ŋgənjíːkə, ㊥[+] tæŋgæn-] *n.* タンガニーカ《アフリカ中東部のもと共和国. 1964 年 Zanzibar と合併 Tanzania となった》.

tán·gent [tǽndʒ(ə)nt] *n.* **1** 〖数〗接線. **2** 〖数〗正接(線), タンジェント《記号 tan》. **3** 正接目盛り板 (=～ scale). **4** 《線路・道路の》直線区間. ***fly*** [***go***] ***off at*** [***in, on, upon***] ***a* ～** 急にわき道へそれる, 急転換する. —— *a.* **1** 〖数〗接線の, 正接する. **2** 接する, 接触する. [√ta(n)g-]
◇ **tán·gen·cy** [-si] *n.* 接触.

tan·gén·tial [tændʒénʃ(ə)l] *a.* **1** 〖数〗接線〔正接〕の; 《力・運動など》接線の方向の. **2** (わずかに) 接する. **3** 本題から離れた, ほとんど関係のない.
◇ **～·ly** *ad.* 接線〔正接〕的に.

Tàn·ge·ríne [tæ̀ndʒəríːn] *a.* **1** (モロッコの) Tangier の. **2** (t～) 赤味を帯びたダイダイ色の.
—— *n.* **1** タンジール人. **2** (t～) タンジールミカン; 《日本産の》(冬) ミカン, 温州(うんしゅう)ミカン; その木.

tán·gi·ble [tǽndʒəbl] *a.* **1** 触知できる; 実体的な; 〖法〗有形の. **2** 現実の; 明白な, 確実な.
—— *n.* (*pl.*) 有形資産. [√ta(n)g-]
～ assets 〖簿記〗有形資産.
◇ **～·ness** *n.* **-bly** [-bli] *ad.* 触知できるように; 明白に. **tàn·gi·bíl·i·ty** [tæ̀ndʒibíliti] *n.* **1** 触知できること. **2** 明白さ, 確実さ.

***tán·gle** [tǽŋgl] *vt.* **1** からませる, もつれさせる. **2** 紛糾〔混乱〕させる. **3** おとしいれる, わなにかける.
—— *vi.* **1** もつれる, からむ. **2** 紛糾〔混乱〕する. **3** 巻き添えをくう, 陥る.
—— *n.* **1** もつれ, からまり: brush the ～*s* out of a dog's hair 犬の抜け毛のもつれを払いとってやる. **2** 混乱, 紛糾, ごたごた: The traffic was in a frightful ～. 交通がすっかり混乱していた. **3** コンブの類. **4** 海底動植物採取器. ***get into* ～*s*** めちゃめちゃになる. ***in a* ～** 混乱して; もつれて. ***make a* ～ *of*** をもつれさせる.
～·foot [ˊ-ˋ] (1) 〖米俗〗ウイスキー. (2) 菊科の雑草の一種 (heath aster).
◇ **tán·gly** [-i] *a.* もつれた, こみいった; 混乱した.

tán·go [tǽŋgou] *n.* (*pl.* **～s**) 《南アメリカのダンス》タンゴ(の曲). —— *vi.* タンゴを踊る.

tán·gram [tǽŋgrəm] *n.* 知恵の板《7 枚の板を並べて遊ぶ中国のおもちゃ》.

táng·y [tǽŋi] *a.* 強いにおい〔味〕がする.

‡**tank** [tæŋk] *n.* **1** タンク, 水槽(すいそう), 油槽, 燃料容器; ガスタンク: ～*s* for storing oil 石油貯蔵タンク. **2** 貯水池, ため池. **3** 戦車, タンク.
—— *vt.* タンクに入れる〔たくわえる〕. **～ *up*** 〖俗〗に痛飲させる; 痛飲する.
～ car タンク車《各種の液体や気体の輸送用のタンクを載せた貨車》. **～ destroyer** 対戦車自動砲. **～ drama** 〖劇俗〗安芝居《水難救助のシーンに実際の水を使って人気取りにする劇より》. **～ engine** 《炭水自蔵》タンク機関車. **～ farming** 水耕法 (hydroponics). **～·man** [-mən] (*pl.* **-men**) 戦車兵. **～·ship** =tanker①. **～ station** 〖米〗給水駅. **～ town** 〖米〗給水駅; 小さい町. **～ trap** 対戦車壕(ごう). **～ truck** タンク車; 油送トラック.

tánk·age [tǽŋkidʒ] *n.* **1** タンク貯蔵(量). **2** タンク使用料. **3** タンクかす《くず肉・内臓などをタンク内で蒸し脂肪をとった肥料〔飼料〕用残りかす》.

tánk·ard [tǽŋkərd] *n.* 《ふたと取っ手つきの銀・しろめ製》大コップ; 大コップ 1 杯.

tánk·er [tǽŋkər] *n.* **1** 油送船, タンカー; 〖空〗給油(飛行)機. **2** 〖米:軍〗戦車〔装甲車〕隊員.

tán·nage [tǽnidʒ] *n.* 皮なめし; なめし皮(製品).

tán·nate [tǽneit / -nit] *n.* 〘化〙タンニン酸基.

tan·nen·baum [tǽnənbàum/ˊ−−−] G. *n.* (西洋) モミの木; クリスマスツリー.

tán·ner [tǽnər] *n.* **1** 皮なめし工, なめし皮業者. **2**〘英俗〙6 ペンス (銀貨). ◇ **〜·y** [tǽnəri] *n.* なめし皮工場, 製革場; 皮なめし.

tán·nic [tǽnik] *a.*〘化〙タンニン (性) の; タンニンから得た: 〜 acid＝tannin.

tán·nin [tǽnin] *n.*〘化〙タンニン (酸).

tán·sy [tǽnzi] *n.*〘植〙ヨモギギク.

tán·ta·lize [tǽnt(ə)làiz] *vt.*《見せつけて》じらす, じらして苦しめる. →Tantalus.
◇ **tàn·ta·li·zá·tion** [ˌ−−lizéiʃ(ə)n/-laiz-] *n.*

tán·ta·liz·ing [tǽnt(ə)làiziŋ] *a.* (見せつけて) じらす, じれったがらせる. ◇ **〜·ly** *ad.*

tán·ta·lum [tǽnt(ə)ləm] *n.*〘化〙タンタル《金属元素. 白金代用品. 記号 Ta》.

Tán·ta·lus [tǽnt(ə)ləs] *n.* **1**〘ギ神〙タンタロス《Zeus のむすこ. 神々の秘密をもらしたためあごまで地獄の水に沈められ, 飲もうとすると水が引いて苦しめられた》. **2** (t〜)〘英〙タンタロス スタンド《かぎがないとびんが取り出せない酒びん台》.

tán·ta·mount [tǽntəmàunt] *a.* 同等の, 相当する《*to*》. → equal. ***be* 〜 *to*** …も同然である.

tán·ta·ra [tǽntərə, tæntǽrə, -tɑ́:rə/tæntɑ́:rə] *n.* らっぱ・角笛などの音.

tan·tív·y [tæntívi] *n.*〘古〙**1** 疾駆, 突進. **2**〘狩〙「走れ」の叫び. **—** *ad.* 速く, 疾駆して. **—** *a.* すみやかな, 突進〔疾駆〕する. **—** *vi.*〘古〙急ぐ, 疾駆する.

tán·trum [tǽntrəm] *n.* (おもに *pl.*)〘話〙ふきげん, 立腹, かんしゃく. ***go* 〔*fly, get*〕 *into* one's 〜*s* 〔*a* 〜〕** むっとする, ふくれる.

Tàn·za·ní·a [tænzəní:ə/-níə] *n.* タンザニア《アフリカ東部の共和国. 首都 Dar es Salaam》.

Tá·o·ism [tɑ́:ouìz(ə)m, táuiz(ə)m] *n.* 道教《老子の教え》.

Tá·o·ist [-ist] *n.* 道教信者. **—** *a.* 道教の; 道教信者の. ◇ **Ta·o·ís·tic** [tauístik] *a.*

‡tap[1] [tæp] *v.* (**-pp-**) *vt.* **1** 軽くたたく〔打つ〕, コツコツたたく: Someone 〜*ped* me on the shoulder. だれかが肩をたたいた. **2** 軽く打ち当てる; 打ちつけて…する: 〜 feet on the floor 足で床をコトコト鳴らす. 〜 ashes *out of* a pipe パイプから灰をはたき出す. **3** 軽くたたいてつくる, たたき出す《*out*》; 拍子をとる: 〜 *out* a letter on a typewriter タイプライターで手紙を打つ. 〜 *out* an SOS エスオーエスの無電を打つ. 〜 a time トントン拍子をとる. 〜 a message with a finger 指でコツコツたたいて合い図する.
— *vi.* **1** 軽くたたく〔打つ〕, コツコツたたく《を *at, on*》. **2** 打診する. **〜 *up*** 戸をたたいて起こす.
— *n.* **1** 軽く打つこと〔音〕: There was a 〜 on the door. 戸をたたく音がした. **2** くつ底の張り替え (皮). **3** (*pl.*)〘軍〙食事〔消燈〕らっぱ. **4**《タップダンスぐつの》金具.
〜 dance タップダンス. **ˊ〜-dance** [ˊ−ˊ−] *vi.* タップダンスを踊る. **〜 dancer** タップダンサー. **ˊ〜-dàncing** ＝〜 dance. **ˊ〜-táp** トントンたたく音. ◇ **ˊ〜-ping** [-iŋ] *n.* 軽打, コツコツ〔そっと〕たたくこと〔音〕.

‡tap[2] *n.* **1** たる口, じゃ口, (給水) 栓(せん): turn the 〜 on 〔off〕じゃ口をひねって出す〔とめる〕. **2** おなじ飲み口から出した酒; 酒の品質〔種類〕: an excellent 〜 いい酒. liquor of the same 〜 おなじ口の酒. **3**〘話〙酒場. **4**〘電〙タップ, コンセント, 導線の分岐; 中間接点〔口出し〕; 電話〔電信〕の通じる場所. **5**〘機〙雌ねじ切り工具, タップ. ***on* 〜** (1)《飲み口のある》たる詰めの. (2) いつでもたくさん出る: The natural resources are now *on* 〜. 天然資源の開発に端緒がついた. (3) すぐ使える状態で, 準備を整えて. (4)〘英〙《国庫債券などが》いつでも買える.
— *vt.* (**-pp-**) **1** 〈たるに〉飲み口をつける, の口を切る; 飲み口から出す: 〜 a cask たるの口を切る. **2** に穴をあけて液体を出す, から樹液を採る;〘医〙切開して水液を出す: 〜 a rubber tree. **3** 〈土地・埋蔵資源を〉開発する: 〜 an oil field 油田を開発する. The railway 〜*ped* the district. 鉄道がこの地方を開発した. **4** 〈本管・主回路から〉配管〔配線〕する, に接続する: They 〜*ped* the water main to supply the new building. 新しいビルに水道本管から水が引かれた. **5** 〈電話などを〉傍受する, 盗聴する: 〜 telephone wires. **6** 〈新説などを〉提唱する; 〈話を〉切り出す. **7** 〈人に〉請う, せびる: 〜 a person *for* money 〔a tip, information〕人から金〔チップ, 情報〕を得ようとする. **〜 *the admiral*** 〘海俗〙たるの酒を盗む.
〜 borer 飲み口あけ; らせんぎり. **ˊ〜·house** [ˊ−ˊ−] 居酒屋, 酒場. **〜 rate**〘英〙《国庫債券などの》時価, 相場. **ˊ〜·room** [ˊ−ˊ−]〘英〙《ホテルなどの》酒場. **ˊ〜·root** [ˊ−ˊ−]〘植〙直根, 主根.
◇ **ˊ〜·ping** *n.* **1** 〜すること. **2** (*pl.*) 口をあけて出したもの;《採取した》樹液. **3** 雌ねじ切り. **4**〘医〙腹水穿取(せんしゅ). **5**《電話などの》盗聴.

tá·pa [tɑ́:pə] *n.* タパ布 (＝〜 cloth)《カジノキ・コウゾの木からつくる南洋諸島産. 敷き物・掛け布用》.

‡tape [teip] *n.* **1**《荷づくり・洋裁用の》(平らな) **ひも, テープ**: three yards of linen 〜 リンネルのひも 3 ヤード. do up the 〜*s* of an apron into bows エプロンのひもをチョウ結びにする. fancy 〜 きれいな飾りひも. **2** 各種テープ: insulating 〜 絶縁テープ. magnetic 〜 磁気テープ《録音・録画用》. ticker 〜《電信を自動的に表示する》印字テープ. adhesive 〜 接着テープ. **3**〘運〙決勝線 (用テープ). **4** ＝tapeline. **5** ＝tapeworm. **6**〘俗〙酒, 火酒. ***breast the* 〜** 競走に 1 着になる. ***red* 〜** →red.
— *vt.* **1** に 〜 をつける. **2** 〜 で縛る〔とじる〕: The doctor 〜*d* up the wound. **3** にテープを巻く. **4** 巻き尺で測る. **5**〘運〙〈決勝線に〉テープを張る. **6**〘俗〙〈人物を〉評価する〔見抜く〕. **7** (録音テープで) 録音する.
ˊ〜·line [ˊ−ˊ−], **〜 measure** 巻き尺. **〜 machine** ＝〜 recorder. **ˊ〜-re·córd** [㊟ˊ−ˊ−ˊ−] *vt.* テープに録音する. **〜 recorder** テープレコーダー. **〜 recording** テープ録音. **ˊ〜·worm** [ˊ−ˊ−]〘動〙サナダムシ.

táp·er [téipər] *n.* **1**《特に》細ろうそく;《点火用の》ろう引き燈心. **2** 錐(きり)状のもの: the 〜 of a pyramid ピラミッドの尖頂(せんちょう). **3** しだいに弱ること. **4**〘雅〙弱い光. **5**〘機〙テーパー, 傾斜.
— *a.*〘雅〙《指など》先細の.
— *vi.* **1** しだいに細くなる《*off, away, down*》: 〜 *down* to a point 先細になる. **2** しだいに減ずる.
— *vt.* **1** とがらす, しだいに細くする: 〜 *into* a sharp point だんだん細くして端を鋭くとがらせる. **2**〘機〙にテーパー〔傾斜〕をつける. **〜 *off***〘話〙《飲酒の習慣など》しだいに減らす〔やめる〕; しだいに少なくなる: Foreign aids 〜 *off*. 外国援助がだんだん減ずる.
〜 finger 先細の指. → sausage finger.

táp·er·ing [téipəriŋ] *a.* 先細の; 漸減的の.
◇ **〜·ly** *ad.*

táp·es·try [tǽpistri] *n.* つづれ織り《壁掛けなどの装飾用》; つづれ織り模様. **—** *vt.* つづれ織りで飾る〔描く〕. ◇ **-tried** [-d] *a.*

tàp·i·ó·ca [tæpióukə] *n.* タピオカ《cassava の根からつくった食用でんぷん》.

tá·pir [téipər] *n.*〘動〙バク.

ta·pis [tæpí:, tǽpi:, tǽpis/tǽpi:] F. *n.* (*pl.* 〜) もうせん, じゅうたん; テーブル掛け. ***on the* 〜** 審議中で.

ta·póte·ment [təpóutmənt] *n.*〘医〙軽打あんま法.

táp·per [tǽpər] *n.* **1** 軽くたたく人. **2**《電信機の》電鍵(でんけん);《ベルの》たたき具. **3**〘英方・鳥〙キツツキ. **4** 樹液採取者〔器〕.

táp·pet [tǽpit] *n.* 〘機〙 タペット，凸子(とつし).

táp·ster [tǽpstər] *n.* 〔酒場の〕給仕人.

tar [tɑːr] *n.* **1** 〔木材・石炭などから採る〕タール，黒色の油状液. **2** 〘話〙 船乗り，水夫. ***beat*** [***knock, whale***] ***the ～ out of*** を打ちのめす.
—— *vt.* (-rr-) にタールを塗る; タールに浸す: The road was ～*red.* 道はタールで舗装された. ***be ～red with the same brush*** [***stick***] 他人とおなじ欠点がある. ～ ***and feather*** a person (人の) 全身にタールを塗り鳥の羽を植え付ける〔罰として〕.
—— *a.* タールの (ような); タールを塗った.
～·**brush** → 別項.

tár·a·did·dle [tǽrədidl] *n.* 〘話〙 うそ，ごまかし. → diddle.

tà·ran·táss [tɑːrɑːntɑ́ːs, tæ̀rəntǽs] *n.* 《ロシアの》大型4輪馬車.

tàr·an·tél·la [tæ̀rəntélə] *n.* タランテラ (踊り)《男女一組みで行なう南イタリアの情熱的で活発なダンス》; その曲.

tár·ant·ism [tǽrəntìz(ə)m] *n.* 〘医〙 舞踏病〔15–17世紀ごろ南イタリアで tarantula にかまれて起こるといわれた病気〕.

ta·rán·tu·la [tərǽntʃulə/-tju-] *n.* (*pl.* **-las, -lae** [-liː]) 〘虫〙 舞踏グモ《南イタリア産の毒グモの一種》.

tàr·a·tán·ta·ra [tæ̀rətǽntərə] *n.* らっぱ〔角笛〕の音.

ta·ráx·a·cum [tərǽksəkəm] *n.* 〘植〙 タンポポ属の植物; その根からつくった下剤.

tar·bóosh [tɑːrbúːʃ] *n.* トルコ帽《通例赤色の回教徒男子用縁なしふさ付き帽子》. [＜Ar.]

tár·brush [tɑ́ːrbrʌ̀ʃ] *n.* タールばけ. ***a touch*** [***lick, dash***] ***of the ～*** (血統に) 黒人の血が混じっていること.

tár·di·grade [tɑ́ːrdigrèid] *a., n.* 〘動〙 緩歩類の〔動物〕.

tár·do [tɑ́ːrdou] *a., ad.* 〘楽〙 ゆるやかな〔に〕. [＜It.]

tár·dy [tɑ́ːrdi] *a.* **1** のろい，のろのろした(slow). **2** 遅刻した(late): be ～ for supper 夕飯に遅れる. **3** ぐずぐずする，不承不承の. ◇ **-di·ly** *ad.* **-di·ness** *n.*

tare[1] [tɛər] *n.* **1** 〘植〙 ヤハズエンドウ，カラスノエンドウ (vetch). **2** 〘聖〙 毒麦 (darnel)《マタイ伝 13: 25–36》; 《比喩的》害毒.

tare[2] *n.* **1** 《貨物の》風袋; 《積み荷・乗客などを除いた》車体重量. **2** 〘化〙 容器の重量. ～ ***and tret*** 風袋算定法. —— *vt.* の風袋を量る.

targe [tɑːrdʒ] *n.* 〘古〙 小さい丸盾(たて); 標的，的.

‡tár·get [tɑ́ːrgit] *n.* **1** 的，標的: shoot at the ～ 射的する. **2** (到達) 目標，目的物，目標額: an export ～ 輸出目標額. **3** 《笑い・怒り・批判・けいべつなどの》対象，目当て《*for, of*》: He was made the ～ *of* his father's anger. 彼は父親の怒りの的となった. **4** 〘測〙 ターゲット，標板. **5** 〘鉄道〙《転轍機の》円板信号機. **6** 〘古〙 小さい盾(たて)，丸盾. ***hit a ～*** 的に当たる〔当てる〕; 目標額に達する. ***miss the ～*** 的に当てそこなう; 見当がはずれる.
～ **card** 的型カード《弓術・射撃競技用得点記録簿》. ～ **date** 目標期日. ～ **practice** 射撃演習. ～ **ship** 標的艦.

Tár·gum [tɑ́ːrgum, -guːm, -gəm/-gəm] *n.* (*pl.* ～**s**, **Tàr·gu·mím** [tɑ̀ːgumíːm, -guː-]) タルグム《アラム語訳旧約聖書》. ◇ ～·**ist** [-ist], **Tar·gú·mic** [tɑːrgúmik, -gúːm-] *n.* タルグムの訳者; タルグム研究家.

tár·iff [tǽrif] *n.* **1** 関税 (制度); 関税率〔表〕: raise ～ walls against foreign goods 関税障壁を高めて外国商品を締め出す. **2** 《鉄道・旅館などの》運賃〔料金〕表; 規定料金. —— *vt.* **1** に関税を課する. **2** の料金〔税率〕を定める.
～ **rates** 税率; 《保険などの》協定率. ～ **reform** 税率改正. ～ **system** 関税制度; 《電話などの》料金制. ～ **wall** 関税障壁.

tár·la·tan [tɑ́ːrlət(ə)n] *n.* 薄地モスリン.

tár·mac [tɑ́ːrmæk], **tár·mac·ad·am** [tɑ́ːrməkædəm] *n.* 〘土木〙 タールマカダム〔砕石とタールの混合物. 舗装材料〕; タールマカダム舗装道路.

tarn [tɑːrn] *n.* **1** 山中の小湖水. **2** 〘鳥〙 ＝tern[1].

tár·nal [tɑ́ːrn(ə)l] *a., ad.* 〘米俗〙 いまいましい〔く〕，べらぼうな〔に〕. [eternal の転化] ◇ ～·**ly** *ad.*

tar·ná·tion [tɑːrnéiʃ(ə)n] 〘米俗〙 *ad.* ＝tarnal.
—— *n.* ＝damnation.

tár·nish [tɑ́ːrniʃ] *vt.* **1** 曇らせる，さびさせる. **2** 変色させる. **3** 〈名誉などを〉汚す.
—— *vi.* **1** 曇る，さびる，変色する，光沢を失う. **2** よごれる，うすぎたなくなる.
—— *n.* **1** 〘鉱物などの〙曇り，さび. **2** よごれ，汚点，汚れ; きず. **3** 〘塗りの〙つや消し.

tá·ro [tɑ́ːrou] *n.* (*pl.* ～**s**) 〘植〙 タロイモ〔南洋産サトイモ〕.

tar·páu·lin [tɑːrpɔ́ːlin] *n.* **1** タール塗り防水 (帆) 布. **2** 防水外套(がいとう)，防水帽. **3** 〘稀〙 水夫.

tár·pon [tɑ́ːrpɑn/-pɔn] *n.* (*pl.* ～(**s**)) 〘魚〙 ターポン《大西洋温暖水域産銀色のうろこの大魚》.

tár·ra·gon [tǽrəgɑ̀n/-gən] *n.* 〘植〙 カワラヨモギ(の葉)《サラダなどの調味料》.

Tàr·ra·gó·na [tæ̀rəgóunə] *n.* スペイン産の甘味ブドウ酒《スペイン原産地名による》.

tarred [tɑːrd] *a.* タールをぬった.

tár·ry[1] [tǽri] *vi.* **1** 〘雅〙 遅れる，暇どる. **2** 〘雅〙 滞在する，とどまる《に *at, in*》. **3** 〘古〙 待つ《を *for*》.
—— *vt.* 〘古〙 待つ. —— *n.* 〘古〙 滞在.

tár·ry[2] [tɑ́ːri] *a.* タール (質) の，タールを塗った，タールでよごれた.

tár·sal [tɑ́ːrsl] *a.* 〘医〙 **1** 足首の: ～ bones 足根骨. **2** 眼瞼(がんけん)軟骨の. —— *n.* 足根骨 (関節).

tár·si·a [tɑ́ːrsiə] *n.* 寄せ木細工 (＝intarsia).

tár·sus [tɑ́ːrsəs] *n.* (*pl.* **-si** [-sai]) **1** 〘医〙 足根骨; 〘鳥〙 すね骨; 〘虫〙 跗節(ふせつ). **2** 〘医〙 眼瞼(がんけん)軟骨.

tart[1] [tɑːrt] *a.* **1** すっぱい. → sour. **2** 《ことば・態度などが》辛らつな，きびしい. ◇ ～·**ly** *ad.* ～·**ness** *n.*

tart[2] *n.* **1** 〘米〙《中身が見える》パイ. **2** 〘英〙 くだもの入りのパイ. **3** 〘英俗〙 身持ちの悪い女. **4** 〘米俗〙 売春婦. ◇ ～·**let** *n.* 〘英〙 小型パイ.

tár·tan[1] [tɑ́ːrt(ə)n] *n.* **1** 《スコットランド高地人特有の》こうしじま毛織物; 《一般的》こうしじま織り，こうしじま. **2** スコットランド高地人〔連隊兵士〕.

tár·tan[2] *n.* 《地中海の》1本マストの三角帆船.

tár·tar [tɑ́ːrtər] *n.* 〘化〙 **1** 歯石，歯塩. **2** 酒石《ブドウ酒製造の際できる沈殿物. 酒石酸の原料》. ***cream of ～*** 酒石英. ～ **emetic** 吐酒石.
◇ **tar·tár·ic** [tɑːrtǽrik] *a.* 酒石の; 酒石に似た; 酒石を含む: *tartaric* acid 酒石酸.

Tár·tar [tɑ́ːrtər] *n.* **1** 韃靼(だったん) [タタール] 人; 韃靼語. **2** (または t～) 粗暴な人; あばずれ女. ***catch a ～*** 手ごわい相手に会う，てこずる. ***young ～*** 手に負えない子ども. —— *a.* **1** 韃靼人の (ような). **2** 粗暴な. **t～ sauce** タルタルソース《薬味を加えたマヨネーズソース》. **t～ steak** 生牛肉のひき肉ステーキ.
◇ **Tar·tár·i·an** [tɑːrtɛ́(ː)riən/-tɛ́ər-] *a., n.* 韃靼人 (の).

Tar·tár·e·an [tɑːrtɛ́(ː)riən/-tɛ́ər-] *a.* 地獄の.

Tár·ta·rus [tɑ́ːrtərəs] *n.* **1** 〘ギ神〙 タルタロス《地獄の下の暗い底なしのふち》. **2** 《一般的》地獄; 悪人を懲らしめる所.

Tár·ta·ry [tɑ́ːrtəri] *n.* 韃靼(だったん) [タタール] (地方).《東ヨーロッパからアジアにわたる地方の歴史的名称》.

tár·trate [tɑ́ːrtreit/-trit] *n.* 〘化〙 酒石酸塩.

Tar·túf(f)e [tɑːrtúf] *n.* **1** Molière 作の喜劇; その主人公. **2** (しばしば t～) 偽善者，偽信者. [＜F.]
◇ **Tar·túf(f)·ism** *n.* 偽善，偽善的信仰.

ta·sím·e·ter [təsímitər] *n.* 微圧計《電気抵抗を利用して温度や湿度の変化による物質の変化を測定する装置》. ◇ **tás·i·mét·ric** [tæ̀simétrik] *a.*

‡task [tæsk/tɑːsk] *n.* **1** 《一定期間にやり遂げるべき》仕事，任務; 作業，事業; 課業: a home ～ 宿題.

2 労役, ほねおり仕事: She finds housekeeping an irksome ～. 彼女は家事をめんどう仕事と考えている. ***be at** one's* ～ 仕事をしている. ***call*** [***bring, take***] a person ***to*** ～ (人を) しかる, 非難する. ***set*** a person (***to***) ***a*** ～ (人に) 仕事を課する.
—— *vt.* **1** に仕事を課する. **2** に重荷を負わせる, 酷使する. ～ a person's ***brain*** (人)の頭を酷使する〔悩ます〕: Mathematics ～*s* that boy's *brain.* 数学はあの子の頭には無理だ. ～ one's ***energies*** 全力を傾ける.
～ **force** 機動部隊; 突貫工事隊〔要員〕. ～**·màs·ter** (*fem.* **-mìs·tress**) (仕事を割り当てる) 工事監督, 親方; 酷使する人, きびしい主人〔先生〕. ～ **wages** 請負賃銀. ～**·work** [⌐⌐] 割り当て〔請負〕仕事; ほねのおれる仕事.
◇ ～**·ing** *n.* =taskwork.

Tas·má·ni·a [tæzméiniə, -njə] *n.* タスマニア《オーストラリア南東の島. オーストラリア連邦の一州》.
～ **devil** 〖動〗《タスマニア産有袋類》フクログマ.
◇ **Tas·má·ni·an** *a., n.* タスマニアの (人).

Tass [tæs] *n.* タス通信社《ソ連の国営》.

tás·sel [tǽsl] *n.* **1** (飾り) ふさ; ふさ状のもの; ふさ毛. **2** 〖植〗ふさ状花序, たれ花. **3** 《本の》しおりひも.
—— *v.* (**-l-**, ㊥**-ll-**) *vt.* **1** にふさをつける. **2** 〈トウモロコシの〉雄花の穂をとる. —— *vi.* 〈トウモロコシなどが〉ふさを生じる. ◇ ～(**l**)**ed** [-d] *a.* ふさをつけた.

Tás·so [tǽsou] *n.* Torquato [tɔːrkwáːtɔː-] ～, 1544–95, イタリアの叙事詩人.

‡**taste** [teist] *n.* **1** 味覚; 味, 風味: sweet to the ～ 舌に甘く感じる. Sugar has a sweet ～. 砂糖は甘い. the delicate ～ of seafood 魚介類のこまやかな風味. This drop doesn't have much [has a queer] ～. このあめ玉はたいして味がしない〔へんな味がする〕. **2** 試食, 一なめ, 一口: Won't you have a ～ of this wine? このブドウ酒を一口味わってみませんか. **3** (つらい) 経験, 味: He got a ～ of her anger. 彼は彼女のおしかりの手きびしさを味わった. **4** 気味: a ～ of sadness in her eyes 彼女の目にただよう一抹(いちまつ)の悲哀. **5** 趣味, 好み, 嗜好(しこう): a matter of ～ 趣味の問題, 人の好きずき. a ～ for music. It's not in the best of ～. それはあまり趣味がよくない. **6** 鑑識力, 審美眼; 上品な趣味; ふぜい: She has excellent ～ in dress. 彼女は着物の趣味がとてもよい. a house small but with a ～ 小さいながらふぜいのある家. **7** 様式, スタイル: a desk in the Gothic ～ ゴシック様式の机.
give a person ***a*** ～ ***of*** (人に) …を経験させる: *Give* him *a* ～ *of* the whip. むちの痛さを味わわせてやれ. ***have a*** (***small***) ～ ***of*** を (一口) 味わってみる. ***have a*** ～ ***for*** を好む; に対して審美眼がある: He *has a* ～ *for* traveling [music]. 彼は旅行するのが好きだ〔音楽がわかる〕. ***have no*** [***little***] ～ 味がない〔ほとんどない〕. ***in bad*** ～ 下品で, 悪趣味で. ***in good*** ～ 趣味よく, 体裁よく. ***leave a nasty*** ～ ***in the mouth*** あと口が悪い; 悪い印象をのこす. ***man of*** ～ 《美術・文学など》趣味を解する人, 趣味の人. ***out of*** ～ 雅致がない, 無風流で. ***There's no accounting for*** ～***s.*** 〖諺〗十人十色, たで食う虫も好きずき. ***to*** a person's ～ (人) の嗜好に適して, 気に入って: Abstract art is not *to* my ～. 抽象芸術はぼくの趣味に合わない. ***to*** ～ 好みに応じて. ***to the king's*** [***queen's***] ～ 申し分なく, 完全に.
—— *vt.* **1** の味をみる, 試食する, 毒味する: The cook ～*d* the soup to see whether he had enough salt in it. 塩かげんをみるために料理人はスープの味見をした. **2** の味を感じとる: ～ almond in a cake ケーキにアーモンドの味があるのに気づく. Can you ～ anything strange in this soup? このスープはなにか変な味がしませんか. If you have a cold you cannot ～ anything. かぜをひくとなんの味もわからない. **3** (少し) 食べる, 飲む: I haven't ～*d* a thing. なにも食べていない. **4** 経験する, なめる, 味わう, 享受する: ～ the sweets and bitters of life 世の辛酸をなめる. **5** 〈しゃれなどを〉解する.
—— *vi.* **1** 味がする; 風味がある《の *of*》: It ～*s* bitter. 苦い味がする. It ～*s* too much *of* garlic. ニンニクの味が強すぎる. **2** 味をみる《の *of*》. **3** 気味がある《の *of*》. **4** 〖古〗(少し) 食べる, 飲む《を *of*》; 経験する, 味わう《を *of*》: I ～ *of* everything. 私はなんでも味わってみる.
～ **bud** 〖医〗味蕾(みらい)《舌の味覚器官》.
◇ **tást·a·ble** [-əbl] *a.* 味わうことができる, 風味のある, うまい.

táste·ful [téistf(u)l] *a.* **1** 審美眼のある, 目の高い. **2** 趣味の豊かな, 趣のある, 風雅な, 凝った, 上品な.
◇ ～**·ly** [-fuli] *ad.* ～**·ness** *n.*

táste·less [téistlis] *a.* **1** 味のない, まずい. **2** 趣〔趣味〕のない; 無味乾燥〔無風流, 殺風景〕な; 下品な. ◇ ～**·ly** *ad.* ～**·ness** *n.*

tást·er [téistər] *n.* **1** 味わう人, 味きき (役), 酒きき; 〖史〗毒味役. **2** 《きき酒用の》鑑定杯; 《チーズ・バターなどの中身を抜き取る》検味器. **3** 〖話〗《出版社の》原稿鑑定係.

tást·y [téisti] *a.* 〖話〗 **1** 風味ある, おいしい. **2** 上品な, 風雅な; 凝った. ◇ **tást·i·ly** *ad.* 〖話〗風味よく; 上品に. **tást·i·ness** *n.*

tat[1] [tæt] *vt., vi.* (**-tt-**) タッチング〔編み糸細工〕をする〔でつくる〕. ◇ ～**·ter** *n.* タッチングをする人. ～**·ting** *n.* タッチング; タッチングでつくったレース.

tat[2] *n.* 軽打. ***tit for*** ～ しっぺい返し, 売りことばに買いことば.

tat[3] *n.* 小馬 (pony). [<Hind.]

tá·tà [táːtàː/tætáː] *int.* はいちゃい《good-by(e) の小児語》.

Tá·tar [táːtər] =Tartar.

Ta·tár·i·an [taːtέ(ː)riən / -tέər-], **Ta·tár·ic** [taːtǽrik] *a.* =Tartar.

Tá·ta·ry =Tartary.

Tate [teit] ～ ***Gallery*** テート美術館《ロンドンにある National Gallery of British Art の俗称》.

tát·ter [tǽtər] *n.* ぼろ (きれ); (*pl.*) ぼろ着物. ***in*** ～***s*** ぼろぼろになって; ぼろを着て. ***tear to*** ～***s*** ぼろぼろに破る; さんざんにやっつける《議論などで》. —— *vt., vi.* ぼろぼろに破る〔破れる〕; ずたずたに裂く〔裂ける〕.
～**·de·mál·ion** [⌐–diméiljən, -də-] ぼろを着た人.
◇ ～**ed** [-d] *a.* 《着物など》ぼろぼろの; ぼろを着た.

Tát·ter·sall's [-səːlz, -səlz] *n.* ロンドンの有名な馬市場. ***knows*** one's ～ ***better than*** one's ***Greek Testament*** 仕事をおるすにして競馬に熱中する.

tát·tle [tǽtl] *n.* むだ口, おしゃべり, 雑談. —— *vi., vt.* **1** むだ口をきく, おしゃべりする. **2** 秘密をもらす.
～**·tale** [-tèil] 告げ口屋 (の) (telltale).

tát·tler [tǽtlər] *n.* むだ口をたたく人, おしゃべり; 〖鳥〗キアシシギ.

tat·tóo[1] [tætúː/tətúː, tætúː] *n.* (*pl.* ～**s**) **1** 《連続的な》太鼓の音, ドンドンたたく音. **2** 〖軍〗《通例午後10時の》帰営らっぱ〔太鼓〕, 門限 (合い図). **3** 〖英〗分列行進, 戸外演習. ***beat the devil's*** ～ 《興奮・焦燥などで》指で卓上などをコツコツたたく.
—— *vt., vi.* (～**ed**; ～**·ing**) コツコツたたく; 〈心臓が〉こつこつ打つ.

tat·tóo[2] *vt.* **1** に入れ墨〔彫り物〕する. **2** 入れ墨で描く. —— *n.* (*pl.* ～**s**) 入れ墨, 彫り物.
◇ ～**·er,** ～**·ist** *n.* 入れ墨師.

tat·tóo[3] *n.* 小馬. [<Hind.]

tát·ty [tǽti] *n.* むしろすだれ《涼をとるためぬらして窓・戸口などにさげる》. [<Hind.]

tau [tɔː, tau] *n.* **1** ギリシア語アルファベットの第19字《T, τ. ローマ字の T, t に当たる》; T 字形, T 印. **2** T 字形をした魚. ～ **cross** T 形十字架.

†**taught** [tɔːt] *v.* teach の過去・過去分詞.

taunt[1] [tɔːnt, ㊥⁺taːnt] *vt.* あざける; ののしる; あざけって挑発(ちょうはつ)する. —— *n.* あざけり, 侮辱; 〖古〗嘲笑(ちょうしょう)の的《*to*》.

◇ **táunt·ing·ly** *ad.* あざけって, 口ぎたなく.

taunt[2] *a.* 〘海〙《マストなどが》高い, 長い.

taupe [toup] *n., a.* 暗灰色 (の).

táu·rine [tɔ́:rin, -rain] *a.* 雄牛の (ような); 〘天〙雄牛座の.

Táu·rus [tɔ́:rəs] *n.* 〘天〙雄牛座; 金牛宮《黄道の第二宮》.

taut [tɔ:t] *a.* 1 〘海〙《帆・つなが》ぴんと張られた; 《船など》整備された. 2 《顔つき・神経などが》緊張した; 《身なりなど》きちんとした. ◇ **~·en** [tɔ́:tn] *vt., vi.* 〈帆・つななど〉ぴんと張る. **~·ly** *ad.* **~·ness** *n.*

tauto- 「おなじ」の意の連結形.

tau·tóg [tɔ:tág, -tɔ́:g/-tɔ́g] *n.* 〘魚〙ベラ科の類《北アメリカ大西洋沿岸産》.

tàu·to·lóg·ic [tɔ̀:təládʒik/-lɔ́dʒ-], **-i·cal** [-(ə)l] *a.* 同語反復の. ◇ **tàu·to·lóg·i·cal·ly** *ad.*

tau·tól·o·gize [tɔ:tálədʒàiz/-tɔ́l-] *vi.* 同語反復する.

tau·tól·o·gy [-tálədʒi/-tɔ́l-] *n.* 1 〘論〙同語反復. 2 〘修〙類語の重複《例: They arrived *one after another in succession*》. 3 重複 (語).

‡**táv·ern** [tǽvərn] *n.* 居酒屋 (=(英) public house); 宿屋 (inn).

taw[1] [tɔ:] *vt.* 〈生皮を〉みょうばんと塩の溶液につけてなめす.

taw[2] *n.* はじき石; おはじき (遊び); おはじきの開始線.

táw·dry [tɔ́:dri] *a.* けばけばしい, あくどい; 安っぽい. —— *n.* 安ぴか物. ◇ **-dri·ly** *ad.* **-dri·ness** *n.*

táw·ny [tɔ́:ni] *a., n.* 黄かっ色 (の).
◇ **-ni·ness** *n.*

‡**tax** [tæks] *n.* 1 税, 税金, 租税: impose [put] a ~ on a fat income 高所得に課税する. He paid $500 in ~*es*. 500ドルの税を払った. 2 負担, 重荷, 義務: a heavy ~ upon the boy's health 子どもの健康に無理な仕事. 3 会費, 割り前; 勘定. ***business ~*** 営業税. ***commodity ~*** 物品税. ***direct ~es*** 直接税. ***free of ~*** 無税で. ***income ~*** 所得税. ***indirect ~es*** 間接税. ***land ~*** 地租. ***local ~es*** 地方税. ***national ~es*** 国税. ***property ~*** 財産税.

—— *vt.* 1 に課税する: ~ imported goods 輸入品に課税する. 2 (限度まで) 酷使する: Reading in a poor light ~*es* the eyes. 暗い所での読書は目を疲れさす. ~ one's patience がまんしきれない思いをさせる. 3 非難する, 責める: ~*ed* modern science 非難されている現代科学. 4 〘米話〙請求する《代金として》: He ~*ed* me 10 dollars for that. 彼はそれに10ドルも請求してきた. 5 〘法〙〈補償金・訴訟費などを〉査定する. 6 〘米俗〙見積もる. 7 〘宗〙〈人別を〉調査登録する《徴税の目的で》.

~ away 税金として取り上げる. ~ one***'s brains*** 頭をしぼる. ~ one***'s ingenuity*** くふうをこらす. ***~ing-master*** 〘英〙訴訟費用を課する(法廷)役人. ~ a person***'s strength*** (人) を酷使する, (人)に労役を課す. ~ people ***to the bone*** (人民に) 血税を課す. ~ a person ***with*** a fault (人に過失)を責める.

~ **cart** 〘英〙農夫・商人用軽2輪車(=taxed cart)《最初少額の税が課せられ, のち無税となった》. ~ **collector**, **~·gàth·er·er** 収税吏. ~ **day** 納税日. ~ **deduction** 税控除(額). **~-ex·émpt** 免税の, 非課税の. ~ **farmer** 納税取り立て請負人. **~-frée** 無税の. **~·pày·er** 納税者. ~ **rate** 税率.

táx·a·ble [tǽksəbl] *a.* 課税できる; 有税の; 〘法〙当然請求できる. ◇ **~·ness** *n.* **-bly** *ad.* **tàx·a·bíl·i·ty** [⌐–bíləti] *n.*

tax·á·tion** [tækséiʃ(ə)n] *n.* 1 課税, 徴税; 税制: progressive ~ 累進課税. ~ at the source 源泉課税. 2 租税(額), 税収. 3 〘法〙訴訟費用査定. ***be subject to ~ 課税される.
~ **office** 税務署.

táx·eme [tǽksi:m] *n.* 〘文〙文法特性素《構文における語順・語形・音形・音調などの選択的特徴》.
◇ **tax·é·mic** [tæksí:mik] *a.*

‡**táx·i** [tǽksi] *n.* (*pl.* **~s**) タクシー (=taxicab).
—— *vi., vt.* (**táx·ied**; **táx·i·ing**, **táx·y·ing**) 1 タクシーで行く: ~ to the station. 〈注〉この意味では take a taxi または go by taxi のように名詞を用いる方が普通. 2 〘空〙陸上をゆっくり進む〔進ませる〕《滑走開始の地点まで, または着陸終了後》.
~·cab [⌐–⌐] タクシー. ~ **dancer** (職業) ダンサー. *~ **driver** タクシー運転手. **~·man** [-mən] (*pl.* **-men**)=~ driver. **~·mè·ter** 《タクシーなどの》料金表示器, メーター. **~·plane** [⌐–⌐] 空のタクシー《貸し切り飛行機》. ~ **strip**, **~·way** [⌐–⌐] 〘空〙《空港の》誘導路.

táx·i·der·my [tǽksidə̀:rmi] *n.* はく製術.
◇ **-mist** *n.* はく製師. **tàx·i·dér·mal** [⌐–də́:rm(ə)l], **tàx·i·dér·mic** [-də́:rmik] *a.* はく製(術)の.

táx·is [tǽksis] *n.* 1 《古代ギリシア軍隊の》分隊, 大隊. 2 〘文〙順序, 配列. 3 〘医〙《切開によらない》脱腸還納〔整復〕術. 4 〘生〙刺激運動, 走性《外部からの刺激によって動植物体に生じる運動》. 5 分類 (法). [√tag-]

-táx·is [-tǽksis] 「配列」「順序」の意の連結形.

tàx·o·nóm·ic [tæ̀ksənámik/-nɔ́m-], **-i·cal** [-(ə)l] *a.* 分類学〔法〕の; 分類的.
◇ **tàx·o·nóm·i·cal·ly** *ad.*

tax·ón·o·my [tæksánəmi/-sɔ́n-] *n.* 分類学〔法〕; 分類. [√tag-+√nom-] ◇ **-mist** *n.* 分類学者.

Tb 〘化〙terbium. **TB, T.B., tb, t.b.** tubercle bacillus; tuberculosis. **tbs., tbsp.** tablespoon(s). **TC** Trustee Council (of the United Nations). **Tc** 〘化〙technetium. **T.C.** Town Council(or); traveler's check.

Tchai·kóv·ski [tʃaikɔ́:fski, -kɔ́:vs-, -káus-/-kɔ́vs-, -kɔ́fs-] *n.* Peter Ilich [Ilych] [-iljí:tʃ-, -íljitʃ-]~, 1840–93, ロシアの作曲家《Chaikovsky, Tschaikovsky, Tschaikowsky ともつづる》.

tchick [tʃik] *n., int.* ちっ! 《馬を励ますときの舌打ち》. —— *vi.* ちっと舌打ちする.

TD tank destroyer; touchdown(s). **T.D.** Traffic Director; Telegraph [Telephone] Department; Treasury Department. **T/D** time deposit. **TDY** temporary duty.

te [tei] *n.* 〘楽〙音階の第7音 (ti).

Te 〘化〙tellurium.

†**tea** [ti:] *n.* 1 (紅)茶; 茶の葉; 茶の木 (=~ plant): a cup of ~ お茶1杯. the first fusion of ~ お茶の出花. a pound of ~ お茶1ポンド. 2 〘英〙ティー, 午後のお茶 (=afternoon [five o'clock] ~)《通例5時ごろ紅茶を主とした間食》. 3 お茶の会, 午後の招待 (=~ party). 4 《茶に類する》せんじじる: beef ~ 《病人用》濃い肉スープ. 5 〘俗〙=marijuana. ***black ~*** 紅茶. ***coarse ~*** 番茶. ***cold ~*** 冷茶; 〘俗〙酒. one***'s cup of ~*** あつらえ向きな〔気をひく〕もの《通例否定文で》: Tennis is *not his cup of* ~. テニスは彼の性に合わない. ***dust ~*** 粉茶. ***early ~*** 朝食前の軽い食事. ***green ~*** 緑茶. ***have*** [***take***] ~ お茶を飲む. ***high*** [***meat***] ~ 肉料理つきの午後のお茶. ***make ~*** 茶をいれる. talk ***over ~*** お茶を飲みながら (話す). ***roasted ~*** ほうじ茶. ***~ of heaven*** 甘茶.

—— *vi.* お茶を飲む; 軽い食事をとる: We ~ at five o'clock. うちのお茶の時間は5時です. —— *vt.* にお茶を出す〔供する〕.

~ **bag** 〘米〙ティーバッグ《布〔紙〕製の小袋に入れた茶》. ~ **ball** 〘米〙《金属製の小さい穴のある》茶こし器. **~·bèr·ry** = checkerberry. ~ **biscuit** 〘米〙丸い小型クラッカー, クッキー. ~ **board** 《特に木製の》お盆. ~ **break** 〘英〙お茶の (休憩) 時間 (=(米) coffee break). ~ **caddy** 茶筒. **~·cake** [⌐⌐] 〘英〙お茶のとき食べる菓子 (=(米) cookie). **~·cart** [⌐⌐] =~ wagon. ~ **ceremony** 《日本の》茶の湯. ~ **chest** 茶箱. ~ **cloth** (*pl.* ~ **cloths**)

お茶用テーブルかけ; 茶器ふきん. ～ **cozy,** ～ **cosy** 茶帽子《茶びん保温用綿入れ袋》. *～·**cup** → 別項. ～ **dance** 午後のお茶の会のダンス. ～ **fight** 〖話〗= ～ party. ～ **garden** 茶畑; 茶店のある庭園. ～·**gown** [⊥⊥]《婦人のゆるやかな》茶会服. ～ **grounds** 茶がら. ～·**house** [⊥⊥]《日本・中国などの》茶店, 茶屋, 喫茶(きっさ)店. ～·**két·tle** 湯沸かし, 茶がま, やかん. ～ **leaf** 茶の葉; (*pl.*) 茶がら. ～ **party** お茶の会, 茶話(さわ)会. ～ **plant** 茶の木. ～·**pot** [⊥⊥] 茶びん, きゅうす. ～·**poy** [-pɔi] 茶卓《茶器を置く3脚または4脚の小テーブル》. ～·**room** [⊥⊥] 喫茶店, 喫茶室. ～ **rose** 〖植〗ボタンバラ《茶に似たにおいをもつバラの一種》; その淡黄色. ～ **service** [**set**] 茶器 (一式), ティーセット. ～ **shop** 喫茶店; 〖英〗簡易食堂 (lunchroom). ～·**spoon** [-spùːn] 茶さじ. → tablespoon. ～·**spoon·fùl** [-spuːnfùl] (*pl.* **-fùls**) 茶さじに1杯(の量). ～ **table** 茶卓. ～·**things** [⊥⊥] *pl.* = ～ service. ～·**time** [⊥⊥]〖英〗《午後の》お茶どき, おやつどき. ～ **tray** 茶盆. ～ **tree** = ～ plant. ～ **wagon** ティーワゴン《茶道具一式・食べ物を入れて運ぶ車》.

†**teach** [tiːtʃ] *v.* (**taught** [tɔːt]) *vt.* **1** 教える, 教授する, 教育する, 訓育する: ～ children 子どもを教える. ～ English 英語を教える. ～ children mathematics 子どもに数学を教える. ～ a child *to* read 子どもに読み方を教える. ～ French *to* children 子どもにフランス語を教える. **2** 仕込む, 訓練する: ～ a dog how to beg 犬にちんちんの仕方を教える. **3** 〈経験・事件などが〉…を教え込む, 悟らせる: This will ～ you to speak the truth. これでうそを言ってはならないことがわかるだろう;《脅迫的》うそをつくとこのとおりだぞ. —— *vi.* 教える, 教師をする: He ～*es* for a living. 彼は生活のために教師をつとめている.
I will ～ ***you to*** (do) 〖話〗…すると承知しないぞ: *I will* ～ *you to* meddle in my affairs. よけいな口出しをするとひどい目に会わせるぞ. ～ one***self*** 独学する: ～ one*self* English 英語を独学する. ～ a person ***manners*** [***a lesson***] (人を) 懲らしめる. ～ ***school*** 〖米〗学校の教師をする. ～ ***the young idea how to shoot*** 〖笑〗若者の心の芽を伸ばす, たたき込む. ***T***～ ***your granny to sack eggs!*** = ***T***～ ***a dog to bark.*** 釈迦(しゃか)に説法.
～·**in** [⊥⊥]〖米〗ティーチイン《抗議等のため時事・政治問題等について教室・講堂などに教授・外部からの講師を招いて大学生が行なう長時間にわたる集会》.
(類義語) **教える, 教育する: teach** 最も普通な語. learn (習得する) に対するものであるので教授以外にも用いる: The accident *taught* him to be careful. その事故は彼に注意の大事なことを教えた. **instruct** 組織的に教授する: She *instructs* in chemistry. 彼女は化学を教えている. **educate** teaching または instruction によって人の能力を引き出す, または教養が身につくように教育する: be *educated* at Oxford オックスフォードで教育を受けた. **train** 望ましいと思われる習慣・知力・体力などを身につけさせるために技術的訓練を与える. ある基準に達するまで繰り返し行なわれるのが常である: *train* soldiers 兵隊を訓練する. **discipline** train に似ているが訓練の目標として規律・自己抑制・正確さが強調される.

téach·a·ble [tíːtʃəbl] *a.* **1** 教えることのできる, よく覚える; よく教えをきく, すなおな, おとなしい. **2**《学科など》教えやすい. ◇ ～·**ness** *n.* **-bly** *ad.*
tèach·a·bíl·i·ty [⊥–bíliti] *n.*

†**téach·er** [tíːtʃər] *n.* 先生, 教師, 教授者. ***be*** one***'s own*** ～ 独学 [独習] する. ～***s college*** 〖米〗教育大学. ◇ ～·**ship** [-ʃip] *n.* 教師であること, 教職.

‡**téach·ing** [tíːtʃiŋ] *n.* **1** 教育, 授業, 教授, 訓育. **2** 教え, 教旨. **3** (しばしば *pl.*) 教義, 教訓: the ～(s) of Christ キリストの教え.
～ **aid** 教具. ～ **experience** 教授経験. ～ **fellow** 学生助手《大学院学生で授業を補佐し学費免除を与えられる》. ～ **hospital** (実習用)大学付属病院. ～ **machine** 教授機械, ティーチングマシン.

*__téa·cup__ [tíːkʌ̀p] *n.* **1** (紅茶) 茶わん: a storm in a ～ 内輪もめ, から騒ぎ. **2** 茶わん1杯(分).
◇ ～·**fùl** [tíːkʌpfùl] *n.* 茶わん1杯 (分).

Teague [tiːg] *n.*《けいべつ的》アイルランド人.

teak [tiːk] *n.* チークの木〖東インド産〗; チーク材.

teal [tiːl] *n.* (*pl.* ～**s,**《集合的》～)〖鳥〗コガモ.

‡**team** [tiːm] *n.* **1**〖運〗組, チーム; 作業組 [仲間]: a baseball ～ 野球チーム. **2**《車につないだ》一組みの動物, 連畜;《豚・アヒルなどの》一群れ: a ～ of horses 一連の馬. ***be on a*** ～ チームに属している: The player *is on* Giants ～. この選手はジャイアンツ軍に属している.
—— *vi.* **1** チームになる, 組む《*up, together*》. **2** 連畜を駆(か)る [御する]; トラックを運転する. —— *vt.* **1** 〈牛・馬などを〉一組みにつなぐ; 連畜で運ぶ. **2** 〈仕事を〉下請けさせる. ～ ***up with*** と協同 [協力] する.
～·**mate** [⊥⊥] チーム仲間. *～·**work** [⊥⊥] チームワーク, 協力;《統制ある》協同作業.「手.

téam·ster [tíːmstər] *n.* 連畜御者; トラック運転

†**tear**¹ [tiər] *n.* **1** (通例 *pl.*) 涙: shed ～*s* 涙を流す. They all laughed till the ～*s* came. みんな涙が出るほど笑った. *T*～*s* stood in her eyes. 彼女の目に涙が宿っていた. **2** (*pl.*) 悲哀, 悲嘆. **3** 水滴, しずく. ***be moved to*** ～***s*** 感動して泣きだす. ***burst into*** ～***s*** わっと泣きだす. ***crocodile*** ～***s*** そら涙. ***dry*** one***'s*** ～***s*** 涙をふく. one***'s eyes swim with*** ～***s*** 涙ぐむ. ***in*** ～***s*** 涙を浮かべて [流して]. ***squeeze out a*** ～ お義理に涙を流す. ～***s of Eos*** 朝露. ***with*** ～***s in*** one***'s eyes*** 目に涙をためて.
—— *vi.* **1** 涙を流す, 涙ぐむ. **2** しずくを宿す.
～ **bomb** [**shell**] 催涙弾. ～·**drop** [⊥⊥] 涙, 涙のしずく. ～ **gas** 催涙ガス. ～ **jerker** 〖米俗〗《映画・芝居などの》お涙ちょうだいもの. ～ **smoke** 催涙ガスの一種. ～**-stained** [⊥⊥] 涙にぬれた.

†**tear**² [tɛər] *v.* (**tore** [tɔːr/tɔː]; **torn** [tɔːrn/tɔːn]) *vt.* **1** 引き裂く, 裂く, 破る, 引きちぎる: ～ a sheet of paper in two [to bits] 紙を二つに [細かく] 裂く. **2** 引きはがす; 引き離す, ひったくる: ～ a page out of a book 本からページを抜き取る. ～ a child from a person's arms 人の両腕から子どもをひったくる. **3** 〈穴などを〉裂いてあける; かぎ裂きをつくる; 傷つける: ～ a hole in one's jacket ジャケツに穴をあける. ～ one's dress on a nail 衣装にかぎ裂きをつくる. ～ one's hand on a nail くぎで手にけがをする. **4** 強引に引っ張る. **5** 〈髪を〉かきむしる, ひっかく. **6** 〈心を〉悩ます; 分裂させる: a heart *torn* by grief 悲嘆にくれた心. a country *torn* by civil war 内戦によって分裂した国.
—— *vi.* **1** 破れる, 裂ける, ほころびる: Tissue paper ～*s* easily. ティッシュペーパーはすぐ破れる. **2** 破ろうとする; かきむしる《を *at*》: ～ *at* the wrappings 包み紙を破こうとする. **3** 疾走する, 走り回る; あばれ回る: The children *tore* out of the school gates. 子どもたちが校門から駆け出して行った.
～ ***about*** 夢中で駆け回る. ～ ***apart*** 裂き離す. ～ ***away*** (1) 引き裂く. (2) 引き離す. (3) 疾走する. ～ one***self away*** 身を振り離す, 身を振り切って去る《から *from*》: She could scarcely ～ *herself away from* the scene. 彼女はその場を去る決心がなかなかつかなかった. ～ ***down*** (1) 引きはがす. (2) 取りこわす. (3) 論破する. (4) 駆けおりる: He *tore down* the hill. 彼は丘を駆けおりた. ～ ***in pieces*** = ～ ***to pieces*** ずたずたに裂く. ～ ***into*** 〖話〗に激しく攻撃を加える: She *tore into* him for his ridiculing her. 彼女は彼がからかったといって彼にくってかかった. ～ ***it*** 〖俗〗計画・希望・目的などをめ

ちゃめちゃにする. ～ ***off*** (1) 引き離す; むしり取る. (2) 疾走する. (3) 急いで書きあげる: ～ *off* a poem. ～ ***out*** むしり取る: ～ *out* a weed. ～ ***round*** 騒ぎ回る. ～ ***up*** (1) 根こそぎにする, 引き抜く. (2) ずたずたに裂く: ～ *up* a letter. ～ ***one's way*** しゃにむに進む.

—— *n.* **1** 裂け目, かぎ裂き, ほころび: a big ～ in one's coat 上着の大きなほころび. **2** かきむしり, 引き裂くこと. **3** 突進. **4** 激怒; 荒れ狂い, 狂暴. **5**〘米俗〙底抜け騒ぎ, ばか騒ぎ. ***full*** ～ まっしぐらに. ***go on a*** ～ ばか騒ぎをする. ～ ***and wear*** = ***wear and*** ～ 消耗.

～ **sheet**《書籍・雑誌などの》切り取りページ. ～ **strip**《かん詰めやたばこの箱のふたをあけやすくする》ふたあけバンド. ～ **tape**《ダンボール箱などのふたをあけやすくする》つまみ. ◇ **～·er** [té(:)rər/téər-] *n.*

〔類〕→ **rush**「突進する」

téar·ful [tíərf(u)l] *a.* **1** 涙ぐんだ; 涙もろい: a ～ voice 涙声. **2** 涙をさそう, 涙の出るような: ～ news 悲報. ◇ **～·ly** *ad.* **～·ness** *n.*

téar·ing [té(:)riŋ/téəriŋ] *a.* **1** 引き裂く, 心をかきむしる (ような). **2**〘話〙《暴風・怒りなど》激しい, すさまじい. ◇ **～·ly** *ad.*

téar·less [tíərlis] *a.* 涙のない, 涙を流さない; 涙もでない, 無情の. ◇ **～·ly** *ad.* **～·ness** *n.*

téar·y [tí(:)ri/tíəri] *a.* =tearful. ◇ **téar·i·ly** *ad.*

‡**tease** [ti:z] *vt.* **1** いじめる, じらす, 悩ます: The child was *teasing* the cat by pulling its tail. 子どもはしっぽを引っ張ってネコをいじめていた. **2** 冷やかす, からかう, なぶる: She ～*d* her father about his bald head. 彼女は父親のはげ頭をからかった. **3** にせびる, にせがむ: ～ one's mother *for* chocolate チョコレートを母親にねだる. He was always *teasing* her *to* marry him. 彼はいつも結婚してくれと彼女にせがんでいた. **4** <麻・羊毛などを> 梳(す)く; <毛織物の> 毛羽を立てる. —— *vi.* いじめる; せがむ: ～ for everything one sees 見るものをなんでもねだる.

—— *n.* **1** いじめること; いじめる人: What a ～ she is! 彼女はなんたるいじめっ子だ. **2** からかい; からかう人. **3** いじめられること.

◇ **téas·er** *n.* **1** いじめる人 [もの], からかい癖の人; 難問, 困難な仕事. **2** (麻・羊毛などの) 梳き工 [機].

téa·sel, téa·zel, téa·zle [tí:zl] *n.* **1**〘植〙オニナベナ《アザミの類》; その球果《毛織物の毛羽立てに用いる》. **2** 毛羽立て機.

—— *vt.* (**-l-**, ㊥**-ll-**) に毛羽を立てる.

téas·ing [tí:ziŋ] *a.* **1** いじめる, 悩ます. **2** うるさい, やっかいな. ◇ **～·ly** *ad.*

teat [ti:t] *n.* 乳首, 乳頭 (nipple).

tec [tek] *n.*〘俗〙探偵(たんてい). [<de*tective*]

tech. technical; technology.

tech·né·ti·um [tekní:ʃiəm] *n.*〘化〙テクネチウム《放射性元素. 記号 Tc》.

téch·nic [téknik] *n.* **1** =technique. **2** (*pl.*) = technics. —— *a.*〘稀〙=technical.

‡**téch·ni·cal** [téknik(ə)l] *a.* **1** 技術的, 技術の: a ～ adviser 技術顧問. **2** 専門の; 特殊の《学問・職業・技術などについて》: ～ knowledge 専門的な知識. **3** 工業の, 工芸の. **4**〘相場〙人為的.

～ **assault** 法律的に見て成立する暴行 (未遂). ～ **difficulty** 技術的困難; 《放送局などの装置の》故障. ～ **knockout**〘ボクシング〙テクニカルノックアウト, 技倒《略 T.K.O.》. ～ **school** 工業 [工芸] 学校. ～ **sergeant**〘米:軍〙技術軍曹(ぐんそう). ～ **skill** 技巧. ～ **term** 術語, 専門語.

◇ **～·ly** *ad.* **1** 技術的 [学術的] に, 専門的に. **2** 術語で (言えば).

tèch·ni·cál·i·ty [tèknikǽliti] *n.* **1** 専門的 [学術的] であること. **2** 専門的事項 [方法, 手続き]. **3** 専門語 (の使用), 専門的表現.

‡**tech·ní·cian** [tekníʃ(ə)n] *n.* **1** 技術家, 専門家. **2** 技巧家《音楽・絵画などの》. **3**〘米:軍〙技術下士官.

téch·ni·còl·or, ㊥**-our** [téknikʌ̀lər] *n.*〘映〙テクニカラー《カラー映画 (法) の一種》; (T～) その商標: a ～ film テクニカラー映画.

téch·nics [tékniks] *n.* (*pl.* ～) **1** 工芸 (学); 科学技術; 手法, 技巧. **2** 専門語, 術語. **3** 専門的事項; 専門的 [学術的] 方法 [法則].

téch·ni·cum, -kum [téknikəm] *n.*《特にソ連の》工業学校.

‡**tech·níque** [tekní:k] *n.* **1** (専門) 技術《学問・科学研究などの》. **2**《芸術上の》手法, 技巧, 芸風, 画風; 《音楽の》演奏法.

techno- 「技術」「技巧」「工芸の」の意の連結形.

tech·nóc·ra·cy [teknákrəsi/-nɔ́k-] *n.* 技術主義, 技術家政治《科学者・専門技術家に一国の産業的資源の支配と統制をゆだねようとする経済学説. 1932年ごろアメリカで提唱された》.

◇ **téch·no·crat** [téknəkræt] *n.* ～ 主唱 [賛成] 者; 技術家支配階級の一員, 技術家出身の高級官僚. **tèch·no·crát·ic** [tèknəkrǽtik] *a.*

tech·nóg·ra·phy [teknágrəfi/-nɔ́g-] *n.* 技術史, 文化史.

technol. technology.

tèch·no·lóg·ic [tèknəládʒik/-lɔ́dʒ-], **-i·cal** [-(ə)l] *a.* (科学) 技術的な, (科学) 技術的原因 [進歩] による; 工芸 (学) の.

◇ **tèch·no·lóg·i·cal·ly** *ad.*

***tech·nól·o·gy** [teknálədʒi/-nɔ́l-] *n.* **1** 工業 [科学] 技術. **2** 工芸学. **3** 術語, 専門語.

◇ **-gist** [-dʒist] *n.* (科学) 技術研究家 [学者]; 工芸家 [学者].

téch·y *a.* =tetchy. ◇ **-i·ly** *ad.* **-i·ness** *n.*

tec·tól·o·gy [tektálədʒi/-tɔ́l-] *n.*〘生〙組織形態学. ◇ **tèc·to·lóg·i·cal** [tèktəládʒik(ə)l/-lɔ́dʒ-] *a.*

tec·tón·ic [tektánik/-tɔ́n-] *a.* **1** 建築の; 建造上の. **2**〘生〙構造 [構成] の. **3**〘地〙地殻(ちかく)構造上の [による]. ◇ **～s** [-s] *n. pl.*《単数扱い》構造 [構築] 学; 構造地質学.

ted [ted] *vt.* (**-dd-**) <草などを> 広げて干す.

◇ **～·der** [-ər] *n.* ～する人; 乾草機.

Téd·dy [tédi] ～ ***bear*** おもちゃのクマ. ～ ***boy***〘英話〙《Edward VII 時代の服装をする》イギリスの無軌道な若者. ～ ***girl***〘英話〙《服装のほかは Teddy boy とおなじ》イギリスの無軌道娘.

Te De·um [ti-dí:əm, ti:-/tí:-] L. **1** テデウム聖歌《神へ感謝をささげる賛美歌》; その曲. **2** テデウムを歌う感謝式. ***sing*** ～ 歓喜する.

‡**té·di·ous** [tí:diəs, -dʒəs/-djəs, -diəs] *a.* **1** たいくつな, あきあきする. **2** 冗長な, くどい. → dull, tiresome, wearisome. ◇ **～·ly** *ad.* **～·ness** *n.*

té·di·um [tí:diəm] *n.* たいくつ, 単調, あきあきすること.

tee[1] [ti:] *n.* **1** T [t] の字; T [t] 字形 (の物); T 字管. **2**《curling などの》目標.

tee[2] *n.* **1**《塔などの頂上の》かさ形飾り, 請花(うけばな). **2**《輪投げなどの》目標, 的. **3**〘ゴルフ〙ティー, 球座; 各ホールの出発点.

—— *vt.*〘ゴルフ〙<ボールを> 球座の上に置く《*up*》. ***be*** ～***d off***〘俗〙いらだつ, じれる. ～ ***off*** (1)〘ゴルフ〙ティーから第 1 球を打ち出す, 出発点から打ち出す. (2) 強打する《を *on*》. (3) 非難する, しかる《を *on*》. (4) 始める《から *with*》. ～***ing ground***〘ゴルフ〙初打区域. ***to a*** ～ きっちり.

teel [ti:l] =til.

teem [ti:m] *vi.* **1** <場所が> 満ちる, 充満する《で *with*》; <物が> 群がる: The river ～*s with* fish. =Fish ～ *in* the river. その川には魚がたくさんいる. His head ～*s with* bright ideas. 彼の頭にはすてきなアイディアがいっぱい詰まっている. **2**〘古〙実を結ぶ; 子を生む. —— *vt.*〘古〙生む, 生じる.

téem·ing [tí:miŋ] *a.* 豊富な, うようよするほどの; 子どもの多い, 多産の. ◇ **～·ly** *ad.* **～·ness** *n.*

teen¹ [ti:n] *n.* 〖古〗悲しみ; 不幸.

teen² *a.* ＝teen-age. —— *n.* ＝teen-ager.
～-age(d) [-èidʒ(d)] 10代の, ティーンエージの.
～-à·ger 10代の少年少女, ティーンエージャー. 〈注〉ここで「10代」とは正確には「-teen のつく年代」すなわち13–19歳の意. → teens.
◇ **～·er** *n.* ＝teen-ager.

-téen [-tí:n] *suf.* 「10」の意《13–19の数の接尾群》. 〈注〉リズムの関係でしばしば **-teen** [-tì:n] となる.

teens** [ti:nz] *n. pl.* **10歳代**《正確には 13–19 歳. 数字が -teen で終わる》. ***in **one's *early*** [***late***] **～** 10代のはじめ〔終わり〕の,「ロー〔ハイ〕ティーン」の; 10代のはじめ〔終わり〕に. ***in*** **one's ～** 10代の; 10代で. ***out of*** **one's ～** 10代を過ぎて. ***pass*** [***enter***] **one's ～** 10代を過ぎる〔13歳になる〕.

téen·ster [tí:nstər] ＝teen-ager.

tée·ny [tí:ni] *a.* 〖話〗ちっちゃな. [tiny の変形]
～-wée·ny [-wí:ni] 〖小児語〗＝tiny.

tée·pee ＝tepee.

tée·ter [tí:tər] *vi., vt.* 〖米〗前後に動く (seesaw); 上下に揺れる〔動かす〕(waver). —— *n.* シーソー(をすること); 動揺, ぐらつき.

†**teeth** [ti:θ] *n.* tooth の複数形. **～·ridge** [-rìdʒ] 「歯ぐき.

teethe [ti:ð] *vi.* 歯がはえる.

téeth·ing [tí:ðiŋ] *n.* 歯〔乳歯〕がはえること; 歯の発生期. **～ ring** 《歯の発生期の幼児に与える象げ・プラスチック製などの》輪形おしゃぶり.

tee·tó·tal [ti:tóutl] *a.* **1** 絶対禁酒(主義)の. **2** 〖話〗全くの, 絶対的の. ◇ **～·er,** ㊧ **～·ler** [-t(ə)lər] *n.* 禁酒主義者. **～·ism** [-t(ə)lìz(ə)m] *n.* 絶対禁酒主義. **～·ly** *ad.* 禁酒主義上; 全く.

tee·tó·tum [ti:tóutəm/tí:toutʌ́m, ⌐−−] *n.* 《4面に文字のある勝負用》こま; 指回しこま. ***like a*** **～** くるくる回って.

t.e.g. top edge(s) gilt.

teg(g) [teg] *n.* 2歳の雌ジカ〔羊〕.

Te·gù·ci·gál·pa [təgù:sigǽlpə] *n.* テグシガルパ《Honduras 共和国の首都》.

tég·u·lar [tégjulər] *a.* かわら〔タイル〕状の; かわらからなる; かわらのように並べられた. [√teg-] ◇ **～·ly** *ad.*

tég·u·ment [tégjumənt] *n.* 外被, おおい. [√teg-]
◇ **tèg·u·mén·tal** [⌐−méntl], **tèg·u·mén·ta·ry** [-t(ə)ri] *a.*

te-hée [ti:hí:] *int.* ひひっ! —— *n.* 忍び笑い.
—— *vi.* ひひっと笑う, 忍び笑いをする.

Te·he·rán, Te·hrán [tiərá:n, tèhə-, terá:n] *n.* テヘラン《Iran の首都》.

tel. telegram; telegraph; telephone.

tél·a·mon [téləmən] *n.* (*pl.* **tèl·a·mó·nes** [tèləmóuni:z]) 〖建〗人像〔男像〕柱.

tel·áu·to·graph [telɔ́:təgræf/-grɑ:f] *n.* 《書画・写真の》電送機.
◇ **-gram** [-græm] *n.* 電送書画〔写真〕.

tél·e [téli] ＝television.

tele- *pref.* 「遠(い)」「テレビジョン(の)」の意.

tèl·e·cám·er·a [tèlikǽm(ə)rə] *n.* 〖写〗テレビカメラ.

tél·e·cast [télikæst/-kɑ:st] 〖米話〗*vt., vi.* (～ *or* **～·ed**) テレビ放送する. —— *n.* テレビ放送. [<*tele*vision＋broad*cast*]
～ station テレビ放送局. ◇ **～·er** *n.*

tél·e·cìn·e [télisìni/-síni] *n.* テレビ映画.

tèl·e·com·mù·ni·cá·tion [tèlikəmjù:nikéiʃ(ə)n] *n.* (しばしば *pl.*)《ラジオ・テレビ・電信・電話などによる》電気通信: a ～*s* satellite 通信衛星.

tél·e·con [télikàn/-kɔn] *n.* テレコン《テレタイプ相互通信映写装置》; その装置による会議.

tèl·e·con·tról [tèlikəntróul] *n.* 電波〔電線・音波〕による遠隔操作, リモコン.

tél·e·course [télikɔ̀:rs/-kɔ:s] *n.* 〖米〗テレビ課程《テレビによる講義》.

tél·e·du [télidù:] *n.* 〖動〗スカンクに似た小動物《ジャワ・スマトラ・ボルネオ産》.

tél·e·film [télifìlm] *n.* テレビ映画.

teleg. telegram; telegraph(y).

tèl·e·gén·ic [tèlidʒénik] *a.* テレビ放送に好適な, テレビ映りのよい.

te·lég·o·ny [tilégəni] *n.* 〖生〗感応遺伝.
◇ **tèl·e·gón·ic** [tèligánik/-gɔ́n-] *a.*

‡**tél·e·gram** [téligræm] *n.* **電報**, 電信: send a ～ 電報を打つ. ***by*** **～** 電報で. **～ *in cipher*** [***in plain language***] 暗号〔普通語〕電報. [√graph-]
～ form 頼信紙.

‡**tél·e·graph** [téligræf/-grɑ:f, -græf] *n.* **1 電信, 電報**; 電信機. **2** 《競技得点などの》速報掲示板 (＝～ board). **3** …通信《The Daily Telegraph などのように新聞名として使う》. ***by*** **～** 電報で, 電信で.
—— *vt., vi.* **1** 打電する, 電信で報ずる; 電送する: Please ～ me the result. 結果を電報で知らせてください. He ～*ed* his men to sell. 彼は社員たちに(株を)売るよう打電した. ～ to a person 人に電報を打つ. **2** 信号する, 合い図する: ～ by glance 目で知らせる. [√graph-]
～ key 電鍵(けん). **～ line** 電(信)線. **～ office** 電信局. **～ operator** 電信技手. **～ plant** 〖植〗《インド原産》マイハギ. **～ pole** [**post**] 電信〔電線〕柱. **～ slip** 頼信紙.
◇ **te·lég·ra·pher** [tilégrəfər] *n.* 電信係, 電信技手. **te·lég·ra·phist** [-fist] *n.* 〖英〗電信技手; 通信士〔兵〕.

tèl·e·graph·ése [tèligræfí:z/téligrɑ:f-] *n., a.* 《簡略な》電文体(の).

tèl·e·gráph·ic [tèligrǽfik], **-i·cal** [-(ə)l] *a.* **1** 電信機の. **2** 電信〔電報〕の; 電送の. **3** 電文体の, 簡潔な. **～ address** 《電報の》電略, あて名略号. **～ code** 電信符号《特に Morse 式の》. **～ instructions** 訓電. **～ message** 電報, 電文. **～ money order** 電報がわせ. **～ picture** 電送写真.
◇ **tèl·e·gráph·i·cal·ly** *ad.*

te·lég·ra·phone [tilégrəfòun] *n.* 《初期の》電磁式録音再生機.

te·lég·ra·phy [tilégrəfi] *n.* 電信術〔学〕; 電信(法). ***wireless*** **～** 無線電信(術).

tèl·e·ki·né·sis [tèlikiní:sis, -kai-] *n.* 念動作用《全く心霊の力で離れている物を動かすこと》.
◇ **tèl·e·ki·nét·ic** [-nétik] *a.*

tél·e·mark [télimà:rk] *n.* 〖スキー〗テレマーク式回転(法). [<Telemark (ノルウェーの行政区)]

tèl·e·me·chán·ic [tèlimikǽnik] *a.* 遠隔操作装置の, 無線操作装置の.

te·lém·e·ter [təlémitər/télimi:tə] *n.* 測遠器, 測距儀; 〖電〗《電動式》遠隔計器. ◇ **～·ing** *n.* 遠隔測定. **tèl·e·mét·ric** [tèlimétrik/-mí:t-] *a.*

tél·e·mo·tor [télimòutər] *n.* 〖海〗水圧かじとり機.

tèl·e·o·lóg·i·cal [tèliəládʒikl/-lɔ́dʒ-] *a.* 目的論の, 目的論的な. ◇ **～·ly** *ad.*

tèl·e·ól·o·gy [tèliálədʒi/-ɔ́l-] *n.* 〖哲〗究極原因存在説, 目的論, 目的原因論. ◇ **-gist** [-dʒist] *n.*

tèl·e·páth·ic [tèlipǽθik] *a.* 精神感応の. [√path-]
◇ **-i·cal·ly** [-(ə)li] *ad.*

te·lép·a·thy [tilépəθi] *n.* テレパシー, 精神感応(術).
◇ **-thist** [-θist] *n.* 精神感応術研究家; 精神感応力を備えた人.

†**tél·e·phone** [télifòun] *n.* **電話**; 電話機; (the ～) 電話(通信)組織. ***answer the*** **～ *bell*** 電話に出る. ***be wanted on the*** **～** 電話がかかってきている. ***by*** **～** 電話で: send a message *by* ～ 電話で用向きを伝える〔通信文を送る〕. ***call*** a person ***on the*** **～** (人を)電話口に呼び出す. ***public*** **～** 公衆電話. ***speak to*** a person ***over the*** **～** (人)と電話で話す.
—— *vt., vi.* **1 電話で話す**: ～ a message 電話でことづけする. **2** (に) 電話をかける: I will ～ (*to*) him. 彼に電話しよう. 〈注〉一般の口語では call (to), give a call, give a ring などが多く使われる.

[tele- + √phon-] **~ book** 電話帳. **~ booth** 〖米〗公衆電話室 (=㊊ ~ box). **~ call** かけた〔かかってきた〕電話, 電話をかける〔電話がかかる〕こと: a ~ *call* from Boston ボストンからの電話. make 〔receive〕 a ~ *call* 電話を1本かける〔が1本かかってくる〕. **~ directory** 電話帳. **~ exchange** 電話交換局. **~ line** 電話線. **~ message** 通話. **~ number** 電話番号. **~ operator** 交換手. **~ receiver** 電話の受話器. **~ set** 電話機. **~ subscriber** 電話加入者.

◇ **te·léph·o·nist** [tiléfənist] *n.* 電話技手, 電話交換手〔取扱者〕. **tèl·e·pho·ní·tis** [tèlifənáitis] *n.* 電話狂.

tèl·e·phón·ic [tèlifánik/-fɔ́n-] *a.* 電話の〔による〕. ◇ **-i·cal·ly** *ad.*

te·léph·o·ny [tiléfəni] *n.* 電話機製造法; 電話術〔法〕: wireless ~ 無線電話.

tél·e·phote [télifòut] *n.* 写真電送機.

tèl·e·phó·to [tèlifóutou/tél-] *n., a.* **1** 望遠写真(の): a ~ lens 望遠レンズ. **2** 電送写真 (の).

tèl·e·phó·to·graph [tèlifóutəgræf/télifóutəgrɑ:f] *n.* **1** 電送写真. **2**〖稀〗望遠写真.
—— *vt.* **1** 〈写真を〉電送する. **2** の望遠写真をとる.

tèl·e·pho·tóg·ra·phy [tèlifətágrəfi/télifətɔ́g-] *n.* 望遠写真術; 写真電送術.
◇ **tèl·e·phò·to·gráph·ic** [-fòutəgræfik] *a.*

tél·e·play [télipléi] *n.* テレビ劇.

tél·e·port [télipɔ̀:rt/pɔ:t] *vt.* telekinesis を用いて「移動させる.

tél·e·prìnt·er [téliprìntər] = teletypewriter.

Tél·e·pròmp·ter [télipràmptər/-prɔ́mp-] *n.* テレプロンプター《台本の文句などが見えるところにあらわれる装置. 商標名》.

tél·e·ran [télirǽn] *n.*〖空〗電波探知機航空術.
[< *tele*vision *r*adar *a*ir *n*avigation]

tél·e·re·cèiv·er [-risi:vər] *n.*〖米〗テレビジョン受「像機.

tél·e·re·còrd·ing [télirikɔ̀:rdiŋ] *n.*〖テレビ〗録画 (番組).

tél·er·gy [télərdʒi] *n.*〖心〗精神感応力, 遠隔精神「作用.

‡**tél·e·scope** [téliskòup] *n.* **1** 望遠鏡. **2** (the T~) = Telescopium. ***astronomical*** ~ 天体望遠鏡. ***equatorial*** ~ 赤道儀. ***radio*** ~ 電波望遠鏡. ***reflecting***〔***refracting***〕~ 反射〔屈折〕望遠鏡. ***sighting*** ~《鉄砲の》照準望遠鏡.
—— *a.* はまり込み(式)の: a ~ bag 入れ子式かばん.
—— *vi.* はまり込む; 〈列車などが〉衝突してはまり込む. —— *vt.* **1**《望遠鏡の筒のように》はまり込ませる, はめ込む; 〈列車などが前後の車両を〉衝突して突っ込み合わせる. **2** 短くする, 縮める《に *into*》.
[tele- + √scep-] **~ carp** [**fish**]〖魚〗デメランチュウ. **~ word** = portmanteau word.

tèl·e·scóp·ic [tèliskápik/-skɔ́p-] *a.* **1** 望遠鏡の; 望遠鏡で見た; 肉眼では見えない: a ~ object 望遠鏡的物体. a ~ sight 望遠照準器. **2** 遠目のきく, 遠くまで見える. **3**《順次》はめ込みのできる, 伸縮自在の: a ~ drinking cup 入れ子式水飲みコップ.
◇ **-i·cal·ly** [-k(ə)li] *ad.*

Tèl·e·scó·pi·um [tèliskóupiəm] *n.*〖天〗ぼうえんきょう座《射手(いて)座の南方にある小星座》.

te·lés·co·py [tiléskəpi] *n.* 望遠鏡使用〔観測〕; 望遠鏡製造法. ◇ **-pist** *n.* 望遠鏡操作者〔観測家〕.

tél·e·screen [téliskri:n] *n.* **1** テレビ受像面. **2** 送受信兼用テレビ幕《George Orwell の小説 "1984" の中に出て来る, 思想警察が人民を監視するための装置》.

tél·e·seism [télisàiz(ə)m] *n.* 遠隔地震による微動.

tél·e·sis [télisis] *n.* (*pl.* **-ses** [si:z])〖社〗《知的計画と努力による》目的達成;《知的計画による》進歩.

tèl·e·stér·e·o·scope [tèlistériəskòup/-stíər-] *n.* 立体望遠鏡.

tèl·e·ther·móm·e·ter [-θərmámitər / -mɔ́m-] *n.* 遠隔自動記録温度計.

tél·ethon [téliθan/-θɔn] *n.* 長時間テレビ番組《特定選挙候補者の宣伝・チャリティーショーなど》.

tèl·e·tran·scríp·tion [tèlitrænskrípʃ(ə)n/tél-] *n.*〖テレビ〗ブラウン管録画 (による映画).

tél·e·type [télitàip] *n.* **1** = teletypewriter の一種; (T~) その商標名. **2** テレタイプ通信 (文).
—— *vt., vi.* ~で送信する.

tèl·e·týpe·sèt·ter [tèlitáipsètər/tél-] *n.* タイプセッター式電信機.

tèl·e·týpe·wrìt·er [tèlitáipràitər/tél-] *n.* 電信「印字機, テレタイプ.

tél·e·view [télivjù:] *vt., vi.* テレビで見る, テレビを見る. ◇ **~·er** [-ər] *n.* テレビ視聴者.

tél·e·vise [télivàiz] *vt.* テレビで放送〔受像〕する.
—— *vi.* テレビ放送に向く.
◇ **-vi·sor** [-ər] *n.* テレビ送信〔受信〕機.

†**tél·e·vì·sion** [télivìʒ(ə)n, ⌐—⌐—] *n.* テレビ, テレビジョン《略 TV》; テレビ放送; テレビ受像機: watch ~ テレビを見る. watch 〔see〕 a play *on* ~ テレビで劇を見る. ***two-way*** ~ 対向テレビジョン《同時に送受像を行なえる方式》. [tele- + √vid-]
◇ **tèl·e·ví·sion·al** [⌐—víʒən(ə)l], **tèl·e·ví·sion·ar·y** [-víʒənèri/-nəri] *a.* テレビの〔による〕.

tél·e·wrìt·er [télirаitər] *n.* 電信印字機, 電気写字機.

tél·ex [téliks] *n.* 国際加入電信《加入電話の代わりにテレタイプを用いて外国と交信する》; (T~) その商標名. [< *tele*printer + *ex*change]

†**tell** [tel] *v.* (**told** [tould]) *vt.* **1** 話す, 語る, 物語る: He *told* (me) a story. 彼は (私に) 物語をした. He *told* the story *to* everybody he met. 彼は会う人ごとにその話をした.
2 〈人に〉言ってきかせる, 告げる, 知らせる《*about, that*, etc.》; 〈人に道などを〉教える: I can't ~ you *how* happy I am. どんなにうれしいかことばでは言えません. *T~* me (all) about it. それについて (すべてを) 聞かせてください. He *told* me (*that*) he was coming. 彼は私に来ると言っていた. I *told* you *so*. そう言ったじゃないか. I am *told* (*that*) you were ill. ご病気だったそうですね. Please ~ me the way to the station. 駅へ行く道を教えてください. *T~* me how to make it. その作り方を教えてくれ.
3 〈うそ・秘密などを〉言う; 打ち明ける, もらす, 教える: Don't ~ (me) a lie. (私に) うそをつくな. Don't ~ where the money is. 金のありかを教えるな. He promised (us) not to ~ our secret. 彼はわれわれの秘密を明かさないと約束した.
4《主語が人以外のばあい》証明する, 証拠となる, (ひとりでに) 物語る: A man's face ~*s* (us) a great deal about his character. 顔は (見る人に) 性格を物語る. The smashed automobile *told* a sad story. めちゃめちゃになった自動車は悲惨な事故を物語っていた.
5 〈とけいが時を〉告げる: The clock *told* the time.
6 命ずる, 言いつける: I *told* him *to* go on. 続けろと彼に命じた.
7 見分ける, 見定める, 識別する; 知る, …がわかる, 会得する: ~ wheat *from* barley 小麦と大麦とを見分ける. Can you ~ the difference? 違いが見分けられますか〔わかりますか〕. I can't ~ the reason. 私は理由がわからない. No one can ~ what may happen. なにが起こるかだれにもわからない. There is no ~*ing* what may happen 〔where she has gone〕. なにが起こるか〔彼女がどこへ行ったか〕全くわからない.
8 数える, 勘定する: ~ the number of the stars 星の数をかぞえる.
—— *vi.* **1** 話す, 語る, 報告する, 予言する《について *about, of*》: Her tears *told* of the sorrow in her heart. 彼女の涙は彼女の心の悲しみを物語っていた. There is no ~*ing* about the weather. 天気のことはわからないものだ. **2** 告げ口する, 密告する《を *on*》:

Don't ～ *on* me. ぼくの告げ口をするな. John *told on* his brother. ジョンは兄〔弟〕の告げ口をした. **3** 効果がある, きく, こたえる, 命中する: Honesty will ～ in the end. 結局は正直がものをいう. The strain will ～ *on* you. そんな無理をするとからだにさわる. Every blow *told*. 一撃一撃がこたえた.

all told 合計(して), 総数で, 全部で: There are twenty of us *all told*. われわれは皆で20人います. ***Do ～!*** まさか!, 言ったね! ***hear ～ of*** …のうわさを聞く. ***I am told*** …だそうだ, …という話だ. ***I can ～ you.*** = ***I ～ you.*** = ***Let me ～ you.*** 実際, ほんとうに, 全く…だ, いいかい: It isn't easy, *I can ～ you*. 実際楽じゃないぜ. ***I'll ～ you what*** (***it is***). いい話があるからまあ聞け, 話したいことがある; つまりこうなんだ. ***I told you so!*** それごらん. ***I will ～ you.*** まあお聞きなさい, 子細を話しましょう. ***So they ～ me*** 〔***us***〕. = ***So I*** 〔***we***〕***'ve been told.*** そういう話です, ということになります: I hear you've beaten the record. — *So they ～ me*. あなたは記録を破ったそうじゃないですか — という話です. ***～ apart*** 識別する. ***～ a tale*** 話をする; なにかいわくがある. ***～ away*** 〈痛みを〉呪文(じゅ)をとなえて取る. ***～ one's beads*** (じゅずを数えながら) 祈る. ***～ for*** 〔***against***〕に有利〔不利〕である. ***～*** a person ***good-bye*** (人に) 別れを告げる. ***～ off*** (1) 数えて別にする; 〈仕事を〉割り当てる. (2) 特派する: Ten men were *told off* for special duty. 10人の男が特務のために派遣された. (3) 番号をつける. (4) がみがみしかる, 小言をいう: That fellow needs to be *told off*. あいつには小言をいってやる必要がある. ***～ on*** (1) …にひどくきく, に影響を及ぼす: His age is beginning to ～ *on* him. 彼は年には勝てなくなってきた. (2) の告げ口をする: I did not ～ *on* her. 私は彼女の秘密をばらしはしなかった. ***～ out*** = ～ away. ***～ over one's hoard*** たまった金を数える. ***～ the tale*** 《同情をひくために》あわれっぽく話す. ***～ the time*** 時間を知らせる. ***～ the world*** 公言する. ***Who can ～?*** だれにわかるものか, だれにもわからない. ***You never can ～.*** だれもわかりっこないですからね. ***You're ～ing me!*** 百も承知だ.

～·tale → 別項.

◇ **～·a·ble** [-əbl] *a.* 話せる; 話しがいのある, 話すに価する. 〔類〕 → **speak**「話す」

Tell [tel] *n.* William ～, スイスの伝説的英雄《むすこの頭上のリンゴを射たという弓の名手》.

téll·er** [télər] *n.* **1** 語り手, 話し手. **2** 数え手; 投票計算係; 《銀行の》金銭出納係. ***deposit ～ 預金係. ***paying*** 〔***receiving***〕 ～支出〔収納〕係.

◇ **～·ship** *n.* 出納〔計算〕係の職〔地位〕.

téll·ing [téliŋ] *a.* 効果的な, よくきく: a ～ blow 手ごたえのある一撃. ～ speech 〔argument〕 印象的な話しぶり〔論証〕. ***with ～ effect*** よくきいて.

—— *n.* **1** 話すこと. **2** 数えること. ***take a ～*** 《俗》忠言を聞く. ***That's ～.*** 《俗》そんなことを言えば秘密がばれる. ***There is no ～*** (…). (…については) なんとも言えない, 予言できない: *There is no ～* what may happen. なにが起こるかかいもくわからない.

téll·tale [téltèil] *a.* **1** 告げ口する. **2** 内情・秘密などを暴露する; 暗に告げる: a ～ blush 心のうちをまざまざと示す赤面. the ～ cigar ash on the carpet 事の真相を告げるがごときじゅうたんの上の葉巻きの灰. —— *n.* **1** 告げ口する人; 他人の私事をしゃべりたがる人. **2** 内情・秘密などを暴露するもの, 証拠. **3** 各種(自動)表示機; タイムレコーダー(time clock); 登録器; 《海》つり羅針(しん)儀; 舵角(だく)表示器; 風見布(きれ); 《楽》オルガンの風圧表示器; 《鉄道》警簾(けいれん).

tel·lú·ri·an [telú(:)riən/-ljúər-] *a.* 地球の.

—— *n.* 地球人.

tel·lú·ric [telú(:)rik/-ljúər-] *a.* **1** 《化》テルルの〔を含む〕. **2** 地球の; 土から生じる.

tél·lu·ride [téljuràid, ㊥⁺-rid] *n.* 《化》テルル化物.

tel·lú·ri·um [telú(:)riəm/-ljúər-] *n.* 《化》テルル《非金属元素. 記号 Te》.

tél·lu·rize [téljuràiz] *vt.* 《化》テルル化する.

tél·ly [téli] *n.* 《英俗》テレビ (受像機).

tél·o·type [télətàip] *n.* 電信印字 (機): ～ printing 電信印字法.

tél·pher [télfər] *n., a.* 電気索道車; 電気索道運搬 (の). —— *vt.* 電気索道車で運ぶ.

◇ **～·age** [-fəridʒ] *n.* テルハ運搬装置.

Tél·star [télstɑːr] *n.* テルスター《アメリカの通信衛星》.

tem·blór [temblɔ́ːr, ㊥⁺témblər] *n.* (*pl.* **～s** [-z], **tem·bló·res** [temblɔ́ːre(i)s]) 《米》地震.

tèm·e·rár·i·ous [tèməré(:)riəs/-réər-] *a.* 向こう見ずの, 無鉄砲な. →rash¹, reckless.

◇ **～·ly** *ad.* **～·ness** *n.* 「無遠慮.

te·mér·i·ty [timériti] *n.* 向こう見ず, 無鉄砲, 蛮勇;

temp. temperature; temporal; temporary; *tempore* (L. = in the time of).

‡tém·per [témpər] *n.* **1** 気質: an equal 〔even〕 ～ 平静な気質. a hot 〔quick, short〕 ～ 短気, かんしゃく. suit one's ～ 気質に合う. **2** 気分: in a bad 〔good〕 ～ きげん悪く〔良く〕. **3** かんしゃく, 怒り: What a ～ he is in! ひどくかんしゃくを起こしているぞ. **4** 《物質の硬度などについて》適度のころあい, 焼き〔鍛え〕かげん: the ～ of clay 粘土の練りかげん. the ～ of steel 鋼鉄の焼き. of the finest ～ 最上の鍛えの. **5** 《物質の性質を変えるための》添加物; 《白ろう製造用》スズと銅の合金. **6** 調節, 中庸: a ～ between the two rival systems 二つの対立する制度の折衷.

fly into a ～ 腹を立てる. ***get*** 〔***go***〕 ***into*** 〔***in***〕 ***a ～*** かんしゃくを起こす, おこり出す. ***get out of ～*** = ***lose one's ～*** 腹を立てる, かんしゃくを起こす. ***have a ～*** 短気だ. ***in a fit of ～*** 腹立ちまぎれに. ***in a ～*** 腹を立てている, 短気を起こしている. ***keep*** 〔***control***〕 ***one's ～*** がまんする, 怒りを押える. ***out of ～*** 腹を立てて. ***put*** a person ***out of ～*** (人を) おこらせる. ***recover*** 〔***regain***〕 ***one's ～*** 平静を取りもどす. ***show ～*** 怒り (の色) を見せる, 腹を立てる.

—— *vt.* **1** 和らげる, しずめる, 押える, 軽減する: ～ justice with mercy 正義のきびしさを慈悲で和らげる. Let discretion ～ zeal. 熱情を良識で和らげよ. ～ strong spirits with water 強い酒を水割りする. **2** 調和させる, 調節する《*to, with*》; 《楽》調律する《に *to*》: ～ one's desires *to* one's circumstances 欲望を境遇に調和させる. **3** 〈粘土などを〉練る, こねる; 〈鋼鉄などを〉鍛える, 焼きを入れる; 〈絵の具を〉油で練る. —— *vi.* **1** 和らぐ. **2** 〈鋼鉄が〉鍛えられる, 焼きがとおる. ***God ～s the wind to the shorn lamb.*** 《ことわざ》弱者には不幸も軽い. ***～ by heat*** 熱で鍛える. [√temper-]

〔類〕 → **mood**「気分」 「の具.

tém·per·a [témpərə] *n.* テンペラ画 (法); テンペラ絵

‡tém·per·a·ment [témp(ə)rəmənt] *n.* **1** 気質, 性質, 気性, 性分, 体質. →disposition. **2** 熱情性, きかぬ気性. **3** 《楽》平均律〔法〕: an equal 〔even〕 ～ 平均律. [√temper-]

tèm·per·a·mén·tal [tèmp(ə)rəméntl] *a.* **1** 気質〔気性〕の, 性分の; 個性の強い. **2** 神経質な; 気まぐれな; おこりっぽい, 感性的な, ふきげんな.

◇ **～·ly** [-t(ə)li] *ad.* 性質上, 性分で.

‡tém·per·ance [témp(ə)rəns] *n.* **1** 節制; 自制, 克己; 控えめ, 中庸. **2** 節酒, 禁酒.

～ drinks アルコールを含まない飲み物. **～ hotel** 酒類をいっさい出さない旅館. **～ movement** 〔**society**〕 禁酒運動〔禁酒会〕. **～ pledge** 禁酒の誓い.

‡tém·per·ate [témp(ə)rit] *a.* **1** 温和な: a ～ climate 温暖な気候. **2** 控えめの, 適度の, 中庸を得た: Be more ～ in your language, please. もう少しことばをお慎みください. **3** 節制する; 禁酒の: a man of ～ habits 節制家. **4** 《楽》平均律の.

the north* [*south*] ～ *zone 北〔南〕半球温帯.
◇ *～·**ly** *ad.* 適度に; 節制して. ～·**ness** *n.*

‡**tém·per·a·ture** [témp(ə)rit∫ər] *n.* **1** 温度; 気温: the mean ～ of the month of May 5月の平均気温. **2** 体温; 発熱状態, 高熱: the normal ～ 平熱. ***absolute*** ～〘物〙絶対温度. ***have a*** [***no***] ～ 熱がある〔ない〕. ***run a*** ～ 熱を出す, 熱がある. ***take*** a person***'s*** ～ (人)の体温を計る: The nurse *took the* ～*s of* all the patients. 看護婦は全患者の体温を計った. ***The*** ～ ***reads*** 25°C in the shade. 温度計は(日陰で25°C)だ.
[√temper-] ～ **gradient**〘気〙気温傾度.

tém·pered [témpərd] *a.* **1**《合成語で》…な性質の: good-～ 気だてのよい. **2** 和らげられた; 調節〔調整〕された. **3** 鍛えられた: ～ steel 鍛鋼.

‡**tém·pest** [témpist] *n.* **1** あらし, 暴風雨〔雪〕. **2** 大騒ぎ, 大騒動, 動乱. —— *vt.* 激しく荒れさせる; に騒動〔騒乱〕を起こす. —— *vi.* 荒れ狂う, 荒れる. 〘類〙→ **storm**「あらし」

tem·pés·tu·ous [tempést∫uəs/-tjuəs] *a.* **1** 大あらしの, 暴風雨〔雪〕の. **2** 騒がしい, 狂暴な, 激しい.
◇ ～·**ly** *ad.* ～·**ness** *n.*

Tém·plar [témplər] *n.* **1** 聖殿騎士《1118年ごろエルサレムに組織された聖墓および巡礼者保護のための聖殿騎士団 (Knights ～s) の一員》. **2**〘英〙《法学院 Inner Temple または Middle Temple に事務所をもつ》法律家, 弁護士, 法学生. **3**〘米〙フリーメーソン団 (Freemason) の団員. **4**〘米〙禁酒会 (Good ～s) の一員.
Good ～***s*** 1851年アメリカに組織された禁酒会. ***Knights*** ～***s*** 聖殿騎士団. → ～ ①.

tém·plate =templet.

‡**tém·ple**[1] [témpl] *n.* **1** 神殿, 聖堂; 寺, 寺院. **2**《フランスのプロテスタントの》教会堂. **3** (the T～) 古代ユダヤの3神殿の一つ. **4** (T～)〘米〙モルモン教礼拝堂《アメリカ Utah 州 Salt Lake City にある》. **5** 聖殿騎士団. **6**〘米俗〙化粧室; 便所; 映画館. ***Inner T～, Middle T～*** ロンドンにある2法学院の名. ***the ～ of the Holy Ghost*** 聖霊の宮. [√tem- 切りとって(聖所にする)]
T～ Bar 1879年撤去されたロンドン市西端の門《罪人・むほん人の首をさらした所》.

tém·ple[2] *n.* **1**〘医〙こめかみ. **2**〘米〙めがねのつる(の一方). **3**《織機で織布を張る》伸子(しんし).

tém·plet [témplit] *n.* **1** 型板, 型取り工具. **2**〘建〙梁(はり)受け, けた受け. **3**〘海〙造船台のくさび.

tém·po [témpou] *n.* (*pl.* **-pi** [-piː], **-pos**) **1**〘楽〙速度; 拍子. **2**《比喩的》テンポ, 速さ: the ～ of city life 都市生活のテンポ. **3**〘チェス〙駒の進み: gain a ～ 一手先んじる. [<It.]
～ **primo**〘楽〙最初の速度で.

tém·po·ral[1] [témp(ə)rəl] *a.* **1** 一時的な, つかのまの, 暫時の: ～ prosperity つかのまの繁栄. ～ death 仮死. the ～ beauty of a woman 女性のつかのまの美. **2** 現世の, 浮き世の, 世俗の: ～ affairs 俗事. **3** 僧籍にいない. **4** 時間の, 時の. **5**〘文〙時制の. ***lords*** ～ = ～ peers.
—— *n.* (通例 *pl.*) **1** 世事, 俗事: joy from ～*s* 俗事の喜び. **2** 現世の権力〔財産〕. [√tempor-]
～ **peers** 僧職にいないイギリス上院議員. ～ **power** (ローマ法王の) 世俗権.
◇ ～·**ly** *ad.* 一時的に; 俗事に関して.

tém·po·ral[2] *n.*〘医〙顳顬(こめ)骨, 側頭骨. —— *a.* こめかみの: ～ bone 顳顬骨.

tèm·po·rál·i·ty [tèmpərǽliti] *n.* **1** 一時的なこと, はかなさ. ↔ perpetuity. **2**《集合的》俗事; 俗界, 俗人. **3** (通例 *pl.*) 世俗的所有物《特に教会・聖職者の不動産・収入など》. → spiritualities.

tém·po·ral·ty [témp(ə)rəlti] *n.* **1** 俗人. **2** 教会付属の不動産または収入.

‡**tém·po·rar·y** [témp(ə)rèri/-rəri] *a.* 一時の, 仮の, 当座の, まにあわせの: ～ measures 臨時の処置. a ～ office 仮事務所.
—— *n.* 臨時雇い. [√tempor-]
～ **duty** 臨時職務, 短期勤務〘略 TDY〙.
◇ -**i·ly** *ad.* -**i·ness** *n.*

tém·po·rize [témpəràiz] *vi.* **1** 一時しのぎの処置をする, その場を繕う; ひより見する, ぐずぐずする《の間で *between*》. **2** 時期に迎合する; 人の意を迎える; 妥協する《と *with*》. [√tempor-]
◇ -**riz·er** [-ər] *n.* 一時しのぎする人; ひより見主義者; 時局に便乗する人. **tèm·po·ri·zá·tion** [ㅗ— rizéi∫(ə)n/-raiz-] *n.* 一時しのぎ; ひより見; 妥協.

tém·po·riz·ing [témpəràiziŋ] *n.* =temporization. —— *a.* 一時しのぎの; ひより見的な; 妥協的な; 迎合的な: ～ measures 一時しのぎの方便.
◇ ～·**ly** *ad.*

‡**tempt** [tempt] *vt.* **1** の心を引く, 誘惑する, そそのかす: I was strongly ～*ed* by the offer. 私はその申し出におおいに食指が動いた. Bad companions ～*ed* him to drink heavily [into wrong ways]. 悪友が彼を誘惑して大酒を飲ました〔悪の道へ誘った〕. **2** …する気にさせる, 誘う《*to* (do)》: the fine weather that ～*ed* me *to* go for a drive ぼくをドライブに誘った上天気. She ～*ed* the child to have a little more soup. 彼女はなんとかして子どもにもう少しスープを飲ませようとした. **3** 〈心・食欲などを〉そそる: The cake ～*s* my appetite. そのケーキを見ていると食べたくなる. **4**〘古〙ためす, 試みる; 企てる; 〈海・自然力などを〉怒らせる: ～ one's fate 運命にいどむ. ***be*** [***feel***] ～***ed to*** …したくなる: I *feel* ～*ed to* say …とどうしても言いたくなる. I *was* ～*ed to* contradict him. 彼に反対したくてたまらなかった. ***Nothing will*** [***would***] ～ a person ***to*** (do) どんなことがあっても…しない. ～ ***God*** [***providence***] 神意に逆らう, 神を恐れぬこと〔冒険〕をする. ～ a person ***into*** … (人を)誘惑して…に陥らしめる; (人に)…にはいる気を起こさせる. ～ ***the fishes***〘俗〙魚をつる. [√tempt-]
◇ ∠·**a·ble** [-əbl] *a.* 誘惑できる, 誘惑されやすい.

‡**temp·tá·tion** [temptéi∫(ə)n] *n.* **1** 誘惑, 誘惑する〔される〕こと: fall into ～ 誘惑に陥る. **2** 誘惑物, 心をひきつけるもの: a great ～ 非常に心をそそるもの. **3**〘古〙試み, ためし. ***the T～***〘聖〙《キリストが悪魔から受けた》荒れ野の試み《マタイ伝4》. [√tempt-]

témpt·er [témptər] *n.* (*fem.* **témpt·ress** [témptris]) **1** 誘惑者〔物〕. **2** (the T～) 悪魔, サタン (Satan, the Devil).

témpt·ing [témptiŋ] *a.* 誘惑的な, そそのかすような, 人の心を引く〔そそる〕, うっとりさせる: a ～ offer 心を引くような申し出. ～ **market** 市場の好けはい.
◇ ～·**ly** *ad.* ～·**ness** *n.*

tem·pus fu·git [témpəs-fjúːdʒit] L. (=Time flies.) 光陰矢のごとし.

†**ten** [ten] *a.* **1** 10の; 10人の, 10個の. **2**《ばく然と》たくさんの: I'd ～ times rather do …する方がずっとましだ. —— *pron.* (*pl.*) **1** 10人. **2** 10個.
—— *n.* **1** 10; 10人, 10個. **2** 10の記号〔数字〕《X, 10》. **3** 10個1組の物, 10人1組. **4** 10点のトランプ札. **5** 10歳. **6**《朝・夜の》10時; 10分. **7**〘話〙10ドル紙幣. **8** 10エーカーの土地. **9** 10音節の1行. ***in*** ～***s*** 10ずつになって, 10人ずつになって. ***nine out of*** ～ 十中八九: in *nine* cases *out of* ten 十中八九は, おそらく. ～ ***ten***〘話〙10分間休憩する. ～***s of thousands*** (***of***) 幾万も(の). ～ ***to one*** 九分どおり, ほとんど必ず: *T～ to one* he will arrive late. 十中八九彼はおそくなるだろう. ***the best*** ～ 十傑, ベストテン. ***the upper*** ～ 上流社会, 貴族階級.
～-**cent store**〘米〙10セント均一ストア. → five-and-ten-cent store. ∠·**fóld** [ténfòuld, ㅗㅗ/∠—] 10倍〔重〕の; 10倍〔重〕に. ～-**gallon hat** つ

ば広帽子《アメリカ西南部で用いられる》. **∼·pen·ny** [-pèni, -pəni/-pəni] 10 ペンスの; 《3 インチの長さの》大くぎの. **∼·pins** [⊥⊥] → 別項. **∼-póund·er** (1) 10ポンドの重さのもの; 10ポンド砲. (2) 10ポンドの値段のもの; 10ポンドの札. (3)〘英史〙年10ポンドの地代〔家賃〕を払って選挙権を有する人. **∼-spot** [⊥⊥]〘米俗〙星印が 10 個あるカード; 10 ドル紙幣. **∼-strike** [⊥⊥]〘米〙(1)《tenpins で》10 柱の総倒し. (2)〘話〙大当たり, すばらしい成功.

ten. tenement; tenor; 〘楽〙tenuto.

tén·a·ble [ténəbl] *a.* **1**《要塞(ようさい)·陣地など》防御できる. **2** 維持〔継続〕できる; 《学説·議論など》主張できる, 筋道の立った. [√ten-]
◇ **tèn·a·bíl·i·ty** [⊥—bíləti] *n.*

te·ná·cious [tinéiʃəs] *a.* **1** しっかりつかんでいる, くっついて離さない〔離れない〕《*of*》. **2** 記憶力の強い. **3** がんこな, 執拗(しつよう)な, がん強な: ∼ of life なかなか死なない. **4** ねばりつく, ねばねばする; 粘着力のある, 容易にこわれない. [√ten-]
◇ **∼·ly** *ad.* **∼·ness** *n.*

te·nác·i·ty [tinǽsəti] *n.* **1** 固執; 不屈, がん強; 執拗, 粘り強さ. **2** 強い記憶力.

tén·an·cy [ténənsi] *n.* **1**《土地や家の》借用, 賃借り. **2** 借地, 借家; 小作地. **3** 借用期間; 小作年期.

‡tén·ant [ténənt] *n.* **1** 借家人; 借地人, 小作人: evict ∼*s* for non-payment of rent 家賃不払いのため借家人を立ちのかせる. **2**《比喩的》居住者, 住人: Sorrow was the ∼ of his bosom. 悲しみが彼の胸に宿っていた. **3**〘法〙《不動産回復訴訟の》被告. ***∼s of the wood*** 〔***trees***〕鳥類.
—— *vt.* **1** 借りる, 借用する; に(賃借りして)住む: buildings ∼*ed* by railway workers 鉄道員が住んでいる建物. **2** 満たす (fill). [√ten-]
∼ farmer 小作農, 小作人. **∼ farming** 小作. **∼ right** 小作権, 借地権.
◇ **∼·a·ble** [-əbl] *a.*《土地や家屋など》借用できる; 住める. **∼·less** *a.* 借り手〔居住者〕のいない; あき地〔あき家〕の.

tén·ant·ry [ténəntri] *n.* **1**《集合的》借地人, 借家人, 小作人. **2** =tenancy.

tench [tentʃ/tenʃ, tentʃ] *n.* (*pl.* **∼**, **∼·es**)〘魚〙コイの一種《ヨーロッパ産》.

‡tend[1] [tend] *vi.* **1** (…の方向へ) **向かう**, 向く, 行く, 至る《へ *to, towards*》: The coastline ∼*s* eastward here. 海岸線はここから東へ向かう. Prices are ∼*ing* upward. 物価は上昇している. **2 傾向がある**《への *to, towards*》; …しがちである《*to* (do)》: Old men ∼ *towards* conservatism. 老人は保守的傾向がある. Fruits ∼ *to* decay. くだものはとかく腐りがちだ. **3** 資する, 貢献する, 役立つ: Education ∼*s to* improve human relations. 教育は人間関係の改善に資する. [√tend-]

***tend**[2] *vt.* **1 の世話をする**, の維持〔番, 手入れ, 介抱〕をする: A nurse ∼*s* the sick. 看護婦は病人を看護する. ∼ a customer お客のサービスをする. ∼ a flock 羊の世話〔番〕をする. ∼ the flowers 草花の手入れをする. ∼ a bridge 〔tollgate〕橋〔通行料金徴収所〕の番人をする. ∼ a machine (油などをさして) 機械を維持する. **2**〘米〙に出席する.
—— *vi.* **1** 世話をする; 仕える, 給仕する《に *on, upon*》. **2** 注意する, 心を配る《に *to*》: *T*∼ *to* your own affairs. 自分の頭の上のハエを追え. ***∼ shop*** 店の番をする. [<at*tend*]
◇ **∼·ance** [-(ə)ns] *n.* 付き添い, 世話, 介抱;〘古〙《集合的》従者 (=attendants).

ten·dén·cious =tendentious.

‡ténd·en·cy [téndənsi] *n.* **1** 傾向, 風潮, 趨勢(すうせい)《*to*; *towards*; *to* (do)》: a ∼ *to* corpulency 肥満の傾向. **2** 癖, 性癖, 性向《*to, towards*; *to* (do)》: a ∼ *to* talk too much よくおしゃべりをする性向. **3**《話·物語などの》趣向, 趣旨. → 動詞 tend[1]. [√tend-]

ten·dén·tious [tendénʃəs] *a.* 傾向を示す; 目的のある; 《文·発言など》底意〔意図〕のある, 偏向した.
◇ **∼·ly** *ad.* **∼·ness** *n.*

‡tén·der[1] [téndər] *a.* **1 柔らかい**: ∼ meat 柔らかい肉. **2**《色彩·光など》柔らかな, 弱い: ∼ colors. **3** 幼弱な, 未熟な: ∼ buds 若芽. **4** もろい, こわれ〔いたみ, 傷つき〕やすい: ∼ blossoms 霜にやられやすい花. **5** 綿密な注意を要する, 扱いにくい: a ∼ subject デリケートな問題. **6** 感じやすい, 敏感な, 思いやりのある: a ∼ heart 感じやすい〔優しい〕心. **7** 愛情をこめた, 柔和な: a ∼ smile 優しい微笑. **8** 用心する, 気づかう; 《与えるのを》惜しむ《*of, for*》: be ∼ of one's praise なかなか人をほめない. **9**〘海〙傾きやすい. ***be ∼ for*** a person's honor (人の体面)を考慮する〔気にする〕. ***be ∼ of*** (do)***ing*** …しないように気をつける: *be* ∼ *of* hurt*ing* another's feelings 他人の感情を傷つけないように用心する. ***grow ∼ of*** a person (人) が好きになる. ***of ∼ age*** 〔***years***〕幼少の, いとけない, 世慣れない.
—— *vt.* 柔らかくする.
—— *ad.* 優しく: Love me ∼. 優しく愛して.
∼ conscience 感じやすい良心. **∼ emotions** あわれみの心; 愛情. **∼·foot** [⊥—⊥] (*pl.* **∼·foots**, **∼·feet** [-fi:t]) (1)〘米俗〙新前, 青二才. (2) 初級《アメリカのボーイ〔ガール〕スカウトの階級》. **∼ green** 新緑. **∼-héart·ed** → 別項. **∼·loin** [⊥—⊥]〘米〙(1)《牛·豚の腰の部分の》柔らかい肉. (2) (Tenderloin)《ニューヨークなど大都会の》盛り場, 歓楽街 (=the Tenderloin district). **∼ passion** 〔**sentiment**〕恋愛; 愛情. **∼ spot** さわると痛いところ; 弱点. ◇ **‡∼·ly** *ad.* ***∼·ness** *n.*
〔類〕→ **soft**「やわらかな」

ténd·er[2] *n.* **1** 世話人, 看護人; 番人, 見張り人, 監督. **2**《親船の》付属船, はしけ. **3**《機関車の》炭水車; 《棒ぞうきんなどに取り付けた》小給水器. ***aircraft ∼*** 航空母艦. [<tend[2]]

‡tén·der[3] *vt.* **1 差し向ける, 差し出す**; 提供する, 申し出る: ∼ a person a reception 人のために歓迎会を開く. ∼ one's apologies 〔thanks〕わび〔礼〕を言う. **2**〘法〙《債務の弁済·義務の履行のため金銭などを》支払う: ∼ the amount of debt 借金の支払いを申し出る. —— *vi.*〘商〙入札する《に *for*》.
—— *n.* **1** 提供, 申し出; 提供物: accept a ∼ 申し出を受諾する. **2** 弁済〔賠償〕金; 弁済〔賠償〕の提供. **3** 法貨: legal ∼ 法定貨幣. **4**〘商〙入札: make a ∼ for …の入札をする. [√tend-]

tén·der-héart·ed [téndərhá:rtid] *a.* 心の優しい, 情けぶかい, 感じやすい. ◇ **∼·ly** *ad.* **∼·ness** *n.*

tèn·der·óm·e·ter [tèndərámitər/-rɔ́m-] *n.*《野菜などの》成熟度測定器.

tén·don [téndən] *n.*〘医〙腱(けん) (sinew). ***∼ of Achilles*** アキレス腱. ◇ **tén·di·nous** [-dinəs] *a.* 腱の (ような); 腱から成る; 腱質の.

tén·dril [téndril] *n.*〘植〙巻きひげ, つる; 巻きひげ〔つる〕状の物. ◇ **∼·lar** [-ər] *a.*

ten·e·brae [ténibrì:/⊥——] L. *n. pl.*〘カトリック〙テネブレ《復活祭前週の木·金·土曜日に行なわれるキリスト受難記念のおつとめ》.

tén·e·brous [ténibrəs] *a.* 暗い, 陰気な.

tén·e·ment [ténimənt] *n.* **1**〘法〙借地, 借家; 保有財産. **2** 住宅, 建物. **3** =∼ house. ***the soul's ∼***〘雅〙肉体. [√ten-]
∼ house〘米〙《貧しい人々の住む》アパート, 共同住宅. ◇ **tèn·e·mén·tal** [⊥—méntl], **tèn·e·mén·ta·ry** [⊥—méntəri] *a.*

te·nés·mus [tinézməs] *n.*〘医〙渋り (便).

tén·et [ténit, tí:nit] *n.*《個人·学派などの》主義, 信条, 教義. [√ten-]

Tenn. Tennessee.

tén·ner [ténər] *n.* 〖米話〗10ドル紙幣; 〖英話〗10ポンド紙幣.

Tèn·nes·sée [tènəsíː, ㊍⁺ˊ－ˋ] *n.* テネシー〘アメリカ南東部の州. 州都 Nashville. 略 Tenn.〙.
～ [㊍ˊ－ˋ] **Valley Authority** テネシー川流域開発公団〘1933年に発足したテネシー川流域の発電・用水・治水などを営むアメリカの政府事業. 略 TVA〙.
◇ ～**·an** [ˋ－ˊən] *a., n.* テネシー州生まれの〔に住む〕(人).

†**tén·nis** [ténis] *n.* **テニス**, 庭球: play ～ テニスをする. ～ **ball** テニスボール. ～ **court** テニスコート. ～ **racket** テニス用ラケット. ～ **shoes** 運動ぐつ.

Tén·ny·son [ténisn] *n.* Alfred ～, 1809–92, イギリスの桂冠(けいかん)詩人.

Tèn·ny·só·ni·an [tènisóuniən] *a.* Tennysonの, Tennyson 風の. —— *n.* Tennyson 研究家.

tén·on [ténən] *n.* 〖木工〗ほぞ. → mortise.
—— *vt.* にほぞをつくる; ほぞで継ぐ.

tén·or¹ [ténər] *n.* 《通例単数で用い定冠詞をつける》 **1** 方向, 傾向; 方針, 目当て, 進んでいく道. **2** 大意, 趣旨. **3** 〖古〗性格, 性質, 状態. [√ten-]
◇ ～**·less** *a.* 趣意のない.

tén·or² *n.* 〖楽〗テナー, テノール, 次中音; テナー声部; テナー歌手; 〘viola などの〙テナー楽器.
—— *a.* 〖楽〗テナーの.
◇ ～**·ist** *n.* テナー歌手.

te·nót·o·my [tinátəmi/-nɔ́t-] *n.* 〖医〗〘外科の〙腱(けん)を切る術.

tén·pins [ténpinz] *n. pl.* 《単数扱い》ボーリングの一種〘英国の ninepins に相当〙.

***tense**¹ [tens] *a.* **1** **ぴんと張った**, たるみのない. **2** 張り詰めた, 緊張した; 〘緊張し過ぎて〙ぎごちない, 不自然な. **3** 〖音声〗張った〘おもに母音について用い, 舌などの筋肉の緊張している, の意〙. ⇔ lax.
—— *vt., vi.* ぴんと張る; 緊張させる〔する〕. [√tend-]
◇ ～**·ly** *ad.* ぴんと張って; 緊張して. ～**·ness** *n.*

‡**tense**² *n.* 〖文〗〘動詞の〙時制, 時称. → 枠付 Tense. (p. 1333)

tén·si·ble [ténsibl] *a.* 引き伸ばす〔張る〕ことのできる. [√tend-] ◇ ～**·ness** *n.* **-bly** *ad.* **tèn·si·bíl·i·ty** [tènsibíliti] *n.* 伸張性.

tén·sile [ténsl, -sil/-sail] *a.* 引き伸ばすことのできる, 張力の, 緊張の. [√tend-]
～ **strength** 〔**force**〕〖物〗引っ張りの強さ; 張力.
◇ **ten·síl·i·ty** [tensíliti] *n.* 張力; 伸張性.

ten·sím·e·ter [tensímitər] *n.* ガス圧力計.

tén·sion [ténʃ(ə)n] *n.* **1** 張り, 伸長: If you increase the ～ of the string it will break. もっと糸を張ると切れるだろう. **2** 《精神的な》緊張; (心の) 高ぶり, 興奮: A mother feels ～ when her baby is sick. 母親は子どもが病気になると気が張る. **3** 〘国際情勢などの〙緊張状態, 切迫: racial ～*s* in Africa アフリカにおける民族間の緊張状態. **4** 〖物〗張力; 〘気体の〙膨張力, 圧力: surface ～ 表面張力. vapor ～ 蒸気圧. **5** 〖電〗電圧: a high ～ current 高圧電流. **6** 〖機〗伸張力加減装置. ***ease the*** ～ 緊張を緩和する.
—— *vt.* 張り詰める, 緊張させる. [√tend-]
◇ ～**·al** *a.* ～**ed** *a.* 張り詰めた, 緊張した.

tén·si·ty [ténsiti] *n.* 張り, 緊張すること.

tén·sive [ténsiv] *a.* ぴんと張った, 緊張した.

tén·sor [ténsər] *n.* 〖医〗張筋; 〖数〗テンソル.
～ **analysis** 〖数〗テンソル解析.

‡**tent**¹ [tent] *n.* **1** **テント**, 天幕: pitch 〔strike, lower〕 a ～ テントを張る〔はずす〕. **2** テント状の物; 〘酸素吸入用〙密閉テント; 〖写〗携帯暗室. **3** 《比喩的》住居, 住家. ***pitch*** 〔***have***〕 **one's** ～ 住宅を定める〔置く〕.
—— *vt.* テントでおおう, テントに泊まらせる: All the honor guests were ～*ed*. 来賓はみなテントに入れられた. —— *vi.* テントに泊まる, 露営する. ～ ***it*** 露営する.
～ **barge** カンバスの日よけを張ったはしけ. ～ **bottom** テント用床板. ～ **caterpillar** 梅毛虫, 天幕虫. ～ **cloth** テント用布, カンバス. ～ **fly** テントの上に張るおおい. ～ **house** 幕舎. ～ **life** テント生活. ～**·màk·er** テントをつくる人. ～ **peg** 〔**pin**〕 テントの支持くい. ～ **pegging** 馬に乗って疾走中やりでテントのくいを抜き取るインドの競技. ～ **stitch** 天幕刺し〘斜めかがりの一種〙.
◇ ～**·ed** [-id] *a.* テントでおおわれた; テントの形をした. ～**·less** *a.* ～**·like** *a.*

tent² *n.* 〖医〗傷口にはさむガーゼ (のせん).
—— *vt.* 〈傷口に〉ガーゼをはさんであけておく.

tent³ *n.* 〘特に聖餐用〙濃い赤色の甘いブドウ酒.

tén·ta·cle [téntəkl] *n.* **1** 〖動〗下等動物の感覚器官, 触手, 触糸, 触角. **2** 〖植〗触糸, 触毛, 〘コケなどの〙繊毛. [√tempt-]
◇ ～**d** [-d] *a.* 触手〔触毛〕のある.

ten·tác·u·lar [tentǽkjulər] *a.* 触手 (状) の; tentacle のような (はたらきをする).

tén·ta·tive [téntətiv] *a.* **1** ためしの, 実験〔試験〕的な; 仮の: a ～ suggestion 試案. a ～ theory 仮説. **2** あやふやな; ためらいがちな. —— *n.* ためし, 試み; 試案; 仮説. [√tempt-]
◇ ～**·ly** *ad.* 試験的に; 仮に; ためらいながら.

tén·ter¹ [téntər] *n.* 布を張るわく, 幅出し機.
—— *vt.* 〈布を〉わくに張る. ～**·hook** →別項.

tén·ter² *n.* 〖英〗〘特に工場の〙機械係.

tén·ter·hook [téntərhùk] *n.* 布張りわくのかぎ〔くぎ〕. ***on*** ～***s*** やきもきして, 心配で.

†**tenth** [tenθ] *a.* **1** **第10の**, 10番めの. **2** 10分の 1 の: a ～ part 10分の 1. —— *n.* **1** 10番め, 第10. **2** 10分の 1: a 〔one〕 ～. **3** 〘月の〙10日. **4** 〖楽〗十度音程, 第十音. **5** 〖史〗十分の一税. **6** 〖空〗〘視界の〙雲量の単位〘全天の雲量を示すもの. 10分の 0 が快晴, 10分の 1 (雲量 1, one ～) が最も薄く, 10分の10 (雲量10, ten ～s) が最も濃い〙.
～**-rate** [ˊˋ] 最低の. ◇ ～**·ly** *ad.*

tén·u·is [ténjuis] *n.* (*pl.* **tén·u·es** [-iːz]) 〖音声〗無声破裂音〘[k, t, p]〙.

te·nú·i·ty [ten(j)úːiti, tin-/-njúː-] *n.* **1** 薄いこと; 〘空気などの〙希薄. **2** 〘証拠・論拠などの〙薄弱, 貧弱, 乏しいこと. **3** ひ弱さ, 細いこと. [√tenu-]

tén·u·ous [ténjuəs] *a.* 薄い, 細い, 希薄な; 弱い, 乏しい; 単純な; くだらない. [√tenu-]
◇ ～**·ly** *ad.* ～**·ness** *n.*

tén·ure [ténj(u)ər] *n.* **1** 〘土地・職などの〙保有; 保有権〔期間, 条件〕: common ～ 共同保有. The ～ of office of the President is four years. 大統領の在職期間は 4 年である. one's ～ of life 寿命. ～ for life 終身 (土地) 保有権. On what ～ does he hold the land? どんな条件で彼は土地を借りているのか. **2** 〘大学教授などの〙終身在職権. ***during*** **one's** ～ ***of office*** 在職中に. ***in*** (***the***) ～ ***of*** 〘土地などが〙の所有になって. ***military*** ～ 兵役を条件としての土地所有権. [√ten-]
◇ **ten·úr·i·al** [tenjú(ː)riəl/-njúər-] *a.* **ten·úr·i·al·ly** *ad.*

te·nú·to [tenúːtou] *a.* 〖楽〗音を十分に持続する. ↔ staccato. —— *n.* (*pl.* **-tos, -ti** [-tiː]) 持続符号.

té·pee [tíːpiː] *n.* ティピー〘毛皮でつくられたアメリカインディアンのテント小屋〙.

tép·e·fy [tépifai] *vt., vi.* なまぬるくする〔なる〕.
◇ **tèp·e·fác·tion** [ˋ－fǽkʃ(ə)n] *n.*

tép·id [tépid] *a.* **1** なまぬるい: ～ water ぬるま湯. **2** 煮え切らない, 熱のない, 中途半ぱな.
◇ ～**·ly** *ad.* ～**·ness** *n.* **te·píd·i·ty** [tipíditi] *n.*

ter- 「3 度」の意の連結形.

ter. terrace; territory.

tér·aph [térəf] *n.* (*pl.* **tér·a·phim** [térəfim]) 《単数扱い》古代ヘブライ人の家庭で祭った神像.

文法要説 ... (29)

Tense (時制)

動詞は語形変化によって,そのあらわす行為・状態の時間関係を示す. これを**時制** (tense) と称する. 英語には**現在時制** (present tense), **過去時制** (past tense), **未来時制** (future tense) の三つの**単純時制** (simple tense) が認められる. このうち未来時制は shall, will という助動詞を用いてつくられ, 動詞そのものの語形変化によらないから, 時制の一つと認めない文法家もある.

以上の3個には, それぞれ "have＋過去分詞" の形をとる完了形があり, **完了時制** (perfect tense) と称される. すなわち**現在完了時制** (present perfect tense), **過去完了時制** (past perfect tense), **未来完了時制** (future perfect tense) の三つがある. → 枠付 Perfect Tense.

単純時制・完了時制のそれぞれに, "be＋現在分詞" から成る**進行形** (progressive form) が存在する. これも時制の一種と見ることができ, ときに**拡充時制** (expanded tense) と呼ばれる.

完了時制と拡充時制は, 本質的には, 現在・過去・未来の三時制中にあって, 前者は「完了」の, 後者は「継続」の相 (aspect) を示すものである.

動詞の種々な時制の形態変化については → 枠付 Conjugation.

以下には直説法の時制の意味・用法について要点をしるす. 仮定法における形態ならびに意味・用法については → 枠付 Subjunctive Mood.

時制の意味・用法

1) 現在時制

a) 現在の事実

The house *is* full-packed this evening. 今夜は劇場は満員だ《現在の状態》. He *is painting* out in the garden. 彼は庭で絵をかいている《現在の行為》. He sometimes *paints*. 彼はときどき絵をかく《現在の習慣》. 〈注〉最後の例文におけるように, 繰り返される行為, 習慣をもあらわす.

b) 永続的な状態・真理

The Mississippi *is* one of the longest rivers in the world. ミシシッピは世界で最も長い川のうちの一つである. The earth *goes* (a)round the sun. 地球は太陽のまわりを回っている. Two and two *make(s)* four. 2＋2＝4.

c) 過去の事件の生き生きとした描写

Caesar now *crosses* the Rubicon. シーザーはいまやルビコンの川を渡る. 〈注〉これは**歴史的現在** (historical present) ないしは**劇的現在** (dramatic present) と呼ばれる用法.

d) 確実と感じられる未来の事柄に関して未来時制の代用

I *leave* [*am leaving*] next week. 来週出発します. 〈注〉この用法から出た "be going to (do)" は, 未来の時制の代用としてきわめて広く用いられる.

e)「時」「条件」を示す副詞節中で未来をあらわす

Let's wait until he *comes*. 彼が来るまで待とう. If she *comes* tomorrow, we will take her with us. 彼女があした来たら, いっしょに連れていってやろう.

2) 過去時制

a) 過去の事実

We *had* a very nice time last evening. ゆうべはとても楽しかった. He is no longer what he *was*. 彼はもはや昔の彼ではない. I *was drowsing* when you called me. あなたが呼んだとき私はうとうと眠っていました.

b) 過去の事実から恒常的真理を推察させる

Men *were* deceivers ever. (男は常に女をだましてきた→) 女をだますは男のならい.

3) 未来時制

a) 未来の予想・意志

What *will happen* fifty years from now? いまから50年後にどんなことが起こるだろうか. *Won't* you *have* another helping? もう一つ召し上がりませんか. When *shall* I *have* your answer? いつご返事がいただけましょうか. 〈注〉助動詞 shall, will による未来時制の詳細は → 枠付 shall, will の各項.

b) 現在に関する推測

That *will be* the Rockefeller Center. あれがロックフェラー センターの建物だろう.

〈注〉"will [shall] have＋過去分詞" (未来完了) は未来において完了しているか, 現在において完了している事柄, または過去の事柄についての推量: He *will have arrived* at his destination by tomorrow [this time]. 彼はあす [いまごろ] はもう目的地に着いているだろう.

時制の一致

従属名詞節のなかの動詞の時制は, 主節の動詞の時制との関係において考えられなければならない. 従属節の時制が主節の時制によって影響を被ることを, **時制の一致** (sequence of tenses) と呼ぶ.

1) 主節が現在時制

従属節にはあらゆる tense が可能である. 主節が現在完了時制のときもこれに準ずる:

I *believe* [*have learned*] that he *is* innocent. 私は彼が潔白だと信ずる [と知った]. I *believe* that his innocence *will be* proved. 彼の潔白が証明されると信ずる. I *believe* that he *was* innocent. 彼が潔白だったと信ずる. This *is* the book which I *bought* yesterday. これが私がきのう買った本です. I *believe* that he *has* not *done* it. 彼がそれをしたのではないと信ずる. I *believe* that he *had* already *left* the spot when it *happened*. そのことが起こったとき彼は既にその場を立ち去っていたと信ずる.

2) 主節の動詞が過去時制

従属名詞節中の動詞も全部過去または過去完了になる. 主節が過去完了時制のときもこれに準ずる:

I *believed* that he *was* innocent. 彼が潔白だと信じた《he *is* innocent という事態についての信念・情報》. I *believed* that his innocence *would be* proved. 私は彼の潔白が証明されることを信じた. → 枠付 Narration.

〈注〉ただし, 例外として次のばあいは主節の動詞の変化に応じて, 過去時制・過去完了時制に変えることはない:

(1) He *told* us that the earth *goes* (a)round the sun. 彼は私たちに, 地球が太陽のまわりを回るのだと話した《古今を通じての真理》.

(2) He *said* that Milton *was* born in 1608. 彼はミルトンは1608年の生まれだと言った《過去の歴史的事実》.

(3) He *said* that he *must* [*should*] go. 彼は行かなければならない [行くべきだ] と言った. 《助動詞 must および仮定法》 → 枠付 Narration および Subjunctive Mood.

tèr·a·tól·o·gy [tèrətáləd͡ʒi/-tɔ́l-] *n.* 〖生〗《動植物の》奇形学. ◇**-gist** *n.* **tèr·a·to·lóg·i·cal** [-təlád͡ʒik(ə)l/-lɔ́d͡ʒ-] *a.* 奇形学上の.

tér·bi·um [tə́:rbiəm] *n.* 〖化〗テルビウム《希土類金属元素. 化学記号 Tb》.

terce [tə:rs] ＝tierce.

tér·cel [tə́:rsl] *n.* 〖鳥〗雄のハヤブサ.

ter·cén·te·nàr·y [tə:rséntịnèri, tə̀:rsenténəri/tə̀:sentí:nəri] *a.* 300年(間)の. —— *n.* 300年; 300年祭〔記念〕.

tèr·cen·tén·ni·al [tə̀:rsenténiəl] ＝tercentenary.

tér·cet [tə́:rsit, ㊊⁺tə:rsét] *n.* 〖韻〗三行連句; 〖楽〗「三連音符.

tér·e·bene [térəbì:n] *n.* 〖化〗テレビン.

tér·e·binth [térəbìnθ] *n.* 〖植〗テレビンの木, トクノウコウ《テレビン油の採れるウルシ科の植物》. ***oil of*** ～ テレビン油.

tèr·e·bín·thine [tèrəbínθin/-θain] *a.* テレビンの木の; テレビン質の; テレビンの(ような).

te·ré·do [tərí:dou] *n.* (*pl.* **-dos, -di·nes** [-d(ị)nì:z]) 〖虫〗船食虫.

Tér·ence [térəns] *n.* テレンティウス (Terentius), 190?–159? B.C., ローマの喜劇作者.

tér·gal [tə́:rg(ə)l] *a.* 〖動〗背の, 背中の.

tér·gi·ver·sate [tə́:rd͡ʒivərsèit] *vi.* **1** ごまかしを言う, 言いのがれをする. **2** 急に態度を変える, よそよそしくなる. [√terg-＋√vert- 背中を＋向ける]
◇**-sa·tor** [-ər] *n.* **tèr·gi·ver·sá·tion** [∸−−séiʃ(ə)n] *n.*

‡term [tə:rm] *n.* **1 期間**; 任期; 学期; 《法廷などの》開廷期間; 〖法〗権利の存続期間: a long ～ of imprisonment 長期禁固. a ～ of office〔service〕任期. a ～ of two years 2年の任期. the spring〔fall〕～ 春〔秋〕の学期. **2**《義務・契約の》期限, (満了)期日; 出産日: children born at full ～ 月満ちて生まれた子どもたち. **3** (*pl.*)《契約・支払い・料金などの》**条件**; 要求額; 値段: the ～*s* of merger (会社)合併の条件. ～*s* of payment 支払条件. ～*s* for a stay at a hotel ホテルの滞在費. **4** (*pl.*) (親しい)間柄, (交際)関係: ～*s* of intimacy 親しい間柄. **5 ことば**(づかい), 語句; (専門)用語, 術語: accept a ～ in its literal sense 語を文字どおりに受け取る. contradiction in ～*s* ことばづかいの矛盾. an abstract ～ 抽象語. technical〔legal〕～*s* 専門〔法律〕用語. **6**〖論〗名辞《三段論法に用いられる主要な三つの概念のそれぞれ》: the major〔middle, minor〕～ 大〔中, 小〕名辞. **7**〖数〗項. **8**〖稀〗終わり, 終極: The ～ of their happiness was likewise the ～ of their life. 彼らの幸福の終わりはすなわち生活の終わりであった. **9** (*pl.*) 限界, 境界; 〖建〗《古代ローマの》境界柱. ***be in*** **～*s*** 交渉中, 相談中《と *with*》. ***bring*** a person ***to*** **～*s*** (人を)降参させる; 承知させる, 従わす. ***come to*** **～*s*** 妥協する, 話の折り合いがつく《と *with*》. ***eat*** one's **～*s*** 〖英〗弁護士になる修業をする. ***fill*** one's **～ *of life*** 天命を全うする. ***general*** **～**〖論〗一般名詞; 《裁判所》法官総出席の審判期間; 〖数〗公項, 普通項. ***get better*** **～*s*** 条件をもっとよくしてもらう. ***in any*** **～** どうあっても. ***in general***〔***plain set***〕**～*s*** 概括的〔平易, 月並み〕なことばで. ***in*** **～*s of*** (1) …のことばで, に特有の語で. (2) …によって; の見地から, の方面から, の点からみると: see the world *in* ～*s of* power relation 世間をすべて力関係でみる. Don't see all life *in* ～*s of* money. 人生をすべて金銭の見地からみるな. ***keep a*** **～** 1学期間出席する. ***keep*** **～*s*** 交渉を続ける《と *with*》. ***long*** **～**〖商〗長期. ***make*** **～*s*** 妥協する, 話がつく《と *with*》. ***not on any*** **～*s*** ＝ ***on no*** **～*s*** 決して…しない. ***on bad*** **～*s*** 不和で, 仲悪く《と *with*》. ***on calling***〔***visiting***〕**～*s*** 互いに往来する仲で《と *with*》. ***on equal***〔***even***〕**～*s*** 対等に《と *with*》. ***on good***〔***friendly***〕**～*s*** 仲の良い間柄で《と *with*》. ***on*** one's ***own*** **～*s*** こちらの(出した)条件で, 自分の言い値で. ***on speaking*** **～*s*** ことばをかわす程度の間柄で《と *with*》. ***on*** **～*s*** ＝ on good ～s. ***on writing*** **～*s*** 文通をする間柄で《と *with*》. ***sell on better*** **～*s*** もっとよい値で売る. ***set*** **～*s*** 条件をつける. **～ *of office***〔***service***〕→①. ***T～s cash.*** 現金払い. **～*s of reference*** 権限, 委任事項.
—— *vt.* 名づける, 称する, 呼ぶ. ***be justly*** **～*ed*** …と呼ぶのは正しい. ***be officially***〔***popularly***〕**～*ed*** 公式には〔俗に〕…と呼ばれる. **～** one***self***… …と名のる: He has no right to ～ *himself* a professor. 彼は自分を教授と名のる資格はない. [√termin-]
～ day 勘定日, 支払日. **～ insurance**《契約期間内に死んだばあいにだけ契約金の支払いを受けることができる》定期保険. **～ paper** 学期末リポート.
◇**～·less** *a.* **1** 縛られていない, 無条件の. **2** 限りのない, 果てしない, 尽きることのない.

tér·ma·gant [tə́:rməgənt] *n.* **1** 気の強い女, 口やかましい女, じゃじゃ馬. **2** (T～)《中世の宗教劇に出てくる》乱暴な回教神. —— *a.* 気の強い, 荒々しい; 騒がしい, 口やかましい. ◇**～·ly** *ad.* **-gan·cy** [-gənsi] *n.* 《女の》気性の強いこと, 口やかましさ.

térm·er [tə́:rmər] *n.* 服役中の囚人.

tér·mi·na·ble [tə́:rmịnəbl] *a.* 《一定期間に》終わることのできる; 期限の定められた, 期限つきの.
◇**～·ness** *n.* **tèr·mi·na·bíl·i·ty** [∸−−bíləti] *n.*

‡tér·mi·nal [tə́:rmịn(ə)l] *a.* **1 末端の**, 終わりの, 末の: the ～ part〔section〕末端部. **2** 終点の: a ～ station 終着駅. **3 毎期の**; 学期末の: ～ accounts 期末清算. a ～ fee 1学期分授業料. a ～ examination 学期末試験. **4** 境界の. **5**〖植〗頂生の. **6**《神経など》末梢(まっしょう)の. **7**〖論〗名辞の.
—— *n.* **1** はし, 末端. **2 ターミナル**, 終着駅, 総合乗換駅; 荷物の集荷・発送駅: a bus ～ バスの終点. → terminus. **3** 学期試験. **4**〖電〗電極, 端子, ターミナル; 〖生〗神経終末. **5**〖建〗先端装飾. [√termin-]
～ charge〔**rate**〕荷揚げ〔荷おろし〕料金. **～ figure**〖建〗胸神柱〔台〕. **～ leave**〖軍〗《除隊直前に与えられる》満期休暇. **～ voltage**〖電〗端子電圧. ◇**～·ly** *ad.* 終末に; 末端に; 期ごとに, 定期に; 学期末に.

tér·mi·nate [tə́:rmịnèit] *vt.* **1** 終結させる, 終わらせる, 打ち切る; の終わりをなす: ～ one's contract 契約を打ち切りにする. the word that ～*s* a sentence 文章の末尾語. **2** 境をなす, 限る: ～ a surface by a line 面を線で限る. —— *vi.* **1** 終わる, 終了する, やむ, 落着する《で *at, in, with*》: The meeting ～*d at* 10 o'clock. 会は10時に終わった. **2** なくなる, 尽きる. **3** 〈努力・語尾などが〉終わる《に *in*》: Many adverbs ～ *in* -ly. 多くの副詞は ly で終わる. **4** 期限が切れる: The contract ～*s* soon. その契約期限はまもなく切れる.
—— [-nit] *a.* **1** 有限の: a ～ decimal〖数〗有限小数. **2** 終止の. ↔ingressive. [√termin-]
類 → **end**「終わる」

tèr·mi·ná·tion [tə̀:rmịnéiʃ(ə)n] *n.* **1** 終わる〔終わらせる〕こと; 終わり, 終了, 終結; 満期; 廃止: the ～ of a journey 旅の終わり. the ～ of the war 終戦. **2** 末端, 末尾, 結び; 限界, 境界. **3** 結果, 結論. **4**〖文〗接尾辞, 語尾. ◇**～·al** *a.*

tér·mi·na·tive [-nèitiv/-nət-] *a.* 終わりの, 最後の; 決定的な. —— *n.* 〖文〗接尾辞.

tér·mi·na·tor [-nèitər] *n.* **1** 終わった人〔事, もの〕. **2**〖天〗月や星の明るい部分と暗い部分の境界線. ◇**-to·ry** [-nətɔ̀:ri/-təri] *a.* **1** ＝terminative. **2** ＝terminal.

tér·mi·ni [tə́:rmịnài] *n.* terminus の複数形.

tér·min·ism [tə́:rmịnìz(ə)m] *n.* **1**〖宗〗《神の定めた期間内に悔い改めなければ, 永遠に救われないとす

る」恩恵有期説. **2**〘哲〙名目論, 唯名論 (nominalism). ◇ **-nist** *n.*

tèr·mi·nól·o·gy [tə̀ːrmənɑ́lədʒi/-nɔ́l-] *n.* **1**《集合的》術語, 専門用語: the ～ of botany 植物学の術語. **2** 術語[専門用語]学; 用語法. [＜term] ◇ **tèr·mi·no·lóg·i·cal** [-nəlɑ́dʒik(ə)l/-lɔ́dʒ-] *a.* 術語学(上)の; 術語[用語](上)の: *terminological* inexactitude〘笑〙うそ, ことばの不正確.

tér·mi·nus [tə́ːrmənəs] *n.* (*pl.* **-ni** [-nài], **-nus·es**) **1**《鉄道の》終点, 終着駅 (terminal);〘英〙《鉄道・バスの》始発[終着]駅[都市] (=[米]terminal). **2** 終わったところ, 終わり, 末端; ゴール, 目的地. **3** 境界, 限界; 境界線のくい[石]. **4** (T～)〘ロ神〙境界をつかさどる神; その神の像. [√termin-]

ter·mi·nus ad quem [tə́ːrmənəs-æd-kwém] L. **1**《議論・政策などの》行き着くところ, 目標, 結末. **2**《証拠・推定による》最新年代.

ter·mi·nus a quo [-ei-kwóu] L. **1**《議論・政策などの》始まるところ, 出発点. **2**《証拠・推定による》最古年代.

tér·mite [tə́ːrmait] *n.*〘虫〙シロアリ (white ant).

térm·or [tə́ːrmər] *n.*〘法〙一定期間または終身土地を借りている人.

tern[1] [təːrn] *n.*〘鳥〙アジサシ《カモメ類》.

tern[2] *n.* **1** 三つ組み, 三つぞろい. **2** 3本組みの当たりくじ番号; その賞品. —— *a.* 三つで1組みの, 三つぞろいの (=ternate).

tér·na·ry [tə́ːrnəri] *a.* **1** 三つのものからできている; 3重の; 三つぞろいの. **2** 3番めの, 第3位の. **3**〘化〙三つの元素[原子]から成っている. **4**〘数〙三つの変数をもっている. —— *n.* 三つ1組みになっているもの.

tér·nate [tə́ːrnit, [米]⁺-neit] *a.* **1** 三つで1組みの, 三つぞろいの. **2**〘植〙おなじ部分から出ている3枚の: a ～ leaf 三出葉.

tér·pene [tə́ːrpiːn] *n.*〘化〙テルペン.

Terp·sích·o·re [təːrpsíkəri] *n.*〘ギ神〙歌と踊りをつかさどる女神《the Muses のひとり》.

tèrp·si·cho·ré·an [tə̀ːrpsikəríːən] *a.* **1** 踊りの[に関する]. **2** (T～) Terpsichore の[に関する]. —— *n.*〘話〙ダンサー, 踊り子.

terr. terrace; territory.

ter·ra [térə] L., It. *n.* 大地, 土地, 地面; 土. ～ ***al·ba*** [-ǽlbə] 白土《せっこう・パイプ粘土など》. ～ ***cot·ta*** [-kɑ́tə/-kɔ́tə] It. *n.* (1) テラコッタ, 赤土素焼き《工芸品・かわらなどに用いられる堅い赤かっ色の土器》; テラコッタの. (2) 赤かっ色(の). (3) テラコッタ工芸品. ～ ***fir·ma*** [-fə́ːrmə] L.《海・空に対して》陸地, 大陸, おか. ～ ***in·cog·ni·ta*** [-inkɑ́gnitə/-kɔ́g-] L. (*pl.* ***ter·rae in·cog·ni·tae*** [-tìː]) まだ知られていない土地[国, 世界]; 未知の領域.

‡tér·race [téris, -rəs/-rəs] *n.* **1** 段地《傾斜地を階段状に切り開いた》; 段庭; ごくゆるい階段状広場;〘地〙海岸[河岸]段丘. **2**《道路よりいちだんと高くなった》高台の住宅地, 台町: 6 Olympic T～, Glasgow グラスゴー市オリンピック台町6号. **3**《斜面の頂上, 中腹の》見晴らし路, 堤道. **4** 台地(状丘陵). **5**《家に接して斜面に突き出た》露台. **6**《家に接して食事やくつろぐための, 石を張った》テラス. **7**《暑気を避けるための柱廊の》平屋根. **8**《パテで埋められた》大理石のきず.

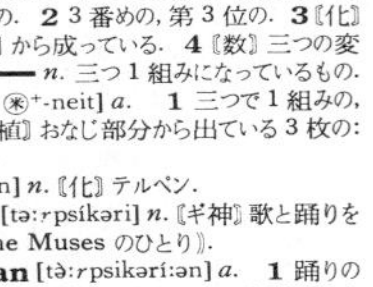

terrace ①

—— *vt.* **1** ～状にする: ～*d* fields 段々畑. **2** に露台を付ける: a ～*d* house テラス付き家. —— *vi.* 重層する. [√terr-] ～ **culture** 階段耕作.
◇ **～·wise** [-wàiz] *ad.* テラス状[風]に.

ter·ráin [teréin, térein] *n.* **1** 地域, 土地の広がり. **2**〘軍〙地勢, 地形. **3**〘地〙=terrane. [√terr-]

tèr·ra·mý·cin [tèrəmáisin] *n.*〘薬〙《抗生物質の一種》テラマイシン.

ter·ráne [teréin, térein] *n.*〘地〙地層, 岩の重なり, 岩の層.

tér·ra·pin [térəpin] *n.*〘動〙食用カメ《北アメリカ淡水産》.

ter·rá·que·ous [teréikwiəs] *a.* 陸地と水から成っている.

ter·rár·i·um [teré(ː)riəm/-réər-] *n.* (*pl.* **-ums**, **-a** [-riə]) 陸にすむ動物の飼養場; 植物を育てるガラス器. → aquarium. [√terr-]

ter·raz·zo [terɑ́ːtsou] It. *n.*《大理石などの破片がちりばめてある》とぎ出しセメントの床.

ter·réne [teríːn/tériːn, təríːn] *a.* **1** この世の, 現世の, 世俗的な. **2** 地球の; 土の, 土でできた, 土質の. —— *n.* 地球; 地域, 地区, 領土. [√terr-]

térre·plein [téərplèin] *n.*《城壁・とりでの上の》大砲を置く平らな場所.

ter·rés·tri·al [təréstriəl] *a.* **1** 地球(上)の; 地上の. → celestial. **2** 陸(上)の: the ～ parts of the world 世界の陸地部分. → aquatic. **3**《生物が》陸棲(りくせい)の: ～ plants. **4** この世の, 現世の, 俗界の: ～ interests [aims] 名利心. —— *n.* 地球上の住人[生物, 人間]. [√terr-]
～ **globe** [**ball**] 地球; 地球儀. ～ **heat** 地熱. ～ **magnetism** 地磁気. ～ **telescope** 地上望遠鏡. → astronomical telescope.
◇ **～·ism** *n.* 俗界の生活(で満足すること). **～·ize** *vt.* 現世的にする. **～·ly** *ad.*

tér·ret [térit] *n.*《鞍の》手綱を通すための輪.

‡tér·ri·ble [térəbl] *a.* **1** 恐ろしい, ぞっとさせるような, ものすごい: a ～ crime 恐ろしい犯罪. a ～ sight ぞっとするような光景. **2** きびしい, 困った: a ～ winter きびしい冬. **3**〘話〙ひどい, とんでもない, へたな: He is in a ～ hurry. 彼はひどく急いでいる. His performance is ～. 彼の演技はひどいものだ. → fearful, frightful, appalling.
—— *ad.*〘話〙ひどく, 非常に: in a ～ bad way たいへん困って. [√ter(r)-] ◇ **～·ness** *n.*

‡tér·ri·bly [térəbli] *ad.* **1** 恐ろしく, ものすごく: be ～ shocked 恐ろしくショックを受けている. **2**〘話〙ひどく, 非常に, たいそう: It's ～ cold.

tér·ri·er[1] [tériər] *n.* テリヤ《狩猟[愛がん]犬》;〘英話〙国防義勇兵.

tér·ri·er[2] *n.* 土地台帳.

***ter·ríf·ic** [tərífik] *a.* **1** 恐ろしい, こわい; すさまじい. **2**〘話〙すごい, たいへんな; すばらしい: at ～ speed すごいスピードで. [√ter(r)-+√fac-] ◇ **-i·cal·ly** [-(ə)li] *ad.*

‡tér·ri·fy [térəfài] *vt.* こわがらせる, びっくりさせる, 驚かす. ***be ～ied at*** [***with***] …にびっくりする, …にたまげる. ***be ～ied out of*** one's ***senses*** 肝をつぶす. ～ a person ***into*** (人を)おどかして…させる. [√ter(r)-+√fac-] ◇ **～·ing** *a.* 人を～するような. **～·ing·ly** *ad.* [類] → **afraid**「おそれて」

ter·rine [teríːn] F. *n.*《料理を詰めて売る》陶器のつぼ; つぼにはいった食べ物.

tèr·ri·tó·ri·al [tèrətɔ́ːriəl/-tɔ́ːr-] *a.* **1** 領土の: ～ expansion 領土拡張. **2** 土地の, 土地を有する: ～ property 土地不動産. **3** 地域的な, 地方的な. **4**〘軍〙地方守備の. **5** (T～)〘米〙准州の.
—— *n.* (T～)〘英〙国防義勇軍の兵士.
～ **air** 領空. **T～ Army** [**Force**]〘英〙国防義勇軍. ～ **principle** 属地主義《国際私法》. ～ **waters** 領海.
◇ **～·ism** *n.* **1**《カトリック教会における》地方主義, 地区教会の権力を認める制度. **2** 地主による土地支配制度. **～·ly** *ad.* 領土的に; 地域的に.

‡tér·ri·to·ry [térətɔ̀ːri/-t(ə)ri] *n.* **1**《一国の領海をも含めての》領土, 領地, 版図: a Portuguese ～ in Africa アフリカのポルトガル領. the ex-Japanese

〜日本の旧領土. **2**《主権の有無を考えず》広大な土地; 地域, 地方: Much 〜 in Africa is desert. アフリカでは広大な土地が砂ばくをなしている. **3** なわ張り, 活動範囲;《科学などの》領域, 分野;《販売人などの》受け持ち区域;〔運〕《各チームに属する》競技場の半分: the 〜 of biochemistry 生化学の分野. **4** (T〜)〔米〕《一州を成していない領土》准州; (T〜)《カナダ・オーストラリアの》准州: Until 1959 Hawaii was a *T*〜, not a State. 1959年までハワイはアメリカの准州で州ではなかった. ***leased*** **〜** 租借地. [√terr-]

‡**tér·ror** [térər] *n.* **1** 恐怖(心), 驚き: look up with 〜 こわごわ見上げる. 〈注〉その経験をさせば可算名詞 (a terror, terrors) となる. **2** 恐怖のたね; 恐ろしい人〔物〕: This added to our 〜*s*. これで恐ろしいものがまたふえた. the 〜*s* of the storm あらしが及ぼす危害. **3**〔話〕手に負えない人: This child is a perfect 〜. この子は全く手に負えない. ***be a*** **〜** ***to*** に恐れられる. ***have a*** (***holy***) **〜** ***of*** をひどく恐れる: *have a* 〜 *of* fire 火をとてもこわがる. Now he *had a* 〜 *of* meeting the man. 彼はその男と会うのをひどく恐れるようになった. ***in*** **〜** びっくりぎょうてんして, 恐れて. ***in*** **〜** ***of one's life*** 死ぬのではないかと恐れる. ***novel*** 〔***romance***〕 ***of*** **〜** 恐怖小説. ***strike*** **〜** ***into*** a person***'s heart*** (人)を恐れさせる, (人)のどぎもを抜く. ***the king of*** **〜*s*** 〔聖〕死, 死に神《ヨブ記 18:14》. ***the Reign of T*〜** =***the*** (***Red***) ***T*〜**〔史〕《フランス革命中1793年5月から1794年7月までの》恐怖時代. ***the White T*〜**〔史〕白色テロ《1795年革命派に加えた王党員の猛烈な報復》. [√ter(r)-]

〜-gìv·ing 〔**-in·spìr·ing, -stìr·ring, -strìk·ing**〕 恐ろしい. **〜-rìd·den** 〔**-rìv·en, -shàk·en, -smìt·ten, -strìck·en, -struck** [ˊ––ˋ]〕 恐怖におののいた〔おびえた〕.

tér·ror·ism [térərìz(ə)m] *n.* 恐怖政治; テロ行為〔手段〕; 恐怖状態.

tér·ror·ist [térərist] *n.* テロリスト, 暴力(革命)主義者;《特に》ロシア革命の無政府主義者; フランス革命の Jacobin 党員. ◇ **tèr·ror·ís·tic** [ˋ–rístik] *a.* テロリストの, 暴力革命の.

tér·ror·ize [térəràiz] *vt.* おどす, 恐れさせる; 弾圧する, に恐怖政治を行なう. ◇ **tèr·ror·i·zá·tion** [tèrərizéiʃ(ə)n, -raiz-] *n.* テロ手段による抑圧〔弾圧〕.

tér·ry [téri] *n.* テリ織り (=〜 cloth)《タオルのように毛羽を輪にして織り出した厚地の織物》.
〜 velvet 毛羽を切ってないビロード.

terse [tə:rs] *a.*《表現・文体などが》簡潔な, きびきびした, 手短で巧みな. [√terg-]
◇ **〜·ly** *ad.* **〜·ness** *n.*

terti- 3の意の語形成要素.

tér·tial [tə́:rʃəl] *a.*〔鳥〕《風切り羽が》第三列の. —— *n.* 第三列風切り羽 (=〜 feather).

tér·tian [tə́:rʃ(ə)n] *a.*〔医〕《熱・悪寒(おかん)が》1日おきに〔3日めごとに〕起こる. —— *n.*〔医〕三日熱.

tér·ti·ar·y [tə́:rʃièri, -ʃəri/-ʃəri] *a.*, *n.* **1** 第3(の), 3番め(の), 第3位(の); 第3期(の). **2** (T〜)〔地〕第三紀(の). **3**〔鳥〕三列風切り羽(の). **4**〔宗〕第三会員(の). **5**〔文〕三次語(の).

ter·ti·um quid [tə́:rʃiəm-kwíd/-tjəm-, -ʃiəm-] L. 2者の中間にあるもの, 第3のもの; どちらともつかない〔あいまいな〕もの.

ter·ti·us [tə́:rʃiəs] L. *a.*《学校・学級でおなじ名の3人中》3番めの, (3人のうちで)いちばん若い. **〜 *gau·dens*** [-gɔ́:denz] 漁夫の利を得る第三者.

ter·za ri·ma [téərtsə-rí:mə/tə́:tsə-] It. イタリア三韻句法《Dante の「神曲」の詩形》.

ter·zét·to [teərtsétou/tə:ts-, teəts-] *n.* (*pl.* **-tos, -ti** [-ti:], **ter·zéts** [-tséts])〔楽〕三重唱〔奏〕(曲). [<It.]

Té·shu Lá·ma [téiʃu:-lá:mə] *n.* タシラマ《ラマ教の副教主》.

Tés·la [téslə-] *n.* Nikola [níkoulə-] 〜, 1856–1943, アメリカの発明家. **〜 coil** テスラコイル《高周波交流を生じる感応コイルの一種》.

tés·sel·late [tésilèit] *vt.* 〈床などを〉切りはめ細工にする, 碁盤の目式にする, モザイク(模様)にする. —— *a.* =tessellated.
◇ **-lat·ed** [-id] *a.* 碁盤の目のような, モザイク(模様)の. **tès·sel·lá·tion** [ˋ–léiʃ(ə)n] *n.* 切りはめ〔はめ石〕細工; 碁盤目組み; モザイク模様.

tés·ser·a [tésərə] *n.* (*pl.* **-rae** [-rì:]) **1**《モザイク用》四角片の大理石〔象げ, ガラスなど〕. **2**《古代ローマで用いられた》骨・象げ・木などの切符〔札〕.

tes·si·tu·ra [tèsitú(:)rə/-túər-] L. *n.* 〔楽〕音域, 声域.

‡**test**[1] [test] *n.* **1** テスト, 試験, 検査, 考査: strength 〔bending〕〜 強度〔曲げ〕試験. a 〜 in arithmetic 算数の試験. a 〜 for color blindness 色盲検査. **2** 試練; ためすもの, 試金石: methods that have stood the 〜 of time 時の試練を耐えた方法. Adversity is a 〜 of character. 逆境は人格の試金石となる. **3**〔化〕《有無の》検出試験, 分析; 試薬: a 〜 for carbon dioxide 炭酸ガスの検出試験. **4**〔冶〕試験用灰ざら, 分析用炉床. **5** =〜 match. **6** (T〜)〔英史〕就任宣誓.
achievement **〜** アチーブメントテスト. ***aptitude*** **〜** 適性考査. ***by all*** **〜*s*** どの点からみても. ***efficiency*** **〜** 性能検査. ***give a*** **〜** (***in***) (の)試験〔検査〕をする. ***intelligence*** **〜** 知能テスト. ***oral*** **〜** 口頭試験, 面接試問. ***put to a*** **〜** 試験する. ***stand*** 〔***bear, pass***〕 ***the*** **〜** 試験〔試練〕に耐える. ***take the T*〜** Test Act により宣誓する. ***undergo a*** **〜** テストを受ける.
—— *vt.* **1** 〈純度・性能・程度などを〉**検査する**, テストする, 調べる: 〜 gold and silver 金や銀の純度を調べる. 〜 a machine 機械の性能を調べる. 〜 a nuclear bomb 原爆(の性能)実験をする. 〜 a person's eyesight 視力(の程度)を調べる. 〜 a person's honesty 〔intelligence〕正直さ〔知力〕の程度を調べる. **2** の人格〔信頼度〕を確かめる: You have been sufficiently 〜*ed*. きみの人格は十分に確かめられた. 〈注〉日本語の「彼を試験する」の多くは *test* his intelligence 〔knowledge, achievement〕のことである. **3**〔化〕《試薬で》検出〔試験〕する. —— *vi.* **1** テストを受ける. **2** テストによって評価が決まる. **〜 *for*** のテストをする. **〜*ing machine*** 材料(強度)試験機. **〜*ing stand*** 試験台. **〜 *out*** 〈理論などを〉実地に試みる. [√test-]
T〜 Act〔英史〕宣誓条例《イギリスの議員・官吏は国教徒に限ることを規定した条例. 1672–1828》.
〜 ban《核保有国内の》空中核実験禁止協定.
〜 case (1) テストケース, 初めての試み; 前例となるもの《訴訟など》. (2)〔米〕条例が合憲性の判決を受けるための党派同意による処置. **〜-fire** [ˊˋ] *vt.* 試射する. **〜-fly** [ˊˋ] *vt.* 試験飛行する. **〜 glass**〔化〕試験杯. **〜 match** 国際(クリケット)優勝戦.
〜 paper (1) 試験問題〔答案〕用紙. (2)(化学の)試験紙. **〜 pattern** テストパターン《テレビの映像調節用》. **〜 pilot** テストパイロット, 新型機試験飛行士. **〜 plate**《偏光顕微鏡用》検板, 検光板.
〜 tube 試験管. **〜-tube** [ˊˋ] 試験管でつくりだした; 人工授精の. **〜 types** 視力検査表. **〜 working** 〔**run**〕試運転《機械の》.
◇ **〜·a·ble** *a.* **〜·er** *n.* 試験〔検査〕をする人; 試験〔検査〕装置, テスター.

(類義語) **試験する: test** 物や人が基準に合致するか, 使用に耐えられるかなどを調べる. 人格・品質・性能を検査する. **examine** 判断の資料として内容を詳しく調べる: *examine* a theory 理論を検討する. **try** 日本語の「ためす」に当たる. ためしに(能力の限界まで) test してみるばあいと, ためしに使用してみるばあいとがある: *try* one's strength

力をためす. Will you *try* this instant coffee? このインスタント コーヒーを試飲してみませんか.

test² *n.* 〖動〗《軟体動物などの》殻(から), 甲ら; 〖植〗 種皮.

Test. Testament.

tés·ta [téstə] *n.* (*pl.* **-tae** [-tiː]) 〖植〗 種皮.

tes·tá·cean [testéiʃ(ə)n] *n., a.* 〖動〗 有殻(ゆうかく)類(の).

tes·tá·ceous [-ʃəs] *a.* 殻(から)のある, 殻のような; 《動植物が》赤れんが色の, 黄かっ色の.

tés·ta·cy [téstəsi] *n.* 〖法〗 遺言(状)のあること.

tés·ta·ment** [téstəmənt] *n.* **1** 遺言(状): a person's last will and ～ (死後財産処分に関する)遺言(状). **2** (神と人との) 契約, 聖約. **3** (T～) 聖約書; 〖話〗 新約聖書. ***the Old [***New***] ***T～*** 旧約〔新約〕聖書. [√test-]

tès·ta·mén·ta·ry [tèstəmént(ə)ri] *a.* 遺言(状)の; 遺言状による; 遺言状に述べられた; 旧〔新〕約聖書の. ◇ **-ri·ly** *ad.*

tes·tá·mur [testéimər] *n.* 《イギリスの大学の》 試験合格証明書.

tés·tate [tésteit/-t(e)it] *a., n.* 〖法〗 遺言(状)をのこして死んだ(人): die ～ 遺言状をのこして死ぬ.

◇ **tés·ta·tor** [tésteitər, ―⁄―/―⁄―] *n.* (*fem.* **tes·tá·trix** [testéitriks], *fem. pl.* **-tri·ces** [-trisiːz]) 遺言者.

test·ée [testíː] *n.* 受験者.

tést·er¹ [téstər] *n.* 《寝台などの》 天蓋(てんがい).

tést·er² *n.* 《Henry Ⅷ のころの》 古いイギリス銀貨; 〖古・笑〗 6 ペンス.

tést·er³ → test¹.

tés·tes [téstiːz] *n.* testis の複数形.

tés·ti·cle [téstikl] *n.* 〖医〗 睾丸(こうがん) (testis).

‡tés·ti·fy [téstifài] *vi.* **1** 証明する, 立証する《を *to*》: ～ *to* a fact 事実を証明する. **2** 《法廷で宣誓のもとに》 証言する, 証人となる: ～ before court 法廷で証言する. —— *vt.* **1** 証明する, 立証する: ～ a person's honesty 人が正直であることを証明する. **2** 表明する: ～ one's regret 遺憾の意を表する. **3** 〈事物が〉証拠となる: Her tears ～*ied* her grief. 涙で彼女の悲しみがわかった. ～ ***against*** に不利な証言をする. [√test-]

◇ **-fi·er** [-ər] *n.* 証言する人, 証人.

tès·ti·mó·ni·al [tèstimóuniəl, -njəl] *n.* **1** 《人物・技能などの》 証明書, 推薦状. **2** 表彰状, 感謝状, 賞状; 《感謝・功労表彰の》 贈り物, 記念品.

—— *a.* 証明書の; 感謝の, ほうびの.

tès·ti·mó·ni·al·ize [-àiz] *vt.* に感謝状〔記念品〕を贈る.

‡tést·i·mo·ny [téstimòuni/-məni] *n.* **1** 《法廷での》(宣誓) 証言: A witness gave ～ that Mr. Smith was at home at 9 p.m. 証人はスミス氏は午後 9 時には家にいたと証言した. give false ～ 偽証する. **2** 《専門家などの》 報告, 声明: According to the ～ of the medical profession, the health of the nation is improving. 医学者たちの報告によれば国民の健康は改善されているという. **3** 証拠, しるし, あらわれ: The pupils presented their teacher with a watch in ～ of their respect and affection. 生徒たちは尊敬と愛情のしるしとして先生にとけいを贈った. **4** 〖古〗 抗議(書) 《*against*》. **5** 〖宗〗 信仰声明; (*pl.*) 神のおきて《聖書や十誡など》. ***bear*** ～ 証言する; 立証する《を *to*》; 抗議する《に *against*》: I can bear ～ *to* his good character. 彼がりっぱな人物だということを私は立証できる. ***be a*** ～ ***to*** の証拠である: His poverty *is a* ～ *to* his innocence. 貧しいということが彼の潔白の証拠だ. ***call*** a person 〔god〕 ***in*** ～ (人を) 証人に立たせる; (神に) 照覧を請う: Those people were *called in* ～. それらの人たちが証人に立たされた. ***give*** ～ ***against*** に不利な証言を与える. → ～①. ***give*** ～ ***to*** の証拠を与える. ***in*** ～ ***of*** の証拠に, …のしるしに. ***produce*** ～ ***to*** 〔***of***〕 の証拠を提出する. [√test-]

〖類〗 → **proof**「証拠」

tés·tis [téstis] *n.* (*pl.* **-tes** [-tiːz]) ＝testicle.

tes·tós·ter·one [testástəròun/-tɔ́s-] *n.* 〖化〗 テストステロン 《男性ホルモンの一種》.

tes·tú·di·nal [test(j)úːdin(ə)l/-tjúː-] *a.* カメの甲らの.

tes·tú·di·nate [test(j)úːd(i)nèit, -nit/-tjúːdinit] *a.* カメの甲らの形をした. —— *n.* 〖動〗 カメ (turtle).

tes·tú·do [test(j)úːdou/-tjúː-] *n.* (*pl.* **-dos, -di·nes** [-d(i)niːz]) **1** 〖古ローマ〗《城を攻めるときの》カメの甲型大盾(たて) 〔掩蓋(えんがい)〕. **2** 《坑夫などの》 作業盾. **3** 〖動〗 イシガメ属.

tés·ty [tésti] *a.* 気短な, おこりっぽい, かんしゃくもちの.

◇ **tés·ti·ly** *ad.* **tés·ti·ness** *n.*

te·tán·ic [titǽnik] *a.* 〖医〗 破傷風(性)の, けいれん(性)の. —— *n.* 〖薬〗 けいれん誘起剤.

◇ **-i·cal·ly** *ad.*

tét·a·nus [tét(ə)nəs] *n.* 〖医〗 破傷風(菌); 《筋肉の》 強直けいれん.

tetched [tetʃt] *a.* 頭が少しおかしい, いかれた.

tétch·y [tétʃi] *a.* おこりっぽい, 扱いにくい.

◇ **-i·ly** *ad.* **-i·ness** *n.*

tête-à-tête [téitətéit/téitɑːt-] F. *ad.* 差し向かいで; ふたりきりで; 内密に: I dined ～ with the Prime Minister. 私は首相とふたりきりで食事をした.

—— *a.* 差し向かいの; ふたりきりの; 内密の: a ～ dinner 差し向かいの晩餐(ばんさん).

—— *n.* **1** 差し向かいのふたり. **2** 密談; 対談; 打ち解けた話. **3** (S 字形の) ふたり用いす. ***have a*** ～ 差し向かいで話す《と *with*》: *have a* nice little ～ 〈恋人どうしが〉むつまじい話をする.

～ **set** ふたり用茶器; めおと茶わん.

téth·er [téðər] *n.* **1** 《牛馬用の》 つなぎ鎖, つなぎなわ. **2** 限界, 極限; 範囲. **3** きずな. ***at the end of*** one***'s*** ～ 行き詰まって, 窮して, 方策が尽きて. ***beyond*** one***'s*** ～ 権限外で; 力の及ばない. ***the matrimonial*** ～ 〖俗〗 夫婦の縁. —— *vt.* **1** 《鎖・なわなどで》 つなぐ: a horse ～*ed* to a post くいにつなぎなわでつないだ馬. **2** 束縛する, 拘束する.

tetra-「4」の意の語形成要素《母音の前では tetr-》.

tét·ra·chord [tétrəkɔ̀ːrd] *n.* 〖楽〗 四音音階.

◇ **tèt·ra·chór·dal** *a.*

tét·rad [tétræd] *n.* **1** 4 の数; 4 個; 四つ一組み. **2** 〖生〗 四分染色体. **3** 〖化〗 四価元素.

tèt·ra·éth·yl [tètrəéθil] *a.* 〖化〗 四エチル鉛の.

～ **lead** [-led] 〖化〗 テトラエチル鉛《燃えやすい無色の液体》.

tét·ra·gon [tétrəgàn/-gən] *n.* 〖数〗 四角〔四辺〕形: a regular ～ 正四辺形.

te·trág·o·nal [tetrǽgən(ə)l] *a.* 四角〔四辺〕形の.

◇ ～**ly** *ad.*

tèt·ra·hé·dral [tètrəhíːdrəl/tétrəhéd-] *a.* 四つの面をもつ; 四面体の. ◇ ～**ly** *ad.*

tèt·ra·hé·dron [tètrəhíːdrən/tétrəhéd-] *n.* (*pl.* **-drons, -ra** [-drə]) 〖数〗 四面体.

te·trál·o·gy [tetrǽlədʒi] *n.* **1** 《劇・小説などの》 4 部作. **2** 〖古ギリシア〗《三つの悲劇と一つの風刺劇からなる》4 部劇.

te·trám·e·ter [tetrǽmitər] *n., a.* 〖韻〗 四歩格(の).

tèt·ra·pét·a·lous [tètrəpét(ə)ləs] *a.* 〖植〗 四(花)弁のある.

tét·ra·pod [tétrəpàd/-pɔd] *n.* テトラポッド《4 本足から成りどのような位置に置かれても 3 本足が接地し安定する. 仮防波堤などに用いられる》.

té·trarch [tíːtrɑːrk, tét-] *n.* 〖古ローマ〗 州の 4 分の 1 を治める領主; 小領主; 小王.

◇ **té·trarch·ate** [-èit], **té·trarch·y** [-i] *n.* 4 分された領地; 四頭政治.

tét·ra·sỳl·la·ble [tétrəsìləbl] *n.* 四音節(語).

◇ **tèt·ra·syl·láb·ic** [tètrəsilǽbik/tét-] *a.*

tèt·ra·vá·lent [tètrəvéilənt, tetrǽvəl-] *a.* 〖化〗 四価の.

tét·rode [tétroud] *n.* 〖電〗 四極管.

te·tróx·ide [tetráksaid, -sid/-trɔ́ksaid] *n.* 〖化〗 四

酸化物.

tét·ter [tétər] *n.* 〚医〛皮疹(ひしん), 皮膚病: moist [humid] ～ 湿疹.

Teut. Teuton; Teutonic.

Téu·ton [t(j)úːt(ə)n/tjúː-] *n.* **1** チュートン人《紀元前4世紀ころ中部ヨーロッパに住んでいたゲルマン民族の一派》. **2** チュートン人〚現在のドイツ人・オランダ人・スカンジナビア人などの北欧民族〛; ゲルマン人. **3** ドイツ人.

Teu·tón·ic [t(j)uːtánik/tjuːtɔ́n-] *a.* **1** チュートン〔ゲルマン〕人〔民族, 語〕の. **2** ドイツ(人)の. ―― *n.* チュートン語, ゲルマン語.

Téu·ton·ism [t(j)úːt(ə)niz(ə)m/tjúː-] *n.* チュートン〔ゲルマン〕民族主義〔精神〕; チュートン〔ゲルマン〕語用法.

Téu·ton·ize [-t(ə)nàiz] *vt., vi.* チュートン化する; チュートン風になる.
◇ **Tèu·ton·i·zá·tion** [⌐t(ə)nizéiʃ(ə)n, -naiz-] *n.*

Tex. Texan; Texas.

Téx·an [téks(ə)n] *a.* Texas 州の. ―― *n.* テキサス人.

Téx·as [téksəs] *n.* **1** テキサス《アメリカ南西部の州》. **2** (t～)《川蒸気船の》最高甲板室. **～ fever** テキサス熱《牛の疫病》. **～ leaguer** 〚野球〛テキサスリーガー《内野手と外野手との間に落ちる安打飛球》.

‡**text** [tekst] *n.* **1** 《序文・付録などに対して》本文, 主文. **2** 《要約・翻訳に対して》原文: The newspaper published the whole ～ of the speech. その新聞は演説の原文を全部掲載した. **3** 《説教などに引用される》聖書の句. **4** 《演説・討論などの》題目, 主題, 話題: the speaker's ～ 演説者の題目. stick to one's ～ 《話などが》わき道にそれない. ***full* ～** 全文, 正文. [√tex-]
‡**∽·book** [-bùk] 教科書. **∽·bòok·ish** 教科書(式)の. **～ hand** 《昔の書物に用いられた》肉の太い文字.

‡**téx·tile** [tékstl, -til, -tail/-tail] *n.* (通例 *pl.*) 織物, 布地; 織物の原料: Glass can be used as a ～. ガラスは織物の原料として用いられる. ―― *a.* 織物の; 織られた: ～ art 織物工芸. ～ fabrics 織物. ～ industries 織物工業. [√tex-]

téx·tu·al [tékstʃuəl/-tju(ə)l] *a.* **1** 本文の, 原文の. **2** 原文どおりの, 文字どおりの. **3** 《聖書の》原文に基づく. **4** 教科書の. **～ criticism** 原文対照批評. ◇ **～·ism** *n.* 《特に聖書の》原文固執〔尊重〕. **～·ist** *n.* 《特に聖書の》原文主義者. **～·ly** *ad.*

téx·tur·al [tékstʃərəl] *a.* 組織(上)の, 構造に関する; 織地の. ◇ **～·ly** *ad.*

téx·ture [tékstʃər] *n.* **1** 織り方; 生地, 織物: a cloth of (a) fine [rough, smooth] ～ 細かな〔あらい, なめらかな〕切れ地. **2** 構成, 構造, 組織. **3** 《上べの》感じ; 《皮膚・石・木材などの》手ざわり, きめ; 《比喩的》感触 感性. **4** 特色; 精髄. [√tex-]

-th[1] [-θ] *suf.* 形容詞・動詞から抽象名詞をつくる: tru*th*, wid*th*, grow*th*.

-th[2] [-θ], **-eth** [-iθ] *suf.* 1, 2, 3 を除く序数詞をつくる: eigh*th* [éitθ], fifti*eth* [fíftiiθ], hundred*th*.

-th[3] [-θ] *suf.* 〚古〛動詞の直説法現在第三人称単数形をつくる《現代英語の -s, -es に当たる》: do*th*= does, ha*th*=has, come*th*=comes.

Th 〚化〛thorium. **Th.** Theodore; Thomas; Thursday. **T.H.** Territory of Hawaii.

Tháck·er·ay [θǽk(ə)ri] *n.* William Makepeace ～, 1811–63, イギリスの小説家.

Thá·i, Tai [táːiː, tai] *n.* タイ人 (Thailander); タイ〔シャム〕語. ―― *a.* タイ語〔人〕の; シャムの.

Thái·land [táilənd, -læ̀nd] *n.* タイ《旧称 Siam. 東南アジアの王国. 首都 Bangkok》.
◇ **～·er** [-ər] *n.* タイ国人.

thál·a·mus [θǽləməs] *n.* (*pl.* **-mi** [-mài]) **1** 〚医〛視(神経)床 (=optic ～). **2** 〚植〛花托(かたく). **3** 〚古ギリシア〛婦人室.

thá·ler, tá·ler [táːlər] *n.* (*pl.* ～(**s**)) ターレル《ドイツの旧銀貨; 3 マルク》.

Thá·les [θéiliːz] *n.* ターレス, 640?–546 B.C., ギリシアの哲学者.

Tha·lí·a [θəláiə] *n.* **1** 〚ギ神〛牧歌と喜劇の女神. **2** 美の三女神 (Graces) うちの一神. ◇ **～n** *a.*

tha·líd·o·mide [θəlídəmàid] *n.* 〚化〛サリドマイド《鎮静・睡眠薬の一種》.
～ baby サリドマイド奇形児. → phocomelus.

thál·li·um [θǽliəm] *n.* 〚化〛タリウム《希金属元素. 記号 Tl》. ◇ **thál·lic** [θǽlik] *a.* タリウムの, 第一タリウム塩の.

thál·lo·phyte [θǽləfàit] *n.* 〚植〛葉状植物《藻(も)・菌・地衣・蘚苔(せんたい)類》.

Thames [temz] *n.* (the ～) テムズ川《London を流れている》.

†**than** → 枠付 than. (p. 1339)

thán·age [θéinidʒ] *n.* 〚英史〛豪族 (thane) の領土〔地位〕.

thanat(o)- 「死」の意の連結形.

thán·a·toid [θǽnətɔ̀id] *a.* 死のような, 死んだような; 致命的な, 命にかかわる.

thàn·a·tóp·sis [θæ̀nətápsis/-tɔ́p-] *n.* 死観, 死に対する考察.

thane [θein] *n.* **1** 〚英史〛《Anglo-Saxon 時代貴族と自由民の中間の》郷士, 豪族. **2** 〚スコットランド史〛貴族, 領主. ◇ **∽·dom** *n.* ～の領土. **∽·hood, ∽·ship** *n.* ～の地位.

†**thank** [θæŋk] *vt.* に礼を言う, に感謝する, に謝意を表する: She ～*ed* him *for* the book [*for* telling her the way]. 彼女は彼に本の〔道を教えてもらった〕お礼を言った. There is no need to ～ me *for* that. そのことでぼくに礼を言う必要はない. *T*～ Tom, not me. 私でなく, トムにお礼を言いなさい. He ～*ed* me very much. 彼は私に厚く礼を述べた. I must ～ you *for* your letter of May 1. 5月1日のお手紙にお礼申し上げます《→ 下記成句 Thank you.》. 〈注〉日本語にもあるように, あらかじめ礼を言うばあいがある: *Thank* you for that ball. そのボールありがとう《「とってください」の意》.
I will* ～ *you to (do) (すまないが)…してください《しばしば, 皮肉・非難の意を含む》: *I will* ～ *you to* shut the door. ドアを締めてくれたまえ. *I'll* ～ *you* not *to* thrust your opinions. そんなに自分の意見を押し付けなくてもいいでしょう. ***No,* ～ *you.*** 《謝絶のあいさつ》いいえ, けっこうです. ***T～ God* [*Heaven*]!** ありがたい, しめた; ありがたいことに: *T*～ *Heaven* you've come. よく来てくれました. *T*～ *God* she's safe. やれやれ彼女は助かった. ***T～ing you in anticipation,*** 《依頼の手紙の結び》まずはお願いまで…. 〈注〉文字どおりには「あらかじめお礼申し上げる」. 好意を強要したり, 追ってのお礼の手数を省くように聞こえるなどの理由で, 最近ではしばしば避けるべき表現とされる. ***T～ you.*** (1) ありがとう; ごくろうさま; すみません《感謝の意の》(=〚稀〛I ～ you.): *T*～ *you* very much. (2) お願いします, どうぞ. 〈注〉'*Thank* you.' は 'Yes, please.' の意にしばしば用いられる. (3) 《相手の thank you. に答え, you に強勢をおいて》どういたしまして, こちらこそ. 〈注〉I と you に強勢をおいて I must *thank* yóu. とも言う. (4) 《講演の最後などに》ご清聴を感謝します; 《訓示・無電連絡などの結びに》以上. ***T～ you for*** call***ing.*** (電話)をありがとう. ***You may ～ yourself for that.*** = ***You have only yourself to ～ for that.*** 自業自得さ.
―― *n.* (合成語以外は常に *pl.*) 感謝, 謝意, 謝辞, 謝礼: *Thanks.* ありがとう.
A thousand* [*Many, My best*] ～*s. どうもありがとう(ございます). ***bow* one's ～*s*** おじぎをして謝意をあらわす. ***express* one's ～*s*** お礼を言う. ***give* [*return*] ～*s to*** に感謝する. ***my* ～*s go to…*** 私は…に感謝する. ***No* ～*s!*** ありがた迷惑だ. ***No,* ～*s!***

いやけっこうです (= No, ～ you). ***no ～s to*** の力によらないで. ***owe*** a person ***～s*** (人に) お礼を言わなければならない. ***receive ～s*** 感謝を受ける. ***Small ～s I get for it.*** お礼を言われるどころか. She ***smiled*** her ***～s.*** (彼女は) 微笑で感謝の意をあらわした. ***T～s a lot.*** = T～ you very much. 〈注〉アメリカでは通例 *Thanks* a lot. は男性が多く用い, 女性は *Thank* you (ever). = *Thanks* so much. を用いる. ***T～s be to God!*** しめた, ありがたい. ***～s to*** …のおかげで, の結果, …のため《反語的にも》. accept … ***with ～s*** ありがたく (…を受ける).
～ offering 〖宗〗《神への》感謝のささげ物; 謝恩祭. **～s·gìv·er** 感謝する人. ‡**～s·gív·ing** →別項. **～-you-mà'am** 〖米俗〗《排水のため》道を横切って掘られた小みぞ. **～·wòr·thy** ありがたい, 感謝すべき.

‡**thánk·ful** [θǽŋkf(u̧)l] *a.* **1** 感謝している, ありがたく思っている: I am ～ *to* you *for* your encouraging words. 激励のおことばをいただき感謝いたしております. I am ～ *that* you helped me in my work. 私の仕事を手伝ってくださったことを感謝しています. **2** 謝意をあらわす, 感謝の: with a ～ heart 感謝の心で.
◇ **～·ly** [-fu̧li] *ad.* **～·ness** *n.*

thánk·less [-lis] *a.* **1** 感謝しない, 恩知らずの. **2** 感謝されない, 喜ばれない: a ～ task 報いられない仕事. ◇ **～·ly** *ad.* **～·ness** *n.*

‡**thànks·gív·ing** [θæ̀ŋksgíviŋ/ˊ ˋ ˊ ˋ, ˊ ˊ ー] *n.* **1** (T～)〖米〗感謝祭《11月の第4木曜日》(= T～ Day). **2** 感謝すること; 《特に神への》感謝, 感謝の祈り.

thar [tɑːr] *n.* 〖動〗カモシカの一種.

†**that** → 枠付 that. (pp. 1340–1342)

thát-a-way [ðǽtəwèi] *ad.* 〖話〗そちらへ, その方向へ; そのように (して).

***thatch** [θætʃ] *n.* **1** 《屋根をふくためなどの》わら, かや, 草. **2** わら〔草〕ぶき屋根. **3** 〖話〗ふさふさ〔もさもさ〕した髪の毛. **——** *vt.* 〈屋根を〉わら〔草〕でふく: a ～*ed* roof わらぶき屋根. ◇ **～·er** *n.*

that's [ðæts] that is, that has の短縮形.

than

比較級の形容詞・副詞のあとに続いて「…より」の意をあらわす節を導く. ただし, その従属節では, 主節との共通部分が省略されることが多い: She is brighter than her brother (is bright). 次の文例では代名詞の形に注意: She respected him more than *I* (=than I respected him). 私より彼女の方が彼を尊敬していた. ——She respected him more than *me* (=than she respected me). 彼女は私に対する以上に彼の方を尊敬していた.

than は必ず形容詞・副詞の比較級 (other, otherwise, rather, else などを含む) に伴って用いられるもので, これらなしに単独にあらわれることはないが, 日本語では「より(も)」が単独に動詞的表現と結合することがある: I want to go to Paris *rather than* London. 「ロンドンよりもパリへ行きたい」. このようなばあい, 日本語の表現につられて rather を落とすことがままあるので注意を要する.

than [通常弱く ð(ə)n, 強 ðæn] *conj., prep.* **1** …に比べて, …と比較して, …より(も), …よりは: You will get there earlier ～ he (will). 彼より (も) きみの方が早くそこに着くだろう. They are stronger ～ I (am). 彼らは私より強い. He is (still) taller ～ his sister. 彼は姉よりも (もっと・更に) 背が高い. He comes much oftener ～ (he did) before. 彼は以前よりずっと足しげくやって来る《did は代動詞》. He is old, but he is younger ～ my father. 彼は年をとっているが, 私の父よりは若い. It's better ～ nothing. ないよりはました. I am wiser ～ to believe it. ぼくはそれを信ずるほどばかじゃない. That is more ～ enough. 十分すぎるほどだ. He went no further ～ Boston. 彼はボストン以遠には行かなかった. The sea is deeper ～ the mountains are high. 山が高い以上に海は深い.

〈付記$_1$〉口語で人称代名詞の前では than はしばしば前置詞化される. 特に動詞が自動詞のばあい, I は通常 me に, we [they] all は通常 us [them] all になる: Is she taller than *me*? 彼女は私より背が高いか. He is wiser than *us all.* 彼はわれわれ皆より賢い.

〈付記$_2$〉動詞が他動詞であるなどの理由で, than を前置詞化すると誤解を生じやすいばあいや, than の次が名詞などで特に主格であることを明示したいばあいには, 代動詞 do が好んで用いられる: She respected him more than I *did* (=I respected him). 彼女の方が私より彼を尊敬していた《than me とすると意味が変わる. → 前書き》. She respects him more than anybody else [her brother] *does.* ほかのどの人〔彼女の弟〕が彼を尊敬するのにもまして, 彼女は彼を尊敬している. 〈注〉文語では主語と代動詞との間にしばしば倒置が起こる: She respects him far more than *does* her son. 彼女のむすこより彼女の方が彼をずっと尊敬している.

〈付記$_3$〉than のあとに it が省略されることがある: Don't talk more *than* is necessary (=more *than it* is necessary). 必要以上にものを言うな.

〈付記$_4$〉than は関係代名詞的にも用いられる: Don't use more words *than* are necessary (= *than those which* are necessary). 必要以上の語を使うな.

2 《rather, sooner などのあとに続いて》(…する) よりは(むしろ), …するくらいなら(いっそ): He is a businessman *rather* ～ [He is *rather* a businessman ～] a scholar. 彼は学者というより実業家だ. I would *rather* [*sooner*] confess ～ hide my crime. 私は罪を隠すよりはむしろ告白したい. I would *rather* [*sooner*] die ～ yield to him. あいつに頭をさげるくらいなら死んだ方がました.

3 《else, other, otherwise などのあとに続いて》…よりほかの, …より以外には: I have no *other* dictionary ～ this. これ以外に辞書はもっていない. There is no *other* way (for us) ～ to surrender. (われわれは)降伏する以外に道はない. She did nothing *else* ～ smile. 彼女はただほほえむばかりだった. She is *otherwise* ～ I thought. 彼女は私が思ったのとは人物が違う. How *else* can we come ～ on foot? 歩いて来る以外に手がないではないか.

more… ～ ever 常になく…, 常にもまして…. ***no sooner ___ ～…*** ——するやいなや…: We had *no sooner* [*No sooner* had we] entered ～ the music began. われわれがはいるやいなや奏楽が始まった.

～ whom その人以上に: a man ～ *whom* no one can do more その人以上にはだれにもできないような有能な人. Here is Jones, ～ *whom* there is no better authority on the subject. ここにいるのがジョーンズ氏だが, その問題については彼以上の権威者はいない. 〈注〉than whom は文語的用法で, than は前置詞になっている.

that

that の用法は，発音・語義・構文上の類似性から指示詞 (demonstrative) と連結詞 (connective) の二つに大別でき，そのおのおのが幾つかの品詞に分かれる:

A) 《指示詞》 [ðæt] (1) 《形容詞》 *that* book あの〔その〕本. *that* part of the peninsula which is (the) narrowest 半島のいちばん狭い部分. (2) 《代名詞》 What's *that*? あれ〔それ〕はなにか. The average temperature in Tokyo is higher than *that* in Sendai. 東京の平均気温は仙台のそれより高い. (3) 《副詞》 Don't eat *that* much. そんなにたくさん食べるな.

B) 《連結詞》 [通常 ðət] (1) 《代名詞》 the boy *that* told me the way 私に道を教えてくれた男の子. (2) 《接続詞》 I believe *that* you are right. ご説のとおりだと思います.

上記 A) (2) と B) (1) はともに代名詞で品詞は一致するが，語義・構文の上には非常な差があり，むしろ A) の内部，B) の内部に，品詞の違いにもかかわらず強い共通性が見られる.

特に B) において (a) It was a pity *that* he could not come. (彼が来られなかったのは残念なことだった) (b) It was yesterday *that* he came. (彼が来たのはきのうだった) (c) It was Lincoln *that* he most respected. (彼が最も尊敬していたのはリンカーンだった) を比べてみると，B) の内部が渾然(こん)と一体をなしていることがいっそうよくわかる. 一般に(a)は接続詞，(c) は関係代名詞と考えられるが，(b) は yesterday を「副詞的目的格」にある名詞 (→枠付 Object) と考えれば that もおなじく関係節中で副詞的目的格にある関係代名詞と考えることができ，yesterday を副詞と考えれば that は接続詞ということになる. そこで関係代名詞と接続詞の区別は画然としたものではなく，むしろ (a) は *That* he could not come was a pity. と言い替えることができ，it は that- 節を受ける「予備の it」，a pity は主格補語と考えられる点に注目すべきであり，一方 (b) と (c) はともにこの言い替えを許さない単なる強調構文であって，したがってむしろ (b) と (c) を同一視して (a) と対比すべきものであることがわかる. この見地から B) での成句は特に品詞別を強調せずに《連結詞》の立場から最後にまとめた. A) においても成句を《指示詞》の立場から同様にまとめたが，これも，this (...) and [or] *that* (...) のように，形容詞と代名詞の両者にまたがるものがあり，それらの用例は 1 か所にまとめる方が比較総合が容易だからである.

that [ðæt, ðət] 《用法 A), B) による発音の差に注意. A) の複数形 those は別項で詳述》

A) 《**指示詞**》 [ðæt] *a*. 《指示形容詞》 (*pl*. **those** [ðouz]) **1** 《目前にあるもの・人について》 あの，その: **a**) 《指さしながら》: Give me ～ chair, not this one. こっちのでなくて，あの〔その〕いすをください. Who is ～ boy over there? あそこにいる (あの) 男の子はだれか. **b**) 《相手が身につけているもの，相手の近くにあるものについて》 その: Where did you buy ～ watch, Tom? トム，そのとけいどこで買ったの?

2 《既に述べられたもの，相手に自然に理解されるもの，一般に遠いものについて》 その，あの，例の，かの: But did you actually talk to ～ man? しかし実際にその男に話をしたのか. What's ～ funny noise? あのおかしな音はなんだ? I remember ～ day even now. あの日のことはいまでも覚えている. In ～ country he is something of a hero. その国〔あちら〕では彼はちょっとした英雄になっている. Is he still in ～ bad habit? 彼はまだ例の悪い癖が直らないのか.

3 《that...of yours, etc. の形で》 だれそれのあの〔その，例の〕…: ～ sweet voice *of hers* 彼女のあの〔例の〕美声. *those* shoes *of yours* きみのそのくつ. 〈注〉 that her voice や your those shoes のような構文は現今は普通でない.

4 《しばしば指示が間接になるばあい》 その; その日〔年〕の; その場所の: She was born early in spring. *T*～ summer there was a great earthquake. 彼女は春も浅いころ生まれた. その (年の) 夏，大地震があった. ～ afternoon [evening, night] その (日の) 午後〔夕方，晩〕(に) 《前例と同様に，たとえば問題の日の午前中の事が話題にのぼって，それから話題が転じて同日の午後などに言及するばあいでもよい》. So you and I went to the same school. Well, do you remember there were three bookstores in ～ neighborhood? じゃあきみとぼくはおなじ学校に行っていたわけだ. ところで，あの辺に本屋が 3 軒あったのを覚えているかい (=in *the* neighborhood *of that school*).

5 《量に関する名詞の前で》 その，それだけの，それほどの: **a**) 《単純な修飾》: ～ amount [length, weight] それだけの金額〔長さ，重量〕. **b**) 《接続詞としての that と相関的に》: She was angry to ～ [-ðǽt-] (=such a, so great a) degree *that* [-ðət-] she turned pale. 青くなるほどの怒りようだった.

6 《関係詞に伴って》 特に…する: ～ amusing fellow *who* often comes here よくここに来るあの〔例の〕おもしろい男. ～ beautiful scenery of the country *which* we always admire われわれが常に賛美している，その国の美しい風景 《「賛美する」のは「国」でなくて「美しい風景」の方》. They come from ～ part of the country *where* the standard of living is (the) highest. 彼らは，国じゅうで生活水準のいちばん高い地域の出身である. 〈注$_1$〉 この that は第 1 例では the とあまり変わらないが，第 2・第 3 例 *that* scenery [part] of the country *which* [*where*]... では，関係節が直前の名詞(country)でなく，離れた名詞(scenery, part) にかかることが，that によって明示される. 〈注$_2$〉 who, which の代わりに関係代名詞としての that [通常 ðət] も用いられる. 〈注$_3$〉 → those, 枠付 which, who.

—— *pron*. 《指示代名詞》 (*pl*. **those**) **1** 《目前にあるもの・人について》 あれ，それ; あの〔その〕人: **a**) 《自分からも相手からも離れた対象について》: What's ～? あれ〔それ〕はなにか. Who's ～? あれ〔あの人〕はだれか. *T*～'s my uncle coming along. 向こうからやって来るあの人は私のおじです. **b**) 《相手が持っているか，相手に近い対象について》 それ，その人: Is ～ your own camera [baby], Susy? スージー，それ自分のカメラ〔赤ちゃん〕かい? *T*～'s a nice tie you are wearing. きみのしているの，それいいネクタイだね.

2 《既に述べられたもの，相手に自然に理解されているものについて》 それ，あれ; その〔あの，例の〕こと; その〔あの〕人: Who is ～ in the other room? もう一つのへやにいるあの人はだれか. *T*～ must be Ben back from school. あれ〔あの物音〕はきっとベンが学校から帰って来たんだよ. I want these papers sorted out. Will you do ～ for me? この書類を種類別に整理してもらいたいんだ. きみそれをやってくれないか. Life—～'s a riddle. 人生—それ〔これ〕はなぞだ. *T*～'s not what I mean. 私の言っているのはそういうことではないのです.

3 《the＋既出名詞の代用》 (…の・…する) それ:

His dress is ～ of a gentleman, but his manners are *those* of a clown. 彼の服装は紳士(のそれ)だが,お行儀はいなか者(のそれ)だ(＝...*the dress* of a gentleman, ... *the manners* of a clown). These pencils are better than *those* (which) I bought yesterday. これらの鉛筆はきのう私が買ったのよりいい(＝*the pencils, those* pencils). 〈注$_1$〉 a＋既出名詞は that でなく one であらわされる: Their policy is *one* of opportunism. 彼らの政策はひより見の政策だ(＝*a policy*). 〈注$_2$〉 単数 that も関係詞と結合するが,それよりも the one を用いることが多い: This pencil is better than *the one* (which) I bought yesterday. この鉛筆はきのう私が買ったのよりいい.

4 《and that の形で強調的に》しかも: He takes pictures, *and* ～ very well. 彼は写真をとる,しかもとてもじょうずに.

5 《that which の形で》…するもの: A driver is either one who or ～ *which* drives. driver とは drive する人または物である《辞書の定義》. → 枠付 which B) 1) b).

6 《this「後者」と呼応して》前者 (the former): Industry and ability are both important, but sometimes ～ does more than *this*. 勤勉も才能もともにたいせつだが,ときには前者の方が後者よりも大きなはたらきをすることがある.〈注〉 this (...) and [or] that は → 下記成句.

—— *ad.* 《指示副詞》〖話〗それほど,そんなに(＝to that extent): He's not ～ big [heavy]. 彼はそんなに大きく[重く]ない. I can't walk ～ fast [far, long]. そんなに速く[遠くへ,長く]は歩けない. ～ much → 下記成句.

after ～ それから(は),その後(は). ***all ～*** そうしたすべてのこと. → B) *pron.* ③. ***and all ～*** しかも,おまけに. ***at ～*** 〖話〗それにしては[しても]; しかも. ***Come out of ～!*** 〖俗〗立ち去れ! ***for all ～*** それにもかかわらず. ***Is ～ right?*** そうですか. ***Is ～ so?*** そうですか,ほんとう《感嘆》; へえ,ほんとかね; ふん,そうか《疑惑・挑戦》. ***So ～'s ～.*** これで終わり《話や討議の終わったとき》; やれやれ,これで済んだ. ***～ is (to say)*** すなわち. ***～ much*** それだけの(こと),それほど(の),そんなに: I know ～ *much*. そのくらい(のことは)知っている. It won't take ～ *much* time. そんなに多くの時間はかかるまい. Don't worry ～ *much*. そんなに心配するな. ***T～'s all.*** それだけ(のこと)だ; それで全部[おしまい]だ. ***T～'s all right.*** それはかまわない; どういたしまして《謝意・謝罪に対して》. ***T～'s it.*** そこだ,それなんですよ. ***T～'s right!*** (1) そのとおり(＝T～'s so.); 〖米〗賛成賛成!《講演会・議会などで》. (2) あっ,そうだ《急になにかを思い出したとき》. ***T～'s ～.*** ＝So ～'s ～. ***T～'s what it is!*** まさにそうだ. ***T～'s why...*** それが…する理由だ: *T～'s why* I don't like it. だからそれがいやなんだ. ***T～ will do.*** それでよろしい[まにあう]. ***this (...) and [or] ～*** あれやこれやと: The criticism was not meant for *this or* ～ particular person. その批判は,別にだれかれと特定の人を目標にしたものではなかった. We tried *this* way *and* ～. あれこれと,いろいろな方法を試みた. He said *this and* she said ～, and they didn't get anywhere. 彼はこうだと言い,彼女はああだと言い,なんの結論も出なかった. ***with ～*** そこで,そう言って.

B) 《連結詞》[通常弱く ðət, 強 ðæt] *pron.* 《制限的用法の関係代名詞》《関係節中で,目的格に立つ that は省略可能. 特に口語でひんぱんに省略される》 **1** 《who(m) または which との交換が最も自由なばあい》: Give it to the girl ～ came here yesterday. きのう,ここへ来た女の子にそれをやりなさい(＝who). The old man (～) we helped has turned out to be a remote relative of our own. 私たちが助けた老人は,私たち自身の遠い親戚(しんせき)に当たることがわかった(＝who(m)). Here is a fish (～) I caught this morning. ここに私がけさとった魚がいる(＝which). 〈注$_1$〉 that は通常非制限的には用いられない. 〈注$_2$〉 that の前には前置詞はつけられない. 前置詞があるばあいには whom, which を使うか,全く関係代名詞を省略して,前置詞を関係節の末尾に移す: The man you are talking *about* happens to be my father. きみがいま話題にしている男は実はぼくのおやじなんだ.

2 《通常 that 1: 先行詞が形容詞の最上級または the only, the same, the very などの語句で修飾されて限定的な意味が強いばあい》: *the first* man ～ came here ここへ来た最初の男子《who もかなり用いられる》. *the best* friend (～) I have 私のもつ最善の友. *the same* picture (～) I saw yesterday きのう見たのとおなじ絵. That's *the very* thing (～) I want. それこそまさに私の求めているものだ.

3 《通常 that 2: 物・事をさす all を規定するばあい》《目的格では通常 that が省略される》: *All* ～ glitters is not gold. 光るものはすべてが黄金ではない. *All* is well ～ ends well. (よく終わるすべてのことはよい→)末よければすべてよし. *All* (～) you have to do is (to) wait patiently. (せねばならぬすべてのことは気長に待つことだ→)気長に待ちさえすればいいのだ. *All* (～) I can do is to support you morally. 私にできることは,あなたを精神的に支持することだけだ. It was *all* (～) I could do to restrain my tears. 涙をおさえるのがやっとだった. That's *all* (～) I want. 私の求めているのはそれだけだ.

4 《通常 that 3: 関係節が疑問代名詞を修飾するばあい》: *Who* ～ has common sense can believe such a thing? 常識のある者ならだれがそんなことを信じられようか.

5 《通常 that 4: 先行詞が人と物・事をともに含むばあい》: The *pedestrians* and *vehicles* ～ cross this bridge are counted automatically. この橋を渡る通行人と車両は自動的に数えあげられる.

6 《通常 that 5: 関係代名詞が関係節中で補語となるばあい》《このばあいも that は省略されやすい》: He is no longer the idle boy (～) he used to be. 彼はもはや(彼がもとそうであったところの→)昔の彼のようななまけ者ではない. He is not the fool (～) we thought him. 彼は私たちが思っていたようなばかではない. Act like the [a] man ～ you are. きみは男だから男らしくふるまえ. Fool ～ I was! ああ,おれはばかだった.

7 《関係副詞的用法: 時・様態などをあらわす》: That was the second time (～) we met. それが私たちが会った2度めの機会だった(＝at which). It happened (on) the day (～) I left home. それは私が出発した日に起こった(＝on which). He slid his hands back and forth over the table (in) the way (～) the carpenter uses his plane. 大工がかんなを使うような手つきで,両手をテーブルの上で前後にすべらせた(＝in which). 〈注$_1$〉 この that は関係節中で「副詞的目的格」(adverbial objective. → 枠付 Object) に立っており,口語では略されることが多い.〈注$_2$〉 口語では *on* the day (that)..., *in* the way (that) などの前置詞も略されることが多い. 逆に言えば,前置詞のない形は名詞・副詞《これも副詞的目的格》の二役を兼ねる: the year (*that*) I was born 私の生まれた年(に).

8 《that＋be の形で人名とともに》: Mrs. Jones, Miss Sweet ～ *was* ジョーンズ夫人,すなわち元スウィート嬢. Miss Lake, Mrs. Bright ～ *is* to be やがてブライト夫人になるはずのレーク嬢.

〈付記〉 強調構文 It is [was]...that___. は下記成句で扱う.

—— *conj.* 《従位接続詞》 **1** 《名詞節を導くばあい 1》…ということ: He said (～) it was true. 彼は,それはほんとうだと言った《直接話法 He said, "It is true." に相当する間接話法. → 枠付 Narration》. I know (~) you are right. きみの正しいことはわかっている. The trouble is ~ he is too busy. 困るのは彼に暇がないことだ. He ridicules the idea ~ men are created equal. 彼は人間は元来平等だとの考えを嘲笑(ちょう)する. The fact still remains ~ this is the best means. それにしても, これが最上の手段だという事実には変わりがない. *T*~ the earth is round is common knowledge today. 地球が丸いということは今日では常識である.

2 《名詞節を導くばあい 2: It is…that___. の形で》——ということは…である: *It is* a fact ~ he did it all alone. 彼がそれを全く自分だけでやったことは事実だ. *It's* a pity (~) he doesn't speak English. 彼が英語を知らないのは残念だ. *It is* certain ~ they will succeed. 彼らが成功することは確かだ. *It is* (only) natural ~ he should be angry. 彼がおこるのも(全く)当然だ. 〈注〉この用法では it は that-節を受ける「予備の it」であり, …の部分は主格補語で, 一般に次のように言い替えることができる: *That* they will succeed is certain. 下記成句で扱う強調構文の It is…that___. ではこの言い替えができない.

3 《叙述形容詞・自動詞などに続き, 前置詞句と等価の副詞節を導き》…することを; …するので: I am *afraid* (~) I can't help you. どうもお役に立ちそうもありません. I am *sorry* (~) I am late. 遅れてすみません. I am *glad* (~) you like it. それがお気に召して幸いです. He was *sure* (~) he would succeed. 彼は成功する自信をもっていた. I *insist* (~) you should try. ぜひやってごらんなさい. We were *informed* ~ an epidemic had broken out in the next village. 隣村に伝染病がぱっと広がったとの通報を受けた. 〈注〉これらの形容詞・動詞の次に, that- 節の代わりに, 名詞または動名詞がくれば前置詞を必要とする: I am afraid *of* my inability. (無能をおそれる) / I am sorry *for* my delay. / I insist *on* you(r) trying. / We were informed *of* an epidemic. 逆に言えば, that- 節の前では本来あるべき前置詞が消去される.

4 《(しばしば so, in order を伴って) may とともに目的の副詞節を導き》…するために, …するように: They are striving ~ [so ~, in order ~] they *may* win. 彼らは勝たんがために苦闘している. He sacrificed his life ~ [so ~, in order ~] his friends *might* live happily. 彼は友人たちが幸福に暮らせるようにと, 自分の命を犠牲にした.

5 《so [such] … that ___ の形で》あまり…なので——する, ——するほど…である: I am *so* tired (~) I can hardly walk. 私はとても疲れて, ほとんど歩けない; ほとんど歩けないほど疲れている《口語では that はしばしば略される》. He was *such* a strict teacher ~ all his pupils were afraid of him. 彼は非常に厳格な教師だったので, 生徒はみな彼を恐れていた.

6 《判断の根拠》…するとは: He must be hurt ~ he should react like that. (あんな風に反応する→)ああいう態度に出るところを見ると, 気を悪くしたに違いない.

7 《仮定法を伴って願望・祈願・驚き・憤慨などを示す節を導き》: *T*~ he *should* betray us! 彼がわれわれを裏切ろうとは! O ~ [Would ~] I *knew* the truth! ほんとうのことがわかっていればなあ!

in* ~…** …するという点で, …するので: A good swimmer is in greater danger of drowning than a poor one *in* ~ he is likely to swim oftener and longer. 泳ぎじょうずは, とかく泳ぐ機会も時間も多いという点では, 泳ぎべたよりおぼれる危険が多い. ***It is* ~…** …だからだ, …というわけだ: I know that he is not a fast worker, but *it's* rather ~ he is cautious, not ~ he is lazy. 彼の仕事が速くないことはわかっているが, それはどちらかと言えば彼が慎重なためで, なまけ者だからではない. *It's* just ~ he and I learned from the same teacher. 私たちふたりがただおなじ先生に教わったというだけのことです. ***It is* [*was*] …~___.** (1) 《That___is [was] …と言い替えられるばあい》→ *conj.* ②. (2) 《文中の名詞的または副詞的語句を強調する構文》——するのは…である [あった]: *It is* he ~ deserves to be praised. 賞賛に価するのは彼だ. *It was* with the greatest pleasure ~ we learned of your success. (私たちがあなたの成功を聞き及んだのは最大の喜びをもってであった→) 私たちはあなたの成功を聞いて, この上なく喜びました. What *was it* (~) drove him mad? 彼の気を狂わせた原因はなにか《このばあい口語では主格の that も省略されることがある》. 〈注〉強調を受ける語句が名詞的のばあいの that は関係代名詞として分類することができ, that の代わりに who, which を用いうるばあいがある (→ 枠付 it ⑥). 強調部分が副詞的のばあいの that は, 一般に接続詞と考えられる (→ 本項前書き). なおこのばあい, 時・所に関してはそれぞれ when, where を用いることもある (→ 枠付 Emphasis, 1) c) 〈注₁〉). ***not* ~…** …というわけではない; …だからではない. ***not* ~… *but* ~___** → 枠付 not. ***Not* ~ *I know of → 枠付 not. ***now* ~…** いまや…するので, …するいまとなっては. ***seeing* ~…** …するところを見ると, …だから. ***so* ~** → 枠付 so *ad.*

tháu·ma·trope [θɔ́:mətròup] *n.* 回転絵盤《盤の表と裏に別々に描いてある物が回転によって重なって見える》.

tháu·ma·turge [θɔ́:mətə̀:rdʒ], **-tur·gist** [-ist] *n.* 奇術師. ◇**-tur·gy** [-i] *n.* 奇術, 魔法. **thàu·ma·túr·gic** [⌐—tə́:rdʒik], **thàu·ma·túr·gi·cal** *a.* 魔法の (ような), 奇術の.

‡thaw [θɔ:] *vi.* **1** 〈雪・霜・氷などが〉解ける; 《it が主語》雪・霜解けの陽気になる: *It* ~*ed* early last spring. 去年の春は早く雪 [氷] が解けた. **2** 《冷えたからだが》しだいに暖まる: I'm ~*ing*. やっと暖まってきた. **3** 〈感情・態度などが〉和らぐ, 打ち解ける: His shyness ~*ed* under her kindness. 彼女の好意で彼のはにかみはほぐれた. —— *vt.* **1** 解かす. **2** 《冷えたからだなどを》暖める. **3** 打ち解けさせる: Some kind words will ~ him out. 親切なことばをかけてやれば彼は打ち解けるだろう.
—— *n.* **1** 雪 [霜] 解け (水); 雪 [霜] 解けの候 [陽気], 解氷期 [日]: spring ~ 春の雪解け. The frost resolved into a trickling ~. 霜が解け水となってしたたった. Let's go skating before the [a] ~ sets in. 解氷期にはいらないうちにスケートに行こう. **2** 心の打ち解け. ***silver* ~** 樹氷, 霧氷.
~ rain 春 (の雪解け) をよぶ雨. **~ time** 解氷期.
◇ **~·y** *a.*

†the → 枠付 the. (pp. 1344-1345)

thè·an·thróp·ic [θi:ænθrɑ́pik/-ənθrɔ́p-], **-i·cal** [-(ə)l] *a.* 人間の姿をした神の, 神人両性の.

thé·ar·chy [θí:ɑ:rki] *n.* 神の支配; 神権政体, 神政国. [√the-¹+√arch-]

theat. theater; theatrical.

†thé·a·ter, ㊥-tre [θí:ətər/θíə-] *n.* **1** 《劇・映画の》劇場: a movie ~ 映画館. a drive-in ~ (自動車に乗ったまま見られる) 戸外映画館. **2** (the ~) 演劇; 《集合的》劇文学; 演劇界: *the* modern ~ 現代演劇. **3** 演技. **4** 《戦争・事件などの》現場, 場面: the Pacific ~ of war 太平洋戦域. **5** (階段式の) 講堂; 手術教室.
The play will ***be good* ~.** (その脚本は) 上演ばえがする (だろう). ***do a* ~** 〖話〗 芝居に行く (=go to the ~). ***the* ~ *of war*** → ④.
~·gò·er 芝居の常連. **~·gò·ing** *n., a.* 芝居見物 (に行く), 芝居好きの. **~-in-the-róund** 円形劇場. **~ party** 観劇会. **~ restaurant** シアタ

ーレストラン《軽演劇を見ながら食事もとれる料理店》.
◇ **the·át·ric** [θiǽtrik] *a.* ＝theatrical.

the·át·ri·cal [θiǽtrik(ə)l] *a.* **1** 劇場の; 演劇〔芝居〕の(ような). **2**《言行が》芝居がかった, 大げさな, 気どった. **——** *n.* **1** (*pl.*) 芝居, 劇《特にしろうとの》. **2** わざとらしさ, 芝居じみた動作. ***amateur*** 〔***private***〕 **~*s*** しろうと芝居.
~ scenery 舞台の背景.
◇ **~·ism** *n.* 演出の仕方; 芝居がかり, 大見え. **~·ly** *ad.* 劇のように; 芝居がかって. **the·àt·ri·cál·i·ty** [–⌐–kǽləti] *n.* 芝居じみたこと, 不自然.

the·át·rics [θiǽtriks] *n.* **1**《単数扱い》演劇法, 演出法. **2**《複数扱い》大げさな所作〔ことば〕,「はったり」.

Thé·ban [θíːbən] *a.* Thebes (人) の.
—— *n.* Thebes 人.

Thebes [θiːbz] *n.* テーベ《古代エジプトの首都. 古代ギリシアの都市国家》.

thé dan·sant [F. tedɑ̃sɑ̃] F. (*pl.* ***thés dansants*** [F. tedɑ̃sɑ̃])《午後の》ダンスとお茶の会.

***thee** [ðiː, 弱 ði] *pron.* 《thou の目的格》なんじを〔に〕.

theft [θeft] *n.* 盗み; 窃盗罪; 〖古〗盗品. 〔比較 thief〕 **~·proof** [⌐⌐] 盗難防止の.

thegn [θein] ＝thane.

thé·ine, -in [θíːin, ㊥⁺θíːiːn] *n.* 〖化〗テイン, 茶素 (caffeine).

†**their** [ðɛər, 弱 ðər] *pron.* **1**《they の所有格》**彼らの**, あの人たちの; それらの. **2**《everybody などの単数の不定代名詞を受けて》＝his〔her〕: No one in ~ senses would say such a thing. 正気でそんなことを言う人はないだろう.

†**theirs** [ðɛərz] *pron.* 《they の所有代名詞》**彼らのもの**; それらのもの: Our school is larger than ~. 私たちの学校は彼らのより大きい. The reward is ~. 報酬は彼らのもの〔彼らに与えられるべきもの〕だ. that peculiar custom of ~ 彼らのあの独特な風習. *T*~ is a wonderful house. 彼らのはすばらしい家だ. → mine.

thé·ism[1] [θíːiz(ə)m] *n.* 神の存在を認める説, 有神論; 一神教. ◇ **thé·ist** *n.* ～を説く人, 有神論者.

thé·ism[2] *n.* 〖医〗茶の中毒.

the·ís·tic [θiːístik], **-ti·cal** [-(ə)l] *a.* 有神論(者)の. [√the-[1]] ◇ **the·ís·ti·cal·ly** *ad.*

†**them** [ðem, 弱 ð(ə)m] *pron.* **1**《they の目的格; 〖話〗'em [əm]》**彼らを〔に〕; それらを〔に〕**. **2**《単数の不定代名詞を受けて》＝him〔her〕: Nobody has so much to worry ~ as he has. 彼ほど苦労の多い人はない. **3**〖方・俗〗＝those: some of ~ books その本を何冊か.

the·mát·ic [θiːmǽtik/θim-] *a.* **1** 中心主題の. **2** 〖言〗語幹の; 〖楽〗主旋律の. [<theme]
◇ **-i·cal·ly** *ad.*

‡**theme** [θiːm] *n.* **1 主題**, 話題, 論旨;《論文などの》題. **2**《学校の課題の》作文;《短い》論文. **3** 〖文〗語幹. **4**〖楽〗テーマ, 主題, 主旋律; 〖ラジオ・テレビ〗テーマ音楽, 主題音楽 (＝~ music). **5**《行動の》根拠. [√the-[2]]
~ song《ラジオ・テレビ番組の》テーマ曲;《映画などの》主題歌. 〖類〗→ **subject**「主題」

Thé·mis [θíːmis] *n.* 〖ギ神〗テーミス《法律と正義の女神》; (または t~) 法律, 正義.

The·mís·to·cles [θimístəkliːz] *n.* テミストクレス, 527?–460? B.C., アテネの政治家・将軍.

†**them·sélves** [ð(ə)msélvz] *pron. pl.* **1**《強意的. 通例 they と同格》**彼ら自身**. **2**《再帰的用法》彼ら自身を〔に〕. → oneself.

†**then** [ðen] *ad., conj.* **1**《過去および未来に用いる》**そのとき**, そのころ, あのときに, 当時, そのおりに: I was still unmarried ~. 当時ぼくはまだ独身だった. **2 それから**, 次に(は), そこで, 今度は: First comes spring, ~ summer. まず春が来て次に夏が来る. Now he laughs, ~ he weeps. いま笑ったかと思うとすぐまた泣く. **3 更に**, 加うるに, そのほかに: *T*~ there's Mrs. Green—she must be invited to the party. そのほかにグリーン夫人を会に招かなければならない. **4 それなら**, それでは, そうすると: "It isn't here." "It must be in the next room, ~". 「このへやにはない」「では次の間にあるに違いない」. You say you don't want to be a doctor. *T*~ what do you want to be? 医者になりたくないというのだね. ではなにになりたいのだ.
and **~** それから; その上: *And* ~ I asked, "Why not?" そこで私は「なぜいけないか」と聞いた. *And* ~ she had such a fine head of hair. その上彼女の髪は非常に美しい. ***and ~ only*** そうしてこそ初めて. ***and ~ some*** それ以上のものが, 少なくとも: You need luck *and* ~ *some*. 最低幸運は必要だ. ***but*** **~** しかし, しかし一方では: He was very ill of a fever *but* ~ there was still a hope of recovery. 彼は熱のため重病だったがまだ回復の見込みがあった. ***even ~*** それにしても. ***every now and ~*** ときどき. ***just ~*** ちょうどそのとき〔そこへ〕. ***now and ~*** ときどき, おりおり. ***now ~***《警告・抗議》ところで, さてそこで: *Now* ~, what are you boys doing in my garden? ところできみたちはわしの庭でなにをやっているのか. ***~ and not till ~*** そのとき初めて. ***~ and there*** ＝ ***there and ~*** そのときその場で, 直ちに, 即座に: I decided to refuse his proposal ~ *and there*. 私は彼の申し出を断わろうと即座に決めた. ***well ~*** では, それでは, ねえ. ***What ~?*** そうなったらどうなるだろうか.
—— *n.* そのとき, 当時. ***before ~*** それ以前に. ***by ~*** それまでに. ***from ~ on*** それ以来. ***since ~*** そのとき以来, それ以来. ***till ~*** そのときまで, それまで.
—— *a.* その当時の: the ~ government その当時の政府. ***the ~ existing*** system その当時あった(組織).

thence [ðens] *ad.* 〖古・雅〗 **1** それだから, それゆえ. **2** そこから. **3** それ以来, そのときから.
~·fórth [-fɔ́ːrθ/⌐fɔ́ːθ] そのときから, それ以来; そこから. **~·fór·ward(s)** [-fɔ́ːrwərd(z) / ⌐⌐–] ＝thenceforth.

theo-「神」の意の語形成要素.

the·óc·ra·cy [θiːɑ́krəsi/θiɔ́k-] *n.* **1** 神権政治; 僧侶(そうりょ)や教会が行なう神託政治. **2**《古代ユダヤの》神権政体, 神政国家.

the·óc·ra·sy [θiːɑ́krəsi/θiɔ́k-] *n.* 諸神混合崇拝; 神との結合〔交流〕《瞑想(めいそう)により心が神と通じ合うこと》.

thé·o·crat [θíːəkræt] *n.* 神権政治家; 神権(政治)主義者. [√the-[1]+√crat-]
◇ **thè·o·crát·ic** [θiːəkrǽtik/θiə-], **thè·o·crát·i·cal** *a.* 神権政治(下)の.

The·óc·ri·tus [θiːɑ́kritəs/θiɔ́k-] *n.* ギリシアの田園詩人《紀元前3世紀ごろ》.

the·ód·i·cy [θiːɑ́dəsi/θiɔ́d-] *n.* 悪の存在をも神の摂理とする説, 神正説.

the·ód·o·lite [θiːɑ́d(ə)làit/θiɔ́d-] *n.* 経緯儀《直角や水平角を測るもの》.

Thè·o·dó·si·us [θiːədóuʃ(i)əs/θiədóusjəs] *n.* テオドシウス I 世 (＝~ the Great)《ローマ帝国最後の皇帝》.

the·óg·o·ny [θiːɑ́gəni/θiɔ́g-] *n.* 神々の系譜〔系統〕; 神々の系譜研究; 神々の系譜記.

theol. theologian; theological; theology.

thè·o·ló·gi·an [θiːəlóudʒiən, -dʒən/θiəl-] *n.* 神学者.

thè·o·lóg·i·cal [θiːəlɑ́dʒik(ə)l/θiəlɔ́dʒi-] *a.* 神学(上)の; 聖書に基づく. ◇ **~·ly** *ad.*

the·ól·o·gize [θiːɑ́lədʒàiz/θiɔ́l-] *vt., vi.* 神学的に見る; 神学上のことばであらわす.

the·ól·o·gy [θiːɑ́lədʒi/θiɔ́l-] *n.* 《キリスト教》神学(研究). ***dogmatic ~*** 教理神学. [√the-[1]+√log-]

the·óph·a·ny [θiːɑ́fəni/θiɔ́f-] *n.* 神(の姿)があらわれる〔見える〕こと. [√the-[1]+√pha(e)-]

theor. theorem.

the

不定冠詞 a, an が名詞を具体化はしているが聞き手に対してはまだ特定のものにならないのに比べ，定冠詞 the は，更にそれがさすものを特定のものに限定する．すなわち a, an が，問題のものが聞き手に未知なことを示唆するのに対して，the はなんらかの意味でそれが聞き手に既知であることを示唆する．「既知」の最も明瞭(めいりょう)な一例として，既出のものをさすばあいが考えられる：I have bought a book and a dictionary. *The* dictionary is thicker than *the* book. 私は本と辞書を買った．辞書は本より厚い．

the は日本語には訳されないことが多い．ときに「その」と訳すことはできるが，そのばあいの「その」は指でさし示す「その」でなく，すなわち「この」や「あの」に対比する「その」でないのは，ちょうど it の「それ」が「これ」「あれ」に対する「それ」でないのと平行する．ほんとうに直接さし示す「その」は that である．なお the はもともと that と同類の指示詞から進化したもので，that と密接な関係がある．

主語をなす名詞についたばあい，不定冠詞 a, an と定冠詞 the の含みが，しばしば日本語ではそれぞれ助詞「が」と「は」であらわされる：*A* bird came flying. *The* bird alighted on a twig. 鳥が飛んで来た．鳥は小枝にとまった．

しかしこれは絶対のものではない．不定冠詞でも「は」になることがある：*A* horse is a noble animal. 馬は気品のある動物だ．—— 一方，次のように主語に特に強勢を置いて発音したときには，定冠詞でも「が」になる：*The* bírd ate it. 鳥がそれを食べたのだ．

the [通常弱く《子音の前》ðə，《母音の前》ði，特に強調するとき ðiː] *def. art.* **1**《限定 1：既出のものにつけて》その：Once there was an old man. *The* old man had three sons. 昔ひとりの老人がいた．その老人には 3 人のむすこがいた．

2《限定 2：後ろから修飾された語句につけて》：～ book on my desk 私の机の上にある本．～ house we live in now いまわれわれが住んでいる家．He had ～ goodness to help me out.（彼は私を助け出してくれる親切をもっていた→）親切にも私を助け出してくれた《このようなばあい，抽象名詞にも the がつく》．〈注〉後ろから修飾された語句が常に the を伴うとは限らず，a, an が用いられるばあいもあり，a, an と the が入れ替え可能のばあいもある：Tokyo has *a* population of about ten million. 東京は約1000万の人口を有する．after *an* interval of three months 3 か月たってから．at *a* [*the*] rate of two hundred words per minute 1 分間 200 語の割合で．

3《限定 3：既出のものに関係あるもの；それの一部》：He built a house and painted ～ roof red. 彼は家を建て屋根を赤く塗った．She took him by ～ hand. 彼女は彼の手をとった．

4《限定 4：周囲の情況から聞き手にわかるものにつけて》：Shut ～ door, please. ドアを締めてください《手近のドアなど》．Let's go to ～ park. 公園に行こう．Send for ～ doctor. 医者を呼びにやれ《かかりつけの医者など》．

5《限定 5：唯一物につけて》：～ sun 太陽．～ moon 月．～ earth 大地，地球．～ sea 海．～ world 世界，世間．～ sky 空．～ air 空中．～ north [south, east, west] 北〔南，東，西〕．～ right [left] 右〔左〕．～ horizon 地平線．～ zenith 天頂．～ Bible 聖書．～ Devil 悪魔．〈注₁〉これらの中でも形容詞とともに用いられるときはしばしば a, an が付せられる：*a* calm sea 静かな海．〈注₂〉四季の名は，特定の年のものなら the をつけ，非特定ならつけないのが原則であるが，*Spring* has come. のようなばあいは通常つけず，また前置詞 in を伴うばあい，非特定のときに the のある形とない形の両用がある：in (*the*) *summer* 夏に．

6《形容詞を伴う固有名詞につけて》：～ young Shelley 若きシェリー．〈注₁〉このように，形容詞があると，the は固有名詞にもつくが，the のつかないばあいもある．the がつくと客観的表現となり，the がないと感情的色彩をもつ：*Poor John* was at a loss.（かわいそうな→）かわいそうに，ジョンは途方にくれた．〈注₂〉次の同格的表現では，the は固有名詞でなく，名詞についている：*the* naturalist Huxley (≒ Huxley, the naturalist) 博物学者(の)ハクスレー．〈注₃〉本来普通名詞であるものが，the を作って大文字で始まり，固有名詞的に用いられることがある：*the* Queen 女王《現在は Elizabeth II をさす》．*the* City ロンドンの旧市部〔都心部〕．*the* Channel イギリス海峡．

7《同種の総括》全部の，全…（≒ all the, the entire）：**a)**《the＋複数普通名詞》：These are ～ teachers (of our school). これが（わが校の）全教員です．〈注〉the のない These are teachers of our school. は「全」の含みがなく，通常は一部の教員をさす．**b)**《the＋複数固有名詞》：～ Japanese [～ British, ～ Americans] 日本人〔イギリス人，アメリカ人〕《民族全体》．〈注〉単数形 the *American* は特定の一アメリカ人，または「アメリカ人なるもの」という総称的表現．～ Yamadas 山田家《全員》．～ Rockies ロッキー山脈．～ Philippines フィリピン諸島．**c)**《the＋集合名詞》：I love ～ family. 家族（全員）を愛する．～ people（全）国民（＝the whole nation）《the のない people は「世人」「人人」》．～ cattle（全）家畜（＝all the oxen comprising the drove）．**d)**《the＋形容詞》…な人たち：～ rich（すべての）金持ち（＝all rich people）．**e)**《the＋職業名》：～ bench 裁判官の職，裁判官全部．～ bar 弁護士界．

8《代表単数に用いて》…というもの《個々のものをさすのではなくその種類全体をさす》：*The* dog is a faithful animal. 犬は忠実な動物である．〈注₁〉man は無冠詞のままで人間一般を意味する：*Man* is mortal. 人間はいつかは死ぬ．〈注₂〉代表単数は機械や楽器，身体の部分や機能についても用いられる：play *the* piano ピアノをひく．Too much light hurts *the* eye. 明るすぎると目に悪い．

9《抽象的性質を示す the》**a)**《the＋普通名詞》：～ heart 愛情．～ plow 農耕．～ cradle 幼児時代．*The* pen is mightier than ～ sword. 文は武よりも強い．**b)**《the＋形容詞》：～ beautiful 美しいもの；（美しいということ→）美．

10《計量単位をあらわす名詞につけて》：Tea is sold by ～ pound. 茶はポンド単位で売られる．by ～ day 日ぎめで．by ～ dozen [hour] 1 ダース〔1 時間〕幾らで．

11《普通名詞の前につけて》一流の，代表的な：He is *the* [-ðiː-] scientist of the day. 彼は当代の代表的な科学者だ．〈注〉実際にもしばしば *the* を斜体にして強勢を示唆する．

12《the を常習的に伴う形容詞 1：比較級と最上級》**a)**《最上級》：～ *best* thing 最上の物．**b)**《二つのものについて用いられた比較級》：～ *better* dancer じょうずな方の踊り手. ～ *younger* of the two ふたりのうちで年下の方. 〈注〉ただし名詞も of the two もつかない Which is *better* [*longer*, etc.]? の形では通常冠詞がつかない.

13 «the を常習的に伴う形容詞 2: 同一を示すもの»: ～ *same* thing 同一物. ～ *very* book I lost なくしたまさにその本. ～ *identical* person 本人.

14 «the を常習的に伴う形容詞 3: 唯一・全体を示すもの»: ～ *only* hope 唯一の希望. ～ *one* thing necessary 唯一の必要物. ～ *sole* agent 総代理店(主). ～ *whole* town 町じゅう. *all* ～ world 全世界. ～ *total* amount 総計. ～ *entire* building 全館.

15 «the を常習的に伴う形容詞 4: 正誤・適不適などの区別をあらわすもの»: ～ *right* man in ～ *right* place 適材適所. ～ *wrong* side out 裏返し. choose ～ *proper* time 適当なときを選ぶ.

16 «theを常習的に伴う形容詞 5:「おもな」を意味するもの»: ～ *chief* topic おもな話題. ～ *principal* products 主生産物. ～ *main* thing 肝心なこと. ～ *leading* article 社説, 主論文. 〈注〉ただし *a* principal product 主生産物の一つ. *a* leading (major) newspaper 一有名新聞.

17 «the を常習的に伴う形容詞 6: 二つのもののうちの一つをあらわす; 二つまたは二つ以上のもののうちある数を取り去った残りをあらわす»: (～) one ..., ～ other; one [some, two, etc.] ···, ～ other(s) [～ rest]; ～ former, ～ latter など.

18 «theを常習的に伴う形容詞7» **a**) «序数»: ～ 2nd (day) of January 1月2日. *The* second man succeeded, but ～ third man failed. 第2の男は成功したが, 第3の男は失敗した. 〈注〉ただし There is *a* third man working behind the scenes. (ふたりのほかに) 背後で動いているもうひとりの男がいる. **b**) «順序形容詞»: ～ *preceding* chapter 前章. ～ *previous* night 前夜. ～ *following* day 翌日. ～ *above* remarks 上記の意見.

19 «the を常習的に伴う固有名詞 1: 群島・山脈は the＋複数形»: ～ Hawaiian Islands ハワイ諸島. ～ Alps アルプス. 〈注〉個々の山の名称は無冠詞. 例外: *the* Matterhorn, *the* Jungfrau.

20 «the を常習的に伴う固有名詞 2: 海洋・湾・海峡・みさき・川・運河・峠・半島など»: ～ Pacific (Ocean) 太平洋. ～ Japan Sea＝～ Sea of Japan 日本海. ～ Bay of Tokyo 東京湾《ただし Tokyo Bay の構成では無冠詞》. ～ English Channel イギリス海峡. ～ Cape of Good Hope 喜望峰. ～ Mississippi (River) ミシシッピ川 《～ River Thames のような語順はおもに〖英〗》. ～ Panama Canal パナマ運河. ～ Suzuka Pass 鈴鹿峠. ～ Malay Peninsula マライ半島.

21 «the を常習的に伴う固有名詞 3: 国名・地名の一部»: ～ United States of America アメリカ合衆国. ～ Netherlands オランダ. *The* Hague ハーグ《オランダの首都. この The は常に大文字で書く》.

22 «the を常習的に伴う固有名詞 4: 船・艦隊・鉄道・航空路»: ～ Cleveland クリーブランド号. ～ Atlantic Fleet 大西洋艦隊. ～ Tokaido Line 東海道線. ～ Pennsylvania Railroad ペンシルベニア鉄道. ～ trans-Pacific line 太平洋横断航空路. ～ Polar route 北極経由航路. 〈注〉複数形のものは無冠詞: American President Lines プレジデント航路. Northwest Airlines ノースウエスト航空.

23 «the を常習的に伴う固有名詞 5: 公共建築物・施設・協会など»: ～ White House ホワイトハウス. ～ Imperial Hotel 帝国ホテル. ～ Kabukiza 歌舞伎座. ～ British Museum 大英博物館. ～ Royal Academy of Arts イギリス美術協会. ～ University of Tokyo 東京大学《ただし Tokyo University の構成では無冠詞》. 〈注₁〉駅の名は通常 the がつかない: Tokyo Station 東京駅. 〈注₂〉of のはいった句には必ず the がつくが, 他は注意を要する: *the* Crystal Palace 水晶宮. Buckingham Palace バッキンガム宮. *the* Sheffield Corp. シェフィールド会社. Xerox Corp. ゼロックス会社.

24 «the を常習的に伴う固有名詞6: 新聞»: *The* New York Times ニューヨークタイムズ紙. 〈注〉他の出版物ではいろいろなばあいがある: Life ライフ誌. *An* Anglo-Saxon Dictionary アングロサクソン辞典. *The* Sketch Book (Irving の) スケッチブック.

〈付記〉the を常習的に伴う固有名詞については, ⑥および⑦ b) も参照.

—— *ad.* **1** «指示副詞: 形容詞・副詞の比較級の前につけて» (そのために) ますます, その分だけ: I came to understand him ～ *better* for it. そのためますます彼を理解するようになった. The problem is all ～ *more* worthy to tackle because it is difficult. 問題が難題であるだけに, いっそう取っ組みがいがあるのだ. I am none ～ *better* for seeing you. きみに会ったとてそれだけ容態がよくなるわけではない.

2 «関係副詞: 指示副詞節に呼応して» …であればあるほど, …すればするほど: *The sooner, the better.* 早ければ早いほどよい. *The more* carefully you write, *the fewer* mistakes you will make. 注意して書くほどまちがいが少なくなる. 〈注₁〉前の the が関係副詞, あとの the は指示副詞. ただしときに逆になることがある: You will get *the more* support *the more* serious you are. 真剣であればあるほど支持が得られる. 〈注₂〉主節《指示副詞に続く節》の主語と動詞はしばしば倒置を起こす: The higher one goes, the rarer *becomes the air* [*will the air* become, *does the air* become]. 高く登れば登るほど, 空気が希薄になる. ***so much ～ better*** [***worse***] それならなおさらよい [悪い].

the·ór·bo [θiːɔ́ːrbou] *n.* (*pl.* **～s**) 〖楽〗《ギターに首を二つ付けた》17世紀ごろの弦楽器. → lute¹.

thé·o·rem [θíːərəm/θíə-] *n.* **1** 〖数〗定理. **2** 法則, 一般原理; 証明できる一般的命題. → axiom. ◇ **thè·o·re·mát·ic** [θiːərəmǽtik/θiə-], **thè·o·re·mát·i·cal** *a.* 定理の.

thè·o·rét·ic [θiːərétik/θiə-], **-i·cal** [-(ə)l] *a.* **1** 理論の, 理論的な. **2** 非現実的な, 空想的な. **3** 理論好きの. ◇ **thè·o·rét·i·cal·ly** [-(ə)li] *ad.* 理論的に; 理論上, 理屈の上では.

thè·o·re·tí·cian [θiːəretíʃ(ə)n/θiə-] *n.* 理論家, 理論通.

thè·o·rét·ics [θiːərétiks/θiə-] *n. pl.* «単数扱い» 「理論.

thé·o·rize [θíːəràiz/θíə-] *vt., vi.* **1** 理論づける, 理論 [学説] をたてる, 理論を述べる. **2** 理論にふける [走る]. ◇ **-riz·er** *n.* ～する人. **thè·o·ri·zá·tion** [θiːərizéiʃ(ə)n/θiəraiz-] *n.* 理論づけ.

‡thé·o·ry [θíːəri/θíə-] *n.* **1** 学説, 説, 論, 《学問上の》法則: Newton's ～ of gravitation ニュートンの引力論. **2** 《芸術・科学の》理論, 原理, 規則: the ～ and the practice of music 音楽の理論と実際. **3** 意見, 私論, 持論. **4** 理屈; 空論: The plan is well in ～, but would it succeed in practice? その計画は理屈ではよいが実際にうまくいくだろうか. **5** 〖俗〗推測, 見解. ***number ～*** 〖数〗整数論. ◇ **thé·o·rist** *n.* 理論を述べる人; (学) 説をたてる人; 理論家; 空論家.

(類義語) **理論, 学説: theory** practice (実践) に対するもので, 論理的なことばや数式で表現される理論. 学理, 学説. **hypothesis** (科学上の) 仮説. それ自体は証明されていないが仮定として受け入れると他の現象を説明するのに役立つもの: Most of unifying conceptions of modern science are working *hypotheses.* 現代科学の統一概念のほとんどのものは実際に役立つ仮説にすぎない. **assumption** あることを当然なもの, あるいはほんとうのものとして受け入れること. 仮定, または仮定された事柄: All theories are built on *assumptions*. すべての理論は仮定を基礎にしている. **principle** それからすべてのものが発している原理, 原則. それを認めないとすべてが成立しないもの. その内容は law, assumption, doctrine などいずれでもよい. **doctrine** 多くは宗教の教義, 政治上の主義に用いられるが, 学問上では多くの支持者があり一時代を画する theory: the *doctrine* of Einstein アインシュタインの学説. **postulate** 証明を必要としない自明の原理. 基礎条件となる仮定, 前提. **law** すべての人から無視できない法則として認められているもの. principle と違ってもはや自然の原理そのものと考えられている: the *law* of gravitation 引力の法則.

theos. theosophical; theosophy.

the·ós·o·phy [θiːásəfi/θiɔ́s-] *n.* 神知学, 見神論, 接神論《宗教的法悦・直観などが神の認知〔神人合一〕を可能にすると主張する神秘学説》. ◇ **-phist** [-fist] *n.* 神知学者, 見神論者. **thè·o·sóph·ic** [θiːəsáfik/θiəsɔ́-], **thè·o·sóph·i·cal** *a.*

thèr·a·péu·tic [θèrəpjúːtik], **-ti·cal** [-k(ə)l] *a.* 治療(上)の, 治療法の; 治療する力のある.
◇ **thèr·a·péu·ti·cal·ly** *ad.* 「法〔学〕.

thèr·a·péu·tics [-tiks] *n. pl.* 《単数扱い》 治療

thèr·a·péu·tist [-tist], **thér·a·pist** [θérəpist] *n.* 治療法研究家; 臨床医.

thér·a·py [θérəpi] *n.* **1** 治療(法)《通例合成語に用いる》: radio*therapy* 放射線療法. **2** 治療力.

†**there** → 枠付 there. (pp. 1348–1349)

thère·a·bóut(s) [ðὲ(ː)rəbáut(s)/ðέərəbaut(s)] *ad.* **1** その近くで〔に〕, そのあたりに. **2** そのころ, その時分に. **3** およそ, …ぐらい, …ほど.

***there·áf·ter** [ðɛ(ː)rǽftər/ðɛərάːf-] *ad.* 〔古・雅〕 **1** その後, それ以来, それから. **2** 〔稀〕それによって.

thère·a·nént [ðὲ(ː)rənént/ðὲər-] *ad.* 〔スコットランド〕それについて, そのことに関して.

there·át [ðɛ(ː)rǽt/ðɛərǽt] *ad.* 〔古〕そのとき; その場で, そこで, そこに; それゆえ, そのために.

***there·bý** [ðɛərbái/⏤⏤] *ad.* **1** それによって, それで. **2** それについて〔関して〕: *T*〜 hangs a tale. それにはいささか訳がある. **3** その近くに, その辺に. **4** …ぐらい (thereabout). 「に.

there·fór [ðɛərfɔ́ːr] *ad.* 〔古〕そのために; その代わり

‡**thére·fore** [ðέərfoːr/-fɔː] *ad.* (それ)ゆえに, したがって; その結果, よって: I think, 〜 I am. われ思うゆえにわれあり《Descartes のことば》. 「それから.

there·fróm [ðɛərfrám/-frɔ́m] *ad.* 〔古〕そこから,

there·ín [ðɛ(ː)rín/ðɛərín] *ad.* 〔古〕そこに, その中に〔へ〕; それに関して, その点で. 「文に, 以下 (に).

thère·in·áf·ter [ðὲ(ː)rinǽftər/ðὲərinάːf-] *ad.* 後

thère·in·be·fóre [ðὲ(ː)rinbifɔ́ːr/ðὲərinbifɔ́ː] *ad.* 前文に, 以上に.

there·ín·to [ðɛ(ː)ríntuː, -tu, ðὲ(ː)rintúː/ðɛəríntu] *ad.* 〔古〕その中に, そこへ.

there·óf [ðɛ(ː)rάv, ðər-, -άf/ðɛərɔ́v, -ɔ́f] *ad.* 〔古〕 **1** それについて; それを. **2** その中から, それから.

there·ón [ðɛ(ː)rάn, -ɔ́ːn/ðɛərɔ́n] *ad.* 〔古〕その上に; そのあとすぐに. 「の中から.

there·óut [ðɛ(ː)ráut/ðɛəráut] *ad.* 〔古〕それから, そ

there's [強 ðɛərz, 弱 ðərz] there is, there has の短縮形. 「上, それに加えて.

there·tó [ðɛərtúː] *ad.* 〔古〕そこへ; それへ〔に〕; その

thère·to·fóre [ðὲərtəfɔ́ːr/-fɔ́ː] *ad.* それより前に; それまでに, そのときまで.

there·ún·der [ðɛ(ː)rʌ́ndər/ðɛərʌ́n-] *ad.* その下に, そのもとに; それに従って.

there·ún·to [ðɛ(ː)rʌ́ntuː, ðὲ(ː)rʌntúː/ðɛərʌ́ntuː, ðὲərʌntúː] *ad.* 〔古〕それに, その上に (thereto).

thère·up·ón [ðὲ(ː)rəpάn, -pɔ́ːn/ðέərəpɔ́n] *ad.* そのあとすぐに; そこで, それゆえに; その上に; それについて.

there·wíth [ðɛərwíθ, -wíð] *ad.* 〔古〕それとともに, それに; そのあとすぐに; その上, しかも.

thère·with·ál [ðὲərwiðɔ́ːl] *ad.* それとともに; それに加えて, その上; それに続いて, そのあとに.

therm [θəːrm] *n.* 〔物〕サーム《熱量の単位》.

therm. thermometer.

ther·mae [θə́ːrmiː] L. *n. pl.* **1** 〔特に古代ギリシア・ローマの〕公衆浴場. **2** 温泉.

thér·mal [θə́ːrm(ə)l] *a.* **1** 熱の, 熱量の, 温度の. **2** 熱い, 暖かい. **3** 温泉の. ***British 〜 unit*** 最大密度の水 1 ポンドを 1° F 高めるのに要する熱量《略 BTU, Btu》. —— *n.* 〔空〕上昇暖気流.
〜 **barrier** 超音速の物体が大気に触れたとき生じる高温. 〜 **capacity** 熱容量. 〜 **diffusion** 熱拡散. 〜 **equilibrium** 熱平衡. 〜 **spring** 温泉. 〜 **unit** 熱(量)単位. ◇ 〜**-ly** *ad.*

thér·mic [θə́ːrmik] *a.* 熱の, 熱による; 熱量の: 〜 fever 日射病 (sunstroke).

thérm·i·on [θə́ːrmiən] *n.* 〔物〕熱イオン, 熱電子.

thèrm·i·ón·ic [θə̀ːrmiάnik/-ɔ́nik] *a.* 熱イオンの, 熱電子の: a 〜 valve〔tube〕熱イオン管.
◇**-i·cal·ly** *ad.* 「オン学.

thèrm·i·ón·ics [-s] *n. pl.* 《単数扱い》〔物〕熱イ

thér·mit [θə́ːrmit], **thér·mite** [-mait] *n.* テルミット《アルミニウムと酸化鉄の混合物. 溶接用など》.

thermo- 「熱」の意の連結形.

thèr·mo·dy·nám·ic [θə̀ːrmodainǽmik/θə̀ː-mo-] *a.* 熱力学の; 熱の力を利用した. 「力学.

thèr·mo·dy·nám·ics [-s] *n. pl.* 《単数扱い》熱

thèr·mo·e·léc·tric [-iléktrik], **-tri·cal** [-(ə)l] *a.* 熱電気の: 〜 current 熱電流.
◇ **thèr·mo·e·léc·tri·cal·ly** *ad.* **thèr·mo·e·lèc·tríc·i·ty** [-ilèktrísiti] *n.* 熱電気.

thèr·mo·gén·e·sis [-dʒénisis] *n.* 《特に動物体内の生理作用による》熱発生.
◇ **thèr·mo·ge·nét·ic** [-dʒinétik] *a.* 「録計.

thér·mo·graph [θə́ːrməgræf/-grɑːf] *n.* 温度記

thèr·mo·jét [θə̀ːrmodʒét/⏤⏤⏤] *n.* 〔空〕噴流推進系〔熱気体系〕エンジン.

‡**ther·móm·e·ter** [θərmάmitər/-mɔ́m-] *n.* 温度計, 寒暖計; 体温計 (=clinical 〜): The 〜 often goes〔falls〕below zero〔the freezing point〕. しばしば温度計が 0° 以下になる. The 〜 registers〔reads, indicates, stands at〕75 deg. in the shade. 温度計は日陰で 75° を示している.
***Centigrade*〔*Celsius*〕〜** 摂氏温度計《氷点 0°, 沸点 100°》. ***Fahrenheit* 〜** 華氏温度計《氷点 32°, 沸点 212°》. ***maximum* 〜** 最高温度計. ***minimum* 〜** 最低温度計. ***Réaumur* 〜** 列氏温度計《氷点 0°, 沸点 80°》.
◇ **-try** [-tri] *n.* 検温, 温度測定(法). **thèr·mo·mét·ric** [θə̀ːrməmétrik], **thèr·mo·mét·ri·cal** *a.* 温度計の, 温度計で測定した.

thèr·mo·nú·cle·ar [θə̀ːrmon(j)úːkliər / θə̀ːmo-njúː-] *a.* 熱核の, 原子核融合反応の.
〜 **bomb** 水素爆弾. 〜 **reaction** 熱核反応.

thér·mo·pile [θə́ːrməpàil] *n.* 〔物〕熱電対列, 熱電堆(たい).

thèr·mo·plás·tic [θə̀ːrməplǽstik/θə́ːmə-] *a.* 熱すると柔らかくなる性質の, 熱塑性の. —— *n.* 《セルロイドなど》熱すると柔らかくなるもの, 熱塑性.

Ther·móp·y·lae [θərmάp(i)liː/-mɔ́p-] *n.* テルモピレー《紀元前480年スパルタ軍がペルシアの大軍に敗れたギリシア東部の山地名》.

thér·mos [θə́ːrməs/-mɔs] *n.* 魔法びん (vacuum bottle). 〜 **bottle**〔**flask**〕魔法びん.

thér·mo·scope [θə́ːrməskòup] *n.* 温度測定器.
◇ **thèr·mo·scóp·ic** [⏤–skάpik/-skɔ́p-], **thèr·mo·scóp·i·cal** *a.*

thér·mo·sèt·ting [θə́ːrmosètiŋ] *a.* 熱硬化性の

《プラスチックなど熱すると堅くなる性質》.

thér·mo·stat [θə́ːrməstæ̀t] *n.* サーモスタット, 自動温度調節装置.

thèr·mo·stát·ic [θə̀ːrməstǽtik] *a.* 自動温度調節の. ◇ **-i·cal·ly** *ad.*

thé·roid [θí(ː)rɔid/θíər-] *a.* 《特に白痴者の》 獣のような (性格の).

the·sáu·rus [θisɔ́ːrəs] *n.* (*pl.* **-ri** [-rai], **-rus·es**) **1** 《特に類語·反意語などの》 辞典, 百科辞典, 宝典. **2** 宝物のしまってある場所, 宝庫.

†**these** [ðiːz] *pron., a.* 《this の複数形》 **これら (の)**: *T*～ are my books. (*in*) ～ ***days*** 近ごろ (は), このごろ (は), 最近. ***one of*** ～ ***days*** 近いうち (に).

Thé·seus [θíːsuːs, -siəs/-sjuːs, -siəs] *n.* 〘ギ神〙 Attica の英雄《怪物 Minotaur を退治した》.

thé·sis [θíːsis] *n.* (*pl.* **-ses** [-siːz]) **1** 論文; 学位論文, 卒業論文: a doctoral [doctor's] ～ 学位論文. a graduation ～ 卒業論文. → treatise. **2** 主題, 論題; 《作文などの》題, 題目. **3** 〘論〙 定立, 《論証されるべき》 命題. **4** 〘哲〙 《弁証法で》 テーゼ, 正. → antithesis, synthesis. **5** 〘韻〙 弱音部; 《現代詩の》 強声部. ↔arsis. **6** 〘楽〙 下拍, 《小節中の》 強部. ***submit a*** ～ 論文を提出する. [√the-²]

Thés·pi·an [θéspiən] *a.* **1** Thespis の. **2** 悲劇の; 演劇 [戯曲] の; 悲劇的な; 劇的な.
—— *n.* 悲劇役者; 俳優.

Thés·pis [θéspis] *n.* テスピス 《悲劇の創始者といわれる紀元前 6 世紀のギリシアの悲劇詩人》.

Thess. Thessalonians.

Thes·sá·li·an [θeséiliən] *a.* Thessaly 《ギリシア東部の地方》 の; テッサリー人 [語] の.
—— *n.* テッサリー人 [語].

Thès·sa·ló·ni·an [θèsəlóuniən] *n.* **1** Thessalonica 人. **2** (*pl.*) 《単数扱い》 〘聖〙 テサロニケ書 《新約聖書中の》. —— *a.* テサロニカの. 〈注〉 テサロニカは現在のギリシアの海港 Salonica [sæ̀ləníːkə/səlɔ́nikə].

thé·ta [θéitə, θíːtə/θíː-] *n.* ギリシア語アルファベットの第 8 字 《Θ, θ. 英語の th に当たる》.

Thé·tis [θíːtis/θét-] *n.* 〘ギ神〙 海の神 (Nereus) の娘 (Nereids) のひとり.

thé·ur·gy [θíːəːrdʒi] *n.* **1** 《エジプトの》 魔法. **2** 不思議な力, 神わざ, 奇跡.

thews [θ(j)uːz/θjuːz] *n. pl.* 筋肉; 筋肉の力, 腕の力; 体力; 気力.

†**they** [ðei, 弱 ðe, ði] *pron. pl.* 《人称代名詞 he, she, it の複数形. 語形変化は主格 **they**; 所有格 **their**; 目的格 **them**; 所有代名詞 **theirs**》 **1 彼ら**, 彼らは [が]; **それら**, それらは [が]: It is ～. それは彼らである (= 〘話〙 It's them.). **2** 《関係代名詞 who, that の先行詞として》 …する人々: *T*～ do least who talk most. 多弁家は実行少なし. **3** 《ばく然と》 人々, 世人 (people); 〘話〙 その筋の人たち, 当局者: *T*～ sell dear at that shop. あの店は高い. ***T***～ ***say*** (***that***)… …という話だ, …といううわさだ.

they'd [ðeid] they had, they would の短縮形.

they'll [ðeil] they will, they shall の短縮形.

they're [ðɛər] they are の短縮形.

they've [ðeiv] they have の短縮形.

thí·a·mine [θáiəmìːn, -min], **-min** [-min] *n.* 〘生化〙 サイアミン 《ビタミン B_1》.

†**thick** [θik] *a.* **1 厚い**; 厚さ…の: a ～ slice of bread パンの厚い切れ. ice three inches ～ 3 インチの厚さの氷. **2 太い**, ずんぐりした: a ～ line 太線. a ～ rod 太ざお. a ～ pipe 太管. **3** 《液体·霧などが》 **濃い**; 霧の深い: ～ soup 濃厚なスープ. a ～ fog 濃霧. The weather is still ～. まだ霧が晴れない. a ～ day 霧の深い日. **4** 《夜·やみ·静寂が》 深い, 濃い. **5 密な**, 茂った; 毛深い: ～ hair 濃い毛. a ～ forest 繁茂した森. **6** 《声が》 太い, 濁った: a ～ voice 太い声, だみ声. **7 込み合った**, たくさんの, ひっきりなしの; 《…に》 満ちた 《に *with*》: in the ～*est* part of the crowd 人込みのいちばんひどいところに. a field ～ *with* flowers 一面に花の咲いた野. The air was ～ *with* dust [snow]. 大気はほこりでいっぱいだった [雪で見通しがきかないほどだった]. ↔thin. **8** 愚鈍な; のろまな: be ～ of hearing 耳が遠い. **9** 〘話〙 親密な 《*with*》: They are very ～ together. 彼らはとても親しい仲だ. John is very ～ *with* Tom now. いまではジョンはトムとよい仲だ. **10** 〘俗〙 ひどい, やりきれない: It's rather ～. それはひどすぎる. (***as***) ～ ***as thieves*** 離れられない親しい仲で, 実に親密で. ***be rather*** [***too, a bit***] ～ 〘俗〙 やりきれない, ひどすぎる: Three weeks of heavy rain *is a bit* ～. 3 週間もどしゃ降りが続いてうんざりする. ***get a*** ～ ***ear*** 《なぐられて》 耳がはれる. ***give*** a person ***a*** ～ ***ear*** 耳がはれるほどなぐる. ***have a*** ～ ***head*** 頭が悪い. ***lay it on*** ～ 〘米話〙 いやにおせじをふりまく. bullets ～ ***as hail*** 雨あられのような (たま). ***with honors*** ～ ***upon*** one ふりそそぐような光栄を身に浴びて.
—— *n.* **1** 最も太い [厚い] 部分; 最濃部; 《林などの》 茂み: the ～ of the thumb 親指の厚肉. the ～ of a handle 柄の太い部分. **2** 人の最も集まる所: the ～ of the town 町の最もにぎやかな所. **3** 最も盛んなとき; 最も激しい所. **4** 〘俗〙 ばか, まぬけ. **5** 〘英俗〙 ココア (cocoa). ***in the*** ～ ***of***… のまっ最中に, …のたけなわなときに. ***through*** ～ ***and thin*** 万難を排して, 良いときも悪いときも.
—— *ad.* **1** 厚く, 深く; 密に, 濃く: The snow lay ～ upon the glacier. 氷河の上には雪が厚く積もっていた. Doubts came ～ upon him. 疑惑が彼の心にむらむらとわいた. **2** しげく, しばしば; 激しく: The heart beats ～. 胸がどきどきする. ***lay it on*** ～ 猛烈にやる. ～ ***and fast*** しきりに, どんどん, 激しく.
～-and-thín 水火も辞さない, 身も心もささげた, いつも変わらない, 忠実な. **～·head** [ˊ⁻ˋ] 〘話〙 ばか, 愚か者, まぬけ. **～·héad·ed** 頭の悪い, 愚かな, ばかな, 鈍い. **～-nécked** 首の太い, 猪首(いくび)の. **～·sét** →別項. **～-skínned** 皮 [皮膚] の厚い; 鈍感な, 鈍い; ずうずうしい, 厚かましい. **～-skúlled** 頭の堅い, 愚かな, ばかな(=thickheaded). **～-wít·ted** 頭の鈍い, 愚かな, わかりの悪い.

***thíck·en** [θík(ə)n] *vt., vi.* **1 厚く** [**太く, 濃く**] **する** [**なる**]. **2** 密に [深く] する [なる]; 茂らす, 茂る. **3** 強める, 強まる, ひどくする [なる]; ふやす, ふえる, 加える, 加わる. **4** 濁らす, 濁る; 複雑にする [なる]; 不明瞭(ふめいりょう)にする [なる]. **5** 《生地の》 目を詰める.

thíck·en·ing [θík(ə)niŋ] *n.* **1** 太く [厚く, 濃く] する [なる] こと. **2** 太く [厚く, 濃く] なった部分. **3** 濃くするもの, 濃厚材料, 濃化剤.

‡**thíck·et** [θíkit] *n.* **茂み**, やぶ, 低木林.

thíck·ly [θíkli] *ad.* =thick.

thíck·ness [θíknis] *n.* **1** 厚さ; 太さ; 濃さ. **2** 濃厚; 濃度; 《からだの》 厚い部分. **3** 濃密; 密集して [茂って] いるようす, 密生. **4** 愚かな [頭の悪い] こと. **5** 濁っていること, 濁り; はっきりしないこと, 不明瞭(ふめいりょう). **6** 《きまった厚さの材料の》 1 枚, 一重ね: two ～*es* of felt フェルト 2 枚.

thíck·sét [θíksét] *a.* **1** おい茂った, こんもりした: a ～ hedge 厚く茂った生けがき. **2** いっぱい詰まった; 緻密(ちみつ)な, 目のつんだ: a sky ～ with stars 星をちりばめた空. **3** ずんぐり[がっしり]した. —— *n.* 茂み, やぶ(thicket); 厚く茂った生けがき; 厚い綿布の一種.

‡**thief** [θiːf] *n.* (*pl.* **thieves** [θiːvz]) **1 どろぼう**, 盗人, こそどろ. **2** ろうそくの心(しん)のこぶ. (***as***) ***thick as thieves*** 離れられない仲で, 非常に親密で. ***Set a*** ～ ***to catch a*** ～. 〘諺〙 どろぼうはどろぼうに捕えさせよ, 蛇(じゃ)の道はへび.
thieves' Latin 賊の符丁 [合いことば].

thieve [θiːv] *vt., vi.* 盗む, どろぼうをはたらく.

thíev·er·y [θíːvəri] *n.* 盗み, 窃盗; 盗んだ物.

there

there の用法は二つに大別できる: A) 常に [ðεər] と発音されるもの, すなわち虚辞 (expletive) 以外の用法と, B) [ðεər] を強形とし, 頻度(ひんど)の高い弱形 [ðər] を有するもの, すなわち虚辞としての用法とである.

A) 虚辞以外の there は「そこに〔で〕」「そこへ」という指示的な場所の副詞が中心で, この機能は from *there* (そこから) のように, おもに前置詞の目的語として用いられる機能の不完全な(代) 名詞によって補われる. これらから抽出される「そこ」の含みは日本語ときわめてよく平行し, that に相当して実際に場所をさし示す明瞭(めいりょう)な指示詞的要素と, it に相当して既出の場所などに言及する, いわば「三人称の人称代名詞的」な要素とを兼ね備えている点が注目に価する.

B) 虚辞の there は「予備の there」ともいわれ, 発生的には副詞であるが「そこに」の意が全く失われて, 現在の実際の機能では,「予備の it」(*It* is pleasant to read.) と同様に, 代名詞に近い. 特に頻度の高い *There* is a new book on the shelf. など "虚辞＋be＋名詞" の構文では there は普通の主語と同じ位置をとり, 構文上あたかも主語のようにはたらく. たとえば接続詞 that に導かれて名詞節を作る: I know *that there are* good hotels here. 《比較: I know *that they are* good hotels.》 また次のように目的語または「意味上の主語」と同様にはたらくばあいもある. (1) to be との結合: I expect *there to be* good harmony. 《比較: I expect *him to be* a good boy.》. (2) 動名詞・現在分詞の being との結合: the idea of *there being* a good man よい人がいるとの考え《比較: the idea of *his* 〔*him*〕 *being* a good man 彼がよい人だとの考え》.

there [ðεər, ðər] 《用法 A), B) による発音の差に注意》.

A) 《**虚辞以外の用法**》 [ðεər] *ad.* **1** そこに, そこで (in that place, at that place): live 〔sit, stay, arrive〕 ～ そこに住む〔腰掛ける, 滞在する, 到着する〕. Is he still ～? 彼はまだそこにいるか. We shall soon be ～. まもなくそちらへ行き〔そちらに着き〕ます. Put it (down) ～. それをそこに置け. Put it in ～. そこに入れなさい. Can you camp ～? そこでキャンプができるか. It's awfully cold in winter ～. そこは冬はひどく寒い. Most people ～ are hard-working. そこの人たちはたいてい働き者だ. What are you doing out ～? そこで〔そこに出て〕なにをしているのか. 〈注〉最後の out there は家の中から屋外の人へ, または家庭から出先へ呼びかけるなどのばあいで,「外のそこで」の意. 同様に in 〔up, down〕 there などが可能. なお下記成句 over there 参照.

2 そこへ, そこに (to that place, into that place): go 〔walk, run, hurry, travel〕 ～ そこへ行く〔歩いて行く, 駆けて行く, 急ぐ, 旅行する〕. Have you ever been to Kyoto? — Yes, I have been ～ twice. 京都へ行ったことがありますか. —ええ(京都へは) 2 度行ったことがあります. You can go ～ and back within two hours. そこは 2 時間以内で往復できます. I met a friend on my way ～. そこへ向かう途中で友人に会った. a travel ～ そこへの旅.

3 その点で, そのことで: *T*～ I agree with you. その点ではあなたと同意見です. You are mistaken ～. そこはあなたの思い違いです.

4 《be ～ の形で》 ある, 存在する: The government *is* ～ to promote the people's welfare. 政府は国民の福祉を向上するためにあるものだ. I climb mountains because they *are* ～. 山があるから登るのだ. 〈注〉この there は依然として [ðεər] と発音され, be there の語順も①の He *is there*. (彼はそこにいる) などのばあいとおなじだが, このばあいは存在場所が自明で「そこに」の気持ちはほとんど失われ, 意味上は下記 B) の there is, there are などに近づいている.

5 《注意を促す強調表現》 ほら, さあ, それ《下記 B) と語順が似ているが, 常に強勢が置かれる点でも区別される. また, 通常, 主語が名詞なら動詞との間に倒置を起こし, 代名詞なら起こさない》: *T*～ goes the last bus! ほら, 終車が出てしまった. *T*～ goes the bell! さあ, 鐘〔ベル〕が鳴った. *T*～ come the rest of the party! ほら, 残りの連中が来た. *T*～ they come. さあ, 彼らが来た. *T*～*'s* [ðέərz-] the girl singing hymns again! ほら, 娘がまた聖歌をうたっている. *T*～ you go joking again. それ, またきみは冗談を言う. *T*～*'s* gratitude for you! ほら, これが感謝のしるしです. Hi! You ～! やあきみ《あいさつの呼びかけ》.

Are you* ～?** もしもし, あなたですか《かけた電話が相手に通じたあとで》. ***be all* ～** 〖話〗 精神がしっかりしている. ***get* ～** 《「そこに到着する」から転じて》成功する. ***here and* ～** → here. ***over* ～** あそこに〔で〕, あちらに〔で〕, 向こうに〔で〕《there の距離感を強調したもの》: Give me the book *over* ～. あそこにある帳簿を取ってくれたまえ. *Over* ～ people don't need any heating even in winter. あちらでは冬でも暖房の必要がない《他の土地・海外の話など》. My brother lives here, Mr. Brown ～, and Mr. Green *over* ～ across the river. 私の兄はここに, ブラウン氏はあそこに, グリーン氏はその向こう, 対岸に住んでいる. ***then and* ～** ＝ **～ *and then その時その場で, 即座に. **～ *and back*** → ②. **～ *or thereabouts*** だいたいその辺《金額・程度など》. ***T～'s a good boy!*** いい子だ《勇気づける言い方. That's a good boy. とも言う》. ***T～ you are!*** それごらん, そらどうだ: You have only to turn the switch, and ～ *you are!* ただスイッチを入れさえすれば, これでできあがりだ〔それ, 動き出しました〕《比較: Here you are. はい, どうぞ. Here we are. ほらここだ; さあ着いた》. ***You have me* ～.** これは参った.

—— *n.* **1** 《代名詞的に, 前置詞・他動詞の目的語として》 そこ, あそこ (that place): come *from* ～ そこから来る. from here *to* ～ ここからそこまで. live *near* ～ その近くに住む. come up *to* ～ そこまで達する. pass *by* ～ そのそばを通る. We *left* ～ yesterday. きのうそこを立った. **2** (*pl.* ～s)「そこ」ということ: There's no here or ～ about it. それについては「ここ」も「そこ」もない.

—— *int.* それ, ほら, まあ《自分の考えが正しかったとき, 相手をなだめるときなど》: *T*～ now! それごらん(私の言ったとおりだろう). *T*～! Didn't I tell you so? ほら, 言わないことじゃない〔だから言ったでしょう〕. *T*～, ～, Tom! まあまあ, トムや. Hello ～! みなさんこんにちは〔こんばんは〕《放送の最初などのあいさつ》.

B) 《**虚辞としての用法**》 [通常弱く ðər, 強 ðεər] *ad., pron.* (is との短縮形 **there's** [-z]) **1** 《there is, there can be, there seems to be などの形で be 動詞を従えて》 …がある〔いる〕; 〈ことが〉起こる, 行なわれる; 〈物音が〉する: *T*～*'s* someone at the door. 戸口にだれかいる〔来た〕. *T*～ [ðər-] *was* nobody there [-ðέər]. そこにはだれもいなかった《文末の there は A), ① の用法》. *T*～ *is* no rule without an exception. 例外のない規則はない. *Is* ~ any sugar left? — Yes, ~ *is*. 砂糖がいくらかでも残っていますか. — はい, あります. In this school ~ *are* only twenty pupils under one teacher. この学校には生徒が20人しかおらず, ひとりの先生に教わっている. *T~ was* a rattling sound inside. 中でガタガタという音がした. *T~'s* nothing like leather for shoes. くつには, なめし皮がいちばんよい; くつは, なめし皮に限る. *T~ will be* a change in the weather. 天気が変わるだろう. *T~ has been* plenty of sunshine this winter. この冬はたっぷり上天気に恵まれた. *T~ can be* no doubt about it. それには疑問の余地がない. *T~ used to be* a school there [here]. そこ[ここ]には, もと学校があった. *T~ seems to be* no one in the room. へやにはだれもいないらしい. I suspect that ~ *is* [*must be*] some secret between them. 彼らの間にはなにか秘密がありそうだ. *T~'s* much to be said for it. そのために言うべきこと[弁護, 推薦の理由]がたくさんある. He has read as many books as ~ *are* to read at his age. 彼は, 彼の年ごろに読むようにできている本を読み尽くした. What more *is* ~ to say? これ以上なにを言うことがあるのか. *T~ being* too much wind, we gave up sailing. あまり風が強かったので私たちは出帆をあきらめた. I don't want ~ *to be* any conflict of opinions. 意見の衝突があってもらいたくない. *T~'s* someone (who) wants to see you. あなたに会いたいという人がいます《口語では who が略されることがある》. We did all the work ~ *was* to do. すべき仕事はすっかりしてしまった. That's all ~ *is* to it. (それが, それについてあるすべてのことなのだ→) それだけのことだ; それしかない.

〈注〉最後の2例のように, all (the ...) などは通常関係代名詞 that を介せずに there is [was] ...の節と結びつく.

2《be 以外の動詞を従えて》: Once ~ *lived* a kind-hearted farmer. 昔々, ひとりの心の優しいお百姓さんが住んでいました. *T~ came* a time when ... ついに…するときが来た.

〈付記$_1$〉 *There are* [*is*] a book, a pen and a few pencils on the desk. などのばあい, 動詞は複数 are となるべきだが, 実際には最初の単数に引かれてしばしば There is ..., There's ... となる.

〈付記$_2$〉短縮形 there's は, 特に is を強めるか, または Yes, *there is*. や That's all *there is* to it. のように, 位置の関係から自然に is に強勢が要求されるときには用いられない.

〈付記$_3$〉there is, there are などはおもに紹介的に用いられるので, 次には不定名詞(不定冠詞＋単数名詞, some＋名詞, 無冠詞の複数名詞, 数詞＋複数名詞など)がくるのが普通であるが, 既に話題にのぼったものを数えあげるばあいには定名詞 (the, my など＋名詞) が用いられる: I have many things to take care of: *There are my* children in the first place, *there is the* occasional shopping of course, and *there is the* answering for my husband of part of the numerous letters addressed to him. めんどうをみなければならないことが, たくさんあります. 第一に子どものことがありますし, ときにはもちろん買い物をせねばならず, それに主人のところに殺到する手紙の返事の一部を代筆する仕事もあります.

T~ are* books *and* books.** (本)が山ほどある; (本)といってもいろいろある. ***T~ is no (do)***ing*** ... することはできない: *T~ is no* tell*ing* what may happen next. 次になにが起こるか予測できない.

***thieves** [θiːvz] *n*. thief の複数形.

thíev·ish [θíːviʃ] *a*. **1** どろぼうの; 盗み癖のある, 手癖が悪い. **2** どろぼうのような; こっそり隠れてやる, ずるい, 不正な. ◇ **~·ly** *ad*. **~·ness** *n*.

‡**thigh** [θai] *n*. **1** もも, また; ＝thighbone. **2**〖虫〗腿節(たいせつ). **∼·bone** [ˊˋ]〖医〗大腿骨.

thill [θil] *n*.《車の》ながえ, かじ棒.
◇ **∼·er** [-ər] *n*. ながえ馬, かじ棒につけられた馬.

thím·ble [θímbl] *n*. **1**《裁縫用帽子状の》指ぬき. **2**〖機〗はめ輪; シンブル. **3**〖海〗シンブル心環《すれを防ぐ金具》. **~·ber·ry** [-bèri/-b(ə)ri]〖植〗《アメリカ産》キイチゴの一種. ◇ **~·ful** [-fùl] *n*.《酒など》ほんの少し; 指ぬきいっぱいの量.

thimbles ②

thím·ble·rig [θímblrìg] *n*. 豆隠し手品《指ぬき状の3個の器を伏せ, 豆[玉]がどの器の下にあるかを見物人に当てさせるかけ》.
—— *vi., vt.* (**-gg-**) 豆隠し手品をする; にいかさまをする.

‡**thin** [θin] *a*. (**-nn-**) **1** 薄い, 厚くない: a ~ sheet of paper 薄い紙. **2** 細い, 太くない: ~ thread 細糸. **3** ほっそりした, やせた: Girls like looking ~. 娘たちはやせて見えるのが好きだ. **4** まばらな, あらい, 密でない; 入りの少ない: The population is ~. 人口希薄である. ~ hair 薄い髪. The audience was ~. 客の入りがまばらだった. **5** 希薄な, 薄い, 淡い, 濃くない: ~ air 希薄な空気. ~ milk 水っぽい牛乳. ~ soup 薄いスープ. ~ beer 弱いビール. ~ wine こくのないブドウ酒. ~ colors 薄い色. **6** 貧弱な, 力のない, か細い: a ~ voice 声量のない声. ⇔ thick. **7** 内容の貧弱な, 薄っぺらな, つまらない: a ~ excuse 見え透いた弁解. ~ argument 説得力の乏しい議論. a ~ story おもしろみのない話. **8**〖米俗〗ふところが寒い. **9**〖写〗《ネガ・プリント両者について》明暗[コントラスト]の乏しい. ***have a ~ time***〖俗〗不愉快に過ごす. ***That is too ~.***〖俗〗うそが見え透いている. ***vanish*** [***melt***] ***into ~ air*** すっかり消えてしまう, 影も形もなくなる.
—— *ad*. 薄く; 希薄に; まばらに (＝thinly).
—— *vi., vt.* (**-nn-**) **1** 細くする[なる], 細る《*down*》: one's face ~*s down* 顔が細ってくる. **2** 薄くなる[する]: His hair is ~*ning*. 髪が薄くなってきている. **3** 希薄になる[する]. **4** まばらになる[する], すく, すかす, 間引く《*out, away, off*》: The crowd ~*ned*. 人の群れがまばらになった. ~ (*out*) trees in one's garden 庭の木を間引く.
~ captain〖英〗ビスケットの一種. **∼-skínned** 皮[皮膚]の薄い; 感じやすい, 刺激を受けやすい; いらいらする, おこりっぽい.
◇ **∼·ly** *ad*. 薄く; 細く, ほっそりと; まばらに, 少なく; 弱く, 貧弱に. **∼·ness** *n*. **∼·nish** *a*.

thine [ðain] *pron*.〖古・雅〗**1**《thou の所有代名詞》なんじのもの. **2**《thou の所有格; 母音または h 音で始まる名詞の前に用いる》なんじの(thy): ~ eyes. ~ honor.

†**thing** [θiŋ] *n*. **1** 物, 物体: A book is a ~. 本は物体である. What are those ~*s* on the table? 机の上の物はなにか. There isn't a ~ to eat. 食べる物がなにもない. **2** 生き物, 動物; 《愛情・あわれみ・賞賛・けいべつなどをあらわして》人, 女, 子ども, やつ: a living ~ 生き物. She's a sweet little ~. 彼女はかわいい子だ. They're no great ~*s*. やつらはたいしたもんじゃない. **3** 衣類; (*pl.*) 所持品, 身のまわりの品; 道具, 用具: Bring your swimming ~*s* with you. 水着などを持ってきなさい. I haven't a ~ for the winter. 冬着る物がありません. Have you packed your ~*s* for the journey? 旅行のため身のまわりの物をかばんに入れましたか. tea ~*s* 茶道具. **4** (*pl.*)財産, 物件: ~*s* real 不動産. **5** (*pl.*)

風物, 文物: ～*s* Japanese 日本の文物. **6**《非物質的なものについて》こと, 事柄, 物事, 事物: spiritual ～*s* 精神的事物. ～*s* political [musical] 政治〔音楽〕に関する事柄. this segregation ～ この黒人白人分離の問題. He spoke of many ～*s*. 彼はいろいろなことを話した. say the right ～ 適切な言を吐く; 気のきいたことを言う. the next ～ to do 次にするべきこと. It's a good ～. それは良い〔幸いな〕ことだ. →下記成句 It's a good ～ ... It's a sure ～. それは確実なことだ. It's a strange ～ that he doesn't write to me. 彼が手紙をよこさないのは妙だ. **7** (*pl.*) 事情, 事態: *T*～*s* are getting worse. 事態は悪化しつつある. **8** (the ～) 当を得たこと, すべきこと, 必要なこと; 流行のもの; 正常な健康状態: It is just the ～. まさにそれだ, あつらえ向きだ. A holiday in the mountains will be the very ～ for you. 山で休暇をとることがきみにいちばん必要なことだ. The ～ now is to get well. いま必要なのは病気をなおすことだ. The rock'n'roll was then the ～. ロックンロールが当時流行だった. **9** 作品, 曲: a little ～ of mine 拙作. **10** 強迫観念, 嫌悪(けんお)感.

... ***and ～s***〔話〕…など. ***a near ～*** 危機一髪. ***as ～s are*** 現状では. ***as ～s go*** いまの状態では; 世の常として. ***do great ～s*** えらいことをする. (***Do***) ***take off your ～s.*** (どうぞ) 外套(がいとう)などお脱ぎください. ***do the handsome ～ by*** を寛大に遇する. ***dumb ～s*** (口のきけない) 動物, 畜類. ***first ～*** なによりもまず: *First* ～ in the morning I'll call him. 朝になったらまず彼に電話しよう. ***for one ～*** ...(, ***for another*** ...) 一つには, まず一例をあげると…, (またそれに…): *For one* ～ I haven't the money, *for another* I'm busy. 一つにはその金もないし, また忙しくもある. ***It's a good ～*** you are here [he doesn't know].〔話〕(きみがここにいて〔彼が知らないで〕) 幸いだ. ***How are ～s going?*** (ごきげん) いかがですか. ***just the ～*** 望みどおりの物, もってこいの物《に *for*》. ***know a ～ or two***〔話〕如才がない, 物慣れている, 抜け目がない. ***learn a ～ or two*** 多少ものを学ぶ. ***look quite the ～***《からだなど》本調子のようだ. ***make a good ～*** (***out***) ***of***〔話〕…で大いにもうける, で利益を得る. ***nice ～*** けっこうな事物. ***no great ～s***〔俗〕《物・人が》たいしたものではない. I am ***not quite the ～*** today. (きょうは) からだの調子がよくない. ***of all ～s*** 驚いたことには, こともあろうに. ***Poor ～!*** かわいそうに. ***see ～s*** 幻を見る. ***show*** a person ***a ～ or two*** 多少事物を教える. ***take ～s easy*** 物事を楽観する. ***talk of one ～ or another*** 雑談する. ***tell*** a person ***a ～ or two*** (人に) 小言をいう. ***the first*** [***last***] ***～***《副詞的に》まず第一に〔最後に〕. ***the very ～*** うってつけのもの. ***think ～s over*** 物事を熟考する.

◇ **～·y** [θíŋi] *a.* 物の, 物質の, 物質的な; 実際的な, 現実的な.

thíng·a·bob [θíŋəbɑ̀b/-bɔb], **thíng·a·ma·bob, thíng·um·a·bob** [θíŋəm(ɪ)bɑ̀b/-mɪbɔb], **thíng·a·ma·jig, thíng·um·a·jig** [-dʒɪ̀g], **thíng·a·my, thíng·um·my** [θíŋəmi] = thingumbob.

thíng·um·bob [θíŋə(m)bɑ̀b/-ŋəmbɔb] *n.*〔話〕なんとかいうもの〔人〕: Mr. *T*～ なんとかさん.

†**think** [θiŋk] *v.* (**thought** [θɔːt]) *vt.* **1**《that- 節を伴って》…と思う, …と考える, …と信ずる: He ～*s* (*that*) everyone likes him. 彼はだれもが自分を好いていると考えている. I don't ～ (*that*) it's true. 本当ではなさそうですね. 〈注₁〉口語的表現では that は省略されることが多い. 読むときには, 要すれば, that の後ではなく前で息を切る. 〈注₂〉I *think* (*that*) it is *not* true. は積極的否定で儀礼上好ましくないとして, あまり言わず, I *don't think* (*that*) it is true. が好まれる.

2《疑問詞を含む名詞節を伴って》考える, 思う, 想像する: *T*～ *how* delighted he will be. あの人がどんなに喜ぶか考えてごらんなさい. I can't ～ *how* he managed without money. 彼が無一文でどうやって暮らせたのかわからない. *How* do you ～ I solved the problem? どうやって問題を解決したと思いますか. → 枠付 Interrogative 5).

3《名詞を伴って》考える, 思いつく, 心に描く, 想像する: Don't ～ such unjust things of your friend. 友人のことをそのように不当に悪く考えるな. The child *thought* no harm in asking that question. 子供がその質問をしたのには悪気があったわけではない.

4《目的語＋補語を伴って》…を──と思う, …が──だと考える〔信ずる〕; …を──と受け取る〔みなす〕: Do you ～ it likely? それは本当らしい〔ありそうだ〕とお考えですか. I ～ it impossible to persuade him. 彼を説得するのは不可能だと思う. He ～*s* himself a great man. 彼は自分を偉い男だと思い込んでいる. if you ～ him your kind of man ... もし彼と「うま」が合うなら…. 〈注〉補語の前に to be を挿入(そうにゅう)することがある: We all *thought* him *to be* an honest man. われわれはみな彼を正直な人物だと思っていた.

5《*to*＋不定詞を伴って》期待する; 企てる, 企図する: I never *thought to* see you here! ここでお会いしようとは思わなかった. He ～*s to* deceive us. 彼はわれわれをだまそうとたくらんでいる. He *thought to* have fled and yet stood still. 彼はよっぽど逃げようと思ったが, じっととどまっていた. 〈注〉"thought ＋ to ＋完了形不定詞" は考えたこと・企図したことが「不可能だった, 実行しなかった」ことを意味する.

── ***vi.*** **1** 考える, 思索する, 思案する: Man is a ～*ing* animal. 人間は考える動物である. Learn to ～ clearly. 整然と考えることを学べ. Let me ～ a moment. 少し考えさせてください《回答する前に使うことば》. You should ～ before doing that. 考えてからそれをすべきだ. ～ in English 英語で考える. →成句 ～ about, ～ of, ～ on, ～ over. **2** 予期する: It may happen when you least ～. 思わぬときに起こるかもしれない.

I don't ～. いやはや, 全く《いやみのあとなどに言う》: You're a fine man, *I don't* ～. きみはほんとうにりっぱな人だよ, いやはや全く. ***I ～*** …でしょう《挿入句・文尾句として》. ***I ～ I'll*** (do) …しようかと思う: *I* ～ *I'll* go and see him. 彼に会ってこようかと思う. ***I ～ not.*** そうではないと思う. →I hope not; I am afraid not. ***Just ～!＝Only ～!*** まあ考えてごらんなさい. **～ one*self*** (1) 考えて…になる: ～ one*self* silly 考えすぎてばかになる. (2) 考えて…する《*into, out of, away*》: ～ one*self out of* the difficulty 考えて困難を切り抜ける. ***～ about*** (1)《計画などが実行可能かどうか》考慮する: I'm ～*ing about* moving to the country. いなかへ引っ越すことを考えている. Please ～ *about* the proposal and let me have your views tomorrow. どうかこの案を考慮された末, 明日ご意見をお聞かせください. (2) …について考える; 回想する: What are you ～*ing about*? きみはなにを考えているのだ. I was just ～*ing about* the friends I have lost. ぼくは失った友人について考えていたところだ. ***～ aloud*** 考えながら口に出す; 思わずひとりごとを言う. ***～ and ～*** 懸命に考える, 考え抜く. ***～ away*** 考えて忘れる, 考え事で紛らす: You can't ～ *away* your toothache. 考え事で歯痛をなくすことはできませんよ. ***～ better of*** (1) を再考してやめる; 考え直す: What a foolish idea! I hope you'll ～ *better of* it. なんとばからしい考えだ. 考え直してもらいたいね. (2) の認識を改める, 見直す; もっとましだと考える: I had always *thought better of* you than to suppose you could be so unkind. きみがそんなに不人情だと考えるより, もっとましなきみを考えていた. ***～ fit*** [***good, proper,***

right] ***to*** (do) …した方がよいと思う: If our teacher ～*s fit* [*proper*] *to* join the club, I'll do so. 先生がクラブ加入をよいとお考えならそうします. ～ ***for*** …ではないかと思う, を予期する. ～ ***from*** と意見が合わない. ～ ***hard*** 懸命に考える. ～ ***highly of*** を高く評価する, を尊敬する. ～ ***ill of*** を悪く思う, を快く思わない. ～ ***lightly*** [***meanly, poorly***] ***of*** を軽んずる, をけいべつする. ～ ***little*** [***nothing***] ***of*** (do)***ing*** (…すること) をなんとも思わない: He ～*s nothing of* walk*ing* thirty miles. 彼は30マイル歩くのをなんとも思わぬ. ～ ***much of*** = ～ highly of: They didn't ～ *much of* my new novel. 私の新刊の小説は好評ではなかった. ～ ***no end of*** を限りなく尊敬する, を高く評価する: He ～*s no end of* himself. 彼は自分をたいした男だと思っている. ～ ***of*** (1) を思いやる, に関心を寄せる: *T*～ *of* those poor children. その哀れな子どもたちを思いやりなさい. You shouldn't ～ only *of* yourself. 自分のことばかり考えてはいけない. (2) を想像する: Just ～ *of* the cost! その掛かりだけでも想像してみなさい. (3) 思い出す: I can't ～ *of* his name. 彼の名前が思い出せない. (4) を思いつく: I can't ～ *of* the right word. 適切なことばが浮かばない. (5) を提案する: Who first *thought of* the idea? だれが最初にその考えを提案したのか. Can you ～ *of* a good place for a week-end holiday? 休日のためのよい場所を教えていただけますか. ～ ***of*** (do)***ing*** (1) …しようかと思う (= ～ to do): I never *thought of* leav*ing* you in the cold. きみを冷遇しようなどとは全く考えなかった. (2) …することを予期する: I didn't ～ *of* com*ing* back alive. 生還できるとは予期しなかった. ～ ***on*** [***upon***] = ～ of. ～ ***out*** よく考える; 考え出す, 案出する: We've got to ～ *out* a plan. プランを考え出さねばならぬ. That wants ～*ing out*. それは熟考を要する. ～ ***out loud*** = ～ aloud. ～ ***over*** (について)更に考える, (を)熟考する, (を)検討する: *T*～ *over* what I've said. 私が言ったことを熟考しなさい. ～ a matter *over* あることを熟考する. ～ ***sense*** 分別のある考え方をする. → talk sense. ～ ***shame*** 恥ずかしく思う. ～ ***so*** 同感である. ～ ***the world of*** を高く評価する: He ～*s the world of* her. 彼は彼女がすてきだと思っている. ～ ***through*** 考え抜く, とくと考える: ～ the problems *through* 問題を解決するまでとくと考える. ～ ***to*** one***self*** ひそかに思う, 心中でつぶやく. ～ ***to*** (do) = ～ of (do)ing. ～ ***too meanly of*** one***self*** 卑下しすぎる. ～ ***twice*** 再考する; ためらう: *T*～ *twice* about sending in your resignation. 辞表を提出する前にもう一度よく考えてみなさい. ～ ***up*** 〖話〗考え出す, 考案する; 計画する. ～ one***'s way*** = ～ oneself. ～ ***well of*** をよく思う. ～ ***with*** a person (人) とおなじ意見をもつ. ***To*** ～ ***of it!*** それを考えると (たまらない).

―― *n.* 〖俗〗一考 (すること), 案: have a ～ about it それについて考える. ―― *a.* 思考の (ための); 人に考えさせる. ～ **piece** →別項. ～ **tank** 頭脳集団.

(類義語) 考える: **think** act (行動する) の反意語で以下のすべての語義を含む最も一般的な語. **consider** よく考える, 考慮する. *vt.* としての使用が多い: *consider* the feelings of others 他人の気持ちを配慮する. **suppose** 仮定して考えてみる, おそらく…だろうと思う: I don't *suppose* I shall be back until next Sunday. わたしは次の日曜日までは帰らないと思います. **conceive** あるものの概念を心に描く → 自分に納得できる意見として…と考える. think, believe の堅苦しい表現として用いられる: I *conceive* that you are entirely right. あなたは全く正しいと愚考いたします. **meditate** (**upon**) じっと静かな気持ちで考える, 黙想する: *meditate* one's past life and over the future 来し方, 行く末を考える. **reflect** (**upon**) 反射する → 頭の中であれやこれやと考える: *reflect upon* one's virtues and faults 自分の長所短所をあれこれと反省する. **deliberate** 決断をくだすにあたって慎重に検討をする: *deliberate* a question 問題を検討する. **speculate on** 非現実的なもの・未来の可能性などを試みに思索してみる: *speculate on* the possibility of life on Mars 火星に生物の存在する可能性についていろいろ推測する.

thínk·a·ble [θíŋkəbl] *a.* 考えられる, ありそうな; できると思われる. ◇ ～**·ness** *n.* **-bly** *ad.*

***thínk·er** [θíŋkər] *n.* 思想家, 思索にふける人.

‡**thínk·ing** [θíŋkiŋ] *a.* **考える**, 思考する; 考える力のある, わけのわかった; 考えぶかい, 分別のある: all ～ men 心ある人はみな. a ～ reed 考えるアシ《人間のこと. Pascal のことば》. ***put on*** one***'s*** ～ ***cap*** 〖話〗とくと考える, 思案する.

―― *n.* **考え** (**ること**), 思考, 思索; 思想: one's way of ～ (人の) 考え方. to my ～ 私の考えでは.

think piece *n.* 〖新聞〗解説もの《時事問題について論説に記者の個人的所見・一般的観測などを加えた記事》.

Thí·o·kol [θáɪəkɔ̀:l, -kòul/θíəkoul] *n.* 〖米〗チオコール《人造ゴムの一種. 商標名》.

thì·o·pén·tal [θàiəpént(ə)l] *n.* 〖薬〗チオペンタル《手術用麻酔剤》.

thì·o·súl·phate, -fate [θàiəsʌ́lfeit] *n.* 〖化〗チオ「硫酸塩.

†**third** [θə:rd] *a.* **1 第3の**; 3番めの. **2** 3分の1の《略 3rd, 3d》. ***in the*** ～ ***place*** = thirdly. ***T***～ ***time does the trick.*** = ***T***～ ***time is lucky*** [***pays for all***]. 〖ことわざ〗三度めの正直.

―― *n.* **1 第3**; 3番め(の物, の人物): Henry the *T*～ ヘンリー三世 (Henry III). **2** 《月の》3日. **3 3分の1**: one ～. two ～*s* of a book 書物の3分の2. **4** (*pl.*)〖法〗亡夫の遺産の3分の1《寡婦の分》. **5** 《角度・時間の》1秒の60分の1. **6** 〖野球〗三塁. **7** 〖楽〗第三音, 三度音程, 第三度. **8** (*pl.*)〖商〗3等品. ***awkward*** ～ 手持ちぶさたな3人仲間のひとり. ―― *ad.* 第3に; 3等で.

～ **base** 〖野球〗サード, 三塁. ～**-cláss** →別項. ～ **degree** 〖米話〗《警察の》拷問, きびしい尋問. ～ **estate, the** 第三階級《貴族・聖職に対して, 一般大衆》. **T**～ **Force, the** 《フランスの》第三勢力《人民共和党と社会党の連合体》; 《一般的》相対立する政治勢力の中間にある勢力; 《相対立する両陣営間の各種紛争調停に一役かって出る》中立国. ～ **man, the** 〖クリケット〗《三柱門より斜め後方に立つ野手》第3手. ～ **party** 〖法〗第三者. ～ **party risks** 〖保険〗第三者危険. ～ **person, the** 〖文〗三人称; 第三者. ～ **rail, the** 〖鉄道〗サードレール, 第3軌条《電車の架空線に代わる送電用》. ～**-ráte** 3等の, 3級の; 三流の, 劣った, 下等の. **T**～ **Reich** [raik, raiç], **the** 《Hitler 治下の》第三帝国 (1933–45).

◇ ～**·ly** *ad.* 第3に, 3番めに.

thírd-cláss [θə́:rdklǽs/-klɑ́:s] *a.* **1** 3級の, 3等の. **2** 下等の. **3** 《郵便物が》第3種の.

―― *ad.* 3等で: travel ～ 三等で旅行する.

‡**thirst** [θə:rst] *n.* **1 渇**, のどのかわき: quench one's ～ 渇をいやす. **2 渇望**, **熱望** 《*after, for, of; to* (do)》: He has a ～ *for* adventure. 彼は冒険を渇望する. satisfy one's ～ *to* know the truth 真理探究の渇望をいやす. **3** 〖俗〗一杯やりたいこと, 酒を飲みたい気持ち. ***I have a*** ～. 〖話〗一杯飲みたい.

―― *vi.* **1** 渇望する, 強い望みをもつ《を, に *after, for; to* (do)》: ～ *after* power 権力を求める. **2** 〖古〗のどがかわく.

◇ ～**·er** *n.* 渇望する人: a ～*er* after knowledge 知識を求める人. ～**·ful** [-f(u̥)l] *a.* = thirsty. ～**·less** *a.* のどのかわかない; 酒を飲まない; 無欲な.

thírst·ing [θə́:rstiŋ] *n.* **1** かわき. **2** 渇望.

—— *a.* **1** のどのかわいた. **2** 渇望する, しきりに求める: ～ ears しきりに聞きたがっている耳〔人々〕.

‡thírst·y [θə́:rsti] *a.* **1 のどのかわいた**;《酒を》飲みたがっている, 酒好きな: a ～ soul 酒飲み. **2 渇望する**, 切望する《*for*》: ～ *for* knowledge 知識に飢えている. **3**〘土地などの〙かわいた, 乾燥した: a ～ season 乾燥期. **4**〘話〙のどのかわくような: ～ food のどのかわくような食べ物. ◇ **-i·ly** *ad.* **-i·ness** *n.*

†thir·téen [θə:rtí:n, ⁻⁻, ⁻⁻/⁻⁻, ⁻—, —⁻] *a., n.* **13** (の), 13個 (の), 13人 (の), 13歳 (の). **～ superstition, the** 13 を不吉(ふきつ)なものとする迷信.

†thir·téenth [-θ] *a., n.* **第13 (の), 13番め (の)**; 13分の 1 (の);《月の》13日.

***thír·ti·eth** [θə́:rtiiθ] *a., n.* **第 30 (の)**, 30 番め(の); 30分の 1 (の);《月の》30日.

†thír·ty [θə́:rti] *a.* **30の**; 30個〔人〕の; 30歳で.

—— *n.* **1 30**; 30個〔人〕; 30歳. **2** サーティー《テニスで 2 点を得たとき》. **3**〘印・新聞〙記事や原稿などの終わりの記号《-30-, -xxx-, -0- など》. ***the thirties*** 30 (年) 代《年齢・年代に用いる》.

～-second note〘楽〙三十二分音符 (demisemiquaver). **～-twó·mo** [⁻—⁻mòu] (*pl.* **-mos**) 32折り判 (の本)《略 32 mo, 32°》. **T～ Years' War** 30 年戦争《ヨーロッパの宗教・政治上の戦争. 1618–48》. ◇ **～-fóld** [-fóuld] *a., ad.* 30倍の[に].

†this [ðis] *pron.* (*pl.* **these** [ði:z])《指示代名詞》 **1 これ**, この物〔人, 事〕《that よりは身近なものをさす》: What's ～? これはなんだ. What are *these*? これらはなんだ. Is ～ what you want? これがきみのほしいものか. I don't like ～ at all. 私はこれは全く好かない. Answer me ～. さあこれに答えなさい. *T*～ is Mr. Tamura. この方が田村さんです. 〈注〉この場合 *He* is Mr. Tamura. とは言わない. **2** 後者 (the latter). → that. **3** いま, ただいま《しばしば *after, before, by* などを伴って熟語的に》: *T*～ is the 20th century. いまは20世紀だ. What day is ～? きょうは何曜日か. *T*～ is 1970. ことしは1970年だ. *after* [*before, by*] ～ →下記成句. **4** ここ: *T*～ is a school, not a park. ここは学校だ. 公園ではない. Get out of ～. ここから出て行け. **5**《電話・無線で》こちら, 私; そちら, あなた: *T*～ is (Mr.) Smith (speaking). (こちらは) スミスでございます. *T*～ is Radio X. こちらは X 放送局です. Is ～ [that] Mr. Jones? (そちらは) ジョーンズさんでいらっしゃいますか. **6** いま述べたこと; 次に述べること: *T*～ is widely known. 以上述べたことは周知のところだ. The question is ～, that ... 問題はこうだ, すなわち….

after **～** 今後は. ***at*** **～** (1) ここにおいて. (2) これを見て〔聞いて〕. ***before*** **～** いままでに. ***by*** **～** いまごろは; このときまでに: It ought to be ready *by* ～. もういままでにでき上がっているべきだ. ***It was*** Miss Helen **～ *and*** Miss Helen ***that.*** —にも二にも (ヘレンさん) でもちきりであった. ***like*** **～** こんな風に, このように: Do it *like* ～. こんな風にそれをやりなさい. ***long before*** **～** これよりずっと以前に. ***on*** [***upon***] **～** それから; そこで: *On* ～, we separated. それかられわれは別れた. ***put*** **～ *and that together*** あれやこれや総合して考える. **～, *that, and the other*** 種々雑多なもの, あれやこれや. ***What's all*** **～*?*** いったいこれはどうしたことか; この騒ぎはなんだ. ***with*** **～** こう言って: *With* ～, he left the room. こう言って彼はへやを出て行った.

—— *a.* **1 この**: Look at ～ box [*these* boxes]. この〔これらの〕箱を見なさい. (Come) ～ way, please. どうぞこちらへ. I haven't seen him ～ [*these*] two weeks. ここ 2 週間彼に会っていない. **2** いまの, 現在の; きょう〔今週, 今度〕の: (all) ～ week [year] 今週〔今年〕(いっぱい). ～ Saturday 今週の土曜日. ～ morning [afternoon, evening] けさ〔きょうの午後, 今夕〕. on the 29th (of) ～ month 今月の29日に. 〈注₁〉this と所有格をいっしょに使って your *these* children とは言わない. *these* children of yours; *this* new pen of mine のように言い替えなければならない. 〈注₂〉時間を示す名詞とともに this が使われたばあいには名詞が複数でも these とともに this も用いられる: *this* [*these*] ten minutes この10分間. *this* [*these*] two weeks この 2 週間.《参考: *this* many a day きょうまでの長い期間》. ***for*** **～ *once*** = ***for*** **～ *time*** 今度だけは. ***these days*** このごろ, 当節. ***these*** five ***years*** [***months, weeks, days***] ここ (5) 年〔月, 週, 日〕の間. **～ *day*** きょう, 本日. **～ *day week*** [***month, year***] → day. **～ *time*** 今度は, 今度こそ. **～ *way and that*** あちらこちらへ. ***to*** **～ *day*** 今日まで.

—— *ad.* こんなに, これだけ: It was about ～ high. このくらいの高さだった. ～ early こんなに早く. ～ far ここまで. **～ *much*** これだけ, この程度まで: Can you spare me ～ *much*? このくらいいただいてもよいですか. I know ～ *much*, that he is not liked by them. ぼくが知っているのは彼が彼らに好かれていないという程度だ.

Thís·be [θízbi] *n.*〘ギ神〙Pyramus に愛されたバビロンの少女《Pyramus は彼女がライオンに食われたと思い込み自殺し, 彼女もそのあとを追って死んだ》.

thís·tle [θísl] *n.*〘植〙アザミ《Scotland の国花》; アザミのようにとげのある植物.

～·down [⁻—⁻] アザミの冠毛.

thís·tly [θísli] *a.* **1** アザミの茂った. **2** アザミのような; とげのある〔多い〕.

thíth·er [θíðər, ðíðər/ðíðə] *ad.*〘古〙あちら (の方) へ, そちら (の方) へ. —— *a.* あちら (側) の, 向こう側の, はるか向こうの. → hither.

◇ **～·ward**(**s**) [-wə̀rd(z)] *ad.* = thither.

thìth·er·tó [θìðərtú:, ðíð-/ðìð-] *ad.*〘稀〙そのときまで.

tho, tho' [ðou] = though.

thole[1] [θoul] *vt.*〘英方〙苦しむ, 悩む; 〈苦しみなどを〉忍ぶ, 耐える; 受ける; ゆるす.

thole[2], **thóle·pin** [θóulpìn] *n.*《ボートのへりの》かいをささえる支柱, かい受け.

Thóm·as [táməs/tóm-] *n.*〘聖〙キリストの十二使徒のひとり《ヨハネ伝 20: 24–29》.

Thó·mism [tóumiz(ə)m, ㊍⁺θóu-] *n.* Thomas Aquinas (1225?–74) の神学・哲学に関する学説.

Thómp·son [tám(p)sn/tóm-] **～ *submachine gun***〘米〙トムソン式自動小銃 (Tommy gun).

Thóm·son [tám(p)sn/tóm-] *n.* **1** Francis ～, 1859–1907, イギリスの詩人. **2** James ～, 1700–1748, イギリスの詩人. **3** Sir Joseph John ～, 1856–1940, イギリスの物理学者. **4** William ～, 1824–1904, イギリスの物理学者.

thong [θɔ:ŋ/θɔŋ] *n.* 皮の細ひも; ひも. —— *vt.* に (皮) ひもをつける; (皮) ひもで打つ.

Thor [θɔ:r] *n.*〘北欧神話〙《戦争・農業をつかさどる》雷神.

thó·rax [θó:ræks/θɔ́:r-] *n.* (*pl.* **-rax·es, -ra·cès** [θó:rəsì:z/θɔréisi:z]) **1**〘医・動〙胸, 胸腔(きょうこう), 胸郭;《こん虫の》胸部. **2**〘古ギリシア〙胸当て, よろい. ◇ **thó·ra·cal** [θó:rək(ə)l/θɔ́:r-], **tho·rác·ic** [θɔ:rǽsik/θɔ:r-] *a.* 胸 (部) の.

Thó·reau [θó:rou, θəróu, θə́:rou/θɔ́:rou] *n.* Henry David ～, 1817–62, アメリカの思想家・作家.

thó·rite [θó:rait/θɔ́:r-] *n.* トール石, ケイトリウム鉱.

thó·ri·um [θó:riəm/θɔ́:r-] *n.*〘化〙トリウム《放射性金属元素. 記号 Th》.

‡thorn [θɔ:rn] *n.* **1**《植物の枝にできる》**とげ, 針**: There's no rose without a ～. バラには必ずとげがある. **2**《hawthorn, whitethorn など》とげのある植物, イバラ. **3** 悩み〔心配〕のたね. **4** 古代英語の þ《= th》. ***a*** **～ *in*** one***'s side*** [***flesh***]〘聖〙絶えず苦しめ悩ますもの《士師記 2 : 3 ; コリント後書12: 7》. ***the crown of*** **～*s***〘聖〙いばらの冠《不当な危害・苦難の意. ヨハネ伝19: 2, 5》.

—— *vt.* とげで刺す〔突く〕.
～ **apple** 〘植〙サンザシの実； 朝鮮朝顔の類.
∼́·back [⊿⊥]〘魚〙ガンギエイ. **∼́·bush** [⊿⊥] イバラ(のやぶ).

Thórn·dike [θɔ́:rndàik] *n.* Edward Lee ～, 1874–1949, アメリカの心理学者・辞典編集者.

thórn·y [θɔ̀:rni] *a.* **1** とげ〔いばら〕の多い, とげのある; イバラの茂った. **2** 針〔とげ, いばら〕のような. **3** 苦しい; やっかいな; 困難な: a ～ path いばらの道.

thór·o ＝thorough.

thó·ron [θó:ran/θɔ́:rɔn] *n.* 〘化〙トロン《radon の放射性同位元素. 記号 Tn》.

‡**thór·ough** [θɔ́:ro, -rə/θʌ́rə] *a.* **1 徹底的な**, 完ぺきな, 完全な: give a room ～ cleaning へやを完全にそうじする. a ～ reform〔search〕徹底的改革〔捜索〕. **2** 綿密な, 行き届いた, 至れり尽くせりの: a ～ worker 良心的に仕事する人. Be ～ in your work. 仕事は周到にやりなさい. His knowledge is extensive and ～. 彼の知識は広くて綿密だ. **3** 心(しん)からの, 全くの: a ～ actor ねっからの役者. a ～ rascal 全くの悪党.
—— *ad.* **1** 全く, ほんとうに: a ～ great man 全く偉大な人. **2**〘古〙＝through.
—— *n.* (T～)〘英史〙専断政策《Charles I のとき Strafford 伯と Laud 大主教が行なった》.
—— *prep.*〘古〙＝through.
～ **bass** [-beis]〘楽〙通奏低音； 数字つき低音.
∼·bred →別項. ‡**∼·fare** →別項. **∼·gó·ing** [-góuiŋ, -gòu-/-gòu-] 徹底的な; 完全な, 十分な, 全くの. **∼·paced** [⊿—⊥]《馬などが》あらゆる歩調に慣らされた;《人が》完全に訓練された; 完全な, 全くの. **∼·pàced·ness** 完全, 十分; 徹底性.
◇ **∼·ness** *n.*

thór·ough·bred [-brèd] *a., n.* **1**《特に馬など》純血種(の); (T～) サラブレッド, 純血種の競走馬. **2** 育ち〔生まれ〕のよい(人), 教養のある(人).

‡**thór·ough·fare** [-fèər] *n.* **1 通路**, 街路; 主要道路, 公道: a busy ～ 人通りの多い街路. **2 通行**, 通過: No ～. 通行禁止《掲示》. **3**《船の通れる》川, 水路.

‡**thór·ough·ly** [θɔ́:rəli/θʌ́r-] *ad.* **完全に**, 十分に, 「すっかり, 徹底的に.

thorp(e) [θɔ:rp] *n.* 〘古〙村, 部落, 小さな村.

†**those** [ðouz] *pron.* 《that の複数形》 **1 それら**(の人・物): These are better than ～. これらの方がそれらよりいい. **2**《the＋複数名詞のかわり》: The pencils in this box are just as good as ～ in the other. この箱にある鉛筆はもう一つの箱にある鉛筆に劣らずよい. **3 人々**: *T～* (who were) present were all surprised at this. 出席していた人たちは皆これにはびっくりした. There are ～ who say… …と言う人々がある.
—— *a.* **1 それらの**, あの, その: ～ students その学生たち. in ～ days 当時は. **2**《関係詞などとともに》: *T～* (of our) pupils *who* won were given prizes. (当校の生徒のうちで) 勝った生徒たちは賞をもらった. This is one of ～ stories *which*〔*that*〕are known all over the world. これは世界じゅうに知れわたっているお話の一つだ.
〈付記〉関連事項 →枠付 that.

‡**thou**¹ [ðau] *pron.* (*pl.* **you** [ju:], **ye** [ji:])《人称代名詞. 二人称単数主格. 所有格 **thy** [ðai], **thine** [ðain]; 目的格 **thee** [ði:]; 所有代名詞 **thine**》〘古〙なんじ(は), そなた(は), 御身(は). 〈注〉現在は宗教《特に神に祈るとき》・詩・方言・古雅な文・クエーカー教徒間などに限られる. 一般には you を用いる. 主語 thou に伴う動詞は are が art, have が hast となり他は語尾に -st, -est をつけて特別の形をとる: ～ art; ～ canst; ～ couldst; ～ goest; ～ hadst; ～ hast; ～ walkedst; ～ walkest; ～ wast; ～ wentest; ～ wilt; ～ wouldst. —— *vi., vt.* (K) ～ と呼びかける: Don't ～ me. I'm not a Quaker.「なんじ」呼ばわりしないでくれ. ぼくはクエーカーじゃないんだ.

thou² [θau] *n.* (*pl.* **～s**)〘話〙1,000 ドル〔ポンド, 円など〕.

†**though** → 枠付 though. (p. 1354)

†**thought**¹ [θɔ:t] *n.* **1 考えごと**, 物思い, 思索, 思考: He spends hours in ～. 彼は思索に何時間も費やす. She was lost in ～. 彼女は物思いにふけっていた. **2 思慮**, 配慮, 考慮: Boys act without ～. 少年は無思慮に行動する. She takes no ～ for her appearance. 彼女はなりふりを構わない. Thank you for your kind ～. お心づかいありがとう. **3** 思考力, 知力, 判断(力), 想像力: be endowed with ～ 思考の力を備えている. **4 考え**, 意見, 見解: Let me have your ～*s* on the matter. この問題についてのご意見をきかせてください. He always keeps his ～*s* to himself. 彼は自分の考えを決して人に話さない. **5** 思いつき, 着想: a happy ～ 妙案. **6** 予想, 意図, つもり: I had no ～ of seeing you here. ここでお会いしようとは少しも思っていなかった. He had no ～ of hurting your feelings. 彼はきみの感情を傷つけるつもりは全くなかったのだ. **7 思想**, 思潮: modern ～ in child education 現代の児童教育思想. Greek ～ ギリシア思潮. **8**《副詞的に》少し, ちょっと: Please be a ～ more careful. どうかもう少し気をつけてください. The color is a ～ too dark. この色は少し暗すぎる.
after much 〔***serious***〕 **～** 熟考の上, とくと考えた上で. ***A penny for your ～s.*** なにをそんなにぼんやり考えているのか. ***at*** 〔***like***〕 ***a ～*** ＝(***as***) ***quick as ～*** 一気に; 直ちに. ***at first ～*** ちょっと考えると. ***at the ～ of*** を思うと. ***at this ～*** こう思うと. ***be in*** a person***'s ～*** (人)の頭の中にある, 考慮されている: Your opinions *are* always *in my* ～. ぼくはきみの意見を常に念頭においている. ***be lost in ～*** 考え込んでいる; 思案にくれている. ***collect*** one***'s ～s*** 自分の考えをまとめる. ***employ*** one***'s ～ upon*** に心をくだく. ***give a*** (***passing***) ***～ to*** ＝ ***bestow a ～ on*** を(ざっと)考える, 一考する. ***give ～ to*** one's clothes (着物の)ことを考える〔気にとめる〕. ***have no ～ of*** (do)***ing*** …する考えは少しもない. ***have some ～s of*** (do)***ing*** …する気がある. ***on second ～***(***s***) 思い直して. ***take ～*** 気にかける, 心配する, 考える《を *for*》: *Take* no ～ *for* the future. 将来のことは少しも心配するな. ***upon*** 〔***with***〕 ***a ～*** 直ちに, すぐに. ***without a moment's ～*** 即座に. ***without ～*** 無分別〔無思慮〕に. ***with the ～ of*** (do)***ing*** …しようと考えて: go to Paris *with the ～ of* becom*ing* an artist. 画家になるつもりでパリへ行く.
∼́-read [⊿⊥] の真意を読む. **∼́-rèad·er** 読心術を行なう人 (mind reader). **∼́-rèad·ing** 読心術 (mind reading). **～ transference** 精神感応(術), 千里眼. **～ wave** 心波. **∼́·way** [⊿⊥]《階級・職種などによって変わる》思考様式.
〔類〕→ idea「考え」

†**thought**² *v.* think の過去・過去分詞. **∼-óut** [⊿⊥, ⊿⊥] 考え抜いた末の, よく考えた, 周到な.

‡**thóught·ful** [θɔ́:tf(u)l] *a.* **1 思慮ぶかい**: a ～ person. **2** 注意〔用心〕ぶかい: become ～ about one's words 発言に気をつかうようになる. **3** 思いやりのある: a ～ gift 心尽くしの贈り物. **4 思いに沈む**: look ～ for a moment and go away ちょっと考え込むようすをして立ち去る. ***be ～ of*** に思いやりがある; …のことを忘れない: *be ～ of* others 他人に思いやりがある. ***It is ～ of*** him to write to my father. (父に手紙をくれるとは, 彼は) 心づかいの行き届いたことだ.
◇ ‡**∼·ness** *n.* 〔類〕→ kind「親切な」

***thóught·ful·ly** [θɔ́:tfuli] *ad.* **考えぶかく**, 思慮ぶかく; 思いやりぶかく, 親切に.

‡**thóught·less** [θɔ́:tlis] *a.* **1 思慮のない**, 考えのな

い, 分別のない: a ～ young fellow 分別のない若者. **2** 不注意〔軽率〕な, 気のつかない: be ～ *of* one's health 自分の健康のことに気をつけない. **3** 思いやりのない, 自分かってな: a ～ action. **4** 考える力のない, 頭のにぶい. **5** 考えごとをしない.
◇ *～**·ly** *ad.* ～**·ness** *n.*

†**thóu·sand** [θáuz(ə)nd] *a.* **1** 1,000の; 1,000個〔人〕の. **2** 多数の, 無数の. (*a*) ～ ***and one*** 無数の. ***A*** ～ ***pardons*** [***apologies***]. どうもすみません. ***A*** ～ ***thanks.*** ほんとうにありがとう. ***a*** ～ ***times*** 何度も何度も; 千倍も: *a* ～ *times* easier 千倍も容易な.
—— *n.* (*pl.* ～**s** [-(d)z]) **1** 1,000 (の記号); 1,000個〔人〕. 〈注₁〉1,000は普通は a thousand. 強調または正確を期するばあいは one thousand. 〈注₂〉hundred, dozen のばあいと同様に, thousand の前に a もしくは数字が来るときは s をつけない: fifty *thousand* 5万. a hundred *thousand* 10万. **2** 多数, 無数; 幾度: many ～*s* of times 何千回も. ***a*** ～ ***to one*** ほとんど絶対的な. ***by the*** ～ = ***by*** ～***s*** 1,000の単位で, 何千となく: Bricks are sold *by the* ～. れんがは 1,000 個単位で売買される. ***hundreds*** [***tens***] ***of*** ～***s of*** (1)《原義》何十万〔何万〕(もの). (2) 多数(の), 膨大な数(の). ***in*** ～***s*** 幾千にもなって. ***one in a*** ～ 千に一つ(の人・物). ***tens of*** ～***s*** 何万(も). ～***s of*** people 何千という(人々). ***ten*** ～ (1) 1万(の). (2) 無数の: *ten* ～ roses in the sun 陽光を浴びた無数のバラ. ～***s of*** ～ ***of*** 多数(の), 膨大な数(の).
◇ ～**·fold** [-fòuld, ㊥⁺-fóuld] *a., ad.* 1,000倍の〔に〕. ～**th** [-(t)θ, ㊥⁺-(d)θ] *a., n.* 1,000番め(の); 1,000分の1(の).

Thrace [θreis] *n.* トラキア《Balkan 半島東部, 現在の Bulgaria 地方の古代名称》.

thrall [θrɔːl] *n.* **1** どれいの身分. **2** 束縛; 苦役. **3**〘雅〙《比喩的》どれい《*of, to*》. ***be a*** ～ ***to*** vice (悪徳) のとりこ. ***in*** ～ どれいの身で. ***in*** ～ ***to*** …にとらわれて; に縛られて.
—— *a.*〘古〙どれいとなった; とらわれた《*to*》.
—— *vt.*〘古〙どれいにする. 「縛.
◇ **thrál(l)·dom** [-dəm] *n.* どれいの境遇〔身分〕, 束

thrash [θræʃ] *vt.* **1**《棒・むちなどで》(さんざんに)打つ, 打ちのめす. **2**〘話〙打ち負かす. **3**〘海〙〈船を〉荒波を乗り切って風上に進める. **4** 脱穀する (thresh).
—— *vi.* **1** 激しく動く, のたうち回る《*about*》. **2**〘海〙荒波に逆らって走る. **3** 脱穀する (thresh). **4**《棒・むちなどで》打つ《を *at, on*》. ～ ***out*** とことんまで議論して結論をだす〔真実に達する, 良案に達する〕. ～ ***over*** 幾度も繰り返す. ～ ***the life out of***〘俗〙をなぐり殺す.
—— *n.* **1** 打つこと;〘話〙負かすこと. **2**〘水泳〙《クロールなどの》ばた足; 《おぼれて》水をばたばたかくこと.
◇ ～**·er** [-ər] *n.* 脱穀者〔機〕; むち打つ人;〘魚〙オナガザメ (thresher);〘鳥〙ツグミの類. ～**·ing** [-iŋ] *n.* 稲こき, 脱穀; むち打ち.

thra·són·i·cal [θreisánik(ə)l/θrəsɔ́n-] *a.* 自慢する, 誇らしげな, ほら吹きの. ◇ ～**·ly** *ad.*

‡**thread** [θred] *n.* **1** 糸, 縫い糸, より糸. 〈注〉無冠詞で集合名詞として用いることが多い: use black *thread* 黒糸を使う. sew with *thread* 糸で縫う. a spool of *thread* 一巻きの糸. **2**《金属・ガラスなどの》細線, 繊条;《動植物がつくる》糸, 繊維: the ～*s* of a spider web クモの巣の糸. Glass may be spun into long and minute ～*s*. ガラスは長い細線に紡ぐことができる. **3** 糸状のもの; 筋; 細流;《鉱石の》細脈: a ～ of light 一条の光. a little ～ of unfrozen water 凍らない細流. have ～*s* of silver in one's hair 髪にちらほら銀髪が混じる. a ～ of voice 細々とした声. **4**《話・議論の》筋道, 脈絡; 手がかり: lose the ～ of a person's argument 人の議論の筋道がわからなくなる. **5** たよりないささえ;

though

though は譲歩の副詞節を導く従属接続詞で, although とともに, in spite of the fact that (…という事実にもかかわらず) を中心語義とするが, although と違って however の意の副詞としても用いられる. tho' や tho とつづることもあり, 後者は特にアメリカ英語で非公式の文にしばしば用いられるが, 正式にはあまり用いられない.

譲歩の従属接続詞ないし相当句には, ほかに while, (even) if, whether … or, no matter what [how, etc.] などがある. また, though とは構文が逆になるが, 「だが」「けれども」という語義上の類似性をもつ等位接続詞 but, yet, 副詞 still などを, これに関連して考慮する必要がある.

though [ðou] *conj.*《従属接続詞》 **A)** …(する)けれども, …(する)が; …(する)のに; もっとも…(する)けれども: **1**《基本構文》: *T*～ I live near the sea, I am not a good swimmer. 海の近くに住んでいるが, 泳ぎはうまくない. He won the race ～ he had a trouble with his leg. 片足のぐあいが悪かったのに競走に勝った. I wouldn't like to go, ～ I know I must. 行きたくない, とはいえ, 行かねばならないことはわかっているのだが.

2《省略構文》: *T*～ (he is) young, he is very thoughtful.若いが非常に分別がある. These books, ～ (they are) thick, are quite easy to read. これらの本は, 厚いが, 読むのはなんでもない. 〈注₁〉この2例の( )内のように, though に率いられる節の動詞が be で, その主語が主節の主語と一致するとき, この主語と be を省略することができる. 〈注₂〉次のような省略もある: He finished it somehow, *though* clumsily. 彼は無器用にではあるがなんとかそれを仕上げた. an expensive *though* effective means 有効ではあるが金のかかる手段 (≒an effective *but* expensive means).

3《yet との相関》: *T*～ the problem is very difficult, *yet* there must be some way to solve it. 問題は非常にむずかしいが, それでもなんとか解決する方法があるはずだ. 〈注〉おもに文語で, しかも though に率いられる節が長いばあいに多い.

B) たとえ…でも: *T*～ we fail, we shall not regret. 失敗しても後悔はすまい. 〈注〉even if に近いが文語的.

as ～ あたかも…ように: She looks *as* ～ she were ill. まるで病人のような顔をしている. 〈注〉as if とおなじく, おもに仮定法の過去 (完了) 形とともに用いる. ***even*** ～ たとえ…でも: We must do it, *even* ～ it is dangerous. たとえ危険でも, それをしなければならない. ***What*** ～ …***?*** …しても, それがなんだろう: *What* ～ we fail? 失敗してもかまうものか.

—— *ad.*《文末または文中に置いて, おもに口語で》しかし, それでも (≒ however, nevertheless): It takes a lot of time and trouble. It pays, ～. それはとても時間と手数がかかる. でも引き合うよ. I wish you had told me, ～. それにしても私に話してくれればよかったのに. The choice, ～, is a matter of taste. 選択は, しかし, 好みの問題だ.

〈付記〉**though と although** 多くの点で入れ替え可能だが, as [even] though などの成句や上記 *ad.* の用法は though に限られる.

余命. **6** ねじ山.
be worn to a ~ よれよれにすり切れている. ***cut*** a person***'s mortal ~*** (人)の玉の緒を絶つ, 殺す. ***gather up the ~s*** 《別々に扱った問題・部分などを》総合する. ***hang by*** 〔***on, upon***〕 ***a ~*** 非常にあぶない〔たよりない〕. ***have not a dry ~ on*** one ずぶぬれになる. ***lose the ~ of*** 〈話など〉の筋がとぎれる. ***put a ~ through*** one***'s needle*** 針に糸を通す. ***take up*** 〔***resume***〕 ***the ~ of a story*** 話の穂を継ぐ. ***~ and thrum*** すっかり, 全部; 玉石混交. ***~ of life*** 寿命.
—— *vt., vi.* **1** 〈針・ミシンなどに〉糸を通す: ~ a needle. **2** に通す《を *with*》: ~ a pipe *with* wire パイプに針金を通す. **3** 〈フイルムなどを〉機械の穴に通す, 装塡(そう)する. **4** 糸に通す, (糸で) つなぎ合わせる; 〈フイルムなどを〉編集する: ~ beads. ~ pearls. **5** 縫うように通る: ~ *through* the streets 街路を縫って通る. **6** に筋をつける: dark hair ~*ed* with silver 白髪の混じった黒髪. **7** (の)一端から他の端までに及ぶ, 貫く. **8** (粘りついて) 糸を引く. **9** にねじ山をつける. ~ one***'s way through*** の間を(かき分けて) 進む.
~·bare [⌐⌐] (1)《衣服など》糸の見える, すり切れた, 着古した. (2) ぼろぼろの服を着た; みすぼらしい. (3)《比喩的》陳腐な, 古くさい. **~ lace** 糸製レース. **~ mark** 糸のすき入れ《紙幣の偽造を防ぐため着色した繊維を紙にすき込むこと》. **~-nèe·dle** 子どもの遊戯の一種. **T~·needle Street** London の街路: the Old Lady of *T~needle Street* イングランド銀行の別称. **~ paper** 糸を包む薄い紙: as thin as ~ *paper* ほっそりしている. **~·worm** [⌐⌐]〘動〙ギョウチュウ.

thréad·y [θrédi] *a.* **1** 糸の (ような), 糸の形をした, 繊維 (質) の. **2** ねばねばする, 糸を引く. **3** 細い; 《声が》か細い; 《脈搏が》弱い. ◇ **-i·ness** *n.*

‡threat [θret] *n.* **1** おどし, 脅迫. **2** 《なにか悪い》**おそれ**, きざし: There was a ~ of rain. 雨が降りそうだった. —— *vt., vi.* 〘古〙 =threaten.

‡thréat·en [θrétn] *vt., vi.* **1 脅迫する**, おどす: ~ an employee with dismissal 従業員を首を切ると言っておどす. **2** …するとおどす: They ~*ed* retaliation. 彼らは報復するぞとおどした. He ~*ed to* ruin my life. 彼は私の一生をだいなしにするとおどした. **3** 脅かす, (に)脅威となる: The race is ~*ed* with extinction. その種族は絶滅に瀕(ひん)している. **4** 〈危険などが〉**迫っている**: You've got to know that danger ~*s*. 危険が迫っていることを知るべきだ. **5** 〈災害・危険などの〉兆候を示す, …のおそれがあることを示す: The clouds ~*ed* rain. 雨になりそうな雲行きだった. It ~*s to* rain. 雨が来そうだ. The new scheme ~*s to* be an expensive undertaking. 新計画はたいへんに金をくうことになりそうだ.

thréat·en·ing [θrétniŋ] *a.* **1** おどす, 脅迫する. **2** あぶない, 険悪な; 《天候など》荒れそうな: ~ clouds 険悪な雲行き. ◇ **~·ly** *ad.*

†three [θri:] *a.* **3 の**, 3 個〔人〕の; 少数の.
—— *n.* **1** 3, 3 個, 3 人. **2** 3 時; 3 歳; 3 ポンド〔シリング〕など: ~ and six 3 シリング 6 ペンス《3 s. 6d., 3/6》. ~ ten 3 ポンド10シリング《£ 3 10 s.》. **3** 3 の記号; かるた〔さいころ〕の 3. **4** 〘スケート〙《氷上に描く》3 字形. ***give*** a person ***~ times ~*** 万歳三唱を 3 度繰り返す. ***One in T~ = T~ in One*** 三位一体 (Trinity). ***play the part of a man of ~ letters*** 卑しいふるまいをする. ***the rule of ~*** 〘数〙複比例.
~-arm protractor = station pointer. **~-bág·ger** 〘野球〙三塁打. **~-base hit** 三塁打. **~-bottle man** 大酒飲み. **~-còl·or** 3 色の; 3 色版の. **~-cór·nered** 三角の; 三角関係の; 《競技など》三つどもえの. **~-D, 3-D** [-dí:] 三次元 (の), 立体 (の); 立体映画 (の). **~-déck·er** (1) 三層甲板船《各甲板に大砲を備えた昔の軍艦》. (2) 3 段の説教壇. (3)《小説など》3 部作. (4) パン 3 枚重ねのサンドイッチ. **~-di·mén·sion·al** 三次元の, 立体の; 立体写真の. **~ fourths** (1) 4 分の 3. (2) 大部分. **~-gáit·ed** 《馬が》walk, trot, canter を訓練された. **~·hálf·pence, ~-há'pence** [-héip(ə)ns] 1ペンス半. **~-hánd·ed** 3 本手のある; 《競技など》3 人でする. **~·lane** [⌐⌐] 《道路が》3 車線の. **~-lég·ged** [-légid, -légd] 3 本足の, 3 脚の: a ~-*legged* race 2 人 3 脚競走. **~-mást·er** 〘船〙3 本マストの船. **~-mile limit** 〘国際法〙領海《海岸から 3 マイル以内の》. **~-pair** [⌐⌐]〘英〙4 階の (へや). **~-part** [⌐⌐] (1) *a.* 3部の, 3 部からなる. (2) *n.* (*pl.*) 4 分の 3, 八九分どおり. **~·pence** [θrép(ə)ns, θríp-] 3 ペンス (銀貨). **~·pen·ny** [θrí:pèni, θrípəni/θrép(ə)ni, θríp-] 3 ペンスの; くだらない, 安っぽい. **~-per·cént** (1) *a.* 3 パーセントの; 3 分利付きの. (2) *n.* (*pl.*) 〘英〙3 分利付き公債. **~-phase** [⌐⌐, ⌐⌐] 〘電〙三相の. **~-píece** 《衣服が》三つぞろいの《男物 a suit of jacket, vest, pair of trousers. 女物 an ensemble of coat, skirt, blouse など》. **~-ply** [-plài, ⌐⌐] 3 重 (の); 3 枚張り (の); 《なわが》3 本より (の). **~-póint·er** 〘軍話〙 =~-point landing; 絶対正確なもの. **~-point landing** 〘空〙三点着陸《三つの車輪が同時に地上に触れる理想的着陸法》. **~-quár·ter(s)** (1) 4 分の 3 の. (2) 〘写〙7 分身の; 4 分の 3 横向きの. **~-quarter binding** 〘製本〙背皮が表紙の 4 分の 3 まで伸びている装訂. **~-ring(ed) circus** (1) 〘サーカス〙三つの輪で同時に行なわれる演技. (2) めまぐるしいもの; 大活劇. **~ R's** 読み・書き・算数, 「読み書きそろばん」《基礎学科 reading writing and arithmetic》. **~·scóre** 60 (の), 60歳 (の): ~*score* and ten 70歳《人間の寿命》. **~-séat·er** 3 人乗り自転車. **~-squáre** 《やすりなど》正三角形の断面をもつ. **~-vál·ued** 〘哲〙三価の: ~-*valued* logic 三価論理《真・偽の二価のほかに第三の価値を認める》. **~ vowels** 〘俗〙借金証文 (IOU).
◇ **~·fold** [-fòuld, ㊟+-fóuld] *a., ad.* 3 重〔3倍〕の〔に〕. **~·some** *n., a.* 3 人組み (の); 3人の (ゲーム), 3 人でする (競技); 〘ゴルフ〙ひとり対ふたりの試合.

thrèm·ma·tól·o·gy [θrèmətálədʒi/-tɔ́l-] *n.* 〘生〙動物飼育学, 植物育成学.

thré·node [θrí:noud, ㊟+θren-], **thré·no·dy** [θrénədi] *n.* 悲歌, 哀歌. ◇ **thre·nó·di·al** [θrinóudiəl], **thre·nód·ic** [-nádik/-nɔ́d-] *a.*

thresh [θreʃ] *vt., vi.* **1** 〈穀物を〉打つ, 脱穀する. **2** 討論する, 練る《*out, over*》. **3** ころげまわる. ***~ing machine*** 脱穀機. —— *n.* 脱穀.
◇ **~·er** *n.* 脱穀する人; 脱穀機; 〘魚〙オナガザメ.

‡thrésh·old [θréʃould, θréʃhould] *n.* **1 敷居**; 戸口, 入り口. **2 発端**, (手) 始め, 出発点. **3** 〘心〙**閾**(いき)《刺激に対して反応を示しだす限界点》, 閾値: the ~ of consciousness 識閾.
at the ~ of の当初に: those *at the ~ of* a career《卒業生など》実社会に船出する人々. ***cross*** a person***'s ~*** (人)の家の敷居をまたぐ, (人)の家にはいる. ***lay*** one***'s sins*** 〔***offenses***〕 ***at*** another person***'s ~*** (他人)に罪を着せる. ***on*** 〔***upon***〕 ***the ~ of*** まさに…しようとして; の門出に: be *on the ~ of* an important discovery 重要な発見の手がかりをつかんでいる. young men stepping *upon the ~ of* manhood 成人を迎えたわこうどたち.

†threw [θru:] *v.* throw の過去形.

‡thrice [θrais] *ad.* **1 3 回**, 3 度; 3 倍に. **2** 何度も, 幾度も; 非常に, 大いに: ~-blessed たいそう恵まれた. 〈注〉thrice は形は twice と平行しているが, 次のようなばあいには three times が普通で, thrice は雅語: This book is *three times* as thick as that. この本はあれの 3 倍の厚さがある.

thrift [θrift] *n.* **1** 節約, 倹約. **2**〘植〙ハマカンザシ. **3**《植物の》繁茂. **4**〘米稀〙繁栄. **~·shop** [ˊ-ˊ] 「せこはん」店《慈善のため古物を割引で売る》.

thríft·less [θríftlis] *a.* 倹約〔節約〕しない, 貯蓄心のない, 金をよく使う; ぜいたくな.
◇ **~·ly** *ad.* **~·ness** *n.*

thríft·y [θrífti] *a.* **1** つましい, 節約する, 倹約心のある. **2** 栄える; 繁茂する, よく育つ.
◇ **-i·ly** *ad.* **-i·ness** *n.*

‡**thrill** [θril] *n.* **1 スリル**, 身震い, 戦慄(せんりつ): a ~ of joy わくわくするようなうれしさ. feel a pleasant ~ go through one うれしさに(からだが)ぞくぞくする. I got a big ~ out of it. ひどく感動した; 非常におもしろかった. **2** 震え声, (声の) 震え. **3**〘医〙《聴診器に聞こえる》震音. **4**〘話〙=thriller.
—— *vt.* **1 身震いさせる**, ぞくぞくさせる, ぞっとさせる; の血を沸かせる, 感激させる: be ~*ed* with joy 〔delight〕うれしくてぞくぞくする. **2** <声などを> 震わす.
—— *vi.* **1 ぞくぞくする**, ぞっとする; 感動する, 感激する: We ~*ed* at the good news. われわれは吉報に感激した. **2** 身にしみる, (身を) 伝わる: Fear ~*ed* through my veins. 恐ろしさがからだじゅうを走った. **3** 震える: His voice ~*ed* with terror. 彼の声は恐怖で震えた. ◇ **~·er** [-ər] *n.* ぞっとさせる人〔もの〕; 〘話〙スリラー, スリルのある小説〔映画, 劇〕.

***thríll·ing** [θríliŋ] *a.* **1 ぞっとさせる**, 身の毛のよだつ(ような): a ~ experience スリル満点の体験. **2** 感激的な; 血を沸きたたせる(ような): a ~ romance わくわくさせるようなロマンス. **3** 震えている.
◇ **~·ly** *ad.* **~·ness** *n.*

thríp·pence [θríp(ə)ns] *n.* =threepence.

thrips [θrips] *n.*〘虫〙《植物の害虫》アザミウマなど.

‡**thrive** [θraiv] *vi.* (**throve** [θrouv], 〘おもに米〙**thrived**; **thrív·en** [θrívn], 〘おもに米〙**thrived**) **1 盛んになる**〔**である**〕, 栄える, **繁栄する**; 成功する; 金持ちになる; 幸運に恵まれる: ~ *in* trade 商売が繁盛する. **2 よく育つ**; 茂る, はびこる: Children ~ *on* fresh air and good food. 子どもは新鮮な空気とよい食物でよく育つ.

thrív·en [θrív(ə)n] *v.* thrive の過去分詞.

thro, thro' [θruː] =through.

‡**throat** [θrout] *n.* **1 のど**, 咽喉(いんこう); のど元: A bone has stuck in his ~. 骨がのどに刺さった. a sore ~ 咽喉カタル. have 〔with〕 a lump in one's ~ のど元が詰まる〔詰まって〕, 胸がいっぱいになる〔なって〕. **2** のど笛, 気管 (windpipe). **3** のど状の物〔部分〕; 器物の首, 口; 狭い道路; 峡流: the ~ of a chimney 煙突の口.
at the top of one's ~ 声をかぎりに. ***clear*** one's ~《話を始める前などに》せきばらいをする. ***cut one another's ~s*** 〘話〙共倒れになるような策をとる. ***cut*** one's ***own ~*** 〘話〙自殺する; 自滅する. ***cut the ~ of*** を殺す; を滅ぼす. ***full to the ~*** 満腹して. ***give*** a person ***the lie in his ~*** うその皮をはがす; (人) の虚言を面責する. ***jump down*** a person's ~ 〘俗〙(人) をぎゃふんと参らせる, 激しく非難する. ***lie in*** one's ~ ひどいうそをつく. ***pour*** 〔***send***〕 ***down*** one's ~ 飲む. ***spring at the ~ of*** おどりかかって…ののど笛を締めようとする. ***stick in*** one's ~ (1) のどに引っかかる; <ことばなどが> なかなか出ない. (2) のどを通らない; 気にくわない. ***take*** 〔***seize***〕 a person ***by the ~*** のどを締める. ***thrust*** 〔***force, ram***〕 ***down*** a person's ~《鼻先に突きつけて》わからせる; 《意見などを》無理やりに承諾させる.

thróat·ed [θróutid] *a.*《合成語で》のどが…の, …ののどをもった: a red-~ bird のどの赤い小鳥.

thróat·y [θróuti] *a.* **1** 喉音(こうおん)の; しわがれ声の, しわがれた. **2** のどの太い. ◇ **-i·ly** *ad.* **-i·ness** *n.*

throb [θrɑb/θrɔb] *n.* **1** 鼓動; 動悸(どうき); 脈搏(みゃくはく): My heart gave a ~. 心臓がどきっとした. **2** 律動的な震動; 《喜びなどによる胸の》躍動, 興奮; 震え: A ~ of pain shot through his head. 彼は頭がずきずき痛んだ. Every ~ of the locomotive carried him away from her. 機関車が蒸気を吐くごとに彼は彼女から遠ざかっていった.
—— *vi.* (**-bb-**) **1** どきどきする, 鼓動する: Climbing stairs makes her heart ~. 彼女は階段をのぼると動悸がする. His head ~*bed*. 頭ががんがんした. **2** どよめく, 色めく, 興奮する: The newsroom was ~*bing* with activity. (新聞社の) 編集室は活気でどよめいていた. **3** <汽船などが> 音をたてて進む《one's way を伴うことがある》: The steamer ~*bed her way* out of the harbor. 汽船は機関の音を響かせながら港を出た.

throe [θrou] *n.* **1** 激痛. **2** (*pl.*) 陣痛 (=birth ~s), 《比喩的》生みの苦しみ; 激しい努力. **3** (*pl.*) 苦悶(くもん), 断末魔の苦しみ. ***in the ~s of*** …のまっ最中に; …して奮闘中に: *in the ~s of* 「packing one's baggage 〔composition〕 荷づくりのまっ最中〔執筆で奮闘中〕. **——** *vi.* 苦悶する, ひどく苦しむ.

thróm·bin [θrɑ́mbin/θrɔ́m-] *n.*〘化〙トロンビン《血液中に含まれる凝血作用をもつ酵素》.

throm·bó·sis [θrɑmbóusis/θrɔm-] *n.*〘医〙血栓(けっせん)症. ◇ **throm·bót·ic** [-bɑ́tik/-bɔ́t-] *a.*

‡**throne** [θroun] *n.* **1** 王座, 玉座. **2** (the ~) 帝位, 王位; 帝権, 王権; 君主: orders from the ~ 王よりの命令, 勅命. **3** 法王座; 監督〔司教, 主教〕の座. **4** (*pl.*) 天使の第3位. **5** 選手権 (championship). ***come to*** 〔***mount***〕 ***the ~*** 即位する. ***speech from the ~*** 〘英〙議会開院〔閉院〕式の勅語.
—— *vt.* 〘雅〙即位させる, 王位につかせる.

‡**throng** [θrɔːŋ/θrɔŋ] *n.* **1 群衆**, 人だかり, **雑踏**: The streets were filled with ~*s* of people. 町は群衆で雑踏していた. a vulgar ~ 俗衆. **2 殺到**, 充満, 多忙: with all this ~ of business on hand これほど手いっぱいの仕事があるので. **3** 多数, 大ぜい. ***a ~ of*** = ***~s of*** 膨大な数の, あまたの.
—— *vt., vi.* (に)**群がる**; 込み合う; (に)充満する: shoppers ~*ing* the street 街路に雑踏する買い物客. ~ *into* a room へやの中へどやどやとはいる. ~ to see a play 芝居を見に押しかける. ***~ on*** one's ***mind*** <種々のことが> 心に去来する.

thrós·tle [θrɑ́sl/θrɔ́sl] *n.* **1**〘鳥〙ウタイツグミ. **2** 紡績機の一種.

thrót·tle [θrɑ́tl/θrɔ́tl] *n.* **1**〘機〙絞り弁 (=~ valve), 節気弁; 《絞り弁を動かす》絞り柄〔レバー〕. **2** のど, 気管, のど笛. ***at full ~*** 大速力で. ***close the ~*** 速力を落とす. ***open the ~*** 速力を増す. ***with the ~ against the stop*** 大速力で.
—— *vt.* **1** ののどを絞める, の息を止める; 絞め殺す. **2**〘機〙《絞り弁で蒸気などの》発出を押える, 絞る; 《発出を押えて》機関の速度を落とす, 減速する: The engineer ~*d* a steam engine. 技師が蒸気エンジンを止めた. **3** 抑圧する, 押える; <通信などを> 途中でにぎりつぶす; 黙らせる.
—— *vi.* 息が詰まる, 窒息する.
~ valve スロットルバルブ, 絞り弁.

†**through** → 枠付 through. (p. 1357)

through bridge *n.* 貫通橋《支持桁(けた)などが通路の上に出ている》. → deck bridge.

thróugh·ly [θrúːli]〘古〙=thoroughly.

‡**through·óut** [θruːáut] *prep.* **1** …**をとおして**, …**の間じゅう**, …じゅう: ~ one's life 一生をとおして. ~ the day 終日. ~ the night 終夜. ~ the winter 冬じゅう. **2** …の全体にわたって, …のいたるところに: ~ the country 全国あまねく, 国じゅうに.
—— *ad.* **1** 初めから終わりまで, 終始, 最後まで, 徹頭徹尾: I know the case ~. 私はその事件を初めから終わりまで知っている. **2** いたるところに, どこもかしこも, 全体: The coat is lined with fur ~. この外套(がいとう)はくまなく毛皮で裏打ちされている. **3** あらゆる点で, なにもかも: The book is well written ~.

その本はあらゆる点でよく書かれている.

thróugh·put [θrúːpùt] *n.* 《精油工場の》生産高.

through street [θrúː-striːt] 優先道路《交差点で通り抜けの交通が横切る交通に優先する》.

thróugh·way =thruway.

throve [θrouv] *v.* thrive の過去形.

†**throw** [θrou] *v.* (**threw** [θruː]; **thrown** [θroun]) *vt.* **1** 投げる, ほうる《副詞・前置詞句を伴うことが多い》: Don't ～ stones *at* my dog! ぼくの犬に〔犬をめがけて〕石を投げるな. He *threw* the ball *to* the boy. 彼は少年にボールを投げた〔投げてやった〕. Please ～ me that book. どうぞその本をこっちに投げてください. He *threw up* the coin and caught it. 彼は銅貨をほうり上げて受け止めた. The drunken man was *thrown out*. 酔っ払いが(店の外へ)ほうり出された. He *threw* the vase *on* the floor. 彼はびんを床に投げつけた. She *threw* the clothes *into* the suitcase. 彼女は着物をスーツケースに投げ入れた. **2** 投げ倒す; 振り落とす: He *threw* the other wrestler. 彼は相手のレスラーを投げ倒した. She was *thrown* by her horse. 彼女は馬から振り落とされた. **3** <手・足を> ぐいっと動かす, ばたばた動かす: *T*～ your chest out. 胸を張れ. *T*～ your head back. 顔をあげよ. You'll never learn to swim properly while you ～ your legs and arms about so wildly. 手足をそんなにばたつかせている間はまともな泳ぎは覚えられないだろう. She *threw* her arms around her husband's neck. 彼女は夫の首に抱きついた. **4** <着物などを> 急いで着る; 脱ぐ, はずす《*on, off, over, round*》: ～ a scarf *over* one's shoulders 肩にスカーフをまとう. ～ *off* one's disguise 変装をさっと解く. Snakes ～ their skins. ヘビは脱皮する. The horse *threw* its shoe. 馬が蹄鉄(ていてつ)を落とした. **5** 発射する, 射出する: A pump ～*s* water. ポンプは水を吹き出す. **6** 《ある位置へ》動かす, 移動する, 配置する: ～ a regiment *across* a river 1連隊を川向こうへ移す. ～ a bridge *across* a river 川に橋をかける. **7** 《ある状態・関係に》急にする, 投ずる, おとしいれる: ～ a door open ドアをぱっと開く. ～ a person *into* a state of agitation 人を興奮状態に投ずる. His inclinations *threw* him *into* companionship with teachers. 彼の性向から教師たちとつきあうようになった. **8** 《比喩的》<物質でないものを> 投げる, ほうる, 浴びせる, 向ける, 置く: The accident *threw* a gloom *over* the family. 事故が一家に暗い影を投げかけた. ～ a kiss 投げキスをする. ～ the blame *on* a person 人に罪をかぶせる. ～ obstacles *before* a person 人のじゃまをする. **9** <声を> 発する, たてる; <声を> とんでもないところから発する《腹話術で》. **10** <家畜が子を> 生む. **11** ろくろにかけて陶器の形をつくる. **12** <生糸を> よる. **13** 〚話〛催す, 挙行する: ～ a cocktail party カクテルパーティーを開く. **14** <発作を> 起こす: ～ a fit. **15** (激しく) 打ちつける; <船を> 乗り上げる: The ship was *thrown* on the rock. 船は岩に乗り上げた. **16** <機械装置の> 各部を連結する, 連結を断つ; <スイッチのてこなどを> 動かす《連結・遮断のため》: ～ a machine out of gear 機械のギアをはずして動力の伝導を断つ. **17** 追い詰める, 猛烈に責めたてる. **18** 〚俗〛<勝負を> 放棄する: ～ a

through

使用度の高い前置詞兼副詞で, thru と書かれることもある. 副詞用法のうち I am *through.* のように述語的なものは形容詞としても分類されるが, ここでは便宜上副詞とし, 形容詞は a *through* train のような付加語的用法に限った. 後者は合成語の第1要素としての性格が強い.

through [θruː] *prep.* **1** 《場所》…を通って, 貫いて, …を(通り)抜けて; …のいたるところに〔で〕: hammer a nail ～ the lid of a box 箱のふたにくぎを打ち込む. The River Thames flows ～ London. テムズ川はロンドンを貫いて流れる. The burglar came in ～ the window. どろぼうは窓から侵入した. She passed a comb ～ her hair. 彼女は髪をくしけずった. Birds fly ～ the air. 鳥は空中を飛ぶ. Don't look ～ the keyhole. かぎ穴からのぞくな. He is famous ～ the world. 彼は世界じゅうに名高い (=throughout).

2 《時間》…の始めから終わりまで, …を通じて; 〚米〛…まで(引き続いて), …を含めて: The children are too young to sit ～ a long sermon. 子どもたちは幼すぎて長説教を最後まですわって聞いていられない. We shall stay in the country ～ the holidays. 休暇中ずっといなかにいましょう. The fair will be open from Monday ～ Saturday. 市は月曜から土曜まで毎日開かれる《土曜が含まれる》.

3 《比喩的に》…を通って, …を(切り)抜けて: He's got ～ the examinations. 試験を切り抜けた. We've got to go ～ the accounts. 勘定書を調べなくてはいけない.

4 《媒介・手段・理由》…によって: He spoke ～ an interpreter 〔a microphone〕. 彼は通訳つきで〔マイクを使って〕話した. He succeeded chiefly ～ my help. 彼はおもに私の助力で成功した. She conceals the fact ～ shame. 彼女は恥ずかしさから事実を隠している. 〈注〉動詞との組み合わせによる成句はそれぞれの動詞を参照.

—— *ad.* **1** 通って, 貫いて, 始めから終わりまで: They wouldn't let us ～. どうしても門を通してくれなかった. Did your brother get ～? 弟さんは(試験を)通りましたか. The arrow pierced it ～. 矢はそれを射抜いた. Read the pamphlet ～ carefully. そのパンフレットを終わりまで注意ぶかく読みなさい. Let us stroll ～. ぶらぶらずっと歩きましょう.

2 《時間》ずっとその間: I slept the whole night ～. 夜通し眠り通した.

3 すっかり, 徹底して, 綿密に: Carry your plans ～. きみの計画を完遂せよ. The sage sees things ～. 賢人は事物を見通す. The policeman looked me ～ and ～. 警官は私をまじまじと見た. You are wet ～. すっかりぬれている.

4 直径が: The tree is five feet ～. その木はさしわたし5フィートある (= across).

5 《用事などが》終わって; 《人が》だめになって: Now I'm ～. さあ, 済んだ. You are ～. お前はもうおしまいだ. → ⑥および下記 be ～ with.

6 〚英: 電話〛通じて (connected): I will put you ～ to the manager. 支配人を呼び出してあげましょう. You're ～. 電話がつながりました《交換手のことば》.

all **～** その間じゅう, しじゅう: I knew that *all* ～. それが起こっていることはちゃんと知っていた. ***be*** **～** ***with*** (1) …が済んで, が用済みで: When will you *be* ～ *with* your work 〔the book〕? いつきみの仕事は終わりますか〔本はいつ読み終わりますか〕. (2) に飽き飽きして: Now, I'*m* ～ *with* the lousy job. もうこのくだらん仕事にはうんざりした. **～ *and* ～** 完全に, ねっから: He's a gentleman ～ *and* ～. 彼はねっからの紳士だ.

—— *a.* 通しの, 直通の: a ～ ticket 通し切符. a ～ train 直通列車.

game 勝負をなげる. —— *vi.* **1** 投げる, 投ずる, ほうる; 発射する. **2** 采(さい)を投げる.

∼ *about* (1) まく. 投げ散らす; 浪費する: ∼ one's money *about*. (2) 振り回す. **∼ (*a*) *light on*** に光明を投ずる. **∼ *a scare into*** a person 〖米〗(人)をあっといわせる. **∼ *aside*** 《不用として》 捨てる; 無視する, 顧みない: ∼ *aside* a plan [one's friend] 計画を捨てる〔友人を顧みない〕. **∼** one***self at* (*the hand of*)** の愛〔好意〕を得ようと一生けんめい努力する. **∼ *a veil over*** …におおいをする; を隠す. **∼ *away*** (1) 浪費する; 捨てる; 失う: ∼ *away* one's chance. (2) はねつける. **∼ *back*** (1) <玉などを> 投げ返す; 反射する; <答えなどを> 返す. (2) 拒絶する; 阻止する. (3) あともどりさせる, もとの状態にもどす: ∼ *back* one's recovery 回復を遅らせる. (4) <生物が> 先祖返りする; <時代が> さかのぼる. (5) たよらせる《に *to*》. **∼ *by*** 捨てる. **∼ *cold water*** 水をさす《に *on*》. **∼ *down*** (1) (投げ) 倒す, 投げ落とす. (2) 破壊する, こわす. (3) 〖米〗はねつける. **∼** one***self down*** 急に横になる; 身を投げ出す. **∼ *down*** one***'s arms*** 武器を投げ捨てる, 降参する. **∼ *down*** one***'s tools*** ストをやる. **∼** one***'s eyes*** ちらと見る《を *at*》. **∼ *for large stakes*** 大ばくちを打つ. **∼ *good money after bad*** 損失を回復しようとしてますます損をする. **∼** one***'s hat in the ring*** 出場を発表する; 出場の意思表示をする. **∼ *in*** (1) 投げ入れる, 注入する: The window ∼*s* the light *in*. 窓から光がさし込む. (2) <ことばを> はさむ, 挿入(そうにゅう)する. (3) おまけに添える: We'll ∼ *in* another copy. もう1部おまけにお添えします. **∼ *in*** one***'s hand*** 争いをやめる; 《トランプで》 手札を捨てる. **∼ *in* (**one***'s lot*) *with*** 〖米〗と運命をともにする. **∼ *in the sponge*** = **∼ *in the towel*** 〖話〗敗北を認める; あきらめる. **∼ *into*** (1) <ある状態> に陥らせる. (2) に身を投ずる. **∼** one***self into*** に乗り気になる; に元気に従事する. **∼ *into shape*** (1) 形をつける. (2) 整理する. **∼ *into the bargain*** おまけとして添える. **∼ *it up against* [*at, to*]** a person 〖俗〗(人) に小言をいう. **∼ *off*** (1) ふり捨てる. (2) <衣服・拘束・習慣などを> かなぐり捨てる. (3) 関係を断つ. (4) <猟師・猟犬が> 猟を始める. (5) <詩などを> 即座につくる, 一気につくる, 書きなぐる. (6) 〖印〗刷り上げる. (7) <追跡者などを> まく, やっかい払いをする. (8) 生む. (9) <かぜなどを> なおす: ∼ *off* one's illness. (10) <しゃれなどを> 吐く, 飛ばす: ∼ *off* a pun しゃれを飛ばす. **∼** a person ***off his guard*** (人を) ゆだんさせる. **∼ *on*** (1) <猟犬に> 獲物の跡を追わせる. (2) 急いで着る. **∼** one***self on* [*upon*]** に身を任せる, をたよりにする. **∼ *open*** (1) <戸などを> さっと開く. (2) 公開する, 開放する《に *to*》. **∼ *open the door to*** に門戸を開く. **∼ *out*** (1) 投げ出す; 突き出す. (2) <芽などを> 出す, 発芽させる. (3) 追い出す. (4) <光・熱などを> 発する, 発散する, 放射する. (5) 突き出して増築する. (6) <議案を> 否決する. (7) ほのめかす, それとなく言う: ∼ *out* a hint ヒントを与える. (8) <じゃまして話者を> うろたえさせる, まごつかせる; 混乱させる: ∼ *out* one's calculations 計算をまちがわせる. (9) 〖野球〗<打者・走者を>送球して殺す, 刺殺する. (10)<斥候を>出す. (11) <胸を> 張る. **∼ *out of work*** 失業させる. **∼ *over*** <約束などを> 破棄する; 見捨てる: ∼ *over* a friend 友を見捨てる. **∼ *overboard*** 船の外へ投げ捨てる; やっかい払いをする. **∼** one***'s soul* [*heart, efforts*] *into*** に全力をささげる. **∼ *stones at*** を非難する. **∼ *the book at*** に最も重い罰を加える. **∼ *together*** <人々を> 偶然会わせる; <作品などを> 寄せ集める: Chance *threw* us *together*. 私たちは不思議な縁で巡り会った. **∼ *up*** (1) 投げ上げる. (2) <窓を> 押し上げる. (3) <職などを> やめる; 放棄する: ∼ *up* a plan 計画を中止する. (4) 吐く: ∼ *up* one's dinner. (5) 目だたせる, 引き立たせる. (6) 急造する: ∼ *up* a hut 急いで小屋を建てる. (7) <鳥が> 新しい羽を生じる. (8) 何度もくどく言う〔しかる〕《に *to*》. **∼ *up*** one***'s accounts*** もどす, 吐く. **∼ *up the sponge*** 企てをあきらめる. **∼** one***'s weight around* [*about*]** 権力を振り回す.

—— *n.* **1** 投げ, 投げること: a straight ∼ 直球. a record ∼ with the hammer ハンマー投げの記録. **2** 《弾丸などの》 発射. **3** 投げて届く距離; 射程. **4** 《つりの》 糸投げ. **5** 《さいころの》 一振り; 振り出したさいころの目; 振り番; 一六勝負; 運, 機会, 冒険: He lost two dollars on a ∼ of dice. 彼は勝負で2ドルなくした. It's your ∼. 今度はきみの番だ. It was my last ∼. ぼくの最後のチャンスだった. **6** 軽いおおい, 肩掛け, スカーフ. **7** 《スイッチ・クラッチの》 連結; 分離. **8** 〖機〗行程, 動程. **9** 〖窯業〗ろくろ. **10** 旋盤. **11** 〖地〗《断層の》 落差. **12** 《立ち木の》 伐採 (作業): the ∼ of oak.

***at* [*within*] *a stone's* ∼** 石を投げて届くほどの距離に, 近い所に.

∼́·a·wày 〖俗〗 広告のビラ, 散らし, 折り込み. **∼́·back** [∠∸] (1) 投げ返し; あともどり, 逆転; 挫折(ざせつ); 阻止. (2) 《生物の》 隔世遺伝, 先祖返り (atavism); その例. **∼́-down** [∠∸] 〖米〗拒絶. **∼́-in** [∠∸] 〖俗〗おまけ, ただでくれるもの; 投げられたボール. **∼́·off** [∠∸] 《猟・競走などの》 開始; 出発. **∼́-out** [∠∸] 不合格品.

◇ **∼́·er** [-ər] *n.* 投げる人〔物〕.

(類義語) **投げる: throw** 最も一般的な語. **toss** 軽く, またはなにげなくほうる. **cast** 日本語の「投ずる」に似た文語で, さいころ・投網(とあみ)・つり針・投票などを投ずるときのほかは, 主として比喩的用法に限られる: *cast* off all restraint すべての束縛をなげうつ. **pitch, hurl** ねらいを定めて勢いよく投げる. **fling** 力がこもっているが, かえってそのためにねらいが不正確なばあいが多い: He *flung* the mirror on the floor. 彼は鏡を床にたたきつけた.

†**thrown** [θroun] *v.* throw の過去分詞.

thrów·ster [θróustər] *n.* 《生糸・細糸の》 より糸工.

thru 〖米〗 =through.

thrum[1] [θrʌm] *n.* **1** 《織りあがった織物を切り離したあとに織機に残る》 布〔糸〕の切れ端, 織物の耳. **2** (*pl.*) 糸くず; 糸のふさ; 〖海〗スラム, なわくず.

—— *vt.* (**-mm-**) 〖海〗<帆布などに> スラムを縫い付ける; 〖古〗にふさをつける.

thrum[2] *vi., vt.* (**-mm-**) **1** つまびきする, かき鳴らす. **2** 《卓などを指で》 コツコツたたく.

—— *n.* **1** つまびき; 単調な音. **2** コツコツたたく音.

thru-óut 〖米〗 =throughout.

‡**thrush**[1] [θrʌʃ] *n.* 〖鳥〗ツグミ (科の小鳥).

thrush[2] *n.* **1** 〖医〗《小児の口こう粘膜にできる》 鵞口瘡(がこうそう). **2** 〖獣医〗蹄叉(ていさ)腐乱.

‡**thrust** [θrʌst] *v.* (**thrust**) *vt.* **1** 押しやる; 押し出す《*out*》, 押し込む《*in*》: ∼ the chair forward いすを前に押し出す. He ∼ his fist before my face. 彼はげんこつをぼくの顔の前に突き出した. ∼ one's hands into one's pockets 両手をポケットに入れる. **2** 突き刺す: ∼ a knife *into* an apple ナイフをリンゴに突き刺す. **3** 《比喩的》 押しつける: ∼ a candidate upon the public 候補者を公衆に押しつける. **4** 《∼ oneself の形で》 出しゃばる, 強引にはいり込む《へ *into*》: ∼ *oneself into* danger 危険にわざわざ身をさらす. He ∼ *himself into* a well-paid job. 彼は高給職を強引に手に入れた. **5** <根・枝などを> 張り広げる: The tree ∼*s* its branches high. 木は枝を高く張り広げている.

—— *vi.* **1** 押す, 突く. **2** 《刺そうと》 突いてかかる《に *at*》: ∼ *at* a person with a spear やりで突いてかかる. **3** 押し分けて進む《を通って *through*; へ *into*; のそばを *past*》; 割ってはいる《*in*》: He ∼ *past* me in a rude way. 彼は乱暴に私を押しのけるように通った. He ∼ *in* between them. 彼は彼らの中に割ってはいった.

be ～ into fame 急に有名になる. ***～ aside*** 押しのける. ***～ back*** 突き返す〔もどす〕. ***～ home*** <短刀などを> 深く突っ込む. ***～ in a word*** 横合いから口を出す. ***～*** one's ***nose into*** …によけいな干渉をする. ***～ on*** 急いで着る. ***～*** a thing ***on*** 〔***upon***〕(物を)…に押しつける; に押し売りする. ***～ past*** 押しのけて進む. ***～*** one's ***way*** 割り込んで行く. ***～*** one's ***way through*** (を)押し分けて進む.

—— *n.* **1** 押し: with one ～ 一押しで. **2** 突き, (突き) 刺し: a home ～ 最後のとどめ. **3** 攻撃, 突撃: a big ～ from the air 大空襲. **4** 酷評, 鋭い皮肉: give a shrewd ～ 《批評・議論などで》痛撃を与える. **5**〘建・機〙推力. **6**〘鉱山〙坑道の天井崩落. **7**〘地〙衝上. ***give a ～*** 一突きする. ***make a ～*** 突っ込む.

◇ **～·er** *n.* ～する人; 強引な〔猛烈にやる〕人.

～·ing·ly *ad.* 〔類〕→ **push**「押す」

thrú·way [θrú:wèi] *n.* 〘米〙高速〔弾丸〕道路.

Thu·cýd·i·des [θ(j)u:sídidì:z/θju:-] *n.* ツキディデス, 460–400 B.C., ギリシアの歴史家.

thud [θʌd] *n.* ドサッ, ドシン, ズシン, バタン《重い物が落ちる音》; 強く打つこと. —— *vi.* (**-dd-**) 地響きをたてて落ちる, ズシンと音がする.

thug [θʌg] *n.* **1** (T～)《昔の北部インドの》暗殺団員. **2** 殺し屋, ならずもの, 凶漢.

thúg·gee [θʌ́gi:], **thúg·ger·y** [θʌ́gəri], **thúg·gism** [θʌ́giz(ə)m] *n.* 暗殺, やみ討ち; 暴行.

Thú·le [θ(j)ú:li, -li:/θjú:-] *n.* 北の端にある国, 極北の地《古代ギリシア・ローマ人が世界の最北端にあると信じていた地名》; 世界の果て (=ultima ～).

thú·li·um [θ(j)ú:liəm/θjú:-] *n.* 〘化〙ツリウム《希土類元素. 記号 Tm》.

‡**thumb** [θʌm] *n.* **1** 親指; 手袋の親指. **2** 親指状の突起物. ***be all ～s*** 無器用である: His fingers *are* [He *is*] *all* ～*s*. 彼は無器用だ. ***bite*** one's ***～ at*** をばかにして親指をかむ. ***bite*** one's ***～s*** おこって親指をかむ. ***by (a) rule of ～*** 目分量で; 実用的なやり方で, 経験で. ***golden*** 〔***millet's***〕 ***～*** 金のなる木, ドル箱. ***～s down*** 不同意の表現〔合図〕: *T～s down!* だめだ! ***～s up*** 同意の表現〔合図〕: *T～s up!* よろしい. ***twirl*** one's ***～s*** のらくらしている. ***under the ～ of*** a person = ***under*** a person's ***～*** (人) の言いなりになって: She gets her husband *under* her ～. 彼は妻の言いなりほうだいだ.

—— *vt.* **1** に親指で触れる; へたに扱う: ～ a piano ピアノをへたにひく. **2** <本を> 何度もめくってよごす〔いためる〕; 反復して読む: The book was badly ～*ed*. その本はひどくすれていた. **3** 《ちょっと目をとおすだけで》手早くめくる《*through*》: He took the book down and busily ～*ed* it *through*. 彼はその本をおろして忙しくページを繰った. —— *vi.* **1** めくる, ざっと読む《*through*》. **2** ヒッチハイク (hitchhike) で旅をする.

～ a ride 〔㊎ ***a lift***〕(親指を上げて) ヒッチハイクを求める; ヒッチハイクする. ***～*** one's ***nose*** 親指を鼻につけて他の指を広げる《に向かって *at*》《けいべつ・挑戦の身ぶり》.

～·hole [ˊ-ˋ] 親指を突っ込む穴; 管楽器の親指用ストップ. **～ index** 〘製本〙《特に辞書などの見出しを便利にする》切り込み, つめかけ. **～·mark** [ˊ-ˋ] 《ページの上にのこった》親指の跡. **～·nail** [ˊ-ˋ, ˊ-ˊ, -ˊ] (1) 親指のつめ; (つめのように) 小さいもの. (2) ごく小さい〔短い〕: a ～*nail* sketch 小さなスケッチ; 《人の経歴などの》略記. **～ nut** 〘機〙つまみナット, チョウナット. **～·print** [ˊ-ˋ] 親指の指紋; 拇印(ぼいん). **～·screw** [ˊ-ˋ] (1)〘機〙チョウねじ, つまみねじ. (2) 親指ねじ締め器《昔の拷問に使った道具》. **～·stall** [ˊ-ˋ] 《皮製の》親指サック, 指ぬき. **～·tack** [ˊ-ˋ] 〘米〙画びょう (=㊎ drawing pin).

‡**thump** [θʌmp] *n.* **1** ドシン, ゴツン (という音). **2** 《特にげんこつで》ゴツン〔ドシン〕と打つこと: give a ～ ドンと打つ. **3**〘獣医〙しゃっくり. ***with a ～*** ゴツンと, ドシンと: fall *with a* ～ ドサリと倒れる; ドシンと落ちる.

—— *vt., vi.* **1** (ゴツンと) 打つ, たたく: ～ (on) a drum 太鼓をたたく. ～ a table with one's fist こぶしでテーブルをたたく. She ～*ed* the cushion flat. 彼女はクッションをパンパンとたたいて平たくした. They began to ～ one another. 彼らはなぐり合いを始めた. **2** (に)ぶつかって音をたてる: The shutters ～*ed* the wall in the wind. 雨戸が風のために壁にあたって音をたてた. The drunk ～*ed* against a lamppost. 酔っ払いが街燈にドシンとぶつかった. **3** ドシンドシンと歩く: ～ down the stony street じゃり道を足音たてて歩く. **4** <ピアノを> ガンガンひく; <曲を> ガンガンひく: ～ the keys of the piano. ～ out a tune on the piano. **5** <心臓が> どきどき打つ: Her heart was ～*ing* (away). 彼女の胸はどきどきしていた. **6**〘米〙(に)大勝する. ***～ the*** 〔***a***〕 ***cushion*** 《説教者が力を入れるため》講壇のクッションをたたく.

◇ **～·er** *n.* ～する人〔物〕; 強打; 〘話〙とてつもないもの; 〘話〙大うそ.

thúmp·ing [θʌ́mpiŋ] *a.* 圧倒的に大きい〔すばらしい〕; とてつもない: a ～ majority 圧倒的多数.

—— *ad.* とてつもなく: What a ～ great lie! なんととんでもない大うそだろう.

‡**thún·der** [θʌ́ndər] *n.* **1** 雷; 雷鳴; 〘雅〙落雷: The ～ crashes and rumbles. 雷がガラガラゴロゴロと鳴る. The ～ rolls. 雷鳴がとどろく. **2** とどろき, 雷のような音: ～*s* of applause 割れるような拍手かっさい. ～*s* of guns 大砲のとどろき. **3** (通例 *pl.*) 威嚇, 威喝(いかつ); どなり, 怒号; 非難, 弾劾; 熱弁. ***By ～!*** 畜生!, まあ!, いまいましい! ***steal*** a person's ***～*** = ***run away with*** a person's ***～*** (人)の考え〔方法〕を盗む, (人) のお株を奪う. ***the ～s of the Church*** 教会の威嚇《破門などのこと》. ***～ and lightning*** (1) 雷鳴といな光り, 雷電. (2) 非難, 攻撃, 悪口. (3) ネズミ色の霜降り毛織物. ***What in the ～*** is that? いったい (あれは) なんだ.

—— *vi., vt.* **1** 《it を主語にして》雷が鳴る: *It* was ～*ing* and lightening. ぴかぴかゴロゴロ鳴っていた. **2** 大きな音〔声〕を発する; 号音を発して…する: Someone was ～*ing* at the door. だれかがドアをドンドンたたいていた. The train ～*ed* through the bridge. 列車がゴウゴウと音をたてて橋を渡った. The gun ～*ed* a salute. 礼砲がとどろいた. **3** 激しく非難する, 攻撃する, 弾劾する《を *against*》: The reformers ～*ed against* the policy. 改革者たちはその政策を弾劾した. ***come ～ing on*** を突如として襲う, 一挙に壊滅させる: The depression *came* ～*ing on* his real estate. 突然の恐慌で彼の不動産はふいになった. ***～ out*** 大声で言う.

～·bolt → 別項. **～·clap** [ˊ-ˋ] (1) (急激な) 雷鳴. (2) 寝耳に水 (のできごと), 青天の霹靂(へきれき). **～·cloud** [ˊ-ˋ] 雷雲. **～·head** [ˊ-ˋ] 入道雲; 積乱雲. **～·shòw·er** 雷鳴といなずまを伴うにわか雨. **～·squall** [-skwɔ̀:l] 雷を伴うスコール. **～·storm** [ˊ-ˋ] 雷雨. **～·strìck·en, ～·struck** [ˊ-ˋ] 雷に打たれた (ような), 雷の落ちた; 肝をつぶした.

thún·der·bolt [θʌ́ndərbòult] *n.* **1** 雷電, 落雷: be struck by a ～ 落雷を受ける. **2** 《雷とともに落ちると信じられていた》石や化石. **3** 恐ろしい〔突然起こった〕こと, 不意打ち, 思いがけないこと: It was a ～ to me. それは私にとって青天の霹靂(へきれき)であった. **4** 恐ろしい人, 雷のようにすばやく激しい行動をとる人.

thún·der·er [θʌ́nd(ə)rər] *n.* **1** どなる人. **2** (the T～) 〘ロ神〙Jupiter の別称; 〘ギ神〙Zeus の別称. **3** (the T～) 〘笑〙イギリスの新聞 The Times の別称.

thún·der·ing [θʌ́nd(ə)riŋ] *a.* **1** 雷鳴のする; 雷のようにとどろく, 響き渡る. **2** 〘話〙とてもひどい, たいへんな, 途方もない. —— *ad.* 〘話〙非常に, とても, ひどく. —— *n.* 雷鳴 (thunder). ◇ ~·**ly** *ad.*

thún·der·ous [θʌ́nd(ə)rəs] *a.* **1** 雷を起こす, 雷の起こりそうな. **2** 雷のような, とどろき渡る.

◇ ~·**ly** *ad.*

thún·der·y [θʌ́nd(ə)ri] *a.* **1** 雷のような; 雷の鳴りそうな; 雷鳴のする. **2** 雲行きの悪そうな, 形勢不穏な.

Thur. Thursday.

thú·ri·ble [θjú(:)ribl/θjúər-] *n.* 香炉 (censer).

Thu·rín·gi·a [θ(j)uríndʒiə/θjuər-] *n.* チューリンゲン《東ドイツ南部の州》.

Thurs. Thursday.

†**Thúrs·day** [θə́:rzdi, -dei] *n.* 木曜日.

‡**thus** [ðʌs] *ad.* **1** こういう風に, こんなに: He spoke ~. 彼はこんな風に言った. **2** したがって, だから, そういうわけで: It ~ appears that... したがって…だと思われる. It is late, and ~ you must go. おそくなったから帰りなさい. **3** これだけ, この程度まで: Why ~ sad? なぜこんなに悲しいのか. 〈注〉 thus は, 熟語も含めて, 大部分のばあいに so で置き換えることができるが, 一般に thus の方が文語的である.

~ and so 〔米〕そういう風に (=so). ***~ and ~*** これこれしかじか, うんぬん. ***~ far*** ここまでは, いままでのところは. ***~ much*** これだけは.

◇ ~·**ness** [-nis] *n.* 〔笑〕こうである〔このようである〕こと: Why this ~*ness*? どうしてこうなんだろう.

thwack [θwæk] *n.* ピシャリとたたくこと, 強く打つ〔ひっぱたく〕こと. —— *vt.* ピシャリとたたく, 強く打つ, ひっぱたく.

***thwart** [θwɔ:rt] *vt.* **1** じゃまする, 妨害する: ~ a person's plans (裏をかいて) 他人の計画をだめにする. He has been ~*ed* in his ambitions. 彼の野心は挫折(ざせつ)した. **2** 横切る.

—— *a.* **1** 横たわる, 横ざまの; 横断する: the stars' ~ motion 天空を横切る星の動き. **2** つごうの悪い; 〔古〕意地の悪い: the ~ wind 向かい風.

—— *prep.* **1** …を横切って. **2** …に逆らって.

—— *n.* 《こぎ手がすわる》ボートの座板〔横木〕.

‡**thy** [ðai] *pron.* 《thou の所有格. 母音の前では thine》なんじの: for ~ sake なんじのために.

thyme [taim] *n.* 〔植〕タチジャコウソウ《ジャコウソウ属の植物. 葉は香味料》. ◇ **thým·ic** [táimik], **thým·y** [táimi] *a.* ~の茂った〔かおりのする〕.

thý·mol [θáimoul, -mɑl/-mɔl] *n.* 〔化〕チモール《防腐剤》.

thý·mus [θáiməs] *n.* (*pl.* **-mus·es**, **-mi** [-mai]) 〔医〕胸腺(きょうせん) (=~ gland)《脊椎(せきつい)動物の幼時にのみ見られる機能のわからない腺》.

◇ **thým·ic** [-mik] *a.*

thý·roid [θáirɔid] *a.* 〔医〕甲状腺(せん)の, 甲状(軟骨)の. —— *n.* 甲状腺(= ~ gland); 甲状軟骨(= ~ cartilage); 甲状腺動脈 (=~ artery); 甲状腺剤.

thy·róx·in(e) [θairɑ́ksin/-rɔ́k-] *n.* 〔生化〕チロキシン, 甲状腺ホルモン.

thýr·sus [θə́:rsəs] *n.* (*pl.* **-si** [-sai]) **1** 〔ギ神〕酒神 Bacchus のつえ. **2** 〔植〕密錐(みっすい)花(序).

thy·sélf [ðaisélf] *pron.* 《thou, thee の再帰形・強調形》なんじ自身.

ti [ti:] *n.* 〔楽〕長音階の第七音 (si)《ドレミファの「シ」》.

Ti 〔化〕titanium.

ti·á·ra [tiɛ́(:)rə, tiɑ́:rə/tiɑ́:rə] *n.* **1** 《婦人用の》宝石のついた冠. **2** ローマ法王の三重冠; 法王の地位〔権力〕. **3** 古代ペルシア人のターバン〔頭飾り〕.

Tí·ber [táibər] *n.* (the ~) タイバー, テベレ《ローマ市を貫流して地中海に注ぐ川》.

Ti·bé·ri·us [taibí(:)riəs/-bíər-] *n.* チベリウス, 42 B.C.–A.D. 37, 2 代めのローマ皇帝.

Ti·bét [tibét, ㊥⁺tíbit] *n.* チベット《ヒマラヤ山脈北部の地名. 首都 Lhasa》.

Ti·bét·an [tibét(ə)n, ㊥⁺tíbitn] *a.*, *n.* チベットの; チベット人〔語〕(の).

tíb·i·a [tíbiə] *n.* (*pl.* **-ae** [-bii:], **-as**) **1** 〔医〕脛骨(けいこつ), 向こうずね (shinbone); 〔虫〕脛節. **2** 昔の笛の一種. ◇ **-al** *a.*

tic [tik] *n.* 〔医〕《特に顔面筋肉の》発作的けいれん; 「顔面神経痛.

ti·cál [tikɑ́:l, ㊥⁺tí:kəl] *n.* **1** タイの昔の目方の単位《約14.2 g》. **2** タイの昔の貨幣の単位; タイの銀貨《約 1 ルピー》. →baht.

tick**[1] [tik] *n.* **1** 《とけいなどの》カチカチいう音. **2** 《点・棒・√ など点検・照合済みの》印. **3** 〔話〕ちょっとの間, 一瞬間. ***half a ~ = just a moment. ***in two*** 〔***a couple of***〕 ***~s*** たちまち, 一瞬に. ***to*** 〔***on***〕 ***the ~*** 正確に, かっきりと.

—— *vi.* 〈とけいなどが〉カチカチいう; 寸刻みに進む《*away*》: The taximeter was ~*ing away*. タクシーのメーターがカチカチと刻んでいた. Meanwhile life ~*ed away* as usual. その間も世間の生活は相も変わらず進行していた. —— *vt.* **1** 〈時・メーターを〉カチカチ刻む. **2** 《に》(点検・照合済みの) 印をつける; 調べる, チェックする. ***~ away the time*** 〔***the minutes***〕 (1) 〈とけいが〉カチカチと時を刻む. (2) 時を過ごす. ***~ off*** (1) (に)印をつける《点検・照合済みの》; チェックする, 点検する. (2) 〔俗〕をたしなめる, をしかる: get ~*ed off* しかられる. give a person a good ~*ing-off* 人をいやというほどしかる. (3)行ってしまう. (4)密告する. ***~ out*** 〈電信機が電信を〉カチカチ打ち出す. ***~ over*** 〈内燃機関が〔を〕〉ゆっくり空転する〔させる〕, アイドリングする〔させる〕. ***What makes it*** 〔***one***〕 ***~?*** どういう仕掛けなのか, どうして動くのか; なぜあんな行動をとるのか.

~-**tack** [-tæ̀k] (1) 《とけいの》カチカチ鳴る音. (2) 心臓の鼓動, 動悸(どうき). (3) 《いたずらなどで》音を出す仕掛け. ~-**tock** [-tɑ̀k/-tɔk] (1) 《特に大きなとけいの》カチカチ (鳴る音). (2) カチカチと音を出す. 〈注〉 tic-toc ともつづる.

tick[2] *n.* 〔おもに英話〕信用貸し, 掛け (売り), つけ (で売ること). ***buy goods on ~*** 品物をつけで買う. ***give ~*** 掛け売りする. ***go*** (***on***) ***~*** 掛け買いする.

—— *vi.*, *vt.* 信用貸しする, つけで売る, 掛けで買う.

tick[3] *n.* **1** マットレス・まくら用布地. **2** =ticking.

tick[4] *n.* 〔虫〕ダニ. (***as***) ***full as a ~*** 腹いっぱいになって.

tíck·er [tíkər] *n.* **1** tick[1,2] する人〔物〕. **2** 《とけいの》振り子; 〔俗〕柱〔懐中〕どけい; 《電信の》受信機; 株式相場表示機. **3** 〔俗〕心臓.

~ **tape** 《通信・相場が印字されている》~ から出てくるテープ; 《歓迎のためビルの窓などから投げる》色テープ: get a ~ *tape* welcome ビルからテープで歓迎される. ~-**tape parade** 大歓迎の行進.

‡**tíck·et** [tíkit] *n.* **1** 切符, 券, 入場〔乗車〕券: a concert 〔theater〕 ~ 音楽会〔芝居〕の切符. Admission by ~ only. 券持参者に限り入場可. a one-way 〔㊥ single〕 ~ 片道切符. a round-trip 〔㊥ return〕 ~ 往復切符. a through ~ 通し切符. a circular ~ 回遊券. an excursion ~ 割引 (団体) 遊覧切符. a commutation 〔㊥ season〕 ~ 定期券. **2** 《サイズ・容量・品質・定価などを示す》張り札; 貸家札; 質札: a price ~ 定価札. **3** 《交通違反者に対する》呼び出し状. **4** 資格証明書, 操縦〔船員〕免許証. **5** 伝票; 《兵隊の》給料支払伝票; 〔英俗〕除隊命令. **6** 《政党の》公認候補者名簿 (slate): be on the Republican ~ 共和党の公認候補者である. **7** (the ~) 〔話〕当然なされるべきこと, やってしかるべきこと: That's the ~. まさにそれだ, よくやった. That's not quite the ~. あまり適切ではない. **8** 〔俗〕名刺.

get one***'s ~*** 〔英: 軍俗〕除隊になる. ***That's the*** (***proper***) ***~.*** →⑦. ***~ of leave*** 〔英〕仮出獄許可書. ***vote a ~*** 〔米〕ある政党の公認候補者に投票する. ***vote the straight ~*** 政党の政策にそって投票する. ***What's the ~?*** 〔俗〕どう決まったか; どうすればよいか. ***work*** one***'s ~*** 〔軍俗〕《仮病をつかって》除隊になる. ***write*** one***'s own ~*** 自分で計画をたてる; 「お手盛り」をする.

—— *vt.* **1**〖米〗に切符を発行する; に交通〔駐車〕違反の呼び出し状を張る. **2** に札〔正札〕をつける.
~ agency 各種切符取扱店. **~ agent**〖米〗入場〔乗車〕券販売人〔所〕. **~ day**《ロンドン取引所の》現物引き渡しの前日. **~ night**《売りさばいた切符の数に応じて収入を分ける》慈善興行. **~ office** 出札所, 切符売り場(=㊇ booking office). **~-of-léave**〖英〗仮出所(許可)の. **~ window** 出札口, 切符売り窓口.

tíck·ing [tíkiŋ] *n.* ふとんがわ(地).

‡**tíck·le** [tíkl] *vt.* **1** くすぐる: ~ a person in the armpits 両わきの下をくすぐる. **2** ちくちくさせる: The new blanket ~*s* me. 新しい毛布がちくちくする. **3 喜ばす**, 楽しませる: I was greatly ~*d* at the idea. その考えがおもしろくてたまらなかった. **4** 軽く動かす. **5**〈マスなどを〉手で捕える. **——** *vi.* **1** くすぐったい: My nose ~*s*. 鼻がむずがゆい. **2**〈刺激物などが〉むずむずさせる: Pepper ~*s* if it gets into the nose. こしょうが鼻にはいるとむずむずする.
~ a person's ***fancy*** (人を)おかしがらせる. ~ a person ***in the palm*** (人に)チップをやる〔チップをやって喜ばせる〕. ~ ***into*** 〔***out of***〕 こちょこちょ…へ入れる〔から出す〕: ~ one's toes *into* one's slippers 足の指をしきりに動かしてスリッパをはく. ~ a nut *out of* the shell 殻(から)から実を突いて出す. ~ a person ***pink***〖米俗〗(人を)とても喜ばせる. ~ ***the public fancy*** 世人の好みに合う, 人気に投ずる. ~ a person's ***vanity*** 虚栄心を満足させる.
—— *n* **1** くすぐり; くすぐったい感じ, むずがゆさ: give a ~ くすぐる. have ~*s* 〔a ~〕 in… …がむずがゆい. **2** 喜ばすもの: The dinner was a ~ of the palate. ディナーは舌を喜ばした〔おいしかった〕.
◇ **~r** [tíklər] *n.* **1** くすぐる人〔物〕. **2**〖話〗困らせる問題〔事件〕. **3**〖米〗メモに使う手帳, 備忘録; 索引. **4**《支払日などを記入する》銀行の単式控え帳.

tíck·lish [tíkliʃ] *a.* **1** くすぐったい. **2** 危険〔困難〕な, 扱いにくい, 注意を要する, デリケートな. **3** 不安定な, ひっくり返りやすい;《天候が》変わりやすい;《人が》おこりっぽい. ◇ **~·ly** *ad.* **~·ness** *n.*

tìck-tack-tóe [tìktæktóu, ㊇⁺tìttættóu] *n.* 三目並べ《丸と十文字をかわるがわる書き, 先におなじ符号を三つ直線に並べた方が勝つ, 五目並べに似た子どもの遊び》.

tíck·y [tíki] *n.*〖南アフリカ話〗3 ペンス銀貨.

tíc·toc =ticktock.

tíd·al [táidl] *a.* **1** 潮の; 潮のような. **2** 潮の影響を受ける, 潮の作用による. **3** 干満のある. **4** 周期的に変動する. **5** 満潮時に出帆する.
~ air 〔**breath**〕《呼吸するとき肺に出入りする》息. **~ boat** 〔**steamer**〕 満潮のときに出る船. **~ current** 潮流. **~ harbor** 潮の干満のある港《満潮時のみ使用可能》. **~ power plant** 潮力発電所. **~ river** 河口から潮があげてくる川. **~ train** ~ steamer に連絡する汽車. **~ wave** (1)《地震・台風などによる》津波, 高波;《月や太陽の引力による》海面のふくらみ. (2) 人心の激しい動揺.

tíd·bit [tídbit] *n.*〖米〗**1** (うまいものの)一口〔一切れ〕(=㊇ titbit). **2** おもしろいニュース〔話題〕(=㊇ titbit).

tíd·dle·dy·winks [tídldiwiŋks], **tíd·dly·winks** [tídliwiŋks] *n. pl.* 小さな円盤をはじいて遠くに置いてあるコップの中に入れる子どもの遊び.

tíd·dler [tídlər] *n.*〖魚〗トゲウオ (stickleback).

‡**tide**[1] [taid] *n.* **1** 潮, 潮流, 潮の干満: ebb 〔low〕 ~ 干潮. flood 〔flowing, high〕 ~ 満潮. The ship departed on the ~. 船は満潮に乗って船出した. **2 盛衰**, 消長: full ~ of pleasure 歓楽の絶頂. **3** 時流, 時勢, (時の)形勢: go with the ~ 時勢に従う. **4**〖古〗気運, 好機. **5**《複合語のほかは古語》季節, 時;《教会の》祭り, 節: noon*tide* 真昼. spring*tide* 春. Christmas*tide* クリスマスの時季.
take fortune at the ~ = ***take the ~ at the flood*** 好機に乗じる. ***The ~ is in.*** いま満潮だ. ***The ~ is making*** 〔***coming in***〕**.** 潮がさしている. ***The ~ is out*** 〔***down***〕**.** いま干潮だ. ***the ~ turns*** 形勢が一変する: The ~ *turned* against 〔to〕 him. 形勢が彼にとって不利〔有利〕になった. ***the turn of the ~*** 潮の変わりめ; 形勢一変. ***Time and ~ wait for no man.***〖ことわざ〗歳月人を待たず. ***turn the ~*** 形勢を一変させる. ***work double ~s*** 昼夜兼行で働く.
—— *vi.* **1** 潮に乗って行く. **2** 乗り切る, しのぐ《を *over*》: He sold his house to ~ *over* his financial difficulties. 彼は経済的困難を切り抜けるために家を売った. **——** *vt.* **1** 潮に乗せる; 潮に乗せて運ぶ. **2** に切り抜けさせる, に乗り切らせる《*over*》: Will the money ~ you *over* until you get your wages? きみは給料をもらうまでこの金で切り抜けられるか. ~ one's ***way*** 潮に乗って進む.
~ gage 検潮器. **~ gate**《上げ潮のときは開き下げ潮のときは閉じる》潮門. **~ gauge** =~ gage. **~·land** [-lǽnd]《潮の満ち引きで》隠れたりあらわれたりする土地, 干がた. **~ lock** 潮の満ち引きによって港などの水面を調節する水門. **~·mark** [⌐⌐]《潮の干満を示す》潮汐(ちょうせき)点〔標識〕. **~ register** = ~ gage. **~ rip(s)**《潮流の衝突によって生じる》荒波, 激潮. **~ table** 潮の干満〔潮汐〕表. **~·wàit·er**《昔の税関の》監視役人; ひより見主義の人. **~·wà·ter**〖米〗(1) 潮の干満の影響を受ける水; 満潮のとき海岸をおおう水. (2) 海岸(地方). **~·way** [⌐⌐] 潮の流れるみち; 潮流.
◇ **~·less** *a.* 潮の満ち引きのない.

tide[2] *vi.*〖古〗起こる, 生じる (happen).

tí·dings [táidiŋz] *n. pl.*《ときに単数扱い》〖おもに雅〗たより, 通知, 消息: sad 〔glad〕 ~ 悲しい〔うれしい〕たより.

tid·ól·o·gy [taidάlədʒi/-dɔ́l-] *n.* 潮汐(ちょうせき)学, 潮の研究.

tí·dy** [táidi] *a.* (**-di·er**; **-di·est**) **1** こぎれいな; きちんとかたづいた, 整然とした;《身なりなどが》清楚(せいそ)な, さっぱりした: a ~ room 〔desk〕 よくかたづいたへや〔机〕. a ~ boy さっぱりした身なりの少年. ~ habits こぎれいにする習慣. **2**〖話〗かなりな, 相当な: a ~ income かなりの収入. ***cost a ~ penny たいへんな金がかかる.
—— *vt., vi.* 整とんする, かたづける, きれいにする《*up*》: You'd better ~ *up* (the room) before the guests arrive. 客が来る前に(へやを)かたづけておきなさい. ~ one*self* 身づくろいをする.
—— *n.* **1**《流しの小穴のあいた》ごみ入れ; がらくた〔くず〕入れ: a hair ~ 髪ブラシについたすき毛を入れるもの. **2**《いす・ソファー用》カバー.
◇ **tí·di·ly** *ad.* **tí·di·ness** *n.*

tidy ①

†**tie** [tai] *v.* (~**d** [taid]; **tý·ing** [táiiŋ]) *vt.* **1**《ひも・なわで》縛る, 結わえる, つなぐ; 結わえて〔束ねて〕つくる: be ~*d* hand and foot 手足を縛られる. ~ a dog to a post 犬を柱につなぐ. ~ a knot 結び目をつくる. ~ a wreath 〔fly〕 花輪〔蚊ばり〕を束ねてつくる. **2**〈ひも・ネクタイ・リボンなどを〉結ぶ; 結んで身につける: ~ the ribbon in a bow リボンをチョウ結びにする. She ~*d* her apron. 彼女はエプロンを着けた. **3** 拘束〔束縛〕する; 義務づける; の使用を制限する: He did not want to be ~*d* to a steady job. 彼は定職に身を縛られたくなかった. I am now ~*d* up. いまは忙しくて他のことはできない. **4 結合する**, つなぐ; はり〔横材〕でつなぐ: ~ two power systems 二つの送電系統を結合する. **5**〖話〗結婚させる. **6**〖米〗〈レールに〉まくら木を敷く. **7**〖運〗と同点になる: Harvard ~*d* Yale. **8**〖楽〗〈音符を〉連結する《タイで》.

—— *vi.* **1** 結ばれる, 縛られる: The rope won't ～ easily. このなわは結びにくい. Does this sash ～ in front or at the back? この帯は前で結ぶのですか, それとも後ろでですか. **2**〔運〕同点〔タイ〕になる; 互角である《と *with*》: The two teams ～*d*. 敵味方同点になった. I ～*d with* him in the last game. 最後のゲームで彼とタイになった. **3**〔米〕協同する. **4** 〈犬が〉においをたどってゆく.

be much ～d 忙しくてちっとも暇がない. ***be ～d to time*** 定刻までに行かなければならない; 時間に縛られている. ***～ a can to***〔俗〕をお払い箱にする. ***～d beam*** ＝～ beam. ***～d house***〔英〕《特定の会社の酒だけを売る》酒場. ***～ down*** (1) しっかり縛る, 結わえる: ～ a branch *down* 枝を結わえる. (2) 拘束〔束縛〕する; 制限する, 義務づける《に *to*》: ～ a person *down to* a contract 人に契約を義務づける. ***～ in*** 結びつける《と *with*》; 関係づける《に *with, to*》: ～ *in* one's arguments *to* the previous discussion 自分の議論を前の討論に関係づける. ***～ into*** (1) に激しく攻撃をしかける; 〈仕事など〉に猛然ととりかかる; をがつがつ食べる. (2) 〈ボール〉をかっ飛ばす, 〈ピッチャー〉を打ち込む. (3) を手に入れる. ***～ off*** 控える, 避ける. ***～ one on***〔米俗〕大酒を飲む. ***～ the hands of*** の行動の自由を奪う. ***～ the knot*** しっかりと結びつける; 結婚する. ***～ to***〔米話〕…にたよる, を力と頼む〔信頼する〕; と提携する; に愛着を感じる: I want something to ～ *to*. なにかたよるものがほしい. ***～ a person's tongue*** 口止めする: My *tongue* is ～*d*. それは言えない. ***～ up*** (1) 堅く縛る: These knots are ～*d up*. この結び目は解けない. (2) 包装する, すっかり包む. (3) 拘束する, 動けなくする: *be ～d up* in conference 会議で動きがとれない. (4) 〈交通を〉不通にする《罷業などで》: All the traffic was ～*d up* by the snow storm. ふぶきで全交通が止まった. (5) 〈財産などを〉自由に処分〔使用〕できなくする, 凍結する. (6) 連合させる, 組ます《と *with*》. (7)〔話〕結婚させる: get ～*d up* 結婚する. (8)〔俗〕止める. (9)〔ボクシング俗〕ノックアウトする.

—— *n.* **1**《物を縛るための》ひも, なわ. **2** 結んで使用するもの; ネクタイ; 毛皮の小えり巻き; (*pl.*) 短ぐつの一種. **3** 結び目, 飾り結び: a dress with many ～*s* around the waist 腰まわりに飾り結びがたくさんついたドレス. **4** (*pl.*) 縁, きずな; 義理: matrimonial ～*s* 夫婦の縁. the ～*s* of friendship 友情のきずな. **5** 束縛, 足手まとい, やっかいもの: A dog is a considerable ～ if one has sole charge of it. ひとりで世話をするとなると犬もかなり荷やっかいだ. **6** 同点, 同数得票, 互角, 引き分け;〔英〕引き分け後の再試合; 勝ち抜き試合: The game ended in a ～ 2-2. ゲームの結果は2対2の引き分けだった. The ～ will be played off on Saturday. 引き分けの再試合は土曜日に行なわれる. a cup ～ 優勝杯戦. **7**〔建〕つなぎ材;〔工〕引っ張り棒;〔米〕まくら木;〔楽〕タイ, 連結符《⌒, ‿》.

～·back [⌐⌐]《カーテンを一方に寄せて止める》止めひも. **～ beam**〔建〕《たるきをつなぐ》つなぎばり. **～-in** [⌐⌐]〔米〕(1)《他のものと》抱き合わせの; 抱き合わせ広告; ＝～-in sale. (2) 秘密な結びつき〔関係〕. **～-in sale** 抱き合わせ販売〔商品〕. **～ tack** ネクタイ止め. **～-up** [⌐⌐] (1) 業務〔交通〕などの停止〔不通〕《特にストライキ・事故などによる》. (2) 休止(状態), 行き詰まり;〔米〕《鉄道の》ストライキ. (3)〔米話〕提携, 協力;《犯罪などの》かかり合い. (4)《船の》係留所.

(類義語) **結ぶ**: **tie** 二つのものを結び〔縛り〕つける: *tie* legs 足を結わえる. **bind** tie と交換可能なばあいが多いが三つ以上のものをくくる: *bind* twigs 枝をくくる. **fasten** ひものほかくぎ・のりを用いてしっかりと固定する.

Tién Shán [tjén-ʃáːn] *n.* テンシャン (天山) 山脈.

Tién·tsín [tjéntsín, tín-] *n.* テンチン (天津)《中国の都市》.

tier[1] [tiər] *n.* **1**《劇場などのひな段式座席の》1段;《戦艦の砲門の》1列. **2**《段になった》列, 一並び, 層. ***in ～s*** ＝ ***～ upon*** [***after***] ～ 段になって, ひな段式に.

—— *vt., vi.* 段々に積む, 重ねる, 重なる.

tí·er[2] [táiər] *n.* **1** 結ぶ人〔物〕. **2**〔米方〕《子どもの》前掛け, エプロン (pinafore).

tierce [tiərs] *n.* **1**〔楽〕第三音, 三度音程, 三度. **2**《42米ガロン入りの》中たる. **3**〔カトリック〕第3時, 3時課 (terce)《午前9時の礼拝》. **4** [㊥⁺təːs, tíəs]〔トランプ〕3枚続き. **5**〔フェンシング〕第3の構え: ～ and quart フェンシング (の練習). → carte[1].

tíer·cel [tíərsl] ＝tercel.

Ti·érra dèl Fu·é·go [tiérə-dèl-f(j)uːéigo] *n.* フエゴ諸島《南アメリカ南端の群島》.

tiers é·tat [F. tjɛrzeta, ㊥⁺tjéəzeitáː] F. 平民, 庶民, 第三階級 (third estate).

tiff[1] [tif] *n.*〔古・方〕《酒の》ちょっと一杯. —— *vt.* ちょっと一杯〔一口〕飲む.

tiff[2] *n.* **1**《友だち・恋人の間の》いさかい. **2** ふきげん, 腹だち. —— *vi.* **1** ちょっと言い争う. **2** きげんを悪くする.

tíf·fa·ny [tífəni] *n.* ティファニー《薄くて目のあらい絹織物. 紗(しゃ)の一種》.

tíf·fin [tífin] *n.*〔英〕昼食 (lunch).

—— *vi., vt.* 昼食をとる; に昼食を出す.

Tíf·lis [tíflis] *n.* ソ連 Georgia 共和国の首都《公式名 Tbilisi》.

‡tí·ger [táigər] *n.* (*fem.* **tí·gress** [-gris]) **1**〔動〕トラ. **2** 狂暴な〔獰猛(どうもう)な, 残酷な〕人. **3**〔英俗〕《競技などの》強敵. ↔rabbit. **4**〔英〕少年の馬丁. **5**〔米俗〕《万歳三唱のあとの》おまけの万歳《T～! と唱えることもある》. ***work like a ～*** 猛烈に働く.

～ beetle〔虫〕ハンミョウ. **～ cat** ヤマネコ;《家畜の》トラネコ. **～-eye** [-ài], **～'s-eye** [-zài]〔鉱〕虎眼(こがん)石, トラ目石《黄かっ色の飾り石》. **～ lily**〔植〕オニユリ. **～ moth**〔虫〕ヒトリガ. **～·wood** [⌐⌐⌐] ふ入りの南アメリカ産の木材《キャビネット用》.

tí·ger·ish [táig(ə)riʃ] *a.* トラのような; 獰猛(どうもう)な, 狂暴な, 残忍な. ◇ **～·ly** *ad.* **～·ness** *n.*

‡tight [tait] *a.* **1** 堅い, しっかりした, 堅くて動かない〔ほどけない〕: a ～ knot 堅い結び目. a ～ drawer 堅くて開かない引き出し. **2**《綱などが》ぴんと張った, 引き締まった: a ～ belt. **3**《比喩的》緊張した, 打ち解けない: a ～ smile 堅い笑(え)み. **4** しっかりした, 厳格な: She kept ～ control over the children. 彼女は子どもたちをしっかり監督した. **5** すき間のない;《布地が》目のつんだ; 水〔空気〕を通さない: a ～ weave 堅織り. The boat is ～. このボートは水が漏らない. **6** 窮屈な, 狭い, からだにぴったり合った: a ～ boot〔coat〕窮屈なくつ〔上着〕. **7**《容器・予定などが》いっぱいに詰まった: Eat until your stomach is ～. 満腹するまで食べろ. **8**《立場など》動きがとれない, 困難な, やっかいな. **9** 金づまりの: Money is ～. 金がつまっている. **10**〔話〕しまり屋の, けちな: He is ～ about money. 彼は金のことはこまかい. **11**《競技など》接戦の: a ～ game. **12**〔俗〕酔っ払った (drunk). **13**〔商〕《商品が》品薄の;《株が》買い人気の. **14**〔ジャーナリズム〕記事があり余っている. **15**〔方〕こぢんまりした, かっこいい: a ～ little girl こぎれいな娘. **16**〔方〕うまい, じょうずな. ***be in a ～ place*** [***corner, spot, squeeze, situation***] 進退窮まる, 動きがとれない. ***get ～*** 酔っ払う. ***It is a ～ fit.***《着衣が》きつい, 窮屈だ. ***keep a ～ rein*** [***hand***] ***on*** を厳しく取り扱う, をぎゅうぎゅういわせる. ***perform on the ～ rope*** 〈軽わざ師が〉綱渡りをやる.

—— *ad.* **1** 堅く, しっかりと; きつく; 密接して: Hold it ～. しっかり持っていてください, しっかり押えていなさい. The door was shut ～. ドアは堅く締まっていた. **2** こぢんまりと. **3** ぐっすりと. ***sit*** ～ じっと腰をすえる; がんばる, 主張をまげない.

—— *n.* (*pl.*)《舞踏・体操用の》タイツ.

～·físt·ed [ㄥㄥ–, ㄥㄥ–] にぎり屋の, けちな; つましい. **～-láced** (1) きつくコルセットをはめた. (2) 堅苦しい, 融通のきかない, 型にはまった. **～-lípped** [-lípt] 口をしっかりむすんだ; 口数の少ない; 口の堅い. **～·rope** [ㄥㄥ, ㄥㄥ]《綱渡り用》張り綱: a ～*rope* walker〔dancer〕綱渡りの芸人. **～ squeeze** (1) 窮地, 難関. (2) 堅い握手; 強い抱き締め. **～·wad** [ㄥㄥ]〖米俗〗しまり屋, しみったれ.

◇ ***～·ly** [-li] *ad.* 堅く, きつく, しっかりと. **～·ness** *n.* 堅いこと, 引き締まり; 緊張; 窮屈; 金融逼迫(ひっぱく).

-tíght [-táit, -tàit/-tait]「…の通らない」「…の漏れない」「…を防ぐ」の意の語形成要素: air*tight* 気密の. water*tight* 防水の.

‡tíght·en [táitn] *vt., vi.* **1** (しっかり) 締める, 締まる, 堅くする〔なる〕: ～ a screw a little more ねじをもう少し締める. **2** ぴんと張る: ～ a rope 綱をぴんと張る. **3** 逼迫(ひっぱく)する: The market ～*s*. (金融) 市場が逼迫する. ～ ***one's belt***〖笑〗倹約する; 食わずに済ます. ◇ **～·er** *n.*

tí·glon [táiglən], **tí·gon** [táigən] *n.*〖動〗タイゴン《雄のトラと雌のライオンの子》. [<*tiger*+*lion*]

tí·gress [táigris] *n.* **1** 雌のトラ. **2** 残忍な女, あばずれ.

Tí·gris [táigris] *n.* チグリス川《Mesopotamia 平野を流れ Euphrates 川と合してペルシア湾に注ぐ》.

tí·grish [táigriʃ] =tigerish.

tike =tyke.

tík·kie =ticky.

til [til, ㊎+ti:l] *n.*〖植〗ゴマ (teel).

tíl·bu·ry [tílbèri, -bəri/-b(ə)ri] *n.* 屋根のない軽2輪馬車《考案者 Tilbury の名から》.

til·de [tíldə, -di, ㊎+tíld] Sp. *n.* **1** スペイン語の n の上につける符号《ñ の ˜: señor [senjɔ́:r]. cañon [kǽnjən]》. **2** 繰り返しを避けるための省略記号《～》: play, ～ed, ～ing.

tile** [tail] *n.* **1** (化粧) タイル; かわら: a ceramic ～ 陶製タイル. a plain ～ 平がわら. a roof(ing) ～ 屋根がわら. **2**《下水・排水》土管. **3**《マージャンの》パイ. **4**〖話〗シルクハット. ***be (***out***) ***on the ～s*** 放蕩(ほうとう)する. ***have a ～ loose***〖俗〗気が狂っている, 気が変だ. **——** *vt.* **1** タイル張りにする; かわらぶきにする; に土管を敷設する. **2** <秘密結社の集会などに> 見張り番を置く; <会議などを> 秘密にする; <人に> 秘密を守らせる.

tíl·er [táilər] *n.* **1** かわら〔タイル〕製造者〔職人〕. **2**《Freemason の》会合見張り番.

◇ **～·y** [-əri] *n.* かわら〔タイル〕焼き場.

tíl·ing [táiliŋ] *n.* **1** かわらふき〔タイル張り〕工事. **2**《集合的》タイル, かわら. **3** タイル(張り)面; かわら(ぶきの)屋根.

†till[1] [til] *prep.*《時間的に》…まで: ～ dawn 夜明けまで. from morning ～ night 朝から夜まで. ～ after dark 日没後まで. Goodby ～ tomorrow. あしたまでさようなら. I had not eaten anything ～ late in the afternoon. 午後をだいぶまわるまでなにも食べていなかった. It was not ～ evening that we got the news. 夕方になってようやくその知らせを受け取った. *T*～ now I knew nothing about it. いままでそのことについて少しも知らなかった. ***～ then*** そのときまで.

—— *conj.*《時間的に》…(する)まで: He waited ～ I returned. 彼は私がもどるまで待っていた. Wait ～ called for. 呼ばれるまで待っていなさい. Walk straight ahead ～ you come to a bus stop. バス停留所に出るまでまっすぐ歩いていらっしゃい.

〈付記〉till と until は共通して用いられるが, 語調・習慣によって一方が他方より多く用いられる. 文頭では until がひんぱんに用いられる傾向がある. → until.

till[2] *vt., vi.* 耕す, 耕作する.

◇ **～·a·ble** [-əbl] *a.* 耕作できる〔に適する〕. **～·age** [-idʒ] *n.* 耕作; 耕地; (耕) 作物. **～·er** [-ər] *n.* 耕作者, 農夫.

till[3] *n.*《帳場・銀行などの》金を出し入れする引き出し;《貴重品用の》引き出し, 銛, 箱.

till[3]

till[4] *n.* **1**〖地〗氷河によって運ばれた砂〔粘土, 石〕の堆積(たいせき), 漂石粘土. **2** 硬粘土.

tíll·er[1] [tílər] *n.*〖船〗かじの柄.

tíll·er[2] *n.*〖植〗苗木; 若芽; ひこばえ. **——** *vi.* 若芽〔ひこばえ〕を出す.

tíll·er[3] →till[2].

tilt**[1] [tilt] *n.* **1** 傾き, 傾斜, かしぎ. **2** 突き; 馬上のやり試合; ボート・丸太などに乗って相手を水中に突き落とす競技. **3**《一般的》競技, 試合. **4** 論争. **5** はねハンマー, はねつち. **6**〖釣り〗浮きの一種. **7** 馬上試合場. ***at full ～ 全速力で, まっしぐらに, 全力を出して. ***come full ～ against*** に全速力でぶつかる. ***give a ～*** 傾ける. ***have a ～ at*** 〔***against***〕を攻撃する; を論駁(ろんばく)する. ***have a ～ to*** left (左)へ傾く. ***on the ～*** 傾いて. ***run full ～ into*** …にまっしぐらにぶつかる.

—— *vi.* **1** 傾斜する: That table ～*s*. そのテーブルはかしいでいる. **2** やりで突く, やり試合をする. **3** 攻撃する, 突進する《を, に *against, at*》: ～ *at* wrongs 不正をつく. **4** <カメラが> 上下に動く. **——** *vt.* **1** 傾ける: ～ one's hat 帽子をあみだにする. ～ a cart to empty it 手押し車を傾けて荷をからにする. **2** 投げ出す, ほうり出す: They were ～*ed* out of the truck like potatoes. 彼らはジャガイモのようにトラックから投げ出された. **3** 突く: ～ each other 互いに突き合う. **4** <やりを> 繰り出す: ～ a lance. **5** 攻撃する; と論争する, 論駁する. **6** <カメラを> 上下動する. **7** ～ hammer で鍛える. ***～ at windmills*** 不可能事を試みる. ～ ***over*** 傾く, 転覆する.

～ hammer 鍛冶(かじ)用動力ハンマー. **～·yard** [ㄥㄥ]《中世の》馬上やり試合場. ◇ **～·er** *n.*

tilt[2] *n.*《特に馬車・船などの》日よけ. **——** *vt.* に日よけ〔おおい〕をする.

tilth [tilθ] *n.* 耕作; 耕地, 耕土 (の深さ). [<till[2]]

Tim.〖聖〗Timothy.

tím·bal, tím·bul [tímb(ə)l] *n.* **1** = kettledrum ①. **2**〖虫〗《セミなどの》振動膜.

tim·bale [tímbl/tæmbɑ́:l, tímb(ə)l] F. *n.* タンバール《鳥・魚などのすり肉に卵・クリームを加えて型に入れてつくる料理》.

‡tím·ber [tímbər] *n.* **1** 材木, 用材, 大角材;〖英〗板材 (=㊎ lumber): a log of ～ 丸太. seasoned ～ 枯らした木材. **2**《木材になる》樹木, 立ち木; 森林: standing ～ 樹林. cut down〔fell〕～ 伐採する. put a hundred acres of land under ～ 100 エーカーの土地に植樹する. The fire destroyed thousands of acres of ～. 山火事で何千エーカーの森林が焼けた. **3** 梁(はり), 棟木(むなぎ), 横木;〖船〗肋材(ろくざい); 船材. **4**〖英: 狩〗木造障害物《さくや門》. **5**〖クリケット俗〗=timber yard. **6**〖米話〗人柄, 素質: a man of real presidential ～ 真に会長にふさわしい人材. (***Shiver***) ***my ～s !***〖海俗〗くそっ (いまいましい).

—— *vt.* 材木でささえる〔建てる〕: ～ up the roof.

～-hèad·ed〖俗〗愚かな, 頭の堅い, 鈍い. **～ hitch**〖海〗ねじ結び《円材にロープを結ぶときの縛り方》. **～·land** [-lænd]〖米〗森林地. **～ line**〖米〗樹木限界《高山・極地などの樹木の生育が不可能となる地域的限界線》. **～ toe(s)**〖話〗木の義足をつけた人. **～ wolf**《北アメリカ産》オオカミ. **～·work** [ㄥ–ㄥ] 木組み. **～ yard** [ㄥ–ㄥ]〖英〗材木置き場

(=㊊ lumberyard); 〖クリケット俗〗三柱門.
◇ **~ed** [-d] *a*. 木材が使ってある; 樹木でおおわれた, 樹木が茂った. **~·ing** [-bəriŋ] *n*. 《集合的》木材, 用材; =timberwork.

tim·bre [tímbər, tǽm-/tɛ̃:(m)br, tǽmbə, tímbə] F. *n*. 音質, 音色 (tamber).

tím·brel [tímbr(ə)l] =tambourine.

tím·bul = timbal.

†**time** [taim] *n*. **1** 《無冠詞》**時間**, 時, 時の経過: The world exists in space and ~. 世界は空間的時間的に存在する. *T*~ is money. 時は金なり. *T*~ will show who is right. 時がたてばだれが正しいかわかるだろう.
2 《無冠詞または no, any, much, not much, little, a lot of, one's などがつくことがある》時間, 使える時間, 暇: That will take ~. それをするのは時間がかかろう. have *not much* [have *no*] ~ for reading 読書をする時があまりない〔全くない〕. spend *a lot of* ~ (in) getting ready 用意するのにとても時間がかかる. if I had ~ 時間〔暇〕があったら. There is no ~ to lose. 一刻の余裕もない.
3 《a, some がついて》期間, 間, いっとき, しばらく: after *a* ~ しばらくして. for *a* long [considerable, short] ~ 長い〔かなりの, わずかの〕間. I had *a* ~ to see your intention. きみの意図がわかるのにしばらくかかった. It was *some* ~ before he turned up. 彼が姿をあらわすまでいっときあった.
4 (the ~)《限定された》時間, 期間: We've got to finish the work within *the* ~. きめられた時間内に仕事をし終えなければならない. They were laughing all *the* ~. その間じゅう笑っていた. *The* ~ of the football game was just two hours. 蹴球(しゅうきゅう)の試合時間はちょうど2時間だった.
5 《時の一点》**時刻**, 時間; 期日, 日どり; ころ, 時節; …したとき, …する際《に *at*; までに *by*; のころ *around*, (*at*) *about*》: What ~ is it (now)? (いま)何時ですか. fix a ~ for a call 訪問の時間をきめる. It is lunch ~. 昼食時間です. *at* blossom ~ 開花時に. *at* [*around*] Christmas ~ クリスマスどきに〔のころに〕. *at* the ~ you're speaking of きみの言っている時刻に. *by* the ~ we reached home 家に着くときまでには. every ~ I think of it それについて考えるたびに.
6 時機, 機会, おり: There is a ~ for everything. すべてのことにはしおどきがある.
7 (しばしば *pl*.)《過ごした》時間; 経験《ひどい目, 愉快な思いなど》: have a lively ~ of it ひどい目に会う, はらはらする, たいへんほねがおれる.
8 (しばしば *pl*.) **時代**, 年代, 代; (the ~) 現代: ancient [modern] ~*s* 古代〔現代〕. in the ~*s* of Stuart=in Stuart ~*s* スチュアート王朝時代に. the noted people of *the* ~ 当代の有名人たち.
9 (*pl*.) 時勢, 景気: abreast of the ~*s* 時勢に遅れずに, 時事に通じて.
10 一生, 生存中, (人が) 活躍する時代: The house will last my ~. この家は一生もつだろう. They had no longer tenants in my ~. 私の時代には下宿人はもういなかった.
11 (何) **度**, 回, 倍: ten ~*s* a day 日に10回. five ~*s* as big (as...) (…の) 5倍の大きさで. 3 ~*s* 6 is 18. 3×6 は 18.
12 (奉公の) 年季, 勤務時間; 賃銀: straight ~ 固定給. ~ and a half 固定給プラス5割の手当.
13 死期, 臨終; 分娩(ぶんべん)期; 刑期: His ~ has come. いよいよ彼の最期がきた. Her ~ is near. じきに子が生まれる.
14 〖運〗始め!, 中止!; タイム, 所要時間: He ran the mile in record ~. 彼は1マイルを記録タイムで走った.
15 〖楽〗拍子; 速度; 〖軍〗歩調: waltz ~ ワルツのテンポ. double ~ 駆け足.
16 標準時: Greenwich ~ グリニッジ標準時. summer ~ 夏時間.
17 〖文〗時制 (tense).
against **~** 大急ぎで: work *against* ~ 時刻と競争で〔期限に差し迫られて〕仕事をする. ***ahead of*** **~** 《約束の》時間よりも早く: arrive a little *ahead of* ~. ***ahead of*** **one's ~(*s*)** 時勢より進んで. ***all in good*** **~** 時節を待てば, ときがくれば. ***all the*** **~** (1) その間じゅうずっと. (2) 〖米〗いつでも, どんなときでも: He's a businessman *all the* ~. 彼はいついかなるときでも〔ねっからの〕ビジネスマンだ. ***ancient*** **~*s*** 大昔, 古代. ***as*** **~*s*** ***go*** いまの時勢では, 時節柄. ***at all*** **~*s*** いつでも. ***at a*** **~** (1) 一度に. (2) 同時に. ***at no*** **~** 一度も…ない〔…しない〕. ***at odd*** **~*s*** 合い間合い間に, 暇なおりおりに. ***at one*** **~** (1) 一時は, かつて: *At one* ~ I used to go fishing on weekends. かつては週末には魚つりに行ったものだ. (2) 同時に. ***at other*** **~*s*** 平素は. ***at the best of*** **~*s*** 状態のいちばんよいときに: The road is none too smooth even *at the best of* ~*s*. いちばんよいときでさえ道はでこぼこだ. ***at the same*** **~** (1) 同時に. (2) けれども (however). ***at this*** **~** ***of*** **(*the*)** ***day*** いまごろになって; こんなにおそく〔早く〕. ***at this*** **~** ***of*** **(*the*)** ***year*** この季節に. ***at*** **your ~** ***of life*** (きみ)の年ごろに〔では〕. ***at*** **~*s*** ときどき. ***beat*** **~** 拍子をとる. ***before the*** **~*s*** 時代に先んじて. ***before*** **one's ~** (1) 月足らずで《生まれる》. (2) 天寿を全うせずに. ***behind the*** **~*s*** 時代に遅れて. ***behind*** **~** (1) 時間に遅れて: The train is ten minutes *behind* ~. 列車は10分遅れている. (2) 滞って: He's always *behind* ~ *with* his payments. 彼はいつでも支払いが滞っている. ***between*** **~*s*** (1) ときどき. (2) 合い間に. ***by this*** **~** (1) 今時分は. (2) このときまで. ***call the*** **~** 〈審判が〉タイムを宣告する. ***can tell the*** **~** いま何時か (とけいの見方) を知っている. ***come to*** **~** 〖米俗〗負ける. ***do*** **~** 〖俗〗刑期をつとめる. ***find*** **~** 余暇がある: *Find* ~ to do it. 暇を捜しておやりなさい. ***for a*** **~** (1) 一時, しばらく. (2) 仮に. ***for the first*** **~** 初めて. ***for the last*** **~** 最後に; これを限りに. ***for the second*** **~** 2度めに. ***for the*** **~** ***being*** 当分, さしあたり. ***from*** **~** ***to*** **~** ときどき. ***full*** **~** 専任; 通し勤務. ***gain*** **~** (1) 時をかせぐ; 余裕を得る. (2) 手間を省く. ***get*** **one's ~** 〖米俗〗首になる. ***give*** **~** 猶予する. ***good old*** **~*s*** なつかしい昔. ***half the*** **~** (1) 半分の時間: I could have done it in *half the* ~. ぼくなら半分の時間でやれただろう. (2) その大半は, ほとんどいつも: He says he works hard, but he's daydreaming *half the* ~. 彼は熱心に働くというが, 実際はほとんどいつもぼんやりしているだけだ. ***half*** **~** 半日勤務. ***hard*** **~*s*** 不景気. ***have a bad*** **~ (*of it*)** ひどい目に会う. ***have a good*** **~ (*of it*)** 楽しく過ごす, おもしろい思いをする. ***have no*** **~** ***to spare*** 忙しい, ちょっとの暇もない. ***how many*** **~*s*** 何度, 何回. ***how much*** **~** どれだけの時間. ***improve*** **one's ~** 時間を利用する. ***in bad*** **~** (1) ときをたがえて. (2) 遅れて. ***in between*** **~*s*** 合い間合い間に. ***in due*** **~** やがて. ***in good*** **~** (1) ちょうどいいときに; 時機がくれば. (2) じきに; 直ちに. ***in*** **(*less than*)** ***no*** **~** 直ちに, ときを移さず. ***in*** **one's *own good*** **~** つごうのよいときに. ***in*** **one's *own*** **~** 余暇に. ***in slow*** **~** おそい調子で. ***in*** **~** (1) まにあって: He will be there *in* ~. 彼は遅れずに向こうに着くだろう. be *in* ~ *for* the train 列車にまにあう. → just in ~. ↔ late. (2) やがては, おそかれ早かれ: *In* ~ he'll see what is right. そのうちに彼はなにが正しいのかわかるだろう. (3) 調子〔拍子〕が合って《と *with*》. ***in*** **one's ~** =in one's life. ***in true*** **~** 正しい調子で. ***It's*** **~** 《+動詞過去形》…してもよいころだ: *It's* ~ we were going. もうそろそろおいとましてもよい時間だ. *It's* ~ you learned to behave yourself. もう行

儀を身につけてよい年ごろだ. ***just in ~ for*** [***to*** (do)] …に[するのに]ぎりぎりにまにあって: be *just in ~ for* the meeting 会にきっかりまにあう. I was out of the room *just in ~ to* see the airplane explode. ちょうどへやを出たとたんに, 飛行機が爆発を起こすのを目撃した. ***keep good*** [***bad***] ~ <とけいが> きちんと合う[合わない]. ***keep ~*** (足) 拍子を合わせる《と *with*》; 正しい拍子で歌う[踊る]. ***kill ~*** 時間[暇]をつぶす. ***last*** a person'***s ~*** 一生もつ. ***last ~*** I saw you この前 (お会い) したときに. ***make a ~*** 〖米俗〗大騒ぎする. ***make good*** [***poor***] ~ <仕事・速度が> 速い[おそい]. ***make ~*** (1) 急ぐ; =go fast: *make* better ~ より速く進む. (2) (…をする) 時間をつくる. ***many a ~*** 〖雅〗 =***many ~s*** 幾度も. ***mark ~*** 足踏みをする, ぐずぐずする. ***near her ~*** 産期[お産]が近づいて. ***Now is the ~ to*** act. いまこそ(実行)するときだ, いまこそ(実行)の好機だ. ***Now is your ~.*** いまがチャンスだ. ***of the ~*** 当時の; 《特に》当節の. ***one*** [***two***] ***at a ~*** いちどきに一つ[二つ]ずつ, 別々に: Hand them to me *two at a ~*. 1度に二つずつ渡してください. ***one ~ with another*** 前後合わせて. ***on ~*** (1) 時間どおりに: The train is [came in] *on* ~. 列車は定刻どおりだ[定刻にはいってきた]. (2) 分割払いで: buy a bed *on* ~ ベッドを分割払いで買う. ***out of ~*** (1) 拍子はずれの. (2) 季節はずれの. (3) 遅れて. ***over ~*** 超過勤務. ***part ~*** パートタイム. ***pass the ~ of day*** 《朝晩の》あいさつをする. ***play away*** one'***s ~*** 時を遊んで過ごす. ***pressed for ~*** 時間に追われて. ***serve*** (one'***s***) ~ 兵役[刑期]をつとめる. ***some ~ or other*** いつかそのうち. ***take ~*** <ことが> 時間がかかる, 日時を要する. ***take*** one'***s ~*** ゆっくりやる, ゆっくりする. ***take ~ in*** (do)***ing*** <人が> 時間をかけて[じっくりと]…する. ***take ~ out*** [***off***] 〖米話〗《仕事時間中を》ちょっと休む, 暇をさく. ***take ~ to*** (do)=take ~ in (do)ing. ***the ~ of day*** (1) 時間, 時刻: He asked me what is *the ~ of day*. 彼はいま何時かと私に尋ねた. (2) 朝晩のあいさつ. (3) 情勢, 事情: It depends on *the ~ of day*. そのときの情勢による. ***The ~ was when…*** …のことがあった. ***The ~ will come when…*** 将来…するときがくるだろう. ***This is no ~ for*** weeping. (泣いて) いるばあいではない. ***Those were ~s!*** 思えば実に痛快な時代だった. ***~ after ~*** =***~ and again*** 何度も, 再三再四. ***T~ and tide wait for no man.*** 〖諺〗 歳月は人を待たず. ***T~ flies.*** 〖諺〗 光陰矢のごとし. Your ~ ***has come.*** (おまえの) 最期がきた. My ~ ***is drawing near.*** (私の) 危機[死]は迫りつつある. ***T~ is up.*** もう時間です. ***~ of*** one'***s life*** 〖話〗 非常に楽しい時. ***~ out of mind*** 大昔から. ***~s out of*** [***without***] ***number*** 何度も何度も. ***T~ will tell*** if… (…かどうか) 時がたてばわかるだろう. ***to ~*** 時間どおりに. ***up to ~*** 〖英〗 時間どおりに. ***What a ~ you have been!*** ずいぶん手間どったね. ***when ~ presses*** 急ぐときには. ***with ~*** 時がたつにつれて, やがて.

—— *vt.* **1** の時機を定める, ころあいを見計らって…する: He ~*d* his journey so that he arrived before dark. 暗くなる前に着くよう旅の予定を組んだ. The remark was well ~*d*. その発言は時宜を得ていた. ~ one's visit おりを見計らって訪問する. **2** の時を定める[指定する]: a train ~*d* to leave at 7:30 7時半発の列車. **3** の時を確認する: according to a telegram ~*d* at 9 p.m. 午後9時発が確認されている電報によれば. **4** <競走などの> 時間を計る. **5** <とけいなどを>合わせる. **6** の拍子を合わせる; 調節する《に *to*》: ~ one's steps *to* the music 音楽に足拍子を合わせる. ~ the speed of a machine 機械の動きを調節する. ~ exposure correctly 露出時間を正確に調節する.

—— *vi.* 拍子をとる, 拍子を合わせる; 拍子が合う; 調和する《と *with*》.

—— *a.* **1** 時の. **2** 時限の. **3** あと払いの; 月賦払いの.

~ **ball** タイムボール《測候所で一定時刻を知らせるため棒の先から落とした》. ~ **bargain** 〖商〗 定期商取引[売買]. ~ **base** 〖レーダー〗《目標の距離を示す》時間軸. ~ **belt** =~ zone. ~ **bill** (1) 〖商〗 定期払い約束手形. (2) 〖英〗 =timetable. **~-bìnd·ing** 《子孫への》人間の経験伝達(能力). ~ **bomb** 時限爆弾. ~ **book** 勤務(作業)時間記録簿. ~ **capsule** タイムカプセル《その時代を代表する器物・記録を未来にのこすために入れた容器》. **~·card** [⌐⌐], ~ **card** 勤務(作業)時間記録票. ~ **chart** 比較時間表《世界各地の標準時を示す表》. ~ **charter** 〖商〗 定期用船契約. ~ **clock** 《出退時間などを記録する》タイムレコーダー. **~-con·sùm·ing** 手間どる, 時間がむだな. ~ **deposit** 〖商〗 定期預金. ~ **discount** 〖商〗《手形の》期限割引. ~ **draft** 〖商〗 一覧後定期払い手形. **~-ex·pìred** 〖軍〗 満期の. ~ **exposure** 〖写〗 タイム露出(による写真). ~ **fuse** 時限信管. **~-hòn·ored** 昔から[古くから]の; 伝統ある, いわれのある. ~ **immemorial** (記憶にない) はるか昔: from ~ *immemorial* 太古から. **~·kèep·er** 《競技・作業などの》とけい係, 時間記録員; とけい; 拍子をとる人. ~ **killer** 暇つぶしになるもの, なぐさみ. ~ **lag** 時間のずれ. **~-lapse** [⌐⌐] 低速度撮影の, こま抜きの. ~ **limit** 時限, 日限. ~ **loan** 期限つき貸し出し. ~ **lock** 《時間がくるまで開かない銀行の金庫室などの》時限錠. ~ **machine** タイムマシン《過去や未来を旅するための想像上の機械》. ~ **money** 期限つき貸出金. ~ **note** 約束手形. ~ **out** 《仕事時間中の》休息, 中休み. → take ~ out. **~-óut** (1) 〖運〗《試合中作戦協議などのため要求される》タイム. (2) =~ out. ***~·piece** [⌐⌐] とけい; = chronometer. ~ **recorder** =~ clock. **~·sàv·ing** 時間節約の. **~·sèrv·er** 時流に便乗する人, 迎合主義者, ひより見主義者. **~·sèrv·ing** 時流に便乗する, ひより見主義(の), ごつごう主義(の); 無節操(の). ~ **sheet** =~ card. ~ **signal** 《ラジオの》時報. ~ **signature** 〖楽〗 拍子記号. ~ **space** = space ~. ~ **spirit** 時代精神. ~ **switch** タイムスイッチ《自動的にはたらく》. ⁑**~·tà·ble** →別項. **~·work** [⌐⌐] 時間決め[時間払い]の仕事. **~·worn** [-wɔ̀ːrn/-wɔːn] いたんだ, 古くなった, 古ぼけた; 昔からの, 陳腐な. ~ **zone** (地方) 標準時間帯《アメリカ大陸では Eastern Time, Central Time, Mountain Time, Pacific Time の四つに分かれる》.

time zone

◇ **~·ful** [-f(u̧)l] *a.* 時期のよい, 時宜にかなった.

tíme·less [táimlis] *a.* **1** 時間を超越した, 永遠[無限]の: universal and ~ 古今東西に通じる. **2** 特定の時間に限られない. **3** 〖古〗 ときを得ない, おりの悪い (untimely). ◇ **~·ly** *ad.* **~·ness** *n.*

***tíme·ly** [táimli] *a.* 時機を得た, おりよい; ちょうどよい, うまくまにあった (seasonable): a ~ hit 〖野球〗 適時安打. a ~ warning 時機を得た警告. ↔mistimed. —— *ad.* ちょうどよく, 適当なときに, ときを得て. ◇ **-li·ness** *n.*

tím·er [táimər] *n.* **1** =timekeeper. **2** ストップウオッチ. **3** 時間決め労働者. **4** 《自動車の》時速

計. 5〘機〙《内燃機関の》タイマ, 点火調節装置. ***old*** ～〘米〙古参者, 古顔.

Times [taimz] *n*. (The ～) タイムズ紙 《イギリスの大新聞. 1785年創刊》.

Tímes Squáre [táimz-skwéər] *n*. タイムズスクエア 《New York 市の Broadway と42番街の交差点にある広場》.

‡tíme·tà·ble [táimtèibl] *n*. 《汽車・飛行機などの》時刻表; 《学校の》時間割; 《計画などの》予定表. ***on*** ～ 時間表どおりに.

‡tím·id [tímid] *a*. おくびょうな, こわがり屋の, 気の小さい, 気の弱い; おどおどした. ***as*** ～ ***as a rabbit*** 非常にびくびくして〔おくびょうな〕.

◇ *～·**ly** *ad*. ～·**ness** *n*.

(類義語) おくびょうな: **timid** 小心で積極性のない. **timorous** 極端に timid な. 戦々恐々としている: *timorous* as a mouse ネズミのようにおくびょうで. **cowardly** おくびょうなためにひきょうな態度をとる: The *cowardly* man deserted his comrades in battle. おくびょう者は戦場で戦友を捨てて逃げた. 「さ, 小心.

ti·míd·i·ty [timídəti] *n*. おくびょう, おじけ; 気の弱

tím·ing [táimiŋ] *n*. **1** 機を得ること, 好機を失わないこと;〘楽・劇・運〙タイミング《最大効果をあげるように各部分の強調・速度などを調節すること》. **2** 時間測定.

ti·móc·ra·cy [taimákrəsi/-mɔ́k-] *n*. 名誉政治; 金権政治. ◇ **tì·mo·crát·ic** [tàiməkrǽtik] *a*.

Tí·mon [táimən] *n*. 人間ぎらいの古代アテネ人《Shakespeare 作 *Timon of Athens* の主人公》.

Tí·mor [tí:mɔ:r, ㊥⁺timɔ́:r] *n*. チモール島《マライ群島の一つ. インドネシア領とポルトガル領に分かれる》.

tím·or·ous [tím(ə)rəs] *a*. 気の弱い, おくびょうな, 恐ろしがる, びくした. ◇ ～·**ly** *ad*. ～·**ness** *n*.

(類) → **timid**「おくびょうな」

tím·o·thy [tíməθi] *n*. 〘植〙チモシー, オオアワガエリ (=～ grass) 《牧草の一種》.

Tím·o·thy [tíməθi] *n*. 〘聖〙**1** テモテ《Paul の弟子》. **2** テモテ書《新約聖書中の一書》.

Ti·móur [timúər] *n*. チムール, 1333–1405, アジアの西半分を征服し大帝国を建設したモンゴルの王.

tím·pa·ni [tímpəni] *n*. *pl*. (*sing*. **-no** [-nòu]) ティンパニ《管弦楽でひとりが通例2個または3個を一組みとして用いるドラムの一種》.

◇ **-nist** [-nist] *n*. ティンパニ演奏者.

Ti·múr =Timour.

‡tin [tin] *n*. **1** スズ《金属元素. 記号 Sn》: coated with ～ スズでめっきした. **2** ブリキ (= ～ plate). **3** スズ器; ブリキかん: a ～ for biscuits ビスケット用のかん. **4**〘英〙かん詰め (=㊥ can²); かん1杯, 一かん: eat a whole ～ of sardines イワシの油づけをまる一かん食べる. **5**〘俗〙金銭. ***cry of*** ～ スズを曲げるときの音. ***put the*** ～ ***hat on***〘俗〙に錦上(きんじょう)更に花を添える, の極致である (be the perfection of). ***salt of*** ～ 第一塩化スズ.

—— *vt*. (**-nn-**) **1** にスズ〔ブリキ〕をかぶせる. **2**〘英〙かん詰めにする (=㊥ can²).

—— *a*. スズ〔ブリキ〕製の.

～ **can** (1) かん詰めのかん. (2)〘米: 海俗〙駆逐艦. ～ **ear**〘米俗〙音痴. ～ **fish**〘海俗〙魚雷 (torpedo). ～ **foil** 《チョコレート・たばこなどを包む》銀紙, スズはく. ～ **god** 見かけ倒しの人〔物〕; 偶像. ～ **hat**〘軍俗〙鉄かぶと. ～·**horn** [ˊˋ] とるに足りない〔思い上がった〕(人). ～ **lizzie**〘米俗〙小型の安い自動車. ～·**man** [-mən] (*pl*. **-men**) ブリキ屋〔職人〕; スズ製品〔スズ細工〕をつくる人(tinsmith). ～ **opener**〘英〙かん切り (=㊥ can opener). ～·**pan** [ˊˋ] =tinpanny. **Tin Pan Alley** → 別項. ～ **plate,** ～·**plate** [ˊˋ, ˊˊ] ブリキ, スズめっきをしたもの. ～·**plate** [ˊˋ, ˊˊ] 〈鉄板などに〉スズでめっきをする. ～·**smith** [ˊˋ] ブリキ屋〔職人〕, スズ製品をつくる人. ～·**stone** [ˊˋ]〘鉱〙スズ鉱石. ～ **tack** スズをかぶせたびょう. ～·**type** [ˊˋ] フェロタイプ《写真の一種》. ～·**ware** [ˊˋ] ブリキ〔スズ〕製品.

◇ ～**ned** [tind] *a*. スズめっきをした; スズ〔ブリキ〕を張った;〘英〙かん詰めの〔にした〕(=㊥ canned). ～·**ner** [tínər] *n*. =tinsmith; スズ鉱夫;〘英〙かん詰め業者〔職人〕. 「アメリカ産〕.

tín·a·mou [tínəmù:] *n*. 〘鳥〙シギダチョウ《中央・南

tín·cal [tíŋk(ə)l, ㊥⁺-kɑ:l] *n*. 天然ホウ砂.

tinct [tiŋkt] *n*. 〘雅〙色, 色合い; 染料. —— *a*. 色をつけた, 染めた. —— *vt*. 〘古〙染める.

tinc·tó·ri·al [tiŋktó:riəl/-tɔ́:r-] *a*. **1** 色の; 色をつけた, 色を染めた. **2** 着色用の. [ting-]

tínc·ture [tíŋktʃər] *n*. **1** 色, 色合い; 染料: a ～ of red 赤み. **2** 気味, …の気(け), …じみたところ; 付け焼き刃: a cake with a faint ～ of vanilla かすかにバニラのかおりがするケーキ. some ～ of education〔Western learning〕付け焼き刃の教育〔西洋知識〕. **3**〘医〙チンキ剤: ～ of iodine ヨードチンキ. **4**〘紋〙《紋章に用いられる》金属・色・毛皮の総称語.

—— *vt*. **1** 染める, 着色する. **2** に味をつける, に風味をつける; に色合い〔気味, 臭味〕を帯びさせる: Everything he says is ～*d* ***with*** conceit. 彼の言うことはなんでもうぬぼれの気味がある. [√ting-]

tín·dal [tíndl] *n*. インド人の水夫長.

tín·der [tíndər] *n*. ほくち. ～·**box** [ˊ-ˋ] ほくち箱; 《比喩的》すぐ腹を立てる人.

tínd·er·y [tíndəri] *a*. **1** ほくちの; ほくちのような. **2** 燃えやすい, 火のつきやすい.

tine [tain] *n*. 《フォークなどの》歯, また; 《シカの角などの》枝. ◇ (-)～**d** [-d] *a*. 歯〔枝, また〕のある.

ting [tiŋ] *n*. チリンチリン《軽い鈴などの音》.

—— *vi*., *vt*. チリンチリンと鳴る〔鳴らす〕.

～-**a-líng** 鈴の音; チリンチリン.

tinge [tindʒ] *n*. **1** 《薄い》色合い: water with a ～ of green 緑がかった水. **2** …じみたところ, 気味, …の気(け), 臭味: a political party with a ～ of communism 共産主義の色彩を帯びた政党. a word of a literary ～ 文学がかったことば. There is a slight ～ of humor in it. それにはちょっぴりユーモアがある. —— *vt*. (～**d** [-d]; **tíng(e)·ing** [-iŋ]) **1** 着色する, 染める: A drop of ink will ～ a glass of water. インク1滴がコップの水を染める. **2** に《…の》気味を帯びさす, に加味する: admiration ～*d* with envy そねみの混じった賛嘆. **3** 変質させる, 少し変える. [√ting-]

tín·gle [tíŋgl] *vi*. **1** うずく, ひりひり痛む: His cheek ～*d* from the slap she had given him. 彼女にぶたれたほおがまだひりひりしていた. His conscience ～*d*. 彼の良心はうずいた. **2** 《興奮で》わくわくする, 躍起になる: ～ with excitement. **3** 《耳などで》がんがん鳴る; 響く: His words still ～ in my ears. 彼のことばがいまも耳に響く. **4** 震える. —— *vt*. **1** ひりひりさせる; はらはらさせる. **2** 〈ベルを〉チンチン鳴らす. —— *n*. **1** うずき, ひりひり〔ちくちく〕痛むこと: have a ～ in one's finger tips 指先が痛む. **2** 興奮, はらはら〔わくわく〕すること. **3** 耳鳴り.

◇ ～**r** *n*. ～ させるもの; 打撃. **-gling** *n*., *a*.

tín·kal =tincal.

tínk·er [tíŋkər] *n*. **1** 鋳掛け屋; 修繕屋; へたな職人; なんでも屋. **2** へたな細工〔修繕〕; へま, いじり回し. **3**〘魚〙コサバ. **4**〘アイルランド〙=gypsy《Irish ～ ともいう》. ***don't care a*** ～***'s dam(n)*** 少しもかまわない. ***have a*** ～ ***at*** をいじり回す.

—— *vi*., *vt*. **1** 鋳掛け屋をする. **2** へたに修繕する《を *at*》; まにあわせの修繕をする《*up*》. **3** 《繕うつもりで》へたにいじり回す《を *with*》: Please don't ～ *with* my car engine. ぼくの車のエンジンをへたにいじらないでください. **4** あくせくする, むだにほねおる《に *at*》.

***tín·kle** [tíŋkl] *n.* チリンチリン（と鳴る音）.
—— *vi., vt.* チリンチリンと鳴る〔鳴らす〕.
◇ **~r** [-ər] *n.* チリンチリンと鳴らす人〔鳴るもの〕;〘俗〙小さな鈴.

tín·kling [-iŋ] *n., a.* チンチン(鳴る), リンリン(鳴る).

tin·ní·tus [tináitəs] *n.* 〘医〙耳鳴り.

tín·ny [tíni] *a.* **1** スズの（ような）. **2** スズを含んだ〔の多い〕. **3** ブリキをたたくような（音の）. **4** 弱い. **5** かんのにおい〔味〕がする. **6**〘俗〙金持ちの. [<tin]

Tin Pan Alley *n.* 《特に New York 市の》ポピュラー音楽関係者の集まる地域; ポピュラー音楽の作曲家・出版者の一団.

tín·pan·ny [tínpæni/-pəni] *a.* バケツをたたくような音を出す, 騒々しい, やかましい (tin-pan).

tín·sel [tíns(ə)l] *n.* **1**《クリスマスなどの装飾用の》ぴかぴか光る金属片; 金銀糸（入りの織物）: trim a Christmas tree〔a dress〕with ～ クリスマスツリー〔ドレス〕を～で飾る. **2** 金〔安〕ぴか; 安ぴか物: the age of ～ 軽薄な文化の時代.
—— *a.* **1** 金ぴかの, 安ぴかの. **2** 安っぽくけばけばしい, 見かけ倒しの.
—— *vt.* (**-l-**, 🄱**-ll-**) 金ぴか物〔金ぱく, 銀ぱく, 銅ぱく〕で飾る; の見かけを飾る.

***tint** [tint] *n.* **1** 薄い色, 淡色; 白色ぼかし《白色を加えてできる同色の変化色》. **2** 色の濃淡; 色彩（の配合), 色調: in all ～*s* of red 濃淡とりどりの赤色で. green with a blue ～ 青みがかった緑. autumnal ～*s* 秋色, 紅葉. **3**〘彫版〙線ぼかし《毛羽・平行線で陰影をあらわす》;〘印〙淡色背景《さし絵用の》. **4** 気味. **5** 髪用染料.
—— *vt.* **1** に色〔色調〕をつける: paper ～*ed* with cream クリーム色を帯びた紙. cheeks ～*ed* with rouge 紅を塗ったほお. **2** に…の気味をもたせる. [√ting-]
◇ **～·er** [-ər] *n.* **1** 色をつける人〔物〕, 染める人〔物〕. **2** 色ガラス;〘俗〙天然色幻燈スライド.

tìn·tin·náb·u·lar [tìntinǽbjulər] *a.* 鈴の（ような); チリンチリン鳴る.

tìn·tin·nàb·u·lá·tion [tìntinæ̀bjuléiʃ(ə)n/tín-] *n.* 鈴のチリンチリンと鳴る音.

‡**tí·ny** [táini] *a.* 小さな, ちっぽけな, とても小さい: little ～ =～ little〘話〙とてもちっちゃな.
◇ **tí·ni·ly** *ad.* **tí·ni·ness** *n.*

-tion [-ʃ(ə)n] *suf.* 動詞から動作・状態をあらわす抽象名詞をつくる: ambi*tion* 野心 <amb-+√i- まわりを+歩む, 求める. fic*tion* ねつ造 <√fi(n)g- こねてつくる. 〈注〉🄱では [-ʃən] と発音されることが多い.

-tion·al [-ʃən(ə)l, -ʃnəl] *suf.* -tion 語尾の名詞から形容詞をつくる語尾. ここに示した発音は -tion 語尾の見出し下に発音を省略して示した派生語にもあてはまる: **trác·tion** [trǽkʃ(ə)n] の項でその派生語 **～·al** は [trǽkʃən(ə)l, trǽkʃnəl] と読む.

-tious [-ʃəs] *suf.*「…がある」「…をもつ」の意で, -tion で終わる名詞から形容詞をつくる: ambi*tious* 野心的な <ambition. ficti*tious* 人工的な, うその <fiction.

‡**tip**[1] [tip] *n.* **1** 先端, 先; 端: the ～ of one's nose 鼻の先. asparagus ～*s* アスパラガスの（柔らかい）先端. **2** 先端につける〔かぶせる〕物;《くつの》つま先皮; 石突き, こじり;《装飾用の》毛皮〔羽毛〕の末端;《つりざおなどの》先端部;《飛行機の》翼端 (= wing ～);《プロペラの》翅端(したん): a ～ for an alpenstock 登山づえの石突き. **3**《山の》てっぺん, 頂上. ***from ～ to ～***《翼などの》端から端まで. ***from ～ to toe*** 頭のてっぺんから足の先まで, 徹頭徹尾. ***have*** a language ***at the ～ of*** one***'s tongue***（ことばを）自由にあやつる: She *has* half a dozen languages *at the ～ of her tongue*. 彼女は6か国語を自由にあやつる. ***have*** a thing ***at the ～s of*** one***'s fingers***〔***at*** one***'s finger-～s***〕…はお手のものだ, …に精通している. ***on the ～ of*** one***'s***〔***the***〕***tongue*** (1)《危うく言おうとすることが》口まで出かかって. (2) 口まで出かかっているが思い出せずに. ***to the ～s of*** one***'s fingers*** すっかり, 徹頭徹尾.
—— *vt.* (**-pp-**) **1** に先端をつける; の先頭にかぶせる; に冠する: a church spire ～*ped with* a weathercock 先頭に風見のついている教会の尖塔(せんとう). a filter-～*ped* cigarette フィルターつきたばこ. **2** の先端を切る: ～ raspberries キイチゴのへたをとる. **3**〘製本〙<折り込みを> 插入(そうにゅう)して先端をのり付けする《*in*》.
～·staff [-stæf/-stɑːf] (*pl.* **-staffs** [-s], **-staves** [-steivz]) 先に金具の付いたつえ; それを携帯した昔の執達吏, 巡査. **～-tìlt·ed**《鼻など》上を向いた. **～·toe** →別項. **～·tóp** →別項.
◇ **～·per** *n.*

tip[2] *v.* (**-pp-**) *vt.* **1** 傾ける, かしげる《*up*》: ～ a table (*up*) 机を傾ける. **2** 倒す, ひっくり返す《*over*》: ～ *over* a vase 花びんをひっくり返す. **3**（ひっくり返して）からにする, <ごみを> 捨てる, あける《*off, out, up*》: He was ～*ped out* of the cart into the ditch. 彼は荷車からみぞに投げ出された. **4** 軽く投げてやる.
—— *vi.* 傾く, かしぐ, ひっくり返る: ～ back in one's chair いすに身をそらす. The boat ～*ped* over. ボートはひっくり返った. ***～ off liquor*** 杯を干す. ***～ over*** くたばる. ***～ the scale(s)***〔***beam***〕(1) 重さが…ある《*at*》. (2) 傾く, 優勢である《に *for*》; 劣勢である《に *against*》. **——** *n.* **1** 傾ける〔かしげる〕こと; 傾斜. **2**〘英〙ごみ捨て場.
～·cart, 🄱⁺ **～-car** [ˊ ˊ] 放下車《車体を傾けるか後部を開くかして積み荷をあける車》. **～-up seat**《劇場などの》上げ起こしいす. ◇ **～·per** *n.*

***tip**[3] *n.* **1** チップ, 心づけ, 祝儀: give a ～ to a servant 召使にチップをやる. **2**《競馬・相場などの》内報, 予想: a ～ for the Derby ダービー競馬の予想. the straight ～ 確かな予想. **3** 秘訣(ひけつ), くふう: a ～ for baking crispy biscuits 歯ざわりのよいビスケットを焼く秘訣. **4**〘野球・クリケット〙チップ.
—— *v.* (**-pp-**) *vt.* **1** に心づけ〔チップ〕をやる; 心づけとしてやる: ～ the porter 100 yen 赤帽に100円のチップをやる. **2** にそっと知らせる, に秘密情報を与える; 秘密に知らせる: ～ the winner 勝ち馬の名を知らせる. **3** 触れる, 軽く打つ, 突く, 押す;〘野球・クリケット〙チップする. **4** 与える, 伝える (give).
—— *vi.* **1** チップをやる, 心づけをする. **2** 内報をする, 情報を与える. ～ ***one's hat to*** 帽子に手をちょっと触れて…にあいさつする. ***～ off*** (1) 警告する, 内報する. (2) <人に> 密告して逃亡させる. ～ a person ***the wink***（人に）目くばせをする. ***～ up***〘米話〙密告する, 裏切る. [tip 手で触れる →手渡しする]
～ and run〘クリケット〙打棒がボールに触れるとすぐ打者が走るやり方. **～-and-rún**〘クリケット〙ボールに当たるとすぐ走る; 電撃的な: ～*-and-run* tactics 電撃作戦. **～·cat** [ˊ ˊ] 棒打ち《両端のとがった木片を棒で空中に打ち上げる子どもの遊戯》; その木片. **～-off** [ˊ ˊ]（秘密）情報, 内報; 警告;《市況・競馬などの》予想. **～ sheet**《市況・競馬などの》予想表.
◇ **～·per** [-ər] *n.*

típ·pet [típit] *n.* **1**《婦人用》肩掛け; そのたれ下がった部分. **2**《裁判官・牧師などの》肩衣(かたぎぬ).

típ·ple [típl] *vt.* <酒を> 絶えずちびりちびり飲む.
—— *vi.* 酒びたりになる. **——** *n.* **1**（強い）酒. **2**〘米〙《石炭などの》積み荷をあける所.
◇ **～r** *n.*（大）酒飲み. 「屋.

típ·ster [típstər] *n.*〘話〙《競馬・相場などの》予想

típ·sy [típsi] *a.* ほろ酔い〔千鳥足〕の;《建物が》傾いた. **～ cake** ブドウ酒などに浸したカステラ. **～ lurch** 千鳥足. ◇ **-si·fy** [-siƒài] *vt.*〘話〙酔わせる. **-si·ly** *ad.* **-si·ness** *n.*

tip·toe [típtòu] *n.* つま先. ***on ～*** (1) つま先で; そっと: walk *on* ～ 抜き足差し足で歩く. (2) 期待して,

有頂天で: be *on* ～ with excitement 非常に興奮している. —— *ad.* つま先で; 熱心に. —— *vi.* つま先で歩く.

típ·tóp [típtɑ́p/-tɔ́p] *n.* 絶頂, 最上; 〖話〗最上の品〔品質〕. —— *a.* 〖話〗最高の. —— *ad.* 〖話〗とてもよく.

tí·rade [táireid, tiréid/tairéid, ti-] *n.* **1** 《攻撃などの》長広舌; 激論. **2** 〖楽〗《二つの旋律をつなぐ》全音階急奏.

ti·rail·leur [tìrɑːjə́ːr/tìraiə́ː] F. *n.* 〖軍〗斥候〔狙撃(そ)〕兵.

Ti·rá·na [tirɑ́ːnɑː] *n.* チラナ《Albania の首都》.

‡tire[1] [taiər/táiə] *vt.* **疲れさせる; 飽きさせる:** Walking soon ～*d* me. 歩き出すとまもなく疲れた. The long lecture ～*d* the audience. 長い講義が聴衆を飽きさせた. —— *vi.* **1 疲れる,** くたびれる《に *with*》: She ～*s* easily. 彼女はすぐに疲れる. 〈注〉この意味では通例 get〔be〕tired を用いる. **2 飽きる**《に *of*》: She never ～*s of* talking. 彼女は話し飽きない. I shall never ～ *of* your company. きみといっしょならいつまでいても飽きない. ～ ***down*** 〈獲物を〉疲れるまで追い詰める. ～ ***for*** を待ちあぐむ. ～ ***out*** へとへとに疲れさせる: I'm ～*d out.* 疲れ果てた.

◇ **tír·ing** [táiriŋ/táiər-] *a.* 疲れさせる; たいくつな.

‡tire[2]**, tyre** [taiər/táiə] *n.* タイヤ, 《車の》車輪. —— *vt.* にタイヤを付ける. ◇ **～·less** *n.* 〜のない.

tire[3] 〖古〗*n.* **1** 《女の》頭飾り. **2** =attire. —— *vt.* **1** に頭飾りをつける. **2** 装う.

～·wòm·an (*pl.* **-wòm·en**) 〖古〗侍女, 腰元.

†tired [taiərd/táiəd] *a.* (**more tired, tíred·er; most tired, tíred·est**) **1 疲れた**《*with*》: I'm ～. 私は疲れた〔疲れている〕. I'm ～ *with* writing. 執筆で疲れた. **2** 飽きた《*of*》: I'm ～ *of* boiled eggs. ゆで卵は飽き飽きした. **3** 《物が》くたびれた: a ～ hat 使い古した帽子. →tire[1]. ***make*** a person ～ (人を) うんざりさせる, うるさがらせる; たいくつさせる. ***sick and ～ of*** …がすっかりいやになって.

◇ **～·ness** *n.*

(類義語) 疲れた: **tired** 最も一般的な語. **exhausted** 体力・精神力のすべてを使い果たした: *exhausted* after a hard run 猛烈に走ったのでへとへとに疲れて. **fatigued** 休養が必要な程度まで疲れて: feel rather pleasantly *fatigued* 適度に疲れてむしろ気持ちよい. **weary** 疲れてこれ以上続ける意欲がない: *weary* of struggling against misfortunes もう不幸と戦うことに疲れて.

tíre·less[1] [táiərlis] *a.* **1** 疲れない; 飽きない; 精力的な. **2** 不断の, 休みなしの. ◇**～·ly** *ad.* **～·ness** *n.*

tíre·less[2] →tire[2].

‡tíre·some [táiərsəm] *a.* **1 疲れる; たいくつな,** 飽きのくる: a ～ speech たいくつな演説. **2 うるさい,** やっかいな, しゃくにさわる: a ～ child うるさい子ども. ***How ～!*** I have left my watch behind. やれやれ (とけいを忘れてきた).

tí·ro *n.* (*pl.* **～s**) =tyro.

Tír·ol =Tyrol.

Tí·ros [táirous] *n.* 《アメリカの》タイロス《気象観測衛星》.

'tis [tiz] 〖雅・方〗it is の短縮形.

‡tís·sue [tíʃuː, -ʃu, ㊥+tísjuː] *n.* **1 織物**《特に薄い絹など》. **2** 〖生〗(細胞)組織: muscular〔nervous〕～ 筋肉〔神経〕組織. **3** 《ばかげたこと・うそなどの》織りまぜ, かたまり: a ～ of lies〔falsehoods〕うそのかたまり. **4** 〖写〗炭素印画紙. **5** =～ paper. 〔√tex-〕

～ paper 薄葉紙(うすよう), ティッシューペーパー.

tit[1] [tit] *n.* **1** 〖鳥〗=titmouse. **2** 〖古〗小馬; 〖古〗小娘, 子ども. **～·lark** [⌐⌐] 〖鳥〗タヒバリ (pipit) の類. **～·mouse** [-màus] (*pl.* **-mice** [-màis]) 〖鳥〗シジュウカラの類.

tit[2] *n.* 軽打. ～ ***for tat*** しっぺい返し, 売りことばに買いことば.

tit[3] *n.* 〖話〗乳首.

Tit. Titus. **tit.** title.

Tí·tan [táit(ə)n] *n.* (*fem.* **～·ess** [-is]) **1** 〖ギ神〗タイタン《天 (Uranus) と地 (Gaea) との子のひとり》; 〖雅〗日の神. **2** (t～) 巨人; 大力の人; 大知恵者. **3** 〖天〗土星の第 6 衛星. ***the weary*** **～** Atlas 神; 老大国《イギリスなど》. —— *a.* =Titanic.

Ti·tá·ni·a [titéiniə, tai-/titɑ́ːnjə] *n.* Shakespeare 作 *A Midsummer Night's Dream* の人物. Oberon の妻で妖精(ようせい)の国の女王.

ti·tán·ic [taitǽnik] *a.* 〖化〗チタンの: ～ acid チタン酸.

Ti·tán·ic [taitǽnik] *a.* **1** 〖ギ神〗Titan の(ような). **2** (t～) 巨大な, 大力無双の.

ti·tá·ni·um [taitéiniəm] *n.* 〖化〗チタン, チタニウム《金属元素. 記号 Ti》.

tít·bit [títbìt] 〖英〗=tidbit.

tithe [taið] *n.* **1** 十分の一税; (しばしば *pl.*) 〖英〗十分の一教区税. **2** 10分の 1; わずか: I cannot remember a ～ of it. ちっとも思い出せない. —— *vt.* に十分の一税を課する. ～ ***mint and cummin*** 〖聖〗末節にこだわって大綱を忘れる《マタイ伝 23: 23》.

◇ **títh·a·ble** [-əbl] *a.* 十分の一税が課せられる.

títh·ing [táiðiŋ] *n.* 十分の一課税; 〖英: 古法〗十人組《10戸 1 組みの行政単位》.

Tí·tian [tíʃ(ə)n, -ʃiən] *n.* **1** ティツィアン (Tiziano Vecellio), 1477?–1576, イタリアの画家. **2** (t～) 金〔黄〕かっ色《婦人の髪を描くのに Titian が好んだ色合い》.

tít·il·late [tít(i)lèit] *vt.* くすぐる; の興をそそる.

◇ **tìt·il·lá·tion** [⌐–léiʃ(ə)n] *n.*

tít·i·vate[1] [títivèit] *vt., vi.* 〖話〗身じまいする, しゃれる.

tit·i·vate[2] =titillate.

‡tí·tle [táitl] *n.* **1 表題,** 題目, 題名, 書名, 書目; 〖映〗字幕, タイトル: the ～ of a book〔poem〕本〔詩〕の題名. **2 肩書き**《称号・官職名・学位・爵位・敬称などを含む. Lord, Prince, Professor, Dr., General, Sir, Mr., Miss, Esquire など》: a man of ～ 肩書きのある人, 貴族. **3** (正当の) **権利, 資格**《*to*》; 〖法〗土地財産の所有権, 地券; 権利証書: Has he any ～ *to* the land? 彼はその土地にいかなる権利をもつか. ～ *to* the throne 王位につく権利. **4** 金質, 金位《carat であらわす》. **5** 〖宗〗聖職就任資格; 《枢機卿が堂主になっている》ローマの聖堂. **6** 選手権: defend one's ～ 選手権を防衛する. —— *vt.* **1** に表題をつける, と名づける (=entitle): a book ～*d* "Life"「人生」という表題の本. **2** に肩書き〔称号〕を与える; 称号〔敬称〕で呼ぶ. **3** 〖映〗〈フイルムに〉スーパー〔説明字幕〕を入れる.

～ catalog 書名目録. **～ deed** (不動産) 権利証書. **～·hòld·er** 選手権保持者. **～ insurance** 〖保険〗地券保険. **～ match** 選手権試合. **～ page** (書物の) 表題紙, 題とびら. **～ part** 〔**role**〕主題役《*Hamlet* 劇中の Hamlet 役など》.

◇ **～d** *a.* 肩書き〔爵位〕のある: a ～*d* lady.

tí·tlist [táitlist] *n.* 〖米〗=titleholder.

Tí·to [tíːtou] *n.* Josip Broz [jóusip-bróuz-] ～, 1892–   , ユーゴスラビア大統領.

◇ **～·ism** *n.* チトー主義《Tito の民族主義的共産主義》. **～·ist** *n., a.* チトー主義者 (の).

tí·trate [táitreit, ㊥+tít-] *vt.* 〖化〗滴定する.

◇ **ti·trá·tion** [taitréiʃ(ə)n, tit-] *n.*

tìt·tat·tóe [tìttættóu] =tick-tack-toe.

tít·ter [títər] *n.* 忍び笑い. —— *vi.* くすくす笑う.

tít·ti·vate =titivate.

tít·tle [títl] *n.* **1** ほんの少し, 微量. **2** 字の上の小点《i の点など》; 点画. ***not one jot or one*** **～** 〖聖〗一点一画も…ない《マタイ伝 5: 18》. ***to a*** **～** きちんと.

tít·tle·bat [-bæt] =stickleback.

tít·tle·tàt·tle [-tætl] *n.* 雑談, うわさ話. —— *vi.* むだ話〔うわさ話〕する.

tít·tup [títəp] *n.* **1** 飛び〔はね〕回り. **2** 《馬の》跳躍. **3** 〖英: 海俗〗(酒を飲むための) 銭投げのかけ. —— *vi.* (**-p-**, ㊥**-pp-**) **1** はね回る, 飛び歩く《*about*,

along》. **2** 〈元気のよい馬などが〉はね回る, はねながら行く. **3** 〖英: 海俗〗銭を投げてかけをする.
◇ **～·py** [-pi] *a.*

tít·u·lar [títʃulər/-tju-] *a.* **1** 名義だけの, 有名無実の: a ～ head without any power 実権のない名ばかりの長. **2** 正当な権利を有する〔に基づく〕: ～ possessions 有権所有物. **3** 肩書きのある: a ～ rank 位階. **4** 題名の〔にちなんだ〕, 名称の由来である: the ～ theme of a book 本の題名（に示されている）主題. **——** *n.* 名義; 肩書きだけの人; 肩書きのある人. 〔比較 title〕
～ bishop 〖宗〗《カトリックで教区をもたない》名義司祭. **～ character** 《小説などの》主題の人物. **～ saint** 〖宗〗教会の守護聖徒. **～ sovereign** 名義だけの主権者.
◇ **～·ly** *ad.* 名義だけ; 表題上.

tít·u·lar·y [títʃulèri/-tjuləri] ＝titular.

Tí·tus [táitəs] *n.* **1** ティトゥス, 40?–81, ローマ皇帝. **2** 〖聖〗テトス《使徒 Paul の友人》; テトス書《新約聖書第17書》.

tíz·zy [tízi] *n.* 〖米俗〗興奮, 激動; 〖英俗〗6 ペンス.

T.K.O., TKO technical knockout. **Tl** 〖化〗thallium. **Tm** 〖化〗thulium.

tmé·sis [tmí:sis] *n.* 〖文〗分語法《合成語の間に他の語をはさむこと: be thou ware ＜beware》.

Tn 〖化〗thoron. **tn.** ton; train. **TNT, T.N.T.** trinitrotoluene.

†**to** →枠付 to.

toad [toud] *n.* **1** 〖動〗ヒキガエル. **2** いやなやつ. **～ *in the* 〔*a*〕 *hole*** batter² をかぶせて焼いた肉料理. **～ *under a harrow*** 常に苦しめられる人.
～·èat·er おべっか者. **～·èat·ing** おべっか, へつらい. **～·fish** [⊥⊥] (*pl.* **-fish**, **-fish·es** [⊥⊥–]) 〖魚〗アンコウに似た魚. **～·flax** [⊥⊥] 〖植〗ウンラン属の植物. **～·stone** [⊥⊥] ガマ石《昔魔よけに用いた》; 玄武ハン岩. **～·stool** [⊥⊥] キノコ; 毒キノコ.

tóad·y [tóudi] *n.* おべっか者, へつらう人. **——** *vt., vi.* (に)へつらう. ◇ **～·ism** *n.* へつらい, おべっか.

to

おもに前置詞として用いられるが, 「締まって」の意の副詞としての用法もある.
前置詞としては A) 一般の用法と B) 不定詞との結合がある. 前置詞 to の根本義《特に A) の ①》は日本語の「まで」「へ」ときわめてよく並行し, 図に示すように運動（状態の推移）が到達点や結果・限界をもつ点に特徴がある.
B) 不定詞との結合の記事（特に文法的解説)は枠付 Infinitive に詳しいので, 本項ではおもに多少とも成句的色彩を帯びた構文の概略を示した.

to [通常弱く, 子音の前 tə, 母音の前 tu, ㊟⁺tə, 強 tu:] *prep.* **A)**《通常の用法》: **1**《行為・状態の方向・限界》…まで, …へ, …に, の方へ〔に〕, に向けて, …への: Turn *to* the right. 右に曲がれ. He fell *to* the ground. 彼は地上に倒れた. He is traveling *to* Boston. ボストンへ旅行中. The hill is *to* the west of the city. その丘は市の西方にある. He has no one to turn *to*. 彼は（その方に身を向ける→）たよりにする者がだれもいない. He was sitting with his feet *to* the fire. 彼は足を火に向けてすわっていた. They fastened it *to* the wall. 彼らはそれを壁にくぎづけにした. If you add 4 *to* 6, you get 10. 6 に 4 を加えれば 10 になる. He is on his way *to* school. (学校への途中→) 登校中だ. No one did any harm *to* him. だれも彼に危害を加えなかった. He has little tendency *to* laziness. 彼には怠惰への傾向がほとんどない. He went *to* bed. 彼は床についた. Talk *to* her. 彼女に相談しなさい. He gave the book *to* me. 彼は私に本をくれた《比較: He gave me the book.》. He grew *to* manhood. 彼はおとなに成長した. He has succeeded *to* a certain extent. 彼はある程度まで成功した. He was faithful *to* the end. 彼は最後まで忠実だった. I enjoyed myself *to* the full. 心ゆくまで楽しんだ. Hold *to* your opinion. 自分の（意見につかまっておれ→）意見を固執しろ. I'll stay here *to* the end of this month. 今月の末までここにとどまろう. a quarter *to* four (4 時までに 15 分→) 4 時 15 分前. 〈注〉② 以下でも① の訳語が当てはまるばあいが多い.

2《対応》に対して, に関して, について, …すると: The wall is perpendicular *to* the floor. 壁は床に（対して）垂直だ. What did he say *to* that? 彼はそれに対して〔ついて〕なんと言ったか. The eye reacts *to* light. 目は光に（対して）反応する. They are immune *to* the disease. 彼らはその病気に対して免疫だ. The region is painful *to* the touch. その部分は（接触に対して→）さわると痛い.

3《基準》…にとって, …には, …では; …から見れば, …によれば: She is a great comfort *to* her parents. 彼女は両親にとって非常に慰めになる. It is nothing *to* me. それは私にとってなんでもない. His purpose was unknown *to* me. 彼の目的は私にはわからなかった. *To* my mind, he is very clever. 私の感想では彼は非常に巧妙だ.

4《目的》…のために: Make the best effort *to* that end. その目的のために最善を尽くせ. I'll drink *to* your health. きみの健康のために〔健康を祈って〕飲もう. 〈注〉「有益」の「ために」は for: Wine is good *for* the health. ブドウ酒は健康によい.

5《比較》…に比べて, …より, …対: He's quite rich now *to* what he used to be. 彼は昔に比べればいまはたいへんな金持ちだ. He is three years senior *to* me. 彼は私より三つ年上だ. I prefer this *to* that. あれよりこの方が好きだ. It's nothing *to* possible dangers. 起こりうる危険に比べればこんなことはなんでもない. He is second *to* none in popularity. 彼は人気ではだれに（比べて）も劣らない. The score was 9 *to* 5. 得点は 9 対 5 だった.

6《所属》…に付属して〔する〕, …付き(の), …の: I lost the key *to* my room. へやのかぎをなくした. an adviser *to* the president 社長付き顧問.

7《結果》…したことには; (結果として) …になるように, …を生じるように: *To* my surprise, he was not dead! 驚いたことに彼は死んでいなかった. He broke the glass *to* pieces. 彼はコップをこなごなにこわした. She was moved *to* tears by the sad story. 彼女はその悲しい物語に（涙を生じるように感動した→）感動して泣いた. They enjoyed *to* my cost. 彼らは私を犠牲にして楽しんだ.

8《一致》に合わせて, に応じて, …どおりに: The suit was made *to* order. この服は（注文に合わせてつくられた→）あつらえたものだ. It is not *to* my liking. これは私の好みに合わない. The picture is true *to* life. この絵はモデルどおりだ.

9《随伴》…につれて: We danced *to* the music. 音楽につれて踊った.

10《単位》…につき, …で: one shilling *to* the pound 1 ポンドにつき 1 シリング.

11〖古〗…として, …に（＝as, for): take a woman *to* wife 女を妻としてめとる.

B)《不定詞の前につけて》《詳細な文法的解説は→枠付 Infinitive》: **1**《特に成句的でない文中の

要素》: *To* steal is a crime. 盗むことは罪悪だ. He must be mad *to* do such a thing. そんなことをするなんて彼は気違いにちがいない.

2《be＋toつき不定詞》: He *is to* attend. 彼は出席することになっている〔出席させる〕《shall に近い形》.

3《形容詞＋toつき不定詞》: She is too *young to* marry. 彼女は結婚するには早すぎる. This is *good to* eat. これは食べてうまい.

4《名詞＋toつき不定詞》: He was *the first* (*man*) *to* come. 彼は最初に来た. in *days to* come 近い未来に. *work to* do せねばならない仕事.

5《副詞＋toつき不定詞》: He's old *enough to* go to school. 彼はもう学校へ行ける年だ.

6《動詞(おもに他動詞)＋toで助動詞と似た機能をもつ句をつくる》: I *want* 〔*wish*〕 *to* see her. 彼女に会いたい. I *intend to* go. 行くつもりだ. I *intended to* have gone. 行くつもりだった(が現実には行かなかった). I did not *try to* speak. 私はしいて話そうとはしなかった. I *tried* not *to* speak. 私は口をきくまいと努力した. 〈注〉to の次にくるべき不定詞は, わかっていれば略されることがある《「代不定詞」と呼ばれる. →枠付 Infinitive》: I intended to write to you, but forgot *to*. きみに手紙を書くつもりだったが忘れたのだ. I hate to say this, but I have *to*. これを言いたくないが, 言わないわけにいかない.

7《動詞＋目的語＋toつき不定詞》: I *want him to* come. 彼に来てもらいたい《him, すなわち he が come の意味上の主語になっている.「彼が来ることを望む」》. I *promised him to* come. 私は彼に来ると約束した《come の意味上の主語は I で, him は間接目的語》.

—— [tu:] *ad.* 締まって; 止まって; 正位置に, きちんとして; 活動して; 正気で: push the door *to* 戸を締める. The door is *to*. 戸が締まっている. bring a ship *to* 船を停船させる. I can't get the lid of my trunk quite *to*. トランクのふたをちゃんと締められない. We turned *to* gladly. 喜んで仕事に取りかかった. He came *to*. 彼は正気づいた. 〈注〉その他の動詞との組み合わせは該当動詞参照. **～ *and fro*** [tú:-ən-fróu] あちらこちら, 右往左往して.

tó-and-fró [tú:ənfróu] *a.* あちこちに動く, 交互の, 動揺する. **——** *n.* (*pl.* **tós-and-frós**) あちこちに動くこと, 前後の動揺.

‡toast[1] [toust] *n.* トースト, 焼きパン: buttered 〔dry〕 ～ バターを塗った〔塗らない〕トースト. two slices of ～ トースト2片. a poached egg on ～ 落とし卵を載せたトースト. ***as warm as*** (***a***) ～ ほかほか暖かい. ***have*** a person ***on*** ～ (人を) 思うままにする. ～ ***and water*** 焼きパンを浸した湯《病人用》.
—— *vt., vi.* **1** キツネ色に焼く〔焼ける〕: This bread ～*s* well. このパンはこんがりと焼ける. **2** 暖める, 暖まる: ～ oneself before the fire 火にあたる. **～*ing fork*** パン焼きフォーク. [√torr-]
～ rack トースト立て. ◇ **～·y** *a.* こんがり焼けた; 《へやなどが》よく暖まった.

toast[2] *n.* **1** 乾杯, 祝杯; 乾杯のあいさつ: drink a ～ to …のために乾杯する. **2** 乾杯される人《特に婦人》; 乾杯を受ける事柄. **——** *vt., vi.* (ĸ)乾杯する: ～ a person's health …の健康を祝して乾杯する.
～·màs·ter (1)《乾杯のおんどをとる人・祝辞を述べる人を紹介する》司会者. (2)(ｏ)司会役をする.
◇ **～·er** *n.* 乾杯する人; ＝toastmaster.

***tóast·er**[1] [tóustər] *n.* トースター, パン焼き器〔人〕.

tóast·er[2] → toast[2].

‡to·bác·co [təbǽkou] *n.* (*pl.* **～(e)s**) たばこ; タバコの木 (＝～ plant): a ～ pipe《刻みたばこ用》パイプ.
～ pouch (刻み) たばこ入れ.

to·bác·co·nist [təbǽkənist] *n.* 〔英〕たばこ屋.

to·bé [təbí:] *a.*《合成語で》未来の: a bride-to-be.

to·bóg·gan [təbágən/-bɔ́g(ə)n] *n.* トボガンぞり.
—— *vi.* トボガンですべり降りる; 〔米〕〈相場が〉暴落する; 〈運勢が〉急落する.
～ choot [-ʃù:t], **～ slide** トボガン滑走路.
◇ **～·er** *n.* **～·ist** *n.* トボガン乗り.

tó·by [tóubi] *n.* **1** (または T～) ビールジョッキ (＝T～ jug)《太った老人の形をしている》. **2** 〔米俗〕粗悪な葉巻き.

toc·cá·ta [təká:tə] *n.* 〔楽〕トッカータ《オルガン・ピアノのタッチ練習のための華麗な曲》. [＜It.]

tó·co, tó·ko [tóukou] *n.* 〔英俗〕せっかん, 体罰; 苦痛. ***catch*** 〔***give***〕 ～ 体罰をくう〔くわす〕.

to·cól·o·gy, to·kól·o·gy [tokálədʒi/tɔkɔ́lədʒi] *n.* 産科学.

tóc·sin [táksin/tɔ́k-] *n.* 警鐘; 警報.

tod[1] [tad/tɔd] *n.* 〔英方〕キツネ (fox); 悪賢い人.

tod[2] *n.* **1** 〔英古〕やぶ. **2** (昔の) 羊毛の重量単位《通例28ポンド》.

†to·dáy, to-dáy [tədéi, tu-] *n., ad.* **1** きょう, 本日: *T*～ is Sunday. きょうは日曜日です. I'll do it ～. きょうじゅうにいたします. **2** 現在〔現代, 今日〕(では): the world of ～ 今日の世界. *T*～ you seldom see airships. このごろは飛行船はめったに見られない.

tód·dle [tádl/tɔ́dl] *vi.* よちよち歩く; ぶらぶら歩く.
—— *n.* よちよち歩き; 〔話〕よちよち歩きの幼児.
◇ **～r** [-ər] *n.* よちよち歩く人; 歩きはじめの幼児; ぶらつく人.

tód·dy [tádi/tɔ́di] *n.* **1** トディ《ウイスキー・ラムなどに湯・砂糖・レモンを加えた飲み物》. **2** 〔稀〕ヤシじる.

to·dó [tədú:, tu-] *n.* (*pl.* **～s**) 〔話〕騒動 (ado).

tó·dy [tóudi] *n.* 〔鳥〕《西インド諸島産》カワセミ.

‡toe [tou] *n.* **1** 足指: a little 〔big〕 ～足の小指〔親指〕. →finger. **2** つま先; 《くつ・くつ下などの》つま先. →heel[1]. **3**《ひづめ・蹄鉄の》前部. **4** 足指に似た物; 《機械の軸踵(じく)・ゴルフ棒など》道具の先端. **5**《堤・がけなどの》基部, すそ. ***be on*** one's ～***s*** 元気で〔忙しくして〕いる; 用心して〔待ち構えて〕いる. ***from tip to*** ～ →tip[1]. ***from top to*** ～ 頭の先からつま先まで; 徹頭徹尾. ～***s up*** 〔俗〕死んで. ***tread*** 〔***step***〕 ***on*** a person's ～***s*** (人) の足指を踏む; (人) の感情を害する. ***turn*** one's ～***s in*** 〔***out***〕 内また〔外また〕に歩く〔立つ〕. ***turn up*** one's ～***s*** 〔俗〕死ぬ.
—— *vt.* **1** つま先で触れる〔ける〕: ～ a football. **2** ĸつま先をつける; ｏつま先を繕う. **3**〈くぎなどを〉斜めに打ち込む. **4**〔ゴルフ〕クラブの端で打つ.
—— *vi.* **1** つま先で歩く; 《踊りで》つま先を軽く打つ. **2** つま先を向ける〔並べる〕.
～ ***out*** 〔***in***〕 外また〔内また〕に立つ〔歩く〕. ～ ***the*** 〔***a***〕 ***mark*** 〔***line, scratch***〕 《競走で》スタートラインに立つ; 命令〔習慣, 規則〕に従う.
～·cap [⊥⊥]《くつの》つま皮. **～ crack** 《馬のひづめの》つま割れ. **～ dance** 《バレーなどの》トーダンス. **～-dance** [⊥⊥] *vi.* トーダンスを踊る. **～ hold** (1)〔登山〕足指がかり; 足がかり. (2)〔レスリング〕相手の足指を押えるわざ. **～·nail** [⊥⊥] 足のつめ; 斜めに打ち込んだくぎ. **～·shoe** [⊥⊥] (*pl.*) トーダンス用のくつ.

toff [tɔ:f, taf/tɔf] *n.* 〔英俗〕紳士然とした人; しゃれ者. ***the*** ～***s*** 上流社会.

tóf·fee, -fy [tɔ́:fi, táfi/tɔ́fi] 〔英〕＝taffy.

tog [tag/tɔg] *n.* **1** 上着. **2** (通例 *pl.*) 〔話〕着物.
—— *vt.* (**-gg-**) ĸ着物を着せる《*up, out*》.
◇ **～·ger·y** [tágəri/tɔ́g-] *n.* 〔話〕衣類.

tó·ga [tóugə] *n.* (*pl.* **-gas, -gae** [-dʒi:]) **1** トーガ《古代ローマ市民のゆるやかな外着》. **2** 職服, 制服.
◇ **～'d, ～ed** *a.* ～を着た.

†to·géth·er [təgéðər] *ad.* **1** いっしょに, ともに, 連れ立って: They went for a walk ～. 彼らは連れ立って散歩に出かけた. They were standing ～. 彼らは並んで立っていた. Are they living ～? 彼らはいっしょに住んでいるか《暗に夫婦であるかを問う》. **2**

《動詞とともに動詞の動作の結果をあらわす》 合わさって,つながって,集められて,いっしょにされて: sew things ～ 物を縫い合わせる. The cars came ～ with a crash. 車と車がガチャンとぶつかった. nail the boards ～ and make a crate 板をくぎで打ち付けて木箱をつくる. **3**《名詞のあとで》引き続いて,切れ目なく; 全部ひっくるめた, すべて: He worked for hours [weeks] ～. 彼は何時[何週]間もぶっ続けに働いた. This one costs more than all the others ～. これはほかのもの全部を合わせたものより高い. **4** 同時に: You cannot have both ～. 二つ同時には取れない. All his troubles seemed to come ～. すべての悩みが一時に起こったみたいだった. **5** 協力[協調]して: We are ～ in the enterprise. われわれは協力して事業をやっている. **6** 互いに…し合う: fight ～ 戦い合う. confer ～ 相談し合う, 協議する.

all **～** (1) 皆いっしょに. (2) 全部で, 合計: We are nine *all* ～. There are 200 books *all* ～. 〈注〉 in all より口語的. ***belong*** **～** (合わせて)全体をなす, 同体である. ***bring*** **～** 集める, 招集する: *bring* strangers ～ 未知の人どうしを知り合いにする. ***call*** **～** 呼び集める. ***come*** **～** いっしょになる, ぶつかる; 同時に生じる. ***get*** **～** (1) 集まる, 会合する; 集める, 寄せる. (2) 相談する; 意見が一致する; 協調する. ***hang*** **～** 互いに助け合う; 結びつく, つじつまが合う; 一致する. ***look*** **～** 見分けがつかない, よく似ている. ***put*** **～** 合わせる, 並べる: *Put* them ～ and see which is larger. 並べてみて大きさを比較しろ. **～ *with*** …といっしょに, と合わせて; …もまた《with の強調形》. → along with.

tóg·gle [tágl/tɔ́gl] *n.* **1**《索の輪に通した》止め木. **2** =～ joint. **3** トグル《衣服の合わせ目を止める止め木》. —— *vt.* 止め木[トグル]で止める.
～ joint〘機〙トグル装置《左右に圧力をかける装置》. **～ switch** トグルスイッチ (tumbler switch)《電路の開閉用》.

Tó·go [tóugou] *n.* トーゴ《西アフリカの共和国》.

‡**toil**[1] [tɔil] *n.* **1** (無冠詞または the ～) **ほねおり**, 仕事, 労役: after long ～ 長いほねおり仕事のあとで. **2** (a ～ または複数形) 苦労, 辛苦: Many *a* ～ we must bear. 多くの辛苦をこらえねばならぬ.
—— *vi.* **1 労苦する**, 辛苦する, 精出して働く: ～ at task 仕事をこつこつやる. ～ for livelihood 額に汗して生活費をかせぐ. **2** 苦労して進む: ～ up a steep hill 険しい丘を苦労して登る. —— *vt.* ほねおって成し遂げる《*out*》. **～ *away*** = **～ *and moil*** あくせく働く. **∠·worn** [-wɔ̀ːrn/-wɔːn] 働き疲れた; 苦労でやつれた. ◇ **∠·er** *n.* 労働者; ほねおる人.

toil[2] *n.* (通例 *pl.*) 網; わな. **(*taken*) *in the* ～*s*** わなにかかって; 魅了されて.

‡**tói·let** [tɔ́ilit] *n.* **1** 化粧,《入浴・結髪などを含む》身繕い: She spent a good many minutes on her ～. 彼女は化粧にたっぷり時間をかけた. **2** 化粧道具(一式); 化粧台; 衣装; 服装. **3**〘おもに米〙化粧室《浴室・洗面所・便所が一室になっている》; 便所. **4**〘医〙《手術・分娩後の》洗浄. ***at* one's ～** 化粧中である; 身じたくしている: be busy *at her* ～. ***make* one's ～** 身ごしらえをする; 化粧する. ***pay* ～**〘米〙有料便所.
～ cover 化粧台[鏡台]おおい. **～ paper** トイレットペーパー,《便所の》落とし紙. **～ powder**《入浴後などに用いる》化粧打ち粉. **～ roll**《便所の》巻き紙. **～ room** 洗面室;〘米〙《便所付き》化粧室, 浴室. **～ set**《特にセットになった》化粧道具. **～ soap** 化粧せっけん. **～ table** 化粧台. **～ vinegar** 手洗い水に混ぜる香水. **～ water** 化粧水.
◇ **～·ry** [-ri] *n.* (通例 *pl.*) 化粧品類.

toi·lette [tɔilét, twaː-/twaː-] F. =toilet ②, ③.

tóil·ful [tɔ́ilf(u)l] *a.* =toilsome. ◇ **～·ly** *ad.*

tóil·less [-lis] *a.* ほねのおれない, 楽な.

tóil·some [-səm] *a.* ほねのおれる, つらい.

◇ **～·ly** *ad.* **～·ness** *n.*

To·káy [tokéi] *n.* ハンガリー Tokay 地方産ブドウ酒; それをつくる大形赤ブドウ.

‡**tó·ken** [tóuk(ə)n] *n.* **1** しるし, 証拠, 象徴: A white flag is used as a ～ of surrender. 白旗は降伏の旗じるしとして用いられる. wear black as a ～ of mourning 弔意のしるしに黒服を着る. **2** 記念品, 形見: receive a birthday ～ 誕生日の記念品をもらう. **3**《特権・真実さなどをあらわす》証拠品;《金属製・紙製などの》鑑札; 許可証; カード. **4** =～ money [coin]. **5**〘哲〙トークン《type に対して個個の事例》. ***by the same*** **～** = ***by this*** [***that***] **～** (1) その証拠には. (2) これで見れば, それで思い出したが. (3) その上に, 更に加えて. ***in*** [***as a***] **～ *of*** …のしるしとして, の証拠として. ***more by*** **～** なおいっそう, いよいよますます.
—— *a.* **1** 保証の; しるしの. **2** 形だけの, 名目(上)の: a ～ resistance 名ばかりの抵抗.
～ coin 代用貨幣《バス・地下鉄料金などに用いる》. **～ money** 名目貨幣《補助貨幣・紙幣など》. **～ payment**《特に債権国に対する》一部払い; 借金の内払い. **～ vote**〘英〙仮支出決議《議会で追加予算変更の余地を残してある》. ◇ **～·less** *a.*

tó·ko =toco.

to·kól·o·gy =tocology.

tó·la [tóulə] *n.* インドの重量単位《約180グレーン》.

†**told** [tould] *v.* tell の過去・過去分詞.

To·lédo [t(ə)líːdou] *n.* アメリカ Ohio 州の都市.

tól·er·a·ble [tálərəbl/tɔ́l-] *a.* **1** 耐えられる. **2** まあまあの, かなりの. **3**〘話〙かなり健康な. [√tol-] ◇ **～·ness** *n.* **-bly** *ad.*

tól·er·ance [tálərəns/tɔ́l-] *n.* **1** 寛容, 寛大; 包容力. **2**〘医〙《薬物などに》かぶれない[まけない]耐性[体質]. **3**〘造幣〙公差. **4**〘機〙公差, 誤差許容度[量]. [√tol-] **～ limits**〘統計〙許容限度.
(類義語) **寛容: tolerance** 自分には賛成しがたいものも他人の権利として認めること. 他人の思想・意見などについて用いることが多い. **toleration** tolerance とほぼおなじだが他人の行動について用いることが多い. **generosity** 他人に進んで与えようとする広い心: an institute erected through the *generosity* of various individuals いろいろな個人の寛大な恵みで建てられた協会. **magnanimity** 人間の大きさを示す度量, 太っ腹. 主として高位の人に用いる. **liberality** generosity に似て「物惜しみしない寛大さ」を示すと同時に,「物事にとらわれない自由な思想からくる寛大さ」も示す.

***tól·er·ant** [tálərənt/tɔ́-] *a.* **1 寛大な**, 雅量のある《について *of*》; 黙認する《を *of*》. **2**〘医〙耐薬[抗毒]力のある. [√tol-] ◇ **～·ly** *ad.*

tól·er·ate [tálərèit/tɔ́l-] *vt.* **1** 寛大に扱う, 大目にみる, 黙許する. **2** がまんする, 耐える. **3**〘医〙〈薬などに〉かぶれない[まけない]. [√tol-] ◇ **-a·tive** [-rèitiv, -rət-] *a.* (類) → **bear**「がまんする」

tòl·er·á·tion [tɑ̀ləréiʃ(ə)n/tɔ̀l-] *n.* **1** 寛容, 黙認. **2**〘宗〙信仰の自由; 異教[異説]黙認.
(類) → **tolerance**「寛容」

toll[1] [toul] *n.* **1** 使用料[税], 料金《通行税・橋銭・渡船賃・場代・長距離電話料など》: We pay a ～ when we use the bridge. その橋を渡るには料金を取られる. **2** 使用料徴収権. **3**《比喩的》代価; 犠牲者《特に交通事故の》: a death ～《事故の》死者数 (casualties). **4**〘おもに英〙粉屋の粉のひき賃(として取る穀物の一部). ***take a*** (***heavy***) **～ *of*** を大量に失わせる: Automobile accidents *take a heavy* ～ *of* human lives. 自動車事故による人命の損失は大きい. —— *vt., vi.* (通行税・犠牲などを)払う, 取り立てる: ～ the saving of a credulous man だまされやすい男のたくわえをせしめる.
～ bar, ***∠·gate** [∠∸]《通行税徴収所の》遮断(しゃだん)棒, 関門. **∠·booth** [tóulbùːθ/tɔ́lbuːθ]《有料

道路の》通行税徴収所. ～ **bridge** 有料橋. ～ **call**〖米〗特別料金長距離電話. ∸·**house** [∸∸] = tollbooth. ∸·**house cooky** チョコレートとナッツ入りの歯切れのよいクッキー. ∸·**kèep·er** 通行税徴収人. ～ **line**〖米〗長距離電話線. ～ **road** 有料道路. ～ **thorough**〖英: 法〗《道路・橋などの》通行税. ～ **traverse**〖英: 法〗私有地通行税. ∸·**way** [∸∸] =～ road.

toll[2] [toul] *vt.* **1** 〈鐘を〉鳴らす: ～ a funeral knell 弔いの鐘を鳴らす. **2** (鐘を鳴らして) 知らせる, 呼び集める: ～ the hour 鐘が時を知らせる. **3**〖古〗おびき寄せる. —— *vi.* 〈鐘が〉鳴る. ～ ***in*** 〔***out***〕 鐘を鳴らして教会に集める〔解散させる〕: ～ the people *out of* the church 鐘を鳴らして人々を教会から出す. —— *n.* 鐘の音; 鐘を鳴らすこと: the midnight ～ 夜の12時の鐘.

tol·lól [tɑlɑ́l/tɔlɔ́l] *a.*〖英俗〗まあよろしい, かなりの.

Tól·stoy [tɑ́lstɔi/tɔ́l-] *n.* Leo [líːou-] ～, 1828-1910, ロシアの文豪.

to·lú [tolúː] *n.* トルーバルサム《南アメリカ産の樹脂. 「香料・医薬原料》.

tól·u·ene [tɑ́ljuìːn/tɔ́l-], **tól·u·ol** [-òul/-ɔl] *n.*〖化〗トルエン, トルオール《染料・火薬の原料》.

tom [tɑm/tɔm] *n.* **1** 動物の雄; 《特に》雄ネコ, 雄七面鳥. **2** 巨鐘;〖海軍〗主砲. ***blind*** ～ 鬼ごっこ. ***long tom***〖軍俗〗軍艦中部にある主砲. ***Old Tom*** 強いジン酒. ***Tom and Jerry*** ラム卵酒. ***Tom, Dick and Harry***〖話〗だれもかれも, ネコもしゃくしも. ∸·**boy** [∸∸] おてんば娘. ∸·**càt** [∸∸/∸∸] 雄ネコ. ∸·**cod** [∸∸]〖魚〗小タラの類. **Tom Collins** ジン酒にレモン〔ライム〕ジュース・砂糖・炭酸水を混ぜた飲料. ∸·**fóol** →別項. ～ **noddy** ばか者. **Tom Thumb** 《童話の》トムサム, 親指太郎; 小さな人〔植物, 動物〕. **Tom Tiddler's ground** 子どもの遊び《親 (Tom Tiddler) のすきを見て一定の広さの地面に他の者が侵入する》; 宝の山. ∸·**tít**〖鳥〗ヤマガラの類.

tóm·a·hawk [tɑ́məhɔ̀ːk/tɔ́m-] *n.* 《アメリカインディアンの》まさかり, いくさおの. ***bury*** 〔***lay aside***〕 ***the*** ～ 和睦(ぼく)する. ***dig up*** 〔***raise, take up***〕 ***the*** ～ 戦端を開く. —— *vt.* **1** まさかりで切る〔殺す〕. **2** 〈本などを〉酷評する.

‡**to·má·to** [təméitou/-mɑ́ːtou] *n.* (*pl.* ～**es**) **1**〖植〗トマト: ～ juice トマト ジュース. **2**〖米俗〗女, 娘.

‡**tomb** [tuːm] *n.* **1** 墓, 墓穴; 墓石, 墓標. **2** (the ～) 死. —— *vt.* 葬る. *∸·**stone** [∸∸] 墓碑.

tóm·bac, tóm·bak [tɑ́mbæk/tɔ́m-] *n.* ドイツ黄銅《銅と亜鉛の合金. 安物の代用宝石用》.

tóm·bo·la [tɑ́mbələ/tɔ́m-] *n.* 一種の富くじ.

tome [toum] *n.* 大型の本, 大冊; (大著の) 一巻.

to·mén·tum [toméntəm] *n.* (*pl.* **-ta** [-méntə])〖動・植〗綿毛;〖医〗軟脳膜の毛状内面.

tóm·fóol [tɑ́mfúːl/tɔ́m-] *n.* ばか者; 道化者. —— *a.* ばかな; ばかげた; 分別のない. —— *vi.* ばかなまねをする. ◇ ～·**er·y** *n.* ばかげたまね〔行為〕, 非常識; くだらないもの. ～·**ish** *a.*

tóm·my [tɑ́mi/tɔ́mi] *n.* **1** (T～) =T～ Atkins. **2**〖機〗かんざしスパナ (= ～ bar). **3**〖英〗現物給与 (制) (truck system). **4**〖英俗〗《軍隊などで用いた》黒パン. **5** =～ shop.

T～ Atkins〖俗〗イギリス兵. **T～** 〔～〕 **gun** トムソン式軽機関銃;〖話〗軽機関銃. ～ **rot**〖俗〗たわごと, ばかげたこと, へま. ～ **shop** 〔**store**〕《工場内の》食料品販売店; パン屋.

tó·mo·gram [tóuməgræm] *n.*〖医〗(レントゲン) 断層写真.

tó·mo·graph [-græf/-grɑːf] *n.*〖医〗断層写真撮影装置. ◇ **tò·mo·gráph·ic** [∸–græfik] *a.* **to·móg·ra·phy** [təmɑ́grəfi/-mɔ́g-] *n.* (レントゲン) 断層写真術.

†**to·mór·row, to-mór·row** [təmɔ́ːro, -mɑ́r-, tu-/-mɔ́r-] *n.*, *ad.* 明日, あした; (近い) 将来: *T～* is 〔will be〕 Monday. あしたは月曜日だ. I'm leaving ～. あす出発の予定だ. ～'s newspaper あしたの新聞. the world of ～ 明日の世界. → today.

the day after ～ 明後日. ～ ***morning*** 〔***afternoon, night***〕 明朝〔あすの午後, 明晩〕. ～ ***week*** 来週〔先週〕のあす. ***T～ never comes.***〖諺〗あしたは決して来ない; きょうのことをあすに延ばすな.

tóm-tom [tɑ́mtɑ̀m/tɔ́mtɔm] *n.* **1** 《インド人が手で打つ》胴の長い太鼓. **2** トントン《太鼓の音》.

‡**ton** [tʌn] *n.* **1** トン《重量単位. イギリスでは 2,240 ポンド(約 1,016kg)で英トンと呼ばれ, アメリカでは 2,000 ポンド (約 907kg) で米トンと呼ばれる》. **2**《容積単位》トン《物によって異なり, たとえば石材は16立方フィート, 木は 40 立方フィートなど》. **3** 船の容積トン《100立方フィート》. **4**〖船〗積載トン《40立方フィート》. **5**《特に軍艦の》排水トン《海水35立方フィートの重さ》. **6**〖俗〗(*pl.*) 多数, 多量: ～*s* [a ～] of books 実にたくさんの本. ***long*** 〔***gross***〕 ～ 大トン, 英トン. ***metric*** ～ メートルトン, 仏トン《1,000 kg》. ***short*** ～ 小トン, 米トン.

ton [F. tɔ̃] F. *n.* 流行. ***in the*** ～ 流行して.

tón·al [tóun(ə)l] *a.*〖楽〗調子の, 音色の;〖画〗色調の. ◇ ～·**ly** *ad.* 調子の上から; 色合いでは.

to·nál·i·ty [tonǽləti] *n.*〖楽〗調子, 主調;〖画〗色合い, 色調.

‡**tone** [toun] *n.* **1** 音質, 音色, 音調, 響き: the sweet ～(*s*) of a violin バイオリンの甘い響き. **2** 語調, 物言い; 《比喩的》論調: in an angry ～ おこった語調で. The letter had a friendly ～. 手紙は友好的な調子で書かれてあった. the ～ of the Press 新聞の論調. **3** 色調, 色合い; 明暗の調子: a carpet in three ～*s* of brown 茶の 3 色の濃淡で織られたじゅうたん. **4** 気風, 風潮, ふんい気, 調子, けはい: The ～ of the school is excellent. この学校の気風はすばらしい. Give a ～ of elegance to your room. 上品な調子にへやを整えなさい. the ～ of a market 市況. **5**《身体・精神の》正常な調子: His mind has recovered its ～. 彼は正常な心の調子を取りもどした. **6**〖楽〗楽音; 全音程; (単調な) お経口調;〖音声〗(音の) 高低, 抑揚; 音調: a high 〔mid, low〕 ～ 高〔中, 低〕音. **7**〖電〗可聴音. ***four*** ～***s***《中国語の》四声. ***fundamental*** ～ 原音. ***heart*** ～〖医〗心音. ***in a*** ～ 一致して.

—— *vt.* **1** に調子〔色調, 抑揚〕をつける; の調子〔色調〕を変える〔和らげる〕: Fear ～*d* his voice. 恐怖のために声の調子が変わっていた. ～ a landscape 風景画の色調を整える. Old age has ～*d* his headiness. 老年が彼の性急さを和らげた. **2** 調律する. **3** に調子をつけていう〔唱える, 読む〕: ～ one's prayer 調子をつけて祈りを唱える.

—— *vi.* **1** 調子〔色調〕を帯びる. **2** 色があせる: The wall paper will not ～ readily. 壁紙はすぐにはあせないだろう. **3** 調和する《と *with*》: This hat ～*s* (in) well *with* the dress. この帽子は着物とよく(色が) 合う. ～ ***down*** 調子を落とす〔和らげる〕, 調子が和らぐ: ～ *down* the radio ラジオの音量を下げる. You'd better ～ *down* some of your harsh statements. きみの手きびしいことばのなんか所かを和らげた方がよい. The excitement ～*d down*. 興奮が和らいだ. ～ (***in***) ***with*** と調和する. →*vi.* ③. ～ ***up*** 高まる, 高める; 強まる, 強める: ～ *up* the radio ラジオの音量を上げる. Exercise ～*s up* the muscles. 運動は筋肉を強める. [√ton-]

～ **arm**《蓄音機のピックアップの》アーム. ～ **color** 音色; 風格. ～ **control**〖電〗トーンコントロール, 音色調節. ∸·**deaf** [∸∸] 音痴の. ～ **language**〖言〗音調〔声調〕言語《中国語など語の意味を音調の変化によって区別する》. ～ **poem**〖楽〗音詩, 交響詩. 〖類〗→ **sound**「音」

tóne·less [tóunlis] *a.* tone のない; これという目だつところのない. ◇ ～·**ly** *ad.* ～·**ness** *n.*

tón·eme [tóuniːm] *n.*〖音声〗トニーム《音韻論的な

音調》. →phoneme.

to·nét·ics [tonétiks] *n. pl.* 《単数扱い》音調学〔論〕.

tong[1] [tɔ:ŋ, taŋ/tɔŋ] *n.* **1** 《中国の》党, 組合, 結社. **2** 〘米〙《アメリカ在住中国人の》秘密結社.

tong[2] *vt.* 火ばしではさむ〔つかむ, 集める〕.
—— *vi.* 火ばしを使う.

tongs [tɔ:ŋz, taŋz/tɔŋz] *n. pl.* **1** 火ばし; やっとこ. **2** 《頭髪用》焼きごて (=curling ～). ***hammer and ～*** 猛烈に. ***would not touch with a pair of ～*** さわるのもいやだ, まっぴらごめんだ.

‡**tongue** [tʌŋ] *n.* **1** 舌; (動物の食用) 舌 (肉), タン: boil an ox-～ 牛のタンをゆでる. ham and ～ sandwiches ハムとタンのサンドイッチ. **2** ことば, 言語: one's mother ～ 母国語. the English ～ 英語. the ancient ～*s* 古代語. **3** 言語能力: His ～ failed him. 彼はものが言えなかった. **4** 話し方, 弁舌: a gentle ～ 優しい話しぶり. **5** 舌状の物; 鐘の舌; くつひもの下の舌皮; 管楽器の舌; てんびんの指針; 〘建〙さね; 車の長柄; 《ブローチ・錠・皮帯などの》穴止め針; 〘鉄道〙轍轍(てつ)の先端; 炎 (の先端); みさき: a ～ of land.
coated 〔***dirty, furred***〕 ～《病気の兆候で舌が白くなる》舌ごけ. ***find*** one'***s*** ～ (びっくりしたあとで) 口がきけるようになる. ***give*** ～ 〈猟犬が〉ほえる; 〈人が〉呼ぶ, ものを言う. ***have a ready*** 〔***fluent***〕 ～ 雄弁である, 口が達者である. ***have a spiteful*** 〔***venomous, bitter***〕 ～ 口が悪い. ***hold the*** 〔one'***s***〕 ～ 口をつぐむ, 沈黙を守る. ***keep a civil ～ in*** one'***s head*** ことばづかいを慎む. ***long ～s*** おしゃべり. ***lose*** one'***s*** ～ 《恥ずかしさなどで》口がきけなくなる. ***on the tip of*** one'***s*** ～ ことばがのどまで出かかって: I have it *on the tip of my* ～, but can't exactly recall it. それがのどまで出かかっているのですが, はっきり思い出せません. ***on the ～s of men*** 人々の口のはに乗って, うわさに上って. ***put out*** one'***s*** ～ 舌を出す《診察で; けいべつして》. ***stick*** one'***s ～ out at*** a person (人) に向かって舌をぺろりと出す《けいべつの意をあらわすために》. ***wag*** one'***s*** ～ のべつしゃべりまくる. ***with*** one'***s ～ in*** one'***s cheek*** 思っていることとはうらはらに; 冷やかし半分に (しゃべるなど).
—— *vi.* **1** 舌で音程を調整しながら楽器を吹く. **2** 〈炎などが〉なめる. **3** 突き出している: The land ～*s* out. 陸地が海に突き出している. —— *vt.* **1** 〈楽器を〉舌で音調を調整しながら吹く. **2** に舌で触れる. **3** に舌状の物をつける; 〘建〙にさねをつくる. **4** にしゃべる; しかる, ののしる.
～-fish [⌐⌐] 〘米〙シタビラメ (に似た魚). **～-lash** [⌐⌐] しかりつける (scold). **～-lash·ing** [⌐⌐—] ののしり, 非難. **～-tied** [⌐⌐] (1) 舌足らずの. (2) 黙り屋の. (3) 《恥ずかしさ・当惑などで》ものの言えない; 黙っている. **～ twister** 舌のもつれるような〔早口遊びの〕語句《例: A string is a thick thread, and a thread is a thin string》.
◇ **～·less** *a.* 舌のない; 黙っている; おしの.

-tongued [-tʌ̀ŋd, -tʌ́ŋd] *a.* 《合成語で》…舌の, …の舌のある; ことばづかいが…の: double-*tongued* 二枚舌の. soft-*tongued* ことばづかいの柔らかい.

tón·ic [tánik/tɔ́n-] *a.* **1** 《薬剤などが》強壮にする, 元気づける: a ～ medicine 強壮剤. There is a ～ quality in the mountain air. 山の空気には心身を元気づけるものがある. **2** 〘医〙強直性の: ～ convulsion 〔spasm〕 強直性けいれん. **3** 〘楽〙主音調の, 基音の; 〘音声〙音調の; 強勢のある.
—— *n.* **1** 強壮剤; 《比喩的》元気づけるもの: hair ～ 毛はえ薬. Praise can be a mental ～. 賞賛は心の強壮剤になることもある. **2** 〘楽〙主(調)音, 基音. **～ accent** 〘音声〙強勢アクセント. **～ sol-fa** 〘楽〙トニックソルファ記譜法.
◇ **tón·i·cal·ly** *ad.*

to·níc·i·ty [tonísiti] *n.* 《心身の》健康, 強健; 《筋肉の》弾力性, 緊張状態.

†**to·níght, to-níght** [tənáit, tu-] *n., ad.* 今夜, 今晩: ～'s radio news 今夜のラジオニュース. They will arrive ～. 彼らは今晩到着するだろう. →today.

tó·nite [tóunait] *n.* 〘化〙トーナイト《強力綿火薬》.

tonk [taŋk/tɔŋk] *vt.* 〘英俗〙強く打つ; に楽勝する.

tón·ka [táŋkə/tɔ́ŋ-] ***～ bean*** トンカマメ《南アメリカ産香料原料》; その木.

tón·kín [tánkin / tɔ́n-] *n.* **1** 《インドシナ産つりざお用》トンキン竹. **2** (T～) インドシナ北部の旧州《現在は North Vietnam の一部》.

tonn. tonnage.

tón·nage [tʌ́nidʒ] *n.* **1** 《船舶の》容積トン数. **2** 《一国の商船などの》総トン数. **3** トン税《船舶・積み荷の》. **4** 《集合的》船舶. ***gross*** 〔***net, registered***〕 ～ 総〔純, 登録〕トン数.

ton·neau [tənóu/tɔ́nou] F. *n.* (*pl.* **～*s*, ～*x*** [-z]) 自動車後部の座席のある部分.

to·nóm·e·ter [tonámitər/-nɔ́m-] *n.* **1** 音振動測定器, トノメーター. **2** 血圧計; 眼圧計.

tón·sil [tánsl, -sil/tɔ́n-] *n.* 〘医〙へんとうせん.
◇ **～·(l)ar** [-ər] *a.* 「んとうせん切除術.

tòn·sil·léc·to·my [tànsiléktəmi/tɔ̀n-] *n.* 〘医〙へ

tòn·sil·lí·tis [tànsiláitis/tɔ̀n-] *n.* 〘医〙へんとうせん炎. ◇ **tòn·sil·lít·ic** *a.*

ton·só·ri·al [tansɔ́:riəl/tɔnsɔ́:r-] *a.* 〘笑〙理髪(師)の: a ～ artist 〔parlor〕 理髪師〔店〕.

tón·sure [tánʃər/tɔ́n-] *n.* **1** 剃髪(ていはつ); 《頭部の》髪をそった部分. **2** 〘宗〙《カトリック教・仏教などの》剃髪式; 出家. —— *vt.* の頭髪をそる.

tón·tine [tánti:n, —⌐/tɔntí:n, ⌐—] *n.* Tonti 式年金法《出金者が死ぬたびに残存者の配当が増す公債募集法. 17 世紀のイタリアの銀行家 Lorenzo Tonti の創案》. 「な.

tó·ny [tóuni] *a.* 〘米俗〙スマートな, いきな; 高尚(こうしょう)

†**too** → 枠付 too. (pp. 1374-1375)

†**took** [tuk] *v.* take の過去形.

‡**tool** [tu:l] *n.* **1** **道具**, 工具: carpenter's 〔gardener's, joiner's, mason's, smith's〕 ～*s* 大工〔庭師, さしもの師, 石工, かじ屋〕道具. 〈注〉通常手を用いるものをいい, 動力を用いるのは machine (power) tool という. **2** 商売道具: A scholar's books are ～*s*. 学者の本は商売道具だ. **3** 《かんな・きり・旋盤などの》刃の部分; 工作機械 (=machine ～). **4** お先棒, 手先, だし: He is a ～ of the party boss. 彼は党首の手先だ. **5** 〘製本〙型押し器, 仕上げ道具. ***be a ～ in*** a person'***s hand*** (人) の手先に使われる. ***make a ～ of*** a person (人) を手先に使う.
—— *vt., vi.* **1** 道具で細工する, 仕上げる: ～ a metal rod (旋盤で) 金属棒を削る〔仕上げる〕. a tomb stone beautifully ～*ed* きれいに表面を仕上げられた墓石. **2** 〘製本〙(に)型押しする. **3** 〘英俗〙馬車〔自動車〕をのんびり駆(か)る; 馬車に乗せてゆく: Let me ～ you down to your home. きみの家まで乗せてゆこう. ～ along 馬車で駆ける. ***～ up*** 《大量生産のため》工場に機械を備えつける.
～·box [⌐⌐] 道具箱. **～·hòld·er** (旋盤の) 削刃固定器 (=～ post, ～ rest). **～·màk·er** 道具〔工具〕製作者.
◇ **～·er** *n.* ～する人; 石工の大のみ.

(類義語) **道具: tool** 手を動かして用いる道具, または手に似たはたらきをする工作機械: carpenter's *tools* 大工道具. **implement** 最も広範囲の意味をもち, 特定の目的に使用する用具, 用品: The quill pen was an early *implement* of communication. 鵞(が)ペンは初期の伝達道具だった. **instrument** 精巧・複雑な道具: a surgeon's *instruments* 外科医の道具. a stringed *instrument* 弦楽器. **utensil** 家庭で日常に使用する道具に多く用いる: kitchen *utensils* 台所用具.

too

常に副詞として用いられ，語義を大別すると A)「その上」「…も（また）」(in addition, also); B)「あまりに」(excessively) となる．このうち構文上特に問題なのは A) の「…も（また）」と B) の ③, ④ で記述した too … to (do)「あまり…で――できない」である．後者の主要用法は更に2大別される．すなわち a baby *too* young *to* walk のように too… で叙述または修飾された主体が to (do) に対して意味上の主語の関係に立つ《*a baby* walks》ものと，a book *too* difficult (for me) *to* read のように，目的語の関係に立つ《I read [one reads] *a book*》ものとである．

なお too の発音は常に [tu:] で，to のように弱形 [tə] はない．

too [tu:] *ad.* **A)**《通常文末に置かれ，全文を修飾》: **1** …も（また）(also)；その上，しかも (in addition): John came here, ～. ジョンもここへ来た；ジョンはここへも来た．Won't you play, ～? あなたも競技をしませんか．He is experienced, and hard-working, ～. 彼は経験もあり，それに働き者でもある．I bought a new dictionary — a good one, ～. 私は新しい辞書を買った―しかもよい辞書だ．

〈付記₁〉too が「…も（また）」の意味で文末に置かれたばあい，それが文中のどの語句を修飾するかは，前後関係による．たとえば，次の文は，前後関係により，四つの意味に解される:

John (1) swam (2) in this river (3) last year (4), *too*.

(1) ジョンも去年この川で泳いだ．
(2) ジョンは去年この川で泳ぎもした《つりをしたばかりでなく，など》．
(3) ジョンは去年この川でも泳いだ《ほかの場所ばかりでなく》．
(4) ジョンは去年もこの川で泳いだ．

このように意味が多様になるのは，too は本来「その上」だからである．通例それぞれ(1), (2), (3), (4)の該当部分を強く発音して意味を明瞭(めいりょう)にするが，いつもそうとは限らない．特に，書いた文では強勢をあらわすことが困難である．そこで意味を明瞭にするために，ときおり John, *too*, swam … (ジョンも…泳いだ) のように，too を修飾する語の直後に置くことがある《ただし途中に挿入されたからといって，その直前が修飾されるという保証にはならない》．

〈付記₂〉**not …, either; not …, too; … too, ― not** I ca*n't* give you this one, *either*.「この分もきみにあげられない」と言うところを，either の代わりに too を使うと意味が変わってしまう: I gave you that one. I ca*n't* give you this one, *too*. あの分はきみにあげた．(だが) その上この分まであげるわけにはいかないよ．― すなわち not …too は，部分否定に似て既述のものは容認し，追加だけを否定する表現となる．比較: I do*n't* want *either* of them.「私はそのどちらもほしくない」≒ I do*n't* want *both* of them.「私はその両方ともほしいわけではない《一方で十分》」．ただし次のように too を主語に密着させて either と同様の意図を伝える表現がある: John, *too* [also], is *not* a student. ジョンも学生ではない (= John is *not* a student, *either*).

〈付記₃〉上記〈付記₁〉で too について述べた意味の多様性と，発音する際の被修飾語句の強勢の原則は，not … either についても当てはまる．すなわち例文を

John (1) did *not* swim (2) in this river (3) last year (4), *either*.

に変え，訳文中 (1), (3), (4) の「泳いだ」を「泳がなかった」に，(2) の「泳ぎもした」を「泳ぎもしなかった」に，同《 》中の「つりをした」を「つりをしなかった」に変えればよい．

2〔話〕《否定的発言を反駁(はんばく)して》(でも) ほんとうに，(でも) 確かに: You do*n't* look like twins. —We are, ～. きみたちはふたごみたいに見えないね．―いや，確かにふたごなんですよ．

B)《形容詞・副詞を修飾》: **1**《単純な文で》あまりに…；…すぎる: ～ high [hot, large, many] あまり高い [暑い，大きい，多い]；高 [暑，大き，多] すぎる．eat ～ much 食べすぎる．read ～ fast 速く読みすぎる．a little ～ short 少し短すぎる．much [far] ～ small 全く [あまり] 小さすぎる．I have taken three ～ many. 三つよけいに取りすぎた．I tried to stop him, but it was ～ late. 彼を止めようとしたが，手おくれだった．～ hot a day あまりに暑い日《形容詞は too といっしょに不定冠詞の前に出るのが原則》．

2《too…for ＿ の形で》**a)** ――の目的には…すぎる；あまり…なので――が得られない [かなえられない，できない]: The light is ～ dim *for* reading. 読書 (のため) には明かりが弱すぎる；明かりが弱すぎて読書できない．It was ～ hot *for* comfort indoors. 屋内は (快適さのためには暑すぎた→) あまり暑くて居ごこちがよくなかった．**b)** ――には…すぎる；あまり…で――の手に負えない [――ではまにあわない]: This is ～ good *for* you. これはきみには (よすぎて) もったいない．This problem is ～ difficult *for* him. この問題は彼にはむずかしすぎる．～ good *for* words ことばにあらわせないほどすばらしい．〈注〉これらはそれぞれ説明上 *too* good *for* you *to* deserve, *too* difficult *for* him *to* solve, *too* good *for* words *to* express と引き伸ばして関係を明瞭に見ることができる．→ ④．**c)** ――にしては…すぎる: It is ～ warm *for* this season. 今どきにしては暖かすぎる．

3《too…to (do) の形で》あまり…なので――できない；――するには…すぎる《too…で叙述または修飾された語句と to (do) の意味上の主語が一致するとき，特に後者は明示されない》: The report is ～ good *to* be true. うわさはよすぎて信じられない．She is ～ wise not *to* see that. 彼女は利口だから，それがわからぬはずはない．He was ～ much frightened [～ tired] *to* speak. あまり驚いて [あまり疲れて] 口もきけなかった《過去分詞には too much がつくのが原則だが，tired のように形容詞化したものの前には too が直接つく》．〈注〉to (do) の意味上の主語は，次のように言い替えてみるとわかる: You are *too* young *to* work. = You are so young that *you* cannot [should not] work. すなわちここでは to work の意味上の主語は you で，too young で叙述された主体 you と一致する．

〈付記〉見せかけの類似に注意: It is not *too* much *to* say that… …と言っても過言ではない《to say は名詞句で It で受けられ，is の主語》．We have made *too* much effort *to* solve this single problem. このただ一つの問題を解決するのに，あまりにも多くの努力をしすぎた《この文は too を除いても成り立つ．to solve は直接には made…effort と関連し，too… とは関連していない》．

4《too＿ (for X) to (do) の形で》あまり――なので (Xは)…することができない；(Xが)…するには――すぎる: It was ～ windy (*for* children) *to* go out. あまり風がひどくて (子どもたちは) 外出できなかった．This stone is ～ heavy (*for* me) *to* lift. この石は重くて(私には)持ち上がらない. a piece of meat ～ tough *to* eat 堅すぎて食べられない肉片. 〈注₁〉 to (do) の意味上の主語 X が, too …で叙述された主体と異なるとき, その主語を for X《目的格》の形で明示する. ただし X が one, us などのように一般の人をさすばあいや, 特定の人でも文脈から自明のばあいには省略するのが普通である: It was *too* windy *to* go out. ＝It was so windy that *one* could not go out. /This stone is *too* heavy *for me* to lift. ＝ This stone is so heavy that *I* cannot lift it《it が必要》. 〈注₂〉 第2の例で too heavy と叙述された主体 This stone は to lift の目的語となっている. 一般に too… によって叙述された主体 S が同時に to (do) の意味上の主語と解しえないとき, S が to (do) の目的語となっていることが多い: *The problem* is too difficult *to solve*. ＝ *The problem* is so difficult that one 〔we〕 cannot *solve it*.

5〚話〛非常に;《否定を伴って》あまり: I am ～ glad. 私はとてもうれしい. He was really ～ good to me. 彼は私に非常に親切にしてくれた. This is *not* ～ good. これはあまりよくない.

cannot* … ～ ——** (1) いくら——に…してもしすぎることはない〔し足りないほどだ〕: You *cannot* be ～ careful in handling this machine. この機械は慎重の上にも慎重に扱わなければならない. I *cannot* thank you ～ much. 感謝の意はとうてい尽くせません. (2)〚話〛あまり——に…することはできない: He *can't* run ～ fast 〔be ～ good〕. 彼はあまり速く走れない〔それほど優秀なはずがない〕. → B) ⑤. ***It is not ～ much to say that … → B) ③ の〈付記〉. ***none ～*** … 少しも…すぎない: I was *none* ～ early for the meeting. 会合に(行くのが)早すぎるどころではなかった《やっとまにあう程度》. ***only ～*** (1) 非常に: I am *only* ～ glad to help you. 喜んでお手伝いいたします. (2) 残念ながら: It is *only* ～ true. 困ったことに, ほんとうなのだ. ***quite ～*** ＝ *too* ～. **～ *bad*** 困ったこと; 運の悪いこと: That's ～ *bad*. それはいけませんね《同情》; それは困ったな《当惑》. It's ～ *bad* you are always late. いつも遅れて, 困るじゃないか《非難》. **～ *much***《「多すぎる」「度がすぎる」から転じて》ひどすぎる, あまりにひどい: This is ～ *much* (for me). これはがまんがならない. **～ *too*** とてもすてきな: This is ～ *too*. これはすばらしい.

---

tóol·ing [túːliŋ] *n.* **1** 道具細工. **2**《木・石・皮などに施す》飾り彫り. **3** 工作機械の設備, 工場整備. **4**〚製本〛《表紙の》型押し.

toon [tuːn] *n.*〚植〛インドマホガニー.

toot [tuːt] *n.*《汽笛・笛などの》ブーブーいう音;〚俗〛《祝いなどの》どんちゃん騒ぎ. **—— *vt., vi.*** **1** ブーブー鳴らす〔鳴る〕: Don't ～ the horn. 警笛禁止. **2** 〈山鳥などが〉鳴く. **～ one's *own horn*** 自慢する. ◇ **～·er** *n.*

†**tooth** [tuːθ] *n.* (*pl.* **teeth** [tiːθ]) **1** 歯: have a ～ out 歯を抜いてもらう. **2** 歯状のもの《くし・フォークなどの歯, のこぎりの目など》. **3** 嗜好(しこう): have a ～ for が好きだ. **4** 威力: It's spring, but the wind retains its ～. 春になったが風はきびしさを残している. can endure the ～ of time 時を経ても移ろわない. **5** 紙面のざらざら〔凹凸(おうとつ)〕, きめ: The ～ of the paper catches crayon well. 紙面のきめがあらいのでクレヨンがよくのる.

armed to the teeth すきなく武装して. ***between the teeth*** 声をひそめて. ***cast*** 〔***throw***〕 a thing ***in*** a person***'s teeth*** (あること) のことで (人) を責める. ***escape by the skin of*** one***'s teeth*** 危うく逃げる. ***give teeth to***＝***put teeth in*** 〔***to***〕 に筋金を入れる, をしっかりしたものにする. ***have all*** one***'s own teeth*** 義歯が一つもない. ***have a sweet ～*** 甘いものが好きだ, 甘党だ. ***have a ～ for*** → *n.*③. ***have teeth in*** (it) 〈条約などが〉厳重な条項を含む, きびしい. ***in the teeth of*** …にもかかわらず; を冒して; を真正面に受けて: He maintained his stand *in the teeth of* public opinion. 彼は世論をものともせず自分の主張を堅持した. ***lie in*** one***'s teeth*** ひどいうそをつく. ***long in the ～*** 年をとって. ***put teeth into*** 〈条約など〉に厳重な条項を入れる. ***set*** 〔***clench***〕 one***'s teeth*** 歯を食いしばる; 堅く決意する. ***show*** one***'s teeth*** 歯をむき出す; 怒る. **～ *and nail*** 必死になって, 猛烈に《戦うなど》.

—— *vt.* **1** に歯をつける, の目立てをする: ～ a saw. **2** にかみつく. **3** かみ合わせる: ～ two gears 二つの歯車をかみ合わせる. **—— *vi.*** **1** かむ. **2** 〈歯車などが〉かみ合う《に *into*》.

～·ache [⌐⌐] 歯痛. **～·brush** [⌐⌐] 歯ブラシ. **～·comb** [⌐⌐] 歯の細かいくし(で髪をとかす). ***～·paste** [⌐⌐] 練り歯みがき. **～·pick** [⌐⌐] つまようじ; 長い物〔人〕; (*pl.*) 断片. **～ powder** 歯みがき粉.

◇ **～ed** [tuːθt, tuːðd] *a.* 歯のある; のこぎり歯状の. **-～ed** [-tùːθt, -ðd, -túːθt, -ðd] *a.*《合成語で》歯が…の. **～·ful** [-fùl] *n.*〚俗〛《酒などの》一飲みの量. **～·less** *a.* 歯のない; 衰えた. **～·some** *a.* おいしい, 美味な.

tóoth·ing [túːθiŋ, túːðiŋ] *n.* **1** 歯をつけること, 目立て. **2**《歯車の》かみ合わせ. **3**《建物の》増築用の突出部分, 継ぎ手.

tóoth·y [túːθi/túːði] *a.* **1** 歯が見える. **2** おいしい. ◇ **-i·ly** *ad.* **-i·ness** *n.*

tóo·tle [túːtl] *vi.* 笛などを軽く吹く〔吹き続ける〕. **—— *n.*** 笛の音.

toots [tuts] *n.*〚俗〛ねえちゃん (girl); ねえ, おまえ (dear)《呼びかけ》.

tóot·sy [túːtsi] *n.*〚俗〛**1** あんよ, 足. **2** ＝toots.

tóot·sy-wóot·sy [túːtsiwúːtsi] *n.*〚俗〛あんよ, 足.

†**top¹** [tɑp/tɔp] *n.* **1** 頂上, 頂, 絶頂, 先端: the ～ of a mountain 山頂. the ～ of a tree こずえ. **2** 最高位, 首席;《食卓などの》上席; 先頭;《ボートの》1番漕手(こぎて); 上手(かみて): He is at the ～ of his class. 彼は首席だ. He is ～ in his profession. 彼はその道での最高権威者だ. Our host placed us at the ～ of the table. 主人はわれわれを上席にすわらせた. the ～ of the lake 湖の流入口に近い部分. **3** 最盛時〔期〕, 絶頂, 力の限り: the ～ of the morning 朝のいちばん気持ちよいとき. the ～ of the tide 満潮; 人生の絶頂期. shout at the ～ of one's voice 声を限りに叫ぶ. **4** 上面, 表面;《自動車などの》屋根, ほろ;《かんなどの》ふた, せん;《くつの》上部; 書物の上縁, 天; ページの上部; 上着《特にパジャマの》: the ～ of a table テーブルの上面. a hard ～ ほろ付きでない金属屋根の自動車. put a pair of skis on the ～ of the car スキーを車の屋根に置く. remove the ～ of the bottle びんのふたをとる. **5**《海・陸の》表面: come to the ～ 浮上する. **6** (通例 *pl.*)《野菜の》地上に出た部分, 葉. **7** 前髪;《かぶとなどの》前立て, 毛ぶさ;《特に1ポンド半の》繊維ぶさ. **8**〚海〛檣楼(しょうろう). **9** (*pl.*) 表面だけめっきしたボタン. **10** イヤリングの耳たぶにつける部分. 〈注〉飾り玉は drop. **11**〚野球〛表. ↔bottom. **12**〚トランプ〛手中の最高点の札. **13**〚陸軍〛先任軍曹(ぐんそう). **14**《the big ～ として》サーカスの大テント. **15**〚自動車〛トップギア.

blow one***'s ～***〚俗〛かんしゃくを起こす; 気がふれる. I ***cannot make ～ or tail*** of it. (それは) さっぱりわからない. ***come to the ～*** あらわれる; 傑出する, 成功する. ***from ～ to bottom*** 〔***toe, tail***〕 頭のてっぺんから足の先まで, 上から下まで, すっかり. ***go over the ～*** 塹壕(ざんごう)から攻撃に転ずる; 強硬手段をとる; 目標以上をゆく. ***off*** one***'s ～*** 気がふれて. ***on (the) ～ of*** の上に; に加えて: *on* ～ *of* that その上更に.

on* ～** (1) 上部に: The green book is at the bottom of the pile and the red one is *on* ～. 緑色の本がいちばん下に赤い本がいちばん上にある. (2) 成功して, 首尾よく: come out *on* ～ 勝つ, 支配する. ***on ～ of the world 〖話〗たいへん成功して; 幸福の絶頂で. ***reach* [*be at*] *the ～ of the tree* [*ladder*]** 第一人者になる[である]. **(*The*) *～ of the morning* (*to you*).** 〖アイルランド〗おはよう. ***～ to bottom*** (1) まっさかさまに, 逆に. (2) すっかり. ***to the ～ of* one's *bent*** 望みうるかぎり, 心ゆくまで, 極力.
—— *a.* 最高の, 第一番の; 首席の: the ～ stair 最上段. on the ～ shelf いちばん上のたなに. the ～ boy 首席児童. ***at ～ speed*** 全速力で. ***in ～ gear*** 〖自動車〗トップギアで.
—— *v.* (**-pp-**) *vt.* **1** の頂上[表面]をおおう; にかぶせる, にかぶせて[のせて]仕上げる: a church ～*ped* by [with] a steeple 尖塔(せんとう)のある教会. ～ soil with manure 土に肥料をかぶせる, 施肥する. *Top* each chop with an orange slice and a lemon wedge. 肉の切り身のおのおのにミカンの輪切りとくし形に切ったレモンを上に添えなさい. **2** の頂上に至る; の頂上にいる; の先頭に立つ: ～ a hill 丘の頂上に着く. He ～*s* the list. 彼は筆頭である. **3** より高い; …以上ある: He ～*s* his father by a head. 彼は父親より頭一つだけ高い. He ～*s* six feet. 彼は6フィート以上ある. **4** の上に上る: The sun ～*ped* the horizon. 太陽が水平線上に上った. **5** 飛び越す: ～ a fence かきを飛び越す. **6** …にまさる, こえる; …よりすぐれる: ～ one's expectation 予想を上回る. ～ everything of the kind すべての同類物にすぐれる. **7** 〈植物などの〉頭を切る: ～ a tree. **8** 〖ゴルフ〗〈ボールの〉上半を打つ: ～ a ball. **9** 〖海〗〈帆げたを〉1段上げる. —— *vi.* 卓越する, 高くそびえる.
～ *off* [*up*] 仕上げをする; 十分に満たす: ～ *up* with oil 油をさして仕上げる. the merry party that ～*ped up* the holiday 休日に有終の美を添えた愉快なパーティー. ～ *up* a car battery 自動車の電池をいっぱいにする. **～ one's *part*** 最高の演技をする. ***to ～ it all*** 更に, かてて加えて.
～ boot 乗馬ぐつ《上部に色の変わった皮が用いてある》. **～·còat** [(英)ˊ−ˊ−] 軽い外套(がいとう). **～ dog** 〖話〗勝者, 優勢な方. ↔ underdog. **～-dog** [ˊ−ˋ−] 重要な, 首脳部の. **～-drawer** [-drɔ̀ːr] 《階級・重要性など》最高の. **～-dress** [ˊ−ˋ−] 〈土の表面に〉敷き肥する. **～ edge(s) gilt** 《本の》天金. **～·flight** [ˊ−ˋ−] 〖米話〗一流の, 最高の. **～·gál·lant** → 別項. **～·hàm·per** [(英)ˊ−ˊ−−] 〖海〗《帆・索具など》高所にある重量物. **～ hat** シルクハット. **～-héav·y** 頭でっかちの; 不安定な; 資本過大の. **～-hóle** 〖英俗〗最高級の (first-rate). **～·knot** [ˊ−ˋ−] (1) 鳥の冠毛. (2) 《髪などの》束, ふさ; ちょんまげ. (3) チョウ結びのリボン《婦人の頭の》. **～ lantern [light]** 〖海〗檣楼(しょうろう)燈. **～-lév·el** 最高[首脳]の. **～·lóft·y** 〖話〗高慢な, いばった. **～·man** (*pl.* **-men**) =～ sawyer; topsman. **～ management** (企業の) 最高経営管理組織; その管理機能; 《社長・重役など》最高幹部. **～·mast** [ˊ−ˋ−] 〖海〗中檣. **～·notch** [ˊ−ˋ−, ˊ−ˊ−] 〖米話〗一流の, 最高級の. **～-ránk·ing** 〖米話〗最高級の; 一流の. **～·sail** [tɑ́psèil, tɑ́psl/tɔ́p-] 〖海〗上檣帆. **～ sawyer** (1) (木(こ)びき穴の) 上びき人. (2) 〖話〗上に立つ人. **～-sé·cret** 《書類などが》極秘の. **～ sergeant** 〖話〗古参軍曹(ぐんそう); 准尉. **～·síde** (1) (通例 *pl.*) 〖海〗乾舷(かんげん)《喫水線以上の舷側》; (軍艦の) 上甲板. (2) 上部. (3) 高級幹部. **～s·man** [-smən] (*pl.* **-men**) 〖海〗檣楼員. **～·soil** [ˊ−ˋ−] 表土.
◇ **～·most** [-mòust, -məst] *a.* 最高[最上]の.

‡**top²** [tɑp/tɔp] *n.* こま: spin a ～ こまを回す. ***sleep like* [*as sound as*] *a ～*** ぐっすり眠る.

tó·paz [tóupæz] *n.* 〖鉱〗黄玉, トパーズ; 〖鳥〗ハチドリの一種.

tope¹ [toup] *n.* 《丸屋根の》仏塔.

tope² *n.* 〖魚〗小サメの類.

tope³ *vt., vi.* (大酒を) 常に飲む. ◇ **tóp·er** *n.* 大酒飲み.

to·pée, to·pí [toupíː, ˊ−−/ˊ−−] *n.* ヘルメット帽.

To·pé·ka [təpíːkə] *n.* アメリカ Kansas 州の都市.

top·gál·lant [tɑpgǽlənt/tɔp-] *n.* 〖海〗上檣(じょうしょう); 上檣帆. —— *a.* 上檣の.

Tó·phet [tóufit, -fet/-fet] *n.* 〖聖〗トペテ《いけにえとして子どもを焼いたエルサレム付近の地. 後にごみ焼き場. 列王紀下23: 10》; 地獄.

tó·phus [tóufəs] *n.* (*pl.* **-phi** [-fai]) 〖医〗痛風結節.

tó·pi =topee.

tó·pi·ar·y [tóupièri/-əri] *a., n.* 《生けがき・庭木などを》装飾的に刈り込んだ; その刈り込み法.

‡**tóp·ic** [tɑ́pik/tɔ́p-] *n.* **1** 話題, 論題, 題目, 話のたね: current ～*s* 今日の話題. **2** 〖論・修〗前提論; 総論. [類] → **subject**「主題」

tóp·i·cal [-(ə)l] *a.* **1** 話題[論題]の; 時事問題の. **2** 総論的な, 原則的な. **3** 局部的な. **4** 〖医〗局所の. ◇ **～·ly** *ad.*

topo-「場所」の意の語形成要素.

topog. topographical; topography.

to·póg·ra·pher [topɑ́grəfər, tə-/-pɔ́g-] *n.* 地誌[地形]学者; 地誌作者, 風土記(ふどき)作者.

to·póg·ra·phy [topɑ́grəfi, tə-/-pɔ́g-] *n.* **1** 地形学. **2** 地誌; 地勢(図). **3** 〖医・動〗局所解剖学.
◇ **tòp·o·gráph·ic** [tɑ̀pəgrǽfik/tɔ̀p-], **tòp·o·gráph·i·cal** [-(ə)l] *a.* 地形学の; 地勢上の, 地誌の.

to·pól·o·gy [təpɑ́lədʒi/-pɔ́l-] *n.* 地勢学; 地誌研究; 〖数〗位相, 位相数学.

tóp·o·nym [tɑ́pənim/tɔ́p-] *n.* 地名; 地名から出た名.

to·pón·y·my [təpɑ́nimi/-pɔ́n-] *n.* **1** 地名研究. **2** 〖医〗《からだの》局所命名法.
◇ **tòp·o·ným·ic** [tɑ̀pənímik/tɔ̀p-] *a.*

tóp·per [tɑ́pər/tɔ́pə] *n.* **1** 上部のもの. **2** 〖商〗《くだものなどの》上積み. **3** 〖話〗=top hat. **4** トッパー《たけの短い軽い婦人用コート》. **5** すぐれた人[物].

tóp·ping [tɑ́piŋ/tɔ́p-] *a.* **1** 他より高い, 高くそびえる. **2** 〖英話〗ずばぬけた, 非常にすぐれた. —— *n.* **1** 頭部除去; こずえの刈り込み. **2** 頂, 上部; 冠毛. **3** (*pl.*) 切り落とした小枝. **4** (*pl.*) 〖料理〗上に添えたもの; ソース.

tóp·ple [tɑ́pl/tɔ́pl] *vi.* ぐらつく; 倒れる《*down, over*》. —— *vt.* ぐらつかせる, 押し倒す.

tops [tɑps/tɔps] *a.* 〖俗〗(しばしば the ～)《補語として》最上で, 最高で: He is (*the*) ～ in swimming. 泳がせたら彼は最高だ.

***tóp·sy-túr·vy** [tɑ́psitə́ːrvi/tɔ́p-] *ad.* さかさまに, あべこべに; 混乱して: The whole world is [has turned] ～. 全世界がめちゃめちゃになった.
—— *a.* さかさまの, あべこべの; 混乱した.
—— *n.* さかさま; 混乱.
—— *vt.* さかさまにする, めちゃくちゃにする.
◇ **～·dom** [-dəm] *n.* さかさま, 転倒; 混乱.

toque [touk] *n.* **1** 婦人帽の一種《ふちのない, ずきん式または円すい形》. **2** 〖動〗ズキンザル.

tor [tɔːr] *n.* 《頂上のとがった》岩山.

-tor [-tər] *suf.*「…する人」の意. → -or¹.

tó·rah [tóːrə/tɔ́ːrə] *n.* (*pl.* **-roth** [-rouθ]) **1** 《ユダヤ教の》律法. **2** (the T～) モーセの五書.

torc =torque ①.

‡**torch** [tɔːrtʃ] *n.* **1** たいまつ; カンテラ. **2** 《比喩的》光《知識・文化・自由などの》: the ～ of learning 学問の光. **3** 発炎ランプ, 火吹きランプ. **4** 〖英〗懐中電燈 (=(米) flashlight). ***carry a* [*the*] *～ for*** 〖俗〗に恋の火を燃やす. ***hand on the ～*** 知識の光[伝統]を後世に伝える. ***～ of Hymen*** 恋の炎.
～·bèar·er たいまつ持ち; 啓蒙(けいもう)家, 文化の先駆者. **～·light** [ˊ−ˋ−] たいまつ (の明かり). **～ race** 〖古ギリシア〗たいまつリレー競走. **～ song [singer]** 感傷的な失恋の歌[その歌手]. **～·wood** [ˊ−ˋ−] たいまつ用材.

tór·chon [tɔ́ːrʃɑn/-ʃ(ə)n] *n.* 目のあらいレース. [＜F.] ～ **lace** 一種のあら目のレース. ～ **paper** ざらざらした水彩画用紙.

‡tore [toːr/tɔː] *v.* tear[2] の過去形.

tór·e·a·dor [tɔ́ːriədɔ̀ːr, tɑ́r-/tɔ́r-] *n.* 《スペインの》闘牛士. [＜Sp.] ～ **pants** ひざ下まで届くぴったりした婦人用スラックス.

to·réu·tic [tərúːtik] *a.* 金属の浮き彫り細工の. —— *n.* (*pl.*) 《単数扱い》浮き彫り細工法.

tó·ri [tɔ́ːrai/tɔ́ːr-] *n.* torus の複数形.

tór·ic [tɔ́ːrik, tɑ́r-/tɔ́r-] *a.* 円環体の: a ～ lens (めがね用) 円環体レンズ.

‡tór·ment [tɔ́ːrment] *n.* **1** 苦痛, 苦悩: be in ～ 苦しんでいる. **2** 拷問; 〘古〙 責め道具. **3** 苦労〔頭痛〕のたね. —— [-ˊ] *vt.* **1** 苦しめる, 悩ます; 拷問にかける: be ～*ed* with violent headaches 激しい頭痛で悩んでいる. **2** 困らす, いじめる. [√torqu-]

〔類義語〕 苦しめる: **torment** 長期にわたり執拗(しつよう)に苦しめる, さいなむ: be *tormented* with a toothache 歯痛に苦しめられる. **torture** もだえるような大きな苦痛を与える, 拷問にかける: trees *tortured* by storms あらしによってねじ曲げられて苦しむ木々. **rack** (昔の拷問器にかける→) おもに精神に過度の緊張を与える: *rack* one's brains 頭を絞る. **afflict** 悩ます. 病気が肉体に苦痛を与えるときにも使われるが, 主として精神的に苦しめる: the strife between Emperors and Popes which *afflicted* the Middle Ages ヨーロッパ中世を悩ました皇帝と教皇との争い. 「の類.

tór·men·til [tɔ́ːrmentil/-mən-] *n.* 〘植〙 キジムシロ

tor·mén·tor, tor·mént·er [tɔːrméntər] *n.* **1** 苦しめる人〔物〕. **2** 〘海〙 長フォーク 《船のコックが使う》. **3** 〘映〙 反響防止スクリーン 《トーキー撮影用》. **4** 〘劇〙 舞台の両側のそで.

‡torn [toːrn/tɔːn] *v.* tear[2] の過去分詞.

tor·ná·do [tɔːrnéidou] *n.* (*pl.* ～(**e**)**s**) **1** 旋風; 大たつまき. **2** 《比喩的》 あらし 《かっさい・非難などの》; 《感情・活動などの》 激発.

tor·pé·do [tɔːrpíːdou] *n.* (*pl.* ～**es** [-z]) **1** 水雷; 魚雷; 空雷. **2** 〘鉄道〙 発電信号; かんしゃく玉. **3** デンキナマズ. **4** 〘米俗〙 《ギャングの》 用心棒.
—— *vt., vi.* **1** 水雷〔地雷, 空雷〕で破壊する; (に)水雷を敷設する; 〈油井に〉 発破をかける. **2** 〈政策などを〉 無力化する, 〈議論などを〉 粉砕する.
～ **boat** 水雷艇. ～**-boat destroyer** (水雷) 駆逐艦. ～ **body** 〘米俗〙 《スポーツカー用の》 魚形車体. ～ **tube** 水雷〔魚雷〕発射管.

tór·pid [tɔ́ːrpid] *a.* **1** のろい, 活気のない, 鈍い. **2** 無感覚の. **3** 冬眠中の. ◇ ～**·ly** *ad.* ～**·ness** *n.* **tor·pid·i·ty** [tɔːrpídịti] *n.* ＝torpor.

tór·por [tɔ́ːrpər] *n.* **1** 不活発; 遅鈍. **2** 無感覚; まひ, 昏睡(こんすい). ◇ **tòr·por·íf·ic** [tɔ̀ːrpərífik] *a.*

tór·quate [tɔ́ːrkweit] *n.* 〘動〙 《鳥などが》 首のまわりに輪紋がある.

torque [tɔːrk] *n.* **1** 首鎖 《古代人の飾り》. **2** 〘物・機〙 トルク 《ねじりモーメント》.

tór·re·fy, tór·ri·fy [tɔ́ːrịfài, tɑ́r-/tɔ́r-] *vt.* 乾燥する, あぶる; 焼く. [√torr-]
◇ **tòr·re·fác·tion** [ˌ-fǽkʃ(ə)n] *n.* 乾燥.

‡tór·rent [tɔ́ːrənt, tɑ́r-/tɔ́r-] *n.* **1** 急流, 早瀬: mountain ～*s* 谷川の早瀬. **2** (*pl.*) どしゃ降り: The rain came in ～*s*. 雨が滝のように降ってきた. **3** 連発; 《感情などの》 ほとばしり: a ～ of abuse 悪口雑言の雨. ***stem the*** ～ 抵抗する, 阻止する. [√torr-]

tor·rén·tial [tɔːrénʃ(ə)l/tɔr-] *a.* 急流の, 滝のような; 激しい勢いの. ◇ ～**·ly** *ad.*

tór·rid [tɔ́ːrid, tɑ́r-/tɔ́r-] *a.* 《太陽の熱で》 焼けた; 炎熱の, 焼けつくように暑い; 熱烈な, 熱情的な. ↔ frigid. [√torr-] **T～ Zone, the** 熱帯.
◇ ～**·ly** *ad.* ～**·ness** *n.* **tor·ríd·i·ty** [tɔːrídịti, tɑr-/tɔr-] *n.* 炎熱.

tór·ri·fy ＝torrefy.

tór·sion [tɔ́ːrʃ(ə)n] *n.* ねじり, ねじれ; 〘数〙 ねじれ率; 〘機〙 ねじり力. [√torqu-] ～ **balance** ねじりばかり 《ねじれを利用して微小な力を測る》.
◇ ～**·al** [-ʃən(ə)l] *a.* ねじる, ねじれの.

tór·so [tɔ́ːrsou] *n.* (*pl.* **-sos, -si** [-siː]) **1** トルソ 《頭・手足のない裸体の彫像》. **2** 《人体の》 胴. **3** 《比喩的》 未完成の作品. [＜It.]

tort [tɔːrt] *n.* 〘法〙 不法行為, 私犯.

tòr·ti·cól·lis [tɔ̀ːrtịkɑ́lis/-kɔ́l-] *n.* 〘医〙 斜頸(しゃけい), 頸筋リューマチ.

tór·tile [tɔ́ːrt(i)l/-tail] *a.* ねじれた; 〘植〙 ねじり巻いた.

tor·tíl·la [tɔːrtíːjə/-tíːljə, -tílə] *n.* 《メキシコの》 平たく焼いたトウモロコシパン. [＜Sp.]

tór·tious [tɔ́ːrʃəs] *a.* 不法行為〔私犯〕の.
◇ ～**·ly** *ad.*

‡tór·toise [tɔ́ːrtəs] *n.* **1** カメ 《陸上・淡水種の》. →turtle[1]. **2** ＝testudo. **3** 動きが鈍い人〔物〕.
～ **shell** べっこう. ～**-shell** [ˌ-ˌ] べっこうの, べっこう製〔色〕の. ～**-shell butterfly** 〘虫〙 ヒメヒオドシ. ～**-shell cat** 三毛ネコ.

tór·tu·ous [tɔ́ːrtʃuəs/-tju-] *a.* **1** ねじれた, 曲がりくねった. **2** 《比喩的》 遠回しの, 回りくどい. **3** 不正な. [√torqu-] ◇ ～**·ly** *ad.* ～**·ness** *n.* **tòr·tu·ós·i·ty** [ˌ-ɑ́sịti/-ɔ́s-] *n.* ねじれ; 曲折; 不正.

‡tór·ture [tɔ́ːrtʃər] *n.* **1** 拷問: instruments of ～ 刑具, 責め道具. **2** 苦痛, 苦悩: suffer ～ from toothache 歯痛の苦痛に悩む. ***in*** ～ 責めさいなまれて. ***put to*** (***the***) ～ 拷問にかける.
—— *vt.* **1** 拷問する: ～ a man to make him confess his crime 拷問して自白させる. **2** 苦しめる, 悩ます 《で *with, by*》: be ～*d with* anxiety 不安に悩まされる. **3** 無理にひねる, 曲げる: the trees ～*d* by the wind 風でゆがんだ樹木. **4** こじつける, 曲解する: He ～*d* the text for proof of his point. 彼は自分の主張の証明に原文を曲解した. ～ ***into*** の形に無理にする; …とこじつけて解釈する: He ～*d* my words *into* admission of fault. 彼は私が過失を認めたように私のことばを曲解した. [√torqu-]
◇ **-tur·ous** [-tʃ(ə)rəs] *a.* 拷問の, 苦しい.
〔類〕 → **torment** 「苦しめる」

tó·rus [tóːrəs/tɔ́ːr-] *n.* (*pl.* **-ri** [-rai]) 〘植〙 花托(かたく); 〘建〙 大玉縁 《円柱の台座のふくれた部分》; 〘医〙 (筋の) 隆起.

Tó·ry [tóːri/tɔ́ːri] *n.* **1** 〘英史〙 王党員 《1668年革命に反対し James II を擁護した》; 保守党員. → Whig. **2** 〘米史〙 イギリス派 《独立戦争当時イギリス本国に味方した人》. —— *a.* (または t～) 王党(員)の; 保守主義者の. ◇ ～**·ism** *n.* (または t～) 王党〔保守〕主義. → conservatism.

-to·ry [-tòːri/-t(ə)ri] *suf.* →-ory. 〈注〉 アメリカ式発音でも直前の音節が強いときには [-t(ə)ri] となる: direc*tory* [dịrékt(ə)ri].

tosh [tɑʃ/tɔʃ] *n.* **1** 〘英俗〙 むだ口, たわごと. **2** 〘クリケット・テニス〙 緩球, ゆるいサーブ.

tósh·er [tɑ́ʃər/tɔ́ʃə] *n.* 〘英俗〙 《大学で》 学寮 (college) に属さない学生.

‡toss [tɔːs, tɑs/tɔs] *v.* (～**ed** [-t], 〘雅〙 **tost** [-t]) *vt.* **1** 投げ (上げ) る, ほうり上げる; 振り落とす: ～ a ball 投球する. He was ～*ed* by the bull. 雄牛の角でほうり上げられた. The horse ～*ed* its rider. 馬が乗り手を振り落とした. **2** ぐっとそらす, 急に上げる: She ～*ed* her head back. 彼女は頭を後ろへそらせた. ～ one's glass to one's mouth コップを傾けて飲む. **3** ゆする, 翻弄(ほんろう)する 《*about*》; 心をかき乱す: The ship was ～*ed* by the waves. 波が船を翻弄した. be ～*ed* by envy しっとの念にかき乱される. **4** とことんまで論ずる〔検討する〕. **5** 混ぜ合わせる: ～*ed* green salads 取り合わせ生野菜サラダ. **6** 〈銭を〉 投げる; 銭を投げて決める: ～ up whether

to go or stay 行くか行かないかを銭を投げて決める. **7** から飲み干す, 一息に飲む. **8** 〈鉱石を〉えり分ける. —— *vi.* **1** ころげ回る, のたうち回る: ～ in one's sleep 寝返りをうつ. **2** 急に行動する: ～ out of the room 鉄砲玉のようにへやから飛び出す. **3** 動揺する, (激しく) 揺れる: a ～*ing* sea 荒れる海. ～*ing* banners はためく旗. **4** 銭投げをする.
～ *oars* ボートのかいを立てて敬礼する. **～ *off*** 振り落とす; 一口に飲み干す; 手軽にやってのける: ～ *off* a cocktail before dinner 食前にカクテルを一息に飲み干す. ～ *off* a newspaper article 新聞記事をさっと書く. **～ *out*** 〖野球俗〗三振させる. **～ *up*** (1) 銭投げをする; 銭を投げて決める: Let ～ *up for* first choice. 最初だれが取るか銭を投げて決めよう. (2) 〈食物などを〉手軽に調理する.
—— *n.* **1** ～する動作; ～すること. → *vt., vi.* **2** 混乱, 動揺, 興奮: be in a great ～. **3** 投げた〔届く〕距離: within the ～ of a ball ボールの届く距離に, ごく近くに. **4** 五分五分の見込み: It is quite a ～ whether he comes or not. 彼が来るか来ないかはどちらとも言えない. ***argue the ～*** 〖話〗けんか腰でからむ. ***take a ～*** 落馬する. ***win* [*lose*] *the ～*** 銭投げに勝つ〔負ける〕; うまくいく〔いかない〕.
～·pot [ˊ-ˋ] のんだくれ, 大酒飲み. **～·up** [ˊ-ˋ] (1) 《勝負を決める》銭投げ. (2) 〖話〗五分五分の見込み (even chance).
◇ **～·er** *n.* 類 → **throw**「投げる」

tost [tɔ:st, tɑst/tɔst] *v.* 〖雅〗toss の過去・過去分詞.

tot[1] [tɑt/tɔt] *n.* **1** 〖話〗小児. **2** 少量. **3** 〖英〗《酒などの》一杯, 一口.

tot[2] *n.* 〖英話〗足し算 (の数). —— *vt., vi.* (**-tt-**) 合計する 《*up*》; 合計…になる 《*up to*》.

‡**tó·tal** [tóutl] *a.* **1** 全体の, 合計の: the ～ amount expended 支出総計. a continent with a ～ population of more than 200 million 総人口2億をこえる大陸. **2** 全くの, 完全な: a ～ failure 完敗. ～ indifference 全くの無関心. **3** 総力的な.
—— *n.* 合計, 総計, 総数: the grand ～ 《特に「小計」に対する》合計, 総計. a ～ of 5,000 people 全部で 5,000 人の人.
—— *vt., vi.* (**-l-**, 英 **-ll-**) **1** 合計する, 合わせる 《*up*》. **2** 合計…になる 《に*to, up to*》: The visitors ～*ed* (*up to*) 350. 来訪者は総数350人だった.
～ abstinence 絶対禁酒. **～ eclipse** 〖天〗皆既食. **～ loss** 〖保険〗全損. **～ state** 全体主義国家. **～ war** [**warfare**] 総力戦.
◇ **～·ly** [-t(ə)li] *ad.* 全く, すっかり, 完全に, ことごとく.

tò·tal·i·tár·i·an [tòutælitέ(:)riən/-tέər-] *a., n.* 全体主義の (人). ◇ **～·ism** *n.* 全体主義.

to·tál·i·ty [totǽlịti] *n.* **1** 全体; 総額, 総計: in ～ 全体として. **2** 〖天〗皆既食 (の時間).

tó·tal·i·za·tor [tóut(ə)lịzèitər/-laiz-], **tó·tal·iz·er** [tóut(ə)laizər] *n.* 総計額計算器; 〖英〗競馬かけ金表示器 (pari-mutuel).

tó·tal·ize [tóut(ə)làiz] *vt.* 合計する, しめる.
◇ **tò·tal·i·zá·tion** [tòut(ə)lịzéiʃ(ə)n/-laiz-] *n.*

tote [tout] *vt.* 〖米話〗(背負って) 運ぶ. —— *n.* **1** 運ぶこと〔物〕. **2** 〖英俗〗= totalizator.

tó·tem [tóutəm] *n.* トーテム 《北アメリカインディアンの間で家族・種族の象徴として崇拝する自然物, 特に動物》; トーテム像. **～ pole** トーテムポール 《トーテム像を彫刻・彩色した柱》. ◇ **～·ism** [-ìz(ə)m] *n.* トーテム信仰〔崇拝〕; トーテム組織.

to·tém·ic [totémik] *a.* トーテム (信仰) の.
◇ **to·tém·i·cal·ly** *ad.*

tó·tem·ist [tóutəmist] *n.* **1** トーテム制度の社会に属する人; トーテム崇拝者. **2** トーテム研究家.
◇ **tò·tem·íst·ic** [ˋ-ˊístik] *a.*

tóth·er, t'óth·er [tʌ́ðər] *pron., a.* 〖方・俗〗いま一つ (の), ほか (の) (the other).

to·ti·dem ver·bis [tátidèm-vә́:rbis/tɔ́tidem-] L. (=in these words) そのとおりのことばで.

to·ti·es quo·ti·es [tóuʃìi:z-kwóuʃìi:z ǀ ˊ-- ˊ--] L. (=on each occasion) そのたびごとに.

to·to cae·lo [tóutou-sí:lou] L. (=to the whole extent of the sky) 全く, 極度に.

***tót·ter** [tátər/tɔ́tə] *vi.* よちよち歩く, よろめく, ふらつく; 〈建物などが〉ぐらつく; 《比喩的》〈国家・制度などが〉危険に瀕(ひん)する. —— *n.* ふらつく〔ぐらつく〕こと.
◇ **～·ing·ly** [-təriŋli] *ad.* **～·y** [-təri] *a.* よろよろ〔ぐらぐら〕する.

tóu·can [tú:kæn, tuká:n/tú:kən, -kæn] *n.* 〖鳥〗オオハシ《熱帯アメリカ産》; (T～) 〖天〗キョシチョウ座.

†**touch** [tʌtʃ] *vt.* **1** 〈物が〉…に触れる, にさわる: Your sleeve is ～*ing* the butter. きみのそでがバターに触れている.
2 〈人が〉…に (手・指などを) 触れる, にさわる: Don't ～ the exhibits. 陳列品にさわるな. Can you ～ the top of the door? ドアの上端に触れられる〔とどく〕か. I ～*ed* him *on* the shoulder. 彼の肩に手をやった. He ～*ed* the ceiling *with* a stick. 彼は棒で天井にさわって〔棒を天井に当てて〕みた.
3 〖医〗触診する.
4 に隣接する; と境を接する, に沿う: A part of the road ～*ed* the river. 道の一部は川に沿っていた.
5 〖数〗に接する, の接線〔接平面〕となる.
6 に達する, に届く, に及ぶ: The thermometer ～*ed* 40°C yesterday. 寒暖計はきのう 40°C に達した.
7 に及ぶ, に比肩〔匹敵〕する《おもに否定構文で》: There's *nothing* that can ～ this. これに匹敵するものはなにもない.
8 に軽く力を加える, 押す: ～ the bell ベルを鳴らす.
9 〖古〗〈楽器を〉ひく, かなでる, 奏する.
10 に影響を与える《物質的に》; 害する, 損じる, 痛める, 傷つける, 汚す: The flowers were ～*ed* by the frost. 花が霜でやられた.
11 に関係する, の関心事である: The matters ～*es* your interests. その問題はきみの利益に関係がある.
12 に手をつける《おもに否定構文で》: He *hardly* ～*ed* his dinner. ほとんど食べ残した. I have*n't* ～*ed* the piano for years. 何年もピアノに手を触れていない. He *never* ～*es* spirits. 彼は決して酒を飲まない. I refused to ～ the affair. この問題に手を出すことを断わった.
13 の心に触れる, 感動させる; おこらせる, むっとさせる: The story ～*ed* us. その話はわれわれを感動させた. You ～ me there. きみがそれを言うと耳が痛い.
14 〈ある物を〉《他の物に》接触させる, つける《に *to*》; 〈二つの物を〉触れ合わす《*together*》: ～ a match *to* one's cigar 葉巻きにマッチをもっていく. ～ two wires *together* 2本の線を触れ合わせる.
15 〈絵・文章に〉加筆する; 修正する《*up*》.
16 に色合いをつける, に気味をもたせる: a gray ～*ed* with rose バラ色を少し帯びた灰色.
17 〖俗〗〈金を〉せびる, 盗む; にせびる, に借りる《を *for*》: ～ a person *for* money 人に金を無心する.
18 〖海〗〈船が港に〉寄港する: ～ port 寄港する.
19 〈金銀を〉試金石でためす. → touchstone.
20 《通例過去分詞で》〈精神などを〉ちょっと狂わせる: be ～*ed* in one's head 少し気がふれている.
—— *vi.* **1** 触れる, さわる, 接触する: Their hands ～*ed*. 彼らの手が触れた. **2** 〈2物が〉触れ合う, 相接する: The two estates ～. 二つの地所は相接している. **3** 〖医〗触診する. **4** はだざわりがする. **5** 接近する, 間近まで来る《に, の *at, to, on, upon*》. **6** 寄港する《に *at*》.
as ～ing に関して. ***～ and go*** (1) 軽く論じ去ってほかに及ぶ. (2) 〖海〗水底をかすって進む. (3) かろうじてのがれる. → 形容詞 ～-and-go. ***～ down*** 〖アメリカンフットボール・ラグビー〗ボールをゴールライン後方の地面につける; 〖空〗ちょっと着地する. ***～ a person for*** 〖俗〗(人に) …をせびる: He ～*ed* me *for* $5.

彼はぼくに5ドルをせびった. ～ one's ***hat to*** a person 帽子に手をやって(人)にあいさつする. ～ ***in*** <線などを>加筆する《絵で》. ～ ***it off to the nines*** みごとにやる. ～ ***off*** (1) 発火させる; 発砲する. (2) の発端となる, 引き起こす: The arrest of some leaders ～*ed off* the student riots. 数人の指導者の検挙が学生暴動を引き起こした. (3) <電話を>切る. (4) 正確〔巧み〕に示す〔あらわす〕. ～ ***out*** 〖野球〗刺殺する. ～ ***pitch*** 悪事に関係する, 怪しげな友と交わる. ～ ***the spot*** 〖俗〗効果的である; 望みどおりのものを見いだす: A glass of iced coke ～*es the spot* on a hot day. 冷たいコーラ(の1杯)は暑い日におあつらえ向きだ. ～ ***up*** (1) 修正する; 加筆する; 仕上げをする; 染める. (2) <人の>肩などを軽く打つ; <馬などに>軽くむちを当てる. (3) 思い出させる. ～ ***upon*** 〔***on***〕に言及する, に触れる.

—— *n.* **1** 接触, 触れること: The slightest ～ will break a soap bubble. ちょっと触れただけでもしゃぼん玉は割れる. **2** 交渉, 連絡, 接触: lose ～ with …との接触を失う. **3** 触覚, 感触: the cold ～ of marble 大理石の冷たいはだざわり〔手ざわり〕. **4** 手法; 弾奏の仕方, タッチ; 鍵(けん)の調子: a piano with a stiff ～ 鍵の堅いピアノ. **5** 筆致, 一筆: a novel with poetic ～*es* 詩的な筆致で書かれた小説. **6** 加筆; 仕上げ: add a few finishing ～*es* 最後の仕上げをする. **7** 特徴, 特性; 要領, こつ: the ～ of a master 巨匠の特徴〔手ぎわ〕. The player has lost his ～. 選手は勘を失った. This room needs a woman's ～. このへやには女気が必要だ. **8** 気味; 少量: a ～ of frost in the air 空気中に寒冷の気味があった. **9**《病気の》気味, 異状: have a light ～ of rheumatism リューマチの気味がある. a ～ of the sun 軽い日射病. **10** 試金石; 試験, 極印; 〖物〗《鋼片の》接触磁化: bring〔put〕... to the ～ …を純正なものかどうか試験する. **11** 〖フットボール・ラグビー〗タッチ. **12** 〖米俗〗無心, 借用, 借金. ***a near*** ～ 危機一髪. ***a soft*** ～ 甘い人間,「かも」. ***at a*** ～ ちょっと触れただけで. ***bring in*** ～ ***with*** と接触させる; …のことに通じさせる. ***come in*** ～ ***with*** と接触する, と交際する. ***in*** ～ ***with*** と接触して, と交際して; と和合して: keep *in* ～ *with* old friends 古なじみと交際し続ける. ***out of*** ～ ***with*** と遠ざかって: be *out of* ～ *with* the political situation 政情にうとい. ***royal*** ～ るいれきの患者に王が手を触れること《この病気は王が手を触れるとなおると思われていた》. → scrofula. ***to the*** ～ 手ざわり〔はだざわり〕が, さわってみると. ～ ***and go*** (1) 一触即発. (2) ざっとやること. ～ ***of nature*** 自然の感情; 人情(味).

～-and-gó → 別項. **～·back** [⌐⌐] 〖フットボール〗タッチバック《敵のけったボールを味方のゴール線上またはその後方の地につけること》. **～·down** [⌐⌐] (1) 〖アメリカンフットボール〗タッチダウン; その得点. (2) 〖空〗(短時間の) 着陸. **～·hole** [⌐⌐]《旧式砲の》火門. **～-in-góal** 〖ラグビー〗本陣 (in-goal) 側線外. **～-last** [⌐⌐] 鬼ごっこ.

～·line [⌐⌐] 〖ラグビー・サッカー〗側線, タッチライン. **～-me-not** [⌐⌐⌐] (*pl.* **-nots**) (1) 触れてはならない人〔物〕. (2) 〖植〗ホウセンカの類. ～ **paper** 導火紙. **～·stone** [⌐⌐]《金の純度を判定する》試金石; 標準; 人〔物〕の真価をためす方法; 試験. **～·wood** [⌐⌐] (1) ほくち. (2) 鬼ごっこの一種.

◇ **～·a·ble** [-əbl] *a.* 触れることのできる; 感動させることのできる. ～**ed** [-t] *a.* 感動した; 〖話〗少し気が変な.

tóuch-and-gó [-əngóu] *a.* **1** きわどい, 危うい. **2** そ「まつな, ざっとした.

tóuch·er [tʌ́tʃər] *n.* **1** 触れる人〔物〕. **2** 〖英俗〗危ういところ. ***a near*** ～ 〖英俗〗危機一髪. (***as***) ***near as a*** ～ 〖俗〗危うく, すんでのことで.

***tóuch·ing** [-iŋ] *a.* 感動させる; 痛ましい. —— *n.* 触れること; 触感. —— *prep.* 〖古〗…に関して (concerning). ◇ ～**·ly** *ad.* 悲壮に, 痛ましく.

tóuch·y [tʌ́tʃi] *a.* **1** 気むずかしい, 短気な; 神経過敏な. **2** 扱いにくい: a ～ problem 微妙な問題. **3** 危険な;《薬品などが》爆発性の.
◇ **-i·ly** *ad.* **-i·ness** *n.*

‡**tough** [tʌf] *a.* **1** 強靭(きょうじん)な, 曲げても折れない,「こわい」, やぶけない: Leather is ～. 皮はじょうぶだ. ～ meat かみ切れない肉. **2** じょうぶな, 病気にかからない; がんばりのきく, 不屈な: a ～ plant〔physique〕じょうぶな植物〔体格〕. a ～ worker 疲れを知らない働き手. a ～ guy 腕っぷしの強い男, へこたれない男. **3** 粘りがある: ～ clay ねば土. **4** 困難な, ほねのおれる; 手に負えない, 執拗(しつよう)な: a ～ enemy 手ごわい敵. a ～ work 困難な仕事. ～ and inflexible foreign policy がんとして妥協しない外交. **5** 不愉快な, ひどい: a ～ experience ひどい目. **6** 猛烈な: a ～ contest 猛烈な競争. **7** 信じられない: a ～ story. ***Things are*** ～. 世間はせちがらい. ***T～!*** 〖米俗〗まさか, 信じられぬ言いぐさだ.
—— *ad.* がん強に, 強硬に: talk ～ 強硬に話す.
—— *n.* 〖米〗悪者, よた者.
～ **customer** 〖話〗手に負えぬ相手〔男〕. ～ **going** 苦戦. ～ **luck** 不運. **～-mínd·ed** → 別項. ～ **neighborhood** やくざの集まるかいわい. ～ **racket** 困難な仕事. ～ **spot** 強敵; 苦戦.
◇ **～·en** [-n] *vt., vi.* ～にする〔になる〕. **～·ie, ～·y** [-i] *n.* **1** ～な男; 粗野な男. **2** 困難な問題. **～·ly** *ad.* **～·ness** *n.*

tóugh-mínd·ed [tʌ́fmáindid] *a.* 現実的な, 感傷的でない; 強健な, 心のしっかりした.
◇ ～**·ly** *ad.* ～**·ness** *n.*

tou·pée, *tou·pet* [tu:péi, -pí:/tú:pei] F. *n.*《はげ隠しの男性用》かつら, 入れ毛.

‡**tour** [tuər] *n.* **1** 周遊旅行, 漫遊, 観光旅行: go on a ～ 周遊旅行に出かける. a European〔foreign〕～ ヨーロッパ〔国外〕旅行. a motor〔motoring〕～ 自動車旅行. a cycling ～ 自転車旅行. a wedding ～ ハネムーン, 新婚旅行. a ～ of inspection 視察旅行. → trip. **2** 一巡, (距離の短い) ひとまわり: make a ～ through a big factory 大きな工場を一巡する. **3**《劇団の》巡業: actors on ～ 旅回りの役者. **4** 〖軍〗勤務期間《通例2-4年間》;《工場などでの》交替 (shift): two ～*s* a day 1日2交替. ***knight's*** ～ 騎士の巡歴; 〖チェス〗ナイトが盤面を一巡すること. ***lecture*** ～ 説明案内つき見学. ***make a*** ～ ***of*** 〔***in, round, through***〕を一巡〔一周〕する. ***on*** ～ 旅行して, 周遊して; 巡業して: He is *on* ～ in Europe. 彼はヨーロッパを周遊中だ. ***the grand*** ～ 〖史〗ヨーロッパ大陸旅行《貴族がその子弟に勉学のために行なわせた》.
—— *vt., vi.* **1** 周遊〔回遊, 漫遊〕旅行をする: Last year they ～*ed* Europe. 去年は彼らはヨーロッパ旅行をした. a word of advice to those about to ～ in the summer vacation 夏休みに旅行しようと思っている人たちへの注意一言. **2** の中を歩き回る: ～ the museum 博物館を一巡する. **3** 巡業する; <芝居を> 巡業にかける. ～***ing car***《五, 六人乗りの》ほろ型自動車. ◇ **～·ism** [tú(:)riz(ə)m/túər-] *n.* 観光旅行; 観光事業;《集合的》観光客.

tour de force [tùərdəfó:rs/túədəfɔ́:s] F. 力わざ, 離れわざ; (芸術上の) 力作.

‡**tóur·ist** [tú(:)rist/túər-] *n.* (観光) 旅行者, 観光客: a ～ party 観光団. —— *a.* 旅行者の; 観光客のための: a ～ city 観光都市. —— *ad.*《定期船・航空機で》二等で.
～ **bureau**〔**agency**〕旅行案内所. ～ **camp** 観光客用キャンプ〔仮小屋〕. ～ **class**《定期船・航空機の》二等. ～ **court** = motel. ～ **home** 観光客用宿泊所. ～ **industry** 観光事業. ～ **sleeper** 〖米〗二等寝台車《Pullman に対して》. ～ **ticket** 遊覧〔回遊〕切符.

tóur·ma·line [túərməlin, -lìːn/-liːn], **-lin** [-lin] *n.* 〘鉱〙電気石.

tóur·na·ment [túərnəmənt, tə́ːr-] *n.* **1** 《中世騎士の》馬上試合. **2** 競技, 試合. **3** 勝ち抜き試合, トーナメント.

tourne·dos [tùərnədóu] F. *n.* (*pl.* ～) トゥールヌド《牛のヒレ肉をベーコンか豚肉で巻いて焼いたもの》.

tóur·ney [túərni, túːər-/tə́ːni] *n.* 〘古〙 =tournament. **——** *vi.* 馬上試合に参加する.

tóur·ni·quet [túərnikèt, -kèi/-kei] *n.* 〘医〙止血器, 絞圧器.

tour·nure [túərnjuər, [米]⁺-⁻] F. *n.* **1** 輪郭;曲線(美). **2** 《腰を丸く見せるための婦人服の》腰当て.

tóu·sle [táuzl] *vt.* 〈髪などを〉乱す, もつれさせる. **——** *n.* **1** 乱れ髪. **2** 乱れ, 混乱.

tout [taut] *vi.* **1** 客引きをする; うるさく勧誘する《*for*》: There were men outside the station ～*ing for* the hotels. 駅の外には旅館の客引きがいた. **2**〘俗〙《競走馬などの》ようすをそっと探る;《競走馬についての》情報を提供する: ～ *on* horses in training for the race レースのために調教されている馬を探る.

—— *vt.* **1** 〈競走馬や調教師の〉ようすをそっと探る: ～ a horse 馬のようすを探る. Trainers hate to be ～*ed on* their horses. 調教師たちは自分たちの馬を探られたくない. **2** 〈出走馬について〉情報を与える; 予想する《商売として》. **3** 〈…に〉しつこく勧める, …を勧誘する. **4** ほめちぎる, (世間に)盛んに喧伝(けんでん)する: a much-～*ed* policy 盛んに喧伝された政策. **5**〘俗〙見張りする.

～ *round* 《競馬用の》情報を集めて〔探って〕回る.

—— *n.* **1** 客引き, 宿引き: When I stepped out of the bus, hotel ～*s* rushed on me. バスから降りると旅館の客引きがわっと集まって来た. **2**〘競馬〙予想屋; 馬のようすを探る人. **3**〘俗〙盗賊の見張り. ***keep (the)*** ～〘俗〙見張る. ◇ **～·er** *n.*

tout à fait [F. tutafɛ] F. 全く, すっかり.

tout de suite [tùːt-swíːt] F. すぐ, 直ちに.

tout en·sem·ble [F. tutɑ̃sɑ̃ːbl] F. 全体的効果.

tow[1] [tou] *vt.* **1** (綱で)引く: ～ a ship〔car〕船〔故障車・不法駐車の自動車〕を引いていく. **2** 〈子ども・犬などを〉引っ張って行く. **～*ing-line*** =towline. **～*ing net*** =townet.

—— *n.* **1** 綱で引くこと; 曳航(えいこう). **2** 引き船; 引かれる船. **3** 引き綱. ***in*** ～ 引かれて《*of, by*》: arrive *in* ～ *of* another ship 他船に曳航されて入港する. ***take*** 〔***have***〕 ***in*** ～ (1) 〈船を〉引き船〔曳航〕する. (2) 〈人を〉従える, 引き連れる. (3) 〈人を〉預かる, 世話する. ***under*** ～ =in ～.

～·boat [⁻⁻] 引き船. **～ car** 〔**truck**〕 救難車〔トラック〕, レッカー車. **～·line** [⁻⁻] 引き綱〔鎖〕. **～·net** [⁻⁻] 《採集用》引き網. **～·path** [⁻⁻] 《川沿いの》引き船道. **～·rope** [⁻⁻] =towline.

◇ **～·age** [tóuidʒ] *n.* 引き船する〔される〕こと; 引き船料. **～·er** [tóuər] *n.* ～する人〔物〕.

tow[2] *n.* 麻くず; 薄色の頭髪. **～·head** → 別項. ◇ **～·y** [-i] *a.*

†**toward** [toːrd, təwɔ́ːrd/təwɔ́ːd, tu-, twɔːd, tɔːd] *prep.* **1** 《方向》…の方へ, …に向かって; …に面して, …の方を向いて: walk ～ the hill 丘へ向かって歩く. turn ～ home (きびすを巡らして)家路につく. The house faces ～ the south. 家は南に面している. **2** 《傾向》…の方へ, …に向かって: be drawn ～ new ideas 新思想にひかれる. tend ～ the other extreme 正反対の極端に向かう. **3** 《時間的・数量的接近》…に近く, …ごろ: ～ noon〔evening〕正午〔夕方〕近く. ～ the end of the century その世紀も終わり近くになって. He is ～ fifty. 彼は50歳に近い. **4** 《目的・寄与・準備》…のために; …を考えて: do much ～ it そのために大いに尽くす. save money ～ the children's education〔one's old age〕子どもの教育費のために〔自分の老後を考えて〕貯金する. **5** 《関係》…に対して, …について: his attitude ～ us われわれに対する彼の態度. feel kindly ～ a person 人に対して好意をもつ. ***Here's*** ～ ***you.*** きみの健康を祝す《乾杯のことば》.

—— [toːrd/tóuəd] *a.* 〘古〙 **1** 見込みのある: a ～ youth 有望な青年. **2** つごうのよい: a ～ coincidence 幸運な偶然の一致. **3** 行なわれて〔進行して〕いる; 差し迫って: I went to see what was ～. なにが起こっているのか見に行った. There is a wedding ～. すぐ婚礼がある.

tóward·ly [tóːrdli/tóuəd-] *a.* 〘古〙 **1** 好つごうの, 有望な. **2** あいそのよい; 従順な. ◇ **-li·ness** *n.*

‡**towards** [toːrdz, təwɔ́ːrdz/təwɔ́ːdz, tu-, t(w)ɔːdz] *prep.* =toward. 〈注〉イギリスでは散文・口語体においては towards が普通.

‡**towel** [taul, táuəl] *n.* タオル, 手ぬぐい: a bath ～ 浴用タオル. a dish ～ ふきん. ***round*** ～ 《手ふき用の》環状タオル. ***throw*** 〔***toss***〕 ***in the*** ～ (1)〘ボクシング〙《敗北の承認として》タオルを投げ入れる. (2) 敗北を認める, 降参する.

—— *vt., vi.* (**-l-**, [英] **-ll-**) **1** タオルでふく〔ぬぐう〕: ～ oneself dry からだをよくふく. **2**〘俗〙ぶんなぐる. **～ *away at*** one's cheeks〔ears〕タオルでほお〔耳〕をせっせとこする〔ふく〕.

～ horse 〔**rack, rail**〕 タオル掛け.

◇ **～·(l)ing** [-iŋ] *n.* タオル地; タオルでふくこと.

†**tów·er**[1] [táuər] *n.* **1** 塔, やぐら: a bell ～ 鐘楼. a clock ～ とけい塔. a keep ～ 天守閣. a watch ～ 望楼. **2** 《工場設備などの》塔; 高圧線用鉄塔; 鉄道信号所: a water ～ 給水塔. **3** 高層建築: new ～*s* in the downtown 下町の新しいビル群. **4** とりで; 岩山. **5** 《傷ついた鳥の》直線上昇. ***the T～ of London*** ロンドン塔《最初は王宮, のちには牢獄(ろうごく), 現在は博物館》. **～ *and town*** 〘雅〙人けのある所, 町. **～ *of ivory*** 象げの塔. **～ *of strength*** 大いにたよりになる人, 大黒柱.

—— *vi.* **1** そびえる: a spire ～*ing* to the heavens 天までそびえる尖塔(せんとう). **2** (ひときわ高く) 抜きんでる《より *above, over*》: He ～*ed above* his contemporaries in intellect. 彼は知的に同時代の人々にはるかに抜きんでていた. **3** 〈ワシなどが〉高く飛ぶ; 〈手負い鳥が〉一直線に飛び上がる. **——** *vt.* そびえさせる, もたげる: mountains ～*ing* their lofty heads to the clouds 高い峰を雲にまでもたげている山々.

◇ **～ed** *a.* 塔のある. **～·y** [táu(ə)ri/táuəri] *a.* 塔のある〔多い〕; 高くそびえる.

tów·er[2] [tóuər] *n.* tow[1] する人〔物〕.

tów·er·ing [táu(ə)riŋ/táuər-] *a.* **1** 高くそびえる: a ～ oak. **2** 《比喩的》高い, 高大な: ～ ambitions 大きな野望. **3** 大きな, 激しい: a ～ rage 激怒.

tów·head [tóuhèd] *n.* 亜麻色〔淡黄色〕の髪(の人). ◇ **tów·hèad·ed** *a.* 髪が亜麻色の.

tów·hee [táuhiː, tóu-] *n.* 〘鳥〙ヒワに似た小鳥《北アメリカ産》.

†**town** [taun] *n.* **1** 町《village より大きく city より小さいもの》; 都会《country と対照して》: Would you rather live in a ～ or in the country? 都会といなかとどちらに住みたいと思いますか. **2** 《無冠詞で》首都; 住んでいる町, もよりの町: be〔live〕in ～ 町にいる〔住んでいる〕. **3** 市内の地区; 《特に》下町: live up ～ 山の手に住む. I've been down ～ all the morning. 私は午前中ずっと下町にいた. **4** (the ～) 《集合的》市民, 町の人々: *The* whole ～ knows of it. 町の人でそれを知らない者はない. It's the talk of *the* ～. 町じゅうの話題だ. **5** 《アメリカ New England 各州で》city ほど完全な行政機構・権限をもっていない自治体, 府; 《ほかの州で》郡区. → township. **6**〘史〙城下, 城市.

go on the ～ 〘米〙公費の救助をあおぐ; 町のやっかいになる. ***go to*** ～ (1) 上京する; 町へ行く; 下町へ行

く. (2) 成功する. (3) 浮かれ騒ぐ. ***man about ~*** 遊び人. ***man of the ~*** 町の道楽者, じだらく者. ***market ~*** 市(いち)のたつ町. ***on the ~*** (1) 町の救助を受けて. (2)〖俗〗町に遊びに行って《劇場・ナイトクラブなどに行って》. ***out of ~*** (1) 町から離れて; いなかに行って. (2) 市〔町〕外から来た; 外来の. (3)《郵便物など》市外行き. ***paint the ~ red***〖俗〗お祭り騒ぎをする, ばか騒ぎをする. ***~ and gown***〖古〗町の人と大学の人. ***woman*** 〔***girl***〕 ***of the ~*** 夜の女, 売笑婦.

~ car タウンカー《運転席と後席がガラス戸で仕切られた自動車》. **~ clerk** 町役場の書記長. **~ council** 市役所; 町役場. **~ council(l)or** 町会議員. **~ crier** 布告を触れ歩く町役人. **~ hall** 公会堂. → city hall. **~ house**《いなかに country house をもつ貴族などの》都会の別邸宅. **~ manager**〖米〗《行政事務を依託される》町政事務官. **~ meeting** (1) 町民大会. (2)〖米〗郡区代表者会. **~ planning** 都市計画. **~·scape** [⌐⌐] 都会風景 (画); 都市造景法. **~s·fòlk, ~s·pèo·ple** *pl.* 都市居住者; (the ~)《特定の町の》市民, 町民. **~s·man** [táunzmən] (*pl.* **-men**; *fem.* **~s·wòm·an**; *fem. pl.* **~s·wòm·en**) 都会人; 町民, 町内の人.

◇ **~·ship** *n.* **1**〖米・カナダ〗郡区《county の一部》. **2**〖英史〗町区《parish 中の一小区画》.

town·ée [tauníː] *n.*〖英: 学俗〗《大学に関係のない》大学都市居住者.

tox·é·mi·a, tox·áe·mi·a [taksíːmiə/tɔk-] *n.*〖医〗毒血症. ◇ **tox·é·mic, tox·áe·mic** *a.*

tóx·ic [táksik/tɔ́k-] *a.* 毒の, 有毒の, 中毒 (性) の. **~ smoke** 毒ガス.

◇ **tox·íc·i·ty** [taksísiti/tɔk-] *n.* 毒性.

tóx·i·cant [táksikənt] *a.* 有毒の. —— *n.* 毒物.

tòx·i·co·lóg·i·cal [tàksikəládʒik(ə)l / tɔ̀ksikəlɔ́dʒ-] *a.* 毒物学の. ◇ **~·ly** [-(ə)li] *ad.*

tòx·i·cól·o·gy [tàksikálədʒi/tɔ̀ksikɔ́l-] *n.* 毒物学. ◇ **-gist** *n.* 毒物学者.

tóx·in [táksin/tɔ́k-] *n.* 毒素.

tox·óph·i·lite [taksáfilàit/tɔksɔ́f-] *n.* 弓術 (愛好) 家. ◇ **tox·òph·i·lít·ic** [−⌐−lítik] *a.*

tòx·o·plas·mó·sis [tàksəplæzmóusis/tɔ̀k-] *n.*〖医〗住血原虫病.

†**toy** [tɔi] *n.* **1** おもちゃ; 玩弄(がんろう)物. **2** くだらないもの; 道楽半分のこと. **3** (おもちゃのように) 小さいもの; 小間物: Perched on the top of the hill was a ~ of a church. 丘の上に小さな教会がちょこなんとのっていた. **4** いたずら書き. ***make a ~ of*** を道楽にする; ままごとみたいにやる: He *makes a ~ of* his car. 彼は自分の車をおもちゃにしている.

—— *vi.* **1** もてあそぶ, いじくる《を *with*》: He *~ed with* the idea of surprising her with a present. 彼は彼女を贈り物でびっくりさせようと考えてはひとり楽しんでいた. She was *~ing with* her rings. 彼女は指輪をいじくっていた. **2** 遊ぶ: I have *~ed* too long doing nothing valuable. 有意義なことはなにもせず長く遊び過ぎた.

~ dog《愛がん用》小犬. **~ fish**《愛がん用》小魚. **~·shop** [⌐⌐] おもちゃ屋.

tó·yon [tóujən] *n.*〖植〗ヒイラギに似た深紅の実を結ぶ常緑低木《カリフォルニア産》.

tp. township; troop. **tpr.** trooper. **Tr.** Treasurer; Troop; Trust; Trustee. **tr.** transactions; transitive; translator; transport; transportation; transpose; treasurers.

tra- *pref.* trans- の有声子音の前での異形: *tra*dition 伝統 <trans- + √da- 伝え + 与える.

‡**trace**[1] [treis] *vt.* **1** の跡をたどる, 追跡する, の行くえをつきとめる: ~ deer シカを (足跡をたどって) 追跡する. The criminal was *~d* to Chicago. 犯人の足跡はシカゴまで判明した. ~ lost goods 紛失物の行くえを捜す. **2** さかのぼって調べる, の出所〔起源〕を調査する: ~ an evil *to* its source 悪の根源を確かめる. ~ one's family back 家系をさかのぼって調べる. **3** の痕跡(こんせき)を発見する,《調査によって》知る: Archaeologists have *~d* many Roman roads in Britain. 考古学者はイギリスに残るローマ人のつくった道路を多数発見した. **4** <道を> たどる: ~ a track 小道を行く. **5** <線・図を> 引く, 描く, <字を> 書く. **6** の図面を引く; 計画する, 画策する: ~ *out* the plan of a house 家屋の図面を引く. **7** 敷き写しにする, 複写する, 写す (copy). **8** に図案を施す, に模様をつける: a *~d* window 線模様飾りのついた窓《ゴシック建築などの》. **9** <自記装置が> 記録する. —— *vi.* さかのぼる, 由来がたどられる: His fear of dogs *~s back to* an experience in his childhood. 彼が犬を恐れるのは幼年時代の経験に由来する. ***be ~d*** (***back***) ***to*** に原因が帰せられる: The rumor *was ~d back to* him. そのうわさの元は彼であることがわかった. ***~ out*** (1) 図取りする; 写す. (2) 捜し出す. ***~ over*** 複写する.

—— *n.* **1** 足跡: the *~s* of ski in the snow 雪上に残るスキーの跡. **2** 痕跡(こんせき), 形跡; 影響, 結果: *~s* of an ancient civilization 古代文明の跡. **3** 気味, 微量, ほんの少し: a mere ~ of a smile かすかな微笑. He betrayed not a ~ of fear. 少しの恐怖の色もあらわさなかった. **4** 線. **5** 図形; 見取り図. (***hot***) ***on the ~s of*** に追い迫って, を追跡中. disappear ***without a ~*** あとかたもなく (消えうせる) [√trah- 引っぱった跡]

~ element〖生〗微量元素.

◇ **tráce·a·ble** [-səbl] *a.* ~できる.

trace[2] [treis] *n.*《牛馬が車を引くための》引き皮. ***in the ~s*** 引き皮をつけられて; 普通の仕事に従事して. →in harness. ***kick over the ~(s)*** <馬が> 手に負えなくなる; <人が> 反抗する, 言うことをきかなくなる.

trác·er [tréisər] *n.* **1** 跡をつける人. **2** 紛失品捜索係; 紛失した郵便物などに関する問い合わせ状. **3** 写図者, 模写者; 透写工, トレーサー. **4** 製図用具; 透写用具, 線引きのペン. **5** 点線器, トレーサー《棒の先に小さな歯車のついたもので, 型紙の上をころがして生地に印をつける裁縫用具》. **6**〖軍〗曳光(えいこう)弾 (= ~ bullet, ~ shell). **7**〖物〗トレーサー《多く放射性元素で, これを含ませた物質の行くえ・変化を追跡》. **~ research** 追跡調査.

trác·er·y [tréis(ə)ri] *n.* **1**〖建〗トレーサリー, はざま飾り《ゴシック建築窓上方の飾りこうし模様》. **2** 網目紋様〔細工〕.

tracery ①

trá·che·a [tréikiə, trəkíːə/trəkíːə] *n.* (*pl.* **-as, -ae** [tréikiìː, trəkíːiː/trəkíːiː]) **1**〖医〗気管. **2**〖植〗らせん紋管. ◇ **~l** [tréikiəl, trəkíːəl / trəkíːəl] *a.*

trà·che·í·tis [trèikiáitis / træki-, trèiki-] *n.*〖医〗気管炎.

trà·che·ót·o·my [-átəmi/-ɔ́t-] *n.*〖医〗気管切開 (術).

「ホーム.

tra·chó·ma [trəkóumə] *n.*〖医〗トラコーマ, トラ ◇ **tra·chóm·a·tous** [-kámətəs, -kóu-/-kɔ́m-] *a.*

trác·ing [tréisiŋ] *n.* **1** 跡をたどること, 詮索(せんさく). **2** 透写 (物), 複写, トレーシング. **3** 自記装置の記録. **~ paper** トレーシングペーパー; 透写〔複写〕紙. **~ wheel** →tracer ⑤.

‡**track** [træk] *n.* **1** 通った跡; わだち; 航跡; (*pl.*) 足跡: the *~s* of a rabbit ウサギの足跡. leave one's *~s* 足跡を残す. the *~s* of a truck トラックの通った跡. **2** 通路, 踏みならした道: a ~ through the forest 森の小道. **3** (人生の) 行路; 常道; やり方: the beaten ~ 踏みならされた道; 常道, 慣例. **4** 進路, 航路: the ~ of a comet 彗星(すいせい)の進路. **5**

〘空〙航空目標高地. 6 証拠; 手がかり: get on the ～ of の手がかりを得る. 7〘米〙線路, 軌道: a single [double] ～ 単線[複線]. 8〘運〙トラック, 競走路; 《フィールド競技に対して》トラック競技. 9《自動車などの》両輪の間隔, 輪距.
cover (up) one's ～s 跡をくらます; 自分の意図などを隠す. ***in the ～ of*** の例にならって; の途中で. ***in one's ～s*** 〘米話〙その場で; 直ちに. ***keep ～ of*** の進路を追う, を見失わない; の消息を失わないようにする; の勘定をつけておく; を覚えている. ***leave [jump] the ～*** 脱線する. ***lose ～ of*** の消息を失う; を見失う; の勘定を忘れる; …のことを忘れる. ***make ～s*** 〘話〙(1) 急いで立ち去る, 出かける. (2) 逃げる. (3) 追う; 急いで出発する《を, に *for*》: *make ～s for* the store before closing time 終業時間にならないうちに急いで店に出かける. ***off the ～*** (1) 脱線して; 本題を離れて; お門違いをして, 見当がはずれて, 問題外にそれて. (2)《猟犬が》臭跡を失って. ***on the ～*** (1) 追跡して, 手がかりを得て《を, の *of*》. (2) 軌道に乗って: You are *on the* ～ now. 今度はきみはまちがっていない. ***on the wrong [right] side of the ～*** 貧しい[裕福な]身の上に[で]; 下[上]の階層に. ***put*** a policeman ***on*** a person***'s ～*** (巡査に人) の跡をつけさせる. ***throw*** a person ***off the ～*** (追跡者を) まく.
—— *vt.* 1 の跡を追う, 追跡する; 探知する《*out*》: ～ a bear クマを追跡する. 2〘米〙〈床などに〉足跡をつける; 〈どろ・雪などを〉足につけて来る: Don't ～ a carpet. 敷き物にどろ跡をつけるな. ～ mud into the house 屋内にどろを持ち込む. 3 に線路を敷く. 4〈前車のわだちを〉踏む. 5〈船を〉引く.
—— *vi.* 〈車が〉前車のわだちを踏んで走る.
～ *down* (1)〈犯人などを〉追い詰める. (2) 調べ上げる, 調べ出す. **～ *out*** 探知する. ≒ truck.
～-and-field sports 陸上競技. **～ events** 《ランニング・ハードルなど》トラック種目. **～·láy·er** [-lèiər]〘米〙線路(敷設)工夫 (section hand). **～·man** [-mən] (*pl.* **-men**)〘米〙保線工夫. **～ meet**〘米〙陸上競技会. **～·wàlk·er**〘米〙= trackman.
◇ **～·er** *n.* **～·less** *a.* 道のない; 足跡のない; 跡を残さない; 無軌道の.

tráck·age [trǽkidʒ] *n.* 1 = towage. 2《集合的》鉄道線路(延長マイル数). 3〘米〙(他会社の) 線路使用権[料].

tráck·ing [trǽkiŋ] *n.* 1 track すること; 追跡. 2〘映〙トラッキング《撮影中のカメラの前後移動》; その効果. **～ station**《人工衛星などの》追跡局, 観測所.

‡tract¹ [trækt] *n.* 1《地面・空・海などの》広がり: a ～ of land 一帯の土地. a wooded ～ 森林地帯. large ～*s* for settlement 広大な移住地. 2 時間 期間: a long ～ of time 長時間. 3〘医〙管, 系: the digestive ～ 消化管. [√trah-]

tract²** *n.* (小) 論文, パンフレット《特に宗教関係の》. ***T～s for the Times 1833–41 年の Oxford Movement と呼ばれる宗教運動の期間中に発刊された論文集《Newman, Keble, Froude などが執筆者. 当時の latitudinarianism に反対し原始キリスト教・カトリックの復活を唱導した》. [√trah-]

trác·ta·ble [trǽktəbl] *a.* 《材料など》扱いやすい, 細工しやすい; すなおな, 御しやすい. [treat と同語源] ◇ **-bly** *ad.* **tràc·ta·bíl·i·ty** [⌐ —bíləti] *n.*

Trac·tár·i·an [træktɛ́(:)riən/-tɛ́ər-] *a.* Oxford 運動の. —— *n.* Oxford 運動主義者.
◇ **～·ism** *n.* Oxford 運動.

trác·tate [trǽkteit] *n.* 論文, 小冊子.

trác·tile [trǽktl, -til/-tail] *a.* 引き伸ばしのできる.
◇ **trac·tíl·i·ty** [træktíləti] *n.* 伸張性.

trác·tion [trǽkʃ(ə)n] *n.* 1 牽引(けんいん)(力). 2《道路上の》輸送. 3《レールに対する車輪などの》粘着摩擦. 4〘生理〙収縮. [√trah-]
～ engine 牽引機関車. ◇ **～·al** *a.*

trác·tive [trǽktiv] *a.* 引く; 牽引用の.

‡trác·tor [trǽktər] *n.* 1 トラクター, 牽引(自動)車: a farm ～ 耕作用トラクター. 2〘空〙牽引式飛行機. 3 引っ張る人[物]. [√trah-]

‡trade [treid] *n.* 1 売買, 商業, 取引, 貿易: home [domestic] ～ 国内取引. foreign ～ (外国) 貿易. *T～* was good last year. 去年は商売繁盛だった. → business, commerce. 2 職業, 職, 《特に》手仕事: He is a mason by ～. 彼の職業は石屋である. 3《集合的》同業者; 小売業者; 醸造業者, 酒屋: the automobile ～ 自動車業者. 4《集合的》顧客: The store has few ～. その店には客がほとんど来ない. 5〘米〙《政党間の》妥協; 談合. 6 (the T～s) 貿易風.
balance of ～ = ～ balance. ***be good [bad] for ～*** 買い気を起こさせる[起こさせない]. ***be in ～*** 商売を営む. ***Board of T～*** 〘英〙商務省. ***do a busy ～ = drive [do, make] a roaring ～*** 商売が繁盛する. ***Every man for his own ～. = Every one to his ～.*** 〘諺〙もち屋はもち屋. ***free ～*** 自由貿易. ***protective ～*** 保護貿易. ***Two of a ～ never agree.*** 〘諺〙商売がたきは気が合うことがない.
—— *vi.* 1 商う, 売買する《を *in*》; 取引[貿易]する《と *with*》: ～ *in* rice 米を商う. ～ *with* Great Britain イギリスと貿易する. 2 貿易の旅をする《へ *to*; から *from*》. 3 買い物をする: She ～*s* at my shop when she is in town. 彼女は町に出ると私の店で買い物をする. 4〈証券などが〉(…の値で) 売れる. 5 交換する, 取り替える.
—— *vt.* 1〈物品を〉売買する, 交易する. 2 売り払う《*away, off*》. 3 交換し合う: ～ seats with a person 人と席をかわり合う. ～ the security of private life for hazards 危険の代わりに生活を保証してやる. 4 交換に与える《*off*》; 〈選手を〉ほかのチームにやる, トレードする; 交換する《と *for*》: The girl ～*d* her doll *for* a camera. その女の子は人形をカメラと交換した.
～ *in* を下取りに出す: ～ *in* a used car *for* a new model 中古車を下取りに出して新型を買う. **～ *on* [*upon*]** を利用する, に乗じる, …につけこむ: ～ *on* her ignorance 彼女の無知につけこむ. He ～*s on* his past reputation. 彼は自分の過去の名声を利用している.
～ acceptance 輸出手形引き受け. **～ agreement** 労働[貿易]協定. **～ balance** 貿易差額. **～ board** 労使協議. **～ cycle** 景気の循環. **～ discount**〘商〙同業者[仲間]への割引. **～ edition**《教科書版などと区別して》大衆版. **～-in** [⌐ ⌐]〘米〙代償; 支払い代わりの品; 下取り品(の): ～-*in* price 下取り価格. **～ journal [paper]** 業界誌[紙]. **～·last** [-læst/-lɑ:st]〘米〙自分がほめられたと伝え聞いてお返しに第三者を通じて相手に伝えるほめことば《略 T.L.》. **～·mark** → 別項. **～ name** 商標[商品]名; 〘米〙商号, 屋号. **～ premiere [show]**〘映〙試写会. **～ price** 仲間相場, 卸し値. **～ protective** = protective ～. **～ reference** 信用照会先 (として相手に通知してやる商社名). **～ route** 通商航路. **～ sale** 仲間競売. **～ school** 職業学校. **～s·folk** [⌐ ⌐] *pl.* = tradespeople. **～s·man** [-zmən] (*pl.* **-men**) (1) 小売商人. (2)〘米〙手職人. **～s·pèo·ple** *pl.* (小売り) 商人; 〘英〙《集合的》小売商(階級). **～(s) union** 労働組合 (=㊊ labor union). **～ unionism** 労働組合主義[組織, 理論, 運動]. **～ unionist** 労働組合制; 労働組合員[主義者]. **～ wind** 貿易風.
㊋ → **work**「仕事」

tráde·mark, tráde-mark [tréidmɑ̀:rk] *n.* (登録) 商標; (登録) 商品名. —— *vt.* に商標をつける; の商標[商品名]を登録する.

‡trád·er [tréidər] *n.* **1** 商人, 貿易業者. **2** 商船. **3**〘商〙《株式取引所の》仕切り売買人.

***trád·ing** [tréidiŋ] *n.* **1** 商取引, 貿易. **2**〘米〙(政党間などの) 妥協, 談合. **——** *a.* 商取引〔貿易〕する. **～ company** 〔**concern**〕 商事会社. **～ estate**《計画的な》産業地区. **～ post**《未開地などの》交易所. **～ stamp**〘米〙景品券《何枚か集めて景品と交換する》.

‡tra·dí·tion [trədíʃ(ə)n] *n.* **1** 伝説; 口碑, 言い伝え: The stories of Robin Hood are based mainly on ～(*s*). ロビンフッドの物語は主として言い伝えに基づいている. **2** 伝統, しきたり, 慣習, 因襲: It is a ～ in my family for the youngest son to live with the parents. 末っ子が両親と同居するのがわが家のしきたりだ. **3**〘宗〙経外伝説《Moses から受け継いできた言い伝え; キリストおよび, でしたちから伝えられてきた教訓》. **4**〘法〙正式の財産引き渡し. ***become** one's **own** ～* 伝統になずむ. ***be handed down by** ～* 口碑に伝わる. ***by** ～* 伝統的に; 言い伝えによって. ***T～ runs*** 〔***says***〕 ***that*** ... …と言い伝えられる. ***true to** ～* 伝説どおりに, 名にたがわず. [trans-＋√da- 伝え＋与える]

‡tra·dí·tion·al [trədíʃən(ə)l, -ʃnəl] *a.* **1** 伝統(的)の; 慣習の, 因習の. **2** 伝説の. **◇ ～·ly** *ad.*

tra·dí·tion·al·ism [-ìz(ə)m] *n.* 因習固守; 〘宗〙伝統主義. **◇ -ist** *n.* 伝統主義者. **tra·dì·tion·al·ís·tic** *a.* 「tional.

tra·dí·tion·ar·y [trədíʃənèri/-ʃ(ə)nəri] ＝tradi-

tra·dúce [trəd(j)úːs/-djúːs] *vt.* 中傷する, そしる. **◇ ～·ment** *n.* 中傷, そしり. **-dúc·er** *n.* 中傷者.

tra·dú·cian [trəd(j)úːʃ(ə)n/-djúː-] *n.*〘宗〙霊魂伝移論者. **◇ ～·ism** *n.* 霊魂伝移説《霊魂が肉体と同じく親から子に伝えられるとする説》.

‡tráf·fic [trǽfik] *n.* **1** 交通(量), (人・車の) 往来, 人通り: heavy ～ 激しい交通量, block the ～ 交通の妨害をする. There is a lot of 〔little〕 ～ on the road. 街路に往来が多い〔少ない〕. **2** 運輸, 輸送 (量). **3**《しばしば不正の》取引, 売買《*in*》: ～ *in* slaves どれいの売買. **4** 交換: ～ *in* ideas 意見の交換. ***be open to*** 〔***for***〕 ～ 開通する. ***human*** ～ 人身売買. → ③.
—— *v.* (**-ficked** [-t]; **-fick·ing** [-iŋ]) *vi.* **1** 商う, 取引する, 売買する《を *in*》: ～ *in* goods 商品を売買する. **2** 交易する, 貿易する《と *with*》: ～ *with* natives for ivory 原住民と象げの取引をする. **——** *vt.* <名誉などを> 売る, 犠牲にする《*away*; のために *for*》. [trans-＋√fac- 運ぶ]
～ circle〘米〙円形交差点, ロータリー. **～ control** 交通整理. **～ control tower** 航空管制塔. **～ cop** 交通巡査. **～ court** 交通裁判所. **～ department** 〔**section**〕 (鉄道の) 運輸課〔局〕. **～ engineering** 交通工学. **～ island** 安全地帯. **～ jam** 交通まひ. **～ light**《交差点の》交通信号燈. **～ manager** 運輸課長. **～ officer** 交通巡査《しばしば敬称的》. **～ pattern**《飛行機が離着陸の際指令される》指定コース. **～ policeman** 交通巡査. **～ sign** 交通標識. **～ signal** 交通信号機. **～ ticket** 交通違反カード. **～ violation** 交通 (規則) 違反. **～ volume** 交通量.

tráf·fi·ca·tor [trǽfikèitər] *n.*《自動車の》方向指示器. 「旋屋.

tráf·fick·er [trǽfikər] *n.*《けいべつ的》商人; 周

trág·a·canth [trǽgəkænθ] *n.* トラガカントゴム《ゲンゲ属 (Astragalus) の樹液. 製薬・染色用》.

tra·gé·di·an [trədʒíːdiən] *n.* 悲劇作者〔俳優〕.

tra·gè·di·énne [trədʒìːdién] *n.* 悲劇女優. [<F. tragédienne]

‡trág·e·dy [trǽdʒidi] *n.* **1** 悲劇; 悲劇的物語. ↔ comedy. **2**《劇・文学・人生などの》悲劇的要素. **3** 悲劇的事件〔惨事〕. **～ king** 〔**queen**〕 悲劇役者〔女優〕.

‡trág·ic [trǽdʒik] *a.* **1** 悲劇の: a ～ poet 悲劇詩人. **2** 悲惨な, 痛ましい: a ～ death. ***the*** ～《芸術上などの》悲劇的要素.

trág·i·cal [trǽdʒik(ə)l] *a.* ＝tragic. **◇ ～·ly** *ad.*

tràg·i·cóm·e·dy [trædʒikámidi/trædʒikɔ́m-] *n.* 悲喜劇.

tràg·i·cóm·ic [-mik], **-i·cal** [-(ə)l] *a.* 悲喜劇の. **◇ tràg·i·cóm·i·cal·ly** *ad.* 「イの類.

trág·o·pan [trǽgəpæn] *n.*〘鳥〙《アジア産》ジュケ

‡trail [treil] *vt.* **1** 引きずる, 引きずって行く, 引いて行く; <煙・雲などを> たなびかせる: ～ one's skirt スカートを引きずって行く. **2** の跡をつける, 追跡する: ～ a wild animal 野獣の跡をつける. **3** の後に取り残される, に遅れる. **4** <演説などを> ながながと延ばす. **5** <草などを> 踏みつけて小道をつける. **6**〘軍〙<銃を> 下げる. **——** *vi.* **1** 引きずる; <髪が>たれる: Her long skirt was ～*ing* on 〔along〕 the floor. 彼女の長いスカートのすそが床を引きずっていた. **2** <植物が> はう: roses ～*ing* over the walls 壁をはうバラ. **3** 尾を引く; たなびく. **4** 足を引きずって行く, ゆっくりと進む: The tired children ～*ed* along behind their father. 疲れた子どもたちは父親の後ろから足を引きずって歩いた. **5** <音などが> しだいに消えてゆく《*away*, *off*》. **6** 追跡する, 跡をつける. ***T～ arms!*** 〘軍〙下げ銃(つつ). **～ one's coat** 挑戦(ちょうせん)的なことをする. **～ on** <時間などが>長引く, なかなかたたない.
—— *n.* **1** あとに引くもの; 《流星などの》尾; 《雲・煙などの》たなびき; 衣服のすそ; たれ下がった髪: a ～ of smoke たなびく煙. vapour ～*s* 飛行機雲. **2** 跡, 足跡, 痕跡(こんせき), 踏みつけた跡, 這(は)った跡: a ～ of destruction 破壊の跡. The wounded criminal left a ～ of blood. 手負いの犯人は血痕を点々と残した. **3**《荒野や未開地の》小道. **4**《暴風雨などの》余波. **5** 下げ銃の姿勢. **6**《砲弾の》架尾. ***off the*** ～ 臭跡を失って, 見失って. ***on the*** ～ ***of*** を追跡している, の跡を追っている: They are coming full speed *on* our ～. 彼らは全速力で私たちの跡を追ってきている. ***take up the*** ～ 追跡する.
～*ing arbutus*〘植〙《北アメリカ産》イワナシの一種.
～*ing edge*〘空〙翼端.
～·blàz·er 新道をつくる人; 開拓者. **～ boss**〘米南部〙牛追いの責任者. (類) → **road**「道」

tráil·er [tréilər] *n.* **1** 引きずる人; 跡をつける人. **2** トレーラー; 《電車・自転車などの》付随車. **3** つる草. **4**〘映〙予告編.
～ camp《トレーラーを集め宿泊用にした》トレーラーキャンプ. **～ coach**《自動車で引く旅行用》移動住宅. **～ park** 移動住宅のために必要な設備のある場所. **～ pump** トレーラーに載せた消防ポンプ.

†train [trein] *n.* **1** 列車, 汽車, 電車《2両以上連結して走るもの》: take the 9 a.m. ～ for Washington 午前 9 時発ワシントン行きの列車に乗る. travel 〔go〕 by ～ 列車で旅行する〔行く〕. get into 〔out of〕 a ～＝get on 〔off〕 a ～ 列車に乗り込む〔下車する〕. **2**《人・動物・車などの》列, 行列: a ～ of covered wagons ほろ馬車の一行. **3** 連続: a ～ of events 一続きの事件. **4** あとに引きずるもの; 衣服のすそ; 《流星・鳥などの》尾. **5** 従者, 随員: the king and his ～ 王とその随行員. **6** 口火, 導火線. **7** 次第, 順序, 手順; 整とん: put things *in* ～ ことの手順を整える.
accommodation ～ 普通列車《各駅停車の列車》. ***down*** 〔***up***〕 ～ くだり〔のぼり〕列車. ***express*** ～ 急行列車. ***funeral*** ～ 葬列. ***goods*** 〔㊀ ***freight***〕 ～ 貨物列車. ***in*** (***good***) ～ よく準備が整って. ***in its*** ～ それに引き続いて. ***in the*** ～ ***of*** に引き続いて. ***miss*** 〔***catch***〕 ***one's*** ～ 列車に乗り遅れる〔まにあう〕. ***passenger*** ～ 旅客列車. ***through*** ～ 直通列車.
—— *vt.* **1** しつける, 仕込む《*up*, *along*, *over*》: ～ a child 子どもをしつける. ～ *up* a person to good

habits 人に良い習慣をしつける. ～ a dog 犬を仕込む〔訓練する〕. **2 訓練する**, 養成する: ～ soldiers 兵士を訓練する. ～ a girl in nursing 少女に看護法を仕込む. **3** のからだを鍛える; 慣らす. **4** 〈植物の枝などを〉好みの形に仕上げる: ～ roses over the gate 門にバラをはわせる. **5** 〈望遠鏡・カメラ・砲などを〉向けてねらう, 照準する: ～ a cannon *upon* a fort 大砲を要塞(ようさい)に向ける. **6**〘稀〙引く. **7**〘英古〙誘う, 誘惑する《*away*》.

—— *vi.* **1 練習する**, けいこする: ～ *for* a contest 競技の練習をする. **2** 体調を整える: He ～*s on* (a diet of) beefsteak and fruits. 彼はビフテキとくだもので体調を整えている. **3** 訓練する, 教える, 仕込む: ～ children to be good citizens りっぱな国民になるように子どもたちを教育する. **4**〘話〙汽車で旅行する. **5**〘米俗〙仲よくする, 伍(ご)する《と *with*》. **～ down** 〈運動選手などが〉からだを鍛えて体重を減らす. **～*ed nurse*** (正規) 看護婦《nurse には「うば」などの意味もあるので》. **～ *fine*** 厳格に訓練する. **～ *it*** 汽車で行く. **～ *off*** 〈砲弾が〉それる. **～ *on*** 練習して上達する. [√trah-]

∼·band [⊥⊥]〘英史〙市民軍《16-18 世紀にロンドンその他で結成された》. **∼·bèar·er**《儀式のときなどの》もすそ持ち. **～ dispatcher**〘米〙《鉄道の》運転司令 (者). **～ ferry**《列車を積んだまま渡す》連絡船. **∼·load** [⊥⊥]〘鉄道〙積載量, 1 列車の貨物〔乗客〕. **∼·man** [-mən] (*pl.* **-men** [-mən, -mèn])〘米〙列車乗務員; 制動手. **～ master**〘米〙列車監督. **～ oil** 鯨油; 魚油. **∼·sick** [⊥⊥] 汽車に酔った. **～ sickness** 汽車酔い.

◇ **∼·a·ble** *a.* 訓練できる.

[類] → **teach**「教える」

train·ée [treiníː] *n.* 訓練を受ける人〔動物〕;《職業訓練を受ける》練習生;〘米〙新兵.

tráin·er [tréinər] *n.* **1** 訓練者, コーチ, 指導者; 調教師. **2** 練習用具. **3**〘園芸〙《つるなどの》仕立てだな. **4**〘空〙練習機.

‡tráin·ing [tréiniŋ] *n.* **1 訓練, 教練, 練習**; 養成: ～ for teachers 教師の養成. **2**《競技の》コンディション. **3** 整枝(せいし)法. **4**〘園芸〙つくり, 仕立て. ***be in*** 〔***under***〕 ***the*** **～** 練習中である. ***be in*** 〔***out of***〕 **～** コンディションが良い〔悪い〕. ***go into*** **～** 練習を始める.

～ college〘英〙教育大学 (=[米] teachers college). **～ pants** 小児用下着パンツ《おしめがいらなくなったころの小児のための》. **～ school** (1) 養成所: a ～ *school* for nurses 看護婦養成所. (2) 感化院. **～ seat** 小児用便座. **～ ship** 練習艦〔船〕. **～ squadron** 練習艦隊.

training seat

traipse, trapes [treips] *n.*〘話〙**1** ほっつき歩き. **2** だらしない女. —— *vi.*〘話〙〈女が〉ぶらつく; 使い走りする.

trait [treit/trei] *n.* **1** 特色, 特徴: familiar ～*s* of city life よく見られる市民生活の特色. **2** 一筆; 筆づかい. **3** 気味, 少量《*of*》. [√trah- 引いた線]

‡trái·tor [tréitər] *n.* (*fem.* **-tress** [-tris]) **裏切り者**, 反逆者《への, に対する *to*》: a ～ *to* the nation 売国奴. turn ～ *to*... …に対して裏切る. [trans- + √da- (敵に)引き渡す]

trái·tor·ous [tréitərəs] *a.* 裏切る; 二心のある; 反逆罪の, 不忠の. ◇ **∼·ly** *ad.* **∼·ness** *n.*

traj·éc·to·ry [trədʒékt(ə)ri/trǽdʒik-, trədʒék-] *n.*〘物〙弾道;《ロケットなどの》軌道;〘数〙定角軌道.

‡tram[1] [træm] *n.* **1**〘英〙**市街電車** (=[米] streetcar); 軌道電車. **2** 線路, 電気軌道. **3** トロッコ, 石炭運搬車. ***by*** **～** 電車で.

—— *vt., vi.* (**-mm-**) 電車で行く〔運ぶ〕.

∼·car [⊥⊥]〘英〙市街〔路面〕電車; 軌道車, トロッコ. **∼·line** [⊥⊥]〘英〙路面軌道. **∼·road** [⊥⊥]《特に鉱山などの》軌道, トロッコ道. **∼·way** [⊥⊥] =tramroad;〘英〙電車 (線路);《ケーブルカーの》索道.

tram[2] *n.* 片より絹糸, 絹織物の横糸.

trám·mel [trǽm(ə)l] *n.* **1** (通例 *pl.*) 拘束, 束縛, 妨害. **2** (*pl.*) めんどうな〔煩わしい〕もの: the ～*s* of etiquette 煩わしい作法. **3**《魚・鳥などを捕える》網 (=～ net). **4** なべかぎ, 自在かぎ. **5** (調教用) 馬かせ. **6**〘機〙調整器: a pair of ～*s* 長円コンパス.

—— *vt.* (**-l-**, [英] **-ll-**) **1** 〈自由などを〉妨げる, 束縛する. **2** 網で捕える《*up*》.

tra·món·tane [trəmántein/-mɔ́n-] *a.* **1** 山向こうの;《特にイタリア側から見て》アルプスの向こう側の. **2** 異邦の, 外国の. —— *n.* **1** 山向こうの人. **2** 外国人, 野蛮人.

‡tramp [træmp] *vi., vt.* **1 踏みつける, 足どり重く歩く**: ～ down 踏みつぶす. I heard him ～*ing* about overhead. 頭上で彼がドシドシ歩くのが聞こえた. **2** とぼとぼ歩く, 歩き回る; 放浪する; 徒歩旅行する: ～ all the way ずっと歩きとおす. I've ～*ed* up and down all day looking for you. きみを捜して一日あっちこっち歩き回っていた. He enjoys ～*ing* the hilly countries. 彼は山岳地方を徒歩旅行するのが好きだ. **3** 〈定期船などを〉航海させる. **～ *it*** 歩いて行く: I missed the train and had to ～ *it*. 汽車に乗り遅れたので歩かねばならなかった.

—— *n.* **1** 踏みつけること〔音〕: the ～ of marching soldiers 行軍する兵の重い足音. **2** 放浪者, 渡り者. **3** 長途の (苦しい) 徒歩旅行: take a long ～ 長い道を徒歩で歩く. **4** くつの底のスパイク〔底金〕. **5** 不定期貨物船 (=～ steamer): an ocean ～ 外洋不定期貨物船. **6**〘米話〙じだらくな女; 売春婦. ***look like a*** **～** 薄よごれたなりをしている. ***on*** (***the***) **～** 放浪して;《求職のため》渡り歩いて.

◇ **∼·er** *n.* ～する人.

‡trám·ple [trǽmpl] *vt.* **1 踏みつける**; 踏み荒らす: The elephant ～*d* him to death. 象が彼を踏み殺した. Don't ～ (down) the flowers in the garden. 庭の花を踏み荒らすな. **2** 蹂躙(じゅうりん)する, 無視する《を *on, upon*》: He ～*d on* her feelings. 彼は彼女の感情を踏みにじった. —— *vi.* ドシドシ歩く《*about*》. **～ *down*** 〔***under foot***〕 踏みにじる; 無視する, ばかにする. —— *n.* 踏みつけること〔音〕.

trám·po·lin(e) [trǽmpəlin, -lìːn] *n.* トランポリン; トランポリンの弾性を利用して行なう跳躍運動.

trance [træns/trɑːns] *n.* **1** 夢中, 恍惚(こうこつ). **2** 茫然(ぼうぜん)自失. **3** 催眠 (状態). ***fall into a*** **～** 恍惚となる; 失神する. ***send*** a person ***into a*** **～** 催眠術をかける. —— *vt.* **1** 恍惚とさせる, 有頂天にする. **2** 茫然自失させる. [trans- + √i-]

‡trán·quil [trǽŋkwil, [米]+ trǽn-] *a.* (**more** ～, **～·(l)er**; **most** ～, **～·(l)est**) **平静な**, 穏やかな,《心・海など》落ち着いた; 平和な.

◇ **～·ly** *ad.* **～·ness** *n.*

trán·quil·ize, -lize [trǽŋkwilàiz] *vt., vi.* 平穏にする〔なる〕, 静かにする〔なる〕.

◇ **-(l)iz·er** [-ər] *n.*〘医〙トランキライザー, 鎮静剤.

tràn·quil·(l)i·zá·tion [træ̀ŋkwilizéiʃ(ə)n/-laiz-] *n.* 静めること, 落ち着き, 平穏.

tran·quíl·li·ty, tran·quíl·i·ty [trænkwíliti, træŋ-/træŋ-] *n.* 静穏, 落ち着き, 安らかさ.

trans- *pref.*「越えて, 向こう側に〔へ〕」「貫いて」「(全く) 別の状態へ」などの意: *trans*port (向こうへ) 運ぶ. *trans*continent 大陸横断の. *trans*form 変形する. →tra-.

trans. transaction(s); transitive; translation; transportation.

trans·áct [trænsǽkt, trænz-] *vt.* 〈事務などを〉処理する; 〈取引などを〉行なう. —— *vi.* 取引する《と *with*》. [trans- + √ag-]

◇ **-ác·tor** [-ər] *n.* 処理者; 取引人.

trans·ác·tion [-ǽkʃ(ə)n] *n.* **1** (the ～) 取り扱

い，処理，処置．**2** 取引，売買．**3** (*pl.*) 議事録，紀要，会報．**4**〘法〙示談．◇ ～·**al** *a.*

trans·ál·pine [trænsælp(a)in, trænz-/trǽnzæl-pain] *a.*, *n.* 《イタリア側から見て》アルプスの向こうの(住人)．

tràns·at·lán·tic [trænsətlǽntik, trænz-/trǽnz-ət-] *a.* **1** 大西洋の向こうの;〘英〙アメリカの．**2** 大西洋横断の．

trans·céiv·er [træn(s)sí:vər] *n.* トランシーバー．[<*trans*mitter＋*receiver*]

tran·scénd [trænsénd] *vt.* **1**〈経験・理解力の範囲を〉超越する；の限界を越える．**2** しのぐ，にまさる．—— *vi.* すぐれて〔まさって〕いる．[√scand-]

tran·scénd·ent [trænséndənt] *a.* **1** 卓越した，非凡な．**2**〘スコラ哲学〙超越的な;〘カント哲学〙先験的な．**3**〘宗〙超宇宙の，超絶的な．
—— *n.* **1** 卓越した人〔物〕．**2** 先験的なもの．
◇ ～·**ly** *ad.* **-ence, -en·cy** *n.* 超越，超絶;《神の》超絶性．

tràn·scen·dén·tal [trænsendéntl] *a.* **1**〘哲〙超越的，超経験的，先験的．**2** 人知の及ばない，超人間的な．**3** すぐれた，卓越した．**4** あいまいな，わけのわからない，幻想的な．**5**〘数〙超越の: a ～ function 超越関数．
—— *n.* **1** 超絶物，人知の及ばないもの．**2** 普遍的概念．**3**〘数〙超越数．◇ ～·**ly** [-i] *ad.*

tràn·scen·dén·tal·ism [trænsendént(ə)l-iz(ə)m] *n.* **1**〘哲〙《カントの》先験哲学;《エマーソンの》超絶主義．**2** 不可解; 高遠な思想．**3** 卓越性．
◇ **-ist** *n.* 先験〔超絶〕論者．

tràns·con·ti·nén·tal [trænskɑntinéntl/trǽnz-kɔ̀n-] *a.* 大陸横断の; 大陸のかなたの．

tran·scríbe [trænskráib] *vt.* **1** 書き写す，複写〔謄写〕する．**2**〈速記・外国文字などを〉ほかの字に書き換える．**3**〘ラジオ〙録音する．**4**〘楽〙《他楽器用に》編曲〔改曲〕する．[trans-＋√scrib-]
◇ **-scrib·er** [-ər] *n.* 写字生，複写〔謄写〕する人; 転写機．

trán·script [trǽnskript] *n.* **1** transcribe したもの; 写し; 写本，謄本; 複写，転写．**2**《学校の》成績証明書．

tran·scríp·tion [trænskrípʃ(ə)n] *n.* **1** 書き換え; 転写，謄写．**2** 写本，謄本．**3**〘ラジオ〙録音(放送);〘テレビ〙再放送用フイルム．**4**〘楽〙編曲．***phonetic*** ～ 音声表記．

trans·dúc·er [trænsd(j)ú:sər, trænz-/-djú:s-] *n.* (エネルギー) 変換器．

tran·séct [trænsékt] *vt.* 横に切断する．
◇ **tran·séc·tion** *n.* 横断(面)．

‡**trans·fér** [trænsfə́:r] *v.* (**-rr-**) *vt.* **1 移す**，移動する，運ぶ; 転任させる: ～ a book from a table to a shelf 本を机からたなへ移す．He has been ～*red* from the branch office to the head office. 彼は支社から本社へ転任した．**2**〈財産などを〉譲渡する，名義変更する: ～ property to a person. **3**〈思想・情報などを〉伝える，伝承する．**4**〈原図などを〉転写する．
—— *vi.* **1 移る**，移動する．**2** 転任する; 転校する: He has ～*red* to the London branch. 彼はロンドン出張所に転任した．**3** (乗り物を) **乗り換える**: I took the streetcar and ～*red* to the subway. 市街電車に乗ってそれから地下鉄に乗り換えた．
—— [trǽnsfər] *n.* **1** 移動; 転任．**2**《財産などの》譲渡(証書)．**3** 転写(画)．**4** 乗り換え(地点); 乗り換え切符 (＝～ ticket)．**5** 振替: the P.O. Savings *T*～ Account 郵便貯金振替口座．**6**《株券などの》書き替え．**7** 融通．**8**《他の大学・部局・隊への》移籍者．**9**〘鉄道〙移送点．[√fer-]
～ day《株券などの》名義書き換え日《土・日曜以外の日》．**～ ink**《石版印刷の》転写インキ．**～ paper** 転写紙; 複写紙．**～ payment** 政府融通支払い《物品の購入・人件費以外の》．**～ slip** 振替伝票．

trans·fér·a·ble [trænsfə́:rəbl] *a.* 移すことができる; 譲渡できる; 転写できる．◇ **tràns·fer·a·bíl·i·ty** [trænsfə:rəbíliti, ―――――] *n.*

tràns·fer·ée [trænsfərí:] *n.* 譲り受け人; 転任者．

trans·fér·ence [trænsfə́:rəns, trǽnsf(ə)rəns] *n.* **1** 移す〔移る〕こと; 移動，転送．**2** 転勤．**3** 譲渡; 転写．**4**〘精神分析〙転移．

trans·fér·or [trænsfə́:rər] *n.* 譲渡人．

trans·fér·rer [trænsfə́:rər] *n.* transfer する人．

tràns·fig·u·rá·tion [trænsfigjuréiʃ(ə)n] *n.* **1** 変形，変貌(へんぼう)．**2** (the T～)〘聖〙(山上における)キリストの変容《マタイ伝 17: 1–9》; その祝日《8 月 6 日》．

trans·fíg·ure [trænsfígjər/-fígə] *vt.* **1** 変形〔変容〕する．**2** こうごうしくする; 理想化する．

trans·fí·nite [trænsfáinait] *a.*〘数〙超限の．
～ number 超限数．

trans·fíx [trænsfíks] *vt.* **1** 突き刺す．**2** その場にくぎ付けにする，立ちすくませる．[√fig-]

trans·fíx·ion [-fíkʃ(ə)n] *n.* **1** 貫通;〘医〙穿貫(せんかん)切断．**2** 立ちすくむこと．

‡**trans·fórm** [trænsfɔ́:rm] *vt.*, *vi.* **1 変形させる**〔する〕《に *into*》: A silkworm is ～*ed into* a cocoon. 蚕が繭になる．**2**〈性質・機能など〉変える〔変わる〕: Wealth has ～*ed* his character. 富が彼の性格を一変させた．**3**〘数・言〙変換する，変形する．**4**〘電〙変圧する．**5**〘物〙〈エネルギーを〉変換する．
—— *n.*〘数〙変換(値)．
◇ **～·a·ble** *a.* 類 → **change**「変える」

***tràns·for·má·tion** [trænsfərméiʃ(ə)n] *n.* **1** 変形，変質．**2**〘生〙《特にこん虫の》変態．**3**〘物〙変換．**4**〘数・言〙変換，変形．**5**〘電〙変流，変圧．**6**《婦人の》入れ毛，かつら，付けまげ．**7**〘化〙《化合物の》成分置換．**8**〘鉱〙変態．**～ scene**〘劇〙《無言劇中の》早変わりの場面．◇ **～·al** *a.* 変換〔変形〕の: ～*al* grammar〘言〙変形文法．

trans·fórm·er [trænsfɔ́rmər] *n.* **1** 変化させる人〔物〕．**2**〘電〙変圧器，トランス．

trans·fúse [trænsfjú:z] *vt.* **1**〈液体を〉注ぎ移す;〈気分などを〉しみ込ます《に *into*》．**2** にしみ込ます《を *with*》．**3** 移し与える，転移する《へ *to*》．**4**〘医〙〈血を〉輸血する;〈食塩水などを〉注射する．[√fu(n)d-]

trans·fú·sion [-fjú:ʒ(ə)n] *n.* **1** 注入; 浸透．**2**〘医〙輸注，輸血: blood ～ 輸血．

trans·gréss [trænsgrés, trænz-] *vt.* **1**〈限度を〉越える．**2**〈法律・命令などに〉そむく，違反する．
—— *vi.* 罪を犯す; 法律を犯す．[√grad-]
◇ **-grés·sion** [-gréʃ(ə)n] *n.* 違反; 逸脱; 犯罪;《道徳的な》罪．**-grés·sor** [-grésər] *n.* 違反者;《特に宗教・道徳上の》罪人．

tran·shíp *vt.* (**-pp-**) ＝transship.

trán·si·ent [trǽnʃ(ə)nt/-ziənt] *a.* **1** 一時的な，瞬間的の，つかのまの．**2** 長く続かない，変わりやすい．**3** 無常の，はかない (transitory)．**4**〘米〙短期滞在の．**5** 外部に作用する．—— *n.* **1**〘米〙短期滞在客; 一時的な事物〔人〕．**2**〘動〙通過鳥．**3**〘電〙過渡現象; 過渡電流 (＝～ current)．[√i-]
◇ **～·ly** *ad.* **-ence, -en·cy** *n.*

tran·síl·i·ent [trænsíliənt] *a.* 飛び移る，急変する．[√sal(i)-]

tràns·il·lù·mi·ná·tion [trænsilù:minéiʃ(ə)n/trænsiljù:-] *n.*〘医〙透写《診断の際器官に強い光線を通すこと》．

‡**tran·sís·tor** [trænzístər, -sís-] *n.*〘電子工学〙**トランジスタ**: a ～(*ized*) radio トランジスタラジオ．
◇ **～·ize** [-tərὰiz] *vt.* にトランジスタを取り付ける．

trán·sit [trǽnsit, -zit] *n.* **1** 通過，通行: prepare for the ～ of a jungle 密林横断の準備をする．**2**

運送, 輸送, 運搬, 交通: a rapid ～ railway 高速度鉄道. the ～ system of Tokyo 東京の交通網. **3** 通路, 運送路. **4** 移り変わり. **5** 子午線通過; 天体の他の大きな天体面の通過. **6**〖測〗トランシット, 三角測量器(＝～ theodolite);〖天〗子午儀. ***in*** ～ 輸送中, 運搬の途中で: goods lost *in* ～ 輸送中失われた品. ***make a*** ～ 横断する, 通過する.
—— *vt., vi.* 横切る;〖天〗〈天体が〉通過する. [√i-]
～ **circle**〖測〗子午圏. ～ **instrument**《天体観測用》子午線儀;〖測〗転鏡儀.

tran·sí·tion [trænzíʃ(ə)n, -síʃ(ə)n / -síʒ(ə)n, -zí-, -ʃ(ə)n] *n.* **1** 移り変わり, 移行, 変化, 変遷. **2** 変わり目, 過渡期. **3**〖楽〗(一時的)転調. **4**《芸術様式上の》変化, 推移. ～ **stage** [**period**] 過渡期.

tran·sí·tion·al [-zíʃən(ə)l, -síʃ-/-síʒən(ə)l, -zíʃ-] *a.* 移り変わる, 変わり目の, 過渡的な. ◇ ～**·ly** *ad.*

tran·sí·tion·ar·y [-nèri/-nəri] ＝transitional.

*__trán·si·tive__ [trǽnsitiv] *a.* **1**〖文〗他動(詞)の: ～ verb〖文〗他動詞. → intransitive. **2** 移行的, 間中の. —— *n.* 他動詞《略 *vt., v.t.*》. [√i-]
◇ ～**·ly** *ad.* 他動(詞)的に. ～**·ness** *n.*

trán·si·to·ry [trǽnsitɔ̀:ri, trǽnzi-/-t(ə)ri] *a.* 長続きしない, つかのまの; はかない.
◇ **-ri·ly** *ad.* **-ri·ness** *n.*

transl. translated; translation(s); translator.

‡**trans·láte** [trænsléit, trænz-, ⌐⌐/trænsléit, trɑ:ns-] *vt.* **1** 翻訳する: ～ an English book *into* Japanese 英語の本を日本語に翻訳する. an article ～*d from* the French フランス語からの翻訳記事. **2**〈他人の行動・ことばなどを〉解釈する: ～ his silence as a refusal 彼の沈黙を拒絶と受け取る. **3** 平易なことばで表現し直す. **4** 別の形式に移し替える: ～ phonetic symbols into sounds 発音記号を発音する. ～ promises into actions 約束を実行に移す. **5** ほかの場所へ移す;〖宗〗〈bishop を〉転任させる; 生きたままで昇天させる; 〈聖者・殉教者などの遺体・遺品を〉移す. **6**〖医〗〈病原体を〉転移させる. **7**〖電〗〈電信を〉中継する. **8**〈古着などを〉仕立て直す, つくり直す. **9**〖古〗うっとりとさせる. ***Kindly*** ～. はっきりとおっしゃってください, わかりかねますが. ～***ting machine*** 翻訳機(械).
—— *vi.* 翻訳される: This verse can't ～ into Japanese. この詩は和訳しがたい. [√lat-]
◇ **-lát·a·ble** [-əbl] *a.* 翻訳できる; 移すことができる. **-lá·tive** [-iv] *a.*《場所・持ち主などを》移り変わる, 転移の; 翻訳の.

‡**trans·lá·tion** [trænsléiʃ(ə)n, trænz-, ㊥⁺ trɑ:ns-] *n.* **1** 翻訳, 通訳: errors in ～ 誤訳. read Milton in ～ ミルトンの作を訳書で読む. **2** 訳文, 訳書. **3** 解釈, 説明. **4**〖電〗自動中継;〖機〗並進運動. **5**〖宗〗司教(bishop)の転任; (生きながらの)昇天. ***free*** ～ 意訳, 自由訳. ***literal*** [***close***] ～ 直訳, 逐語訳. ***machine*** ～ 機械翻訳. ***make*** [***do***] ***a*** ～ ***into*** English (英語)に翻訳する.

trans·lá·tor [trænsléitər, trænz-, ⌐⌐⌐/træns-léitə, trɑ:ns-] *n.* **1** 翻訳者[器]; 通訳(interpreter). **2**〖電〗自動中継器.

trans·lít·er·ate [trænzlítərèit, træns-] *vt.* 音訳する《Parisを巴里・パリ, 上海をShanghaiとするなど》.
◇ **tráns·lit·er·á·tion** [⌐⌐⌐réiʃ(ə)n] *n.* 音訳.

trans·ló·cate [trænslóukeit, trænz- / ⌐⌐⌐] *vt.* 移動させる, 転位させる; はずす.

trans·lú·cent [trænslú:snt, trænz-] *a.* **1** 半透明の;〖稀〗透明の. **2** 明晰(めいせき)な. [√luc-]
◇ ～**·ly** *ad.* **-cence, -cen·cy** *n.* 半透明.

tráns·lu·nar·y [trǽnslu:nèri, trænslú:nəri/ trænzl(j)ú:nəri, træns-] *a.* 月のかなたの; 天上の; 理想の.

tràns·ma·ríne [trǽnsmərí:n, trænz-] *a.* 海外の; 海を越える.

trans·mí·grant [trænsmáigrənt, trænz-/⌐⌐⌐] *a.* 移住する. —— *n.* 移住民; 移住の途中ある国を通過する人.

trans·mí·grate [trænsmáigreit, trænz-/⌐⌐⌐, ⌐⌐⌐] *vi.* **1** 移住する. **2**〈霊魂が〉転生(てんしょう)する,《死後他の肉体に》生まれ変わる. [√migr-]
◇ **-gra·tor** [-ər] *n.* **tràns·mi·grá·tion** [⌐⌐gréiʃ(ə)n] *n.*

trans·mís·si·ble [trænsmísəbl, trænz-] *a.* 送ることのできる, 伝達できる.
◇ **trans·mìs·si·bíl·i·ty** [-mìsəbíliti] *n.*

trans·mís·sion [-míʃ(ə)n] *n.* **1** 伝送, 伝達. **2** 譲渡;〖生〗遺伝. **3**〖電〗送信, 送話;《電力の》輸送. **4**〖物〗透過率, 力の伝達. **5**〖機〗伝動;《特に自動車などの》変速装置. → 動詞 transmit. ***power*** ～〖電〗送電. ～ **gear** 伝動[変速]装置,《自動車などの》「(トランス)ミッション」.

trans·mís·sive [-mísiv] *a.* **1** 送られる, 伝えられる. **2** 送る, 伝える.

*__trans·mít__ [trænsmít, trænz-] *vt.* (**-tt-**) **1** 送る, 回送する. **2** 放送する; 送信する: ～ news by wire ニュースを電報で知らせる. **3**〈光・熱などを〉伝える, 伝導する: Iron ～*s* electricity. 鉄は電気を伝える. **4**〈財産などを〉伝え残す, 伝える;〈性質などを〉遺伝する: ～*ted* from father to son 代々親から子に伝わって. ～***ting set*** [***station***]〖電〗送信装置[放送所, 送信局]. [√mit(t)-]
◇ ～**·tal** [-mítl] *n.* ＝transmission.

trans·mít·ter [-mítər] *n.* **1** 伝達者; 伝導物. **2**〖電〗送信機, 送信装置; 送話器. **3** 譲渡者. **4** 遺伝者[体].

trans·móg·ri·fy [trænsmɑ́grifai, trænz-/-mɔ́g-] *vt.*〖笑〗〈姿などを〉変形する《特に魔法などで》.
◇ **trans·mòg·ri·fi·cá·tion** [⌐⌐⌐fikéiʃ(ə)n/⌐⌐⌐fi-] *n.*〖笑〗変形.

trans·mút·a·ble [trænsmjú:təbl, trænz-] *a.* 変形[変質, 変化]できる. ◇ **-bly** *ad.* **trans·mùt·a·bíl·i·ty** [-mjù:təbíliti] *n.*

tràns·mu·tá·tion [trǽnsmju:téiʃ(ə)n, trænz-] *n.* **1** 変化, 変形, 変質. **2**〖錬金術〗変成. **3**〖生〗変移. **4**〖物〗《元素の》変換. **5**〖法〗所有権の譲渡[移転]. ～***s of fortune*** 栄枯盛衰.

trans·múte [trænsmjú:t, trænz-] *vt.* 変化[変形, 変質]させる. [√mut-] ◇ **-mút·a·tive** [-ətiv] *a.* **-mút·er** [-ər] *n.* [類] → **change**「変える」

tràns·o·ce·án·ic [trǽnsouʃiǽnik, trænz-/trǽnz-òuʃi-] *a.* 大洋の向こうの, 海外の; 大洋横断の.

trán·som [trǽnsəm] *n.* **1**〖建〗無目(むめ)《ドアと明かり取り窓とを仕切る横木》;〖米〗《ドアの上の》明かり取り窓(＝～ window). **2**〖造船〗船尾の横材.

tran·són·ic [trænsɑ́nik/-sɔ́n-] *a.*〖物〗音速に近い, 遷音速の, 音速領域の《時速 970–1450km》. → sonic, supersonic.

tràns·pa·cíf·ic [trǽnspəsífik] *a.* 太平洋横断の; 太平洋の向こうの.

tráns·pa·dane [trǽnspədèin, trænspéidein] *a.*《ローマから見て》Po 川の北側の.

trans·pár·en·cy [trænspɛ́(:)rənsi/-pɛ́ər-], **trans·pár·ence** [-rəns] *n.* **1** 透明, 透明度[性]; 明白. **2** 透明なもの;《磁器の》透かし模様; 透かし絵[文字]; 透明画, スライド.

‡**trans·pár·ent** [trænspɛ́(:)rənt/-pɛ́ər-] *a.* **1** 透明な, 透けて見える. **2**《文体など》平明な. **3** 率直な. **4**《弁解など》見え透いた. [trans-＋√par-³]
◇ ～**·ly** *ad.*

tran·spíc·u·ous [trænspíkjuəs] ＝transparent. [√spec-] ◇ ～**·ly** *ad.*

trans·píerce [trænspíərs] *vt.* 刺し通す, 貫く.

tràn·spi·rá·tion [trǽnspəréiʃ(ə)n] *n.* **1** 蒸発(物), 発散(作用);〖植〗蒸散. **2** (秘密の)漏洩(ろうえい).

tran·spíre [trænspáiər] *vi.* **1**〈事件などが〉起こる. **2**〈秘密などが〉もれる. **3** 蒸発[発散, 発汗]

する; 排出する. —— *vt.* 蒸発〔発散〕させる; 排出する. [√spir-] ◇ **tran·spír·a·to·ry** [-spáirətɔ̀:ri/-spáiərət(ə)ri] *a.*

trans·plánt [trænsplǽnt/-plá:nt] *vt.* **1**〖植〗植え替える. **2** 移住させる. **3**〖医〗〈皮膚などを〉移植する. —— *vi.* 移住する; 移植に耐える. ◇ **tràns·plan·tá·tion** [trænsplæntéiʃ(ə)n/-plɑ:n-] *n.*

trans·pón·tine [trænspántin, -tain/trænspɔ́n-tain] *a.* 橋の向こうの; 《ロンドンで》Thames 川南岸の. ～ **drama**〖英〗俗受け劇.

‡**trans·pórt** [trænspɔ́:rt/-pɔ́:t] *vt.* **1 輸送する, 運搬する**: ～ goods 貨物を運送する. **2** 恍惚(こうこつ)とさせる, 夢中にする《通常受動態で》. **3** 流刑にする, 追放する; 殺す. ***be ～ed*** 夢中になる: She *was ～ed with* joy. 彼女はうれしくて有頂天になった.
—— [trǽnspo:rt/-pɔ:t] *n.* **1 輸送, 運送**: the ～ of medical supplies by air 医療品の航空輸送. **2** 運送船, 輸送船. **3** (通例 *pl.*) 恍惚, (激情による) 前後不覚, 夢中: ～*s* of joy. **4** 流刑人. ***be in ～s*** 有頂天になっている. ***in a ～*** (of rage) (怒り) 狂って. [√port-]
～ **pilot**〖米〗輸送機の公認飛行士. ～ **plane** 輸送機.

trans·pórt·a·ble [trænspɔ́:rtəbl/-pɔ́:t-] *a.* **1** 輸送できる. **2** 流刑に価する.
◇ **trans·pòrt·a·bíl·i·ty** [–⁻–bíləti] *n.*

‡**tràns·por·tá·tion** [trænspərtéiʃ(ə)n/-pɔ:téi-] *n.* **1 運送, 輸送; 輸送機関〔手段〕**: a means of ～ 運輸機関. **2** 運賃. **3**〖米〗輸送〔旅行〕許可証〔切符〕. **4**〖史〗流刑, 追放.

trans·póse [trænspóuz] *vt.* **1** 〈位置・順序を〉入れ〔置き〕替える. **2**〖文〗〈文字・語を〉転置する. **3**〖数〗移項する. **4**〖楽〗移調〔転調〕する.
—— *vi.* 入れ替えられる;〖楽〗移調する. [√pon-]
◇ **-pós·al** [-póuz(ə)l] *n.* =transposition.

tràns·po·sí·tion [trænspəzíʃ(ə)n] *n.* 置き換え;〖文〗転置〔転換〕法;〖数〗移項;〖楽〗移調 (曲);〖医〗転位.

trans·shíp [trænsʃíp] *vt.* (**-pp-**) 〈乗客・貨物を〉別の船〔列車〕に積み替える〔移す〕. ◇ **～·ment** *n.*

Tràns-Si·bé·ri·an [træn(s)saibí(:)riən/træn(z)-saibíər-] *a.* シベリア横断の: ～ Railroad シベリア横断鉄道.

trans·són·ic [trænssánik/-sɔ́n-] =transonic.

tràn·sub·stán·ti·ate [trænsəbstǽnʃièit] *vt.* 変質させる;〖宗〗化体させる《聖餐(せいさん)のパンとブドウ酒をキリストの血と肉に変える》. ◇ **tràn·sub·stàn·ti·á·tion** [⁻–⁻–éiʃ(ə)n/træn-] *n.*

tran·súde [trænsú:d/-sjú:d] *vi.* 〈液などが〉しみ出る. ◇ **tràn·su·dá·tion** [⁻–déiʃ(ə)n] *n.* 浸出(物).

tràns·u·rán·ic [trænsjurǽnik, trænz-/-sju(ə)r-] *a.*〖化・物〗超ウランの: ～ element 超ウラン元素.

trans·vér·sal [trænsvə́:rs(ə)l, trænz-] *a.* 横切る; 横断線の. —— *n.*〖数〗横断線. ◇ **～·ly** *ad.*

trans·vérse [trænsvə́:rs, trænz-, ⁻⁻/⁻–] *n.* **1** 横切るもの; 交差するもの. **2** 公園などの横断道路.
—— *a.* 横の; 横切る. 〈注〉付加語では通常 [⁻⁻/⁻–]. [√vert-]
～ **artery**〖医〗横行動脈. ～ **axis**〖数〗横軸. ～ **beams** 横梁(おうりょう). ～ **muscle**〖医〗横筋. ～ **section** 横断面. ～ **wave**〖物〗横波, 高低波.
◇ **～·ly** *ad.*

‡**trap**[1] [træp] *n.* **1 わな, 落とし穴**; …取り器: be caught in a ～ わなにかかる. a fly ～ ハエ取り器. a mouse ～ ネズミ取り. **2** ぺてん, 術策. **3** トラップ, (防臭) U 字管《手洗い槽(そう)の下などにある U 字管. 排水の一部をため下水からのガスの上昇を防ぐ》. **4** はねぶた, はね上げ戸;《グレーハウンド競走などで犬の》飛び出し口. **5** 2 輪馬車. **6** 標的飛ばし (=～ ball)《射撃の標的としてクレーを空中に飛ばす装置》. **7**〖英俗〗巡査. **8**〖米俗〗口. **9** (*pl.*)〖楽〗(ジャズの) 打楽器《シンバル・ドラム・マラカスなど》.
be caught in one***'s own ～*** = ***fall*** 〔***walk***〕 ***into*** one***'s own ～*** 自分のわなにかかる, 自縄(じじょう)自縛となる. ***set a ～ for*** …にわなをかける; をおとしいれようとする. ***set*** 〔***lay***〕 ***～ for*** mice (ネズミ) を取るためにわなをかける〔仕掛ける〕. ***understand*** 〔***know***〕 ***～*** 抜け目がない.
—— *vt., vi.* (**-pp-**) **1** わなで取る; わなを仕掛ける《に *for*》. **2** に防臭装置をする. **3**〖野球〗〈ボールを〉ショートバウンドで取る. **4** に落とし戸を付ける. **5** 〈蒸気が〉管じゅうにたまる.
～ **cellar**〖英〗奈落(ならく), 舞台の床下. ～ **door** 《屋根・床・舞台などの》上げぶた, 落とし戸, 引き窓;〖英〗《L 字形の》服のかぎ裂き;〖鉱山〗通風口. **～-door spider**〖動〗トタテグモ. **⁻·shòot·ing** クレー射撃.

trap[2] [træp] *n.*〖地〗トラップ《暗黒色の火山岩》.

trap[3] *n.* **1** (*pl.*)〖話〗手まわり品, 手荷物. **2**〖廃〗馬飾り. —— *vt.* (**-pp-**) に馬飾りを付ける. → caparison.

trapes =traipse.

tra·péze [træpí:z, trə-/trə-] *n.* **1**《曲芸・体操用》ぶらんこ. **2** =trapezium.

tra·pé·zi·um [trəpí:ziəm] *n.* (*pl.* **-ums, -a** [-ziə]) **1**〖米: 数〗不等辺四辺形;〖英〗台形. **2**〖医〗《手首の》大多稜(りょう)骨.

tráp·e·zoid [trǽpəzɔ̀id] *n., a.*〖米: 数〗台形 (の);〖英: 数〗不等辺四辺形 (の).
◇ **tràp·e·zói·dal** [⁻–zɔ́idl] *a.*

tráp·per [trǽpər] *n.* **1** わなを掛ける人;〖米史〗わな掛け猟師《毛皮をとって交易した移住者でアメリカ初期のフロンティアで重要な役割を演じた》. **2**〖鉱山〗通風口係.

tráp·pings [trǽpiŋz] *n. pl.* **1** 装飾 (物); 礼服. **2** 馬飾り, 装飾的な馬衣. 「士 (の).

Tráp·pist [trǽpist] *n., a.* トラピスト修道会の修道

Tráp·pist·ine [trǽpistì:n, -tàin/-t(a)in] *n.* トラピスト会の修道女; (t～) トラピスチン酒.

tráp·py [trǽpi] *a.* **1** ゆだんならない. **2**《馬が》足を高く上げる.

trash[1] [træʃ] *n.* **1** くず, 廃物, がらくた. **2** 切りくず. **3**《集合的》やくざ: the White ～〖米〗貧乏な白人. **4** むだ話. **5** 駄作(ださく). —— *vt.* の外葉を除く《特にサトウキビの》; から むだ枝〔葉〕を除く.

trash[2] *vt.* 皮ひもでつなぐ; 拘束する. —— *n.*《特に猟犬用》皮ひも.

trásh·y [trǽʃi] *a.* くずの; くだらない.
◇ **-i·ly** *ad.* **-i·ness** *n.*

trass [træs] *n.* 火山土.

tráu·ma [trɔ́:mə, ㊊⁺ tráu-] *n.* (*pl.* **～·ta** [-mətə], **～s**)〖医〗外傷 (性症状);〖心〗《持続的な影響を与える》精神的ショック.
◇ **～·tism** *n.*〖医〗外傷性全身障害; 外傷.

trau·mát·ic [trɔ:mǽtik] *a.* 外傷 (性) の; 外傷治療の. —— *n.* 外傷薬. ◇ **-i·cal·ly** *ad.*

tráv·ail [trǽveil] *n.* **1** 陣痛: in ～ 産気づいて. **2** ほねおり, 苦労. —— *vi.* 陣痛を起こす;〖古〗苦労する.

†**tráv·el** [trǽvl] *vi., vt.* (**-l-**, ㊎ **-ll-**) **1**《特に遠方へ》**旅行する**; (列車などに) 乗って行く: ～ round the world 世界周遊旅行をする. ～ (for) thousands of miles 何千マイルも旅する. ～ (for) three months 3 か月旅をする. ～ second class 二等に乗って行く. **2** 注文をとって〔売って〕回る; 外勤をする: He ～*s for* his firm. 彼は自分の会社のセールスマンをしている. ～ *in* cars 自動車を売って歩く. I've stopped ～*ing*. 私は外勤をやめた. **3 進む; 伝わる**: Light ～*s* faster than sound. 光は音より速く進む. Gossip ～*s* fast. うわさはすぐに広まる. **4** きまった道を進む〔往復運動する〕: The part ～*s along* the rail of the carriage. この部品は台架の

レールの上を往復する. **5** 横断をする: *T*～ the road with caution. 用心して道路を横断せよ. **6** あちらこちらをさまよう〔移動する〕: His eyes ～*ed* over the ridges of the hills. 彼は丘の峰々へ目をはしらせた. **7** 〈獣などが〉移動する, 〈獣などを〉移動させる: A deer ～*s* many miles in a day. シカは1日何マイルも移動する. **8** 大急ぎで歩く, 走る《*along*》: Keep ～*ing*! 走れ!

～ *it* (徒歩) 旅行をする. **～ *on steel runners*** そり〔スケート〕で旅行をする. **～ *out of the record*** 〈話が〉脱線する. **～ *the road*** 追いはぎをはたらく.

—— *n.* **1** 旅行: foreign ～ 海外旅行. ～ to the moon 月への旅. → journey tour, trip **2** (*pl.*) 旅行談, 旅行記: *Gulliver's T*～*s* ガリバー旅行記. **3** 人馬の往来, 交通量: an increase in ～ on the expressway 高速道路の交通量の増大. **4**《星・光・音などの》動き, 運動, 進行, 伝達; 循環〔動程〕運動: the ～ of the blood 血液の循環. the ～ of the piston ピストンの往復運動.

～ agency〔**bureau**〕旅行案内所. **～ agent**《旅行案内所の》旅客のいっさいの世話をする人.

◇ **～(l)ed** *a.* **1** 旅慣れた; 見聞の広い. **2** 旅行者の多い. **3**〔地〕《石などが》移動する; 漂積した.

〔類〕→ **journey**「旅」

‡tráv·el·er, (英)tráv·el·ler [trǽvlər] *n.* **1** 旅行者, 旅客; 旅慣れた人: a born ～ 生まれながらの旅行好きな人. **2** 注文とり, 外交員: a commercial ～ 地方巡回注文とり. **3**〔機〕移動起重機;〔海〕すべり環(ｶﾝ), 活環. ***play*** [***tip***] ***the ～ upon*** a person =***tip*** a person ***the ～*** (人を) だます.

～'s check〔**cheque**〕旅行用小切手. **～'s-jóy**〔植〕野生クレマチス, エゾボタンヅルの類. **～'s tale** 当てにならない話, ほら. **～'s-tree** [-trìː]〔植〕タビビトノキ《バショウ科の植物》.

***tráv·el·(l)ing** [trǽvliŋ] *a.* **1** 旅行(用)の; 旅行する; 巡業する. **2** 移動する. —— *n.* **1** 旅行, 巡業. **2** 移動. **～ bag** 旅行かばん. **～ clock** 旅行用とけい. **～ expenses** *pl.* 旅費. **～ library** 巡回図書館. **～ salesman**〔米〕(商社の) 外交員, 訪問販売員.

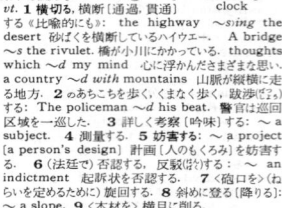

traveling clock

tráv·e·log, (英) -logue [trǽv(ə)lɔ̀ːg, -lɑ̀g / -loug, -lɔg] *n.* **1**《スライド・映画などを用いてする》旅行談. **2** 紀行映画.

‡tráv·erse [trǽvəːrs, (米)+ ⌐⌐] *vt.* **1** 横切る, 横断〔通過, 貫通〕する《比喩的にも》: the highway ～*sing* the desert 砂ばくを横断しているハイウエー. A bridge ～*s* the rivulet. 橋が小川にかかっている. thoughts which ～*d* my mind 心に浮かんださまざまな思い. a country ～*d with* mountains 山脈が縦横に走る地方. **2** のあちこちを歩く, くまなく歩く, 跋渉(ばっしょう)する: The policeman ～*d* his beat. 警官は巡回区域を一巡した. **3** 詳しく考察〔吟味〕する: ～ a subject. **4** 測量する. **5** 妨害する: ～ a project [a person's design] 計画〔人のもくろみ〕を妨害する. **6** (法廷で) 否認する, 反駁(はんばく)する: ～ an indictment 起訴状を否認する. **7**〈砲口を〉(ねらいを定めるために) 旋回する. **8** 斜めに登る〔降りる〕: ～ a slope. **9**〈木材を〉横目に削る.

—— *vi.* **1** 横切る, 横断する. **2** 旋回する. **3**〔測〕経緯測法で測る;〈磁針などが〉横に回転する. **4**《がけなどを》ジグザグに登る〔降りる〕. **5**〔ボクシング〕左右に動く. **～ *an office*** 職権を拒否する.

—— *n.* **1** 横断, 通過; 横断距離. **2** 横切っている物; 横木, 横材, 仕切り物《カーテン・手すり・こうしなど》;〔機・測〕横断〔切断〕線. **3** 妨害, じゃま, 障害. **4**〔法〕否認, 反駁. **5**《急斜面につけられた》ジグザグ道, ジグザグ登攀(とうはん)〔下降〕;〔海〕ジグザグ針路. **6**《塹壕などの》防護物;《城の》横墻(おうしょう). **7**《大砲などの》旋回. **8** (測量用) 測線.

—— *ad.* 斜めに, 横切って. [transverse と同語源]

～ rod〔**track**〕金属製カーテンレール《滑車付き》. **～ sailing** Z字形航法. **～ table**〔海〕方位表, 経緯表;〔鉄道〕遷車台.

◇ **tra·vérs·er** *n.* **1** 横切る人〔物〕. **2**〔法〕否認〔拒否〕者. **3**〔鉄道〕遷車台. **tráv·ers·a·ble** *a.* 横切る〔通る〕ことができる.

tráv·er·tine, -tin [trǽvəːrtin] *n.*〔鉱〕石灰華「《建築用》.

tráv·es·ty [trǽvisti] *n.* まじめな作品をちゃかしたもの; こっけい化; へたな模倣. —— *vt.* 漫画化する; へたにまねる〔演ずる〕. [trans- + √vest-]

trawl [trɔːl] *n.* トロール網 (=～ net);〔米〕はえなわ (=～ line). —— *vi.* トロール網を引く, トロール漁業をする. —— *vt.* 〈魚を〉トロール網〔づな〕でとる; 〈網を〉底引きする. ◇ **∠·er** *n.* トロール船〔漁夫〕.

‡tray [trei] *n.* **1** 盆; (浅いふちの) 盛りざら;《ゼリーなどの》流しざら: a developing ～〔写〕現像ざら. an ash ～ 灰ざら. **2**《トランク・たんすなどの》仕切り箱;《標本・机上書類用》(浅い) 整理箱. **～ agriculture** 水耕法 (hydroponics).

◇ **∠·ful** [-fùl] *n.* 盆1杯 (の量)《*of*》.

‡tréach·er·ous [trétʃ(ə)rəs] *a.* **1** 不実な, 裏切る《*to*》. **2** 当てにならない, ゆだんできない; 危険な: ～ ice じょうぶそうで割れやすい氷. [trick と同語源]

◇ **～·ly** *ad.* **～·ness** *n.*

***tréach·er·y** [trétʃ(ə)ri] *n.* 裏切り, 変節; 反逆〔不信〕行為.

tréa·cle [tríːkl] *n.*〔英〕糖みつ (molasses).

◇ **-cly** *a.* 糖みつの (ような); 甘ったるい, おせじたらたらの.

‡tread [tred] *vi., vt.* (**trod** [trɑd/trɔd]; **tród·den** [trɑ́dn/trɔ́dn], (米)+ **trod**) **1** 歩く: She *trod* lightly so as not to wake the baby. 彼女は赤ん坊を起こさないようにそっと歩いた. ～ the streets 街路を歩く. ～ a dangerous path あぶない橋を渡る. **2** 踏みつける, 踏みつぶす《を *on, upon*》; 〈道などを〉踏み固める: Don't ～ *on* the flower beds. 花壇を踏みつけるな. ～ the earth round the roots 土を踏んで根固めをする. ～ (*on*) the grapes (ブドウ酒をつくるために) ブドウを踏みつける. The cattle have *trodden* the way to the pond. 牛の群れが池に行く道を踏み固めた. **3** 〈おん鳥が〉つがう, 交尾する. **4**〔古〕踊る: ～ a minuet メヌエットを踊る.

～ (*as*) *on eggs* 危うい立場にある, 薄氷を踏む思いをする, 問題が微妙である. **～ *down*** 踏み固める; 踏みにじる; 〈人や感情を〉押えつける: ～ *down* one's sad feelings 悲しい気持ちを押える. **～ *in*** 地中へ踏み込む. **～ *in* a person's *steps*** (人) にならう; (人) の二の舞を演ずる. **～ *lightly*** そっと歩く; 注意して行動する. **～ *on air*** 有頂天になる, 浮き浮きする. **～ *on* a person's *corns*** [***toes***] (人) をおこらせる. **～ *on the heels of*** …のすぐあとに続く. **～ *out*** 踏み消す; 撲滅する; 踏みしぼる. **～ *the boards*** [***stage***] 俳優になる〔である〕; 舞台で演ずる. **～ *the deck*** 船乗りになる〔である〕. **～ *water*** 立ち泳ぎする.

—— *n.* **1** 足どり, 歩きぶり, 歩行: walk with a heavy [stealthy] ～ 重い足どり〔抜き足差し足〕で歩く. **2** (階段の) 踏み板; (はしごの) 横木. **3** タイヤの接地面: Good ～*s* minimize the risk of skidding. よいトレッドは横すべりを最小限にくい止める. **4** 左右両輪間の幅, 輪距. **5** くつ底; 足裏. **6** レールの上面《車輪が乗る部分》. **7**〔生〕卵の胚点(はいてん). **8**〔海〕竜骨(りゅうこつ)の長さ;〔築城〕胸壁背後の足場. **9**〔獣医〕蹄冠蹠(ていかんしょ)傷《ひづめのすぐ上を他のあしで踏むために起こる》.

∠·board [⌐⌐]《階段などの》踏み板. **∠·mill** [⌐⌐] 踏み車《昔獄舎内で囚人に罰として踏ませた》; 足踏み水車; 単調な仕事. **∠·wheel** [⌐⌐]《水くみなどの》踏み車. 〔類〕→ **walk**「歩く」

tréa·dle [trédl] *n.*《ミシンなどの》ペダル, 踏み板. —— *vi.* 踏み板〔ペダル〕を踏む.

‡**tréa·son** [trí:zn] *n.* **1** 反逆(罪): high ～ 大逆罪. **2** 背信, 裏切り. [traitor と同語源]

tréa·son·a·ble [-əbl] *a.* むほんの, 反逆の; 裏切りの. ◇ ～**·ness** *n.* **-bly** *ad.*

tréa·son·ous [-əs] *a.* =treasonable. ◇ ～**·ly** *ad.*

‡**tréas·ure** [tréʒər] *n.* **1** 宝, 財宝, 金銀, 宝物, 貴重品《集合的もしくは個別的に》: The pirates buried their ～. 海賊は彼らの財宝を埋めた. art ～*s* 貴重な美術品. **2**《比喩的》大事な物, 掛け替えのない物〔人〕; 愛児; 重宝な人: My ～! 最愛の人よ. The new maid is a perfect ～. 今度の女中は全くすばらしい. ***cost*** 〔***spend***〕 ***blood and*** ～ 生命・財産を投ずる.

—— *vt.* **1** 〈貴重品を〉秘蔵する; (心に) 銘記する《*up*》: ～ those beautiful days in one's memory あのすばらしかった日々を忘れない. **2** 大事にする, 高く評価する: *T*～ friendship. 友情を大事にしなさい. ～ **house** 宝物庫; 知識の宝庫. ～ **hunt** 宝捜し. **T～ Island** 宝島《1883 年に出版された R. L. Stevenson の小説》. ～ **trove**〘法〙所有主不明の発掘物; 《一般的》貴重な発見物.

tréas·ur·er [tréʒ(ə)rər] *n.* **1** 会計係, 出納官; 〘米〙財務省出納局長: the T～ of the Household 〘英〙王室会計局長官. **2**《比喩的》貴重品保管者. ◇ ～**·ship** *n.* ～の職.

‡**tréas·ur·y** [tréʒ(ə)ri] *n.* **1** 国庫; 公庫; 金庫. **2** 基金, 資金(庫): The ～ of our tennis club is almost empty. われわれのテニスクラブの基金が底をつきそうだ. **3** (T～)〘米〙財務省; 〘英〙大蔵省. **4** 宝庫, 宝物. **5** 知識の宝庫; 宝典; 名作家; 生き字引き(人): The book is a ～ of information. この本は知識の宝庫だ. *The Golden T～ (of the Best Songs and Lyrical Poems)* 英詩宝典《F. T. Palgrave 編纂》. ***First Lord of the T～*** 〘英〙大蔵総裁《通常首相の兼任》. ***Secretary of the T～*** 〘米〙財務長官.
T～ Bench 〘英〙(下院の) 国務大臣席. ～ **bill** 大蔵省証券, 国庫証券. **T～ Board** 〘英〙大蔵総務委員. **T～ Department, the** 〘米〙財務省. ～**note** (1)〘英〙法定紙幣《1 ポンドまたは 10 シリング. いまは Bank of England note がこれに代わる》. (2)〘米〙財務省証券.

‡**treat** [tri:t] *vt.* **1** 扱う, 待遇する: He ～*ed* me badly. 彼はぼくにひどい待遇をした. Don't ～ me as a child. ぼくを子ども扱いしないでください. **2**《…と》みなす〔考える〕: ～ a matter as unimportant あることを重要でないとみなす. **3** 論ずる, 扱う: This article ～*s* the problem thoroughly. この記事はこの問題を論じ尽くしている. **4** 治療する: The dentist is ～*ing* my tooth. 歯医者はぼくの歯をなおしている. **5**《化学的に》処理する: One ～*s* a metal plate with acid in engraving. 銅版画では金属板を酸で処理する. **6** もてなす; にごちそうする, におごる《を *to*》: ～ guests *to* tea 客にお茶をだす.

—— *vi.* **1** 扱う, 論ずる《を *of*》: The book ～*s of* the progress of medicine. その本は医学の進歩を取り扱っている. **2** 交渉する《と *with*》: ～ *with* the enemy for peace 敵と和平交渉をする. **3** おごる, ごちそうする: Is it my turn to ～? ぼくがおごる番かね. ～ **one*self* to** (けちけちせずに, 気を大きくして) …を楽しむ, を奮発する: I ～*ed myself to* the best room in the hotel. 大いに奮発してホテルの最上のへやをとった.

—— *n.* **1** おごり, おごること〔番〕: It is your ～ today. きょうはきみがおごる番だよ. **2** すてきな喜び, 予期しなかったすばらしい経験; とって置きの楽しみ: It is a ～ to see you. お目にかかれて喜びにたえません. What a ～ it is to get into the peace and quiet of the country! 田園の平和と静けさにはいるなんてすてきなことだ. **3** 慰安会: a school ～ 学校の慰安会《授業をやめて遠足などをする》. ***a fair*** ～ 〘英俗〙《副詞的に》満足に, 申し分なく. ***be*** a person***'s*** ～ …のおごりだ: This is to *be* my ～. これはぼくがおごることにしよう. ***Dutch*** ～ 〘米話〙割り勘 (の会). ***stand*** ～ おごる: Who is going to *stand* ～? だれがおごるのか. [√trah- 引く →(手で) 扱う]

tréa·tise [trí:tis/-tiz, -tis] *n.* (学術) 論文《*on*》.

‡**tréat·ment** [trí:tmənt] *n.* **1** 取り扱い; 待遇. **2** 処理(法): the problem of sewage ～ 汚水処理の問題. **3** 扱い方, 論じ方. **4** 治療(法), 手当て: under medical ～ 治療〔手当〕を受けている. ***give the silent*** ～ 黙殺〔無視〕する.

‡**tréa·ty** [trí:ti] *n.* **1** 条約, 協定, 盟約: a peace ～ 平和条約. **2**《個人間の》約定; 商議, 交渉. ***in*** ～ ***with*** 交渉中で. ～ **port** (条約による) 開港場. ～ **powers** 条約国.

tré·ble [trébl] *a.* **1** 3 倍〔重〕の. → double, simple. **2**〘楽〙最高音部の; かん高い. —— *n.* **1** 3 倍; 3 重のもの. **2** トランプゲームの一種. **3**〘楽〙最高音部 (の声・歌手・楽器); かん高い声〔音〕. —— *vt., vi.* 3 倍にする〔なる〕.
～ **clef**〘楽〙ト音記号, 高音部記号.
◇ **tré·bly** *ad.* 3 倍〔重, 様〕に; 高音で.

tre·cen·to [treitʃéntou] It. *n.*《イタリア芸術の》14 世紀風. ◇ **tre·cén·tist** *n.* 14 世紀イタリアの文学者〔美術家〕.

†**tree** [tri:] *n.* **1** 木, 樹木, 高木《低いものは shrub という》; 《花・実と区別して》木, 幹の部分: an apple 〔a banana, a rose〕～ リンゴ〔バナナ, バラ〕の木. **2** 木製の物〔柱, くい, はり〕; 十字架; 〘古〙絞首台: a boot ～〔shoe*tree*〕くつ型. → axletree, clothestree, rooftree, whippletree. **3** 樹木状の物; 系図, 系譜: the family ～ 家系 (図).
as ～***s walking*** ぼんやりと. ***at the top of the*** ～ 最高〔指導者〕の地位に. ***be up a*** ～ 進退窮まって〔追い詰められて〕いる, 困り果てている. ***see the*** ～***s and not the forest*** 木を見て森を見ず; 細部ばかり注意して全体を見ない. ***The*** ～ ***is known by its fruit.*** 〘諺〙木はその実で判断される, 人はその行ないで判断される. ***the*** ～ ***of knowledge (of good and evil)***〘聖〙知恵の木《創世記 2: 9》. ***the*** ～ ***of life***〘聖〙生命の木《創世記 2: 9》. ～ ***of Buddha***〘植〙ボダイジュ. ～ ***of heaven*** (1)〘植〙シンジュ, ニワウルシ. (2)〘植〙ニオイヒバ.
—— *vt.* **1** 木に追い上げる: The dog ～*d* the cat. 犬はネコを木に追い上げた. **2** 窮地に追い込む. **3** 〈くつを〉木型にはめる. —— *vi.* **1** 木に逃げる. **2** 樹状を成す.
～ **calf**《木目模様の》製本用子牛皮. ～ **creeper**〘鳥〙キバシリ. ～ **farm**《木材生産を目的とする》施業林地. ～ **fern**〘植〙木生シダ《ヘゴ科》. ～ **frog**〔**toad**〕〘動〙キノボリガエル《アマガエルの一種》. ～ **house**《特に子どもが遊ぶ》樹上小屋. ～ **lawn**《市街の歩道と車道の間にある》沿道緑地帯. ～́**·nail** [trí:nèil, trén(ə)l] 木くぎ. ～ **peony**〘植〙ボタン. ～ **shrew**〘動〙樹間生棲(せい)食虫ほ乳動物. ～ **surgeon** 植物外科技師. ～ **surgery** 植物外科術. ～́**·top** [ˊˋ] こずえ.
◇ ～́**·less** *a.* ～́**·like** *a.*

tré·foil [trí:fɔil/tré-] *n.* **1**〘植〙クローバーの類《ツメクサ・ウマゴヤシなど》. **2**〘建〙三つ葉模様; 〘紋〙三弁花, 三つ葉.
◇ ～**ed** *a.* 三つ葉のある; 〘建〙三つ葉飾りの付いた.

trek [trek] *v.* (**-kk-**) *vi.* **1** 牛馬に乗って行く; 移住する. **2** 旅行する. **3** のろのろ進む; 〘俗〙立ちのく.
—— *vt.* 〈牛が荷車を〉引く.
—— *n.* **1** 牛車旅行; 移住. **2** (行程のはかどらない) 旅行; (牛車) 旅行の 1 日の行程. ***on (the)*** ～ (牛馬) 旅行中に〔で〕. ◇ ～́**·ker** [-kər] *n.*

trél·lis [trélis] *n.* 〘建〙こうし (細工); 四つ目がき; 《ブドウなどの》こうしだな; こうしづくりあずま屋.

—— vt. に こうしをつける; 四つ目がきで囲む; こうしだなで育てる. **~·work** [-wə̀:rk] こうし細工.
◇ **~ed** [-t] *a.* こうしになった.

trém·a·tode [trémətòud, trí:-] *n.* 〖動〗 吸虫類, 「ジストマ.

‡trém·ble [trémbl] *vi.* **1 震える,** 戦慄(せんりつ)する, わななく; <大地が> 震動する; <木・葉・光などが> 揺れ動く; <声が> 震える: His voice ~*d* with anger. 彼の声は怒りで震えていた. **2** 大いに心配する, 気をもむ《を *for*》: ~ *for* his safety 彼の安否を気づかう. I ~ to think [at the thought] of what will become of you. きみがどうなるかを考えると心配でならない. **—— vt. 1** 震わす. **2** 震える声で言う《*out*》: ~ *out* prayers 震え声で祈りを唱える.
~ *in* one's *shoes* 心配で身を震わす. **~ *in* [*on*] *the balance*** <生命・運命が> 危機に瀕(ひん)している; 未決定である.
—— n. 1 わななき, 身震い, 戦慄; 震動: There was a ~ in her voice. 彼女の声は震えていた. **2** (病的な) 震え, おこり; (*pl.*)《特に牛・馬の》震え.
(*all*) *in* [*of*] *a* ~ = *on* [*upon*] *the* ~ 〖俗〗 全身を震わせて; びくびくして. [√trem-]
◇ **~r** *n.* **-bly** *a.* 〖俗〗 震える, おののく.
〔類〕 → **shake** 「震える」

trém·bling [trémbliŋ] *a.* 震える; わななく; 戦慄(せんりつ)する. ***in fear and* ~** びくびくして. **—— n.** 身震い, 震え; おののき. ◇ **~·ly** *ad.*

‡tre·mén·dous [triméndəs] *a.* **1 ものすごい,** 恐ろしい: a ~ explosion すさまじい爆発. **2** 《相違など》 ひどい, 途方もない: a ~ talker あきれるほどのおしゃべり. **3** 〖話〗 巨大な; 恐ろしい量の. **4** 〖話〗 すばらしい; すごく巧みな. [√trem- 身震い (するほどの)]
◇ **~·ly** *ad.*

tré·mo·lo [trém(ə)lòu] *n.* (*pl.* **~s**) 〖楽〗 トレモロ, 顫音(せんおん); 《オルガンの》 トレモロ装置. [<It.]

trém·or [trémər] *n.* **1** 震え, 身震い; 声の震え. **2** 震動; 微動. **3** 気おくれ, おじけ. [√trem-]

trém·u·lous [trémjuləs] *a.* **1** 震える, おののく. **2** おくびょうな. **3** 《うれしさで》 わくわくするような. **4** 《筆跡など》 震えた. [√trem-]
◇ **~·ly** *ad.* **~·ness** *n.*

tré·nail =treenail.

trench [trentʃ] *n.* **1** 塹壕(ざんごう): mount the ~*es* 塹壕任務につく. open the ~*es* 塹壕を掘る. search the ~*es* 《榴散弾などで》 塹壕を攻撃する. **2** 堀(ほり), みぞ; 海溝(かいこう).
—— vt. 1 塹壕で囲む [固める, 守る]: ~ a fort [town]. **2** にみぞを掘る [切る]; 掘り返す: ~ the garden 庭を掘り返す. **3** <塹壕・みぞなどを> 掘る, つくる. **4** 塹壕 [みぞ] に入れる. **—— vi. 1** みぞ [塹壕] を掘る《*along, down*》. **2** 侵す《を *on, upon*》: ~ *upon* the sphere [rights, time] of another 他人の領分 [権利, 時間] を侵害する. **3** 接近する《に *on, upon*》: Your opinion ~*es* closely *on* orthodoxy. きみの意見は正統派の意見に非常に近い. [√trunc-]
~ coat トレンチコート《肩章・ベルト付きダブルのレーンコート. もと塹壕用》. **~ fever** 塹壕熱. **~ foot** 《塹壕内の湿気と寒気による》 兵の足部疾患. **~ knife** 決闘用ナイフ. **~ mortar** 塹壕砲, 迫撃砲. **~ mouth** (塹壕性) 口腔(こうこう)炎(Vincent's angina). ◇ **~·er** *n.* 壕を掘る人; 塹壕兵.

trénch·ant [tréntʃ(ə)nt] *a.* **1** 《ことばなど》 鋭い, 痛烈な; 活発な. **2** 《輪郭など》 はっきりした, 明確な. **3** 〖稀〗 鋭利な. [√trunc-]
◇ **~·ly** *ad.* **-an·cy** [-(ə)nsi] *n.* 鋭さ.

trénch·er [tréntʃər] *n.* **1** 壕を掘る人; 塹壕兵. **2** 〖古〗 木ざら; 《卓上パン切り用》 板. **3** 〖古〗 食物; 食事. ***lick the* ~** へつらう. [<trench]
~ cap 〖俗〗 大学の角帽. **~·man** [-mən] (*pl.* **-men**) 《特に》 大食家; 居そうろう: a good [poor] ~*man* 大 [小] 食家.

trend [trend] *n.* **1** 方向, 向き (direction). **2** 傾向, 趨勢(すうせい) (tendency) 《*of*》. **3** 流行: the new ~ in women's hairdo 最近流行の女性の髪型.
—— vi. 1 向く, 行く. **2** 傾く, おもむく《へ *toward*》.

trente et quarante [trɑ̃:teikærɑ̃:t] F. = *rouge et noir.*

Trén·ton [tréntən] *n.* アメリカ New Jersey 州の「都市.

tre·pán¹ [tripǽn] *n.* **1** 丸くり抜き機. **2** 〖医〗 丸のこぎり 《頭蓋骨切開用》. **—— vt.** (**-nn-**) **1** 丸くくり抜く. **2** に頭蓋(ずがい)骨切開する.
◇ **trèp·a·ná·tion** [trèpənéiʃ(ə)n] *n.*

tre·pán² *n.* **1** わな. **2** 欺く人; 詐欺師. **—— vt.** (**-nn-**) わなにかける; おびき寄せる《へ *into*; から *from*》.

tre·páng [tripǽŋ] *n.* 〖動〗 ナマコ (sea cucumber).

tre·phíne [trifáin, -fí:n] *n.* 〖医〗 冠状のこぎり.
—— vt. 冠状のこぎりで手術する.

trèp·i·dá·tion [trèpidéiʃ(ə)n] *n.* **1** 恐怖, ろうばい, 戦慄(せんりつ). **2** 《手足の》 震え. [√trepid-]

trés·pass** [tréspəs, ㊥ ⁺-pæs] *vi.* **1** 〖法〗 《他人の土地・権利などに》 **侵入する, 侵害する** 《に, を *on, upon*》: ~ *upon* a person's land [privacy] 他人の土地 [私生活] を侵害する. **2** 割り込む, じゃまをする 《に, を *on, upon*》: He is always ~*ing on* my time. 彼のためにいつも時間をつぶされている. **3** つけこむ 《人の好意に》: I shall ~ *on* your hospitality. ご好意に甘えさせていただきます. **4** 〖古〗 《宗教・道徳的に》 罪を犯す 《に *against*》. ***May I ~ on you for that book? (その本) を取っていただけませんか. ***No ~ing!*** 《掲示》 立ち入るべからず. **~ *on* a person's *preserves*** (人) の領分に手を出す; でしゃばる. **—— n. 1** 侵入; 〖法〗 不法侵入, 権利 [家宅] 侵入: commit a ~ 不法侵入する. **2** 迷惑; じゃま: make a ~ on a person's time 人の時間をつぶす. **3** 〖古〗 犯罪; 《宗教・道徳上の》 違反, 罪: Forgive us our ~*es*. われわれの罪をゆるしたまえ. [tres- (<trans-)+pass]
◇ **~·er** *n.* 侵入 [侵害] 者; 違反者.

tress [tres] *n.* 《特に女の》 髪のひとふさ, 巻き毛, 編んだ髪; (*pl.*) ふさふさした髪. ◇ **~ed** [-t] *a.* **1** …髪の: golden ~*ed* 金髪の. **2** …に髪を束ねた.

trés·tle [trésl] *n.* **1** 架台, うま. **2** 構脚.
~ table 架台食卓 《表面が取りはずしできる》. **~·tree** [ˊ-ˋ] 〖海〗 檣頭(しょうとう)縦材; たな木. **~·work** [ˊ-ˋ] 〖土木〗 《橋脚の骨組み》 構脚工.

tret [tret] *n.* 〖英〗 減損見越し添え量.

trews [tru:z] *n. pl.* 《スコットランド兵がはく》 こうしじま毛織り細ズボン.

trey [trei] *n.* 《さいころ・トランプの》 3 (点).

tri- 「3の, 3倍の, 3重の」 の意の語形成要素.

trí·a·ble [tráiəbl] *a.* **1** 〖法〗 公判に付すことのできる. **2** 〖稀〗 試みることのできる. [<try]

trí·ad [tráiæd, -əd] *n.* **1** 三つ組み, 3対; 3人一組み. **2** 〖楽〗 三和音 《ふつう common chord と呼ばれる》. **3** 〖物〗 三価元素. → monad. **4** 《古代ケルト詩文で》 三題詩 《古代 Wales 文学の三つの題目をとり入れたもの》.
◇ **tri·ád·ic** [traiǽdik] *a.* **tri·ád·i·cal·ly** *ad.*

‡trí·al [trái(ə)l] *n.* **1** 公判, 裁判, 審理: a public ~ of a man for theft 窃盗犯人の公判. **2 試み,** 試験; 試用, 試運転: the ~ of a new car 新車の試運転. **3** 試練, 苦難, 災難: Life is full of little ~*s*. 人生には小さな試練がたくさんある. the hour of ~ 試練のとき. **4** やっかいもの, 困りもの: The boy is a ~ to his teachers. その子は先生のやっかい者だ. **5** 〖英:運〗 予選 (試合). →動詞 try.
bring a person ***to* ~ = *put*** a person ***on his* ~** (人を) 公判に付す: He was *brought to* ~. 彼は起訴された. ***by way of* ~** ためしに. ***give*** a thing [person] ***a* ~** (物 [人] を) ためしに使ってみる: We *gave* a new typist *a* ~. 新しいタイピストを (役に立つかどうか) 使ってみた. ***have* [*make*] *a* ~ *of***

strength ***with*** a new car (新車)の(強度)の試験をする. ***on ~*** 裁判〔試験〕を受けて; 試験的に; 試験の結果: He is *on* ~ for murder. 彼は殺人の罪で公判中である. He was employed *on* ~. 彼は試験的に雇われた. It proved excellent *on* ~. 試験の結果優秀だった. ***put to ~*** 試験(的に使用)する: We shall *put* the machine *to* further ~. われわれはこの機械を更に試用してみるだろう. ***stand*** 〔***take***〕 ***one's ~*** 裁判〔審判〕を受ける. ***~ and error*** 〘生・数〙試行錯誤《方法をもたずにやってみてだめならやり直す》. ***~ by battle*** 決闘裁判《決闘によって勝った者を正しいと認める. 1818 年廃止》.

~ balance 〘簿記〙試算表. **~ balloon** 試揚気球; 《世論の反応をみる》試験的試み, 探り. **~ judge** 予審判事. **~ jury** 審理陪審, 小陪審 (petit jury). → grand jury. **~ lawyer** 法廷弁護士. **~ marriage** 試験結婚. **~ match** =trial ⑤. **~ run** 試運転, 試乗; 試験.

trí·an·gle** [tráiæŋgl] *n.* **1** 〘数〙三角形; 三角形の物; 三角定規: a ~ of an area 三角形の地域. **2** 〘楽〙トライアングル《打楽器の一種》. **3** 3 人組み; 三角関係. **4** 〘海〙三脚起重機. **5** (T~) 〘天〙三角座《星座の名》; (*pl.*) 〘軍〙《昔のイギリスの》三戟(さんげき)刑. ***red ~ 赤色三角形 《Y. M. C. A. の標章》. ***right-*** 〔***acute-, obtuse-***〕 ***angled ~*** 直〔鋭, 鈍〕角三角形. ***the eternal ~*** 男女の三角関係. ***~ of forces*** 〘力学〙力の三角形.

tri·án·gu·lar [traiǽŋgjulər] *a.* **1** 三角(形)の. **2** 3 者〔3 国〕間の: a ~ treaty 3 国条約. a ~ situation 三角関係. ◇ **~·ly** *ad.* 三角形に. **tri·àn·gu·lár·i·ty** [-ˌ-ˈlǽrəti] *n.*

tri·án·gu·late [traiǽŋgjulèit] *vt.* 三角(形)にする〔分ける〕; 三角測量をする. —— [-lit] *a.* 三角形の; 三角形からなる; 三角形模様のある. ◇ **~·ly** [-litli] *ad.* **tri·àn·gu·lá·tion** [-ˌ-léiʃ(ə)n] *n.*

trí·ar·chy [tráiɑːrki] *n.* 三頭政治. [√arch-]

Trí·as, trí·as [tráiəs] *n.* 〘地〙三畳紀(層).

Tri·ás·sic, tri·ás·sic [traiǽsik] *a.* 〘地〙三畳紀の. ***the ~*** 三畳紀.

tri·át·ic [traiǽtik] **~ *stay*** 〘海〙水平支索, 檣間(しょうかん)つり索.

tríb·al [tráib(ə)l] *a.* 種族の, 部族の. [<tribe]
◇ **~·ly** *ad.* **~·ism** [-bəliz(ə)m] *n.* 部族組織; 部族特徴〔慣習〕; 部族意識〔根性〕.

tri·bás·ic [traibéisik] *a.* 〘化〙三塩基の.

‡tribe [traib] *n.* **1** 部族, 種族; 蛮族: the Arab 〔Mongol〕 ~*s* アラブ〔モンゴル〕族. the Indian ~*s* of America アメリカインディアン. 〈注〉tribe とはひとりもしくは数人の長によって率いられる小部族. → race². **2** 〘動・植〙族, 種類: the dog 〔rose〕 ~ 犬〔バラ〕族. **3** 《けいべつ的》連中, 職業仲間: the ~ of politicians 政治屋連中. the ~ of children 子ども連中. the ~ of players (プロ) 選手連中. **4** 〘史〙《古代イスラエルの》12支族の一つ; 《古代ローマの》3 部族の一つ. ***scribbling ~*** 文士連. ***the lost ~s*** アッシリアのとりことなったまま帰らなかったイスラエルの 10 支族. ***the ten ~s*** イスラエルの支族から Judah と Benjamin を除く 10 族. [√trib-]
~s·man [-zmən] (*pl.* **-men**) 部族〔種族〕の一員.

trí·brach [tráibræk, tríb-/tríb-] *n.* 〘韻〙短短短格 《˘ ˘ ˘》.

trìb·u·lá·tion [trìbjuléiʃ(ə)n] *n.* 苦難, 試練; 災難(のもと). [√tri-]

tri·bú·nal [tribjúːn(ə)l, trai-] *n.* **1** 法廷, 裁判所. **2** 判事席, 法官席. **3** 世論の批判〔さばき〕. **4** 裁決〔決定〕機関. **5** 〘英〙兵役免除審査局《第 1 次大戦中の》. ***Hague T~*** ハーグ国際司法裁判所. [<tribune 保護者の席]

tríb·une¹ [tríbjuːn] *n.* **1** 人民の保護者. **2** 〘古ローマ〙護民官. **3** 〘古ローマ〙軍団指揮者《6 人で交替》. [<tribe 部族の長] ◇ **~·ship** [-ʃip] *n.* ~の職〔任務, 任期〕. **trìb·u·ní·cial, -tial** [trìbjuníʃ(ə)l] *a.* 護民官の; 護民官らしい.

tríb·une² *n.* **1** 演壇《特にフランス下院の》. **2** 〘古ローマ〙法官席. **3** 《教会の》司教席. **4** 《一般的》壇上席, さじき(席).

tríb·u·tar·y [tríbjutèri/-t(ə)ri] *n.* **1** 支流. **2** 納貢者〔国〕, 属国. —— *a.* **1** 支流の. **2** 貢献する, 補助の. **3** みつぎ物を納める, 《国など》従属する. [√trib-]

‡tríb·ute [tríbjuːt] *n.* **1** 《服従をあらわす》みつぎ物; 《封建君主などが強制的に取り立てた》税, 年貢(ねんぐ); 納貢〔納税〕義務: Many conquered nations had to pay ~ to the rulers of ancient Rome. 征服された諸国民は古代ローマの統治者に年貢を納めなければならなかった. **2** 《比喩的》強制的に取り立てられた物. **3** 賛辞, 賞賛〔尊敬, 感謝〕を示すことば〔行為, 贈り物, しるし〕: a ~ of praise 賛辞. **4** 《鉱夫への》現物支給, (現物に代わる) 配当: work on ~ = work on the ~ system 配当制度で働く. [√trib-]
a ~ of fortune 運命のいたずら. ***floral ~s*** 花の贈り物; 供花. ***lay under ~*** に納貢させる. ***pay a*** (***high***) ***~ to*** a person (人)をたたえる, に敬意を表する. ***pay*** (***a***) ***~ to the memory of*** に弔辞を述べる, 故人…をたたえる. ***~ of a tear*** 涙のたむけ. ***~s of the memory*** うろ覚え, 覚え違い. ***use ~s*** 小手先でごまかす.

trí·car [tráikɑːr] *n.* 〘英〙3 輪自動車, オート 3 輪〔(車).

trice¹ [trais] *vt.* 〘海〙索でつり上げる《*up*》; つり上げて縛る《*up*》.

trice² *n.* 瞬間. ***in a ~*** たちまち.

trì·cen·tén·ni·al [tràisenténiəl,-njəl] =tercentenary.

trí·ceps [tráiseps] *n., a.* 〘医〙三頭筋(の).

tri·chí·a·sis [trikáiəsis] *n.* 〘医〙**1** さかさまつげ, 睫毛(しょうもう)乱生. **2** 毛尿症.

tri·chí·na [trikáinə] *n.* (*pl.* **-nae** [-niː]) 〘動〙《人畜の腸内に寄生する》旋毛虫.

trìch·i·nó·sis [trìkinóusis] *n.* 〘医〙旋毛虫病.
◇ **trích·i·nous** [ˊ-nəs] *a.*

tri·chól·o·gy [trikálədʒi/-kɔ́l-] *n.* 毛髪学.
◇ **-gist** *n.* 毛髪学者.

trìch·o·mo·ní·a·sis [trìkəmənáiəsis] *n.* 〘医〙トリコモナス症, 膣炎(ちつえん).

trí·chord [tráikɔːrd] *n.* 3 弦楽器, 三弦琴.
—— *a.* 3 弦の.

tri·chót·o·my [traikátəmi/-kɔ́t-] *n.* 3 分(法); 〘宗〙《特に人間の性を心・霊・肉に分ける》人性 3 分法. ◇ **trìch·o·tóm·ic** [trìkətámik/-tɔ́m-] *a.*

trì·chro·mát·ic [tràikromǽtik] *a.* **1** 《印刷・写真など》三原色(使用)の: ~ photography 3 色写真(術). **2** 〘医〙三原色視の.

‡trick [trik] *n.* **1** 巧みなわざ, 芸当; 手品, 早わざ: a juggler's ~ 手品. teach one's dog several ~*s* 犬に幾つか芸を仕込む. **2** 秘訣(ひけつ), こつ: He knows all the ~*s* of the trade. 彼は商売のあらゆるこつを心得ている. **3** 策略, ごまかし; 〘映〙トリック: He got the money from me by a ~. 彼はぼくから金をだまし取った. **4** いたずら: He is at his ~*s* again. また悪さをしている. **5** 幻覚, 迷い: a ~ of senses 気の迷い. **6** 〘トランプ〙一巡(に出す札の得点). **7** 癖, 特徴: a horse with the ~ of shying おびえ癖のある馬. **8** 《舵手(だしゅ)・運転手の》勤務時間: the night ~ 夜勤. **9** 〘米話〙少女; 子ども: a cute little ~ 全くかわいらしい少女. **10** 〘紋〙紋章の線画: in ~ 線画で.
cycling 〔***riding***〕 ***~*** 自転車〔馬術〕の曲乗り. ***do*** 〔***turn***〕 ***the ~*** 〘俗〙うまくやってのける; 目的を達する: A plier and a wire *do the* ~. ペンチと針金があればことは済みます. ***know a ~ or two*** なかなかすみにおけない. ***know a ~ worth two of that*** それよりずっとよい方法を知っている. ***play*** 〔***serve***〕 ***a***

~ **on** [**upon**] …にいたずらをする; をごまかす. ***take*** [***stand***] ***one's*** ~ (***at the wheel***)〘海〙かじ当直をする. ***the odd*** ~《トランプの whist で》双方が6回ずつ勝ったあとの勝ちを決する13回め. ***the whole bag of*** ~***s*** 全部, いっさいがっさい.
— *vt.* **1** だます, 欺く. **2** の予想を裏切る; の期待に反する. **3**〘紋〙線画でかく. **4** 飾る《*out, up*》: a dress ~*ed up* with trappings ごてごてと飾りのついた服. ~ a person ***into*** [***out of***] (人を)だまして…をさせる[奪う]: They ~*ed* him *into* approval of their fraud. 彼らは彼をごまかして彼らのいんちきに賛成させた. ~ a person ***into*** (do)***ing*** a thing (人を)だまして…させる. — *vi.* **1** 手品をやる. **2** いたずらをする《に *with*》. — *a.* 早わざ[芸当]の: ~ shooting 早撃ち.
~ **cycling** 自転車の曲乗り. ~ **cyclist** 自転車の曲乗り師;〘英俗〙精神科医 (psychiatrist).
◇ **~·er·y** *n.* ぺてん, 詐欺; 策略. **~·ster** *n.* 詐欺師, ぺてん師; 策士.

tríck·ish [tríkiʃ] *a.* =tricky.
◇ **~·ly** *ad.* **~·ness** *n.*

***tríck·le** [tríkl] *vi.* **1** したたる; ちょろちょろ流れる. **2** 〈秘密などが〉少しずつ漏れる《*out*》. — *vt.* 少しずつ[ちょろちょろ]流す. — *n.* したたり, しずく; 細流. ~ **charger**〘電〙細流充電器.
◇ **-ling·ly** *ad.*

tríck·sy [tríksi] *a.* **1** いたずらな. **2**〘古〙だます, ゆだんのならない. **3**〘古〙扱いにくい. **4**〘古〙めかした, きれいな. ◇ **-si·ly** *ad.* **-si·ness** *n.*

tríck·track [tríktræk] *n.* ロシア式すごろく.

tríck·y [tríki] *a.* **1** だます, 言いのがれのじょうずな, ゆだんのならない. **2** 微妙な, 手の込んだ. **3** やりにくい, 手ぎわのいる. ◇ **-i·ly** *ad.* **-i·ness** *n.*

tri·clín·i·um [traiklíniəm] *n.* (*pl.* **-a** [-niə])〘古ローマ〙三方に寝いすのついた食卓; その食卓がある食堂. [<L.]

trí·col·o(u)r [tráikʌ̀lər, ㊊⁺ tríkəl-] *a.* 3色の.
— *n.* 三色旗《特にフランス国旗》.

trí·corn(e) [tráikɔ̀:rn] *a.* 三つの角のある. — *n.* 三角帽.

trí·cot [trí:kou/trí-, trí:-] *n.* **1** 毛糸などの手編み物; その模造品. **2** トリコット, 一種のうね織り.

trìc·o·tíne [trìkətí:n] *n.* あやメリヤス織り.

tri·cús·pid [traikʌ́spid] *a.* **1** 三つの尖頭(せんとう)のある. **2**〘医〙三尖弁の: the ~ valve〘医〙《心臓右心室の》三尖弁.

trí·cy·cle [tráisikl] *n.*《幼児用》3輪車; 3輪自転車; オート3輪(車). — *vi.* 3輪車に乗る.
◇ **trí·cy·clist** *n.*

tri·dác·tyl [traidǽkt(i)l/-til], **tri·dác·ty·lous** [-əs] *a.* 3本指の.

trí·dent [tráid(ə)nt] *n.* **1**〘ギ・ロ神〙三つまたのほこ《海神 Neptune の標章. 制海権の象徴》. **2** 三つまたのやす. — *a.* 三つまたの. [tri-+√dent-]

tri·dén·tate [traidénteit/-tit] *a.* 三歯[三叉]の.

Tri·dén·tine [traidéntin, -tain/-tain] *a.*〘北イタリアの一地方〙Trent の; トレント宗教会議 (1545–1563) の. 「元の; 立体の.

trì·di·mén·sion·al [tràidi̥ménʃən(ə)l] *a.* 三次

tried [traid] *v.* try の過去・過去分詞.
— *a.* 試験済みの; 当てになる; 確かな: ~ and true 信用できる, 確実な.

tri·én·ni·al [traiéniəl] *a.* 3年続く; 3年ごとの;〘植〙3年生の. — *n.* 3年祭;〘カトリック〙3年間毎日行なう死者のためのミサ;〘植〙3年生植物.
◇ **~·ly** *ad.* 3年ごとに.

trí·er [tráiər] *n.* try する人[物].

trí·fid [tráifid] *a.*〘動・植〙三つに裂けた[分かれた].

‡**trí·fle** [tráifl] *n.* **1** つまらないもの[こと]: waste time on ~*s* ささいなことに時間を浪費する. **2** 少量, わずか; 少額;《a ~ の形で副詞的に》少し: It cost me *a* ~. 全くただみたいだった. *a* ~ sad やや悲しい. **3** ブドウ酒に浸したカステラにあわ立てクリームを塗った菓子. **4**《一種の》白ろう, はんだ. **5** 軽い作品, 小品. ***a*** ~ ***too***… やや…すぎる: This dress is *a* ~ *too* short. この着物はたけが多少足りない. ***not stick at*** ~***s*** つまらないことに拘泥(こうでい)しない.
— *vi.* **1** (手に)もてあそぶ, いじくる《を *with*》: ~ *with* a pen ペンをもてあそぶ. Don't ~ *with* your food, either eat it or leave it. 食べるか手をつけないかして, つつきまわすのはやめなさい. **2** 軽くあしらう, そまつにする, ばかにする《を *with*》: It's wrong of you to ~ *with* a girl's affection. 娘心をもてあそぶのはよくない. He's not a man to be ~*d with.* いいかげんには扱えない男だ. **3** ふざける; ふざけて言う, 冗談を言う. **4** 時間をつぶす, ぶらぶら過ごす. — *vt.* 〈時間・金などを〉浪費する《*away*》.
◇ **~r** *n.* ~をする[言う]人.

‡**trí·fling** [tráifliŋ] *a.* **1** くだらない, とるに足らない: a ~ matter ささいな事柄. **2** わずかな, 少しの: a ~ sum 少額. **3** 軽薄[浮薄]な, ふまじめな: ~ talk 冗談. → petty, trivial. ◇ **~·ly** *ad.* **~·ness** *n.*

tri·fó·cal [traifóuk(ə)l] *a.* 3重焦点の. — *n.* 3重焦点レンズ; (*pl.*)《近・中・遠距離用》3重焦点めがね. →bifocal.

tri·fó·li·ate [traifóuliit, ㊊⁺ -lièit], **tri·fó·li·at·ed** [-lièitid] *a.* 三葉の. 「葉のある.

tri·fó·li·o·late [traifóuliəlèit/-l(e)it] *a.*〘植〙三小

tri·fó·ri·um [traifó:riəm/-fɔ́:r-] *n.* (*pl.* **-a** [-riə]) トリフォリウム《教会堂の側廊上部のアーチと高窓との間の部分》.

trí·form [tráifɔ:rm], **trí·formed** [-d] *a.* 3形ある; 3部からなる.

tri·fúr·cate [traifə́:rkit] *a.* 三叉(さんさ)[3枝]の.
— [-keit] *vt.* 三叉にする, 3分する. →bifurcate.

trig[1] [trig] *a.* **1** きれいな, こざっぱりした; いきな. **2** 活発な, 元気な, 体調の整った. **3** 気どった, 堅苦しい.
— *v.* (**-gg-**) *vt.* **1** きれいにする, きちんとする; 飾る; めかす《*out, up*》. **2** に車止めをする, 車止めで止める《*up*》. **3** に詰め込む. **4** (せっせと)歩き回る, 旅する: ~ a country. — *vi.*〘俗〙《カメラの》シャッターを閉じる.
— *n.*〘英〙車止め;《くさびなどの》すべり止め.

trig[2]〘学生語〙=trigonometry.

trig. trigonometric(al); trigonometry.

tríg·ger [trígər] *n.* **1**《銃の》引き金. **2**《事件発生などの》きっかけ. **3** 制動機, 輪止め装置. ***quick on the*** ~ 射撃の早い; 抜け目のない; 気短な.
— *vt.* **1** の引き金を引く. **2** 〈事件・行為に〉きっかけを与える, 誘発する. — *vi.* 引き金を引く.
~ **finger** 右手の人さし指. **~·fish** [⊿-⊿] メガネモンガラ《熱帯魚の一種》. **~·hàp·py** [-hæ̀pi, -hǽpi] ピストルを撃ちたがる; 好戦[攻撃]的な. **~·man** [-mən, -mæ̀n] (*pl.* **-men**)〘米俗〙殺し屋.

trí·glyph [tráiglif] *n.*〘建〙トリグリュポス《ドリア式建築で小壁 (frieze[1]) を形づくる等間隔の3条の縦みぞ飾り》.

trí·gon [tráigàn/-gən] *n.* **1**〘天〙十二宮中の3宮. **2**〘古ギリシア〙三角琴. **3**〘古〙三角形.

trigon. trigonometric(al); trigonometry.

tríg·o·nal [trígən(ə)l] *a.* 三角(形)の; trigon の.
◇ **~·ly** *ad.* 「三角計.

trìg·o·nóm·e·ter [trìgənámi̥tər/-nɔ́m-] *n.* 直角

trìg·o·no·mét·ric [trìgənəmétrik], **-ri·cal** [-(ə)l] *a.* 三角法の[による]. **trigonometric function** 三角関数. ◇ **trìg·o·no·mét·ri·cal·ly** *ad.*

trìg·o·nóm·e·try [trìgənámi̥tri/-nɔ́m-] *n.*〘数〙三角法.

trí·gram [tráigræm], **trí·graph** [-græf/-grɑ:f] *n.* 3字1音; 3重音字《Schænze [ʃǽntsə] の sch など》.

tri·hé·dron [traihí:drən/-héd-] *n.* (*pl.* **-drons,**

-dra [-drə])〘数〙三面体. ◇ **-dral** [-drəl] *a.*

tri·lát·er·al [trailǽtər(ə)l/trái-] *a.* 3 辺のある. —— *n.* 三角〔三辺〕形. ◇ **~·ly** *ad.*

tríl·by [trílbi] *n.* 〘英話〙フェルト帽の一種 (=~ hat).

tri·lín·gual [trailíŋgwəl/trái-] *a.* 3 か国語を用いる. → bilingual. ◇ **~·ly** *ad.*

tri·lít·er·al [trailít(ə)rəl/trái-] *a., n.* 3 字の; 3 字〔3 子音〕からなる (語, 語根)《セム語族に見られる》.

‡**trill** [tril] *n.* **1** 震え声;〘楽〙顫音(せんおん). **2** (鳥の) さえずり. **3**〘音声〙顫動音. —— *vt., vi.* **1** 震え声で話す〔歌う〕, トレモロで奏する. **2** さえずる. **3**〘音声〙巻き舌で発音する.

***tríl·lion** [tríljən] *n., a.* 〘米・フランス〙**1 兆 (の)**, 100 万の二乗 (の), 〘英・ドイツ〙**100 万の三乗 (の)**.

tríl·li·um [trílíəm] *n.*〘植〙エンレイソウ属の植物.

tri·ló·bate [trailóubeit/-b(e)it] *a.* (葉が) 三裂の.

trí·lo·bite [tráiləbàit] *n.*〘古生物〙三葉虫.

tríl·o·gy [trílədʒi] *n.*《劇・オペラ・小説などの》3 部作〔曲〕;〘古ギリシア〙3 部悲劇.

‡**trim** [trim] *v.* **(-mm-)** *vt.* **1** 〈芝・生けがきなどを〉**刈り込む**, 切り整える, の端を切る〔摘み取る〕: ~ a hedge 生けがきにはさみを入れる. ~ one's beard あごひげを切りそろえる. ~ one's nails つめを切る. **2** 切り取る, 除く《*away, off*》: ~ *off* loose threads 糸くずを切り落とす. ~ *away* redundant words よけいなことばを削除する. **3 飾る**: ~ a Christmas tree クリスマスツリーを飾る. ~ a dress with lace ドレスにレースを付けて飾る. **4** 見ばえよく並べる, 飾りたてる. **5** 〈意見・見解に〉変更を加える, 変える. **6**〘木工〙〈材木の〉かどを落とす, かんなをかけて仕上げる. **7**〘海〙〈船体の〉つりあいをとる《積み荷を整理して》; 〈積荷を〉船倉に積む. **8** 〈帆を〉(風を受けやすいように) 調節する. **9**〘古〙〈船を〉艤装(ぎそう)する. **10**〘空〙〈機体を〉水平にする. **11**〘話〙しかりつける, とがめる. **12**〘話〙やっつける, 負かす.

—— *vi.* **1** ひより見をする, 折衷主義をとる: a politician who is always ~*ming* いつでも八方美人的な政治家. **2**〘海〙〈船が〉つりあいがとれる; 帆(げた) を風の方向〔進路〕に調節する: The boat ~*s* well. 船がうまくつりあう.

get** one's **hair ~med 整髪してもらう. ~ ***one's course*** 船が帆を整えて進む. ~ ***in*** 木材を切り組む. ~ *a person's **jacket*** 〘俗〙(人) をなぐる. ~ ***oneself up*** 身じまいをする.

—— *n.* **1** 整とん; 整っていること, 準備; 身じたく: in one's traveling ~ 旅装をして. **2** 《からだなどの》ぐあい, 状態, 気分: get into ~ からだの調子をよくしておく. **3** 飾り, 装飾; 窓飾り. **4** 刈り込み, カット; 刈り込んだ物; カットしたフイルム. **5** 《船の》つりあい; 《風向き・進路に合わせるための》帆の調節; 潜水艦の浮力;〘空〙《飛行機の》姿勢. **6**〘建〙《建物の》内部の木造部; 《自動車などの》内装, 付属品; (車体の) 外装. **7**〘古〙性格. **8**〘米俗〙敗北. ***be in no ~ for*** …する体調にない. ***get into ~ (for)*** (…する) 体調が整う. ***give** a person **a ~*** 〘俗〙〈床屋が〉髪の手入れをする. ***in fighting* [*sailing*] ~** 戦闘〔出帆〕準備が整って. ***into ~*** 適切な〔整とん〕状態に. ***in ~ = in good* [*proper*] ~** 整って; (からだの) 調子がよく;〘海〙つりあう. ***out of ~*** 不整とんで; ぐあい悪く;〘海〙船が片おもりで. ***~ by the bow* [*stern*]**〘海・空〙船首〔機首〕を下げて〔上げて〕.

—— *a.* (**trím·mer; trím·mest**) こぎれいな, きちんとした, 整った: a ~ little garden 整った小庭.

—— *ad.* きちんと, こぎれいに.

◇ **∼·ly** *ad.* きちんと, こぎれいに. **∼·ness** *n.* 整とん, こぎれいさ.

tri·més·ter [triméstər] *n.* 3 か月; 3か月期, 《3学期制の》学期. ◇ **-tral** *a.*

trím·e·ter [trímịtər] *n.*〘韻〙三歩格 (の詩行).

—— *a.* 三歩格の. ◇ **tri·mét·ric** [traimétrik], **tri·mét·ri·cal** [-(ə)l] *a.*〘韻〙三歩格の.

tri·mét·ro·gon [traimétrəgɑ̀n/-gɔn] *n.* 《3個のカメラを使用する》航空写真機の一種.

trím·mer [trímər] *n.* **1** 整える人, 整とんする人; 装飾者: a window ~ 店頭装飾師. **2** 刈り込む人, 手入れをする人; 刈り込む道具《はさみなどの》; 《ろうそくなどの》心切り. **3** ひより見主義者, 双方の歓心を求める人. **4** 《おもに石炭などの》貨物積み直し人; 積み直す機械. **5**〘話〙しかる人. **6**〘建〙口ぎわ根太(ねだ). **7** 《pike (カワカマス) つりの》浮き.

trím·ming [trímiŋ] *n.* **1** 整理, 整とん, こぎれいにすること;〘写〙トリミング. **2** 手入れ; 刈り込み. **3** (*pl.*) 刈り込んだもの, 切りくず. **4** 飾り (付け), 装飾 (品); ことばのあや. **5** (*pl.*)〘話〙《料理の》添え物, つま, 付け合わせ;〘米俗〙《コーヒーや紅茶に入れる》砂糖とクリーム: a turkey with all the ~*s* 付け合わせをどっさり盛った七面鳥料理. **6** ひより見すること; 敗北. **7**〘話〙しかること, せっかん; なぐること.

tri·mónth·ly [traimʌ́nθli] *a.* 3 か月ごとの.

trí·nal [tráin(ə)l], **trí·na·ry** [-nəri] *a.* 3 の; 3 倍〔重〕の; 3 部から成る.

trine [train] *a.* 3 倍〔重〕の;〘占星〙3 分 1 対座の. —— *n.* 三つ組み〔ぞろい〕; 三つどもえ;〘占星〙3 分 1 対座; (T~) = Trinity.

Trín·i·dad and To·bá·go [trínidæ̀d-ən(d)-tobéigou] *n.* トリニダードトバゴ《西インド諸島にある共和国. イギリス連邦所属》.

Trìn·i·tár·i·an [trìnịtέ(:)riən/-tέər-] *a.* 〘宗〙三位一体説の〔を信ずる〕. —— *n.* 三位一体説の信奉者. ◇ **~·ism** *n.* 三位一体説〔信仰〕.

tri·nì·tro·tól·u·ene [trainàitrotɑ́ljuiːn/-náitro-tɔ́l-], **tri·nì·tro·tól·u·ol** [-ljuoul/-ljuɔl] *n.* トリニトロトルエン《強力爆薬. 略 TNT, T.N.T.》.

trín·i·ty [tríniti] *n.* **1** (the T~)〘宗〙三位一体 (=the Holy T~)《父なる神・子なるキリスト・聖霊をもって一体とする》. **2**〘宗〙聖霊降臨祭の次の日曜日 (=T~ Sunday). **3** 《美術で》三位一体の象徴. **4** 三つ組み, 三幅対. **5** 3 部分からなるたばこのパイプそうじ器.

trín·ket [tríŋkit] *n.* **1** 《宝石など》細かな装身具. **2** つまらないもの.

tri·nó·mi·al [trainóumiəl] *n., a.* **1**〘数〙三項 (の), 三項式 (の). **2**〘動・植〙《属・種・亜種を示す》三名法(の). ◇ **~·ly** *ad.*

trí·o [tríːou] *n.* (*pl.* **~s** [-z]) **1** 3 人組み; 三つ組み〔ぞろい〕, 三幅対. **2**〘楽〙トリオ, 三重奏〔唱〕(曲), 三重奏団.

trí·ode [tráiòud] *n., a.*〘電〙三極真空管 (の).

trí·o·let [tráiəlit, [米]⁺ triːəlèi] *n.* 〘韻〙二様押韻の八行詩《ab, aa, abab と押韻し, 第 1 行を第 4 行と第 7 行に, 第 2 行を第 8 行に繰り返す》.

Tri·ó·nes [traióuniːz] *n. pl.*〘天〙北斗七星.

trí·or [tráiər]〘法〙=trier.

tri·óx·ide [traiɑ́ksaid/-ɔ́k-], **-id** [-sid] *n.*〘化〙三「酸化物.

†**trip** [trip] *n.* **1** (短い) 旅行, 出張旅行; 遠足; 遊覧; (短い) 船旅: a weekend ~ 週末の小旅行. a honeymoon ~ to Hawaii ハワイへの新婚旅行. **2** 出張; 《用件・仕事での》往訪, 通勤: his daily ~ to the bank 銀行への毎日の通勤. **3 つまずき**, 踏みはずし: a ~ over a step. **4** つまずかせること; 揚げ足とり; 足〔小また〕をすくうこと. **5** あやまち, まちがい, 過失, 失言: a ~ of the tongue 失言. **6** 軽快な足どり; ちょこちょこ歩き: the ~ of children's feet. **7**〘機〙はずし装置. **8**〘海〙航海, 漁獲高. **9**〘米俗〙捕縛; 《犯人の他の刑務所への》移送. **10**〘海〙(帆を) 上手(うわて)回しにして進む距離. **11** 《麻薬・LSD による》幻覚症状. ***return ~*** 帰途; 復航. ***round ~*** 一周旅行, 周航;〘米〙往復旅行.

—— *v.* **(-pp-)** *vi.* **1** つまずく, 踏みはずす, つまずいて倒れる《に *on, over*》: ~ *over* the root of a tree

木の根につまずく. **2** 過失を犯す; まちがう. **3** 言いそこなう: My tongue ～*ped*. つい言いそこなった. **4** 軽快な足どりで歩く〔踊る〕, ちょこちょこ歩く: She came ～*ping* down the garden path. 彼女は庭の小道を足早にやって来た.
—— *vt.* **1** つまずかせる, ひっくり返す; の小またをすくう《*up*》: The wrestler ～*ped* (*up*) his opponent. レスラーは相手に足をかけてひっくり返した. **2** 失敗させる; の落ち度を見つけだす, の揚げ足をとる《*up*》: The clever lawyer ～*ped* the witness. 巧みな弁護士は証人の矛盾をついた. **3**〘機〙の止め具をはずす. **4**〘海〙〈いかりを〉巻き上げる; 〈帆げたを〉垂直にする. ***catch*** a person **～*ping*** (人の) 揚げ足をとる; 落ち度を見つける. ***go*** **～*ping(ly)*** とんとん拍子に進む. **～ *it*** 踊る. **～ *it on the light fantastic toe*** 軽々と踊る.
～-hàm·mer〘機〙はねハンマー.
(類) → **journey**「旅」

tri·pár·tite [traipáːrtait] *a.* **1** 3 部に分かれた; 〘植〙(葉が) 三深裂の. **2**〘法〙3 者間〔構成〕の: a ～ treaty 3 国条約. **3**《文書など》3 組みの, 3 通同文の.
◇ **～·ly** *ad.* **trì·par·tí·tion** [∸–tíʃ(ə)n] *n.*

tripe [traip] *n.* **1** 牛の胃袋《食用》; (通例 *pl.*)〘卑〙臓腑(ぞうふ). **2**〘俗〙くだらぬもの; 駄作(ださく), たわごと.

tri·phíb·i·an [traifíbiən] *a.* **1**〘軍〙海・陸・空戦のいずれにも強い. **2** =triphibious. —— *n.* 海・陸・空三軍司令官. → amphibian.

tri·phíb·i·ous [traifíbiəs] *a.* 海・陸・空の, 三軍共同作戦の.

tríph·thong [trífθɔːŋ/-θɔŋ] *n.* 三重母音.
◇ **triph·thóng·al** [–∸g(ə)l] *a.*

trí·ple [trípl] *a.* **1** 3 重〔倍〕の; 3 部分からなる. → single, double. **2**〘国際法〙=tripartite ②.
—— *n.* **1** 3 倍の数〔量〕; 三つ組み. **2**〘野球〙三塁打 (three-base hit).
—— *vt., vi.* **1** 3 重〔倍〕にする〔なる〕. **2**〘野球〙三塁打を打つ; 〈得点を〉三塁打であげる, 〈走者を〉生還させる.
T～ Alliance 三国同盟《特に 1882-83 年ドイツ・オーストリア・イタリア間の対ロシア・フランス同盟》. **～ crown** ローマ法王の三重冠;〘野球〙三冠王賞. **T～ Entente** 三国協商《1907 年イギリス・フランス・ロシア 3 国間の》. **～-nérved**〘植〙三葉脈の. **～ play**〘野球〙三重殺. → single play, double play. **～-spáce**《タイプライターで》行間を 2 行あけて打つ. **～ threat**〘運〙三拍子そろった名選手;〘フットボール〙キック・パス・ランニングの三拍子そろった名選手. **～ time**〔**measure**〕〘楽〙三拍子.
◇ **trí·ply** [-i] *ad.* 3 倍〔重〕に.

trí·plet [tríplit] *n.* **1** 三つ組み〔ぞろい〕(の物); 3 通. **2**〘話〙三つ子のひとり; (*pl.*) 三つ子. **3**〘韻〙三行連句;〘楽〙三連音符. **4**〘トランプ〙(*pl.*) 同点の 3 枚札. **5**〘海〙三鎖環;〘光〙3 枚構成のレンズ.

trí·plex [trípleks] *a.* 3 重〔倍〕の: ～ glass 3 重ガラス. —— *n.* 三つ組み;〘楽〙三拍子.

tríp·li·cate [tríplịkit] *a.* 3 重の; 3 通 (め) の; 三幅対の: a ～ certificate 3 通作成の証明書. file the ～ copy 3 通めの写しをファイルに保存する. ～ ratio〘数〙三重比.
—— *n.* 三幅対の一つ; 3 通作成書類の 1 通; (*pl.*) 三つ組み: a document drawn up in ～ 3 通に作成してある文章.
—— [tríplịkèit] *vt.* **1** 3 倍にする. **2** 3 とおりに作成する. ◇ **trìp·li·cá·tion** [∸–kéiʃ(ə)n] *n.*

tri·plíc·i·ty [triplísịti] *n.* 3 倍〔重〕であること; 三位一体; 三つ組み, 三幅対.

tríp·loid [tríplɔid] *a.*〘生〙三倍性〔体〕の.
◇ **tríp·loi·dy** [tríplɔ̀idi, –∸–] *n.*

trí·pod [tráipɑd/-pɔd] *n.* **1** 三脚台〔卓, 床几(しょうぎ)〕, かなえ;〘写〙三脚. **2**〘古ギリシア〙Delphi のみこが神託をくだした祭壇. [trì-+√pod-]

tríp·o·li [trípəli] *n.*〘鉱〙板状ケイソウ土.

Tríp·o·li [trípəli] *n.* トリポリ《Libya の首都. 海港》.

trí·pos [tráipɑs/-pɔs] *n.*〘英〙《Cambridge 大学の》優等卒業試験; その合格者名簿.

tríp·per [trípər] *n.* **1**〘英話〙《特に日帰りの》旅行者: weekend ～*s* 週末の旅行者. **2** つまずく人. **3** つまずかせる人〔物〕. **4** 軽快に歩く〔踊る〕人. **5**〘機〙トリッパー《はずし装置》.

tríp·ping [trípiŋ] *a.* 軽快に歩く, 軽快な.
◇ **～·ly** *ad.*

tríp·tych [tríptik] *n.* 《絵・彫刻などの》3 枚折りついたて;《古代ローマ人の用いた》三つ折り書き板.

trí·reme [tráiriːm] *n.*〘古ギリシア〙3 段櫂(かい)の船.

tri·séct [traisékt] *vt.* 3 (等) 分する.
◇ **tri·séc·tion** [-ʃ(ə)n] *n.* 3 (等) 分.

trís·mus [trízməs] *n.*〘医〙牙関(がかん)緊急 (lockjaw). ◇ **trís·mic** *a.*

tríst·ful [trístfụl] *a.*〘古〙悲しげな, 陰気な.
◇ **～·ly** *ad.* **～·ness** *n.*

Trís·tram [trístrəm] *n.* Arthur 王物語の円卓騎士のひとり.

tri·sýl·la·ble [traisíləbl/trái-] *n.* 3 音節語. → monosyllable, dissyllable.
◇ **trì·syl·láb·ic** [∸–lǽbik] *a.*

trite [trait] *a.* 《語句などが》ありふれた, 陳腐な. [√tri-] ◇ **∽·ly** *ad.* **∽·ness** *n.*

trí·the·ism [tráiθiːiz(ə)m] *n.*〘宗〙三位異体説, 三神論. ◇ **-ist** *n.* 三位異体論者.

trít·i·um [trítiəm] *n.*〘化〙トリチウム, 三重水素《水素の同位体. 記号 T または ^{3}H》.

trí·ton [tráitn] *n.*〘化・物〙三重水素核, 三重 (陽) 子《トリチウムの原子核》.

Trí·ton [tráitn] *n.* **1**〘ギ神〙トリトン《半人半魚の海神》. **2** (t～) ホラガイ;〘動〙イモリ. ***a ～ among*** [***of***] ***the minnows*** 鳥なき里のこうもり.

trít·u·rate [trítʃụrèit/-tjụ-] *vt.* 粉にする, すり砕く;〘生理〙そしゃくする. —— *n.* ～ された物質, ひき粉. [√tri-] ◇ **-ra·tor** [-ər] *n.* 粉ひき; 粉砕機, 乳ばち. **trìt·u·rá·tion** [trìtʃụréiʃ(ə)n/-tjụ-] *n.* 粉砕; 粉薬; そしゃく.

‡trí·umph [tráiəmf] *n.* **1** 勝利: win a ～ over one's enemy 敵に勝利をおさめる. **2** 大成功; 成功した例, 業績, 偉業: the ～*s* of modern science 現代科学の数々の業績. This is a ～ of architecture. これは建築術の極致である. **3** 勝利〔成功〕の喜び, 得意のいろ〔表情〕: a shout of ～ 勝ち誇った叫び声. a ～ in his eyes 彼の目にあらわれた得意のいろ. **4**〘古ローマ〙凱旋(がいせん)式. ***in*** **～** 勝ち誇って, 意気揚々として.
—— *vi.* **1** 勝利をおさめる, 打ち勝つ《に *over*》: ～ *over* difficulties 困難に打ち勝つ. **2** 勝ち誇る, 得意になる. **3**〘古ローマ〙凱旋式を行なう.
◇ **～·er** *n.*

(類義語) **勝利** : **triumph** 決定的勝利からくる勝者の喜び・勝ち誇りが示唆される. また比喩的使用も多い: *triumph* of science 科学の勝利〔輝かしい業績〕. **victory** 戦いにおける勝利. それに続く支配を暗示することも多い. **conquest** 征服. 相手の抵抗, 戦いの困難が示唆される.

tri·úm·phal [traiʌ́mf(ə)l] *a.* 勝利の, 祝勝の, 凱旋(がいせん)の: a ～ return 凱旋.
～ arch 凱旋門. **～ car** (**chariot**)〘古ローマ〙凱旋車. **～ crown** 凱旋将軍に与えられた月桂(げっけい)冠. **～ hymn** 凱旋賛美歌 (*Sanctus*)《Holy, Holy, Holy, Lord God of Hosts で始まるもの》.

***tri·úm·phant** [traiʌ́mfənt] *a.* **1** 勝利を得た, 成功した. **2** 勝ち誇った, 意気揚々とした.
◇ ***～·ly** *ad.* 勝ち誇って, 意気揚々として.

tri·úm·vir [traiʌ́mvər, ㊥$^+$triúm-] *n.* (*pl.* **-virs, -vi·ri** [traiʌ́mvirài, ㊥$^+$triúmviriː]) 〘古ローマ〙3 執政官のひとり.

tri·úm·vi·rate [traiʌ́mvịrit] *n.* **1** 《特に古代ローマの》三頭政治; 3 執政官の職〔任期〕. **2** 3 人組み, 三つ組み: a ~ of friends 友人三羽がらす. ***the first*** ~ 第1回三頭政治《紀元前60年の Pompey, Julius Caesar, Crassus の連合》. ***the second*** ~ 第2回三頭政治《紀元前43年の Mark Antony, Octavian, Lepidus の連合》.
trí·une [tráiju:n] *a.* 三位一体の.
◇ **tri·ú·ni·ty** [traijú:nịti] *n.* 三位一体.
tri·vá·lent [traivéilənt] *a.* 〘化〙三価の.
◇ **-lence, -len·cy** *n.* 〘化〙三価.
trív·et [trívit] *n.* 《鉄製の》三脚台; 三脚五徳. **(*as*) *right as a*** ~ 〘話〙非常に健康で, 無事に.
trív·i·a [tríviə] *n. pl.* つまらないもの〔こと〕, 瑣事(さじ).
‡**trív·i·al** [tríviəl, -vjəl] *a.* **1** ささいな, とるに足らない: a ~ offence 微罪, 軽犯罪. a ~ loss 小さな損失. ~ objections against a proposal 提案に対するとるに足らない反対意見. **2** ありふれた, 日常の, さまつな: ~ affairs〔matters〕日常の瑣事(さじ). the ~ round (of daily life) 平凡な毎日の生活. **3** 《人が》軽薄な, 浅薄な: Don't marry that ~ young man, please. あんなつまらない若造と結婚しないで. **4** trivium の. [√vi-]
~ **name** 〘植〙通称, 俗名, 種名.
◇ ~·**ism** *n.* =triviality. ~·**ly** *ad.* ***trìv·i·ál·i·ty** [trìviǽlịti] *n.* **1** つまらないこと, 平凡. **2** つまらない事物.
trív·i·al·ize [tríviəlàiz] *vt.* つまらなくする, 平凡化する. ◇ **trìv·i·al·i·zá·tion** *n.*
trív·i·um [tríviəm] *n.* (*pl.* **-a** [-viə]) 〘史〙(中世の学校の) 三学《文法・論理・修辞学》. → quadrivium.
tri·wéek·ly [traiwí:kli/trái-] *a., ad.* **1** 3 週間ごと (の). **2** 1 週 3 回(の). —— *n.* 3 週 1 回〔1 週 3 回〕の出版物.
-trix [-triks] *suf.* 《-tor の女性形接尾辞》「…する人」の意: administra*trix* <administra*tor*.
TRM trademark.
Tró·bri·and [tróubriὰ:nd, -briənd] ~ ***Islands*** トロブリアンド諸島《ニューギニアの東端にあり人類学者 Malinowski の研究で有名》.
tró·car [tróukɑ:r] *n.* 〘医〙套管(とうかん)針.
tro·chá·ic [trokéiik] *a.* 〘韻〙trochee の. —— *n.* 強弱格; (*pl.*) 強弱格の詩.
tró·che [tróuki/trouʃ] *n.* 〘薬〙トローチ, 錠剤.
tró·chee [tróuki:] *n.* 〘韻〙強弱格《´×》; 長短格《−⌣》.
tróch·i·lus [trákiləs/trɔ́k-] *n.* (*pl.* **-li** [-lài]) **1** 〘鳥〙ワニドリ. **2** 〘鳥〙ハチドリ (hummingbird).
tróch·le·a [trákliə/trɔ́k-] *n.* (*pl.* **-le·ae** [-liì:]) 〘医・動〙滑車, 軟骨輪. ◇ ~**r** [-liər] *a.* 〘医〙軟骨輪の, 滑車の; 〘植〙輪状の.
tró·choid [tróukɔid] *n.* **1** 〘数〙トロコイド, 余擺(よはい)線. **2** 〘医〙滑車関節. **3** サザエの類. —— *a.* 車輪状の〔に動く〕. ◇ **tro·chói·dal** *a.*
***trod** [trɑd/trɔd] *v.* tread の過去・過去分詞.
tród·den [trádn/trɔ́dn] *v.* tread の過去分詞.
trode [troud] *v.* 〘古〙tread の過去形.
trógˑlo·dyte [trágləddàit/trɔ́g-] *n.* 《先史時代西ヨーロッパの》穴居人; 隠者; 〘動〙類人猿(えん); 〘鳥〙ミソサザイ.
trói·ka [trɔ́ikə] *n.* トロイカ《ロシアの 3 頭立て馬車またはそり》; 《トロイカを引く》3 頭の馬.
Trói·lus [trɔ́iləs, tróui-] *n.* 〘ギ神〙トロイラス《Troy 王 Priam の王子で Cressida の恋人》.
trois temps [F. trwatɑ̃] F. 三拍子ワルツ.
Tró·jan [tróudʒ(ə)n] *a.* トロイ (Troy) の; トロイ人の. —— *n.* **1** トロイ人. **2** 勇士, 奮闘家. ***like a*** ~ 勇ましく; 勤勉に; 一生けんめいに.
~ **horse** 〘ギ神〙トロイの木馬《トロイ戦争でギリシア軍が兵隊を隠しトロイ城内に侵入させトロイ落城の原因となった大きな木馬》; 破壊工作; スパイ宣伝. ~ **War, the** トロイ戦争《Troy の王子 Paris がギリシア王妃 Helen を奪ったことに端を発したギリシア・トロイの10年間の戦い》. → Iliad.
troll[1] [troul] *n.* **1** 輪唱(歌). **2** 流しづり; 流しづり用擬餌鈎(ぎじばり)(の付いた糸). —— *vt., vi.* **1** 輪唱する; 陽気に歌う. **2** 流しづりする; 〈川などを〉流しづりする. **3** 〈ボールなど〉ころがす, ころがる. **4** 〘古〙銚子(ちょうし)を回す.
troll[2] *n.* 〘北欧神話〙ほら穴に住む巨人; いたずら好きな小人.
tról·ley, tról·ly [tráli/trɔ́li] *n.* **1** 高架輸送滑車. **2** 《電車のポールが架線に接する》触輪. **3** 〘米〙《触輪式》市街電車 (=~ car). **4** 〘英〙手押し車, トロッコ. ~ **bus** トロリーバス; 無軌道電車. ~ **lace** 太糸で模様の輪郭をとったレース. ~ **line** 〘米〙電車線路(系統). ~·**man** [-mən] (*pl.* **-men**) (市街) 電車乗務員. ~ **pole** 《電車の》ポール. ~ **table** 〘英〙《食事などを運ぶ》移動テーブル. ~ **wire** 《電車の》架空線.
tról·lop [tráləp/trɔ́l-] *n.* じだらくな女; 売春婦.
tróm·bone [trámboun, −´/trɔmbóun] *n.* 〘楽〙トロンボーン《金管楽器》.
◇ **tróm·bon·ist** [-ist] *n.* トロンボーン奏者.
tróm·mel [trám(ə)l/trɔ́m-] *n.* 〘鉱山〙《回転式》鉱石ふるい.
tro·móm·e·ter [tromámịtər/trɔmɔ́m-] *n.* 微震計.
trompe [trɑmp/trɔmp] *n.* 〘冶〙落水送風器.
trompe l'oeil [trɔ̃:plǿ:r, trɔ́:mpléi] *n.* 立体(壁) 画《見る人が実物と取り違えるように描かれた絵》. [<F.]
‡**troop** [tru:p] *n.* **1** 隊, 群れ, 群集: a shock ~ 突撃隊. a ~ of schoolchildren 小学生の一隊. a ~ of antelope(s) カモシカの群れ. **2** (*pl.*) **軍隊, 兵**: regular ~*s* 常備軍. 〈注〉60 troops は「兵60名」の意になる. **3** 〘軍〙騎兵中隊《大尉が指揮をとり, 60–100 名からなる》. → battery, company, squadron. **4** 〘ボーイスカウト〙分隊《16–32 名からなる》. ***get* one's** ~ 騎兵中隊長に昇進する.
—— *vi.* **1** 群がる, 集まる《*up, together*》. **2** 一団となって進む; 群れをなして〔ぞろぞろ〕来る〔行く〕《*along, past, in, out*》: children ~*ing out* of school 校門からぞろぞろ出てくる子どもたち. At last the crowds ~*ed away*. ようやく群衆は立ち去っていった. **3** (急いで) 行く; 去る《*off*》. —— *vt.* 集める; 編成する. ~***ing the color*(*s*)** 〘英〙軍旗敬礼〔分列式〕を行なう.
~ **carrier** 軍隊輸送機〔車〕. ~·**horse** 〘英〙騎兵馬. ~·**ship** [´−] (軍隊) 輸送船.
tróop·er [trú:pər] *n.* **1** 騎兵. **2** 〘米〙騎馬警官. **3** 騎兵馬. **4** 輸送船. ***swear like a*** ~ ひどく罵倒(ばとう)する.
tro·páe·o·lum [tropí:ələm] *n.* (*pl.* **-lums, -la** [-lə]) 〘植〙ノウゼンハレン属の植物, キンレンカ.
trope [troup] *n.* **1** 〘修〙ことばのあや; 詞姿, 文彩《直喩, 暗喩, その他の修辞法》. **2** 〘カトリック〙ミサに挿入(そうにゅう)した飾り文句.
tróph·ic [tráfik/trɔ́f-] *a.* 栄養の. ◇ **-i·cal·ly** *ad.*
‡**tró·phy** [tróufi] *n.* **1** 戦利品; 戦勝記念品〔物〕. **2** 《競技などの》**トロフィー**, 賞品, 記念品. **3** 〘古ギリシア・ローマ〙戦勝記念碑.
◇ **tró·phied** [-d] *a.* 戦利品〔賞品〕で飾った.
‡**tróp·ic** [trápik/trɔ́p-] *n.* **1** 回帰線; 夏至(げし)〔冬至〕線. **2** (the ~s) **熱帯(地方)**: On either side of the equator are *the* ~*s*. 赤道の両側に熱帯地方がある. **3** 熱烈: the ~s of one's soul 熱烈な魂. ***the T~ of Cancer*** 北回帰線. ***the T~ of Capricorn*** 南回帰線.
—— *a.* **1** 熱帯(地方)の. **2** 《ホルモンが腺の活動を》刺激する, 誘発する. **3** 趨性(すうせい)の. → tropism.
~ **bird** 〘鳥〙熱帯鳥《アジサシに似た海鳥》.
-tróp·ic [-trápik/-trɔ́p-]「回転する」の意の連結形.

‡tróp·i·cal [trápik(ə)l/trɔ́p-] *a.* **1** 熱帯（地方）の，熱帯（産）の: ～ fish [plants] 熱帯魚〔植物〕. **2** 熱帯的，熱帯性の; 非常に暑い: ～ climates 熱帯の〔的〕気候. **3** 熱情的な，激しい. **4**〘修〙比喩(ひゆ)の，trope の. **——** *n.* 熱帯魚.
～ **abscess** 熱帯膿瘍(のうよう). ～ **cyclone** 熱帯性旋風《hurricane や typhoon に発達する》. ～ **year** 太陽年，回帰年. ◇ **～·ly** [-i] *ad.*

tró·pism [tróupiz(ə)m] *n.*〘生〙《刺激に対する》向性，趨性(すうせい);〘植〙屈性.
◇ **tro·pís·tic** [troupístik] *a.*

tro·pól·o·gy [tropálədʒi/-pɔ́l-] *n.* 比喩(ひゆ)を使用すること; 聖書の比喩的解釈.

tró·po·pause [trōupəpɔ̀:z, tráp-/trɔ́p-] *n.*〘気〙トロポポーズ《対流圏と成層圏の境界面》.

tró·po·sphere [tróupəsfìər, tráp-/trɔ́p-] *n.*〘気〙対流圏. → stratosphere.
◇ **trò·po·sphér·ic** [⌐–sférik] *a.*

‡trot [trat/trɔt] *v.* (**-tt-**) *vi.* **1** 〈馬などが〉速歩(はやあし)で行く，跑(だく)をふむ. **2** 速足に歩く，急ぐ; 小走りする《*along*》: Well, I must be ～*ting* off home. さて急いで帰らなきゃ. *T*～ away! とっととうせろ. **3**〘米話〙ダンスをする. **——** *vt.* **1** に速足をさせる，に跑をふませる. **2** 急いで行かせる，走らせる: A bad news ～*ted* him back home. 彼は悪い知らせを受けて家に駆けて帰った. **3** 〈赤ん坊などを〉(ひざの上に乗せて) とびはねさせる，ゆする. **4**〘話〙連れて歩く，案内する《*round*; へ *to*》: ～ a person *round* 人を案内して回る. **5**〘米俗〙翻訳本で勉強する.
～ ***about*** 大騒ぎして歩き回る. ～ ***in double harness*** 〈夫婦などが〉仲よく暮らす. ～ a person ***off his leg*** [***to death***]〈人を〉駆けさせてへとへとに疲労させる. ～ ***out*** (1)〈馬を〉引き出して自慢げにその足どりを見せる. (2)〈品物などを〉出して見せる;〘話〙見せびらかす: ～ *out* one's knowledge 知識をひけらかす. ～*out* scraps of French 知っているわずかなフランス語をひけらかす. (3)〈女を〉連れて歩く. (4) 愚弄(ぐろう)する.
—— *n.* **1**《馬の》速歩，跑足. →gallop, canter, walk. **2** 小走り，急ぎ足. **3**《仕事のために》駆け回ること，動き回ること. **4**〘米俗〙ダンス. **5**〘米俗〙(語学の) ひとり案内，とらの巻，翻訳. → crib, pony. **6** 幼児，ねんね;《けいべつ的》ばばあ. **7**〘米〙はえなわ (＝trotline). (***always***) ***on the*** ～ 絶えず動いて，いつも忙しい. ***at a*** ～ 速歩で. ***go at a steady*** ～ 一定の速足で進む; 仕事を着実に進める. ***go for a*** ～《運動のために》散歩に出る. ***keep*** a person ***on the*** ～ (人を) 絶えず酷使する.

troth [trɔ:θ, trouθ/trouθ] *n.* **1** 忠実，誠実; 真実，まこと. **2** 約束; 婚約. ***by*** [***upon***] ***my*** ～ 誓って; きっと，断じて. (***in***) ～ 真に，まことに. ***plight*** one'***s*** ～ 言いかわす; 夫婦の約束をする. **——** *vi.* 約束する; 婚約する. [truth と同語源]

trót·line [trátlàin/trɔ́t-] *n.*〘米〙はえなわ (trawl line) の一種.

Trót·sky [trátski/trɔ́t-] *n.* Leon ～, 1879–1940, ロシアの革命家・著述家.

trót·ter [trátər/trɔ́tə] *n.* **1** 速歩(はやあし)に調教された馬. **2** 忙しく動き回る人. **3** (通例 *pl.*) 羊・豚などの足《食用》;〘笑〙(人間の) 足.

trou·ba·dour [trú:bədùər, -dɔ̀:r/⌐–––] F. *n.* 吟遊詩人《11–13世紀にフランス南東部 Provence に栄えた一派》. → *trouvère*.

†tróu·ble [trʌ́bl] *n.* **1** 苦労，心配，悩み，困惑: Her heart is full of ～. 彼女の心は悩みでいっぱいだ. He has been through much ～ [has had many ～*s*]. 彼はさんざん苦労をした. He's always making ～ for his friends. 彼は人に迷惑ばかりかけている. **2** 苦労のたね，やっかい者: I hate to be a ～ to you. きみのやっかい者でありたくない. **3** ほねおり，めんどう，手数: Thank you for all the ～ you've taken to help my son. むすこのためにいろいろとおほねおりくださってありがとう. That's too much ～. めんどくさいな. **4** もめごと，事件，トラブル; 紛争，動乱: family ～*s* 家庭内のもめごと. labor ～*s* 労働争議. They're having a lot of ～*s* in Southeast Asia. 現在東南アジアに紛争が絶えない. **5** 故障: an engine ～ エンジンの故障. **6** 病気: liver ～ 肝臓病. mental ～ 精神病.
ask [***look***] ***for*** ～ 求めて苦悩を招く，軽はずみなことをする: It's *asking for* ～ to associate with criminals. 犯罪者と交わるのは自らめんどうを招くようなものだ. ***be a*** ～ ***to*** …にとってやっかい者である. ***be at*** [***go to***] ***the*** ～ ***of*** (do)***ing*** わざわざ…をする. ***get into*** ～ もんちゃくを起こす; 警察に呼ばれて処罰される; しかられる. ***get*** a person ***into*** ～ (人に) 迷惑をかける. ***get out of*** ～ 罰を免れる; 助かる. ***get*** a person ***out of*** ～ (人が) 困っているのを助ける. ***give*** a person ～ (人に) 世話をやかせる，めんどうをかける: I beg you will not *give* yourself any ～. ご心配なさらないようにお願いします. ***have*** ～ ***to*** (do) …するのにほねがおれる: I *have* much ～ *to* give up smoking. 禁煙するのにずいぶんほねがおれます. ***in*** ～ (1) 困って. (2) 掛かり合いになって; 検挙〔処罰〕され(そうになっ) て. (3) もめて，もんちゃくを起こして. (4) 〈未婚婦人が〉妊娠して. (5) 故障して. ***make*** ～ 騒ぎを起こす; 世間を騒がす. ***no*** ～ (***at all***) 少しもめんどうなことはない: It would be *no* ～ (*at all*) to help you. お手伝いなどなんでもありません. *No* ～ (*at all*). どういたしまして; お安いご用; なんでもないよ《めんどうがる相手に対しても言える》. ***put*** a person ***to*** ～ (人に) 迷惑〔やっかい〕をかける: I'm sorry I've *put* you *to* so much ～. たいへんご迷惑をおかけして申しわけありません. ***take the*** ～ ***to*** (do) 労を惜しまず…する. ***take*** ～ 労をとる; 労を惜しまない. ***The*** ～ ***is that***… 困ったことに…である. ***Too much*** ～. ＝That's too much ～. →③. ***T***～***s never come singly.***〘諺〙不幸は重なるものだ. ***What is the*** ～***?*** どうしたのだ; なにが悪いのだ.
—— *vt.* **1** 困らせる，苦しませる，心配させる: be ～*d* by bad news 悪い知らせに心配する. What ～*s* me is that… ぼくが悩んでいるのは…だ. **2** に迷惑をかける，にめんどうをかける: I am sorry to ～ you. お手数をおかけしてすみません. **3** 〈病気などが〉苦しめる; 悩ます: be ～*d* with [by] a nasty cough 悪性のせきに悩む. **4** に迷惑を顧みず頼む《～ a person *to* (do) [*for* a thing]》: May I ～ you *for* a match? マッチを1本くださいませんか. "I must ～ you *to* be quiet," said the teacher.「静かにしてもらいたいものだ」と先生が言った. **5** かき回す，乱す，波立たせる. **——** *vi.* **1** 心配する《について *over*》: ～ *over* trifles つまらぬことにくよくよする. **2** ほねをおる; わざわざ…する: Don't ～ to meet me at the airport. 空港までお出迎えになるには及びません. Oh, don't ～, thanks. いや，けっこうでございます.
be ～***d about*** money matters (金銭問題) で悩む. ～ one***self about*** に関係する; を心配する. ～ one***self to*** (do) 労を惜しまず…する. [√turb-]
～·màk·er もんちゃくを起こす人. **～-shòot·er**〘米〙(1) 故障発見修理係. (2) 紛争解決〔調停〕者. **～-shòot·ing** 故障の発見修理; 紛争解決，調停.

tróu·bled [trʌ́bld] *a.* **1**《顔つきなど》困惑した，心配そうな. **2**《海・世相など》荒れた，騒がしい.
～ **waters** 混乱状態: fish in ～ *waters* 火事場どろぼうをはたらく，どさくさ紛れに利を占める.
◇ **～·ly** *ad.* **～·ness** *n.*

‡tróu·ble·some [trʌ́blsəm] *a.* めんどうな，うるさい; 手に負えない; ほねのおれる. ◇ **～·ly** *ad.* **～·ness** *n.*

tróu·blous [trʌ́bləs] *a.*〘古〙乱れた，煩わしい，騒然とした: ～ times 乱世.

trou-de-loup [trù:dəlú:] F. *n.* (*pl.* ***trous-de-loup*** [trú:-])〘軍〙落とし穴.

***trough** [trɔ:f/trɔf, trɔ:f] *n.* **1** (断面がV字形の長い) えさ入れ, 水入れ, 飼い葉入れ. **2** ～形の容器〔器物〕; 〘調剤・写真などの〙水槽(すいそう); [⁺trou/trau]〘パンなどの〙こねばち. **3** とい; 雨どい; 〘電〙 電槽 (＝～ battery); 〘鉱山〙〘鉱石を洗う〙とい; 〘印〙石版石研摩用水槽; 水盤. **4**〘波と波との間の〙くぼみ; 谷; 〘気〙気圧の谷; 景気 (周期) の谷間: ～ of the sea 波くぼ. → crest. **5**〘米〙〘劇場の〙脚光〘V字形器具に電球がともるので〙.

trough ①

trounce [trauns] *vt.* **1** ひどくなぐる, むち打つ. **2** 懲らす. **3**〘話〙こきおろす. **4**〘話〙負かす.

troupe [tru:p] *n.* 〘俳優・曲芸師などの〙一座.
◇ **troup·er** *n.* ～の一員, 座員; 老練な俳優.

‡**tróu·ser** [tráuzər] *n.* **1** (通例 *pl.*) ズボン (＝㊥ pants): a pair of ～*s* 1着のズボン. **2** (*pl.*) ズボン状の物; 車輪のおおい; 近東で男女がはく袋状ズボン. ***wear the ～s***〘話〙〈妻が〉夫をしりに敷く.
～(s) **pocket** ズボンのポケット. ～ **stretcher** ズボンのしわ伸ばし器. ◇ ～**·ing** [-zəriŋ] *n.* ズボン地.

trous·séau [tru:sóu, ⌐⌐/⌐⌐] *n.* (*pl.* ～**x** [-(z)], ～**s**) 嫁入りじたく〔衣装, 道具〕.

‡**trout** [traut] *n.* (*pl.* ～**s**, 《集合的》～)〘魚〙マス.
—— *vi.* マスをとる. ～**-còl·ored**〘馬が〙白くり毛の. ◇ ～**·let,** ～**·ling** *n.*〘魚〙小マス. ～**·y** *a.* マスのような; マスの多い.

trou·vaille [tru:vái, -vá:j(ə)/trú:vail] F. *n.* 掘り出し物 (windfall).

trou·vère [tru:véər] F. *n.* 11世紀フランス北部の叙事詩人. → *troubadour.*

tró·ver [tróuvər] *n.* (動産の) 取得; 〘法〙横領物取りもどし訴訟.

trow [trou] *vi., vt.* 〘古〙信ずる, …と思う; 《疑問文につけて》…かしら.

trów·el [tráu(ə)l] *n.* **1**〘左官の〙こて. **2**〘園芸〙移植ごて. ***lay it on with a ～*** こてで塗る; やたらにおべっかを使う. —— *vt.* (**-l-**, ㊥ **-ll-**) こてで塗る.

troy [trɔi] *a.* 金衡の. —— *n.* ＝～ weight.
～ **weight** トロイ衡〘金・銀・宝石などの衡量〙.

Troy [trɔi] *n.* トロイ〘トロイ戦争があったと推定される小アジアの古代都市〙.

trú·ant [trú:ənt] *n.* **1**〘学校の〙無断欠席者. **2** なまけ者, ずるけ者. ***play ～*** (学校を) ずる休みする.
—— *a.* 無断で欠席する; ずるける, 怠惰な. ***be ～ from*** studies (勉強) をなまけている. —— *vi.* 無断欠席をする; ずるける. ～ **officer** 無断欠席児童調査官. ◇ **trú·an·cy** *n.*

truce [tru:s] *n.* **1**〘一時の〙休戦 (協定) (armistice): make a ～ 休戦する. **2**〘苦難・苦痛などの〙休止, 中断: Let there be a ～ to that. それをしばらくやめようじゃないか. ～ ***of God***〘中世教会の祭日期間の〙私闘休止.

‡**truck**[1] [trʌk] *n.* **1** トラック, 貨物自動車 (＝㊥ motor lorry). **2**〘英〙無蓋(むがい)貨車. **3** 手 (押し) 車; トロッコ; ボギー車. **4** たなつきワゴン. **5** 小車輪; 〘旗ざお・マストなどの頂上の〙木の冠. **6** スイング踊りのステップの一種.
—— *vt.* トラック〔貨車〕に積む; トラック〔貨車〕で運ぶ: ～ the fruits to the market. —— *vi.* **1** トラックを運転する: sustain one's family by ～*ing* トラックの運転手をして家族を養う. **2** ～ ⑥を踊る.
～**·load** [⌐⌐] トラック1台分の荷物. ～**·man** [-mən]〘米〙トラック運転手〔運送業者〕. ～ **trailer** 貨物トレーラー.
◇ ～**·age** [-idʒ] *n.* トラック運送 (料). ～**·er** *n.* トラック運転手. ～**·ing** *n.* トラック輸送.

truck[2] *n.* **1** 交易; (物々) 交換; 売買. **2** 取引; 交際. **3** 小貨物; 〘俗〙がらくた; たわごと. **4** 物品賃銀制 (＝～ system). **5**〘米〙市場向け野菜 (＝garden ～). ***have no ～ with*** と取引〔交際〕しない. ***stand no ～*** 妥協の相談にのらない; ばかげたことをがまんできない.
—— *vi., vt.* 交易する, 物々交換する《と *for*》; 取引する《～ *with* a person *for* a thing》.
～ **farm**〘米〙市場向け野菜農園 (＝㊥ market garden). ～ **farmer**〘米〙野菜栽培業者. ～ **farming**〘米〙市場向け野菜栽培 (業).
◇ ～**·ing** *n.*〘米〙交易, 取引; 市場向け野菜の栽培.

trúck·le [trʌ́kl] *n.* **1**〘古〙滑車, 脚輪. **2** ＝～ bed. —— *vi.* **1** ローラーで動く. **2** へつらう, ぺこぺこする《に *to*》. ～ **bed** 脚輪付き寝台〘不用のときは大きい寝台の下へ押し入れておく〙.

trúck·ling·ly [trʌ́kliŋli] *ad.* ぺこぺこして, 屈従して.

trúc·u·lent [trʌ́kjulənt, trú:-] *a.* 獰猛(どうもう)な, 猛烈な, 野蛮な; 残酷な; 〘語気が〙荒い.
◇ ～**·ly** *ad.* **-lence, -len·cy** *n.*

***trudge** [trʌdʒ] *vi., vt.* 重い足どりで歩く《*along*》, てくてく歩く, とぼとぼ歩く: ～ through the deep snow 深い雪の中をとぼとぼ歩き通す. —— *n.* 重い足どり, てくてく〔とぼとぼ〕歩き.
類 → **walk**「歩く」

trúdg·en [trʌ́dʒ(ə)n] *n.* 〘水泳〙抜き手の一種 (＝～ stroke).

†**true** [tru:] *a.* **1** ほんとうの, 真実の, 事実と相違ない: a ～ story 実話. Is that ～? ほんとうですか. Is it ～ that you are an American? きみがアメリカ人だというのはほんとうか. That is only too ～. 残念ながらそれはほんとうだ. **2** 当てはまる, 該当する《に *of*》: It is ～ *of* education, too. そのことは教育についても言える. **3** まがい物でない, ほんものの, 純粋な, 真の: ～ gold 純金. a ～ collie 純種のコリー. The frog is not a ～ reptile. カエルは純粋なは虫類ではない. ～ friendship 真の友情. **4** 誠実な, 忠実な《に *to*》; うそを言わない, 当てになる: Be ～ *to* your word. 約束を守れ. **5** 正確な, まちがいのない: a ～ copy 正確な写し. a ～ pair of scales 正確なてんびん. **6** (実物) そのままの, 真に迫る《*to*》: ～ *to* life 実物どおりの. **7** 正当の: a ～ heir to the property 財産の正当な相続人. **8**〘声などが〙正しく調子に合った; 〘器具などが〙正しい位置にある, 狂っていない: His voice is ～. 彼の声は調子に合っている. Is the wheel ～? 車輪はちゃんとはまっているか. **9**〘風が〙変わらない, 一定の.
as ～ as steel 〔***flint, touch***〕信用できる. ***bring in a ～ bill*** 起訴に決定する. ***come ～*** 事実となる; 〈予言などが〉適中する: His dream has *come* ～. 彼の夢が実現した. ***hold ～*** 有効である, 当てはまる. ***(It is) ～ that..., but___*** なるほど…だが, (しかし)___. ***prove ～*** ほんとうだとわかる; 当たる. ～ ***to oneself*** おのれの性質にそむかない, がらにないことはせぬ; 本分を発揮して; 自己に忠実な. ～ ***to one's name*** 名にそむかない. ～ ***to nature*** 真に迫る. ～ ***to the original*** 原文に忠実な. ～ ***to time*** 〔***schedule***〕時間どおり. ～ ***to type*** 典型的な.
—— *ad.* ほんとうに, 正しく: Tell me ～. 正直に言ってください. aim ～ ねらいを誤らない. ***breed ～*** 純種を生む.
—— *vt.* **1** 正しくそろえる; 整える《*up*》: ～ *up* the bottoms of the pages ページの下縁をそろえる. **2** 〈祖先の型を〉正しく伝える.
—— *n.* **1** 真実であること; 真理; 実在: the ～ and the beautiful 真と美. **2** 正しい状態; 正確であること. ***in*** 〔***out of***〕 ～ 調整されて〔狂って〕.
～ **bill**〘法〙大陪審の裏書きのある起訴状. ～ **blue** あせない正紺色; 誠実〔忠実〕な人. ～**-blúe** 忠実な, 信念をまげない; 正紺の. ～**·born** [⌐⌐] 生まれの正しい; 真の, きっすいの. ～**·bred** [⌐⌐] 純血種の; 育ち〔しつけ〕のよい. ～ **colors** 真実, 真相. ～**-hèart·ed** 真心のある, 忠実な. ～ **horn**〘動物の〙角. ～**·love** [⌐⌐] 恋人; 〘植〙ツクバネソウの一種. ～·love [～·lover's] **knot**《愛情の印としての》チョウ形結び. ～·**pèn·ny**〖古〗りちぎ者. ～ **time**〖天〗真太陽時.
◇ ～·**ness** *n.* まことであること; 純粋; 忠実, 誠実; まじめ; 正確. 類 → **real**「ほんとうの」

trúf·fle [trʌ́fl] *n.*〖植〗フランス松露《キノコの類》.

trug [trʌg] *n.*〖英〗木製牛乳なべ;《庭園用》木製かご.

trú·ism [trú:iz(ə)m] *n.* **1** 自明の理, わかりきったこと. **2** 陳腐な決まり文句. ◇ **tru·ís·tic** [tru:ístik] *a.*

trull [trʌl] *n.*〖古〗売春婦.

‡**trú·ly** [trú:li] *ad.* **1** ほんとうに, 真に: a ～ beautiful picture ほんとうに美しい絵. She ～ believed that ... 彼女は…とほんとうに信じていた. **2** 正しく; 確実に; 正確に: Tell me ～. ほんとうのところを言ってください. **3** 忠実に, 誠実に; 正直に: I am ～ grateful. 心からありがたく思います. **4**《文全体を修飾して》実を言えば, ほんとうは: *T*～ I am surprised. 実のところびっくりした. ***It is ～ said that***... …とはもっともである. ***Yours ～***, ＝***T～ yours***,《手紙の結句》草々, 敬具. [＜true. e の脱落に注意]

trump[1] [trʌmp] *n.* **1** (しばしば *pl.*) 切り札 (の組み): a call for ～*s* 切り札の請求. Hearts are ～*s*. ハートが切り札です. 〈注〉日本語の「トランプ」に当たるのは (playing) cards. **2** 奥の手, 最後の手段. **3** 頼もしい人, 好漢. ***All his cards are ～s.*** 彼はなにをやってもとんとん拍子にゆく. ***have a ～ card to play*** 奥の手をもっている. ***hold some ～s*** まだ切り札をもっている, 奥の手がある. ***no ～(s)***〖トランプ〗切り札なしの勝負. ***play a*** [*one's*] ***～ (card)*** 切り札を出す; 奥の手を出す. ***put*** a person ***to his ～s*** (人に) 切り札を出させる; 最後の手段に訴えさせる. ***turn up ～s***〖話〗意外に首尾よくゆく, とんとん拍子にゆく.
―― *vt., vi.* **1** 切り札で切る; 切り札で勝つ: ～ the ace of clubs クラブのエースを切り札で取る. **2** 奥の手を出す. **3** こしらえあげる; ねつ造する《*up*》. ～ ***up*** an excuse (口実を) つくる: She was continually ～*ing up* a sad story about herself to excite the compassion of others. 彼女は人の同情を引くために悲しい身の上話をいつもでっちあげていた.
～ **card** 切り札; 奥の手.

trump[2] *n.*〖古・雅〗らっぱ (の音). ―― *vt., vi.* らっぱを吹く [で知らせる].

trúmp·er·y [trʌ́mpəri] *n.* 見かけ倒しの物, がらくた; たわごと. ―― *a.* 見かけ倒しの; つまらない.

‡**trúm·pet** [trʌ́mpit] *n.* **1**〖楽〗トランペット; らっぱ. **2**〖楽〗オルガンの音栓(おんせん)の一つ. **3**《蓄音機・ラジオなどの》らっぱ形拡声器; 補聴器. **4** らっぱのような物; らっぱ (のような) 音《象のほえ声など》. **5** トランペット奏者, らっぱ手; 自画自賛をする人,「大ぶろしき」. ***blow one's own ～*** 自慢する, ほらを吹く.
―― *vi.* **1** らっぱを吹く. **2** 〈象が〉らっぱのような声を出す. ―― *vt.* **1** らっぱで知らせる. **2** 触れ回る, 吹聴(ふいちょう)する《*forth*》: They ～*ed* the story all over the town. 彼らは話を町じゅうに触れ回った.
～ **call** (1) 招集らっぱ. (2) 緊急の命令. ～ **creeper** [**flower, vine**]〖植〗ノウゼンカズラ《アメリカ産》. ～ **major**〖軍〗らっぱ長. ～ **shell**〖貝〗ホラガイ.

trúm·pet·er [trʌ́mpitər] *n.* **1** らっぱ手; トランペット奏者. **2** 自慢屋, 吹聴(ふいちょう)屋. **3** ＝～ swan. **4**〖鳥〗《南アメリカ産》ツル・クイナの一種. ***be one's own ～*** 自慢する. ***Your ～'s dead.***〖俗〗あやしいもんだ《人がほらを吹くときに言い返すことば》.
～ **swan**〖鳥〗《北アメリカ産》野生白鳥.

trún·cal [trʌ́ŋk(ə)l] *a.* 幹の; 胴の.

trún·cate [trʌ́ŋkeit] *vt.* **1** の先端 [頭] を切り取る; 〈引用句などを〉切り縮める. **2**〖結晶〗の稜(りょう)を切って面にする. ―― *a.* **1** 端を切った; 省略された, 不完全な. **2**〖数〗斜切頭の;〖植〗先端を切ったような形の. [√trunc-]
◇ **trún·cat·ed** [-id] *a.* ＝truncate. **trun·cá·tion** [trʌŋkéiʃ(ə)n] *n.* 頭 [端] を切ること; 切断.

trún·cheon [trʌ́ntʃ(ə)n] *n.* **1**〖英〗《巡査などの》こん棒, 警棒. **2**《権威の標章としての》職杖(しょくじょう), 指揮杖. ―― *vt.* こん棒で打つ.

trún·dle [trʌ́ndl] *n.* **1**《寝台などの》脚輪 (車); 小車輪. **2** 手押し車; トロッコ. **3** 小車輪でころがること [音], 回転. **4** 脚輪付き寝台 (＝～ bed).
―― *vt.* **1** 〈輪・玉などを〉回す; ころがす; 〈トロッコなどを〉押す. **2** 車で運搬する: The porter ～*d* his barrow along the platform. 赤帽はプラットホームを手押し車で荷物を運んだ. **3** 回転させる, 旋回させる;〖クリケット〗〈ボールを〉投げる: ～ a hoop along the street 路上で輪をころがす. **4** 追い払う. ―― *vi.* **1** ころがる, 回転する. **2** 小車輪で動く. **3** 立ち去る.
～ **bed**＝truckle bed.

‡**trunk** [trʌŋk] *n.* **1** 幹, 樹幹. → branch, top[1], root. **2** 胴, 胴体部分. → head, limb[1]. **3** 本体, 中央部分;《比喩的》主要 [重要] 部分: The ～ of the plan remained the same. 計画の主要部分は変わらなかった. **4** トランク, 旅行かばん《suit case より大型でがんじょうなもの》. **5** 自動車の荷物入れ, トランク. **6**《鉄道・人工水路・川などの》幹線, 本線, 本流: the new Tokaido ～ line 東海道新幹線. **7**《電話中央交換局間の》中継線; (*pl.*)〖英〗長距離電話: Operator, give me ～*s*. 交換手さん, 長距離電話を願います. **8**〖医〗大動脈 [静脈]; 太い神経. **9**《象の》鼻. **10** とい, 筒; 通風筒, ダクト,《船の積み荷用》たて穴. **11**〖船〗デッキの上に突き出した船室部分. **12** (*pl.*)〖米〗男子用運動 [水泳] パンツ. **13**〖建〗柱身. ***live in one's ～s*** 旅装を解かないでいる.
―― *a.* 主要の; 幹線の: a ～ road 幹線道路.
―― *vt.* 〈鉱石を〉選別といで分ける. [√trunc-]
～ **call**〖英: 電話〗長距離通話 (＝㊥ long-distance call). ～ **drawers** すててこの類. ～·**fish** [ˊ-ˋ]〖魚〗ハコフグの類. ～ **hose**《16・17 世紀の》ふくらはぎまでのだぶだぶの短ズボン. ～ **line**《鉄道などの》幹線;《電話の》長距離線.
◇ ～·**ful** [-fùl] *n.* トランクいっぱい (のもの).

trún·nion [trʌ́njən] *n.*《大砲の》砲耳;〖機〗トラニオン, 耳軸.

truss [trʌs] *n.* **1**〖建〗《屋根・橋などをささえる》トラス, けた構え, けた組み. **2**〖医〗脱腸帯. **3** わら束, 乾草束《ふつう, わらは 36 ポンド, 乾草は 56-60 ポンドのものをいう》. **4** 下桁(かこう)をマストに取り付ける鉄具. **5**〖植〗《茎の頂上に群がって花をつける》椽状(すいじょう)花 [果実]. ―― *vt.* **1** 〈鳥などの〉羽・足などを縛る《料理のために》: ～ a chicken. **2** の手足を縛る《*up*》: The cops ～*ed up* the struggling criminal with a rope. 警官はじたばたする犯人の手足を綱で縛った. **3** 〈屋根・橋などを〉けた構え [小屋組み] でささえる. **4** 束にする, 重ねる: ～ hay. **5** 〈タカなどが鳥を〉つかむ.
～ **bridge**〖建〗トラス橋《トラス構造の》.

‡**trust** [trʌst] *n.* **1** 信頼, 信用, 信任《*in*》: my ～ *in* him 私の彼への信頼. breach of ～ 背信, 信任義務不履行. **2** 信用される人 [物]: God is our ～. われわれは神にすべてを託す. **3** 確信, 期待, 望み: I have ～ in future. 私は未来に期待している. **4** 責任: a position of ～ 責任ある地位. fulfill one's ～ 責任を果たす. **5** 信託品;〖法〗信託 (財産). **6** 被保険人の権利. **7** トラスト, 企業合同. **8** 顧問団 (＝brain ～)《大統領などを補佐する学者グループ》.
give [***leave***] ***in ～*** 預ける. ***have*** [***hold***] ***in ～*** (***for***) (のために) 保管する: be *holding* the property *in ～ for* one's son むすこのためその財産を保管している. ***have*** [***place, put, repose***] ***～ in*** を信用する: *put* one's ～ *in* God 神を信頼する. A child usually *has* perfect ～ *in* its mother. 幼児は母

親を完全に信頼するのが一般だ. She *has*n't [does-n't *place*] much ～ *in* his promises. 彼女は彼の約束をあまり当てにしていない. ***investment*** **～** 投資信託. ***on*** **～** (1) 掛けで. (2) 信用して: You'll have to take my statement *on* ～. 私のことばを信じてもらうよりほかはない. ***take a*** **～** ***on*** one***self*** 責任を引き受ける. ***take*** ... ***on*** **～** …を少しも疑わない, 最初から信じてかかる.

—— *vt.* **1 信頼する**, 信用する: He is not the sort of man to be ～*ed* [not a man I would ～]. 彼は信用できる男ではない. **2** 安心して…させておく; だいじょうぶ…すると思う《～ a person *to*(do)》: Do you ～ your daughter *to* go to dance with any sort of men? きみは自分の娘が男ならかまわず踊りに行くのを安心してほうっておけるかい. He may be ～*ed to* do the work well. 彼ならだいじょうぶいい仕事をするだろう. **3** 期待する, 希望する《*to* (do), *that*》: I ～ (*that*) you're in good health. =You're quite well, I ～. ご健康を祈ります. I ～ *to* receive a check from you in settlement of this account. この勘定お支払いのため小切手をお送りください. **4 委託する**, 任す《に *to*》; に委託する, に任す《を *with*》: I ～ my affairs *to* my solicitors. =I ～ my solicitors *with* my affairs. 訴訟事務はいっさい弁護士に任せてある. Should boys of 16 be ～*ed with* high-powered sport cars? 16 歳の子どもに高出力のスポーツカーを与えておいていいだろうか. **5** に打ち明ける《を *with*》: ～ a person *with* a secret 人に秘密を明かす. **6** に掛け売りする, に信用貸しする: ～ a person for a camera カメラを掛けで売る. I wonder whether my tailor ～*s* me. 洋服屋が掛けで洋服をつくってくれるかしら.

—— *vi.* **1 信ずる**, 信頼する《を *in*》: ～ *in* God 神(の恵み)を信ずる. **2** (信頼して)たよる, 当てにする《に, を *to*》: Don't ～ *to* chance. 運にたよるな. You ～ *to* your memory too much. きみは記憶にたより過ぎる《メモをとれ》. It is not safe to ～ *to* common sense in this case. このばあい常識にたよるのは危険だ. **3** 期待する《を *for*》: I ～ *for* further inquiry. 更に調査があるものと期待します. **4** 掛け売りする, 信用貸しする.

～ buster〘米〙《アメリカ連邦政府の》独禁法によってトラストを解体させる役人. **～ company** 信託会社〔銀行〕. **～ deed**〘商〙信託証書. **～ fund** 信託資金. **～ money** 委託金. **～ territory** 《国際連合の》信託統治地域. **‡～·wòr·thy** → 別項. ◇ **～·a·ble** *a.* **～·er** *n.*

[類] → **belief**「信ずること」, → **rely**「たよる」

trus·tée [trʌstíː] *n.* **1** 被信託人, 受託者, 保管人: a ～ in bankruptcy 破産管財人. the public ～ 公認受託者. **2**《大学などの》理事; 評議員. **3** 信託統治地域管理国.

—— *vi.* ～の手に移す〔委託する〕. —— *vt.* の～をつとめる.

～ process〘米:法〙差し押えた財産を管財人の手に移す手続き. ◇ **～·ship** *n.* ～の地位〔権能〕; 《国際連合の》信託統治(地域): *T～ship* Council 国連信託統治委員会.

trúst·ful [trʌ́stf(u̥)l] *a.* 信用〔信頼〕する.
◇ **～·ly** [-fu̥li] *ad.* **～·ness** *n.*

trúst·ing [trʌ́stiŋ] *a.* 信ずる, (信頼して)疑わない.
◇ **～·ly** *ad.* 信用〔安心〕して. **～·ness** *n.*

trúst·less [trʌ́stlis] *a.* 信用のない, 当てにならない.
◇ **～·ly** *ad.* **～·ness** *n.*

‡trúst·wòr·thy [trʌ́stwəːrði] *a.* **信用〔信頼〕できる**, 確実な, 当てになる.
◇ **-thi·ly** *ad.* **-thi·ness** *n.*

trúst·y [trʌ́sti] *a.*〘古〙=trustworthy. —— *n.* **1** 頼みになる人. **2**〘米〙模範囚.
◇ **-i·ly** *ad.* **-i·ness** *n.*

‡truth [truːθ] *n.* (*pl.* **～s** [truːðz, -θs]) **1 真理, 真**: God's ～ 絶対的真理. artistic ～ 芸術的真. **2 真実性**, ほんとうであること: There's no ～ [not a word of ～] in what he says. 彼のことばには真実性が全くない. I doubt the ～ of it. その真偽を疑う. **3 事実**, 真実, 真相: The ～ is that.... 実は…〔という次第〕だ. **4 誠実**, 実直, 正直: You may depend on his ～. 彼の誠実にたよってよい. There is no ～ in him. 彼はうそつきだ. **5**《描写の》忠実さ;《機械の》正確さ, 正常位: ～to nature 真に迫っていること, 迫真性.

home **～*s*** 耳の痛い話, ぎくりとする話. ***in*** **～** 真に, 実際, 実を言えば. ***of a*** **～**〘古〙実に, 確かに. ***out of*** **～** 狂って, 正確でなく: The wheel is *out of* ～. 車輪がよくはまっていない. ***tell*** [***say, speak***] ***the*** **～** ほんとうのことを言う. ***tell*** a person ***the whole*** **～** (人に) 事実を全部話す. ***to tell the*** **～** =**～** ***to tell*** 実は, 実を言えば. ***T～ is*** [***lies***] ***at the bottom of the decanter.*** 酔うと本音を吐くものだ. **～** ***to nature*** [***life***] 迫真; 写実.

～ serum [**drug**] 心理抑制解消薬《暗示を受けやすくなり, 真実を告白するようになる》.

trúth·ful [trúːθf(u̥)l] *a.* 正直な; 真実の, 正しい.
◇ **～·ly** [-fu̥li] *ad.* **～·ness** *n.*
[類] → **sincere**「誠実な」

trúth·less [-lis] *a.* 不正直な, 当てにならない; 虚偽の. ◇ **～·ness** *n.*

†try [trai] *v.* (**tried**; **trý·ing**) *vi.* **1 試みてみる**: I don't think I can do it, but I'll ～. できそうにもないが, やってみます. **2** (…するように) **努力する**〔努める〕《*to* (do)》: *Try to* behave better. もっと行儀よくするように努めなさい. He didn't ～ *to* excuse himself. 彼は弁解しようとはしなかった. 〈注〉口語では次のように "try and +不定詞" の形が用いられる. ただし, この形は否定形がまれで, 過去形では用いられない: *Try and* behave better. つとめて行儀をもっとよくしなさい.

—— *vt.* **1 やってみる**, 試みる;《可能か否か》…してみる《(do)*ing*》: ～ an experiment 実験してみる. *Try* everything to get out of your low spirits. スランプから抜け出すためにはなんでもやってごらん. Nothing seems really difficult until you ～ it. やってみるまでは物事はなんでもやさしく思われる. ～ a jump (とべるかどうか) とんでみる. ～ sleep*ing* in a new bed 新しいベッドで眠れるかどうか寝てみる《*try to* sleep「眠ろうと努める」→ *vi.* ②》. **2 ためす**, の性質〔調子, 風味, 価値, 効果, 強度, 能力, 技量, 状態など〕を試みる, 調べてみる: ～ the brake ブレーキのぐあいを調べる. ～ a dish 料理の味をみる. ～ a new method 新方法の効果をためす. ～ a person for a job 人が仕事に適任か否か試みてみる. ～ one's strength against a person 他人と競争して自分の力のほどをためす. ～ a door ドアを(かぎがかかっているかどうか)あけてみる. **3**《疑問の名詞節を目的語にして》ためしてみる: *Try* how far you can throw the ball. どのくらい遠くまでボールが投げられるかやってみてごらん. **4**《～+(do)ing の形で》…してみてどうなるか試みる: *Try* knock*ing* at the back door, if nobody hears you at the front door. 正面玄関でだれも出てきてくれなかったら裏口へ回ってノックしてごらんなさい (だれか出てきてくれるかどうか). **5**〘法〙**裁判にかける**, 審理する;〘米〙<弁護士が事件を>弁護する: He was *tried* and found guilty. 彼は裁判にかけられ有罪となった. Which judge will ～ the case? どの裁判官がこの事件を審理するだろう. **6 試練に会わせる**, つらい目に会わせる, 悩ます, 酷使する: His courage was severely *tried*. 彼は勇気のきびしい試練を受けた; 彼は勇気を大いに奮い起こさねばならなかった. This boy *tries* my patience. この子にかかっては私もほとほとがまんがしきれないくらいだ. Small print *tries* my eyes. 小さな活字は目が疲れる. **7** 〈油などを〉絞り出す, 絞る; 〈金属を〉精錬する《鉱石から》. **8**〖木工〗(長かんなで)仕上げる.
Do ～ more. 《酒・菓子などを勧めるとき》さあ, もっといかがです. ***～ and*** (do)〖話〗…するように努める: Do ～ *and* be honest. 正直であるように努めなさい. ***～ back*** (1)〖海〗〈索を〉ゆるめだす, 元にもどす. (2) もう一度やってみる: be obliged to ～ *back* in arithmetic 算数をもう一度やってみなければならない. ***～ one's best*** [***hardest***] 全力を尽くす. ***～ for*** (1) を求める; を志願する: ～ *for* a position 職を求める[志願する]. (2) に達しようとする. ***～ a person for*** [***on***] ***his life*** (人を) 死罪に問う. ***～ one's hand at*** に手を出してみる, を試みにやってみる. ***～ it on*** 〖俗〗〈悪いことを〉どこまでやれるかやってみる; 人をだまそうと計る: It's no use you ～*ing it on* with me. おれをだまそうたってだめだ. ***～ it on the dog*** 〖俗〗食物を犬に食わせてみる; 《新しい劇などを》いなかでうってようすをみる. ***～ one's luck*** 運だめしにやってみる. ***～ on*** (1) 着てみる; かぶってみる; 仮縫いする: *Try* it *on*. それを着てごらん. (2) 〈あることを〉…にやってみる: Don't ～ it *on* him. あの人に向かってそんなことをやってみるんじゃないよ. ***～ out*** 徹底的にやってみる; 厳密に試験する: The idea seems good but it needs to be *tried out*. よいアイディアらしいが実地にためしてみる必要がある. ***～ over*** おさらいする; 〖劇〗予行する. ***～ one's weight*** 体重を量る.
—— *n.* **1** ためし, 試み, 努力: He had three *tries* and failed each time. 彼は3回やってみたが全部失敗した. **2**〖フットボール〗トライ《相手のゴール線にボールを触れること. これによってゴールに向かって蹴(け)る権利を得る》. ***have a ～ at*** [***for***] をやってみる. ***make a ～ for*** a prize (賞) を得ようと努める. ***score a ～*** 〖フットボール〗トライを得る[あげる].
～-òn [㊕ ⌐⌐] 〖俗〗(1) (だまそうとする) 試み. (2) (仮縫い服を) 着てみること, 仮縫い. **～·òut** [㊕ ⌐⌐] 〖話〗(1) (適格) 試験, ためし. (2) 〖劇〗試験興行, 人気探り. (3) 〖米俗〗予選(競技). **～·sail** [tráisèil |〖海〗 -sl]〖船〗斜桁(しゃこう)帆. **～-square** [⌐⌐] 《大工用の》正角定規.

(類義語) 試みる: **try** 最も一般的な語. **attempt** ほぼ try とおなじだが, より大胆な試みを示唆する: He *attempted* to deceive me. 彼は不遜(ふそん)にも私をだまそうとした. **essay** 口語ではほとんど用いられない格式ばったことば. try, attempt には失敗の可能性が示唆されるが, essay ではもくろみを実現するために踏む手続きに力点がある: *essay* to assist a friend 友人を助けようとする.
(類) → **test**「試験する」

trý·ing [tráiiŋ] *a.* **1** 耐えがたい, つらい, ほねのおれる; 疲れる. **2** 腹立たしい. **3** ためしの. **4** 仕上げの: a ～ plane 仕上げかんな. ◇ **～·ly** *ad.* **～·ness** *n.*

trýp·a·no·some [trípənəsòum] *n.* 〖動〗トリパノソーマ《血液内に寄生するべんチュウの一種》.

trýp·sin [trípsin] *n.* 〖生化〗トリプシン《すい液中のたんぱく質分解酵素》.

tryst [trist, traist] *n.* **1** 会合の約束《特に恋人どうしの秘密の》: keep [break] ～ (with) (と)会合の約束を守る[破る]. **2** (約束の) 会合, あいびき. **3** 会合[密会]の場所.
—— *vt.* 〈会合を〉約束する; 〈会合の時・場所を〉約束する: at the ～*ed* hour [time] 指定された時間に.
—— *vi.* 会合を約束する; (約束によって) 会合する: at the ～*ing* place 指定された場所に.
◇ **～·er** *n.*

tsar [tsɑːr/zɑː, tsɑː], **tsár·e·vitch** [tsɑ́ːrəvitʃ/zɑ́ːr-], **tsa·rí·na** [tsɑːríːnə / zɑːr-] =czar, czarevitch, czarina.

Tschai·kóv·sky =Tchaikovsky.

tsét·se [tsétsi] *n.* 〖虫〗ツェツェバエ (=～ fly) 《アフリカ産吸血バエの一種. 家畜の伝染病・眠り病の媒介をする》.

tsp. teaspoon(ful).

Tu 〖化〗thulium. **Tu.** Tuesday. **T.U.** toxic unit; Trade Union; Training Unit; transmission unit.

‡tub [tʌb] *n.* **1** おけ, たらい. **2** おけいっぱい, おけ1杯の量. **3** ふろおけ, 浴槽(よくそう), 湯船 (=bathtub). **4**〖話〗入浴, 行水: have a (hot) ～ 入浴する. **5**《バター・ラードなどを入れる》木ばち. **6** ぶかっこうなのろい船; 古船; 練習用のボート. **7**〖鉱山〗鉱石を運びあげる つりおけ. **8**《けいべつ的》説教壇. **9**〖米俗〗でぶ. ***Every ～ must*** [***Let every ～***] ***stand on its own bottom.*** 〖諺〗人は自己をたのまなければならない. ***tale of a ～*** 〖古〗ばかげた物語. ***throw out a ～ to the whole*** 《比喩的》《迫った危険をしのぐため》人の目をくらます.
—— *vi., vt.* (**-bb-**) **1** おけに入れる. **2** 《練習用ボートで》練習する[させる]. **3**〖英話〗入浴する[させる], 行水する. **4**〖鉱山〗〈たて穴に〉側壁をつける.
～ thumper テーブルをたたいて熱弁をふるう人. **～ thumping** テーブルをたたいて熱弁をふるうこと.
◇ **～·ber** *n.* **～·like** *a.*

tú·ba [t(j)úːbə/tjúː-] *n.* (*pl.* **-bas, -bae** [-biː]) **1** 〖楽〗チューバ《低音用金管楽器》. **2** オルガンのチューバ音栓(おんせん). **3** 《古代ローマの》軍用らっぱの一種.

túb·by [tʌ́bi] *a.* **1** おけ状の; ずんぐりした. **2** 《楽器が》おけをたたくような鈍い音がする, 反響の乏しい.

‡tube [t(j)uːb/tjuːb] *n.* **1** 《金属・ガラス・ゴムなどの》管, 筒: boiler ～*s* ボイラー管. optic ～*s* 望遠鏡. a test ～ 試験管. a tin ～ スズ管, チューブ容器. a torpedo ～ 魚雷発射管. **2** 《絵の具・練り歯みがきなどの》チューブ: a ～ of toothpaste. **3**〖英〗《地下鉄の》トンネル, 地下道; 〖話〗《特にロンドンの》地下鉄 (=㊍ subway): travel to the office by ～ 地下鉄で出勤する. **4**〖米: 電〗真空管. **5**〖植〗管, 管状部; 〖医・動〗管, 管状器官: bronchial ～*s* 気管支. —— *vt.* **1** に管をつける. **2** 管に入れる. **3** 管状にする.
～ colors チューブ入り絵の具. **～ culture** 《細菌の》試験管培養. **～ foot** 《棘皮(きょくひ)動物の》管足. **～ pan** 大型ケーキ用なべ《火の通りをよくするため中央に円筒状の穴がある》. **～ station** 〖英〗地下鉄駅. **～ well** 管井戸《底に穴をあけた鉄管を通して水を得る》.

tú·ber [t(j)úːbər/tjúː-] *n.* **1**〖植〗塊茎, 球根; 西洋松露. **2**〖医〗結節, 病的隆起.

tú·ber·cle [t(j)úːbərkl/tjúː-] *n.* **1**〖植〗小塊茎. **2**〖医〗小瘤(しょうりゅう); (結核) 結節. **～ bacillus** 結核菌. ◇ **～d** [-d] *a.* 結節のできた.

tu·bér·cu·lar [t(j)uːbə́ːrkjulər/tjuː-] *a.* **1** 小塊茎の. **2** 結節のある; 結核 (性) の.
—— *n.* 結核患者. ◇ **～·ly** *ad.*

tu·bér·cu·lin [-kjulin] *n.* ツベルクリン (注射液). **～ test** ツベルクリン検査.

tu·bèr·cu·ló·sis [t(j)uːbə̀ːrkjulóusis/tjuː-] *n.* 〖医〗結核《略 TB》; 肺結核.

tu·bér·cu·lous [t(j)uːbə́ːrkjuləs/tjuː-] *a.* 結節のある; 結核にかかった, 結核性の. ◇ **～·ly** *ad.*

tú·ber·ose[1] [t(j)úːbəròus/tjúː-], **tú·ber·ous** [-rəs] *a.* 〖植〗塊茎 (状) の; 結節性 [状] の.
◇ **tù·ber·ós·i·ty** [⌐–rɑ́səti/-rɔ́s-] *n.* 塊茎のあること, 塊茎状; 結節性 [状].

tú·be·rose[2] [t(j)úːbəròuz/tjúː-] *n.* 〖植〗月下香.

tú·bi·form [t(j)úːbifɔ̀ːrm/tjúː-] *a.* 管状の.

túb·ing [t(j)úːbiŋ/tjúː-] *n.* **1** 配管; 管組織. **2** 管材料; 管類; (一片の) 管.

tú·bu·lar [t(j)úːbjulər/tjúː-] *a.* **1** 管 (状) の; 管でつくった: a ～ boiler 管式ボイラー. ～ furniture パイプ式家具. **2** 管を吹くような音のする.
◇ **～·ly** *ad.*

tú·bu·late [t(j)úːbjulit, -lèit/tjúːbjulit] *a.* 管状の,

管つきの. —— [-lèit] *vt.* 管状にする; に管をつける.

tú·bule [t(j)úːbjuːl/tjúː-] *n.* 小管, 細管.

tú·bu·lous [t(j)úːbjuləs/tjúː-] *a.* (数個の) 管からなる; 管状の; 小管の. ◇ **~·ly** *ad.*

tú·bu·lure [-ljùər, ㊍⁺-lər] *n.* ガラス管口《水差し・蒸留器などの》.

‡**tuck**[1] [tʌk] *n.* **1**《衣服などの》ひだ, あげ, タック: make [put in, take out] a ~ in a dress [the sleeve of a shirt] 着物 [シャツのそで] にひだをとる. **2**〘俗〙食べ物; 菓子. **3**〘海〙船尾突出部の下方. **4**〘水泳〙タック《ダイビングの型の一つ》.

—— *vt.* **1** しまい込む, 隠す: *T*~ the money into your wallet. そのお金をさいふにしまいなさい. **2** 押し込む, 詰め込む《*in*; へ *into*, の下へ *under*》: Your shirt is hanging out. *T*~ it *in*. シャツのすそが出ているよ. ズボンの中へ入れなさい. She ~*ed* her hair *into* her bathing cap. 彼女は髪を水泳帽の中へ押し入れた. The bird ~*ed* its head *under* its wing. 鳥は翼の下に首をうめた. ~ one's knees *under* one's chin ひざを引き寄せてあごをのせる. **3** くるむ《*up*》: She ~*ed* the child *up* in bed. 彼女は子どもを夜具にくるんだ. **4** <すそなどを> たくし上げる, 巻き上げる《*up*》: She ~*ed up* her skirt and waded across the stream. 彼女はスカートをはしょって流れを渡った. He ~*ed up* his shirt-sleeves. 彼はシャツのそでをまくり上げた. **5** <着物に> 縫いあげをする, あげをつける《*in*》. **6** <魚を>すくい網で大網からすくい上げる. **7**〘俗〙食べる, 飲む, 平らげる《*in*, *away*》. **8**〘俗〙絞首刑にする《*up*》.

—— *vi.* **1** 縫いあげをつける, タックを取る; しわ[ひだ]になる, すぼまる. **2**〘俗〙たらふく[がつがつ]食べる《*in*; を *into*》: ~ *into* a pie パイにかぶりつく.

~ away しまい込む; 隠す: The village is ~*ed away* in a quiet valley. その村は静かな谷間に隠れている. ***~ on***〘俗〙《高値を》ふっかける: They did ~ it *on*. ばかにふっかけやがった. ***~ the sheet in*** 敷布の端をふとんの下に折り込む. ***~ oneself up in*** bed (夜具) にくるまる.

~-in [⌐⌐], **~-out** [⌐⌐]〘英俗〙ごちそう. **~-shop** [⌐⌐]〘英俗〙菓子 (売) 店.

tuck[2] *n.*〘スコットランド〙太鼓を打つ音;〘古〙らっぱの吹奏.

túck·er [tʌ́kər] *n.* **1** 縫いあげをする人;《ミシンの》ひだ縫い機 [装置]. **2**《17–18世紀の婦人用》えり布;《シュミーズの上に着る》レース飾りの胸着 (chemisette). **3**〘英俗〙食物. one's ***best bib and ~*** 晴れ着. —— *vt.*〘米話〙疲れさせる《*out*》.

túck·et [tʌ́kit] *n.* らっぱの吹奏, ファンファーレ.

Túc·son [túːsɑn, −⌐/tuːsɔ́n, ⌐−] *n.* アメリカ Arizona 州の都市《保養地》.

-tude [-t(j)ùːd/-tjuːd] *suf.* ラテン系形容詞につけて性質・状態を示す抽象名詞をつくる《しばしば前に母音 i を伴う》: forti*tude* 剛勇 <√fort-. soli*tude* 孤独<√sol-[1].

Tú·dor [t(j)úːdər/tjúː-] *a.*, *n.* **1**〘英史〙チュードル王家 [王朝] の (人). **2**〘建〙チュードル様式 (の). ***the ~s*** = ***the House of ~*** チュードル王家《1485–1603》.

Tues. Tuesday.

†**Túes·day** [t(j)úːzdi, -dei/tjúːz-] *n.* 火曜日《略 Tu., Tues.》.

tú·fa [t(j)úːfə/tjúː-] *n.* **1**〘鉱〙石灰華 (=calc-tufa, calc-tuff)《多孔質炭酸石灰の沈殿物》. **2** = tuff. ◇ **tu·fá·ceous** [t(j)uːféiʃəs/tjuː-] *a.*

tuff [tʌf] *n.*〘地〙凝灰岩 (=volcanic ~).

*__tuft__ [tʌft] *n.* **1** ふさ《髪・羽毛などの》. **2** 茂み, やぶ. **3**〘古〙イギリスの大学の貴族学生; その制帽の金のふさ. —— *vt.* にふさを付ける [で飾る]; <ふとんなどを> とじる. —— *vi.* ふさになる, 束になってはえる.

~·hunt·er 権門にへつらう人; おべっかつかい.

◇ **~·ed** [-id] *a.* ふさの付いた [で飾った]; ふさ状の; 群がりはえている.

túft·y [tʌ́fti] *a.* ふさ (状) の; ふさの多い; 群生する. ◇ **-i·ly** *ad.*

*__tug__ [tʌg] *v.* (**-gg-**) *vt.* **1** 引く, (強く) 引っ張る: The mother came out ~*ging* her child by the hand, and hurried off. 母親は子どもの手をぐいぐい引いて出てきて, 急いで立ち去った. **2** <船を> 引く, 引き船をする: ~ a boat.

—— *vi.* **1** (力まかせに) 引く, 引っ張る《を *at*》: Don't ~ so hard. It will break. そんなに力いっぱい引っ張るな. 切れるぞ. The kitten was ~*ging at* my shoelace. 子ネコはくつのひもを引っ張っていた. **2** 努力する; 奮闘する: I've been ~*ging* to buy the house. その家を買うために猛烈に働いてきた. **3** ぐんぐん進む [歩く]《*away*, *down*, *up*》. ***~ at the*** [***an***] ***oar***《ガレー船のどれいとなって》かいをこぐ; あくせく働く.

—— *n.* **1** 強く引くこと; 引っ張ること: I felt a ~ at my sleeve. だれかがそでを引っ張るのを感じた. **2** 努力, 奮闘: Parting from my family was a ~. 家族から別れるのはつらかった [たいへんな努力を要した]. **3** 競争. **4** 引き綱;《馬具の》引き皮. **5** 引き船 (=tugboat). **6**〘英俗〙《Eton 校の》給費生. ***give a ~*** (ぐいと) 引く《を *at*》: *give a ~ at* the bell 呼び鈴のひもを引く. The naughty boy *gave* his sister's hair *a* ~. わんぱくむすこは姉の髪を引っ張った. ***have a great ~ to***(do) [***at*** (do)***ing***] …に苦労する, …するのにほねをおる: I *had a great ~ to* persuade him. 彼の説得にほねがおれた. ***~ of war*** 綱引き; 決戦. **~·boat** [⌐⌐] 引き船, タグボート. 〔類〕→ **pull**「引く」

tu·í·tion [t(j)uːíʃ(ə)n/tjuː-] *n.* **1** 授業料 (=~ fee). **2** 教授, 授業. [√tu-] ◇ **~·al** [-ʃən(ə)l], **~·ar·y** [-ʃənèri/-ʃ(ə)nəri] *a.* 教授の; 授業料の.

tù·la·ráe·mi·a, tù·la·ré·mi·a [tùːləríːmiə] *n.*〘医〙ツラレミア, 野兎(やと)病.

†**tú·lip** [t(j)úːlip/tjúː-] *n.*〘植〙チューリップ; その花 [球根]. **~ tree**〘植〙《北アメリカ産》ユリノキ.

tulle [t(j)uːl/tjuːl] *n.* チュール《ベール用網状の薄絹》.

tul·wár [tʌlwɑ́ːr/⌐−] *n.*《北インド人の》曲がり刀.

‡**túm·ble** [tʌ́mbl] *vi.* **1** ころぶ, 倒れる《*off*, *over*》; ころがり落ちる, 転落する《*down*》: ~ *down* the stairs [*off* a horse] 階段 [馬] からころげ落ちる. **2** ころげ回る, のたうち回る; 寝返りをうつ《*about*》: The puppies ~*d about* on the floor. 子犬たちは床の上をころげ回った. **3** <価格などが> 暴落する; 急に下がる. **4** <権勢家などが> 没落する, 失脚する. **5** <建物などが> くずれ落ちる, 崩壊寸前である: The old barn is ~*bing* to pieces. 古い納屋はくずれかかっている. **6**《副詞 (句) を伴って》ころがるように [あわてて] …する: I was so tired that I threw my clothes off and ~*d into* bed. とても疲れていたので服を脱ぎ捨てると床にそそくさともぐり込んだ. ~ *out of* a bus バスからわれがちに飛び出す. **7** 宙返りする, とんぼ返りする. **8**〘話〙はっと気がつく, 合点する, 悟る《に, を *to*》: At last he ~*d to* what I was hinting at. 彼はようやく私の暗示に気がついた.

~ along ころがるように走る. ***~ and toss*** from pain (痛くて) ころげ回る. ***~ home***〘船〙《船側が》最大船幅から上で内側に曲がる;〘俗〙寝床にもぐり込む. ***~ in*** (1) = ~ home. (2)〘木工〙はめ込む. ***~ on*** a thing (もの)を踏みつける. ***~ over*** (1) ころがる; ころぶ, つまずく: The baby just learning to walk is always ~*bing over*. 歩き始めたばかりの幼児はころんでばかりいる. (2) ひっくり返す; <馬が乗り手を> 振り落とす. ***~ up*** ころぶようにして [あわてて] 駆け上がる.

—— *vt.* **1** ころがす, 倒す, ひっくり返す《*down*, *over*》: The wrestler ~*d* the opponent. レスラーは相手を倒した. ~ *over* a barrel たるをころがす. **2** ほうる, ほうり [投げ] 出す: The accident ~*d* them all out of the bus. 事故のため彼らはみなバスからほうり出された. **3** 混乱させる, ごちゃごちゃ [くしゃくしゃ] に

する: ～ a bed 寝床をごちゃごちゃにする. ～ one's clothes [hair] 着物 [髪] をくしゃくしゃにする.
—— *n.* **1** ころび, 転倒, 転落. **2** 曲芸の」宙返り, とんぼ返り (somersault). **3** 混乱, めちゃくちゃ. **4** 〘米俗〙災難. ***all in a ～*** 全くごちゃごちゃになって. ***have a*** slight ～ (ちょっと) ころぶ: I *had a* nasty ～. いやというほどひどくころんだ.
～·bug [ˊ-ˌ-] 〘虫〙ダイコクコガネの類. **～-down** [ˊ-ˌ-] つぶされそうな;《建物が》荒れ果てた: What a ～*-down* shack you live in! なんたるあばら屋にきみは住んでいるのだ. **～·weed** [ˊ-ˌ-] 〘米:植〙秋風に吹き倒される》ヒユ・アカザなどの雑草.

túm·bler [tʌ́mblər] *n.* **1** 《台や柄のない》大コップ; 大コップ1杯. 〈注〉台のあるものは goblet, 柄のあるものを mug と呼ぶ. cup は柄・台の両方あるいわゆるカップ, もしくは紅茶・コーヒー用の台ざらつきのもの. **2** 宙返りする人, 曲芸師, 軽わざ師; 〘鳥〙チュウガエリバト《ドバトの一種》; 起き上がり小法師. **3** 《銃の》はじき金, 翻転(ほんてん)装置; 《錠の》槓桿(こうかん). **4** 転摩機. **～ switch**＝toggle switch.
◇ **～·ful** [-fùl] *n.* 大コップ1杯 (の量).

túm·brel [tʌ́mbrəl], **túm·bril** [-bril] *n.* 肥料車; 〘軍〙弾薬運搬車; 〘史〙《フランス革命時代の》死刑囚護送車.

tù·me·fác·tion [t(j)ùːmifǽkʃ(ə)n/tjùː-] *n.* はれあがること; はれもの.

tú·me·fy [t(j)úːmifài/tjúː-] *vt., vi.* はれあがらせる[あがる], はらす, はれる. [√tum-]

tu·més·cent [t(j)uːmésnt/tjuː-] *a.* はれあがる, 腫脹(しゅちょう)性の. ◇ **-cence** *n.* はれあがり, 腫脹.

tú·mid [t(j)úːmid/tjúː-] *a.* **1** はれあがった. **2** 《表現など》誇張した. [√tum-]
◇ **～·ly** *ad.* **～·ness** *n.*

tu·míd·i·ty [t(j)uːmídiṭi/tjuː-] *n.* はれあがり; 誇張.

túm·my [tʌ́mi] *n.* 〘小児語〙おなか, ぽんぽん.

tú·mor, [英] **tú·mour** [t(j)úːmər/tjúː-] *n.* はれ, 腫脹(しゅちょう); 〘医〙はれもの, 腫瘍(しゅよう): malignant ～ 悪性腫瘍. [√tum-] ◇ **tú·mor·ous** [-mərəs] *a.*

‡**tú·mult** [t(j)úːmʌlt/tjúː-] *n.* **1** 騒ぎ, がやがや; 雑踏; 暴動. **2** 激情, 心の乱れ. ***in*** (***a***) ～ 激動して. [√tum-]

tu·múl·tu·ar·y [t(j)uːmʌ́ltʃuèri/tjuːmʌ́ltjuəri] *a.* **1** ＝tumultuous. **2** 烏合(うごう)の衆の, 規律 [訓練] のない. **3** 乱雑の, 組織のない.

tu·múl·tu·ous [-tʃuəs/-tjuəs] *a.* **1** 騒々しい, 騒乱の. **2** 荒々しい, 激しい. **3** (心の) 激しく動揺した.
◇ **～·ly** *ad.* **～·ness** *n.*

tú·mu·lus [t(j)úːmjuləs/tjúː-] *n.* (*pl.* **-lus·es, -li** [-lài]) つか, 土まんじゅう, 古墳. [√tum(e)-]

tun [tʌn] *n.* **1** 大酒だる; 醸造おけ. **2** 酒類の容量単位《252ガロン》. **——** *vt.* (**-nn-**) 〈酒を〉大だるに入れる, たるに詰めてたくわえる.

tú·na[1] [túːnə] *n.* (*pl.* ～(**s**)) 〘米:魚〙マグロ (＝～ fish).

tú·na[2] *n.* 〘植〙《メキシコ産》ウチワサボテンの一種; その実.

tún·a·ble [t(j)úːnəbl/tjúː-] *a.* **1** 調子を合わせることのできる. **2** 〘古〙好調の, 調子の合った (tuneful).
◇ **～·ness** *n.* **-bly** *ad.*

tún·dra [tʌ́ndrə, tún-] *n.* 《北シベリアなどの》ツンドラ, 凍土帯.

‡**tune** [t(j)uːn/tjuːn] *n.* **1** 曲, 節(ふし), メロディー; 歌曲: whistle a popular ～ 口笛で流行歌を吹く. ～*s* that are easy to remember すぐに覚えられる節. **2** 《歌・楽器の》正しい調子: He can't sing in ～. 彼の歌は調子はずれだ. **3** 気分, きげん: the ～ of a man in distress 悩める男の心持ち. **4** 調和, しっくり合っていること. **5** 〘ラジオ・テレビ〙同調.
be not in ～ for …する気がしない: I *am not in* ～ *for* talk. 話をする気がしない. ***change*** one's ～ 調子を変える; 《特に侮蔑(ぶべつ)から尊敬へと》口調を変える. ***in ～*** (1) 調子が合って. (2) 協調して《と *with*》. ***keep in ～ with*** と調子を合わせる, と仲良くする. ***out of ～*** (1) 調子がはずれて: The piano is *out of* ～. このピアノは調子が狂っている. (2) 仲が悪く; 和合せずに: A person *out of* ～ *with* his surroundings is unhappy. 周囲と同調できない人は不幸だ. ***sing another*** [***a different***] ～ ＝ change one's ～. ***Stay in ～.*** 《アナウンス》スイッチを切らないで [他局に回さないで] ください. ***to the ～ of*** の額まで [で] (to the amount of): He was fined *to the* ～ *of* 2,000 yen. 彼は2,000円の科料に処せられた. ***turn a ～*** 〘話〙1曲歌う [奏する].
—— *vt.* **1** 〘雅〙歌う, ひく, 吹く, 奏する. **2** の調子を合わせる; 調律する; 調音する《に *to*》: ～ a piano. **3** 〘電〙整調する, 同調させる. **4** 適合させる; 整える; 調和させる. **——** *vi.* 調子が合う, 調和する《と *with*》.
～ *in* (1) 波長を合わせる: ～ *in on* "Twenty Questions." 「二十の扉」に周波数を合わせる. (2) 〘俗〙用意する. (3) 注意 [留意] する; 理解する, 悟る. **～ *off*** 〈放送受信を〉途中で切る, スイッチを切る. **～ *out*** (1) 放送受信のダイヤルを他へ回す. (2) 無視する, 意を用いない. (3) 雑音 [他局の放送] を消す. **～ *to*** 一致 [調和] させる; 〘ラジオ〙同調する: ～ one's set *to* the wave-length その波長にラジオを調整する. **～ *up*** (1) 《楽器などの》調子を合わせる: The orchestra were *tuning up* when we entered the concert hall. 音楽堂にはいったときオーケストラは調律していた. (2) 〈機械などを〉調整する: ～ *up* the motor of a car for the race 車のエンジンを競走用に調整[チューンアップ]する. (3) 〘話〙歌いだす; 演奏し始める; 泣きだす; あぶらが乗ってくる: Spring birds begin to ～ *up*. 春の鳥がさえずり始める. (4) 〘米〙〈運動競技を〉練習する; 〈人が〉体調を整える, 仕事に最適な状態となる.
～·smith [ˊ-ˌ] 〘米俗〙《特に流行歌の》作曲家.
～-up [ˊ-ˌ] エンジン調整, チューンアップ.
◇**túne·a·ble** [-əbl] *a.* ＝tunable.

túne·ful [-f(u)l] *a.* 調子のよい, 音楽的な.
◇ **～·ly** [-fuli] *ad.* **～·ness** *n.*

túne·less [t(j)úːnlis/tjúːn-] *a.* 調子はずれの, 音楽的でない; 《楽器などが》音の出ない. ◇ **～·ly** *ad.*

tún·er [t(j)úːnər/tjúː-] *n.* 調律師; 整調器; 〘電〙同調器, チューナー.

tung [tʌŋ] **～ *oil*** 桐油(とうゆ).

túng·state [tʌ́ŋstèit/-stit] *n.* 〘化〙タングステン酸塩.

túng·sten [tʌ́ŋstən] *n.* 〘化〙タングステン《金属元素. 記号 W》. **～ lamp** タングステン電球. **～ steel** タングステン鋼. ◇ **tung·stén·ic** [tʌŋsténik] *a.*

túng·stic [tʌ́ŋstik] *a.* 〘化〙タングステンの: ～ acid タングステン酸.

tú·nic [t(j)úːnik/tjúː-] *n.* **1** トゥニカ《古代ギリシア・ローマ人のシャツに似た上着》. **2** 婦人用上着《スカートの上にかぶさり, ヒップまである》. **3** 〘英〙《軍人・警官などの》上着. **4** 〘植〙種皮. **5** 〘医〙被膜.

tú·ni·cate [t(j)úːnikèit/tjúː-] *a.* 〘動〙被膜 [被嚢] のある. **——** *n.* 〘動〙被嚢(ひのう)類.
◇ **-cat·ed** [-id] *a.* ＝tunicate.

tún·ing [t(j)úːniŋ/tjúː-] *n.* **1** 調律, 整調. **2** 〘電〙同調; 波長整調. **～ fork** 〘楽〙音叉(おんさ). **～ hammer** (ピアノ) 調律用ねじ回し. **～ peg** (弦楽器の) 糸巻き.

Tú·nis [t(j)úːnis/tjúː-] *n.* チュニス《Tunisia の首都》.

Tu·ní·si·a [t(j)uːníʃiə/tjuːníziə] *n.* チュニジア《北アフリカの共和国. 首都 Tunis》.

‡**tún·nel** [tʌ́n(ə)l] *n.* トンネル, 地下道; 〘鉱山〙坑道; 《動物の》穴. **——** *vt., vi.* (**-l-,** [英]**-ll-**) (に)トンネル [坑道] を掘る; トンネルを掘って進む《*through*; へ *into*》: ～ *into* a mountain 山の中へトンネルを掘る. ～ one's way *through* a mountain.

tún·ny [tʌ́ni] *n.* 〘魚〙マグロ. →tuna[1].

tún·y [t(j)úːni/tjúː-] *a.* 調子 [音色] のよい.

tup [tʌp] *n.* **1** 〘英〙雄羊. **2** 〘機〙タップ, 打ちがね. **——** *vt.* (**-pp-**) 〈雄羊が〉つがう.

tú·pe·lo [tú:pəlòu] *n.* (*pl.* **~s**) 〚北アメリカ産〛 水木科の大木; その材.

túp·pence [tʌ́p(ə)ns] =twopence.

tuque [t(j)u:k] *n.* 〚カナダ〛 毛糸の冬帽子.

tu quo·que [t(j)u:-kwóukwi/tjú:-] L. (= you too) きみだって (そうではないか)!; お互いさま! 〈注〉 Caesar が刺殺されるとき, 信頼する Brutus を反逆者のうちに見いだして言った「汝(なんじ)もまた!」から.

Tu·rá·ni·an [t(j)uréiniən/tju(ə)r-] *a.* ツラン語系の, ウラルアルタイ語系の.
—— *n.* ツラン語 (族); ツラン族.

túr·ban [tə́:rbən] *n.* **1** ターバン《回教徒が頭に巻くずきん》. **2**《婦人・子ども用》ターバン風の帽子.
◇ **~ed** [-d] *a.* ターバンを巻いた.

túr·bid [tə́:rbid] *a.* **1**《液体・色などが》濁った;《煙・雲などが》濃い. **2** 乱れた, 混乱した. [√turb-]
◇ **~·ly** *ad.* **~·ness** *n.* **tur·bíd·i·ty** [tə:rbídəti] *n.* 濁り; 混乱 (状態).

túr·bi·nate [tə́:rbənit] *a.* こまのように回る; 倒円すい形の; らせん状の; 〚医〛 甲介骨の.
—— *n.* うずまき形貝がら, 甲介骨. [√turb-]
◇ **tùr·bi·ná·tion** [⌐—néiʃ(ə)n] *n.* 倒円すい形, うずまき形.

túr·bine [tə́:rbin, -bain] *n.* 〚機〛 タービン: a steam ~ 蒸気タービン. a ~ boat タービン船. [√turb-]

túr·bit [tə́:rbit] *n.* 〚鳥〛 ハトの一種.

turbo- 「タービン」の意の連結形.

tùr·bo·e·léc·tric [tə̀:rbouiléktrik] *a.* タービン発電機の.

tùr·bo·gén·er·a·tor [tə̀:rbodʒénərèitər] *n.* タービン発電機.

túr·bo·jèt [tə́:rbodʒèt/⌐—⌐] *n.* タービン式噴射推進機 (=~ engine); ターボジェット (航空) 機.

túr·bo·pròp [-pràp/-prɔ̀p] *n.* ターボプロップ エンジン(=~ engine); ターボプロップ (航空) 機. **~ engine** =turbo-propeller engine.

túr·bo·pro·pèl·ler [-prəpèlər] **~ *engine*** ターボプロップ エンジン《ジェットエネルギーでプロペラを回す方式》.

túr·bot [tə́:rbət] *n.* (*pl.* ~, **~s**) 〚魚〛 ヒラメの一種.

túr·bu·lence [tə́:rbjələns], **-len·cy** [-lənsi] *n.* **1** 動乱, 騒動; 大荒れ. **2** 〚気〛《大気の》乱流. **3** 〚物〛 乱れ, 攪流(かくりゅう).

túr·bu·lent [tə́:rbjələnt] *a.* **1**《風波などが》荒れ狂う;《感情などが》かき乱された. **2** 騒々しい; 乱暴な; 不穏な. [√turb-] ◇ **~·ly** *ad.*

Túr·co [tə́:rkou] *n.* (*pl.* **~s**) フランス軍隊に属するアルジェリア歩兵.

Turco- 「トルコ (人)」の意の連結形 (Turko-).

Túr·co·man [tə́:rkəmən] *n.* (*pl.* **~s**) =Turkoman; Turkmen.

Túr·co·phil [tə́:rkofìl] *n., a.* トルコびいき (の), トルコ好き (の人). ◇ **~·ism** *n.* トルコびいき.

Túr·co·phobe [-fòub] *n.* トルコぎらい (の人).

tu·réen [t(j)urí:n/tə-, t(j)u-] *n.* (ふたつき) スープ入れ《そのまま食卓に出す》.

tureen

‡turf [tə:rf] *n.* (*pl.* **~s, turves** [tə:rvz]) **1** 芝, 芝土: make a lawn by laying ~ 芝を植えて芝ふをつくる. **2** 泥土(でいど); 泥炭. **3** (the ~) 競馬 (界); 競馬場. ***on the*** **~** 競馬を生業として.
—— *vt.* 芝でおおう, に芝を植える, 芝ふにする. **~ *out*** 〚俗〛 追い払う.
~ accountant 〚英〛 =bookmaker. **⌐-bound** [⌐⌐] 芝を敷き詰めた. **⌐·clad** [⌐⌐] 芝でおおわれた. **~ court** 芝ふの庭球コート. **~ drain** 芝みぞ《芝でつくった排水路》. **⌐·man** [-mən] (*pl.* **-men**) 競馬狂〔通〕. **~ spade** 芝掘り用すき.

túrf·ite [tə́:rfait] *n.* 競馬狂〔通〕.

túrf·y [tə́:rfi] *a.* **1** 芝でおおわれた, 芝ふのような. **2** 泥炭質の. **3** 競馬 (場) の. ◇ **túrf·i·ness** *n.*

Tur·gé·nev [tuərgénjəv/tə:géinjev] *n.* Ivan Sergeevich [ivá:n-sɛərgéjəvitʃ-] ~, 1818–83, ロシアの小説家.

tur·gés·cent [tə:rdʒésnt] *a.* **1** はれあがる. **2** 誇張した. ◇ **-cence** [-sns] *n.* **-cen·cy** *n.* 〚医〛 はれ, 腫脹(しゅちょう); 誇張.

túr·gid [tə́:rdʒid] *a.* **1** はれあがった. **2** 大げさな, 誇張した. ◇ **~·ly** *ad.* **~·ness** *n.* **tur·gíd·i·ty** [tə:rdʒídəti] *n.* はれ, ふくれ; 誇張.

tú·ri·on [t(j)ú(:)riən/tjúər-] *n.* 〚植〛《地下茎から発生する》鱗芽(りんが)のある若い茎.

Turk [tə:rk] *n.* **1** トルコ人, トルコ (語) 族の人;《特に Ottoman 帝国時代にトルコに住んでいた》回教徒. **2** 凶暴な人; わんぱく小僧: a young [little] ~ いたずら小僧, わんぱく者. **3** トルコ馬; トルコ船. ***the Grand*** [***Great***] **~** トルコ皇帝. ***the Young*** **~** トルコ青年党. ***turn*** [***become***] **~** 回教徒となる; 悪党となる.
⌐'s-cap [⌐⌐] (**lily**) 〚植〛 マルタゴンユリ《花弁がトルコ帽に似ている》. **⌐'s-head** [⌐⌐] (1) 〚海〛 ターバン状の飾り結び. (2) ほうきの一種. (3) 菓子焼きなべ.
◇ **⌐·ism** *n.* トルコ風.

Turk. Turkey; Turkish.

Tùr·ke·stán [tə̀:rkistǽn, -stá:n] *n.* トルキスタン《中央アジアの広大な地域を含む》.

‡túr·key [tə́:rki] *n.* **1** 〚鳥〛 七面鳥; その肉《アメリカでは代用肉のばあいもある》; 七面鳥に類似の大鳥《bustard, ibis など》. **2** 〚米俗〛《芝居や映画の》失敗. **3** 〚ボーリング〛 ターキー《ストライクが三つ連続》. ***not say*** (***pea-***)**~** 〚米俗〛 うんともすんとも言わない. ***proud as a lame*** **~** たいへんけんそんな. ***say*** **~** あいそよく話す: You never once *said* ~ to me. きみは一度も私にあいそよく話したことはない. ***talk*** **~** 〚米話〛 率直に言う; まじめに話す.
~ buzzard = ~ vulture. **~ cock** 雄の七面鳥;《比喩的》気どり屋: turn as red as a ~ *cock* 怒りなどで顔が真っ赤になる. **~ corn** 〚植〛 トウモロコシ. **~ hen** 雌の七面鳥. **~ poult** 七面鳥のひな. **~ trot** 舞踊の一種《2人1組みが円をつくって踊る》. **~ vulture** 〚鳥〛 ハゲワシの一種《南アメリカ・中央アメリカ・北アメリカ南部にすむ》.

***Túr·key** [tə́:rki] *n.* トルコ《中東の共和国. 首都 Ankara》. **~ carpet** トルコじゅうたん. **~ leather** トルコ皮《毛を除く前に油でなめしたもの》. **~ red** トルコ赤;《アリザリンで染めた》赤もめん. **~ stone** =turquoise;《上質の》油といし.

Túrk·ish [tə́:rkiʃ] *a.* トルコの; トルコ人 (風) の; トルコ語の. **——** *n.* トルコ語.
~ bath トルコぶろ, 蒸しぶろ; (通例 *pl.*) その浴場 (設備). **~ carpet** [**rug**] = Turkey carpet. **~ delight** [**paste**] 金玉糖, ぎゅうひあめ. **~ Empire** 旧トルコ帝国 (Ottoman Empire). **~ music**《打楽器で奏する》トルコ音楽. **~ pound** トルコポンド《略 £T》. **~ tobacco** トルコたばこ. **~ towel** タオル《毛羽の長いもの》.

Túrk·man [tə́:rkmən] *n.* (*pl.* **-men**) トルクメニスタン人. ◇ **Turk·mé·ni·an** [tə:rkmí:niən] *a.*

Túrk·men [tə́:rkmen] =Turkoman ②.

Tùrk·men·i·stán [tə̀:rkmenistǽn/-stá:n] *n.* トルクメニスタン《ソ連邦の一共和国》.

Turko- =Turco-.

Túr·ko·man [tə́:rkəmən] *n.* (*pl.* **~s**) **1** トルコマン人《トルキスタン・イラン地方に住むトルコ族》. **2** トルコマン語. **~ rug** 毛羽の柔らかい色つきのじゅうたん.

túr·mer·ic [tə́:rmərik] *n.* **1** 〚植〛 ウコン. **2** その根 (の粉末)《染料・薬剤・調味料用》. **~ paper** 〚化〛 姜黄(きょう)紙, クルクマ紙《アルカリ性検出用》.

túr·moil [tə́:rmɔil] *n.* 騒ぎ, 騒動, 動揺, 混乱.

†turn [tə:rn] *vt.* **1** 回す, 回転させる: ~ a wheel 車輪を回す. ~ a key かぎを回す. *T*~ your head

around and look back. 首を回して振り返れ.
2 〈スイッチ・せんを〉回す; 〈照明・ラジオ・ガス・水道などを〉**つける**, 出す《*on*》; **止める**, 消す《*off*》: ～ the tap [water] *on* [*off*] せんをひねって水を出す[止める]. ～ the lights low 明かりを暗くする.
3 回る, 曲がる; の側面に出る: The car ～*ed* the corner. 車はかどを曲がった. ～ (the flank of) the enemy 敵の側面へ出る.
4 〈年齢・時刻などを〉過ぎる, 越す: He has not yet ～*ed* sixty. まだ60歳になっていない. It has just ～*ed* five. ちょうど5時を過ぎたところだ.
5 まくる, めくる, 曲げる, 掘り返す; 〈刃を〉鈍くする: The cold wind made him ～ his collar up. 風が寒いので彼はえりを立てた. He was idly ～*ing* the pages of a book. のんびりと本のページをめくっていた.
6 〈着物を〉 **裏返す**, 仕立てなおす: have an old overcoat ～*ed* 古いオーバーを裏返しさせる.
7 ひっくり返す, さかさにする, 転倒する: ～ a cake on a gridiron 焼き網の上で菓子を裏返す. ～ an hourglass 砂どけいをさかさにする.
8 《他の容器へ》さかさにして注ぐ: ～ oil from the pan into a can 油をフライパンからかんに移す.
9 《ある方向に》**向ける**《に *to, toward, on*》; 刃向かわせる《に *against*》: He ～*ed* his back *to* the wall [*on* me]. 壁に[私に] 背を向けた. ～ one's mind *to* serious matters まじめな問題に心を向ける. He ～*ed* his gun *on* me. 銃をこちらへ向けた. ～ the car *toward* downtown 中心街へ車を向ける. They ～*ed* his family *against* him. 彼らは彼の家族を彼の敵にした.
10 《ある用途・目的に》さし向ける, 《…の》対象にする: ～ a thing *to* good use [account] 物を善用[利用]する. She ～*ed* his remarks *to* ridicule. 彼女は彼のことばを物笑いのたねとした.
11 わきへそらす, (他へ) 転ずる; の心を変えさせる: Nothing will ～ him *from* his purpose. なにものも彼に目的を変えさせまい. I ～*ed* her *to* [*toward*] progressive ideas. 私は彼女を進歩的考えに転向させた. ～ the conversation away from an unpleasant topic 不愉快な話題を他に転ずる. ～ the blow 打撃をそらす.
12 追いやる, 追い出す: He ～*ed* the dog *from* the door. 彼は犬を (外へ) 追い出した. He ～*ed* his son adrift in the world. 彼はむすこを世間の荒波に突き出した.
13 《…に》変える, 《…に》する, 変質[変色] させる: ～ cream *into* butter クリームをバターにする. The sight of the blood ～*ed* her nauseous. 血を見ると彼女の胸がむかっとなった. Thunder ～*s* milk sour. 雷が鳴るとミルクが腐る《迷信》.
14 〈頭を〉変にする: Success has ～*ed* his head. 成功に頭が狂った.
15 の筋を違える, の関節をはずす: ～ one's ankle.
16 交換する: She ～*ed* her eggs into hard cash. 彼女は卵を現金に替えた.
17 翻訳する; 言い替える: Can you ～ this passage into Greek? この文をギリシア語に直せるか.
18 〈金・商品を〉回す, 回転させる《*over*》.
19 熟考する《*over*》: She ～*ed* the plan *over* in her mind. 彼女は心中で計画を検討した.
20 ろくろ[旋盤] で削る; 手ぎわよくつくる[仕上げる]: ～ a candlestick out of brass しんちゅうで燭台(しょくだい)をつくる. 「名文句.
21 〈表現を〉うまくくふうする: a well-～*ed* phrase
22 〈とんぼ返りを〉する: ～ a somersault.
23 〈胃を〉むかつかせる: ～ one's stomach.
—— *vi.* **1** 《物のまわりを》**巡る**, 回る, 周転する: The earth ～*s* round the sun. 地球は太陽のまわりを巡る.
2 《物のふち・かどを》**曲がる**, 回る, 折れる, 曲折する: *T*～ to the left at the first crossing. 最初の交差点で左へ曲がりなさい.
3 《それ自体で》**回る**, 回転する《完全に一回転するとは限らず, 半回転などでもよい》: The wheels were ～*ing* slowly. 車輪がゆっくり回転していた. The key won't ～. かぎが回らない. This tap ～*s* easily. このじゃ口は堅くない.
4 振り返る, 振り向く: He ～*ed* when I called him. 呼んだら彼はこちらを向いた.
5 向く, 向かう, 注意 [考え, 欲望] を向ける《へ *to, towards*》: All faces ～*ed towards* him as he rose. 彼が立ち上がると皆がそちらへ顔を向けた. She did not know which way *to* ～ to find a friend. 彼女はどちらへ行けば味方が得られるかわからなかった. He ～*ed* back *to* his work. 彼は仕事へもどった. She ～*ed to* music. 彼女は音楽を志した. Let us now ～ from the poem *to* the author's career. さて作品としての詩から作者の経歴へ話題を移そう.
6 助けを求める《に *to*》: ～ *to* God 神に祈る. ～ *to* a dictionary 辞書を参照する.
7 (…に) **変わる**, 変転する: The rain ～*ed to* sleet. 雨がみぞれになった. The weather ～*ed* fine. 天気がよくなった. He ～*ed* pale at the news. 彼はその知らせに顔が青くなった. a businessman ～*ed* poet 詩人になった実業家.
8 これまでの態度を変える; 転向する, くら替えする; 変節する, 改宗する: ～ *in favor of* [*against*] a person 急に人をひいきする[きらう] ようになる. ～ *from* one's party 自分の党にそむく. ～ *to* Christianity キリスト教にはいる.
9 〈牛乳などが〉すっぱくなる, 酸敗する: ～ sour.
10 〈木の葉が〉変色する: The leaves are beginning to ～.
11 ひっくり返る, 反転する, 転覆する: ～ on one's side [to the other side in sleeping] 寝返りをうつ. make a person ～ in his grave 人を地下でのたうち回らせる《死人を安らかに成仏させない》.
12 〈衣服・刃が〉まくれる.
13 逆転する, 方向を転ずる, 引き返す: It's time to ～ now. もう引き返すころあいだ.
14 《抵抗・攻撃のために》向きなおる, 反撃する, 敵対する《に *against, on*》.
15 〈潮が〉変わる, 〈形勢などが〉逆転する: The tide has ～*ed*. 潮が変わった; 情勢が逆転した.
16 《…に》かかわる, 《…に》よる《に *on, upon*》: The question ～*s on* this point. 問題はこの点が中心になっている. Everything ～*s on* your answer. 万事あなたの返答にかかっている.
17 〈頭が〉めまいがする, 〈胃が〉吐き気がする: My head ～*s*. 頭がくらくらする. His head has ～*ed* with success. 彼は成功に頭がおかしくなった.
18 〈旋盤細工が〉でき上がる, (…に) 挽(ひ)ける.
A worm will* ～.** 《諺》一寸の虫にも五分の魂《虫でさえ立ち向かってくる》. **～ *about 振り向く, 向きなおる. **～ *a complete circle*** 完全に一回りする. **～ *against*** (1) …にそむく; に反対する. (2) に対して嫌悪(けんお)の情をいだく. (3) …にそむかせる. **～ *aside*** (1)道をそれる; 踏み迷う. (2) 顔をそむける, わきを向く. (3) 受け流す, かわす; 〈怒りを〉 静める: That will ～ *aside* his temper. それで彼のかんしゃくがおさまるだろう. **～ *away*** (1) 顔をそむける: She ～*ed away* in disgust. 彼女は胸をむかつかせて顔をそむけた. (2) 追い出す; 〈客などを〉断わる; 解雇する: ～ *away* a beggar こじきを追い返す. We had to ～ *away* hundreds of people because all seats had been sold. 座席が満員で何百人もの客を断わらなければならなかった. 〈注〉 turnaway は名詞として「満員で場外にあふれた客」. (3) 〈災害などを〉 避ける; 顧みない. **～ *back*** (1) もどる, 引き返す. (2) もどす, 引き返させる. (3) 〈とけいを〉 遅らせる: ～ the clock *back*. **～ *down*** (1) 折りたたむ; 折り返す: ～ *down* one's coat collar. ～ *down* the bedclothes. (2) 伏せ

る, 下を向けて置く; うつ向ける: ～ *down* a playing-card. (3) 拒絶する, 却下する, しかる: He asked her to marry him but she ～*ed* him *down* [～*ed down* his proposal]. 彼は彼女に結婚を申し込んだが断わられた. (4)〈明かり・ガスなどを〉ねじを回して細くする; 音を小さくする: ～ *down* the lights. (5) を曲がってはいる: ～ *down* a narrow road. **～ *forth*** 追い出す, 追放する. **～ *one's hand to*** に着手する, を始める, に手を染める. **～ *in*** (1) 内に向ける〔入れる〕; 折り込む; 内に向く〔曲がる〕: His toes ～ *in*. (2) 床につく: He ～*ed in* at 11 last night. 彼は昨夜11時に寝た. (3) ちょっと立ち寄る: ～ *in* at a bar バーに立ち寄る. (4) 返す: You must ～ *in* your uniform when you leave the team. チームを去るときユニホームを返さなければならない. (5)〈書類などを〉差し出す, 提出する: ～ *in* one's resignation 辞表を出す. **～ *inside out*** 裏返しにする〔なる〕. **～ *loose* (*upon the world*)** のがす, 放つ, 自由の身とする. **～ *off*** (1) 追い払う; 解雇する: The maid was ～*ed off* for carelessness. その女中は不注意なので暇を出された. (2)〈水道・ラジオなどを〉止める;〈電燈などを〉消す: ～ *off* the water [lights, radio]. (3)〈いやな話などを〉そらす, 転ずる: She ～*ed* it *off* as a joke. 彼女はそれを冗談として受け流した. (4) しとげる, 仕上げる, 生産する. (5)〈道が〉分かれる, それる: Is this where we ～ [our road ～*s*] *off* for Yokohama? ここが横浜への分岐点か. (6)〖俗〗〈罪人を〉縛り首にする;〈男女を〉結婚させる. **～ *on* [*upon*]** (1)〈ガス・水道などを〉(せんを回して) 出す;〈電燈を〉つける: ～ *on* the lights. (2) に敵対する; に抗弁する; …にくってかかる: The dog ～*ed on* me and bit me in the leg. 犬が向かってきて足をかんだ. (3) …によって決まる, …しだいである: Everything ～*s on* your consent. 万事がきみの賛成いかんによって決まる. (4)〖俗〗始めさせる《を *to*》: ～ *on* a person *to* work. (5)〖俗〗麻薬を飲んで陶然とする. (6)〖俗〗〈人に〉麻薬を飲ませる; 興奮させる. **～ *on the heat*** 銃火を浴びせる. **～ *out*** (1)〈ガス・電燈などを〉止める, 消す: Please ～ *out* the lights before you go to bed. (2)〈容器の〉中身をあける, 出す; 暴露する: ～ *out* all the drawers in one's desk 机の引き出し全部の中身をあける. (3) 外に出す; 牧場に出す; 追い出す, 追い払う; 解雇する: ～ *out* a tenant 借家人を追い出す. (4) つくり出す, 生産する; 仕立てる; 盛装させる: The factory ～*s out* 10,000 cars a month. この工場はひと月 1 万台の自動車を生産する. She was elegantly ～*ed out*. 彼女はあでやかに盛装していた. (5) 起床する, 起き上がる. (6) 裏返す, 裏返る. (7) 外を向く: His toes ～ *out*. (8) 外に呼び出す. (9) 出てくる, 集まる: The whole village ～*ed out* to welcome us. 村じゅう総出で迎えてくれた. (10) 結果…になる, …であることがわかる (prove): Everything ～*ed out* well [satisfactorily]. すべてがよい結果となった. The day ～*ed out* wet. その日は雨で終わった. The rumor has ～*ed out* (to be) false. うわさはうそだとわかった. ..., as it ～*ed out* あいにく, わかったことだが (＝as it happened). **～ *a person out of*** (人を) …から追い出す: ～ a person *out of* his office 免職させる. **～ *over*** (1) ひっくり返す〔返る〕, 倒す, 倒れる;《ページを》めくる: ～ *over* in bed 寝返りをうつ. The car (was) ～*ed* right *over*. 車は完全にでんぐり返った. (2) 熟考する, 思案する, 思い巡らす: ～ *over* a question in one's mind 問題をよく考えてみる. (3)〈仕事・責任などを〉引き渡す, 引き継ぐ《*to*》: I have ～*ed over* the management of my office *to* my nephew. 事務所の管理をおいに引き渡した. The thief was ～*ed over to* the police. どろぼうを警察に引き渡した. (4)〈資金を〉運転する;〖商〗取り扱う, …の額の商いがある: He [The business] ～*s over* $500 a day. **～ *round*** (1) 回転する〔させる〕; 振り向く〔向かせる〕: *T*～ *round* and let me see your profile. わきを向いて横顔を見せてくれたまえ. (2) 変節する〔させる〕; 敵対する《に *on*; *upon*》. **～ *a person round one's little finger*** (人を) あごで使う. **～ *to*** (1) …にたよる, に訴える: The child ～*ed to* its mother *for* comfort [help]. 子どもは母親に慰め〔助け〕を求めた. (2) に取りかかる, に着手する. 〈注〉to 以下の名詞が省略されることが多い: It's time we *turned to* (our work). そろそろ仕事に取りかかるべき時だ. (3) に問い合わせる; を調べる. **～ *up*** (1) 上に向く〔向ける〕, あお向けになる〔にする〕; 上に曲がる〔曲げる〕. (2) 折り返して短くする, はしょる: ～ *up* one's sleeves [the bottoms of one's trousers] 腕〔ズボンのすそ〕をまくる. (3)〈ランプの炎などを〉明るくする, 大きくする;〈ラジオなどの音を〉大きくする: ～ *up* one's lamp. (4) あらわれる, 到着する; 出てくる, 見つかる: He promised to come but hasn't ～*ed up* yet. 彼は来ると約束したがまだ姿をあらわさない. The book you have lost will ～ *up* one of these days. きみがなくした本はそのうち出てくるでしょう. (5) 掘り起こす, 掘り出す: The ploughman ～*ed up* an ancient pitcher. 農夫が古代の水差しを掘り出した. (6)〈機会・事件などが〉発生する: Let's wait for something to ～ *up*. 僥倖(ぎょうこう)を待ち望もう. (7)〖俗〗…に吐き気を催させる: The sight ～*s* me *up*. その光景を見るとむかむかしてくる. **～ *up one's nose*** あかんべえをする; けいべつする, 鼻先であしらう. **～ *upside down*** さかさまにする; 混乱させる.

——*n*. 1 回転; 旋回: the ～ of a screw スクリューの回転.
2 方向転換;〖運〗ターン; 折り返し: make a ～ to the left 左折する.
3 曲がりかど, 曲がり目, 屈曲部: sudden ～*s* in the road 道路の急なカーブ.
4《性質・事情などの》変化, 変転, 逆転: His illness took a favorable ～. 彼の病気は快方に向かった. take an interesting ～ おもしろくなる.
5 変わり目, 変化点; 新しい見方: give a new ～ to に新たな変化〔見方〕をさせる. the ～ of life 更年期.
6《なわなどの》一巻き.
7 順番, 番: It's your ～ to sing now. 今度はきみが歌う番だ. Wait (until it is) your ～. きみの番まで待て.
8 一仕事; 行為, 動作; 散歩, ドライブ, 一巡り: I'll take a few ～*s* round the deck before I go to bed. 寝る前に甲板を少し歩いてこよう. I'll take a ～ at the oars now if you want a rest. きみが休みたいなら少しこちらがこごう.
9 しうち, 仕返し: repay it with a bad ～ 仕返しをもって報いる.
10 性向, 性質, 傾向; 能力, 特殊の才, たち: a boy with a mechanical ～ 機械いじりの才がある子ども.
11 目的, 必要, 急場: I think this book will serve my ～. この本で足りると思う.
12 形勢, ようす.
13《病気などの》発作, むかつき, めまい; 驚き: That gave me quite a ～. それには全くぎょっとなった.
14〖楽〗回音.
15 言い回し, 文体, ことば (づかい): a happy ～ of expression 巧みな言い回し.
16《演芸の》出し物の一つ: a star ～ at the circus サーカスでの人気番組.
17 伏せ字.
18 (*pl.*) 月経.
at every* ～** 変わり目ごとに, しょっちゅう, 必ずと言ってよいほど: He was frustrated *at every* ～. 彼はなにかを目ざすごとに挫折(ざせつ)した. ***by* ～*s かわるがわる; 交替に, 順番に: They laughed and cried *by* ～*s*. 彼らは泣いたかと思うとまた笑った. ***do a person a good* [*an ill, a bad*] ～** (人に) 親切を尽くす〔ひど

いことをする). ***give*** a person (***quite***) ***a*** ～ (人を)ぎょっとさせる. ***in the*** ～ ***of a hand*** 手を返すように; 直ちに. ***in*** ～ かわるがわる; 順番に, しだいに: The boys were summoned *in* ～ to see the examiner. 子どもたちは順番で口頭試問を受けた. ***in*** one's ～ 入れ替わりに; 番に当たって. ***My*** ～ ***will come.*** いまにやるぞ. ***on the*** ～ 変わりかけて, 変わり目で: The tide is *on the* ～. 潮が変わり目である. The milk is *on the* ～. ミルクが腐りかけている. ***out of*** ～ 順序なしに; 順番が狂って. ***Right*** (***Left***, ***About***) ～***!*** 右向け右〔左向け左, 回れ右〕! ***serve*** a person's ～ まにあう; 役に立つ: I hope it will *serve* your ～. それならなんとかお役に立つと思います. ***take a*** ～ ***for the better*** (***worse***) 快方に向かう〔悪化する〕. ***take*** ～***s*** 交替でする, 替わり合う: Let's *take* ～*s* at driving. 運転はかわるがわるやりましょう. ***to a*** ～ 適当に, ちょうどよく, 十分に: done *to a* ～ 《料理が》ほどよくできている.

～·a·bòut (1) 転回, 旋回; 《思想などの》転向; 寝返り. (2) 返報, 仕返し, 恩返し. (3)〘米〙回転木馬. **～·a·round** (1) 往復所要時間. (2) 気変わり, 変節, 《思想などの》転向. (3) 方向転換; 転向. (4)《自動車などの》ターンできる余地. **～·bùck·le**〘機·空〙ターンバックル; 締め金具. **～·cap** [ˊˋ]《煙突の》火の粉止め, 回転帽. **～·coat** [ˊˋ] 裏切り者, 変節者. **～·cock** [ˊˋ] 水道給水せん係. **～·down** [ˊˋ] (1) 折り返した, 折りえり (の). (2)〘米〙排斥, 拒絶. **～·key** [ˊˋ]《刑務所の》看守. **～·off** → 別項. **～·on** [ˊˋ] 麻薬吸引 (陶酔). **～·òut** → 別項. **～·ò·ver** → 別項. **～·pike** [ˊˋ]《しばしば有料の》高速道路; (高速道路) 料金徴集所; 《昔の》有料道路 (toll road). **～·plate** [ˊˋ]〘英〙= turntable①. **～·ròund**《船の》寄港. **～·screw** [ˊˋ] ねじ回し. **～·sole** [ˊˋ]〘植〙花が太陽とともに回ると考えられている植物《ヒマワリ·ヘリオトロープなど》; その染料〔顔料〕. **～·spit** [ˊˋ] (肉の) 焼きぐしを回す人;〘動〙《胴長短脚の》ターンスピット種の犬. **～·stile** [ˊˋ] 回転木戸. **～·stone** [ˊˋ]〘鳥〙キョウジョシギ. **～·tà·ble** (1)〘鉄道〙転車台《機関車などの方向転換用》. (2)《レコードプレーヤーなどの》回転盤. (3) 回転式仕事台. **～·up** [ˊˋ] (1)〘英〙《ズボンなどの》折り返し (の). (2)〘話〙打ち合い, けんか; 騒ぎ. (3) あらわれる〔起こる〕もの〔こと〕.

> (類義語) 回る: **turn** 最も一般的な語. 一回転しないばあいも用いる: The door *turns* on its hinges. ドアはちょうつがいで回転する. **revolve, rotate** ぐるぐる回転することでほとんどおなじように用いられるが, rotate は自分の軸を中心に回るときにのみ用いる. 両語とも季節などが回帰·循環する意味をもつ: The moon *revolves* around the earth. 月は地球の周囲を回る. The earth *rotates* (*revolves*) on its axis. 地球は地軸を中心に自転する. **spin** 急速に回転する: The skater *spun* on the ice. スケーターは氷の上でくるくると回った.
>
> (類) → **become**「…になる」

turned [tə:rnd] *a.* **1** 回した. **2** さかさまの: ～ comma 逆コンマ《'》. **3**《合成語で》できが…の, かっこうが…の, 言い回しが…の: a well-～ ankle (phrase) かっこうのいい足首〔うまい言い回し〕.

～-ón〘俗〙(1) しゃれた,「いかす」,「パンチ」のきいた. (2) 麻薬に酔った.

túrn·er [tə́:rnər] *n.* **1** 回転する人〔物〕; 体操家. **2**〘米〙体育協会員. **3** 旋盤工, ろくろ師. **4** 返しべら, フライ返し《料理用》.

◇ **～·y** [-nəri] *n.* 旋盤〔ろくろ〕細工; 旋盤工場.

Túr·ner [tə́:rnər] *n.* Joseph Mallord William ～, 1775–1851, イギリスの風景画家.

túrn·ing [tə́:rniŋ] *n.* **1** 旋回, 回転; 転向. **2** 曲がり目〔かど〕: take the wrong ～ 道をまちがえる. **3** 旋盤〔ろくろ〕細工 (法). **4** 形づくること, 構成. ～ **point** 転換点; 転換期, 変わり目; 《病気の》とうげ; 危機.

***túr·nip** [tə́:rnip] *n.* **1**〘植〙カブラ (の根). **2**〘俗〙大型銀側懐中どけい. ～ **tops** カブラの葉.

◇ **～·y** [-i] *a.*《風味などが》カブラのような.

túrn·off [tə́:rnɔ̀:f/-ɔf, -ɔ:f] *n.* **1** わき道; 《道路の》分岐点. **2** turn off すること. **3** 完成品. **4** 市場に送られた家畜の数.

túrn·òut [tə́:rnàut/ˊˋ] *n.* **1** 人出; 《集合的》集まった人, 出席者. **2** 生産高〔額〕. **3** 出向くこと; あけること. **4** 非常招集; 起床. **5**〘英〙スト (ライキ); 罷業参加者. **6** 身じたく; 衣装; 装備. **7**〘話〙馬車と供まわり. **8**〘鉄道〙待避線; 《道路上の》車の待避所.

túrn·ò·ver [tə́:rnòuvər] *n.* **1** 転覆, 転倒. **2**《店の客·アパートの住人などの》入れ替わり, 出入り. **3** 労働者〔雇い人〕の交替数; 退職者と新雇用者との比率. **4** 仕事の扱い高〔出来高〕, 売上高; 《株式売買の》出来高. **5** 在庫品の動き; 投資回転率. **6** (意見の) 変更;〘政俗〙票の移動. **7** 組織替え, 改組, 人事移動による刷新. **8** 折り返し (たもの); 次の紙面に続く記事. **9** 皮を半分折り返して詰め物を包んだパイ.

—— *a.*《カラーなどの》折り返しの: a ～ collar.

túr·pen·tine [tə́:rp(ə)ntàin] *n.* テレビン《松科の植物の樹脂》; テレビン油 (=oil of ～).

—— *vt.* に～を塗る; ～で処理する.

túr·peth [tə́:rpiθ] *n.*〘植〙ヤラッパ (の根)《東インド産の下剤》.

túr·pi·tude [tə́:rpit(j)ù:d/-tju:d] *n.* 卑劣, 背徳,「堕落.

turps [tə:rps] *n.*〘俗〙テレビン油.

túr·quoise [tə́:rk(w)ɔiz/-kwɑ:z] *n.* **1**〘鉱〙トルコ石. **2** 空色; 青緑色.

túr·ret [tə́:rit/tʌ́r-] *n.* **1**〘建〙《おもやに付けた》小塔; 《とりでのかどの》やぐら; 《中世の攻城用》動楼. **2**〘軍〙《戦車の》(回転) 砲塔; 《戦闘機の》銃座. **3**《旋盤の》ターレット台.

～ **gun**〘軍〙砲塔砲. ～**·head**《旋盤の》ターレット台. ～ **lathe** ターレット台付き旋盤. ～ **ship** 砲塔艦. ◇ ～**·ed** [-id] *a.* 小塔〔やぐら, 砲塔〕のある; 小塔状の.

túr·tle**[1] [tə́:rtl] *n.*〘動〙《特に》ウミガメ. ***turn ～〘海俗〙<船·自動車などが> 転覆する.

—— *vi.* ウミガメを捕える.

～·back [ˊ-ˋ] カメの甲;〘海〙亀甲(きっ)甲板. **～·head** [-hèd]〘植〙ジャコウソウモドキ《北アメリカ産》. **～·neck** [ˊ-ˋ]《セーターなどの》とっくりえり; とっくりえりのセーター. ～ **shell** べっこう. ～ **soup** ウミガメのスープ《green ～ のスープで, もっともぜいたくな料理の一つ》.

túr·tle[2] *n.*〘鳥〙キジバト (= ～ dove).

Tús·can [tʌ́skən] *a.* Tuscany の;〘建〙トスカナ様式の: the ～ order トスカナ様式.

—— *n.* トスカナ人〔語〕.「地方》.

Tús·ca·ny [tʌ́skəni] *n.* トスカナ《イタリア中西部の

tush[1] [tʌʃ] *int.*, *n.*〘古〙ちぇっ! (pshaw)《けいべつ·いらだちなどをあらわす》. —— *vi.* ちぇっと言う《に *at*》.

tush[2] *n.*《馬の》犬歯; = tusk.

túsh·er·y [tʌ́ʃəri] *n.* 古風なことばづかい, 古文体.

tusk [tʌsk] *n.* **1**《象·イノシシなどの》きば, きばのような物; 出っ歯. **2**《まぐわなどの》歯. —— *vt.* きばで突く〔掘る〕.「る動物.

túsk·er [tʌ́skər] *n.*《象·イノシシなど》大きなきばのあ

tús·sah [tʌ́sə], **tús·sore** [-so:r/-sɔ:], **tús·ser**, **tús·sur** [-sər] *n.* **1** サクサン糸〔絹布〕, タッサー (wild silk). **2**〘虫〙サクサン〔ヤママユ〕ガ.

tús·sle [tʌ́sl] *vt.*, *vi.* (と)つかみ合う, (と)戦う.

—— *n.*〘話〙組み討ち, 乱闘.

tús·sock [tʌ́sək] *n.* 茂み, 草むら; 一ふさの髪. ～ **moth**〘虫〙毒ガの一種. ◇ ～**ed**, ～**·y** *a.* ～の多い.

tut [ɪ] *int.* (通例 T～, ～!) ちぇっ! 《いらだち・けいべつ・非難・不満をあらわす舌打ち》. 〈注〉[ɪ] は舌先を[t] の構えで上歯ぐき裏につけ, 声を出さずに口の中で吸いつけて発する自然の舌打ちの音. ── [tʌt] *n.* 舌打ちの行為〔音〕. ── [tʌt] *vi.* (**-tt-**) 舌打ちする.

Tùt·ankh·á·men [tù:tɑ:ŋká:min, -mən/tù:təŋká:men, -mən] *n.* ツタンカーメン《紀元前14世紀ごろのエジプト王》.

tú·te·lage [t(j)ú:t(i)lidʒ/tjú:-] *n.* **1** 保護, 後見; 指導, 教育. **2** 指導〔教育, 後見〕を受けること.

tú·te·lar [t(j)ú:t(i)lər/tjú:-], **tú·te·lar·y** [-lèri/-ləri] *a.* 保護(者)の, 守護(者)の, 後見(人)の: a ～ god 〔angel〕 守護神〔天使〕. [√tu-]

‡**tú·tor** [t(j)ú:tər/tjú:-] *n.* (*fem.* **tú·tor·ess** [t(j)ú:təris/tjú:-]) **1** 家庭教師. →governess. **2** 《イギリスの大学の個別指導教師》チューター; 《アメリカの大学の講師. instructor の下位》. **3** 〔法〕《年少者の》後見人; 保護者.
── *vt.* **1** (個人的に)教える, 指導する: ～ a boy in mathematics. **2** 仕込む; 訓練する, しつける: ～ oneself to endure one's misfortune 不幸に耐えるように自己訓練する. ～ one's passions 情欲をおさえる. ～ oneself to be patient しんぼうする, はやる心をおさえる. **3** 後見する. ── *vi.* **1** 〔米話〕個人教授を受ける. **2** 家庭教師をする: make a living by ～*ing* 家庭教師をして生計をたてる. [√tu-] ◇ **～·age** [-təridʒ] *n.* 家庭教師〔個別指導教師〕の地位〔職務〕; 《家庭教師の》月謝. **～·ship** [-ʃip] *n.* =tutorage.

tu·tó·ri·al [t(j)u:tó:riəl/tju:tɔ́:r-] *a.* **1** 保護者の, 後見人の; 家庭教師の. **2** (個人)指導の; 指導教師の. ── *n.* 《オックスフォード大学などの》指導教師の個別指導(時間). ～ **system** 《オックスフォード大学などの》個別指導制. ◇ **～·ly** *ad.*

tút·ti [tú:ti, -ti:/tút-] *a.* 〔楽〕全体の, 全楽器〔音声〕の. ── *n.* 〔楽〕総奏; 合奏〔合唱〕(曲).

tút·ti-frút·ti [tú:tifrú:ti/tútifrúti] *n.* 刻んだ果実のブランデーシロップづけ; 刻んだ果実入りアイスクリーム.

tút·tút [tʌ́tʌ́t] =tut.

tút·ty [tʌ́ti] *n.* 不純亜鉛華《みがき粉用》.

tu·tu [tú:tu] F. *n.* 《バレリーナ用》腰から水平に広がった短いスカート.

tu-whít [tu(h)wít], **tu-whóo** [-(h)wú:] *n.* ホーホー《フクロウの鳴き声》.
── *vi.* 〈フクロウが〉ホーホー鳴く.

tux [tʌks] *n.* (*pl.* **～·es**) 〔米話〕=tuxedo.

tux·é·do [tʌksí:dou] *n.* (*pl.* **～(e)s**) 〔米〕タキシード (dinner jacket).

tu·yère [twi:jéər, twiər] F. *n.* 《溶鉱炉の》羽口.

‡**TV** [tí:ví:] *n.* テレビ (=television): watch TV テレビを見る. **TV dinner** テレビ食《スズ箔(はく)に入った冷凍食品で加熱してすぐ食べられる》.

TVA, T.V.A. Tennessee Valley Authority.

twád·dle [twádl/twɔ́dl] *n.* たわごと, むだ口, 駄作(ださく). ── *vi.* くだらないことをしゃべる〔書く〕.

twain [twein] 〔古・雅〕=two. *in* ～ 二つに.

twang [twæŋ] *n.* **1** 《弦楽器・弓弦などの》ブーン, ビーンと鳴る音. **2** 鼻音, 鼻声. ── *vt., vi.* **1** ブーンと鳴らす〔鳴る〕, 〈矢を〉ビュンと放つ. **2** 鼻声で言う, 〈声が〉鼻にかかる.

'twas [twɑz, 弱 twəz/twɔz, 弱 twəz] it was の短縮形.

tweak [twi:k] *vt.* ぐいと引く, ひねる; の鼻をひねる. ── *n.* **1** ぐいと引くこと. **2** ひねり.
◇ **twéak·er** *n.* 〔英俗〕子どものぱちんこ.

tweed [twi:d] *n.* ツイード; (*pl.*) ツイード地の服.
◇ **～·y** [-i] *a.* ツイードの, ツイードを着た; 非公式の.

twée·dle [twí:dl] *n.* 《バイオリンなどの》キーキー鳴る音. ── *vi., vt.* キーキー鳴る〔鳴らす〕.

twèe·dle·dúm and twèe·dle·dée [twì:dldʌ́m-ən-twì:dldí:] *n.* 似たり寄ったりのふたり〔二つのもの〕, うり二つ.

'tween [twi:n] *prep.* 〔雅〕=between.

twéen·y [twí:ni] *n.* 〔英話〕仲働き.

tweet [twi:t] *vi.* 〈小鳥が〉チッチとさえずる (chirp). ── *n.* (小鳥の)さえずり, チッチ. ◇ **～·er** *n.* 〔電〕トイーター《高音用スピーカー》. →woofer.

twéez·ers [twí:zərz] *n. pl.* ピンセット, 毛抜き.

†**twelfth** [twelfθ] *a.* **12番め**の; 12分の1の. ── *n.* 第12; (月の)12日; 12分の1; 〔楽〕第十二音, 十二度音程. ***the*** ～ 〔英〕8月12日《雷鳥解禁日》.
T～-cake [⊥⊥] Twelfth Night の祝い菓子. **T～ Day** 主顕祭 (Epiphany)《クリスマスから12日めの1月6日》. **T～ Night** 主顕祭の前夜《1月5日》. **T～·tide** [⊥⊥] = T～ Day.

†**twelve** [twelv] *a.* **12**の; 12個〔人〕の. ── *n.* **1** 12; 12人〔個, 時, 歳〕. **2** 12の記号. **3** 12折り判; 四六判. **4** (the T～) キリストの十二使徒 (=the T～ Apostles). ***in*** ～***s*** 四六判の〔で〕. ***strike*** ～ ***the first time*** 〔***all at once***〕 始めから全能力を発揮して.
T～ Apostles, the キリストの十二使徒. **～·month** [⊥⊥] 12か月, 1年: this day ～*month* 来年〔去年〕のきょう. **～-pence** [-pəns] 〔古・商〕=shilling. **～·pen·ny** [-pəni] =shilling. **T～ Tables, the** ローマ法初期の十二条文《451–450 B.C. 制定》. **～-tone** [⊥⊥], **～-note** [⊥⊥] 十二音(組織)の: ～*-tone* 〔*-note*〕 music 十二音音楽.
◇ **～·fóld** [(英)⊥−] *a., ad.* 12の部分から成る; 12倍の〔に〕. **～·mo, 12 mo** [-mou] *n.* (*pl.* **～s**) = duodecimo.

†**twén·ti·eth** [twéntiiθ] *a.* **第20の**; 20分の1の. ── *n.* **第20**; 20番めの物〔人〕; 20分の1; 《月の》20日.

†**twén·ty** [twénti] *a.* **1** **20**の, 20個〔人〕の. **2** 多数の. ～ ***times*** 20回; 何度も. ── *n.* **1** **20**; 20個〔人〕; 20個1組みの物. **2** 20の記号. ***in the twenties*** 《年齢が》20代の〔で〕; 《世紀の》20年代の〔で〕. **～-óne** 〔トランプ〕21 (blackjack).
◇ **～·fóld** [(英)⊥−−] *a., ad.* 20倍の〔に〕. **～·mo, 20 mo** [-mòu] *n.* (*pl.* **～s**) 20折り判(の本).

twén·ty·fóur·mo, 24 mo [-fó:rmou/-fɔ́:-] *n.* (*pl.* **～s**) 24折り判(の本).

'twere [twə:r, 弱 twər] it were の短縮形.

twerp [twə:rp] *n.* 〔英俗〕くだらない男.

twí·bill [twáibil] *n.* 両頭つるはし; 〔古〕両刃のまさかり《中世期の武器》.

†**twice** [twais] *ad.* **2回**, 2度; 2倍に: *T～* three is six. 3×2=6. He's ～ the man he was. 彼は昔より倍もじょうぶになった. ***in*** ～ 〔話〕2度にわたって: I did it *in* ～. ***think*** ～ 再考する. ～ ***as*** old ***as*** …より倍も(年とって)いる. ～ ***as much*** 〔***many***〕 《量・数が》2倍(の): I have ～ *as much as* you. きみの2倍持っている.
～-tóld *a.* 2度〔何度も〕話された; よく知られた; 《話などが》陳腐な.

twíc·er [twáisər] *n.* **1** 2度繰り返す人. **2** 〔俗〕《日曜日に》2度教会に行く人. **3** 〔英〕植字兼印刷工.

twíd·dle [twídl] *vt.* くるくる回す; ひねくり回す. ── *vi.* **1** くるくる回る. **2** いじる《を *with*》. ～ one's ***thumbs*** 《なにもしないで》ぶらぶらしている. **3** 手もちぶさたでいる. ── *n.* ひねり回し.

‡**twig**[1] [twig] *n.* **1** 小枝, 細枝. **2** 〔医〕《血管・神経などの》枝脈; 〔電〕支線. **3** 占い棒. ***hop the*** ～ 〔話〕死ぬ.

twig[2] *vt., vi.* (**-gg-**) 〔英俗〕**1** 見る, 見守る. **2** に気づく, 悟る. **3** 了解する.

twíg·gy [twígi] *a.* 小枝の; 小枝のような, 細い.

‡**twí·light** [twáilàit] *n.* **1** 《日の出・日没前後の》薄明, たそがれ(どき). **2** 《全盛期の前後の》薄明期, たそがれ: the ～ of Christianity 原始キリスト教時

代. the ～ of life 人生のたそがれ. **3** 微光: the ～ in the wood 森の中の薄日. **4**《意識などの》もうろう状態. ***T～s of the Gods***〔北欧神話〕神々のたそがれ《神々と巨人族との最終的決戦の結果としての世界の終滅》. —— *a.* ～の: the ～ hour たそがれどき. the ～ ages 歴史のあけぼのの時代. ～ consciousness ぼんやりした意識. —— *vt.* かすかに〔おぼろに〕照らす, 薄明かりにする.

～ sleep《無痛分娩(ぶん)法の》半麻酔状態. **～ zone** (1) 光が届く海中最深層. (2) 中間地帯〔状態〕.

twill [twil] *n.* あや織り (=～ weave).
—— *vt.* あやに織る. ◇ **～ed** [-d] *a.* あや織りの.

'twill [twil, 弱 twəl] it will の短縮形.

‡twin [twin] *n.* **1** ふたご, 双生児;《限定形容詞として》ふたごの: one of the ～*s* ふたごの片方. ～ brothers [sisters] ふたごの兄弟〔姉妹〕. **2**《しばしば限定形容詞として》酷似した, 同大同形の(もの); 対の(一つ): a steamer with ～ propellers 一対のスクリューをもった汽船. **3**《結晶の》双晶. **4** (the T～s)〔天〕ふたご座, ふたご宮 (Gemini).
be ～ brother to …につきものである: Idleness *is ～ brother to* poverty. なまければ必ず貧し.
—— *vt.* **1** 対にする. **2** 相手を捜す, 組み合わせる《の, と *with*》. —— *vi.* **1** ふたごを生む. **2** 対になる《と *with*》.
～ beds 1 人用ベッドの一対. **～ bill**〔米話〕《野球などの》連続 2 回戦 (double-header). **～ boat** [**steamer**] ふたご蒸汽船. **～-born** [⌐⌐] ふたごの. **T～ Cities, the** 姉妹都市. **～-én·gine(d)**《飛行機が》双発の. **～·flòw·er**〔植〕リンネソウ. **～-lens** [⌐⌐]〔写〕2 眼の. **～ room** twin beds の入れてある(ホテルの)客室. **～-scréw**〔海〕《反対の方向に回る》二つのスクリューを備えた. **～ set**〔英〕カーディガンとジャンパーの一組み《婦人用》.
◇ **～·ship** [⌐⌐] *n.* ふたごの関係〔状態〕.

twine [twain] *n.* **1** より糸, 麻糸, 麻ひも. **2** よること; からみつき, ぐるぐる巻き; もつれ, とぐろ巻き.
—— *vt.* **1**〈糸を〉よる, より合わす. **2**〈織物・花輪などを〉織る, 編む; 織って〔編んで〕つくる《に *into*》: ～ flowers *into* a garland. **3** 巻きつける, からみつかせる《に *round, about*》; にからませる《を *with*》: ～ ribbons *around* the post =～ the post *with* ribbons 柱にリボンを巻きつける. —— *vi.* **1** 巻きつく, からむ《に *round, about*》. **2** よれる.

twinge [twindʒ] *n.* **1** 刺すような痛み, 激痛. **2**《良心の》呵責(かしゃく), 心の苦痛, 悔恨.
—— *vt., vi.* ずきずき痛ませる〔痛む〕.

twí·night [twáinàit] *a.*〔野球〕午後おそくから夜間にかけて行なうダブルヘッダーの. [<*twi*light+*night*]

‡twín·kle [twíŋkl] *vi.* **1** きらきら輝く, ぴかぴか光る: stars that ～ in the sky 空にきらめく星. **2** ちらちら動く, ちらつく; 軽快に踊り回る. **3** まばたきをする.
—— *n.* **1** きらめき, ひらめき, 閃光(せんこう), またたき: the ～ of the stars [of a distant light]. **2** 軽快な運動, ちらつき. **3** 目のひらめき: There was a mischievous ～ in her eyes. 彼女の目にはいたずらっぽい輝きがあった. **4** 瞬間. ***in a ～ = in the ～ of an eye*** またたく間に.

twín·kling [twíŋkliŋ] *a.* ぴかぴかする, きらめく: ～ stars きらきら光る星. —— *n.* **1** きらめき, ひらめき; まばたき. **2** 瞬間, 刹那(せつな). ***in a ～ =in the ～ of an eye*** [***a bedpost***] またたく間に, たちまち.

‡twirl [twəːrl] *vt.* **1** ぐるぐる回す, 回転する, 振り回す: ～ a cane ステッキをくるくる振り回す. **2** ひねくる, ひねくり回す: ～ one's mustache (up) 口ひげをひねる. **3**〔野球〕投球する (pitch). **～ one's thumbs** (たいくつなので) 親指をくるくる回す.
—— *vi.* **1** ぐるぐる回る, 回転する, 輪になる. **2**〔野球〕投手をする.
—— *n.* **1** 回転, ぐるぐる回ること, 旋回. **2**《字体の》飾り書き.
◇ **～·er** *n.*〔米話〕投手 (pitcher).

‡twist [twist] *vt.* **1** ねじる, ひねる, よじる: ～ a wet cloth ぬれた布を絞る. **2** ひねって形をつくる; ひねって(…の)形にする《の *into*》. **3** よる, なう, よって(…に)する《に *into*》: ～ pieces of straw *into* a rope わらを編んで綱につくる. **4** からませる, 巻きつける: ～ a shawl *around* the neck 首にショールをまとう. **5** よじ曲げる; 〈顔を〉しかめる: His features were ～*ed* with pain. 彼の顔は苦痛にゆがめられた. **6** くじく, 捻挫(ねんざ)する: He fell and ～ his ankle. 彼は倒れてくるぶしをくじいた. **7** の意味をこじつける, 曲解する: ～ a person's words 人のことばを曲解する. **8**《野球・玉突きなどで》〈たまを〉ひねる, 切る. **9**《～ oneself の形で》縫うように通る. **10** の向きを変える. **11** あわてさせる: I'm all ～*ed*. すっかりめんくらってしまった.
—— *vi.* **1** よれる, よじれる, ねじける. **2** からまる, 巻きつく: My shoestrings ～*ed*. くつひもがもつれた. **3** 曲がる, それる. **4** ぐるぐる回る; うずまく; 曲がりくねって行く, 縫って行く: The smoke from the cigarette ～*ed* upwards. たばこの煙が立ちのぼった. **5** 不正をはたらく. **6**〔ダンス〕ツイストを踊る.
～ off (1) ねじって取りのける〔あける〕: ～ the cap *off* a fountain-pen [a tube of tooth-paste] 万年筆〔歯みがきのチューブ〕のふたをとる. (2) ねじ切る: ～ *off* the end of a piece of wire. **～ a person round one's little finger=turn, ～, and wind** a person (人を) あごで使う. **～ *up***〈紙などを〉らせん状に巻く. **～ one's *way through*** [***along***] the crowd (群衆)の間を縫って行く. **～ one's *wrist*** 手首をねじる.
—— *n.* **1** ひねり; 一より, 一ひねり: give a ～ to the rope ロープをねじる. **2** より糸索;《糸などの》より: a rope full of ～*s* よじれているロープ. drops in a ～ of paper 両端をひねった紙包みにはいったあめ玉. **3** ひねりたばこ; ひねりパン: a ～ of bread. **4** 癖; 奇癖, 妙な性向: He has a criminal ～ in him. 彼には犯罪者の性格がある. **5** 回転, 旋回;《野球・玉突きの》カーブ, ひねり;《道路などの》屈曲. **6**〔英俗〕食欲;〔英〕混合酒の一種: gin ～ ブランデーとジンの混合酒. **7**〔米話〕女ギャング; 娘. **8**〔ダンス〕ツイスト.
(*after many*) *～ and turns* 紆余(うよ)曲折(を経て). ***give a new ～*** 新機軸をだす. ***give a ～ = give ～s*** ひねる: *give* a boy's arm *a* ～ 子どもの手をひねる. ***～ in*** one's ***tongue*** 舌のもつれ, 舌足らず.

twíst·er [twístər] *n.* **1** (糸を) よる〔なう〕人; より糸機. **2**〔俗〕不正直者, 詐欺師. **3**〔球技〕ひねりだま. **4**〔米〕たつまき, 旋風. **5** 難事, 難問: a tongue-～ 発音のむずかしい語〔文〕. **6** ツイストを踊る人.

twit [twit] *vi.* (**-tt-**) **1** あざける, 冷やかす, からかう. **2** とがめる, しかる. —— *n.* なじる〔なぶる〕こと; あざけり.

twitch [twitʃ] *vi.* ぴくぴく動く; ひきつる. —— *vt.* **1** ぴくぴく動かす; ひきつらせる. **2** ぐいと引く; ひったくる《*off*》. —— *n.* **1**《筋などの》けいれん, ひきつり;《心身の》急な痛み, うずき. **2** ぐいと引くこと. **3**〔獣医〕鼻ねじ器《手術中馬があばれないようにする》.
at a ～ たちまち.

twite [twait] *n.*〔鳥〕ベニヒワの一種.

***twít·ter** [twítər] *vi.* **1**〈小鳥が〉さえずる, チーチーいう. **2** ぺちゃくちゃしゃべる. **3** くすくす笑う. **4** そわそわする, 興奮してどきどきする, 震える.
—— *vt.* さえずるように話す.
—— *n.* **1** さえずり: the ～ of sparrows. **2**〔話〕胸騒ぎ, 震え. **3**〔稀〕くすくす笑い. (***all***) ***in a ～*** おどおどして; 身震いして.

'twixt [twikst] *prep.*〔雅・方〕=betwixt.

†two [tuː] *n., a.* (*pl.* **～s**) 2 (の), 2 個 (の), ふたり(の); 対; 2 の記号; 2 歳; 2 点. ***be of*** [***in***] ***～ minds***

(決しかねて) 迷っている. ***by ～s and threes*** 二, 三人ずつ, 三々五々 (群れをなして). ***come [break] in ～*** 2 分する, 分裂する. ***cut in ～*** 二つに切る, 切断する. ***in a day or ～*** 一両日中に. ***in ～*** 二つに. ***in ～ ～s*** すぐに, たちまち. ***know a thing or ～*** 多少ものを知っている. ***live ～ lives*** 二重生活をする. ***put ～ and ～ together*** 事実からはっきりした結論を出す; あれこれ考え合わす. ***Two and ～ make(s) four.*** 2+2=4 (は自明の理). ***Two can play at that game.*** 仕返しも可能だ, いまにみろ. ***Two's company, three's none.*** ふたりはよい連れとなるが 3 人寄ればしっくりいかない.

⁓-bág·ger, ～-base hit 〖野球〗 二塁打. **⁓-beat** [⁓⁓] 〖楽〗 ツービートの《ジャズで 2 拍と 4 拍にアクセントをおく》. **⁓-bít** 〖米〗 25セントの; 安物の, 価値のない. **⁓-by-fóur** → 別項. **⁓-déck·er** =double-decker. **⁓-édged** もろ刃の; 《議論などが》 二つの意味をもつ, 2 方に通用する. **⁓-fáced** → 別項. **⁓-físt·ed** 〖米話〗 両こぶしが使える; 《比喩的》 力強い, 活発な. **⁓-fóur** 〖楽〗 四分の二拍子の. **⁓-hánd·ed** (1) 両手のある; 両手で扱う. (2) 2 人用の. (3) 《ゲームなど》 ふたりで行なう. (4) 両手ききの. **⁓-lég·ged** [-lég(i)d] 2 本足の. **⁓-líne** [㊎ ⁓⁓] 〖印〗 《活字が》 倍型の. **⁓-mást·ed** [-mǽstid/-má:s-] 2 本マストの. **⁓-párt** [㊎⁓⁓] 〖楽〗 二部の: ～-*part* time 二拍子. **～-party system** 2 大政党制度. ***⁓-pence** →別項. **⁓-pen·ny** → 別項. **⁓-píece** ツーピースの: a ～-*piece* bathing suit ツーピースの水着. **⁓-plý** [㊎⁓⁓] (1) 二重(織り) の; 2 枚重ねの. (2) 《糸などが》 二子(ふたこ)の, 2本よりの. **⁓-pówer** 2 国 (間) の. **⁓-séat·er** 2 人乗り《自動車・飛行機など》. **⁓-síd·ed** (1) 2 面のある. (2) 二心 [表裏] のある. **⁓-spéed** [㊎⁓⁓] 〖機〗 2 段速度の. **⁓-spot** [⁓⁓] 2 点印のあるトランプ[さいころ]; 《ドミノの》 2 点のこま; 〖米話〗 2 ドル(紙幣). **⁓-step** [⁓⁓] ツーステップ《社交ダンスの一種》; その曲. **⁓-stroke** [⁓⁓] 《発動機の作動形式で》 2 行程の: a ～-*stroke* engine. **⁓-time** [⁓⁓] *vt.* 〖米俗〗 ‹夫・妻・愛人を› 裏切る, だます. **⁓-tìm·er** 裏切り者, 不貞な人. **⁓-tóne** ツートンカラーの, 2 色組み合わせた. **⁓-tóngued** 二枚舌の, だます. **⁓-wáy** (1) 二道の. (2) 両面交通の. (3) 相互的な. (4) 送受信できる: a ～-*way* radio. (5) 〖ハイファイ〗 ツーウエーの《スピーカーシステムが高低 2 系統に分かれた》.

◇ **⁓-fóld** [㊎⁓⁓] *a., ad.* 2 重の [に], 2 倍の [に]. **⁓-ness** *n.* **1** 二つであること. **2** 2 重性.

twó-by-fóur [tú:bəfó:r, -bai-] *a.* 〖米〗 厚さ 2 インチ [フィート] 幅 4 インチ [フィート] の; 〖米話〗 狭い, 限られた. —— [⁓⁓⁓] *n.* ～の材木.

twó-fáced [tú:féist] *a.* 両面のある; 二心のある, 表裏のある, 偽善的な. ◇ **twó-fác·ed·ly** [-féisidli, -stli] *ad.* **twó-fác·ed·ness** [-sid-, -st-] *n.*

twó·pence** [tʌ́pəns] *n.* (*pl.* ～, **twó·penc·es**) 〖英〗 2 ペンス (銀貨); つまらないこと. ***not care ～ ちっともかまわない. **～ *colored*** 安くてけばけばしい.

twó·pen·ny [tʌ́pèni, -pəni/tʌ́pni] *a.* **1** 2ペンスの. **2** 〖話〗 くだらない, 安っぽい. —— *n.* **1** 〖英〗 弱いビール. **2** 〖英俗〗 頭: Tuck in your ～! 頭を引っ込めろ《カエルとび遊びで》. **～-hálf·pen·ny** [-héip(ə)ni] 〖英〗 2 ペンス半の; つまらない, ささいな.

twó·some [tú:səm] *a.* 対の; ふたりでする. —— *n.* 2 人組み, 対; 〖ゴルフ〗 ふたりでする試合.

'twould [twud, 弱 twəd] it would の短縮形.

twý·er [twáiər] =*tuyère.*

-ty[1] [-ti] *suf.* 「10」の意: for*ty*, six*ty*.

-ty[2] *suf.* 形容詞から性質・状態をあらわす抽象名詞をつくる: safe*ty* 安全 (性) ＜safe. universali*ty* 普遍性 ＜universal.

Tý·burn [táibə:rn] *n.* 〖史〗 ロンドンの死刑場.

ty·cóon [taikú:n] *n.* (しばしば T～) 大君 《幕末の日本の将軍に対する外人の呼称》; 〖米話〗 《実業界の》 大立て者. [＜J.] ◇ **～·ate** [-it] *n.* 将軍職.

tý·ing [táiiŋ] *v.* tie の現在分詞. —— *n.* 結ぶこと; 結び (目). —— *a.* 結びつけの.

tyke [taik] *n.* **1** 野ら犬, 雑種犬. **2** 〖話〗 子ども, いたずらっ子. **3** 〖英〗 いなか者, 礼儀知らず.

tým·pan [tímpən] *n.* **1** 〖印〗 圧紙わく, 印字圧. **2** =tympanic membrane. **3** =tympanum.

tým·pa·ni =timpani.

tym·pán·ic [timpǽnik] *a.* 太鼓の皮のような; 〖医〗 鼓膜の; 鼓室の; 中耳の. **～ membrane** 鼓膜.

tým·pa·nist [tímpənist] *n.* 《管弦楽のドラムなどの》 打楽器奏者 =(timpanist).

tỳm·pa·ní·tes [tìmpənáiti:z] *n.* 〖医〗 腹部張満. ◇ **tỳm·pa·nít·ic** [-nítik] *a.*

tỳm·pa·ní·tis [tìmpənáitis] *n.* 〖医〗 中耳炎.

tým·pa·num [tímpənəm] *n.* (*pl.* **-nums, -na** [-nə]) **1** 〖医・動〗 鼓膜; 鼓室, 中耳. **2** 〖建〗 《古典建築の》 破風(はふ), 切妻(きりづま) (pediment). **3** 〖機〗 鼓形水車. **4** 〖電〗 《電話機の》 振動板. **5** 太鼓.

Týn·dale [tínd(ə)l] *n.* William ～, 1492?–1536, イギリスの宗教改革家・聖書翻訳者.

typ. typographer; typographic(al); typography.

type** [taip] *n.* **1** 型, タイプ, 類型: men of this ～ この型の男たち. whisky of the Scotch ～ スコッチタイプのウイスキー. Her beauty is of the Italian ～. 彼女はイタリア型の美人だ. **2** 典型, 見本, 標本: Abraham Lincoln is a fine ～ of American democracy. リンカーンはアメリカ式民主主義の模範だ. **3** 象徴, 表象: A river is always the ～ of human life. 川は常に人生の象徴だ [にたとえられる]. **4** 〖印〗 活字, 字体; 印刷した文字: The words emphasized are in italic ～. 強調されたことばは斜体文字になっている. **5** 〖物〗 基型; 〖生〗 代表型, 共通形態; 類型. **6** 《金貨・銀貨・メタルの》 型模様. **7** 血液型. **8** 〖哲〗 タイプ, 類型表示 《2 回繰り返された語 'dog, dog' は二つの token よりなるが一つのタイプよりなる》. → token. ***in ～ 活字に組まれて [た]. ***set ～*** 活字に組む. ***true to ～*** 典型的な. ***wooden ～*** 木版.

—— *vt.* **1** 代表する, の典型をなす: the modesty ～*d* by Japanese women 日本の女性に代表されるような [日本式の] 慎みぶかさ. **2** の型を調べる: ～ a person's blood 人の血液型を検出する. **3** タイプライターで打つ: ～ a letter. —— *vi.* タイプライターを打つ: She ～*s* well. タイプの腕がよい.

～ bar 活字棒; 《タイプライターの》 タイプバー. **⁓·cast** [⁓⁓] *vt.* (**⁓·cast** *or* **⁓·càst·ed**) の役割をきめる《俳優の身長・体格・声などに合わせて》. **⁓·cast** [⁓⁓] *vt.* (**⁓-cast**) ‹活字を› 新鋳する. **⁓·face** [⁓⁓] 活字の字づら. **～ founder** 活字鋳造工 [業者]. **～ founding** 活字鋳造. **～ foundry** 活字鋳造工場. **～ genus** 〖生〗 一つの科の代表的属. **～ metal** 活字合金. **⁓·script** [⁓⁓] タイプライターで打った文書 [原稿]. **⁓·sèt·ter** 植字工; = typesetting machine. **⁓·sèt·ting** 植字 (の): a ～*setting* machine 自動植字機. ***⁓·write** →別項.

◇ ***týp·ing** [-iŋ] *n.* タイプライター使用法; タイプで打つこと.

-type [-tàip] *suf.* 「型」「式」「版」の意.

***týpe·write** [táipràit] *vt., vi.* (**-wrote** [-ròut]; **-wrìt·ten** [-rìtn]) タイプライターで打つ [を打つ], タイプする.

‡týpe·wrìt·er [-ər] *n.* タイプライター; 〖稀〗 タイピスト.

***týpe·wrìt·ing** [-iŋ] *n.* タイプライターを打つこと; タイプライター技術; タイプ印刷物.

typh·lí·tis [tifláitis] *n.* 〖医〗 盲腸炎.

***tý·phoid** [táifɔid] *a.* 〖医〗 (腸) チフスの, チフス性の. —— *n.* 腸チフス. **～ bacillus** 腸チフス菌. **～ fever** 腸チフス. ◇ **ty·phóid·al** [taifɔ́idl] *a.*

‡ty·phóon [taifú:n] *n.* 台風.

◇ **ty·phón·ic** [taifánik/-fɔ́n-] *a.*
〔類〕 → **storm**「あらし」
tý·phus [táifəs] *n.* 〘医〙 発疹(ほっしん)チフス.
◇ **tý·phous** [-fəs] *a.*
‡**týp·i·cal** [típik(ə)l] *a.* **1** 典型的な, 代表的な: a ～ gentleman 紳士の典型. **2** 特有の, 特徴的な《に *of*》: This action is ～ *of* him. このような行動は彼のやりそうなことだ. **3** 象徴的な. **be ～ of** を代表する; を表象する. ◇ **～·ly** [-i] *ad.* **～·ness** *n.*
týp·i·fy [típịfài] *vt.* **1** の典型となる; 代表する; の特徴を示す. **2** 象徴する. **3** 例示する. **4** 予表する (prefigure).
◇ **tỳp·i·fi·cá·tion** [⌐－fịkéiʃ(ə)n] *n.* 典型 (となること); 特徴表示; 象徴; 予表, 前兆.
‡**týp·ist** [táipist] *n.* タイピスト.
tý·po [táipou] *n.* (*pl.* **～s**) 〘話〙 印刷工, 植字工.
typo- type の意の連結形.
tỳ·po·gráph·ic [tàipəgrǽfik], **-i·cal** [-(ə)l] *a.* 印刷 (術) の, 活版の. ◇ **tỳ·po·gráph·i·cal·ly** *ad.* 印刷で; 印刷の上からいって.
ty·póg·ra·phy [taipágrəfi/-pɔ́g-] *n.* **1** 活版印刷術. **2** 印刷の体裁, 刷り方.
◇ **-pher** [-fər] *n.* 印刷〔活版〕技術者.
ty·pól·o·gy [taipálədʒi/-pɔ́l-] *n.* **1** 類型(学). **2** 〘宗〙 予表論. **3** 印刷〔活字〕学.
tý·po·script [táiposkrìpt] ＝typescript.
typw typewriter; typewritten.
ty·rán·nic [tirǽnik, tai-], **ty·rán·ni·cal** [-(ə)l] *a.* 暴君の (ような); 圧制的な, 暴虐な.
◇ **ty·rán·ni·cal·ly** *ad.*
ty·rán·ni·cide [tirǽnịsàid, tai-] *n.* 暴君殺害(者).
týr·an·nize [tírənàiz] *vi.* 虐政を行なう, 圧制する, しいたげる《に, を *over*》.
—— *vt.* に虐政をしく; に暴威をふるう.
týr·an·nous [tírənəs] *a.* ＝tyrannical.
◇ **～·ly** *ad.*
‡**týr·an·ny** [tírəni] *n.* **1** 暴虐, 虐待; 暴虐行為. **2** 圧制, 専制政治. **3** 〘ギリシアの〙 僭主(せんしゅ)政治.
‡**tý·rant** [táirənt/táiər-] *n.* **1** 暴君, 圧制者; 専制君主. **2** 〘ギリシア史〙 僭主. ***the Thirty T～s*** 三十僭主《紀元前405年から3年まで Athens を支配した執政官》. **～ bird** 〔**flycatcher**〕 〘鳥〙 タイランチョウ《アメリカ産エンジャク類》.
‡**tyre** 〘英〙 ＝tire².
Tyre [taiər/táiə] *n.* 古代フェニキアの都市《現在の Lebanon 沿岸地方にあった》.
Týr·i·an [tíriən] *a.* **1** タイア (人) の. **2** タイア紫の. —— *n.* タイア人. **～ purple** 〔**dye**〕 タイア紫《染料》.
tý·ro [táirou/táiər-] *n.* (*pl.* **～s** [-z]) 初学〔初心〕者, 「新参者.
Týr·ol [tírəl, tiróul, ㊎⁺tírɑl] *n.* チロル《オーストリア西部とイタリア北部を含むアルプス山間地方》.
Ty·ró·le·an [tiróuliən] ＝Tyrolese.
Tỳr·o·lése [tìrəlí:z] *a., n.* (*pl.* **～**) チロル (人) の; チロル人.
Týr·rhene [tíri:n], **Tyr·rhé·ni·an** [tirí:niən] ＝Etruscan.
tzar, tsar [tsɑ:r, zɑ:r], **tzár·e·vitch** [tsá:rəvitʃ, zá:r-], **tza·rí·na** [tsɑ:rí:nə, zɑ:r-] ＝ czar, czarevitch, czarina.
tzét·ze ＝tsetse.
Tzì·gáne [tsì:gá:n/tsi-] *n., a.* ハンガリー系ジプシー「(の).

U

U, u [ju:] *n.* (*pl.* **U's, *Us*, u's, *us*** [-z]) **1** 英語アルファベットの第 21 字. **2** U 字形 (の物): a *U*-bolt U 字形ボルト. a *U*-magnet U 字形磁石. **U-boat** [⌐⌐] U ボート《旧ドイツの大型潜水艦》. **U-shaped** [⌐⌐] U 字形の. **U-turn** [⌐⌐]《自動車などの》U ターン, 転回.
U 〘化〙 uranium. **U.** Union(ist); Universal; University. **UAAC** Un-American Activities Committee 非米活動調査委員会.
UAR, U.A.R. United Arab Republic.
u·bí·e·ty [ju:báiəti] *n.* 所在, 位置.
U·bìq·ui·tár·i·an [ju:bikwịté(:)riən/-téər-] *a.* 〘宗〙《特にルーテルの唱道した》キリスト遍在論の.
—— *n.* 同上論者. ◇ **～·ism** *n.* キリスト遍在論.
u·bíq·ui·tous [ju:bíkwịtəs] *a.*《特に同時に》いたるところにある; 遍在の. ◇ **～·ly** *ad.*
u·bíq·ui·ty [ju:bíkwịti] *n.*《特に同時に》いたるところにあること; (U～)〘宗〙《特に神・キリストの》遍在.
u.c. 〘印〙 upper case 大文字活字 (ケース).
úd·der [ʌ́dər] *n.* 乳ぶさ《牛・羊・ヤギなどの》.
◇ **～ed** *a.* 乳ぶさのある.
u·dóm·e·ter [ju:dámịtə/-dɔ́m-] *n.* 雨量計.
◇ **ù·do·mét·ric** [jù:dəmétrik] *a.*
UFO unidentified flying object. 「共和国》.
U·gán·da [ju:gǽndə] *n.* ウガンダ《アフリカ東部の
ugh [u:x, u(x), ʌ(x)] *int.* うっ!, わっ!, おお!《嫌悪・恐怖・けいべつなどの叫び》. 〈注〉文字としては [ʌg] と読むことがある.
úg·li·fy [ʌ́glịfài] *vt.* 醜くする; 〈美などを〉だいなしにする. ◇ **ùg·li·fi·cá·tion** [⌐－fịkéiʃ(ə)n] *n.*
‡**úg·ly** [ʌ́gli] *a.* **1** 醜い, 見苦しい; ぶきりょうな: an ～ design 醜いデザイン. ～ surroundings 醜悪な環境. **2** 邪悪な, 忌まわしい: an ～ crime 醜悪な犯罪. **3** 険悪な, 不穏な: The situation is ～. 状態は不穏だ. The sky looks ～. 険悪な〔降り出しそうな〕雲行きだ. **4** 危険な, 荒れている: an ～ sea 波の高い海. **5** いやな, やっかいな: an ～ task いやな仕事. **6** 〘米話〙 意地の悪い; 気が立っている, おこった, けんか腰の, おこりっぽい: feel ～ 腹だたしい. **～ *as sin*** 醜悪な. —— *n.* 〘話〙 醜い人〔物〕; 《19世紀に流行した》婦人帽の日よけ.
～ customer やっかいな男, しまつに負えぬ男.
～ duckling 醜いアヒルの子《家の者からは醜い〔ばか〕とされていた子どもが後に非常に美しい〔利口な〕人になるなど. Andersen の童話から》.
◇ **-li·ly** *ad.* ***-li·ness** *n.*
〔類義語〕 **醜い: ugly** 醜悪で不快を感じさせる. 外観のみならず嫌悪(けんお)の情を催させる事象全般に用いる: an *ugly* story 醜い物語. **hideous** 身の毛がよだつような, 醜悪きわまる. ugly の強意: a *hideous* monster ぞっとするような怪物. **unsightly** 美しかるべきものが醜くなっている, 見苦しい. 所有者などの不注意・怠慢が示唆されるばあいが多い: *unsightly* disorder 見苦しい乱雑. **ill-favored** 美しくない, ぶきりょうな. ugly ほど醜悪ではない: an *ill-favored* child 醜い子. **homely** ぱっとしない, やぼったい. ugly の婉曲(えんきょく)語としても用いる: a *homely* (＝ugly) girl.
U.H.F., u.h.f. ultrahigh frequency.
úh·lan [ú:lɑ:n/－⌐] *n.*《昔のドイツ・ポーランドの》槍騎兵(そうきへい).
uit·land·er [áitlændər/éitlændə] Du. *n.* (または U～)《南アフリカで》外国人.
U.K. United Kingdom.
ú·kase [jú:keis, -keiz/ju:kéiz] *n.* **1**《帝政ロシアの》勅令. **2**《絶対的もしくは独裁的な》命令, 布告.
U·kraine [ju:kréin, -kráin, ㊎⁺jú:krein] *n.* ウクライナ《ソ連邦の一共和国. ソ連南西部》.

U·kráin·i·an [juːkréiniən] *a.* ウクライナ (人・語) の. **——** *n.* ウクライナ人 [語].

ù·ku·lé·le [jùːkəléili] *n.* ウクレレ《ギターに似たハワイの四弦楽器》.

U·lan Bá·tor [júːlaːn-báːtɔːr] *n.* ウランバートル《the Mongolian People's Republic の首都》.

úl·cer [ʌ́lsər] *n.* **1**〘医〙潰瘍(かいよう). **2**《比喩的》病根, 道徳的腐敗.

úl·cer·ate [ʌ́lsərèit] *vi.* 潰瘍(かいよう)を生じる.
—— *vt.* **1** に潰瘍を生じさせる. **2** 道徳的に腐敗させる. ◇ **ùl·cer·á·tion** [ʌ̀lsəréiʃ(ə)n] *n.* 潰瘍 (化).

úl·cer·ous [ʌ́ls(ə)rəs] *a.* 潰瘍 (性) の; 潰瘍ができた. ◇ **~·ly** *ad.* **~·ness** *n.*

-ule [-juːl] *suf.* 名詞につけて「小さい」の意をあらわす《指小辞》: gran**ule** 細粒 <L. *gran*um 粒.

úl·lage [ʌ́lidʒ] *n.* 不足量《たる・びん内の液体の蒸発・漏出による》.

úl·na [ʌ́lnə] *n.* (*pl.* **-nae** [-niː], **-nas**)〘医〙尺骨.
◇ **~r** *a.*

Ul·ster [ʌ́lstər] *n.* **1** アイルランドの一地方の旧称《いまはアイルランド共和国と北アイルランドの一部》;〘俗〙北アイルランド. **2** (u~) アルスター外套(がいとう)《しばしばベルト付きの長くゆったりしたもの》.

ult. ultimate; ultimately; *ultimo.*

ul·té·ri·or [ʌltí(ː)riər/-tíər-] *a.* **1** (心の) 奥の; 言外の, 口に出さない: ~ motives 思わく, 底意. have an ~ object in view 腹に一物ある, 別に思わくがある. **2** あとの, あとに来る;《計画などの》将来の: depend on our ~ action われわれの今後の行動にかかっている. **3** 向こうの, かなたの: ~ regions 奥地. **4** 範囲を越えた《*to*》. [√ul-]
◇ **~·ly** *ad.* 心底で; かなたに, 将来に.

úl·ti·ma [ʌ́ltimə] *a., n.* 最後の, 究極の;〘文〙(語の) 最終音節. [<L.] **~ ratio** 最後の議論; 最後の手段, 武力. **~ Thule** 世界の果て.

‡**úl·ti·mate** [ʌ́ltimit] *a.* **1** 最後の, 終極の, 究極の: the ~ end of life 人生究極の目的. **2** 最終的な, 決定的な: the ~ weapon 究極兵器《水爆・ミサイルなど》. **3** これ以上分析できない, 根本的, 本源的の: ~ truths [principles] 基本的真理 [原則]. **4** 最も遠い: to the ~ ends of the world 世界の果てまで.
—— *n.* 最後のもの, 究極点; 最後の手段; 究極の結果, 結論; 根本原理.
—— *vt.* 究極まで推し進める, 完成させる. **——** *vi.* 《…に》終わる (result)《に *in*》. [√ul-]
~ cause 第一 [根本] 原理. **~ deterrent** 終極抑制兵器《核兵器のこと》.
◇ ***~·ly** *ad.* 最後には, 結局; 根本的に. **~·ness** *n.* [類] → **last**「最後の」

ùl·ti·má·tum [ʌ̀ltiméitəm] *n.* (*pl.* **-tums, -ta** [-tə]) 最後のことば [提案, 条件];《特に》最後通牒(つうちょう); 根本原理; 最終的結論. [√ul-]

ul·ti·mo [ʌ́ltimòu/ㅗ——] L. *a.* 先月の《略 ult.: the 15th ult.》. → *proximo*, instant.

ùl·ti·mo·gén·i·ture [ʌ̀ltimodʒénitʃər] *n.*〘法〙末子相続 (制). → primogeniture.

úl·tra [ʌ́ltrə] *a.* 過激な, 極端な. **——** *n.* 過激論者, 急進主義者. [√ul-]

ultra- *pref.*「…を越えて」「超, 過」「極端に」などの意: *ultra*fashionable 極度に流行を追う. → cis-. [√ul-]

úl·tra·fax [ʌ́ltrəfæks] *n.*〘電〙超高速度模写電送方式.

úl·tra·hígh [ʌ́ltrəhái] *a.* 超高度の.
~ frequency〘電〙超高周波《略U.H.F., u.h.f.》.

úl·tra·ism [ʌ́ltrəìz(ə)m] *n.* 極端 [過激] 論.
◇ **-ist** *n.* 極端 [過激] 主義者.

ùl·tra·ma·ríne [ʌ̀ltrəməríːn] *a.* **1** 海の向こうの, 海外の. **2** 紺青の. **——** *n.* 紺青色, ウルトラマリーン (の絵の具).

ùl·tra·mí·cro·scope [ʌ̀ltrəmáikrəskòup/ʌ́ltrə-] *n.* 限外顕微鏡.

ùl·tra·mì·cro·scóp·ic [-màikrəskápik/-màikrəskɔ́pik], **-i·cal** [-(ə)l] *a.* 限外顕微鏡的な.

ùl·tra·mód·ern [ʌ̀ltrəmádərn/ㅗ—mɔ́d-] *a.* 超近代的な. ◇ **~·ism** *n.* **~·ist** *n.*

ùl·tra·món·tane [ʌ̀ltrəmántein/-mɔ́n-] *a.* **1** 山のかなたの; アルプスの南の, イタリアの. **2** 法王至上権論の. **——** *n.* **1** アルプス以南の住民. **2** 法王至上権論者. ◇ **-ta·nism** [-tinìz(ə)m] *n.* 法王至上権論. **-ta·nist** [-tinist] *n.*

ùl·tra·mún·dane [ʌ̀ltrəmʌ́ndein/ʌ́l-] *a.* **1** 世界の外の; 太陽系の外の. **2** あの世の.

ùl·tra·ná·tion·al [ʌ̀ltrənǽʃən(ə)l/ʌ́ltrə-] *a.* 超国家主義的な. ◇ **~·ism** *n.* 超国家主義. **~·ist** *n.*

ùl·tra·réd [-réd] *a.* 赤外 (線) の (infrared).

ùl·tra-shórt [-ʃɔ́ːrt] **~ *wave***〘物〙超短波.

ùl·tra·són·ic [-sánik/-sɔ́n-] *a.* =supersonic.

ùl·tra·són·ics [-sániks/-sɔ́n-] =supersonics.

ùl·tra·tróp·i·cal [-trápik(ə)l/-trɔ́p-] *a.* **1** 熱帯圏外の. **2** 熱帯よりも暑い.

ùl·tra·ví·o·let [ʌ̀ltrəváiəlit/ʌ́ltrə-] *a.*〘物〙紫外 (線) の: ~ rays 紫外線. →infrared.

ul·tra vi·res [-váiriːz/-váiər-] L. (= beyond power)〘法〙権能以上に; 越権の.

ùl·tra·ví·rus [-váirəs/-váiər-] *n.*〘生〙濾過(ろか)性病原体.

ú·lu·lant [júːljulənt] *a.* ほえる; ホーホー鳴く.

ú·lu·late [júːljulèit] *vi.* <犬・オオカミなどが> ほえる; <フクロウなどが> ホーホー鳴く; 号泣する.
◇ **ù·lu·lá·tion** [ㅗ—léiʃ(ə)n] *n.*

U·lýs·ses [julísiːz, juː-] *n.*〘ギ神〙ユリシーズ《Homer 作 *Odyssey* の主人公. Ithaca の王で, トロイ戦争のギリシア側の知将》.

úm·bel [ʌ́mb(ə)l] *n.*〘植〙散形花序.

úm·bel·lar [ʌ́mb(ə)lər], **úm·bel·late** [ʌ́mb(ə)lit, -lèit] *a.*〘植〙散形花 (序) の.
◇ **úm·bel·late·ly** *ad.*

ùm·bel·líf·er·ous [ʌ̀mbəlífərəs, (英)⁺ -bel-] *a.*〘植〙散形花を生じる; セリ科の.

úm·ber [ʌ́mbər] *n.* アンバー《黄かっ色の鉱物性天然顔料》; 焦げ茶色 (の絵の具);《交通信号の》黄色. ***burnt* ~** 焦げ茶《絵の具》. ***raw* ~** 黄焦げ茶《絵の具》. **——** *a.* ~の.

um·bíl·i·cal [ʌmbílik(ə)l, (英)⁺ ʌ̀mbilái-] *a.* **1** へその, へそに近い; 中央の; 母系の. **2**《結びつきが》親密な. **~ cord** へその緒, 臍帯(さいたい); ロケット [ミサイル] 準備索《発射直前自動的に切り離される》.
◇ **~·ly** *ad.* へその緒によって;《比喩的》しっかりと, 親密に.

um·bíl·i·cate [ʌmbílikit] *a.* **1** へその形の, 中がくぼんだ. **2** へそのある.

um·bíl·i·cus [ʌmbílikəs, ʌ̀mbiláikəs] *n.* (*pl.* **-ci** [-lisai, -láisai]) **1**〘医〙へそ. **2**〘動〙へそ穴《巻き貝の》;〘植〙種臍(しゅせい)《ソラマメなどの》. **3**〘古ローマ〙《巻き物の》軸玉.

úm·bles [ʌ́mblz] *n. pl.* シカの臓物《食用》.

úm·bo [ʌ́mbou] *n.* (*pl.* **um·bó·nes** [ʌmbóuniːz], **~s**) **1** 盾(たて)の心いぼ. **2**〘動〙殻頂(かくちょう)《二枚貝類の》. **3**〘植〙(菌類の) 表面突起. **4**〘医〙鼓膜臍(せい). **5**《一般的》突起物. ◇ **úm·bo·nate** [ʌ́mbənit, -nèit] *a.* 突起物 [いぼ] のある; 傘(かさ)状の.

úm·bra [ʌ́mbrə] *n.* (*pl.* **-brae** [-briː]) **1** 影. **2**〘天〙アンブラ《月食のとき太陽の光が全く当たらない部分》;《太陽黒点の》中央暗黒部. **3**〘古ローマ〙招かれぬ客《影のように招待者についてくる》.

úm·brage [ʌ́mbridʒ] *n.* **1** 不快, 怒り; ひがみ, 敵意. **2**〘雅〙陰影;《陰をつくる》茂った葉. ***give* ~ *to*** …にいやな思いをさせる, をおこらせる. ***take* ~** 憤慨する. [√umbr-]

um·brá·geous [ʌmbréidʒəs] *a.* **1** 陰の多い, 陰をつくる. **2** おこりっぽい, ひがみやすい.
◇ **~·ly** *ad.* **~·ness** *n.*

‡**um·brél·la** [ʌmbrélə] *n.* **1** 雨がさ, こうもりがさ.

→ sunshade, parasol. 2〔動〕クラゲのかさ. 3〔軍〕《地上軍を護衛する》上空護衛戦闘機(隊).
[√umbr-. 元来は「日がさ」]
~ **bird**〔鳥〕カサドリ. ~ **leaf**〔植〕サンカヨウ. ~ **palm**〔植〕《ソロモン島原産》ヤシ科の一種. ~ **pine**〔植〕コウヤマキ. ~ **shell**〔貝〕カサガイ. ~ **stand** かさ立て. ~ **tree** (1)〔植〕《北アメリカ産》泰山木の一種. (2)〔話〕かさ状の〔に仕立てた〕木.

um·brétte [ʌmbrét] *n.*〔鳥〕サギの類《アフリカ産》.

Um·bri·a [ʌ́mbriə] *n.* ウンブリア《古代イタリア中部・北部地方》.

Um·bri·an [-n] *a.* ウンブリアの, ウンブリア(人・語)の. —— *n.* ウンブリア人〔語〕. ~ **school, the** ウンブリア画派《Perugino, Raphael などの一派》.

um·bríf·er·ous [ʌmbrífərəs] *a.* 影を投げる.
◇ ~·**ly** *ad.*

ú·mi·a(c)k [ú:miæ̀k] *n.* アザラシの皮を張ったエスキモーの木造小舟.

úm·laut [úmlaut] *n.*〔言〕 1 ウムラウト, 母音変異 (mutation)《ドイツ語・英語などのゲルマン語族に属する言語において, 後続音節中の i, u の影響によって生じる母音変化. その i, u は現在では脱落するか他の母音に変化している. 例: ドイツ語 Fuss「足」の複数 Füsse; 英語 foot の複数 feet は, fōt の複数 *fōtiz (*は推定形を示す) に由来し, ō が後続の i に影響されて変化した. → food—feed, strong—strength など》. 2 (同上の変化によって生じた) 変母音《例: ä, ö, ü》; ウムラウトの符号《¨》.
—— *vt.* ウムラウト変化させる. [<G.]

ump [ʌmp] =umpire.

umph [m̩m̩] =humph.

úm·pire** [ʌ́mpaiər] *n.* 審判(者), 仲裁者;〔法〕裁定人;《競技の》アンパイア. ***ball [***field***] ~〔野球〕球〔塁〕審. —— *vt., vi.* 審判する, 仲裁する.
◇ ~·**ship** *n.* ~の職. **úm·pir·age** [ʌ́mpairidʒ, -pir-/-paiər-] *n.* umpire の地位〔権限〕; umpire の審判〔判決〕.

úmp·(s)teen [ʌ́mp(s)tì:n] *a.*〔俗〕多数の.
◇ ~**th** *a.* 十何度めの: for the ~*th* times 十何度めかに.

úmp·ty [ʌ́mpti] *a.*〔俗〕これこれの (such and such): ~ percent of salt 何パーセントかの食塩.

un, 'un [(ə)n] *pron.* =one: He's a tough *un* [*'un*]. 彼は手ごわいやつだ. you [we] *'uns* きみ〔ぼく〕ら.

un- *pref.* 1 動詞に付して, その動詞のあらわす行動の反対もしくはその動詞が示す動作・行為が行なわれる以前の状態にもどすことを示す: cover おおう→*un*cover《既におおわれたものの》ふたをとる, むきだしにする. bend 曲げる→*un*bend まっすぐにする. fold 折りたたむ→*un*fold 開く, 広げる. 2 名詞につけてその名詞の示す性質・状態を奪う〔取り去る〕意味をあらわす動詞をつくる: sex 性→*un*sex 性を奪う, 女らしさをなくす. man 男→*un*man 男らしさを失わせる. 3 形容詞, 副詞, 形容詞からきた抽象名詞, 一部の名詞につけて, 通常否定の意をあらわす: *un*happy 不幸な <happy, *un*happily, *un*happiness. *un*importance とるに足らぬこと <importance <important. *un*rest 不穏, 不安 <rest 平穏. 〈注₁〉-able, -ed, -ing の語尾をもつ形容詞に un- がつくばあい, 解釈が二様になることがある: *un*doable することができない <*un-*+doable; もとにもどしえない <*un*do+-able. 〈注₂〉「…された」という意味での動詞の過去分詞には特に自由に, ほとんど無制限に結合する: an *un*invited guest 招かれざる客. in an *un*broken line 連続した線をなして. 〈注₃〉肯定の形容詞を打ち消すには, 形のいかんを問わず un- を接頭するのが正当であるが, ラテン語に起源をもつ語では in- を用いることが多い《l, m, r で始まる語では in- は il-, im-, ir- となる》: *in*accessible <accessible. *il*legal <legal. *ir*reproachable <reproachable.

UN, U.N. [jú:én] United Nations.

ùn·a·báshed [ʌ̀nəbǽʃt/ʌ́n-] *a.* 赤面しない, 平然たる, ずうずうしい.

ùn·a·bát·ed [ʌ̀nəbéitid/ʌ́n-] *a.* 減らない, 弱らない.
◇ ~·**ly** *ad.*

⁑un·á·ble [ʌnéibl/ʌ́n-, ʌn-] *a.* できない《*to* (do)》: He was ~ *to* reach the summit. 頂上に達することができなかった. →名詞 inability.

ùn·a·brídged [ʌ̀nəbrídʒd/ʌ́n-] *a.* 省略してない: an ~ text (削除なしの) 完全本文. —— *n.*《抜粋してない》最も完全な大辞典.

un·ác·cent·ed [ʌnǽksentid, ⌐–⌐–/⌐–⌐–] *a.* 強勢〔抑揚〕のない, アクセントのない.

ùn·ac·cépt·a·ble [ʌ̀nəkséptəbl/ʌ́n-] *a.* 受け入れがたい; 受諾しにくい; 気に入らない.

ùn·ac·cóm·mo·dat·ed [-əkámədèitid/-əkɔ́mə-] *a.* 1 設備のない. 2 不適な, 十分でない. 3 満足(感)を与えられていない, 不満な.

ùn·ac·cóm·mo·dat·ing [-dèitiŋ] *a.* 1 歩み寄らない, 譲歩しない; 人の言うままにならぬ. 2 便宜をはからない; 不親切な.

ùn·ac·cóm·pa·nied [ʌ̀nəkʌ́mp(ə)nid/ʌ́n-] *a.* 伴われない, 連れのない《*by, with*》;〔楽〕無伴奏の.

ùn·ac·cóm·plished [-əkámpliʃt/-əkɔ́m-] *a.* 1 成就されない, 未完成の. 2 たしなみを欠く, 芸のない, 無能の.

ùn·ac·cóunt·a·ble [-əkáuntəbl] *a.* 1 説明できない, わけのわからない, 不思議な. 2 責任のない《*for*》. ◇ ~·**ness** *n.* **-bly** *ad.*

ùn·ac·cóunt·ed-for [-əkáuntidfɔ̀:r] *a.* 説明されていない; ゆくえ不明の.

ùn·ac·cús·tomed [ʌ̀nəkʌ́stəmd/ʌ́n-] *a.* 1 不慣れの《*to*; *to* (do)*ing*》. 2 普通でない; 見慣れない, 珍奇な. ◇ ~·**ness** *n.*

ùn·ac·quáint·ed [-əkwéintid] *a.* 1 見知らぬ, 面識のない. 2 不案内で, 無経験で, うとい《に *with*》.

ùn·ad·dréssed [ʌ̀nədrést/ʌ́n-] *a.*《手紙など》あて名のない.

ùn·a·dórned [-ədɔ́:rnd] *a.* 装飾のない, 簡素な, ありのままの.

ùn·a·dúl·ter·at·ed [ʌ̀nədʌ́ltərèitid] *a.* 混ぜ物のない; きっすいの, ほんものの.

ùn·ad·vís·a·ble [ʌ̀nədváizəbl/ʌ́n-] *a.* 勧められない, 適当でない, 不得策な. ◇ ~·**ness** *n.* **-bly** *ad.*

ùn·ad·vísed [-ədváizd] *a.* 1 忠告を受けていない. 2 無分別な, 軽率な. ◇ **-vís·ed·ly** [-váizidly] *ad.*

ùn·af·féct·ed [-əféktid] *a.* 1 気どらない, ありのままの, 素朴(そぼく)な; 心からの. 2 影響されない, 変わらない; 心を動かされない. ◇ ~·**ly** *ad.* ~·**ness** *n.*

un·áid·ed [ʌnéidid/ʌ́n-] *a.* 助けを受けない, 独力の. ***with the ~ eyes*** 肉眼で.

ùn·al·lóyed [ʌ̀nəlɔ́id/ʌ́n-] *a.* 1《金属が》合金でない, 純粋な. 2《感情など》完全な, ほんものの.

un·ál·ter·a·ble [ʌnɔ́:lt(ə)rəbl] *a.* 変えることができない, 不変の. ◇ ~·**ness** *n.* **-bly** *ad.*

un·ál·tered [ʌnɔ́:ltərd/ʌ́n-] *a.* 変わらない, もとのままの.

ùn·am·bíg·u·ous [ʌ̀næmbígjuəs/ʌ́n-] *a.* あいまいでない, 疑わしくない, 明らかな.
◇ ~·**ly** *ad.* ~·**ness** *n.*

ùn·am·bí·tious [-æmbíʃəs] *a.* 1 野心〔功名心〕のない. 2 見えを張らない, 目だたない.

ùn-A·mér·i·can [ʌ̀nəmérikən/ʌ́n-] *a.* アメリカ風でない《風俗・習慣・思想など》; 非アメリカ的な, 反アメリカの. **U~ Activities Committee, the**《米議会の》非米活動委員会. ◇ ~·**ism** *n.* 非米活動.

un·á·mi·a·ble [ʌnéimiəbl/ʌ́n-] *a.* ぶあいそうな, とっつきにくい; 不親切な.

ùn·a·néled [-əní:ld] *a.*〔古〕臨終塗油式を受けていない.

ù·na·ním·i·ty [jù:nənímiti] *n.* 全員の合意, 満場一致. ***with ~*** 異議なく.

⁑u·nán·i·mous [junǽniməs, ju:-] *a.* 1 満場〔全員〕一致の, 異議のない: a ~ vote 全員一致の票決.

2 合意の: They were ～ in their approval of the government bill. 彼らは政府提出の議案を全会一致で承認した. [√un-＋√anim-] ◇ **～·ly** *ad.* **～·ness** *n.* 「いない; 先ぶれのない.

ùn·an·nóunced [ʌ̀nənáunst/ʌ́n-] *a.* 公表されて

un·án·swer·a·ble [ʌnǽns(ə)rəbl/-á:n-] *a.* **1** 答えられない; 反論できない. **2** 責任のない《*for*》.

ùn·án·swered [ʌnǽnsərd/ʌ́ná:n-] *a.* **1** 返事のない. **2** 反論されない. **3** 報われない: ～ love 片思い.

ùn·ap·próach·a·ble [ʌ̀nəpróutʃəbl] *a.* **1** 近づきがたい; よそよそしい. **2** 比類のない, 無敵の.

un·ápt [ʌnǽpt] *a.* **1** 適しない《*for*》. **2** 鈍い, 無器用な《*to* (do); *at*》. **3** …しつけない, …する気がない《*to* (do)》. ◇ **～·ly** *ad.* **～·ness** *n.*

un·ár·gued [ʌná:rgju:d] *a.* 議論なしの; 問題なく受け入れられる. 「る.

un·árm [ʌná:rm] *vt.* 武装解除する; 〖雅〗無害にす

un·ármed [-á:rmd] *a.* **1** 武装していない, 武器をもたない, 素手の. **2** 〖動·植〗《角·きば·とげなどの》防護器官がない. 「甲の《軍艦など》.

un·ár·mo(u)red [-á:rmərd] *a.* 非武装の; 非装

ùn·ar·ti·fí·cial [ʌ̀na:rtifíʃ(ə)l/ʌ́nà:-] *a.* 人工〔人為〕的でない, 自然の. ◇ **～·ly** *ad.*

ùn·a·shámed [ʌ̀nəʃéimd/ʌ́n-] *a.* 恥じない, 恥を知らない, ずうずうしい.
◇ **-shám·ed·ly** [-ʃéimidli] *ad.*

un·ásked [ʌnǽskt/ʌ́ná:skt] *a.* **1** 求められない《*for*》. **2** 頼まれない; 招かれない.

ùn·as·sáil·a·ble [ʌ̀nəséiləbl] *a.* **1** 攻めるすきのない, 難攻不落の. **2** 論争〔批判〕の余地のない.
◇ **-bly** *ad.*

ùn·as·síst·ed [ʌ̀nəsístid/ʌ́n-] ＝unaided.

ùn·as·súm·ing [ʌ̀nəsú:miŋ/ʌ́nəsjú:m-] *a.* 気どらない, けんそんな, 控えめな. ◇ **～·ly** *ad.* **～·ness** *n.*

ùn·at·táched [ʌ̀nətǽtʃt/ʌ́n-] *a.* **1** くっついていない, 離れている. **2** 無所属の, 中立の. **3** 婚約〔結婚〕していない. **4** 〖軍〗《将校が》隊つきでない. **5** 〖英〗大学に在籍しているが特定の学寮 (college) に属していない. **6** 〖法〗差し押えられていない.

ùn·at·táin·a·ble [ʌ̀nətéinəbl/ʌ́n-] *a.* 手に入れにくい; 《目的が》達しがたい. ◇ **-bly** *ad.*

ùn·at·témpt·ed [ʌ̀nətémptid/ʌ́n-] *a.* 企て〔試み〕られたことのない.

ùn·at·ténd·ed [ʌ̀nəténdid/ʌ́n-] *a.* **1** 従者〔付き添い〕のない. **2** 《危険など》伴わない《*by, with*》. **3** 係りの者がついていない. **4** 世話〔注意〕されない. **5** 放置された《*to* を伴う》: He left his studies ～ *to*. 彼は勉強をほったらかしにした. **6** 包帯〔手当〕をしていない.

ùn·at·trác·tive [ʌ̀nətrǽktiv] *a.* **1** 人目をひかない, 美しくない. **2** 興味〔魅力〕のない, いやな.
◇ **～·ly** *ad.* **～·ness** *n.*

ùn·au·thén·tic [ʌ̀nɔ:θéntik/ʌ́n-], **-ti·cal** [-(ə)l] *a.* 出所不明の, 確かでない, 信用できない; ほんものでない. ◇ **ùn·au·thén·ti·cal·ly** *ad.*

un·áu·thor·ized [ʌnɔ́:θəràizd/ʌ́n-] *a.* **1** 許可〔認定〕されていない: Off limits to ～ personnel. 許可なき者立入禁止. **2** 権限のない, 独断の.

ùn·a·váil·a·ble [ʌ̀nəvéiləbl/ʌ́n-] *a.* **1** 得られない. **2** 利用できない, 役に立たない. **3** 〖米〗《原稿など》不採用の. ◇ **～·ness** *n.* **-bly** *ad.*

ùn·a·váil·ing [-əvéiliŋ] *a.* 効果のない, 無益な, むなしい. ◇ **～·ly** *ad.*

ùn·a·vóid·a·ble [ʌ̀nəvɔ́idəbl] *a.* 避けられない, やむをえない. ◇ **-bly** *ad.*

***ùn·a·wáre** [ʌ̀nəwέər/ʌ́n-] *a.* **1** 気づかない, 知らない, 悟らない《*of; that*》: He was ～ *of* my presence〔*that* I was present〕. 彼は私がいるのに気づかなかった. **2** 〖雅〗不注意な, ゆだんのある. —— *ad.* ＝unawares. —— *n.* 不意: *at* ～ だしぬけに.
◇ **～·ly** *ad.* **～·ness** *n.*

ùn·a·wáres [ʌ̀nəwέərz/ʌ́n-] *ad.* **1** 気づかずに, うっかり. **2** だしぬけに, 不意に. ***be taken***〔***caught***〕～ 不意打ちをくう. ***take***〔***catch***〕a person ～ (人に) 不意打ちをくわせる.

un·bácked [ʌnbǽkt/ʌ́n-] *a.* **1** 支持〔後援〕者のない; かける者のない《競馬など》. **2** 《馬が》乗り慣らされていない, 人を乗せた経験がない.

un·báked [ʌnbéikt/ʌ́n-] *a.* **1** 焼けていない, 料理してない. **2** 未熟の.

un·bál·ance [ʌnbǽləns/ʌ́n-] *n.* 不均衡, 不つりあい (imbalance). —— *vt.* **1** 不つりあいにする; の平衡を乱す. **2** の平静を乱す.

un·bál·anced [-t] *a.* **1** 平均〔バランス〕のとれない; 不安定な. **2** 心の平衡が破れた, 乱れた, 気の変な (＝mentally ～). **3** 〖商〗未決算〔未清算〕の.

ùn·bap·tízed [ʌ̀nbæptáizd/ʌ́n-] *a.* **1** 洗礼を受けていない; 非キリスト教徒の. **2** 卑俗な.

un·bár [ʌnbá:r/ʌ́n-] *vt.* (**-rr-**) のかんぬき〔掛けがね〕をはずす; 開放する.

***un·béar·a·ble** [ʌnbέərəbl] *a.* **耐えられない**, がまんできない. ◇ **～·ness** *n.* **-bly** *ad.*

un·béat·en [ʌnbí:tn/ʌ́n-] *a.* **1** 負けたためしがない, 無敵の. **2** 《道が》踏みならされていない. **3** むち打たれない.

ùn·be·cóm·ing [ʌ̀nbikʌ́miŋ/ʌ́n-] *a.* **1** 不適当な, 不相応な《*to, for*》. **2** 見苦しい, 体裁のわるい; 無礼な. **3** 似合わない. ◇ **～·ly** *ad.* **～·ness** *n.*

ùn·be·knówn [ʌ̀nbinóun/ʌ́n-] *a.* 〖話〗未知の, 知られていない (で)《に *to*》. 〈注〉副詞的にも用いる.

ùn·be·líef [ʌ̀nbilí:f/ʌ́n-] *n.* 不信; 不信仰.

***ùn·be·líev·a·ble** [ʌ̀nbilí:vəbl] *a.* **信じられない**, 信じがたい, うそみたいな. ◇ **-bly** *ad.*

ùn·be·líev·er [ʌ̀nbilí:vər/ʌ́n-] *n.* 不信心者; 異教徒; 懐疑的な人.

ùn·be·líev·ing [ʌ̀nbilí:viŋ/ʌ́n-] *a.* **1** 信じない, 懐疑的な. **2** 信仰のない. ◇ **～·ly** *ad.*

un·bénd [ʌnbénd/ʌ́n-] *v.* (**-bént** [-bént], 〖古〗**-bénd·ed** [-béndid]) *vt.* **1** まっすぐにする, 伸ばす. **2** 〈張ったものを〉ゆるめる; 〖海〗〈索を〉解く, 〈帆を〉はずす. **3** 〈心の〉緊張をゆるめる, くつろがす, 休める. —— *vi.* **1** まっすぐになる, 伸びる. **2** ゆるむ; くつろぐ, 打ち解ける: In the classroom the teacher maintains discipline but after class he ～*s*. 先生は授業中きびしく鍛えるが, 終わると打ち解ける.
～ ***the mind***〔***oneself***〕打ち解ける, くつろぐ.
◇ **～·a·ble** *a.*

un·bénd·ing [-béndiŋ] *a.* **1** 曲がらない; 堅い. **2** 不屈の, 確固とした; がんこな. **3** くつろいだ, 気休めの. —— *n.* くつろぎ, 気休め.
◇ **～·ly** *ad.* **～·ness** *n.*

un·bént [-bént] *v.* unbend の過去·過去分詞.

un·bí·ased, un·bí·assed [ʌnbáiəst/ʌ́n-] *a.* 先入主〔偏見〕のない, 不偏の, 公平な.

un·bíd·den [ʌnbídn/ʌ́n-] *a.* **1** 命令されていない, 自発的な. **2** 招かれない.

un·bínd [ʌnbáind/ʌ́n-] *vt.* (**-bóund** [-báund]) 〈結び目などを〉ほどく, 解く; の束縛を解く, 自由にする.

un·bléached [ʌnblí:tʃt/ʌ́n-] *a.* 漂白してない, さらさない.

un·blém·ished [ʌnblémiʃt] *a.* きず〔汚点〕のない, 潔白な.

un·blessed, un·blést [ʌnblést/ʌ́n-] *a.* **1** 祝福されない, 神の恵みを受けない. **2** のろわれた. **3** 不幸な, 恵まれない. **4** 神聖でない. ◇ **un·bléss·ed·ness** [-blésidnis] *n.* 「とした, ひるまない.

un·blínk·ing [-blíŋkiŋ] *a.* まばたきをしない; 平然

un·blúsh·ing [ʌnblʌ́ʃiŋ] *a.* 赤面しない, 恥知らずの, 厚かましい. ◇ **～·ly** *ad.*

un·bód·ied [ʌnbádid/ʌ́nbɔ́d-] *a.* 肉体を離れた, 無形の; 実体のない. 「どを〉あける.

un·bólt [ʌnbóult/ʌ́n-] *vt.* のかんぬきをはずす; 〈戸な

un·bólt·ed[1] [-id] *a.* かんぬきをはずされた.
un·bólt·ed[2] *a.* 《麦粉など》ふるいにかけてない.
un·bórn [ʌnbɔ́ːrn/ʌ́n-] *n.* **1** まだ生まれない; 胎内の. **2** 未来の, 将来の.
un·bós·om [ʌnbúzəm] *vt.* <心・秘密などを> 打ち明ける. —— *vi.* 胸襟(きょうきん)を開く. ～ one*self* 心を打ち明ける; 告白する《に *to*》. ◇ ～**·er** *n.*
un·bóund [ʌnbáund/ʌ́n-] *v.* unbind の過去・過去分詞. —— *a.* **1** (束縛から) 解き放された, 自由の身の. **2** ばらばらの; 製本してない.
un·bóund·ed [ʌnbáundid] *a.* **1** 無限の, 果てしない; 制限のない. **2** 《喜びなど》押えきれない.
◇ ～**·ly** *ad.*
un·bówed [ʌnbáud/ʌ́n-] *a.* **1** 曲がっていない《ひざなど》. **2** 頭を下げない, 克服されない.
un·bráid [ʌnbréid/ʌ́n-] *vt.* <より糸・編んだ髪などを> 解く, ほぐす.
un·brí·dled [ʌnbráidld] *a.* **1** 馬勒(ばろく)〔手綱〕のない. **2** 《比喩的》拘束〔抑制〕のない; 放らつな, むちゃな.
un·bró·ken [ʌnbróukən/ʌ́n-] *a.* **1** こわれていない, 完全な. **2** くじかれない; 不屈の: ～ spirit 不屈の魂. **3** 慣らされていない: an ～ wild horse 飼い慣らされていない野生馬. **4** とぎれなく続く, 連続的, じゃまされない: six hours of ～ sleep 6 時間ぶっ続けの眠り. **5** 《記録などの》破られない. **6** 《法律などの》違反されない, 守られた: an ～ word 守られた約束. **7** 未開墾の: ～ land.
◇ ～**·ly** *ad.* ～**·ness** *n.*
un·búck·le [ʌnbʌ́kl/ʌ́n-] *vt.* の締め金をはずす.
un·búr·den [ʌnbə́ːrdn] *vt.* **1** の荷をおろす. **2** <心から> 重荷をおろす, <心を> 軽くする, <心中を> 打ち明ける: ～ one's heart 心中を明かす. **3** 打ち明ける: ～ one's sorrows 悲しみをぶちまける.
～ one*self* 意中を告白する: ～ one*self of* a secret 秘密を明かす.
un·búr·ied [ʌnbérid/ʌ́n-] *a.* **1** まだ葬られていない. **2** 発掘された.
un·búsi·ness·like [ʌnbíznislàik] *a.* 事務的でない, 非実際〔非能率〕的な.
un·bút·ton [ʌnbʌ́tn/ʌ́n-] *vt.* **1** <ボタンを> はずす; のボタンをはずす. **2** <感情などを> ぶちまける; <沈黙を> 破る. 「放する.
un·cáge [ʌnkéidʒ/ʌ́n-] *vt.* かご〔おり〕から出す; 解
un·cálled-for [ʌnkɔ́ːldfɔːr] *a.* **1** 頼まれない; 差し出がましい, よけいな. **2** 不適当な, 的はずれな.
un·cán·ny [ʌnkǽni] *a.* 気味の悪い, ものすごい, 奇怪な, 神秘的な. ◇ **-ni·ly** *ad.* **-ni·ness** *n.*
un·cáp [ʌnkǽp/ʌ́n-] *v.* (**-pp-**) *vt.* 脱帽させる; <びんなどの>ふたをとる. —— *vi.* 脱帽する《敬意を表して》.
un·cáse [-kéis] *vt.* **1** 箱〔容器〕から取り出す; <軍旗を> 翻す. **2** 発表する, 知らせる.
un·céas·ing [ʌnsíːsiŋ] *a.* 不断の, ひっきりなしの, 引き続く. ◇ ～**·ly** *ad.*
ùn·cer·e·mó·ni·ous [ʌ̀nserimóuniəs, -njəs/ʌ́nsèr-] *a.* **1** 儀式ばらぬ; 打ち解けた, くつろいだ. **2** 無作法な, ぶしつけの. ◇ ～**·ly** *ad.* ～**·ness** *n.*
‡**un·cér·tain** [ʌnsə́ːrtn] *a.* **1** 不確実な, 不定の, 気まぐれな: ～ weather 定まらない天候. a man with an ～ temper 気まぐれな気性の男. walk with ～ steps よろよろ歩く. **2** はっきりしない, 疑わしい, 断言できない, 未定の《*of*》: ～ shape ぼんやりした形. of ～ age 年齢のはっきりしない《特に中年婦人について》. be〔feel〕～ (*about*) what to do next 次になにをやるべきかわからない. be ～ *of*〔*about, as to*〕one's plans for the future 自分の未来の計画がはっきりしない. ◇ ～**·ly** *ad.* ～**·ness** *n.*
〔類義語〕 不確かな: **uncertain** 《実体・成り行きなどが》はっきりわからない, 不確実な. 人が確信がないばあいも用いる: The time of his arrival is *uncertain*. 彼の到着時刻は不明だ. I am *uncertain* of my future. 自分の未来に確信がない. **dubious** 価値・真実性が不確かな. 人を主語にもできる: a *dubious* friend 不確かな〔信頼できぬ〕友人. I am *dubious* about the plan. 計画について半信半疑である. **insecure** 不安定な, あぶなっかしい, 当てにならぬ: an *insecure* promise 不確かな〔当てにならぬ〕約束. **precarious** あぶなっかしい, いつ失われるかわからない: *precarious* means of existence 心もとない生活手段.
un·cér·tain·ty [ʌnsə́ːrtnti] *n.* **1** 半信半疑, 自信のなさ, 疑い: rest in ～ 半信半疑のままでいる. **2** 不確実 (性), 不確定; 変わりやすいこと; 当てにならないこと: the ～ of the weather 変わりやすい天気. the ～ of footing あぶない足がかり. the ～ of life 諸行無常, 人生のはかなさ. There is no ～ about it. それについては不確かなところはない. **3** 《an ～ または複数形で》当てにならない〔はっきりしない〕もの〔こと〕: Many ～*ies* detract from the merits of the plan. 多くの不確実な要素がこの計画の長所を減じている. ***be above all*** ～ 全く不安はない.
～ **principle** 〔物〕不確定性原理. 「放〔釈〕する.
un·cháin [ʌntʃéin/ʌ́n-] *vt.* 鎖から解く; 解放〔釈
un·chál·lenged [-tʃǽlindʒd] *a.* 問題にされない, 論争されない; 挑戦(ちょうせん)されない, 絶対 (不動) の.
un·cháncy [ʌntʃǽnsi/ʌ́ntʃɑ́ːnsi] *a.* 〔スコットランド〕 **1** 不運な; 時を得ない. **2** 危険な.
un·cháng·e·a·ble [ʌntʃéindʒəbl] *a.* 変わらない, 不易の, 安定した. ◇ **-bly** *ad.* 「まの.
‡**un·chánged** [ʌntʃéindʒd/ʌ́n-] *a.* 不変の, もとのま
un·chár·i·ta·ble [ʌntʃǽritəbl] *a.* 無慈悲な; 容赦しない, きびしい. ◇ ～**·ness** *n.* **-bly** *ad.*
un·chárt·ed [ʌntʃɑ́ːrtid/ʌ́n-] *a.* 海図〔地図〕にない; 未踏の, 未知の.
un·chár·tered [ʌntʃɑ́ːrtərd/ʌ́n-] *a.* **1** 特許を得ていない, 免許〔認可〕証のない. **2** 無法の, 非合法の.
un·cháste [ʌntʃéist/ʌ́n-] *a.* **1** 身持ちの悪い, 不貞な. **2** みだらな; 《趣味などが》げびた.
◇ ～**·ly** *ad.* **un·chás·ti·ty** [-tʃǽstiti] *n.*
un·chécked [ʌntʃékt/ʌ́n-] *a.* **1** 抑制されない, 止められない. **2** 検査〔引き合わせ〕未了の.
un·chrís·tian [ʌnkrístʃ(ə)n/ʌ́nkrístjən, -tʃ(ə)n] *a.* **1** キリスト教徒でない; キリスト教精神に反する; 異教的. **2** 野蛮な, 下品な.
◇ ～**·like** *a.* ～**·ly** *a.*
un·chúrch [ʌntʃə́ːrtʃ/ʌ́n-] *vt.* から教会員の資格〔特権〕を奪う, 破門する.
ún·ci·al [ʌ́nʃiəl, -ʃəl/-siəl, -ʃ(i)əl] *n.* アンシアル字体《紀元 4 – 9 世紀に写本に用いられた大きな丸みのある書体》; その字体で書いた写本. —— *a.* アンシアル字体の.
ún·ci·form [ʌ́nsifɔːrm] *a.* 〔動・医〕かぎ形の.
—— *n.* 〔医〕鉤状(こうじょう)骨. 「かぎ状の.
ún·ci·nate [ʌ́nsinit, -nèit], **ún·ci·nal** [-n(ə)l] *a.*
UNCIO United Nations Conference on International Organization 国連国際機構会議.
un·cír·cum·cised [ʌnsə́ːrkəmsàizd/ʌ́n-] *a.* **1** 割礼を受けていない; ユダヤ人でない, 異邦人の. **2** 霊的に生まれ変わらない; 異教の, 異端の.
ùn·cir·cum·cí·sion [ʌ̀nsəːrkəmsíʒ(ə)n/ʌ́nsəː-] *n.* 割礼を受けないこと; (the ～) 《集合的》異邦人 (the Gentiles).
un·cív·il [ʌnsívl/ʌ́n-] *a.* **1** 無作法な, 無礼な, 粗野な. **2** 未開の, 野蛮な. ◇ ～**·ly** *ad.* ～**·ness** *n.*
un·cív·i·lized [ʌnsívilàizd/ʌ́n-] *a.* 未開の, 野蛮な. ◇ ～**·ly** *ad.* ～**·ness** *n.*
un·clád [ʌnklǽd/ʌ́n-] *a.* 着物をきない, 裸の.
un·cláimed [ʌnkléimd/ʌ́n-] *a.* 請求〔要求〕者がない; 《荷物など》持ち主のない.
un·clásp [ʌnklǽsp/ʌ́nklɑ́ːsp] *vt.* の留め金をはずす; <握った物を> 放す, <握った手を> 開く. —— *vi.* <留め金が> はずれる; <握った手が> 開く.

U

†**ún·cle** [ʌ́ŋkl] *n.* **1** おじ《伯父および叔父》; おばの夫: an ～ on one's father's 〔mother's〕 side 父方〔母方〕のおじ. → aunt. **2**〘話〙(よその) おじさん《アメリカでは黒人の老僕など》. **3**〘俗〙質屋. ***come the ～ over*** おじぶって…をしかる. ***cry*** 〔***say***〕 ～〘米俗〙降参する. ***talk like a Dutch ～*** ひどくしかる. —— *vt.* おじと呼ぶ, おじさん扱いする: Don't ～ me. ぼくをおじさんなんて言わないでくれ. **U～ Sam** アメリカ政府, アメリカ合衆国; 典型的なアメリカ人《かしら文字 U. S. からの造語》. **U～ Tom** 白人に屈従的な黒人.

-un·cle *suf.*「小…」の意: hom*uncle* 小人 < L. *homo* (= man). 〈注〉発音は語により [-ʌŋkl], [-ʌ́ŋkl].

un·cléan [ʌnklíːn/ʌ́n-] *a.* **1** 不潔な, きたない. **2**〘宗〙不浄の, 汚れた. **3** 純潔でない, 不貞な; 卑猥(ひわい)な. ◇ **～·ness** *n.*

un·cléan·ly[1] [ʌnklíːnli/ʌ́n-] *ad.* 不潔に.

un·cléan·ly[2] [-klénli] = unclean.

un·clénch [ʌnkléntʃ/ʌ́n-] *vt., vi.* 押しあける; 開く.

un·clóak [ʌnklóuk/ʌ́n-] *vt.* に外套(がいとう)を脱がせる; 暴露する. —— *vi.* 外套を脱ぐ.

un·clóse [ʌnklóuz/ʌ́n-] *vt., vi.* あける; あく.

un·clóthe [ʌnklóuð/ʌ́n-] *vt.* に着物を脱がせる, の着物をはぐ; 裸にする; のおおいを除く.

un·clóud·ed [ʌnkláudid/ʌ́n-] *a.* 雲のない, 澄んだ; 明朗な, 晴れわたった.

ún·co [ʌ́ŋkou]〘スコットランド〙*a.* **1** 見慣れない, 異様な; 不思議な. **2** 気味悪い. **3** 目をひく. —— *n.* (*pl.* **～s**) (通例 *pl.*) 珍しい知らせ〔話〕; 非常に珍しい人〔物〕. —— *ad.* 非常に: ～ guid ひどくいい (very good). [< uncouth]

un·cóil [ʌnkɔ́il/ʌ́n-] *vt.* 〈巻いた物を〉解く. —— *vi.* 解ける; 〈ヘビが〉とぐろを解く.

un·cól·o(u)red [ʌnkʌ́lərd/ʌ́n-] *a.* **1** 着色していない. **2**《比喩的》飾り〔誇張〕のない, ありのままの.

un·cómbed [ʌnkóumd/ʌ́n-] *a.* くしを入れない, もつれた.

ùn·come-át·a·ble [ʌ̀nkʌmǽtəbl/ʌ́n-] *a.*〘話〙近寄りがたい; 入手しにくい.

un·cóme·ly [ʌnkʌ́mli/ʌ́n-] *n.* **1** 美しくない, ぶきりょうの. **2** 不似合いな; みっともない; 無作法な.

‡**un·cóm·fort·a·ble** [ʌnkʌ́mfərtəbl/-f(ə)t-] *a.* **1**《人・物が》**不愉快な**, 不快な, 気持ちが悪い, 窮屈な: I am ～. 私は不愉快だ〔窮屈だ〕. an ～ chair すわりごこちの悪いいす. **2** やっかいな, 困った: an ～ situation いやな状況.

ùn·com·mér·cial [ʌ̀nkəmə́ːrʃ(ə)l/ʌ́n-] *a.* **1** 商業に無関係の. **2** 商業道徳に反する. **3** 非営利的な.

ùn·com·mít·ted [ʌ̀nkəmítid/ʌ́n-] *a.* **1** 未遂の. **2** 義務〔言質〕に縛られない, 責任を負っていない, 態度を明らかにしていない. **3** 委託されない, 委員付託にならない.

‡**un·cóm·mon** [ʌnkámən/-kɔ́m-] *a.* **まれな**, 珍しい, 異常な, 非凡な. —— *ad.*〘話〙= uncommonly. ◇ **～·ly** *ad.* まれに, 珍しく; 非常に: not ～*ly* しばしば. **～·ness** *n.*

ùn·com·mú·ni·cà·tive [ʌ̀nkəmjúːnikèitiv/ㄥ－ㄥ－kətiv] *a.* 打ち解けない, 内気な; 無口な. ◇ **～·ly** *ad.* **～·ness** *n.*

un·cóm·pro·mis·ing [ʌnkámprəmàiziŋ/-kɔ́m-] *a.* 譲歩〔妥協〕しない; がんこな, きびしい. ◇ **～·ly** *ad.*

ùn·con·cérn [ʌ̀nkənsə́ːrn/ʌ́n-] *n.* 無関心, むとんじゃく, 平然, 冷淡.

ùn·con·cérned [ʌ̀nkənsə́ːrnd/ʌ́n-] *a.* **1** 平気な, のんきな《に *about*》. **2** 関係〔掛かり合い〕がない《に *in*》; 公平な. **3** 関心をもたない, むとんじゃくな《に *with, at*》. ◇ **～·ness** *n.* **ùn·con·cérn·ed·ly** [-nidli] *ad.*

ùn·con·dí·tion·al [ʌ̀nkəndíʃən(ə)l/ʌ́n-] *a.* 無条件の, 無制限の, 絶対的: an ～ surrender 無条件降伏. ◇ **～·ly** *ad.*

ùn·con·dí·tioned [ʌ̀nkəndíʃ(ə)nd/ʌ́n-] *a.* 無条件の; 無制限の, 絶対的; 〘心〙本能的の, 自然の: ～ reflex 無条件反射.

ùn·con·fórm·i·ty [-kənfɔ́ːrmiti] *n.* 不一致; 不つりあい; 矛盾; 〘地〙《地層の》不整合.

un·cón·quer·a·ble [ʌnkáŋk(ə)rəbl/-kɔ́ŋ-] *a.* 打ち勝ちがたい; 押え切れない.

un·cón·scion·a·ble [ʌnkánʃ(ə)nəbl/-kɔ́n-] *a.* **1** 非良心的な, 非道な. **2**〘法〙不当な. **3** 不合理な, 不条理の: ～ bargain 不当取引. ◇ **～·ness** *n.* **-bly** *ad.*

‡**un·cón·scious** [ʌnkánʃəs/-kɔ́n-] *a.* **1 無意識の**, 知らず知らずの: ～ humor たくまざる〔なにげなく出た〕ユーモア. ～ neglect 意図しない怠慢〔無視〕. **2 知らない**, 悟らない《*of*》: *be* ～ *of* danger 〔having done wrong〕 危険〔まちがいをしたの〕に気づかない. **3** 前後不覚の, 人事不省の: drink oneself ～ 飲み過ぎて前後不覚になる. ***the* ～**〘哲・心〙無意識. ◇ ‡ **～·ly** *ad.* **～·ness** *n.* 無意識; 人事不省.

ùn·con·sti·tú·tion·al [ʌ̀nkɑnstit(j)úːʃən(ə)l/ʌ́nkɔ̀nstitjúː-] *a.* 憲法に反する, 違憲の. ◇ **～·ly** *ad.* **ùn·con·sti·tù·tion·ál·i·ty** [-t(j)ùːʃənǽliti/-tjùː-] *n.* 違憲.

ùn·con·stráined [ʌ̀nkənstréind/ʌ́n-] *a.* **1** 束縛されない, 自由な. **2** 強制されない, 自発的な. **3** ゆったりした, 自然な. ◇ **-stráin·ed·ly** [-nidly] *ad.*

ùn·con·tést·ed [ʌ̀nkəntéstid/ʌ́n-] *a.* **1** 論争の余地がない, 明らかな. **2** 無競争の. ◇ **～·ly** *ad.*

ùn·con·tról·la·ble [ʌ̀nkəntróuləbl] *a.* 制御できない, 押えがたい, 手にあまる. ◇ **-bly** *ad.*

ùn·con·trólled [ʌ̀nkəntróuld/ʌ́n-] *a.* 抑制されない, かって気ままな. ◇ **-tról·led·ly** [-lidli] *ad.*

ùn·con·vén·tion·al [ʌ̀nkənvénʃən(ə)l/ʌ́n-] *a.* **1** 慣例〔因習〕にとらわれない, 自由な. **2**《服装など》型にはまらない, 略式の. ◇ **～·ly** *ad.* **ùn·con·vèn·tion·ál·i·ty** [-vènʃənǽliti] *n.*

ùn·con·vért·ed [ʌ̀nkənvə́ːrtid/ʌ́n-] *a.* **1** 変化しない. **2** 異教徒のままである, 改宗〔転向〕しない.

un·cóoked [ʌnkúkt/ʌ́n-] *a.* 料理してない, 生の: eat vegetables ～ 野菜を生で食べる.

un·córd [-kɔ́ːrd] *vt.* のひも〔なわ〕を解く〔はずす〕; 〈弓から〉弦をはずす.

un·córk [ʌnkɔ́ːrk/ʌ́n-] *vt.* **1** のコルクせんを抜く. **2**〘話〙〈感情などを〉口に出す.

ùn·cor·rúpt·ed [ʌ̀nkərʌ́ptid/ʌ́n-] *a.* 腐敗〔堕落〕していない; 潔白な.

ùn·cor·rúpt·i·ble [ʌ̀nkərʌ́ptəbl/ʌ́n-] *a.* 腐敗〔堕落〕しない; 買収しにくい, 清廉な. ◇ **～·ness** *n.* **-bly** *ad.*

un·cóunt·a·ble [ʌnkáuntəbl/ʌ́n-] *a.* **1** 数え切れない, 無数の. **2** 数えられない. → countable. —— *n.*〘文〙不可算名詞《物質・抽象名詞など》.

un·cóunt·ed [ʌnkáuntid/ʌ́n-] *a.* 数えてない; 多い.

un·cóu·ple [ʌnkʌ́pl/ʌ́n-] *vt.* **1** の連結を解く, 離す. **2**〈犬を〉皮ひもからはずす. ◇ **～d** *a.*

un·cóur·te·ous [ʌnkə́ːrtiəs/ʌ́n-] *a.* 無礼な, 無作法な, 粗暴な. ◇ **～·ly** *ad.*

un·cóuth [ʌnkúːθ] *a.* **1** 武骨な, 無器用な, 粗暴な. **2** 不思議な, 異様な. **3**〘雅〙人跡まれな, 寂しい. **4**〘古〙見慣れない, 未知の. ◇ **～·ly** *ad.*

‡**un·cóv·er** [ʌnkʌ́vər] *vt.* **1 暴露する**, 摘発する, 明らかにする: ～ a plot 陰謀を暴露する. **2** のふた〔おおい〕を取り除く: ～ a box. **3** の帽子〔ずきん〕を脱ぐ: ～ oneself 脱帽する. —— *vi.* **1** ふた〔おおい〕をとる. **2** 脱帽する. ◇ **～ed** *a.* **1** おおいのない; むき出しの: ～*ed* legs. **2** 保険が掛けてない; 《学級が》先生のいない. 「批判力のない, 盲従する.

un·crít·i·cal [ʌnkrítik(ə)l/ʌ́n-] *a.* 判断力のない.

un·crówn [ʌnkráun/ʌ́n-] *vt.* から王冠〔王座〕を奪う. ◇ **～ed** *a.* **1** 戴冠(たいかん)式のすまない. **2** 無冠の.

únc·tion [ʌ́ŋkʃ(ə)n] *n.* **1** 塗油《聖別のしるしまた

は医療用の》; 〖カトリック〗終油の秘蹟(ひせき) 《臨終の際, 聖油を塗ること》; 《戴冠式の》塗油式; 油薬・軟膏(なんこう)などを塗ること. **2** 聖油; 塗り油, 軟膏. **3** 熱情的な語調; 熱情; 《特に宗教上の》感激; 上べだけの感動. **4** 甘言: the ～ of flattery 人をうれしがらせるようなおせじ, 甘言. ***extreme*** ～ 臨終塗油式. ***with*** ～ いかにも楽しそうに, 夢中になって: She related the scandal *with* great ～. 彼女は得々としてそのスキャンダルを物語った. ◇ ～·**less** *a.*

únc·tu·ous [ʌ́ŋktʃuəs/-tjuəs] *a.* **1** 油のような, 油質の; すべすべした. **2** 人あたりのよい, まことしやかな; おせじたっぷりな. **3** 熱心ぶった, 感動を装った. **4** 《土質が》ねばねばした, 肥えた.
◇ ～·**ly** *ad.* ～·**ness** *n.*

un·cúl·ti·vat·ed [ʌnkʌ́ltivèitid/ʌ́n-] *a.* **1** 耕作〔開墾〕されてない. **2** つちかわれない; みがかれていない. **3** 無教養の, 未開の.

un·cúrl [ʌnkə́ːrl/ʌ́n-] *vt.* 〈ちぢれ毛などを〉伸ばす, まっすぐにする. —— *vi.* まっすぐになる.

un·cút [ʌnkʌ́t/ʌ́n-] *a.* 切られていない; 《宝石が》みがいてない; 《本など》ふちの切ってない, アンカットの.

un·dát·ed [ʌndéitid/ʌ́n-] *a.* 日付のない; 期日〔期限〕が決めてない.

un·dáunt·ed [ʌndɔ́ːntid] *a.* くじけない, 不屈の, 臆(おく)しない, 恐れない, 大胆な.
◇ ～·**ly** *ad.* ～·**ness** *n.*

ùn·de·céive [ʌ̀ndisíːv/ʌ́n-] *vt.* の迷いをさます, にまちがいを悟らせる, の目を開かせる: be ～*d* 初めて目がさめる.

ùn·de·cíd·ed [ʌ̀ndisáidid/ʌ́n-] *a.* **1** 未決(定)の. **2** 《天候など》定まらない. **3** 優柔不断の, 決心のつかない. **4** 《形など》ぼんやりした.
◇ ～·**ly** *ad.* ～·**ness** *n.*

ùn·de·fénd·ed [ʌ̀ndiféndid/ʌ́n-] *a.* **1** 無防備の. **2** 弁護されない; 弁護人のない. 「清らかな.

ùn·de·fíled [ʌ̀ndifáild/ʌ́n-] *a.* 汚れのない, 廉白の,

ùn·de·fíned [ʌ̀ndifáind] *a.* **1** 不確定の, あいまいな. **2** 定義されていない.

ùn·de·món·stra·tive [ʌ̀ndimɑ́nstrətiv/ʌ́ndimɔ́n-] *a.* 感情をあらわに示さない, 控えめな, 内気な.

ùn·de·ní·a·ble [ʌ̀ndináiəbl] *a.* **1** 否定できない. **2** 争う余地のない, 明白な. **3** 申し分ない, 卓越した. ◇ ～·**ness** *n.* **-bly** *ad.*

†**under** → 枠付 under.

under

under は over「…の上に」に対し,「…の下に」の意で, 本来は物理的な位置を示すが, 比喩的にも使われ, 両者を通じて日本語の「…のもとに」と広範囲にわたって並行する. 類語の beneath, below, underneath などに比べてはるかに意味が広く, 下にあるものが離れていても接していてもよく, また among, within, in と同様の意味に用いられることもある.

機能上は前置詞が主であるが, 副詞としても用いられ,「前置詞的副詞」(prepositional adverb) の一つである. →枠付 Prepositional Adverb.

ún·der [ʌ́ndər] *prep.* **A)** …の下に〔を〕, …のふもとに; 《おおい包む物》の中に; …におおわれて: The cat is ～ the table. ネコはテーブルの下にいる. There is nothing new ～ the sun. 天(あめ)が下に新しきものなし. We passed ～ several bridges. われわれは幾つか橋の下を通った 《比較: There is a maple grove a little way *below* the bridge. 橋の少し川下にカエデの林がある》. The villages nestles ～ a hill. 村は丘のふもとに, 寄り添うようにある. The car came to a stop ～ the wall. 自動車はへいの下で止まった. Wear a sweater ～ the jacket. 上着の下にセーターを着なさい. Submarines travel ～ (the) water. 潜水艦は水中〔水面下〕を航行する. the goblins who live ～ the ground 地中〔地下〕にすむ悪鬼たち. the field ～ wheat 小麦(におおわれた)畑.

B) …に達しない, 未満の, より下級の: Children ～ fourteen years of age need guardians. 14歳未満の児童は保護者が必要. Any income ～ $ 1,000 a year will not be taxed. 年収1,000ドル未満は無税である. run a hundred yards in ～ twelve seconds 12 秒かからずに 100 ヤード走る. *U*～ 50 people were present. 出席者は50人に達しなかった. officers ～ colonel 大佐より下級の将校. 〈注〉ここで日本語では「…以下の」という表現を用いうるばあいが多いが, そのばあい英語との包括範囲の違いに注意を要する. 英語で under 50 = below [less than] 50「50に達しない」で, 50は除外されるが, 日本語の「50以下」はしばしば50を含むので意味が不明瞭(ふめいりょう)になりやすい. すなわち under 50 が「49 以下」に相当することもある. →over *prep.* ⑥.

C) 《比喩的表現》…のもとに〔で〕: **1** 《重荷・負担》…のために: broke down ～ the burden of sorrow 悲嘆のあまり泣きくずれる.

2 《試練・刑罰》…を受けて: ～ the sentence of death 死刑の宣告を受けて. ～ torture 拷問を受けて.

3 《義務・責任・誓い》: the terms ～ a contract 契約の条件. ～ one's signature 署名のもとに. give evidence ～ oath 誓って立証する.

4 《支配・保護》: England ～ the Stuarts スチュアート王家治下のイギリス. ～ the authority of the law 法律の権威のもとに, 法の名において.

5 《影響》: ～ the impression of [that] …という印象を受けて. ～ the influence of alcohol 酒の上で. ～ a delusion 考え違いをして.

6 《事情》: ～ such conditions [these circumstances] かかる条件〔事情〕のもとに. 〈注〉これらの例では in も用いられる: *in* every condition of life 身分の上下の区別なく. *in* the present circumstances 目下の事情では.

7 《進行中》…中で: ～ construction 工事中. ～ discussion 審議中. ～ repair 修理中.

8 《擬装・口実》: He is living ～ an assumed name. 偽名を使って生活している. ～ the mask of friendship 友情の仮面をかぶって.

9 《分類》: Species fall ～ genera. 種は属の下にはいる. This topic can be dealt with ～ (the head of) "education". この話題は「教育」の項目で扱える. See ～ "People."「住民」の項参照.

10 《時代》: ～ the Third French Republic 第三フランス共和国の間に.

～ ***age*** 未成年で. ***the*** ～**-tens** (10歳) 以下の者たち. 〈付記〉その他の under＋名詞の成句については該当名詞参照.

—— *ad.* 下方に; 従属して, 抑制されて; 水中に: The number is made up as ～. その数の内訳は以下のとおり. The ship went ～. 船は沈んだ. How long can you stay ～? どれくらい水にもぐれるか. 〈注〉動詞との組み合わせによる成句については該当動詞参照.

—— *a.* (*superl.* **ún·der·most** [-mòust]) 下の, 下部の; 従属の, 下位の: the ～ jaw 下あご. ～ layers 下層. an ～ servant 下働き. an ～ tenant また借り人.

[類] → **below**「の下に」

under- *pref.* 「の下の〔に〕」「次位の, 劣った, 従属的」「より低い〔少ない〕; 不十分に」などの意.

ún·der·áct [ʌ́ndər-ǽkt] *vt.*, *vi.* 不十分〔控えめ〕に演ずる. ↔ overact.

ún·der·áge[1] [ʌ́ndər-éidʒ] *a.* 未成年の. ↔ overage[2].

ún·der·age[2] [ʌ́ndəridʒ] *n.* 不足 (shortage).

ún·der·arm [ʌ́ndər-ɑ̀:rm] *a.* **1** わきの下の《縫い目など》. **2**〘テニス・クリケット〙 =underhand.
—— *ad.* =underhand.

ún·der·armed [ʌ́ndər-ɑ̀:rmd] *a.* 軍備が十分でない.

ún·der·bèl·ly [ʌ́ndərbèli] *n.* 下腹部; 攻めやすい「地域.

ùn·der·bíd [ʌ̀ndərbíd / ʌ́n-] *vt.* (**-bíd**; **-bíd·ding**) …より安く値をつける〔入札する〕, …より安値で提供する. ◇ **～·der** *n.*

ún·der·bóught [ʌ́ndərbɔ́:t] *v.* underbuy の過「去・過去分詞.

ún·der·bréd [ʌ́ndərbréd] *a.* **1** 育ち〔しつけ〕の悪い, 粗野な, 下品な. **2**《馬が》純血種でない.

ún·der·brush [ʌ́ndərbrʌ̀ʃ], **-bush** [-bùʃ] *n.* 下ばえ, やぶ.

ún·der·búy [ʌ́ndərbái] *vt.* (**-bóught** [-bɔ́:t]) 定価〔言い値〕より安く買う, 競争者より安く買う.

ún·der·càr·riage [ʌ́ndərkæ̀ridʒ] *n.* 《自動車などの》車台; 《航空機の》着陸装置.

ún·der·chárge [ʌ́ndərtʃɑ́:rdʒ] *vt.* **1** に正価〔適正価〕以下の代金を請求する〔課する〕, から代金〔料金〕を取り足りない. **2** 〈代金・料金を〉少なく取る, 安くする. **3**〈砲に〉不十分に装薬する.
—— [⌐–⌐/⌐–⌐] *n.* **1** 請求〔取り立て〕不足. **2** 装薬不十分.

ùn·der·cláss·man [ʌ̀ndərklǽsmən / ʌ́ndər-klɑ́:s-] *n.* (*pl.* **-men**)〘米〙大学〔高校〕の下級生. →upperclassman.

ún·der·clèrk [ʌ́ndərklə̀:rk/-klɑ́:k] *n.* 下級書記, 事務官補; 下級社員〔店員〕.

ún·der·cliff [ʌ́ndərklif] *n.* 《地すべり・落石などでできた》二次的のがけ.

ún·der·clóthed [ʌ́ndərklóuðd] *a.* 薄着した.

ún·der·clothes [-klòu(ð)z] *n. pl.* 下着, はだ着.

ún·der·clòth·ing [-klòuðiŋ] =underclothes.

ún·der·coat [-kòut] *n.* なか上着; 短毛《犬などの長い毛の下の》; 下塗り《自動車などのさび止めの》.
—— *vt.* に下塗りする.

ùn·der·cóv·er [ʌ̀ndərkʌ́vər/⌐–⌐–] *a.* 〘米〙秘密裏に行なわれた, 内密の; 諜報(ちょうほう)活動に携わる: an ～ agent スパイ.

ún·der·croft [ʌ́ndərkrɔ̀:ft/-krɔft] *n.* 丸天井づくりの地下室《特に教会などの》.

ún·der·cùr·rent [ʌ́ndərkə̀:rənt/-kʌ̀r-] *n.* **1** 下層の水流, 底流. **2**《表面の思想や感情と矛盾する》暗流.

ún·der·cut [ʌ́ndərkʌ̀t] *n.* **1** 下を切り取ること; 下から切り取った部分. **2** 牛のヒレ肉. **3**〘ボクシング〙下からの打ち上げ; 〘ゴルフ〙ボールの逆回転による打ち上げ. **4**〘米〙《樹木を切り倒すときの》切り込み.
—— [ʌ̀ndərkʌ́t/ʌ́n-] *vt.*, *vi.* (**～**; **～·ting**) **1** (の)下を切り取る〔えぐる〕. **2** 他人より物を安く売る; 他人よりも低賃銀で働く. **3**〘ゴルフ〙ボールを逆回転させて打ち上げる.

ùn·der·de·vél·oped [ʌ̀ndərdivéləpt/ʌ́n-] *a.* **1** 発育不十分な. **2**《国・地域などが》未開発の, 低開発の. **3**〘写〙現像不十分な.

ùn·der·de·vél·op·ment [-divéləpmənt] *n.* **1** 低開発. **2**〘写〙現像不足.

ún·der·díd [ʌ́ndərdíd] *v.* underdo の過去形.

ún·der·dó [ʌ́ndərdú:] *vt.*, *vi.* (**-díd** [-díd]; **-dóne** [-dʌ́n]) **1** 普通〔必要〕以下にする, 不十分にする. **2** 〈肉などを〉生焼き〔生煮え〕にする.

ún·der·dóg [ʌ́ndərdɔ́:g/-dɔg] *n.* 負け犬; 《人生の》敗残者; 《社会不正などの》犠牲者. ↔top dog.

ún·der·dóne [-dʌ́n] *v.* underdo の過去分詞.
—— *a.* 生焼けの, 生煮えの (=[米] rare[2]).

ùn·der·dráin [ʌ̀ndərdréin/ʌ́n-] *vt.* 地下(排)水溝(こう)で排水する.
—— [ʌ́ndərdrèin/⌐–––] *n.* 地下排水溝.
◇ **～·age** [⌐–⌐idʒ] *n.* 《農地の》暗きょ排水.

ùn·der·dráw [ʌ̀ndərdrɔ́:/ʌ́n-] *vt.* (**-dréw** [-drú:]; **-dráwn** [-drɔ́:n]) **1** に下張りする《板などで》. **2** 不十分に描く.

ùn·der·dréss [-drés] *vt.*, *vi.* 質素〔簡略〕過ぎる服装をさせる〔する〕. —— [⌐–⌐/⌐––] *n.* 下着.

ùn·der·em·plóy·ment [ʌ̀ndər-implɔ́imənt/ʌ́n-] *n.* 不完全雇用〔就業〕, 半失業状態.

ún·der·és·ti·mate [ʌ́ndər-éstịmèit] *vt.* 過小評価する, 安く見積もる; 見くびる. ↔ overrate.
—— [-éstịmit] *n.* =underestimation.
◇ **ún·der·ès·ti·má·tion** [-èstịméiʃ(ə)n] *n.* 過小評価, 安い見積もり; 軽視.

ún·der·ex·póse [-ikspóuz] *vt.* 〘写〙露出不足にする. ◇**-pó·sure** [-póuʒər] *n.* 露出不足.

ún·der·féd [ʌ́ndərféd] *v.* underfeed の過去・過去分詞. —— *a.* 栄養不足の.

ún·der·féed [-fí:d] *v.* (**-féd** [-féd]) *vt.* **1** に食物〔燃料〕を十分に与えない. **2** 〈炉などに〉下方から燃料を供給する. —— *vi.* 減食する.

ùn·der·fóot [ʌ̀ndərfút] *ad.* 足の下に; 踏みつけて, 屈従させて; 〘米話〙じゃまになって.

ún·der·gàr·ment [ʌ́ndərgɑ̀:rmənt] *n.* 下着, 「はだ着.

‡**ùn·der·gó** [ʌ̀ndərgóu] *vt.* (**-wént** [-wént]; **-góne** [-gɔ́:n/-gɔ́n, -gɔ́:n]) **1** 〈影響・変化・処置・検査などを〉受ける, こうむる; 〈試練などを〉経験する, に会う: ～ a complete change 全く一変する. ～ a loss 損失をこうむる. ～ surgery〔an operation〕手術を受ける. **2** 耐え忍ぶ, がまんする: ～ all sorts of hardships あらゆる困難をなめる. → suffer.

ùn·der·góne [-gɔ́:n/-gɔ́n, -gɔ́:n] *v.* undergo の過去分詞.

ùn·der·grád·u·ate [ʌ̀ndərgrǽdʒuit, -èit/-djuit] *n.*, *a.* (大学) 学部在学生 (の)《学士の称号未取得の大学生》. ◇ **～·ship** *n.* ～ の身分.

‡**ún·der·gróund** [ʌ́ndərgráund, ⌐–⌐/⌐––] *a.* **1** 地下の, 地下にある, 地下での: an ～ passage 地下道. an ～ cellar 地下貯蔵室. **2** 隠れた, 秘密の: the ～ government 地下政府.
～ **railroad** (1) 地下鉄 (=[英]～ railway). (2)〘米史〙どれいが南部から北部またはカナダへ脱走するのを助けた秘密組織〔方法〕.
—— [⌐–⌐/⌐––] *n.* **1** 地下 (道); 〘英〙地下鉄 (=[米] subway). **2** (the ～) 地下組織《一国を他国の支配から, または専制主義から解放しようとする秘密組織》.
—— [⌐–⌐, ⌐–⌐/⌐–⌐] *ad.* 地下に; 秘密に; 潜行的に: go ～ 地下にもぐる. They are plotting a coup d'état ～. 地下でクーデターが計画されている.

ún·der·grówn [ʌ́ndərgróun] *a.* 発育不全の, たけが普通以下の.

ún·der·growth [ʌ́ndərgròuθ] *n.* **1** 下ばえ, 下やぶ. **2** 長い羊毛の下にはえる良質の短毛. **3** 発育不全.

ún·der·hánd [ʌ́ndərhǽnd/⌐–––] *a.* **1** 秘密の. **2** 不正な; こうかつな, 陰険な: ～ intrigues 陰謀. **3**〘テニス・クリケット〙下手投げ〔打ち〕の: ～ service 下手投げのサーブ. —— *ad.* **1** 秘密に. **2** 不正に, 後ろ暗く, 陰険な手段で. **3** 下手投げで: serve ～ 下手投げでサーブする.

ún·der·hánd·ed [ʌ́ndərhǽndid/ʌ̀n-] *a.* **1** 内密の, 後ろ暗い, 不正な. **2** 人手不足の.
◇ **～·ly** *ad.* **～·ness** *n.*

ùn·der·húng [ʌ̀ndərhʌ́ŋ/ʌ́n-] *a.* **1** (上あごより) 下あごが前に突き出た. **2** ころで動く《引き戸など》. **3** =underslung.

ùn·der·láid [ʌ̀ndərléid] *v.* underlay[1] の過去・過「去分詞.

ùn·der·láin [-léin] *v.* underlie の過去分詞.

ùn·der·láp [-lǽp] *vt.* (**-pp-**) 〈板などが〉…の下からはみ出す.

ùn·der·láy[1] [ʌ̀ndərléi] *v.* (**-láid** [-léid]) *vt.* **1** の下に置く, の下に敷く《を *with*》: ～ slates *with* roofing paper ルーフィングの上にスレートをのせる. **2** の底に敷く〔置く〕《を *with*》: ～ the Pacific *with* a cable 太平洋に海底電線を敷く. **3**〚印〛〈活字に〉敷き物をする. **4** の下に広がっている. —— *vi.*〚鉱山〛〈鉱脈が〉垂直線から傾く. —— [ˊ--ˋ] *n.* **1**〚印〛活字の高低を整えるための敷き物. **2**〚鉱脈の〛垂直傾斜.

ùn·der·láy[2] *v.* underlie の過去形.

ún·der·lease [ʌ́ndərli:s] *n.* 〚法〛転貸, また貸し (sublease).

ùn·der·lét [ʌ̀ndərlét/ʌ́n-] *vt.* (**-lét**; **-lét·ting**) **1** また貸しする. **2** 安く貸す.

ùn·der·líe [ʌ̀ndərlái] *vt.* (**-láy** [-léi]; **-láin** [-léin]; **-lý·ing** [-láiiŋ]) **1** の下にある, の下に横たわる: the oil bed *underlying* the desert 砂ばくの下にある油脈. **2** の基礎となる, の根底をなす: the principles which ～ our foreign policy わが外交の基礎原則. **3**〚経〛〈権利・担保などが〉…に優先する. —— *n.* ＝underset ②.

***ùn·der·líne** [ʌ̀ndərláin] *vt.* **1** 〈字などの〉下に線を引く. **2** 強調する: Every action he took ～*d* his devotion to the cause. 彼の行動のすべては彼のその運動への献身を明らかに示した. **3** 予告する. —— [ˊ--ˋ/ˊ---] *n.* **1** 下線, アンダーライン. **2** 番付の下に記した次の興行の予告; さし絵〔写真〕の下の説明語句.

ún·der·ling [ʌ́ndərliŋ] *n.* 《けいべつ的》下役, 手下, 下っぱ.

ùn·der·lít [ʌ̀ndərlít] *a.* 照度不足の, 暗い.

ùn·der·lý·ing [ʌ̀ndərláiiŋ] *v.* underlie の現在分詞. —— *a.* **1** 下にある; 基礎の, 基底の. **2**〚経〛《担保・権利など》第1順位の, 優先する.

ún·der·mánned [ʌ́ndərmǽnd] *a.* 人員〔人手〕不足の; 《船など》乗組員不足の.

ùn·der·mátched [ʌ̀ndərmǽtʃt/ʌ́n-] *a.* 身分の低い相手と結婚した; つりあわない.

ùn·der·mén·tioned [ʌ̀ndərménʃ(ə)nd/ʌ́n-] *a.* 下記の, 以下に記す.

ùn·der·míne [ʌ̀ndərmáin] *vt.* **1** の下を掘る, の下に坑道を掘る. **2** の土台を徐々にくずす《浸食作用などで》. **3** 〈名声などを〉ひそかに〔陰険なやり方で〕傷つける. **4** 〈健康などを〉知らない間にむしばむ.

ún·der·most [ʌ́ndərmòust] *a.*, *ad.* 最下位の〔に〕, 最低の〔に〕.

***ùn·der·néath** [ʌ̀ndərní:θ] *prep.* **1** …の下に〔の, を〕: the river flowing ～ the bridge 橋の下を流れる川. a cellar ～ the house 地下貯蔵庫. **2** の支配下に. **3** の形〔姿〕になって.
—— *ad.* 下に, 下部に; 低く.
—— *a.* 低い, 下の: an ～ room 下のへや.
—— *n.* 下側, 底; 低部.

ún·der·nóur·ish [ʌ́ndərnə́:riʃ/-nʌ́r-] *vt.* に十分な栄養を与えない. ◇ **～ed** [-t] *a.* 栄養不良の. **～·ment** *n.* 栄養不良.

ún·der·páid [ʌ́ndərpéid] *v.* underpay の過去・過去分詞. —— *a.* 給料の(不当に)安い, 薄給の.

ún·der·pants [-pæ̀nts] *n. pl.* ズボン下, パンツ.

ún·der·part [ʌ́ndərpɑ̀:rt] *n.* **1** 《物の》下部. **2** 補佐役.

ún·der·pass [ʌ́ndərpæ̀s/-pɑ:s] *n.* 〚米〛地下道《特に立体交差で鉄道・道路の下をくぐりぬける》.

ún·der·páy [ʌ́ndərpéi] *vt.* (**-páid** [-péid]) に低賃銀を支払う.

ùn·der·pín [ʌ̀ndərpín] *vt.* (**-nn-**) **1** に下からささえをする; 〈土台などを〉補強する. **2** 支持する, 後援する.

ùn·der·pín·ning [-iŋ] *n.* **1** 下からささえること; 支柱, 土台. **2** 支持, 後援. **3** (*pl.*)〚話〛足. **4** (*pl.*)〚話〛下着《特に婦人の》.

ùn·der·pláy [ʌ̀ndərpléi/ʌ́n-] *vi.* **1**〚トランプ〛点の高い札を持っていながら, 点の低い札を出す. **2** ＝underact. —— *vt.* ＝underact. —— [ˊ--ˋ/ˊ---] *n.* **1** ～すること. **2** 内密の行為.

ún·der·plot [ʌ́ndərplɑ̀t/-plɔt] *n.* **1** 「小説・劇などの」わき筋, 挿話(そうわ). **2** たくらみ, 密謀.

ún·der·póp·u·lat·ed [ʌ́ndərpɑ́pjulèitid/-pɔ́p-] *a.* 人口希薄の. ↔ overpopulated.

ún·der·prív·i·leged [ʌ́ndərprívilidʒd] *a.* 《社会的・経済的に》人としての権利が十分に与えられていない, 恵まれていない: the ～ 不幸な人たち.

ún·der·pro·dúc·tion [-prədʌ́kʃ(ə)n] *n.* 生産不足. ↔ overproduction. ◇ **-tive** *a.*

ùn·der·quóte [ʌ̀ndərkwóut/ʌ́n-] *vt.* 〈商品を〉市価より安く売る; に他より下値をつける.

ùn·der·rán [-rǽn] *v.* underrun の過去形.

ùn·der·ráte [-réit] ＝underestimate.

ùn·der·rún [ʌ̀ndərrʌ́n/ʌ́n-] *vt.* (**-rán** [-rǽn]; **-rún**; **-rún·ning**) の下をくぐる〔通る〕; 〚海〛〈綱・索などの下を〉たぐりながら通る《検査・修理などで》.

ùn·der·scóre [ʌ̀ndərskó:r/-skɔ́:] *vt.* **1** に下線を引く. **2** に印をつける. **3** 強調する, 力説する.
—— [ˊ--ˋ/ˊ---] *n.* **1** アンダーライン, 下線. **2** 〚映〛背景音楽.

ún·der·séa [ʌ́ndərsí:, 付加語 ˊ-ˋ/ˊ---] *a.* 海中の, 海底の: an ～ boat 潜水艦.
—— [ˊ-ˊ] *ad.* ＝underseas.
◇ **ún·der·séas** *ad.* 海中〔海底〕に.

ùn·der·séc·re·tàr·y [ʌ̀ndərsékrətèri/ʌ́ndəsékrət(ə)ri] *n.* 〚米〛次官: Parliamentary〔Permanent〕U～ 政務〔事務〕次官.
◇ **～·ship** *n.* 次官の職〔任期〕.

ùn·der·séll [ʌ̀ndərsél/ʌ́n-] *vt.* (**-sóld** [-sóuld]) 市価〔他〕よりも安く売る, 安売りする. ◇ **～·er** *n.*

ún·der·sèrv·ant [ʌ́ndərsə̀:rvənt] *n.* 下働き.

ún·der·set [ʌ́ndərsèt] *n.* **1** 下層流《表面の流れまたは風と反対に流れる》. **2**〚鉱山〛支柱と側壁との角度. —— [ˋ-ˊ] *vt.* 〈石組みに〉ささえをする.

ún·der·shèr·iff [ʌ́ndərʃèrif/-ʃér-] *n.* 〚米〛郡保安官代理; 〚英〛州長官 (sheriff) 代理.

ún·der·shirt [ʌ́ndərʃə̀:rt] *n.* アンダーシャツ, はだ着.

ùn·der·shóot [ʌ̀ndərʃú:t / ʌ́n-] *vt.* (**-shot** [-ʃɑ́t/-ʃɔ́t]) 〈的に〉達しない; 〚空〛〈滑走路に〉届かないうちに着陸する.

ùn·der·shót [-ʃɑ́t / -ʃɔ́t] *v.* undershoot の過去・過去分詞. —— *a.* [ˊ-ˋ/ˊ---] **1** 下射式の《水車が下を通る水で回転する》. ↔ overshot[2]. **2** ＝underhung ①.

ún·der·shorts [ʌ́ndərʃɔ̀:rts] *n. pl.* (下着の) パンツ《男子用》.

ún·der·shrub [ʌ́ndərʃrʌ̀b] *n.* 小低木.

ún·der·síde [ʌ́ndərsáid/ˊ---] *n.* 下側, 底面.

ùn·der·sígn [ʌ̀ndərsáin] *vt.* の下〔終わり〕に署名する; に署名する.
◇ **～ed** [ʌ̀ndərsáind / ˊ---] *a.* 下記の: the ～*ed*《文書の》署名者. I, the ～*ed* 私儀.

ún·der·síze [ʌ́ndərsáiz], **ún·der·sízed** [-d] *a.* 並みはずれて小さい, 小形の, 小柄の.

ún·der·skirt [ʌ́ndərskə̀:rt] *n.* 《特に》ペチコート, 下スカート (petticoat).

ún·der·sleeve [ʌ́ndərsli:v] *n.* 下そで《そでの下につける装飾用の別そで. すけて見えまたは端が外に出る》.

ùn·der·slúng [ʌ̀ndərslʌ́ŋ / ʌ́n-] *a.* 《自動車車台が》軸より低く取り付けられた.

ún·der·soil [ʌ́ndərsɔ̀il] *n.* 下層土 (subsoil).

ùn·der·sóld [ʌ̀ndərsóuld/ʌ́n-] *v.* undersell の過去・過去分詞.

ún·der·song [ʌ́ndərsɔ̀:ŋ/-sɔŋ] *n.* **1** 伴唱歌. **2** 隠された意味, 底意, 感情の底流.

ùn·der·stáffed [ʌ̀ndərstǽft / ʌ́ndəstɑ́:ft] *a.* 人員〔人手〕不足の.

†**ùn·der·stánd** [ʌ̀ndərstǽnd] *v.* (**ùn·der·stóod** [-stúd]) *vt.* **1** 〈意味・原因・性質・内容などを〉**理解する**: ～ English 英語を理解する《特に「聞いてわかる」の意のことが多い》. ～ figures〔a problem〕計算〔問題〕を理解する. A nurse should ～ children. うばは子どもたち(の性質・扱い方)を理解すべきだ. I quite ～ your difficulty. きみの困っていることはよくわかる. I cannot ～ his robbing his friend〔why he robbed his friend〕. 彼が友人から金品を奪ったわけがわからない. It is easy to ～ his anger〔why he was angry〕. 彼の怒り〔なぜおこったか〕は容易に理解できる. **2** の言うことがわかる: Please ～ me, I absolutely refuse. どうか(私のことばを)誤解しないでください, 私は断固断わっているのですから. **3** と受け取る, 推測する, と聞き及ぶ: We ～ that he is returning from abroad next week. 彼は来週外国から帰って来るそうだ. Am I to ～ that your refusal is final? きみの拒絶は決定的だというのか. No one could ～ that from your words. きみのことばからはだれもそのことが推測できなかった. **4** 心の中で補う, 〈語を〉補って解釈する, 省略する《しばしば受動態で》: The phrase "to be married" *is* commonly *understood* after the word "engaged." engaged という語の次に to be married という句がふつう略されている《engage「約束する」とは「婚約する」の意のことが多い》.
—— *vi.* **1** わかる, 理解力がある, 知力がある: He professes to ～. 彼はわかったふりをする. **2** 聞いて知っている; 《…と》考えている: The news is better, so I ～. 報道は好転したと聞いている. You are, I ～, out of employment. きみは失業中ということですね. ***give*** a person ***to ～ that***... (人に) …であると話す〔知らせる〕: I was *given to ～ that* you were coming. あなたがおいでになると聞いていた. ***It is understood that***... …はむろんのことだ, …は言うまでもない. ***make oneself understood*** 自分のことば〔気持ち〕を人にわからせる, 意志を人に通じる: Can you *make yourself understood* in French? きみはフランス語で用が足せますか. ***～ one another***〔***each other***〕了解し合う, 意志が疎通する.

(類義語) **理解する: understand** 最も一般的な語. 知的理解のみならず, 感情的理解・経験的理解なども含む: You will like him better when you come to *understand* him better. 彼を理解するようになればなるほど彼が好きになるでしょう. **comprehend** 主として知的理解に限られる. また結論的理解よりも現状または事実の認識であることが多い. *comprehend* the problem 問題の実体を理解する. **appreciate** 表面からは一見見えない価値・実体などを正しく理解・認識する: *appreciate* the danger of a situation 事態の危険を察知する.

ùn·der·stánd·a·ble [ʌ̀ndərstǽndəbl] *a.* 理解できる. ◇ **-bly** *ad.* **1** 理解できるように, 当然. **2** 目だって, はっきりと.

‡**ùn·der·stánd·ing** [ʌ̀ndərstǽndiŋ] *n.* **1** 理解, 了解, 会得, 知識, 識別; 理解力, 知力; 思慮, 分別; 〖哲〗悟性: He tried to get some ～ of the question. 彼はその問題を理解しようとした. He has an excellent ～. 彼は理解がよい. sharp〔slow〕in ～ わかりが早い〔のろい〕. a person of〔without〕～ もののわかった〔わからぬ〕人. a tacit ～ 黙契, 黙諾. **2** 意志疎通, 《意見・感情などの》一致, 和合. **3** 協定, 協約; 取り決め, 申し合わせ. **4** 〖俗・笑〗足, 脚; くつ. ***come to***〔***reach***〕***～ about...with*** —— …について——と意志が疎通する. ***have***〔***keep***〕***a good ～ with*** と意志が疎通している, と気脈を通じている. ***human ～*** 人知. ***on the ～ that***... …の条件で. ***with***〔***on***〕***this ～*** これを承知の上で, この条件で.
—— *a.* もののわかる, わかりのよい, 分別のある: Please be ～; do not scold the child. もっと理解してやって子どもをしからないでください. ◇ **～·ly** *ad.*

ún·der·státe [ʌ́ndərstéit] *vt.* 控えめ〔内輪〕に言う; 〈数などを〉少なく言う. ↔ exaggerate, overstate. ◇ **～·ment** *n.* 控えめな述べ方.

ùn·der·stóck [ʌ̀ndəstɑ́k/ʌ́ndəstɔ́k] *vt.* 〈商品・家畜などの数を〉少なくする.

†**ùn·der·stóod** [ʌ̀ndərstúd] *v.* understand の過去・過去分詞. 「derling.

ún·der·stràp·per [ʌ́ndərstræ̀pər] 〖話〗＝un-

ún·der·strà·tum [ʌ́ndərstrèitəm, -strӕt-/-strɑ́:-] *n.* (*pl.* **-ta** [-tə], **-tums**) 下層.

ún·der·stùd·y [ʌ́ndərstʌ̀di] *vt.* 〖劇〗**1** 〈役割の〉代役のけいこをする. **2** の代役をつとめる. —— *n.* 《必要なときに俳優の》代役をする人; 《一般的》代役.

ùn·der·sup·plý [ʌ̀ndərsəplái/ʌ́n-] *n.* 供給不足.

‡**ùn·der·táke** [ʌ̀ndərtéik] *v.* (**-tóok** [-túk]; **-ták·en** [-téik(ə)n]) *vt.* **1** **引き受ける**, 請け負う, の責任を負う: He *undertook* a responsible post. 彼は責任ある地位を引き受けた. **2** 《…する》義務を負う, 約束する《*to* (do)》; 保証する, 請け合って言う, 断言する《*that*》: He *undertook to* do the work. 仕事をしようと約束した. I'll ～ *that* you shall be no loser by it. そのことでご損にならないことは請け合います. **3** の世話を引き受ける: Who ～*s* the patient? だれが病人の世話を引き受けるのか. **4** **企てる**, 着手する, に乗り出す: ～ an enterprise 事業を企てる. ～ a journey 旅に出る. **5** 〖古〗に挑戦(ちょうせん)する《決闘・議論などで》.
—— *vi.* **1** 〖話〗葬儀を引き受ける. **2** 〖古〗証人となる《の *for*》. 「過去分詞.

‡**ùn·der·ták·en** [ʌ̀ndərtéik(ə)n] *v.* undertake の

ùn·der·ták·er [ʌ̀ndərtéikər] *n.* **1** 引受人, 請負人; 企業〔事業〕家. **2** [ˊ-ˋ-] 葬儀屋 (mortician).

‡**ùn·der·ták·ing** [ʌ̀ndərtéikiŋ] *n.* **1** **事業**, 企業: It's quite an ～. それはかなりの大事業だ. **2** 《仕事・責任の》引き受け; (引き受けた) 仕事. **3** 約束, 保証: on the ～ that... …という約束〔条件〕で. **4** [ˊ-ˋ-] 葬儀取扱業.

ún·der-the-cóun·ter [ʌ́ndərðəkáuntər] *a.* 秘密に取引される; 不法な; 認められていない: ～ sales of rationed goods 配給物資の不法販売.

ún·der-the-tá·ble [-téibl] *a.* 秘密〔不正〕に取引される.

ún·der·things [ʌ́ndərθiŋz] *n. pl.* 婦人用下着.

ún·der·tone [ʌ́ndərtòun] *n.* **1** 低音, 小声: talk in ～*s* 低い声で話す. **2** 薄色; 他の色を通して見える色. **3** 下に隠れた性質〔要素〕, 底意, 暗流.

***ùn·der·tóok** [ʌ̀ndərtúk] *v.* undertake の過去形.

ún·der·tow [ʌ́ndərtòu] *n.* 《岸から返す》引き波; 海面下の逆海流.

ún·der·vál·ue [ʌ́ndərvǽlju:] *vt.* **1** 低く評価する, 安く見積もる. **2** 見くびる, 軽視する. ↔ overvalue. ◇ **ún·der·vàl·u·á·tion** [-væ̀ljuéiʃ(ə)n] *n.* 過小評価; 軽視, 見くびり.

ún·der·vest [ʌ́ndərvèst] ＝undershirt.

ún·der·waist [ʌ́ndərwèist] *n.* **1** 〖米〗胴着下. **2** 幼児の下着.

ún·der·wà·ter [ʌ́ndərwɔ̀:tər] *a.* 水中(用)の, 水面下の; 《船の》喫水線下の. —— *ad.* 水中で. —— *n.* (*pl.* **～s**) 《海などの》深み.

***ún·der·wear** [ʌ́ndərwɛ̀ər] *n.* **下着**, はだ着 (underclothing). 「↔overweight.

ún·der·weight [ʌ́ndərwèit] *n., a.* 重量不足(の).

ùn·der·wént [ʌ̀ndərwént] *v.* undergo の過去形. 「derbrush).

ún·der·wood [ʌ́ndərwùd] *n.* 下ばえ, やぶ (un-

ùn·der·wórk [ʌ̀ndərwə́:rk/ʌ́n-] *vt.* **1** 〈機械・牛馬などを〉十分働かせない. **2** より安い賃銀で働く. —— *vi.* 十分働かない, ほね惜しみする. ↔ overwork. —— [ˊ-ˋ/ˊ--] *n.* **1** 従属的〔下請け〕

仕事, 雑務; いいかげんな仕事. **2** 土台.

ún·der·world [ʌ́ndərwə̀ːrld] *n.* **1** あの世; 地獄: spirits from the ～ あの世からきた幽霊. **2** 社会の最下層, 暗黒街: gangster leaders of the ～ 暗黒街のギャングの親分. **3**〘古〙下界, 地球. **4**〘雅・稀〙対蹠(たいせき)地.

ùn·der·wríte [ʌ̀ndərráit / ⌐−−] *v.* (**-wróte** [ʌ̀ndərróut/⌐−−]; **-wrít·ten** [ʌ̀ndərrítn/⌐−⌐−]) *vt.* **1** の下に書く; 下に記名する, 署名する《一般に過去分詞で用いられる》: the *underwritten* signatures [names] 下記の署名, 下名. **2** の保険を引き受ける《特に海上保険》: ～ a ship 船の保険を引き受ける. **3** <会社発行の新株式・社債などを> 一括して引き受ける; 財政的に保証する.
—— *vi.* (海上) 保険を営む.
◇ **ún·der·wrìt·er** [ʌ́ndərràitər] *n.* 保険業者, 《特に》海上保険業者; 《株式・公債などの》引受業者. **ún·der·wrìt·ing** [-ràitiŋ] *n.* 保険業, 《特に》海上保険業; 株式引受業.

ùn·de·sérved [ʌ̀ndizə́ːrvd/ʌ́n-] *a.* 受けるに価しない, 不相応な, 不当な, 身に余る.
◇ **-sérv·ed·ly** [-vidli] *ad.*

ùn·de·sérv·ing [-dizə́ːrviŋ] *a.* 受ける価値のない; 《…に》価しない (unworthy)《に *of*》.

ùn·de·sígned [-dizáind] *a.* 故意でない, 思わずした, ふとした, 偶然の. ◇ **-sígn·ed·ly** [-záin(i)dli] *ad.*

ùn·de·sír·a·ble [ʌ̀ndizáirəbl / ʌ́ndizáiər-] *a.* 望ましく[好ましく]ない, 不快な. —— *n.* 好ましくない人[物]. ◇ **～·ness** *n.* **-bly** *ad.*

ùn·de·téct·ed [ʌ̀nditéktid/ʌ́n-] *a.* 見つけられない.

ùn·de·tér·mined [-ditə́ːrmind] *a.* **1** 未(決)定の; はっきりしない. **2** 決心がつかない, 優柔不断の.

ùn·de·vél·oped [-divéləpt] *a.* **1** 未発達の. **2**《土地などが》未開発の. **3**《写真が》現像してない.

un·dé·vi·at·ing [ʌndíːvièitiŋ] *a.* 本道をはずれない, わき道にそれない, 迷わない. ◇ **～·ly** *ad.*

un·díd [ʌndíd/ʌ́n-] *v.* undo の過去形.

ún·dies [ʌ́ndiz] *n. pl.*〘話〙《特に婦人・子ども用》下着類.

un·díg·ni·fied [ʌndígnifàid] *a.* 品位[威厳]のない.

ùn·di·lút·ed [ʌ̀nd(a)ilúːtid/ʌ́ndailjúːtid] *a.* 薄めていない, 水で割らない, 水増しのない, 生(き)のままの.

ùn·di·mín·ished [ʌ̀ndimíniʃt/ʌ́n-] *a.* 減じ(てい)ない, 低下し(てい)ない; 衰え(てい)ない.

ún·dine [ʌ́ndiːn, [米]+-dain] *n.* 水の精. →sylph.

ùn·dis·cérn·ing [ʌ̀ndizə́ːrniŋ, -sə́ːrn- / ʌ́ndisə́ːn-] *a.* 見分けのつかない, わきまえのない, 分別のない; 感じの鈍い. ◇ **～·ly** *ad.*

un·dís·ci·plined [ʌndísiplind] *a.* **1** 訓練[規律]のない. **2** 修養の足りない, 未熟な. **3** わがままな.

ùn·dis·cóv·ered [ʌ̀ndiskʌ́vərd/ʌ́n-] *a.* 未発見の, 見いだされない; 未知の.

ùn·dis·gúised [-disgáizd] *a.* **1** 変装しない, 仮面をかぶらない. **2** ありのままの, むき出しの, 公然の.
◇ **-gúis·ed·ly** [-zidli] *ad.*

ùn·dis·máyed [-disméid] *a.* **1** 平然とした, びくともしない. **2** 落胆しない.

ùn·dis·pút·ed [-dispjúːtid] *a.* **1** 争う余地のない, 疑いのない; 明白な. **2** 確実な, 当然の. ◇ **～·ly** *ad.*

ùn·dis·tín·guish·a·ble [ʌ̀ndistíŋgwiʃəbl/ʌ́n-] *a.* 区別[見分け]のつかない, 紛らわしい.

ùn·dis·tín·guished [-distíŋgwiʃt] *a.* **1** 区別されない, 他と異なるところのない. **2** 目だたない, 平凡な, 普通の.

***ùn·dis·túrbed** [ʌ̀ndistə́ːrbd/ʌ́n-] *a.* **1** じゃまされない, 乱されない, 静かな. **2** 心穏やかな, 平静な, 落ち着いた. ◇ **ùn·dis·túrb·ed·ly** [-bidli] *ad.*

ùn·di·víd·ed [-diváidid] *a.* **1** 分けられない; 絶え間ない, 連続した. **2** 集中した: with ～ attention わき目もふらずに, 専心して. ～ affection 二心なき愛情. **3** 単独の: ～ responsibility 単独責任.

‡**un·dó** [ʌndúː/ʌ́n-] *vt.* (**-díd** [-díd]; **-dóne** [-dʌ́n]) **1** <いったんしたことを> 元にもどす; 元どおりにする, 取り消す: What is done cannot be *undone*.〘諺〙覆水盆に返らず. ～ the past 過去を元に返す. ～ a match 縁談を破談にする. He has *undone* the good work of his predecessor. 彼は前任者の仕事をだいなしにした. **2** <人を> 破滅させる, 零落させる, 堕落させる: His extravagance will ～ him some day. あんなにぜいたくをしていまに破産してしまうだろう. **3** <結び目などを> ほどく, ゆるめる; <ボタンなどを> はずす; <衣服などを>脱がす: ～ a parcel 小包をほどく. ～ a button ボタンをはずす. **4** <なぞなどを> 解く.
◇ **～·er** *n.* ～する人; 女たらし. **～·ing** *n.* **1** 元どおりにすること, 取り消し. **2** ほどくこと. **3** 破滅[堕落](させること); 零落の原因.

un·dóck [ʌndák/ʌndɔ́k] *vt., vi.* <船を[が]> ドック[船渠(せんきょ)]から出す[出る].

un·dóc·u·ment·ed [ʌndákjumèntid/ʌ́ndɔ́k-] *a.* (文献などで) 論証されていない, 推測の域を出ない.

ùn·dog·mát·ic [ʌ̀ndɔːgmǽtik, -dag- / ʌ́ndɔg-], **-i·cal** [-(ə)l] *a.* 独断的でない.

ùn·do·més·ti·cat·ed [ʌ̀ndəméstikèitid/ʌ́n-] *a.* **1**《動物が》飼い慣らされていない, 人慣れしていない. **2**《婦人など》家庭生活に慣れていない, 家庭的でない.

un·dóne[1] [ʌndʌ́n/ʌ́n-] *v.* undo の過去分詞.
—— *a.* **1** 零落した, 破滅した, だいなしになった: I am ～. 私はもうだめだ. **2** ほどいた, はずした, ゆるめた. ***come*** ～ ほどける.

un·dóne[2] *a.* してない, でき上がらない, 未完成の. ***leave*** a thing ～ しないでおく, ほうっておく.

un·dóubt·ed [ʌndáutid] *a.* 疑う余地のない; 確かな; ほんものの.

‡**un·dóubt·ed·ly** [-li] *ad.* 疑いなく; 確かに.

un·dóubt·ing [ʌndáutiŋ] *a.* 疑わない, 信じきった. ◇ **～·ly** *ad.*

un·dráw [ʌndrɔ́ː / ʌ́n-] *v.* (**-dréw** [-drúː]; **-dráwn** [-drɔ́ːn]) *vt.* <カーテンなどを> 引いてあける.
—— *vi.* (引かれて) あく.

un·dráwn [-drɔ́ːn] *v.* undraw の過去分詞.

un·dréamed-of [ʌndríːmdav/-drémtɔv], **un·dréamt-of** [-drémt-] *a.* 夢にも見ない, 全く予想外の.

***un·dréss** [ʌndrés/ʌ́n-] *vt.* **1** の着物を脱がせる: ～ a child and put him to bed 子どもの着物を脱がせて寝かせる. **2** の飾りを取り除く. **3** の包帯をとる.
—— *vi.* 着物を脱ぐ. ～ one***self*** 着物を脱ぐ.
—— [⌐⌐/⌐⌐] *n.* **1** 略服, 平服, ふだん着. **2**〘軍〙通常軍装. —— [−⌐, ⌐⌐/⌐−] *a.* ふだん着の.

un·dréssed [ʌndrést/ʌ́n-] *a.* **1** 裸の, 衣服を脱いだ. **2** 寝巻き姿の; 服装を整えてない. **3** 包帯してない. **4**《髪・馬・土など》手入れしてない; 料理してない; 《皮を》なめしてない.

un·dréw [ʌndrúː/ʌ́n-] *v.* undraw の過去形.

un·dúe [ʌnd(j)úː / ʌ́ndjúː] *a.* **1**《時・場所・機会などに》不当の, 不適当な, 不必要な: ～ behavior ふさわしくないふるまい. **2** 過度の, はなはだしい: ～ private profit 過度の個人的利益. with ～ haste あわて過ぎて. **3** 支払期限に達しない. ***exercise an ～ influence upon*** に不当に干渉する.

ún·du·lant [ʌ́nd(j)ulənt/-dju-] *a.* 波打つ, 波状の. ～ **fever** 波状熱 (brucellosis). ◇ **-lance** *n.*

ún·du·late [ʌ́nd(j)ulèit/-dju-] *vi.* **1** 波立つ, 波打つ. **2** <土地が> ゆるやかに起伏する, うねる.
—— *vt.* 波立たせる, うねらす, 震動させる.
—— [-lit] *a.* 波状の. [√und-]
◇ **-lat·ed** [-lèitid] *a.* ＝undulate.

ùn·du·lá·tion [ʌ̀nd(j)uléiʃ(ə)n/-dju-] *n.* **1** 波動, うねり. **2** 地表の起伏. **3**〘物〙《光・音などの》波動, 振動. **4**〘医〙動悸(どうき).

ún·du·la·to·ry [ʌ́nd(j)ulətɔ̀ːri/-djulətəri] *a.* 波状の, 波動[起伏]する. ***the ～ theory of light***

〔物〕光の波動説.

un·dú·ly [ʌnd(j)ú:li/ʌ́ndjú:li] *ad.* **1** 不当〔不正, 不法〕に. **2** 過度に, はなはだしく.

un·dú·ti·ful [ʌnd(j)ú:tif(u̧)l / ʌ́ndjú:-] *a.* 本分を守らない, 不忠実な, 不従順な.

un·dý·ing [ʌndáiiŋ] *a.* 不死の, 不滅の, 不朽の; 尽きない.

un·éa·ger [ʌní:gər/ʌ́n-] *a.* 熱意のない; 不承不承の《*to* (do)》.

un·éarned [ʌnə́:rnd/ʌ́n-] *a.* **1** 労せずして得た. **2** 不当な, 不相応な. **～ income** 不労所得. **～ increment** 《土地の》自然増価.

un·éarth [ʌnə́:rθ / ʌ́n-] *vt.* **1** 発掘する, 掘り出す. **2** 〈キツネなどを〉穴からかり出す. **3** 発見する; 明るみに出す, 摘発する.

un·éarth·ly [ʌnə́:rθli] *a.* **1** この世のものとも思われない, 超自然的. **2** 神秘的な, 気味の悪い, ぞっとするような. **3** 〔話〕《時刻などが》とんでもない.
◇ **-li·ness** *n.*

***un·éas·i·ness** [ʌní:zinis] *n.* **1** 不安, 心配; 不愉快. **2** 窮屈, ぎごちなさ.

‡un·éas·y [ʌní:zi] *a.* **1** 不安な, 気にかかる; 不安〔心配〕そうな: have an ～ feeling 不安な気持ちをもつ. **2** 《からだが》窮屈な, 楽でない, 不快な: be ～ in a new suit 新調の服を着て落ち着かない. **3** 《態度など》堅苦しい, ぎごちない, 不安定な: give an ～ laugh ぎごちない笑い方をする.
feel ～ about が気にかかる. ***grow ～ at*** …のことで心配になり始める: We *grew* ～ *at* their long absence. 彼らの長期欠席が心配になり始めた. ***have an ～ conscience*** 良心の呵責(かしゃく)を覚える. ***pass*** 〔***have***〕 ***an ～ night*** 不安の夜を明かす; よく眠れない.
◇ **un·éas·i·ly** *ad.* 心配して; 窮屈そうに; 不愉快に.

ùn·eco·nóm·i·cal [ʌ̀ni:kənɑ́mik(ə)l / ʌ́ni:kənɔ́m-] *a.* 不経済な; 金のかかる. ◇ **～·ly** *ad.*

un·éd·it·ed [ʌnéditid/ʌ́n-] *a.* 編集されていない.

un·éd·u·cat·ed [ʌnédʒu̧kèitid / ʌ́nédju̧-, -dʒu̧-] *a.* 教育のない, 無学の, 無知の.

ùn·em·plóy·a·ble [ʌ̀nimplɔ́iəbl/ʌ́n-] *a.* 《老齢・病気などで》雇えない. **——** *n.* 雇用不能者.

ùn·em·plóyed [ʌ̀nimplɔ́id / ʌ́n-] *a.* **1** 失業した; (the ～) 《集合的》失業者. **2** 利用していない, 遊ばせてある; 手のすいた, ひまな: ～ capital 遊休資本. have a few hours a day ～ 1日二, 三時間手のすいた時間がある.

‡ùn·em·plóy·ment [ʌ̀nimplɔ́imənt / ʌ́n-] *n.* 失業; 失業状態. **～ compensation** 失業補償. **～ insurance** 失業保険.

ùn·en·cúm·bered [-inkʌ́mbərd] *a.* **1** じゃまのない. **2** 《抵当・負債などの》負担のない.

un·énd·ing [ʌnéndiŋ] *a.* 果てしのない, 尽きない, 絶え間のない; 永久の.

ùn·en·dówed [ʌ̀nindáud/ʌ́n-] *a.* **1** 基本金〔寄付金〕のない. **2** 天賦の才のない.

un-Eng·lish [ʌníŋgliʃ/ʌ́n-] *a.* イギリス風でない; イギリス人〔英語〕らしくない.

un·én·vi·a·ble [ʌnénviəbl/ʌ́n-] *a.* うらやましくない, ねたましくない, あまり「いただけない」.

***un·é·qual** [ʌní:kw(ə)l / ʌ́n-] *a.* **1** 等しくない, 不同の, 不ぞろいの, むらがある: an ～ pulse 不整脈. **2** 不公平な, 不平等な, 不つりあいの: an ～ contest 対等でない争い. **3** 《…に》不十分な, 不適当な, 不適任な《に *to*》: He is ～ *to* the task. 彼はその仕事に耐えない. ◇ **～·ly** *ad.* 不同に; 不つりあいに; 不公平に. **～·ness** *n.*

un·é·qualed, ㊥ -qualled [-d] *a.* 匹敵するもののない, 無比の, 無敵の; 最高の.

ùn·e·quív·o·cal [ʌ̀nikwívək(ə)l/ʌ́n-] *a.* **1** あいまいでない, 明瞭(めいりょう)な. **2** 率直な, 逃げを打たない.
◇ **～·ly** *ad.* **～·ness** *n.*

un·ér·ring [ʌnə́:riŋ/ʌ́n-] *a.* 誤りのない, 過失のない; 確実な, 全く正しい. ◇ **～·ly** *ad.* 確実に; 正確に.

ùn·es·cáp·a·ble [ʌ̀ni̧skéipəbl/ʌ́n-] *a.* のがれられない; 不可避的な; 必然的な.

***UNESCO, U·nés·co** [ju:néskou] *n.* ユネスコ, 国連教育科学文化機構. [＜*U*nited *N*ations *E*ducational, *S*cientific and *C*ultural *O*rganization]

ùn·es·sén·tial [ʌ̀ni̧sénʃ(ə)l / ʌ́n-] *a.* **1** 本質的でない. **2** 重要でない. **3** 不必要な, なくてもよい.
—— *n.* 非本質的な〔肝要でない〕もの. ◇ **～·ly** *ad.*

***un·é·ven** [ʌní:v(ə)n/ʌ́n-] *a.* **1** 平坦(へいたん)でない, でこぼこの: an ～ surface 〔road〕 でこぼこの表面〔道路〕. **2** 一様でない, 平均してない, 等質でない: of ～ temper 〔disposition〕 むら気の. **3** 互角でない, 公平でない. **4** 奇数の, 2で割り切れない: ～ numbers 奇数. ◇ **～·ly** *ad.* **～·ness** *n.*

ùn·e·vént·ful [ʌ̀nivéntf(u̧)l/ʌ́n-] *a.* 事件〔波乱〕のない, 無事平穏な, 平凡な.
◇ **～·ly** *ad.* **～·ness** *n.*

ùn·ex·ám·pled [ʌ̀nigzǽmpld / -zɑ́:m-] *a.* 先例〔類例〕のない; 無比の.

ùn·ex·cép·tion·a·ble [ʌ̀niksépʃ(ə)nəbl] *a.* 非の打ちどころのない, 申し分のない, 完全な.
◇ **～·ness** *n.* **-bly** *ad.*

ùn·ex·cép·tion·al [-iksépʃən(ə)l] *a.* **1** 例外でない, 普通の. **2** 例外を認めない. ◇ **～·ly** *ad.*

ùn·ex·háust·ed [-igzɔ́:stid] *a.* **1** 使い尽くされてない, 無尽蔵の. **2** 疲れを知らない. ◇ **～·ly** *ad.*

‡ùn·ex·péct·ed [ʌ̀nikspéktid / ʌ́n-] *a.* 思いもよらない, 予想もしない, 意外な, 突然の. ◇ **‡～·ly** *ad.* **～·ness** *n.* 〔類〕 → **sudden**「突然の」

ùn·ex·pé·ri·enced [-ikspí(:)riənst/-píər-] ＝inexperienced.

ùn·ex·pláined [ʌ̀nikspléind/ʌ́n-] *a.* **1** 説明のない, 理由のわからない. **2** 弁明されない, 釈明のない.
◇ **～·ly** *ad.*

ùn·ex·plód·ed [-iksplóudid] *a.* **1** 爆発させられない. **2** 《学説などが》くつがえされない. **3** 〔音声〕破裂のない.

un·fád·ed [ʌnféidid/ʌ́n-] *a.* (色の)あせていない; しおれない; 衰えていない.

un·fád·ing [ʌnféidiŋ] *a.* 色のさめない; しぼまない; 衰えない. ◇ **～·ly** *ad.*

un·fáil·ing [ʌnféiliŋ] *a.* **1** しそこなわない, 怠らない. **2** 尽きない, 絶えない. **3** たよりになる, 期待を裏切らない; 確かな. ◇ **～·ly** *ad.* きっと, まちがいなく, 確実に. **～·ness** *n.*

‡un·fáir [ʌnféər/ʌ́n-] *a.* **1** 公正を欠く, 公明正大でない, 不正な, 不正直な: an ～ means 不正手段. **2** 不公平な, 不当な: an ～ advantage 不当な利益.
◇ **～·ly** *ad.* **～·ness** *n.*
〔類〕 → **unjust**「公正でない」

un·fáith·ful [ʌnféiθf(u̧)l/ʌ́n-] *a.* **1** 不忠実な, 不実な, 不貞の《*to*》. **2** 《訳文などが》不正確な《*to*》.
◇ **～·ly** *ad.* **～·ness** *n.*

un·fál·ter·ing [ʌnfɔ́:lt(ə)riŋ] *a.* **1** よろよろしない, しっかりした. **2** ためらわない, 断固とした. **3** 余念のない. ◇ **～·ly** *ad.* 断固として.

‡ùn·fa·míl·iar [ʌ̀nfəmíljər / ʌ́n-] *a.* **1** なじみのない, 見慣れない, 見知らない: His face does not seem ～ *to* me. 彼の顔は私には初めてとは思われない. **2** 《人が》不慣れの, 不案内の, 通じていない, 経験のない《に *with*》: I am ～ *with* Latin. ラテン語はよく知らない. ◇ **～·ly** *ad.* **ùn·fa·mìl·i·ár·i·ty** [ʌ̀nfəmiliǽri̧ti/ʌ́n-] *n.*

un·fásh·ion·a·ble [ʌnfǽʃ(ə)nəbl / ʌ́n-] *a.* 流行遅れの, すたれた, やぼな. ◇ **-bly** *ad.*

un·fást·en [ʌnfǽsn/ʌ́nfɑ́:sn] *vt.* ほどく, ゆるめる; はずす. **——** *vi.* ほどける, ゆるむ; はずれる.

un·fáth·om·a·ble [ʌnfǽð(ə)məbl] *a.* **1** 測りがたい, 底知れない, きわめて深い. **2** 不可解な, 解決できない. ◇ **-bly** *ad.*

un·fáth·omed [ʌnfǽðəmd / ʌ́n-] *a.* **1** 測り知ら

れていない, 底なしの. **2** 未解決の.

un·fá·vor·a·ble, ㊥ **ún·fá·vour·a·ble** [ʌnféiv(ə)rəbl/ʌ́n-] *a.* **1** 好意的でない. **2** 不利な, つごうの悪い, 不運な. **3** 好ましくない. ～ **wind** 逆風. ◇ ～**·ness** *n.* **-bly** *ad.*

un·féd·er·at·ed [ʌnfédərèitid/ʌ́n-] *a.* 連合〔同盟〕していない.

un·féel·ing [ʌnfí:liŋ] *a.* 無感覚の; 無情な, 冷酷な. ◇ ～**·ly** *ad.* ～**·ness** *n.*

un·féigned [ʌnféind] *a.* 偽りのない, ありのままの, 真実の. ◇ ～**·ly** *ad.* ～**·ness** *n.*

un·félt [ʌnfélt/ʌ́n-] *a.* 感じない, 感じられない.

un·fénced [ʌnfénst/ʌ́n-] *a.* **1** かき〔さく〕のない, 囲いのない. **2** 無防備の.

un·fét·ter [ʌnfétər/ʌ́n-] *vt.* **1** の足かせを除く. **2** 自由にする, 釈放する. **3** ゆるめる, 楽にする.

***un·fín·ished** [ʌnfíniʃt/ʌ́n-] *a.* **1** 未完成の, でき上がらない; 《ペンキなどの》仕上げ〔上塗り〕がしてない. **2** 洗練されていない, あら削りの. **U～ Symphony, the** 未完成交響曲《Schubert の》. ◇ ～**·ness** *n.*

un·fít [ʌnfít/ʌ́n-] *a.* **1** 不適当な, 適しない, 不向きな《*for*》. **2** 不健康な, 健全でない. —— [–´] *vt.* (**-tt-**) 不適当にする, 不向きにする; 不適格にする《に *for*》. ◇ ～**·ly** *ad.* ～**·ness** *n.*

un·fít·ting [ʌnfítiŋ/ʌ́n-] *a.* 不適当な, 不似合いな; ぴったり合わない. ◇ ～**·ly** *ad.*

un·fíx [ʌnfíks/ʌ́n-] *vt.* **1** 解く, はずす, 抜く, 離す. **2** ゆるめる. **3** 〈心などを〉ぐらつかせる.
◇ ～**ed** [ʌnfíkst/ʌ́n-] *a.* **1** 取りはずされた. **2** ゆるめられた; ぐらつく.

un·flág·ging [ʌnflǽgiŋ] *a.* 衰えない, 弱らない, ひるまない; 疲れない, だれない. ◇ ～**·ly** *ad.*

un·flát·ter·ing [ʌnflǽt(ə)riŋ/ʌ́n-] *a.* へつらわない. ◇ ～**·ly** *ad.*

un·flédged [ʌnflédʒd/ʌ́n-] *a.* 《ひな鳥などが》羽のはえそろわない; 未熟な, 乳臭い. ↔ full-fledged.

un·flínch·ing [ʌnflíntʃiŋ] *a.* ひるまない, 屈しない; 断固とした. ◇ ～**·ly** *ad.*

‡un·fóld[1] [ʌnfóuld] *vt.* **1** [㊥ʌ́n-] 〈折りたたんだ物などを〉広げる, 開く: ～ one's arms 腕を広げる. **2** 〈意中などを〉表明する, 打ち明ける: ～ one's plan 計画を公表する. —— *vi.* **1** [㊥ʌ́n-] 〈葉・つぼみなどが〉開く, 広がる; 〈風景が〉開ける, 展開する. **2** 〈真相が〉あらわれる, はっきりする.

un·fóld[2] [ʌnfóuld/ʌ́n-] *vt.* 〈羊などを〉おりから出す.

un·fórced [ʌnfɔ́:rst/ʌ́nfɔ́:st] *a.* 強制的でない; 不自然でない, こじつけでない. ◇ ～**·ly** *ad.*

ùn·fore·séen [ʌ̀nfo:rsí:n/ʌ́nfɔ:-] *a.* 予知しない, 不慮の, 意外な, 偶然の. ***the*** ～ 予知しがたいこと.

ùn·for·gét·ta·ble [ʌ̀nfərgétəbl/ʌ́n-] *a.* 忘れられない, いつまでも記憶に残る: an ～ occasion 忘れがたいできごと. ◇ **-bly** *ad.*

ùn·for·gív·a·ble [ʌ̀nfərgívəbl/ʌ́n-] *a.* 許せない, 容赦できない.

ùn·for·gív·ing [ʌ̀nfərgíviŋ/ʌ́n-] *a.* 許さない, 容赦しない; 執念ぶかい.

un·fórmed [ʌnfɔ́:rmd/ʌ́n-] *a.* **1** まだ形を成さない, 形のない. **2** 十分に発達していない, 未熟の, 仕上がっていない. **3** つくられない.

‡un·fór·tu·nate [ʌnfɔ́:rtʃ(ə)nit] *a.* **1** 不運な; 不幸な: ～ *in* his wife 悪妻をもって不運な. **2** 残念な, 嘆かわしい: an ～ personality 嘆かわしい人物. **3** 不成功の, できばえの悪い: an ～ choice まずい選択.
—— *n.* (通例 *pl.*) 不幸な人; 社会の敗残者《売春婦など》. ◇ ‡～**·ly** *ad.* 不幸に; 運悪く, あいにく.

un·fóund·ed [ʌnfáundid/ʌ́n-] *a.* 根拠〔理由〕のない: an ～ rumor 事実無根のうわさ. ～ hopes そら頼み. ◇ ～**·ly** *ad.* ～**·ness** *n.*

ùn·fre·quént·ed [ʌ̀nfrikwéntid/ʌ́n-] *a.* めったに人の行かない〔通らない〕; 人跡まれな.

un·fríend·ed [ʌnfréndid/ʌ́n-] *a.* 友人のない, 味方のない, 寄るべのない. ◇ ～**·ness** *n.*

‡un·fríend·ly [ʌnfréndli/ʌ́n-] *a.* **1** 不親切な, 薄情な, 友情のない. **2** 敵意のある. **3** 《天候などが》つごうの悪い, 不利な (unfavorable). ◇ **-li·ness** *n.*

un·fróck [ʌnfrák/ʌ́nfrɔ́k] *vt.* の法衣をはぐ, から聖職を奪う.

un·frúit·ful [ʌnfrú:tf(u)l/ʌ́n-] *a.* **1** 効果のない, むだな, 報いられない. **2** 不毛の; 《植物が》実を結ばない. **3** 《結婚生活が》子を恵まれない.
◇ ～**·ly** *ad.* ～**·ness** *n.*

ùn·ful·fílled [ʌ̀nfulfíld/ʌ́n-] *a.* 満たされない, 実現されない, 果たされない.

ùn·ful·fíll·ment [-fílmənt] *n.* 不履行; 挫折(ざ).

un·fúrl [ʌnfə́:rl] *vt.* **1** 〈帆・かさなどを〉広げる (unfold). **2** 〈旗などを〉翻す, 揚げる.
—— *vi.* 広がる; 翻る.

un·fúr·nished [ʌnfə́:rniʃt/ʌ́n-] *a.* **1** 家具を備え付けてない, 備品のない, 造作(ぞう)のない. **2** 設備されていない.

un·gáin·ly [ʌngéinli] *a.* ぶかっこうな, ぶざまな, 見苦しい. ◇ **-li·ness** *n.*

un·gén·er·ous [ʌndʒén(ə)rəs/ʌ́n-] *a.* **1** けちな, 金離れのよくない. **2** 狭量な; 卑劣な. ◇ ～**·ly** *ad.*

un·gén·tle [ʌndʒéntl/ʌ́n-] *a.* 優しくない, 粗野な.
◇ ～**·ness** *n.*

un·gén·tle·man·ly [ʌndʒéntlmənli] *a.* 紳士らしくない, 下品な. ◇ **-li·ness** *n.*

un·gírd [ʌngə́:rd/ʌ́n-] *vt.* (**un·gírd·ed** *or* **un·gírt** [-gə́:rt]) **1** の帯を解く. **2** 〈帯剣などを〉帯を解いてはずす.

un·glázed [ʌngléizd/ʌ́n-] *a.* **1** 上ぐすりをかけてない, 素焼きの. **2** ガラスをはめてない; 窓ガラスのない.

un·gód·ly [ʌngádli/-gɔ́d-] *a.* **1** 不信心の, 神を恐れない〔敬わない〕. **2** 邪悪な, 罪ぶかい. **3** 〖話〗ひどい, 激しい. ***the*** ～ 罪ぶかい人々. ◇ **-li·ness** *n.*

un·góv·ern·a·ble [ʌngʌ́vərnəbl] *a.* 抑制できない; 手に余る〔負えない〕; 放縦(ほうじゅう)な; 激しい.
◇ ～**·ness** *n.* **-bly** *ad.*

un·gráce·ful [ʌngréisf(u)l/ʌ́n-] *a.* 優美でない, 下品な, 無作法な, 見苦しい; 武骨な, ぶかっこうな.
◇ ～**·ly** *ad.* ～**·ness** *n.*

un·grá·cious [ʌngréiʃəs/ʌ́n-] *a.* **1** 優しくない, 丁寧でない, 不親切な; ぶあいそうな, ぶしつけな. **2** 不快な, 好ましくない. ◇ ～**·ly** *ad.* ～**·ness** *n.*

ùn·gram·mát·i·cal [ʌ̀ngrəmǽtik(ə)l/ʌ́n-] *a.* 文法に合わない, 非文法的な. ◇ ～**·ly** *ad.*

‡un·gráte·ful [ʌngréitf(u)l] *a.* **1** 恩知らずの, 感謝の念のない. **2** 《仕事が》ほねおり損の, 働きがいのない, 不愉快な. ◇ ～**·ly** *ad.* ～**·ness** *n.*

un·gróund·ed [ʌngráundid] *a.* 根拠〔理由〕のない, 事実無根の.

un·grúdg·ing [ʌngrʌ́dʒiŋ/ʌ́n-] *a.* **1** 惜しまない, けちけちしない. **2** 進んでする, 心からの. ◇ ～**·ly** *ad.*

ún·gual [ʌ́ngwəl] *a.* つめ〔けづめ, ひづめ〕の, つめ〔けづめ, ひづめ〕のある〔ような〕.

un·gúard·ed [ʌngá:rdid/ʌ́n-] *a.* **1** 不注意〔不用意〕な, うっかりした: in an ～ moment うっかりしていた〔ゆだんした〕すきに. **2** 無防備の, 保護されていない. ◇ ～**·ly** *ad.* ～**·ness** *n.*

ún·guent [ʌ́ngwənt] *n.* こうやく, 軟膏(こう).

ún·guis [ʌ́ngwis] *n.* (*pl.* **-gues** [-gwi:z]) **1** 〖動〗つめ, ひづめ. **2** 〖植〗《花冠の》爪(そう).

ún·gu·la [ʌ́ŋgjulə] *n.* (*pl.* **-lae** [-li:]) ＝unguis; 〖数〗蹄(てい)状体. ◇ ～**r** [-ər] *a.*

ún·gu·late [ʌ́ŋgjulit, -lèit/-leit] *a.* 蹄状の; ひづめのある; 有蹄類の. —— *n.* 有蹄動物.

un·hál·lowed [ʌnhǽloud] *a.* 神聖でない, 汚れた, 罪ぶかい.

un·hánd [ʌnhǽnd] *vt.* から手を放す, 手から離す.

un·hánd·some [ʌnhǽnsəm/ʌ́n-] *a.* **1** 美しくない, ぶきりょうな. **2** 無作法な, 不体裁な. **3** 小事にこだわる, けちくさい; けちな, 金離れの悪い. ◇ ～**·ly** *ad.*

un·hánd·y [ʌnhǽndi/ʌ́n-] *a.* **1** 扱いにくい, 手ごろでない, 不便な. **2** へたな, 無器用な.

‡un·háp·py [ʌnhǽpi] *a.* **1** 不幸な, 不運な; みじめな, 悲惨な. **2** おりの悪い, あいにくの. **3** 《ことばづかいなどが》不適当な, まずい.
◇ **-pi·ly** [ʌnhǽp(i)li/-pili] *ad.* 不幸に(も), 運悪く, あいにく, おりあしく; 不適切に, へたに. ***-pi·ness** *n.*

un·hármed [ʌnhɑ́:rmd/ʌ́n-] *a.* 害〔傷〕を受けない, そこなわれない; 無事な, つつがない.

un·hár·ness [ʌnhɑ́:rnis / ʌ́n-] *vt.* **1** の馬具を解く. **2** のよろいを脱がせる, に武装を解かせる.

un·héalth·ful [ʌnhélθf(u)l/ʌ́n-] *a.* 健康に適さない〔害のある〕, 非衛生な. ◇ **～·ly** *ad.* **～·ness** *n.*

***un·héalth·y** [ʌnhélθi] *a.* (**-i·er**; **-i·est**) **1** 不健康な, 病身の. **2** 健康によくない, 有害な. **3** 《道徳的に》不健全な. ◇ **-i·ly** *ad.* **-i·ness** *n.*

un·héard [ʌnhə́:rd/ʌ́n-] *a.* **1** 聞こえない. **2** 聞いてもらえない, 弁明を許されない. **～-of** [-ɑ̀v/-ɔv] いままで聞いたことがない, 知られていない; 先例のない: an ～-*of* event 前代未聞(ぶん)の事件.

un·héed·ed [ʌnhí:did/ʌ́n-] *a.* 注意〔注目〕されない, 顧みられない, 無視された. ◇ **～·ly** *ad.*

un·hés·i·tat·ing [ʌnhéziteitiŋ] *a.* ちゅうちょしない, ぐずぐずしない; てきぱきした, 手早い. ◇ **～·ly** *ad.*

un·hínge [ʌnhíndʒ] *vt.* **1** のちょうつがいをはずす; 取りはずす. **2** 引き離す. **3** 〈口などを〉あける. **4** 〈精神・情勢などを〉ぐらつかす, 混乱させる, 狂わす.
◇ **～·ment** *n.*

ùn·his·tór·i·cal [ʌ̀nhistɔ́:rik(ə)l, -tɑ́r-/ʌ́nhistɔ́r-] *a.* 歴史的でない, 史実に反する. ◇ **～·ly** *ad.*

un·hítch [ʌnhítʃ/ʌ́n-] *vt.* 解き放す.

un·hó·ly [ʌnhóuli] *a.* **1** 神聖でない, 不浄な. **2** 不信心な; 汚れた, 邪悪な. **3** 《話》恐ろしい, ひどい: an ～ row どえらい騒ぎ.

un·hón·ored, 《英》**-oured** [ʌnɑ́nərd / ʌ́nɔ́n-] *a.* **1** 尊敬されない. **2** 《手形が》引き受けられない, 拒絶された.

un·hóok [ʌnhúk/ʌ́n-] *vt.* **1** かぎからはずす. **2** 〈衣服などの〉ホックをはずす. —— *vi.* ホック〔かぎ〕がはずれる.

un·hóped-for [ʌnhóupt fɔ̀:r] *a.* 意外の, 思いがけない, 予期しない, 望外の.

un·hórse [ʌnhɔ́:rs / ʌ́n-] *vt.* **1** 馬から突き落とす, 落馬させる. **2** 〈馬が人を〉振り落とす. **3** 追い出す《地位などから》; 転落させる.

un·hóuse [ʌnháuz / ʌ́n-] *vt.* 家から追い出す; 宿なしにする.

un·hú·man [ʌnhjú:mən / ʌ́n-] *a.* **1** 人間のものでない, 人間らしくない. **2** 超人間的な. **3** 《稀》残忍な (inhuman). ◇ **～·ly** *ad.* **～·ness** *n.*

un·húrt [ʌnhə́:rt/ʌ́n-] *a.* けがのない; 害を受けない.

uni- 「単一」の意の語形成要素.

U·ni·at [jú:niæ̀t], **-ate** [-èit] *n.* 合同東方カトリック教徒《ローマ教皇の権威を認めながら東方正教会の儀式・習慣を保持する》.
～ churches, the 東方カトリック教会.

ù·ni·cám·er·al [jù:nikǽmərəl/jú:-] *a.* 《議会が》一院(制)の: ～ legislature 一院制度.
◇ **～·ly** *ad.*

UNICEF [jú:nisèf] *n.* ユニセフ, 国連国際児童緊急基金. [<*U*nited *N*ation *C*hildren's *F*und]

ù·ni·cél·lu·lar [jù:niséljulər/jú:-] *a.* 〖生〗単細胞の: ～ animals 単細胞〔原生〕動物.

u·níc·i·ty [ju:nísiti] *n.* 単一性, 独自性.

ú·ni·corn [jú:nikɔ̀:rn] *n.* **1** 一角獣《額に1本の角のある馬に似た伝説的な動物. ライオンと相対してイギリス王室の紋章をささえる》. **2** 〖聖〗単角野牛《申命記 33: 17》. **3** (the U～) 〖天〗一角獣座.

ùn·i·déal [ʌ̀naidí:əl/ʌ́naidíəl] *a.* **1** 理想的でない. **2** 現実的な. **3** 平凡な, つまらない.

ùn·i·dén·ti·fied [ʌ̀naidéntifàid/ʌ́n-] *a.* 未確認の; 身元〔国籍〕不明の.

ùn·id·i·o·mát·ic [ʌ̀nidiəmǽtik / ʌ́nidiə-] *a.* 《語法が》慣用的でない. ◇ **-i·cal·ly** *ad.*

ù·ni·fi·cá·tion [jù:nifikéiʃ(ə)n] *n.* 統一, 単一化, 合一.

ù·ni·fló·rous [jù:niflɔ́:rəs/-flɔ́:r-] *a.* 〖植〗単花の.

ù·ni·fó·li·ate [jù:nifóuliit] *a.* 〖植〗単葉の.

†ú·ni·form [jú:nifɔ̀:rm] *a.* **1** 《多数の物について形状・型・色などが》一様の, そろいの: vases of ～ size and shape 同大同型の花びん. ↔ multiform. **2** 同一標準の, 画一的の: a ～ wage 画一賃銀. **3** 《同一物について》いつどこでも変わりない, 一定不変の: to be kept at a ～ temperature 同温に保つこと. **4** 均等の, 均質の, むらのない: a man of ～ disposition むら気でない人. **～ *with*** this volume (この本)と同じ型の.
—— *n.* 《兵士・水兵・警官・看護婦などの》制服, 軍服, 官服; 《運動選手の》ユニホーム. ***in full-dress* ～** 〖軍〗大礼服で. ***in full* ～** 〖軍〗正装して, 通常礼服で. ***in* 〔*out of*〕 ～** 軍服〔平服〕で. ***undress* ～** 略服; 通常軍装.
—— *vt.* **1** 一様にする. **2** に制服を着せる.
～ motion 〖物〗等速運動.
◇ **～·ly** *ad.* 一様に, 均等に. **～·ness** *n.*

ù·ni·fórm·i·ty [jù:nifɔ́:rmiti] *n.* **1** 一様であること; 類似; 一致. **2** 同一; 均等(性), 均一(性). **3** 画一(性), 一律(性); 単調. [<uni-+form]
〔類〕 → unity「統一」

ú·ni·fy [jú:nifài] *vt.* **1** 一体にする, 単一化する; 一様にする. **2** 統一する. [√un-]
◇ **ú·ni·fi·er** *n.* ～する人〔物〕.

ù·ni·lát·er·al [jù:nilǽt(ə)rəl/jú:-] *a.* **1** 一方(的)の, 片側だけの, 片務の: ～ repudiation of a treaty 協定の一方的破棄. **2** 〖動・植〗片側だけの, 片側だけに生じる〔配列する〕. **3** 〖社〗単性系譜の《父系または母系だけの》. [√un-+√lat(er)-] ◇ **～·ly** *ad.*

ù·ni·lín·gual [-líŋgwel] *a.* (単) 一言語の.

ùn·im·ág·in·a·ble [ʌ̀nimǽdʒ(i)nəbl] *a.* 想像できない, 思いもつかない, 考えられない.
◇ **～·ness** *n.* **-bly** *a.*

ùn·i·mág·i·na·tive [ʌ̀nimǽdʒinèitiv / ʌ́nimǽdʒinət-] *a.* 想像力のない〔乏しい〕; 創造的でない; 詩的でない. ◇ **～·ly** *ad.*

ùn·im·páired [-impéərd / ʌ́n-] *a.* そこなわれない, 弱められない, 《価値などが》減じていない.

ùn·im·péach·a·ble [ʌ̀nimpí:tʃəbl] *a.* 非の打ちどころのない, 申し分のない. ◇ **-bly** *ad.*

ùn·im·pór·tance [ʌ̀nimpɔ́:rt(ə)ns/ʌ́n-] *n.* 重要でないこと, とるに足らぬこと.

***ùn·im·pór·tant** [ʌ̀nimpɔ́:rt(ə)nt/ʌ́n-] *a.* 重要でない, とるに足らない, つまらない. ◇ **～·ly** *ad.*

ùn·im·pós·ing [-impóuziŋ/ʌ́n-] *a.* 堂々としていない, 貫禄(かん)のない, 人目を引かない.

ùn·im·próved [ʌ̀nimprú:vd/ʌ́n-] *a.* **1** 改良されない; 《健康が》まだすぐれない. **2** 利用され(て)ない; 《土地などが》耕作されてない, 開けてない; 《機会などが》活用されない.

un·ín·flu·enced [ʌnínfluənst/ʌ́n-] *a.* **1** 影響を受けない, 自主的な; 感化されない. **2** 偏見のない.

ùn·in·fórmed [ʌ̀ninfɔ́:rmd / ʌ́n-] *a.* **1** 知らされていない, 情報を受けていない. **2** 知識のない, 無学な.

ùn·in·háb·it·ed [ʌ̀ninhǽbitid/ʌ́n-] *a.* 人の住まない: an ～ island 無人島.

ùn·in·híb·it·ed [-inhíbitid] *a.* **1** 抑圧を受けていない, 少しも遠慮しない, 思うままの. **2** 禁じられていない. ◇ **～·ly** *ad.* 無遠慮に, 傍若無人に, 手放しで.

un·ín·jured [ʌníndʒərd/ʌ́n-] *a.* そこなわれない, 傷〔害〕を受けない.

ùn·in·spíred [ʌ̀ninspáiərd/ʌ́n-] *a.* **1** 霊感を受けない; 感激のない. **2** 平板な, たいくつな.

ùn·in·strúct·ed [-instrʌ́ktid] *a.* 教えを受けていない, 教育のない. ◇ **～·ly** *ad.*

ùn·in·tél·li·gi·ble [ʌ̀nintélidʒəbl/ʌ́n-] *a.* 理解

しがたい, わけのわからない. ◇ **-bly** *ad.*

ùn·in·tén·tion·al [ʌ̀nintén∫ən(ə)l/ʌ́n-] *a.* 故意でない, 無意識の, なにげない. ◇ **～·ly** *ad.*

un·ín·ter·est·ed [ʌnínt(ə)ristid/ʌ́n-] *a.* **1** 興味を感じていない, 無関心の, むとんじゃくな. **2** 利害関係のない, 無関係の. ◇ **～·ly** *ad.*

***un·ín·ter·est·ing** [-ínt(ə)ristiŋ] *a.* つまらない, おもしろくない, たいくつな. ◇ **～·ly** *ad.* **～·ness** *n.*

ùn·in·ter·rúpt·ed [ʌ̀nintərʌ́ptid / ʌ́nin-] *a.* **1** 中断されない, とぎれない, 絶え間ない, 連続した. **2** じゃまされない, 平穏(無事)な. ◇ **～·ly** *ad.*

***ùn·in·vít·ed** [ʌ̀ninváitid/ʌ́n-] *a.* **1** 招かれない: an ～ guest 押しかけ客. **2** 差し出がましい, よけいな.

ùn·in·vít·ing [-inváitiŋ] *a.* **1** 気を引かない, 心を誘わない, いやな. **2** 魅力がない. ◇ **～·ly** *ad.*

‡**ún·ion** [jú:njən] *n.* **1** 結合, 合一, 合同, 連合, 合体, 融合: ～ of two towns *into* one 二つの町の合併. **2** 一致, 団結, 和合: spiritual ～ 精神的結合. *U*～ is strength. 団結は力である. **3** 縁組み: a happy ～ 幸福な結婚. an illicit ～ 婚外結婚. **4** 組合, 同盟, 協会; 労働組合. **5** 学生クラブ; (the U～) 学生会館. **6** 連邦; (the U～) アメリカ合衆国. **7** 《国の》連合, 合邦; (the U～) England と Scotland の連合《1706》, Great Britain と Ireland の連合《1801》. **8** 《形容詞的に用いて》《南北戦争当時の》連邦の, 北側の: the ～ army 北軍. **9** 連合表象《アメリカ国旗では連合州数をあらわした青地に白の星; イギリス国旗ではイングランド・スコットランド・アイルランドをあらわす3個の十字》; 《特に》イギリス国旗. **10** 〖英〗教貧区連合《貧民救済法を施行するための数教区の連合体》; 《その連合体で経営する》教貧院. **11** 〖医〗癒合(ゆごう), 癒着. **12** 〖機〗接合管. **13** 〖数〗和集合. **14** 交織. ***craft*** **～** 職業別組合《産業別組合 (industrial union) に対する》. ***fly a flag ～ down*** 〖海〗《遭難信号として》倒旗を掲げる. ***in ～*** 共同で; 協調して: live *in* perfect ～ よく和合していっしょに暮らす. ***labor ～*** 労働組合. ***the postal ～*** 万国郵便連合. ***the U～ of India*** インド連邦. ***the U～ of South Africa*** 南アフリカ連邦《the Republic of South Africa の旧名》. ***the U～ of Soviet Socialist Republics*** ソビエト社会主義共和国連邦《首都 Moscow. 略 U.S.S.R., USSR》. →Soviet Russia, the Soviet Union. ***～ by (the) first [second] intention*** 直接〔間接〕癒合《化膿(かのう)せず〔化膿のあとで〕傷口が癒合すること》. [√un-]

～ district 〖米〗合同学区. **U～ flag** イギリス国旗. **U～ Jack** ユニオンジャック《特に船艦首旗としてのイギリス国旗》. **～ leader** 組合指導者. **～ shop** ユニオンショップ《雇用主は非組合員を雇い入れるが一定期間内に組合に加入させることを条件とする事業場》. → open shop, closed shop. **～ suit** 〖米〗上下一つになっている下着 (＝㊥combinations).

[類] → **unity**「統一」

union suit

ún·ion·ism [jú:njəniz(ə)m] *n.* **1** 労働組合主義. **2** (U～) 〖米〗連邦主義《南北戦争当時南北の分離に反対した》. **3** 〖英〗連合〔統一〕主義《大英帝国を構成する全属領を中央政府のもとに連合統一しようとした政策》. → separatism.

ún·ion·ist [jú:njənist] *n.* **1** 統一論者, 連合論者. **2** 労働組合員, 労働組合主義者. **3** 宗教上の統一主義者《特に新教各派の統一を主張する》. **4** (U～) 〖米史〗連邦主義者. **5** (U～) 〖英史〗《アイルランド自治案に反対した》統一党員.

ún·ion·ize [jú:njənàiz] *vt., vi.* 組合に組織する; 組合に加入させる〔する〕. ◇ **ùn·ion·i·zá·tion** [jù:njənizéi∫(ə)n/-naiz-] *n.* 統一化.

ù·ni·plá·nar [jù:nipléinər] *a.* 平面上の〔にある〕.

ú·ni·pod [jú:nipàd / -pɔd] *n.* 《カメラなどの》1 脚の支柱. → tripod. [√un-＋√pod-]

ù·ni·pó·lar [jù:nipóulər/jú:-] *a.* 〖電〗単極〔単軸〕の; 〖生〗《神経細胞などが》単極の.

‡**u·níque** [ju:ní:k] *a.* **1** 唯一(無二)の, 一つしかない, 類のない, 独特の. **2** 珍しい; すばらしい: a most ～ experience 全く不思議な経験. **——** *n.* 唯一の人〔物, 事〕. [√un-] ◇ **～·ly** *ad.* **～·ness** *n.*

[類] → **single**「唯一の」

ù·ni·séx·u·al [jù:nisék∫uəl/jú:niséksjuəl] *a.* 〖生〗単性の, 雌雄異体の. ◇ **～·ly** *ad.*

ú·ni·son [jú:nizn, ㊥⁺-sn] *n.* **1** 調和, 和合, 一致. **2** 〖楽〗同音; 斉唱(せいしょう), 斉奏. ***in ～*** 斉唱で; いっせいに, 一致して. [√un-＋√son-]

u·nís·o·nous [ju:nísənəs], **u·nís·o·nant** [-nənt] *a.* **1** 同音の, 音の調和する. **2** 和合する, 一致する.

‡**ú·nit** [jú:nit] *n.* **1** (構成)単位: an administrative ～ 行政単位. The family is the strongest ～ of society. 家族は社会の最も有力な構成単位である. **2** 一個, ひとり, 一団. **3** 〖軍〗部隊: a mechanized ～ 機械化部隊. **4** 〖数〗"1"の数, 単位. **5** 〖物〗単位: C.G.S. system of ～*s* 〖物〗センチ・グラム・秒単位法. **6** 〖薬〗単位《生体に一定の効果を与えるのに必要な薬物・血清・抗体などの量》. **7** 〖米〗《学科目の》単位; 《教材の》単元. **8** 設備一式: a kitchen ～ 台所設備一式. ***a monetary ～*** 貨幣単位. ***be a ～*** 〖米〗一致する.

—— *a.* 単位の, 単位を構成する. [√un-]

～ character 〖生〗単一形質《Mendel の法則の》. **～ price** 単価. **～ rule** 〖米〗単位(選出)制《アメリカ民主党の全国大会で, ある州の代表議員全体は, その過半数の支持する候補者に投票すべきだとするもの》.

Unit. Unitarian.

ú·nit·age [jú:nitidʒ] *n.* 《度量衡の》単位量の規定.

U·ni·tár·i·an [jù:nitέ(:)riən/-tέər-] *n.* **1** ユニテリアン教徒《新教の一派で, 三位一体説を排して唯一の神格を主張し, キリストを神格化しない》. → Trinitarian. **2** (u～) 一神論者; 一元論者; 単一政府〔中央集権〕主義者. **——** *a.* **1** ユニテリアン教の. **2** (u～) ＝unitary. ◇ **～·ism** *n.* **1** ユニテリアン派の教義. **2** (u～) 一元論.

ú·ni·tar·y [jú:nitèri / -t(ə)ri] *a.* **1** 単位の; 単位を成す. **2** 一つ〔単一〕の; 統一された. **3** 〖数〗一元の: the ～ method 〖数〗帰一法. **4** 〖哲〗一元論の.

‡**u·níte** [junáit, ju:-] *vt.* **1** 結合する, 合体させる, 合併する: ～ one country *to* another 1国を他国に併合する. ～ bricks and stones *with* cement セメントでれんがと石を接合する. **2** 《社会的・家族的関係に》結ぶ, 結婚させる; 《精神的に》結合する: ～ two families by marriage 2家族を姻戚(いんせき)にする. ～ one's son *to* a suitable wife むすこを似つかわしい女性と結婚させる. the common interests that ～ these two States その両国を結びつける共通の利害. **3** 〈性質・才能などを〉合わせもつ, 兼ね備える: She ～*s* beauty and intelligence. 彼女は美しさと知性を合わせ備えている.

—— *vi.* **1** 一体になる, 合体する: England and Scotland ～*d* in 1706. イギリスとスコットランドは1706年に併合した. Oil will not ～ *with* water. 油と水とは混じらない. **2** 協力する, 結束する: ～ against a common enemy 共同の敵に対して協力して戦う. Let us ～ in fighting (to fight) poverty and disease. 結束して貧困と病気に立ち向かおう. → join. [√un-] ◇ **u·nít·a·ble** *a.*

†**u·nít·ed** [junáitid, ju:-] *a.* **1** 一つになった, 結合された, 結ばれた. **2** 合併した, 連合した. **3** 《精神的に》和合した, 一致した: a ～ family むつまじい家族. **4** 《行動など》提携した, 団結した: ～ efforts 共同の努力. ***break into a ～ laugh*** 一同でどっと笑いだ

す. ***in one ~ body*** 一体となって. ***present a ~ front*** 共同戦線を張る, 一致団結して当たる. ***U~ we stand, divided we fall.*** 〘諺〙 団結すれば立ち, 離れれば倒れる.

U~ Arab Republic, the アラブ連合共和国《首都 Cairo》. **U~ Brethren, the** 〘宗〙 モラビア派《19 世紀初頭アメリカに興った新教の一派》. **~ front** (1) 連合戦線. (2) =popular front. **U~ Irishmen, the** アイルランド人連盟. **U~ Kingdom, the** 連合王国, イギリス《大ブリテンと北アイルランドとの連合王国. 公式名は the United Kingdom of Great Britain and Northern Ireland. 首都 London. 略 U.K.》. **U~ Nations, the** 国際連合《略 UN》. **U~ States (of America), the** アメリカ合衆国《首都 Washington, D.C. 略 the States, America, U.S., U.S.A., USA》. ◇ **~·ly** *ad.* **~·ness** *n.*

ú·ni·tive [júːnitiv] *a.* 統合する, 統合力のある; 統合的な.

ú·ni·ty** [júːnịti] *n.* **1 統一** (性), まとまり; 不変性, 首尾一貫性: The story lacks ~. この話は統一を欠く. find ~ in diversity 雑多の中に統一を見いだす. ~ in purpose and action 目的と行動における不変性. **2 調和**, 一致, 和合: family ~ 一家和合. national ~ 挙国一致. **3 個体**, 単一体: a person regarded as a ~ 単一個体としての人. **4** 単一 (性), 唯一 (oneness): the ~ of the self 自我の単一性. ~ and multiplicity 一と多. **5** 〘数〙 "1" の数. **6** 〘法〙《不動産の》共同保有, 共有. **7** 〘劇〙 三一致の法則の一. → the dramatic ~*ies*. ***live [***be***] ***in*** [***at***] **~** (***with***) (と)仲よく暮らす [和合している]: They *live* together *in* ~. 彼らは仲よく暮らしている. ***the dramatic ~ies*** 〘劇〙 三一致の法則 (=the unities of place, time, and action)《Aristotle に始まる劇作についての法則で時・場所・行動の一致. しばしば24時間以内で, その間にいける地域内で劇が進行すべきものと解された》. [√un-]

(類義語) 統一: **unity** diversity (多様性) の反意語で, 統一および調和ある状態を示す: family *unity* 家族的融和. find *unity* in variety 多様のなかに統一を見いだす. **union** division (分割) の反意語で, 結合および結合したものを示す. 主として人間・団体どうしの結びつきに用いられる: trade *union* 職業別労働組合. **uniformity** irregularity (不規則, 不整) の反意語で, 性質・形・色・大きさ・度合いなどの一様なこと, 均一なことを示す: *uniformity* of style スタイルの統一 [一様性].

Univ. Universalist; University. **univ.** universal; universally; university.

UNIVAC [júːnivæk/-væk] *n.* 電子計算機《商標名》. [<*Universal Automatic Computer*]

ù·ni·vá·lent [jùːnịvéilənt, junívə- / júːnivéi-] *a.* 〘化〙 一価の. ◇ **-lence, -len·cy** *n.*

ú·ni·valve [júːnịvælv] *a.* 〘動〙 単弁 [単殻] の. **——** *n.* 《カタツムリ・アワビなど》単殻(たんかく)軟体動物; その貝がら.

‡ù·ni·vér·sal [jùːnịvə́ːrs(ə)l] *a.* **1 宇宙の**, 宇宙的な, 万物に関する [を含む]: ~ gravitation 万有引力. **2 全世界の**, 全人類の, 万人 (共通) の: ~ brotherhood 四海同胞 (精神). ~ salvation 全人類の救済. **3 普遍的な**, 一般的な: ~ rules 一般法則. **4** 世間一般の, だれでもの: a ~ practice 広く行なわれている慣習. receive ~ applause 世に広く好評を博する. **5** 広範囲の, 多方面の, 万能の: a book of ~ information あらゆる知識を網羅(もう)した本. **6** 〘機〙 万能の, 自在の. **7** 〘論〙 全称の. **8** 〘法〙 包括の, 一般の. **——** *n.* 〘論〙 全称命題; (the ~) 〘哲〙 一般概念. [√un-+√vert-]

~ affirmative [**affirmation**] 全体肯定. **~ agent** 総代理人. **~ compasses** 自在コンパス. **~ donor** O 型血液 (の人). **~ joint** [**coupling**] 〘機〙 ユニバーサルジョイント, 自在継ぎ手. **~ language** 世界共通語. **~ negative** 全体否定. **~ partnership** 共同組合. **~ suffrage** 普通選挙権. **~ time** 万国標準時.

◇ **~·ly** *ad.* 一般に, あまねく, 普遍的に.

(類義語) 一般的な: **universal** 個物・個人について例外なくすべてのばあいに当てはまる: a *universal* practice among primitive people 原始人の間になら例外なく行なわれている習慣. **general** 大部分のばあい, 個物・個人に当てはまる: as a *general* rule たいていは, 概して.

U·ni·vér·sal·ism [jùːnịvə́ːrsəlìzm] *n.* **1** 〘宗〙 普遍救済説《万人は結局救われるという》. **2** (u~) 普遍性; 《知識などの》広範であること, 該博.

U·ni·vér·sal·ist [jùːnivə́ːrsəlist] *n.* **1** 普遍救済説信者. **2** (u~) 博識家.

ù·ni·ver·sál·i·ty [jùːnịvəːrsǽlịti] *n.* **1** 普遍性, 一般性. **2** 普及, 流布. **3** 《知識などの》広範であること, 多方面性; 万能 (性).

ù·ni·vér·sal·ize [jùːnivə́ːrsəlàiz] *vt.* 普遍化する, 普及させる.

‡ú·ni·verse [júːnịvə̀ːrs] *n.* **1 宇宙**. → cosmos. **2** 万有, 万物. **3** 全人類, (全) 世界: The whole ~ knows it. 世間でそれを知らぬ人はいない.

U·ni·vér·si·ade [jùːnịvə́ːrsiæ̀d] *n.* ユニバーシアード《国際学生スポーツ大会》.

‡ù·ni·vér·si·ty [jùːnịvə́ːrs(ị)ti] *n.* **1 大学**《総合大学. アメリカでは, 大学院を設置している大学》. → college. **2** 《集合的》大学生. **——** *a.* 大学の: a ~ professor [student] 大学教授 [大学生].

~ extension 《大学公開講座などによる》大学教育普及制度. **~ man** 大学人; 大学出身者; 大学生.

u·nív·o·cal [juːnívək(ə)l / júːnivóuk(ə)l] *a.* 一つの意をもつ, 単一義の. **——** *n.* 単義語. [√un-+√voc-]

un·jóint [ʌndʒɔ́int/ʌ́n-] *vt.* **1** の結び目を解く; の継ぎ目をはずす. **2** 関節をはずす (disjoint).

‡un·júst [ʌndʒʌ́st / ʌ́n-] *a.* **不正な**, 不法な, 不当な, 不公平な: ~ enrichment 不当利得. ***the just and the ~*** 正しい人々と正しくない人々.

◇ **~·ly** *ad.* **~·ness** *n.*

(類義語) 公正でない: **unjust** 以下の語のいずれかの理由でもって公正でない. **unfair** 不公平な, 公明正大でない. **partial** えこひいきのある. **prejudiced, biased** 偏見にとらわれた. **inequitable** 公平の精神に反する. やや堅苦しい語: *inequitable* taxation 不平等な課税.

un·jús·ti·fi·a·ble [ʌndʒʌ́stịfàiəbl] *a.* **1** 条理のたたない; 道理に合わない. **2** 言いわけのたたない, 弁解しようもない. ◇ **-bly** *ad.*

un·jús·ti·fied [ʌndʒʌ́stịfaid] *a.* 正当な根拠のない, 条理がたたない, 不当な. ***be ~ in*** (do)***ing*** …するのは誤っている.

un·kémpt [ʌnkém(p)t/ʌ́n-] *a.* **1** 《髪が》くしを入れてない, ぼうぼうの. **2** 《服装など》だらしのない, 乱れた. **3** 粗野な, あかぬけしない.

◇ **~·ly** *ad.* **~·ness** *n.*

‡un·kínd [ʌnkáind] *a.* **不親切な**, 思いやりのない, 冷たい, 意地の悪い; 《天候などが》ひどい: It's ~ of you to say that. それを言うなんてあんまりだ. an ~ problem 意地の悪い問題. ◇ **~·ness** *n.*

un·kínd·ly [ʌnkáindli] *a.* **1** 不親切な, つれない, 意地の悪い. **2** 《気候などが》きびしい, 悪い; 《土質などが》不適当な. **——** *ad.* **1** 不親切に, 不人情に: look ~ *at* [*on*] a person 人をこわい顔つきで見る. **2** 悪意に, つむじを曲げて: take a thing ~ 悪くとる. ◇ **-li·ness** *n.*

un·knít [ʌnnít/ʌ́n-] *v.* (**~** *or* **~·ted**; **~·ting**) *vt.* **1** 〈編み物・結び目などを〉ほどく; ほぐす. **2** 〈しわの寄った物を〉熨(の)す. **3** ゆるめる. **——** *vi.* ほぐれる, ほどける. **~** one'***s brow*** 寄せたまゆを開く.

un·knót [-nát/-nɔ́t] *vt.* (**-tt-**) の結び目を解く.
un·knów·a·ble [ʌnnóuəbl/ʌ́n-] *a.* **1** 知ることのできない. **2**〖哲〗不可知の.
the U～〖哲〗不可知物, 絶対.
un·knów·ing [ʌnnóuiŋ/ʌ́n-] *a.* 知らない, 気づかない《*of*》. ◇ **～·ly** *ad.* 知らずに.
‡**un·knówn** [ʌnnóun/ʌ́n-] *a.* **1** 知られてない, 未知の: an ～ place. **2** 知りえない, 計り知れない, 数え切れない: ～ wealth ばく大な富. **3**〖数〗未知の: an ～ quantity 未知数. ***be ～ to*** に知られていない. ***～ to fame*** 無名の.
—— *n.* (the ～) 世に知られない人, 未知のもの;〖数〗未知数: *The* ～ is always mysterious and attractive. 未知のものは常に神秘的で興味がある. venture into the ～ 未知の世界に分け入る.
U～ Soldier [㊎ **Warrior**], **the** 無名戦士.
un·láce [ʌnléis/ʌ́n-] *vt.* 〈くつ・コルセットなどの〉ひもを解く〔ゆるめる〕.
un·láde [ʌnléid/ʌ́n-] *vt.* **1** の荷をおろす. **2** 揚陸する, 〈荷を〉おろす.
un·lá·dy·like [ʌnléidilàik/ʌ́n-] *a.* 淑女らしくない, 淑女にあるまじき, 下品な.
un·láid [ʌnléid/ʌ́n-] *v.* unlay の過去・過去分詞.
—— *a.* **1** 置かれてない; 埋葬してない. **2**《なわなど》よりもどしてない. 「い; 悲しむ者がない.
ùn·la·mént·ed [ʌ̀nləméntid/ʌ́n-] *a.* 悲しまれな
un·lásh [ʌnlǽʃ/ʌ́n-] *vt.* 〈結び目を〉解く; の束縛を解く. 「ずす.
un·látch [ʌnlǽtʃ/ʌ́n-] *vt.* の掛けがね〔締め金〕をは
un·láw·ful [ʌnlɔ́:f(u)l/ʌ́n-] *a.* **1** 不法の, 非合法的な. **2** 私生(児)の. ◇ **～·ly** *ad.* **～·ness** *n.*
un·láy [ʌnléi/ʌ́n-] *vt.* (**-láid** [-léid])〖海〗〈索などの〉よりをもどす〔解く〕.
un·léarn [ʌnlɔ́:rn/ʌ́n-] *vt.* (**～ed** [-d, -t] *or* **～t** [-t]) **1** 〈学んだことを〉忘れる. **2** 〈癖・誤りなどを〉捨て去る.
un·léarn·ed[1] [-id] *a.* 無学な, 無教育な: the ～ 無学な人々. ◇ **～·ly** *ad.* 「知っている.
un·léarned[2] [-d, -t] *a.* **1** 習ってない. **2** 習わないで
un·léarned[3] [-d, t] *v.* unlearn の過去・過去分詞.
un·léarnt [-t] *v.* unlearn の過去・過去分詞.
un·léash [ʌnlí:ʃ/ʌ́n-] *vt.* **1** の皮ひもを解く. **2** 解放する, 自由にしてやる. **～ *one's temper*** 怒りを発する. 「母がはいってない.
un·léav·ened [ʌnlév(ə)nd/ʌ́n-] *a.* 《パンなど》酵
‡**un·léss** → 枠付 unless.
un·lét·tered [ʌnlétərd/ʌ́n-] *a.* **1** 無学な, 無教育の. **2** 文盲の. **3**《墓石など》文字の書いてない.
un·lí·censed [-láis(ə)nst] *a.* 無免許の, 無鑑札の.
un·lícked [ʌnlíkt/ʌ́n-] *a.* **1** なめて形が整えてない《クマは生まれた子をなめてその形を整えるといわれていることから》. → lick into shape. **2** ぶかっこうな; 無作法な. **～ cub** ぶかっこうなクマの子; 無作法な若者.
***un·líght·ed** [-láitid] *a.* 明かりをつけてない, 暗い.
‡**un·líke** [ʌnláik/ʌ́n-] *a.* 《しばしば目的語を伴う. 前置詞と解されることがある》. **1** 似てない, 異なった: No two people could be more ～ in character. 性質がこのふたりほど似てない人たちもないだろう. The picture is quite ～ him. その写真は彼に少しも似ていない. **2** …らしくない, …に似合わない: It was ～ him to be late. 遅れるなんて彼らしくもなかった. **3**〖古〗ありそうもない.
—— *prep.* **1** …に似ないで, …と違って, …らしくなく: *U*～ his brother, he was no sissy. 弟〔兄〕と違って彼は弱虫ではなかった.
—— *n.*〖米〗似ていない人〔物〕. ◇ **～·ness** *n.*
‡**un·líke·ly** [ʌnláikli] *a.* **1** ありそうもない, ほんとうらしくない, おぼつかない: He is ～ to come. 彼は来そうもない. It's most ～ that he should have written such a letter. 彼がこんな手紙を書いたなんてまさか. **2** 見込みがない, 成功しそうもない: an ～ enterprise うまくいきそうもない〔望み薄い〕企て. **3** 気に入らない, 好ましくない. ***in the ～ event of*** 万一…のばあいには. ◇ **-li·hood** [-hùd], **-li·ness** *n.* ありそうもないこと, 考えられないこと.
un·lím·ber [ʌnlímbər] *vt.* 〈大砲の〉前車をはずす. —— *vi.* 発砲準備をする.
***un·lím·it·ed** [ʌnlímitid] *a.* **1** 限りない, 果てしない, 広大な. **2** 無制限の; 無条件の. **3** 無限の, 特例のない: ～ liability 無限責任. **～ war** 無制限戦争《戦闘手段に制限を設けない戦争》. → limited war. ◇ **～·ly** *ad.* 無限に. **～·ness** *n.*
***un·lóad** [ʌnlóud/ʌ́n-] *vt.* **1** 〈船・車などから〉荷をおろす. **2** 〈積み荷・重荷を〉おろす. **3** 〈心配などを〉打ち明ける. **4** 〈銃から〉弾丸を抜き取る. **5**〖商〗〈持ち株を〉売り払う, 処分する.
—— *vi.* 荷おろし〔陸揚げ〕をする.
‡**un·lóck** [ʌnlák/ʌnlɔ́k] *vt.* **1** 〈戸などの〉錠をあける: ～ a door. **2** 〈堅く締まっている物を〉開く. **3** 〈心・秘密を〉打ち明ける, もらす. —— *vi.* 錠があく.
un·lóoked-for [ʌnlúktfɔ̀:r] *a.* 予期しない, 思いがけない, 意外な: an ～ event〔visitor〕思いがけないできごと〔訪問客〕.
un·lóose [ʌnlú:s/ʌ́n-], **un·lóos·en** [ʌnlú:sn] *vt.* **1** 解く, ゆるめる. **2** 放つ, 解放する.
un·lóv·a·ble [ʌnlʌ́vəbl/ʌ́n-] *a.* かわいらしくない, あいきょうがない, ぶあいそうな.
◇ **～·ness** *n.* **-bly** *ad.*
un·lóve·ly [ʌnlʌ́vli/ʌ́n-] *a.* **1** 愛らしくない, ぶきりょうな. **2** 不快な, いやな. ◇ **-li·ness** *n.*

unless

主として条件の副詞節を導く従属接続詞として用い,「…でなければ」(if＿not…),「…しないかぎり」(except on the condition that) などの意に用いる. 構文は if とほぼ同様で, その率いる副詞節には直説法も仮定法も用いられるが, 特に前者の使用度が高い.

un·léss [ənlés] *conj.* …しなければ, …しないかぎり, …するばあいのほかは: *U*～ you know him personally, you should first write to him. 彼を個人的に知っているのでなければ, 彼にまず先に手紙を出す方がいい. We shall leave tomorrow ～ it rains. 雨が降らないかぎり, あす出発する. *U*～ (I am) compelled to stay in by bad weather, I go for a walk every day. 悪天候のため屋内にとどまらざるをえないばあいを除いて, 私は毎日散歩に出る. He would have been frozen to death ～ we had found him. 私たちが見つけていなかったら, 彼は凍死したことだろう. 〈注₁〉 unless に率いられる副詞節の動詞が be で, その主語が主節の主語と一致するとき, 副詞節の主語と be は省略できる. 〈注₂〉 仮定法のうち, 仮定法現在の用法 *unless* he *consent* (彼が承知しなければ)は古風で, 現在は直説法 *unless* he *consents* が普通である. 〈注₃〉 if, when などのばあいとおなじく, 副詞節の中では, 未来(完了)時制の代わりに現在(完了)時制を用いる: *Unless* he *has done* the work to my satisfaction, I shall not pay for it. 私の満足するように仕事を仕上げなければ, 彼にその支払いはしない. **～ *and until*** ＝until.
—— *prep.* …を除いて(は), …のほかは: *U*～ disaster, nothing will result. (災難以外はなにも起こらないだろう→) 災難に会うぐらいが関の山だ.

‡un·lúck·y [ʌnlʌ́ki] *a.* **1** 不運な, ふしあわせな, 運に恵まれない. **2** 不吉(ふきつ)な, 縁起の悪い: an ～ day. **3** うまくいかない, 不首尾の: be ～ in love 失恋する. **4** あいにくの: in an ～ hour おりあしく.
◇ **-i·ly** *ad.* 不運〔不幸〕にも, おりあしく.

un·máde [ʌnméid/ʌ́n-] *v.* unmake の過去・過去分詞.

un·máke [ʌnméik / ʌ́n-] *vt.* (**-máde** [-méid]) **1** 元にもどす; こわす, 破壊する. **2** の身を滅ぼす. **3** 地位から追う; 格下げする, 左遷する. **4** 廃止する. **5** 手直しする, つくりなおす.

un·mál·le·a·ble [ʌnmǽliəbl/ʌ́n-] *a.* **1** 打ちのばしにくい, 展性のない. **2** 順応性のない, がんこな.

un·mán [ʌnmǽn / ʌ́n-] *vt.* (**-nn-**) **1** の男らしさを失わせる, いくじなくする. **2** の気を落とさせる, の勇気をくじく. **3** 〈船舶から〉 人員を引き上げる.

un·mán·age·a·ble [ʌnmǽnidʒəbl] *a.* 取り扱いにくい, しまつに困る, 手に負えない, 収拾不能な.

un·mán·ly [ʌnmǽnli / ʌ́n-] *a.* 男らしくない, ひきょうな. ◇ **-li·ness** *n.*

un·mánned [ʌnmǽnd/ʌ́n-] *a.* 無人の; 《タカが》訓練していない.

un·mán·nered [ʌnmǽnərd] *a.* **1** 無作法な; 育ちが悪い. **2** 気どらない, さりげない.

un·mán·ner·ly [ʌnmǽnərli] *a.*, *ad.* 無作法な〔に〕, ぶしつけな〔に〕, 粗野な〔に〕.

un·márked [ʌnmá:rkt/ʌ́n-] *a.* **1** 《顔などに》傷のない. **2** 《原稿が》赤字のはいらない; 《答案が》未採点の. **3** 墓石のない. **4** 〖言〗 無標〔無記〕の.

un·már·ried [ʌnmǽrid/ʌ́n-] *a.* 未婚の, 独身の.

un·másk [ʌnmǽsk/ʌnmá:sk] *vt.* の仮面をはぐ, の正体を暴露する. —— *vi.* **1** 仮面をはずす. **2** 正体をあらわす.

un·mátch·a·ble [ʌnmǽtʃəbl/ʌ́n-] *a.* 敵しがたい, 対抗できない.

un·mátched [ʌnmǽtʃt/ʌ́n-] *a.* 相手のない, 無比〔無敵〕の (matchless).

un·méan·ing [ʌnmí:niŋ] *a.* **1** 無意味な, 無意義な; くだらない. **2** 無表情な, ぼんやりした; なにを考えているのかわからない. ◇ **～·ly** *ad.* **～·ness** *n.*

un·méant [ʌnmént/ʌ́n-] *a.* 本気〔故意〕でない.

un·méas·ured [ʌnméʒərd] *a.* **1** 測れない. **2** 無限の, 限りのない. **3** 過度の, 法外の. **4** 《詩が》韻律のない. ◇ **～·ly** *ad.*

un·méet [ʌnmí:t/ʌ́n-] *a.* 不適当な; 不似合いな.
◇ **～·ly** *ad.* **～·ness** *n.*

un·mén·tion·a·ble [ʌnménʃ(ə)nəbl] *a.* 口に出せない; 口にすべきでない. —— *n.* **1** 口にすべきでない事〔物〕. **2** (*pl.*) 〖笑〗 下着類, ズボン.

un·mér·ci·ful [ʌnmə́:rsif(u)l] *a.* **1** 無慈悲な, 無情な; 残酷な. **2** 過大な, 法外な: an ～ length of time 途方もなく長い時間.
◇ **～·ly** *ad.* **～·ness** *n.*

un·mér·it·ed [ʌnméritid/ʌ́n-] *a.* **1** 功なくして得た, 分に過ぎた. **2** 不当な, 法外な. ◇ **～·ly** *ad.*

un·mínd·ful [ʌnmáin(d)f(u)l] *a.* 不注意な, むとんじゃくな, 気がつかない 《*of*; *that*》.
◇ **～·ly** *ad.* **～·ness** *n.*

ùn·mis·ták·a·ble [ʌ̀nmistéikəbl/ʌ́n-] *a.* まちがえようのない, 紛れもない, 明白な.
◇ **～·ness** *n.* **-bly** *ad.*

un·mít·i·gat·ed [ʌnmítigèitid] *a.* **1** 和らげられない, 軽減されない: ～ cruelty 容赦ない残酷さ. **2** 紛れもない, 全くの: an ～ lie 真っ赤なうそ.
◇ **～·ly** *ad.*

un·míxed [ʌnmíkst/ʌ́n-] *a.* 混ぜ物のない, 純粋の.
◇ **～·ly** *ad.*

un·mód·i·fied [ʌnmádifàid / ʌ́nmɔ́d-] *a.* **1** 変更されない; 手かげんを加え(て)ない. **2** 〖文〗 修飾されない.

ùn·mo·lést·ed [ʌ̀nmoléstid/ʌ́n-] *a.* 悩まされない, 煩わされない; 妨害されない, 平穏な.

un·móor [ʌnmúər / ʌ́n-] *vt.* **1** 〖海〗 のいかりを上げる, のともづなを解く. **2** 単錨泊(びょうはく)にする《双錨泊のとき一方のいかりを上げて》.
—— *vi.* 抜錨する, 解纜(かいらん)する.

un·mór·al [ʌnmɔ́:rəl, -már- / ʌ́nmɔ́r-] *a.* 道徳と無関係な, 超道徳的な (amoral). ◇ **～·ly** *ad.*

un·móunt·ed [ʌnmáuntid/ʌ́n-] *a.* **1** 馬に乗っていない, 徒歩の. **2** 台紙にはってない.

un·móv·a·ble [ʌnmú:vəbl/ʌ́n-] *a.* 動かせない; 不動の.

un·móved [ʌnmú:vd/ʌ́n-] *a.* **1** 不動の, 確固とした. **2** 心を動かされない, 冷静な.

un·móv·ing [-mú:viŋ] *a.* **1** 動かない, 固定した, 静止の. **2** 感動させない.

un·mú·si·cal [ʌnmjú:zik(ə)l/ʌ́n-] *a.* **1** 音楽的でない, 調子はずれの. **2** 音楽を解しない, 音楽的素養〔趣味〕のない. **3** 音楽のへたな.
◇ **～·ly** *ad.* **～·ness** *n.*

un·múz·zle [ʌnmʌ́zl/ʌ́n-] *vt.* **1** 〈犬などの〉 口網をはずす. **2** に言論の自由を与える. **3** の束縛を解く.

un·námed [ʌnnéimd/ʌ́n-] *a.* **1** 名のない, 無名の. **2** 名が公表されない, 名を秘した. **3** 指名されない.

un·nát·u·ral** [ʌnnǽtʃ(u)rəl] *a.* **1** 不自然な, 自然の法則に反する. **2** 異常な, 奇怪な. **3** わざとらしい, 気どった, 無理な. **4** 自然な感情に反する, 不人情な, 人道に反する. ***die an ～ death 変死する, 不慮の死を遂げる. ◇ **～·ly** [-i] *ad.* **～·ness** *n.*

‡un·néc·es·sar·y [ʌnnésisèri / -s(ə)ri] *a.* 不必要な, よけいな, 無用の; 無益な.
—— *n.* (通例 *pl.*) 不必要な物. ◇ **-i·ly** *ad.*

un·néigh·bor·ly, ㊥ **ún·néigh·bour·ly** [ʌnnéibərli/ʌ́n-] *a.* 隣人らしくない, 近所づきあいをしない, 人づきあいの悪い. ◇ **-li·ness** *n.*

un·nérve [ʌnnə́:rv / ʌ́n-] *vt.* の気力〔勇気, 自信〕を失わせる, いくじなくする.

un·nót·ed [ʌnnóutid / ʌ́n-] *a.* 目をひかない; とるに足らない.

un·nó·ticed** [ʌnnóutist/ʌ́n-] *a.* 注目されない, 顧みられない, 目だたない. ***pass ～ 見のがされる, 見落とされる, 気づかれずに済んでしまう.

un·núm·bered [ʌnnʌ́mbərd / ʌ́n-] *a.* **1** 数えられない, 無数の. **2** 数えてない; 番号がついてない.

UNO, U.N.O. United Nations Organization 国際連合機構.

ùn·ob·jéc·tion·a·ble [ʌ̀nəbdʒékʃ(ə)nəbl / ʌ́n-] *a.* **1** 反対のできない, 異議のない, 文句の言えない, 申し分ない. **2** あたりさわりのない.

ùn·ob·sérv·ant [ʌ̀nəbzə́:rv(ə)nt / ʌ́n-] *a.* **1** 不注意な. **2** 《規則などを》守らない 《*of*》.

ùn·ob·sérved [ʌ̀nəbzə́:rvd / ʌ́n-] *a.* **1** 観察されない; 気づかれない, 注意されない. **2** 《規則などが》守られない.

ùn·ob·táin·a·ble [ʌ̀nəbtéinəbl/ʌ́n-] *a.* 得がたい, 手の届かない.

ùn·ob·trú·sive [ʌ̀nəbtrú:siv/ʌ́n-] *a.* でしゃばらない, 遠慮がちな, 控えめの, 慎みぶかい. ◇ **～·ly** *ad.*

***un·óc·cu·pied** [ʌnákjupàid / ʌ́nɔ́k-] *a.* **1** 《家・土地など》持ち主のない, 人の住んでいない. **2** 占拠されない. **3** 仕事をしていない, 用のない, 暇な.

ùn·of·fénd·ing [ʌ̀nəféndiŋ/ʌ́n-] *a.* **1** 気にさわらない. **2** 罪〔害〕のない.

ùn·of·fí·cial [ʌ̀nəfíʃ(ə)l / ʌ́n-] *a.* **1** 非公式な. **2** 私的の. ◇ **～·ly** *ad.*

un·ó·pened [ʌnóup(ə)nd/ʌ́n-] *a.* **1** 開かれ(て)ない; 《手紙が》開封してない; 《書物の》ページが切ってない. **2** 《一般に》公開〔開放〕されていない.

ùn·op·pósed [ʌ̀nəpóuzd / ʌ́n-] *a.* 反対のない, 抵抗する者のない, 無競争の.

ùn·op·préssed [ʌ̀nəprést/ʌ́n-] *a.* 抑圧〔虐待〕されない.

un·ór·ga·nized [ʌnɔ́:rgənàizd / ʌ́n-] *a.* **1** 組織されてない, 未組織の, 未編成の. **2** 〖米〗 労働組合員になっていない: ～ workers 未組織労働者. **3** 整理のできていない, ごたごたした. **4** 《国境が》不明確な.

ùn·o·ríg·i·nal [ʌ̀nərídʒən(ə)l / ʌ́n-] *a.* **1** 独創的でない, 模倣の. **2** 本来のものでない; 派生の.

un·ór·tho·dox [ʌnɔ́ːrθədɑ̀ks/ʌ́nɔ́ːθədɔks] *a.* 正統でない, 異端の. ◇ **~·ly** *ad.*

ùn·os·ten·tá·tious [ʌ̀nɑstəntéiʃəs/ʌ̀nɔ̀sten-] *a.* **1** 見えを張らない, もったいぶらない; 気どらない. **2** じみな, 質素な. ◇ **~·ly** *ad.*

un·páck [ʌnpǽk/ʌ́n-] *vt.* **1** の中身を取り出す. **2** 《包みなどから》取り出す. **3** から荷を降ろす. **4** 〈心中などを〉打ち明ける. **5** 〈暗号などの〉意味を解く. ── *vi.* 包み〔荷〕を解く. 「てない.

un·páged [ʌnpéidʒd/ʌ́n-] *a.* 《本が》ページ数がつけ

un·páid [ʌnpéid/ʌ́n-] *a.* **1** 《借金など》未払いの, 未納の. **2** 支払いを受けない. **3** 給与を受けない, 無給の; 名誉職の. **~-for** [-fɔ̀ːr] 支払われない, 無報酬の.

un·pál·at·a·ble [ʌnpǽlətəbl] *a.* **1** 口に合わない, まずい. **2** 不快な, いやな. ◇ **-bly** *ad.*

un·pár·al·leled [ʌnpǽrəlèld] *a.* **1** 並ぶものがない, 無比の. **2** 前代未聞(ぶん)の, 未曾有(ぞう)の: ~ in history 歴史に前例のない.

un·pár·don·a·ble [ʌnpɑ́ːrd(ə)nəbl] *a.* 許せない, 容赦できない. ◇ **-bly** *ad.*

ùn·pa·rén·tal [ʌ̀npəréntl] *a.* 親らしくない, 親として恥ずかしい. ◇ **~·ly** *ad.*

ùn·par·lia·mén·ta·ry [ʌ̀npɑːrləmént(ə)ri/ʌ́npɑ̀ː-] *a.* 議院法〔議会慣例〕に反する. ◇ **-ri·ly** *ad.*

ùn·pa·tri·ót·ic [ʌ̀npeitriɑ́tik/ʌ́npæ̀triɔ́tik] *a.* 愛国的でない, 非愛国的な. ◇ **-i·cal·ly** *ad.*

un·páved [ʌnpéivd/ʌ́n-] *a.* 敷石を敷いてない; 舗装してない.

un·pég [ʌnpég/ʌ́n-] *vt.* からくぎを抜く, あける; 《比喩的》解放する.

un·péo·ple [ʌnpíːpl/ʌ́n-] *vt.* の住民をなくする〔絶やす, 除く〕; 無人の地にする. 「人の.

un·péo·pled [ʌnpíːpld / ʌ́n-] *a.* 住民のいない, 無

ùn·per·céived [ʌ̀npərsíːvd/ʌ́n-] *a.* 気づかれない, 悟られない, 人目につかない.

ùn·per·túrbed [ʌ̀npərtə́ːrbd/ʌ́n-] *a.* 心をかき乱されない, 平静な, 落ち着いた.

un·pín [ʌnpín/ʌ́n-] *vt.* (**-nn-**) の留め針を抜く; ピンを抜いてゆるめる. 「者のない.

un·pít·ied [ʌnpítid/ʌ́n-] *a.* 同情されない, あわれむ

‡**un·pléas·ant** [ʌnpléznt] *a.* 不愉快な, 気持ちの悪い, いやな. ◇ **~·ly** *ad.* **~·ness** *n.* 不愉快, 不快さ; 誤解, 不和, 仲たがい. 「おもしろくない.

un·pléas·ing [ʌnplíːziŋ/ʌ́n-] *a.* 不愉快な, いやな,

un·plúmbed [ʌnplʌ́md/ʌ́n-] *a.* **1** 下げ鉛で測られない; 底知れない. **2** 水道〔ガス〕管設備のない.

un·pól·ished [ʌnpɑ́liʃt / ʌ́npɔ́l-] *a.* **1** みがいてない. **2** 洗練されてない, 粗野な.

un·póp·u·lar [ʌnpɑ́pjulər / ʌ́npɔ́p-] *a.* 人気〔人望〕がない; 不人気の, 不評判の, はやらない. ◇ **~·ly** *ad.* **ùn·pop·u·lár·i·ty** [ˌ---lǽriti] *n.*

un·prác·ti·cal [ʌnprǽktik(ə)l / ʌ́n-] *a.* 実際的でない, 非実用的な. ◇ **~·ly** *ad.*

un·prác·ticed, -tised [ʌnprǽktist] *a.* **1** 練習の積んでない, 未熟な《*in*》. **2** 実用に供されない, 実行〔実施〕されない.

un·préc·e·dent·ed [ʌnprésidèntid / -d(ə)n-] *a.* 先例のない, 空前の, 新奇な. ◇ **~·ly** *ad.*

un·préj·u·diced [ʌnprédʒudist] *a.* **1** 偏見のない, 公平な. **2** 《権利など》侵害されない. ◇ **~·ly** *ad.*

ùn·pre·méd·i·tat·ed [ʌ̀nprimédìtèitid/ʌ́n-] *a.* あらかじめ考えてない, 故意でない; 偶然の.

ùn·pre·páred [ʌ̀npripéərd / ʌ́n-] *a.* **1** 準備のない, 即席の. **2** 覚悟のできてない. ◇ **~·ly** *ad.* **~·ness** *n.*

ùn·pre·pos·séss·ing [ʌ̀npriːpəzésiŋ / ʌ́nprìː-] *a.* 人好きのしない, ぶあいそうな, 感じの悪い. ◇ **~·ly** *ad.*

ùn·pre·ténd·ing [ʌ̀npriténdiŋ/ʌ́n-] = unpretentious. ◇ **~·ly** *ad.*

ùn·pre·tén·tious [ʌ̀npriténʃəs/ʌ́n-] *a.* 見えを張らない, 控えめの, けんそんな. ◇ **~·ly** *ad.* **~·ness** *n.*

un·príced [ʌnpráist] *a.* **1** 値段がついてない. **2** (値踏みできないほど) 貴重な.

un·prín·ci·pled [ʌnprínsəpld] *a.* **1** 無主義の, 無節操の. **2** 不道徳な, 破廉恥な. ◇ **~·ness** *n.*

un·prínt·a·ble [ʌnpríntəbl/ʌ́n-] *a.* 《わいせつなどで》印刷するに適さない. 「ない.

un·prív·i·ledged [ʌnprívilidʒd/ʌ́n-] *a.* 特権の

ùn·pro·dúc·tive [ʌ̀nprədʌ́ktiv/ʌ́n-] *a.* **1** 非生産的な, 不毛の, 収穫のない. **2** 結果のむなしい, 無効な. **3** 収益のない. ◇ **~·ly** *ad.*

ùn·pro·fés·sion·al [ʌ̀nprəféʃən(ə)l / ʌ́n-] *a.* **1** 専門家でない, 本職でない, しろうとの. **2** 職業上の道徳・習慣に反する. ◇ **~·ly** *ad.*

un·próf·it·a·ble [ʌnprɑ́f(i)təbl/-prɔ́f-] *a.* **1** 利益がない, もうからない, 割りの悪い. **2** 無益〔無効〕の. **~ servants** 〘聖〙 役目以外のことはしようとしない人々《ルカ伝17: 10》. ◇ **-bly** *ad.*

un·próm·is·ing [ʌnprɑ́misiŋ / ʌ́nprɔ́m-] *a.* 見込み〔将来性〕がない, 有望でない. ◇ **~·ly** *ad.*

ùn·pro·nóunce·a·ble [ʌ̀nprənáunsəbl / ʌ́n-] *a.* **1** 発音できない; 発音しにくい. **2** 公言されない.

ùn·pro·téct·ed [ʌ̀nprətéktid / ʌ́n-] *a.* **1** 保護(者)のない, 無防備の. **2** 《産業など》関税の保護を受けない.

ùn·pro·víd·ed [ʌ̀nprəváidid/ʌ́n-] *a.* **1** 備え〔用意〕のない《*for*》. **2** 備え付けてない, 供給〔支給〕されていない《を *with*》. 「れない(で行なった).

ùn·pro·vóked [ʌ̀nprəvóukt/ʌ́n-] *a.* 挑発(ちょう)さ

un·púb·lished [ʌnpʌ́bliʃt / ʌ́n-] *a.* **1** 公にされてない. **2** 未刊の, 未出版の.

un·pún·ished [ʌnpʌ́niʃt/ʌ́n-] *a.* 罰せられない; 刑罰を免れた. *go* ~ 罰を免れる.

un·quál·i·fied [ʌnkwɑ́lifàid / ʌ́nkwɔ́l-] *a.* **1** 失格の, 無資格の, 不適任〔不適当〕な. **2** 制限のない, 無条件の. **3** 全くの, 完全な. ◇ **~·ly** *ad.* **~·ness** *n.*

un·quénch·a·ble [ʌnkwéntʃəbl] *a.* 消すことのできない; 《欲望などが》押えられない.

un·qués·tion·a·ble [ʌnkwéstʃ(ə)nəbl] *a.* 疑いのない, 確かな. ◇ **~·ness** *n.* ***-bly** *ad.*

un·qués·tioned [ʌnkwéstʃ(ə)nd] *a.* **1** 問題にされない. **2** 疑いのない, 明白な. **3** 調査〔審問〕されない.

un·qués·tion·ing [ʌnkwéstʃ(ə)niŋ] *a.* 疑わない, 信頼〔信用〕しきった; ちゅうちょしない.

un·quí·et [ʌnkwáiət/ʌ́n-] *a.* **1** 静かでない, 動揺した, 不穏な. **2** 不安な, 落ち着かない, そわそわした. ── *n.* 不安; 不穏. ◇ **~·ly** *ad.* **~·ness** *n.*

un·quót·a·ble [ʌnkwóutəbl/ʌ́n-] *a.* 引用できない.

un·quóte [-kwóut] *vi.* 引用を終わる; 引用終わり《電文などの口述で》: Tom said, quote, I know, ~. 《→Tom said, "I know."》.

un·ráv·el [ʌnrǽvl] *v.* (**-l-**, 《英》 **-ll-**) *vt.* **1** 〈もつれた糸などを〉解く, ほどく. **2** 〈疑問などを〉解明する, 解く. ── *vi.* 解ける, ほぐれる.

un·réad [ʌnréd/ʌ́n-] *a.* **1** 《書物が》読まれ(て)ない. **2** 無学の, 学問のない.

un·réad·a·ble [ʌnríːdəbl/ʌ́n-] *a.* **1** 読んでおもしろくない. **2** 読む価値がない. **3** 判読しにくい. ◇ **~·ness** *n.* **-bly** *ad.*

un·réad·y [ʌnrédi/ʌ́n-] *a.* **1** 準備のない《*for*》. **2** のろい, 敏活でない; そわそわした. ◇ **-i·ness** *n.*

un·ré·al [ʌnríː(ə)l/ʌ́nríəl] *a.* **1** 実在しない, 真実でない. **2** 架空の, 想像上の. ◇ **~·ly** *ad.* **ùn·re·ál·i·ty** [ʌ̀nriǽliti] *n.*

***un·réa·son·a·ble** [ʌnríːz(ə)nəbl] *a.* **1** 非合理な, 非理性的な; 理屈に合わない. **2** 道理をわきまえない. **3** 《値段など》法外な, 不当な. ◇ **~·ness** *n.* **-bly** *ad.*

un·réa·son·ing [ʌnríːz(ə)niŋ] *a.* **1** 理性をはたらかせない, 理性をわきまえない. **2** 不合理な, 理屈に合

わない: ～ hatred 理不尽な憎しみ. ◇ **～·ly** *ad.*

ùn·re·con·strúct·ed [ʌ̀nriːkənstrʌ́ktid/ʌ́nrìː-] *a.* **1** 頭の切り替えのできてない, 旧思想の. **2**〘米史〙《南北戦争後の》再復帰を受け入れない.

ùn·re·córd·ed [ʌ̀nrikɔ́ːrdid / ʌ́n-] *a.* 登録し(て)ない; 記録に載ってない.

un·réel [ʌnríːl/ʌ́n-] *vt.* 巻きほぐす《糸巻きなどから》, ほごす. —— *vi.* ほぐれる.

ùn·re·fíned [ʌ̀nrifáind/ʌ́n-] *a.* 洗練されていない, やぼな; 未加工の.

ùn·re·fléct·ing [ʌ̀nrifléktiŋ/ʌ́n-] *a.* **1** 光を反射しない. **2** 反省しない, 無分別な. ◇ **～·ly** *ad.*

ùn·re·fórmed [ʌ̀nrifɔ́ːrmd / ʌ́n-] *a.* **1** 改革〔改正〕されない. **2**《罪人などが》矯正(きょうせい)されない, 改心していない.

ùn·re·gárd·ed [ʌ̀nrigáːrdid / ʌ́n-] *a.* 注意されない, 顧みられない, 無視された. ◇ **～·ly** *ad.*

ùn·re·gén·er·ate [ʌ̀nridʒénərit/ʌ́n-] *a.*, *n.* 生まれ変わらない(人); 罪ぶかい(人); 神に見捨てられた. ◇ **～·ly** *ad.*

ùn·re·lént·ing [ʌ̀nriléntiŋ / ʌ́n-] *a.* **1** 容赦しない, きびしい; 無情な, 無慈悲な, 残酷な. **2**《努力など》たゆまない. ◇ **～·ly** *ad.*

ùn·re·lí·a·ble [ʌ̀nriláiəbl / ʌ́n-] *a.* 信頼できない; 頼みにならない, 当てにならない. ◇ **-bly** *ad.* **ùn·re·lì·a·bíl·i·ty** [-rilàiəbíliti] *n.*

ùn·re·lí·gious [ʌ̀nrilídʒəs/ʌ́n-] *a.* 宗教と無関係な, 非宗教的な. ◇ **～·ly** *ad.*

ùn·re·mít·ting [ʌ̀nrimítiŋ] *a.* 絶え間のない, 不断の; 根気強い. ◇ **～·ly** *ad.*

ùn·re·mú·ner·a·tive [ʌ̀nrimjúːnərèitiv / ʌ́nrimjúːnərətiv] *a.* 報酬のない〔乏しい〕; もうからない, 引き合わない. ◇ **～·ly** *ad.*

ùn·re·quít·ed [ʌ̀nrikwáitid / ʌ́n-] *a.* **1** 報酬のない. **2** 報いられない: ～ love 片思い.

ùn·re·sérved [ʌ̀nrizə́ːrvd/ʌ́n-] *a.* **1** 遠慮のない, 率直な. **2** 自制〔節度〕のない. **3** 制限のない; 十分な. **4** 保留〔予約〕してない. ◇ **-sérv·ed·ly** [-vidli] *ad.*

ùn·re·spón·sive [ʌ̀nrispánsiv/ʌ́nrispɔ́n-] *a.* 反応の乏しい〔おそい〕; 感じの鈍い; 思いやりのない. ◇ **～·ly** *ad.*

un·rést [ʌnrést / ʌ́n-] *n.* **1**《特に社会的な》不穏, 不安. **2** 心配, 落ち着かないこと. ◇ **～·ful** [-f(u)l], **～·ing** *a.*

ùn·re·stráined [ʌ̀nristréind / ʌ́n-] *a.* **1** 抑制のない, 無制限の. **2** 気ままな; 慎みのない; 遠慮のない. ◇ **-stráin·ed·ly** [-nidli] *ad.*

ùn·re·stráint [-ristréint] *n.* **1** 無制限, 放任. **2** 放縦(ほうじゅう), 自制の欠如.

un·ríd·dle [ʌnrídl / ʌ́n-] *vt.* 〈なぞ・神秘などを〉解く, 解明する.

un·ríg [ʌnríg/ʌ́n-] *vt.* **(-gg-)** **1**〘海〙〈船の〉索具を取りはずす, 装備を解く. **2**〘俗〙裸にする.

un·ríght·eous [ʌnráitʃəs] *a.* **1** 不正な, 邪悪な, 不義の. **2** 不当な, 不公平な. ◇ **～·ly** *ad.* **～·ness** *n.*

un·rípe [ʌnráip/ʌ́n-] *a.* **1** 未熟の, 生(なま)の. **2** 若年の; 経験のあさい. **3** 機の熟さない, 時期尚早(しょうそう)の. ◇ **～·ly** *ad.* **～·ness** *n.*

un·rí·valed, ㊊ **un·rí·valled** [ʌnráiv(ə)ld] *a.* 競争者のない, 無敵の; 無比の.

un·róbe [ʌnróub / ʌ́n-] *vt.* に衣服を脱がせる; に手伝って衣服を脱がせる. —— *vi.* 衣服を脱ぐ. 〈注〉特に法服・官服についていう.

***un·róll** [ʌnróul/ʌ́n-] *vt.* **1** 〈巻いた物を〉繰り広げる, 解く. **2** (繰り広げて) 示す, 展開する. —— *vi.* **1** 〈巻いた物が〉広がる, 解ける. **2** 〈風景などが〉広がる, 展開する.

un·róof [ʌnrúːf/ʌ́n-] *vt.* の屋根をはがす.

un·róot [ʌnrúːt/ʌ́n-] *vt.* 根こぎにする (uproot).

UNRRA [ʌ́nrə] United Nations Relief and Rehabilitation Administration 国連救済復興会議, アンラ.

un·rúf·fled [ʌnrʌ́fld/ʌ́n-] *a.* 騒ぎ立てない, 混乱していない; 静かな, 平穏な; 沈着な, 平静な. ◇ **～·ness** *n.*

un·rúled [ʌnrúːld/ʌ́n-] *a.* **1** 支配されない. **2** けいを引いてない.

un·rúl·y [ʌnrúːli] *a.* しまつに負えない, 制御しにくい; 気ままな, 無法な. ◇ **-i·ness** *n.*

un·sád·dle [ʌnsǽdl/ʌ́n-] *vt.*, *vi.* **1** (馬などの) くらをはずす. **2** くらから落とす, 落馬させる.

un·sáfe [ʌnséif/ʌ́n-] *a.* 安全でない, 不安な, 物騒な. ◇ **～·ly** *ad.* **～·ness** *n.*

un·sáid [-séd] *v.* unsay の過去・過去分詞. —— *a.* 言わない: leave it ～ それを言わずにおく.

un·sál(e)·a·ble [-séiləbl] *a.* **1** 売れない, 売れ行きが悪い. **2** 売り物でない.

un·sán·i·tar·y [ʌnsǽnitèri/ʌ́nsǽnit(ə)ri] *a.* 非衛生的な, 不潔な.

ùn·sat·is·fác·to·ry [ʌ̀nsætisfǽkt(ə)ri/ʌ́nsætis-] *a.* 不満足な, 不十分な. ◇ **-ri·ly** *ad.*

un·sát·is·fied [ʌnsǽtisfàid/ʌ́n-] *a.* 飽き足らない, 満足しない〔していない〕.

un·sát·u·rat·ed [-sǽtʃurèitid] *a.* 飽和されていない: an ～ compound〘化〙不飽和化合物.

un·sá·vor·y, ㊊ **un·sá·vour·y** [ʌnséiv(ə)ri/ʌ́n-] *a.* **1** まずい, 味〔におい〕の悪い. **2** 不快な, いやな; つまらない. **3**《道徳上》芳しくない: an ～ situation おもしろくない状況. ◇ **-i·ly** *ad.* **-i·ness** *n.*

un·sáy [ʌnséi/ʌ́n-] *vt.* **(-sáid** [-séd]) 〈前言を〉取り消す, 撤回する.

UNSC United Nations Security Council 国連安全保障理事会.

un·scáred [ʌnskéərd/ʌ́n-] *a.* 脅かされない, おどかされない.

un·scárred [-skáːrd] *a.* 傷を受けない, 無傷の.

un·scáthed [-skéiðd] *a.* 無傷の, けがをしてない.

un·schól·ar·ly [ʌnskáləːrli/ʌ́nskɔ́l-] *a.* **1** 学問的でない; 非学者的な. **2** 学問〔学識〕がない.

un·schóoled [ʌnskúːld/ʌ́n-] *a.* **1** 教育〔訓練〕を受けない, 無教育の. **2** 経験がない.

ùn·sci·en·tíf·ic [ʌ̀nsaiəntífik/ʌ́nsài-] *a.* 非科学的な, 非学術的な. ◇ **-i·cal·ly** *ad.*

un·scrám·ble [ʌnskrǽmbl/ʌ́n-] *vt.*〘話〙〈混乱した状態を〉元にもどす, 整とんする; 〈暗号を〉解読する.

un·scréw [ʌnskrúː/ʌ́n-] *vt.* のねじを抜く, のねじをゆるめてはずす. —— *vi.* ねじが抜ける.

un·scrú·pu·lous [ʌnskrúːpjuləs] *a.* **1** 思慮のない; 無遠慮な, 不謹慎な. **2** 破廉恥な, 無節操の; 無法な. ◇ **～·ly** *ad.* **～·ness** *n.*

un·séal [ʌnsíːl/ʌ́n-] *vt.* **1** の封を切る. **2** 開く: ～ a tomb 墓をあばく. ～ a person's lips 口を開かせる. **3** 〈ことばづかい・態度などを〉のびのびとさせる, 解放する.

un·séaled [-d] *a.* **1** 封をしてない; 封を開いた. **2** 印を押してない. **3** 確認されてない, 未確認の.

un·séarch·a·ble [ʌnsə́ːrtʃəbl] *a.* **1** 捜し出せない. **2** 計り知れない; 神秘的な. ◇ **～·ness** *n.* **-bly** *ad.*

un·séa·son·a·ble [ʌnsíːz(ə)nəbl] *a.* **1** 時候〔季節〕はずれの, 不順な. **2** 時機の悪い; 場所柄をわきまえない. ◇ **～·ness** *n.* **-bly** *ad.*

un·séa·soned [ʌnsíːznd/ʌ́n-] *a.* **1** 調味してない, 薬味を入れてない. **2**《木材が》乾燥してない: ～ wood 生木. **3** 未熟な, 慣れていない, 無経験の.

un·séat [ʌnsíːt/ʌ́n-] *vt.* **1** 落馬させる. **2** 〈議員から〉議席を奪う. **3** の位〔職〕を奪う, 退かせる.

un·séa·wor·thy [ʌnsíːwəːrði/ʌ́n-] *a.*《船など》航海に耐えない〔適しない〕.

ùn·se·cúred [ʌ̀nsikjúərd/ʌ́n-] *a.* 安全でない, 不確実な, 不安定な;《債務など》保証のない.

un·séem·ly [ʌnsíːmli] *a.* **1** 体裁の悪い, みっともない. **2** 不似合いの; 不適当な, 時機を得ない.

—— *ad.* **1** 見苦しく, 不体裁に. **2** 不適当に.
◇ **-li·ness** *n.*

‡**un·séen** [ʌnsíːn/ʌ́n-] *a.* **1** (人に) 見られない; (目に) 見えない. **2** 初めて見る〔接する〕: an ～ translation 応用翻訳問題《教室で教わってない問題を辞書なしで即席に訳す》. 「のない.

un·ség·re·gat·ed [ʌnségrigèitid] *a.* 人種差別

***un·sélf·ish** [ʌnsélfiʃ/ʌ́n-] *a.* 無私の, 無欲な, 献身的な. ◇ **～·ly** *ad.* **～·ness** *n.*

un·sér·vice·a·ble [-sə́ːrvisəbl] *a.* 役に立たない, 無益〔無用〕な. ◇ **～·ness** *n.* **-bly** *ad.*

un·sét·tle [ʌnsétl/ʌ́n-] *vt.* **1** 動揺させる, 乱す. **2** の心を乱す, の落ち着きを失わせる, 不安にする.
—— *vi.* 動揺する, 安定を失う.

un·sét·tled [-d] *a.* **1**《天候など》定まらない, 変わりやすい. **2**《信念・意見など》動揺する, ぐらつく. **3**《社会状態など》不安定な, 不穏な. **4**《問題・事件などが》未解決の. **5**《予定・計画などが》不定〔未定〕の. **6**《勘定が》未払いの, 未決済の. **7** 定住者のない. ◇ **～·ness** *n.*

un·séx [ʌnséks/ʌ́n-] *vt.* から性を奪う;《特に》に女らしさをなくさせる, 男性化する.

un·sháck·le [ʌnʃǽkl/ʌ́n-] *vt.* **1** のかせをはずす. **2** 釈放する, 自由の身にする. ◇ **～d** *a.*

un·shák·en [ʌnʃéik(ə)n/ʌ́n-] *a.* 揺るがない, 動揺しない, びくともしない, 確固とした.

un·sháped [-ʃéipt] *a.* 形の(なって)ない; ぶかっこうな.

un·shápe·ly [ʌnʃéipli/ʌ́n-] *a.* ぶかっこうな, かっこうの悪い, 醜い.

un·shéathe [-ʃíːð] *vt.* 〈剣などを〉さやから抜く: ～ the sword 刀を抜く; 戦いを始める.

un·shéll [-ʃél] *vt.* のからをはぐ.

un·shél·tered [ʌnʃéltərd/ʌ́n-] *a.* **1** おおわれていない, 露出している. **2** 保護されない. **3** 住む家のない.

un·shíp [ʌnʃíp/ʌ́n-] *v.* (**-pp-**) *vt.* 〈船荷・船客を〉おろす;〔海〕〈船具などを〉はずす. —— *vi.* **1** 〈船荷が〉荷おろしされる; 〈船客が〉下船する. **2** 取りはずされる.

un·shód [ʌnʃɑ́d/ʌ́nʃɔ́d] *a.* くつをはいていない, はだしの;《馬が》蹄鉄(ていてつ)を打ってない.

un·shrínk·a·ble [ʌnʃríŋkəbl/ʌ́n-] *a.* 縮まない.

un·shrínk·ing [ʌnʃríŋkiŋ] *a.* しりごみしない, びくともしない. ◇ **～·ly** *ad.*

un·síght [ʌnsáit/ʌ́n-] *a.* 検査〔検分〕しない: buy a thing ～, unseen 見も調べもせずに物を買う.

un·síght·ly [ʌnsáitli] *a.* 見苦しい, 不体裁な, 目ざわりな, 醜い. ◇ **-li·ness** *n.* 〔類〕→ **ugly**「醜い」

un·skílled [ʌnskíld/ʌ́n-] *a.* **1** 熟練してない, 未熟な, まずい《*in*》. **2** (専門的) 熟練〔訓練〕を要しない. ～ **labor** 熟練を要しない労働;《集合的》不熟練労働者.

un·skíll·ful, 《英》**ún·skíl·ful** [ʌnskílf(u)l/ʌ́n-] *a.* へたな, 不手ぎわな, 無器用〔無細工〕な.
◇ **～·ly** *ad.* **～·ness** *n.*

un·slíng [ʌnslíŋ/ʌ́n-] *vt.* (**-slúng** [-slʌ́ŋ]) 〈肩につった銃などを〉おろす, はずす;〔海〕つり索(づな)からはずす.

un·slúng [-slʌ́ŋ] *v.* unsling の過去・過去分詞.

un·snáp [-snǽp] *vt.* (**-pp-**) の留め金〔スナップ〕をは

un·snárl [-snɑ́ːrl] *vt.* のもつれをほどく. 」ずす.

un·só·cia·ble [ʌnsóuʃəbl] *a.* 交際ぎらいな, 人づきあいの悪い; 非社交的な; 打ち解けない, 内気な.
◇ **-bly** *ad.* **ùn·so·cia·bíl·i·ty** [ʌ̀nsouʃəbíləti/ʌ́nsòu-] *n.* 「sociable.

un·só·cial [ʌnsóuʃ(ə)l/ʌ́n-] *a.* 非社会的な; = un-

un·sóld [ʌnsóuld/ʌ́n-] *a.* 売れない, 売れ残りの.

un·sól·der [ʌnsɑ́dər/ʌ́nsɔ́ldə] *vt.* のはんだをはがす.

ùn·so·líc·it·ed [ʌ̀nsəlísitid/ʌ́n-] *n.* **1** 嘆願されない, 求められない; 求婚されない. **2** 頼まれもしない, 自発的な. **3** でしゃばりな, おせっかいな: ～ interference よけいな手出し.

ùn·so·phís·ti·cat·ed [ʌ̀nsəfístikèitid/ʌ́n-] *a.* **1** 世間ずれしてない, 純真な, 無邪気な. **2** 純粋な, 混ぜ物のない. ◇ **～·ly** *ad.* **～·ness** *n.*

un·sóught [ʌnsɔ́ːt/ʌ́n-] *a.* 求められない, 頼まれない.

un·sóund [ʌnsáund/ʌ́n-] *a.* **1**《心身が》健全〔健康〕でない. **2**《くだものなど》いたんだ, 腐った. **3** 根拠不十分な, 当てにならない. **4**《論理など》不合理な. **5**《会社・事業などが》堅固でない, 信用できない. **6**《眠りが》浅い. ◇ **～·ly** *ad.* **～·ness** *n.*

un·spár·ing [ʌnspé(ː)riŋ/-spéər-] *a.* **1** けちけちしない, 大まかな, 惜しまない《*in, of*》. **2** 容赦しない, きびしい《に *of*》. ◇ **～·ly** *ad.* **～·ness** *n.*

un·spéak [ʌnspíːk/ʌ́n-] *vt.* (**un·spóke** [-spóuk]; **un·spó·ken** [-spóuk(ə)n])〔古〕= unsay.

un·spéak·a·ble [ʌnspíːkəbl] *a.* **1** ことばで言いあらわせない, 言語に絶する: ～ joy 言いようもない喜び. an ～ loss 途方もない損失. **2**〔話〕ひどい, いやな: ～ manners ひどい態度.
◇ **～·ness** *n.* **-bly** *ad.* 言いようのないほど; ひどく.

un·spéc·i·fied [ʌnspésifàid/ʌ́n-] *a.* 特に指定してない, 不特定の; 明記してない. 「いる.

un·spént [ʌnspént/ʌ́n-] *a.* 使われていない; 残って

un·spó·ken [ʌnspóuk(ə)n/ʌ́n-] *a.* **1** 暗々裏の, 以心伝心の; 言外の. **2**《～ to の形で》ことばをかけられない, 相手にされない. **3** おし黙った, ことば数の少ない.

un·spórts·man·like [-spɔ́ːrtsmənlàik] *a.* スポーツマンらしくない, スポーツ精神に反した.

un·spót·ted [ʌnspɑ́tid/ʌ́nspɔ́tid] *a.* **1** 斑点(はんてん)がない; 汚れのない. **2** 純潔な, 潔白な. ◇ **～·ness** *n.*

***un·stá·ble** [ʌnstéibl/ʌ́n-] *a.* **1** 不安定な, ぐらぐらした. **2** 変わりやすい, 動きやすい. **3**〔物・化〕不安定な: ～ equilibrium 不安定な平衡.
◇ **～·ness** *n.* **-bly** *ad.*

un·stáined [-stéind] *a.* 汚れ〔汚点〕のない.

un·stéad·y** [ʌnstédi/ʌ́n-] *a.* **1** 不安定な, ぐらぐら〔ふらふら〕する, 堅固でない. **2** 変わりやすい;《相場などが》動揺する. **3** 素行のおさまらない, 身持ちの悪い. ～ ***of purpose 心が変わりやすい, 意志が弱い.
◇ **-i·ly** *ad.* **-i·ness** *n.* 「座(しょう)からはずす.

un·stép [ʌnstép/ʌ́n-] *vt.* (**-pp-**)〔海〕〈マストを〉檣

un·stíck [ʌnstík/ʌ́n-] *vt.* (**-stúck** [-stʌ́k]) 〈くっついている物を〉離す, はぎ取る.

un·stínt·ed [ʌnstíntid] *a.* **1** 物惜しみしない, けちけちしない, 大まかな: ～ *in* a person's praise 人をほめちぎって. **2** たっぷりした, 豊かな: an ～ supply 大量の出まわり.

un·stítch [ʌnstítʃ/ʌ́n-] *vt.* の縫い目を解く.

un·stóp [ʌnstɑ́p/ʌ́nstɔ́p] *vt.* (**-pp-**) **1** のせんを抜く. **2** のじゃま物を除く, の通りをよくする. **3** 〈オルガンの〉ストップを開く.

un·stráined [ʌnstréind/ʌ́n-] *a.* **1** 張り詰めていない, 緊張しない; 自然な. **2** 漉(こ)してない.

un·stráp [-strǽp] *vt.* (**-pp-**) の皮ひもを解く; 〈皮ひもでつった・しばった物を〉取りはずす.

un·stréssed [-strést] *a.* **1** 強調しない. **2**〔音声〕強勢〔アクセント〕のない.

un·stríng [ʌnstríŋ/ʌ́n-] *vt.* (**-strúng** [-strʌ́ŋ]) **1** 〈弦楽器・弓などの〉弦をはずす〔ゆるめる〕. **2** ひもからはずす〔抜き取る〕. **3** の緊張を解く〔ゆるめる〕. **4** 〈神経を〉弱める, 狂わす; 神経質にする.

un·strúng [-strʌ́ŋ] *v.* unstring の過去・過去分詞. —— *a.* **1** 弦〔つる〕のゆるんだ. **2** 気力のない.

un·stúck [-stʌ́k] *a.* くっついてない; ばらばらになって.

un·stúd·ied [ʌnstʌ́did/ʌ́n-] *a.* **1** 学ばないで得た, 自然に会得した. **2** 自然と備わった; 気どらない. **3** 学んでない, 無知の.

ùn·sub·dúed [ʌ̀nsəbd(j)úːd/ʌ́nsəbdjúːd] *a.* **1** 征服されない; 鎮圧されない. **2**《感情などが》押えられない.

ùn·sub·stán·tial [ʌ̀nsəbstǽnʃ(ə)l/ʌ́n-] *a.* **1** 実体のない; 空想的な, 非現実的な. **2** 実質の乏しい, 中身のない, 見かけばかりの: an ～ meal 腹がいっぱい

にならない食事. **3** もろい, 強固でない. ◇ **～·ly** *ad.*

ùn·sub·stàn·ti·ál·i·ty [-səbstænʃiǽləti] *n.*

***ùn·suc·céss·ful** [ʌ̀nsəksésf(u)l/ʌ́n-] *a.* 不成功の, 不首尾の, 失敗した.
◇ **～·ly** [-fuli] *ad.* **～·ness** *n.*

***un·súit·a·ble** [ʌnsúːtəbl/ʌ́nsjúːt-] *a.* 不適当な, 適合しない, 不似合いな, 不向きな.
◇ **～·ness** *n.* **-bly** *ad.* **ùn·suit·a·bíl·i·ty** [ʌ̀nsuːtəbíləti/ʌ́nsjùː-] *n.*

un·súit·ed [ʌnsúːtid/ʌ́nsjúːt-] *a.* **1** 適さない, 不適当な《*for, to*》. **2** 不似合いな, 不つりあいな.

un·súl·lied [-sʌ́lid] *a.* 汚れ〔汚点〕のない.

un·súng [ʌnsʌ́ŋ/ʌ́n-] *a.* **1** 歌われない, 詩歌にうたわれない. **2** たたえられない, 賛歌をささげられない.

ùn·sup·pórt·ed [ʌ̀nsəpɔ́ːrtid/ʌ́nsəpɔ́ːt-] *a.* ささえられない, 支持を得ない. ◇ **～·ly** *ad.*

ùn·sur·pássed [ʌ̀nsərpǽst/ʌ́nsəːpáːst] *a.* まさる〔打ち勝つ〕者がない, 卓絶した.

ùn·sus·cép·ti·ble [ʌ̀nsəséptəbl/ʌ́n-] *a.* 感じやすくない, 鈍感の. ◇ **～·ness** *n.* **-bly** *ad.*

ùn·sus·péct·ed [ʌ̀nsəspéktid/ʌ́n-] *a.* **1** 疑われていない, 怪しまれない: ～ *of* the crime その犯罪について嫌疑(けんぎ)をかけられていない. **2** (まさか) あると思われない: an ～ danger 思いもよらない危険.
◇ **～·ly** *ad.* **～·ness** *n.*

ùn·sus·péct·ing [ʌ̀nsəspéktiŋ/ʌ́n-] *a.* 疑いをかけない, 怪しまない. ◇ **～·ly** *ad.*

ùn·sus·pí·cious [ʌ̀nsəspíʃəs/ʌ́n-] *a.* 疑わしくない; 怪しまない. ◇ **～·ly** *ad.*

ùn·sus·táin·a·ble [ʌ̀nsəstéinəbl/ʌ́n-] *a.* 支持〔賛成〕できない, 根拠の薄弱な.

un·swéet·ened [ʌnswíːtnd/ʌ́n-] *a.* 甘味を加えない, 甘くしてない. 「一掃されない.

un·swépt [ʌnswépt/ʌ́n-] *a.* **1** そうじしてない. **2**

un·swérv·ing [ʌnswə́ːrviŋ] *a.* **1** それない, はずれない. **2** 不動の, 確固たる. ◇ **～·ly** *ad.*

ùn·sym·mét·ri·cal [ʌ̀nsimétrik(ə)l/ʌ́n-] *a.* 非対称的な, 不均整な. ◇ **～·ly** *ad.*

ùn·sym·pa·thét·ic [ʌ̀nsimpəθétik/ʌ́nsìm-] *a.* **1** 同情がない, 無情な. **2** 共感〔共鳴〕しない, 性(しょう)が合わない. ◇ **-i·cal·ly** *ad.*

ùn·sys·tem·át·ic [ʌ̀nsistimǽtik/ʌ́nsis-] *a.* 体系的でない, 非組織的な. ◇ **-i·cal·ly** *ad.*

un·táint·ed [ʌntéintid/ʌ́n-] *a.* よごれのない, 汚点がない.

un·támed [ʌntéimd/ʌ́n-] *a.* **1** 飼い慣らされてない, 野性の. **2** 《自然などが》人工によって支配されていない, 荒々しい. **3** 《感情などが》抑制されない.

un·tán·gle [ʌntǽŋgl] *vt.* のもつれを解く, ほどく; 〈紛糾などを〉解決する.

un·tánned [ʌntǽnd] *a.* **1** 《皮が》なめしてない. **2** 《人の皮膚が》日に焼けていない.

un·táught [ʌntɔ́ːt/ʌ́n-] *a.* **1** 教えられてない; 教育のない, 無学な, 無知な. **2** 教わらずに〔自然に〕会得した, 自得の.

un·téach [ʌntíːtʃ/ʌ́n-] *vt.* (**-taught**) **1** 〈前に教わったことを〉忘れさせる. **2** に教わったことの誤りを悟らせる.

un·téach·a·ble [ʌntíːtʃəbl/ʌ́n-] *a.* **1** 教えにくい. **2** 言うことを聞かない.

un·tém·pered [ʌntémpərd/ʌ́n-] *a.* **1** 《金属が》鍛えてない. **2** 緩和されてない, 和らげられてない, 手かげんしてない.

un·tén·a·ble [ʌnténəbl/ʌ́n-] *a.* **1** 《議論などが》擁護できない, 支持できない. **2** 《家などが》住めない.
◇ **-bly** *ad.*

un·tén·ant·a·ble [ʌnténəntəbl/ʌ́n-] *a.* **1** 賃貸するに適しない. **2** 居住に適しない.

un·tén·ant·ed [ʌnténəntid/ʌ́n-] *a.* 《土地・家屋が》賃貸されていない; あいている.

un·ténd·ed [ʌnténdid/ʌ́n-] *a.* **1** 世話を見てもらっていない, 保護〔看護〕を受けていない. **2** ほったらかしの, 放任された.

un·thánk·ful [ʌnθǽŋkf(u)l/ʌ́n-] *a.* **1** 感謝しない, ありがたがらない《*to, for*》. **2** 感謝されない, ありがたがられない: an ～ task ありがたくない仕事.
◇ **～·ly** *ad.* **～·ness** *n.* 「取り去る.

un·thátch [ʌnθǽtʃ/ʌ́n-] *vt.* 〈屋根から〉かやぶきを

un·thínk [ʌnθíŋk/ʌ́n-] *v.* (**-thóught** [-θɔ́ːt]) *vi.* 考えを引っ込める; 考えなおす. —— *vt.* 念頭から払う.

un·thínk·a·ble [ʌnθíŋkəbl] *a.* **1** 考えられない. **2** 〘話〙ありそうもない, とんでもない. —— *n.* (通例 *pl.*) 想像もつかないこと. ◇ **～·ness** *n.* **-bly** *ad.*

un·thínk·ing [ʌnθíŋkiŋ/ʌ́n-] *a.* 考え〔思慮〕のない, 軽率な, 無分別な. ◇ **～·ly** *ad.* **～·ness** *n.*

un·thóught·ful [ʌnθɔ́ːtf(u)l/ʌ́n-] *a.* 思慮〔注意〕ぶかくない, 考えがあさい. ◇ **～·ly** *ad.* **～·ness** *n.*

un·thóught-of [ʌnθɔ́ːtʌ̀v/-ɔv] *a.* 思いもよらない, 意外の.

un·thréad [ʌnθréd/ʌ́n-] *vt.* **1** の糸を抜き取る. **2** 〈迷路などを〉抜け出す, 脱する. **3** 〈紛糾・なぞなどを〉解く. 「不経済な.

un·thríft·y [ʌnθrífti/ʌ́n-] *a.* 浪費的な, ぜいたくな,

un·tí·dy [ʌntáidi] *a.* **1** 《身なり・部屋などが》だらしない, きちんとしてない, 取り散らかした, 乱雑な. **2** 《仕事などが》小ぎれいでない, 大まかな.
◇ **-di·ly** *ad.* **-di·ness** *n.*

***un·tie** [ʌntái/ʌ́n-] *v.* (**-tíed**; **-tý·ing**) *vt.* **1** 解く, ほどく: ～ a knot 〔package, tie〕 結び目〔小包, ネクタイ〕を解く. **2** の束縛を解く, 解放する, 自由にする. **3** 〈困難などを〉解決する. —— *vi.* 解ける.

†**un·tíl** [əntíl] *prep.* 《時の継続の意味で》…まで, …になるまで, …に至るまでずっと: I shall wait ～ five o'clock. 5 時まで待ちましょう. Good-by(e) ～ tomorrow! ではまたあした. He did not go ～ morning. 朝まで出発しなかった.
—— *conj.* **1** 《時の継続の意味で》…**の時まで**, …まで: I shall stay here ～ I have finished the work. この仕事を終えるまでここにいます. We did not start ～ the wind subsided. 風が治まるまで出発しなかった. *U*～ he returns, nothing can be done. 彼がもどるまではなにもできない. **2** 《程度の意味で》…**するまで**, …するほど: He clambered the stairs ～ he was breathless. 息の切れるまで階段を登った. ***unless and ～*** = 〘雅〙 until.
〈付記₁〉 **until と till の相違** until は文の冒頭または長い clause の前に用いられ, till は名詞または短い clause の前に用いられる傾向がある. → till[1].
〈付記₂〉 **until, till と by, before との相違** by は「…までに」の意で期限をあらわし, before は「…の前に, …しない内に」の意で till, until のような継続の意味はない: Can you finish your work *by* tomorrow? あすまでに仕事を終えられますか. Think well *before* you decide. 決定する前によく考えなさい.

un·tíme·ly [ʌntáimli] *a.* **1** 時ならぬ, 時候はずれの, 不時の; 尚早(しょうそう)の, 早過ぎた: an ～ death 早死に. **2** 時機を得ない〔失した〕.
—— *ad.* 時期はずれに; おりあしく. ◇ **-li·ness** *n.*

un·tínged [ʌntíndʒd/ʌ́n-] *a.* **1** 染めない, 色をつけない. **2** 《思想など》染まっていない, 影響されていない.

un·tír·ing [ʌntáiriŋ/-táiər-] *a.* 疲れない, 飽きない; たゆまない, 不屈の. ◇ **～·ly** *ad.*

un·tí·tled [ʌntáitld/ʌ́n-] *a.* **1** 肩書き〔称号〕がない; 表題がない. **2** 権利のない.

***ún·to** [ʌ́ntu (母音の前); ʌ́ntə (子音の前); ʌ́ntuː (文の終わり)] *prep.* 〘古〙 **1** …に, …の方へ: Verily I say ～ you. よくよくあなたがたに言っておく《ヨハネ伝 1:51》. **2** …まで: The soldier was faithful ～ death. その兵士は最後まで忠誠であった. 〈注〉to におなじ, ただし不定詞の to に代用されることはない.

un·tóld [ʌntóuld/ʌ́n-] *a.* **1** 話されない, 語られない.

2《秘密・事実などが》明かされない, もらされない. 3 数えられない(ほどの); ばく大な: a man of ～ wealth 計り知れないほどの財産の持ち主.

un·tóuch·a·ble [ʌntʌ́tʃəbl] *a.* 1 さわれない; 手が届かない. 2 触れてはならない, 禁制の. 3 言及〔批評〕してはならない. 4《人が》非難の余地のない, 完全無欠の, 別格の. —— *n.* 1 不可触賤民(せん)《インドの最下層階級の》; 社会ののけ者. 2《正直・勤勉などで》完ぺきな人. ◇ **-bly** *ad.*

***un·tóuched** [ʌntʌ́tʃt/ʌ́n-] *a.* 1 **手をつけてない**, そのままの. 2 傷つかない; 災害〔影響〕を受けていない. 3 **言及されていない**, 論じられない. 4 **心を動かされない**. ◇ **～·ness** *n.*

un·tó·ward [ʌntóːrd/-tóuəd] *a.* 1《境遇などが》恵まれていない, 不幸な. 2 不利な, 扱いにくい: an ～ wind 逆風. 3 不適な, ふさわしくない. 4 強情な, ひねくれた. ◇**～·ly** *ad.* **～·ness** *n.*

un·tráce·a·ble [ʌntréisəbl/ʌ́n-] *a.* 1 跡を尋ねることができない; 尋ね出せない, 捕えられない. 2 敷き写しできない.

un·tráined [ʌntréind/ʌ́n-] *a.* 訓練されていない, 訓練を受けない; 練習を積んでいない.

un·trám·meled, ㊥ **un·trám·melled** [ʌntrǽm(ə)ld] *a.* かせをかけられてない, 拘束〔妨害〕されてない, 自由な.

un·tráv·eled, ㊥ **un·tráv·elled** [ʌntrǽvəld] *a.* 1 旅行をした経験のない〔乏しい〕. 2 旅行者が訪れない.

un·tréad [ʌntréd/ʌ́n-] *vt.* (**-tród** [-trád/-trɔ́d], **-tród**(**·den**)) 〈通って来た道を〉(踏み) もどる.

un·tríed [ʌntráid/ʌ́n-] *a.* 1 試みられない, まだ実験〔試験〕してみない: leave nothing ～ あらゆることをやってみる. 2 未経験の. 3《法》未審理の.

un·tród(**·den**) [ʌntrád(n)/ʌ́ntrɔ́d(n)] *v.* untread の過去分詞. —— *a.* 人跡未踏の.

un·tróu·bled [ʌntrʌ́bld/ʌ́n-] *a.* 心を乱されない, 静かな, 落ち着いた.

***un·trúe** [ʌntrúː/ʌ́n-] *a.* 1 **真実でない**, 虚偽の. 2 **誠実でない**; 不実〔不貞〕な. 3《寸法など》正確でない;《型・寸法など》標準に合わない. ◇ **un·trú·ly** *ad.*

un·trúst·wòr·thy [ʌntrʌ́stwə̀ːrði/ʌ́n-] *a.* 信頼できない, 当てにならない.

un·trúth [ʌntrúːθ/ʌ́n-] *n.* 不真実, 偽り, うそ, 虚言.

un·trúth·ful [ʌntrúːθf(u)l/ʌ́n-] *a.* 1 真実でない, 偽りの. 2 不誠実な, うそつきの. ◇ **～·ly** *ad.* **～·ness** *n.*

un·túned [ʌnt(j)úːnd/ʌ́ntjúːnd] *a.* 調律してない, 調子が合っていない.

un·túrned [ʌntə́ːrnd/ʌ́n-] *a.* 回されない, ひっくり返されない, 裏返してない. ***leave no stone ～*** 百方手を尽くす.

un·tú·tored [ʌnt(j)úːtərd/ʌ́ntjúː-] *a.* 1 教師につかない; 教育を受けてない. 2 しつけのない, 粗野な.

un·twíne [ʌntwáin/ʌ́n-] = untwist.

un·twíst [ʌntwíst/ʌ́n-] *vt.* のよりをもどす; ほどく. —— *vi.* よりがもどる; ほどける.

***un·úsed** [ʌnjúːzd/ʌ́n-] *a.* 1 **使用されない**. 2 **使ったことのない**, 新品の. 3 [-júːst] **慣れてない**, **経験がない**《に *to*》.

‡**un·ú·su·al** [ʌnjúːʒu(ə)l, -ʒəl] *a.* 1 **異常な**, **普通でない**, いつもと変わった, 異例な: an ～ sound. 2 **変わった**, 並みはずれた, 珍しい: an ～ hobby. 〔類〕→ **extraordinary**「異常な」

‡**un·ú·su·al·ly** [-i] *ad.* 1 **いつになく**, いつもと違って; 異常に. 2 **はなはだ**, 著しく, 非常に. 3 一風変わって.

un·út·ter·a·ble [ʌnʌ́t(ə)rəbl] *a.* 1 ことばに言いあらわせない, 言語に絶した, お話にならない. 2 発音できない. ◇ **-bly** *ad.*

un·vál·ued [ʌnvǽljuːd, -ljud/ʌ́n-] *a.* 重んじられていない, 尊ばれてない; 価値を認められてない.

un·vár·ied [ʌnvɛ́(ː)rid/-vɛ́ərid] *a.* 変わらない, 変化のない; 単調な.

un·vár·nished [ʌnváːrniʃt/ʌ́n-] *a.* 1 ニスを塗らない. 2 飾りのない, ありのままの: ～ facts むき出しの事実.

un·vár·y·ing [ʌnvɛ́(ː)riiŋ/-vɛ́ər-] *a.* 一定不変の, 変化のない, 単調な. ◇ **～·ly** *ad.*

un·véil [ʌnvéil] *vt.* 1 のベールを取る, のおおいを取る: ～ a statue 銅像の除幕式を行なう. 2 〈秘密などを〉明かす. —— *vi.* 1 ベールを脱ぐ, おおいを取る. 2 正体をあらわす, 仮面を脱ぐ.

un·vís·it·ed [ʌnvízitid/ʌ́n-] *a.* 1 訪れる人もない, 訪問を受けない. 2《天災などに》襲われない.

un·vó·cal [-vóuk(ə)l] *a.* 1 はっきりものを言わない, 口べたな. 2 声の悪い, だみ声の. 3 音楽的でない.

un·vóiced [ʌnvɔ́ist/ʌ́n-] *a.* 1 声〔口〕に出さない, 言わない. 2《音声》無声(音)の, 無声化した.

un·wánt·ed [ʌnwántid/ʌ́nwɔ́nt-] *a.* 1 求められていない, 望ましくない; 求められたのではない: an ～ child まちがって生まれた子. 2 不必要な, よけいな; 役にも立たない. 3 暇な, 用のない.

un·wárned [ʌnwɔ́ːrnd/ʌ́n-] *a.* 警告〔予告〕されない; 不意打ちの.

un·wár·rant·a·ble [ʌnwɔ́ːrəntəbl, -wár-/ʌnwɔ́r-] *a.* 保証できない; 是認できない; 無法な, 不当な.

un·wár·rant·ed [ʌnwɔ́ːrəntid, -wár-/ʌ́nwɔ́r-] *a.* 1 保証されてない, 保証のない. 2 [ʌn-] 是認されない, 不当な.

un·wár·y [ʌnwɛ́(ː)ri/-wɛ́əri] *a.* 不注意な, ゆだんした; 軽率な, 向こう見ずの.

un·wáshed [ʌnwáʃt/ʌ́nwɔ́ʃt] *a.* 1 洗ってない, きたない. 2 無知な, 下層民の. ***the ～*** 下層民, 下層社会.

un·wá·ver·ing [ʌnwéiv(ə)riŋ] *a.* 動揺しない, ぐらつかない, しっかりした.

un·wéar·ied [ʌnwí(ː)rid/-wíər-] *a.* 1 疲れていない; 疲れを知らぬ. 2 飽きない; 根気のよい.

un·wéave [ʌnwíːv/ʌ́n-] *vt.* (**-wóve** [-wóuv]; **-wó·ven** [-wóuv(ə)n]) 〈糸・織物などを〉ほどく, ほぐす.

un·wéighed [ʌnwéid/ʌ́n-] *a.*《発言が》不注意な.

un·wél·come [ʌnwélkəm] *a.* 歓迎されない, もてない, 喜ばれない: an ～ guest 迷惑な客.

un·wéll [ʌnwél/ʌ́n-] *a.* 1 気分がすぐれない, かげんが悪い. 2《話》月経中の.

un·wépt [ʌnwépt/ʌ́n-] *a.*《雅》(人に) 泣き悲しまれない: an ～ death.

un·whóle·some [ʌnhóulsəm/ʌ́n-] *a.* 1 健康によくない, からだに害がある. 2《顔つきなど》病身らしい. 3《読み物など》不健全な, 有害な. ◇ **～·ly** *ad.* **～·ness** *n.*

un·wíeld·y [ʌnwíːldi] *a.* 1 扱いにくい; かさばった, 荷やっかいな. 2 ぎごちない; ぶかっこうな. ◇ **-i·ly** *ad.* **-i·ness** *n.*

un·wílled [ʌnwíld/ʌ́n-] *a.* 意志されない, ひとりでの, 思わず知らずの.

‡**un·wíll·ing** [ʌnwíliŋ/ʌ́n-] *a.* **気が進まない**, **いやいやながらの**, 不本意の: be ～ to go 行きたくない. ***willing or ～*** いやおうなしに. ◇ **～·ly** *ad.* **～·ness** *n.*

un·wínd [ʌnwáind/ʌ́n-] *v.* (**-wóund** [-wáund]) *vt.* 〈巻いたものを〉ほどく, 巻きもどす. —— *vi.* 巻きがもどる, ほどける.

un·wís·dom [ʌnwízd(ə)m/ʌ́n-] *n.* 1 無思慮, 無分別, 愚鈍. 2 軽挙, 愚行.

‡**un·wíse** [ʌnwáiz/ʌ́n-] *a.* **分別がない**, **知恵がない**, 愚かな, あさはかな. ◇ **～·ly** *ad.* **～·ness** *n.*

un·wíshed(**-for**) [ʌnwíʃt(fɔːr)] *a.* 1 願わない, 求められたのではない. 2 望ましくない (unwelcome).

un·wít·nessed [ʌnwítnist] *a.* 目撃されない; 証拠がない; 証人の署名がない.

un·wít·ting [ʌnwítiŋ] *a.* 意識しない, 知らず知らずの, 身に覚えのない. ◇ **～·ly** *ad.* **～·ness** *n.*

un·wóm·an·ly [ʌnwúmənli] *a.* 女らしくない, 女にふさわしくない.

un·wónt·ed [ʌnwántid/-wóuntid] *a.* **1** いつにもない，見慣れない，まれな. **2**〘古〙慣れない《に *to*》.
◇ **～·ly** *ad.* **～·ness** *n.*

un·wórk·a·ble [ʌnwə́:rkəbl/ʌ́n-] *a.* **1**〈計画など〉実行できない. **2**〈機械など〉動かない，運転できない. **3**《材料など》細工〔加工〕できない.

un·wórld·ly [ʌnwə́:rldli/ʌ́n-] *a.* **1** 世俗的でない，俗事に超然とした；名利を離れた. **2** 世間ずれしていない. **3** この世ならぬ，天国的な. **4** 精神界の.
◇ **-li·ness** *n.*

un·wórn [ʌnwó:rn/ʌ́nwɔ́:n] *a.* **1** すり切れていない，痛んでいない. **2** 着ふるしていない，あまり着たことのない，新しい. **3**〈精神・感覚などが〉清新な.

‡**un·wór·thy** [ʌnwə́:rði] *a.* **1**《道徳的に》価値がない，尊敬に価しない，とるに足らない，下劣な：an ～ person とるに足らぬ人. **2** 相応しない，ふさわしからぬ，不似合いの《に *of*》：～ *of* praise ほめるに足りない. Such a conduct is ～ *of* a gentleman. そのような行為は紳士にあるまじきことだ.
—— *n.* くだらぬ人間. ◇ **-thi·ly** *ad.* **-thi·ness** *n.*

***un·wráp** [ʌnrǽp/ʌ́n-] *v.* (**-pp-**) *vt.* の包装を解く，〈包んだものを〉あける. —— *vi.*〈包みが〉解ける.

un·wrín·kle [ʌnríŋkl/ʌ́n-] *vt.* のしわをとる；なめらかにする.

un·wrít·ten [ʌnrítn/ʌ́n-] *a.* **1** 書いてない，記録してない，成文になってない，口碑の：the ～ songs of the countryfolk 口碑の俗謡. **2**《紙などに》字が書いてない，白紙のままの. **～ law**〘法〙(1) 慣習法，不文法 (common law). (2) (the ～ law) 不文律.

un·wróught [ʌnrɔ́:t/ʌ́n-] *a.* 仕上げてない；加工〔細工〕してない.

un·yíeld·ing [ʌnjí:ldiŋ] *a.* **1** 曲がらない，堅い，こわい. **2**《決心・意見などの》屈しない，がんこな：～ determination 断固たる決心.
◇ **～·ly** *ad.* **～·ness** *n.*

un·yóke [ʌnjóuk/ʌ́n-] *vt.* **1** からくびきをはずす. **2** の拘束を解く，解放する. —— *vi.* 仕事を休む.

un·zíp [ʌnzíp/ʌ́n-] *vt.* のチャックをあける.
—— *vi.* チャックが開く.

†**up** → 枠付 up.

up

up (↔down) の中心的語義は go *up* (the hill), live half a mile *up* (the river) に見られるように「(…を) のぼって」「(…の) もっと上の方へ〔に，で〕」であって，下から上に向かう方向・移動の含みがあり，この点でおなじく「上」をあらわす above, on, over などと異なった特徴がある. この含みを保ちながら，空間的位置関係から出発して，広範囲の比喩的表現に用いられる.

特に重要な前置詞的副詞 (prepositional adverb) として get *up*, take *up* など，種々の動詞と結合して多数の熟語動詞をつくるが，その詳細は各動詞の項に譲る. → 枠付 Prepositional Adverb.

本項の副詞の記事中，The sun is *up*., What's *up*?, It's *up* to you. など，補語の位置にある up はしばしば形容詞として分類されるが，ここでは便宜上副詞とし，形容詞は an *up* train などのように付加語的なばあいに限った.

up [ʌp] *ad.* **1**《上への方向》上へ，上って：The cable car goes *up* to the top of the hill. ケーブルカーは丘の頂に上る〔頂まで行く〕. He jumped *up* from his chair. 彼はいすから飛び上がった. Stand *up*! 立て.

2《上方の位置》高い場所に〔で〕，上に，登って：You see a kite *up* in the sky, don't you? 空の上の方にたこが見えるでしょう. He and his family stay *up* in the mountain for the holidays. 彼とその家族は休日のあいだ山の中に滞在する《前置詞の用法と比較：live halfway *up* the mountain》. Put it *up* there on the rack. それをあの網だなの上に置け. He lives three floors *up*. 彼は3階上に住んでいる. The boy is *up* in the tree. 子どもは木に登っている. The sun is *up*. 日はのぼった.

3 起きて：Get *up*! 起きろ；立て. She was *up* all night with her sick child. 彼女は子どもを看病して一晩じゅう起きていた.

4 起こって，活動中で：What's *up*? なにが起こったのだ. The hunt is *up*. 狩りが始まっている.

5《おもに前置詞と結合し》…まで，…へ，に向かって；…で《up は到達を示すか，滞在場所・行き先を比喩的に高所に見立てる》：He came *up* (to me) and asked the time. 彼はこちらにやってきて時間を聞いた. She went straight *up* to the door. 彼女は戸口にまっすぐに行った. He went *up* to Tokyo. 彼は上京した. The case was brought *up* before the Supreme Court. 訴訟は最高裁判所に提訴された. He is *up* at Harvard. 彼はハーバード大学に在学中だ. *Up* in the north they live warmed by the fire. 北国では人々は炉火で暖をとって暮らしている《北は地図の上で上方のため》.

6《up to の形で》に至るまで《時点・数量・地位・程度など》：*up to* now〔then, this time〕いま〔そのとき，このとき〕まで. *up to* this point この点〔ここ〕まで(は). Count from one *up to* ten. 1 から 10 まで数えろ. We all love our country from a beggar *up to* a millionaire. こじきから百万長者に至るまでわれわれすべては国を愛する.

7 増大する〔成長する〕ように：put *up* the price of an article 品物の価格を引き上げる. bring *up* a child 子どもを育てる.

8 増大して，上昇して，高く：The temperature has gone *up*. 気温が上がった. The tide is *up*. 潮が差している. Beef is *up*. 牛肉の値が上がった. Your voice is *up* a tone. きみの声は一音程高い.

9 勢いよく，(もっと) 元気に，興奮して：Speak *up*! もっと大きな声で言え. Her spirits went *up*. 彼女は元気づいた. Blow the fire *up*. 火を吹いて勢いを強くしなさい. All the village was *up*. 村じゅうが沸き立っていた.

10《話題などに》上って：The question came *up* for discussion. その問題が議題に上った.

11 すっかり，完全に；終結して：We nailed *up* the doors before we left the house. 家を立ち去る前に戸口をくぎづけにした. The stream has dried *up*. 流れが干上がった. He paid *up* his debt. 彼は負債を払い終えた. Time's *up*. 時間切れだ. When is your leave *up*? きみの休暇はいつ終わるのか. It's all *up* (with him). (彼は) だめだ，万事休す.

12 収めて，たくわえられて，しまって；引っ込んで：Squirrels lay *up* their grain for the winter. リスは冬に備えて穀物をたくわえる. He lies *up* from illness. 彼は病気で引きこもっている.

13〘海〙風上へ；〘野球〙打数…；〘テニス・ハンドボール〙それぞれ；〘ゴルフ〙勝ち越しで：two hits three times *up* 3 打席 2 安打.

be not up to much《値うちが》たいしたことはない. ***be up against*** difficulties〔obstacles〕(困難〔障害〕) に直面している，ぶつかっている. ***be up against it*** (経済的に) 困窮している. ***be*** 〔***stay***〕 ***up all***

night →③. ***be up and about*** 床から離れて活動している; 《特に》病気がなおっている. ***be up and coming*** [***doing***] 〘米〙活動的である, 元気いっぱいで[活気づいて]いる. →up-and-coming. ***be*** (***well***) ***up in*** [***on***] に精通している, が得意である. ***It's all up*** (***with***) →⑪. ***up and down*** (1) 行きつもどりつ, あちこちに: He took a pace or two *up and down*. 一, 二歩行ったり来たりした. → *prep.* up and down. (2) 上下に: The float bobbed *up and down* on the water. 浮きは水面に浮き沈みしていた. ***up there*** あの高いところで[に]; 《単に》あそこで[に]. ***up till*** =till, until. ***up to*** (1) →⑧. (2) に従事して: What's he *up to*? 彼はなにをしているのだ. He's *up to* no good. 彼はろくなことをしていない[よからぬことをたくらんでいる]. (3) に劣る, に負ける; をやる能力がある, をする気がある《しばしば否定的表現で》: He is *not up to* his father as a scholar. 学者として彼は父に及ばない. This new book of Green's is*n't up to* his last. グリーンの新著は前作に見劣りがする. He is *not up to* his job. 彼は彼の仕事に不適任だ. I do*n't* feel *up to* going to work today. きょうは仕事に行く気がしない. (4) 《人》の義務で, に任されて: It's *up to* you. それはきみのすることだ[きみしだいだ, きみのかってだ]. It's *up to* me to fight against the injustice. その不正に戦いをいどむのが私の義務だ. ***up with*** に追いついて. ***Up with it!*** 立てろ. ***Up with you!*** 立て; 奮起せよ.

—— *prep.* **1** 《低い位置・場所・地点・地位などから》…を上って, …を登ったところに[で]; …の高い方へ[に, で]: go *up* a ladder はしごを登って行く. climb *up* a tree 木に登る. walk *up* a hill 山に登る. live halfway *up* the mountain 山の中腹に住んでいる. go steadily *up* the social scale 着実に社会的地位を高める.

2 《川》…の上流へ, …をさかのぼって: row *up* the stream ボートをこいで川をさかのぼる. walk *up* the river bank 川堤を上流の方へ歩く.

3 《話し手から遠ざかって, ある方向に向かって》…に沿って: walk *up* the street [road, lane] 道に沿って行く.

4 《海から遠ざかって》…の奥地へ, 内地へ: travel *up* (the) country 奥地[内地]にはいって行く. ***up and down*** を行きつもどりつ: walk *up and down* the station platform プラットホームを行きつもどりつする. → *ad.* up and down.

—— *a.* 上方に向かう, 上りの: on the *up* grade 上り坂に[の]. the *up* train 上り[北上する]列車. an *up* line 《鉄道の》上り線. the *up* side 上り線側《鉄道の駅の》.

—— *n.* 上昇, 上り坂; 上り坂の人; 上り[北上する]列車[電車, バス]. ***ups and downs*** 《種々な意味で》上り下り, 一進一退: the *ups and downs* of fate 運命の浮き沈み. a house full of *ups and downs* 階段などの多い家.

—— *vi.* 〘俗〙(すばやく)起き[立ち]上がる; 《通常「up and＋動詞」の形で》急に[突然]…し始める: He *upped and struck* me. 彼はだしぬけに私を打った.

—— *vt.* 持ち上げる, かつぐ; <賃銀・値段・生産などを> 上げる.

[類] → **on**「の上に」

up- *pref.* **1** 動詞(過去分詞を含む)または動名詞に, または動詞から派生した名詞などにつけて, 動詞・名詞などをつくる: *up*set ひっくり返す. *up*bringing 育てあげること, しつけ. *up*growth 成長《<grow up》. **2** 名詞の前につけて副詞・形容詞・名詞をつくる: *up*stream 上流へ[に]. *up*hill 上り坂(の). **3** 形容詞的に名詞につく: *up*side 上側.

u.p. under proof 《酒が》標準強度以下.

úp-and-cóm·ing [ʌ́pən(d)kʌ́miŋ] *a.* 〘米話〙有望な, 進取的な, 精力的な, 活動的な.

úp-and-dówn [ʌ́pəndáun] *a.* **1** 上下する; 起伏[高低]のある. **2** 《比喩的》盛衰[浮沈]のある. **3** 垂直の; 険しい. **4** 〘米話〙全くの: an ～ lie 真っ赤なうそ.

úp-and-úp [ʌ́pən(d)ʌ́p] *n.* 〘米話〙《次の成句で》 ***on the*** ～ (1) 公正で, 正直で. (2) 順調で, 進歩して, 成功して.

U·pán·i·shad [u:pǽniʃæ̀d/upʌ́niʃəd] *n.* ウパニシャッド《古代インド哲学書》. [<Sans.]

ú·pas [jú:pəs] *n.* **1** ユーパス樹《ジャワ産の毒液を出す高木》; その樹液. **2** 《比喩的》害毒, 悪影響.

up·béar [ʌpbέər] *vt.* (**-bóre** [-bó:r/-bɔ́:]; **-bórne** [-bó:rn/-bɔ́:n]) 高くもたげる, ささえ上げる; ささえる.

úp·beat [ʌ́pbì:t] *n.* 〘楽〙上拍. → downbeat.
—— *a.* おめでたい; (将来が)明るい, 楽観的な.

up·bláze [ʌpbléiz] *vi.* 燃え上がる. 「えられた.

up·bórne [ʌpbó:rn/-bɔ́:n] *a.* 持ち上げられた; ささ

up·bráid [ʌpbréid] *vt.* とがめる, しかる: ～ a person *with* a fault [*for* doing something] 落ち度[ある行動]について人をとがめる. —— *vi.* 小言をいう.

up·bráid·ing [ʌpbréidiŋ] *a.* とがめる[非難する](ような). —— *n.* 叱責(しっせき), 非難. ◇ ～**·ly** *ad.*

úp·brìng·ing [ʌ́pbrìŋiŋ] *n.* **1** 養育. **2** しつけ, 教育, 薫陶. 「設する.

up·búild [ʌpbíld] *vt.* (**-búilt** [-bílt]) 樹立する, 創

úp·cast [ʌ́pkæ̀st/-kɑ:st] *a.* 投げ上げた; 《目つきなど》上へ向けた. —— *n.* **1** 投げ上げ(られた物). **2** 〘鉱山〙排気立坑(たてこう). 「現しようとしている.

úp·còm·ing [ʌ́pkʌ̀miŋ] *a.* 近づく, やって来る; 出

úp·cóun·try [ʌ́pkʌ́ntri] *n., a.* **1** 内地(の), 奥地(の). **2** 《けいべつ的》いなか風の, うぶな.
—— [英−ˊ−] *ad.* 内地[奥地]に.

úp·cròp·ping [ʌ́pkrɑ̀piŋ/-krɔ̀p-] *n.* (突然の)出現; 《実などの》生長.

up·dáte [ʌpdéit] *vt.* 〘米〙新しくする, 最新のものにする. —— *n.* 〘電算機〙最新情報[資料].

up·énd [ʌpénd] *vt., vi.* **1** さかさまにする[なる]; <たるなどを> 立てる; <たるなどが> 立つ. **2** 〘米話〙<意見・評判などに> 強烈な影響を与える. **3** 〘米話〙完敗する[させる].

up·gáth·er [ʌpgǽðər] *vt.* <情報などを> 集める.

úp·grade [ʌ́pgrèid] *n.* 上り勾配(こうばい). ***on the*** ～ 上り坂にある, 向上している, 改善している.
—— [ˊˊ] *a., ad.* 上り勾配の[に].
—— [ˊˊ, −ˊ] *vt.* **1** 格上げする; 昇給させる. **2** の等級を上げる; の品質を向上する. **3** <下等品を> 高級品扱いにする. ⇔ downgrade.

úp·growth [ʌ́pgròuθ] *n.* **1** 成長, 発育, 発達. **2** 成長するもの.

up·héav·al [ʌphí:v(ə)l] *n.* **1** 持ち上がり, 押し上げ. **2** 〘地〙隆起. **3** 《社会状態などの》大変動, 激変: social ～*s* 社会の大変革.

up·héave [ʌphí:v] *v.* (**-héaved** *or* **-hóve** [-hóuv]) *vt.* 持ち上げる, 押し上げる; 隆起させる.
—— *vi.* 持ち上がる; 隆起する.

up·héld [ʌphéld] *v.* uphold の過去・過去分詞.

***úp·híll** [ʌ́phíl] *a.* **1** 上り坂の, 上りの. **2** ほねのおれる: an ～ work ほねのおれる仕事. —— *ad.* 坂を上って. —— [ˊˋ, −ˊ/ˊˊ] *n.* 上り坂, 坂道.

‡**up·hóld** [ʌphóuld] *vt.* (**-héld** [-héld]) **1** ささえる, ささえ上げる, 持ち上げる, 上げる: ～ one's eyes 見上げる. **2** 支持する, に賛成する; 鼓舞する, 奨励する: I cannot ～ such conduct. こんな行為を是認できない. **3** <決定・判決などを> 確認する, 確定する: The higher court *upheld* the lower court's decision. 上級裁判所は下級裁判所の決定を確認した. **4** 〘おもに英〙よく手入れしておく.
◇ ～**·er** *n.* **1** 支持者, 擁護者. **2** 支持物, ささえ.

〔類〕 → **support**「支持する」

up·hól·ster [ʌphóulstər] *vt.* **1** に家具を取り付ける. **2** 〈室などを〉室内装飾品で飾り立てる. **3** 〈いすなどに〉詰め物〔おおい, クッション, スプリングなど〕を取り付ける. ◇ **～·er** [-tərər] *n.* いす張り職人; 室内装飾用品商.

***up·hól·ster·y** [ʌphóulst(ə)ri] *n.* **1** 《集合的》家具《いす・じゅうたん・カーテンなど》; 室内装飾用品《特に壁掛け・いすカバー・いす張り用布などの織物類およびそれでつくるクッション・ソファーなど》. **2** 室内装飾業, 家具製造販売業.

up·hóve [ʌphóuv] *v.* upheave の過去・過去分詞.

UPI, U.P.I. United Press International 合同国際通信社.

***úp·keep** [ʌ́pkìːp] *n.* **1** 《土地・家屋・自動車などの》維持. **2** 維持費, 修理費.

úp·land [ʌ́plənd, ㊍*-lænd] *n., a.* 高地 (にある). 「山地 (の).

up·líft [ʌplíft] *vt.* **1** 揚げる, 持ち上げる: with *～ed* hands〔eyes〕手〔目〕をもたげて. **2** 〈精神などを〉高揚する, 〈意気を〉盛んにする: His soul was *～ed* by the hymn. 彼の魂はその聖歌で高揚した. **3** 〈社会的な地位を〉高める.
—— [ˊ–] *n.* **1** 揚げること, 持ち上げること. **2** 〖地〗隆起. **3** 〖米〗向上《地位・道徳の》. **4** 《精神的な》高揚, 感情の高潮; 《道徳的・文化的な》向上運動: a moral ～ 精神的高揚. a movement for the ～ of society 社会改善運動. **5** 《顔などの》手入れ. **6** ブラジャー (*brassière*). ◇ **～·er** *n.*

úp·most [ʌ́pmòust] = uppermost.

†**up·ón** [強 əpάn, 弱 əpən/強 əpɔ́n, 弱 əpən] *prep.* = on. 〈注〉upon と on の用い方: (1) on の方が概して口語体. (2) 動詞に伴うばあい, upon は特に文尾に用いられることが多い: There was not a chair to sit *upon*. すわるいす一つなかった. (3) 成句では on または upon いずれかに限る: Depend *upon* it, he will come. きっと彼は来る. once *upon* a time 昔々. *upon* my word 誓って. ただし *upon*〔*on*〕the whole だいたいにおいて.

‡**úp·per** [ʌ́pər] 《up の比較級》*a.* **1 上方の**, 《二つのうち》上の方の; (比較的) 高い〔上方の〕: the ～ currents of air 上層気流. the ～ stories 上の方の階. the ～ lip 上くちびる. the ～ deck 上甲板. **2** 《音・声が》高い: the ～ keyboard 右手の高音部の鍵(けん). **3** 《地位などが》上位の, 上級の: the ～ classes 上流階級. the ～ servants 雇い人の頭株. **4** 上流の, 高地の, 奥地の, 内地の: the ～ Nile ナイル河の上流. **5** 北部の: ～ New York State ニューヨーク州の北部. **6** 上手(かみて)の: the ～ end of the table 食卓の上手の端《主人席》. **7** (U～)〖地〗後期の, 新しい: the *U～* Devonian 後期デボン紀. **8**〖古〗上に着る. ***get*〔*have*〕*the ～ hand of*** …より優勢である, に勝つ. ***in the ～ air*** 天高く, 上空に.
—— *n.* **1** (通例 *pl.*) くつの底皮の上の部分の総称; (*pl.*) 布ゲートル. **2** 《船室・寝台車の》上段の寝台. **3** (*pl.*)《ときに単数扱い》最高質の材木. **4** 上歯; 上の入れ歯. **5** 《腰より上の》着物. ***be on* one's *～s*** 〖話〗くつの底をすり減らしている, 貧乏である.
～ arm 上腕. **～-bráck·et** *a.* (番付の) 上位にある: *～-bracket* taxpayers 多額納税者. **U～ Canada** 元イギリス領カナダの一州《いまの Ontario 州の南部》. **～ case** 〖印〗大文字活字箱: in ～ *case* 大文字で. **～-case, ～·case** [ˊ–ˋ, ˊ–ˊ]〖印〗大文字入り活字箱の; 大文字の. **U～ Chamber, the** = the U～ House. **～-class** [ˊ–ˋ, ˊ–ˊ] 上流社会〔階級〕の; 〖米〗《学生》上級の. **～·cláss·man** [ʌ̀pərklǽsmən/-klάːs-]〖米〗上級生《junior および senior》. → underclassman. **～ crust** (1)《パイなどの》上皮. (2)〖話〗上流社会, 貴族階級. **～·cut** → 別項. **～ deck** 〖海〗上甲板. **U～ Germany** ドイツ高地地方; 南ドイツ. **～ hand, the** 優勢. **U～ House, the** 上院. ↔ the Lower House. **～ school** 研究科, 専攻科《私立学校に多い学問的な課目を扱う科で, 高校程度の学年を含む》. **U～ Silesia** 上部シレジア. **～ stor(e)y** (1) 2 階, 階上. (2)〖俗〗頭, 頭脳. **～ ten (thousand), the** 上流社会, 貴族社会. **U～ Volta** → Volta². **～ works** 〖海〗乾舷(かんげん), 上部構造. **～·world** [ˊ–ˋ] まじめな人たち(の世界).

úp·per·cut [ʌ́pərkʌ̀t] *n.* 〖ボクシング〗アッパーカット. —— *vt., vi.* (**-cut**; **-cùt·ting**) (に)アッパーカットを食わせる.

úp·per·most [-mòust] *a.* **1** 最上〔最高〕の, いちばん上の. **2** まず第一に胸に浮かぶ, 最もたいせつな. —— *ad.* 最上〔最高〕に, いちばん先に.

úp·pish [ʌ́piʃ] *a.* 〖話〗高慢な, 生意気な; でしゃばりの. ◇ **～·ly** *ad.* **～·ness** *n.*

úp·pi·ty [ʌ́pəti] *a.* 〖米話〗= uppish. 「都市.

Upp·sa·la [ʌ́psὰːlə] *n.* スウェーデン南東部の大学

up·ráise [ʌpréiz] *vt.* 持ち上げる: with one's hands〔voice〕*～d* 手を上げて〔声を張り上げて〕.

up·réar [ʌpríər] *vt.* **1** 起こす. **2** 上げる, 高める. **3** 育てあげる.

‡**úp·right** [ʌ́pràit] *a.* **1 直立の**, まっすぐ立った, 垂直の: an ～ post 垂直の柱. She has an ～, athletic figure. 彼女は姿勢の正しい運動家らしい姿をしている. **2** 《精神的に》**まっすぐな**, 廉直な, 正直な: an ～ man 高潔な男. He is ～ in his business dealings. 彼は商取引でいんちきをやらない.
—— [㊍ˊˊ] *ad.* **まっすぐに**, 直立して: stand〔hold oneself〕～ 直立する. set a post ～ 柱をまっすぐに立てる.
—— [ˊˋ/ˊ–] *n.* まっすぐな状態〔物〕; 建築物の直立材木; 竪(たて)型ピアノ; (*pl.*)《いすなどの家具の》直立部; (*pl.*) 〖フットボール〗ゴールポスト. ***out of ～*** 曲がった, 直立でない.
～ piano 竪型ピアノ. → grand piano.
◇ **～·ly** *ad.* まっすぐに; 正直に. ***～·ness** *n.*

〔類義語〕**高潔な: upright** 曲がったことがきらいな, 誘惑に妥協しない. 意志の強さを示す. **honest** 他人との交際にあたってごまかしたり, 不公平に扱ったりしない. **just** upright に似ているが判断の正しさを強調する. 神の道・道徳から踏みはずさない. **honorable** 自分の名誉・誇りを大事にするために曲がったことをしない, 信頼できる.

up·ríse [ʌpráiz] *vi.* (**-róse** [-róuz]; **-rís·en** [-rízn]) **1** 〈太陽が〉上る. **2** 起き上がる; 起床する. **3** 〈死者が〉よみがえる. **4** 上り坂になる. **5** 〈音が〉高まる. **6** 〈量が〉増す. **7** 出現する, 発生する. **8** 暴動〔反乱〕を起こす. —— [ˊˋ/ˊ–] *n.* **1** 上昇, 日の出, 上り坂, 出世. **2** むほん, 反乱.
◇ **úp·rìs·ing** [ˊˋ–, –ˊ–] *n.* **1** 起き上がること; 起立; 起床. **2** 上り坂. **3** 反乱, 暴動.

up·rís·en [ʌprízn] *v.* uprise の過去分詞.

úp·ròar [ʌ́prɔ̀ːr/-rɔ̀ː] *n.* **1** 騒音, 喧噪(けんそう). **2** 騒ぎ, 騒動, 動乱. ***in an ～*** ざわめいて; 大騒ぎで.

up·róar·i·ous [ʌprɔ́ːriəs/-rɔ́ːr-] *a.* **1** 騒がしい, やかましい: an ～ laughter 大笑い. **2** ざわめきたった, 激動した: an ～ crowd 騒然たる群衆.
◇ **～·ly** *ad.* **～·ness** *n.*

up·róot [ʌprúːt] *vt.* **1** 根こぎにする. **2** 〈害悪・習慣などを〉根絶する, 絶滅する. **3** 〈人を〉浮き草にする, 追い立てる《から *from*》.

up·róse [ʌpróuz] *v.* uprise の過去形.

Up·sa·la = Uppsala.

‡**up·sét** [ʌpsét] *v.* (**up·sét**; **up·sét·ting**) *vt.* **1** **ひっくり返す**, 転倒する: Don't ～ the boat. ボートを転覆させるな. The cat has ～ its saucer of milk. ネコがミルクのさらをひっくり返した. **2** のぐあいを悪くする, の調子を狂わす; 〈計画を〉くじく, 失敗させる: ～ one's stomach by eating too much 食べすぎて胃をこわす. ～ the enemy's plans 敵の作戦計画

を狂わす. **3** <相手・強敵を>打ち負かす(overthrow). **4** の気を転倒させる, ろうばいさせる: She is easily ～. 彼女はすぐに取り乱す. **5**〘機〙<熱した金属棒の先端を>打って太く短くする. **6**<車輪の金たがを>短くする《はめなおしのときに》. ～ ***the*** [***one's***] ***apple cart*** ひどいへまをやる; 計画をめちゃめちゃにする.
—— *vi.* ひっくり返る, 転覆する.
—— [ˊˋ/ˊ-] *n.* **1** 転覆: have an ～《車などが》ひっくり返る. **2** 混乱(状態), 故障: have a stomach ～ 胃の調子が悪い. **3** 気の転倒: She has had a terrible ～. 彼女は猛烈な精神的ショックを受けた. **4** 不和, けんか: I have had a bit of an ～ with my father. 私は父とちょっと渡り合った. **5**《試合・コンクールなどでの》意外の敗北. **6**〘機〙膨径スエージ; 端を鍛圧して太く短くした金属棒.
—— [-ˊ/ˊ-] *a.* **1** ひっくり返った, 混乱した, ろうばいした: be emotionally ～ 気が転倒している. have an ～ stomach 胃をこわしている. **2** 定まった, 確定した. ～ **price**〘商〙《競売などの》(競売開始)最低値段. ◇ **～·ter** *n.*

úp·shot [ʌ́pʃɑ̀t/-ʃɔt] *n.* **1** 終局, 結果; 結論. **2**《議論などの》要点, 要旨. ***in the*** ～ 結局, とどのつまり.

‡**úp·síde** [ʌ́psáid, ˊˋ/ˊ-] *n.* 上側, 上部, 上方. ～ ***down*** さかさに, ひっくり返って; 混乱して, めちゃくちゃに.

úp·side-dówn [ʌ́psài(d)dáun] *a.* さかさまの, あべこべの, ひっくり返した, めちゃくちゃの.

up·sídes [ʌpsáidz] *ad.* 〘英方〙五分五分で, 互角で. ***get*** ～ ***with*** に復讐(ふくしゅう)する; …にさかねじを食わせる.

úp·si·lon [jú:psilən/ju:psáilən, jú:psi-] *n.* ギリシア語アルファベットの第20字《Υ, υ》.

úp·stáge [ʌ́pstéidʒ] *a.* **1** 舞台の奥〔後方〕の. **2**〘話〙高慢な, いばった, もったいぶった. —— *ad.* 舞台の奥へ〔で〕. ↔ downstage. —— [ˊˋ/ˊ-] *n.* 舞台の奥〔後方〕.

úp·stáir [ʌ́pstέər] = upstairs.

†**úp·stáirs** [ʌ́pstέərz] *ad.* **1** 2階に〔へ, で〕, 階上に〔へ, で〕: go [walk] ～ 2階〔上の方の階〕へ行く. sleep ～ 2階で寝る. **2**〘話〙高い地位に: move ～ 出世する. people [men] ～ 上役. a call from ～ 上役からのお呼び. **3**〘話〙頭の中は: She is all vacant ～. おつむの方はからっぽだ. **4**〘空俗〙高空に〔へ, で〕. ***kick*** a person ～「祭り上げる」《実権のない高位につかせる》.
—— *a.* 2階の, 上階の: an ～ room 階上のへや.
—— [㊥-ˊ] *n. pl.* 《主として単数扱い》上階, 《特に》2階.

up·stánd·ing [ʌpstǽndiŋ] *a.* **1** 直立した; 背のすらりとした. **2**《性格が》まっすぐな, 正直な, 率直な. **3**《賃銀が》一定の, 定額の.

úp·start [ʌ́pstɑ̀:rt] *n.* 成り上がり者, 成金. —— *a.* **1** 成り上がりの. **2** 気どった, おうへいな. —— [-ˊ] *vt., vi.* 急に立ち上がらせる〔立ち上がる〕.

úp·státe [ʌ́pstéit] *n.* 〘米〙州の北部(地方)《特に New York 州の》. —— *a.* 州の奥〔北部〕(から)の. —— *ad.* 州の奥〔北部〕へ〔に〕. ↔ downstate.

úp·stréam [ʌ́pstrí:m] *ad.* 上流へ〔に〕: They went ～. 彼らは川をさかのぼった. ↔ downstream. —— *a.* 流れをさかのぼる, 上流に向かう; 上流にある.

up·strétched [ʌpstrétʃt] *a.* 《腕などを》上に伸ばした.

úp·stròke [ʌ́pstròuk/ˊˊ] *n.* 上方への動き; 右上がりの筆跡.

up·súrge [ʌpsə́:rdʒ] *vi.* **1** 波立つ. **2**《比喩的》わき上がる. **3**《犯罪などの》急増.
—— [ˊˋ/ˊ-] *n.* **1** わき上がり. **2** 急高潮; 急増.

úp·sweep [ʌ́pswì:p] *n.* **1** 急な登り《傾斜などの》. **2**《髪の》「アップ」(型). **3**《活動の》活発化. **4**《ブルドッグなどの》下あごの突出.
—— [-ˊ] *vt., vi.* (**-swept**) なであげる, 急に上がる; <髪を>「アップ」にする.

úp·swept [ʌ́pswèpt] *a.* 上方にゆるくカーブした〔はね上がった〕;〔髪を〕「アップ」にした.

úp·swing [ʌ́pswìŋ] *n.* **1** 上揺れ, 上昇. **2** 躍進, 発展. ***on the*** ～ 上昇して. —— [-ˊ] *vi.* (**-swúng** [-swʌ́ŋ]) 上に振る〔揺れる〕; 上昇する.

úp·sy·dái·sy [ʌ́psidéizi] *n.* 〘米話〙よいこらしょ《赤ん坊を抱き上げるときの掛け声》.

úp·take [ʌ́ptèik] *n.* **1** 取り上げ, 持ち上げ. **2** 理解(力): quick in the ～〘話〙理解が早い. **3**〘機〙(吸い上げ式)通風管, 煙道.

up·téar [ʌptέər] *vt.* (根こそぎ)引き抜く.

úp·thrùst [ʌ́pθrʌ̀st/ˊˊ] *n.* 押し上げ, 突き上げ;〘地〙地殻(ちかく)の隆起.

‡**úp-to-dáte** [ʌ́ptədéit] *a.* **1** 最新の, 最新式の, 現代的の: the most ～ style 最近の流行型. **2** 現在までの: an ～ report. ◇ **～·ly** *ad.* **～·ness** *n.*

úp-to-the-mín·ute [ʌ́ptəðəmínit] *a.* ごくごく最近〔最新〕の.

úp·tówn [ʌ́ptáun] *ad.* 〘米〙山の手へ〔で, に〕, 住宅地区へ〔で, に〕: go [live] ～ 山の手〔住宅地区〕へ行く〔に住む〕. —— *a.* 山の手の, 住宅地区の: ～ New York ニューヨークの住宅地区. —— [-ˊ, ˊˋ/ˊˊ] *n.* 山の手, 住宅地区. ↔ downtown.

úp·trend [ʌ́ptrènd] *n.* 上昇傾向.

up·túrn [ʌptə́:rn] *vt.* **1** ひっくり返す, 転倒する. **2** 掘り返す, 掘り出す. **3** ひっかき回す, 混乱させる. **4** <顔などを>上に向ける. —— *vi.* ひっくり返る. —— [ˊˋ/ˊ-] *n.* **1** 上向き, 上昇; 好転. **2** 激動, 混乱.

up·túrned [ʌptə́:rnd] *a.* **1** ひっくり返された, ひっくり返った. **2** 掘り返された. **3** 上に向けた. **4** 先の曲がった.

UPU Universal Postal Union 万国郵便連合.

***úp·ward** [ʌ́pwərd] *a.* **1** 上向きの: cast an ～ glance 上目を使う. **2** 上昇の; 向上する: Prices continued their ～ movement. 物価は上昇を続けた. —— *ad.* = upwards.
◇ **～·ly** *ad.* **～·ness** *n.*

‡**úp·wards** [ʌ́pwərdz] *ad.* **1** 上に向かって, 上の方へ: fly ～ 高く舞い上がる. **2** 上流へ, さかのぼって: from the mouth of a river ～ 河口から上流へさかのぼって. **3**《地位・数量など》…以上: fifty years and ～ 50歳以上. **4** …以来, 以後: from one's school days ～ 学校時代からずっと. ～ ***of*** …より以上: He earns ～ *of* a thousand dollars a month. 彼は月に1,000ドルを越す収入がある.

úp·wínd [ʌ́pwínd] *ad., a.* 風上へ(向かう).
—— [ˊˋ/ˊ-] *n.* 向かい風; 上昇気流.

Ur [ə:r] *n.* ウル《Euphrates 川上流の古代 Babylonia の都市》.

Ur〘化〙uranium.

u·ráe·mi·a, u·ráe·mic = uremia, uremic.

U·ral [jú(:)rəl/júər-] *a.* ウラル山脈〔川〕の.
—— *n.* (the ～) ウラル川; (the ～s) ウラル山脈 (= the ～ Mountains).

U·ral-Al·tá·ic [-æltéiik] *a.* **1** ウラル (Ural) およびアルタイ (Altai) 地方の. **2** ウラルアルタイ語族の.
—— *n.* ウラルアルタイ語族.

U·rá·li·an [juréiliən/ju(ə)r-] = Uralic.

U·rá·lic [-lik] *a., n.* ウラル語族(の).

U·rá·ni·a [juréiniə/juər-] *n.* 〘ギ神〙ウラニア《Nine Muses のひとり. 天文の女神》.

u·rán·ic [jurǽnik/juər-] *a.* **1** 天の, 天文上の. **2**〘化〙ウランの〔を含む〕.

u·rá·ni·um** [juréiniəm/ju(ə)r-] *n.* 〘化〙ウラニウム, ウラン《放射性金属元素. 記号 U, Ur》. ***enriched [***natural***] ～ 濃縮〔天然〕ウラン.
～ **fission** ウラニウム核分裂.

ù·ra·nól·o·gy [jù(:)rənɑ́lədʒi/jùərənɔ́l-] *n.* 天文学; 天体誌.

ù·ra·nóm·e·try [jù(:)rənɑ́mitri/jùərənɔ́m-] *n.* **1** 天体測量. **2** 天体図.

U·ra·nus [jú(:)rənəs/júər-] *n.* 〘ギ神〙ウラヌス神《Gaea の夫》;〘天〙天王星.

úr·ban [ə́:rbən] *a.* 都市の，都会に住む; 都会風の: the ～ population 都市の人口. ～ life 都市生活. ↔ rural. [√urb-]
～ renewal [**redevelopment**] 都市再開発.

ur·báne [ə:rbéin] *a.* **1** 都会風の; 洗練された. **2** 礼儀正しい. [√urb-] ◇ **～·ly** *ad.* **～·ness** *n.*

úr·ban·ism [ə́:rbəniz(ə)m] *n.* **1** 都市生活，都会風. **2** 都市化. [<urban]

úr·ban·ite [ə́:rbənàit] *n.* 都市居住者，都会人.

ur·bán·i·ty [ə:rbǽnəti] *n.* **1** 都会風; 洗練，上品，優雅. **2** (*pl.*) 礼儀，丁重(ていちょう). [<urbane]

úr·ban·ize [ə́:rbənàiz] *vt.* **1** 都市化する. **2** 都会風にする. **3** 上品[優雅]にする.
◇ **ùr·ban·i·zá·tion** [⌐‒nizéiʃ(ə)n/-naiz-] *n.*

úr·bi·cul·ture [ə́:rbikʌ̀ltʃər] *n.* 都会(風)生活，都会文化.

úr·chin [ə́:rtʃin] *n.* **1** いたずらっ子，わんぱく小僧; 少年. **2**〖動〗ウニ(＝sea ～). **3**〖古・方〗ハリネズミ.

Ur·du [úərdu:, ㊥⁺‒⌐] *n.* ウルドゥー語《Hindustani 語の一つ. おもにパキスタン・インド回教徒間で用いられる》.

-ure *suf.*《名詞をつくる》**1**「動作・現象」: fail*ure* [féiljər] 失敗. ten*ure* [ténj(u)ər] 保有 <√ten-. proced*ure* [prəsí:dʒər] 手順，手続き <proceed. lect*ure* [léktʃər] 講読，講義 <√leg-¹. cens*ure* [sénʃər] 非難. **2**「状態・性質」: pleas*ure* [pléʒər] 喜び <please. cult*ure* 文化，教養 <√col-. **3**「結果」: creat*ure* <create 被創造物. pict*ure* 画 <√pi(n)g-. **4**「集合体」: judicat*ure* 裁判官 <√judic-. 〈注〉発音は failure, tenure に見られるように元来 [-jər, -juər] であるが，前の子音と結びついて -ture [-tʃər], -dure [-dʒər], -(s)sure [-ʃər, -ʒər] となることが多い.

u·ré·a [jurí:ə, jú(:)riə/júəriə] *n.*〖化〗尿素.

u·ré·mi·a [jurí:miə/juər-] *n.*〖医〗尿毒症.
◇ **u·ré·mic** [-mik] *a.* 尿毒症の.

u·ré·ter [jurí:tər/ju(ə)r-] *n.*〖医〗(輸)尿管.
◇ **u·ré·ter·al** [-tərəl], **ù·re·tér·ic** [jù(:)ritérik/jùər-] *a.*

ú·re·thane [júrəθèin, juréθein], **ú·re·than** [júrəθæn] *n.*〖化〗ウレタン.

u·ré·thra [jurí:θrə/ju(ə)r-] *n.* (*pl.* **-thrae** [-θri:], **-thras**)〖医〗尿道. ◇ **～l** *a.*

ù·re·thrí·tis [jù(:)riθráitis/jùər-] *n.* 尿道炎.
◇ **ù·re·thrít·ic** [-θrítik] *a.*

‡urge [ə:rdʒ] *vt.* **1 せき立てる**，しきりに促す，激励する《へ *to*; *to* (do)》: ～ a person *to* greater efforts 人を激励していっそう努力させる. ～ a person *to* go [*into* going] 人に行くようにしきりに勧める[頼む]. **2** 〈馬などを〉かり立てる: ～ a horse on [onwards] 馬を走らせる. **3** せっせと動かす[使う]: ～ one's oars オールをせっせとこぐ. **4** 〈ことを〉押し進める，進展させる: ～ one's fight 戦いを展開する. **5 主張する**，強調する: ～ the necessity for immediate action 即刻行動に移る必要性を力説する. **6** 強力に推薦する: ～ a plan 計画の採用[承認]を力をこめて求める. **——** *vi.* **1** 主張する，要求[勧告]する: ～ against the adoption of an amendment 修正案の採用に反対する. **2** 急ぐ，急いで行く: She ～*d* toward him. 彼の方に急いで行った. **～ one's way** 道を急ぐ.
—— *n.* **衝動**，かり立てられるような感じ，強い刺激: He has [feels] an ～ to travel. 彼は旅心しきりである. →形容詞 urgent.
(類義語) **促す: urge** ぐずぐずしている余裕があまりないことを示唆して行動の意欲を起こさせる: the American tendency to *urge* youngsters to early independence 若者を早期の独立へとかり立てるアメリカ社会の傾向. **exhort** 勧告や説得によって促す: The public was *exhorted* to avoid panic and stay cool. 公衆は恐慌に陥らず，冷静を保つよう促された. **persuade, induce exhort** した結果相手が説得され行動をとったばあいに用いる. 勧めて…させる: I was *persuaded* to abandon the attempt. 私は説得されて企てを放棄した. **press** 促しの執拗(しつよう)さ，押しつけがましさが強調される. せがむ. **goad, prod** あまりやる気のない者を棒でこづくようにしてかり立てる. **spur, drive** ある程度意欲のある者を更に刺激してかり立てる.

***úr·gen·cy** [ə́:rdʒ(ə)nsi] *n.* **1** 緊急，急迫，火急: a matter of great ～ 非常に緊急を要すること. considering the ～ of the case 事件の緊急度をかんがみて. **2** (*pl.*) 緊急の必要. **3**《議会における》緊急案件であることの決議: The ～ was declared. 緊急案件と決議された. **4** 熱心な主張，力説，しつこさ: the ～ of a suitor 求婚者の執拗(しつよう)さ.

‡úr·gent [ə́:rdʒ(ə)nt] *a.* **1 緊急の**，切迫した，焦眉(しょうび)の: ～ necessity 差し迫った必要. an ～ telegram 至急電報. on ～ business 急用で. He is in ～ need of money. 彼は金の必要に迫られている. **2 しつこく迫る，催促する**，せがむ，強要する: He was ～ *with* me *for* (*to* disclose) further particulars. 彼はぜひもっと詳しいことを聞かせてくれと私にせがんだ. They were ～ *for* the doctor *to* come. 医者の到着が待ち望まれていた. [<urge]
◇ ***～·ly** *ad.* 緊急に，差し迫って; しいて.

U·rí·ah [juráiə/ju(ə)r-] *n.*〖聖〗ウリヤ《ダビデに謀殺されたバテシバ(Bathsheba)の夫. サムエル記下 11:14》.

úr·ic [jú(:)rik/júər-] *a.*〖化〗尿の; 尿に含まれている; 尿からとる: ～ acid〖化〗尿酸.

Ur·i·el [jú(:)riəl/júər-] *n.*〖聖〗七大天使のひとり.

úr·i·nal [jú(:)rin(ə)l/júər-] *n.* **1** しびん，尿器. **2** 小便所.

ùr·i·nál·y·sis [jù(:)rinǽlisis/jùər-] *n.* (*pl.* **-ses** [-sì:z])〖医〗尿分析，検尿.

ú·ri·nar·y [jú(:)rinèri/júərinəri] *a.* 尿の; 泌尿(器)の: the ～ organs 泌尿器. the ～ bladder 膀胱(ぼうこう). **——** *n.* 小便所(urinal);《肥料用》糞尿だめ.

ú·ri·nate [jú(:)rinèit/júər-] *vi.* 放尿する，小便をする. ◇ **ù·ri·ná·tion** [⌐‒néiʃ(ə)n] *n.*

ú·rine [jú(:)rin/júərin] *n.* 小便，尿.

urn [ə:rn] *n.* **1** かめ，つぼ. **2** 骨つぼ; 墓. **3**《じゃ口付き》コーヒー沸かし(器).

ù·ro·gén·i·tal [jù(:)rodʒénit(ə)l/jùər-] *a.* 泌尿生殖器の.

u·ról·o·gy [jurálədʒi/juərɔ́l-] *n.* 泌尿(科)学.
◇ **ù·ro·lóg·ic** [jù(:)rəládʒik/-lɔ́dʒ-] *a.*

Ur·sa [ə́:rsə] *n.* 雌のクマ. [<L.] **～ Major**〖天〗大グマ座. **～ Minor**〖天〗小グマ座.

úr·sine [ə́:rsain] *a.* クマの[に関する]; クマに似た.

Ur·su·line [ə́:rsəlin, -làin/-sjulain] *a.*〖カトリック〗ウルスラ会の《聖女 Ursula にちなむ》.
—— *n.* ウルスラ会修道女.

ùr·ti·cá·ri·a [ə̀:rtikέ(:)riə/-kéər-] *n.*〖医〗じんましん. ◇ **～l** *a.*

úr·ti·cate [ə́:rtikèit] *vt., vi.* イラクサで刺す; ちくちくする.

U·ru·guay [jú(:)rəgwèi, -gwài/úrugwai] *n.* ウルグアイ《南アメリカ南東部の共和国》.

U·ru·guáy·an [jù(:)rəgwéiən, -gwái-/ùrugwáiən] *a.* ウルグアイ(人)の. **——** *n.* ウルグアイ人.

ú·rus [jú(:)rəs/júərəs] *n.* 野牛の一種(aurochs)《ヨーロッパ産》.

†us [強 ʌs, 弱 (ə)s] *pron.* **1**《we の目的格》**われわれを**[に]. →枠付 Case, Object. **2**〖雅・古〗＝ourselves. **3**《新聞論説などで》われわれ. → we. **4**〖方・俗〗＝me, to me: Give *us* a penny. 一文やってください. **5**《動名詞の前で》〖話〗＝our: He didn't say anything against *us* buying it. 彼は私たちがそれを買うことになにも反対を唱えなかった.
→ 枠付 Gerund 4) b) (3)の〈注〉.
***Let us*...** (1) …しよう《口語ではふつう [lets] と発音

し, Let's と書く》: *Let us* consider the problem from a different angle. 問題を別の角度から検討してみよう. *Let's* go. 行こう, 出かけよう. (2) 私たちを〔に〕…させてくれ: *Let us* go. ぼくらに行かせてくれ《ほかの人でなく》; (ぼくらを) 行かせて〔放して〕くれ.

U.S., US United States (of America).

‡**U.S.A.** United States of America; United States Army; Union of South Africa. 「性.

ùs·a·bíl·i·ty [jù:zəbíləti] *n.* 使用できること; 便利

ús·a·ble [jú:zəbl] *a.* **1** 使える, 使用できる. **2** (使うのに) 便利な, 役に立つ. ◇ **~·ness** *n.* **-bly** *ad.*

USAF, U.S.A.F. United States Air Force.

USAFI United States Armed Forces Institute アメリカ軍教育機関.

‡**ús·age** [jú:sidʒ, -zidʒ/-z-, -s-] *n.* **1** 用法, 使用(法), 取り扱い(方), 待遇: Such delicate instruments will not stand rough ~. こういう精巧な器械は乱暴に取り扱われるとこわれる. He complained of ill ~ at their hands. 彼は彼らから受ける待遇が悪いとこぼした. **2** 慣習, 慣例, 習わし: keep an old ~ alive 古い慣習を守る. **3** 《言語の》慣用 (語法): Fowler's Dictionary of English *U*~ ファウラー編の現代英語慣用辞典.

***by* ~** 慣例で, しきたりとして. ***come into* [*go out of*] ~** 使われるようになる〔すたれる〕. ***under rough* ~** 乱暴に扱うと〔扱われて〕. [√ut-]

ús·ance [jú:z(ə)ns] *n.* 〖商〗ユーザンス《輸出業者が与える短期の代金取り立て猶予》. 「Uzbeg.

Us·bek [ʌ́sbek], **Us·beg** [-beg] = Uzbek,

USCG, U.S.C.G. United States Coast Guard アメリカ沿岸警備隊.

†**use** [ju:s] *n.* **1** 使用, 行使, 利用, 実用: the ~ of electricity to light our houses 照明のための電気の使用. The ~ of the telephone is growing very rapidly. 電話の実用化が急速に普及している. a typewriter *for* ~ in office 事務所用タイプライター. **2** 使用能力, 使用の自由: He has lost the ~ of his eyes. 彼は目の自由を失った. Will you give me the ~ of your library? あなたの書斎を使ってもよろしゅうございますか. **3** 用途, 効用: This tool has several ~*s*. この道具にはいくつかの用途がある. I wonder if we can find a ~ for the box. この箱をなにかに使えるかしら. We have no further ~ for the gadget. この機械にはもう用はない. **4** 役立ち, 利益, 益: Is this of any ~ to you? これがきみになにかの役に立ちますか. It is no ~ crying over spilt milk. 〖諺〗こぼれた牛乳を嘆いても仕方がない,「覆水盆に返らず」. What's the ~ of talking? 話したってなにになる. **5** 習慣, 慣習, 慣用: *Use* is (a) second nature. 〖諺〗習慣は第二の天性. *Use* makes perfect. 〖諺〗習うより慣れよ. Once a ~, for ever a custom. 〖諺〗習い性となる. **6** 〖宗〗各教会, 監督管区に特有の儀式. **7** 〖法〗用益権《信託土地などの》.

be* (*of*) *no* ~** 役に立たない, 無益だ. ***come into* ~** 用いられるようになる. ***fall* [*go*] *out of* ~** 使われなくなる. ***have no* ~ *for の必要がない, に用がない; …はきらいだ: I *have no* ~ *for* his services. 彼に助けてもらう要はない. I *have no* ~ *for* new ideas. 新機軸はきらいだ. ***in* [*out of*] ~** 使用されて〔使用されないで〕; 行なわれて〔すたれて〕. ***make* ~ *of*** を使用する, を利用する: *make* free ~ *of* oneself 自由にふるまう. ***of* ~** 有用で, 役に立って: It is *of* great ~. それは非常に役に立つ. ***put to* ~** 用いる, 利用する: *put* it *to* (a) good ~ それを十分に利用する. **~ *and wont*** 慣習, 慣例. ***with* ~** 絶えず用いて, 使うにしたがって: The machine is difficult to control at first but it becomes easier *with* ~. この機械は最初は扱いにくいが, 使うにしたがって使いやすくなる.

—— [ju:z] *vt.* **1** 使う, 使用する, 用いる, 利用する, 消費する: May I ~ your telephone? 電話を使わせていただけますか. Tell me how to ~ a saw. のこぎりの使い方を教えてください. How many eggs has the cook *used* for this omelette? このオムレツにコックはいくつ卵を使ったか. *Use* your eyes and ears before you cross the railway. 線路を横切る前に目と耳を使え. ~ care 〔diligence, economy〕用心〔勉強, 節約〕する. 〈注〉物質・精神機能の両方に用いる. **2** 〈人を〉**待遇する, 扱う**: She ~*d* her friend badly. 彼女は友だちを虐待した. How is the world *using* you? どんなぐあいですか, 景気はいかがですか. **3** 悪用する,「利用する」: They are *using* your good will. 彼らはきみの善意につけ込んでいるのだ.

~ *up* 消耗する, 使い果たす: Don't ~ *up* your energy in fruitless efforts. むだな努力に精力を消耗するな. I feel ~*d up*. もうだめだ. The oil is all ~*d up*. 石油が切れた. [√ut-]

(類義語) **用いる: use** 最も一般的な語. 目的語が人であるばあいは「利用する」「こき使う」という悪い意味になる: *use* a jack to raise a car 自動車を上げるのにジャッキを用いる. I hate being *used* by her. 彼女に利用されるのはまっぴらだ. **employ** ある特定の目的のために技術的にみていちばん効果あると思われるやり方で用いる. 目的語が人であるばあいは「雇う」: The author *employs* the dialect to enhance the rustic mood of the novel. 著者は小説の田園的情緒を高めるために方言を使っている. **utilize** 利用する. 必ずしも最適のものが用いられるとは限らない. 人が目的語になることはほとんどない: *utilize* the means at hand 手近な手段を用いる.

(類) → **habit**「習慣」

úse·a·ble = usable.

‡**used**[1] [ju:st] (通例 used to の形で pause の前 [jú:s(t)tu:], 母音の前 [jú:s(t)tu], 子音の前 [jú:s(t)tə]) *a.* 《述語的》**慣れている** 《に *to*; *to* (do)》.

be* ~ *to に慣れている: We *are* ~ *to* drudgery. われわれはほねおり仕事に慣れている. He *was* ~ *to* sleeping late. 彼は朝寝の癖がついていた. ***get* ~ *to*** に慣れる: You'll soon *get* ~ *to* his way of bullying. 彼の威嚇的態度にすぐ慣れるだろう.

〈注1〉次の相違に注意: These men *are used* [ju:s(t)] *to* paint*ing* big pictures. この人たちは大きな絵をかくことに慣れている. These brushes *are used* [ju:zd] *to* paint big pictures. この筆は大きな絵をかくのに用いられる. 〈注2〉used (*a.*) の前には be, get, become などの動詞がくる. 次の *vi.* ではこない.

—— *vi.* …**するのを常とした**, 常に…した; もとは〔以前は, 昔は〕…したものだ《*to* (do)》: I ~ *to* see him often. 彼によく会ったものだ. I ~ *to* smoke pipes when I was young. 若いとき私はよくパイプを吸った. We live in town now, but we ~ *to* live in the country. 私たちはいまは町に住んでいるが, もとはいなかに住んでいた. He works harder than he ~ *to*. 彼は以前よりよく働くようになった. The bell ~ always *to* ring at one. もとはいつでも1時にベルがなったものだ. It ~ *to* be said that... …とよく言われたものだ. There ~ *to* be owls in the wood. この森にはフクロウがいたものだ.

〈注1〉used to の疑問および否定には, アメリカでは助動詞 do を使用するのが普通であるが, イギリスでは使わない《イギリスでは do を用いるのは無教育者の語法とされてきたが, 最近は do が用いられるようになってきた》: (米) *Did* there *use to* be a house here? = (英) *Used* there *to* be a house here? ここに家がありましたか. (米) He *didn't use to* drink. = (英) He *usedn't to* drink. 彼は酒の常飲者ではなかった. (米) *Didn't* you *use to* swim in the river? = (英) *Usedn't* you *to* swim in the river? きみは常にこの川で泳がなかったか. 〈注2〉次の相違に注意: (1) used to の次は不定詞, be〔get, become〕used to の次は通常は動名詞で, 不定詞はまれ: She *used to* sing before large audiences. 彼女は大ぜいの聴衆に歌をうたって聞かせたものだ. ≒ She *was used to* sing-*ing*〔sing〕before large audiences. 彼女は大ぜいの聴衆に歌をうたって聞かせることに慣れていた. (2) One of the engines *used*〔ju:st〕*to* work wonderfully well. エンジンのうち一つは驚くほど性能がよかった. One of the engines, occasionally *used*〔ju:zd〕*to* pump water, was out of order. エンジンの一つで, ときおり水くみ用に用いられていたのが, 故障を起こした. 〈注₃〉used to と would の相違: used to は過去の常習的動作および過去における永続的状態をあらわすのに対し, would は過去の反復的動作をあらわして常習的・永続的色彩が薄いので often, sometimes などの副詞とともによく用いられる.

～-to-be [jú:stəbi]〘米話〙人気をなくした人, 時代遅れの人, すたれ者.

used² [ju:zd] *v.* use の過去・過去分詞. **——** *a.* 使った, 使い古した: a ～ book 古本. a ～ car 中古車. a ～ ticket 使用済みの切符. a ～ stamp 消印のある切手. ***slightly*** **～** 新品同様の.

～-up [⊥⊥, ⊥⊥] (1) 使い尽くされた. (2) 疲れ切った.

†**úse·ful** [jú:sf(u̥)l] *a.* **1** 役に立つ, 有用な, 有益な, 便利な, ちょうほうな: a book very ～ *to* me 私に大いに役立つ本. It is a ～ thing to have by you. そばに置いてちょうほうな物です. **2**〘俗〙非常にりっぱな, とても有能な: He's a ～ member of the team. 彼はチームの有能なメンバーだ.

be* ～ *with [*at*] …がうまい: He *is* pretty ～ *with* his fists〔*at* sums〕. 彼はなかなかボクシング〔計算〕がうまい. ***come in*** **～** 役立つようになる: Don't throw that away; it will *come in* ～ someday. それを捨てるんじゃない, いつか役立つでしょう. ***make oneself*** **～** (他人の) 役に立つ, 手助けをする, 協力する.

◇ **～·ly** [-fu̥li] *ad.* 有用に, 有効に. ⁑**～·ness** *n.* 役に立つこと, 有用性.

⁑**úse·less** [jú:slis] *a.* **1** 役に立たない, 無用な, 無益な: It's ～ to argue with them. 彼らと議論をしてもむだだ. **2**〘俗〙からだのぐあいが悪い, 元気がない: I am feeling ～. 私はからだの調子がよくない.

◇ ⁑**～·ly** *ad.* 無用に, 無益に, むだに. **～·ness** *n.* 役に立たないこと, 無用, 無益.

[類] → **vain**「無益の」

ús·er [jú:zər] *n.* **1** 使用〔利用〕者. **2**〘法〙《権利などの》行使 (権), 享有 (権).

⁑**úsh·er** [ʌ́ʃər] *n.* **1** 案内人, 受付, 門衛. **2**《法廷の》廷吏. **3**《教会・劇場などの》案内人. **4**《けいべつ的に用いられる以外は古語》助教師. **5**《イギリス王室の》式部官 (＝gentleman ～).

—— *vt.* 案内する, 取り次ぐ, 先導する: The maid-servant ～*ed* me into the drawing room. 女中が客間へ私を案内した. **～ *in*** (1)〈客を〉案内して通す. (2)《比喩的》先ぶれする, の到来を告げる: the song of birds that ～*s in* the dawn 暁を告げる鳥の歌声. **～** a person ***out*** (人を) 送り出す.

◇ **～·ship** *n.* ～の役〔地位〕.「内人.

ùsh·er·étte [ʌ̀ʃərét] *n.*《教会・劇場などの》女案内人.

USIS, U.S.I.S. United States Information Service アメリカ文化情報局. **U.S.M.** United States Mail〔Marines, Mint〕. **U.S.M.A., USMA** United States Military Academy. **USMC, U.S.M.C.** United States Marine Corps. **USN, U.S.N.** United States Navy. **U.S.N.A., USNA** United States National Army; United States Naval Academy. **USNG, U.S.N.G.** United States National Guard. **USO, U.S.O.** United Service Organizations. **U.S.P., USP, U.S.Pharm.** United States Pharmacopoeia.

ús·que·baugh [ʌ́skwibɔ̀:] Sc., Ir. *n.* ウイスキー (whiskey¹).

U.S.S., USS United States Senate; United States Service; United States Ship〔Steamer, Steamship〕. **U.S.S.R., USSR** Union of Soviet Socialist Republics.「に注ぐ川》.

Us·sú·ri [u:sú:ri:] *n.* ウスリ川《満州のアムール川

ús·tu·late [ʌ́stʃu̥lit, -lèit/-tju̥-] *a.* 焼け焦げ色の.

†**ú·su·al** [jú:ʒuəl, -ʒul, -ʒəl] *a.* 通常の, 普通の, いつもの, 平素の, ありふれた: Tea is the ～ drink of English people. 紅茶はイギリス人の日常の飲み物だ. It is not ～ for shops to open on Sundays. 商店が日曜に開くのはふつうないことだ〔珍しい〕. He came to school earlier *than* ～. いつもより早く学校へ来た.

as is* ～ *with …がいつもやるように, …にいつもの伝で: *As is* ～ *with* picknickers, they left a lot of litter behind them. 行楽客の常であるが, くずをたくさん散らかしていった. ***as per*** **～**〘笑・卑〙＝ as ～. ***as*** **～** いつものとおり, 例のごとく: He was late *as* ～. いつものように彼は遅刻した. **one's** [***the***] **～** お決まりのもの〔ことば〕: A glass of whisky is *my* ～. ウイスキー 1 杯がぼくの適量だ. [√ut-]

[類] → **common**「普通の」, → **normal**「正常な」

†**ú·su·al·ly** [-i] *ad.* ふつう, 通例, 一般に, いつも (は): What do you ～ do on Sundays? 日曜日はふつうなにをしますか. ≒ always (→ always ②〈注₁〉). 語順などについては →sometimes〈付記〉.

ú·su·fruct [jú:zu̥frʌ̀kt, jú:su̥-/jú:sju̥-, -zju̥-] *n.*〘法〙用益権, 使用権. **——** *vt.* に用益権を行使する. ◇ **ù·su·frúc·tu·ar·y** [⊥—frʌ́ktʃuèri/⊥—frʌ́ktjuəri] *a., n.*〘法〙用益権の; 用益権所有者.

ú·su·rer [jú:ʒ(ə)rər] *n.* 高利貸し.

u·sú·ri·ous [ju:ʒú(:)riəs/-zjúər-] *a.* 高利を取る〔むさぼる〕; 高利で金を貸す; 高利貸しの. [＜usury]

◇ **～·ly** *ad.* **～·ness** *n.*

u·súrp [juzə́:rp] *vt.*〈権力・地位などを〉奪う; 強奪〔横領〕する. **——** *vi.*〘稀〙侵入〔侵害〕する《に, を *on, upon*》. [√ut-＋√rap-] ◇ **～·er** *n.*

ù·sur·pá·tion [jù:zə:rpéiʃ(ə)n] *n.* **1**《〈王位・権力・地位などの〉》横領, 強奪. **2** 侵奪《*of, on, upon*》.

ú·su·ry [jú:ʒ(ə)ri/-ʒuri, -ʒ(ə)ri] *n.* **1** 高利で金を貸すこと; 高利貸し (業). **2** 法外な高利. [√ut-]

U.S.V., USV United States Volunteers アメリカ義勇兵団.「so forth).

usw. *und so weiter* [G. unt-zó:-váitər] (G. ＝and

ut [ʌt, u:t/ut] *n.*〘楽〙《八度音階の》第一音, 主音《現今の sol-fa の do》. [＜It.]

ut [ʌt] L. *conj.* …のように〔ごとく, とおり〕. **～ *infra*** [ʌt-ínfrə] 下記のとおり. **～ *supra*** [ʌt-sú:prə/-sjú:-] 上記のとおり.

Ut. Utah.

U·tah [jú:tə, -tɑ:] *n.* アメリカ西部の州《略 Ut.》.

◇ **U·tah·an** [-ən] *n., a.* ユタ州の(人).

Ute [ju:t, jú:ti] *n.* アメリカ Utah, Colorado などの州に住むアメリカインディアン.

***u·tén·sil** [ju:ténsl, ju-] *n.* 器具, 道具,《特に》家庭用品: farming ～*s* 農具. kitchen ～*s* 台所道具. writing ～*s* 筆記用具. [√ut-]

[類] → **tool**「道具」

ú·ter·ine [jú:tərin, -ràin/-rain] *a.* **1**〘医〙子宮の. **2** 同母異父の: ～ brothers 父違いの兄弟.

ú·ter·us [jú:tərəs] (*pl.* **-ri** [-rài]) *n.*〘医〙子宮.

ù·til·i·tár·i·an [jù:tilitέ(:)riən/-tέər-] *a.* **1** 功利的な, 実利〔実用〕の, 実利〔実用〕主義の: from a ～ point of view 功利〔実利〕主義的な観点から. **2** 功利主義 (者) の.

—— *n.* 功利論〔主義〕者. [√ut-]

◇ **～·ism** [-ìz(ə)m] *n.*〘哲〙功利説〔主義〕《「最大多数の最大幸福」を目的とする J. Bentham および J. S. Mill の学説》.

u·tíl·i·ty [ju:tílịti] *n.* **1** 有用(性), 有益; 実用, 実利; 〚経〛効用; 〚哲〛功利: a thing of great ～ 非常に役立つもの. **2** (通例 *pl.*) 役に立つもの, 有用物. **3** 〚おもに米〛《電力・ガス・水道などの》公益事業; (*pl.*) 公益事業株. **4** (*pl.*) 電気・ガス・水道(設備). **5** (*pl.*) = ～ room. **6** 〚劇〛= ～ man. **7** = utilitarianism. ***marginal*** **～** 〚経〛限界効用. ***of no*** **～** 役に立たない, 無益の. ***public*** **～** 公益事業.
—— *a.* 実用的な, 実用本位の, お徳用の: ～ furniture 実用本位の家具. ～ beef 徳用肉. [√ut-]
～ factor 利用率. **～ man** 〚劇〛端役(はやく), 下回り; 〚野球〛万能補欠選手; なんでも屋. **～ model** 実用新案品. **～ pole** 電信柱. **～ room** 家事室, ユーティリティールーム《電気洗たく機・アイロン台などを入れておく》.

‡**ú·ti·lize** [jú:t(ị)làiz] *vt.* 利用する, 役立たせる: ～ leftovers in cooking 残り物を料理に利用する. [√ut-] ◇ **ú·ti·liz·a·ble** [-əbl] *a.* **ù·til·i·zá·tion** [jù:t(ị)lịzéiʃ(ə)n, -laiz-] *n.* 利用(すること).
(類) → use「用いる」

u·ti pos·si·de·tis [jú:tai-pàsịdí:tis/jú:ti-pɔ̀s-] L. 〚国際法〛占領地保有の原則.

‡**út·most** [ʌ́tmòust, -məst] 《out の最上級》*a.* **1** 最大限の, 最高度の, 極度の: in the ～ danger 極度に危険な状態に. of the ～ importance 非常に重要で. **2** 最も遠い, いちばん端の: to the ～ ends of the earth 地の果てまで.
—— *n.* 《能力・努力などの》最大限度, 最高度, 極限: That is the ～ I can do. これが私にできる精いっぱいのことだ. ***at the*** **～** せいぜい, たかだか. ***do*** [***try, exert***] one's **～** 全力を尽くす. ***to the*** **～** 極度に; 及ぶ限り《*of*》: enjoy oneself *to the* ～ 楽しめるだけ楽しむ. *to the* ～ *of* one's power 力の及ぶ限り.

U·tó·pi·a [ju:tóupiə, -pjə] *n.* **1** ユートピア《Sir Thomas More 作 *Utopia* のなかに描かれた理想国》. **2** (しばしば u～) 理想郷, 理想国; 空想的社会〔政治〕体制.

U·tó·pi·an [-n] *a.* **1** ユートピアの(ような). **2** (しばしば u～) 理想郷の, 理想〔空想〕的な.
—— *n.* **1** ユートピアの住民. **2** (しばしば u～) 理想家, 空想的社会改良家.
◇**～·ism** *n.* (しばしば u～) ユートピア的理想(主義).

U·trecht [jú:trekt] *n.* ユトレヒト《オランダ南西部の都市》.

ú·tri·cle [jú:trikl] *n.* **1** 薄膜の小嚢(しょうのう). **2** 〚植〛気胞; 胞果. **3** 〚医〛(内耳の) 卵形嚢.

◇**u·tríc·u·lar** [ju:tríkjụlər] *a.*

ut sup. *ut supra* (L. = as above) 上記と同じ.

‡**út·ter**¹ [ʌ́tər] *a.* **1** 全くの, 完全な, 徹底的な: an ～ stranger 赤の他人. an ～ fool よくよくのばか. ～ darkness 真のやみ. **2** 無条件の, 絶対的な, 断固たる: an ～ refusal にべもない拒絶. [out と同語源; その比較級]
◇ ‡**～·ly** *ad.* 全く, すっかり.

‡**út·ter**² *vt.* **1** 〈声・ことばなどを〉発する, 発音する: ～ a groan [sigh] うめき声を出す〔ため息をつく〕. **2** 《ことばに発し, または文に書いて》発言する, 述べる, 言いあらわす, 打ち明ける: ～ one's thoughts [feelings, joy] 考え〔感じ, 喜び〕を述べる. **3** 流布する, 公にする: ～ a libel 人を中傷する文を公にする. **4** 〈にせ札などを〉流通させる, 行使する. **5** 〚稀〛発する, 出す; 〈秘密などを〉もらす.
◇ **～·a·ble** [-tərəbl] *a.* 発言〔発音〕できる; 言いあらわせる. **～·er** [-tərər] *n.*

út·ter·ance¹ [ʌ́t(ə)rəns] *n.* **1** 発話, 発言, 発声: attempt ～ なにか言おうと試みる. **2** 話しぶり, 語調; 発言力: a man of good ～ 弁舌の才のある人. **3** 《話された, または書かれた》ことば, 言辞, 言説: an indiscreet ～ 軽率な発言. his written and spoken ～ 彼の筆と口頭による言辞. **4** 〚稀〛流布, 行使. ***give ～ to*** one's sentiments (意見) を述べる. [<utter²]

út·ter·ance² [ʌ́t(ə)rəns] *n.* 〚古〛最後, 死: to the ～ 最後のきわまで, 死ぬまで.

út·ter·most [ʌ́tərmòust, -məst] = utmost.

UUM underwater-to-underwater missile.

U.V., UV ultraviolet.

ú·vu·la [jú:vjụlə] *n.* (*pl.* **-las, -lae** [-lì:]) 〚医〛口蓋(こうがい)垂, 懸壅(けんよう)垂, のどびこ. ◇ **ú·vu·lar** [-lər] *a.* 口蓋垂の; 〚音声〛口蓋垂音の.

U/W, u/w underwriter.

Ux·mál [usmá:l] *n.* メキシコ ユカタン半島の古代都市《後期マヤ文明の中心地》.

ux·ó·ri·al [ʌksó:riəl/-sɔ́:r-] *a.* 妻の〔にふさわしい〕.

ux·ó·ri·cide [-risàid] *n.* 妻殺し(の男).

ux·ór·i·ous [ʌksó:riəs/-sɔ́:r-] *a.* 女房孝行の, 細君に甘い. ◇ **～·ly** *ad.* **～·ness** *n.*

Uz·bek [ʌ́zbek, úz-], **Uz·beg** [-beg] *n.* **1** ウズベク人《中央アジアのウズベキスタンに住むトルコ民族》. **2** ウズベク語. **～ Soviet Socialist Republic, the** ウズベクソビエト社会主義共和国(Uzbekistan).

Uz·bek·i·stán [ùzbekistǽn, ʌ̀z-, -stá:n] *n.* ウズベキスタン《ソ連邦の一共和国. 首都 Tashkent》.

V

V, v [vi:] *n.* (*pl.* **V's, *Vs*, v's, *vs*** [-z]) **1** 英語アルファベットの第22字. **2** V [v] の音. **3** V字形の物《勝利の象徴など》. **4** ローマ数字の 5: IV = 4, VI = 6, XV = 15. **5** 〚米話〛5ドル紙幣.
V for Victor 《国際電話通信用語》Victor の V. **V-bomb** [∠∠] ロケット爆弾《第2次大戦中ドイツが使用した. V はドイツ語 Vergeltung (= vengeance) のかしら文字》. → V-1, V-2. **V-Day** [∠∠] 〚米〛第2次大戦戦勝記念日《1946年12月31日. < Victory Day》. **V-E** → 別項. **V-mail** V 郵便《第2次大戦中海外のアメリカ将兵あての郵便物をマイクロフィルムに撮影発送したもの. < Victory mail》. **V-óne, V-1** [∠∠] 報復兵器第1号《ドイツが第2次大戦で用いた長距離ロケット爆弾》. **V-shaped** [∠∠] V 字形の. **V sign** 勝利の印《第2次大戦中人さし指と中指で v(ictory) の字を示した》. **V-twó, V-2** [∠∠] 報復兵器第2号《第2次大戦中ドイツが使用した長距離ロケット爆弾》.

V 〚化〛vanadium; Victory; 〚電〛volt. **v** velocity; volt. **V.** Venerable; Vicar; Vice; Victoria; Viscount; Volunteer. **v.** valve; velocity; verb; verse; version; *versus* (L. = against); very; vicar; vice-; *vide* (L. = see); village; vocative; voice; volt; voltage; *volti* (It. = turn over); volume; *von* (G. = of).

va [vɑ:] *v.* 〚楽〛続けよ: *va* piano 続けて弱く.

Va. Virginia. **V.A.** Veterans' Administration; Vicar Apostolic; Vice-Admiral; (Order of) Victoria and Albert. **v.a.** verb active; verbal adjective; *vixit annos* (L. = lived...years).

vac [væk] *n.* 〚英〛休暇《vacation の略》.

***vá·can·cy** [véik(ə)nsi] *n.* **1** 空虚, 空(くう), 空間: look into ～ 虚空を見つめる. **2** すきま, 間隙(かんげき). **3** 空位, 空席, 欠員: fill (up) a ～ 欠員を補充する. **4** あき地, あきべや: three ～*ies* in the apartment house アパートの三つのあきべや. **5** 放心(状態), 心

のうつろ, 無気力. 6 無為の状態, 暇; 〖古〗無職: I hate the ～ of a country life after retirement. 退職後の無為のいなか暮らしがいやだ.

‡**vá·cant** [véik(ə)nt] *a.* **1 空虚の**, 空の (empty): ～ space なにもない空間. 2《土地・家・へや・座席などの》**あいている**, 住む人がいない, 借り手がいない: a ～ seat 空席. Have you a room ～? 《ホテルなどで》あいているへやはありませんか. 3《地位が》欠員になっている, 空位〔空席〕の: a ～ job 仕事の口. a situation ～ column 新聞の求人広告欄. 4《時間が》**あいている, 暇な**: Keep a day next week ～ if you can. できれば来週1日あけておいてください. 5《心・頭が》**ぼんやりした**, からの, 無気力の: with a ～ stare [look] ぼんやりした目をして. 6 …がない (devoid)《*of*》: be ～ *of* business 仕事がない. ***fall*** **～** 地位があく. [√vac-]

(類義語) **からの**: **vacant** 本来あるべき物, いるべき人がはいっていない. したがって本来ふさがっているべき時間があいているばあい, 考えているべき頭などがはたらいていないばあいもこの語を用いる: a *vacant* house あき家. a *vacant* look ぽかんとした顔つき. **empty** vacant とほぼおなじだが, 「本来あるべき」という語感はなく, からである事実のみを示す: an *empty* box から箱. **void** vacant に近いが, 外部から満たされるべき空虚というよりも, 本来内部から満たされているべきものがないという語感をもち, より空虚さ, むなしさ, 空虚の永続性が強調される: a *void* head からっぽの頭(≒ a *vacant* head ぼんやりした頭). **blank** 《本やページなどが》なにも書かれていない. 比喩的には顔などが表情をもたない.

vá·cate [véikeit/vəkéit] *vt.* **1** からにする, あける, 引き払う, 立ちのく: ～ a house [rented rooms]. **2** 〈職・位などを〉空位〔空席〕にする, 退く, 辞する: The throne was ～*d* by the exile of the royal family. 王族の追放によって王位は空位になった. **3**〖法〗〈契約などを〉取り消す, 無効にする.
—— *vi.* **1** 立ちのく, あける. **2** 辞職する, 空位〔空席〕にする. **3**〖米話〗立ち去る; 休暇をとる.

†**va·cá·tion** [veikéiʃ(ə)n, vək-/vək-] *n.* **1 休暇**《学校の学期末の, 会社・事業所の》;《法廷の》休廷期: Christmas [Easter, Whitsun] ～ クリスマス〔復活祭, 聖霊降臨祭〕休暇. the long [summer] ～《学校の》夏期休暇. **2** 休暇旅行《特に避暑・避寒などの》: return from ～ 休暇旅行から帰る. be away on a ～ 休暇で旅行に出ている. **3** 休み, 休日. **4**《家などの》明け渡し, 立ちのき. **5** 辞職. **6** 空位(期間). ***take a*** **～** 休みをとる〔過ごす〕: *take a* day's ～ 1日の休日をとる. *take a* ～ in Maine メーン州で休暇を過ごす.
—— *vi.* 〖米〗休暇をとる, 休暇を過ごす: He ～*ed* in Maine last summer. 昨年の夏彼は休暇をメーン州でおくった. ***go*** **～*ing*** 休暇で遊びに行く. [√vac-]
～·land [-lænd] 観光地, 行楽地.
◇ **～·al** [-ʃən(ə)l] *a.* **～·er, ～·ist** *n.* 〖米〗休暇をとっている人,《特に》休暇利用の遊覧客〔避暑客〕.

vác·ci·nate [væksịnèit] *vt.* **1** に**予防接種をする**, にワクチン注射する: be ～*d against* typhus チフスの予防注射をしてもらう. **2** に種痘する.
◇ **-na·tor** [-ər] *n.*

vàc·ci·ná·tion [væksịnéiʃ(ə)n] *n.* 〖医〗 **1** 予防接種, ワクチン注射: ～ against influenza 流感の予防注射. **2** 種痘: take ～ 種痘を受ける. **3**〖米〗種痘の跡 (=～ scar).
◇ **～·ist** *n.* 種痘論者〔賛成者〕.

vác·cine [væksi:n, -sin] *a.* **1** ワクチンの, 接苗の: a ～ farm ワクチン製造所. ～ lymph 痘菌. a ～ point 接種針. **2** 種痘の, 牛痘の. —— *n.* **1** ワクチン, 予防液. **2** 痘種, 牛痘種. ◇ **vác·ci·nal** [væksịn(ə)l] *a.* ワクチン(接種)の.

vac·cín·i·a [væksíniə] *n.* 〖医〗牛痘 (cowpox).

vác·il·lant [væsịlənt] = vacillating.

vác·il·late [væsịlèit] *vi.* **1** 動揺する, ゆらぐ, ゆらゆらする, よろめく. **2** 気迷いする, 考えがぐらつく, ためらう: ～ between different opinions どの意見を採ったらいいか決心がつかない.
◇ **vàc·il·lá·tion** [væsịléiʃ(ə)n] *n.*

vác·il·lat·ing [væsịlèitiŋ] *a.* **1** 揺れ動く, ゆらぐ. **2** 気迷いする; 優柔不断な. ◇ **～·ly** *ad.*

vác·u·a [vækjuə] *n.* vacuum の複数形.

va·cú·i·ty [vækjú:ịti, vək-] *n.* **1** 空虚, からっぽ. **2** 空間, 真空. **3** 心の空虚, 放心; 愚鈍, まぬけ. **4** つまらない事柄, ばかげたもの. **5** 欠如. [√vac-]

vác·u·o·late [vækjuəlèit] *a.* 〖生〗vacuole がある.

vác·u·ole [vækjuòul] *n.* 〖生〗空胞, 液胞.

vác·u·ous [vækjuəs] *a.* **1** からの, 空虚な. **2** むなしい, 無意味の, 無目的の. **3** ぽかんとした, ぼんやりした, まのぬけた; 愚かな, 無知な. [√vac-]
◇ **～·ly** *ad.* **～·ness** *n.*

‡**vác·u·um** [vækjuəm] *n.* (*pl.* **～s, vác·u·a** [-ə]) **1 真空**; 真空度〔率〕: produce a ～ 真空を生じる〔にする〕. **2** 空虚, 空白: His death left a ～ in the political world. 彼の死後政界には穴があいた. → plenum. **3**〖話〗=vacuum cleaner. ***feel a ～ in the lower regions*** 〖笑〗空腹を感じる. ***Nature abhors a ～.*** 自然は真空をきらう《古代人の思想》. —— *vt.* 〖話〗電気そうじ機でそうじする: ～ rugs じゅうたんをそうじする. [√vac-]
～ bottle [**flask**] 魔法びん, 真空びん. **～ brake** 真空制動機. **～ bulb** 真空管. **～ cleaner** [**sweeper**] 電気そうじ機. **～ discharge** 真空放電. **～ drier** 真空乾燥機. **～ fan** 真空換気扇. **～ gauge** 真空計. **～ pump** 真空〔排気〕ポンプ. **～ tube** [㊥ **valve**] 真空管.

va·de me·cum [véidi-mí:kəm] L. (=come with me) **1** 常時携帯物. **2** 便覧, 必携.

vae vic·tis [vi:-víktis] L. (=woe to the vanquished) 敗者は無残なるかな.

vág·a·bond [vægəbànd/-bənd] *n.* **1** 放浪者, 浮浪者. **2** ごろつき, ならず者《罵倒・非難の語》: such a ～ of a husband あんなごろつきみたいな亭主(ていしゅ).
—— *a.* **1** 放浪する, さすらいの; 放浪性の: ～ gypsies さすらうジプシー. **2** ろくでなしの; とるに足らない. **3** 一定の方向〔進路〕をもたない: a ～ balloon 風のまにまに漂う気球.
—— *vi.* 放浪〔流浪〕する. [√vag-]
◇ **～·age** *n.* **1** 放浪生活, 放浪性〔癖〕. **2**《集合的》放浪者: The road was thronged with ～*age*. 道路は放浪者でいっぱいだった. **～·ism** *n.* 放浪性〔癖〕. **～·ize** *vi.* =vagabond.

va·gár·i·ous [vəgé(:)riəs/-géər-] *a.* **1** 常軌を逸した, とっぴな, 気まぐれな. **2** 放浪する, 浪々の. [√vag-] ◇ **～·ly** *ad.*

va·gár·y [vəgé(:)ri/véigəri] *n.* (*pl.* **-ies**) **1** とっぴな行ない, 奇行, 奇妙な現象: the ～*ies* of fashion 流行の気まぐれ. **2** 気まぐれ, むら気, すいきょう. [√vag-]

va·gí·na [vədʒáinə] *n.* (*pl.* **-nae** [-ni:], **-nas**) 〖医〗膣(ちつ); 〖植〗葉鞘(ようしょう).
◇ **vag·í·nal** [-n(ə)l] *a.*

vág·i·nate [vædʒịnit, -nèit] *a.* 膣〔鞘〕のある.

vá·gran·cy [véigrənsi] *n.* **1** 漂泊, 放浪, さすらい; 放浪性. **2** (論旨の) 逸脱, とりとめのないこと.

***vá·grant** [véigrənt] *a.* **1 放浪する**, さまよう, 放浪的: the ～ tribes of the desert 砂ばくを放浪する種族. **2 気まぐれな**, 変わりやすい, とりとめのない: ～ thoughts 気まぐれな考え. —— *n.* 放浪者, 無宿者. [√vag-] ◇ **～·ly** *ad.* **～·ness** *n.*

vá·grom [véigrəm] *a.* 〖古〗=vagrant.

‡**vague** [veig] *a.* **1 はっきりしない**, **ばく然とした**, あいまいな: a ～ answer いいかげんな返答. I haven't the ～*st* notion of his design [where I left my camera]. 彼の意図は〔どこにカメラを忘れたか〕さっぱ

りわからない. a ～ longing そこはかとないあこがれ. a ～ rumor それとないうわさ. **2** ことば〔考え〕がはっきりしない: He was very ～ about when he could see her again. 彼はいつ彼女にまた会えるかはっきりわからなかった〔言わなかった〕. **3**《色・形状などが》ぼんやりした, ぼやけた: a ～ moon おぼろな月. Everything looks ～ in the fog. 霧の中ですべてがぼやけて見える. [√vag-] ◇ ***～·ly** [-li] *ad.* **～·ness** *n.*

vá·gus [véigəs] *n.* (*pl.* **-gi** [-dʒai])〘医〙迷走神経 (=～ nerve).

vail[1] [veil] *vt., vi.* **1** 下げる; 落とす. **2**〘古〙〈帽子を〉脱ぐ《降伏・尊敬のしるしに》.

vail[2] [veil] *vi., vt.*〘古〙(に)役立つ.
—— *n.* (通例 *pl.*)〘古〙心づけ, 祝儀.

‡**vain** [vein] *a.* **1** むだな, 無益な: ～ efforts 実らない努力. It is ～ to try. やってみてもだめだ. **2** 空虚な, つまらない, 見かけ倒しの: a ～ boast からいばり. in the ～ hope of success 成功のむなしい望みをいだいて. **3** 虚栄心の強い, うぬぼれの強い: be as ～ as a peacock (クジャクのように) ひどく見えっ張りである. ***be ～ of* (*about*)** を自慢する: She *is* ～ *about* her clothes. あの女は着る物が自慢なのだ. *be* ～ *of* one's family's long history in the town 町での由緒(ゆいしょ)ある家柄を鼻にかけている. ***in ～*** (1) いたずらに, 無益に: These men have labored and died *in* ～. これらの人々は努力して死んでいったがなんにもならなかった. (2) 軽々しく, みだりに: take the name of God *in* ～ 神の名を乱用する. [√van-]
◇ ***～·ly** [-li] *ad.* **1** むなしく, いたずらに. **2** うぬぼれて. **～·ness** *n.* **1** 無益, むだ, 無効. **2**〘稀〙うぬぼれ, 虚栄.

(類義語) 無益の: **vain** ある程度努力・試みを行なったが所期の目的を達しえない. これ以上続けてもむだな: It is *vain* to keep on hoping. これ以上希望をもち続けてもむだだ. **useless** 状況が悪いため, または本質的な欠陥から行なってもむだな: It is *useless* to try to reason with him. 彼を理屈で説得しようと思ってもむだだ. **futile** vain の強調形でなに一つ成果があがらない (ことが最初からわかっている).「愚かしい」という語感がある. **ineffectual** やり方がまちがっているのでやっても効果のあがらない: an *ineffectual* way of persuading him 彼を説得する無益な方法.

vain·gló·ri·ous [veingló:riəs/-glɔ́:r-] *a.* **1** 自慢する, うぬぼれの強い. **2** 見えを張る, 虚栄心の強い.
◇ **～·ly** *ad.* **～·ness** *n.*

vain·gló·ry [veingló:ri/-glɔ́:ri] *n.* **1** 自慢, うぬぼれ. **2** 虚栄, 見え. **3** 見せびらかし, 誇示.

vair [veər] *n.* **1**〘古〙灰色と白色のまだらのリスの毛皮《中世の貴人が衣服に付けた》. **2**〘紋〙毛皮紋.

val. valentine; valuation; value.

vál·ance [væləns] *n.* 《窓の上部・寝台・天蓋(てんがい)の周囲などの短い》たれ布〔カーテン〕.
◇ **～d** [-t] *a.* たれ布を掛けた.

‡**vale** [veil] *n.*〘雅〙**1** 谷, 谷間. **2** 現世, 浮き世.

vale [véili] L. (=be well) *int.* さらば, さようなら.
—— *n.* 別れ; いとまごい. → ave.

vàl·e·díc·tion [vælədíkʃ(ə)n] *n.* **1** 告別, 別れ. **2** 告別の辞, 別れのことば. [*vale*＋√dic-]

vàl·e·dic·tó·ri·an [vælədiktó:riən / -tɔ́:r-] *n.*〘米〙《卒業式に告別の辞を述べる》卒業生総代.

val·e·díc·to·ry [-díktəri] *a.* 告別の, 別れの.
—— *n.* 告別の辞〔演説〕;〘米〙卒業生代表の告別の辞.

vá·lence[1] [véiləns] *n.*〘化〙原子価;〘生〙《染色体などの結合する》数価. [√val-]

vál·ence[2] [væləns] =valance.

Va·lén·ci·a [vælénʃ(i)ə] *n.* **1** スペインの都会〔州〕. **2** (通例 *pl.*) 羊毛と絹またはもめんの交織布地. **3** (*pl.*) バレンシア産アーモンド〔干しブドウ〕.

Va·lèn·ci·énnes [vəlènsiénz / væləнsién] *n.* **1** バレンシエンヌ〘フランスの都会の名〙. **2** 同地またはベルギー製の高級レース (=～ lace).

vá·len·cy [véilənsi] =valence[1].

Vál·en·tine [væləntàin] *n.* **1** 聖バレンタイン《3世紀のローマのキリスト教殉教者》. **2** (v～) Saint Valentine's Day に贈り物をする相手;《一般的》恋人. **3** (v～)〘St. Valentine's Day に異性に贈るための〙愛をあらわした絵や詩句で飾ったカード.
Saint ～('s) Day 聖バレンタイン祭〘2月14日. この日恋人どうしが手紙や贈り物を交換する〙.

va·lé·ri·an [vəlí(:)riən/-líər-] *n.*〘植〙カノコソウ属の植物;〘薬〙その根茎から採る鎮静剤.

va·lér·ic [vəlérik] *a.* カノコソウの: ～ acid〘化〙吉草(きっそう)酸.

Va·lé·ry [F. valeri] *n.* Paul ～, 1871–1945, フランスの詩人・哲学者. 〈注〉つづり字中の é の上の記号は実際に書くもの.

vál·et [vælit] *n.* **1** 従者;《身のまわりの世話をする男性の》そば仕え. **2**《ホテルなどで客の世話をする》ボーイ. **3** 衣服掛け. ***No man is a hero to his ～.***〘諺〙英雄も近習(きんじゅう)の目にはただの人間.
—— *vt., vi.* (に)～として仕える.

va·let de cham·bre [F. valɛdəʃɑ:br] F. (貴人の) 従者, 近侍.

vàl·e·tù·di·nár·i·an [vælit(j)ù:d(i)né(:)riən / vælitjù:dinéər-] *a.* **1** 病身の, 病弱の. **2** 病気を気に病む. **——** *n.* **1** 病弱者. **2** 病人ぶる人.
◇ **～·ism** *n.* 病身, 虚弱; 健康を気にし過ぎること.

vál·gus [vælgəs] *n.* 外反足; ワニ足の人.
—— *a.* =knock-kneed.

Val·hál·la [vælhælə] *n.*〘北欧神話〙バルハラ《戦死者の霊が神の侍女 Valkyrie たちによってかしずかれ供応を受けるという Odin 神の殿堂》; 国家的英雄を祭る記念堂.

‡**vál·iant** [væljənt] *a.* **1** 勇敢な, 雄々しい, 英雄的な: a ～ soldier (deed) 勇敢な兵〔行為〕. **2**〘方〙強い, がっしりした. → 名詞 valor.
◇ **～·ly** *ad.* **～·ness** *n.*

vál·id [vælid] *a.* **1** 確実な根拠のある, 正当な理由のある. **2**《論理上》正当〔妥当〕な; 有力な. **3** 有効な: a ticket ～ for three days 3日間有効の切符. **4**〘法〙正当な手続きを経た. [√val-]
◇ **～·ly** *ad.* **～·ness** *n.*

vál·i·date [vælidèit] *vt.* **1**《法律上》有効にする; 批准する: ～ a treaty 条約を批准する. **2** 正当と認める, の正当性を確認する.
◇ **vàl·i·dá·tion** [vælidéiʃ(ə)n] *n.*

va·líd·i·ty [vəlídəti] *n.* **1** 正当〔妥当〕性. **2**《切符などの》有効; 通用期間. **3**〘法〙有効〔合法〕性, 効力.

va·líse [vəlí:s/-lí:z] *n.* 旅行用手さげかばん;〘軍〙背嚢(はいのう).

Val·kýr·ie [vælkí(:)ri/vælkiəri], **Vál·kyr** [vælkiər, ㊥+-kər] *n.*〘北欧神話〙Odin 神の12人の侍女のひとり《戦場の空中にさまよい戦死者の霊を Valhalla 神堂に導く》.

vál·late [væleit] *a.* 塁壁(など)で囲まれた.

val·lá·tion [vəléiʃ(ə)n / væl-] *n.* 塁壁, 堡塁(ほるい); 築城術.

‡**vál·ley** [væli] *n.* **1** 谷, 谷間, 渓谷(けいこく). **2** 流域; 谷に似た盆地: the Mississippi ～ ミシシッピ流域. **3** 谷形 (の物);〘建〙(屋根の) 谷. **4**《比喩的》みじめな状態, 日の当たらぬ場所. **5**《比喩的》最低値〔点〕, 谷, 谷底: the peak of inflation and the ～ of depression インフレの頂点とデフレの谷底. the ～ of the shadow of death〘聖〙死の影の谷; 大苦難 (のとき)《詩編 23:4》. ◇ **～·like** *a.*

va(l)·ló·ni·a [vəlóuniə / væl-] *n.* 一種のオークの実のさら《ヨーロッパ・アジア産. 染色・皮なめし用》.

vál·lum [væləm] *n.* (*pl.* **-la** [-lə])〘古ローマ〙矢来を巡らした防塁.

vál·or, ㊥ **vál·our** [vælər] *n.* 勇気, 剛勇, 勇猛

心. → 形容詞 valiant, valorous. [√val-]

vál·or·ize [vǽləràiz] *vt.* の物価を安定させる《買い上げで》. ◇ **vàl·or·i·zá·tion** *n.* 〔米〕《政府の》物価安定策.

vál·or·ous [vǽlərəs] *a.* 勇敢な, 剛勇な, 豪胆な. ◇ **〜·ly** *ad.* **〜·ness** *n.*

Vàl·pa·rái·so [vælpəréizou, -ráisou / -ráizou] *n.* チリ中部の海港.

valse [vɑːls] F. =waltz.

‡**vál·u·a·ble** [vǽlj(u)əbl/-ljuəbl] *a.* **1 貴重な**, たいせつな: 〜 advice 有益な助言. a 〜 friend 大事な友人. **2 高価な**: a 〜 painting. **3** 金銭的価値のある: 〜 papers 有価証券. **4** 評価できる: goods not 〜 in money 金で計られない品物.

—— *n.* (通例 *pl.*) **貴重品**《宝石・貴金属類》.

◇ **〜·ness** *n.* **-bly** *ad.*

(類義語) **貴重な: valuable** 価値がある. 主として金銭的な価値, もしくは仮に金銭に換算したばあいの推定価値についていう: a *valuable* watch 貴重なとけい. **precious** まれであるため, またはそれ自体貴重であるため価値がある: a *precious* stone 宝石. *precious* memory 貴重な追憶. **priceless, invaluable** 非常に価値があるため値がつけられない.

vàl·u·á·tion [væljuéiʃ(ə)n] *n.* 評価, 値踏み, 価値判断; 査定〔見積もり〕価格; 価値. ***put too high a* 〜** 買いかぶる《を *on*》.

‡**vál·ue** [vǽljuː, -lju] *n.* **1 価値**, 有用性, ありがたみ: the 〜 of education 教育の有用性. **2** 評価: He places a 〜 on his furniture. 彼は自分の家具を値うちのあるものと思っている. **3 価格**, 経済〔交換〕価値, 値段: The 〜 of yen changes every day. 円の(ドルに対する)価値は毎日変動する. market 〜 市場価値. buy a thing for more than its 〜 値うち以上の金を払って買う. **4** 価格に相当する物, 対価物: get the 〜 of one's money 金を払っただけの物を得る. **5** 掘り出し物, 格安品. **6** (*pl.*) (人生における) 価値基準: moral 〜*s* 道徳上の価値基準. **7**《語句などの》真義, 意義: the 〜 of a symbol 記号の意味. **8**〔数〕値: the 〜 of x xの値. **9**〔楽〕音符の示す長さ, 時間的価値. **10**〔画〕バリュー, 明暗 (の度). **11**〔音声〕音価. ***be of great* 〔*no, little*〕 〜** 価値が大である〔ない, ほとんどない〕. **(*for*) 〜 *received*** 〔商〕対価受け取り, 受取金額《手形面に記載する文句》. ***give* (*good*) 〜 *for*** に(十分)値うちだけのものを与える. ***give* 〜 *for* 〜** 値うちだけのものを支払う. ***of* 〜** 貴重な, 重要な. ***out of* 〜** 〔画〕明暗の調和がとれない. ***set* 〔*place, put*〕 *much* 〔*a high*〕 〜 *on* 〔*upon*〕** を高価に見積もる, を高く買う, を重んずる. ***surplus* 〜** 〔経〕余剰価値. ***to the* 〜 *of* ...** 金額…まで: a prize *to the* 〜 *of* ten thousand dollars 価格1万ドルの賞.

—— *vt.* **1 評価する**, 値踏みする: They 〜*d* the jewel at five thousand dollars. 彼らはその宝石を5,000ドルに見積もった. **2**《比喩的》評価する: How do you 〜 her as a secretary? 彼女を秘書としてどう思うか. **3 尊重する**, たいせつにする: I 〜 your opinion. ぼくはきみの意見を尊重する.

〜 one***self for*** 〈自分のしたことなど〉をうぬぼれる. 〜 one***self on*** 〔***upon***〕 を誇る. [√val-]

◇ **vál·ued** [-d] *a.* **1** 貴重な, たいせつな; 尊い, 尊重される. **2** 評価された. **vál·u·er** [-ər] *n.* 評価者, 価格査定人.

(類) → **price**「値段」, → **worth**「価値」

vál·ue·less [vǽljulis] *a.* 価値〔値うち〕のない, つまらない. ◇ **〜·ness** *n.*

vál·vate [vǽlveit] *a.* **1** 弁のある; 弁で開く. **2**〔植〕弁状の, 向き合わせの, 敷石状の.

‡**valve** [vælv] *n.* **1**〔機〕**バルブ**, 弁: a safety 〜 安全弁. **2**《水門などの》せき止め弁. **3**〔医・動〕弁, 弁膜. **4**〔植〕《莢(さや)・苞(ほう)の》から; 〔動〕《二枚貝などの》弁. **5**〔電〕真空管, 電子管: a six-〜 set 6球ラジオ. **6**《管楽器の》弁. **7**〔古〕《開き戸・折り戸の》とびら. —— *vt., vi.* に弁を付ける; 弁で調節する. **〜 detector** 真空管検波器.

◇ **〜·like** *a.* **〜·let** [-lit] *n.* 小弁.

vál·vu·lar [vǽlvjulər] *a.* **1** 弁状の; 弁の付いた; 弁ではたらく. **2** 心臓弁膜の.

va·móose [væmúːs/və-], **va·móse** [-móus] *vi., vt.* 〔米俗〕急に去る; (から) ずらかる, 逃げる.

vamp[1] [væmp] *n.* **1**《くつの》つま皮, わく皮. **2** つぎ, はぎ, ぼろ隠し. **3**〔楽〕即席伴奏.

—— *vt.* **1** に〜①, ②を当てる, 繕う《*up*》. **2** でっち上げる《*up*》: 〜 *up* an excuse. **3** に伴奏を即席につける. —— *vi.* 〔楽〕即席伴奏をする. ◇ **〜·er** *n.*

vamp[2] *n.* =vampire ③.

—— *vt.* 〈男を〉食い物にする; 〈男に〉たわむれる.

—— *vi.* 妖婦(ようふ)役を演ずる.

vám·pire [vǽmpaiər] *n.* **1**《死体からよみがえり, 夜間眠っている人の生き血を吸う》吸血鬼. **2** あくどい搾取者. **3** 妖婦(ようふ), 男たらし; 妖婦役女優. **4** 吸血コウモリ (=〜 bat). **5**〔劇〕舞台のばね落とし, 落とし戸《悪魔などの出没などに用いる》.

‡**van**[1] [væn] *n.* **1 有蓋(ゆうがい)トラック**, 運搬車. **2**〔英: 鉄道〕手荷物車, 有蓋貨車. **3** 囚人護送車. **4** (小さな) 荷馬車. ***goods* 〜** 有蓋貨車. ***guard's* 〜** 車掌車. ***removal* 〜** 引っ越し荷物運搬車.

—— *vt.* (**-nn-**) 〈荷物を〉車に積む; 車で運搬する.

〜 line 長距離引っ越し用運送業者.

van[2] *n.* **1**〔軍〕前衛, 先陣. **2** 先頭, 先駆, 先導〔指導〕者. ***in the* 〜 *of*** の先頭に立って, の先駆として. ***lead the* 〜 *of*** の先頭に立つ, の先駆をつとめる, の主導者となる. [< *van*guard]

van[3] *n.* 〔古〕簸別(ひわけ)機; 〔古・雅〕大翼; 選鉱用シャベル. —— *vt.* (**-nn-**) 選鉱する.

va·ná·di·um [vənéidiəm, -djəm] *n.* 〔化〕バナジン, バナジウム《金属元素. 記号 V》.

〜 steel バナジン鋼.

Van Al·len [væn-ǽlin] **〜 (*radiation*) *belt*** 〔物〕バンアレン (放射能) 帯《地球をめぐる強い放射能帯》.

Van·cóu·ver [vænkúːvər] *n.* カナダ British Columbia 州南西部の港市.

Ván·dal [vǽnd(ə)l] *a., n.* **1**《5世紀にローマを荒らしたゲルマンの一民族》バンダル人 (の). **2** (v〜) 文化・芸術の破壊者; 野蛮人 (の), 野蛮な.

Van·dál·ic [vændǽlik] *a.* **1** バンダル人の. **2** (v〜) 文化・芸術を破壊する, 野蛮な.

ván·dal·ism [vǽnd(ə)liz(ə)m] *n.* バンダル人的行為〔精神〕; 文化・芸術の破壊; 蛮風, 蛮行.

◇ **vàn·dal·ís·tic, ván·dal·ish** *a.*

Van·dýke [vændáik] *n.* **1** Sir Anthony 〜, 1599–1641, オランダの肖像画家《Van Dyck ともつづる》. **2** バンダイクの絵画〔肖像画〕. **3** (または v〜) 短いとがったバンダイクひげ (=〜 beard); バンダイク風のえり (=〜 collar)《ぎざぎざのついた幅広のレースのカラー》.

—— [(米) ⌐—] *a.* バンダイク (作) の; バンダイク風の.

—— *vt.* に深いぎざぎざのふちをつける: a 〜*d* apron.

—— *vi.* 《酔っ払いのごとく》ふらふら歩く, よろめく.

Vandyke beard

〜 borders ぎざぎざのあるふち. **〜 brown** 焦げ茶 (の絵の具).

vane [vein] *n.* **1** 風見. **2**《風車・推進器・タービンなどの》羽根, 翼. **3**《鳥の羽の》翈(こう). **4**〔測〕ねらい板. ◇ **〜d** *a.* 〜のある.

vang [væŋ] *n.* 〔海〕斜桁(しゃこう)支索.

Van Gógh [væn-góu, -gɔ́ːx / -gɔ́x] *n.* Vincent [víns(ə)nt-] 〜 ゴッホ, 1853–90, オランダの画家.

ván·guard [vǽngɑ̀ːrd] *n.* **1**〔軍〕前衛, 先兵. **2**

《集合的》先導者, 先駆. **3** 指導的地位. ***in the ～ of*** の先頭に立って.

va·níl·la [vənílə] *n.* **1** 〘植〙バニラ《アメリカ熱帯地方産のラン科植物の一種》; その実. **2** バニラエッセンス《香料》.

van·íl·lic [vənílik] *a.* バニラ(エッセンス)の.

‡ván·ish [vǽniʃ] *vi.* **1** 消える, 薄れる; なくなる; 姿を消す《から *from, out of*; へ *into*》: The last traces of the daylight ～*ed from* the sky. 最後の陽光が空から消えた. ～ *from* public life 公的生活から引退する. With a bow he ～*ed into* his room. 一礼して彼はへやへ姿を消した. Another big piece ～*ed*. 大片がもう一つ消えた〔食べられてしまった〕. **2** 〘数〙零の価をとる, ゼロになる.
—— *vt.* の姿を消す, 見えなくする: ～ a coin in the palm 手のひらの硬貨を消す.
—— *n.* 〘音声〙消音《[ou] [ei] の [u] [i] のような音》. [√van-] ◇ **～·ment** *n.* 消失.
〔類〕→ **disappear**「消える」

ván·ish·ing [vǽniʃiŋ] *a., n.* 消えうせる(こと).
～ cream バニシングクリーム《化粧下用クリーム》.
～ point 〘美〙消点《透視画法で》; 〘俗〙物の尽きる最後の一点. ◇ **～·ly** *ad.*

‡ván·i·ty [vǽnəti] *n.* **1** むなしさ; はかなさ; 空虚, 無益: the ～ of wealth 富のむなしさ. **2** 無益な〔くだらない〕事物〔行為〕: the ～*ies* of life 人生の無益な諸事. **3** うぬぼれ, 虚栄心: harmless ～ 罪のない虚栄心. tickle one's ～ 虚栄心をくすぐる; まんざらでもない気にさせる. **4** うぬぼれているもの, 虚栄のたね: One of her ～*ies* was that she was pretty. 彼女の自慢のたねの一つはきれいなことだった. **5** 鏡台; =～ case. → 形容詞 vain.
～ case 〔**bag, box**〕化粧道具入れ. **V～ Fair** (1) 虚栄の市《Bunyan 作の *Pilgrim's Progress* の中の市場の名; Thackeray の小説の題名》. (2) (v～ f～) 虚栄に満ちたこの世の中; 上流社会. **～ press** 〔**publisher**〕自費出版を引き受ける本屋.
〔類〕→ **pride**「誇り」

ván·quish [vǽŋkwiʃ, ㊧ᐩvǽn-] *vt.* **1** に打ち勝つ, 征服する. **2** 〈感情などを〉克服する. [√vi(n)c-] ◇ **～·a·ble** *a.* **～·er** *n.* 勝利〔征服〕者. **～·ment** *n.*

ván·tage [vǽntidʒ / vɑ́:n-] *n.* **1** 有利, 優越. **2** 有利な位置. **3** 見通しのきく場所. **4** 〘テニス〙バンテージ《ジュース後の1点の得点》. **5** 〘古〙利益. ***have*** a person ***at*** (***a***) ～ (人)よりも有利な地位に立つ. ***have*** 〔***take***〕 ***the enemy at*** ～ 不意を打つ. ***point*** 〔***coign***〕 ***of*** ～ =～ ground 〔point〕. ***to*** 〔***for***〕 ***the*** ～ 加えるに, その上に. [advantage と同語源]
～ ground 〔**point**〕有利な位置, 地の利: secure ～ *ground* south of the river 南岸の地の利を確保する. his ～ *point* as chairman 議長としての彼の有利な立場.

ván·ward [vǽnwərd] *a., ad.* 先頭へ(の), 前方へ(の).

váp·id [vǽpid] *a.* **1** 《飲料など》味のない, 気の抜けた. **2** 活気〔生気〕のない, たいくつな, つまらない. ***run*** ～ 気が抜ける. ◇ **～·ly** *ad.* **～·ness** *n.* **va·píd·i·ty** [væpídəti, və-] *n.*

‡vá·por, ㊧ **vá·pour** [véipər] *n.* **1** 蒸気, 水蒸気, 湯げ, もや: emit ～ 蒸気を発する. **2** 空想, 妄想(もう), 気まぐれな考え. **3** 〘古〙からいばり. **4** (the ～s) 〘古〙気ふさぎ, 憂うつ症.
—— *vt.* 蒸気にする. —— *vi.* **1** 蒸発する. **2** から自慢する, ほらを吹く. ～ ***forth high-flown fancies*** 途方もない気炎をあげる.
～ bath 蒸気浴, 蒸しぶろ. ◇ **～·a·ble** [-pərəbl] *a.* **～·er** *n.* **～·less** *a.* **～·like** *a.* **～·y** *a.* =vaporous. **và·po(u)r·íf·ic** [vèipərífik] *a.* 蒸発する.

vá·por·ous [véipərəs] *a.* **1** 蒸気のような. **2** 蒸気の多い, 霧のかかった. **3** 空虚な, 空想的な, はかない. ◇ **～·ly** *ad.* **～·ness** *n.*

và·po(u)r·ím·e·ter [vèipərímətər] *n.* 蒸気計《圧力と量をはかる》.

vá·po(u)r·ing [véipəriŋ] *n.* **1** 蒸発(すること). **2** 大言壮語, 自慢話, ほら. —— *a.* **1** 蒸発する. **2** からいばりする, 大げさな. ◇ **～·ly** *ad.*

vá·po(u)r·ish [-iʃ] *a.* **1** 蒸気のような; 蒸気の多い. **2** 憂うつ症の. ◇ **～·ness** *n.*

vá·po(u)r·ize [véipəràiz] *vt., vi.* 蒸発〔気化〕させる〔する〕.
◇ **-iz·er** [-ər] *n.* 蒸発させる人〔物〕; 蒸発〔気化〕器; 噴霧器. **và·po(u)r·i·zá·tion** [vèipərizéiʃ(ə)n, -raiz-] *n.* 蒸発(作用); 気化; 〘医〙蒸気療法.

va·que·ro [vɑ:kέ(:)rou/vækέər-] Sp. *n.* (*pl.* **～s**) 《メキシコ・アメリカ南西部の》家畜商人, ばくろう; 牧者, 牧畜者, 牛飼い, カウボーイ.

var. variant; variation; variety; variometer; various.

Va·rán·gi·an [vərǽndʒiən] *n.* バラング人《9世紀ごろ Baltic 海を荒らした北ヨーロッパ人種の海賊》.
—— *a.* バラング人の. **～ guard** バラング人で組織した東ローマ皇帝の親衛隊.

vàr·i·a·bíl·i·ty [vὲ(:)riəbíləti / vὲər-] *n.* 変わりやすいこと, 変化性; 〘生〙変異性.

***vár·i·a·ble** [vέ(:)riəbl / vέər-] *a.* **1** 変わりやすい, 一定しない, むら気の: ～ winds 方向が常に変わる風. Prices are ～ according to the exchanges. 物価はかわせ相場で変動する. ～ temper むら気. **2** 変化に富んだ: Nature is infinitely ～. 自然は無限の変化に富んでいる. **3** (任意に)変えられる, 可変(性)の: a ～ period of three to five days ときに応じて3日ないし5日にわたる期間. **4** 〘天〙《星が》変光する; 〘生〙変異する; 〘数〙変数の.
—— *n.* **1** 変化する物, 変わりやすい物. **2** 〘数〙変数. ↔ constant. **3** 〘天〙変光星; 変風; (*pl.*) 変風帯《大洋の》. **4** 任意科目《小・中学校の》. [√vari-]
～ capital 〘経〙流動資本. **～ condenser** 〘電〙可変コンデンサ, バリコン. **～ pitch propeller** 〘空〙可変ピッチプロペラ. **～ quantities** 〘数〙変量. **～ species** 〘生〙変異種. **～ star** 〘天〙変光星. **～ time fuse** 近接電波信管. → proximity fuse.
◇ **～·ness** *n.* **-bly** *ad.*

vár·i·ance [vέ(:)riəns / vέər-] *n.* **1** 変動: the ～ in crops 収穫量の変動. a daily ～ of one degree Fahrenheit 毎日1°Fの気温変動. **2** 相違, 不一致: a ～ in the testimony 証言における相違(点). the ～ between reports 報告の不一致. **3** 不和, 衝突: friends who have never had a ～. **4** 〘統計〙分散; 〘物・化〙可変条件数. ***at ～ with*** と不和で, 争って, 一致しないで, 矛盾して. ***set at ～*** 疎隔する, 離間する. [√vari-]

vár·i·ant [-ənt] *a.* **1** 《同種の物の間で》相違した, 不同の《*from*》. **2** 種々の; 変化に富んだ. **3** 〘稀〙変わりやすい, 不定の. **4** 《写本などの》異文の: ～ readings 異文. a ～ edition 異本.
—— *n.* **1** 変体, 変形: They are only ～*s* on the same pattern. 同じ型の変形にすぎない. **2** 《つづり・発音の》異形; 《文章など1箇所の》異文: the ～ of a folk song.

***vàr·i·á·tion** [vὲ(:)riéiʃ(ə)n / vὲər-] *n.* **1** 変化, 変動, 変異: an agreeable ～ in weather 気持ちのよい天候の変化. be liable to ～ 変わりやすい. **2** 変化の量, 変化度: a ～ of ten feet in height 高さで10フィートの変量. **3** 変化物, 変形: Lawn tennis is a ～ of tennis. ローンテニスはテニスの一種. **4** 〘楽〙変奏曲《単純なメロディーを複雑化したもの》; 〘バレー〙ソロ〔ひとり〕のダンス: ～*s* on a theme by Mozart モーツァルトのおなじテーマによる変奏曲. **5** 〘生〙変異, 変種. → mutation. **6** 〘天〙変差, 《月の》二均差; 〘物〙偏差; 〘数〙振幅; 変分. [√vari-]
◇ **～·al** [-ʃən(ə)l] *a.*

vár·i·co·cele [vǽrikəsi:l] *n.* 〘医〙静脈節瘤(せつりゅう);

精系静脈瘤. 「どりの, 雑色の.

vár·i·còl·o(u)red [vέ(:)rikʌ̀lərd/véər-] *a.* 色とり

vár·i·cose [vǽrikòus] *a.* 異常にふくれた; 脈瘤(性)の; 静脈怒張(治療用)の.
◇ **～·ness** *n.* **vàr·i·cós·i·ty** [værikɑ́səti/-kɔ́s-] *n.* 静脈怒張(の状態); 〖医〗 静脈瘤(varix).

‡**vár·ied** [vέ(:)rid / véərid] *a.* **1 さまざまの, 種々の**: the ～ phases of life さまざまな世相. **2 変化のある**, 移り変わる: a ～ life 多彩な生涯(しょうがい). **3** 変わった, 変更を加えた. **4** 雑色の, まだらの. [√vari-]
◇ **～·ly** *ad.* **～·ness** *n.*

vár·ie·gate [vέ(:)rigèit / véər-] *vt.* **1** 雑色にする, まだらにする. **2** に変化を与える. [√vari-]
◇ **vàr·ie·gá·tion** [vè(:)rigéiʃ(ə)n / vèər-] *n.* まだら, 雑色; 色どり; 染め分け, 絞り.

vár·ie·gat·ed [-id] *a.* **1** 雑色の, まだらの; 斑(ふ)入りの. **2** 変化に富む; むらのある.

‡**va·rí·e·ty** [vəráiəti] *n.* **1** 変化, 多様(性): a life full of ～ 変化に富んだ生活. unity in ～ 多様中の統一. **2** 相違, 不一致: the ～ of tastes さまざまな好みの相違. **3 種々さまざま**, 取り合わせ, 寄せ集め《いろいろ異なったものの》: owing to a ～ of causes いろいろな原因によって. There is a great ～ to choose from. たくさん取り集めてあって自由に選べる. **4 種類**, 異種; 〖生〗 変種《subspecies の下の区分》: rare ～*ies* of Jubilee stamps 50年祭記念切手の珍種. roses of every ～ あらゆる品種のバラ. **5** 〖おもに英〗 寄席(よせ)演芸 (=㊎ vaudeville). ***a ～ of*** 種々さまざまな…. ***for ～'s sake*** 変化を求めて, 単調を避けるために. [√vari-]
～ meat 雑肉《臓物・舌など》. **～ show** 〖おもに英〗 寄席演芸. **～ store** 雑貨屋, 小間物屋. **～ theater** [**house**] 〖おもに英〗 寄席演芸館.

vár·i·form [vέ(:)rifɔ̀:rm/véər-] *a.* 形の違った, 種種の形のある. ◇ **～·ly** *ad.*

va·rí·o·la [vəráiələ] *n.* 〖医〗 天然痘(smallpox).

va·rí·o·lar [vəráiələr] =variolous. 「痘.

vàr·i·o·lá·tion [vè(:)riəléiʃ(ə)n/vèər-] *n.* 〖医〗 種

vár·i·ole [vέ(:)riòul/véər-] *n.* あばた.

vár·i·o·loid [vέ(:)riəlɔ̀id/véər-] *a.* 天然痘類似の, 仮痘の. **——** *n.* 〖医〗 仮痘.

va·rí·o·lous [vəráiələs] *a.* 痘瘡(とうそう)の; 天然痘にかかった; あばたのある.

vàr·i·óm·e·ter [vè(:)riɑ́mitər/vèəriɔ́m-] *n.* 《同調用》バリオメーター, 磁力変化計; 露出コイル装置.

vàr·i·ó·rum [vè(:)rió:rəm/vèəriɔ́:r-] *a.* 諸家の注のある; 原典の異文を収めた: a ～ text.
—— *n.* 集注版 (=～ edition). [√vari-]

‡**vár·i·ous** [vέ(:)riəs/véər-] *a.* **1 さまざまな**, いろいろの, 多種多様な: for ～ reasons いろいろな理由で. *V*～ people declared they had seen the man. 多数の人がその男を見かけたと言った. **2** 多方面の, 変化に富む: a man of ～ talent 多能な人物. The story is lively and ～. 物語は生気と変化に満ちている. **3** 各(個)人の: refund to the ～ club members 各クラブ会員に払いもどす. The leaders maintained their ～ opinions. 指導者たちはめいめい自説を主張した. **4** 〖話〗《代名詞的用法》数人, 幾つか: *V*～ of the speakers were inaudible. 弁士のうちの何人かの声は聞こえなかった. [√vari-]
〖類〗 → **different**「異なった」

vár·i·type [vέ(:)ritàip/véər-] *vi.* バリタイパーを打つ.

Vár·i·typ·er [-ər] *n.* バリタイパー《商標名. 活字を交換できるタイプライターの一種》.

vár·ix [vέ(:)riks / véər-] *n.* (*pl.* **vár·i·ces** [vǽrisi:z]) 〖医〗 静脈瘤(りゅう); 〖動〗 螺層(らそう)《巻き貝の》.

vár·let [vɑ́:rlit] *n.* **1** 〖史〗《騎士などの》小姓, 近習(きんじゅ); 従者. **2** 下男. **3** 〖古〗 悪漢, 無頼漢.

vár·ment, vár·mint [vɑ́:rmint] *n.* **1** 〖話・方〗 害虫; 有害動物《coyote など》. **2** 社会の害毒, ならず者.

vár·nish [vɑ́:rniʃ] *n.* **1** ワニス, ニス, 上ぐすり. **2** 光沢面《ヒイラギ・ツタの葉などのワニス塗りに似たつや, 焼き物の上ぐすりの光沢など》. **3** (上べだけの) 見せかけ, ごまかし, 粉飾. ***put a ～ on*** を粉飾する, の上べをつくろう. ***under the ～ of*** で体裁よく隠されて; の皮を一枚むけば.
—— *vt., vi.* **1** (に)ニス [上ぐすり] を塗る; (に)光沢をつける: ～ a table テーブルにニスをかける. ～ *over* a surface 表面を光らせる. **2** 飾る; 体裁をとりつくろう, ごまかす《*up, over*》: ～ one's defects 欠点を隠す. **～*ing day*** 絵画展覧会開催日; その前日《出品画に加筆を許される日》. **～ tree** ウルシの木.
◇ **～·er** *n.* **～·y** *a.* ニスの [に似た], 光沢をもった: ～*y* smell. ～*y* appearance.

vár·si·ty [vɑ́:rs(i)ti] *n.* **1** 《大学・その他の学校の》代表チーム. **2** 〖おもに英話〗 大学 (university).

‡**vár·y** [vέ(:)ri / véəri] *vt.* **1 に変化をつける** [添える], 多様にする: ～ one's style of writing スタイルをいろいろに変えて書く. a program that is *varied* enough to avoid monotony 単調を避ける多様な番組. **2** 変更する, 修正する: ～ speed 速力を変える. ～ the position of a thing 物の位置を変える. ～ the rules 規則を修正する. **3** 〖楽〗 変奏曲にする.
—— *vi.* **1 変化する**, 変わる: colors ～*ing with* every change of light 光の変化のたびに変わる色. **2 さまざまである**, 互いに異なる. **3** それる《から *from*》: ～ *from* the law 法則からそれる. **4** 〖生〗 変異する; 〖数〗 変ずる: ～ directly [inversely] as… 〖数〗 …に正比例 [反比例] して変化する. [√vari-]
◇ **～·ing** *a.* **1** さまざまな: statements of ～*ing* degrees of accuracy 正確度のそれぞれに異なる陳述. **2** 色の変化する: a ～*ing* hare 冬毛の白くなるウサギ. 〖類〗 → **change**「変える」

vas [væs] *n.* (*pl.* **vá·sa** [véisə]) 〖医〗 脈管, 導管. [<L.] **～ deferens** [-défərènz] 〖医〗 輸精管.

Vás·co da Gá·ma [vǽskou-də-gǽmɑ / -gɑ́:mə] *n.* → Gama.

vás·cu·lar [vǽskjulər] *a.* 〖医・生〗 脈管の (ある), 脈管から成る; 血管の. **～ bundle** 〖植〗 =bundle ④. **～ system** 脈管系, 血管系, リンパ管系. **～ tissue** 維管組織, 導管組織.
◇**～·ly** *ad.* **vàs·cu·lár·i·ty** [ˌ—lǽriti] *n.* 〖生〗 維管 [脈管] 組織 (性).

vás·cu·lum [vǽskjuləm] *n.* (*pl.* **-la** [-lə], **-lums**) **1** 〖医〗 小脈管; 陰茎. **2** 《植物採集用》どうらん.

vasculum ②

†**vase** [veis, -z / vɑ:z] *n.* **1** 花びん. **2** 《装飾用》つぼ, びん, 水がめ. **3** 〖建〗 びん形飾り.

vás·e·line [vǽsili:n] *n.* 〖化〗 ワセリン(petrolatum)《元来は商標名》.

vàs·o·mó·tor [væsomóutər/véizo-] *a.* 〖生理〗 血管の伸縮をつかさどる; 血管運動神経の.

vás·sal [vǽs(ə)l] *n.* **1** 〖史〗《封建君主の》封臣, 臣下, 家臣. **2** 《一般的》隷属者, 配下: the Baltic states that became ～*s* of Russia ロシアの隷属者 [属国] と化したバルチック海沿岸の諸国. be a ～ to one's fear 恐怖のどれいとなって, 戦々恐々として.
—— *a.* **1** 家臣の(ような). **2** 隷属する; どれい的な. ***great*** [***rear***] **～** 直 [陪] 臣. **～ state** 属国.

vás·sal·age [-idʒ] *n.* **1** 臣下であること, 臣下の身分. **2** 《領主への》忠順 (の誓い). **3** 隷属 (的地位). **4** 臣下の領地. ***in ～ to*** に仕えて; に支配されて: a mind *in ～ to* passion 情熱のとりことなった心.

‡**vast** [væst/vɑ:st] *a.* **1** 広大な, 巨大な; 《数・量において》膨大な: ～ plains 広大な平野. a ～ expanse of ocean 広々と開けた大洋. a scheme of ～ scope 雄大な規模の計画. a ～ accumulation of

knowledge 膨大な知識の集積. ～ sums of money 巨額の金. **2**〔話〕非常な, すごい: with ～ exactness すごく正確に. ***of ～ importance*** きわめて重要な. **——** *n.* (the ～)〔雅〕広大な広がり: *the* ～ of heaven 大空. [√vast-]
◇ **～·ly** *ad.* 広大に, 広々と;〔話〕非常に, 大いに, すごく. **～·ness** *n.* **～·y** *a.*〔雅〕広大[巨大]なる.
〔類〕→ **broad**「広い」

vás·ti·tude [væstịt(j)ù:d/vá:stịtju:d] *n.* 広大 (vastness); 広大な広がり.

vat [væt] *n.* 大おけ[たる]《醸造・染色用などの》.
—— *vt.* (**-tt-**) 大おけ[たる]に入れる; 大おけ[たる]の中で処理する. ◇ **～·ful** [-fùl] *n.* 大おけ1杯.

Vat. Vatican.

Vát·i·can [vætikən] *n.* (the ～)《ローマ教皇の》バチカン宮殿, 教皇庁; 教皇政府; 教皇権[政治].
～ City, the バチカン市《教皇の支配下にあるローマ市内の独立国. 1929年設立》. **～ Council, the** バチカン公会議《教皇無過失性を決議した1869-70の会議》. ◇ **～·ism** *n.* 教皇絶対権説.

va·tíc·i·nate [vətísịnèit/væ-] *vt., vi.* 予言する.
◇ **-na·tor** [-ər] *n.* 予言者. **vàt·i·ci·ná·tion** [vætisịnéiʃ(ə)n, ㊥⁺vətisị-] *n.* 予言.

váude·ville [vɔ́:d(ə)vil, vóudv-/vóudəv-] *n.*〔米〕ボードビル, 寄席(よせ)演芸;〔英〕歌と踊りのはいった軽い劇, 軽喜歌劇;《フランスの》風刺的な俗謡. **～ house**〔米〕寄席(=㊥ music hall). **～ performance** [**sketch**]〔米〕寄席興行[軽喜劇].

vau·de·víl·lian [vɔ:dvíljən, voudv-, vɔ̀:dəv-/vòudəv-] *n.* 寄席芸人, ボードビリアン.
—— *a.* vaudeville の.

‡**vault**¹ [vɔ:lt] *n.* **1**《アーチ形》丸天井. **2** 丸天井のあるへや[通廊, 場所]. **3** 地下室;《銀行などの》金庫室, 貴重品保管室; 地下納骨所; 土ろう: a wine ～ ブドウ酒地下貯蔵室. **4** 丸天井に似た物; 青天井, 大空(=the ～ of heaven). **5**〔医〕腔拱(こうきょう); 口蓋(こうがい). **——** *vt.* **1** 丸天井づくりにする: ～ a roof [ceiling]. **2** 丸天井状におおう: The elm trees ～*ed* the street. [√volu-]
◇ **～·y** *a.*《樹木などが》丸天井状におおう.

vault² *vi.* **1**《主として棒や手をささえにして》跳躍する: put his hands on the counter and ～*ed over* カウンターに両手をついて飛び越えた. **2**《比喩的》飛躍を遂げる: USA ～*ed* to the position of world leadership. アメリカは一躍世界の指導国となった.
—— *vt.* 飛び越す. **——** *n.* 飛ぶこと, 跳躍, 飛び越し. ***pole ～*** 棒高とび.

váult·ed [vɔ́:ltid] *a.* 丸天井の(ある); アーチ形の: a ～ roof 丸天井.

váult·ing¹ [vɔ́:ltiŋ] *n.*〔建〕丸天井工事, 丸天井づくり[建築物];《集合的》丸天井.

váult·ing² *a.* **1** 飛ぶ, 飛び越す; 跳躍用の. **2**《野心など》誇大な, 自信のありすぎる.
—— *n.* **1** 飛ぶこと, 跳躍. **2** 棒高とび.

vaunt [vɔ:nt] *vt.* 自慢する; ほらを吹いて言う.
—— *vi.* 自慢する, 誇る《を *of, over*》.
—— *n.* 自慢, 高言, ほら. ***make a ～ of*** を誇る. [√van-] ◇ **～·er** *n.*

váunt·ing [vɔ́:ntiŋ] *a.* 自慢する; 自慢ぐせのある, 高慢な. ◇ **～·ly** *ad.*

v. aux. verb auxiliary. **vb.** verb; verbal.

V.C. Vice-Chairman; Vice-Chancellor; Vice-Consul; Victoria Cross. **V.D., VD** venereal disease. **v. dep.** verb deponent.

've [-v] *v.*〔話〕have の短縮形: I'*ve*; you'*ve*.

V-E [ví:í:] **～ *Day***〔米〕ヨーロッパ戦勝記念日《1945年5月8日》. [<*V*ictory in *E*urope Day]

veal [vi:l] *n.* 子牛の肉《食用》.
◇ **～·y** *a.* 子牛の肉に似た; 未熟な.

véc·tion [vékʃ(ə)n] *n.*〔医〕病原体伝染.

véc·tor [véktər] *n.* **1**〔数〕ベクトル, 方向量. → scalar. **2**《航空機・ミサイルなどの》進路 軌道. **3**〔生〕《特に》病原菌運搬こん虫. [√veh-]
◇ **vec·tó·ri·al** [vektóuriəl, -tɔ́:-/-tɔ́:-] *a.*

Vé·da [véidə, ví:də] *n.* (*pl.* **～**, **～s**) ベーダ《古代インドの聖典. Rig-Veda, Yajur-Veda, Sama-Veda, Atharva-Veda の4巻から成る》. [<Sans.]
◇ **Ve·dá·ic** [vidéiik, vei-] *a., n.* ベーダの; ベーダ梵語(ぼんご).

ve·détte [vidét] *n.*〔軍〕哨戒(しょうかい)艇; 騎哨.

Vé·dic [véidik, ví:dik] =Vedaic.

veep [vi:p]〔米俗〕=vice-president.

veer [viər] *vi.* **1** ぐるりと向き[方向]を変える: The highway ～*s* inland at this point. この地点でハイウエーは内陸に向かう. The weathercock ～*ed* northward. 風見は北へ向いた. **2** 〈人が〉意見・態度などを変える, 転向する《*round, about*》: ～ *round* to the other party 他党に転ずる. **3** 〈風が〉右回りに変わる. **4**〔海〕〈船が〉変針する;《特に》下手回しする.
—— *vt.* **1** の方向[方針]を変える. **2** 〈船の〉針路を変える;《特に》下手回しにする. **3** 〈綱・チェーンなどを〉繰り出す《*out, away*》. **～ *and haul*** 綱などをゆるめたり張ったりする;〈風向きが〉交互に変わる.
—— *n.* 方向転換; 転向.

véer·y [ví(:)ri / víəri] *n.*〔鳥〕ツグミの一種《北アメリカ産》.

Vé·ga [ví:gə] *n.*〔天〕ベガ, 織女《琴座の1等星》.

†**vég·e·ta·ble** [védʒ(ị)təbl] *n.* **1** 野菜, 青物. **2** 植物. ***become a mere ～*** (野菜のように)非活動的[不活発]になる. ***green ～s*** 青物; 新鮮な野菜料理. ***live on ～s*** 菜食[精進]する.
—— *a.* **1** 野菜の; 植物(性)の; 植物から得た[に関する]: ～ oil [fat] 植物性油[脂肪]. a ～ diet 菜食. **2** 単調な, つまらない: live a ～ existence 植物的存在をする.
～ ivory 植物象げ《代用象げ. 南アメリカ産ゾウゲヤシの胚乳》. **～ kingdom, the** 植物界. **～ life**《集合的》植物. **～ marrow** ナタウリ《西洋カボチャの一種》. **～ oyster**〔植〕バラモンジン. **～ soul** 魂のうちで栄養摂取・増殖をつかさどる下等部分. **～ soup** 野菜スープ. **～ sponge** ヘチマのたわし. **～ tallow** 植物脂《ろうそく・せっけんなどの原料》. **～ wax** 木ろう.

vég·e·tal [védʒitl] *a.* **1** 植物(性)の: ～ metabolism 植物性物質代謝. **2**〔生〕生長に関する, 生物作用の. **——** *n.* 植物, 野菜.

vég·e·tant [védʒịtənt] *a.* 生長を盛んにする, 力をつける.

vèg·e·tár·i·an [vèdʒịtɛ́(:)riən / -tɛ́ər-] *a.* 菜食主義(者)の; 野菜だけの, 菜食の: ～ principles 菜食主義. a ～ diet 菜食. **——** *n.* 菜食(主義)者.
◇ **～·ism** [-ìz(ə)m] *n.* 菜食主義.

vég·e·tate [védʒịtèit] *vi.* **1** 〈植物が〉生長する; 植物のように成長する. **2**《植物のように》単調無変化の生活をおくる; 座食[徒食]する, 無為に暮らす.

***vèg·e·tá·tion** [vèdʒịtéiʃ(ə)n] *n.* **1**《集合的》植物, 草木;(一地方特有の)植物. **2**《植物の》生長, 発育; 植物的機能. **3** 徒食, 無為の生活. **4**〔医〕病的[異常]生成物《こぶ・贅肉(ぜいにく)・いぼなど》.
◇ **～·al** [-ʃən(ə)l] *a.*

vég·e·ta·tive [védʒịtèitiv / -tət-] *a.* **1** 生長する, 生長力のある. **2** 生長に関する; 植物を生長させる. **3** 植物性の. **4** 無為の, 受動的の: a ～ life 無為徒食. ◇ **～·ly** *ad.* **～·ness** *n.*

vé·he·mence [ví:ịməns, ví:hi-], **-men·cy** [-i] *n.* **1** 激しさ, 猛烈さ. **2** 熱心, 熱情.

vé·he·ment [-mənt] *a.* **1** 激しい, 激烈な, 力いっぱいの. **2** 熱心な, 熱烈な, 熱情的な. [√veh-]
◇ **～·ly** *ad.*

‡**vé·hi·cle** [ví:ikl, ví:ə-, ㊥⁺ví:hi-] *n.* **1**《陸上の》乗り物, 車; 運搬具: space ～*s* 宇宙船. **2** 媒介物, 伝達手段[方法]: Language is the ～ of human thought. 言語は人間思想の伝達手段であ

る. **3** 芸術的天分の表現手段〔はけ口〕. **4**〖薬〗基礎〔賦形〕剤;〖画〗《絵の具をのばす》溶液, 展色剤. [√veh-]

ve·híc·u·lar [vihíkjulər] *a.* **1** 乗り物の〔による〕; 乗り物用の; 運搬用の: a ～ contrivance 乗り物, 車. ～ deaths 交通事故死. **2** 媒介になる.

V-éight, V-8 [víːéit] *a.* 8 気筒エンジンの《4 気筒ずつ二組みになって V 型に組み合わされている》.

‡**veil** [veil] *n.* **1** ベール, かぶり物: women wearing ～*s* ベールをかぶった女たち. **2** おおい, とばり, たれ幕: the ～ of mystery 神秘のベール. **3** 口実, 見せかけ, 仮面. **4**〖動・植〗膜 (velum). ***beyond*** [***behind, within***] ***the*** ～ あの世に, 天国に. ***draw a*** [***the***] ～ ***over*** を隠す, の説明を回避する. ***drop*** [***raise***] ***a*** ～ ベールをおろす〔上げる〕. ***lift the*** ～ ベールをとる; 真相を明かす. ***pass the*** ～ 死ぬ. ***take the*** ～ 修道女になる. ***under the*** ～ ***of*** の陰に隠れて, …にかこつけて.
— *vt.* **1** にベールをかける, ベールでおおう: ～ one's face. **2**《一般的》おおう, 隠す: be ～*ed* in mystery《真相などが》なぞに包まれている. — *vi.* ベールをかぶる: Arabic women ～ in the presence of men. アラビアの女たちは男性の前でベールをする. [√vel-]

veiled [veild] *a.* **1** ベールでおおった. **2** 包まれた, 隠された; あからさまでない: a ～ threat それとはなしの脅迫. a fact ～ from public knowledge 世間に隠している事実. ◇ **véil·ed·ly** [véilidli] *ad.*

véil·ing [véiliŋ] *n.* **1** ベール(でおおうこと). **2** 薄いおおい; ベール用布地.

‡**vein** [vein] *n.* **1**〖医〗静脈. →artery. **2**〖俗〗血管. **3**〖植〗葉脈;〖動〗《こん虫の》翅脈(しみゃく). **4**《石の割れ目の中に地下水で沈殿した》鉱脈《その鉱石を lode と呼ぶ》;《大理石の》石目; 木目. **5** 気質, たち, 特質: a poetic ～ 詩人はだ. **6**《一時的な》気分, 気持ち, 調子: a ～ of cruelty 冷酷さ. say in a humorous ～ おもしろ半分に言う. ***in*** (***the***) ～ ***for*** (do)***ing*** …する気になって, …に気分が向いて: I am not *in* (*the*) ～ *for* read*ing* just now. いまは読書する気がしない.
— *vt.* に筋〔脈〕を付ける《通例過去分詞形で》.
◇ **～ed** [-d] *a.* 筋〔脈〕のある; 葉脈のある; 木目のある. **～·ing** *n.* 脈〔筋〕の配列, 脈相. **～·let** *n.* 小静脈;〖植〗細脈. **～·y** *a.* 静脈の見える〔ある〕;《手など》筋の多い; しま模様のある.
〔類〕→ **mood**「気分」

vé·la [víːlə] *n.* velum の複数形.

ve·lá·men [viléimən] *n.* (*pl.* **-lám·i·na** [-lǽminə/-léim-])〖医〗膜, 被膜.

vé·lar [víːlər] *a.* 〖音声〗軟口蓋(こうがい)(音)の: a ～ consonants 軟口蓋子音.
— *n.* 軟口蓋子音《[k, g] など》. [√vel]

ve·lár·i·um [vilέ(ː)riəm/-léər-] *n.* (*pl.* **-a** [-riə])〖古ローマ〗屋根のない劇場の日よけ, 天幕.

vé·lar·ize [víːləràiz] *vt.* 〖音声〗軟口蓋音化する.
◇ **vè·lar·i·zá·tion** *n.*

Ve·lás·quez [vilάːskeis, -keθ, beláːθkeθ/-lǽskwiz] *n.* Diego Rodriguez de Silva y [djégɔː-rɔː-dríɡeθ-ðe-síːlvɑː-iː-] ～, 1599–1660, スペインの画家. 〈注〉見出し中 á の上の符号はつづり本来のもの《アクセントもそこにある》.

veld, veldt [velt] *n.*《南アフリカの》草原.

vel·lé·i·ty [veliːiti] *n.* (実行を伴わない)あわい欲望.

vél·li·cate [vélikèit] *vi., vt.* ぴくぴく動く〔動かす〕; ひきつける; ひきつらせる.
◇ **vèl·li·cá·tion** [⌐–kéiʃ(ə)n] *n.* けいれん.

vél·lum [véləm] *n.* **1** 上等皮紙《子牛皮・子羊皮の》; 皮紙文書. **2**〖米〗模造皮紙.
— *a.* 上等皮紙の(ような): ～ paper 模造皮紙.

ve·lóc·i·pede [vilάsipiːd/-lɔ́s-] *n.* 〖古〗足踏み 2 輪車〔3 輪車〕;〖米〗子ども用 3 輪車.

ve·lóc·i·ty** [vilάsiti/-lɔ́s-] *n.* 速さ, 速力;〖物〗速度. ***accelerated ～ 加速度. ***initial*** [***muzzle***] ～《弾丸の》初速度. ***uniform*** [***variable***] ～ 等〔可変〕速.

vé·lo·drome [víːlodròum] *n.*《自転車・自動車などの》競走場.

ve·lóur(s) [vəlúər] *n.* ベロア《絹・羊毛・綿の交織のビロードの一種》; ベロア帽子.

ve·lou·té [vəluːtéi] F. *n.* なめらかなホワイトソースの一種.

vé·lum [víːləm] *n.* (*pl.* **-la** [víːlə])〖医〗口蓋(こうがい)帆;〖植〗菌膜;〖動〗《軟体動物の》縁膜.

ve·lúre [vəlúər/vel-] *n.* **1** ビロード, ベルベット. **2** ビロードばけ《シルクハット用》.
— *vt.* (シルクハットブラシで) こする.

‡**vél·vet** [vélvit] *n.* **1** ビロード, ベルベット: cotton ～ 別珍. pile [terry] ～ なわ天, 毛羽を切ってないビロード. silk ～ 絹天; 本天. **2** ビロード状の物〔面〕《桃の皮・うぶ毛のはえたほおなど》;《石・幹などにはえた》コケ: the ～ of the lawn. **3** シカの袋角, 鹿茸(ろくじょう). **4**〖俗〗(ばくちの)もうけ, 勝ち越し金〔点数〕; 利益. ***be*** [***stand***] ***on*** ～ 有利な地位にある, 必ずもうかる地位にいる. ***to the*** ～〖商〗貸方に.
— *a.* ビロード製の; ビロードのような, 手ざわりのよい;《足音など》静かな: a ～ tread 静かな足音.
iron hand in the ～ ***glove*** 上べだけ優しいこと, 外柔内剛.
～ **ant**〖虫〗穴を掘るジガバチの一種. ～ **bean** 一年生豆の一種《アメリカ南部産. 飼料用》. ～ **paw** ネコの足《温順を装った残忍》. ～ **pile** ビロード織り. ～ **sponge** 海綿《西インド諸島産》.
◇ **～·y** [-i] *a.* **1** ビロードのような, 柔らかい. **2**《酒など》舌ざわり〔口あたり〕のよい.

vèl·vet·éen [vèlvitíːn/vél-] *n.* 別珍, 唐天; (*pl.*) 別珍製のズボン. — *a.* 別珍製の.

vél·vet·ings [vélvitiŋz] *n. pl.* 《集合的》ビロード製品.

Ven. Venerable; Venice.

vé·nal [víːn(ə)l] *a.* **1** 金銭ずくの, 報酬目当ての. **2** 買収されやすい. **3** 堕落した, 腐敗した.
◇ **～·ly** *ad.* **ve·nál·i·ty** [viːnǽliti] *n.*

ve·nát·ic [viːnǽtik] *a.* 狩りの.

ve·ná·tion [viːnéiʃ(ə)n] *n.* **1** 葉脈〔翅脈(しみゃく)〕の配列. **2**《集合的》葉脈, 翅脈.

vend [vend] *vt., vi.* **1** 〈小商品を〉売り歩く, 行商する. **2** 売る, 売れる: a machine for ～*ing* hot coffee 熱いコーヒーの出る自動販売機. **3** 〈公に意見などを〉発言する. ～***ing machine*** 自動販売機.

vén·dace [vénd(e)is] *n.* 〖魚〗シロマス《イングランド・スコットランド産》.

vend·ée [vendíː] *n.* 買い手, 買い主. ↔ vendor.

vénd·er [véndər] ＝vendor.

ven·dét·ta [vendétə] *n.* あだ討ち;《特に Corsica 島・イタリアの一部などにあった》近親復讐(ふくしゅう).

vénd·i·ble [véndəbl] *a.* **1** 売れる, さばける. **2**〖稀〗金銭ずくの. — *n.* (通例 *pl.*) 売れる品; 売り物. ◇ **-bly** *ad.* **vènd·i·bíl·i·ty** [⌐–bíliti] *n.* 売れること, 売却性.

ven·dí·tion [vendíʃ(ə)n] *n.* 販売.

vén·dor [véndər, -dɔːr] *n.* **1** 売り手, 売り主;《特に》行商人, 露天商人. ↔ vendee. **2** ＝vending machine.

ven·dúe [vend(j)úː/-djúː] *n.* 〖米〗公売, せり売り.

ve·néer [viníər] *n.* **1** 化粧板; 化粧張り. **2** ベニヤ板〔合板〕の各層をなす薄板. 〈注〉日本でいう「ベニヤ板」は plywood. **3** 見せかけ, 虚飾: a ～ of culture 上べだけの教養.
— *vt.* **1** に化粧板を張る, に化粧張りする《大理石板などで》. **2** 〈薄板を〉張り合わせる《合板作成のために》. **3** の上べを飾る, に虚飾を施す.

vén·er·a·ble [vén(ə)rəbl] *a.* **1**《高齢・人格・地位から》尊敬すべき, りっぱな, 高徳の. **2** 古びてこうごうしい, 荘厳な: a ～ monument 由緒(ゆいしょ)ある記念碑. **3**《イギリス国教で副監督の尊称として》…師

《略 Ven.》; 尊者《カトリック教でまだ聖人に列せられない人への尊称》. ◇ **-bly** *ad.* **～·ness** *n.* **vèn·er·a·bíl·i·ty** [vènərəbíləti] *n.*

vén·er·ate [vénərèit] *vt.* 尊ぶ, 敬う, あがめる.
◇ **vén·er·a·tor** [-ər] *n.*

vèn·er·á·tion [vènəréiʃ(ə)n] *n.* **1** 尊敬, 崇尊. **2** 尊敬の念, 敬意. ***hold*** a person ***in*** ～ (人を)尊敬している, あがめる.

ve·né·re·al [viní(:)riəl/-níər-] *a.* **1** 性交[性愛]の. **2** 性交から起こる: ～ disease 性病《略 V.D.》. **3** 性病にかかった; 性病治療の.

ve·nè·re·ól·o·gy [vini(:)riálədʒi/-nìəriɔ́l-] *n.* 性病学. ◇ **-gist** *n.* 性病科医.

vén·er·y[1] [vénəri] *n.* 〖古〗色情におぼれること.

vén·er·y[2] *n.* 〖古〗狩猟. 「(phlebotomy).

vèn·e·séc·tion [vènisékʃ(ə)n] *n.* 〖医〗瀉血(しゃけつ)

Ve·né·ti·a [viní:ʃ(i)ə] *n.* **1** 古代ローマ時代のイタリア北部の地方名. **2** ＝Venezia.

Ve·né·tian [viní:ʃ(ə)n] *a.* ベニス(人)の, ベニス風[式]の. **——** *n.* ベニス人.
～ blind 板すだれ. **～ carpet** 《階段・廊下に敷く》ベニスじゅうたん. **～ chalk** 〖洋裁〗チャコ. **～ door** [**window**] 《側戸[側窓]の二つある》ベニス式戸[窓]. **～ glass** ベニス産ガラス器. **～ mast** 《街路に立てる》だんだらの飾り柱. **～ pearl** ガラスの模造真珠. **～ shutter** よろい戸.

Ve·né·zia [ve(i)nétsjɑ:] *n.* **1** イタリア北部の州《州都 Venice》. **2** Venice のイタリア名.

Vèn·e·zué·la [vènəzwí:lə/vènezwéi-] *n.* ベネズエラ《南アメリカ北部の共和国. 首都 Caracas》.
◇ **～n** *n., a.* ベネズエラ人(の); ベネズエラ文化(の).

‡**vénge·ance** [véndʒ(ə)ns] *n.* 復讐(ふくしゅう), 仕返し, かたき討ち: carry out one's ～ 復讐を遂げる. → 動詞 avenge, revenge.
exact a* ～ *from a person ***for***... (人)に…の復讐をする. ***take a bloody* ～ *on*** に血の復讐をする, を殺して仕返しする. ***take*** [***inflict, wreak***] **～ *on*** [***upon***] a person ***for*** a thing (人)に(あること)の復讐をする. ***with a* ～** 猛烈に; 徹底的に; 過度に.

vénge·ful [véndʒf(u)l] *a.* 復讐心に燃えた, 執念ぶかい. ◇ **～·ly** [-fuli] *ad.* **～·ness** *n.*

vé·ni·al [ví:niəl, -njəl] *a.* **1** 許すことのできる, (罪が)軽い. **2** 《罪・過失などが》許される, 言いわけのできる. **～ sin** 〖カトリック〗小罪. ◇ **～·ly** *ad.* **～·ness** *n.*

vè·ni·ál·i·ty [vi:niǽləti] *n.* 許しうる[許される]こと; ＝venial sin.

Vén·ice [vénis] *n.* ベネチア, ベニス《イタリア北東部の港市》. **～ glass** ＝Venetian glass.

ve·ni·re (***fa·ci·as***) [vináiri(-féiʃiæs)/-náiəri-] L. (＝make come) *n.* 〖法〗《sheriff に対して発せられる》陪審員出廷令状.

ve·ní·re·man [vináirimən/-náiər-] *n.* (*pl.* **-men**) 〖米: 法〗《*venire facias* で呼び出された》陪審員.

vén·i·son [vénizn/vénzn, véni-] *n.* シカの肉.

Ve·ni·te [vináiti] L. *n.* 〖聖〗詩編第95編《朝の祈りの頌歌(しょうか)》; その楽曲.

ve·ni, vi·di, vi·ci [ví:nai-váidai-váisai/véini:-ví:di:-ví:ki:] L. (＝I came, I saw, I conquered.) 来たれり, 見たり, 勝てり《Julius Caesar の元老院への戦況報告中のことば》.

vén·om [vénəm] *n.* **1** 毒液《毒ヘビなどの》. **2** 悪意, 恨み: a tongue full of ～ 悪意に満ちたことば, 毒舌. **3** 〖稀〗毒, 毒物: a ～ duct 毒管. a ～ fang 毒牙(どくが). a ～ gland 毒腺(どくせん).

vén·om·ous [-əs] *a.* **1** 毒液を分泌する, 毒腺のある. **2** 悪意に満ちた, 恨みをいだいた, 有害な: a ～ tongue 毒舌. ◇ **～·ly** *ad.* **～·ness** *n.*

vé·nose [ví:nous] *a.* ＝venous.
◇ **ve·nós·i·ty** [vinásəti/-nɔ́s-] *n.*

vé·nous [ví:nəs] *a.* **1** 〖医〗静脈の; 静脈中にある. **2** 〖植〗葉脈のある[の多い].

◇ **～·ly** *ad.* **～·ness** *n.*

vent [vent] *n.* **1** 《空気・液体などを入れたり抜いたりする》穴, 口, 抜け[漏れ]口; 《たるなどの》通風[通気]孔; 《上着の背中の》スリット (slit); 排気[換気]用小窓; 煙抜き; 《管楽器の》指穴; 《大砲の》火門. **2** はけ口, 出口; のがれる力[機会]. **3** 《感情などの》表出, 吐露. **4** 《鳥・は虫類・魚類などの》肛門(こう). **5** 《ビーバー・カワウソなどの》水面に浮き上がること.
find (***a***) **～ *for*** の出口[はけ口]を見つける, を表現する. ***find*** [***make***] ***a* ～ *in*** に出る[あらわれる], に発露する. ***find* ～** (1) 漏れる, 抜け出る《から *through*》. (2) 口にのぼる, 述べられる. ***give* ～ *to*** <怒りなど>を発する[漏らす]. ***take* ～** 漏れる.
—— *vt.* **1** に穴[口]をあける, に出口[漏れ口]をつくる: ～ a plumbing system 鉛管の1箇所に穴をあけてガスを出す. **2** 漏らす, 出す: chimneys ～*ing* smoke 煙を吐いている煙突. **3** <感情などを>もらす, にはけ口を与える; ぶちまける. **——** *vi.* **1** 《穴・通風孔から》出てゆく. **2** 通風される: This toilet ～*s* through a chimney. この便所は煙突で換気される. **3** <ビーバーなどが>水面に浮き上がる.
～ one*self* 《憤懣(ふんまん)などを》ぶちまけてうき晴らしする. **～ one's *anger on*** に怒りをぶちまける; に八つ当たりする. [√vent-]
～ peg [**plug**] 《たるなどの》空気孔のせん. **～ pipe** 排気管, 通気管.

vént·age [véntidʒ] *n.* **1** ＝vent ①-③. **2** 《笛類楽器の》指穴.

vén·ter [véntər] *n.* 〖医・動〗腹部; 〖法〗腹, 母.

vén·ti·duct [véntidʌ̀kt] *n.* 通風管. [√vent-＋√duc-]

vén·ti·late [vént(i)lèit] *vt.* **1** <室・坑内・衣服などに>空気を通す, の換気をする: ～ a room. **2** <風・空気が>…によく通る. **3** <物に>風[空気]を当てる; <血液に>酸素を補給する. **4** に通風設備をする, に換気孔をあける. **5** <問題などを>論議にのせる, 世評に問う: The matter should be freely ～*d*. この件は自由に論議さるべきだ. **6** 〖古〗あおぐ; <穀物を>吹き分ける. **～*t*)*ing shaft*** 換気孔.

vèn·ti·lá·tion [vènt(i)léiʃ(ə)n] *n.* **1** 通風, 空気の流通, 換気(法); 通風装置. **2** 自由討議[論議]. [√vent-] 「の; 風通しのよい.

vén·ti·la·tive [vént(i)lèitiv/-lət-] *a.* 通風[換気]

vén·ti·la·tor [vént(i)lèitər] *n.* **1** 通風[送風]機, ベンチレーター; 通風孔[管, 筒]; 換気窓. **2** 《帽子などの》風穴. **3** 換気係. [√vent-]

vén·tral [véntrəl] *a.* 〖医・動〗腹の, 腹部の, 腹側の; 〖植〗内面の, 下面の. **——** *n.* 〖魚〗腹びれ.
～ fin 腹びれ. **～ massage** 按腹(あんぷく)(療治).
◇ **～·ly** *ad.*

ven·tre à terre [F. vɑ̃:tratɛ:r] F. 全速力で.

ventri- 「腹」の意の語形成要素.

vén·tri·cle [véntrikl] *n.* 〖医〗《動物体組織内の》腔(こう), 室; 脳室; 心室.
◇ **ven·tríc·u·lar** [ventríkjulər] *a.*

vén·tri·cose [véntrikòus] *a.* ほてい腹の; ふくれた.

ven·tríc·u·lus [ventríkjuləs] *n.* (*pl.* **-li** [-lài]) 〖動〗こん虫の胃; 鳥の砂嚢(さのう).

vèn·tri·ló·qui·al [vèntrilóukwiəl] *a.* 腹話(術)の. ◇ **～·ly** *ad.*

ven·tríl·o·quism [ventríləkwìz(ə)m], **-quy** [-kwi] *n.* 腹話術. [ventri-＋√loqu-] ◇ **-quist** *n.* 腹話術師. **-quize** [-kwàiz] *vi., vt.* ～で話す.

‡**vén·ture** [véntʃ(ə)r] *vi.* **1** 《副詞句を伴って》危険を冒して行く, あえて行く: ～ out of doors 危険を冒して戸外に出る. ～ too near the edge of a cliff がけのすぐきわまで近づいてみる. **2** 危険を冒して試みる《を *on, upon*》: ～ *on* an opinion 思い切って意見を述べる. Will you ～ *on* one more piece of cake? ケーキをもう一ついかがですか. **3** 思い切って…する, 大胆にも…する《*to* (do)》: I ～ *to* write

to you. 失礼をも顧みず〔おそれながら〕一筆申し上げます. ～ *to* disagree〔*to* suggest that...〕あえて反対意見を述べる〔…と提案する〕. I hardly ～ to say, but... 申し上げかねますが…. May I ～ *to* ask your opinion? ご意見を伺えますでしょうか. 〈注〉自信を欠いた丁寧な言い方.

— *vt.* **1** 危険にさらす, 賭(と)する: ～ one's life to save a child from drowning 生命を賭しておぼれる子どもを救う. **2** 〈金・財産などを〉かける, 賭する《に *on, upon, in*》: ～ one's fortune *in* speculation〔*on* a single chance〕財産を投機に〔たった一つの機会に〕かける. **3** 危険を冒してする, 敢行する: ～ a boating down the rapids ボートで急流くだりを敢行する. I can't ～ a step forward. こわくて一歩踏み出せない. **4** ちゅうちょしながら〔思い切って〕言う: ～ an opinion〔an objection〕思い切って意見を述べる〔反対を唱える〕. ***Nothing ～, nothing have.*** 〘諺〙虎穴(こけつ)に入らずんば虎児を得ず. ～ one*self* 危険を冒す, あえて進む.

— *n.* **1** 冒険, 冒険事業. **2** 投機(事業), 思わく: a lucky ～ 当たったやま. **3** 投機の対象物《船・船荷・商品など》; かけた物〔金〕. **4** 〘古・稀〙《予測できない》運, 偶然; 危険. ***at a ～*** 運任せに, 向こう見ずに; でたらめに. ***ready for any ～*** いかなる危険をも辞さない. [adventure と同語源]

～ **capital** 〘経〙投下資本 (risk capital).

◇ **～·some** [-səm] *a.* 冒険的な, 危険を冒す; 向こう見ずの, 大胆な, 冒険好きな. **vén·tur·er** [-tʃər-ər] *n.* 冒険者; 投機師.

vén·tur·ous [véntʃ(ə)rəs] *a.* **1** 冒険好きな, 向こう見ずの. **2** 冒険的な; 危険な.
◇ **～·ly** *ad.* **～·ness** *n.*

vén·ue [vén(j)uː / -njuː] *n.* 〘法〙犯行地; 裁判地《公判のため陪審の召集される場所》; 《指定された》集合地 (rendezvous). 「脈(しょうみゃく).

vén·ule [vénjuːl] *n.* 〘医〙小脈; 〘動〙こん虫の小翅

‡**Vé·nus** [víːnəs] *n.* **1** 〘ロ神〙ビーナス《愛と美の女神. ギリシア神話の Aphrodite》. **2** 絶世の美人. **3** 〘天〙金星, 太白星《宵の明星 (Hesperus) と明けの明星 (Lucifer) としてあらわれる. 無冠詞》. → planet. **4** 〘貝〙ビノスガイ属. ***Mount of ～*** 〘手相〙親指のつけ根. ～ ***of Milo*** ミロのビーナス.

～'s-flów·er-bàs·ket 〘動〙カイロウドウケツ《海綿の一種》. **～'s-flý·trap** [fláitræp] 〘植〙モウセンゴケの一種. **～'s-háir** 〘植〙ホウライシダ, ハエジゴク, ハエトリソウ.

ve·rá·cious [vəréiʃəs/ver-] *a.* **1** 真実を語る, 誠実な, 正直な. **2** 《話など》真実の, ほんとうの. [√ver-]
◇ **～·ly** *ad.* **～·ness** *n.*

ve·rác·i·ty [vərǽsiti/ver-] *n.* **1** 真実(性). **2** 正直, 誠実. [√ver-]

Vér·a·crúz [vérəkrúːz] *n.* メキシコ東部の要港.

***ve·rán·da(h)** [vərǽndə] *n.* 《通例屋根のついた》ベランダ, 縁側 (=(米) porch).

‡**verb** [vəːrb] *n.* 〘文〙動詞. ***auxiliary ～*** 助動詞. ***causative***〔***factitive***〕～ 使役動詞. ***dative ～*** 与格〔授与〕動詞《give, teach, lend など二重目的をとるもの》. ***finite ～*** 定形動詞. ***intransitive***〔***transitive***〕～ 自〔他〕動詞. ***reflexive ～*** 再帰動詞. ***regular***〔***irregular***〕～ 規則〔不規則〕動詞. ～ **pattern** 〘文〙各動詞がとる文型. ～ **phrase** 動詞句.

***vér·bal** [və́ːrb(ə)l] *a.* **1** ことばの, ことばにあらわした, ことばに関する, 語句〔用語上〕の: ～ communication ことばによる伝達. **2** 口頭の; ことばだけの, 行動を伴わない: ～ protest. **3** 《翻訳など》逐語的な, 文字どおりの. **4** 動詞の, 動詞から出た.

— *n.* 〘文〙準動詞(形) (=～ noun)《不定詞・分詞・動名詞など》.

～ **criticism** 語句の批評. ～ **evidence** 証言. ～ **image** 言語心像. ～ **message** 伝言, 口上. ～ **note** 口上書; 〘外交〙無署名覚書. ～ **noun** 〘文〙動詞的名詞. → gerund, infinitive.

◇ **～·ism** [-iz(ə)m] *n.* **1** 言語的表現; 語〔句〕の使用〔選択〕. **2** 字句にこだわること, 字義詮索(せんさく); 語句批評. **3** 冗長, 形式的文句. **～·ist** [-ist] *n.* 語句使用の練達者; 字句詮索家; 語句批評家. **～·ly** [-i] *ad.* ことばで; 口頭で; 逐語的に; 動詞として.

vér·bal·ize [və́ːrb(ə)làiz] *vt.* **1** ことばにあらわす. **2** 動詞に使う; 動詞化する.

— *vi.* 語句が冗長にながれる, しゃべりすぎる.
◇ **vèr·bal·i·zá·tion** [vəːrb(ə)lizéiʃ(ə)n/-laiz-] *n.*

ver·bá·tim [vərbéitim] *a., ad.* 逐語的の〔に〕, ことばどおりの〔に〕: ～ translation 逐語訳.

ver·ba·tim et lit·e·ra·tim [vərbéitim-et-litəréitim] L. (=in exactly the same words) 一語一字変えることなく.

ver·bé·na [vərbíːnə] *n.* 〘植〙クマツヅラ属の植物, 美女桜. 「冗漫.

vér·bi·age [və́ːrbiidʒ] *n.* 多言, おしゃべり, 冗長,

vérb·i·fy [və́ːrbifài] *vt.* 動詞化する.
◇ **vèrb·i·fi·cá·tion** *n.*

ver·bóse [vərbóus] *a.* 口数の多い, 冗長な, くどい.
◇ **～·ly** *ad.* **～·ness** *n.* **ver·bós·i·ty** [vərbɑ́siti/-bɔ́s-] *n.* 「止された.

ver·bo·ten [fərbóutn] G. *a.* 〘米〙《法により》禁

ver·bum sat sa·pi·en·ti (***est***) [və́ːrbəm-sæt-sæpiéntai(-est)] L. (=a word (is) enough to the wise) 賢者には1語で十分《略 *verb. sap.*》.

verd [vəːrd] ～ ***antique*** 〘鉱〙緑色ジャモン石; 青さび, 緑青.

vér·dant [və́ːrd(ə)nt] *a.* **1** 青々とした, 青葉の茂った, 新緑の. **2** うぶな, 不慣れな, 未熟な: a ～ youth 未熟な若者. ◇ **～·ly** *ad.* **vér·dan·cy** [-si] *n.* 青青としていること, 新緑; 未熟, 若さ.

vér·der·er, vér·der·or [və́ːrdərər] *n.* 《中世イギリスの》御料林官. ◇ **～·ship** *n.*

Vér·di [véərdi] *n.* Giuseppe [dʒuːzéppe-] ～ ヴェルディー, 1813–1902, イタリアの歌劇作曲家.

vér·dict [və́ːrdikt] *n.* **1** 〘法〙《陪審員の》評決, 答申: a ～ for the plaintiff 原告に有利な評決〔答申〕. **2** 判断, 意見, 裁決. ***bring in***〔***return***〕***a ～ of*** guilty〔not guilty〕(有罪〔無罪〕) の評決〔答申〕をする. ***general***〔***special***〕～ 一般〔特別〕評決. ***pass*** one***'s ～ upon*** に裁断をくだす.
[√ver-＋√dic-] 「るさび).

vér·di·gris [və́ːrdigrìs] *n.* 緑青《銅・黄銅に生じ

Ver·dún [veərdʌ́n / ⌐—] *n.* ベルダン《フランスの都市. 第1次大戦の激戦地》.

vér·dure [və́ːrdʒər] *n.* **1** 《草木の》緑, 新緑. **2** 《集合的》青々とした草木〔若葉〕: mountains clad in ～ 青々とした草木におおわれた山々. **3** 新鮮さ, 生気; 隆盛.

vér·dur·ous [-dʒərəs] *a.* 青々とした; 新緑におおわれた, 青葉の茂った, 緑したたる. ◇ **～·ness** *n.*

Ver·ein [feráin, (米)⁺vər-] G. *n.* 連盟, 同盟; 組合, 協会, 結社.

verge [vəːrdʒ] *n.* **1** 端, ふち, へり. **2** きわ, 境, 境界; 果て. **3** 限界, 範囲; まわり, 周囲; 〘雅〙水平〔地平〕線. **4** 〘英〙《道路の》肩. **5** 《高官の行列などに持つ》権杖(けんじょう), 権標. **6** 《とけいなどの》心棒, 軸; 〘建〙切妻(きりづま)に突き出た屋根がわら, けらば. **7** 〘英史〙宮廷裁判所長官の管轄区域.

on the ～ of 〈破滅など〉に瀕(ひん)して; まさに…しようとして; 〈…歳〉になんなんとして.

— *vi.* **1** 接する, 境する: the meadow which ～*s on* the lake 湖水に接する牧場. **2** 向かう, 傾く: the hill *verging to* the north 北の方に傾斜している丘. **3** 《ある状態に》近づく: ～ *on*〔*upon*〕insanity 狂気じみる. ～ *toward* fatness 太り気味である.

vérg·er [və́ːrdʒər] *n.* **1** 〘英〙権標奉持(ほうじ)者《寺

院・大学などの》. **2** 〘おもに英〙《教会のそうじ・礼拝者の世話などをする》雑用係.

Vér·gil, Ver·gíl·i·an =Virgil, Virgilian.

ve·ríd·i·cal [vịrídikəl/ve-, vị-] *a.* 偽らぬ, 正直な, ほんとうの, 真実の. ◇ **～·ly** *ad.*

vér·i·est [vériist] *a.* **1** 全くの, ほんとうの. **2** 〘稀〙 very の最上級.

vér·i·fi·a·ble [vérịfàiəbl] *a.* 立証〔証明〕できる, 証言できる. ◇ **～·ness** *n.* **-bly** *ad.*

vèr·i·fi·cá·tion [vèrịfịkéiʃ(ə)n] *n.* 確認; 検証, 立証, 証言, 証明. → 動詞 verify.

vér·i·fy [vérịfài] *vt.* **1** 《証拠・証言などによって》確証する, 証明する, 証拠だてる: ～ one's statement 陳述の真実であることを証明する. **2** 確かめる. **3** 《事実の対照・調査などによって》…の正確さを調べる, 点検する, 検証する: ～ figures 計算を照合する. **4** 〈事実・行為などが予言・約束などを〉実証する. **5** 〘法〙《宣誓または証拠などによって》立証する. [√ver-] ◇ **-fi·er** *n.* 立証〔証明〕者; 検定器.

vér·i·ly [vérịli] *ad.* 〘古〙まことに, 真に (truly).

vèr·i·sím·i·lar [vèrịsímịlər] *a.* 真実〔ほんとう〕らしい, もっともらしい, ありそうな. ◇ **～·ly** *ad.*

vèr·i·si·míl·i·tude [vèrịsịmílịt(j)ù:d/-tju:d] *n.* **1** ほんとう〔真実〕らしさ, 真に迫ること. **2** ほんとうらしい話〔事柄〕, ほんとうらしく見えるもの. [√ver-+√simil-]

vér·ism [ví(:)riz(ə)m / víər-] *n.* 《文学・芸術での》真実(描写) 主義.
◇ **vér·ist** *n.* **ve·rís·tic** [vi(:)rístik/viər-] *a.*

vér·i·ta·ble [vérịtəbl] *a.* 真実の, まぎれもない, まことの, 正真正銘の. [√ver-] ◇ **～·ness** *n.* **-bly** *ad.*

vér·i·ty [vérịti] *n.* **1** 真実(性), 真実さ, 真. **2** 《真実だと考えられている》信念, 原理; 真実の陳述; 真理. ***in all* ～** 〘古〙《誓言として》まことに, 真実に. [√ver-]

vér·juice [vɔ́:rdʒù:s] *n.* **1** すっぱい果汁(じゅう)《料理用》. **2** 気むずかしさ. **——** *a.* **1** ～の. **2** 気むずかしい. ◇ **～d** [-t] *a.*

Ver·láine [vɛərlén] *n.* Paul ～ ヴェルレーヌ, 1844–1896, フランスの象徴派詩人.

vér·meil [vɔ́:rm(i)l / -m(e)il] *n.* **1** 〘雅〙朱, 朱色 (vermilion). **2** 金めっきした銀〔青銅, 銅〕. **3** 〘鉱〙紅色ザクロ石. **——** *a.* 朱色の, 鮮紅色の.

vermi- 「虫, うじ」などの意の語形成要素.

vèr·mi·cél·li [vɔ̀:rmịséli] *n.* 西洋そうめん《*spaghetti* より細い *macaroni* の一種》.

vér·mi·cide [vɔ́:rmisàid] *n.* 駆虫剤, 虫くだし, 殺虫剤.

ver·míc·u·lar [vɔ:rmíkjụlər] *a.* 《動き方・形などが》うじ虫状の, うじ虫のように動く; 虫食い状の, 虫の食った.

ver·míc·u·late [vɔ:rmíkjụlit] *a.* **1** =vermicular. **2** 《比喩的》遠回しの, 当てこすりの.
—— [-lèit] *vt.* 〈石などに〉虫食い状の模様をつける.
◇ **ver·mìc·u·lá·tion** *n.*

ver·míc·u·lite [vɔ:rmíkjụlàit] *n.* ヒル石.

vér·mi·form [vɔ́:rmịfɔ̀:rm] *a.* うじ虫状の: the ～ appendix 〘医〙虫垂, 虫様突起, 盲腸.

vér·mi·fuge [-fjù:dʒ] *n., a.* 〘医〙駆虫剤, 虫くだし(の).

ver·míl·ion [vərmíljən] *n.* 朱, 辰砂(しんしゃ); 朱色.
—— *a.* 朱(色)の, 朱塗りの.
—— *vt.* 朱に染める, 朱塗りにする.

vér·min [vɔ́:rmin] *n.* (*pl.* ～) **1** 有害な小動物《ネズミ・イタチなど》; 害虫《ノミ・ナンキンムシ・シラミ・ハエなど》; 寄生虫. **2** 社会の害虫, ならず者, 人間のくず: street ～ 町のダニ.

vér·mi·nate [vɔ́:rmịnèit] *vi.* 害虫〔寄生虫〕がわく〔にたかられる〕.

vèr·mi·ná·tion [vɔ̀:rmịnéiʃ(ə)n] *n.* 害虫発生; 「寄生虫病.

vér·min·ous [vɔ́:rmịnəs] *a.* **1** 虫を生じる, 虫のわいた; ノミ・シラミなどの多い. **2** 虫のために起こる. **3** 《けいべつ的》虫けら同然の, けちな, 卑劣な; 害毒を流す. ◇ **～·ly** *ad.* **～·ness** *n.*

Ver·mónt [vɔ:rmánt/-mɔ́nt] *n.* アメリカ北東部の州. ◇ **～·er** [-ər] *n.* ～州の人.

vér·m(o)uth [vɔ́:rmu:θ, vərmú:θ / vɔ́:məθ] *n.* ベルモット《ブドウ酒; おもにカクテル用》.

ver·nác·u·lar [vərnǽkjụlər] *a.* **1** 自国語の: Japanese is our ～ tongue. 日本語はわれわれの自国語だ. a ～ paper 自国語〔邦字〕新聞. **2** 地方語の; 《人が》地方語で書く《literary に対して》: a ～ idiom 土地の慣用語. a ～ poet 方言(で書く)詩人. **3** 《建築・工芸などが》その土地特有の, 民芸的な. **4** 風土的な: a ～ disease 風土病. **5** 《動植物が》(学名ではなく) 俗称の: the ～ name 俗名.
—— *n.* **1** 自国語; 地方語, 方言. **2** 日常語. **3** 《ある職業の》専門語; 隠語: the ～ of lawyers 弁護士ことば. the ～*s* of childhood 幼児ことば. **4** 《動植物の》俗名. **5** 〘英笑〙げびた〔口ぎたない〕ことば. ***in the* ～** ～で; 口ぎたなく.
◇ **～·ism** *n.* 自国語法; 自国語使用. **～·ly** *ad.*

vér·nal [vɔ́:rn(ə)l] *a.* **1** 春の; 春にはえる, 春咲きの. **2** 春のような, 春めいた. **3** 青春の, 若々しい.
～ equinox 〘天〙春分.
◇ **～·ly** *ad.* 春のように, 春らしく.

vér·nal·ize [vɔ́:rn(ə)làiz] *vt.* 〈植物の〉開花結実時期を早める, に春化処理を施す.
◇ **vèr·nal·i·zá·tion** *n.*

ver·ná·tion [vɔ:rnéiʃ(ə)n] *n.* 〘植〙芽型《葉芽の「配列状態》.

Verne [vɔ:rn, vɛərn] *n.* Jules ～ [dʒú:lz⌐], 1828–1905, フランスの科学冒険小説家.

Vér·ni·cle [vɔ́:rnikl] =veronica ②.

vér·ni·er [vɔ́:rniər] *n.* 遊標, 遊尺 (=～ scale).

Vér·non [vɔ́:rnən] =Mount Vernon.

Ve·ró·na [vịróunə] *n.* イタリア北部の都市.

Vér·o·nal [vérən(ə)l] *n.* ベロナール《鎮痛・催眠剤の一種. 商標名》. → barbital.

Vèr·o·nése[1] [vèrəní:z] *a.* Verona の(町の).
—— *n.* (*pl.* ～) Verona 人.

Vè·ro·né·se[2] [vèrɔ:nése / vèrənéizi] *n.* Paolo [pá:ɔ:lɔ:-] ～, 1528–88, イタリアの画家.

ve·rón·i·ca [vịránikə / -rɔ́n-] *n.* **1** 〘植〙クワガタソウ属の植物《イヌノフグリの類》. **2** 〘宗〙ベロニカ《Saint Veronica が刑場におもむくキリストに与えた布片. キリストの顔をぬぐうと, その顔の像が印されたという》; キリスト像を描いたハンカチ.

ver·rú·ca [verú:kə] *n.* (*pl.* **-cae** [-rú:si:]) 〘医〙いぼ, 疣腫(ゆうしゅ); 〘動・植〙いぼ状突起.

Ver·sáilles [vərséilz, vɛərsái/vɛəsái, vɔ:s-] *n.* ベルサイユ《パリ西郊の都市. ベルサイユ宮殿がある》.

vér·sant [vɔ́:rs(ə)nt] *n.* 山の斜面; 《一地方の》地勢の傾斜.

vér·sa·tile [vɔ́:rsət(i)l / -tail] *a.* **1** なんでもできる, 多芸多才の, 万能の, 多方面にわたる: be ～ in one's talents 多才である. **2** 自由に向きの変わる; 〘動〙可転〔反転〕性の; 〘植〙丁字状の. **3** 〘稀〙変わりやすい, 気まぐれな: ～ moods むら気. [√vert-]
◇ **～·ly** *ad.* **～·ness** *n.* **vèr·sa·tíl·i·ty** [vɔ:rsətílịti] *n.* 多芸多才; 変通自在; 気まぐれ.

‡verse [vɔ:rs] *n.* **1** 韻文, 詩: express in ～ 詩につくる. 〈注〉poetry に比べ内容よりも詩形を問題にする. → prose. **2** 詩の一行, 詩句: quote a ～ 詩の一行を引用する. **3** 詩の節, 連 (stanza) 《refrain や chorus に対して》. **4** 一編の詩, 詩(作品): a long ～ 長詩. **5** 詩形: free ～ 自由詩. **6** 《聖書の》節. → chapter. **7** 《聖歌の》独唱部.
blank* ～** 無韻詩. ***cap* ～*s 詩句のしりとりをする. ***elegiac* ～** 哀歌. ***give chapter and* ～ *for*** 〈引用句など〉の出所を明らかにする.
—— *vt., vi.* 〘稀〙詩を〔に〕つくる(versify). [√vert-]
⌐·mòn·ger, ⌐·màk·er へぼ詩人. **～-speak·ing choir** 詩の合唱隊.

versed [və:rst] *a.* **1** 精通した, 造詣(ぞうし)がふかい; 熟練した《に *in*》: He is well ～ *in* medicine. 彼は医学に詳しい. **2** 反対の. [√vert-]
～ sine 〔数〕《三角法の》正矢(せいし).
vér·si·cle [vá:rsikl] *n.* 短詩; 〔宗〕唱和の短句《礼拝式で司会者と会衆が交互に唱える特に詩編からの引用》.
vér·si·còl·or [vá:rsikʌ̀lər], ㊥ **-còl·oured** [-ləd] *a.* **1** 種々に色の変わる; 玉虫色の. **2** 雑色の; まだら色の.
ver·síc·u·lar [və:rsíkjulər] *a.* 詩の形の, 詩から「なる.
vèr·si·fi·cá·tion [və̀:rsifikéiʃ(ə)n] *n.* **1** 作詩(法), 韻律形式. **2** 韻文化.
vér·si·fy [vá:rsifài] *vt.* **1** 詩につくる, 詩で述べる; 〈散文を〉詩に直す. **2** 韻律形式に分解する.
—— *vi.* 詩をつくる. ◇ **-fi·er** [-ər] *n.*
*__vér·sion__ [vá:rʒ(ə)n, -ʃ(ə)n / -ʃ(ə)n] *n.* **1** 翻訳; 訳文, 訳書; 《小説の》脚色; (しばしば V～)《聖書の》訳. **2** …化: a film ～ of a novel 小説の映画化. **3** 変形, 別形, …版: a modern ～ of the ancient superstition 昔からある迷信の現代版. **4**《個人的または特殊な立場からの》解釈, 意見, 所見, 説明: What is your ～ of the affair? その事件についてどう思いますか〔どういうご意見ですか〕. **5**〔医〕《胎児の》転位法. [√vert-] ◇ **～·al** *a.*
vers li·bre [vɛərlí:br(ə)] F. 自由詩 (free verse).
vers-lí·brist [vɛərlí:brist] *n.* 自由詩作者.
vér·so [vá:rsou] *n.* (*pl.* **～s**) **1**《開いた本の》左ページ. ↔ recto. **2**《貨幣・メダルなどの》裏. ↔ obverse.
verst [və:rst] *n.* ベルスタ《ロシアの距離. 約 3,500「フィート》.
ver·sus [vá:rsəs] L. (= against) *prep.*《訴訟・競技などで》…対(たい)《略 v., vs.》: plaintiff ～ defendant 原告対被告.
vert¹ [və:rt] *n.* **1**〔英: 山林法〕山林中の草木の茂み《シカの隠れ場》; その伐採権. **2**〔紋〕緑色.
vert² *vi.* 〔英話〕改宗する《特にイギリス教会からカトリック教に》. **——** *n.* **1**〔英話〕改宗者; 変節者. **2**〔米〕改心した悪漢. [<con*vert*]
vér·te·bra [vá:rtibrə] *n.* (*pl.* **-brae** [-bri:], **-bras**) 〔医〕つい骨, 脊椎(せきつい)骨.
vér·te·bral [-l] *a.* つい骨の(ある), せき柱の: a ～ animal 脊椎動物. ◇ **～·ly** *ad.*
Vèr·te·brá·ta [və̀:rtibréitə, -brá:-] *n. pl.* 〔動〕脊椎(せきつい)動物.
vér·te·brate [vá:rtibrèit, -brit] *a.* せき柱〔つい骨〕のある. **——** *n.* 脊椎動物. ◇ **-brat·ed** [-brèitid] *a.* **vèr·te·brá·tion** [ˌ–⁻–bréiʃ(ə)n] *n.* 脊椎構成.
vér·tex [vá:rteks] *n.* (*pl.* **-tex·es**, **-ti·ces** [-tisi:z]) **1** 最高点, 頂上, 山頂. **2**〔医〕頭頂; 〔数〕頂点; 〔天〕天頂.
‡**vér·ti·cal** [vá:rtik(ə)l] *a.* **1** 垂直の, 鉛直の, 直立した, 縦の. → horizontal. **2** 頂点〔絶頂〕の; 天頂の. **3**《関連産業部門を》縦に連ねる, 縦断的な.
—— *n.* 垂直線〔面, 圏, 位〕.
～ angle 対頂角. **～ fin** 縦びれ《尾・背・しりびれなど》. **～ file** 縦型整理カードだな. **～ line** 垂直〔鉛直〕線. **～ mobility**〔社〕垂直移動《レベルの異なる階級への転職など》. → horizontal mobility. **～ motion** 上下(運)動. **～ plane** 垂直面. **～ section** 縦断面. **～ turn**〔空〕垂直旋回. **～ union** 産業別労働組合. ◇ **～·ly** *ad.*
vèr·ti·cál·i·ty [və̀:rtikǽliti] *n.* 垂直性, 垂直状態.

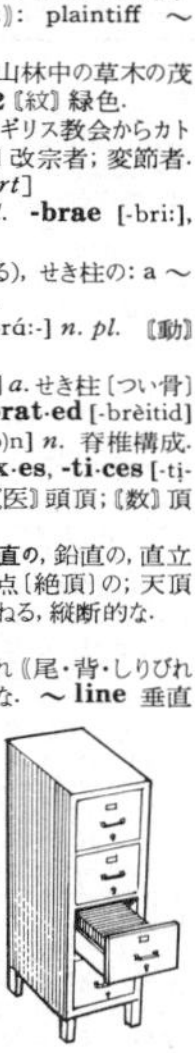
vertical file

vér·ti·ces [vá:rtisì:z] *n.* vertex の複数形.
vér·ti·cil [vá:rtisil] *n.* 〔動・植〕輪生〔環生〕体.
ver·tíg·i·nous [və:rtídʒinəs] *a.* **1** 旋回する. **2** 目が回る, めまいがする. **3** めまぐるしい, 変わりやすい, 不安定な. [<vertigo] ◇ **～·ly** *ad.* **～·ness** *n.*
vér·ti·go [vá:rtigòu] *n.* (*pl.* **～es**, **ver·tíg·i·nes** [və:rtídʒinì:z]) 〔医〕めまい.
ver·tú =virtu.
vér·vain [vá:rvein] *n.* 〔植〕クマツヅラ属の植物.
verve [və:rv / vɛəv, və:v] *n.* **1**《思想表現の》力, 気迫, 熱情. **2** 気力, 活気.
vér·vet [vá:rvit] *n.* 〔動〕小ザル《アフリカ産》.
†**vér·y** → 枠付 very. (p. 1452)
Vér·y [véri] *n.* Edward W. ～, アメリカ海軍士官. **～ lights** ベリー式信号の光. **～ pistol** ベリー式信号を発射するピストル. **～('s) night signals** ベリー式夜間信号《Very の発明》.
very high frequency *n.* 〔電〕超短波《30–300メガサイクル. 略 V.H.F., VHF, v.h.f., vhf》.
very low frequency *n.* 〔電〕超長波《10–30キロサイクル. 略 V.L.F., VLF, v.l.f., vlf.》.
ve·sí·ca [visáikə / vésikə] *n.* (*pl.* **-cae** [visáisi:]) 〔医〕嚢(のう), 胞; 膀胱(ぼうこう); 《魚の》浮き袋; 〔植〕小嚢, 小胞. **～ piscis**《両端のとがった》魚型; 《ゴシック建築・絵画の》後光または輪郭.
vés·i·cant [vésikənt] *n.* 〔医〕発泡(はっぽう)剤.
—— *a.* 発泡する; 発泡させる.
vés·i·cate [vésikèit] *vt., vi.* 〔医〕に水泡(すいほう)を生じさせる, 水泡を生じる; 火ぶくれにする〔なる〕.
vés·i·ca·to·ry [vésikətò:ri/-keitəri] =vesicant.
vés·i·cle [vésikl] *n.* **1**〔医〕小嚢(しょうのう)〔胞〕; 水泡(すいほう). **2**〔地〕気孔. **3**〔動・植〕小空泡, 気泡.
ve·síc·u·lar [visíkjulər] *a.* 小胞の. ◇ **～·ly** *ad.*
ve·síc·u·late [-lit, -lèit] *a.* =vesicular.
—— *vt., vi.* 〔医〕に水泡(すいほう)を生じさせる, 水泡を生じる. ◇ **ve·sìc·u·lá·tion** [–⁻–léiʃ(ə)n] *n.*
vés·per [véspər] *n.* **1** (V～) 宵(よい)の明星. → Venus. **2** 夕べの鐘 (=～ bell). **3** (しばしば V～)〔宗〕夕べの祈り; 晩課. **4**〔雅・古〕夕暮れ, 夕べ.
—— *a.* 夕べの; 夕べの祈りの.
vés·per·tine [véspərtin, -tàin / -tain] *a.* **1** 夕暮れの, 夕方の. **2**《星が》日没時にあらわれる. **3**〔植〕《花など》夕咲きの; 〔動〕夕方に活動する.
vés·pi·ar·y [véspièri/-piəri] *n.* スズメバチの巣.
vés·pine [véspain] *a.* スズメバチの(ような).
Ves·púc·ci [vespú:tʃi] *n.* Amerigo [əmérigòu-] ～, 1451–1512, イタリアの商人・航海家《ラテン語名 *Americus Vespucius* [əmérikəs-vespjú:ʃəs]》.
‡**vés·sel** [vésl] *n.* **1** 容器, 入れ物, うつわ《おけ・水差し・つぼ・なべ・はち・さらなど》. **2** 船《通例ボートより大きい》; 飛行船: a merchant ～ 商船. **3**〔聖〕人間, うつわ. **4**〔医・植〕導管, 脈管, 管. ***blood* ～** 血管. ***chosen* ～**〔聖〕選ばれたうつわ〔人〕《使徒行伝9: 15》. ***the weaker* ～**〔聖〕弱きうつわ, 女性《ペテロ前書3: 7》. **～*s of wrath***〔聖〕怒りのうつわ, 神の怒りに会うべき人々《ロマ書9:22》. ***weak* ～** 弱きうつわ, 頼みにならない人.
vest [vest] *n.* **1**〔米〕チョッキ, 胴着(waistcoat). **2**〔米〕婦人子ども用はだ着; 〔英〕はだ着, シャツ (underwear). **3**《婦人用胴着の》V 字形前飾り. **4**〔古〕衣服, 衣装; 祭服, 僧服.
—— *vt.* **1** 〈権利などを〉与える《に *in*》: The management of the hospital is ～*ed in* a board of trustees. 病院の経営権は理事会にある. **2** に与える《を *with*》: President is ～*ed with* the power to declare war. 大統領は宣戦布告の権限をもたされている. **3** に衣服〔祭服〕を着せる. **4**〔稀〕=invest.
—— *vi.* **1** 〈権利・財産などが〉帰属する, 確定する《に *in*》. **2** 衣服〔祭服〕を着る. ***～ed in possession*** 占有の確定した. [√vest-]
～-pòck·et [㊥ ⁻⁻–] チョッキのポケットにはいる; 《カメラ・書物など》ごく小型の: a ～ park 小公園. ◇ **～·less** *a.*

Vés·ta [véstə] *n.* **1**〔ロ神〕ベスタ女神《いろりの女神》. **2**〔天〕小惑星の名. **3** (v～)〔英〕短いマッチの一種.

vés·tal [véstl] *a.* **1** Vesta 女神の; ベスタ女神にささげられた. **2** 巫女(みこ)の, 尼の. **3** 処女の, 純潔な. —— *n.* **1** ベスタ女神に仕えた処女. **2** 処女 (virgin). **3** 修道女, 尼.

vést·ed [véstid] *a.* **1**〔法〕《権利・財産など》既定〔既得〕の, 付与された: ～ rights 既得権. **2** 衣服を着た; 《特に》祭服をつけた. **～ interest** (1) 既得利権; 既存組織〔制度〕に対する強烈な個人的関心. (2) 雇い人の年金に対する権利. (3) (*pl.*) 国家経済を操作する企業家(グループ).

vest·ée [vestí:] *n.*〔米〕《婦人服の》胴衣前飾り.

vés·ti·ar·y [véstièri/-əri] *a.* 衣服の〔に対する〕.

vés·ti·bule [véstịbjù:l] *n.* **1** 玄関, 入り口の間《玄関のドアと奥の間との中間の小べや》; 教会などの車寄せ; 〔米〕《客車の両端の出入り口にある》通廊, デッキ. **2**〔医〕前庭, 前房: the ～ of the ear 内耳前庭. **3**《比喩的》初歩, 基本.
～ latch 玄関錠前《外からかぎであけ, 内からは取っ手を回すだけであく》. **～ school**〔米〕《工場の》工員養成所. ◇ **ves·tib·u·lar** [vestíbjulər] *a.*

vés·tige [véstidʒ] *n.* **1**《消滅したものの》痕跡(こんせき), 形跡, なごり, 印. **2**《通例否定表現を伴って》ほんの少し, ごくわずか: *without* a ～ of clothing 一糸まとわずに. **3**〔生〕痕跡器官.

ves·tíg·i·al [vestídʒiəl] *a.*〔生〕痕跡の; 退化した. ◇ **～·ly** *ad.*

vést·ing [véstiŋ] *n.* vest の生地.

vést·ment [vés(t)mənt] *n.* **1** 衣装, 着物, 衣服; 礼服. **2**〔宗〕祭服, 法衣《聖職者・聖歌隊員が礼拝に着る》. **3**《比喩的》おおうもの. ◇ **～·al** *a.*

vés·try [véstri] *n.* **1**《教会の》法衣室, 祭具室. **2** 礼拝室《教会の事務室・祈禱(きとう)室・日曜学校などに用いる》. **3** 教区会; その事務室; 教区員(代表者)会. **～·man** [-mən] (*pl.* **-men**) 教区委員. ◇ **vés·tral** *a.*

vés·ture [véstʃər] *n.*〔古・稀〕着物, 衣服; おおい. —— *vt.*〔稀〕に着物を着せる; おおう. ◇ **vés·tur·al** [véstʃərəl] *a.*

Ve·sú·vi·an [vịsú:viən] *a.* **1** ベスビアス (Vesuvius) 火山の. **2** 火山(性)の. —— *n.* **1** (v～)《葉巻き用》耐風マッチの一種. **2** ＝vesuvianite.

ve·sú·vi·an·ìte [-nàit] *n.*〔鉱〕ベスブ石《Vesuvius 火山に多いかっ色または緑色の鉱物》.

Ve·sú·vi·us [visú:viəs] ***Mount ～*** ベスビアス, ベスビオ《イタリアの Naples 湾に臨む活火山》.

vet[1] [vet] *n.*〔話〕獣医. —— *v.* (**-tt-**) *vt.* **1**〔話〕〈馬・犬などを〉診療する. **2**〔話〕綿密に調べる, 考査する. —— *vi.* 獣医の仕事をする. [＜*vet*erinarian]

vet[2] [vet] *n.*〔米〕＝veteran.

vet. veteran; veterinarian; veterinary.

vetch [vetʃ] *n.*〔植〕カラスノエンドウ《ソラマメ属》.

vétch·ling [vétʃliŋ] *n.*〔植〕連理草.

***vét·er·an** [vét(ə)rən] *n.* **1** 古参兵; 〔米〕退役〔在郷〕軍人. **2** 老練者, ベテラン. —— *a.* **1** 戦歴をつんだ: ～ troops 歴戦部隊. **2** 老練〔老巧〕な: a ～ politician 老練な政治家. **3** ～に特有な: ～ steadiness 老練者の堅実さ. [√veter-]

vèt·er·i·nár·i·an [vèt(ə)rịnɛ́(:)riən / -nɛ́ər-] *n.* 獣医.

vét·er·i·nar·y [vét(ə)rịnèri/-n(ə)ri, vétnri] *a.* 獣医の, 家畜病治療の. —— *n.* 獣医. [√veter-]
～ hospital 家畜病院. **～ science** 獣医学.

vé·to [ví:tou] *n.* (*pl.* **～es**) **1**《大統領・知事・上

very

本来 true〔truly〕の意であったが, 現在ではおもに強調の副詞 (非常に: *very* good とてもいい) と強調の付加語専用の形容詞 (ほかならぬ: this *very* man まさにこの人) として用いられる. 副詞としては, 一般副詞と異なり, 動詞を修飾せず, もっぱら形容詞・副詞を修飾する.

vér·y [véri] *ad.* **1**《形容詞・副詞・形容詞化した過去分詞を修飾し》非常に, とても, たいへん; 《否定詞を伴って》あまり(…ない): This tool is ～ *useful.* この工具はたいへん役に立つ. I am ～ *busy.* 非常に忙しい. They will arrive ～ *soon.* 彼らはすぐに着くだろう. She sang ～ *well.* 彼女はたいそうじょうずに歌った. Thank you ～ *much.* ほんとうにありがとう. I have ～ *little* time for reading. ほんの少ししか読書の時間がない. a ～ *amusing* story 非常におもしろい話. She's ～ *tired.* 彼女は非常に疲れている. This is *not* ～ *good.* これはあまりよくない. Are you hungry? — *Not* ～. おなかがすいたか. —たいしてすかない. 〈注₁〉比較級の前には very が用いられず much が用いられる: *very* good → *much* better. 〈注₂〉 十分形容詞化されていない過去分詞の前では very を用いず much または very much を用いる: I was (*very*) *much* disappointed. 大いに当てがはずれた. He wasn't *much* interested in my proposal. 彼は私の提案にさして興味を示さなかった.

2《最上級または same, next, own などの前で》真に: the ～ *best* quality 最高の品質. Do the ～ *best* you can. 最善を尽くせ. This is one of the highest mountains in the country, if not the ～ *highest.* これは国内で真に最高でないにしても, 最高級の山の一つだ. I'll be there at 6 at the ～ *latest.* どんなにおそくとも 6 時にはそこへ行く. This is the ～ *last* thing I expected. これは実に全く思いがけないことだ. He used the ～ *same* words as I had (used). 彼は私と寸分(すんぶん)違わないことばを用いた. They arrived there the ～ *next* day. 彼らはちょうどその翌日そこに着いた. You can keep this for your ～ *own.* すっかり自分のものとしてこれを取っておきなさい. 〈注〉この用法は下記の形容詞としての用法と密接な関係がある.

～ well 《感嘆詞の一種として》いいよ, わかったよ, けっこう: *V～ well,* doctor, I'll give up smoking. わかりました先生, たばこをやめましょう. Oh, ～ *well,* if you insist. そんなに言い張るなら, まあいいだろう.

—— *a.* **1**《this, that, the, one's などのあとについて名詞を強め》まさに…の; ちょうど…の; …だけでも; …でさえ: on *that* ～ day ちょうどその日に. *this* ～ brother of mine ほかならぬこの兄〔弟〕. It was *the* ～ book I had been looking for. それはちょうど私が捜していた本だった. This is *the* ～ thing for our purpose. これこそ願ったりかなったりだ. He was caught in *the* ～ act of stealing. 彼は盗みの現行犯で捕えられた. *The* ～ thought of seeing it frightened him. それを見ると思っただけでも彼は恐ろしくなった. *Your* ～ presence will be enough. あなたがいてくれるだけで十分です. *His* ～ servants made fun of him. 召使までが彼をからかった. *The* ～ stones cry out. 石さえ泣く; 鬼神も泣く.

2 (**vér·i·er**; **vér·i·est**) 真の; 実際の: He has proved a ～ rogue. 彼は結局真底からの悪党だったのだ. He could not stay there for ～ shame. 彼は恥ずかしくてそこにいたたまれなかった. God is a ～ spirit. 神は真の霊である. ***in ～ deed*** 疑いなく; 確かに. ***in ～ truth*** ほんとうに.

〔類〕→ **same**「おなじ」

V

院などの》拒否権 (の行使)：The governor's ～ kept the bill from becoming a law. 州知事が拒否したため法案は通過しなかった. 2 禁止 (権), 禁制, 法度(はっと): mother's ～ of our plans われわれの計画に対する母の差し止め. ***put*** 〔***set***〕 ***a*** 〔one'***s***〕 ***～ on*** 〔***upon***〕 を拒否する.

―― *vt.* 1 〈議案・提案などを〉拒否する. 2 〈行為などを〉禁止する, 差し止める. **～ message** 〘米〙拒否教書〔通告書〕. **～ power** 拒否権.

‡**vex** [veks] *vt.* 1 《主としてささいなことで》**いらいらさせる**, じらす, うるさがらせる; 腹を立てさせる: Her continuous chatter ～*es* me. 彼女の絶え間のないおしゃべりには閉口する. 2 悩ます, 苦しめる; いじめる: A headache ～*ed* me all day. 一日じゅう頭痛で苦しんだ. Don't ～ the cat. ネコをいじめるな. 3 騒がす, かき乱す: the wind ～*ing* the giant trees 巨大な樹木をざわつかせる風. 4 論議〔激論〕する: a ～*ed* point 論争点.

be ～ed at をおこる, をくやしがる, …でじれる; で困る. ***be ～ed with*** a person ***for***… (人) が…したことをおこる. ～ one***self*** じれる, おこる.

vex·á·tion** [vekséiʃ(ə)n] *n.* 1 いらだつこと, いらだたせること, 立腹: cause a person ～ 腹を立てさせる. I always find ～ in my work. いつでも仕事がうまくゆかないでいらいらする. 2 **悩み**, 苦しみのたね: That boy is a ～ to me. あの子は私の悩みのたねだ. ***in ～ of spirit 〔***mind***〕 悩んで, 心痛して.

vex·á·tious [-ʃəs] *a.* うるさい, やっかいな, 腹立たしい, じれったい, いまいましい, しゃくにさわる; 困る, 当惑する. **～ suit** 〘法〙《相手方を困らせる目的の》濫訴.
◇ **～·ly** *ad.* **～·ness** *n.*

vexed [vekst] *a.* 1 いらいらした, 腹を立てた. 2 当惑した. 3 議論のある; きまりのつかない: a ～ question やかましい問題.
◇ **véx·ed·ly** [-sidli] *ad.* **véx·ed·ness** *n.*

véx·il·lar·y [véksilèri/-ləri] *a.* 1 〘古ローマ〙旗の, 軍旗の. 2 〘植〙旗弁の.
―― *n.* 1 旗手. 2 古参兵.

VF video frequency; voice frequency. **v.f.** 〘海〙 very fair; visual field. **VFR** 〘空〙visual flight rules 有視界飛行規則. **VFW, V.F.W.** 〘米〙 Veterans of Foreign Wars. **v.g.** *verbi gratia* (L. ＝for example); very good. **VHF, vhf** very high frequency 〘電〙超短波. **Vi** 〘化〙 virginium. **v.i.** verb intransitive; *vide infra* (L. ＝see below).

***ví·a** [váiə, ㊟⁺ ví:ə] *prep.* 1 …経由で, …を経て: ～ the Panama Canal パナマ運河経由で. 2 〘米話〙…によって (by means of). [√vi-]

ví·a·ble [váiəbl] *a.* 1 生存〔生育〕できる; 生活力ある. 2 《計画など》実行可能な. [√vi(v)-]
◇ **vì·a·bíl·i·ty** [vàiəbíliti] *n.*

ví·a·duct [váiədʌkt] *n.* 《山峡などの道路・鉄道用》陸橋, 高架橋.

ví·al [váiəl, vail] *n.* ガラスびん; 薬びん (phial). ***pour out the ～s of*** one'***s wrath upon*** 〔***on***〕 〘聖〙に復讐(ふくしゅう)する《黙示録 16: 1》.

vi·a me·di·a [váiə-mí:diə] L. (＝the middle way) 中道, 中庸.

ví·and [váiənd] *n.* 1 食品. 2 (*pl.*) 食料, 食物; 〘米〙《特に》上等の料理, ごちそう. [√vi(v)-]

vi·át·ic [vaiǽtik] *a.* 旅行の; 道路の.

vi·át·i·cum [vaiǽtikəm] *n.* (*pl.* **-ca** [-kə], **-cums**) 1 〘カトリック〙聖餐(せいさん)《臨終者に授ける聖体》. 2 旅費, 旅行用の給与 (物). [√vi-]

vi·á·tor [vaiéitər] *n.* (*pl.* **vì·a·tó·res** [vàiətó:ri:z/-tɔ́:r-]) 旅人.

vibes [vaibs] 〘話〙 ＝ vibraharp.

vi·brác·u·lum [vaibrǽkjuləm] *n.* 〘動〙振鞭(しんべん)体. ◇ **-lar** *a.*

ví·bra·harp [váibrəhɑ̀:rp] *n.* ビブラハープ《マリンバに似た打楽器》.

ví·brant [váibrənt] *a.* 1 震動する. 2 《音・声が》よく響く, 響き渡る. 3 ぞくぞくする, スリルのある. 4 精力的な, 力強い, 活気に満ちた. 5 〘音声〙有声音の. **――** *n.* 〘音声〙有声音.
◇ **～·ly** *ad.* **ví·bran·cy** *n.* 振動〔反響〕(性).

ví·bra·phone [váibrəfòun] *n.* 〘楽〙ビブラホン《電気共鳴装置付きの鉄琴》. ◇ **ví·bra·phon·ist** *n.*

‡**ví·brate** [váibreit/–⁄, ⁄–] *vi.* 1 《振り子のように》**振動する**, 揺れる. 2 (細かく) 震える, 震動する. 3 〈音が〉反響する: the sound of a bell ～*ting* in one's ears 耳に響く鐘の音. 4 感動する, ぞくぞくする: ～ with joy うれしくてぞくぞくする. 5 〈心が〉迷う, 決めかねる《*between* A *and* B》.

―― *vt.* 1 振動させる, 揺らす. 2 (細かく) 震えさせる: ～ one's vocal cords 声帯を震動させる. 3 振って示す: A pendulum ～*s* seconds. 振り子は秒をきざむ. 4 〈音・光を〉振動によって発する. 5 感動させる. ***～d concrete*** 〘建〙振動打ち込みコンクリート《振動させてあき間をなくし強度を増したもの》.

ví·bra·tile [váibrət(i)l, -tàil/-tail] *a.* 振動する, 振動性の; 振動できる. ◇ **vì·bra·tíl·i·ty** [⁄––tíliti] *n.*

vi·brá·tion** [vaibréiʃ(ə)n] *n.* 1 振動; 震動; 動揺; 《振り子の》振動 (oscillation). 2 おののき, 身震い. 3 心の動揺, 不安, 迷い. ***amplitude of ～ 〘物〙振幅. ***forced*** 〔***free***〕 ～ 〘物〙強制〔自由〕振動. ◇ **～·al** [-ʃən(ə)l] *a.* **～·less** *a.*

ví·bra·tive [váibrətiv/vaibréitiv] ＝ vibratory.

vi·brá·to [vibrɑ́:tou] *n.* 〘楽〙ビブラート《バイオリンなどで音を震わせて出す効果》. [＜It.]

ví·bra·tor [váibreitər/–⁄–] *n.* 1 振動する〔させる〕もの; 〘電〙振動器. 2 〘楽〙舌《オルガンなどの》. 3 〘印〙振動ローラー. 4 電気マッサージ器.

ví·bra·to·ry [váibrətɔ̀:ri/-t(ə)ri] *a.* 振動する〔させる〕, 振動性の (ある).

ví·bro·scope [váibrəskòup] *n.* 振動計.

vi·búr·num [vaibə́:rnəm] *n.* 〘植〙ガマズミ属の植物; その樹皮《薬用》.

Vic. Vicar; Vicarage; Victoria.

víc·ar [víkər] *n.* 1 〘英〙《イギリス国教の》教区牧師《教区収入の 10 分の 1 または俸給を受ける》. 2 〘米〙《監督教会の》会堂牧師. 3 〘カトリック〙司教代理. 4 代理 (者). ***cardinal ～*** 〘カトリック〙司教代理. ～ ***of Bray*** ひより見主義者, 変節者. ***V～ of Christ*** 〘カトリック〙教皇《キリストの代理者》. [√vic-]

～ **apostolic** 〘カトリック〙教皇代理司教; 代理司教. ～ **choral** 〘イギリス国教〙聖歌助手. ～ **forane** 〘カトリック〙地方司教代理. **～-gén·er·al** (*pl.* **～s-gén·er·al**) 〘イギリス国教〙(大) 監督代理; 〘カトリック〙司教代理.
◇ **～·ship** *n.* ～ の職〔地位, 任期〕.

víc·ar·age [víkəridʒ] *n.* 1 牧師館, vicar の住居. 2 vicar の職〔地位, 俸給(ほうきゅう)〕.

vi·cár·i·al [vaiké(:)riəl, vik-/-kέər-] *a.* 1 vicar の (職にある), vicar の役をする. 2 代理の.

vi·cár·i·ous [vaiké(:)riəs, vik-/-kέər-] *a.* 1 代理の〔をする〕, 代理職の. 2 身代わりの: the ～ sacrifice 〔sufferings〕 of Christ 〘宗〙罪びとの身代わりとしてのキリストの犠牲〔受難〕. 3 代行行為による, 《他人の経験を》想像して味わった: have a ～ thrill reading a thriller スリラー物を読んで主人公とおなじ恐怖を味わう. [√vic-]

～ **authority** 代理職権. ～ **hemorrhage** 《出血すべき器官以外からの》代償出血. ～ **satisfaction** 自分にできないことを人にさせて〔人がするのを見て〕満足すること. →～③.
◇ **～·ly** *ad.* 代理で〔として〕. **～·ness** *n.*

‡**vice**[1] [vais] *n.* 1 **悪徳**, 邪悪, 悪, 不道徳. 2 悪徳行為, 不品行, 非行; 悪習, 悪弊: the ～ of intemperance 飲酒の悪習. ↔ virtue. 3 《人格・

文体・制度・組織などの》欠陥, 欠点, 不備. **4** 肉体的欠陥, 病気: a constitutional ～ 体質上の欠陥. **5**《馬などの》悪癖. **6** (the V～)〖史〗イギリスの教訓劇 (morality) の悪玉. ***have a ～ of*** (do)***ing*** …する悪習がある. [√viti-] **～ squad** 風俗取り締まり警察《賭博(とばく)や売春を取り締まる》.
◇ **∼́·less** *a.*

vice[2]〖英〗=vise.

vice[3] *n.*〖英話〗vice-chancellor, vice-president などの略.

vi·ce [váisi] L. *prep.* …の代理として; …の代わりに (in the place of).

vice- *pref.* 官職を示す名詞につけて「副, 次, 代理」の意. [√vic-]

více-ád·mi·ral [váisǽdm(ə)rəl] *n.* 海軍中将.

více-cháir·man [váistʃέərmən] *n.* (*pl.* **-men**) 副議長, 副委員長, 副会長. ◇ **～·ship** *n.*

více-chán·cel·lor [váistʃǽns(ə)lər/-tʃá:n-] *n.*《大学の》副総長; 副大法官. ◇ **～·ship** [-ʃip] *n.*

více-cón·sul [váiskáns(ə)l/-kɔ́n-] *n.* 副領事.
◇ **více-cón·su·lar** [-s(ə)lər/-sjulə] *a.* **více-cón·su·late** [-s(ə)lit/-sjul-] *n.* 副領事の職〔任期〕.

vice·gé·ren·cy [vaisdʒí(:)rənsi/váisdʒér-] *n.* 代理人の職〔地位〕.

vice·gér·ent [-rənt] *a.* 代理の, 代理〔委任〕権限の. —— *n.* 代理人.

více-góv·er·nor [váisgʌ́vənər] *n.* 副知事;《特にイギリス領土の》副総督. ◇ **～·ship** [-ʃip] *n.*

více-kíng [váiskíŋ] =viceroy.

více-mín·i·ster [váismínistər] *n.* 次官. ***parliamentary ～*** 政務次官.

víc·e·nar·y [vísinèri/-nəri] *a.* 20の, 20からなる.

vi·cén·ni·al [vaiséniəl] *a.* 20 年ごとの, 20 年に 1 回の; 20 年間続く.

Vice-Pres., vice-pres. Vice-President, vice-president.

***více-prés·i·dent** [váisprézid(ə)nt] *n.* **1** 副大統領; 副総裁; 副会長; 副社長; 副頭取.
◇ **-den·cy** *n.* ～の職〔任期〕. **více-près·i·dén·tial** [-prèzidénʃ(ə)l] *a.*

vice·ré·gal [vaisrí:g(ə)l/váis-] *a.* viceroy の.

více-ré·gent [váisrí:dʒ(ə)nt] *n., a.* 副摂政 (の).
◇ **-gen·cy** *n.*

více·reine [váisrein/∸∸] *n.* viceroy の夫人.

více·roy [váisrɔi] *n.* 総督; 太守; 副王.
◇ **～·ship** [-ʃip] *n.* =viceroyalty.

vice·róy·al·ty [vaisrɔ́iəlti/váis-] *n.* **1** viceroy の位〔職権, 任期〕. **2** viceroy の支配地域.

vi·ce ver·sa [váisi-vá:rsə] L. **1** 逆に, 反対に: call black white and ～ 黒を白と言い白を黒と言う. **2** 逆もまた同様《略 v.v.》.

Ví·chy [ví:ʃi, víʃi] *n.* **1** フランス中部の都市《第 2 次大戦中非占領フランス地区の仮政府所在地》. **2** (または v～) ビシー鉱泉水 (=～ water). ◇ **～·ite** [-àit] *n.*《第 2 次大戦中の》ビシー政府支持者.

víc·i·nage [vísinidʒ] *n.* **1** 近隣, 近所, 付近; 近所の人たち. **2** =proximity.

víc·i·nal [vís(i)nəl, -sin(ə)l] *a.* **1** 近くの, 近隣の, 近接する. **2** 一地方だけの (local).

‡**vi·cín·i·ty** [visíniti] *n.* **1** 近いこと, 近接. **2** 近所, 付近: towns in near ～ 近接都市. ***in the ～ of*** の近くに〔の〕; ほぼ… (about). ***in this*** 〔***that***〕 **～** この〔その〕近所に.

‡**ví·cious** [víʃəs] *a.* **1** 邪悪な, 悪徳の; 堕落した: a ～ person 悪人. ～ practices 悪習. **2** 悪意の, 意地の悪い: ～ remarks 悪意のあることば. a ～ look 意地悪い顔つき. **3** 癖の悪い, 手に負えない: a ～ horse 御しにくい馬. **4** 悪い, 正しくない, 欠点〔欠陥〕のある: a ～ pronunciation 〔argument〕 まちがった発音〔議論〕. **5** 堕落させる, だめにしてしまう: The experience had a ～ effect on her. その経験は彼女に悪影響を及ぼした. **6**〖話〗ひどい, すごい: a ～ headache 激しい頭痛. **7**〖古〗《水・空気など》濁った. [√viti-]
～ circle 〔**spiral**〕〖経〗悪循環;〖論〗循環論法.
◇ **～·ly** *ad.* **～·ness** *n.*

vi·cís·si·tude [visísit(j)ù:d/-tju:d] *n.* **1**《状態・事物の》移り変わり, 変遷; (*pl.*) 栄枯, 盛衰: the ～*s* of life 人生の浮き沈み. **2**〖古〗循環, 代謝(たいしゃ), 交替. [√vic-]
◇ **vi·cìs·si·tú·di·nar·y** [−∸−t(j)ú:d(i)nèri/-tjú:dinəri] *a.* =vicissitudinous. **vi·cìs·si·tú·di·nous** [-nəs] *a.* **1** 移り変わる, 変化する. **2** 有為転変(ういてんぺん)の, 盛衰のある.

Vict. Victoria; Victorian.

‡**víc·tim** [víktim] *n.* **1** 犠牲(者), 被害〔被災〕者, 遭難者; だまされた人, 食いもの: the ～*s* of the traffic accident 交通事故の犠牲者. an easy ～「かも」. **2**〖宗〗犠牲, いけにえ, 人身御供(ひとみごくう). ***become*** 〔***be made***〕 ***the ～ of*** =***fall a*** 〔***the***〕 ***～ to*** の犠牲になる〔される〕.

víc·tim·ize [víktimàiz] *vt.* **1** 犠牲にする. **2** 欺く, だます,「かも」にする. **3** 悩ます, 苦しませる.
◇ **vìc·ti·mi·zá·tion** [∸−mizéiʃ(ə)n/-maiz-] *n.*

‡**víc·tor** [víktər] *n.* (*fem.* **víc·tress** [-tris]) **1** 勝者, 戦勝者, 征服者. **2**《形容詞的に》勝利(者)の: a ～ nation 戦勝国. [√vi(n)c-]

Vic·tó·ri·a [viktó:riə/-tɔ́:r-] *n.* **1** イギリス女王 (1819-1901). **2** オーストラリア東南部の州. **3**〖ロ神〗勝利の女神(像). **4** (v～) 2 人乗り 4 輪馬車の一種; 旧式なほろ型自動車の一種. **5** (v～)〖植〗《南アメリカ産. スイレン科水生植物》大オニバス. ***Lake ～*** ビクトリア湖《アフリカ中部の世界第2の湖》. **～ Cross** ビクトリア十字勲章《1856 年ビクトリア女王制定. 殊勲の軍人に授けられる. 略 V.C.》; 同勲章所持者. **～ Day**〖英〗全英祝日 (Empire Day)《5 月 24 日. Queen Victoria の誕生日》.

Vic·tó·ri·an [viktó:riən/-tɔ́:r-] *a.* **1** ビクトリア女王〔時代〕の; ビクトリア朝風の. **2** 旧式な. **3**《オーストラリアの》ビクトリア州の. ***Royal ～ Order*** ビクトリア勲章《1896年ビクトリア女王制定. 勲功者に授けられる. 略 V.O.》.
—— *n.* ビクトリア朝時代の人《特に文学者》; ビクトリア朝時代のもの. **～ age** ビクトリア朝時代 (1837-1901). ◇ **～·ism** *n.* ビクトリア朝風.

vìc·to·ríne [vìktərí:n/∸−−] *n.*《婦人用》端が狭くて長い毛皮肩掛け.

‡**vic·tó·ri·ous** [viktó:riəs/-tɔ́:r-] *a.* **1** 勝利を得た: a ～ army 勝利軍. **2** 戦勝の. **3** 勝ち誇った, 得意な. ◇ **～·ly** *ad.* **～·ness** *n.*

‡**víc·to·ry** [víkt(ə)ri] *n.* **1** 勝利, 勝ち, 戦勝《に対する *over*》. **2** 克服, 征服《の *over*》: a ～ *over* difficulty 困難の克服. **3** (V～)〖ロ神〗勝利の女神. ***win a ～ over*** に勝つ. [√vi(n)c-]
～ garden〖米〗《戦時中の》家庭菜園.
〔類〕 → **triumph**「勝利」

Vic·tró·la [viktróulə] *n.* ビクター蓄音機《商標名》.

víct·ual [vítl] *n.* (*pl.*) 食物, 飲食物 (provisions). —— *v.* (**-l-**, 〔英〕**-ll-**) *vt.* に食物を供給する; に食料を積み込む. —— *vi.* 食糧をたくわえる;〖古〗食べる. [√vi(v)-]

víct·ual·(l)er [vítlər] *n.* **1**《艦船・軍隊などへの》食料品供給者. **2** 食糧運送船. **3**〖英〗宿屋の主人, 飲食店主.

víct·ual·(l)ing [vítliŋ] *n.* 食料供給; 食料積み込み. **～ bill**〖英〗船用食品積み込み申告書. **～ note**〖英: 海軍〗水兵食事伝票《主計長の発行》. **～ yard**〖英: 海軍〗軍需部倉庫.

vi·cu·ña, **vi·cú·na, vi·cú·gna** [vikjú:nə, vai-, 〔米〕+ vikú:njə] Sp. *n.*〖動〗《南アメリカ産》ラマ; ラマ類の毛のラシャ.

vid. *vide.*

vi·de [váidi(:)] L. (=see) *v.* (…を) 見よ《略 V., vid.》. ***quod ～*** (L.=which see) その条参照《略

q.v.》. ～ ***ante*** [-ǽnti] 前を見よ. ～ ***infra*** 下を見よ. ～ ***post*** あとを見よ. ～ ***supra*** 上を見よ.

vi·de·li·cet [vidéləsit/vidí:ləset] L. *ad.* 換言すれば, すなわち《略 viz.》. 〈注〉通常 namely と読む.

víd·e·o [vídiòu] *n.* (*pl.* ～s) **1** = television. **2** 〖テレビ〗映像. ── *a.* 〖テレビ〗映像の, テレビの. → audio. [√vid-] **～·cast** [⌐－－⌐] = telecast. **～ (tape) recorder** テープ式録画機. **～ recording** (1) = video tape recording. (2) キネスコープ (kinescope)のスクリーンに映されたテレビの映像をフィルムにとってつくった映画. **～ tape** ビデオテープ. **～ tape recording** ビデオテープ番組.

vìd·e·o·gén·ic [vìdiodʒénik] *a.* テレビ放送に適した (telegenic).

vi·détte 〖英〗 = vedette.

víd·i·còn [vídikàn/-kɔn] *n.* 〖テレビ〗ビディコン《光伝導効果を利用した低速型撮像管》.

vie [vai] *vi.* (**vied** [-d]; **vý·ing** [váiiŋ]) 争う, 競う, 優劣を争う, 張り合う《と *with*; について *in*; を *for*》. [invite と同語源.「さそう, いどむ」]

Vi·én·na [viénə] *n.* ウィーン《オーストリアの首都》. **～ sausage** ウィンナソーセージ (Wiener).

Vì·en·nése [vì:əní:z/vìə-] *a.* ウィーン(風)の. ── *n.* (*pl.* ～) ウィーン人.

Vi·ét [vi:ét, vjet] *n., a.* 〖話〗(南・北)ベトナム(の).

Vient·iáne [vjentjá:n] *n.* ビエンチャン《Laos の首都》.

vi et armis [vái-et-á:rmis] L. (=with force and with arms) 暴力と武器によって.

Vì·et·cóng, Vì·et Cóng [vì:etkáŋ, vjèt-/vjétkɔ́ŋ] *n.* ベトコン《南ベトナム民族解放戦線》. ── *a.* ～の. [<*Viet* Nam *Cong* Sang 越(南)共(産)]

Vì·et·mính, Vì·et Mính [vì:etmín, vjèt-/vjét-, vjet-] *n.* (*pl.* ～) ベトナム独立同盟; (*pl.*) ベトナム共産運動指導〔支持〕者, ベトミン兵. ── *a.* ～の. [<Vietnamese: *Viet* Nam Doc Lap Dong *Minh* Hoi 越(南独立同)盟(会)]

Vì·et·nám [-ná:m, -nǽm] *n.* ベトナム. ***the Socialist Republic of*** ～ ベトナム社会主義共和国.《Vietnam の公式名. 首都 Hanoi》. 〈注〉1976年まで North～「北ベトナム」《首都 Hanoi》と South～「南ベトナム」《首都Saigon》に分かれていた.

Vi·èt·nam·ése [vi:ètnəmí:z, vjèt-/vjèt-] *n.* (*pl.* ～) ベトナム人. ── *a.* ベトナムの.

‡**view** [vju:] *n.* **1 ながめ**, 見晴らし, 展望: a room with a nice ～ ながめのよいへや. **2 光景**, 風景: the Alpine ～s アルプスのけしき. **3 風景画**〔写真〕: The postcard bears a ～ of Paris. そのはがきにはパリ風景写真がついている. **4 視野**, 視界, 視線: be exposed to ～ あらわに見える. **5 視力**, 見る力. **6 一見**, 一覧, 見る〔ながめる〕こと: at one ～ 一目で. be worth a person's ～ 一見に価する. **7 観察**, 視察, 調査, 検討; 〖法〗実地検証: a close ～ of details 詳細にわたる検討. **8 見解**, 意見, ものの見方: my ～ of the world situation 世界情勢についての私の見解. express a quite different ～ 全く違った意見を述べる. **9 意図**, もくろみ, 期待, 見込み: with no ～ in mind なんの意図〔下心〕ももたずに. meet a person's ～s 人の意向に添う. I have a ～ to bettering my living conditions. 生活状態を改善する見込みがある. **10 概観**, 概念(図), 概説: a ～ of German literature ドイツ文学概観.

do [***take***] ***some*** ～***s of*** の景を描く〔写す〕. ***field of*** ～ 視野. ***have*** ～***s on*** に目をつける, をねらう. ***in*** ～ (1) 見えて: not a person *in* ～ 人っ子ひとり見えない. (2) 考慮中(の), 目標として; 期待〔希望〕して: a project *in* ～ もくろんでいる計画. ***in*** ～ ***of*** (1) …から〔の〕見える所に: come *in* ～ *of* …から〔の〕見える所に来る. stand *in* full ～ *of* the crowd 群衆から完全に見える所に立つ. (2) を考慮して, …にかんがみて: *in* ～ *of* the fact that… …という事実を考えると. (3) を見込んで. (4) …する考えで. (5) …のゆえに. ***keep*** [***have***] a thing ***in*** ～ (1) (物を)見える所に置く, (物から)目を離さずにおく. (2) 心〔記憶〕にとめている; 目的〔目標〕とする; 当てにする. ***leave out of*** ～ 問題〔考慮〕外におく. ***lost to*** ～ 見えなくなって: He was *lost to* ～ among the trees. 彼の姿は木立ちの間に見えなくなっていた. ***on*** ～ 見られる; 公開〔展示〕中: Some Picassos are now *on* ～ in Tokyo. ピカソの絵が数点東京で展示されている. ***point of*** ～ 観点, 見地, 見解 (viewpoint). ***private*** ～《展覧絵画の》内見. ***take a*** ～ ***of*** を観察〔視察〕する, を検分する: *take a* general ～ *of* を概観する. *take a* grave ～ *of* を重大視する. *take a* dim ～ *of* を悲観的にみる, に不賛成を唱える. ***take long*** [***short***] ～***s*** 先見の明がある〔ない〕; 目が遠い〔近い〕. ***to the*** ～ 公に, 公然と. ***with a*** ～ ***to*** を当てにして, をねらって. ***with a*** ～ ***to*** (do)***ing*** = ***with the*** ～ ***of*** (do)***ing*** …する目的で, …するつもりで: She received a special training *with a* ～ *to* becom*ing* an actress. 彼女は女優になる目的で特別の訓練を受けた. ***with this*** [***that***] ～ この〔その〕目的で, この〔その〕ために.

── *vt.* **1 ながめる**, 見る: ～ the landscape 風景をながめる. ～ a movie 映画を見る. **2 調査する**, 視察〔観察〕する; 〖法〗検証〔検視, 検死〕する: ～ records 記録を調べる. **3 見なす**, 判断する, 考察する《として *as*》: ～ a thing *as* a drawback あることを欠陥とみなす. He ～*s* the matter in a different light. 彼はその件に関し見解が違う. The plan was ～*ed* favorably. 計画の評判はよかった. ***order to*** ～《家屋などの》臨検許可. [√vid-]

～ finder, ～·fìnd·er 〖写〗ファインダー. **～ haloa** [**halloo**] キツネ狩りでキツネを見つけて叫ぶ声. ‡**～·point** → 別項.

◇ **～·a·ble** *a.* **1** 見られる; 調査できる. **2**《テレビショーなど》見るに価する, 悪くない.

(類義語) **ながめ**: **view** 最も一般的な語: a fine *view* of the surrounding country 周囲を取り巻く田園の美しいながめ. **sight** 観察者の関心をひきつける光景. すばらしい, または異様なながめ: It was a sad *sight*. それは痛ましい光景であった. **scene** 美的な統一をもった, または(劇的な)意味をもつ象徴的なながめ, 場面: The sunrise was a beautiful *scene*. 日の出は美観だった. **prospect** 眺望(ちょうぼう)のよい所からはるかに見渡したながめ, 見晴らし: the *prospect* from the hill 丘からのながめ. **vista** 両側に家屋・木などが並んでいるばあいのながめ, 見通し: the pleasant *vista* of the boulevard 並み木街路のきれいなながめ. **perspective** ある一点から見た遠近画法的な見通し. (類) → **opinion**「意見」, → **sight**「視力」

viéw·er [vjú:ər] *n.* **1** 見る人, 観察者. **2** 検査〔監督〕官. **3** テレビ視聴者 (=televiewer). **4** 〖写〗ビューアー《スライドなどの拡大透視装置》.

viéw·less [vjú:lis] *a.* **1** 見えない, 盲の; 見通し〔見晴らし〕がきかない. **2** 先見の明がない; 意見のない. ◇ **～·ly** *ad.*

‡**viéw·point** [vjú:pɔ̀int] *n.* **1 見解**, 見地, 考え方. **2 見える地点**, 見晴らし地点: sketch a mountain from the ～ of a forest 森林の見える地点から山を写生する. ***from the*** ～ ***of*** の見地から(は).

viéw·y [vjú:i] *a.* 〖話〗 **1** 見えを張る, はでな; 目だつ. **2** きれいな, あざやかな. **3** 夢想的な, 非実際的な. ◇ **-i·ness** *n.*

vi·gés·i·mal [vaidʒésim(ə)l] *a.* 20番めの, 第20の; 20分の1の; 二十進法の.

víg·il [vídʒil] *n.* **1** 寝ずの番, 徹夜; 通夜. **2** 祝日の前夜; (通例 *pl.*)《祝日の前夜の》祈禱(きとう). ***keep*** ～ 寝ずの番をする; 通夜をする; 徹夜する《に

over》. ～ **light** 燈明《教会で信者が聖者像などの前にともす小さなろうそく》.

víg·i·lance [vídʒiləns] *n.* **1** 用心, 警戒. **2** 寝ずの番. **3**〖医〗不眠症. ～ **committee**〖米〗自警団. ～ **man**〖米〗自警団員.

víg·i·lant [-lənt] *a.* **1** 用心ぶかい, ゆだんのない, 警戒厳な. **2** 寝ずに番をする.
◇ ～**·ly** *ad.* ～**·ness** *n.*

vìg·i·lán·te [vidʒilǽnti] *n.*〖米〗自警団員.

vìg·i·lán·tism [vidʒilǽntiz(ə)m] *n.* 自警(行為).

vi·gnétte [vinjét] *n.* **1** ビネット《背景をぼかしにした半身の写真・肖像画》. **2**《書物のタイトルページ・章頭・章尾の》飾り模様, からくさ模様. **3** 小品文. —— *vt.* 〈写真などを〉ぼかしにする.

‡**víg·or,** ㊕ **-our** [vígər] *n.* **1** 活気, 精力, 体力, 活力: have great ～ 元気盛んである. the ～ of a plant 植物の生長力. **2** 勢い, 力, 強さ, 強度: the ～ of her denial 彼女の拒絶の激しさ. **3**〖法〗拘束力, 有効性: the ～ of a law 法律の拘束力. ***be in full*** ～ 精力旺盛(おうせい)である. ***with*** ～ 勢い〔元気〕よく.

vì·go·ró·so [vìgəróusou, vìg-] *ad.* 〖楽〗勢いよく, 力強く, 勇壮に.

‡**víg·or·ous** [víg(ə)rəs] *a.* **1** 精力旺盛(おうせい)な, 元気な, 活発な, 勢いのある, 力強い: ～ in body and in mind 心身ともに強壮な. a ～ plant 元気よく育つ植物. **2** 強力な, 力のこもった; 強硬な, 断固たる: ～ enforcement of a law 法律の断固たる実施.
◇ *～**·ly** *ad.* ～**·ness** *n.* 〖類〗→ **strong**「強い」

***Ví·king** [váikiŋ] *n.* (または v～) **1** バイキング, 北欧海賊《8–10世紀にヨーロッパの海岸を荒らした北欧人》. **2** 海賊. **3**〖話〗北欧人.

vil. village.

vì·la·yét [vì:lɑ:jét/vilɑ́:jet] *n.* 州《旧トルコ帝国の》.

‡**vile** [vail] *a.* **1** 下劣な, 卑しい, 下等な: the ～ practice of bribery 恥ずべきわいろの習慣. ～ language 下等なことばづかい. **2**《感覚的に》嫌悪(けんお)すべき, いやな: a ～ smell 胸くそが悪くなる臭気. **3** 価値のない, つまらない: the ～ chores of the kitchen 台所のつまらない雑用. **4**〖話〗ひどい, 悪い: What ～ weather! なんというひどい天気だ.

víl·i·fy [vílifài] *vt.* **1** そしる, ののしる, の悪口をいう, 中傷する. **2**〖稀〗卑しくする. ◇ **-fi·er** *n.* **vìl·i·fi·cá·tion** [ˌ–fikéiʃ(ə)n] *n.* そしり, 悪口.

víl·i·pend [vílipènd] *vt.* けなす, ばかにする; けいべつして言う.

***víl·la** [vílə] *n.* 別荘, いなかの別邸; 別荘風の家.

víl·la·dom [víladəm] *n.*〖英〗《集合的》別荘; 別荘住まいの人たち; 郊外の住宅社会.

†**víl·lage** [vílidʒ] *n.* **1** 村, 村落《hamlet より大きく town より小さい》: a farm ～ 農村. a fishing ～ 漁村. **2**《集合的》村民. ～ **community**〖経〗《古代の》村落共同体. 「なかの人.

‡**víl·lag·er** [vílidʒər] *n.* **1** 村民, 村の住人. **2** い

víl·lain [vílən] *n.* **1** 悪人, 悪者, 悪漢. **2**《劇・小説などの》悪役, かたき役. **3**〖笑〗野郎, やつ. **4**〖古〗土百姓, いなか者. **5** ＝villein. ***You little*** ～*!* このいたずらっ子!

víl·la(i)n·age ＝ville(i)nage.

víl·lain·ous [vílənəs] *a.* **1** 悪人の(ような); 悪党らしい. **2** 卑しい, 悪らつな. **3** いやな, 不快な. **4** ひどい: a ～ storm ひどいあらし.
◇ ～**·ly** *ad.* ～**·ness** *n.*

víl·lain·y [víləni] *n.* **1** 悪事, 悪行, 悪らつな手段. **2** 非道, 卑劣, 下劣.

vil·la·nelle [vilənél] F. *n.* 19 行 2 韻体詩.

vil·lát·ic [vilǽtik] *a.* いなか(風)の.

vil·leg·gi·a·tu·ra [vilèdʒətú(:)rə/-dʒiətúərə] It. *n.* 田園閑居, 別荘暮らし; (休日の) いなか生活.

víl·lein [vílin] *n.*〖英史〗農奴.

víl·le(i)n·age, víl·la(i)n·age [vílinidʒ] *n.*《封建時代の》農奴の土地保有の条件; 農奴の地位〔身分〕.

víl·li [vílai] *n.* villus の複数形.

víl·li·form [vílifɔ̀:rm] *a.* 絨毛(じゅうもう)状の.

Vil·lón [F. vijɔ̃] *n.* François [F. frɑ̃swa] ～, 1431–63 ?, フランスの放浪詩人.

víl·lose [vílous] ＝villous. 「におおわれた.

víl·lous [víləs] *a.* 絨毛(じゅうもう)のある〔ような〕, 長軟毛

víl·lus [víləs] *n.* (*pl.* **víl·li** [-lai])〖医〗絨毛; (*pl.*)〖植〗長軟毛.

vim [vim] *n.*〖話〗精力, 気力, 活力.

VIM [vim] *n.*《高層建築の》高速郵便物〔書類〕配達装置. [＜*V*ertical *I*mproved *M*ail]

ví·men [váimen] *n.* (*pl.* **vím·i·na** [víminə])〖植〗細長い柔軟な小枝. ◇ **vím·i·nal** [vímin(ə)l] *a.*

vi·mín·e·ous [vimíniəs] *a.* 〖植〗長く柔軟な細枝をつけた; 小枝製の. 「似た; ブドウ酒色の.

vi·ná·ceous [vainéiʃəs] *a.* ブドウ酒の; ブドウ酒に

vìn·ai·grétte [vìnigrét/-neig-, -nig-] *n.* 気つけ薬入れ, かぎびん. ～ **sauce** 酢・油・薬味でつくった冷肉・魚用ソース.

Vín·cent [víns(ə)nt] ～**'*s angina*** バンサン口峡炎.

Vín·ci [víntʃi] *n.* Leonardo da ～ [lì:əná:rdou-də-], 1452–1519, イタリアの画家・彫刻家・科学者.

vín·ci·ble [vínsibl] *a.* 征服できる, 打ち勝てる.

vín·cu·lum [víŋkjuləm] *n.* (*pl.* **-la** [-kjulə]) **1** きずな, 結び. **2**〖数〗括線.

vín·di·ca·ble [víndikəbl] *a.* 弁護〔擁護, 立証〕できる. ◇ **vìn·di·ca·bíl·i·ty** [ˌ–––bíliti] *n.*

vín·di·cate [víndikèit] *vt.* **1** の潔白を証する, の嫌疑(けんぎ)を晴らす, 弁護する, 正当化する: The verdict 'Not guilty' ～*d* him [his innocence]. 「無罪」の判決が彼の嫌疑を晴らした〔彼の潔白を立証した〕. **2** 擁護する, 守る《から *against*》: ～ one's honor 自分の名誉を守る. **3** 〈権利を〉要求する: No one can ～ to himself special privilege. だれも特権を要求できない. **4**〖古〗のあだを討つ. **5**〖古〗自由にする, 解放する. ～ one***self*** 弁明する, 申し開きをする. [√vindic-]
◇ **-ca·tor** [-ər] *n.* **vìn·di·cá·tion** [ˌ–kéiʃ(ə)n] *n.* **1** 弁護, 擁護: in *vindication* of を擁護して. **2** 立証.

vín·di·ca·tive [víndikèitiv, vindíkətiv/víndikətiv] *a.* 弁明〔弁護〕する; 擁護する. 「cative.

vín·di·ca·to·ry [víndikətɔ̀:ri/-keitəri] ＝vindi-

vin·díc·tive [vindíktiv] *a.* **1** 報復的な, 怨恨(えんこん)をいだく, 執念ぶかい. **2**〖古〗懲罰的な. [√vindic-] ～ **damages** 懲罰的損害賠償(金).
◇ ～**·ly** *ad.* ～**·ness** *n.*

‡**vine** [vain] *n.* **1** つる, つる草, つるのある植物: rose ～*s*〖米〗つるバラ. a climbing [trailing] ～ 上に伸びる〔横にはう〕つる. **2** ブドウの木 (＝grapevine). ***dwell under*** one**'*s*** ～ ***and fig-tree***〖聖〗わが家で安らかに暮らす《列王紀上 4:25》. [wine と同語源] ～**·drèss·er** ブドウ園丁. ～**·yard** →別項.

vín·e·gar [vínigər] *n.* **1** 酢, 食酢. **2** 苦い顔, ふきげん; ひねくれたことば〔性質〕. ***aromatic*** ～ におい酢《しょうのうなどを溶かしたかぎ薬》. ***lead*** ～ 酢酸鉛 —— *vt.* に酢を混ぜる; に酢で味をつける. **V～ Bible** 1717 年のオックスフォード版聖書《vineyard を vinegar と誤植》.
◇ ～**·ish** [-gəriʃ] *a.* ＝vinegary.

vín·e·gar·y [vínig(ə)ri] *a.* **1** すっぱい, 酢のような; 酢の多い. **2** 気むずかしい, ふきげんな; 意地の悪い: a ～ smile 苦笑い. 「合的》ブドウの木.

vín·er·y [váinəri] *n.* **1** ブドウ園〔温室〕. **2**《集

víne·yard [vínjərd] *n.* **1** ブドウ園〔畑〕. **2** 仕事場《特に精神的な》. 〈注〉発音に注意.
◇ **víne·yard·ist** *n.* ブドウ園経営者.

vingt-et-un [vǽnteiә́:n/-ә́:ŋ] F. *n.* 《トランプの》二十一. → blackjack. 「と同語源]

vini-「ブドウ」「ブドウ酒」の意の語形成要素. [wine

vín·i·cul·ture [víniқʌltʃər] *n.* ブドウ栽培.
◇ **vìn·i·cúl·tur·al** [ˌ-ˌ-ˊ-tʃ(ə)rəl] *a.*

vi·níf·er·a [vainífərə] *n.* アメリカ西部地方で栽培されるブドウの一種. —— *a.* 〜の.

vi·níf·er·ous [-rəs] *a.* ブドウの栽培に適した.

vi·no [ví:nou] It., Sp. *n.* 〖話〗 =wine.

vi·nóm·e·ter [vinámịtər/vainɔ́m-] *n.* ブドウ酒酒精計.

vin or·di·naire [F. vɛ̃ɔrdinɛ:r] F. 《食事の際出される》普通の赤ブドウ酒.

ví·nous [váinəs] *a.* **1** ブドウ酒色の; (赤い) ブドウ酒色の. **2** ブドウ酒の味のある. **3** ブドウ酒に酔った; ブドウ酒で元気をつけた.
◇ **vi·nós·i·ty** [vainásịti/-nɔ́s-] *n.*

vint[1] [vint] *vt.* 〈ブドウ酒を〉つくる.

vint[2] *n.* トランプ遊びの一つ (Russian whist).

vín·tage [víntidʒ] *n.* **1** 《一期の》ブドウ収穫量. **2** ブドウ収穫 (期); ブドウ酒製造の時期. **3** 《豊作の年に醸造した》優良ブドウ酒, 銘柄のブドウ酒. **4** 〖話〗《ある時期・年の》収穫, 生産品. **5** 〖雅〗 = wine. **6** 〖話〗《特定の年度の》型, 製作: a car of 1920 〜 1920年製の車.
◇ **vín·tag·er** [-ər] *n.* ブドウ収穫者.

vínt·ner [víntnər] *n.* 〖英〗ブドウ酒商人.

vín·y [váini] *a.* ブドウの木の; ブドウの木の多い〔に似た〕.

ví·nyl [váinil, vínil, ㊍⁺ -n(ə)l] *n.* 〖化〗ビニル基: 〜 chloride 塩化ビニル. 〜 resin ビニル樹脂.

Ví·ny·lite [váin(ị)làit] *n.* ビニライト《合成樹脂. 商標名》.

ví·ol [váiəl, vail] *n.* バイオール《中世の弦楽器. violin 系統弦楽器の前身》.

vi·ó·la[1] [vióulə, ㊍⁺ vai-, váiələ] *n.* **1** 〖楽〗ビオラ《violin に似てそれより少し大きい》. **2** 〖史〗 = viol.
〜 da braccio [-də-brá:tʃou] 次中音ビオラ《中世の楽器》. **〜 da gamba** [-də-gá:mbə] 低音ビオラ《violin より小さい. cello のもと》.

ví·o·la[2] [váiələ] *n.* 〖植〗スミレ属の植物.

ví·o·la·ble [váiələbl] *a.* 犯す〔汚す〕ことができる.
◇ **vì·o·la·bíl·i·ty** [ˌ-ˌ--bíləti] *n.*

‡**ví·o·late** [váiəlèit] *vt.* **1** 〈法律・誓い・約束・良心などを〉犯す, 破る, にそむく: 〜 a law 法律に違反する. **2** 〈神聖を〉汚す, に不敬をはたらく: 〜 a temple 寺院を汚す. **3** 乱す, じゃま〔妨害〕する; 侵害する: 〜 a person's privacy 人の私的自由を侵す. **4** 〈女性に〉暴行する, 凌辱(りょうじょく)する (rape). **5** 〖古〗酷使する.
◇ **ví·o·la·tive** [-iv] *a.* 侵害する; 犯す, 破る; 汚す.

vì·o·lá·tion [vàiəléiʃ(ə)n] *n.* **1** 《法律・約束などの》違反. **2** 侵犯, 侵害; 妨害, じゃま, 侵入. **3** 冒瀆(ぼうとく). **4** 暴行, 凌辱(りょうじょく). ***flagrant* 〜** はなはだしい〔ひどい〕違反. ***in* 〜 *of*** に違反して. ***traffic* 〜** 交通 (規則) 違反. ◇ **〜·al** *a.*

ví·o·la·tor [váiəleitər] *n.* **1** 違反者, 違犯者. **2** 侵害者, 妨害者. **3** 冒瀆者. **4** 暴行〔凌辱〕者.

‡**ví·o·lence** [vájələns] *n.* **1** 《自然現象・人の行動・感情などの》激しさ, 猛烈さ: the 〜 of a storm [an earthquake, a collision] あらし〔地震, 衝突〕の猛威〔激しさ〕. the 〜 of passion 感情の熱烈さ. **2** 暴力, 乱暴; 〖法〗暴行: crimes of 〜 暴力罪. **3** 冒瀆(ぼうとく), 不敬. **4** 曲解, こじつけ; 《字句の》改ざん.
do* 〜 *to に暴力をふるう; 〈感情など〉を害する; …にそむく; 〈事実など〉を曲げる, を曲解する. ***offer* 〜 *to*** を襲う, に暴力を加える. ***resort to* [*use*] 〜** 腕力に訴える〔を用いる〕. ***with* 〜** 乱暴に; 猛烈に.

‡**ví·o·lent** [váiələnt] *a.* **1** 《自然現象・人の行動・感情など》激しい, 猛烈な: a 〜 storm [attack] 激しいあらし〔攻撃〕. at 〜 speed 猛速度で. a 〜 passion [dislike] 激しい情熱〔嫌悪(けんお)〕. **2** はなはだしい, 非常な; どぎつい: a 〜 contrast はなはだしい対照. 〜 colors どぎつい色彩. **3** 狂暴な, 暴力的な: become 〜 after an insult 侮辱されて狂暴になる. **4** 《死が》暴力〔事故〕による: a 〜 death 変死, 事故死. **5** 《解釈が》無理な, こじつけの: a 〜 interpretation. ***lay* 〜 *hands on*** に暴力をふるう; を暴力で捕える; を殺す. ***resort to* 〜 *means*** 暴力に訴える.
〜 presumption 〖法〗ほとんど決定的な証拠に基づく推定. 〔類〕 → **wild**「奔放な」

‡**ví·o·lent·ly** [-li] *ad.* **1** 激しく, 猛烈に; ひどく. **2** はでに: 〜 dressed はでに着飾って.

vì·o·lés·cent [vàiəlésnt] *a.* スミレ色がかった.

‡**ví·o·let** [váiəlit] *n.* **1** 〖植〗スミレ (の花). **2** スミレ色. **3** 神経質な人, はにかみ屋. —— *a.* スミレ色の. ***March* [*English*, *sweet*] 〜** 〖植〗ニオイスミレ. ***tricolored* 〜** 〖植〗サンシキスミレ, パンジー (pansy).
〜 rays 〖物〗紫(光)線《スペクトル中の最短光線》; 《誤用》紫外線 (=ultraviolet rays).

†**vì·o·lín** [vàiəlín] *n.* **1** 〖楽〗バイオリン; バイオリン系統の楽器《viola, cello など》: play the 〜 バイオリンをひく. **2** バイオリン奏者. ***first* 〜** 第一バイオリン. ***play first* 〜** 第一バイオリンをひく; 指導的役割を演ずる.

***vì·o·lín·ist** [vàiəlínist/ˊ---, ˌ-ˊ-] *n.* バイオリニスト, バイオリン奏者, 提琴家.

vi·ó·list[1] [vióulist, ㊍⁺ vai-] *n.* ビオラ (viola) 奏者.

ví·o·list[2] [váiəlist] *n.* バイオール (viol) 奏者.

vì·o·lon·cél·lo [vì:ələntʃélou, vàiələnsél-/vàiələntʃél-] *n.* (*pl.* **〜s**) 〖楽〗チェロ (cello).
◇ **-list** *n.* =cellist

vì·o·ló·ne [vì:əlóunei, vjə-/váiəloun] *n.* 〖楽〗ビオローネ《バイオリン系統の最低音弦楽器. contrabass のもと》.

vi·ós·ter·ol [vaiástəroul/-ɔ́stərɔl] *n.* 〖薬〗ビオステロール《ビタミン D を含む油状物》.

VIP, V.I.P. [ví:àipí:/ˊ-ˊ] *n.* (*pl.* **VIPs**) 〖話〗要人, 貴賓. [<*v*ery *i*mportant *p*erson]

ví·per [váipər] *n.* **1** 〖動〗毒ヘビ, マムシ. **2** マムシのようなやつ, 腹黒い〔意地悪い〕人間, ゆだんのならないやつ. ***cherish a* 〜 *in* one's *bosom*** 恩をあだで返すような人間に親切を施す.
◇ **〜·ine** [-pərin] *a.* マムシの (ような).

ví·per·ish [váipəriʃ] *a.* =viperous.
◇ **〜·ly** *ad.*

ví·per·ous [váipərəs] *a.* **1** マムシのような. **2** 毒をもつ; 有毒の. **3** 腹黒い, 意地の悪い. ◇ **〜·ly** *ad.*

vi·rá·go [vəréigou, vai-/virá:-] *n.* (*pl.* **〜(e)s**) 口やかましい女, がみがみいう女; 〖古〗女丈夫.

ví·ral [váirəl/váiər-] *a.* ビールスの〔によって起こる〕.

vír·e·lay [vírəlèi] *n.* 1 節 2 韻の短詩《フランスの古い詩形》.

vire·ment [víərmɑ̃:, ㊍⁺ -mənt] F. *n.* 〖商〗手形交換, 振替.

vír·e·o [víriòu] *n.* (*pl.* **〜s**) 〖鳥〗モズモドキ《アメリカ産の鳴き鳥》.

vi·rés·cent [virésnt, ㊍⁺ vai-] *a.* 緑がかった, 淡緑色の; 〖植〗緑変する. ◇ **vi·rés·cence** *n.* 緑色(化).

vír·gate [vɔ́:rgit] *a.* 〖植〗細長い, 棒状の.

Vír·gil [vɔ́:rdʒil] *n.* ベルギリウス, 70–17 B.C., 古代ローマの国民的詩人《*Aeneid* の作者》.
◇ **Vir·gíl·i·an** [vəːrdʒíliən] *a.* 〜 風の.

‡**vír·gin** [vɔ́:rdʒin] *n.* **1** 処女, おとめ, 娘. **2** (the V〜) 聖母マリア; (a V〜) 聖母マリアの絵〔像〕. **3** 〖宗〗処女聖人; 処女教団の団員. **4** 〖稀〗童貞の男子. **5** 〖動〗単性生殖をする雌のこん虫. **6** (V〜) おとめ座 (Virgo).
—— *a.* **1** 処女の, 童貞の; 処女でいる〔を守る〕. **2** 処女らしい, 処女にふさわしい, つつましい. **3** 汚れのない, 純潔な. **4** 初めての: a 〜 speech 初演説. a 〜 voyage 処女航海. **5** 経験のない, 無知な《に *to*》. **6** 未使用の, 未開拓の: 〜 earth 処女地. **7** 混じり物のない: 〜 gold 純金.
〜 birth 聖母マリアの処女受胎 (説); 単性生殖.

~ blade まだ血で汚れない刀. **~ clay** なま粘土. **~ comb** 処女バチの巣. **~ forest** 処女林, 原生林. **V~ Mother** 聖母マリア. **~ paper** 白紙. **~ peak** 処女峰. **V~ Queen, the** イギリス女王エリザベス一世. **~'s-bówer**〘植〙センニンソウ属の植物. **~ snow** [**soil**] 処女雪〔地〕. **~ wool**《再生羊毛に対する》新羊毛.

vír·gi·nal[1] [vəːrdʒin(ə)l] *a.* **1** 処女の, 処女〔おとめ〕らしい. **2** 処女〔童貞〕を続ける. **3** 純潔な, 汚れない. **~ bloom** 娘盛り. **~ generation**〘生〙単性生殖. **~ membrane** 処女膜.
◇ **~·ly** *ad.* **~·ness** *n.*

vír·gi·nal[2] *n.* 16–17 世紀に用いられた小型のハープシコード《a pair of virginals ともいう》.

Vir·gín·ia [vərdʒínjə] *n.* アメリカ東部の州《Queen Elizabeth にちなむ. 略 Va.》; バージニアたばこ.
~ creeper〘植〙アメリカツタ (American ivy). **~ reel**〘米〙いなかの踊りの一つ《ふたりずつ向かい合って 2 列に並んで踊る》; その音楽.
◇ **~n** *a.*, *n.* ~ 州の(人).

vir·gin·i·bus pu·er·is·que [vəːrdʒínibəs-pjùːərískwi/-gínibəs-puə-, -dʒínibəs-pjuər-] L. (= for girls and boys) 少年少女〔青年男女〕のために〔に適した〕《Robert Louis Stevenson が若い人人のために恋愛を論じたこの名の随筆集がある》.

vir·gín·i·ty [vərdʒíniti] *n.* **1** 処女〔童貞〕であること, 処女性, 童貞. **2** 純潔, 清純. [<virgin]

vir·gín·i·um [vərdʒíniəm] *n.*〘化〙バージニウム.

Vír·go [vəːrgou] *n.*〘天〙おとめ座 (the Virgin); 処女宮《Zodiac 黄道帯の第六宮》. ***v~ intacta*** [-intǽktə]〘法〙《処女膜のある》完全な処女.

vír·gule [vəːrgjuːl] *n.* 斜線《/》.〈注〉数字の切れ目《3/25/1968》, 詩の行の切れ目などを示すほかに, 前後のどちらの語をとってもよいことを示す: A and / or B (= A and B または A or B).

vìr·i·dés·cent [vìridésnt] *a.* **1** 緑がかった, 淡緑色の. **2** 清新な, 水々しい; 活気ある, 生気にあふれた. **3** 緑変する. ◇ **-cence** *n.*

vi·ríd·i·ty [viríditi] *n.* **1** 緑色, 淡緑色. **2** 清新, 新鮮さ, 若さ; 生気, 活気.

vír·ile [víril, vair-/vírail, váiər-] *a.* **1** 男らしい, 男性的な: a ~ voice 男らしい声. **2** 男盛りの: the ~ age 男盛りの年配. **3** 活気のある; 力強い. **4** 生殖力のある: ~ member 男根. [√vir-]

vìr·i·lés·cent [virilésnt] *a.*《老いた雌の動物が》男性〔雄性〕化する. ◇ **-cence** *n.*

vír·i·lism [víriliz(ə)m] *n.* 女子の男性化.

vi·ríl·i·ty [viríliti] *n.* **1** 男性であること. **2** 男らしさ; 力強さ, 活力. **3** 男盛り, 壮年. **4** (男の) 生殖力.

vìr·i·ló·cal [vìrilóuk(ə)l] = patrilocal.

vi·ról·o·gy [vairáləd͡ʒi/vàiərɔ́l-] *n.* ビールス学. → virus. ◇ **-gist** *n.* ビールス学者.

ví·rose [váirous/váiər-] *a.*〘植〙悪臭のある; 有毒の.

vi·ró·sis [vairóusis/vaiər-] *n.* ビールス病.

vir·tú [vəːrtúː] *n.* **1**《美術品・骨董(こっとう)品類の》よさ, 値うち, 骨董的価値: articles [objects] of ~ 美術骨董品. **2**《複数扱い, 集合的》すぐれた美術〔骨董〕品. **3** 美術品愛好, 骨董好き〔通〕.

vír·tu·al [vəːrtʃuəl/-tju-] *a.* **1**《表面上・名目上そうではないが》事実上の, 実質的な, 実際の: a ~ defeat 事実上の敗北. **2**〘物〙仮の, 虚の. [√vir-] **~ displacement**〘物〙仮想変位. **~ image**〘物〙虚像. **~ mass**〘物〙見掛け(の) 質量. **~ work**〘物〙仮想仕事〔工程〕. ◇ **~·ly** *ad.* 事実上, 実質的に: be ~*ly* dead 死んだも同然.

‡**vír·tue** [vəːrtʃuː/-tjuː, -tʃuː] *n.* **1**《不可算名詞》美徳, 徳: a man of ~ 有徳の人. ↔vice[1]. **2**《可算名詞》徳の一つ, 美徳, 美点: Kindness is a ~. 親切は一つの美徳だ. **3**《婦人の》貞操: a woman of easy ~ うわ気女. **4**《可算名詞》長所, 価値: count the ~*s* of the car 自動車のすぐれた点を数えあげる. **5** 効力, ききめ: There is little ~ in that medicine. その薬はほとんどきかない. **6**〘宗〙(*pl.*) 力天使《天使の第 7 階級》.
by [***in***] ***~ of*** (の効力) によって, の力で, のお陰で. ***cardinal ~s*** →cardinal. ***make a ~ of necessity*** やむをえないことを潔く行なう; すべきことにてがら顔をする. ***V~ is its own reward.***〘諺〙徳行は自ら報ゆ. [√vir-] 類 → **worth**「価値」

vìr·tu·ós·i·ty [vəːrtʃuásiti/-tjuɔ́s-] *n.* **1** 芸術上の妙技,《特に音楽の》技巧. **2** 美術〔骨董〕趣味.

vìr·tu·ó·so [vəːrtʃuóusou/-tjuóuzou] *n.* (*pl.* **-sos, -si** [-óuziː/-óusiː]) **1** 芸術の巨匠,《特に》音楽の大家. **2** 骨董(こっとう)〔美術〕通; 美術品鑑定〔収集〕家. [√vir-]

‡**vír·tu·ous** [vəːrtʃuəs, 英+ -tjuəs] *a.* **1** 徳の高い, 有徳の, 高潔な, 徳行のある: lead a ~ life 高潔な生涯(しょうがい)をおくる. **2**《婦人が》貞淑な: a ~ young woman. **3**〘古〙効力ある, 有力な. [√vir-]
◇ **~·ly** *ad.* **~·ness** *n.*

vír·u·lent [vír(j)ulənt] *a.* **1** 毒性の, 猛毒のある. **2**〘医〙悪性の. **3** 毒気を含んだ, 悪意に満ちた, 敵意のある. **4**《攻撃などが》激しい, 猛烈な;《批評などが》辛らつな. [<virus]
◇ **~·ly** *ad.* **-lence, -len·cy** *n.*

ví·rus [váirəs/váiərəs] *n.* (*pl.* **~·es**) **1**〘医〙ビールス, 濾過(ろか)性病原体. **2** 病菌(体): ~ warfare 細菌戦. **3**《道徳・精神上の》害毒.

vis [vis] L. *n.* (*pl.* ***vi·res*** [váiriːz/váiər-]) 力 (force).〈注〉以下の合成語で [vís-]. **~ *elastica*** [-ilǽstikə] L. 弾力. **~ *inertiae*** [-inəːrʃiː/-ʃiː] L. 惰性, 惰力. **~ *major*** [-méidʒər] L.〘法〙不可抗力. **~ *motiva*** [-motáivə] L. 原動力. **~ *vitae*** [-váitiː], **~ *vitalis*** [-váitəlis, -vaitéilis] L.〘生理〙生活力. **~ *viva*** [-váivə] L.〘物〙活力《物体のエネルギー》; 仕事能力.

Vis. Viscount; Viscountess.

ví·sa [víːzə] *n.*《旅券の》ビザ, 査証.
—— *vt.* に査証する. [√vid-]

vís·age [vízidʒ] *n.* **1** 顔, 顔だち, 顔つき. **2** 様相, 外観. [√vid-] ◇ **~d** [-d] *a.*《合成語で》…顔の: gloomy-~*d* 憂うつな顔の.

vís·ard = vizard.

vis-à-vis [vìːzəvíː/víːzɑːviː] F. *ad.* 向かい合って, 相対して《と *to, with*》. **——** *a.* 向かい合っている. **——** *prep.* **1** と向かい合って, と相対して. **2** と比べて. **3** に関して. **——** *n.* **1** 向かい合っている人; 相手《つどい・舞踏会などの》: my ~ in the party パーティーでの私の相手. **2** 座席が向かい合っている馬車; 差し向かいにすわる S 字形いす.

Vi·sá·yan [visáːjən] *n.* ビサヤン人《フィリピン原住民の一つ》; ビサヤン語.

Visc. Viscount; Viscountess.

vís·cer·a [vísərə] *n. pl.* (*sing.* **vís·cus** [vískəs]) 内臓, はらわた.

vís·cer·al [vísərəl] *a.* 内臓の: the ~ cavity 腹腔(ふっこう). ◇ **~·ly** *ad.*

vís·cer·ate [vísərèit] *vt.* の内臓を摘出する.

vís·cid [vísid] *a.* 粘つく, 粘着性の; どろどろの, 半流動体の.
◇ **~·ly** *ad.* **~·ness** *n.* **vis·cíd·i·ty** [visíditi] *n.*

vís·cose [vískous] *n.*〘化〙ビスコース《人絹・スフなどの原料セルローズ》. **——** *a.* **1** 粘着する, 粘りのある. **2** ビスコースの〔を含む〕.

vis·cós·i·ty [viskásiti/-kɔ́s-] *n.* 粘度, 粘(着)性.

vís·count [váikaunt] *n.* (*fem.* **vís·count·ess** [-is]) 子爵《earl または count の次で baron の上の爵位. 略 V.》. ◇ **~·cy** [-si] *n.* 子爵の地位〔身分〕. **~·ship** [-ʃip] *n.* = viscountcy.

vís·cous [vískəs] *a.* 粘り気のある, 粘着性の;〘物〙粘性の. ◇ **~·ly** *ad.* **~·ness** *n.*

vise, ㊧**vice** [vais] *n.* 〖機〗万力: grip...in a ～ 万力で締める. ***(as) firm as a*** ～ (万力のように) しっかりと. —— *vt.* 万力で締める〔つかむ〕.

vi·sé [víːzei] F. ＝visa.

Vish·nu [víʃnuː] *n.* ヒンズー教 3 大神の一.

vis·i·bil·i·ty [vìzibíliti] *n.* **1** 目に見えること; 見える状態〔程度, 度合い〕, 視度: high〔low〕～ 高〔低〕視度. **2**〖気・海〗物の見える距離, 視界, 視度; 光達距離.

‡**vis·i·ble** [vízəbl] *a.* **1** (目に) **見える**: ～ stars 見える星. **2 明白な**, 明らかな, 歴然たる: serve no ～ purpose 明白な〔現実の〕目的には役立たない. **3** 目だつ, きわだつ: a ～ necktie 目だつネクタイ. **4** 面会できる: When will he be ～? いつあの方にお目にかかれましょうか. **5** 現在目に見えている, 手にはいる: the total of ～ wheat as of date 現在収穫確実な麦の総量. **6**《機械などで内部が》見えるようにつくられた. ⇔ invisible.
the ～ 物質, 物質世界, 現世. [√vid-]
～ **exports and imports** 商品の輸出入《手数料・観光収入などに対し》. ～ **horizon** 視地平. ～ **means** 有形的財産. ～ **ray**〖物〗可視光線. ～ **speech** 一種の表音記号法. ～ **supply**《農産物の》出回り高.
◇ ～**·ness** *n.* **-bly** *ad.* 目に見えて; 明らかに.

Vis·i·goth [vízigɑ̀θ, -gɔ̀ːθ/-gɔθ] *n.* 西ゴート人.
◇ **Vis·i·goth·ic** [vìzigɑ́θik, -gɔ́ːθ-/-gɔ́θ-] *a.*

‡**vi·sion** [víʒ(ə)n] *n.* **1 視力**, **視覚**: the organ of ～ 視器官. the range of ～ 視界. **2**《見えないものを心に描く》**想像力**, **先見**, 洞察(どうさつ)力: a poet of great ～ 偉大な想像力をもった詩人. **3** (心に描かれた) **光景**, 想像〔未来〕図: Have you ever had ～*s* of great wealth? 大金持ちの状態を心に描いたことがあるか. **4 まぼろし**, 幻影; 幻想的な場面: It appeared to me in a ～. それは幻となってあらわれた. **5** 非常に美しい姿〔光景, 女性〕: She was a ～ in that dress. あの着物を着た彼女はすばらしかった. **6** ひと目: catch a ～ of the summit 山頂をちらりと見る. **7**〖修〗現写法.
—— *vt., vi.* 幻に示す; 幻〔夢〕にみる; 幻にあらわれる. [√vid-]
◇ ～**·less** *a.* 〔類〕→ **sight**「視力」

vi·sion·al [víʒən(ə)l] *a.* 幻の (ような), 幻にみた; 夢想〔幻想〕的な; 架空的な. ◇ ～**·ly** *ad.*

vi·sion·ar·y [víʒənèri/-nəri] *a.* **1** 幻を見る, 幻想にふける, 空想的な. **2** 幻想に見る (ような), 空想的な; 幽霊の出るような. **3** 非現実的な,《計画など》実行不可能な: a ～ idealist 非現実的な理想家.
—— *n.* **1** 幻をみる人, 神秘的な人. **2** 夢想家, 非現実的な人.

†**vis·it** [vízit] *vt.* **1**《社交・用件・参詣・観光のために》**訪れる**; …のところに滞在する: ～ one's uncle for a week 1 週間おじのところに滞在する. ～ a library 図書館に行く《利用するために》. ～ New York ニューヨーク見物に行く〔来る〕. **2** 視察する; 慰問する; 往診する: The doctor is out ～*ing* his patients. 医者は往診中で不在です. **3**〈災害などが〉**襲う**, 見舞う, にふりかかる: The valley was ～*ed* by a drought. 谷は旱魃(かんばつ)に見舞われた. **4**〈考えなどが〉…に浮かぶ: ～*ed* by a strange notion 奇妙な考えが浮かんで. **5**〈罪などを〉負わす《に *on, upon*》: ～ one's wrath *upon* a person 人に怒りをぶちまける. ～ the sins of the father's *upon* the children 父親の罪を子に着せる.
—— *vi.* **1** 訪問する, (客として) 滞在〔逗留(とうりゅう)〕する《を *with* a person; に *in* a place》: She often ～*s* here in autumn. 彼女は秋にはよくここへ来ます. **2** 視察〔慰問, 往診〕する: The doctor was out ～*ing.* 医者は往診に出ていた. **3**〖米話〗おしゃべりをする《と *with*》: Let's sit here and ～ together for a while. ここにすわってしばらくしゃべろう.
—— *n.* **1 訪問**; **見物**, 見学; 見舞い; 参詣(さんけい),《客としての》滞在. **2** 視察; 往診;《患者の》医者通い: one's daily ～ to a dentist 毎日の歯医者通い. **3**〖米話〗雑談, おしゃべり: have a ～ on the telephone 電話で話をする. ***on a*** ～ 訪問中《を *to*》. ***pay*** 〔***make, give***〕 a person 〔place〕 ***a*** ～＝***pay*** 〔***make, give***〕 ***a*** ～ ***to*** を訪問〔巡回, 見物〕する, を見舞う. ***receive a*** ～ ***from*** から訪問を受ける. ***return a*** ～ 答礼の訪問をする. ***right of*** ～ ＝right of visitation. → visitation. ～ ***of civility*** 〔***respect***〕 儀礼上の訪問. [√vid-]
〔類義語〕 **訪問する: visit** 人または場所を訪れる. しばらく滞在するのが普通. 長期のこともある: *visit* one's relative for a week 1 週間親類のところへ行く. **call** ちょっとたずねる, 立ち寄る. 玄関先の訪問など. 人なら *on*, 家なら *at*: *call at* a person's house. **see** 人に会う. 日本語の「たずねる」に対し実際には上の 2 語より see を用いることが普通: I've got to *see* my lawyer at his office this afternoon. ぼくはきょうの午後, 頼みつけの弁護士を事務所にたずねなければならない. **meet** 偶然または約束によって人に会う. 訪問の意味はない.

vis·it·ant [vízit(ə)nt] *n.* **1**《特に身分の高い, または他国からの》訪 (問) 客. **2** 亡霊. **3** 渡り鳥. **4** (V～)〖カトリック〗聖母訪問童貞会 (Order of the Visitation of Our Lady) の修道女.
—— *a.* 訪問〔来訪〕する.

vis·it·a·tion [vìzitéiʃ(ə)n] *n.* **1** 訪問, 見舞い, 見物;〖俗〗長逗留(ながとうりゅう). **2** 公式訪問; 巡視, 巡回, 巡察, 臨検; 船舶臨検. **3** 天罰《不幸・天災など》, 災禍. **4** 審判, 裁き, 報い. **5** (V～)〖聖〗聖母訪問《聖母マリアの洗礼者ヨハネの母エリザベス訪問. ルカ伝1:39–56》; その記念日《7月2日》. **6**〖英史〗紋章官の管内巡視 (調査報告). ***Nuns of V***～ ＝***Order of the V***～ ***of Our Lady*** (***the Blessed Virgin Mary***) 〖カトリック〗聖母訪問童貞会《貧者・病人の慰問および女子教育を目的とする修道女会》. ***right of*** ～〖国際法〗《船舶の》臨検権.
◇ ～**·al** *a.*

vis·it·a·to·ri·al [vìzitətóːriəl/-tɔ́ːr-] *a.* **1** 巡視 (者) の, 臨検の; 訪問の. **2** 巡視〔臨検〕権のある.

vis·it·ing [víziti ŋ] *n.* 訪問, 巡視, 視察, 臨検.
—— *a.* 訪問〔巡視, 視察, 臨検〕の〔する〕. ***be on*** ～ ***terms with*** ＝***have a*** ～ ***acquaintance with*** と互いに往来するほどの (親しい) 間柄である.
～ **book** 訪問簿; 訪問先名簿. ～ **card** 名刺. ～ **day** 接客日. ～ **fireman** (1) 大いにもてなさなければならない重要な客. (2) 大いに金を使ってくれる買い物客《観光客など》. ～ **housekeeper** (通いの) 家政婦. ～ **nurse** 巡回看護婦. ～ **professor**《他の大学からの》派遣教授; 客員教授. ～ **teacher** 家庭巡回教師《長欠児童などを担当する》.

‡**vis·i·tor** [vízitər] *n.* **1 訪問者**, **来客**; **客**, **滞在客**; **観光客**: I had no ～*s* all day. まる一日客がなかった. summer ～*s* at the hotel ホテルの夏の滞在客. ～*s* to a city for a convention 町へ来た会議の出席者たち. **2** 視察員〔官〕;《大学の》監察員. **3**《大学の》聴講生. **4** (*pl.*) 来訪チーム.
～**s' book**《旅館の》宿帳;《私宅の》来客名簿.
〔類義語〕 **客: visitor** 人または場所への訪問客. しばらく滞在するのが普通. 長期のこともある: a *visitor* at our neighbor's house 隣家への訪問客. a *visitor* in San Francisco サンフランシスコへの訪問客. **caller** 短い, 多くは正式の訪問客: The *caller* merely left his card. 訪問客は名刺だけを置いて帰った. **guest** 暖かいもてなしを受ける客. 旅館や下宿などでも滞在客を guest と呼ぶことが多い. **client** 弁護士・医者・建築家など知的職業に携わる者から専門的知識を得る依頼人としての客. **customer** 商店の顧客.

vìs·i·tó·ri·al [vìzitó:riəl/-tɔ́:r-] = visitatorial.

ví·sor [váizər] *n.* **1**〘史〙《かぶとの》面頬(ﾒﾝﾎﾟｵ). **2**《帽子の》まびさし;《自動車の風防ガラスにつける》日よけ板. **3**〘米〙覆面, マスク.
—— *vt.* に～をつける, 保護する. [√vid-]

visor ①

vís·ta [vístə] *n.* **1** 見通し, 見通しのけしき《狭い並み木道・町並みなどを縦に見たながめ》; 見通しのある場所《並み木道など》. **2** 展望, 予想: open up a new ～ 新生面を開く. **3** 回想, 追憶. [√vid-]
～ **dome**《列車の》展望台. **V～ Vision**〘映〙ビスタビジョン《ワイドスクリーン方式の一つ. 商標名》. 類 → **view**「ながめ」

vís·taed, vís·ta'd [vístəd] *a.* 見通し〔展望〕のき「く.

vís·u·al [víʒuəl/vízjuəl, -ʒuəl] *a.* **1** 視覚の〔に関する〕: ～ nerve 視神経. a ～ angle〔field〕視角〔視野〕. **2** 視覚によって得られる: ～ knowledge〔impression〕目で見た知識〔印象〕. **3** 目に見える: ～ objects 目に見える物体. **4** 光学上の.
～ **aid**(s) 視覚教(育器)具《映画・スライド・模型など》. ～ **education**〔**instruction**〕《visual aid を利用する》視覚教育. ～ **flying** 有視飛行. ～ **organs** 視覚器官. ～ **purple**〘生化〙視紅. ～ **show**〘ラジオ・テレビ〙公開放送.
◇ ～**·ly** *ad.* **1** 視覚的に, 視覚によって. **2** 見た目に: ～*ly* pleasing 見た目に快い.

vís·u·al·ize [víʒuəlàiz/vízjuəl-, -ʒuəl-] *vt., vi.* **1** ありありと心に描く. **2**《抽象的なものを》具体的に目に見えるようにする; 具象化する: ～ a scheme 計画を具体的に考える. ◇ **vìs·u·al·i·zá·tion** [ˏ－－əlizéiʃ(ə)n, -laiz-] *n.* ありありと心に思い浮かべる〔描く〕こと, 具象化; 心像, 心に思い浮かべた姿.

Ví·ta·glass [váitəglæ̀s/-glɑ:s] *n.* (または v～) バイタグラス《紫外線透過ガラス. 商標名》.

‡**ví·tal** [váitl] *a.* **1** 生命の, 生命維持に必要な, 生命の源泉をなす: ～ process 生命過程. the heart, brain, and other ～ organs 心臓・脳, その他の生命の重要な器官. **2** 生き生きした, 生気にあふれた: a ～ personality 精力的な人物. **3** 致命的な, 生死にかかわる《比喩的にも》: a ～ wound 致命傷. a ～ part〔spot〕急所. a ～ question 死活問題. a ～ error 決定的な誤り. **4** 絶対に必要な, きわめて重要な《に *to*》: conditions ～ *to* national security 国家の安全に欠くべからざる条件. **5** 人口に関する: ～ statistics 人口統計. ***of ～ importance*** きわめて重要な.
—— *n.* **1** (*pl.*) 生命維持に必要な諸器官《特に心臓・肺・脳・腸など》. **2** (*pl.*) 枢要部, 急所, 核心: tear the ～*s* out of a subject 問題の核心〔急所〕をつかむ. [√vi(v)-]
～ **capacity** 肺活量. ～ **revolution** 人口革命《近代国家における死亡率と出生率の低下》. ～ **statistics** 人口動態統計《死亡・出産・結婚などの》. ◇ ～**·ly** [-t(ə)li] *ad.* 致命的に; きわめて重大に, 肝要に; 真に. ～**·ness** *n.*

ví·tal·ism [váit(ə)liz(ə)m] *n.*〘哲〙活力論, 生気説《生命の現象は化学・物理的作用によらず根本に内在する生命力によるという説》. → mechanism.
◇ **ví·tal·ist** *n.* 活力論者. **vì·ta·lís·tic** *a.*

vi·tál·i·ty [vaitǽliti] *n.* **1** 活力, 生命力, 生活力. **2** 生気, 活気, 元気. **3** 永続力, 持続力.

ví·tal·ize [váit(ə)làiz] *vt.* **1** に生命を与える. **2** に活力をつける, に生気を与える; 元気づける, 鼓舞する. **3** 振興する.
◇ **vì·tal·i·zá·tion** [ˏ-t(ə)lizéiʃ(ə)n/-laiz-] *n.*

‡**ví·ta·min** [váitəmin/vítə-, váitə-], **ví·ta·mine** [-màin, -min/-min] *n.* ビタミン《生物の正常な生理活動に必要な有機化合物》. ～ **A** ビタミン A. 〈注〉同様に *vitamin*(*e*) A_1 [A_2, B_1, B_2, B_6, B complex, C, D_1, D_2, D_3, E, G, H, K_1, K_2, M, P].
◇ **vì·ta·mín·ic** [ˏ－mínik] *a.*

ví·ta·scope [váitəskòup] *n.* 映写機《初期映画の》.

vi·tél·lin [vitélin] *n.*〘化〙ビテリン《卵黄素》.

vi·tél·line [vitélin/-lain] *a.* 卵黄の.

vi·tél·lus [vitéləs] *n.* 卵黄.

ví·ti·ate [víʃièit] *vt.* **1** の質を低下させる; 損じる, そこなう. **2** 汚染する, よごす, 腐敗させる. **3**〈要求・契約などを〉無効にする. [√viti-]
◇ **-a·tor** [-ər] *n.* **vì·ti·á·tion** [ˏ－éiʃ(ə)n] *n.*

vít·i·cul·ture [vítikʌ̀ltʃər/ˊ－－－] *n.* ブドウ栽培. ◇ **vìt·i·cúl·tur·al** [ˏ－kʌ́ltʃ(ə)rəl] *a.* **vìt·i·cúl·tur·er, vìt·i·cúl·tur·ist** *n.* ブドウ栽培者.

vít·re·ous [vítriəs] *a.* **1** ガラス(質)の; ガラスでできた. **2** ガラスのような, 透明な.
～ **body**〔**humor**〕〘医〙《眼球の》ガラス体〔液〕. ～ **electricity** ガラス電気《絹でガラスを摩擦して起こす》. ◇ ～**·ly** *ad.* ～**·ness** *n.*

vi·trés·cent [vitrésnt] *a.* ガラス状化する, ガラス質になる. ◇ **-cence** *n.*

vitri-「ガラス」の意の語形成要素.

vít·ric [vítrik] *a.* ガラス質〔状〕の.

vít·rics [vítriks] *n. pl.*《単数扱い》 **1** ガラス製造術. **2**《集合的》ガラス類.

vìt·ri·fác·tion [vìtrifǽkʃ(ə)n] = vitrification.

vít·ri·fi·a·ble [vítrifàiəbl] *a.* ガラス化できる.
◇ **vìt·ri·fì·a·bíl·i·ty** [vìtrifàiəbíliti] *n.*

vìt·ri·fi·cá·tion [vìtrifikéiʃ(ə)n] *n.* ガラス(状)化; ガラス化された物.

vít·ri·form [vítrifɔ̀:rm] *a.* ガラス状の.

vít·ri·fy [vítrifài] *vt., vi.* ガラス化する, ガラスに変える〔変わる〕.

vít·ri·ol [vítriəl] *n.* **1**〘化〙硫酸; 硫酸塩. 礬(ﾊﾞﾝ)類. **2** 辛らつなことば〔皮肉, 批評〕, こきおろし. ***blue*** 〔***copper***〕～ 胆礬(ﾀﾝﾊﾞﾝ), 硫酸銅. ***dip*** **one's** ***pen in*** ～ 毒筆をふるう. ***green*** ～ 緑礬, 硫酸鉄. ***oil of*** ～ 濃硫酸. ***throw*** ～ ***at***〔***over***〕に硫酸をかける. ***white*** ～ 皓礬(ｺｳﾊﾞﾝ), 硫酸亜鉛.
◇ **vìt·ri·ól·ic** [ˏ－ɑ́lik/-ɔ́l-] *a.* **1** 硫酸の(ような); 硫酸から成る〔得られる〕. **2** 辛らつな, 痛烈な.

vít·ri·ol·ize [vítriəlàiz] *vt.* **1** 硫酸で処理する; 硫酸化する. **2** 硫酸で焼く〔やけどさせる〕.
◇ **vìt·ri·ol·i·zá·tion** [ˏ－əlizéiʃ(ə)n/-laiz-] *n.*

vít·ta [vítə] *n.* (*pl.* **-tae** [víti:]) **1**〘動〙色帯, しま, すじ;〘植〙油管. **2**〘古ローマ〙飾りはち巻き.

ví·tu·line [vítʃulàin/vítju-] *a.* 子牛の(ような); 子牛肉の(ような).

vi·tú·per·ate [vait(j)ú:pərèit, vi-/-tjú:-] *vt.* **1** ののしる, 悪口を言う. **2** しかりつける, とがめる. [√viti-]
◇ **-a·tor** [-ər] *n.* **vi·tù·per·á·tion** [－ˏpəréiʃ(ə)n] *n.*

vi·tú·per·a·tive [vait(j)ú:pərèitiv, vi-/-tjú:pərət-] *a.* 悪口を言う, ののしる, 毒舌の. ◇ ～**·ly** *ad.*

vi·va[1] [ví:və] It. (=Long live...!) *int.* 万歳!
—— *n.* (*pl.*) (万歳の) 歓声.

vi·va[2] [váivə] =*viva voce.*

vi·vá·ce [vivɑ́:tʃi] *a., ad.*〘楽〙活発な〔に〕, 元気な〔に〕. [<It.]

vi·vá·cious [vaivéiʃəs/vi-, vai-] *a.* **1** 快活な, 活発な, 陽気な: a ～ girl はつらつとした少女. **2**〘古〙長生きの. [√vi(v)-] ◇ ～**·ly** *ad.* ～**·ness** *n.*

vi·vác·i·ty [vaivǽsiti/vi-, vai-] *n.* **1** 活発, 快活, 元気, はつらつ. **2** 快活な行為〔ことば〕. [√vi(v)-]

vi·van·dière [vivɑ:ndjέər] F. *n.* 従軍女商人《昔フランスその他のヨーロッパの軍隊に従って, 食料・酒類を売った》.

vi·vár·i·um [vaivέ(:)riəm/-vέər-] *n.* (*pl.* **-ums**, **-a** [-riə])《自然の生息状態にした》動物飼養場.

vi·vat [váivæt, ví:-] L. (=Long live...!) *int.* 万歳! —— *n.* (万歳の) 歓声. ***V～ regina*** [-ridʒáinə]! 女王万歳. ***V～ rex*** [-réks]! 国王万歳.

ví·va-vó·ce [váivəvóusi] *a.* 口頭〔口述〕の: a ～ examination. 口頭試験.

vi·va vo·ce [váivə-vóusi] L. (= with living voice) 口頭で; 口頭試験.

vive [F. viv] F. (=Long live...!) *int.* 万歳: *V～* la France [F. -lafrɑ̃:s]! フランス万歳! 「食物.

ví·vers [ví:vərz/vái-] *n. pl.* 〘スコットランド〙食糧,

vives [vaivz] *n.* 〘獣医〙子馬の耳下腺(せん)炎.

‡**vív·id** [vívid] *a.* **1 生き生きとした**, 生気〔活気〕にあふれた, 元気な, きびきびした, はつらつとした: a ～ imagination 旺盛(おう)な想像力. **2**《光・色が》**あざやかな**, 強烈な: a ～ reflection in water くっきり映った水中の影. **3**《描写・印象・記憶などが》はっきりした, ありありとした, 目に見えるような: a ～ description 真に迫った描写. a ～ recollection まざまざとした思い出. ～ in one's memory 記憶になまなましい. [√vi(v)-] ◇ * **～·ly** *ad.* **～·ness** *n.*

vív·i·fy [vívifài] *vt.* **1** に活気を吹き込む, 生き生きさせる. **2** に生命を与える, 生かす. [√vi(v)-]
◇ **-fi·er** *n.* **vìv·i·fi·cá·tion** [⌐–fikéiʃ(ə)n] *n.*

vi·víp·a·rous [vaivípərəs/vi-, vai-] *a.* 〘動〙胎生の; 〘植〙胎生の, 母体発芽の.
◇ **～·ly** *ad.* **vìv·i·pár·i·ty** [vìvipǽriti] *n.*

vìv·i·séct [vìvisékt] *vt., vi.* (動物の) 生体解剖を行なう. ◇ **-séc·tor** [-ər] *n.* 生体解剖者.

vìv·i·séc·tion [vìvisékʃ(ə)n] *n.* 生体解剖.
◇ **～·al** *a.* **～·ist** *n.*

víx·en [víksn] *n.* **1** 〘動〙雌ギツネ. **2** 意地悪女, がみがみ言う女.

víx·en·ish [víksəniʃ] *a.* 意地の悪い, 口やかましい, おこりっぽい. ◇ **～·ly** *ad.* **～·ness** *n.*

viz. *videlicet.* 〈注〉通常 namely [néimli] と読む.

víz·ard [vízərd] =visor.

vi·zí(e)r [vizíər, vízjər] *n.* 《回教国特に旧トルコ帝国の》高官, 大臣: a grand ～ 首相. [<Ar.]

ví·zor [váizər, ㊥⁺ vízər] =visor.

V-J Day [ví:dʒéi-dèi] *n.* 《第2次大戦の》対日戦勝記念日《アメリカでは1945年8月14日または調印日の9月2日, イギリスでは8月15日》. →V-E Day. [<*V*ictory over *J*apan *Day*]

VL Vulgar Latin. 「文.

v.l. *varia lectio* [vé(:)riə-lékʃiòu/véəriə-lékʃiou] 異

Vlach [vlæk] *n.* ワラキア (Walachia) 人.

Vlà·di·vós·tok [vlæ̀divástɑk/-vɔ́stɔk] *n.* ウラジオストク《ソ連南東部の海港》.

Vla·mínck [F. vlamɛ̃:k] *n.* Maurice de [F. mɔris də-] ～, 1876–1958, フランスの画家.

vlf., v.l.f, VLF, V.L.F. very low frequency. **V.M.D.** *Veterinariae Medicinae Doctor* (L. = Doctor of Veterinary Medicine). **v.n.** verb neuter. **vo.** *verso* (L. =left-hand page). **V.O.** Victorian Order; very old《ウイスキーなどに用いる》. **VOA** Voice of America; Volunteers of America. **VOC.** vocational; vocative. **vocab.** vocabulary.

vó·ca·ble [vóukəbl] *n.* 語《特に意味に関係なく音または文字の一連として》. —— *a.* 発音可能な. [√voc-]

‡**vo·cáb·u·lar·y** [vəkǽbjulèri/-ləri] *n.* **1 語彙(ごい)**; 《著者・個人・階級などの》用語数〔範囲〕; 一言語の全語数: ～ control [limitation, selection] 語彙統制〔制限, 選定〕. His French ～ is limited. 彼はフランス語の単語をあまり知らない. **2** 語彙表, 単語表: the ～ at the end of each lesson 各課の終わりについている単語集. **3**《芸術などの》表現形式〔手段〕: Dancing is but a part of her ～ of expression. ダンスは彼女の表現手段の一部でしかない. ***exhaust*** one***'s* ～** 知っている限りのことばを並べる. [√voc-]
～ entry 辞書〔単語集〕収容語(彙); 《辞書の》見出し語.

***vó·cal** [vóuk(ə)l] *a.* **1 声の**, 音声の〔に関する〕; 声を使う: ～ communication 声による伝達. **2** 口やかましい, 意見を口に出す: Public opinion has become ～ about the question. その問題について世間がうるさくなった. **3**〘雅〙声をたてる; 《楽器・樹木・流れなどが》鳴る: forests ～ with the songs of many birds 鳥たちのさえずりでにぎやかな森. **4**〘音声〙有声音の; 母音 (性) の. **5**〘楽〙声楽の: ～ technique 声学上の技法. a ～ group 合唱隊. → instrumental.
—— *n.* **1** 有声音; 母音. **2** 声楽. **3**〘宗〙(カトリックの) 投票権者. [√voc-]
～ cords [**chords, ligaments**] 声帯. **～ music** 声楽. **～ organs** 音声器官. **～ performer** 歌手. **～ solo** 独唱.
◇ **～·ly** *ad.* **～·ness** *n.*

vo·cál·ic [vokǽlik] *a.* 母音 (性) の, 母音を含む, 母音の多い. [√voc-]

vó·cal·ism [vóukəliz(ə)m] *n.* **1** 発声, 声を出すこと. **2** 発声法; 歌唱法. **3** 母音組織; 母音の音価.

vó·cal·ist [vóukəlist] *n.* 歌手, 声楽家.

vó·cal·ize [vóukəlàiz] *vt.* **1** 声に出す, 声に出して言う. **2** 歌う. **3**〘音声〙有声音化する; 母音化する. **4** に母音符をつける《ヘブライ語などで》.
—— *vi.* **1** 声を用いる〔出す〕. **2** 歌の節だけを歌う. **3**〘音声〙母音化する.
◇ **vò·ca·li·zá·tion** [vòukəlizéiʃ(ə)n, -laiz-] *n.* 発声ぶり; 発声法; 有声音化.

vo·cá·tion [vokéiʃ(ə)n] *n.* **1** 職業, 定職. **2** 天職, 使命: Nursing of the sick is a ～ as well as a profession to me. 私にとって看護婦は職業であるとともに天職です. **3** (神の) 召命. **4**《特定職業に対する》適性, 素質: He has little ～ *to* [*for*] literature. 彼は文学の素質があまりない. [√voc-]
〔類〕→ **work**「仕事」

vo·cá·tion·al [-ʃən(ə)l] *a.* **1** 職業上の; 職業補導の. **2** 天職の.
～ bureau [**office**] 職業紹介所. **～ disease** 職業病. **～ education** 職業教育. **～ guidance** 職業指導. **～ school** 職業学校. **～ test** 適性検査. ◇ **～·ly** *ad.*

vóc·a·tive [vákətiv/vɔ́k-] *a.* **1**〘文〙呼格の: ～ case 呼格. **2** 呼びかけの. —— *n.* 呼格.
◇ **～·ly** *ad.* 「わめく (人).

vo·cíf·er·ant [vosífərənt] *a., n.* 大声を発する(人),

vo·cíf·er·ate [vosífərèit] *vi.* どなる, 叫ぶ, 大声を発する. —— *vt.* 叫んで〔わめいて〕言う.
◇ **-a·tor** [-ər] *n.* **vo·cìf·er·á·tion** [-sìfəréiʃ(ə)n] *n.* わめき, 怒号; 騒々しさ.

vo·cíf·er·ous [vosíf(ə)rəs] *a.* どなる, 大声で叫ぶ; 騒々しい. [√voc-+√fer-]
◇ **～·ly** *ad.* **～·ness** *n.*

vo·cód·er [vokóudər] *n.* ボコーダー《音声を分解送信し, 受信側で再生する電子装置》.
[<*voice coder*]

vód·ka [vádkə/vɔ́d-] *n.* ウオツカ《ロシア産火酒》. [<Russ.]

vogue [voug] *n.* **1** 流行, はやり; 流行品: a mere passing ～ ほんの一時的流行. **2** 人気, 世間の受け: His lecture had a great ～. 彼の講演は非常に受けた. ***all the* ～** 最新流行 (品). ***be in* ～** 流行している, 広く行なわれている. ***be out of* ～** 流行遅れの, すたれている. ***bring*** [***come***] ***into* ～** 流行させる〔しだす〕. ***give* ～ *to*** を流行させる.

†**voice** [vɔis] *n.* **1 声**《比喩的にも用いる》: raise one's ～ 声を発する. the ～ of conscience 良心の声. the ～ of the wind 風の声〔音〕. **2**《思想・感情などの》発言, 表現: Anger gave him ～. 彼は腹を立てて口を開いた. find ～ to one's joy 喜びをことばにあらわすことができる. **3** 意見 (の発表): His

～ was for compromise. 彼の意見は妥協に賛成だった. **4** 発言権, 投票権: I have no ～ in this matter. このことについては発言権がない. **5** 発表機関の代表. **6**〘文〙態, 相. → 枠付 Voice. **7**〘音声〙有声音. **8** 声楽の声, 声の調子〔使用法〕; 声部; 歌手: have a ～ 声楽向きの声をしている. a mixed ～ 混声. the greatest ～ of the day 今日最大の歌手.

be in good 〔***bad***〕 ～ 声のぐあいが良くて〔悪くて〕, 声がよくたって〔よくたたなくて〕. ***be out of*** ～＝be in bad ～. ***chest*** ～ 胸声, 地声(じごえ)《低声音》. ***deep*** ～ 力のある低音. ***find*** one'***s*** ～ 声が出る; 口に出して〔思い切って〕言う: She *found her* ～ to express herself. 彼女は思うことを口に出した. ***give*** ～ ***to*** を口に出す, を吐露する, を表明する: He *gave* ～ *to* his opinion. 彼は自分の意見を述べた. ***have a*** ～ ***in*** に発言〔投票〕権がある. ***head*** ～ 頭声, 裏声《かん高い声》. ***lift up*** one'***s*** ～ 叫ぶ; 抗議する. ***lose*** one'***s*** ～ 声が出なくなる, 歌えなくなる. ***recover*** one'***s*** ～ 口がきけるようになる. ***speak under*** one'***s*** ～ 低音で話す. ***the*** 〔***a***〕 ***still small*** ～〘聖〙静かな細い声, 良心の声《列王紀上 19: 12》. ***The*** ～ ***of the people is the*** ～ ***of God.*** 〘ことわざ〙民の声は神の声. → *vox.* ***veiled*** ～ かすれ声. ***V～ of America*** アメリカ政府の海外向け放送《略 V. O. A.》. ***with one*** ～ 口をそろえて, 異口同音に.

—— *vt.* **1** 声に出す, ことばにあらわす, 言いあらわす: ～ one's discontent 不平を口に出す. **2**〘楽〙<オルガンなどを> 調律〔調音〕する. **3**〘音声〙有声(音)化する. [√voc-]

～ **box** 喉頭(こうとう)(larynx). ～ **coil**〘電〙《スピーカーの》ボイスコイル, 音声線輪. ～ **current**〘電〙音声電流. ～ **part**〘楽〙《楽曲の》声部. ～ **vote** 発声投票《投票によらず, 賛成または反対の声を聞いて判断する議決法》.

voiced [vɔist] *a.* **1** 声に出した, ことばで表明された: one's ～ opinion 表明された意見. **2**〘音声〙有声(音)の: a ～ consonant 有声子音. **3**《合成語で》…声の: sweet-～ 声の美しい.

vóice·less [vɔ́islis] *a.* **1** 無声の, 声が出ない; おしの (dumb). **2** 無言の, 沈黙した. **3** 発言権のない. **4**〘音声〙無声(音)の: a ～ consonant 無声子音. ◇ **～·ly** *ad.* **～·ness** *n.*

⁑**void** [vɔid] *a.* **1** からの, 空(くう)の, 空虚な: ～ hours 無為な時間, むだな時. → empty, vacant. **2**《職などの》空位の, 占める人のない: fall ～ 欠員になる. **3** 無い, 欠けた《*of*》: ～ *of* malice 悪意のない. **4**〘法〙無効の: a ～ money order 無効のかわせ. **5** 無益の. **6**〘数〙《集合が》空の. ***null and*** ～ 無効の.

—— *n.* **1** (the ～) 空虚, 真空, 空間: gaze into the ～ 虚空(こくう)を見つめる. **2** 空虚の感, 心の寂しさ: the aching ～ in one's heart つらい空虚感. **3**《地位などの》欠員, あき; 《物質間の》すきま: fill the ～ あき〔欠員〕を補充する.

—— *vt.* **1** 無効にする; 取り消す. **2** 放出する, 排出する: ～ excrement 排出する. **3** からにする, あける: ～ a chamber *of* its occupants へやから人を立ちのかせる. **4**〘古〙<家などを> 立ちのく. —— *vi.* 放尿する. [vacuum と同語源] ～ **space** 空間.
[類] → **vacant**「からの」

vóid·a·ble [vɔ́idəbl] *a.* 無効にできる.
◇ **～·ness** *n.*

vóid·ance [vɔ́id(ə)ns] *n.* **1** 放出, 排出. **2**《契約などを》無効にすること, 取り消し. **3**《聖職などの》空位.

voile [vɔil] *n.* ボイル《もめん・絹・羊毛製の薄織物》, 紗(しゃ).

voi·ture [F. vwaty:r, ㊖⁺ vwɑ:t(j)úər, -tʃúər] F. *n.* 車, 自動車, 馬車.

Voks [vɑks/vɔks] Russ. *n.* 全ソ連邦対外文化連絡協会.

vol. volcano; volume; volunteer.

vó·lant [vóulənt] *a.* **1**〘動〙飛べる, 飛ぶ. **2** 快速の, すばやい, 軽快な. **3**〘紋〙飛ぶ姿の. [√vol-¹]

Vo·la·pük [vòuləpý:k, vɑ́ləpùk/vɔ́ləpuk] *n.* ボラピュック《1879 年ごろドイツ人 Johann Martin Schleyer が創始した国際人工語》.

文法要説 …(30)

Voice (態)

動詞のあらわす行為の方向性が動詞の形態にあらわれるばあい, これを態 (voice) という. Lincoln *delivered* this speech. (リンカーンがこの演説を行なった) と This speech *was delivered* by Lincoln. (この演説はリンカーンによって行なわれた) とを比較すると, 行動はリンカーンから発していることは双方のばあいに変わりがないが, 言語表現の上からいえば, 前者では行動が主語から発し, 後者では行動は主語に及んでいて, 方向が異なる.

英語では態に**能動態** (active voice) と**受動態** (passive voice) との 2 種があり, 受動態は "be＋過去分詞" という形態で特徴づけられる. 受動態になりうるものは他動詞が本来だが, "自動詞＋前置詞" などの語群が「他動詞相当句」として受動態になることがしばしばある.

1) 能動態から受動態へ

能動態の文の目的語を主語とし, 動詞を "be＋過去分詞" にして元の文の時制とおなじ時制におき, 能動態の主語に by を添えて, 副詞句に変える:

The students *issue* a campus weekly. → A campus weekly *is issued* by the students. 週刊大学新聞が学生の手で刊行されている. The flood *has destroyed* a number of bridges. → A number of bridges *have been destroyed* by the flood. 洪水でいくつもの橋が破壊された.

<注$_1$> 助動詞や助動詞類似の動詞句は原則としてそのまま残り, そのあとに続く動詞が be＋過去分詞になる:

Private individuals *cannot do* this. → This *cannot be done* by private individuals. これは個人ではなしえない. The government *will have to make* a difficult choice. →A difficult choice *will have to be made* by the government. むずかしい選択が政府によって行なわれなくてはならなくなろう.

<注$_2$> 能動態の主語 (行為者) が一般的意味の one, they, we, you, people などのばあいは, 受動態ではこれは "by one", "by them" などとならず, 行為者は通常表現されない:

They say that Spring will be late in coming. →It *is said* that Spring will be late in coming. 春が来るのがおそいだろうということだ.

2) by と with

能動態を受動態にするとき, 能動態の文の主語は by によって副詞句になるが, by のほかに with もしばしば用いられる. by は主として動作主をあらわし, with は主として道具・手段を示す (しかし, その境界は必ずしも明瞭(めいりょう)ではない):

A reckless driver killed him. → He was killed *by* a reckless driver. 彼は暴走ドライバーのために命を失った. The poison killed him. → He was killed *with* the poison. 彼は毒のために死んだ.

〈注〉次の文例を参考: He was slain *by* his enemy *with* the sword. 刀で敵に殺された. It was done *by* him *with* my assistance. 私の援助を得て彼がした.

a) byはまた原因・理由・方法をあらわす: The parcel was carried *by* rail. 小包は鉄道で運ばれた.

b) withは状態を示す形容詞として使われた動詞とともに使われる: The mountains are *covered with* snow. 山々は雪におおわれている. The streets were *crowded with* people. 通りは人で込んでいた.

c) by, with のほかの前置詞も用いられる: The fire destroyed the whole building. → The whole building was destroyed *in* [*by*] the fire. 建物はその火事で全焼した.

d) 動詞 know のばあいには to が用いられる: They did not know the news. → The news *was* not *known to* them. そのニュースは彼らに知られていなかった.

3) 受動態になりうる動詞についての注意事項

a) 二重目的をとる他動詞

直接目的と間接目的とをとる他動詞には, これら二つの目的のうちどちらの一つが受動態の主語になるかによって, 受動態が二つ可能なばあいがある. 主語に変わることなく残った方の目的を**保留目的** (retained object) と称する:

The guest speaker told us a charming story. 来賓の方がわれわれにとてもいい話をしてくださった. → (1) A charming story was told (to) *us* by the guest speaker. (2) We were told *a charming story* by the guest speaker. / We gave him a prize. → (1) A prize was given (to) *him*. (2) He was given *a prize*.

〈注〉上記(2)の文型 We were told a story., He was given a prize. の許される動詞は tell, give, afford, accord, deny など少数の他動詞に限られている. これらは結局個々に覚えるほかないが, ただ, 上の文型が禁止されるばあいの一部は判別できる. すなわち能動態で二つの文型 (3) They told us a story. (S+V+ind. O+dir. O) および (4) They told a story to us. (S+V+dir. O+to+ind. O) の両者がともに可能な動詞でなければ (2) の文型は許されない. たとえばbuy では(3)の文型 He bought me a book. は可能だが, (4)の "He bought a book *to* me." は不可能 (*for* me なら可能だが) なので失格. steal では "He stole me my money." も "He stole my money *to* me." もともに不可能 (後者で *from* me なら可能だが) だから,「私は金を盗まれた」というつもりで "I was stolen my money." ということは当然不可能であり, I had my money stolen. または My money was stolen. といわねばならない. →下記 5).

なお (3), (4) は必要条件であって十分条件ではない. たとえば He wrote me a letter. も He wrote a letter to me. も, ともに可能だからといって, "I was written a letter." が可能とはいえない.

b) 自動詞+前置詞

しばしば熟語的に1個の他動詞のようにはたらき, 受動態になりうる:

We must *look after* the child. あの子どもはめんどうを見てやらねばならない. → The child must *be looked after*. / Everybody *laughed at* me. みんなが私を笑った. → I *was laughed at* by everybody. / Nobody *listened to* his warnings. 彼の警告にはだれひとり耳をかさなかった. → His warnings *were listened to* by nobody [*were* not *listened to* by anybody].

c) 他動詞+目的語+前置詞

熟語として全体が1個の他動詞扱いを受けて受動態になることがある:

They did not *pay attention to* the problem. 彼らはその問題に注意を払わなかった. →The problem *was* not *paid attention to*. / The committee will *take* (good) *care of* the matter. 委員会がこの問題を(十分)考慮します. → The matter will *be taken* (good) *care of* by the committee. / They *made an example of* him. 彼らは彼をみせしめにした. → He *was made an example of*.

〈付記〉驚き・悲しみ・喜び・満足・失望などの「感情」をあらわす動詞は, 英語では受動態で表現されるのが普通である: I *was surprised* at the news. その知らせに驚いた. He *was satisfied* with my offer. 彼は私の申し出に満足した.

4) get+過去分詞

I was pleased with my secretary. では, with my (old) secretary の意味で「(前の) 秘書に満足していた」と状態をあらわすこともあり, with my (new) secretary「(新しい) 秘書が気に入った」と状態の生起をあらわすこともある. 前者では was *very* pleased となり, 後者では was *much* pleased となるのが原則である. 状態と状態の生起ないしは行為とは, ともに "be+過去分詞" であらわされて, その間に区別がつけにくいことがある. そのようなばあい get を be に代えて用いると, 状態の生起もしくは動作をあらわす:

He *was absorbed* in reading. 彼は読書に熱中していた. → He *got absorbed* in reading. 彼は読書に熱中した. In 1950 he *was* not *married*; he *got married* in 1953. 彼は1950年には独身だった; 1953年に妻帯した. 〈注〉get の代わりに become を用いることもできる.

5) have (get)+目的語+他動詞の過去分詞

英語の受動的表現の一つに, 主語の受動でなく, 主語との関連において主語以外のものの受動を述べるこの構文がある.「…を―させる〔―してもらう〕」「…を―される」などに相当することが多い:

I *had a letter written* for me. 手紙を1通代筆させた〔代筆してもらった〕. *Have your watch repaired*. とけいを修理させ〔修理してもらい〕なさい. He *had his head cut* off. 彼は首を切られた.

〈注₁〉最後のばあい日本語側の構文が二重目的をとる動詞のばあい(He was given a prize. 彼は賞を与えられた) とおなじになるので, 運用上これらの動詞の性質の区別に注意. →上記 3) a) の〈注〉.

〈注₂〉get は have よりいっそう口語的.

〈注₃〉命令形を除いて, 目的語を主語として普通の受動態にすることができる: *A letter was written* for me. / *His head was cut* off.

6) 日本語の「られる」に相当する能動的表現

日本語では「ここに住まれては困る」は正常な構文だが, 英語では自動詞, および他動詞+目的語などの自動詞相当句は受動態をつくりえない. もっとも後者と関係のある「…を―される」の一部は上記5) および 3) a) (2) で表現できるが, 常にそうとはいかない. 日本語で自動詞の「(ら)れる」はたいていのばあい被害をあらわし, 英語では副詞その他でこの含みを出した能動的表現と対応することが意外に多い:

I *don't like* him coming [to come] too often. あいつにあんまり足しげく来られては困る. *Unfortunately* my wife died [I *had the misfortune of* losing my wife] when our children were still very young. まだ子どもが小さいうちに妻に死なれた. I *can't stand* my children spending so much money for pleasure. 子どもに娯楽のためにこう金を使われてはやりきれない.

〈注〉被害表現でもなく, 自動詞相当句でもなく, 文法的には受動態が可能なばあいでも, 英語の習慣として構造が簡単で自然な能動態が普通であることがある:「私が教わったことのある先生」《直訳》a teacher *by whom I was* once *taught* [from whom I once learned] → 《普通の表現》 a teacher *who* once *taught me*.

vól·a·tile [válətl, -til/vɔ́lətail] *a.* **1** 揮発性の: ～ matter 揮発物. ～ oil 揮発性油, 精油. **2** うつろいやすい, 一時的の. **3** 移り気の, うわついた. **4** 爆発しやすい, 破裂寸前の. [√vol-¹]
◇ **vòl·a·tíl·i·ty** [^—tíləti] *n.*

vól·a·til·ize [válət(ə)làiz/vəlǽtəlaiz] *vt., vi.* 揮発〔発散〕させる〔する〕. ◇ **vòl·a·til·i·zá·tion** [vàlət(ə)ləzéiʃ(ə)n, -laiz-/vəlæ̀təl-] *n.*

vol-au-vent [vòulovɑ̃ː/vɔ́l-] F. *n.* 肉入りパイ.

vol·cán·ic [valkǽnik/vɔl-] *a.* **1** 火山(性)の; 火山作用による; 火成の; 火山のある〔の多い〕: ～ eruption 噴火. **2** 爆発性の, 激しい: ～ character 〔words〕激しい性格〔ことば〕. **～ bomb** 火山弾. **～ dust** 火山灰. **～ glass** 黒ヨウ石. **～ rock** 〔**ashes**〕火山岩〔灰〕. **～ tuff** = tuff.
◇ **-i·cal·ly** *ad.* 火山のように; 激しく, 猛烈に.

vól·can·ism [válkəniz(ə)m/vɔ́l-] *n.* 火山活動〔現象〕.

vól·can·ist [-ist] *n.* 火山学者.

‡**vol·cá·no** [valkéinou/vɔl-] *n.* (*pl.* ～(**e**)**s**) 火山: an active 〔extinct〕 ～ 活〔死〕火山. a dormant ～ 休火山.

vòl·can·ól·o·gy [vàlkənálədʒi/vɔ̀lkənɔ́l-] *n.* 火山学.

vole¹ [voul] *n.* 〔動〕ノネズミの類.

vole² *n.* 〔トランプ〕全勝. ***go the ～*** (1) のるかそるかやってみる. (2) いろんな仕事に手を出してみる.

Vól·ga [válgə/vɔ́l-] *n.* (the ～) ボルガ川《カスピ海に注ぐロシアの川》.

Vól·go·grad [válgəgræ̀d, -grɑ̀ːd/vɔ́l-] *n.* ソ連南部 Volga 河畔の都市《旧 Stalingrad》.

vól·i·tant [válət(ə)nt/vɔ́l-] *a.* **1** 飛び回る, 飛ぶ. **2** 動き回る, 活発な. [√vol-¹]

vòl·i·tá·tion [vàlətéiʃ(ə)n/vɔ̀l-] *n.* 飛翔(ひしょう)(力).

vo·lí·tion [volíʃ(ə)n] *n.* **1** 意志, 意欲, 決意. **2** 意志力, 決断力. → will². ***of one's own ～*** 自分から進んで, 自由意志で. [√vol-²]
◇ **～·al** [-ʃən(ə)l] *a.* **～·al·ly** *ad.* **～·ar·y** [-èri/-əri] *a.* = volitional.

vól·i·tive [válətiv/vɔ́l-] *a.* **1** 意志の. **2** 〔文〕意志をあらわす: the ～ future 意志未来.

Volks·lied [fɔ́ːlksliːt/fɔ́lksliːd, -liːt] G. (= folk song) *n.* (*pl.* **-*lied·er*** [-lìːdər]) 民謡, 俗謡.

Volks·wa·gen [fóulksvɑ̀ːgən/fɔ́lks-] G. *n.* フォルクスワーゲン《ドイツの小型自動車. 商標名》.

vól·ley [váli/vɔ́li] *n.* **1** いっせい射撃, 斉射(せいしゃ). **2** 《質問・悪口などの》連発: a ～ of questions 質問の連発. **3** 〔テニス・フットボール〕ボレー《ボールが地につかないうちに打ち返すかけり返すこと》; 〔クリケット〕ボレー《ボールをバントさせずに三柱門の上に届くように投げる》. ***at*** 〔***on***〕 ***the ～*** (1) 手当たりしだいに. (2) 《ボールが》飛んで.
—— *vt.* **1** いっせいに射撃〔発射〕する. **2** 〈質問・悪口などを〉連発する. **3** 〔球技〕ボレーでける〔打ち返す〕. —— *vi.* **1** 〈火器などが〉連発される, いっせいに発射される. **2** ボレーする. **～ *forth*** 〔***out***〕 連発する. [√vol-¹]

***vól·ley·ball** [-bɔ̀ːl] *n.* 〔運〕バレーボール; そのボール.

vól·plane [válplèin/vɔ́l-] *vi.* 《エンジンを止めて》空中滑走する. —— *n.* 〔空〕空中滑走.

vols. volumes.

Vól·stead·ism [válstediz(ə)m/vɔ́l-] *n.* 酒類販売禁止主義.

volt¹ [voult/vɔlt] *n.* **1** 〔フェンシング〕《突きを避ける》体のかわし. **2** 〔馬術〕回転, 輪乗り, 巻き乗り.
—— *vi.* 〔フェンシング〕(すばやく) 体をかわす.

volt² [voult] *n.* 〔電〕ボルト《電圧の実用単位; 略 v., V》. 〈注〉Volta¹ より.

vól·ta [váltə/vɔ́l-] *n.* (*pl.* **-te** [-tei]) 〔楽〕回, 度, 転回. [< It.]

Vól·ta¹ [váltə/vɔ́l-] *n.* Alessandro [ɑ̀ːlessɑ́ːndrɔː] ～, 1745–1827, イタリアの物理学者.

Vól·ta² ***the Upper ～*** オートボルタ《西アフリカの共和国》.

vólt·age [vóultidʒ] *n.* 〔電〕電圧, 電圧量, ボルト数: high ～ 高(電)圧. **～ divider** 分圧器. **～ transformation** 変圧.

vol·tá·ic [valtéiik/vɔl-] *a.* 電気の; 流電気の. **～ battery** 〔**cell**〕化学電池, ボルタ電池. **～ electricity** ボルタ電気, 動電気.

Vol·táire [valtéər/vɔ́ltɛə] *n.* François M. A. de ～, 1694–1778, フランスの哲学者・劇作家.

vól·ta·ism [váltəiz(ə)m/vɔ́l-] = galvanism①.

vol·tám·e·ter [valtǽmətər/vɔl-] *n.* 〔電〕電解電量計, ボルタ計.

volte [valt, voult/vɔlt] = volt¹.

volte-face [vɑ́ltfɑ̀ːs/vɔ́ltfɑ́ːs] F. *n.* (*pl.* ～) **1** 転回, 方向転換. **2** 《意見・態度の》転向, 豹変(ひょうへん).

vólt·mè·ter [vóultmìːtər] *n.* 〔電〕電圧計.

vól·u·ble [váljubl/vɔ́l-] *a.* **1** 舌のまわりのいい, おしゃべりな; 弁舌さわやかな, 流暢(りゅうちょう)な. **2** 〔植〕からみつく, 巻きつく. **3** 〔古〕回転性の. [√volu-]
◇ **～·ness** *n.* **-bly** *ad.* **vòl·u·bíl·i·ty** [^—bíləti] *n.*

‡**vól·ume** [váljum/vɔ́l-] *n.* **1** 書物, 本. **2** 《書物の》巻, 冊《略 v., vol(s).》: a novel in three ～*s* 〔3 *vols.*〕3 巻からなる小説. **3** 容積, 体積, かさ, 大きさ. **4** 量, 分量: the ～ of traffic 交通量. **5** 大量, 多量, たくさん: a ～ of smoke 〔vapor〕 もうもうと立ちのぼる煙〔水蒸気〕. **6** 音量, ボリューム; 《音・声の》大きさ: turn down (the ～ on) the radio ラジオの音量を下げる. the ～ of sound 音量. a voice of great ～ 音量の豊かな声.
a ～ of 大量の. ***by ～*** 目方で《by count「数で」に対する》: sell *by* ～ 目方で売る. ***gather ～*** 増大する, 程度を増す. ***in ～*** 大量に: It snowed *in* ～. 雪が大量に降った. ***speak*** 〔***express, tell***〕 ***～s*** (1) 意味深長である. (2) 雄弁に物語る, 証明して余りがある《を *for*》: It *speaks* ～*s for* his courage. それは彼の勇気を十分に証明している. [√volu-]
◇ **～d** *a.* 《合成語をつくる》…巻よりなる: a three-～*d* work 3 巻よりなる著作.

vòl·u·me·nóm·e·ter [vɑ̀ljuminɑ́mətər/vɔ̀lju-minɔ́m-] *n.* 排水容積計, 体積計.

vo·lú·me·ter [valúːmətər/vɔljúːm-] *n.* 容積〔体積〕計; 比重計.

vòl·u·mét·ric [vɑ̀ljumétrik/vɔ̀l-] *a.* 容積〔体積〕測定の: ～ analysis 〔化〕容量分析.

vòl·u·mé·tric·al [-(ə)l] *a.* = volumetric.
◇ **～·ly** *ad.*

vo·lú·mi·nous [valúːmənəs/-ljúː-] *a.* **1** 冊〔巻〕数の多い, 大部の: a ～ publication 大部の出版物《全集など》. **2** 著書の多い: a ～ author 多作作家. **3** 《数巻の本を満たすほど》膨大な, おびただしい: a ～ report 膨大な量の報告. a ～ evidence おびただしい証拠. **4** 容積の大きい, かさ張った, たっぷりした: her ～ hair 彼女のふさふさした髪. a ～ coat たっぷりした上着. ◇ **～·ly** *ad.* **～·ness** *n.*

‡**vól·un·tar·y** [vɑ́lənteri/vɔ́lənt(ə)ri] *a.* **1** 自発的な, 志願の: a ～ contribution 自発的な寄付. ～ workers 自ら進んで働く人々. **2** (篤志家の) 寄付で経営される: ～ churches 〔hospitals〕 任意寄付制教会〔病院〕. **3** 自由意志をもった: Man is a ～ agent. 人間は自由行為者である. **4** 意図的な, 故意の: ～ manslaughter 故殺. ↔ accidental. **5** 〔生理〕随意の: ～ muscles 随意筋. **6** 〔法〕任意の, 無償の. ↔ compulsory.
—— *n.* **1** 自発的行動〔寄付〕. **2** = volunteer. **3** 〔楽〕《教会で礼拝の前後または途中で行なう》オルガン独奏. [√vol-²]
～ agent 自由行為者. **～ appearance** 任意出頭. **～ army** 義勇軍. **～ confession** 自供, 任意自白. **～ conveyance** 〔法〕任意〔無償〕譲渡.

～ **murder** → *a.* ④. ～ **school**〘英〙任意寄付制の学校. ～ **service** 志願兵役.
◇ **-i·ly** *ad.* **-i·ness** *n.* **-ism** *n.*〘哲〙主意説; = voluntaryism.
[類] → **spontaneous**「ひとりでの」

vól·un·tar·y·ism [vɑ́ləntèriìz(ə)m/vɔ́lənt(ə)r-] *n.* **1** 任意寄付制主義. **2** 自由志願兵制度. ◇ **-ist** *n.*

‡**vòl·un·téer** [vɑ̀ləntíər/vɔ̀l-] *n.* **1** 志願者, 有志者;〘軍〙志願〔義勇〕兵;〘法〙任意行為者; 無償被贈者. **2** 自生植物. **3** (V～) アメリカ Tennessee 州の住民〔生まれの人〕.
—— *a.* **1** ～の〔による〕, 自発的な: ～ corps 義勇軍. a ～ police 自警団. **2** 自生の: a ～ plant 〔wheat〕自生植物〔小麦〕.
—— *vt., vi.* **1** 自ら進んでする, 志願する: ～ an explanation 進んで説明する. ～ *in* an undertaking 進んで仕事を引き受ける. **2** 志願〔義勇〕兵になる: ～ *for* service 兵役を志願する. **3** 〈植物が〉自生する. [√vol-²] **V～ State, the** アメリカ Tennessee 州の別称.

vo·lúp·tu·ar·y [vəlʌ́ptʃuèri/-tjuəri] *a., n.* 官能〔酒色〕におぼれる(人).

vo·lúp·tu·ous [vəlʌ́ptʃuəs, [英]⁺ -tjuəs] *a.* **1** 官能的な, 官能を満足させる: ～ music 心をとろかすような音楽. **2** 色欲〔肉欲〕的な, なまめかしい: ～ charm あだっぽさ. **3** 酒色におぼれる: a ～ life 遊蕩(ゆうとう)生活.

vo·lúte [vəlúːt/-ljúːt] *n.* **1**〘建〙《特にイオニア・コリント式柱頭の》うずまき. **2**〘貝〙ヒタチオビの類の巻き貝. —— *a.* うずまき(形)の, らせん形の. [√volu-] ～ **spring** うずまきばね.
◇ **vo·lút·ed** [-id] *a.* = volute.

vo·lú·tion [vəlúːʃ(ə)n/-ljúː-] *n.* うずまき(形);《貝の》うずまき;〘医〙《腸・脳などの》回転.

vóm·it [vɑ́mit/vɔ́mit] *vt., vi.* **1** 吐く, 吐き出す《比喩的にも用いる》: ～ what one has eaten 食べた物を吐く. Babies often ～ with no great cause. 赤ん坊はちょっとしたことでよく吐く. chimneys ～*ing* smoke 煙を吐いている煙突. ～ abuse 悪口を吐く. **2**〘古〙《吐剤で》吐かせる.
—— *n.* **1** 吐物, へど. **2** 噴出. **3** 胸くその悪くなる物〔人物〕. **4** 吐剤.

vóm·i·tive [vɑ́mitiv/vɔ́m-] = vomitory.

vóm·i·to·ry [vɑ́mitɔ̀ːri/vɔ́mitəri] *a.* 吐き気を催させる. —— *n.* 吐剤.

von [fɑn, 弱 fən/fɔn] G. *prep.*「of, from」の意《ドイツ人・オーストリア人の姓の前に用いられ, 特に貴族の出であることを示す》: Fürst (= Prince) ～ Bismarck ビスマルク公.

vóo·doo [vúːduː] *n.* (*pl.* **～s**)〘米〙ブードゥー教《西インド諸島・アメリカ南部の黒人間に行なわれている多神教》. —— *a.* ブードゥー教の. —— *vt.* (ブードゥー教の)まじないをかける. ◇ **～·ism** *n.* **～·ist** *n.* ブードゥー教徒; (ブードゥー教の)まじない師.

vo·rá·cious [vɔréiʃəs, və-/və-] *a.* **1** むさぼり〔がつがつ〕食う, 大食〔暴食〕する; がつがつしている. **2** 飽くことを知らない, 貪欲(どんよく)な: a ～ appetite 〔reader〕飽くことを知らぬ食欲〔読書家〕. a ～ whirlpool すべてを巻き込むうずまき. [√vor-]
◇ **～·ly** *ad.* **～·ness** *n.*

vo·rác·i·ty [vɔrǽsiti, və-/vɔ-] *n.* **1** 大食, 暴食. **2** 貪欲(どんよく), 強欲.

Vor·la·ge [fɔ́ːrlɑ̀ːgə/fɔ́ː-] G. *n.*〘スキー〙前傾《滑降するときの姿勢》.

-vo·rous [-v(ə)rəs] *suf.*「(むさぼり)食べる」の意の形容詞をつくる: carni*vorous* 肉食の. [√vor-]

vór·tex [vɔ́ːrteks] *n.* (*pl.* **-tex·es, -tic·es** [-tisìːz]) **1** うず, うずまき. **2** (うずまき状の)飛行雲, 旋風. **3** 《戦争・革命・社会運動・論争などの》うずまき: in the ～ of war 〔politics〕戦乱〔政治〕の渦中(かちゅう)に. **4**〘物〙うず. [√vert-]

vór·ti·cal [vɔ́ːrtik(ə)l] *a.* 旋回する, うずまく, うずまき状の. ◇ **～·ly** *ad.*

vòr·ti·cél·la [vɔ̀ːrtisélə] *n.* (*pl.* **-lae** [-séliː])〘虫〙ツリガネムシ.

vór·ti·ces [vɔ́ːrtisìːz] *n.* vortex の複数形.

vór·ti·cism [vɔ́ːrtisiz(ə)m] *n.*〘美〙うずまき主義《うずまきで絵を立体的に構成する未来派の一派》.
◇ **-cist** *a., n.* うずまき派の(画家).

Vos·tok [vɔ́ːstɑk/vɔ́stɔk] Russ. (= the East) *n.*《ソ連の打ち上げた》世界最初の人間衛星.

vót·a·ble [vóutəbl] *a.* 投票権のある.

vó·ta·rist [vóutərist] = votary.

vó·ta·ry [vóutəri] *n.* (*fem.* **vó·ta·ress** [vóutəris]) **1** 宗教的な誓いをたてた人, 修道士〔女〕. **2**《理想・主義などの》崇拝者, 信奉者. **3**《趣味などの》熱心家, 心酔者: a ～ of golf ゴルフ狂. [√vov-]

‡**vote** [vout] *n.* **1 投票**, 票決, 投票数: poll a large 〔heavy〕～ 大得票する. The ～ in these districts fell below 10,000. この付近の投票総数は1万票に満たなかった. chosen by the ～ of the people in the city 市民の投票で選ばれて. one man one ～ ひとり1票(方式). 5 ～*s* in favor and 50 against 賛成5票反対50票. 〈注〉投票行為・投票方式・得票数・投票総数などを含む. **2**《集合的》票, 支持; 選挙人: lose the Negro ～ 黒人の票を失う. **3 投票権**: Today women have the ～. 今日では婦人は選挙権をもっている. **4 決議事項**: give the ～*s* the authority of law 決議事項を法制化する.
cast a ～ 投票する. ***casting ～*** 決定(投)票. ***come*** 〔***go, proceed***〕 ***to the ～*** 票決に付される. ***floating ～***《集合的》浮動票. ***get out a*** 〔***the***〕 ***～***〘米〙見込み投票のかき集めに成功する. ***give*** 〔***record***〕 ***one's ～ to*** に投票する. ***have ～s*** 〔***the ～***〕選挙権をもつ. ***open*** 〔***secret***〕 ***～*** 記名〔無記名〕投票. ***pass the ～*** 議決する. ***plural ～*** 〔***voting***〕複数投票〔投票制〕. ***popular ～*** 一般〔人民〕投票. ***put*** a question 〔bill〕 ***to the ～*** 票決に付する. ***spoilt ～*** 無効投票. ***take a ～ on*** …につき採決する. ***～ of confidence*** 〔***nonconfidence***〕信任〔不信任〕投票. ***～ of thanks*** 感謝決議.
—— *vi.* **1 投票する**《に賛成して *for, in favor of*; に反対して *against*》: the right to ～ 投票〔選挙〕権. **2** 自分の意見を表明する.
—— *vt.* **1 投票して決する**, 可決する: The bill was ～*d* through. 法案は可決された. **2** に投票する; 投票して選ぶ. **3**《世間一般が》…とみなす〔認める〕: The measure was ～*d* a failure. その方策は失敗とみなされた. **4**〘話〙**提議〔提案〕する**《ことを *for*; と *that*》: I ～ *for* stopping. ぼくはこのへんでやめることを提案する. I ～ (*that*) we (should) go to the theater tonight. 今晩芝居に行こうじゃないか. ～ ***down*** 否決する: The measure was ～*d down,* eight to one. その案は8対1で否決された. ～ ***in*** 選出〔選挙〕する: He was ～*d in* by a majority of 100 against 60. 彼は100対60の多数で選出された. ～ ***into*** へ選出〔選挙〕する. ～ ***on*** を採決する. ～ ***out*** (***of***) (から)投票して追い出す. ～ ***through*** 〈議案などを〉投票で通過させる. [√vov-]
◇ **～·less** [-lis] *a.* 投票〔選挙〕権のない.

vót·er [vóutər] *n.* 投票者; 選挙人, 有権者.

vót·ing [vóutiŋ] *n.* 投票, 投票権行使.
～ **district** 選挙区. ～ **machine** 投票機. ～ **paper** 投票用紙.

vó·tive [vóutiv] *a.* **1** 祈願をこめた, 願かけの: a ～ tablet 絵馬(えま). **2**《祈願成就の感謝のために》奉納した: a ～ offering 奉納物. [√vov-] ～ **pilgrimage** 巡礼. ◇ **～·ly** *ad.*

vó·tress [vóutris] = votaress. → votary.

vouch [vautʃ] *vi.* 保証〔断言〕する, 請け合う《を

for»; 証人となる《の *for*》: References ～ *for* his ability. 照会先は彼の能力を保証している.
—— *vt.* **1** 保証する, 断言する《と *that*》. **2** 引き合いにだす: ～ examples out of the ancient histories 古代史の例を引き合いにだす. [√voc-]

vóuch·er [váutʃər] *n.* **1** 証明者, 保証人. **2** 証拠物件〔書類〕; 《特に》支払票, 領収書. [√voc-]

vouch·sáfe [vautʃséif] *vt.* 与える, 許す, 賜わる: He ～*d* no reply. 彼は一言の返事もしてくれなかった. **——** *vi.* …してくださる《*to* (do)》: He ～*d to* help. あの人が助けてくださったのです.
◇ **～·ment** *n.*

vous·soir [vu:swá:*r*/⏤⏤] F. *n.* 〘建〙迫石(せりいし)《アーチをつくるに用いるくさび形の石材》.

‡**vow** [vau] *n.* **1** 誓い, 誓約: make a ～ of secrecy [to give up smoking] 秘密をもらさないこと〔禁煙〕を誓う. exchange marriage [lovers'] ～*s* 婚姻の〔恋人どうしの〕誓いを取りかわす. **2** 《修道生活にはいる, または戒律を守る》誓願: monastic ～*s* 修道誓願《清貧・童貞・服従などを誓う》. ***be under a ～ to*** (do) …する誓いをたてる〔願をかける〕. ***take ～s*** 宗教団の一員となる, 修道生活にはいる.
—— *vt.* **1** 誓う: ～ a vow 誓いを誓う. ～ revenge 復讐(ふくしゅう)を誓う. ～ never *to* [*that* one won't] cheat in the exam 試験でカンニングをしないと誓う. **2** 誓いをたててささげる: virgins ～*ed* to Heaven 神にささげられた処女たち.
—— *vi.* (神に) 誓う; 約束する. [√vov-]
[類] → **promise**「約束」

vów·el [váuəl, vaul] *n.* **1** 〘音声〙母音. **2** 母音字. [√voc-] ◇ **～·less** *a.* 母音のない. **～·like** *a.* 母音的な, 《子音が》音節形成的な《bottle [bátl/bɔ́tl] の l など》.

vów·el·ize [váuəlàiz] *vt.* 〈ヘブライ語・速記文字などに〉母音符号をつける. ◇ **vòw·el·i·zá·tion** *n.*

vox [vaks/vɔks] L. (＝voice) *n.* (*pl.* ***vo·ces*** [vóusi:z]) 声, 音声; ことば, 表現. 〈注〉以下の合成語において [váks-/vɔ́ks-]. **～ *Dei*** [-dí:ai] 神の声. **～ *humana*** [-hju:méinə/-hju:má:nə] 人間の声; 〘楽〙《オルガンの》人声音栓(おんせん). **～ *populi*** [-pápjulài/-pɔ́pjulai] 人民の声, 世論. **～ *populi*, ～ *Dei*** 民の声は神の声.

‡**vóy·age** [vɔ́iidʒ, vɔidʒ] *n.* **1** 航海, 航行, 《特に》長い船旅: make a ～ 航海する. **2** 空の旅; 宇宙旅行. **3** (しばしば *pl.*) 航海記: the ～*s* of Marco Polo. **4** 《一般的》旅, 旅行. **——** *vi.*, *vt.* **1** 航海〔航行〕する, 海の旅をする. **2** 空の旅をする. [√vi-] ◇ **～·a·ble** *a.* 航行〔航海〕できる.
[類] → **journey**「旅」

vóy·ag·er [vɔ́iidʒər] *n.* **1** 航海者, 航行者. **2** 冒険的航海者. **3** 旅行者.

vo·ya·geur [vwàiɑ:ʒɔ́:*r*] F. *n.* (*pl.* **～*s***) 《特にカナダで》毛皮会社に雇われ人員・物資の運送に従事する人; カナダの荒れ地で働くきこり, 船頭.

voy·éur [vwɑ:jɔ́:*r*, vɔi-] *n.* 《性的な》のぞき見嗜好(しこう)者. [<F.] ◇ **～·ism** *n.* のぞき見趣味.

VP verb phrase《変形文法で》. **V.P., V. Pres.** Vice-President. **v.p.** verb passive. **V.R.** *Victoria Regina* (L. ＝Queen Victoria). **v.r.** verb reflexive.

vrai·sem·blance [F. vrɛsɑ̃blɑ̃:s, ㊥+ vrèisɑ:mblɑ́:ns] F. *n.* ほんとうらしさ, 真実らしさ.

V. Rev. Very Reverend.

vrou(w), vrow [vrau, frau] Du. *n.* 女; 妻.

vs. verse; *versus*. **v.s.** *vide supra* (L. ＝see above). **V.S.** Veterinary Surgeon. **Vt.** Vermont. **v.t.** verb transitive.

VT fuze variable time fuze. **VTO** 〘空〙vertical take-off. **VTOL** 〘空〙vertical take-off and landing. **VTR** video tape recorder.

Vúl·can [vʌ́lkən] *n.* 〘ロ神〙火と鍛冶(かじ)の神.
～ powder 爆薬の一種.

Vul·cá·ni·an [vʌlkéiniən] *a.* **1** Vulcan 神の. **2** (v～) 火山 (作用) の; 鍛冶工の.

Vúl·can·ism [vʌ́lkənìz(ə)m] *n.* ＝volcanism.
◇ **-ist** [-ist] *n.* 岩石火成論者.

vúl·can·ite [vʌ́lkənàit] *n.* エボナイト (ebonite).

vúl·can·ize [vʌ́lkənàiz] *vt.* **1** 〈ゴムを〉和硫〔硫化, 硬化〕する. **2** 〈ゴム・タイヤなどを〉修理する.
◇ **～d** *a.* ～された: ～*d* fiber バルカナイズドファイバー《いわゆる「ファイバー」》. **vùl·can·i·zá·tion** [⏤kənizéiʃ(ə)n, -naiz-] *n.*

vulg. vulgar; vulgarly. **Vulg.** Vulgate.

‡**vúl·gar** [vʌ́lgər] *a.* **1** 卑俗な, 俗悪な: a ～ mind 下品な心 (の持ち主). **2** 通俗な, 一般に流布した: the ～ opinion of the day 今日の通俗の見解. **3** 大衆の, 庶民の. **4** 平凡な, 変わりばえのない: a ～ death 平凡な死. the ～ course of events 事件のお決まりの成り行き. ***the ～ (herd)*** 一般人民, 庶民.
—— *n.* 〘古〙大衆, 民衆, 庶民; 俗語. [√vulg-]
～ error 一般に誤り信じられている事柄. **～ Latin** 平俗ラテン語《classical Latin に対し大衆の用いたラテン口語》. **～ tongue [speech], the** 《昔特にラテン語に対して》自国語. **～ words** 卑語.
◇ **～·ly** *ad.* **～·ness** *n.*

vul·gár·i·an [vʌlgé(:)riən/-géər-] *n.* 俗物, 下品な人; 《特に》成り上がり者.

vúl·gar·ism [vʌ́lgəriz(ə)m] *n.* **1** ＝vulgarity. **2** 卑語, 俗語, 野卑なことば; 語法〔文法〕の誤り.

vul·gár·i·ty [vʌlgǽriti] *n.* **1** 野卑〔俗悪, 下品〕なこと〔状態〕, 無作法. **2** (*pl.*) 無作法な行為〔習慣, ことば〕.

vúl·gar·ize [vʌ́lgəràiz] *vt.* 俗化する, 下品〔俗悪〕にする.
◇ **vùl·gar·i·zá·tion** [⏤gərizéiʃ(ə)n, -raiz-] *n.*

Vúl·gate [vʌ́lgeit, -git] *n.* **1** (the ～) ブルガタ聖書《405 年に St. Jerome が完訳したラテン語訳聖書; カトリック教会公認聖書》. **2** (v～) 流布本. **3** (v～) 俗語, 民衆のことば.
—— *a.* **1** ブルガタ〔ラテン語訳〕聖書の. **2** (v～) 一般に通用〔流布〕している. [√vulg-]

vúl·gus [vʌ́lgəs] *n.* **1** 《集合的》平民, 庶民. **2** (*pl.* **～·es**) 〘英: 学生俗〙ラテン語またはギリシア語の詩作〔作文〕練習. [√vulg-]

vúl·ner·a·ble [vʌ́ln(ə)rəbl] *a.* **1** 傷つきやすい. **2** 弱点〔弱み〕のある; 《攻撃・誘惑・非難などを》受けやすい《を *to*》: ～ *to* criticism 批判を招きやすい, 批判の余地がある. ～ *to* temptation 誘惑に陥りがちの. **3** 《ブリッジで》3 回勝負のうち 1 回勝った.
◇ **～·ness** *n.* **-bly** *ad.* **vùl·ner·a·bíl·i·ty** [⏤⏤⏤bíliti] *n.* 非難されやすいこと, 弱さ; 傷つきやすいこと, もろさ.

vúl·ner·ar·y [vʌ́lnərèri/-rəri] *a.* 外傷用の.
—— *n.* 外傷用薬.

vul·péc·u·la [vʌlpékjulə] *n.* 〘天〙小ギツネ座.

vúl·pi·cide [vʌ́lpisàid] *n.* キツネ殺し《猟犬を用いず, 射撃による》; キツネの射殺者.

vúl·pine [vʌ́lpain] *a.* キツネの (ような); ずるい, こすい (cunning).

vúl·ture [vʌ́ltʃər] *n.* **1** 〘鳥〙ハゲタカ. **2** 強欲残忍な人. ◇ **～·like** [⏤⏤⏤] *a.* ハゲタカのような, 貪欲(どんよく)な.

vúl·tur·ine [vʌ́ltʃuràin], **vúl·tur·ous** [-rəs] ＝vulturelike.

vúl·va [vʌ́lvə] *n.* (*pl.* **-vae** [-vi:], **-vas**) 〘医・動〙陰門; 孔.

vum [vʌm] *vi.* 〘方〙誓う.

vv. verses; violins. **v.v.** *vice versa.* **vv. ll.** *variae lectiones* (L. ＝variant readings).

vý·ing [váiiŋ] *v.* vie の現在分詞. **——** *a.* 競争する, 張り合う. ◇ **～·ly** *ad.*

W

W, w [dʌ́blju, -juː] *n.* (*pl.* **W's, *Ws*, w's, *ws*** [-z]) **1** 英語アルファベットの第23字. **2** 第23番め(のもの). **3** W 字形(の物).

W 〖化〗 wolfram (G. = tungsten). **W.** Wales; Washington; Wednesday; Welsh; West; Western. **W., w.** warden; warehouse; west; western. **w.** watt; week; weight; wide; width; wife; with; won.

WAAC, Waac [wæk] 〖英廃〗 Women's Army Auxiliary Corps.

WAAF [wæf] 〖英〗 Women's Auxiliary Air Force 空軍婦人補助部隊.

Waaf [wæf] *n.* 〖英〗 WAAF の隊員.

WAAS [wɑːs] 〖英〗 Women's Auxiliary Army Service 陸軍婦人補助部隊.

wáb·ble, wáb·bly =wobble, wobbly.

WAC [wæk] 〖米〗 Women's Army Corps 陸軍婦人部隊.

Wac [wæk] *n.* 〖米〗 WAC の隊員.

wack [wæk] *n.* 〖米俗〗 気違い; 変わり者.

wáck·e [wǽkə] *n.* 〖地〗 玄武土.

wáck·y [wǽki] *a.* 〖米俗〗 風変わりな, とっぴな, 頭のおかしい, むちゃな. ◇ **-i·ly** *ad.* **-i·ness** *n.*

wad [wɑd/wɔd] *n.* **1** 《綿・紙・ガムなどの》 丸めた玉, 小さい固まり: a ～ of chewing tobacco かみたばこの一固まり. **2** 詰め物〔綿〕. **3** 《銃の》 おくり, 押え. **4** (しばしば *pl.*) 〖米俗〗 札束; 書類の束.
—— *vt.* (**-dd-**) **1** (小さい固まりに) 丸める. **2** に詰め物をする, 〈物や穴に〉 詰め綿を入れる: a ～*ded* dressing gown 綿入れの化粧着. ～ one's ears 耳にせんをする. be ～*ded with* conceit 慢心している. **3** 〈銃に〉 おくりを入れる.
◇ **wád·ding** [-iŋ] *n.* 詰め物, 詰め綿; 《弾丸の火薬などの》 おくり〔押え〕の材料.

wád·dle [wɑ́dl/wɔ́dl] *vi.* 〈足の短い肥えた人・ガチョウなどが〉 よちよち〔よたよた〕歩く. —— *n.* よちよち〔よたよた〕歩き; よろよろした足どり. ◇ **wád·dling·ly** *ad.* よちよち〔よたよた〕と, よろめきながら.

wád·dy [wɑ́di/wɔ́di] *n.* こん棒 《Australia 原住民の武器》. —— *vt.* ～で打つ.

wade [weid] *vi.* **1** 《川などを》 歩いて渡る 《を *across*》. **2** 《ぬかるみ・雪道などを》 ほねおって歩く, やっと通る. **3** 《本などを》 苦労して読む, 《困難などを》 切り抜ける 《を *through*》: ～ *through* a dull book たいくつな本を苦労して読み終える. —— *vt.* 〈川などを〉 歩いて渡る. ～ (*across*) a shoal (浅瀬) を歩いて渡る. ～ ***in*** 〈川など〉 に踏み入る; 参加する; 干渉する, 〖米〗 猛攻する. ～ ***into*** 〖話〗 …にぶつかってゆく, を猛攻する; 〖米話〗 〈仕事など〉 に元気よく取りかかる. ***wading bird*** 渉禽(しょうきん)類の鳥.
—— *n.* **1** かち渡り. **2** 《徒歩で渡れる》 浅瀬.

wád·er [wéidər] *n.* **1** 《水の中などを》 歩いて渡る人. **2** 〖鳥〗 渉禽類. **3** (*pl.*) 〖英〗 《つり師などが用いる》 防水長ぐつ.

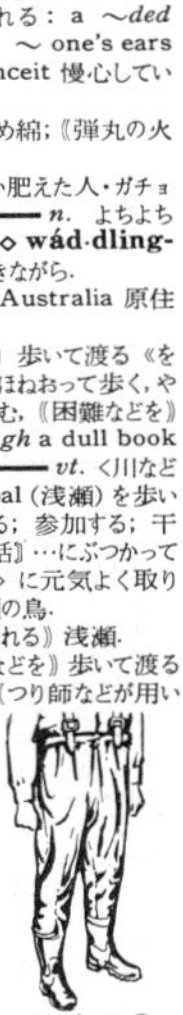
waders ③

wá·di, wá·dy [wɑ́ːdi/wɔ́di] *n.* かれ谷 《近東・アフリカ北部地方で雨期のほかは水のない河床》. [<Ar.]

WAF [wæf] *n.* 〖米〗 **1** Women in the Air Force 空軍婦人部隊. **2** = Waf.

Waf [wæf] *n.* WAF の隊員.

Wafd [wɑft/wɔft] *n.* ワフド党 《エジプトの民族主義政党. 1919–53》.

wá·fer [wéifər] *n.* **1** ウエハース 《軽焼きせんべいの一種》; ウエハース状の物: be as thin as ～ ごく薄い. **2** 〖カトリック〗 聖体, 聖餐(せいさん)用のパン. **3** 〖医〗 オブラート. **4** 封じのり, 封緘(ふうかん)紙, のり紙.
—— *vt.* 封じのりで封ずる, のり紙で張り付ける.
～**-thín** ごく薄い. ◇ ～**·like** *a.* ～**·y** [-fəri] *a.* ウエハース状の; ウエハースのように薄い.

waff [wæf/wɑːf] *n.* 〖英方〗 一吹きの風; 一瞥(いちべつ).

wáf·fle [wɑ́fl/wɔ́fl] *n.* ワッフル 《小麦粉・牛乳・卵などを混ぜて型で柔らかく焼いたケーキ》.
～ **iron** ワッフル焼き型.

waft [wæft/wɑːft] *vt.* **1** 〈音・においなどを〉 漂わせる; 浮動させる. **2** ふわり〔軽々〕と運ぶ〔送る〕: ～ kisses 投げキスする. —— *vi.* **1** 〈音・においなどが〉 漂う, 空中に浮かぶ. **2** 〈風が〉 そよそよ吹く. **3** 波に揺れ浮く, 浮動する.
—— *n.* **1** 漂うかおり; 風に運ばれてくる音. **2** 一吹きの風. **3** 浮動, 揺れ. **4** 《鳥の》 羽ばたき. **5** 手招き. **6** 〖海〗 信号旗: make a ～ 合い図に(信号)旗を揚げる. **7** つかのまの感じ: a ～ of joy つかのまの喜び.

wáf·ture [wǽftʃər/wɑ́ːf-] *n.* 浮動; (風の) そよぎ; 漂うかおり.

‡**wag** [wæg] *v.* (**-gg-**) *vt.* 〈尾などを〉 **振り動かす**, 振る: The dog ～*ged* his tail. —— *vi.* **1** 〈尾などが〉 (激しく) **振れる**, 揺れる. **2** 〈舌が〉 動き続ける: The scandal caused tongues to ～. その醜聞を人々は話のたねとした. **3** よろよろ歩く. **4** 〖俗〗 出かける, 立ち去る. **5** 《頭・指を振って》 合い図をする. **6** 〈時勢などが〉 推移する 《*on, along*》. **7** 〖英: 学生俗〗 ずる休みする. ***So*** 〔***This is the way***〕 ***the world*** ～***s.*** これが世の中というものさ. ***The tail*** ～***s the dog.*** つまらない者が世間〔グループ〕を牛耳る. ～ ***one's finger at*** に対して指を振る 《非難・けいべつの動作》. ～ ***it*** 〖英: 学生俗〗 ずる休みする. ～ ***the tongue*** ぺちゃくちゃしゃべる.
—— *n.* **1** 《頭・尾などを》 振ること, 揺らせること: give a ～ 振る. **2** ひょうきん者, おどけ者. **3** なまけ者. ***play*** (***the***) ～ 〖英: 学生俗〗 ずる休みする.
～**·tail** [⌐⌐] 〖鳥〗 セキレイ.

‡**wage** [weidʒ] *n.* **1** (通例 *pl.*) **賃銀**, 給料 《おもに時間給・日給・週給など》: He takes his ～*s* home to his wife. 彼は給料をそのまま妻の手に渡す. ～ hike 〔raise〕 賃上げ. living ～ 生活に必要な最低賃銀. → fee, salary, pay. **2** 〖古〗 (通例 *pl.*) 《単数扱い》 《罪の》 報い, 報償: The ～*s* of sin is death. 〖聖〗 罪の報いは死である 《ロマ書 6:23》.
—— *vt.* **1** 〈戦争などを〉 行なう 《に対して *against, on*》: ～ war 戦争する. ～ a campaign (選挙) 運動を戦う. **2** 〖廃〗 賭(か)ける, 入質する. ～ ***the peace*** 平和を維持する.
～ **earner** 賃銀労働者, 給料生活者 (=wage-worker). ～ **scale** 賃銀表〔スケール〕. ～(**s**) **fund** 〖経〗 《公共団体の》 労銀資本, 賃銀基金. ～ **slave** 〖笑〗 しがない給料生活者. ～**·wòrk·er** 〖米〗 =～ earner. ～**·wòrk·ing** 賃銀労働(の).
〔類〕 → **pay** 「賃銀」

wá·ger [wéidʒər] *n.* **1** かけ(事) (bet): have a ～ on に対してかけをする. lay 〔make〕 a ～ かけ事をする. **2** かけた金〔物〕; かけの対象. **3** 当てにならないこと. ～ ***of battle*** 〖史〗 決闘裁判.
—— *vt., vi.* **1** かける, かけ事をする (bet) 《に *on*》. **2** 保証する, 請け合う. ◇ ～**·er** *n.*

wág·ger·y [wǽgəri] *n.* **1** おどけ, こっけい; ひょうきんな動作〔ことば〕. **2** 冗談; 悪ふざけ.

wág·gish [wǽgiʃ] *a.* ひょうきんな, こっけいな, おど

けた; いたずら(好き)の. ◇ **～·ly** *ad.* **～·ness** *n.*

wág·gle [wǽgl] *vi.* 振れる, 揺れ動く. —— *vt.* ゆする, 振る. —— *n.* ゆする〔振る〕こと.
◇ **wág·gling·ly** *ad.*

wág·gon =wagon.

wàg·gon·étte =wagonette.

Wág·ner [vɑ́ːgnər] *n.* Richard ～, 1813–83, ドイツの作曲家・近代オペラの創始者. 〈注〉 英米人の名としては [wǽgnər] と発音.

Wag·né·ri·an [vɑːgní(ː)riən, wæg-/vɑːgníər-] *a.* Wagner 作〔風〕の. —— *n.* Wagner 崇拝者; Wagner 風の作曲家.

‡**wág·on,** [英] **wág·gon** [wǽgən] *n.* **1** 車, ワゴン. **2** 給仕車, ワゴン《食卓に食事・酒などを運ぶ》. **3** 〔米〕荷馬車《西部開拓時代などの》. **4** 〔米〕= station ～. **5** 〔米〕(路上の) 物売り車: a hot dog ～ ホットドッグ車. **6** (the ～)〔米話〕囚人護送車 (= police ～). **7** 〔英〕荷馬車《4輪で通常2頭以上の馬または牛が引く》. **8** 〔英〕無蓋(ɕ)貨車; 〔鉱山〕鉱車. ***hitch** one's **～ to a star*** 高い望みをいだく, 理想に燃えてがんばる. ***on the** (**water**) **～*** 〔米俗〕禁酒して.
—— *vt., vi.* 〔おもに米〕～で運ぶ〔旅行する〕.
～·load [⌐–⌐] 1台分の荷. **～ soldier** 〔軍俗〕野砲兵. **～ train** 〔米〕《西部開拓時代の》大荷馬車隊; 輜重(ちょう)隊.
◇**～·er** *n.* 《荷馬車の》御者; (the W～er)〔天〕御者座; 〔英〕《鉱山の》鉱車係.

wàg·on·étte [wæ̀gənét] *n.* 《6–8 人乗りの》遊覧馬車.

wag·on-lit [vægɔ̃lí, vǽg-/vǽg-] F. *n.* (*pl.* ***wag·on*(*s*)*-lits*** [-(z)/-z]) 《ヨーロッパ大陸の》鉄道寝台車.

Wa·há·bi, -bee [wɑːhɑ́ːbi, wə-] *n.* ワハビ派《18世紀アラビアに興った回教の清教徒. 20世紀に復活》.

wa·hóo [wɑːhúː, ⌐–] *n.* 〔植〕マユミ・ニシキギ属の低木; 《北アメリカ産の》ニレ・ボダイジュの類.

waif [weif] *n.* **1** 浮浪者, 寄るべのない人, 《特に》浮浪児, 宿なし子. **2** 宿なしの動物《のら犬など》. **3** 漂着物; 持ち主不明の拾得物. ***～s and strays*** 寄せ集め, がらくた; 浮浪児の群れ.

Wái·ki·ki [wáikikìː, ⌐–⌐] *n.* ワイキキ《アメリカ Hawaii 州 Oahu 島 Honolulu 湾の海水浴場》.

***wail** [weil] *vi., vt.* **1** 声をあげて泣く, 泣きわめく. **2** 嘆き悲しむ《を *over*》. **3** 〈風が〉むせぶ, 悲しげな音をたてる. —— *n.* **1** 泣き叫び, 泣き叫ぶ声, 号泣. **2** 嘆き悲しむこと. **3** 《風などの》むせぶ音. →lament, moan. [類] → **weep**「泣く」

wáil·ful [wéilf(u)l] *a.* 嘆き悲しむ; 哀調の, 悲しげな. → plaintive. ◇ **～·ly** *ad.*

wain [wein] *n.* (the W～) 〔天〕北斗七星 (= Charles's W～); 〔古〕荷馬車 (wagon).
～·wright [-ràit] 〔米〕荷馬車製作者.

wáin·scot [wéinskət, [米]⁺ -skɑ̀t] *n.* 〔建〕腰羽目(板), 腰板, 壁板; その材. —— *vt.* (**-t-,** [英] **-tt-**) に腰板〔壁板〕を張る. ◇ **～·(t)ing** [-iŋ] *n.* 腰板張り; 腰板〔壁板〕材料; 《集合的》(腰) 羽目板.

‡**waist** [weist] *n.* **1** 腰, ウエスト; 腰部のくびれ. **2** 婦人服の胴部; 〔米〕《婦人・子どもの》胴着. **3** 《バイオリンなどの》中央のくびれ. **4** 〔海〕中部甲板.
～·band [wéis(t)bæ̀nd] ウエストバンド《スカート・ズボンなどの上部の帯状の布》; 腰ひも〔帯〕. **～ belt** ベルト, 皮帯, バンド. **～·cloth** [⌐⌐] 下帯, 腰巻き (loincloth). ***～·coat** → 別項. **～-déep** *a., ad.* 腰まで深い〔深く〕. **～-hígh** *a., ad.* 腰まで上がる〔高く〕. **～·line** [⌐⌐] 〔洋裁〕胴まわり, ウエストライン; 腰部のくびれ, 腰線.

***wáist·coat** [wéis(t)kòut, wéskət] *n.* 〔英〕《男子用》チョッキ (= [米] vest). ◇ **～·ed** [-id] *a.* チョッキを着た. **～·ing** *n.* チョッキ用生地.

†**wait** [weit] *vi.* **1** 待つ, 待ち合わせる, 待ち受ける, 待ち望む《を *for*》: Please ～ a minute. しばらくお待ちください. Let's ～ *for* him [his recovery]. 彼を〔彼の回復を〕待とう. We ～*ed for* you *to* come. きみが来るのを待っていた. I ～*ed* to see what would become of him. 彼がどうなるかを見届けようと待っていた. **2** 〈物が〉準備〔用意〕されている: Dinner is ～*ing for* us. 夕飯ができています. **3** しばらくほうっておかれる, そのままにしておかれる: That can ～. それはしばらくほうっておける〔早急を要しない〕. It will have to ～. それは実現までしばらくかかるだろう. **4** 《食卓に》**給仕する**, はべる《に *at, on, upon*》; 《人に》給仕する, 付き添う《に *on, upon*》.
—— *vt.* **1** 〈機会・合い図・順番・つごうなどを〉待つ, 待ち受ける: ～ one's turn 順番を待つ. **2** 〈食事などを〉遅らせる, 延ばす: Don't ～ dinner for me. ぼくのために食事を待たないでください.
Everything comes to those who ～. 〔諺〕待てば海路のひよりあり. ***keep*** [***make***] a person ***～ing*** (人を) 待たせる. ***Time and tide ～ for no man.*** 〔諺〕歳月人を待たず. ***～ and see*** 成り行きを待つ: a ～*-and-see* policy 静観政策. ***～ around*** ([英] ***about***) (あたりを) ぶらぶらして待つ. ***～*** a person***'s convenience*** [***orders***] (人) のつごう〔命令〕を待つ. ***～ on*** [***upon***] (1) に仕える; に給仕する; の世話をやく: Are you ～*ed on*? だれかご用を承っておりましょうか《客に対する店員のことば》. (2) を訪問する, に伺候する. (3) 《結果として》…に伴う. (4) 〔古〕護衛する; …のお供をする. ***～ on*** ([英] ***at***) ***table*** 給仕する. ***～ up*** 〔話〕《人を》寝ないで待つ; 《人が自分に追いつくのを》立ち止まって待つ《を *for*》.
—— *n.* **1** 待つこと; 待ち伏せ; 待つ時間: have a long ～ 長く待たされる. **2** (*pl.*)〔英〕クリスマスの夜家々を回る唱歌隊; その唱歌. ***lie in*** [***lay***] ***～*** 待ち伏せする《を *for*》.

‡**wáit·er** [wéitər] *n.* **1** 《ホテル・料理店などの》給仕, ボーイ. **2** 給仕盆. **3** 〔米〕《家庭の》手伝い(人), 小間使. **4** 待つ人.

wáit·ing [wéitiŋ] *n.* **1** 待つこと. **2** 給仕, 仕えること. ***in ～*** (1) 仕えて: a lady *in* ～ 女官, 侍女. a lord *in* ～ 侍従. (2) 用意されて.
—— *a.* **1** 待つ, 待っている. **2** 仕える: a ～ maid [woman] 侍女, 腰元. a ～ man 下男, 従者; 侍従.
～ game 引き延ばし作戦《よりよい条件を得るための》. **～ list** 補欠人名簿, 順番待ち記入簿《図書館で貸し出し中の書籍の返却を待っている人々が次の借り出しの申し込みを記入しておくなど》: be on the ～ *list* 採用される番〔呼び出し〕を待っている. **～ room** 《駅・病院などの》待合室. ◇ **～·ly** *ad.*

***wáit·ress** [wéitris] *n.* **1** 《ホテル・料理店などの》給仕女, ウエートレス. **2** 〔米〕《家庭の》手伝い(人), 小間使.

waive [weiv] *vt.* **1** 〈要求などを〉差し控える; 〈権利・主張などを〉放棄〔撤回〕する. **2** 〈問題などを〉延ばす, (当分) 見送る. **3** 〈議論などを〉避ける, やめる. ◇ **wáiv·er** [-ər] *n.* 〔法〕《権利の》放棄, 任意放棄; 棄権証書.

†**wake**[1] [weik] *v.* (**waked** [-t], **woke** [wouk]; **waked, wók·en** [wóuk(ə)n], 〔稀〕**woke**; **wák·ing**]) *vi.* **1** 目をさます, 起きる《*up*》: What time do you usually ～ (*up*)? いつも何時に起きるか. Has the baby ～*d* [*woken*] *yet*? もう赤ん坊は起きましたか. He *woke* to find himself on a bench. 目がさめたらベンチに寝ていた. **2** 目をさましている: Worries kept me *waking* all night. 心配ごとで一晩じゅう眠れなかった. **3** 《精神的に》目ざめる, 気づく, 悟る《に, を *to*》: ～ up *to* danger 危険に気づく. **4** 生き返る, 活発になる: Nature ～*s* in spring. 大自然は春によみがえる.
—— *vt.* **1** に目をさまさせる, 起こす《*up*》: Don't ～ her now. 彼女をいま起こすな. They were making enough noise to ～ the dead. 彼らは (死人を起こすほど) 大騒ぎをしていた. **2** 《精神的に》目ざめさせる, 奮起させる; 呼び起こす, 活発にさせる: We've

got to ～ him up from his laziness. 彼を怠惰から目ざめさせねばならぬ. The incident ～*d* memories of his boyhood. たまたまその事件から少年時代の記憶がよみがえった. **3**〘アイルランド〙の通夜をする. → awake, waken. ***in** one's **waking hours*** 目のさめているときに. ***～ the echoes*** 反響を起こす. ***waking dream*** 白日夢 (day-dream). ***waking or sleeping*** 寝てもさめても.

—— *n.* **1**〘史〙《献堂式などの》徹夜祭; その宴会. **2**〘アイルランド〙通夜.

～-ròb·in〘植〙サトイモ科野生アラム属の植物 (cuckoopint); テンナンショウ・マムシグサの類 (jack-in-the-pulpit);〘米〙《食・薬用》エンレイソウ属の植物 (trillium). **～-up** [⌐ ⌐]〘米話〙= flicker².

◇ **～·less** *a.* 《眠りが》ふかい, 安らかな.

wake² *n.* 《水面に残る》航跡; (物の) 通った跡. ***in the ～ of*** の跡をつけて; に従って, …にならって; の結果として.

wáke·ful [wéikf(u)l] *a.* **1** 目がさめている; 眠れない, 目ざめがちの. **2** 夜も寝ない; 警戒を怠らない.

◇ **～·ly** [-fuli] *ad.* **～·ness** *n.*

‡**wák·en** [wéik(ə)n] *vi.* **目をさます**, 目ざめる; 起きる: ～ from sleep. **——** *vt.* **起こす**, 目ざめさせる; 奮い立たせる《*up*》: ～ the reader's interest 読者の興味をかきたてる.

Wa·lá·chi·a [walèikiə/wɔl-] *n.* Rumania のワラキア地方. ◇ **Wa·lá·chi·an** *a., n.*

Wal·dén·ses [waldénsi:z/wɔl-] *n. pl.*〘宗〙ワルド派《1170年ごろフランス人 Pierre Waldo が始めたキリスト教清教徒の一派》.

◇ **-si·an** [-siən] *a., n.* ワルド派の (教徒).

Wál·dorf [wɔ́:ldɔ:rf] ***～ salad*** ウォルドーフサラダ《セロリー・采(さい)の目に切ったリンゴ・クルミにマヨネーズをかけたサラダ. New York 市の Waldorf-Astoria Hotel の名から》.

wale [weil] *n.* **1** むちの跡, ミミズばれ. **2**《織物面の》織りうね;《織物の》生地. **3** (*pl.*)〘船〙《木造船の》腰外板. **——** *vt.* **1** にむち跡をつける, ミミズばれにする. **2** うね織りにする.

～ knot〘英〙うね結び《なわ止め》.

Wál·er [wéilər] *n.* オーストラリア馬《オーストラリア New South Wales 産》.

‡**Wales** [weilz] *n.* **ウエールズ** (地方)《Great Britain の西南部》. ***the Prince of ～*** イギリス皇太子.

wal·hál·la [wælhǽlə, væl-/væl-] = Valhalla.

†**walk** [wɔ:k] *vi.* **1 歩く**; 歩いて行く; <動物が> 並み足で歩く: The baby is beginning to ～. 赤ん坊は歩き始めた. Don't ～ when the light is amber. 黄信号のとき歩いて〔渡って〕はいけない. I sometimes ～ to school, but usually go by bus. ときには歩いて登校するがふだんはバスで行く. **2 散歩する**, さまよう; <幽霊が>出る: I would ～ along the riverside. 川岸をよく散歩したものだ. The ghost will ～ tonight. 今夜幽霊が出るだろう. **3**〘野球〙<打者が> フォアボールで一塁へ出る. **4** ふるまう; 世に処する: ～ in the part of propriety 正しい道を歩く. ～ in sorrow 悲しく日々をおくる.

—— *vt.* **1** …を歩く, …を歩いて行く, の上を歩く: ～ the deck 甲板の上を歩く. ～ the tightrope 綱渡りをする. The policeman was ～*ing* his beat. 警官は受け持ち区域を巡回していた. **2** <人に>歩いてついて行く, 同道する: Now, I'll ～ you to the station. さあ駅までお送りしましょう. **3** <馬などを> 歩かせる: Horses should be ～*ed* a while after a race. レースのあとしばらく馬を歩かせねばならない. **4** 連れて行く, 持って行く: The policeman ～*ed* him off 〔away〕. 警官は彼を引っ張って行った. ～ a heavy box along 重い箱をかわるがわる左右に動かして進める. **5**〘野球〙<投手が打者を> フォアボールで「歩かせる」. **6** 歩いて…させる: He ～*ed* me to exhaustion. 私は彼に歩かされてへとへとになった. **7** と歩きっくらをする: I think nobody could ～ him. 競歩で彼にかなう者はいまい.

～ about 歩き回る; 散歩する. ***～ all over*** …にいばりちらす, をいじめる. ***～ away from*** をやすやすと追い抜く. ***～ away*** 〔***off***〕 ***with*** を持ち逃げする: He expects to ～ *away with* the nomination. 彼はうまく任命されるものと思っている. ***～ by faith*** 信仰生活をする. ***～ one's chalks***〘俗〙(だまって) 去る. ***～ in*** はいる. ***～ into*** (1) …にはいる. (2) をたらふく食う. (3) をひどくしかる. ***～ off*** 立ち去る; <頭痛などを> 歩いて吹き飛ばす. ***～ a person off his legs*** 〔***feet***〕(人を) 歩き疲れさせる. ***～ on*** 歩き続ける;《芝居・映画・テレビで》端役(はやく)をする. ***～ out*** 出歩く; 突然立ち去る;《抗議して》退出〔欠席〕する;〘米話〙ストライキする. ***～ out on***〘米話〙を見捨てる: ～ *out on* one's wife and children 妻子を見捨てる. ***～ out with*** と出歩く, と親しい間柄である《男女間で》. ***～ over***《無競争で》独走する; 簡単に勝つ, 楽勝する; <人を> 人とも思わない, 無視する. ***～ round*** (を) 迂回(うかい)する; <人を> 出し抜く. ***～ Spanish*** (1) つま先歩きをさせられる; 用心して歩く. (2) 首にする〔なる〕. ***～ the boards*** 舞台に立つ; 役者になる. ***～ through***〘劇〙初リハーサルする; (を) いいかげんに〔熱を入れずに〕演ずる.

—— *n.* **1 歩くこと**; **散歩**, 遠足: We had a pleasant ～ across the fields. 野を楽しく歩いた. a morning ～ 朝の散歩. **2** 歩き方; 並み足, 平常歩: We recognized you by your ～. 歩きぶりできみとわかった. **3 歩く道のり**; 歩く時間: The school is five minutes' ～ from my house. 学校は家から歩いて5分のところにある. **4 歩道**, 小道, 散歩道: dispose of the snow on the ～ 歩道の雪をかたづける. my favorite ～ in the park 公園の私の好きな散歩道. **5** 暮らし方, 生活の道; 職業: an honest ～ じみちな世渡り〔行動〕. **6**〘米: 野球〙フォアボールでの出塁. **7**《家畜などの》飼育所;《家畜などを》囲った場所: a poultry ～. **8**《呼び売り商人などの》商売地域, なわ張り. ***at a ～*** 並み足で. ***go*** (***out***) ***for a ～*** 散歩に出かける. ***have*** 〔***take***〕 ***a ～*** 散歩する. ***take … for a ～*** …を散歩に連れて行く. ***～ of*** 〔***in***〕 ***life*** 職業, なりわい; 階級.

～·a·wày〘米:運〙楽勝. **～-down** [⌐ ⌐] 歩道より低いところにある商店〔貸間〕. **～-in** → 別項. **～-on** [⌐ ⌐] 端役(はやく)《芝居でせりふを言わず舞台を歩くだけの役》. **～·òut** [㊥ ⌐ ⌐]〘米話〙ストライキ, 職場放棄; 抗議退場〔欠席〕. **～·ò·ver**《他に出場馬のない》競馬;《相手が劣るときの一方的な》独走; 楽勝. **～-up** [⌐ ⌐]〘話〙エレベーターのないアパート〔建物〕. **～·way** [⌐ ⌐] 歩道, 人道, 散歩道.

(類義語) 歩く: **walk** run (走る) に対する最も一般的な語. **stride** 大またに歩く. **plod** とぼとぼ元気なく歩く. **tread** 踏みしめるようにして歩く. **pace** おなじ歩幅で歩く: *pace* up and down lost in thought 考えにふけりながら行ったり来たりする. **trudge** 疲れたからだにむち打ちながらせっせと歩く. **saunter, stroll, ramble** 目的をもたないでぶらぶら歩く, 散歩する.

***wálk·er** [wɔ́:kər] *n.* **1 歩行者**. **2 散歩する人**; 散歩好きな人. **3**〘鳥〙《ダチョウのような》歩く鳥. **4**〘米〙歩行器 (go-cart)《幼児・不具者などの》.

wálk·ie-lóok·ie [wɔ́:kilúki] *n.* 携帯〔移動〕用テレビカメラ.

wálk·ie-tálk·ie [wɔ́:kitɔ́:ki] *n.* 携帯用無線電話機.

wálk-in [wɔ́:kìn] *a.* 外から歩いてはいれる《勝手口など》; 人がはいれるくらいの. **——** *n.* **1**《戸だななど歩いてはいれるほど》大型のもの. **2**《選挙の》楽勝.

***wálk·ing** [wɔ́:kiŋ] *n.* **1 歩くこと**, 歩行; 散歩. **2** 歩き方. **3**《歩行のための》道路状況: The ～ is slippery. 道はすべりやすい状態にある.

～ dress 外出着; 散歩用の服. **～ papers**〘米話〙免職; 解雇 (通知). ***～ stick**〘英〙つえ; ステッ

キ;〖虫〗七節. ～ **ticket** = ～ papers. ～ **tour** 徒歩旅行. —— *a.* 歩く;《機械などが》動く.
～ **beam**〖機〗動桁(ﾄﾞｳｹﾀ). ～ **chair** 幼児用の手押し車; 歩行器. ～ **crane** 移動起重機. ～ **delegate**《労働組合の》巡回(交渉)委員. ～ **dictionary** 生き字引き; なんでも知っている人. ～ **gentleman** 〔**lady**〕 演技よりも見ばえのよいのが売りものの役者.

Wal·kýr·ie [wælkíri, væl- / wɔlkíri, vælkáiəri] = Valkyrie.

†**wall** [wɔ:l] *n.* **1 壁**, へい, 外壁, 内壁: a stone 〔brick〕 ～ 石がき〔れんがべい〕. a partition 〔party〕 ～ 仕切り壁. a blank ～ 窓・戸などのない壁. the ～*s* of a boiler ボイラーの内壁. **2** (通例 *pl.*) 城壁: town ～*s* 都市の城郭. **3**《山・波など》壁のようなもの; そそり立つもの: a mountain ～ 切り立つ山並み. **4** 障害: the tariff ～ 関税障壁. **5**《道の》家寄り (のがわ),《道の》壁沿い.
drive 〔***push, thrust***〕 a person ***to the*** ～ (人を)窮地におとしいれる. ***give*** a person ***the*** ～ (人に)道を譲る; 良い道をあけてやる. ***go to the*** ～ 押しのけられる; 屈服する; 事業に失敗する: The weakest *goes to the* ～. 弱い者は負ける. ***run*** one***'s head against a*** ～ 不可能なことを試みる. ***see into*** 〔***through***〕 ***a brick*** ～ 驚くべき洞察(ﾄﾞｳｻﾂ)力をもつ. ***take the*** ～ ***of*** a person (人)に道を譲らない. ***W～s have ears.***〖ことわざ〗壁に耳あり. ***with*** one***'s back to the*** ～ 追いつめられて, 窮地に陥って. ***within four*** ～***s*** へやの中に; こっそりと, 内密に: The matter must be kept *within four* ～*s*. このことはここだけの話にしてください.
—— *vt.* 壁〔へい〕で囲む〔仕切る〕; 壁でふさぐ《*up*》; 城壁で防御する: a ～*ed* town 城壁に囲まれた町.
～**·board** [ㄥㅗ]《天井・壁張り用》化粧ボード. ～ **creeper**〖植〗イワマワリ《つる草》. ～**·eye** → 別項. ～**·flòw·er**〖植〗ニオイアラセイトウ;〖話〗壁の花《舞踏会などで相手のない若い女性》. ～ **fruit** 石がき・へいなどで保護し暖気を与えて熟させるくだもの. ～ **game** イートン校 (Eton) 式フットボール. ～ **newspaper** 壁新聞. ～**·pà·per** (1) 壁紙. (2) に壁紙を張る. ～ **socket** コンセント. **W～ Street** ウォール街《New York 市の証券取引所があるアメリカ金融界の中心地》; アメリカ金融市場〔金融界, 財界〕.
◇ ～**ed** [-d] *a.* 壁のある, (城) 壁で囲まれた; 防御工事をした. ～**·less** *a.* (城) 壁のない. ～**·like** *a.*

wal·la, wal·lah [wálə/wɔ́lə] Hind. *n.* ある仕事に関係して〔雇われて〕いる人.

wál·la·by [wáləbi/wɔ́l-] *n.*〖動〗小カンガルー; (*pl.*) オーストラリア原住民. ***on the*** ～ (***track***)〖英話〗方方歩き回って, 仕事口を求めて.

Wal·lá·chi·a = Walachia.

wàl·la·róo [wàlərú:/wɔ̀l-] *n.*〖動〗大カンガルー.

‡**wál·let** [wálit/wɔ́l-] *n.* **1 札入れ, 紙入れ. 2**〖英〗《皮製の》小物袋. **3**〖古〗《旅人・巡礼・こじきなどの》ずだ袋, がっさい袋.

wáll·eye [wɔ́:lài] *n.* **1** 角膜の濁り, 角膜の濁った目; 大きな白目. **2**〖米〗目玉の大きな魚.
◇ ～**d** [-d] *a.* **1**《角膜の濁り・外斜視のため》白目がちの, 白目の. **2**《魚など》目玉の飛び出た. **3**《興奮・驚愕(ｷｮｳｶﾞｸ)して》目をぽかんとあけた.

Wal·lóon [walú:n/wɔl-] *n.,a.*《ベルギー東南部の》ワロン人 (の);《フランスの一方言》ワロン語 (の).

wál·lop [wáləp/wɔ́l-] *vt.*〖話〗ひどくなぐる; 打ち負かす. —— *vi.*〖話〗**1** 騒々しく動く〔動き回る〕. **2** ぐらぐら煮立つ. **3** よたよた歩く.
—— *n.*〖話〗**1** ひどくなぐること; 強打 (力), パンチ. **2** 強い印象,「パンチ (力)」: pack a ～ ぎゅっと締めくくりをつける. **3** よたつき, ふらふら動くこと.

wál·lop·ing [-iŋ] *a.*〖話〗ばかでかい.
—— *n.*〖話〗**1** なぐること; 強打, パンチ. **2** 完敗.

wál·low [wálou/wɔ́lou] *vi.* **1** ころび回る《どろ・砂・水などの中で》; もがく: ～ *in* the mud どろの中でころび回る. **2**《酒色に》ふける;《堕落した俗悪な生活に》浸る: ～ *in* vice 悪事にふける. **3**〈煙などが〉もくもく出る. ～ ***in money*** 金がうなるほどある.
—— *n.* **1** ころび回ること〔行為〕. **2** 堕落. **3**〖米〗動物がころび回る場所《川・沼など》; 動物がころび回ったために生じたくぼみ. ◇ ～**·er** *n.*

‡**wál·nut** [wɔ́:lnət, -nʌt] *n.* **1**〖植〗クルミ; その実〔木, 材〕. **2** クルミ〔ウォールナット〕色. ***over the*** ～***s and the wine*** 食後の談話をしながら.

Wal·púr·gis [va:lpúərgis/væl-] ～ ***Night*** ワルプルギスの夜《May Day 前夜ドイツの Harz 山脈の最高峰 Brocken で魔女たちが魔王のもとで宴を張ったという》.

wál·rus [wɔ́:lrəs, ㊍⁺ wál-] *n.* (*pl.* ～**·es**;《集合的》～)〖動〗セイウチ.

waltz [wɔ:lts/wɔ:ls, wɔ:lts] *n.* ワルツ (の踊り); ワルツ〔円舞〕曲. —— *a.* ワルツの.
—— *vi.* ワルツを踊る; ワルツを踊るように歩く〔動く〕《*in, out, round*》. —— *vt.* 〈パートナーを〉(ワルツで) リードする, とワルツを踊る.
◇ ～**·er** *n.* ワルツを踊る人.

wám·ble [wámbl, wæm-/wɔ́m-, wæm-] *vi.*〖方〗ふらつく; のたうつ; 〈胸が〉むかつく. —— *n.*〖方〗ふらつき; のたうち;《胸の》むかつき.

wám·pum [wámpəm/wɔ́n-] *n.* 貝がら玉《元アメリカ原住民が装飾・貨幣に用いた》;〖米俗〗ぜに.

wan [wan/wɔn] *a.* (**-nn-**) **1** 青ざめた, 生気のない; 病弱な, 弱々しい;《光など》微弱な. **2** 力のない; 効果のない. **3**〖古〗どんよりした, 薄暗い; 鉛色の.

wand [wand/wɔnd] *n.* **1**《魔法使い・fairy などが使う》魔法のつえ;《細身の》棒さお. **2**《職権を象徴する》権杖(ｹﾝｼﾞｮｳ), 職杖. **3**〖楽〗指揮棒. **4**〖米〗《弓の》標的板.

‡**wán·der** [wándər/wɔ́n-] *vi.* **1 さまよう, 歩き回る, 放浪する**《を *about, over*》: ～ *about* 〔*over*〕 the country 地方を歩き回る. **2** ふらりと行く〔来る〕: I ～*ed out of* the room to the garden. 室内からふらりと外へ出てみた. He ～*ed in* to see me this morning. けさ彼はふらりと私に会いにやって来た. **3** (わきへ) **それる**, はぐれる; 〈話が〉わき道へそれる; 邪道に陥る: ～ off the track 道からそれる〔迷う〕. One of the sheep has ～*ed* away. 羊が1頭見えなくなった. Don't ～ from the subject 〔point〕. 本題から話をそらすな. **4** 〈心が〉それからそれへと移る;《熱などに》浮かされる, 気がふれる: My mind 〔thoughts〕 ～*ed* back to my boyhood days. 私の心は少年時代へと移っていった. Our minds are inclined to ～ when we have a high fever. 高熱になると頭が変になるものだ. —— *vt.* …をさまよう, 放浪する: ～ the world 世界じゅうを歩き回る.
—— *n.* さすらい, 放浪, ぶらぶら歩き.
◇ *～**·er** [-dərər] *n.* ～ (①-③) する人.

wán·der·ing [wándəriŋ/wɔ́n-] *a.* **1** さまよう, 歩き回る; 放浪の, さすらいの: ～ sheep さまよえる羊. ～ tribes 遊牧民. **2**《道・川などが》曲がりくねった. **3** 狂った; 支離滅裂の. **4**〖医〗遊走する.
—— *n.* (通例 *pl.*) **1** 放浪. **2** 精神錯乱; うわごと.
W～ Jew, the 放浪のユダヤ人《刑場に引かれるキリストに冷酷なしうちをしたために, 何世紀もの間放浪の罰を与えられたという伝説中の人》; (～ Jew) さすらい人. ◇ ～**·ly** *ad.* さまよって; 狂って.

Wan·der·jahr [vá:ndərjà:r] G. *n.* 遊歴修業時代《昔職につく前修業のため1年間旅行したヨーロッパの習慣》.

wán·der·lust [wándərlʌ̀st, vá:ndərlùst / vá:ndəlust] *n.* 旅行熱, 旅へのあこがれ; 放浪癖.

wàn·der·óo [wàndərú:/wɔ̀n-] *n.*〖動〗《セイロン島産》黒色大ザル; インドザル.

wane [wein] *vi.* **1** 〈月が〉欠ける. ↔wax². **2** 小さくなる; 衰える; 終わりに近づく. —— *n.* **1**《月が》

欠けること. **2** 衰え; 減退; 衰微. ***be on the*** ～ 〈月が〉欠けてくる; 衰微する; 落ち目になる. ***waning moon*** 下弦の月.

wán·gle [wǽŋgl] *vt.* 〖話〗 **1** 謀略で手に入れる, だまし取る. **2** ごまかして…させる. **3** ごまかす, 小細工をする. —— *vi.* うまく切り抜ける.
—— *n.* うまく手に入れること; 巧みな策略.

wán·nish [wɑ́niʃ/wɔ́n-] *a.* 青ざめ気味の.

†**want** [wɑnt, wɔːnt/wɔnt] *vt.* **1 欲する**, …**がほしい**: We ～ a small house. 私たちは小さな家がほしいのです. He ～*s* everything he sees. 彼は見るものはなんでもほしがる. What do you ～? なにがほしいのか; なんのご用ですか.
2 …**したい** 《*to* (do)》; 〈人に〉…してもらいたい 《～ a person *to* (do)》: I ～ *to* go there 〔*to* be rich〕. そこへ行きたい〔金持ちになりたい〕. I ～ you *to* do it at once 〔*to* be happy〕. きみにすぐにそれをやってもらいたい〔きみに幸福であってほしい〕. What do you ～ me *to* do? 私になにをしてもらいたいのか. I don't ～ there *to* be any misunderstanding. いささかの誤解もあってほしくない. I don't ～ those children ill-treated. 子どもたちを虐待してもらいたくない. I ～ it done at once. (それがすぐなされて →) それをすぐしてもらいたい. I don't ～ women meddling in my affairs. 女どもに私の仕事に手を出してもらいたくない. 〈注〉②の構文については →枠付 Infinitive, Complement 《特に「目的補語をとる不完全他動詞」5)》, Gerund 《特に 4) b) (3)の〈注〉》.
3 必要とする (need): Children ～ plenty of sleep. 子どもは十分な睡眠が必要だ. My shoes ～ mending. 私のくつは修理する必要がある.
4 《to 不定詞を伴って》 …すべきだ, …した方がよい (ought, must): You ～ *to* have your teeth seen to. きみは歯の治療をしてもらった方がいい. He doesn't ～ *to* be punished too severely. 彼をあまりひどく罰する必要はない.
5 欠いている; に達しない, に不足している: This book ～*s* a page. この本は1ページ抜けている. He ～*s* common sense. 彼は常識を欠いている. It ～*s* 2 inches of 3 feet. それは3フィートに2インチ足りない.
6 〈人に〉 会いたい, に来てもらいたい, の手を借りたい; 捜している, 〈犯人などを〉捜査する: Tell the office boy that I ～ him. 給仕に来るように言ってくれたまえ. You won't be ～*ed* this afternoon. 午後はきみの手を借りなくてよいだろう(暇をやる). He is ～*ed* by the police. 彼は指名手配されている.
—— *vi.* **1** 《(…に) 欠ける》, 不足する, 足りない, 事欠く 《に *in*; を *for*》: He ～*s in* goodwill. 彼は誠意に欠ける. She ～*s for* nothing. 彼女はなにひとつ不自由していない. **2** 生活に不自由する, 困窮する: No-one likes to ～ in his old age. 年をとってから困るようなことはだれも望まない. ～ ***in*** 〔***out, off***〕 はいりたがる〔出たがる〕: The dog ～*s out*. 犬は外へ出たがっている.
—— *n.* **1 欠乏**, 不足: ～ of thought 思慮の不足. There is a ～ of confidence in him. 彼は信用がない. **2 必要**: the ～ of a real friend 真の友人の必要. **3 貧乏**, 困窮: live in ～ 貧乏暮らしをする. **4 欲望**, 欲求: a man of few ～*s* 欲望の少ない人, 無欲の人. **5** 欲求〔必要〕物: a longfelt ～ 長い間必要とされてきたもの. ***for*** ～ ***of*** の欠乏のため: I'll take this one *for* ～ *of* a better. 良いのがないからこれを取っておこう. ***from*** ～ ***of*** の欠乏から〔が原因で〕: die *from* ～ *of* food 食物不足のため死ぬ. (be) ***in*** ～ ***of*** …がなくて困って(いる), …が必要で(ある): The house is *in* ～ *of* repair. 家は修理の必要がある.
～ **ad** 《新聞の》募集広告; 〖話〗3行広告(欄). ～ **column** 3行広告欄. ～ **list** 業者間に配られる希望品目表.
◇ ～**·age** [-idʒ] *n.* 〖商〗 不足高〔額〕; 不足. ～**·less** *a.* **1** 不足のない, 不自由のない. **2** 欲のない; 欲求物のない. 〖類〗 → **wish**「望む」

wánt·ed [wɑ́ntid, wɔ́ːnt-/wɔ́nt-] *v.* want の過去・過去分詞. —— *a.* **1** 〖広告〗 …を求む, …募集, 入用: *W*～ a tutor. 家庭教師を求む. **2** お尋ね(者)の: a ～ man 指名手配人. the ～ list 指名手配リスト. ***Help*** 〔***Situation***〕 ***W***～. 求人〔求職〕 《広告・掲示》.

***wánt·ing** [-iŋ] *a.* **1 欠けている**; …がない: There is something ～. なにかが欠けている. a coat with buttons ～ ボタンのない上着. **2** 不足している 《*in*》: She is ～ *in* judgment 〔politeness〕. 彼女は判断力〔礼儀〕が足りない. **3** 《人が》能力が標準以下で, 能力不足で: He has never been ～ to his duty. 彼はいつでも義務を遂行するだけの能力を持ち合わせていた.
—— *prep.* …を欠いて (without); …が足りない (minus): a book ～ a cover 表紙のとれた本. a pound ～ two shillings 1ポンドに2シリング足りない.

wán·ton [wɑ́ntən/wɔ́n-] *a.* **1** わがままな, 手に負えない: a ～ child いたずらっ子. **2** これという目的のない, 気まぐれな: ～ thoughts とりとめのない考え. **3** むちゃな, 無慈悲な, 残忍な: ～ murder (理由のない)残忍な殺人. ～ cruelty 残酷であるがための残酷. **4** みだらな, 不貞な: a ～ woman みだらな女. ～ novels わいせつな小説. **5** 《植物などが》おい茂った.
—— *n.* うわ気者; うわ気女; 〖稀〗 いたずらっ子.
—— *vi.* **1** 気まぐれにふるまう. **2** かって気ままに伸びてゆく, おい茂る. ◇ ～**·ly** *ad.* ～**·ness** *n.*

wap[1] [wæp, wɑp/wɔp] *n., vi., vt.* **(-pp-)** = whop.

wap[2] *vt.* **(-pp-)** 〖英方〗 = wrap.
—— *n.* = wrapping.

wáp·en·take [wɑ́pəntèik/wǽp-] *n.* 〖英史〗 《county の小区分》 小区.

wáp·i·ti [wɑ́piti/wɔ́p-] *n.* (*pl.* ～**s**, 《集合的》 ～) 〖動〗 《北アメリカ産》 大シカ (elk).

†**war** [wɔːr] *n.* **1 戦争**, 戦役 《主として国家間の》: World War Ⅱ 第2次世界大戦 《Ⅱ は two と読む》. a cold ～ 冷戦. **2** 戦闘; 軍事; 兵法: art of ～ 兵法. **3** 争い, 不和, 闘争 (conflict).
a tug of ～ 綱引き. ***be at*** ～ 交戦中である; 不和である 《と *with*》. ***carry on*** ～ ***against*** と戦う. ***civil*** ～ 内乱, 内戦. ***declaration of*** ～ 宣戦. ***declare*** ～ ***against*** 〔***on, upon***〕 に宣戦を布告する. ***drift into*** ～ 戦端を開くに至る. ***go to the*** ～***s*** 〖古〗 出征する. ***go to*** ～ 戦端を開く; 武力に訴える; 出征する. ***have been in the*** ～***s*** 《冗談めいた表現》 傷だらけだ. ***hot*** ～ 熱い戦争. ***make*** 〔***wage***〕 ～ ***upon*** に戦争をしかける. ***prisoners of*** ～ 捕虜. ***Secretary for War*** 〖英〗 陸軍大臣 (= War Secretary). ***Secretary of War*** 〖米〗 陸軍長官. ***theater of*** ～ 戦場. ***trade*** 〔***profession***〕 ***of*** ～ 軍職. ***War between the States*** 〖米〗 南北戦争. ***War of Independence*** 〖史〗 アメリカ独立戦争. ～ ***of nerves*** 神経戦. ～ ***of the elements*** あらし; 天地の大異変.
—— *vi.* **(-rr-)** 戦う; 争う 《と *with, against*》.
～ **baby** 戦時っ子 《戦時中に生まれまたは懐妊された子ども》. ～ **bird** 軍用機 (の搭乗者). ～ **bonnet** 《アメリカインディアンの礼装用》 戦闘帽. ～ **bride** 戦争花嫁. ～ **chest** 軍〔運動〕資金. ～ **cloud** 戦雲. ～ **club** 《アメリカインディアンの用いた》 戦闘用こん棒. ～ **correspondent** 従軍記者. ～ **crime** (通例 *pl.*) 戦争犯罪. ～ **criminal** 戦争犯罪人. ～ **cry** (1) ときの声. (2) 《政党の》 スローガン, 宣伝文句. ～ **dance** 《原始民族の》 出陣〔戦勝〕の踊り. ～ **dead** 《集合的》 戦死者. **War Department** 〖米〗 陸軍省 (= Department of War). **～**·fare** → 別項. ～ **game** 《戦術指導のため地図上で行なう》 兵棋 (*kriegspiel*); (*pl.*) 機動

W

演習. ～-**god** [ˊ ˋ] 軍神《特に古代ギリシアの Ares, 古代ローマの Mars など》. ～·**head** [ˊ ˋ], ～ **head** 〖軍〗《魚雷・ミサイルなどの》弾頭. ～ **horse** 軍馬; 〖話〗古つわもの, 老練家 (veteran). ～ **lord** 〖雅〗将軍, 軍司令官; 《特に中国軍閥時代の》督軍. ～·**mòn·ger** 戦争挑発(ちょうはつ)者, 戦争屋, 主戦論者. **War Office** 〖英〗陸軍省. ～ **paint** (1) アメリカインディアンが出陣の際顔・からだに塗る絵の具. (2)〖俗〗盛装; 婦人の化粧品. ～·**path** → 別項. ～·**plane** [ˊ ˋ] 軍用機. ～ **risk insurance** 〖米〗《軍人のための》戦争傷害保険. **War Secretary** = Secretary for War. ～·**ship** [ˊ ˋ] 軍艦. ～ **song** 蛮族の出陣の歌; 《一般的》軍歌. ～ **sufferer** 戦争被害者. ～·**time** [ˊ ˋ] 戦時(の). ↔ peacetime. ～ **whoop** 《特にアメリカインディアンの》ときの声 (= ～ cry). ～ **widow** 戦争未亡人. ～·**worn** [ˊ ˋ] 戦争に疲れた〔荒らされた〕.
[類] → **fight**「戦い」

War. Warwickshire.

wár·ble[1] [wɔ́ːrbl] *vi., vt.* **1** 〈小鳥が〉さえずる; 〈人が〉声を震わせて歌う. **2** 〈川などが〉さらさらと音をたてて流れる. —— *n.* さえずり; 震え声; 歌.

wár·ble[2] *n.* 《馬の背の》くらこぶ; 《アブに刺されてできた》動物の背のはれもの. ～ **fly** 〖虫〗ウマバエ《ハエの一種. その幼虫は家畜の皮下に寄生する》.

wár·bler [wɔ́ːrblər] *n.* **1** さえずる鳥, 鳴禽(めいきん)《特にウグイス科の小鳥》. **2** 声を震わせて歌う人; 歌手.

‡**ward** [wɔːrd] *n.* **1** 保護; 監督, 監視; 軟禁: a child in ～ 保護〔後見〕されている子ども. **2**《集合的》保護〔監督〕者たち. **3**〖法〗被保護者; 被後見人《未成年者・禁治産者など》; 被監視者. **4**《刑務所の》監房; 《救貧院などの》収容所. **5** 病室, 病棟(びょうとう): an isolation ～ 隔離室〔病棟〕. **6** 区《都市の行政区画》. **7**〖フェンシング〗防御, 受け. **8** (*pl.*)《かぎなどの》刻み目; 突起. ***be in ～ to*** a person (人)の後見人をする. ***be under ～*** 監禁〔軟禁〕されている. ***keep watch and ～*** 見張りをする. ***put*** a person ***in ～*** 監禁する.
—— *vt.* **1** 監視する; 保護する. **2** 病棟に収容する: ～ a patient. **3** 守る, 防ぐ. ～ ***off*** 防ぐ; 受け止める; 避ける.
～ **heeler** 〖米話〗政治ごろ《政党ボスのために選挙運動・わいろの取り次ぎなどをする》. *～·**robe** → 別項. ～·**room** [ˊ ˋ] 〖海〗士官室; 《集合的》士官. → gun room.

-ward(s) [-wərdz] *suf.* 「…の方へ(の)」の意の形容詞・副詞をつくる: east*ward(s)* 東へ. home*ward(s)* 家の方へ. in*ward(s)* 内へ, 内側へ. 〈注〉通例 -ward は形容詞・副詞に, -wards は副詞だけに用いられる. ただし特に米語では形容詞・副詞のいずれにもおもに -ward が用いられる.

wárd·en[1] [wɔ́ːrdn] *n.* **1** 番人, 管理人; 監視者; 〖英〗空襲警備員 (= air ～). **2**〖米〗刑務所長, 〖英〗看守 (warder). **3** 長官《市長・知事など》; 〖英〗《ある大学の》学長, 校長. **4** 教区委員 (= churchwarden).
◇ ～·**ry** *n.* 〖稀〗～の職〔地位〕; ～の管轄区域. ～·**ship** *n.* ～の職〔地位, 任期〕.

Wárd·en, wárd·en[2] [wɔ́ːrdn] *n.* 冬ナシ《料理用》.

wárd·er [wɔ́ːrdər] *n.* (*fem.* **wárd·ress** [wɔ́ːrdris]) **1** 番人, 監視人; 門衛, 守衛. **2**〖英〗《刑務所の》看守. **3**〖史〗《権威の標章として持つ》職杖(しょくじょう), 指揮杖. ◇ ～·**ship** *n.*

Wár·dour [wɔ́ːrdər] ～ ***Street*** London の市街名《昔は骨董(こっとう)店, いまは映画劇場が多い》.
～ ***English*** 気どった擬古文調英語.

wárd·robe** [wɔ́ːrdròub] *n.* **1** 洋服だんす; 着物入れ場〔押し入れ〕; 衣装べや. **2**《集合的》《保存している》着物類: my spring ～ 私の春着. ***have a large ～ 衣装持ちだ. ～ **dealer** 古着屋〔商〕. ～ **trunk** 旅行用大型トランク《引き出し・着物掛けなどのついたもの》.

-wards → -ward.

wárd·ship [wɔ́ːrdʃip] *n.* 後見(人であること), 保護(監督). ***have the ～ of*** を後見する. ***under the ～ of*** に後見されて.

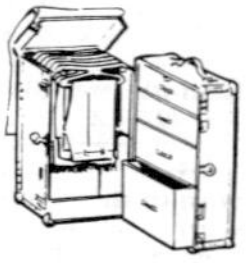
wardrobe trunk

‡**ware**[1] [wɛər] *n.* **1** (*pl.*) 商品, 売品. → goods, merchandise. **2**《通例集合的に合成語の形で》細工物, 器物, 品物; …製品: earthen*ware* 陶器. hard*ware* 金物. silver*ware* 銀製品. table*ware* 食卓用品. **3**《集合的》《産地名をつけて》陶器 (pottery): Delf ～. Wedgwood ～. ‡～·**house** → 別項.

ware[2] *a.* 〖雅・古〗用心ぶかい, ゆだんしない (= aware).
—— *vt.* 〖話・古〗《命令形で》**1** に注意する, 気をつける, 用心する: *W*～ the dog! 犬にご注意《特に猟場などの掲示》. **2** 遠ざける, 慎む: *W*～ the bottle. 酒を慎め.

‡**wáre·house** [wɛ́ərhàus] *n.* **1** 倉庫. **2**〖おもに英〗(卸売)問屋; 大きい小売店.
—— [-hàuz] *vt.* 倉庫に入れる; 保税倉庫に預ける. ～·**man** [-mən] (*pl.* **-men**) 倉庫業者, 倉庫係; 卸売商人. ～ **receipt** 〖米〗倉荷証券.

‡**wár·fare** [wɔ́ːrfɛ̀ər] *n.* 戦闘(行為), 交戦(状態); 戦争, 争い: chemical [guerrilla] ～ 化学〔ゲリラ〕戦.

wár·like [wɔ́ːrlàik] *a.* **1** 好戦的な, 尚武(しょうぶ)の. **2** 戦争挑発(ちょうはつ)的な. ↔ peaceful. **3** 戦争の, 軍事の; 戦闘態勢の.

wár·lock [wɔ́ːrlɑ̀k/-lɔk] *n.* 〖古〗**1** 魔法使い, 魔術師. **2** 手品師; 占い師.

†**warm** [wɔːrm] *a.* **1** あたたかい, 温暖な; 暑い: ～ climate [countries, weather, days] 暖かい気候〔国, 天気, 日〕. ～ water 温湯. a ～ sweater 暖かいセーター. **2**《からだが》ほてる, 暖まる: ～ exercise からだの暖まる運動. be ～ from walking 歩いてからだがぽかぽかする. **3** 心のあたたかい, 心からの, 愛情のある, 真心のこもった: a ～ welcome あたたかい歓迎. a ～ heart あたたかい心. ～ thanks 心からの感謝. **4** 熱烈な, 熱心な: ～ interest 熱心な興味. He gave me a ～ support. 彼は熱烈に支持してくれた. **5** 活発な, 激しい: a ～ debate 激論. a ～ temper 短気. Don't grow ～ over discussion. 討論で興奮してはいけない. **6** 暖色の: ～ colors. **7**〖話〗裕福な, ふところのあたたかい. **8**《においなど》強い; 〖狩〗臭跡のなまなましい: a ～ scent. **9** 扇情的な. **10**〖話〗《隠れんぼなどで》捜しているものに近づいて. **11** ほねのおれる, つらい; 不愉快な, 居ごこちの悪い; 危険な: a ～ corner 激戦地.
get ～ (1) 暖かくなる; 暖まる: Come near the fire and *get* ～. 火のそばへ来て暖まりなさい. (2) 熱中する. (3) 捜しているものに近づく. ***grow ～*** 激する, 興奮する. ***in ～ blood*** 怒って. ***keep ～*** 冷えないようにする. ***make it [things] ～ for*** a person (人)をいたたまれなくする《激しく反対して》.
—— *vt.* **1** 暖める, 熱する《*up*》: ～ a room [one's hand] へや〔手〕を暖める. Please ～ (*up*) this milk. このミルクを暖めてください. **2** の心をあたためる, なごやかにする; 元気づける: The sight of the children ～*s* my heart. 子どもたちを見ると心がなごやかになる. **3** 興奮させる, 熱中させる《*up*》: The wine soon ～*ed* the company. 酒を飲むとまもなく客人は朗らかになった. **4**〖俗〗なぐる.
—— *vi.* **1** 暖まる: The milk is ～*ing up* on the stove. ミルクはストーブの上で暖まってきた. **2** 興奮する, 熱中する《*up*》: He ～*ed* as he spoke. 彼は

話しているうちに興奮した. **3** 同情を寄せる《に *to, toward*》: Soon her heart will ～ *toward* him. まもなく彼女は彼に打ち解け始めるだろう. ***get a ～ing*** なぐられる. ～ one***self*** at [by] the fire (火で) 暖まる. ***～ing-pan*** (1) 寝床暖め器《ベッドの中にしばらく入れておく湯または赤い石炭を入れてふたをした柄のついたなべ形のもの》. (2) 代理人. ***～ing-up*** warm-up (の). ～ a person***'s jacket***〔話〕(人) をなぐる. ***～ the bench*** 〈選手が〉ベンチを暖めている. ～ ***up*** (1) 暖まる;《競技前に》軽い準備運動をする, ウオーミングアップする. (2) 興奮する, 熱中する.

—— *n.* 〔話〕暖めること; 暖まること: Come near the fire and have a ～. 火のそばへ来て暖まりなさい. **～-blóod·ed** → 別項. ～ **front**〔気〕温暖前線. ↔ cold front. **～-héart·ed** → 別項. **～-up** [⌐ ⌐] (1) 競技開始前の準備運動, ウオーミングアップ. (2) 気分の盛り上げ. ～ **work** ほねのおれる〔危険な〕仕事; 激闘. ◇ **～·er** [-ər] *n.* 暖める人〔物〕; 温熱器〔装置〕: a foot ～*er* 足温器. **～·ing** [-iŋ] *n.* 暖める〔暖まる〕こと, 加温;〔俗〕打つ〔なぐる〕こと.

wárm-blóod·ed [wɔ́ːrmblʌ́did, ⌐ ⌐ ⌐] *a.* **1** 《鳥類・ほ乳動物など》温血の《37°–45°C》: ～ animals 温血動物. **2** 熱血の, 激情的な, 激しやすい. → cold-blooded. ◇ **～·ness** *n.*

wárm-héart·ed [-háːrtid] *a.* あたたかい心の, 温情あふれる, 思いやりのある. ◇ **～·ly** *ad.* **～·ness** *n.*

wárm·ish [-iʃ] *a.* やや暖かい.

‡**wárm·ly** [-li] *ad.* **1** 暖かく. **2** 心あたたかく, 親切に. **3** 熱心に, 熱烈に; 興奮して.

‡**warmth** [wɔːrmθ] *n.* **1** 暖かさ; 暖気, ぬくみ: the ～ of the fire 火のぬくみ. **2** 温情, 同情(心): have no ～ of heart 心にあたたかみがない. **3** 興奮, 激情, 熱情. **4**《色の》暖かい感じ.

vital ～ 体温. ***with ～*** 興奮して; 感激して: speak *with* some ～ ややけしきばんで話す.

‡**warn** [wɔːrn] *vt.* **1** に警告する, に注意する《を *of*; と *that*》: I had ～*ed* him *of* the danger [*that* it was dangerous]. その危険については〔それは危険だと〕彼に警告しておいた. **2** に警戒させる《を *against*》; に戒める, に勧める《しないように *against* (do)*ing, not to* (do); するように *to* (do)》: I ～*ed* her *not to* go [*against going*]. 私は彼女に行かないように注意した. They were ～*ed to* be punctual. 時間を守るように言い渡された. **3** 〈警察などに〉知らせる〔通告する〕. ～ ***off*** [***away***] 近寄らないように注意を与える.

〔類義語〕 **警告する: warn** 率直な強いことばで警告する: That restaurant has been repeatedly *warned* by the police against its unclean tableware. その食堂は食器が不潔なのでたびたび警察から警告を受けた. **caution** 愚かなことをしなければだいじょうぶだが, さもないとあぶない, という風にとることのできる手段を暗示する. あらかじめ注意する: *caution* a person *against* the common error of studying for money 金を目当てに勉強するという一般にありがちな誤りに対し注意する.

〔類〕 → **advise**「助言する」

‡**wárn·ing** [-iŋ] *n.* **1** 警告, 警報, 注意; 戒め: He paid no attention to my ～*s*. 彼は私の警告を無視した. There have been gale ～*s* to shipping on the sea. 海上の船に強風警報が出ている. **2** 予告, 通告: at a moment's ～ 即座に. give a month's ～ 1か月前に解雇〔解約〕を予告する《雇い主が》. → notice. ***Let this be a ～ to you.*** これを戒めとしなさい. ***take ～*** (1) 警戒する. (2) 戒めとする: You should *take* ～ from what happened to me. 私の身に生じたことを戒めとしなさい. ***without ～*** 予告なしに, 突然. —— *a.* 警告の; 戒めの: He gave me a ～ look. 彼は私に警告の目くばせをした.

warp [wɔːrp] *vt.* **1** 〈板などを〉そらせる, ひずませる, よじ曲げる: The hot sun ～*s* the boards. 暑い日光で板がそる. **2** 〈性格・考えなどを〉ゆがませる, ひがませる, すねさせる: Misfortunes often ～ one's character. 不幸はしばしば人の性格を偏屈にする. ～ the meaning 意味を曲解する. **3** 〈船を〉綱で引く. **4**〔農〕〈土地に〉沈泥(ちんでい)を施す《肥料として》.

—— *vi.* **1** そる, 曲がる. **2** ひがむ, すねる. **3**〔海〕〈船が〉綱で引かれる. **4**〔織物〕縦糸を織機にかける.

—— *n.* **1**《材木などの》そり, 歪曲(わいきょく), よじれ. **2** 心のゆがみ; ひがみ. **3** 引き綱. **4**〔織物〕縦糸. → woof, weft. **5**〔農〕沈泥.

wár·path [wɔ́ːrpæθ/-pɑːθ] *n.* 《北アメリカ原住民の》戦いに向かう道(筋), 征途. ***on the ～*** 戦って; 戦争に備えて; 激怒して, けんか腰で.

‡**wár·rant** [wɔ́ːrənt, wɑ́r-/wɔ́r-] *n.* **1** 根拠; 正当な〔十分な〕理由; 権利: He had no ～ *for* doing it [*for* what he did]. 彼がそれをしたことには正当な理由がない. **2** 保証, 見込み; 保証となるもの: His presence is a ～ of his sincerity. 彼の出席はまじめさを証明している. **3** 保証書; 令状《逮捕状・家宅捜索令状など》: a ～ to arrest a suspected criminal 容疑者の逮捕状. **4** 許可証; 証書: a death ～ 死亡証明. **5**〔商〕倉荷(くらに)証券; 配当金支払証書. **6** 准士官任命辞令. ***search ～*** 家宅捜索令状. ～ ***of arrest*** 逮捕令状. ～ ***of attachment*** 差し押え令状. ～ ***of attorney*** 訴訟委任状.

—— *vt.* 保証する; 請け合う; 正当であるとする: I ～ *that* it shall be done. きっとやります. material ～*ed* (to be) pure silk 本絹保証の布地. ～ a person an honest man 人が正直者であることを請け合う. ***I('ll) ～ you.*** 《通例挿入句》確かに.

～ **officer** 《陸軍の》准尉;《海軍の》兵曹(へいそう)長. ◇ **～·er** *n.* = warrantor.

wár·rant·a·ble [-əbl] *a.* 正当な, 正当とされる; 保証できる, 請け合える. ◇ **～·ness** *n.* **-bly** *ad.*

wàr·ran·tée [wɔ̀ːrəntíː, wɑ̀r-/wɔ̀r-] *n.*〔法〕被保証人.

wár·ran·tor [wɔ́ːrəntɔ̀ːr, wɑ́r-/wɔ́rəntɔː, -tə] *n.*〔法〕保証人, 担保人.

wár·ran·ty [wɔ́ːrənti, wɑ́r-/wɔ́r-] *n.* **1** 正当な根拠〔理由〕. **2**《商品の品質などの》保証 (guarantee); 保証書. **3** 担保, 担保契約.

wár·ren [wɔ́ːrin, wɑ́r-/wɔ́r-] *n.* **1** 養兎(ようと)場; ウサギの群棲(ぐんせい)地. **2** ごみごみした所, 人が込み合って住んでいる建物.

wár·ring [wɔ́ːriŋ] *a.* **1** 戦争中の, 戦っている: ～ countries 交戦国. **2** 相争う, 敵対する. **3** 相いれない, 両立しない: ～ principles 両立しない主義.

‡**wár·ri·or** [wɔ́ːriər, wɑ́r-/wɔ́r-] *n.* 戦士, 武士, 武人; 古つわもの, 勇士. ***the Unknown W～*** 無名戦士. —— *a.* 尚武(しょうぶ)の, 武人的.

Wár·saw [wɔ́ːrsɔː] *n.* ワルシャワ《Poland の首都》. 〈注〉ポーランド語では Warszawa とつづる.

wart [wɔːrt] *n.* いぼ, こぶ;《樹木の》こぶ. ***paint*** a person ***with his ～s*** (人を) ありのままに描く.

～ **hog**〔動〕《アフリカ産》イボイノシシ.

◇ **～·y** *a.* いぼ状〔性〕の; いぼのある〔多い〕.

Wár·wick·shire [wɔ́ːrikʃiər, -ʃər, wɑ́r-/wɔ́r-] *n.* イギリス中部の州《略 War.》.

wár·y [wέ(ː)ri/wέəri] *a.* (**-i·er, -i·est**) 用心ぶかい《*of*》; 注意を怠らない, 慎重〔細心〕な.

◇ **-i·ly** *ad.* **-i·ness** *n.*

†**was** [wɑz, 弱 wəz/wɔz, 弱 wəz] *vi., aux. v.* be の直説法過去第一・第三人称単数形.

†**wash** [wɑʃ, wɔːʃ/wɔʃ] *vt.* **1** 洗う; の顔〔手足〕を洗う: ～ one's face [oneself] 顔を洗う. The mother is ～*ing* the baby. 母親は赤ちゃんの手足のよごれを洗っている. **2** 洗たくする: ～ clothes 着物を洗う. **3** 洗い落とす《*off, away, out*》;《比喩的》洗い清める: ～ dirty marks *off* よごれを洗い落とす. Prayer will ～ *away* your sins. 祈れば罪が清められるだろう. **4** 〈波などが〉…に打ち寄せる,

〈岸を〉洗う; 水にぬらす, 潤す: The North Sea *~es* the northern part of England. イギリスの北部は北海に面している. roses *~ed* with dew 露にぬれたバラ. **5**〈流れが〉押し流す, 洗い流す《*off, out, away*》; 流し込む《*down*》: The bridge was *~ed away* by the flood. 橋が大水で流された. I *~ed down* the crusty bread with a cup of water. 1杯の水でその堅くなったパンを流し込んだ. **6** に薄く塗る《を *with*》; に薄く金めっきする: a wall *~ed with* white 白色塗料を軽くはいた壁. a gold-*~ed* cup 金めっきのカップ. **7**〖採鉱〗水を用いて…から採鉱する. **8**〖化〗〈気体を〉液体に通す《可溶物質を除くために》.

—— *vi.* **1 顔(と手)を洗う**; 入浴する; 〖婉〗便所へ行く: ~ before one's meal 食事前に手や顔を洗う. **2 洗たくする**: Monday is the day we ~. **3 洗たくがきく**, 洗っても縮まない〔色あせない〕. This clothes won't ~. この布は洗たくがきかない. **4** 検討〔調査〕に耐えられる: Your argument won't ~. きみの議論は突っ込むとぼろが出るよ. **5**〈波が〉打ち寄せる《に *on, against*》. **6** 洗鉱する: ~ *for* gold 洗鉱して金を採る.

be* [*look*] *~ed out 〖軍〗疲れ切っている. **~ *one-self*** からだを洗う. **~ *down*** (1)《ホースなどで》洗い落とす: ~ *down* a car 洗車する. (2)〈食物を〉飲み物で流し込む. ***~ed-out*** 洗いざらしの, 色のあせた; 〖話〗疲れ果てた, 元気のない, やつれた. ***~ed-up*** 〖話〗疲れた; 〖俗〗しくじった; だめになった, 使いものにならない. **~ *for a living*** 洗たく屋をする. **~ *one's hands*** 手を洗う; ご不浄へ行く. **~ *one's hands of*** …から手を引く; の責任を回避する. **~ *out*** (1) のよごれを洗い落とす. (2)〈堤防・橋などを〉洗い流す《雨などが》. (3)〈しみなどが〉洗い流せる. (4)〈効果・競技などを〉だめ〔お流れ〕にする. (5)〖俗〗失格〔落第〕する〔させる〕. **~ *up*** (1) 顔を洗ってさっぱりする. (2)〈食器などを〉洗ってかたづける.

—— *n.* **1** 洗たく; 洗う〔洗われる〕こと: have a good ~ (手や顔を)よく洗う. **2**《集合的》洗たく物: hang out the ~ on the line 洗たく物を干す. **3** (the ~) 波の打ち寄せるようす; 波の音. **4** (the ~) 沈殿物; 流れが運ぶ土砂. **5** 浅瀬, 湖沼地; 洪水(こうずい)に浸された低地. **6**《河水などによる》浸食; 流れでできたみぞ. **7** 洗い薬, 洗浄剤; 化粧水: a hair ~ 洗髪剤. an eye ~ 洗眼剤. **8** 水っぽい飲食物: This soup is a mere ~. このスープはひどく薄い. **9** 流しから捨てる濁水; 台所のくず. **10** 薄いめっき; 一塗りの塗料: white ~ 白色塗料, プラスター. **11** 採鉱する土. **12** (the ~)《船のあとにひく》白波; 《飛行機が飛ぶときの》空気の流動. ***come out in the ~*** 早晩はっきりする, ばれる. ***give*** a thing ***a ~*** (物を)洗う: *Give* it *a* good ~. それをよく洗いなさい. ***send*** a thing ***to the ~*** (物を)洗たくに出す. ***stand ~*** 洗たくがきく.

—— *a.* 〖米〗洗たくのきく: a ~ shirt. ~ and wear 洗って(アイロンをかけずに)すぐ着られる.

~·bà·sin 〖英〗= washbowl. **~·board** [⌐⌐] (1) 洗たく板. (2)〖建〗羽目板, 腰板. (3)〖海〗波よけ板. **~·bowl** [⌐⌐]〖米〗洗面器. **~·cloth** [⌐⌐] 洗面・浴用タオル(=㊧ facecloth); 《さら洗い用》ふきん. **~·day** [⌐⌐]〖米〗《家庭の》洗たく日. **~·hand basin** 〖英〗= washbasin. **~·hand stand** 〖英〗= washstand. **~·house** [⌐⌐] 洗たく屋 (laundry). **~-lèath·er, ~·lèath·er** 《カモシカ・羊などの》柔皮; その模造品. **~·out** [⌐⌐] (1)《大雨などで土砂・岩石が》削り流されること; その結果による崩壊〔浸食〕箇所. (2)〖俗〗大失敗(者); 失望. **~·rag** [⌐⌐]〖米〗= washcloth. **~·room** [⌐⌐]〖米〗洗面所, 便所. **~ sale** 〖米〗《市場の活況を装うためのから取引きの》株のから売り. **~·stand** [⌐⌐]〖米〗洗面台. **~·tub** [⌐⌐] 洗たくだらい. **~·wòm·an** (*pl.* **-wòm·en**)〖米〗= washerwoman.

◇ ~·a·ble *a.* 洗たくのきく; 《色などが》洗ってもさめない〔落ちない〕.

(類義語) 洗う: **wash** 水などの液体を使って洗い流す, 洗い落とす. **cleanse** 洗剤などを使ってよごれを落とす: *cleanse* a partition wall 仕切り壁のよごれを落とす. **purge** 内部のよごれ・異物を除去一掃する. からだ・心を清める: *purge* one's sins with prayer 祈りで自分の罪を清める. **clean** きれいにする, 清潔にする. 結果がきれいであればよいので手段は問わない: an air *cleaner* 空気清浄器.

Wash. Washington.

***wásh·er** [wάʃər, wɔ́:ʃ- / wɔ́ʃ-] *n.* **1** 洗たく機; 洗浄機; 洗鉱機. **2** 洗う人. **3**〖機〗《ボルトの》座金, ワッシャー. **~·man** [-mən] (*pl.* **-men**) 洗たく屋〔人〕. **~·wòm·an** (*pl.* **-wòm·en**) 洗たく女 (=㊧ washwoman).

***wásh·ing** [wάʃiŋ, wɔ́:ʃ-/wɔ́ʃiŋ] *n.* **1** 洗うこと; 洗たく. **2**《集合的》洗たく物《おもに衣類》. **3** (ときには ~s) 洗たくに使った液; 洗浄液; 洗い落とされる物. **4** 沈殿物. **——** *a.* 洗たく用の; 洗いがきく. **~ machine** 洗たく機. **~ soda** 洗たくソーダ.

‡Wásh·ing·ton [wάʃiŋtən, wɔ́:ʃ-/wɔ́ʃ-] *n.* **1** ワシントン(市)《アメリカの首都》. 〈注〉Washington 州と区別するため通例 Washington, D.C. という. **2** アメリカ政府. **3** ワシントン州《州都 Olympia. 略 Wash.》. **4** George ~, 1732–99, アメリカ初代大統領. **~ pie** 〖米〗パイの一種《ジャムまたはクリームをはさむ》. **~ state** ワシントン州《特に Washington, D.C. と区別して》.

Wàsh·ing·tó·ni·an [wὰʃiŋtóuniən, wɔ́:ʃ-/wɔ́ʃ-] *a.* ワシントン州〔市〕の. **——** *n.* ワシントン州〔市〕民.

wásh·y [wάʃi, wɔ́:ʃ-/wɔ́ʃi] *a.* (**-i·er**; **-i·est**) **1** 水分の多い, 水っぽい. **2**《色が》薄い, 淡い. **3**《文体などが》弱々しい; 力のない, 気の抜けたような.

◇ -i·ly *ad.* **-i·ness** *n.*

‡wás·n't [wάznt/wɔ́znt] was not の短縮形.

wasp [wɑsp, wɔ:sp/wɔsp] *n.* **1**〖虫〗スズメバチ, ジガバチ. **2** おこりっぽい人, 気むずかし屋. **~ waist** 《婦人の》細腰; 《きついコルセットを用いた》引き締めた細腰. **~-wàist·ed** くびれ腰の.

WASP [wɑsp, wɔ:sp/wɔsp] *n.* **1**〖米: 軍〗= Women's Air Force Service Pilots. **2**《けいべつ的》= white Anglo-Saxon Protestant.

wásp·ish [wάspiʃ, wɔ́:sp-/wɔ́sp-] *a.* **1** スズメバチのような. **2** 腰のくびれた. **3** おこりっぽい, 気むずかしい, 皮肉たっぷりの. **◇ ~·ly** *ad.* **~·ness** *n.*

wás·sail [wάsl, -seil, wǽs- / wɔ́s-, wǽs-] *n.* **1** 酒宴, 飲み騒ぎ. **2**〖英〗乾杯のあいさつ. **3** 香料入りの酒《クリスマスや Twelfth-night などの祝いに用いる》. **4**〖英方〗酒宴の歌. **——** *vi.* 酒宴に連なる; 乾杯する; 痛飲する. **◇ ~·er** *n.* 酒宴の客.

Wás·ser·mann [wά:sərmən, vά:s- / wɔ́s-] *n.* August von [áugust-fən-] ~, 1866–1925, 梅毒検査法を発見したドイツの医師・細菌学者. **~ reaction** 〔**test**〕〖医〗ワッセルマン反応《血液による梅毒検査法》.

wast [wɑst, 弱 wəst/wɔst, 弱 wəst] *vi., aux. v.* 〖古・雅〗be の直説法過去第二人称単数形《thou を主語とする》.

wást·age [wéistidʒ] *n.* **1** 消耗, 損耗; 浪費; 消耗高. **2**《消費による》廃品, くず. [<waste]

‡waste [weist] *vt.* **1 むだにする, 浪費する**: Don't ~ food 〔so much money〕. 食べ物〔そんな大金〕をむだにするな. ~ time on trivials つまらぬことに時間を浪費する. **2**〈好機などを〉逸する: ~ a good opportunity. **3 荒らす**, 荒廃させる: a country *~d* by war 戦禍に荒らされた国. **4 弱らせる**, 衰弱させる, 消耗させる: get *~d* from 〔by〕 disease 病気で衰弱する. **5**〖法〗〈家屋などを〉棄損する.

—— *vi.* **1 衰弱する**; 弱くなる, 消耗する: He *~d*

from disease. 彼は病気のため衰弱した. **2 浪費される**, むだになる: Don't let your talent ～. きみの才能をむだにしてはいけない. ～ ***away*** やせ衰える: ～ *away* to a skeleton やせ衰えて骨と皮ばかりになる. ～ one's ***breath*** 〔***words***〕 むだなことを言う. ***W～ not, want not.*** 〔諺〕 むだがなければ不自由もない.

—— *n.* **1 むだ使い**, 浪費: It's ～ of time to argue further. これ以上議論しても時間のむだだ. **2 廃物**, くず, ぼろ布; (油ふき用の) くず綿, くず毛: a box for the ～ くず箱. **3 荒れ地**, 不毛の地; 砂ばく; 広漠(こうばく)たる地域〔水面〕: the *W～s* of the Sahara サハラ砂ばく. a ～ of waters 大海原. **4** 衰退, 衰弱, 消耗. **5**〔法〕家屋棄損. ***Haste makes ～.*** 〔諺〕 急ぐとむだがでる, 急がば回れ. ***run*** 〔***go***〕 ***to ～*** 消費される; むだになる.

—— *a.* **1 廃物の**, 役に立たない; 見捨てられた: ～ gas 排気ガス. **2** 残り物の, 余分の; 見切り品の: ～ products 《工場の》 不良品, 見切り品. **3**《比喩的》単調で興味のない. **4** くず〔廃物〕用の: a ～ basket くずかご. **5 荒れた**, 不毛の, 耕してない, 荒涼たる, 人けのない: ～ land《市街地の》空地. ***lay ～*** 荒らす: Villages were burnt and *laid* ～. 村また村は焼かれて荒らされた. ***lie ～*** ＜土地が＞ 荒れている; 耕されていない.

***～·bàs·ket, ～·paper basket** (紙) くずかご. **～ book** 〔英: 簿記〕 当座帳 (daybook). **～·land** [-lænd] (未開墾の) 荒れ地, 不毛の地; 味気ないもの. **～·pà·per** 紙くず, ほご. **～ pipe** 排水管. **～ product** 《生産過程に出る》 廃棄物; 糞尿(ふんにょう).

◇ **～·less** *a.* むだのない, 経済的な.

〔類〕 → **spend**「費やす」

***wáste·ful** [-f(u)l] *a.* **1 浪費する**; ぜいたくな. **2 むだな**, 浪費の, 不経済な. **3**〔雅〕荒れ果てた.

◇ **～·ly** *ad.* むだに; ぜいたくに. **～·ness** *n.*

wást·er [-ər] *n.* **1** 浪費者; 〔俗〕ろくでなし, できそこない. **2**《商品の》ろうず物; きず物.

wást·ing [wéistiŋ] *a.* 荒廃させる, 破壊的な; 消耗的な: a ～ disease 消耗性疾患《肺病など》.

～ asset 消耗資産.

wást·rel [wéistrəl] *n.* **1** ろうず物, きず物. **2**〔俗〕ろくでなし; 宿なし. **3**〔英〕浪費者.

†**watch** [watʃ, wɔːtʃ/wɔtʃ] *vt.* **1 見守る**, 注視する; 観戦〔見物〕する: *W～* the children so they won't get hurt. 子どもがけがをしないように, よく見ていなさい. *W～* what he is doing. 彼のすることをよく見ていなさい. ～ them play 〔playing〕 彼らが競技するのを見る. ～ TV 〔baseball, a game〕 テレビ〔野球, 試合〕を見る. **2** ＜敵などを＞**見張る**, **警戒する**; 監視する: I did not know that I was being ～*ed*. 自分が監視されているとは知らなかった. **3** ＜家畜・物などの＞ 番をする; ＜人の＞ 看病をする, めんどうをみる: Please ～ this luggage while I am away. 私のいない間この荷物をみていてください. **4** ＜機会・時機などを＞ うかがう: ～ one's opportunity 〔time〕.

—— *vi.* **1 見守る**; 注意する: ～ to see what will happen どういうことになるのかと注意してみる. **2 見張る**, 用心する, 警戒する: ～ outside the house 家の外で見張る. **3 待機する**, 出現に注意する《を, の *for*》: The doctor told her to ～ *for* symptoms of measles. 医者は彼女にはしかの兆候に注意しなさいと言った. **4** 寝ずの番〔看病〕をする: ～ with the sick 寝ずに病人の看護をする.

～ one***self*** 用心する; 自制する. ～ ***out*** 《危険なものなどに》用心する, 気をつける《に *for*》: *W～ out!* あぶない!; 気をつけろ! *W～ out for* cars when you cross the road. 渡るときに自動車に気をつけなさい. ～ ***over*** を見張る, の番をする; の世話をする. ～ one***'s step*** 足もとに注意する; 用心する. ～ one***'s time*** 時機をうかがう.

—— *n.* **1 用心**, 注意; 見張り, 警戒. **2 腕どけい**, **懐中どけい** 《すえ置きの clock に対して》: a wrist ～ 腕どけい. **3**〔稀〕夜番; 寝ずにいること. **4**〔史〕《集合的》番人; 見張り人; 夜回り: place a ～ 番人をおく. → watchman. **5**〔史〕夜間時を4分したその1. **6**〔海〕4時間交替の当番〔当直〕.

be off ～ 非番である. ***be on the ～ for*** を用心している; 待機している: He is *on the* ～ *for* his father. 彼は父親の来るのを待っている. ***be on ～*** 当直である. ***in the ～es of the night*** 夜眠らずにいるときに. ***keep*** (a good) ***～*** (よく) 見張り番をする. ***keep ～ for the enemy*** 〔***over the house***〕 敵を見張る〔家の番をする〕. ***pass as*** 〔***like***〕 ***a ～ in the night*** すぐに忘れられてしまう. ～ ***and ward*** 絶え間ない見張り. ～ ***and*** ～ 〔海〕半舷(はんげん)当直《4時間交替当直》.

～ box 番小屋, 見張り小屋; 哨舎(しょうしゃ). **～·case** [⊥⊥] 懐中どけいの側. **～ chain** 懐中どけいの鎖. **W～ Committee** 《市町村の》警備委員. **～·dog** [⊥⊥] 番犬; 監視人. **～ fire** かがり火《夜警または信号用》. **～ glass** とけいのガラス. **～ guard** 懐中どけいの鎖〔ひも〕. **～·màk·er** とけい職人, とけい屋. **～·màk·ing** とけい製造〔修理〕(業). ***～·man** → 別項. **～ meeting** 〔宗〕除夜の礼拝式〔集まり〕. **～ night** 《除夜の行なわれる》大みそかの夜; = ～ meeting. **～ officer** 《軍艦の》当直士官; 《商船の》当直航海士. **～ oil** 機械油. **～ pocket** 《チョッキ・ズボンなどの》とけい入れポケット. **～·tòw·er** 望楼, 監視塔. **～·word** [-wəːrd] 《政党などの》標語, スローガン; 〔軍史〕合いことば (password).

〔類〕 → **see**「見る」

wátch·er [-ər] *n.* **1** 番人, 見張り人; 当直者. **2** 看護人. **3** 注視〔監視〕者, 〔米〕《投票所の》選挙立会人 (= poll ～).

‡**wátch·ful** [wátʃf(u)l, wɔ́ːtʃ-/wɔ́tʃ-] *a.* **用心ぶかい**, ゆだんのない, **警戒する** 《*of, against*》.

◇ **～·ly** [-fuli] *ad.* **～·ness** *n.*

***wátch·man** [-mən] *n.* (*pl.* **-men**) 《建物などの》**夜警**, 夜番; 〔史〕夜回り.

†**wá·ter** [wɔ́ːtər, (米)+ wát-] *n.* **1 水**: cold ～ (冷)水. hot ～ 湯. boiling ～ 熱湯. whisky and ～ 水割りウイスキー. **2** (しばしば *pl.*) **満々たる水**, (大)海, 湖, 川; 流水, 波, 潮; (*pl.*) 洪水(こうずい). **3** (the ～s) 海: cross *the* ～*s* 海を渡る. rough ～*s* 荒海. **4** (*pl.*) 近海, 領海: in Korean ～*s* 朝鮮水域で. **5** 水位, 水深; 喫水: a ship drawing 20 feet ～ 喫水20フィートの船. **6** 分泌物, 涙, 汗, 尿, つば: hold one's ～ 小便をこらえる. **7** 水薬, 溶液; (the ～s) 鉱泉水, 温泉: lavender ～ ラベンダー水. **8**《金属・織物の上の》波形. **9**《宝石特にダイヤなどの》透明度, 光度. **10**〔経〕《資産不相応の》水増し (株).

above ～ 《経済的》危機を乗り越えて, 黒字で. ***by ～*** 水路で, 船で. ***cast*** one***'s bread upon the ～s*** 報酬を求めずに善行をする. ***drink*** 〔***take***〕 ***the ～s*** 鉱泉を飲む, 湯治する. ***fish in troubled ～s*** どさくさに紛れて得をする, 火事どろをはたらく. ***fresh ～*** 真水, 淡水. ***get into hot ～*** 苦境に陥る. ***hard*** 〔***soft***〕 ***～*** 硬〔軟〕水. ***high*** 〔***low***〕 ***～*** 満〔干〕潮. ***hold ～*** (1) 水を漏らさない: Sponges *hold* ～. 海綿は水を漏らさない. (2)《理論など》整然としている. ***in hot ～*** 《自分の不注意などで》困って. ***in low ～*** 〔俗〕金に困って; 不景気で. ***in rough*** 〔***deep***〕 ***～s*** 苦境にあって. ***in smooth ～(s)*** 順調で, 難局を乗り越えて. ***like ～*** 湯水のように, 惜しみなく. ***like ～ off a duck's back*** 効果がない, かえるのつらに水. ***make*** 〔***pass***〕 ***～*** 小便をする. ***of the first ～*** 最も高級の: a diamond *of the first* ～ 最高級ダイヤ. ***on the ～*** 海上〔水上〕に. ***Still ～s run deep.*** 〔諺〕音なし川は水深し, 能あるたかはつめを隠す. ***take*** (***the***) ***～*** 水にはいって泳ぐ, 水中に飛び込む; ＜船が＞ 進水する; ＜飛行機が＞ 着水する. ***take the ～s*** 湯治する; 鉱泉を飲む. ***take ～*** 〔米俗〕へこたれる, 降参する. ***throw*** 〔***pour***〕 ***cold ～ on*** …にけちをつける. ***tread***

～ 立ち泳ぎする. *turn on the* ～ せんをひねって水を出す. *under* ～ 水中に; 浸水して. ～ *of crystallization* 〘化〙結晶水. ～ *of life* 〘宗〙生命の水《永遠の生命を与える水》. ～*s of forgetfulness* 忘却の川; 死. ～ *under the bridge* 過ぎ去ったこと, 取り返しのつかないこと. *written in* ～*s*《名声などが》すぐに消えてしまう; はかない.

—— *vt.* **1** に水をまく; 湿らす; 〈植物に〉水をやる; 〈土地を〉灌漑(かんがい)する: ～ the lawn [the street] 芝ふ[街路]に水をまく. a well-～*ed* land よく灌漑された土地. **2** に水を供給する; 〈動物に〉水を飲ませる; 〈エンジンに〉水を補給する: ～ a horse 馬に水をやる. **3** 水で薄める, 水で割る《*down*》; 《比喩的》〈表現などを〉弱める: ～*ed* milk 水で割ったミルク. **4** 〈織物・金属などに〉波形をつける: ～*ed* silk 波紋のある絹. **5** 〘経〙〈株の〉水増しをする《資産が増加していないのに株の発行をふやす》.

—— *vi.* **1** 涙が出る; よだれが出る; 小便をする; 分泌物が出る: The smoke makes my eyes ～. 煙で目から涙が出る. **2** 〈動物が〉水を飲む. **3** 〈エンジン・船などが〉水を補給される.

make** a person's **mouth ～ (人)によだれを出させる, 欲望を起こさせる; うらやましがらせる. ～ ***down*** (1) 水で割る: The whisky is very much ～*ed down*. このウイスキーはたいへんたくさん水で割ってある. (2) 《比喩的》手かげんをする: The statement has been somewhat ～*ed down*. その陳述はいくらか表現をぼかしてある. ～***ing can*** [***pot***] じょろ; 水まき器. ～***ing cart*** 水まき車. ～***ing place*** (1) 温泉場; 湯治場. (2) 海水浴場. (3) 《動物の》水飲み場. ～ **ballast** 〘海・空〙水バラスト《底荷用の水》. ～ **bed** 水ぶとん《病人用のゴム製ベッド》. ～ **beetle** 〘虫〙源五郎類. ～ **bird** 水鳥. ～ **blister** 《皮膚の》水ぶくれ. ～**-borne** [ˊ–ˋ] 水上に浮かぶ; 水上輸送の; 《汚染した》飲料水が媒介する. ～ **bottle** 水差し; 水筒. ～ **boy** 使い走り《人》. ～ **brash** 胸焼け. ～**·buck** [ˊ–ˋ] 〘動〙大カモシカ《南・中央アフリカ産》. ～ **buffalo** 〘動〙水牛. ～ **bug** 油虫の一種; 水中にすむ虫. ～ **bus** 水上バス; 渡し船. ～ **butt** 天水おけ. ～ **carriage** 水上輸送. ～ **carrier** 水上輸送者; (W～ Carrier) 〘天〙水がめ座 (Aquarius). ～ **cart** 水売り車; 散水車: be on the ～ *cart* 禁酒している. ～ **chestnut** 〘植〙ヒシ《水生植物; 果実は食用》. ～ **chute** ウォーターシュート《船を勢いよく水上にすべらせる傾斜路》. ～ **clock** 水どけい. ～ **closet** (水洗)便所《略 W.C.》. ～ **color** 水彩絵の具; 水彩画(法). ～**-còl·ored** 水彩の; 水色の. ～**-còl·or·ist** 水彩画家. ～**-cooled** [ˊ–ˋ] 〘機〙水冷式の. ～ **cooler** 飲用水冷却器. ～ **cooling** 水による冷却. ～**·course** [ˊ–ˋ] 小川, 流れ; 運河; 水路; 川底. ～ **cracker** ビスケットの一種. ～**·craft** [ˊ–ˋ] 水上の技術《船の操縦・水泳など》; 《集合的》船舶. ～ **cress** 〘植〙オランダガラシ《サラダ用》. ～ **culture** 〘農〙水耕(法). ～ **cure** 〘医〙水治療法 (hydropathy). ～ **dog** 水に慣れた犬, 水鳥の猟に使える犬; 老練な水夫. ～ **drinker** 鉱泉を飲む人; 《特に》禁酒家. ‡～**·fall** [-fɔ̀ːl] 滝; 〘米〙《束ねてない長い》婦人の髪型. ～**-fast** [ˊ–ˋ] 《染料など》水に浸出しない. ～**·find·er** 水脈[鉱脈]を探る人; 水脈占い師. ～ **flea** 〘動〙ミジンコ. ～**·fowl** [ˊ–ˋ] 《集合的》水鳥. ～ **front** 《川・海などの》岸べの土地; 河岸(かし); 海岸通り. ～ **gap** 〘米〙峡谷, 渓谷(けいこく). ～ **gas** 〘化〙水性ガス, 燃料ガス. ～ **gate** 水門 (floodgate). ～ **gauge** 水面計《タンクなどの水面の高さを表示するガラス管》. ～ **glass** (1) 大コップ; 水盤《園芸用》. (2) 《水中をのぞく》箱めがね. (3) 《昔の》水どけい. (4) 水ガラス《ケイ酸ソーダ. 粘着剤・石けんの配合剤; 鶏卵の保存用》. ～ **gruel** 水がゆ; 重湯. ～ **guard** 水上警察官; 水上税関吏《密輸取り締まりの》. ～ **hammer** 水撃〘管の中を流れる水を急に止めるときの衝撃〙. ～ **heater** 湯沸かし器. ～ **hen** 〘鳥〙バン. ～ **hole** 水たまり; 池. ～ **ice** 〘英〙果汁(かじゅう)・砂糖を入れて凍らせた菓子 (sherbet). ～**-ínch** 水インチ《最小の圧力で1インチの穴から24時間に流れ出る水量単位; 約500立方フィート》. ～ **jacket** 〘機〙水ジャケット《機関の過熱冷却装置》. ～ **junket** 〘鳥〙イソシギ (sandpiper). ～ **level** 水位; (水平)水準器. ～ **lily** 〘植〙スイレン. ～ **line,** ～**·line** [ˊ–ˋ] 〘海〙(喫)水線; 《紙の》透かし線. ～**·logged** [ˊ–ˋ] 水のしみ込んだ《材木など》; 《船が》浸水した; 水浸しの. ～ **main** 水道本管. ～**·man** → 別項. ～**·mark** [ˊ–ˋ] (1) 水位標; 《紙の》透かし(模様). (2) *vt.* に透かしを入れる. ～**·mèl·on** 〘植〙スイカ. ～ **meter** 水量計. ～ **mill** 水車; 《水車による》製粉場. ～ **moccasin** 毒ヘビ《北アメリカ南部産》. ～ **motor** 水力発動機《水力タービンなど》. ～ **nymph** 水の精; 〘植〙スイレン. ～ **ouzel** 〘鳥〙カワガラス. ～ **pepper** ヤナギタデの類. ～ **pipe** 送水管; 水ぎせる. ～ **plane** 《喫水線に接する》水線面; 水上(飛行)機. ～ **plant** 〘植〙水草. ～ **polo** 〘運〙水球. ～ **power** 水力. ～**·proof** [ˊ–ˋ] (1) 防水の; 水のしみ通らない. (2) 防水服[布]. (3) 〈布などを〉防水にする. ～ **rat** 〘動〙水生ネズミ; 《海岸などの》浮浪者, こそどろ. ～ **rate** 水道料金. ～**·scape** [ˊ–ˋ] 水げしき; 水辺の風景. ～**·shed** [ˊ–ˋ] 分水界; 流域. ～**·shoot** [ˊ–ˋ] 排水管; 排水とい. ～**·side** [ˊ–ˋ] 水辺; 岸べ. ～ **ski** 水上スキー. ～**-ski** [ˊ–ˋ] 水上スキーをする. ～**·skin** [ˊ–ˋ] 水運びに使う皮袋. ～ **snake** 〘動〙ミズヘビ. ～**-soak** [ˊ–ˋ] 水に浸す. ～ **spaniel** 猟犬の一種《水鳥用》. ～**·spout** [ˊ–ˋ] 放水管[口]; 〘気〙たつまき. ～ **sprite** 水の精. ～ **supply** 給水(量). ～ **system** 水系; 《都市の》水道. ～ **table** 〘建〙水よけ[水きり]じゃばら; 〘建〙水をはねる材料; 地下水面. ～**·tight** [ˊ–ˋ] 防水の; 水を漏らさない; 《議論など》すきのない; 整然とした. ～**·tight compartment** 《船の》防水区画室. ～ **tower** 給水塔; 〘米〙消防用給水やぐら. ～ **tube** 水管. ～ **vapor** 水蒸気. ～ **vole** よく水にはいるハタネズミ. ～ **wagon** 散水車 (= ～ cart): on the ～ *wagon* 禁酒して. ～ **wave** 波; 《水でセットした》洋髪のウエーブの一種. *～**·way** [ˊ–ˋ] (1) 水路; 航路; 運河. (2) 〘造船〙《甲板の》排水溝(こう). ～ **wheel** 水車; 水揚げ機. ～ **wings** 〘水泳練習用〙翼形の浮き袋. ～**·works** [ˊ–ˋ], ～ **works** *pl* 《単数扱い》給水施設; 給水所; 水道; 噴水; 〘俗〙涙: turn on the ～*works* 〘俗〙泣く. ～**·worn** [ˊ–ˋ] 水ですり減った.

◇ ～**ed** [-d] *a.* **1** 灌漑された. **2** 《絹・金属などに》波紋のある. **3** 水で薄めた; 〘経〙水増しの.

Wá·ter·bur·y [wɔ́ːtərbèri, -bəri/-b(ə)ri] *n.* アメリカ製安どけいの一種《産地の名から》.

Wà·ter·lóo [wɔ̀ːtərlúː] *n.* **1** ベルギー中部の村《1815年 Wellington 将軍の率いるイギリス軍が Napoleon 軍を破った古戦場》. **2** 大敗北, 惨敗: meet one's ～ 苦杯をなめる.

wá·ter·man [-mən] *n.* (*pl.* **-men** [-mən]) こぎ手; 船頭. ◇ ～**·ship** *n.* 船をこぐ技術.

wá·ter·y [wɔ́ːt(ə)ri] *a.* **1** 水の; 水に関係のある; 水中の. **2** 水のような. **3** 水け[湿りけ]を含んだ; 雨もよいの: a ～ moon [sky] 雨もよいの月[空]. **4** 《飲み物など》薄めた, 味のない, 水っぽい: ～ soup 薄いスープ. **5** 《色の》薄い; 青ざめた; 弱い: ～ blue 薄い青. **6** 涙にぬれた, 涙ぐんだ: ～ eyes.

watt [wɑt/wɔt] *n.* 〘電〙ワット《電力の単位. 略 W, w》. ～**-hóur** ワット時《1時間1ワットに相当するエネルギー. 略 Wh》. ～**·mè·ter** 電力計.

◇ ～**·age** [-idʒ] *n.* 〘電〙ワット量.

Watt [wɑt/wɔt] *n.* James ～, 1736–1819, 蒸気機

W

関を完成したスコットランドの技師・発明家.

wát·tle [wátl, wɔ́tl] *n.* **1** 編み枝; 編みがき〔壁〕; 小枝で編んだ細工; 〘編みがきに使う〙小枝; つえ; しなやかな枝のわく. **2** アカシアの一種《オーストラリア産. 編み枝に用いる》. **3** 肉垂(にくすい) 《鶏・七面鳥などののどの赤いたれ肉》. **~ and daub** あら壁《編んだ細い棒にどろ・粘土を塗りつけたもの》.
—— *a.* **1** 編み枝でつくった. **2** 肉垂のある.
—— *vt.* 編み枝でつくる; 編み合わせる.
◇ **~d** *a.* 編み枝つくりの; 《鳥が》肉垂のある.

waul [wɔːl] *vi.* 《ネコのように》ギャアギャア泣く; 大声で泣く.

†**wave** [weiv] *n.* **1** 波, 波紋. **2** 波のような動き; 揺れ動くこと, うねり. **3** 〘物〙 波動《熱・光・音など》; 〘気〙 波: a cold ~ 寒波. **4** 《感動・状況・状態などの》「波」, 高まり: a ~ of depression 不景気の波. a ~ of enthusiasm 熱狂の高まり. **5** 手を振る合い図: with a ~ of hand 手を振って. **6** 波状の曲線. **7** 《髪の毛の》波; パーマネントウエーブ: She has a natural ~ in her hair. 彼女の毛は生まれつきウエーブしている. **8** (the ~s) 〘雅〙 (大)海: rule *the ~s* 海洋を支配する. ***attack in ~s*** 〘軍〙 波状攻撃を加える; 次々に攻撃を加える.
—— *vi.* **1** 波打つ, 波動する; 起伏する: The road *~d* along the river. その道は川に沿って起伏していた. **2** 〈旗・枝など〉揺れ動く: The flags are *waving* in the breeze. 旗が微風に揺れている. the hills *waving* as far as the eye can reach 目のとどく限り起伏している山並み. **3** 〈髪など〉波状をなしている. **4** 手を振る; 《手・ハンカチなどを振って》合い図〔あいさつ〕する: He *~d* to me (with his hand).
—— *vt.* **1** 揺り動かす; 振る, 振り回す: ~ one's arms. **2** 手〔ハンカチ〕を振って…の合い図をする〔あいさつをする〕: ~ a farewell (to a person). I *~d* him a farewell. He *~d* me to sit down. 彼は手を振って私にすわれと合い図した. **3** 波形にする; にウエーブをつける: She had her hair *~d*. 彼女は髪にウエーブをかけてもらった.
~ aside 〈申し出などを〉退ける: ~ a person *aside* and run on 人を払いのけてどんどん走っていく. ***~ away*** [***off***] 合い図して追い払う, 拒む: ~ *away* a hawker 物売りを手を振っていらないと断わる.
~ guide 〘電〙 導波管. **~ length, ∸-length** [∸∸] 〘電〙 波長. **~ mechanics** 〘物〙 波動力学. **∸·mè·ter** 〘電〙 波長計. **~ motion** 〘物〙 波動.
◇ **∸·less** *a.* 波のない, 波動〔起伏〕のない; 静かな. **∸·let** [-lit] *n.* 小波, さざ波; 《髪の》小さいウエーブ. **∸·like** *a.*

WAVE, Wave [weiv] *n.* 〘米: 軍〙 WAVES の隊員.

wá·vell·ite [wéivəlàit] *n.* 銀青石《含水リン酸アルミニウム》.

‡**wá·ver** [wéivər] *vi.* **1** 揺れる; 〈炎などが〉ゆらめく; 〈声が〉震える: The flames *~ed*. 炎がゆらめいた. **2** ためらう, 迷う: ~ *in* belief [*in* one's resolution] 信念〔決心〕がぐらつく. **3** 動揺をきたす, 浮き足立つ, 乱れだす. **——** *n.* ためらい.
◇ **~·er** [-vərər] *n.* **~·ing·ly** [-v(ə)riŋli] *ad.* 動揺して, ぐらついて; 気迷って, 決しかねて, ためらって.

WAVES, Waves [weivz] *n.* (*pl.* ~) 〘米〙 Women Accepted [Appointed] for Voluntary Emergency Service = Women's Appointed Volunteer Emergency Service 海軍婦人予備部隊.

wáv·y [wéivi] *a.* **1** 揺れ動く, 波動的な. **2** うねり〔起伏〕のある, 波状の: a ~ line 波線 (〰). ~ hair ウエーブしている髪. **3** 波の多い, 波立っている. **4** ぐらつく, 不安定な. ◇ **-i·ly** *ad.* **-i·ness** *n.*

wawl [wɔːl] = waul.

‡**wax**[1] [wæks] *n.* **1** ろう; みつろう (=beeswax). **2** ろう状の物; 封ろう; 《くつひもにつける》ろう; みがき剤. **3** 耳あか (=earwax). **4** 《蓄音機の》レコード. ***be*** (***like***) ***~ in the hands of*** 全く…の思いどおりになる. ***mold*** a person ***like ~*** (人を) 望みどおりにつくりあげる〔行為をさせる〕. ***vegetable ~*** 木ろう. **——** *vt.* **1** にろうを塗る; ろうでみがく; ろう引きにする. **2** (レコードに) 録音する. **3** 《スポーツで》決定的に勝つ.
~ bean 隠元豆の一種. **~ candle** ろうそく. **~ chandler** ろうそく製造〔販売〕人. **~ cloth** 油布. **~ doll** ろう人形; 美しいが無表情な女. **~ myrtle** 〘植〙 《北アメリカ産》山桃の木. **~ painting** ろう画法. **~ palm** 〘植〙 ロウヤシ《南アメリカ産のヤシ. 幹や葉からろうを採る》. **~ paper** ろう紙, パラフィン紙. **~ pink** 庭木の一種. **~ tree** 〘植〙 ハゼノキの類. **∸·wing** [∸∸] 〘鳥〙 レンジャク. **∸·work** [∸∸] ろう細工〔人形〕; (*pl.*) 《単数扱い》ろう人形〔細工〕陳列(場).
◇ **∸·er** *n.* **∸·like** *a.*

wax[2] *vi.* (**~ed**; **~ed**, 〘古〙 **∸·en** [wæks(ə)n]) **1** 〈月が〉満ちる. ↔ wane. **2** 大きくなる; 増大する. **3** 《補語として形容詞を伴って》…の状態になる: ~ fat 太る. ~ old 古くなる. ~ merry 陽気になる.
~ and wane 〈月が〉満ちたり欠けたりする; 増減を繰り返す; 盛衰がある.

wax[3] *n.* 〘英俗〙 腹立ち, かんしゃく. ***get into a ~*** かっとなる, かんしゃくを起こす. ***in ~*** かっとして. ***put*** a person ***in a ~*** (人を) かっとさせる.

wáx·en[1] [wæks(ə)n] *v.* 〘古〙 wax[2] の過去分詞.

wáx·en[2] *a.* **1** ろう製の; ろう引きの. **2** ろうのような; 青白い; 柔軟な. **3** 柔順な, 感じやすい.

wáx·y[1] [wæksi] *a.* **1** ろうの(ような), ろう引きの. **2** ろう質の; 青白い; 柔軟な. **3** 〘医〙 ろう状変性の.
◇ **-i·ly** *ad.* **-i·ness** *n.*

wáx·y[2] *a.* 〘英俗〙 おこりっぽい, かっとなった.

†**way**[1] [wei] *n.* **1** 道, 道路, 通り道, 進路: Please tell me the ~ to the station. 駅へ行く道を教えてください. There's no ~ through. 通り道はない. Don't stand in the ~. 進路をふさぐな, じゃまをするな. Clear the ~. 道をあけろ. **2** 道のり, 距離: go a long ~ 遠い道のりを行く. **3** 進行, 進歩; 途中: Our carriage did not make any ~. われわれの馬車は少しも進まなかった. on the [my] ~ home 帰途に. He is on the ~ to success. 彼は成功の途上にある. **4** 方向, 方角; 区域, 付近; 《比喩的》方面: They went different *~s*. 彼らは別別の方向へ別れた. Look both *~s*. (道の) 両側を見ろ. Come this ~, please. どうぞこちらへ. Which ~ are you going? どちらへおいでになりますか. from Dakota ~ ダコタ (州) あたりから. He lives somewhere Shibuya ~. どこか渋谷あたりに住んでいる. Iron is used in many *~s*. 鉄は種々の方面に用いられる. **5** 手段, 方法: This is not the ~ to win your people's love. こんなやり方では仲間の愛は得られない. an effective ~ of brushing up [to brush up] your English 英語にみがきをかける有効な方法. in the same [a different] ~ おなじ〔違った〕やり方で. **6** 習慣, 癖; (人の) …し方, 流儀: So, that's his ~. じゃあ, あれが彼の流儀だな. He has a ~ of waving his hand. 彼は独特の手の振り方をする. the American ~ of living アメリカ的生活 (様式). 〈注〉"the way＋節" については → 下記成句 the ~ (that)… **7** (…の) 点, 事項: He's a clever man in some *~s*. ある点で抜け目のない男だ. **8** (人の) 経験〔注意力, 能力〕の範囲: Such things never came (in) my ~. そういうことをいままで経験したことがない. **9** 商売, 職業: in the retail ~ 小売り商売で. **10** ぐあい, 状態: Things are in a bad ~. 事情はよくない, 不景気だ. She is in a terrible ~. ひどく興奮している. **11** 船足, 速力. → gather ~. **12** (*pl.*) 進水台, 船台.
across the ~ 道の向こう側に. ***all the ~*** ずっと, は

W

るばる: *all the* ～ from Canada to Mexico はるばるカナダからメキシコまで. ***a long ～ off*** 遠い,(を)遠く離れて: Canada is *a long ～ off*. カナダはずっと遠くです. be *a long ～ off* perfection 完成にはほど遠い. ***at the least ～(s)*** 少なくとも. ***be in a big*** [***great, terrible***] ～ 〘俗〙 興奮している. ***be in the family ～*** 妊娠している. ***be nothing out of the ～*** ありふれている; 目だたない. ***both ～s*** 往復も. ***by a long ～*** はるかに. ***by the ～*** (1)《話題を変えるとき》ところで, 余談ですが: *By the* ～, have you seen him yet? ところで, もう彼にお会いになりましたか. (2)《道の》途中で. ***by ～ of*** (1) の代わりに, …のつもりで: say something *by ～ of* apology 謝罪のつもりでなにか言う. (2) …する目的〔意図〕で: make inquiries *by ～ of* learning the facts of the case 事件の真相を知るために調査する. (3)《動名詞を伴って》〘おもに英〙…する習慣がついている; …を職業とする; …するものとされている: She is *by ～ of* being a professional pianist. 彼女は目下プロのピアニストといったところだ. (4) を経由して: *by ～ of* Hongkong ホンコン経由で. ***clear the ～*** じゃまものを除く; 避ける. ***come*** a person***'s ～*** 〈ことが〉(人)の身に起こる: A bit of good fortune *came my ～*. ほんの少し好運が舞い込んできた. ***each ～*** それぞれ(に), 片道: The fare is two dollars *each ～*. 運賃は片道 2 ドルです. ***find*** one***'s*** [***the***] ～ 到着する; 方向を見いだす; はいる《に *in, into, to*》. ***find*** one***'s ～ out*** (のがれ) 出る. ***force*** one***'s ～*** (無理に)押し進んでゆく. ***gather*** [***lose***] ～ 速力を速める〔ゆるめる〕. ***get in the ～*** じゃまをする. ***get out of the ～*** 避ける; どく. ***get*** a thing ***out of the ～*** (物を)取り除く, 処分する. ***get under ～*** (1) 進み始める, 出発する. (2) 実行に移す: *get* a plan *under* ～. ***give ～*** (1) くずれる; 折れる; 退く; 負ける; 譲歩する. (2) たまらなくなって…する《*to*》: *give ～ to* tears〔anger〕 泣き〔おこり〕だす. (3)〈値が〉下がる. (4)〈こぎ手が〉激しくこぐ. ***go a good ～*** 役立つ; 効果がある. ***go all the ～ with*** あらゆる点で…と意見が一致する. ***go a long*** [***little***] ***～ with*** が大いにはかどる〔ほとんどはかどらない〕, に効果がある〔ほとんどない〕. ***go out of*** one***'s*** [***the***] ～ わざわざめんどうなことなどをする: He *went out of his way* to find the house for us. わざわざその家を捜してくれました. ***go*** one***'s own ～(s)*** 自分の思いどおりにする. ***go the ～ of all the earth*** 〘聖〙 死ぬ〘ヨシュア記 23: 14〙. ***go*** one***'s ～*** 去る, 出発する. ***have a ～ with*** a person (人)をうまくあしらう; 影響力がある: He seems to *have a ～ with* some girls. ある種の娘は彼の思いどおりになるらしい. ***have it both ～s*** 《議論など》二またかける. ***have*** [***get***] one***'s*** (***own***) ～ ことを望みどおりにする; ほしいものを手に入れる. ***have ～ on*** 〈船が〉進行している. ***in a bad ～*** ぐあい悪くなって; 不景気で. ***in a fair*** [***good***] ***～ of*** (do)***ing*** [***to*** (do)] …しそうで, 有望で: He is *in a fair ～ of* becom*ing* President. 彼は社長になれそうだ. (***in***) ***any ～*** いずれにせよ (anyhow). ***in a small ～*** 小規模に, つつましく: live *in a small* ～. ***in a ～*** 見方によれば; 多少. ***in no ～*** 決して…しない. ***in the*** [a person***'s***] ～ じゃまになって. ***in the ～ of*** (1) …について, …として: What have we *in the ～ of* food? 食べる物はなにがあるか. (2) に有利な〔が可能な〕地位に: I'll put you *in the ～ of* making money. きみに金もうけをさせてやろう. ***in this ～*** このようにして. ***in*** one***'s ～*** 独自のやり方で; (自分の) 得意で. ***keep out of the ～*** 避ける. ***keep*** one***'s ～*** 道に迷わない, まともに道をたどって行く. ***know*** one***'s ～ about*** の地理に詳しい; 事情に通じている. ***lead the ～*** 案内する; 導く, 模範を示す; 先端を行く. ***look the other ～*** 目〔視線〕をそらす. ***lose*** one***'s*** [***the***] ～ 道に迷う. ***make much*** [***little***] ～ はかどる〔あまりはかどらない〕. ***make*** one***'s*** (***own***) ～ 進む; 行く; 栄える: *make* one*'s* ～ in the world 出世する. ***make the best of*** one***'s ～*** できるだけ急いで行く. ***make ～ for*** (1) の方へ進む〔道を切り開いて行く〕: *make ～ for* the door ドアに向かって進む. (2) …のために道をあける, を通してやる: All traffic has to *make ～ for* a fire engine. 消防車のためにはすべての車が道をあけねばならない. ***no ～*** 少しも…ない. ***one ～ or another*** どうにかして: I'll do it *one ～ or another*. ***one ～ or the other*** どちらにしても: He seemed to have no opinion about it, *one ～ or the other*. 彼はどのみちそれについて意見がないようだった. ***on the ～ out*** 消滅し〔流行遅れになり〕かかって. ***on*** one***'s*** [***the***] ～ (1) 途中で: *on my ～* home from school 学校からの帰り道に. *on his* [*the*] ～ to office 事務所へ向かう途中で. (2)《解決・目的に》近づいて, 順調に進んで: He is well *on his ～* to recovery. 彼はずんずん回復している. ***out of*** one***'s*** [***the***] ～ (1) じゃまにならない所に; の届かない所へ, を避けて: Keep it *out of* harm*'s* ～. それを安全な場所におきなさい. (2) 道から離れて. (3) 異常で, 常規を逸して: He did nothing *out of the* ～. 彼は別に異常なことはしなかった. ***over the ～*** 道の向こう側に: His house is *over the* ～. ***pave the ～ for*** の準備をする, を促進する. ***pay*** [***earn***] one***'s ～*** 借金せずに暮らしてゆく: *pay* [*earn*] one*'s* ～ through college アルバイトをして大学を卒業する. ***put*** a person ***in the ～ of*** → in the ～ of. ***put*** a person ***out of the ～*** (じゃま者を)かたづける, 牢(ろう)に入れる. ***put*** one***self out of the ～*** 他人のために不自由な思いをする. ***right of ～*** 通行権. ***see*** one***'s way to*** (do) [(do)***ing***] …できそうに思う; …したいと思う: I couldn't *see my ～* clear *to* spend*ing* so much money. そんな大金を使う見通しがつかなかった. ***stand in the ～ of*** …のじゃまをする. ***take*** one***'s own ～*** 自分の思いどおりにする. ***take*** one***'s ～ to*** [***toward***] の方に向かう; の方へ進む. ***the good old ～s*** 昔の様式; なつかしい昔の風習. ***the other ～ about*** [***around***] あべこべに. ***the parting of the ～s*** 決断の分かれ道. ***the Way of the Cross*** 十字架への道《教会の儀式に用いられる一連の絵画で, イエス=キリストが十字架にかけられて Calvary の丘へ向かうところをあらわす》. ***the ～ of the world*** 慣例; 慣例によって正当とされている行為. ***the ～*** (***that***)… (1)《名詞節を導き》──が…するやり方〔癖〕: I don't like *the ～* he laughs. 彼の笑い方が気にくわない. *The* ～ you talk reminds me of your father. あなたの話しぶりを聞いていると, おとうさんを思い出す. (2)《副詞節を導き》 (a) ──が…するやり方に従って, ──が…するやり方で(は): They will fail *the ～* others did. ほかの人が失敗したように, 彼らも失敗するだろう. You won't be liked *the ～* you talk to others. そんな話し方をしていては人に好かれないだろう. (b) ──が…するやり方から判断すると: *The* ～ they proposed the problem, we can assume that none of them are thinking of changing their mind. 彼らの問題の出し方から判断すれば, 彼らはひとりとして考えなおす気はないものとみてよい. 〈注₁〉 that は略されることが多い. 〈注₂〉 用法(1)は the way in which に, (2)は in [from] the way in which に等価である. すなわち that (=in which) は関係副詞的に用いられた関係代名詞であり, その先行詞 the way が(1)では普通の名詞として, (2)では「副詞的目的格」の名詞として機能している. 関連事項 → 枠付 that, Object, Relative. ***this ～ and that*** あちこちに, 行ったり来たりして. ***to*** one***'s ～ of thinking*** (人)の考えによると. ***under ～*** 進行中で; 〘海〙 航行中で: We have several plans *under* ～. 私たちは幾つかの計画を始めている. ***～s and means*** 手段, 方法; 財源; 《政府の》歳入財源: the Committee of the *Ways and Means* 《議

会の》 歳入委員会.
~·bill [̄ ̄] 乗客名簿; 貨物送り状 《略 W.B., W/B》. *~·fàr·er《特に徒歩》旅行者. ~·fàr·ing a., n. 《特に徒歩》旅行(する), 道中(の). ~ in 入り口 (entrance). ~·láy [(英) ー ̄] (-láid [-léid]) 待ち伏せする, 迎撃する; 《途中で》〈人を〉呼び止める. ~·leave [̄ ̄]《他人の地所を通る》通行権. ~ out 出口; 《窮地などからの》脱出口〔法〕; 《問題の》解決法. ~-óut 〘話〙《スタイル・技術などが》先端的な, 「前衛的な」; 異様な. *~·side [wéisàid] n., a. 道ばた(の), 路傍(の). ~ station 〘米〙中間駅, 急行(列車)通過の小駅. ~ train 〘米〙《各駅停車の》普通列車. ~·wise [̄ ̄] 〘米〙《馬などが》道〔走路〕に詳しい; 〘方〙老練な, 経験豊かな. ~-worn [̄ ̄] 〘古〙旅疲れの〔にやつれた〕.
(類) → method「方法」, → road「道」

way², **'way** [wei] 〘米話〙 ad. 《副詞・前置詞を強める》はるかに, 遠くに; ずっと: ~ too long 長すぎる. ~ down the road この道をずうっと行ったところに. 〈注〉強調的に長く発音されることが多い. ***from ~ back*** 昔から. ***~ above*** ずっと上. ***~ ahead*** ずっと先へ〔に〕. ***~ behind*** ずっと遅れて〔あとに〕.

-ways [-wèiz] suf. 形容詞・名詞につけて「方向」「位置」「様態」を示す副詞をつくる: length*ways* 縦に. side*ways* 横に.

wáy·ward [wéiwərd] a. **1** すねた, 片意地の, 強情な, 人の意見を聞かない. **2** 気まぐれな, むら気の. **3** 定見のない; 《方針・方向が》定まらない, ぐらつく.
◇ ~·ly ad. ~·ness n.
(類) → willful「わがままな」

W.B., W/B, w.b., w/b waybill. **w.b.** warehouse book 入庫品控え帳; 〘海〙 water ballast; westbound. **WbN** west by north. **WbS** west by south. **W.B.S.** World Broadcasting System 世界放送網. **W.C.** water closet; West Central (London Postal District). **w.c.** water closet; without charge. **W.C.A.** Women's Christian Association. **W.C.T.U.** Women's Christian Temperance Union 〘米〙キリスト教婦人禁酒同盟. **W.D.** War Department 〘米〙陸軍省.

†**we** [wi:, 弱 wi] pron. (所有格 **our**, 目的格 **us**) **1** 《人称代名詞第一人称複数主格》**私たちが〔は〕**: *We* are seven in our family. うちは7人世帯です. *We* have had few fine days this week. 今週は晴れた日が少なかった. 〈注〉受動態であらわす代わりにばく然と一般の人を示す形式的な主語として we をおき能動態であらわすばあいがある: *We* make books of paper. 本は紙でできている (= Books are made of paper.). *We* speak Japanese in Japan. 日本では日本語が話される (=Japanese is spoken in Japan.). 比較: *They* speak English in England. イギリスでは英語が話される. **2** 《新聞の論説などでは筆者が公的立場からIの代わりに we という》吾人(ごじん)は, 私は, 「われわれは」. **3** 《国王・帝王が》朕は. **4** 《皮肉などをこめて》きみは, きみたちは.

†**weak** [wi:k] a. **1 弱い**, 無力な, もろい, **薄弱な**: be ~ by nature 生まれつき〔からだが〕弱い. a ~ rail [foundation] 弱い欄干〔土台〕. a ~ character 弱い性格(の人). a ~ team 弱いチーム. a ~ defence 弱い守備. a ~ law 無力な法律. a ~ argument 無力な〔説得力のない〕議論. **2** 《頭脳が》鈍い, 《学力などの》劣った, 不得手で: ~ in German ドイツ語が不得手で. a ~ mind 鈍い知力(の人). **3** 《濃度が》薄い, 水っぽい: ~ tea 薄い茶. ~ wine 弱い酒. **4** 〘経〙《株式・物価が》弱含みの, 下向きの. **5** 〘文〙弱変化の; 〘音声〙弱い, アクセントの強くない. ***the ~er sex*** [***vessel***] 女性. ***The ~est goes to the wall.*** 〘ことわざ〙優勝劣敗; 弱肉強食.
~·fish [̄ ̄] (pl. -fish·es, 《集合的》 -fish) ニベ科の食用魚《アメリカ大西洋沿岸産》. ~ form 〘文〙弱形. → 枠付 Strong Form, Weak Form (p. 1281). ~ hand 《トランプで》札運の悪い手. ~-héad·ed 頭の鈍い, 低能な; 気の弱い, 優柔不断の; 酔いがちな. ~-héart·ed 勇気のない, 弱虫の. ~-knéed [-ní:d, (英)+ ̄ー] (1) ひざの弱い. (2) 弱腰の, 弱気の; 決断力のない. ~-mínd·ed → 別項. ~ point [side] 苦手; 弱み: Geography is my ~ *point* [*side*]. 私は地理は苦手です.
◇ ~·ish a. やや弱い.
(類義語) 弱い: **weak** 最も一般的な語. **feeble** weak にほぼ似ているが, 更に衰えさ・貧弱さが加わっている. 弱々しい: a *feeble* voice か細い声. a *feeble* light 薄ら明かり. **infirm** しっかりしていない. 主として老齢や病気による弱体を意味する. 精神の弱さにも使う: be *infirm* of purpose 優柔不断である. **frail** こわれやすい, もろい, ひ弱な, 健康を害しやすい身体にも用いる. **fragile** frail の更にもろくなった状態で, 扱いによほど気をつけないとすぐこわれる物・身体に用いる.

‡**wéak·en** [wí:k(ə)n] vt. **1 弱くする**, 弱める: ~*ed* eyesight 弱くなった視力. **2** 〈飲み物を〉薄める. —— vi. **1 弱る**, 弱まる. **2** 優柔不断になる, 〈考えが〉ぐらつく; 屈する.

wéak·ling [-liŋ] n. 《体力・活力の》弱い人〔動物〕; 柔弱者, 弱虫. —— a. 弱々しい.

‡**wéak·ly** [-li] a. **弱い**, ひ弱な; 病身の. —— ad. 弱く, 弱々しく. ◇ -li·ness n.

wéak-mínd·ed [-máindid] a. 気の弱い, 弱気の; 頭の鈍い. ◇ ~·ly ad. ~·ness n.

‡**wéak·ness** [wí:knis] n. **1 弱さ**, ひ弱さ; 虚弱. **2** 優柔不断, 弱気. **3** 《根拠の》薄弱. **4 弱点**, 欠点: Everyone has his little ~. 人はだれにでもちょっとした欠点があるものだ. **5** (a ~) 〘俗〙好きでたまらないもの; 目がないほどの愛好, 好み《*for*》: He has *a ~ for* sweets. 甘いものときたら目がない. **6** 低能, 頭の弱さ.

weal¹ [wi:l] n. 〘古〙福利, 幸福, 繁栄: for the public ~ 公共の福利のため. ***in ~ and*** [***or***] ***woe*** 禍福いずれのばあいにも.

weal² n. ミミズばれ (wale).

weald [wi:ld] n. **1** 〘雅〙広野; 森林地帯. **2** (the W~) England 南部《もと森林だった Kent, Surrey, Sussex, Hampshire の諸地方》.

‡**wealth** [welθ] n. **1 富**, **財産**. **2** 富裕; 《集合的》富者, 富裕階級: a man born to ~ 裕福な家に生まれた人. **3 豊富**: a ~ *of* learning 豊かな学識. **4** 資源: natural ~ 天然資源. **5** 〘古〙幸福, 福利, 繁栄. ***man of ~*** 富豪.

‡**wéalth·y** [wélθi] a. (-i·er; -i·est) **1 富んだ**, 金持ちの, 裕福な: the ~ 裕福な人々. **2** 豊富な: ~ *in* insight 洞察(どうさつ)力豊かな.
◇ -i·ly ad. -i·ness n. (類) → rich「金持ちの」

wean [wi:n] vt. **1** 離乳させる. **2** 引き離す, に思い切らせる《から, を *away from, of*》.
—— n. 〘スコットランド〙子ども (child).

wéan·ling [-liŋ] n. 乳離れした子ども〔動物の子〕.
—— a. 乳離れしたての.

‡**wéap·on** [wépən] n. **1** 武器, 兵器, 凶器. **2** 攻撃〔防御〕手段. ◇ ~ed a. 武器をもった〔備えた〕. ~·less a. ~·ry n. 《集合的》兵器類; 造兵学.

†**wear¹** [wɛər] v. (**wore** [wo:r / wɔ:]; **worn** [wo:rn/wɔ:n]; **wear·ing** [wé(:)riŋ/wéər-]) vt. **1 着ている**, **身につけている**; 〈ひげなどを〉はやしている: He generally ~*s* a dark suit [brown shoes]. 彼はたいてい黒い服を着ている〔茶色のくつをはいている〕. He ~*s* spectacles [a wristwatch, a pistol, a beard]. 彼はめがねをかけている〔腕どけいをしている, ピストルを帯びている, ひげをはやしている〕. She ~*s* her hair short. 彼女は髪を短くしている. She never ~*s* green. 彼女は緑色の服を決して着ない. This is a style that is much *worn* now. これがいま流

W

行の服装だ. 2〈ようすを〉帯びている, の外観を示している: The house *wore* an air of sadness. 家は悲しげな外観をしていた. She was ～*ing* [*wore*] a troubled look. 彼女は悩んだ表情をしていた. 3〖記憶・心に〗もっている. 4 **すり切らす**, 使いふるす: His clothes were *worn* out. 彼の着物はよれよれであった. ～ one's shoes into holes くつをはいて穴だらけにする. 5〈穴を〉つくる: Walking *wore* a hole in my shoe. たくさん歩いたためにくつに穴があいた. 6 **疲れさせる**, 弱らせる: Running *wore* me out. 走り過ぎて疲れた. be *worn* with age 老齢で弱っている.

—— *vi.* 1〈品物などが〉**長持ちする**, 長続きする; 役に立つ: This coat has *worn* well [badly]. この上着はずいぶん長持ちした[長持ちしなかった]. 2 **すり切れる**, すり減る, すり減って…になる: ～ thin. 3〈時が〉徐々に経過してゆく; 通過する: It became hotter as the day *wore* on. 時間がたつにつれて暑くなった. as winter *wore* away 冬が衰えるにつれて. 4 疲れる; 衰える.

～ ***away*** (1) すり減らす[減る]. (2)〈時が〉たつ. ～ ***down*** (1) 疲れさす. (2) 打ち勝つ, 努力の末克服する; 〈抵抗などが〉衰える: ～ *down* the enemy's resistance 敵の抵抗に打ち勝つ. (3) すり減らす; 低くなる: The heels of these shoes are *worn* [are ～*ing*] *down*. くつのかかとが減っている. ～ ***off*** (1) 少なくなる, 小さくなる. (2) 消えてゆく: The novelty [These pains] will soon ～ *off*. 物珍しさ[この苦痛]もすぐなくなるだろう. ～ ***on*** 〈時が〉たつ. ～ ***out*** (1) 着ふるす. (2) すり切らす. (3) 疲れさす; 飽き飽きさせる: His patience was *worn out*. 彼はがまんができなくなった. ～ ***out a person's welcome*** (人)をやたらに訪問し過ぎる; (人の家に)長居し過ぎる. ～ ***well*** 長持ちする; 〈人が〉年をとっても元気である: Mr. Smith is ～*ing well*. ～ ***one's years well*** ふけ込まない, いつまでも若々しい.

—— *n.* 1 **着用**, 着ること: clothing for summer [everyday] ～ 夏着[ふだん着]. 2 **衣類**, 着物, …着: children's ～ 子ども服. 3 **すり切れ**, 使いふるすこと, 着ふるし: The rug shows (signs of) ～. じゅうたんはすり切れてきた. 4 長持ち, 耐久性[力]: There is still much ～ [not much ～] (left) in these shoes. このくつはまだだいぶはける[あまりはけない]. 5 流行; 流行服. ***be in*** ～ 着用されている; 流行している. ***be the worse for*** ～ ひどく着ふるされている. ***have in*** ～ 着用している. ***in general*** ～ 流行して(いる). ～ ***and tear*** 消耗, すり切れること.

～·proof [ˊ-ˋ] 耐久性のある, すり切れない.

◇ **～·er** *n.* 着用者, 携帯者, 使用者; すり減らすもの.

wear² *vt., vi.* (**wore** [wɔːr])〖海〗《船首を風下に回して》〈船を[船が]〉転回する.

wear³ [wiər] = weir.

wéar·a·ble [wɛ́(ː)rəbl/wɛ́ər-] *a.* 着られる, 着用できる[に適する]. —— *n.* (通例 *pl.*) 衣服.

wéa·ri·ful [wí(ː)rif(u)l/wíər-] *a.* けだるい, やる気を欠いた; うんざりさせる.

wéa·ri·less [-lis] *a.* 疲れを知らない, 精力的な.

wéar·ing [wɛ́(ː)riŋ/wɛ́ər-] *a.* 1 着用する, 身につける: ～ apparel 衣料, 衣服. 2 疲れさせる, うんざりさせる; すり減る. ◇ **～·ly** *ad.*

wéa·ri·some [wí(ː)risəm/wíə-] *a.* 1 疲れさせる. 2 うんざり[飽き飽き]する, たいくつな.

‡**wéa·ry** [wí(ː)ri/wíəri] *a.* 1 **疲れた**, 疲れて(いる); ぐったりした《で *with*》: ～ feet 疲れた足. a ～ brain 疲れた頭脳. I was ～ *with* walking. 歩き疲れていた. → tired. 2 **飽き飽きした**[して], うんざりした《*of*》: I'm never ～ *of* (doing) the job. 決して仕事に飽きない. grow ～ *of* life 人生がいやになる. ～ *of* excuses 弁解に聞き飽きて. 3《仕事などが》人を疲れさせる: a ～ wait たいくつさせる待ち時間.

—— *v.* (**wéa·ried** [-d]; **～·ing**) *vt.* 1 疲れさせる: The long hours of work have ～*ied* me. 2 飽き飽き[うんざり]させる; たいくつさせる: ～ a person with requests 依頼で人をうんざりさせる.

—— *vi.* 1 疲れる; 飽きる; いやになる《*of*》: ～ *of* living all alone ひとり住まいがいやになる. 2 切望する, あこがれる《を *for*》: She is ～*ing for* home. 彼女は故郷を恋しがっている. ～ ***out*** (1) へとへとに疲れさす; うんざりさせる: ～ *out* a person's patience 人の堪忍袋の緒を切らせる. (2) たいくつに過ごす.

◇ ***-ri·ly** *ad.* だるそうに, 疲れて; 飽き飽きして.

***-ri·ness** *n.* 疲労; 倦怠(けんたい), たいくつ.

[類] → tired「疲れた」

wéa·sand [wíːzənd] *n.*〖古〗気管, のど笛; のど.

wéa·sel [wíːzl] *n.* 1〖動〗イタチ. 2〖イタチのように〗ずるいやつ. 3 ウィーゼル車《雪上用または水陸両用の自動輸送車》. ***catch a ～ asleep*** 抜け目のないやつをだます, 生き馬の目を抜く. —— *vi.*〖米話〗ことばを濁す;《義務などを》回避する.

～-wòrd·ed わざとあいまいな言い方をした. **～ words** わざと意味をぼかしたことば.

†**wéath·er** [wéðər] *n.* 1 **天気**, 天候, 気象, 空もよう: What is the ～ like? お天気はどうだね. The ～ was fine during the holidays. 休み中はよい天気だった. We have had too much dry ～ this winter. この冬は気候が乾燥し過ぎていた. → climate. 2 荒れもよう, 風雨: be exposed to (the) ～ 風雨にさらされる.

April ～ 降ったり照ったりの天気; 泣き笑い. ***in all ～s*** どんな天気でも. (***in***) ***wet*** ～ 雨降り(に・で). ***keep the*** ～〖海〗風上にいる[を通る]. ***King's*** [***Queen's***] ～《儀式の際の》晴天. ***make bad*** ～〖海〗しけに会う. ***make fair*** ～ へつらう. ***make good*** ～〖海〗好天に恵まれる. ***make heavy*** ～ 災難に会う《*with*》. ***make heavy ～ of***〖俗〗〈小事など〉を大げさに考え過ぎる. ***under stress of*** ～ 悪天候のために; あらしが災いして. ***under the*** ～〖話〗病気で; 気分が悪くて; 金に困って; 酔っ払って. ～ ***permitting*** 天候さえよければ[許せば].

—— *a.* 〖海〗風に向かった, 風にさらされる, 風上の: the ～ bow 風に向かった船首. ***keep one's ～ eye open***〖話〗見張っている; 警戒している.

—— *vt.* 1 風雨にさらす; 外気にさらす; 干す: ～ wood 木材を外気にさらす. 2〖地〗〈岩石などを〉風化させる: rocks ～*ed* by wind and rain 風雨で風化した岩. 3〈災難・逆境などを〉切り抜ける: ～ a financial crisis 財政の危機を切り抜ける. 4〖海〗の風上に出る[を通る]: The ship ～*ed* the cape. 船はみさきの風上に出た. 5 に傾斜をつける《水はけのために》. —— *vi.*《外気にさらされて》色があせる; 変色する; 風雨に耐える《*out*》.

～ ***a point*** みさきの風上を通り過ぎる; 難局を乗り切る. ～ ***a storm*** あらしを乗り切る;《比喩的》困難を切り抜ける. ～ ***through*** 切り抜ける; 乗り切る.

***～-bèat·en** 風雨にさらされた; 鍛えられた;《顔など》日に焼けた. **～·board** [ˊ--ˋ] (1)〖建〗雨押え, 下見板;〖海〗風上舷(げん); 波よけ. (2) に下見板を付ける. **～·bòard·ing**《集合的》下見板. **～-bound** [ˊ-ˋ]《船・飛行機など》しけのため出航できない[遅延した]. ～ **box** 天気箱《男女2個の人形がそれぞれ雨天・晴天を表示する装置》. **W～ Bureau**〖米〗《商務省の》気象局. ～ **chart** 天気[気象]図. ***～·cock** [ˊ-ˋ] (1)《屋上に取り付けるおんどりの形をした》風見. (2) 心の変わりやすい人; 気まぐれな人. ～ **contact** [**cross**]〖電〗雨天により生じるショート. ～ **eye** 天候観測眼[力]; 情況変化を見通す目. ～ **forecast** 天気予報. ～ **gauge** [**gage**]〖海〗風上の位置; 有利な地位. **～·glass** [ˊ-ˋ] 晴雨計 (barometer). **～·man** [-mæ̀n] (*pl.* **-men**)〖米話〗気象局員; 天気予報係. ～ **map** 天気図. **～·proof** [ˊ-ˋ] (1) *a.* 風雨に耐える. (2) *vt.* 風雨に耐えるようにする. **～·re·port** [ˊ--ˋ] 気象通報《予報も含む》. ～ **satellite** 気象観測人工衛

星. ～ **ship** (定点) 気象観測船. **～-stained** [ˊ-ˋ] 風雨にさらされて変色した. ～ **station** 測候所. ～ **strip** 目詰め《風雨の侵入を防ぐ窓・戸のすきまなどの詰め物》. **～-strip (-pp-)** のすきまをふさぐ; に目詰めする. ～ **stripping** = ～ strip; 《集合的》目詰め材料. **～-tíght** 風雨を防ぐ. ～ **vane** 風見; 風向計 (=weathercock). **～-wise** [ˊ-ˋ] 天気予報のうまい; 世論などの動向の予測に巧みな. **～-worn** [ˊ-ˋ] 雨風でいたんだ.
◇ **～-ing** [wéðəriŋ] *n.* 〖地〗風化(作用); 〖建〗雨仕舞(あまじまい).

wéath·er·ly [wéðərli] *a.* 〖海〗風上に走ることができる. ◇ **-li·ness** *n.*

‡**weave** [wiːv] *v.* (**wove** [wouv], 〖稀〗**weaved**; **wó·ven** [wóuvn], **wove** [wouv]) *vt.* **1** 〈織物・かご・クモの巣などを〉**織る, 編む**, 掛ける: ～ a rug [a basket, a cobweb]. **2** 〈糸・竹・トウなど材料を〉織る, 編む《に *into*》: ～ flowers *into* a garland 花を編んで花輪をつくる. **3** 〈部分を〉まとめ上げる, 組み立てる《に *into*》: ～ these facts *into* a story これらの事実を一つの物語にまとめ上げる. **4** 〈全体を〉つくり上げる, 構成する《から, で *from*》: ～ a story *from* three 三つの話を一つの物語に構成する.
── *vi.* **1** 布[はた]を織る. **2** 巻きつく, からまる: creepers *weaving* round the trees 木にからみついているつる草. **3 縫うように進む**: The road ～*s* through the valleys. 道は谷々を縫うように走っている. ～ **one's way (through)** (を)縫うように進む.
── *n.* 織り方(の様式), 織り方のスタイル; …織り: plain [twill] ～ 平[あや]織り.

***wéav·er**[1] [wíːvər] *n.* **1 はた織り**(人), 織り手, 織工. **2** 〖鳥〗ウソの類(=weaverbird); 〖虫〗ミズスマシ. **～'s knot** 太さの違う綱を結ぶ方法.

wéav·er[2] = weever.

wéa·zen [wíːzn] = wizen.

‡**web** [web] *n.* **1 織物**; 1回に織られた量の織物; 一巻きの織物. **2 クモの巣** (=cobweb). **3** クモの巣状[織物状]の物, …網 (network): a ～ of expressways 高速道路網. **4** 〖動〗《水鳥などの》みずかき; 〖動〗《鳥の羽毛の》羽枝(うし). **5** 張りめぐらしたわな, 込み入ったからくり: a ～ of lies うそ八百の話. **6** 《新聞印刷に用いる》大きな一巻きの紙. **7** 薄い金属板; 〖機〗ウェブ, 桁腹(けたばら)《機械の厚い部分と厚い部分とを連結する薄い平らな部分》; クランクの腕部分.
── *vt.* (**-bb-**) クモの巣状に張る: ～ intelligence agencies 諜報(ちょうほう)機関を張りめぐらす. [weave と同語源]
～ **defense** 〖米: 軍〗《奇襲攻撃を撃退するための》クモの巣状防御施設. **ˊ-foot** [ˊˋ] (*pl.* **-feet**) (1) みずかき(のある)足; みずかき足のある動物. (2) 〖笑〗(Webfoot) アメリカのオレゴン州人の別称.
ˊ-fóot·ed, ˊ-tóed 足にみずかきのある.
◇ **ˊ-like** *a.* **wébbed** [-d] *a.* クモの巣の張った, クモの巣状にした; 《水鳥など》みずかきのある.

wéb·bing [wébiŋ] *n.* **1** 帯ひも《馬の腹帯・ベルトなどに用いる幅が狭くじょうぶに織ったもの》. **2** 《織物の》耳; 《敷き物などの》厚べり. **3** 《水鳥などの指の間の》膜, みずかき.

Wéb·ster [wébstər] *n.* **1** Daniel ～, 1782–1852, アメリカの政治家・雄弁家. **2** Noah ～, 1758–1843, アメリカの辞典編集家・著述家.

***wed** [wed] *v.* (**ˊ-ded** [wédid], 〖稀〗～ [wed]; **ˊ-ding** [wédiŋ]) *vt.* **1** と**結婚する**; 〈男が〉めとる; 〈女が〉…にとつぐ. **2** 〈牧師・親が〉**結婚させる**, 〈親が娘を〉とつがせる: He ～*ded* his daughter *to* a teacher. **3** 結びつける《と *with*》; 兼ね備える: ～ utility *with* beauty 実用と美とを結びつける. **4** 《be ～ded の形で》献身する, 固執する: He *is* ～*ded* to scientific research. 彼は科学の研究に打ち込んでいる. ── *vi.* **1** 結婚する. **2** (しっかりと)結びつく《と *with*》. **ˊ-lock** → 別項.

we'd [wiːd, 弱 wid] we had; we would; we should の短縮形.

Wed. Wednesday.

wéd·ded [wédid] *a.* **1** 結婚した, 結婚の: a ～ pair 新婚夫婦. ～ life 結婚生活. **2** 結びついた. **3** 執着した, 打ち込んだ: a man ～ *to* a cause 一つの主張に固執する男.

‡**wéd·ding** [wédiŋ] *n.* **1 婚礼**, 結婚式. **2** …婚式《金婚式など》; 結婚記念日. → marriage. **3** 《特に異質分子などの》融合: a perfect ～ of conservatism and liberalism 保守主義と自由主義の完全な融合. ***diamond*** ～ ダイヤモンド婚式《60 または 70 周年記念》. ***golden*** ～ 金婚式《50 周年記念》. ***silver*** ～ 銀婚式《25周年記念》.
～ **breakfast** 結婚ひろう宴《挙式と新婚旅行出発との間の》. ～ **cake** ウェディングケーキ. ～ **card** 《夫婦の名を記した》結婚あいさつ状. ～ **day** 結婚式日; 結婚記念日. ～ **favor** 結婚式参列者がつける白いバラ状のリボン. ～ **garment** 結婚式参列者式服; 〖聖〗参列資格《マタイ伝22: 11》. ～ **march** 結婚行進曲. ～ **ring** 結婚指輪.

‡**wedge** [wedʒ] *n.* **1** くさび《木を裂いたり割れ目を大きくするために押し込まれる一方が薄い木片など》: drive a ～ into a log 丸太にくさびを打ち込む. **2** くさび状の物; V字形; 〖ゴルフ〗頭部がくさび形のクラブ: a ～ of cake 《丸型のケーキから切り取った》ケーキ一切れ. The seats were disposed in ～*s*. 座席はV字形に配列されていた. **3** じゃま, 妨害, 「くさび」. **4** 《会などに》はいり込むための手段. ***drive in the thin edge of the*** ～ 一見してなんでもないが重大な結果を招く.
── *vt.* **1** 割り込ます, 押し込む《*in*》: be ～*d in* between two stout men ふたりの太った男の間にはさまれる. **2** くさびで固定する, に止めをあてがう: ～ a door open ドアが締まらないようにかっておく. **3** 〖稀〗くさびで裂く. ～ ***away*** 押しのける. ～ one***self in*** 《狭いところに》無理に割り込む. ～ one***self into*** [***between***] に割り込む: He ～*d himself into* the packed passengers. 彼はぎっしり詰まった乗客の中に割り込んだ. ～ ***off*** 押しのけて離す. ～ ***up*** くさびでしっかり締める[止める]: The table is unsteady and must be ～*d up*. テーブルがぐらぐらするから物をかわなければならない.
～ **heel** 婦人用平底のくつの後部がしだいに高くなってゆくヒール. **ˊ-shaped** [-ʃèipt] くさび形[状]の.
◇ **ˊ-like** *a.* **ˊ-wise** [-wàiz] *ad.* くさび形に, V字形に.

Wédg·ie [wédʒi] *n.* 〖米話〗wedge heel の婦人ぐつ《商標名》.

Wédg·wood [wédʒwùd] *n.* 〖工芸〗ウェッジウッド焼き (=～ ware)《イギリスの陶芸家 Josiah [dʒousáiə-] ～, 1730–95, の創始による》.

wédg·y [wédʒi] *a.* くさび状[形]の.

wéd·lock [wédlɑ̀k/-lɔk] *n.* 結婚している状態, 婚姻. ***born in*** ～ 嫡出の. ***born out of*** ～ 庶出の.

†**Wédnes·day** [wénzdi, -dei] *n.* **水曜日**《略 W., Wed.》. ***Good*** [***Holy***] ～ 聖水曜日《復活祭の前》.
◇ **～s** *ad.* 水曜日ごとに.

wee [wiː] *a.* (**wé·er**; **wé·est**) **1** ちっぽけな. **2** 《時間が》早い: in the ～ hours of the morning. ***a*** ～ ***bit*** ほんのちょっぴり. ── *n.* 〖スコットランド〗少し; しばらく. ～ **folk, the** 豆仙人(だん).

‡**weed**[1] [wiːd] *n.* **1 雑草**; 海草 (=seaweed). **2** (the ～) 〖話〗葉巻き; (巻き)たばこ. **3** 〖俗〗=marijuana. **4** ひょろ長い弱々しい馬[人]; 動物の劣等種. ***Ill ～s grow apace.*** 〖諺〗悪草は生長が早い; 憎まれっ子世にはばかる. ***run to ～s*** 〈庭などが〉雑草でおおわれる. ***the soothing*** [***Indian, fragrant***] ～ たばこ.
── *vt.* **1** から**雑草を除く**: ～ the garden 庭の草むしりをする. **2 取り除く**, 除去する《*out*》: ～ *out* harmful books from the library 図書館から有

害な本を除く. ―― *vi.* 草むしりをする, 除草する: be busy ～*ing* 草むしりで忙しい. ～ *out the herd* 群れから劣った動物〔者〕を除去する.
～ **killer** = weedicide.
◇ ∸·**er** *n.* 草とり人; 除草器.
weed² *n.* **1** (*pl.*) 未亡人の喪服 (= widow's ～s). **2**《帽子・腕につける》喪章.
wéed·i·cide [wíːdịsàid] *n.* 除草剤 (herbicide).
wéed·y [wíːdi] *a.* **1** 雑草の多い. **2** 雑草の(ような); 《雑草のように》どんどん育つ. **3**《植物が》はびこった. **4**《人または動物が》ひょろひょろの, 骨張った.
◇ **-i·ly** *ad.* **-i·ness** *n.*
†**week** [wíːk] *n.* **1**《カレンダー上の》週《Sunday から始まり Saturday に終わる》: What day of the ～ is it today? きょうは何曜日ですか. the news of the ～ 週間ニュース. Wages are paid by the ～. 週給制である. **2**《曜日には関係ない》7日間, 1週間: a ～'s journey 1週間の旅. **3** 一定の日〔祭日〕から始まる1週間: the ～ of the 18th 18日から1週間. Easter ～ 復活祭に始まる1週間. **4** (W～) (社会) 運動週間: Fire Prevention *W*～ 火災予防週間. **5**《日曜〔土・日〕以外の》平日, 就業〔登校〕日: spend the ～ in town 平日は町で過ごす. ***at*** **～*'s end*** 週末に. ***a*** **～** ***of Sundays*** 長い間, 果てしもない日々. ***knock*** [***send***] a person ***into the middle of next*** **～** (人を) 追い払う. **～ *after*** [***by***] **～** 毎週毎週. **～ *in*** **～ *out*** 来る週も来る週も.
―― *ad.* 来週; 先週: Sunday ～ 来週〔先週〕の日曜. ***this day*** **～** 来週〔先週〕のきょう. ***today*** [***yesterday, tomorrow***] **～** 来週〔先週〕のきょう〔きのう, あす〕.
wéek·day [wíːkdèi] *n.* 《日曜日以外の》週日, 平日, ウイークデー. ―― *a.* 平日の.
‡**wéek·énd, wéek-énd, week end** [wíːkénd] *n.* 週末《金曜の夜または土曜の午後から月曜の朝まで》; 週末休み; 週末パーティー.
―― *a.* 週末の. ―― *vi.* 週末を過ごす《で *at*》.
◇ ～·**er** *n.* 週末旅行者; 週末滞在客.
‡**wéek·ly** [wíːkli] *a.* **1** 毎週の, 週1回の; 1週間(分)の: ～ pay 週給. **2** 週刊の: a ～ magazine.
―― *ad.* 毎週, 1週1回: be paid ～ 週給である.
―― *n.* 週刊誌〔新聞, 雑誌〕, 週報.
ween [wiːn] *vt., vi.* 〔古〕**1** 思う, 考える; 信ずる《通例挿入的に I ween, または I ween that... の形で》. **2** 期待する, 予期する《*to* (do)》.
wée·nie, wíe·nie [wíːni] 〔話〕= wiener.
weep [wiːp] *v.* (**wept** [wept]) *vi.* **1** 涙を流す, 泣く; 嘆く, 悲しむ《に, を *for, over*》: ～ *at* a sad news 悲報を聞いて泣く. ～ *with* pain 苦痛のために泣く. ～ *over* his child's death 子どもの死を嘆く. ～ *for* joy うれし泣きに泣く. → cry, sob. **2** しずくをたらす, したたる: Concrete walls ～ in hot weather. 暑いときコンクリートの壁は汗をかく. **3** 〈木が〉しだれる, 枝をたらす. ―― *vt.* **1** 〈涙を〉流す: ～ bitter tears さめざめと泣く. **2** 〈あることに〉涙を流す; 嘆く, 悲しむ: She *wept* her sad fate. 彼女は自分の悲運を嘆いた. **3** 〈水けなどを〉しみ出させる, 〈しずくを〉たらす. **～ *away*** 泣き明かす; 泣いて暮らす. **～ one*'s eyes out*** 目を泣きはらす; さめざめと泣く. **～ *out*** 泣きながらしゃべる: She *wept out* her grief to her mother. 彼女は泣きながら悲しみを母親に述べた. **～ one*self out*** = **～ one*'s fill*** 泣きたいだけ泣く. **～ one*self to sleep*** 泣き疲れて眠る.
―― *n.* (しばしば *pl.*) 〔米〕泣くこと; 《水けなどを》浸出すること.
(類義語) 泣く: **weep** 涙を流すことが主眼. したがって冷えたコップにしずくがたまるのも weep. **cry** 声をたてるのが主であるが, 実際に声をたてなくとも声を押し殺して泣くときも cry. **sob** しくしく泣く, むせび泣く: *sob* into one's handkerchief ハンカチに顔を当ててすすり泣く. **wail** 大声で泣き叫ぶ. 身も世もあらぬとばかり泣く. **whimper** 子犬や子どもなど他人の同情を求めて鼻を鳴らして泣く.
wéep·er [wíːpər] *n.* **1** 泣く〔嘆く〕人; 《葬式に雇われる》泣き男〔女〕. **2**《男子の帽子などに付ける》喪章; 《未亡人の》黒いベール; (*pl.*) 《未亡人用の》白いそで口.
wéep·ing [wíːpiŋ] *a.* **1** 泣く; 涙を流す: a ～ face 泣き顔. **2**《樹木が》しだれた: a ～ willow 〔植〕シダレヤナギ. **3** しずくの落ちる, にじみ出る: ～ eczema 滲出(しんしゅつ)性湿疹(しっしん).
W～ Cross 〔史〕泣き十字《ざんげ者が祈る道ばたの十字架》: come home by *W～ Cross* 自分の行為を悔い改めさせられる; 悲しい目に会う.
wéep·y [wíːpi] *a.* 泣き悲しむ; 涙ながらの.
wée·ver [wíːvər] *n.* 〔魚〕トラギス類《ヨーロッパ産》.
wée·vil [wíːv(i)l] *n.* 〔虫〕象虫科のこん虫.
◇ **～·(l)y** *a.* 象虫のついた.
weft [weft] *n.* **1** 横糸 (woof). → warp. **2**〔雅〕織物.
‡**weigh** [wei] *vt.* **1** の目方を量る, の重さをみる: ～ the potatoes in the scale はかりでジャガイモの目方を量る. ～ oneself 自分の目方を量る. ～ a stone in one's hand 手に載せて石の重さを量る. **2** 慎重に考慮する, 熟考する: ～ (up) the consequences of an action 行動の結果を熟慮する. ～ the pros and cons 賛否両論を比較考量する. ～ one plan *against* another いろいろな計画を比較検討する. **3** 重みで押し下げる〔たわませる〕; 《比喩的》の気を重くさせる〔めいらせる〕《*down*》: The fruit ～*ed* the branches *down.* 果実が枝をたわませていた. **4**〔海〕〈いかりを〉あげる.
―― *vi.* **1** 重さを量る: When did you ～ last? この前はいつ体重を量りましたか. **2** 重い; 重さが…ある, …(だけ)重い: How much does the baggage ～? 荷物の重さは幾らですか. It ～s 10 pounds. それは重さが10ポンドある. It ～s heavy [light, little, nothing]. それは重い〔軽い〕. **3** 熟考する: ～ well before deciding よく考えてから決める. **4** 重きをなしている, 重要である《に *with*》: a point that ～s *with* me 私にとってはたいせつな点. **5** 〈ことが〉重くて負担になる; 圧迫する《に, を *on, upon*》: The problem ～s heavy *upon* me [my mind]. 問題は私(の心)に重くのしかかっている. **6**〔海〕いかりをあげる. → 名詞 weight.
～ *down* 押し下げる; 重みで沈む. **～ *in*** 〈ボクサーなどが〉試合当日体重検査を受ける; 〈競馬騎手が〉レース後に体重検査を受ける: ～ *in* at 135 pounds 検量で135ポンドである. **～*ing machine*** 計量器, 台ばかり. **～ *in with*** を持ち出す, を提出する: ～ *in with* new offers 新提案を出す. **～ *out*** (1) 量り分ける: ～ *out* sugar for a cake ケーキをつくるため砂糖を量り分ける. The butcher ～*ed out* two pounds of beef. 肉屋は牛肉を2ポンド量ってくれた. (2) 〈競馬騎手が〉レース前に体重検査を受ける. **～ *the thumb*** 〔米〕《親指ではかりをおろして》目方をごまかす. **～ *up*** (1) 慎重に考量する. (2) 一方の重みではね上げる. **～ *with*** 〈人〉にとって重要である: evidence that does not ～ *with* the judges 判事たちにさして重要でない証拠. **～ one*'s words*** 慎重に話す. ―― *n.* 目方を量ること, 検量.
～ **beam** 大さおばかり. ∸·**bridge** [∸∸] 大型台ばかり《家畜・車両などの重量を量る》. ∸·**house** [∸∸] 〔英〕貨物計量所. ∸·**lock** [∸∸] 計量水門《運河通航税徴収のため船のトン数を量る》.
◇ ∸·**er** *n.* 目方を量る人, 計量器.
(類) → **consider**「熟考する」
‡**weight** [weit] *n.* **1** 重さ, 重量, 体重: Air hasn't much ～. 空気にはたいして重さがない. Father is twice my ～. 父は目方が私の2倍ある. Her ～ is 120 pounds. 彼女の目方は120ポンドです. You and I are (of) the same ～. あなたと私は目方がおなじだ. **2** 重力. **3** 衡量, 重量単位. **4** 負担, 重荷, 重圧,

圧迫: the ～ of responsibility 〔cares〕 責任〔心配〕の重荷. **5** おもり, 分銅: a pound ～ 1ポンドの分銅. **6** 重い物, おもし, 文鎮: a paper ～ 文鎮. **7 重要さ**, 重み, 値うち: an argument of great ～ 有力な議論. → 動詞 weigh.

by ～ 目方で; 重量で. ***carry great*** 〔***no***〕 ***～*** 有力〔無力〕である: His opinion *carries great* ～ with her. 彼の意見は彼女を承服させる力がある. ***gain*** 〔***lose***〕 ***～*** 体重がふえる〔減る〕. ***give short ～*** 目方をごまかす. ***gross ～*** 総重量; 器ごとの重さ. ***have ～ with*** …にとって重要である: The matter *has* great ～ *with* me. その事柄は私にとって重要である. ***net ～*** 正味重量. ***pull*** one***'s ～*** 役目を果たす. ***throw*** one***'s ～ around*** 〔***about***〕 → throw. ***under the ～ of*** の重みのため; の重荷を負って. ***～s and measures*** 度量衡.

—— *vt.* **1** に重さを加える, 重くする; に積載する: ～ a model ship with lead at the bottom 船の模型の底に鉛をつけて安定をよくする. **2** に(ハンディキャップとして)重量を課す; に重いものを負わす; 不利な目に会わす. **3** に積み込み過ぎる, に過重な負担を負わせる; 苦しめる, 圧迫する: be ～*ed* with great responsibility 大きな責任を負わされている. **4** 〈織物などに〉鉱物質などを混ぜて重くする: ～*ed* silk. **5** 〈統計に〉加重値を加える. **6** に手心を加える, 操作する.

～ lifter 重量あげ選手. **～ lifting** 〘運〙 重量あげ, ウエートリフティング.

wéight·less [wéitlis] *a.* 重さのない〔非常に軽い〕; 無重力の: a ～ environment 無重力状態.
◇ **～·ly** *ad.* **～·ness** *n.*

wéight·y [wéiti] *a.* **1** (非常に) 重い, 重量のある. **2** 《人など》重きをなす, 勢力のある. **3** 《議論などが》有力な, 人を首肯させる. **4** 《問題など》重要〔重大〕な. **5** 《苦しみなど》重苦しい, 耐えがたい.
◇ **-i·ly** *ad.* **-i·ness** *n.*

Wéi·mar [váimɑːr] *n.* 東ドイツ中部の都市.
～ Constitution ワイマール憲法《1919年制定の旧ドイツ共和国憲法》.

weir, wear³ [wiər] *n.* 《川の》せき, ダム; やな《川で「魚をとる仕掛け」》.

weird [wiərd] *a.* **1** 異様な, 無気味な, 不思議な: a ～ shriek in a deserted house あばら屋の中の異様な悲鳴. a ～ experience この世のものとも思われないような経験. **2** 〘話〙 奇妙な, おかしな: a ～ hat 奇妙な形の帽子. **3** 魔法の; 運命の.
—— *n.* 〘スコットランド・古〙 運命, 悲運.
W～ Sisters, the 運命の三女神 (the Fates); Shakespeare 作 *Macbeth* 中の3人の魔女.

Wéis·mann·ism [váismɑːniz(ə)m] *n.* 〘生〙 ワイスマン遺伝学説《後天形質の遺伝を否定したドイツの生物学者 August Weismann [áugust-váismɑːn | G. augúst-váisman], 1834–1914, の学説》.

welch *v.* = welsh. ◇ **～·er** *n.* = welsher.

Welch [weltʃ, welʃ/welʃ] = Welsh.

†**wél·come** [wélkəm] *int.* **ようこそ**; いらっしゃい: *W*～ home! お帰りなさい.
—— *n.* **1 歓迎**, 歓待; 歓迎のあいさつ: He received 〔had〕 a warm ～. 彼は暖かい歓迎を受けた. **2** 自由に行使できる〔享受できる〕特権. ***bid*** a person ***～*** = ***say ～ to*** a person (人)を歓迎〔歓待〕する. ***give*** a person ***a warm ～*** (人を)暖かく迎える; 《反語的》強力に抵抗する. ***wear out*** one***'s ～*** 何度もたずねて〔あまり長居して〕いやがられる.
—— *vt.* (**～d**) **歓迎する**, 喜んで迎える: The actors were ～*d* by large crowds. 俳優たちは群衆の歓迎を受けた. ～ danger 危険を甘受する.
—— *a.* **1 歓迎される**, 喜んで受け入れられる, ありがたい, けっこうな: a ～ guest 歓迎される〔来てほしい〕客. a ～ letter うれしい手紙. A drink will be ～ after a long day of work. 一日つめて仕事をしたあとで一杯やるのはけっこうだ. **2** 自由にしてよい《を *to*》; 自由に…してよい; 《皮肉》かってに…するがよい(こっちの知ったことではない)《*to* a thing; *to* (do)》: You are ～ *to* any book in the library. 図書室の本をどれでも自由にお読みください. You are ～ *to* have a copy. ご自由に1冊お持ち帰りください. You are ～ *to* your own opinion. ご自分の意見をもたれるのはかってです(私の関知せぬところです).
and ～ それでけっこう: You may use it *and* ～. それを使ってもけっこうです. ***make*** a person ***～*** (人を)暖かくもてなす: His family *made* me ～. 彼の家族は私を暖かくもてなしてくれた. ***You are*** (***quite***) ***～.*** 〘米〙 《"Thank you" に対して》どういたしまして.
〔類〕 → **receive**「受け入れる」

weld¹ [weld] *vt.* **1** 溶接する; 接着させる; 密着させる. **2** 結合させる, 合一させる《に *into*》. —— *vi.* 溶接される; 接着する; 密着する. —— *n.* **1** 溶接点; 接着点. **2** 溶接; 接着. ◇ **～·ment** *n.* 溶接物〔体〕.

weld² *n.* 〘植〙 モクセイソウ属の一種; その黄色染料.

wéld·er [wéldər] *n.* 溶接工. **～'s helmet** 溶接用防護面.

‡**wél·fare** [wélfɛ̀ər] *n.* **1** 福祉, 厚生《社会または個人の健康と幸福と繁栄》: child ～ 児童福祉. **2 福祉事業**. ***the Ministry of W～*** 《日本の》厚生省. **～ center** 外来患者診察所. **～ state** 福祉国家《各種の社会保障が行き届いている国家》. **～ work** 救済事業; 福利厚生事業. **～ worker** 福祉事業員. ◇ **wél·far·ism** *n.* 福祉国家政策.

wél·kin [wélkin] *n.* 〘古・雅〙 大空, 天.

‡**well**¹ [wel] *n.* **1 井戸**; 《石油などの》井: an oil ～ 油井. an artesian ～ 掘抜井戸. **2** 源泉, 泉: a ～ of information 知識の泉, 非常な物知り. **3** 井戸状のもの〔場所〕; 囲まれた深い空間; 階段を入れる床から屋根までの空間, 吹き抜き; エレベーターの縦穴; 〘軍〙 《地雷の》井坑; 《万年筆用の机上の》インクだめ〔つぼ〕. **4** 〘海〙 あか筒《船底の汚水をくみ出すつるべの通る筒》; 漁船の生けす. **5** 《法廷の》弁護士席.
—— *vi.* わき出る, 噴出する《*up, out, forth*》: Tears ～*ed* from his eyes. 彼の目から涙があふれた. Longing ～*ed up* in his breast. あこがれが胸にこみあげてきた. —— *vt.* 噴出する, わき出させる《*out*》.
～·head [⊥⊥] (1) 水源; 《比喩的》源. (2) 井戸囲いの石. **～ sinker** 井戸掘り(人). **～·spring** [⊥⊥] 水源; 《比喩的》尽きぬ源〔泉〕. **～ sweep** はねつるべ.

†**well**² → 枠付 well². (p. 1484)

well- well² の連結形.
～-ad·vísed 思慮のある, 分別のある, 慎重な. **～-ap·póint·ed** 設備の整った, よく整備された; 《探検隊などが》完全装備の. **～-bál·anced** つりあいのとれた; 正気の; 常識のある. **～-be·háved** 行儀〔しつけ〕のよい. ***～-bé·ing** 福祉, 安寧, 幸福 (welfare). ↔ ill-being. **～-be·lóv·ed** [-bilʌ́v(i)d] 心から愛される(人). **～-bórn** 生まれ〔家柄〕のよい. **～-bréd** 育ちのよい, しつけ〔行儀〕のよい, 上品な; 《馬など》良質の. **～-chó·sen** 《特に語句など》精選された; 適切な. **～-con·dí·tioned** 健康な; 行儀〔人柄〕のよい. **～-con·dúct·ed** 行儀のよい, 品行方正な. **～-con·néct·ed** よい親戚(しんせき)のある, 血縁関係に恵まれた. **～-con·tént**(**·ed**) 十分満足した, たんのうした. **～-de·fíned** (定義の)はっきりした, 明確な. **～-dis·pósed** (1) 気だてのよい. (2) 好意を示す, 親切な. (3) きちんと並べた. **～-dó·er** 善行者, 徳行家. ↔ evildoer. **～-dó·ing** (1) 善行, 徳行. (2) 親切な, 心からの; 勤勉な. **～-dóne** (1) よくやった. (2) 《肉が》よく焼け〔煮え〕た, 十分に調理された. ↔ underdone. ‡**～-dréssed** りっぱな身なりの. **～-éarned** 自力でかち得た; 《報いなどが》当然の. **～-éd·u·cat·ed** 十分な教育を受けた. **～-es·táb·lished** 基礎のしっかりした, 確固不動の. **～-fá·vored** 美貌(びぼう)の, 器量のよい, 男前の. **～-féd** 栄養のよい; 太った. **～-fíxed** 〘米話〙 裕福な(=well-to-do). **～-fóund** = ～-appointed. **～-fóund·ed** 根拠十分な，(十分な) 理由のある. **～-gróomed** 身なりのきちんとした；《動物などが》手入れのよく行き届いた. **～-gróund·ed** 十分基礎訓練を受けた；= ～-founded. **～-héeled**〖米俗〗富裕な. **～-in·fórmed** 情報に通じている，よく知っている；博識の，見聞の広い：～*-informed* quarters その筋，消息筋. ↔ ill-informed. **～-in·tén·tioned**《失敗したが》善意の，善意から出た，善意で行なった. **～-júdged** 判断の正しい〔適確な〕，適切な. **～-képt** 手入れ〔世話〕の行き届いた. **～-knít**《体格が》がっしりした，たくましい；簡潔

well²

用法は大別して「よく」「じょうずに」「十分に」の意の副詞と，「健康な」「けっこうな」「適当な」の意の形容詞と，「さて，おや」などの意の間投詞との三つになる. ただし形容詞はほとんどもっぱら叙述的〔述語的〕用法に限られるから，この意味での代表的な訳はむしろ「健康で〔に〕」などが妥当となる：He is 〔will get〕 *well*. 彼は健康である〔健康になるだろう〕.

well [wel] *ad.* (**bét·ter** [bétər]; **best** [best]) **1**《動詞を修飾して》よく，りっぱに，じょうずに，十分に，つごうよく：The children behaved ～. 子どもたちは行儀よくふるまった. He speaks English ～. 彼は英語をじょうずに話す. *W～* done! でかした. Treat him ～. 彼をいたわってやれ. Mix rum and milk in a tumbler, and shake it ～. ラム酒と牛乳をコップに入れて，よく振れ. I know him ～. 彼をよく知っている. The house is ～ situated. 家はつごうのよい場所に立っている.〈注〉おなじ「よく」でも「あの人はよくここへ来る」は He *often* comes here.

2《副詞(句)・一部の(叙述)形容詞を修飾して》かなり，相当，はるかに：He was leaning ～ back in his chair. 彼はいすの背にぐっともたれていた. He must be ～ past forty. 彼は40をかなり過ぎているに違いない. It happened ～ over a hundred years ago. それは100年よりはるか前に起こった. He is ～ up in the list. 彼は名簿でずっと頭の方にいる. I am ～ forward with my work. ぼくの仕事ははかどっている. This book is ～ worth reading. この本は読む価値が十分にある.

as* ～** なお，おまけに，その上：He gave me advice, and money *as* ～. 彼は私に助言してくれた上に金もくれた. ***as* ～ *as と同時に，のみならず…も：He gave me money *as* ～ *as* advice. 彼は助言と同時に金もくれた. We travel by night *as* ～ *as* by day. われわれは昼のみならず夜も旅する. ***be* ～ *off*** 裕福である. ***be* ～ *on in life*** 相当の年配である. ***be* ～ *out of*…** を(運よく)のがれている：I wish I *was* ～ *out of* this job. この仕事からのがれたいものだ. ***be* ～ *up in*** English (英語)に上達している. ***come off* ～** 〈人が〉幸運である；〈ことが〉うまくいく. ***do oneself* ～** ぜいたくに暮らす. ***do* ～ *by*** 〈人〉を寛大に扱う. ***do* ～ *to*** (do) 賢明〔幸運〕にも…する：He *did* ～ *to* confess his crime before he was accused of it. 告発される前に自分の罪を認めたのはよかった. You would *do* ～ *to* say nothing about what happened. 起こったことについてなにも言わない方がお得でしょう. It was ～ *done* of you *to* come. よく来てくれました. **(*just*) *as* ～** 《おもに may 〔might〕 just as well の形で》してもさしつかえない，してもよい：You *might just as* ～ take your brother's part. きみのにいさんの肩をもってもけっこうですよ. Nothing interesting has happened here; I *might just as* ～ have stayed at home! おもしろいことがなにもここで起こらなかった. このくらいなら家にいてもよかったのに. It's *just as* ～ I didn't go. 行かなくてもよかったのだ. ***may* ～** (do) …するのはもっともだ：She *may* ～ be surprised. 彼女が驚くのも無理はない. ***might* (*just*) *as* ～… *as*___** ──するくらいなら…した方がましだ，──するのは…するのも同然だ：One *might as* ～ throw money away *as* spend it in betting. 賭(かけ)に金を使うのは金をどぶに捨てるようなものだ. ***speak* ～ *of*** …をよく言う〔ほめる〕. ***stand* ～ *to*** の気に入る，の受けがよい. ***think* ～ *of*** をよく思う，に感心する. ***W～ met!*** いいところで会った. **～ *off*** → ***be* ～ *off*.** ***You might as* ～** (do)《婉曲な命令》…してください.

── *a.* (**bét·ter**; **best**) **1** 健康な：**a**)《通常は叙述形容詞として》健康で，健康に：I am perfectly ～. 私は至極元気です. You will soon get ～. あなたはじきに回復するでしょう. You don't look ～. お顔の色がよくありませんね. She is ～ enough. 彼女はとても元気です. How are you? — Quite ～, thank you, and you? ごきげんいかが. — ありがとう，おかげさまで. そちら様は？ He is getting *better*. 彼は快方に向かっている. ↔ ill. **b**)《まれに付加語的に》：a ～ man 健康な人. The ～ (people) are impatient of the sick. 健康な人は病人を見ていらいらする. 〈注〉付加語としての well の反意語は通常 sick：a *sick* person 病人.

2《叙述的に用いて》ぐあいのよい，けっこうで，うまくいって；幸運で：I am very ～ where I am. 私はいまの位置ですっかり満足している. All is ～ with us. 私たちは全く無事です. It is ～ with him. 彼は無事だ. I stand ～ with him. 私は彼に受けがいい. It was ～ for you that nobody saw you. だれにも見られなかったのは幸運でした.

3 妥当な，適当な，望ましい：It would be ～ to do it at once. すぐした方がよかろう. It is not ～ to anger him. 彼をおこらせるのはよくない. It is ～ that you came. あなたが来てよかった.

It may be as* ～ *to (do) …するのもよい〔悪くはない〕：*It may be as* ～ *to* explain. 説明してもいい. ***It's all very* ～** …《皮肉・反語》…するのもけっこうだ：*It's all very* ～ you stay here, but how are you to pay your lodging? ここにとどまるのもけっこうだが，その下宿代はどうやって払うのですか. ***W～ and good!*** よろしい；仕方がない；けっこう《決定などに従うとき》. **～ *enough*** どうにか許しうるほどの良さ；どうやら良い；まあまあで.

── *int.* **1**《驚き》まあまあ，これはこれは：*W～*, ～, it's a small world we live in! おやおや，世の中って広いようで狭いもんですね.

2《ためらい》ええと，そうですね：Can you do that? — *W～*, I'm afraid not. できますか. — そうですね，どうもできそうもありません.

3《安堵(あんど)・あきらめ・話の続きなど》さて；やれやれ：*W～*, I'm through now. さあ終わった. *W～*, as I was saying, Tom and I happened to be in 〔on〕 the same train. ところで，さっきも言いかけたとおり，トムと私はおなじ列車に乗り合わせていたわけです.

4《情勢の確認；if-節などのあとを受けて》まあ，そのときは：What? It doesn't work? *W～*, (then,) let's try another plan. なに？ うまくいかないって？ じゃあ別の計画をやってみようよ. If nobody comes, ～, it's all the better. もしだれも来なけりゃあ，そりゃあなおけっこうじゃないか.

── *n.* 好つごう；健康，幸福.

Let* ～ *alone. 不必要に手を加えるな《やぶへびになるからそのままにしておく》. ***wish*** a person ***well*** (人の)幸福を祈る.

な. ‡∼-**knówn** → 別項. ∼-**lík·ing**〔英〕健康そうな, 工面のよさそうな. ∼-**máde** かっこうのよい, つりあいのとれた;《細工が》よくできた, 仕上げのよい. ∼-**mán·nered** 行儀のよい; 上品な, 丁寧な. ∼-**márked** はっきり識別される, 目だった. ∼-**méan·ing** 善意〔好意〕の; お人よしの. ∼-**méant** =∼-intentioned. ∼-**nígh**〔古〕ほとんど. ∼-**óff**《おもに叙述的》裕福な, 順境にある, うまくいっている (= well off). ↔ badly-off. ∼-**óiled** (1)〔俗〕酔った. (2) 能率的な. ∼-**ór·dered** 秩序だった. ∼-**páid** 給料〔報酬〕のよい. ∼-**pléas·ing**〔古〕喜ばしい, 満足な《に *to*》. ∼-**pre·sérved** 保存のよい; 真新しく見える;(年齢の割りに) 若々しい. ∼-**pro·pór·tioned** よく均整〔均衡〕のとれた. ∼-**réad** [-réd] 多読の; 博識〔博学〕の《について *in*》. ∼-**rég·u·lat·ed** よく整った, 規則だっている. ∼-**re·pút·ed** 評判のよい. ∼-**róund·ed** 均整がとれて完ぺきの, 多方面の. ∼-**séem·ing** 見かけのよい. ∼-**spó·ken** ことばの洗練された〔上品な〕; 表現の適切な. ∼-**súit·ed** 適切な; 便利な. ∼-**thóught-of** 評判のよい. ∼-**tímed** 時宜を得た, 好機の. ∼-**to-dó** 裕福な, 楽な暮らしの. ∼-**tríed** たび重なる試練に耐えた. ∼-**tród·den** 訪れる者の多い. ∼-**túrned** 巧みに表現した. ∼-**wísh·er** 人のしあわせを望む人, 好意を寄せる人;《主義などの》支持者. ∼-**wórn** 使い古した; 古くさい, ありふれた, 陳腐な.

〔類〕 → **rich**「金持ちの」

we'll [wiːl, 弱 wil] we shall; we will の短縮形.

wéll·a·dáy [wélədéi], **wéll·a·wáy** [-wéi] *int.*〔古・笑〕ああ!, さてさて!

Wél·ling·ton [wéliŋtən] *n.* **1** Arthur Wellesley ∼ (=First Duke of ∼), 1769–1852, イギリスの将軍・政治家《Waterloo で Napoleon I を破った》. **2** New Zealand の首都. **3** (*pl.*)《ひざまでくる》長ぐつの一種 (= ∼ boots).

‡**wéll-knówn** [wélnóun] *a.* **1** 有名な, 名のとおった; 周知の: a ∼ painter. **2** よくわかっている, 親しい: a ∼ face.

Wells [welz] *n.* Herbert George ∼, 1866–1946, イギリスの著述家.

welsh [welʃ, ㊍⁺ weltʃ], **welch** [weltʃ, welʃ/welʃ] *vt., vi.* **1**〔競馬〕(勝ち馬にかけた人に) 賞金を払わずに逃げる. **2**〔俗〕借金を踏み倒す; 義務を怠る, 約束にそむく《の *on*》. ◇ ∼·**er** *n.* 山師, ぺてん師.

Welsh [welʃ, ㊍⁺ weltʃ] *a.* Wales の; ウェールズ人〔語〕の. —— *n.* **1** (the ∼)《集合的》ウェールズ人. **2** ウェールズ語. ∼·**man** [-mən] (*pl.* **-men**) ウェールズ人. ∼ **mutton** ウェールズ産優良羊肉. ∼ **rabbit** [**rarebit** [-réərbit]] チーズトースト《溶かしたチーズにビールを混ぜてトーストやクラッカーにかけたもの》. ∼·**wòm·an** (*pl.* **-wòm·en**) ウェールズ人の女.

welt [welt] *n.* **1**《くつの甲と底との》継ぎ目皮. **2** へりかがり, ふち飾り. **3** むち跡, ミミズばれ. **4**〔俗〕殴打. —— *vt.* **1** に継ぎ目皮をつける; にふち飾り〔細い当て切れ〕をつける. **2** にミミズばれをこしらえる. **3**〔俗〕なぐる, むち打つ.

Welt·an·schau·ung [véltàːnʃàuuŋ] G. *n.* 世界観.

wél·ter[1] [wéltər] *vi.* **1** 〈波が〉うねる, さかまく. **2**《どろ・血などの中に》ころがる, ころがり回る; のたうつ《に *in*》. **3**《罪悪などに》ひたる, ふける《に *in*》. **4** ごたつく, 混乱する. **5**〔方〕よろめく. —— *n.* **1** うねり, さかまき. **2** ころがること, ころがり回ること. **3** 混乱; ごった返し. **4** ごたごたした群れ, 混乱した集団: a ∼ of anxious faces 多数の心配そうな顔.

wél·ter[2] *a.*〔競馬〕《障害競馬などで》重量 (物) を負わす. —— *n.*〔俗〕ウエルター級ボクシング〔レスリング〕選手;〔稀〕平均体重以上の騎手.

∼ **race** 重量負荷競馬.

wél·ter·weight [-wèit] *n.* **1**《障害競馬などで》ハンディキャップとして馬に負わせる重量 (物)《馬の年齢に応じて課する重量以外の28ポンド》. **2**《ボクシング・レスリングの》ウエルター級 (の選手).

—— *a.* ウエルター級の.

wen[1] [wen] *n.* **1**〔医〕皮脂性嚢胞(のう)〔頭髪部などのはれもの〕; こぶ. **2**〔英〕過大都市. ***the Great Wen*** ロンドン市の別称.

wen[2] *n.*〔古代および中世英語にとり入れられた〕ルーン(Runic)文字 'p'《11世紀に w がそれに代わった》.

wench [wentʃ] *n.* **1** 若い女; 女中; いなか娘. **2**〔英古〕売春婦. **3**〔米方〕下層階級の女, 黒人女. —— *vi.*〔古〕売春婦と遊ぶ;〔英方〕求婚する.

wend [wend] *v.* (∼·**ed**,〔古〕**went**) *vt.*〔雅〕《次の成句だけに用いる》: ∼ one's way 行く. —— *vi.*〔古〕行く, おもむく. 〈注〉この過去形 went が go の過去形となった.

Wend [wend] *n.* ウェンド人《もとドイツ北東部に, いまは Saxony 地方に住むスラブ族の一派》.

◇ ∼·**ish** *n., a.* ウェンド語 (の).

†**went** [went] *v.* go の過去形. → wend.

‡**wept** [wept] *v.* weep の過去・過去分詞.

†**were** [wəːr 弱 wər] *vi., aux. v.*《be の直説法過去第一・第二・第三人称複数形および第二人称単数形. 仮定法のばあいには各人称の単数・複数形にも用いられる》: The children ∼ hungry. 子どもたちはおなかがすいていた. If he ∼ present, we could ask him. 彼が出席していれば尋ねられるのだが.

as it ∼ いわば. ***if it*** ∼ ***not for*** = ∼ ***it not for*** …がなかったら, …のおかげによらなかったら: *W*∼ *it not for* water, nothing could live. 仮に水がないとしたら何者も生きられないだろう.

we're [wiər] we are の短縮形.

‡**weren't** [wəːrnt, ㊍⁺wəːrənt] were not の短縮形.

wér(e)·wolf [wíərwùlf, wəːr-] *n.* (*pl.* **-wolves** [-wùlvz])〔伝説〕オオカミになった人間, 人間オオカミ.

wert [wəːrt, 弱 wərt] *vi., aux. v.*〔文〕be の直説法第二人称単数と仮定法の過去形《主語が thou のとき》.

Wés·ley [wésli/wéz-, wés-] *n.* **1** Charles ∼, 1708–88, イギリスの牧師・賛美歌作者. **2** John ∼, 1703–91, イギリスの神学者・牧師, メソジスト教会の創始者《Charles の兄》.

Wés·ley·an [-ən] *a.* John Wesley の, ウェスレー〔メソジスト〕教派の. —— *n.* ウェスレー追従者; メソジスト教徒.

◇ ∼·**ism** *n.* ウェスレー主義 (Methodism).

Wés·sex [wésiks] *n.* 古代イギリス南西部にあった Anglo-Saxon 王国. 〈注〉Thomas Hardy の小説の舞台となっている Wessex はおもに Dorsetshire 地方のこと.

†**west** [west] *n.* **1** 西, 西方, 西部: in the ∼ of Boston ボストンの西部 (地区) に. to the ∼ of Manchester マンチェスターの西方に《離れて》. **2** (the W∼) 西洋《東洋に対し》; 西欧,「西側」《共産主義国家に対し》;〔史〕西ローマ帝国. **3**〔米〕(アメリカ) 西部地方.

—— *a.* **1** 西の〔への, からの〕: a ∼ gate 西向きの門, 西門. *W*∼ Africa アフリカ西部. **2** 西洋の, 西洋風の. **3** (W∼)〔米〕西部の.

—— *ad.* 西に〔へ, から〕. ***due*** ∼ 真西へ. ***go*** ∼ 西へ行く;〔俗〕死ぬ; 〈金などが〉なくなる. ***lie east and*** ∼ 東西に横たわる. ∼ ***of*** の西方に: The island lies 10 miles ∼ *of* the cape. その島はみさきの西方10マイルのところにある.

W∼ Berlin 西ベルリン. ∼·**bound** [⊥⊥] 西行きの. **W∼ Central, the** 西中央区《London 郵便区の一つ. 略 W.C.》. ∼ **country**〔英〕England の西部地方《Southampton から Severn 河口に至る線の西側》. **W∼ End**〔英〕ロンドンの西部地域《大邸宅・大商店・劇場などの多い》. **W∼ Germany** 西ドイツ《1949年ドイツ連邦共和国 (Federal Republic of Germany) として独立. 首都 Bonn》. **W∼ Indian** *n., a.* 西インド諸島人〔諸島の〕.

W～ Indies 西インド諸島. **W～ Point** 〘米〙〘New York 州南東部にある〙アメリカ陸軍士官学校(所在地). **W～ Pointer** 〘米〙アメリカ陸軍士官学校生徒. **W～ Virginia** ウェストバージニア〘アメリカ東部の州. 略 W. Va.〙. **W～ Virginian** ウェストバージニア州の(人).

wést·er·ing [wéstəriŋ] *a.* 〘太陽・風が〙西に傾く〔向かう〕.

wést·er·ly [wéstərli] *a.* **1** 西への, 西向き〔寄り〕の. **2** 西からの, 西から吹く. —— *ad.* 西に〔へ〕; 西から. —— *n.* 西風.

‡**wést·ern** [wéstərn] *a.* **1** 西の〔から来る, への, にある〕: a ～ course〔route〕西回り航路〔路線〕. **2** (W～) 西洋の, 欧米の: *W*～ science 西洋の科学. **3**〘米〙西部地方の. —— *n.* **1** 西部の人; 西国人. **2** 西洋人. **3**〘米〙西部もの《おもにカウボーイを扱った西部地方を舞台とする物語・映画など》.
W～ Church, the 西方教会, ローマ カトリック教会. **～ front, the** 西部戦線《第1次世界大戦における》. **W～ Hemisphere, the** 西半球. **～ omelet** ピーマン, たまねぎ, ハム入りオムレツ. **W～ (Roman) Empire, the** 西ローマ帝国《395–476》.
◇ **～·er** *n.* (または W～) **1** 西洋人. **2** アメリカ西部諸州の住民, 西部人. **～·most** [-mòust] *a.* 西端の.

wést·ern·ize [-aiz] *vt.* 〈考え方・生活様式などを〉西洋風にする, 西欧化する.
◇ **wèst·ern·i·zá·tion** *n.*

wést·ing [wéstiŋ] *n.* 〘海〙西航(距離).

Wést·min·ster [wéstminstər/wés(t)m-] *n.* **1** ロンドンの一区域《Westminster Abbey, 国会議事堂, Buckingham 宮殿などがある》. **2**〘英〙議会; 議会政治; イギリス国会議事堂の所在地.
at **～**〘英〙議会で.
～ Abbey ウェストミンスター寺院《ロンドンにあるゴシック式建築寺院. 国王や功績のあった名士たちの墓がある》;《比喩的》同寺院に葬られるような名誉の死.

‡**wést·ward** [wéstwərd] *a.* 西に向かう, 西方の. —— *ad.* 西へ〔に〕. —— *n.* 西部地方, 西部諸国.
◇ **～·ly** [-li] *ad., a.* 西へ(の), 西から(の).

wést·wards [-z] *ad.* = westward.

†**wet** [wet] *a.* (**-tt-**) **1** ぬれた, 湿りけのある: ～ streets ぬれた街路. ～ clothes 湿った着物. I got dripping ～. びしょびしょにぬれてしまった. ↔ dry. **2** 雨降りの〔で〕, 雨の; 雨もよいの; 雨の多い: a ～ day 雨降りの日. a ～ sky 雨もよいの空. We have had too much ～ weather this summer. この夏は雨が多過ぎた. the ～ season 雨季. a ～ region 多雨地帯. **3**《ペンキなど》塗りたての: ～ paint ペンキ塗りたて《掲示など》. **4**〘米〙酒類の売買を認めている《州など》; 禁酒法に反対の: a ～ state 非禁酒州. **5**《アルコール・シロップなどに》つけた. **6**〘化〙湿式. **7**〘俗〙酔っている: have a ～ night 一晩飲み明かす. ***all*** **～**〘米俗〙全くまちがっている. **～ *behind the ears***〘話〙未熟で. **～ *to the skin*** ずぶぬれになって.
—— *n.* **1** 水; 液体. **2** 湿りけ. **3** 雨天, 雨降り, 雨: walk in the ～ 雨の中を歩く. Come in out of the ～. 雨にぬれるからおはいりなさい. **4**〘米話〙酒類の売買を認める, 反禁酒法論者. **5**〘俗〙酒; 飲酒.
—— *vt., vi.* (**wet** *or* **wét·ted**; **wét·ting**)《過去・過去分詞の wet はおもに米》 **1** 湿らせる; ぬれる, 湿る. **2** 酒を飲んで祝う. **～ *a bargain*** 酒の席で契約を結ぶ. **～ one's *bed*** おねしょをする. **～ *down*** 水をかけて湿らせる. **～ *through*** ずぶぬれになる. **～ one's *whistle***〘話〙酒を飲む.
∸·back [∸∸]〘米話〙《特に Rio Grande 川を泳いで》アメリカへ密入国するメキシコ人. **～ bargain** 酒の席で結ばれる契約. **～ blanket** けちをつける人〔物〕; がっかりさせる人〔物〕, 興ざめ. **～ bob**〘英〙ボート好きの学生《Eton 校の》. **～ bulb** 湿球《乾湿計の》. **～ cell**〘電〙湿電池. **～ dock** 湿船渠(きょ)〘船の水位を一定に保つための水門を閉じるドック〙. **～ goods**〘米〙酒類. **～ nurse**《乳児に乳を与える》うば. → dry nurse. **∸-nurse** [∸∸] *vt.* のうばとなる, にうばとして授乳する. **～ pack** 冷湿布(療法). **～ plate**〘写〙湿板.
◇ **∸·ness** *n.* 湿り(のあること), ぬれていること; 降雨. **∸·tish** [-iʃ] *a.* 湿りけ〔水分〕のある.
(類義語) **ぬらす: wet** 一般的な語. **drench** しずくがしたたり落ちるほどぬらす. びしょびしょにぬらす: A heavy rain *drenched* the clothes. どしゃ降りで着物がすっかりぬれた. **saturate** これ以上吸収できないほどぬらす: *saturate* a sponge スポンジにたっぷり水を含ませる. **soak** 水につける, 浸す: *soak* beans before cooking 豆を料理する前に水に入れてふやけさす.

wéth·er [wéðər] *n.* 去勢した雄羊.

we've [wiːv, 弱 wiv] we have の短縮形.

w.f., wf wrong fo(u)nt〘印〙活字〔字体〕違い《校正用語》.

WFTU World Federation of Trade Union 世界労働組合連盟. **W.G., w.g.** water gauge; weight guaranteed; wire gauge.

whack [(h)wæk] *vt.* **1**〘話〙《棒で》強く打つ, ピシャッと打つ. **2**〘俗〙山分け(に)する, 分配する《*up*》. —— *vi.*〘話〙強く打つ.
—— *n.* **1**〘話〙棒で強く打つこと, 殴打. **2**〘話〙試み. **3**〘俗〙分配, 分け前. ***have*** **one's *～ of***〘俗〙の分け前にあずかる. ***out of ～*** ぐあいが悪く. ***take a ～ at***〘俗〙を試みる; に一撃を試みる.

whácker [(h)wǽkər] *n.* **1** 打つ人; 家畜を追う人. **2**〘話〙《同種類中で》並みはずれて大きい物〔人〕; 大ぼら〔うそ〕.

whácking [-iŋ] *a.* 〘おもに英話〙すごく大きい. —— *ad.* (もの)すごく, とてつもなく. —— *n.* ひどい殴打.

whácky [-i] =wacky.

‡**whale**[1] [(h)weil] *n.* **1**〘動〙鯨. **2**〘米話〙巨大なもの; 抜群のもの〔人〕: a ～ on reading 非常な読書家. a ～ at tennis テニスの名人. **3** (W～)〘天〙鯨座. ***a ～ of a***... たいへんな; すばらしい: *a ～ of a* play すばらしい劇. have *a ～ of a* time 全く愉快な時を過ごす. ***be a ～ at*** [***for, on***] …にすぐれている; に非常に興味をもっている, に非常に熱心である. It is ***very like a ～.***《矛盾した相手の話に対する皮肉な同意のことば》ええそうですとも, いかにもおおせのとおり.
—— *vi.* 捕鯨に従事する.
∸·back [∸∸]〘米: 史〙亀甲(きっ)甲板貨物船《激浪をかぶっても水がすぐ流れ落ちるようになっている》; 亀甲甲板; 鯨の背状の物. **∸·boat** [∸∸] 救難用手こぎボート《もと捕鯨用》. **∸·bone** [∸∸] 鯨のひげ; その細工物: a ～*bone* whale《ナガスクジラなど》ひげの多い鯨. **～ calf** 子鯨. **～ catcher**〔**chaser**〕捕鯨船. **～ fin**〘商〙鯨ひげ. **～ fishery**〔**fishing**〕捕鯨(業); 捕鯨場. **～ line**〔**rope**〕もり綱. **∸·man** [-mən] (*pl.* **-men**) 捕鯨者〔船員〕; = whaler. **～ oil** 鯨油.
◇ **whál·er** *n.* 捕鯨者; 捕鯨船.

whale[2] *vt.* 〘米話〙むち打つ; ひどく打つ.

whál·ing [(h)wéiliŋ] *n.* 捕鯨(業).
～ gun 捕鯨砲. **～ master** 捕鯨船長.

wham [(h)wæm] *n.* ゴツン, ドシン; 衝撃.

whám·my [(h)wǽmi] *n.* 〘米俗〙=evil eye.

whang [(h)wæŋ] *vt.* 〘話〙ドンと打つ; ひどく打つ. —— *vi.* 〈太鼓などが〉ドンと鳴る. —— *n.* 〘話〙ひどく打つこと; ドンと打つ〔鳴る〕音.

***wharf** [(h)wɔːrf] *n.* (*pl.* **wharves** [-vz], **wharfs** [-fs]) 波止場, 埠頭(ふとう). —— *vt.* 〈船を〉波止場につなぐ; 〈荷を〉波止場に揚げる; に波止場を設ける.
～ rat 波止場にすむ大ネズミ; 波止場こじき.
◇ **∸·age** [-idʒ] *n.* **1** 波止場使用(料); 係船料. **2**《集合的》波止場(施設).

whárf·in·ger [-indʒər] *n.* 波止場所有者〔管理者〕.

wharves [(h)wɔːrvz] *n.* wharf の複数形.
†**what** → 枠付 what. (pp. 1512–1513)
what'd [(h)wátid/(h)wɔ́tid] what did の短縮形.
what·é'er [(h)watéər/(h)wɔt-]〘雅〙 =whatever.
‡**what·év·er** [(h)watévər/(h)wɔt-] *pron.* 《ever による what の強意》 **1** 《名詞節を導く》…する〔…である〕ものはなんでも (anything that...): Do ～ you like. 好きなことをやりなさい. *W*～ he does matters little. 彼がなにをしようとたいして問題にならない. **2** 《副詞節を導く》なにを〔が〕…しても〔であろうと〕: *W*～ you do, do it well. なにをするにせよ, りっぱにやりなさい. **3** 《疑問詞》〘話〙いったいなにを〔が〕(= what ever, what in the world): *W*～ do you mean? いったいどういうつもりなんですか.
—— *a.* 《関係詞: 譲歩をあらわす》 **1** 《名詞節を導く》…するあらゆる, …するどんな…も: *W*～ orders he gives are obeyed. 彼がくだすどんな命令も従われる. **2** 《副詞節を導く》どんな…でも (= no matter what): *W*～ results may follow, I'll try again. どんな結果になろうとまたやってみる. **3** 《no, any のあとなど否定的な文中で》少しの…も (ない): There is *no* doubt ～. 全然疑う余地はない. Is there *any* chance ～? いくらかは見込みがあるのですか.
whát·for [(h)wátfɔːr/(h)wɔ́tfɔː] *n.* 〘俗〙《むち打ちなどによる》叱責(しっせき), 懲罰.
what-ís-it [(h)watízit/(h)wɔt-] *n.* 〘米話〙なにやら, なんとかいう人〔物〕.
what'll [(h)wátl/(h)wɔ́tl] what will; what shall の短縮形.
Whát·man [(h)wátmən/(h)wɔ́t-] *n.* ワットマン紙 (= ～ papar) 《絵・版画・写真用》.
whát·not [(h)wátnàt/(h)wɔ́tnɔt] *n.* **1** 《骨董・本などを載せる》置きだな, 飾りだな. **2** えたいの知れない物〔人〕. **3**〘米話〙なにやかや, いろんなもの (=and what not).
what's [(h)wats, (h)wʌts, 弱 (h)wəts/(h)wɔts] **1** what is の短縮形: *What's* this? これは何か. **2** what has の短縮形: *What's* happened? 何が起こったのか. 〈注₁〉① がもっともひんぱんで, 口語では what is はたいていこの短縮を起こす. ただしリズムの関係で is が強まり, 短縮を起こしにくいばあいもある: *What is* it 〔he〕? それは何か〔彼はどういう人か〕. 〈注₂〉ときには what does の短縮形となる.
whát·sis [(h)wátsis/(h)wɔ́tsis] = what-is-it. [<what's this]
whát's·it, whát·sit [(h)wátsit/(h)wɔ́tsit] = what-is-it.
whát·so [(h)wátsou/(h)wɔ́t-], **whàt·so·é'er** [(h)wàtsoéər/(h)wɔ̀t-]〘雅〙= whatsoever.
***whàt·so·év·er** [(h)wàtsoévər/(h)wɔ̀t-] *pron., a.* whatever の強意形.
what've [(h)wátəv/(h)wɔ́təv] what have の短縮形.
wheal¹ [(h)wiːl] *n.* **1** ミミズばれ, むち跡. 〈注〉wale, weal の誤ったつづり. **2** 《じんましんなどの》吹き出物; 虫の刺した跡. —— *vt.* ミミズばれにさせる.
wheal² *n.* 〘英〙《Cornwall 州》鉱山; 《特に》スズ鉱山.
†**wheat** [(h)wiːt] *n.* 〘植〙小麦; 《穀物》小麦. → barley, oats. ～**·ear** → 別項. ～ **grass**〘植〙カモジグサの類 (couch grass).
◇ ～**·en** [-n] *a.* 小麦の; 小麦製の.
whéat·ear [(h)wíːtiər] *n.* **1** 麦の穂. **2**〘鳥〙《ヨーロッパ産鳴き鳥》ノビタキの類.
Whéat·stone [(h)wíːtstən, -stòun] ～(*'s*) ***bridge*** 〘電〙ホイートストンブリッジ《電気抵抗測定器》.
whée·dle [(h)wíːdl] *vt.* **1** うまいこと言って誘う, 甘言でだます, 口車に乗せる; だまして…させる《*into* (do)*ing*》. **2** 甘言で巻き上げる《から *out of*》. —— *vi.* うまいことを言う, 口先で喜ばす; おせじを並べる.
◇ ～**r** [-ər] *n.* **-dling·ly** *ad.* うまくだまして.
‡**wheel** [(h)wiːl] *n.* **1** 車輪, 車. **2** 車輪の付いた〔車輪に似た〕器具〔機械〕; 紡ぎ車(=spinning ～); 《製陶に使う》ろくろ; 輪転花火; 〘史〙《車裂きの》刑車. **3** 《自動車の》ハンドル, 《船の》舵輪(だりん) (=steering ～). **4**〘米話〙自転車: ride a ～ 自転車に乗る. **5** 回転する動き; 回転; 輪転; 旋回; 〘軍〙旋回運動: the ～*s* of gulls カモメの旋回. **6** (通例 *pl.*) 原動力, 推進力: the ～*s* of progress 進歩の原動力. **7** (通例 *pl.*) 機械; 機械類; 機構: the ～*s* of government 政府機構. **8** 《比喩的》勢力家; 大物: a big ～ 大立て者. **9** 丸い図形〔模様〕.
a turn of the ～ 運命の移り変わり. ***be at the*** ～ かじを取る; 支配力をもつ. ***break a fly*** 〔***butterfly***〕 ***on*** ～ むだぼねをおる. ***break*** a person ***on the*** ～ (人を) 車裂きの刑に処する. ***Fortune's*** ～ = ～ ***of Fortune*** 《身の》浮沈; 変転; 運命の女神の紡ぎ車. ***on*** ～***s*** (1) 車に乗って, 移動して: a barber *on* ～*s* 移動〔巡回〕床屋. (2) 順調に, すらすらと: go *on* ～*s* 円滑に進む〔運ぶ〕. ***put*** 〔***set***〕 ***one's shoulder to*** ～ 努力する; 一膚脱ぐ. ***the man at the*** ～ 舵手; 自動車の運転手; 責任ある地位にある人. ***toothed*** ～ 歯車. ～ ***and axle*** 輪軸. ～ ***of life*** 《絵が動くように見える》おもちゃの一種. ～***s within*** ～***s*** 複雑な機構; 込み入った事情.
—— *vt.* **1** 車で運ぶ: ～ the rubbish to the dump 車でごみをごみ捨て場に運ぶ. **2** ‹に車をつける. **3** 〈車を〉動かす, 押す, 引く: ～ a cart 手押し車を押す. **4** 旋回させる; ‹の向きを変えさせる: ～ a horse about 馬の向きを変える. **5**〘製陶〙ろくろでつくる.
—— *vi.* **1** 旋回する: The gulls ～*ed* in the air. カモメが空中で旋回した. **2** 向きを変える《*about, around*》. **3** 意見〔態度〕を方向転換する《*about*》: The senator suddenly ～*ed about* for the bill. 上院議員は突然その法案に賛成の態度を示した. **4**〘話〙自転車に乗る. **5** 〈車が〉進む; 〈人が〉(車で) 進む; すらすら進む《*along*》. ～ ***and deal*** (得意とする分野で) 采配(さいはい)をふるう, 大活躍をする.
～**·bàr·row** 手押し 1 輪車 (で運ぶ): (as) drunk as ～*barrow* ひどく酔っ払って. ～ **base** 軸距《自動車の前後輪の車軸間の距離》. ～**·chair** [⌐⌐] 《病人用の》車いす, 手押し車. ～ **horse** 《4 頭立て馬車の》あと馬 (=wheeler); 〘米話〙忠実な勤勉家. ～**·house** [⌐⌐]〘海〙操舵室 (pilothouse). ～**·man** [-mən] (*pl.* **-men**)〘米〙(操) 舵手; 自転車乗り (cyclist). ～ **window** 丸窓《縦仕切りの窓飾りのある》. ～**·wright** [-ràit] 車輪製造者, 車大工.
◇ ～**·ing** *n.* **1** 車で運搬すること. **2**〘俗〙自転車に乗ること. **3** 《車の進みぐあいから見た》路面状態. **4** 輪転, 回転. ～**·less** *a.* ～**·like** *a.*
(-)**wheeled** [-d] *a.* 車 (輪) の付いた; 《合成語で》…輪の: two-*wheeled* 2 輪の.
whéel·er [(h)wíːlər] *n.* **1** 荷車引き(人); =wheel horse. **2** (…) 車輪付きの物〔車〕: a four-～ 4輪 (馬) 車. **3** 4頭立ての馬車のあと馬《車に最も近い馬》; 忠実な努力家. **4**〘英〙=wheelwright.
wheeze [(h)wiːz] *vi.* 《苦しそうに》ゼーゼー息をする; 〈機械などが〉ザーザーという音を発する.
—— *vt.* ゼーゼーという音を発して言う《*out*》.
—— *n.* **1** ゼーゼーという音. **2**〘劇俗〙《役者が臨機に入れる》入れぜりふ, アドリブ; 陳腐なしゃれ.
◇ **whéez·er** *n.* **whéez·ing·ly** *ad.*
whéez·y [(h)wíːzi] *a.* ゼーゼーいう.
◇ **-i·ly** *ad.* **-i·ness** *n.*
whelk¹ [(h)welk] *n.* 〘貝〙エッチュウバイの類《食用》.
whelk² *n.* 吹き出物, にきび (pimple).
whelm [(h)welm] *vt.* 〘雅〙 **1** 〈波・水が〉のみ込む, さらう. **2** 圧倒する (=overwhelm): ～*ed* in 〔by〕 sorrow 悲嘆にくれて.
whelp [(h)welp] *n.* **1** 犬の子 (puppy); ライオン・トラ・オオカミ・クマなどの子. **2** 《けいべつ的》子ども, がき, できの悪い子〔若者〕.
—— *vi., vt.* **1** 〈獣が〉(子を) 生む; 《けいべつ的》〈母

が〉(子を) 生む. **2**〈悪い計画などを〉考え出す.
†when → 枠付 when. (pp. 1513–1514)
when·ás [(h)wenǽz] *conj.* 〖古〗= when; while; whereas.
whence [(h)wens] *ad.* **1**《疑問詞》どこから; どういう原因から: *W*～ did she come? 彼女はどこから来たのか. *W*～ has he so much wisdom? どうして彼にあんなに知恵があるんだろう. **2**《関係詞》そこから…するところの (from which): That is the town ～ he came. あれが彼の出た町です. **3**《関係詞: 先行詞なしに副詞節などを導く》そこから…するところへ: Return ～ you came. 元の場所へもどれ. ***W*～ *comes it that…?*** どうして…ということになるのか.
—— *pron.* **1**《疑問詞》どこ; どのような原因, 出発点: From ～ is he? 彼はどこの出身か. **2**《関係詞》the source from ～ it springs それが発生してきた根源.
—— *n.* (そこから) 来た場所; 出身地; 根源, 由来: We know neither our ～ nor our whither. われわれはどこから来たのかもどこへ行くのかもわからない.
whènce·so·év·er [(h)wènssoévər] *ad., conj.* 《whence の強意形》どこ〔なに〕からでも; なぜでも.
when·é'er [(h)wenέər] 〖雅〗= whenever.
‡when·év·er [(h)wenévər] *ad., conj.* **1**《関係詞》…**するときはいつも** (at whatever time…); …するたびに (every time that…); いつ…しても (no matter when…): *W*～ I am in trouble, I consult him. 私は困っているときはいつも彼に相談する. Let me know ～ you come. おいでになるときいつでもお知らせください. **2**《疑問詞》いったいいつ: *W*～ will it be over? いったいいつになったら終わるのだろう. *W*～ will you learn? いったいいつになったら覚えるのか.
when's [(h)wenz] when is, when has の短縮形.
whèn·so·év·er [(h)wènsoévər] *ad.* whenever の強意形.
†where → 枠付 where. (pp. 1514–1515)
***whère·a·bóuts** [(h)wὲ(:)rəbáuts / (h)wέər-] *ad.* 《疑問詞》**どのあたりに**, どこに: *W*～ did you find it? どのへんでそれを見つけたのですか. —— [⊥−⊥] *n.* 《単数・複数扱い》**ありか**, 居所; 行くえ: I don't know the ～ of her house. 私は彼女の家がどの辺か知らない. 〈注〉まれに whereabout ともいう.
‡where·ás [(h)wε(:)rǽz/(h)wεərǽz] *conj.* **1** …**であるのに反して** (while on the other hand…): Some students like mathematics, ～ others do not. 数学の好きな学生もあるが反対にきらいな者もある. **2** …であるがゆえに, …という事実から見ると (in view of the fact that…) 《法律・条約文などに用いる》: *W*～ the defendant is so contrite, …被告がかくも罪を悔いているゆえに….
where·át [(h)wε(:)rǽt/(h)wεərǽt] *ad.* 〖古〗**1**《疑問詞》なにに接して〔を見て, を聞いて〕, なんで (at what): I wonder ～ he got so angry. 彼はなにを見て〔聞いて〕そんなに腹を立てたのかしら. **2**《関係詞》(それに) …するところの: the things ～ she was displeased 彼女の気に入らなかった事柄.
‡where·bý [(h)wεərbái] *ad.* 〖古〗**1**《疑問詞》**なにによって**, いかにして (by what): *W*～ can we know the truth? いかにしてその真実を知ることができるか. **2**《関係詞》**(それによって)…するところの** (by which): He thought of a plan ～ he might escape. 彼は逃げられそうな計画を思いついた.
where'd [(h)wεərd] where did の短縮形.
wher·é'er [(h)wε(:)rέər/(h)wεərέə] 〖雅〗= wherever.
whére·fore [(h)wέərfɔ̀:r/-fɔ:] *ad.* 《疑問詞》なにゆえに (for what reason): *W*～ do you hesitate? なぜきみはためらうのだ. Tell me ～ it is so. なぜそうなのだか教えてくれ. —— *conj.* それゆえに (therefore): He was angry, ～ I was afraid. 彼は腹を立てていた, だから私は心配だった. —— *n.* 理由, 原因. ***the whys and the*** ～***s of*** の理由.
where·fróm [(h)wεərfrám/-frɔ́m] *ad.* 〖稀〗**1**《疑問詞》どこ〔どちら〕から. **2**《関係詞》そこから.
where·ín [(h)wε(:)rín/(h)wεərín] *ad.* **1**《疑問詞》どこで〔に〕, どの点で〔に〕. **2**《関係詞》その中に, そこに, その点で.
where·ín·to [(h)wε(:)ríntu / (h)wεəríntu] *ad.* **1**《疑問詞》なにの中へ, なにに. **2**《関係詞》その中へ.
where'll [(h)wεərl] where will 〔shall〕 の短縮形.
where·óf [(h)wε(:)ráv/(h)wεərɔ́v] *ad.* 〖雅〗**1**《疑問詞》なに〔だれ〕の, なにについて, なにで. **2**《関係詞》それ〔だれ〕の, それについて, それで.
where·ón [(h)wε(:)rán/(h)wεərɔ́n] *ad.* **1**《疑問詞》なにの上に, なに〔だれ〕に. **2**《関係詞》その上に.
where're [(h)wέ(:)rər, (h)wεər/(h)wέərə, (h)wεə] where are の短縮形.
where's [(h)wεərz] where is の短縮形.
whère·so·év·er [(h)wὲərsoévər], **whère·so·é'er** [-έər] *ad.* wherever の強意形.
where·tó [(h)wεərtú:] *ad.* **1**《疑問詞》なにへ, どこへ; なんのために. **2**《関係詞》それへ, そこへ.
where·ún·to [(h)wε(:)rʌ́ntu:, (h)wὲ(:)rʌntú:/(h)wὲərʌntú:] 〖古〗= whereto.
whère·up·ón [(h)wὲ(:)rəpán/(h)wὲərəpɔ́n] *ad.* **1**《疑問詞》= whereon. **2**《関係詞》そこで, それから; その結果.
where've [(h)wεərv] where have の短縮形.
‡wher·év·er [(h)wε(:)révər / (h)wεərévə] *ad.* **1**《関係詞》**どこでも…するところに**〔ところで〕: He was liked ～ he went. 彼は行く先行く先で愛された. **2**《関係詞: 譲歩の副詞節を導く》**どこに**〔で, へ〕**…しても**: *W*～ he is, he must be found. どこへ行っていようと彼を捜し出さねばならぬ. **3**《疑問詞》いったいどこに〔で, へ〕: *W*～ did you put it? いったいどこへ置いたのです.
where·wíth [(h)wεərwíθ, -wíð] *ad.* **1**《疑問詞》なにによって, なにで. **2**《関係詞》それによって, それで.
whére·with·al [(h)wέərwiðɔ̀:l] *n.* (the ～) (必要な) 資金, 手段.
—— [⊥−⊥] *ad.* 〖古〗= wherewith.
whér·ry [(h)wéri] *n.* 渡し舟, はしけ; 〖競漕(きょうそう)用〗1人乗りスカル; 〖英〗《荷物を運ぶ》平底川舟.
***whet** [(h)wet] *vt.* (**-tt-**) **1**〈刃物を〉とぐ. **2**〈食欲などを〉**刺激する**, そそる; 強める.
—— *n.* **1** とぐこと, 研摩. **2**〖特に酒など〗食欲をそそるもの; 《ウイスキーなどの》一杯 (dram). **3**〖方〗しばらくの間; ひと仕事. **～·stone** といし.
†whéth·er [(h)wéðər] *conj.* **1**《名詞節を導く》…**かどうか** (を, は): I'm not sure ～ (*or* not) I can do it. できるかどうか自信がない. It is not certain ～ he will come (*or* not). 彼が来るかどうかはっきりしない. He asked ～ I liked it. ぼくが好きかどうかを尋ねた. I don't know ～ he is glad *or* sorry. 彼がうれしいのか悲しんでいるのかわからない. **2**《譲歩をあらわす副詞節を導く》…**であろうと** (**なかろうと**), …であろうと…であろうと (いずれにせよ): *W*～ you like it *or* not, you must do it. 好きであろうとなかろうと, それをしなければならない. *W*～ sick *or* well, he is always cheerful. 病気のときでも健康なときでも彼はいつも陽気だ. *W*～ *or* not the universe is our future world, we have got to investigate it. 宇宙が未来の生活の場になってもならなくても宇宙を調査しなければいけない. ***～ or no*** (1) = ～ or not: *W*～ *or no* it is true I cannot tell. それがほんとうかどうかわからない. (2)〖話〗いずれにせよ, ともかく: Well I'll come, ～ *or no.* よろしい, ともかく参りましょう.
—— *pron.* 〖古〗《疑問詞》《2者のうち》どちら.
whew [hwju:, ɸju:, ŷ:] *int.* ひゃあ!, うへー! 《驚き・ろうばい・失望をあらわす叫び声》.
whey [(h)wei] *n.* 乳漿(にゅうしょう)《チーズをつくるとき凝乳と分離する薄い水のような液》.

†**which** → 枠付 which. (pp. 1515–1516)
‡**which·év·er** [(h)witʃévər] *pron.* **1**《不定関係詞: 名詞節を導く》…**するどちら〔どれ〕でも** (any one that…): Take ～ you want. どれでもほしいのを取りなさい. **2**《関係詞: 譲歩をあらわす副詞節を導く》**どちらを〔が〕…しても** (no matter which…): *W*～ you choose, make sure that it is a good one. どれを選ぶにしてもよいものであることを確かめなさい. **3**《疑問詞》いったいどれ〔どちら〕を〔が〕: *W*～ do you want? いったいどちらが好きなのですか.
— *a.* **1**《関係詞: 名詞節を導く》…**する(ところの)どの**, …するどちらでもの (any___ that…): Take ～ picture you like. 好きな写真をどれでもお取りなさい. → whatever. **2**《関係詞: 譲歩をあらわす副詞節を導く》どれ〔どちら〕の—を〔が〕…しても (no matter which…): *W*～ side wins, I shall be satisfied. どちらが勝っても満足です. **3**《疑問詞》いったいどちらの〔どの〕…: *W*～ Johnson do you mean? いったいどちらのジョンソンのことですか.
whìch·so·év·er [(h)witʃsoévər] *pron., a.* whichever の強意形.
whíd·ah [(h)wídə] *n.* 〘鳥〙テンニンチョウ (= ～ bird)《雄は尾が長い. アフリカ産》.
whiff[1] [(h)wif] *n.* **1**《風などの》かすかな一吹き; たばこの一吹き; ぷんと鼻をつく〔漂う〕かおり: a ～ of salty air 風にのった潮の香. blow smoke in ～*s* たばこの煙をふっふっと吹く. She gave herself a ～ of perfume and went off. 彼女は身に香水を一吹きすると外出した. **2**〘話〙小さな葉巻き. **3** 小舟の一種. ***take*** 〔***have***〕 ***a*** ～ ***or two*** 〔***a few*** ～***s***〕 たばこを一, 二服すう.
— *vt., vi.* **1** 軽く一吹きする, ふうっと吹く, 吹き送る; ぷんとかおる〔におう〕. **2**〈たばこ・パイプを〉ふかす. **3**〘野球〙に三振をくわせる; 三振をくう.
whiff[2] *n.* 〘魚〙カレイの一種.
whíf·fet [(h)wífit] *n.* **1** 小犬. **2**〘米話〙つまらない人〔物〕. **3** 軽い一吹き.
whíf·fle [(h)wífl] *vi.* **1**〈風が〉そよぐ; 〈葉・炎が〉揺れる. **2** 意見がぐらつく; いいかげんなことを言う.
— *vt.* **1** 軽く吹かせる. **2**〈風が船の〉針路をあちこちに変える. **3**〈炎を〉揺らめかせる, 〈考えなどを〉ぐらつかせる. ◇ ～**r** [-ər] *n.* 《意見・考えの》ぐらつく人.
whíf·fle·tree [-triː] = whippletree.
Whig, whig [(h)wig] *n.* **1**〘英史〙ホイッグ党〔民権党〕員; (the ～s) ホイッグ党《17, 18 世紀 Tory (王党)と対立, のちいまの Liberals (自由党)となった進歩的政党》. → Tory. **2**〘米史〙独立党員; 共和党員. → Democrat. — *a.* ～の.
◇ ～**·ger·y** [-əri], ～**·gism** [-iz(ə)m] *n.* ホイッグ主義, 民権主義.
Whíg·gish [-iʃ] *a.* ホイッグ党の; 民権主義的.
◇ ～**·ly** *ad.* ～**·ness** *n.*
†**while** → 枠付 while. (pp. 1516–1517)
whiles [(h)wailz] *ad.* 〘古・方〙ときどき.
— *conj.* 〘古〙= while.
whí·lom [(h)wáiləm] *ad.* 〘古〙かつて, 以前, あるとき.
— *a.* 〘古〙以前の, 昔の, そのかみの.
*__whilst__ [(h)wailst] *conj.* 〘おもに英〙= while.
— *n.* (the ～) その間; 〘雅〙…の間 (the while).
whim [(h)wim] *n.* **1** 気まぐれ, むら気; でき心, 移り気: full of ～*s* (and fancies) 気まぐれな. **2**〘鉱山〙巻き上げ機. ***take*** 〔***have***〕 ***a*** ～ ***for*** walking (散歩でも)する気になる.
whím·brel [(h)wímbrəl] *n.* 〘鳥〙チュウシャクシギ.
whím·per [(h)wímpər] *vi.* **1** すすり泣く, しくしく泣く; 〈犬などが〉クンクン泣く. **2** 不平を言う.
— *vt.* 泣き声〔鼻声〕で言う. — *n.* すすり泣く声, 鼻を鳴らす音. 〔類〕 → **weep**「泣く」
whím·sey *n.* (*pl.* ～**s**) = whimsy.
whím·si·cal [(h)wímzik(ə)l] *a.* **1** 気まぐれな, むら気の, 移り気の. **2** 風変わりな, 奇異な. ◇ ～**·ly** *ad.*
whìm·si·cál·i·ty [(h)wimzikǽləti] *n.* **1** 気まぐれ, むら気. **2** 風変わり, 奇行.
whím·sy [(h)wímzi] *n.* **1** 気まぐれ, むら気. **2** 妙な考え; 奇抜な言行.
whin[1] [(h)win] *n.* 〘英: 植〙ハリエニシダ (furze).
～**·chat** [-tʃæt] 〘鳥〙ノビタキの類.
whin[2] = whinstone.
*__whine__ [(h)wain] *vi.* **1 哀れっぽい声で泣く**, すすり泣く; 〈犬などが〉鼻を鳴らす. **2** 泣き言をいう, ぐちをこぼす《*out*》. — *vt.* 哀れな声で言う《*out*》.
— *n.* **1** 哀れっぽい声, すすり泣きの声; 《犬などが》鼻を鳴らす声. **2** 泣き言, 愚痴.
whíng·er [(h)wíŋər] *n.* 〘英〙短剣, 短刀.
whín·ny [(h)wíni] *n.* 馬のいななき.
— *vi., vt.* 〈馬が〉優しく低く〔うれしげに〕いななく; いなないてあらわす〔知らせる〕.
whín·stone [(h)wínstòun] *n.* 〘鉱〙玄武岩の類 (basalt).
‡**whip** [(h)wip] *v.* (**whipped** *or* **whipt**; **whip·ping**) *vt.* **1 むち打つ**; 打つ: ～ a horse 馬にむちを当てる. The rain was ～*ping* the window panes. 雨が激しく窓ガラスを打っていた. **2** 鞭撻(べんたつ)する, 励ます, 刺激する: Bodily exercise ～*s* up the circulation. 運動は血行を盛んにする. **3** むち打って教え込む《に *into*》: ～ sense *into* a child 子どもをたたいて分別を教え込む. **4**〈クリーム・卵などを〉あわだてる: ～*ped* cream. **5** ぐいと動かす, 急に引く; ひったくる, ひっつかむ《*away, off*》: ～ a person's purse *away* 人のさいふをひったくる. **6**〈縫い目を〉かがる; 〈糸・ひもで〉ぎゅっと巻く; 〈綱・糸などを〉(物に) 巻き付ける. **7**〈川に〉つり糸を投げてつる: ～ a mountain stream 谷川で魚つりをする. **8** 滑車で引き上げる. **9**〘米話〙負かす.
— *vi.* **1** むちを使う; せっかんする. **2** 急に動く; さっと走る, 突進する《*away, out; in*》: The pickpocket ～*ped* round the corner and disappeared. すりは猛烈に急いでかどを曲がると姿を消した.
～ ***in*** 〈猟犬を〉むちで呼び集める; 〈議員に〉指令を発する. ～ ***off*** (1) さっと取り去る〔脱ぎ捨てる〕; 急に連れ去る: ～ *off* one's coat 上着をぱっと脱ぎ捨てる. (2)〈猟犬を〉むちで散らす. ～ ***out***〈剣・小刀などを〉急に引き抜く, 〈ピストルなどを〉急に引き出す. ～ ***round*** 急に振り向く. ～ ***up***〈馬を〉むちを当てて飛ばす; すばやく集める; 〘米話〙〈料理を〉手早く整える.
— *n.* **1 むち**. **2** むちで打つこと: The boy wants the ～. あの子にはせっかんが必要だ. **3** デザートの一種《クリーム・卵などをあわだててつくる》. **4** 政党の幹事《議院内の》, 院内総務; 《院内総務の議員に対する》登院通知書: issue 〔send〕 a ～ round 登院命令を出す. **5**〘狩〙猟犬係. **6**《馬車の》御者. **7** 引き上げ小滑車. **8**〘釣り〙たたきづり.
～**·cord** [⌐⌐] むちなわ; うね織り〔あや織り〕物の一種. ～ **crane**〘海〙《荷役用》簡易起重機. ～ **hand** → 別項. ～**·lash** [⌐⌐] (1) むち先(の皮). (2) むち打ち症 (=whiplash injury). ～**-round** [⌐⌐] 〘英話〙《友人・クラブ会員に回す》寄付勧誘(状); (慈善)募金. ～**·saw** → 別項. ～ **snake**《アジア産》尾の(むちのように) 細長いへビ. ～**·stitch** → 別項. ～**·stock** [⌐⌐] むちの柄.
whip hand *n.* 右手《むちを持つ手》; 優位. ***get*** 〔***have***〕 ***the*** ～ ***of*** を左右〔制〕する.
whíp·per [(h)wípər] *n.* むち打つ人〔物〕.
～**-ín** (*pl.* ～**s-ín**) 〘英〙 (1)〘狩〙猟犬係. (2)《イギリス議会の》院内幹事. ～**·snàp·per** 生意気なやつ〔小僧〕.
whíp·pet [(h)wípit] *n.* 競走犬の一種; 〘軍〙(高速) 軽戦車.
whíp·ping [(h)wípiŋ] *n.* **1** むち打ち(の刑). **2** 急に動くこと, 飛びかかること. **3**〘釣り〙たたきづり. **4**〘海〙《ロープの端を引き締める》縛り綱〔糸〕. **5**〘俗〙敗北.
～ **boy** (1)〘史〙王子に代わってむち打ちの罰を受ける学友. (2) 身代わり, 犠牲. ～ **cream**《あわだて用》生クリーム. ～ **post**〖罪人を縛る〗むち打ちの刑の柱. ～ **top** はたきごま《むちではたいて回すこま》.

whíp·ple·tree [(h)wípltri:] *n.* 遊動棒《馬具のひき皮を縛り付ける横木》.

whìp·poor·wìll [(h)wippuərwil/ˊーーˋ] *n.* 〖鳥〗《北アメリカ産》ヨタカの類.

whíp·saw [(h)wípsɔ:] *n.* 《木わくに弓なりに張った》細長いのこぎり. —— *vt.* **1** 細長いのこぎりでひく. **2** <相手を> 1度に2敗させる《賭(かけ)などで》; 完全にやっつける; 《比喩的》に往復びんたをくわす.

whíp·ster [(h)wípstər] *n.* 〖古〗 = whippersnapper.

whíp·stitch [(h)wípstitʃ] *vt.* 〖裁縫〗まつる, かがる. —— *n.* **1** まつり〔かがり〕(縫い). **2** 瞬間. (*at*) *every* ～ 立て続けに.

whir, whirr [(h)wə:r] *n.* 《鳥・飛行機の翼などの》ヒューンという音, ブンブン回る音. —— *vi.* (**-rr-**) ヒューンと飛ぶ; <モーターなどが> ブンブン回る.

‡**whirl** [(h)wə:rl] *vi.* **1** ぐるぐる回る, 回転する. **2** めぐる, 旋回する, 曲線を描いて行く: The leaves ～*ed* in the wind. 木の葉が風に舞った. **3** <頭が> くらくらする; めまいがする. **4** 車で走る, 乗り物で急いで行く; 突進する; <車が> 走る. **5** 思想などが相次いで浮かぶ. —— *vt.* **1** ぐるぐる回す, 振り回す: ～ a top こまを回す. **2** にめまいを起こさせる. **3** <飛び道具などを> 回して投げる. **4** 車でさっと運ぶ《*away*》.

—— *n.* **1** 回転; 旋回: give the crank a ～ クランクを1回転する. **2** 相次いで起こるできごと. **3** 混乱: a gay, social ～ 陽気などんちゃん騒ぎ. **4** ぐるぐる回る物. *in a* ～ ぐるぐる回って; 混乱して: His thoughts were *in a* ～. 彼の考えは混乱していた.

ˊ～·a·bòut (1) 回転, 旋回. (2) = whirligig. **ˊ～·pool** [ˊーˋ] うず, うずまき. **ˊ～·wind** → 別項.

whírl·i·gig [(h)wə́:rligig] *n.* **1** 《こまなど》回転するおもちゃ; 回転木馬. **2** 回転運動; 変転: the ～ of time 時の移り変わり. **3** 〖虫〗ミズスマシ (= ～ beetle).

whírl·wind [(h)wə́:rlwind] *n.* **1** つむじ風, 旋風. **2** (感情の) あらし, 激情 (的行動). *ride the* ～ <天使が> 旋風を御する; 《比喩的》風雲に乗ずる.

whish [(h)wiʃ] *vi.* ヒュー〔シュー〕と鳴る〔動く, 飛ぶ〕. —— *n.* ヒュー〔シュー〕と鳴る音.

whisht [(h)wiʃt] *int., a.* = whist[1].

whisk [(h)wisk] *vt.* **1** (さっと) 払いのける: ～ crumbs from the table テーブルからパンくずを払いのける. **2** すばやく運ぶ〔持ち去る〕: I was ～*ed* up to the roof in an express lift. 急行エレベーターで屋上までさっと運ばれた. ～ the letter out of sight 手紙をさっと隠す. **3** (軽く) 振り回す: ～ a cane つえを振り回す. **4** <卵・クリームなどを> かき回す, あわだてる. —— *vi.* **1** さっと〔ひょいと, すっと〕…する: The mouse ～*ed* into the hole. ネズミはさっと穴に隠れた. The train ～*ed* through the bridge. 列車はさっと橋を渡った. **2** (盛んに) 動き回る: The boys ～*ed* about him. 少年たちは敏捷(びんしょう)に彼のまわりで動き回った.

—— *n.* **1** 衣服用ブラシ, 小ぼうき. **2** 〖英〗あわだて器. **3** 《はたき・尾などの》一はらい: with a ～ of the tail 尾をさっと一振りして. **4** 敏捷な動作; 突進: the line's four-times-a-day ～ from London to Manchester ロンドン・マンチェスター間の日に4回の直通列車往復. **5** 《毛髪の》小ぶさ.

～ **broom** 衣服用ブラシ.

***whísk·er** [(h)wískər] *n.* **1** (通例 *pl.*) ほおひげ. → beard, mustache. **2** 《ネコ・トラ・ナマズなどの》ひげ; 《鳥の》くちばしのまわりの羽毛.

◇ ～**ed** *a.* ほおひげのある.

‡**whís·k(e)y** [hwíski, wíski] *n.* (*pl.* **-keys, -kies**) **1** ウイスキー. **2** ウイスキー1杯. 〈注〉アメリカでは通例国産品を whiskey (*pl.* whiskeys), 輸入品を whisky (*pl.* whiskies) とつづって区別する.

—— *a.* ウイスキーの〔でつくった〕.

～ **sour** (1) ウイスキーサワー《ウイスキーにレモンじる・砂糖・ソーダ水などを加えてかき氷と混ぜたもの》. (2) ウイスキーサワー用グラス.

‡**whís·per** [(h)wíspər] *vi.* **1** ささやく, 小声で話す: You can only ～ in the library. 図書室ではささやく程度にしなさい. **2** ないしょ話〔密談〕をする: ～ against a person 人の悪口を陰で言う; 人に対してひそかに陰謀をたくらむ. **3** <自然物が>サラサラ音をたてる: The breeze was ～*ing* among the trees. そよ風が木々の中で音をたてていた.

—— *vt.* **1** 小声で言う: He ～*ed* his wishes to me. 小声で願いを私に述べた. **2** に小声で話しかける: He ～*ed* her to go out with him. 彼は彼女に自分と外に出るようささやいた. **3** こっそり言いふらす: The story is being ～*ed* about in the neighborhood. この話は近所にこっそり言いふらされている. much ～*ed* reason 皆が陰で口にしている理由. *It is* ～*ed that*… …といううわさである. ～ *about* …のうわさをする. ～ *in* a person*'s ear* (人) に耳うちをする.

—— *n.* **1** ささやき, ひそひそ話: speak in a ～ 〔in ～*s*〕こそこそ話す. **2** うわさ: a ～ of scandal 醜聞. **3** 《…の》気味, ヒント《の *of*》: a ～ *of* the perfume she uses 彼女が使っている香水のかすかなかおり. speak *in a stage* ～ 聞こえよがしに (話す).

◇ ～·**er** [-pərər] *n.* ささやく人; こっそり話す〔告げ口する〕人.

whís·per·ing [(h)wíspəriŋ] *a.* ささやく; ささやきのような. —— *n.* ささやき; うわさ (話).

～ **campaign** 〖米〗《個人・団体などの信望を中傷する》デマによる妨害運動. ～ **gallery** ささやきの回廊《小声でも音響が遠くまで伝わるようにできている》.

◇ ～·**ly** *ad.*

whist[1] [(h)wist] *int.* しっ!, 静かに! —— *n.* 静粛. —— *a.* 〖古・方〗静かな, 無音の.

whist[2] *n.* ホイスト《bridge に似たトランプゲーム》. *long* 〔*short*〕 ～ ホイストの10点〔5点〕勝負.

‡**whís·tle** [(h)wísl] *n.* **1** 口笛. **2** 呼び子, 警笛: the police ～ 警官の呼び子. **3** 汽笛: a factory ～ 工場の汽笛. **4** 《鳥・風・弾丸などの》笛に似た音: the blackbird's ～ ツグミのさえずり. **5** 〖俗〗のど. *as clean as a* ～ きわめて明白な〔に〕, みごとに. *blow the* ～ 冷やかす; 〖俗〗やめさせる《を *on*》. *pay* (*dear*) *for* one*'s* ～ 引き合わぬことをする, ばかをみる. *play a* ～ 口笛で曲を吹く. *wet* one*'s* ～ 酒を飲む, 一杯やる.

—— *vi.* **1** 口笛を吹く, ～を鳴らす; ～で合い図する: He ～*d* to his dog to come back to him. 帰ってくるよう犬に口笛を吹いた. ～ for a car to stop 呼び子で停車させる. **2** ピューッと (笛に似た) 音をたてる; <鳥が> さえずる: The bullets ～*d* past my ears. 弾丸が耳もとをかすめてうなった.

—— *vt.* **1** 口笛で呼ぶ, に～で合い図する: ～ a dog back 犬を口笛で呼び返す. **2** 口笛で奏する: ～ a tune 曲を口笛で吹く.

let a person *go* ～ (人に) 願いをあきらめさせる: This being done, *let* the law *go* ～. これはもう終わったのだから, 法律などもうどうでもいい. ～ *for* を求めてもむだぼねだ: I owe him $5, but he may ～ *for* it. 彼に5ドル借りているが返してやらないよ. ～ one*'s life away* のんきに一生を暮らす.

～ **stop** 〖米話〗(1) 信号停車駅, 小駅; その駅のある町. (2) 遊説中候補者が列車の後尾デッキから行なう短いあいさつ.

whís·tler [(h)wíslər] *n.* **1** 口笛を吹く人; ピーと鳴る音〔物〕. **2** 〖動〗《北アメリカ産》野生マーモット; 〖鳥〗ヒドリガモ. **3** 〖獣医〗ぜんそくの馬.

whís·tling [(h)wísliŋ] *n.* 口笛 (を吹くこと). —— *a.* 口笛を吹く; 口笛のような. ◇ ～·**ly** *ad.*

whit [(h)wit] *n.* 〖古〗わずか, 少量, 微量. *no* 〔*not a, never a*〕 ～ 少しも…ない: I do*n't* care *a* ～. いっ

こうにかまわない.

Whit [(h)wit] *a.* Whitsunday〔Whitsuntide〕の.

†**white** [(h)wait] *n.* **1** 白, 白色; 白絵の具〔塗料〕. **2** 白衣, 白布; (*pl.*) 白のユニホーム: a woman (dressed) in ～ 白衣の婦人. **3**《物の》白い部分;《卵の》白身;《眼球の》白目;《印刷の》余白;《標的の》中心: the ～ of the eye 白目. **4** 白人. **5** (しばしば W～) 保守〔反動〕主義者; 王党員. **6**〔虫〕モンシロチョウ. **7**〔医〕(*pl.*) こしけ. **8** 白ブドウ酒. **9** 潔白, 無罪. ***Chinese*** ～ (1) 白豚. (2) 精製小麦粉. ***poor*** ～《アメリカ南部の》貧しい白人 (労働者).
—— *a.* (**whít·er**; **whít·est**) **1** 白い, 白色の: as ～ as snow 雪のように白い. an old man with ～ hair 白髪の老人. **2** 無色な, 淡い: ～ wine 白ブドウ酒. **3** 白人の: a ～ school 白人学校. ～ supremacy 白色人種の優位. **4** 雪におおわれた: a ～ Christmas〔winter〕雪のあるクリスマス〔冬〕. → green Christmas. **5** 血の気を失った: ～ with terror 恐怖で顔が真っ青になって. **6** 白衣の〔を着た〕: a ～ sister 白衣の修道女. **7** 書き込まれていない: a ～ page 空白ページ. **8** 潔白な, 純粋な; 信頼できる: He is the ～*st* man I've ever seen. あんな潔白な人には会ったことがない. **9** 善意の, 罪のない: a ～ lie 悪気のないうそ. **10** 保守〔反動〕的な; 王党の. ***bleed*** a person ～ (人を) しぼれるだけしぼり取る. ***in the*** ～《布が》白生地のままで;《製品が》未完成の状態で. ***make*** one's ***name*** ～ ***again*** 汚名をすすぐ. ***mark with a*** ～ ***stone*** 特筆大書する. ***stand in a*** ～ ***sheet*** ざんげする.
—— *vt.* 〔古〕**1** 白くする. **2** 余白として残す: *W*～ out this line. この行は余白にすること. ～***d sepulcher*** 偽善者《〔聖〕マタイ伝 23:27》.
～ **alert** 警報解除. ～ **alloy** にせ銀. ～ **ant** シロアリ. **W**～ **Army** 白軍《反ボルシェビキ》. ～**·bait** [∸∸]〔魚〕白魚科の魚; しらす. ～ **bear** ホッキョクグマ; シロクマ. ～ **birch**〔植〕シラカバ. ～ **book** 白書《政府が発行する報告書》. **W**～**·boy** [∸∸] (1)〔史〕白衣党員《18世紀アイルランドで地主に反抗して起こった農民の秘密結社党員》. (2)〔古〕愛児, 寵児(ちょうじ). ～**·cap** [∸∸] (1) (通例 *pl.*) 白波, 波がしら. (2) (W～cap)〔米〕白帽団員《自称自警団にきらわれている人にリンチを加える団員》. (3)〔鳥〕《ジョウビタキなど》各種の頭部の白い鳥. ～ **cedar**〔植〕ヒノキの類《アメリカ東岸の沼沢地に生長する》. ～ **clover**〔植〕シロツメクサ. ～ **coal**《原動力としての》水. ～ **coffee** ミルク入りのコーヒー. → black coffee. ～**-cól·lar**〔米〕《身なりのきちんとした》白えり階級の, サラリーマンの: a ～*-collar* job サラリーマン的職業. a ～*-collar* worker サラリーマン, 俸給(ほうきゅう)生活者. → blue-collar worker. ～ **elephant** 白象《インド・ビルマ・タイなどで神聖視される》; もてあましもの, やっかいもの. ～**·fish** [∸∸]〔魚〕白マス;《ウグイなどの》銀白色の魚;《特にタラなどの》白身の魚肉. ～ **flag** 白旗, 降伏旗. **W**～ **Friar** カルメル派の修道士 (Carmelite). ～ **gold** 金を含む合金の一種《金・ニッケル・銅・亜鉛を含み, プラチナに似ている》. **W**～**·háll** ロンドンの中央官庁街; イギリス政府(の政策). ～**-hánd·ed** 白い手の, 労働の経験のない; 潔白な, 清廉な. ～ **heat** 白熱; 激怒; 熱狂. ～ **hope** 未来を背負って立つ人《一つの分野・国などの》. ～ **horse** 白馬; 白波. ～**-hót**《金属など》白熱した; 熱烈な, 興奮した. **W**～ **House, the** ホワイトハウス, 白亜館《ワシントンのアメリカ大統領官邸》;〔米話〕アメリカ大統領の職権. ～ **lead** [∸léd] 白鉛; 炭酸鉛; おしろい. ～ **leather** 白いなめし皮 (whitleather). ～ **lie** →lie² *n.* ～ **light** 白色光; 白日の光; 公正な判断. ～ **line** 白線《路上の交通規制標識》. ～**-lipped** [-lìpt] くちびるの青ざめた, 血のけのない. ～ **list** ホワイトリスト《有資格者・推薦本などの役に立つもののリスト》. ↔black list. ～**-lív·ered** [㊥ ∸∸—] 血色の悪い, 青ざめた; おくびょうな, ひきょうな. ～ **man** 白人;〔俗〕育ちの良い人. ～ **matter**〔医〕《脳の》白質. ～ **meat** 白肉《鶏・子牛・ウサギ・豚などの》. ～ **night** 白夜; 眠れぬ夜. ～ **noise**〔音響〕白色雑音. **W**～ **Nile** ホワイトナイル《ナイル川の源流の一つ》. →Blue Nile. ～ **oak**〔植〕カシの一種《北アメリカ産》. ～ **paper** 白紙; 白書. ～ **pine**〔植〕白松《北アメリカ東部産》. ～ **plague** 肺結核. ～ **poplar**〔植〕白ポプラ. ～ **potato** ジャガイモ. ～ **primary**〔米〕白人予選会《民主党の南部諸州で白人だけによって投票される》. ～ **race** 白色人種. **W**～ **Russia** 白ロシア《ソビエト連邦の一共和国》. ～ **sale** 白布地の大売り出し. ～ **sauce** ホワイトソース《小麦粉にバター・牛乳を混ぜてつくる》. ～ **sheet** ざんげする人の白衣. ～ **slave** 白人どれい; 白人の売春婦. ～**·smith** [∸∸] ブリキ職人, 銀めっき屋. → blacksmith. ～ **space**《広告などで視覚効果をねらった》余白. ～**·thorn** [∸∸]〔植〕サンザシ属の植物(hawthorn). ～**·throat** [∸∸]〔鳥〕《北アメリカ産》スズメの一種;《ヨーロッパ産》ウグイス科の小鳥. ～ **war** 経済戦. ～**·wash** → 別項. ～**·wing** [∸∸]〔米〕《白い制服を着た》道路清掃人夫. ～ **witch** 人のために尽くす魔女. ～**·wood** [∸∸] 白色樹《ユリノキ・ボダイジュなど》; 白色木材.
◇ ～**·ness** *n.* **1** 白さ, 純白; 青白さ. **2** 潔白.

whít·en [(h)wáitn] *vt., vi.* 白くする〔なる〕, 漂白する, 白く塗る; 潔白にする. ◇ ～**·ing** *n.* **1** 白くすること, 漂白; 白くなること. **2** 胡粉(ごふん), 白亜(whiting¹).

Whíte·head [(h)wáithèd] Alfred North ～, 1861–1947, イギリス生まれの数学者, 哲学者.

whíte·wash [(h)wáitwɑ̀ʃ, -wɔ̀:ʃ / -wɔʃ] *n.* **1** 生石灰の溶液; 白色塗料; のろ《壁・天井などの上塗りに用いる》. **2** 汚名を取り繕う手段; ごまかし. **3**〔英俗〕《種々のブドウ酒のあとで飲む》シェリー酒. **4**〔米俗〕ゼロ敗.
—— *vt.* **1** にのろを塗る; に白色塗料で上塗りをする. **2** 〈不名誉を〉おおいかくす; ごまかす. **3**〔米話〕ゼロ敗させる. **4**〔英俗〕《受動態で》(破産手続きによって) 債務を帳消しされる.

whíth·er [(h)wíðər] *ad.* 〔古〕**1**《疑問詞》どこへ; どちらへ: *W*～ did they go? 彼らはどこへ行ったのか. → whence. **2**《関係詞》(そこへ) …するところの: the town ～ she went 彼女が行った町. **3**《関係詞: 先行詞がないばあい》どこへでも…するところへ; …するところへはどこでも: Go ～ you please. どこへでも好きなところへ行け. 〈注〉今日では where を用いる.
—— *n.* 行く先.

whìth·er·so·év·er [(h)wìðərsoévər] *ad., conj.* 〔古〕…するところはどこでも; どこへ…しても.

whíth·er·ward [(h)wíðərwərd] *ad.* 〔古〕どこへ, どちらへ.

whít·ing¹ [(h)wáitiŋ] *n.* 胡粉(ごふん), 白亜 (whitening).

whít·ing² *n.* (*pl.* ～**s**, 《集合的》～)〔魚〕タラ・小ダラの類.

whít·ish [(h)wáitiʃ] *a.* 白っぽい, 白みがかった.

whít·lèath·er [(h)wítlèðər] *n.* =white leather.

Whít·ley [(h)wítli] ～ ***Council***〔英〕労使代表協議会.

whít·low [(h)wítlou] *n.* 〔医〕ひょうそ.

Whít·man [(h)wítmən] *n.* Walt ～, 1819–92, アメリカの詩人.

Whít·món·day [(h)wítmʌ́ndi/-di, -dei] *n.* Whitsunday 後の最初の月曜日.

Whít·sun [(h)wítsn] *a.* 聖霊降臨祭の.
—— *n.* =Whitsunday; Whitsuntide. → Whit.

Whít·sún·day [(h)wítsʌ́ndi, (h)wítsndèi] *n.* 聖霊降臨祭《復活祭後の第 7 日曜日》.

Whít·sun·tide [(h)wítsntàid] *n.* 聖霊降臨節《聖霊降臨祭から1週間; 特にその1週間の初めの3日間》.

whít·tle [(h)wítl] *vt.* **1** 〈木などを〉削る, そぐ; 削って形をつくる《に *into*》. **2** 〈費用などを〉削減する, 減らす《*down, away*》. —— *vi.* 削る, 刻む.

—— *n.* 〖英古〗《肉屋の》包丁, 大ナイフ.

whít·y [(h)wáiti] *a.* 白みがかった.

whiz, whizz [(h)wiz] *n.* **1**《矢·弾丸などの空気を切る》ヒューッ〔ビューッ〕という音. **2**〖米俗〗抜け目のない〔切れる〕人; 練達の人, 専門家.
—— *vi.* (**-zz-**) ヒューッ〔ビューッ〕と音をたてる.
∼-bang [ˊ ˋ] 〖軍俗〗小口径超高速砲弾.

†who → 枠付 who. (pp. 1517–1518)

WHO World Health Organization 世界保健機関.

whoa [(h)wou, hou/wou], **wo** [wou] *int.* どう!《馬を止める掛け声》. **∼ back, ∼-báck**《馬を後退させる掛け声》どうどう!

who'd [hu:d] who would の短縮形.

who·dún·(n)it [hu:dʌ́nit] *n.* 〖米俗〗推理小説〔劇, 映画〕. [<Who done it?]

who·é'er [hu:ɛ́ər, hu-] 〖雅〗=whoever.

‡who·év·er [hu:évər, hu-] *pron.* (所有格 **whos·év·er**; 目的格 **whom·év·er**) **1**《関係詞: 名詞節を導く》…**するだれでも** (any person that...): *W∼* comes will be welcome. 来る人はだれでも歓迎します. You may invite *whomever* you like. 好きな人をだれでも招いてもいい (=You may invite *any person whom* you like.). **2**《関係詞: 譲歩をあらわす副詞節を導く》**だれが…しようとも**〔しても〕(no matter who): *W∼* may object, I won't give up. だれが反対しようと私は断念しない. *Whosever* it is, I mean to have it. だれのものか知らないが, ほんとうに私はそれを手に入れたいのです. **3**《疑問詞》いったいだれが (who ever): *W∼* did it? いったいだれがそれをしたのか.

‡whole [houl] *a.* **1 全部の**, すべての: the ∼ city〔world〕全市〔全世界〕. eat the ∼ pig 豚をまる一匹食べる. with one's ∼ heart 一心に. **2** まる…, …じゅう: a ∼ year 一年じゅう. three ∼ days まる3日. **3 完全な**, 欠けていない: a ∼ set of dishes さら数のそろったセット. the ∼ truth 完全な〔ありのままの〕真実. **4 健全な**, 無傷な, 健康な: come out of the war with a ∼ skin 戦争から無傷でもどる. **5** 両親がおなじの: a ∼ brother 両親がおなじの兄弟. → half brother〔sister〕. **6**《食品が》精製してない: ∼ milk (クリームをとらない) 全乳. **7**〖数〗整数の. ***a ∼ lot***〖話〗たくさん, 大いに: talk *a ∼ lot* of nonsense ばかなことばかり言う. ***go the ∼ hog*** 徹底的にやる. ***out of the ∼ cloth***〖米〗全くうその, でっち上げの: a story made *out of the ∼ cloth* 全くでたらめの話. ***the ∼ lot*** 全部, 残らず. ***with a ∼ skin*** → *a.* ④.
—— *ad.* **1** まるごと: swallow〔cook〕a chicken ∼ 鶏をまるごと飲み込む〔料理する〕. **2** 健康で: come back ∼ 健康でもどる.
—— *n.* **1** 全体, 全部: the ∼ of one's memory すべての記憶. I spent the ∼ of that year in Japan. その年まる一年を日本で過ごした. **2** 完全体, 完全な姿: Four quarters make a ∼. 4分の1が四つ集まれば完全体になる. ***as a ∼*** 全体として, 分割しないで: sell the land *as a ∼* 土地をまとめて売る. ***on the ∼*** 全体からみて, 概して: The food was, *on the ∼*, satisfactory. 食事は概して申し分なかった.
∼ blood 完全な親子関係. →half blood (片親関係). **∼-còl·ored** 単色の. **∼ gale**〖気〗強風《秒速13.9–17.1m》. ***∼-héart·ed** → 別項. **∼ hog**〖俗〗全体, 完全, 極端: go the ∼ *hog* 徹底的にやる. **∼-hóg·ger** 極端論者; 徹底的な支持者. **∼-hóofed** 単蹄(たんてい)の. **∼-length** [ˊ ˋ]《肖像·写真など》全身〔全長〕(の). **∼ meal** (ふすまを除かない) 完全小麦粉. **∼ milk** 全乳. **∼ note**〖楽〗全音符. **∼ number**〖数〗整数. **∼ rest**〖楽〗全休止(符). **∼·sale** → 別項. **∼-seas** [ˊ ˋ] *a.*〖俗〗泥酔(でいすい)して. **∼ show**〖米俗〗花形(選手); 注目の的; うぬぼれ屋. **∼ tone**〔**step**〕〖楽〗全音程. **∼-whéat** ふすまを除かない小麦粉の.
◇ **∼·ness** *n.* **1** 全体, すべて; 完全. **2**〖数〗整数であること. 類 → **complete**「完全な」

***whóle·héart·ed** [hóulhá:rtid] *a.* **一意専心の**, 誠心誠意の. ◇ **∼·ly** *ad.* **∼·ness** *n.*
類 → **sincere**「誠実な」

whóle·sale [hóulsèil] *n.* 卸売. → retail. ***by ∼*** 卸売で; 大量に; 大規模に.
—— *a.* **1** 卸の; 卸売の: a ∼ price 卸し値段. **2** 大量に扱う; 大規模な; 大ざっぱな: a ∼ arrest 大検挙. —— *ad.* **1** 卸し値で. **2** 大量に; 大ざっぱに.
—— *vt., vi.* 卸売する; 大量に売る.
◇ **whóle·sàl·er** [-sèilər] *n.* 卸売業者.

‡whóle·some [hóulsəm] *a.* **1 健康によい**, 衛生的な: ∼ food. **2 健全な**, 有益な: ∼ environment 健全な環境. ◇ **∼·ly** *ad.* **∼·ness** *n.*
類 → **healthy**「健康な」

who'll [hu:l, 弱 hul] who will; who shall の短縮形.

‡whól·ly [hóu(l)li] *ad.* **全く**, **完全に**, すっかり, もっぱら: Few men are ∼ bad. 全くの悪人というものはあまりいない. ***not ∼*** 全くは…ない.

†whom [hu:m, 弱 hum] *pron.* who の目的格.

whom·év·er [hu:mévər], **whòm·so·év·er** [hù:msoévər] *pron.* who(so)ever の目的格.

whomp [(h)wʌmp/(h)wɔmp]〖話〗*vt.* なぐる, 打つ; 完敗させる. —— *n., vi.* ドーン〔ドシン, ピシャッ〕という音(をたてる).

whoop [hu:p, hwu:p / hu:p] *n.* **1** おおっという叫び声; わめき声; 歓声. **2**《フクロウなどの》ホウホウという鳴き声. **3**《百日ぜきの病人がせきのあとで発する》ゼーゼーという音. **4**〖話〗ちょっぴり: be not worth a ∼ 全然くだらない. do not care a ∼ ちっともかまわない. —— *vi.* ∼を発する. —— *vt.* **1** うめき声〔歓声〕をたてながら言う. **2** に叫びかける. **3** 叫び声をあげてけしかける〔追い立てる〕.
∼ing cough〖医〗百日ぜき. ***∼ it up***〖俗〗騒ぎをおこす; らんちき騒ぎの祝いをする.

whóop-de-dó [h(w)ú:pdidú:/hú:p-] *n.*〖話〗**1** お祭り騒ぎ. **2**《公開の場での》激論. **3** 大宣伝.

whóop·ee [hwú:pi:, hú:- / wúpi] *int.*〖米俗〗わあい!《喜びの叫び声》. —— *n.* ばか騒ぎ, 底抜け騒ぎ. ***make ∼*** ばか騒ぎをする. **∼ cut**〖空〗吐き袋《気分の悪くなった乗客のための》.

whoops [h(w)u:ps/hu:ps] *int.* おっと!《驚き·つまずき·まごつきなどしたあとで言う》.

whoosh [(h)wu:ʃ, (h)wuʃ] *n., vi., vt.* ビューッ, シューッ(と音をたてて動く·動かす).

whóo·sis [hú:zis] *n.* (*pl.* **∼·es**)〖話〗**1**「それ」「あれ」「(その) なに」《物·人の名前が思い出せないときに用いる》. **2** 例の物〔人物〕.

whóo·sy [hú:zi] *n.* (*pl.* **-sies**) =whoosis.

whop [(h)wɑp/(h)wɔp] *v.* (**-pp-**) *vt.*〖話〗**1** したたか打つ; むち打つ. **2**《競技などで》打ち負かす.
—— *vi.*〖米〗ドシンと倒れる. —— *n.* ピシャッと打つこと〔音〕; ドシンと倒れる〔ぶつかる〕こと〔音〕.

whóp·per [-ər] *n.*〖話〗**1** 打つ人. **2** すごくでかい物; とてつもない大ぼら〔うそ〕.

whóp·ping [(h)wɑ́piŋ/(h)wɔ́p-] *a., ad.*〖話〗でっかい〔く〕, とてつもない〔く〕: a ∼ sum 巨額.
—— *n.* **1** むち打ちの刑, せっかん. **2** 負け, 敗北.

whore [ho:r/hɔ:] *n.* 売春婦.
—— *vi.* **1** 売春行為をする; 売春婦と遊ぶ. **2**〖古〗邪教に迷う: go a-*whoring* after strange gods 淫祠(いんし)邪教を信ずる.
∼·house [ˊ ˋ] 売春宿. ◇ **∼·dom** [-dəm] *n.* 売春; 売春婦の社会;〖聖〗邪教崇拝. **whór·ish** *a.*

whorl [(h)wə:rl] *n.*〖植〗輪生体;〖動〗《巻き貝の》うずまき; らせん (のひと巻き);〖機〗《紡錘の》小はずみ車; (通例 *pl.*) (指紋の) うずまき.
◇ **∼ed** [-d] *a.*〖植〗輪生の;〖動〗うずまき状の.

whór·tle·bèr·ry [(h)wə́:rtlbèri, -bəri] *n.* 〖植〗《ヨーロッパ・シベリア産》スノキ属の木; その実.

who's [hu:z, 弱 huz] who is, who has の短縮形.

†**whose** [hu:z] *pron.* **1**《疑問詞》**だれの**…《who の所有格》; だれのもの《who の所有代名詞》: *W*～ coat is that? あれはだれの上着ですか《所有格》. *W*～ is this ? これはだれのものですか《所有代名詞》. **2**《関係詞》(その人〔物〕の―が)…するところの〔…であるところの〕《who または which の所有格》: There lived a boy ～ name was John. ジョンという名の少年が住んでいた. That is the girl ～ brother came here yesterday. あれがきのう来た人の姉〔妹〕です. a word ～ meaning escapes me 意味が私にはわからない語.

whòse·so·év·er [hù:zsouévər] *pron.* whosoever の所有格.

whos·év·er [hu:zévər] *pron.* whoever の所有格.

whó·so [hú:sou] 〖古〗＝whosoever; whoever.

whò·so·év·er [hù:soévər] *pron.* whoever の強意形.

†**why** → 枠付 why. (pp. 1518–1519)

W.I. West Indian; West Indies. **w.i.** 《有価証券について》 when issued.

wick [wik] *n.* 心(しん)《ろうそく・石油ストーブ・ランプ・ライターなどの》. ◇ ～**·ing** *n.* ～の材料.

‡**wíck·ed** [wíkid] *a.* **1** 悪い, 邪悪な, 罪ぶかい: a ～ person 悪人. **2** 意地悪い, いたずらそうな: a ～ smile 〔look〕 いたずらそうな微笑〔顔つき〕. **3** 荒っぽい, 危険な: a ～ horse あばれ馬. **4** 不(愉)快な, ひどい: a ～ task いやな仕事.
◇ ～**·ly** *ad.* *～**·ness** *n.* 〔類〕 → **bad**「悪い」

wíck·er [wíkər] *n.* **1** 細いしなやかな枝〔小枝〕;《柳などの》編み枝細工. **2**《形容詞的に用いて》柳細工の, 小枝で編んだ: a ～ chair 柳細工のいす. ～**·work** [ˊ-ˋ] 枝編み細工; 柳細工.

wíck·et [wíkit] *n.* **1** 小門; くぐり門;《駅の》改札口. **2** 窓口; 小窓; 切符売り場. **3** 水門. **4** 回転木戸. **5**〖英〗《クリケットの》アーチ形の門;〖クリケット〗ウィケット, 三柱門; 投球の状態. ***keep*** ～ 〖クリケット〗三柱門を守る. ***keep* one's ～ *up*** 〈打者が〉アウトにならずにいる. ***match won by two ～s*** まだ3人アウトにならずに勝った試合. ***take a*** ～ 打者の1人をアウトにする. ***two ～s down*** 打者2人アウトで. ～ **door** 〔**gate**〕 くぐり戸. ～**·kèep·er** 〖クリケット〗三柱門守備者.

wíck·i·up, wík·i·up [wíkiʌ̀p] *n.* 〖米〗《アメリカインディアンの》枝を編んでつくった小屋;《一般的》そまつな一時しのぎの小屋.

†**wide** [waid] *a.* **1 幅の広い**; (…だけ)幅のある: a ～ street 〔river, bed〕 幅の広い道路〔川, ベッド〕. a door three feet ～ 3フィート幅のドア. ↔ narrow. **2** 広い, 広々とした: the ～ ocean 〔world〕 広大な大洋〔世界〕. **3** 広範囲にわたる: ～ reading 幅の広い読書. have a ～ variety of subjects to talk about 話題が豊富である. **4** たっぷりした: a ～ blouse だぶだぶのブラウス. **5 大きく開いた**: stare with ～ eyes 目を丸くして見つめる. **6**《差異・間隔などが》離れた: a ～ difference 大きな差異. at ～ intervals 十分間をおいて. ～ of the truth 真相から遠い. **7**〖英話〗抜け目のない(＝～-awake). ***give a ～ berth to*** → berth. ***have* one's *eyes*** ～ 抜け目なくふるまう. ～ ***of the mark*** ひどく見当はずれの〔で〕, 的はずれの〔で〕.
—— *ad.* **1** 広く; 広範囲に. **2 大きく開いて**: ～ open 大きく開いて. ～ apart from each other 互いにひどくかけ離れて. **3** 見当違いに, それて: The bullet went ～. 弾丸はそれた. ***far and*** ～ 広く, あまねく: travel *far and* ～ 方々を旅行する.
—— *n.* **1**〖雅〗広大な広がり. **2** 的はずれ; 暴投球. ***to the*** ～〖話〗全く, すっかり: He was done *to the* ～ by the end of the seventh round. 第7ラウンドの終わりまでに彼はすっかりのびていた.
～**-án·gle** 〖写〗広角の;〖映〗ワイドスクリーンの. ～**-a·wáke** すっかり目がさめて; すきのない, 抜け目のない. ～ **ball** 暴投球. ～**-eyed** [ˊˋ, ˊˊ] (1) 目を見張った; 驚いた. (2) 純真な: a ～-*eyed* belief in the goodness of everybody だれもが善人であるという無邪気な信念. (3)眠れず目がさえて. ～ **margin** 広い余白; かなりの余裕. ～**-móuthed** [-máuðd, -máuθt] (1) 口広の: ～*mouthed* jars 口広のびん. (2)(驚いて) 口をあけた. ～**-ó·pen** すっかり開いた; 取り締まりのゆるやかな《都市など》. ～**-scréen**〖映〗ワイドスクリーンの. *～**-spread** → 別項.
◇ **wíd·ish** [wáidiʃ] *a.* やや広い, 広めの.
〔類〕 → **broad**「広い」

‡**wíde·ly** [wáidli] *ad.* **1** 広く; 遠方に: It is ～ known that… …ということはよく知られている. He is very ～ read. 彼は読書範囲が広い. **2 大きく**, 非常に: differ ～ in opinions 意見が大いに違う.

‡**wíd·en** [wáidn] *vt., vi.* 広くする〔なる〕: ～ one's knowledge 知識を広げる. The river ～*s* at that point. 川はその地点で広くなっている.

*__wíde-spread__ [wáidsprèd, ˊˊ] *a.* **1** 広く行き渡っている, 普及した; はびこった. **2**《両腕など》広くひろげた.

wídg·eon [wídʒən] *n.*〖鳥〗ヒドリガモ.

‡**wíd·ow** [wídou] *n.* **1 未亡人**; やもめ; 寡婦. → widower. **2**〖トランプ〗場に配った余分の手札.
～ **bird** ＝whidah bird. ～**'s bounty** 寡婦扶助料. ～**'s cruse**〖宗〗寡婦のつぼ; 無尽蔵. ～**'s mite** 〖聖〗貧者の一燈《マルコ伝》; 寡婦のわずかな献金. ～**'s third**〖法〗寡婦の所有財産《亡夫の遺産の3分の1》. ～**'s walk** 屋根上の露台. ～**'s weed** ＝weed² ①.
◇ ～**·hood** *n.* やもめ暮らし, やもめの身.

widow's walk

wíd·ow·er [-ər] *n.* 男やもめ.
◇ ～**·hood** *n.* 男やもめ暮らし, 男やもめの身.

‡**width** [widθ, witθ] *n.* (*pl.* ～**s** [-s]) **1** 幅, 横: be three feet in ～ 幅が3フィートある. **2** 幅のあること;《心・知識などの》広さ, 広いこと《*of*》. **3** 一定の幅の(織)物: three ～*s* of cloth 三幅の布. → 形容詞 wide.

wield [wi:ld] *vt.* **1**〈道具を〉振り回す, ふるう; (存分に) 使う: ～ a sword 剣を振り回す. ～ a facile pen 軽快な筆をふるう. **2**〈権力・武力などを〉行使する: ～ power 権力をふるう. ～ ***the scepter*** 王座につく; 大権を握る.

wíeld·y [-i] *a.* 使い〔取り扱い〕やすい; 手ごろな.

wíe·ner [wí:nər] *n.*〖米〗ウインナソーセージ《牛・豚肉混入の細長い赤色腸詰め》. → **frankfurter**.

Wíe·ner [wí:nər] *n.* Norbert ～, 1874–1964, アメリカの数学者《cybernetics の先駆者》.

Wíen·er schnít·zel [ví:nər-ʃnítsəl] *n.* 小牛のカツレツ.

wíe·ner·wurst [wí:nərwə̀:rst] ＝wiener.

†**wife** [waif] *n.* (*pl.* **wives** [waivz]) **1 妻**, 女房, 細君, 夫人. → husband. **2**〖古〗女, 婦人. ***give…to*** ～ …を嫁にやる. ***have a*** ～ 妻帯している. ***man*** 〔***husband***〕 ***and*** ～ 夫婦. ***old wives' tale*** ばかげた話〔言い伝え〕. ***take…to*** ～ …を妻にめとる.
◇ ～**·hood** [-hud] *n.* 妻の地位〔身分〕; 妻らしさ. ～**·less** *a.* 妻をもたない, 独身の. ～**·like** *a.* ＝wifely.

wífe·ly [wáifli] *a.* 妻の; 妻らしい; 妻にふさわしい.
◇ **-li·ness** *n.*

*__wig__ [wig] *n.* **1** かつら; 髪飾り. **2**〖英話〗判事, 裁判官《イギリスの判事は法廷でかつらをつける》.
～***s on the green*** 激しい口論, つかみ合い.
—— *vt.* (**-gg-**) **1** にかつらをかぶせる. **2**〖英話〗叱責(しっせき)する. ◇ **wigged** [-d] *a.* かつらをつけた.

wíg·an [wígən] *n.* かたいカンバス状の布地《衣類の一部をかたくする》.
wíg·ging [wígiŋ] *n.* 〔英話〕叱責, 大目玉.
wíg·gle [wígl] *vi.* 揺れ動く; もじもじ身動きする; 身動きしてのがれる《から *out of*》. —— *vt.* **1** 揺り〔振り〕動かす, ゆする. **2** 〔英〕〈船を〉ともがいで漕(こ)ぐ. —— *n.* 揺れ動くこと, 揺れ; 身動き. ***Get a ～ on you!*** 〔米俗〕急げ! ◇ **wíg·gler** *n.* 揺れ動くもの; からだを振り動かす人〔物〕; 〔動〕ぼうふら (wriggler).
wíg·gly [wígli] *a.* うごめく, くねくねする; 波だつ.
wight [wait] *n.* 〔古・笑〕人, 人間.
Wight [wait] *n.* ***the Isle of ～*** ワイト島《イギリス海峡にある島》.
wíg·wag [wígwæg] *vt., vi.* (**-gg-**) **1** 振り動かす, 振る; 揺れる. **2** 〔軍〕《手旗・光で》信号する. —— *n.* 《手旗・光による》信号(法).
wíg·wam [wígwɑm / -wæm] *n.* **1** 《アメリカインディアンの》円すい形テント小屋. **2** 〔米俗〕《政治的集会などの》にわかづくりの大会場. **3** (the W～) 〔話〕= Tammany (Hall).
wík·i·up = wickiup.
wíl·co [wílkou] *int.* 〔無電〕承諾. [＜*will* comply]
†**wild** [waild] *a.* **1 野生の**, 自生の: ～ animals 〔plants〕野生動物〔植物〕. ～ roses 野バラ. ↔domestic, tame. **2** 《動物が》人なれしていない, おじけやすい: The deer are rather ～. シカにはなかなか近づけない. **3 野蛮な**, 未開の: a ～ tribe 蛮族. **4 荒涼とした**, 人の住んでいない: ～ land 無人の地. ～ scenery 荒涼としたけしき. **5 荒れた**: ～ weather 荒天. a ～ night あらしの夜. a ～ seacoast 波風の荒れる海浜. **6 荒々しい**, 乱暴な: a ～ rush for the ball ボールめがけての猛進. **7 ばか騒ぎをする**; 放縦(ほうじゅう)な, 無軌道な: a ～ party らんちき騒ぎのパーティー. He was ～ in his youth. 若いころ放蕩(ほうとう)をしたものだ. ～ boys 手に負えぬ子どもたち. **8 熱狂的な, 興奮した**, 夢中な, 怒った: be ～ with delight 〔anger〕狂喜して〔かんかんにおこって〕いる. ～ cheers 熱狂的かっさい. He is ～ *for* revenge 〔*to* see her, *about* her〕. 彼は復讐(ふくしゅう)に〔彼女に会いたくて, 彼女が好きで〕夢中になっている. **9 乱暴な**, 無謀な, 気違いじみた: ～ schemes 〔notions〕気違いじみた計画〔考え〕. a ～ wager 無謀な勝負師. **10 でたらめな**, とっぴな, 的はずれな: a ～ pitch 暴投. a ～ guess 当てずっぽう. a ～ talk 根拠のない話. **11 乱れた**: ～ hair 〔dress〕乱れた髪〔着物〕. ***run ～*** (1) 〈植物が〉はびこる. (2) 無軌道をきわめる; 乱暴になる.
—— *ad.* **1** 野生状態で: grow ～ 自生する. **2** 乱暴に, 激しく, めちゃくちゃに: shoot ～ 乱射する.
—— *n.* (しばしば *pl.*) 荒野, 荒れ地.
～ boar 〔動〕野生豚; イノシシ. **～·cat** → 別項. **～ duck** 野ガモ. **～-eyed** [ˊ ˊ] 目の血走った; 《計画など》無謀な. **～·fìre** → 別項. **～ flower, ～·flòw·er** 野生の草花; (花の美しい) 野草. **～ fowl, ～·fowl** [ˊ ˊ] 《個体または集合的》野鳥. **～ goose** ガン, カリ. **～-goose chase** 〔race〕むだな試み. **～·life** [ˊ ˊ] 《集合的》野生生物(の). **～ plum** (野生の) 西洋スモモ. **～ silk** =tussah ①. **～ type** 野生型(植物・動物). **W～ West, the** 《開拓時代の》アメリカ西部. **W～ West show** 〔米〕開拓時代の技術〔風物〕を見せる見せ物《荒馬乗り・投げなわなど》. **～·wood** [ˊ ˊ] 自然林.
◇ **～·ish** [-iʃ] *a.* やや乱暴な. **～·ness** *n.*

〔類義語〕**奔放な, 乱暴な: wild** 激情に身を任せたままで自己抑制を試みない: a *wild* boy 手に負えない乱暴な子ども. be *wild* with anger 烈火のごとく怒っている. **violent** wild に似ているがそれに伴う大きなエネルギー, 外部に与える衝撃の強さなどを示唆する. 暴力的な, 猛烈な: a *violent* collision 猛烈な衝突. **reckless** 結果を気にしない無謀さを強調する. 向こう見ずの: a *reckless* driver 神風運転手. **impetuous** impetus (はずみ, 推進力) のついた激しい速度・勢いを強調する. 衝動的に突進するさまを示す.

wíld·cat [wáildkæt] *n.* **1** 〔動〕ヤマネコ. **2** 短気者, がむしゃら, 乱暴者. **3** 〔米話〕操車用機関車. **4** 〔米話〕試掘井《石油・天然ガスの》. **5** 〔米〕無鉄砲な計画〔事業〕. **6** 第2次大戦中のアメリカ軍戦闘機の名. —— *a.* **1** がむしゃらな; 無謀な; 投機的な, 危険な. **2** 《事業・製品が》不法な, 非合法な. **3** 〔米〕《列車など》臨時の, 不定期の.
—— *v.* (**-tt-**) *vt.* 〔米〕〈未知の土地に〉油井を掘る. —— *vi.* 山師的に石油〔鉱石〕を試掘する.
～ bank 〔米話〕ヤマネコ銀行《1863年の銀行法施行以前にやたらに紙幣を発行した銀行》. **～ engine** 制御〔計画〕なしに走る列車. **～ strike** ヤマネコスト《組合の一支部が本部の指令によらず行なう争議》.
◇ **～·ter** [-ər] *n.* 〔米〕**1** 《石油・鉱石を捜して》むやみと試掘する人; 山師的な鉱山業者. **2** 《一般的》山師, 向こう見ずな人.
Wilde [waild] *n.* Oscar ～, 1854–1900, イギリスの詩人・劇作家・小説家.
wíl·de·beest [wíldibìːst] *n.* (*pl.* **～s, ～**) 〔動〕カモシカの一種 (gnu).
wíl·der [wíldər] *vt.* 〔雅・古〕〈道に〉迷わす; 惑わす (=bewilder). —— *vi.* 迷う, 惑う.
‡**wíl·der·ness** [wíldərnis] *n.* **1** 荒野, 無人の地. **2** 《庭園中の》荒れほうだいの場所. **3** 果てしのない広がり〔連続〕; 大量: a ～ of sea 〔water〕果てしのない大海原. a ～ of streets 〔roofs〕どこまでも続く家並み〔屋根〕. a ～ of books 大量の本. ***a voice in the ～*** 〔聖〕荒野に呼ばわる者の声《マタイ伝 3:3》; 世にいれられない道徳家の叫び.
wíld·fìre [wáildfàiər] *n.* **1** 《昔戦争に用いた消しにくい》燃焼物 (Greek fire). **2** りん火, 鬼火, きつね火. **3** 《雷鳴を伴わない》いな光り. ***spread like ～*** 〈うわさなどが〉たちまち広がる.
wíld·ing [wáildiŋ] *n.* **1** 野生の植物; 野生のリンゴ(の果実). **2** 野生の動物. **3** 野生にかえった栽培植物 (escape). —— *a.* 〔古〕野生の.
‡**wíld·ly** [wáildli] *ad.* **1 激しく**, むちゃくちゃに, 乱暴に. **2** 野生状態で.
wile [wail] *n.* (通例 *pl.*) たくらみ, 計略, 手管.
—— *vt.* **1** だます. **2** だまして…させる, だまして…する; 誘い込む《へ *into*》; 誘い出す《から *out of*》. **3** 〈時間などを〉まぎらして過ごす, まぎらす《*away*》.
wíl·ful *a.* =willful. ◇ **～·ly** *ad.* **～·ness** *n.*
Wíl·helm·stras·se [vílhelmʃtràːsə] *n.* Berlin の街路名《旧ドイツ国の外務省など官庁所在地》.
Wílkes-Bàr·re [wílksbæri] *n.* アメリカ Pennsylvania 州の都市.
†**will**[1] → 枠付 will[1]. (pp. 1519–1520)
‡**will**[2] [wil] *n.* **1 意志**: the freedom of the ～ 意志の自由. have a strong 〔weak〕～ 意志が強い〔弱い〕. **2** 意図, 望み: What is your ～? きみの希望はなにか. God's ～ 神意. work one's ～ 自分の意志を遂げる. **3 決意**; 熱意: the ～ to live 生きようとする決意〔意志〕. work with a ～ 熱を入れて働く. **4** (他人に対する) 気持ち〔態度〕: good 〔ill〕～ 善〔悪〕意. **5 遺言(書)**: make 〔draw up〕one's ～ 遺言書を作成する.
against* one's *～ 心ならずも: She was married *against her ～*. 彼女は心ならずも結婚した. ***at* one's *own ～*** 意のままに. ***at ～*** 自由かってに; いつでも随意に: You may go or stay *at ～*. 行くもとどまるも自由にしなさい. ***do the ～ of*** の意志に従う. ***have* one's *～*** 意のままにする; 望みを遂げる. ***of* one's *own free ～*** 自発的に; 自由意志で. ***Where there is a ～, there is a way.*** 〔諺〕意志あるところ道あり; 精神一到何事か成らざらん. ***W～ can conquer habit.*** 〔諺〕意志は習慣を克服する. ***with a ～*** 真剣に; 本気で.

—— *vt.* **1** 望む, 意図する; …しようと思う《*to* (do)》: You cannot achieve success merely by ～*ing* it. 望むだけでは成功しない. God ～*s* that… 神は…を望んでおられる. **2** 意志の力で…させる: ～ oneself to keep awake 眠りをこらえる. **3** 遺言によって与える: She ～*ed* most of her money to the workhouse. 彼女は金をほとんど救貧院へ遺贈した.
—— *vi.* 望む: Let him do as he ～*s*. 彼のしたいとおりにさせなさい.
～-cáll 予約販売の. **～ power** 意志力.
◇ **～-less** *a.* 意志のない; 意志のあるなしを問わぬ.

wíl·lem·ite [wíləmàit] *n.* 〖鉱〗ケイ酸亜鉛鉱.
wíl·let [wílit] *n.* 〖鳥〗《北アメリカ産》シギの類.
***will·ful, wíl·ful** [wílf(u̥)l] *a.* 〖米〗 **1** 計画的な, 故意の: ～ murder 故意の殺人, 謀殺. **2** 意地っ張りの, わがままな, 強情な: ～ ignorance 頑迷(がんめい).
◇ **～·ly** [-fu̥li] *ad.* **～·ness** *n.*
(類義語) **わがままな: willful** 自分の思いどおりにしないと気がすまない. 人の説得や道理に従おうとしない: a *willful* child わがままな子ども. **capricious** 移り気な, 気まぐれで当てにならない: *capricious* girls 気まぐれな娘たち. **wayward** willful と capricious の両語義を含む語で移り気な自分の意志にのみ従う, 手に負えないわがままを示す: as *wayward* as Carmen カルメンのようにわがままで. **disobedient** 言いつけを守らない, 従順でない. **self-centered** 自己中心の. ほかからの影響を受けず, 自分のことのみに関心のある. **selfish** 利己的な. 自分の利益・快楽・安全のみを考える.
Wíl·liam [wíljəm] **～ *the Conqueror*** 征服王ウィリアム, 1027?–87 (＝～ I)《Normandy 公. 1066年の戦いでイギリス軍を破り, イギリス Norman 王家初代の王 (1066–87) となった》.
wíl·lies [wíliz] *n. pl.* 〖米話〗(the ～) おじけ: It gave me the ～. 私はぞっとさせられた. ***get the ～ at*** …におじけづく.
‡**wíll·ing** [wíliŋ] *a.* **1**《叙述的》喜んで…する《*to* (do)》: They were ～ *to* undertake the job. 彼らは進んでその仕事を引き受けた. **2**《限定的》進んで行なう, 自発的な: a ～ worker 進んで働く人. a ～ sacrifice 自分から進んで行なう自己犠牲.
◇ ‡**～·ly** *ad.* 喜んで, 進んで, 二つ返事で.
wìll-o'-the-wísp [wìləð(ə)wísp / wíl-] *n.* **1** 鬼火, きつね火. **2**《一般的》人を惑わす物〔人〕.
‡**wíl·low**[1] [wílou] *n.* 柳《樹木・木材》; 〖話〗柳材製品《特にクリケットのバットなど》. ***sing ～*** ＝***wear the ～*** 恋人の死を嘆き悲しむ《昔柳の小枝の輪を身につけてその気持ちをあらわした》. ***weeping ～*** 〖植〗シダレヤナギ.
～ herb 〖植〗柳草. **～ pattern** 柳模様《イギリス陶磁器に見る中国風の白地にあい色のデザイン》.
wíl·low[2] *n., vt.* 綿打ち機 (で打つ).
wíl·low·y [wíloui] *a.* **1** 柳の茂った. **2** 柳のような; 細くてしなやかな, すらっとして優美な.
wíl·ly-níl·ly [wílinili] *ad.* いやおうなしに, いやでもおうでも. **——** *a.* 優柔不断の, 煮え切らない. [＜will ye, nill ye]
Wíl·ming·ton [wílmiŋtən] *n.* アメリカ Delaware 州の都市.
Wíl·son [wílsn] *n.* Woodrow ～, 1856–1924, アメリカ第28代大統領《1913–21》. ***Mount ～*** アメリカ California 州南西部の山《天文台で有名》.
wilt[1] [wilt] *aux. v.* 〖古〗will の直説法現在第二人称単数形《thou が主語のばあい》.
wilt[2] *vi.* 〈草花などが〉しぼむ, しおれる; 〈人が〉しょげる, 弱る. **——** *vt.* 〈草花などを〉しぼます, しおれさす; 〈人を〉しょげさせる, 弱らせる. **——** *n.* 〖植〗立ち枯れ病.
Wíl·ton [wílt(ə)n] *n.* ウィルトンじゅうたん (＝～ carpet〔rug〕)《イギリス Wiltshire 州 Wilton 産》.
Wílt·shire [wílt-ʃiər, -ʃər] *n.* England の州.
wíl·y [wáili] *a.* (**-i·er**; **-i·est**) たくらみのある, 策を用いる, ずるい. [＜wile *n.*]
◇ **wíl·i·ly** *ad.* **wíl·i·ness** *n.*
wím·ble [wímbl] *n.* 錐(きり). **——** *vt.* に(錐で) 穴をあける.
Wím·ble·don [wímbld(ə)n] *n.* **1** ロンドン郊外の都市. **2** (同地で行なわれる) 国際テニス選手権大会.
wím·ple [wímpl] *n.* **1** ベール《のど部分までひだで隠すもので昔は婦人外出用, いまは修道女が用いる》. **2** さざなみ. **3**〖スコットランド〗ひだ, 折り目.
—— *vt.* **1** ～でおおう. **2** にさざなみを立てる.
—— *vi.* **1** さざなみ立つ. **2**〖古〗ひだになる. **3**〖スコットランド〗〈小川などが〉うねる.
†**win** [win] *v.* (**won** [wʌn]; **wín·ning**) *vt.* **1** 〈競争・試合などに〉**勝つ**, の勝利を得る: ～ the election〔a contest〕選挙〔コンテスト〕に勝つ. 〈注〉「相手」を目的語とするときは beat を用いる: *beat* a team. **2 かち取る**: ～ a prize〔a bet〕賞〔かけ金〕をかち取る. **3** (努力して) 手に入れる, 確保する: ～ fame 名誉を手に入れる. ～ security〔a livelihood〕安全〔生活のかて〕を確保する. **4**〈友人〔結婚相手など〕を〉得る, の支持〔愛, 結婚の承諾〕を得る: ～ a friend 友人を得る. **5**〈人を〉説得する《*over*》: I *won* him *over* to my side. 彼を説得して私のがわにつけた. **6**〈主張などを〉人に納得させる: ～ one's point 主張をとおす. **7** に到達する: We *won* the camp by noon. 昼までに野営地に着いた. **8**〈鉱石を〉掘り当てる.
—— *vi.* **1** 勝つ: Which side *won?* どちらが勝ったか. **2** たどり着く: ～ home〔to shore〕家〔岸〕にたどり着く. **3** やっと…できる, しおおせる《*across, away, back, down, off, over, through* などを伴って》: ～ *across* the rapids 急流を渡り切る. **4** (しだいに) 影響力を及ぼす, ひきつける《に, を *upon*》: The theory *won upon* people by degrees. その説はしだいに世人をひきつけた.
～ or lose 勝っても負けても. ***～ out*** 〖話〗勝利をおさめる; やり抜く, 切り抜ける. **～ a person *over*** (人を) 説得する. ***～ through*** (を) 切り抜ける, (を) やり遂げる. **～ *one's way*** ほねをおって進む; 努力して成功する.
—— *n.* **1** 勝利: two ～*s* and three defeats 2勝3敗. **2** もうけ (た金).
wince [wins] *vi.* ひるむ, しりごみする, たじろぐ, へきえきする《に *at, under*》.
—— *n.* ひるみ, たじろぎ. → blench[1], flinch, quail[2].
◇ **wínc·ing·ly** *ad.* **wínc·ing·ness** *n.*
wín·cey [wínsi] *n.* ウィンシー織り《シャツなどに用いる綿毛交ぜ織り》.
winch [wintʃ] *n.* **1** 曲がり柄, クランク (crank[1]). **2** 巻き上げ機, ウインチ. **——** *vt.* ウインチで動かす.
Wín·ches·ter[1] [wíntʃestər, -tʃis- / -tʃis-] *n.* イギリス Hampshire 州の州都.
Wín·ches·ter[2] *n.* ウィンチェスター式連発銃 (＝～ rifle)《アメリカの火薬製造業者の名から》.
†**wind**[1] [wind, 〖雅〗waind] *n.* **1** 風; 強風; (空気の) あおり: a cold〔gentle〕～ 寒〔微〕風. There isn't much ～ today. きょうはあまり風がない. **2**〖海〗風上; (*pl.*)《羅針(しん)盤の》方位. **3** (獲物の) においのする風: The deer got the ～ *of* the hunter and ran off. シカは猟師をかぎつけて逃げ去った. **4** 知覚, 予感, もれてくる情報《*of*》. **5** (世間の) 動向, 情勢: strong ～*s* of public opinion 世論の激しい動向. **6** 胃〔腸〕内のガス; 〖医〗(羊の) 鼓腸症. **7** 呼吸 (する力): recover one's ～ (止まって) 息をつく. **8** (おもに *pl.*) 管楽器: brass〔wood〕～*s* 金〔木〕管楽器. → strings. **9** 空虚なことば, 大言壮語, からいばり. **10**〖俗〗みぞおち.
adverse ～ 逆風. ***against the ～*** 風に向かって. ***before the ～*** 風下に; 風に従って: run *before the ～*〈船が〉追い風を受けて快走する. ***between ～ and water*** 〖海〗船の水線部に《弾丸が当たると船が沈む部分に》; 急所に. ***break ～*** 放屁(ほうひ)する. ***broken ～***《馬の》息切れ. ***by the ～*** 〖海〗できる

だけ風上へ寄って. **cast to the ～s** 捨て去る. **catch ～ of** に感づく. **close to the ～**〘海〙詰め開きで《ほとんど風に逆行して》; きわどいところで. **constant ～** 恒風. **contrary ～** 逆風. **down the ～** 風下に; 風に従って. **fair ～** 順風. **find out how the ～ blows [lies]** 風向きを見る; 形勢を知る. **fling to the ～s** 捨て去る. **free ～** 順風; 追い風. **from [to] the four ～s** 四方八方から[に]. **gain [get, take] the ～ of** の風上に出る. **get [put] the ～ úp**〘軍俗〙ぎょっとする. **get [recover] one's ～** 息をつぐ. **get [have] ～ of** …のうわさをかぎつける. **go like the ～** 速く行く. **have a good [bad] ～** 息がよく続く[続かない]. **have the ～ of**〘海〙<他船>の風上にある; より優位の場所にいる. **have one's ～ taken** みぞおちを打たれて気絶する. **in the eye of the ～** = **in the teeth of the ～** = **in the ～'s eye** 風に向かって. **in the ～** (1) 風上に. (2)《ことが》起こりそうで; ひそかに行なわれて: There was something *in the* ～. なにかひそかにたくらまれているようだった. (3) 未決定で. **into the ～** 風上へ. **know how the ～ blows [lies]** 風向きを知る; 形勢を知る. **lose one's ～** 息を切らす. **off the ～**〘海〙追い風で. **on the [a] ～**〘海〙詰め開きで; 風に運ばれて: Scent is carried *on the* ～. においは風に乗って運ばれる. **raise the ～** 資金を集める, 金を工面する. **second ～**《激しい運動のあとで》息の取りもどし, 呼吸整復; 捲土(ケンド)重来の気力. **take the ～ out of a person's sails** 他の帆船の風上に出る; 出し抜く, 先手を打つ. **take [get] ～** 世間のうわさにのぼる: The rumor has *taken* ～. そのうわさが世間に広まった.

—— *vt.* **1** <らっぱ・角笛などを>吹き鳴らす: ～ a horn 角笛を吹く. **2** に風を通す[当てる] (air). **3** かぎつける, かぎ出す: The hounds ～*ed* the fox. 猟犬はキツネのにおいをかぎつけた. **4** 息切れさせる; に息をつがせる: She was quite ～*ed* by the climb. 彼女は山登りでひどく息切れがした. He rested to ～ his horse. 彼は馬に息をつがせるために休んだ.

～·bag [⌐⌐] (1) 空気袋, ふいご (bellows);〘笑〙胸部. (2)〘俗〙おしゃべり, 駄弁(ダベン)家. **～ bell** 風鈴. **～-blown** [⌐⌐] 風に吹かれた; 《婦人の髪が》短く切って風に吹かれたように前へなでつけた. **～-borne** [⌐⌐] *a.* 《種子・花粉などが》風によって運ばれる. **～-bound** [⌐⌐] *a.* 〘海〙風のため航行できない. **～·break** [⌐⌐] (1)《へいなどの》風よけ, 防風設備; 防風林. (2)《樹木の》風折れ. **～·brèak·er**〘米〙スポーツ用ジャンパー; (W～)《商標名》ウインドブレーカー. **～-brò·ken**《馬が》ぜんそくにかかった, ぜんそくの. **～·chèat·er** = windbreaker. **～ cone**《風向きを示す》円すい状吹き流し. **～ egg** 無精卵. **～·fall** [⌐⌐] 風で落ちたくだもの; 思いがけない拾い物, 《遺産など》予期せず手にはいったもの. **～·flòw·er**〘植〙アネモネ. **～·gall** [⌐⌐]〘獣医〙《馬の》球腱軟腫(きゅうけんなんしゅ). **～ gauge** 風力[風速]計; 《オルガンの》風圧計. **～·hòv·er**〘鳥〙マグソタカ (kestrel). **～ instrument**〘楽〙管楽器, 吹奏楽器. **～·jàm·mer** (1)〘海話〙帆船 (の乗組員)《汽船乗組員がけいべつして用いた語》. (2)〘俗〙おしゃべり; ほら吹き. **‡～·mill** → 別項. **～·pipe** [wín(d)pàip]〘医〙気管, のど笛. **～ pressure** 風圧. **～·row** → 別項. **～ sail** (1)〘海〙《布製の船の》送風筒. (2) 風車の羽根. **～ scale** 風力階級 (Beaufort scale). **～·screen** [⌐⌐]〘英〙= ～shield. **～·shield** [⌐⌐]〘米〙《自動車の》風防ガラス. **～ sleeve [sock]** = ～ cone. **～-stick** [⌐⌐]〘米: 軍俗〙飛行機のプロペラ. **～·storm** [⌐⌐]《雨の伴わない[少ない]》暴風. **～-swept** [⌐⌐] 風にさらされた, 吹きさらしの. **～·tíght** [(英) ⌐⌐] 風を通さない, すきま風のはいらない; 気密の. **～ tunnel**〘空〙風洞(ふうどう)《航空機の模型をつるし風を当てて風圧などを実験する》. **～ vane** 風見, 風見用の吹き流し.

◇ **～·less** *a.* **1** 無風の, 静穏な. **2**〘稀〙息の切れる.
[類義語] 風: **wind** 一般的な語. **breeze** 微風, そよ風《ただし, a strong breeze ということもある》. 最も快い風とされている. **breath** わずかな風. 木の葉をわずかに揺らす程度の空気の移動. **gale** 強風. 小さなあらしで季節の変わり目などに生じ一夜にして木の葉を落としたりする. **blast, gust** 一吹きの強い風, 突風, 疾風. 物を吹き飛ばしたりする. gust の方がやや軽い風.

‡wind² [waind] *v.* (**wound** [waund],〘稀〙**wínd·ed**) *vi.* **1** <川・道などが>**曲がりくねる**, うねる; <船などが>縫うように進む: a stream ～*ing* through the woods 森を縫って流れる小川. **2** ゆがむ, 曲がる: The board *wound*. 板はそった. **3** からみつく, 巻きつく《に *round, about*》: The vine ～*s round* a pole. つる草がさおにからんでいる. **4** 巻ける: The watch [crank] ～*s* easily. このとけい[クランク]は巻き[回し]やすい. **5** じょうずに[こっそり]する: ～ into power 巧みに権力の座につく.

—— *vt.* **1 巻く, 回す**: ～ a clock [a crank] とけい[クランク]を巻く[回す]. **2** 包む, くるむ; 巻きつける: ～ a shawl round a baby = ～ a baby in a shawl 赤ん坊をショールでくるむ. ～ one's arms about a child = ～ a child in one's arms 子どもを抱き締める. **3** 巻いて…にする《に *into*》: ～ string *into* a ball 糸を巻いて玉にする. ～ paper *into* a roll 紙を棒に巻く. **4** 巻きあげる《*up*》: ～ *up* coals from the pits 炭坑から石炭を巻きあげる. **5**〘海〙<船が方向を>転ずる.

～ oneself into …にうまく取り入る. **～ a person round one's fingers** (人を)まるめ込む. **～ up** (1) (最後まで) 巻く. (2) 巻きあげる. (3) 緊張させる: ～ oneself *up* for victory 緊褌(きんこん)一番勝利を目ざす. (4) 終わる, 結末をつける: He *wound up* by saying that… …と言ってことばを結んだ. (5) <店などを>閉鎖する. **～ one's way** うねって[くねって]進む: He *wound his way* into my affections. 彼はうまく取り入って私の愛情を得た.

—— *n.* **1** 曲折; 曲がりくねり; うねり. **2** 一巻き; 一回転. **out of ～** 曲がっていない.

～-stick [⌐⌐]《大工の用いる》そり[曲がり]を測るものさし. **～·up** [⌐⌐] (1) 結末, 終了; 仕上げ. (2)〘野球〙《投手の》ワインドアップ《投球前腕を振り上げ回すモーション》.

◇ **～·er** *n.* **1** 巻く人[物]; 《とけいなどのぜんまいを巻く》かぎ; 巻き取り器, 糸巻き. **2**《巻きつく》つる植物. **3**〘建〙らせん階段.

wind³ [waind, (英) ⁺wind] *vt.* (**wound** [waund],〘稀〙**wínd·ed**) <角笛・らっぱなどを>吹き鳴らす, 吹奏する; 吹き鳴らして知らせる: ～ a call 呼び子を鳴らす.

wínd·age [wíndidʒ] *n.* **1**《飛弾などによる》あおり, 空気の動揺. **2**《風による弾丸の》偏流, 偏差; 《発射するときの》偏差調整. **3** 遊隙(ゆうげき)《砲身の内壁と砲弾の間のすきま》.

wínd·ed [wíndid] *a.* **1** 風[空気]に当てた, 風を通した. **2** 息を切らした. **3**《合成語で》息が…の: long-～ 息の長い. short-～ すぐ息の切れる.

***wínd·ing** [wáindiŋ] *n.* **1 巻くこと**, 巻き取り, 巻きあげ;〘電〙巻き(方): a ～ engine 巻きあげエンジン. **2** 巻いたもの, 巻き線. **3 曲がること**, 屈曲, 曲がりくねり. **4** 曲がりくねった道; (*pl.*) 紆余(うよ)曲折.

—— *a.* **1** 巻きの, 巻きつく. **2** うねる, 曲がりくねる: a ～ path 曲がりくねった道. a ～ staircase らせん階段. **3**《話などが》回りくどい.

～ sheet (1)《埋葬のため》死体を包む白布. (2)《ろうそくの》流れ. **～ up** 清算終了; 《会社などの》整理, 解散; 店じまい: ～ *up* sale 店じまい投げ売り.

wínd·lass [wíndləs] *n.* 巻きあげ機, ウインチ.

—— *vt.* 巻きあげ機で巻きあげる.

‡wínd·mill [wín(d)mil] *n.* **1**《製粉場・水揚げ機な

どの》風車. **2**〘空〙ヘリコプター. **3** 架空の敵.
fight* [*tilt at*] ~*s 架空の敵と戦う《Don Quixote が巨人と誤って風車にいどんだ物語から》.

†**wín·dow** [wíndou] *n.* **1** 窓; 窓ガラス; 窓わく: look out (of) the ~ 窓から(外を)見る. break the ~ 窓(ガラス)をこわす. **2**《店頭の》飾り窓 (=show ~): dress up a ~ (店の) 飾り窓を飾る. **3** 窓状の物; 《封筒の》すかし《中のあて名を見せるための四角い切り抜き》. ***bay* [*bow*] ~** 張り出し窓. ***blank* [*blind, false*] ~** めくら窓《壁に設けた窓状のモールディングまたはへこんだ部分》. ***have* [*put*] *all* one's *goods in the* ~** 見かけ倒しだ; 皮相なものだ: He *has all his goods in the* ~.
~ box 《上下に動く窓の》分銅みぞ; 窓ぎわに置く植木箱. **~ dressing** 窓飾り(法), 店頭陳列法; 体裁をつくること, ごまかし. **~ envelope**《あて名の見える》すかし封筒. **~ frame** 窓わく. **~·pane** [⌐−⌐] 窓ガラス. **~ sash** 窓わく. **~ seat** 窓下腰掛け. **~-shop** [⌐−⌐] *vi.* (**-pp-**)《買わずに》ショーウインドー(の商品)をのぞく. **~-shòp·ping** ショーウインドーののぞき見歩き. **~ sill** 窓敷居.

wínd·row [wín(d)ròu/wínd-] *n.* 風干しにするまぐさ[穀束]の列; 《風に吹き寄せられた》枯れ葉などの列. —— *vi.*《干し草などを並べて》風干しする.

Wínd·sor [wínzər] *n.* ロンドン西方の都市《Windsor Castle の所在地》. ***the House of* ~** ウィンザー王家《George V に始まるイギリス現王室》.
~ Castle ウィンザー城. **~ chair** ウィンザーチェア《18 世紀ごろ広く用いられた細い丸材でつくった背高のいす》. **~ knot** ウィンザーノット《ネクタイの結び方の名》. **~ tie** 絹製広幅の黒ネクタイ. **~ uniform** ウィンザー王家の制服《えり・そで口が赤の紺色えんび服》.

Windsor chair

wínd·ward [wíndwərd] *ad.* 風に向かって; 風上へ. —— *a.* 風上の: on the ~ side of の風上(のがわ)に.
—— *n.* 風上. ↔leeward. ***get to* ~ *of*** (1) <他船など>の風上に出る; <臭気など>の風上へ行く. (2) <相手>より優位にたつ; を出し抜く. ***keep to* ~ *of*** を避けている.

‡**wínd·y** [wíndi] *a.* **1** 風の強い, 風のある; 荒れほうだいの: a ~ night 風の強い晩. **2** 風当たりの強い, 吹きさらしの: a ~ hilltop 吹きさらしの山頂. **3** 空虚な, 内容のない, 大ぼらを吹く; (つまらぬことを) よくしゃべる, 多弁の: a ~ speaker 駄弁(だべん)家. **4**《食物が》腹にガスのたまる, 腹の張る: ~ food. **5**〘俗〙びっくりした. **6**〘古〙風上の. ***on the* ~ *side of*** の及ばないところに. **W~ City, the** Chicago の別称.
◇ **-i·ness** *n.*

‡**wine** [wain] *n.* **1** ブドウ酒: sweet [dry] ~ 甘口[辛口]のブドウ酒. **2** 果実酒: gooseberry ~ スグリ酒. **3** 酔わせる[元気づける]もの. **4**〘英〙飲酒会. **5** ワインレッド[濃い赤]色. ***Adam's* ~** 水. ***Good* ~ *needs no bush.*** 〘ことわざ〙良酒は看板を必要とせず. ***green* ~** 新酒《醸造後 1 年間の》. ***in* ~** 酒に酔って: be brought home *in* ~ 酔って家に連れられてくる. ***new* ~ *in old bottles*** 古い皮袋に入れた新しい酒《古い形式では押えられない強力な主義》. ***take* ~ *with*** と互いに健康を祝して飲む.
—— *vt., vi.* ブドウ酒を飲む[でもてなす]. ***~ and dine*** a person (人を) 気前よく酒食でもてなす. [vine と同語源]
~ bag《皮製》ブドウ酒袋; 〘俗〙大酒飲み(=winebibber). **~·bìb·ber** 大酒家. **~·bòt·tle** (1) ブドウ酒びん. (2) =wineskin. **~·bowl** [⌐⌐] (1)《ブドウ酒用》大杯. (2) 飲酒(癖): drown cares in the ~*bowl* 酒でうさを晴らす. **~ cellar**《地下の》ブドウ酒貯蔵室; 貯蔵してあるブドウ酒; ブドウ酒の貯蔵量. **~-còl·ored** ブドウ酒の色をした, 暗紫赤色の. **~ cooler** ブドウ酒冷却器. **~·cup** [⌐⌐] (1) ブドウ酒杯; 飲酒癖. (2)〘植〙一種のふち付きのゼニアオイ. **~ gallon**〘米〙標準ガロン; 〘英〙昔のガロン. **~·glass** [⌐⌐] ブドウ酒《特にシェリー酒》用グラス. **~·glass·ful** [⌐⌐fùl] ブドウ酒グラス 1 杯の量《テーブルスプーン 4 杯の量》. **~·grów·er** ブドウ栽培兼ブドウ酒醸造業者. **~·grów·ing** ブドウ栽培兼ブドウ酒醸造(業)(の). **~·house** [⌐⌐] ブドウ酒店. **~ palm** ヤシ酒の原料となるヤシ科植物. **~ press, ~ presser** ブドウしぼり器, ブドウしぼり用おけ. **~·shop** [⌐⌐] =winehouse. **~·skin** [⌐⌐] ブドウ酒用皮袋.

wín·er·y [wáinəri] *n.* ブドウ酒醸造所.

Wíne·sap [wáinsæ̀p] *n.* (または w~) ワインサップ種リンゴ《赤色中形冬リンゴ. アメリカ産》.

‡**wing** [wiŋ] *n.* **1**《鳥・こん虫などの》翼, 羽; 《動物の》翼状部分《トビウオのひれなど》: a dove beating its ~*s* 羽ばたきするハト. **2**《飛行機・風車の》翼; 矢羽根. **3**〘植〙《花の》翼弁; 《果実などの》翼. **4**〘建〙翼, そで《建物の横に張り出した部分》; 《城の》翼面. **5** (舞台の) そで《舞台の両わきの空所》. **6**〘軍〙《本隊の左・右の》翼(よく). **7**〘政〙《左翼・右翼と呼ぶ》翼. **8**〘運〙《フットボールなどの》翼; ウイング. **9**〘英〙《自動車などの》どろよけ. **10** 飛行, 飛ぶこと(flight[1]). **11**〘米: 軍〙飛行大隊. **12**〘軍俗〙翼記章《空軍から隊員の資格を得た者に与えられる》. **13**〘笑〙《動物の》前足; 《人間の》腕.
add* [*lend*] ~*s to を速くする; を促進する; に加速度をつける: Fear *lent* him ~*s*. 彼は恐怖で飛ぶように走った. ***a touch in the* ~** 腕の負傷. ***His ~s are sprouting.*** 彼は天使のように高潔な人だ. ***on the* ~** (1) 飛んで; 飛行中で. (2) 旅行中で; 活動中で. ***on the ~s of the wind*** 非常に速く. ***take ~s to itself***《羽がはえたように》飛び去って行ってしまう; どんどん消えてなくなる. ***take under* one's *~(s)*** かばう; 養う. ***take* ~** <鳥が>飛び立つ; たちまちに消えてなくなる. ***under the* ~ *of*** に保護されて: He has been brought up *under* his mother's ~. 彼は母親のひざもとで育てあげられた.
—— *vt.* **1** 飛ぶ: ~ the air 空中を飛ぶ. **2** の速度を増させる, 速める; 放つ: Fear ~*ed* his steps. 恐怖で足ばやになった. ~ one's words ことばを放つ. **3** に翼を付ける; に (翼のように) 付ける《を *with*》: ~ an arrow *with* feather 矢に羽を付ける. **4** の翼[腕, 肩など]を傷つける: ~ a bird. **5** <鳥などを>射落とす. **6** 羽で払う, そうじをする. **7**〘劇〙<役を>プロンプターの助けをかりてつとめおえる. —— *vi.* 飛ぶ: ~ over the Alps アルプスの上を飛ぶ. ~ ***one's way*** 飛んで行く.
~·beat [⌐⌐]《鳥の》羽ばたき. **~ case**《こん虫の》翅鞘(しょう). **~ chair**《背部の左右にそでのある》安楽いす. **~ collar** 夜会服用立てカラー《前部の先端が折れ曲がっている》. **~ commander**〘英〙空軍中佐. **~ covert**〘鳥〙鳥の翼の雨よけ羽. **~-fóot·ed**〘雅〙《足の》はやい, 迅速な. **~ over**〘空〙急上昇反転 (飛行). **~ sheath** =~ case. **~·spread** [⌐⌐] 翼幅《鳥・こん虫などが翼を広げたときの一方の翼の端から他方の翼の端までの長さ》. **~·stroke** [⌐⌐] =wingbeat. **~ tip**《飛行機の》翼端.

wing collar

◇ **~·less** *a.* 翼のない; 飛べない. **~·let** [-lit] *n.* 小さい翼.

*__winged__ [wiŋd, 〘雅〙wíŋid] *a.* **1** 翼のある; 《合成語で》翼が…の: strong-~ 翼の強い. **2** 高速の, 迅速な: ~ feet 足のはやい. **3** 崇高な: ~ thoughts 高遠な思想. **4** 翼をいためた; 〘話〙腕を傷つけた. **5**

《ことばなど》適切な.
～ air, the〘雅〙鳥の群れをなして飛ぶ空. **～ god, the** 翼のある神 (Mercury). **W～ Horse, the** 翼のある馬 (Pegasus).
◇ **～·ly** *ad.* **～·ness** *n.*

‡wink [wiŋk] *vi.* **1 まばたきする** (blink). **2 目くばせする**, 目で合い図する《に *at*》: She ～*ed at* me. **3** 〈星・光などが〉またたく, きらめく: The stars ～*ed.* 星がまたたいていた. **4** 見て見ぬふりをする, 大目に見る《を *at*》.
—— *vt.* **1** まばたく: ～ one's eye(s) まばたきする. **2** まばたきして示す: ～ a hint 目くばせして知らせる. ***like* ～*ing*** 〘俗〙すばやく. **～** tear ***away*** [***back***] まばたきして (涙を) はらう.
—— *n.* **1 まばたき**. **2 目くばせ**: with a knowing ～ 心得たというように目くばせして. **3** 《星・光などの》またたき, きらめき. **4 瞬間**; ほんのわずかの間. **5** (*pl.*) うたた寝. ***do not sleep a* ～** =***do not get a* ～ *of sleep*** 一睡もしない. ***forty* ～*s*** うたた寝. ***in a* ～** またたく間に. ***tip*** a person ***the* ～** 〘俗〙(人に) 合い図〔警告〕をおくる.

wínk·er [wíŋkər] *n.* **1** まばたき〔目くばせ〕する人〔物〕. **2**〘話〙まつげ; 馬の目隠し. **3** (*pl.*)〘米〙《自動車の》ウィンカー, 方向指示燈.

wín·kle [wíŋkl] *n.* 〘貝〙タマキビの類(periwinkle[2]).
—— *vt.* 〘話〙えぐり出す〔取る〕《*out*》.

‡wín·ner [wínər] *n.* **1 勝利者, 優勝者**; 《競馬の》勝ち馬: Who was the ～? だれが優勝したか. **2 受賞者**, 入賞〔入選〕者:a Nobel Prize ～ ノーベル賞受賞者.

wín·ning [wíniŋ] *a.* **1** 勝った, 優勝した: the ～ horse [team] 優勝馬〔チーム〕. **2** 決勝の, 勝利を決める: the ～ hit 決勝の一打. **3** 人の心をひきつける: a ～ personality 魅力ある個性.
—— *n.* **1** 勝利, 獲得, 成功. **2** (通例 *pl.*) 賞品, 賞金. **～ post** 決勝点 (の標柱).
◇ **～·ly** *ad.*

wín·now [wínou] *vt.* **1** 〈穀物を〉(もみから) 吹き〔あおぎ〕分ける, 簸(ひ)る《*away, out*; から *from*》; 〈もみ・ごみを〉(穀物などから) 吹き分ける《*away*》. **2** ふるいにかける; 選び分ける, えり抜く《*out*》; 〈悪いのを〉ふるい落とす《*away*》. **3** 〈風が髪などを〉吹き散らす, 吹き乱す. **4** 〈進路を〉羽ばたき進む. **5**〘雅〙〈空気を〉羽ばたく. **——** *vi.* **1** 穀物を吹き〔より〕分ける. **2** 羽ばたく; 羽ばたいて飛ぶ. [wind[1] と同語源]
◇ **～·er** *n.* 吹き分ける人; 吹き分け機; 唐箕(とうみ).

wí·no [wáinou] *n.* (*pl.* **～s**)〘米俗〙安ブドウ酒常用者.

wín·some [wínsəm] *a.* (**-som·er**; **-som·est**) **1** 目をひく; 魅力のある, あいきょうのある: a ～ smile. **2** 《性格などが》快活な, 明るい.
◇ **～·ly** *ad.* **～·ness** *n.*

†wín·ter [wíntər] *n.* **1** 冬: a hard ～ 厳冬. a mild ～ 温暖な冬. this ～ この冬(に). **2** 寒気: a touch of ～ うすら寒さ. **3** 晩年; 衰退期; 逆境にある〔物寂しい〕時期. **4**〘雅〙歳; 年: a man of seventy ～*s* 70歳の老人. ***the* ～ *of our discontent*** 「われらが不満の冬」, 落ち目のとき.
—— *a.* 冬の; 冬向きの, 冬用の: ～ apples 冬リンゴ.
—— *vi.* **1** 冬を過ごす, 越冬する: ～ at Nice ニースで冬を過ごす. **2** 冬眠する. **——** *vt.* 〈家畜・植物などを〉冬越しさせる, 冬の間囲う: The cows are ～*ed* in the barn.
～-bèat·en 寒気にいためられた. **～·bourne** [-bɔ̀ːrn/-bɔːn] 夏がれ川. **～ bud** 冬芽. **～·feed** →別項. **～ garden** 冬園《ガラス張りの憩いの場所》. **～·green** [´-ˌ-] (1)〘米:植〙シラタマノキの類《北アメリカ産》; その葉から採った香油. (2)〘英:植〙イチヤクソウの類. **～·kill** [´-ˌ-]〘米〙寒さで枯らす〔殺す〕; 寒さで枯れる〔死ぬ〕. **～ quarters** 冬ごもりの場所;〘軍〙冬期宿営地. **～ resort** 避寒地. **～ sleep**〘動〙冬眠 (hibernation). **～ sports** 冬季運動競技《スキー・スケートなど》. **～·tide** [´-ˌ-]〘雅〙冬. **～·time** [´-ˌ-] 冬. **～ wheat** 秋まきの小麦.
◇ **～·ize** [-təràiz] *vt.* に防寒装置をする. **～·ly** *a.* 冬の; 冬らしい; わびしい.

wín·ter·feed [wíntərfìːd] *vt., vi.* 〈家畜を〉冬の間干し草で養う; 〈干し草・穀物を〉冬の間家畜に与える. **——** *n.* 越冬用家畜飼料.

wínt·e·ry [wínt(ə)ri] =wintry.

***wín·try** [wíntri] *a.* (**-tri·er**; **-tri·est**) **1** 冬の(ような); 冬のように寒い; わびしい. **2** 《比喩的》冷たい, 冷淡な. ◇ **wín·tri·ly** *ad.* **wín·tri·ness** *n.*

wín·y [wáini] *a.* **1** 《味・色などが》ブドウ酒のような. **2** ブドウ酒に酔った. [＜wine]

‡wipe [waip] *vt.* **1 ふく, ぬぐう**; ふき取る, 〈しみを〉抜く《*away, off, out, up*》: *W*～ your eyes. 涙をふけ, 泣きやみなさい. ～ a drawing *off* the blackboard 黒板の絵を消す. **2** (跡形なく) 消す, 一掃する《*out*》: The snow ～*d out* the footprints. 雪で足跡が消えた. ～ *out* injustice 不正を根こそぎ除去する. **3** 帳消しにする《*off*》: ～ *off* a debt [a disgrace] 負債〔不面目〕を清算する. **4** 〈記憶・考えなどを〉ぬぐい去る《から *from*》: ～ a thought *from* one's mind. **5** こする, こすりつける; すり込む《に *into*》: ～ the oil *into* the surface 表面を油でつやぶきする. **6**〘鉛工〙はんだを塗ってつぐ. **7**〘俗〙めった打ちする.
—— *vi.* 打ちかかる《に *at*》.
～ a person***'s eye***〘俗〙(人) を出し抜く, (人) の不意を襲う. **～** one***'s hands of*** …から手を引く. **～ *out*** (1) 〈ごみなどを〉ふき取る; 内側をふく: ～ *out* the bath ふろの内側をそうじする. (2)〘話〙殺す: They may ～ him *out.* 彼らは彼を消すかもしれない. **～ *the floor with*** を完全に打ちのめす.
—— *n.* **1 ふくこと, ぬぐうこと**: give a plate a ～ さらをふく. **2**〘話〙ピシャッと打つこと. **3**〘俗〙ハンカチ. ***fetch*** a person ***a* ～** (人を) ピシャッと打つ.

wíp·er [wáipər] *n.* **1** ぬぐう〔ふく〕人; …ふき〔ぬぐい〕; ふく物《ふきん・タオル・ハンカチ・ゴムそうじ器など》: a windshield ～ 《自動車の》(前面風防ガラス) ワイパー. **2**〘電〙ワイパー《電動機などの》; 可動子《抵抗器などの》;〘機〙ワイパー《カム (cam) の一種》.

‡wire [waiər / wáiə] *n.* **1 針金**: copper ～ 銅線. telephone ～ 電話線. ～ rope 鋼索. **2 電線**: a live [laiv] ～ 電流の通じている針金; 活動家. **3 電信**;〘話〙電報. → wireless. **4** 金網; 針金細工. ***be*** (***all***) ***on* ～** (全く) いらいらしている. ***by* ～** 電信で; 電報で. ***get under the* ～**〘米〙やっとまにあう. ***on the* ～** 電話で〔に出て〕: There's someone *on the* ～ for you. きみに電話だよ. ***pull*** (***the***) ***～s***〘話〙陰で糸を引く; あやつる.
—— *vi.* 〘話〙打電する《に *to*》: Don't write; ～. 手紙はだめだ, 打電しなさい. **——** *vt.* **1** 針金で止める〔結ぶ, 巻く〕: ～ beads together じゅず玉に針金を通す. **2** に電線を引く: ～ a house for electricity 家に電(燈) 線を引く. **3** 《金網の》わなで捕える: ～ a bird. **4** 打電〔電送〕する; 電報で通知する: ～ a birthday greeting 誕生日の祝電を送る.
～ *in* (1) (に) 鉄条網を張りめぐらす. (2)〘英俗〙全力を傾ける. **～ *into*** をがつがつ食べる. **～ cloth** 《ろ過器などの》ごく細かい目の金網. **～ cutter** 《ペンチなど》針金切り《工具》. **～·dànc·er** 綱渡り芸人. **～·draw** → 別項. **～ entanglement** 鉄条網. **～ gauge** 針金ゲージ; 針金はかり. **～ gauze** 細い線の金網. **～ glass** 網入りガラス. **～ grass**〘植〙ギョウギシバ. **～·hair** [´ˌ]〘動〙毛のこわいフォックステリア種の犬. **～-haired** [´ˌ] 《犬など》毛のこわい. **～·man** [-mən] (*pl.* **-men**) 電線工夫. **～ netting** 金網. **～·phò·to** 有線電送写真. **～·pùll·er** 人形使い, あやつり人形師;〘話〙陰で糸を引く〔策動する〕人, 黒幕.

〜·pùll·ing〘話〙陰で糸を引くこと, 裏面工作. **〜 recorder** ワイヤーレコーダー《磁気録音機の一種. 鋼線に録音》. **〜 room**《競馬などの》かけ元, かけ屋. **〜 rope** 鋼索, ワイヤーロープ. **〜 service** 会員制情報提供(機関)《株価などの》. **〜 side** 紙の裏側. ↔felt side. **〜·tap** [⌐⌐] (1) 電話〔電信〕の盗聴. (2) 盗聴する. **〜 telegraph** 有線電信. **〜·work** [⌐⌐] 針金細工. **〜·worm** [⌐⌐]〘虫〙コメツキムシ科の幼虫. **〜-wove** [⌐⌐] 金網製の;《便箋など》光沢紙の.

◇ **wír·er** [wáirər/wáiərə] *n.* 針金を巻く人;《獲物を》金網わなで捕獲する人.

wíre·draw [wáiərdrɔ̀ː] *vt.* (**-drew** [-drùː]; **-drawn** [-drɔ̀ːn]) **1** 〈金属を〉針金に延ばす. **2**《一般的》長く延ばす;〈議論などを〉長々と論ずる.

◇ **〜·ing** *n.* 針金製造;〘機〙《蒸気の》絞り作用;《議論の》引き延ばし.

wíre·drawn [-drɔ̀ːn] *v.* wiredraw の過去分詞.
—— *a.* **1** 針金に延ばした. **2**《議論・区別立てなど》引き延ばし過ぎる, 細か過ぎる.

‡**wíre·less** [wáiəlis] *a.* **無線の, 無線電信〔電話〕の**;〘英〙ラジオの: a 〜 telegram 無線電報.
—— *n.* **1 無線電信〔電話〕**: send a message by 〜 無線で送信する. **2** (無線による)報道. **3**〘英〙**ラジオ**: listen to a concert over the 〜 ラジオでコンサートを聞く.
—— *vi., vt.*〘英〙無線で知らせる, 打電する.
〜 operator 無線通信士. **〜 set** 無線電信〔電話〕機; ラジオ受信機. **〜 station** 無線電信局. **〜 telegram** 無線電報. **〜 telegraph** 〔telegraphy〕無線電信(術). **〜 telephone** 無線電話. **〜 telephony** 無線電話(術).

wír·ing [wáiriŋ / wáiəriŋ] *n.* **1** 配線〔架線〕(工事);《集合的》配線(組織). **2**《外科手術・はく製などの》針金接合. —— *a.* 配線する; 配線用の.

wír·y [wáiri/wáiəri] *a.* (**-i·er**; **-i·est**) **1**〘雅〙針金製の. **2** 針金のような;《毛などが》こわい. **3**《音・声が》金属性の. **4**《からだ・人が》筋張った, 筋金入りの, 屈強な. ◇ **wír·i·ly** *ad.* **wír·i·ness** *n.*

wis [wis] *vi.*〘古〙知る: I 〜 well 私はよく知っているが…《挿入(そうにゅう)句として用いる》.

Wis., Wisc. Wisconsin.

Wis·cón·sin [wiskánsn/-kɔ́nsin] *n.* アメリカ中北部の州《略 Wis., Wisc.》.

‡**wís·dom** [wízdəm] *n.* **1 賢明さ, 知恵**, 分別: He showed great 〜 in the act. 彼はまことに聡明(そうめい)にふるまった. **2**〘古〙学問, 知識: the 〜 of the ancients 古人の知識〔学問〕. **3** 金言, 名言. **4**《集合的》賢人たち. ***pour forth 〜*** 名言を次々に吐く. ***the W〜 of Jesus*** = Ecclesiasticus. ***the W〜 of Solomon*** ソロモンの知恵《旧約聖書経外典中の一編. 略 Wisd.》. [＜wise¹]
〜 tooth 親知らず(歯), 知恵歯: cut one's 〜 *teeth* 〈人が〉親知らず(歯)がはえる; 分別のつく年ごろになる.

†**wise¹** [waiz] *a.* (**wís·er**; **wís·est**) **1 賢い**, 賢明な, 聡明(そうめい)な, 思慮分別のある: You were 〜 to make sure. あなたが確かめたのは賢明だった. It is 〜 to consult your parents. 両親に相談するのは賢明なことだ. **2**《通例比較級で》《事情などに》通じている: Who will be the *wiser*? だれにわかるものか. **3** 博識の, 博学の, 博識を示す: a 〜 paper 博引旁証(ぼうしょう)の論文. **4** 賢人らしい; ずるい: as 〜 as a serpent へビのようにさとい. **5**〘古〙秘法に通じた. →名詞 wisdom.
be none the 〜r for … (のお陰) があってもいっこうにわからない: I *am none the* 〜 *for* her explanation. 彼女の説明があっても少しもわからない. ***be*** 〔***get***〕 ***〜 to***〘俗〙を知っている〔を知る〕: *get* 〜 *to* a fraud いんちきに気づく. ***get 〜*** (1) 消息に通じる. (2) なまいきになる: Don't *get* 〜 with me. おれに向かってなまいきなことを言うな〔するな〕. ***no 〜 than*** 〔***as 〜 as***〕 ***before*** 相変わらず知らずに. ***put*** a person ***〜 to***〘俗〙(人に)…を知らせる. ***〜 after the event*** あとで気がつく,《愚者の》あと知恵: It's easy to be 〜 *after the event.* あと知恵はすぐつく. ***with a 〜 shake of the head*** もの知り顔に頭を振って.
—— *vt.*〘米俗〙賢くしてやる. ***〜 up***〘米俗〙知る, に知らせる《を *to, on*》.
〜·crack [⌐⌐] *n., vi.*〘米俗〙当意即妙のことば(を言う), 警句(を吐く). **〜·cràck·er** 警句家. **〜 guy**〘米俗〙うぬぼれたやつ, 「お高い」やつ; 抜け目のない男. **〜 man** 賢人; 魔法使い. **〜 saw** 金言. **〜 woman** 賢女; 女魔法使い, 女占い師; 助産婦.

〔類義語〕**賢い: wise** 知識のみならず判断力をもっている. 英知のある: *wise* advice 思慮のある忠告. **sage** wise とほぼおなじだが主として老人について用いる. また賢明ぶったという皮肉の意もある: look as *sage* as an owl 偉そうな顔をしている. **sagacious** 明敏で先見の明がある. また人を見抜く力, 洞察(どうさつ)力をもっている. 利口な: A strategical withdrawal will be *sagacious* here. ここでは手を引いておくことが戦術的に賢明だろう. **judicious** 冷静な判断力をはたらかせる. 物事に対処するにあたって慎重で読みのふかい: *judicious* treatment of a problem 問題の賢明な取り扱い. **prudent** 将来のことを考えて用心ぶかい. また実務において慎重な. 万全の手を打ち抜け目のない: a *prudent* businessman who never does anything except for a useful end なにをしても利益を図るさとい実業家. **sensible** 良識と分別のある, もののわけのわかった, 無謀でない: *sensible* plans 賢明な計画. **intelligent** 頭のよい.

wise² *n.* 方法; 様(よう); 風(ふう)(way). ***in any 〜*** どうしても. ***in like 〜*** 同様に. (***in***) ***no 〜*** 決して…ない. ***in some 〜*** どうにか; どこか. ***on this 〜*** このように. [guise と同語源]

-wise [-wàiz] *suf.* 「…のよう〔式〕に」または「…の方へ」の意《名詞・副詞につけて副詞をつくる》: like*wise* 同様に. cross*wise* 十字に. clock*wise* とけいの針の方向に.

wíse·à·cre [wáizèikər] *n.* もの知り顔をする人, 利口ぶる人.

‡**wíse·ly** [wáizli] *ad.* **賢く**; 賢明に(も); 抜け目なく: You did 〜 desist from further action. そこで思いとどまったのは賢明だった.

†**wish** [wiʃ] *vt.* **1 望む**, 願う: 〜 aid〔money〕援助〔金〕がほしい. What do you 〜 *of* me? きみはぼくになにを望むか. **2** …したいと思う《*to* (do)》;《人に》…してもらいたいと思う《〜 a person *to* (do); *that*》: I 〜 *to* master English. 英語に熟達したい. I 〜 you *to* come home early. (あなたに) 早く帰ってもらいたい. What do you 〜 me *to* do? なにをしてほしいのか. I 〜 it *to* be repaired. それを修理してもらいたい. It is to be 〜*ed that*… …でありたいものだ. I 〜 (*that*) you *would* be quiet. どうか静かにしてください《③仮定法を伴うばあいの一応用》. **3**《仮定法を伴い》…したら〔…であったら〕よいと思う《事実に反する事態への望み》: I 〜 I *were* rich. 私が金持ちならいいのだが. I 〜〔〜*ed*〕I *had* met her. 彼女に会えたらよかったのにと思う〔思った〕(=I regret I *did* not meet〔regretted I *had* not met〕her.). I 〜〔〜*ed*〕my dream *would* come true. 私の夢が実現してくれればいいがと思う〔思った〕.〈注〉最後の2例のように, 仮定法は主節の動詞 wish の時制の影響を受けない. → 枠付 Subjunctive Mood, 特に「特別用法」の 5). **4**〈人に幸福・健康などを〉**祈る**, 願う;〈別れなどの〉あいさつをする: I 〜 you a happy New Year. 新年おめでとう. I 〜 you good luck. ご幸運を祈ります. I 〜 you success. ご成功を祈ります. 〜 a person well〔ill〕人の幸福〔不幸〕を祈る. She 〜*ed* me good-bye.

彼女は私に別れを告げた. **5**〘米話〙無理に押しつける《に *on*》: ～ a job *on* a person 仕事を人に押しつける. —— *vi.* ほしいと思う, 望む《を *for*》: He ～*ed for* a new car. 彼は新しい自動車をほしがった. → want, desire, hope.

～*ing bone* =wishbone. **～ *a person joy of*** (人が)…で楽しむことを望む; 《皮肉》(人が)…で苦しむことを望む. **～ *on*** …にかけて祈る: ～ *on* a star.

—— *n.* **1 願い**, 望み, 願望: I have no ～ to be loved. 愛されたいとは思わない. **2** (*pl.*) 好意, 幸福を願う気持ち: Give your wife my best ～*es*. 奥さんに私からよろしくとお伝えください. **3** (しばしば *pl.*) 依頼, 要請, 希望: I will attend your ～*es*. ご希望のとおりにいたします. disregard the ～*es* of others 他人の要望を無視する. **4 望みの物**, ほしい物: I have got my ～. 望みの物を手に入れた.

～・bone [ˊ-ˋ] 《鳥の胸骨の前にある二また状の》暢思(ちょうし)骨《食事の際この骨の両端をふたりで引き合い長い方を取った者は願いごとがかなえられるという》. **～ fulfil(l)ment** 〘心〙願望実現《夢・幻覚などでの》.

◇ (-)**wísh·er** *n.* 希望者, 願う〔祈る〕人: a well-〔ill-〕～ 人の幸福〔不幸〕を願う人.

〔類義語〕 **望む: wish, want** wish の方が積極的な願望, want の方が口語的で欠如より生じる望みをあらわすが, しいていえば want は要望で, wish は願望であり, そこから両者の違いが主として構文上にあらわれる. wish 構文は want 構文のすべてを含む: I *want* (= *wish*) money. 金がほしい. I *want* (= *wish*) to go home. 帰宅したい. I *want* (= *wish*) you to come. きみに来てもらいたい. They *want* (= *wish*) me dead. 彼らは私の死を望んでいる. 一方次の構文は want にない: I *wish* I could do so. そうできるとよいのだが. I *wish* you a Happy New Year. 新年おめでとう. **desire** 強く欲する. やや堅苦しい語.

wísh·ful [wíʃf(u)l] *a.* **1** 望んでいる, 切望している《*to* (do)》. **2** ものほしそうな. **3** 願望に基づく, 希望に左右される: ～ thinking 願望的思考; 希望的観測. ◇ **～·ly** [-fuli] *ad.* **～·ness** *n.*

wísh-wash [-wɑ̀ʃ / -wɔʃ] *n.* **1** 水っぽい〔薄い〕飲み物. **2**〘話〙気の抜けた〔くだらない〕話.

wísh·y-wàsh·y [wíʃiwɑ̀ʃi/-wɔ̀ʃi] *a.* 〘話〙**1**《スープ・茶などが》薄い, 水っぽい. **2** くだらない《話など》.

wisp [wisp] *n.* **1**《干し草・わらなどの》束, 小束; 《髪などの》一ふさ. **2**《物の》断片, 切れ端; 小さな〔ほっそりした〕もの: a ～ of a girl ちっちゃな娘. **3**《煙などの》ひとすじ. **4**〘雅〙鬼火 (=will-o'-the-～). **5**〘古〙小ぼうき (whisk broom).

wísp·y [-i] *a.* **1** わらのような. **2** 小さく束ねた. **3** ほっそりした, ひょろひょろした. **4**《ひげ・髪などが》まばらな. **5** 少しの.

wist [wist] *v.* wit² の過去・過去分詞.

wis·tár·i·a [wistɛ́(ː)riə / -tέəriə], **wis·té·ri·a** [-tí(ː)riə/-tíər-] *n.* 〘植〙フジ.

wíst·ful [wístf(u)l] *a.* **1** ものほしそうな, もの足りなそうな. **2** あこがれているような, なつかしそうな. **3** もの思いに沈んだ. ◇ **～·ly** [-fuli] *ad.* **～·ness** *n.*

‡**wit**¹ [wit] *n.* **1 機知**, とんち, 機転: an essay full of ～ 機知に豊んだ随筆. ready ～ とんち. **2** 機知に豊む人, 才人. **3** (*sing.* または *pl.*) **知恵**, 理知, 理解力: The little child had not the ～*s* to cry for help. 幼児は助けを求めて叫ぶだけの知恵がなかった. **4** (*pl.*) 正気: lose〔gain〕one's ～*s* 正気を失う〔取りもどす〕. **5**〘古〙賢人, 知者.

at* one's ～'*s*〔～*s'*〕*end 途方にくれて. ***have quick*** 〔***slow***〕 **～*s*** 勘がいい〔鈍い〕, 機転がきく〔きかない〕. ***have*** 〔***keep***〕 **one's ～*s about* one** 抜け目がない. ***live by* one's ～*s*** 小才をはたらかせてやりくりする; 巧妙に一時しのぎをする. ***out of* one's ～*s*** 正気を失って. ***the five* ～*s*** 五感 (senses).

〔類義語〕 **機知: wit** 機知. 人の意表をつく断定や気のきいたしゃれを言う能力. humor に比べ自分の知恵を誇る態度, 人間的冷たさが示唆される. **humor** ユーモア. こっけいみ・おかしみ (のある表現). wit に比べ人間の弱点を善意の目で見てほのぼのとした暖かみを感じさせる. **sarcasm** 人を傷つけることを目的とした辛らつなことば. **satire** ある事柄を愚かしい, 笑うべきものとして表現する風刺. 文学〘主として詩・劇〙の形式の一つともなっている.

wit² *vt., vi.* 〘古〙知っている《一人称単数現在 wot; 二人称単数現在 wost, wot·(t)est; 三人称単数現在 wot, wot·(t)eth; 各人称複数現在 wit, wite; 過去・過去分詞 wist; 不定詞 wit; 現在分詞 wit-ting》. ***to*** **～** すなわち.

‡**witch** [witʃ] *n.* **1 魔女**, 女の魔法使い; 巫女(みこ). → wizard. **2** 鬼ばば; 醜い老女. **3**〘話〙魅惑的な女. ***white*** **～** 善行を施す魔女.

—— *vt.* **1** に**魔法をかける**; 魔法で変える《に *into, to*》: be ～*ed into* stone 魔法にかけられて石になる. **2** 惑わす, 魅惑する. —— *a.* 魔女の(用いる).

～-craft [ˊ-ˋ] 魔法, 魔術; 魔力; 魅力. **～ doctor** 《特にアフリカ原住民などの》魔法使い, まじない師. **～ elm** 〘植〙ニレ属の一種 (wych elm). **～es' Sabbath** 《年1回深夜に開く》悪魔の宴. **～ hazel** 〘植〙《北アメリカ産》マンサクの一種 (wych-hazel); その樹皮・葉から採った薬物《外傷用》. **～-hunt** [ˊ-ˋ] (1) 魔女狩り. (2)〘米俗〙政敵を中傷〔迫害〕すること; 《異分子を》捜し出して迫害すること.

◇ **～·er·y** [-əri] *n.* 魔法, 妖術(ようじゅつ); 魔力, 魅力.

wítch·ing [wítʃiŋ] *a.* 魔力のある; 魅惑的な.

the **～ *time of night*** 《witch の横行するという》うしみつどき, 真夜中. —— *n.* =witchery.

◇ **～·ly** *ad.*

wít·e·na·ge·mòt [wítinəgimòut/-móut] *n.* 〘英史〙《アングロサクソン時代の》国会.

†**with** → 枠付 with. (pp. 1520–1521)

with- *pref.* 「反対に」または「後方へ」「離れて」などの意: *with*stand 対立する, 抵抗する. *with*draw あとへ引く, 引きさがる.

with·ál [wiðɔ́ːl, ㊥⁺wiθɔ́ːl] *ad.* 〘古〙**1** その上(に) (besides); 同様に(as well). **2** にもかかわらず(nevertheless). **3** それでもって.

—— *prep.* 《目的語に後置》〘古〙…でもって(with): What shall he fill his belly ～? 彼はなにをもってその腹を満たすべきか.

‡**with·dráw** [wiðdrɔ́ː, wiθ-] *v.* (**-dréw** [-drúː]; **-dráwn** [-drɔ́ːn]) *vt.* **1** 〈手などを〉**引っ込める**: ～ his hand from the hot pot 熱いなべから手を引っ込める. ～ the curtain カーテンを引く〔あける〕. **2** 〈通貨などを〉回収する: ～ dirty bank notes *from* use 流通しているよごれた紙幣を回収する. **3** 引き取る, 引き揚げる; 〈軍隊を〉撤退する: ～ a boy from school 少年を学校から退かせる. ～ troops from a position 軍隊を陣地から撤退させる. **4** 〈申し出などを〉**撤回する**; 取り消す; 〈訴訟を〉取り消す: ～ a promise 約束を取り消す. **5** 〈恩恵などを〉取り上げる.

—— *vi.* **1 引きさがる**, 退出する《から *from*》: After dinner the ladies ～. 会食のあと夫人たちは退出する. **2** 〈軍隊が〉撤退する, 引き揚げる; 棄権する. **3** 引退する, 脱会する《から, を *from*》: ～ *from* a society 脱会する. ～ *from* a league 連盟を脱退する. ～ *from* a competition 試合を棄権する. **4** やめる《を *from*》: ～ *from* heroin ヘロインをやめる. **5** 動議〔提案〕を撤回する.

〔類〕 → **retire**「引きさがる」

with·dráw·al [wiðdrɔ́ː(ə)l] *n.* **1** 引っ込むこと; 退出; 引退; 脱退, 退学. **2** 引っ込めること; 引き揚げ, 撤退, 撤兵. **3** 取りもどし, 回収. **4** 撤回, 取り消し; 《訴訟の》取り下げ.

* **with·dráwn** [-drɔ́ːn] *v.* withdraw の過去分詞.

—— *a.* **1** 引っ込んだ. **2**《人が》引きこもりがちの; 内気の. **3** 撤回した; 回収した.

with·dréw [-drúː] *v.* withdraw の過去形.

withe [wiθ, wið, waið] *n.* (*pl.* **~s** [-θs, -ðz]) 《柳などの》細枝; 《まきなどを束ねる》しなやかなつる[細枝].
—— *vt.* 細枝で縛る.

‡**wíth·er** [wíðər] *vi.* **1 しおれる**, しなびる, 枯れる 《*up*》. **2**《比喩的》衰える, うすれる《*away*》: Her affections ~*ed*. 彼女の愛情はうすれた.
—— *vt.* **1 しおれさせる**, しなびさせる: The heat of the day has ~*ed* (*up*) the grass. 日中の暑気で草がしおれた. **2** ひるませる; しょげさせる: ~ a person with a look ひとにらみで人をすくませる. **3** <名声・元気などを> 衰えさせる.

wíth·ers [-z] *n. pl.* 《おもに馬・牛・羊などの》両肩胛骨(けんこう)間の隆起. ***My ~ are unwrung.*** こっちは痛くもかゆくもない, いっこうに平気だ. ***wring*** a person'***s ~*** (人)を心配させる[悩ます].

with·hóld [wiθhóuld, wið-] *v.* (**-héld** [-héld]) *vt.* **1** (与えることを) 差し控える, 見合わせる, 保留する: ~ one's consent 承諾を差し控える. **2** <人を> 引き止める, 制止する《から *from*》: ~ soldiers *from* attack 兵の攻撃を引き止める. **——** *vi.* 差し控える, がまんする. **~*ing tax*** 源泉課税. ***name withheld*** 名前は秘す. ◇ **~·er** *n.* **~·ment** *n.*

†**with·ín** [wiðín, [米]+wiθ-] *prep.* **1** …の内側に[へ], …の内部に[へ]: see ~ the body 身体の内部を見る. ~ the fence かきの内側に, 敷地内に. keep ~ doors 屋内で過ごす. **2**《期間・距離》…以内に: ~ two hours 2時間以内に. ~ a few miles of London ロンドンから数マイル以内に. **3** …の範囲内に, …ができるところに[で]: live ~ one's income 収入のわく内で暮らす. ~ one's power 自分の力の及ぶ範囲で. ~ reach (of the hand) 手の届くところに. ~ my reach 私の手[力]の及ぶところに. ~ sight of land 陸が見えるところに.
keep ~ bounds 範囲内からはみ出させない. **~ *oneself*** (1) 心の中で. (2) 全力を出し尽くさずに, 控えめに: run ~ oneself 余裕をもって走る. be true ~ ***limits*** ある程度(ほんとうだ).
—— *ad.* **1** 内に[へ]; 内側に; 内部[屋内]に: He went ~. 彼は家[へや]の中へはいった. ↔ without. **2** 心の中で: She is pure ~. 彼女は心の清らかな人だ. **~ *and without*** 内にも外にも, 内外ともに.
—— *n.* 内部. ***from ~*** 内から, 内部から: The door opens *from* ~. そのドアは内側から開く.
~·doors [⸗⸗⸗] *ad.* 屋内へ[で]. **~-named** [⸗⸗⸗] *a.* ここに記名された.

†**with·óut** [wiðáut, [米]+wiθ-] *prep.* **1** …なしで, …のない, …を持たずに; …がなくても: a rose ~ a thorn とげのないバラ; 苦痛を伴わない快楽. He went out ~ a hat [his camera]. 帽子をかぶらずに[カメラを持たずに]外出した. I can do it ~ your help. きみの助力なしでもやれる. The situation is bad enough ~ his interference. 彼のじゃまがはいらなくてさえ, 事態はもういいかげんたたり目なのだ. **2**《仮定の意を含めて》…**なしでは**, …がなければ (but for): *W*~ your help, I couldn't do anything. きみの助けがなければなにもできないだろう. **3**《動名詞を従えて》(——が) …**しないで**: ~ say*ing* a word ひと言もいわずに. No one can pass in or out ~ be*ing* seen. 姿を見られずにだれも出はいりできない. He carried out the plan ~ his parents know*ing* anything about it. 彼は (両親がそれについてなにも知ることなく→) 両親に少しも知られずに, その計画を実行した. 〈注〉最後の例では the parents が動名詞 knowing の「意味上の主語」になっている. → 枠付 Gerund 4) b). **4** …の外に[へ]; …の範囲を越えて. ***cannot*** (do) **~** (do)***ing*** ——すれば必ず…する: I *cannot* speak English ~ mak*ing* mistakes. 英語を話すたびにまちがいを犯す. → 上記③. ***do*** [***get***] ~ a thing [a person] …なしに済ませる: We cannot *do* ~ him. =He cannot be *done* ~. 彼がいなくてはやっていけない; 彼は是が非でも必要な人物だ. ***It goes ~ saying that...*** …は言うまでもない. ***times ~ number*** 何度も何度も, 数え切れないほど. **~ *difficulty*** 容易に. **~ *doubt*** 確かに. **~ *end*** 限りなく, いつまでも. **~ *fail*** 必ず. **~ *fear or favor*** 公平に. **~ *mercy*** 情け容赦なく. **~ *result*** むだに[な]. **~ *so much as*** (do)***ing*** …すらせずに; …もせずに. **~ *the knowledge of*** …に知られず[知らせず]に.
—— *ad.* **1** 外に, 外部に(は); 屋外に. ↔ within. **2** 上べは; 表面は.
—— *conj.* 《古・俗》…でなければ.
—— *n.* 外部; 外面. ***from ~*** 外部から: The door opened *from* ~. そのドアは外側から開いた.

‡**with·stánd** [wiθstǽnd, wið-] *v.* (**-stood** [-stúd]) *vt.* **1** に**抵抗する**, に反抗する, に逆らう: ~ temptation 誘惑に抵抗する. **2** <困難などに> **耐える**.
—— *vi.* 《雅》反抗する, 抵抗する; 耐える.

wíth·y [wíði] *n.* =withe.

wít·less [wítlis] *a.* 知恵[才知]のない; 無分別な, 愚かな. ◇ **~·ly** *ad.* **~·ness** *n.*

wít·ling [wítliŋ] *n.* 利口ぶる人, 才子気どりの人.

‡**wít·ness** [wítnis] *n.* **1 証言**: give ~ in a law court 法廷で証言する. **2 証人**, 目撃者: be a ~ of an event ある事件の目撃者[証人]である. **3**《取引・協定の》立会人: be a ~ of a transaction ある取引の立会人となる. **4 証拠**(となるもの): His silence was the ~ of his ignorance. 彼の沈黙は無知の証拠だった. ***bear ~ to*** [***of***] を立証する; の証人[証拠]となる: His friends will *bear* ~ *to* his innocence. 彼の友人たちが彼の無罪を立証するだろう. ***call*** a person ***to ~*** (人に)証明してもらう, (人を) 証人に立てる. ***give ~ on behalf of*** a person [***on*** a person'***s behalf***] (人)のために証言する. ***in ~ of*** の証拠として.
—— *vt.* **1 目撃する**, まのあたりに見る: I never ~*ed* a more melancholy sight. これ以上悲しい光景を見たことがない. **2 証言する**; 立証する; の証拠となる: His composure ~*es* his innocence. 彼の落ち着いた態度は彼の無罪を証拠立てている. **3**《法》に立ち会う; に署名する《証人として》: ~ a document [will] 証人として証書[遺言]に署名する.
—— *vi.* 証言[証明, 立証]する: ~ *to* having seen it それを見たと証言する. **~ *for*** [***against***] a person (人)に有利な[不利な] 証言をする. ***W~ Heaven!*** 天も照覧あれ.
~ box 《英》= ~ stand. **~ mark** 《土地の境界・測量用》目印. **~ stand** 《法廷の》証人席.

wít·ting [wítiŋ] *a.* 意識しての, 知った上での, 故意の. **——** *n.* 《方》知識. ◇ **~·ly** *ad.*

***wít·ty** [wíti] *a.* (**-ti·er**; **-ti·est**) **機知に富んだ**, とんちのある; しゃれのうまい.
◇ **-ti·cism** [-tisiz(ə)m] *n.* 気のきいたしゃれ, 当意即妙のことば, 警句. **-ti·ly** *ad.* **-ti·ness** *n.*

wive [waiv] *vi., vt.* 《古》妻をめとる, 妻にする, (と)結婚する; に妻を与える.

wí·ver(n) [wáivəːr(n)] =wyvern.

***wives** [waivz] *n.* wife の複数形.

wíz·ard [wízərd] *n.* **1**《男の》魔法使い. → witch. **2** 奇術[手品]師. **3**《話》鬼才, 天才, 非凡な才能人; 名人, 専門家. ***the ~ of Menlo Park*** 《Edison の研究所のあった》Menlo Park の魔法使い《Edison のこと》. ***the W~ of the North*** Sir Walter Scott の別称. ***Welsh W~*** Lloyd George の別称.
—— *a.* **1** 魔法使いの; 魔法の. **2**《英俗》すばらしい.
◇ **~·ly** *a.* 魔法使いの(ような); 天才のような.
~·ry [-ri] *n.* 魔法, 魔術.

wíz·en [wízn] *vi., vt.* ひからびる; しなびる.

—— *a.* ＝wizened.

wíz·ened [-d] *a.* しなびた, しわくちゃな.

wk(s). week(s); work(s). **w.l.** water line; wave length. **Wm.** William. **WMO** World Meteorological Organization 世界気象機関. **WNW, W.N.W.** west-northwest.

wo[1] [wou] ＝whoa.

wo[2] ＝woe.

w/o without. **W.O.** War Office; warrant officer.

woad [woud] *n.* 〔植〕 大青, 細葉大青《ヨーロッパ産. セリ科》; (その葉から採る) 青色染料.
◇ ∼**·ed** [-id] *a.* 〜で染めた.

wób·ble [wábl / wɔ́bl] *vi.* **1** ぐらぐらする, ぐらつく, よろめく. **2** 〈政策・意見などが〉動揺する. **3** 〈声などが〉震える. —— *n.* ぐらつき, よろめき; 揺れ, 動揺; 《政情などの》不安定.
◇ ∼**r** [-ər] *n.* よろめく〔よろよろする〕人〔物〕; 〔主義・考えの〕一定しない〔動揺する〕人.

wób·bling [wábliŋ/wɔ́b-] *a.* よろよろ〔ぐらぐら〕する. ◇ ∼**·ly** *ad.*

wób·bly [wábli/wɔ́b-] *a.* **1** ぐらぐらする, 揺れる, 不安定な. **2** 無定見な.

wó·be·gone ＝woebegone.

Wó·den [wóudn] *n.* ウォーデン《アングロサクソン民族の主神. 北欧神話の Odin に当たる》.

woe [wou] *n.* **1** 悲哀, 悲痛; 苦悩. **2** (*pl.*) 災難, 災い. ***tale of ∼*** 泣き言. ***Woe* (*be*) *to…!*** ＝***Woe betide…!*** …に災いあれ. ***Woe to* [*is*] *me!*** ああ悲しいかな. ***Woe worth the day!*** きょうはなんという悪い日だろう! —— *int.* 悲しいかな!

wóe·be·gòne [wóubigɔ̀:n / -gɔ̀n] *a.* 悲しみに沈んだ, 憂色に満ちた.

wóe·ful, wó·ful [wóuf(u)l] *a.* **1** 悲惨な, 痛ましい; 哀れな, 悲しい; 凶の. **2** 《無知などが》はなはだしい, 情けない, 困った. ◇ ∼**·ly** *ad.* ∼**·ness** *n.*

‡**woke** [wouk] *v.* wake の過去・過去分詞.

wók·en [wóuk(ə)n] *v.* 〔古・方〕 wake の過去分詞.

wold [would] *n.* 不毛の高原; 原野《特にイギリス Yorkshire・Lincolnshire 地方などの》.

‡**wolf** [wulf] *n.* (*pl.* **wolves** [wulvz]) **1** 〔動〕 オオカミ: (as) greedy as a ∼ オオカミのように貪欲(どんよく)な. **2** 貪欲〔残忍〕な人. **3** 〔米俗〕 女性を追い回して誘惑する男. **4** 《オルガンの 2 音間に生じる》きしる音, うなり. **5** 飽くなき食欲; ひどい空腹〔飢餓〕. **6** 《穀物倉を荒らす》甲虫〔ウスバエ〕の幼虫.
cry ∼ too often やたらに偽りの警告を発する《その結果他人から信じられなくなる. イソップ物語より》. ***have* [*hold*] *a ∼ by the ears*** 進退きわまる, 窮地に陥る. ***have a ∼ in the stomach*** ひどく空腹を感じる. ***keep the ∼ from the door*** どうにか飢えをしのぐ. ***∼ in sheep's clothing*** 羊の皮を着たオオカミ; 偽善者.
—— *vt.* がつがつ食う, むさぼる《しばしば *down*》.
—— *vi.* オオカミ狩りをする.
∼**·ber·ry** [-bèri/-b(ə)ri] 〔植〕 イチゴの一種《北アメリカ西部産. 白い実がなるスイカズラ属》. ∼ **call** 〔米俗〕 《若い女性を見たときの》口笛, 叫び. ∼**-child** [⌐⌐] オオカミ少年《オオカミに育てられた幼児・少年》. ∼ **cub** オオカミの子; ボーイスカウトの年少団員《8–11歳》. ∼ **dog** オオカミ狩りに用いた猟犬; 《オオカミを防ぐ》羊の番犬. ∼**·fish** [⌐⌐] 〔魚〕 《強い歯の貪欲な》ギンポの類. ∼**·hound** [⌐⌐] ウルフハウンド《昔オオカミ狩りに用いた猟犬》. ∼ **pack** オオカミの群れ; 敵の護衛船を攻撃する潜水艦隊. ∼**'s-bane,** ∼**'s-bane** [⌐⌐] 〔植〕 トリカブト属. ∼**'s-claw(s),** ∼**'s-foot** 〔植〕 ヒカゲノカズラ. ◇ ∼**·like** *a.*

wólf·ish [wúlfiʃ, ㊎⁺wúlviʃ] *a.* オオカミのような; がつがつする, 貪欲(どんよく)な; 残忍な.
◇ ∼**·ly** *ad.* ∼**·ness** *n.*

wólf·ram [wúlfrəm] *n.* 〔鉱〕 ＝wolframite; 〔化〕 ＝tungsten.

wólf·ram·ite [-àit] *n.* 〔鉱〕 鉄マンガン重石《タングステン原鉱》.

wól·las·ton·ite [wúləstənàit] *n.* 〔鉱〕 珪灰(けいかい)石.

wòl·ver·íne, -éne [wùlvərí:n/⌐⌐⌐] *n.* **1** 〔動〕 《北アメリカ産》アナグマの類; その毛皮. **2** (W∼) 《アメリカの》ミシガン州の人.

wolves [wulvz] *n.* wolf の複数形.

†**wóm·an** [wúmən] *n.* (*pl.* **wóm·en** [wímin]) **1** 女, (成人した) 女性, 婦人: men, *women* and children 男・女・子ども. She is no longer a girl, but a ∼. 彼女はもう子どもじゃない, おとなだ. a single ∼ 独身女性. **2** 《冠詞なしで》女性《男性に対し》: *W∼* is not always weaker than man. 女は男より弱いとは限らない. **3** (the ∼) 女性的感情, 女らしさ; (男の) めめしさ: It stirred the ∼ in her. そのことで彼女の女心が目ざめた. **4** めめしい男. **5** めかけ, 情婦. **6** 〔古〕 女官, 侍女.
born of ∼ 人間として (女から) 生まれた; 人間としての. ***make an honest ∼ of*** 〈関係を結んだ女〉と正式に結婚する. ***old women of both sexes*** こうるさい人々《男女とも》. ***play the ∼*** めめしくふるまう. ***the ∼ of the house*** 主婦, 女主人. ***∼ of the street(s)*** 売春婦. ***∼ of the world*** 世慣れた女, 社交婦人. ***∼ with a past*** いわくつきの女.
—— *vt.* **1** に女のようにふるまわせる; 泣かせる. **2** 《lady と言わずに》woman と呼ぶ. **3** に女をあてがう; 〈地位などを〉女でうめる.
—— *a.* 女の, 婦人の: a ∼ driver 女性運転手. a ∼ reporter 婦人記者. 〈注〉複数形は両語とも複数形になる: *women* drivers; *women* reporters.
∼ **hater** 女ぎらい (の人). ∼**'s rights** 女権. ∼ **suffrage** 婦人参政権. ∼ **suffragist** 婦人参政論者. ∼**'s wit** 女の知恵; 女性の本能的洞察(どうさつ)力.
◇ ∼**·hood** [-hùd] *n.* 女であること; 女らしさ; 《集合的》婦人, 女性. ∼**·kind** *n.* 《集合的》婦人たち; 女性; 女子: one's ∼*kind* [*womenkind*] 一家の女たち. ∼**·like** [-làik] *a.* 女のような; 女らしい.

wóm·an·ish [wúməniʃ] *a.* **1** 女らしい; 女のような. **2** 柔弱な, めめしい, 男らしくない. → mannish.
◇ ∼**·ly** *ad.* ∼**·ness** *n.*

wóm·an·ize [wúmənàiz] *vt.* 女のようにする, めめしくする. —— *vi.* 〔話〕 女道楽をする.

wóm·an·ly [wúmənli] *a.* 女らしい; 婦人にふさわしい. —— *ad.* 女性らしく. ◇ **-li·ness** *n.* 女らしさ.

womb [wu:m] *n.* 〔医〕 子宮 (uterus); 《子どもの宿る》腹, 胎内; 内部. ***from the ∼ to the tomb*** 揺りかごから墓場まで(from the cradle to the grave). ***fruit of the ∼*** 子ども. ***in the ∼ of time*** 将来に, 将来起こるべき.

wóm·bat [wámbæt/wɔ́mbət] *n.* 〔動〕 ウォムバット《オーストラリア産有袋動物. フクログマモドキの類》.

†**wóm·en** [wímin] *n.* woman の複数形.

wóm·en·folk(s) [-fòuk(s)] *n.* 《集合的》婦人, 女性: Mr. Smith's ∼ スミスの家の婦人たち.

†**won**[1] [wʌn] *v.* win の過去・過去分詞.

won[2] [wan/wɔn] *n.* ウォン《大韓(だいかん)民国の貨幣単位》.

†**wón·der** [wʌ́ndər] *n.* **1** 不思議, 驚異, 驚き, 驚嘆: be filled with ∼ ふかく驚嘆する. in ∼ 驚嘆して. **2** 不思議な物〔できごと〕; 驚くべき物〔できごと〕; 奇観; 奇跡: the seven ∼*s* of the world 世界の七不思議. The boy is a ∼. あの子は天才だ. → marvel.
a nine day's ∼ 人のうわさも七十五日《驚嘆もすぐ消えてゆくこと》. ***for a ∼*** 珍しく(も); 不思議にも: You are punctual *for a ∼*. 珍しく時間どおりに来たね. ***It is a ∼* (*that*…).** (…は) 不思議なことだ. **(*It is*) *no ∼* (*that*…).** ＝***What ∼* (*that*…)?** (…は) 当然だ, 驚くには当たらない. ***signs and ∼s*** 奇跡. ***to a ∼*** 驚くほどに. ***work* [*do*] *∼s*** 世間

をあっと言わせる; 大成功する;《薬などが》たいへんによくきく.

—— *vt., vi.* **1 驚く, 驚嘆する**《に *at*; と *that*》: Can you ～ *at* it? それはごく当然ではないか. I don't ～ *at* your feeling unhappy. きみの不幸な気持ちはよくわかる. I ～ (*at* the fact) *that* it came safe. よくそれが無事に着いたものだ. I ～*ed to* see you there. きみにあそこで会って驚いたよ. **2 いぶかる, 疑う**《を *about*》: I was just ～*ing about* that. どうもへんだと思っていたところだった. **3** …**かしらと思う, …だろうかと思う**《*how, who, why, whether, if* などとともに》: I ～ *who* he is [*what* he wants]. 彼はだれ[なにがほしいの]かしら. I ～ *how* they achieved it. どうやってそれができたのだろうか. I ～ *if* it is true. ほんとでしょうか. He ～*ed where* he was. 彼は自分がどこにいるのかと思った.

～ drug 特効薬 (miracle drug). ***～·land** [-lænd] 不思議の国, おとぎの国;《けしきなどのよい》すばらしい所. **～-strick·en, ～-struck** [ˊ-ˌˊ] 驚嘆[感嘆]した, あっけにとられた. **～·work** [ˊ-ˌˊ] 驚異的仕事; 驚くべきもの. **～-work·er** [ˊ-ˌˊ-] 不可能を可能にする人,「手品師」.

◇ **～·ment** *n.* 驚き, 驚嘆, 驚異; 不思議なもの.

†wón·der·ful [wʌ́ndərf(u)l] *a.* **1 不思議な, 驚くべき, 驚嘆すべき**: a ～ invention 驚くべき発明. **2 すばらしい, すてきな**: a ～ view すばらしいながめ.

◇ ***～·ly** [-fuli] *ad.* **1** 不思議に(も), 驚くほど. **2** すばらしく, すてきに. **～·ness** *n.*

(類義語) **驚くべき: wonderful** 驚異の念を起こす. 一般には「すばらしい (admirable)」の意で用いられることが多い. **marvelous** 異常さ・奇妙さのために驚くべき. 奇怪な. wonderful に比して悪いものに対する皮肉として用いられることがある. あきれてものも言えない: their *marvelous* hypocrisy 彼らの驚くべき偽善. **miraculous** 奇跡的な, 人間わざとは思えない: a *miraculous* memory 神わざ的な記憶力.

wón·der·ing [wʌ́nd(ə)riŋ] *a.* 不思議そうな; 不思議に思う, いぶかっている. ◇ **～·ly** *ad.*

***wón·drous** [wʌ́ndrəs] *a.* 〔雅〕驚くべき, 不思議な. **——** *ad.* 〔古〕驚くほど. ◇ **～·ly** *ad.* **～·ness** *n.*

wón·ky [wáŋki / wɔ́ŋ-] *a.* 〔英俗〕ぐらぐらする, よろめく; たよりない, 弱々しい.

wont [wount, ㊍⁺ wɔːnt, wʌnt] *a.*《be ～ の形で》…し慣れた, …するを常とする《*to* (do)》: as he *was* ～ *to* say 彼がよく言っていたように. He slept longer than he *was* ～. いつもより長く眠った.

—— *n.*《単数のみ》習慣; しきたり: according to her ～ 彼女のしきたりに従って. It is my ～ to do so. そうするのが私の習慣だ. → custom, habit.

***as is* one's ～** いつものように, 例のごとく. ***than is* one's ～** いつもより: He went to bed earlier *than was his* ～. 彼はいつもより早く床についた. ***use and* ～** 世の習い.

—— *vt., aux. v.* 〔古・雅〕…するのを常とする《*to* (do)》; 慣らす《に *with*》: He ～*s to* do so. 彼は常にそうする. ～ oneself *with*… …に自分を慣らす.

†won't [wount, ㊍⁺wʌnt] will not の短縮形.

wónt·ed [wʌ́ntid, wóunt-/wóunt-] *a.* 慣れた; いつもの, 例の(とおりの): with his ～ courtesy いつものとおりの丁重さで. ◇ **～·ly** *ad.* **～·ness** *n.*

woo [wuː] *vt., vi.* **1** (に)求愛[求婚]する, (に)言い寄る, くどく. **2** <名誉・幸福・財産などを> 求める, 追求する; <災いなどを> 招く. **3** (に)…してくれとせがむ[説得する]《*to* (do)》.

◇ **～·er** [-ər] *n.* 求婚[求愛]者. **～·ing·ly** *ad.* 優しく; 誘惑的に, 訴えるように.

†wood [wud] *n.* **1 木, 木材**: The desk is made of ～. 机は木製です. → timber, tree. **2** (しばしば *pl.*) **森, 森林**: go through the ～(*s*) 森の中を通る. a clearing in the ～(*s*) 林間の開墾地. → forest. **3** たきぎ: gather ～. **4** たる, 酒だる, おけ: whiskey aged in ～ たるの中で熟成されたウイスキー. **5** 版木, 木版. **6** (the ～)〔楽〕木管楽器類;《ゴルフの》木製クラブ.

cannot see the* ～ *for the trees 木を見て森を見ず; 小事にとらわれて大局を見失う. wine ***fresh from the* ～** たるから出したての(酒). wine ***in the* ～** たる詰めの(酒). ***out of the* ～*s*** 森から(出て); 危険を脱して.

—— *a.* 木の, 木製の; 木材用の: a ～ floor [screw] 板張りの床[木ねじ].

—— *vt.* **1** 樹木でおおう, に樹木を植える. **2** にたきぎを供給する. **——** *vi.* たきぎ[木材]を積む; たきぎを集め蓄える《*up*》.

～ alcohol メチルアルコール, 木精 (methyl alcohol). **～ anemone** 〔植〕一輪草の類. **～·bind** [ˊˌ], **～·bine** [ˊˌ]〔植〕スイカズラ属の植物 (honeysuckle);〔米〕アメリカツタ (Virginia creeper). **～ block** 版木; 木版; 木片;《道路舗装用》木れんが. **～ carving** 木彫(ちょう); 木彫り. **～ coal** 木炭; 炭. **～·cock** [ˊˌ] (*pl.* **-cocks,**《集合的》**-cock**)〔鳥〕ヤマシギ. **～·craft** [ˊˌ]《特に狩猟・野営などについての》森林の知識; 森林学; 木工(術), 木彫(術). **～·cut** [ˊˌ] 木版(画). **～·cùt·ter** きこり; 木版彫り師 (=～ engraver). **～·cùt·ting** 木材伐採; 木版彫り. **～ engraver** 木彫師, 木版師;〔虫〕《北アメリカ産》木食虫. **～ engraving** 木版(術); 木版画. **～ fiber**《特に製紙材料の》木質繊維. **～ hyacinth** 〔植〕イトシャジン; ヒメツリガネスイセンの類. ‡**～·land** → 別項. **～ lark** 〔鳥〕《ヨーロッパ産》ヒバリの一種. **～ lot** 植林用の土地. **～ louse** (*pl.* **-lice** [-lais])〔動〕ワラジムシ. ***～·man** → 別項. **～·note** [ˊˌ] (通例 *pl.*) 森の調べ《美しい小鳥のさえずりなど》. **～ nymph** (1) 森の精 (dryad). (2)〔虫〕ガの一種《ブドウなどの害虫》. **～ oil** 桐油(とうゆ) (tung oil). **～ paper** 木材パルプ製の紙. **～ pavement** 木れんが舗道. **～·pèck·er** 〔鳥〕キツツキ. **～ pigeon** 〔鳥〕《ヨーロッパ産》ジュズカケバト (ringdove);《北アメリカ西部産》野バト. **～·pile** [ˊˌ] まき[たきぎ]を積んだ山. **～ pulp**《製紙原料》木材パルプ. **～·ruff** [ˊˌ]〔植〕クルマバソウ. **～ rush** 〔植〕ヌカボシソウの類. **～·shed** [ˊˌ]《特に》まき小屋[置き場]. **～s·man** [-zmən] (*pl.* **-men**) 森に住む人; 山林に詳しい人《きこり・猟師など》;〔米〕木材搬出人夫 (lumberman). **～ sorrel** 〔植〕カタバミの類. **～ spirit** メチルアルコール; 木精 (=～ alcohol). **～ tar** 木(もく)タール《防腐剤》. **～ thrush** 〔鳥〕《北アメリカ東部産》ツグミの一種. **～ turning** ろくろ細工. **～ vinegar** 〔化〕木酢(もくさく)《防腐剤》. **～·wind** [ˊˌ] 木管楽器類; (*pl.*)《オーケストラの》木管楽器部. **～·work** [ˊˌ] 木造部《家の内部のドア・階段など》; 木製[木工]品. **～·wòrk·er** 木細工師《さしもの師・大工など》; 木工機械. **～·wòrk·ing** 木細工(の), 木工(の). **～·worm** [ˊˌ]〔米: 虫〕木食虫.

◇ **～·less** *a.*

wóod·chuck [wúdtʃʌ̀k] *n.*〔動〕**1** ウッドチャック《北アメリカ産 marmot の一種》. **2** 北アメリカ西部産の数種の marmot の総称.

(-)wóod·ed [wúdid] *a.* **1** 木の茂った, 森の多い. **2**《合成語で》木が…の, …木質の: hard-～ 木の堅い.

†wóod·en [wúdn] *a.* **1 木製の**: ～ walls 板べい. **2** 生気のない, 無表情な: a ～ stare ぽかんとした目つき. **3** ぎこちない: a ～ smile かたい微笑. **4** 愚鈍な: a ～ head ばか者.

～·head [ˊ-ˌˊ]〔話〕まぬけ, のろま. **～-hèad·ed**〔話〕まぬけな, のろまな. **～ horse**〔ギ神〕大木馬《ギリシア軍が Troy 軍攻略に用いた》. **～ Indian**〔米〕木彫りのインディアン《もとたばこ屋の広告として使われた》. **～ leg** (木製の) 義足. **～ spoon** 木さじ;〔英〕試験で最下位の者. **～ walls**《国の守りとしての古代の》木造戦艦. ～·**ware** [ˊ-ˋ]〘米〙《集合的》木製用具《おけ・わん・さらなど》.

‡**wóod·land** [wúdlænd/-lənd] *n.* 森林(地帯).
—— *a.* 森林(地帯)の: ～ birds 森の鳥.
◇ ～·**er** *n.* 森林地帯の住民.

***wóod·man** [wúdmən] *n.* (*pl.* **-men**) **1** きこり. **2** 森に住む人. **3**〘英〙林務官; たきぎ商; 山番.

wóods·y [wúdzi] *a.*〘米〙森の(ような).

wóod·y [wúdi] *a.* **1** 樹木の多い, 森の多い. **2** 木の, 木に似た; 木質の: ～ fiber 木質繊維. the ～ parts of a plant 植物の木質部.
～ **nightshade**〘植〙ヒヨドリジョウゴの類《毒草》.
◇ **-i·ness** *n.*

woof [wu:f] *n.* **1**《織物の》横糸, 緯(ぬき)(weft). → warp. **2** 織物, 布;《織物の》地合い;《ものの》下地.

wóof·er [wú:fər] *n.*〘電〙ウーファー《低音域用スピーカー》. → tweeter.

†**wool** [wul] *n.* **1** 羊毛, ウール《ヤギ・アルパカの毛も含む》. **2** 毛糸; 毛織物(の服): wear ～ 毛織物を着る. **3** 羊毛状の物; むく毛; ちぢれ毛《黒人などの》: glass ～ グラスウール《羊毛状のガラス繊維》. **4**《比喩的》(真実の理解を妨げる) 障害, おおい.
all ～ and a yard wide ほんとうの, 真正の; すばらしい. *dye in the* ～ 織る〔紡ぐ〕前に染める; に思想などを徹底的に浸透させる《通例受動態で》. →dye. *go for ～ and come home shorn* ミイラ取りがミイラになる; あべこべにやられる. *lose one's* ～〘話〙怒る. *Much cry and little* ～.〘ことわざ〙大山鳴動してねずみ一匹. *pull the ～ over* a person's *eyes* (人)を欺く.
～ **comber** 羊毛をすく人; 梳毛(そもう)機. ～**-dýed** (1) 羊毛のまま染めた. (2)〘米〙徹底的な, 心(しん)までしみ込んだ. ～**·fell** [ˊˋ] 毛のついたままの羊皮, 羊毛皮. ～**·gàth·er·ing** 放心(の), ぼんやりした; 取り留めのない空想; つまらない仕事. ～**·grow·er**《羊毛をとるための》牧羊業者. ～**·man** [-mən] (*pl.* **-men**) 羊毛商人. ～**·pack** [ˊˋ] (1) 羊毛こり《1こりは通例 240 ポンド》. (2)〘気〙巻雲(けんうん), 入道雲. ～**·sack** [ˊˋ] (1) 羊毛袋. (2)〘英〙《羊毛が詰めてある上院の》議長 (Lord Chancellor) 席; (the ～-sack) 議長〔大法官〕の職. ～**·shed** [ˊˋ] 羊毛を刈るための小屋. ～**·sòrt·er** 羊毛選別者. ～**·sorters' disease**〘医〙脾脱疽(ひだっそ). ～ **sponge** ウールスポンジ《Florida 州・西インド諸島産の海綿》. ～ **stapler** 羊毛仲買人; 羊毛選別者. ～**·work** [ˊˋ] 毛糸細工, 毛糸ししゅう.

‡**wóol·en**, (英) **wóol·len** [wúlin, -lən] *a.* 羊毛の; 毛織物の; 毛織りの: ～ cloth ウール地. ～ yarn 毛糸. —— *n.* 紡毛糸; 毛布, ウール; (通例 *pl.*) 毛織物; 毛織りの衣服.

wóol·ly, wóol·y [wúli] *a.* **1** 羊毛の; 羊毛性〔質〕の. **2** 羊毛のような, もくもく〔もじゃもじゃ〕した: ～ clouds むくむくした雲. **3** 多毛の;〘植〙柔毛の密生した. **4**《考えが》不鮮明な, ぼんやりした. **5**《声が》しゃがれた. **6**〘話〙荒くれた, 粗野な, 波乱の多い.
—— *n.* **1**〘話〙毛織りの衣類;〘おもに英〙セーター. **2** (通例 *pl.*)《シャツなど》毛織りの下着. **3**〘米俗〙羊. ～ **bear**《各種の》毛虫. ～ **head** もじゃもじゃの髪;〘米俗〙黒人. ～**-héad·ed** もじゃもじゃの髪の; 役に立たない, 非実用的な.
◇ **-li·ness** *n.*

woosh [wu:ʃ, wuʃ] =whoosh.

wootz [wu:ts] *n.* インド製鉄鋼《もと刃物の材料としてヨーロッパ・アメリカに輸出された》.

wóoz·y [wú:zi] *a.*〘俗〙《飲酒などのために》頭がはっきりしない; 気分がすぐれない.
◇ **-i·ly** *ad.* **-i·ness** *n.*

wop [wɑp/wɔp] *n.*〘米俗〙《けいべつ的》南ヨーロッパ移民;《特に》イタリアからの色の浅黒い移民.

Wórces·ter [wústər] *n.* アメリカ Massachusetts 州の都市.

Wórces·ter·shire [wústərʃiər, -ʃər] *n.* **1** イギリス南西部の州. **2** ウスターソース (=～ sauce)《日本で一般にいうソース》.

Worcs. Worcestershire.

†**word** [wə:rd] *n.* **1** 語, 単語: English ～*s* 英単語. **2** ことば, ひと言; 短い談話: a ～ of advice〔praise〕 忠告〔賞賛〕のことば. May I have a ～ with you? ひと言お話ししたいのですが. **3** (one's ～, the ～) 約束: keep *one's* ～ 約束を守る. **4** (*pl.*) 口論, 論争. **5**《無冠詞》便り, 知らせ; うわさ; ことづて: No ～ has come from home. 家から消息がない. *W*～ is out that... …といううわさだ. leave ～ that... …という伝言を残す. **6** さしず, 命令; 合いことば: His ～ was law. 彼の命令は法律だった. **7** (*pl.*) 歌詞;《芝居の》せりふ: a book of ～*s*《芝居の》台本. **8** (the W～) 神 (のことば), 福音, 聖書. **9** 格言, 標語.
at a ～ 言下に, 直ちに. *a ～ in* 〔*out of*〕 *season* 時宜を得た〔得ない〕ことば. *A ～ with you.* ちょっとお話があるのですが. *be as good as* one's ～ 約束を守る. *be not the ～ for it* 的はずれ(のことば)である. *big ～s* 自慢; ほら. *bitter ～s* ひどいことば, 激しいことば. *break* one's ～ 約束を破る. *bring ～ that...* …と伝える. *by ～ of mouth* 口頭で. ↔in writing. *come to* (*high*) *～s* 激論になる. *eat* one's *～s* 前言を取り消す. *fair* 〔*good*〕 *～s* 甘言. *give* 〔*pass*〕 one's ～ 約束する. *God's W～ =the W～ of God* 聖書; 福音書. *hang on* a person's *～s* (人)の話に熱心に聞き入る. *hard ～s* 悪口; 難語. *have a ～ with* …とひと言話す. *have no ～s for* 〔*to express*〕 をなんとも言いあらわしようがない. *have the last* ～《議論で》(最後のことばを放って) 相手の口を封ずる. *have ～s with* と口論する. *high* 〔*hot, warm, sharp*〕 *～s* 激論. *in a few ～s* 二, 三語で, 要するに. *in a* 〔*one*〕 ～ 一言で言えば. *in other ～s* 言い替えれば, すなわち. *in so many ～s* 文字どおり, ちょうどそのとおりに; はっきりと. *in these ～s* こう言って. *keep* one's ～ → ③. *man of few ～s* 無口な人. *man* 〔*woman*〕 *of his* 〔*her*〕 ～ 約束を守る人. *My ～!* おやおや! *my ～ upon it* 誓って. *on* 〔*with*〕 *the* ～ そう言うと; そう言うやいなや. *put into ～s* ことばに言いあらわす. *say* 〔*put in*〕 *a good ～ for* を弁護する; をほめる; を推薦する. *send* ～ 伝言する; 申し送る《*to*》. *Sharp's the ～!* 急げ! *suit the action to the* ～ 言ったとおりに実行する. *take* a person *at his* ～ (人の) 言うとおりに信ずる; 言うがままに受け取る. *take the ～ out of* a person's *mouth* (人)の言おうとしていることを先回りして言ってしまう. *too* beautiful *for ～s* (美し) 過ぎてことばで言いあらわせない. *upon my* ～ (1) 誓って; 必ず. (2) これはこれは《驚き・怒りの表現》. *weigh* one's *～s* よく考えてものを言う. ～ *for* ～ 逐語的に, 一語一語, そっくりことばどおりに《訳すなど》: translate ～ *for* ～ 逐語訳にする. ～ *of honor* 名誉にかけての約束〔言明〕: give one's ～ *of honor* 誓う.
—— *vt.* ことばにあらわす. *a well ～ed letter* 表現の巧みな手紙.
～**-blind** [ˊˋ]〘医〙語盲症の, 失読症の. ～ **blindness** 失読症 (alexia). ～**·book** [ˊˋ] 単語集; 辞書;《歌劇・歌曲などの》歌詞集. ～ **class**〘文〙語類, 品詞. ～**-deaf** [ˊˋ]〘医〙語聾(ごろう)症の. ～ **formation**〘文〙語の形成; 造語法. ～**-for-**～ 全くおなじ語による, 言い替えなしの; 逐語的な. ～ **game** ことば遊び. ～ **order**〘文〙語順. ～ **painting** [ˊˋ-] 絵を見るような描写, 生き生きとした叙述. ～**-pér·fect**《俳優などが》せりふに申し分のない. ～ **picture** 絵を見るような文章. ～**·play** [ˊˋ] ことばのやりとり; しゃれ, 地口. ～ **splitting** 細か過ぎることばの区別; ことばづかいのやかましいこと.

～ square 四角連語《縦にも横にもおなじに読める四角にならべた語》.

wórd·ing [wə́:rdiŋ] *n.* ことば使い, 語法; 言いまわし, 用語.

wórd·less [wə́:rdlis] *a.* 無言の, ことばのない, おしの; 口に出さない. ◇ **～·ly** *ad.* **～·ness** *n.*

Wórds·worth [wə́:rdzwərθ] *n.* William ～, 1770–1850, イギリスの桂冠(けいかん)詩人.

wórd·y [wə́:rdi] *a.* **1** ことばの, 口頭の, 言論の: ～ warfare 言論戦, 論争. **2** ことば数の多い; くどい: a ～ style 冗漫な文体. ◇ **-i·ly** *ad.* **-i·ness** *n.*

†**wore** [wɔ:r / wɔ:] *v.* **1** wear¹ の過去形. **2** wear² の過去・過去分詞.

†**work** [wə:rk] *n.* **1** 仕事, 作業, 労働; 勉強, 研究; 努力: a (good) day's ～ 1日の仕事量. Machines do much ～ today. 今日では機械が多くの仕事をする. He laid out his ～ on his desk. 机の上に仕事を広げた. **2** 仕事ぶり, 手並み, 細工: beautiful ～ 見事な手並み. camera ～ 撮影技術. **3** はたらき, しわざ; (*pl.*) 正しい行為: dirty ～ 不正行為. It's the ～ of that boy. あの子のしわざだ. **4** (通例 *pl.*) 土木〔建築〕工事: public ～*s* 公共(土木)工事. **5** (芸術) 作品, 著作; (工芸) 製品: a ～ of art 芸術作品. the complete ～*s* of Shelley シェリー全集. **6** 仕事の口, 職(業): look for〔find〕～ 職を捜す〔見つける〕. His ～ is selling. 彼の仕事は販売だ. **7** (*pl.*)《しばしば単数扱い》工場: The glass ～*s* is near the town. ガラスの工場は町の近くにある. **8** (*pl.*)《機械の》仕掛け, 機構《特にその動く部分》: the ～*s* of a watch とけいの機械. **9** (*pl.*)〖俗〗付属品〔添え物〕いっさい: a car with the ～*s* 自動車とその付属品いっさい. **10** (*pl.*)〖俗〗虐待, 酷使. **11**〖物〗仕事. **12** 要塞(ようさい). **13**〖宗〗業(わざ): mighty ～*s* 奇跡.

all in the day's* ～** 普通の, あたりまえの (こと). ***All* ～ *and no play makes Jack a dull boy. 〖ことわざ〗勉強ばかりで遊ばせないと子どもはばかになる. ***at* ～** 働いて: The farmers are hard *at* ～. 農夫たちはせっせと働いている. ***get the* ～*s***〖米俗〗ひどい目に会う. ***give*** a person ***the* ～*s***〖米俗〗(人を) ひどい目に会わせる. ***have*** one***'s* ～ *cut out for*** one 手いっぱいの仕事がある. ***in* ～** 就職〔就業〕して: He is *in* regular ～. 彼は定職をもっている. ***make short*** 〔***quick***〕 **～ *of*** をさっさとかたづける; を取り除く. ***out of* ～** 失業して;《機械などが》狂って. ***set about*** one***'s* ～** 仕事に取りかかる. ***set to* ～** (1) 〈人を〉仕事につける; 着手させる. (2) 仕事に取りかかる. ***shoot the* ～*s***〖俗〗あらゆる努力を尽くす, 大いに気ばる. ***the* ～*s of God*** 自然 (nature). **～*s of mercy*** 慈善事業.

—— *v.* (～ed,〖古〗**wrought** [rɔ:t]) *vi.* **1** 働く, 仕事する: One must ～ for a living. 人は生活のために働かなくてはならぬ. **2** 努力する, 勉強する: He is ～*ing at* Latin〔*on* a new novel〕. ラテン語を勉強している〔新作の小説を執筆している〕. **3** 勤務している; 従事する, 営む《に, を *in*》: ～ at a factory 工場に勤めている. ～ *in* leather 皮加工を業とする. **4** 〈機械などが〉作動する, 動く: The switch doesn't ～. スイッチがきかない. The door ～*s* on a spring. ドアはばね仕掛けで動く. The plan ～*ed*. 計画はうまくいった. **5** 影響を及ぼす, 作用する, 効果がある《に *on, upon*》: Time will ～ *on* them all. 時がたてば皆の考えも変わるだろう. **6** 扱える, こねられる: This wood ～*s* easily. この木は工作しやすい. **7** 少しずつ〔やっと〕進む〔はいり込む〕: The ship ～*ed* to windward. 船は風上に向かってのろのろと進んだ. The rain ～*ed* through the roof. 雨は屋根にしみ通った. **8** (酷使されて)…になる: The window catch has ～*ed* loose. 窓の掛けがねがゆるんだ. **9** 細工する《を *in*》; 縫い物〔ししゅう〕をする: ～ *in* leather 皮細工をする. **10** 発酵する: Yeast makes beer ～. イーストはビールを発酵させる. **11** 〈心・波が〉動揺する, 騒ぐ: The sea ～*s* high. 怒濤(どとう)がさかまく. **12** 〈顔が〉ぴくぴく動く: Her face ～*s* with emotion. 彼女の顔は感動でぴくぴく動いている.

—— *vt.* **1** 働かせる, 使う: ～ one's wife〔horses〕hard 妻〔馬〕をこき使う. **2** 〈機械・道具・器官などを〉動かす, 操作〔運転〕する: ～ a typewriter タイプを使う. a pump ～*ed* by hand 手動ポンプ. ～ one's jaws〔fingers〕あご〔指〕を動かす. **3** 利用〔活用〕する: ～ one's charm to get what one wants 自分の魅力を発揮して欲しいものを手に入れる. **4** (の一帯)で仕事をする: The salesman ～*s* the eastern States〔both sides of the street〕東部諸州でセールスをする〔道の両側を売り歩く〕. **5** 経営する; から生産をあげる: ～ a quarry 石切り場から生産をあげる. **6** 実施する, めぐらす: ～ a scheme 計画をめぐらす. **7** 生じさせる, もたらす: The plan ～*ed* harm. 計画は悪影響を及ぼした. ～ miracles 奇跡を行なう. **8** 〈人に〉はたらきかけて…させる, くどく: ～ men to one's will 人を自分の意志に従わせる. ～ a friend for a loan 友をくどいて金を借りる. **9** しだいに〔巧みに〕…させる: swing one's arms to ～ the stiffness out of one's shoulder 腕を回して肩のこりをとる. **10** (しだいに) 興奮させる: ～ oneself into a rage 興奮して怒る. **11** 解く, 算出する: ～ calculations in one's head 暗算する. **12** 加工する, 細工する: ～ silver coins into a bracelet 銀貨を腕輪につくる. ～ cold steel 冷鋼鉄を加工する. **13** にししゅうをする; 縫い取りする: ～ the buttonholes ボタン穴をかがる. ～ a floral design in silk on a dress 着物に絹で花模様をししゅうする. **14** 働いて支払う: ～ off a debt 働いて借金を支払う. **15** こねる, 混ぜる: ～ dough こね粉を練る. **16** 発酵させる. **17** 〈動物に〉芸をさせる.

be* ～*ing ちゃんと動いている, こわれていない: The elevator *is* not ～*ing*. エレベーターはこわれている〔停止している〕. **～ *against*** に反対する. **～ *at*** に従事する; を研究する. **～ *away*** 働き続ける. **～ *for*** peace (平和) のために尽くす. **～ *in*** 適合する《と *with*》; 調和する; つごうがつく. **～ *into*** に挿入する; …にはいる: ～ new courses *into* the curriculum カリキュラムに新しい課程を加える. **～ *it***〖俗〗うまくやってのける. **～ *it out*** 解答を出す. **～ *off*** を取り除く; を処分する; 〈負債を〉働いて完済する. **～ *on*** (1) 働き続ける. (2) に作用する: The medicine will ～ *on* her. その薬は彼女にきくだろう. **～ *out*** (1) 苦心してつくりあげる; 成し遂げる; 〈合計などを〉算出する; 〈問題などを〉解く; 使い尽くす; 掘り尽くす; 〈計画を〉具体的に立てる. (2) 〈合計などが〉算定される; 〈金額が〉《…に》なる《に *at*》; 〈問題が〉解ける. **～ one*self to death*** 働き過ぎて死ぬ; くたくたになるまで働く. **～ *up*** (1) 努力してしだいにつくりあげる; しだいに発展させる; 〈感情などを〉生じさせる; しだいに興奮させる; 〈資料などを〉まとめあげる; こね混ぜてつくる: ～ *up* a reputation 名声をつくりあげる. (2) 徐々に進む. **～ *upon*** に影響する; にはたらきかける. **～ one*'s way*** 働きながら〔苦労して〕進む; 働きながら旅行する: ～ one's *way* through college 苦学する, アルバイトをして大学を卒業する. **～ one*'s will upon*** を望みどおりに行なう. **～ *with*** (1) …といっしょに働く. (2) を仕事〔研究〕の対象とする: I am ～*ing with* children. 私は子どもを専門に仕事〔研究〕をしています.

～·a·day → 別項. **～·bag** [ˊ-ˋ] 道具袋; 裁縫道具袋. **～·bàs·ket** 道具かご《特に裁縫道具入れ》. **～·bench** [ˊ-ˋ]《大工などの》仕事台. **～·book** [ˊ-ˋ] (1) ワークブック, 学習帳. (2)《仕事の》規定集, 基準書; 業務一覧. (3) 業務予定〔成績〕簿. **～·box** [ˊ-ˋ] 道具箱;《特に》裁縫箱. **～ camp** ワークキャンプ《特に重労働刑を宣告された囚人の収容所; 勤労奉仕のため主義・宗教をおなじくする者の集まり》. **~·day** [ˊ-ˋ] (1) 勤務日, 作業日, 平日; 〖米〗一日の法定労働時間 (working day). (2) = workaday. **~ farm** 非行少年訓練農場. **~·folk** [ˊ-ˋ] (農業) 労働者, 働き手. **~ force** (実働・潜在) 労働力. **~·horse** [ˊ-ˋ] (1) 使役馬《race horse, riding horse に対して》. (2) 働き者; 精力家. **~·house** [ˊ-ˋ]〖米〗感化院, 軽犯罪者労役所 (= ⊛ house of correction); 〖英〗救貧院 (poorhouse). **~ load**《人・機械の》作業負担; 義務労働時間. **‡~·man** → 別項. **~·man·like** → 別項. **~·out** [ˊ-ˋ]〖米話・運〗練習, 練習試合; 〖話〗《適性などの》検定, 試験. **~·pèo·ple** *pl.*《男女》労働者たち; 工員たち. **~·room** [ˊ-ˋ] 作業室, 仕事べや. **~s council** 〖おもに英〗(1)《単一工場内の労働者代表で組織した》工場協議会. (2)《単一工場内の労資双方から選出した》労資協議会. **~ sheet** 作業票《作業計画・予定・工程・指示などを記入する》. **‡~·shop** →別項. **~·shy** [ˊ-ˋ] 仕事ぎらいの(人). **~·tà·ble** 仕事台; 裁縫台. **~·week** [ˊ-ˋ]〖米〗週労働〔実働〕時間: a 40-hour [5-day] ~*week* 週40時間〔5日間〕労働. **~·wòm·an** (*pl.* **-wòm·en**) 婦人労働者; 女子工員; 婦人技芸家, お針子.

(類義語) **仕事, 職: work** 最も一般的な語で以下のいずれの語よりも広い意味をもつ. また特に作業・労働を伴う仕事を示すばあいが多い. **occupation** 人の時間・関心・精力を占める意味での仕事: His *occupation* is farming. 彼の職業は農業だ. **employment** 雇う者と雇われる者との雇用関係・契約・賃銀などを中心にしてみた仕事: *Employment* Exchange 職業紹介所. **business** それを買う客もしくは要求する社会との関係においてみた仕事. 主として商業・サービス業に用いられる: What line of *business* is he in? 彼の商売はなんですか. **pursuit** 自分の一生をかけた職業としての仕事. よりじょうずに仕事を行なうためにそれに伴う研鑽(けんさん)などが示唆される. **profession** 学問的素養の必要な知的職業. 聖職者・法律家・医師・教師・文筆家・技師など. **vocation** avocation (副業) に対する語. 本職. **job** 賃銀を得ることを前提とした仕事. employment と違って契約・雇用関係は考えられていない. したがってアルバイト, たまたま手がけている仕事も job である. **trade** おもに熟練を必要とする職業, 専門職: the *trade* of a carpenter 大工の職. **post, position** 機構の中における責任ある職, 地位: take a *post* in a bank 銀行に就職する. **office** 行政官の地位, 公職.

wórk·a·ble [wə́ːrkəbl] *a.* **1** 働かす〔働く〕ことができる; 動かす〔動く〕ことができる;《機械など》運転できる. **2**《計画などが》実行できる, 実現可能な. **3**《鉱山が》採掘〔経営〕可能の. **4** 加工〔細工〕できる; こねられる;《土地が》耕作できる. ◇ **wòrk·a·bíl·i·ty** [ˋ-bíləti] *n.* 可動性; 実行可能性.

wórk·a·day [wə́ːrkədèi] *a.* **1** 仕事日の, 平日の. **2** 平凡な, 実際的な, 無味乾燥の: in this ~ world この現実の世の中で.

‡wórk·er [wə́ːrkər] *n.* **1** 仕事〔勉強〕をする人: a hard ~ 努力家, 勉強家. **2** 働き手; 労働者, 工員: office ~*s* 事務員. **3** 職人; 細工師. **4**〖虫〗職虫《働きバチ・働きアリなど》: a ~ bee.

wórk·ing [wə́ːrkiŋ] *n.* **1** はたらき, 作用; 動作; 作業, 操業; 運転. **2** 仕事の過程. **3** (*pl.*) 分担の作業《鉱山・石切り場・トンネルなど》; 採掘場.
—— *a.* **1** 働く…; 労働に従事する. **2** 運営上の; 経営の. **3** 実際に役立つ; 作業上の; 耕作用の: ~ knowledge of French 実際に役に立つ(ほどの) フランス語の知識.
~ capital 運営資金. **~ class** 労働者階級. **~-class** [ˊ-ˋ] 労働者階級の. **~ clothes** 仕事着. **~ day** 仕事日 (workday); 一日の労働時間. **~-day** [ˊ-ˋ] =workaday. **~ distance**《めがねなどの》使用距離. **~ drawing**《工事の》施工図; 工作図. **~ expenses** 運営〔経営〕費; 経費. **~ hypothesis** 作業仮説. ***~·man** → 別項. **~ out** 結果の算出; 細部の仕上げ. **~ papers** 労働証明書《年少者・外国人の雇用に当たって必要》. **~ party** 生産向上または問題調査のための委員会. **~·wòm·an** (*pl.* **-wòm·en**) 婦人労働者; 女子工員.

***wórk·ing·man** [-mæ̀n] *n.* 労働者; 職人.

wórk·less [-lis] *a.* 仕事のない, 失業した. *the* ~《集合的》失業者.

‡wórk·man [wə́ːrkmən] *n.* (*pl.* **-men**) **1** 労働者, 職人, 工員. **2** 技術者; 熟練家. ***An ill ~ always quarrels with his tools.*** 〖ことわざ〗へたの道具選び. ***master ~*** 名工;〖米〗労働組合長.
◇ **~·ship** [-ʃip] *n.* **1** 手ぎわ, 技量, 技術; できばえ, 仕上げ. **2** 細工, 製作品.

wórk·man·like [-làik] *a.* **1** 職人らしい. **2** 腕のいい, 手ぎわのいい. —— *ad.* 手ぎわよく, 巧みに.

‡wórk·shop [wə́ːrkʃɑ̀p/-ʃɔp] *n.* **1** 仕事場, 工作場, 職場. **2**〖米〗《参加者が実習を行なう》研修会, 共同研究会: a theater ~.

†world [wəːrld] *n.* **1** 世界, 地球: a journey around the ~ 世界一周旅行. **2**《時代・地域・内容によって限られた》世界; 宇宙: the New *W*~ 新世界, 新大陸. the ~ of 19 century 19世紀の世界. this ~ この世. the next [other] ~ 来世. a better ~ よりよき世界. **3** 分野: the academic ~ 学者世界. the ~ of American history アメリカ史の分野. **4**《動植物などの》界: the vegetable ~ 植物の世界. **5** 世の中, 世間; 社交界: All the ~ knows the fact. だれでもそのことは知っている. **6** 世事, 俗事: see [know] the ~ 世間を知る〔世情に通じている〕. **7** (地球に似た条件をもった) 天体: Are there any other ~*s* besides ours? 地球のほかにおなじような天体がありますか. **8** 万物, すべて: Is this the best of all possible ~*s*? 考えられるすべてのうちでこれがいちばんよいのか. She is all the ~ to me. 彼女は私のすべてだ. **9** 大量, 多数; 広がり: a ~ of books 多数の本. the ~ of waters 大海原.
all the ~ over =***all over the ~*** 世界じゅうに〔で〕. ***as the ~ goes*** 世間並みに言えば. ***a ~ of*** → ⑨. ***a ~ too…*** あまりにも…な. ***begin the ~*** 実社会に出る. ***bring into the ~*** 生む, 生み出す. ***carry the ~ before*** one めざましい進歩を遂げる. ***come into the ~*** 生まれ出る. ***for all the ~*** どんなことがあっても, どのような理由でも《通常否定的表現に伴って》. ***for all the ~ like…*** まるで…そっくりの (exactly like). ***forsake the ~*** 俗界を去る; 誘惑をふりきる. ***for the ~*** 絶対に〔断じて〕(…しない). ***give the ~ to*** (do) どんな犠牲を払っても…したい. ***go out into the ~*** 社会に出る. ***have the ~ against*** one 全世界を敵とする. ***have the ~ before*** one 輝かしい未来がある. ***How goes the ~ with you?*** その後いかがですか; 景気はどうですか. ***in the ~***《疑問詞のあとで》いったい: *What in the ~* is it? いったいそれはなにか. ***live out of the ~*** 人との交際を避ける. ***make a noise in the ~*** 世人のうわさにのぼる. ***make the best of both ~s*** 霊と肉を調和させる, 世俗的利害と精神的利害とを調和させる. ***on top of the ~***〖米俗〗絶頂に. ***out of this ~***〖米俗〗とびきり上等の. ***set the ~ on fire*** はなばなしいことをして名をあげる. ***the end of the ~*** 世界の終末; 最後の審判の日. ***the great ~*** 上流社会. ***the other [next] ~*** =***the ~ to come*** 来世; 死後の世界. ***the prince of this ~*** 悪魔. ***the W~ Federation of Trade Unions*** 世界労働組合連盟. ***the ~, the flesh and the devil*** 種々の誘惑物《名利・肉欲・邪念》. ***think the ~ of*** を非常に重んずる: My son *thinks the ~ of*

you. 私のむすこはあなたに非常に好意をもって〔あなたをとても高く買って〕いますよ. ***to the* ～** 〘俗〙全く; すっかり. ***to the* ～*'s end*** 世界の果てまでも. **～ *without end*** 永遠に.

—— *a.* 世界の; 世界的な. **W～ Bank** 世界銀行《International Bank for Reconstruction and Development の別称》. **～-bèat·er** 記録保持者, 第一人者. **W～ Court** 国際裁判所. **‡～-fà·mous** 世界的に有名な. **W～ island** 世界島《アジア・ヨーロッパ・アフリカの総称》. **～ language** 国際語. **～ power** 世界的強国. **W～ Series** 〘野球〙ワールドシリーズ《アメリカプロ野球選手権試合》. **～'s fair** 万国博覧会. **～-shàking** 世界を震とうさせる; 画期的な. **～ soul** 世界精神. **～ spirit** 神; 宇宙を動かす力. **W～ War I** [-wʌ́n] 第1次世界大戦 (=the First W～ War)《1914–18》. **W～War II** [-túː] 第2次世界大戦《1939–45》. **～-wèa·ry** 厭世(えんせい)的な, 世の中がいやになった. **～-wide** [⌐⌐]《名声など》世界的な, 世界中に広まった.

wórld·ling [wə́ːrldliŋ] *n.* 俗人, 俗物.

‡wórld·ly [wə́ːrldli] *a.* この世の, 世俗的な, 浮き世の: ～ goods 財貨; 財産. ～ people 俗人たち. ～ wisdom 世故; 世才. → earthly.

～-mínd·ed → 別項. **～-wíse** 世故にたけた; 世才のある.

◇ -li·ness [-nis] *n.* 俗心; 俗臭; 俗っぽさ.

wórld·ly-mínd·ed [-máindid] *a.* 世俗的な; 名利を追求する. **◇ ～·ness** *n.*

‡worm [wəːrm] *n.* **1** 虫《ミミズ・毛虫・回虫などの類》. → insect. **2** ミミズ状のもの;〘機〙ウォーム, ねじのらせん部分. **3** (*pl.*) 寄生虫病; 腸虫病. **4** 虫けらのような人間. ***Even a* ～ *will turn.*** 〘諺〙一寸の虫にも五分の魂. ***food* 〔*meat*〕 *for* ～*s*** 《人間の》死体. ***I am a* ～ *today.*** きょうは全然元気がない. ***the* ～ *of conscience*** 良心のとがめ.

—— *vi.* 毛虫のように動く〔はう〕; はうように進む.

—— *vt.* **1** 徐々に進める: The soldiers ～*ed* themselves toward the enemy's lines. 兵たちはじりじりと敵陣に向かってはって行った. **2** しだいにはいり込ませる《に *into*》; しだいにはい出させる《から *out of*》. **3** 〈秘密などを〉探り出す: ～ a secret *out of* a person 人から秘密を探り出す. **4** の(体内から) 虫をくだす; 〈植物から〉虫を駆除する: ～ a flower bed 花壇の虫を取る. **～ one*self into*** にはいり込む; に取り入る. **～ one*self through*** のろのろと進む.

～-cast [⌐⌐] ミミズのふん. **～-èat·en** 虫の食った; ぼろぼろになった; 古くさい, 時代遅れの. **～ fishing** 虫をえさに使う魚つり. **～ gear** 〘機〙ウォーム歯車〔ギア〕装置. **～ gearing** ウォーム歯車装置. **～-hole** [⌐⌐]《木・果実などの》虫穴. **～-holed** [⌐⌐]《木・果実など》虫穴のある. **～-seed** [⌐⌐]〘植〙セメンシナ《朝顔属の植物》; その実《駆虫剤》. **～ wheel** 〘機〙ウォーム歯車.

wórm·wood [-wùd] *n.* 〘植〙ヨモギ属の植物, ニガヨモギ; 苦悩(のたね), 苦い経験. 〈注〉語源的には元来 worm と無関係.

wórm·y [wə́ːrmi] *a.* **1** 虫のついた; 虫の多い. **2** 虫けら同様の, 卑しい. **◇ -i·ness** *n.*

‡worn [woːrn/wɔːn] *v.* wear¹ の過去分詞.

—— *a.* すり切れた; やつれた: ～ rugs すり切れた敷き物.

～-óut (1) すり切れた, 使いふるした: ～*-out* trousers 着ふるしたズボン. (2) 疲れ果てた, 弱り切った: a ～*-out* man よぼよぼの老人. (3) 古くさい, 陳腐な.

***wór·ried** [wə́ːrid/wʌ́rid] *a.* 困った, 心配そうな, くよくよしている; 迷惑そうな: ～ looks 心配そうなようす. **◇ ～·ly** *ad.*

wór·ri·er [wə́ːriər/wʌ́r-] *n.* **1** 苦労をかける人, 悩ます人. **2** 苦労性の人, 取り越し苦労する人.

wór·ri·ment [wə́ːrimənt/wʌ́r-] *n.* 〘米話〙悩み.

wór·ri·some [wə́ːrisəm/wʌ́r-] *a.* **1** 気にかかる, 心配な; やっかいな. **2** 苦労性の. **◇ ～·ly** *ad.*

wór·rit [wə́ːrit/wʌ́r-] 〘俗〙= worry.

†wór·ry [wə́ːri/wʌ́ri] *vi.* **1** 心配する, くよくよする, 悩む《を, について *about*》: Don't ～. 心配するな. There's nothing to ～ *about.* なにも心配することはない. **2** 苦労して進む: ～ uphill.

—— *vt.* **1** 困らす, 悩ます, 参らせる; にしつこく求める《…せよと *to* (do)》: A bad tooth is ～*ing* me. 歯痛で悩んでいる. Children ～ their parents with questions 〔*to* answer their questions〕. 子どもは両親を質問で〔を答えろと〕悩ます. **2**《受動態で》困る, 悩む《に *about*; *that*》. **3** いじくる, つつく; かみついて振り回す: ～ lunch rather than eat it 昼食を食べないで突き回す. The dog is ～*ing* a bone. 犬が骨を振り回している.

I should* ～.** 〘米話〙ちっともかまいません. **～ one*self くよくよする. **～ *along* 〔*through*〕** 〘米〙なんとかやりくりする, 苦しみながら世をわたる. **～** a problem ***out*** (問題を) 苦労して解く. **～ *the life out of*** a person ***to*** (do) (人) にしつこく…せよと迫る.

—— *n.* **1** 心配, 苦労 (のたね): I have a lot of ～*ies.* 私には心配ごとがたくさんある. *W*～ has made him look an old man. 心配のため彼は老人のような顔になった. What a ～ that child is! なんて世話のやける子だろう. **2** 猟犬が獲物にかみつくこと.

～·wart [⌐⌐⌐] 小さなことにくよくよする人, 気の小さな人.

◇ -ri·less *a.* 心配ごとのない; のんきな, くよくよしない. **-ri·ment** *n.* 〘話〙心配, 気苦労 (のたね).

〔類〕 → **care**「心配する」

wór·ry·ing [wə́ːriiŋ/wʌ́r-] *a.* やっかいな, うるさい; 気苦労な, 気がもめる. **◇ ～·ly** *ad.*

†worse [wəːrs] *a.* 《bad, ill の比較級》より悪い;《病気が》悪化して: This is ～ than that. これはあれより悪い. He is much ～ this afternoon. きょうの午後の容態はだいぶ悪くなった. He could handle a ～ situation. 彼ならもっとやっかいな事態でも処理できるだろう. We couldn't have had ～ weather. 最悪の天候だった《これ以上悪い天候はありえなかった》. ↔ better.

be none the* ～ *for (*it*) (そんなこと) があってもなんともない: I *am none the* ～ *for* the accident. その事故に会ってもへこたれない. ***so much the* ～** (かえって) それだけ悪い. ***the* ～ *for*…** …のために悪化して〔ぐあいが悪くなって〕: The house was in a state *the* ～ *for* earthquake. 家は地震のために更にひどくなっていた. ***the* ～ *for wear*** 着ふるして: These shoes are rather *the* ～ *for wear*. このくつはかなりはきふるしたものだ. ***what is* ～ = *to make matters* ～** 更に悪いことには.

—— *ad.* 《badly, ill の比較級》より悪く〔ひどく, へたに〕: She is singing ～ than ever. 彼女の歌は以前よりへたになった. The wind is blowing ～ than before. 風がいちだんと強くなってきた. They are ～ off than ever. 彼らは以前よりも暮らし向きが悪くなった. ***none the* ～** やはり; それにもかかわらず: He will like you *none the* ～ if you tell the truth. ほんとうのことを打ち明けても彼はやはりあなたに好意をもってくれるだろう. ***think none the* ～ *of*** を相変わらず重んずる. **～ *still*** 更に悪いことに.

—— *n.* **1** いっそう悪いこと: There is ～ to follow. 次にもっと悪いことがある〔起こる〕. **2** 敗北; 不和. ***change for the* ～** 悪化する. ***for the* ～** 悪い方へ, いっそう悪く: The patient took a turn *for the* ～. 病人は悪化した. ***go from bad to* ～** ますます悪くなる. ***have the* ～** 負ける. ***put*** a person ***to the* ～** (人を) 負かす.

wórs·en [wə́ːrsn] *vt., vi.* より悪くする〔なる〕; 悪化させる〔する〕.

‡**wór·ship** [wə́ːrʃip] *n.* **1** 礼拝, 参拝: the ～ of idols 偶像の礼拝. **2** 崇拝, 尊敬: hero ～ 英雄崇拝. **3**〖古〗名誉, 尊厳, 威厳: men of ～ りっぱな人々; 名士. **4**〖英〗《敬称として》閣下: your *W*～ 閣下《その人に向かって》. his *W*～ 閣下《三人称として》. ***attend*** ～ 礼拝に加わる; 教会に行く. ***place of*** ～ 教会; 礼拝所. ***public*** ～ 教会の礼拝式.

—— *vt., vi.* (**-p-**, ㊥ **-pp-**) **1 礼拝する**, に参拝する; 祭る: ～ God 神を礼拝する. **2 崇拝する, 尊敬する**: ～ money 金を大事にする.

◇ **～·(p)er** [-ər] *n.* 礼拝者, 参拝者; 崇拝者.

wór·ship·ful [-f(u)l] *a.* 〖古〗**1**《特に敬称として》尊敬すべき, 尊い, 名誉ある: the Most〔Right〕*W*～ …閣下. **2** 信心ぶかい, 敬けんな.

◇ **～·ly** *ad.* **～·ness** *n.*

‡**worst** [wəːrst] *a.* 《bad, ill の最上級》**最悪の**, 最も悪い;《容態が》最悪で; 最もひどい: Tom is the ～ in mathematics. トムは数学がいちばんできない. ↔ best.

—— *n.* **最悪**; 最悪の状態: be prepared for the ～ 最悪の事態に備える. ***at*** (***the***) ～ いくら悪くても: You will lose only five cents *at* ～. 最悪のばあいでも5セントしか損しまい. ***do*** one***'s*** ～ かってなことをする: Let him *do his* ～. かってにさせておけ. ***get***〔***have***〕***the*** ～ ***of it*** 負ける, ひどい目に会う. ***give*** a person ***the*** ～ ***of it*** 負かす. ***if*** (***the***) ～ ***comes to*** (***the***) ～ 最悪の事態になったら. (***in***) ***the*** ～ ***way***〖俗〗とても, 非常に (badly): The girl wanted a doll for Christmas *in the* ～ *way*. ***make the*** ～ ***of***〖話〗〈困難など〉を大げさに言う, をたいへんなことのように話す. ***put*** a person ***to the*** ～ (人を) 負かす. ***speak the*** ～ ***of*** を悪く言う, をこきおろす. ***The*** ～ ***of it is that***… いちばん困ったことには…だ.

—— *ad.* 《badly, ill の最上級》**最も悪く**; 最もまずく: John played ～. ジョンの演奏〔演技〕がいちばんまずかった. ～ ***of all*** なによりも悪いことには.

—— *vt.* 負かす. ***be*** ～***ed*** 負ける.

wór·sted [wústid] *n., a.* 梳毛(そもう)糸 (の); 毛織物 (の), ウーステッド (の).

wort [wəːrt] *n.* **1** 植物, 草《通例合成語として用いる》: cole*wort*, fig*wort*. **2**《ビール製造過程で発酵直前の》麦芽じる.

‡**worth**[1] [wəːrθ] *a.* **1**《叙述的に》**…の価値がある**, …の値うちがある;《動名詞を伴って》…する価値がある, …するに価する: This picture is ～ fifty hundred dollars. この絵は5千ドルの値うちがある. It isn't ～ much. それはたいして値うちがない. It is ～ nothing. なんの価値もない. It is ～ what you have paid for it. それは金をかけただけの値うちがある. The play is ～ see*ing*. その劇は見る価値がある. → worthy. **2** …だけの財産をもって: He is ～ a million pounds. 彼は百万長者だ.

for all one ***is*** ～〖話〗全力を尽して; 一生けんめいに: Do it *for all you are* ～. 一生けんめいにやれ. ***for what it is*** ～《真偽のほどはわからぬが》それだけのこととして; ありのままに. ～ ***it***〖俗〗＝ ～ (a person***'s***) ***while***《叙述的に》《時間・手間などをかけるだけの》価値がある: It isn't ～ *your while* to go now. あなたがいま行くほどのことではない. find something ～ *while* to do なにかやりがいのある仕事を見つける. 〈注〉付加語的には1語で worthwhile. ～ one***'s salt*** 給料だけの働きがある. ***What is*** ～ ***doing at all is*** ～ ***doing well.***〖ことわざ〗仮にも価値のあることならりっぱにやるだけの価値がある.

—— *n.* **1 価値**, 値うち: the ～ of education 教育の価値. the ～ of the man 人の価値. a man of ～ りっぱな人. **2 ある値段だけの分量**: three shillings' ～ of meat 3シリング(分)の肉. **3** 財産. ***get*** one***'s money's*** ～ 払った金にふさわしいだけのものを獲得する, もとを取る. ***of great*** ～ とても価値のある. ***of little***〔***no***〕～ 価値の少ない〔のない〕. ***put in*** one***'s two cent's*** ～〖米俗〗《討論などで》自己の意見を述べる.

～·whíle, ～-whíle《通常付加語的に》やりがいのある, 時間をかける〔注目する〕に価する; 相当な; りっぱな: a ～*while* book 読むに足る本. 〈注〉叙述的用法は worth (one's) while. → 上記 *a.* 成句.

〔類義語〕 価値: **worth** value と交換可能なばあいもあるが, 主として人間の精神にとって感じられる価値をいう: Few knew his true *worth*. 彼のほんとうの価値を知る者は少なかった. a man of *worth* 貴重な人材. **value** 効用上の価値, 重要性. または金額に換算される価値: the *value* of experience 経験の価値〔重要性〕. **merit** 賞賛に価する価値, 美点: The book's only *merit* is its sincerity. この本の唯一の価値は誠実なことだ. **virtue** 人または物などの特質となっている価値: the *virtue* of knowing of one's weakness 自分の欠点を知っているという長所. believe in the *virtue* of the cause one serves 挺身(ていしん)する主義の価値を信ずる.

worth[2] [wəːrθ] *vt.* 〖古〗の身にふりかかる. ***Woe*** ～…***!*** …に災いあれ. ***Woe*** ～ ***the day!*** きょうはなんたる悪日か.

‡**wórth·less** [wə́ːrθlis] *a.* **価値のない**, つまらぬ, くだらない, とるに足らぬ; 役に立たぬ.

◇ **～·ly** *ad.* **～·ness** *n.*

‡**wór·thy** [wə́ːrði] *a.* **1 りっぱな**, 尊敬すべき: ～ gentlemen りっぱな紳士たち. ～ motives りっぱな動機. a ～ life りっぱな〔有意義な〕人生. **2**《…に》ふさわしい,《…するに》足る《*of*; *to* (be done)》: He is ～ *of* reward. 彼は賞を受けるに足る. behavior ～ *of* praise〔～ *to* be praised〕賞賛に価する行為. 〈注〉②の意味では通常叙述的にのみ用いられるが文語では限定的にもなる: a *worthy* reward 相当な報酬. → worth[1].

—— *n.* りっぱな人物; 名士;〖笑〗御仁(ごじん).

◇ **-i·ly** *ad.* りっぱに; 相応に, 正当に. **-i·ness** *n.*

wot [wɑt/wɔt] *v.* 〖古〗wit[2] の直説法現在第一・第三人称単数形.

†**would** → 枠付 would. (pp. 1521–1522)

wóuld-be [wúdbiː] *a., ad.* 自称の; ひとりよがりの〔で〕, …のつもりの〔で〕: a ～ poet 自称詩人. a ～ kindness 親切のつもりでした行為. ～ wise 利口ぶった.

wóuld·n't [wúdnt] would not の短縮形.

wouldst [wudst, 弱 wədst] *aux. v.* 〖古〗＝would《主語が thou のとき》.

‡**wound**[1] [wuːnd] *n.* **1 負傷**, 傷: a knife ～ ナイフで切られた傷. **2**《精神的》苦痛, 痛手: a ～ to one's self-esteem 自尊心を傷つけるもの. ***inflict*** ～***s upon*** を傷つける.

—— *vt.* **傷つける**;〈感情を〉害する: be ～*ed* 負傷する. lie ～*ed* 傷ついて倒れている. a ～*ed* hand〔heart〕傷ついた手〔心〕. ***the*** ～***ed*** 負傷者たち. ***willing to*** ～ 悪意のある.

wound[2] [waund] *v.* wind[2, 3] の過去・過去分詞.

‡**wove** [wouv] *v.* weave の過去・過去分詞.

～ **paper** 網目すかしのある紙.

*__wó·ven__ [wóuv(ə)n] *v.* weave の過去分詞.

wow[1] [wau] *int.* わあ!《驚き・喜び・苦痛などをあらわす》. —— *n.* 〖米話〗《興行の》大成功, 大当たり.

—— *vt.* 〖米俗〗〈見物人を〉わかせる, の大当たりをとる.

wow[2] *n.* **1** ワウ《テープレコーダーなどの回転むらによる再生音の震え》. **2**〖英方〗叫び, わめき, うなり.

—— *vi.* 〖英方〗叫ぶ, わめく, うなる.

WOWS Women Ordnance Workers 軍需部婦人部隊.

wów·ser [wáuzər] *n.* 〖オーストラリア〗清教徒的潔

癖家.

W.P., w.p. weather permitting. **WPA** 〖米〗 Work Projects Administration 公共事業促進局. **W.P.B.** War Production Board. **w.p.b.** wastepaper basket. **W.R.** West Riding 《Yorkshire 州の一部》. **W.R.A.C.** Women's Royal Army Corps. イギリス陸軍婦人部隊.

wrack [ræk] *n.* **1** 浜に打ちあげられた海草. **2** 難破船, 漂着物. **3** 〖古〗 破滅, 滅亡, 破壊 (=rack³).

wraith [reiθ] *n.* **1** 《人の死の前後にあらわれるという》 生霊(いきりょう), 死霊. **2** 《一般的》 亡霊, 幽霊.

wrán·gle [rǽŋgl] *vi.* 口論する, けんかする; 論争する. **—— *vt.*** **1** 説き伏せる《*out, in*》. **2** 〖米〗 〈家畜などの〉 世話をする. **—— *n.*** 口論, 言い争い; 論争.

wrán·gler [rǽŋglər] *n.* **1** 口論者; 論争者. **2** 〖米〗 家畜の番人. **3** 〖英〗 Cambridge 大学の数学の学位試験 1 級合格者.

‡**wrap** [ræp] *v.* (**wrapped** [ræpt] *or* **wrapt** [ræpt]; **∼·ping**) *vt.* **1** くるむ, 包む《*up*; に *in*》: ∼ one's shoulders *in* the shawl ショールに両肩を包む. be ∼*ped up in* a blanket 毛布にくるまる. ∼ *up* table-scraps *in* a napkin テーブルの食べこぼしをナプキンでふき取る. **2** くるませる, からませる《に *about, around, round*》: ∼ a rubber band *around* the box 箱にゴムバンドをする. **3** 《比喩的》 隠す; 閉じ込める; 保護をする《*up*》. **4** 包含する, 含む《*up*》: The pamphlet ∼*s up* necessary information about it. この小冊子はそれについての必要な知識を載せている. **—— *vi.*** 《着物などに》 くるまる《*up*》: Mind you ∼ *up* well. 暖かくくるまるよう気をつけなさい. ***be ∼ped up in*** に夢中になっている; に心を奪われている: She *is* ∼*ped up in* her child. 彼女は自分の子どもに夢中だ.

—— *n.* (通例 *pl.*) おおい, 外皮, 包み; 肩掛け, えり巻き, ひざ掛け, 外套(がいとう).

∼-up [⌐⌐] 要約; 要約したニュース.

◇ **∼·page** [rǽpidʒ] *n.* 包み紙; 包装(材料); 包み.

wráp·per [rǽpər] *n.* **1** 包み手, 包む人. **2** 包むもの, 包み紙, 上包み. **3** 《婦人用》 へや着, 化粧着. **4** 《葉巻きの》 外巻き葉. **5** 《新聞・雑誌の》 帯封; 〖英〗 《本の》 カバー (=[米] jacket).

wráp·ping [rǽpiŋ] *n.* (通例 *pl.*) おおい, 包み紙〔布〕; 包装 (coverings). ∼ **paper** 《小包用のじょうぶな》 包装紙.

wrapt wrap の過去・過去分詞.

wrasse [ræs] *n.* 〖魚〗 ベラ科の海産魚.

‡**wrath** [ræθ/rɔθ, rɔːθ] *n.* 激怒; 神の怒り, 天罰: in ∼ 激怒して. ***bottle up*** one'***s*** ∼ 怒りをこらえる. ***children* 〔*vessels*〕 *of* ∼** ばち当たり. ***slow to* ∼** 容易におこらない. ***the grapes of* ∼** 〖聖〗 怒りのブドウ 《神の怒り. 黙示録 14:10》. ◇ **∼·less** *a.*

wráth·ful [rǽθf(u)l/rɔ́θ-, rɔ́ː-θ-] *a.* 激怒した, 怒気を含んだ. ◇ **∼·ly** *ad.* **∼·ness** *n.*

wráth·y [rǽθi/rɔ́θi, rɔ́ːθi] *a.* 〖話〗 =wrathful. ◇ **-i·ly** *ad.* **-i·ness** *n.*

wreak [riːk] *vt.* **1** 〈怒りを〉 発する, 〈恨みを〉 晴らす《に *upon, on*》: ∼ one's anger *on* a person. **2** 十分に表現する: ∼ one's thought *upon* expression 思うことを述べる.

‡**wreath** [riːθ] *n.* (*pl.* **∼s** [riːðz, -θs]) **1** 花の冠, 花輪: a ∼ of olive オリーブの葉の冠. **2** 《煙・雲などの》 うず, 輪: a ∼ of smoke うず巻く煙. **3** 〖雅〗 《踊る人・見物人などの》 一団《*of*》.

wreathe [riːð] *v.* (**∼d**; **∼d**, 〖古〗 **wréath·en**) *vt.* **1** 花輪につくる: ∼ flowers *into* a garland. **2** 取り巻く, に巻きつく: a poet's brow ∼*d* with laurel 月桂冠(げっけいかん)をいただいた詩人の額. hills ∼*d* in mist 霧にまかれた丘. **3** 丸くする, ひねる. **4** 包む: a face ∼*d* in smiles えみを満面にたたえた顔.

—— *vi.* 輪になって動く: The smoke ∼*d* upward. 煙が輪になってのぼっていった.

‡**wreck** [rek] *n.* **1** 《船の》 難破: The gale caused many ∼*s*. 暴風で多くの船が難破した. **2** 破壊, 破滅: the ∼ of one's hopes 望みの消滅. **3** 難破船(の残骸). **4** 《波で》 岸に打ちあげられたもの. **5** 《破壊された列車・建物などの》 見る影もない残骸(ざんがい); 敗残の身; (人の) 変わり果てた姿: a train ∼ 列車の残骸. a mental as well as physical ∼ 肉体的のみならず精神的に破滅した人. ***be a* 〔*mere*〕 ∼ *of* one's *former self*** 昔の面影もない哀れな姿である. ***go to* ∼ (*and ruin*)** 破滅する. ***make a* ∼ *of*** を破滅させる.

—— *vt.* **1** 難破させる; 〈船員を〉 遭難させる: The ship was ∼*ed*. 船は難破した. ∼*ed* sailors 遭難した水夫たち. **2** 破壊する, こわす. **3** 破滅に導く. **4** だいなしにする: ∼ one's digestion by eating too much 食べ過ぎて消化不良になる.

—— *vi* **1** 難破〔破滅〕する: The ship ∼*ed* on a sunken rock. 船は暗礁に乗り上げ(難破し)た. **2** こわれる. **3** 廃物を回収〔利用〕する.

∼ **master** 〖英〗 難船貨物管理人.

◇ **∼·age** [rékidʒ] *n.* **1** 難破, 難船. **2** 難破貨物, 漂着物; 残骸, 破片. **3** 破滅, 破壊.

wréck·er [rékər] *n.* **1** 難船させる者; 難破船荒らし. **2** 難破船救助者; 救難船; レッカー車 (tow truck). **3** 建物取りこわし人; 取りかたづけ車〔機〕. **4** 《比喩的》 制度破壊者.

wréck·ing [rékiŋ] *n.* **1** 難破, 難船. **2** 救難〔救助〕(作業). **3** 破滅, 破壊. **4** 〖米〗 建物取りこわし(作業).

—— *a.* 難破させる, 破壊的な; 救難作業に従事する. ∼ **amendment** 〖英:政〗 法案の骨抜き. ∼ **bar** =pinch bar. ∼ **car** 〖鉄道〗 救難車. ∼ **company** 救難隊. ∼ **train** 救難列車.

wren [ren] *n.* 〖鳥〗 ミソサザイ.

wrench [rentʃ] *n.* **1** 《激しい》 ひとねじり: pull off with a single ∼ ぎゅっともぎとる. **2** ねんざ: give a ∼ to one's ankle = give one's ankle a ∼ くるぶしの筋を違える. **3** 激しい苦痛; 《特に別れの》 つらさ: Parting with his son was a terrible ∼. むすこを手放すのはひどい苦痛であった. **4** こじつけ. **5** 〖機〗 スパナ.

—— *vt.* **1** 《急に激しく》 ねじる; ねじ回す《*round*》; ねじり〔もぎ〕取る《*off, away*》: ∼ the door open ぐいっとドアをあける. She ∼*ed* the letter out of my hand. 彼女は私の手から手紙をひったくった. **2** の筋を違える, くじく. **3** 〈事実を〉 こじつける.

∼ one***self from*** …から身を振り切って逃げる.

Wrens [renz] *n.* 〖英〗 =W.R.N.S.

wrest [rest] *vt.* **1** ねじる; ねじり〔もぎ〕取る《*away*; から *from*》. **2** 無理に取る, 奪う: ∼ a confession of guilt *from* the suspect 容疑者から自白を無理に取る. **3** 〈事実などを〉 曲げる, 歪曲(わいきょく)する, こじつける. ∼ ***a living from*** marginal land (不毛の地)から食糧を獲得する.

—— *n.* **1** ねじること. **2** 《楽器の》 調律用具.

***wrés·tle** [résl] *vi.* **1** 取っ組み合う, もみ合う; レスリング〔すもう〕をする《と *with*》. **2** 《比喩的》 《苦しみ・誘惑などと》 戦う《と *with, against*》; 《仕事と》 取り組む: ∼ *with* problems 問題と取り組む.

—— *vt.* **1** と取っ組み合う: ∼ an alligator ワニと取っ組む. **2** がむしゃらに押しまくる: ∼ a heavy box along the corridor 重い箱を廊下を押してゆく. ∼ ***in prayer*** =∼ ***with God*** 一心不乱に神に祈る.

—— *n.* **1** 取っ組み合い, もみ合い. **2** 奮闘, 苦闘.

wrést·ler [réslər] *n.* レスリング選手; (日本の)すもうとり; 組み打ちする人.

***wrést·ling** [résliŋ] *n.* **1** レスリング; すもう. **2** 組み打ち, 格闘.

wretch [retʃ] *n.* **1** 哀れな人, みじめな人: a ∼ of a boy かわいそうな男の子. **2** あさましいやつ, 卑劣漢.

3 〖笑〗やつ: You ～! こいつめ! The little ～! ちびめ!

‡**wrétch·ed** [rétʃid] *a.* 1 哀れな, 悲惨な, 不幸な: feel ～ 情けない思いをする. 2 卑しい, あさましい, 卑劣な: a ～ traitor 憎むべき裏切り者. 3 ひどい, いやな, たまらない: ～ food まずい食べ物. 4 みすぼらしい, みみっちい: a ～ house. ◇ **～·ly** *ad.* **～·ness** *n.*

wrick [rik] *vt.* 〈首・背などを〉ねんざさせる, 筋を違える. —— *n.* 筋違い, くじき, ねんざ: have a ～ in one's neck 首の筋を違える.

wríg·gle [rígl] *vi.* 1 のたくる; のたうち回る, もがく. 2 のたくって進む《*along, in, out, through*》. 3 もじもじする. 4 どうにか切り抜ける《から *out of*》: ～ *out of* a difficulty どうにか難場を切り抜ける. 5 うまく取り入る.
—— *vt.* のたくらす, うごめかす: ～ oneself in [out] のたくってはいる[出る]. ～ one's ***way*** のたくって進む.
—— *n.* もがき, のたくり, のたうち.
◇ **-gly** [-i] *a.* のたくる, うごめく; もじもじする; のらりくらりする.

wríg·gler [ríglər] *n.* 1 のたくるもの; 〖動〗ぼうふら (wiggler). 2 《返事・約束を》のらりくらりと逃げる[ごまかす]人; うまく取り入る人.

wríg·gly [rígli] *a.* 1 《からだを》よじる, もじもじする; のたくる. 2 ぬらりくらりする: a ～ character つかみどころのない性格.

wright [rait] *n.* 《おもに合成語として用いて》製作者; 建造者; 職人: a ship*wright* 船大工. a wheel*wright* 車大工. a play*wright* 劇作家.

Wright [rait] *n.* 1 Orville ～, 1871–1948, 兄の Wilbur とともに1903年飛行機を完成し最初の飛行に成功したアメリカの飛行家. 2 Wilbur ～, 1867–1912, Orville の兄.

‡**wring** [riŋ] *vt.* (**wrung** [rʌŋ]) 1 絞る, ねじる, ひねる; ねじ折る: ～ wet clothes ぬれた衣類を絞る. 2 〈水などを〉絞り出す; 〈金銭などを〉絞り取る: ～ water out of clothes 衣類から水を絞る. 3 《絞るように》苦しめる: ～ one's heart 心を痛める. 4 《ことばの意味を》歪曲(わいきょく)する: ～ the words from their true meaning ことばの真の意味を曲解する. ～ a person***'s hand*** 《感動のあまり》手を握り締める. ～ one***'s hands*** 《悲痛のあまり》手をもみ絞る. ***～ing wet*** 絞れるほどぬれて, ずぶぬれで. ***～ out*** 絞り出す[取る]; 《相手から金銭・承諾などを》強引に引き出す.
—— *n.* 1 絞ること, ひとねじり: give the wet towel a ～ ぬれたタオルを絞る. 2 手を握りしめること: give one's hand a ～.
◇ **～·er** *n.* 絞り手[機]; 搾取者.

‡**wrín·kle**[1] [ríŋkl] *n.* 《皮膚・布などの》しわ, ひだ: smooth (out) a ～ しわを伸ばす.
—— *vt.* にしわを寄せる: ～ (up) one's forehead 額にしわを寄せる. —— *vi.* しわが寄る: The skirt ～*s*. このスカートはしわが寄る. ***be ～d with age*** 年をとってしわが寄る.
◇ **-kly** *a.* しわの寄った, しわの多い; しわになりやすい.

wrín·kle[2] *n.* 〖話〗1 うまい考え, 妙案; 気のきいた助言, 忠告: Give me [Put me up to] a ～ or two. ちょっと知恵をかしてくれ. 2 情報, 聞き込み. 3 〖米俗〗流行(品). ***up to a ～*** うまいことを考えて.

‡**wrist** [rist] *n.* 1 手首; 〖医〗手首関節. 2 小手先の力[わざ]. 3 〖機〗= ～ pin.
～·band [rís(t)bænd, ㊍⁺rízbənd] 《シャツなどの》そで口, カフス. **～-drop** [rís(t)-], **～ drop** 〖医〗《鉛毒による》前腕[前膊(ぜんぱく)]伸長筋まひ. **～ pin** 〖機〗ピストンピン. **～ watch** 腕どけい.

wríst·let [rístlit] *n.* 1 そで口おおい, 腕おおい; 腕皮. 2 腕輪; 《腕どけいの》バンド. 3 〖俗〗手錠 (handcuff).

writ[1] [rit] *n.* 1 〖法〗令状: serve a ～ 令状を送達する《に *on*》. ～ of summons 召喚状. ～ of protection 保護令状. 2 文書, 書き物《一般的に次の用法だけ》: the *W*～ =(the) Holy [Sacred] *W*～ 聖書 (the Bible).

writ[2] *v.* 〖古〗write の過去・過去分詞. ***～ large*** 大書して; 《弊害などが》かえって著しくなって.

†**write** [rait] *v.* (**wrote** [rout], 〖古〗**writ** [rit]; **writ·ten** [rítn], 〖古〗**writ**) *vt.* 1 〈文字・語・本・新譜などを〉書く, 記す; と書く; に書き込む: ～ a story [a book] 物語[本]を書く. ～ 1,000 words [2 pages] a day 1日に1000語[2ページ]書く. ～ 7 instead of 9 9ではなく7と書く. ～ a check 小切手を書く[に記入する]. → draw. 2 (に)書いて送る, (に)書いて知らせる: ～ John a letter [a letter to John] ジョンに手紙を書く. ～ him all the news 知らせをすべて彼に書き送る. ～ him that... 彼に(手紙で)…と書く. He *wrote* me to come. 彼は私に来るように書いてよこした. 3 書きしるす; 記録する: ～ one's wrongs 自分のあやまちについて書く. ～ the life of a general 将軍の伝記を書く. 4 〈顔などに〉(書かれたように)はっきり示す; 〈心などに〉刻み込む: Honesty is *written* on his face. 正直さは彼の顔にはっきりあらわれている. 5 《文書で》〈自分を〉…と称する. 6 〈保険会社が保険を〉引き受ける (=underwrite): What company *wrote* your insurance? 7 〖電算機〗〈情報を〉記憶させる.
—— *vi.* 1 書く, 書き物をする, 著述する: ～ in ink インクで書く. ～about one's school 自分の学校のことを書く. 2 手紙を書く[送る]: ～ home [to a friend] 家[友だち]へ手紙を書く. 3 (原稿を)寄稿する, 作家生活をする: He ～*s* for the press. 彼はその新聞の寄稿者[記者]である. 4 書ける: This pen ～*s* well. このペンはよく書ける.
～ a good hand 字がうまい. ***～ down*** (1) 書き留める; 記録する: *W*～ it *down* before you forget it. 忘れないうちに書き留めておきなさい. (2) 調子をおろして書く, やさしく書く: ～ *down* to the public 大衆にやさしく書く. (3) 紙上でけなす. (4) 〈資産などの〉帳簿価格を下げる. ***～ for*** (1) 手紙で…を注文する: ～ home *for* money 家に手紙を出して金を請求する. (2) に寄稿する: ～ *for* the newspaper. ***～ home about*** 〈珍しいことなど〉をわが家へ知らせる. ***～ in*** (1) 書き入れる. (2) 〈申し入れなどを〉出す, 提出する: ～ *in* one's requests 要求を提出する. ***～ off*** (1) すらすらと書く. (2) 手紙を書く. (3) の評価価格を下げる; 低く評価する. (4) (帳簿から)消す; 削除する. (5) 取り消す, 放棄する. ***～ out*** すっかり書き尽くす; そっくり書き写す, 清書する. ***～ oneself out*** 書き尽くしてたね切れになる. ***～ over*** (1) 書きなおす. (2) …にいっぱいに書く. ***～ one's own ticket*** 思いどおりの仕事[給料]を選ぶ, お手盛りをする. ***～ up*** (1) 書いて高いところに掲げる. (2) 詳しく書きたてる; (文章に)表現する: ～ *up* one's diary 日記を詳しくつける. (3) ほめたてて評する. (4) の帳簿価格を引き上げる: ～ *up* an asset 資産の評価価格を上げる.
～-in [⌐⌐] 記名投票; 候補者名印刷の投票用紙にない候補者 (を記入すること). **～-off** [⌐⌐] (帳簿からの)削除 (cancellation); 減価見積もり. **～-up** [⌐⌐] (1) 〖話〗《新聞などの》記事; 《特に》ほめたてた記事. (2) 〖米話〗《法人資産の》過大報告.

†**wrít·er** [ráitər] *n.* 1 著者, 筆者: the ～ of a story ある小説の作者, ある記事の記者. The [This, The present] ～ believes that... 筆者は…と考える《しばしば著者自身をさして I の代わりに》. 2 作家, 文筆家: a professional ～ (本職の) 作家. a good ～ すぐれた作家; 文筆の達者な人. 3 筆記者, 書記. 4 写字器. 5 作文独習書. ***～ to the signet*** スコットランドの弁護士《略 W.S.》.
～'s cramp [palsy] 〖医〗書痙(しょけい); 指けいれん.

writhe [raið] *vt.* 〈からだを〉ねじる, 曲げる.
—— *vi.* 1 身もだえする, もがく, のたうつ. 2 苦悩する《に, で *at, under, with*》.

‡**writ·ing** [ráitiŋ] *n.* **1** 書くこと, 執筆, 著述: Have you done much ～ today? きょうはたくさん書いたか. **2** 著述業: He turned to ～ at an early age. 若くして作家生活にはいった. **3 書き物**; 文書; 文章; 論文; 文学作品: his collected ～*s* in ten volumes 10巻にまとまった彼の著作. **4 筆跡**; 書法 (=handwriting): His ～ is difficult to read. 彼の筆跡は読みにくい. ***in*** ～ 書いて(ある); 書面で《口頭でなく》. ***system of*** ～ 文字(体系). ～ ***on the wall*** 〖聖〗 迫りくる災いの前兆《ダニエル書5》. ～ **arm** 筆記用ひじ掛け. → tablet-arm chair. ～ **brush** 毛筆. ～ **case** 筆入れ; 文房具箱. ～ **desk** 書き物机. ～ **ink** 筆記用インク《printing ink に対して》. ～ **machine** 写字器; タイプライター. ～ **materials** 文房具. ～ **pad** 《はぎ取り式の》書簡せん. ～ **paper** 写字用紙. ～ **system** 文字(体系). ～ **table** 書き物用テーブル.

†**writ·ten** [rítn] *v.* write の過去分詞.
—— *a.* **1** 文字に書いた〔書かれた〕, 筆記の: a ～ examination 筆記試験. ～ evidence 文字になっている証拠. **2** 書面にした, 成文の: ～ law 成文法. **3**《口語に対して》文語の: ～ language 文語. ↔ spoken. ***be*** ～ (***right***) ***on*** a person***'s face*** 顔に(ちゃんと)書いてある.

W.R.N.S. Women's Royal Naval Service イギリス海軍婦人部隊.

†**wrong** [rɔːŋ/rɔŋ] *a.* **1** (道徳的・倫理的に) 誤った, 不正の, 正しくない, 悪い: It is ～ to tell lies. うそを言うのはよくない. **2 誤った**, まちがった: a ～ answer 正しくない答え. get into the ～ train 列車をまちがえて乗る. You are ～. きみは考え違いをしている; それは違います. **3** 不適当な, ふさわしくない《に *for*; するのに *to* (do)》: the ～ clothes *for* the occasion その場にふさわしくない着物. The tide is ～ *for* landing. 潮のぐあいが上陸に不向きだ. the ～ way *to* do a thing あることのまちがったやり方. **4 ぐあいが悪い**, 故障して: Something is ～ *with* the engine. どこか発動機に故障がある. Is there anything ～ *with* you? どこかぐあいが悪いのですか. **5 裏の**, 反対側の: the ～ side of carbon paper カーボンペーパーの裏側. the ～ side of fabric 生地の裏. the ～ end of the brush ブラシの柄の先. ↔ right.
have 〔***get***〕 ***hold of the*** ～ ***end of the stick*** 《理論・立場などを》転倒している. ***on the*** ～ ***side of*** 〈年齢〉を越して(older than): He is *on the* ～ *side of* 50. 彼は50を過ぎている. ***What's*** ～ ***with...?*** 《反語》… のどこが悪いというのだ《いいじゃないか》. ～ ***side out*** 裏返しに; ひっくり返して: pull the pocket ～ *side out* ポケットを裏返しにする.
—— *ad.* **1** 不正に, 悪く. **2 まちがった方法で**, 誤った風に: do it ～ そのやり方を誤る. guess ～ 推測を誤る. **3** ぐあいが悪くて, 故障して. **4** あべこべに, 逆に. → wrongly. ***get*** a person ***in*** ～ 〖米俗〗(人を) 他人からきらわれるようにする. ***get it*** ～ 計算をまちがえる. ***get*** a person ～ (人を) 誤解する. ***go*** ～ (1) 道をまちがえる. (2) 失敗する: Everything is *going* ～ today. きょうはなにもかもうまくいかない. (3) 故障する; 堕落する.
—— *n.* **1** 《道徳的な》悪, 不正, 邪悪, 罪: the difference between right and ～ 正邪〔善悪〕の区別. **2** 《他に対する》不当 (行為), 不正行為, 不当な待遇, 虐待: the ～*s* that are to be righted 是正すべき不当行為. complain of one's ～*s* 自分が受けた不当な処置を訴える. **3 過失**, まちがい.
do ～ 悪事を犯す; 誤りを犯す: People who *do* ～ are punished. あやまちを犯す者は罰せられる. ***do*** a person ～ =***do*** ～ ***to*** a person (人)を不当に扱う; 《人の動機を》悪く解釈する; 誤解する. ***get in*** ～ ***with*** a person 〖米話〗(人)にきらわれる. ***in the*** ～ 不正で; 誤って: You are *in the* ～. あなたはまちがっている. ***put*** a person ***in the*** ～ (人に)あやまちをなすりつける. ***suffer*** ～ 虐待を受ける: They had *suffered* some ～. 彼らは不法な処置を多少受けていた.
—— *vt.* **1** に**害を与える**; はずかしめる. **2** に不当な取り扱いをする, 虐待する. **3** 不当に低く評価する. **4** からだまし取る《を *out of*》: ～ a person *out of* his land 人の土地をだまし取る.
～·dó·er 悪いことをする者; 《特に》犯罪者; 加害者. **～·dó·ing** 悪事を犯すこと; 非行, 悪事; 犯罪, 加害. **～·héad·ed** → 別項. ～ **number** (1) 電話の掛け違い; まちがい番号, まちがって呼び出した相手〔家〕: You have the ～ *number*. 番号が違います《まちがい電話に答えて》. (2)〖俗〗「お門違い」, 全く不向きの人;「もてない」人;「鼻つまみ者」.
◇ **～·ness** *n.*

wróng·ful [-f(u)l] *a.* **1** 不正な, 不法な; 無法な. **2** 悪い; 害悪のある. ◇ **～·ly** *ad.* **～·ness** *n.*

wróng·héad·ed [-hédid] *a.* **1** 考え違いの, 判断のまちがった. **2** がん迷な, 片意地な.
◇ **～·ly** *ad.* **～·ness** *n.*

‡**wróng·ly** [-li] *ad.* **1** 不正に, 不法に. **2 誤って**.

wróng·ous [rɔ́ːŋəs / rɔ́ŋ-] *a.* 〖スコットランド: 法〗 不法の, 不正の.

†**wrote** [rout] *v.* write の過去形.

wroth [rɔːθ / rouθ, rɔːθ] *a.* 《叙述的に》激怒して; 《海・風などが》荒れ狂って.

***wrought** [rɔːt] *v.* 〖古〗 work の過去・過去分詞.
—— *a.* **1** 加工した, 手を加えた: be ～ in marble 大理石でつくられている. **2** 精錬した, 鍛えた. **3 精巧な**, 入念に細工した (=highly ～). **4** ししゅうした, 飾りをつけた《*with*》.
～ **iron** 錬鉄. **～-úp** 興奮した, いらいらした.

wrung [rʌŋ] *v.* wring の過去・過去分詞.
～ **out** 〖海〗 ちょうちょう開きの帆.

wry [rai] *a.* (**wrý·er, wrí·er; wrý·est, wrí·est**) **1** ねじれた, ゆがんだ; 横に曲がった. **2** ひん曲がった, しかめた: make a ～ face しかめっつらをする. a ～ look 渋面, しかめっつら: a ～ smile 苦笑い. **3** こじつけの. **4** つむじ曲がりの. **5** 皮肉たっぷりな, 皮肉をこめた.
～·neck [⌐⌐] 首曲がり; 〖医〗 斜頸(しゃけい); 〖鳥〗 アリスイの類《キツツキ科》. **～·necked** [⌐⌐] 首曲がりの; 斜頸の. ◇ **～·ly** *ad.* **～·ness** *n.*

W.S. West Saxon; Writer to the Signet. **W.S.P.U.** Women's Social & Political Union. **WSW, W.S.W.** west-southwest. **WT** wireless telegraphy 〔telephone, telephony〕. **wt.** weight.

wúl·fen·ite [wúlfənàit] *n.* 〖鉱〗 水鉛鉛鉱, モリブデン鉛鉱.

W.Va. West Virginia. **WW** World War. **WWI** World War I. **WW II** World War II. **Wy.** Wyoming.

Wý·an·dotte [wáiəndɑ̀t/-dɔt] *n.* 《アメリカ産》鶏の一種.

wých-elm, wých elm [wítʃèlm, ⌐⌐] *n.* 〖植〗 《イギリス産》ニレ属の一種.

wých-há·zel, wých há·zel [wítʃhéizl, ㊐⁺⌐⌐] *n.* 〖植〗 ハシバミ (witch hazel).

Wýc·lif(fe) [wíklif] *n.* John ～, 1320?–84, イギリスの宗教改革家・聖書の英訳者.

wye [wai] *n.* Y 字 (形の物); 〖電〗 Y 字状回路.

Wýke·ham·ist [wíkəmist] *a., n.* 《イギリスの》 Winchester College の (在学生または出身者).

wynd [waind] *n.* 〖スコットランド〗 狭い路地〔横町〕.

Wyo. Wyoming.

Wy·ó·ming [waióumiŋ] *n.* ワイオミング《アメリカ北西部の州》. ◇ **～·ite** [-àit] *n.* ～州の人.

wý·vern [wáivərn] *n.* 〖紋〗《尾にとげのある 2 脚有翼の》飛竜(ひりゅう).

what

品詞の上からはおもに代名詞と形容詞に分かれるが，語義と構文の類似性という点では，which, when などとほぼ同様に，疑問詞・関係詞の二つの面に分かれ，語の運用上はこの区別の方がいっそう重要な要素となる．したがって，他の一般の語と異なり，疑問詞・関係詞にまず二大別し，品詞はそれぞれの内部で分類した．これによって全体の記述がよく連続して有機的となる．

特に疑問詞の語義については，*pron.*, *a.* ともに例文は基本的なものに限り，その他の構文については，*a.* の語義のあとに〈付記〉の形で同種類の構文の文例を品詞にかかわらずおなじ箇所でまとめた: Tell him *what* 〔*what* books〕 *you want.* (〈付記₂〉の例) *What* is he *like*? / *What* country are you *from*? (〈付記₃〉の例)

疑問詞・関係詞それぞれに共通な問題については →枠付 Interrogative および Relative.

what [(h)wɑt, (h)wʌt, 弱(h)wət / (h)wɔt] (what is の短縮形 **what's** → 別項)

A) 《疑問詞》 *pron.* 《疑問代名詞: 主語・目的語・補語として》 なに，どんなもの〔こと〕; どんな人; どれだけ (のもの)，幾ら: *W*～ happened? なにが起こったのか. *W*～ did he do? 彼はなにをしたのか. *W*～ is this? これはなにか. *W*～ is he? 彼はなにをする人〔どこの人〕か《職業・身分・国籍など》. *W*～ do you call this plant? この植物をなんというか. *W*～ is the capital of Japan? 日本の首都はどこ〔何市〕か. *W*～ is the color of the flower? その花の色はなに (色) か. *W*～ is his reputation? 彼の評判はどうか. *W*～ is the size of your hat? きみの帽子のサイズはどれだけか. *W*～ is the price? 値段は幾らか. *W*～ (=How much) are the charges? 料金は幾らか.

―― *a.* 《疑問形容詞》 **1** 《名詞との間に a, an を介せず》 なんの，どんな，なんという，どれだけの: *W*～ day is today? きょうはなんの日〔何曜日〕か. *W*～ time do you have? あなたのとけいで何時ですか. *W*～ time do you get up? 何時に起きますか. ～ country ど(こ)の国. ～ countryman 何国人. *W*～ color is the flower? (=*W*～ is the color of the flower?) その花はなに色か. *W*～ size is your hat? (=*W*～ is the size of your hat?) きみの帽子のサイズはどれだけか. *W*～ price did you put on it? それにどれだけの値段をつけたか. *W*～ tree 〔*W*～ kind of tree〕 shall we plant here? ここへなんの木〔どんな (種類の) 木〕を植えようか. 〈注〉 what tree は比較的具体的な答え《たとえば「松」「スギ」など》を，what kind of tree は多少範囲の広い答え《たとえば「針葉樹」など》を予期する傾向があるが，この区別は必ずしも明瞭(めいりょう)でない.

2 《感嘆: 次が単数可算名詞なら a, an を介して結合》 なんという: *W*～ nonsense! なんというばかげたことか. *W*～ a man! まあなんという人だろう《あきれたとき，感心したときなど》. *W*～ a pity! なんと残念なことか. *W*～ a beautiful day (it is)! なんという上天気だろう. *W*～ a nice car 〔*W*～ nice cars〕 you have! なんといい車をもっておられるのでしょう. 〈注〉 主語・動詞の語順は平叙文並み.

〈付記₁〉 **to 不定詞を伴うばあい** I don't know *what to do* 〔*what* subject *to choose*〕. どうしたらよいのか〔どの学科を選んだらよいのか〕わからない.

〈付記₂〉 **従属節を導くばあい** Tell him *what* 〔*what* books〕 *you want.* なに〔なんの本〕がほしいのか，彼に言いなさい. Do you know *what he is*? 彼が何者か知っていますか. *What* 〔*What* sort of watch〕 do you think I bought? 私がなに〔どんなとけい〕を買ったと思うか. 〈注〉 節中の主語・動詞の語順は平叙文並み.

〈付記₃〉 **前置詞を伴うばあい** *What* are you thinking *about*? なにを考えているのか. *What* is this string *for*? このひもはなんのためにあるのか. *What* is he *like*? 彼はどんな性格の人か. *What* does he look *like*? 彼はどんな風采(ふうさい)の人か《体格・身なりなど》. *What* country are you *from*? あなたはどこの国の人か. *By what* authority do you order me? なんの権限あって私に命令するのか. I remember *in what* sense the word was used. その語がどんな意味で用いられたか，覚えている. *by what* means どんな方法で. *for what* purpose なんの目的で. *for what* reason どんな理由で. *in what* way どのようにして. *to what* extent どの程度に.

―― *ad.* 《疑問副詞》 どのように，どれほどに，どれだけ: *W*～ does it matter? 構わないじゃないか; それがどれだけ重要なのか. *W*～ does it profit him? それが彼になんの利益があるのか. *W*～ they suffered! 《感嘆》 彼らはどんなに苦しんだことか.

I know* ～.** いい考えがある. ***I will tell you* ～.** 実はこうなんだ; いいこと教えてやる; じゃあ，こうするといい. ***W*～ *about* ...?** …はどうか: *W*～ *about* bed? もう寝てはどうか. But ～ *about* her? では彼女 (の方) はどうなのか. *W*～ *about* a walk 〔*about* walking home〕? 散歩をしては〔家まで歩いて帰っては〕どうか. ***W*～ (*did you say*)?** え，なんだって《問い返し; 通常上昇調》. ***W*～ *do you do*?** お仕事は (なんですか)，なにをやっていらっしゃいますか. ***W*～ *do you mean*?** あなたのおっしゃる意味は (なんですか)，それはどういう意味か. ***W*～ *do you say to* ...?** …はいかが〔どう〕ですか，…なさいませんか，…についてのご意見は (どうですか): *W*～ *do you say to* a walk in the park 〔*to* walking home〕? 公園を散歩しては〔家まで歩いて帰っては〕どうだろう. ***W*～ *do you think*?** (1) どう思うか (≒How do you think? → 枠付 how *ad.* ①). (2) なんだと思うか: *W*～ do you want? ―*W*～ *do you think* (I want)? なんの用か.―なん(の用)だと思う? 〈注〉( ) 内を省略した形. ***W*～ *do you think of* 〔*about*〕** his house 〔idea〕? (彼の家〔考え〕)をどう思うか. **～*-d'ye-call-him* 〔*-her*, *-it*, *-them*〕** なんとかいう人，だれとかさん，なんとかいう物. ***W*～ *ever* ...?** いったいなに…か: *W*～ *ever* happened? いったいなにが起こったのか. **～ *for ひどい罰: I gave him ～ *for*. こっぴどい目に会わせてやった. ***W*～ (...) *for*?** なんの目的で，なぜ (…するのか): Take him? *W*～ *for*? 彼を連れて行くだって? なんのために? *W*～ did you do that *for*? なぜ〔なんのために〕そんなことをしたのか. **～ *have you*** 〖米俗〗 =**～ *not*** 《列挙ののち》 その他同様のもの: novels, short stories, plays, and ～ *not* 〔～ *have you*〕 長編小説，短編小説，戯曲，など. ***W*～ *if* ...?** …したらどうなるか; (たとえ) …したってどうだというのか: *W*～ *if* we should fail? 万一失敗したらどうしよう?; たとえ失敗したって，構わないじゃないか. ***W*～ *in the world* ...?** =***W*～ *on earth* ...?** =***W*～ *the devil* ...?** いったいぜんたいなに…. ***W*～ *is it all about*?** いったい (問題になっているのは) どういうことなのか. ***W*～ *is that to you*?** それがきみにどんなかかわりがあるのか; それを聞いてなにになるか. **～ *kind of* ...** =**～ *sort of* ...** どんな(種類の) …: ～ *sort of* (a) man どんな人. ***W*～ *next*?** (いやはやあきれ

たことだが）次はどうくる気か. ***W～ shall I do?*** どうしたものだろうか, どうしたらいいのかな. ***W～'s o'clock?*** 〖英〗何時か. ***～'s*** 〔***～ was***〕***～*** 実状, 真相. ***W～ though...?*** たとえ…だって構わないじゃないか: *W～ though* we are poor? 貧乏だっていいじゃないか. ***W～ will people say?*** 世間ではなんと言うだろうか. ***W～ would I not give to*** (do)? …するためには, どんな犠牲をも惜しもうか〔いくら出しても惜しくない〕.

B)《関係詞》*pron.*《関係代名詞》 **1** …すること〔もの〕(that which, the thing(s) that, etc.): *W～* he says is true. 彼の言うことはほんとうだ. *W～* is right, is right. 正しいことはあくまで正しい. That's (just) ～ I want. これこそ私の望むところだ. That's ～ I do. それが私の職業だ. That's ～ he says. そう言ってはいます. That's ～ you get for being idle. (それが, きみがなまけていることへの報いとして受けることなのだ→) なまけているから, そんなことになるのだ. This is ～ he calls elegance. これが彼のいわゆる優雅さなるものだ. He is no longer ～ he used to be. 彼はもはやもとの彼ではない. Things are not ～ they seem. 物事は見かけどおりではない.

2《挿入節を導く》: ... but, even ～ you must condemn, he was lying. しかし, とがめずにいられないことでさえあるが, 彼はうそをついていたのだ.

—— *a.*《関係形容詞》…する(だけの): I will give you ～ help is possible. できるだけのお手伝いをしよう. Lend me ～ money 〔men〕 you can. できるだけのお金〔人手〕を貸してくれ. We gave him ～ little we had. わずかながら, あるものは残らず与えた.

〈付記₁〉関係代名詞 what はそれ自体に先行詞を含み, 関係代名詞 that は別に先行詞を要する: Here is *what* I wrote. ここに私の書いたものがある. Here is a *book that* I wrote. ここに私の書いた本がある.

〈付記₂〉関係代名詞 what と接続詞 that はともに「…すること」と訳せるが, 次の違いに注意: what は関係節中で主語・目的語・補語のいずれか一つの役割をもつから, この節から what を除いた部分(次例中太字)は, これらの役割をもつ要素が欠け, しばしば文を成さなくなる: He got *what* **he wanted**. (彼はほしいものを手に入れた). that は単なる「つなぎ」で, 除いても太字部分が常に文を成す: He said *that* **he wanted help**. (彼は助力がほしいのだと言った).

〈付記₃〉疑問代名詞 what と関係代名詞 what は区別しにくいばあいがある: See *what* is on my table. テーブルの上になにがあるか〔テーブルの上にあるものを〕見なさい.

be the matter ～ it may 何事であろうとも. ***but ～*** ...《否定構文で》…しない(ところの): *Not* a day *but* ～ it rains. 雨の降らない日はない. ***come ～ may*** 〔***will***〕何事が起ころうとも. ***from ～ I hear*** 〔***I have seen***〕聞くところ〔見たところ〕によると. ***let others say ～ they will*** 人がなんと言おうとも. ***That's ～ I do*** [***I want, he says***]. →*pron.* ①. ***That's ～ you get for*** ... → *pron.* ①. He is strong, and ***～ is better*** (***still***), very sharp. (彼はがん健だし) その上よいことには (非常に切れる). ***～ is called*** ... ＝***～ we*** 〔***you***〕***call*** ... いわゆる…. ***～ is more*** なおその上. He is intelligent, energetic, and ***～ is the best of all***, devoted to his work. (彼は頭がよく, 精力的で)その上最もよいことには (自分の仕事に打ち込んでいる). ***～*** A ***is to*** B (A) が (B) に対するごとく: Reading is to the mind ～ food *is to* the body. 読書の精神に対する関係は, 食物の肉体に対する関係と同様である. ***～ makes the matter worse*** その上困ったことには. ***～ with*** A ***and*** (***～ with***) B ＝ ***～ between*** A ***and*** B (A) やら (B) やらで: *W～ with* school and (*～ with*) work to earn my living, I had little time to play. 学校だの生計費かせぎの仕事だので, 遊ぶ暇はほとんどなかった.

when

本項は全体を疑問詞・接続詞・関係詞の順序で大別し, 品詞別はその下位に置いて, 語義・構文の類似した事項・例文の近接をはかった. 従位接続詞 when「…するとき」は関係詞の先行詞省略の特例ともいえるが, where のばあいとおなじく, 独立した接続詞としての重要性をもつ.

関係副詞の制限用法 C) の① では, where のばあいとおなじく, 先行詞と関係節中の動詞との関係しだいで when と that 〔which〕との選択が行なわれる: Spring is the time *when* school begins in Japan. / Spring is the time *that* 〔*which*〕 I like best. すなわち「春に始まる」/「春を好む」. 関係副詞の非制限用法 C) の ② には, 特定の語句を先行詞とするばあい (I arrived about *noon*, *when* people usually have a break.) と, 前の句全体を先行詞とするばあい (*I stood up*, *when* the door opened.) があり, 後者は「…するとき」という従位接続詞と並行して, 等位接続詞に発展しており, たいてい「するとそのとき」と訳せるが, 前者では本例のように, それが困難なばあいもある.

なお疑問詞と関係詞の一般的な問題については → 枠付 Interrogative および Relative.

when [(h)wen] **A)**《疑問詞》*ad.*《疑問副詞》 **1**《基本構文で》いつ: *W～* does school begin? 学校はいつ始まるか《What time ...?「何時に…か」よりも意味が広い》. *W～* was he born? 彼はいつ生まれたか. *W～* will they come? 彼らはいつ来るだろうか. *W～* did it happen? それはいつ起こったか.

2《不定詞とともに, または節中で》いつ: We have decided ～ *to go*. いつ行くべきかを決めた. I know ～ *he was born*. 彼がいつ生まれたかを知っている. *W～ they will come*, is the question. 彼らがいつ来るかが問題だ. *W～* do you think *it happened*? それがいつ起こったと思いますか. 〈注〉when に導かれる従属節の中では主語・動詞の語順は平叙文並み (斜体部分). ① の最後の 3 例と比較.

Say ～. 《お客にお茶などをつぐとき》 もういいと思うとき, 言ってください. 〈注〉Say *when* to stop. (→上記②) などの ellipsis. 答えは Now., That's enough., Thank you. などだが, ふざけて When. と言うこともある.

—— *pron.*《疑問代名詞》いつ: Till ～ can you stay? いつまで滞在できますか. Since ～ has he been away? 彼はいつから不在なのですか. 〈注〉till 〔since〕 when は用途はだいたい how long とおなじであるが, 前者は特に *Till* July., *Since* Monday. などのように終点・起点の答えを期待する.

—— *n.*《問題の》時: the ～ and where 時と場所.

B)《従位接続詞: at the time at which などに相当》 **1** …するときに, …するときは(いつも), …すると, …したら: *W～* it rains, she usually stays inside. 雨が降るときには, 彼女はたいてい家にいる. It is very cold ～ it snows. 雪の降るときは（いつも）非常に寒い. They are willing to help us even ～ they are busy. 彼らは忙しいときでも気持ちよく力になってくれる. He was out ～ we called. たずねてみると, 彼は不在だった. *W*～ you finish the letter, be sure there are no mistakes. 手紙を書き上げるときに, まちがいのないように確かめなさい. I'll come ～ I have had lunch. 昼食を済ませてから参ります.

〈付記〉最後の2例のごとく, 接続詞としての when に率いられる副詞節では未来のことについても will, shall を用いない. この点, 次の疑問副詞のばあいと異なる: *When* they *will* come, is the question. (→A) *ad.* ②). したがって過去から見た未来には would なしの過去形を用いる: He promised to give us a speech *when* we *met* next. (←He said, "I will give you a speech *when* we *meet* next.") 彼は, この次に集会をするときに講演をしてくれると約束した.

2 …するときの: He soon fell asleep and dreamed of his home ～ he was a boy. 彼はじきに寝入って, 子どもだったころの故郷の夢をみた. Her anxieties ～ she meets an unfamiliar person or environment are trivial. 彼女がなじみのない人や環境に出くわしたときの不安の念はたいしたものではない. 〈注〉この用法は, 形容詞節を導く点で一見下記C)の関係副詞に似ているが, B) 全体について共通にいえることは, *when*≒at the [a] time when≒at the [a] time at which という役割をしている点で, この点が単なる at [in, etc.] which という役割をもつ関係副詞と異なる. そこで, この at the [a] time when …が, ①では副詞的に, ②では形容詞的にはたらいているというわけで, この点は一般の前置詞句と同様である. もっとも上記第2の例文のように, when-節を挿入(そうにゅう)的副詞節とも考えうる中間段階もある: Her anxieties, *when* she meets an unfamiliar person or environment, are trivial. 「彼女がなじみのない人や環境に出くわすとき, 彼女の不安の念はたいしたものではない」. しかし, このばあいにも実用的には「…するときの」という訳で一括できる.

3《副詞節の主語と be 動詞の省略》: *W*～ (*he was*) young, he was very poor. 彼は若いころたいへん貧乏だった. You will find it helpful ～ (*you are*) in trouble. 困ったときにそれが役立つものです. *W*～ speaking (＝*W*～ he was speaking または *W*～ he spoke), he kept shaking his hands. 彼は話しているとき, 両手を絶えず振っていた. The tower, ～ (*it is*) finished, will be a thousand feet high. その塔は, 完成すれば, 1,000 フィートの高さになるはずだ. 〈注〉この省略は主節と副詞節の主語が一致し, 副詞節の動詞が be のばあいに限る. while のばあいと同様.

4 …するのに, …するにもかかわらず: I have only three dishes ～ I need five. さらが5枚必要なのに3枚しかない. How can you take care of others ～ you cannot take care of yourself? 自分のことさえできないくせに, 人の世話ができるものか. ***hardly*** [***scarcely***] —— ～ …（ほとんど）——するかしないうちに…する: She had *hardly* [*scarcely*] seen me ～ she left the room. 彼女は私とろくに顔も合わせないうちにへやを出て行った.

C)《関係詞》*ad.* 《関係副詞: 時に関する先行詞と結合し, at which, in which, on which, during which などに相当; where と対比》 **1**《制限用法》: There was a time ～ prices were almost constant. 物価がほとんど不変だった時代があった. A time may come ～ things go wrong. 物事がうまく行かないときが来るかもしれない. He prefers slow trains at a time ～ most people seek after speed. たいていの人がスピードを追う時勢（なの）に, 彼はわざわざのろい列車に乗る. May is the month ～ we can see the richest variety of flowers. 5月は一年じゅうでいちばん色とりどりの花が見られる季節だ. 〈注〉ここでは ～ の箇所はすべて at which, in which の役目を負わされているので1語なら when となる. 逆に時に関する先行詞でも, それが関係節中の動詞に対して主語や目的語の関係に立つときには, 関係詞は which または that になる: May is the month *which* [*that*] shows the richest variety of flowers. 5月は一年じゅうでいちばん色とりどりの花を見せてくれる月だ.

〈付記₁〉先行詞の吸収: That was just *when* he was leaving. それがちょうど彼が出発しようとしているときだった（＝the time when).

〈付記₂〉強調構文: It was last year *when* we met first. 私たちが初めて会ったのは去年だった《We met first last year. の文中の last year を強調して, これを it was で文頭へ引き出したもの. ＝*It was* last year *that* we met first.》.

〈付記₃〉特定の時をあらわす when と似た用法の that がある: the year (*that*) I was born 私の生まれた年. → 枠付 that B) *pron.* ⑦.

2《非制限用法》というのはつまり…するときなのだが (at which time), するとそのとき (and then): There was considerable noise even about midnight, ～ everyone was supposed to be fast asleep. 真夜中になって, みんなが寝静まっているはずのころでも, 相当やかましい物音が聞こえた《先行詞は midnight》. I was thinking about my friend, ～ there was a ring at the door. 友人のことを考えていると, そのとき玄関のベルが鳴った《先行詞は前の節全体》.

—— *pron.* 《非制限用法の関係代名詞》そしてそのとき: He began to work on Monday, since ～ everything has been going well. 彼は月曜から働き始め, そしてそのときから万事順調に運ぶようになった.

where

本項は疑問詞・従位接続詞・関係詞の3部に大別し, 品詞別はその下位に置いて, 語義・構文の似た事項・例文が隣接するようにした. 従位接続詞としての where は関係詞の先行詞省略の一種とも見られるが, 特に文頭に立つとき, いっそう独立した接続詞としての性格を見せる: *Where* there is a will, there is a way. 《比較: *When* I study, I always concentrate.》 関係詞の制限用法では, 次の差に注意: This is the place *where* we play. これが私たちが遊ぶ場所だ. / This is the place *that* we chose. これが私たちが選んだ場所だ. すなわち, 日本語では構文がおなじなのに対し, 英語では先行詞と, 関係節中の動詞との関係により, where と that (または which) が使い分けられる: 場所で遊ぶ / 場所を選んだ.

なお疑問詞・関係詞の一般的な問題については →枠付 Interrogative および Relative.

where [(h)wɛər] **A)**《疑問詞》*ad.* 《疑問副詞》どこに, どこで; どこへ, どちらへ; どの点で; どのような立場〔状態〕に: **1**《単純な構文》: *W*～ are you? (1) きみはどこにいるのか. (2) きみの名前はどこに出ているのか《名簿などで》. *W*～ is your hat? きみの帽子はどこにあるのか. *W*～ are my shoes? 私のくつはどこか. *W*～ am I? 《たとえば，かつぎ込まれた病院で意識を回復して》ここはどこか. *W*～ are we? 《たとえば列車内で相客に向かって》ここはどこか. *W*～ in Tokyo does he live? 彼は東京のどこに住んでいるのか. *W*～ did you find it? それをどこで見つけたのか. *W*～ are you looking? どこを見ているのか. *W*～ are you going? どこへ行くのか. Tell me ～ to go. どこへ行ったらよいのか，教えてくれ. *W*～ did you get that idea. その考えはどこからきたのか. *W*～ does it concern us? それはどの点でわれわれに関係があるのか. *W*～ shall we be if we fail? 失敗したらどうなるか.

2 《従属節中で：主語と動詞の語順は平叙文並み》: I wonder ～ *he lives.* 彼はどこに住んでいるのだろうか. *W*～ *they went* does not matter. 彼らがどこへ行ったかは問題ではない. *W*～ did you say *you bought* it? それをどこで買ったとおっしゃいましたっけ.

―― *pron.* 《疑問代名詞》どこ，どんなところ；どの点: *W*～ are you from? = *W*～ do you come from? どこからおいでですか；お国〔出身地〕はどこですか. *W*～ are you going to? どこへ行くの《口語のうち，やや無教育の形. to のないのが標準的》.

***W*～ from?** どこからですか. ***W*～ to?** どちらへ?

―― *n.* 《問題の》場所: the ～ and when 時と場所.

B) 《従位接続詞》 **1** …するところに〔ところで，ところへ〕: I am living ～ my uncle used to live. 私はもとおじの住んでいたところに住んでいる. They are ～ they should be. 彼らは，いるべきところにいる. Stay ～ you are. (いまいるところにとどまれ→) そこ動くな. We camped ～ there was enough water. 水の十分あるところでキャンプした. Go ～ you like (to go). 行きたいところへ行け. *W*～ there is a will, there is a way. 〘ことわざ〙意志のあるところ必ず道あり；精神一到何事か成らざらん. *W*～ there is life, there is hope. 生きている間は希望がある.

2 …するばあいに，…するところを: We usually use a pair of chopsticks ～ the Europeans use a knife and fork. ヨーロッパ人がナイフとフォークを使うところを，われわれはふつうはしを使う.

C) 《関係詞: 先行詞は場所の名詞; when と対比》 *ad.* 《関係副詞》 **1** 《制限用法》: This is the house ～ she was born. これが〔ここが〕彼女の生まれた家だ. →下記〈付記₂〉. The gardens ～ we planted pine trees belong to the city. 私たちが松を植えた庭園は市の所有になっている. This applies to any case〔instance〕～ two persons are involved. このことはふたりの人が問題になっているどんなばあいにも当てはまる.

〈付記₁〉制限用法の where は日本語には出ないが，英語で落とさぬように注意.

〈付記₂〉 **where と which, that** 次の関係に注意: (1) This is the house *where* Jack was born. では Jack was born *in the house.* / *in the house* → *in it* → *there* → *where.* (2) This is the house that〔または which〕Jack built. では Jack built *the house.* / *the house* → *it* → *that, which.*

2 《非制限用法(付随的記述): 通常前に comma を打つ》 するとその場所で，そしてそこで (and there); なぜならそこでは (because there); etc.: I arrived at the hotel, ～ I stayed two days. 私はホテルに到着し，そこに 2 日泊まった. We like this city, ～ we spent most of our childhood. 私たちは幼少時代の大部分をこの町で過ごしたので，この町が好きだ；私たちは幼少時代の大部分を過ごしたこの町が好きだ.

3 《先行詞を吸収したばあい》 …する場所 (=the place where), …する点 (=the point where): This is ～ we live. ここが私たちの住んでいるところだ. He came out from ～ he was hiding. 彼は隠れていた場所から出て来た. That's ～ we disagree. そこが私たちの意見の分かれる点だ.

―― *pron.* 《関係代名詞》: This is the place ～ he comes from. ここが彼の出身地だ. 〈注〉この where は機能上 which に相当するが，通常は先行詞または関係詞を省略する: This is *where* he comes from; This is the place he comes from.

which

where, when などとともに，疑問詞と関係詞を兼ねた語のうちの代表的なものであるが，特に which は物・事を受ける疑問代名詞・関係代名詞として，人を受ける who と対をなしている. who よりも格変化の問題は少ないが，who と違って形容詞ともなるので，この点は who より複雑で what との共通点が多い.

したがって，ここでも全体の記述をまず疑問詞と関係詞に二大分割し，品詞別はその下位に置いて語義・構文の類似する事項・例文が近くに並ぶようにした.

なお疑問詞・関係詞全般の問題については →枠付 Interrogative および Relative.

which [(h)witʃ] **A)** 《疑問詞》 *pron.* 《疑問代名詞》どれ，どちら(の人)，どの人，《一群の中の》だれ: *W*～ is yours? どれ〔どっち〕がきみのか. *W*～ do you like better (, tea or coffee)? (紅茶とコーヒーと) どっちが好きか. *W*～〔Who〕is taller, you or your cousin? きみときみのいとこと，どっちが背が高いか. *W*～〔Who〕is the oldest (of you all)? (きみたちの中で) だれがいちばん年上か. *W*～ of them are your sons? 彼らのうちで，どれ〔だれ〕がきみのむすこたちか《ここでは which は複数. なお of が直後にくるとき，who は用いられない》. *W*～ is ～? どっちがどっちか，どれがどれか.

―― *a.* 《疑問形容詞》どの，どちらの: *W*～ student(s) came? どっちの学生〔どの学生〕(たち) が来たのか. *W*～ one will you take? どちらを取るか. *W*～ way did they go? 彼らはどちらへ行ったか.

〈付記〉**不定詞・前置詞を伴うか節中にある，疑問代名詞と疑問形容詞** I wonder *which*〔*which* book〕*to read* first. どっち，どれ〔どっちの本，どの本〕を先に読んだものだろうか. *In which* sense is the word used here? この語はここではどの〔どちらの〕意味で用いられているか. *Which* of them did you get it *from*? 彼らのうち，どちら〔だれ〕からそれをもらったか《口語では通常前置詞が文末》. Tell me *which* (one) *you like* best. どれ〔どの分〕がいちばん好きか，言ってください. 〈注〉節中の主語・動詞の順は平叙文並み. 次例も同様: *Which* do you think *is* better〔*I painted*〕? どっちがいいと〔どっちを私がかいたと〕思いますか.

B) 《関係詞》 *pron.* 《関係代名詞》(所有格 **of which, whose**)《先行詞は原則として物・事または動物》.

1 《制限用法 1: 前置詞のないもの》 **a)** 《普通の先行詞》: He keeps a dog ～ barks fiercely. 彼は猛烈にほえる犬を飼っている. The story ～ I read yesterday was moving. 私がきのう読んだ話

は感動的だった. He is no longer the timid fellow ～ he used to be. (もと彼がそうであったところのおくびょう者ではない→) 彼はもはやかつてのおくびょう者の彼ではない《先行詞が人そのものでなく, 地位・性格などをあらわすばあいは, who でなく which または that を用いる》. We have adopted a plan ～ we believe can be easily carried out. 私たちは容易に実行できると思われる案を採用した. Our Father ～ (= who) art in heaven, … 天にましますわれらの父よ, … 《〖聖〗マタイ伝 6:9. 古い用法》.
b) «that (…) which»: He gave me *that* part of his property ～ he had cherished most. 彼は自分の財産中いちばんたいせつにしていた部分を私にくれた《この that は指示形容詞で, which から離れた先行詞が part であることを明示する. 複数は those …which》. *That* must be done ～ can be done. できることはしなければならない《この That は指示代名詞で which の先行詞. これは堅い文体で, 現今普通には *What* can be done, must be done. となる》. A detector is one who or *that* ～ detects. detector とは detect する人または物である《この用法はおもに辞書の定義・法律文・学術論文などで用いられる》.

〈付記₁〉 **which の省略** 制限用法の which が関係節の中で目的語または補語となっているばあいには省略できる: The story (*which*) I read yesterday was moving. →上記①, a). He is no longer the timid fellow (*which*) he used to be. →同前.

〈付記₂〉 制限用法には which の代わりに that が好んで用いられる. ただし that は前に前置詞をとりえない.

2 «制限用法 2: 前置詞＋which と whose»: I visited the house *in* ～ he was born. 私は彼の生まれた家を訪れた. There was always harmony in the group *of* ～ he was the leader. 彼が指導者になっていたグループにはいつも和気があった《the group は主節に属する. 次例と比較》. Japan is a country the capital *of* ～ [whose capital] has an enormous population. 日本は (その) 首都が膨大な人口を有する国である《the capital は関係節に属する. 前例と比較》. The information *on* ～ the conclusion was based is doubtful. 結論の根拠となった情報は疑わしい. We admired the delicacy *with* ～ he treated his guests. 彼が客に接するときの細かい心づかいには感心した.

〈付記〉 口語では前置詞つきの which を避けて前置詞を文末にまわし, which を省略する傾向が強い: This is the house I lived *in* as a little boy. これが私が小さいころ住んでいた家だ.

3 «非制限用法 1: 語句を先行詞として»: I asked him a question, ～ he answered in detail. 私が彼に質問すると, 彼はその問いに詳細に答えた. We offered them help, ～ they declined politely. 私たちは彼らに助力を申し出たが, 彼らはそれを丁重に断わった. This hotel, ～ stands on a hill near the sea, is ideal for tourists. このホテルは海岸の丘の上に立っていて〔いるので〕, 観光客には申し分ない. The saying, "Make haste slowly," ～ looks paradoxical, is actually a very apt one. 「急がば回れ」ということわざは, 一見矛盾しているようだが, 実は非常に適切なものだ. He is very smart, ～ I am not. 彼は非常に機敏だが, 私はそうではない《非制限用法では形容詞も先行詞とすることができる》. He gave us a book, from ～ we obtained valuable information. 彼は私たちに本を1冊くれたが, その本から私たちは貴重な知識を得た.

〈付記〉 上例のように非制限用法の which は文脈しだいで and 〔because, but, though〕＋it 〔they, them〕で言い替えうるばあいが多い. ただし和訳は判断の基準にならず, 次のような表現も可能である: The saying, "Make haste slowly," *which* looks paradoxical, is actually a very apt one. 「急がば回れ」という, この一見矛盾したことわざは, 実は非常に適切なものだ《上記の別訳と比較》.

4 «非制限用法 2: 節全体を先行詞として» そしてそのこと: They invited him, ～ filled him with gratitude. 彼らは彼を招いたが, そのことは彼 (の心) を感謝の念でいっぱいにした. This is beyond us, ～ means that we need your help. これは私たちの手に負えない, ということはきみの助力が必要というわけだ. I give up. — *W*～ means you leave it to us. 参った. —というのは私たちに任せるということだね. Moreover, ～ you may hardly believe, he committed suicide. その上, ほとんど信じられないことだろうが, 彼は自殺したのだ.
the ～〖古〗＝～. ～ ***see*** その項を見よ《辞書中の指示》.

—— *a.* «関係形容詞» **1** «制限用法» …するものはどれでも (= whichever): Adopt ～ idea you like. どの案でも気に入ったのを採用しなさい. Go ～ way you please, you will meet the same kind of trouble. どちらへ行ってもおなじような困難に会うだろう.

2 «非制限用法» そしてその…: We spent two days in the cave, during ～ time we could eat nothing. 洞窟(どう)の中で 2 日を過ごしたが, その間なにも食べることはできなかった. No help could be sought from anywhere, ～ situation was utterly depressing. どこからも助力を求めるすべもなく, この状況は全く暗澹(あん)たるものであった. 〈注〉通常は先行詞の内容を総合して再び説明する名詞につけて用いられる.

while

従位接続詞で語義・構文上 when, as に近く, 「…(する) 間に」を中心とし, ここから「…なのに」「…するのにひきかえ」などの語義を生じるが, John wrote, *while* I read. (ジョンは書き, 私は読んだ) のように, あとについて「すると一方では」の意になると, むしろ等位接続詞の性格を帯びる. このほかに名詞・動詞があり, 特に前者は多数の成句をつくる.

while [(h)wail] *conj.* **1** …する間 (に); …する間は, …する限り; …なのに; …しながら: We slept ～ they watched. 私たちは彼らが見張りしている間に睡眠をとった. *W*～ you were away, there was a fire in the neighborhood. ご不在中に近所に火事がありました. Strike ～ the iron is hot. 〖ことわざ〗鉄は熱いうちに打て. Work ～ you work, play ～ you play. 〖ことわざ〗働くときは一心に働き, 遊ぶときは一心に遊べ. *W*～ there is life, there is hope. 〖ことわざ〗命のある限り希望がある. *W*～ (I was) in Tokyo, I met him several times. 東京滞在中に何度か彼に会った. How can I leave them ～ [when] they are in such a trouble? 彼らがあんなに困っているのに, どうして見捨てられようか. Don't read ～ you eat. = Don't read ～ (you are) eating. 食事中に〔食事をしながら〕ものを読むな. She sang ～ dancing. 彼女は踊りながら歌をうたった.

〈付記₁〉 上記の *while I was* in Tokyo や *while you are* eating など while＋主語＋be動詞…の節で, 主語が主節の主語と一致するときは I was,

you are, etc. はしばしば略される. 特に「…しながら」の気持ちのときは好んで while (do)ing が用いられる.
〈付記₂〉 while の次は節, during の次は名詞または相当語句: *while* you were away = *during* your absence. これを逆にすることはできない. ただし while は〈付記₁〉により, he was などの省略を生じたばあいに限り *while* a little boy (まだ小さい子どもだったころ) の構文が許される.

2 …ながらも, …だが; …なのに比べて, …だし, (ところが) 一方では…: *W*～ I like his personality [*W*～ admitting his fine personality], I doubt his ability. 彼の人柄はけっこうだが〔彼のりっぱな人柄は認めるが〕, 能力は疑問だ. *W*～ you are too young, I am too old. = You are too young, ～ I am too old. あなたは若すぎるし, 私は年を取りすぎている. One sang, another danced, ～ a third played the piano. ひとりは歌い, ひとりは踊り, もうひとりはピアノをひいた. John sang and Mary danced, ～ Ted just watched. ジョンは歌い, メアリは踊ったが, テッドはただ見物していた. 〈注〉 このように though, and, but などに近づくばあい, それらのどれとも違いばあいなどあるが, 常に比較を強調する. 類語 whereas《ただしいっそう文語的》.

―― *n.* (しばらくの) 間, ある期間; あることのために費やす時間, 努力《the ～, one's ～》. ***after a*** **～** しばらくして. ***all the*** **～** その間じゅう. ***a long*** [***good, great***] **～** 長い間: It happened *a long* ～ ago. だいぶ前のことだった. It takes *a great* ～ to do it. それをするには相当時間がかかる. ***at*** **～*s*** ときどき. ***a*** **～** ***ago*** 少し前に. ***between*** **～*s*** ときどき. ***for a*** [***one***] **～** しばらく (は). ***in a*** (***little***) **～** しばらくすれば, まもなく. ***make it worth*** a person'***s*** **～** そのことを(人) の割りに合うようにする, そのことに対して (人) の労に報いる〔(人) に適当の謝礼をする〕. ***once in a*** **～** ときたま. ***the*** **～** (1) その間に: We rowed the boat and sang *the* ～. ボートをこぎながら歌をうたった. (2)…する間に (〖古・雅〗 whilst): I suffered *the* ～ you suffered. あなたの苦労している間に私も苦労していた. ***worth*** (a person'***s***) **～** ほねおりがいがある: It is *worth* (your) ～ to try it. やってみるだけのことはあります.

―― *vt.* 〈暇を〉つぶす, 〈時間を〉ぶらぶらと過ごす; 〈たいくつなどを〉 紛らす 《*away*》: We ～*d away* two days. 私たちは 2 日間をぶらぶらと過ごした. He ～*d away* the tedium of debate by drawing caricatures. 彼は漫画をかいて討論のたいくつさを紛らした.

―― *prep.* 〖古〗 …まで (until).

who

疑問代名詞「だれ」と関係代名詞「…(する人)」に用法が大別され, wh- で始まる典型的な疑問詞・関係詞であるが, 特にこの語は両者を通じて格変化があり, 口語の目的格には用法により 2 形がある: Ask *whom*? / *Who* did you see? / the man *who* I saw.

関係代名詞は他のばあいと同様次の特徴がある: (1)「制限用法」は通常日本語に訳されない: the man *who* came here ここに来た人. (2)「非制限用法」は付帯的記述を導き,「そして…」「しかし…」 などと訳せるばあいが多いが, 自然な日本語では必ずしもそうならない: I asked my brother John, *who* is five years older than I. 私は五つ年上の兄の John に聞いてみた.

疑問詞・関係詞に関する一般的な問題については →枠付 Interrogative および Relative.

who [hu:, 弱 hu] *pron.* (所有格 **whose** [hu:z]; 目的格 **whom** [hu:m], 〖話〗 **who(m)**)

A) 《**疑問代名詞**》 [通常強く hu:] だれ, どの人, どんな人《名前・身分・関係などを問う. what と比較》: **1** 《単純な構文》: *Who* is he [*Who* are they]? 彼〔彼ら〕はだれか. *Who* is this? これはだれか; 《電話で》 (そちらは) どなたですか. *Who* came? だれが来たのか. *Who* are you to order me? 私に命令するなんて, きみは何者だ. *Who* [Which] is taller, you or John? きみとジョンとどちらが背が高いか. *Who* [Which] is the oldest? だれがいちばん年上か. *Who* knows? だれが知っていようか; だれも知らない. *Who* did you say? だれとおっしゃいましたか《多く上昇調》. *Whose* is this? これはだれのか. *Whose* pen did you borrow? だれの万年筆を借りたか. *Who(m)* shall I see? どなたにお会いしましょうか《口語では通常 *Who*...?》. To *whom* was the letter addressed? その手紙はだれにあてられていたのか《文語的》. We must decide *who(m)* to nominate. だれを指名すべきかを決めなければならない《口語では通常 who》.

2 《節中で》《節中の主語・動詞の語順は斜体の示すように平叙文並み》: I wonder *who came*. だれが来たのだろうか. Tell me who *he is*. (←Who *is he*?) あの人はだれだか教えてください. Do you know whose pen *I borrowed*? (← Whose pen *did I borrow*?) 私がだれの万年筆を借りたか知っていますか. Who do you think *he is*? 彼はだれだと思いますか《do you think が挿入(そうにゅう)された主節. 以下も同様》. *Who* shall I say *wants* to see him [her]?《玄関で客を取り次ぐとき》どちらさまでいらっしゃいましょうか (←どなたがあの人に会いたがっていらっしゃるのだと申しましょうか). Who(m) do you suppose *I got* it from? 私がそれをだれからもらったと思いますか. Whose house do you think *this is*? これはだれの家だと思いますか; ここをだれの家だと思っているのか.

〈付記〉 **目的格としての who(m) と口語** (1) 口語では who の目的格として文または節のはじめ, および whom to (do) には通常 whom の代わりに who が用いられ, また文頭の前置詞は文末に移される: *Who* shall I see? だれにお会いしましょうか. *Who* was the letter addressed *to*? その手紙はだれにあてられていたか. *Who* are you looking *for*? だれを捜しているのか. *Who* do you want to speak *to*?《電話で》だれにお話しになりたいのですか. *Who* is it *by*? 作者はだれか. I know *who* you met. きみがだれに会ったのか知っている. Tell me *who* to talk *to*. だれに話したらよいのか教えてくれ.

(2) ただし whom を率いる他動詞または前置詞が前にあるときには口語でも who は通常用いられない: Punish. — *Punish whom?* 罰しなさい. —罰しろって, だれを? Who did you send *to whom*? だれをだれのところへ差し向けたのか《文頭の who も目的格だが, (1) の理由で whom とならない》.

B) 《**関係代名詞**: 原則として先行詞は人》 [通常弱く hu] **1** 《制限用法 1: 一般の先行詞とともに》: I have a friend ～ writes well. 文筆の達者な友人がある. The boy ～ came here just now is my nephew. たったいまここへ来た少年は私のおいです. There was a good student *whose* father was a lawyer. 弁護士を父親にもつできのよい学生がいた《比較: *his* father was a lawyer》. One of the men (*whom*) I trusted betrayed me. 私が信用していた部下のひとりが私を裏切った 《比較: I trusted *them*》. The speaker with *whom* I competed was an agreeable fellow. 私の競争相手となった講演者は気持ちのよい男だった《比較: I competed with *him*》.

2《制限用法 2: those, he とともに》: *Those* ～ like sports are generally healthy. スポーツの好きな人たちは概して健康だ. *Those* of us ～ like swimming will all participate. 私たちの中で水泳の好きな者はみんな参加するだろう. He invited only *those* children (*whom*) he knew very well. 彼はよく知っている子どもだけを招いた. *He* ～ does it gets the benefit. それを実行する者が利益を得るのだ. 〈注〉 those who の方が普通で, he who は文語ないし古語的.

〈付記$_1$〉 **whom の省略** (1) 前に前置詞のない whom は省略可能(特に口語に多い): One of the men (*whom*) I trusted betrayed me. →上記 B) ①. He invited only those children (*whom*) he knew very well. →上記 B) ②.

(2) 前置詞は, 口語ではこれをあとにまわして whom を省略することが多い: The speaker I competed *with* was an agreeable fellow. 私の競争相手となった講演者は気持ちのよい男だった. →上記B) ①.

〈付記$_2$〉 **目的格の who** 他動詞の目的語としての whom には口語ではしばしば who が代用される: One of the men (*who*) I trusted betrayed me. →上記 B) ①. ただし疑問代名詞と異なり, 前置詞の目的語のばあいには, 前置詞がたとえあとにあってもあまり普通ではなく, むしろ前置詞をあとにまわして関係代名詞を全く省略する構文の方が用いられる.

〈付記$_3$〉 制限用法の who, whom (whose を除く) は一般に that で置き換えうる.

3《非制限用法: 通常前に comma を打つ》: I talked to a friend, ～ helped me at once. 友人に相談したら, すぐ力になってくれた 《who ≒ and he》. We helped the old men, ～ did not thank us at all. 私たちはその老人たちに手を貸したが, 彼らは一言もお礼を言わなかった 《who ≒ but they》. Dr. Hill, ～ has his office in my neighborhood, has a large practice. ヒル先生は, うちの近所で開業していて〔しているが〕, よくはやっている; うちの近所で開業しているヒル先生はよくはやっている.

〈注〉最後の例文のあとの方の訳は構文が制限用法のばあいと同様だが, このばあいも「開業している」はヒル先生」に対する「つけたり」にすぎず, 別に「開業していないヒル先生」と対比しているのでない点に注意. 以下の諸例も同様: She asked her father, *who* specializes in tropical plants. 彼女は熱帯植物を専門にしている自分の父に聞いてみた 《who≒because he》. She was told to kill her own son, *whom* she loved. 彼女は愛する自分のむすこを殺せとの命を受けた 《*whom* she loved ≒ *though* she loved *him*》. We asked Ted, *whose* father was a historian. 私たちは歴史家を父親にもつテッドに聞いてみた.

〈付記〉 非制限用法では whom も略されず, また that で置き換えられない.

4 《≒he who, those who》〔古〕: *Whom* the gods love die young. 〘諺〙神々の愛したまう者は若死にする. as ～ should say ... …と言う人のように, …と言わんばかりに.

why

他の多くの wh- 疑問詞と同様に, 疑問副詞「なぜ」と関係副詞「…する理由」の二大別ができるが, 後者は制限用法に限られ, またその先行詞は reason に限られる. しかし間投詞「おや」もあり, 機能語としての全体の使用度は相当高い. 間投詞は通常文頭に立ち, 疑問副詞と位置が似ているので区別に注意を要する.

疑問副詞「なぜ」において *Why* do you think I did it? 《*ad.* A) ②中の例文》における意味の二重性はあまりひんぱんに起こる問題ではないが, What do you think? の意味の二重性「どう思うか」と「なんだと思うか」のばあいと同様, 外見上おなじ構文に実は本質的な差のあるばあいの好例である.

why [(h)wai] *ad.* **A)** 《**疑問副詞**》なぜ, どうして: **1**《単純な構文》: *Why* did you refuse? なぜ断わったのか. *Why* doesn't he know? 彼はなぜ知らないのか. *Why* (are you) so early? なぜそんなに早い〔早く起きた, 早く来た〕のか. *Why* is the letter T like an island? — Because it is in the middle of WATER. T の字はどうして島に似ているのか; T の字とかけて島と解く, その心は. —WATER のまん中にあるから. *Why?* —*Why* do you think? なぜだ. —なぜだと思う? 《比較: *Why* do you think so? なぜそう思うのか》.

2《節中で: 主語と動詞は斜体で示したように平叙文の語順をとる》: Tell me ～ *you refused*. (←Why *did you refuse*?) なぜ断わったのか話してください. Do you know ～ *he is* so happy? 彼がなぜあんなにうれしがっているか, 知っていますか. Why *he did* it, is a riddle. 彼がなぜそれをしたのかはなぞだ. Why do you think *I did* it? (1) あなたは私がなぜそれをしたと思いますか; 私がそれをしたのはなぜだと思いますか《why は I did it にかかる》. (2) あなたはなぜ私がそれをしたと思うのですか; 私がそれをしたと思うのはなぜですか 《why は do you think にかかる》.

I don't see ～ not. なぜそうでないのか〔そうしていけないのか〕理由が見当たらない: Will he approve? — *I don't see* ～ *not.* 彼が承知するだろうか. —承知しないとは思われない. May I come? — *I don't see* ～ *not.* 参ってよろしいですか. —けっこうですとも.

Why don't you ...? (1) あなたはなぜ…しないのか《質問》: *Why don't you* like him? なぜ彼がきらいなのか. (2) …してはどうか《勧誘・提案》: *Why don't you* try? やってみてはどうですか. *Why don't you* come and see me one of these days? 近いうちに遊びにいらっしゃいよ. 〈注〉他の人称・数にも用いる: *Why don't we* try? やってみようよ. *Why don't they* invent a smelling motion picture? においのする映画を発明したらどんなものだろう. ***Why ever*** 〔***Why in the world***〕 ***...?*** いったいなぜ…か: *Why ever* did he do it? いったいぜんたいどうしてそんなことをしたのか. ***Why is it that ...?*** …するのはなぜか: *Why is it that*, while science has advanced remarkably, man's morality has seen little improvement? 科学がめざましく進歩したのに人類の道徳が一向改善されないのはなぜか《特に that 以下の構文が複雑なときに多い》. ***Why not?*** (1)《否定的陳述に呼応して》なぜそうでないのか: I ca*n't* come tomorrow. — *Why not?* あすは来られません. —なぜ(来られないの)ですか. 〈注〉not はつけることが多い《比較: Why so? なぜそうなのか》. (2) なぜそれでは悪いのか, それでよいではないか: But that would bother you. —*Why not?* でも, それではごめんどうをかけることになります. —構わないじゃないですか. (3) いいとも: May I join you? —*Why not?* 私も仲間に入れてくれませんか. —いいですとも. ***Why not ...?*** …ではどう

か，…しようじゃないか: If Monday won't do, ～ *not* Tuesday? 月曜日がだめなら，火曜日ではどうか. *Why not* have a stroll along the river? 川岸を散歩しましょう《次に動詞の原形がくる》. ***Why so?*** なぜそうなのか. 〈注〉文脈で理解が可能のとき，why と問題の中心語だけが残されることがある: Come on Friday. — *Why Friday?*

B)《**関係副詞**: 先行詞は reason》…する理由: The reasons ～ they help us are various. 彼らが私たちに協力する理由はいろいろだ. That [This] is the reason ～ we hesitated. それ[これ]が私たちのためらった理由だ. 〈注〉あとの構文では the reason は(特に口語で)略することが多い: He is too tired. *That's why* he doesn't come. 彼は疲れすぎているのだ. だから来ないのだ.

—— *n.* 理由: the ～(*s*) and *wherefore*(*s*) 詳しい理由.

—— *int.*《一般に比較的低い下降調で，アメリカではしばしば [wai] となる》**1** おや《発見》; なあに，きまってるじゃないか，もちろん《自明のことなど》: *Why,* he is through already! おや，彼はもう済んじゃったんだな. No, thank you. — *Why,* don't you like it? いやけっこう. — おや，きみはそれがきらいなのか (≒ Why don't you like it? なぜそれがきらいなのか). Leave it to me. *Why,* I've been in this business for twenty years. ぼくに任せておけ，なにしろ，ぼくはこの商売を20年もやってきたんだからね. Where is Paris? — *Why,* in France (of course). パリはどこにあったっけ. — いやだね，(もちろん) フランスさ. Will you come? — *Why,* of course. = *Why,* yes. 来てくれるね. — もちろん.

2《if-節 に続いて》それなら，そのときは: If you are not interested, ～, we'll find somebody else. あなたが気がないなら，ほかの人を捜すまでですよ.

will[1]

助動詞 will の元来の意味は (to) intend, wish などで，本動詞 will (→別項 will[2]) や名詞 will「意志」(→ will[2]) とも語源的に関係し，意志や願望をあらわしていた. その後原意がしだいに弱まって，今日では全く無色の単なる未来の標識としても用いられるようになったが，今日でもその中間にまだ原意が残っているばあいが多い. そこで will のもつ意味合いを原意に近い順に並べるとおおよそ: (1)(主語の)意志: I *will* go. (2)(主語の)固執: The door *will* not open. (3)(話し手の)意志が主語に及ぶ→主語に対する命令・誘い: You *will* not go out today. (4)(話し手の)推量: That *will* be the postman, I expect. (5)(主語の)単純未来: Work, or you *will* fail. となる. 変化形には下記の現代形のほか次の古形がある: 第二人称単数《古》現在 (thou) **wilt** [wilt], 過去 **wouldst** [wudst, 弱 wədst], **wóuld·est** [wúdist].

will [wil, 弱 wəl] *aux. v.* (過去 **would** [wud, 弱 wəd]; 直前の語との短縮形 **'ll** [-l]; will not の短縮形 **won't** [wount], would not の短縮形 **wóuldn't** [wúdnt])《過去形 would は →別項》

A)《I [we] will》**1**《意向・心づもり》…するつもりだ，…しよう: I ～ tell you presently what I am thinking about it. 私がそれについて考えていることをじきにお話しいたします. I ～ give you my address. 私の住所を教えましょう. *I'll* send the book to you. 本をあなたへお送りします. I ～ do all I can for my children. 子どもたちのためにできる限りのことはするつもりです. I think I ～ see you to the station. 駅までお送りしようと思います. We ～ drink all happiness and success to you. われわれはあなたの幸福と成功とを祝して乾杯します. *We'll* begin soon, *won't* we? じき始めましょうね.

2《強い意志，決意》…するぞ，絶対に…するつもりだ: I ～ go, no matter what you say. きみがどう言おうとぼくは行く. I ～ not be caught again. 二度とはつかまらんぞ. I ～ never again taste a drop of spirit. これからは二度と酒を一滴も飲まない決心だ. I *won't* stand any nonsense. 理屈に合わぬことはまっぴらごめんだ.

3《誓言・断言において》…してもよい: *I'll* bet my bottom dollar. 有り金全部かけてよい. *I'll* be hanged if he does. 彼がやるなら首をやってもよい.

B)《you will》**1**《単純未来》…だろう: Look out, or *you'll* be run over. 気をつけなさい，でないとひかれますよ. You ～ miss the train unless you take a taxi. タクシーに乗らないと列車に乗り遅れますよ. I am afraid you ～ catch cold. きみがかぜをひくかと心配だ. When ～ you be off? いつご出発ですか. 〈注〉以前は When *shall* you be off? が使われたが最近では will が好まれるようになった.

2《遠回しな，想像した表現》おそらく…だろう: You ～ be Mr. Jones, I think. ジョーンズさんでいらっしゃると思いますが. You ～ have heard of it. そのことをお聞きになったでしょうね. It is unlikely that you ～ have heard anything definite. あなたがはっきりしたことをお聞きになったとは思えない.

3《促し・説得的命令》: You ～ remain here with us. ごいっしょにとどまってくださるでしょうね. You are a good boy, so you ～ behave yourself. いい子だから行儀よくしなさい.

4《疑問文で相手の意向を聞く》: When ～ you be seeing your brother next week? 来週いつご兄弟にお会いになるつもりですか. *W*～ you have another cup of tea? お茶をもう 1 杯いかがですか. *Won't* you smoke? たばこはいかがですか.

5《丁寧な依頼》: *W*～ you kindly tell me the way to the city hall? 公会堂へ行く道を教えてくださいませんか. If you ～ do it for me, I shall be very much obliged to you. 私のためにそれをしてくださるならば恩にきます.

C)《he [she, it, they] will》**1**《単純未来》…だろう: The moon ～ rise at eight. 8時に月が出るはずだ. He [She] ～ come of age next year. 彼[彼女]は来年成人になる. By the time you have washed and dressed, breakfast ～ be ready. からだを洗って着替えたころには朝食の用意ができるでしょう.

2《現在の想像・推量》…だろう: This ～ be your baggage [luggage], I suppose. これはあなたの荷物だと思いますが. I believe he ～ be an Irishman. 彼はアイルランド人だと思う. How far is it to the wood? —It ～ be 2 miles, I reckon. 森までどれくらいあるだろう. —2マイルぐらいだろう. She ～ be expecting me. 彼女は私を待っているだろう.

3《疑問文において未来の推量》: *W*～ the moon rise soon? 月はじきに出るだろうか. *W*～ he miss the train? 彼は列車に乗り遅れるだろうか. *W*～ your husband call a taxi for me. あなたのご主人は私のためにタクシーを呼んでくださるでしょうか.

4《主語の主張やがんこさをあらわす》…だと言ってきかない，どうしても…する: He ～ have it that alcohol is a food. 彼はアルコールは栄養になると言ってきかぬ.

This boy ～ not work. この子は勉強はいやだと言ってきかぬ. The door ～ not open. ドアがどうしてもあかない.

5《習慣・傾向》: He ～ often come to see me of a Sunday. 彼は日曜日によく会いに来る. He spends all the money he has as students ～. 学生にありがちのことで彼は持ち金を全部使う. Accidents ～ happen. 事故は起こるものだ.

6《包容力・能力》: This receptacle ～ hold 2 gallons of water. この容器には2ガロンの水がはいる. This razor *won't* cut. このかみそりは切れない. *W*～ the ice bear? この氷は乗ってもだいじょうぶか. This cloth ～ cut up into several suits. この布地で服が数着できる.

〈付記$_1$〉**条件節 (if, unless) と will** 単純未来をあらわすばあいにはふつう will を使用しない: I shall tell him if he *comes*.「彼が来たら彼にそう言おう」. will が使われるばあいには, 主語の意志・習慣・傾向などの意味合いがはいっている: I shall be glad if he*'ll* come. 彼が来てくれればうれしい. If the door *will* not open, we shall be at a loss. ドアがどうしてもあかないなら, われわれは途方にくれるだろう.

〈付記$_2$〉**間接話法と will** 直接話法の主語に応ずる will は間接話法で主語が変わったとき I [we] shall [will]; you will; he [she, it, they] will となる: "I *will* do my best." → You say (that) you *will* do your best.; He says (that) he *will* do his best./"You [He, They] *will* succeed." → He hopes (that) I *shall* [*will*] succeed [you *will* succeed; they *will* succeed]. 更に現今は "I *shall* succeed." も He hopes he *will* succeed. となることが多く, アメリカで特にその傾向が強い. shall の項参照. つまりアメリカでは間接話法においてすべての人称に will を用いる傾向がある.

〈付記$_3$〉**Shall I...? と Will I...? / I shall と I will** 今日では, 相手の意向を問う Shall I?, Shall we? の形を除いては will が, 従来では shall が使われるべき場所でも shall を駆逐しつつある. 相手の意向を尋ねないばあいにはアメリカでは *Shall* I [we]? →*Will* I [we]? となる傾向が強い: If she comes out and says she'll marry me, what *will* I do? もし彼女がやって来てぼくと結婚すると言ったら, ぼくはどうしよう.

同様に, 平叙文においてもイギリス人なら I *shall* be there.「そこについているでしょう」と言うときにアメリカ人は I *will* [I'*ll*] be there. と言う. また「遅れてしまう」もイギリス人は I *shall* be late. アメリカ人は I *will* [I'*ll*] be late. つまり第一人称で特に本人の意図によらないときにはイギリス式では I shall, アメリカ式では I will となり, 特にアメリカで I *shall* be there. と言うときには, ある点で shall の原義が保たれて, 主語の I が「行かなければならない」義務を負うていると感じられるのである. 逆に, 水におぼれそうになったアメリカ人が I *will* die.「私は死んでしまう」と言うとイギリス人には「私は死のうと思う」と聞こえるというような笑い話が従来あった. しかし I will, 特に I'll は最近はイギリス人もしだいに耳慣れてきて英米の差は画然とはつけにくい.

〈付記$_4$〉**shall you...? と will you...? / you shall と you will** 元来の使い方は相手の意志が全くはいらないときには shall you? を使う. すなわち「本人の意志によらず他の力で仕向けられている」という, shall の原義をとどめているわけである. だから *Shall* you be late? (おそくなりますか) に対して, 元来本人の意志をあらわす will は使うべきではない. とはいえ, イギリスでも今日では will you? が shall you? を駆逐しつつあり, アメリカでは *Will* you be late? の方がむしろ普通である.

平叙文においても, you shall という形は今日ではイギリスでも古風になりつつあり, その代わりに you will, you are going to が, 前後関係によって話者の意志をあらわすにも用いられるようになった (アメリカでは特にその傾向が強い). → 〈付記$_5$〉および枠付 shall.

〈付記$_5$〉**will, shall と be going to** 特にアメリカ口語では未来表現の助動詞句として be going to が shall, will よりも盛んに使われ I am going to go (come). の形も普通である. ただし次のように, この表現と will [shall] との間に差が見られることがある: If Tom passes the examination, his father *is going to* buy him a bicycle. トムの父は, トムが試験に通ったら自転車を買ってやるつもりでいる. If Tom asks his father to buy him a bicycle, his father *will* probably do so. トムが父親に自転車を買ってくれと言ったら, たぶん買ってくれることだろう. ──すなわち前者では父親の意図を示しているが, 後者は単なる想像をあらわしており, それぞれの形が自然である.

とはいっても be going to を使うか否かは, 単に意図があるかないかで決まるとはいえない. 次例を参照: My sister *is going to* be twenty next month. 妹は来月で20歳になる《無意志》. You *are* not *going to* do that. (おまえはそうはしないであろう→) そうはさせないぞ《本人に意志なく, 話者に意志がある》.

I'll tell you what. あのね, よく聞けよ. ***I'll*** [***We'll***] ***see*** [***think***] ***about it.*** 考えておこう. ***I'll*** [***We'll***] ***see to it.*** 取り計らいます. ...**～ *do*** ...でよい: That'*ll do.* それでよい. That *won't do.* それではだめだ. Any time ～ *do.* いつでもいい.

with

前置詞 with の訳語は, ほとんど「…と, …で, …をもって [もった], …に対して」に尽き, 特に「…と」で言いあらわされるばあいが多い. 下記の一般訳では語義の区別を明瞭(めいりょう)にあらわすものを優先したが, たとえば①の「…に反対して」も, ②の「…とともに」も, ④の「…と一致して」も, 実際の文脈では fight *with* an enemy「敵と戦う」, walk *with* children「子どもたちと歩く」, I agree *with* you.「きみと同意見」のように, みな「…と」になる. これも, これらの語義の間に密接な関係があることの一つのあらわれであり, おなじ動詞との結合が違った語義で用いられることも珍しくない. たとえば *fight with* an enemy では語義 ①《敵対》であるが, Our powerful allies were *fight*ing *with* us. (強力な同盟軍がわれわれとともに戦っていた) では ②《随伴》となり, その区別は文脈による.

with [wið, wiθ] *prep.* **1**《contend, conflict, argue その他類似の動詞・名詞とともに》…に反対して, …を相手として: compete [fight, quarrel, dispute] ～ a person 人と競争する [戦う, 口げんかする, 論争する]. struggle ～ an enemy [a disease] 敵 [病気] と戦う. a contest ～ a strong rival 強敵との勝負. He angered ～ his son. 自分のむすこに腹を立てた.

2《随伴》…と (いっしょに), …とともに: go [walk] ～ … といっしょに行く [歩く]. drink [drive, discuss literature] ～ one's friends 友人たちと飲む [ドライブする, 文学談議をやる]. I took my children [a camera] ～ me. 子どもを連れて [カメラを持って] 行った.

3《場所・所属・帰趨(きょ)》…のところに〔で〕, …のもとに〔で〕, …の手に(帰して): stay ～ a friend 友人の家に泊まる. live ～ a family ある家庭に同居する. work ～ a florist 花屋(の店)で働く. →⑭. learn French ～ a good teacher よい先生のもとで〔について〕フランス語を習う. leave a child ～ a nurse 子どもをうばに任せる〔預ける〕. It rests ～ you to decide. その決断はきみしだいだ. The deal is ～ you. その取引はきみに任せる.

4《協調》…と一致して, …に適合して: Blue does not go ～ green. 青は緑と合わない. I am entirely ～ you in this. このことについては私はあなたと同意見である. vote ～ the Liberals 自由党に投票する. I feel〔think〕～ you. きみと同感だ. I agree〔disagree〕～ you. 私はきみとおなじ〔違った〕意見だ.

5 …と同時に, …と同様に; …につれて: rise ～ the lark ヒバリとともに起きる. change ～ the season 季節とともに〔季節によって〕変わる. move ～ the age 時代とともに動く. grow wise ～ the age 年をとる〔長ずる〕につれて賢くなる. The shadow moves ～ the sun. 陰は日とともに移動する. It grew colder ～ the approach of sunset. 日没が近づくにつれて寒くなった.

6《所有・所持・具備》…をもって(いる), …のある: an animal ～ horns 角のある〔はえている〕動物. a child ～ no brothers or sisters 兄弟も姉妹もない子ども. a vase ～ handles 柄のついた花びん. the man ～ brown hair トビ色の髪の男. a doll ～ blue eyes 青い目をしたお人形. be ～ child 妊娠している. the man ～ the frock-coat and bowler hat フロックコートを着て山高帽をかぶった男. a drawer ～ colored pencils (in it) 色鉛筆のはいっている引き出し. a plane ～ 200 seats〔～ a capacity of 200〕200 人乗りの飛行機.

7《付帯状況》: He came home ～ a black eye. 片目に黒あざをつくって帰宅した. He went out ～ no hat on. 帽子をかぶらずに出かけた. She sat there ～ her mouth open. 彼女は口をあけてそこにすわっていた. He walked leisurely ～ a pipe in his mouth〔～ a hand in his pocket〕. 彼はパイプをくわえたまま〔片手をポケットに突っ込んだまま〕ゆったりと歩いた《with も冠詞類もつかない簡潔な表現もある: He walked leisurely, pipe in mouth.》. He was at a loss ～ all his money stolen. 有り金をそっくり盗まれて途方にくれていた.

8《行動・感情・能力などの様態》…をもって, …で: fight ～ courage 勇気をもって戦う. He did it ～ confidence. 彼は確信をもってそれをやった. She greeted me ～ smiles. 彼女は微笑してあいさつをした. win ～ ease〔～ great ease〕容易に〔全くやすやすと〕勝つ. They listened to us ～ (a) surprising calmness. 彼らは驚くほど冷静に私たちの話を聞いた. entertain a guest ～ cordial hospitality 客を心から喜んでもてなす. 〈注〉“with＋抽象名詞” は, with ease ≒ easily のように, 単一の副詞で置き換え可能のばあいもあるが, 特に最後の 3 例のように, 抽象名詞に形容詞をつけることによって, 口調の悪い副詞の並列を避けることができる: cordial*ly* hospitab*ly* → *with* cordial hospitality.

9《道具・手段》…で, …を用いて: stir tea ～ a spoon スプーンでお茶をかき回す. walk ～ a stick ステッキを突いて歩く. light a house ～ electricity 電気で家を明るくする. amuse oneself ～ a book 本を読んで楽しむ. What did you cut it ～? それをなんで切ったか. I have nothing to write ～. 字を書くための道具《ペン・鉛筆など》がなにもない《比較: I have nothing to write〔write about〕. なにも書くこと〔書く題材, 論題〕がない》.

10《理由・原因》…によって, …のせいで: tremble ～ fear 恐怖で震える. He is down ～ fever. 彼は熱で倒れた. faint ～ hunger 飢えで気を失う. be stiff ～ cold 寒さでこわばっている.

11 …にもかかわらず, …がありながら: *W*～ all his learning, he is the simplest of men. あれだけの学問がありながら, 彼は最も単純な男だ. *W*～ all his wealth, he is still unhappy. あれだけの富をもちながら, 彼はまだ不幸だ.

12《材料・供給物》…を加えて〔混ぜて〕, …で; …を与えて: dilute alcohol ～ water アルコールを水で〔水を加えて〕薄める. fill the bottle ～ water (びんを水で→)びんに水を満たす. a chair stuffed ～ straw わらの詰め物をしたいす. a box filled ～ rubbish くずの詰まった箱. plant a garden ～ flowers 庭に花を植える. present a friend ～ a new book 友人に新刊の図書を贈呈する. feed a press ～ paper 印刷機に紙を送り入れる. impress the audience ～ an idea 聴衆にある考えを印象づける. 〈注〉この類の表現は, with を他の前置詞と替えることによって, 動詞の目的語と前置詞の目的語を交換できるばあいがある. 最後の 4 例はそれぞれ次のように言い替えができる: plant flowers *in* a garden / present a new book *to* a friend / feed paper *into* a press / impress an idea *on* the audience.

13《関係》…と(の); …に対して; …に関して(は), …の範囲内で(は), …の意見では: I have nothing to do ～ that affair〔group〕. 私はその事件〔グループ〕とは関係がない. our relationship ～ the neighboring countries (隣接諸国に対するわが国の→)わが国と隣接諸国との関係 (＝the relationship *between* our own *and* neighboring countries). be patient ～ …に忍耐する. What do you want ～ me? ぼくになにかお望みですか. be friendly ～ strangers 見知らぬ人に友好的である. It's your business what you do ～ your own property. きみが自分の財産をどう(処理)しようときみのかってだ. It is holiday time ～ us. われわれはいま休暇だ. Whatever you decide is all right ～ me. ぼくはきみの決めることならなんでもよい. *W*～ God nothing is impossible. 神に不可能なことはない.

14《従事》…を対象として: deal ～ …を扱う. a book dealing ～ overpopulation 人口過剰に関する本. work ～ poultry 養鶏を営む. These psychologists are working ～ children. この心理学者たちは子どもの研究をしている. 〈注〉最後の 2 例を③の work with と比較. もちろん work with は文脈によっては「…といっしょに働く」にもなる.

〈付記〉compare〔dispense, part〕with などの成句については, それぞれの項参照.

would

would は will の過去形であるから, もちろん直説法もある: He said that his brother *would* arrive soon. (←He said, “My brother will arrive soon.”) しかしこれは主として時の呼応および過去の習慣に限られ, 仮定法が意外に広く活躍する (下記①-③が直説法, 他は仮定法). これは他の助動詞過去形 should, could などにも見られる傾向である. 仮定法過去は, 動詞でも if- 節や I wish に続く節では用いられる: if I *knew*/I wish I *had* a son. しかし現代英語では, 動詞の仮定法過去は帰結節や独立した平叙文には用いられない《これらの位置では直説法となり,実際の過去をあらわすほかない〗. 助動詞の仮定法過去は, これらにも用いられるので活用範囲がそれだけ広くなるわけである. 独立平叙文に用いられたばあい, それが直説法として実際の過去をあらわすのか, 仮定法なのかの判断は文脈によることが多い.

なお if I *would* have done so, if I *should* have done so, if I *might* have done so の形はなく, この構文は could にだけゆるされるものである: If I *could* have found him, I would have told you. もし私が彼を見つけだせたなら, きみに告げていただろう.

would [wud, 弱 wəd, (ə)d] *aux. v.* (would not の短縮形 **wóuld·n't** [wúdnt]; 二人称単数〖古〗 (thou) **wouldst** [wudst, 弱 wədst], **wóuld·est** [wúdist])

1 《過去の意志; 主語の意志・固執・拒絶 (否定の文脈で)・主張をあらわす》 …したがった, (どうしても) …しようとした 《"had the will to (do)" と置き換えることができ, すべての人称に使われる》: He ~ take it for the worse. 彼は悪い方へ受け取りたがった. The door ~ not open. ドアはどうしてもあかなかった. I told you so, but you ~*n't* believe it. あなたにそう言っても, あなたは信じようともしなかった. I ~ have nothing to do with it. 私はそれと関係したくなかったんだ. Say what you ~ to the contrary, I did not feel like taking your advice. きみがどんなに反対してもきみの忠告は受ける気になれなかった.

2 《過去の習慣》 …したものだった: Sometimes the boys ~ play jokes on the janitor. ときどき生徒は門衛に冗談を言ってからかったものだった. We ~ sing for hours together. われわれは何時間もぶっ通しで歌ったものだった.

3 《過去の収容力・能力》: The hall ~ seat 1,000 people. ホールの収容力は 1,000 人だった.

4 《仮定法, 条件節の中で》 …する気があれば: I could beat him if I ~. 彼を負かそうと思えばできるのだが. 〈注〉 would = had the will to.

5 《仮定法, 主節の中で 1: I would》 **a**) 《想像を含む意志》 …なのだが: If I had a chance, I ~ try. 機会があったら, やってみるのだが. If I were you, I ~ not do it. もしぼくがきみならばそれをしないだろう. I ~ not suffer the slightest affront. どんな小さな侮辱もゆるすまい. If I had been in your place, I ~ not have given him any money. もしぼくがきみの立場にいたならば, 彼にびた一文もやりたくなかっただろう. 〈注〉 主語の意志がはいらず, 伝統的には I should となるべきところを, 現代語 (特に米語) ではしばしば I would を代用する: If it hadn't been for him, I *would* have died. もし彼がいなかったなら, 私は死んでいたことでしょう. **b**) 《控えめな希望》 …したい: I ~ rather die than submit. 屈するくらいなら死んだ方がました. I'*d* sooner be idle than do it. それをやるよりなまけた方がよい. I ~ like to go. 行きたいものだ 《主として米語で, イギリスでは I should like to…. 詳細は → 〈付記〉》. 〈注〉 次の would もこの部類にはいると言える: *W*~ that I were young again. もう一度若返れたらなあ.

6 《仮定法, 主節の中で 2: you [he, she, it, they] would》 **a**) 《条件節またはそれに相当する句の帰結として, または条件節などが略されて》 …だろう 《この would は話者の推量を示すもので, 主語の意志はない》: Any one ~ die if he took the poison. この毒を飲めばだれでも死ぬだろう. You ~ do better if you used a dictionary. 辞書を使えばもっとよい仕事ができるでしょう. If it had not rained last week, the river ~ be dry. もし先週雨が降っていなかったならば, 川はかわいていることだろう. If you had given enough food to your little birds, they ~ not have died. もしきみが小鳥に十分えさを与えていれば死ななかったでしょう. It ~ be a great help to me for you to come. あなたが来てくださると大いに助かるのですが. **b**) 《話し手の想像》: I suppose he ~ be about 50 when he died. 彼は死んだとき50歳ぐらいだったろう. Of course you ~*n't* know. もちろんあなたはご存じないでしょう. *W*~ it be enough? それで十分でしょうか. **c**) 《話し手の希望をあらわす種々の文で》: I wish he ~ come. 彼が来てくれればよいのに. I wish you ~ forget it. それを忘れてくださるとよいが. *W*~ you tell me what to say? どう言ったらよいか教えてくださいませんか. It is to be wished that the war ~ soon be over. どうか戦争が早く済めばよいが.

〈付記〉 **I *would* like to** と **I *should* like to** I *should* like [prefer, care, be glad, be inclined など] が正しく would は誤りであるという説がある. その理由は like に既に would (…したい) の意味がこめられているからである. しかし実際には特にアメリカでは would の方がはるかに多く, 短縮形 I'*d* like は大部分の者が I would like の短縮形だと考えている.

X

X, x [eks] *n.* (*pl.* **X's, *X*s, x's, *x*s** [éksiz]) **1** 英語アルファベットの第24字; X 字形 (の物). **2** ローマ数字の10; 〖米話〗 10ドル紙幣. **3** 〖数〗 第1未知数; 掛け算 [乗法] の符号. **4** 未知のもの [人]; 予測できない力. **5** X 印; 字の書けない人のしるす署名の代用; 手紙などの終わりに書くキスの印; 地図・写真上のある地点を示す印: XX (= double-X), XXX (= treble-X) ビールのたるに書いてその強度を示す符号 《XXX が最強》. **6** 〖電〗 空中障害.
—— *a.* X 型の; X の印のある. —— *vt.* (**Xed, X'd**) に X の印をつける; X の印で消す 《*out*》.
X-àx·is [⁓⁓] (*pl.* **X-àx·es**) 〖数〗 X 軸. **X chromosome** → 別項. **X particle** = meson ①. **X-rá·di·ate** [eksréidièit] X線放射に当てる. **X radiation** X 線放射. ‡**X-ráy** → 別項. **X-ù·nit** [⁓⁓] 〖物〗 X 単位 《放射線の波長測定の. 略 XU, Xu》.
X Christ; Christian; cross; 〖化〗 xenon.

xanth- = xantho-.
xán·thate [zǽnθeit] *n.* 〖化〗 キサントゲン酸塩.
xán·the·in(e) [zǽnθiin] *n.* 〖化〗 キサンチン 《水溶性黄花色素》. → xanthin.
xán·thic [zǽnθik] *a.* 《花が》 黄色の, 黄ばんだ; 〖化〗 キサンチン [黄花色素] の. ~ **acid** キサントゲン酸. ~ **calculus** 〖医〗 キサンチン尿石.
xán·thin [zǽnθin] *n.* 不溶解性黄花色素; あかね「色素.
xán·thine [zǽnθi:n, -θin] *n.* 〖化〗 キサンチン 《血液・尿・肝臓などにある窒素化合物》.
Xan·thíp·pe [zæntípi, -θípi] *n.* クサンティッペ 《Socrates の妻. 口やかましい悪妻の典型》; 悪妻.
xantho- 「黄色」 の意の連結形.
xan·thóch·ro·i [zænθákroai/-θɔ́k-] *n.pl.* 〖人類〗 黄白人種 《金髪・色白のコーカサス人種》.
xán·tho·phyl(l) [zǽnθəfil] *n.* 〖化〗 キサントフィル 《木の葉の黄色素》.
xán·thous [zǽnθəs] *a.* 黄色の; 〖人類〗 黄色人種「の, モウコ人種の.

Xan·típ·pe [zæntípi] = Xanthippe.
Xa·vé·ri·an [zeiví(:)riən, zæv-/-víər-] ～ ***Brother*** 1839年Brugesに設立された在俗のカトリック教団員.
Xá·vi·er [zéiviər, zǽv-, -vjər] *n.* Saint Francis ～ フランシスコ＝ザビエル, 1506–52, Jesuit 派のスペイン人宣教師《インド・中国などに布教し1549年日本に初めてキリスト教を伝えた》.
X.C. across country. **X.C., x.c., x-cp.** ex coupon〘商〙利札落ち (without coupon).
X chromosome *n.*〘生〙X 染色体《性別決定を支配する性染色体の一つ》. → Y chromosome.
X.D., x.d., x-d., x-div. ex dividend〘商〙配当落ち (without dividend). **Xe**〘化〙xenon.
xé·bec [zí:bek] *n.*〘海〙小型の3本マスト帆船《地中海で海賊などが使用した》.
xèn·e·lá·si·a [zèniléiʒiə/zènailéisiə] *n.*〘ギリシア史〙Sparta の外人居住拒絶条例.
xé·ni·al [zí:niəl] *a.*〘古〙接待の, 主客関係の.
xeno-「外国人」「異質の」の意の連結形.
xe·nóg·a·my [zi:nágəmi/-nɔ́g-] *n.*〘植〙異花受精〔受粉〕.
xén·on [zí:nɑn, zén-/zénɔn] *n.*〘化〙キセノン《希ガス元素. 記号 Xe》.
xén·o·phile [zénəfàil] *n.* 外国(人)好きの人.
xén·o·phobe [zénəfòub] *n.* 外国(人)ぎらいの人.
xèn·o·phó·bi·a [zènəfóubiə, -bjə] *n.* 外国(人)ぎらい. ◇ **xèn·o·phó·bic** [-bik] *a.*
Xén·o·phon [zénəfən] *n.* クセノフォン, 434?–355? B.C., ギリシアの哲学者・歴史家・将軍.
xe·rán·sis [zirǽnsis/ziər-] *n.* 乾燥.
xe·rán·the·mum [zirǽnθiməm/ziər-] *n.* 乾燥花卉(かき)《乾燥しても色・形の変化しない花の咲く植物》; キセランテマム〔トキワバナ〕属の植物《ムギワラギク・母子草など》.
xé·ric [zí:rik] *a.* 乾燥状態の.
xero-「乾燥」の意の連結形.
xè·ro·dér·ma [zì(:)rədə́:rmə/zìər-] *n.*〘医〙皮膚乾燥症.
xe·róg·ra·phy [zirágrəfi/zerɔ́g-] *n.*《電子工学を応用した》乾燥写真(術).
xe·róph·i·lous [ziráfiləs/ziərɔ́f-] *a.*〘動・植〙乾燥を好む, 耐乾性の, 乾燥地にすむ〔はえる〕.
xé·ro·phyte [zí(:)rəfàit/zíər-] *n.*〘植〙耐乾燥性植物《サボテン類など》.
xe·ró·sis [ziróusis/ziər-] *n.*〘医〙乾燥症.
Xé·rox [zí:rɑks/-rɔks] *n.* ゼロックス《文書複写器. 商標名》. —— *vt., vi.* (x～)(ゼロックスで)複写する.
Xérx·es [zə́:rksi:z] *n.* クセルクセス, 519–465 B.C., 古代ペルシア王.
xi [zai, sai, ㊇⁺ gzai] *n.* ギリシア語アルファベットの第14字《Ξ, ξ. ローマ字の x に当たる》.
X.I. x.i., x-i. ex interest〘商〙利落ち (without interest).
-xion [-kʃən] = -tion.
***Xmas** = Christmas. 〈注〉X はキリストのギリシア字つづり Χριστός のかしら文字で Ch に相当する.
Xn. Christian. **Xnty.** Christianity.
xó·a·non [zóuənàn/-nɔn] *n.* (*pl.* **-na** [-nə])〘古ギリシア〙原始的木彫神像.
XP キリストの標号《ギリシア文字 Χριστός(Christos) の初めの 2 字で, Chr に相当》.
‡**X-ráy** [éksréi] *n.* **1** (*pl.*) X 線, レントゲン線. **2** レントゲン写真. —— *a.* X 線の. —— *vt.* のレントゲン写真をとる; X 線で調べる.
Xstmas = Xmas. **Xt.** Christ. **Xtian.** Christian. **X'tmas** = Xmas. **Xty.** Christianity.
xyl-「木」の意の連結形.
xý·lan [záilæn] *n.*〘化〙キシラン.
xý·lem [záilem] *n.*〘植〙木質部. → phloem.
xý·lene [záili:n] *n.*〘化〙キシレン, キシロール《染料の原料》.
xylo- = xyl-.
xý·lo·graph [záiləgræf/-grɑ:f] *n.* 木版画《特に15 世紀の》.
xy·lóg·ra·phy [zailágrəfi/-lɔ́g-] *n.* 木版術; 木目印画法.
xý·loid [záilɔid] *a.* 木に似た; 木質の.
xý·lol [záiloul] = xylene.
xý·lo·nite [záilənàit] = celluloid.
xy·lóph·a·gous [zailáfəgəs/-lɔ́f-] *a.*〘動〙木を食べる〔に穴をあける〕《虫など》.
***xý·lo·phone** [záiləfòun, zíl-] *n.*〘楽〙木琴, シロホン. ◇ **xý·lo·phon·ist** [záiləfòunist, zailáfən-, zi-/záiləfoun-, zailɔ́fən-, zi-] *n.* 木琴奏者.
xy·lót·o·mous [zailátəməs/-lɔ́t-]〘動〙= xylophagous.
xyst [zist], **xýs·tus** [zístəs] *n.* (*pl.* **xýs·ti** [-tai])《古代ギリシア・ローマの》屋内競技場;《古代ローマの》庭園内の並み木のある歩道.
xýs·ter [zístər] *n.*〘医〙骨膜剝離(はくり)器〔ノリ〕.
xýs·tus [zístəs] = xyst.

Y

Y, y [wai] *n.* (*pl.* **Y's, *Ys*, y's, *ys*** [-z]) **1** 英語アルファベットの第25字. **2** Y 字形(の物). **3**〘数〙第 2 未知数の符号.
Y-àx·is [⌐⌐—]〘数〙Y軸. **Y branch** Y字形管. **Y chromosome**〘生〙Y 染色体《性染色体の一つ》. **Y cross** Y 字形十字架《僧衣につける》. **Y gun**〘軍〙《駆逐艦艦尾に備える》対潜水艦爆雷装置. **Y joint**〘医〙Y 字形関節. **Y level** Y 字形水準器. **Y ligament**〘医〙Y 字形靭帯(じんたい). **Y-shaped** [⌐⌐] Y 字形の. **Y track**〘鉄道〙Y 形軌道, Y 線《車両の方向転換用》.
Y〘化〙yen; yttrium. **y.** yard(s); year(s).
¥ yen の記号.
y- *pref.*〘古〙《特に》過去分詞をあらわす: yclad <y + clad. → yclept.
-y¹ [-i] *suf.* **1** 名詞のあとについて「…性の, …から成る」「…状態の」「…の多い, …に満ちた」の意の形容詞をつくる: rocky <rock. thirsty <thirst. stony <stone. sunny <sun. lengthy <length. **2** 性質, 特に色を示す形容詞のあとについて「…がかった, …の気味の」の意の形容詞をつくる: **yellowy** <yellow. plumpy <plump. whity <white. **3** 動詞のあとについて「…する傾向のある」の意の形容詞をつくる: sticky ねばつく <stick. drowsy <drowse. **4** 詩において形容詞に添えて, その別形をつくる: steepy <steep. stilly <still. 〈注〉語形成上の注意: (1)黙音の e を略すばあいと残すばあいとがある: pale → pal*y*. mire → mir*y*/mir*ey*. glue → glu*ey*. (2) 語尾が y で終わるばあい: clay → clay*ey*. sky → sk*iey*. (3)短母音に続く単一子音字は重複されることが多い: bag*gy* ふくれた <bag. sop*py* 湿っぽい <sop《ただし panic*ky* <panic》.
-y² [-i] *suf.* 抽象名詞の語尾で, ラテン語の -ia, フランス語の -ie などに由来する: glory <L. glor*ia*. victory <L. victor*ia*. party <F. part*ie*. flattery <F. flatter*ie*.
-y³, -ie, -ey [-i] *suf.* 人または動物を示す単音節語につけて親愛をあらわす: aunty <aunt. bird*ie* <bird. nurse*y* <nurse. son*ny* <son.
yáb·ber [jǽbər] *n., vi.*〘話〙おしゃべり(する).
‡**yacht** [jɑt/jɔt] *n.* **1** ヨット, 帆走艇; 快走船. **2** 個人所有の娯楽用汽船〔発動機船, 自家用遊覧船〕《富豪などの所有で, しばしば大型で豪華なもの》. —— *vi.* ヨットに乗る, ヨットを操縦する, ヨットで航海

する.
　～ **chair** 戸外用折りたたみ式ひじ掛けいす. ～ **club** ヨットクラブ. ～ **racing** ヨット競走. ～**s·man** → 別項.

yacht chair

yácht·ing [-iŋ] *n.* ヨット遊び; ヨット操縦(法); ヨット航海. ***go*** ～ ヨット乗りに行く.
　～ **match** [**race**] ヨット競走.

yáchts·man [játsmən / jɔ́ts-] *n.* (*pl.* **-men**) ヨット操縦者[所有者].
　◇ ～**·ship** *n.* ヨット操縦術.

yáck·e·ty-yák [jækitijæk] *n.*, *vi.* 《米俗》むだ話, おしゃべり (する). → yak².

yáf·fle [jæfl], **yáf·fil** [jæfil] *n.* 《英: 鳥》アオゲラ.

yá·ger = jaeger².

yá·gi [já:gi:] *n.* 《電》八木アンテナ (= Y～ antenna).

yah¹ [jɑ:] *int.* やあ!, やあい! 《不快・あざけり・あせりなどの叫び》.

yah² *ad.* 《米俗・英方》= yes.

Yá·hoo [já:hu:, jéi-, jəhú: / jəhú:] *n.* **1** ヤフー 《Swift 作 *Gulliver's Travels* 中の人間獣》. **2** (y～) けだもののような人間; 《米》武骨者, 無作法者.

Yáh·we(h) [já:we/-wei], **Yáh·ve(h)** [-ve/-vei] = Jehovah.

yak¹ [jæk] *n.* 《動》ヤク, リギュウ 《チベット・中央アジア産の長毛の牛》. ～ **lace** ヤク毛製レース.

yak² *n.*, *vi.* (**-kk-**) おしゃべり (する).

yak³ [jæk, jɑ:k] *n.* 《米俗》大笑い; 冗談, しゃれ.

Ya·kút [jɑ:kút] *n.* ヤクート族 《シベリア北東部に住む》; ヤクート語.

Ya·kútsk [jɑ:kútsk, jə-, ㊥⁺ jæ-] *n.* ヤクーツク自治共和国; その首都.

Yale¹ [jeil] *n.* エール大学 《アメリカ Connecticut 州 New Haven にある. 創立1701年》.

Yale² ～ ***lock*** エール錠 《アメリカ人 L. Yale 発明のドア用円筒錠》.

Yál·ta [já:ltə/jæltə] *n.* ヤルタ 《ソ連南西部ウクライナ共和国南部の海港. 1945年2月 Roosevelt, Churchill, Stalin の3巨頭により会談が行なわれた》.

Yá·lú [já:lú:] *n.* (the ～) ヤールー川 (鴨緑江).

yam [jæm] *n.* 《植》ヤマノイモ属の植物 (の根); 《米方》サツマイモ; 《スコットランド》ジャガイモ.

Yá·ma [jæmə/já:mə] *n.* 《インド神話》えんま.

yá·men, yá·mun [já:mən] *n.* 官衙(かんが) 《中国の官庁・役所》. [＜Ch. 衙門]

yám·mer [jæmər] *vi.*, *vt.* 《米話・英方》**1** 不平顔[声]で話す[言う]; 不平を言う. **2** おしゃべりする.
　—— *n.* 不平声; おしゃべり.

yang [jæŋ] *n.* 野ガモの声. —— *vi.* 〈野ガモが〉鳴く.

Yáng·tze(-Kiáng) [jæntsi(kjæŋ)] *n.* (the ～) ヤンツー (揚子江).

yank [jæŋk] *vt.*, *vi.* 《米話・英俗》ぐいと引っ張る (jerk). —— *n.* ぐいと引っ張ること.

Yank [jæŋk] *n.* 《俗》= Yankee.

‡**Yán·kee** [jæŋki] *n.* **1** アメリカ人, 米人. **2** New England 人; アメリカ北部諸州の人; 北部[北軍]の人 《南北戦争当時南部の人がけいべつと敵意をこめて用いた語》. 〈注〉Yankee という語は, アメリカ人自身はおもに ② の意で, イギリス人その他外国人は通常 ①の意味で用いる. ただしアメリカ人自身でも *Yankee* enterprise [ingenuity] (アメリカ人的積極性[創意性]) などの用法で ① の意に用いることがある.
　—— *a.* ～(式)の. → 上記 *n.* 〈注〉.
　～ **blarney** アメリカ人式のおせじ. ～ **Doodle** 独立戦争当時アメリカ人に愛唱された国民歌.
　～**·land** [-lænd] ヤンキーの国 《アメリカ北部諸州; New England; アメリカ》. ～ **notions** アメリカ人の考案品.
　◇ ～**·dom** [-dəm] *n.* 《集合的》ヤンキー; アメリカ, ヤンキーの国 《特に New England 地方》. ～**·ism** [-iz(ə)m] *n.* アメリカ風; New England 人かたぎ; 米語なまり.

Yán·kee·fy [jæŋkifài] *vt.* ヤンキー風にさせる.
　◇ **-fied** [-fàid] *a.* ヤンキー化した, アメリカ風の.

yan·qui [já:nki:] Sp. *n.* (しばしば *Y*～) 《ラテンアメリカで》アメリカ人.

Ya·oun·dé [F. jaunde] *n.* ヤウンデ 《カメルーンの首都》. 〈注〉é の上の記号はつづり字についているもの.

yá·ourt [já:uərt] = yog(h)urt.

yap [jæp] *vi.* (**-pp-**) **1** 〈犬が〉騒がしくほえたてる, キャンキャンほえる. **2** ぺちゃくちゃしゃべる, やかましくしゃべる; むだ話をする; がみがみ言う. —— *n.* **1** 騒がしいほえ声. **2** 騒々しいおしゃべり; ぺちゃぺちゃ話, むだ話. **3** 《米俗》がみがみ屋. **4** 《米俗》口.

yapp [jæp] *n.* ヤップ型製本 (= ～ binding) 《皮表紙のふちを折り曲げた製本様式》. ◇ ～**ed** [-t] *a.*

Yár·bor·ough [já:rbərou/-b(ə)rə] *n.* 《トランプ》whist または bridge で 9 点以上の札のない手.

‡**yard**¹ [jɑ:rd] *n.* **1** 中庭, 構内: a front [back] ～ 前[裏]庭. 〈注₁〉しばしば合成語をつくる: a church*yard* 教会の境内, 墓地. a farm*yard* 農場. school*yard* 学校の庭, 運動場. 〈注₂〉アメリカの大学の校庭は campus というが, Harvard のみ yard と称する. **2** 作業場, 製造所; (材料) 置き場: a brick ～ れんが製造所. the navy ～ 海軍造船所. **3** 《鉄道の》操車場(= railroad ～). **4** (シカ類の)冬期草食い場. ***the Y***～ = Scotland Y～. →Scotland.
　—— *vt.* 〈家畜などを〉囲いの中に入れる. [garden と同語源. 「囲われた地面」]
　～**·arm** [⌐⌐] 《海》帆の桁端(こたん). ～**·bird** [⌐⌐] 《米俗》初年兵; 囚人. ～**·man** [-mən] (*pl.* **-men**) (1) 《鉄道》操車係, 転轍(てつ)手, 構内係. (2) 雑役夫 《日雇いの》. ～**·màs·ter** 《鉄道》操車係長.

‡**yard**² *n.* **1** ヤード 《長さの単位. 36 インチ, 3フィート, 約 0.914 m》; ヤール; 1ヤード分: 2 ～*s* of calico キャラコ2ヤール. a cubic ～ 1立方ヤード. a square ～ 1 平方ヤード. **2** 棒, つえ. **3** 《海》帆げた. ***man the*** ～***s*** 登舷(とうげん)礼を行なう.
　～ **measure** ヤード尺. ～ **rope** 《海》帆げたづな. ～**·stick** [⌐⌐], ～**·wand** [⌐⌐] (1) ヤードざし. (2) 《判断などの》標準, 尺度.

yárd·age¹ [já:rdidʒ] *n.* 《家畜などを駅で積み込み・積み降ろしするときの》置き場使用権[料].

yárd·age² *n.* ヤードで測った長さ[量].

yare [jeər] *a.* **1** 活発な. **2** 扱いやすい; 《船の舵が》手ごたえのある.

‡**yarn** [jɑ:rn] *n.* **1** (紡いだ) 糸, 織り糸. **2** 毛糸 (= woolen ～), 編み糸. **3** 《話》話, 長話; つくり話, ほら話. ***spin a*** ～ 長話をする.
　—— *vi.* 《話》物語をする, 長話をする.
　～ **beam** [**roll**] 織機の縦糸巻き. ～**-dyed** [-dàid] 織る前に染めた, 先染めの.

yár·o·vize [já:rəvàiz] = vernalize.

yár·row [jærou] *n.* 《植》西洋ノコギリソウ.

Yár·row [jærou] *n.* (the ～) ヤロー川 《Tweed 川の支流. スコットランド南東部》.

yash·mák [jɑ:ʃmá:k, jæʃmæk/jæʃmæk] *n.* ベール, 面布 《回教国の婦人が外出時にかぶる》. [＜Ar.]

yát·a·ghan [jætəgæn, -gən/-gən] *n.* つばのないトルコの長剣 《回教徒が多く用いる》. [＜Turk.]

yaup = yawp.

yaw [jɔ:] *vi.* 《海》〈船が〉偏走する, 《針路からそれて》左右に揺れながら進む; 《空》〈航空機が〉片揺れする.
　—— *n.* 偏走; 片揺れ.

yawl¹ [jɔ:l] *n.* 《海》**1** 船載ボート, 雑用艇. **2** ヨール 「型小帆船.

yawl² [jɔ:l] = yowl.

‡**yawn** [jɔ:n] *vi.* **1** あくびをする: ～ over the newspapers 新聞を見ながらあくびをする. **2** 〈口・割れ目などが〉大きく開く: A gulf ～*ed* at our feet. 眼下に深淵(しんえん)が開いていた. —— *vt.* あくびしながら言う: "Are you ready?" he ～*ed*. 「用意はできたか」と彼はあくびをしながら言った.

—— *n.* **1** あくび; 口を大きくあけること: with a ～ あくびをして. **2** 裂け目.
yáwn·ing [jɔ́:niŋ] *a.* あくびしている; 《口・裂け目などが》大きく開いている. ◇ **～·ly** *ad.*
yawp, yaup [jɔ:p, ㊥+ ju:p] *vi.* 〚方・話〛(かん高く)叫ぶ; ほえる; がなりたてる.
—— *n.* 叫び声, 金切り声; 不平.
yaws [jɔ:z] *n. pl.* 〚医〛インド痘(frambesia).
Yb 〚化〛ytterbium. **Y.B.** yearbook.
y·clépt, y·cléped [iklépt] *a.* 〚古・笑〛…と呼ばれる, …という名の.
yd. yard(s). **yds.** yards.
***ye**¹ [ji:, 弱 ji] *pron. pl.* **1** 〚古・雅〛《thou の複数形》なんじら, おんみら. 〈注₁〉 ye は本来は主格であるがときに目的格にも用いられる. 〈注₂〉 you は本来は ye の目的格. **2** 〚俗・古・方〛= you: How d'ye do? はじめまして; ごきげんいかが. Thank *ye.* ありがとう. Hark *ye.* 聞け! Look *ye.* 見よ!
ye² *def. art.* 〚古〛= the. 〈注₁〉 発音は元来 the におなじ. ただし今日ではしばしば [ji:]. 〈注₂〉 擬古体として使うことがある: *Ye* Arte Shoppe 美術店.
yea** [jei] *ad.* **1** しかり; さよう. **2** 〚古〛実に; げに. ↔ nay. **3** 〚古〛その上; 否それどころか. **～ *and いや, そればかりか; 加うるに(moreover). —— *n.* 肯定; 賛成; 賛成投票(者). ***～s and nays*** 賛否の投票.
yeah [jɛə, jɑ:] *ad.* 〚米話〛= yes.
yean [ji:n] *vt., vi.* 〈羊・ヤギが〉(子を)生む.
yéan·ling [jí:nliŋ] *n.* 子羊, 子ヤギ.
—— *a.* 生まれたての; 幼い.
†**year** [jiər/jə:, jiə] *n.* **1** 年《1月1日に始まり12月31日に終わる》: in the ～ 1840 西暦1840年に. last [next, this, every] ～ 昨[来, 今, 毎]年《これらは副詞句として用いられ, その前に in 不要》. the ～ before last [after next] 一昨年(に) [さ来年(に)]《これらも副詞句》. **2** 1年間: in a ～'s time 1年たてば. rent a house by the ～ 年間ぎめで家を借りる. **3** (*pl.*) 長年(ages): It's ～*s* since I saw him. 久しく彼に会わない. for ～*s* 何年ものあいだ. **4** (*pl.*) 年齢(age); 老齢: She is three ～*s* of age. 彼女は3歳です. in one's last ～*s* 晩年に. At a young child's birthday, you stand as many candles on his birthday cake as there are ～*s* in his age. 子どもの誕生日には, バースデーケーキの上にその子の年の数だけろうそくを立てる. **5** 年度《起算点は1月1日に限らない》: a fiscal ～ 会計年度. a school ～ 学校年. **6** 《天文学上・慣行上の》暦年: a civil ～ 暦年. a common ～ 平年. a leap ～ 閏年(うるう). a solar [equinoctial, natural, tropical] ～ 太陽年. a lunar ～ 太陰年. ***all the ～ round*** 一年じゅう. ***a ～ and a day*** 〚法〛満1か年《正味1年と1日の猶予期間》. ***from ～ to ～*** = ***～ after ～*** = ***～ by ～*** 毎年; 年々. ***in ～s*** 〚古〛年とって. ***of late ～s*** 近年. ***the New Y～*** 新年. ***New Y～'s Day*** 元日. ***New Y～'s Eve*** 大みそか. ***the ～ of grace*** = ***the ～ of our Lord*** 西暦; キリスト紀元. ***～ in ～ out*** = ***～ in and ～ out*** 年々歳々; 絶え間なく; 始終. ***Y～s bring wisdom.*** 〚諺〛かめの甲より年の功.
～·book [ˊˋ] 年鑑, 年報. **～-end** [ˊˋ, ˋˊ] 年末(の). **～'s mind** 死後一周忌のミサ. **～-long** [ˊˋ, ˋˊ] 1年続きの; 1年を通じた. **～-old** [ˊˋ] (1) *a.* 1歳の, 1年たった. (2) *n.* = yearling. **-～-old** [ˊˋ] …歳の(人).
yéar·ling [-liŋ] *n.* 《動物の》満1年子; 《競馬で》当歳駒(こま)《生まれた年の1月から起算》. —— *a.* 1年たった; 当歳の.
‡**yéar·ly** [jíərli/jə́:-, jíə-] *a.* **1** 毎年の, 年1回の: a ～ event 例年の行事. half-～ 年2回の. **2** 1年間の, その年(かぎり)の: a ～ plant 一年生植物.
—— *ad.* **1** 毎年, 年々. **2** 年に1度.
—— *n.* 年1回の刊行物, 年刊誌.

‡**yearn** [jə:rn] *vi.* **1** あこがれる, あこがれ求める《*for, after*》: ～ *for* a long vacation 夏期休暇を切望する. **2** せつに[しきりに]…したがる《*to* (do)》: ～ *to* see a friend しきりに友人に会いたいと思う. **3** なつかしむ, 恋々とする; 同情する《を, に *over*》.
***yéarn·ing** [jə́:rniŋ] *n.* あこがれ, 思慕; 熱望《*for, of, towards*》. —— *a.* あこがれの, 思慕する; 熱望する. ◇ **～·ly** *ad.*
yeast [ji:st] *n.* **1** イースト, 酵母, こうじ; パン種. **2** 固形イースト(= ～ cake). **3** あわ(foam). **4** 刺激, 影響. **～ powder** ふくらし粉, ベーキングパウダー.
yéast·y [jí:sti] *a.* **1** 酵母[イースト]のような, イーストを含む; あわだつ. **2** 動揺している, 不安定な. **3** 上っ調子の, 実質のない. ◇ **-i·ly** *ad.* **-i·ness** *n.*
Yeats [jeits] *n.* William Butler ～, 1865–1939, アイルランドの劇作家・詩人.
yegg [jeg] *n.* 〚米俗〛強盗, 金庫破り(= ～ man).
yeld [jeld] *a.* 〚スコットランド〛《牛が》不妊の, 乳の出ない.
yelk [jelk] 〚古・方〛= yolk.
‡**yell** [jel] *vi.* **1** どなる, わめく, 叫ぶ: ～ *for* help 大声を上げて助けを求める. **2** 笑いこける; 爆笑する.
—— *vt.* 叫んで言う《*out*》. **～ *at*** …にどなりつける.
—— *n.* **1** (鋭い)叫び声; (苦痛などの)わめき. **2** エール《アメリカ・カナダの大学で応援用の特定の叫び》: give the college ～.
†**yél·low** [jélou] *n.* **1** 黄色. **2** 黄色い物; 《卵の》黄身; 黄色い着物. **3** 黄色の絵の具; 黄色の顔料. **4** 黄色のチョウ; 黄色いガ. **5** (the ～s) 《単数扱い》おうだん; 〚古〛ねたみ, しっと; 〚話〛おくびょう. **6** 《植物・野菜の》黄枯れ病. **7** 黄色新聞《俗受けの記事を書く新聞》.
—— *a.* **1** 黄色の. **2** 皮膚の黄色い; 黄色[モウコ]人種の. **3** しっとぶかい. **4** 〚話〛おくびょうな. **5** 《新聞記事が》扇情的な; 俗受けの. **6** 〚米俗〛白黒混合の; 黄味を帯びた. ***the sear*** [***sere***] ***and ～ leaf*** 老年.
—— *vt.* 黄色くする; 黄色に染める. —— *vi.* 黄色になる; 黄ばむ: ～*ing* leaves 黄ばんできた葉.
～ alert 警戒警報. **～·back** [jéloubæk] 〚英〛《19世紀に流行した黄表紙の》三文小説; 《黄表紙》フランス通俗小説. **～-band street** 〚英〛自動車駐車禁止地帯. **～·bèl·ly** おくびょう者, 腰抜け. **～·bill** [-bil] 〚鳥〛クロガモの類《アメリカ産》. **～·bird** [-bə̀:rd] 〚鳥〛各種黄色鳴鳥; 北アメリカ産ヒワの類(goldfinch). **～ book** 黄書《フランスまたは中国政府の報告書》. **～ dog** 〚米話〛野ら犬; 下等な人間, ひきょう[おくびょう]者. **～-dog contract** 〚米俗〛野ら犬契約《労働組合にはいらない条件の雇用契約》. **～ earth** 〚鉱〛黄土(ocher). **～ fever** 黄熱病. **～ flag** 黄色旗《検疫旗. 伝染病患者がいるという印として船舶に掲げる》. **～ gum** (1) 〚医〛初生児おうだん. (2) 〚植〛オーストラリア産のユーカリの木. **～·hàm·mer** ホオジロの類の小鳥. **～ jack** 〚俗〛黄熱病(= ～ fever); 検疫旗(= ～ flag). **～ jacket** 昔の中国朝廷服; 〚虫〛スズメバチ(wasp). **～ jaundice** 〚医〛おうだん. **～ journal** 黄色新聞《扇情的な記事などを報道する》. **～·legs** [-lègz] (*pl.* ～) 〚鳥〛キアシシギ. **～ men** 黄色人種. **～ metal** しんちゅう《銅6, 亜鉛4の割合のもの》. **～ ocher** 〚鉱〛黄土; 《絵の具の》イエローオーカー, 黄土色. **～ pages** 《電話帳の》職業別ページ. **～ peril** 黄禍(説)《黄色人種が白色人種・西洋文明を圧倒蹂躙(じゅうりん)するという恐れ》. **～ pine** 松の一種《アメリカ産》. **～ press** = ～ journal. **～ race** 黄色人種. **Y～ River, the** 黄河(Hwang Ho)《中国第2の大河》. **Y～ Sea, the** 黄海(Hwang Hai). **～ spot** 〚医〛《網膜の》黄斑(おうはん). **～ streak** おくびょうなふるまい[性格]. **～·tail** [-tèil] 〚魚〛ブリの類.
◇ **～·ly** *ad.* **～·ness** *n.* **～·y** *a.* = yellowish.
***yél·low·ish** [jélouiʃ] *a.* 黄色がかった.

Yél·low·stone [jéloustòun] *n.* (the ～) イエローストーン川. ～ **National Park** イエローストーン国立公園《アメリカ最大の国立公園で Wyoming 州北西部にあり, Idaho, Montana 州にまたがる》.

***yelp** [jelp] *vi.* **1** 〈犬・キツネなどが〉**キャンとほえる**, 鳴く. **2** 叫ぶ. —— *vt.* 叫び声〔大声〕をあげて言う. —— *n.* **1** 《犬などの》キャンというほえ声, 鳴き声. **2** 叫び声.

Yém·en [jémən, jéi-] *n.* イエメン《アラビア南西部の共和国. 首都 San'a》.
◇ ～**·ite** [-àit] *a., n.* イエメンの, イエメン人(の).

Yém·e·ni [-i:] = Yemenite.

***yen**¹ [jen] *n.* (*pl.* ～) 円《日本の貨幣単位. 記号¥》.

yen² 〖話〗 *n.* 熱望, あこがれ; 野心《*for*》: have a ～ *for* knowledge 知識欲がある. a ～ to study 向学心. —— *vi.* (**-nn-**) 〖話〗 あこがれる, 熱望する, せつに求める《を *for*》.

yéo·man [jóumən] *n.* (*pl.* **-men**) **1** 〖英史〗 自由民《イギリス中世末期から近世初頭にかけて農奴が富裕化し, 自営農民となったもの》; 郷士. **2** 自作農; 小地主. **3** 〖英〗 騎馬義勇兵《yeoman 階級の子弟によって編成されたもの》. **4** 《イギリス・アメリカ海軍の》倉庫係下士官. **5** 〖古〗 《国王・諸侯の》従者. ～ ***of the guard*** イギリス王室の近衛(このえ)兵 (beefeater). ～**('s) service** ことあるばあいの忠勤; 急場の援助.
◇ ～**·ly** *a., ad.* ～らしい〔らしく〕; 勇敢な〔に〕.

yéo·man·ry [-ri] *n.* 《集合的》 **1** 自由民; 郷士. **2** 小地主たち, 自作農. **3** 〖英〗 義勇騎馬兵.

yep [jep] *ad.* 〖米俗〗 = yes. ↔ nope.

-yer [-jər] *suf.* 名詞の語尾につけて「…を用いる者」の意の名詞をつくる: law*yer* <law. saw*yer* <saw.

yér·ba [jέərbə, jə́:r-/jə́:-] *n.* マテ茶 (*maté*).

†**yes** → 枠付 yes. (p. 1527)

yes man *n.* 〖話〗 《目上の人の言うことに》なんでも言いなりになる人; おべっか者 (sycophant). ↔ no man.

yester(-) 〖おもに雅〗 「昨日の; 昨…, 去る…」の意の名詞・副詞をつくる連結形.

†**yés·ter·day** [jéstərdi, -dèi] *ad.* **きのう**, 昨日: I saw him (only) ～. 私はきのう彼に会った(ばかりだ). —— *n.* **1** きのう, 昨日: ～'s newspaper きのうの新聞. Until ～ I knew nothing about it. きのうまでそのことはなにも知らなかった. **2** (ときに *pl.*) 最近, 近ごろ: an invention of ～ 最近の発明. **3** (*pl.*) 過去: the dim ～*s* of man 人類の黎明(れいめい)期. ***the day before*** ～ 一昨日, おととい. ～ **afternoon** きのうの午後. ～ **evening** きのうの晩, 昨晩 (=㊊ last evening). ～ **morning** きのうの朝〔午前中〕.

yés·ter·éve [-tərí:v], **yés·ter·é·ven** [-tərí:v(ə)n], **yés·ter·éve·ning** [-tərí:vniŋ] *n., ad.* 〖古・雅〗 昨晩, きのうの晩 (yesterday evening).

yés·ter·mórn [jéstərmɔ́:rn], **yés·ter·mórn·ing** [-mɔ́:rniŋ] *n., ad.* 〖古・雅〗 昨朝, きのうの朝 (yesterday morning).

yés·ter·níght [-náit] *n., ad.* 〖古・雅〗 昨夜, きのうの夜 (last night).

yés·ter·nóon [-nú:n] *n., ad.* 〖古・雅〗 昨日正午 (yesterday noon).

yés·ter·wéek [-wí:k] *n., ad.* 〖古・雅〗 先週 (last week).

yés·ter·yéar [-jíər/-jə́:, jíə] *n., ad.* 〖古・雅〗 昨年, 去年 (last year); (遠くない) 過ぎし年月.

yes·tréen [jestrí:n] *n., ad.* 〖スコットランド〗〖雅〗 昨夕, 昨晩 (yesterday evening).

†**yet** → 枠付 yet. (p. 1528)

yét·i [jéti] *n.* 雪男《ヒマラヤにすむという怪獣》.

yew [ju:] *n.* 〖植〗 イチイ(属の樹木)《墓地などに植える常緑樹》; イチイ材《弓・家具などの用材》.

Ygg·dra·sil [ígdrəsil, ㊊⁺ -dræsl] *n.* 〖北欧神話〗 イグドラシル《天・地・地獄を結ぶトネリコの大木》.

Y

Y.H.A. Youth Hostels Association.

Yid [jid] *n.* 〖俗〗 ユダヤ人 (Jew).

Yíd·dish [jídiʃ] *n.* イディッシ語《ドイツ語・ヘブライ語・スラブ語の混合語でヘブライ文字で書く. ロシア・中部ヨーロッパ・イギリス・アメリカなどのユダヤ人の間に用いられる》. —— *a.* イディッシ語の; ユダヤ人の.

‡**yield** [ji:ld] *vt.* **1 生じる, 産する** (produce); 〈利益などを〉もたらす: A tree ～*s* fruit. 木には実がなる. Land ～*s* crops. 土地は作物を実らせる. The cow ～*s* milk twice a day. この雌牛は日に2度乳がしぼれる. a test which ～*s* a yes or no answer イエスまたはノーのいずれかを答えさせる試問. These investments now ～ 7%. これらの投資は7分の利回りだ. **2 譲る**, 明け渡す; 放棄する; 与える: ～ a position to a newcomer 新人に地位を渡す. **3** 〖古〗 支払う; 〈借金などを〉返済する; 報いる.
—— *vi.* **1** 〈土地が〉**作物を生じる**; 〈努力が〉**報酬をもたらす**: The land ～*s* abundantly. その土地では作物が豊かに実る. **2 負ける**, 屈服する; 従う《に *to*》: Don't ～ *to* impulse. 衝動に身を任せるな. **3** 曲がる, たわむ《に *to*》; くずれる: The floor ～*ed* under the heavy box. 重い箱で床がたわんだ. The frost has ～*ed to* the sun. 霜が日光で解けた. **4** 《人などに》一目おく; 《…より》劣る: Their mutton ～*s* to ours but their beef is excellent. 彼らの羊肉はわれわれのより劣るが, 彼らの牛肉は上質だ. ～ to none だれにもひけをとらない. **5** 明け渡す; 譲る ～ ***consent*** 承諾する. ～ ***precedence to*** に 譲る. ～ one***self prisoner*** 投降して捕虜になる ***submission*** 服従する. ～ ***the palm to*** に勝 る. ～ ***the point*** 《討論などで相手に》点を る. ～ ***up the ghost*** 死ぬ. ～ one***self*** (***up***) ***to*** …にふける.
—— *n.* **1** 産出高〔物〕; 収穫, 作物. **2** 報酬; 利回り: the ～ on a bond 債券の利回り.
〔類〕 → **surrender**「屈服する」

yíeld·ing [jí:ldiŋ] *a.* **1** 曲がりやすい, 柔軟な. **2** 左右されやすい, 従順な; 柔軟性のある, 譲歩的な. **3** 生産的な. ◇ ～**·ly** *ad.*

yip [jip] *vi.* (**-pp-**) 〖米話〗 〈小犬などが〉キャンキャン鳴く (yelp). —— *n.* キャンキャン鳴く声.

-yl [-il] *suf.* 〖化〗「根基」の意: vin*yl* ビニール(基) <L. vinum ブドウ酒. eth*yl* エチル <ether.

ý·lang-ý·lang [í:lɑ:ŋ-í:lɑ:ŋ] *n.* 〖植〗 イランイラン《マライ産. 花から香油を採る木》.

Y.M.C.A. Young Men's Christian Association. **Y.M. Cath. A.** Young Men's Catholic Association. **Y.M.H.A.** Young Men's Hebrew Association.

yo [jou] *int.* **1** よお!《激励・警告のかけ声》. **2** = yo-ho.

yó·del [jóudl] *n.* ヨーデル《スイス・チロルの山間住民の間に行なわれる地声から裏声, 裏声から地声に繰り返す歌唱法》. —— *vt., vi.* (**-l-**, ㊊ **-ll-**) ヨーデル調で歌う; ヨーデルを歌う.

yó·ga [jóugə] *n.* ヨガ《インドの神秘哲学》; ヨガの行(ぎょう)《瞑想(めいそう)的修行法》. [<Sans.]

yó·g(h)urt, yó·ghourt [jóugərt, -guərt/jɔ́g-, jóug-] *n.* ヨーグルト.

yó·gi [jóugi] *n.* ヨガ信者〔修行者〕.
◇ **yó·gic** [-k] *a.* **yó·gism** *n.* ヨガの教理〔哲理〕.

yó-héave-hó [jóuhí:vhóu] *int.* よいこら, えんやら《水夫がいかりを巻くときなどの掛け声》.

yo-hó [yohóu] *int., vi.* ヤッホー, おーい(と叫ぶ).

yoick [jɔik] *vi.* 「ほいっ!」と叫ぶ. —— *vt.* 〈猟犬を〉「ほいっ!」とけしかける.

yoicks [jɔiks, ㊊⁺ haik] *int., n.* ほいっ!《猟犬をけしかける叫び声》.

‡**yoke** [jouk] *n.* **1** くびき《2頭の牛などの首をつなぐ木の輪》; 《単複同形》(くびきにつないだ)一組み(の牛): a ～ [two ～] of oxen 1 [2] 対の牛. **2** 《比喩的》束縛, 支配, くびき: throw off the ～ of duty 義務の束縛を投げ捨てる. **3** 結びつき, つながり, きずな:

the ～ of love 愛のきずな. **4** くびき状のもの; てんびん棒の一種; つり鐘をつる横木; 〖海〗横舵柄(よこかじづか); 〖機〗わく, 繋鉄; 〖建〗繋梁(けいりょう). **5** 《シーツ・上着・ブラウス・スカートなどの》ヨーク, 切り替え(布). **6** 〖古〗一組み〔2頭〕の牛が1日に耕すことのできる土地. **7** 〖史〗《古代ローマ》服従のしるしに捕虜をくぐらせたくびきまたは3本やりのアーチ. ***pass* 〔*come*〕 *under the* ～** 屈従する. ***send under the* ～** 屈従させる.
— *vt.* **1** にくびきをかける; くびきでつなぐ; ‹引き馬を›《車・すきに》つなぐ《に *to*》: ～ a horse *to* a cart 馬を車につける. **2** 《be ～d の形で》結び合わされる《特に結婚によって》: *be* ～*d* in marriage.
— *vi.* 結合する; 協調する《*together*; と *with*》.
～ bone 〖医〗ほお骨, 顴骨(けんこつ). **～·fèl·low** 《仕事などの》仲間, 共働〔協同〕者; 配偶者. **～·lines** [´ ´] 〖海〗操舵(そうだ)づな. **～·mate** [-mèit] = yokefellow. **～-ropes** [´ ´] = yokelines.

yó·kel [jóuk(ə)l] *n.* 《けいべつ的》いなか者.

yolk [jouk] *n.* 卵黄; 羊毛脂. **～ bag** 〔**sac**〕 卵黄嚢(のう). **◇ ～·y** *a.* 卵黄(質)の; 《羊毛が》油じみた.

yon [jɑn/jɔn], **yond** [jɑnd/jɔnd] *a., ad.* 〖古・雅・方〗= yonder. — *pron.* 〖古・方〗あちら〔あそこ〕の物〔人〕.

‡yón·der [jɑ́ndər/jɔ́n-] *a., ad.* **あそこの**〔に〕; 向こうの〔に〕: She lives in the house ～. 彼女はあそこの家に住んでいる. Look ～! 向こうを見よ. 〈注〉名詞の前に置く際には, その前に冠詞を用いない: He lives in *yonder* village. 彼は向こうの村に住んでいる.

yes

yes は, 日本語からみれば, 相手の発言が肯定的なら「はい, そうです」に, 相手の発言が否定的なら「いいえ」に相当し, no はこの逆になる. しかし英語自体として yes と no を使い分けるいちばん簡単な方法は, 相手の発言中に not などの否定詞があってもこれを無視して決めることである. すなわち Do*n't* you like it? と聞かれても, Do you like it? と聞かれたと思えばよい.

yes [jes] *ad.* **1** 《呼びかけ・質問・命令・陳述に応答して》はい, ええ, そうだ〔です〕, 全くだ〔です〕《相手が肯定文で発言したとき》; いいえ, いや, 違う《相手が否定文で発言したとき》: Waiter! — *Yes,* sir. ボーイさん. —はい. Are you ready? — *Yes* (, I am). 用意はできたか. —ええ(できました). He is a good boy. — *Yes,* he is. あの子はいい子だ. —全くだ. He is impatient. — *Yes,* but he is kind. 彼は気短だ. —そうだ, しかし親切だ《yes の次に he is が省略されている》. Be quiet while you eat. — *Yes,* mam. 食べてる間は静かにしなさい. —はい, おかあさん. You do*n't* like it? —*Yes* (, I do). [Oh, ～.] おきらいですか. —いいえ(好きです)〔とんでもない〕. Do*n't* say that! — *Yes,* I will. そんなこと言わないで. —言うとも. I did*n't* say such a thing. —*Yes,* you did. —No. —*Yes.* —No. 私はそんなことは言わなかった. —いや, 言ったよ. —言わない. —言った. —言わない. 〈注〉yes と no の使い分けについては → 下記〈付記₁〉.

2 《ひとり言で oh を伴い》ああ, そうだ《なにかを思い出したとき》: *Oh,* ～*!* I left it on the desk. あっそうだ. 机の上に置いたっけ. 〈注〉That's right! とも言う.

3 《肯定的陳述に続いて強調的に》いや(その上), しかも; 確かに, 全く《原意》: He will insult you, ～, and cheat you as well. 彼はきみを侮辱する, (確かにそのとおり, そして→) いやそれどころか, 欺きかねないだろう. He would beat me, ～, (or) even you. 彼はぼくを, いやきみも負かすだろう. 〈注〉前記①を自分の発言に応用して, 自ら「全くそのとおり」とうなずいているわけである. 前の陳述が否定詞を含めば, 〈付記₁〉の原則に従って, no となる: You could*n't* possibly tame that horse, *no,* and you should stay away from it. あの馬はとても慣らせられるものじゃない, 全く, だから近づかない方がいい.

4 《Yes?: 上昇調に発音して「相づち」として》なんですか?; そう?; へー?; それで?: Well, Mr. Yamada …? —*Yes?* ところで, 山田さん…. —なんでしょうか. I was just thinking I'd better go and see her. —*Yes?* 彼女に会ってきた方がいいと考えていたところだ. —それで? It was quite a surprise. Who do you think I met there? —*Yes?* 全く驚いたよ, そこでだれに会ったと思う. —だれなんですか. 〈注〉この種の yes は, しばしば電話で相手が話を続けているときにその切れ目ごとに Yes?—Yes?—「はい—はい」と入れて, こちらが聞いていることを示すのに用いられ, 'telephone-yes' と呼ばれる.

— *n.* (*pl.* **yés·es** [jésiz]) yes ということば, 肯定, 承諾: say ～ はいと言う. Answer with a plain ～ or no. ただイエスかノーかだけで答えよ.

〈付記₁〉 **yes と no 対「はい」と「いいえ」** 日本語の「はい」「いいえ」は(否定語も含めて)相手の発言形式全体に対してそれぞれ肯定・否定をするが, 英語では, 相手の用いた表現の中に, もし(特に動詞に関係して)否定詞があればこれを無視した上で, yes で肯定し, no で否定する: He doesn't *like* it. —*Yes* (, he does = he *likes* it).; *No* (, he doesn't = he doesn't *like* it). 彼はそれが好きではない. —いや(好きだ); そうだ(好きではない). すなわち, 英語では相手が He does*n't* like it. と言っても He likes it. と言ったと同様に yes, no を選べばよいことになる. 〈注〉doesn't like の代わりに dislike とすると次のようになる: He *dislikes* it. —*Yes* (, he does = he *dislikes* it).; *No*(, he doesn't = he doesn't *dislike* it). 彼はそれがきらいだ. —そうだ(きらいだ); いや(きらいではない). すなわち doesn't like と dislike は意味内容はきわめて近いが, 今度は問題の動詞が like でなく dislike であるから, やはり上の原則でその動詞を肯定したり否定したりする《dislike の接頭辞 dis- は否定的だが, これは動詞に吸収されていて独立した否定詞でないから「無視」されない》. 結果として yes と no の意味内容がほとんど正反対になるのは当然である.

なお, 表情を伴うとき, 首を横に振るしぐさは no という返答に結びついているもので, 同意か不同意かに関係はない. 次のようなときにも首を横に振る: You did*n't* come? —*No.* きみは来なかったんだね. —うん.

〈付記₂〉 **yes＋否定, no＋肯定** Are you feeling well? —*Yes,* I *never* felt better.; *No,* I*'m* feeling awfully bad. (気分はいいですか. —ええ, いままでにないほど上々です; いいえ, ひどく悪い気分です.) この例でも〈付記₁〉の原則は守られている. すなわち「相手の用いた動詞」be feeling を用いて, それぞれ *Yes* (, I am).; *No* (, I am not). という( )内が略されたわけである. Are you a student? —*No,* (I'm not. I am) a policeman. のような( )内の省略があるが, その特殊なものにすぎない.

〈付記₃〉 **That's right.** 日本語の「そうです」にやや近く, 否定のあるなしにかかわらず, 相手の陳述や推量に同意する「相づち」的な表現として用いられる: So, you did it [didn't do it] yourself? —*That's right.* じゃあ自分でやった〔やったのじゃない〕ってわけか. —そうだ. Isn't there a stream near here? — *That's right.* たしか, この近くに川があったんじゃないか. —ああ, あるよ.

Y

yóo-hoo [júːhùː] *int.* ほら《相手の注意をひく呼びかけ》. —— *vi.* 「ほら」と呼びかける.

yore [jɔːr/jɔː] *n., ad.* 《廃》昔, 往時《次の句だけに用いる》 **of ～** 昔の, 昔(は), 以前に: in days *of* ～ 昔は.

york [jɔːrk] *vt.* 〖クリケット〗〈打者を〉アウトにする《yorker で》. ◇ **～·er** *n.* 〖クリケット〗バットの真下に落ちるように投げたボール.

York [jɔːrk] *n.* **1** イギリス Yorkshire 州の州都. **2** = Yorkshire. ***the House of ～*** イギリスのヨーク王家《1461–85. バラ戦争中白バラを紋章とした》.

Yórk·ist [jɔ́ːrkist] *n.* 〖英史〗York 王家派の人《特にバラ戦争当時の》. → Lancastrian. —— *a.* York 王家(派)の.

Yórk·shire [jɔ́ːrkʃ(i)ər/-ʃə] *n.* England の東北部にある州. ***come*** [***put***] ***～ on*** a person 〖英〗だます; 出し抜く.
～ grit 大理石をみがくのに用いる石. **～ pudding** ローストビーフの下に敷いてあぶりその肉と合わせて食べるプディングの一種. **～ terrier** ヨークシャーテリヤ《むく毛の小さい愛がん用の犬》.

Yórk·town [jɔ́ːrktàun] *n.* ヨークタウン《Virginia 州の大西洋岸にあり1781年10月19日イギリスの将軍 Cornwallis が Washington に投降した地》.

Yo·sém·i·te [josémịti] *n.* 《アメリカの California 州の》ヨセミテ渓谷(けいこく). **～ National Park** アメリカ California 州東部にある国立自然公園.

†**you** [juː, 弱 ju, je] *pron.* **1** 《人称代名詞二人称主格・目的格》あなた(がた)は〔が〕; あなた(がた)に〔を〕; きみ(たち)は〔が〕; きみ(たち)に〔を〕: *You* are a pupil. あなたは生徒です. *You* are pupils. あなたがたは生徒です. I'll show ～ the way. あなた(がた)に道を教えてあげます. **2** 《一般の人をさす》: *You* never can tell. だれにもわからない. **3** 《呼びかけるときまたは感嘆文の中で》もし, おい: *You*, there, what's your name? もしもしそこのかたお名前を. You liar, ～! このうそつきめ. **4** 〖話〗《動名詞の前で your の代わりに》: He is worrying about ～ working too hard. 彼はあなたが働きすぎるのを心配している. →枠付 Gerund 4) b). **5** 〖古〗あなた自身 (=yourself): Get ～ gone. 立ち去れ.
〈注〉他の人称と並べるときは原則として you を前に出す: *you* (, he) and I / for *you* and them.
Are ～ there? 《電話で》もしもし. ***～ all*** (1) あなたがた全部. (2) = ～-all. ***～-all*** [juːɔ́ːl, ⌐⌐, jɔːl], ***y'all*** [jɔːl] 〖米方〗 = ～ people. ***～ folks*** = ～ people. ***～ people*** あなたがた《単数の you と区別するため. 他の例: *you* boys きみたち少年》. ***You're another.*** 〖俗〗《悪口の言い返し》おまえこそ(そう)だ. ***～ see*** 実はね…, ほらそうだろう: *You see,* I happen to be his father. 実は私は彼の父でしてね. It's locked, ～ *see.* かぎがかかってるんですよ.

you'd [-d] you had; you would の短縮形.

you'll [-l] you will; you shall の短縮形.

†**young** [jʌŋ] *a.* (**yóung·er** [jʌ́ŋgər]; **yóung·est** [jʌ́ŋgist]) **1** 若い, 幼い, 年少の: ～ people 若い人たち《特に結婚適齢期の》. a ～ child 小児. *Y*～ John was excited. ジョンは, 若者のこととて, 興奮

yet

用法は「まだ」《否定に伴う》または「既に」《肯定に伴う》の意の副詞と,「それでも」の意の等位接続詞に二大別される. 前者の yet と already の関係は, any と some の関係に似ており, 否定文または疑問文で yet があらわれるところに肯定文では already があらわれる. しかし yet が肯定にも「まだ」(=still) の意で用いられる部面もあり, その他, 接続詞のばあいも含めて全般的にかなり広範囲に still で置き換えうることは注目に価する.

yet [jet] *ad.* **1** 《否定文の中で》まだ, いまのところ; 《未来的表現の中で》まだこれから (…するところ): He has *not* arrived ～. 彼はまだ到着していない《比較: He has arrived *already.* もう到着した》. The work is *not* ～ finished. 仕事はまだ済んでいない《このように yet が前に出て not と直結することがある》. It was*n't* dark ～. まだ暗くなかった. No, *not* ～. いいえ, まだです《②の用法: Have you done it ～? などに対する答えとして》. The point *is* ～ *to come.* 話の中心はまだこれからだ; これからが聞きどころなのだ. The time *is* ～ *to come.* 時期はまだ到来していない. Much ～ *remains to be* done. = There *is* ～ much *to do.* まだすることがたくさんある.

2 《疑問文の中で》既に, もう: Has he come home ～? 彼はもう帰りましたか《比較: Has he come *already*? もう着いたんですか. ——驚きの口調》. Do you have to go ～? もう行かなければなりませんか.

3 《現在的肯定表現で》まだ, いまだに (still): They are talking ～. 彼らはまだしゃべっている. His father is ～ alive. 彼のおとうさんはまだ健在だ.

4 《比較級や another とともに》その上に, 更に (still): a ～ more difficult task 更にもっとむずかしい仕事. He beat it ～ harder. 彼は更にいっそう激しくそれを打った. I have a ～ more important thing to do. 私には更にたいせつな仕事がある.

5 そのうちに, いつかは: The thief will be caught ～. どろぼうはそのうちにつかまるだろう.

6 《nor を強めて》その上《…も—ない》; ましてや《…は—ない》: He wouldn't listen to me *nor* ～ to my father. 彼は私はおろか父の言うことも聞こうとはしなかった. I don't like literature *nor* ～ philosophy. わしは文学は好かん, まして哲学はまっぴらだ.

7 《最上級とともに》いままでに (ever): It is the largest diamond ～ found. それはいままでに発見された最大のダイヤモンドです.

and ～ それにもかかわらず, しかも(なお), それでいて: It is strange *and* ～ true. 不思議なことだが真実だ. ***another and ～ another*** 一つまた一つと, 続々. ***as ～*** いままでのところでは: *As* ～ she has not been told about it. いま(まで)のところ彼女はそれについて知らされていない. The plan has worked well *as* ～. これまでのところ計画はうまくいった. ***but ～*** =and ～. ***just ～*** ちょうどいま; 《否定語とともに》いますぐには (…しない). ***may ～*** いつ…しないとも限らない: The enemy *may* ～ win if we relax our efforts. ゆだんすると, いつ敵が勝たないとも限らない. ***more and ～ more*** まだまだ, もっともっと. ***nor ～*** → ⑥. ***～ again*** もう一度.

—— *conj.* それにもかかわらず, しかも (なお), とはいえ: The story is strange, ～ (it is) true. 奇妙に聞こえるがほんとうなんだ. The work is good, ～ it could be better. 仕事はよくできたがまだよくなる余地がある. His speech was almost unintelligible, ～ for some reason I enjoyed it. 彼の話はほとんど理解できなかったが, なぜか私にはおもしろかった.

〈注〉though または although に導かれた副詞節に続いて更にこれを補足して yet が用いられることがある: *Though* 〔*Although*〕 we are prepared for the worst, *yet* we shall do all in our power to prevent it. われわれは最悪の事態を覚悟しているとはいえ, しかもなおこれを防ぐためあらゆる策を講ずる所存である.

した《無冠詞のばあいは概して感情的表現. ② と比較》. ↔ old. **2** 年下の: (the) ～ Thomas (父でない) 子どもの方のトマス. 〈注〉普通は the がつく. なお「若い時代のトマス」の意になることもある. **3** 新しい, できてまもない; 新興の: This part of the road is ～*er* than the part farther west. この部分の道路はここより西の部分より新しい. a ～ college 創立まもない大学. a ～ nation 新興国. **4** 始まってまもない, 初期の: when the war was ～ 戦いが始まってまもないころ. The day was still ～. まだ朝のうちだった. **5** 若々しい, 元気な: Stay ～ as you grow old. 年をとっても若々しくあってください. her ～ voice 彼女の若々しい声. be ～ for one's age 年の割りに若い. **6** 未経験な: He is too ～ in experience for the job. 彼はその仕事には未熟すぎる. **7**《果実などが》うれていない;《酒などが》熟さない; 柔らかい (tender): ～ cheese 熟さないチーズ. ～ pork 柔らかい豚肉. **8** 小規模な: His collection makes a ～ museum. 彼の収集は小さな博物館ともいえる. ***a ～ man in a hurry*** 急進的改革者. ***a ～ person*** 若いご婦人《召使が身分の低い未知の婦人を取り次ぐときのことば》. ***her ～ man*** 彼女の愛人. ***his ～ woman*** 彼の愛人. ***the ～ person*** 保護を要する純真な若い人々. ***～er brother*** [***sister***] 弟〔妹〕. ***～er son*** 下のむすこ; 貴族の出で貧しい男《長男相続権のため》.

—— *n.* 《集合的》若い人たち;《動物の》子: the ～ of the eel ウナギの稚魚. ***with ～***《動物が》子をはらんで. ***～ and old*** 老若(ろうにゃく)男女; 老いも若きも: Death comes to ～ *and old*. 死は老若を問わずやってくる. a sport for ～ *and old* 年齢を問わず楽しめるスポーツ.

～·ber·ry [jʌ́ŋbèri/-b(ə)ri]〔植〕クロイチゴ (blackberry) とキイチゴ (dewberry) との交配品種《アメリカ南西部産》. **～ blood**《集合的》若い人たち; 若い血潮, 青年の思想・行動. **Y～ England, the** イギリス青年党《青年の立場を代表する政党. 19 世紀の中ごろ出現してじきに消滅》. **～ family** 幼い子どもたち (だけの家族). **～ hopeful** 前途ある子ども. **～ lady** (1) 年ごろの未婚婦人,「お嬢さん」. (2) 女友だち; 恋人; いいなずけ, 婚約者. **～ man** (1) 若い男性. (2) 男友だち; 恋人; 婚約者. **Y～ Men's Christian Association, the** キリスト教青年会《略 Y.M.C.A.》. **～ thing**《特に》若い女性; 若い動物. **～ things**〔笑〕若い人たち. **Y～ Turks, the** トルコ青年党《1908年革命を達成した》. **Y～ Women's Christian Association, the** キリスト教女子青年会《略 Y.W.C.A.》.

◇ **～·ish** [jʌ́ŋiʃ] *a.* やや若い; まだ若い.

〔類義語〕若い: **young** 最も一般的な語. 人・動物にのみ用いるとは限らない: The month is still *young*. まだ月の上旬である. **youthful** 青年のよい面を強調する. 若々しい: a *youthful* face 若々しい顔. *youthful* sports 若者のスポーツ. **juvenile** 青少年の幼稚さもしくは悪い面・衝動的なこと・無思慮・無責任などを示唆し, 心理・教育・法律などの専門領域を連想させるところがある: *juvenile* books 少年少女向きの本. *juvenile* delinquency 少年非行. 「ち.

yóung·ers [jʌ́ŋgərz] *n. pl.* 年下の者たち; 若者た

yóung·ling [jʌ́ŋliŋ] *n.* 〔雅〕幼いもの《幼児・動物の子・若木など》; 初心者. —— *a.* 若い.

⁑yóung·ster [jʌ́ŋstər] *n.* **1** 若者, 青〔少〕年, 子ども. ↔ oldster. **2** 若い動物. **3**〔米〕海軍兵学校2年生;〔英〕勤務歴4年以下の海軍少尉候補生.

Yóungs·town [jʌ́ŋztàun] *n.* アメリカ Ohio 州の都市.

yóun·ker [jʌ́ŋkər] *n.* **1**〔古・話〕= youngster. **2**《ドイツ貴族の》貴公子 (*junker*).

†your [juər, 弱 jər/jɔː, juə, 弱 jə] *pron.* 《you の所有格》 **1** あなた (がた) の; きみ (たち) の: Do ～ best. 最善を尽くせ. **2**〔古・話〕よく言われている, いわゆる, 例の: No one is so fallible as ～ expert. いわゆる達人ほど誤りを犯すものはない. 〈注〉一般に皮肉・けいべつの意味を含めていう. **3**《敬称の前につける》: *Y*～ Highness《相手に向かって》殿下. *Y*～ Majesty 陛下. **4**《動名詞の「意味上の主語」をあらわし》あなた (がた) が: I insist on ～ joining us. ぜひ仲間にはいってください. → 枠付 Gerund 4).

you're [juːər, juər, 弱 jər/juə, jɔə] you are の短縮形.

†yours [juərz/jɔːz, juəz] *pron.* 《you の所有代名詞》 **1** あなたのもの: some friends of ～ あなたの友だち. Are those ～ or theirs? あれらはあなたがたのものか, それとも彼らのものか. It's ～ to tell him. 彼に話すのがきみの役目だ. This money is ～. この金をあなたにあげる. What's ～? あなたのお飲み物は? *Y*～ is a novel idea. きみのは斬新(ざんしん)なアイディアだ. **2** あなたの家族〔財産, 手紙, 役目など〕: you and ～ あなたとあなたのご家族〔財産〕. *Y*～ is to hand. お手紙確かにいただきました. ～ of the 5th inst. 今月5日付けのお手紙. It is ～ to carry it out. それを実行するのがきみの勤めだ. → mine.

Y～ truly, = Truly ～, = Ever ～, 《手紙の本文の終わりに》敬具.

～ truly (1) 敬具. (2)〔話・笑〕私, 小生.

†your·sélf [juərsélf, jər-/jɔːsélf, juə-, jə-] *pron.* (*pl.* **-sélves** [-sélvz]) **1**《再帰的に》あなた自身を〔に〕: Know ～. 自分自身を知れ. **2**《強意的》あなた自身 (で): You ～ said so. = You said so ～. きみは自分でそう言った.

(all) by ～ ひとりだけで; 独力で. ***Be ～!***〔話〕落ち着け, しっかりしろ. ***for ～*** (1) あなた自身のために. (2) 自分自身で; 独力で. ***Help ～.*** 自由にお取りください.

†your·sélves [-sélvz] *pron.* yourself の複数形.

⁑youth [juːθ] *n.* (*pl.* **～s** [juːðz, ㊖⁺ -θs]; 所有格 **～'s** [-θs]) **1** 若さ, 元気; 血気; 無分別: be full of ～ 若さにあふれている. the secret of keeping one's ～ 若さを保つ秘訣(ひけつ). **2** 青年時代, 青春期; 初期の時代: in the days of one's ～ 青年のころ. from ～ onwards 若いころからずっと. in the ～ of civilization 文明の初期において. **3**《可算名詞として》青年: two handsome ～*s* ふたりのハンサムな若者たち. **4**《集合的》青年男女: the ～ of the country その国のわこうどたち. ***in one's hot ～*** 血気盛んな時代に. ***the ～ of the world*** 古代; 太古.

～ hostel ユースホステル《その会員の旅行者団体が利用できる簡易宿泊所》. **～ hosteler** ユースホステル会員.

yóuth·en [júːθ(ə)n] *vt.* 若々しくする, 若返らせる.

⁑yóuth·ful [júːθf(u)l] *a.* **1** 若い, 若々しい: a ～ appearance 若々しい容貌(ようぼう). **2** 青年の; 若者に特有の: ～ ambitions 青年らしい大望. **3** 初期の.

◇ **～·ly** [-fuli] *ad.* **～·ness** *n.*

〔類〕→ young「若い」

you've [juːv, 弱 juv, jəv] you have の短縮形.

yow [jau] *int.* あ痛っ, うーん《痛み・苦痛をあらわす》.

yowl [jaul] *n. vi.* 遠ぼえ (する), うなり声 (をあげる).

yó-yo [jóujòu] *n.* (*pl.* **～(e)s**) ヨーヨー《糸巻き状のこまをひもで回転しながら上下するおもちゃ》; (Yo-Yo) その商標名.

ý·per·ite [íːpəràit] *n.* イペリット《毒ガスの一種》.

Y.P.S.C.E. Young People's Society of Christian Endeavor キリスト教少年共励会. **yr.** year(s); younger; your. **yrs.** years; yours. **Yt**〔化〕yttrium.

yt·tér·bia [itə́ːrbiə] *n.* 〔化〕酸化イッテルビウム.

◇ **yt·tér·bic** [-bik] *a.*

yt·tér·bi·um [-biəm] *n.* 〔化〕イッテルビウム《希金属元素. 記号Yb》.

ýt·tri·a [ítriə] *n.* 〔化〕酸化イットリウム.

ýt·tri·um [ítriəm] *n.* 〔化〕イットリウム《希金属元

素. 記号 Y, Yt》. ◇ **ýt·tric** [ítrik], **ýt·tri·ous** [ítriəs] *a.* ytterbium の〔を含む〕.
yu·án [juːáːn] *n.* (*pl.* ～) 元《中国の貨幣単位》.
Yu·án [juːáːn] *n.*《中国の》元, 元朝《1279–1368》.
Yù·ca·tán [jùːkətǽn/-táːn] *n.* ユカタン半島《メキシコの南東部. メキシコ湾とカリブ海との境をなす》.
yúc·ca [jʌ́kə] *n.*〖植〗ユッカ属の植物《イトランなど》.
Yú·go·sláv, Yú·go-Sláv [júːgosláːv, -slǽv] *a.* ユーゴスラビア(人)の. —— *n.* ユーゴスラビア人. ◇ **Yù·go·sláv·ic** *a.* ユーゴスラビア(人)の.
Yú·go·slá·vi·a, Yú·go-Slá·vi·a [júːgosláːviə, -vjə] *n.* ユーゴスラビア《ヨーロッパ中部の社会主義共和国連邦. 首都 Belgrade》. 〈注〉Jugoslavia ともつづる. ◇ **～n** *a.*, *n.* = Yugoslav.
Yú·kon [júːkɑn/-kɔn] *n.* **1** ユーコン地方 (= ～ Territory)《カナダ北西部の准州. 州都 Whitehorse》. **2** (the ～) ユーコン川《ユーコン・アラスカを貫流して Bering 海に注ぐ》.
yule [juːl] *n.* キリスト降誕祭, クリスマス季節. **～ block** 〔**clog, log**〕 クリスマス前夜祭に燃やす大まき. **～·tide** [⏑⏑] クリスマス季節(の).
yúm·my [jʌ́mi] *a.* 〖米〗気持ちのよい, 楽しい; おいしい; すばらしい, ぜいたくな.
Y.W.C.A., Y.W. Young Women's Christian Association. **Y.W.C.T.U.** Young Women's Christian Temperance Union. **Y.W.H.A.** Young Women's Hebrew Association.
y·wís [iwís] *ad.* 〖古〗 = iwis.

Z

Z, z [ziː/zed] *n.* (*pl.* **Z's, Zs, z's, zs** [-z]) **1** 英語アルファベットの第26字. **2** Z 字形(の物). **3**〖数〗第三の未知数. **4** (Z) 中世ローマ数字の 2,000. ***from A to Z*** 初めから終わりまで.
—— *a.* **1** Z 字型の. **2** 第26番めの.
Z 〖化〗atomic number; 〖天〗zenith; zenith distance. **Z., z.** zero; zone.
Zád·ki·el [zǽdkiəl] *n.* ザドキエル暦《民間に伝わる占星術の暦》.
záf·fer, záf·fre [zǽfər] *n.* 花紺青, 呉須(ごす)《不純な酸化コバルト. エナメル・磁器などの青色顔料》.
zag [zæg] *n.* ジグザグの一画. —— *vi.* (**-gg-**) ジグザグの一画を進む.
Zál·o·phus [zǽləfəs] *n.* 〖動〗アシカ属.
Zám·bi·a [zǽmbiə] *n.* ザンビア《アフリカ南部の共和国. 首都 Lusaka》.
Zám·bo [zǽmbou] *n.* (*pl.* **～s**) = sambo ①.
Zá·men·hof [záːmənhouf] *n.* Lazarus Ludwig [lǽzərəs-lʌ́dwig-] ～, 1859–1917, Esperanto 語を創案した Poland の眼科医.
zá·mi·a [zéimiə] *n.* 〖植〗ソテツの類《熱帯・亜熱帯アメリカ産》.
za·mìn·dár [zəmìːndáːr / zǽmindɑː, zəmín-] *n.* **1**《イギリス政府に地租を納めていた》インドの地主. **2**〖史〗モガル (Mogul) 国の収税吏. [<Hind.]
zá·ny [zéini] *n.* **1** おどけ者; ばか. **2**〖古〗道化役者《特に主役のまねをして笑わせる道化役》.
—— *a.* おどけた, ひょうきんな; 頭のおかしい.
Zàn·zi·bár [zæ̀nzibáːr] *n.* ザンジバル《アフリカ東海岸沖の島. 1963 年共和国として独立, 1964 年 Tanganyika と合併 Tanzania となった》.
zap·tí·ah [zʌptíːɑː], **zap·tí·eh** [zʌptíːe/zæptie(i)] *n.* トルコの警官.
Zàr·a·thús·tra [zæ̀rəθúːstrə] = Zoroaster.
za·ré·ba, za·rée·ba, za·rí·ba [zəríːbə] *n.* イバラなどの防柵(ぼうさく)《アフリカ Sudan 地方の村や宿営地で用いる》.
zarf [zɑːrf] *n.* 金属製のコップささえ《柄の代わり》.
Záv·i·er = Xavier.
zax [zæks] *n.* スレート切断用具.
z.B. *zum Beispiel* [G. tsumbáiʃpiːl] (G. = for example).

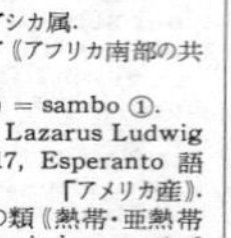
zarf

‡**zeal** [ziːl] *n.* 熱意, 熱心; 熱誠; 熱情《*for*》: show ～ *for* … に熱意を示す. ***with*** **～** 熱意をこめて. 〖類〗→ **passion**「情熱」
Zéa·land [zíːlənd] *n.* デンマーク最大の島.
zéal·ot [zélət] *n.* **1** 熱狂者, 熱中者《*for*》. **2** (Z～) ユダヤ教の狂信者《西暦60–70年間にローマに反抗した》. ◇ **～·ry** *n.* 熱狂(的行為); 狂信.
‡**zéal·ous** [zéləs] *a.* 熱心な, 熱狂的な, 熱誠あふれる《に *for*; することに *to* (do), *in* (do*ing*)》: be ～ *to* satisfy a person 人を満足させることに熱心である. → 名詞 zeal. ◇ **～·ly** *ad.* **～·ness** *n.*
zé·bec(k) = xebec.
Zéb·e·dee [zébidiː] *n.* 〖聖〗ゼベダイ《使徒ヤコブ (James) とヨハネ (John) の父. マタイ伝 4: 21》.
zé·bra [zíːbrə] *n.* 〖動〗シマウマ, ゼブラ. —— *a.* ゼブラ〔しま〕模様の.
～ crossing 《白線の塗ってある》歩行者優先横断歩道. **～·wood** [-wùd] 〖植〗ゼブラノキ《南アメリカ・Guiana 産黒白のしまのある硬質材. 家具用》.
zé·brass [zíːbræs] *n.* 〖動〗雄のシマウマ (zebra) と雌のロバ (ass) との交配種.
zé·brine [zíːbrain], **zé·broid** [-brɔid] *a.* シマウマの〔に似た〕.
zé·bu [zíːbjuː] *n.* 〖動〗犎牛(ほうぎゅう), コブウシ《肩に隆肉, のどにたれ肉のあるアジア南部産の牛》.
zec·chí·no [zekíːnou], **zéch·in** [zékin] = sequin.
Zech. Zechariah.
Zèch·a·rí·ah [zèkəráiə] *n.* 〖聖〗ゼカリヤ《ヘブライの預言者》; 《旧約聖書の》ゼカリヤ書.
zed [zed] *n.* 〖英〗Z〔z〕字の名. → zee. ***(as) crooked as the letter*** **～** ひどく曲がった.
Zèd·e·kí·ah [zèdikáiə] *n.* 〖聖〗ゼデキヤ《バビロンにより滅ぼされたユダヤ最後の王》.
zéd·o·ar·y [zédoèri/-əri] *n.* 〖植〗ガジュツ, シロウコン《東インド・セイロン産の curcuma 属. 根は薬用・香料・黄色染料となる》.
zee [ziː] *n.* 〖米〗Z〔z〕字の名. → zed.
zé·in [zíːin] *n.* トウモロコシから抽出したたんぱく質《繊物・プラスチックなどの原料》.
Zeit·geist [tsáitgàist, záit-/⏑⏑] G. *n.* 時代精神〔思潮〕.
Ze·lá·ni·an [ziléiniən] *a.* 〖動〗ニュージーランドの.
ze·ló·so [zelóusou, zi-] *a.*, *ad.* 〖楽〗熱意をこめた〔こめて〕. [<It.]
ze·mìn·dár [zəmìːndáːr/zémindɑː] = zamindar. [<Hind.]
zem·stvo [zémstvou] Russ. *n.* (*pl.* **～s**)《帝政ロシア時代の》地方自治会, 州会.
Zen [zen] *n.* 禅.
ze·ná·na [zenáːnə] *n.* 《インド上流家庭の》婦人室. [<Hind.] **～ mission** インド婦人(室)伝道会.
Zend [zend] *n.* **1** Zend-Avesta の注釈(書). **2** 古代ペルシア語. **～-A·vés·ta** [-əvéstə] ゼンドアベスタ《古代ペルシア Zoroaster 教の経典》. ◇ **～·ic** *a.*
zé·nith [zíːniθ/zéniθ] *n.* **1**〖天〗天頂. ↔ nadir. **2** 頂点, 絶頂, 全盛期. ***at the*** **～** ***of*** の絶頂において. ***be at*** **one's ～** 全盛を窮めている; 得意の絶頂にある. **～ distance** 天頂距離. **～ telescope** 天頂儀. ◇ **～·al** *a.* **1** ～の. **2**《地図》中心からの実際方位を示すように描かれた.

Zé·no [zí:nou] *n.* ゼノ, 340?–265? B.C., ギリシアの哲学者, ストア学派 (Stoicism) の祖.

zé·o·lite [zí:əlàit] *n.* 〘鉱〙 沸石, ゼオライト.

Zeph. Zephaniah.

Zèph·a·ní·ah [zèfənáiə] *n.* 〘聖〙 ゼパニヤ《ヘブライの預言者》; 《旧約聖書の》 ゼパニヤ書.

zéph·yr [zéfər] *n.* **1** (Z～) 《擬人的》 西風. **2** 〘雅〙 軟風, そよ風. **3** 〘英〙《スポーツ選手の着る》 薄地運動服; 《婦人・子ども夏服用》 綿・毛の薄い平織り (= ～ cloth); 柔らかい極細毛糸 (= ～ yarn).

Zéph·y·rus [zéfərəs] *n.* 西風(の神). [<L.]

Zép·pe·lin [zép(ə)lin] *n.* (または z～) ツェッペリン飛行船《ドイツの将軍 Ferdinand von ～ 伯, 1838–1917, が完成した》.

ze·rí·ba = zareba.

*****zé·ro** [zí(:)rou/zíərou] *n.* (*pl.* ～(**e**)**s**) **1** 〘数〙 **ゼロ**, 零: six-～-seven 607番《電話など. ただし 0 を [ou] と発音することが多い》. **2** 零点: I put a ～ on his paper. 彼の答案に零点をつけた. get a ～ for one's English 英語で零点をとる. **3** 零度《温度計の》; (基準となる) 零位: It is five degrees below ～. 零下 5°だ. The thermometer fell to ～. 気温は零度になった. The thermometer is at ～. 温度計は零度だ. **4** 無, 空白; 無価値な人間〔物〕. ***absolute*** ～ 絶対零度《セ氏で零下273. 155°》.
—— *a.* **1** 零の; 欠如している. **2** 《視界が》 水平165 フィート以下の〔垂直 50 フィート以下の〕.
—— *vt.* <計量器・メートルなどの目盛りを> ゼロに合わす. ～ ***in*** <小銃などの照尺を> 無風のときの照準に合わす. ～ ***in on*** …にねらいを定める; に努力を集中する.
～ **hour** 〘軍〙 予定行動開始時刻; 危機; 能率の最も低下する時刻. ～**-**～ 《視界が》 不良の.

***zest** [zest] *n.* **1** 風味; 香味. **2** 風味を添えるもの; レモンの皮. **3** **趣**, 風趣; 妙味: add 〔give〕 a ～ to …に趣を添える. **4** 異常な興味; 熱心さ; 熱情: with ～ 熱心に; (食べ物を) うまそうに.
—— *vt.* に風趣〔風味〕を添える.

zést·ful [-f(u)l] *a.* **1** 風味ある; 妙味ある. **2** 熱心な. ◇ **～·ly** *ad.* **～·ness** *n.*

zé·ta [zéitə, zí:-/zí:tə] *n.* ギリシア語アルファベットの第6字《Z, ζ. ローマ字の z に当たる》.

zéug·ma [zú:gmə/zjú:g-] *n.* 〘文〙 くびき語法《動詞が二つ以上の名詞を目的語とし, あるいは形容詞が二つ以上の名詞を修飾するようなばあい, それが一方の名詞には適合しても他方には適合していない文. 例: *kill* the boys and (*destroy*) the luggage; with *weeping* eyes and (*grieving*) hearts. ( ) 内は本来は入れるべき語》.
◇ **zeug·mát·ic** [zu:gmǽtik] *a.*

Zeus [zu:z/zju:z] *n.* 〘ギ神〙 ゼウス《Olympus 山の主神. ローマ神話の Jupiter に当たる》.

Z.G. Zoological Garden.

zíb·el·(l)ine [zíbəlàin] *a.* クロテン (sable) の; クロテンの毛皮製の. **——** *n.* クロテンの毛皮; 《クロテンまがいの》 毛羽の長い毛織物.

zíb·et [zíbit] *n.* 〘動〙 ジャコウネコの一種《インド・マライ・南中国などの産》.

zíg·gu·rat [zígurǽt] *n.* 古代バビロニアの神殿《段丘状に積み上げられた塔状の神殿》.

zíg·zag** [zígzæ̀g] *a.* 《線・道など》 ***ジグザグの, Z 字形をした: a ～ path 〔trench〕 ジグザグの小道〔堀〕.
—— *n.* ジグザグの線〔道, 物, 形など〕; 〘建〙 がんぎ.
—— *ad.* ジグザグに. **——** *v.* (**-gg-**) *vi.* ジグザグに進む〔なる〕. **——** *vt.* ジグザグにする.
◇ **～·er** *n.* **1** ～する人〔物〕. **2** 《ミシンの》 ジグザグ縫い用取り付け部品.

zíl·lah [zílə] *n.* 《インドの》 州, 郡.

zíl·lion [zíljən] *n., a.* 〘話〙 途方もない数(の). [*z*+*-illion* 《million にならって》]

zinc [ziŋk] *n.* **1** 〘化〙 亜鉛《金属元素の一. 記号 Zn》. **2** トタン. ***flowers of*** ～ 亜鉛華; 酸化亜鉛 (= ～ oxide, ～ white) 《軟膏・白絵の具などに使われる粉末》. ***sulphate*** 〔***sulfate***〕 ***of*** ～ 硫酸亜鉛 (= ～ sulphate). **——** *vt.* (**zinc**(**k**)**ed**; **zinc**(**k**)**ing**) 亜鉛でめっきする, に亜鉛をかぶせる.
～ **blende** 〘鉱〙 セン亜鉛鉱. ～ **ointment** 亜鉛華軟膏(なんこう). ～ **oxide** 酸化亜鉛. ～ **sulfate** 硫酸亜鉛. ～ **white** 亜鉛華《白色顔料》.

zínc·ic [zíŋkik] *a.* 亜鉛の〔から得た, を含む〕.

zinc·íf·er·ous [ziŋkífərəs, ㊥+ -síf-] *a.* 亜鉛を含む.

zínc·i·fy [zíŋkifài] *vt.* 亜鉛めっきする, 亜鉛を含ませる. ◇ **zìnc·i·fi·cá·tion** [zìŋkifikéiʃən] *n.*

zínc·ite [zíŋkait] *n.* 〘鉱〙 紅亜鉛鉱.

zínck·y [zíŋki] = zincic.

zín·co [zíŋkou] = zincograph.

zín·co·graph [zíŋkəgræ̀f / -grɑ:f] *n.* 〘印〙 亜鉛(凸・平) 版, 亜鉛版画.
—— *vt.* 亜鉛版にする, 亜鉛版で複写する.
◇ **zin·cóg·ra·pher** [ziŋkágrəfər/-kɔ́g-] *n.* 亜鉛版師. **zin·cóg·ra·phy** [-fi] *n.* 亜鉛製版(術). **zìn·co·gráph·ic** [zìŋkəgrǽfik] *a.*

zínc·oid [zíŋkɔid] *a.* 亜鉛の〔に似た〕.

zín·co·type [zíŋkətàip] *n.* = zincograph.

zínc·ous [zíŋkəs] *a.* 亜鉛の〔を含む, のような〕; 陽極の《電池の》.

zínc·y [zíŋki] = zincic.

zín·fan·del [zínfəndèl/-fæn-] *n.* 《カリフォルニア産》 黒ブドウ; その赤ブドウ酒.

zing [ziŋ] *n., int.* 〘米俗〙 **1** ヒューヒュー〔ピュンピュン〕(いう音); かん高い歌声. **2** 気力, 活気, 熱意.
—— *vi.* 〘米俗〙 ヒューヒュー〔ピュンピュン〕 音をたてる〔たてて進む〕.

zin·ga·ro [tsí:ŋgɑ:ròu / zíŋgə-] It. *n.* (*pl.* **-ri** [-rì:]; *fem.* **-ra** [-rà:], *pl.* **-re** [-rì:]) = gypsy.

Zin·ján·thro·pus [zindʒǽnθrəpəs] *n.* (*pl.* **-pi** [-pài], **-pus·es**) 東アフリカ原人.

zínk·y [zíŋki] = zincic.

zín·ni·a [zíniə, -njə] *n.* 〘植〙 菊科の植物, 《特に》 百日草.

Zí·on [záiən] *n.* **1** 古代エルサレム(の丘); シオン(の丘) 《エルサレムにあり, ユダヤ人がユダヤ民族主義の象徴として神聖視する地》; エルサレム市; イスラエルの民. **2** 天国; 理想社会. **3** キリスト教会.

Zí·on·ism [-iz(ə)m] *n.* ユダヤ民族主義; シオニズム《世界各地に散ったユダヤ人をパレスチナに復帰させようとする民族運動》. ◇ **-ist** *n.* ユダヤ民族主義者. **Zì·on·ís·tic** [zàiənístik] *a.*

zip [zip] *n.* **1** ピュッ《弾丸の飛ぶ音または布(きれ)を裂く音》. **2** 〘話〙 元気.
—— *v.* (**-pp-**) *vi.* **1** ピュッと音をたてる; 威勢よく進む. **2** ジッパーで開く〔締まる〕. **——** *vt.* **1** ジッパーで締める〔あける〕. **2** に興趣を添える《*up*》. ～ ***across the horizon*** 急に有名になる.
～ **fastener** 〘英〙 = zipper. ～ **gun** パチンコ《おもちゃのピストルを改造した手製のもの》.

zip code, ZIP code, Zip code *n.* 〘米〙 ジップコード, 郵便番号《郵便配達簡易化制度. あて名のあとに5けたの数字がつく; 初めの3けたは州・都市, あとの2けたは郵便局〔区〕を示す》. [<*Z*one *i*mprovement *p*rogram]

zíp-code [zípkòud] *vt.* に郵便番号をつける〔記入する〕.

zíp·per [zípər] *n.* **1** ジッパー《かばん・衣類などにつける締め具の一種》. **2** ジッパー付きゴムぐつ.

zíp·py [zípi] *a.* 〘話〙 きびきびした, 敏速な, 活発な.

zír·con [zə́:rkɑn/-kɔn] *n.* 〘鉱〙 ジルコン《透明なものは宝石として用いる》.

zír·con·ate [zə́:rkənèit] *n.* 〘化〙 ジルコン酸塩.

zir·có·ni·a [zərkóuniə] *n.* 〘化〙 酸化ジルコニウム, ジルコニア.

zir·cón·ic [zərkánik / -kɔ́n-] *a.* 〘化〙 ジルコニウム(性)の〔を含む〕: ～ acid 〘化〙 ジルコン酸.

zir·có·ni·um [zərkóuniəm] *n.* 〔化〕ジルコニウム《金属元素. 記号 Zr》.
zíth·er [zíθər] *n.* ツィター《チロル地方の一種の弦楽器》. ◇ **～·ist** [-θərist] *n.* ツィター演奏者.
zíth·ern [-n] *n.* **1** = cithern. **2** = zither.
zí·zith [tsítsis, tsiːtsíːt] *n.* ユダヤ人の男子が身につけるふさ飾り. [<Heb.]
zló·ty [zlɔ́ːti, zláti/zlɔ́ti] *n.* (*pl.* **～s**, 《集合的》～) ズロティ《ポーランドの貨幣単位. 記号 Zl》.
Zn 〔化〕zinc.
-zó·a [-zóuə] 「動物(類)」の意の語形成要素《複数名詞をつくる》: Hydro*zoa*.
ZOA Zionist Organization of America 在アメリカシオン団《ユダヤ人団体》.
Zó·ar [zóːr, zóuər/zóuɑː] *n.* 〔聖〕避難所, 聖域《ロト(Lot)とその子らが避難した町の名から. 創世記19: 20–30》.
*__zó·di·ac__ [zóudiæ̀k] *n.* **1** 〔天〕**黄道帯**; 獣帯《太陽と月と惑星が通ると考えられる空間の部分で, 古代バビロニア人は12の部分に分けた》. **2** 〔天〕十二宮図. **3** 〔稀〕一周. ***signs of the ～*** 《黄道帯の各部分の印ならびに名称 Aries, Taurus, Gemini, Cancer, Leo, Virgo, Libra, Scorpio, Sagittarius, Capricorn, Aquarius, Pisces》.

signs of the zodiac

◇ **zo·dí·a·cal** [zodáiək(ə)l] *a.* 黄道帯(内)の, 獣帯の: *zodiacal* light 黄道光.
zó·e·trope [zóuitròup] *n.* のぞき動き絵《一続きの絵が次々にあらわれて, 映画とおなじ原理で実際に活動しているように見える装置》.
Zó·har [zóuhɑːr] *n.* ユダヤ神秘教の経典《13–14世紀ごろの》.
zó·ic [zóuik] *a.* **1** 動物(生活)の. **2** 〔地〕《岩石が》化石動植物を含む, 生物の遺跡がある.
Zó·la [zóulə] *n.* Emile [eimíːl-] ～, 1840–1902, フランスの小説家. ◇ **～·ism** *n.* ～主義; 自然主義 (naturalism). **～·ist** *n.* **Zò·la·ésque** [⌐–ésk] *a.* ～の(作風に似た).
Zoll·ver·ein [tsɔ́ːlferáin/tsɔ́lvərain] G. *n.* 〔19世紀の〕ドイツ連邦関税同盟; 《一般的》関税同盟.
Zóm·ba [zámbə/zɔ́m-] *n.* ゾンバ《Malawi 共和国の首都》.
zóm·bi [zámbi/zɔ́m-] *n.* **1** 西アフリカ人の信仰する蛇神(じゃしん). **2** 西インドなどの voodoo 教で礼拝される蛇神. **3** zombie ①, ②.
zóm·bie [zámbi/zɔ́m-] *n.* (*pl.* **～s**) **1** zombi の魔法で生き返らされた死体. **2** ラム酒などを入れたカクテルの一種. **3** 〔俗〕まぬけ, うすのろ. **4** =zombi①, ②. ◇ **zóm·bi·ism** *n.*
zón·al [zóun(ə)l] *a.* **1** 帯(状)の; 帯状に配列〔区分〕された; 地帯の. **2** 土壌(どじょう)帯の. ◇**～·ly** *ad.*
zón·a·ry [zóunəri] = zonal.
zón·ate [zóuneit], **zón·at·ed** [-id] *a.* 〔動・植〕帯状斑紋(はんもん)のある, 輪層帯のある.
zo·ná·tion [zonéiʃ(ə)n] *n.* 帯状構成; 《生物の》帯状分布.
‡**zone** [zoun] *n.* **1** 〔地理〕《寒帯・熱帯などの》帯(たい). **2** 《特定の性格をもつ》地帯, 地域; 地区: the barley ～ 大麦地帯. a danger [safety] ～ 危険〔安全〕地帯. the sterling ～ 《ドルに対して》ポンド地域〔諸国〕. an occupied ～ 占領地区. **3** 時間帯 (=time ～). **4** 《生地などのくっきりした》帯状の部分; 線状の部分. **5** 〔数〕《球面・円すいなどの》帯; 結晶帯. **6** 小包郵便の同一料金区域 (= postal delivery ～). **7** 〔古〕帯, ひも. ***maiden*** [***virgin***] ～ 処女帯《処女性のしるし》. ***North*** [***South***] ***Frigid*** [***Temperate***] ***Z～*** 北〔南〕寒〔温〕帯. ***Torrid Z～*** 熱帯.
— *vt.* **1** 帯のように取り巻く; 帯で巻く. **2** 地帯に分ける. — *vi.* 帯状をなす.
～ **defense** 〔運〕ゾーンディフェンス《フットボール・バスケットボールなどで選手が責任地域だけを守備する方法》. ↔man-to-man defense. ～ **time** 地方時《Greenwich 標準時に対して経度の異なる各国で定めた時間》.
zón·ing [zóuniŋ] *n.* 〔米〕地帯制《都市を工場地帯・住宅地帯などに区分すること》; (小包郵便の) 区域制.
zón·u·lar [zóunjulər] *a.* 小帯(状)の.
zón·ule [zóunjuːl] *n.* 小帯.
†**zoo** [zuː] *n.* 〔話〕**動物園** (=zoological garden). ***the Zoo*** 〔英〕ロンドン動物園.
zoo- 「動物」の意の連結形: *zoo*logy.
zó·o·blast [zóuəblæst/-blɑːst] *n.* 動物細胞.
zò·o·chém·is·try [zòuəkémistri] *n.* 動物化学. ◇ **zò·o·chém·i·cal** [-k(ə)l] *a.*
zò·o·dy·nám·ics [zòuədainǽmiks] *n. pl.* 《単数扱い》動物力学, 動物生理学.
zo·óg·a·my [zoágəmi/-ɔ́g-] *n.* 有性生殖, 両性生殖.
zo·óg·e·ny [zoádʒini/-ɔ́dʒ-] *n.* 動物発生論.
zò·o·ge·óg·ra·phy [zòuədʒiágrəfi/-ɔ́g-] *n.* 動物地理学. ◇ **-pher** *n.* **zò·o·gè·o·gráph·ic** [-dʒìːəgrǽfik/-dʒiə-] *a.*
zò·o·gl(o)é·a [zòuəglíːə] *n.* (*pl.* **-as, -ae** [-glíːiː]) 〔細菌〕ジェリー状のバクテリア塊. ◇ **-al** *a.*
zó·o·graft(·ing) [zóuəgræft(iŋ)/-grɑːft-] *n.* 動物組織の人体移植.
zo·óg·ra·phy [zoágrəfi/-ɔ́g-] *n.* 動物誌学. ◇ **-pher** *n.* **zò·o·gráph·ic** [zòuəgrǽfik] *a.*
zó·oid [zóuɔid] *a.* 動物(性)の; 動物類似の. — *n.* 〔生〕個虫, 群体を構成する個員.
zool. zoological; zoologist; zoology.
zo·ól·a·try [zoálətri/-ɔ́l-] *n.* 動物崇拝. ◇ **-ter** *n.*
zó·o·lite [zóuəlàit] *n.* 化石動物.
zò·o·lóg·i·cal [zòuəládʒik(ə)l, zuə-/-lɔ́dʒ-] *a.* 動物学(上)の, 動物に関する, 動物の. ～ **garden** [(英)zu(ə)lɔ́dʒ-] 動物園. ◇ **～·ly** *ad.*
zo·ól·o·gy [zoálədʒi/-ɔ́l-] *n.* 動物学. ◇ **-gist** *n.* 動物学者.
zoom [zuːm] *n.* **1** 〔空〕急角上昇; 《物価などの》急騰, 急上昇. **2** 〔写・テレビ〕ズーム《カメラの映像の急速な拡大・縮小》.
— *vi.* **1** <飛行機が>急上昇する; ブーンという大きな音をたてて動く. **2** 〔写・テレビ〕<カメラの映像が>急速に拡大〔縮小〕する. — *vt.* **1** <飛行機を>急角度で上昇させる. **2** <ズームレンズを>調節する《映像の拡大または縮小のため》.
～ **lens** ズームレンズ.
zò·o·mág·net·ism [zòuomǽgnitiz(ə)m] *n.* 動物磁気.
zó·o·man·cy [zóəmæ̀nsi] *n.* 動物占い.
zo·óm·e·try [zoámitri/-ɔ́m-] *n.* 動物測定学. ◇ **zò·o·mét·ric** [zòuəmétrik] *a.*
zò·o·mór·phic [zòuəmɔ́ːrfik] *a.* **1** 《図案などが》動物の形をした, 動物をかたどった. **2** 獣形神の.
zò·o·mór·phism [-fiz(ə)m] *n.* 《図案などに》動物の形を用いること; 動物形象《神などを動物の形であらわすこと》.
zó·on [zóuɑn/-ɔn] *n.* (*pl.* **zó·a** [zóuə]) (群体動物

の) 個員 (zooid).
zo·ón·o·sis [zoánəsis -ɔ́n-] *n.* 〖医〗動物から人間へ伝染する病気. ◇ **zò·o·nót·ic** [zòənátik -nɔ́t-] *a.*
zo·óph·a·gous [zoáfəgəs/-ɔ́f-] *a.* 肉食の.
zo·óph·i·lous [zoáfiləs/-ɔ́f-] *a.* **1** 動物を愛好する. **2** 種子が〔動物によって伝播(でんぱ)〕[受粉] する.
zò·o·phýs·ics [zòuəfíziks] *n. pl.* 《単数扱い》動物構造学.
zó·o·phyte [zóuəfàit] *n.* 〖動〗植虫類〔サンゴ・海綿・イソギンチャクなど〕.
zò·o·phýt·ic [zòuəfítik], **-i·cal** [-(ə)l] *a.* 植虫の.
zò·o·phy·tól·o·gy [-faitálədʒi -tɔ́l-] *n.* 植虫学, 植虫論. ◇ **-gist** *n.*
zó·o·plas·ty [zóuəplæsti] *n.* 〖医〗動物組織(人体)移植術. ◇ **zò·o·plás·tic** [ㅗ—plæstik] *a.*
zò·o·psy·chól·o·gy [zòuosaikálədʒi -kɔ́l-] *n.* 動物心理学.
zó·o·sperm [zóuəspə̀:rm] *n.* 精虫, 精子; 〖植〗= zoospore. ◇ **zò·o·sper·mát·ic** *a.*
zó·o·spore [-spɔ̀:r/-spɔ:] *n.* 〖植〗遊走子.
◇ **zò·o·spór·ic** [-spárik/-spɔ́r-] *a.*
zó·o·tax·y [-tæksi] *n.* 動物分類〔系統〕学.
zó·o·the·ism [zóuəθiiz(ə)m] *n.* 動物崇拝, 動物神教.
zo·ót·o·my [zoátəmi/-ɔ́t-] *n.* 動物解剖(学).
◇ **-mist** *n.* 動物解剖学者.
zoot [zu:t] ～ ***suit*** 〖米俗〗ズートスーツ〔上着は肩幅広くたけが長く, ズボンのすその細い男子服〕. ～ ***suiter*** ズートスーツを着た人.
zóot·y [zú:ti] *a.* 《スタイルなどが》けばけばしい, はでな, 最新流行の.
zór·il [zɔ́:ril, zár-/zɔ́r-] *n.* 〖動〗イタチ科の動物〔南アフリカ産〕.
Zò·ro·ás·ter [zò:roæstər/zɔ̀r-] *n.* 《紀元前6世紀ごろの古代ペルシアの》ゾロアスター教の開祖.
Zò·ro·ás·tri·an [-æstriən] *a.* ゾロアスター(教)の.
—— *n.* ゾロアスター教徒.
◇ ～**·ism** *n.* ゾロアスター教.
zós·ter [zástər / zɔ́s-] *n.* **1** 帯〔古代ギリシア男子用の〕. **2** 〖医〗帯状疱疹(ほうしん).
Zou·áve [zu:á:v, zwɑ:v] *n.* **1** ズアーブ兵〔フランスの軽歩兵. もとアラビア服を着たアルジェリア人で編成された〕. **2** ズアーブ型の短い婦人用上着. **3** 〖米史〗《南北戦争時代に》ズアーブ型の服を着た義勇兵.
zounds [zaundz] *int.* 〖英古〗こん畜生!, ちぇっ! 《怒り・驚きなどの発声》. [<God's *wounds*]
Zr 〖化〗zirconium.
zuc·chét·to [tsu:kétou, ㊙⁺ zu:-], **zuc·chét·ta** [-tə] *n.* (*pl.* ～**s**) 〖宗〗半球形小ずきん《カトリック聖職者が用いる. その色によって職階をあらわす》.
Zú·lu [zú:lu:] *n.* (*pl.* ～**s**, ～) ズール人〔南アフリカ Natal 地方の Bantu 族中の一種族〕; ズールー語.
—— *a.* ズールー人〔語〕の.
Zú·lu·land [zú:lulænd] *n.* 南アフリカ共和国 Natal 州の一部.
Zú·rich [zú(:)rik/zjúər-] *n.* チューリッヒ〔スイス北部の州; その州都〕.
zwie·back [tswí:bà:k / zwí:bæk] G. *n.* ラスク (rusk) の一種.
Zwíng·li [zwíŋgli, G. tsvíŋ-] *n.* Ulrich [G. úlriç-] ～, 1484–1531, スイスの宗教改革者.
Zwíng·li·an [-ən] *a., n.* ツウィングリ派の(信徒).
◇ ～**·ism** *n.* ～**·ist** *n.*
zwít·ter·i·on [tsvítəràiən] *n.* 〖化〗両性イオン.
◇ **zwìt·ter·i·ón·ic** [tsvìtəraiánik/-ɔ́nik] *a.*
zý·gal [záig(ə)l] *a.* 〖医〗H 字形の.
zỳ·go·dác·tyl [zàigədæktil] *a.* 対指足の《前後に2指ずつある》.
—— *n.* 対指足類の鳥《キツツキ・オウムなど》.
zy·gó·ma [zaigóumə] *n.* (*pl.* ～**·ta** [-mətə]) 〖医〗頬骨(きょうこつ), ほお骨, 顴骨(けんこつ)突起.
◇ **zỳ·go·mát·ic** [zàigəmætik] *a.*
zỳ·go·mór·phic [zàigəmɔ́:rfik], **-phous** [-fəs] *a.* 〖植〗花弁が左右相称の.
zý·go·phyte [záigəfàit] *n.* 〖植〗接合子によって繁殖する植物.
zý·go·spore [-spɔ̀:r/-spɔ:] *n.* 〖生〗接合子, 接合胞子.
zý·gote [záigout] *n.* 〖生〗接合子.
◇ **zy·gót·ic** [zaigátik/-gɔ́t-] *a.*
zym- 「酵母」「発酵」の意の連結形.
zý·mase [záimeis] *n.* 〖化〗チマーゼ《糖を分解してアルコールにする酵素》.
zyme [zaim] *n.* 酵素 (=**enzyme**)《もと伝染病の病原体とされた》.
zymo- = zym-.
zý·mo·gen [záimədʒen] *n.* 〖化〗チモーゲン, 酵素原; 〖生〗発酵菌.
zy·mól·o·gy [zaimálədʒi/-mɔ́l-] *n.* 発酵学, 発酵論. ◇ **-gist** *n.*
zy·móm·e·ter [zaimámịtər/-mɔ́m-], **zỳ·mo·sím·e·ter** [zàiməsímịtər] *n.* 発酵度測定器.
zy·mó·sis [zaimóusis] *n.* (*pl.* **-ses** [-si:z]) 発酵《特に病的の》; 〖医〗発酵病; 発酵作用.
zỳ·mo·téch·nics [zàimətékniks] *n.* 発酵〔醸造〕法.
zy·mót·ic [zaimátik/-mɔ́t-] *a.* 発酵(性)の; 発酵病の. ～ **disease** 〖医〗発酵病《細菌性伝染病の旧名》.
zý·mur·gy [záimə:rdʒi] *n.* 醸造学.

Z

語　根　表

英語をふかく理解し，適確に運用しうるためには，英語に採り入れられたラテン語・ギリシア語の要素について知ることが望ましい．それは外国人が日本語を学ぶとき，最初に習う基本的な語彙(ごい)は別として，多少でも内容のあるものを読み書く段階になると，漢字についての心得がきわめて重要になるのに似たところがある．その意味で，ここに両古典語の語根に基づく表を掲げ，辞書の本文との連携のもとに，本書の使用者の便を図ることとした．Gk. とあるのはギリシア語源，その他はラテン語源．

ラテン語の語根については，ラテン語から直接英語に採り入れられた語と，ラテン語がフランス語になった上で英語へはいってきた語とを，わかりやすく，納得のしよい形式で採録した．すなわち，ラテン語の基礎的な形をまず示し，次に必要があれば 弱 の印のもとに，語中で母音が弱化した姿を掲げ，また 過分 の印のもとにラテン語の過去分詞形をも適宜に加えた．たとえば，「見る」の意のラテン語の語根 √spec- は，その前に接頭辞がつくと弱形 -spic- となり，過去分詞は spect- であることが示されれば，*spec*imen「見本」，*spec*ious「見かけの」，con*spic*uous「目だつ」，de*spic*able「見おろすべき，卑しい」，*spect*acle「見もの，光景」，intro*spect*「内観，内省」などは，単に意味に関連があるというだけでなく，その音声的形式の異同・関連も理解される．

なお，ラテン語に発し，フランス語を経由して英語にはいった語にはⒻの印をつけておいた．意味上の連関からも，音声上の類縁からも，理解と記憶との便となることであろう．特に注記してないが，イタリア語・スペイン語を通じてラテン語が英語にはいったものも掲げてある．

ac-「鋭い」: *ac*erbity, *ac*etic, *ac*id, *ac*rid, *ac*rimonious, *acu*men, *acu*te, ex*ac*erbate.

aev-, ev-「年代」: co*ev*al <con-＋～, long*ev*ity, medi*ev*al<√medi-＋～, prim*ev*al<√prim-＋～.

ag-, 弱 -ig-, 過分 act-「押す，動かす；動く，行なう」: *act*, *ag*enda 行なわれるべき事柄, *ag*ent, *ag*ile, *ag*itate 繰り返し動かす, amb*ig*uous, co*ag*ulate, co*g*ent <con-＋～ 強力に動かす, co*g*itate <con-＋～, ex*act* 完全に行なった〔はかりで計った〕, ex*am*ine<ex-＋～ はかりで推しはかる, ex*ig*ent 引き出す, ex*ig*ible, intrans*ig*ent (終わりにしない→) 飽(あ)くなき, trans*act* 終わりまで行なう，妥結する.

agon- Gk.「戦う，苦しむ」: *agon*y, ant*agon*ist 反対の戦い手, ant*agon*ize, prot*agon*ist 第一の戦い手.

agr-「畑」: *agr*arian, *agr*iculture, *agr*onomy.

al-, ol-, 過分 alt-, ult-「育てる；(育って) 高い」: ab*ol*ish <ab-＋～, ad*ol*escent, ad*ult*, *al*iment, *alt*ar, *alt*itude, *alt*o, *al*umnus, co*al*esce, co*al*ition, ex*alt*, obs*ol*ete (?→√sol-[3]).

alb-「白」: *alb*, *alb*escent, *alb*ino, *alb*um 白い帳面.

ali-「他」: *ali*bi 他所(に), *ali*en, *ali*enate.

all- Gk.「他の」: *all*ergy 他物の作用, *all*ophone.

alt(e)r-, ult(e)r-「他の」: ad*ult*erate 他物を入れる, *alter*, *alter*nate, *altr*uism, *altr*uistic.

am-, 弱 -im-「愛」: Ⓕ *am*ateur, Ⓕ *am*iable, *am*icable, *am*ity, *am*orous, Ⓕ en*am*or, Ⓕ en*em*y <in-[2]＋～, in*im*ical.

ambul-「歩き回る」: *ambul*ant, noct*ambul*ate, per*ambul*ate, Ⓕ pre*amble*, somn*ambul*ate.

anim-「生気，魂」: *anim*advert, *anim*al, *anim*ate, *anim*osity 激しい気, *anim*us, equ*anim*ity, ex*anim*ate, magn*anim*ous, un*anim*ous<un- ＋～.

ann-, 弱 -enn-「年」: *ann*al, *ann*iversary, *ann*ual, bi*enn*ial, per*enn*ial, super*ann*uate.

anthrop- Gk.「人間」: *anthrop*ology, mis*anthrop*e <√mis-＋～, phil*anthrop*e <phil-＋～.

ap-, 弱 -ep-, 過分 apt-, -ept-「付着(適合)する」: ad*apt*, ad*apt*ation, ad*ept*, *apt*, *apt*itude.

aqu-「水」: *aqu*arium, *aqu*atic, *aqu*educt, *aqu*eous.

arch- Gk.「統治」: an*arch*y, mon*arch*y, olig*arch*.

ast(e)r-「星」: *astr*onaut <～＋√nau-, *astr*onomy, dis*aster* (悪い星→) 悪運.

audi-, 過分 audit-「聞く」: *audi*ble, *audi*ence, *audi*tion, *audit*orium, ob*edi*ent <ob- ＋～ (人の前で＋聞く→) 服従する.

aug-, 過分 auct-, aux-「増す；増援する」: *auc*tion, *aug*ment, *aux*iliary.

bat(t)-「打つ；戦う」: a*bat*e, *batt*er[1], *batt*le, com*bat*, de*bat*e, re*bat*e[1] <re-＋abate.

bel(l)-「戦争」: *bell*icose, *bell*igerent <～＋√ger-, re*bel*, re*bell*ious.

bi-[1] Gk.「生命」: amphi*bi*ous, *bi*ography, *bi*ology, micro*b*e <micro-＋～, sym*bi*osis.

bi-[2]「二つ」: *bi*lateral, *bi*scuit <bi(s)-＋√coqu- 2度焼いた, com*bi*ne 二つ合わせる.

bib-「飲む」: Ⓕ *bev*erage, im*bib*e, Ⓕ im*bue*.

brev-「短い」: ab*brev*iate, Ⓕ a*bridg*e, *brev*ity, Ⓕ *brief*.

bon-「良い」: *bon*us, Ⓕ *boon*, Ⓕ *boun*ty.

bulli-「沸く；玉になる」: Ⓕ *boil*, e*bulli*ent.

cad-, 弱 -cid-, 過分 cas-「落ちる」: ac*cid*ent, *cad*ence (足踏み→) 調子, *cad*ucity, *cas*e, *cas*ual, Ⓕ *chan*ce, de*cad*ent 下へ落ちる, Ⓕ de*cay*, in*cid*ent, oc*cas*ion, oc*cid*ent.

caed-, 弱 -cid-, 過分 cis-「切る；倒す，殺す」: circum*cis*e, con*cis*e きっぱり切った, de*cid*e, ex*cis*e[2], geno*cid*e, homi*cid*e <√hum-＋～, in*cis*ion, pre*cis*e (切りつめた), sui*cid*e.

cal-[1]「熱；熱い」: *cal*efacient, *cal*efaction, *cal*ory, Ⓕ non*chal*ant.

cal-[2], 弱 **-cil-**「呼ぶ, 呼び集める」: conciliate, Ⓕ council, reconcile.

cand-, 弱 **-cend-**, 過分 **cens-**「白; 白熱」: *cand*escent, *cand*id, *cand*idate (白衣の) 候補者, *cand*le, in*cand*escent, in*cend*iary, in*cens*e[1,2].

cant-, 弱 **-cent-**「歌う」: ac*cent* 歌の抑揚, Ⓕ *chant*, en*chant* 歌って魅する, in*cant*ation.

cap-, cup-, 弱 **-cip-**, 過分 **capt-, -cept-**「捕える; 容(い)れる」: ac*cept*, anti*cip*ate, *cap*able, *cap*acious, *cap*acity, *capt*ious, *capt*ivate, *cap*ture, Ⓕ con*ceive*, Ⓕ de*ceive*, ex*cept* (取り出す→)除く, in*cept*ive, in*cip*ient, inter*cept*, oc*cup*ation, oc*cup*y, parti*cip*ate <√part- ＋～, Ⓕ per*ceive*, per*cept*ive, per*cip*ient, Ⓕ re*ceive*, re*cept*ion, re*cip*ient, Ⓕ re*cover*, re*cuper*ate, sus*cept*ible <sub-＋～.

capit-「頭; 頂点」: Ⓕ a*chieve* <ad- ＋～, *capit*al, *capit*ulate, Ⓕ *chapt*er, Ⓕ *chief*, de*capit*ate, Ⓕ (hand)ker*chief* 《ker- は「おおう, 包む」で, kerchief は「ずきん」》, Ⓕ mis*chief*, oc*cipit*o-.

carn-「肉」: *carn*age, *carn*al, *carn*ation, *carn*ival, *carn*ivorous <～＋√vor-, in*carn*ation.

car(r)-「車」: *car*, *car*go (車の) 荷, *car*icature (車に山と積む→) 大げさに描く, *carr*y, Ⓕ *charge*.

cau-「用心」: *cau*tion, *cau*tious, pre*cau*tion.

caus-, 弱 **-cus-**「原因; 訴訟」: ac*cus*e, be*caus*e, *caus*ation, *caus*e, ex*cus*e 釈明.

cav-「凹(へこ)み」: *cav*e, *cav*ity, con*cav*e, ex*cav*ate.

ced-, 過分 **cess-**「歩む, 歩み去る」: ac*ced*e <ad- ＋～, ac*cess*, ante*ced*ent, Ⓕ *cease*, con*ced*e, con*cess*ion, Ⓕ de*cease*, ex*ceed*, ex*cess*, in*cess*ant, inter*ced*e, pre*ced*e, pro*ceed*, pro*cess*, pro*cess*ion, re*ced*e, re*cess*, retro*ced*e, se*ced*e <se- ＋～, suc*ceed* <sub- ＋ ～あとについて歩む, (良い) 結果になる, suc*cess* (良い) 結果.

cel-, 過分 **cult-**「隠す」: *cell*, Ⓕ con*ceal*, oc*cult* <ŏb-＋～.

celer-「早い」: ac*celer*ate, *celer*ity, de*celer*ate.

cel(l)-,cul-「そびえる」: *cul*minate, ex*cel*, ex*cell*ent.

cent(e)r-「中心」: *center*, *centr*al, con*centr*ate, ec*centr*ic <ex-＋～.

cer(n)-, cri-, 過分 **cert-, cret-**「分ける, 判定する, 確定する」: Ⓕ *cert*ain, *cert*itude, con*cern* <con-＋～ (より分ける→) 関心をもつ, *cri*me 裁定, Ⓕ de*cree*, dis*cern*, Ⓕ dis*creet*, dis*cret*e, dis*cret*ion, dis*cri*minate, se*cret* <se-＋～.

chrom- Gk.「色」: a*chrom*atic, mono*chrom*e, pan*chrom*atic.

chron- Gk.「時 (間)」: *chron*icle, *chron*ology, *chron*ometer, syn*chron*ize.

ci-, 過分 **cit-**「動かす」: *cit*e (本文から動かして)引用する, ex*cit*e, in*cit*e, re*cit*e, resus*cit*ate <re-＋sub-＋～, soli*cit* <√soll-＋～ 激しく動かす.

circ-「円; ぐるぐる回る」: *circ*le, *circ*umstance, Ⓕ re*search*, *search* (回って) 捜す.

civ-「市民」: Ⓕ *cit*izen, Ⓕ *cit*y, *civ*il, *civ*ilize, *civ*ilization.

clam-, 過分 **clamat-**「叫ぶ, 呼ぶ」: Ⓕ ac*claim*, ac*clamat*ion <ad-＋～, Ⓕ *claim*, *clam*or, Ⓕ de*claim*, Ⓕ dis*claim*, Ⓕ ex*claim*, ex*clamat*ion, Ⓕ pro*claim*, pro*clamat*ion, Ⓕ re*claim*, re*clamat*ion.

clar-「明るい, あきらか」: *clar*ify, *clar*ity, Ⓕ *clear*, de*clar*ation, de*clar*e.

claud-, 弱 **-clud-**, 過分 **claus-, -clus-**「閉じる」: *claus*e, *clos*e[1,2], con*clud*e, con*clus*ion, Ⓕ en*clos*e, ex*clud*e, ex*clus*ive, oc*clud*e <ob-＋～, oc*clus*ion, pre*clud*e, re*clus*e, se*clud*e <se-＋～.

cli(n)-「傾く」: *clin*ic 寝台の, de*clin*e, de*cli*vity, in*clin*ation, in*clin*e, re*clin*e.

col-, 過分 **cult-**「耕す; 崇拝する」: agri*cult*ure, *col*ony, *cult*, *cult*ivate, *cult*ure.

cord-「心」: ac*cord*, con*cord*, *cord*ial, dis*cord*, re*cord* (心に留める→)記録する.

corpor-「身体」: *corpor*al, *corpor*ation, *corpor*eal, in*corpor*ate.

crat- Gk.「力」: aristo*crat* 最善の人が力をもつ, demo*crat*, pluto*crat* 富者が力をもつ, theo*crat*.

cred-, 過分 **credit-**「信ずる」: ac*credit*, *credit*, *cred*o, *cred*ulous, Ⓕ *creed*, in*cred*ible.

cre(sc)-, 過分 **cret-, crut-**「育つ, 大きくなる」: ac*cret*ion, Ⓕ ac*crue*, con*cret*e, *cresc*ent, Ⓕ *crew* (増員→)人員, Ⓕ de*crease*, Ⓕ in*crease*, Ⓕ re*cruit*, syn*cret*ism.

cri- Gk.「切る, 分ける」: *cri*sis, *cri*terion, *cri*tical.

cruc(i)-「十字 (架); 試練」: Ⓕ *cross* *cruci*al, *cruci*fy, Ⓕ *cruise* (十字に) 動く, Ⓕ *crus*ade, *crux*.

culp-「罪」: *culp*able, *culp*rit, in*culp*ate.

cu(m)b-「伏す」: con*cub*ine, in*cub*ate, in*cub*us, in*cumb*ent, suc*cub*us, suc*cumb* <sub-＋～.

cumul-「堆積」: ac*cumul*ate, *cumul*ate, *cumul*us.

cup-「欲する, 求める」: con*cup*iscent, Ⓕ *covet*, *Cup*id, *cup*idity.

cur-「配慮, 心づかい」: ac*cur*ate, *cur*e, mani*cur*e, pro*cur*e, se*cur*e <se- ＋～ 憂いなくする, sine*cur*e <sine-＋～.

cur(r)-, 過分 **curs-**「走る」: con*cur*, Ⓕ con*cours*e, Ⓕ *cours*e, *curr*ent, *curr*iculum, *curs*ive, *curs*ory, Ⓕ dis*cours*e (あちこちへ走る→) 種々論ずる, dis*curs*ive, ex*curs*ion, in*cur*, in*curs*ion, oc*cur* <ob-＋～, pre*curs*or, re*cur*, Ⓕ suc*cour* <sub-＋～.

cut-, 過分 **cuss-**「打ち合わす」: con*cuss*, dis*cuss*, electro*cut*e, per*cuss*ion, reper*cuss*ion.

da-, 弱 **-di-**, 過分 **dat-, -dit-**「与える」: abscond <ab- ＋com- ＋～ 離れて置く, ad*d* <ad-＋～, con*dit*ion <com- ＋ ～ 与件, *dat*a, *dat*e (手紙が与えられた) 日付, *dat*ive, e*dit* <ex- ＋～, per*dit*ion 自己を与え去る(＝失う), recon*dit*e 離して置かれた, tra*dit*ion, Ⓕ trai*tor* <tra(ns)- ＋～.

damn-, 弱 **-demn-**「害」: Ⓕ *dam*age, *damn*, con*demn*, in*demn*ify.

deb-, 過分 **debit-**「借りる, 負う」: *deb*it, Ⓕ *debt*, Ⓕ *due*, Ⓕ *duty*, Ⓕ in*debt*.

dec-「ふさわしい」: *dec*ent, *dec*orate, *dec*orous, *dec*orum. 〈注〉√dign- と同語源.

dem- Gk.「民衆」: *dem*ocracy, en*dem*ic 人々の間の病, 土着の病, epi*dem*ic.

dent-「歯」: *dent*al, *dent*ist, e*dent*ate, in*dent*, tri*dent*.

di-, diurn-「日」: Ⓕ ad*journ*, *di*al 日どけい(板), *di*ary, *diurn*al, Ⓕ *journ*al, Ⓕ *journ*ey 1日分の行程[仕事], meri*di*an <√medi-＋～.

dic-, 過分 **dict-**「言う; 示す」: ab*dic*ate, ad*dict*, bene*dict*ion, contra*dict*, de*dic*ate, *dict*ate, *dic*-

tion, *dict*ionary, *dict*um, e*dict*, in*dex*, in*dic*ate, inter*dict*, juris*dict*ion, male*dict*ion, pre*dic*ate, pre*dict*ion, vale*dict*ion, ver*dict*.

dign-「ふさわしい」: Ⓕ *dain*ty, Ⓕ *deign*, *dign*ify, *dign*ity, Ⓕ dis*dain*, in*dign*ant. 〈注〉、dec- と同語源.

doc-, 過分 **doct-**「教える; 示す」: *doc*ile 教えやすい, *doct*or, *doct*rine, *doc*ument, in*doct*rinate.

dol-「苦しみ」: con*dol*e, *dol*eful, *dol*orous, in*dol*ent.

dom-「家; 主人; 支配(する)」: Ⓕ *daunt*, Ⓕ *dom*ain, *dom*estic, *dom*icile, *dom*inate, *dom*inion.

don-「与える」: con*don*e, *don*ate, par*don* <per-+〜 ゆるしを与える.

dorm-, 過分 **dormit-**「眠る」: *dorm*ant, *dormit*ory.

du-「二つ」: Ⓕ *dou*ble, Ⓕ *dou*bt, *du*al, *du*bious, *du*el, *du*plicate <〜 + √plec-.

duc-, 過分 **duct-**「導く」: ab*duct*, con*duce*, con*duct*, Ⓕ con*duit*, de*duce*, de*duct*ion, e*duc*ate, e*duce*, in*duce*, pro*duce*, re*duce*, se*duce* <se-+〜 別に(わきへ)連れ去る, Ⓕ sub*due* <sub-+〜.

dur-「堅い; 持続する」: *dur*able, *dur*ation, *dur*ing, en*dur*e, ob*dur*ate.

edi-「建てる」: *edi*fice, *edi*fy.

emp-, 過分 **empt-**「取る」: ex*amp*le <ex- +〜(取り出した)例, ex*emp*lary, ex*empt*, per*empt*ory ことごとく取る, pro*mpt* <pro-+〜 呼び出す, 行動させる; 行動的, rede*em* <red-+〜 取りもどす, rede*mpt*ion.

equ-, 弱 **-iqu-**「等しい」: ad*equ*ate, *equ*al, *equ*animity <〜 + √anim-, *equ*ate, *equ*ilateral, *equ*ilibrate, *equ*ilibrium, *equ*inoctial, *equ*inox, *equ*ivalent, *equ*ivocal, in*iqu*ity.

erg- Gk.「仕事, 作用」: all*erg*y <√all-+〜, en*erg*y.

err-「さまよう; 誤る」: ab*err*ant, *err*, *err*atic, *err*or.

fa-, 過分 **fat-**「話す」: Ⓕ af*fa*ble<ad-+〜 話しかけやすい, *fa*ble, *fa*bulous, *fa*me, *fa*mous, *fat*e (神の言→)運命, inef*fa*ble, in*fa*mous, in*fa*my, in*fa*nt <in-+〜 ことばがまだできない, pre*fa*ce, pre*fat*ory.

fabr-「つくる」: *fabr*ic, *fabr*icate, Ⓕ *forge*.

fac-, 弱 **-fic-,** 過分 **-fact-, -fect-**「つくる; 置く; 作用する」: af*fect*, arti*fic*ial, bene*fic*ial, Ⓕ bene*fit*, con*fect*, Ⓕ counter*feit*, Ⓕ de*feat*, de*fect*, de*fic*ient, dif*fic*ult, Ⓕ ef*fect*, ef*fic*ient, *fac*e, *fac*ile, *fac*ilitate, *fac*ility, *fact*, *fact*ory, *fac*ulty, Ⓕ *feas*ible, Ⓕ *feat*, Ⓕ *feat*ure, Ⓕ for*feit*, in*fect*, of*fic*e <ob- + 〜, per*fect*, pro*fic*ient, Ⓕ pro*fit*, satis*fact*ion, satis*fy*, super*fic*ial, traf*fic*<tra(ns)-+ 〜. 〈注〉fy-, -faction はこの語根に属する.

fall-, 過分 **fals-**「欺く; 欠ける」: Ⓕ de*fault*, Ⓕ *fail*, *fall*acious, *fall*acy, *fall*ible, *fals*e, Ⓕ *fault*.

fasc-「束」: *fasc*es, *fasc*ism.

fav-, fo-「熱」: *fav*or, *fav*orite, *fo*ment.

fend-, 過分 **fens-**「打つ」: de*fence*, de*fend*<de-+〜 打ち退ける, *fence* <defence, *fenc*ing, *fend*, *fend*er, of*fend* <ob- +〜.

fer-, 過分 **lat-**「運ぶ; (自身を運ぶ→)行く」: circum*fer*ence, con*fer* 与える, (考えを)集める, de*fer*, dif*fer* <dis- + 〜, dif*fer*ent, *fer*tile (産物を)もたらす, inter*fere*, of*fer*, pre*fer* 先に置く, suf*fer*<sub-+〜, trans*fer*, voci*fer*ous <√voc-+〜.

fer(v)-「沸く」: ef*ferv*esce, *fer*ment, *ferv*ent, *ferv*id, *ferv*or.

fess-「言う」: con*fess*, pro*fess*(知識・技能を)公言する. 〈注〉、fa- と同語源.

fid-「信ずる」: Ⓕ af*fi*ance, con*fid*ent, Ⓕ de*fi*ant, Ⓕ de*fy*, dif*fid*ent<dis-+〜, Ⓕ *fai*th, Ⓕ *fe*alty, *fid*elity, per*fid*ious 信をそこなう.

fig-, 過分 **fix-**「固定する」: af*fix*, cruci*fix*ion, *fix*, *fix*ture, pre*fix*, suf*fix*.

fil-「糸」: *fil*ament, *fil*e.

fili-「むすこ, 娘」: af*fili*ate, *fili*al, *fili*ation.

fin-「境界, 末端」: af*fin*ity, con*fin*e, de*fin*e, de*fin*ite, de*fin*ition, *fin*al, *fin*ance (結末をつける→)支払う, *fin*e[1,2] 完結した, 精巧な; (結末→) 罰金.

fi(n)g-, 過分 **fict-**「(こねて) つくる」: ef*fig*y, Ⓕ *feig*n, Ⓕ *fei*nt, *fict*ion, *fig*ment, *fig*ure.

firm「堅い」: af*firm*, con*firm*, *firm*, in*firm*.

fla-, 過分 **flat-**「息; 息を吹く」: af*flat*e, de*flat*e, in*flat*e, in*flat*ion.

fla(g)-「燃える」: con*flag*ration, de*flag*rate, *fla*grance, *flag*rant, *fla*me.

flec-, 過分 **flect-, flex-**「曲げる, たわめる」: de*flect*, *flex*ible, in*flect*, re*flect*.

flig-, 過分 **flict-**「衝突する」: af*flict*, con*flict*, in*flict*, pro*flig*ate (突き倒された→) 堕落した.

flor-「花」: ef*flor*esce, *flor*al, *flor*escent, *flor*id, Ⓕ *flour*ish, Ⓕ *flow*er.

flu-, 過分 **fluct-, flux-**「流れる」: af*flu*ent, circum*flu*ent, con*flu*ence, ef*flux*, *fluct*uate, *flu*ent, *flu*id, *flux*, in*flu*ence, super*flu*ous.

foli-「葉」: Ⓕ *foil*, *foli*age, *foli*ate, *foli*o.

fort-「強い; 力」: com*fort* 力づける, ef*fort*, *fort*ify, *fort*itude, Ⓕ *fort*ress.

fortu-「運」: *fortu*itous, *fortu*nate, *fortu*ne.

fra(n)g-, 弱 **-fring-,** 過分 **fract-**「破る, 砕く」: *fract*ion, *fract*ure, *frag*ile, *frag*ment, in*fract*ion, in*frang*ible, in*fring*e, re*fract*.

fren-「手綱」: *fren*um, Ⓕ re*frain* <re- +〜(手綱で) 後ろへ引く.

frig-「冷たい」: *frig*id, re*frig*erate.

front-「ひたい; 正面」: af*front*, con*front*, ef*front*ery <ex-+〜 赤面しない, *front*, *front*al.

frug-, fruct-「くだもの, 地の産物; 物を節する」: *fruct*ify, *frug*al, Ⓕ *fruit*.

fug-, 過分 **fugit-**「逃げる」: centri*fug*al, *fug*acious, *fugit*ive, re*fug*e, subter*fug*e.

fund-「土台」: Ⓕ *found*, Ⓕ *found*ation, *fund*amental, Ⓕ pro*found*, pro*fund*ity.

fu(n)d-, 過分 **fus-**「まく, まき散らす」: circum*fus*e, Ⓕ con*found*, con*fus*e, dif*fus*e, ef*fus*e, *fus*ion, in*fus*e, per*fus*e, pro*fus*e, suf*fus*e <sub- +〜, trans*fus*e.

fung-, 過分 **funct-**「行なう, 果たす」: de*funct* (生命を) 果たしおえた, *funct*ion, per*funct*ory (お役目的に) 行なう.

gam- Gk.「結婚」: bi*gam*y, endo*gam*y, exo*gam*y, mono*gam*y, poly*gam*y.

gen(er)- L., Gk.「種, 種族; 生じる」: con*gener*, con*gen*ial, con*gen*ital, de*gener*ate, Ⓕ en*gen*der, eu*gen*ic(s), Ⓕ *gen*der, *gen*ealogy, *gener*al

(種) 全体にわたる, generate, generation, generic, generous, genial, genius, Ⓕ genteel, gentility, Ⓕ gentle, homogenous, indigenous, ingenious, ingenuity, ingenuous.

ger-, 過分 **gest-, -gist-** 「運ぶ; 身をもてなす」: congeries, congest, digest 分け運ぶ, 分解する, gesticulate, gesture, register, suggest ＜sub-＋～.

glo(b)- 「球」: agglomerate, conglomerate, global, globe.

glutin- 「にかわ」: agglutinate, conglutinate, gluten, glutinous.

(g)na-, 過分 **(g)nat-** 「生まれる」: agnate, cognate, Ⓕ naif, naive 生まれたままの, native, nativity, nature, pregnant, renascense. 〈注〉√gen(er)- と同語源.

(g)no-, 弱 **-(g)ni-,** 過分 **(g)not-, -(g)nit-** L., Gk. 「知る」: Ⓕ acquaint, cognizant, ignoble 知られぬ (↔ noble), ignorant, ignore, noble 知られた, 知名の, prognosticate, recognition, recognize.

grad-, 弱 **-gred-,** 過分 **gress-** 「歩む; 段階」: aggress, aggression, congress, Ⓕ degree, digress, egress, gradate, grade, gradual, graduate, ingredient, progress, regress, retrograde, transgress.

graph-, gram- Gk. 「書く」: biography, epigraph (上に刻まれた語 →) 短句, program, telegram, telegraphy.

grat- 「快い」: Ⓕ agree, congratulate, Ⓕ grace, grateful, gratify, gratitude, ingratiate.

grav- 「重い」: aggravate, grave, gravitate, gravity, Ⓕ grief, Ⓕ grievous.

greg- 「群れ」: aggregate, congregate, egregious ＜ex-＋～, gregarious, segregate ＜se-＋～.

gru- 「合致する」: congruent, congruous, incongruous.

hab-, 弱 **-hib-,** 過分 **habit-, -hibit-** 「持つ, 所有する」: exhibit, habit, inhabit, inhibit 内に置く, 制止する, prohibit 前に(離して)置く.

her-, 過分 **hes-** 「粘りつく, 付着する」: adherent, adhesive, coherent, hesitate, inherent.

herb- 「草」: herb, herbaceous, herbarium, herbivorous.

her(ed)- 「後継(者)」: Ⓕ heir, hereditary, heredity, Ⓕ heritage, inherit.

hod- Gk. 「道」: episode 途上にはいる(話), exodus, method ＜meta-＋～ 従う道, period 一回りの路.

hor(r)- 「身の毛がよだつ」: abhor, horrible, horrid, horror.

hort-, 過分 **hortat-** 「説得する」: exhort, hortative, hortatory.

hospit- 「歓待」: hospitable, hospital.

host- 「未知の人, 客, 敵」: host, Ⓕ hostel, Ⓕ hostess; hostile, hostility, Ⓕ hotel.

hum- 「地, 地上」: exhume, human (地上) 人 《√homi(n)- 「人」 もここから》, Ⓕ humble, humiliate, humility, humus. 〈注〉 posthumous は元来は post- に由来して「死後の」の意味であったが, 後に「埋葬後」と解され √hum- と連想された.

hydr- Gk. 「水」: hydrant, hydraulic, hydrogen.

i-, 過分 **it-** 「行く」: ambience, ambition, circuit, concomitant, exit, experience, experiment, Ⓕ expert ＜ex-＋per-＋～, Ⓕ expertise, initial, initiate, Ⓕ issue, iterate, itinerant, itinerary, perish, preterite, reiterate, sedition ＜se-＋～ 離れる, trance ＜trans-＋～, transient, transit, transitive.

im- 「似る」: image, imitate.

insul- 「島」: insular, insulate, Ⓕ isle, isolate.

jac-[1], 過分 **jact-, -ject-** 「投げる」: adjective (名詞に)添える語, conjecture, deject, ejaculate, eject, inject, interject, object, project[1,2], projectile, subject.

jac-[2] 「横たわる」: adjacent, circumjacent, interjacent.

judic- 「裁決する」 (√jur-＋√dic-): adjudicate, Ⓕ judge, judicature, judicial, judicious, prejudice (予断→)先入主.

ju(n)g-, 過分 **junct-** 「結ぶ, つなぐ」: adjunct, conjugal, conjugate, conjunction, conjuncture, disjunct, Ⓕ enjoin, injunction, Ⓕ join, junction, subjugate.

jur-, just- 「正しい; 権利」: abjure, adjure, conjure, injure, jurist, just, justice, perjure.

ju(ve)n- 「若い」: junior, juvenile, rejuvenate.

kybern-, cybern- Gk. 「(船の) かじ」: cybernetics, Ⓕ govern, Ⓕ government.

lab-, 過分 **laps-** 「すべる, 落ちる」: collapse, elapse ＜ex-＋～, lapse, relapse.

labor-, 過分 **laborat-** 「労働; 働く」: collaborate, elaborate, labor, laborious.

lac-, 弱 **-lic-,** 過分 **lect-** 「誘う」: delectable, delicate, delicious, Ⓕ delight.

laed-, 弱 **-lid-,** 過分 **les-, -lis-** 「衝突する」: collide, collision, elide, lesion.

lat- 「運ぶ」 (√fer- の過分): ablate, collate, delate, dilate, elate, legislate ＜√leg-[2]＋～, oblate, relate, superlative, translate.

lat(er)- 「側, 幅」: bilateral, collateral, equilateral, lateral, latitude, unilateral.

lau-, lav-, 過分 **lot-, -lut-** 「洗う」: ablution, dilute, Ⓕ laundry, lavatory, lotion.

lax- 「ゆるい; ゆるめる」: lax, relax, Ⓕ release.

leg-[1], 弱 **-lig-,** 過分 **lect-** 「選ぶ, 集める」: collect, college 集団, diligent＜dis-＋～ (選び出す→) 愛する, eclectic, elect, elegant, lecture (字を拾い集めて読む→) 講義, legend, legion, Ⓕ lesson (読書→)講義, 授業. neglect ＜√neg＋～ 採り上げない, predilection, recollect.

leg-[2] 「法律」: allege, illegal, legal, legislation, legitimate.

leg-[3], 過分 **legat-** 「派遣する」: delegate, legacy, legation, relegate.

lev- 「軽い; 持ち上げる」: alleviate, elevate, Ⓕ lever, levitate, levity, Ⓕ levy 召し上げる, Ⓕ relief, Ⓕ relieve 重荷を軽くする.

liber- 「自由な; 引き渡す」: Ⓕ deliver, liberal, liberate, liberty, Ⓕ livery おしきせ.

libr- 「重さ; 重さを量る」: deliberate, equilibrium.

lic-, 過分 **licit-** 「許す」: illicit, Ⓕ leisure, license, licit.

lig-, 過分 **ligat-** 「結ぶ, 縛る」: Ⓕ alliance, Ⓕ alloy, Ⓕ ally, Ⓕ liability, Ⓕ liable, ligament, ligature, obligate, oblige, Ⓕ rally, religion, Ⓕ rely,

自己を神への誓いによって縛る.

limin-「敷居」: eli*min*ate, preli*min*ary, subli*mi*nal.

limit-, 過分 **limitat-**「境界; 境界を定める」: de*limit*, *limit*, *limitat*ion.

line-「線」: del*ine*ate, *line*, *line*al, *line*ar.

lingu-「舌; ことば」: bi*lingu*al, Ⓕ *langu*age, *lingu*al, *lingu*ist, *lingu*istics, mono*lingu*al.

li(n)qu-, 過分 **lict-**「残す, 捨てる」: de*linqu*ent 義務を捨てる, dere*lict*, re*lic*, re*lict*, re*linqu*ish, re*liqu*ary, re*liqu*iae.

liqu-「液; 流れる」: de*liqu*esce, *liqu*efy, *liqu*id, *liqu*idate, pro*lix*.

lith- Gk.「石」: *lith*ography, mega*lith*, mono*lith*.

liv-「色あせた, 青白い」: *liv*id, ob*liv*ion, ob*liv*ious.

loc-, 過分 **locat-**「場所; 位置を定める」: al*locate*, Ⓕ al*low*, col*locate*, Ⓕ *lieu*tenant, *loc*al, *locate*, *locat*ion, *loc*omotive, *loc*us.

log-, leg- Gk.「ことば, (論)理」: dia*lect*, dia*lect*ic, dia*log*, epi*log*, eu*logy*, *log*ic, *log*os, mono*log*, pro*log*. 〈注〉-logy「学問」: bio*logy*, techno*logy*, theo*logy*.

loqu-, 過分 **locut-**「話す」: circum*locut*ion, col*loqu*ial, col*loqu*ium, e*locut*ion, e*loqu*ent, grandi*loqu*ent, inter*locut*ory, *locut*ion, *loqu*acious, magni*loqu*ent, ob*loqu*y, soli*loqu*y, ventri*loqu*ism.

luc-, lum-, lun-, lust-「光」(<lucm-, lucn-, lucst-): il*lum*inate, il*lust*rate, *luc*ent, *luc*id, *luc*ubrate 燈火で夜つとめる, *lum*inary, *lum*inescent, *lun*ar <√luc-+na(r), *lun*atic, *lust*re, pel*luc*id <per- +〜, re*lume*, trans*luc*ent.

luct-「戦う, 抗する」: ine*luct*able, re*luct*ant.

lud-, 過分 **lus-**「戯れる; だます」: al*lude* <ad-+〜 軽く触れる, al*lus*ion, col*lude*, de*lude*, de*lus*ion, e*lude*, e*lus*ion, e*lus*ive, il*lus*ion, inter*lude*, *lud*icrous, pre*lude*, pro*lus*ion.

ly- Gk.「解く」: ana*lys*is, cata*lys*is.

mag(n)-「大きい」: *magn*animous <〜+√anim-, *magn*ate, *magn*ificent, *magn*ify, *magn*itude, *maj*esty, *maj*or <√mag- +-ior (比較級語尾), *max*imum <√mag-+-simum (最上級語尾).

man-[1], 過分 **mans-**「とどまる」: im*man*ent, *man*sion, per*man*ent, Ⓕ re*main*, Ⓕ re*main*der, Ⓕ re*mn*ant.

man-[2] Gk.「狂気」: *man*ia, *man*iac, megalo*ma*niac <megalo-+〜 (誇)大狂.

mand-, 弱 **-mend-,** 過分 **mandat-**「命令する; 託する」: Ⓕ com*mand*, com*mend*, de*mand*, *mandat*e, recom*mend*.

man(u)-「手」: e*man*cipate <ex- +〜 +√cap-, Ⓕ *main*tain, Ⓕ *man*age, *man*icure, *man*ifest 手にとらえた《参照 in*fest*》, *man*ipulate 手のこぶしで扱う, Ⓕ *man*ner 手の扱い, *manu*al, *manu*script.

matur-「熟した」: Ⓕ de*mure*, im*matur*e, *matu*rate, *mature*, *matur*ity, pre*mature*.

med-「留意する; 医療する」: *med*ical, *med*icine, *med*itate, re*med*ial, re*med*y.

medi-「中間, 中央」: im*medi*ate, inter*medi*ary, inter*medi*ate, *medi*al, *medi*an, *medi*ate, *medi*eval <〜 +√aev-, *medi*ocre, *medi*um, *meri*dian <〜+√di-《medidium の第一の d が次の d によって異化され r になった》.

melior-「より良い」: a*melior*ate, *melior*ate.

mem-「記憶」: com*mem*orate, im*mem*orial, *me*mento, *mem*orable, *mem*orandum, *mem*orial, *mem*orize, *mem*ory, Ⓕ re*mem*ber, Ⓕ re*mem*brance.

mend-「欠点; 虚偽」: a*mend* <ex-+〜《ex- が ad- に変わった》, e*mend*, *mend*acious. 〈注〉*mend* は amend の語頭母音脱落.

mens-「計る, 計った」: com*mens*urate, im*mense*, Ⓕ *meas*ure.

ment-「心」: com*ment*, de*ment*ed, *ment*al, *ment*ion, vehe*ment* <√veh- +〜 心を奪い去る.

merc-「商売; 交易」: com*merc*e, *merc*antile, *merc*enary, Ⓕ *merch*andise, Ⓕ *merch*ant.

merg-, 過分 **mers-**「沈む, 浮く」: e*merg*e, e*mer*gency, e*merg*ent, im*mers*e, *merg*e, *merg*er, sub*merg*e.

metr- Gk.「度盛り」: dia*meter*, dia*metr*al, *metre*, sym*metry*.

migr-, 過分 **migrat-**「移住する」: e*migrat*e, im*migrat*e, *migrat*e, *migrat*ory, trans*migrat*e.

min-[1]「小さい」: Ⓕ di*min*ish, di*min*utive, *mini*ature, *mini*mum, *mini*ster (小さな) 仕事をする, *min*or, Ⓕ *min*strel 小さな役職, *min*us, *min*ute[1,2].

min-[2]「突出する」: e*min*ent, im*min*ent<in-[1] +〜, pro*min*ent.

min-[3], 過分 **minat-**「脅かす; (おどして) 連れてゆく」: Ⓕ a*men*able, com*minat*ory, Ⓕ de*mean*or (身の) 運び方, Ⓕ *men*ace, *minat*ory.

mir-「(驚いて) 見る」: ad*mir*e, Ⓕ *mar*vel, Ⓕ *mar*velous, *mir*acle, *mir*aculous, Ⓕ *mir*age, *mir*ror.

mis- Gk.「きらう」: *mis*anthropy, *mis*ogynist <〜+√gyn- 女性ぎらい.

misc-, 過分 **mixt-**「混ぜる」: Ⓕ *med*dle, Ⓕ *med*ley, *misc*ellaneous, *mix*《mixt- の t が過去分詞の -ed と取り違えられて生じた》, *mix*ture, pro*misc*uous.

mit(t)-, 過分 **miss-**「送る」: ad*miss*ion, ad*mit*, com*miss*ion, com*mit*, Ⓕ com*mitt*ee, de*mit*, dis*miss*, e*miss*ion, e*mit*, inter*miss*ion, inter*mit*, Ⓕ *mess*age, *miss*ile, *miss*ion, *miss*ive, o*miss*ion, o*mit*, per*miss*ion, per*mit*, Ⓕ pre*mise*[1,2] 前提; (前記の) 場所, Ⓕ pro*mise*, re*mit*, sub*miss*ion, sub*mit*, Ⓕ sur*mise* <super- +〜 (罪を帰す→) 想定する, trans*miss*ion, trans*mit*.

mod-「計測, 節度; ありさま, 心の状態」: accom*mo*date, com*mod*ious, com*mod*ity, im*mod*erate, *mod*al, *mode*, *mod*el, *mod*erate, *mod*est, *mod*ulate, *mod*ule, Ⓕ *mood*.

mol-「容積」: Ⓕ de*mol*ish, *mol*ecule, *mol*est 重荷.

moll-「柔らかい」: e*moll*ient, *moll*ify, *moll*usk.

mon-, 過分 **monit-**「忠告する; 思わせる」: Ⓕ ad*mon*ish, ad*monit*ion, *monit*ion, *monit*or, *monu*ment, pre*monit*ion, Ⓕ sum*mon* <sub- +〜 呼び寄せる.

monstr-, 過分 **monstrat-**「示す; (神意を示す) 奇跡」: de*monstrat*e, *monst*er 出現, *monstr*ous, remonstrate.

mont-「山」: Ⓕ montage, Ⓕ mount[1,2], Ⓕ mountain, Ⓕ mountainous, Ⓕ surmount.

mor-[1], 過分 **morat-**「遅滞する」: demur, moratorium.

mor-[2], 過分 **mort-**「死ぬ」: immortal, moribund, mortal, Ⓕ mortify.

mord-, 過分 **mors-**「噛(か)む」: mordacious, mordant, Ⓕ morsel, remorse.

mo(u)-, 過分 **mot-**「動く, 動かす」: commotion, demote, emotion, locomotive, mobile, mobilize, moment, motive, Ⓕ move, Ⓕ movement, Ⓕ movie, remote, Ⓕ remove. 〈注〉mutiny も同語源.

mult-「多量, 多数」: multifarious, Ⓕ multiple, Ⓕ multiply, multitude.

mun-「共通の」: Ⓕ common, communal, commune, communicate, communion, community.

mut-「移る, 変わる; 交替する」: commute, mutation, mutual, transmute.

nau-, nav-「舟で行く; 水夫」: astronaut, nautical, naval, navigate, Ⓕ navy.

nec-, 過分 **nect-, nex-**「結ぶ」: annex, connect, nexus.

neg-, 過分 **negat-**「否定; 非, 不」: abnegate, Ⓕ deny, negation, negative, neglect <～+√leg-, Ⓕ negotiate <～+√oti-. 〈注〉renegade はスペイン語を通じて.

nerv-「神経」: enervate <ex- + ～, nervous, unnerve.

nigr-「黒い」: denigrate, nigritude. 〈注〉negro はスペイン語を通じて.

noc-, 過分 **nox-**「害する」: innocent, innocuous, nocent, nocuous, noxious, obnoxious.

noct-「夜」: equinoctial, equinox <√equ-+√noct-, nocturnal, nocturne.

nom- Gk.「法則」: astronomy, autonomy, economy <√oiko, √eco- +～ 家(政)の法則.

nomin-「名」: denominate, nominal, nominate, Ⓕ noun, Ⓕ renown. 〈注〉元来は √gnomin- で cognomen <com- +～, ignomy <in-[2] +～.

norm- Gk.「基準」: abnormal, enormous, normal.

not-, 過分 **notat-**「印; 印をつける」: annotate, connote, denote, notable, notate, notation, note, notice.

nov-「新しい」: innovate, novel, novice, renovate.

nud-「裸」: denude, nude, nudity.

null-「無, ゼロ」: annul, null, nullify, nullity.

numer-, 過分 **numerat-**「数; 数える」: enumerate, Ⓕ number, numeral, numerous, supernumerary.

nunti-, nunci-「知らせる, 宣言する」: Ⓕ announce, annunciation, Ⓕ denounce, denunciation, enunciation, nuncio, Ⓕ pronounce, pronunciation, Ⓕ renounce, renunciation.

nutri-, 過分 **nutrit-**「養う」: malnutrition, Ⓕ nourish, Ⓕ nurse, Ⓕ nurture, nutrition, nutritive.

ocul-「目」: binocular, inoculate (芽をさす→)接種する, ocular, oculist.

odi-「嫌悪(けんお)」: Ⓕ annoy <in-[1] +～, Ⓕ ennui <in-[1] +～, odious, odium.

omin-「前兆」: abominable, abominate (悪兆として避ける→) きらう, omen, ominous.

oner-「重荷」: exonerate, onerous.

onym- Gk.「名; 語」: anonymous, antonym <anti- +～, eponym <epi- +～, metonym <meta- +～, patronym <√pat(e)r- +～, pseudonym <√pseud- +～ うその名, synonym.

op- Gk.「見る」: optical, optician, synopsis.

oper-「仕事」: co-operate, opera, operate, operation. 〈注〉office は √op(er)- +√fac-.

opt-, 過分 **optat-**「採る, 選ぶ」: adopt, co-opt, opt, optative, option.

or-「口; 話す, 祈る」: adore, inexorable, oracle, oral, orate, oration, orifice.

ordin-「序列」: co-ordinate, extraordinary, inordinate, Ⓕ order, Ⓕ orderly, ordinal, ordinary, subordinate.

ori-, 過分 **ort-**「生じる」: aborigines, abort, orient 日の出の方向, orientation, origin, original.

orn-, 過分 **ornat-**「飾る」: adorn, ornament, ornate.

os-「口, 顔」(√or- とおなじ): oscillate バッカスの祭りで「小さな面」を枝にかけて風にゆすらせる, osculate, ostensible <～+√tend-, ostentation.

oti-「暇」: negotiate <√neg- +～, otiose.

pand-, 過分 **pans-**「広がる」: expand, expanse, expansion.

pa(n)g-, pac-, 弱 **-ping-**, 過分 **pact-**「固定(安定)する; 打ちつける」: compact, impact, impinge, pacify, pact, Ⓕ pay (債権者の心を安定させる→) 支払う, Ⓕ peace, propaganda, propagate (ブドウを) 根づけによって広げる.

par-[1]「等しい」: compare, Ⓕ disparage <dis- +～ 等しい位置から離す, disparity, parity, Ⓕ peer.

par-[2], 過分 **parat-**「準備する, 整える」: apparatus, preparation, prepare, Ⓕ repair, reparation, separate <se- +～, Ⓕ sever <se-+～. 〈注〉parade はスペイン語を通じて.

par-[3], 過分 **parit-**「見える, あらわれる」: apparent, apparition, Ⓕ appear, disappear, transparent.

part-, 過分 **partit-**「部分; 分ける」: Ⓕ apartment, Ⓕ compartment, depart, Ⓕ department, departure, impart, impartial, Ⓕ parcel, participate <～+√cap-, particle, particular, partition, Ⓕ party.

pat(e)r- L., Gk.「父; (父の) 国」: expatriate, Ⓕ parricide <～ +√caed-, paternal, patrimony, patriotism, Ⓕ patron, patronymic, perpetrate <per- +～(父として生む→) しでかす, repatriate, Ⓕ repair 国へもどる.

path- Gk.「苦しみ」: antipathy, apathy, pathetic, pathos, psychopathy, sympathy, telepathy.

pati-, 過分 **pass-**「苦しむ; 耐える」: compassion, compatible, impatient, patience, patient, passion, passive.

ped-「足」: expedient <ex- +～ 足が自由な, expedite, expedition, impede <in-[1]+～ 足がとらわれた, impediment, pedal, pedestral, pedestrian, quadruped.

pejor-「より悪い」: Ⓕ impair, pejorative.

pel(l)-, 過分 **puls-**「押す, 押しやる; 自分を押しつける」: Ⓕ appeal <ad- +～ (近寄る→) 呼ぶ, ap-

pellation, compel, compulsion, dispel, expel, expulsion, impel, impulse, interpellate, propel, propeller, pulse, Ⓕ repeal 押しもどす, repel, repellent, repulsion, repulsive.

pend-, 過分 **pens-**「つるす; (金・銀をはかりにつるして)支払う」: append, appendix, compensate, depend, dispense, expend, expense, expensive, impend, pendant, pendent, pendulum, pension, pensive, perpendicular, Ⓕ poise, propensity, recompense, suspend ＜sub- ＋～, suspense.

pet-, 過去 **petit-**「…に向かう; 求める」: appetite, centripetal, compete, impetuous, impetus, perpetual, petition, petulant, Ⓕ repeat, repetition.

pha(n)-, phen- Gk.「あらわれる」: diaphanous ＜dia- ＋～, emphasis ＜en- ＋～ はっきりあらわす, emphatic, epiphany, fantastic, fantasy, phantasm, phantasy, phantom, phase, phenomenon.

phon-「音」: phone, phonetic, phonograph, symphony, telephone.

pil-, 過分 **pilat-**「積み上げる」: compilation, compile, pile, pillar.

pi(n)g-, 過分 **pict-**「色を塗る; 描く」: depict, Ⓕ paint, picture, pigment.

plac-「喜ばす; 和らげる」: complacent, Ⓕ complaisant, implacable, placable, placate, placid, Ⓕ pleasant, Ⓕ please.

pla(n)-「平坦(へいたん)な; 平明な」: Ⓕ explain, explanation, Ⓕ plain, plan, plane, plate, Ⓕ plateau, platitude. 〈注〉explore は √plor- に属し「流す」, √pla(n)- に属し「明らかにする」の意と, 二説ある.

pla(n)g-, 過分 **planct-**「打つ; (胸を打って)嘆く」: Ⓕ complain, Ⓕ complaint, plague, Ⓕ plaintiff, Ⓕ plaintive, plangent.

plaud-, plod-, 過分 **plaus-, plos-**「打ち合わす; 手を打つ」: applaud, applause, explode, explosion, plausible (手を打って) 賛成する, plosive.

plec-, 弱 **-plic-,** 過分 **plect-, plex-**「曲げる; 編む」: application, Ⓕ apply, complex, complexion 体液の混合, complicated, Ⓕ comply, Ⓕ deploy, Ⓕ display, duplex, duplicate, Ⓕ employ, explicable, explicate, explicit, implicate, implication, implicit, Ⓕ imply, multiplex, multiplication, Ⓕ multiply, perplex, Ⓕ pliable, Ⓕ plier, replica, replicate, Ⓕ reply, simple, simplicity, Ⓕ supple, Ⓕ suppliant ひざを曲げて哀願する, supplicate.

ple(n)-, 過分 **plet-**「満ちた; 満たす」: Ⓕ accomplish, complement, complete, deplete, expletive, implement, plenary, plenitude, Ⓕ plenty, replete, supplement＜sub- ＋～, suppletion, Ⓕ supply.

plor-「嘆く, 涙を流す」: deplore, implore.

pod- Gk.「足」: antipodes, octopus 8 本足, podium, tetrapod 4 本足, tripod 3 本足.

poli- Gk.「都市 (統治)」: acropolis ＜√acro- ＋～ 高い都, 都の丘, police, political, politics, megalopolis, metropolis 母なる都市, metropolitan.

pon-, 過分 **posit-, post-**「置く」: apposition, component, compose, composition, composure, Ⓕ compound, depose, deposit, dispose, exponent, expose, exposure, Ⓕ expound, impose, Ⓕ impound, opponent, oppose, opposite, pose, position, positive, post[1, 2], postal, posture, prepose, preposition, proposal, propose, proposition, Ⓕ propound, purpose, repose, suppose, supposition, transpose. 〈注〉-pose は元来は √paus-「やむ, 休む」に由来するが, √pon- と同一視されるに至った.

pond(er)-「重さがある; 重さを量る」: ponder, ponderous, preponderant. 〈注〉√pend- と同語源.

port-「運ぶ」: comport (自分を運ぶ→) 動作する, deport, export[1, 2], import, important 含みをもつ, port[2], portable, porter, report, sport ＜dis- ＋～, transport.

post-「あとの, 後ろの」: posterior, posterity, posthumous 《√hum- 参照》.

pot-「力ある」: Ⓕimpuissant, possess＜～＋√sed-, possible, potent, potential, Ⓕpower, Ⓕpuissant.

prec-, 過分 **precat-**「願う」: deprecate, imprecate, Ⓕ pray, Ⓕ prayer, precarious.

prehend-, 過分 **pre(he)ns-**「つかむ, とらえる」《√pris- 参照》: apprehend, comprehend, comprehensible, comprehension, comprehensive, reprehend, reprehensive.

press-「圧する」《√prem- の過去分詞》: depress, impress, oppress, press, pression, pressure, repress, suppress.

preti-, preci-, 過分 **preciat-**「価; 値をつける」: Ⓕ appraise, appreciate, depreciate, Ⓕ praise, precious, Ⓕ price.

prim-「第一の; 原初の」: Ⓕ premier, primary, primeval＜～＋√aev-, primitive, principal＜～＋√cap-.

pris-「とらえる」《√prehend- の過去分詞 pre(he)ns- からのフランス語の形》: Ⓕ apprise, Ⓕcomprise, Ⓕ enterprise, Ⓕ surprise ＜super- ＋～ 急にとらえる.

priv-, 過分 **privat-**「個別の; 別にする, 離す, 奪う」: deprive, privacy, private, privation, privilege ＜～＋√leg- 個人の権利.

prob-, 過分 **probat-**「正しい; 正しいと認める, ためす」: approbation, Ⓕ approval, Ⓕ approve, Ⓕ disprove, probable, probity, Ⓕ proof, Ⓕ prove, reprobate, Ⓕ reprove.

prol-「子孫」: proletariat (あとに子孫のみ残す) 財産のない人々, prolific＜～＋√fac-.

prop-「近い」《最上級 prox-》: Ⓕ approach, approximate, propinquity, proximity, proximo, Ⓕ reproach.

pud-「恥じる」: impudent, repudiate (恥じて) 退ける.

pugn-「拳(こぶし); 拳で戦う」: impugn, oppugn, pugnacious, repugnant.

pun-, pen-, 過分 **punit-**「罰; 罰する」: impunity, Ⓕ pain, penal, penalize, penitent, Ⓕ punish, punitive, Ⓕ repent.

pung-, 過分 **punct-**「(針で)突く」: compunction, expunction, expunge, Ⓕ poignant, Ⓕ point, punctilio, punctilious, punctual, punctuate, puncture, pungent.

put-, 過分 **putat-**「計算する; 評する, 思う」: compute, Ⓕ count ＜com- ＋～, dispute, impute, putative, reputation, repute.

quer-, 弱 **-quir-,** 過分 **quisit-, quest-**「求め

る; 答えを求める」: acquire <ad-+～, acquisition, conquer, conquest, disquisitive, exquisite, inquire, inquisitive, query, quest, question, request, require, requisite, requisition.

quie-, 過分 **quiet-**「静かにする」: acquiesce, Ⓕ acquit, quiescent, quiet, quietude, quietus, Ⓕ quit, requite, requiem.

ra-, 過分 **rat-**「数える; 考える」: irrational <in-[2] +～, rate, Ⓕ ratify, ratiocinate, ration, rational, Ⓕ reason.

rad-, 過分 **ras-**「すりむく」: abrade, abrasion, corrade <com- +～, erase <ex- +～, raze, razor.

radi-, 過分 **radiat-**「放射する」: irradiate <in-[1] +～, radiate, radiator, radio, radium, radius, Ⓕ ray.

radic-「根」: Ⓕ deracinate, eradicable, eradicate <ex- +～, radical, Ⓕ radish.

rap-, 過分 **rapt-, -rept-**「さっと捕える」: enrapture, rapacious, rape, rapid, rapt, rapture, Ⓕ ravish, surreptitious <sub-+～.

reg-, 弱 **-rig-**, 過分 **rect-**「制する, 支配する」: Ⓕ address <ad- +dress, Ⓕ adroit <ad- + direct, correct <com- +～, corrigendum, corrigible, direct, dirigible, dress<direct(iare) まっすぐにする, 整える, 正装する, rectitude, regal, regent, regime, regimen, region (統治)地域, regnant, regular, regulate, Ⓕ reign, Ⓕ royal, Ⓕ rule <reg(ula).

rid-, 過分 **ris-**「笑う」: deride, derision, derisive, Ⓕ riant, rident, ridicule, ridiculous, risible.

riv-「川, 流れ」: derive, rival (川岸の人→水を奪い合う)競争者, rivulet. 〈注〉 arrive, river, riverain の riv- は √rip-「岸」から.

robor-, robos-「堅固な」: corroborate <com-+～, robust.

rod-, 過分 **ros-**「かじる, 食い込む」: corrode <com-+～, corrosion, erode <ex-+～, erosion, rodent.

rog-, 過分 **rogat-**「尋ねる, 求める」: abrogate, arrogant <ad- +～, derogate, interrogate, prerogative, surrogate <sub- +～ … の代わりに求める. 〈注〉 √rog- は「話しかける」で, √reg- と関係があるとされる.

rot-「丸い」: Ⓕ rôle, rotary, rotate, rotund, Ⓕ round.

rudi-「粗(あら)い」: erudite <ex- +～ 粗い味をとった, Ⓕ rude, rudiment.

ru(m)p-, 過分 **rupt-**「折る, 砕く, 断つ」: abrupt, corrupt <com- +～, disrupt, erupt, eruption, interrupt, irrupt <in-[1] +～, Ⓕ rout, Ⓕ route (切りひらかれた)道, rupture.

sac(e)r-, 弱 **-secr-**「神聖な」: consecrate, desecrate, execrate <ex- +～, sacrament, sacred, sacrifice.

sal(i)-, 弱 **-sil(i)-**, 過分 **salt-, -sult-**「跳(と)ぶ」: Ⓕ assail <ad- +～, Ⓕ assault, desultory, exult <ex- +～, insult, resilient, result, salient, Ⓕ sally, saltation, transilient.

salu-, salv-, 過分 **salut-, salvat-**「安全; 救助する, (安全を祈る→) あいさつする」: salubrious, salutary, salutation, salute, salvable, salvage, salvation, Ⓕ save.

san-, 過分 **sanat-**「健康な; 健全にする」: insane, sanative, sanatorium, sanatory, sane, sanitary, sanitation, sanity.

sanct-「聖な」: Ⓕ saint, sanctify, sanction, sanctity.

sap-, 弱 **-sip-**「味; (味を)知る」: (homo) sapiens, insipid, insipient, Ⓕ sage, sapid, sapor, Ⓕ savant, Ⓕ savor.

sat-「十分な」: insatiable, satiate, satiety, satisfaction, satisfy, saturate.

scal-「階段」: escalade, escalate, scale. 〈注〉 √scal- <√scand+l(a).

scand, 弱 **-scend-**, 過分 **scans-**「よじる, よじ登る」: ascend, condescend <com- +de- +～, descend, descent, scan <scans- (調子の上下を)調べる, scansion, transcend.

scept-, scop- Gk.「見る」: microscope, periscope, sceptic, scope, telescope. 〈注〉 参照 √spec-.

sci-「知る」: conscience, conscious, nescient, omniscient, prescience, science.

sci(n)d-, 過分 **sciss-**「切る, 断つ」: abscind, abscission, prescind, rescind, scission, scissors 《scissors は元来は √caed- からであるが, √scind- の影響を受けた》.

scrib-, 過分 **script-**「書く」: ascribe, circumscribe, describe, inscribe, inscription, manuscript, nondescript, prescribe, proscribe, rescription, scribe, script, scripture, subscribe, superscribe, transcribe.

sec-, 過分 **sect-**「切る」: dissect, insect, sect, sectarian, section, sector, segment.

sed-, 弱 **-sid-**, 過分 **sess-**「すわる」: assiduous, Ⓕ assiege, dissident, insidious < in-[1] +～, obsession, obsidious, possess<√pot-+～ 力をもって(主人として)すわる, president, reside, residence, resident, sedate, sedative, sediment, Ⓕ siege, subside, subsidiary, subsidy, supersede.

semin-, 過分 **seminat-**「種; 種をまく」: disseminate, inseminate, seminal, seminar 育種場.

sen-「老いた」: senate, senescent, senile, senior.

sent-, 過分 **sens-**「感じる; 思う」: assent, consensus, consent, dissent, resent, scent, sensation, sense, sensible, sensitive, sentence (判断→)文, sentient, sentiment.

sequ-, 過分 **secut-**「追う, 随う」: consequence, execute<ex-+～, persecute, Ⓕ pursue, second, subsequent, Ⓕ sue.

ser-, 過分 **sert-**「つながり; つなぐ」: assert <ad- +～ 手をつなぐ《昔被告の肩に手を置いて弁護した》, desert (つなぎを切った→) 捨てられた, dissertation (別にする→理を分けて) 論ずる, exert<ex-+～, insert, serial, series, sermon つながったことば.

serv-[1], 過分 **servat-**「守る, 保存する」: conservation, conservative, conserve, observe 見守る, preserve, reserve.

serv-[2], 過分 **servit-**「どれい; 働く, 奉仕する」: Ⓕ desert[3], deserve, Ⓕ dessert, Ⓕ serf, Ⓕ servant, Ⓕ serve, service, servile, servitude.

sider-「星; 星を見て占う」: consider (星占いする→)考える, desiderative, Ⓕ desire <de- +～ (星が見えなくなる→)惜しむ, 欲する, sidereal.

sign-「印; 印をつける」: assign, consign, design, resign, resignation, sign, signal, signature, significant <～+√fac-, signify.

simil-, simul-「おなじ, 似た」: Ⓕ assemble, assimilate, Ⓕ dissemble, dissimilar, dissimulate, Ⓕ resemblance, Ⓕ resemble, Ⓕ semblance, similar, simile, similitude, simulacrum, simulant, simulate, simultaneous, verisimilitude.

sinu-「へこみ, ひだ」: insinuate, sinuate, sinuosity, sinus.

sist-「立つ」(√sta- を √sist(a)- と語頭子音を繰り返したもの): assist, consist, desist, exist <ex-+～, insist, persist, resist, subsist.

soci-「仲間, 友」: associate, dissociate, social, society.

sol-[1]「孤独の」: desolate, sole, soliloquy <～ + √loqu-, solitary, solitude. 〈注〉solo はイタリア語を通じて.

sol-[2], 過分 **solat-**「慰め; 慰める」: console, solace, solatium.

sol-[3], 過分 **solet-**「習慣である」: insolent, obsolescent, obsolete《→√al-》.

sol-[4]「太陽」: insolation, parasol, solar, solstice <～+√sta- 太陽が立ち止まる.

solid-「固まった」: consolidate, solid, solidarity.

solu-, solv-, 過分 **solut-**「溶く, 解く」: absolute 解き離した, (結び相手のない→) 絶対の, absolve, dissolute, dissolution, dissolve, resolute, resolution, resolve, soluble, solution, solve.

somn-「眠り」: insomnia, somnambulate, somniferous <～+√fer-, somnolent.

son-「音; 響く」: assonance, consonant, dissonant, resonant, Ⓕ resound, sonant, sonic, soniferous <～+√fer-, sonorous, Ⓕ sound, unison <√un- +～.

sorb-, 過分 **sorpt-**「吸う, 呑(の)む」: absorb, absorption, adsorb, sorbent.

spars-, 弱 **-spers-**「播(ま)かれた」《√sparg- の過去分詞》: aspersion, disperse, dispersion, intersperse, sparse, sparsity.

spec-, 弱 **-spic-**, 過分 **spect-**「見る, 見える; 外見, 種類」: aspect, circumspect, conspicuous, despicable 見くだすべき, Ⓕ despise, Ⓕ despite 無視して, expect <ex- +～, inspect, introspect, special (種に)独特の, species, specimen, specious, spectacle, spectator, specter, spectrum, speculate, suspect <sub+～, transpicuous.

sper-, 過分 **sperat-**「望む」: Ⓕ despair, desperate, Esperanto.

spir-, 過分 **spirat-**「息する」: aspirate, aspire, conspire, expire <ex- +～, inspire, respirate, respiration, spirit (息→) 命, 心, transpire.

spond-, 過分 **spons-**「約束する, 応ずる」: correspond <con- +re- +～, despondent, Ⓕ espouse (婚約者→)夫婦, respond, response, responsible, sponsor.

sta-, 弱 **-sti-**, 過分 **stat-, -stit-**「立つ」《Gk. も √sta-》: apostate, circumstance, constant, constituent, constitute, constitution, contrast <contra- +√st(a-), destine, destitute, distant <dis- +～, ecstasy 心がからだの外に立つ, Ⓕ establish, instance, instant, institute, institution, obstacle, obstinate, prostitution 売りに(前へ)出す, rest <re- +√st(a)-, stability, stable[1,2], stance, state, static, station, stature, status, statute, Ⓕ stay, substance, substantial, substitute, superstition, system <syn- +～ ともに立つ.

staur-「安置する」: restaurant, restore, store. 〈注〉√sta- と同語源.

stel-, stol- Gk.「送る」: apostle 使者, apostolic, epistle, epistolary.

stell-「星」: constellation, stellar, stellular.

stern-, 過分 **strat-**「伏す, 伏せる」: consternation, prostrate, stratification, stratum. 〈注〉street も同語源.

still-「水, 滴」: distill, instill.

sti(n)g-, 過分 **stinct-**「(針で) 突く」: distinct < dis- +～ 針の跡で区切った, distinction, distinguish, instigate, instinct, stimulate.

stingu-, 過分 **stinct-**「(火を)消す」: extinct, extinguish.

stri(n)g-, 過分 **strict-**「締める」: astringent, Ⓕ constrain, constrictive, constringe, Ⓕ distress, district <dis- +～ 限られた範囲, Ⓕ strain, Ⓕ strait, Ⓕ stress, strict, stricture, stringent.

stru-, 過分 **struct-**「積む, 積み上げる」: construct, Ⓕ construe, Ⓕ destroy, destruction, instruct, instrument, obstruct, structure.

stup-「呆然(ぼう)」: stupefaction, stupendous 呆然とさせるほどの, stupid.

suad-, 過分 **suas-**「説得する」: dissuade, dissuasion, persuade, persuasion, persuasive, suasion.

sue-「慣れる」: consuetude, desuetude.

sum-, 過分 **sumpt-**「採る, 採り上げる; 消費する; 想定する」: assume, assumption, consume, consumption, presume, presumption, presumptuous, resume, resumption, sumptuous.

summ-「最高, 総計」: consummate, Ⓕ sum, summary, summit.

super-「上, 以上; 越す」: insuperable, Ⓕ sovereign, superb, supreme 最高の. 〈注〉接頭辞としても用いられる: superlative <～+ √lat-, supersede <～ +√sed-.

surg-, 過分 **(sur)rect-**「立ち上がる」: insurgent, insurrection, resurgent, resurrect, resurrection, Ⓕ source わき水. 〈注〉√surg- <sub- + √reg-.

tac-, 弱 **-tic-**, 過分 **tacit-**「沈黙する」: reticent, tacit, taciturn.

tag- Gk.「並べる」: parataxis, syntax, tactics, taxeme, taxis, taxonomy. 〈注〉-gs(-)→-x(-).

tali-「切る, 刻み目をつける」: Ⓕ detail, Ⓕ retail, Ⓕ tailor 裁断師, Ⓕ tally.

ta(n)g-, 弱 **-ti(n)g-**, 過分 **tact-**「触れる」: Ⓕ attain, contact, contagion, contaminate, contiguous, contingency, contingent, intact, tact, tangent, tangible. 〈注〉integrate「(触れられぬ→)完全な」も同語源.

teg-, 過分 **tect-**「おおう」: detect, detective, protect, tegular, tegument.

tem-「切る」: contemplate 聖所 (temple) でながめる, temple (他から切り離した) 聖所.

temper-「混ぜる;(酒に水を混ぜて)やわらげる」: temper, temperament (体液の混合→)気質, temperance, temperate, temperature 冷熱の状態.

tempor-「時」: contemporary, extemporaneous, extemporary, temporal, temporary, temporize. 〈注〉tempo はイタリア語を通じて.

tempt-, tent-「触れる, 試みる」: attempt, tempt, temptation, tentacle, tentative.

ten-, 弱 **-tin-,** 過分 **tent-**「(手に)持つ」: Ⓕ abstain 身を控える, abstinence, Ⓕ contain, content(s), continent, Ⓕ continue, Ⓕ countenance 身を持する, Ⓕ detain, detention, Ⓕ obtain, obtention, Ⓕ pertain, pertinent, Ⓕ retain, retention, Ⓕ retinue, Ⓕ sustain <sub- +～, sustenance, tenable, tenacious, tenacity, tenant, tenement, tenet, tenor[1], tenure.

tend-, 過分 **tent-, tens-**「向かう, 向ける; 張る」: attend, attention, contend, contention, distend, distention, extend, extension, intend, intense, intensive, intent, intention, ostend <√os- +～, portent <pro- +～ 示す, pretend, pretense, pretentious, tend, tendency, tense, tensile, tension.

tenu-「細い, 薄い」: attenuate, extenuate, tenuity, tenuous.

terg-, 過分 **ters-**「洗う, ぬぐう」: abstergent, abstersion, detergent, terse.

terior-「…よりいっそう―な」《比較を示す接辞》: deteriorate, exterior, interior. 〈注〉-ior だけでも比較を示す: inferior, superior, junior, senior.

termin-「境界」: conterminous, determinate[1,2], determine, exterminate, Ⓕ term, terminal, terminate, terminus.

ter(r)-「恐れさす」: deter, deterrent, terrible, terrific, terrify, terror.

terr-「土, 大地」: disinter, inter <in- +～, Mediterranean <√medi- +～, subterranean, terrace, Ⓕ terrain, terrestrial, territory.

test-「証人; 証する」: attest, contest, detest <de- +～ (悪(ｱ)しく証言する→)きらう, intestate <in-[2] +～, obtest, protest, test (試験用の)つぼ, びん, testament, testify, testimony.

tex-, 過分 **text-**「織る, 編む」: context, pretext, text, textile, texture, Ⓕ tissue.

the-[1] Gk.「神」: atheism, theistic, theocrat, theology, theophany.

the-[2] Gk.「置く」: antithesis, epenthesis <epi- + en- +～ 上から中へ入れる, epithet, hypothesis <hypo- +～ 下に置く, metathesis <meta- +～ 置き換え, synthesis, synthetic, theme (置かれた)題目, thesis.

ting-, 過分 **tinct-**「水につける, 染める」: Ⓕ taint, tinctorial, tincture, tinge. 〈注〉tint はイタリア語の影響で c が消失. Ⓕ stain は <dis- +～ 色を落とす, よごす.

tol-「負う, ささえる」: extol (持ち上げる→)ほめる, tolerable, tolerant, tolerate.

tom- Gk.「切断する」: anatomy, atom, entomology (切れ目がはいっている→)こん虫(学), epitomy.

ton- Gk.「(糸の)張り; 音調」: astonish <ex- +～ (雷鳴で)ぎょうてんさせる, Ⓕ astound, detonate, intone, tonal, tone, tonic 体調を強める.

torqu-, 過分 **tort-, tors-**「ひねる, ねじる」: contort, contortion, distort, distortion, extort, extortion, retort, torment, torsion, tortuous, torture.

torr-, 過分 **tost-**「あぶる, 焼く」: toast, torrefy, torrent (煮え立ち)たぎる, torrid.

trah-, 過分 **tract-**「引く」: abstract, attract, contract, detract, distract, extract, protract, retract, Ⓕ retreat, subtract, Ⓕ trace, tract, traction, tractor, Ⓕ train, Ⓕ treat.

trem-「震える」: Ⓕ tremble, tremendous, tremor, tremulous. 〈注〉tremolo はイタリア語を通じて.

trepid-「震える」: intrepid, trepidation.

tri-, 過分 **trit-**「こする, すりへらす」: attrition, contrite, detriment, detrition, detritus, tribulate, tribulation, trite.

trib-「種族; (種族の間に)分配する」: attribute, contribute, distribute, retribute, tribal, tribe, tribune (種族の)司法官, tributary, tribute.

tric-「やっかいごと, もつれ」: extricate, inextricable, intricacy, intricate.

trud-, 過分 **trus-**「押す, 押し進む」: abstruse <ab- +～ (押し隔てられた→)隠れた, intrude, intrusion, obtrude, obtrusive, protrude, protrusion.

trunc-, 過分 **truncat-**「断ち切る」: detruncate, Ⓕ retrench, Ⓕ trench, Ⓕ trenchant, truncate.

tu-, 過分 **tu(i)t-**「看(ﾐ)る, 見張る」: intuition, tuition, tutelar, tutor.

tum-「ふくらむ」: intumesce, tumefy, tumid, tumor, tumult (群集・恐怖の)ふくれ上がり, tumulus.

turb-「乱す; ぐるぐる回す」: disturb, perturb, Ⓕ trouble, turbid, turbinate, turbine, turbulent.

ul-「向こうの; かなたの」: ulterior, ultimate, ultimatum, ultra.

um-「湿り」: humid, humor (体液→)気質; ユーモア. 〈注〉語頭の h は √hum- の影響による.

umbr-「陰」: adumbrate, Ⓕ umbrage, umbrella.

un-, 過分 **unit-**「一つ; 統一する」: unanimous <～ +√anim-, uniform, unify, union, unique, unit, unite, unity, universe <～ +√vert-.

und-「流水, 波」: Ⓕ abound, abundant <ab- +～ あふれ出るほどの, inundate, Ⓕ redound, redundant <re- +～ 流れ帰る, surround <super- +～, undulate, undulation.

urb-「都市」: exurb, suburb, suburban, urbane, urbanity.

ut-, 過分 **us-**「用いる」: abuse, peruse, usage, use, usual, usuary (金の使用料)→高利, usurp <～ +√rap- 使用によりわがものとする, utensil, utilitarian, utility, utilize.

vac-, 過分 **vacat-**「空虚; 空である」: evacuate, vacant, vacate, vacation, vacuity, vacuous, vacuum.

vad-, 過分 **vas-**「行く」: evade, evasion, evasive, invade, invasion, pervade.

vag-「さまよう」: extravagant, extravagate, noctivagant, vagabond, vagary, Ⓕ vagrant, vague.

val-「健康である, 力がある, 価値がある」: ambivalent, Ⓕ avail, convalescent, Ⓕ countervail, equivalent, invalid, Ⓕ prevail, prevalent, valiant, valid, valor.

van-「空虚な」: evanescent, Ⓕ vain, Ⓕ vanish,

*van*ity, Ⓕ *vaun*t.

vari-「変わる」: in*vari*ant, *vari*ation, *vari*ed, *varie*gated, *vari*orum, *vari*ous, *vary*.

vast-「荒らされた; 空虚な」: de*vast*ate, *vast*. 〈注〉 √vac-, √van- と同語源.

veh-, 過分 **vect-**「運ぶ」: in*vect*ive ほこ先を向けた, Ⓕ in*veigh*, *vect*or, *veh*icle, *veh*icular.

vel-「おおい, ベール」: Ⓕ re*veal*, re*vel*ation, Ⓕ *veil*, *vel*ar.

ven-, 過分 **vent-**「来る」: ad*vent*, ad*vent*ure (身に生ずる)事件, Ⓕ a*ven*ue (近接)路, circum*vent*, contra*vene*, con*vene*, con*ven*ient, con*vent*ion, Ⓕ co*ven*ant＜com- ＋～, e*vent*, e*vent*ual, inter*vene*, inter*vent*ion, in*vent* 行き当たる, pre*vent*, Ⓕ pro*ven*ance, Ⓕ re*ven*ant, Ⓕ re*ven*ue, sub*vent*ion, super*vene*.

ven(d)-「売る」: *ven*al, *vend*, *vend*or.

vent-「風」: *vent*, *vent*ilation, *vent*ilator.

ver-「真実の」: a*ver* ＜ad- ＋～, *ver*acious, *ver*acity, *ver*dict, *ver*ify, *ver*isimilitude, *ver*itable, *ver*ity, Ⓕ *very* まことの, まことに, たいへん.

verg-「傾く」: con*verge*, con*verg*ent, di*verge*, di*verg*ent.

vert-, vort-, 過分 **vers-, vors-**「めぐる, 回る; (ぐるぐる回り)とどまる」: ad*vers*e, ad*vers*ity, ad*vert*, Ⓕ ad*vert*isement, anni*vers*ary, a*vers*ion, a*vert* ＜ab- ＋～, contro*versy*, contro*vert*, con*versa*tion (行き来する→) 話し合う, con*verse*, con*ver*sion, con*vert*, di*verse*, di*vers*ion, di*vert*, di*vor*ce, extra*vert*, inad*vert*ent, intro*vert*, in*vert*, ob*vert*, per*verse*, per*vert*, retro*vert*, re*verse*, re*vert*, sub*vers*ion, sub*vert*, tergi*vers*ate ＜√terg- ＋～ 背をめぐらす, trans*verse*, uni*verse*, *vers*atile, *verse* (反転して)改行, *vers*ed (とどまりたずさわる→) 精通した, *vers*ion, *vort*ex.

vest-「衣服」: di*vest*, in*vest*, in*vest*iture, in*vest*ment, tra*vesty* ＜trans- ＋～ 風変わりな服装.

veter-「古い」: in*veter*acy, in*veter*ate, *veter*an, *veter*inary 老獣を世話する医師.

vi-[1]「道, 旅; 送る」: Ⓕ con*vey*, Ⓕ con*voy*, de*vi*ate, de*vi*ous, Ⓕ en*voy*, imper*vi*ous, in*voi*ce ＜envoi 送り状, ob*vi*ate, ob*vi*ous, per*vi*ous, pre*vi*ous, tri*vi*al (三叉(さ)路の→)万人の知るつまらない, *via*, *vi*aticum, Ⓕ *voy*age 旅.

vi-[2]「力」: *vi*olate, *vi*olence, *vi*olent.

vic-「代わる; 代理」: *vic*ar, *vic*arious, *vic*e(-admiral), *vic*e (versa), *vic*issitude.

vid-, 過分 **vis-**「見る」: Ⓕ ad*vic*e, ad*vis*e (見える, 適当と思われる→)忠告する, 知らせる, Ⓕ de*vic*e, de*vis*e, di*vid*e, di*vis*ion, e*vid*ent, Ⓕ en*vy*, in*vid*ious ＜in-[1] ＋～ じっと見る, pro*vid*e, pro*vid*ence, pro*vid*ent, pro*vis*ion, pr*ud*ent ＜pro- ＋～ (予見する→) 慎重な, Ⓕ pur*vey*, Ⓕ re*view*, re*vis*e, Ⓕ re*vu*e, super*vis*e, Ⓕ sur*vey*, *vid*eo, *vis*age, *vis*ible, *vis*ion, *vis*it, *vis*or, *vis*ual. 〈注〉 *vis*ta はイタリア語を通じて.

vi(n)c-, 過分 **vict-**「勝つ, 征服する; 勝訴する」: con*vict*, con*vict*ion, con*vinc*e 承服させる, e*vict* 不法所有者に勝訴する, e*vinc*e (完勝する→) 証明〔明示〕する, in*vinc*ible, Ⓕ *van*qu*ish*, *vict*or, *vict*ory.

vindic-, 過分 **vindicat-**「守る: 報復する」: Ⓕ a*venge*, Ⓕ re*venge*, Ⓕ *veng*eance, *vindicat*e, *vindicat*ive.

vir-「男; 力」: *vir*ile, *vir*tual, *vir*tue, *vir*tuous. 〈注〉 *vir*tuoso はイタリア語を通じて.

viti-, vitu-「悪, 欠陥」: *vic*e, *vic*ious, *viti*ate, *vitu*perate.

vi(v)-, 過分 **vict-**「生きる; (生きるために)食する」: con*viv*ial, re*viv*al, re*viv*e, Ⓕ sur*viv*e, *vi*able, *vi*and, *vict*ual, *vi*tal, *viv*acious, *viv*acity, *viv*id, *viv*ify.

voc-, 過分 **vocat-**「声; 呼ぶ」: ad*vocat*e, ad*vocat*ion, Ⓕ a*vouch*, Ⓕ a*vow*, con*vocat*ion, con*vok*e, equi*voc*al, equi*vocat*e, equi*voq*ue, in*vok*e, irre*voc*able, re*vok*e, *voc*able, *voc*abulary, *voc*al, *voc*alic, *vocat*ion, *voc*iferous＜～√fer-, Ⓕ *voic*e, Ⓕ *vouch* 証人に呼ぶ, Ⓕ *vouch*er, Ⓕ *vow*el.

vol-[1]「飛ぶ」: *vol*atile, *vol*itant, Ⓕ *vol*ley.

vol-[2]「欲する」: bene*vol*ent, male*vol*ent, *vol*ition, *vol*untary, Ⓕ *vol*unteer.

volu-, 過分 **volut-**「回る; 巻く」: circum*volut*ion, con*volut*e, con*volv*e, de*volv*e, e*volut*ion, e*volv*e, in*volv*e, Ⓕ re*vol*t, re*volut*ion, re*volv*e, Ⓕ *vault*, *volu*ble, *volu*me.

vor-「食う」: carni*vor*e, carni*vor*ous, Ⓕ de*vour*, frugi*vor*ous, herbi*vor*ous, *vor*acious.

vov-, 過分 **vot-**「誓う, 献身する; 望む」: de*vot*e, de*vot*ion, Ⓕ de*vout*, *vot*ary, *vot*e, *vot*ive, Ⓕ *vow*.

vulg-「民衆, 俗衆」: di*vulg*ate, di*vulg*e, *vulg*ar, *vulg*arize, *vulg*ate, *vulg*us.

COMMON ENGLISH GIVEN NAMES

最もひんぱんに使用されている個人名を選んだものである．発音，男女別のほかに見出し語が別の語の略称または愛称であるばあいはその由来語を<で示し，見出し語に略称・愛称があるばあいは>で示した．なお，同一語に対して由来語と略称・愛称の両方が示されるばあい，〘男〙〘女〙によって記事内容が変わるばあいなどは ‖ でその間を区切った．

例： Bob [bɑb/bɔb] 〘男〙<Robert

Rób·ert [rɑ́bərt/rɔ́b-] 〘男〙>Bob

Ba·bétte [bæbét] 〘女〙<Elizabeth‖>Babs

Lyn(n) [lin] 〘男〙‖〘女〙<Linda

見出しに載っていない外国の個人名から由来しているときは次のように示した．

例： Héi·di [háidi] 〘女〙 G. Adalheid

一つの個人名に対していくつかのつづり字が併存するばあいがある．つづり字変異のおもな原則は以下の通りである．

語尾の y と ie： Eddy ⇄ Edd*ie*. 子音のダブリ：E*l*iot ⇄ E*ll*iot, Gle*n* ⇄ Gle*nn*. e の有無： Fay ⇄ Fay*e*, Betsy ⇄ Bets*e*y. c と k： Cathy ⇄ *K*athy. ck と c： Freder*ick* ⇄ Freder*ic*. ph と f： Ste*ph*en ⇄ Ste*f*an. i と y： Ga*i*l ⇄ Ga*y*le.

Aar·on [ɛ́(:)rən/ɛ́ər-] 〘男〙
Ab·by [ǽbi] 〘女〙 <Abigail
Abe [eib] 〘男〙 <Abraham
Ab·i·gail [ǽbigèil] 〘女〙 >Abby
A·bra·ham [éibrəhæ̀m, -həm] 〘男〙 >Abe
A·da [éidə] 〘女〙 <Adelaide
Ad·am [ǽdəm] 〘男〙
Ad·e·laide [ǽd(ə)lèid] 〘女〙 >Ada
A·déle [ədél] 〘女〙
Ad·olf [ǽdɑlf, éid-/ǽdɔlf] 〘男〙
A·dri·an [éidriən] 〘男〙
A·dri·énne [èidrién] 〘女〙 Adrian の女性形
Ag·a·tha [ǽgəθə] 〘女〙
Ag·nes [ǽgnis] 〘女〙
Ai·leen [éili:n] 〘女〙
Al [æl] 〘男〙 <Albert
Al·an [ǽlən] 〘男〙
Al·bert [ǽlbərt] 〘男〙 >Al, Bert
Al·bér·ta [ælbə́:rtə] 〘女〙 Albert の女性形
Al·den [ɔ́:ld(ə)n, ㊊⁺-din] 〘男〙
Al·ec(k) [ǽlik] 〘男〙 <Alexander
Al·ex [ǽliks] 〘男〙 <Alexander
Al·ex·án·der [æ̀ligzǽndər/-zɑ́:n-, -zǽn-] 〘男〙 >Alec(k), Alex, Sander, Sandy
Al·ex·án·dra [æ̀ligzǽndrə/-zɑ́:n-, -zǽn-] 〘女〙 Alexander の女性形
Al·fred [ǽlfrid] 〘男〙
Al·ice [ǽlis] 〘女〙
A·lí·cia [əlíʃiə] 〘女〙 Alice の別形
Al·i·son [ǽlisn] 〘女〙 Alice の別形
Al·lan [ǽlən] 〘男〙
Al·len [ǽlin] 〘男〙 Allan の別形
Al·ma [ǽlmə] 〘女〙
Al·ta [ǽltə] 〘女〙
Al·vin [ǽlvin] 〘男〙
A·mán·da [əmǽndə] 〘女〙
A·mél·ia [əmí:ljə] 〘女〙
A·mos [éiməs/-mɔs] 〘男〙
A·my [éimi] 〘女〙
An·a·stá·sia [æ̀nəstéiʒə/-zjə] 〘女〙
An·dre·a [ǽndriə] 〘女〙 Andrew の女性形
An·drew [ǽndru:] 〘男〙 >Andy
An·dy [ǽndi] 〘男〙 <Andrew
An·ge·la [ǽndʒilə] 〘女〙
An·gus [ǽŋgəs] 〘男〙
A·ní·ta [əní:tə] 〘女〙 <Anna
Ann [æn] 〘女〙 <Anna
An·na [ǽnə] 〘女〙 >Anita, Anne, Annie, Nan, Nany
An·na·bel(le) [ǽnəbèl, ㊊⁺ᅩ－ᅩ] 〘女〙
An·na·bél·la [æ̀nəbélə] 〘女〙
Anne [æn] 〘女〙 <Anna‖>Nan, Nancy, Nanette
An·nie [ǽni] 〘女〙 <Anna
An·tho·ny [ǽnθəni, ǽntə-] 〘男〙 <L. Antonius
An·toi·nétte [æ̀ntwɑ:nét, -twə-] 〘女〙 Anthony の女性形
An·to·ny [ǽntəni] 〘男〙 Anthony の別形
A·pril [éiprəl] 〘女〙
Ar·chi·bald [ɑ́:rtʃibɔ̀:ld, -b(ə)ld, -bɔ:ld] 〘男〙 >Archie
Ar·chie [ɑ́:rtʃi] 〘男〙 <Archibald
Ar·léne [ɑ:rlí:n] 〘女〙
Ar·mand [ɑ́:rmənd] 〘男〙
Ar·nold [ɑ́:rn(ə)ld] 〘男〙
Art [ɑ:rt] 〘男〙 <Arthur
Ar·thur [ɑ́:rθər] 〘男〙 >Art
Au·brey [ɔ́:bri] 〘男〙
Au·drey [ɔ́:dri] 〘女〙
Au·gust [ɔ́:gəst] 〘男〙 <Augustus
Au·gus·tine [ɔ́:gəsti:n, ɔ:gʌ́stin/ɔ:gʌ́stin] 〘男〙 <Augustus‖>Austin
Au·gús·tus [ɔ:gʌ́stəs, ə-] 〘男〙 >August, Augustine, Gus
Aus·tin [ɔ́:stin/ɔ́s-, ɔ́:s-] 〘男〙 <Augustine

Ba·bétte [bæbét] 〘女〙 <Elizabeth‖>Babs
Babs [bæbz] 〘女〙 <Babette, Barbara
Bár·ba·ra [bɑ́:b(ə)rə] 〘女〙 >Babs, Bobbie
Bár·nard [bɑ́:rnərd] 〘男〙 Bernard の別形
Bár·ney [bɑ́:rni] 〘男〙 <Bernard
Bár·ret(t) [bǽrit] 〘男〙

Bár·ry [bǽri] 〖男〗
Bart [bɑ:rt] 〖男〗 <Bartholomew
Bar·thó·lo·mew [bɑ:rθɑ́ləmjù:, -θɔ́l-] 〖男〗 >Bart
Bás·il [bǽz(i)l] 〖男〗
Bé·a·trice [bí:ətris/bíə-] 〖女〗
Béck·y [béki] 〖女〗 <Rebecca
Bél·la [bélə] 〖女〗 <Isabella
Ben [ben] 〖男〗 <Benjamin
Bén·e·dict [bénidikt, [英]⁺bénit] 〖男〗 >Bennet(t)
Bén·ja·min [béndʒəmin] 〖男〗 >Ben
Bén·net(t) [bénit] 〖男〗 <Benedict
Bèr·na·détte [bə̀:rnədét] 〖女〗 Bernard の女性形
Bér·na·dine [bə́:rnədì:n, ⸗‐⸗] 〖女〗 Bernard の女性形
Bér·nard [bə́:rnərd, [英]⁺bərnɑ́:rd] 〖男〗 >Barney
〈注〉姓の発音としては [英] にも [bə:nɑ́:d] がある.
Bert [bə:rt] 〖男〗 <Albert, Bertram, Gilbert, Herbert
Bér·tha [bə́:rθə] 〖女〗
Bér·tram [bə́:rtrəm] 〖男〗 >Bert
Bér·trand [bə́:rtrənd] 〖男〗 Bertram の別形
Bér·yl [béril] 〖女〗
Bess [bes] 〖女〗 <Elizabeth
Bés·sie [bési] 〖女〗 <Bess の別形
Beth [beθ] 〖女〗 <Elizabeth
Bét·sy [bétsi] 〖女〗 <Elizabeth
Bét·ty [béti] 〖女〗 <Elizabeth
Béu·lah [bjú:lə] 〖女〗
Bév·er·ly [bévərli] 〖女〗
Bill [bil] 〖男〗 <William
Bíl·ly [bíli] 〖男〗 Bill の別形
Blair [blɛər] 〖男〗
Bob [bɑb/bɔb] 〖男〗 <Robert
Bób·bie [bɑ́bi/bɔ́bi] 〖女〗 <Barbara, Roberta
Bób·by [bɑ́bi/bɔ́bi] 〖男〗 Bob の別形
Bón·nie [bɑ́ni/bɔ́ni] 〖女〗
Bó·ris [bɔ́:ris/bɔ́r-] 〖男〗
Boyd [bɔid] 〖男〗
Brén·da [bréndə] 〖女〗
Brí·an [bráiən] 〖男〗
Brice [bráis] 〖男〗
Bríd·get [brídʒit] 〖女〗
Bruce [bru:s] 〖男〗
Brú·no [brú:nou] 〖男〗
Burt [bə:rt] 〖男〗 Bert の別形
Bý·ron [báirən/báiər-] 〖男〗

Cál·vin [kǽlvin] 〖男〗
Ca·míl·la [kəmílə] 〖女〗
Ca·míl·le [kəmí:l] 〖女〗 Camilla の別形
Cán·dace [kǽndis, kǽndəsì:, kændéisi/kændéisi] 〖女〗
Cár·en [kǽrən, kɑ́:r-] 〖女〗 Karen の別形
Carl [kɑ:rl] 〖男〗 Charles の別形
Cár·la [kɑ́:rlə] 〖女〗 Carl の女性形
Car·lót·ta [kɑ:rlɑ́tə/-lɔ́tə] 〖女〗 Charlotte の別形
Car·lýle [kɑ:rláil] 〖男〗
Cár·men [kɑ́:rmən/-men] 〖男·女〗
Cár·ol [kǽrəl] 〖男·女〗 Charles の別形
Cár·o·line [kǽrəlàin, -lin] 〖女〗 Carol の別形 ‖> Carrie
Cár·o·lyn [kǽrəlin] 〖女〗 Carol の別形
Cár·rie [kǽri] 〖女〗 <Caroline
Cár·rol [kǽrəl] 〖男〗
Cár·y [kɛ́(:)ri/kɛ́əri] 〖男〗
Cáth·er·ine [kǽθ(ə)rin] 〖女〗 Katherine の別形 ‖>Cathy
Cáth·leen [kǽθli:n] 〖女〗 Kathleen の別形
Cáth·y [kǽθi] 〖女〗 <Catherine
Cé·cil [sésl, -sil] 〖男〗
Ce·cíle [sisí:l/sés(i)l] 〖女〗 <Cecilia
Ce·cíl·ia [sisíljə] 〖女〗 Cecil の女性形 ‖> Cecile, Celia
Céd·ric [sédrik, sí:-] 〖男〗
Ce·léste [silést] 〖女〗
Cél·ia [sí:ljə] 〖女〗 Cecilia
Char·léne [ʃɑ:rlí:n] 〖女〗 Charles の女性形
Charles [tʃɑ:rlz] 〖男〗
Chár·lotte [ʃɑ́:rlət] 〖女〗 Charles の女性形
Chér·ry [tʃéri] 〖女〗
Chér·yl [ʃéril] 〖女〗 Charlotte の別形
Chés·ter [tʃéstər] 〖男〗
Chló·e [klóui] 〖女〗
Chris [kris] 〖男〗 <Christopher ‖〖女〗 <Christiana, Christine
Chrís·ta·bel [krístəbèl] 〖女〗
Chrís·tian [krístʃ(ə)n/-tjən, -tʃ(ə)n] 〖男〗
Chrìs·ti·án·a [krìstiǽnə/-tiɑ́:nə] 〖女〗 Christian の女性形 ‖>Chris
Chris·tí·na [kristí:nə] 〖女〗 Christine の別形
Chris·tíne [kristí:n] 〖女〗 Christian の女性形 ‖>Chris
Chrís·to·pher [krístəfər] 〖男〗 >Chris
Cín·dy [síndi] 〖女〗 <Cynthia
Claire [klɛər] 〖女〗 Clara の別形
Clár·a [klɛ́(:)rə/klɛ́ərə] 〖女〗 >Clarice, Clarissa
Clare [klɛər] 〖女〗 Clara の別形
Clár·ence [klǽrəns] 〖男〗
Clár·ice [klǽris] 〖女〗 <Clara
Cla·rís·sa [klərísə] 〖女〗 <Clara
Clark(e) [klɑ:rk] 〖男〗
Claude [klɔ:d] 〖男〗
Cláu·di·a [klɔ́:diə/-djə, -diə] 〖女〗 Claude の女性形
Cláy·ton [kléitn] 〖男〗
Clem [klem] 〖男〗 <Clement
Clém·ent [klémənt] 〖男〗 >Clem
Clém·en·tine [kléməntì:n, -tàin] 〖女〗 Clement の女性形
Clé·o [klí:ou, [英]⁺klíou] 〖女〗<Gk. Cleopatra
Cliff [klif] 〖男〗 <Clifford
Clíf·ford [klífərd] 〖男〗 >Cliff
Clíf·ton [klíft(ə)n] 〖男〗
Clint [klint] 〖男〗
Clín·ton [klíntən] 〖男〗
Clyde [kleid] 〖男〗
Co·létte [kolét] 〖女〗 <Nicolette
Cól·in [kɑ́lin/kɔ́l-] 〖男〗
Cól·leen [kɑ́li:n, kəlí:n/kɔ́li:n] 〖女〗〈注〉[英]アイルランドでは [kəlí:n]
Cón·nie [kɑ́ni/kɔ́ni] 〖女〗 <Constance
Cón·rad [kɑ́nræd/kɔ́n-] 〖男〗
Cón·stance [kɑ́nst(ə)ns/kɔ́n-] 〖女〗 >Connie
Cón·stan·tine [kɑ́nstəntàin, -tì:n/kɔ́nst(ə)ntain] 〖男〗
Có·ra [kɔ́:rə/kɔ́:rə] 〖女〗
Cor·nél·ia [kɔ:rní:ljə] 〖女〗 Cornelius の女性形
Cor·nél·ius [kɔ:rní:ljəs] 〖男〗

Craig [kreig] 〔男〕
Cúr·tis [kə́:rtis] 〔男〕
Cúth·bert [kʌ́θbərt] 〔男〕
Cýn·thi·a [sínθiə] 〔女〕 >Cindy
Cýr·il [sírəl, -ril] 〔男〕
Cý·rus [sáirəs/sáiər-] 〔男〕

Dái·sy [déizi] 〔女〕
Dale [deil] 〔女〕
Dan [dæn] 〔男〕 <Daniel
Dán·iel [dǽnjəl] 〔男〕 >Dan, Danny
Dán·ny [dǽni] 〔男〕 <Daniel
Dáph·ne [dǽfni] 〔女〕
Da·rí·us [dəráiəs] 〔男〕
Dar·léne [dɑ:rlí:n] 〔女〕
Dár·rell [dǽrəl] 〔男〕
Dave [deiv] 〔男〕 <David
Dá·vid [déivid] 〔男〕 >Dave, Dav(e)y
Da·ví·da [dəví:də] 〔女〕 David の女性形‖>Vida
Dá·v(e)y [déivi] 〔男〕 <David
Dawn [dɔ:n] 〔女〕
Dean(e) [di:n] 〔男〕
De·án·na [diǽnə] 〔女〕 Diana の別形
Déb·o·ra(h) [débərə] 〔女〕
Dee [di:] 〔女〕 <Diana, Deirdre, Delia
Déir·dre [díərdri] 〔女〕 >Dee
Dél·ia [dí:ljə] 〔女〕 >Dee, Dell
De·lí·la(h) [diláilə] 〔女〕
Dell [del] 〔女〕 <Delia, Della
Dél·la [délə] 〔女〕 Delia の別形‖>Dell
De·ló·res [dəló:ris/-lɔ́:r-] 〔女〕 Dolores の別形
De·níse [dəní:z] 〔女〕 Denis の女性形
Dén·(n)is [dénis] 〔男〕
Dén·ny [déni] 〔男〕 Den(n)is の別形
Dér·ek [dérik] 〔男〕 <Theodoric
De·Wítt [dəwít, di-] 〔男〕
Déx·ter [dékstər] 〔男〕
Di·án·a [daiǽnə] 〔女〕 >Dee
Di·áne [daiǽn] 〔女〕 Diana の別形
Dick [dik] 〔男〕 <Richard
Dí·na [dí:nə] 〔女〕
Dí·nah [dáinə] 〔女〕
Dirk [də:rk] 〔男〕 Derek の別形
Doll [dɑl/dɔl] 〔女〕 <Dorothy
Dól·ly [dáli/dɔ́li] 〔女〕 <Dorothy
Do·ló·res [dəló:ris/-lɔ́:r-] 〔女〕
Dóm·i·nic(k) [dámịnik/dɔ́m-] 〔男〕
Don [dɑn/dɔn] 〔男〕 <Donald
Dón·ald [dán(ə)ld/dɔ́n-] 〔男〕 >Don, Donnie
Dón·na [dánə/dɔ́nə] 〔女〕
Dón·nie [dáni/dɔ́ni] 〔男〕 <Donald
Dó·ra [dó:rə/dɔ́:rə] 〔女〕
Do·réen [do:rí:n, ∠−/dɔ:rí:n,∠−] 〔女〕
Dó·ri·an [dó:riən/dɔ́:r-] 〔男〕
Dó·ris [dɔ́:ris, dár-/dɔ́r-] 〔女〕
Dór·o·thy [dɔ́:rəθi, dár-/dɔ́r-] 〔女〕>Doll, Dolly, Dot, Dotty
Dot [dɑt/dɔt] 〔女〕 <Dorothy
Dót·ty [dáti/dɔ́ti] 〔女〕 <Dorothy
Dóug·las [dʌ́gləs] 〔男〕
Dúd·ley [dʌ́dli] 〔男〕
Dún·can [dʌ́ŋkən] 〔男〕
Dwight [dwait] 〔男〕

Earl [ə:rl] 〔男〕
Ed [ed] 〔男〕 <Edgar, Edward, Edwin
Ed·die [édi] 〔男〕
Ed·gar [édgər] 〔男〕 >Ed
E·dith [í:diθ] 〔女〕
Ed·mond [édmənd] 〔男〕
Ed·mund [édmənd] 〔男〕 Edmond の別形
Ed·na [édnə] 〔女〕
Ed·ward [édwərd] 〔男〕 >Ed, Ned
Ed·win [édwin] 〔男〕 >Ed
Ed·wí·na [edwí:nə, -wínə] 〔女〕 Edwin の女性形
Ef·fie [éfi] 〔女〕 <Euphemia
Eg·bert [égbərt] 〔男〕
Ei·léen [ailí:n, ㊮⁺ei-] 〔女〕
E·láine [iléin/e-] 〔女〕
El·bert [élbərt] 〔男〕 Albert の別形
El·ea·nor [élịnər] 〔女〕
El·e·na [élịnə] 〔女〕
E·li [í:lai] 〔男〕
E·lí·as [iláiəs] 〔男〕
El·i·ot [éliət, éljət] 〔男〕
E·lís·a·beth [ilízəbəθ] 〔女〕 Elizabeth の別形
E·líse [ilí:s, ilí:z] 〔女〕 <Elizabeth
E·lí·za [iláizə] 〔女〕 <Elizabeth
E·líz·a·beth [ilízəbəθ] 〔女〕 >Babette, Bess, Bessie, Beth, Betsy, Betty, Elise, Eliza, Elsa, Elsie, Libby, Lisa, Lise, Liz, Liza, Lizbeth, Lizzie, Lizzy
El·la [élə] 〔女〕
El·len [élin] 〔女〕
El·li·ot(t) [éliət, éljət] 〔男〕
El·mer [élmo:r/-mɔ:] 〔男〕
El·o·íse [èlouí:z, ㊮⁺∠−∸] 〔女〕
El·sa [élsə] 〔女〕 <Elizabeth
El·sie [élsi] 〔女〕 <Elizabeth
El·va [élvə] 〔女〕
E·mán·u·el [imǽnjuəl] 〔男〕
E·mil [í:m(i)l, ém-] 〔男〕
Em·íl·i·a [imíliə, -ljə] 〔女〕 Emily の別形
Em·i·ly [émịli] 〔女〕
Em·ma [émə] 〔女〕
Em·mán·u·el [imǽnjuəl] 〔男〕 Emanuel の別形
E·nid [í:nid] 〔女〕
E·noch [í:nək/-nɔk] 〔男〕
Er·ic [érik] 〔男〕
Er·i·ca [érikə] 〔女〕
Er·ma [ə́:rmə] 〔女〕 <Ermengarde
Er·na [ə́:rnə] 〔女〕
Er·nest [ə́:rnist] 〔男〕
Er·nes·tine [ə́:rnistì:n] 〔女〕 Ernest の女性形
Er·nie [ə́:rni] 〔男〕
Er·win [ə́:rwin] 〔男〕 Irving の別形
Es·télle [estél] 〔女〕
Es·ther [éstər] 〔女〕
E·than [í:θ(ə)n] 〔男〕
Eth·el [éθ(ə)l] 〔女〕
Et·ta [étə] 〔女〕 <Henrietta
Eu·géne [ju:dʒí:n, ∠−, ㊮⁺ju:dʒéin] 〔男〕 >Gene
Eu·gén·i·a [ju:dʒí:niə] 〔女〕
Eu·nice [jú:nis] 〔女〕

Eu·phé·mi·a [juːfíːmiə] 〖女〗 >Effie
E·va [íːvə, ㊥⁺évə] 〖女〗 Eve の別形
Ev·an [év(ə)n] 〖男〗
E·ván·ge·line [ivǽndʒilìːn] 〖女〗
Eve [iːv] 〖女〗
Ev·e·lyn [év(ə)lin, íːvlin] 〖女〗 Eve の別形
Ev·er·ett [év(ə)rit] 〖男〗
Ez·ra [ézrə] 〖男〗

Faith [feiθ] 〖女〗
Fán·ny [fǽni] 〖女〗
Fay(e) [fei] 〖女〗
Fe·líce [fəlíːs] 〖女〗
Fe·lí·ci·a [fəlíʃ(i)ə, -líːʃə/-lísiə, -ʃiə] 〖女〗
Fé·lix [fíːliks] 〖男〗
Fér·di·nand [fə́ːrd(i)næ̀nd/-nənd] 〖男〗
Fern [fəːrn] 〖女〗
Fló·ra [flóːrə/flɔ́ːrə] 〖女〗
Flór·ence [flɔ́ːrəns, flɑ́r-/flɔ́r-] 〖女〗
Floyd [flɔid] 〖男〗
Frán·ces [frǽnsis/frɑ́ːn-] 〖女〗
Fran·cíne [frænsíːn/frɑːn-] 〖女〗
Frán·cis [frǽnsis/frɑ́ːn-] 〖男〗 >Frank
Frank [fræŋk] 〖男〗 <Francis
Fránk·lin [frǽŋklin] 〖男〗
Fred [fred] 〖男〗 <Frederick
Fré·da [fríːdə, frédə] 〖女〗 Frieda の別形
Fréd·dy [frédi] 〖男〗 Fred の別形
Fréd·er·ic(k) [fréd(ə)rik] 〖男〗 >Fred, Freddy
Fríe·da [fríːdə] 〖女〗 Fred の女性形
Fritz [frits] 〖男〗
Fúl·vi·a [fʌ́lviə, -vjə, ㊥⁺fúl-] 〖女〗

Gá·bri·el [géibriəl] 〖男〗
Gail [geil] 〖女〗
Gale [geil] 〖女〗
Gár·rett [gǽrit] 〖男〗
Gár·ry [gǽri] 〖男〗
Garth [gɑːrθ] 〖男〗
Gár·y [gǽri, gɛ́(ː)ri/gǽri, gɛ́ər-] 〖男〗
Gay(e) [gei] 〖女〗
Gayle [geil] 〖女〗 Gail の別形
Gene [dʒiːn] 〖男〗 <Eugene
Ge·né·va [dʒiníːvə] 〖女〗 Genevieve の別形
Gén·e·vieve [dʒénəvìːv, ⼂−⼃] 〖女〗
Géof·frey [dʒéfri] 〖男〗
George [dʒɔːrdʒ] 〖男〗
Géor·gia [dʒɔ́ːrdʒə] 〖女〗 George の女性形
Gèor·gi·án·a [dʒɔ̀ːrdʒiǽnə, dʒɔːrdʒǽnə/dʒɔ̀ːdʒiɑ́ːnə] 〖女〗 Georgia の別形
Geor·gí·na [dʒɔːrdʒíːnə] 〖女〗 Georgia の別形
Gér·ald [dʒérəld] 〖男〗 >Gerry, Jerry
Gér·al·dine [dʒérəldìːn] 〖女〗 Gerald の女性形
Ge·rárd [dʒərɑ́ːrd/dʒérɑːd, dʒerɑ́ːd] 〖男〗 Gerald の別形‖>Jerry
Gér·ry [dʒéri, géri/géri] 〖男〗 <Gerald
Gér·trude [gə́ːrtruːd] 〖女〗
Gíl·bert [gílbərt] 〖男〗 >Bert
Giles [dʒailz] 〖男〗
Gí·na [dʒíːnə, dʒínə] 〖女〗 <Angelina, Giovannina, Luigina, Regina
Gín·ger [dʒíndʒər] 〖女〗 <Virginia
Gín·ny [dʒíni] 〖女〗 <Virginia
Glád·ys [glǽdis] 〖女〗 Claude の女性形
Glen(n) [glen] 〖男〗
Gló·ri·a [glóːriə/glɔ́ːr-] 〖女〗
Gód·win [gɑ́dwin/gɔ́d-] 〖男〗
Gór·don [gɔ́ːrd(ə)n] 〖男〗
Grace [greis] 〖女〗
Grá·ham [gréiəm] 〖男〗
Grant [grænt/grɑːnt] 〖男〗
Greg [greg] 〖男〗 <Gregory
Grég·o·ry [grégəri] 〖男〗 >Greg
Grét·a [gríːtə, ㊥⁺gré(i)tə] 〖女〗 <Margaret
Grét·chen [grétʃ(ə)n, -tʃin] 〖女〗 <Margaret
Guén·e·vere [gwénəvìər] 〖女〗
Guín·e·vere [gwínəvìər] 〖女〗 Guenevere の別形
Gus [gʌs] 〖男〗 <Augustus
Guy [gai] 〖男〗
Gwen [gwen] 〖女〗 <Gwendolyn
Gwén·do·lyn [gwénd(ə)lin] 〖女〗 >Gwen

Hal [hæl] 〖男〗 <Henry, Harold
Hank [hæŋk] 〖男〗 <Henry
Hán·na(h) [hǽnə] 〖女〗
Hár·old [hǽrəld] 〖男〗 >Hal
Hár·ri·et [hǽriət] 〖女〗 Harry の女性形
Hár·ry [hǽri] 〖男〗 Henry, Harold の別形
Há·zel [héizl] 〖女〗
Héath·er [héðər] 〖女〗,
Héd·da [hédə] 〖女〗
Héi·di [háidi] 〖女〗 <G. Adalheid
Hél·en [hélin, -lən] 〖女〗 >Nell
Hél·e·na [hélinə, helíːnə, ㊥⁺həléi-] 〖女〗 Helen の別形‖>Lena
He·léne [həlíːn] 〖女〗 Helen の別形
Hél·ga [hélgə] 〖女〗
Hèn·ri·ét·ta [hènriétə] 〖女〗 Henry の女性形‖>Etta
Hén·ry [hénri] 〖男〗 >Hal, Hank
Hér·bert [hə́ːrbərt] 〖男〗 >Bert
Hér·man [hə́ːrmən] 〖男〗
Hés·ter [héstər] 〖女〗 Esther の別形
Híl·a·ry [híləri] 〖男〗
Híl·da [híldə] 〖女〗
Hodge [hɑdʒ/hɔdʒ] 〖男〗 Roger の別形
Hól·ly [hɑ́li/hɔ́li] 〖女〗
Hope [houp] 〖女〗
Hów·ard [háuərd] 〖男〗
Hów·ie [háui] 〖男〗 Howard の別形
Hú·bert [hjúːbərt] 〖男〗
Hugh [hjuː] 〖男〗
Húm·phrey [hʌ́mfri] 〖男〗

I·an [íːən, íːɑːn, áiən/iən, íːən] 〖男〗
I·da [áidə] 〖女〗
Im·o·gene [íməd͡ʒìːn] 〖女〗
I·na [áinə] 〖女〗
I·nez [áinez, −⼃, íːnez, −⼃/íːnez] 〖女〗
I·ra [áirə/áiərə] 〖男〗
I·rene [airíːn, ㊥⁺-ríːni] 〖女〗
I·ris [áiris/áiər-] 〖女〗
Ir·ma [ə́ːrmə] 〖女〗 Erma の別形
Ir·ving [ə́ːrviŋ] 〖男〗

Ir·win [ə́:rwin] [男] Irving の別形
I·saac [áizək] [男]
Is·a·bel(le) [ízəbèl] [女] Elizabeth の別形
Is·a·bél·la [izəbélə] [女] Isabel の別形‖>Bella

Jack [dʒæk] [男] <Jacob‖John の別形
Jáck·ie [dʒǽki] [女] <Jacqueline
Jáck·son [dʒǽksn] [男]
Já·cob [dʒéikəb] [男] >Jack, Jake, Jay
Jác·que·line [dʒǽk(w)əlin, -lì:n/dʒǽkli:n] [女] Jack の女性形‖>Jackie
Jac·quétte [dʒəkét] [女] Jacqueline の別形
Jake [dʒeik] [男] <Jacob
James [dʒeimz] [男] Jacob の別形‖>Jay, Jim, Jimmie, Jimmy
Jan [dʒæn] [女] <Jane, Janet
Jane [dʒein] [女] John の女性形‖>Jan
Ján·et [dʒǽnit, [米]⁺dʒənét] [女] >Jan, Nettie
Ján·ice [dʒǽnis] [女] Jane の別形
Já·son [dʒéisn] [男]
Jay [dʒei] [男] <Jacob, James
Jean(ne) [dʒi:n] [女] >Jeannette
Jean·nétte [dʒinét] [女] <Jean(ne)
Jed [dʒed] [男] <Jedediah
Jè·de·dí·ah [dʒèdidáiə] [男] >Jed
Jeff [dʒef] [男] <Jeffrey
Jéf·frey [dʒéfri] [男] >Jeff‖Geoffrey の別形
Jén·nie [dʒéni] [女] Jenny の別形
Jén·ni·fer [dʒénifər] [女] Guenevere の別形‖>Jenny
Jén·ny [dʒéni, [米]⁺dʒíni] [女] <Jennifer
Jèr·e·mí·ah [dʒèrimáiə] [男] >Jerry
Je·róme [dʒəróum, dʒérəm] [男] >Jerry
Jér·ry [dʒéri] [男] <Gerald, Jeremiah, Jerome
Jess [dʒes] [男]
Jés·se [dʒési] [男]
Jés·sie [dʒési] [女] Janet の別形‖Jess の女性形
Jill [dʒil] [女] <Juliana
Jim [dʒim] [男] <James
Jím·mie [dʒími] [男] Jim の別形
Jím·my [dʒími] [男] Jim の別形
Jo [dʒou] [女] <Josephine, Joan
Joan [dʒoun] [女] John の女性形‖>Jo
Jo·án·na [dʒoǽnə] [女] Joan の別形
Jó·di(e) [dʒóudi] [女] Jody の別形
Jó·dy [dʒóudi] [女] <Judith
Joe [dʒou] [男] <Joseph
Jo·hán·na [dʒohǽnə] [女] Joanna の別形
John [dʒɑn/dʒɔn] [男] <注> Jack はこの別形
Jóhn·nie [dʒáni/dʒɔ́ni] [男] John の別形
Jóhn·ny [dʒáni/dʒɔ́ni] [男] John の別形
Jón·a·than [dʒánəθən/dʒɔ́n-] [男]
Jó·seph [dʒóuzif] [男] >Joe
Jó·se·phine [dʒóuzifi:n] [女] Joseph の女性形‖>Jo
Josh [dʒɑʃ/dʒɔʃ] [男] <Joshua
Jósh·u·a [dʒáʃuə/dʒɔ́ʃwə] [男] >Josh
Jú·dith [dʒú:diθ] [女] Judah の女性形‖>Jody, Joddi(e), Judy
Jú·dy [dʒú:di] [女] <Judith
Júl·ia [dʒú:ljə] [女] Julius の女性形‖>Juliet
Júl·ian [dʒú:ljən] [男] Julius の別形
Jù·li·án·a [dʒù:liǽnə/-ɑ́:nə, -ǽnə] [女] >Jill
Jú·lie [dʒú:li] [女] Julia の別形‖>Juliet
Jú·liet [dʒú:ljət, [米]⁺dʒù:liét] [女] <Julia, Julie
Júl·ius [dʒú:ljəs] [男]
June [dʒu:n] [女]
Jús·tin [dʒústin] [男]
Jus·tí·na [dʒəstí:nə] [女] Justin の女性形
Jus·tíne [dʒəstí:n] [女] Justina の別形

Kár·en [kǽrən, kɑ́:r-] [女]
Karl [kɑ:rl] [男]
Kate [keit] [女] <Katherine
Káth·er·ine [kǽθ(ə)rin] [女] >Kate, Katy, Kay(e), Kitty‖Catherine の別形
Káth·leen [kǽθli:n] [女] Katherine, Cathleen の別形
Ká·ty [kéiti] [女] Kate の別形
Kay(e) [kei] [女] <Katherine
Keith [ki:θ] [男]
Kén·neth [kéniθ] [男]
Kév·in [kévin] [男] Kenneth の別形
Kít·ty [kíti] [女] <Katherine
Lán·a [lǽnə, lɑ́:nə] [女] Helen の別形
Lance [læns/lɑ:ns] [男]
Lane [lein] [男]
Lár·a [lǽrə, lɑ́:rə] [女] <Laura
Lár·ry [lǽri] [男] <Lawrence
Láu·ra [lɔ́:rə] [女] >Lara, Lauretta, Laurie, Lolly, Loretta
Láu·rence [lɔ́:rəns, lɑ́r-/lɔ́r-] [男] Lawrence の別形
Lau·rét·ta [lɔ:rétə] [女] <Laura
Láu·rie [lɔ́:ri] [女] <Laura
Láw·rence [lɔ́:rəns, lɑ́r-/lɔ́r-] [男] >Larry
Lé·ah [lí:ə/liə] [女]
Lee [li:] [女] Leah, Lena の別形
Leigh [li:] [男] Lee の別形
Léi·la [lí:lə] [女]
Lé·na [lí:nə] [女] <Helena
Lé·o [lí:ou] [男]
Lé·on [lí:ɑn/lí:ɔn] [男] Leo の別形‖>Lionel
Léon·ard [lénərd] [男]
Lè·o·nó·ra [lì:ənó:rə/-nɔ́:r-] [女]
Lé·o·nore [lí:ənò:r/-nɔ:] [女] Leonora の別形
Le·róy [lərɔ́i, lí:rɔi] [男]
Lés·lie [lésli, léz-/léz-] [男] [女]
Lés·ter [léstər] [男]
Le·tí·ti·a [litíʃ(i)ə] [女] >Letty
Lét·ty [léti] [女] <Letitia
Léw·is [lú:is, luis] [男] Louis の別形
Líb·by [líbi] [女] <Elizabeth
Lí·la [láilə] [女] Leila の別形
Líl·li·an [líliən] [女]
Líl·y [líli] [女] Lillian の別形
Lín·da [líndə] [女] >Lyn(n)
Lí·o·nel [láiən(ə)l, [米]⁺-nèl] [男] <Leon
Lí·sa [lí:sə, -zə, láizə/lí:zə, lái-] [女] <Elizabeth
Lí·se [lí:sə, -zə/-zə] [女] <Elizabeth
Liz [liz] [女] <Elizabeth
Lí·za [láizə] [女] <Elizabeth
Líz·beth [lízbəθ] [女] Elizabeth の別形
Líz·zie [lízi] [女] <Elizabeth
Líz·zy [lízi] [女] <Elizabeth
Lloyd [lɔid] [男]

Ló·la [lóulə] 〘女〙 >Lolita
Lo·lí·ta [lolí:tə] 〘女〙 <Lola
Lól·ly [láli/lɔ́li] 〘女〙 <Laura
Lo·rét·ta [lɔ:rétə/lə-] 〘女〙 Lauretta の別形
Lór·na [lɔ́:rnə] 〘女〙
Lor·ráine [lɔ:réin/lɔr-] 〘女〙
Lou [lu:] 〘男〙 <Louis‖〘女〙 <Louise
Lóu·is [lú:i(s), lui(s)] 〘男〙 >Lou
Lou·í·sa [lu:í:zə, luí:-] 〘女〙 Louise の別形
Lou·íse [lu:í:z, luí:z] 〘女〙 >Lou
Lów·ell [lóuəl] 〘男〙
Lú·cas [lú:kəs] 〘男〙 Luke の別形
Lú·ci·a [lú:ʃ(i)ə/-sjə] 〘女〙 Lucius の女性形
Lu·cílle [lu:sí:l] 〘女〙 Lucia の別形
Lu·cín·da [lu:síndə] 〘女〙 Lucia の別形
Lú·cius [lú:ʃəs] 〘男〙
Lú·cy [lú:si] 〘女〙 Lucia の別形
Lúd·wig [lʌ́dwig] 〘男〙
Luke [lu:k] 〘男〙
Lyn(n) [lin] 〘男〙‖〘女〙 <Linda

Má·bel [méib(ə)l] 〘女〙 <Amabel
Mac(k) [mæk] 〘男〙
Mád·e·leine [mǽd(ə)lin, ㊊⁺-lèin] 〘女〙
Mád·e·lin [mǽd(ə)lin] 〘女〙 Madeleine の別形
Madge [mædʒ] 〘女〙 <Margaret
Mae [mei] 〘女〙 May の別形
Mag [mæg] 〘女〙 <Maggie
Mág·gie [mǽgi] 〘女〙 <Margaret‖ >Mag
Mál·colm [mǽlkəm] 〘男〙
Má·mie [méimi] 〘女〙 <Margaret, Mary
Marc [mɑ:rk] 〘男〙 Mark の別形
Már·ga·ret [mɑ́:rg(ə)rit] 〘女〙 >Greta, Gretchen, Madge, Maggie, Mamie, Margot, Meg, Peg, Peggy, Rita
Marge [mɑ:rdʒ] 〘女〙
Már·got [mɑ́:rgou, ㊊⁺-gət] 〘女〙 <Margaret
Ma·rí·a [məráiə, -rí:ə/-ráiə, -ríə] 〘女〙 Mary の別形‖>Marietta
Már·i·an [mέ(:)riən, mǽr-/mέər-, mǽr-] 〘女〙
Màr·i·ánne [mὲ(:)riǽn/mὲər-] 〘女〙 Marian の別形
Màr·i·ét·ta [mὲ(:)riétə/mὲər-] 〘女〙 <Maria
Már·i·lyn [mǽrilin] 〘女〙 Mary の別形
Ma·rí·na [mərí:nə] 〘女〙 >Rena
Már·i·on [mǽriən, mέ(:)r-/mέər-, mǽr-] 〘男〙 Mary の男性形
Mark [mɑ:rk] 〘男〙
Már·sha [mɑ́:rʃə] 〘女〙
Már·shal(l) [mɑ́:rʃ(ə)l] 〘男〙
Már·tha [mɑ́:rθə] 〘女〙
Már·tin [mɑ́:rt(i)n/-tin] 〘男〙
Már·y [mέ(:)ri/mέər-] 〘女〙 >Mamie, Maureen, Minnie, Miriam, Molly
Már·vin [mɑ́:rvin] 〘男〙
Má·son [méisn] 〘男〙
Ma·thíl·da [mətíldə] 〘女〙 >Maud(e), Matty
Ma·tíl·da [mətíldə] 〘女〙 Mathilda の別形
Matt [mæt] 〘男〙 <Matthew
Mát·thew [mǽθju:] 〘男〙 >Matt, Matty
Mát·ty [mǽti] 〘男〙< Matthew‖〘女〙 <Matilda
Maud(e) [mɔ:d] 〘女〙 <Matilda
Mau·réen [mɔ:rí:n/ˊ–, –ˊ] 〘女〙 <Mary
Máu·rice [mɔ́:ris, mɑ́r-/mɔ́r-] 〘男〙
Max [mæks] 〘男〙 <Maximilian
Màx·i·míl·ian [mæksimíljən] 〘男〙>Max
Max·íne [mæksí:n, ˊ–] 〘女〙 Max の女性形
May [mei] 〘女〙
Máy·nard [méinərd, -nɑ:rd] 〘男〙
Meg [meg] 〘女〙 <Margaret
Me·lís·sa [milísə] 〘女〙
Mér·vin [mə́:rvin] 〘男〙 Marvin の別形
Mí·chael [máikl] 〘男〙 >Mick(e)y, Mike
Mi·ché(l)le [miʃél, mi:-] 〘女〙 Michael の女性形
Míck·(e)y [míki] 〘男〙 <Michael
Mike [maik] 〘男〙 <Michael
Míl·dred [míldrid] 〘女〙 >Millie
Miles [mailz] 〘男〙
Míl·li·cent [mílisnt] 〘女〙
Míl·lie [míli] 〘女〙 <Mildred
Míl·ly [míli] 〘女〙 Millie の別形
Mím·i [mími, mí:mi] 〘女〙 <Miriam
Mín·nie [míni] 〘女〙 <Mary
Mi·rán·da [mirǽndə] 〘女〙
Mír·i·am [míriəm] 〘女〙 <Mary‖>Mimi
Mítch·ell [mítʃ(ə)l] 〘男〙 Michael の別形
Mól·ly [máli/mɔ́li] 〘女〙 <Mary
Món·i·ca [mánikə/mɔ́n-] 〘女〙
Mon·róe [mənróu] 〘男〙
Mór·gan [mɔ́:rg(ə)n] 〘男〙
Mór·ris [mɔ́:ris, mɑ́r-/mɔ́r-] 〘男〙 Maurice の別形
Mort [mɔ:rt] 〘男〙 <Morton
Mór·ton [mɔ́:rtn] 〘男〙 >Mort
Mú·ri·el [mjú(:)riəl/mjúər-] 〘女〙
Múr·ray [mə́:ri/mʌ́ri] 〘男〙
Mý·ra [máirə/máiərə] 〘女〙
Mý·ron [máirən/máiərən] 〘男〙
Mýr·tle [mə́:rtl] 〘女〙

Na·díne [neidí:n, nə-] 〘女〙
Nan [næn] 〘女〙 <Anna, Anne
Nán·cy [nǽnsi] 〘女〙 <Anna, Anne
Na·nétte [nənét] 〘女〙 <Anne
Nán·ny [nǽni] 〘女〙
Ná·o·mi [néiəmài, -mi, neióum(a)i/néiəmi] 〘女〙
Nat [næt] 〘男〙 <Nathan, Nathaniel
Nát·a·lie [nǽt(ə)li, néit-] 〘女〙
Ná·than [néiθ(ə)n] 〘男〙 >Nat
Na·thán·iel [nəθǽnjəl] 〘男〙 >Nat
Ned [ned] 〘男〙 <Edward
Neil [ni:l] 〘男〙
Nell [nel] 〘女〙 <Helen
Nél·ly [néli] 〘女〙 Nell の別形
Nét·tie [néti] 〘女〙 <Janet
Név·il(le) [név(i)l] 〘男〙
Ních·o·las [ník(ə)ləs] 〘男〙 >Nick, Nicky
Nick [nik] 〘男〙 <Nicholas
Níck·y [níki] 〘男〙 <Nicholas‖〘女〙 <Nicole
Ni·cóle [nikóul] 〘女〙 Nicholas の女性形 ‖ > Nicky, Nicolette
Nì·co·létte [nikəlét] 〘女〙 <Nicole‖ >Colette
Ní·na [náinə, ní:nə] 〘女〙
Ní·ta [ní:tə] 〘女〙 <S. Juanita
Nó·ah [nóuə] 〘男〙

Nó·el [nóuəl]〔男〕
Nó·la [nóulə]〔女〕
Nó·ra [nó:rə/nɔ́:rə]〔女〕Honoria の別形
Nó·reen [nɔ́:ri:n, ―´]〔女〕
Nór·ma [nɔ́:rmə]〔女〕
Nór·man [nɔ́:rmən]〔男〕
Nór·ton [nɔ́:rtn]〔男〕

Ol·ga [álgə/ɔ́l-]〔女〕
Ol·ive [áliv/ɔ́l-]〔女〕>Olivia
Ol·i·ver [álivər/ɔ́l-]〔男〕
O·lív·i·a [olíviə/ɔl-]〔女〕<Olive
O·pal [óup(ə)l]〔女〕
Or·lán·do [ɔ:rlǽndou]〔男〕
Os·car [ɔ́:skər, ás-/ɔ́s-]〔男〕
Os·wald [ázwəld/ɔ́z-]〔男〕
Ot·to [átou/ɔ́t-]〔男〕
Ow·en [óuin]〔男〕

Pam [pæm]〔女〕<Pamela
Pám·e·la [pǽmilə]〔女〕>Pam
Pán·sy [pǽnzi]〔女〕
Pat [pæt]〔男〕<Patrick‖〔女〕<Patricia, Patience
Pá·tience [péiʃ(ə)ns]〔女〕>Patty
Pa·trí·cia [pətríʃə, -ʃiə]〔女〕Patrick の女性形‖>Pat, Patty
Pát·rick [pǽtrik]〔男〕>Pat
Pát·ty [pǽti]〔女〕<Patricia, Patience
Paul [pɔ:l]〔男〕
Páu·la [pɔ́:lə]〔女〕Paul の女性形
Pau·líne [pɔ:lí:n, ㊥+´――]〔女〕Paul の女性形
Pearl [pə:rl]〔女〕
Peg [peg]〔女〕<Margaret
Pég·gy [pégi]〔女〕<Margaret
Pe·nél·o·pe [pinéləpi]〔女〕>Penny
Pén·ny [péni]〔女〕<Penelope
Pér·ci·val [pə́:rsiv(ə)l]〔男〕
Pér·cy [pə́:rsi]〔男〕
Pete [pi:t]〔男〕<Peter
Pé·ter [pí:tər]〔男〕>Pete
Phil [fil]〔男〕<Phil(l)ip
Phíl·(l)ip [fílip]〔男〕>Phil
Phóe·be [fí:bi]〔女〕
Phýl·lis [fílis]〔女〕
Pól·ly [páli/pɔ́li]〔女〕Molly の別形
Prú·dence [prú:d(ə)ns]〔女〕>Pru(e)
Pru(e) [pru:]〔女〕<Prudence

Quéen·ie [kwí:ni]〔女〕
Quén·tin [kwéntn/-tin]〔男〕
Quín·cy [kwínsi]〔男〕

Rá·chel [réitʃ(ə)l]〔女〕>Rae, Raye
Rae [rei]〔女〕<Rachel
Ralph [rælf/reif, rælf]〔男〕
Rám·sey [rǽmzi]〔男〕
Rán·dal(l) [rǽndl]〔男〕
Rán·dolph [rǽndɑlf/-dɔlf]〔男〕Randal(l) の別形‖>Randy
Rán·dy [rǽndi]〔男〕<Randolph
Ray [rei]〔男〕<Raymond‖〔女〕<Rachel
Raye [rei]〔女〕<Rachel
Ráy·mond [réimənd]〔男〕>Ray
Re·béc·ca [ribékə]〔女〕
Re·gí·na [ridʒáinə]〔女〕>Gina
Ré·na [rí:nə]〔女〕<Marina
Réu·ben [rú:bin]〔男〕
Rex [reks]〔男〕
Réyn·old [rén(ə)ld]〔男〕
Rhó·da [róudə]〔女〕
Rích·ard [rítʃərd]〔男〕>Dick
Rí·ta [rí:tə]〔女〕<Margaret
Rob [rɑb/rɔb]〔男〕<Robert
Rób·bie [rábi/rɔ́bi]〔男〕<Robert
Rób·ert [rábərt/rɔ́b-]〔男〕>Bob, Rob, Robbie, Robin
Ro·bér·ta [robə́:rtə]〔女〕Robert の女性形‖>Bobbie
Rób·in [rábin/rɔ́b-]〔男〕<Robert‖〔女〕Robert の女性形
Ro·chélle [roʃél]〔女〕
Ród·er·ick [rád(ə)rik/rɔ́d-]〔男〕
Ród·ney [rádni/rɔ́d-]〔男〕
Róg·er [rádʒər/rɔ́dʒ-]〔男〕
Ró·land [róulənd]〔男〕
Rolf [rɑlf/rɔlf]〔男〕
Rolph [rɑlf/rɔlf]〔男〕Rolf の別形
Rón·ald [rán(ə)ld/rɔ́n-]〔男〕
Rós·coe [ráskou/rɔ́s-]〔男〕
Ró·sa·lie [róuzəli, ráz-/rɔ́z-, róuz-]〔女〕
Rós·a·lind [ráz(ə)lind/rɔ́z-]〔女〕
Rose [rouz]〔女〕>Rosetta, Rosie
Rose·án·na [rozǽnə]〔女〕
Róse·mar·y [róuzmè(:)ri/-m(ə)ri]〔女〕
Ro·sét·ta [rozétə]〔女〕<Rose
Ró·sie [róuzi]〔女〕<Rose
Rós·lyn [rázlin/rɔ́z-]〔女〕Rosalind の別形
Ross [rɔ:s, rɑs/rɔs]〔男〕
Row·é·na [rouí:nə, ㊥+rəwí:-]〔女〕
Roy [rɔi]〔男〕
Rox·ánne [rɑksǽn/rɔk-]〔女〕
Rú·by [rú:bi]〔女〕
Rú·dolf [rú:dɑlf/-dɔlf]〔男〕
Rú·dolph [rú:dɑlf/-dɔlf]〔男〕Rudolf の別形
Rú·fus [rú:fəs]〔男〕
Rú·pert [rú:pərt]〔男〕Robert の別形
Rús·sell [rʌ́sl]〔男〕
Ruth [ru:θ]〔女〕

Sa·bí·na [səbáinə, -bí:-]〔女〕
Sa·brí·na [səbráinə, -brí:-]〔女〕
Sá·die [séidi]〔女〕<Sarah
Sál·ly [sǽli]〔女〕<Sarah
Sam [sæm]〔男〕<Samuel
Sa·mán·tha [səmǽnθə]〔女〕
Sám·u·el [sǽmju(ə)l]〔男〕>Sam
Sánd·er [sǽndər/sá:n-]〔男〕<Alexander
Sán·dra [sǽndrə]〔女〕Alexander の女性形
Sán·dy [sǽndi]〔男〕<Alexander‖〔女〕<Alexandra
Sár·a(h) [sé(:)rə/séərə]〔女〕>Sadie, Sally
Saul [sɔ:l]〔男〕
Scott [skɑt/skɔt]〔男〕

Sean [ʃɔ:n] 〘男〙
Sél·ma [sélmə] 〘女〙
Seth [seθ] 〘男〙
Séy·mour [sí:mo:r, -mər/-mɔ:, -mə] 〘男〙
Shár·on [ʃɛ́(:)rən/ʃɛ́ərɔn, -rən] 〘女〙
Shéi·la [ʃí:lə] 〘女〙
Shél·don [ʃéld(ə)n] 〘男〙
Shér·ry [ʃéri] 〘女〙 Charlotte の別形
Shír·ley [ʃə́:rli] 〘女〙
Síd·ney [sídni] 〘男〙
Síg·mund [sígmənd] 〘男〙
Síg·rid [sí:grid, síg-] 〘女〙
Sí·las [sáiləs] 〘男〙
Síl·vi·a [sílviə] 〘女〙
Sí·mon [sáimən] 〘男〙
Sin·cláir [sinklɛ́ər/síŋklɛə, -klə] 〘男〙
Só·nia [sóunjə/sɔ́niə] 〘女〙
So·phí·a [sọfáiə, ㊎⁺-fí:ə, sóufiə] 〘女〙
Spén·cer [spénsər] 〘男〙
Stán·ley [stǽnli] 〘男〙
Stél·la [stélə] 〘女〙
Stéph·a·nie [stéfəni] 〘女〙 Stephen の女性形
Sté·phen [stí:v(ə)n] 〘男〙 >Steve, Steven
Steve [sti:v] 〘男〙 <Stephen
Sté·ven [stí:v(ə)n] 〘男〙 <Stephen
Stú·art [st(j)ú:ərt/stjuət, stjú:ət] 〘男〙
Stéw·art [st(j)ú:ərt/stjuət, stjú:ət] 〘男〙
Sue [su:/sju:] 〘女〙 <Susan, Susanna(h)
Sú·san [sú:zn] 〘女〙 <Susanna(h)‖>Sue, Susie, Suzy
Su·sán·na(h) [su:zǽnə] 〘女〙 >Sue, Susan, Susie, Suzy
Sú·sie [sú:zi] 〘女〙 <Susan, Susanna(h)
Su·zánne [su:zǽn] 〘女〙
Sú·zy [sú:zi] 〘女〙 Susie の別形

Ta·már·a [təmǽrə, -má:rə] 〘女〙
Ted [ted] 〘男〙
Tér·ence [térəns] 〘男〙 >Terry
Te·ré·sa [tərí:sə, -rí:zə, -résə/-rí:zə] 〘女〙 Theresa の別形
Tér·ry [téri] 〘女〙 <Theresa‖〘男〙 <Terence
Tess [tes] 〘女〙
Thél·ma [θélmə] 〘女〙
Thè·o·dó·ra [θi:ədó:rə/θiədɔ́:rə] 〘女〙
Thé·o·dore [θí:ədò:r/θíədɔ:] 〘男〙
The·ód·o·ric [θi:ádərik/θiɔ́d-] 〘男〙 >Derek
The·ré·sa [tịrí:sə, -rí:zə, -résə/-rí:zə] 〘女〙 F. Therese の別形‖>Terry
Thóm·as [táməs/tɔ́m-] 〘男〙 >Tom, Tommie, Tommy
Tíl·da [tíldə] 〘女〙
Tim [tim] 〘男〙
Tím·o·thy [tíməθi] 〘男〙
Tí·na [tí:nə] 〘女〙

Tod [tad/tɔd] 〘男〙
Tom [tam/tɔm] 〘男〙 <Thomas
Tóm·mie [támi/tɔ́mi] 〘男〙 Tom の別形
Tóm·my [támi/tɔ́mi] 〘男〙 Tom の別形
Tó·ny [tóuni] 〘男〙 <Anthony
Trú·dy [trú:di] 〘女〙

U·lýs·ses [julísi:z] 〘男〙
Up·ton [ʌ́ptən] 〘男〙
U·rí·ah [juráiə/ju(ə)r-] 〘男〙
Ur·su·la [ə́:rsələ/-sjulə] 〘女〙

Vál·en·tine [vǽləntàin] 〘男〙
Vál·e·rie [vǽləri] 〘女〙
Van [væn] 〘男〙
Vaughn [vɔ:n] 〘男〙
Vé·ra [ví(:)rə/víərə] 〘女〙
Vér·na [və́:rnə] 〘女〙 Vernon の女性形
Vér·non [və́:rnən] 〘男〙
Ver·ón·i·ca [vịránịkə/-rɔ́n-] 〘女〙
Víck·ie [víki] 〘女〙 Vicky の別形
Víck·y [víki] 〘女〙
Vic·tó·ri·a [viktó:riə/-tɔ́:r-] 〘女〙
Víc·tor [víktər] 〘男〙
Vín·cent [víns(ə)nt] 〘男〙
Ví·da [váidə, ví:də] 〘女〙 <Davida
Ví·o·la [váiələ, vaióulə, ví:ələ/váiələ, víələ] 〘女〙
Ví·o·let [váiəlit] 〘女〙
Vir·gín·ia [vərdʒínjə] 〘女〙 >Ginger, Ginny
Vív·i·an [víviən] 〘女〙

Wál·do [wɔ́:ldou] 〘男〙
Wál·lace [wɔ́:lis, wál-/wɔ́l-] 〘男〙
Walt [wɔ:lt] 〘男〙 <Walter
Wál·ter [wɔ́:ltər] 〘男〙 >Walt
Wán·da [wándə/wɔ́n-] 〘女〙
Ward [wɔ:rd] 〘男〙
Wár·ren [wɔ́:rin, wár-/wɔ́r-] 〘男〙
Wayne [wein] 〘男〙
Wén·dy [wéndi] 〘女〙
Wés·ley [wésli, ㊎⁺wéz-] 〘男〙
Wíl·bur [wílbər] 〘男〙
Wíl·fred [wílfrid] 〘男〙
Will [wil] 〘男〙 <William
Wíl·lard [wílərd/-la:d, -ləd] 〘男〙
Wíl·liam [wíljəm] 〘男〙 >Bill, Will, Willie
Wíl·lie [wíli] 〘男〙 Will の別形
Wíl·ma [wílmə] 〘女〙 William の女性形
Wín·i·fred [wínịfrid] 〘女〙 >Winnie
Wín·nie [wíni] 〘女〙 <Winifred
Wín·ston [wínst(ə)n] 〘男〙

Yale [jeil] 〘男〙
Y·vétte [ivét] 〘女〙 <Yvonne
Y·vónne [iván/ivɔ́n] 〘女〙 >Yvette

不規則動詞表

イタリックは古用または雅用・稀用・方言，*は本文参照

現在形	過去形	過去分詞
abide	abode, abided	abode, abided
aby(e)	abought	abought
alight[1]	alighted, *alit*	alighted, *alit*
arise	arose	arisen
awake	awoke	awoke, awaked
be [am, *art*, is; are]	was, *wast*, *wert*, were	been
bear[1]	bore, *bare*	borne, born*
beat	beat	beaten, *beat*
become	became	become
bedight	bedight	bedight, bedighted
befall	befell	befallen
beget	begot, *begat*	begotten, begot
begin	began	begun
begird	begirded, begirt	begirded, begirt
behold	beheld	beheld
bend	bent, *bended*	bent, *bended*
bereave	bereaved, bereft	bereaved, bereft
beseech	besought	besought
beset	beset	beset
bespeak	bespoke, *bespake*	bespoken, bespoke
bespread	bespread	bespread
bestead	besteaded	besteaded, bestead
bestrew	bestrewed	bestrewed, bestrewn
bestride	bestrode, bestrid	bestridden, bestrid
bet	bet, betted	bet, betted
betake	betook	betaken
bethink	bethought	bethought
bid	bade, bid, *bad*	bidden, bid
bide	bode*, bided*	bided
bind	bound	bound, *bounden*
bite	bit	bitten, bit
bleed	bled	bled
blend	blended, *blent*	blended, *blent*
bless	blessed, blest	blessed, blest
blow[1,3]	blew	blown, blowed*
break	broke, *brake*	broken, *broke*
breed	bred	bred
bring	brought	brought
broadcast	broadcast, broadcasted*	broadcast, broadcasted*
build	built, *builded*	built, *builded*
burn	burned, burnt	burned, burnt
burst	burst	burst
buy	bought	bought
can[1]	could	——
cast	cast	cast
catch	caught	caught
chide	chided, chid	chided, chid, chidden
choose	chose	chosen
cleave[1]	cleft, cleaved, clove, *clave*	cleft, cleaved, cloven
cleave[2]	cleaved, *clave*, clove	cleaved
climb	climbed, *clomb*	climbed, *clomb*
cling	clung	clung
clothe	clothed, *clad*	clothed, *clad*
come	came	come
cost	cost	cost
creep	crept	crept
crow[2]	crowed, crew*	crowed
curse	cursed, curst	cursed, curst
cut	cut	cut
dare	dared, *durst*	dared, *durst*
deal	dealt	dealt
dig	dug, *digged*	dug, *digged*
dight	dight, dighted	dight, dighted
dip	dipped, *dipt*	dipped, *dipt*
dive	dived, dove*	dived
do[1], does, *doest*, *dost*, *doeth*, *doth*	did, *didst*	done
draw	drew	drawn
dream	dreamed, dreamt	dreamed, dreamt
dress	dressed, *drest*	dressed, *drest*
drink	drank	drunk, *drunken*
drip	dripped, dript	dripped, dript
drive	drove, *drave*	driven
drop	dropped, dropt	dropped, dropt
dwell	dwelt, dwelled	dwelt, dwelled
eat	ate, *eat*	eaten
enwind	enwound	enwound
fall	fell	fallen
feed	fed	fed
feel	felt	felt
fight	fought	fought
find	found	found
fine-draw	fine-drew	fine-drawn
fix	fixed, *fixt*	fixed, *fixt*
flee	fled	fled
fling	flung	flung
fly[1]	flew, fled*	flown, fled*
forbear[1]	forbore	forborne
forbid	forbade, forbad	forbidden
fordo	fordid	fordone
forecast	forecast, forecasted	forecast, forecasted
forefeel	forefelt	forefelt
forego[1]	forewent	foregone
foreknow	foreknew	foreknown
forerun	foreran	forerun
foresee	foresaw	foreseen
foreshow	foreshowed	foreshown
foretell	foretold	foretold
forget	forgot	forgotten, forgot
forgive	forgave	forgiven
forgo	forwent	forgone
forsake	forsook	forsaken
forswear	forswore	forsworn
freeze	froze	frozen
gainsay	gainsaid, *gainsayed*	gainsaid, *gainsayed*
geld[2]	gelded, gelt	gelded, gelt
get	got, *gat*	got, gotten
gild	gilded, gilt	gilded, gilt
gird	girt, girded	girt, girded

現在形	過去形	過去分詞
give	gave	given
gnaw	gnawed	gnawed, gnawn
go	went	gone
grave[4]	graved	graven, graved
grind	ground	ground
grow	grew	grown
hagride	hagrode	hagridden
hamstring	hamstrung, *hamstringed*	hamstrung, *hamstringed*
hang	hung, hanged*	hung, hanged*
have, has, *hast*	had, *hadst*	had
hear	heard	heard
heave	heaved, hove*	heaved, hove*
hew	hewed	hewn, hewed
hide[1]	hid	hidden, hid
hit	hit	hit
hold[1]	held	held, *holden*
hurt	hurt	hurt
impress[1]	impressed, *imprest*	impressed, *imprest*
indwell	indwelt	indwelt
inlay	inlaid	inlaid
inset	inset	inset
interlay	interlaid	interlaid
interweave	interwove, interweaved	interwoven, interwove, interweaved
interwind	interwound	interwound
interwork	interworked, interwrought	interworked, interwrought
inweave	inwove, inweaved	inwoven
keep	kept	kept
kneel	knelt, kneeled	knelt, kneeled
knit	knit, knitted	knit, knitted
know	knew	known
lade	laded	laden
lay[1]	laid	laid
lead[1]	led	led
lean[1]	leaned, leant	leaned, leant
leap	leaped, leapt	leaped, leapt
learn	learned, learnt	learned, learnt
leave	left	left
lend	lent	lent
let[1]	let	let
let[2]	letted, let	letted, let
lie[1]	lay	lain
light[1,3]	lighted, lit	lighted, lit
list[4], *listeth*	list, listed	list, listed
lose	lost	lost
make	made	made
may	might	——
mean[1]	meant	meant
meet	met	met
melt	melted	melted, molten
methinks	methought	——
misbecome	misbecame	misbecome
mischoose	mischose	mischosen
misdeal	misdealt	misdealt
misdo	misdid	misdone
misgive	misgave	misgiven
mishear	misheard	misheard
mislay	mislaid	mislaid
mislead	misled	misled
misread[-ríːd]	misread [-réd]	misread [-réd]
missay	missaid	missaid
misshape	misshaped	misshaped, misshapen
misspeak	misspoke	misspoken
misspell	misspelled, misspelt	misspelled, misspelt
misspend	misspent	misspent
mistake	mistook	mistaken
misteach	mistaught	mistaught
misunderstand	misunderstood	misunderstood
mix	mixed, mixt	mixed, mixt
mow[1]	mowed	mowed, mown
offset	offset	offset
outbid	outbid, outbade	outbid, outbidden
outbreed	outbred	outbred
outdo	outdid	outdone
outgo	outwent	outgone
outgrow	outgrew	outgrown
outlay	outlaid	outlaid
outride	outrode	outridden
outrun	outran	outrun
outsell	outsold	outsold
outshine	outshone	outshone
outshoot	outshot	outshot
outsing	outsang	outsung
outsit	outsat	outsat
outspeak	outspoke	outspoken
outstand	outstood	outstood
outtell	outtold	outtold
outthink	outthought	outthought
outthrow	outthrew	outthrown
outwear	outwore	outworn
overbear	overbore	overborne
overbid	overbid	overbid, overbidden
overblow	overblew	overblown
overbuild	overbuilt	overbuilt
overbuy	overbought	overbought
overcast	overcast	overcast
overcome	overcame	overcome
overdo	overdid	overdone
overdraw	overdrew	overdrawn
overdrink	overdrank	overdrunk
overdrive	overdrove	overdriven
overeat	overate	overeaten
overfeed	overfed	overfed
overflow	overflowed	overflown
overfly	overflew	overflown
overgild	overgilded, overgilt	overgilded, overgilt
overgrow	overgrew	overgrown
overhang	overhung	overhung
overhear	overheard	overheard
overlay	overlaid	overlaid
overleap	overleaped, overleapt	overleaped, overleapt
overlie	overlay	overlain
overpass	overpassed, overpast	overpassed, overpast
overpay	overpaid	overpaid
overread	overread	overread
override	overrode	overridden
overrun	overran	overrun
oversee	oversaw	overseen
oversell	oversold	oversold

現在形	過去形	過去分詞
overset	overset	overset
oversew	oversewed	oversewed, oversewn
overshoot	overshot	overshot
oversleep	overslept	overslept
overspend	overspent	overspent
overspill	overspilled, overspilt	overspilled, overspilt
overspread	overspread	overspread
overtake	overtook	overtaken
overthrow	overthrew	overthrown
overwind	overwound	overwound
overwork	overworked, overwrought	overworked, overwrought
overwrite	overwrote	overwritten
partake	partook	partaken
pass	passed	passed, *past*
pay[1]	paid, payed*	paid, payed*
pay[2]	payed	payed
pen[2]	penned, pent	penned, pent
plead	pleaded, ple(a)d*	pleaded, ple(a)d*
precut	precut	precut
prepay	prepaid	prepaid
prove	proved	proved, proven
put	put	put
quit	quitted, quit*	quitted, quit*
read [ri:d]	read [red]	read [red]
reave	reaved, reft	reaved, reft
rebind	rebound	rebound
rebroadcast	rebroadcast, rebroadcasted	rebroadcast, rebroadcasted
rebuild	rebuilt	rebuilt
recast	recast	recast
redo	redid	redone
reeve[1]	rove, reeved	rove, reeved
refreeze	refroze	refrozen
rehear	reheard	reheard
re-lay	re-laid	re-laid
remake	remade	remade
rend	rent	rent
repay	repaid	repaid
reread	reread	reread
rerun	reran	rerun
resell	resold	resold
reset	reset	reset
retake	retook	retaken
retell	retold	retold
retread	retrod	retrodden, retrod
rewrite	rewrote	rewritten
rid[1]	rid, ridded	rid, ridded
ride	rode, *rid*	ridden
ring[2]	rang	rung
rise	rose	risen
rive	rived	riven, rived
roughcast	roughcast	roughcast
rough-hew	rough-hewed	rough-hewn, rough-hewed
run	ran	run
saw[1]	sawed	sawn, sawed
say	said	said
see	saw	seen
seek	sought	sought
seethe	seethed, *sod*	seethed, *sodden*
sell	sold	sold
send[1]	sent	sent

現在形	過去形	過去分詞
set	set	set
sew	sewed	sewed, sewn
shake	shook	shaken
shall, *shalt*	should, *shouldst*, *shouldest*	——
shape	shaped	shaped, *shapen*
shave	shaved	shaved, shaven
shear	sheared, *shore*	sheared*, shorn
shed	shed	shed
shew	shewed	shewn
shine	shone	shone
shoe	shod	shod
shoot	shot	shot
show	showed	shown, showed
shred	shredded, shred*	shredded, shred*
shrink	shrank, shrunk	shrunk, shrunken
shrive	shrived, shrove	shriven, shrived
shut	shut	shut
simulcast	simulcast	simulcast
sing	sang, *sung*	sung
sink	sank, sunk*	sunk, sunken
sit	sat	sat
slay	slew	slain
sleep	slept	slept
slide	slid	slid, slidden
sling	slung	slung
slink[1]	slunk, *slank*	slunk
slink[2]	slinked, slunk	slinked, slunk
slip	slipped, *slipt*	slipped, *slipt*
smell	smelled, smelt	smelled, smelt
smite	smote	smitten, smit
sow[1]	sowed	sowed, sown
speak	spoke, *spake*	spoken, *spoke*
speed	sped, speeded	sped, speeded
spell[1,3]	spelled, spelt	spelled, spelt
spend	spent	spent
spill	spilled, spilt	spilled, spilt
spin	spun, *span*	spun
spit[1]	spat, spit*	spat, spit*
split	split	split
spoil	spoiled, spoilt	spoiled, spoilt
spread	spread	spread
spring	sprang, sprung	sprung
squat	squatted, squat	squatted, squat
stand	stood	stood
stave	staved, stove	staved, stove
stay[1]	stayed, *staid*	stayed, *staid*
steal	stole	stolen
stick[2]	stuck	stuck
sting	stung, *stang*	stung, *stang*
stink	stank, stunk	stunk
stop	stopped, *stopt*	stopped, *stopt*
strew	strewed	strewed, strewn
stride	strode	stridden, *strid*
strike	struck	struck, stricken*
string	strung	strung
strive	strove	striven
strow	strowed	strown, strowed
sublet	sublet	sublet
sunburn	sunburned, sunburnt	sunburned, sunburnt
swear	swore, *sware*	sworn

現在形	過去形	過去分詞
sweat	sweat, sweated	sweat, sweated
sweep	swept	swept
swell	swelled	swelled*, swollen,*swoln*
swim	swam, *swum*	swum
swing	swung, *swang*	swung
swink	swank, swonk	swonken
take	took	taken
teach	taught	taught
tear[2]	tore	torn
tell	told	told
think	thought	thought
thrive	throve, thrived*	thriven,thrived*
throw	threw	thrown
thrust	thrust	thrust
toss	tossed, *tost*	tossed, *tost*
tread	trod	trodden, trod*
typewrite	typewrote	typewritten
unbend	unbent, *unbended*	unbent, *unbended*
unbind	unbound	unbound
underbid	underbid	underbid
underbuy	underbought	underbought
undercut	undercut	undercut
underdo	underdid	underdone
underdraw	underdrew	underdrawn
underfeed	underfed	underfed
undergo	underwent	undergone
underlay	underlaid	underlaid
underlet	underlet	underlet
underlie	underlay	underlain
underpay	underpaid	underpaid
underrun	underran	underrun
undersell	undersold	undersold
undershoot	undershot	undershot
understand	understood	understood
undertake	undertook	undertaken
underwrite	underwrote	underwritten
undo	undid	undone
undraw	undrew	undrawn
ungird	ungirded, ungirt	ungirded, ungirt
unknit	unknit, unknitted	unknit, unknitted
unlay	unlaid	unlaid
unlearn	unlearned, unlearnt	unlearned, unlearnt
unmake	unmade	unmade

現在形	過去形	過去分詞
unsay	unsaid	unsaid
unsling	unslung	unslung
unspeak	unspoke	unspoken
unstick	unstuck	unstuck
unstring	unstrung	unstrung
unteach	untaught	untaught
unthink	unthought	unthought
untread	untrod	untrod, untrodden
unweave	unwove	unwoven
unwind	unwound	unwound
upbear	upbore	upborne
upbuild	upbuilt	upbuilt
upheave	unheaved, uphove	upheaved, uphove
uphold	upheld	upheld
uppercut	uppercut	uppercut
uprise	uprose	uprisen
upset	upset	upset
upsweep	upswept	upswept
upswing	upswung	upswung
wake[1]	waked, woke	waked, woken, *woke*
wax[2]	waxed	waxed, *waxen*
wear[1]	wore	worn
wear[2]	wore	worn, wore
weave	wove, *weaved*	woven, wove
wed	wedded, *wed*	wedded, *wed*
weep	wept	wept
wend	wended, *went*	wended, *went*
wet	wet, wetted	wet, wetted
whip	whipped, whipt	whipped, whipt
will[1], *wilt*	would, *wouldst*, *wouldest*	——
win	won	won
wind[2,3]	wound, *winded*	wound, *winded*
wiredraw	wiredrew	wiredrawn
withdraw	withdrew	withdrawn
withhold	withheld	withheld
withstand	withstood	withstood
work	worked, *wrought*	worked, *wrought*
wrap	wrapped, wrapt	wrapped, wrapt
wreathe	wreathed	wreathed, *wreathen*
wring	wrung	wrung
write	wrote, *writ*	written, *writ*

略 語 表

a.	adjective (形容詞)
ad.	adverb (副詞)
art.	article (冠詞)
aux. v.	auxiliary verb (助動詞)
conj.	conjunction (接続詞)
fem.	feminine (女性形)
int.	interjection (間投詞)
n.	noun (名詞)
pl.	plural (複数形)
pref.	prefix (接頭辞)
prep.	preposition (前置詞)
pron.	pronoun (代名詞)
rel. pron.	relative pronoun (関係代名詞)
sing.	singular (単数形)
suf.	suffix (接尾辞)
v.	verb (動詞)
vi.	intransitive verb (自動詞)
vt.	transitive verb (他動詞)

Ar.	Arabic
Ch.	Chinese
Du.	Dutch
F.	French
G.	German
Gk.	Greek
Heb.	Hebrew
Hind.	Hindustani
Ir.	Irish
It.	Italian
J.	Japanese
L.	Latin
Malay.	Malayan
Pers.	Persian
Port.	Portuguese
Russ.	Russian
Sans.	Sanskrit
Sc.	Scotch
Scand.	Scandinavian
Slav.	Slavic
Sp.	Spanish
Sw.	Swedish
Teut.	Teutonic
Turk.	Turkish
W.	Welsh

〔米〕	アメリカ
〔英〕	イギリス
〔話〕	話語
〔笑〕	こっけい語
〔俗〕	俗語
〔卑〕	卑語
〔方〕	方言
〔雅〕	雅語・詩語
〔古〕	古語
〔稀〕	稀用語
〔廃〕	廃語
〔ことわざ〕	格言・ことわざ

〔医〕	医学
〔印〕	印刷
〔韻〕	韻律学
〔運〕	スポーツ
〔映〕	映画
〔音声〕	音声学
〔化〕	化学
〔画〕	絵画
〔貝〕	貝類
〔海〕	海事
〔楽〕	音楽
〔気〕	気象
〔機〕	機械
〔教〕	教育
〔ギ神〕	ギリシア神話
〔魚〕	魚類
〔空〕	航空
〔軍〕	軍事
〔経〕	経済
〔劇〕	演劇
〔建〕	建築
〔言〕	言語学
〔工〕	工学
〔光〕	光学
〔鉱〕	鉱物
〔古生〕	古生物学
〔史〕	歴史
〔写〕	写真
〔社〕	社会学
〔狩〕	狩猟
〔宗〕	宗教
〔修〕	修辞学
〔商〕	商業
〔植〕	植物
〔心〕	心理学
〔数〕	数学
〔生〕	生物学
〔政〕	政治
〔聖〕	聖書
〔生化〕	生化学
〔染〕	染色
〔測〕	測量
〔地〕	地学
〔虫〕	虫類
〔鳥〕	鳥類
〔哲〕	哲学
〔天〕	天文
〔電〕	電気
〔動〕	動物
〔農〕	農業
〔美〕	美術
〔物〕	物理学
〔文〕	文法
〔法〕	法律
〔紋〕	紋章
〔冶〕	冶金
〔薬〕	薬学
〔倫〕	倫理学
〔ロ神〕	ローマ神話
〔論〕	論理学

編集主幹

川本茂雄(かわもと　しげお)

1913年東京生まれ。1937年早稲田大学文学部卒。早稲田大学名誉教授。著書に『言語学概説』『コンサイス仏和辞典』『ことばとこころ』『ことばの色彩』など。訳書にヤーコブソン『一般言語学』,チョムスキー『デカルト派言語学』など。1983年8月1日没。

講談社学術文庫

定価1400円

英和辞典

編集主幹　川本茂雄

昭和54年3月10日　第1刷発行
昭和63年2月15日　第5刷発行

発行者　加藤勝久
発行所　株式会社講談社
東京都文京区音羽2－12－21　〒112
電話・東京(03)945－1111(大代表)

装　幀　蟹江征治
レイアウト　志賀紀子
印　刷　凸版印刷株式会社
製　本　凸版印刷株式会社

© Sigeo Kawamoto 1979
Printed in Japan

落丁本・乱丁本は,小社書籍製作部宛にお送りください。送料小社負担にてお取替えします。
なお,この本についてのお問い合わせは学術文庫編集部宛にお願いいたします。

ISBN4-06-158365-4　(1)　(庫術)

「講談社学術文庫」の刊行に当たって

これは、学術をポケットに入れることをモットーとして生まれた文庫である。学術は少年の心を養い、成年の心を満たす。その学術がポケットにはいる形で、万人のものになることは、生涯教育をうたう現代の理想である。

こうした考え方は、学術を巨大な城のように見る世間の常識に反するかもしれない。また、一部の人たちからは、学術の権威をおとすものと非難されるかもしれない。しかし、それはいずれも学術の新しい在り方を解しないものといわざるをえない。

学術は、まず魔術への挑戦から始まった。やがて、いわゆる常識をつぎつぎに改めていった。学術の権威は、幾百年、幾千年にわたる、苦しい戦いの成果である。こうしてきずきあげられた城が、一見して近づきがたいものにうつるのは、そのためである。しかし、学術の権威を、その形の上だけで判断してはならない。その生成のあとをかえりみれば、その根は常に人々の生活の中にあった。学術が大きな力たりうるのはそのためであって、生活をはなれた学術は、どこにもない。

開かれた社会といわれる現代にとって、これはまったく自明である。生活と学術との間に、もし距離があるとすれば、何をおいてもこれを埋めねばならない。もしこの距離が形の上の迷信からきているとすれば、その迷信をうち破らねばならぬ。

学術文庫は、内外の迷信を打破し、学術のために新しい天地をひらく意図をもって生まれた。文庫という小さい形と、学術という壮大な城とが、完全に両立するためには、なおいくらかの時を必要とするであろう。しかし、学術をポケットにした社会が、人間の生活にとってより豊かな社会であることは、たしかである。そうした社会の実現のために、文庫の世界に新しいジャンルを加えることができれば幸いである。

一九七六年六月

野間省一

辞典・事典

新版 国語辞典
監修・久松潜一、林　大、阪倉篤義

日本最初の文庫版国語辞典。学習と社会生活に必要な七万五千語を収録。故事・成語・慣用句も豊富に採録。同義語・類義語・対語・語源なども収める。基準表記や慣用表記などを明示した用字用語辞典の決定版。

659

和英辞典
編集主幹・清水　護、成田成寿

日本ではじめての文庫判による和英辞典。和英辞典中最高の文例六万、見やすく引きやすい五十音順ひらがな見出し、日常の必要語五万を完全網羅等々の特色により、評価の高い「講談社和英辞典」の文庫判。

364

英和辞典
編集主幹・川本茂雄

語数九万、適切な訳語、周到な語法・用法の注意。機能語の重点解説などで定評ある『講談社英和辞典』の文庫判。学習に実務に、高校・大学から社会人、研究家まで、ひろく活用できる全内容を文庫に収録。

365

英和基本語小辞典
監修・成田成寿／編集・吉田正俊、中村義勝

中学生から大学生・一般社会人に必要な重要基本英単語一万三千語を厳選。重要語には星印、英会話に役立つ例文、英語の背景知識、カナ発音、関連語など、基本単語の知識と活用・日常会話は本書で十分。

367

和英語林集成
J・C・ヘボン著　（解説・松村　明）

日本における初めての和英・英和辞典として知られる名著。また、幕末、明治初期の新語が豊富に収録されていて、近代日本語研究の重要な資料。更に、ローマ字のヘボン式表記を確立した記念すべき書である。

477

常用語辞典
馬淵和夫・梅津彰人編

新しい国語政策に即応した国語辞典。一語の語義を簡明的確にとらえ、常用漢字による国語表記の目安を示した、中学生から社会人まで幅広く活用できる新文庫判用字用語辞典。**常用漢字表・人名漢字一覧付。**

478

古語辞典
佐伯梅友・馬淵和夫編

日本古典の学習・研究に必備の文庫判古典語辞典。主要古典を通読できる四万五千の豊富な語彙、正確でわかりやすい解説・解釈・用例など古典をより深く、より正しく理解できる、本格的な古語辞典である。

366

《講談社学術文庫　既刊より》

辞典・事典

江戸語の辞典 前田　勇編	豊富な語彙と的確な説明で、最高の江戸語辞典である。近世語研究の第一人者が、生涯の全研究成果をこめて作り上げた一大労作。洒落本、人情本などの読解に、また歌舞伎・古典落語の鑑賞に不可欠の辞典。	422
大阪ことば事典 牧村史陽編	最も大阪的な言葉六四〇〇語を網羅し、アクセント、語源、豊富な用例を示すとともに、言葉の微妙なニュアンスまで詳しく解説した定評ある事典。巻末に項目検出索引、大阪のしゃれことば一覧を付した。	658
類語の辞典(上)(下) 芳賀矢一校閲／志田義秀・佐伯常麿編	名著の誉れ高い「日本類語大辞典」の文庫判である。明治四十二年の初版刊行以来、未だにこれを凌ぐ類語辞典は世に出ていないし、これからも出ることはないだろう、とまで称えられる比類なき名辞典である。	494～495
草書の字典 圓道祐之編	草書の読解と鑑賞に最適のユニークな字典、草書の書蹟延べ二万七千字を収録する。和漢諸大家の名蹟が、そのまま書の手本・鑑賞の手引きとなるほか、便利な検索法により難読字の読み方が直ちにわかる。	421
経済辞典 荒　憲治郎・内田忠夫・福岡正夫編	経済および経済学を中心にその周辺の分野からビジネスや実生活上有用な事項を一万三六〇〇余項目収録した類書中最大最新のハンディタイプの実用経済百科。現代経済上のキーワードや各国経済情勢も収録。	396
大日本人名辭書(一)～(五) 大日本人名辭書刊行会編	人名辞典の王者として他の追随を許さぬ不朽の名著。遠く記紀神話の神々から、近くは昭和初年の人物まで、日本歴史上の重要人物は完全網羅。浩瀚無比かつ独創的な人名辞典をハンディに収録。（全五巻）	504～508
現代フランス文学作家作品事典 佐藤　朔・白井浩司・若林　真編	現代芸術の精華、20世紀フランス文学の全容を明らかにする。ジッド、プルーストからサルトル、カミュを経てロブグリエ、ルクレジオまで、現代文化をリードするフランス文学の作家評伝と作品梗概の集大成。	390

《講談社学術文庫　既刊より》